Wabnitz/Janovsky

Handbuch des
Wirtschafts- und Steuerstrafrechts

Handbuch des Wirtschafts- und Steuerstrafrechts

Herausgegeben von

Dr. Heinz-Bernd Wabnitz

Generalstaatsanwalt a. D.

und

Thomas Janovsky

Generalstaatsanwalt

4., neu bearbeitete und erweiterte Auflage

2014

C.H.BECK

www.beck.de

ISBN 978 3 406 64373 6

© 2014 Verlag C.H. Beck oHG
Wilhelmstraße 9, 80801 München
Druck und Bindung: Kösel GmbH & Co. KG,
Am Buchweg 1, 87452 Altusried

Satz: ottomedien,
Heimstättenweg 52, 64295 Darmstadt

Gedruckt auf säurefreiem, alterungsbeständigem Papier
(hergestellt aus chlorfrei gebleichtem Zellstoff)

Vorwort zur 4. Auflage

Die Verfolgung und Ahndung von Wirtschafts- und Steuerstrafsachen steht weiterhin und verstärkt im Blickpunkt der Öffentlichkeit. Besondere Herausforderungen für das Wirtschaftsstrafrecht stellen die Globalisierung der Märkte, die technische Entwicklung, insbesondere das Internet, und die sog. europäische Banken- und Schuldenkrise dar.

Wir freuen uns, dass wir sieben Jahre nach dem Erscheinen der 3. Auflage im Jahre 2007 nunmehr die 4. Auflage unseres Handbuchs auf den Markt bringen können. Das Werk wurde unter Beibehaltung des bewährten Gliederungskonzepts der aktuellen Entwicklung des Wirtschafts- und Steuerstrafrechts angepasst und erweitert. Vorhandenes wurde auf den aktuellen Stand von Rechtsprechung und Lehre gebracht.

Uns ist es gelungen, für ausgeschiedene Autoren namhafte Bearbeiter zu gewinnen und wichtige Kapitel einzufügen. So dürfen wir in unserem multiprofessionellen Team aus Praktikern und Wissenschaftlern zahlreiche neue Autorinnen und Autoren begrüßen:

An der Neubearbeitung der von Professor Dr. Gerhard Dannecker verfassten Kapitel 1 und 2 zur Entwicklung des Wirtschaftsstrafrechts in der Bundesrepublik Deutschland und der Entwicklung unter dem Einfluss des Europarechts hat sich nunmehr Professor Dr. Jens Bülte, Universität Mannheim, beteiligt. Das ebenfalls von Professor Dannecker erstellte Kapitel zum Kartellstraf- und -ordnungswidrigkeitenrecht wurde von ihm gemeinschaftlich mit Rechtsanwältin Nadja Müller aktualisiert. Die Kapitel Geldwäsche und Organisierte Wirtschaftskriminalität sind zwischen Oberstaatsanwalt Dr. Robert Schnabl, Staatsanwaltschaft Traunstein, und Oberstaatsanwältin Renate Wimmer, Staatsanwaltschaft München I, aufgeteilt worden. Rechtsanwalt Dr. Christian Pelz, München, bearbeitete das Kapitel Insolvenz – Strafrechtlicher Teil. Prof. Dr. Dr. Eric Hilgendorf, Lehrstuhlinhaber für Strafrecht an der Universität Würzburg, übernahm von Generalstaatsanwalt Thomas Janovsky das Kapitel zu Straftaten im Gesundheitswesen. Oberregierungsrat Dr. Ulrich Pflaum vom Bayerischen Staatsministerium der Finanzen in München schrieb das Kapitel zum Steuerstrafrecht. Rechtsanwältin Ulrike Grube überarbeitete das Kapitel zum Internationalen Steuerrecht und zur Steuerhinterziehung. Leitender Ministerialrat Dr. Thomas Hackner, Niedersächsisches Justizministerium Hannover, nahm sich des Kapitels zur Internationalen Rechtshilfe an. Die Herren Jens Richtarsky, Richter am Sächsischen Finanzgericht, und Matthias Nickolai, Oberstaatsanwalt bei der Staatsanwaltschaft Augsburg, befassten sich mit den Kapiteln zur Schwarzarbeit und Illegalen Beschäftigung bzw. zu den ausgewählte Besonderheiten des Ermittlungsverfahrens. Über Besonderheiten im Strafverfahren schrieb Richterin am Oberlandesgericht Bamberg Juliane Krause. Rechtsanwalt Dr. Dirk Sauer in München und Richter am Amtsgericht Stephan Gericke bearbeiteten die Kapitel über den Geschädigten im Strafverfahren bzw. die Zusammenarbeit mit anderen Behörden.

Das Buch wendet sich auch verstärkt der strafrechtlichen Verantwortung in Unternehmen zu. Neu eingefügt wurde unter anderem ein Kapitel über Straftaten im Handels- und Gesellschaftsrecht, das Vorsitzender Richter am Bundesgerichtshof Dr. Rolf Raum verfasste, der auch sein Kapitel über allgemeine Grundsätze des Wirtschaftsstrafrechts um das immer bedeutender werdende Thema der Managerkriminalität erweiterte. Rechtsanwalt Thomas C. Knierim hat wichtige Probleme zum Begriff Compliance dargestellt.

Besonders aktuell sind die Bearbeitung des Außenwirtschaftsstrafrechts durch Regierungsdirektorin Marion Harder, das im Jahr 2013 eine gesetzgeberische Neubearbeitung erfuhr, und die Behandlung von Absprachen im Strafverfahren durch Richterin am Oberlandesgericht Krause. Ministerialrat Dr. Wolfgang Bär hat seine Ausführungen zur Computer- und Internetkriminalität der auf diesem Gebiet rasanten Entwicklung angepasst und entsprechend ergänzt.

Vorwort

Abschließend danken wir allen Autoren für ihre Beiträge zu diesem Handbuch. Unser besonderer Dank gilt Herrn Andreas Harm vom Verlag C.H. Beck für seine große Geduld und die stets freundliche und unkomplizierte Zusammenarbeit.

Hof/Bamberg, im Januar 2014

Dr. Heinz-Bernd Wabnitz
Generalstaatsanwalt a.D.

Thomas Janovsky
Generalstaatsanwalt

Aus dem Vorwort zur 1. Auflage

Ausgehend von dem 1981 erstmalig erschienenen und im Sommer 1997 in 4. Auflage herausgegebenen Buch ›Müller/Wabnitz/Janovsky, Wirtschaftskriminalität‹ wurde aufgrund der raschen Zunahme wirtschaftsdeliktischer Handlungsformen und des daraus resultierenden Aktualisierungsbedarfs eine neue Konzeption für die Gesamtdarstellung der Materie verwirklicht.

Die einzelnen Kapitel des Buches werden von ausgewiesenen Fachleuten ihrer Materie bearbeitet. Trotz des gestiegenen Umfangs des Werkes wurde Wert darauf gelegt, den Charakter eines Handbuches beizubehalten.

Die wichtigsten wirtschaftlichen Abläufe und deren Ausnutzung durch die Straftäter werden aufgezeigt; im rechtlichen Bereich werden die (wirtschafts-)strafrechtlichen Regelungen dargestellt; aufgrund vielfältiger praktischer Erfahrungen der Autoren werden umfassende Hinweise für die Verfolgung und Aufklärung, aber auch für die Verhütung von Wirtschaftsstraftaten gegeben.

Das Handbuch wendet sich an Praktiker in Justiz, Verwaltung und Wirtschaft.

Es soll Rechtsanwälten, Steuer- und Unternehmensberatern, Wirtschaftsjuristen in Firmen und Verbänden, Strafrichtern, Staatsanwälten, Angehörigen von Polizei, von Steuer- und Zollverwaltung, in Wirtschaftsunternehmen an verantwortlicher Stelle tätigen Personen eine praxisbezogene Gesamtdarstellung der juristischen Probleme und der Erscheinungsformen der wichtigsten Wirtschafts-, Steuer- und Zollstraftaten vermitteln. Gleichzeitig werden Lösungen für die aufgeworfenen Rechtsfragen und Hinweise zum Schutz vor Straftaten gegeben. Das Handbuch des Wirtschafts- und Steuerstrafrechts geht auf die Bedürfnisse der Praxis ein.

Mit ihm soll das nachhaltige Bestreben von Oberstaatsanwalt a.D. Dr. Rudolf Müller zur Bekämpfung der Wirtschafts- und Steuerkriminalität fortgeführt werden.

Hof, im Februar 2000 *Dr. Heinz-Bernd Wabnitz / Thomas Janovsky*

Aus dem Vorwort zur 2. Auflage

Wir freuen uns, nach nur drei Jahren bereits die zweite erweiterte Auflage des im Jahr 2000 erstmals erschienenen „Handbuchs des Wirtschafts- und Steuerstrafrechts`` vorlegen zu können. Die kurze Abfolge des Erscheinens zeigt doch, dass für ein derart umfassendes Werk über das Wirtschafts- und Steuerstrafrecht auf dem Markt ein großes Bedürfnis besteht.

Die Wirtschaftskriminalität nimmt gerade in Zeiten, in denen die wirtschaftliche Lage schlecht ist, zu.

Umso wichtiger ist es, dass ein aktuelles und umfassendes Kompendium auf dem Gebiet des Wirtschafts- und Steuerstrafrechts zur Verfügung steht. Die jetzt vorliegende zweite Auflage wurde um wesentliche Teile im Bereich des Allgemeinen Wirtschaftsstrafrechts, der Abschöpfung kriminell erlangten Vermögens und der Geschädigtenrechte erweitert. Dem zunehmenden Fortschritt der elektronischen Kommunikation und dem EDV-Einsatz sowohl durch den Täter als auch die Ermittler wurde besonderes Augenmerk gewidmet. Durch eine Neustrukturierung des Kapitelaufbaus soll der Zugang zum Buch erleichtert werden.

Bamberg/Bayreuth im August 2003 *Dr. Heinz-Bernd Wabnitz / Thomas Janovsky*

Aus dem Vorwort zur 3. Auflage

Kurz nach dem Erscheinen des Zweiten Periodischen Sicherheitsberichts der Bundesregierung Ende 2006 liegt nun die dritte Auflage des Handbuchs des Wirtschafts- und Steuerstrafrechts vor.

Die schon immer umfangreichen Wirtschaftsstrafverfahren nehmen durch die Raffinesse der Täter, die Internationalisierung und den technischen Fortschritt sowohl in Bezug auf die Qualität als auch auf die Quantität immer mehr zu. Wiederholt sind Vorwürfe laut geworden, Strafverfolgungsbehörden und Gerichte seien nicht mehr in der Lage, den Kampf gegen die Intelligenztäter erfolgreich zu führen oder gar zu gewinnen.

In der Bundesrepublik Deutschland ist die effektive Verfolgung der Wirtschaftskriminalität auf hohem Niveau sichergestellt. Auf neue Kriminalitätsformen wird meist adäquat reagiert. Gleichwohl muss davor gewarnt werden, dass es zu keiner zu starken Ausweitung „schneller" und im Einzelfall nicht sachgerechter Erledigungen durch Verfahrenseinstellungen nach § 153a StPO oder durch Verfahrensabsprachen kommt, die getroffen werden, um langwierige oder schwierige Verfahren zu vermeiden. Ansonsten würde das Vertrauen der Bevölkerung in unseren Rechtsstaat in nicht hinnehmbarer Weise geschädigt.

Unser Handbuch will zur effektiven Bekämpfung der Wirtschafts- und Steuerkriminalität seinen Beitrag leisten. Im Interesse der Benutzerfreundlichkeit sind die einzelnen Kapitel weiterhin so konzipiert, dass sie aus sich heraus abgeschlossen und verständlich sind. Gliederung und Aufbau blieben gegenüber der zweiten Auflage unverändert.

Bamberg/Bayreuth im Februar 2007 *Dr. Heinz-Bernd Wabnitz / Thomas Janovsky*

Bearbeiterverzeichnis

Prof. Dr. Britta Bannenberg
o. Professorin für Kriminologie, Jugendstrafrecht und Strafvollzug
Universität Gießen

Dr. Wolfgang Bär
Ministerialrat im Bayerischen Staatsministerium der Justiz und für Verbraucherschutz

Dr. Siegfried Beck
Rechtsanwalt in Nürnberg
Fachanwalt für Insolvenzrecht und Fachanwalt für Steuerrecht

Prof. Dr. Jens Bülte
Professor für Strafrecht, Strafprozessrecht und Wirtschaftsstrafrecht
Universität Mannheim

Prof. Dr. Gerhard Dannecker
o. Professor für Straf- und Strafprozessrecht
Universität Heidelberg

Prof. Dr. Alfred Dierlamm
Rechtsanwalt in Wiesbaden
Honorarprofessor an der Universität Trier

Stephan Gericke
Richter am Amtsgericht Neuburg a. d. Donau

Ulrike Grube
Rechtsanwältin in Nürnberg

Dr. Thomas Hackner
Leitender Ministerialrat im niedersächsischen Justizministerium

Marion Harder
Regierungsdirektorin
Bundesfinanzdirektion West

Prof. Dr. Dr. Eric Hilgendorf
Ordinarius für Strafrecht, Strafprozessrecht, Rechtstheorie,
Informationsrecht und Rechtsinformatik
Universität Würzburg

Thomas C. Knierim
Rechtsanwalt in Mainz

Juliane Krause
Richterin am Oberlandesgericht Bamberg

Bearbeiterverzeichnis

Dr. Manfred Möhrenschlager
Ministerialrat im Bundesministerium der Justiz a.D.

Doris Möller
Rechtsanwältin
Deutscher Industrie- und Handelskammertag, Berlin

Nadja Müller
Rechtsanwältin in Karlsdorf-Neuthard

Matthias Nickolai
Oberstaatsanwalt
Staatsanwaltschaft Augsburg

Dr. Christian Pelz
Rechtsanwalt in München
Fachanwalt für Strafrecht und Fachanwalt für Steuerrecht

Dr. Ulrich Pflaum
Oberregierungsrat im Bayerischen Staatsministerium der Finanzen

Dr. Johann Podolsky
Rechtsanwalt und Leitender Kriminaldirektor a.D.

Dr. Rolf Raum
Vorsitzender Richter am Bundesgerichtshof

Jens Richtarsky
Richter am Finanzgericht
Sächsisches Finanzgericht

Prof. Dr. Christian Rödl, LL.M.
Rechtsanwalt, Steuerberater in Nürnberg

Dr. Dirk Sauer
Rechtsanwalt in Mannheim
Fachanwalt für Strafrecht

Dr. Robert Schnabl
Oberstaatsanwalt
Staatsanwaltschaft Traunstein

Peter Solf
Rechtsanwalt
Deutscher Schutzverband gegen Wirtschaftskriminalität e.V. Bad Homburg

Renate Wimmer
Oberstaatsanwältin
Staatsanwaltschaft München I

Inhaltsübersicht

Allgemeines

1. Kapitel.	Die Entwicklung des Wirtschaftsstrafrechts in der Bundesrepublik Deutschland *(Dannecker)*	3
2. Kapitel.	Die Entwicklung des Wirtschaftsstrafrechts unter dem Einfluss des Europarechts *(Dannecker/Bülte)*	79
3. Kapitel.	Internationales Wirtschaftsstrafrecht – Erfassung auslandsbezogener Wirtschaftsstraftaten – *(Möhrenschlager)*	215

Wirtschaftsstrafrecht

4. Kapitel.	Allgemeine Grundsätze des Wirtschaftsstrafrechts *(Raum)*	255
5. Kapitel.	Compliance *(Knierim)*	327
6. Kapitel.	Geldwäsche *(Schnabl)*	369
7. Kapitel.	Organisierte Wirtschaftskriminalität *(Wimmer)*	395
8. Kapitel.	Insolvenz – Materiellrechtlicher Teil *(Beck)*	409
9. Kapitel.	Insolvenz – Strafrechtlicher Teil *(Pelz)*	469
10. Kapitel.	Straftaten im Bankbereich *(Knierim)*	579
11. Kapitel.	Straftaten im Zusammenhang mit handels- und gesellschaftsrechtlichen Pflichten *(Raum)*	673
12. Kapitel.	Korruption *(Bannenberg)*	695
13. Kapitel.	Straftaten im Gesundheitswesen *(Hilgendorf)*	775
14. Kapitel.	Computer- und Internetkriminalität *(Bär)*	813
15. Kapitel.	Schutz von Geschäfts- und Betriebsgeheimnissen *(Möhrenschlager)*	909
16. Kapitel.	Strafbare Werbung *(Solf)*	945
17. Kapitel.	Produkt- und Markenpiraterie *(Möller)*	983
18. Kapitel.	Kartellstraf- und -ordnungswidrigkeitenrecht *(Dannecker/N. Müller)*	1007
19. Kapitel.	Schwarzarbeit und illegale Beschäftigung *(Richtarsky/*Teil H: *Pflaum)*	1117

Steuer und Zoll

20. Kapitel.	Steuerstrafrecht *(Pflaum)*	1219
21. Kapitel.	Internationales Steuerrecht und Steuerhinterziehung *(Rödl/Grube)*	1309
22. Kapitel.	Zoll *(Harder)*	1347
23. Kapitel.	Außenwirtschaftsstrafrecht (AWG, KWKG, CWÜAG) *(Harder)*	1455

Ermittlungs- und Strafverfahren

24. Kapitel.	Internationale Rechtshilfe *(Hackner)*	1521
25. Kapitel.	Ausgewählte Besonderheiten des Ermittlungsverfahrens *(Nickolai)*	1593
26. Kapitel.	Besonderheiten im Strafverfahren *(Krause)*	1633
27. Kapitel.	EDV-Beweissicherung *(Bär)*	1711
28. Kapitel.	Finanzermittlungen, Vermögenssicherung, Rückgewinnungshilfe *(Podolsky)*	1789

Inhaltsübersicht

29. Kapitel. Verteidigung in Wirtschaftsstrafsachen *(Dierlamm)*	1827
30. Kapitel. Der Geschädigte in Wirtschaftsstrafsachen *(Sauer)*	1855
31. Kapitel. Die Zusammenarbeit der Ermittlungsbehörden mit anderen Institutionen bei der Aufklärung von Wirtschaftsstraftaten *(Gericke)*	1891
Sachverzeichnis	1927

Inhaltsverzeichnis

Vorwort	V
Bearbeiterverzeichnis	IX
Abkürzungs- und Literaturverzeichnis	XLIII

Allgemeines

1. Kapitel. Die Entwicklung des Wirtschaftsstrafrechts in der Bundesrepublik Deutschland
(Dannecker)

A. Einführung	13
B. Begriff der Wirtschaftskriminalität und des Wirtschaftsstrafrechts	15
I. Klassische Definition *Sutherlands* und ihre Fortentwicklung	15
II. Strafprozessual-kriminaltaktisch orientierte Begriffsbildung des § 74c GVG	17
III. Orientierung an der besonderen Sozialschädlichkeit	17
IV. Orientierung am Rechtsgüterschutz	18
V. Instrument des Wirtschaftsverkehrs als Schutzobjekte	19
C. Kriminologische Aspekte der Wirtschaftskriminalität	19
I. Struktur der amtlich registrierten Wirtschaftskriminalität	19
II. Materielle Schäden und Schadensschätzungen	20
1. Schadenshöhe der registrierten Kriminalität	20
2. Schadensschätzungen	21
3. Schäden durch Sog- und Spiralwirkung und durch Begleitkriminalität	22
III. Entstehungszusammenhänge der Wirtschaftskriminalität und Sozialprofil des Wirtschaftsstraftäters	23
IV. Steuermoral und Steuerhinterziehung	24
V. Aufklärungs- und Strafverfolgungsprobleme bei Wirtschaftsstraftaten	25
1. Zur Bedeutung der Anonymität von Wirtschaftsdelikten für ihre Verfolgung und Aufdeckung	25
2. Aufklärungsquote bei Wirtschaftsdelikten	26
3. Spezifische Aufklärungsprobleme bei Wirtschaftsdelikten	26
VI. Auswirkungen spezieller Regelungen des Allgemeinen und des Besonderen Teils des Strafrechts auf die Strafverfolgung	28
1. Regelungen des Allgemeinen Teils und ihre Auswirkung auf die Strafverfolgung	28
2. Regelungen des Besonderen Teils und ihre Auswirkung auf die Strafverfolgung	36
VII. Erledigung von Wirtschaftsstrafverfahren	36
1. Empirische Untersuchungen	36
2. Absprachen über strafrechtliche Entscheidungen	37
VIII. Kriminalpolitische Forderungen zur Verbesserung der Bekämpfung der Wirtschaftskriminalität	38
D. Zur geschichtlichen Entwicklung des Wirtschaftsstrafrechts	40
I. Entwicklung des deutschen Wirtschaftsstrafrechts bis zum Jahre 1945	40
II. Aufbau des Wirtschaftsstrafrechts nach dem 2. Weltkrieg	41
III. Einführung und Fortentwicklung des Ordnungswidrigkeitenrechts	43
1. Entkriminalisierung des Strafrechts durch Umwandlung in Ordnungswidrigkeiten	43
2. Ausweitung des Anwendungsbereichs des Ordnungswidrigkeitenrechts	43
3. Sanktionen des Ordnungswidrigkeitenrechts	44
4. Allgemeiner Teil des Ordnungswidrigkeitenrechts	45

Inhaltsverzeichnis

		5. Verletzung der Aufsichtspflicht in Betrieben und Unternehmen	45
		6. Einführung von Sanktionen gegen Verbände	47
	IV.	Die neuere Entwicklung des Wirtschaftsstrafrechts	49
		1. Änderungen des materiellen Wirtschaftsstrafrechts – Überblick über die Reformgesetze	49
		2. Reformen im Bereich der Bußgeldverhängung gegen juristische Personen und Personenvereinigungen	69
		3. Änderungen des Strafprozessrechts	73
E.	Offene Grundsatzfragen der Wirtschaftskriminalität und des Wirtschaftsstrafrechts		74
F.	Criminal Compliance		75

2. Kapitel. Die Entwicklung des Wirtschaftsstrafrechts unter dem Einfluss des Europarechts
(Dannecker/Bülte)

Einführung ... 90
A. Harmonisierungsbestrebungen auf dem Gebiet des Wirtschafts- und Verwaltungsstrafrechts ... 91
   I. Entwicklung der europäischen Einigung von der Gründung der EGKS bis hin zum Vertrag über eine Verfassung für Europa ... 91
      1. Gründungsverträge ... 91
      2. Einheitliche Europäische Akte ... 92
      3. Maastrichter Vertrag ... 92
      4. Amsterdamer Vertrag ... 92
      5. Vertrag von Nizza und Charta der Grundrechte ... 93
      6. Vertrag über eine Verfassung für Europa ... 94
      7. Vertrag von Lissabon ... 95
      8. Problematische Tendenzen der europäischen Gesetzgebung mit Strafrechtsbezug ... 97
      9. Beitritt der EU zur EMRK und zu ausgewählten Zusatzprotokollen ... 97
   II. Verbindung der Europäischen Gemeinschaft und der EFTA-Staaten zu einem Europäischen Wirtschaftsraum (EWR) ... 97
   III. Räumliche Erweiterung der Europäischen Union ... 98
      1. Assoziierung und Beitritt der mittel- und osteuropäischen Länder sowie Maltas, Zyperns und der Türkei ... 98
      2. Partnerschafts- und Zusammenarbeitsabkommen mit weiteren Staaten ... 99
   IV. Europa als kriminalgeographischer Raum ... 99
      1. Entstehung eines kriminalgeographischen Raumes ... 99
      2. Notwendigkeit einer Annäherung der nationalen Strafrechtsordnungen ... 99
   V. Überblick über die Bedeutung des Europarechts für das Straf- und Sanktionenrecht ... 101
      1. Begriff des Europarechts ... 101
      2. Einfluss des Europarates auf das Straf- und Sanktionenrecht ... 101
      3. Einfluss der OECD auf das Straf- und Sanktionenrecht ... 105
      4. Einfluss der Europäischen Union auf das Straf- und Sanktionenrecht ... 106
B. Die Bedeutung des Unions- und Gemeinschaftsrechts für das nationale Wirtschaftsstrafrecht ... 126
   I. Kompetenzen der Europäischen Union auf dem Gebiet des Kriminalstrafrechts ... 127
      1. Rechtsetzung der EU ... 127
      2. Rechtsetzung im Rahmen der intergouvernementalen Zusammenarbeit ... 134
      3. Kompetenzen zur Bekämpfung von Betrug zum Nachteil der Europäischen Union ... 135
   II. Bußgeldkompetenz der Europäischen Union aufgrund primärrechtlicher Regelungen ... 137
      1. Europäisches Kartellrecht ... 137

	2.	Die vom Gerichtshof und dem Gericht erster Instanz zu verhängenden Geldbußen	140
	3.	Weitergehende Bußgeldkompetenzen	140
III.	Kompetenz zur Einführung und Verhängung sonstiger repressiver Verwaltungssanktionen		140
	1.	Strafzuschläge und Kautionsverfall	141
	2.	Subventionskürzungen, Abzüge und Subventionssperren	142
	3.	Allgemeiner Teil für ein Europäisches Verwaltungssanktionenrecht	142
IV.	Verpflichtung der Mitgliedstaaten zur Sanktionierung der Verletzung des Unions- bzw. Gemeinschaftsrechts		143
	1.	Verpflichtung der Mitgliedstaaten zum Erlass von Sanktionsnormen	143
	2.	Inhalt der Richtlinien und Verordnungen, die zum Erlass von Strafnormen verpflichten	145
V.	Ausdehnung des Anwendungsbereichs der nationalen Strafrechtsordnungen (Assimilierungsprinzip)		147
	1.	Verweisungsnormen im primären Gemeinschaftsrecht	147
	2.	Verweisungsnormen im sekundären Gemeinschaftsrecht	147
	3.	Ausdehnung des Schutzes nationaler Vorschriften auf Rechtsgüter der Europäischen Union	148
VI.	Bedeutung der Grundsätze des Unionsrechts für das nationale Strafrecht, Anwendungsvorrang und EuGH-Judikatur		148
	1.	Grundsätze der Rechtsstaatlichkeit (Art. 6 EUV; Präambel GR-Charta)	149
	2.	Unionsrechtliche Grundsätze und ihre Auswirkungen auf die Anwendung nationalen Strafrechts	155
	3.	Grundfreiheiten und ihre Auswirkungen auf die Anwendung nationalen Strafrechts	157
	4.	Unmittelbare Wirkungen von Richtlinien auf das Strafrecht	160
	5.	Einschränkung von unions- und gemeinschaftsrechtlichen Gewährleistungen bei Missbrauch	161
	6.	Scheinkollisionen des nationalen Strafrechts mit dem Unionsrecht („Berlusconi-Entscheidung")	164
	7.	Auswirkungen der EuGH-Judikatur auf strafrechtliche und steuerstrafrechtliche Fragen	165
VII.	Unions- und gemeinschaftsrechtskonforme Auslegung		174
	1.	Gemeinschaftsrechtskonforme Auslegung des gesamten nationalen Rechts	174
	2.	Unionsrechtskonforme Auslegung des nationalen Strafrechts	175
VIII.	Anwendung nationaler und europäischer Grundrechtsstandards		176
IX.	Ausweitung der nationalen Straf- und Bußgeldvorschriften auf Verstöße gegen das Unions- und Gemeinschaftsrecht durch Blankettstrafgesetze		179

C. Bekämpfung von Unregelmäßigkeiten zu Lasten des Haushalts der Europäischen Gemeinschaft 179

I.	Strafrechtlicher Schutz der Finanzinteressen der Europäischen Union		180
	1.	Schutz der Gemeinschafts-/Unionseinnahmen	180
	2.	Schutz der Gemeinschafts-/Unionsausgaben	182
	3.	Zuständigkeit für die Verfolgung von Unregelmäßigkeiten zu Lasten des EG/EU-Haushalts	184
II.	Schutz der Finanzinteressen der Europäischen Gemeinschaften/Union durch Verwaltungssanktionen und Kontrollmaßnahmen der Kommission		189
	1.	Verordnung Nr. 2988/95 über den Schutz der finanziellen Interessen der Europäischen Gemeinschaften	189
	2.	Verordnung Nr. 2185/96 des Rates vom 11.11.1996 betreffend die Kontrollen und Überprüfungen vor Ort durch die Kommission zum Schutz der finanziellen Interessen der Europäischen Gemeinschaften vor Betrug und anderen Unregelmäßigkeiten	190

Inhaltsverzeichnis

D. Europäische Zusammenarbeit bei der Kriminalitätsbekämpfung in der EU – Bedeutung der ehemaligen „dritten Säule"	191
I. Internationale Zusammenarbeit zur Kriminalitätsbekämpfung im Rahmen der Konsultationsgruppen TREVI	191
1. Arbeitsgruppen TREVI	191
2. Bedeutung der Arbeitsgruppen TREVI für die intergouvernementale Zusammenarbeit	192
II. Zusammenarbeit im Rahmen der Schengener Abkommen	193
1. Übereinkommen betreffend den schrittweisen Abbau der Grenzkontrollen an den gemeinsamen Grenzen vom 14.6.1985	193
2. Durchführungsübereinkommen vom 19.6.1990 zum Übereinkommen betreffend den schrittweisen Abbau der Grenzkontrollen an den gemeinsamen Grenzen (SDÜ)	193
3. Vergemeinschaftung des Schengenbesitzstandes	194
4. Prümer Vertrag (Schengen III) und Wiedereinführung von Kontrollen	195
III. Internationale Kooperation im Rahmen der Polizeilichen und Justiziellen Zusammenarbeit in Strafsachen	195
1. Einbindung der Kriminalitätsbekämpfung in die „dritte Säule"	195
2. Europäisches Polizeiamt (Europol)	196
3. Eurojust	198
4. Europäisches Justitielles Netz (EJN)	199
E. Beteiligung des EuGH bei der Anwendung des europarechtlich determinierten Straf- und Strafverfahrensrechts	200
I. Rechtsschutz durch den EuGH zur Sicherstellung der Vorgaben des Unions- und Gemeinschaftsrechts	200
II. Rechtsschutz durch den EuGH im intergouvernementalen Bereich	201
F. Ausblick	201
I. Bereichsspezifische Harmonisierung des Strafrechts	202
1. Notwendigkeit einer Vereinheitlichung des Wirtschaftsstrafrechts	202
2. Angleichung des Umweltstrafrechts	203
3. Vorgeschlagene Angleichung im Datenschutzrecht	204
II. Strafrechtlicher Schutz der finanziellen Interessen der Europäischen Gemeinschaften und Einführung einer Europäischen Staatsanwaltschaft	205
1. Konzept für eine Gesamtstrategie zum Schutz der finanziellen Interessen der Gemeinschaften	205
2. Corpus Juris der strafrechtlichen Regelungen zum Schutz der finanziellen Interessen der Europäischen Union	207
3. Entschließung des Europäischen Parlaments vom 19. April 2012 zur Forderung nach konkreten Maßnahmen zur Bekämpfung von Steuerbetrug und Steuerhinterziehung	208
4. Vorschlag der Kommission zur schnellen Reaktion auf den Mehrwertsteuerbetrug	208
5. Richtlinienvorschlag der Kommission über die strafrechtliche Bekämpfung von gegen die finanziellen Interessen der EU gerichtetem Betrug	208
6. Geplante Einrichtung einer Europäischen Staatsanwaltschaft	209
III. Vorschläge zur Ausgestaltung eines Europäischen Wirtschaftsstrafrechts	212
IV. Europäisches Modellstrafgesetz	213
V. Annäherung der nationalen Strafrechtsordnungen unter Berücksichtigung der Vorgaben internationaler Organisationen	214

3. Kapitel. Internationales Wirtschaftsstrafrecht
– Erfassung auslandsbezogener Wirtschaftsstraftaten –
(Möhrenschlager)

I. Einleitung	218
II. Die Einbeziehung des Schutzes ausländischer Rechtsgüter in das deutsche Strafrecht	219

    1. Wirtschaftsstraftaten, auf die „allgemeine" Straftatbestände anwendbar sind 219
    2. Ausdehnung von Wirtschaftsstraftatbeständen auf den Schutz ausländischer Rechtsgüter durch „autonome" Entscheidung des Gesetzgebers . 226
    3. Ausdehnung von Wirtschaftsstraftatbeständen auf den Schutz ausländischer Rechtsgüter nach dem Recht der Europäischen Gemeinschaften/Union oder sonst aufgrund völkerrechtlicher Verträge 232
III. Die Erfassung von grenzüberschreitenden und im Ausland begangenen Wirtschaftsstraftaten nach dem inter(trans)nationalen Strafanwendungsrecht 239
    1. Reichweite des Territorialitätsprinzips 239
    2. Aktives und passives Nationalitätsprinzip – Schutzprinzip 249
    3. Prinzip der stellvertretenden Strafrechtspflege 251
    4. Universalitätsprinzip 252

Wirtschaftsstrafrecht

4. Kapitel. Allgemeine Grundsätze des Wirtschaftsstrafrechts
(Raum)

A. Zurechnung strafrechtlicher Pflichten 257
  I. Strafrechtliche Haftung beim Handeln für Unternehmen 257
    1. Straftaten mit personalem Einschlag 258
    2. Strafvorschriften, die sich auf eine Amts- oder Organwalterstellung beziehen 258
    3. Die allgemeine strafrechtliche Zurechnungsnorm des § 14 StGB 259
    4. Beendigung der strafrechtlichen Verantwortlichkeit 264
    5. Strafrechtliche Verantwortlichkeit des Organs in eigenen Angelegenheiten 265
  II. Strafrechtliche Folgen von Gesamt- und Ressortverantwortung innerhalb von Unternehmensorganen 265
    1. Strafrechtliche Beurteilung gemeinsamer Beschlussfassung 266
    2. Fehlende Befassung des Gesamtorgans 267
    3. Delegation an Mitarbeiter 269
    4. Vorsatzanforderungen 270
    5. Gremienhaftung bei Fahrlässigkeitstaten 270
    6. Strafrechtliche Haftung von Aufsichtsgremien 271
  III. Begehensformen bei strafbarem Handeln in Unternehmensstrukturen ... 273
    1. Organisationsdelikte 273
    2. Beteiligung bei Sonderdelikten 276
  IV. Verfassungsrechtliche Vorgaben 277
    1. Untreue 277
    2. Untreuevorsatz 280
    3. Betrug 281
B. Spezifische Pflichten im Zusammenhang mit der Leitung von Unternehmen – Managerkriminalität 283
  I. Strafrechtlich relevante Pflichtenstellungen 284
    1. Interne Pflichten 284
    2. Pflichten gegenüber dem Staat 296
  II. Umfang strafrechtlicher Verantwortung 302
    1. Einstandspflicht für die Straftaten anderer Betriebsangehöriger 302
    2. Übertragene Garantenstellung – Compliance 303
C. Strafzumessung in Wirtschaftsstrafsachen 303
  I. Schadensumfang 304
    1. Schätzung 305
    2. Schadenskausalität 307

Inhaltsverzeichnis

3. Schadensbewertung		308
4. Kompensationsverbot und Schuldumfang		312
5. Umsatzsteuerkarusselle		313
6. Schuldumfang bei anderen Vermögensdelikten		314
7. Zeitmoment als Strafzumessungsfaktor		320
8. Orientierungsgrenzen bei der Strafzumessung in Steuersachen		322
II. Geldstrafe neben Freiheitsstrafe		322
III. Täter-Opfer-Ausgleich		323
IV. Sicherungsverwahrung bei Wirtschaftsstraftätern		323
V. Sanktionen gegen juristische Personen (§ 30 OWiG)		324
1. Handeln als Vertreter oder Verantwortlicher		324
2. Anknüpfungstat		324
3. Ahndung		325
4. Verfahrensrechtlicher Zusammenhang zwischen Strafverfolgung und Festsetzung der Verbandsgeldbuße		326

5. Kapitel. Compliance
(Knierim)

A. Compliance – materielles Recht		328
I. Einführung		328
1. Grundlagen		328
2. Begriffe		330
3. Bedeutung aus wirtschaftsrechtlicher Sicht		334
II. Gesetzliche Grundlagen		337
1. Leitungsverantwortung und Delegation		337
2. Gesetzliche Einzelpflichten		342
3. Straf- und bußgeldrechtliche Compliance		345
4. Selbstverpflichtungen		350
5. Vermeidung von zivilrechtlicher Haftung		351
B. Management der Compliance-Aufgaben		354
I. Pflichtenkreis		354
1. Pflicht zur Organisation		354
2. Pflicht zum Krisenmanagement		355
II. Ausgestaltung des Compliance-Managements		356
1. Business-Practice-Grundsätze		356
2. Risikoanalyse		357
3. Grundsätze und Maßnahmen		357
4. Notfallplanung, Krisenmanagement		358
III. Aufklärungsmaßnahmen		358
1. Einführung		358
2. Strafrechtliche Aufklärungspflicht		359
3. Kartellrechtliche Abwägungen		362
4. Grenzen der Aufklärung		363
5. Datenschutzrechtliche Vorgaben		364

6. Kapitel. Geldwäsche
(Schnabl)

Vorbemerkung		370
1. Der Tatbestand der Geldwäsche nach § 261 StGB		371
2. Das Geldwäschegesetz		377
3. Formen der Geldwäsche		378
4. Die Pflichten nach dem GwG		381
5. Der Ablauf des Clearingverfahrens		387
6. Schwierigkeiten bei der Umsetzung in der Praxis		391

7. Kapitel. Organisierte Wirtschaftskriminalität
(Wimmer)

1. Einleitung	395
2. Einzelne Fallkonstellationen	396
a) Abofallen/Abmahnanwälte	396
b) Tachomanipulation	400
c) Kontoeröffnungsbetrug	403
d) Subventionsbetrug	404
3. Fazit / Ausblick auf neue Erscheinungsformen der organisierten Wirtschaftskriminalität („Sekundärmarkt" von Lebensversicherungen)	405

8. Kapitel. Insolvenz – Materiellrechtlicher Teil
(Beck)

A. Einführung	413
I. Volkswirtschaftliche Dimensionen der Insolvenzen	413
II. Zur Insolvenzordnung	415
1. Reformentwicklung	415
2. Zielsetzung und Schwerpunkte der InsO	417
III. Insolvenzziele und Umsetzungsalternativen	419
1. Allgemeines	419
2. Die Regelinsolvenz	420
3. Der Insolvenzplan	423
4. Die Eigenverwaltung	426
5. Verbraucherinsolvenz- und sonstige Kleinverfahren	429
6. Exkurs: Die Restschuldbefreiung	431
IV. Insolvenzrecht und Strafrecht	434
1. Insolvenzstrafrecht im Spiegel der Statistik	434
2. Auswirkungen der Insolvenzrechtsreform auf das Strafrecht	438
3. Objektive Strafbarkeitsbedingung des § 283 Abs. 6 StGB	439
B. Insolvenzrechtliche Grundlagen	440
I. Insolvenzauslöser	440
1. Grundsatz	440
2. Zahlungsunfähigkeit	440
3. Drohende Zahlungsunfähigkeit	448
4. Überschuldung	451
II. Insolvenzantragspflicht	460
1. Grundsatz	460
2. Rechtsformneutrale Antragspflicht des § 15a InsO	460
3. Folgen der Pflichtverstöße	462
III. Gerichtliche Sofortmaßnahmen im Eröffnungsverfahren	463
1. Der Maßnahmenkatalog im Überblick	463
2. Sachverständigengutachten	463
3. Sicherungsmaßnahmen	463
4. Rechtsstellung des vorläufigen Insolvenzverwalters	464
5. Rechtsstellung des (vorläufigen) Sachwalters	466
IV. Entscheidung des Insolvenzgerichts	466
1. Eröffnung des Verfahrens	466
2. Abweisung mangels Masse und ihre Folgen	467
3. Bindungswirkung für das Strafrecht	468

9. Kapitel. Insolvenz – Strafrechtlicher Teil
(Pelz)

A. „Klassisches" Insolvenzstrafrecht	474
I. Allgemeines	474
1. Vorbemerkung	474

Inhaltsverzeichnis

	2. Die gesetzlichen Grundlagen	474
	3. Täterkreis	475
II.	Insolvenzverschleppung	476
	1. Allgemeines	476
	2. Objektiver Tatbestand	478
III.	Bankrott	491
	1. Allgemeines	491
	2. Einzelne Tatbestände des § 283 StGB	498
	3. Verhältnis zu Untreue	510
	4. Subjektiver Tatbestand; Versuch	511
IV.	Verletzung der Buchführungspflicht (§ 283b StGB)	513
V.	Gläubiger- und Schuldnerbegünstigung	514
	1. Gläubigerbegünstigung	514
	2. Schuldnerbegünstigung	517
VI.	Betrug (Lieferantenbetrug)	520
	1. Allgemeines	520
	2. Täuschungshandlung	521
	3. Irrtum	522
	4. Vermögensschaden	522
	5. Vollendung	523
	6. Täterschaft	523
VII.	Untreue	524
	1. Allgemeines	524
	2. Typische Untreuehandlungen	524
	3. Einverständnis und Weisungen der Gesellschafter	526
	4. Sonderfragen	527
VIII.	Vorenthalten und Veruntreuen von Arbeitsentgelt	528
	1. Der Arbeitgeber als Verantwortlicher	528
	2. Der Sozialversicherungsbeitrag als Tatgegenstand	529
	3. Das Vorenthalten als Tathandlung	530
	4. Subjektiver Tatbestand	534
	5. Strafe und Nebenfolge	535
	6. Strafbefreiende Selbstanzeige	535
	7. Konkurrenzen	535
	8. Notwendiger Inhalt von Anklage und Urteil	537
IX.	Sonstige Insolvenzstraftaten i. w. S.	538
	1. Falsche Versicherung an Eides statt	538
	2. Unterschlagung	538
	3. Kreditbetrug; Wechsel- und Scheckbetrug	539
	4. Steuerstraftaten	540
B. Strafrechtliche Besonderheiten		540
I.	Der faktische Geschäftsführer	540
	1. Bestimmung des faktisch Verantwortlichen	540
	2. Strafbarkeit wegen Insolvenzverschleppung	543
	3. Strafbarkeit wegen Bankrotts	544
	4. Untreuehandlungen	544
	5. Sonstige Straftaten	545
II.	Spezielle kriminelle Machenschaften	545
	1. Die geplante und gesteuerte Insolvenz	545
	2. Kriminelle Firmensanierer	546
C. Straftaten nach Insolvenzantrag		549
I.	Im Eröffnungsverfahren	549
II.	Nach Insolvenzeröffnung	550
	1. Der Schuldner als Täter	550
	2. Der (bisherige) Geschäftsführer als Täter	551
	3. Der Insolvenzverwalter als Täter	552

III.	Nach Ablehnung mangels Masse	556
	1. Insolvenzstraftaten i. e. S.	556
	2. Insolvenzstraftaten i. w. S.	557
D. Ermittlungen		557
I.	Einleitung von Ermittlungen	557
II.	Erste Ermittlungsschritte	558
	1. Zusammenarbeit zwischen Staatsanwaltschaft und Kriminalpolizei	558
	2. Handelsregisterauskünfte und -akten	559
	3. Auskünfte aus dem Gewerberegister und Gewerbezentralregister	559
	4. Anfragen beim Vollstreckungsgericht	560
	5. Gerichtsvollzieherauskünfte	561
	6. Auswertung der Akten des Insolvenzgerichts	561
	7. Kontaktaufnahme zum Gutachter oder Insolvenzverwalter	564
	8. Anfragen bei sonstigen Stellen	565
III.	Weitere Ermittlungen	566
	1. Durchsuchung, Beschlagnahme und Ähnliches	566
	2. Zeugenanhörung und -vernehmung; Umfeldermittlungen	570
	3. Auswertung der Unterlagen; Umfang weiterer Ermittlungen	571
	4. Strafverfahren und Insolvenzanfechtung	571
	5. Verletzteneigenschaft des Insolvenzverwalters	572
E. ABC des „klassischen Verteidigungsvorbringens"		572

10. Kapitel. Straftaten im Bankbereich
(Knierim)

A. Bank- und Finanzwesen		582
I.	Bankengruppen in Deutschland	582
	1. Überblick	582
	2. Rechtlicher Rahmen	585
II.	Bankinterne Organisation und Kontrolle	592
	1. Grundschemata der Organisation	592
	2. Innenrevision der Banken	592
	3. Geldwäschebeauftragte	593
	4. Compliance-Organisation	593
	5. Verstöße gegen die Organisations-, Aufsichts- und Anzeigepflichten	593
III.	Bankexterne Sicherung und Kontrolle	594
	1. Prüfungseinrichtungen der Banken und Bankgruppen	594
	2. Aufsicht durch die BAFin	594
	3. Schutzverbände für Kreditsicherung	595
IV.	Strafprozessuale Besonderheiten	595
	1. Allgemeines	595
	2. Sachliche Beweismittel	595
	3. Effektive Kontenauswertung	599
	4. Bankgeheimnis im Strafverfahren	599
	5. Mitteilungen und Auskünfte des BAFin	600
	6. Auskunft und Zeugenvernehmung	601
	7. Entschädigung für Ermittlungsmaßnahmen	601
B. Geld- und Zahlungsverkehr		602
I.	Kassengeschäfte	602
	1. Bargeldgeschäfte	602
	2. Edelmetall-, Wertpapier- und Devisengeschäfte	602
	3. Geld und Zahlungsmitteln im Strafrecht	602
II.	Nationaler Zahlungsverkehr und Kontoführung	606
	1. Konten und Kontoverfügungen	606
	2. Überweisungen	609
	3. Lastschriftverfahren	612
III.	Scheck- und Kreditkarten	614

Inhaltsverzeichnis

1. Einführung, Übersicht	614
2. Missbräuchliche Erlangung einer Kreditkarte	615
3. Missbräuchliche Verwendung der Kreditkarte	615
IV. Scheck und Wechsel	616
1. Einführung	616
2. Betrugstatbestand	616
3. Untreue durch Tolerierung einer Scheck- oder Wechselreiterei	619
V. Internationaler Zahlungsverkehr	619
1. Bedeutung des internationalen Zahlungsverkehrs	619
2. Missbrauch des Auslandszahlungsverkehrs	619
C. Kreditgeschäfte der Banken	622
I. Allgemeines	622
1. Kreditbegriff, Kreditarten und Kreditrisiko	622
2. Kreditsicherheiten	626
3. Irreführende Kreditanpreisung	628
II. Manipulationen zur Erlangung eines Kredites	628
1. Kreditbetrug gem. § 265b StGB	629
2. Betrug gem. § 263 StGB	632
3. Sonstige Straftaten des Kunden	635
III. Missbräuchliche Kreditgewährung	635
1. Motivlage von Bankenmitarbeitern	635
2. Kompetenzregelungen für die Kreditvergabe	636
3. Manipulations- oder Verschleierungshandlungen	637
4. Weitere pflichtwidrige Handlungen	638
5. Einwilligung in die Kreditvergabe	642
6. Schadensberechnung bei der Untreue	642
7. Kausalität und Zurechnung	645
8. Subjektive Tatseite bei Untreuehandlungen	645
9. Versuch, Vollendung, Beendigung	646
IV. Kredite in Kundenkrise und Insolvenz	646
1. Verhalten der Bank in der Kundenkrise	646
2. Missbräuchliche Ausübung der Bankenmacht	647
V. Besondere Finanzierungen	649
1. Subventionskredit	649
2. Verbraucherkredite	650
3. Kreditvermittler, Kreditwucher	651
4. Factoring	652
D. Bankspezifische Strafnormen	653
1. Einführung	653
2. Unerlaubte Bankgeschäfte, § 54 KWG	658
3. Strafbarkeit von Bankvorständen, § 54a KWG n.F.	661
4. Insolvenz von Finanzinstituten. § 55 KWG	661
5. Unbefugte Offenbarung §§ 55a-55b KWG	662
6. Ordnungswidrigkeiten, §§ 56, 59 KWG	663
7. Depotunterschlagung und falsche Depotanzeigen	664
8. Strafrechtliche Bestimmungen des Kapitalanlagegesetzbuchs (KAGB)	666
9. Ungedeckte Pfandbriefemissionen	667
10. Straftaten nach dem InvG	668
11. Straftaten nach dem ZAG	670

11. Kapitel. Straftaten im Zusammenhang mit handels- und gesellschaftsrechtlichen Pflichten
(Raum)

Allgemeines	674
I. Straftaten im Zusammenhang mit Falschangaben über die Kapitalgesellschaft	675
1. Gründungsschwindel nach § 399 Abs. 1 Nr. 1, 2 AktG	675

2. Falsche Angaben in der öffentlichen Ankündigung nach § 399 Abs. 1 Nr. 3 AktG		677
3. Kapitalerhöhungsschwindel (§ 399 Abs. 1 Nr. 4 AktG)		678
4. Abwicklungsschwindel (§ 399 Abs. 1 Nr. 5 AktG)		678
5. Täuschung über persönliche Voraussetzungen (§ 399 Abs. 1 Nr. 6 AktG)		679
6. Wahrheitswidrige Erklärungen (§ 399 Abs. 2 AktG		679
7. Strafbare Falschangaben bei der GmbH (§ 82 GmbHG)		679
8. Falschangaben bei der Genossenschaft (§ 147 Abs. 1 GenG)		681
9. Falschangaben im Rahmen der Umwandlung (§§ 313 Abs. 2, 314a UmwG)		682
10. Vorsatz und Irrtum		682
II. Bilanzdelikte		683
1. Unrichtige Darstellungt (§ 331 HGB)		684
2. Verletzung der Berichtspflicht (§ 332 HGB)		687
3. Spezialgesetzliche Tatbestände		689
III. Falsche Ausstellung von Berechtigungsscheinen (§ 402 AktG)		691
IV. Strafbewehrte gesellschaftsrechtliche Pflichten im Zusammenhang mit Verlusten der Gesellschaft (§ 401 AktG; § 84 GmbHG; 148 GenG)		693
1. Pflichtverletzung bei Verlust (§ 401 AktG)		693
2. Pflichtverletzung bei Verlust (§ 148 GenG)		694
3. Verletzung der Verlustanzeigepflicht (§ 84 GmbHG)		694
V. Verletzung von Geheimhaltungspflichten		694

12. Kapitel. Korruption
(Bannenberg)

I. Allgemeines		700
1. Phänomen Korruption		700
2. Weiter Korruptionsbegriff		702
3. Strafrechtlicher Korruptionsbegriff		703
4. Korruptionsstrukturen in Deutschland und empirische Erkenntnisse		703
5. Deutschland im internationalen Vergleich		708
6. Statistik – Verbreitung der Korruption		710
7. Dunkelfeld		715
8. Schädlichkeit der Korruption		717
9. Öffentliches Dienstrecht und Folgen von Dienstpflichtverletzungen		719
10. Korruptionsprävention in Bund und den Ländern		720
11. Compliance – Korruptionsprävention in der Wirtschaft		724
II. Materielles Strafrecht		726
1. Überblick		726
2. Bestechungsdelikte (§§ 331–335 StGB)		729
3. Angestelltenbestechung (§§ 299, 300 StGB)		747
4. Internationale Korruption und deutsches Strafrecht		749
5. Untreue (§ 266 StGB)		751
6. Politische Korruption und Abgeordnetenbestechung (§ 108e StGB)		757
7. Steuerhinterziehung		758
8. Korruption und Sport		759
9. Die Auswirkungen des amerikanischen Strafrechts auf deutsche Unternehmen		764
10. UK Bribery Act		766
III. Ermittlungen bei Korruptionsdelikten		766
1. Notwendige Spezialisierung der Strafverfolgung		766
2. Anzeigepflicht und Hinweisgeber („Whistleblowing")		767
3. Strafprozessuale Ermittlungsmaßnahmen		768
4. Vorschläge zur Intensivierung der Strafverfolgung gegen Korruption		769
5. Untersuchungshaft		772

Inhaltsverzeichnis

6. Telefonüberwachung und Wohnraumüberwachung	772
7. Vertraulichkeitszusage	772
IV. Ausblick	773

13. Kapitel. Straftaten im Gesundheitswesen
(Hilgendorf)

I. Kriminalitätsprävention im Gesundheitswesen	777
II. Der Abrechnungsbetrug	779
1. Das legale Abrechnungssystem des Vertragsarztes	779
2. Das System der Leistungsziffern	780
3. Die Krankenhausbehandlung	781
4. Die Typologie der Täuschungshandlungen	781
5. Strafrechtliche Bewertung	785
6. Die Aufgaben der Kassenärztlichen Vereinigungen	786
7. Stelle nach § 81a SGB V u. a.	789
8. Die Unterstützung durch die Krankenkassen	790
9. Abrechnungsmanipulationen beim Privatpatienten	790
10. Das rechtswidrige Abbedingen der Regelsätze der ärztlichen Gebührenordnung	794
11. Besonderheiten im Ermittlungsverfahren	795
III. Der Zahnarzt- und Dentalbereich	799
1. Zahnersatzleistungen	799
2. Einbehalten von Altzahngold	801
3. Vereinbarung von Nachlässen	801
4. Betrug z. N. der Zusatzversicherung	801
IV. Straftaten im Pharmazie- und Rezeptbereich	801
1. Rezeptabrechnung der Apotheken	801
2. Der Wareneinkauf per Rezept	802
3. Die Sprechstundenbedarfsrezepte	803
4. Beteiligung am Rezeptumsatz	803
5. Exkurs: Korruption im Gesundheitswesen	804
6. Betrug mit reimportierten Arzneimitteln	804
7. Die unrichtige Verordnung von Arzneimitteln	805
8. Abgabe von Klinikpackungen	805
9. Ermittlungshinweise	805
V. Heil- und Hilfsmittel	805
1. Der kostenlose Saunabesuch	805
2. Die Anschlussheilbehandlung und die „Kur"	806
3. Die „Kaffeefahrt"	806
4. Unrichtige Abgabe von Heil- und Hilfsmitteln	807
5. Häusliche Pflegedienste	807
VI. Der illegale Tierarzneimittelmarkt	807
1. Die Abgabe von Tierarzneimitteln durch den Tierarzt	807
2. Der illegale Tierarzneimittelmarkt	808
3. Strafrechtliche Bewertung	809
4. Ermittlungshinweise	810
Anhang: Erklärung des Vertragsarztes bei Quartalsabrechnung	811

14. Kapitel. Computer- und Internetkriminalität
(Bär)

A. Einleitung und Begriff der Computer- und Internetkriminalität	818
I. Entwicklungen zur Informationsgesellschaft	818
II. Begriff der Computer- und Internetkriminalität und Überblick	820
1. Begriff der Computer- und Internetkriminalität	820
2. Überblick zu Deliktsformen	821

B. Einzelne Deliktsformen 822
   I. Computerbetrug (§ 263a StGB) 822
      1. Tatobjekt: Daten und Datenverarbeitungsvorgang 824
      2. Unrichtige Programmgestaltung (1. Alternative) 825
      3. Verwendung unrichtiger oder unvollständiger Daten (2. Alternative) .. 826
      4. Unbefugte Verwendung von Daten (3. Alternative) 827
      5. Unbefugte Einwirkung auf Ablauf (4. Alternative) 833
      6. Beeinflussung des Ergebnisses eines Datenverarbeitungsvorgangs 833
      7. Vermögensschaden 834
      8. Subjektiver Tatbestand 834
      9. Verweisung auf § 263 Abs. 2 bis 7 (Abs. 2) 835
      10. Vorbereitungshandlungen (Abs. 3) 835
      11. Tätige Reue (Abs. 4) und Konkurrenzen 836
      12. Probleme des Tatnachweises 837
   II. Elektronische Urkundendelikte (§§ 269, 270, 274 StGB) 837
      1. Inhalte und einzelne Tatbestände 837
      2. Fälschung beweiserheblicher Daten (§§ 269, 270 StGB) 839
      3. Unterdrückung beweiserheblicher Daten (§ 274 Abs. 1 Nr. 2 StGB) ... 844
      4. Probleme des Tatnachweises 845
   III. Beeinträchtigungen der „Datenintimität"(§ 202a – § 202c StGB) 845
      1. Ausspähen von Daten (§ 202a StGB) 846
      2. Abfangen von Daten (§ 202b StGB) 853
      3. Vorbereitungen zum Ausspähen und Abfangen von Daten (§ 202c StGB) ... 855
      4. Probleme des Tatnachweises 858
   IV. Datenveränderung und Computersabotage (§§ 303a, 303b StGB) 858
      1. Computerviren und andere Sabotageprogramme 860
      2. Datenveränderung (§ 303a StGB) 862
      3. Computersabotage (§ 303b StGB) 868
   V. Illegale Nutzung von Programmen (§§ 106 ff. UrhG) 875
      1. Unerlaubte Verwertung urheberrechtlich geschützter Werke (§ 106 UrhG) .. 877
      2. Strafbarer Eingriff in fremde Schutzrechte und technische Schutzmaßnahmen (§ 108 und § 108b UrhG) 884
      3. Probleme des Tatnachweises 884
   VI. Persönlichkeitsverletzungen 885
   VII. Verrat von Betriebs- und Geschäftsgeheimnissen 886
      1. Tatbestand und Rechtsgut 886
      2. Geschäfts- und Betriebsgeheimnisse als Tatobjekt 887
      3. Tathandlungen des § 17 UWG 887
      4. Subjektiver Tatbestand, Konkurrenzen 889
      5. Probleme des Tatnachweises 890
C. Straftaten im Internet 891
   I. Allgemeine Fragen und beispielhafte Verfahren 891
      1. Entwicklung der Verfahren 891
      2. Abgrenzung von Telemedien, Telekommunikation und Rundfunk ... 893
      3. Beteiligte Personen und Verantwortlichkeit 894
      4. Bedeutung der Verantwortlichkeitsregeln für das Strafrecht .. 895
   II. Verantwortlichkeit der einzelnen Beteiligten 895
      1. Verantwortlichkeit der Anbieter 895
      2. Verantwortlichkeit der Provider 896
      3. Verantwortlichkeit der Nutzer 900
   III. Verantwortlichkeit für Hyperlink 902
   IV. Probleme des Tatnachweises 904
      1. Anwendbarkeit des deutschen Strafrechts 904
      2. Rückverfolgung von Straftätern 906
D. Zusammenfassung und Ausblick 907

Inhaltsverzeichnis

15. Kapitel. Schutz von Geschäfts- und Betriebsgeheimnissen
(Möhrenschlager)

I. Einleitung	911
II. Schutz im Gesetz gegen den unlauteren Wettbewerb	912
1. Geheimnisverrat (§ 17 Abs. 1 UWG)	912
2. Geschäfts-/Betriebsspionage (§ 17 Abs. 2 Nr. 1 UWG)	923
3. Geheimnishehlerei (§ 17 Abs. 2 Nr. 2 UWG)	925
4. Sanktionen (auch bei besonders schweren Fällen) und sonstige Rechtsfolgen	928
5. Verwertung von Vorlagen (§ 18 UWG)	929
6. Versuch und Vorbereitungshandlungen	930
7. Voraussetzungen der Verfolgung von auslandsbezogenen Verstößen	931
8. Strafverfolgungsvoraussetzungen (§ 17 Abs. 5, § 18 Abs. 3, § 19 Abs. 4 UWG)	932
III. Schutz durch andere strafrechtliche Regelungen	933
1. Gesellschafts-, wirtschafts- und arbeitsrechtliche Strafvorschriften	934
2. Strafvorschriften zum Schutze von Privat- und Dienstgeheimnissen	937
3. Staatsschutzstrafrecht	938
IV. Hinweise zu präventiven Maßnahmen	939
1. Personelle und rechtliche Schutzmaßnahmen	941
2. Organisatorische und technische Sicherungsmaßnahmen	943

16. Kapitel. Strafbare Werbung
(Solf)

I. Werbung als Instrument der Wirtschaftskriminalität	946
II. Schwindel mit Arbeitsplätzen und Nebenverdienst	947
1. Vorgetäuschtes Anstellungsverhältnis	947
2. Heimarbeitsschwindel	948
3. Attraktive Auslandsjobs	949
4. Bauernfängerei mit Servicenummern	949
III. Dubiose Chiffreanzeigen	950
IV. Kredite für jedermann	951
V. Sammlungen zu angeblich sozialen Zwecken	952
VI. Missstände bei der Haustürwerbung	953
1. Kein generelles Verbot	953
2. Schwindel beim Zeitschriftenvertrieb	953
3. Strafbarkeitsvoraussetzungen	954
4. Erforderliche Sachverhaltsfeststellungen	955
5. Selbsthilfemaßnahmen der Wirtschaft	956
VII. Bauernfängerei mit Kaffeefahrten	956
1. Als Ausflug getarnte Verkaufsveranstaltungen	956
2. Rechtliche Beurteilung	957
3. Widerrufsrecht auch bei Fahrten über die Grenze	958
4. Vergleichbare Missstände bei anderen Verkaufsveranstaltungen	958
VIII. Werbung mit Mondpreisen	958
1. Vorgetäuschte Preisreduzierungen	958
2. Beweisprobleme bei der Rechtsverfolgung	959
IX. Manipulierte Räumungsverkäufe	960
1. Beliebtes Lockmittel zur Umsatzsteigerung	960
2. Organisierter Schwindel durch professionelle Täter	961
3. Defizite bei der Strafverfolgung	962
X. Orientteppichschwindel	963
1. Der Zwangsvollstreckungstrick	963
2. Verwertung sicherungsübereigneter oder verpfändeter Teppiche	964
3. Schwindel mit Wanderlagern	965

		4. Missstände bei Räumungsverkäufen	966
XI.		Heil- und Arzneimittelschwindel	966
		1. Straftaten im Reisegewerbe	966
		2. Publikumswerbung	967
XII.		Progressive Kundenwerbung	968
XIII.		Kettenbriefe und Pyramidenspiele	969
		1. Kettenbriefaktionen	970
		2. Pyramidenspiele	971
XIV.		Anzeigen- und Adressbuchschwindel	972
		1. Versand fingierter Rechnungen	972
		2. Sonstige Schwindelmethoden	973
		3. Möglichkeiten des Zivilrechts	974
		4. Gegenmaßnahmen der Wirtschaft	975
		5. Strafrechtliche Beurteilung	975
XV.		Geldmacherei mit Abmahnungen	977
		1. Viel Ertrag mit wenig Aufwand	977
		2. Abmahnvereine	978
		3. Abmahnungen durch Pseudo-Wettbewerber	979
		4. Strafrechtliche Beurteilung	979
XVI.		Pressespezifische Besonderheiten	980
		1. Strafprozessuale Aspekte	980
		2. Verjährung	981

17. Kapitel. Produkt- und Markenpiraterie
(Möller)

I.	Einleitung	983
II.	Die Definition von Produkt- und Markenpiraterie	983
	1. Statistisches Datenmaterial	984
	2. Tätergruppen und Vertriebswege	986
III.	Gesetzeslage	987
	1. Produktpirateriegesetz	987
	2. Kurzübersicht und -definition der gewerblichen Schutzrechte	989
	3. Markenrechtliche Straftatbestände	990
	4. Strafrechtliche Einziehung/Adhäsionsverfahren, § 143 Abs. 5 MarkenG	993
	5. Weitere mögliche Straftatbestände	993
IV.	Ermittlungsprobleme bzw. typische Problemstellungen der strafrechtlichen Verfolgung	995
	1. Supranationale und bundesdeutsche Sicherstellungsregelungen	995
	2. Staatsanwaltschaft	996
	3. Verwertung sichergestellter Fälschungsware	999
V.	Spezifische Urheberrechtsprobleme	999
VI.	Die privatrechtliche Situation bei Produkt- und Markenpiraterieverletzungen	1001
VII.	Präventionsmöglichkeiten	1002
VIII.	Gegenmaßnahmen der deutschen Wirtschaft	1002
IX.	Wichtige Kontaktadressen	1003
X.	Schutzrechte im Überblick	1004

18. Kapitel. Kartellstraf- und -ordnungswidrigkeitenrecht
(Dannecker/N. Müller)

A.	Schutz des freien Wettbewerbs durch straf- und bußgeldrechtliche Sanktionsvorschriften	1019
	I. Schutz des Wettbewerbs	1019
	II. Überblick über die Wettbewerbs- und Sanktionsvorschriften	1020
	1. Wettbewerbsvorschriften	1020

Inhaltsverzeichnis

		2. Sanktionsvorschriften	1022
B.	Strafbare Submissionsabsprachen		1023
	I.	Die durch Submissionsabsprachen verursachten Schäden	1023
	II.	Erscheinungsformen der Wettbewerbsbeschränkenden Absprachen bei Ausschreibungen	1024
		1. Absprachen zwischen Marktteilnehmern auf überschaubaren Märkten	1025
		2. Submissionsabsprachen und Korruption	1025
		3. Nutzung des Nachverhandlungsverbots und Erteilung von Komplettaufträgen	1025
	III.	Strafbarkeit von Submissionsabsprachen als Betrug	1026
		1. Rechtsprechung des Reichsgerichts und des Bundesgerichtshofs bis zum Jahre 1992	1026
		2. Änderung der Rechtsprechung des Bundesgerichtshofs in den „Rheinausbau"-Entscheidungen	1026
	IV.	Wettbewerbsbeschränkende Absprachen bei Ausschreibungen (§ 298 StGB)	1031
		1. Geschütztes Rechtsgut und Ausgestaltung des (§ 298 StGB als abstraktes Gefährdungsdelikt	1032
		2. Ausschreibungen über Waren oder gewerbliche Leistungen	1033
		3. Abgabe eines Angebots	1034
		4. Angaben über Waren oder gewerbliche Leistungen	1034
		5. Rechtswidrige Absprache	1034
		6. Veranlassen eines bestimmten Angebots als Ziel der Absprache	1037
		7. Vorsatz	1038
		8. Steuerliche Abzugsfähigkeit	1038
		9. Tätige Reue	1038
		10. Verjährung	1038
		11. Konkurrenzen	1039
	V.	Submissionsabsprachen als Kartellordnungswidrigkeiten	1039
	VI.	Verfahrensrecht	1040
		1. Zuständigkeit der Staatsanwaltschaft und der Wirtschaftsstrafkammer	1040
		2. Zuständigkeit für die Verhängung von Unternehmenssanktionen	1040
C.	Nationales Kartellordnungswidrigkeitenrecht		1041
	I.	Neuregelung durch die siebente Kartellrechtsnovelle	1042
	II.	Neuregelung durch die Preismissbrauchsnovelle	1042
	III.	Neuregelung durch das Gesetz zur Errichtung einer Markttransparenzstelle für den Großhandel mit Strom und Gas	1042
	IV.	Neuregelungen durch die achte Kartellrechtsnovelle	1043
	V.	Regelungen und Systematik des GWB	1044
		1. Normadressaten	1044
		2. Materiellrechtliche Regelungen über Wettbewerbsbeschränkungen	1044
		3. Zivil- und verwaltungsrechtliche Sanktionen	1045
		4. Fusionskontrolle	1045
		5. Markttransparenzstellen für den Großhandel mit Strom und Gas und für Kraftstoffe	1046
		6. Kartellbehörden und Verfahrensvorschriften einschließlich Bußgeldvorschriften	1046
	VI.	Bußgeldrecht und Systematik der Kartellordnungswidrigkeiten	1046
		1. Neuerungen durch die siebente GWB-Novelle	1046
		2. Neuerungen durch die achte GWB-Novelle	1047
		3. Blankettgesetzcharakter: Erfordernis des Zusammenlesens von verweisendem und ausfüllendem Gesetz	1047
		4. Struktur der Bußgeldnormen	1047
		5. Schwerwiegende Zuwiderhandlungen gegen die materiellen Wettbewerbsverbote	1048
		6. Leichtere Zuwiderhandlungen	1049

Inhaltsverzeichnis

VII.	Bußgeldrechtliche Besonderheiten der Wettbewerbsverbote	1050
	1. Verbot wettbewerbsbeschränkender Vereinbarungen nach Art. 101 AEUV und des Missbrauchs marktbeherrschender Stellungen nach Art. 102 AEUV	1050
	2. Verbot wettbewerbsbeschränkender Vereinbarungen nach § 1 GWB	1050
	3. Umgehungsverbote	1054
	4. Verbot des Missbrauchs einer marktbeherrschenden oder marktstarken Stellung	1055
	5. Verbotenes Verhalten für Unternehmen mit relativer oder überlegener Marktmacht	1058
	6. Boykottverbot	1059
	7. Aufnahmezwang	1060
VIII.	Zusammenschlusskontrolle (Fusionskontrolle)	1060
	1. Ziel der Zusammenschlusskontrolle	1060
	2. Anwendungsbereich der Zusammenschlusskontrolle	1060
	3. Anmeldepflicht von Zusammenschlüssen	1061
	4. Fusionskontrollverfahren	1062
	5. Bußgeldtatbestände	1063
IX.	Normadressaten der Bußgeldvorschriften und Ahndung juristischer Personen	1064
	1. Ahndbarkeit natürlicher Personen über die Zurechnung gemäß § 9 OWiG	1064
	2. Ahndbarkeit natürlicher Personen wegen Aufsichtspflichtverletzung gemäß § 130 OWiG	1064
	3. Ahndbarkeit juristischer Personen und Personenvereinigungen gemäß § 30 OWiG	1065
X.	Bußgeldbemessung und Eintragung in das Gewerbezentralregister	1067
	1. Höchstmaß der Geldbuße	1067
	2. Vorteilsabschöpfung	1067
	3. Bußgeldbemessung bei natürlichen Personen	1068
	4. Bußgeldbemessung bei juristischen Personen und Personenvereinigungen	1069
	5. Bonusregelung des Bundeskartellamts	1071
	6. Eintragung in das Gewerbezentralregister	1075
D. Europäisches Kartellordnungswidrigkeitenrecht		1075
I.	Rechtsgrundlagen und Entstehungsgeschichte der wettbewerbsrechtlichen Bußgeldvorschriften	1075
II.	Kartellrechtliche Verbotsnormen	1077
	1. Verbot horizontaler und vertikaler Vereinbarungen und abgestimmter Verhaltensweisen (Art. 101 Abs. 1 AEUV)	1077
	2. Missbrauch einer marktbeherrschenden Stellung (Art. 102 AEUV)	1082
III.	Dogmatische Einordnung und Ausgestaltung der Bußgeldtatbestände	1083
	1. Sonderdeliktscharakter und Ausgestaltung als Blankettgesetze	1083
	2. Sanktionierung von Verfahrensverstößen und Verletzungen des materiellen Kartellrechts	1083
IV.	Allgemeiner Teil des Kartellordnungswidrigkeitenrechts	1085
	1. Adressaten der Bußgeldvorschriften	1085
	2. Zurechnung des Verhaltens natürlicher Personen	1089
	3. Vorsatz und Fahrlässigkeit	1090
	4. Geltung strafrechtlicher Fundamentalgarantien	1090
V.	Bußgeldbemessung	1092
	1. Entwicklung der Sanktionspolitik bis zur Einführung der Leitlinien zur Bußgeldbemessung	1092
	2. Leitlinien zur Bußgeldbemessung in Kartellverfahren aus dem Jahr 1998	1092
	3. Leitlinien zur Bußgeldbemessung in Kartellverfahren aus dem Jahr 2006	1093

Inhaltsverzeichnis

	4. Mitteilung vom 14. Februar 2002 über den Erlass und die Ermäßigung von Geldbußen – „Kronzeugenregelung"	1094
	5. Vergleichsverfahren (Settlement)	1098
VI.	Kartellverfahren auf Unionsebene	1100
	1. Rechtsnatur und Rechtsgrundlagen des Verfahrens	1100
	2. Einleitung und Ablauf des Verfahrens	1100
VII.	Rechtskontrolle durch den Europäischen Gerichtshof	1108
	1. Grundsätzliche Klagemöglichkeiten	1108
	2. Erweiterung der Nachprüfungsmöglichkeit durch Art. 261 AEUV	1109
VIII.	Bußgeldtatbestände der Fusionskontroll-Verordnung	1110
	1. Rechtsgrundlagen der Fusionskontrolle	1110
	2. Anwendungsbereich der Fusionskontroll-Verordnung	1110
	3. Fusionskontrollverfahren	1111
	4. Bußgeldvorschriften der Fusionskontroll-Verordnung	1113
	5. Rechtsmittel bei Bußgeldentscheidungen	1115

19. Kapitel. Schwarzarbeit und illegale Beschäftigung
(Richtarsky/Teil H: Pflaum)

A.	Das Schwarzarbeitsbekämpfungsgesetz	1121
I.	Einführung	1121
	1. Entstehungsgeschichte und Bedeutung	1121
	2. Begriffsbestimmung	1122
II.	Organisation der Bekämpfung der Schwarzarbeit und illegalen Beschäftigung	1122
	1. Prüf- und Ermittlungsbehörden	1122
	2. Prüfungsaufgaben	1123
	3. Das Prüfungsverfahren der Zollverwaltung	1124
	4. Ermittlungen der Zollverwaltung	1126
	5. Zusammenarbeit mit anderen Behörden und Datenverarbeitung	1127
III.	Ordnungswidrigkeiten im SchwarzArbG	1128
	1. Die Bußgeldtatbestände des § 8 Abs. 1 SchwarzArbG	1128
	2. Die Bußgeldtatbestände des § 8 Abs. 2 SchwarzArbG	1129
	3. Zuständige Verwaltungsbehörde	1129
IV.	Straftatbestände im SchwarzArbG	1130
	1. Erschleichen von Sozialleistungen im Zusammenhang mit der Erbringung von Dienst- und Werkleistungen – § 9 SchwarzArbG	1130
	2. Beschäftigung von Ausländern ohne Genehmigung oder ohne Aufenthaltstitel und zu ungünstigen Arbeitsbedingungen – § 10 SchwarzArbG	1130
	3. Beschäftigung von Ausländern ohne Aufenthaltstitel, die Opfer von Menschenhandel sind – § 10a SchwarzArbG	1134
	4. Erwerbstätigkeit von Ausländern ohne Genehmigung oder ohne Aufenthaltstitel in größerem Umfang oder von minderjährigen Ausländern – § 11 SchwarzArbG	1135
V.	Ausschluss von öffentlichen Aufträgen und von Subventionen	1136
B.	Hinterziehung von Sozialversicherungsbeiträgen	1137
I.	Begehungsweisen	1137
	1. „Klassische" Schwarzarbeit	1137
	2. Beschäftigung von Scheinselbstständigen	1138
	3. Mindestlohnverstöße	1138
II.	Vorenthalten und Veruntreuen von Arbeitsentgelt – § 266a StGB	1138
	1. Grundlagen	1138
	2. Anzuwendendes Recht – Entsendung nach Deutschland	1139
	3. Tathandlung bei illegaler Beschäftigung	1142
	4. Sozialversicherungsrechtliche Beschäftigungsarten	1144
	5. Beitragsbemessung	1148
	6. Feststellung der Bemessungsgrundlagen	1150

Inhaltsverzeichnis

	7. Tatbeendigung/Verjährung	1152
	8. Konkurrenzen	1152
	9. Rechtsfolgen	1153
	10. Anforderungen an Anklage und Urteil	1154
	11. Generalunternehmerhaftung	1154

C. Schwarzarbeit durch Empfänger von Sozialleistungen wegen Verletzung von Mitteilungspflichten gegenüber den Sozialleistungsträgern ... 1155
  I. Pflichten des Empfängers von Sozialleistungen gegenüber dem Sozialleistungsträger ... 1155
  II. Häufig erschlichene Leistungen ... 1155
    1. Arbeitslosengeld I – §§ 136 ff. SGB III ... 1155
    2. Arbeitslosengeld II – §§ 7 ff., 19 ff. SGB II ... 1156
  III. Begehungsweisen ... 1156
    1. Verletzung von Mitteilungspflichten durch den Leistungsbezieher ... 1156
    2. Kollusives Zusammenwirken von Arbeitgeber und Leistungsbezieher ... 1157
  IV. Verwirklichte Straftaten und Ordnungswidrigkeiten ... 1157
    1. Straftaten ... 1157
    2. Ordnungswidrigkeiten ... 1158
    3. Aufdeckungsmethoden ... 1159

D. Illegale Ausländerbeschäftigung ... 1159
  I. Aufenthaltsrecht und Zugang zum deutschen Arbeitsmarkt ... 1159
    1. Unionsbürger und Gleichgestellte ... 1160
    2. Drittstaatsangehörige ... 1161
    3. Asylbewerber und geduldete Ausländer ... 1163
  II. Ausländerrechtliche Verstöße durch Aufnahme einer unerlaubten Beschäftigung ... 1163
    1. Die Grundtatbestände des § 95 Abs. 1 AufenthG ... 1163
    2. „Erschleichen" von Aufenthaltstiteln – § 95 Abs. 2 Nr. 2 AufenthG ... 1166
    3. Einschleusen von Ausländern – § 96 AufenthG ... 1167
  III. Verstöße gegen das Arbeitsgenehmigungsrecht ... 1168
    1. Allgemeines ... 1168
    2. Straftaten im SchwarzArbG ... 1168
    3. Ordnungswidrigkeiten im SGB III ... 1168
  IV. Scheinselbstständigkeit von Staatsangehörigen der neuen EU-Mitgliedstaaten ... 1169
    1. Niederlassungsfreiheit ... 1169
    2. Abgrenzung selbstständige Tätigkeit – abhängige Beschäftigung ... 1170
    3. Erscheinungsformen der Scheinselbstständigkeit ... 1170
    4. Straf- und bußgeldrechtliche Folgen der Scheinselbstständigkeit ... 1171

E. Illegale Beschäftigung im Zusammenhang mit Arbeitnehmerüberlassung ... 1172
  I. Arbeitnehmerüberlassung und andere Formen drittbezogenen Personaleinsatzes ... 1172
    1. Arbeitnehmerüberlassung ... 1172
    2. Abgrenzung zu anderen Formen drittbezogenen Personaleinsatzes ... 1172
    3. Werkvertrag und Arbeitnehmerüberlassung ... 1173
    4. Selbstständiger Dienstvertrag ... 1175
    5. Dienstverschaffungsvertrag ... 1175
    6. Abgrenzung zur Arbeitsvermittlung ... 1175
  II. Das Arbeitnehmerüberlassungsgesetz ... 1176
    1. Zielsetzung ... 1176
    2. Anwendungsbereich ... 1176
    3. Erlaubnispflicht ... 1179
    4. Verbot der Arbeitnehmerüberlassung in Betriebe des Baugewerbes ... 1180
    5. Fehlen der erforderlichen Erlaubnis – Unwirksamkeit der Vertragsverhältnisse (§ 9 Nr. 1 AÜG), Arbeitgeberfiktion (§ 10 AÜG) ... 1181
    6. Strafrechtliche Folgen der Arbeitgeberfiktion ... 1182

XXXI

Inhaltsverzeichnis

	III.	Straftatbestände und Ordnungswidrigkeiten im AÜG	1183
		1. Straftatbestände	1183
		2. Ordnungswidrigkeiten	1185
F.	Das Arbeitnehmer-Entsendegesetz	1187
	I.	Grundlagen	1187
		1. Entwicklung und Zielsetzung	1187
		2. Allgemeine Arbeitsbedingungen	1187
		3. Tarifvertragliche Arbeitsbedingungen	1188
		4. Arbeitsbedingungen in der Pflegebranche	1190
	II.	Pflichten und Rechtsfolgen	1190
		1. Meldepflichten	1190
		2. Gewährung von Mindestarbeitsbedingungen	1191
		3. Abführung von Beiträgen an gemeinsame Einrichtungen der Tarifvertragsparteien	1192
		4. Aufzeichnungs-, Duldungs- und Mitwirkungspflichten	1194
		5. Haftung und Ordnungswidrigkeiten des Generalunternehmers	1195
		6. Ausschluss von öffentlichen Aufträgen – § 21 AEntG	1196
G.	Entsendekriminalität am Beispiel des Werkvertragsverfahrens	1196
	I.	Grundlagen der Entsendung im Werkvertragsverfahren	1196
	II.	Missbräuchliche Entsendung – Interessenlage der Beteiligten	1196
	III.	Das Zulassungsverfahren	1198
	IV.	Straftaten und Ordnungswidrigkeiten bei Entsendekriminalität	1198
		1. Erschleichen von Aufenthaltstiteln – § 95 Abs. 2 Nr. 2 AufenthG	1198
		2. Illegale Arbeitnehmerüberlassung	1199
		3. Lohnwucher – § 291 StGB, Mindestlohnunterschreitung – § 23 Abs. 1 Nr. 1 AEntG	1200
		4. Menschenhandel zum Zwecke der Ausbeutung der Arbeitskraft – § 233 StGB	1202
		5. Betrug zum Nachteil der Urlaubskasse (ULAK)	1203
		6. Vorenthalten und Veruntreuen von Arbeitsentgelt – § 266a StGB	1203
H.	Steuerliche Aspekte	1204
	I.	Allgemeines	1204
		1. Wertneutralität und Tatbestandsmäßigkeit der Besteuerung	1204
		2. Eigenständigkeit des Steuerrechts	1204
		3. Steuerstrafrecht	1204
	II.	Schwarzlohnabreden	1205
		1. Fallkonstellationen	1205
		2. Steuerliche Bedeutung	1205
		3. Steuerstrafrechtliche Folgen	1208
	III.	Scheinselbstständigkeit	1209
		1. Fallkonstellationen	1209
		2. Steuerliche Bedeutung	1210
		3. Steuerstrafrechtliche Folgen	1211
	IV.	Werkverträge mit ausländischen Unternehmern	1212
		1. Fallkonstellationen	1212
		2. Steuerliche Bedeutung	1212
		3. Steuerstrafrechtliche Folgen	1214
	V.	Illegale Arbeitnehmerüberlassung	1215
		1. Fallkonstellationen	1215
		2. Steuerliche Bedeutung	1215
		3. Steuerstrafrechtliche Folgen	1216
	VI.	Verfahren	1216

Steuer und Zoll

20. Kapitel. Steuerstrafrecht
(Pflaum)

I. Vorbemerkung	1224
1. Definition und Eingrenzung	1224
2. Umfang und Erscheinungsformen	1225
II. Tatbestand der Steuerhinterziehung	1226
1. Anknüpfung an das Steuerrecht	1226
2. Geltung des Allgemeinen Teils des StGB	1227
3. Taterfolg	1231
4. Tathandlung	1235
5. Subjektiver Tatbestand	1243
6. Besonders schwere Fälle der Steuerhinterziehung	1246
7. Konkurrenzen	1249
III. Selbstanzeige	1252
1. Allgemeines	1253
2. Positive Wirksamkeitsvoraussetzungen	1254
3. Negative Wirksamkeitsvoraussetzungen	1258
4. Drittanzeige	1262
5. Spezifische Fragen der Mitunternehmerschaften	1262
6. Steuer- und Finanzmarktabkommen Deutschland-Schweiz	1263
IV. Formelles Steuerstrafrecht	1265
1. Allgemeines	1265
2. Anfangsverdacht	1266
3. Ermittlungsverfahren in Steuerstrafsachen	1271
4. Gerichtliches Verfahren in Steuerstrafsachen	1287
5. Verfahren bei Selbstanzeige	1290
6. Amtshilfe in Steuersachen	1294
7. Verständigungen	1299
V. Rechtsfolgen der Steuerhinterziehung	1301
1. Strafrecht	1302
2. Berufsrecht	1303
3. Steuerschuld- bzw. -verfahrensrecht	1304
VI. Ausblick	1305

21. Kapitel. Internationales Steuerrecht und Steuerhinterziehung
(Rödl/Grube)

I. Einführung	1311
1. Begriff des Internationalen Steuerrechts, Rechtsquellen	1311
2. Internationale Steuergestaltung	1311
3. Internationale Steuergestaltung und Steuerstrafrecht	1313
II. Ansässigkeit natürlicher Personen	1314
1. Steuerliches Gestaltungsziel	1314
2. Materiell-steuerrechtliche Voraussetzungen	1314
3. Typische Hinterziehungskonstellationen	1319
III. Funktionsverlagerung in ausländische Konzerngesellschaften	1321
1. Steuerliche Anerkennung als im Ausland ansässige Gesellschaft	1321
2. Funktionsverlagerungen und Verrechnungspreise	1328
3. Sonderfall Kapitalanlage (und andere passive Einkünfte) im Konzern	1338
IV. Umsatzsteuer	1342
1. Wirkungsweise eines Umsatzsteuerkarussells	1342
2. Kontrollmöglichkeiten der Finanzverwaltung	1342
3. Strafbarkeit der Umsatzsteuerhinterziehung	1344
V. Internationale Tax Compliance	1345

Inhaltsverzeichnis

22. Kapitel. Zoll
(Harder)

I. Allgemeines	1350
II. Aufgaben, Organisation und Aufbau der Zollverwaltung	1350
1. Die Aufgaben der Zollverwaltung	1350
2. Die Organisation der Zollverwaltung	1351
3. Weisungsverhältnisse	1352
III. Überwachungsaufgaben der Zollverwaltung	1352
1. Zollamtliche und Zollrechtliche Überwachung	1352
2. Steueraufsicht	1355
3. Betriebsprüfungen	1355
4. Überwachung des Warenverkehrs und Bargeldverkehrs über die Grenzen	1356
5. Finanzkontrolle Schwarzarbeit – FKS	1357
6. Überwachungsaufgaben und -instrumente des Zollfahndungsdienstes	1358
IV. Ermittlungskompetenzen der Zollbehörden	1360
1. Allgemeines	1360
2. Ermittlungsbefugnisse der Hauptzollämter	1360
3. Ermittlungskompetenzen des Zollfahndungsdienstes	1363
4. Verhältnis der steuerlichen zu den strafrechtlichen Ermittlungen	1365
V. Bedeutung der Zollverfahren und ihrer rechtlichen und praktischen Ausgestaltung für Zuwiderhandlungen	1366
1. Allgemeines	1366
2. Zollverfahren im Allgemeinen/Rechtsgrundlagen	1367
3. Nichterhebungsverfahren und Zollverfahren mit wirtschaftlicher Bedeutung	1373
4. Sonstige zollrechtliche Bestimmungen	1385
VI. Strafrechtlicher Schutz bei den sog. Zollstraftaten	1386
VII. Ermittlung von Steuerstraftaten	1387
1. Begriff der Steuerstraftaten nach § 369 AO	1387
2. Steuerhinterziehung	1388
3. Bannbruch	1397
4. Wertzeichenfälschung	1400
5. Gewerbsmäßiger, gewaltsamer und bandenmäßiger Schmuggel	1400
6. Steuerhehlerei	1402
7. Begünstigung	1403
8. Einziehung	1403
9. Das Schmuggelprivileg	1403
10. Selbstanzeige bei Steuerhinterziehung	1404
11. Im Zusammenhang mit Steuerdelikten stehende Straftaten	1408
VIII. Ermittlung von Zuwiderhandlungen gegen Marktordnungsregelungen der Europäischen Gemeinschaft	1409
1. Allgemeines	1409
2. Rechtsgrundlagen und grundsätzliche Regelungssystematik	1411
3. Aufgaben der Zollverwaltung	1411
4. Modi Operandi	1412
IX. Ermittlung von Verstößen gegen Verbote und Beschränkungen im grenzüberschreitenden Warenverkehr (Bannbruch)	1416
1. Allgemeines	1416
2. Gewerblicher Rechtsschutz/ Schutz des geistigen Eigentums (Marken- und Produktpiraterie)	1417
3. Artenschutz	1423
X. Finanzermittlungen	1430
1. Die Rolle der Finanzermittlungen im Rahmen der OK-Bekämpfung	1431
2. Aufgaben und Befugnisse des Zollfahndungsdienstes	1431
3. Zollspezifische Informationsquellen und Ermittlungsansätze	1431

		4. Bargeldkontrollen	1433
		5. Verdachtsmeldungen und Ermittlungen	1434
XI.		Ermittlung von Verstößen gegen das GÜG	1435
		1. Allgemeines	1435
		2. Der Sinn der Grundstoffüberwachung	1436
		3. Die Überwachung der gelisteten Grundstoffe	1437
		4. Das polizeiliche Monitoringsystem	1439
		5. Ermittlungen	1439
XII.		Bedeutung des Steuergeheimnisses i. R. der Tätigkeit der Zollverwaltung	1441
		1. Art. 15 Zollkodex	1441
		2. §§ 30 ff. AO	1442
XIII.		Das ZKA	1446
		1. Stellung und Funktion des ZKA im Zollfahndungsdienst	1447
		2. Ermittlungsaufgaben und -befugnisse des ZKA	1447
		3. Sonstige Aufgaben des ZKA	1448
XIV.		Zusammenarbeit des ZKA und des Zollfahndungsdienstes mit anderen Behörden	1449
		1. Zusammenarbeit im nationalen Bereich	1449
		2. Internationale und europäische Zusammenarbeit im Wege der Amtshilfe	1449
		3. Zusammenarbeit mit der EG-Kommission	1452
		4. Verhältnis der Amtshilfe zur justitiellen Rechtshilfe	1453

23. Kapitel. Außenwirtschaftsstrafrecht (AWG, KWKG, CWÜAG)
(Harder)

I. Vorbemerkungen	1456
1. Allgemeines	1456
2. Abgrenzung KWKG/AWG	1458
3. Abgrenzung CWÜAG/AWG	1458
4. Abgrenzung CWÜAG/KWKG	1458
II. Außenwirtschaftsgesetz	1459
1. Grundsätze	1459
2. Die Systematik des AWG	1460
3. Die Außenwirtschaftsverordnung	1461
4. Die Entwicklung des Außenwirtschaftsrechts seit 1961	1463
5. Auswirkungen des EU-Rechts auf das Außenwirtschaftsrecht	1467
6. Zur Verfassungsmäßigkeit der Außenwirtschaftsbestimmungen	1472
7. Die Bußgeld- und Strafbestimmungen des AWG	1472
8. Modi operandi des illegalen Technologietransfers	1491
9. Aufgaben und Befugnisse der Zollbehörden	1494
10. Möglichkeiten des Erkennens des illegalen Technologietransfers durch die Zollbehörden	1495
11. Präventive Telekommunikations- und Postüberwachung durch das ZKA	1496
12. Internationale Zusammenarbeit	1497
13. Sonstige Delikte	1498
III. Kriegswaffenkontrollgesetz	1500
1. Allgemeines	1500
2. Die Systematik des KWKG	1500
3. Die Kriegswaffenliste	1501
4. Die Beschränkungen	1502
5. Die Strafbestimmungen	1509
IV. Das Chemiewaffenübereinkommen	1510
1. Das Ausführungsgesetz und die Ausführungsverordnung zum CWÜ	1511
2. Die Strafbestimmungen des CWÜAG	1512
Anhang: Übersicht § 34 AWG (Änderungen)	1513

Inhaltsverzeichnis

Ermittlungs- und Strafverfahren

24. Kapitel. Internationale Rechtshilfe
(Hackner)

Vorbemerkung	1523
I. Rechtshilfe in strafrechtlichen Angelegenheiten	1523
1. Strafrechtliche Angelegenheiten	1523
2. Rechtshilfe	1524
II. Rechtshilfe als Teil international arbeitsteiliger Strafverfolgung	1526
1. Rechtshilfe im Zusammenspiel verschiedener Rechtsordnungen	1526
2. International abgestimmtes Vorgehen	1528
3. Checkliste zu Notwendigkeit und Sinnhaftigkeit eines Rechtshilfeersuchens	1531
III. Rechtsquellen	1532
1. Grundstrukturen und Hilfsmittel	1532
2. Rechtsquellen im globalen Netzwerk	1535
3. Rechtsquellen des nationalen Rechtshilferechts	1554
IV. Notwendigkeit und Sinn eines Rechtshilfeersuchens	1557
1. Nichtgenehmigungsbedürftige grenzüberschreitende Befugnisse	1557
2. Befugnisse von Auslandsvertretungen	1559
3. Rechtshilfe und konkurrierende Strafverfolgungszuständigkeiten	1560
4. Verhältnismäßigkeit, auch von Aufwand und Ertrag	1565
V. Das Ersuchen um Rechtshilfe (i. w. S.)	1565
1. Verfasser des Ersuchens	1565
2. Form und Inhalt des Ersuchens	1568
3. Geschäftsweg	1569
4. Notwendige Einschaltung weiterer Behörden	1570
VI. Voraussetzungen und Grenzen der Rechtshilfe	1572
1. Allgemeine Voraussetzungen	1572
2. Besonderheiten für Fiskaldelikte	1576
3. Spezifische Voraussetzungen einzelner Maßnahmen	1577
4. Grenzen der Rechtshilfenutzung, Spezialität	1582
VII. Ausgewählte Länderspezifika	1585
1. Schengenstaaten	1585
2. Besonderheiten der Schweiz	1585
3. Liechtenstein	1589
4. Vereinigtes Königreich und Irland	1589
5. Mittel- und Osteuropa	1591
6. Vereinigte Staaten und Kanada	1591
7. Steueroasen in Übersee	1592
8. Asien und Ozeanien	1592

25. Kapitel. Ausgewählte Besonderheiten des Ermittlungsverfahrens
(Nickolai)

I. Durchsuchung und Beschlagnahme	1594
1. Beschlagnahme in Wirtschaftsstrafsachen – Beschlagnahmeverbot (§ 97 StPO)	1594
2. Entbindung von der Schweigepflicht	1610
3. Zufallsfunde	1613
4. Folgen des Beschlagnahmeverbots	1614
5. Beschlagnahme von Behördenakten gemäß § 96 StPO	1614
6. Verwertbarkeit von „Steuerdaten-CDs"	1615
II. Einzelfragen der Akteneinsicht	1616
1. Rechtsweg	1616
2. Akteneinsicht im Ausgangsverfahren nach Aktentrennung	1616

		3. Anhörung des Beschuldigten vor Erteilung der Akteneinsicht	1617
	III.	Einzelfragen der Zeugenanhörung	1618
		1. Zeugnisverweigerungsrecht eines Notars und seines Gehilfen	1618
		2. Auskunftsverweigerungsrecht eines Zeugen (§ 55 StPO)	1620
		3. Fragebögen an Zeugen zur Sachverhaltsaufklärung im Rahmen des Ermittlungsverfahrens	1622
	IV.	Verwertbarkeit von Angaben im Insolvenzverfahren gemäß § 97 InsO	1623
	V.	Verbot des Selbstbelastungszwangs im Steuerstrafverfahren	1625
		1. Problemstellung	1625
		2. Recht zur Lüge?	1626
		3. Verpflichtung zur Abgabe von Steuererklärungen für nachfolgende Besteuerungszeiträume oder Verwendungsverbot?	1627
		4. Einschränkende Auslegung des Verwendungsverbots bei Selbstanzeige gemäß § 371 AO	1629
		5. Verpflichtung die Einkünfte betragsmäßig offen zu legen?	1631

26. Kapitel. Besonderheiten im Strafverfahren
(Krause)

Vorbemerkung			1636
A.	Beweisantragsrecht		1637
	I.	Verfassungsrechtliche Anbindung des Beweisantragsrechts	1637
	II.	Das Verhältnis zur Aufklärungspflicht nach § 244 Abs. 2 StPO	1638
	III.	Der Begriff des Beweisantrags	1639
		1. Beweisanträge außerhalb der Hauptverhandlung	1639
		2. Die Rechtsprechung	1640
		3. Definition	1640
	IV.	Formelle Anforderungen und Verfahren	1640
		1. Antragsberechtigung und gemeinsame Antragstellung	1640
		2. Ausschluss der Antragsberechtigung und Rechtsmissbrauch	1641
		3. Form und Protokollierung – Anordnung nach § 257a StPO	1642
		4. Zeitpunkt der Antragstellung	1643
		5. Zurücknahme und Verzicht	1644
	V.	Der bedingte Beweisantrag	1644
		1. Klassifizierungsansätze	1644
		2. Der Hilfsbeweisantrag	1646
		3. Der Eventualbeweisantrag	1649
	VI.	Die inhaltlichen Anforderungen an das Beweisbegehren	1649
		1. Die Behauptung der Beweistatsache	1649
		2. Die Angabe des Beweismittels	1658
	VII.	Beweisanregung, Beweisermittlungsantrag und Scheinbeweisantrag	1661
		1. Beweisanregung und Beweiserbieten	1661
		2. Beweisermittlungsantrag	1661
		3. Scheinbeweisantrag und Missbrauch des Beweisantragsrechts	1663
	VIII.	Die Entscheidung über den Beweisantrag	1664
		1. Die Anordnung der Beweisaufnahme	1664
		2. Die Ablehnung des Beweisantrags durch Gerichtsbeschluss	1665
	IX.	Die Ablehnung des Beweisantrags	1666
		1. Das Verbot der Beweisantizipation	1666
		2. Unzulässigkeit der Beweiserhebung gem. § 244 Abs. 3 Satz 1 StPO	1168
		3. Die Ablehnungsgründe des § 244 Abs. 3 Satz 2 StPO	1669
		4. Ablehnung des Sachverständigenbeweises nach § 244 Abs. 4 StPO	1683
		5. Ablehnung des Augenscheinsbeweises nach § 244 Abs. 5 Satz 1 StPO	1685
		6. Die Ablehnung eines Auslandszeugen nach § 244 Abs. 5 Satz 2 StPO	1686
B.	Verständigung im Strafverfahren		1687
	I.	Einführung	1687

Inhaltsverzeichnis

	1. Allgemeine Bemerkungen	1687
	2. Der Standpunkt des Bundesgerichtshof bis zum Inkrafttreten des Gesetzes	1688
	3. Die Entscheidungen des Bundesverfassungsgerichts	1689
	4. Kurzüberblick zur Gesetzesentstehung	1691
II.	Die gesetzliche Regelung	1692
	1. Überblick	1692
	2. Anwendungsbereich des Gesetzes	1692
	3. Die gesetzlichen Regelungen im Einzelnen	1693

27. Kapitel. EDV-Beweissicherung
(Bär)

A.	Einführung	1714
	I. Einleitung	1714
	II. Bedeutung der EDV-Beweissicherung	1717
	1. Bedeutung des Ermittlungsverfahrens	1717
	2. Grenzen der Auslegung	1717
	3. Einteilung der Zugriffsrechte und Gang der Darstellung	1718
B.	Einzelne Zwangsmaßnahmen	1719
	I. Durchsuchungen im EDV-Bereich	1719
	1. Betroffener Personenkreis	1720
	2. Inbetriebnahme fremder EDV-Anlagen	1721
	3. Nutzung fremder Programme	1723
	4. Reichweite der Durchsuchungsbefugnisse	1724
	5. Durchsuchungen mit Auslandsbezug	1725
	6. Planung und Vollzug von Zwangsmaßnahmen	1728
	7. Durchsicht der Papiere	1732
	II. Beschlagnahme von Computerdaten	1733
	1. Gegenstände als Beweismittel	1733
	2. Potentielle Beweisbedeutung	1735
	3. Formen der Sicherstellung	1736
	4. Beschlagnahmeverbote	1736
	5. Postbeschlagnahme	1739
	6. Rasterfahndung	1740
	7. Durchführung der Sicherstellung und Auswertung von EDV-Unterlagen	1740
	III. Strafprozessuale Mitwirkungspflichten	1742
	1. Zeugenpflicht	1742
	2. Editionspflicht (§ 95 StPO)	1744
	IV. Eingriffe in die Telekommunikation	1746
	1. Überwachung der Telekommunikation (§ 100a StPO)	1747
	2. Auskunftsanspruch bzgl. Verkehrsdaten (§ 100g StPO)	1758
	3. Auskunftsersuchen gem. §§ 112 und 113 TKG sowie § 100j StPO und §§ 14, 15 TMG	1767
	4. Einsatz des IMSI-Catchers (§ 100i StPO)	1769
	5. Planung und Durchführung von Eingriffen	1770
C.	Ermittlungen im Internet	1771
	I. Polizeistreifen in Datennetzen	1771
	II. Online-Zugriff auf fremde Daten	1773
	1. Abgrenzung von Gefahrenabwehr und Strafverfolgung	1774
	2. Strafprozessuale Rechtsgrundlagen	1775
	III. Einsatz sonstiger neuer technischer Mittel	1779
D.	Ermittlungen mit Auslandsbezug	1780
	I. Einzelne Ermittlungsbefugnisse	1780
	II. Verwertung von Beweismitteln	1782

E. Zugriff auf verschlüsselte Daten	1783
I. Methoden der Datenverschlüsselung	1783
II. Bekanntgabe von Verschlüsselungsmechanismen	1785
F. Zusammenfassung und Ausblick	1786

28. Kapitel. Finanzermittlungen, Vermögenssicherung, Rückgewinnungshilfe
(Podolsky)

I. Einleitung	1790
II. Konzeption zur Vermögensabschöpfung	1791
1. Erste Säule: Aus- und Fortbildung	1791
2. Zweite Säule: Projektgruppe Vermögensabschöpfung (PGV)	1791
3. Dritte Säule: Finanzermittlungen als polizeilicher Standard	1792
4. Zusammenarbeit Justiz/Polizei im Bereich der Finanzermittlungen	1792
III. Materielle Rechtsgrundlagen der Vermögensabschöpfung	1792
1. Die Verfallsvorschriften	1793
2. Nutzungen gem. § 73 Abs. 2 Satz 1 StGB	1798
3. Surrogate gem. § 73 Abs. 2 Satz 2 StGB	1799
4. Handeln für einen anderen nach § 73 Abs. 3 StGB	1799
5. Dritteigentümerbezogener Verfall nach § 73 Abs. 4 StGB	1802
6. Der Verfall von Wertersatz nach § 73a StGB	1802
7. Schätzung nach § 73b StGB	1803
8. Unbillige Härte nach § 73c StGB	1804
9. Die Haftung von Mittätern und Bandenmitgliedern	1806
10. Erweiterter Verfall nach § 73d Abs. 1 StGB	1807
11. § 73d Abs. 2 StGB	1808
12. § 73d Abs. 3 StGB	1809
13. § 73d Abs. 4 StGB	1809
IV. Verfahrensvorschriften zur vorläufigen Vermögenssicherung	1809
1. Vorbemerkung	1809
2. Die Sicherstellung durch Beschlagnahme und dinglichen Arrest	1810
3. Abgrenzung Beschlagnahme/dinglicher Arrest	1810
4. Sicherstellung der materiellen Ansprüche durch Beschlagnahme	1810
5. Sicherstellung der materiellen Ansprüche durch dinglichen Arrest	1811
6. Die Sicherstellung durch Beschlagnahme nach § 111b Abs. 1 StPO	1811
7. Anordnung der Beschlagnahme nach § 111e Abs. 1 StPO	1812
V. Kompetenz zur Einleitung und Durchführung der Vollstreckungsmaßnahmen im Falle der Beschlagnahme nach § 111f StPO	1812
1. Bei beweglichen Gegenständen	1813
2. Bei Grundstücken und grundstücksgleichen Rechten	1813
3. Bei Forderungen und anderen Vermögensrechten	1813
4. Bei eingetragenen Schiffen, Schiffsbauwerken und Luftfahrzeugen	1813
VI. Die Vollziehung/Vollstreckung der Beschlagnahme nach § 111c StPO	1813
1. Bei beweglichen Gegenständen	1814
2. Bei Grundstücken und grundstücksgleichen Rechten	1814
3. Bei Forderungen und anderen Vermögensrechten	1814
4. Bei eingetragenen Schiffen und Luftfahrzeugen	1814
5. Die Wirkung der vollzogenen Beschlagnahme nach § 111c Abs. 5 StPO	1814
6. Absehen vom Verfall im Strafurteil	1815
VII. Folgen der gerichtlichen Verfallsanordnung	1815
1. Die Rückgewinnungshilfe nach § 111b Abs. 5 und Abs. 1 StPO	1815
2. Die Geschädigtenbenachrichtigung nach § 111e Abs. 3 und 4 StPO	1816
3. Die einzuleitenden Maßnahmen der Geschädigten	1816
4. Zulassung der Zwangsvollstreckung der Geschädigten nach § 111g Abs. 2 StPO	1816
5. Das weitere Vorgehen nach Stellung des Zulassungsantrages	1817

Inhaltsverzeichnis

      6. Aufrechterhaltung der Beschlagnahme zu Gunsten Verletzter nach § 111i Abs. 1 bis 8 StPO 1817
      7. Unbekannte Geschädigte und das Verfahren nach §§ 979 ff. BGB i.V.m. Art. 74 Nr. 5 RiStBV bei beweglichen Gegenständen 1819
  VIII. Die Sicherstellung von Gegenständen durch dinglichen Arrest nach § 111b Abs. 2 StPO 1821
      1. Anordnung des dinglichen Arrestes nach § 111e Abs. 1 StPO 1821
      2. Notwendiger Inhalt eines dinglichen Arrestes nach § 111d Abs. 2 StPO 1822
  IX. Kompetenz zur Einleitung und Durchführung der Vollstreckungsmaßnahmen im Falle des dinglichen Arrestes nach § 111f StPO 1822
      1. Bei beweglichen Gegenständen 1822
      2. Bei Grundstücken und grundstücksgleichen Rechten 1823
      3. Bei Forderungen, Schiffen und Schiffsbauwerken 1823
  X. Die Vollstreckung des dinglichen Arrestes gem. § 111d StPO 1823
      1. Bei beweglichen Gegenständen 1823
      2. Bei Grundstücken 1824
      3. Bei Forderungen und anderen Vermögensrechten 1824
      4. Bei eingetragenen Schiffen, Schiffsbauwerken und Luftfahrzeugen 1824
  XI. Absehen vom Wertersatzverfall im Strafverfahren 1824
      1. Folgen des gerichtlichen Wertersatzverfalls 1824
      2. Die Rückgewinnungshilfe im Falle des Wertersatzes 1824

29. Kapitel. Verteidigung in Wirtschaftsstrafsachen
(Dierlamm)

  I. Stellung und Funktion des Verteidigers in Wirtschaftsstrafsachen 1828
      1. Berufsauftrag des Strafverteidigers 1828
      2. Verteidigung in Wirtschaftsstrafsachen und Medien 1830
      3. Die Sockelverteidigung 1831
      4. Die Firmenvertretung 1833
  II. Verteidigung im Ermittlungsverfahren 1835
      1. Vorbemerkung 1835
      2. Aktivitäten des Verteidigers im Ermittlungsverfahren 1835
      3. Verteidigung bei Durchsuchung und Beschlagnahme 1844
      4. Erledigungsmöglichkeiten im Ermittlungsverfahren 1847
  III. Verteidigung im Zwischenverfahren 1849
  IV. Verteidigung im Hauptverfahren 1850
      1. Vorbereitung der Hauptverhandlung 1850
      2. Verteidigungsstrategien in der Hauptverhandlung 1852

30. Kapitel. Der Geschädigte in Wirtschaftsstrafsachen
(Sauer)

  I. Begriffsbestimmungen 1857
      1. Geschädigter, Opfer, Verletzter 1857
      2. Schlussfolgerungen 1859
  II. Geschädigter und Geschädigtenvertreter 1860
  III. Die Zeugenvernehmung des Geschädigten 1862
      1. Der Verletzte als Beweismittel und Prozesssubjekt zugleich 1862
      2. Befugnisse nach § 406f Abs. 1 StPO 1862
      3. Befugnisse nach § 406f Abs. 2 StPO 1863
  IV. Die Strafanzeige 1863
      1. Entscheidung über die Anzeigeerstattung 1863
      2. Form und Inhalt der Strafanzeige 1865
      3. Weiteres Vorgehen nach der Anzeigeerstattung 1866
  V. Informationsrechte 1867
      1. Übersicht 1867

2. Akteneinsicht, § 406e StPO 1868
3. Pflichtgemäße Mitteilung nach § 406d StPO 1873
VI. Anwesenheits- und Teilnahmerechte 1874
VII. Private Ermittlungen des Geschädigten 1876
   1. Übersicht 1876
   2. Rechtlicher Rahmen 1877
   3. Praxishinweise 1880
VIII. Strafprozess und Schadenswiedergutmachung 1881
   1. Übersicht 1881
   2. Einstellung nach § 153a Abs. 1 S. 2 Nr. 1 StPO 1882
   3. Rückgewinnungshilfe nach §§ 111b ff. StPO 1882
   4. Täter-Opfer-Ausgleich nach § 46a StGB 1883
   5. Adhäsionsverfahren nach §§ 403 ff. StPO 1884
   6. Bewährungsauflage nach §§ 59, 59a Abs. 2 Nr. 1 StGB 1888
   7. Möglichkeiten nach dem Urteil 1889
   8. Sonstiges 1889

31. Kapitel. Die Zusammenarbeit der Ermittlungsbehörden mit anderen Institutionen bei der Aufklärung von Wirtschaftsstraftaten
(Gericke)

I. Vorbemerkung 1891
II. Öffentliche Institutionen 1892
   1. Bundesagentur für Arbeit (BfA) 1892
   2. Bundesamt für Güterverkehr (BAG) 1893
   3. Bundesamt für Sicherheit in der Informationstechnik (BSI) 1894
   4. Bundesamt für Wirtschaft und Ausfuhrkontrolle (BAFA) 1896
   5. Bundesanstalt für Finanzdienstleistungsaufsicht (BAFin) 1898
   6. Bundesanstalt für Landwirtschaft und Ernährung (BLE) 1903
   7. Bundeskartellamt 1903
   8. Bundeszentralamt für Steuern (BZSt) 1905
   9. Deutsches Patent- und Markenamt (DPMA) 1906
   10. Grenzpolizeiliche Kontaktstellen 1907
   11. Industrie- und Handelskammern (IHK) 1908
   12. Informationszentrale für den Steuerfahndungsdienst beim Finanzamt Wiesbaden II, IZ-Steufa 1909
   13. Landesgewerbeanstalt Bayern (LGA) 1909
   14. Nachrichtendienste 1910
   15. Zollkriminalamt (ZKA) 1910
III. Private Institutionen 1912
   1. Telekommunikationsanbieter 1912
   2. Institutionen der freiwilligen Selbsthilfe 1914
IV. Internationale Organisationen 1917
   1. Europäisches Justizielles Netz (EJN) 1918
   2. Eurojust 1919
   3. Europäisches Polizeiamt (EUROPOL) 1923
   4. Europäisches Amt für Betrugsbekämpfung (OLAF) 1924

Sachverzeichnis 1927

Abkürzungsverzeichnis

ABl. EG	Amtsblatt der Europäischen Gemeinschaften
Abs.	Absatz
AbschErhG	Abschöpfungserhebungsgesetz
AEntG	Arbeitnehmer-Entsendegesetz
AFG	Arbeitsförderungsgesetz
AG	Aktiengesellschaft
AGB	Allgemeine Geschäftsbedingungen
AMG	Arzneimittelgesetz
Anm.	Anmerkung
AO	Abgabenordnung
AOK	Allgemeine Ortskrankenkasse
ArgV	Arbeitsgenehmigungsverordnung
Art.	Artikel
AStG	Außensteuergesetz
AsylVfG	Asylverfahrensgesetz
AÜG	Arbeitnehmerüberlassungsgesetz
Aufl.	Auflage
AuslG	Ausländergesetz
AVO	Ausführungsverordnung
AWG	Außenwirtschaftsgesetz
AWV	Außenwirtschaftsverordnung
AZO	Allgemeine Zollordnung
BAnz	Bundesanzeiger
BAP	Bundesamt für Polizeiwesen (Schweiz)
BAW	Bundesamt für Wirtschaft
BayObLG	Bayerisches Oberstes Landesgericht
BBankG	Gesetz über die Deutsche Bundesbank
BdF	Bundesministerium der Finanzen
BdL	Bank deutscher Länder
BfA	Bundesanstalt für Arbeit
BFH	Bundesfinanzhof
BG	Schweizerisches Bundesgericht
BGB	Bürgerliches Gesetzbuch
BGBl.	Bundesgesetzblatt
BGE	Entscheidungen des Schweizerischen Bundesgerichts, Amtliche Sammlung
BGH	Bundesgerichtshof
BGHSt	Sammlung der Entscheidungen des Bundesgerichtshofes in Strafsachen
BGHZ	Sammlung der Entscheidungen des Bundesgerichtshofes in Zivilsachen
BKA	Bundeskartellamt – Bundeskriminalamt
BörsG	Börsengesetz
BStBl.	Bundessteuerblatt
BT-Dr.	Bundestags-Drucksache
BVerfG	Bundesverfassungsgericht

Abkürzungsverzeichnis

CR	Zeitschrift Computer und Recht
DAG	Deutsches Auslieferungsgesetz
DDR	Deutsche Demokratische Republik
DepG	Depotgesetz
DOK	Die Ortskrankenkassen
DRiZ	Deutsche Richterzeitung
DStZ	Deutsche Steuerzeitung
DSW	Deutscher Schutzverband gegen Wirtschaftskriminalität e.V.
DVO	Durchführungsverordnung
EBE/BGH	Eildienst Bundesgerichtliche Entscheidungen
EDV	Elektronische Datenverarbeitung
EFG	Entscheidungen der Finanzgerichte
EFTA	European Free Trade Association
EG	Europäische Gemeinschaft
ENU	Europol National Unit
Erbs/Kohlhaas	Erbs/Kohlhaas, Strafrechtliche Nebengesetze, Loseblattausgabe
ERHü	Europäisches Rechtshilfeübereinkommen
EStG	Einkommensteuergesetz
EuAlÜbk	Europäisches Auslieferungsübereinkommen vom 13. 12. 1957, BGBl. 1964 II, 1369
EU-AuslÜbk	Übereinkommen zwischen den Mitgliedstaaten der Europäischen Union vom 27.9.1996, BGBl. 1998 II, 2253
EuGeldwäscheÜbk	Übereinkommen über Geldwäsche sowie Ermittlung, Beschlagnahme und Einziehung von Erträgen aus Straftaten vom 8. 11. 1990, BGBl. 1998 II, 519
EuGH	Europäischer Gerichtshof
EuRhÜbk	Europäisches Übereinkommen über die Rechtshilfe in Strafsachen vom 20.4.1959, BGBl.1964 II, 1369, 1386
Eu-VereinfAuslÜbk.	Übereinkommen über das vereinfachte Auslieferungsverfahren zwischen den Mitgliedstaaten der Europäischen Union vom 10. 3. 1995, BGBl. 1998 II, 2229
FA	Finanzamt
FinRdSch/FR	Finanzrundschau
FVG	Finanzverwaltungsgesetz
GA	Goltdammer's Archiv für Strafrecht
GAA	Geldausgabeautomat
GATT	General Agreement on Tariffs and Trade (Allgemeines Zoll- und Handelsabkommen)
GebrMG	Gebrauchsmustergesetz
GenG	Genossenschaftsgesetz
GeschmMG	Geschmacksmustergesetz
GewO	Gewerbeordnung
GewStG	Gewerbesteuergesetz
GG	Grundgesetz
GmbH	Gesellschaft mit beschränkter Haftung
GOÄ	Gebührenordnung Ärzte
GrStG	Grundsteuergesetz
GRUR	Gewerblicher Rechtsschutz und Urheberrecht
GüKG	Güterkraftverkehrsgesetz
GuV	Gewinn und Verlust
GVBl.	Gesetz- und Verordnungsblatt
GVG	Gerichtsverfassungsgesetz

Abkürzungsverzeichnis

GWB	Gesetz gegen Wettbewerbsbeschränkungen
GWG	Geldwäschegesetz
HeilprG	Gesetz über die berufsmäßige Ausübung der Heilkunde ohne Bestallung
HeilWerbG	Gesetz über die Werbung auf dem Gebiete des Heilwesens
HGB	Handelsgesetzbuch
HOAI	Honorarordnung für Architekten und Ingenieure
HWiStR	Wilhelm Krekeler u.a. (Hrsg.), Handwörterbuch des Wirtschafts- und Steuerstrafrechts, Loseblattausgabe
HypothekenbankG	Hypothekenbankgesetz
IHK	Industrie- und Handelskammer
InvZulG	Investitionszulagengesetz
IRG	Gesetz über die internationale Rechtshilfe in Strafsachen in der Fassung der Bekanntmachung vom 27.6.1994, BGBl. I, 1538, zuletzt geänd. durch Gesetz vom 21.7.2012 (BGBl. I 1566)
IRSG	Schweizerisches Gesetz über die internationale Rechtshilfe v. 20.3.1981
IRSV	Schweizerische Verordnung über die internationale Rechtshilfe in Strafsachen
i.V.m.	in Verbindung mit
IZA	Informationszentrale für steuerliche Auslandsbeziehungen
IZ-Steufa	Informationszentrale für den Steuerfahndungsdienst
JMBl.	Justizministerialblatt
Kaug	Konkursausfallgeld
KG	Kommanditgesellschaft
KHG	Gesetz zur wirtschaftlichen Sicherung der Krankenhäuser und zur Regelung der Krankenpflegesätze
KK	Rolf Hannich (Hrsg.), Karlsruher Kommentar zur Strafprozessordnung und zum Gerichtsverfassungsgesetz, 7. Aufl. 2013
KKOWiG	Lothar Senge (Hrsg.), Karlsruher Kommentar zum Ordnungswidrigkeitengesetz, 3. Aufl. 2006
Klein AO	Abgabenordnung einschließlich Steuerstrafrecht (Kommentar). Begründet von Franz Klein und Gerd Orlopp, 12. Aufl. 2011
KO	Konkursordnung
KStG	Körperschaftsteuergesetz
KTS	Zeitschrift für Konkurs-, Treuhand- und Schiedsgerichtswesen
Kübler/Prütting InsO	Bruno M. Kübler/Hanns Prütting (Hrsg.), Kommentar zur Insolvenzordnung, Köln
KWG	Gesetz über das Kreditwesen
LK	Strafgesetzbuch (Leipziger Kommentar), 12. Aufl., herausgegeben von Laufhütte, Rissing-van Saan, Tiedemann; 11. Aufl., herausgegeben von Jähnke, Laufhütte und Odersky (Berlin 1992–1999), im übrigen 10. Aufl. herausgegeben von Jescheck, Ruß und Willms (Berlin 1978–1989)
LM	Entscheidungen des Bundesgerichtshofs im Nachschlagewerk des Bundesgerichtshofs von Lindenmaier-Möhring
LMBG	Lebensmittel- und Bedarfsgegenständegesetz
LR	Löwe-Rosenberg, Die Strafprozeßordnung und das Gerichtsverfassungsgesetz mit Nebengesetzen. Großkommentar, Berlin 1997–1999
LZB	Landeszentralbank

Abkürzungsverzeichnis

Meyer-Goßner	Lutz Meyer-Goßner, Strafprozessordnung, 56. Aufl. München 2013
MiZi	Mitteilungen in Zivilsachen
MOE-Staaten	Mittel- und Osteuropäische Staaten
MRG	Militärregierungsgesetz
MüG	Gesetz zur Durchführung der gemeinsamen Marktorganisation
NJW	Neue Juristische Wochenschrift
NStZ	Neue Zeitschrift für Strafrecht
NStZ-RR	NStZ-Rechtsprechungs-Report Strafrecht
NWB	Neue Wirtschaftsbriefe
NZWiSt	Neue Zeitschrift für Wirtschafts-, Steuer- und Unternehmensstrafrecht
OFD	Oberfinanzdirektion
OJZ	Österreichische Juristenzeitung
OLGSt	Entscheidungen der Oberlandesgerichte zum Straf- und Strafverfahrensrecht. – Seit 1983 Entscheidungen der Oberlandesgerichte in Straf-, Ordnungswidrigkeiten- und Ehrengerichtssachen. – Seit 1991 Entscheidungen der Oberlandesgerichte in Strafsachen und über Ordnungswidrigkeiten (herausgegeben von Michael Lemke)
PatG	Patentgesetz
PBefG	Personenbeförderungsgesetz
Pfeiffer StPO	Gerd Pfeiffer, Strafprozessordnung, Kommentar, 5. Aufl. München 2005
PGR	Personen- und Gesellschaftsrecht (Liechtenstein)
PostG	Postgesetz
RG	Reichsgericht
RiStBV	Richtlinien für das Strafverfahren und das Bußgeldverfahren
RiVASt	Richtlinien für den Verkehr mit dem Ausland in strafrechtlichen Angelegenheiten
RIW	Recht der internationalen Wirtschaft
RVO	Reichsversicherungsordnung
Sch/Sch	Schönke/Schröder, Strafgesetzbuch, 28. Aufl. München 2010
ScheckG	Scheckgesetz
Schufa	Schutzgemeinschaft für allgemeine Kreditsicherung
SchwarzarbG	Gesetz zur Bekämpfung der Schwarzarbeit
SchwJZ	Schweizerische Juristenzeitung
SDÜ	Schengener Durchführungsübereinkommen vom 19.6.1990
SGB III	Drittes Buch Sozialgesetzbuch
SGB IV	Viertes Buch Sozialgesetzbuch
1. SGB III-ÄndG	Erstes Gesetz zur Änderung des Dritten Buches Sozialgesetzbuch
SIS	Schengener Informationssystem
SK	Hans Joachim Rudolphi u. a., Systematischer Kommentar zum Strafgesetzbuch
SKStPO	Hans Joachim Rudolphi u. a., Systematischer Kommentar zur Strafprozessordnung und zum Gerichtsverfassungsgesetz
StberG	Steuerberatergesetz
StBp	Die steuerliche Betriebsprüfung
StG	Strafgesetz (Schweiz)
Tröndle/Fischer	Tröndle/Fischer, Strafgesetzbuch mit Nebengesetzen, 60. Aufl. München 2013

Abkürzungsverzeichnis

ULAK	Urlaubs- und Lohnausgleichskasse der Bauwirtschaft
UrhG	Urheberrechtsgesetz
UStG	Umsatzsteuergesetz
UWG	Gesetz über den unlauteren Wettbewerb
VerstV	Versteigerungsverordnung
V/VO	Verordnung
VE	Verdeckter Ermittler
VOB	Verdingungsordnung für Bauleistungen
VOL	Verdingungsordnung Leistungen
VP	Vertrauensperson
VStR	Schweizerisches Bundesgesetz über das Verwaltungsstrafrecht
WG	Wechselgesetz
WiKG	Gesetz zur Bekämpfung der Wirtschaftskriminalität
WiStG	Wirtschaftsstrafgesetz
wistra	Zeitschrift für Wirtschaft-, Steuer-, Strafrecht
Wi-Verw	Wirtschaft und Verwaltung – Vierteljahrbeilage im Gewerbearchiv
WM	Wertpapiermitteilungen
WRP	Wettbewerb in Recht und Praxis
WÜRV	Wiener Übereinkommen über das Recht der Verträge
WZG	Warenzeichengesetz
ZG	Zollgesetz
ZIP	Zeitschrift für Wirtschaftsrecht und Insolvenzpraxis
ZKA	Zollkriminalamt
2. ZP-EuAlÜbk	Zweites Zusatzprotokoll zum Europäischen Auslieferungsübereinkommen vom 17. 3. 1978, BGBl. 1990 II, 118; 1991 II, 874
ZP-EuRhÜbk	Zusatzprotokoll zum Europäischen Übereinkommen über die Rechtshilfe in Strafsachen vom 17. 3. 1978, BGBl. 1990 II, 124; 1991 II, 909
ZPO	Zivilprozessordnung
ZR	Blätter für Züricherische Rechtsprechung
ZSEG	Gesetz über die Entschädigung von Zeugen und Sachverständigen

Wabnitz/Janovsky
Handbuch des Wirtschafts- und Steuerstrafrechts

Allgemeines
Kapitel 1–3

Wirtschaftsstrafrecht
Kapitel 4–19

Steuer und Zoll
Kapitel 20–23

Ermittlungs- und Strafverfahren
Kapitel 24–31

1. Kapitel. Die Entwicklung des Wirtschaftsstrafrechts in der Bundesrepublik Deutschland

Literatur: *Achatz*, Nachweispflichten in materiellen Steuergesetzen, in: *Leitner* (Hrsg.) Finanzstrafrecht 1996–2002, 2006, S. 493 ff.; *Achenbach*, Die Sanktionen gegen die Unternehmensdelinquenz im Umbruch, JuS 1990, S. 601 ff.; *ders.*, Diskrepanzen im Recht der ahndenden Sanktionen gegen Unternehmen, Festschrift für Stree und Wessels, 1993, S. 545 ff.; *ders.*, Ausweitung des Zugriffs bei den ahndenden Sanktionen gegen die Unternehmensdelinquenz, wistra 2002, S. 441 ff.; *ders.*, Zur aktuellen Lage des Wirtschaftsstrafrechts in Deutschland, GA 2004, S. 559 ff.; *ders.*, Das Strafrecht als Mittel der Wirtschaftslenkung, ZStW 119 (2007), 790 ff; *ders.*, Ordnungsfaktor Wirtschaftsstrafrecht, StV 2008, 324 ff; *ders.*, Verbandsgeldbuße und Aufsichtspflichtverletzung (§§ 30 und 130 OWiG) – Grundlagen und aktuelle Probleme, NZWiSt 2012, 321; *ders./Ransiek*, Handbuch Wirtschaftsstrafrecht, 3. Aufl. 2011; *ders./Wannenmacher* (Hrsg.), Beraterhandbuch zum Steuer- und Wirtschaftsstrafrecht, Teil 1 – Grundlagen, Stand: Okt. 1997; *Albers et al.* (Hrsg.), Handwörterbuch der Wirtschaftswissenschaft, 1981; *Albrecht*, Forschungen zur Wirtschaftskriminalität in Europa – Konzepte und empirische Befunde, in: *Bauhofer/Queloz/Wyss* (Hrsg.), Wirtschaftskriminalität, Crimininalité économique, 1999, S. 101 ff.; *ders./Sieber* (Hrsg.), Zwanzig Jahre Südwestdeutsche Kriminologische Kolloquien, 1984; *Altenhain*, Das Anschlußdelikt: Grund, Grenzen und Schutz des staatlichen Strafanspruchs und Verfallrechts nach einer individualistischen Strafrechtsauffassung, 2002; *ders.*, Die Neuregelung der Marktpreismanipulation durch das Vierte Finanzmarktförderungsgesetz, BB 2002, S. 1874 ff.; *ders./Hagemeier/Haimerl/Stammen*, Die Praxis der Absprachen in Wirtschaftsstrafverfahren, 2007; *Alwart*, Strafrechtliche Haftung des Unternehmens – vom Unternehmenstäter zum Täterunternehmen, ZStW 105 (1993), S. 752 ff.; *ders.*, Verantwortung und Steuerung von Unternehmen in der Marktwirtschaft, 1998; *ders.*, Wirtschaftsstrafrecht im Übergang, JZ 2006, S. 546 ff.; *ders.*, Modernes Wirtschaftsstrafrecht als Projekt, in FS Otto, 2007, S. 3 ff; *Appel*, Verfassung und Strafrecht, 1998; *Aselmann*, Die Selbstbelastungsfreiheit im Steuerrecht im Lichte der aktuellen Rechtsprechung des Bundesgerichtshofs, NStZ 2003, S. 71 ff.; *Bannenberg*, Korruption in Deutschland und ihre strafrechtliche Kontrolle. Eine kriminologisch-strafrechtliche Analyse, 2002; *Baumann*, Strafrecht und Wirtschaftskriminalität, 1983, S. 935 ff.; *Barton*, Verteidigerhonorar und Geldwäsche, JuS 2004, S. 1033 ff.; *Baumbach/Hefermehl/Bornkamm*, Wettbewerbsrecht. Gesetz gegen den unlauteren Wettbewerb, Preisangabenverordnung, 30. Aufl. 2011; *Berckhauer*, Wirtschaftskriminalität und Staatsanwaltschaft, 1977; *ders.* (Hrsg.), Die Strafverfolgung bei schweren Wirtschaftsdelikten, 1981; *ders.*, Möglichkeiten und Grenzen der Prävention auf dem Gebiet der Wirtschaftskriminalität, in: *Poerting* (Hrsg.), Wirtschaftskriminalität, Teil 2 1985, S. 297 ff.; *ders./Rada*, Organisierte und grenzüberschreitende Wirtschaftskriminalität, Der Kriminalist 1977, S. 46 ff.; *Berthel*, Bedeutung und Erscheinungsformen der Wirtschaftskriminalität – Typisch für moderne Industriestrukturen oder Erscheinungsbild einer Umbruchsituation? Gegenstrategien aus der Sicht eines Landeskriminalamtes, in: *Gropp* (Hrsg.), Wirtschaftskriminalität und Wirtschaftsstrafrecht in einem Europa auf dem Weg zu Demokratie und Privatisierung, 1998, S. 51 ff.; *Bittmann*, Die gewerbs- oder bandenmäßige Steuerhinterziehung und die Erfindung des gegenständlichen Nichts als geldwäscherelevante Infektionsquelle, wistra 2003, S. 161 ff.; *Bock, D.*, Criminal Compliance, 2011; *Bock, M.*, Kriminologie, 2. Aufl. 2000; *Bockelmann*, Kriminelle Gefährdung und strafrechtlicher Schutz des Kreditgewerbes, ZStW 79 (1967), S. 28 ff.; *Böse*, Die Strafbarkeit wegen Steuerhinterziehung und der Nemo-tenetur-Grundsatz, wistra 2003, S. 47 ff.; *Bottke*, Das Wirtschaftsstrafrecht in der Bundesrepublik Deutschland – Lösungen und Defizite, wistra 1991, S. 1 ff.; *ders.*, Empfiehlt es sich, die strafrechtliche Verantwortlichkeit für Wirtschaftsstraftaten zu verstärken?, wistra 1991, S. 81 ff.; *ders.*, Täterschaft und Teilnahme im deutschen Wirtschaftskriminalrecht – de lege lata und de lege ferenda, JuS 2002, S. 320 ff.; *Boujong* (Hrsg.), Karlsruher Kommentar zum Gesetz über Ordnungswidrigkeiten, 2. Aufl. 2000; *Brand*, Der Irrtum über das Verbot im Wirtschaftsstrafrecht, NStZ 2013, 65 ff., *ders.*, Steuerrechtliche und steuerstrafrechtliche Konsequenzen der Korruption, in: *Rotsch* (Hrsg.), Criminal Compliance vor den Aufgaben der Zukunft, 2013. S. 87 ff.; *ders.*, Effizient aber oft unverhältnismäßig: EU-Kommission räumt Mängel beim EU-Haftbefehl ein, DRiZ 2011, 206; *Büning*, Die faktische Geschäftsführung einer GmbH, 2004; *Buchholz*, Probleme des Wirtschaftsstrafrechts aus Sicht der Erfahrungen in der DDR, wistra 1990, S. 207 ff.; *Bülte*, Die Geldwäschegesetzgebung als Ermächtigungsgrundlage für den Informationsaustausch zwischen den Steuerbehörden und den Strafverfolgungsorganen, 2006; *ders.*, Die Strafbarkeit des Amtsträgers wegen Strafvereitelung und Steuerhinterziehung bei Verletzung der Mitteilungspflicht aus § 116 I 1 AO, NStZ 2009, S. 57 ff.; *Bürger*, § 299 StGB – eine Straftat gegen den

Wettbewerb?, wistra 2003, S. 130 ff.; *Bund Deutscher Kriminalbeamter,* Bekämpfung der Wirtschaftskriminalität. Vorschläge für eine wirksame kriminalistische Ermittlungsarbeit, 1984; *Bundeskriminalamt* (Hrsg.), Grundfragen der Wirtschaftskriminalität, 1963; *dass.* (Hrsg.), Wirtschaftskriminalität, 1984; *dass.* (Hrsg.), Polizeiliche Kriminalstatistik, 1997, 1998, 1999, 2000, 2001, 2002, 2003, 2004, Erscheinungsjahre: 1998–2005; *dass.* (Hrsg.), Jahresbericht Wirtschaftskriminalität 2001, 2002; *Bundesminister der Justiz* (Hrsg.), Tagungsberichte der Sachverständigenkommission zur Bekämpfung der Wirtschaftskriminalität, 1972 bis 1978; *Bundesministerium des Inneren/Bundesministerium der Justiz* (Hrsg.), Erster Periodischer Sicherheitsbericht (PSB), 2001; *Burger,* Die Einführung der gewerbs- und bandenmäßigen Steuerhinterziehung sowie aktuelle Änderungen im Bereich der Geldwäsche – Eine Darstellung und Bewertung der neuesten Entwicklung –, wistra 2002, S. 1 ff.; *Busch,* Grundfragen der strafrechtlichen Verantwortlichkeit der Verbände, 1933; *Cramer,* Grundbegriffe des Rechts der Ordnungswidrigkeiten, 1971; *Cunio,* Kriegswirtschaftsrecht, 1941; *Dähn, G.,* Zum Wirtschaftsstrafgesetz und zum Preisstrafrecht, in: *Baumann/Dähn, G.* (Hrsg.), Studien zum Wirtschaftsstrafrecht, 1972, S. 56 ff.; *Dannecker, G.,* Steuerhinterziehung im internationalen Wirtschaftsverkehr, 1984; *ders.,* Der Schutz von Geschäfts- und Betriebsgeheimnissen, BB 1987, S. 1614 ff.; *ders.,* Das Unternehmen als „Good Corporate Citizen" – ein Leitbild der europäischen Rechtsentwicklung, in: *Alwart* (Hrsg.), Verantwortung und Steuerung von Unternehmen in der Marktwirtschaft, 1998, S. 5 ff.; *ders.,* Zur Strafbarkeit ausländischer Bankangestellter wegen Beihilfe zur Steuerhinterziehung deutscher Kapitalanleger, in: Festschrift für Mangakis, 1999, S. 267 ff.; *ders.,* Sorgfaltspflichten im Hinblick auf das Inverkehrbringen und die Kennzeichnung neuartiger Lebensmittel und neuartiger Lebensmittelzutaten nach der Novel Food-Verordnung und der Neuartige-Lebensmittel- und Lebensmittelzutaten-Verordnung, in: *Streinz* (Hrsg.), Neuartige Lebensmittel. Problemaufriß und Lösungsansätze, 1999, S. 159 ff.; *ders.,* Die Verletzung von Formal- und Nachweispflichten im deutschen Steuerrecht und Steuerstrafrecht, in: *Leitner* (Hrsg.), Aktuelles zum Finanzstrafrecht, 2000, S. 57 ff.; *ders.,* Fahrlässigkeit in formalen Organisationen, in: *Amelung* (Hrsg.), Individuelle Verantwortung und Beteiligungsverhältnisse bei Straftaten in bürokratischen Organisationen des Staates, der Wirtschaft und der Gesellschaft, 2000, S. 209 ff.; *ders.,* Strafrechtliche und steuerrechtliche Maßnahmen zur Bekämpfung der Korruption in Deutschland, Steuerliche Behandlung von Schmiergeldern und Provisionen, 4. Teil, IWB 2000, S. 1225 ff.; *ders.,* Cyber-Crime: Kriminalität ohne Grenzen?, in: Österreichisches Bundesministerium für Justiz (Hrsg.), Global Business und Justiz, 2000, S. 65 ff.; *ders.,* Das Europäische Strafrecht in der Rechtsprechung des Bundesgerichtshofs in Strafsachen, in: 50 Jahre Bundesgerichtshof, Festgabe aus der Wissenschaft, Band IV, Strafrecht, Strafprozeßrecht, 2000, S. 339 ff.; *ders.,* Zur Notwendigkeit der Einführung kriminalrechtlicher Sanktionen gegen Verbände – Überlegungen zu den Anforderungen und zu den Ausgestaltungen eines Verbandsstrafrechts, GA 2001, S. 103 ff.; *ders.,* Betriebsausgabenabzug und Empfängerbenennung im österreichischen und deutschen Finanz- und Steuerstrafrecht, in: *Leitner* (Hrsg.), Beiträge zur Finanzstrafrechtlichen Tagung Linz 2000, 2001, S. 99 ff.; *ders.,* Die Bedeutung der Pflicht zur Benennung von Gläubigern und Zahlungsempfängern nach § 160 AO im Rahmen der Steuerhinterziehung, wistra 2001, S. 241 ff.; *ders.,* Straflosigkeit gemeinnütziger Zuwendungen an öffentlich-rechtliche Körperschaften – Zur Notwendigkeit einer verfassungs- und steuerrechtskonformen Auslegung der Straftatbestände der Vorteilsannahme und der Vorteilsgewährung (§§ 331, 332 StGB), Die Gemeinde 15/2001, S. 555 ff.; *ders.,* Insolvenzstrafrecht – notwendiger Gläubigerschutz oder Wirtschaftshemmnis?, in: *Fuchs/Keppert* (Hrsg.), Grundfragen des Kridastrafrechts nach der Reform der fahrlässigen Krida, 2001, S. 73–93; *ders.,* Die strafrechtliche Verantwortlichkeit von Diensteanbietern im Internet, in: *Hohl/Leible/Sosnitza* (Hrsg.), Vernetztes Recht. Das Internet als Herausforderung an eine moderne Rechtsordnung, 2002, S. 129 ff.; *ders.,* Die Verschärfung der strafrechtlichen und steuerrechtlichen Maßnahmen zur Bekämpfung der Korruption in Deutschland, in: *Dannecker, G./Leitner* (Hrsg.), Schmiergelder. Strafbarkeit und steuerliche Abzugsverbote in Österreich und Deutschland, 2002, S. 111 ff.; *ders.,* Tatsächliche Verständigung im Besteuerungsverfahren und Absprachen im Steuerstrafverfahren, in: *Leitner* (Hrsg.), Finanzstrafrecht 2002 – Absprachen/Vergleiche im Abgaben- und Finanzstrafrecht, 2003, S. 47 ff.; *ders.,* Zur Bedeutung formeller Nachweispflichten des Steuer- und Zollrechts im Lichte der Rechtsprechung, NWB 2003, S. 205 ff.; *ders.,* Straflosigkeit gemeinnütziger Zuwendungen an öffentlich-rechtliche Körperschaften – Zur Notwendigkeit einer steuer- und verfassungsrechtlichen Auslegung der Straftatbestände der Vorteilsannahme und der Vorteilsgewährung, in: *Winkelbauer/Felsinger/Dannecker, G.,* Gemeinnützig oder strafbar?, 2003, S. 39 ff.; *ders.,* Absprachen im Besteuerungs- und im Steuerstrafverfahren, in: Festschrift für Schmitt Glaeser, 2003, S. 371 ff.; *ders.,* Die Garantie des Grundsatzes „ne bis in idem" in Europa, in: Festschrift für Kohlmann, 2003, S. 593 ff.; *ders.,* Das Steuerstrafrecht im Spannungsfeld von ökonomischer Rationalität und Ethik. Besteuerungsmoral, Steuermoral, Steuergerechtigkeit, in: *Leitner* (Hrsg.), Finanzstrafrecht 2005, S. 125 ff.; *ders.,* Die Dynamik des materiellen Strafrechts unter dem Einfluss europäischer und internationaler Entwicklungen, ZStW 117 (2005), S. 697 ff.; *ders.,* Das materielle Strafrecht im Spannungsfeld des Rechts der Europäischen Union Teil I und Teil II, Jura 2006,

Literatur

S. 95 ff., 173 ff.; *ders.*, Formal- und Nachweispflichten für die Strafbarkeit wegen Steuerhinterziehung, in: *Leitner* (Hrsg.), Finanzstrafrecht 1996–2002, 2006, S. 540 ff.; *ders.*, Tatsächliche Verständigung im Besteuerungsverfahren und Absprachen im Steuerstrafverfahren, in: *Leitner* (Hrsg.), Finanzstrafrecht 1996–2002, 2006, S. 734 ff.; *ders.*, Die Ahndbarkeit von juristischen Personen im Wandel, in: Festschrift für Böttcher, 2007, S. 465 ff.; *ders.*, Strafen und Strafzwecke im deutschen und österreichischen Steuerstrafrecht/Finanzstrafrecht, in: *Leitner* (Hrsg.), Finanzstrafrecht 2007, 2008, S. 35 ff.; *ders.*, Verdeckte Gewinnausschüttungen aus der Perspektive des deutschen Strafrechts, in: *Leitner* (Hrsg.), Handbuch verdeckte Gewinnausschüttung – Finanzstrafrecht 2009, 2010, S. 273 ff.; *ders.*, Korruption durch Zuwendung finanzieller Leistungen an Ärzte – zugleich eine Anmerkung zur Entscheidung des OLG Braunschweig vom 23.2.2010, in: GesundheitsRecht 2010, S. 281 ff.; *ders.*, Das Verbot unbestimmter Strafen – Der Bestimmtheitsgrundsatz im Bereich der Deliktsfolgen, in: Festschrift für C. Roxin zum 80. Geburtstag, 2011, S. 285 ff.; *ders.*, Grundfragen der Steuerhinterziehung durch Unterlassen: Pflichtwidriges In-Unkenntnis-Lassen als blankettverweisendes Jedermannsdelikt oder als abschließend geregeltes Sonderdelikt?, in: Festschrift für Achenbach, 2011, S. 83 ff.; *ders.*, Die Bekämpfung der Korruption in Deutschland durch das Straf- und Steuerrecht, in Dannecker, G./Leitner (Hrsg.), Handbuch Korruption, 2012, S. 159 ff.; *ders./Bülte*, Fehlverhalten im Gesundheitswesen, Teil 1: Gesetzliche Compliancepflichten und Strafvereitelung durch Unterlassen, in: NZWiSt 2012, S. 1 ff.; *dies.*, Fehlverhalten im Gesundheitswesen, Teil 2: Begehung von Vermögensdelikten durch Nichterfüllung von Mitteilungspflichten, in: NZWiSt 2012, S. 81 ff., *ders./Dannecker, C.*, Die „Verteilung" der strafrechtlichen Geschäftsherrenhaftung im Unternehmen, JZ 2009, 981 ff.; *ders./Fischer-Fritsch*, Das EG-Kartellrecht in der Bußgeldpraxis, 1989; *ders./Hagemeier*, Grenzen der Beteiligung an Finanzvergehen unter besonderer Berücksichtigung von europarechtlichen und völkerrechtlichen Vorgaben, in Leitner (Hrsg.), Finanzstrafrecht 2008, 2009, S. 63 ff.; *ders./Knierim/Hagemeier*, Insolvenzstrafrecht, 2. Aufl. 2011; *ders./Streinz*, Umweltpolitik und Umweltrecht: Strafrecht, in: *Rengeling* (Hrsg.), Handbuch zum europäischen und deutschen Umweltrecht, Bd. 1, Allgemeines Umweltrecht, 2003, S. 126 ff.; *ders./Leitner* (Hrsg.), Handbuch der Geldwäsche-Compliance für die rechts- und steuerberatenden Berufe, 2009; *ders./Reinel*, Rechts- und Amtshilfe in der EG – aktuelle Entwicklungen, in: *Leitner* (Hrsg.), Finanzstrafrecht 2006, 49 ff.; *de Doelder/Tiedemann*, (Hrsg.), Criminal Liability of Corporations, 1994; *Demuth/Schneider*, Die besondere Bedeutung des Gesetzes über Ordnungswidrigkeiten für Betrieb und Unternehmen, BB 1970, S. 642 ff.; *Deruyck*, Verbandsdelikt und Verbandssanktion. Eine rechtsvergleichende Untersuchung nach belgischem und deutschem Recht, 1990; *ders.*, Probleme der Verfolgung und Ahndung von Verbandskriminalität im deutschen und belgischen Recht, ZStW 103 (1991), S. 705 ff.; *Diekmann*, Europäische Kooperation im Bereich der Strafrechtspflege, NStZ 2001, 617 ff.; *Dölling*, Empfehlen sich Änderungen des Straf- und Strafprozessrechts, um der Gefahr von Korruption in Staat, Wirtschaft und Gesellschaft wirksam zu begegnen?, Gutachten C zum 61. Deutschen Juristentag, Bd. I, 1996, C 1 ff.; *Egli*, Grundformen der Wirtschaftskriminalität, 1985; *Eidam*, Straftäter Unternehmen, 1997; *Eisenberg*, Kriminologie, 6. Aufl. 2005; *Erlinger*, Drittmittelfoschung unter Korruptionsverdacht? Der aktuelle Stand der Rechtsprechung, MedR 2002, S. 60 ff.; *Eser/Überhofen/Huber*, Korruptionsbekämpfung durch Strafrecht: Ein rechtsvergleichendes Gutachten zu den Bestechungsdelikten im Auftrag des Bayerischen Staatsministeriums der Justiz, 1997; *Fahl*, Der neue § 370a AO – causa finita?, wistra 2003, S. 10 ff.; *Fischer*, Strafgesetzbuch, 61. Aufl. 2014; *Fleischer*, Das Vierte Finanzmarktförderungsgesetz, NJW 2002, S. 2977 ff.; *Franzheim*, Die Gewinnabschöpfung wegen Verstoßes gegen arbeitsrechtliche Vorschriften, in: Festschrift für Gaul, 1992, S. 135 ff.; *Frehsee*, Zur Abweichung der Angepassten, Kriminologisches Journal 23 (1991), S. 25 ff.; *Fürhoff*, Kapitalmarktrechtliche Ad hoc-Publizität zur Vermeidung von Insider-Kriminalität – die Notwendigkeit einer kapitalmarktrechtlich orientierten Ad hoc- Publizitätsnorm zur Legitimation eines strafrechtlichen Insiderhandelsverbotes, 2000; *ders.*, Neuregelung der Ad-hoc-Publizitätspflicht auf europäischer Ebene, AG 2003, S. 80 ff.; *Gaede/Mühlbauer*, Wirtschaftsstrafrecht zwischen europäischem Primärrecht, Verfassungsrecht und richtlinienkonformer Auslegung am Beispiel des Scalping, wistra 2005, S. 9 ff.; *Galen, Gräfin von*, Bekämpfung der Geldwäsche – Ende der Freiheit der Advokatur, NJW 2003, S. 117 f.; *Gallandi*, Die Untreue von Bankverantwortlichen im Kreditgeschäft – Tendenzen zur Haftung und (Ent)kriminalisierung, wistra 2001, S. 281 ff.; *Gast-de Haan/Joecks/Franzen* (Hrsg.), Steuerstrafrecht mit Zoll- und Verbrauchssteuerstrafrecht. Kommentar §§ 369–412 AO, StraBEG, § 32 ZollVG, 7. Aufl. 2009; *dies.*, Formelle Verfassungswidrigkeit des § 370a AO n. F., DStR 2003, S. 12 ff.; *Gatzweiler*, Entwicklungstendenzen in der höchstrichterlichen Rechtsprechung zur Verjährung in Wirtschaftsstrafsachen, in: Festschrift für Rieß, 2002, S. 677 ff.; *Geerds*, Wirtschaftsstrafrecht und Vermögensschutz, 1990; *Gehrlein*, Strafbarkeit von Vorständen wegen leichtfertiger Vergabe von Unternehmensspenden, NZG 2002, S. 463 f.; *Gercke*, Die Rechtsprechung zum Internetstrafrecht im Jahr 2002, ZUM 2003, S. 349 ff.; *Göhler*, Zur bußgeldrechtlichen Verantwortung der juristischen Person bei aufgespaltener Zuständigkeit ihrer Organe, wistra 1991, S. 207 ff.; *ders.*, Ordnungswidrigkeitengesetz. Kommentar,

16. Aufl. 2012; *Gössweiner-Saiko,* Wirtschaftskriminologie in Beiträgen, 1990; *Gradowski/Ziegler,* Geldwäsche, Gewinnabschöpfung: erste Erfahrungen mit den neuen gesetzlichen Regelungen (§§ 261, 43a, 73d StGB und Geldwäschegesetz). Vorabveröffentlichung aus der BKA-Forschungsreihe, Bd. 39, 1996; *Greeve,* Ausgewählte Fragen zu § 298 StGB seit Einführung durch das Gesetz zur Bekämpfung der Korruption vom 13.8.1997, NStZ 2002, S. 505 ff.; *Gröblinghoff,* Die Verpflichtung des deutschen Strafgesetzgebers zum Schutz der Interessen der Europäischen Gemeinschaften, 1995; *Gropp* (Hrsg.), Wirtschaftskriminalität und Wirtschaftsstrafrecht in einem Europa auf dem Weg zu Demokratie und Privatisierung, 1998; *Günther,* Das Recht der Ordnungswidrigkeiten – Aufbruch zu neuen Ufern?, in: *Nörr* (Hrsg.), 40 Jahre Bundesrepublik Deutschland, 40 Jahre Rechtsentwicklung, 1990, S. 385 ff.; *Haeser,* Erfahrungen mit der neuen Rechtslage im Korruptionsstrafrecht und Drittmittelrecht – aus Sicht des Staatsanwalts, MedR 2002, S. 55 ff.; *Hamm,* Begrenzung des Wirtschaftsstrafrechts, in: *Lüderssen/Volk* (Hrsg.), Handlungsfreiheit des Unternehmers, 2009, 44 ff; *Hassemer, W.,* Symbolisches Strafrecht und Rechtsgüterschutz, NStZ 1989, S. 553 ff.; *ders.,* Kennzeichen und Krisen des modernen Strafrechts, ZRP 1992, S. 378 ff.; *ders.,* Professionelle Adäquanz – Bankentypisches Verhalten und Beihilfe zur Steuerhinterziehung, Teil 1 und 2, wistra 1995, S. 41 ff., 81 ff.; *ders.,* Produktverantwortung im modernen Strafrecht, 2. Aufl. 1996; *ders.,* Die Basis des Wirtschaftsstrafrechts, in: *Lüderssen/Volk* (Hrsg.), Handlungsfreiheit des Unternehmers, 2009, 29 ff; *Hassemer, R./Hippler, Gabriele,* Informelle Absprachen in der Praxis des deutschen Strafverfahrens, StV 1986, S. 360 ff.; *Hecker,* Strafbare Produktwerbung im Gemeinschaftsrecht, 2001; *Hefendehl,* Kollektive Rechtsgüter im Strafrecht, 2002; *ders.,* Enron, Worldcom und die Folgen: Das Wirtschaftsstrafrecht zwischen kriminalpolitischen Erwartungen und dogmatischen Erfordernissen, JZ 2004, S. 18 ff.; *ders.,* Außerstrafrechtliche und strafrechtliche Instrumentarien zur Eindämmung der Wirtschaftskriminalität, ZStW 119 (2007), 817 ff; *Heghmanns,* Grundzüge einer Dogmatik der Straftatbestände zum Schutz von Verwaltungsrecht oder Verwaltungshandeln, 2000; *Hellmann/Beckemper,* Wirtschaftsstrafrecht, 4. Aufl. 2013; *Heine,* Die strafrechtliche Verantwortung von Unternehmen, 1995; *ders.,* Plädoyer für ein Verbandsstrafrecht als „zweite Spur", in: *Alwart* (Hrsg), Verantwortung und Steuerung von Unternehmen in der Marktwirtschaft, 1998, S. 90 ff.; *Heinrich,* Verwaltungsakzessorietät des Ausländerstrafrechts und Schleuserkriminalität, ZAR 2005, S. 309 ff.; *Heinz,* Wirtschaftskriminologische Forschung in der BRD, wistra 1983, S. 128 ff.; *ders.,* Konzeption und Grundsätze des Wirtschaftsstrafrechts (einschließlich Verbraucherschutz) – Kriminologischer Teil, ZStW 96 (1984), S. 417 ff.; *ders.,* Wirtschaftskriminalität, in: *Kaiser/Kerner/Sack/Schellhoss* (Hrsg.), Kleines Kriminologisches Wörterbuch, 3. Aufl. 1993, S. 59 ff.; *ders.,* Systemgliederung der Wirtschaftsstraftaten im deutschen Recht, in: *Eser/Kaiser* (Hrsg.), Zweites deutsch-ungarisches Kolloquium über Strafrecht und Kriminologie, 1995, S. 155 ff.; *ders.,* Begriffliche und strukturelle Besonderheiten des Wirtschaftsstrafrechts. Eine Übersicht über die Entwicklung des Wirtschaftsstrafrechts in der Bundesrepublik Deutschland, in: *Gropp* (Hrsg.), Wirtschaftskriminalität und Wirtschaftsstrafrecht in einem Europa auf dem Weg zu Demokratie und Privatisierung, 1998, S. 13 ff.; *Hennig,* Empfiehlt sich eine Neuregelung der Verjährung von Wirtschaftsstraftaten?, wistra 2000, S. 321 ff.; *Herffs,* Der Abrechnungsbetrug des Vertragsarztes, 2002; *Herren,* Psychogramm des Wirtschaftsverbrechers, 1982, S. 25 ff.; *Herzberg,* Zur Eingrenzung des vorsatzausschließenden Irrtums (§ 16 StGB) – Eine kritische Würdigung neuer Versuche im Schrifttum, JZ 1993, S. 1017 ff.; *ders.,* Tatbestands- und Verbotsirrtum, GA 1993, S. 439 ff.; *Herzog,* Gesellschaftliche Unsicherheit und strafrechtliche Daseinsvorsorge, 1991; *Hetzer,* Schuldlose Sanktionsobjekte? – Unternehmenskriminalität und Verbandsstrafe, wistra 1999, S. 361 ff.; *Hilgendorf,* Strafrechtliche Produzentenhaftung in der „Risikogesellschaft", 1993; *Hillmann-Stadtfeld,* Die strafrechtlichen Neuerungen nach dem Steuerverkürzungsbekämpfungsgesetz (StVBG), NStZ 2002, S. 242 ff.; *Hirsch,* Strafrechtliche Verantwortlichkeit von Unternehmen, ZStW 107 (1995), S. 285 ff.; *ders.,* Straf- und Strafprozeßrecht gegenüber neuen Formen und Techniken der Kriminalität, in: *ders./Hofmanski/Plywaczewski/Roxin, C.* (Hrsg.), Neue Erscheinungsformen der Kriminalität in ihrer Auswirkung auf das Straf- und Strafprozeßrecht, 1996, S. 33 ff.; *Hoffmann/Wissmann* Die Erstattung von Geldstrafen, Geldauflagen und Verfahrenskosten im Strafverfahren durch Wirtschaftsunternehmen gegenüber ihren Mitarbeitern, StV 2001, S. 249 ff.; *Ignor/Rixen,* Untreue durch Zahlung von Geldauflagen? – Zum Strafbarkeitsrisiko von Aufsichtsratsmitgliedern am Beispiel der sog. Banken-Strafverfahren –, wistra 2000, S. 448 ff.; *dies.,* Europarechtliche Grenzen des § 266a StGB – Zur Bindungswirkung der E-101-Bescheinigung –, wistra 2001, S. 201 ff.; *dies.,* Grundprobleme und gegenwärtige Tendenzen des Arbeitsstrafrechts – Das Gesetz zur Erleichterung der Bekämpfung von illegaler Beschäftigung und Schwarzarbeit und der Sanktionierung des neuen Arbeitsvermittlungsrechts –, NStZ 2002, S. 510 ff.; *dies.,* Handbuch Arbeitsstrafrecht, 2002; *Hoyer,* Die strafrechtliche Verantwortlichkeit innerhalb von Weisungsverhältnissen, 1998; *Jakobs,* Strafbarkeit juristischer Personen?, in: Festschrift für Lüderssen, 2002, S. 565 ff.; *Joecks,* Strafvorschriften im Steuerverkürzungsbekämpfungsgesetz, wistra 2002, S. 201 ff.; *Jung,* Die Bekämpfung der Wirtschaftskriminalität als Prüfstein des Strafrechtssystems, 1979; *Kaiser,* Wirtschaftskriminologische Forschung am Freiburger Max-Planck-Institut, Freiburger Uni-

versitätsblätter 1982, S. 41 ff.; *ders.*, Kriminologie – Ein Lehrbuch, 3. Aufl. 1996; *ders.*, Kriminologie, 10. Aufl. 1997; *ders.*, Möglichkeiten zur Verbesserung des Instrumentariums zur Bekämpfung von Geldwäsche und zur Gewinnabschöpfung, wistra 2000, S. 121 ff.; *ders./Kerner/Sack/Schellhoss,* Kleines Kriminologisches Wörterbuch, 3. Aufl. 1993; *ders./Schöch* (Hrsg.), Kriminologie, Jugendstrafrecht, Strafvollzug, 6. Aufl. 2006; *Kapp,* Dürfen Unternehmen ihren (geschäftsleitenden) Mitarbeitern Geldstrafen bzw. -bußen erstatten?, NJW 1992, S. 2796 ff.; *Katholnigg,* Die Beteiligung von Laien in Wirtschaftsstrafsachen, wistra 1982, S. 91 ff.; *ders.,* Das Gesetz zur Änderung des Gesetzes über Ordnungswidrigkeiten und anderer Gesetze, NJW 1998, S. 568 ff.; *Keller/Sauer,* Zum Unrecht der so genannten Bankenuntreue – zugleich Anmerkung zu BGH 1 StR 185/01 vom 15.11.2001, wistra 2002, S. 365 ff.; *Kempf/Lüderssen/Volk* (Hrsg.), Unternehmensstrafrecht, 2012; *Kerner/Kury/Sessar,* Deutsche Forschungen zur Kriminalitätsentwicklung und Kriminalitätskontrolle, 1993; *Kindhäuser,* Gefährdung als Straftat, 1989; *ders.,* Legitimität der abstrakten Gefährdungsdelikte, in: *Schünemann/Suárez González* (Hrsg.), Bausteine des europäischen Wirtschaftsstrafrechts, 1994, S. 125 ff.; *Kirchhof* (Hrsg.), EStG-KompaktKommentar: Einkommensteuergesetz, 6. Aufl. 2006; *Knauer,* Die Kollegialentscheidung im Strafrecht – Zugleich ein Beitrag zum Verhältnis von Kausalität und Mittäterschaft, 2001; *ders.,* Die Strafbarkeit der Bankvorstände für missbräuchliche Kreditgewährung, NStZ 2002, S. 399 ff.; *Koch,* Nationales Strafrecht und globale Internet-Kriminalität. Zur Reform des Strafanwendungsrechts bei Kommunikationsdelikten im Internet, GA 2002, S. 703 ff.; *Kohlmann,* Steuerstrafrecht mit Ordnungswidrigkeitenrecht und Verfahrensrecht, 7. Aufl. Stand: Januar 2005; *Kramer,* Ermittlungen bei Wirtschaftsdelikten, 1987; *Kremnitzer/Ghanayim,* Strafbarkeit von Unternehmen, ZStW 113 (2001), S. 538 ff.; *Krüger,* Die Entstehungsgeschichte des 18. Strafrechtsänderungsgesetzes zur Bekämpfung der Umweltkriminalität, 1995; *Kube,* Prävention von Wirtschaftskriminalität – Möglichkeiten und Grenzen, 2. Aufl. 1985; *ders./Plate/Störzer,* Wirtschaftskriminalität, Kriminalistik 1983, S. 600 ff.; *Kubica,* Wirtschaftskriminalität, in: *Kube/Störzer/Timm* (Hrsg.), Kriminalistik. Handbuch für Praxis und Wissenschaft, Bd. 2, 1994, S. 445 ff.; *Kuhlen,* Die Unterscheidung von vorsatzausschließendem und nicht vorsatzausschließendem Irrtum, 1987; *ders.,* Strafhaftung bei unterlassenem Rückruf gesundheitsgefährdender Produkte, NStZ 1990, S. 566 ff.; *ders.,* Strafrechtliche Produkthaftung, in: 50 Jahre Bundesgerichtshof, Festgabe aus der Wissenschaft, Band IV, Strafrecht, Strafprozeßrecht, 2000, S. 647 ff.; *Lackner/Kühl,* Strafgesetzbuch mit Erläuterungen, 27. Aufl. 2011; *Lampe,* Aktuelle Probleme der Wirtschaftskriminalität, in: *Hirsch/Hofmanksi/Ptywaczewski/Roxin,* C. (Hrsg.), Neue Erscheinungsformen der Kriminalität in ihrer Auswirkung auf das Straf- und Strafprozeßrecht, 1996, S. 95 ff.; *Laskos,* Die Strafbarkeit wegen Untreue bei der Kreditvergabe, 2001; *Leipold,* Kommt das Unternehmensstrafrecht?, NJW-spezial 2013, 696; *Leipziger Kommentar,* StGB, Großkommentar, hrsg. v. Jähnke/Laufhütte/Odersky, 12. Aufl. 2006 ff.; *Lenckner,* Wertausfüllungsbedürftige Begriffe im Strafrecht und der Satz „nulla poena sine lege", JuS 1968, S. 304 ff.; *Leimenstoll,* Vermögensbetreuungspflicht des Vertragsarztes, 2012; *Liebl,* Entwicklung und Schwerpunkt zu kriminologischen und rechtssoziologischen Forschungen auf dem Gebiet der Wirtschaftskriminalität in der Bundesrepublik Deutschland, in: *Kerner* (Hrsg.), Deutsche Forschungen zur Kriminalitätsentstehung und Kriminalitätskontrolle, 1983, Band 6, 1. Teilband, S. 408 ff.; *ders.,* Die bundesweite Erfassung von Wirtschaftsstraftaten nach einheitlichen Gesichtspunkten, 1984; *ders.,* Internationale Forschungsergebnisse auf dem Gebiet der Wirtschaftskriminalität, 1987; *ders.,* Statistik als Rechtstatsachenforschung – Ein Abschlußbericht zur bundesweiten Erfassung von Wirtschaftsstraftaten nach einheitlichen Gesichtspunkten, wistra 1988, S. 83 ff.; *Lindemann, K.,* Gibt es ein Wirtschaftsstrafrecht?, 1932; *Lindemann, M.,* Die strafrechtliche Verantwortlichkeit des „faktischen Geschäftsführers", Jura 2005, S. 305 ff.; *ders.* Voraussetzungen und Grenzen legitimen Wirtschaftsstrafrechts, 2012; *Löwe-Krahl,* Steuerhinterziehung bei Bankgeschäften: Zur Strafbarkeit von Bankangestellten bei illegalen Kundengeschäften, 2. Aufl. 2000; *Lüderssen,* Entkriminalisierung des Wirtschaftsstrafrechts, 1998; *ders.,* Die Zusammenarbeit von Medizinprodukteindustrie, Krankenhäusern und Ärzten – Strafbare Kollusion oder sinnvolle Kooperation, 1998; *Lütke,* Das Arbeitnehmerentsendegesetz, wistra 2000, S. 84 ff.; *Mansdörfer,* Zur Theorie des Wirtschaftsstrafrechts, 2011; *Marx,* Die behördliche Genehmigung im Strafrecht, 1993; *Maurach/Schroeder/Maiwald,* Strafrecht Besonderer Teil, Teilband 1, 9. Aufl. 2003; *Meinberg,* Geringfügigkeitseinstellung von Wirtschaftsstrafsachen, 1985; *Meurer,* Die Bekämpfung der Computerkriminalität in der BRD, in: Festschrift für Kitagawa, 1992, S. 971 ff.; *Meyer-Arndt,* Beihilfe durch neutrale Handlungen?, wistra 1989, S. 282 ff.; *Michaelsen,* Möglichkeiten der Beschleunigung und Kosteneinsparung im Wirtschaftsstrafverfahren, Kriminalistik 1982, S. 498 ff.; *Middendorff,* Historische und vergleichende Aspekte der Wirtschaftskriminalität, 1982, S. 55 ff.; *Möhrenschlager,* Das neue Computerstrafrecht, wistra 1986, S. 128 ff.; *ders.,* Computerstraftaten und ihre Bekämpfung in der BRD, wistra 1991, S. 321 ff.; *ders.,* Revision des Umweltstrafrechts – Das Zweite Gesetz zur Bekämpfung der Umweltkriminalität –, NStZ 1994, S. 513 ff.; *Möller,* Das Vierte Finanzmarktförderungsgesetz – Der Regierungsentwurf –, WM 2001, S. 2405 ff.; *ders.,* Die Neuregelung des Verbots der Kurs- und Marktpreismanipulation im Vierten Finanzmarktförderungsgesetz, WM 2002, S. 309 ff.;

1   1. Kapitel. Die Entwicklung des Wirtschaftsstrafrechts in der Bundesrepublik

Momsen/Grützner (Hrsg.), Wirtschaftsstrafrecht, München 2013; *Moosmayer*, Straf- und bußgeldrechtliche Regelungen im Entwurf eines Vierten Finanzmarktförderungsgesetzes, wistra 2002, S. 161 ff.; *Mühlbauer*, Zur Einordnung des „Scalping" durch Anlageberater als Insiderhandel nach dem WpHG, wistra 2003, S. 169 ff.; *ders.,* Die Betrugsähnlichkeit des § 263a Abs. 1 Var. 3 StGB anhand der „Geschäftsgrundlagen" beim Geldautomatengebrauch, wistra 2003, S. 244 ff.; *Müller*, Stellung der juristischen Person im Ordnungswidrigkeitenrecht, 1985; *Müller-Gugenberger/Bieneck* (Hrsg.), Wirtschaftsstrafrecht, 5. Aufl. 2011; *Münchener Kommentar zum Strafgesetzbuch,* hrsg. von Joecks/Miebach, Band 1, §§ 1–51, 2. Aufl. 2011; *Münchhalffen*, Tendenzen in der neueren Rechtsprechung der Oberlandesgerichte zur Untersuchungshaft in Wirtschaftsstrafverfahren, in: Festschrift für Rieß, 2002, S. 347 ff.; *Münkel*, Bestechung und Bestechlichkeit ausländischer Amtsträger, 2013; *Nagel,* Reaktionen auf Zuwiderhandlungen im Bereich der Wirtschaftskriminalität, in: *Gropp* (Hrsg.), Wirtschaftskriminalität und Wirtschaftsstrafrecht in einem Europa auf dem Weg zu Demokratie und Privatisierung, 1998, S. 83 ff.; *Nelles*, Untreue zum Nachteil von Gesellschaften, 1991; *Nestler,* Ökonomische Folgen verfehlter Kriminalisierung, in: *Lüderssen/Volk* (Hrsg.), Handlungsfreiheit des Unternehmers, 2009, S. 80 ff; *Nomos Kommentar zum Strafgesetzbuch,* hrsg. von Kindhäuser/Neumann/Paeffgen, 4. Auflage 2013; *Nordemann*, Wegfall von Zugabeverordnung und Rabattgesetz. Erlaubt ist, was gefällt?, NJW 2001, S. 2505 ff.; *Odenthal,* Zur Anrechnung von Steuern beim Verfall, wistra 2002, S. 246 ff.; *Opp,* Soziologie der Wirtschaftskriminalität, 1975; *Otto,* Strafrecht als Instrument der Wirtschaftspolitik, MschrKrim 1980, S. 399 ff.; *ders.,* Konzeption und Grundsätze des Wirtschaftsstrafrechts (einschließlich Verbraucherschutz), ZStW 96 (1984), S. 339 ff.; *ders.,* Verrat von Betriebs- und Geschäftsgeheimnissen, § 17 UWG, wistra 1988, S. 125 ff.; *ders.,* Strafrechtsdogmatische Aspekte der Wirtschaftskriminalität, in: *Eser/Kaiser* (Hrsg.), Fünftes Deutsch-Sowjetisches Kolloquium über Strafrecht und Kriminologie, 1990, S. 190 ff.; *ders.,* Die Strafbarkeit von Unternehmen und Verbänden, 1993; *ders.,* Strafrechtliche Aspekte des „insider-dealing", in: *Blaurock* (Hrsg.), Recht der Unternehmen in Europa, 1993, S. 65 f.; *ders.,* Das neue Umweltstrafrecht, Jura 1995, S. 134 ff.; *ders.,* „Vorgeleistete Strafvereitelung" durch berufstypische oder alltägliche Verhaltensweisen als Beihilfe, in: Festschrift für Lenckner, 1998, S. 193 ff.; *ders.,* Anmerkung zu BGH, Beschluß v. 22. Oktober 1997–5 StR 223/97, wistra 1998, S. 227 f.; *ders.,* Die strafrechtliche Haftung für die Auslieferung gefährlicher Produkte, in: Festschrift für H. J. Hirsch, 1999, S. 291 ff.; *Park,* Die Vermögensstrafe – ein Nachruf, StV 2002, S. 395 f.; *ders.,* Unbeantwortete Fragen der Strafbarkeit von Personenverbänden, ZRP 2001, S. 406 ff.; *Pichardt*, Inverkehrbringen und Inverkehrlassen von Produkten – Lebensmittelsicherheit, deliktische Produzentenhaftung, strafrechtliche Produktverantwortung, DLR 2002, S. 50 ff.; *Pieth/Eigen,* Korruption im internationalen Geschäftsverkehr, 1998; *Poerting* (Hrsg.), Polizeiliche Bekämpfung von Wirtschaftskriminalität, 1985; *ders.,* Wirtschaftskriminalität Teil 1 und 2, 1983 und 1985; *Poseck,* Die strafrechtliche Haftung der Mitglieder des Aufsichtsrats einer Aktiengesellschaft, 1997; *Prittwitz,* Begrenzung des Wirtschaftsstrafrechts, in Lüderssen, Klaus, Volk, Klaus (Hrsg.), Handlungsfreiheit des Unternehmers, 2009, 53 ff; *Puppe,* Tatirrtum, Rechtsirrtum, Subsumtionsirrtum, GA 1990, S. 145 ff.; *Randt,* Abermals Neues zur Korruptionsbekämpfung: Die Ausdehnung der Angestelltenbestechung des § 299 StGB auf den Weltmarkt, BB 2002, S. 2252 ff.; *Ranft,* Verteidigerhonorar und Geldwäsche – die Entscheidung des BVerfG vom 30.3.2004, Jura 2004, S. 759 ff.; *ders.,* Die Verfassungswidrigkeit des (deutschen) Europäischen Haftbefehls, wistra 2005, S. 361 ff.; *Ransiek,* Unternehmensstrafrecht, 1996; *ders.,* Effektivierung des Wirtschaftsstrafrechts, in: *Gropp* (Hrsg.), Wirtschaftskriminalität und Wirtschaftsstrafrecht in einem Europa auf dem Weg zu Demokratie und Privatisierung, 1998, S. 203 ff.; *ders.,* Zur strafrechtlichen Verantwortung des Compliance Officers, AG 2010, 147 ff.; *Rebmann/Roth/Hermann,* Gesetz über Ordnungswidrigkeiten. Kommentar, 3. Aufl., Stand: Februar 2005; *Reindl,* E-Commerce und Strafrecht, 2003; *Reinel,* Die Auslandskopfüberwachung – Rechtsstaat auf Abwegen?, wistra 2006, S. 205 ff.; *ders./Roth,* Der persönliche Anwendungsbereich der Vorschriften zur Geldwäschebekämpfung, EWS 2006, S. 542 ff.; *Reisner,* Die Strafbarkeit von Schein- und Umgehungshandlungen in der EG, 1995; *Rengeling/Middeke/Gellermann* (Hrsg.), Handbuch des Rechtsschutzes in der Europäischen Union, 2. Aufl. 2003; *Rengier,* Die öffentlich-rechtliche Genehmigung im Strafrecht, ZStW 101 (1989), S. 874 ff.; *Richter,* Der Konkurs der GmbH aus der Sicht der Strafrechtspraxis (I), GmbH-Rundschau 1984, S. 113 ff.; *ders.,* Erfahrungen bei der Strafverfolgung auf dem Gebiet der Wirtschaftskriminalität, in: Landeszentrale für politische Bildung Baden-Württemberg (Hrsg.), Grenzenlose Geschäfte. Wirtschaftskriminalität in Deutschland und Europa, 1997, S. 53 ff.; *Rieckers,* Haftung des Vorstands für fehlerhafte Ad-hoc-Meldungen de lege lata und de lege ferenda, BB 2002, S. 1213 ff.; *Rönnau, T./Kirch-Heim,* Das Vorenthalten von Arbeitgeberbeiträgen zur Sozialversicherung gemäß § 266a Abs. 2 StGB n. F. – eine geglückte Regelung?, wistra 2005, S. 321 ff.; *Rönnau, T./Samson* (Hrsg.), Wirtschaftsstrafrecht aus Sicht der Strafverteidigung, 2003; *Rönnau, T./Schneider,* Der Compliance-Beauftragte als strafrechtlicher Garant – Überlegungen zum BGH-Urteil v 17.7.2009 – 5 StR 394/08, ZIP 2009, 1867, ZIP 2010, 53 ff.; *Roessner/Bolkart,* Rechtliche und verfahrenstaktische Analyse des Vorgehens geschädigter Anleger bei fehlerhaften Unternehmensmeldungen, WM 2003, S. 953 ff.; *Rosenthal,* Europäisches Haftbefehlsgesetz, zweiter Versuch, ZRP 2006, S. 105 ff.; *Rotsch,* Unternehmen, Umwelt und Strafrecht. Ätiologie einer Misere (Teil 1), wistra 1999, S. 321 ff.; *ders.,* Compliance und Strafrecht – Konsequenzen einer Neuentdeckung, in Festschrift für Samson, 2010, S. 141 ff.; *Roxin, C.,* Strafrecht. Allgemeiner Teil, 3. Aufl. 1997; *Salditt,* Die Schlingen des neuen Steuerstrafrechts, StV 2002, S. 214 ff.; *Samson/Schillhorn,* Beihilfe zur Steuerhinterziehung durch anonymisierten Kapitaltransfer?, wistra 2001, S. 1 ff.; *Savelsberg,* Von der Genese zur Implementation von Wirtschaftsstrafrecht. Klassen-, schicht- und sektorspezifische Aushandlungsprozesse, KrimJ 1987, S. 193 ff.; *Schäfer,* Wirtschaftskriminalität, Weiße-Kragen Kriminalität, 1974; *Scheffler/Dressel,* Die Insuffizienz des Computerstrafrechts – Schleppende Gesetzgebungsverfahren als Störfaktor für die E-Commerce-Wirtschaft, ZRP 2000, S. 514 ff.; *Schmid/Winter,* Vermögensabschöpfung in Wirtschaftsstrafverfahren – Rechtsfragen und praktische Erfahrungen, NStZ 2002, S. 8 ff.; *Schmidt, K.,* Zur Verantwortung von Gesellschaften und Verbänden im Kartell-Ordnungswidrigkeitenrecht, wistra 1990, S. 131 ff.; *Schmidt, E.,* Das neue westdeutsche Wirtschaftsstrafrecht, 1950; *Schmidt-Salzer,* Strafrechtliche Produktverantwortung, NJW 1990, S. 2966 ff.; *Schmitt,* Strafrechtliche Maßnahmen gegen Verbände, 1958; *Schmitz, A.,* Aktuelles zum Kursbetrug gemäß § 88 BörsG – Zugleich eine Besprechung des Urteils des LG Augsburg v. 24.9.2001–3 O 4995/00 –, wistra 2002, S. 208 ff.; *Schmitz, R.,* Der strafrechtliche Schutz des Kapitalmarkts in Europa, ZStW 115 (2003), S. 501 ff.; *ders./Wulf,* Erneut: Hinterziehung ausländischer Steuern und Steuerhinterziehung im Ausland, § 370 Abs. 6, 7 AO – zugleich eine Anmerkung zu BGH wistra 2001, S. 62 und BGH wistra 2001, S. 263, wistra 2001, S. 361 ff.; *Schneider,* Kriminologie, 1981; *Schönke/Schröder,* Strafgesetzbuch. Kommentar, 28. Aufl. 2010; *Scholz,* Strafbarkeit juristischer Personen, ZRP 2000, S. 435 ff.; *Schramm,* Untreue durch den Insolvenzverwalter, NStZ 2000, S. 398 ff.; *Schroth,* Unternehmen als Normadressat und Sanktionssubjekt, 1993; *Schünemann,* Moderne Tendenzen in der Dogmatik der Fahrlässigkeits- und Gefährdungsdelikte, JA 1975, S. 787 ff.; *ders.,* Unternehmenskriminalität und Strafrecht, 1979; *ders.,* Alternative Kontrolle der Wirtschaftskriminalität, in: Gedächtnisschrift für A. Kaufmann, 1989, S. 629 ff.; *ders.,* Absprachen im Strafverfahren? Grundlagen, Gegenstände und Grenzen. – Gutachten zum 58. Deutschen Juristentag, Bd. I: Gutachten, B 1 ff., 1990; *ders.,* Die Funktion der Abgrenzung von Unrecht und Schuld, in: *ders.* (Hrsg.), Bausteine des Europäischen Wirtschaftsrechts, Coimbra-Symposium für C. Roxin, 1991, S. 149 ff.; *ders.,* Unternehmenskriminalität, in: 50 Jahre Bundesgerichtshof, Festgabe aus der Wissenschaft, Band IV, Strafrecht, Strafprozeßrecht, 2000, S. 621 ff.; *ders./Suárez González* (Hrsg.), Bausteine des europäischen Wirtschaftsstrafrechts, 1994; *ders.,* Die großen wirtschaftsstrafrechtlichen Fragen der Zeit, GA 2013, 193 ff; *Schuhmacher,* Zur Auslegung des neugefassten Tatbestands des Missbrauchs einer Insider-Information, ÖBA 2005, S. 533 ff.; *Schulz,* Perspektiven der Normativierung des objektiven Tatbestands (Erfolg, Handlung, Kausalität) am Beispiel der strafrechtlichen Produkthaftung, in: *Lüderssen* (Hrsg.), Aufgeklärte Kriminalpolitik oder Kampf gegen das Böse, Band III, Makrodelinquenz, 1998, S. 43 ff.; *Schuster,* Das Verhältnis von Strafnormen und Bezugsnormen aus anderen Rechtsgebieten- eine Untersuchung zum allgemeinen Teil im Wirtschafts- und Steuerstrafrecht, 2012; *Schwind,* Kriminologie, 16. Aufl. 2006; *ders./Gehrich/Berckhauer/Ahlhorn,* Bekämpfung der Wirtschaftskriminalität erläutert am Beispiel von Niedersachsen, JR 1980, S. 228 ff.; *See/Spoo* (Hrsg.), Wirtschaftskriminalität – Kriminelle Wirtschaft, 1997; *Seelmann,* Atypische Zurechnungsstrukturen im Umweltstrafrecht, NJW 1990, S. 1257; *Seer,* Kriminalisierung des Steuerbürgers – Ringen um § 370a AO, BB 2002, S. 1677 ff.; *Selle,* Die Reform des Sanktionenrechts, JR 2002, S. 227 ff.; *Sieber,* Grundfragen des Wirtschaftsstrafrechts in rechtsvergleichender Sicht, ZStW 96 (1984), S. 258 ff.; *ders.,* The International Handbook on Computer Crime, 1987; *ders.,* Internationales Strafrecht im Internet, NJW 1999, S. 2065 ff.; *ders.,* Compliance-Programme im Unternehmensstrafrecht – Ein neues Konzept zur Kontrolle von Wirtschaftskriminalität, Festschrift Klaus Tiedemann zum 70 Geburtstag, 2008, S. 449 ff.; *ders./Bögel,* Logistik der organisierten Kriminalität, 1993; *Siolek,* Neues zum Thema Verständigung im Strafverfahren, DRiZ 1993, S. 422 ff.; *ders.,* Verständigung in der Hauptverhandlung, 1993; *ders.,* Zur Fehlentwicklung strafprozessualer Absprachen, in: Festschrift für Rieß, 2002, S. 563 ff.; *Stein,* Entwicklung und nationale Rechtsquellen des Wirtschaftsstrafrechts und Ordnungswidrigkeitenrechts, in: *Gropp* (Hrsg.), Wirtschaftskriminalität und Wirtschaftsstrafrecht in einem Europa auf dem Weg zu Demokratie und Privatisierung, 1998, S. 63 ff.; *Sommer/Füllsack,* Gewerbs- oder bandenmäßige Steuerhinterziehung gem. § 370a AO – Fremdkörper in der Abgabenordnung und im Steuerstrafrecht, Stbg 2002, S. 355 ff.; *Sorgenfrei,* Zum Verbot der Kurs- oder Marktpreismanipulation nach dem 4. Finanzmarktförderungsgesetz, wistra 2002, S. 321 ff.; *Spatschek, R./Wulf,* „Gewerbsmäßige Steuerhinterziehung" als Vortat zur Geldwäsche, DB 2001, S. 2572 ff.; *dies.,* „Schwere Steuerhinterziehung" und Geldwäsche – Auslegung und Anwendung der neuen § 370a AO und § 261 Abs. 1 Satz 3 StGB –, DB 2002, S. 392 ff.; *dies.,* „Schwere Steuerhinterziehung" gemäß § 370a AO – Zwischenbilanz zur Diskussion über eine missglückte Vorschrift, NJW 2002, S. 2983 ff.; *Spatschek, R./Reutershan,* Mitteilungspflichten und Registereintragungen bei Steuervergehen, PStR 2005, 262 ff.; *Stahl,* Gesetzeskorrektur

1 1. Kapitel. Die Entwicklung des Wirtschaftsstrafrechts in der Bundesrepublik

der gewerbs- und bandenmäßigen Steuerhinterziehung gem. § 370a AO und der Geldwäsche (§ 261 Abs. 1 Satz 3 StGB), KÖSDI 2002, S. 13 390 ff.; *Steinke*, Wirtschaftskriminalität 1992, NStZ 1994, S. 168 ff.; *Strathenwerth*, Strafrechtliche Unternehmenshaftung, in: Festschrift für Schmitt, 1992, S. 299 ff.; *Sutherland*, White Collar Crime, 1949; *Systematischer Kommentar zum Strafgesetzbuch*, hrsg. v. Rudolphi et al., Loseblatt-Ausgabe, Stand: Oktober 2005; *Taschke*, Straftaten im Interesse von Unternehmen – auch strafbar wegen Untreue?, in: Festschrift für Lüderssen, 2002, S. 663 ff.; *Taubald*, Konsensuale Erledigung von Strafverfahren in Deutschland und Frankreich, 2009; *Terhorst*, Kriterien für konsensuales Vorgehen im Strafverfahren – freie Wahl für Urteilsabsprachen?, GA 2002, S. 600 ff.; *Theile*, Die Bedrohung prozessualer Freiheiten durch materielles Wirtschaftsstrafrecht, wistra 2004, S. 121 ff.; *ders.*, Wirtschaftskriminalität und Strafverfahren, 2009; *Thümmel*, Haftung für geschönte Ad-hoc-Meldungen: Neues Risikofeld für Vorstände oder ergebnisorientierte Einzelfallrechtsprechung? – Zugleich Besprechung des Urteils des LG Augsburg vom 24.9.2002 – 3 O 4995/00 „Informatec", DB 2001, S. 2331 ff.; *Tiedemann*, Zur legislatorischen Behandlung des Verbotsirrtums in Ordnungswidrigkeiten- und Steuerstrafrecht, ZStW 81 (1969), S. 869 ff.; *ders.* (Hrsg.), Die Verbrechen in der Wirtschaft, 1970; *ders.* (Hrsg.), Die Verbrechen in der Wirtschaft, 2. Aufl. 1972; *ders.*, Welche strafrechtlichen Mittel empfehlen sich für eine wirksamere Bekämpfung der Wirtschaftskriminalität?, Gutachten C für den 49. Juristentag, Bd. I: Gutachten C 1 ff., 1972; *ders.*, Der Subventionsbetrug, ZStW 86 (1974), S. 897 ff.; *ders.*, Die Bekämpfung der Wirtschaftskriminalität als Aufgabe der Gesetzgebung am Beispiel der Steuer- und Subventionsdelinquenz, GA 1974, S. 11 ff.; *ders.*, Subventionskriminalität in der Bundesrepublik, 1974; *ders.*, Der Entwurf eines Ersten Gesetzes zur Bekämpfung der Wirtschaftskriminalität, ZStW 87 (1975), S. 253 ff.; *ders.*, Plädoyer für ein neues Wirtschaftsstrafrecht, ZRP 1976, S. 49 ff.; *ders.*, Wirtschaftsstrafrecht und Wirtschaftskriminalität, Band 1 und 2, 1976; *ders.* (Hrsg.), Multinationale Unternehmen und Strafrecht, 1980; *ders.*, Handhabung und Kritik des neuen Wirtschaftsstrafrechts – Versuch einer Zwischenbilanz, in: Festschrift für Dünnebier, 1982, S. 519 ff.; *ders.*, Wirtschaftskriminalität als Forschungsgegenstand, Freiburger Universitätsblätter, 1982, S. 13 ff.; *ders.*, Die „Bebußung" von Unternehmen nach dem 2.Gesetz zur Bekämpfung der Wirtschaftskriminalität, NJW 1988, S. 1169 ff.; *ders.*, Untreue bei Interessenkonflikten. Am Beispiel der Tätigkeit von Aufsichtsratsmitgliedern, in: Festschrift für Tröndle, 1989, S. 318 ff.; *ders.*, Wirtschaftsstrafrecht – Einführungsübersicht, JuS 1989, S. 689 ff.; *ders.*, Artikel „Auslegung" in: *Krekeler/Tiedemann/Ulsenheimer/Weinmann* (Hrsg.), HWiStr, Bd. 1, Stand: Mai 1990; *ders.*, Verfassungsrecht und Strafrecht, 1991; *ders.*, Zum Stand der Irrtumslehre, insbesondere im Wirtschafts- und Nebenstrafrecht – Rechtsvergleichende Überlegungen und Folgerungen –, in: Festschrift für Geerds, 1995, S. 95 ff.; *ders.*, Computerkriminalität und Strafrecht, in: Festschrift für Günther Kaiser, 1998, S. 1373 ff.; *ders.*, Der Allgemeine Teil des Strafrechts im Lichte der europäischen Rechtsvergleichung, in: Festschrift für Lenckner, 1998, S. 411 ff.; *ders.*, Körperverletzung und strafrechtliche Produktverantwortung, in: Festschrift für H. J. Hirsch, 1999, S. 765 ff.; *ders./Kindhäuser*, Umweltstrafrecht – Bewährung oder Reform?, NStZ 1988, S. 337 ff.; *ders./Otto*, Literaturbericht – Wirtschaftsstrafrecht (Teil I), ZStW 102 (1990), S. 94 ff.; *Tipke*, Die Steuerrechtsordnung III, 2. Aufl. 2012; *Többens*, Die Bekämpfung der Wirtschaftskriminalität durch die Troika der §§ 9, 130 und 30 des Gesetzes über Ordnungswidrigkeiten, NStZ 1999, S. 1 ff.; *Tripmaker*, Der subjektive Tatbestand des Kursbetrugs – Zugleich ein Vergleich mit der Neuregelung des Verbots der Kurs- und Marktpreismanipulation im Vierten Finanzmarktförderungsgesetz –, wistra 2002, S. 288 ff.; *Ulsenheimer*, Industriesponsoring und Vorteilsannahme/Bestechlichkeit, in: *Laufs* (Hrsg.), Handbuch des Arztrechts, 4. Aufl. 2010, § 151a, S. 1417 ff.; *Velten*, Untreue durch Belastung mit dem Risiko zukünftiger Sanktionen am Beispiel verdeckter Parteienfinanzierung, NJW 2000, S. 2852 ff.; *Vogel*, Verbraucherschutz durch strafrechtliche Produkthaftung, GA 1990, S. 241 ff.; *ders.*, Schein- und Umgehungshandlungen im Strafrecht, insbesondere im europäischen Recht, in: *Schünemann/Suárez González* (Hrsg.), Bausteine des europäischen Wirtschaftsstrafrechts, 1994, S. 151 ff.; *ders.*, Stand und Entwicklung der strafrechtlichen Produkthaftung, in: Festschrift für Lorenz, 2001, S. 65 ff.; *ders.*, Strafrechtlicher Schutz des Euro vor Geldfälschung – Europäischer Rechtsrahmen und Anpassungsbedarf im deutschen Recht, ZRP 2002, S. 7 ff.; *ders.*, Kurspflege: Zulässige Kurs- und Marktpreisstabilisierung oder straf- bzw. ahndbare Kurs- und Marktpreismanipulation?, WM 2003, S. 2437 ff.; *Volk*, Strafrecht und Wirtschaftskriminalität, JZ 1982, S. 85 ff.; *ders.* (Hrsg.), Münchener Anwaltshandbuch Verteidigung in Wirtschafts- und Steuerstrafsachen, 2006; *Vollhard*, Die Untreuemode. Ist die Abgabe eines unvollständigen Rechenschaftsberichts einer politischen Partei wegen Untreue strafbar?, in: Festschrift für Lüderssen, 2002, S. 673 ff.; *Wagner*, Zur strafrechtlichen Vorgesetztenverantwortlichkeit für innerbetriebliche Straftaten zwischen Mitarbeitern, ZJS 2012, 704 ff.; *Wannemacher & Partner* (Hrsg.), Steuerstrafrecht Handbuch, 2013; *Wassermann*, Kritische Überlegungen zur Bekämpfung der Wirtschaftskriminalität, Kriminalistik 1984, S. 20 ff.; *Weber*, Die Überspannung der staatlichen Bußgeldgewalt, ZStW 92 (1980), S. 313 ff.; *ders.*, Konzeption und Grundsätze des Wirtschaftsstrafrechts (einschließlich Verbraucherschutz), ZStW 96 (1984), S. 376 ff.; *Wegner*, Die Reform der Geldwäsche-Richtlinie und die Auswirkungen auf die rechtsberatenden Berufe, NJW 2002, S. 794 ff.; *ders.*, Das Geldwäschebekämpfungsgesetz – Neue Pflichten für rechtsberatende Berufe und verfahrensrechtliche Besonderheiten, NJW 2002, S. 2276 ff.; *ders.*, Zum Anwendungsbereich des § 370a AO, wistra 2002, S. 205 ff.; *ders.*, Vorschlag der Europäischen Kommission für einen Europäischen Haftbefehl, StV 2003, S. 105 ff.; *Wehnert*, Überlegungen zur Entwicklung der strafrechtlichen Risiken im Unternehmensmanagement, in: Festschrift für Peter Rieß, 2002, S. 811 ff.; *dies.*, Die tatsächliche Ausgestaltung der Absprachepraxis in staatsanwaltlichen Wirtschaftsermittlungsverfahren aus anwaltlicher Sicht, StV 2002, S. 219 ff.; *Weigend*, Eine Prozessordnung für abgesprochene Urteile, NStZ 1999, S. 57 ff.; *Winkelbauer/Felsinger*, Finanzierung gemeindlicher Aufgaben im Wege des Sponsorings – strafbare Korruption, Die Gemeinde 1999, S. 291 ff.; *dies./Dannecker, G.*, Gemeinnützig oder strafbar?, 2003; *Wittkämper/Krevert/Kohl*, Europa und die innere Sicherheit, 1996; *Wohlers*, Deliktstypen des Präventionsstrafrechts, 2000; *Wolffgang/Stüwe*, Formal- und Nachweispflichten im Zollrecht, in: *Leitner* (Hrsg.), Finanzstrafrecht 1996–2002, 2006, S. 445 ff.; *Wolters*, Der Entwurf eines „Gesetzes zur Reform des Sanktionsrechts", ZStW 114 (2002), S. 63 ff.; *Ziouvas*, Vom Börsenzum Kapitalmarktstrafrecht? – Zur Schutzbedürftigkeit des außerbörslichen Kapitalmarktes auf der Grundlage der Neuregelung des Kursmanipulationsverbots –, wistra 2003, S. 13 ff.; *ders./Walter*, Das neue Börsenstrafrecht mit Blick auf das Europarecht – zur Reform des § 88 BörsG –, WM 2002, S. 1483 ff.; *Zirpins/Terstegen*, Wirtschaftskriminalität – Erscheinungsformen und ihre Bekämpfung, 1963; *Zybon*, Wirtschaftskriminalität als gesamtwirtschaftliches Problem, 1972.

Inhaltsübersicht

	Rn.
A. Einführung	1–4
B. Begriff der Wirtschaftskriminalität und des Wirtschaftsstrafrechts	5–11
I. Klassische Definition *Sutherlands* und ihre Fortentwicklung	6, 7
II. Strafprozessual-kriminaltaktisch orientierte Begriffsbildung des § 74c GVG	8
III. Orientierung an der besonderen Sozialschädlichkeit	9
IV. Orientierung am Rechtsgüterschutz	10
V. Instrumente des Wirtschaftsverkehrs als Schutzobjekte	11
C. Kriminologische Aspekte der Wirtschaftskriminalität	12–55
I. Struktur der amtlich registrierten Wirtschaftskriminalität	13
II. Materielle Schäden und Schadensschätzungen	14–18
1. Schadenshöhe der registrierten Kriminalität	15
2. Schadensschätzungen	16
3. Schäden durch Sog- und Spiralwirkung und durch Begleitkriminalität	17, 18
a) Sog- und Spiralwirkung	17
b) Begleitkriminalität	18
III. Entstehungszusammenhänge der Wirtschaftskriminalität und Sozialprofil des Wirtschaftsstraftäters	19
IV. Steuermoral und Steuerhinterziehung	19a
V. Aufklärungs- und Strafverfolgungsprobleme bei Wirtschaftsstraftaten	20–24
1. Zur Bedeutung der Anonymität von Wirtschaftsdelikten für ihre Verfolgung und Aufdeckung	20
2. Aufklärungsquote bei Wirtschaftsdelikten	21
3. Spezifische Aufklärungsprobleme bei Wirtschaftsdelikten	22–24
VI. Auswirkungen spezieller Regelungen des Allgemeinen und des Besonderen Teils des Strafrechts auf die Strafverfolgung	25–45
1. Regelungen des Allgemeinen Teils und ihre Auswirkung auf die Strafverfolgung	25–43
a) Kausalität und Zurechnung	27–30
b) Täterschaft und Teilnahme	31
c) Unterlassen	32–37
d) Rechtfertigungs- und Entschuldigungsgründe	38
e) Irrtümer	39–41
f) Organ- und Vertreterhaftung, § 14 StGB	42, 43
2. Regelungen des Besonderen Teils und ihre Auswirkung auf die Strafverfolgung	44, 45
VII. Erledigung von Wirtschaftsstrafverfahren	46–51
1. Empirische Untersuchungen	46–48
2. Absprachen über strafrechtliche Entscheidungen	49–51
VIII. Kriminalpolitische Forderungen zur Verbesserung der Bekämpfung der Wirtschaftskriminalität	52–55
D. Zur geschichtlichen Entwicklung des Wirtschaftsstrafrechts	56–129
I. Entwicklung des deutschen Wirtschaftsstrafrechts bis zum Jahre 1945	57–59
II. Aufbau des Wirtschaftsstrafrechts nach dem 2. Weltkrieg	60–62

1. Kapitel. Die Entwicklung des Wirtschaftsstrafrechts in der Bundesrepublik

	Rn.
III. Einführung und Fortentwicklung des Ordnungswidrigkeitenrechts	63–79
1. Entkriminalisierung des Strafrechts durch Umwandlung in Ordnungswidrigkeiten	63
2. Ausweitung des Anwendungsbereichs des Ordnungswidrigkeitenrechts	64
3. Sanktionen des Ordnungswidrigkeitenrechts	65–67
a) Geldbuße	65
b) Einziehung	66
c) Fehlen einer Verfallsregelung	67
4. Allgemeiner Teil des Ordnungswidrigkeitenrechts	68
5. Verletzung der Aufsichtspflicht in Betrieben und Unternehmen	69–73
a) Funktion des § 130 OWiG	70
b) Anforderungen an die Kausalität	71
c) Bußgeldrahmen	72, 73
6. Einführung von Sanktionen gegen Verbände	74–79
a) Einführung einer einheitlichen Verbandsgeldbuße im Jahre 1968	74, 75
b) Neuregelung des § 30 OWiG im Jahre 1986	76
c) Ausweitung des zurechenbaren Personenkreises im Jahre 1994	77
d) Einführung einer Sonderregelung für Submissionsabsprachen im Jahre 1997	78
e) EU-Rechtsinstrumente-Ausführungsgesetz	79
f) Regelung der Rechtsnachfolge bei Bußgeldverfahren	79a
IV. Die neuere Entwicklung des Wirtschaftsstrafrechts	80–129
1. Änderungen des materiellen Wirtschaftsstrafrechts – Überblick über die Reformgesetze	80–113
a) Erstes Gesetz zur Bekämpfung der Wirtschaftskriminalität vom 29.7.1976 (1. WiKG)	81, 82
b) Zweites Gesetz zur Bekämpfung der Wirtschaftskriminalität vom 15.5.1986 (2. WiKG) und Änderungen der Strafgesetze in der Folgezeit	83–88
c) Weitere Reformen im Bereich des materiellen Strafrechts im Überblick	89–104
aa) Wettbewerbsstrafrecht	90
bb) Umweltstrafrecht	91, 92
cc) Insiderstrafrecht	93

	Rn.
dd) Insolvenzstrafrecht	94
ee) Bekämpfung der Organisierten Kriminalität durch den Straftatbestand der Geldwäsche	95–102
ff) Korruptionsstrafrecht	103, 104
d) Grundsätze der Ausgestaltung der Straftatbestände des Wirtschaftsrechts	105–113
aa) Sonderdelikte	105
bb) Schutz überindividueller Rechtsgüter durch abstrakte Gefährdungsdelikte	106, 107
cc) Unbestimmtheit der Straftatbestände	108
dd) Inkriminierung leichtfertiger Verhaltensweisen	109
ee) Pönalisierung von Umgehungshandlungen	110
ff) Gesetzliche Vermutungen und Beweislastregeln	111, 112
e) Effektivität des Wirtschaftsstrafrechts	113
2. Reformen im Bereich der Bußgeldverhängung gegen juristische Personen und Personenvereinigungen	114–124
a) Normadressaten	115
b) Personenkreis, dessen Verhalten der juristischen Person zugerechnet wird	116, 117
c) Verletzung einer betriebsbezogenen Pflicht bzw. Bereicherung der juristischen Person und der Personenvereinigung	118, 119
d) Handeln als Organ, Vorstand usw.	120–122
e) Reformbestrebungen	123, 124
3. Änderungen des Strafprozessrechts	125–129
a) Einrichtung spezialisierter Schwerpunktstaatsanwaltschaften und Schaffung von Wirtschaftsstrafkammern	125, 126
b) Sonstige verfahrensrechtliche Änderungen	127–129
E. Offene Grundsatzfragen der Wirtschaftskriminalität und des Wirtschaftsstrafrechts	130–132
F. Criminal Compliance	133–135

A. Einführung

Die **Entwicklung des Wirtschaftsstrafrechts**[1] in der Bundesrepublik Deutschland wurde zunächst durch den rasanten Fortschritt der Volkswirtschaft, den schnellen Wiederaufbau und die Schwierigkeiten, die mit der Stabilisierung der sozialen Marktwirtschaft verbunden waren, geprägt.[2] Seit Ende des 20. Jahrhunderts wird zunehmend über die Internationalisierung und Europäisierung[3] diskutiert sowie eine heftige Kontroverse über die Globalisierung der Märkte geführt, die mit dem Zwang zu einer globalen Einkaufs-, Produktions- und Absatzpolitik in Verbindung gebracht wird. Durch die technische Entwicklung, insbesondere durch die neuen elektronischen Medien, verändern sich daneben die Lebens- und Konsumgewohnheiten der Verbraucher; multinationale Unternehmen tendieren zu zentral gesteuerten und kontrollierten Einheitskonzepten. Vor allem das Internet wird seit einiger Zeit auch zur Begehung von Straftaten eingesetzt und stellt daher eine weitere Herausforderung an das Wirtschaftsstrafrecht dar.[4] Die größte Herausforderung für das Wirtschaftsstrafrecht dürfte allerdings die seit 2007 andauernde Weltwirtschaftskrise und die mit ihr entstandene sog. europäische Banken- und Schuldenkrise darstellen. Diese Ereignisse führen die mangelnde Effektivität bzw. mangelnde Existenz staatlicher Regelungsmechanismen vor Augen, die notwendig sind, um den Missbrauch von Märkten und Marktmechanismen zum Nachteil der Allgemeinheit zu verhindern.

Bei der Bekämpfung der Wirtschaftskriminalität stößt das traditionelle Instrumentarium des Strafrechts an seine Grenzen.[5] Der Gesetzgeber bemüht sich in Teilbereichen der Dimension und Komplexität der Wirtschaftskriminalität, welche die Undurchschaubarkeit der einzelnen Wirtschaftsstraftat und die oft erheblichen Nachweisschwierigkeiten im Grenzbereich von erlaubtem und verbotenem Verhalten, aber auch den Umfang der Wirtschaftsdelinquenz insgesamt betrifft, durch zahlreiche Neuregelungen, die zum Teil auch auf europarechtlichen Vorgaben beruhen,[6] Rechnung zu tragen: Neben der Ausgestaltung von Straftaten als **Sonderdelikte** wurden **abstrakte Gefährdungsdelikte**[7] eingeführt, die den Nachweis eines konkreten Schadens erübrigen,[8] **leichtfertiges Verhalten** mit Strafe bedroht und so Auffang- und Aufgreiftatbestände geschaffen sowie mittels spezieller **Umgehungsklauseln** Verhaltensweisen erfasst, die auf das Ausnutzen von Gesetzeslücken gerichtet sind.[9] Ferner zeigt sich eine Tendenz in der Rechtsprechung, den Begriff des Vermögensschadens sehr weit zu verstehen und insbesondere den Betrug und die Untreue stark den Gefährdungsdelikten anzunähern.[10] Diese Entwicklung hat in Deutschland eine Grundsatzdebatte darüber ausgelöst, ob das Strafrecht und das Strafverfahrensrecht im Hinblick auf diese Veränderungen auf dem richtigen Weg sind.[11] Die Bekämpfung der Wirtschaftskriminalität ist zum **„Prüfstein des**

---

[1] Einführung und Übersicht über das Wirtschaftsstrafrecht bei *Tiedemann*, JuS 1989, 689 ff.; *ders.*, Wirtschaftsstrafrecht. Einführung und Allgemeiner Teil, 4. Aufl. 2013; *Weber*, ZStW 96 (1984), 376 ff.

[2] Vgl. *Richter*, in: *Müller-Gugenberger/Bieneck* (Hrsg.), Wirtschaftsstrafrecht, § 3 Rn. 1 ff.; *Tiedemann*, Wirtschaftsstrafrecht und Wirtschaftskriminalität, Bd. 1 und 2, 1976; vgl. auch die Beiträge von *Heinz*, *Berthel*, *Stein* und *Nagel*, in: *Gropp* (Hrsg.), Wirtschaftskriminalität und Wirtschaftsstrafrecht, 1998, S. 13 ff., 51 ff., 63 ff., 83 ff.

[3] Siehe dazu: Kapitel 2.

[4] Vgl. dazu: *Sieber*, Verantwortlichkeit im Internet, 1999; ferner *Heinrich, B.*, in FS Heinz, S. 728 ff.; *Eisele*, in FS Heinz, S. 697 ff.; *Meier, B.-D.*, in FS Heinz, S. 209 ff.

[5] Vgl. nur *Rotsch*, in FS Samson, S. 141 ff.

[6] Vgl. näher dazu: Kapitel 2. Siehe auch *Dannecker*, ZStW 117 (2005), S. 697 ff.

[7] *Tiedemann*, Wirtschaftsstrafrecht AT, Rn. 181 ff.; kritisch dazu *Kindhäuser*, Gefährdung als Straftat, 1989, S. 225 ff.; *Hefendehl*, Kollektive Rechtsgüter im Strafrecht, 2002, S. 156 ff.

[8] *Tiedemann*, Wirtschaftsstrafrecht AT, Rn. 181 ff.

[9] *Tiedemann*, Wirtschaftsstrafrecht AT, Rn. 190 ff.

[10] Vgl. BGHSt 51, 165 ff.; zuletzt BGH NStZ 2012, 629.

[11] Näher dazu *Hirsch*, in: *ders./Hofmanski/Plywaczewski/Roxin* (Hrsg.), Neue Erscheinungsformen der Kriminalität in ihrer Auswirkung auf das Straf- und Strafprozeßrecht, 1996, S. 34 ff.

Strafrechtssystems"[12] geworden. Obwohl die Wirtschaftskriminalität und ihre Bekämpfung zu einem der bedrängendsten Themen geworden ist,[13] gehört die Bestimmung dessen, was Wirtschaftskriminalität bzw. eine Wirtschaftsstraftat ist, zu den noch nicht geklärten Grundsatzfragen (Rn. 5 ff.).

3   Auch die **Kriminologie** hat sich verstärkt der Wirtschaftskriminalität – einem „nicht-klassischen" Kriminalitätsbereich – angenommen, in dem die Täter aus anderen gesellschaftlichen Schichten kommen und in dem die Strafverfolgung im Vergleich zur klassischen Kriminalität besondere Schwierigkeiten aufwirft.[14] Meist war die erhöhte Aufmerksamkeit der Wissenschaft und der Strafverfolgungsorgane für die nicht-klassische Kriminalität mit einer sozialkritischen Motivation verbunden („Die Kleinen hängt man, die Großen lässt man laufen.");[15] bei manchen Forschungsrichtungen der Etikettierungsansätze oder der „radikalen" Kriminologie war diesbezüglich gelegentlich ein antikapitalistisches Ressentiment vorhanden.[16] Dies darf aber nicht darüber hinwegtäuschen, dass inzwischen zahlreiche – wenn auch mittlerweile ältere – Untersuchungen zu Umfang, Struktur und Entwicklung der Wirtschaftskriminalität in der Bundesrepublik Deutschland vorliegen,[17] die zumindest über die amtlich registrierte Kriminalität (Rn. 13) einen Überblick vermitteln. Hingegen fehlen weitgehend Untersuchungen zum **Dunkelfeld**, weil die herkömmlichen kriminologischen Instrumente der Täter- und Opferbefragung, des Experiments und der teilnehmenden Beobachtung nicht durchführbar sind. Daher können über das Dunkelfeld überwiegend nur Vermutungen angestellt werden, zumal ein erheblicher Teil des Wirtschaftsstrafrechts durch einen vertraglichen oder gesetzlichen Geheimnisschutz abgeschirmt ist und die üblichen Mechanismen der sozialen Kontrolle infolge der Anonymität und der sich verflüchtigenden Opfereigenschaft häufig versagen.[18] Aber auch Umfang, Struktur und Entwicklung der registrierten Wirtschaftskriminalität können mittlerweile nicht mehr exakt bestimmt werden, weil umfassende und differenzierende Erfassungen fehlen, seitdem die „Bundesweite Erhebung von Wirtschaftsstraftaten nach einheitlichen Gesichtspunkten" nach 1985 nicht fortgeführt wurde.[19] Dagegen gilt die strafrechtliche Sozialkontrolle der Wirtschaftskriminalität inzwischen als relativ gut erforscht.[20] Hierauf sowie auf die Erledigung von Wirtschaftsstrafverfahren und die kriminalpolitischen Forderungen zur Verbesserung der Bekämpfung der Wirtschaftskriminalität wird näher eingegangen (Rn. 12 ff.).

4   Die veränderten Erscheinungsformen wirtschaftskriminellen Verhaltens haben den Gesetzgeber vor **neue Aufgaben** gestellt: Zunächst wurden zahlreiche wirtschaftsrechtliche Bestimmungen eingeführt, um die Grundlagen für die ökonomische Ordnung zu schaffen und diese den neuen Entwicklungen anzupassen. In Verbindung damit gewann auch die strafrechtliche Seite der neu geregelten Rechtsgebiete zunehmend an Bedeutung. Insbesondere seit Mitte der 1970er Jahre setzte eine Entwicklung der Kriminalisierung auf dem Gebiet des Wirtschaftsstrafrechts ein, die der damaligen generellen Tendenz zur Entkriminalisierung entgegenlief. Auch die Rechtsprechung sah sich vor neue Fragen gestellt, und zwar nicht nur auf

---

[12] So der Titel der Untersuchung von *Jung*, Die Bekämpfung der Wirtschaftskriminalität als Prüfstein des Strafrechtssystems, 1979.
[13] Grundlegend auch *Meier*, Kriminologie, 4. Aufl. 2010, § 11; vgl. auch *Kaiser*, Kriminologie, 10. Aufl. 1997, S. 481.
[14] So etwa *Schneider*, NStZ 2007, 555 ff.; *Theile*, Wirtschaftskriminalität und Strafverfahren, 2009; *Ziegleder*, Wirtschaftskriminalität im Geschäftsleben, 2010.
[15] Vgl. nur *Dous*, Strafrechtliche Verantwortlichkeit, S. 18; ferner *Noll* in: Deutscher Juristentag, 49. Dt. Juristentag 1972, Sitzungsberichte, S. M. 20, krit. *Bock D.*, Criminal Compliance, S. 65.
[16] Zusammenfassend *Bock*, Kriminologie, 6. Aufl. 2008, Rn. 1039 m. w. N.
[17] Vgl. *Eisenberg*, Kriminologie, 6. Auflage 2005, § 47 Rn. 4 ff. sowie die Nachweise bei *Liebl*, Internationale Forschungsergebnisse auf dem Gebiet der Wirtschaftskriminalität, 1987, Bd. 1 und 2.
[18] *Kaiser*, Kriminologie – Ein Lehrbuch, 3. Aufl. 1996, S. 495.
[19] *Heinz*, in: *Gropp* (Hrsg.), Wirtschaftskriminalität und Wirtschaftsstrafrecht, S. 23.
[20] Vgl. z. B. *Blankenburg/Sessar/Steffen*, Die Staatsanwaltschaft im Prozeß strafrechtlicher Sozialkontrolle, 1978, S. 149; *Liebl*, Die bundesweite Erfassung von Wirtschaftsstraftaten nach einheitlichen Gesichtspunkten, 1984, S. 405 ff.; *Meinberg*, Geringfügigkeitseinstellungen von Wirtschaftsstrafsachen, 1985, S. 119 ff.

dem Gebiet des Besonderen Teils, sondern auch im Bereich des Allgemeinen Teils des Strafrechts.[21] Schließlich waren organisatorische Maßnahmen erforderlich, um den Problemen bei der Verfolgung von Wirtschaftsstraftaten Rechnung zu tragen. Insgesamt ist das Wirtschaftsstrafrecht heute durch Prinzipien geprägt, die von denen des allgemeinen Strafrechts abweichen und eine gesonderte Behandlung erfordern. Hierauf wird im Rahmen eines Überblicks über die geschichtliche Entwicklung eingegangen (Rn. 56 ff.). Darauf folgend wird beleuchtet, dass die Wirtschaftskriminalität und das Wirtschaftsstrafrecht gegenwärtig noch zahlreiche ungeklärte Grundsatzfragen aufwerfen (Rn. 130 ff.) Den Abschluss bildet ein kurzer Überblick über den in der neueren Literatur als Compliance bezeichneten Themenkomplex der Absicherung normgemäßen Verhaltens durch unternehmensinterne Maßnahmen (Rn. 133 ff.). Hier wird der Blick auf ein strafrechtskonformes Verhalten des Unternehmens und innerhalb des Unternehmens beschränkt; man spricht insofern von Criminal Compliance.[22]

B. Begriff der Wirtschaftskriminalität und des Wirtschaftsstrafrechts

Obwohl der Begriff der Wirtschaftskriminalität und der des Wirtschaftsstrafrechts[23] seit Jahrzehnten verwendet werden, gibt es nach wie vor **keine allgemein anerkannte Definition**,[24] die die verschiedenen Formen und Ausprägungen auf einen Nenner bringt und es zugleich ermöglicht, neue Formen dieser Kriminalität, die sich im Zusammenhang mit dem gesellschaftlichen und technischen Wandel herausbilden, zu erfassen.[25] Einerseits liegt dies an den Schwierigkeiten, einen so komplexen Gegenstand zu umschreiben, andererseits hängt dies mit den unterschiedlichen kriminalpolitischen Vorstellungen, die der Betrachtung der Wirtschaftskriminalität zugrunde liegen, zusammen.[26]

Der Begriff der Wirtschaftskriminalität hat eine **Geschichte**, die in drei Phasen unterteilt werden kann: die täterbezogene Klassifizierung des **„white collar crime"** durch *Sutherland*,[27] zu der das „occupational crime" und das „corporate crime" trat (I.). Heute wird der Begriff der Wirtschaftskriminalität teilweise aus **strafprozessual-kriminaltaktischer Sicht** (II.), teilweise unter dem kriminologischen Aspekt der **besonderen Sozialschädlichkeit der Delikte** (III.) und teilweise aus rechtsdogmatischer Sicht **nach den geschützten Rechtsgütern** bestimmt (IV.). Ergänzt wird der strafrechtsdogmatische Gesichtspunkt der geschützten Rechtsgüter durch den des **Schutzes von Instrumenten des Wirtschaftsverkehrs** (V.).

I. Klassische Definition *Sutherlands* und ihre Fortentwicklung

Während das Phänomen der Wirtschaftskriminalität schon Ende des 19. Jahrhunderts registriert und von *Hill* erstmals angesprochen wurde und sich *Ross* im Jahre 1907 und *Morris* im Jahre 1935 mit der Kriminalität in der Geschäftswelt befassten,[28] gelang es erstmals *Edwin H.*

---

[21] Vgl. dazu *Hellmann*, in: *Achenbach/Wannemacher* (Hrsg.), Beraterhandbuch zum Steuer- und Wirtschaftsstrafrecht, Teil 1 – Grundlagen, Stand: Okt. 1997, § 2 Rn. 1 ff.; *Lilie*, in: *Brüssow/Gatzweiler/Krekeler/Mehle* (Hrsg.), Strafverteidigung in der Praxis, 2. Aufl. 2000, § 2 Rn. 1 ff.

[22] Vgl. *Bock*, Criminal Compliance, 2011, passim; *Sieber*, in FS Tiedemann, 2008, S. 449 ff.

[23] Zum Begriff des Wirtschaftsstrafrechts vgl. auch unten Rn. 8 ff.; ferner *Tiedemann*, Gutachten 49 Dt. Juristentag, S. C 27 ff.; *Rotsch* in FS Samson, S. 141, 145 ff.

[24] Zur Notwendigkeit einer solchen Definition *Tiedemann*, Gutachten 49 Dt. Juristentag, S. C 27.

[25] Vgl. den Überblick bei *Berckhauer*, Wirtschaftskriminalität und Staatsanwaltschaft, 1977, S. 22 ff.; *Geerds*, Wirtschaftsstrafrecht und Vermögensschutz, 1990, S. 6 ff.; *Lampe*, in: *Hirsch/Hofmanski/Plywaczewski/Roxin* (Hrsg.), Neue Erscheinungsformen der Kriminalität in ihrer Auswirkung auf das Straf- und Strafprozeßrecht, 1996, S. 95 ff.; *Liebl*, in: *Kerner/Kury/Sessar* (Hrsg.), Deutsche Forschungen zur Kriminalitätsentwicklung und Kriminalitätskontrolle, 1993, § 2 Rn. 17 ff. Vgl. zum Begriff des Wirtschaftsstrafrecht allgemein *Tiedemann*, Wirtschaftsstrafrecht AT, Rn. 59 ff.

[26] Siehe dazu *Lampe*, in: *Hirsch/Hofmanski/Plywaczewski/Roxin* (Hrsg.), Neue Erscheinungsformen der Kriminalität in ihrer Auswirkung auf das Straf- und Strafprozeßrecht, S. 95 ff.

[27] Vgl. *Tiedemann*, Gutachten 49 Dt. Juristentag, S. C 27 m. w. N.

[28] *Wittkämper/Krevert/Kohl*, Europa und die innere Sicherheit, 1996, S. 20.

1   1. Kapitel. Die Entwicklung des Wirtschaftsstrafrechts in der Bundesrepublik

Sutherland im Jahre 1939, dem Thema „Wirtschaftskriminalität" mit seinem **„white collar"-Konzept**, das im Zusammenhang mit der Sozialkritik bezüglich der Bevorzugung der Reichen und der Benachteiligung der Ärmeren stand, Brisanz zu verleihen. Hinzu kam in der Folgezeit die Vermutung, dass es sich bei der Wirtschaftskriminalität um eine Kriminalitätsform mit hohem Dunkelfeldpotenzial bei gleichzeitig deutlich verminderten Möglichkeiten sowohl der strafrechtlichen als auch der außerstrafrechtlichen Prävention handele.[29]

Von *Sutherland*, der den Begriff des „white collar crime" („Weiße-Kragen-Kriminalität") in die wissenschaftliche Diskussion eingeführt hat, stammt die klassische Definition der Wirtschaftskriminalität.[30] Die **„Weiße-Kragen-Kriminalität"** wurde anschließend häufig mit der Bezeichnung Wirtschaftskriminalität gleichgesetzt, obwohl die Begriffe nicht deckungsgleich sind. Auch Verkehrsdelikte werden oftmals von Angehörigen höher gestellter sozialer Schichten begangen.[31]

„Weiße-Kragen-Kriminalität" bezeichnet Straftaten, die von ehrbaren Personen mit hohem sozialen Ansehen im Rahmen ihrer beruflichen Tätigkeit verübt werden: Zum einen wird also auf die Person des Täters abgestellt, dessen besondere soziale Merkmale zum Gegenstand der Definition erhoben werden. Denn *Sutherlands* Ziel war es, mit dieser Begriffsbestimmung das verbreitete Vorurteil abzubauen, dass kriminelles Verhalten nur oder hauptsächlich in den Unterschichten der Bevölkerung vorkommt.[32] Zum anderen werden durch die Bezugnahme auf die Berufstätigkeit die Tatumstände in den Mittelpunkt der Betrachtung gerückt.

Um dem Umstand Rechnung zu tragen, dass Wirtschaftsdelikte auch von untergeordneten Mitarbeitern wie z. B. Bankangestellten oder Computerfachleuten, aber auch von Bauern, die die Milch verdünnen, oder Reparaturarbeitern, die unnötige Reparaturarbeiten ausführen, verübt werden können,[33] hat sich in der angelsächsischen Literatur inzwischen der Begriff des **„occupational crime"** („Berufskriminalität") durchgesetzt. Schließlich wird der Ausdruck des **„corporate crime"** („Verbandskriminalität") im Hinblick darauf gewählt, dass wirtschaftliche Zuwiderhandlungen typischerweise im Zusammenhang mit einer Tätigkeit in einem Unternehmen begangen werden.[34]

7   Die klassische Definition des „white collar crime", die auf einem kriminologischen Ansatz beruht, ist einerseits zu eng, als sie eine **Begrenzung auf statushohe Personen** enthält. Sie ist andererseits zu weit, als jedes kriminelle Verhalten in Ausübung eines Berufs erfasst wird, auch wenn dieses keinen Bezug zur Wirtschaft aufweist. Aus denselben Gründen ist der Begriff „occupational crime" zu weit, unter den alle Delikte fallen, die von Personen im Staatsdienst, im Geschäftsleben oder in freien Berufen begangen werden. Der Begriff des „corporate crime" schließlich ist wiederum zu eng gewählt, weil er **nur Straftaten juristischer Personen**, die durch ihre verantwortlichen Organe handeln, erfasst.[35]

Hinzu kommt, dass derartige kriminologische Ansätze für das Strafrecht nicht geeignet sind, da aus verfassungsrechtlichen Gründen der Rechtssicherheit nicht die Täterdefinition, sondern die gesetzliche Umschreibung der Tat maßgebend ist (Art. 103 Abs. 2 GG),[36] wenngleich der täterbezogene Ansatz insofern eine Entsprechung in der Strafrechtsdogmatik findet, als es insbesondere im Nebenstrafrecht in der Regel um Sonderdelikte geht, bei denen nur ein spezifischer Täterkreis in Betracht kommt. Außerdem knüpfen die Tatbeschreibungen häufig an berufsbezogenes Handeln an.[37]

---

[29] *Heinz*, in: *Gropp* (Hrsg.), Wirtschaftskriminalität und Wirtschaftsstrafrecht, S. 21.
[30] *Poerting*, Polizeiliche Bekämpfung von Wirtschaftskriminalität, 1985, S. 9; ferner *Tiedemann*, Gutachten 49 Dt. Juristentag, S. C 27.
[31] Vgl. *Kölbel*, Rücksichtslosigkeit und Gewalt im Straßenverkehr, 1997, S. 105 ff.
[32] *Tiedemann*, Gutachten 49 Dt. Juristentag, S. C 27, bezeichnet sie als sozialkritische Arbeitshypothese.
[33] *Frehsee*, Kriminologisches Journal 23 (1991), 25 ff.
[34] Zur Verbandskriminalität vgl. nur *Schünemann*, Unternehmenskriminalität und Strafrecht, 1979, S. 13 ff., 61 ff.
[35] *Heinz*, in: *Gropp* (Hrsg.), Wirtschaftskriminalität und Wirtschaftsstrafrecht, S. 18.
[36] *Tiedemann*, Gutachten 49 Dt. Juristentag, S. C 27.
[37] *Tiedemann*, Wirtschaftsstrafrecht AT, Rn. 64.

B. Begriff der Wirtschaftskriminalität und des Wirtschaftsstrafrechts

II. Strafprozessual-kriminaltaktisch orientierte Begriffsbildung des § 74c GVG

Der Begriff des Wirtschaftsstrafrechts wird heute nicht mehr auf reine Vermögensdelikte mit prozessualen Beweisschwierigkeiten beschränkt.[38] Vielmehr wird mittlerweile überwiegend dem breiten Deliktspektrum Rechnung getragen: In Betracht kommen Straftaten, die von der Steuerhinterziehung über Insolvenzdelikte und Kartellabsprachen bis hin zu Waffenschiebereien und Zollstraftaten reichen.[39] Hinzuweisen ist weiterhin auf das organisierte Wirtschaftsverbrechen.[40] Diese Formen der Wirtschaftskriminalität finden sich in dem **Straftatenkatalog des § 74c Abs. 1 GVG**, der die Zuständigkeit der Wirtschaftsstrafkammer festlegt. Zwar hat der Gesetzgeber den Staatsanwaltschaften und Strafgerichten mit der Vorschrift des § 74c Abs. 1 GVG keine Legaldefinition des Begriffs Wirtschaftskriminalität vorgegeben, wohl aber eine pragmatische, an strafprozessualen Gesichtspunkten orientierte Klausel in Form eines Straftatenkatalogs zur Verfügung gestellt, die zugleich den Ausgangspunkt für entsprechende organisatorische Maßnahmen zur besseren Bekämpfung der Wirtschaftskriminalität bildet.[41]

Die meisten der in § 74c Abs. 1 GVG genannten Straftatbestände sind **spezifische Wirtschaftsdelikte**, die nur im Wirtschaftsverkehr begangen werden können, so z. B. Vergehen nach dem Gesetz gegen den unlauteren Wettbewerb, Vergehen nach dem Gesetz über das Bank-, Depot-, Börsen- und Kreditwesen und nach dem Wertpapierhandelsgesetz sowie Subventionsbetrug, soweit es sich um wirtschaftsfördernde Subventionen handelt, Kreditbetrug usw. Bei diesen Delikten wird unwiderleglich vermutet, dass zur rechtlichen Beurteilung einschlägiger Taten Spezialkenntnisse der Strafverfolgungsorgane erforderlich sind. Hinzu kommen **allgemeine Straftatbestände** wie Untreue und Betrug, die nur dann zur Wirtschaftskriminalität zählen, wenn „zur Beurteilung des Falles besondere Kenntnisse des Wirtschaftslebens erforderlich sind" (§ 74c Abs. 1 Nr. 6 GVG).

Allerdings sind die in § 74c GVG zum Ausdruck kommenden **strafprozessual-kriminaltaktisch orientierten Ansätze** für eine Definition **unbrauchbar**,[42] weil dadurch zum einen die spezifische Sozialschädlichkeit der Wirtschaftskriminalität nicht hinreichend erfasst wird und zum anderen dem Umstand, dass das deutsche Strafrecht als Tatstrafrecht am Rechtsgutsgedanken orientiert ist, nicht Rechnung getragen wird.[43]

III. Orientierung an der besonderen Sozialschädlichkeit

Die heute h. M. in der deutschen wirtschaftskriminologischen Literatur nimmt eine Begriffsbestimmung aus rechtsdogmatischer Sicht vor und versteht unter Wirtschaftskriminalität die Gesamtheit der Straftaten und Ordnungswidrigkeiten, die bei wirtschaftlicher Betätigung unter **Missbrauch des** im Wirtschaftsleben nötigen **Vertrauens** begangen werden[44] und über eine individuelle Schädigung hinaus **Belange der Allgemeinheit** berühren.[45] Zu den uner-

---

[38] So *Maurach/Schroeder/Maiwald*, Strafrecht. Besonderer Teil, Teilband 1, 9. Aufl. 2003, § 40 Rn. 8.

[39] Zu den Erscheinungsformen vgl. *Egli*, Grundformen der Wirtschaftskriminalität, 1985, S. 43 ff., *Müller-Gugenberger/Bieneck* (Hrsg.), Wirtschaftsstrafrecht, §§ 22 ff.; *Tiedemann*, Wirtschaftsstrafrecht und Wirtschaftskriminalität, Bd. 2, passim.

[40] Eingehend dazu *Sieber/Bögel*, Logistik der Organisierten Kriminalität, 1993, S. 74 ff.

[41] *Kaiser*, Kriminologie, S. 487 f.

[42] *Tiedemann* (Gutachten 49 Dt. Juristentag, S. C 28) sieht daher Art. 101 Abs. 1 S. 2 GG durch die unbestimmte Begriffsbestimmung verletzt.

[43] *Heinz*, in: *Gropp* (Hrsg.), Wirtschaftskriminalität und Wirtschaftsstrafrecht, S. 20 m. w. N.

[44] Zum Vertrauen als Bestandteil des Rechtsguts vgl. *Hefendehl*, Kollektive Rechtsgüter im Strafrecht, 2002, S. 124 ff., 255 ff.; *ders.*, JZ 2004, 21.

[45] *Lindemann, K.*, Gibt es ein eigenes Wirtschaftsstrafrecht?, 1932; *Hefendehl*, Kollektive Rechtsgüter im Strafrecht, S. 252 f.; *Heinz*, in: *Kaiser/Kerner/Sack/Schellhus* (Hrsg.), Kleines Kriminologisches Wörterbuch, 3. Aufl. 1993, S. 589 f.; *ders.*, in: *Gropp* (Hrsg.), Wirtschaftskriminalität und Wirtschaftsstrafrecht, S. 17; *Schwind/Gehrich/Berckhauer/Ahlborn*, JR 1980, 230.

1. Kapitel. Die Entwicklung des Wirtschaftsstrafrechts in der Bundesrepublik

lässlichen Kriterien der Wirtschaftskriminalität gehört, dass ein wirtschaftlicher Bezug des mit Strafe bedrohten Verhaltens vorliegt, dass dieses Verhalten in Ausübung des Berufes erfolgt und dass ein Vertrauensmissbrauch gegeben ist.[46] Charakteristisch sind ferner die Kollektivität und Anonymität der Opfer sowie die geringe Sichtbarkeit des Rechtsbrechers.[47]

IV. Orientierung am Rechtsgüterschutz

10 Im strafrechtsdogmatischen Sinne wird die Besonderheit der Wirtschaftsstraftaten und des Wirtschaftsstrafrechts heute überwiegend im Schutz überindividueller Rechtsgüter gesehen.[48] Vor allem in Verbindung mit dem Gesichtspunkt der Sonderdelikte ermöglicht die Anknüpfung an überindividuelle Rechtsgüter eine Erfassung der meisten Wirtschaftsstraftaten.[49]

Um der strafrechtlichen **Orientierung am Rechtsgutsgedanken** Rechnung zu tragen, nimmt *Heinz*[50] in Weiterführung eines Vorschlags von *Lampe*,[51] der eine Einteilung nach der Schutzrichtung der die Binnenwirtschaft betreffenden wirtschaftsstrafrechtlichen Normen vorgenommen hat, folgende Unterteilung vor:

(1) Supranationale Normen zum Schutze der Wirtschaft der Europäischen Gemeinschaft
(2) Strafnormen zum Schutze des nationalen Wirtschaftsverkehrs mit dem Ausland
(3) Strafnormen zum Schutze der Binnenwirtschaft
(3.1) Strafnormen zum Schutze von konstitutiven Elementen und Instrumenten der staatlichen Finanzwirtschaft
   – Strafnormen zum Schutze der staatlichen Währung sowie geldähnlicher Papiere
   – Strafnormen zum Schutze der staatlichen Finanzeinnahmen
   – Strafnormen zum Schutze der staatlichen Finanzausgaben
(3.2) Strafnormen zum Schutze von konstitutiven Elementen und Instrumenten der Volkswirtschaft
   – Strafnormen zum Schutze des freien Wettbewerbs
   – Strafnormen zum Schutze des Banken-, Versicherungs- und Börsenwesens sowie des Kapitalmarkts
   – Strafnormen zum Schutze des Kredit- und Zahlungsverkehrs
   – Strafnormen zum Schutze von Versicherungsleistungen
   – Strafnormen zum Schutze der wirtschaftlichen Bedarfssicherung, von wirtschaftlichen Lenkungs- und Aufsichtsmaßnahmen
(3.3) Strafnormen zum Schutze von Betrieben und des Betriebsvermögens, der betrieblichen Leistungserstellung und -verwertung sowie der Arbeitskraft
   – Strafnormen zum Schutze von Betrieben und des Betriebsvermögens als Grundlagen der betrieblichen Leistungserstellung und -verwertung
   – Strafnormen zum Schutze der betrieblichen Leistungsverwertung
   – Strafnormen zum Schutze der Arbeitskraft
(3.4) Strafnormen zum Schutze der Allgemeinheit und des Verbrauchers
   – Strafnormen zum Schutze der Allgemeinheit, insbesondere vor körperlichen Gefahren
   – Strafnormen zum Schutze vor Vermögensgefährdung
   – Strafnormen zum Schutze vor Kreditunwürdigkeit und vor Zahlungsunfähigkeit

Diese Unterteilung vermittelt einen Überblick über die Strafnormen, die der Gesetzgeber zur Bekämpfung der Wirtschaftskriminalität erlassen hat. Selbst wenn durch diese Umschreibung noch nicht alle Bereiche erfasst sind – so fehlen z. B. die Umweltdelikte, die im Zusammenhang mit wirtschaftlichen Aktivitäten stehen, sowie bestimmte Formen der gewerbsmä-

---

[46] *Otto*, MschrKrim 1980, 399 f.; *Tiedemann*, Wirtschaftsstrafrecht und Wirtschaftskriminalität, Bd. 1, S. 50; krit. zu letzterem Merkmal *Volk*, JZ 1982, 86.
[47] *Kaiser*, Kriminologie, S. 485 f.
[48] Grundlegend *Lindemann, K.*, Gibt es ein eigenes Wirtschaftsstrafrecht?; *Hefendehl*, Kollektive Rechtsgüter im Strafrecht, S. 252 f.; *Heinz*, in: Gropp (Hrsg.), Wirtschaftskriminalität, S. 13, 17; *Otto*, ZStW 96 (1984), 339, 345 f.; *Tiedemann*, GA 1969, 71, 81 f.
[49] *Tiedemann*, Wirtschaftsstrafrecht AT, Rn. 65.
[50] *Heinz*, in: Gropp (Hrsg.), Wirtschaftskriminalität und Wirtschaftsstrafrecht, S. 20 f.
[51] *Lampe*, in: Albers et al. (Hrsg.), Handwörterbuch der Wirtschaftswissenschaft, 1981, S. 310.

ßig begangenen Kriminalität im Internet –, wird doch deutlich, wie breit die Reichweite dieses Kriminalitätsbereichs ist.

V. Instrumente des Wirtschaftsverkehrs als Schutzobjekte

Die vom Rechtsgut ausgehende Begriffsbestimmung aus strafrechtsdogmatischer Sicht wird um den Schutz von Instrumenten des Wirtschaftsverkehrs, die Gegenstand von Missbrauch sind, ergänzt, so z. B. um den Missbrauch der Buchführung und Bilanz, der EDV, Kreditkarten und anderer Mittel des unbaren Zahlungsverkehrs usw.[52]   11

C. Kriminologische Aspekte der Wirtschaftskriminalität

Die **Bedeutung der Wirtschaftskriminalität**[53] äußert sich vor allem in der herausragenden Schadenshöhe,[54] den beträchtlichen Zahlen registrierter Einzelfälle und Geschädigter sowie in der Verbandskriminalität. Hinzu kommt, dass es sich häufig um sehr komplexe Sachverhalte handelt, deren Aufdeckung mit erheblichen Schwierigkeiten verbunden ist. Dies gilt insbesondere dann, wenn internationale Verflechtungen vorliegen.[55]   12

I. Struktur der amtlich registrierten Wirtschaftskriminalität[56]

Laut der Polizeilichen Kriminalstatistik weist die amtlich registrierte Wirtschaftskriminalität, die im Jahr 2011 79515 Fälle erfasste und somit 1,3 % der registrierten Gesamtkriminalität ausmachte,[57] in den Jahren 2006 bis 2011 folgende **Struktur** auf: Dominant war der Betrug, dessen Anteil an der Wirtschaftskriminalität sich auf 50,5 bis 64 % belief; 2006 waren 5,3 %, 2010 hingegen 6,8 % aller Betrugsfälle der Wirtschaftskriminalität zuzuordnen. Delikte im Anlage- und Finanzbereich wiesen einen Anteil von 8,5 bis 24 % auf, wobei hier zwischen den einzelnen Jahren eine große Schwankungsbreite zu beobachten ist (2006: 23,8 %, 2007: 11,2 %, 2008: 8,5 %, 2009: 19,5 %, 2010: 11,8 %, 2011: 9,8 %). Ebenso schwankten Betrug und Untreue im Zusammenhang mit Beteiligungen und Kapitalanlagen, deren Anteil knapp 7 bis 19 % betrug (2006: 19,1 %, 2007: 9,4 %, 2008: 6,9 %, 2009: 18,1 %, 2010: 11,1 %, 2011: 8,9 %). Bei der Wirtschaftskriminalität im Zusammenhang mit Arbeitsverhältnissen sind leichte Schwankungen aber keine echten Entwicklungen zu beobachten (2006: 12,9 %, 2007: 14,4 %, 2008: 12,6 %, 2009: 11,1 %, 2010: 10,9 %). Der durchschnittliche Anteil der Insolvenzstraftaten an der Wirtschaftskriminalität ist von den Jahren 2006 (14,1 %) und 2007 (14,8 %) auf die Jahre 2008 (13,2 %), 2009 (11,2 %) und 2010 (11,4 %) leicht zurückgegangen, derjenige der Wettbewerbsdelikte schwankte nicht unerheblich von 6,8 % im Jahr 2006, über 8,6 % im Jahr 2007, 6,1 % im Jahr 2008 und 3,9 % (2009), 3,3 % (2010) und im Jahr 2011 auf 3,3 %.[58] Geringe Bedeutung besitzen die „Vorfeldtatbestände" des Betruges, so der Kapitalanlagebetrug (§ 264a StGB: 145 Fälle im Jahr 2011), der Kreditbetrug (§ 265b StGB: 531   13

---

[52] *Tiedemann*, AT Rn. 66 m. w. N.
[53] Überblick über kriminologische Aspekte der Wirtschaftskriminalität bei *Heinz*, ZStW 96 (1984), 417 ff.
[54] Vgl. nur *Wegner*, PStR 2010, 89 zu Steuerschäden durch den Missbrauch von CO_2-Zertifikaten.
[55] Näher dazu *Sieber*, in: *Albrecht/Sieber* (Hrsg.), Zwanzig Jahre Südwestdeutsche Kriminologische Kolloquien, 1984, S. 29 ff.
[56] Die wichtigsten zur Verfügung stehenden Statistiken sind die allgemeine „Polizeiliche Kriminalstatistik" (PKS), die jährlichen „Kriminalitätslagebilder" des BKA sowie die 1985 letztmals erstellte „Bundesweite Erfassung von Wirtschaftsstraftaten nach einheitlichen Gesichtspunkten" (BWE). Vgl. hierzu: *Meier*, Kriminologie, § 11 Rn. 15.
[57] Polizeiliche Kriminalstatistik 2011 BMI, S. 9.
[58] Polizeiliche Kriminalstatistik 2006, S. 232; Polizeiliche Kriminalstatistik 2007, S. 232; Polizeiliche Kriminalstatistik 2008, S. 232; Polizeiliche Kriminalstatistik 2009, S. 232; Polizeiliche Kriminalstatistik 2010, S. 244.

Fälle im Jahr 2011) und der Subventionsbetrug (§ 264 StGB: 393 Fälle im Jahr 2011). Eine zunehmende Tendenz wiesen die nach der polizeilichen Definition nicht der Wirtschaftskriminalität zuzuordnenden Verstöße gegen strafrechtliche Nebengesetze im Wirtschaftssektor (20 Fälle auf 100.000 Einwohner im Jahre 1984 und 46 Fälle im Jahre 1999 sowie 43.126 erfasste Fälle 2005, was 52 Fällen auf 100.000 Einwohner entspricht) einschließlich der Verstöße im Zusammenhang mit Lebensmitteln wie z. B. nach dem Lebens- und Futtermittelgesetzbuch auf (0 Fälle auf 100.000 Einwohner im Jahre 1984, 9 Fälle auf 100.000 Einwohner im Jahre 1999, 10, 7 Fälle auf 100.000 Einwohner im Jahre 2005).[59] Für das Jahr 2011 weist die Polizeiliche Kriminalstatistik allerdings mit 24.805 Fällen (30,3 pro 100.000 Einwohner) einen erheblichen Rückgang der ersten Gruppe von Straftaten aus, während 7.424 Fälle (9,07 pro 100.000 Einwohner) Fälle von Straftaten im Zusammenhang mit Lebens- und Arzneimitteln registriert wurden.

II. Materielle Schäden und Schadensschätzungen

14 Zunächst stellt sich die Frage, worin die Schäden, die durch die Wirtschaftskriminalität entstehen, gesehen werden können. Diesbezüglich wird in der Literatur zunächst auf den **Vermögensschaden**, daneben aber auch auf den **Vertrauensaspekt** abgestellt, der nicht als individuelles Vertrauen der einzelnen Marktteilnehmer, sondern als institutionalisiertes Vertrauen verstanden wird.[60]

1. Schadenshöhe der registrierten Kriminalität

15 Hinweise auf den Umfang der Wirtschaftskriminalität Mitte der 1980er Jahre finden sich in der **„Bundesweiten Erfassung von Wirtschaftsstraftaten nach einheitlichen Gesichtspunkten"** (BWE), die vom Max-Planck-Institut für ausländisches und internationales Strafrecht in Freiburg i. Br. ausgewertet wurde. Diese Erfassung des Umfangs und der staatsanwaltschaftlichen Erledigung der schweren Wirtschaftskriminalität wurde im Jahre 1985 aufgrund eines Beschlusses der Justizministerkonferenz eingestellt. Gleichwohl können dieser umfassenden und differenzierten Erhebung Tendenzen entnommen werden. So verursachten im Jahre 1985 bei den 3.939 erfassten Verfahren nur 7.542 Beschuldigte eine hohe Zahl von Fällen (504.910) mit zahlreichen Geschädigten (134.969) und einen Vermögensschaden von insgesamt 4,4 Milliarden DM. Zahlenmäßig bleiben die Fälle der schweren Wirtschaftskriminalität danach zwar weit hinter den allgemeinen Eigentumsdelikten zurück; gleichwohl wird durch sie ein sehr viel höherer materieller Schaden verursacht.[61] Was die Schadenshöhe anbetrifft, so stieg diese bei den erledigten Verfahren von 1,4 Milliarden DM im Jahre 1974 auf 6,9 Milliarden DM im Jahre 1983.

Der **Aussagewert der BWE** war insoweit begrenzt, als lediglich die von den Staatsanwaltschaften erledigten Wirtschaftsstrafverfahren und nur solche mit einem Schadenswert von über 1.000,– DM erfasst wurden. Jedoch lieferte die BWE Zahlen, die eine Einschätzung über das Hellfeld ermöglichen und auch weiterhin den Verlauf der Entwicklung in dem erfassten Bereich hätten dokumentieren können.

Dass die Wirtschaftskriminalität zu den schwereren Schadenskategorien zählt, bei denen wenige Täter hohe Schäden verursachen, belegt auch die Polizeiliche Kriminalstatistik.[62] Nach der **Polizeilichen Kriminalstatistik** des Jahres 2010 betrug die registrierte Schadenshöhe bei den Delikten, die nach polizeilicher Definition der „Wirtschaftskriminalität" zuzuordnen waren, ca. 4,65 Milliarden Euro (2008: 3,43 Milliarden Euro; 2009: 3,42 Milliarden

---

[59] *Bundesministerium des Inneren/Bundesministerium der Justiz* (Hrsg.), Zweiter Periodischer Sicherheitsbericht, 2006, S. 223; Polizeiliche Kriminalstatistik 2005, S. 43.
[60] *Tiedemann*, Wirtschaftsstrafrecht AT, Rn. 63 m. w. N.
[61] *Bock*, Kriminologie, Rn. 1051.
[62] Näher dazu *Heinz*, in: *Gropp* (Hrsg.), Wirtschaftskriminalität und Wirtschaftsstrafrecht, S. 26.

C. Kriminologische Aspekte der Wirtschaftskriminalität

Euro).[63] Hierbei ist zu berücksichtigen, dass in der Polizeilichen Kriminalstatistik die Steuerstraftaten, weil sie regelmäßig von den Finanz- und Zollbehörden ohne Beteiligung der Polizei verfolgt werden, unterrepräsentiert sind. Außerdem ist die Polizeiliche Kriminalstatistik unvollständig und hinsichtlich der Erfassung fehleranfällig.[64] Die Zahl der erfassten Fälle von Wirtschaftskriminalität unterliegt starken Schwankungen: 1996: 91.827; 2001: 111.627; 2006: 95.887; 2010: 102.813.[65] Ob sich hierin eine tatsächliche Kriminalitätsveränderung zeigt, ist allerdings fraglich, da sich in den Zahlen auch Abweichungen der Anzeige- und Verfolgungsstrategien widerspiegeln können. Zudem erfasst die Polizeiliche Kriminalstatistik nur das **Hellfeld**. Letztlich ist es daher nicht möglich, empirisch gesicherte Aussagen darüber zu treffen, wie sich die Wirtschaftskriminalität tatsächlich entwickelt hat.[66]

2. Schadensschätzungen

Angesichts des Fehlens umfassender empirischer Untersuchungen zu den durch Wirtschaftsdelinquenz verursachten Schäden können diese nur geschätzt werden. Die vorliegenden **Schätzungen** zu den materiellen Schäden, die aus Straftaten sowohl im Hell- als auch im Dunkelfeld entstehen, schwanken zwischen 5 Milliarden Euro[67] und 702 Milliarden DM.[68] Bereits im Jahre 1972 ging *Zybon* von 55 Milliarden DM aus; als Schätzungsgrundlage diente ihm das Bruttosozialprodukt, das er ohne nähere Begründung durch 10 teilte.[69] Wenn man *Zybons* Berechnung auf das Jahr 1999 anwendete,[70] würde man zu einer Schadenshöhe von rund 344 Milliarden DM durch wirtschaftskriminelles Verhalten gelangen. *Wittkämper et al.* gingen von 300 Milliarden DM als Untergrenze aus,[71] während *See* eine durchschnittliche Schadenshöhe von 100 bis 150 Milliarden Euro ermittelte.[72] In der kriminologischen Literatur wird die Annahme, dass der durch Wirtschaftskriminalität verursachte Schaden einem Anteil von ca. 2 % des Bruttosozialprodukts entspricht, als realistisch angesehen;[73] *Schwind* folgert hieraus einen Schaden von etwa 80 Milliarden Euro.[74]

Wegen der **Unsicherheit der Schätzungsgrundlagen** handelt es sich bei diesen Annahmen durchgängig um Blindschätzungen, d. h. letztlich um Spekulationen. Dies gilt überwiegend auch für die Schadensermittlung einzelne Wirtschaftsbereiche betreffend.[75] So wurde z. B. der Umfang der Steuerhinterziehung schon zu Beginn der 1970er Jahre auf 1,5 bis 2 Milliarden DM beziffert. Inzwischen geht man von mindestens 30 Milliarden Euro hinterzogenen Steuern pro Jahr aus.[76] Die durch Schwarzarbeit entstandenen Schäden sollen bereits im Jahre 1985 rund 80 Milliarden DM betragen haben; das Bundesfinanzministerium ging

---

[63] Polizeiliche Kriminalstatistik 2010, Tabelle 07, Schlüsselzahl 893000; Polizeiliche Kriminalstatistik 2009, Tabelle 07, Schlüsselzahl 893000; Polizeiliche Kriminalstatistik 2008, Tabelle 07, Schlüsselzahl 893000.

[64] *Schwind*, Kriminologie, 16. Aufl. 2006, § 2 Rn. 4 ff.

[65] Polizeiliche Kriminalstatistik 1996, S. 247; Polizeiliche Kriminalstatistik 2001, S. 238; Polizeiliche Kriminalstatistik 2006, S. 233; Polizeiliche Kriminalstatistik 2010, S. 4.

[66] *Heinz*, in: *Kaiser/Kerner/Sack/Schellhus* (Hrsg.), Kleines kriminologisches Wörterbuch, S. 591.

[67] *Kaiser*, Wirtschaftskriminalität und ihre Bekämpfung, in: *ders./Schöch*, Kriminologie, Jugendstrafrecht, Strafvollzug, 6. Aufl. 2006, S. 148.

[68] *Ricks*, Ökonomische Analyse der Wirtschaftskriminalität unter besonderer Berücksichtigung der Korruption und Bestechung, 1995, S. 169.

[69] *Zybon*, Wirtschaftskriminalität als gesamtwirtschaftliches Problem, 1972, S. 32.

[70] Das Bruttosozialprodukt (BSP) wurde letztmalig im Jahr 1999 ermittelt. Seither wird das Bruttonationaleinkommen (BNE) statistisch erfasst. Zur Ermittlung des BSP vgl. *Görgens/Ruckriegel/Giersberg*, Grundzüge der makroökonomischen Theorie, 6. Aufl. 1997, S. 27 f. Zur Ermittlung des BNE vgl. *Görgens/Ruckriegel*, Grundzüge der makroökonomischen Theorie, 9. Aufl. 2006, S. 31 f.

[71] *Wittkämper/Krevert/Kohl*, Europa und die Innere Sicherheit, 1996, S. 34.

[72] *See*, Wieviel Transparenz kann ein Unternehmen sich leisten? in: Business Crime, 11 (6), S. 5.

[73] *Schwind*, Kriminologie, § 21 Rn. 9.

[74] *Schwind*, Kriminologie, § 21 Rn. 9.

[75] *Heinz*, wistra 1983, 132.

[76] *Ondracek*, Deutsche Steuergewerkschaft, Süddeutsche Zeitung, 18.2.2008.

1. Kapitel. Die Entwicklung des Wirtschaftsstrafrechts in der Bundesrepublik

im Jahr 2000 von 60,5 Milliarden Euro aus.[77] Eine Studie der Nichtregierungsorganisation *Tax Justice Network* vom November 2011 geht von einem Verlust durch Schwarzarbeit, Steuerhinterziehung, Steuerumgehung und Steuerflucht von etwa 215 Milliarden für Deutschland und mehr als 1,5 Billionen Dollar in Gesamteuropa aus.[78] Der Gesamtbetrag des in Steueroasen vor dem Zugriff der Steuerbehörden versteckten Kapitals wird auf 21 bis 38 Billionen Dollar geschätzt und allein dadurch sollen weltweit Steuerhinterziehungen in Höhe von 280 Milliarden Dollar begangen werden. In manchen Entwicklungsländern übersteige das versteckte Vermögen die Staatsverschuldung; die Steuerhinterziehung sei dort mitverantwortlich für Armut.[79]

Aus den zum Teil widersprüchlichen Zahlen wird deutlich, wie schwierig eine zuverlässige Schätzung des durch die Wirtschaftskriminalität verursachten Schadens ist, was unter anderem auch daran liegt, dass jeweils unterschiedliche Delikte mit in die Schätzung einbezogen werden.

3. Schäden durch Sog- und Spiralwirkung und durch Begleitkriminalität

a) Sog- und Spiralwirkung[80]

17 Die Wirtschaftskriminalität kann neben monetären Schäden auch Folgeschäden verursachen, die den Einsatz des Strafrechts umso dringlicher machen, beispielsweise wenn Mitbewerber aufgrund des Wettbewerbsdrucks gezwungen sind, wirtschaftsdelinquentes Verhalten ihrer Konkurrenten nachzuahmen, um konkurrenzfähig zu bleiben. Man spricht insoweit von der „**Sogwirkung**" illegaler Verhaltensweisen auf Konkurrenten am Markt.[81] Hierauf hat bereits *Sutherland* hingewiesen, der von „Diffusion of Illegal Practices" spricht.[82] Bezüglich der Verkürzung von Steuern kann z.B. festgestellt werden, dass dadurch das marktwirtschaftliche System, das auf einem funktionsfähigen Wettbewerb als grundlegender Bedingung basiert, beeinträchtigt wird:[83] Das marktwirtschaftliche Modell beruht darauf, dass nur dann eine optimale Verwendung von Produktionsfaktoren eintritt, wenn ein Gewinn allein durch das legale Bemühen möglichst kostengünstiger und nachfragegerechter Produktion erwirtschaftet werden kann und jeder kurzfristige Gewinnvorsprung durch das Gleichziehen der Konkurrenten wieder beseitigt wird. Durch die Verkürzung von Steuern werden z.B. die Produktionskosten gesenkt, so dass Waren zu Preisen angeboten werden können, welchen die Mitkonkurrenten oft nicht gewachsen sind. Wird dadurch ein Gewinn gehalten oder gar vergrößert, so kann dies volkswirtschaftlich gefährliche Auswirkungen haben. Entweder fehlt es an der erwünschten Konkurrenz, die den Gewinnvorsprung ausgleicht, oder es entsteht eine Ansteckungswirkung auf die Mitkonkurrenten, sich dem regelverletzenden Konkurrenten anzupassen und gleichfalls Delikte zu begehen, um nicht aus dem Markt gedrängt zu wer-

---

[77] Vgl. dazu *Schwind*, Kriminologie, 15. Aufl. 2005, § 21 Rn. 11. Zum Schaden durch Computerkriminalität vgl. *Möhrenschlager*, wistra 1991, 321 ff.; *Meurer*, FS Kitagawa 1992, S. 971 ff.

[78] Abrufbar unter http://www.tackletaxhavens.com/Cost_of_Tax_Abuse_TJN_Research_23rd_Nov_2011.pdf.

[79] http://www.taxjustice.net/cms/upload/pdf/The_Price_of_Offshore_Revisited_Presser_120722.pdf.

[80] Zur Sog- und Spiralwirkung vgl. *Dannecker*, in: *Leitner* (Hrsg.), Finanzstrafrecht 2005, S. 125, 145; ferner vgl. *Bannenberg*, Korruption, S. 370 ff. m. w. N.; BT-Drs. 7/3441, S. 14; *Tiedemann*, Wirtschaftskriminalität 1, S. 26; *ders.*, Gutachten: Bekämpfung der Wirtschaftskriminalität, S. C 21 f.

[81] Näher dazu *Opp*, Soziologie der Wirtschaftskriminalität, 1975, S. 96 ff.; siehe auch: *Bundesministerium des Inneren/Bundesministerium der Justiz* (Hrsg.), Erster Periodischer Sicherheitsbericht, S. 152; vgl. zur Internetdelinquenz *Heinrich*, NStZ 2005, 361, 363.

[82] *Sutherland*, White Collar Crime, S. 241 ff.; vgl. auch *Gröblinghoff*, Die Verpflichtung des deutschen Strafgesetzgebers zum Schutz der Interessen der Europäischen Gemeinschaften, 1995, S. 102; *Tiedemann*, Wirtschaftsstrafrecht und Wirtschaftskriminalität, Bd. 1, S. 25 ff. jeweils m. w. N.

[83] *Dannecker*, Steuerhinterziehung im internationalen Wirtschaftsverkehr, 1984, S. 167 ff.; ferner *Hellmann*, wistra 2005, 162.

C. Kriminologische Aspekte der Wirtschaftskriminalität

den.[84] Jedes neue Delikt kann aber wiederum zum Kernpunkt der Ansteckung werden.[85] Dieses Phänomen wird als **„Spiralwirkung"** bezeichnet.[86]

In der Literatur wird zwar teilweise kritisch angemerkt, dass eine derartige Sog- und Spiralwirkung noch **nicht nachgewiesen** worden sei.[87] Allerdings haben z. B. Erfahrungen im Bereich der Kartellverstöße, insbesondere auf der Ebene der Europäischen Gemeinschaft,[88] und im Bereich des Steuerstrafrechts gezeigt, dass solche Wirkungen auftreten. Auch im Bereich der Schwarzarbeit im Baugewerbe sind entsprechende Wirkungen, die zu einem ruinösen Wettbewerb führen können, zu verzeichnen.

b) Begleitkriminalität

Zur Begleitkriminalität, die typischerweise neben den klassischen Wirtschaftsdelikten auftritt, zählen insbesondere Urkundenfälschung und Korruption,[89] also Taten mittels derer Dritte das wirtschaftskriminelle Verhalten des Täters unterstützen.[90] Insbesondere das Vorgehen gegen **Korruption** ist zu einem Schwerpunkt der internationalen Kriminalitätsbekämpfung geworden.[91] **18**

III. Entstehungszusammenhänge der Wirtschaftskriminalität und Sozialprofil des Wirtschaftsstraftäters

Über die **Entstehungszusammenhänge der Wirtschaftskriminalität** ist wenig bekannt. Die gängigen Kriminalitätstheorien (Theorie der differentiellen Gelegenheiten, Anomietheorie, lernpsychologische Ansätze)[92] können allenfalls Teilbereiche erklären.[93] Eine spezifische „Theorie der Wirtschaftsdelinquenz" gibt es bislang noch nicht. Allerdings können verallgemeinerungsfähige Aussagen zum Sozialprofil der Täter bzw. Tatverdächtigen erhoben werden. **19**

Bei den **Beschuldigten** in Verfahren schwerer Wirtschaftskriminalität handelt es sich um Personen, die ganz überwiegend männlichen Geschlechts und die in die Gesellschaft integriert sind.[94] *Gläser*[95] hat folgende demographische Daten ermittelt: „Der Wirtschaftsstraftäter" ist meist etwa 40 Jahre alt, verheiratet und verfügt über eine gute Ausbildung; 55 % sind selbständig, 34 % sind Gesellschafter und Vorstände von Personen- und Kapitalgesellschaften. Was die Schichtzugehörigkeit anbetrifft, so stammt der überwiegende Teil aus einer bürgerlichen mittleren und oberen Mittelschicht. Die Vorstrafenbelastung betrug 35 %. Auch handelte es sich bei den Tätern überdurchschnittlich häufig um Deutsche: Die deutschen Tatver-

---

[84] Zu dieser Wirkung bei der Umsatzsteuerhinterziehung *Bülte*, in: *Graf/Jäger/Wittig* § 370 AO Rn. 311 m. w. N.

[85] *Zirpins/Terstegen*, Wirtschaftskriminalität. Erscheinungsformen und ihre Bekämpfung, 1963, S. 32.

[86] *Tiedemann*, Wirtschaftsstrafrecht und Wirtschaftskriminalität, Bd. 1, S. 26.

[87] *Bottke*, wistra 1991, 3; siehe dazu auch *Eisenberg*, Kriminologie, § 47 Rn. 17 sowie *Meier*, Kriminologie, § 11 Rn. 20; ferner *Bethin*, Subventionspolitik und Subventionskriminalität, 2010, S. 67 ff.

[88] Vgl. dazu Kapitel 18 – Kartellstraf- und -ordnungswidrigkeitenrecht.

[89] Eingehend dazu *Dölling*, in: Verhandlungen des 61. Deutschen Juristentages 1996, Bd. I (Gutachten), S. C 1 ff.

[90] Vgl. zur Begleitkriminalität *Schwind*, Kriminologie, § 21 Rn. 12 m. w. N.

[91] *Pieth/Eigen* (Hrsg.), Korruption im internationalen Geschäftsverkehr, 1998; vgl. auch *Dannecker/Leitner* (Hrsg.), Handbuch Korruption 2012, passim.; *Eser/Überhofen/Huber* (Hrsg.), Korruptionsbekämpfung durch Strafrecht. Ein rechtsvergleichendes Gutachten zu den Bestechungsdelikten im Auftrag des Bayerischen Staatsministeriums der Justiz, 1997; *Hofmann/Pfaff*, Die Konvention der Vereinten Nationen zur Bekämpfung der Korruption, 2007, passim.

[92] Siehe hierzu im Einzelnen: *Albrecht*, Kriminologie, 3. Aufl. 2005, § 3 B; *Kunz*, Kriminologie, 4. Aufl. 2004, Kap. 4 jeweils m. w. N.

[93] Zu den empirischen Untersuchungen vgl. *Schneider*, Kriminologie, 1981, S. 365 ff. Ein Überblick über die Gründe findet sich auch bei *Sieber*, ZStW 96 (1984), 258 ff.

[94] *Schwind*, Kriminologie, § 21 Rn. 20.

[95] *Gläser*, in: *Berckhauer* (Hrsg.), Die Strafverfolgung bei schweren Wirtschaftsdelikten, 1981, S. 72 f.

dächtigen stellten 84,3 % aller Verdächtigen im Bereich der Wirtschaftskriminalität gegenüber 74,4 % aller Verdächtigen dar.[96]

Das **Sozialprofil des Wirtschaftsdelinquenten** entspricht also nicht dem sozialen Stereotyp des Kriminellen. Er stammt aber auch nicht, wie häufig vermutet wird, aus der gesellschaftlichen Oberschicht, sondern eher aus der Mittelschicht. Insgesamt gesehen wird nur die kriminologische These der unterschiedlichen Zugangschancen belegt. Es handelt sich also bei den Straftaten primär um „special opportunity crimes".[97] Allerdings scheinen Wirtschaftsstraftäter sich von den Tätern der klassischen Kriminalität dadurch zu unterscheiden, dass sie andere Wertvorstellungen haben. Schon *Sutherland* konnte feststellen, dass sich Wirtschaftsstraftäter „als Ehrenmänner, nicht als Kriminelle beurteilen, während die Berufsdiebe ehrlich zugeben, Diebe zu sein".[98] Hierbei ist allerdings zu berücksichtigen, dass es zahlenmäßig häufiger die „kleinen Fische" sind, die sich als Angeklagte vor den mit Wirtschaftsstraftaten befassten Gerichten wiederfinden, während sich Täter mit überzogenem Gewinnstreben, die in besonders rücksichtsloser Weise vorgehen, der Strafverfolgung nicht selten entziehen können.[99]

IV. Steuermoral und Steuerhinterziehung

19a Auf dem Steuerstrafrecht als wichtigem Teil des Wirtschaftsstrafrechts lastet ein erheblicher kriminalpolitischer Druck, weil es mit dem Steueraufkommen die finanzielle Basis allen staatlichen Handelns sichern soll. Dieser Druck steigt mit dem Mangel an zur Verfügung stehenden Finanzmitteln. Regelmäßig wird auf die Begehung von Wirtschaftsstraftaten, insbesondere Steuerstraftaten, mit der Verschärfung von Gesetzen oder anderen unmittelbar auf das Strafrecht wirkenden Maßnahmen reagiert, deren Effektivität kaum kontrollierbar ist und die zum Teil – wie das Beispiel des § 370a AO a. F. zeigt – extrem kontraproduktiv und verfassungsrechtlich oftmals bedenklich sind.[100] Der Grund für die primäre Anwendung des Strafrechts ist seine vermeintliche Kostenneutralität. Die Darstellung in den entsprechenden Gesetzesentwürfen beschränkt sich oftmals auf die zu erwartenden Steuermehreinnahmen und stellt ansonsten nur lapidar fest, der Vollzugsaufwand sei nicht bezifferbar.[101]

Der Zusammenhang zwischen der Steuermoral und der Bekämpfung von Schwarzarbeit, Steuerhinterziehung, Steuerumgehung und Steuerflucht wird selten überhaupt angesprochen oder gar intensiv erörtert. Dabei liegt die Notwendigkeit einer freiwilligen aktiven Mitwirkung des Steuerpflichtigen im deutschen Steuersystem mit seinen Erklärungs- und Mitwirkungspflichten auf der Hand. Nur eine grundsätzliche Akzeptanz des Steuersystems und des Steuerrechts kann eine effektive Besteuerung sichern.[102] Die Androhung von Strafen kann nur der Absicherung, nicht aber als Basis der notwendigen Steuermoral dienen, die den Inhalt hat, dass die Zahlung von Steuern für die Funktionsfähigkeit eines Rechtsstaats notwendig ist und jede Hinterziehung letztlich andere Bürger und nicht allein den Staat schädigt. Im Hinblick auf die außerordentlich hohen Schäden, die die Steuerhinterziehung jährlich verursacht, ist leicht erkennbar, dass die Steuerbelastung des Einzelnen deutlich geringer wäre, wenn die Steuermoral hoch wäre. Mit seiner Gesamtsteuerbelastung von 40,6 % liegt Deutschland hinter Dänemark (49,0 %), Schweden (47,9 %), Belgien (46,5 %), Frankreich (44,6 %), Finnland (43,2 %), Italien (43,1 %), Österreich (42,9 %), Norwegen (42,1 %) und Ungarn (40,5 %) im europäischen Mittelfeld. Dennoch ist der Steuerausfall mit geschätzten 215 Milliarden Euro pro Jahr in Deutschland besonders hoch. Dieser Schaden hängt aber – wie die Zahlen zeigen – nicht mit der Steuergesamtbelastung zusammen. In Brasilien ist ebenso wie in Russland die

---

[96] Zu ausländischen Tätergruppen vgl. *Steinke* NStZ 1994, 169.
[97] *Heinz*, in: *Gropp* (Hrsg.), Wirtschaftskriminalität und Wirtschaftsstrafrecht, S. 27; *Schwind*, Kriminologie, § 21 Rn. 22.
[98] Zum „Psychogramm" der Wirtschaftsstraftäter vgl. *Mergen*, Der Spiegel 1971 (Heft 32), 48 f.
[99] *Schwind*, Kriminologie, § 21 Rn. 23 m. w. N.
[100] Vgl. *Dannecker*, in Leitner (Hrsg.), Finanzstrafrecht 2006, S. 128.
[101] Vgl. nur BT-Drs. 14/6883, S. 2 zum Steuerverkürzungsbekämpfungsgesetz.
[102] *Dannecker*, in Leitner (Hrsg.), Finanzstrafrecht 2005, S. 125, 128.

C. Kriminologische Aspekte der Wirtschaftskriminalität

Gesamtsteuerbelastung deutlich geringer und der Schaden durch Steuerhinterziehung nichtsdestotrotz in absoluten und relativen Zahlen höher. Spanien erwirtschaftet etwa 40 % des Bruttoinlandsproduktes von Deutschland, die Steuerbelastung ist mit 33,9 % deutlich geringer als in Deutschland und dennoch ist der Gesamtschaden durch Steuerhinterziehung und Steuervermeidung mit 107 Milliarden relativ höher als in Deutschland. Damit ist ein Zusammenhang zwischen Steuerhinterziehung und Steuerbelastung grundsätzlich nicht erkennbar. Der effektivste Weg zur Bekämpfung der Steuerhinterziehung ist die Verbesserung der Steuerakzeptanz.[103] Insofern ist die Steuerkriminalität aber wohl nur ein Beispiel, denn Vergleichbares gilt für den Subventionsbetrug, das Nichtabführen von Sozialversicherungsbeiträgen und die Korruption, also für eine Vielzahl der vermeintlich opferloser Straftaten.

V. Aufklärungs- und Strafverfolgungsprobleme bei Wirtschaftsstraftaten

1. Zur Bedeutung der Anonymität von Wirtschaftsdelikten für ihre Verfolgung und Aufdeckung

Wirtschaftskriminalität ist durch Anonymität oder zumindest durch eine personale Distanz zwischen Täter und Opfer gekennzeichnet. Gerade diese Anonymität hat zur Folge, dass der privaten **Strafanzeige** eine vergleichsweise geringe Bedeutung für die Entdeckung und Verfolgung zukommt. Mittlerweile gehen nur noch 7 % der registrierten Fälle von Wirtschaftskriminalität auf die Anzeige eines Opfers zurück.[104] Oft sind Wirtschaftsstraftaten so angelegt, dass die Delikte mangels eines unmittelbar und persönlich Geschädigten nicht bemerkt werden. Dies ist z. B. bei der Steuerhinterziehung, dem Subventionsbetrug, der Nichtabführung von Beiträgen zur Sozialversicherung und den Preisabsprachen bei Kartellbildungen der Fall. Auch sind häufig die Mitwisser zugleich die am Delikt Beteiligten, so beispielsweise bei der Korruption.[105]

Weitere Aufklärungsprobleme ergeben sich daraus, dass es sich der „Bundesweite(n) Erhebung von Wirtschaftsstraftaten nach einheitlichen Gesichtspunkten" (BWE) zufolge bei knapp 50 % aller Fälle schwerer Wirtschaftskriminalität um **Kollektivopfer** handelt (Staat, soziale Einrichtungen); von den Individualopfern waren wiederum die Hälfte Unternehmen. Bei Kollektivopfern, zu denen auch Unternehmen gehören, „verflüchtigt" sich aber die Opfereigenschaft, so dass die Anzeigebereitschaft zumeist geringer ist als bei persönlich betroffenen Individuen.[106]

Der überwiegende Teil der Fälle wird durch **spezialisierte Behörden** (wie z. B. Gewerbeaufsichtsamt, Finanzamt mit Steuerfahndung, Zollbehörden, Bundesanstalt für Finanzdienstleistungsaufsicht [BaFin], Kartellbehörden, Umweltbehörden, Arbeitsagentur, Sozialamt, Lebensmittelüberwachungsbehörden) und dem Wirtschaftskontrolldienst aufgedeckt.[107] Somit kommt der staatlichen Aufsicht die entscheidende Bedeutung bei der Aufdeckung von Wirtschaftsstraftaten zu. Durch die personelle und sachliche Ausstattung der Behörden wird maßgeblich auf die Effektivität der strafrechtlichen Aufklärung und Verfolgung Einfluss genommen. Dies belegen Erfahrungen, die mit dem Ausbau der Steuerfahndungsstellen bei den Finanzämtern gemacht worden sind.

---

[103] Hierzu ausführlich *Dannecker*, in Leitner (Hrsg.), Finanzstrafrecht 2006, S. 128 ff.; ferner *Tipke*, Die Steuerrechtsordnung III, S. 1704 ff. zu den Motiven der Steuerhinterzieher.

[104] *Eisenberg*, Kriminologie, § 26 Rn. 39 Fn. 33; vor einigen Jahren lag die Quote noch bei 10 %: Vgl. *Eisenberg*, Kriminologie, § 26 Rn. 39.

[105] *Bundesministerium des Innern/Bundesministerium der Justiz* (Hrsg.), Zweiter Periodischer Sicherheitsbericht, 2006, S. 221.

[106] *Bundesministerium des Innern/Bundesministerium der Justiz* (Hrsg.), Zweiter Periodischer Sicherheitsbericht, 2006, S. 221.

[107] *Eisenberg*, Kriminologie, § 26 Rn. 44 ff.

2. Aufklärungsquote bei Wirtschaftsdelikten

21 Im Jahre 2011 betrug die Aufklärungsquote im Bereich der Wirtschaftskriminalität 89,3 % (2010: 91,0 %)[108] gegenüber einer Gesamtaufklärungsquote von 54,7 % (2010: 56,0 %).[109] Diese hohe Aufklärungsquote bei Wirtschaftsdelikten ist darauf zurückzuführen, dass häufig sowohl Täter als auch Opfer bekannt sind. Es muss jedoch von einem hohen Dunkelfeld ausgegangen werden, da viele Delikte, so z. B. Anlagedelikte, nicht angezeigt werden. Die Nichtanzeige beruht bei der Anlage von „Schwarzgeldern" z. B. darauf, dass der Geschädigte dadurch Gefahr laufen würde, selbst mit den Finanzbehörden in Konflikt zu geraten. Auch sind bei den Opfern von betrügerischen Angeboten oft Schamgefühle vorhanden, die eine Anzeige verhindern. Generell kommt privaten Strafanzeigen bei den Wirtschaftsdelikten jedoch nur eine geringe Bedeutung zu.[110] Außerdem ist zu berücksichtigen, dass in den polizeilichen Darstellungen diejenigen Wirtschaftsstraftaten fehlen, die durch Schwerpunktstaatsanwaltschaften oder Finanzbehörden unmittelbar und ohne Beteiligung der Polizei verfolgt bzw. bearbeitet werden.[111]

3. Spezifische Aufklärungsprobleme bei Wirtschaftsdelikten

22 Die besonderen Aufklärungsprobleme bei der Verfolgung von Wirtschaftskriminalität resultieren zunächst aus dem Charakteristikum der Wirtschaftsdelikte, dass es sich bei den fraglichen Vorgehensweisen häufig um **scheinbar legale Handlungsweisen** handelt. Die Gesamthandlung kann oft nur schwer als strafrechtlich relevant erfasst werden, wenn die einzelnen Handlungen ohne strafrechtliche Bedeutung sind und sie eine solche erst aus der Gesamtwirkung mehrerer Einzelakte erlangen. Hierdurch werden an die Strafverfolgungsorgane sehr hohe Anforderungen bezüglich der Einschätzung der wirtschaftlichen und wirtschaftsstrafrechtlichen Bedeutung einzelner Handlungen gestellt.

23 Weitere Aufklärungsprobleme ergeben sich daraus, dass ein erheblicher Anteil der Wirtschaftskriminalität **in Unternehmen** begangen wird: Jedes Unternehmen bietet aufgrund seiner Unübersichtlichkeit für Außenstehende, aufgrund der Arbeitsteilung und der Delegation von Pflichten zahlreiche Abschottungsmöglichkeiten gegenüber den Strafverfolgungsbehörden. Sofern keine Geständnisse vorliegen, ist es mit erheblichen Schwierigkeiten verbunden, durch den Organisationsaufbau hindurch einen lückenlosen Nachweis einer Straftat zu führen. Zum einen können Handlungen verschleiert werden, zum anderen besteht die Möglichkeit, zur Verwirrung der Strafverfolgungsbehörden beizutragen, indem die zuständigen Personen nicht genannt werden und am Rande der Straftat beteiligte Mitarbeiter von ihrem Auskunftsverweigerungsrecht nach § 55 StPO Gebrauch machen. Das arbeitsteilige Vorgehen in Unternehmen führt zu einem Auseinanderfallen der die konkreten Handlungen vornehmenden Personen und denjenigen, die über die Tragweite des Verhaltens informiert sind. Dies kann häufig eine strukturell bedingte individuelle Unverantwortlichkeit des Einzelnen („organisierte Unverantwortlichkeit") mit sich bringen.[112] Das Auseinanderfallen von Ausführungstätigkeit, Informationsbesitz und Entscheidungsmacht stellt insbesondere bei Großunternehmen ein zentrales Problem für die strafrechtliche Erfassung und Verfolgung deliktischen Verhaltens dar. Je mehr ein Unternehmen funktionell-differenziert statt hierarchisch-linear strukturiert ist, desto eher kann sich ein Täterpotenzial in strategischen und operativen Funktionen auflösen.[113] Entsprechend werden die Möglichkeiten des Einzel-

---

[108] Polizeiliche Kriminalstatistik 2011, S. 64.
[109] Polizeiliche Kriminalstatistik 2011, S. 4; zur Aufklärungsquote im Einzelnen vgl. auch *Meier*, Kriminologie, § 11 Rn. 21.
[110] Siehe oben Rn. 20.
[111] Jahresbilanz Wirtschaftskriminalität 2010, S. 7.
[112] So die Formulierung von *Beck*, Gegengifte – Die organisierte Unverantwortlichkeit, S. 11.
[113] *Heine*, in: *Alwart* (Hrsg.), Verantwortung und Steuerung von Unternehmen in der Marktwirtschaft, 1998, S. 91 f.; ferner *Dannecker* in: *Amelung*, Individuelle Verantwortung, S. 209, 221 f.; Vgl. zum Phänomen der nichtstaatlichen Aufklärung von Wirtschaftsdelinquenz *Achenbach*, GA 2004, 559, 573 f.

C. Kriminologische Aspekte der Wirtschaftskriminalität

nen, für Rechtsgutverletzungen zur Verantwortung gezogen zu werden, durch Dezentralisierung und funktionelle Differenzierung der Kompetenzen in modernen Organisationsformen eingeschränkt.

Weiterhin werden verstärkt **moderne Technologien** zur Begehung von Wirtschaftsdelikten eingesetzt, da technische Neuerungen häufig wirtschaftskriminelle Manipulationen erleichtern oder erst ermöglichen, wie ein Blick auf die Software- und die Produktpiraterie sowie auf die mittels Internet begangenen Wirtschaftsstraftaten zeigt.[114] Den Strafverfolgungsorganen fehlen aber oft die Mittel, um mit der modernen Technologie Schritt zu halten.

Schließlich treten Schwierigkeiten bei der grenzüberschreitenden Wirtschaftsdelinquenz **24** auf, weil **Ermittlungen im Ausland** nur im Wege der Amts- und Rechtshilfe möglich sind. Diese erfordert aber nicht selten ein aufwendiges und umständliches Verfahren, das zudem langwierig ist.

Vereinfachungen sollen sich – zumindest im Zusammenhang mit dem grenzüberschreitenden Auslieferungsverkehr als Teilaspekt der Rechtshilfe im weiteren Sinne – durch den **Europäischen Haftbefehl**[115] ergeben. Dieser bezweckt neben der Erleichterung des Auslieferungs- und Durchlieferungsverkehrs zwischen den Mitgliedstaaten der EU auch eine Beschleunigung des Verfahrens an sich. Um dies zu erreichen, sind dort strenge Fristenregelungen vorgesehen (vgl. Art. 17 und 23 RB-EUHb). Daneben wurde das im Auslieferungsverkehr traditionelle zweistufige Verfahren abgeschafft, indem nur noch das zuständige Gericht eines Landes über die Auslieferung des Täters befinden soll; eine Bestätigung durch die Justizministerien in Form einer Bewilligungsentscheidung ist hingegen nicht mehr erforderlich.[116]

In materiellrechtlicher Hinsicht wird der das Verlangen nach Auslieferung einer bestimmten Person im traditionellen Rechtshilferecht begrenzende **Grundsatz der beiderseitigen Strafbarkeit** eingeschränkt, indem dessen Prüfung bei Vorliegen einer Katalogtat des Art. 2 Abs. 2 RB-EUHb, zu denen z. B. auch Cyberkriminalität, Geldwäsche sowie Korruption gehören, entfällt. Hinsichtlich des Anwendungsbereichs des Europäischen Haftbefehls besteht aber dennoch eine Beschränkung aus Gründen der Verhältnismäßigkeit. Danach kann ein Europäischer Haftbefehl insbesondere nur bei solchen Handlungen erlassen werden, die nach den Rechtsvorschriften des Ausstellungsmitgliedstaates mit einer **Freiheitsstrafe** oder einer freiheitsentziehenden Maßregel der Sicherung im Höchstmaß **von mindestens zwölf Monaten** bedroht sind (vgl. Art. 2 Abs. 1 RB-EUHb).

Der Rahmenbeschluss über den Europäischen Haftbefehl war gemäß Art. 34 Abs. 1 Rahmenbeschluss bis zum 31.12.2003 in nationales Recht umzusetzen. In Deutschland sollte er durch das EuHbG[117] umgesetzt werden, indem in das bestehende Gesetz über die internationale Rechtshilfe in Strafsachen (IRG) ein eigener Abschnitt eingefügt wurde. Das EuHbG wurde jedoch vom Bundesverfassungsgericht mit Urteil vom 18.7.2005 für verfassungswidrig und nichtig erklärt. Das Gericht hat zugleich Vorgaben für eine erneute, verfassungskonforme Umsetzung des Rahmenbeschlusses gemacht.[118] Ein entsprechendes Gesetz, das ausgehend von dem ursprünglichen EuHbG lediglich die Vorgaben des BVerfG übernahm, ohne eine

---

[114] Vgl. zu den Phänomenen des Phishings und Pharmings *Cornelius*, Münchener Anwaltshandbuch IT-Recht, Leupold/Glossner, 2. Aufl. 2011, Teil 10, F. 231 ff.

[115] „Rahmenbeschluss des Rates über den Europäischen Haftbefehl und die Übergabeverfahren zwischen den Mitgliedstaaten" vom 13.6.2002, ABl. vom 18.7.2002 Nr. L 190/1 f., zum Vorschlag der Europäischen Kommission siehe *Wegner*, StV 2003, 105 ff. Vgl. auch unten Kapitel 2, Rn. 65 ff. m. w. N.

[116] In Deutschland wurde bei der Umsetzung entgegen einer Vielzahl an kritischen Stimmen aus der Literatur am Bewilligungsverfahren festgehalten. Auch die durch die Entscheidung des BVerfG gebotene Neuregelung des EuHbG nutzte der Gesetzgeber nicht zur Abschaffung des zweistufigen Verfahrens. Vgl. *Rosenthal*, ZRP 2006, 105, 107 f.; vgl. hierzu Kapitel 2, Rn. 75.

[117] Gesetz zur Umsetzung des Rahmenbeschlusses über den Europäischen Haftbefehl und die Übergabeverfahren zwischen den Mitgliedstaaten der Europäischen Union – Europäisches Haftbefehlsgesetz (EuHbG) vom 21.7.2004 (BGBl. I 2004, S. 1748 ff.), zum Gesetzesentwurf BT-Drs. 16/1024.

[118] BVerfG NJW 2005, 2289 ff. = BGBl. I 2005 S. 2300; siehe dazu *Ranft*, wistra 2005, 361 ff.

grundlegende Neuregelung des Bereichs in Betracht zu ziehen, hat das Gesetzgebungsverfahren durchlaufen und ist am 2.8.2006 in Kraft getreten.[119] Hierzu sind jedoch bereits nach Kürze kritische Stellungnahmen in der Literatur aufgekommen.[120] Die Europäische Kommission hat am 11.4.2011 über die seit 2007 erfolgte Umsetzung des Rahmenbeschlusses über den Europäischen Haftbefehls berichtet.[121] Im Ergebnis stellt die Kommission fest, dass der Haftbefehl dazu beiträgt, dass sich weniger Straftäter durch Flucht der Justiz entziehen und sich die Auslieferungsverfahren drastisch verkürzt haben. Die Kommission hat jedoch auch die Staaten zur Anpassung ihrer nationalen Jurisdiktion aufgefordert und eine genauere Beachtung des Verhältnismäßigkeitsgrundsatzes angemahnt, weil zu viele Europäische Haftbefehle wegen geringfügiger Straftaten ausgestellt wurden.[122] Der Rahmenbeschluss über den Europäischen Haftbefehl wurde durch den Rahmenbeschluss 2009/299/JI des Rates vom 26. Februar 2009[123] um Regelungen zum Umgang mit **Entscheidungen in Abwesenheit** ergänzt.

Unterschiedliche prozessuale **Beweiserhebungs- und Beweisverwertungsverbote,** nationale Vorschriften über den Schutz von Geschäfts- und Betriebsgeheimnissen, aber auch sich unterscheidende Belehrungspflichten können zu zusätzlichen Schwierigkeiten bei der Durchführung von Ermittlungsverfahren führen. In diesem Kontext ist der Rahmenbeschluss 2008/978/JI des Rates vom 18. Dezember 2008 über die **Europäische Beweisanordnung** zur Erlangung von Sachen, Schriftstücken und Daten zur Verwendung in Strafsachen ergangen.[124]

Durch die **Europäische Beweisanordnung (EBA)** soll die Anordnungsbehörde des ersuchenden Staates in die Lage versetzt werden, die Beweissicherung durch die Behörde des Vollstreckungsstaates nach dessen Strafverfahrensrecht durchzuführen und sich diese Beweismittel übermitteln zu lassen.[125] Es dürfen nur solche Beweiserhebungen angeordnet werden, die auch nach dem Recht des ersuchenden Staates möglich wären und verwertbar sind; so soll das sog. forum-shopping auch von Seiten der Strafverfolgungsbehörden vermieden werden.[126] Die ausdrücklich vorgesehenen Rechtsmittel gegen die Beweisanordnung können nur gegen die Entscheidungen des ersuchenden Staates eingelegt werden.

VI. Auswirkungen spezieller Regelungen des Allgemeinen und des Besonderen Teils des Strafrechts auf die Strafverfolgung

1. Regelungen des Allgemeinen Teils und ihre Auswirkung auf die Strafverfolgung

25 Die Regelungen des Allgemeinen Teils des Strafgesetzbuches entfalten gem. Art. 1 Abs. 1 EGStGB für das bei seinem Inkrafttreten bestehende und zukünftige Bundesrecht Geltung, sofern nicht das Gesetz etwas anderes bestimmt. In Ermangelung einer Kodifizierung des Wirtschaftsstrafrechts als eigenständige Materie gelten die §§ 1–79b StGB mithin gleichermaßen für Wirtschaftsstraftaten nach dem Strafgesetzbuch wie auch nach dem Nebenstrafrecht.[127]

---

[119] Gesetz zur Umsetzung des Rahmenbeschlusses über den Europäischen Haftbefehl und die Übergabeverfahren zwischen den Mitgliedstaaten der Europäischen Union (Europäisches Haftbefehlsgesetz – EuHbG) vom 20. Juli 2006, BGBl. I S. 1721; zum Gesetzesentwurf BT-Drs. 16/1024.
[120] Vgl. z. B. *Rosenthal*, ZRP 2006, 105 ff.
[121] KOM(2011) 175 endg.
[122] Hierzu *Brand*, DRiZ 2011, 206.
[123] ABl. EU L 81/24.
[124] ABl. EU L 350/72.
[125] Vgl. *Eisenberg* StPO Rn. 480.
[126] Vgl. *Eisenberg* StPO Rn. 481.
[127] Vgl. dazu statt vieler: *Tiedemann*, Wirtschaftsstrafrecht AT, Rn. 14 ff., 131 ff.

C. Kriminologische Aspekte der Wirtschaftskriminalität

Ausnahmen gelten nur für sehr wenige begrenzte Bereiche wie etwa die steuerstrafrechtliche Selbstanzeige nach § 371 AO.

Hinsichtlich des Verhältnisses der Allgemeinstraftaten gegenüber den Wirtschaftsstraftaten wird in der kriminologischen Literatur die These aufgestellt, dass Letztere zum einen **beweisresistent** und zum anderen **privilegiert** seien.[128] So seien die Voraussetzungen des unmittelbaren Ansetzens zur Tat häufig konkret nur schwer nachweisbar. Der Verbotsirrtum könne umso eher angenommen werden, als gerade in diesem Deliktsbereich die Normierung von rechtlichen Regelungen der Konstituierung von Werten dient. Es handelt sich – anders als im Kernstrafrecht – in der Regel nicht um delicta mala per se, sondern um delicta mere prohibita.[129]

a) Kausalität und Zurechnung

Zwar fehlen bisher umfassende systematische Untersuchungen der gesetzlichen und sonstigen, nicht ausdrücklich normierten, speziellen Regelungen für den Bereich des Allgemeinen Teils[130] des Wirtschaftsstrafrechts, jedoch wird die These, dass Wirtschaftsstraftaten gegenüber Allgemeinstraftaten beweisresistent und privilegiert seien, z. B. durch die Behandlung der Kausalität im Bereich des Wirtschaftsstrafrechts widerlegt. Dies zeigt etwa ein Blick auf die Rechtsprechung zu den **Anforderungen an den Nachweis der schädigenden Wirkungsweise von Produkten**: So konnte im „*Contergan*"-Beschluss[131] der Nachweis einer schädigenden Wirkung nicht positiv wissenschaftlich exakt geführt werden. Dennoch ging das *LG Aachen* vom Bestehen eines Kausalzusammenhangs zwischen der Medikamenteneinnahme (Thalidomid) und den körperlichen Schäden (Nervenschäden) aus.[132] Auch im „*Erdal-Lederspray*"-Urteil[133] konnte ein konkreter Wirkungszusammenhang zwischen der Verwendung des Ledersprays und den eingetretenen Gesundheitsschäden (Lungenschäden) nicht aufgezeigt werden. Gleichwohl wurde auch hier ein Kausalzusammenhang bejaht, weil andere in Betracht kommende Schadensursachen ausgeschlossen werden konnten.[134] Im „*Holzschutzmittel*"-Verfahren[135] hat der Bundesgerichtshof schließlich festgestellt, dass ein Ausschluss anderer Ursachen „auch dadurch erfolgen [kann], dass nach einer Gesamtbewertung der naturwissenschaftlichen Erkenntnisse und anderer Indiztatsachen die – zumindest – Mitverursachung [...] zweifelsfrei festgestellt wird".[136] Außerdem wurde die bloße Mitursächlichkeit des fraglichen Produktes für die Annahme strafrechtlicher Kausalität als ausreichend angesehen. In diesem Zusammenhang ist schließlich das in den 1990er Jahren gegen die *Degussa AG* geführte Ermittlungsverfahren wegen Herstellung und Vertrieb von Amalgam zu nennen: Hier bestand der Verdacht, dass es bei Verwendung dieses Mittels zur Behandlung kariöser Zähne zu diffusen Krankheitsbildern kommen kann, die jedenfalls auch durch das Amalgam in den Zahnfüllungen verursacht sein konnten, wenngleich ein Anteil an Quecksilber auch über die Nahrungskette in den menschlichen Körper gelangen kann. Dieses Verfahren wies insoweit zusätzliche Besonderheiten auf, als es sich um ein zugelassenenes Heilmittel handelte.[137]

Die **Ausweitung des Kausalitätsbegriffs im Rahmen der strafrechtlichen Produkthaftung**, die die strafrechtliche Verantwortung von Individualpersonen in Unternehmen er-

---

[128] So *Eisenberg*, Kriminologie, § 24 Rn. 19.
[129] Vgl. zu dieser Unterscheidung *Schwind*, Kriminologie, § 1 Rn. 7; ferner *Renzikowski* FS Krey, 2010, S. 407 ff.
[130] Vgl. aber *Tiedemann*, Wirtschaftsstrafrecht AT, Rn. 137 ff.; zur Geltung und Modifikation von Regelungen des Allgemeinen Teils vgl. *Weber*, ZStW 96 (1984), 383 ff.
[131] LG Aachen JZ 1971, 507; vgl. auch *Hoyer*, GA 1996, 160, weiterführend *Jähnke*, Jura 2010, 582 ff.
[132] Das Verfahren wurde nach § 153 Abs. 3 StPO eingestellt.
[133] BGHSt 37, 106 ff. m.Anm. u. a. *Hassemer*, JuS 1991, 253 ff.; *Kuhlen*, NStZ 1990, 566 ff.; *Puppe*, JR 1992, 30 ff.; *Samson* StV 1991, 182 ff.
[134] BGHSt 37, 106, 112.
[135] BGHSt 41, 206 ff.
[136] BGHSt 41, 206, 216.
[137] Eingehend dazu *Tiedemann*, FS Hirsch, S. 765 ff.

heblich ausdehnt,[138] hat in der Literatur zum Teil Zustimmung, zum Teil aber auch heftige Ablehnung erfahren.[139]

29 Die Frage nach der Kausalität stellt sich insbesondere auch bei vertikaler sowie bei horizontaler Organisation im Rahmen von **Gremienentscheidungen**.[140] Lässt sich ein individueller Schädiger nicht ermitteln, so erlangt die Frage nach einer Verantwortlichkeit von Gremienmitgliedern in besonderem Maße an Bedeutung. Der Bundesgerichtshof hat hierzu – im Zusammenhang mit seiner Rechtsprechung zur strafrechtlichen Produkthaftung[141] – Grundsätze zum Organisationshandeln entwickelt.[142] Der Grundsatz der Generalverantwortung und Allzuständigkeit der Geschäftsleitung, der eingreift, wenn *„aus besonderem Anlass das Unternehmen als Ganzes betroffen ist"*,[143] schlägt sich in der Regel in Gremienentscheidungen nieder, weil dann die Geschäftsführung insgesamt zum Handeln berufen ist.[144] Dabei gilt für die Kausalitäts- und Zurechnungsproblematik nach der höchstrichterlichen Rechtsprechung Folgendes:[145]

30 Kommt bei der Teilnahme an einer Abstimmung ein Beschluss mit der Stimme einer Person zustande, so wurde das jeweilige Delikt nach den **Regeln der mittäterschaftlichen Zurechnung** – trotz fehlenden gemeinsamen Tatentschlusses – zumindest mitverursacht – und dies selbst dann, wenn die Stimme für eine Mehrheit nicht erforderlich gewesen ist oder das Verlangen, eine andere Entscheidung zu treffen, am Widerstand der anderen gescheitert wäre.[146] Auf den gemeinsamen Tatentschluss wurde verzichtet, weil die Beteiligten ein und demselben Unternehmen angehörten. Wurde ein **Beschluss gegen die Stimme eines Mitglieds** gefasst, so ergeben sich Probleme hinsichtlich seiner Garantenstellung/-pflicht.[147]

b) Täterschaft und Teilnahme

31 Weiterhin stellt sich die Frage, wie die **Beteiligung mehrerer an einem deliktischen Geschehen** zu bewerten ist, ob z. B. ein weisungsgebundener Arbeitnehmer als Mittäter oder als Gehilfe zu qualifizieren ist. Hierbei finden grundsätzlich die allgemeinen Regeln zur Abgrenzung von Täterschaft und Teilnahme Anwendung. Einzubeziehen ist aber, dass der Bundesgerichtshof in der *„DDR-Politbüro"*-Entscheidung[148] die Organisationsherrschaft anerkannt hat, die auch im Wirtschaftsstrafrecht, insbesondere im Verhältnis zwischen Geschäftsführern und Arbeitnehmern, zur Anwendung kommen soll.[149] Die regelmäßige Annahme von mit-

---

[138] Wichtige Beiträge zur strafrechtlichen Produkthaftung *Otto*, FS Hirsch S. 291 ff. mit Erörterung verschiedener Garantenstellungen; Überblick bei *Vogel*, FS Lorenz 2001, S. 66 m. w. N.; zur strafrechtlichen Produktverantwortung bei Lebensmitteln *Pichardt*, DLR 2002, 53 ff.

[139] Darstellung bei *Kuhlen*, in: 50 Jahre Bundesgerichtshof, Band IV, 2000, S. 650 ff. und bei *Vogel*, FS Lorenz, S. 71 ff.; ausführlich zur Kausalität *Schulz*, in: *Lüderssen* (Hrsg.), Aufgeklärte Kriminalpolitik oder Kampf gegen das Böse, Band III, 1998, S. 63 ff. Zur Kausalität im Bereich des Umweltrechts *Rotsch*, wistra 1999, 323 f.

[140] Vgl. hierzu auch *Schaal*, Gremienentscheidungen, 2001, passim; ferner *Tiedemann*, AT Rn. 281 ff.

[141] Zu kriminologischen Aspekten der Produkthaftung (Ahndung, Verfolgung, Schäden und Ursachen) vgl. *Vogel*, GA 1990, 248 ff.

[142] Zur Kritik der Literatur daran: *Kuhlen*, in: 50 Jahre Bundesgerichtshof, Band IV, S. 664 ff.; *Vogel*, FS Lorenz, S. 73 ff.

[143] BGHSt 37, 106, 124.

[144] BGHSt 37, 106, 124.

[145] BGHSt 37, 106, 126 ff.

[146] Zur Begründung vgl. *Tiedemann*, Wirtschaftsstrafrecht AT, Rn. 281 ff.; vgl. auch *Eidam*, Straftäter Unternehmen, 1997, S. 11 f.; *Knauer*, Die Kollegialentscheidung im Strafrecht, 2001, S. 81 ff.; *Kuhlen*, in: 50 Jahre Bundesgerichtshof, Band IV, S. 668 ff.; *Rotsch*, wistra 1999, 324 f.; *Schünemann*, in: 50 Jahre Bundesgerichtshof, Band IV, S. 632 ff.; vgl. auch *Dreher*, JuS 2004, 17 f.

[147] Siehe dazu unten Rn. 37.

[148] BGHSt 40, 218 ff.

[149] Z. B. umgesetzt in BGHSt 43, 231 f.; NJW 1998, 767 ff.; kritisch *Roxin*, JZ 1995, 49 ff.; *Schroeder*, JR 1995, 177 ff.

C. Kriminologische Aspekte der Wirtschaftskriminalität

telbarer Täterschaft im Verhältnis von betrieblichen Vorgesetzten und Untergebenen ist in der Literatur unterschiedlich aufgenommen worden.[150]

c) Unterlassen

Von besonderer Bedeutung ist die Existenz und Reichweite einer strafrechtlichen „Geschäftsherrenhaftung", der Garantenpflicht des Betriebsinhabers oder -leiters zur Verhinderung von Straftaten seiner Angestellten und Arbeiter.[151] In diesem Zusammenhang wird eine Garantenpflicht zur Überwachung von Betriebsgefahren sachlicher Art bejaht.[152] Jedoch ist bezüglich der strafrechtlichen Produkthaftung beim Rückruf gesundheitsschädlicher Produkte unklar, ob es sich beim Inverkehrbringen gefährlicher Produkte um einen Fall der Ingerenz oder um eine Folge der Verkehrssicherungspflicht bei Eröffnung einer Gefahrenquelle handelt. Der Bundesgerichtshof neigt in der „*Lederspray*"-Entscheidung dazu, eine Garantenstellung aus Ingerenz anzunehmen, und verpflichtet den Betriebsinhaber auch dann zum Rückruf, wenn er die Produkte nicht rechtswidrig in den Verkehr gebracht hat,[153] denn als objektiv pflichtwidriges gefahrbegründendes Vorverhalten genüge die rechtliche Missbilligung des Gefährdungserfolges. Demgegenüber will *Kuhlen* die Garantenstellung aus einer modifizierten Verkehrspflichtenlehre herleiten, indem er die Produktion und das Inverkehrbringen von Gütern als riskante Tätigkeit bewertet.[154] Diese Auffassung liegt auch der Entscheidung BGHSt 54, 44 ff. zugrunde.

Bedeutung gewinnen die Unterlassungsdelikte bei der Herrschaft über Umwelt- und technische Sicherheitsrisiken[155] sowie in besonderem Maße bei der strafrechtlichen Produkthaftung im Zusammenhang mit **Gremienentscheidungen:** Während die Zustimmung zu einem Beschluss insbesondere die Kausalitätsfrage aufwirft,[156] stellt sich bei der Überstimmung eines Gremienmitglieds bei der Beschlussfassung das Problem einer Garantenstellung sowie der Begrenzung einer etwaigen Garantenpflicht.[157]

Eine weitere Problematik ergibt sich bei der Garantenpflicht des Betriebsinhabers zur **Verhinderung fremder Straftaten** aufgrund der verfassungsrechtlich verankerten Personenautonomie.[158] Diese soll einer strafrechtlichen Verantwortung des Betriebsinhabers nur dann nicht entgegen stehen, soweit ein – in der Regel gesetzlich begründetes – Autoritäts- oder Weisungsverhältnis zum Arbeitnehmer besteht.[159] Diese Entschränkung anerkennt allerdings der BGH nicht.

---

[150] Übersicht bei *Kuhlen*, in: 50 Jahre Bundesgerichtshof, Band IV, S. 671 ff., auch Fn. 152 f.; siehe auch *Hellmann/Beckemper*, Wirtschaftsstrafrecht, Rn. 933 ff.; *Rotsch*, wistra 1999, 326 f.; *Schünemann*, in: 50 Jahre Bundesgerichtshof, Band IV, S. 628 ff. Zum Problem der Zurechnung in einer Unternehmensorganisation siehe *Heine*, Die strafrechtliche Verantwortung von Unternehmen, 1995, S. 31 ff.; zur strafrechtlichen Verantwortlichkeit innerhalb eines Unternehmens siehe *Ransiek*, Unternehmensstrafrecht, 1996, S. 8 ff.; zur Haftung von Vorgesetzten siehe *Bottke*, JuS 2002, 321 ff.

[151] Vgl. hierzu insbesondere BGHSt 54, 44 ff. m Bespr. *Dannecker/Dannecker*, JZ 2010, 981 ff.; *Ransiek*, AG 2010, 147 ff.; *Rönnau/Schneider* ZIP 2010, 53 ff.; *Tiedemann*, Wirtschaftsstrafrecht AT, Rn. 289; ferner *Hellmann/Beckemper*, Wirtschaftsstrafrecht, Rn. 947 ff.; *Spring*, Geschäftsherrenhaftung, 2010, passim; *Dous*, Strafrechtliche Verantwortlichkeit in Unternehmen, 2008, passim.

[152] Vgl. zuletzt BGHSt 57, 42 ff. mit Bespr. *Bülte*, NZWiSt 2012, 176 ff.; *Kudlich*, HRRS 2012, 176 ff.; *Roxin*, JR 2012, 305 ff.; *Wagner*, ZJS 2012, 704 ff.

[153] BGHSt 37, 106, 114 ff.; zu den Pflichten von Arzneimittelherstellern: LG Aachen JZ 1971, 507 ff.

[154] *Kuhlen*, in: 50 Jahre Bundesgerichtshof, Band IV, S. 657, 677 ff., der auch die verschiedenen dogmatischen Ansatzpunkte darstellt. Kritisch zur Rechtsprechung des BGH auch *Schünemann*, in: 50 Jahre Bundesgerichtshof, Band IV, S. 637 ff.

[155] Vgl. nur LG Nürnberg-Fürth, NJW 2006, 1814 ff.

[156] Siehe oben Rn. 30.

[157] Vgl. dazu *Tiedemann*, Wirtschaftsstrafrecht AT, Rn. 297.

[158] Vgl. hierzu insbesondere BGHSt 54, 44 ff. mit Bespr. *Dannecker/Dannecker* JZ 2010, 981 ff.; BGH NZWiSt 2012, 182 ff. mit Bespr. *Bülte*, NZWiSt 2012, 176 ff.; ferner OLG Karlsruhe, GA 1971, 281 ff., LG Nürnberg-Fürth NJW 2006, 1824 f.

[159] Näher dazu *Tiedemann*, Wirtschaftsstrafrecht AT, Rn. 296 m. w. N.; vgl. auch den Überblick über den Meinungsstand bei *Stree*, in: *Schönke/Schröder*, 27. Aufl. 2006, § 13 Rn. 52.

35 **Behördliche Unbedenklichkeits- oder Zulassungsentscheidungen** können die strafrechtliche Verantwortlichkeit nicht ausschließen, denn die Herstellerpflichten sind unabhängig davon, „was die zuständigen Behörden für geboten erachten".[160] Jedoch ist zu berücksichtigen, dass aus diesen Gründen bereits Verfahren eingestellt worden sind, so z. B. das „*Amalgam*"-Verfahren der Staatsanwaltschaft Frankfurt am Main.[161]

36 Fraglich ist schließlich, ob auch im Strafrecht ein **Pendant zur zivilrechtlichen Durchgriffshaftung** im Konzern angenommen werden kann. Verschiedene zivilrechtliche Figuren, so z. B. der Gesichtspunkt der Unterkapitalisierung, die der Sicherung eines möglichst solventen Schuldners dienen, können dabei im Strafrecht nicht zur Anwendung gelangen, da das Strafrecht einen anderen Zweck als das Zivilrecht verfolgt.[162]

37 **Organe juristischer Personen** des Privatrechts besitzen gegenüber der Gesellschaft ebenfalls eine Garantenstellung.[163] Sie sind verpflichtet, die Rechtsgüter der juristischen Person vor Schaden zu bewahren. Denn durch die Übernahme der Organstellung hat das jeweilige Organ den Schutz der Rechtsgüter der juristischen Person übernommen, da diese ihre Rechtsgüter nicht selbst schützen kann.[164]

d) Rechtfertigungs- und Entschuldigungsgründe

38 Im Wirtschaftsstrafrecht spielen die **Rechtfertigungs- und Entschuldigungsgründe keine große Rolle**.[165] Die Frage, ob ein *Handeln im Rahmen der rechtmäßigen Berufsausübung* einer Strafbarkeit entgegensteht, ist nach Ansicht des Bundesgerichtshofs in der Regel zu verneinen, da grundsätzlich jede Handlung in einen „strafbaren Kontext"[166] gestellt werden kann. Bei berufstypischem Verhalten wird meist die Frage nach einer Teilnahmestraftat aufgeworfen.[167] Hierfür genügt es nach Auffassung des Bundesgerichtshofs, dass der Gehilfe sicher weiß, dass sein berufsrollengemäßes Verhalten die Tat des Haupttäters fördert und er sich so mit dem Haupttäter solidarisiert.[168] In der Literatur wird in diesem Zusammenhang die Existenz eines (ungeschriebenen) Rechtfertigungsgrundes des berufsgemäßen Verhaltens bzw. das Eingreifen der Lehre von der Sozialadäquanz diskutiert.[169] Einer rechtswidrigen **betrieblichen oder gesellschaftsrechtlichen Weisung** kommt keine rechtfertigende Wirkung zu.[170] Eine Rechtfertigung aufgrund einer **Einwilligung** scheitert meist bereits an der Überindividualität der im Wirtschaftsstrafrecht geschützten Rechtsgüter;[171] allenfalls im Rahmen der Organuntreue kann die Einwilligung der Gesellschafter eine Strafbarkeit nach § 266 StGB ausschließen, soweit das Vermögen der juristischen Personen disponibel ist und ihre

---

[160] BGHSt 37, 106, 122; kritisch zum Teil die Literatur, so z. B. *Kuhlen*, in: 50 Jahre Bundesgerichtshof, Band IV, S. 662 f., der im Fall der behördlichen Zulassung für eine Verwaltungsakzessorietät plädiert.

[161] Verfügung der Staatsanwaltschaft Frankfurt a.M. v. 31.5.1996 – 65 Js 17048.4/91; dazu ferner *Kuhlen*, in: 50 Jahre Bundesgerichtshof, Band IV, S. 660 ff. und *Tiedemann*, FS Hirsch, S. 765 ff.

[162] *Schünemann*, in: 50 Jahre Bundesgerichtshof, Band IV, S. 641 f.; bezüglich der Garantenstellung siehe S. 634 ff.

[163] Vgl. hierzu BGH v. 10.07.2012 VI ZR 341/10 NZWiSt 2012, 460 ff. mit Bespr. *C. Dannecker* 441 ff.

[164] Vgl. *Rudolphi/Stein*, in: Systematischer Kommentar, Stand: Okt. 2005, § 13 Rn. 54; einschränkend zur Garantenstellung des Aufsichtsrats bei einer Aktiengesellschaft *Poseck*, Die strafrechtliche Haftung der Mitglieder des Aufsichtsrats einer Aktiengesellschaft, 1997, S. 108 ff.

[165] Eingehend dazu *Graf/Jäger/Wittig/Dannecker* Vor §§ 32 ff. Rn. 1 ff.

[166] BGHSt 46, 107, 113.

[167] Vgl. nur *Kudlich*, Die Unterstützung fremder Straftaten durch berufsbedingtes Verhalten, 2004, passim.

[168] Zum Problem bei der Erteilung von Rechtsauskünften vgl.: *Lackner/Kühl*, 27. Aufl. 2011, § 26 Rn. 2; *Tiedemann*, in: LK, 12. Aufl., § 263 Rn. 240; vgl. ferner zum europäischen Kontext *Dannecker/Hagemeier*, in: *Leitner* (Hrsg.), Finanzstrafrecht 2008, S. 69 ff.

[169] Vgl. den Überblick bei *Tiedemann*, Wirtschaftsstrafrecht AT, Rn. 301 ff.

[170] Vgl. dazu *Hoyer*, Die strafrechtliche Verantwortlichkeit innerhalb von Weisungsverhältnissen, 1998. Einen Überblick vermittelt auch *Tiedemann*, Wirtschaftsstrafrecht AT, Rn. 289 ff.

[171] BGHSt 23, 261.

C. Kriminologische Aspekte der Wirtschaftskriminalität

Existenz nicht gefährdet wird.[172] Insbesondere im Umweltstrafrecht kann der Wirkung der **behördlichen Genehmigung** als Rechtfertigungsgrund praktische Relevanz zukommen.[173] Dabei ist die Frage der Reichweite einer solchen Genehmigung noch nicht endgültig geklärt.[174] Der **Notwehr** steht als Rechtfertigungsgrund entgegen, dass nur Eingriffe in die Rechtsgüter des Angreifers gerechtfertigt werden können; auf den Wirtschaftsstraftäter wird aber in der Regel kein Angriff verübt. Zumindest fehlt es aber bei der Verteidigungshandlung in der Regel an der Erforderlichkeit. Die Annahme eines **rechtfertigenden Notstandes** im Sinne des § 34 StGB ist auch nicht möglich, wenn zur Rettung eines Unternehmens gehandelt wird, da die Rettung des Unternehmens die beeinträchtigten Interessen Dritter nicht wesentlich überwiegt und der Gesetzgeber durch das Insolvenzrecht die Bewertung vorgegeben hat, dass in der Marktwirtschaft das Insolvenzverfahren zu beschreiten ist. Zudem ist zu berücksichtigen, dass die Rechtsordnung erheblich erschüttert würde, wenn wirtschaftsrechtliche Vorschriften in der Unternehmenskrise durch § 34 StGB eingeschränkt würden. Ausnahmen können sich nur ergeben, wenn es sich um außergewöhnliche, vom Gesetzgeber nicht einkalkulierte Gefahren handelt.[175] Auch ist eine **Entschuldigung des Täters** in der Regel nicht möglich, da § 35 StGB nur die durch § 239 StGB erfasste Freiheit schützt und eine großzügige Annahme aus Gründen der Generalprävention von Entschuldigungsgründen ausgeschlossen erscheint.[176]

e) Irrtümer

Im Bereich der Irrtümer[177] verfolgt die Rechtsprechung eine den Täter belastende Auslegung des § 16 StGB. Sie differenziert zwischen **normativen Tatbestandmerkmalen**,[178] bei denen eine Parallelwertung des Täters in der Laiensphäre gefordert wird, und **Blankettgesetzen**,[179] bei denen der Täter nur die Verwirklichung der Tatbestandsmerkmale der strafrechtlichen Normen kennen und wollen muss, nicht hingegen Kenntnis des sozialen Bedeutungsgehalts zu haben braucht.

Aufbauend auf dieser Unterscheidung weist die Rechtsprechung die Berücksichtigung von Fehlvorstellungen über die Verbotsmaterie generell dem **Verbotsirrtum** zu. Damit bedarf es keiner Kenntnis des Täters von der rechtlichen Relevanz der Umstände, um ihn bestrafen zu können. Vielmehr reicht es aus, dass er den Irrtum vermeiden konnte, und dies ist in aller Regel der Fall. Die Unkenntnis von außerstrafrechtlichen Rechtsnormen führt also nach der Rechtsprechung nur zu einem Verbotsirrtum im Sinne des § 17 StGB,[180] so dass der Täter wegen der vorsätzlichen Begehung der Straftat verfolgt und bestraft werden kann.[181]

Allerdings nimmt die höchstrichterliche Rechtsprechung im **Bereich des Steuerstrafrechts** eine Durchbrechung der eigenen Auffassung vor, indem sie Kenntnis der den Steuerhinterziehungstatbestand ausfüllenden Steuerrechtsnormen verlangt, wenn vorsätzliches Handeln bejaht werden soll. Damit gehört hier die Kenntnis der fraglichen Steuerrechtsnormen zum Vorsatz (Steueranspruchstheorie).[182] Fehlt diese, so führt dies gegebenenfalls zu einem den Vorsatz ausschließenden Tatbestandsirrtum nach § 16 StGB.

39

---

[172] *Ulmer*, FS Pfeiffer, 1988, S. 853 ff.; *Tiedemann*, GmbH Strafrecht, Rn. 15 vor § 82 ff.; *ders.*, ZStW 111 (1999), 673 ff.; siehe zur sog. Konzernuntreue: BGHZ 149, 110 ff. „Bremer Vulkan"; *Mödl*, JuS 2003, 14 ff.; *Arnold*, Jura 2005, 844 ff.
[173] Vgl. hierzu *Dannecker*, in: Graf/Jäger/Wittig, Vor §§ 32 ff. Rn. 1 f.
[174] Eingehend zur behördlichen Genehmigung *Tiedemann*, Wirtschaftsstrafrecht AT, Rn. 315 ff.; vgl. zu Irrtumsfragen Rn. 39 ff.
[175] *Tiedemann*, Wirtschaftsstrafrecht AT, Rn. 307.
[176] *Weber*, ZStW 96 (1984), 395.
[177] Siehe dazu auch *Weber*, ZStW 96 (1984), 391 ff.
[178] Vgl. *Baumann/Weber/Mitsch*, Strafrecht Allgemeiner Teil, 11. Aufl. 2003, § 21 Rn. 4 ff.
[179] Vgl. *Herzberg*, GA 1993, 439, 457.
[180] BGHSt 2, 194; 9, 172; 14, 228.
[181] So auch die h. M. in der Lehre, vgl. nur *Sternberg-Lieben*, in: Schönke/Schröder § 15 Rn. 99 m. w. N.
[182] Vgl. nur BGHSt 5, 92; OLG Köln NJW 2004, 3804; näher dazu *Tiedemann*, ZStW 81 (1969), 879 ff.

Die h. M. in der Literatur geht – ebenso wie die höchstrichterliche Rechtsprechung – davon aus, dass die **Kenntnis der Verhaltensnormen**, die sich an den Täter richten, durch § 17 StGB den Regeln des **Verbotsirrtums** unterstellt ist: Für den Vorsatz des Täters genüge die Kenntnis des Sachverhalts, der den Tatbestand der strafbewehrten Verhaltensnorm erfüllt.[183] Demgegenüber hat das Reichsgericht Normbefehle, die nicht dem Strafrecht angehören, von diesem aber in Bezug genommen werden, als Tatsachen und den Irrtum darüber als „Rechtsirrtum" behandelt, der den Vorsatz ausschließt.[184] Diese Auffassung des Reichsgerichts hat in den letzten Jahren im Schrifttum eine deutliche Wiederbelebung erfahren,[185] weil bei den Verweisungs- und Blankettbegriffen des Strafrechts in nahezu willkürlicher Weise der Straftatbestand verändert wird, um zu der erwünschten Irrtumsregelung zu gelangen. Eine vorsätzliche Zuwiderhandlung wird nach dieser Ansicht nur dann bejaht, wenn der Täter die Verbotsmaterie der Zuwiderhandlung kennt. Er muss Kenntnis von Inhalt und Gültigkeit der blankettausfüllenden Norm besitzen. Ansonsten liegt ein Tatbestandsirrtum gemäß § 16 StGB vor, der das Entfallen des Vorsatzes zur Folge hat.[186]

40 Die unterschiedliche Behandlung von normativen Tatbestandsmerkmalen und Blankettstrafgesetzen durch die h. M. in Rechtsprechung und Literatur berücksichtigt nicht, dass das normative Element der **Verweisung auf außerstrafrechtliche Normen** Teil des Tatbestands und damit auch Bezugspunkt des Vorsatzes ist. Ebenso wie bei normativen Tatbestandsmerkmalen Kenntnis der diese konstituierenden rechtlichen Bewertungen – bei rechtsnormativen Tatbestandsmerkmalen also Kenntnis der Rechtsnormen – erforderlich ist, muss der Täter bei Blankettstrafgesetzen die Ausfüllung der Verweisung laienhaft mit vollzogen haben, d. h. er muss die Normen oder zumindest die Wertungsergebnisse kennen.[187] Nur unter diesen Voraussetzungen kennt der Täter den sozialen Bedeutungsgehalt der Tatumstände und entscheidet sich im Falle der Zuwiderhandlung bewusst gegen das geschützte Rechtsgut.[188] Der Täter muss den Bedeutungssinn der Tatumstände im sozialen Leben erkennen, indem er sein Verhalten als sozialethisch wertwidrig empfindet und den spezifischen Unwert seiner Tat erfasst.[189] Bei dem Kernbestand allgemein anerkannter Verhaltensnormen gehört diese Kenntnis bereits zur Sozialisation jedes Mitglieds der Rechtsgemeinschaft und liegt deshalb in aller Regel vor. Bei Verhaltensnormen, die erst kraft positiven Rechts entstehen, kann deren Kenntnis nicht schon deshalb erwartet werden, weil der Gesetzgeber sie mit Strafe bewehrt hat. Wenn der Gesetzgeber sich dabei eines Blankettstrafgesetzes bedienen muss, weil er die Verhaltensnorm nicht bündig und in einfachen Ausdrücken formulieren kann, ist das – so *Puppe* – „das beste Indiz dafür, dass es sich nicht mehr um jenen Grundtatbestand allgemein anerkannter Verhaltensnormen handelt".[190] Daher muss bei den nicht zum Kernstrafrecht gehörenden Delikten, deren Verbot erst durch den Gesetzgeber geschaffen werden muss (delicta mere prohibita) das Bewusstsein der materiellen Rechtswidrigkeit ausdrücklich festgestellt werden.

41 Handelt jemand in **Unkenntnis eines Erlaubnis- oder Genehmigungserfordernisses**, so ist nach h. M. zu differenzieren:[191] Liegt ein sog. **präventives Verbot mit Erlaubnisvorbehalt** („Kontrollerlaubnis") vor, bei dem das Handeln ohne Erlaubnis ein negativ gefasstes Tatbestandsmerkmal darstellt und hierdurch die Kontrolle über evtl. entstehende Gefahren ermöglicht werden soll, so entfällt gemäß § 16 StGB der Vorsatz. Beispiele hierfür sind § 92

---

[183] Vgl. den Überblick bei *Sternberg-Lieben*, in: *Schönke/Schröder*, § 15 Rn. 99 ff.
[184] St. Rspr. RGSt 1, 1, 2 ff.; 8, 104, 105; 10, 254, 259 ff.; 12, 431, 432 ff.; 23, 141, 148; 42, 26, 27; 61, 259, 261.; vgl. ferner *Tiedemann*, Tatbestandsfunktionen im Nebenstrafrecht, S. 290 ff.
[185] Näher dazu *Tiedemann*, FS Geerds 1995, S. 99 ff.; zuletzt *Bülte*, NStZ 2013, 65 ff.
[186] *Herzberg*, JZ 1993, 1017 ff.; *Kuhlen*, Die Unterscheidung von vorsatzausschließendem und nicht vorsatzausschließendem Irrtum, 1987, S. 369 ff.; *Puppe*, GA 1990, 145 ff.; *Tiedemann*, FS Geerds, S. 95 ff.
[187] *Tiedemann*, FS Geerds, S. 108.
[188] *Otto*, Jura 1996, 475 m. w. N.
[189] *Dannecker*, Steuerhinterziehung im internationalen Wirtschaftsverkehr, 1984, S. 161.
[190] *Puppe*, GA 1990, 181; ebenso *Bülte*, NStZ 2013, 65, 70 ff.
[191] Siehe hierzu BGH NStZ 1993, 594 f.; *Lenckner/Sternberg-Lieben*, in: *Schönke/Schröder*, Vorbem. §§ 32 ff. Rn. 61 ff.; a. A. *Schlehofer*, in: MüKo Strafgesetzbuch, 2011, Vor §§ 32 ff. Rn. 194.

C. Kriminologische Aspekte der Wirtschaftskriminalität

Abs. 1 Nr. 1 AuslG, § 23 ApoG sowie § 21 StVG. Ist die Vorschrift hingegen als sog. **repressives Verbot mit Befreiungsvorbehalt** („Ausnahmebewilligung") einzuordnen, bei dem nach Abwägung der kollidierenden Interessen ein an sich bestehendes Verbot im Einzelfall aufgehoben wird, so muss § 17 StGB angewendet werden.[192] Ein repressives Verbot mit Befreiungsvorbehalt beinhaltet z. B. § 22a Abs. 1 KrWaffG. Im Einzelfall kann es zweifelhaft sein, ob es sich um den einen oder den anderen Fall handelt. So ist z. B. bei § 331 Abs. 3 StGB die Rechtsnatur der Genehmigung umstritten.[193] Im gesamten Umweltstrafrecht[194] besitzt die Einordnung des Merkmals *„unbefugt"* oder das *„Handeln ohne Genehmigung"* eine große Bedeutung.[195]

Neben Fragen auf materiell-rechtlicher Ebene wirft die Irrtumsproblematik im Übrigen – gerade im Bereich der Wirtschaftsstraftaten – auch erhebliche **Nachweisschwierigkeiten** auf.[196]

f) Organ- und Vertreterhaftung, § 14 StGB

Eine wichtige Regelung im Bereich der Wirtschaftskriminalität stellt § 14 StGB dar. Diese Vorschrift regelt die Organ- und Vertreterhaftung bei Delikten, die ausdrücklich oder nach dem Sachzusammenhang ein besonderes Tätermerkmal voraussetzen. Dabei ist zwischen der Zurechnung des Handelns von Organen und Vertretern gemäß § 14 Abs. 1 StGB und der des Handelns von Beauftragten gemäß § 14 Abs. 2 StGB zu unterscheiden. Durch das „Gesetz zur Ausführung des Zweiten Protokolls vom 19. Juni 1997 zum Übereinkommen über den Schutz der finanziellen Interessen der Europäischen Gemeinschaften, der Gemeinsamen Maßnahme betreffend die Bestechung im privaten Sektor vom 22. Dezember 1998 und den Rahmenbeschluss vom 29. Mai 2000 über die Verstärkung des mit strafrechtlichen und anderen Sanktionen bewehrten Schutzes gegen Geldfälschung im Hinblick auf die Einführung des Euro" (**EU-Rechtsinstrumente-AusführungsG**) vom 22.8.2002,[197] das am 30.8.2002 in Kraft getreten ist, wurde in § 14 Abs. 1 Nr. 2 StGB der **Kreis der tauglichen Täter** auf die vertretungsberechtigten Gesellschafter sämtlicher rechtsfähiger Personengesellschaften **erweitert**.

Von großer Bedeutung ist die Anerkennung der **Figur des faktischen Geschäftsführers** in § 14 Abs. 3 StGB, die jedoch wegen fehlender dogmatischer Absicherung auch Anlass zur Kritik gegeben hat.[198] Voraussetzung für die Annahme einer faktischen Geschäftsführung ist, dass durch den faktischen Geschäftsführer der jeweilige Wirkungskreis mit dem Einverständnis oder unter Duldung des primären Normadressaten tatsächlich eingenommen wird.[199] Zum Teil wird in der Literatur gefordert, dass nur derjenige als faktischer Geschäftsführer anzusehen sei, bei dem tatsächlich die Begründung einer rechtlich wirksamen Vertretungsbefugnis beabsichtigt war, dies jedoch aus Gründen, die dem Handelnden unbekannt waren, nicht gelungen ist.[200]

---

[192] Keinen Automatismus sieht *Marx*, Die behördliche Genehmigung im Strafrecht, 1993, S. 129 ff., bezüglich der Einteilung der Genehmigungen und deren rechtlichen Behandlung.

[193] Ausführlich dazu *Heine*, in: *Schönke/Schröder*, § 331 Rn. 45 ff.

[194] Zur Verwaltungsrechtsakzessorietät siehe Rn. 91 ff.

[195] Siehe hierzu *Cramer/Heine*, in: *Schönke/Schröder*, Vorbem. §§ 324 ff. Rn. 12 ff.

[196] Vgl. zum Verbotsirrtum *Achenbach*, NStZ 1994, 421, 424. Siehe auch *Tiedemann*, FS Geerds, S. 95 ff.; *ders.*, Wirtschaftsstrafrecht, Einführung und Allgemeiner Teil, Rn. 233.

[197] Genauer „Gesetz zur Ausführung des Zweiten Protokolls vom 19. Juni 1997 zum Übereinkommen über den Schutz der finanziellen Interessen der Europäischen Gemeinschaften, der Gemeinsamen Maßnahme betreffend die Bestechung im privaten Sektor vom 22. Dezember 1998 und des Rahmenbeschlusses vom 29. Mai 2000 über die Verstärkung des mit strafrechtlichen und anderen Sanktionen bewehrten Schutzes gegen Geldfälschung im Hinblick auf die Einführung des Euro", BGBl. I, S. 3387, zum Gesetzesentwurf BT-Drs. 14/8998.

[198] Z. B. BGHSt 3, 37 f.; 6, 315 f.; 21, 103; Übersicht über die teilweise Kritik der Literatur bei *Büning*, Die faktische Geschäftsführung einer GmbH, S. 6 ff.; *Hellmann/Beckemper*, Wirtschaftsstrafrecht, Rn. 921; *Schünemann*, in: 50 Jahre Bundesgerichtshof, S. 645 f. und *ders.*, in: LK, § 14 Rn. 69. Vgl. auch *Dannecker*, in: *Michalski*, Kommentar zum GmbHG, § 82 Rn. 40 ff.; *Lindemann, M.*, Jura 2005, 305 ff.

[199] BGHSt 3, 37 f.; 6, 314 ff.; 21, 103 ff.; 31, 118 ff.; *Schünemann*, in: LK, § 14 Rn. 69.

[200] Übersicht bei *Perron*, in: *Schönke/Schröder*, § 14 Rn. 42/43.

2. Regelungen des Besonderen Teils und ihre Auswirkung auf die Strafverfolgung

44 Im Besonderen Teil des Strafrechts wurde z. B. bei § 264 StGB und bei § 265b StGB durch das 2. WiKG nicht nur die **Leichtfertigkeit** unter Strafe gestellt, sondern auch die Strafbarkeit so weit in den Gefährdungsbereich ausgedehnt, dass bereits materielle Versuchshandlungen zur Vollendung führen. Da auf diese Weise die Regelung des § 24 StGB nicht mehr zur Anwendung gelangen kann, wurden mit § 264 Abs. 5 und § 265b Abs. 2 StGB Rücktrittsmöglichkeiten vom vollendeten Delikt in Form der **tätigen Reue** geschaffen.

45 Auch in der Rechtsprechung finden sich Tendenzen einer extensiven Anwendung in Bezug auf **Straftatbestände des Besonderen Teils** des Wirtschaftsstrafrechts.[201] Zu nennen sind z. B. die Entscheidungen des Bundesgerichtshofs zur Bewertung von Submissionsabsprachen als Betrug,[202] zur Strafbarkeit des Geschäftsführers wegen Untreue zu Lasten der GmbH im Falle des Einverständnisses aller Gesellschafter,[203] die Anerkennung faktischer Treueverhältnisse – z. B. im Falle einer Geschäftsverbindung – bei der Untreue[204] oder die Auferlegung strafbewehrter Pflichten für ein faktisches Organ.[205] Schließlich ist die „*Mannesmann*"-Entscheidung zu nennen, in der das Urteil des LG Düsseldorf aufgehoben und die Strafbarkeit wegen Untreue bejaht wurde.[206]

VII. Erledigung von Wirtschaftsstrafverfahren

1. Empirische Untersuchungen

46 Bezüglich der Erledigung von Wirtschaftsstrafverfahren ergab eine Untersuchung von *Liebl*, dass bei den **Schwerpunktstaatsanwaltschaften** der größte Teil der Verfahren nach § 170 Abs. 2 StPO eingestellt wurde,[207] dass an zweiter Stelle die Anklage vor dem Schöffengericht mit 31,8 % und an dritter Stelle die Anklage vor der Strafkammer mit 14,8 % stand. Eine Erledigung durch Einstellung nach §§ 154 ff., 205 StPO bei den Schwerpunktstaatsanwaltschaften wies einen Anteil von 9,2 % auf. Einstellungen nach §§ 153 ff. StPO machten 3,3 % aus, und die Erledigung durch den Erlass eines Strafbefehls erfolgte in 2,6 % der Fälle. Bei den Schwerpunktstaatsanwaltschaften werden Beschränkungen des Prozessstoffs gemäß §§ 154, 154a StPO sowie Verfahrenseinstellungen gemäß § 153a StPO bzw. im Wege von Verfahrensabsprachen häufiger als in anderen Strafverfahren vorgenommen und können als geradezu typisches Mittel zur rascheren Erledigung von Wirtschaftsstrafverfahren bezeichnet werden.[208] Als **Gründe** dafür, dass **Absprachen vor allem in Wirtschaftsstrafverfahren** getroffen werden, sind mögliche Rufschäden und Umsatzeinbußen des Unternehmens, Demotivierung der Mitarbeiter durch sensationsheischende Berichterstattung und die Kompliziertheit

---

[201] Hierzu *Achenbach*, in: 50 Jahre Bundesgerichtshof, Band IV, S. 593 ff.; *Tiedemann*, in: 50 Jahre Bundesgerichtshof, Band IV, S. 551 ff.

[202] BGHSt 38, 186 ff.; BGH NJW 1995, 737 ff.; vgl. dazu *Dannecker*, in: Nomos-Kommentar § 298 Rn. 4.

[203] BGHSt 34, 379; vgl. aber auch BGH wistra 1989, 23; BGH wistra 1989, 267.

[204] BGHSt 12, 208.

[205] BGHSt 21, 101, 103; 31, 118; BGH StV 1984, 461.

[206] BGHSt 50, 331 ff.=BGH NJW 2006, 522 ff. m. Anm. *J. Bauer/Arnold*, DB 2006, 546 ff.; *Bernsmann*, GA 2007, 219 ff.; *Fleischer*, DB 2006, 542 ff.; *Hohn*, wistra 2006, 161 ff.; *Krause*, StV 2006, 307 ff.; *Ransiek*, NJW 2006, 814 ff.; *Rönnau*, NStZ 2006, 218 ff.; *Hoffmann-Becking*, NZG 2006, 127 ff.; *Kort*, NZG 2006, 131 ff.; *Peltzer*, ZIP 2006, 205 ff.; *Spindler*, ZIP 2006, 349 ff.

[207] *Liebl*, Die bundesweite Erfassung von Wirtschaftsstraftaten nach einheitlichen Gesichtspunkten, 1984; vgl. auch *Meinberg*, Geringfügigkeitseinstellungen von Wirtschaftsstrafsachen. Eine empirische Untersuchung zur staatsanwaltschaftlichen Verfahrenserledigung nach § 153a StPO, 1985, S. 1 ff.; *Liebl*, wistra 1988, 83 ff.; *Savelsberg*, KrimJ 1987, 200.

[208] Vgl. hierzu *Altenhain/Hagemeier/Haimerl/Stammen*, Die Praxis der Absprachen, 2007, passim; *Taubald*, Konsensuale Erledigung von Strafverfahren, S. 22.

C. Kriminologische Aspekte der Wirtschaftskriminalität

der Materie, die oft mit zivil-, öffentlich-rechtlichen und betriebswirtschaftlichen Bezügen vermengt ist,[209] zu nennen. Aber oftmals ist die Verständigung im Strafverfahren auch ein Ziel der Verteidigung, um die Aufdeckung der wahren Verhältnisse und damit die unrechts- und schuldangemessene Sanktionierung zu verhindern.

Angaben zur Erledigungsart finden sich auch bei *B.-D. Meier*, der sich auf die Statistik der Staatsanwaltschaft, welche sich jedoch nicht auf alle Bundesländer erstreckt, für das Jahr 2002 stützt.[210] Danach wurde in 32,2 % aller Fälle mangels Nachweisbarkeit gem. § 170 Abs. 2 StPO eingestellt, bei 17,8 % der Verfahren wurde eine folgenlose Opportunitätseinstellung nach § 153 StPO, bei 4,9 % eine Einstellung gegen Auflagen nach § 153a StPO vorgenommen. Nur in 24,4 % der Verfahren wurde öffentliche Klage erhoben (Strafbefehl: 12,9 %; Anklage: 11,5 %).[211]

Berckhauer, der sich – anders als *Liebl* und *B.-D. Meier* – nicht nur mit der staatsanwaltschaftlichen Seite befasste, sondern auch den Verfahrensausgang nach Anklageerhebung untersuchte, kam zu dem Ergebnis, dass bei Wirtschaftsstrafsachen nur 24 % der Angeklagten bestraft wurden, während bei anderen Straftaten der Anteil ca. 30 % beträgt. Die verbleibenden 76 % der Verfahren endeten in 10,4 % der Fälle mit einem Freispruch, und die übrigen Verfahren wurden eingestellt.[212] Im **„Zweiten Periodischen Sicherheitsbericht"**[213] wurde aufgrund von Angaben der Staatsanwaltschaftsstatistik die **Anklagerate** in „Wirtschaftsstrafsachen" und die in „Ermittlungsverfahren insg., ohne Wirtschaftsstrafsachen" vergleichend gegenübergestellt. Dabei ergab sich, dass im Jahr 2004 die Anklagerate in Wirtschaftsstrafsachen 31,6 % betrug, in den übrigen Verfahren hingegen 15 %. Charakteristisch ist im Bereich der Wirtschaftskriminalität die Dominanz der Geldstrafe: So wurde in weniger als 10 % der Verurteilungen eine Freiheitsstrafe verhängt. Die künftige Entwicklung in diesem Bereich ist nicht absehbar. Der Bundesgerichtshof hat im *„Mannesmann"*-Prozess,[214] als einem der bedeutendsten Verfahren der letzten Jahre, keine Veranlassung gesehen, zur Verhängung einer Freiheitsstrafe Ausführungen zu machen – die Rechtsfolge wurde zu Recht offengelassen. Schließlich hat das LG Düsseldorf entschieden, das Verfahren gegen die sechs Angeklagten gegen eine Geldauflage von 5,8 Millionen Euro gem. § 153a StPO vorläufig einzustellen.[215]

Aber der BGH hat sich in seinen neueren Entscheidungen zur Steuerhinterziehung im besonders großen Ausmaß klar zur Notwendigkeit der Verhängung von Freiheitsstrafen im Kampf gegen die Wirtschaftskriminalität bekannt. Bei Hinterziehung in einer Größenordnung von mehr als einer Million Euro komme die Verhängung einer Freiheitsstrafe, die noch zur Bewährung ausgesetzt werden kann, regelmäßig nicht mehr in Betracht.[216] Diese Judikatur gibt Anlass zu der Annahme, dass auch im Übrigen die Freiheitsstrafe ohne Bewährung gegen schwerwiegende Wirtschaftskriminalität vermehrt zum Einsatz kommen könnte.

2. Absprachen über strafrechtliche Entscheidungen

Absprachen über strafrechtliche Entscheidungen[217] sind in der deutschen Verfahrenspraxis fest etabliert, ohne dass deren **quantitativer Umfang** generell oder auch nur in Wirtschaftsstraf-

---

[209] *Wehnert*, StV 2002, 219.
[210] *Meier, B. D.*, Kriminologie, § 11 Rn. 22 ff.
[211] Die verbleibenden Verfahren wurden entweder an die Verwaltungsbehörde zur Verfolgung als Ordnungswidrigkeit abgegeben (§§ 41 Abs. 2, 43 OWiG) bzw. auf andere, nicht näher durch die Statistik ausgewiesene Art erledigt („Andere Erledigungsart" – Lfd. Nr. 21).
[212] *Berckhauer*, Die Strafverfolgung bei schweren Wirtschaftsdelikten, 1981.
[213] *Bundesministerium des Inneren/Bundesministerium der Justiz* (Hrsg.), Zweiter Periodischer Sicherheitsbericht, S. 236.
[214] BGH NJW 2006, 522.
[215] Vgl. dazu Pressemitteilung des LG Düsseldorf vom 29.11.2006: Mitteilungsnummer 09/2006.
[216] BGHSt 53, 71 ff.; BGH NZWiSt 2012, 299 m.Anm. *Ochs/Wargowske*.
[217] Vgl. dazu *Meyer-Goßner*, ZRP 2004, 187 ff. Zum Steuerstrafverfahren insbesondere: *Dannecker*, in: *Leitner* (Hrsg.), Finanzstrafrecht 1996–2002, S. 734 ff.

verfahren bekannt ist.²¹⁸ In den vergangenen zwei Jahrzehnten wurden vermehrt Absprachen getroffen. **Gründe** für die **Ausweitung der Absprachenpraxis** sind unter anderem Neuschaffungen und Erweiterungen von Straftatbeständen, die zu einer Vergrößerung der strafrechtlichen Risiken besonders im Unternehmensbereich führten.²¹⁹ Im Rahmen des Ordnungswidrigkeitenrechts wird die Bereitschaft zur Übernahme einer Geldbuße scitens der Unternehmen durch die Möglichkeit erhöht, sich hinsichtlich eines Splittings gemäß §§ 30, 17 Abs. 4 OWiG insoweit zu einigen, dass ein maßgeblicher Teil der Sanktion auf die Abschöpfung gemäß § 17 Abs. 4 OWiG entfällt. Der Abschöpfungsbetrag weist keinen Sanktionscharakter auf und ist deshalb – anders als die Geldbuße – gemäß § 4 Abs. 5 S. 1 Nr. 8 S. 4 EStG steuerlich abzugsfähig.²²⁰

50 Als vorläufiger Abschluss der Entwicklung um den sog. Deal im Strafprozess ist zum 4.8.2009 das **Gesetz zur Regelung der Verständigung im Strafverfahren**²²¹ in Kraft getreten.²²² Mit diesem Gesetz wurde die Verständigung im Strafverfahren ausdrücklich vorgesehen (§§ 257b, 257c Abs. 1 StPO) und eine Belehrungspflicht über das Fortbestehen der Rechtsmittelmöglichkeit (§ 35a StPO), eine Dokumentationspflicht für Gesprächsinhalte (§§ 160b, 202a, 267 Abs. 3, 273 Abs. 1, 1a StPO) und eine Informationspflicht für das Gericht (§ 243 Abs. 4 StPO) eingeführt. Schwerpunkt der Regelung ist jedoch die Regelung der Einzelheiten und der Bindungswirkungen einer Verständigung und verschiedener Schutzmechanismen für den Beschuldigten in § 257c und § 302 Abs. 1 StPO. Herauszuheben ist hier die Unwirksamkeit eines Rechtsmittelverzichts nach Verständigung gem. § 302 Abs. 1 StPO.²²³ Letztlich wurde die Judikatur des BGH damit im Wesentlichen auf eine gesetzliche Basis gestellt.

51 Durch die Entscheidung des BVerfG v. 19.3.2013 erscheint der Trend zur Verständigung im Strafverfahren jedoch etwas gebremst. Der zweite Senat hat zwar die gesetzlichen Regelungen über die Verständigung für verfassungsgemäß erklärt, aber alle Verfahrensbeteiligten mit deutlichen Worten gemahnt, sich an diese Regelungen auch zu halten. Jeder Verstoß gegen das Gesetz ist als Revisionsgrund anzusehen, die Strafrahmenverschiebung ist der Verständigung entzogen und jedes Geständnis ist durch Beweiserhebung zu würdigen.²²⁴

VIII. Kriminalpolitische Forderungen zur Verbesserung der Bekämpfung der Wirtschaftskriminalität

52 Im Bereich der **Polizei** wurde die Forderung erhoben, zukünftig Beamte auszubilden und einzusetzen, die über kaufmännische Vorkenntnisse verfügen. Darüber hinaus wird die Einführung einer Spezialausbildung gefordert, die in ihrem praktischen Teil auch Einblicke in die Arbeit bei Finanzbehörden, Banken, Großbetrieben, Großrechenanlagen und Insolvenzverwaltern vermitteln soll.²²⁵

Weiterhin wurde die Einrichtung eines **Auskunftssystems**, bestehend aus einer Falldatei, gefordert, um zu erreichen, dass alle für die Bekämpfung der Wirtschaftskriminalität relevanten Erkenntnisse jederzeit beliebig verknüpfbar zur Verfügung stehen.²²⁶

---

[218] Vgl. dazu *Hassemer/Hippler*, StV 1986, 360; *Schünemann*, in: Verhandlungen des 58. Deutschen Juristentages 1990, Bd. I (Gutachten), B 17 ff.; *Siolek*, Verständigung in der Hauptverhandlung, 1993, S. 25 ff.; Bericht über eine Untersuchung zur Absprachepraxis bei den Wirtschaftsstrafkammern des LG Hildesheim bei *Siolek*, DRiZ 1993, 422 ff.
[219] So *Wehnert*, StV 2002, 219 f., die auch Beispiele nennt.
[220] *Wehnert*, StV 2002, 221 f.
[221] G. v. 29.7.2009, BGBl. 2009 I S. 2353 ff.; zum Gesetzesentwurf BT-Drs. 16/11736.
[222] Vgl. zur Neuregelung *Sommer*, AnwBl 2010, 197 ff.
[223] Zu den bisherigen Erfahrungen mit der Neuregelung *Niemöller*, NZWiSt 2012, 290 ff.
[224] BVerfG NZWiSt 2013, 211 in Bespr. *Mosbacher*, S. 201.
[225] *Bund deutscher Kriminalbeamter*, Bekämpfung der Wirtschaftskriminalität. Vorschläge für eine wirksamere kriminalistische Ermittlungsarbeit, 1984, S. 12 ff.; vgl. auch *Kube*, Prävention von Wirtschaftskriminalität. Möglichkeiten und Grenzen, 2. Aufl. 1985, S. 32; *Wassermann*, Kriminalistik 1984, 42.
[226] *Bund deutscher Kriminalbeamter*, Bekämpfung der Wirtschaftskriminalität. Vorschläge für eine wirksamere kriminalistische Ermittlungsarbeit, S. 16.

C. Kriminologische Aspekte der Wirtschaftskriminalität

Die **Beratung und Unterstützung der Kriminalpolizei** durch Wirtschaftsreferenten, EDV-Fachkräfte und Buchhalter soll optimiert werden, um die Ermittlungsdauer zu verkürzen.[227] Der Einsatz von Verbindungspersonen und die Durchführung verdeckter Ermittlungen soll verbessert werden. Außerdem sollen verstärkt Vorfeldermittlungen durchgeführt werden, die z. B. mit einer regelmäßigen Auswertung von Mitteilungen der Insolvenzgerichte oder gezielter Medienauswertung beginnen können.[228]

Der **Informationsaustausch** zwischen den mit Prävention und Repression befassten Behörden, insbesondere mit Spezialbehörden wie der Bundesanstalt für Finanzdienstleistungsaufsicht (BaFin), Gewerbeämtern, Arbeitsagenturen und Staatsanwaltschaften, soll verbessert werden.[229]

Alle **Verwaltungsbehörden** sollen **verpflichtet** werden, bei Verdacht einer Straftatbegehung Anzeige zu erstatten bzw. die für die Verfolgung und Ahndung von Kriminal- und Verwaltungsunrecht zuständigen Behörden über einschlägige Erkenntnisse zu unterrichten. Hinsichtlich des Verdachts von Steuerstraftaten (§ 116 AO) sowie des Subventionsbetrugs (§ 6 SubvG) ist dies bereits normiert.[230]

Weiterhin wurde eine **Entbürokratisierung**, eine Beschleunigung und Rationalisierung des Strafverfahrens gefordert.[231] Auch die Aufhebung der bisherigen Trennung von Polizei und Staatsanwaltschaft wird diskutiert.

Schließlich wird eine Vertiefung der **internationalen Zusammenarbeit** durch Intensivierung der Kontakte und einen verstärkten Erfahrungsaustausch für erforderlich gehalten, insbesondere seitdem die Grenzöffnung zu anderen Staaten der Europäischen Union erfolgt ist.[232] Insofern hat der Lissaboner-Vertrag mit seinen Regeln über die justizielle Zusammenarbeit in Strafsachen (Art. 82 bis 86 AEUV), durch die detailliertere Festschreibung der gegenseitigen Anerkennung von Entscheidungen, Verfahrensrechten, Opferrechten und Beweismitteln, einer engeren Zusammenarbeit in der Weiterbildung von Richtern und Staatsanwälten und nicht zuletzt durch die Statuierung der Kompetenzen zur Strafrechtssetzung der EU auf dem Gebiet der Bekämpfung des Betrugs zu Lasten der EU einen erheblichen Fortschritt gebracht.

Im Bereich der Kriminalpolitik wird der Schwerpunkt in der Regel zunächst auf die Einführung und **Verbesserung der materiellen Strafrechtsnormen** gelegt, um strafwürdige und strafbedürftige Verhaltensweisen zu erfassen. Daneben wird nicht selten eine Ausweitung der strafprozessualen Eingriffsbefugnisse gefordert, um kriminelle Sachverhalte besser aufklären zu können. Die Notwendigkeit, die gesetzlichen Voraussetzungen für Bestrafung strafwürdiger und strafbedürftiger Handlungen zu schaffen und effektive Sanktionen anzudrohen, steht dabei außer Frage. Eine abschreckende Wirkung durch Strafrecht kann jedoch nur dadurch erzielt werden, dass Rechtsverstöße tatsächlich aufgedeckt und sanktioniert werden. Daher kommt der **Strafverfolgung und Ahndung** ein gleichermaßen erhebliches Gewicht wie der gesetzlichen Ausgestaltung des Straf- und Strafprozessrechts zu. Die konkret verhängte Strafe hat dabei eine eher untergeordnete Bedeutung. Wenn aber nur durch eine effektive und konsequente Anwendung des Strafrechts die angestrebte general- und spezialpräventive Wirkung erreicht werden kann, ist es überzeugend, wenn die Polizei sowie Vertreter der Kriminologie den Schwerpunkt der Reformforderungen auf die Aus- und Weiterbildung der Strafverfolgungsorgane und den Erfahrungsaustausch zwischen verschiedenen Behörden legen sowie eine Verbesserung der Ausstattung der zuständigen Stellen und die Schaffung von Informationssystemen fordern.

---

[227] *Bund deutscher Kriminalbeamter*, Bekämpfung der Wirtschaftskriminalität. Vorschläge für eine wirksamere kriminalistische Ermittlungsarbeit, S. 8 f.; *Huber*, NStZ 1996, 531.

[228] *Berckhauer*, in: *Poerting* (Hrsg.), Wirtschaftskriminalität, Teil 2, 1985, S. 319.

[229] *Kube*, Prävention von Wirtschaftskriminalität, S. 40.

[230] Vgl. zu diesen Regelungen *Bülte*, NStZ 2009, 57 ff.

[231] *Michaelsen*, Kriminalistik 1982, 498 ff.; *Wassermann*, Kriminalistik 1984, 42; vgl. dazu auch das Strafverfahrensänderungsgesetz vom 27.1.1987, BGBl. I S. 475.

[232] *Wassermann*, Kriminalistik 1984, 42.

Auch die Intensivierung der internationalen Zusammenarbeit ist unabdingbar, wenn die grenzüberschreitende Wirtschaftskriminalität in gleicher Weise wie nationale Rechtsverstöße verfolgt und geahndet werden soll. Insbesondere bedarf es in diesem Bereich neben einem internationalen Erfahrungsaustausch, der die Zusammenarbeit in der Praxis erheblich erleichtert, einer **Verbesserung der Auslieferung** und einer **Vereinfachung der internationalen Rechtshilfe** mit dem Ziel der Beschleunigung und Effektivierung. Der Europäische Rat von *Tampere* befasste sich im Oktober 1999 mit der Frage der justiziellen Zusammenarbeit. Dabei wurde die gegenseitige Anerkennung gerichtlicher Entscheidungen als „Eckpfeiler" dieser gewertet und zur Umsetzung im Januar 2001 ein Maßnahmenprogramm[233] verabschiedet. Da das „Tampere Programm" lediglich ein fünfjähriges Arbeitsprogramm war, das 2004 zu Ende ging,[234] wurde es durch das im November 2004 beschlossene „Haager Programm", das ebenfalls 5 Jahre galt, weitergeführt.[235] Abgelöst wurde das „Haager Programm" durch das am 2.12.2009 beschlossene „Stockholmer Programm"[236] mit Geltung für die Jahre 2010 bis 2014. In diesem Programm sind als besonders wichtige Aufgaben der EU die Bekämpfung der Organisierten Kriminalität, insbesondere von Wirtschaftskriminalität und Korruption (4.4.5), genannt. Ferner werden als Ziele die angemessene Vertretung der Opfer von Straftaten, von einheitlichen Mindeststandards für Beschuldigtenrechte in Strafverfahren, der Einsatz von Technologien für Videokonferenzen in grenzüberschreitenden Strafprozessen (3.2.5) und die Schaffung eines zentralen E-Justizportals (3.4.1.) verfolgt.

D. Zur geschichtlichen Entwicklung des Wirtschaftsstrafrechts

56 Einzelne Formen der Wirtschaftskriminalität sind in Europa seit mehr als 2000 Jahren bekannt. Spezielle Ausprägungen wie Betrügereien und Wucher, aber auch Gesundheitsgefährdungen und Warenfälschungen im Zusammenhang mit Lebensmitteln und Wein waren Gegenstand strafrechtlicher Ahndung.[237] Das heutige Wirtschaftsstrafrecht, das hier Gegenstand der Darstellung ist, hat sich jedoch erst seit dem **20. Jahrhundert** herausgebildet.

I. Entwicklung des deutschen Wirtschaftsstrafrechts bis zum Jahre 1945

57 Die neuere Entwicklung des deutschen Wirtschaftsstrafrechts geht auf die Zeit der Entstehung eines Wirtschafts- oder Industrierechts im ersten Drittel des 20. Jahrhunderts zurück. Als erstes Beispiel eines modernen Wirtschaftsstrafgesetzes gilt das Reichskaligesetz von 1910,[238] das nicht der Reglementierung des innerstaatlichen Wirtschaftens, sondern der Sicherung der Weltmonopolstellung der deutschen Kalisalzindustrie diente. Praktische Bedeutung erlangte das Wirtschaftsstrafrecht vor allem in den **Notzeiten in und nach dem 1. und 2. Weltkrieg**, als Verstöße gegen die zahlreichen wirtschaftsverwaltungsrechtlichen Normen zur Lenkung der Bedarfsstruktur unter Strafe gestellt wurden. Insbesondere auf der Grundlage des Ermächtigungsgesetzes zu wirtschaftlichen Maßnahmen von 1914[239] erging eine Flut an Verordnungen zur Bewirtschaftung von Wirtschaftsgütern und zur Preisregulierung, die strafrechtliche Tatbestände enthielten.

---

[233] Maßnahmenprogramm zur Umsetzung des Grundsatzes der gegenseitigen Anerkennung gerichtlicher Entscheidungen in Strafsachen der Europäischen Kommission v. 29.11.2000, ABl C 12 v. 15.1.2001, S. 10 ff.

[234] Dazu *Ahlbrecht*, NStZ 2006, 70.

[235] *Ahlbrecht*, NStZ 2006, 70.

[236] Dok-Nr. 17024/09.

[237] Vgl. den Überblick bei *Middendorf*, Freiburger Universitätsblätter 77 (1982), 55 ff.; *Richter*, in: *Müller-Gugenberger/Bieneck* (Hrsg.), § 2 Rn. 1 ff.; *Tiedemann*, Wirtschaftsstrafrecht und Wirtschaftskriminalität, Bd. I, S. 42 f.

[238] RGBl. 1910 S. 775.

[239] RGBl. 1914 S. 327.

D. Zur geschichtlichen Entwicklung des Wirtschaftsstrafrechts

Nach dem Ende des 1. Weltkrieges sah man sich gezwungen, zum einen den Mangel an Gütern zu verwalten und zum anderen die ausufernde Inflation zu bekämpfen. Das führte zu einer erheblichen **Verschärfung der Strafdrohungen** und zur **Einführung von Sondergerichten**. Insbesondere die Tatbestände gegen Preisüberhöhungen blieben noch lange Zeit nach Kriegsende in Kraft. Im Jahre 1919 wurden sogar „Wuchergerichte" als Sondergerichte geschaffen, die das Preistreibereistrafrecht anwandten. Hervorzuheben ist weiterhin die Kartellverordnung von 1923,[240] die zur Grundlage des modernen Kartellrechts wurde. In der Folgezeit ging die Zahl der Straftatbestände des Wirtschaftsstrafrechts nur unwesentlich zurück.

Mit der Weltwirtschaftskrise 1929 setzte in der Gesetzgebung die Tendenz ein, die Befugnis der Verwaltungsbehörden auszudehnen, **Ordnungsstrafen** zu verhängen. Damit wurden diese Strafen zu dem typischen Sanktionsmittel für Verstöße gegen die staatlich verwaltete und überwachte Wirtschaftsordnung. Auch die von 1930 bis 1932 erlassenen Notverordnungen des Reichspräsidenten brachten allenthalben Erweiterungen. Des Weiteren versuchte der Gesetzgeber, die Kapitalflucht ins Ausland mit hohen Strafdrohungen zu verhindern.[241] Insgesamt wurde das Wirtschaftsstrafrecht damit immer unübersichtlicher, insbesondere weil es weiterhin in zahlreichen Gesetzen verstreut geregelt war.

Eine zusätzliche Ausweitung des Einsatzes von wirtschaftsstrafrechtlichen Normen brachte die auf Lenkung und Planung ausgerichtete **nationalsozialistische Wirtschaftspolitik** hervor, die dem verwaltungsmäßigen Zweckdenken Vorrang einräumte und in einer Flut von teilweise extrem weiten Straftatbeständen „Ordnungsstrafen" androhte, die durch Standesorganisationen festzusetzen waren und teilweise keiner gerichtlichen Kontrolle unterlagen. Zu nennen ist insbesondere das **Kriegswirtschaftsrecht** mit seinem Preisstrafrecht, das alle Verstöße gegen Verwaltungsanordnungen der Preisbehörden unter Strafandrohung stellte und die ermessensabhängige Doppelspurigkeit von Kriminal- und Ordnungsstrafe vorsah. Außerdem wurde seit 1939 auf einigen Gebieten die Begrenzung des Höchstmaßes der Ordnungsstrafe aufgehoben. Diese Straftatbestände waren in besonderem Maße weit und unbestimmt; diese Ausgestaltung wurde damit begründet, dass den vielfach wechselnden und in unvoraussehbar umfangreichem Anwendungskreis auftretenden Bedürfnissen der Wirklichkeit entsprochen werden sollte.[242]

Mit der Änderung der Reichsabgabenordnung durch das Gesetz vom 6.7.1939[243] wurde eine weitgehende **Vereinheitlichung des Steuerstrafrechts** erreicht, indem das Zoll- und Verbrauchsteuerstrafrecht in die Reichsabgabenordnung einbezogen wurde. In diesem Zusammenhang wurden Schuldvermutungen sowie Multiplarstrafen beseitigt.

II. Aufbau des Wirtschaftsstrafrechts nach dem 2. Weltkrieg

Nach 1945[244] wurde die in der nationalsozialistischen Zeit ausgeuferte Strafgewalt der Wirtschaftsverwaltung beseitigt, um **rechtsstaatliche Verhältnisse zu schaffen**. Gleichwohl stand außer Frage, dass eine staatliche Wirtschaftslenkung unentbehrlich sein würde. Vielmehr war man mehr und mehr bestrebt, eine soziale Marktwirtschaft mit den Aufgaben der gerechten Verteilung des Vermögens und Einkommens und dem Einsatz wirtschaftslenkender staatlicher Maßnahmen zur Abwendung von Krisen zu schaffen. Zu diesem Zweck wurden staatliche Grenzen gesetzt und wirtschaftslenkende Maßnahmen erlassen, deren Einhaltung durch das Strafrecht sichergestellt werden sollte. Zur Verfolgung dieses Ziels war es zunächst Aufgabe des Gesetzgebers, die nach Kriegsende geltenden, planwirtschaftlich orientierten Bestimmungen, die zu einem erheblichen Teil noch aus der nationalsozialistischen Zeit stamm-

---

[240] RGBl. 1923 S. 1067.
[241] Zur Kapitalfluchtgesetzgebung vgl. *Lindemann K.*, Wirtschaftsstrafrecht, 1932, S. 9 f.; *Tiedemann*, Wirtschaftsstrafrecht und Wirtschaftskriminalität, Bd. I, S. 43 f., jeweils m. w. N.
[242] *Cunio*, Kriegswirtschaftsstrafrecht, 1939, S. 9.
[243] RGBl. 1939 I, 1181 ff.
[244] Zum Wirtschaftsstrafrecht in der ehemaligen DDR *Buchholz*, wistra 1990, 207 ff.

ten, aufzuheben. Diese Vorschriften wurden durch das **„Gesetz zur Vereinfachung des Wirtschaftsstrafrechts (Wirtschaftsstrafgesetz)"**[245] vom 26.7.1949[246] abgelöst, das eine erste konzentrierte Kodifikation des Wirtschaftsstrafrechts darstellte. Es enthielt Vorschriften über die Verletzung von Buchführungspflichten, über das Erschleichen von Bezugsberechtigungen, das Zurückhalten von Waren, die Preistreiberei sowie Verstöße gegen Ablieferungs-, Bezugs-, Veranlagungs- und Meldevorschriften. Außerdem sah dieses Gesetz eine eigene Irrtumsregelung, ein eigenes Verfahrensrecht sowie eigene Sanktionen wie das Berufsverbot, die Betriebsschließung, die Einziehung, die Abführung des Mehrerlöses und die öffentliche Bekanntmachung der Verurteilung vor.

61 Die auf *Eberhard Schmidt* zurückgehende Formel des **§ 6 Abs. 2 und 3 WiStG 1949** definierte Wirtschaftsstraftaten wie folgt:

Absatz 2: „Eine Zuwiderhandlung ist Wirtschaftsstraftat, wenn sie das Staatsinteresse an Bestand und Erhaltung der Wirtschaftsordnung im Ganzen oder in einzelnen Bereichen verletzt, indem entweder

1. die Zuwiderhandlung ihrem Umfange oder ihrer Auswirkung nach geeignet ist, die Leistungsfähigkeit der staatlich geschützten Wirtschaftsordnung zu beeinträchtigen, oder
2. der Täter mit der Zuwiderhandlung eine Einstellung bekundet, die die staatlich geschützte Wirtschaftsordnung im Ganzen oder in einzelnen Bereichen missachtet, insbesondere dadurch, dass er gewerbsmäßig, aus verwerflichem Eigennutz oder sonst verantwortungslos gehandelt oder Zuwiderhandlungen hartnäckig wiederholt hat."

Absatz 3: „In allen anderen Fällen ist die Zuwiderhandlung eine Ordnungswidrigkeit."

In § 6 Abs. 2 Nr. 1 WiStG 1949 finden sich die zur Bildung des Begriffs der Wirtschaftskriminalität herangezogenen Kriterien des Missbrauchs des im Wirtschaftsverkehr notwendigen Vertrauens und der Tatbegehung in Ausübung eines Berufes (occupational crime) wieder. § 6 Abs. 2 Nr. 2 WiStG 1949 macht den Zusammenhang zwischen Gemeinwohlzielen und Gesinnung des Einzelnen und lediglich die personale Pflichtstruktur des Wirtschaftsstrafrechts deutlich.[247]

§ 6 Abs. 2 WiStG 1949 lag die Vorstellung zugrunde, dass kriminelle Strafen in einem Rechtsstaat nur durch die Gerichte verhängt werden dürfen, so dass Verwaltungsbehörden lediglich „Zuwiderhandlungen" ahnden können, deren soziale Bedeutung in der Beeinträchtigung verwaltungsmäßiger Interessen liegt, die daher nicht mit Strafe, sondern mit Geldbuße bedroht sind. Insofern stellte § 6 Abs. 3 WiStG 1949 einen **Vorläufer des Ordnungswidrigkeitengesetzes** dar.

62 Allerdings verlor das WiStG 1949 schnell wieder an Bedeutung, weil die Normalisierung der wirtschaftlichen Lage in den 50er Jahren in Deutschland mit dem **„Gesetz zur weiteren Vereinfachung des Wirtschaftsstrafrechts"** vom 9.7.1954[248] zum Wegfall zahlreicher Straftatbestände des Wirtschaftsstrafrechts führte. Insbesondere wurden solche Tatbestände aufgehoben, die eine Gefährdung der Bedarfsdeckung zum Gegenstand hatten. An die Stelle der Zwangs- oder Planwirtschaft sollte die durch den Wettbewerb gesteuerte „soziale Marktwirtschaft" treten. Um die Einhaltung des freien Wettbewerbs unter Ausschluss von Kartellen und Preisbindungen zu gewährleisten, wurde das **„Gesetz gegen Wettbewerbsbeschränkungen"** vom 27.7.1957[249] eingeführt. Außerdem unterstellte der Gesetzgeber kleinere Teilbereiche der deutschen Wirtschaft so genannten Marktordnungsregelungen, durch die eine staatliche Lenkung der Produktion und Verteilung je nach Bedarf erfolgen konnte; zu nennen sind insbesondere das Verkehrswesen, die Land- und Forstwirtschaft, das Kreditwesen, die Versicherungswirtschaft und die Energieversorgung. In diesem Bereich wird eine staatliche Aufsicht ausgeübt. Heute sind die Marktordnungsregelungen in das Recht der Europäischen

---

[245] Zum Wirtschaftsstrafgesetz und zum Preisstrafrecht siehe *Dähn*, in: *Baumann/Dähn* (Hrsg.), Studien zum Wirtschaftsstrafrecht, 1972, S. 56 ff.
[246] WiGBl. 1949 S. 193.
[247] Grundlegend dazu *Tiedemann*, Tatbestandsfunktionen im Nebenstrafrecht, S. 127 ff., 131 f.
[248] BGBl. 1954 I, S. 175.
[249] BGBl. 1957 I, S. 1081.

D. Zur geschichtlichen Entwicklung des Wirtschaftsstrafrechts

Gemeinschaft übernommen worden: § 35 MOG[250] verweist auf die Straf- und Bußgeldvorschriften der Abgabenordnung.[251]

III. Einführung und Fortentwicklung des Ordnungswidrigkeitenrechts

1. Entkriminalisierung des Strafrechts durch Umwandlung in Ordnungswidrigkeiten

Über die Notwendigkeit hinaus, zahlreiche Straftatbestände aus der Zeit des Nationalsozialismus aufzuheben, weil sie in ihrem spezifischen Gehalt verfassungsrechtlich zumindest zweifelhaft waren, wurde es weiterhin als unumgänglich angesehen, im Wirtschaftsstrafrecht vorkommende strukturelle Verstöße gegen rechtsstaatliche Prinzipien zu beseitigen. Daher wurde nach dem 2. Weltkrieg die Strafverfügungskompetenz der Exekutive grundsätzlich in Frage gestellt und schließlich beseitigt. Um die Gewaltenteilung zwischen Exekutive und Judikative zu verwirklichen, wurde die Kompetenz der Verwaltungsbehörden zum **Erlass von Strafverfügungen** im Jahre 1952 **abgeschafft** und das **„Gesetz über Ordnungswidrigkeiten" (OWiG)** erlassen,[252] das gleichzeitig als Mittel der Entkriminalisierung eingesetzt wurde. Ausschließlich im Steuerstrafrecht bestand weiterhin die Möglichkeit, dass bestimmte Verstöße gegen Steuerstrafvorschriften durch die Finanzbehörde mit Geldstrafe geahndet werden konnten. Erst im Jahre 1967 erklärte das Bundesverfassungsgericht[253] die Strafgewalt der Steuerverwaltung, die bis dahin Strafbescheide erlassen konnte, für verfassungswidrig.

Die Rechtsfolge der **Geldbuße** ist **im Verhältnis zur Geldstrafe ein aliud**: Die Geldbuße soll nicht Vergeltung für sozialethische Schuld sein, sie dient vielmehr primär präventiven Zwecken, nämlich der Durchsetzung einer bestimmten Ordnung im Wirtschaftsleben. Sie berührt die Ebene des ethischen Vorwurfs nicht, sondern beinhaltet nur eine eindringliche Mahnung.[254]

2. Ausweitung des Anwendungsbereichs des Ordnungswidrigkeitenrechts

Durch das neu geschaffene Ordnungswidrigkeitengesetz wurde außerdem erreicht, dass das neue Sanktionsrecht über die Wirtschaftsdelinquenz hinaus auf alle Arten von mit Geldbuße bedrohten Verhaltens angewandt werden konnte. Vom Wirtschaftsstrafrecht griff die Entwicklung des Ordnungswidrigkeitengesetzes zunächst auf das **Verkehrsstrafrecht** über,[255] erfasste sodann das gesamte **Nebenstrafrecht** und führte schließlich zur **Abschaffung der Übertretungen** im Strafgesetzbuch.[256]

Das Ordnungswidrigkeitenrecht wurde in der Folgezeit auf zahlreiche Sachgebiete ausgeweitet und hat zu einem enormen **Anwachsen sanktionsbewehrter Gebots- und Verbotsvorschriften** zur Sicherung des Rechtsgüterschutzes – auch der wirtschaftlichen und sozialen Sicherung – geführt.[257] Deshalb unternahm der Rechtsausschuss des Bundesrats im Jahre 1983 den Versuch, das Ausmaß der Bußgeldtatbestände durch von ihm entwickelte

---

[250] Gesetz zur Durchführung der gemeinsamen Marktorganisation vom 31.8.1972 – MOG. Neubekanntmachung des MOG i. d. F. der Bek. v. 20.9.1995 (BGBl. I S. 1146, ber. 2003 I S. 178); i. d. F. der Bek. v. 24.6.2005 (BGBl. I S. 1847).
[251] Vgl. hier Kapitel 22 – Zoll Rn. 121 ff.
[252] BGBl. 1952 I S. 177.
[253] BVerfGE 22, 49 ff.
[254] Vgl. BVerfGE 9, 167, 169.
[255] Gesetz über Ordnungswidrigkeiten vom 24.5.1968, BGBl. I S. 481; zum Gesetzesentwurf BR-Drs. 450/66, BT-Drs. V/1319.
[256] Einführungsgesetz zum Strafgesetzbuch vom 2.3.1974, BGBl. I S. 469; zum Gesetzesentwurf BT-Drs. 7/550.
[257] Kritisch dazu *Günther*, in: Nörr (Hrsg.), 40 Jahre Bundesrepublik Deutschland, 40 Jahre Rechtsentwicklung, 1990, S. 385 m. w. N.; *Weber,* ZStW 92 (1980), 313 ff.

Leitsätze zur Erforderlichkeit bußgeldrechtlicher Sanktionen[258] wesentlich einzuschränken. Dieser Versuch ist allerdings ohne größeren Erfolg geblieben.[259]

Im Bereich des **Kartellrechts**[260] hat der Gesetzgeber von der Einführung von Kriminalstrafen abgesehen und auf die kriminalpolitische Wirksamkeit hoher Geldbußen gegen natürliche und juristische Personen vertraut. Daher können Ordnungswidrigkeiten nicht generell als Bagatellverstöße eingestuft werden.[261]

3. Sanktionen des Ordnungswidrigkeitenrechts

a) Geldbuße

65 Das Sanktionensystem im Recht der Ordnungswidrigkeiten ist im Interesse einer schnellen Bewältigung von Massendelinquenz weniger differenziert ausgestaltet als im Strafrecht: Es gibt im Wesentlichen nur die Geldbuße als **Hauptsanktion**, die gemäß § 17 Abs. 1 OWiG grundsätzlich mindestens 5 und höchstens 1 000 Euro beträgt und in einer festen Summe verhängt wird. Die wirtschaftlichen Verhältnisse bleiben bei geringfügigen Ordnungswidrigkeiten in der Regel unberücksichtigt (§ 17 Abs. 3 HS. 2 OWiG), um der Verwaltungsbehörde aufwendige und schwierige Ermittlungen zu ersparen. Auch die Abschöpfung eines durch die Handlung erzielten Gewinns geschieht durch die Festsetzung einer entsprechend hohen Geldbuße (§ 17 Abs. 4 OWiG). Zahlreiche Tatbestände außerhalb des OWiG sehen allerdings höhere Geldbußen vor. Die Bußgeldrahmen reichen dabei bis zu 500 000 Euro und in manchen Bereichen sogar darüber hinaus.[262] Eine Geldbuße kann grundsätzlich nur gegen den rechtswidrig und vorwerfbar handelnden Täter verhängt werden.

Grundsätzlich wird die Geldbuße – im Gegensatz zur Kriminalstrafe – nicht in das Bundeszentralregister eingetragen (arg.e.con. § 3 Nr. 3 i. V. m. § 10 BZRG)[263] und kann bei Uneinbringlichkeit nicht in eine Ersatzfreiheitsstrafe umgewandelt werden. Allerdings kann eine Verwaltungsentscheidung über eine Ordnungswidrigkeit in das Gewerbezentralregister eingetragen werden (§ 149 GewO) und bei Nichtzahlung der Geldbuße durch das Gericht das Zwangsmittel der Erzwingungshaft angeordnet werden (§ 96 OWiG).

b) Einziehung

66 Als **Nebenfolge** ermöglicht § 22 Abs. 1 OWiG die Einziehung von Gegenständen, soweit das Gesetz dies ausdrücklich vorsieht. Eine generelle Einziehung der Tatprodukte und Tatmittel kennt das Ordnungswidrigkeitengesetz nicht. Im Übrigen entsprechen die Regelungen der §§ 22–29 OWiG im Wesentlichen den strafrechtlichen Vorschriften über die Einziehung (§§ 74 ff. StGB).[264]

c) Fehlen einer Verfallsregelung

67 Das Ordnungswidrigkeitenrecht kennt keine allgemeine Verfallsregelung, weil die Geldbuße gemäß § 17 Abs. 4 OWiG den erlangten wirtschaftlichen Vorteil übersteigen soll, die **Gewinnabschöpfung** also schon durch die Geldbuße erfolgt. Um den Gewinn auch in Fällen entziehen zu können, in denen eine Abschöpfung mittels Geldbuße ausscheidet, gestattet § 29a OWiG die Anordnung des Verfalls *des vom Täter Erlangten*, wenn gegen ihn eine Geldbuße nicht festgesetzt werden kann, und *des Erlöses eines Dritten*, wenn der Täter in seinem Interesse gehandelt hat. Der Schwerpunkt des Anwendungsbereichs des § 29a OWiG liegt

---

[258] Abgedruckt in Handbuch der Rechtsförmlichkeit, 3. Aufl. 2008, Anhang 2 zu Rn. 43.
[259] *Göhler*, Ordnungswidrigkeitengesetz, Kommentar, 14. Aufl. 2006, Einl. Rn. 14a.
[260] Eingehend dazu *Dannecker/Biermann*, in: *Immenga/Mestmäcker* (Hrsg.), EG-Wettbewerbsrecht, Bd. 2, 5. Aufl. 2012, Vorbem. Art. 23 Rn. 13 ff. m. w. N.
[261] Zur Forderung nach der Strafbarkeit von sog. Hardcore-Kartellen vgl. *Biermann*, ZWeR 2007, 1; *Bräuning*, HRRS 2011, 425 ff.; *Säcker*, WuW 2009, 3; *Wagner-von Papp*, WuW 2010, 268 m. w. N.
[262] So z. B. § 33 Abs. 6 AWG, § 56 Abs. 4 KWG, § 39 Abs. 4 WpHG.
[263] Näher dazu *Spatscheck/Reutershan*, PStR 2005, 262 ff.
[264] Eingehend dazu *Dannecker*, in: *Zipfel/Rathke*, Kommentar zum Lebensmittelrecht, Stand: 2006, § 61 LFGB Rn. 1 ff.

D. Zur geschichtlichen Entwicklung des Wirtschaftsstrafrechts

bei Verstößen gegen das Außenwirtschaftsgesetz, das Marktordnungsgesetz, das Preisrecht, das Lebensmittel- und Bedarfsgegenständegesetz, das Güterkraftverkehrsgesetz und gegen arbeitsrechtliche Vorschriften.[265]

4. Allgemeiner Teil des Ordnungswidrigkeitenrechts

Der Allgemeine Teil des Ordnungswidrigkeitenrechts ist weitgehend dem des StGB nachgebildet; es besteht nur ein gravierender Unterschiede zum Kriminalstrafrecht: Das OWiG unterscheidet nicht zwischen Täterschaft und Teilnahme, sondern geht vom **Einheitstäterbegriff** aus, um die Rechtsanwendung angesichts der Masse der zu erledigenden Fälle zu vereinfachen. Im Übrigen sind die Unterschiede zum StGB eher marginal.

5. Verletzung der Aufsichtspflicht in Betrieben und Unternehmen

Nach § 130 OWiG kann mit Geldbuße belegt werden, wer als Inhaber eines Betriebs oder Unternehmens vorsätzlich oder fahrlässig diejenigen Aufsichtsmaßnahmen unterlässt, die erforderlich sind, um in dem Betrieb oder Unternehmen Zuwiderhandlungen gegen Pflichten, die den Inhaber treffen[266] und deren Verletzung mit Strafe oder Geldbuße bedroht ist, zu verhindern. Der Kreis der nach § 130 OWiG haftbaren Personen wird durch die Zurechnungsnorm des § 9 OWiG erweitert, wobei in § 9 OWiG – ebenso wie in § 14 StGB – zwischen Organen bzw. Vertretern (§ 9 Abs. 1 OWiG) und Beauftragten (§ 9 Abs. 2 OWiG) unterschieden wird. Gemäß § 9 Abs. 3 OWiG ist es unerheblich, ob die Vertretungsbefugnis oder das Auftragsverhältnis wirksam ist.

Durch das EU-Rechtsinstrumente-AusführungsG vom 22.8.2002,[267] das am 30.8.2002 in Kraft getreten ist, wurde in § 9 Abs. 1 Nr. 2 OWiG – im Gleichlauf mit § 14 Abs. 1 Nr. 2 StGB – der **Kreis der tauglichen Täter**[268] auf die vertretungsberechtigten Gesellschafter sämtlicher rechtsfähiger Personengesellschaften **erweitert**,[269] so dass unter diese Vorschrift auch eine BGB-Außengesellschaft oder eine Partnerschaftsgesellschaft nach dem PartGG zu subsumieren ist.

a) Funktion des § 130 OWiG

Ziel des § 130 OWiG ist es, Zuwiderhandlungen gegen straf- oder bußgeldbewehrte Pflichten, die den Inhaber treffen, zu verhindern. Tathandlung ist das **Unterlassen der Aufsichtsmaßnahmen**, die erforderlich sind, um in dem Betrieb oder Unternehmen Zuwiderhandlungen gegen betriebsbezogene Pflichten zu verhindern. Durch die Änderung des § 130 OWiG im Gesetz zur Bekämpfung der Computerkriminalität vom 7.8.2007 ist nunmehr auch die Streitfrage geklärt, ob es sich bei der verletzten Pflicht um eine **tatbestandliche Sonderpflicht** handeln muss, die den **Inhaber als solchen** trifft; dies ist **nicht** der Fall.[270]

---

[265] *Franzheim*, FS Gaul 1992, 135.
[266] Mit dem Einundvierzigsten Strafrechtsänderungsgesetz zur Bekämpfung der Computerkriminalität (41. StrÄndG) vom 07.08.2007 (BGBl. I S. 1786) wurden die Worte „als solchen" hinter „den Inhaber" gestrichen.
[267] Genauer dem „Gesetz zur Ausführung des Zweiten Protokolls vom 19. Juni 1997 zum Übereinkommen über den Schutz der finanziellen Interessen der Europäischen Gemeinschaften, der Gemeinsamen Maßnahme betreffend die Bestechung im privaten Sektor vom 22. Dezember 1998 und des Rahmenbeschlusses vom 29. Mai 2000 über die Verstärkung des mit strafrechtlichen und anderen Sanktionen bewehrten Schutzes gegen Geldfälschung im Hinblick auf die Einführung des Euro", BGBl. I, S. 3387, zum Gesetzesentwurf BT-Drs. 14/8998.
[268] Vgl. hierzu *Achenbach*, NZWiSt 2012, 323.
[269] Bis zu dieser Änderung waren taugliche Täter nach § 9 Abs. 1 Nr. 2 OWiG nur vertretungsberechtigte Gesellschafter einer Personenhandelsgesellschaft.
[270] Vgl. BT-Drs. 16/3656, S. 14.

b) Anforderungen an die Kausalität

71 Zunächst war Tatbestandsvoraussetzung des § 130 OWiG, dass die Zuwiderhandlung durch gehörige Aufsicht „hätte verhindert werden können". Diese Klausel wurde überwiegend dahingehend ausgelegt, dass die Tatverhinderung mit an Sicherheit grenzender Wahrscheinlichkeit erfolgt wäre. Der Gesetzgeber hat diese Formel durch das **„31. Strafrechtsänderungsgesetz – 2. Gesetz zur Bekämpfung der Umweltkriminalität (31. StRÄndG – 2. UKG)"** vom 1.11.1994[271] durch die Formulierung ersetzt, dass die Zuwiderhandlung „durch gehörige Aufsicht verhindert oder wesentlich erschwert worden wäre".[272] Dadurch wurde die Anwendung des § 130 OWiG maßgeblich erleichtert.[273]

c) Bußgeldrahmen

72 Die **angedrohte Geldbuße** bestimmt sich nach der Art der Anknüpfungstat und der Begehungsweise der Aufsichtspflichtverletzung: Ist die Pflichtverletzung **mit Geldbuße bedroht**, so bestimmt sich das Höchstmaß der Geldbuße wegen der Aufsichtspflichtverletzung nach dem für die Pflichtverletzung angedrohten Höchstmaß der Geldbuße (§ 130 Abs. 3 S. 2 OWiG). Bei fahrlässiger Aufsichtspflichtverletzung halbiert sich dieser Höchstsatz gemäß § 17 Abs. 2 OWiG. Ist die Pflichtverletzung **mit Strafe bedroht**, so bedarf es zur Bestimmung des Höchstmaßes der Geldbuße folglich einer Differenzierung zwischen vorsätzlicher und fahrlässiger Aufsichtspflichtverletzung (§ 17 Abs. 2 OWiG): *Im Falle vorsätzlichen Handelns* beträgt das Höchstmaß der Geldbuße 1 000 000 Euro (§ 130 Abs. 3 S. 1 OWiG), *im Fall fahrlässigen Handelns* 500 000 Euro (§ 130 Abs. 3 S. 1 i. V. m. § 17 Abs. 2 OWiG). Die Bestimmung dieses[274] Höchstmaßes erfolgte durch das am 30.8.2002 in Kraft getretene „Gesetz zur Ausführung des Zweiten Protokolls vom 19. Juni 1997 zum Übereinkommen über den Schutz der finanziellen Interessen der Europäischen Gemeinschaften, der Gemeinsamen Maßnahme betreffend die Bestechung im privaten Sektor vom 22. Dezember 1998 und den Rahmenbeschluss vom 29. Mai 2000 über die Verstärkung des mit strafrechtlichen und anderen Sanktionen bewehrten Schutzes gegen Geldfälschung im Hinblick auf die Einführung des Euro" vom 22.8.2002.[275]

Eine **rückwirkende Anwendung** dieser höheren Geldbußen ist wegen des Rückwirkungsverbotes aus Art. 103 Abs. 2 GG, das auch im Ordnungswidrigkeitenrecht Geltung hat,[276] nicht möglich. Durch die Erhöhung der Geldbußen wollte der Gesetzgeber – ebenso bei § 30 Abs. 2 OWiG[277] – der Entwicklung im Nebenstrafrecht Rechnung tragen, in dem sich mittlerweile Tatbestände mit einer Bußgeldandrohung von 1 000 000 Euro und mehr[278] finden.[279]

73 Durch das **„Gesetz zur Bekämpfung der Korruption"** vom 13.8.1997[280] wurde § 130 Abs. 3 S. 3 OWiG eingefügt. Hiernach kann in Fällen, in denen die Bezugstat sowohl einen Straftatbestand als auch eine Ordnungswidrigkeit erfüllt, für die Aufsichtspflichtverletzung eine über das Höchstmaß von 1 000 000 Euro bzw. 500 000 Euro hinausgehende Geldbuße verhängt werden, sofern dem Tatbestand der Ordnungswidrigkeit eine solche entnommen werden kann, und zwar auch wenn die Ordnungswidrigkeit durch die Straftat verdrängt wird.

---

[271] BGBl. I S. 1440.
[272] Hierzu *Achenbach*, NZWiSt 2012, 324.
[273] Zur Kritik an der alten Fassung und zum Kausalitätserfordernis *Schünemann*, wistra 1982, 41, 48.
[274] Bis einschließlich 29.8.2002 begrenzte das Gesetz das Höchstmaß der Geldbuße im Falle einer vorsätzlichen Aufsichtspflichtverletzung auf 500 000 Euro (§ 130 Abs. 3 S. 1 OWiG a. F.), im Falle einer fahrlässigen Pflichtverletzung halbierte sich dieser Höchstsatz gemäß § 17 Abs. 2 OWiG a. F. auf 250 000 Euro. Zur alten Rechtslage vgl. *Göhler*, Ordnungswidrigkeitengesetz, 12. Aufl. 1998, § 130 Rn. 1 ff.
[275] BGBl. I S. 3387.
[276] BVerfG NJW 1990, 1103 ff. = NStZ 1990, 238.
[277] Siehe Vorauflage Kap. 1 Rn. 149.
[278] Z. B. § 39 Abs. 4 WpHG in der Fassung des Vierten Finanzmarktförderungsgesetzes: 1,5 Mio. Euro; § 60 WpÜG (Wertpapiererwerbs- und Übernahmegesetz): 1 Mio. Euro.
[279] Zum Ganzen siehe *Achenbach*, wistra 2002, 442.
[280] BGBl. I S. 2038.

D. Zur geschichtlichen Entwicklung des Wirtschaftsstrafrechts

6. Einführung von Sanktionen gegen Verbände

a) Einführung einer einheitlichen Verbandsgeldbuße im Jahre 1968

Nachdem das Bestreben, den Kreis strafrechtlicher Tatbestände einzuengen, im Jahre 1952 zur Einführung des Ordnungswidrigkeitengesetzes geführt hatte, erleichterten es die unterhalb der Kriminalstrafen angesiedelten Geldbußen, die rechtspolitische Forderung nach Sanktionen gegen Verbände durchzusetzen. Im Jahre 1968 wurden die zahlreichen Spezialvorschriften über die Verhängung von Geldbußen gegen juristische Personen, die zu im Einzelnen nicht gerechtfertigten Unterschieden führten, durch § 30 OWiG als eine **einheitliche Vorschrift** ersetzt. 74

Die Geldbußen sollten einen Ausgleich dafür schaffen, dass die Verbände wirtschaftliche Vorteile aus der Tätigkeit der für sie handelnden natürlichen Personen ziehen, sich jedoch bei den in ihrem Interesse begangenen Zuwiderhandlungen nicht den Sanktionen ausgesetzt sehen, denen natürliche Personen unterworfen sind. Außerdem sollte die Geldbuße als **angemessene Antwort auf die Bedeutung der Tat** und als **nachhaltige Pflichtmahnung** dienen. Zugleich wollte man den dogmatischen Bedenken, die gegen die Handlungs- und insbesondere die Schuldfähigkeit von Verbänden bestanden, durch eine Herabstufung der Sanktion zu einer „Nebenfolge" Rechnung tragen. Die Sanktion gegen die juristische Person sollte in dem Verfahren gegen die handelnde natürliche Person verhängt werden, um die Höhe der Sanktion gegen die verantwortliche natürliche Person bei der Bußgeldverhängung gegen die juristische Person berücksichtigen zu können – und umgekehrt.[281] 75

b) Neuregelung des § 30 OWiG im Jahre 1986

Die gegenwärtige Ausgestaltung der Verbandsgeldbuße[282] wurde maßgeblich durch das **„Zweite Gesetz zur Bekämpfung der Wirtschaftskriminalität (2. WiKG)"** vom 15.5.1986[283] geprägt.[284] Bereits die Regelung des § 30 OWiG a. F. sah die Möglichkeit vor, gegen juristische Personen, nicht rechtsfähige Vereine und Personenvereinigungen Geldbußen zu verhängen, wenn jemand als vertretungsberechtigtes Organ einer juristischen Person oder als Mitglied eines solchen Organs, als Vorstand oder Vorstandsmitglied eines nicht rechtsfähigen Vereins oder als vertretungsberechtigter Gesellschafter einer Personenhandelsgesellschaft eine Straftat oder Ordnungswidrigkeit begangen hat, durch die Pflichten des Verbandes verletzt worden sind oder der Verband bereichert worden ist oder bereichert werden sollte.[285] 76

Im Rahmen der Neuregelung durch das 2. WiKG wurde zum einen der **Bußgeldrahmen** bei einer Straftat des individuell Handelnden von 100 000 DM auf 1 000 000 DM erhöht,[286] weil auch bei bloßen Ordnungswidrigkeiten Geldbußen in Höhe von 1 000 000 DM verhängt werden konnten. Der zuvor bestehende „groteske" Wertungswiderspruch sollte beseitigt werden.[287] Zum anderen entfiel die Bezeichnung der Verbandsgeldbuße als „Nebenfolge" mit Rücksicht auf die **Einführung des selbständigen Verfahrens** gemäß § 30 Abs. 4 OWiG, das die Verhängung einer isolierten Verbandsgeldbuße auch dann ermöglicht, wenn aus tatsächlichen Gründen eine bestimmte Person nicht verfolgt werden kann oder das Verfahren gegen diese aus Opportunitätsgründen nicht zu einer Sanktionsverhängung geführt hat. Danach muss davon ausgegangen werden, dass auch juristische Personen als Täter anzusehen sind,[288] wie dies im angloamerikanischen Rechtskreis seit langem anerkannt wird. Al-

---

[281] *Tiedemann,* NJW 1988, 1170 f.
[282] Vgl. dazu *Achenbach,* GA 2004, 559, 571.
[283] BGBl. I S. 721.
[284] Näher dazu unten Rn. 83 ff.
[285] § 30 OWiG ist gemäß § 59 KWG auch anwendbar, wenn der Geschäftsleiter einer Bank oder eines Kreditinstituts, der weder nach Gesetz noch nach Satzung oder Gesellschaftsvertrag zur Vertretung der Bank berufen ist, eine Straftat oder Ordnungswidrigkeit begeht.
[286] *Göhler,* OWiG, § 30 Rn. 36 ff.
[287] *Achenbach,* JuS 1990, 603.
[288] Eingehend dazu *Tiedemann,* NJW 1988, 1169 ff.

1. Kapitel. Die Entwicklung des Wirtschaftsstrafrechts in der Bundesrepublik

lerdings wurde einer juristischen Person nur das Verhalten von ihren Organen zugerechnet, während im angloamerikanischen Strafrecht und insbesondere im EG-Kartellordnungswidrigkeitenrecht das Verhalten einer jeden für das Unternehmen handelnden Person der juristischen Person zugerechnet und damit die Unternehmensverantwortlichkeit sehr viel weiter verstanden wird.[289]

Das ursprünglich angestrebte Ziel, als Anknüpfungstaten alle von im **„Leitungsbereich"** des Verbandes tätigen natürlichen Personen begangenen Verstöße ausreichen zu lassen, um der „organisierten Nichtverantwortlichkeit" vorzubeugen, wurde aufgegeben, weil eine solche Regelung als zu unbestimmt angesehen wurde.[290]

c) Ausweitung des zurechenbaren Personenkreises im Jahre 1994

77 Durch das **„31. Strafrechtsänderungsgesetz – 2. Gesetz zur Bekämpfung der Umweltkriminalität (31. StrÄndG – 2. UKG)"** vom 1.11.1994[291] wurden Straftaten oder Ordnungswidrigkeiten von Prokuristen oder Handlungsbevollmächtigten in den Tatbestand des § 30 OWiG einbezogen (§ 30 Abs. 1 Nr. 4 OWiG), um der an der ursprünglichen restriktiven Tatbestandsfassung geübten Kritik Rechnung zu tragen.[292] Allerdings genügte nach der neuen Fassung das Handeln von mit speziellen Aufgaben Beauftragten ebenso wenig zur Begründung einer Verbandsgeldbuße aus wie Zuwiderhandlungen von Funktionsträgern unterhalb der Leitungsebene.[293]

d) Einführung einer Sonderregelung für Submissionsabsprachen im Jahre 1997

78 Durch das **„Gesetz zur Bekämpfung der Korruption"**[294] vom 13.8.1997[295] wurde § 30 Abs. 2 S. 3 OWiG eingefügt. Hiernach kann in Fällen, in denen ein Verhalten sowohl einen Straftatbestand als auch eine Ordnungswidrigkeit erfüllt, der gesetzliche Bußgeldrahmen von § 30 Abs. 2 S. 1 OWiG (1997: 1 000 000 DM bei Vorsatz bzw. 500 000 DM bei Fahrlässigkeit; 2006: 1 000 000 Euro bei Vorsatz bzw. 500 000 Euro bei Fahrlässigkeit) überschritten und das Höchstmaß dem Tatbestand der Ordnungswidrigkeit entnommen werden, auch wenn dieser durch die Straftat gemäß § 21 OWiG verdrängt wird. Dadurch soll im Falle eines Zusammentreffens einer „wettbewerbsbeschränkenden Absprache" nach § 298 StGB und einer Kartellordnungswidrigkeit weiterhin der höhere Bußgeldrahmen des Kartellordnungswidrigkeitenrechts zur Anwendung kommen.[296]

e) EU-Rechtsinstrumente-Ausführungsgesetz

79 Die gegenwärtige Ausgestaltung der Verbandsgeldbuße beruht auf dem EU-Rechtsinstrumente-AusführungsG vom 22.8.2002.[297] Dadurch wurde der Tatbestand des § 30 Abs. 1 OWiG ein weiteres Mal in drei Bereichen ausgedehnt:[298]

---

[289] Ausführlich dazu *Dannecker/Fischer-Fritsch*, Das EG-Kartellrecht in der Bußgeldpraxis, 1989, S. 258 ff.
[290] BT-Drs. 10/5058, S. 36.
[291] BGBl. I S. 440.
[292] *Achenbach*, FS Stree und Wessels, 1993, S. 559 f.
[293] *Achenbach*, in: *ders./Wannemacher* (Hrsg.), Beraterhandbuch zum Steuer- und Wirtschaftsstrafrecht, Teil 1 – Grundlagen, § 3 Rn. 10.
[294] Vgl. hierzu Kapitel 12 – Korruption Rn. 352 ff.
[295] BGBl. I S. 2038; zum Gesetzesentwurf BT-Drs. 13/5584.
[296] *Dannecker/Biermann*, in: *Immenga/Mestmäcker*, GWB, § 81 Rn. 50; siehe auch *Dannecker*, in: Nomos-Kommentar, § 298 Rn. 73.
[297] Genauer „Gesetz zur Ausführung des Zweiten Protokolls vom 19. Juni 1997 zum Übereinkommen über den Schutz der finanziellen Interessen der Europäischen Gemeinschaften, der Gemeinsamen Maßnahme betreffend die Bestechung im privaten Sektor vom 22. Dezember 1998 und des Rahmenbeschlusses vom 29. Mai 2000 über die Verstärkung des mit strafrechtlichen und anderen Sanktionen bewehrten Schutzes gegen Geldfälschung im Hinblick auf die Einführung des Euro", BGBl. I, S. 3387, zum Gesetzesentwurf BT-Drs. 14/8998.
[298] Zusammenfassend dazu *Achenbach*, wistra 2002, 441 ff.

D. Zur geschichtlichen Entwicklung des Wirtschaftsstrafrechts

Zum einen wurde § 30 Abs. 1 OWiG um eine Nr. 5 ergänzt. Danach ist eine Verbandsgeldbuße nunmehr auch möglich, wenn jemand als sonstige Person, die für die Leitung des Betriebs oder Unternehmens einer juristischen Person oder Personenvereinigung verantwortlich handelt, eine Straftat oder eine Ordnungswidrigkeit begeht. Als verantwortliches Handeln ist auch die Überwachung der Geschäftsführung oder eine sonstige Ausübung von Kontrollbefugnissen in leitender Stellung innerhalb des Unternehmens anzusehen. Zum anderen wurde in § 30 Abs. 1 Nr. 3 OWiG der Begriff „Personenhandelsgesellschaft" durch **„rechtsfähige Personengesellschaft"** ersetzt, so dass darunter entgegen alter Rechtslage nunmehr auch die Gesellschaft bürgerlichen Rechts und die Partnerschaftsgesellschaft fallen.

Auf der Rechtsfolgenseite wurde der **Bußgeldrahmen** des § 30 Abs. 1 OWiG erheblich angehoben: bei Vorsatztaten von 500 000 Euro auf 1 000 000 Euro und bei Fahrlässigkeitstaten von 250 000 Euro auf 500 000 Euro.[299]

f) Regelung der Rechtsnachfolge bei Bußgeldverfahren

Am 27.4.2012 hat das Bundesministerium der Justiz einen Diskussionsentwurf zur Änderung des Ordnungswidrigkeitengesetzes, den Entwurf eines Gesetzes zur Änderung des Gesetzes über Ordnungswidrigkeiten (Diskussionsentwurf zur Regelung der Rechtsnachfolge bei Bußgeldverfahren gegen juristische Personen und Personenvereinigungen und zur Anhebung des Bußgeldrahmens für juristische Personen [§§ 30, 130 OWiG]), vorgelegt.[300] Hintergrund waren zwei Entscheidungen des BGH,[301] in denen das Gericht die Verhängung von Bußgeldern gegen den Rechtsnachfolger eines Unternehmens nur in eng begrenzten Ausnahmefällen (wirtschaftliche Identität) zugelassen und die Geltung des Art. 103 Abs. 2 GG deutlich angemahnt hat. Da diese Rechtsprechung nach herrschender Auffassung[302] zu einer Sanktionslücke geführt hat, sollte diese durch eine Gesetzesnovelle geschlossen werden.[303] Zunächst sollte in einem neuen § 30 Abs. 2a OWiG eine Regelung für die Rechtsnachfolge nach dem Umwandlungsgesetz in die Bußgeldhaftung geschaffen werden. Diese Haftung sollte jedoch auf die Höhe des übernommenen Vermögens und auf die gegen den Rechtsvorgänger verhängbare Höchstsanktion beschränkt werden. Die Verhängung eines dinglichen Arrests zur Sicherung der Geldbuße sollte bereits nach Erlass des Bußgeldbescheids möglich sein, so sah es § 30 Abs. 6 OWiG-E vor und der Bußgeldrahmen gegen juristische Personen und Personenvereinigungen sollte damit drastisch angehoben werden. Für Straftaten von Leitungspersonen sollte nach § 30 Abs. 1 S. 1 OWiG-E eine Höchstbuße von 10 Millionen statt 1 000 000 Euro für Vorsatztaten und von 5 Millionen Euro statt 500 000 Euro für Fahrlässigkeitstaten gelten. § 30 Abs. 2 S. 3 OWiG-E sah für Ordnungswidrigkeiten, die von Leitungspersonen begangen worden sind, die Möglichkeit einer Verzehnfachung des für natürliche Personen angeordneten Höchstmaßes der Geldbuße vor. Für die Ordnungswidrigkeit nach § 130 OWiG sollte ein Höchstmaß von zehn Millionen statt einer Million Euro gelten.

Diese Änderungen sind durch das Achte Gesetz zur Änderung des Gesetzes gegen Wettbewerbsbeschränkungen (8. GWB-ÄndG)[304] in Kraft getreten.

IV. Die neuere Entwicklung des Wirtschaftsstrafrechts

1. Änderungen des materiellen Wirtschaftsstrafrechts – Überblick über die Reformgesetze

Angesichts einer zunehmend kritischen Betrachtung des bisherigen Wirtschaftssystems und des bisherigen Vorgehens der Wirtschaftsteilnehmer, insbesondere auch des Umweltverhal-

---

[299] Zu diesen Änderungen *Dannecker* in: *Wabnitz/Janovski* (Hrsg.), 2. Aufl. 2004, Kap. 1, Rn. 145, 149.
[300] Vgl. dazu auch *Achenbach*, NZWiSt 2012, 321, 327 f.; ferner *Heinichen*, WRP 2012, 159 ff.
[301] BGH NJW 2012, 164; wistra 2012, 152.
[302] Vgl. hierzu *Achenbach*, NZWiSt 2012, 321, 327.
[303] Vgl. auch *Reichling*, NJW 2012, 166, 167.
[304] BGBl. I, S. 1738; vgl. BT-Drs. 17/11053, S. 8.

tens der Wirtschaftsunternehmen, wurden Anfang der 1970er Jahre die Regelungen des materiellen Strafrechts hinterfragt und beanstandet. Auch begünstigt durch Wirtschaftsskandale größeren Ausmaßes wurde eine **grundsätzliche Neugestaltung** des Wirtschaftsstrafrechts unter gleichzeitiger Einführung „flankierender" Reformmaßnahmen im Handels-, Wirtschafts- und Steuerrecht gefordert.[305]

a) Erstes Gesetz zur Bekämpfung der Wirtschaftskriminalität vom 29.7.1976 (1. WiKG)

81 Auf die Tätigkeit der Sachverständigenkommission[306] geht das 1976 in Kraft getretene „**Erste Gesetz zur Bekämpfung der Wirtschaftskriminalität (1. WiKG)**"[307] zurück, das neben Änderungen des Bürgerlichen Gesetzbuchs sowie des Handels- und Konkursrechts (jetzt: Insolvenzrecht, InsO) besondere Strafvorschriften gegen Subventionserschleichung (§ 264 StGB) und Krediterschleichung (§ 264b StGB) einführte und zusätzlich ein verwaltungsrechtliches Gesetz gegen missbräuchliche Inanspruchnahme von Subventionen schuf. Außerdem wurden das Konkursstrafrecht (jetzt: Insolvenzstrafrecht, §§ 283 ff. StGB)[308] und der Wuchertatbestand (§ 291 StGB) neu gestaltet.

82 In dem im Juli 1976 verabschiedeten 1. WiKG bildeten Straftatbestände im **Vorfeld des Betrugs** einen Schwerpunkt: Der Betrugstatbestand (§ 263 StGB) setzt eine Irrtumserregung durch Täuschung, eine darauf beruhende Vermögensverfügung und einen Vermögensschaden sowie die Absicht rechtswidriger Bereicherung voraus. In der Praxis bereiteten sowohl der Nachweis des (vorsätzlich herbeigeführten) Schadens als auch der Bereicherungsabsicht erhebliche Probleme. Deshalb führte der Gesetzgeber mit dem Kreditbetrug (§ 265b StGB) und dem Subventionsbetrug (§ 264 StGB) zwei Straftatbestände ein, die unabhängig von der Bewilligung eines Kredits bzw. einer Subvention und losgelöst von der Bereicherungsabsicht bereits die Tathandlung unter Strafandrohung stellen, also abstrakte Gefährdungsdelikte sind. Durch diese so geartete Ausgestaltung der Tatbestände sollten zugleich die Institution der Subvention bzw. das Funktionieren des Kreditwesens, die durch einzelne Handlungen nicht konkret verletzt werden können, als **überindividuelle Rechtsgüter** geschützt werden.[309]

b) Zweites Gesetz zur Bekämpfung der Wirtschaftskriminalität vom 15.5.1986 (2. WiKG) und Änderungen der Strafgesetze in der Folgezeit

83 Die **Sachverständigenkommission**[310] setzte auch nach Inkrafttreten des 1. WiKG ihre Arbeit zur Erforschung der Rechtstatsachen und zur Prüfung von Gesetzesänderungen zur Bekämpfung der Wirtschaftskriminalität fort und legte bis Juni 1978 zahlreiche weitere Vorschläge zur Eindämmung wirtschaftskriminellen Verhaltens vor. Hingewiesen wurde vor allem auf die volkswirtschaftlichen Gefahren, die von unseriösen Kapitalanlagen ausgingen, auf Mängel im Wettbewerbs- und Kartellrecht sowie auf die Notwendigkeit eines besseren Schutzes des Geld- und Zahlungsverkehrs. Im Vordergrund des publizistischen und rechtsvergleichenden Interesses stand dabei die Bekämpfung der Computerkriminalität.[311] Die hierzu ausgearbeiteten Vorschläge wurden von der Bundesregierung aufgegriffen und führten mit dem „**Zweiten Gesetz zur Bekämpfung der Wirtschaftskriminalität (2. WiKG)**"[312] zu der bislang bedeutendsten Ausweitung des strafrechtlichen Bereichs auf dem Gebiet des Wirtschaftsstrafrechts. Dadurch sollten neue Entwicklungen des Wirtschaftslebens und der Technik berücksichtigt, aber auch Fehlinterpretationen der höchstrichterlichen Rechtspre-

---

[305] Hierzu *Tiedemann*, Gutachten 49 Dt. Juristentag, S. C 1 ff.
[306] Sachverständigenkommission, die 1972 vom Bundesjustizminister *Gerhard Jahn* einberufen wurde und am 29.11.1974 ihre Arbeit aufnahm.
[307] BGBl. I S. 2034; dazu auch Rn. 42.
[308] Siehe dazu unten Rn. 94.
[309] Vgl. BT-Drs. 7/3441, S. 14 ff.
[310] Siehe oben Fn. 249.
[311] Zu den Zahlen der Computerkriminalität von 1980–1983 vgl. *Steinke*, NStZ 1984, 295 ff.
[312] BGBl. 1986 I S. 721.

D. Zur geschichtlichen Entwicklung des Wirtschaftsstrafrechts

chung zum Börsenstrafrecht,[313] zum Sozialversicherungsstrafrecht[314] und zum Scheck- und Kreditkartenmissbrauch[315] korrigiert werden.[316]

Die wesentlichen **Schwerpunkte des 2. WiKG** bildeten zum einen die Regelungen zur Computerkriminalität, zum Verrat von Geschäfts- oder Betriebsgeheimnissen, zur progressiven Kundenwerbung, zum Kapitalanlagebetrug und Börsenstrafrecht, zum Missbrauch von Scheck- und Kreditkarten, zur Fälschung von Vordrucken für Euroschecks und Euroscheckkarten[317] und zum anderen die Vorschriften gegen das Vorenthalten und Veruntreuen von Arbeitsentgelt.[318]

Mit dem 2. WiKG wurde zunächst der Straftatbestand des **Computerbetrugs** (§ 263a StGB) eingeführt. Diese Vorschrift soll dem Zweck dienen, den Strafrechtsschutz auf solche Fälle auszuweiten bei denen aufgrund neuer Technik an die Stelle menschlicher Entscheidungen der determinierte Einsatz eines Computers getreten ist. Ferner wurde mit dem **Kapitalanlagebetrug** des § 264a StGB eine Vorschrift zur Verbesserung des Anlegerschutzes geschaffen, die neben dem individuellen Vermögensschutz auch das Vertrauen in die Redlichkeit des Kapitalmarktes und dessen Funktionsfähigkeit sichern sollte.[319] Zusätzlich wurden mit § 266b StGB eine Vorschrift zur Sanktionierung des **Kreditkartenmissbrauchs** und eine Reihe weiterer Regelungen zu Delikten im Zusammenhang mit Datenfälschung und -veränderung in das StGB eingefügt.

Der Tatbestand des **Vorenthaltens und Veruntreuens von Arbeitsentgelt (§ 266a StGB)** als eine praktisch bedeutsame Neuregelung innerhalb des Strafgesetzbuchs ist dem Bereich des Arbeitsstrafrechts[320] zuzuordnen. Durch die Übernahme des Tatbestandes des Vorenthaltens und Veruntreuens von Arbeitsentgelt als Strafvorschriften in das Strafgesetzbuch sollte der kriminelle Charakter dieses verbreiteten und hohe Schäden verursachenden Verhaltens unterstrichen werden.[321] § 266a StGB[322] wurde zwischenzeitlich mehrfach geändert, zuletzt durch Art. 8 des „Gesetz[es] zur Erleichterung der Bekämpfung von illegaler Beschäftigung und Schwarzarbeit"[323] vom 23.7.2002[324] sowie durch Art. 2 des „Gesetz[es] zur Intensivierung der Bekämpfung der Schwarzarbeit und damit zusammenhängenden Steuerhinterziehung" vom 23.7.2004.[325] Nach **§ 266a Abs. 1 StGB** macht sich der Arbeitgeber strafbar, der bis zum Fälligkeitstag Beitragsteile, die der Arbeitnehmer zu entrichten hat, nicht an die Sozialversicherung abführt. **§ 266a Abs. 2 StGB** erfasst eine betrugsähnliche Verletzung einer den Arbeitgeber originär treffenden, weil nicht in Zusammenhang mit einem Lohnabzugsrecht stehenden Zahlungspflicht.

§ 266a Abs. 3 StGB erfasst nunmehr auch die Nichtabführung von Arbeitgeberanteile, sofern die Nichtabführung auf einer Täuschungshandlung gegenüber der Einzugsstelle beruht. Während der Gesetzgeber im Jahre 2002 die Bestrafung der bloßen Nichtzahlung einer den eigenen Vermögensbereich betreffenden Schuld als dem deutschen Strafrecht fremd abgelehnt hat, hat er seit dem Jahre 2004 seine Auffassung geändert, und zwar vor dem Hinter-

---

[313] BGHSt 29, 152 ff.; BGH wistra 1983, 73; 1983, 156.
[314] BGHSt 31, 32 ff.; BGH wistra 1982, 202.
[315] BGHSt 31, 32 ff.; BGH wistra 1982, 202.
[316] BT-Drs. 10/318, S. 11 ff.
[317] Vgl. hierzu *Dannecker*, in: *Wabnitz/Janovsky* (Hrsg.), Handbuch des Wirtschafts- und Steuerstrafrechts, 2. Aufl. 2004, Kap. 1, Rn. 73 ff. (Computerkriminalität), Rn. 76 f. (Verrat von Geschäfts- oder Betriebsgeheimnissen), Rn. 78 (progressive Kundenwerbung), Rn. 79 (Kapitalanlagenbetrug), Rn. 80 f. (Börsenstrafrecht), Rn. 82 (Missbrauch von Scheck- und Kreditkarten) sowie Rn. 83 (Fälschung von Vordrucken für Euroschecks und Euroscheckkarten).
[318] Dazu sogleich im Folgenden.
[319] BT-Drs. 10/318, S. 12, 21 f.
[320] Zu den Grundproblemen des Arbeitsstrafrechts *Ignor/Rixen* (Hrsg.), Handbuch Arbeitsstrafrecht. Die Tatbestände der einschlägigen Gesetze, 2002, S. 41 ff.; *dies.*, NStZ 2002, 511 f.
[321] BT-Drs. 10/318, S. 12 f.
[322] Vgl. hierzu Kapitel 9 – Insolvenz – Strafrechtlicher Teil Rn. 249 ff.
[323] Überblick über das Gesetz bei *Ignor/Rixen*, NStZ 2002, 512 ff.
[324] BGBl. I S. 2787.
[325] BGBl. I S. 1842.

grund der Rechtsprechung zu § 263 StGB, nach der auch für einen auf Täuschung durch Unterlassen beruhenden Irrtum eine konkrete Fehlvorstellung verlangt wird. Eine solche Fehlvorstellung wird verneint, soweit ein Arbeitgeber die Anmeldung seiner Arbeitnehmer bei einer Einzugsstelle unterlässt, die bis dahin noch keine Geschäftsbeziehungen mit dem Arbeitgeber hatte.[326]

85 In Anlehnung an den Steuerhinterziehungstatbestand des § 370 Abs. 1 AO wurde mit diesem § 266 StGB ein neuer betrugsähnlicher Tatbestand geschaffen, um die bei § 263 StGB bestehende Strafbarkeitslücke zu schließen. Da das Vorenthalten und Veruntreuen von Arbeitsentgelt typischerweise in Krisensituationen des Unternehmens des Arbeitgebers vorgenommen wird, kommt der Frage zentrale Bedeutung zu, ob eine Insolvenz des Unternehmens dazu berechtigt, die Abführung der Arbeitnehmeranteile ganz oder teilweise zu unterlassen. Probleme treten dadurch auf, dass der 5. Strafsenat des BGH in seinem Urteil vom 9.8.2005[327] – anders als der 2. Zivilsenat – Sozialabgaben als vorrangig zu erfüllende Verbindlichkeiten im Sinne des § 266a StGB sieht und als Leitsatz formuliert: *„Der Grundsatz der Massesicherung (§ 64 Abs. 2 GmbHG) berührt nicht die Strafbarkeit nach § 266a StGB, wenn ein Verantwortlicher, der bei Insolvenzreife die fehlende Sanierungsmöglichkeit erkennt, das Unternehmen weiterführt, ohne einen Insolvenzantrag zu stellen."*[328]

86 Durch das „Gesetz zur Erleichterung der Bekämpfung von illegaler Beschäftigung und Schwarzarbeit" wurden neben § 266a StGB auch **Vorschriften in anderen Gesetzen** geändert: Bei vorsätzlicher bzw. fahrlässiger Beschäftigung eines Ausländers ohne erforderliche Genehmigung im Sinne des § 284 SGB III droht seither gemäß § 404 Abs. 3 SGB III ein Bußgeld in Höhe von 500 000 Euro (früher: 500 000 DM/250 000 Euro). Die gleiche Bußgeldhöhe wird bei einem Verstoß gegen das Arbeitnehmerüberlassungsgesetz (AÜG) gemäß § 16 Abs. 2 HS 2 AÜG angedroht, nämlich bei der Überlassung eines Arbeitnehmers ohne die Genehmigung nach § 284 SGB III.

86a Weitere, dem Arbeitsstrafrecht zuzuordnende Vorschriften finden sich im **SchwarzArbG**:[329]

So stellt die illegale Ausländerbeschäftigung gemäß § 11 SchwarzArbG bereits dann eine Straftat dar, wenn mehr als fünf Ausländer ohne Genehmigung beschäftigt werden.[330] Gemäß § 21 SchwarzArbG ist der Ausschluss eines Bewerbers von öffentlichen Aufträgen bis zu einer Dauer von drei Jahren möglich, wenn ihm eine der näher bestimmten Verfehlungen vorzuwerfen ist (wozu z. B. die illegale Beschäftigung von Arbeitnehmern zählt).[331]

Änderungen der Strafvorschriften des SchwarzArbG erfolgten durch das Gesetz zur Umsetzung aufenthalts- und asylrechtlicher Richtlinien der Europäischen Union vom 19.8.2007.[332] Durch Art. 6 Nr. 4 dieses Gesetzes wurde § 11 SchwarzArbG geändert und *„die selbständige Erwerbstätigkeit von Ausländern ohne Aufenthaltstitel in größerem Umfang in dem Maß unter Strafe gestellt, wie dies im Fall der Beschäftigung von Ausländern ohne Genehmigung oder ohne Aufenthaltstitel in größerem Umfang erfolgt".*[333] Änderungen der Bußgeldvorschriften des § 8

---

[326] BGH wistra 1992, 141.
[327] BGH NJW 2005, 3650 ff. in Bespr. *Kutzner*, NJW 2006, 413; *Rönnau*, wistra 2007, 81 ff.
[328] Vgl. hierzu nur *Fischer* § 266a Rn. 15a ff.
[329] Das früher geltende Gesetz zur Bekämpfung der Schwarzarbeit (im Folgenden abgekürzt mit SchwArbG) wurde mit Wirkung zum 1.8.2004 aufgehoben und durch die Regelungen des SchwarzArbG (Gesetz zur Bekämpfung der Schwarzarbeit und illegalen Beschäftigung, Schwarzarbeitsbekämpfungsgesetz – SchwarzArbG) ersetzt (vgl. Art. 1 Gesetz zur Intensivierung der Bekämpfung der Schwarzarbeit und damit zusammenhängenden Steuerhinterziehung). Zu den Änderungen vgl. *Laitenberger*, NJW 2004, 2703 ff.; *Rönnau*, NJW 2004, 976 ff.; *ders./Kirch-Heim*, wistra 2005, 321 ff.; vgl. ferner *Aulmann*, NJW 2012, 2074 ff.
[330] § 11 SchwarzArbG ersetzt § 407 Abs. 1 Nr. 1 SGB III, der durch Art. 3 des „Gesetz[es] zur Intensivierung der Bekämpfung der Schwarzarbeit und damit zusammenhängender Steuerhinterziehung" (BGBl. I S. 1842) v. 23.7.2004 aufgehoben wurde. Nach § 407 Abs. 1 Nr. 1 SGB III war die Beschäftigung von drei Ausländern länger als 14 Tage erforderlich.
[331] § 21 SchwarzArbG ersetzt § 5 SchwArbG.
[332] BGBl. I S. 1970 ff.; zum Gesetzesentwurf BT-Drs. 16/5065.
[333] BT-Drs. 16/5065, S. 234.

D. Zur geschichtlichen Entwicklung des Wirtschaftsstrafrechts

SchwarzArbG erfolgten durch Art. 2 Nr. 4 des „**Zweiten Gesetz[es] zur Änderung des Vierten Buches Sozialgesetzbuch und anderer Gesetze vom 21. Dezember 2008**".[334]

Durch Art. 8 des „Gesetz[es] zur Umsetzung aufenthaltsrechtlicher Richtlinien der Europäischen Union und zur Anpassung nationaler Rechtsvorschriften an den EU-Visakodex" vom 22.11.2011[335] wurde § 10a SchwarzArbG (Beschäftigung von Ausländern ohne Aufenthaltstitel, die Opfer von Menschenhandel sind) eingeführt. Ferner wurde eine Strafvorschrift zum Schutz minderjähriger Ausländer in § 11 Abs. 1 Nr. 3 eingeführt und durch § 11 Abs. 2 SchwarzArbG das Handeln aus grobem Eigennutz als Qualifikation normiert.

Das SchwarzArbG sieht ferner in dieser Fassung nun die Einrichtung einer zentralen Datenbank als flankierende Maßnahme zur effektiveren Bekämpfung von Schwarzarbeit vor.

Am 25.9.1995 war nach langen Streitigkeiten innerhalb des Parlaments der Entwurf des Arbeitnehmerentsendegesetzes eingebracht worden,[336] der dann im Gesetz vom 26.2.1996[337] auch umgesetzt wurde. Eine dennoch bestehende Strafbarkeitslücke wurde durch das „**Gesetz zu Korrekturen in der Sozialversicherung und zur Sicherung der Arbeitnehmerrechte**"[338] vom 19.12.1998 geschlossen, das am 1.1.1999 in Kraft getreten ist. Zugleich wurde damit auch das Arbeitnehmer-Entsendegesetz – AEntG geändert,[339] wodurch Vorgaben der EG-Entsenderichtlinie[340] umgesetzt worden sind.

Die vorerst letzte und eine grundlegende Umgestaltung erfuhr das AEntG durch eine Neufassung im Jahr 2009 durch das „Gesetz über zwingende Arbeitsbedingungen für grenzüberschreitend entsandte und für regelmäßig im Inland beschäftigte Arbeitnehmer und Arbeitnehmerinnen (Arbeitnehmer-Entsendegesetz – AEntG)" vom 20.4.2009.[341] Dieses Gesetz sollte insbesondere mehr Übersichtlichkeit bringen. Soweit es die Sanktionierung von Verstößen betrifft, wurden die vormals in § 5 geregelten Bußgeldtatbestände in § 23 AEntG 2009 verschoben. § 21 AEntG 2009 sieht den Ausschluss von öffentlichen Aufträgen als Sanktion für Verstöße vor.[342]

Durch das „**Gesetz zur Eindämmung illegaler Betätigung im Baugewerbe**"[343] vom 30.8.2001 und das „**Gesetz zur Bekämpfung der illegalen Beschäftigung im gewerblichen Güterkraftverkehr (GüKBillBG)**"[344] vom 2.9.2001, die am 7.9.2001 in Kraft getreten sind, wurden zahlreiche Vorschriften – z. B. in der Abgabenordnung, dem Einkommensteuergesetz und dem Güterkraftverkehrsgesetz – geändert, um so gegen die illegale Beschäftigung im Baugewerbe und im Güterkraftverkehr vorzugehen.

c) Weitere Reformen im Bereich des materiellen Strafrechts im Überblick

Im Bereich des materiellen Strafrechts sind neben den Reformen im Steuerstrafrecht, im Bereich des geistigen Eigentums, im Telekommunikations- und Datenschutzstrafrecht, auf Ebene des Subventionsbetrugs und im Bereich der Geldfälschungsdelikte[345] u. a. die im Folgenden dargestellten Themenkomplexe von besonderer Bedeutung:

---

[334] BGBl. I 2008, S. 2933 ff.; zum Gesetzesentwurf BT-Drs. 16/10488.
[335] BGBl. I 2011, S. 2258 ff.; zum Gesetzesentwurf BT-Drs. 17/5470.
[336] BT-Drs. 13/2414.
[337] BGBl. I S. 227.
[338] BGBl. I 1998, S. 3843 ff.; zum Gesetzesentwurf BT-Drs. 14/45.
[339] Hierzu *Lütke*, wistra 2000, 84 ff.
[340] Richtlinie 96/71/EG vom 16.12.1996 über die Entsendung von Arbeitnehmern im Rahmen der Erbringung von Dienstleistungen, ABl. vom 21.1.1997, Nr. L 18/1 ff.
[341] BGBl. I 2009, 799 ff.
[342] Zum Gesetzesentwurf BT-Drs. 16/10486.
[343] BGBl. I S. 2267; zum Gesetzesentwurf BT-Drs 14/4658.
[344] BGBl. I S. 2272 ff.; zum Gesetzesentwurf BT-Drs. 14/5446; 14/5934.
[345] Vgl. hierzu *Dannecker*, in: *Wabnitz/Janovsky* (Hrsg.), 2. Aufl. 2004, Kap. 1, Rn. 89 ff. (Steuerstrafrecht), Rn. 104 (geistiges Eigentum), Rn. 113 f. (Telekommunikations- und Datenschutzstrafrecht), Rn. 120 (Subventionsbetrug) sowie Rn. 121 (Geldfälschungsdelikte).

aa) Wettbewerbsstrafrecht

90 Das **„Gesetz zur Bekämpfung der Korruption (KorrBG)"** vom 13.8.1997[346] hat neben einer Änderung des Amtsträgerbegriffs (§ 11 Abs. 1 Nr. 2 StGB) und der Neugestaltung der Bestechungsdelikte (§§ 331 ff. StGB)[347] einen neuen Abschnitt **„Straftaten gegen den Wettbewerb"** in den Besonderen Teil des Strafgesetzbuchs eingestellt und die Straftatbestände der „Wettbewerbsbeschränkenden Absprachen bei Ausschreibungen" (§ 298 StGB) und der „Bestechlichkeit und Bestechung im geschäftlichen Verkehr" (§ 299 StGB) eingeführt.[348] Durch die Einfügung des neuen Abschnitts soll deutlich gemacht werden, dass der Schutz des Wettbewerbs eine wichtige Aufgabe des Staates ist, zu dessen Durchführung auch ein verstärkter strafrechtlicher Schutz im Strafgesetzbuch geboten ist.[349]

Durch Art. 1 Nr. 2 des EU-Rechtsinstrumente-AusführungsG[350] vom 22.8.2002 wurde u. a. die Anwendbarkeit des § 299 StGB auch auf Handlungen im ausländischen Wettbewerb erstreckt (**§ 299 Abs. 3 StGB**).

bb) Umweltstrafrecht

91 Das Umweltschutzstrafrecht wurde durch das **„18. Strafrechtsänderungsgesetz – Gesetz zur Bekämpfung der Umweltkriminalität"** vom 28.3.1980[351] kodifiziert und in das Strafgesetzbuch eingestellt.[352] Die zuvor in verwaltungsrechtlichen Spezialgesetzen geregelten Strafvorschriften wurden im 29. Abschnitt des Strafgesetzbuchs zusammengefasst (§§ 324 ff. StGB) und einzelne Tatbestände dem Abschnitt über gemeingefährliche Straftaten zugewiesen. Weniger zentrale Straftatbestände, die nur mittelbar dem Umweltschutz dienen, wurden im Nebenstrafrecht belassen.[353] Die Straftatbestände wurden **verwaltungsakzessorisch ausgestaltet**, weil strafrechtlich nicht verboten sein darf, was verwaltungsrechtlich erlaubt ist. Daher ist nach der h. M. im Einklang mit verwaltungsrechtlichen Grundsätzen zwischen der Wirksamkeit und Nichtigkeit eines Verwaltungsaktes zu unterscheiden.[354] Zugleich hat die Verwaltungsakzessorietät[355] zur Folge, dass Taten strafrechtlich erfasst werden, deren Unrecht sich ganz oder überwiegend in der Missachtung des verwaltungsrechtlichen Kontrollsystems erschöpft.[356]

92 Durch das **„31. Strafrechtsänderungsgesetz – Zweites Gesetz zur Bekämpfung der Umweltkriminalität"** vom 27.6.1994[357] wurde an der Verwaltungsakzessorietät festgehalten[358] und der strafrechtliche Schutz weiter ausgebaut. Zur besseren Bekämpfung der Um-

---

[346] BGBl. I S. 2038.
[347] Siehe dazu unten Rn. 103.
[348] Zu ausgewählten Fragen zu § 298 StGB n. F. vgl.: *Greeve*, NStZ 2002, 505 ff.; zur Ausgestaltung des § 299 StGB vgl. insbesondere *Dannecker*, in: Nomos-Kommentar, § 299 Rn. 1 ff.; *Tiedemann*, in: LK, § 299 Rn. 1 ff.; kritisch insbesondere *Bürger*, wistra 2003, 130 ff.
[349] BT-Drucks. 13/5584, S. 15.
[350] BGBl. I S. 3387 ff.; zum Gesetzesentwurf BT-Drs. 14/8998.
[351] BGBl. I S. 373 ff.; zum Gesetzesentwurf BT-Drs. 8/2382.
[352] Zur Entstehungsgeschichte vgl. *Krüger*, Die Entstehungsgeschichte des 18. Strafrechtsänderungsgesetzes zur Bekämpfung der Umweltkriminalität, 1995.
[353] Z. B. § 148 GewO, §§ 63 ff. BSeuchG, § 74 TierSG, § 17 TierSchutzG, § 39 PflanzenSchG.
[354] So z. B. BGHSt 23, 91; Überblick – auch zu anderen Meinungen – bei *Cramer/Heine*, in: *Schönke/Schröder*, Vor §§ 324 ff. Rn. 16a ff.; *Schlehofer*, in: MüKo StGB, Vor §§ 32 ff. Rn. 151 ff. Zu den verschiedenen Ausgestaltungsmöglichkeiten der Akzessorietät siehe auch *Heghmanns*, Grundzüge einer Dogmatik der Straftatbestände zum Schutz von Verwaltungsrecht oder Verwaltungshandeln, 2000, S. 36 ff.
[355] Zum Teil wird in der Literatur die sog. Rechtsmissbrauchslösung vertreten, d. h. es wird für eine eingeschränkte Verwaltungsakzessorietät plädiert; Nachweise und Gegenargumente bei *Rengier*, ZStW 101 (1989), 885, 893 ff.
[356] Näher dazu *Tiedemann/Kindhäuser*, NStZ 1988, 337.
[357] BGBl. I S. 1440; zum Gesetzesentwurf BR-Drs. 77/91; BT-Drs. 12/192; siehe hierzu *Lackner/Kühl*, StGB Vor § 324 Rn. 6a m. w. N.
[358] Auch in der Folgezeit wurde dies nicht geändert; vgl. zur Verwaltungsakzessorietät *Wolf*, Umweltrecht, 2002, § 3 Rn. 268. Siehe auch zur Verwaltungsakzessorietät im Ausländerstrafrecht *Heinrich*, ZAR 2005, 309 ff.

D. Zur geschichtlichen Entwicklung des Wirtschaftsstrafrechts

weltkriminalität wurde insbesondere der strafrechtliche Schutz gegen Boden- und Luftverunreinigungen (§§ 324a, 325 StGB), gegen Lärm, Erschütterungen und nicht ionisierende Strahlen (§ 325a StGB), gegen Beeinträchtigungen von Naturschutzgebieten (§ 329 Abs. 3 StGB) sowie gegen Gefahren durch unverantwortlichen Umgang mit gefährlichen Stoffen und beim Transport gefährlicher Güter (§ 328 Abs. 3 StGB) verstärkt. Die Bekämpfung des sog. illegalen Abfalltourismus (§ 326 Abs. 2 StGB) wurde durch einen neuen Straftatbestand verbessert. Schließlich wurde eine übersichtlichere Regelung für besonders schwere Fälle der Umweltgefährdung eingeführt (§ 330 StGB).[359] In § 330d Nr. 5 StGB wurden rechtsmissbräuchliche Handlungen einem Handeln ohne Genehmigung, Planfeststellung oder sonstige Zulassung gleichgestellt. Diese **Umgehungsklausel** hat zur Folge, dass das Umweltstrafrecht in Fällen rechtswidriger, aber bestandskräftiger Verwaltungsakte zur Anwendung kommt, so dass sich der Bürger nicht auf den wirksamen Verwaltungsakt berufen kann. Das 6. Strafrechtsreformgesetz vom 1.4.1998 führte zu einer Ausweitung des § 330a StGB. Auch das Ausführungsgesetz zu dem Vertrag vom 24. September 1996 über das umfassende Verbot von Nuklearversuchen[360] brachte geringfügige Änderungen des § 328 StGB mit symbolisch geringfügigen Strafen gegen das Verursachen von nuklearen Explosionen.

92a In den letzten Jahren hat sich dann auch eine stärkere Einflussnahme der EG im Bereich des Umweltstrafrechts geltend gemacht. Grund hierfür war zunächst das Urteil C-176/03 des EuGH,[361] mit dem der Umweltrahmenbeschluss[362] aufgehoben wurde. Als Nichtigkeitsgrund wurde geltend gemacht, dass die EG für die in diesen Rechtsakt enthaltenen strafrechtlichen Regelungen zuständig gewesen wäre. Im Ergebnis hatte der EuGH damit eine strafrechtliche Annexkompetenz der EG anerkannt, wenn Strafrecht das einzig wirksame Mittel ist, um die im EG-Vertrag enthaltenen Politikbereiche effektiv zu gestalten.[363] Die Kommission hatte danach bereits Bereiche genannt, in denen sie mit einer Richtlinie auch strafrechtlich gestaltend eingreifen wollte.[364] Hiervon sollte gerade auch das Umweltstrafrecht betroffen sein.[365]

92b Mit dem **45. Strafrechtsänderungsgesetz zur Umsetzung der Richtlinie des Europäischen Parlaments und des Rates über den strafrechtlichen Schutz der Umwelt** vom 6.12.2011[366] hat der deutsche Gesetzgeber dementsprechend die Richtlinie 2008/99/EG des Europäischen Parlaments und des Rates vom 19. November 2008 über den strafrechtlichen Schutz der Umwelt umgesetzt.[367]

Dies führte zu Änderungen der §§ 325 ff. StGB. In § 325 StGB wurde in einem zwischengeschobenen Absatz 3 die Freisetzung von erheblichen Mengen von Schadstoffen in die Luft unter Strafe gestellt und in einem ebenfalls eingefügten Absatz 5 auch die leichtfertige Begehungsweise mit einer eigenständigen Strafdrohung versehen. In § 326 Abs. 2 StGB wurde eine Blankettvorschrift eingefügt, die auf die Verordnung der Nr. 1013/2006 EG gegen das Verbringen von Abfällen verweist. Auch § 327 StGB erhielt einen neuen Satz 2 in Absatz 2, der das Betreiben von verbotswidrigen gefährlichen Anlagen in einem Mitgliedstaat der EU unter Strafe stellt. In § 328 Abs. 2 StGB wurde nunmehr auch die Verletzung von verwaltungsrechtlichen Pflichten zur Lagerung von gefährlichen Stoffen und Gemischen nach Art. 3 Verordnung (EG) Nr. 1272/2008 des Europäischen Parlaments und des Rates vom

---

[359] Vgl. dazu *Möhrenschlager*, NStZ 1994, 513 ff., 566 ff.; *Otto*, Jura 1995, 134 ff.
[360] Gesetz v. 23.7.1998, BGBl I 1998, 1883.
[361] EuGH, Slg. 2005 I-07879; vgl. dazu *Böse*, GA 2006, 211 ff.
[362] Vgl. dazu Kapitel 2 – Die Entwicklung des Wirtschaftsstrafrechts unter dem Einfluss des Europarechts Rn. 64.
[363] Vgl. dazu *Böse*, GA 2006, 211 ff.; *Braum*, wistra 2006, 121 ff.; speziell zur stärkeren Einbindung des Grundrechtsschutzes bei der Rechtfertigung strafrechtlich relevanter Rechtsakte der EG vgl. *Reinel/Roth*, EWS 2006, 542 ff.
[364] Vgl. hierzu *Reinel/Roth*, EWS 2006, 542 ff.
[365] Vgl. hierzu die Mitteilung der Kommission an das Europäische Parlament (KOM [2005] 583 endg./2), worin eine Liste der von dem Urteil C-176/03 betroffenen Rechtsakte der EU aufgeführt wird und auch die Auswirkungen dieses Urteils aus Sicht der Kommission beschrieben werden.
[366] BGBl. I 2011, S. 2557 ff.; zum Gesetzesentwurf BT-Drs. 17/5391.
[367] ABl. L 328 vom 6.12.2008, S. 28.

16. Dezember 2008[368] unter Strafe gestellt. Ebenso wurde in § 329 Abs. 4 StGB eine Verweisung auf Unionsrecht zum Schutz des Lebensraums wildlebender Tier und Pflanzen eingestellt und in Absatz 6 auch die leichtfertige Verletzung verwaltungsrechtlicher Pflichten zum Schutz dieser Lebensräume unter Strafe gestellt.

cc) Insiderstrafrecht

93 Das Insiderstrafrecht wird maßgeblich durch **zwei europäische Richtlinien** bestimmt: Die EG-Insiderrichtlinie[369] aus dem Jahre 1989 und die Marktmissbrauchsrichtlinie[370] aus dem Jahre 2003.

Die **Insiderrichtlinie** sah differenzierte Regelungen für den Primär- und den Sekundärinsider (Dritter, der Kenntnis von einer Insidertatsache hat) vor: Den Primärinsider traf einerseits nach Art. 2 Insiderrichtlinie ein Verwertungsverbot[371] (Verbot Insiderpapiere unter Ausnutzung seiner Kenntnis für eigene oder fremde Rechnung oder für einen anderen zu erwerben oder zu veräußern) und andererseits ein Weitergabe- und Empfehlungsverbot gem. Art. 3 Insiderrichtlinie. Für den Sekundärinsider war zwingend nur ein Verwertungsverbot (Art. 4 Insiderrichtlinie) vorgesehen. Die Normierung und Sanktionierung eines Weitergabe- und Empfehlungsverbotes war dem einzelnen Mitgliedstaat gestattet; er war hierzu jedoch nicht verpflichtet (Art. 6 Insiderrichtlinie).[372]

Diese Insiderrichtlinie wurde durch das „Gesetz über den Wertpapierhandel und zur Änderung börsenrechtlicher und wertpapierrechtlicher Vorschriften (Zweites Finanzmarktförderungsgesetz)"[373] vom 26.7.1994 in nationales Recht umgesetzt, indem insbesondere das „Gesetz über den Wertpapierhandel (Wertpapierhandelsgesetz – WpHG)"[374] in Kraft getreten ist. Die Regelung des § 38 Abs. 1 Nr. 1–3, Abs. 2 WpHG, der als Blankettnorm auf das **Verbot von Insidergeschäften** in § 14 WpHG verwies, stellte den Straftatbestand dar. Bei der Umsetzung hatte der deutsche Gesetzgeber von der ihm durch Art. 6 Insiderrichtlinie eingeräumten Möglichkeit keinen Gebrauch gemacht,[375] so dass kein Weitergabe- und Empfehlungsverbot für den Sekundärinsider festgeschrieben wurde.

Die **Marktmissbrauchsrichtlinie** stellte schließlich den Sekundärinsider dem Primärinsider gleich. Für den Sekundärinsider war nunmehr auch ein Weitergabe- und Empfehlungsverbot durch die einzelnen Mitgliedstaaten zu statuieren (Art. 4 Marktmissbrauchsrichtlinie). Dieser Verpflichtung kam der deutsche Gesetzgeber durch Art. 1 des „Gesetz[es] zur Verbesserung des Anlegerschutzes (Anlegerschutzverbesserungsgesetz – AnSVG)"[376] nach, indem er insbesondere §§ 14, 38, 39 des WpHG neugefasst hat.[377] Außerdem sah Art. 6 Abs. 1 Marktmissbrauchsrichtlinie vor, dass alle Emittenten von Finanzinstrumenten Insiderinformationen, die sie unmittelbar betreffen, so bald wie möglich der Öffentlichkeit bekanntzugeben haben.[378] Gemäß Art. 14 Abs. 1 der Marktmissbrauchsrichtlinie bestand die Pflicht für die Mitgliedstaaten, bei Verstößen dafür zu sorgen, dass im Verwaltungsverfahren zu verhängende Sanktionen eingeführt werden.[379] Mit der Neufassung von §§ 15, 39 WpHG durch

---

[368] ABl. Nr. L 353 vom 31.12.2008, S. 1.
[369] ABl. vom 18.11.1989, Nr. L 334/30 ff.
[370] ABl. vom 12.4.2003, Nr. L 96/16 ff.
[371] Zur Einordnung des „Scalping" durch Anlageberater als Insiderhandel nach dem WpHG LG Stuttgart wistra 2003, 153 ff.; *Mühlbauer,* wistra 2003, 169 ff.
[372] Ausführlich zum Insiderhandel: *Fürhoff,* Kapitalmarktrechtliche Ad-hoc-Publizität zur Vermeidung von Insiderkriminalität, 2000.
[373] BGBl. I S. 1749 ff.
[374] Vgl. hierzu Vorauflage Kapitel 9 – Kriminalität im Wertpapierhandel Rn. 13 ff.
[375] Zum Insiderhandel siehe *Otto,* in: *Blaurock* (Hrsg.), Recht der Unternehmen in Europa, 1993, S. 65 ff.
[376] BGBl. I S. 2630 ff.
[377] Zu den Straf- und Bußgeldvorschriften vgl. Rn. 114 ff.
[378] Ausnahmen hierzu sieht Art. 6 Abs. 2 Marktmissbrauchsrichtlinie vor.
[379] Zur Neuregelung der Publizitätspflicht *Fürhoff,* AG 2003, 80 ff.

D. Zur geschichtlichen Entwicklung des Wirtschaftsstrafrechts

Art. 1 des AnSVG wurden die Art. 6 und 14 Marktmissbrauchsrichtlinie in nationales Recht umgesetzt.[380]

Eine **Verschärfung der Publizitätspflicht** enthält die „Richtlinie zur Harmonisierung der Transparenzanforderungen in Bezug auf Informationen über Emittenten, deren Wertpapiere zum Handel auf einem geregelten Markt zugelassen sind, und zur Änderung der Richtlinie 2001/34/EG".[381]

Unmittelbare inhaltliche Änderungen des Insiderstrafrechts brachte eine Reihe von Gesetzen mit sich. So wurde durch Art. 5 Nr. 4 des **Gesetzes zur Änderung des Einlagensicherungs- und Anlegerentschädigungsgesetzes und anderer Gesetze** vom 25.7.2009[382] § 38 Abs. 2 WpHG neu gefasst. Die Bußgeldtatbestände des § 39 WpHG wurden geändert
- durch Art. 1 des Transparenzrichtlinie-Umsetzungsgesetzes – TUG vom 5.1.2007[383],
- durch Art. 1 des Finanzmarktrichtlinie-Umsetzungsgesetzes vom 16.7.2007[384],
- durch 6. Nr. 2 des Gesetzes zur Stärkung der Finanzmarkt- und der Versicherungsaufsicht vom 29.7.2009[385],
- durch Art. 4 Nr. 6 des Gesetzes zur Neuregelung der Rechtsverhältnisse bei Schuldverschreibungen aus Gesamtemissionen und zur verbesserten Durchsetzbarkeit von Ansprüchen von Anlegern aus Falschberatung vom 31.7.2009[386],
- durch Art. 1 des Gesetzes zur Vorbeugung gegen missbräuchliche Wertpapier- und Derivategeschäfte vom 10.7.2010[387],
- durch Art. 1 des Anlegerschutz- und Funktionsverbesserungsgesetzes vom 5.4.2011[388] und durch Art. 3 Nr. 8 des Gesetzes zur Novellierung des Finanzanlagenvermittler- und Vermögensanlagenrechts vom 6.12.2011.[389]

dd) Insolvenzstrafrecht

Die durch das 1. WiKG[390] wieder in das StGB eingegliederten Konkursstraftaten wurden durch das „**Einführungsgesetz zur Insolvenzordnung**" vom 5.10.1994[391] in Verbindung mit dem „**Gesetz zur Änderung des Einführungsgesetzes zur Insolvenzordnung und anderer Gesetze**" vom 19.12.1998[392] an die Insolvenzordnung angepasst. Entsprechend wurden die Überschrift des 24. Abschnitts des Strafgesetzbuchs in „Insolvenzstraftaten" umbenannt und sprachliche Veränderungen in den §§ 283 Abs. 1 Nr. 1 und 6 und 283d Abs. 1 und 4 StGB vorgenommen.[393]

94

Änderungen der Strafvorschriften des StGB selbst wurden zwar nach dem 1.1.1999 nicht mehr vorgenommen, aber am 18.10.2008 trat das **Finanzmarktstabilisierungsgesetz (FMStG)** vom 17.10.2008 in Kraft, das in seinem Artikel 5 § 19 Abs. 2 InsO – zeitlich begrenzt – dahingehend änderte, dass nunmehr für die Überschuldung die Fortführungsprognose maßgebliche Bedeutung haben sollte.

---

[380] Vgl. zum Insiderstrafrecht und zur Umsetzung der Marktmissbrauchsrichtlinie in Österreich *Schuhmacher*, ÖBA 2005, 533, 535 ff.

[381] Richtlinie 2004/109/EG des Europäischen Parlaments und des Rates vom 15.12.2004, ABl. vom 31.12.2004 Nr. L 390/38 ff. Siehe dazu auch *Dauner-Lieb*, DStR 2004, 361.

[382] BGBl. I 2009, S. 1528; zum Gesetzesentwurf BT-Drs. 16/12255 und der Beschlussempfehlung BT-Drs. 16/13024.

[383] BGBl. I 2007, S. 10 ff., zum Gesetzesentwurf BT-Drs. 16/2498.

[384] BGBl. I 2007, S. 1330 ff.; zum Gesetzesentwurf BT-Drs. 16/4028.

[385] BGBl. I 2009, S. 2305 ff.; zum Gesetzesentwurf BT-Drs. 16/12783.

[386] BGBl. I 2009, S. 2512 ff.; zum Gesetzesentwurf BT-Drs. 16/12814.

[387] BGBl. I 2010, S. 945 ff.; zum Gesetzesentwurf BT-Drs. 17/1952.

[388] BGBl. I 2011, S. 538 ff.; zum Gesetzesentwurf BT-Drs. 17/3628.

[389] BGBl. I 2011, S. 2481 ff.; zum Gesetzesentwurf BT-Drs. 17/6051.

[390] Siehe dazu oben Rn. 81.

[391] BGBl. 1994 I, S. 2911; zum Gesetzesentwurf BR-Drs. 1/92; BT-Drs. 12/2443.

[392] BGBl. 1998 I, S. 3836; zum Gesetzesentwurf BT-Drs. 14/49.

[393] Vgl. hierzu Kapitel 9 – Insolvenz – Strafrechtlicher Teil.

Zum 1.11.2008 trat das **„Gesetz zur Modernisierung des GmbH-Rechts und zur Bekämpfung von Missbräuchen (MoMiG)"** vom 23.10.2008[394] in Kraft, das weitgehende Änderungen des GmbH-Rechts und mittelbar auch des Insolvenzstrafrechts im Kontext der GmbH mit sich brachte. Insbesondere wurde die Vorschrift, die bislang die verzögerte oder unterlassene Stellung des Insolvenzantrages unter Strafe stellte, aus dem GmbHG ausgegliedert und in die **Insolvenzordnung (§ 15a)** integriert, der nun die Antragspflicht für alle juristischen Personen regelt. Ferner wurde die Inhabilitätsregelung des § 6 Abs. 2 GmbHG auf die Verurteilung wegen Untreue erweitert.[395]

Durch das **„Gesetz zur Modernisierung des Bilanzrechts (BilMoG)"**, dessen Art. 1 Nrn. 2 und 3 die neuen Vorschriften des § 241a HGB und § 242 Abs. 4 HGB einfügten, wurde die Bilanzierungspflicht für Einzelkaufleute stark eingeschränkt. Dies wirkt sich naturgemäß auf den Anwendungsbereich von § 283 Abs. 1 Nr. 5 StGB aus, der im Tatbestand an die kaufmännische Buchführungspflicht anknüpft.[396]

Am 1.3.2012 trat dann das **„Gesetz zur weiteren Erleichterung der Sanierung von Unternehmen"** vom 7.12.2011[397] in Kraft.

ee) Bekämpfung der Organisierten Kriminalität durch den Straftatbestand der Geldwäsche[398]

95 1999 lagen in etwa 18% der Fälle, in denen ein **Ermittlungsverfahren** im **Bereich „Organisierte Kriminalität"** durchgeführt wurde, Hinweise auf Geldwäschedelikte vor.[399] Im Zeitraum zwischen 1995 (2795) und 2010 (11.042) stieg die Zahl der bekannt gewordenen Geldwäschefälle nach der Polizeilichen Kriminalstatistik an.[400] Es bestand dahingehend Einigkeit, dass sich die Veränderungen des Geldwäschetatbestandes in diesem Zeitraum quantitativ noch nicht durchschlagend ausgewirkt hatten.[401] Während 2002 noch 1061 Fälle bekannt wurden, waren die Ermittlungszahlen in den Jahren 2003 (745 Fälle) und 2004 (776 Fälle) eher gering. Allerdings war im Jahr 2005 ein erheblicher Anstieg (2023 Fälle) zu verzeichnen.[402] Ob das Ziel des Gesetzgebers, die „Abschreckungswirkung zu erhöhen",[403] erreicht werden konnte, erscheint zweifelhaft, ist doch in den Jahren 2006 bis 2011 – abgesehen von einer Ausnahme im Jahr 2008 – ein stetiger Anstieg der Strafverfahren wegen Geldwäsche – letztlich eine Verdreifachung – zu verzeichnen (2006: 2997; 2007: 3923; 2008: 2582; 2009: 4566; 2010: 6764; 2011: 8569).

96 Der Straftatbestand der Geldwäsche (§ 261 StGB)[404] wurde durch das **„Gesetz zur Bekämpfung des illegalen Rauschgifthandels und anderer Erscheinungsformen der Organisierten Kriminalität (OrgKG)"** vom 15.6.1992[405] aufgrund internationaler Verein-

---

[394] BGBl. 2008 I, 2026; zum Gesetzesentwurf BT-Drs. 16/6140.
[395] Vgl. zu weiteren Änderungen Dannecker/*Knierim*/Hagemeier, Insolvenzstrafrecht, 2. Aufl. 2011, Rn. 611.
[396] Vgl. zu weiteren Änderungen Dannecker/Knierim/*Hagemeier*, Insolvenzstrafrecht, 2. Aufl. 2011, Rn. 1068 f.
[397] BGBl. 2011 I, S. 2582; zum Gesetzesentwurf BR-Drs. 127/11; BT-Drs. 17/5712.
[398] Zu Forderungen nach einer effektiveren Bekämpfung der Geldwäsche siehe Rn. 140.
[399] *Bundesministerium des Inneren/Bundesministerium der Justiz* (Hrsg.), Erster Periodischer Sicherheitsbericht, 2001, S. 252.
[400] Vgl. zur Anzahl von Hinweisen in einem Organisierte Kriminalitäts-Verfahren auf Geldwäschehandlungen und die Zahl der Verfahren mit Verdachtshinweisen nach dem Geldwäschegesetz (GwG) im Zeitraum 1994 bis 2005 *Bundesministerium des Inneren/Bundesministerium der Justiz* (Hrsg.), Zweiter Periodischer Sicherheitsbericht, 2005, S. 461 ff.
[401] *Bundesministerium des Inneren/Bundesministerium der Justiz* (Hrsg.), Zweiter Periodischer Sicherheitsbericht, 2001, S. 461 f.
[402] Polizeiliche Kriminalstatistik 2002, S. 38; Polizeiliche Kriminalstatistik 2003, S. 41; Polizeiliche Kriminalstatistik 2004, S. 41; Polizeiliche Kriminalstatistik 2005, S. 40; jeweils unter der Schlüsselzahl 6330.
[403] BT Drs. 12/989 S. 21.
[404] Vgl. hierzu Kapitel 6 – Geldwäsche Rn. 1 ff.
[405] BGBl. 1992 I, S. 1302; zum Gesetzesentwurf BT-Drs. 12/989.

D. Zur geschichtlichen Entwicklung des Wirtschaftsstrafrechts

barungen[406] in das Strafgesetzbuch eingefügt. Durch diesen Straftatbestand soll zum einen verhindert werden, dass illegal erlangte Vermögensvorteile in den legalen Wirtschaftskreislauf gelangen, zum anderen sollen Ansätze für die Verfolgung der Katalogtaten des § 261 Abs. 1 StGB gesichert werden. Der ursprüngliche Katalog der Vortaten, der zunächst auf Betäubungsmittelkriminalität und die Tätigkeiten krimineller Organisationen beschränkt war, wurde durch das **„Verbrechensbekämpfungsgesetz"** vom 28.10.1994[407] auf gewerbs- und bandenmäßig begangene Vermögens-, Urkunden- und Bestechungsdelikte erweitert.

Durch das **„Gesetz zur Verbesserung der Bekämpfung der Organisierten Kriminalität"** vom 4.5.1998[408] wurde § 261 StGB weiter verschärft und von der Organisierten Kriminalität weitgehend gelöst: So wurde § 261 Abs. 1 S. 2 Nr. 2a StGB eingefügt, der Bestechungsvergehen als Vortat erfasst; auf eine banden- oder gewerbsmäßige Begehung wurde dabei verzichtet, um den EG- und EU-Verpflichtungen nachzukommen. Die neu eingeführte Nr. 3 erfasst Zolldelikte der Abgabenordnung. Die neue Nr. 4a führt auch zur Einbeziehung von Umweltstraftaten als Vortaten der Geldwäsche; das Erfordernis einer zwingend kumulativ vorliegenden gewerbs- *und* bandenmäßigen Begehung wurde durch das Merkmal der gewerbs- *oder* bandenmäßigen Begehung ersetzt. Des Weiteren wurde ein neuer Abs. 1 Satz 3 angefügt, der den Tatbestand der Geldwäsche in den Fällen des Satzes 2 Nr. 3 auch auf einen *„Gegenstand, hinsichtlich dessen Abgaben hinterzogen worden sind"*, erweitert, der dazu führen sollte, dass etwa auch geschmuggelte Waren der Inkriminierung durch § 261 StGB unterliegen.[409]

§ 261 Abs. 1 S. 3 StGB wurde sodann[410] durch das **„Steuerverkürzungsbekämpfungsgesetz (StVBG)"**[411] vom 19.12.2001[412] neu gefasst.[413] Seither ist auch die Steuerhinterziehung taugliche Vortat der Geldwäsche, denn es wurde in die Abgabenordnung der Verbrechenstatbestand des § 370a AO eingefügt.[414] Diese schwere Form der Steuerhinterziehung bedrohte zunächst die gewerbsmäßige sowie die bandenmäßige Steuerhinterziehung mit Freiheitsstrafe nicht unter einem Jahr. Mit der aufgrund dieses Gesetzes gewählten Formulierung in § 261 Abs. 1 S. 3 StGB *„sowie für Vermögensbestandteile, hinsichtlich derer Abgaben hinterzogen worden sind"* wollte der Gesetzgeber das Problem lösen, das der aus der Steuerhinterziehung stammende Vorteil keinen Gegenstand im Sinne der alten Gesetzesformulierung[415] darstellte.[416] Fraglich war, ob durch den neu gefassten Satz 3 ausschließlich Vermögensbestandteile erfasst werden sollten, bei deren Entstehung bzw. Erlangung die gesetzlich entstandenen Steueransprüche unmittelbar verkürzt wurden, oder ob ein solcher Zusammenhang

---

[406] Zu den internationalen Rechtsgrundlagen vgl. *Vogel*, ZStW 109 (1997), 335 ff.; ferner *Bülte*, in: Dannecker/Leitner, Handbuch der Geldwäsche-Compliance, Rn. 148 ff.

[407] BGBl. 1994 I, S. 3186; zum Gesetzesentwurf BT-Drs. 12/6853.

[408] BGBl. 1998 I, S. 845; zum Gesetzesentwurf BT-Drs. 13/6620; 13/8651.

[409] Vgl. auch BT-Drs. 13/6620, S. 8.

[410] Die Bekanntmachung der Neufassung des Strafgesetzbuches vom 13.11.1998 (BGBl. 1998 I S. 3322 ff.) hat den Wortlaut des § 261 Abs. 1 S. 3 StGB unberührt gelassen.

[411] BGBl. I S. 3922; zum Gesetzesentwurf BT-Drs. 14/ 6883; 14/7085.

[412] Mit dem Steuerverkürzungsbekämpfungsgesetz wurde zugleich auch die gewerbsmäßige oder bandenmäßige Steuerhinterziehung zur Bekämpfung der organisierten Kriminalität in § 370a AO geschaffen; zur Verfassungswidrigkeit dieser Norm in seiner ursprünglichen Fassung *Dannecker/Reinel*, in: *Leitner* (Hrsg.), Finanzstrafrecht 2006, (im Druck) m. w. N.; vgl. auch *Reinel*, wistra 2006, 205, 208.

[413] § 261 Abs. 1 S. 3 lautete in der Fassung des Steuerverkürzungsbekämpfungsgesetz: „In den Fällen des Satzes 2 Nr. 3 sowie im Falle des § 370a der Abgabenordnung gilt Satz 1 auch für unrechtmäßig erlangte Steuervergütungen sowie für Vermögensbestandteile, hinsichtlich derer Abgaben hinterzogen wurden" (BGBl. I S. 3924).

[414] Aufgehoben durch das Gesetz zur Neuregelung der Telekommunikationsüberwachung und anderer verdeckter Ermittlungsmaßnahmen sowie zur Umsetzung der Richtlinie 2006/24/EG vom 21.12.2007 (BGBl. I 3189).

[415] Die alte Formulierung lautete: „[...] Gegenstand, hinsichtlich dessen Abgaben hinterzogen wurden". Vgl. hierzu *Dannecker/Reinel*, in: *Leitner* (Hrsg.), Finanzstrafrecht 2006, S. 87 ff.; *Reinel*, wistra 2006, 205, 208.

[416] Zur Frage der zeitlichen Anwendbarkeit *Spatscheck/Wulf*, DB 2002, 396 f.

nicht erforderlich war, so dass gemäß § 261 Abs. 7 S. 1 StGB das gesamte steuerpflichtige Vermögen als Beziehungsgegenstand hätte einbezogen werden können.[417] Eine derartige Auslegung des Gesetzes ist unverhältnismäßig und damit verfassungswidrig.[418]

99 Durch das **"Fünfte Gesetz zur Änderung des Steuerbeamten-Ausbildungsgesetzes und zur Änderung von Steuergesetzen"** vom 23.7.2002,[419] insoweit in Kraft getreten am 27.7.2002, wurde § 261 Abs. 1 S. 3 erneut vollständig neu gefasst. Er lautet seither: *"Satz 1 gilt in den Fällen der gewerbsmäßigen oder bandenmäßigen Steuerhinterziehung nach § 370a der Abgabenordnung für die durch die Steuerhinterziehung ersparten Aufwendungen und unrechtmäßig erlangten Steuererstattungen und -vergütungen sowie in den Fällen des Satzes 2 Nr. 3 auch für einen Gegenstand, hinsichtlich dessen Abgaben hinterzogen worden sind."*[420] Damit wurde geregelt, dass nur noch die gewerbsmäßige oder bandenmäßige Steuerhinterziehung eine taugliche Vortat der Geldwäsche darstellt. Außerdem wurde klargestellt, dass der aus der Geldwäschevortat resultierende *Gegenstand* auf die aus der konkreten Steuerhinterziehung ersparten Aufwendungen begrenzt sein soll.

Fraglich bleibt aber weiterhin, welcher Teil des Vermögens den zu Unrecht erlangten Steuervorteil repräsentiert; die Gesetzesänderungen schaffen nur bezüglich der Höhe Klarheit.[421] Im Ergebnis dürfte es bei der Unanwendbarkeit des § 261 StGB auf die Vielzahl der Fälle von gewerbsmäßiger Steuerhinterziehung bleiben.

100 Das **"Gesetz über das Aufspüren von Gewinnen aus schweren Straftaten (GeldwäscheG – GwG)"**[422] vom 25.10.1993 verpflichtet in § 2 Abs. 2 und 3 vor allem Kredit- und Finanzinstitute, bei Bargeschäften ab mittlerweile 15 000 Euro, den Einzahler oder Auftraggeber zu identifizieren, die gemachten Feststellungen aufzuzeichnen und aufzubewahren. Geldwäscheverdächtige Transaktionen sind unabhängig von der Größenordnung des Geschäfts anzuzeigen (§ 11 GwG).

101 Durch das **"Gesetz zur Verbesserung der Bekämpfung der Geldwäsche und der Bekämpfung der Finanzierung des Terrorismus (Geldwäschebekämpfungsgesetz)"**[423] das bezüglich des hier relevanten Teils am 15.8.2002 in Kraft getreten ist,[424] wurde der zur Identifizierung und Anzeige verpflichtete Personenkreis unter anderem auf Steuer- und Wirtschaftsprüfer sowie auf die rechtsberatenden Berufe erweitert (§ 3 GwG), denn bei diesen bestehe ein erhöhtes Risiko, dass ihre Dienste zu Geldwäschezwecken missbraucht werden.[425] Das Gesetz, das auf die 2. Geldwäsche-Richtlinie der Europäischen Gemeinschaft zurückgeht,[426] befreit Rechtsanwälte nur bei grundsätzlich im Rahmen der Rechtsberatung

---

[417] Ausführlich dazu *Burger*, wistra 2002, 4 f.; siehe auch *Bittmann*, wistra 2003, 165 f.; *Samson*, in FS Kohlmann, S. 263 ff.

[418] So z. B. *Salditt*, StV 2002, 216; *Spatscheck/Wulf*, DB 2002, 396.

[419] BGBl. I S. 2715 ff.; Zugleich wurde mit diesem Gesetz § 370a AO neu gefasst; zur Verfassungswidrigkeit dieser Neufassung vgl. *Bülte*, Geldwäschegesetzgebung, S. 233 ff.; *Dannecker/Reinel*, in: *Leitner* (Hrsg.), Finanzstrafrecht 2006, S. 85 ff.; *Reinel*, wistra 2006, 205, 208. Die Änderung des § 370a AO findet sich jedoch nicht im ursprünglichen Gesetzesentwurf, sondern geht auf einen Antrag im Finanzausschuss zurück (vgl. BT-Drs. 14/8887, S. 23 f.), der dort zunächst noch abgelehnt wurde.

[420] BGBl. I S. 2722.

[421] So *Sommer/Füllsack*, Stbg 2002, 361; kritisch zur Neuregelung wegen der Erfassung ersparter Aufwendungen *Bittmann*, wistra 2003, 167 ff.

[422] BGBl. I S. 1770; vgl. eingehend zur Entstehungsgeschichte und zur Entwicklung des GWG *Reinel/Roth*, EWS 2006, 542 ff.

[423] BGBl. I S. 3105.

[424] Ein Teil des Gesetzes, der die Kreditinstitute betrifft, trat am 1.7.2003 in Kraft.

[425] Bedenken hiergegen bei *Burger*, wistra 2002, 7 f., der das Vertrauensverhältnis zwischen Rechtsanwalt und Mandant berührt sieht und die Einbeziehung der Rechtanwälte und Notare auch nicht für erforderlich hält (fehlende empirische Belege für eine tatsächliche Verstrickung der rechtsberatenden Berufe in Geldwäscheaktivitäten; außerdem werde ein „doloser" Rechtsanwalt sowieso keine Anzeige erstatten; vgl. auch *Reinel/Roth*, EWS 2006, 542 ff.; auch *v. Galen*, NJW 2003, 117 f. sieht das Vertrauensverhältnis zu stark belastet; vgl. hierzu aber EuGH NJW 2007, 2387.

[426] Richtlinie 2001/97/EG; ABl. vom 28.12.2001, Nr. L 344/76; erläuternd zu den einzelnen Artikeln der Richtlinie *Wegner*, NJW 2002, 794 ff.

D. Zur geschichtlichen Entwicklung des Wirtschaftsstrafrechts

oder der Prozessvertretung erlangten Informationen von der Anzeigepflicht. Im Jahr 2005 hat die EG schließlich eine dritte Geldwäscherichtlinie 2005/60/EG erlassen.[427] Diese sollte in formaler Hinsicht den Rechtszustand auf europäischer Ebene bereinigen, indem sie die erste Geldwäscherichtlinie in ihrer Fassung, die sie durch die zweite Geldwäscherichtlinie bekommen hat, ersetzt (vgl. Art. 44 RL 2005/60/EG). Darüber hinaus wird durch sie ein weiteres Mal der persönliche und auch sachliche Anwendungsbereich der Geldwäschevorgaben der EG im Zuge reiner Effektivitätserwägungen erweitert.[428]

Da der deutsche Gesetzgeber diese Vorgaben bis zum 15.12.2007 im nationalen Recht umsetzen musste (vgl. Art. 45 Abs. 1 RL 2005/60/EG), trat zum 21.08.2008 das **„Gesetz zur Ergänzung der Bekämpfung der Geldwäsche und der Terrorismusfinanzierung"** vom 13.8.2008[429] in Kraft, das die Vorgaben für die Geldwäschebekämpfung im GwG im Wesentlichen an die Formulierungen der RL 2005/60/EG anpasste. Die Umsetzung erfolgte ausweislich der Gesetzesbegründung nach dem Prinzip einer „Eins-zu-Eins-Umsetzung" und brachte Änderungen des GwG, des KWG und des VAG mit sich; ferner wurden das StGB, das ZollVG und das InvG geändert. Durch die Novelle wurde zunächst die Anwendung der Instrumente der Geldwäschebekämpfung nun auch zur Bekämpfung der Terrorismusfinanzierung angeordnet. Ferner sollten „flexiblere Normierungen der den Verpflichteten auferlegten Sorgfaltspflichten gegenüber Kunden" umgesetzt werden, die sich am risikobasierten Ansatz orientieren.[430] Die Regelungen des GwG stellen den Grundsatz *Know-your-Customer* noch mehr in den Vordergrund und richten das Gesetz auch ausdrücklich auf die Bekämpfung der Terrorismusfinanzierung aus. Ferner wird der Bedeutung des wirtschaftlich Berechtigten in der neuen Fassung des GwG mehr Beachtung geschenkt und so die Verpflichtung zur Aufdeckung der finanziellen Strukturen einer Transaktion statuiert. Die Änderung des § 2 GwG erweitert noch einmal den Kreis der Pflichtigen; im Übrigen beinhalten die Vorschriften des GwG nunmehr deutlich detailliertere Vorgaben über die von den Pflichtigen zu erfüllenden Sorgfaltsanforderungen. Ferner wurde die aus der RL 2005/60/EG bekannte Systematik verstärkter und verminderter Sorgfaltspflichten in das GwG übernommen.

Die bislang letzte wesentliche Änderung erfuhr das GwG durch das **„Gesetz zur Optimierung der Geldwäscheprävention"** vom 22.12.2011.[431] Durch darin enthaltenen Änderungen wollte der Gesetzgeber die im Deutschland-Bericht der FATF vom 19.2.2010 angegebenen Defizite bei der Bekämpfung von Geldwäsche und Terrorismusfinanzierung beseitigen. Die Bundesregierung will sich insofern völkerrechtlich in der Pflicht gesehen haben, die Geldwäschebekämpfung in Deutschland „*nachhaltig zu optimieren*".[432] Zu diesem Zweck wurden ergänzende Maßnahmen und Konkretisierungen von Sorgfaltspflichten angeordnet, um insbesondere die Gefahren der Geldwäsche in Kontext komplexerer wirtschaftlicher Gestaltungen zu verringern. Ferner wurden das Verdachtsmeldewesen angepasst, die Voraussetzungen für die Meldung konkretisiert und Zuwiderhandlungen gegen die durch das GwG vorgegebenen Pflichten unter Bußgelddrohung stellt.

Der Anwendungsbereichs des Geldwäschegesetzes soll durch das **Gesetz zur Ergänzung des Geldwäschegesetzes (GwGErgG)** auf Glückspiele im Internet erweitert werden. Der Gesetzesentwurf vom 24.9.2012[433] soll die Lücke schließen, die dadurch bestehe, dass nur Spielbanken, nicht aber Internetanbieter von Glücksspielen unter die Adressaten der Sorgfaltspflichten des GwG fallen. Zu diesem Zweck sollen u. a. Vorschriften über Identifizierung,

---

[427] Richtlinie 2005/60/EG des Europäischen Parlaments und des Rates vom 26. Oktober 2005 zur Verhinderung der Nutzung des Finanzsystems zum Zwecke der Geldwäsche und der Terrorismusfinanzierung. ABl. vom 25.11.2005 Nr. L 309/15.
[428] Vgl. dazu umfassend *Reinel/Roth*, EWS 2006, 542 ff.
[429] BGBl. I 2008, S. 1690, zum Gesetzesentwurf BT-Drs. 168/08.
[430] BT-Drs. 16/9038, S. 22.
[431] BGBl. I 2959.
[432] BR-Drs. 317/11.
[433] BT-Drs. 17/10745.

interne Sicherungsmaßnahmen, Spielkonten und Transparenz der Zahlungsströme eingefügt werden.

102 Mit Urteil des Bundesverfassungsgerichts vom 30.3.2004[434] wurde die kontrovers diskutierte **Frage nach der Verfassungsmäßigkeit einer Strafbarkeit des Strafverteidigers gemäß § 261 Abs. 2 Nr. 1 und Abs. 5 StGB** differenzierend beantwortet:[435] Zunächst bestätigte das Bundesverfassungsgericht die schon bisher h.M.,[436] dass der Strafverteidiger dem **tauglichen Täterkreis** nach § 261 Abs. 2 StGB zuzuordnen ist,[437] so dass mit Annahme eines Honorars, das aus einer der in § 261 Abs. 1 S. 2 StGB genannten Vortaten herrührt, der objektive Tatbestand der Geldwäsche erfüllt ist. Sodann stellte das Bundesverfassungsgericht fest, dass die Vorschrift des § 261 Abs. 2 Nr. 1 StGB einen Eingriff in die Berufsausübungsfreiheit (Art. 12 I GG) des Strafverteidigers darstellt, weil zum einen das in § 261 StGB normierte Verbot der Annahme bemakelter Vermögenswerte die Entschließungsfreiheit des Verteidigers und damit die angemessene wirtschaftliche Verwertung seiner beruflichen Leistung beeinträchtigt[438] und zum anderen das Entstehen eines Vertrauensverhältnisses zwischen Verteidiger und Mandant sowie eine wirksame Vertretung der Mandanteninteressen durch den Verteidiger gefährdet werden.[439] Das Institut der Pflichtverteidigerbestellung (§§ 141 ff. StPO) vermag nach zutreffender Begründung des Bundesverfassungsgerichts diesen Verlust der Berufsausübungsfreiheit auch nicht auszugleichen.[440] Ein derartiger Eingriff in Art. 12 I GG wäre nach Ansicht des BVerfG mangels Verhältnismäßigkeit nicht zu rechtfertigen, allerdings könne durch eine verfassungskonforme Auslegung des § 261 Abs. 2 StGB dem Grundsatz der Verhältnismäßigkeit Rechnung getragen werden: Einem Verstoß gegen das Übermaßverbot (also die Verhältnismäßigkeit i. e. S.) könne dadurch begegnet werden, dass für die Annahme einer Strafbarkeit in subjektiver Hinsicht notwendig ist, dass „der Strafverteidiger im Zeitpunkt der Entgegennahme des Honorars (oder Honorarvorschusses) sicher weiß, dass dieses aus einer Katalogtat herrührt",[441] womit die Feststellung eines dolus eventualis zur Strafbarkeitsbegründung nicht ausreicht. Verfassungsrechtliche Bedenken gegen eine solche einschränkende Auslegung des § 261 Abs. 2 Nr. 1 StGB bestehen nach Ansicht des Bundesverfassungsgerichts nicht;[442] die mit der Auslegung einhergehende Unanwendbarkeit des § 261 Abs. 5 StGB auf Strafverteidiger hat das Bundesverfassungsgericht erkannt und ausdrücklich festgestellt.[443] In der **Literatur** stieß die Entscheidung des Bundesverfassungsgerichts nicht auf ungeteilte Zustimmung.[444]

102a Im Hinblick darauf, dass der EU nach herrschender Ansicht durch den Vertrag von Lissabon nunmehr auch ausdrücklich die Kompetenz zur Strafrechtssetzung in bestimmten Bereichen eingeräumt wurde und Art. 83 AEUV der Union ausdrücklich die Befugnis einräumt Mindestvorgaben für Strafvorschriften gegen Geldwäsche zu normieren, liegt es durchaus nahe, dass kommende Geldwäscherichtlinien zum einen erstmals die Strafbarkeit der Geldwäsche selbst und zum anderen konkrete Mindestvorgaben für die strafrechtliche Sanktionierung unionsrechtlich festschreiben werden. Am 5.2.2013 hat die Kommission einen Vorschlag für eine 4. Geldwäscherichtlinie vorgelegt,[445] die die RL 2005/60/EG ersetzen soll.

---

[434] BVerfGE 110, 226 ff. = NJW 2004, 1305 ff.
[435] Dazu im Einzelnen statt vieler: *Altenhain*, in: Nomos-Kommentar, § 261 Rn. 124.
[436] Vgl. dazu sowie zu abweichenden Ansätzen: BVerfG NJW 2004, 1305, 1306 m. w. N.
[437] BVerfG NJW 2004, 1305, 1306 f.
[438] BVerfG NJW 2004, 1305, 1308.
[439] BVerfG NJW 2004, 1305, 1308 ff.
[440] BVerfG NJW 2004, 1305, 1310; vgl. auch *Bülte*, Geldwäschegesetzgebung, S. 192 ff.
[441] BVerfG NJW 2004, 1305, 1311.
[442] BVerfG NJW 2004, 1305, 1311 f.
[443] BVerfG NJW 2004, 1305, 1312; mit grundsätzlichen verfassungsrechtlichen Zweifeln an § 261 Abs. 5 StGB *Bülte*, Geldwäschegesetzgebung, S. 257 ff.
[444] Kritisch *Ranft*, Jura 2004, 759, 765; *v. Galen*, NJW 2004, 3304 ff.; *Wohlers*, JZ 2004, 678, 680 f.; im Ergebnis zustimmend *Barton*, JuS 2004, 1033, 1037; siehe auch *Dahs/Krause/Widdmaier*, NStZ 2004, 261; differenzierend *Bülte*, Geldwäschegesetzgebung, S. 192 ff.
[445] COM (2013) 45 final, 2013/0025 (COD).

D. Zur geschichtlichen Entwicklung des Wirtschaftsstrafrechts

Insbesondere soll diese Richtlinie zu einer Ausweitung der Geldwäschebekämpfungsmaßnahmen sowie auf Steuerhinterziehungen führen. Zudem wird ein Vorschlag für die Harmonisierung der Geldwäschestrafvorschrift selbst über Art. 83 Abs. 1 AEUV angekündigt.

ff) Korruptionsstrafrecht

Durch das „**Gesetz zur Bekämpfung der Korruption (KorrBG)**" vom 13.8.1997[446] wurden die Straftatbestände der Vorteilsannahme und Bestechlichkeit sowie der Vorteilsgewährung und der Bestechung (§§ 331 ff. StGB) neu geregelt.[447] Die Neufassung hat die Strafbarkeit erheblich ausgedehnt: Der Begriff des Amtsträgers, der sich angesichts der Verlagerung staatlicher Aufgabenwahrnehmung auf juristische Personen des Privatrechts als zu eng erwiesen hat, wurde ausgeweitet; das Merkmal der Unrechtsvereinbarung wurde maßgeblich erweitert, indem bei der Vorteilsannahme nach § 331 StGB und der Vorteilsgewährung nach § 333 StGB auf das Merkmal der Gegenleistung der Vorteilsgewährung für eine Diensthandlung verzichtet und die Vorteilsgewährung „für die Dienstausübung" zum Tatbestandsmerkmal erhoben wurde; schließlich wurden Zuwendungen an Dritte ausdrücklich unter Strafandrohung gestellt. 103

Das Bemühen um die strafrechtliche Bekämpfung der Korruption hat weiterhin zur Verabschiedung des „**Gesetzes zur Bekämpfung internationaler Bestechung (IntBestG)**" vom 10.9.1998[448] und des „**EU-Bestechungsgesetzes (EU-BestG)**" vom 10.9.1998[449] geführt, die eine Gleichstellung von ausländischen mit inländischen Amtsträgern bei Bestechungshandlungen regeln.[450] Außerdem wurde durch das EU-BestG der Geltungsbereich der Abgeordnetenbestechung (§ 108e StGB) ausgedehnt.

Durch das EU-Rechtsinstrumente-AusführungsG vom 22.8.2002[451] wurde der **Vortatenkatalog des § 261 Abs. 1 S. 2 Nr. 1 und 2a StGB** um die Bestechung und Bestechlichkeit von Gemeinschaftsbeamten sowie von Amtsträgern der Mitgliedstaaten der Europäischen Union **ergänzt**. 104

Am 19.9.2006 legte die Bundesregierung einen Entwurf eines Zweiten Gesetzes zur Bekämpfung der Korruption vor.[452] Der Bundesrat hatte gegen den Entwurf keine Einwände erhoben, umgesetzt wurde der Vorschlag dennoch nicht. Er sah etwa vor, die Regelungen des IntBestG in das StGB zu integrieren (§ 335a StGB-E). Ferner war eine höchst problematische Umgestaltung des § 299 StGB geplant, die diese Vorschrift nah an die Untreue heranrücken sollte. § 299 StGB sollte schließlich Vortat zur Geldwäsche werden. 104a

Am 25.4.2008 brachten Abgeordnete der Fraktion der Linken – ausgelöst durch die Entscheidung des BGH über die Strafbarkeit der Bestechung und Bestechlichkeit eines Stadtrates im „Wuppertaler Korruptionsskandal"[453] den Entwurf eines **Gesetzes zur Bekämpfung der Abgeordnetenbestechung** in den Bundestag ein.[454] Darin war neben der Neufassung des Straftatbestandes der Abgeordnetenbestechung auch ein Straftatbestand der Abgeordnetenbestechlichkeit enthalten. In der 103. Sitzung des Deutschen Bundestages vom 8.4. 2011 104b

---

[446] BGBl. I S. 2038 ff.; zum Gesetzesentwurf BR-Drs. 553/96.
[447] Vgl. auch *Dannecker*, in: *Dannecker/Leitner* (Hrsg.), Schmiergelder. Strafbarkeit und steuerliche Abzugsverbote in Österreich und Deutschland, 2002, S. 115 ff.; sowie *ders.* in *Dannecker/Leitner* (Hrsg.), Handbuch Korruption, S. 159 ff.
[448] „Gesetz zur Ausführung des Zweiten Protokolls vom 19. Juni 1997 zum Übereinkommen über den Schutz der finanziellen Interessen der Europäischen Gemeinschaften, der Gemeinsamen Maßnahme betreffend die Bestechung im privaten Sektor vom 22. Dezember 1998 und des Rahmenbeschlusses vom 29. Mai 2000 über die Verstärkung des mit strafrechtlichen und anderen Sanktionen bewehrten Schutzes gegen Geldfälschung im Hinblick auf die Einführung des Euro", BGBl. I S. 3387, zum Gesetzesentwurf BT-Drs. 14/8998.
[449] BGBl. II S. 2340.
[450] Vgl. *Zieschang*, NJW 1999, 105 ff.; ferner *Münkel*, Bestechung und Bestechlichkeit, passim.
[451] BGBl. I S. 3387, in Kraft getreten am 30.8.2002.
[452] BR-Drs. 548/07; BT-Drs. 16/6558.
[453] BGHSt 51, 44 ff. m. Anm. *Feindegen*, NJW 2006, 2014 ff.
[454] BT-Drs. 16/8979; wiederholt wurde der Gesetzesentwurf am 21.4.2010 eingebracht (BT-Drs. 17/1412).

wurde der Vorschlag an die Ausschüsse verwiesen.[455] Am 8.2.2012 wurde dann seitens der SPD-Fraktion der Entwurf eines Strafrechtsänderungsgesetzes – Bekämpfung der Abgeordnetenbestechung[456] eingebracht, der einen einheitlichen Straftatbestand der Bestechung und Bestechlichkeit von Abgeordneten vorsieht. Der Vorschlag wurde am 1.3.2012 in erster Lesung beraten und ebenfalls an die Ausschüsse verwiesen wurde.[457] Im April 2012 forderte die *Group of States against Corruption* (GRECO) Deutschland ausdrücklich auf, das Übereinkommen der Vereinten Nationen gegen Korruption zu ratifizieren und am 8.8.2012 appellierten sogar deutsche Topmanager an die deutsche Politik, endlich das Abkommen zu ratifizieren, weil das Ansehen der deutschen Wirtschaft im Ausland leide.[458] Die Ratifizierung scheiterte jedoch daran, dass über die Strafbarkeit der Abgeordnetenbestechung keine Einigung erzielt werden kann und die Regierungsfraktionen durch eine strengere Regelung die freie Mandatsausübung gefährdet sehen. Im Koalitionsvertrag zur neuen Großen Koalition für die 18. Legislaturperiode ist allerdings eine Strafbarkeit der Abgeordnetenbestechung vorgesehen.[459]

d) Grundsätze der Ausgestaltung der Straftatbestände des Wirtschaftsstrafrechts

aa) Sonderdelikte

105 Zahlreiche Delikte im Bereich des Wirtschaftsstrafrechts sind als Sonderdelikte ausgestaltet, die durch eine besonders enge Beziehung des Täters zu dem geschützten Rechtsgut gekennzeichnet sind. Dies ist insbesondere bei § 266a StGB (Rn. 84a) der Fall, der nur vom Arbeitgeber begangen werden kann; Sonderdelikt ist aber ebenso die Untreue, die eine besondere Vermögensfürsorgepflicht voraussetzt und der Bankrott des § 283 StGB, der nur vom einem Schuldner erfüllt werden kann, der seine Zahlungen eingestellt hat (§ 283 Abs. 6 StGB). Zentrale Relevanz erlangt in diesem Kontext § 14 StGB, der die strafrechtliche Verantwortlichkeit regelt, wenn nicht der eigentlich Sonderpflichtige, sondern ein anderer für diesen handelt.[460] Von besonderer Bedeutung ist hier § 14 Abs. 3 StGB, der die zivilrechtliche Unwirksamkeit der Vertretungsbefugnis oder Beauftragung des Handelnden überbrückt, indem er auf die tatsächliche Vereinbarung abstellt. Diese Vorschrift bildet damit eine Grundlage für die strafrechtliche Anerkennung des faktischen Geschäftsführers (Rn. 43).

bb) Schutz überindividueller Rechtsgüter durch abstrakte Gefährdungsdelikte

106 Die neuen Schutzbedürfnisse, die im Zusammenhang mit dem wirtschaftlichen Aufschwung nach dem Zweiten Weltkrieg entstanden sind, und die Nachweisprobleme bei den klassischen Eigentums- und Vermögensdelikten erforderten die Schaffung neuer Straftatbestände, die einen weitergehenderen **Schutz überindividueller Rechtsgüter** gewährleisten und infolge der Beweiserleichterungen eine effektivere Bekämpfung der Wirtschaftskriminalität erwarten lassen.[461] Dieser Aufgabe bemühte sich der Gesetzgeber vor allem durch die Schaffung des Subventions- und Kreditbetrugs (§§ 264, 265b StGB), der Neuregelung des Konkurs- (jetzt: Insolvenz-) und Computerstrafrechts (§§ 283 ff. StGB und §§ 263a, 269 ff., 202a ff.; 303a, 303b StGB), der Neugestaltung des Wettbewerbs-, Börsen- und Bilanzstrafrechts (§ 298 StGB, §§ 38 f. WpHG, §§ 341m ff. HGB) sowie durch einen verbesserten Schutz der Anleger (§ 264a StGB) und des bargeldlosen Zahlungsverkehrs gerecht zu werden.

Außerdem hat das BVerfG in seinem sog. Inzest-Urteil[462] erneut die Frage nach der Notwendigkeit von **Rechtsgütern** aufgeworfen. Der Gesetzgeber finde keine Rechtsgüter vor, sondern sei grundsätzlich in der Entscheidung frei, ob er ein bestimmtes Rechtsgut, dessen Schutz ihm wesentlich erscheint, strafrechtlich schütze. Der Senat war nicht bereit, sich im Hinblick auf den Begriff des Rechtsguts auf mehr festzulegen als auf einen normativen

---

[455] BT-PlPr 17/103, S. 11871.
[456] BT-Drs. 17/8613.
[457] 1. Beratung: BT-PlPr 17/163, S. 19411.
[458] Die Zeit-online 8.8.2012; vgl. auch den Gesetzesvorschlag, BT-Drs. 17/5932.
[459] Deutschlands Zukunft gestalten, Koalitionsvertrag zwischen CDU, CSU und SPD, S. 152.
[460] Vgl. BT-Drs. IV/650, S. 126 ff.
[461] Vgl. *Tiedemann*, Gutachten 49 Dt. Juristentag.
[462] BVerfGE 120, 224 ff.

D. Zur geschichtlichen Entwicklung des Wirtschaftsstrafrechts

Rechtsgutsbegriff. Danach ist strafrechtliches Rechtsgut das Interesse, das der Gesetzgeber durch das Strafrecht schützt, mithin die ratio legis des Strafgesetzes. Ein Konzept des naturalistischen Rechtsguts gerate mit grundlegenden verfassungsrechtlichen Prinzipien in Konflikt, weil es eine selbst dem Verfassungsgeber vorgegebene Werteordnung voraussetze.[463] Legt man diesen Ansatz der Definition von Rechtsgütern durch den Gesetzgeber im Rahmen der verfassungsrechtlichen Vorgaben zugrunde, so stehen grundsätzlich einer Annahme stark abstrahierter und normativierter Rechtsgüter keine prinzipiellen Bedenken entgegen.

Zahlreiche der neuen Tatbestände sind als **abstrakte Gefährdungsdelikte**[464] ausgestaltet, die eine Vorverlagerung des strafrechtlichen Schutzes bewirken. Auf den Eintritt eines Schadens oder einer konkreten Gefahr kommt es für die Tatbestandserfüllung nicht an. Hierbei handelt es sich nach h. M. nicht um eine zu weitgehende Ausdehnung der Strafbarkeit,[465] sondern um eine Folge davon, dass **überindividuelle, soziale Interessen** geschützt werden.[466] Die Delikte weisen dabei ein „vergeistigtes Zwischenrechtsgut" auf,[467] dessen Verletzung den Handlungsunwert der Straftat ausmacht.[468] Eine Strafbarkeitseinschränkung durch restriktive Tatbestandsauslegung kommt ausschließlich bei solchen Straftatbeständen in Betracht, die ansonsten bei Minimalverstößen eine Verwirklichung des Tatbestands zur Folge hätten.[469] Überindividuelle Rechtsgüter können durch einzelne Handlungen nicht konkret verletzt werden; dennoch muss jeder am Wirtschaftsleben Teilnehmende auf ihren Bestand vertrauen dürfen. Daher sind die „abstrakten Gefährdungsdelikte das typische, dem Wesen des überindividuellen Rechtsguts entsprechende Mittel der Gesetzestechnik".[470] Die mit der Einführung abstrakter Gefährdungsdelikte verbundene Ausweitung der Strafbarkeit kann jedoch nur hingenommen werden, wenn bereits die abstrakte Gefährdung als solche strafwürdig und strafbedürftig ist.

107

cc) Unbestimmtheit der Straftatbestände

Der Gesetzgeber hat in dem Bemühen, alle relevanten Fälle zu erfassen, zahlreiche Generalklauseln und unbestimmte Rechtsbegriffe verwendet, die zu einer erheblichen Unbestimmtheit der Straftatbestände führen. Insbesondere wurden häufig wirtschaftliche Gesichtspunkte und Betrachtungsweisen einbezogen. Damit stellt sich die Frage, ob diese Strafgesetze gegen das verfassungsrechtlich garantierte Bestimmtheitsgebot verstoßen.[471] Angesichts der Zurückhaltung des Bundesverfassungsgerichts, Strafgesetze wegen fehlender Bestimmtheit für verfassungswidrig zu erklären,[472] reicht in aller Regel eine **restriktive Auslegung** der fraglichen Tatbestände aus, um den Anforderungen des Art. 103 Abs. 2 GG Rechnung zu tragen.[473] Da-

108

---

[463] BVerfGE 120, 224, 240 ff.

[464] Eingehend dazu *Hefendehl*, Kollektive Rechtsgüter im Strafrecht, S. 262; *Kindhäuser*, Gefährdung als Straftat, S. 225 ff.; vgl. auch *Achenbach*, GA 2004, 559, 563.

[465] So aber *Hassemer*, JuS 1987, 257 ff.; *ders.*, Neue Kriminalpolitik 1989, 47 ff.; *ders.*, NStZ 1989, 553 ff.; *ders.*, Produktverantwortung im Strafrecht, 1994, S. 1 ff.; *ders.*, ZRP 1992, 378 ff.; *Herzog*, Gesellschaftliche Unsicherheit und strafrechtliche Daseinsvorsorge, 1991, S. 71 ff.; *ders.*, ZStW 105 (1993), 727 ff.; *Krauß*, StV 1989, 315 ff.; *Seelmann*, NJW 1990, 1257. Für eine Einschränkung bei den Derivaten des Betrugs (Computer-, Subventions-, Kredit- und Kapitalanlagebetrug) *Kindhäuser*, in: *Schünemann/Suárez González* (Hrsg.), Bausteine des europäischen Wirtschaftsstrafrechts, 1994, S. 134; vgl. auch *Hefendehl*, Kollektive Rechtsgüter, S. 156 ff.

[466] *Tiedemann*, FS Dünnebier 1982, S. 521; *ders.*, Wirtschaftsbetrug, S. XI f., XIV f.; *Vogel*, in: *Schünemann* (Hrsg.), Strafrechtssystem und Betrug, S. 89, 101.

[467] *Tiedemann*, AT Rn. 148 f., 181; kritisch dazu *Hefendehl*, Kollektive Rechtsgüter, S. 83 ff.

[468] *Roxin*, Strafrecht. Allgemeiner Teil, Bd. I, 4. Aufl. 2006, § 11 Rn. 161.

[469] *Schünemann*, JA 1975, 798 m. w. N.

[470] *Tiedemann*, Wirtschaftsstrafrecht und Wirtschaftskriminalität, Bd. I, S. 85 f.; vgl. auch *ders.*, Wirtschaftsstrafrecht AT, Rn. 181.

[471] Zum Bestimmtheitsgrundsatz auch auf europäischer Ebene vgl. *Dannecker*, ZStW 117 (2005), 697, 738 f.

[472] Näher dazu *Tiedemann*, Verfassungsrecht und Strafrecht, 1991, S. 41 ff.

[473] Vgl. *Tiedemann*, Artikel: Auslegung, in: *Krekeler/Tiedemann/Ulsenheimer/Weinmann* (Hrsg.), HWiStr, Bd. 1, Stand: Mai 1990, S. 3; grundlegend *ders.*, Tatbestandsfunktionen im Nebenstrafrecht, S. 172 ff.

bei bietet es sich an, die einzelnen Tatbestandsmerkmale in Anlehnung an die klassischen Tatbestände des Betrugs, der Untreue und Steuerhinterziehung auszulegen und dadurch eine Beschränkung auf die tatsächlich strafwürdigen Fälle sicherzustellen. Außerdem wird in der Rechtslehre die Auffassung vertreten, dass solche Generalklauseln und andere unbestimmte Rechtsbegriffe nur insoweit einer Verurteilung zugrunde gelegt werden dürfen, als es um anerkannte, gesicherte Wertungen geht, also um den Kernbereich der unbestimmten Rechtsbegriffe.[474]

Eine besondere Ausprägung hat der Bestimmtheitsgrundsatz in der Lehre vom **Verschleifungsverbot** gefunden. Bereits in den Entscheidungen zum Tanz der Teufel[475] und zur Nötigung durch Sitzblockaden[476] hat das Bundesverfassungsgericht betont, dass es nicht zu einer Verschleifung oder Entgrenzung von Tatbestandsmerkmalen, also dem völligen Aufgehen eines Tatbestandsmerkmals in einem anderen, kommen dürfe. Folge der Verschleifung wäre ein Verlust der verfassungsrechtlich gebotenen Bestimmtheit und eine Verletzung des der Rechtsprechung auferlegten Präzisierungsgebots.[477] Daher müssen komplexe normative Tatbestandsmerkmale wie das der Vermögensbetreuungspflicht in § 266 StGB klar von der Tathandlung, der Pflichtwidrigkeit, und dem tatbestandlichen Erfolg, dem Vermögensnachteil, getrennt ausgelegt und ihr Vorliegen festgestellt werden. Die Vermischung von Tatbestandsmerkmalen erhöht das Risiko des Einzelnen, nicht mehr erkennen zu können, welches Verhalten strafbar ist und welches nicht mit Strafe bedroht ist.

dd) Inkriminierung leichtfertiger Verhaltensweisen

109 Fahrlässiges Handeln ist nach § 15 StGB grundsätzlich nicht mit Strafe bedroht, so dass im Kernstrafrecht eine Fahrlässigkeitsstrafbarkeit regelmäßig, selbst bei schwerster Nachlässigkeit nicht strafbar ist. Demgegenüber ist im Wirtschaftsstrafrecht oft sogar leichte Fahrlässigkeit straf- bzw. ahndbar.[478] Fahrlässigkeitsstrafbarkeit ist geradezu ein Charakteristikum des Wirtschaftsstrafrechts, das sich hierdurch vom Vermögensstrafrecht unterscheidet. **Leichtfertigkeit ist insbesondere im Steuer-, Zoll- und Subventionsstrafrecht, im Insolvenzstrafrecht** sowie im **Umweltstrafrecht** unter Sanktionsandrohung gestellt. Dadurch trägt der Gesetzgeber dem Umstand Rechnung, dass die Einführung abstrakter Gefährdungsdelikte allein nicht ausreicht, um die Schwierigkeiten zu lösen, die mit dem Nachweis vorsätzlichen Verhaltens bei arbeitsteiligem Vorgehen verbunden sind. Deshalb hat der Gesetzgeber die Strafbarkeit auf leichtfertiges Verhalten ausgeweitet. Allerdings ist diese Ausdehnung allein aus Beweisgründen nicht zulässig; vielmehr muss eine herausgehobene Pflichtenstellung des Täters vorliegen, die im Rahmen der Berufsfahrlässigkeit möglich ist, die auf der besonderen Verantwortung des Täters beruht und eine Verletzung der Pflicht in besonderer Weise strafwürdig und strafbedürftig erscheinen lässt.[479] Beim Subventionsbetrug liegt z.B. die Rechtfertigung für die Strafbarkeit der Leichtfertigkeit darin begründet, dass derjenige, der öffentliche Mittel in Anspruch nimmt, besonders sorgfältig vorgehen muss.[480]

---

[474] Grundlegend *Lenckner*, JuS 1968, 308 ff.; vgl. auch *Tiedemann*, Artikel: Auslegung, in: *Krekeler/Tiedemann/Ulsenheimer/Weinmann* (Hrsg.), HWiStr, Bd. 1, S. 3.
[475] BVerfGE 87, 209, 229.
[476] BVerfGE 92, 1, 16 f.
[477] Vgl. BVerfG 126, 170 ff.
[478] Zur Tradition der Fahrlässigkeitsinkriminierung im Wirtschaftsstrafrecht BGHSt 15, 10, 104 f.; kritisch demgegenüber *Hefendehl*, JZ 2004, 21, mit dem Hinweis, dass es traditionell keine fahrlässigen Vermögensdelikte gebe.
[479] *Tiedemann* AT, Rn. 186.
[480] Näher dazu *Tiedemann*, ZStW 87 (1975), 278 f.; *Heinz*, in: *Gropp* (Hrsg.), Wirtschaftskriminalität und Wirtschaftsstrafrecht, S. 41. Siehe zu dem dogmatischen Problem der Begründung der Leichtfertigkeit als Fall der Berufsfahrlässigkeit seit der Änderung des Tatbestandes des § 264 StGB im Jahre 1998 *Dannecker*, ZStW 117 (2005), 679, 728; a. A. offenbar *Rotsch*, FS-Samson, S. 141, 155.

D. Zur geschichtlichen Entwicklung des Wirtschaftsstrafrechts

ee) Pönalisierung von Umgehungshandlungen

Die Gesetzesumgehung[481] ist eine für das Wirtschaftsstrafrecht typische Erscheinungsform, durch die Täter versuchen, Gesetzeslücken auszunutzen. Wer aber einen Tatbestand gerade nicht verwirklicht, sondern die Verwirklichung der Strafbarkeit gezielt vermeidet, kann grundsätzlich wegen des **Analogieverbots** und des **Bestimmtheitsgrundsatzes** (Art. 103 Abs. 2 GG) nicht bestraft werden, auch wenn sein Verhalten strafwürdig und strafbedürftig erscheinen mag und dem Zweck der wirtschaftsrechtlichen Regelung sogar zuwiderläuft. In einigen Bereichen hat der Gesetzgeber ausdrückliche Umgehungsklauseln eingeführt, die zum Teil im Strafgesetzbuch, zum Teil in außerstrafrechtlichen Gesetzen geregelt sind. Ob Letztere im Strafrecht Anwendung finden, ist jedoch sehr zweifelhaft. § 4 SubvG und § 42 AO enthalten eine ausdrückliche Missbrauchsklausel zur verwaltungsrechtlichen Erfassung von Umgehungsgeschäften, die im Subventions- und Steuerbereich häufig auftreten und auf EG/EU-Ebene im Zusammenhang mit der Erschleichung von Subventionen und Beihilfen bekannt geworden sind.[482]

110

ff) Gesetzliche Vermutungen und Beweislastregeln

Die im Wirtschaftsstrafrecht traditionellerweise auftretenden Beweisschwierigkeiten haben dazu geführt, dass immer wieder **gesetzliche Vermutungen** verwendet wurden, um diese Probleme zu bewältigen. Als Beispiel kann auf Art. 1 Nr. 2a EG-Richtlinie vom 28.1.2003 über Insider-Geschäfte und Marktmanipulationen verwiesen werden. Hierbei handelt es sich um eine **widerlegbare Beweisvermutung**, deren Zulässigkeit im Strafrecht umstritten ist. Nach Auffassung der Rechtsprechung des EGMR zu Art. 6 EMRK sind solche Vermutungen im Strafrecht zulässig.[483] Auch der EuGH hat zur Frage der widerlegbaren Vorsatzvermutung im Kontext von Insidergeschäften in der *Spector*-Entscheidung Stellung[484] genommen und sich dem EGMR angeschlossen. Jedoch würde es zu weit gehen, aus dieser Entscheidung zu schließen, dass auch im deutschen Kapitalmarktstrafrecht eine Vermutung des Vorsatzes des Insiders gelten soll,[485] dafür liefert das Unionsrecht keine Basis, weil es keinerlei strafrechtliche Vorgaben beinhaltet.

111

Auch **außerstrafrechtliche Gesetze**, die durch das Wirtschaftsstrafrecht in Bezug genommen werden, so z. B. das Steuer- und Zollrecht kennen spezielle formelle Nachweispflichten, an deren Nichterfüllung der Gesetzgeber belastende Rechtsfolgen knüpft. Insbesondere Vorschriften, die bei der Verwirklichung eines bestimmten Sachverhaltes eine Steuer- oder Zollminderung oder den Wegfall der Steuer- oder Zollpflicht regeln, sehen häufig vor, dass die erforderlichen Tatsachen nur durch **im Gesetz** ausdrücklich **genannte Beweismittel** nachgewiesen werden können.[486] Dadurch will der Gesetzgeber erreichen, dass die jeweilige Form des Nachweises – die Vorlage bestimmter Belege oder die gesonderte Aufzeichnung bestimmter Tatsachen – eingehalten wird. Die Nichteinhaltung solcher **Formalpflichten** hat grundsätzlich zur Folge, dass die Steuer- oder Zollschuld wegen fehlenden formalen Nachweises nicht gemindert wird oder entfällt. Während die Finanzgerichte[487] und ein Teil der

112

---

[481] Ausführlich zu Schein- und Umgehungshandlungen, auch in europäischer Hinsicht: *Tiedemann* AT, Rn. 236 ff.; *Vogel*, in: *Schünemann/Suárez González* (Hrsg.), Bausteine des europäischen Wirtschaftsstrafrechts, 1994, S. 151 ff.; jeweils m. w. N.

[482] Eingehend dazu *Reisner*, Die Strafbarkeit von Schein- und Umgehungshandlungen in der EG, 1995, S. 25 ff.

[483] Serie A Nr. 141-A – „*Salabiaku*" und EuGRZ 1992, 472 ff. – „*Pham Hoan*"; a. A. *Schmitz*, ZStW 115 (2003), 501, 526 (konventionswidrig) und *Vogel*, WM 2003, 2437, 2444, die darin einen Verstoß gegen den Grundsatz „in dubio pro reo" sehen. Eingehend zu widerlegbaren Beweisvermutungen auch *Appel*, Verfassung und Strafe, S. 254 ff.

[484] Urt. v. 23.12.2009, Rs. C-45/09, Slg. 2009, I-12073.

[485] So aber wohl *Gehrmann*, ZBB 2010, 48, 49, der die Entscheidung deswegen für verfassungswidrig hält.

[486] Zu den Nachweispflichten in materiellen Steuergesetzen vgl. *Achatz*, in: *Leitner* (Hrsg.), Finanzstrafrecht 1996–2002, S. 493, 494 ff.; *Dannecker*, ebenda, S. 540, 544 ff.; zu den Formal- und Nachweispflichten im Zollrecht vgl. *Wolffgang/Stüwe*, ebenda, S. 515 ff.

[487] BFH BStBl. III 1953, 332; BStBl. III 1959, 121; BStBl. II 1980, 416; BStBl. II 1986, 48, 49; BStBl. II 1986, 721, 723; BStBl. II 1989, 120.

steuerrechtlichen und der steuerstrafrechtlichen Literatur[488] solche Nachweispflichten überwiegend als „materiellrechtliche Voraussetzung" des Steuer- oder Zollanspruchs einstufen, die erfüllt sein muss, damit die begünstigende Norm angewendet werden kann, sehen der EuGH[489] und auch der Bundesgerichtshof in Strafsachen[490] hierin verfahrensrechtliche Vorschriften, so dass der fehlende formale Nachweis dann nicht zum Wegfall der Vergünstigung führt,[491] wenn der Nachweis auf andere Weise erfolgt und ein Missbrauch ausgeschlossen oder die Vereinfachung des Verwaltungsverfahrens nicht erheblich beeinträchtigt ist.

Soweit es den Nachweis der innergemeinschaftlichen Lieferung und der Ausfuhrlieferung betrifft hat der EuGH durch die *Collée*-Entscheidung[492] klargestellt, dass eine Versagung der Steuerbefreiung nicht allein auf den Mangel der Nachweisform gestützt werden darf. Ist durch andere als die gesetzlichen Mittel nachgewiesen, dass die Lieferung tatsächlich stattgefunden hat, so muss auch die Befreiung gewährt werden. Dieser Auffassung sind BFH und BGH gefolgt.[493]

Von den Formalpflichten und den widerlegbaren Beweisvermutungen sind die **unwiderlegbaren Beweisvermutungen** zu unterscheiden, die eingesetzt werden, um einen steuerlichen Zugriff auf Sachverhalte zu ermöglichen, die außerhalb der Ermittlungsbefugnis der Finanzbehörde liegen. Unter diesen Voraussetzungen ist es im Interesse einer gleichmäßigen Durchsetzung des Steuerrechts vertretbar, dass die individuelle hinter der generellen Gleichmäßigkeit der Besteuerung zurücktritt. Solche Typisierungen beanspruchen auch im Steuerstrafrecht Geltung und sind bei der Bestimmung des tatbestandsmäßigen Erfolges der Steuerverkürzung heranzuziehen.

e) Effektivität des Wirtschaftsstrafrechts

113 Eine Bewertung der Effektivität des geltenden Wirtschaftsstrafrechts ist nur schwer möglich. Misst man die Wirksamkeit strafrechtlicher Normen nicht nur an der **Aufdeckung** und **Verfolgung** von Verstößen, also an einer hohen Wahrscheinlichkeit der Entdeckung und Aburteilung,[494] so kann festgehalten werden, dass einzelne Straftatbestände generalpräventive Wirkung entfalten konnten: Schon vor Inkrafttreten des § 264a StGB (Kapitalanlagebetrug) stellten die von diesem Tatbestand potenziell Betroffenen sicher, dass ihre Werbeprospekte nicht unter die neue Vorschrift fielen und informierten sich eingehend über den neuen Straftatbestand und die dadurch gesteckten Grenzen. Damit hat aber die Strafandrohung ihr primäres Ziel erreicht, das **allgemeine Normenbewusstsein** zu stärken und potenzielle Täter abzuschrecken.[495]

---

[488] Vgl. die Nachweise bei *Tipke/Kruse*, Abgabenordnung. Kommentar, 16. Aufl., § 162 Rn. 27; *Joecks*, in: *Franzen/Gast/Joecks*, Steuerstrafrecht. Kommentar, 6. Aufl. 2004, § 370 Rn. 56; a. A. *Trzalik*, in: *Hübschmann/Hepp/Spitaler*, Abgabenordnung. Finanzgerichtsordnung. Kommentar, 10. Aufl., § 162 Rn. 29.
[489] EuGH Slg. I 1996, 6259 ff. (*John Reisdorf gegen Finanzamt Köln West*); EuGH Slg. I 1998, 3497 ff. (*Société générale des grandes sources d'eaux minérales françaises gegen Bundesamt für Finanzen*).
[490] BGH StV 2000, 473.
[491] Zur strafrechtlichen Bedeutung steuerrechtlicher Beweisvermutungen und Beweislastvorschriften für das Steuerstrafrecht vgl. *Dannecker*, in: *Leitner* (Hrsg.), Finanzstrafrecht 1996–2002, S. 540, 562 ff.
[492] EuGH, Urteil vom 27.9.2007 – C-146/05 *Albert Collée./.FA Limburg*; DStR 2007, 1811 ff.
[493] BGH NJW 2005, 2241, 2242, vgl. ferner die Nachweise bei *Bülte*, in: *Graf/Jäger/Wittig* § 370 AO Rn. 369.
[494] Auf die Bedeutung dieser Kriterien für ein effektives Strafrecht weist insbesondere *Tiedemann*, Wirtschaftsstrafrecht, Bd. I, S. 248, hin.
[495] Zu Alternativen zum Strafrecht vgl. *Ransiek*, in: *Gropp* (Hrsg.), Wirtschaftskriminalität und Wirtschaftsstrafrecht, S. 203 ff. und *Schünemann*, GS Kaufmann 1989, S. 629 ff.

2. Reformen im Bereich der Bußgeldverhängung gegen juristische Personen und Personenvereinigungen

Im Bereich der strafrechtlichen Sanktionen sind die Reformen auf dem Gebiet der Bußgeldverhängung gegen juristische Personen und Personenvereinigung von größter Bedeutung.[496]

a) Normadressaten

§ 30 OWiG sieht in seiner jetzigen Fassung die Verhängung von Geldbußen gegen **juristische Personen** – AG, KGaA, GmbH, Genossenschaften, eingetragene Vereine, selbständige Stiftungen, bergrechtliche Gewerkschaften – **und diesen gleichgestellte Personen** – nicht rechtsfähige Vereine und rechtsfähige Personengesellschaften – vor. Umstritten ist, ob auch **juristische Personen des öffentlichen Rechts** – Körperschaften, selbständige Anstalten, Stiftungen – als Normadressaten in Betracht kommen. Dies wird ganz überwiegend bejaht, weil durch die Übernahme eines erheblichen Teils der Versorgung der Bevölkerung und der öffentlichen Daseinsvorsorge durch staatliche Stellen die Gefahr gewachsen sei, dass Organe von juristischen Personen des öffentlichen Rechts Zuwiderhandlungen begehen, die in der privaten Wirtschaft durch Geldbußen geahndet würden.[497] Wenn ein Unternehmen nach Beendigung der zu sanktionierenden Tat nur die Firmenbezeichnung wechselt oder die Rechtsform ändert, kann nach der Rechtsprechung die Geldbuße gegen den Rechtsnachfolger verhängt werden, sofern das Unternehmen der Sache nach dasselbe geblieben ist.[498] Der BGH hat diese Judikatur in seiner Entscheidung zur Versicherungsfusion[499] dahingehend bestätigt, dass gegen den Gesamtrechtsnachfolger der Organisation, deren Organ die Tat begangen hat, nur dann ein Bußgeld verhängt werden kann, wenn „zwischen der früheren und der neuen Vermögensverbindung nach wirtschaftlicher Betrachtungsweise nahezu Identität besteht". Wirtschaftliche Identität sei gegeben, wenn das „haftende Vermögen" weiterhin vom Vermögen des gemäß § 30 OWiG Verantwortlichen getrennt, in gleicher oder in ähnlicher Weise wie bisher eingesetzt werde und in der neuen juristischen Person einen wesentlichen Teil des Gesamtvermögens ausmache.[500] Bei der Übernahme eines Unternehmens durch ein anderes kam es darauf an, ob eine wirtschaftliche **Fortführung wesentlicher Teile des übernommenen Unternehmens** vorliegt.[501] Eine darüber hinausgehende Verhängung von Bußgeldern gegen den Rechtsnachfolger verletze Art. 103 Abs. 2 GG.[502] Durch Art. 4 Nr. 1b des Achten Gesetzes zur Änderung des OWiG v. 26.6.2013 wäre jedoch ein neuer § 30 Abs. 2a OWiG eingeführt, der diese Probleme lösen soll. Dort ist die Möglichkeit verankert, die Geldbuße gegen den Rechtsnachfolger festzusetzen.[503]

b) Personenkreis, dessen Verhalten der juristischen Person zugerechnet wird

Als natürliche Personen, deren Handlung der juristischen Person oder dem Personenverband zugerechnet wird, kommen **vertretungsberechtigte Organe** einer juristischen Person oder ein Mitglied eines solchen Organs (§ 30 Abs. 1 Nr. 1 OWiG), der Vorstand eines nicht rechtsfähigen Vereins oder ein Mitglied des Vorstands eines nicht rechtsfähigen Vereins (§ 30 Abs. 1 Nr. 2 OWiG), der vertretungsberechtigte Gesellschafter einer rechtsfähigen Personengesellschaft (§ 30 Abs. 1 Nr. 3 OWiG), der Generalbevollmächtigte oder Prokuristen und Hand-

---

[496] Zusammenfassend *Dannecker*, in FS Böttcher, S. 465 ff; vgl. zu sonstigen Reformen *Dannecker*, in: *Wabnitz/Janovsky* (Hrsg.), 2. Aufl. 2004, Kap. 1, Rn. 127 ff.
[497] Vgl. nur *Rogall*, in: Karlsruher Kommentar zum OWiG, § 30 Rn. 32 ff.; *Rebmann/Roth/Herrmann*, Gesetz über Ordnungswidrigkeiten (Losebl.), Bd. 1 § 30 Rn. 3, jeweils m. w. N.; a. A. *Busch*, Grundfragen der strafrechtlichen Verantwortlichkeit der Verbände, 1933, S. 194 f.; *Schmitt, R.*, Strafrechtliche Maßnahmen gegen Verbände, 1958, S. 211.
[498] *Göhler*, OWiG, § 30 Rn. 38.
[499] BGH NJW 2012, 164 ff.; so bereits BGH wistra 1986, 221.
[500] Vgl. dazu auch *Göhler*, wistra 1991, 207.
[501] Vgl. auch OLG Düsseldorf BeckRS 2007, 12845.
[502] BGH NJW 2012, 164 ff.
[503] Vgl. zu den Einzelheiten *Achenbach*, NZWiSt 30, 327 ff.

lungsbevollmächtigte in leitender Position (§ 30 Abs. 1 Nr. 4 OWiG) sowie sonstige Personen, die für die Leitung des Betriebes oder Unternehmens einer juristischen Person oder einer Personenvereinigung verantwortlich handeln (§ 30 Abs. 1 Nr. 5 OWIG) in Betracht.[504] Mit der im Jahr 2002 eingeführten[505] Regelung in § 30 Abs. 1 Nr. 5 OWiG hat der Gesetzgeber eine Generalklausel geschaffen, die die Nr. 1 bis 4 mit umfasst. Dies folgt aus der Formulierung „sonstige".[506]

117 Bei einer GmbH & Co KG ist der Geschäftsführer der GmbH das Organ, das für die GmbH & Co KG handelt.[507] Bei der OHG ist grundsätzlich jedem Gesellschafter Vertretungsmacht eingeräumt (§ 125 Abs. 1 HGB), so dass die Zuwiderhandlung eines einzelnen Gesellschafters genügt. Der Begriff „vertretungsberechtigt" kennzeichnet lediglich die **Organstellung**; auf den Umfang der rechtsgeschäftlichen Vertretungsmacht im Einzelfall kommt es nicht an, weil die straf- und ordnungswidrigkeitenrechtlich relevanten Handlungen regelmäßig außerhalb der rechtsgeschäftlichen Vertretung liegen. Hieraus folgt, dass als möglicher Täter auch das Vorstandsmitglied einer AG in Betracht kommt, das nur in Gemeinschaft mit einem Prokuristen zur Vertretung befugt ist.[508] Für die Organstellung ist es unerheblich, ob der Bestellungsakt wirksam ist; auch diesbezüglich ist die faktische Betrachtungsweise maßgeblich.[509]

c) Verletzung einer betriebsbezogenen Pflicht bzw. Bereicherung der juristischen Person und der Personenvereinigung

118 § 30 Abs. 1 OWiG setzt voraus, dass das Organ oder der Vorstand usw. eine Straftat oder Ordnungswidrigkeit begangen und dadurch entweder eine Pflicht verletzt hat, welche die juristische Person oder Personenvereinigung trifft, oder aber die juristische Person oder Personenvereinigung bereichert ist bzw. dass ihre Bereicherung beabsichtigt war.

Jeder Pflichtverstoß nach § 30 Abs. 1 OWiG setzt die Verletzung einer **betriebsbezogenen Pflicht** voraus,[510] d. h. einer Pflicht, die sich aus dem Wirkungskreis der juristischen Person oder Personenvereinigung ergibt.[511] Betriebsbezogene Pflichten sind insbesondere solche, die die juristische Person oder Personenvereinigung als Arbeitgeber, Gewerbetreibender, Halter eines Kfz, als Importeur oder Exporteur, als Hersteller usw. treffen. Aber auch Pflichten, die jedermann treffen, können betriebsbezogen sein, wenn sich die Verantwortung aufgrund des Wirkungskreises der juristischen Person oder Personenvereinigung ergibt. Hierzu gehören vor allem Garantenstellungen und Verkehrssicherungspflichten.[512] Wenn eine juristische Person Arbeitnehmer beschäftigt, muss sie diese vor Gefahren schützen, denen sie am Arbeitsplatz ausgesetzt sind. Werden Konsumgüter in den Verkehr gebracht, so besteht die Verpflichtung, mögliche Gefährdungen oder Schäden für den Abnehmer abzuwenden.[513] Zu den betriebsbezogenen Pflichten gehören weiterhin Aufsichtspflichten entsprechend § 130 OWiG.[514]

Bei der Pflichtverletzung muss das Organ oder der Vorstand **rechtswidrig** und **schuldhaft** gehandelt haben. Eine nur rechtswidrige Tatbestandsverwirklichung reicht nicht aus.

Wenn nur festgestellt werden kann, dass einer von mehreren in Frage kommenden Verantwortlichen die Aufsichtspflicht nicht erfüllt hat, jedoch nicht geklärt werden kann, wer die Pflichtverletzung tatsächlich begangen hat, kann gleichwohl eine Geldbuße gegen die juristi-

---

[504] Nicht belegt.
[505] BGBl. I S. 3388; § 30 Abs. 1 Nr. 5 wurde ebenso wie die Änderungen hinsichtlich der rechtsfähigen Personengesellschaften durch das EU-Rechtsinstrumente-AusführungsG vom 22.8.2002 eingeführt.
[506] Vgl. BT-Drs. 14/8998, S. 11.
[507] BGH NStZ 1986, 79.
[508] *Göhler*, OWiG, § 30 Rn. 13 ff.
[509] BGHSt 21, 101; *Rogall*, in: Karlsruher Kommentar zum OWiG, § 30 Rn. 70.
[510] *Rebmann/Roth/Herrmann*, OWiG, § 30 Rn. 26.
[511] Näher dazu *Schroth*, Unternehmen als Normadressat und Sanktionssubjekte, 1993, S. 43 ff.
[512] *Demuth/Schneider*, BB 1970, 650.
[513] BGHSt 37, 106; *Schmidt-Salzer*, NJW 1990, 2966; *Kuhlen*, NStZ 1990, 566; *Göhler*, wistra 1991, 207.
[514] BGH wistra 1986, 111; *Tiedemann*, NJW 1988, 1173.

D. Zur geschichtlichen Entwicklung des Wirtschaftsstrafrechts

sche Person verhängt werden.[515] Überträgt ein Verantwortlicher seine Pflichten auf eine andere Person, so kann unter den Voraussetzungen des § 9 OWiG auch diese Person strafrechtlich zur Verantwortung gezogen werden.[516]

Eine Geldbuße kann gemäß § 30 Abs. 1 OWiG auch verhängt werden, wenn durch die Handlung des Organs usw. die juristische Person oder Personenvereinigung **bereichert worden ist** oder **bereichert werden sollte**, ohne dass die Verletzung einer betriebsbezogenen Pflicht erforderlich wäre. Diese Vorschrift dient der Gewinnabschöpfung. Sie wird weit ausgelegt, denn die Gewinne müssen nicht aus Vermögensstraftaten stammen; sie können insbesondere auch aus Meineids-, Bestechungs- oder Urkundsdelikten herrühren.[517] Etwaige Ersatzansprüche schließen die Bereicherung und damit die Festsetzung einer Geldbuße nicht aus, weil das Organ ansonsten ohne Risiko eine Bereicherungstat für die juristische Person begehen könnte.[518]

d) Handeln als Organ, Vorstand usw.

Der Täter muss „als Organ" oder „als Vorstand" usw. gehandelt haben, d. h. in Wahrnehmung der Angelegenheiten der juristischen Person oder Personenvereinigung. Durch dieses Erfordernis sollen Handlungen des Organs als Privatperson als Bezugstaten ausgeschlossen werden. Nicht erforderlich ist es, dass das Organ im Rahmen des ihm übertragenen Aufgabenkreises tätig wird. Es reicht aus, dass seine Handlungen in einem **inneren Zusammenhang mit der Organstellung** stehen. Während § 30 Abs. 1 Nr. 1 OWiG eine Handlung voraussetzt, die noch im Geschäfts- und Wirkungskreis der juristischen Person oder Personenvereinigung liegen muss,[519] können nach § 30 Abs. 1 Nr. 2 OWiG auch Handlungen einbezogen werden, die aus dem Geschäftskreis der juristischen Person herausfallen.

§ 30 Abs. 1 Nr. 3 OWiG erfasst als taugliche Adressaten einer Unternehmensgeldbuße *alle rechtsfähigen* Personengesellschaften und nicht mehr nur die Personenhandelsgesellschaften (Rn. 79). Damit kann auch gegen eine Gesellschaft bürgerlichen Rechts oder gegen eine Partnerschaftsgesellschaft eine Geldbuße verhängt werden.

Aufgrund des neu eingefügten § 30 Abs. 1 Nr. 5 OWiG erstreckt sich die Vorschrift nunmehr auch auf Personen, die für das Unternehmen oder eine Personenvereinigung **verantwortlich handeln**. Als verantwortliches Handeln ist u. a. die Überwachung der Geschäftsführung oder eine sonstige Ausübung von Kontrollbefugnissen in leitender Stellung innerhalb des Unternehmens anzusehen. Wie sich aus dem Erläuternden Bericht zu dem Zweiten Protokoll zum EU-Finanzschutzübereinkommen ergibt, fällt aber z. B. der externe Rechnungsprüfer nicht unter § 30 Abs. 1 Nr. 5 OWiG.[520]

Wenn **mehrere Organe** an einer Ordnungswidrigkeit oder Straftat beteiligt sind, kann gleichwohl nur eine Geldbuße gegen die juristische Person oder Personenvereinigung festgesetzt werden, weil nur eine Tat vorliegt. Hat hingegen ein Organ mehrere real konkurrierende Straftaten oder Ordnungswidrigkeiten begangen, so können auch mehrere Geldbußen gegen die juristische Person oder Personenvereinigung verhängt werden. Eine „Gesamtgeldbuße" kennt das Ordnungswidrigkeitenrecht nicht.[521]

e) Reformbestrebungen

Für einen Ausbau der Sanktionen gegen juristische Personen spricht, dass man den Verband selbst zwingen müsse, wirtschaftsinterne Kontrollen aufzubauen und zu effektivieren. In diesem Zusammenhang wird die Einführung einer **kriminalstrafrechtlichen Verantwort-**

---

[515] BGH NStZ 1994, 346 f.
[516] Näher zu §§ 9, 30 und 130 OWiG *Többens,* NStZ 1999, 1 ff.
[517] *Rebmann/Roth/Herrmann,* OWiG, § 30 Rn. 31.
[518] *Müller E.,* Stellung der juristischen Person im Ordnungswidrigkeitenrecht, 1985, S. 74.
[519] *Göhler,* OWiG, § 30 Rn. 26 m. w. N.; vgl. auch *Stratenwerth,* FS R. Schmitt, 1992, S. 299, der zusätzlich fordert, dass sich in dem deliktischen Verhalten eine für den jeweiligen Tätigkeitsbereich typische Gefahr verwirklicht.
[520] ABl. vom 31.3.1999, Nr. C 91/8, 11 = BT-Drs. 14/9002 S. 17, 19.
[521] Kritisch dazu *Cramer,* Grundbegriffe des Rechts der Ordnungswidrigkeiten, 1971, S. 103.

lichkeit juristischer Personen für notwendig gehalten.[522] Gegen derartige Vorschläge wird aber auf den Konflikt mit dem im deutschen Recht geltenden Schuldprinzip hingewiesen, wonach das Strafrecht auf der Vorwerfbarkeit persönlicher, individueller Schuld beruht. Kritiker wenden ein, dass dieser Gesichtspunkt einer Kriminalstrafe bei juristischen Personen entgegenstehe.[523] Eine Verpflichtung zur Einführung einer derartigen Sanktion könne auch nicht mit Blick auf internationale Vereinbarungen der Bundesrepublik Deutschland begründet werden. Zwar wurde am 19.6.1997 von den Mitgliedstaaten das Zweite Zusatzprotokoll zu dem Übereinkommen über den Schutz der finanziellen Interessen der EG unterzeichnet,[524] in dem die Verhängung von wirksamen, angemessenen und abschreckenden Sanktionen gegen juristische Personen gefordert wird. Jedoch blieb den vertragsschließenden Staaten die Wahl zwischen strafrechtlichen oder nichtstrafrechtlichen (Geld-) Sanktionen. Unabhängig von dieser Entwicklung empfahl schließlich die vom Bundesministerium der Justiz eingesetzte „Kommission zur Reform strafrechtlicher Sanktionensysteme" in ihrem Abschlussbericht von März 2000, eine strafrechtliche Verantwortlichkeit juristischer Personen nicht einzuführen. Am 19.9.2013 hat das Justizministerium NRW einen Entwurf eines Gesetzes zur Einführung der strafrechtlichen Verantwortlichkeit von Unternehmen und sonstigen Verbänden vorgelegt. Ob dieser sofort in die Kritik geratene Entwurf[525] sich wird realisieren lassen, ist fraglich. Der Entwurf sieht ein neues Verbandsstrafgesetzbuch vor, das die Haftung von Verbänden in materiell-rechtlicher wie in prozessualer Hinsicht auf eine eigenständige Grundlage stellen soll (S. 3 der Begr.). Orientiert ist der Entwurf an den Europäischen Vorgaben des Zweiten Protokolls aufgrund von Art. K3 des Vertrags über die EU zum Übereinkommen zum Schutz der finanziellen Interessen der EU v. 19.6.1997. Das neue Verbandsstrafgesetzbuch sieht – so die Begründung – im Hinblick auf die Rechtsfolgen ein abgestuftes Reaktions- und Sanktionsinstrumentarium vor, das stark präventiv ausgerichtet sein soll. Ergänzende Verfahrensvorschriften sollen das Strafprozessrecht an die Anforderungen der Führung von Prozessen gegen Verbände anpassen.

124 Wegen der bereits in vielen EU-Mitgliedstaaten bestehenden Kriminalstrafe für juristische Personen wird sich allerdings auch das deutsche Recht wegen der **fortschreitenden Europäisierung** wohl nicht mehr länger diesem Gedanken verschließen können.[526] Darüber hinaus besteht die Notwendigkeit, über **alternative Modelle der Sanktionierung juristischer Personen** nachzudenken, wie z. B. zeitweiligen Werbeverboten bei wettbewerbswidrigen Verbrauchertäuschungen oder dem Ausschluss von staatlichen Aufträgen und Subventionen, der sich vor allem für spezielle Delikte wie unzulässige Preisabsprachen, Bestechungen und Subventionserschleichungen anbietet.

124a Im Kartellrecht wurde die 8. GWB-Novelle verabschiedet. Am 2.8.2011 hatte das Bundesministerium für Wirtschaft und Technologie die wesentlichen **Elemente** der Novelle vorgestellt. Durch die Novelle soll u. a. die Stellung der Verbraucherverbände im Rahmen der Durchsetzung des Kartellrechts gestärkt und das Verfahren zur Verhängung von Geldbußen beschleunigt werden. Kurze Zeit später wurde der entsprechende **Referentenentwurf** vorgelegt, der auf die Modernisierung des Wettbewerbsrahmens in Deutschland ausgerichtet ist; insbesondere sollten im Bereich der Missbrauchsaufsicht, der Fusionskontrolle und der Durchsetzung des Kartellrechts Harmonisierungen und Vereinfachungen erfolgen. Im März 2012 verabschiedete das Bundeskabinett den Entwurf eines Achten Gesetzes zur Änderung des Gesetzes gegen Wettbewerbsbeschränkungen, und im Mai 2012 nahm der Bundesrat zu dem Regierungsentwurf Stellung.[527] In der Zwischenzeit wurde eine Reihe von Änderungsvorschlägen erörtert und schließlich wurde am 18.10.2012 der Entwurf in der Fassung angenommen, den er durch die Empfehlungen des Ausschusses für Wirtschaft und Technolo-

---

[522] So schon *Däubler-Gmelin*, ZRP 1999, 81 ff.
[523] *Peglau*, ZRP 2001, 406, 407 f.; *Scholz*, ZRP 2000, 435, 438.
[524] ABl. vom 19.6.1997, Nr. C 221/11 ff.
[525] Vgl. nur die Kritik im Vorfeld, etwa Stellungnahme Nr. 9/2013 der BRAK, ferner *Leipold*, NJW-spezial 2013, 696.
[526] *Scholz*, ZRP 2000, 435, 440.
[527] BR-Drs. 176/12; vgl. auch BR-Drs. 176/1/12; 173/12(B); BT-Drs. 17/8541; BR-Drs. 60/12(B).

gie⁵²⁸ angenommen hat. Das Achte Gesetz zur Änderung des GWB ist am 29.6.2013 im BGBl. (I S. 1738) verkündet worden und bis auf Art. 2 am 30.6.2013 in Kraft getreten.

3. Änderungen des Strafprozessrechts

a) Einrichtung spezialisierter Schwerpunktstaatsanwaltschaften und Schaffung von Wirtschaftsstrafkammern

In strafverfahrensrechtlicher Hinsicht ging der Hauptanstoß zur Neuregelung des Wirtschaftsstrafrechts von der Strafjustiz aus, die bereits seit Ende der 1960er Jahre durch organisatorische Maßnahmen, insbesondere durch die Einrichtung spezialisierter Schwerpunktstaatsanwaltschaften sowie durch die Schaffung spezialisierter Wirtschaftsstrafkammern[529] bei den Landgerichten versuchte, die wachsende Wirtschaftskriminalität zu bekämpfen. Durch die Vorschrift des **§ 74c Abs. 3 GVG** hat der Gesetzgeber die Landesregierungen ermächtigt, zur sachdienlichen Förderung oder schnelleren Erledigung der Verfahren durch Rechtsverordnung einem Landgericht für die Bezirke mehrerer Landgerichte ganz oder teilweise Strafsachen zuzuweisen, welche eine der in Abs. 1 benannten Katalogtaten zum Gegenstand haben.[530]

Während die ersten **Wirtschaftsstrafkammern** erst Anfang der 1970er Jahre entstanden sind, wurde eine entsprechende Konzentration bei den **Staatsanwaltschaften** bereits Ende der 1960er Jahre eingeleitet. Die Zentralstellen zur Bekämpfung der Wirtschaftskriminalität sind in den verschiedenen Bundesländern höchst unterschiedlich ausgestaltet. Insgesamt ist für sie charakteristisch, dass besonders erfahrene Dezernenten, die häufig eine wirtschaftliche Zusatzausbildung haben, langjährig in diesem Tätigkeitsfeld eingebunden sind. Die Staatsanwälte werden in der Regel durch **Wirtschaftsreferenten oder Sachverständige für Buchprüfung** unterstützt, die keine Juristen sind, sondern Wirtschaftswissenschaftler bzw. Personen mit einschlägiger Erfahrung aus einer entsprechenden Tätigkeit. Diesen Wirtschaftsreferenten ist die allgemeine Unterstützung der Ermittlungstätigkeit sowie die weisungsfreie Erstattung von Sachverständigengutachten übertragen.[531]

Auch bei der **Polizei** gibt es Spezialdienststellen zur Bekämpfung der Wirtschaftskriminalität. Die Beamten werden auf Speziallehrgängen für Wirtschaftskriminalität ausgebildet; im Dienst werden sie durch sog. Wirtschaftsprüfdienste, die den Wirtschaftsreferenten auf der Ebene der Staatsanwaltschaften entsprechen, unterstützt.[532]

Die organisatorischen Maßnahmen im Interesse einer Spezialisierung und Konzentration der Strafverfolgungsbehörden haben maßgeblich dazu beigetragen, die **Effektivität** bei der Aufklärung und Verfolgung von Wirtschaftsdelikten zu steigern.[533] Sowohl die Errichtung der Wirtschaftsstrafkammern bei den Landgerichten als auch die Einrichtung von Schwerpunktstaatsanwaltschaften hat sich als erfolgreich erwiesen. Hinzu kommen Reformen im administrativen Bereich, so die Entwicklung eines Zentralregisters für unlautere Gewerbetreibende.

b) Sonstige verfahrensrechtliche Änderungen

Abgesehen von den dargestellten Zuständigkeits- und Organisationsfragen ist das Verfahrensrecht nicht besonders auf Wirtschaftsstraftaten zugeschnitten. Es gilt **allgemeine Recht der Strafprozessordnung**. Allerdings haben wirtschaftliche Gro... Anlass zu einer Reihe gesetzgeberischer Reformen gegeben, die wie folgt ski... werden können: Einschränkung des Verfolgungszwangs, um durch Nichtanklage ei... Tatkomplexe der gro...

---

[528] BT-Drs. 17/11053.
[529] Zur Reform des Wirtschaftsstrafverfahrens im Hinblick auf ...eiligung von Laien vgl. *Kathol-nigg*, wistra 1982, 91 ff.
[530] Näher dazu oben Rn. 8.
[531] Näher dazu *Richter*, GmbHR 1984, 113 f.; ders., in: L...utschland und Europa, 1997, S. 54. ...temberg (Hrsg.), Grenzenlose Geschäfte. Wirtschaftskrimi... für Praxis und Wissenschaft, Bd. 2,
[532] *Kubica*, in: *Kube/Störzer/Timm* (Hrsg.), Kriminalisti... 1994, S. 445, 450.
[533] Vgl. zur Aufklärungsquote bei Wirtschaftsdelikt...

ßen Stofffülle zu begegnen; Vermehrung der Befugnisse der Staatsanwaltschaft im Vorverfahren; Verlängerung von Fristen, z. B. Unterbrechung der Hauptverhandlung, aber auch für die allgemeine Verfolgungsverjährung; Einschränkung des Unmittelbarkeitsprinzips in der Hauptverhandlung bei Beweismittelurkunden, die nicht mehr zwingend verlesen werden müssen.

128 In Wirtschaftsstrafsachen mit internationalem Bezug kommen häufig **Auslandszeugen** als Beweismittel in Betracht. Die Pflicht zur Vernehmung eines Auslandszeugen richtet sich sowohl im Rahmen der Amtsaufklärungspflicht als auch bei Stellung eines Beweisantrags danach, ob sich das Gericht zur Vernehmung des Zeugen gedrängt sehen muss oder ob dies nahe liegt. Klargestellt wurde durch den Bundesgerichtshof,[534] dass bei Fehlen der Amtsaufklärungspflicht keine Pflicht besteht, sich weiter um den Zeugen zu bemühen. Im Fall der Aufklärungserheblichkeit muss das Tatgericht, wenn weder eine Vernehmung in der Hauptverhandlung möglich ist, noch die Hauptverhandlung wenigstens teilweise im Ausland durchgeführt werden kann, eine mittelbare Vernehmung erwägen, z. B. durch eine kommissarische Vernehmung. In Betracht kommt aber auch die simultane Videovernehmung gemäß § 247a StPO.[535] Diese Vorschrift, die durch das „**Zeugenschutzgesetz**"[536] zum 1.12.1998 eingeführt worden ist und durch die das Gericht den Zeugen unmittelbar befragen sowie sich einen Gesamteindruck verschaffen kann, weist gegenüber einer kommissarischen Vernehmung weitere wesentliche Vorteile auf: Abhängig vom Recht des zu ersuchenden Staates ist eine zwangsweise Vorführung zum Übertragungsort möglich. Außerdem kann, falls sich der ersuchte Staat damit einverstanden erklärt, deutsches Strafprozessrecht angewandt werden, wodurch die Tatsachengewinnung mit weniger Fehlern behaftet ist und so eine verlässlichere Basis für die nachfolgende Beweiswürdigung geschaffen wird.[537]

129 Insgesamt bleibt die Beweisführung und Verurteilung in Wirtschaftsstrafsachen weitgehend auf Indizien angewiesen, deren sorgfältige Sammlung und Bewertung nicht selten zu überraschenden Geständnissen der Angeklagten führt. Ein erheblicher Teil solcher Geständnisse beruht auf einer **Verständigung** zwischen Verteidigung, Anklage und Gericht über die Obergrenze der Höhe des Strafmaßes. Eine derartige Verständigung ist nach deutschem Verständnis im Hinblick auf die Grundstrukturen des Strafprozesses zwar fragwürdig, nach h. M. jedoch zulässig und aus der Praxis nicht mehr hinwegzudenken.[538]

E. Offene Grundsatzfragen der Wirtschaftskriminalität und des Wirtschaftsstrafrechts

130 Die Wirtschaftskriminalität und das Wirtschaftsstrafrecht sind zwar seit mehreren Jahrzehnten Gegenstand eingehender Untersuchungen und Stellungnahmen. Gleichwohl sind viele Fragen noch unbeantwortet. Dies gilt zunächst für den Bereich der **Kriminologie**, die nur einen Teilbereich der Wirtschaftskriminalität untersucht hat. Insbesondere fehlen Untersuchungen über die internationale Wirtschaftskriminalität. Hier bedarf es einer Ausweitung des zu untersuchenden Gegenstandes und der internationalen Kooperation im Bereich der Kriminologie, um vergleichbare Daten zu erheben und auswerten zu können und so die erforderlichen empirischen Grundlagen für eine Weiterentwicklung des Wirtschaftsstrafrechts zu erlangen.[539]

---

[534] BGH NJW 2001, ...
[535] Zur großzügigen An...
[536] Gesetz zur Änderung des § 247a StPO vgl. z. B. *Rinio*, NStZ 2004, 188 ff.
[536] Gesetz zum Schutz ...trafprozessordnung und der Bundesgebührenordnung für Rechtsanwälte (Gesetz zum Schutz ... Opferschutzes, Zeugenschutz... bei Vernehmungen im Strafverfahren und zur Verbesserung des ...ZSchG) vom 30.4.1998, BGBl. I S. 820.
[537] Näher zu diesem Problem ... langter Beweise BGH NZWiSt...istra 2001, 290 ff.; vgl. ferner zur Verwertbarkeit im Ausland er...
[538] Näher dazu oben Rn. 49 ff. m. Anm. *Zehetgruber*.
[539] Zu den Forschungsergebnis... schaftskriminalität, 1999. ...ropa vgl. *Albrecht*, in: Bauhofer/Queloz/Wyss (Hrsg.), Wirt-

Aber auch im **strafrechtlichen Bereich** sind Fragen sowohl grundsätzlicher als auch spezieller Art nicht hinreichend geklärt.⁵⁴⁰ Dies gilt z. B. für die Bestimmung detaillierter Kriterien, unter welchen Voraussetzungen der Gesetzgeber berechtigt ist, überindividuelle Rechtsgüter durch Strafnormen zu schützen. Ferner ist ungeklärt, ob der Grundsatz „in dubio pro libertate" im Wirtschaftsstrafrecht zu beachten ist und wo seine Grenzen verlaufen, ob der anhand der überwiegend für Gewaltstraftaten entwickelte Allgemeine Teil unbesehen auf das Wirtschaftsstrafrecht übertragen werden darf, ob sich eine Zusammenfassung aller relevanter Straftatbestände im Strafgesetzbuch empfiehlt, um dem Bürger das Unrecht deutlicher vor Augen zu führen, inwieweit der Einsatz von Blankettstrafgesetzen vorzugswürdig ist, ob es einer Entkriminalisierung im Bereich leichtester Berufsfahrlässigkeit bedarf usw.

Aber auch in der **Rechtspraxis** treten nicht selten Fragen auf, die von grundsätzlicher Natur sind und von der Rechtsprechung entschieden werden müssen. So musste beispielsweise im Zusammenhang mit der Parteispendenaffäre geklärt werden, wie sich die Änderung eines außerstrafrechtlichen Gesetzes, von dem die Strafbarkeit abhängt, auswirkt.⁵⁴¹ Ungeklärte Rechtsfragen werfen auch die strafrechtliche Produktverantwortung⁵⁴² sowie die Zusammenarbeit der pharmazeutischen und der Medizinprodukteindustrie mit Krankenhäusern und Ärzten im Bereich der Forschungsförderung,⁵⁴³ des Sponsorings von Ärzten durch die Pharmaindustrie⁵⁴⁴ oder gemeinnützige Spenden von Unternehmen an öffentlich-rechtliche Körperschaften im Hinblick auf das neue Korruptionsstrafrecht auf.⁵⁴⁵ Schließlich sind die strafrechtlichen Sanktionen zu nennen, über deren Reform diskutiert wird und die im Wirtschaftsstrafrecht speziellen Anforderungen ausgesetzt sind. Langfristig wird sich angesichts der Internationalisierung und Globalisierung des Wirtschaftsverkehrs die Notwendigkeit einer Annäherung der Strafrechtssysteme jedenfalls im Bereich des Wirtschafts- und Umweltstrafrechts stellen, die – anders als das Gewaltstrafrecht – weniger stark durch kulturelle Eigenheiten der Staaten geprägt sind und sich deshalb besser für eine Rechtsangleichung eignen als das Kernstrafrecht. Damit gewinnt die Rechtsvergleichung im Bereich der Wirtschaftsstrafrechts zunehmend an Bedeutung.

Schließlich bleibt zu berücksichtigen, dass es zu den gesicherten Erkenntnissen der Wirtschaftskriminologie gehört, dass **präventiv-außerstrafrechtliche Akte** wirksamer sind als eine nachträgliche strafrechtliche Ahndung. Daher sollte das Wirtschaftsstrafrecht stets nur ergänzend zu Präventivmaßnahmen eingesetzt werden. Ein positives Beispiel hierfür bietet die Verpflichtung von Unternehmen zur Ad-hoc-Publizität gemäß § 15 WpHG, nach der bestimmte Tatsachen veröffentlicht werden müssen.⁵⁴⁶ Dadurch entfällt der Informationsvorsprung der Insider, der dann nicht mehr zur Begehung von Insiderdelikten ausgenutzt werden kann. Die Einbeziehung der außerstrafrechtlichen Prävention hat zur Folge, dass die bislang überwiegend systemimmanente Betrachtung des Wirtschaftsstrafrechts aufgegeben und ein umfassendes Konzept für die Bekämpfung der Wirtschaftskriminalität entwickelt werden muss.

F. Criminal Compliance

Bei nüchterner Betrachtung sagt der Begriff der Criminal Compliance wenig aus.⁵⁴⁷ Die Kritik, es handele sich um eine bloße Begriffshülse,⁵⁴⁸ ist nicht ganz von der Hand zu weisen,

---

⁵⁴⁰ Vgl. nur *Heinz*, in: *Gropp* (Hrsg.), Wirtschaftskriminalität und Wirtschaftsstrafrecht, S. 43 ff.
⁵⁴¹ BGHSt 34, 272.
⁵⁴² Siehe dazu nur *Tiedemann*, FS Lenckner 1989, S. 765 ff. m. w. N.
⁵⁴³ Vgl. dazu *Dauster* NStZ 1999, 63 ff.; *Lüderssen*, Die Zusammenarbeit von Medizinprodukteindustrie, Krankenhäusern und Ärzten – Strafbare Kollusion oder sinnvolle Kooperation, 1988; *Tondorf/Waider*, MedR 1997, 102 ff.
⁵⁴⁴ Vgl. nur BGH NJW 2012, 2530 ff.
⁵⁴⁵ *Winkelbauer/Felsinger*, Der Gemeindetag 1999, 291 ff.
⁵⁴⁶ Eingehend dazu *Fürhoff*, Kapitalmarktrechtliche Ad hoc-Publizität zur Vermeidung von Kriminalität, 2000, passim.
⁵⁴⁷ Vgl. *Rotsch*, in FS Samson S. 141 m. w. N.
⁵⁴⁸ Hierzu *Rotsch*, in FS Samson S. 141, 142.

schadet aber der Beschäftigung mit den darunter versammelten Bereichen von Beratungsgegenständen nicht. In seinem Originalkontext bezeichnet der Begriff die Zusammenarbeit zwischen einem Unternehmen und den Strafverfolgungsbehörden und stammt aus einem Arbeitspapier des Unternehmens Microsoft aus dem Jahr 2008. Der Begriff setzte sich inzwischen durch und umschreibt damit weniger eine Sache oder Angelegenheit als mehr eine Bewegung und den Teil einer Unternehmensphilosophie. Staaten und Unternehmen ist in den letzten Jahren bewusst geworden, dass es zwingend notwendig ist, sich zumindest um **Programme für normgemäßes Verhalten** bemühen zu müssen, um nicht einen erheblichen Imageschaden zu nehmen. Das führt einerseits zu Scheincompliance, andererseits zu hilflosem Aktionismus.[549]

Für die Beraterschaft ist die Compliance ein Geschenk, weil sie die Generierung neu erscheinender Dienstleistungen ermöglicht und damit einen Markt schafft, der früher unter dem Titel „Haftungsvermeidung" firmierte und weitgehend unbeachtet war. Die strafrechtlichen Fragen, die unter dem Stichwort der Criminal Compliance gestellt werden, sind im Wesentlichen alte und bereits seit langem diskutierte Fragen: Wann ist Sponsoring strafbar? Was bedeutet Scheinselbständigkeit oder welche Verhaltensweisen werden vom § 266 StGB als Untreue erfasst? Die Criminal Compliance bettet diese Fragen jedoch in einen anderen Zusammenhang ein, der zuvor nicht mit einem einzigen Sammelbegriff bezeichnet, sondern unter den Begriffen Organisationspflicht, Vorsorge, Verteidigung oder Kooperation mit den Strafverfolgungsbehörden umschrieben wurde. Die Criminal Compliance ist damit also keine wissenschaftliche, sondern eine wichtige praktische Disziplin, die auf strafrechtlichen Erkenntnissen aufbaut und daher eine wissenschaftliche Basis braucht. Es geht um die **Entwicklung von Strategien und Verfahren** zur Vermeidung von Strafbarkeit und Haftung. Dass die Ergebnisse und Lösungswege, die dabei gefunden werden, wiederum ein sehr wichtiger Gegenstand der wissenschaftlichen Forschung sind, ist unbestreitbar.

134 *Rotsch* hat Criminal Compliance[550] als Versuch bezeichnet, der modernen „Top-down"-Zurechnung durch die Rechtsprechung des BGH zu begegnen und Führungspersonen von Großunternehmen aus der Haftung für Straftaten aus dem Unternehmen zu befreien. Es dränge sich insofern der Eindruck auf, die Criminal Compliance solle der Entlastung der Unternehmensverantwortlichen dienen, die nur deswegen bestehe, weil eine Strafbarkeit des Unternehmens selbst im deutschen Strafrecht nicht vorgesehen ist.[551] Diese These ist unter der Prämisse richtig, dass bei einer Unternehmensstrafbarkeit diese an die Stelle der persönlichen Verantwortlichkeit des Führungspersonals treten würde, und das wäre wohl der falsche Weg, würde es doch die Problematik der Strafsanktion als Rechengröße im Unternehmen eklatant verschärfen. Ohne eine persönliche Verantwortlichkeit von Führungspersönlichkeiten würde das Wirtschaftsstrafrecht obsolet. Daher stellt die Criminal Compliance eines unter verschiedenen Mitteln der **Unternehmensüberwachung** dar.[552]

135 Ausgangspunkt einer effektiven Compliance ist stets eine funktionsfähige **Risikoanalyse**, die die Basis für das Risikomanagement darstellt. Unter Risikoanalyse ist hier die Untersuchung des Tätigkeitsfeldes, der Kunden oder auch Mitarbeiter eines Unternehmens auf spezifische Risikofaktoren hin zu verstehen. Da die Analyse dem Zweck dient, das spezifische Risikopotential für einen bestimmten Bereich normgemäßen Verhaltens zu erkennen, ist der erste Analyseschritt die Feststellung, inwiefern das Unternehmen überhaupt Gefahr läuft, dass normwidrige Handlungen begangen werden. Der Lebensmitteleinzelhändler mit geringem Umsatz muss regelmäßig wenig Gedanken auf Gefahr einer Begehung von Korruptionstaten in seinem Unternehmen verwenden, dafür aber die lebensmittelrechtliche Compliance beachten. Das große Bauunternehmen ist dagegen in besonderer Weise korruptionsgefährdet, steht in der Gefahr, dass Schwarzarbeiter beschäftigt werden, und hat besondere Vorkehrungen im Bereich der Arbeitssicherheit zu treffen. Daher erfordert die Criminal Compliance zunächst eine Analyse des Unternehmens und seines Tätigkeitsbereichs, dann der Kunden

---

[549] *Rotsch* ZS 2010, 614, 617.
[550] Vgl. zur Geschichte der Compliance *Rotsch*, in FS Samson, S. 141, 142 m. w. N.
[551] *Rotsch* ZS 2012, 614, 611.
[552] So *Rotsch*, in FS Samson, S. 141, 142.

F. Criminal Compliance

und Mitarbeiter, ggf. auch weiterer risikorelevanter Faktoren. Die Analyse des Risikos führt dazu, dass der Unternehmer eine Strategie entwickeln und Maßnahmen ergreifen kann, um sich gegen die bestehenden Gefahren eines Fehlverhaltens aus seinem Unternehmen zu schützen.[553] Dieses Risikomanagement kann unterschiedlichste Elemente haben: Unverzichtbar ist die Schaffung des Gefahrbewusstseins bei den betroffenen Personen – typischerweise durch Schulungen –; angeraten wird oftmals die Bestellung eines spezifischen Beauftragten sein, der stets aktuell und umfassend informiert ist und in Zweifelsfällen beratend zur Seite stehen und mit den zuständigen Behörden Kontakt aufnehmen kann.

Nur in wenigen Bereichen ist die Compliance **gesetzlich geregelt**, einer dieser Bereiche ist die **Geldwäsche-Compliance**. Hier hat der Gesetzgeber, gezwungen zur Umsetzung der Europäischen Geldwäscherichtlinie 2005/60/EG, ausführliche Vorgaben für Sorgfaltspflichten im Geldwäschegesetz festgeschrieben, die als exemplarisch für die risikoorientierte Vorgehensweise bei der Compliance betrachtet werden können: Risikoorientierung, Analyse von Kunden und Geschäften, gesonderte Sorgfaltsvorgaben für typische Risikofälle, Bestellung eines Beauftragten, Dokumentation, Monitoring und nicht zuletzt Anzeigepflichten gegenüber den Behörden. Die oftmals im Kontext der Compliance genannte unternehmensinterne Sanktionierung von Fehlverhalten nennt weder die Richtlinie noch das Gesetz, doch normiert § 17 GwG die Bußgeldbewehrung einiger Sorgfaltspflichten des GwG. Die 4. EU-Geldwäscherichtlinie wird hier erhebliche Verschärfungen der Anforderungen mit sich bringen.

135

---

[553] Einzelne Compliance-Maßnahmen daher als reine Verschiebung von Verantwortlichkeit anzusehen (so *Rotsch*, in FS Samson, S. 141, 158), überzeugt nicht.

2. Kapitel. Die Entwicklung des Wirtschaftsstrafrechts unter dem Einfluss des Europarechts

Literatur: *Achenbach,* Ausweitung des Zugriffs bei den ahndenden Sanktionen gegen die Unternehmensdelinquenz, wistra 2002, S. 441 ff.; *ders./Ransiek* (Hrsg.), Handbuch Wirtschaftsstrafrecht, 3. Aufl. 2012, *Ackermann,* Geldwäscherei – Money Laundering, 1992; *Ahlbrecht,* Die Strafrechtspolitik der Europäischen Kommission – eine Bilanz oder, Bundesverfassungsgericht ante portas?, JR 2005, S. 400 ff.; *Albrecht,* Europäische Informalisierung des Strafrechts, StV 2001, S. 69 ff.; *ders./Braum,* Schwerpunkte, Konturen, Defizite, KritV 2001, S. 312 ff.; *ders./Braum,* 11 Thesen zur Entwicklung rechtsstaatlicher Grundlagen europäischen Strafrechts, KritV 2001, S. 279 ff.; *Ambos,* Internationales Strafrecht, 3. Aufl. 2011; *Argyropoulos,* Legitimationsprobleme prozessualer Regelungen des Corpus Juris am Beispiel griechischer Verfassungsgrundsätze, KritV 1999, S. 201 ff.; *Asp,* Manifest zur Europäischen Kriminalpolitik, ZIS 2009, S. 697 ff.; *Bacigalupo,* La fraude au budget Communautaire, Rapport de synthèse, EG-Kommission, GD XX, 1993; *Baddenhausen-Lange/Pietsch,* Rahmenbeschlüsse der Europäischen Union – Nach den Entscheidungen zum Europäischen Haftbefehlgesetz (BVerfG) und in der Rechtssache Pupino (EuGH), DVBl. 2005, S. 1562 ff.; *Barents,* The System of Deposits in Community Agricultural Law, Efficiency v. Proportionality, ELR 1985, S. 239 ff.; *Bauer* (Hrsg.), Felder der Rechtsentwicklung, Geistiges Eigentum, Familie, Kapital, Kriminalität, 2003; *van der Beken,* Kriterien für die jeweils beste Strafgewalt in Europa, NStZ 2002, S. 624 ff.; *Bendler,* Verteidigungsrechte im Konzept des vergemeinschafteten Ermittlungsverfahrens unter Führung der Europäischen Staatsanwaltschaft am Beispiel des Beweisrechts, StV 2003, S. 133 ff.; *Bergmann/Lenz* (Hrsg.), Der Amsterdamer Vertrag. Eine Kommentierung der Neuerungen des EU- und EG-Vertrages, 1998; *Beutler,* Die Europäische Union. Rechtsordnung und Politik, 6. Auflage 2005; *Biancarelli,* L'incidence du droit communautaire sur le droit pénal des Etats membres, Rev. sc. crim. 1984, S. 225 ff., S. 455 ff.; *Bitter,* Die Sanktion im Recht der Europäischen Union, Der Begriff und seine Funktion im europäischen Rechtsschutzsystem, 2011; *Böhm,* Das Europäische Haftbefehlsgesetz und seine rechtsstaatlichen Mängel, NJW 2005, S. 2588 ff.; *ders.,* Der Europäische Haftbefehl im Lichte des Grundsatzes der gegenseitigen Anerkennung und die praktische Umsetzung im nationalen Auslieferungsrecht, StraFo 2013, S. 177 ff.; *Böse,* Strafen und Sanktionen im europäischen Gemeinschaftsrecht, 1996; *ders.,* The Obligation of Member States to Penalise Infringements of Community Law, From Greek Maize to French Farmers, R. A. e. – L. E. A. 2001–2002, S. 103 ff.; *ders.,* Die Zuständigkeit der Europäischen Gemeinschaft für das Strafrecht – Zugleich Besprechung von EuGH, Urteil vom 13.9.2005, GA 2006, S. 211 ff.; *ders.,* Europäisches Strafrecht mit polizeilicher Zusammenarbeit, 2013; *ders./Meyer,* Die Beschränkung nationaler Strafgewalten als Möglichkeit zur Vermeidung von Jurisdiktionskonflikten, ZIS 2011, S. S. 336 ff.; *Borchmann,* Der Vertrag von Nizza, EuZW 2001, S. 170 ff.; *Braum,* Das „Corpus Juris" – Legitimität, Erforderlichkeit und Machbarkeit, JZ 2000, S. 49 ff.; *ders.,* Europäisches Strafrecht im administrativen Rechtsstil. Zur kriminalpolitischen Konzeption des „EU-Grünbuchs Europäische Staatsanwaltschaft", ZRP 2002, S. 508 ff.; *ders.,* Europäische Strafgesetzgebung, Demokratische Strafgesetzlichkeit oder administrative Opportunität, wistra 2006, S. 121 ff.; *Brechmann,* Die richtlinienkonforme Auslegung, 1994; *Breuer,* Der Im- und Export von Abfällen innerhalb der EU aus umweltstrafrechtlicher Sicht, 1998; *Bridge,* The European Communities and the Criminal Law, CLR 1976, S. 88 ff.; *Brodowski,* Strafrechtliche Entwicklungen in der Europäischen Union – Ein Überblick, ZIS 2010, S. 376 ff.; 2011, S. 940 ff.; *ders.* Europäischer ordre public als Ablehnungsgrund für die Vollstreckung Europäischer Haftbefehle? HRRS 2013, S. 54 ff.; *ders.,* Ne bis in idem im europäisierten Auslieferungsrecht – Zugleich Besprechung von OLG München, Beschl. v. 7.12.2012 – OLGAusl. 14 Ausl. A 1156/12 (274/12), StV 2013, S. 339 ff.; *ders.,* Innere Sicherheit in der Europäischen Union, Jura 2013, S. 492 ff.; *Bruns,* Der strafrechtliche Schutz der Europäischen Marktordnungen für die Landwirtschaft, 1980; *von Bubnoff,* Institutionelle Kriminalitätsbekämpfung in der EU. Schritte auf dem Weg zu einem europäischen Ermittlungs- und Strafverfolgungsraum, ZEuS 2002, S. 186 ff.; *Bundeskriminalamt* (Hrsg.), Organisierte Kriminalität in einem Europa durchlässiger Grenzen, 1991; *Bülte,* Die Abgeltungsteuer bei EU-quellenbesteuerten Kapitalerträgen als probates Mittel zur Vermeidung von Steuerstraftaten?, BB 2008, S. 2375 ff.; *ders.,* Das Steuerstrafrecht im Spannungsfeld zwischen der Missbrauchsrechtsprechung des EuGH und dem Grundsatz nullum crimen sine lege, BB 2010, S. 1759 ff.; *ders.,* USt-Hinterziehung bei innergemeinschaftlichen Lieferungen – Anmerkung zu EuGH-Urteil vom 07.12.2010 – Rs. C-285/09, R, DB 2010, S. 2774, DB 2011, S. 442 ff.; *ders.* Zur

Strafbarkeit der Verschleierung von Sanktionsansprüchen als Umsatzsteuerhinterziehung, HRRS 2011, S. 465 ff.; *ders./Krell,* Grundrechtsschutz bei der Durchführung von Unionsrecht durch Strafrecht, StV 2013, 713; *Calliess,* Die Charta der Grundrechte der Europäischen Union – Fragen der Konzeption, Kompetenz und Verbindlichkeit, EuZW 2001, S. 261 ff.; *ders./Ruffert* (Hrsg.), EUV/EGV, 3. Aufl. 2007; *Caraccioli,* La protection des ressources propres de la Communauté et l'évolution du droit pénal fiscal en Europe, Rivista Trimestrale di Diritto Penale dell'Economia 1994, S. 185 ff.; *Carl,* Kampf gegen die Geldwäsche – Gesetzliche Maßnahmen der EG und der Bundesrepublik, wistra 1991, S. 288 ff.; *Castaldo,* Der strafrechtliche Schutz der Finanzinteressen der Europäischen Gemeinschaft durch Schaffung einer europäischen Staatsanwaltschaft und die italienische Rechtsordnung; StV 2003, S. 122 ff.; *Collardin,* Straftaten im Internet, CR 1995, S. 618 ff.; *Dannecker* (Hrsg.), Die Bekämpfung des Subventionsbetrugs im EG-Bereich, 1993; *ders.,* Harmonisierung des Strafrechts in der Europäischen Gemeinschaft, Rivista Trimestrale di Diritto Penale dell' Economia 1993, S. 961 ff.; *ders.* (Hrsg.), Lebensmittelstrafrecht und Verwaltungssanktionen in der Europäischen Union, 1994; *ders.,* Einfluß des EG-Rechts auf den strafrechtlichen Täuschungsschutz im Lebensmittelrecht, WiVerw 1996, S. 190 ff.; *ders.,* Strafrecht in der Europäischen Gemeinschaft – Eine Herausforderung für Strafrechtsdogmatik, Kriminologie und Verfassungsrecht, JZ 1996, S. 869 ff.; *ders.,* Strafrechtlicher Schutz der Finanzinteressen der Europäischen Gemeinschaft gegen Täuschung, ZStW 108 (1996), S. 577 ff.; *ders.,* Die Entwicklung des Strafrechts unter dem Einfluß des Gemeinschaftsrechts, Jura 1998, S. 79 ff.; *ders.,* Die Bedeutung der Europäisierung des Strafrechts für die Schweiz – Verhandlungen der Schweiz mit der Europäischen Union über die grenzüberschreitende Kriminalitätsbekämpfung, EuZ 2002, S. 50 ff.; *ders,* Die Garantie des Grundsatzes „ne bis in idem" in Europa, Festschrift für Günter Kohlmann, 2003, S. 593 ff.; *ders.,* Die Dynamik des materiellen Strafrechts unter dem Einfluss europäischer und internationaler Entwicklungen, ZStW 117 (2005), S. 697 ff.; *ders.,* Das materielle Strafrecht im Spannungsfeld des Rechts der Europäischen Union, Jura 2006, S. 95 ff., 173 ff.; *ders./Reinel,* Rechts- und Amtshilfe in der EG – aktuelle Entwicklungen, *Leitner* (Hrsg.), Finanzstrafrecht 2006, 2007, S. 49; *ders./Görtz-Leible,* Entsanktionierung der Straf- und Bußgeldvorschriften des Lebensmittelrechts, 1996; *ders./Hagemeier,* Grenzen der Beteiligung an Finanzvergehen unter besonderer Berücksichtigung von europarechtlichen und völkerrechtlichen Vorgaben, in Leitner (Hrsg.), Finanzstrafrecht 2008, 2009, S. 63 ff.; *ders./Leitner* (Hrsg.), Handbuch der Geldwäsche-Compliance für die rechts- und steuerberatenden Berufe, 2009; *ders.,* Zur transnationalen Geltung des Grundsatzes „ne bis in idem" in der Europäischen Union und den Drittstaaten Island, Norwegen und Schweiz, Zeitschrift für Europarecht 5 (2009), S. 110 ff.; *ders.,* Anm. zum Urteil des EuGH vom 26.2.20013, C-617/10 (Akerberg Fransson), JZ 2013, S. 616 ff.; *Delmas-Marty* (ed.), La responsabilité pénale dans l'entreprise. Vers un espace juidiciaire européen unifié?, Rec. sc. crim. 1997, S. 253 ff.; *dies.* (Hrsg.), Corpus Juris der strafrechtlichen Regelungen zum Schutz der finanziellen Interessen der Europäischen Union, 1998; *dies./Vervaele,* The implementation of the Corpus Juris in the Member States. Penal Provisions for the protection of European Finances, (Vol. I–IV), 2000; *dies./Spencer* (eds.), European Criminal Procedures, 2002; *Deutscher,* Die Kompetenzen der Europäischen Gemeinschaften zur originären Strafgesetzgebung, 2000; *Dicker,* Die Europäische Ermittlungsanordnung, KritV 2012, S. 417 ff.; *Dieblich,* Der strafrechtliche Schutz der Rechtsgüter der Europäischen Gemeinschaften, 1985; *Dine,* European Community Criminal Law?, CLR 1993, S. 246 ff.; *Dorra,* Strafrechtliche Legislativkompetenzen der Europäischen Union, 2013; *Eckstein,* Grund und Grenzen transnationalen Schutzes vor mehrfacher Strafverfolgung in Europa, ZStW 1254 (2012), S. 490 ff.; *ders.,* Im Netz des Unionsrechts – Anmerkung zum Fransson-Urteil des EuGH, ZIS 2013, S. 220 ff.; *Eisele,* Einführung in das Europäische Strafrecht – Sanktionskompetenzen auf europäischer Ebene, JA 2000, S. 896 ff.; *ders.,* Europäisches Strafrecht – Systematik des Rechtsgüterschutzes durch die Mitgliedstaaten, JA 2000, S. 991 ff.; *Engelbrechten,* Europäische Entwicklung im Lebensmittelrecht, ZLR 2000, S. 428 ff.; *Epiney,* Rechtshilfe in Strafsachen in der EU, EuZW 2003, S. 421 ff.; *Eser/Huber* (Hrsg.), Strafrechtsentwicklung in Europa, Bd. III, Teil 1, 1990; *dies.* (Hrsg.): Strafrechtsentwicklung in Europa, Bd. IV, Teil 1, 1993; *Esser,* Auf dem Weg zu einem europäischen Strafverfahrensrecht, 2002; *ders.,* Europäisches und Internationales Strafrecht, 2014; *European Communities/Commission* (ed.): Legal Protection of the Financial Interests of the Community, 1990; *Europäisches Forum für Außenwirtschaft, Verbrauchsteuern und Zoll e.V. (EFA)* (Hrsg.): Erweiterung der Europäischen Union. Zusammenarbeit von Wirtschaft und Verwaltung. Entwicklung der Öko-/Energiesteuern, Tagungsband des 12. Europäischen Zollrechtstags des EFA am 15. und 16. Juni 2000 in Salzburg, 2001; *Europäische Kommission* (Hrsg.): Schutz der finanziellen Interessen der Gemeinschaft. Betrugsbekämpfung, Die Angleichung des Bilanzrechts in der Europäischen Gemeinschaft, EWS 1991, S. 67 ff.; *di Fabio,* Die „Dritte Säule" der Union – Rechtsgrundlagen und Perspektiven der europäischen Polizei- und Justizzusammenarbeit, DÖV 1997, S. 89 ff.; *Fisahn,* Europol – Probleme der Kontrolle, KJ 1998, S. 358 ff.; *Forkel,* Grenzüberschreitende Umweltbelastungen und deutsches Strafrecht, 1988; *Fornasier,* Le pouvoir répressif des Communautés européennes et la protection de leurs intérêts financiers, RMC 1982, S. 399 ff.; *France,* The Influence of European Community Law on the Criminal Law of the Member States, European Journal of Crime, Criminal Law and Criminal Justice 1994, S. 343; *Funck-Brentano,* Gemeinschaftsrecht und Zollhinterziehung, EuZW 1992, S. 745; *Gaede,* Minimalistischer EU-Grundrechtsschutz bei der Kooperation im Strafverfahren, NJW 2013, S. 1279 ff.; *Gärditz,* Der Strafprozeß unter dem Einfluß europäischer Richtlinien, wistra 1999, S. 293 ff.; *ders./Gusy,* Zur Wirkung europäischer Rahmenbeschlüsse im innerstattlichen Recht – Zugleich Besprechung von EuGH, Urteil vom 16.6.2005, GA 2006, S. 225 ff.; *Geiger,* EUV/EGV, Kommentar, 4. Auflage 2004; *Gemmel,* Kontrollen des OLAF in Deutschland – Die Anwendung der VO Nr. 2185/96 und der VO Nr. 1073/99 bei Kontrollen von Wirtschaftsteilnehmern in Deutschland zum Schutz der finanziellen Interessen der Gemeinschaft, 2002; *Gersdorf,* Das Kooperationsverhältnis zwischen deutscher Gerichtsbarkeit und EuGH, DVBl. 1994, S. 674 ff.; *van Gerven/Zuleeg* (Hrsg.): Sanktionen als Mittel zur Durchsetzung des Gemeinschaftsrechts, 1996; *Gleß,* Das europäische Amt für Betrugsbekämpfung, EuZW 1999, S. 618 ff.; *dies.:* Europol, NStZ 2001, S. 623 ff.; *dies.:* Die „Verkehrsfähigkeit von Beweisen" im Strafverfahren, ZStW 115 (2003), S. 131 ff.; *dies./Grote, Rainer/Heine, Günter* (Hrsg.): Justitielle Einbindung und Kontrolle von Europol, 2001; *dies./Lüke,* Strafverfolgung über die Grenzen hinweg – Formen der Zusammenarbeit europäischer Länder zur Kriminalitätsbekämpfung –, Jura 1998, S. 70 ff.; *Grabenwarter,* Die Charta der Grundrechte für die Europäische Union, DVBl. 2001, S. 1 ff.; *Grabitz/Hilf* (Hrsg.): Das Recht der Europäischen Union, Loseblattsammlung, Stand Mai 2013; *Graf/Jäger/Wittig* (Hrsg.): Wirtschafts- und Steuerstrafrecht, 2011; *Grams,* Zur Gesetzgebung der Europäischen Union: eine vergleichende Strukturanalyse aus staatsorganisatorischer Sicht, 1998; *Grasso,* Comunità Europee e Diritto Penale, 1989; *Groeben von der/Schwarze* (Hrsg.): Kommentar zum EU-/EG-Vertrag, 6. Aufl. 2003; *Gröblinghoff,* Die Verpflichtung des deutschen Strafgesetzgebers zum Schutz der Interessen der Europäischen Gemeinschaften, 1996; *Grunewald,* Zur Frage eines europäischen Allgemeinen Teils des Strafrechts, JZ 2011, S. 972 ff.; *Hackner,* Der Europäische Haftbefehl in der Praxis der Staatsanwaltschaft und Gerichte, NStZ 2005, S. 311 ff.; *Händel,* Verbrechensbekämpfung in europäischer Dimension, NJW 1992, S. 2069; *Hailbronner* (Hrsg.): Zusammenarbeit der Polizei- und Justizverwaltungen in Europa, 1996; *Hamm,* Der Einsatz heimlicher Ermittlungsmethoden und der Anspruch auf ein faires Verfahren, StV 2001, S. 81 ff.; *Hassemer,* „Corpus Juris": Auf dem Weg zu einem europäischen Strafrecht?, KritV 1999, S. 133 ff.; *ders.,* Strafrecht in einem europäischen Verfassungsvertrag, ZStW 116 (2004), S. 304 ff.; *Haus,* OLAF – Neues zur Betrugsbekämpfung in der EU, EuZW 2000, S. 745 ff.; *Hecker,* Strafbare Produktwerbung im Lichte des Gemeinschaftsrechts, 2001; *ders.,* Bleibt vom Lebensmittelstrafrecht nur noch ein Torso übrig?, ZRP 2003, S. 131 ff.; *ders.,* Europäisches Strafrecht, 4. Aufl. 2012; *ders.,* Doppelbestrafungsverbot, JuS 2013, 261 ff.; *Heger,* Das 45. Strafrechtsänderungsgesetz – Ein erstes europäisiertes Gesetz zur Bekämpfung der Umweltkriminalität, HRRS 2012, S. 211 ff.; *Heine,* Aspekte des Umweltstrafrechts im internationalen Vergleich, GA 1986, S. 67 ff.; *ders.,* Die strafrechtliche Verantwortlichkeit von Unternehmen: internationale Entwicklung – nationale Konsequenzen, ÖJZ 1996, S. 211 ff.; *v. Heintschel-Heinegg,* Der Europäische Haftbefehl, GA 2003, S. 44 ff.; *Heise,* Europäisches Gemeinschaftsrecht und nationales Strafrecht – Die Auswirkungen des Vorrangs des Gemeinschaftsrechts und der gemeinschaftsrechtskonformen Rechtsanwendung auf das deutsche materielle Strafrecht, 1998; *Heitzer,* Punitive Sanktionen im Europäischen Gemeinschaftsrecht, 1997; *Hemesath,* Das Schengener Informationssystem – SIS – Ausschreibungskategorien und Ausschreibungsmethoden, Kriminalistik 1995, S. 169 ff.; *Hertweck,* Hindernisse auf dem Weg nach Europa. Probleme der grenzüberschreitenden justiziellen Zusammenarbeit, Kriminalistik 1995, S. 721 ff.; *Hilf,* Die Charta der Grundrechte der Europäischen Union, Sonderbeilage zu NJW 1/2000, S. 5 ff.; *ders./Hörnemann,* Der Grundrechtsschutz von Unternehmen im europäischen Verfassungsverbund, NJW 2003, S. 1 ff.; *Hirsch,* Immunität für Europol – eine Polizei über dem Gesetz?, ZRP 1998, S. 10 ff.; *Hoffmann,* Das Verhältnis des Rechts der Europäischen Gemeinschaften zum Recht der Mitgliedstaaten, DÖV 1967, S. 433 ff.; *Hoffmann-Riem,* Kohärenz der Anwendung europäischer und nationaler Grundrechte, EuGRZ 2002, S. 473 ff.; *Hohmann,* Von den Konsequenzen einer personellen Rechtsgutbestimmung im Umweltstrafrecht, GA 1992, S. 76 ff.; *Horn,* Die Durchführung von Kontrollen durch das Europäische Amt für Betrugsbekämpfung (OLAF) in Irland. Verwaltungsrecht im Spannungsfeld von Gemeinschaftsrecht und nationalem Recht, 2002; *Howarth,*,1992` and the Criminal Law, Journal of Criminal Law Vol. 53 (1989), S. 358 ff.; *Huber* (Hrsg.): Das Corpus Juris als Grundlage eines Europäischen Strafrechts. Europäisches Kolloquium Trier, 4.–6. März 1999, 2000; *Huber,* Recht der Europäischen Integration, 2. Auflage 2002; *Hufeld,* Der Europäische Haftbefehl vor dem BVerfG – NJW 2005, 2289, JuS 2005, S. 865 ff.; *Hugger,* Zur strafbarkeitserweiternden richtlinienkonformen Auslegung deutscher Strafvorschriften, NStZ 1993, S. 421 ff.; *Hund,* Ist die Sicherung illegaler Gewinne die „Achillesferse" der Organisierten

Kriminalität?, ZRP 1996, S. 1 ff.; *Idot,* Droit communautaire, Rev. Science Criminelle, 1997, S. 690 ff.; *Immenga/ Mestmäcker* (Hrsg.): EG-Wettbewerbsrecht. Kommentar, Bd. I und II, 1997; *Innenministerium Baden-Württemberg* (Hrsg.): Europa – der neue kriminalgeographische Raum, 1992; *Ipsen,* Europäisches Gemeinschaftsrecht, 1972; *Jekewitz,* Der Europäische Haftbefehl vor dem Bundesverfassungsgericht, GA 2005, S. 625 ff.; *Jacsó-Potyka,* Bekämpfung der Geldwäscherei in Europa, unter besonderer Berücksichtigung des Geldwäschestrafrechts von Österreich, der Schweiz und Ungarn, 2007; *Joecks,* Der nemo-tenetur-Grundsatz und das Steuerstrafrecht, Festschrift für Günter Kohlmann, 2003, S. 451 ff.; *Jokisch,* Gemeinschaftsrecht und Strafverfahren, 2000; *Johannes,* Das Strafrecht im Bereich der Europäischen Gemeinschaften, EuR 1968, S. 63 ff.; *Jung,* Criminal Justice – a European Perspective, CLR 1993, S. 235 ff.; *dies.:* Strafverteidigung in Europa, StV 1990, S. 509 ff.; *dies./Schroth,* Das Strafrecht als Gegenstand der Rechtsangleichung in Europa, GA 1983, S. 241 ff.; *Kaiafa-Gbandi,* Das Corpus Juris und die Typisierung des Strafphänomens im Bereich der Europäischen Union, KritV 1999, S. 162 ff.; *dies.:* Bemerkungen zur Entwicklung rechtsstaatlicher Grundlagen Europäischen Strafrechts, KritV 2001, S. 290 ff.; *Kasten,* Europarechtliche und völkerrechtliche Aspekte der grenzüberschreitenden Abfallverbringung, 1997; *Kattau,* Strafverfolgung nach Wegfall der europäischen Grenzkontrollen, 1993; *Keijzer,* Internationalisierung van het Strafrecht, 1986; *Kempf,* Der Europäische Staatsanwalt: Freier Fuchs im freien Hühnerstall?, StV 2003, S. 128 ff.; *Keßeböhmer,* Hinterziehung ausländischer Steuern und Steuerhinterziehung im Ausland. § 370 Abs. 6 und 7 AO, wistra 1995, S. 1 ff.; *Killmann,* Die Rahmenbeschlusskonforme Auslegung im Strafrecht vor dem EuGH, JBl 2005, S. 566 ff.; *Klip,* Harmonisierung des Strafrechts – eine fixe Idee?, NStZ 2000, S. 626 ff.; *ders.,* Strafrecht in der europäischen Union, ZStW 117 (2005), S. 889 ff.; *Köhler,* Die Kodifizierung eines allgemeinen europäischen Lebensmittelrechts – ein Beitrag zur Verwirklichung des Binnenmarktes?, ZLR 2001, S. 191 ff.; *Kohlmann* (Hrsg.): Steuerstrafrecht, Loseblattsammlung, Stand Juni 2013; *Krader,* Kampf gegen die Internetkriminalität, DuD 2001, S. 344 ff.; *Kreß,* Das Strafrecht auf der Schwelle zum europäischen Verfassungsvertrag, ZStW 116 (2004), S. 445 ff.; *Kretschmer,* Das Urteil des BVerfG zum Europäischen Haftbefehl, Jura 2005, S. 780 ff.; *Krey,* Zur Verweisung auf EWG-Verordnungen in Blankettstrafgesetzen am Beispiel der Entwürfe eins Dritten und Vierten Gesetzes zur Änderung des Weingesetzes, EWR 1981, S. 109 ff.; *Kühl,* Europäisierung der Strafrechtswissenschaft, ZStW 109 (1997), S. 777 ff.; *Kühne,* Kriminalitätsbekämpfung durch innereuropäische Grenzkontrollen, 1991; *Küper* (Hrsg.): Festschrift für Walter Stree und Johannes Wessels zum 70. Geburtstag, 1993; *Kugelmann,* Die Cyber-Crime Konvention des Europarates, DuD 2001, S. 215 ff.; *Kuhl,* Die Verordnung (Euratom, EG) Nr. 2185/96 des Rates über die Kontrollbefugnisse der Kommission im Bereich der Betrugsbekämpfung, EuZW 1998, S. 37 ff.; *dies.:* Das Europäische Amt für Betrugsbekämpfung (OLAF), ER 2000, S. 671 ff.; *Labayle,* L' application du titre VI du Traité sur l'Union européenne et la matière pénale, Rev. sc. crim. 1995, S. 35 ff.; *Landau, Herbert,* Strafrecht in seinen europäischen Bezügen – Gemeinsamkeiten, Diskrepanzen, Entscheidungen und Impulse, NStZ 2013, S. 194 ff.; *Le Jeune,* La-coopération policière Européenne contre le terrorisme, 1992; *Lenz,* Der Vertrag von Maastricht nach dem Urteil des Bundesverfassungsgerichts, NJW 1993, S. 3038 ff.; *Ligeti,* Strafrecht und strafrechtliche Zusammenarbeit in der Europäischen Union, 2005; *Lutter,* Die Auslegung angeglichenen Rechts, JZ 1992, S. 593 ff.; *Madignier,* Verteidigungsrechte im Grünbuch aus französischer Sicht, StV 2003, S. 131 ff.; *Mager,* Das Europäische Amt für Betrugsbekämpfung (OLAF) – Rechtsgrundlagen seiner Errichtung und Grenzen seiner Befugnisse, ZEuS 2000, S. 177 ff.; *Manoledakis,* Das Corpus Juris als falsche Grundlage eines gesamteuropäischen Strafjustizsystems, KritV 1999, S. 181 ff.; *Margaritis,* Das Corpus Juris und das Strafprozessrecht Griechenlands: „Auflockerung" des Strafverfahrens versus rechtsstaatliche Freiheitssicherung, KritV 1999, S. 191 ff.; *Masing,* Vorrang des Europarechts bei umsetzungsgebundenen Rechtsakten, NJW 2006, S. 264 ff.; *Meyer, F.,* Demokratieprinzip und Europäisches Strafrecht, 2009; *ders.,* Strafrechtsgenese in internationalen Organisationen, 2012; *Meyer* (Hrsg.): Kommentar zur Charta der Grundrechte der Europäischen Union, 2. Auflage 2006; *Meyer-Goßner,* Strafprozeßordnung, 55. Aufl. 2013; *Mitsch,* Der Europäische Haftbefehl, JA 2006, S. 448 ff.; *Mögele,* Betrugsbekämpfung im Bereich des gemeinschaftlichen Agrarrechts, EWS 1998, S. 1 ff.; *Möhrenschlager,* Bericht aus der Gesetzgebung, wistra 12/2002, S. V f.; *Mok,* Europees ekonomisch strafrecht, Delikt en Delinkwent, 1974; *Moll,* Europäisches Strafrecht durch nationale Blankettstrafgesetzgebung?, 1998; *Moosmayer,* Einfluß der Insolvenzordnung 1999 auf das Insolvenzrecht, 1997; *Müller,* Rechtsprechung im Vergleich der Länder Europas, DRiZ 1993, S. 381 ff.; *Müller,* Korruption in der öffentlichen Verwaltung. Typologie und Schaden im Baubereich, Kriminalistik 1993, S. 509 ff.; *Müller-Gugenberger/Bieneck* (Hrsg.), Wirtschaftsstrafrecht, 5. Aufl. 2011; *Naucke,* Strafrecht. Eine Einführung, 10. Auflage 2002; *Nelles,* Europäisierung des Strafverfahrens – Strafprozeßrecht für Europa?, ZStW 109 (1997), S. 727 ff.; *Niessen,* Zu den jüngsten Entwicklungen des Bilanzrechts der Europäischen Gemeinschaft, WPg 1991, S. 193 ff.; *Nieto,* Fraudes Comunitarios (Derecho Penal Económico Europeo), 1996; *Nowak,* EU-Osterweiterung, Personen-

Literatur

freizügigkeit und staatliche Schutzpflichten im Bereich der sozialen Sicherheit, EuZW 2003, S. 101 ff.; *Oswald,* Die Implementation gesetzlicher Maßnahmen zur Bekämpfung der Geldwäsche, 1997; *Pache,* Zur Sanktionskompetenz der europäischen Wirtschaftsgemeinschaft. Das EuGH-Urteil vom 27. November 1992 in der RS C-240/90, EuR 1993, S. 173 ff.; *ders.,* Der Schutz der finanziellen Interessen der Europäischen Gemeinschaften, 1994; *Perron,* Überlegungen zum Erkenntnisziel und Untersuchungsgegenstand des Forschungsprojektes „Allgemeiner strafrechtlicher Strukturvergleich", Grenzüberschreitungen 1995, S. 127 ff.; *ders.,* Sind die nationalen Grenzen des Strafrechts überwindbar? Überlegungen zu den strukturellen Voraussetzungen der Angleichung und Vereinheitlichung unterschiedlicher Strafrechtssysteme, ZStW 109 (1997), S. 281 ff.; *Pfeiffer,* Keine Beschwerde gegen EuGH-Verlangen?, NJW 1994, S. 1996 ff.; *Pieper,* Subsidiarität – Ein Beitrag zur Begrenzung der Gemeinschaftskompetenzen, 1994; *Pieth,* Internationale Harmonisierung von Strafrecht als Antwort auf transnationale Wirtschaftskriminalität, ZStW 109 (1997), S. 756 ff.; *Pietsch,* Die Grundrechtecharta im Verfassungskonvent, ZRP 2003, S. 1 ff.; *ders./Eigen* (Hrsg.): Korruption im internationalen Geschäftsverkehr. Bestandsaufnahme, Bekämpfung, Prävention, 1998; *Prieß,* Die Betrugsbekämpfung in der Europäischen Gemeinschaft, EuZW 1994, S. 297 ff.; *Prittwitz,* Nachgeholte Prolegomena zu einem künftigen Corpus Juris Criminalis für Europa, ZStW 113 (2001), S. 774 ff.; *Pühs,* Der Vollzug von Gemeinschaftsrecht. Formen und Grenzen eines effektiven Gemeinschaftsvollzugs und Überlegungen zu seiner Effektuierung, 1997; *Randelzhofer,* Umweltschutz im Völkerrecht. Grundstrukturen und Prinzipien, Jura 1992, S. 1 ff.; *Ranft,* Strafprozeßrecht, 3. Auflage 2005; *Reichart,* Die Bemühungen der Vereinten Nationen zur Schaffung eines „Weltstrafgesetzbuches", ZRP 1996, S. 134 ff.; *Reichenbach,* Die Weiterentwicklung des gesundheitlichen Verbraucherschutzes in der Europäischen Union, ZLR 1999, S. 555 ff.; *Reinel,* Der persönliche Anwendungsbereich der Vorschriften zur Geldwäschebekämpfung – Bedenkliche europäische Tendenzen und nationale Unklarheiten im Grundsatz, EWS 2006, S. 542 ff.; *Reisner,* Die Strafbarkeit von Schein- und Umgehungshandlungen in der EG. Ein rechtsvergleichender Beitrag zum strafrechtlichen Schutz der Finanzinteressen der EG, 1995; *Remmers,* Die Entwicklung der Gesetzgebung zur Geldwäsche, 1998; *Rengeling* (Hrsg.): Handbuch zum europäischen und deutschen Umweltrecht, 2. Auflage 2003, Bd. 1, Allgemeines Umweltrecht; *Rengier,* Anmerkung zum Urteil des BGH v. 2.3.1994 – 2 StR 604/93 (BGHSt 40, 79), JR 1996, S. 34 ff.; *Ress,* Wichtige Vorlagen deutscher Verwaltungsgerichte an den Gerichtshof der Europäischen Gemeinschaft, Die Verwaltung 1987, S. 177 ff.; *Retemeyer/Möller,* Strafrechtliche Bekämpfung von gegen die finanziellen Interessen der EU gerichtetem Betrug – Neues für das Zollstrafrecht?, ZfZ 2013, S. 29 ff.; *Riegel,* Aktuelle Fakten des gemeinschaftsrechtlichen Verfahrens- und Haftungsrechts unter Berücksichtigung der neueren Rechtsprechung des EuGH, DVBl. 1978, S. 469 ff.; *Rönnau,* Strafrechtliche Produkthaftung und der Grundsatz des freien Warenverkehrs (Art. 30–37 EGV), wistra 1994, S. 203 ff.; *ders./Wegner,* Grund und Grenzen der Einwirkung des europäischen Rechts auf das nationale Strafrecht, GA 2013, 561; *Rüther,* Harmonie trotz Dissonanz, ZStW 105 (1993), S. 30 ff.; *Safferling,* Internationales Strafrecht, 2011; *Salditt,* Doppelte Verteidigung im einheitlichen Raum, StV 2003, S. 136 ff.; *Saliger,* Umweltstrafrecht, 2012; *Sammer,* Die Sorgfaltspflichten im Lebensmittelstraf- und Ordnungswidrigkeitenrecht unter besonderer Berücksichtigung der europarechtlichen Überlagerung, 1998; *Satzger,* Die Europäisierung des Strafrechts, 2001; *ders.,* Gefahren für eine effektive Verteidigung im geplanten europäischen Verfahrensrecht – eine kritische Würdigung des Grünbuchs zum strafrechtlichen Schutz der finanziellen Interessen der Europäischen Gemeinschaft und zur Schaffung einer europäischen Staatsanwaltschaft, StV 2003, S. 137 ff.; *ders.,* Internationales und europäisches Strafrecht, 5. Aufl. 2011; *Schmidl,* Bekämpfung der Produktpiraterie in der Bundesrepublik Deutschland und in Frankreich. Zur Notwendigkeit eines europäischen Markenstrafrechts am Beispiel der Gemeinschaftsmarke, 1999; *Schmitz,* Die EU-Grundrechtecharta aus grundrechtsdogmatischer und grundrechtstheoretischer Sicht, JZ 2001, S. 833 ff.; *Scholz,* Frauen an die Waffen kraft Europarechts?, DÖV 2000, S. 417 ff.; *Schomburg,* Anmerkung zum Urteil des BGH vom 2.2.1999, StV 1999, S. 246 ff.; *ders.,* Auf dem Wege zu einem europäischen Rechtsraum?, DRiZ 1999, S. 107 ff.; *ders./Lagodny,* Internationale Rechtshilfe in Strafsachen, 4. Auflage 2006; *Schork/Reichling,* Neues Strafrecht aus Brüssel? – Europäische Kommission forciert Verschärfung des Kapitalmarktstrafrechts und Einführung eines Unternehmensstrafrechts, StraFo 2012, 125 ff.; *Schramm,* Acht Fragen zum Europäischen Strafrecht, ZIS 2010, S. 615 ff.; *Schröder,* Europäische Richtlinien und deutsches Strafrecht, 2002; *Schünemann* (Hrsg.), Bausteine des europäischen Strafrechts. Coimbra-Symposium für Claus Roxin, 1995; *ders.* (Hrsg.), Festschrift für Claus Roxin zum 70. Geburtstag, 2001; *ders.,* Die deutsche Strafrechtswissenschaft nach der Jahrtausendwende, GA 2001, S. 205 ff.; *ders.,* Ein Gespenst geht um in Europa – Brüsseler „Strafrechtspflege" intra muros –, GA 2002, S. 501 ff.; *ders.:* Bürgerrechte ernst nehmen bei der Europäisierung des Strafverfahrens!, StV 2003, S. 116 ff.; *ders.,* Das Strafrecht im Zeichen der Globalisierung, GA 2003, S. 299 ff.; *ders.,* Europäischer Haftbefehl und EU-Verfassungsentwurf auf schiefer

Ebene, ZRP 2003, S. 185 ff.; *ders.* (Hrsg.): Alternativentwurf europäische Strafverfolgung, 2004; *ders.,* Verteidigung in Europa, StV 2006, S. 361 ff.; *ders.* (Hrsg.): Ein Grundkonzept für die europäische Strafrechtspflege, 2006; *ders./Suárez González* (Hrsg.): Bausteine des europäischen Wirtschaftsstrafrechts, 1994; *Schüppen,* Systematik und Auslegung des Bilanzstrafrechts, 1993; *Schulz,* Europäisches Strafrecht ante portas – Tagungsbericht –, StV 2001, S. 85 ff.; *ders.,* Europäisches Strafrecht intra muros? – Die Strafverteidigung im geplanten europäischen Verfahrensrecht. Diskussionsbericht, StV 2003, S. 142 f.; *Schwarzburg,* Brauchen wir ein EU-Finanzstrafgesetzbuch?, NStZ 2002, S. 617 ff.; *Schweitzer,* Europarecht, 5. Auflage 1996; *Schwind,* Kriminologie, 21. Auflage 2011; *Seidel,* Perspektiven der EU-Erweiterung aus deutscher Sicht, EuZW 1999, S. 449; *Sieber,* Europäische Einigung und Europäisches Strafrecht, ZStW 103 (1991), S. 957 ff.; *ders.* (Hrsg.): Europäische Einigung und Europäisches Strafrecht, 1993; *ders.,* Subventionsbetrug und Steuerhinterziehung zum Nachteil der Europäischen Gemeinschaft, SchweizZStrR 1996, S. 357 ff.; *ders.,* Memorandum für ein Europäisches Modellstrafgesetzbuch, JZ 1997, S. 369 ff.; *ders.,* Internationales Strafrecht im Internet, NJW 1999, S. 2065 ff.; *ders.,* Die Zukunft des Europäischen Strafrechts, ZStW 121 (2009), S. 1 ff.; *ders./Böse* (Hrsg.) Europäisches Strafrecht, 2011; *Sinn* (Hrsg.): Jurisdiktionskonflikte bei grenzüberschreitender Kriminalität, 2012; *Sommer,* Die Europäische Staatsanwaltschaft, StV 2003, S. 126 f.; *Sommermann,* Der Schutz der Menschenrechte im Rahmen des Europarates, 1990; *Spannowsky,* Schutz der Finanzinteressen der EG zur Steigerung der Effizienz des Mitteleinsatzes, JZ 1992, S. 1160 ff.; *Spinellis,* Das Corpus Juris zum Schutz der finanziellen Interessen der Europäischen Union, KritV 1999, S. 141 ff.; *ter Steeg,* Eine neue Kompetenzordnung für die EU, EuZW 2003, S. 325 ff.; *Stiebig,* Strafrechtskompetenz der Europäischen Gemeinschaft und Europäisches Strafrecht: Skylla und Charybdis einer europäischen Odyssee?, EuR 2005; S. 466 ff.; *Stiegel,* Grünbuch der Kommission zur Schaffung einer Europäischen Staatsanwaltschaft, ZRP 2003, S. 173 ff.; *Stoffers,* Der Schutz der EU-Finanzinteressen durch das deutsche Straf- und Ordnungswidrigkeitenrecht, EuZW 1994, S. 304 ff.; *ders.,* Kompetenz der Europäischen Gemeinschaft und der Kommission zur Einführung von Sanktionen, JA 1994, S. 131 ff.; *Streinz,* Bundesverfassungsgerichtlicher Grundrechtsschutz und Europäisches Gemeinschaftsrecht, 1989; *ders./Dannecker/Sieber/Ritter* (Hrsg.), Die Kontrolle der Anwendung des Europäischen Wirtschaftsrechts in den Mitgliedstaaten, 1998; *ders.,* (EG-)Verfassungsrechtliche Aspekte des Vertrags von Nizza, ZÖR 58 (2003), S. 137 ff.; *ders.,* Europarecht, 7. Auflage 2005; *ders./Ohler/Herrmann,* Die neue Verfassung für Europa, 2005; *Streng,* Die Öffnung der Grenzen und die Grenzen des Strafrechts, JZ 1993, S. 109 ff.; *ders.,* Kultureller Pluralismus und Strafgleichheit, Rechtsgleichheit und Rechtspluralismus, 1995, S. 279 ff.; *Sturm,* Das Schengener Durchführungsübereinkommen – SDÜ. Grundsätzliche Aspekte über einen europäischen Raum ohne Binnengrenzen, Kriminalistik 1995, S. 162 ff.; *ders.,* SCHENGEN – EUROPOL – INTERPOL. Konkurrenz oder Partnerschaft?, Kriminalistik 1997, S. 99 ff.; *Taschke,* Die Bekämpfung der Korruption in Europa auf Grundlage der OECD-Konvention, StV 2001, S. 78 ff.; *Thomas,* Die Anwendung europäischen materiellen Rechts im Strafverfahren, NJW 1991, S. 2233 ff.; *Thun,* Europaabgeordnete gegen Europaparlament – der erste Akt des Streits um OLAF, EuR 2000, 990 ff.; *Tiedemann,* Tatbestandfunktionen im Nebenstrafrecht, 1969; *ders.,* Anmerkung zum Urteil des EuGH vom 21.9.1989 RS. 68/88 (Kommission/Griechenland), EuZW 1990, S. 100 f.; *ders.,* Der Strafschutz der Finanzinteressen der Europäischen Gemeinschaft, NJW 1990, S. 2226 ff.; *ders.,* Anmerkung zum Urteil des EuGH vom 27.10.1992 RS. C-240/90 (Bundesrepublik Deutschland/Kommission), NJW 1993, S. 49 ff.; *ders.,* Europäisches Gemeinschaftsrecht und Strafrecht, NJW 1993, S. 23 ff.; *ders.,* Das neue Strafgesetzbuch Spaniens und die europäische Kodifikationsidee, JZ 1996, S. 647 ff.; *ders.,* Grunderfordernisse des Allgemeinen Teils für ein europäisches Sanktionenrecht. Generalbericht, ZStW 110 (1998), S. 497 ff.; *ders.,* Lehren von der Straftat im Allgemeinen Teil der Europäischen Rechtssysteme – Überlegungen zur Strafrechtsangleichung in Europa – Einleitung: Re-Europäisierung des Strafrechts versus Nationalismus der (deutschen) Strafrechtslehre, GA 1998, S. 107 ff.; *ders.* (Hrsg.): Wirtschaftsstrafrecht in der Europäischen Union, 2002, *ders.,* Gegenwart und Zukunft des Europäischen Strafrechts, ZStW 116 (2004), S. 945 ff.; *Tolmein,* Europol, StV 1999, S. 108 ff.; *Tomuschat,* Die Arbeit der ILC im Bereich des materiellen Völkerstrafrechts, Strafgerichte gegen Menschlichkeitsverbrechen. Zum Völkerstrafrecht 50 Jahre nach den Nürnberger Prozessen, 1995, S. 270 ff.; *ders.,* Ungereimtes/Zum Urteil des Bundesverfassungsgerichts vom 18. Juli 2005 über den Europäischen Haftbefehl, EuGRZ 2005, S. 453 ff.; *Trechsel,* Stellungnahme zu den Thesen des „Frankfurter Forums zur Entwicklung rechtsstaatlicher Grundlagen Europäischen Strafrechts", KritV 2001, S. 298 ff.; *Tsolka,* Der allgemeine Teil eines europäischen supranationalen Strafrechts, 1995; *Tully/Merz,* Zur Strafbarkeit der Hinterziehung ausländischer Umsatz- und Verbrauchsteuern nach der Änderung des § 370 Abs. 6 AO im JStG 2010. Zugleich ein Beitrag zur Abgrenzung objektiver Strafbarkeitsbedingungen von Prozessvoraussetzungen, wistra 2011, S. 121 ff.; *Uhlenbruck,* Strafrechtliche Aspekte der Insolvenzrechtsreform 1994, wistra 1996, S. 1 ff.; *ders.,* Strafbefreiende Wirkung des Insolvenzplans, ZInsO 1998,

S. 250 ff.; *von Unger*, „So lange" nicht mehr: Das BVerfG behauptet die normative Freiheit des deutschen Rechts, NVwZ 2005, S. 1266 ff.; *ders.*, Pupino: Der EuGH vergemeinschaftet das intergouvernementale Recht, NVwZ 2006, S. 46 ff.; *Vervaele*, Fraud against the Community. The Need for European Fraud Legislation, 1992; *ders.*, Administrative Law Application and Enforcement of Community Law in the Netherlands, 1994; *ders.*, La fraude communautaire et le droit pénal européen des affaires, 1994; *ders.* (éd.): La lutte contre la fraude Ã la TVA dans l'Union européenne, 1996; *ders.* (ed.): Compliance and Enforcement of European Community Law, 1999; *Vogel*, Wege zu europäisch-einheitlichen Regelungen im Allgemeinen Teil des Strafrechts, JZ 1995, S. 331 ff.; *ders.*, Geldwäsche – ein europaweit harmonisierter Straftatbestand?, ZStW 109 (1997), S. 335 ff.; *ders.*, Europäische Kriminalpolitik – europäische Strafrechtsdogmatik, GA 2002, S. 517 ff.; *ders.*, Individuelle Verantwortlichkeit im Völkerstrafrecht, ZStW 114 (2002), S. 403 ff., *ders.*, Harmonisierung des Strafrechts in der Europäischen Union, GA 2003, S. 314 ff.; *ders.*, Europäischer Haftbefehl und deutsches Verfassungsrecht, JZ 2005, S. 801 ff.; *ders.*, Die Strafgesetzgebungskompetenzen der Europäischen Union nach Art. 83, Europäisches Strafrecht post-Lissabon, 2011, S. 41 ff.; *ders.*: Strafrecht und Strafrechtswissenschaft im internationalen und europäischen Rechtsraum, JZ 2012, S. 25 ff.; *Vogler* (Hrsg.), Festschrift für Hans-Heinrich Jescheck zum 70. Geburtstag, 1985; *ders.*, Die strafrechtlichen Konventionen des Europarats, Jura 1992, S. 586 ff.; *Volk/Engländer*, Grundkurs StPO, 8. Auflage 2013; *Wachholz*, EUROPOL aus Sicht der Bundesländer. Besondere Probleme im Rahmen der internationalen Zusammenarbeit, Kriminalistik 1995, S. 715 ff.; *Walter/Lohse/Dürrer*, Innergemeinschaftliche Lieferung und Mehrwertsteuerhinterziehung in Deutschland und im EU-Ausland, zugleich Besprechung von BGH wistra 2012, 114 und EuGH wistra 2011, 99, wistra 2012, S. 125 ff.; *Wasmeier*, Der Europäische Haftbefehl vor dem Bundesverfassungsgericht – Zur Verzahnung des nationalen und europäischen Strafrechts, ZEuS 2006, S. 23 ff.; *Weber*, Die Europäische Grundrechtecharta – auf dem Weg zu einer europäischen Verfassung, NJW 2000, S. 537 ff., *de Weerth*, Die Bilanzordnungswidrigkeiten nach § 334 HGB unter besonderer Berücksichtigung der europarechtlichen Bezüge, 1994; *Wegner*, Die Reform der Geldwäscherichtlinie und die Auswirkungen auf rechtsberatende Berufe, NJW 2002, S. 794 ff.; *ders.*, Vorschlag der Europäischen Kommission für einen Europäischen Haftbefehl, StV 2003, S. 105 ff.; *Wegner, Kilian*, Die „Fransson"-Entscheidung des EuGH – Eine Erschütterung im System der europäischen Grundrechte?, HRRS 2013, S. 126 ff.; *Wehnert*, Rahmenbeschlusskonforme Auslegung deutschen Strafrechts, NJW 2005, S. 3760 ff.; *Weigend*, Strafrecht durch internationale Vereinbarungen – Verlust an nationaler Strafrechtskultur?, ZStW 105 (1993), S. 774 ff., *ders.*, Strafrechtliche Pornographieverbote in Europa, ZUM 1994, S. 133 ff.; *ders.*, Spricht Europa mit zwei Zungen?, StV 2001, S. 63 ff.; *Westphal*, Geldfälschung und die Einführung des Euro, NStZ 1998, S. 555 f.; *Wilckesmann*, Plädoyer für das Schengener Informationssystem (SIS), NStZ 1999, S. 68 ff., *Willkämper*, Europa und die innere Sicherheit. Auswirkungen des EG-Binnenmarktes auf die Kriminalitätsentwicklung und Schlußfolgerungen für die polizeiliche Kriminalitätsbekämpfung, 1996; *Zeder*, Auf dem Weg zu einem Strafrecht der EU?, juridicum 2001, S. 47 ff.; *ders.*, Der Rahmenbeschluss als Instrument der Rechtsangleichung im Strafrecht am Beispiel des Rahmenbeschlusses gegen Geldfälschung, ÖJZ 2001, S. 81 ff.; *ders.*, Chancen und Risiken der Europäisierung des Strafrechts, ZStW 113 (2001), S. 255 ff.; *ders.*, Mehr Grundrechtsschutz?, EuR 2013, S. 34 ff.; *Zieschang/Hilgendorf/Laubenthal* (Hrsg.): Strafrecht und Kriminalität in Europa, 2003, *Zuleeg*, Das Recht der europäischen Gemeinschaften im innerstaatlichen Bereich, 1969; *ders.*, Der Beitrag des Strafrechts zur europäischen Integration, JZ 1992, S. 761 ff.

Inhaltsübersicht

	Rn.
Einführung	1–3
A. Harmonisierungsbestrebungen auf dem Gebiet des Wirtschafts- und Verwaltungsstrafrechts	4–130
I. Entwicklung der europäischen Einigung von der Gründung der EGKS bis hin zum Vertrag über eine Verfassung für Europa	5–7
1. Gründungsverträge	5
2. Einheitliche Europäische Akte	8
3. Maastrichter Vertrag	9
4. Amsterdamer Vertrag	10
5. Vertrag von Nizza und Charta der Grundrechte	11–13
6. Vertrag über eine Verfassung für Europa ABl. 2004, Nr. C/310 vom 16.12.2004.	14–17
7. Vertrag von Lissabon	18–27
8. Problematische Tendenzen der europäischen Gesetzgebung mit Strafrechtsbezug	28
9. Beitritt der EU zur EMRK und zu ausgewählten Zusatzprotokollen	29

	Rn.		Rn.
II. Verbindung der Europäischen Gemeinschaft und der EFTA-Staaten zu einem Europäischen Wirtschaftsraum (EWR)	30	a) Rechtsakte im Bereich der Polizeilichen und Justiziellen Zusammenarbeit in Strafsachen nach dem EU-Vertrag und dem Vertrag von Lissabon	60–64
III. Räumliche Erweiterung der Europäischen Union	31–35	aa) Übereinkommen betreffend die Auslieferung zwischen den Mitgliedstaaten der Europäischen Union und Rahmenbeschluss über den Europäischen Haftbefehl und die Übergabeverfahren zwischen den Mitgliedstaaten	65–81
1. Assoziierung und Beitritt der mittel- und osteuropäischen Länder sowie Maltas, Zyperns und der Türkei	31–34		
2. Partnerschafts- und Zusammenarbeitsabkommen mit weiteren Staaten	35		
IV. Europa als kriminalgeographischer Raum	36–40		
1. Entstehung eines kriminalgeographischen Raumes	36	bb) Übereinkommen betreffend den Grundsatz „ne bis in idem" und die Vollstreckungshilfe	82
2. Notwendigkeit einer Annäherung der nationalen Strafrechtsordnungen	37–40		
V. Überblick über die Bedeutung des Europarechts für das Straf- und Sanktionenrecht	41–130	cc) Übereinkommen über die Rechtshilfe in Strafsachen zwischen den Mitgliedstaaten der Europäischen Union (RhÜbkEU)	83, 84
1. Begriff des Europarechts	41		
a) Europarecht im weiteren Sinne	42		
b) Europarecht im engeren Sinne	43	dd) Protokoll zum Übereinkommen über die Rechtshilfe in Strafsachen zwischen den Mitgliedstaaten der Europäischen Union (Prot-RhÜbkEU)	85–90
2. Einfluss des Europarates auf das Straf- und Sanktionenrecht	44–57		
a) Europäische Menschenrechtskonvention	45		
b) Europäisches Auslieferungsübereinkommen	46	ee) Übereinkommen über den Schutz der finanziellen Interessen der Europäischen Gemeinschaften	91–94
c) Europäisches Übereinkommen über die Rechtshilfe in Strafsachen	47		
d) Europäisches Übereinkommen zur Bekämpfung des Terrorismus	48, 49	ff) Erstes Zusatzprotokoll zum Übereinkommen über den Schutz der finanziellen Interessen der Europäischen Gemeinschaften zur Bekämpfung der Korruption	95, 96
e) Europäisches Übereinkommen über Geldwäsche sowie Ermittlung, Beschlagnahme und Einziehung von Erträgen aus Straftaten	50		
f) Europäisches Übereinkommen über den Schutz der Umwelt durch Strafrecht	51	gg) Zweites Protokoll zum Übereinkommen über den Schutz der finanziellen Interessen der Europäischen Gemeinschaften zur Bekämpfung der Geldwäsche	97–99
g) Europäisches Strafrechtsübereinkommen zur Korruption	52		
h) Europäisches Übereinkommen über Cyber-Kriminalität	53, 54		
i) Europäischer Ausschuss für Strafrechtsfragen des Europarats	55	hh) Protokoll betreffend die Auslegung des Übereinkommens über den Schutz der finanziellen Interessen der Europäischen Gemeinschaften durch den Gerichtshof der Europäischen Gemeinschaften im Wege der Vorabentscheidung	100
j) Bewertung der geltenden Rechtslage und Ausblick	56, 57		
3. Einfluss der OECD auf das Straf- und Sanktionenrecht	58, 59		
4. Einfluss der Europäischen Union auf das Straf- und Sanktionenrecht	60–130		

	Rn.
ii) Übereinkommen über die Bekämpfung der Bestechung, an der Beamte der Europäischen Gemeinschaften oder der Mitgliedstaaten der Europäischen Union beteiligt sind	101
jj) Rahmenbeschluss zur Bekämpfung der Bestechung im privaten Sektor	102–104
kk) Rahmenbeschluss über Geldwäsche sowie Ermittlung, Einfrieren, Beschlagnahme und Einziehung von Tatwerkzeugen und Erträgen aus Straftaten	105
ll) Rahmenbeschluss über die Einziehung von Erträgen, Tatwerkzeugen und Vermögensgegenständen aus Straftaten	106, 107
mm) Rahmenbeschluss zur Bekämpfung von Umweltkriminalität	108, 109
nn) Rahmenbeschluss des Rates über die Anwendung des Grundsatzes der gegenseitigen Anerkennung von Geldstrafen und Geldbußen	110
oo) Rahmenbeschlüsse des Rates über die Anerkennung und Vollstreckung von strafrechtlichen Entscheidungen anderer Mitgliedstaaten	111–115
pp) Rahmenbeschluss des Rates über die Europäische Beweisanordnung zur Erlangung von Sachen, Schriftstücken und Daten zur Verwendung in Strafsachen	116, 117
qq) Rahmenbeschluss des Rates über die Durchführung und den Inhalt des Austauschs von Informationen aus dem Strafregister zwischen den Mitgliedstaaten ...	118
rr) Rahmenbeschluss über die Anwendung des Grundsatzes der gegenseitigen Anerkennung auf Entscheidungen über Überwachungsmaßnahmen als Alternative zur Untersuchungshaft	119

	Rn.
b) Die Handlungsformen im Bereich des Strafrechts nach dem EVV	120–124
c) Die Handlungsformen im Bereich des Strafrechts nach dem Lissabon-Vertrag	125–130
B. Die Bedeutung des Unions- und Gemeinschaftsrechts für das nationale Wirtschaftsstrafrecht	131–299
I. Kompetenzen der Europäischen Union auf dem Gebiet des Kriminalstrafrechts	132–164
1. Rechtsetzung der EU	132
a) Prinzip der begrenzten Einzelermächtigung	132
b) Begrenzte originäre Strafrechtsetzungskompetenz	133–136
c) Anweisungskompetenz gegenüber den Mitgliedstaaten	137–142
d) Bedenken des BVerfG gegen eine europäische Strafrechtsetzung und Schutz der Verfassungsidentität	143–152
e) Assimilierungsprinzip	153
2. Rechtsetzung im Rahmen der intergouvernementalen Zusammenarbeit	154, 155
3. Kompetenzen zur Bekämpfung von Betrug zum Nachteil der Europäischen Union	156–164
II. Bußgeldkompetenz der Europäischen Union aufgrund primärrechtlicher Regelungen	165–174
1. Europäisches Kartellrecht	166
a) Kompetenzen im EGV und AUEV	166–169
b) Kompetenzen im EAG-Vertrag	170, 171
2. Die vom Gerichtshof und dem Gericht erster Instanz zu verhängenden Geldbußen	172, 173
a) Satzungen des EuGH und des EuG	172
b) Verfahrensordnungen	173
3. Weitergehende Bußgeldkompetenzen	174
III. Kompetenz zur Einführung und Verhängung sonstiger repressiver Verwaltungssanktionen	175–184
1. Strafzuschläge und Kautionsverfall	176–179
2. Subventionskürzungen, Abzüge und Subventionssperren	180–182
3. Allgemeiner Teil für ein Europäisches Verwaltungssanktionenrecht	183, 184
IV. Verpflichtung der Mitgliedstaaten zur Sanktionierung der Verletzung des Unions- bzw. Gemeinschaftsrechts	185–195
1. Verpflichtung der Mitgliedstaaten zum Erlass von Sanktionsnormen	185–191

2. Inhalt der Richtlinien und Verordnungen, die zum Erlass von Strafnormen verpflichten 192–195	b) Verbot der Beteiligung an Steuerhinterziehungen 246–249
a) Verpflichtung zur Einführung „geeigneter Maßnahmen" ... 192	6. Scheinkollisionen des nationalen Strafrechts mit dem Unionsrecht („Berlusconi-Entscheidung") 250–254
b) Verzicht auf die Forderung nach Einführung bestimmter Sanktionen 193, 194	7. Auswirkungen der EuGH-Judikatur auf strafrechtliche und steuerstrafrechtliche Fragen ... 255–285
c) Beschlossene Richtlinien und Verordnungen 195	a) Beratungsleistungen im Zusammenhang mit grenzüberschreitenden Steuerhinterziehungen 256–266
V. Ausdehnung des Anwendungsbereichs der nationalen Strafrechtsordnungen (Assimilierungsprinzip) 196–201	aa) Problem der berufsneutralen Handlung in Deutschland 257–261
1. Verweisungsnormen im primären Gemeinschaftsrecht 197	bb) Die Beschränkung der Strafbarkeit berufsneutraler Handlungen im europäischen Kontext .. 262–265
2. Verweisungsnormen im sekundären Gemeinschaftsrecht 198, 199	cc) Wirkungen des Missbrauchsverbots 266
3. Ausdehnung des Schutzes nationaler Vorschriften auf Rechtsgüter der Europäischen Union 200, 201	b) Beratungsleistungen im Zusammenhang mit grenzüberschreitenden Geldwäschehandlungen 267–278
VI. Bedeutung der Grundsätze des Unionsrechts für das nationale Strafrecht, Anwendungsvorrang und EuGH-Judikatur 202–220	aa) Grundsatz der Geltung des Berufsrechts des Ansässigkeitsstaates .. 270–277
1. Grundsätze der Rechtsstaatlichkeit (Art. 6 EUV; Präambel GR-Charta) 204–219	bb) Missbrauchsvorbehalt .. 278
a) Vertrauensgrundsatz/Rechtssicherheit 207, 208	c) Missbrauchsgestaltung und Steuerhinterziehung im Zusammenhang mit innergemeinschaftlichen Lieferungen 279–285
b) Nullum crimen sine lege (Art. 49 Abs. 1 S. 1 GR-Charta) 209–215	aa) Rechtsprechung des Bundesgerichtshofs 280
c) Lex mitior (Art. 49 Abs. 1 S. 3 GR-Charta) 216	bb) Gegenstimmen in der finanzgerichtlichen Judikatur und der Literatur 281
d) Grundsatz der Verhältnismäßigkeit (Art. 49 Abs. 3 GR-Charta) 217–220	cc) Vorlage des deutschen Bundesgerichtshof an den EuGH 282
2. Unionsrechtliche Grundsätze und ihre Auswirkungen auf die Anwendung nationalen Strafrechts 221–227	dd) Bewertung 283–285
a) Wettbewerbsbeschränkungen (Art. 34 AEUV) 221–224	VII. Unions- und gemeinschaftsrechtskonforme Auslegung 286–291
b) Steuerneutralität 225–227	1. Gemeinschaftsrechtskonforme Auslegung des gesamten nationalen Rechts 286, 287
3. Grundfreiheiten und ihre Auswirkungen auf die Anwendung nationalen Strafrechts 228–237	a) Richtlinienkonforme Auslegung 286
a) Allgemeines Diskriminierungsverbot (Art. 18 AEUV) . 229	b) Unionsrechtskonforme Auslegung 287
b) Niederlassungsfreiheit (Art. 49 ff. AEUV) 230–232	2. Unionsrechtskonforme Auslegung des nationalen Strafrechts ... 288–291
c) Dienstleistungsfreiheit (Art. 56 ff. AEUV) 233–235	a) Vorgaben des EuGH bezüglich einer einheitlichen Auslegung im strafrechtlichen und außerstrafrechtlichen Bereich . 288, 289
d) Kapitalverkehrsfreiheit (Art. 63 ff AEUV) 236	b) Verfassungsrechtliche Grenzen der gemeinschaftsrechtskonformen Auslegung 290, 291
e) Freizügigkeit (Art. 21 AEUV) 237	
4. Unmittelbare Wirkungen von Richtlinien auf das Strafrecht ... 238–241	
5. Einschränkung von unions- und gemeinschaftsrechtlichen Gewährleistungen bei Missbrauch 242–249	VIII. Anwendung nationaler und europäischer Grundrechtsstandards .. 292–298
a) Missbrauchsverbot 242–245	

	Rn.
IX. Ausweitung der nationalen Straf- und Bußgeldvorschriften auf Verstöße gegen das Unions- und Gemeinschaftsrecht durch Blankettstrafgesetze	299
C. Bekämpfung von Unregelmäßigkeiten zu Lasten des Haushalts der Europäischen Gemeinschaft	300–340
I. Strafrechtlicher Schutz der Finanzinteressen der Europäischen Union	302–333
1. Schutz der Gemeinschafts-/Unionseinnahmen	303–306
a) Marktordnungsverstöße	304, 305
b) Straftatbestände	306
2. Schutz der Gemeinschafts-/Unionsausgaben	307–314
a) Betrügerische Verhaltensweisen	308
b) Straftatbestand des Subventionsbetrugs	309–314
3. Zuständigkeit für die Verfolgung von Unregelmäßigkeiten zu Lasten des EG/EU-Haushalts	315–333
a) Zuständigkeit der Wirtschaftsstrafkammer	315
b) Zuständigkeit der Hauptzollämter und der Zollfahndungsämter	316, 317
c) Meldepflicht nationaler Vergabestellen	318, 319
d) Unterstützung der Strafverfolgungsbehörden durch die EU	320–328
aa) UCLAF	321–323
bb) OLAF	324–328
e) Europäisches Parlament	329, 330
f) Rechnungshof	331–333
II. Schutz der Finanzinteressen der Europäischen Gemeinschaften/Union durch Verwaltungssanktionen und Kontrollmaßnahmen der Kommission	334–340
1. Verordnung Nr. 2988/95 über den Schutz der finanziellen Interessen der Europäischen Gemeinschaften	335–338
2. Verordnung Nr. 2185/96 des Rates vom 11.11.1996 betreffend die Kontrollen und Überprüfungen vor Ort durch die Kommission zum Schutz der finanziellen Interessen der Europäischen Gemeinschaften vor Betrug und anderen Unregelmäßigkeiten	339, 340
D. Europäische Zusammenarbeit bei der Kriminalitätsbekämpfung in der EU – Bedeutung der ehemaligen „dritten Säule"	341–369
I. Internationale Zusammenarbeit zur Kriminalitätsbekämpfung im Rahmen der Konsultationsgruppen TREVI	343–345

	Rn.
1. Arbeitsgruppen TREVI	344
2. Bedeutung der Arbeitsgruppen TREVI für die intergouvernementale Zusammenarbeit	345
II. Zusammenarbeit im Rahmen der Schengener Abkommen	346–353
1. Übereinkommen betreffend den schrittweisen Abbau der Grenzkontrollen an den gemeinsamen Grenzen vom 14.6.1985	346
2. Durchführungsübereinkommen vom 19.6.1990 zum Übereinkommen betreffend den schrittweisen Abbau der Grenzkontrollen an den gemeinsamen Grenzen (SDÜ)	347–351
a) Polizeiliche Zusammenarbeit (Artt. 39 ff. SDÜ)	348, 349
b) Schengener Informationssystem (SIS)	350, 351
3. Vergemeinschaftung des Schengenbesitzstandes	352
4. Prümer Vertrag (Schengen III) und Wiedereinführung von Kontrollen	353
III. Internationale Kooperation im Rahmen der Polizeilichen und Justiziellen Zusammenarbeit in Strafsachen	354–369
1. Einbindung der Kriminalitätsbekämpfung in die „dritte Säule"	354–356
2. Europäisches Polizeiamt (Europol)	357–363
3. Eurojust	364–367
4. Europäisches Justitielles Netz (EJN)	368, 369
E. Beteiligung des EuGH bei der Anwendung des europarechtlich determinierten Straf- und Strafverfahrensrechts	370–374
I. Rechtsschutz durch den EuGH zur Sicherstellung der Vorgaben des Unions- und Gemeinschaftsrechts	371–373
II. Rechtsschutz durch den EuGH im intergouvernementalen Bereich	374
F. Ausblick	375–410
I. Bereichsspezifische Harmonisierung des Strafrechts	376–382
1. Notwendigkeit einer Vereinheitlichung des Wirtschaftsstrafrechts	377–380
2. Angleichung des Umweltstrafrechts	381
3. Vorgeschlagene Angleichung im Datenschutzrecht	382
II. Strafrechtlicher Schutz der finanziellen Interessen der Europäischen Gemeinschaften und Einführung einer Europäischen Staatsanwaltschaft	383–404

	Rn.		Rn.
1. Konzept für eine Gesamtstrategie zum Schutz der finanziellen Interessen der Gemeinschaften	383–385	4. Vorschlag der Kommission zur schnellen Reaktion auf den Mehrwertsteuerbetrug	391
2. Corpus Juris der strafrechtlichen Regelungen zum Schutz der finanziellen Interessen der Europäischen Union	386	5. Richtlinienvorschlag der Kommission über die strafrechtliche Bekämpfung von gegen die finanziellen Interessen der EU gerichtetem Betrug	392–394
a) Statuierung eines vereinheitlichten europäischen Sanktionensystems	387, 388	6. Geplante Einrichtung einer Europäischen Staatsanwaltschaft	395–404
b) Implementierung in das Europäische Rechtssystem	389	III. Vorschläge zur Ausgestaltung eines Europäischen Wirtschaftsstrafrechts	405–407
3. Entschließung des Europäischen Parlaments vom 19. April 2012 zur Forderung nach konkreten Maßnahmen zur Bekämpfung von Steuerbetrug und Steuerhinterziehung	390	IV. Europäisches Modellstrafgesetz	408, 409
		V. Annäherung der nationalen Strafrechtsordnungen unter Berücksichtigung der Vorgaben internationaler Organisationen	410

Einführung

1 Die voranschreitende europäische Einigung,[1] die Globalisierung der Wirtschaft und das Vordringen neuer Technologien in den Bereichen Computertechnik, Telekommunikation und Biotechnologie wirken sich auch auf die Kriminalität, insbesondere die Wirtschaftskriminalität,[2] aus. Die EG bzw. EU reagierte hierauf insbesondere durch außerstrafrechtliche Maßnahmen, die der Schaffung der erforderlichen Rahmenbedingungen in den sich entwickelnden Wirtschaftsbereichen und dem Schutz der Verbraucher dienten. Die Einhaltung der rechtlichen Vorgaben wird zum Teil bereits derzeit durch europäische **Sanktionsvorschriften** angestrebt. So kennt das Unionsrecht Geldbußen, die die Kommission verhängen kann, sowie Sanktionen unterhalb der Geldbußen, welche die EG/EU eingeführt hat, die jedoch von den Verwaltungsbehörden der Mitgliedstaaten verhängt werden (Rn. 175 ff.). Daneben finden sich gemeinschafts- und unionsrechtliche Vorgaben, die im Ergebnis auch Auswirkungen auf dem Gebiet des Strafrechts haben und die die Mitgliedstaaten in nationales Recht umsetzen müssen (Rn. 185 ff.). Außerdem hatten die Gerichte in den Mitgliedstaaten bislang schon die gemeinschafts- und unionsrechtlichen Regelungen bei der Anwendung und Auslegung des nationalen Rechts – auch des Strafrechts – zu berücksichtigen (Rn. 124 ff.). Auf diese Weise wirken sich die gemeinschafts- und unionsrechtlichen Vorgaben neben dem Verwaltungsrecht auch auf das nationale Wirtschafts- und Verwaltungsstrafrecht in den Mitgliedstaaten der EU aus (Rn. 60 ff.).[3]

2 Am 1.12.2009 trat der **Vertrag von Lissabon** zur Änderung des Vertrages über die Europäische Union und des Vertrages zur Gründung der Europäischen Gemeinschaft[4] in Kraft.

---

[1] Zum Strafrecht im europäischen Integrationsprozess *Böse*, in: ders. (Hrsg.), Europäisches Strafrecht, § 1 Rn. 5 ff.

[2] Vgl. den Überblick bei *Meier, B.-D.*, in: *Zieschang/Hilgendorf/Laubenthal* (Hrsg.), Strafrecht und Kriminalität in Europa, 2003, S. 129 ff.; *Streng*, ebenda, S. 143 ff.; *Wittkämper/Krevert/Kohl*, Europa und die innere Sicherheit, 1996, S. 79 ff.

[3] Zusammenfassend dazu *Böse*, Strafen und Sanktionen im Europäischen Gemeinschaftsrecht, 1996, S. 30 ff.; *Dannecker*, in: *Eser/Huber* (Hrsg.), Strafrechtsentwicklung in Europa, 4.3.1995, S. 64 ff.; *ders.*, in: *Ulsamer* (Hrsg.), Lexikon des Rechts. Strafrecht, Strafverfahrensrecht, 2. Aufl. 1996, S. 302 ff.; *Dieblich*, Der strafrechtliche Schutz der Rechtsgüter der Europäischen Gemeinschaften, 1985, S. 26 ff.; *Grasso*, Comunità Europee e diritto penale, 1989, S. 1 ff.; *Satzger*, Die Europäisierung des Strafrechts, 2001, S. 187 ff.; *Schröder, Chr.*, Europäische Richtlinien und deutsches Strafrecht, 2002, S. 56 ff.; *Sieber*, SchwStrZ 103 (1991), 957 ff.; *Tiedemann*, NJW 1993, 13 ff.

[4] ABl. 2007/C 306/01, zuletzt bekannt gemacht durch Abdruck der konsolidierten Textfassungen im ABl. 2010/C 83/01 und ABl. 2010/C 84/01.

A. Harmonisierungsbestrebungen

2

Durch diesen Vertrag ist das europäische Strafrecht in eine neue Phase getreten: Die Frage, ob die EG bislang berechtigt war, den Mitgliedstaaten auch Vorgaben auf dem Gebiet des Strafrechts zu machen, wurde von der herrschenden Ansicht eher negativ beantwortet. Nun bestehen keine durchgreifenden Zweifel mehr, dass der Vertrag über die Arbeitsweise der Europäischen Union (AEUV) die ausdrückliche Kompetenz zur Setzung europäischer Mindestvorgaben für die Strafrechtssetzung der Mitgliedstaaten gibt.[5] Außerdem hat der Vertrag eine Reihe von Konkretisierungen im Bereich der justiziellen Zusammenarbeit in Strafsachen und der polizeilichen Zusammenarbeit gebracht (Rn. 60 ff.).[6]

Im Folgenden werden zunächst die Harmonisierungsbestrebungen auf dem Gebiet des Wirtschafts- und Verwaltungsstrafrechts und deren Auswirkungen auf die Wirtschaftskriminalität aufgezeigt (A.). Anschließend wird die Bedeutung des Gemeinschafts- bzw. Unionsrechts für das Wirtschaftsstrafrecht erörtert (B.). Einen Schwerpunkt der Annäherung der nationalen Strafrechtsordnungen bildet der Schutz der finanziellen Interessen der Europäischen Union, der unter C. dargestellt wird. Der darauf folgende Abschnitt (D.) befasst sich mit der Rolle der Europäischen Union bei der Kriminalitätsbekämpfung. Sodann wird die Beteiligung des EuGH bei der Anwendung des europarechtlich determinierten Straf- und Strafverfahrensrechts aufgezeigt (E.). Abschließend wird in einem Ausblick (F.) zu den zu erwartenden Harmonisierungsbestrebungen für den Bereich des Strafrechts im europäischen Kontext und zur Einführung unionsrechtlicher Geldbußen und europäisch harmonisierter Strafvorschriften Stellung genommen.

3

A. Harmonisierungsbestrebungen auf dem Gebiet des Wirtschafts- und Verwaltungsstrafrechts

Zunächst soll die **Entwicklung der europäischen Integration** von der Gründung der Europäischen Gemeinschaft für Kohle und Stahl (EGKS), der Europäischen Wirtschaftsgemeinschaft (E[W]G) und der Europäischen Atomgemeinschaft (EAG) bis hin zum Vertrag von Lissabon kurz nachgezeichnet und ein Ausblick auf die zukünftigen Erweiterungsbestrebungen der EU gegeben werden (I.–III.). Hieran schließen sich Ausführungen über die Europäische Union als kriminalpolitischer Raum an (IV.). Sodann werden im Überblick die aktuellen Einwirkungsmöglichkeiten des Gemeinschafts-/Unionsrechts auf die Strafrechtsordnungen der Mitgliedstaaten dargestellt (V.).[7]

4

I. Entwicklung der europäischen Einigung von der Gründung der EGKS bis hin zum Vertrag über eine Verfassung für Europa

1. Gründungsverträge

Grundlage der Europäischen Union (EU) waren die **Europäischen Gemeinschaften** E[W]G, EGKS und EAG, die die „erste Säule" der Union bildeten, die **Gemeinsame Außen- und Sicherheitspolitik** (GASP), die die „zweite Säule" der Union ausmachten, und die **Polizeiliche und Justitielle Zusammenarbeit in Strafsachen** (PJZS) als „dritte Säule". Die drei Europäischen Gemeinschaften wiesen gegenüber sonstigen internationalen Organisationen des allgemeinen Völkerrechts die Besonderheit auf, dass sie unmittelbar in die Mitgliedstaaten hineinwirken konnten und somit supranationale Organisationen darstellten. Durch den Vertrag von Lissabon haben die Gemeinschaften nunmehr ihre Bedeutung verloren. Die Konstruktion des sog. Dreisäulenmodells hat ausgedient und wurde durch die einheitliche EU als unionsrechtliche Organisation der Mitgliedstaaten ersetzt.

5

---

[5] Vgl. *Böse*, in: ders. (Hrsg.), Europäisches Strafrecht, § 4 Rn. 4 ff.; zum Streitstand *Esser*, Europäisches und Internationales Strafrecht; § 2; zum Gesetzgebungsverfahren vgl. *Brodowski*, ZIS 2010, 376 ff.

[6] *Böse*, in: ders. (Hrsg.), Europäisches Strafrecht, § 4 Rn. 27 ff.

[7] Vgl. zur Entwicklung auch die Übersicht bei *Müller-Gugenberger*, in: ders./*Bieneck* § 5 Rn. 30 ff.

Die EU ist nach Art. 1 Abs. 3 S. 1 EUV Rechtsnachfolgerin der EG und an deren Stelle getreten.[8]

6 Der **EGKS-Vertrag** wurde am 18.4.1951 in Paris unterzeichnet und ist am 23.7.1952 in Kraft getreten. Die Gründung der EGKS stellte die Verwirklichung des Schuman-Planes vom 9.5.1950 dar, der darin bestand, die gesamte Kohle- und Stahlproduktion Frankreichs und Deutschlands einer gemeinsamen Hohen Behörde zu unterstellen, mit dem Angebot, weitere Länder in diese Zusammenarbeit mit einzubeziehen. Der auf eine 50-jährige Geltungsdauer angelegte Vertrag ist gemäß Art. 97 EGKS am 23.7.2002 ausgelaufen.

7 Am 25.3.1957 wurden in Rom die **Verträge zur Gründung der Europäischen Wirtschaftsgemeinschaft** (heute: Europäische Gemeinschaft – EG) und der **Europäischen Atomgemeinschaft** abgeschlossen, die am 1.1.1958 in Kraft traten. Seitdem befanden sich die Gemeinschaften in einem stetigen wirtschaftlichen und politischen Wachstum.[9] Dieses Wachstum ist jedoch durch die Bankenkrise der letzten Jahre erheblich ins Stocken geraten.

2. Einheitliche Europäische Akte

8 Der positiven Entwicklung der europäischen Einigung wurde zunächst durch die Einheitliche Europäische Akte (EEA) vom 28.2.1986 Rechnung getragen, die die Gründungsverträge der Gemeinschaft abänderte und dem Ziel diente, die Europäischen Gemeinschaften in eine **Europäische Union** umzuwandeln und bis Ende 1992 einen Binnenmarkt zu verwirklichen. Außerdem enthielt die EEA Regeln für die Europäische Politische Zusammenarbeit, die zuvor schon ohne ausdrückliche vertragliche Grundlage praktiziert wurden.

3. Maastrichter Vertrag

9 § Eine umfassende Änderung und Ergänzung haben die Gemeinschaftsverträge durch den **Vertrag über die Europäische Union** (Maastrichter Vertrag) vom 7.2.1992 erfahren, der am 1.11.1993 in Kraft getreten ist. Mit ihm wurde das Ziel verfolgt, die Gemeinschaft schrittweise zu einer politischen Union und damit zu einem umfassend geeinten, vollintegrierten, dauerhaften und handlungsfähigen Verband ihrer Mitglieder zu entwickeln, indem die Europäische Union gegründet wurde, in die die Europäischen Gemeinschaften als sog. „erste Säule" überführt wurden. Kernstück des Unionsvertrags war die Schaffung einer Wirtschafts- und Währungsunion durch eine eng koordinierte Wirtschaftspolitik und die Einführung einer einheitlichen Währung. Darüber hinaus wurde durch den Maastrichter Vertrag die Gemeinsame Außen- und Sicherheitspolitik (GASP) sowie die Zusammenarbeit in den Bereichen Justiz und Inneres (ZBJI) als **„zweite und dritte Säule"** der Europäischen Union übernommen.

4. Amsterdamer Vertrag

10 Der Amsterdamer Vertrag vom 2.10.1997, der am 1.5.1999 in Kraft getreten war, hielt an der Struktur der Europäischen Union fest, verlagerte aber über die gemeinsame Visapolitik gegenüber Drittstaaten hinaus weitere Materien der Asyl-, Visa- und Einwanderungspolitik von der dritten Säule der gouvernementalen Zusammenarbeit in den Titel IV des EG-Vertrages und hatte Änderungen bezüglich der Institutionen, der Instrumente und der Entscheidungsverfahren gebracht.[10] Von der ZBJI verblieben im Titel VI des EU-Vertrages die „Bestimmungen über die Polizeiliche und Justitielle Zusammenarbeit in Strafsachen" (PJZS).

---

[8] Vgl. auch *Müller-Gugenberger*, in *ders./Bieneck* § 5 Rn. 24 ff.

[9] Die bislang vom EGKS-Vertrag als lex specialis geregelten Bereiche unterfielen nunmehr den Regelungen des EG-Vertrages.

[10] Neben inhaltlichen Änderungen wurde durch den Amsterdamer Vertrag eine neue Nummerierung des EG und des EU eingeführt. Im Folgenden wird ggf. diese Zählung verwendet und soweit auf die Verträge in der Fassung vor Lissabon Bezug genommen wird, auf die alte Nummerierung verwiesen.

A. Harmonisierungsbestrebungen

Gleichzeitig wurde erstmals das Ziel der Schaffung eines „Raumes der Freiheit, der Sicherheit und des Rechts" verankert. Zur Verwirklichung dieses Ziels gehört neben einer verstärkten Zusammenarbeit der Strafverfolgungsbehörden ausdrücklich auch eine Annäherung der Strafvorschriften der Mitgliedstaaten (vgl. Art. 29 EU).[11] Maßnahmen der Zusammenarbeit aus diesem Bereich waren jedoch nur beschränkt der Jurisdiktion des EuGH unterworfen.

5. Vertrag von Nizza und Charta der Grundrechte

Die Mitgliedstaaten haben am 26.2.2001 den **Vertrag von Nizza**[12] unterzeichnet, der am 1.2.2003 in Kraft getreten ist. Mit diesem Vertrag wurde eine Reihe institutioneller Reformen beschlossen, um die Europäische Union auf den Beitritt der neuen Mitgliedstaaten vorzubereiten, und ihre Arbeitsfähigkeit[13] auch mit einer erheblich vergrößerten Mitgliederzahl zu gewährleisten. Kernpunkte der Reformen waren eine verstärkte Integration durch weitgehende Abschaffung des Vetorechts und die Ausweitung der Mehrheitsentscheidungen bei den Abstimmungen im Rat, der Ausbau der demokratischen Legitimation von Gemeinschaftsrechtsakten durch verstärkte Beteiligung des Europäischen Parlaments und die Neuverteilung der Sitze im Europäischen Parlament in Anlehnung an die Bevölkerungsgröße der einzelnen Mitgliedstaaten[14] sowie die deutlichere Anpassung der Stimmengewichtung im Rat an die Bevölkerungsgröße der einzelnen Mitgliedstaaten. Auch wurden erste Regelungen über die Größe und Zusammensetzung der Kommission in einer erweiterten Union (zunächst ein Kommissar je Mitgliedstaat; Verkleinerung der Kommission, sobald die Union auf 27 Mitgliedstaaten angewachsen sein würde) und Maßnahmen zur Stärkung der Rolle des Kommissionspräsidenten getroffen.

Zudem begrüßte es der Europäische Rat, dass der Rat, das Europäische Parlament und die Kommission gemeinsam die **„Charta der Grundrechte der Europäischen Union"**[15] proklamiert hatten.[16] Das konkrete Vorhaben der Erarbeitung eines eigenen geschriebenen Grundrechtskatalogs der Union[17] beruhte auf einem Vorschlag der damaligen deutschen Ratspräsidentschaft, den der Europäische Rat auf seiner Tagung in Köln am 3./4.6.1999[18] aufgegriffen hat, indem er einen Konvent zur Erarbeitung dieser Grundrechtscharta einsetzte.[19]

Trotz des Anliegens, die in der Union geltenden Grundrechte zusammenzufassen, **fehlte** es der Charta jedoch bis zum Vertrag von Lissabon (vgl. Art. 6 EUV) **an einer rechtlichen Verbindlichkeit,** da es hierfür eines förmlichen Vertragsänderungsverfahrens gemäß Art. 48 EU bedurfte.[20] Gleichwohl hatte die Kommission bereits damals festgestellt, dass es kaum denkbar wäre, wenn sie und der Rat bei der Gesetzgebungstätigkeit eine selbst proklamierte Charta ignorierten, die auf Wunsch des Europäischen Rates von sämtlichen – in einem Gremium vereinigten – Legitimitätsträgern auf EU- und innerstaatlicher Ebene ausgearbeitet

---

[11] Siehe Rn. 155, 354.

[12] ABl. 2002, Nr. C 325 vom 24.12.2002, S. 1 ff.; die Bundesrepublik Deutschland hat dem Vertrag mit Gesetz vom 21.12.2001, BGBl. 2002 II, 1702, zugestimmt. Zu verfassungsrechtlichen Aspekten dieses Vertrages vgl. *Streinz,* ZÖR 58 (2003), 137 ff. m. w. N.

[13] Vgl. Europa-Report, EuZW 2003, 162 f.

[14] Näher dazu *Borchmann,* EuZW 2001, 170 ff.

[15] ABl. 2000, Nr. C 364 vom 18.12.2000, S. 1 ff.; vgl. hierzu *Meyer, J.,* Kommentar zur Charta der Grundrechte der Europäischen Union, 2003; *Grabenwarter,* DVBl. 2001, 1 ff.; *Schmitz, T.,* JZ 2001, 833 ff.; *Calliess,* EuZW 2001, 261 ff.; ferner *Müller-Gugenberger,* in ders./Bieneck § 5 Rn. 34.

[16] Schlussfolgerungen des Vorsitzes – Europäischer Rat (Nizza) 7., 8. und 9. Dezember 2000, SN 400/1/00, Tz. 2.

[17] Zur Ausgangslage für die Erarbeitung der Grundrechtscharta vgl. *Weber, A.,* NJW 2000, 537 ff.

[18] Schlussfolgerungen des Vorsitzes – Europäischer Rat (Köln) 3. und 4. Juni 1999, SN 150/99, Anlage IV.

[19] *Hilf,* Sonderbeilage zu NJW 2000, 5; *Schmitz, T.,* JZ 2001, 1 f.

[20] *Streinz,* Europarecht, Rn. 758; vgl. zu den Möglichkeiten der Integration in das Primärrecht *Pietsch,* ZRP 2003, 1, 2 f.

worden ist.[21] Auch der Gerichtshof und das Gericht erster Instanz nahmen in ihrer Rechtsprechung in der Regel Bezug auf die Grundrechtscharta. Dabei maßen sie der Charta zwar keine rechtliche Bindungswirkung bei, stellten jedoch fest, dass die Proklamation der Charta die Bedeutung der in ihr enthaltenen Rechte bekräftigte.[22] Damit entfaltete die Grundrechtscharta bereits damals zumindest in Ansätzen eine unmittelbare praktische Verbindlichkeit.

6. Vertrag über eine Verfassung für Europa[23]

14 Auf der Grundlage der Erklärung des Europäischen Rates von Laeken vom 14. und 15.12.2001[24] hatte am 28.2.2002 der Konvent zur Zukunft der Europäischen Union seine Arbeit aufgenommen. Als Ergebnis dieses Konvents wurde schließlich eine Verfassung für Europa ausgearbeitet, die am 18.6.2004 vom Rat der Europäischen Union verabschiedet und anschließend am 29.10.2004 von den Staats- und Regierungschefs der einzelnen Mitgliedstaaten in Rom unterzeichnet wurde.[25] Der Verfassungsvertrag sollte gemäß Art. IV-437 die Verträge aufheben und die Rechtslage konsolidieren und damit auch einen wichtigen Beitrag für die Rechtssicherheit im Europäischen Recht leisten.

Vor allem für den Bereich des Strafrechts sollte der Verfassungsvertrag weitreichende Änderungen mit sich bringen.[26] Insbesondere die **dritte Säule der Polizeilichen und Justiziellen Zusammenarbeit in Strafsachen sollte in das vergemeinschaftete Europarecht integriert** werden. Dadurch sollte eine ohnehin nur künstlich bestehende Trennung aufgegeben werden. Denn auch zuvor fanden sich im EG-Vertrag Regelungen, die von ihrem materiellen Gehalt eher an eine intergouvernementale Zusammenarbeit erinnerten, so dass man nie von einer strikten Trennung zwischen der ersten Säulen der EU einerseits und der zweiten und dritten Säule andererseits sprechen konnte. Neben diesem eher pragmatischen Gesichtspunkt sollte der Verfassungsvertrag aber auch umfassende Änderungen in materieller Hinsicht mit sich bringen.

15 Die entsprechenden Vorschriften sollten insbesondere in Teil III Kapitel IV unter der Überschrift *„Vorschriften zum Raum der Sicherheit der Freiheit und des Rechts"* integriert werden. Für das Strafrecht nahmen die Artt. III-270 ff. EVV eine wichtige Rolle ein. Anders als es die Überschrift zu Abschnitt 4 erwarten ließ, waren darin nicht nur Vorschriften zur *„Justiziellen Zusammenarbeit in Strafsachen"* enthalten, sondern es war die Verankerung maßgeblicher Kompetenzen zur Einwirkung auf das nationale Recht in diesem Normenkomplex bestimmt. Eine wichtige Regelung in diesem Zusammenhang sollte **Art. III-271 EVV** werden. Danach sollten durch Europäische Rahmengesetze, die den bisherigen Richtlinien entsprechenden Charakter gehabt hätten, Mindestvorschriften zur Festlegung von Straftaten und Strafen in Bereichen solcher besonders schwerer Kriminalität vorgegeben werden, die aufgrund der Art oder der Auswirkung der Straftaten oder aufgrund der besonderen Notwendigkeit, sie von gemeinsamen Grundlagen ausgehend zu bekämpfen, eine grenzüberschreitende Dimension haben. Damit sollte eine **weitreichende Kompetenz zur Harmonisierung des Strafrechts** in der EU im Verfassungsvertrag geschaffen werden.[27] Bedenklich war jedoch, dass der Umfang dieser Ermächtigung nicht hinreichend bestimmt war. Zwar waren

---

[21] Stellungnahme der Kommission vor dem Europäischen Parlament am 3.10.2000, wiedergegeben in der Mitteilung der Kommission zum Status der Grundrechtscharta der Europäischen Union, KOM (2000) 644 vom 11.10.2000.

[22] Vgl. nur EuG (Zweite erweiterte Kammer) vom 15.1.2003 (*Philip Morris International, Inc und andere*) Verb. Rs. T-377/00, T-379/00, T-380/00, T-260/01 und T-272/01, Tz. 122; *Grabenwarter*, DVBl. 2001, 1, 11; einschränkend *Schmitz, T.*, JZ 2001, 833, 835.

[23] ABl. 2004, Nr. C/310 vom 16.12.2004.

[24] Schlussfolgerungen des Vorsitzes – Europäischer Rat (Laeken) 14. und 15. Dezember 2001, SN 300/1/01, Tz. 3 und Anlage I.

[25] Eingehend dazu *Streinz/Ohler/Herrmann*, Die neue Verfassung für Europa, 2005, passim.

[26] Näher dazu *Dannecker*, Jura 2006, 173, 176 ff.; *ders.*, ZStW 117 (2005), 697, 741 ff.; *ders./Reinel*, in: *Leitner* (Hrsg.), Finanzstrafrecht 2006, S. 49 ff.; jeweils m. w. N.

[27] Näher zu dieser Kompetenz nach geltendem Recht Rn. 132 ff.

A. Harmonisierungsbestrebungen

einzelne Kriminalitätsbereiche, für die die Voraussetzungen des Absatzes 1 vorlagen, wie z. B. Geldwäsche, Korruption, Terrorismus und organisierte Kriminalität, aufgeführt; allerdings sollte dem Europäischen Rat zugleich eine **Kompetenz-Kompetenz** eingeräumt werden (Art. III-271 Abs. 1 Unterabs. 3 EVV). Danach war eine Befugnis des Rates vorgesehen, mittels einstimmigen Beschlusses den oben angesprochenen Katalog von Kriminalitätsbereichen erweitern, sofern diesbezüglich die in Art. III-271 Abs. 1 Unterabs. 1 EVV genannten Voraussetzungen erfüllt sein würden.

Einen wesentlichen Fortschritt sollte der Europäische Verfassungsvertrag zudem auf der Ebene des **Grundrechtsschutzes durch Aufnahme der Grundrechtecharta in Teil 2 des Vertrages** bringen, um so die Organe der Union nicht mehr nur faktisch – aufgrund der abgegebenen Selbstbindungserklärung – sondern unmittelbar primärrechtlich an den proklamierten Grundrechtskatalog zu binden.[28]

Der Verfassungsvertrag ist allerdings zunächst an den negativen Referenden in Frankreich und den Niederlanden gescheitert. Aufgrund dieser Ereignisse, die eine ablehnende Haltung der Bevölkerung gegenüber dem Verfassungsvertrag verdeutlichten, wurde in mehreren Mitgliedstaaten die Ratifikation auf unbestimmte Zeit verschoben, um das Vertrauen der Bevölkerung für die Sache zu gewinnen.[29] Mit dem Vertrag von Lissabon hat sich der ursprüngliche Verfassungsvertrag allerdings erledigt.

7. Vertrag von Lissabon

Viele Elemente des Verfassungsvertrages wurden in den Vertrag von Lissabon gerettet. Durch ihn wurde die **Europäische Union zur Rechtsnachfolgerin der Europäischen Gemeinschaften**. Der Vertrag stellt nach Art. 1 Abs. 2 AEUV eine „neue Stufe bei der Verwirklichung einer immer engeren Union der Völker Europas dar, in der die Entscheidungen möglichst offen und möglichst bürgernah getroffen werden". Die Verträge zur Gründung der Europäischen Gemeinschaften (EGV) und über die Europäische Union (EUV) wurden durch den neuen Vertrag über die Europäische Union in der Lissabon-Fassung und den Vertrag über die Arbeitsweise der Europäischen Union (AEUV) ersetzt.

Art. 83 Abs. 1 AEUV bestimmt, dass das Europäische Parlament und der Rat **Mindestvorschriften zur Festlegung von Straftaten und Strafen** in den Bereichen der besonders schweren Kriminalität (**Art. 83 Abs. 1 UAbs. 2 AEUV**) festlegen können. „Derartige Bereiche sind: Terrorismus, Menschenhandel und sexuelle Ausbeutung von Frauen und Kindern, illegaler Drogenhandel, illegaler Waffenhandel, Geldwäsche, Korruption, Fälschung von Zahlungsmitteln, Computerkriminalität und organisierte Kriminalität." Art. 83 Abs. 1 UAbs. 3 AEUV räumt dem Rat die Kompetenz ein, je nach Entwicklung der Kriminalität einen Beschluss zu erlassen, durch den „andere Kriminalitätsbereiche bestimmt werden, die die Kriterien dieses Absatzes erfüllen." Welche Ausmaße diese Kompetenz letztlich hat, ist noch nicht abschließend geklärt.[30]

Unter Beachtung strenger Subsidiarität[31] räumt Art. 83 Abs. 2 AEUV der Union auch außerhalb dieser Kriminalitätsbereiche als **Annexkompetenz** das Recht ein, Vorgaben für die Angleichung strafrechtlicher Rechtsvorschriften zu erlassen.[32] Diese Kompetenz besteht dann, wenn sich die Harmonisierung der mitgliedstaatlichen Rechtsvorschriften als „unerlässlich für die wirksame Durchführung der Politik der Union auf einem Gebiet, auf dem Harmonisierungsmaßnahmen erfolgt sind", erweist. In diesem Fall können per Richtlinie Mindestvorschriften für die Festlegung von Straftaten und Strafen auf dem betreffenden Gebiet vorgegeben werden. Das Gesetzgebungsverfahren folgt insofern dem der Hauptmaterie.

---

[28] Siehe hierzu bereits oben Rn. 11 ff.; vgl. zur Notwendigkeit des Bezugs auf die Grundrechte bei der Rechtfertigung europäischer Rechtsakte, *Reinel/Roth*, EWS 2006, 542 ff.

[29] Unter anderem handelt es sich um die Länder Dänemark, England, Irland, Schweden, Tschechien.

[30] Dazu *Böse* in: ders. (Hrsg.), Europäisches Strafrecht, § 4 Rn. 7 ff.

[31] Art. 5 Abs. 3 EUV; siehe auch GA *Ruiz-Jarabo Colomer*, Rs. C-303/05 (Advocaten voor de Wereld), Slg. 2007, I-3633 Rn. 61.

[32] Dazu *Böse* in: ders. (Hrsg.), Europäisches Strafrecht, § 4 Rn. 16 ff.

21 Weitere Kompetenzen zur Setzung von strafrechtlichen Vorschriften oder Vorgaben ergeben sich aus **Art. 325 AEUV auf dem Gebiet der finanziellen Interessen der EU** und aus Art. 79 AEUV (gemeinsame Einwanderungspolitik).[33]

22 In der Praxis von noch größerer Bedeutung sind jedoch – zumindest vorerst – die Vorgaben über die **Zusammenarbeit in Strafsachen**,[34] insbesondere die gegenseitige Anerkennung aller Arten von Entscheidungen nach Art. 82 Abs. 1 AEUV.[35] Durch Maßnahmen im ordentlichen Gesetzgebungsverfahren sollen nach Art. 82 Abs. 1 UAbs. 2 AEUV Parlament und Rat

a) die gegenseitige Anerkennung aller Arten von Urteilen sichern,
b) Kompetenzkonflikte zwischen den Mitgliedstaaten verhindern und beilegen,
c) die Weiterbildung von Richtern und Staatsanwälten sowie Justizbediensteten fördern und
d) die Zusammenarbeit zwischen den Justizbehörden oder entsprechenden Behörden der Mitgliedstaaten im Rahmen der Strafverfolgung sowie des Vollzugs und der Vollstreckung von Entscheidungen erleichtern.

23 Die **gegenseitige Anerkennung** wurde durch den Lissabon-Vertrag als zentrales Strukturprinzip der JZS primärrechtlich verankert.[36] Entscheidungen sollen danach grundsätzlich ohne zusätzliche Überprüfung in allen Mitgliedstaaten Anerkennung finden, wobei die Anerkennung bislang vor allem durch die Anerkennung des Ne-bis-in-idem-Grundsatzes (Art. 1 ne-bis-in-idem-Übk, Art. 54 SDÜ)[37] Wirkung entfaltet, so dass sich die Anerkennung mitgliedstaatlicher Entscheidungen zugunsten des Bürgers auswirkt.[38]

24 Im Kontext der gegenseitigen Anerkennung und Zusammenarbeit gegen grenzüberschreitende Kriminalität ist der Union nach **Art. 82 Abs. 2 AEUV** auch die Kompetenz gegeben, Mindestvorschriften über die Zulässigkeit von Beweismitteln, über die Individualrechte und Opferrechte im Strafverfahren sowie unter bestimmten Voraussetzungen auch über „spezifische Aspekte des Strafverfahrens" durch Richtlinien festzulegen. Art. 82 Abs. 3 AEUV sieht einen sog. **Notbremsenmechanismus** vor, der verhindern soll, dass Mitgliedstaaten gezwungen werden, grundlegende Aspekte ihrer Strafrechtsordnung zu verletzen. Für den Fall des Scheiterns eines ordentlichen Gesetzgebungsverfahrens wurde hier der Weg eines erleichterten Zugangs zu einer **verstärkten Zusammenarbeit** geschaffen.[39]

25 In den Art. 85 und 86 AEUV wurden die Befugnisse zur Koordinierung von **Eurojust** und dem Einsatz einer **Europäischen Staatsanwaltschaft** geschaffen. Eurojust hat nach Art. 85 Abs. 1 AEUV den Auftrag, die Behörden der Mitgliedstaaten bei der Bekämpfung transnationaler schwerer, insbesondere organisierter Kriminalität zu unterstützen. Nach Art. 85 Abs. 1 UAbs. 2 AEUV soll Eurojust insbesondere eine Ermittlungsbehörde zur Bekämpfung der organisierten Kriminalität gegen die finanziellen Interessen der Union sein, die zudem Koordinationsaufgaben wahrnimmt.

26 Das Arbeitsfeld der Europäischen Staatsanwaltschaft soll nach Art. 86 Abs. 2 AEUV ebenfalls die **Kriminalität zum Nachteil der finanziellen Interessen der Europäischen Union** sein. Sie soll, ggf. in Kooperation mit **Europol**, die Verfolgung solcher Straftaten übernehmen und vor den Gerichten der Mitgliedstaaten als Staatsanwaltschaft agieren. Der Europäische Rat kann nach Art. 86 Abs. 4 AEUV mit Zustimmung des Parlaments ferner über die Ausweitung der Aufgaben und Kompetenzen der Europäischen Staatsanwaltschaft auf andere Bereiche von transnationaler schwerer Kriminalität entscheiden.

---

[33] Vgl. hierzu *Böse,* in: ders. (Hrsg.) Europäisches Strafrecht, § 4 Rn. 24 ff.; *Safferling,* Internationales Strafrecht, § 10 Rn. 41 ff.

[34] *Schomburg/Lagodny/Schallmoser,* in: *Böse* (Hrsg.), Europäisches Strafrecht, § 13 Rn. 1 ff. m. w. N.; vgl. auch *Müller-Gugenberger,* in: *ders./Bieneck* § 5 Rn. 121 ff.

[35] *Morgenstern,* in: Böse (Hrsg.), Europäisches Strafrecht, § 15 Rn. 8 ff. m. w. N.; zur unionsrechtlichen Herkunft des Prinzips *Hecker,* Europäisches Strafrecht, § 12 Rn. 59.

[36] Vgl. *Hecker,* Europäisches Strafrecht, § 12 Rn. 51; *Müller-Gugenberger,* in: *ders./Bieneck* § 5 Rn. 122.

[37] Vgl. hierzu insbesondere EuGH, Urt. v. 18.7.2006 – C-288/05, *Kretzinger,* NJW 2007, 3412 ff.; zusammenfassend zur Rechtsprechung des EuGH zu „ne bis in idem" *Dannecker,* EuZ 2009, S. 110 ff.

[38] Vgl. *Hecker,* Europäisches Strafrecht, § 12 Rn. 51.

[39] Vgl. zu den Einzelheiten *Suhr,* in: *Calliess/Ruffert,* EUV/AEUV, Art. 82 AEUV Rn. 45 ff.

A. Harmonisierungsbestrebungen

Art. 75 AEUV normiert die Kompetenz des Parlaments und des Rates, unter Berufung auf 27
die Ziele des Art. 67 AEUV (Schaffung des Raums der Freiheit, der Sicherheit und des
Rechts) zur Verhütung und Bekämpfung des Terrorismus im Rahmen des ordentlichen Gesetzgebungsverfahrens durch Verordnungen den Rahmen bestimmter Verwaltungsmaßnahmen zu bestimmen. Diese betreffen die **Einschränkung von Kapitalbewegungen**, also insbesondere das Einfrieren von Vermögenswerten von natürlichen oder juristischen Personen, Gruppierungen und anderen nichtstaatlichen Einheiten.

8. Problematische Tendenzen der europäischen Gesetzgebung mit Strafrechtsbezug

Als problematische Tendenzen der europäischen Gesetzgebung mit Strafrechtsbezug können 28
genannt werden:[40]
– eine generelle Ausweitung und Verschärfung der Strafvorschriften, insbesondere Vorverlagerungstendenzen und eine flächendeckende Pönalisierung,
– eine Berufung auf den effet utile, der mit der Annexkompetenz des Art. 83 Abs. 2 AEUV (Rn. 20) eine Rechtsgrundlage im Primärrecht erhalten hat, die Schaffung symbolischer Harmonisierungsvorgaben,
– Bestimmtheitsmängel
– Missachtung des Subsidiaritätsgrundsatzes
– fehlende Abstimmung strafrechtsbezogener Rechtsakte mit anderweitigen Rechtsvorschriften, insbesondere des Sekundärrechts und der nationalen Strafrechtssysteme
  Deshalb wird eine **europäische Kriminalpolitik** gefordert, die dem Verhältnismäßigkeits- und Ultima-Ratio-Prinzip, dem Schuld-, Gesetzlichkeits-, Subsidiaritäts- und Kohärenzprinzip Rechnung trägt.[41]

9. Beitritt der EU zur EMRK und zu ausgewählten Zusatzprotokollen

Nach der achten Verhandlungsrunde konnten am 20. und 24.6.2011 die Beitrittsverhandlungen 29
der EU zur EMRK und ausgewählten Zusatzprotokollen abgeschlossen werden.[42] Der ausgehandelte **Entwurf des Beitrittsabkommens** muss nach der Annahme durch das Ministerkomitee und die parlamentarische Versammlung des Europarats angenommen und von allen beteiligten Staaten ratifiziert werden. Inhalt des Abkommens ist nicht nur der Beitritt zur EMRK, sondern auch zu den Zusatzprotokollen Nr. 1 über die Grundrechte auf Eigentum, Bildung und Wahlrecht und Nr. 6 über die Abschaffung der Todesstrafe. Ferner wird der EU die Möglichkeit zum Beitritt zu weiteren Zusatzprotokollen eröffnet. Außerdem wird eine Streitgenossenschaft zwischen der EU und ihren Mitgliedstaaten im Falle der möglichen Verletzung von Konventionsrecht durch Unionsrecht installiert. Dem europäischen Parlament sollen Mitwirkungsrechte bei der Wahl der Richter zum EGMR eingeräumt werden.

II. Verbindung der Europäischen Gemeinschaft und der EFTA-Staaten zu einem Europäischen Wirtschaftsraum (EWR)

Neben der EU ist im vorliegenden Zusammenhang der Europäische Wirtschaftsraum 30
(EWR), eine besondere Freihandelszone zwischen der EU und der EFTA (Europäischen Freihandelsassoziation), zu erwähnen.[43] Das **EWR-Abkommen** wurde am 2.5.1992 von den Vertragsparteien des E(W)G-Vertrages sowie von Österreich, Finnland, Island, Liechten-

---

[40] *Satzger*, in: *Böse* (Hrsg.), Europäisches Strafrecht, § 2 Rn. 20 ff.; siehe auch *Schünemann* (Hrsg.), Alternativentwurf europäische Strafverfolgung, 2004.
[41] European Criminal Policy Initiative (ECPI), ZIS 2009, 697 ff.
[42] Vgl. zum Ganzen *Brodowski*, ZIS 2011, 940 ff.
[43] Vgl. hierzu auch *Müller-Gugenberger*, in: *ders./Bieneck* § 5 Rn. 43.

stein, Norwegen und der Schweiz unterzeichnet. Es handelt sich dabei um eine Anschlussregelung an die bereits seit 1972 mit den Mitgliedstaaten der EFTA – mit Ausnahme der Schweiz[44] – abgeschlossenen Freihandelsabkommen. Wegen eines negativen Referendums in der Schweiz blieb dieser die Teilnahme am EWR verwehrt; allerdings fanden mit der Schweiz auf deren Antrag Verhandlungen über einzelne Teilbereiche der Zusammenarbeit statt. Das EWR-Abkommen trat am 1.1.1994 in Kraft. Durch den Beitritt Schwedens, Österreichs und Finnlands zur EU besteht das EWR-Abkommen nunmehr nur noch mit den Vertragspartnern **Island, Norwegen und Liechtenstein**. Jedoch hat auch Island einen Antrag auf Aufnahme in die EU gestellt. Am. 24.2.2010 hat die Kommission die Aufnahme von Beitrittsverhandlungen mit Island empfohlen; diese Verhandlungen haben am 27.7.2010 begonnen.

Nach Art. 1 Abs. 1 EWR-Abkommen ist das Ziel dieses Assoziierungsabkommens, eine beständige und ausgewogene **Stärkung der Handels- und Wirtschaftsbeziehungen** zwischen den Vertragsparteien unter gleichen Wettbewerbsbedingungen zu erreichen und die Einhaltung gleicher Regeln zu fördern, um einen homogenen europäischen Wirtschaftsraum zu schaffen.

III. Räumliche Erweiterung der Europäischen Union

1. Assoziierung und Beitritt der mittel- und osteuropäischen Länder sowie Maltas, Zyperns und der Türkei

31 Die Beitrittsverhandlungen der damals noch aus 15 Staaten bestehenden EU mit den **mittel- und osteuropäischen Ländern (MOEL) Estland, Lettland, Litauen, Polen, der Slowakei, Slowenien, der Tschechischen Republik und Ungarn** sowie mit **Malta** und **Zypern** wurden auf dem Gipfel von Kopenhagen im Dezember 2002 abgeschlossen. Es wurde beschlossen, diese Länder **zum 1.5.2004 als Mitglieder** in die Europäische Union aufzunehmen.[45] Damit wurde diesen Ländern bestätigt, dass sie die politischen und wirtschaftlichen Beitrittskriterien des Kopenhagener Gipfels von 1993 erfüllen und den rechtlichen Besitzstand der Gemeinschaft übernommen haben (Acquis-Kriterium). Gleichwohl wurden für einen begrenzten Zeitraum **Übergangsregelungen** vereinbart, um Härten sowohl für die bisherigen als auch für die neuen Mitgliedstaaten auszugleichen.[46] So konnte die volle **Arbeitnehmerfreizügigkeit (Art. 45 AEUV)** für die Beitrittskandidaten aus Mittel- und Osteuropa noch bis zu sieben Jahre nach deren Beitritt ausgesetzt werden, was durch eine gestaffelte Übergangsfrist geregelt wurde. Seit dem 1.5.2011 gilt jedoch für Bürger aus den vorgenannten Neumitgliedstaaten die volle Freizügigkeit.

32 In einem weiteren Schritt der Erweiterung wurden **Rumänien und Bulgarien** zum 1.1.2007 in die Union aufgenommen, jedoch gelten für Rumänien strenge Auflagen. Hinsichtlich beider Staaten gelten noch Einschränkungen der Arbeitnehmerfreizügigkeit; dies gilt insbesondere im Verhältnis zu Deutschland. Aufgrund der Befürchtung, der deutsche Arbeitsmarkt könne durch Lohndumping gefährdet werden, soll der deutsche Arbeitsmarkt – und ebenso der einiger anderer Mitgliedstaaten – erst ab 2014 für rumänische und bulgarische Arbeitskräfte geöffnet werden.

33 **Kroatien** war seit dem 18.6.2004 Beitrittskandidat; die Verhandlungen wurden am 30.6.2011 erfolgreich abgeschlossen, so dass am 9.12.2011 der Beitrittsvertrag unterzeichnet werden konnte und Kroatien seitdem als aktiver Beobachter an den Beratungen des Europäischen Rates sowie des Rates der EU und seiner Vorbereitungsgremien teilnahm. Da die Ratifizierung der Verträge durch alle Mitgliedstaaten erfolgte, trat Kroatien mit dem 1.7.2013 als 28. Mitgliedstaat der Europäischen Union bei.

---

[44] Zur Bedeutung der Europäisierung des Strafrechts für die Schweiz *Dannecker*, EuZ 2002, 50 ff.
[45] Schlussfolgerungen des Vorsitzes – Europäischer Rat (Kopenhagen) 12. und 13. Dezember 2002, SN 400/02, Tz. 3.
[46] Vgl. dazu *Nowak*, EuZW 2003, 101 ff.

A. Harmonisierungsbestrebungen

Aufgrund der politischen Teilung **Zyperns** wurde die Anwendung des Besitzstandes der Gemeinschaft auf den türkischen Teil im Norden Zyperns ausgesetzt, da es nicht zu einer umfassenden Regelung der Zypern-Frage gekommen ist.[47] Bereits 1999 wurde der **Türkei** der **Kandidatenstatus** zuerkannt und der Beitritt ebenfalls von den Kopenhagener Kriterien abhängig gemacht. Nachdem sich im Dezember 2004 der Europäische Rat für die Aufnahme von Beitrittsverhandlungen ausgesprochen hat, wurden diese nunmehr zum 3.10.2005 aufgenommen. Politisch stellt der Beitritt der Türkei allerdings nach wie vor einen Brennpunkt in der Diskussion dar.[48] Beitrittskandidaten sind ferner **Island** (Rn. 30), **Mazedonien, Montenegro und Serbien**. Potenzielle Beitrittskandidaten sind **Albanien, Bosnien, Herzegowina** und der **Kosovo**. 34

2. Partnerschafts- und Zusammenarbeitsabkommen mit weiteren Staaten

Mit weiteren Staaten wie Armenien, Aserbaidschan, Georgien, Kasachstan, Kirgisistan, Moldawien, der Russischen Föderation, der Ukraine und Usbekistan wurden spezielle **Abkommen über Partnerschaft und Zusammenarbeit** geschlossen. 35

IV. Europa als kriminalgeographischer Raum

1. Entstehung eines kriminalgeographischen Raumes

Durch den Beitritt von Schweden, Finnland und Österreich zur EU war ein neuer kriminalgeographischer Raum[49] entstanden, der inzwischen durch die Osterweiterung der EU erheblich ausgedehnt worden ist. Damit sind die Weichen für den weltweit größten Binnenmarkt gestellt.[50] Die mit der Realisierung des Binnenmarktes veränderten Bedingungen üben **Einfluss auf die Kriminalität** und deren Bekämpfung aus, denn der durch den offenen Markt entstandene freie Personenverkehr und die Waren-, Dienstleistungs- und Kapitalströme werden auch für kriminelle Zwecke genutzt.[51] 36

2. Notwendigkeit einer Annäherung der nationalen Strafrechtsordnungen

Die Ermittlung und Verfolgung von grenzüberschreitender Kriminalität wird maßgeblich dadurch erschwert, dass die **Strafverfolgungssysteme und -kompetenzen national begrenzt** sind. Die Erstreckung des nationalen Strafrechts auf ausländische Sachverhalte, über das Territorialitätsprinzip hinaus, bietet keinen hinreichenden Schutz gegen die in ihrem Umfang zunehmende internationale Kriminalität.[52] Die damit verbundenen Überlappungen haben zwischenstaatliche Interessenkonflikte zur Folge und verhelfen nicht immer zu der beabsichtigten effektiven Verfolgung und Ahndung der Täter. Wenn die Bedrohung von Rechtsgütern nicht an den Staatsgrenzen Halt macht, darf auch die Reaktion nicht partikularistisch ausfallen,[53] weil sonst die Effizienz der Verbrechensbekämpfung gefährdet wäre. Ansonsten würde durch „Oasen der Straflosigkeit" oder eine zu milde Sanktionierung in einzelnen Staaten dem Kriminalitätstourismus („forum shopping") Vorschub geleistet.[54] Darüber 37

---

[47] Schlussfolgerungen des Vorsitzes – Europäischer Rat (Kopenhagen) 12. und 13. Dezember 2002, SN 400/02, Tz. 10 ff.; Schlussfolgerungen des Vorsitzes – Europäischer Rat (Brüssel) 20. und 21. März 2003, 8410/03, Tz. 85.
[48] *Leggewie*, Die Türkei und Europa. Die Positionen, 2004, passim.
[49] So *Innenministerium Baden-Württemberg*, Europa – der neue kriminalgeographische Raum, 1992.
[50] Insbesondere wenn man den EWR mit berücksichtigt.
[51] Zu den Erscheinungsformen der Kriminalität im Wirtschaftsbereich vgl. *Meier, B.-D.*, in: *Zieschang/Hilgendorf/Laubenthal* (Hrsg.), S. 129 ff.; *Streng*, ebenda, S. 143 ff.; *Wittkämper/Krevert/Kohl*, Europa und die innere Sicherheit, S. 79 ff.
[52] Vgl. dazu *Collardin*, CR 1995, 618 ff.; *Sieber*, NJW 1999, 2065 ff.
[53] *Jung/Schroth*, GA 1983, 241, 242 f.; *Weigend*, ZStW 105 (1993), 774, 784.
[54] *Jung*, CLR 1993, 235, 237 f.

hinaus erfordern Handlungen, die in einem Mitgliedstaat begangen werden und schädigende Auswirkungen in einem anderen Staat haben, ohne dass Grenzkontrollen möglich sind, wie im Bereich der Umweltbeeinträchtigungen, eine Vereinheitlichung des Strafrechts in den Mitgliedstaaten der EU. Daher lassen die **grenzüberschreitenden Probleme** bei der Verfolgung und Ahndung von Straftaten eine Harmonisierung auf dem Gebiet des Wirtschaftsstrafrechts erforderlich werden.

38 Aus diesem Grund steht die Frage im Raum, ob und wann es ein europaweit **einheitliches materielles und formelles Wirtschaftsstraf- und Ordnungswidrigkeitenrecht** geben wird.[55] Allerdings werden Forderungen nach einer Vereinheitlichung des Strafrechts angesichts der kulturellen Wertevielfalt[56] und des weithin politischen Charakters des Strafrechts als problematisch angesehen. Dies zeigt sich in den Schwierigkeiten, die sich bei dem Versuch der UNO, ein „Weltstrafgesetzbuch"[57] zu schaffen, und beim Corpus Juris[58] gestellt haben.

39 Im Hinblick darauf, dass die EG bislang grundsätzlich keine direkte Regelungsbefugnis auf dem Gebiet des Strafrechts hatte, bestand und besteht wohl auch noch die Tendenz und auch die Notwendigkeit in den Mitgliedstaaten, die **nationalen Strafrechtsordnungen aufeinander abzustimmen.** Dies zeigt sich insbesondere in nationalen Strafgesetzen, die dem Schutz europäischer Rechtsgüter dienen, wie dem Tatbestand des Subventionsbetrugs und der Steuerhinterziehung (insbesondere für die Umsatzsteuer) sowie in den Korruptionstatbeständen.[59] Bedeutsamer dürften jedoch die EG- und demnächst auch EU-Richtlinien und -Verordnungen sein, die die Mitgliedstaaten zur Einführung geeigneter Sanktionen für bestimmte Rechtsgutsverletzungen verpflichten.[60] Besonders deutlich wurde dies bereits in der Vergangenheit am Beispiel der Bemühungen um den **Schutz der finanziellen Interessen der EG**, die sich zunächst auf die in der Zweiten Säule verankerte Zusammenarbeit in den Bereichen Justiz und Inneres konzentrierten, (auch) mangels Erzwingbarkeit der Umsetzung in innerstaatliches Recht jedoch zunehmend auf den vergemeinschafteten Bereich des EG-Rechts verlagert wurden.[61] Mit dem Inkrafttreten des Lissaboner Vertrages ist jedoch eine Ausweitung der strafrechtlichen Vorschriften einschließlich Mindesthöchststrafen zum Schutz der finanziellen Interessen der Union zu erwarten.[62]

40 Aufmerksamkeit verdient schließlich die Entwicklung eines **europäischen Bußgeld- und Sanktionenrechts**, das in einigen Bereichen bereits besteht und erfolgreich praktiziert wird.[63]

---

[55] So *Naucke*, Strafrecht, 10. Aufl. 2002, § 4 Rn. 136.
[56] *Vogler*, in: *Sieber* (Hrsg.), Europäische Einigung und Europäisches Strafrecht, 1993, S. 130; *Weigend*, ZStW 105 (1993), 774f.
[57] *Reichart*, ZRP 1996, 134 ff.
[58] *Delmas-Marty* (Hrsg.), Corpus Juris der strafrechtlichen Regelungen zum Schutz der finanziellen Interessen der Europäischen Union, 1998; Strafrechtliche Regelungen zum Schutz der finanziellen Interessen der Europäischen Union, Strafrechtliche – Corpus Juris 2000 (Fassung von Florenz) –, im Auftrag der Europäischen Vereinigung für Strafrecht, abrufbar unter http://www.uni-potsdam.de/ls_hellmann/dateien/Corpus%20juris11.pdf.
[59] Näher dazu *Dannecker*, in: *Böse* (Hrsg.), Europäisches Strafrecht, § 8 Rn. 79 ff. sowie unten Rn. 107 f., 130, 133 ff.
[60] Eine übersichtliche Darstellung der beschlossenen Verordnungen und Richtlinien bietet die Aufstellung unter http://www.conventions.coe.int/Treaty/Commun/ListeTraites.asp?CM=8&CL=Ger, ferner *Müller-Gugenberger*, in: *ders./Bieneck* § 5 Rn. 16.
[61] Näher dazu unten Rn. 91 ff., 302 ff.
[62] Näher dazu *Dannecker*, in: *Böse* (Hrsg.), Europäisches Strafrecht, § 8 Rn. 56 ff.
[63] Näher dazu Rn. 165 ff.

V. Überblick über die Bedeutung des Europarechts für das Straf- und Sanktionenrecht

1. Begriff des Europarechts

Der Begriff des Europarechts ist mehrdeutig.[64] Es kann zwischen dem Europarecht im engeren Sinne – dem bislang gesetzten Gemeinschafts- und Unionsrecht, nunmehr nur noch dem Unionsrecht – und dem Europarecht im weiteren Sinne (als europäischem Völkerrecht) – insbesondere im Kontext des Europarats – unterschieden werden.

a) Europarecht im weiteren Sinne

Ursprünglich bezeichnete man als Europarecht umfassend das **Recht der europäischen internationalen Organisationen**, und zwar der west-, süd- und nordeuropäischen – unter Ausgrenzung der osteuropäischen – Organisationen. Zu diesen Organisationen gehören insbesondere der Europarat, dem inzwischen 47 Staaten aus allen Teilen Europas angehören, und die **Organisation für Europäische Wirtschaftliche Zusammenarbeit** (OEEC), die im Jahre 1960 in die **Organisation für Wirtschaftliche Zusammenarbeit und Entwicklung** (OECD) umgewandelt wurde. Mitglied der OECD sind jedoch nicht nur europäische Staaten, vielmehr setzt sich diese aus 34 Staaten der Erde zusammen;[65] die letzten Beitrittsstaaten sind Chile, Slowenien, Israel und Estland (alle 2010). Auch die EU selbst nimmt an der Arbeit der OECD teil.[66]

b) Europarecht im engeren Sinne

Parallel dazu wurden die Europäischen Gemeinschaften gegründet und der Begriff des Europarechts auf das **Recht der drei Europäischen Gemeinschaften** EGKS, E(W)G und EAG bezogen. Durch den Vertrag von Maastricht wurden diese drei Gemeinschaften in die Europäische Union integriert, die, als Europarecht im engeren Sinne, das **Gemeinschaftsrecht** sowie die Gemeinsame Außen- und Sicherheitspolitik und die Polizeiliche und Justitielle Zusammenarbeit in Strafsachen, das sog. **Unionsrecht**, bildet. Durch den Lissaboner Vertrag wurde das bislang geltende Gemeinschaftsrecht nicht aufgehoben. Da aber die EU Rechtsnachfolgerin der EG ist, kann nunmehr – abgesehen vom Recht der EURATOM – nur noch Unionsrecht gesetzt werden.

2. Einfluss des Europarates auf das Straf- und Sanktionenrecht

Die Anfänge eines europäischen Strafrechts beruhen wesentlich auf den Beschlüssen und Konventionen des Europarats, der am 5.5.1949 gegründet wurde und in dem sich die Bestrebungen zum Zusammenschluss Europas erstmals verdeutlichten. Inwiefern dieser auf das Strafrecht einwirkte, wird nachfolgend durch die Darstellung der entsprechend relevanten Konventionen verdeutlicht. Dabei werden Übereinkommen, die keinen Bezug zum Wirtschaftsstrafrecht haben, hier nicht erörtert, wie etwa das Europäische Übereinkommen zur Verhütung von Folter und unmenschlicher oder erniedrigender Behandlung oder Strafe oder zur Verhütung und Bekämpfung von Gewalt gegen Frauen und häuslicher Gewalt vom 11.5.2011. Gleiches gilt für Abkommen, die zwar wirtschaftsstrafrechtliche Relevanz haben können, aber grundsätzlich nicht strafrechtlich ausgerichtet sind, wie etwas das Übereinkommen über die gegenseitige Amtshilfe in Steuersachen vom 25.1.1988.

---

[64] *Schweitzer/Hummer*, Europarecht, Rn. 1 ff.; *Streinz*, Europarecht, § 1 Rn. 1.
[65] Vgl. http://www.oecd.org/general/listofoecdmembercountries-ratificationoftheconventionontheoecd.htm (abgerufen am 14.7.2013).
[66] Vgl. zur Bedeutung der OECD auch *Müller-Gugenberger*, in: *ders./Bieneck* § 5 Rn. 20 ff.

a) Europäische Menschenrechtskonvention

45 Im Rahmen des Europarats ist eine große Anzahl von Verträgen über die Zusammenarbeit in der Strafrechtspflege ausgearbeitet worden, die den Mitgliedstaaten zur Unterzeichnung vorliegen. Zu den wichtigsten dieser Konventionen gehört die **Europäische Menschenrechtskonvention** vom 4.11.1950 (EMRK) mit ihren inzwischen **14 Zusatzprotokollen**.[67] Die EMRK ist in allen europäischen Staaten in Kraft getreten, und zwar teils als dem nationalen Recht übergeordnetes Verfassungsrecht, wie in Österreich, teils als einfaches Gesetzesrecht, wie in Deutschland. Mit dieser Konvention hat der Europarat einen **strafrechtlichen und strafprozessualen Minimalkonsens** geschaffen,[68] der auch vom EuGH anerkannt wird.[69] Ferner wurden bislang 14 Zusatzabkommen unterzeichnet.[70]

Die **EMRK** schreibt grundlegende **Menschenrechte** wie das Recht auf Leben, Freiheit, Sicherheit, Religionsfreiheit, Meinungsfreiheit und Versammlungsfreiheit oder Schutz der Familie fest. Sie garantiert zudem grundlegende **Verfahrensrechte** wie das Folterverbot, das Recht auf ein faires Verfahren und den Grundsatz „nullum crimen sine lege".

b) Europäisches Auslieferungsübereinkommen

46 Weiterhin ist das für die Bundesrepublik Deutschland am 1.1.1977 in Kraft getretene **Europäische Auslieferungsübereinkommen** vom 13.12.1957[71] mit seinem von Deutschland nicht ratifizierten Zusatzprotokoll vom 15.10.1975[72] und dem in Deutschland am 6.6.1991 in Kraft getretenen Zweiten Zusatzprotokoll vom 17.3.1978[73] hervorzuheben. Dieses Übereinkommen stellt die **Auslieferung von Verurteilten oder strafrechtlich verfolgten Personen** auf eine rechtsstaatliche Grundlage und erhöht ihre praktische Wirksamkeit, wenn es auch noch eine Vielzahl von Ausnahmen und Vorbehaltsmöglichkeiten beinhaltet, die zumindest im Auslieferungsverkehr innerhalb der EU problematisch sind.[74] Zwei weitere Zusatzprotokolle wurden am 10.11.2010 in Straßburg und am 20.9.2012 in Wien unterzeichnet.

Jedoch wurde die Auslieferung innerhalb der EU bereits durch **Artt. 59ff. SDÜ** erheblich erleichtert, indem die Verjährungsmöglichkeiten begrenzt, die Vorbehalte für Fiskaldelikte eingeschränkt und der Geschäftsweg für den Auslieferungsverkehr vereinfacht wurde, wenn es hier auch noch an der Ratifizierung mangelt.[75] Seit der Umsetzung des **Rahmenbeschlusses über den Europäischen Haftbefehl** 2002/584/JI vom 13.6.2002 durch das Gesetz über den europäischen Haftbefehl (Europäisches Haftbefehlsgesetz – EuHbG vom 20.7.2006)[76] erfolgen Auslieferungen innerhalb der Union aber vornehmlich über dieses Instrument.

---

[67] Konvention zum Schutze der Menschenrechte und Grundfreiheiten, BGBl. 1952 II 686, 953; 1968 II 1116, 1120. Die Neufassung gemäß Protokollnummer 11 ist am 1.11.1997 in Kraft getreten. EMRK und Zusatzprotokolle mit dem jeweiligen Ratifikationsstand abrufbar unter: http://conventions.coe.int/Treaty/Commun/ListeTraites.asp?CM=8&CL=GER; vgl. hierzu auch *Müller-Gugenberger*, in: *ders./Bieneck* § 5 Rn. 12 ff.

[68] *Sommermann*, Der Schutz der Menschenrechte im Rahmen des Europarates, 1990; vgl. auch zur Bedeutung der Rechtsprechung des EGMR beim Schutz der Beschuldigtenrechte *Esser/Kühne*, StV 2001, 73 ff.; *Weigend*, StV 2001, 63 ff.

[69] Vgl. dazu *Streinz*, Europarecht, Rn. 252, 761 m. w. N.

[70] Zur EMRK und ihren Zusatzprotokollen siehe nur *Gaede*, in: *Böse* (Hrsg.), Europäisches Strafrecht, § 3 Rn. 13 ff. m. w. N.

[71] European Convention on Extradition, ETS No. 024, abrufbar unter www.coe.int; BGBl. 1964 II 1369; 1976 II 1778; 1982 I 2071; 1994 II 299.

[72] Additional Protocol to the European Convention on Extradition, ETS No. 086, abrufbar unter www.coe.int.

[73] Second Additional Protocol to the European Convention on Extradition, ETS No. 098, abrufbar unter www.coe.int.

[74] Vgl. hierzu *Hecker*, Europäisches Strafrecht, § 12 Rn. 16 ff.

[75] Vgl. *Hecker*, Europäisches Strafrecht, § 12 Rn. 18.

[76] BGBl. 2006 I 1721; das Gesetz vom 21.6.2004 (BGBl. 2004 I 1748 ff.) war vom Bundesverfassungsgericht (BVerfGE 113, 273 ff.) für verfassungswidrig erklärt worden.

A. Harmonisierungsbestrebungen 2

c) Europäisches Übereinkommen über die Rechtshilfe in Strafsachen

Das Europäische Übereinkommen über die Rechtshilfe in Strafsachen vom 20.4.1959,[77] das ebenfalls in fast allen Mitgliedstaaten des Europarats sowie in Israel gilt, regelt die sog. **kleine Rechtshilfe**, d. h. die Vernehmung von Zeugen und Sachverständigen im Ausland aufgrund von Rechtshilfeersuchen, die Übermittlung von Akten und anderem Beweismaterial vom Ausland und ins Ausland sowie den internationalen Austausch von Strafregisterauszügen. Dieses Rechtshilfeübereinkommen wurde durch ein erstes Zusatzprotokoll vom 17.3.1978 und ein zweites Zusatzprotokoll vom 8.11.2001 maßgeblich ergänzt, wenn auch von Deutschland noch nicht ratifiziert. Das Abkommen wurde von Deutschland im **„Gesetz zu dem Europäischen Auslieferungsübereinkommen vom 13.12.1957 und zu dem Europäischen Übereinkommen vom 20.4.1959 über die Rechtshilfe in Strafsachen"** umgesetzt.[78] 47

d) Europäisches Übereinkommen zur Bekämpfung des Terrorismus

In den 1970er Jahren hat sich der Europarat erstmals verstärkt mit dem Problem des Terrorismus beschäftigt und am 21.1.1977 das **Europäische Übereinkommen zur Bekämpfung des Terrorismus** zur Zeichnung vorgelegt. Es trat bereits nach einem Jahr am 4.8.1978[79] in Kraft und ist mittlerweile von nahezu allen Unterzeichnerstaaten ratifiziert worden. Anders als es der Titel des Übereinkommens vermuten lässt, geht es allerdings dabei nicht um ein eigenständiges, die Terrorismusbekämpfung betreffendes Regelungswerk. Vielmehr besteht der Inhalt dieser Konvention aus Vorschriften, die die bereits zuvor durch den Europarat geschaffenen Rechtshilfe- und Auslieferungsinstrumente vereinfachen sollen. Insbesondere wurde der in dem Europäischen Rechtshilfeübereinkommen und dem Europäischen Auslieferungsübereinkommen enthaltene Vorbehalt hinsichtlich politischer Delikte eingeschränkt. 48

Aufgrund der durch die Terroranschläge vom 11.9.2001 veränderten weltpolitischen Rahmenbedingungen gewann das Thema der Terrorismusbekämpfung wieder an Präsenz und deswegen wurde am 15.5.2003 ein **Protokoll zur Änderung des Europäischen Terrorismusübereinkommens** zur Zeichnung aufgelegt, das allerdings mangels der erforderlichen Zahl an Ratifikationen bislang noch nicht in Kraft getreten ist. Deutschland hat das Protokoll am 13.7.2011 ratifiziert. Jedoch ist am 1.6.2007 – für Deutschland am 1.10.2011 – das **Übereinkommen des Europarats zur Verhütung des Terrorismus vom 16.5.2005** in Kraft getreten. 49

e) Europäisches Übereinkommen über Geldwäsche sowie Ermittlung, Beschlagnahme und Einziehung von Erträgen aus Straftaten

Am 8.11.1990 hat der Europarat das **Übereinkommen über Geldwäsche sowie Ermittlung, Beschlagnahme und Einziehung von Erträgen aus Straftaten**[80] beschlossen, das am 1.9.1993 in Kraft getreten ist. Mittlerweile ist es von den meisten Mitgliedstaaten des Europarates ratifiziert worden; in der Bundesrepublik Deutschland gilt es seit dem 1.1.1999. Am 16.5.2005 wurde der Europarat ein weiteres Mal in diesem Bereich tätig, indem er das **Übereinkommen über Geldwäsche, Terrorismusfinanzierung sowie Ermittlung, Beschlagnahme und Einziehung von Erträgen aus Straftaten** zur Zeichnung vorlegte. Mit diesem neuen Übereinkommen folgte der Europarat dem internationalen Trend, gleichzeitig mit der Geldwäsche auch die Terrorismusfinanzierung zu bekämpfen. Dieses Übereinkommen hat Deutschland aber bislang nicht unterzeichnet. 50

---

[77] BGBl. 1964 II 1369; 1386; 1976 II 1799; 1982 I 2071.
[78] BGBl. 1972 I 841.
[79] Abgedruckt in BGBl. 1978 II 322.
[80] Convention on Laundering, Search, Seizure and Confiscation of the Proceeds from Crime, ETS No. 141, abrufbar unter www.coe.int; ausführlich zu der im Geldwäscheübereinkommen geregelten Abschöpfungsrechtshilfe hinsichtlich grenzüberschreitender Finanzkriminalität: *Dannecker/Reinel*, in: *Leitner* (Hrsg.), Finanzstrafrecht 2006, S. 49 ff.

f) Europäisches Übereinkommen über den Schutz der Umwelt durch Strafrecht

51 Am 4.11.1998 hat der Europarat ein **Übereinkommen über den Schutz der Umwelt durch Strafrecht**[81] verabschiedet, das bislang jedoch nicht in Kraft getreten ist. Die Bundesrepublik Deutschland hat das Abkommen zwar unterzeichnet, allerdings noch nicht ratifiziert; dies ist bislang allein durch Estland erfolgt.[82]

g) Europäisches Strafrechtsübereinkommen zur Korruption

52 Am 27.1.1999 hat der Europarat eine Strafrechtskonvention zur Korruption[83] verabschiedet, die für diejenigen Staaten, die die Konvention ratifiziert haben,[84] zum 1.7.2002 in Kraft getreten ist. Die Bundesrepublik Deutschland hat das Abkommen zwar unterzeichnet, jedoch bislang nicht ratifiziert.[85] Das Übereinkommen bezieht sich auf **Bestechung** und **Bestechlichkeit** sowohl im nationalen als auch im internationalen Bereich, unabhängig davon, ob es sich um Bestechung **im öffentlichen oder im privaten Sektor** handelt. Im Zusammenhang mit der Konvention wurde eine Vereinbarung über die Einsetzung der **Gruppe der Staaten gegen Korruption (GRECO)** getroffen, um die nationalen Aktivitäten durch intensivere Zusammenarbeit zu stärken. Die Ratifikationsstaaten der Konvention werden spätestens zum jeweiligen Inkrafttreten des Übereinkommens Mitglied der GRECO. Am 15.5.2003 wurde schließlich ein Zusatzprotokoll zu dem Strafrechtsübereinkommen über Korruption zur Zeichnung vorgelegt, wodurch das Übereinkommen von 1999 um Vorschriften der Bestechlichkeit und Bestechung von Schiedsrichtern und Schöffen erweitert wurde (vgl. Art. 8 Abs. 1 ZP-EuKorruptionsÜbk). Zwar ist es bereits am 1.2.2005 in Kraft getreten, aber von Deutschland wurde es bislang noch nicht ratifiziert.[86]

h) Europäisches Übereinkommen über Cyber-Kriminalität

53 Der Europarat hat am 23.11.2001 die so genannte **„Cybercrime-Convention"**[87] beschlossen. Dieses Übereinkommen trat in Kraft, als es von fünf Staaten, darunter mindestens drei Mitgliedstaaten des Europarates, ratifiziert wurde (Art. 36) Diese Voraussetzung waren am 1.7.2004 erfüllt; in Deutschland wurde die Konvention am 9.3.2009 ratifiziert. Gleichwohl steht die Ratifikation in einer Reihe von Staaten – wie Griechenland, Irland oder Schweden – noch aus.[88]

Das Übereinkommen verfolgt **drei Hauptlinien:** die Harmonisierung des nationalen Strafrechts (Art. 1–13, 22), die Festlegung von Anforderungen an das Strafverfahren (Art. 14–21) und die Errichtung eines effektiven Systems internationaler Kooperation (Art. 23–35).[89] Betreffend den strafprozessualen Bereich stellt das Übereinkommen Grundsätze auf, die die Strafverfolgungsbehörden in die Lage versetzen sollen, die angesprochenen Formen computergestützter Kriminalität unter Beachtung der Menschenrechte, des Verhältnismäßigkeitsgrundsatzes und des Richtervorbehalts bei Grundrechtseingriffen effektiver zu bekämpfen.[90]

---

[81] Convention on the Protection of Environment through Criminal Law, ETS No. 172, http://conventions.coe.int/treaty/EN/Treaties/Html/172.htm.
[82] Stand: 1.9.2013.
[83] Criminal Law Convention on Corruption, ETS No. 173, http://conventions.coe.int/Treaty/EN/Treaties/Html/173.htm.
[84] Bis zum 15.10.2012 haben 42 Mitglied- und Nicht-Mitgliedstaaten des Europarates das Abkommen ratifiziert.
[85] Stand: 1.9.2013.
[86] Stand: 1.9.2013.
[87] Convention on Cybercrime, ETS N o. 185; http://conventions.coe.int/treaty/EN/Treaties/Html/185.htm; vgl. etwa *Krader*, DuD 2001, 344; *Kugelmann*, DuD 2001, 215.
[88] Stand: 1.9.2013.
[89] *Scheuer/Strothmann*, MMR 2002, 771, 772.
[90] *Scheuer/Strothmann*, MMR 2002, 771, 772.

A. Harmonisierungsbestrebungen

Ein **Zusatzprotokoll**[91] vom 28.1.2003, das am 1.3.2006 in Kraft getreten und von Deutschland am 10.6.2011 ratifiziert worden ist, befasst sich mit der Strafbarkeit der Verbreitung rassistischer und ausländerfeindlicher Inhalte über das Internet.

i) Europäischer Ausschuss für Strafrechtsfragen des Europarats

Darüber hinaus gehen vom Europarat die verschiedensten **Initiativen in strafrechtlichen Angelegenheiten** aus. Der Europäische Ausschuss für Strafrechtsfragen des Europarats (European Committee on Crime Problems) koordiniert hier die Arbeit an Fragen des Straf- und Strafverfahrensrechts, der Strafvollstreckung, des Strafvollzugs, der Kriminologie und der Kriminalpolitik.[92]

j) Bewertung der geltenden Rechtslage und Ausblick

Zusammenfassend kann festgehalten werden, dass die Europäische Menschenrechtskonvention als eine Art **„Grundgesetz des Europarats"** erhebliche Bedeutung für das Strafrecht und das Strafverfahrensrecht erlangt hat, dass aber die Harmonisierungsverträge mit Ausnahme der Auslieferungs- und Rechtshilfeübereinkommen mangels der erforderlichen Ratifizierung durch die große Mehrheit der Staaten noch nicht die gewünschte Wirksamkeit entfalten können. Ihre Bedeutung im europäischen Recht wird aber dadurch verstärkt, dass der EuGH nicht nur die Unionsorgane und Staaten der EMRK unterworfen sieht, sondern auch die Auslegung der Grundrechtecharta weitgehend von der Auslegung der Menschenrechte durch den EGMR abhängig gemacht hat.

Noch **zu regelnde Bereiche** sind insbesondere die Überwachung bedingt Verurteilter oder Entlassener, die Vollstreckungs- und Strafverfolgungsübernahme und die Überstellung verurteilter Personen.[93] Die EU befasst sich gegenwärtig damit, für ihren Bereich die Rolle des Europarats bei der Ausarbeitung, Weiterentwicklung und Vertiefung europäischer Rechtshilfeübereinkommen im Rahmen der Polizeilichen und Justiziellen Zusammenarbeit in Strafsachen zu übernehmen und hat hier bereits weitreichende Regelungen getroffen, insbesondere durch den Europäischen Haftbefehl.

3. Einfluss der OECD auf das Straf- und Sanktionenrecht

Am 17.12.1997 hat die OECD ein Übereinkommen über die Bekämpfung der Bestechung ausländischer Amtsträger im internationalen Geschäftsverkehr[94] angenommen. Dieses Übereinkommen verpflichtet die Vertragsparteien, in ihrem nationalen Recht die Strafbarkeit der **aktiven Bestechung ausländischer Amtsträger** der Bestrafung von Bestechungshandlungen gegenüber inländischen Amtsträgern gleichzustellen (Art. 1) und zugleich die **Verantwortlichkeit juristischer Personen** für solche Bestechungshandlungen zu begründen (Art. 2). Die Regelungen des Übereinkommens umfassen nur die (aktiven) Bestechungshandlungen, beziehen jedoch nicht die Strafbarkeit (passiver) Bestechlichkeit mit ein.[95] Gemäß Art. 1 Abs. 4 lit. a des Übereinkommens ist „ausländischer Amtsträger" eine Person, die in einem anderen Staat durch Ernennung oder Wahl ein Amt im Bereich der Gesetzgebung, Verwaltung oder Justiz inne hat, eine Person, die für einen anderen Staat einschließlich einer Behörde oder eines öffentlichen Unternehmens öffentliche Aufgaben wahrnimmt sowie ein Amtsträger oder Bevollmächtigter einer internationalen Organisation.

---

[91] Additional Protocol to the Convention on cybercrime, concerning the criminalisation of acts of a racist and xenophobic nature committed through computer systems, ETS No. 189; http://conventions.coe.int/Treaty/EN/Treaties/Html/189.htm.
[92] Vgl. *Schomburg/Lagodny/Gleß/Hackner*, 4. Aufl. 2006, Einleitung Rn. 27.
[93] Vgl. die Übersicht bei *Vogler*, Jura 1992, 586 ff.
[94] Abrufbar auf der Homepage der OECD unter www.oecd.org.
[95] Eingehend dazu *Pieth*, in: Dannecker/Leitner (Hrsg.), Schmiergelder: Strafbarkeit und steuerliche Abzugsverbote in Österreich und Deutschland, 2001, S. 21.

59 In Umsetzung des OECD-Übereinkommens hat die Bundesrepublik Deutschland mit dem „Gesetz zu dem Übereinkommen vom 17.12.1997 über die Bekämpfung der Bestechung ausländischer Amtsträger im internationalen Geschäftsverkehr **(Gesetz zur Bekämpfung internationaler Bestechung** – IntBestG)" vom 10.9.1998[96] ausländische mit inländischen Amtsträgern bei Bestechungshandlungen gleichgestellt. Außerdem wurde die Bestechung ausländischer Abgeordneter im internationalen geschäftlichen Verkehr unter Strafandrohung gestellt. Eine effektive Regelung zur Strafbarkeit der Bestechung von Abgeordneten im Inland wurde bislang jedoch innenpolitisch noch blockiert.

4. Einfluss der Europäischen Union auf das Straf- und Sanktionenrecht

a) Rechtsakte im Bereich der Polizeilichen und Justiziellen Zusammenarbeit in Strafsachen nach dem EU-Vertrag und dem Vertrag von Lissabon

60 Durch den **Maastrichter Vertrag**[97] war unter dem Dach der neu gegründeten Europäischen Union die dritte Säule betreffend die „Zusammenarbeit in den Bereichen Justiz und Inneres" geschaffen worden, worunter auch die Kooperation in Strafsachen gefasst wurde.[98] Dabei wurde nicht der Versuch unternommen, mit dem Vertrag ein völlig neues System zu errichten. Vielmehr beschränkte man sich darauf, **existierende Übereinkommen** darauf hin zu überprüfen, inwieweit eine höhere Ebene der Kooperation zwischen den Mitgliedstaaten erreicht werden konnte. Außerdem wurden Lücken in den bestehenden Übereinkommen ausgefüllt. Zusätzlich wurde im Rahmen der EU auf technologische Entwicklungen Rücksicht genommen, und es wurden neue Kriminalitätsformen in den Blick genommen, die bekämpft werden sollten.

61 Zugleich wurden neue Handlungsformen der intergouvernementalen Zusammenarbeit geschaffen, unter anderem die **„Gemeinsame Maßnahme"** gemäß Art. K.3 Abs. 2 lit. b EUV a.F., die seitdem bei der Zusammenarbeit in Strafsachen eine wesentliche Rolle gespielt hat. Sie diente dem gemeinsamen Vorgehen hinsichtlich bestimmter Ziele der Union und bedurfte – anders als die Übereinkommen – nicht der Ratifikation, allerdings – ebenso wie die Übereinkommen – der Umsetzung in nationales Recht. Ihre Bindungswirkung für die Mitgliedstaaten musste jedoch im Einzelfall festgelegt werden.[99]

62 Durch den **Vertrag von Amsterdam** wurde der Bereich „Justiz und Inneres" insofern verschlankt, als darunter nur noch die „Polizeiliche und Justizielle Zusammenarbeit in Strafsachen" fiel.[100] Um diesen verbleibenden Regelungskomplex intergouvernementaler Art effektiver zu gestalten, wurde zudem die Handlungsform der „Gemeinsamen Maßnahme" durch den **„Rahmenbeschluss"** zur Angleichung der Rechts- und Verwaltungsvorschriften (Art. 34 Abs. 2 lit. b EU a.F.) und den sonstigen **„Beschluss"** (Art. 34 Abs. 2 lit. c EU a.F.) ersetzt. Die Rechtsform des Rahmenbeschlusses ist in ihrer Struktur der Richtlinie im Bereich des supranationalen Rechts nachgebildet, denn ein Rahmenbeschluss ist hinsichtlich seines Zieles für die Mitgliedstaaten verbindlich, überlässt diesen jedoch die Wahl der Form und Mittel bei der Umsetzung.[101] Von der „Gemeinsamen Maßnahme" unterscheidet sich der Rahmenbeschluss daher durch die primärvertraglich festgelegte **Zielverbindlichkeit**. Im Gegensatz zur Rechtsprechung des EuGH zu den Voraussetzungen der unmittelbaren Anwendbarkeit von Richtlinien ist für den Rahmenbeschluss ausdrücklich festgeschrieben, dass ein solcher „nicht unmittelbar wirksam" ist.[102] Für jeden anderen Zweck als für die Angleichung der Rechts- und Verwaltungsvorschriften stand hingegen die Handlungsform des Beschlusses zur Verfügung, der allerdings gleichfalls bindende Wirkung aufwies. In Abgrenzung

---

[96] BGBl. 1998 II 2327; vgl. *Taschke*, StV 2001, 78 ff.
[97] BGBl. 1992 II S. 1251; 1993 II 1947.
[98] Siehe oben Rn. 9.
[99] Vgl. *Schweitzer/Hummer*, Europarecht, Rn. 978 ff.
[100] Siehe oben Rn. 10.
[101] Vgl. *Geiger*, EUV/EGV, 4 Aufl. 2004, Art. 34 EUV Rn. 6.
[102] Vgl. dazu *Geiger*, EUV/EGV, Art. 34 EUV Rn. 6.

A. Harmonisierungsbestrebungen

zum „Übereinkommen" nach Art. 34 Abs. 2 lit. d EU bedürfen der Rahmenbeschluss und der sonstige Beschluss zur Verbindlichkeit keiner Ratifizierung durch die Mitgliedstaaten.[103]

Ausgehend von diesen Begrifflichkeiten werden nachfolgend im Überblick entscheidende **Rechtsakte der Zusammenarbeit im Bereich der Polizeilichen und Justiziellen Zusammenarbeit in Strafsachen** dargestellt, bevor auf die vormals geplanten Änderungen der Handlungsformen im Vertrag für die Verfassung in Europa und die Veränderungen der Handlungsformen durch den Lissabon-Vertrag einzugehen sein wird.[104] **63**

Grundlegende, weil die Konzentration der Strafverfahren in einem Mitgliedstaat im Interesse der Effektivität betreffende Bedeutung hat der **„Rahmenbeschluss zur Vermeidung und Beilegung von Kompetenzkonflikten in Strafverfahren"** vom 15.12.2009[105] auf der Grundlage des ex-Art. 31 Abs. 1 Lit. c, d EU. Durch die Konzentration von Strafverfahren sollen Mehrfachverfolgungen durch unmittelbaren Informationsaustausch und Konsultationen vermieden werden. Jedoch sind diese Regelungen nicht verbindlich und zwingen keinen Mitgliedstaat zur Ausübung oder Abgabe von Kompetenzen.[106] **64**

aa) Übereinkommen betreffend die Auslieferung zwischen den Mitgliedstaaten der Europäischen Union und Rahmenbeschluss über den Europäischen Haftbefehl und die Übergabeverfahren zwischen den Mitgliedstaaten

Zunächst wurde zur Vereinfachung der Auslieferung zwischen den Mitgliedstaaten das **Übereinkommen zwischen den Mitgliedstaaten der Europäischen Gemeinschaften über die Vereinfachung und Modernisierung der Verfahren zur Übermittlung von Auslieferungsersuchen vom 26.5.1989**[107] geschlossen. Darüber hinaus wurde das **Übereinkommen vom 10.3.1995 aufgrund von Art. K.3 des Vertrages über die Europäische Union über das vereinfachte Auslieferungsverfahren zwischen den Mitgliedstaaten der Europäischen Union**[108] abgeschlossen, das die Möglichkeit zur Zustimmung zur vereinfachten Auslieferung bei gleichzeitigem Verzicht auf die Einhaltung des Spezialitätsgrundsatzes vorsieht.[109] **65**

Das darauf folgende **Übereinkommen vom 27.9.1996 aufgrund von Art. K.3 des Vertrages über die Europäische Union über die Auslieferung zwischen den Mitgliedstaaten der Europäischen Union**[110] beseitigte eine Reihe von Auslieferungshindernissen zwischen den Mitgliedstaaten der Union: Nach Art. 2 werden die Ausnahmen bezüglich auslieferungsfähiger Delikte reduziert. Das Erfordernis beiderseitiger Strafbarkeit entfällt in bestimmten Fallgestaltungen zur Bekämpfung der organisierten Kriminalität (Art. 3). Das „politische Delikt" ist grundsätzlich entfallen (Art. 5). Die Auslieferung ist auch bei Fiskaldelikten vorgesehen; die Möglichkeit von Vorbehalten wird begrenzt (Art. 6). Eigene Staatsangehörige sollen ausgeliefert werden können; diesbezüglich sind zeitlich begrenzte Vorbehalte möglich (Art. 7). Das Übereinkommen enthält weiterhin Vorschriften über die Verjährung (Art. 8), die Amnestie (Art. 9), die Spezialität (Art. 10 und 11), die Weiterleitung (Art. 12), die Durchlieferung (Art. 16) und über die Übermittlung von Dokumenten per Telefaxschreiben (Art. 13) sowie über weitere formelle Erleichterungen (Art. 14 und 15).[111] **66**

Die beiden letztgenannten Übereinkommen sind jedoch mangels Ratifizierung bislang noch nicht in allen Mitgliedstaaten in Kraft getreten (vgl. Art. 16 des Übereinkommens vom **67**

---

[103] Vgl. zur Rechtsform des Rahmenbeschlusses im Einzelnen *Zeder*, ÖJZ 2001, 81 ff.
[104] Mit einer chronologischen Auflistung aller Rahmenbeschlüsse zwischen 1996 und 2009 *Müller-Gugenberger*, in: *ders./Bieneck* § 5 Rn. 139 f.
[105] ABl. EU 2009 Nr. L 328, S. 42.
[106] Vgl. *Hecker*, Europäisches Strafrecht, § 12 Rn. 4, auch zu den Details und weiteren Vorschlägen zur Europäischen Koordination von Strafverfahren.
[107] BGBl. 1995 II 969; 1997 II 1689; umfassend zur weiteren Entwicklung des Auslieferungsrechts in der EU *Dannecker/Reinel*, in: *Leitner* (Hrsg.), Finanzstrafrecht 2006, S. 49 ff.
[108] ABl. 1995, Nr. C 78 vom 30.3.1995, S. 1, 2 ff.
[109] Vgl. hierzu *Hecker*, Europäisches Strafrecht, § 12 Rn. 19.
[110] ABl. 1996, Nr. C 313 vom 23.10.1996, S. 11, 12 ff.
[111] Vgl. *Hecker*, Europäisches Strafrecht, § 12 Rn. 20.

10.3.1995 und Art. 18 des Übereinkommens vom 27.9.1996). Die Bundesrepublik Deutschland hat gleichwohl von der in den Übereinkommen vorgesehenen Möglichkeit Gebrauch gemacht, die Anwendbarkeit der Übereinkommen im Verhältnis zu den anderen Ratifikationsstaaten anzuordnen (vgl. Art. 16 Abs. 3 des Übereinkommens vom 10.3.1995 und Art. 18 Abs. 4 des Übereinkommens vom 27.9.1996).[112]

68 Am 7.8.2002 ist der **Rahmenbeschluss des Rates vom 13.7.2002 über den Europäischen Haftbefehl und die Übergabeverfahren zwischen den Mitgliedstaaten**[113] in Kraft getreten (vgl. Art. 33 des Rahmenbeschlusses).[114] Dieser Rahmenbeschluss – ein besonderes Rechtsetzungsinstrument des ex-Art. 34 Abs. 2 S. 2 lit. b EU a. F. – sollte im Verhältnis zwischen den Mitgliedstaaten der Europäischen Union ab 1.1.2004 alle früheren Instrumente bezüglich der Auslieferung ersetzen.[115] Dies sind neben den die Auslieferung betreffenden Bestimmungen des Europäischen Übereinkommens zur Bekämpfung des Terrorismus vom 27.1.1977 das bereits angesprochene Europäische Auslieferungsübereinkommen vom 13.12. 1957 samt seiner Zusatzprotokolle,[116] das vorstehend genannte Übereinkommen zwischen den Mitgliedstaaten der Europäischen Gemeinschaften über die Vereinfachung und Modernisierung der Verfahren zur Übermittlung von Auslieferungsersuchen vom 26.5.1989, das Übereinkommen vom 10.3.1995 über das vereinfachte Auslieferungsverfahren zwischen den Mitgliedstaaten der Europäischen Union und das Übereinkommen vom 27.9.1996 über die Auslieferung zwischen den Mitgliedstaaten der Europäischen Union sowie Titel III Kapitel 4 des Übereinkommens vom 19.6.1990 zur Durchführung des Übereinkommens von Schengen vom 14.6.1985 betreffend den schrittweisen Abbau der Kontrollen an den gemeinsamen Grenzen.[117]

bb) Rahmenbeschluss über den Europäischen Haftbefehl
(1) Grundlagen und Bestimmungen des Rahmenbeschlusses

69 Der **Rahmenbeschluss über den Europäischen Haftbefehl** verfolgt das Ziel einer **Abschaffung der Auslieferung zwischen den Mitgliedstaaten** und deren **Ersetzung durch ein System der Übergabe zwischen den Justizbehörden**.[118] Damit wird das komplexe und mit Verzögerungsrisiken behaftete förmliche Auslieferungsverfahren im Verhältnis zwischen den Mitgliedstaaten der Europäischen Union durch ein System des freien Verkehrs strafrechtlicher justizieller Entscheidungen ersetzt.[119] Dies ist ein Resultat der Entscheidung der Mitgliedstaaten für die Einführung des **Prinzips der gegenseitigen Anerkennung justizieller Entscheidungen** innerhalb eines gemeinsamen Raums der Freiheit, der Sicherheit und des Rechts,[120] der als Ziel der PJZS innerhalb der Europäischen Union in Art. 29 Abs. 1 EU (Art. 67 AEUV) festgeschrieben ist. Hiergegen bestanden und bestehen jedoch noch Bedenken, bis in allen Mitgliedstaaten ein gleichwertig hohes Schutzniveau der Beschuldigtenrechte geschaffen ist. Dennoch hat die gegenseitige Anerkennung durch die Rechtsprechung des EuGH für den Bereich des Haftbefehls besondere Bedeutung erlangt. Der Gerichtshof

---

[112] BGBl. 1995 II 969; 1997 II 1689.
[113] ABl. 2002, Nr. L 190 vom 18.7.2002, S. 1 ff.; näher dazu *Hecker*, Europäisches Strafrecht, § 12 Rn. 20; *Heintschel-Heinegg/Rohlff*, GA 2003, 44 ff.; *Schünemann*, GA 2002, 501, 507 f.; *Wegner*, StV 2003, 105 ff.; vgl. dazu ausführlich *Dannecker/Reinel*, in: *Leitner* (Hrsg.), Finanzstrafrecht 2006, S. 49 ff., die auch die Umsetzung in Deutschland und Österreich im Vergleich darstellen.
[114] Vgl. hierzu auch *Hecker*, Europäisches Strafrecht, § 12 Rn. 21; *Müller-Gugenberger*, in: *ders./Bieneck* § 5 Rn. 152 ff.
[115] Vgl. Pkt. 11 der Erwägungsgründe sowie Art. 31 Abs. 1 des Rahmenbeschlusses, ABl. 2002, Nr. L 190 vom 18.7.2002, S. 1, 11; ferner *Hecker*, Europäisches Strafrecht, § 12 Rn. 20.
[116] Vgl. oben Rn. 46.
[117] ABl. 2000, Nr. L 239 vom 22.9.2000, S. 19 ff.; siehe dazu unten Rn. 346 ff.
[118] Vgl. Pkt. 5 der Erwägungsgründe zum Rahmenbeschluss, ABl. 2002, Nr. L 190 vom 18.7.2002, S. 1; vgl. auch zur terminologischen Konsequenz *Dannecker/Reinel*, in: *Leitner* (Hrsg.), Finanzstrafrecht 2006, S. 49 ff.; ferner *Hecker*, Europäisches Strafrecht, § 12 Rn. 21 f.
[119] Vgl. Pkt. 5 der Erwägungsgründe zum Rahmenbeschluss, ABl. 2002, Nr. L 190 vom 18.7.2002, S. 1.
[120] Vgl. Pkt. 5 f. der Erwägungsgründe zum Rahmenbeschluss, ABl. 2002, Nr. L 190 vom 18.7.2002, S. 1.

A. Harmonisierungsbestrebungen

hat die Notwendigkeit einer Beachtung des Prinzips der gegenseitigen Anerkennung – freilich unter strenger Einhaltung der Garantien von EMRK und Grundrechtecharta – als Grundlage eines gemeinsamen Raums der Freiheit, Sicherheit und des Rechts betont.[121]

Der **Europäische Haftbefehl** ist gemäß Art. 1 Abs. 1 des Rahmenbeschlusses eine justizielle Entscheidung, die in einem Mitgliedstaat ergangen ist und die Festnahme und Übergabe einer gesuchten Person bezweckt, ungeachtet dessen, ob die Entscheidung in der Phase vor oder nach der Urteilsverkündung ergangen ist.[122] Der Europäische Haftbefehl kann daher sowohl **zum Zwecke der Strafverfolgung** als auch **zur Vollstreckung einer Freiheitsstrafe oder einer freiheitsentziehenden Maßregel der Sicherung** erlassen werden. Zur Wahrung der Verhältnismäßigkeit ist der Erlass eines Europäischen Haftbefehls davon abhängig, dass **keine bloße Bagatellstraftat** vorliegt. Gemäß Art. 2 Abs. 1 des Rahmenbeschlusses kann der Haftbefehl nur bei Handlungen erlassen werden, die nach den Rechtsvorschriften des Ausstellungsmitgliedstaates im Höchstmaß mit einer **Freiheitsstrafe** bzw. freiheitsentziehenden Sicherungsmaßregel von mindestens **zwölf Monaten** bedroht sind. Ist eine Verurteilung bereits erfolgt, so muss der angeordnete Freiheitsentzug mindestens **vier Monate** betragen. Bei der Frage des Erfordernisses einer beiderseitigen Strafbarkeit der Handlung sowohl nach dem Recht des Ausstellungsstaates als auch nach dem Recht des Vollstreckungsstaates ist zu differenzieren: Gemäß Art. 2 Abs. 4 i. V. m. Art. 4 Nr. 1 des Rahmenbeschlusses kann die Vollstreckung eines Europäischen Haftbefehls bzw. die Übergabe des Täters an den Ausstellungsstaat abgelehnt werden, wenn die vorgeworfene Handlung im Vollstreckungsstaat nicht mit Strafe bedroht ist. Dies gilt jedoch dann nicht, wenn die zur Last gelegte Handlung eine der in Art. 2 Abs. 2 des Rahmenbeschlusses aufgeführten **Katalogstraftaten** darstellt und im Ausstellungsstaat im Höchstmaß mit einer Freiheitsstrafe oder freiheitsentziehenden Maßregel der Sicherung von mindestens drei Jahren bedroht ist (vgl. Art. 2 Abs. 2 i. V. m. Abs. 4).

Zu den 32 in Art. 2 Abs. 2 genannten **Deliktsbereichen** gehören u. a. solche, die im weiteren Sinne auch als wirtschaftsstrafrechtliche Delikte eingeordnet werden können wie z. B. die Beteiligung an einer kriminellen Vereinigung, Korruption, Betrugsdelikte, Geldwäsche, Geldfälschung, Cyberkriminalität, Umweltkriminalität, Erpressung und Schutzgelderpressung, illegaler Handel mit Kulturgütern, Nachahmung und Produktpiraterie.[123]

Verfahrensrechtlich ist eine **unmittelbare Zusammenarbeit zwischen den zuständigen Justizbehörden der Mitgliedstaaten** vorgesehen und ein **Mindeststandard an Beschuldigtenrechten** festgelegt. Verfahrenstechnisch wurde das intergouvernementale Bewilligungsverfahren von einem rein justiziellen, einstufigen Verfahren abgelöst und der Europäische Haftbefehl wird nun als Eilsache behandelt.[124]

In Art. 3 Nr. 1 bis 3 des Rahmenbeschlusses sind die **obligatorischen Ablehnungsgründe** wie Amnestie im Vollstreckungsstaat, anderweitige Verurteilung (transnationales ne bis in idem) oder Schuldunfähigkeit normiert. In Art. 4 Nr. 1 bis 7 führt der Rahmenbeschluss die **fakultativen Ablehnungsgründe** auf. Art. 5 des Rahmenbeschlusses ermöglicht es dem Vollstreckungsstaat, gegenüber dem Ausstellungsstaat bestimmte Garantien wie die Wiederaufnahme bei Abwesenheitsurteilen oder Einschränkungen bei der Verhängung einer lebenslangen Freiheitsstrafe einzufordern.[125]

In Deutschland wurde der Rahmenbeschluss durch das **Europäische Haftbefehlsgesetz (EuHbG)** vom 21.7.2004 umgesetzt, indem das Gesetz über die internationale Rechtshilfe in Strafsachen (IRG) um einen achten Teil (§§ 78 ff.) mit entsprechenden Vorschriften ergänzt wurde. Dabei entschied sich der Gesetzgeber für eine strenge Umsetzung, ohne die ihm durch den Rahmenbeschluss ermöglichten Spielräume auszunutzen.

---

[121] Vgl. nur EuGH, Urt. v. 29.1.2013 – C-396/11, *Radu*, NJW 2013, 1145 ff.; Urt. v. 30.5.2013 – C-168/13 PPU, *Jeremy F.*; EuGRZ 2013, 417 ff.; vgl. ferner *Bülte/Krell* StV 2013, 713, 716.
[122] Vgl. *Hecker*, Europäisches Strafrecht, § 12 Rn. 23.
[123] Vgl. auch *Hecker*, Europäisches Strafrecht, § 12 Rn. 23 ff.; zum Straftatenkatalog Rn. 27.
[124] *Hecker*, Europäisches Strafrecht, § 12 Rn. 25.
[125] Vgl. *Hecker*, Europäisches Strafrecht, § 12 Rn. 30 ff.

74 Mit Urteil vom 18.7.2005 hat das **Bundesverfassungsgericht** das **EuHbG für nichtig** erklärt.[126] Es beanstandete nicht die Ausnahme vom Auslieferungsverbot für deutsche Staatsangehörige per se, sah aber in der deutschen Umsetzung einen Verstoß gegen Art. 2 Abs. 1 in Verbindung mit Art. 20 Abs. 3, Art. 16 Abs. 2 und Art. 19 Abs. 4 GG. Im Einzelnen wurde beanstandet, dass die in Art. 4 Nr. 7 lit. a RbEuHb eröffneten Spielräume zur Nichtauslieferung Deutscher nicht durch eine tatbestandliche Konkretisierung genutzt oder durch ein gesetzliches Prüfprogramm dafür Sorge getragen haben, dass die das Gesetz ausführenden Stellen in einem Auslieferungsfall in eine konkrete Abwägung der widerstreitenden Rechtspositionen eintreten. Zum anderen wurde bemängelt, dass keine gerichtliche Bewilligungsentscheidung vorgesehen war. Die Rechtmäßigkeit des Rahmenbeschlusses selbst wurde dagegen im Urteil nicht in Frage gestellt.[127]

75 Anfang 2006 hatte die Bundesregierung einen „Entwurf eines Gesetzes zur Umsetzung des Rahmenbeschlusses über den Europäischen Haftbefehl und die Übergabeverfahren zwischen den Mitgliedstaaten der Europäischen Union" vorgelegt.[128] Dieser Entwurf berücksichtigte basierend auf dem ursprünglichen EuHbG lediglich die in dem Urteil des BVerfG gemachten Vorgaben;[129] eine grundlegende Neuregelung zog der Gesetzgeber hingegen nicht in Betracht, obwohl dadurch erhebliche Verbesserungen möglich gewesen wären. Nachdem das Gesetzgebungsverfahren – offensichtlich unter dem Druck, dass Deutschland als eines der wenigen Länder den Europäischen Haftbefehl noch nicht umgesetzt hatte – erstaunlich schnell abgeschlossen war, ist das **neue Umsetzungsgesetz** am 2.8.2006 in Kraft getreten.[130] Auch hierzu finden sich allerdings kritische Stellungnahmen in der Literatur, die monieren, dass der Gesetzgeber sich nicht genug Zeit genommen habe, um diesmal eine rechtsstaatlich ausgewogene Lösung zu präsentieren.[131]

Durch das Gesetz wurden die maßgeblichen Regelungen des Rahmenbeschlusses in die §§ 78 ff. IRG eingefügt. Das IRG normiert in § 78 den Vorrang der europäischen Regelungen im Rechtsverkehr mit den Mitgliedstaaten und in § 79 die Pflicht zur Bewilligung, die nur durch die Hindernisse nach § 83b IRG durchbrochen wird. Vom **Grundsatz der beiderseitigen Strafbarkeit** weicht das IRG in § 81 Nr. 4 für die Deliktsgruppen des Art. 2 II (Positivliste) des Rahmenbeschlusses ab. Für die Auslieferung deutscher Staatsangehöriger gibt § 80 IRG ein strenges Prüfprogramm vor, in dem insbesondere der Grundsatz **ne bis in idem** Berücksichtigung findet.[132] Auch in 2. EuHbG ist an der Zweistufigkeit des Verfahrens festgehalten worden, so dass sowohl die Generalstaatsanwaltschaft als auch das Oberlandesgericht über eine Bewilligung zur Auslieferung entscheiden und ihr zustimmen müssen.[133]

---

[126] BVerfGE 113, 273 ff. m. Anm. *Bosbach*, NStZ 2006, 104 ff.; *Böhm*, NJW 2005, 2588 ff.; *Hackner*, NStZ 2005, 311 ff.; *Hufeld*, JuS 2005, 865 ff.; *Jekewitz*, GA 2005, 625 ff.; *Kretschmer*, Jura 2005, 780 ff.; *Masing*, NJW 2006, 264 ff.; *Mitsch*, JA 2006, 448 ff.; *Tomuschat*, EuGRZ 2005, 453 ff.; *von Unger*, NVwZ 2005, 1266 ff.; *Vogel*, JZ 2005, 801 ff.; *Wasmeier*, ZEuS 2006, 23 ff.; *Dannecker/Reinel*, in: *Leitner* (Hrsg.), Finanzstrafrecht 2006, S. 49 ff.

[127] Vgl. *Hecker*, Europäisches Strafrecht, § 12 Rn. 36 f. auch zu den Befürchtungen einer Verschärfung des europäischen Strafrechts und einer Schaffung eines „Raums der Unfreiheit".

[128] BT-Drucks. 16/1024.

[129] Vgl. hierzu auch *Hecker*, Europäisches Strafrecht, § 12 Rn. 37.

[130] Gesetz zur Umsetzung des Rahmenbeschlusses über den Europäischen Haftbefehl und die Übergabeverfahren zwischen den Mitgliedstaaten der Europäischen Union (Europäisches Haftbefehlsgesetz – EuHbG) vom 20. Juli 2006, BGBl. I 1721.

[131] In Deutschland wurde bei der Umsetzung entgegen einer Vielzahl an kritischen Stimmen aus der Literatur am Bewilligungsverfahren festgehalten. Auch die durch die Entscheidung des BVerfG gebotene Neuregelung des EuHbG nutzte der Gesetzgeber nicht zur Abschaffung des zweistufigen Verfahrens, vgl. *Rosenthal*, ZRP 2006, 105, 107 f.; dazu auch *Dannecker/Reinel*, in: *Leitner* (Hrsg.), Finanzstrafrecht 2006, S. 49 ff.

[132] Vgl. *Hecker*, Europäisches Strafrecht, § 12 Rn. 45 ff.

[133] Vgl. *Hecker*, Europäisches Strafrecht, § 12 Rn. 50.

A. Harmonisierungsbestrebungen

(2) Judikatur des EuGH

Der Europäische Haftbefehl ist in den vergangenen Jahren mehrfach Gegenstand von Entscheidungen des EuGH gewesen,[134] von denen hier nur die wichtigsten dargestellt werden.

In der Entscheidung über *Jeremy F.* hat der EuGH am 30.5.2013[135] über die Gewährung von Rechtsschutz im Haftbefehlsverfahren entschieden und auf Vorlage des französischen Verfassungsrats entschieden, dass auch im Haftbefehlsverfahren die **europäischen Grundrechte volle Geltung** haben. Dies ergebe sich aus Erwägungsgrund 12 des Rahmenbeschlusses ebenso wie aus dessen Art. 1 Abs. 3 und aus Art. 6 EUV. Grundsätzlich seien die Bestimmungen des Rahmenbeschlusses zwar mit Artt. 47, 48 GrCh vereinbar, aber im Einzelfall müssten die Regelungen des Rahmenbeschlusses in ihrer Anwendung auf ihre Grundrechtskonformität überprüft werden. Daher sei es unionsrechtlich ausnahmsweise zulässig, einem Verhafteten auch dann Rechtsschutz zu gewähren, wenn damit die Fristen des Art. 17 des Rahmenbeschlusses nicht eingehalten werden können. Der Entscheidung *Radu*[136], mit der der EuGH die Ablehnungsgründe für die Vollstreckung eines Haftbefehls grundsätzlich auf die in Artt. 3 und 4 des Rahmenbeschlusses geregelten Fälle beschränkt hatte, steht dieser Sichtweise nicht entgegen.[137]

Am 12.8.2008 entschied der Gerichtshof in der Sache *Santesteban Goicoechea*[138] über den **zeitlichen Anwendungsbereich** des Rahmenbeschlusses über den Haftbefehl und beschränkte die haftbefehlsfähigen Straftaten auf solche, die nach Inkrafttreten des Rahmenbeschlusses begangen worden sind.

Am 28.9.2006[139] hatte der EuGH entschieden, dass der Rahmenbeschluss 2002/584 über den Europäischen Haftbefehl und die Übergabeverfahren zwischen den Mitgliedstaaten der Anwendung des Ne-bis-in-idem-Grundsatzes[140] nicht entgegensteht, sondern dieser Grundsatz den Vollzug eines Haftbefehls vielmehr zwingend verbiete.[141] Zur Auslegung des Begriffs **„dieselbe Handlung"** hat sich der EuGH in der Entscheidung *Mantello*[142] dann noch einmal dahingehend geäußert, dass es sich um einen unionsrechtlichen Begriff handele, dessen Auslegung die nationalen Justizbehörden nicht autonom vornehmen dürften. Er verwies auf seine Rechtsprechung zu Art. 54 SDÜ, nach der der Begriff „dieselbe Tat" einen **Komplex konkreter, unlösbar miteinander verbundener Umstände** bedeute, **unabhängig von der rechtlichen Qualifizierung und dem geschützten rechtlichen Interesse**. Entscheidend sei für die Anwendung des Grundsatzes „ne bis in idem" die rechtskräftige und strafklageverbrauchende Verurteilung oder der rechtskräftige Freispruch, wobei sich die Rechtskraft nach dem Recht des urteilenden Mitgliedstaates richte.[143]

Mit Entscheidung vom 6.10.2009 hat der EuGH in der Sache *Wolzenburg* festgestellt, dass **Diskriminierungen bei der Auslieferung** von Angehörigen anderer Mitgliedstaaten gegenüber eigenen Staatsangehörigen unzulässig sind.[144] Eine Verweigerung der Überstellung nach Art. 4 Nr. 6 RB dürfte jedoch daran geknüpft werden, dass der Angehörige eines anderen Mitgliedstaates bereits seit einer gewissen Zeit seinen Wohnsitz im Vollstreckungsstaat habe. Die Entscheidung *Lopes Da Silva Jorge*[145] greift das Diskriminierungsverbot noch einmal auf und führt aus, ein Mitgliedstaat könne sich zwar weigern, eine unter Art. 4 Nr. 6 RB fallende Person zu übergeben, dürfe aber nach Art. 18 AEUV *„Staatsangehörige anderer Mitglied-*

---

[134] Zusammenfassend dazu *Zeder*, JSt 2013, 77 ff.
[135] EuGH, Urt. v. 30.5.2013 – C-168/13 PPU.
[136] EuGH, Urt. v. 29.1.2013 – C-396/11, NJW 2013, 1145 ff.
[137] So aber *Brodowski*, HRRS 2013, 54 ff.; vgl. hierzu auch *Bülte/Krell* StV 2013, 713, 716.
[138] EuGH, Urt. v. 12.8.2008 – C-296/08 PPU, *Goicoechea*, Slg. 2008, I-6307.
[139] EuGH NJW 2006, 3403 ff.
[140] Vgl. zu diesem Grundsatz auch *Dannecker*, EuZ 2009, 110 ff.; *Müller-Gugenberger*, in: *ders./Bieneck* § 5 Rn. 131 ff.; *Radtke*, in: Böse (Hrsg.), Europäisches Strafrecht, § 12 Rn. 1 ff.
[141] EuGH NJW 2009, 657.
[142] EuGH, Urt v. 16.11.2010 – C-261/09, NJW 2011, 839 ff.
[143] Vgl. zu *ne bis in idem* auch EuGH, Urt. v. 18.7.2006 – C-288/05, *Kretzinger*, NJW 2007, 3412 ff.; vgl. auch *Müller-Gugenberger*, in: *ders./Bieneck* § 5 Rn. 135.
[144] EuGH NJW 2010, 283 ff.; differenzierend EuGH NJW-Spezial 2012, 633.
[145] EuGH, Urt. v. 5.9.2012 – C-42/11, BeckRS 2012, 81808.

staaten, die sich in seinem Hoheitsgebiet aufhalten oder dort ihren Wohnsitz haben, nicht ungeachtet ihrer Bindungen zu diesem Staat von diesem Anwendungsbereich automatisch völlig ausschließen."
Das **Verbot jeder Diskriminierung aus Gründen der Staatsangehörigkeit** (Art. 18 AEUV, Art. 21 Abs. 2 GrCh) ist einer der zentralen Grundsätze des Unionsrechts, der vom EuGH bereits seit 1989 auch auf strafprozessuale Regelungen angewendet wird.[146]

80 Darüber hinaus hat der EuGH zur **Fairness im Haftbefehlsverfahren** in seiner Entscheidung vom 21.10.2010 ausgeführt, dass die Überstellung an einen Staat, der einen Europäischen Haftbefehl zur Vollstreckung einer Freiheitsstrafe ausgestellt hat, die in einem Abwesenheitsverfahren ausgesprochen wurde, an die Bedingung der Zusicherung ausreichenden rechtlichen Gehörs im Ausstellungsstaat geknüpft werden kann.[147] Dagegen hat es der EuGH für unzulässig erklärt, wenn sich Mitgliedstaaten auf die in ihren nationalen Rechtsordnungen garantierten Grundrechte berufen und eine Überstellung davon abhängig machen, dass das zu vollstreckende Urteil in dem Ausstellungsstaat noch einmal nach den Maßstäben der Verfassung des Vollstreckungstaates überprüft wird. Dies gestatte auch Art. 53 GrCh den Mitgliedstaaten nicht.[148] In der Entscheidung *Radu* wurde dann noch einmal deutlich gemacht, dass die gegenseitige Anerkennung auch nicht auf andere Weise gefährdet werden und deshalb der Vollstreckungsstaat die Vollstreckung nicht verweigern dürfe, weil der Verhaftete vor Erlass des Haftbefehls nicht angehört worden war. Eine solche Verpflichtung beseitige den notwendigen Überraschungseffekt eines Haftbefehls und würde damit das im Rahmenbeschluss vorgesehene Übergabesystem „unweigerlich zum Scheitern bringen".[149]

81 Schließlich gewinnt auch der **Spezialitätsgrundsatz** im Kontext des Europäischen Haftbefehls eine sehr hohe Relevanz. Diese Maxime ist in Art. 27 Abs. 2 des Rahmenbeschlusses geregelt und lautet: *„Außer in den in den Absätzen 1 und 3 vorgesehenen Fällen dürfen Personen, die übergeben wurden, wegen einer vor der Übergabe begangenen anderen Handlung als derjenigen, die der Übergabe zugrunde liegt, weder verfolgt noch verurteilt noch einer freiheitsentziehenden Maßnahme unterworfen werden."* In der Entscheidung *Leymann und Pustovarov* wurde die Rechtsprechung zum Spezialitätsgrundsatz im Haftbefehlsverfahren präzisiert und über den Begriff der „anderen Handlung" nach Art. 27 des Rahmenbeschlusses entschieden:[150] Voraussetzung derselben Handlung ist demnach die **Identität der gesetzlichen Umschreibung der Straftat**, derentwegen im Ausstellungsmitgliedstaat tatsächlich verfolgt wird und derentwegen übergeben wurde sowie die Übereinstimmung in den zeitlichen und örtlichen Umständen der ausgeschriebenen und tatsächlich verfolgten Tat. Abweichungen bei den zeitlichen und örtlichen Umständen sind zulässig, soweit sie sich bei den weiteren Ermittlungen ergeben, nicht die Art der Straftat ändern und keine Ablehnungsgründe entstehen.[151]

bb) Übereinkommen betreffend den Grundsatz „ne bis in idem" und die Vollstreckungshilfe

82 Die Geltung des Grundsatzes **„ne bis in idem"** ist in dem Übereinkommen zwischen den Mitgliedstaaten der Europäischen Gemeinschaften über das Verbot der doppelten Strafverfolgung vom 25.5.1987 (Ne-bis-in-idem-Übk-EG) vereinbart.[152] Die **Vollstreckungshilfe** ist in dem Übereinkommen zwischen den Mitgliedstaaten der Europäischen Gemeinschaften über die Vollstreckung ausländischer strafrechtlicher Verurteilungen vom 13.11.1991 geregelt.[153]

---

[146] Eingehend dazu *Zeder*, JSt 2013, 47, 49f.
[147] EuGH NJW 2011, 285 (I. B. gegen Conseil des ministres).
[148] EuGH, Urt. v. 26.2.2013 – C-399/11, *Melloni*, NJW 2013, 1215:
[149] EuGH 29.1.2013 – C-396/11, *Radu*, Rn. 40, NJW 2013, 1145
[150] EuGH, Urt. v. 1.12.2008 – C-388/08, *Leymann und Pustovarov*, NJW 2009, 1057ff.
[151] Aufgegriffen von BGH, Urt. v. 2.11.2010 – 5 StR 544/09, Rn. 12ff.; NStZ 2012, 294.
[152] Da die Artt. 54ff. SDÜ, die den Ne-bis-in-idem-Grundsatz unter den Schengenstaaten regeln, weitgehend dem Ne-bis-in-idem-Übk-EG angepasst wurden, ist mit einem Inkrafttreten dieses Übereinkommens wohl nicht mehr zu rechnen; vgl. umfassend zu ne-bis-in-idem in Europa, *Dannecker*, FS Kohlmann 2003, S. 593ff.; *Liebau*, „Ne bis in idem" in Europa, 2005.
[153] BGBl. 1997 II 1351.

A. Harmonisierungsbestrebungen **2**

Beide Übereinkommen sind noch nicht in Kraft getreten, da bislang nicht alle im Übereinkommen vorgeschriebenen Mitgliedstaaten eine entsprechende Ratifikation vorgenommen haben (vgl. Art. 6 Abs. 2 Ne-bis-in-idem-Übk-EG, Art. 21 Abs. 2 VollstrÜbk-EG). Allerdings hat Deutschland jeweils eine **Gegenseitigkeitserklärung** dergestalt abgegeben, dass die Übereinkommen zumindest im Verhältnis zu den Mitgliedstaaten, die entsprechend verfahren, ab dem neunzigsten Tag nach Hinterlegung der Erklärung Anwendung finden (vgl. Art. 6 Abs. 3 Ne-bis-in-idem-Übk-EG, Art. 21 Abs. 3 VollstrÜbk-EG).[154]

cc) Übereinkommen über die Rechtshilfe in Strafsachen zwischen den Mitgliedstaaten der Europäischen Union (RhÜbkEU)

Basierend auf dem Europäischen Rechtshilfeübereinkommen des Europarates vom 20.4.1959 **83** samt Zusatzprotokoll vom 17.3.1978[155] hat der Rat der Europäischen Union am **29.5.2000** das **Übereinkommen gemäß Art. 34 EU über die Rechtshilfe in Strafsachen zwischen den Mitgliedstaaten der Europäischen Union**[156] beschlossen. Die nach Art. 27 Abs. 1 und Abs. 3 RhÜbkEU notwendige Ratifikation ist in nahezu allen Mitgliedstaaten der EU erfolgt. Einige Regelungen des Übereinkommens ersetzen solche des SDÜ.[157]

Das Übereinkommen soll gemäß Art. 1 Abs. 1 das oben angesprochene Europaratsüberein- **84** kommen sowie die im SDÜ und im Benelux-Übereinkommen vom 27.6.1962 enthaltenen Bestimmungen über die Rechtshilfe ergänzen und deren Anwendung erleichtern.[158] Es erstreckt die **Rechtshilfe auch auf die Verfolgung von Ordnungswidrigkeiten**, wenn die Entscheidung der Verwaltungsbehörde durch Gerichte der ordentlichen Strafgerichtsbarkeit überprüfbar ist (Art. 3 Abs. 1 RhÜbkEU). Ebenso werden derartige **Verfahren gegen juristische Personen** in den Anwendungsbereich der Rechtshilfe einbezogen (Art. 3 Abs. 2 RhÜbkEU). Das Übereinkommen enthält weiter Verfahrens- und Formvorschriften (Art. 4–7 RhÜbkEU) und regelt Ersuchen um **spezifische Formen der Rechtshilfe** (Titel II RhÜbkEU), wie etwa die zeitweilige Überstellung inhaftierter Personen zu Ermittlungszwecken (Art. 9 RhÜbkEU), die Vernehmung von Sachverständigen und Zeugen per Video- oder Telefonkonferenz (Artt. 10 f. RhÜbkEU), die Durchführung kontrollierter Lieferungen (Art. 12 RhÜbkEU), die Bildung und Arbeit gemeinsamer Ermittlungsgruppen (Art. 13 RhÜbkEU) und die Durchführung verdeckter Ermittlungen (Art. 14 RhÜbkEU). Darüber hinaus sind die Überwachung des Telekommunikationsverkehrs (Titel III RhÜbkEU) und der Schutz personenbezogener Daten (Art. 23 RhÜbkEU) geregelt.[159]

dd) Protokoll zum Übereinkommen über die Rechtshilfe in Strafsachen zwischen den Mitgliedstaaten der Europäischen Union (Prot-RhÜbkEU)

Am **16.10.2001** hat der Rat ein **Protokoll**[160] beschlossen, das das Übereinkommen über die **85** Rechtshilfe um **Regelungen für Fälle der Finanzkriminalität** – wie etwa der Geldwäsche – und **politische Straftaten** ergänzt. Die meisten Mitgliedstaaten der EU haben die nach Art. 13 Abs. 2 Prot-RhÜbkEU erforderliche Notifizierung bereits im Jahre 2004 bzw. 2005 vorgenommen. Hingegen ist das Protokoll in Deutschland erst am 2.2.2006 in Kraft getreten.[161]

Dieses Protokoll bringt weitreichende Änderungen im Bereich des Rechtshilfeverkehrs mit **86** sich, indem es maßgeblich das **grenzüberschreitende Auskunftsverlangen in Zusam-**

---

[154] Vgl. auch *Hecker*, Europäisches Strafrecht, § 13 Rn. 11.
[155] Näher dazu oben Rn. 47; ferner *Hecker*, Europäisches Strafrecht, § 12 Rn. 7 ff.
[156] ABl. 2000, Nr. C 197 vom 12.7.2000, S. 1 f., 3 ff.; vgl. auch *Epiney*, EuZW 2003, 421 ff.
[157] Vgl. *Hecker*, Europäisches Strafrecht, § 12 Rn. 8.
[158] Vgl. *Müller-Gugenberger*, in: *ders./Bieneck* § 5 Rn. 45 ff.
[159] Vgl. hierzu auch *Hecker*, Europäisches Strafrecht, § 12 Rn. 9.
[160] ABl. 2001, Nr. C 326 vom 21.11.2001, S. 1, 2 ff.; vgl. auch den Erläuternden Bericht über das Protokoll zum Übereinkommen von 2000 über die Rechtshilfe in Strafsachen zwischen den Mitgliedstaaten der Europäischen Union, ABl. 2002, Nr. C 257 vom 24.10.2002, S. 1; umfassend dazu unter Berücksichtigung der deutschen und österreichischen Umsetzung, *Dannecker/Reinel*, in: *Leitner* (Hrsg.), Finanzstrafrecht 2006, S. 49 ff.
[161] Vgl. auch *Hecker*, Europäisches Strafrecht, § 12 Rn. 10.

menhang mit Informationen betreffend Bankkonten und -geschäften** erleichtert. Nach Art. 1 Abs. 1 Prot-RhÜbkEU müssen die Mitgliedstaaten ein System bereitstellen, mittels dessen ein Ersuchen um Auskunft, ob eine strafrechtlich verfolgte Person ein Bankkonto bei einer auf ihrem Staatsgebiet niedergelassenen Bank unterhält oder kontrolliert, erfüllt werden kann. Mit diesem neuen Rechtshilfeinstrument kann man bislang unbekannte Konten im EU-Ausland aufspüren. Um allerdings bloße Ausforschungsersuchen, sog. *„fishing expeditions",*[162] zu unterbinden, sieht Art. 1 Abs. 4 Prot-RhÜbkEU eine Begründungspflicht der ersuchenden Behörde vor.[163] Danach müssen im Rahmen des Ersuchens zwingend Angaben darüber gemacht werden, inwiefern die erbetenen Auskünfte für die Aufklärung der Straftat von wesentlichem Wert sind, und es muss dargelegt werden, worauf sich die Annahme gründet, dass in dem ersuchten Staat entsprechende Konten vorhanden sind. Die Nennung einer konkreten Bank bzw. einer Bankverbindung ist allerdings nicht notwendig.[164] Nach Art. 2 Prot-RhÜbkEU können auch **Auskunftsersuchen zu einzelnen, mittels einer bestimmten Kontoverbindung vorgenommenen Bankgeschäften** gestellt werden. Danach übermittelt der ersuchte Staat dem ersuchenden Angaben über bestimmte Bankkonten und über Bankgeschäfte, die während eines bestimmten Zeitraums im Zusammenhang mit einem oder mehreren im Ersuchen angegebenen Bankkonten getätigt wurden. Dabei erstreckt sich der Inhalt der Auskunft auch auf Angabe sämtlicher Überweisungs- und Empfängerkonten, womit auch unbeteiligte Dritte von dem Auskunftsverfahren zumindest mittelbar betroffen sein können.[165] Auch hier muss der ersuchende Mitgliedstaat in seinem Antrag angeben, warum die erbetenen Auskünfte für die Aufklärung der Straftat für wichtig gehalten werden (vgl. Art. 2 Abs. 3 Prot-RhÜbkEU). Diese Art der Rechtshilfemaßnahme war bereits vor Bestehen des Protokolls im Rahmen eines strafrechtlichen Ermittlungsverfahrens möglich und bringt insofern keine Neuerung.[166]

87 Schließlich regelt Art. 3 Prot-RhÜbkEU die Verpflichtung der Mitgliedstaaten, dafür Sorge zu tragen, dass auf Ersuchen eines anderen Mitgliedstaates **Bankgeschäfte, die während eines bestimmten Zeitraums im Zusammenhang mit einem oder mehreren in dem Ersuchen angegebenen Bankkonten getätigt werden, überwacht werden können.** Diesbezüglich besteht mit Art. 3 Abs. 2 Prot-RhÜbkEU ebenfalls eine Vorschrift über die Notwendigkeit einer Begründung des entsprechenden Ersuchens, die inhaltlich dem bereits oben dargestellten Art. 2 Abs. 2 Prot-RhÜbkEU entspricht.

88 Damit das Vorgehen hinreichende Effektivität aufweist, ist in dem Protokoll auch das in einzelnen Mitgliedsländern bestehende **Bankgeheimnis** dahingehend berücksichtigt, dass dieses gerade nicht als Begründung für die Ablehnung jeglicher Zusammenarbeit in Bezug auf ein Rechtshilfeersuchen eines anderen Mitgliedsstaates herangezogen werden darf (vgl. Art. 7 Prot-RhÜbkEU). Im Ergebnis ist damit das Bankgeheimnis zwischen den Mitgliedstaaten der EU wohl[167] endgültig aufgegeben.[168] Diese Regelung hat vor allem für Österreich Konsequenzen. Denn anders als in Deutschland existiert dort in § 38 Bankwesengesetz

---

[162] Vgl. zu den fishing expeditions etwa StGH Liechtenstein, NZWiSt 2013, 143 m. Anm. *Wolf.*

[163] Siehe Erläuterung über das Prot-RhÜbkEU, ABl. 2004, Nr. C 257 v. 24.10.2004, S. 4; *Kutzner,* DStR 2006, 639, 642; *Dannecker/Reinel,* in: *Leitner* (Hrsg.), Finanzstrafrecht 2006, S. 49ff.; *Gleß,* in: *Schomburg/Lagodny/Gleß/Hackner,* III B 1, Art. 1 ZP-RhÜbkEU Rn. 16.

[164] Vgl. *Dannecker/Reinel,* in: *Leitner* (Hrsg.), Finanzstrafrecht 2006, S. 49ff; *Kutzner,* DStR 2006, 639, 642.

[165] Vgl. *Kutzner,* DStR 2006, 639, 642f.; *Dannecker/Reinel,* in: *Leitner* (Hrsg.), Finanzstrafrecht 2006, S. 49ff.

[166] Vgl. Erläuternder Bericht über das Prot-RhÜbkEU, ABl. 2002, Nr. C 257 vom 24.10.2002, S. 4; *Kutzner,* DStR 2006, 639, 642; vgl. auch *Hecker,* Europäisches Strafrecht, § 12 Rn. 9.

[167] Letztlich folgt ein Versagen der Berufung auf das Bankgeheimnis bereits aus Art. 18 Abs. 7 Satz 1 des Europarats-Übereinkommens über Geldwäsche vom 8.11.1990 (siehe Rn. 50); vgl. *Gleß,* in: *Schomburg/Lagodny/Gleß/Hackner,* III B 1, Art. 7 ZP-EU-RhÜbk Rn. 1. Zur Auslegung des Begriffs „Bankgeheimnis" vgl. *Gleß,* in: *Schomburg/Lagodny/Gleß/Hackner,* III B 1, Art. 7 ZP-EU-RhÜbk Rn. 2; vgl. auch *Dannecker/Reinel,* in: *Leitner* (Hrsg.), Finanzstrafrecht 2006, S. 49ff.

[168] Vgl. hierzu auch EuGH, Urt. v. 25.4.2013 – C-J021/11 zur Datenübermittlung noch der RL 2005/60/EG.

A. Harmonisierungsbestrebungen

(BWG) ein umfassendes Bankgeheimnis. Dieses wird in Folge des oben gesagten nunmehr bei grenzüberschreitenden Auskunftsverlangen, die sich nach dem Protokoll richten, durchbrochen.[169] Technisch wird dies dadurch umgesetzt, dass der Durchbrechungstatbestand des § 38 Abs. 2 Nr. 1 BWG extensiv ausgelegt wird.[170]

Eine weitere wesentliche Änderung enthält das Prot-RhÜbkEU in dem **Abbau der** **89** **Rechtshilfevorbehalte besonders im Zusammenhang mit fiskalischen Straftaten.** Denn die durch Art. 1 EuRhÜbk eingeführte weitgehende Verpflichtung der Staaten zur Leistung gegenseitiger Rechtshilfe steht unter den nach Art. 2 lit. a EuRhÜbk ergangenen zahlreichen Vorbehalten der teilnehmenden Länder. Bereits das erste Zusatzprotokoll zum EuRhÜbk bezweckte die Zurückdrängung von Vorbehalten bei Finanzstraftaten, indem es in Art. 1 vorsah, dass die Vertragsparteien das in Art. 2 lit. a EuRhÜbk vorgesehene Recht zur Verweigerung der Rechtshilfe nicht allein aus dem Grund ausüben, dass das Ersuchen eine Finanzstraftat betrifft. Zudem darf nach Art. 3 Nr. 2 ZP-EuRhÜbk ein Ersuchen nicht mit der Begründung abgelehnt werden, dass das Recht der ersuchten Vertragspartei nicht dieselbe Art von Abgaben oder Steuern oder keine Abgaben-, Steuer-, Zoll- oder Devisenbestimmungen derselben Art wie das Recht der ersuchenden Vertragspartei vorsieht. Dieses Zusatzprotokoll zum EuRhÜbk hatte allerdings aufgrund der in Art. 8 Nr. 2 a ZP-EuRhÜbk enthaltenen Ausnahmeregelung nicht den gewünschten Erfolg.[171] Diesen Missstand beseitigt das Prot-RhÜbkEU, indem es nahezu wortgleich die Regelungen der Artt. 2 lit. a, 3 Nr. 2 ZP-EuRhÜbk in Art. 8 Prot-RhÜbkEU wiederholt[172] und gleichzeitig gemäß Art. 11 Prot-RhÜbkEU die Unzulässigkeit von Vorbehalten zu diesem Protokoll vorsieht. Dies führt im Ergebnis dazu, dass zwischen den Mitgliedstaaten der EU in weitem Umfang Rechtshilfe auch im Zusammenhang mit fiskalischen Straftaten möglich ist.

In Art. 9 Prot-RhÜbkEU ist eine ähnliche Regelung enthalten, die **Vorbehalte hinsicht-** **90** **lich politischer Straftaten beseitigt** und damit der Bekämpfung von Terrorismus in der Europäischen Union Rechnung trägt.[173]

Insgesamt betrachtet, ist damit ein Instrumentarium geschaffen, das eine effektive Bekämpfung der Finanzkriminalität und des Terrorismus verspricht.

ee) Übereinkommen über den Schutz der finanziellen Interessen der Europäischen Gemeinschaften

Das Übereinkommen über den Schutz der finanziellen Interessen der Europäischen Ge- **91** meinschaften (sog. PIF-Konvention)[174] geht auf intensive Bemühungen um einheitliche Regelungen auf diesem Gebiet in den 1990 er Jahren zurück.[175] Es sieht ein **einheitliches Strafrecht gegen betrügerische Handlungen zum Nachteil der Europäischen Gemeinschaften** vor.[176] Ausgehend von einer einheitlichen Definition des Betrugs verpflichten sich die Mitgliedstaaten, die im Hinblick auf den Gemeinschaftshaushalt als betrügerisch de-

---

[169] Vgl. im Einzelnen *Kutzner*, DStR 2006, 639, 644.
[170] Vgl. im Detail *Kutzner*, DStR 2006, 639, 644; zu den Auswirkungen des Prot-RhÜbkEU auf das Bankgeheimnis in Österreich im Einzelnen *Dannecker/Reinel*, in: *Leitner* (Hrsg.), Finanzstrafrecht 2006, S. 49 ff.
[171] *Kutzner*, DStR 2006, 639, 639 f.
[172] Vgl. *Gleß*, in: *Schomburg/Lagodny/Gleß/Hackner*, III B 1, Art. 8 ZP-EU-RhÜbk Rn. 1; vgl. auch zum Abbau der Fiskalvorbehalte in der Europäischen Union *Dannecker/Reinel*, in: *Leitner* (Hrsg.), Finanzstrafrecht 2006, S. 49 ff.
[173] Vgl. umfassend dazu *Gleß*, in: *Schomburg/Lagodny/Gleß/Hackner*, III B 1, Art. 9 ZP-EU-RhÜbk. In diesem Zusammenhang ist allerdings zu beachten, dass gem. Art. 11 Prot-RhÜbkEU ausnahmsweise Vorbehalte zu Art. 9 Abs. 2 Prot-RhÜbkEU zulässig sind, vgl. dazu *Gleß*, in: *Schomburg/Lagodny/Gleß/Hackner*, III B 1, Art. 9, 11 ZP-EU-RhÜbk.
[174] ABl. 1995, Nr. C 316 vom 27.11.1995, S. 49 ff.; vgl. hierzu *Müller-Gugenberger*, in: *ders./Bieneck* § 5 Rn. 114.
[175] Siehe dazu den Erläuternden Bericht zum Übereinkommen über den Schutz der finanziellen Interessen der Europäischen Gemeinschaften, ABl. 1997, Nr. C 191 vom 23.6.1997, S. 1 ff.
[176] Vgl. den rechtsvergleichenden Überblick bei *Dannecker*, ZStW 108 (1996), 577 ff.; *ders*, JZ 1996, 869 ff.

finierten Handlungen grundsätzlich zum Straftatbestand zu erheben (Art. 1) und Strafen vorzusehen, die zumindest in schweren Betrugsfällen zur Auslieferung führen können (Art. 2). Die Mitgliedstaaten müssen ferner die erforderlichen Maßnahmen ergreifen, damit Leiter oder Entscheidungsträger von Unternehmen als strafrechtlich verantwortlich angesehen werden können (Art. 3). Weiterhin enthält das Übereinkommen Bestimmungen über die Gerichtsbarkeit der Mitgliedstaaten (Art. 4) und sieht Bestimmungen in Bezug auf Auslieferung und Verfolgung vor (Art. 5). In Art. 6 wird das Prinzip einer verstärkten justiziellen Zusammenarbeit in Strafsachen bekräftigt. Art. 7 enthält den Grundsatz „ne bis in idem". In Art. 8 sind die Voraussetzungen aufgeführt, unter denen der EuGH zur Beilegung von Streitigkeiten zwischen den Mitgliedstaaten sowie zwischen den Mitgliedstaaten und der Kommission zuständig ist. In Art. 9 ist festgeschrieben, dass dieses Übereinkommen die Mitgliedstaaten nicht daran hindert, innerstaatliche Rechtsvorschriften zu erlassen, die über die Verpflichtungen aus dem Übereinkommen hinausgehen. Art. 10 sieht schließlich die Einführung eines Informationssystems zwischen den Mitgliedstaaten und der Kommission vor.

92 Zu dem Übereinkommen über den Schutz der finanziellen Interessen der EG ist **kritisch anzumerken,** dass es unterlassen wurde, den Schuldgrundsatz festzuschreiben und durch eine ausdrückliche Verankerung des Grundsatzes „in dubio pro reo" einen hohen rechtsstaatlichen Standard zu sichern. Vielmehr kann nach Art. 1 Abs. 4 des Übereinkommens der vorsätzliche Charakter der Tat aus den objektiven Umständen geschlossen werden. Zudem wird im erläuternden Bericht zur Frage der Verantwortlichkeit der Unternehmensleiter ausdrücklich die Möglichkeit einer „objektiven strafrechtlichen Verantwortung" erwähnt.[177] Unter anderem in Deutschland und in Italien kommt eine verschuldensunabhängige Haftung wegen der verfassungsrechtlichen Garantie des Grundsatzes „nulla poena sine culpa" jedoch nicht in Betracht.

93 Der Rat der Europäischen Union hat das **Übereinkommen gemäß Art. K.3 Abs. 2c EU a. F.** den Mitgliedstaaten durch Rechtsakt vom 26.7.1995[178] zur Annahme empfohlen. Das Inkrafttreten des Übereinkommens war gemäß dessen Art. 11 Abs. 3 abhängig von der Notifizierung durch alle Mitgliedstaaten der Union. Die Annahme und die Erfüllung der daraus resultierenden **Umsetzungsverpflichtung in nationales Strafrecht** in einzelnen Mitgliedstaaten haben sich jedoch verzögert. Das Übereinkommen ist erst nach der Notifizierung durch Italien als letztem noch fehlendem Mitgliedstaat zum 17.10.2002 in Kraft getreten. Die Bundesrepublik Deutschland hat das Übereinkommen gemeinsam mit dem ersten Zusatzprotokoll zu diesem Übereinkommen 1998 durch das Gesetz zu dem Übereinkommen vom 26.7.1995 über den Schutz der finanziellen Interessen der Europäischen Gemeinschaften **(EG-Finanzschutzgesetz)** umgesetzt.[179] § 264 StGB wurde entsprechend geändert.[180] Bezüglich § 370 AO wurde jedoch für den deutschen Gesetzgeber kein Handlungsbedarf gesehen, da diese Vorschrift bereits alle von dem Übereinkommen umschriebenen Tathandlungen umfasst hat.[181]

94 Am 23.5.2001 hatte die Kommission einen **Vorschlag für eine Richtlinie des Europäischen Parlamentes und des Rates über den strafrechtlichen Schutz der finanziellen Interessen der Gemeinschaft**[182] eingebracht, der in der überarbeiteten Fassung vom 16.10.2002[183] vorliegt. In den Richtlinienvorschlag wurden alle Bestimmungen des Übereinkommens aus dem Jahre 1995 und der dazu 1996 und 1997 ergangenen Zusatzprotokolle übernommen, die die Straftatbestände, die Verantwortlichkeit, die Sanktionen und die Zu-

---

[177] Erläuternder Bericht zum Übereinkommen über den Schutz der finanziellen Interessen der Europäischen Gemeinschaften, ABl. 1997, Nr. C 191 vom 23.6.1997, S. 7.
[178] ABl. 1995, Nr. C 316 vom 27.11.1995, S. 48.
[179] BGBl. 1998 II 2322 ff.; vgl. auch bzgl. gewisser Änderungen durch das 6. StrRG vom 26.1.1998, BGBl. 1998 I 164; vgl. dazu *Braum*, JZ 2000, 493, 494.
[180] Siehe dazu unten Rn. 309 ff.
[181] Näher dazu unten Rn. 306.
[182] KOM (2001) 0272 endg., ABl. 2001, Nr. C 240 E vom 28.8.2001, S. 125 ff.; vgl. auch die Stellungnahme des Rechnungshofes vom 8.11.2001, ABl. 2002, Nr. C 14 vom 17.1.2002, S. 1 ff. und des Europäischen Parlamentes vom 29.11.2001, ABl. 2002, Nr. C 153 E vom 27.6.2002.
[183] KOM (2002) 0577 endg.

A. Harmonisierungsbestrebungen **2**

sammenarbeit mit der Kommission betreffen. Der Grund für die Schaffung der Richtlinie lag in der durch die Mitgliedstaaten nur zögerlich vorgenommenen Ratifizierung des Übereinkommens und der dazugehörigen Zusatzprotokolle. Um dem Schutz der finanziellen Interessen ausreichend Rechnung zu tragen, entschloss man sich deshalb – seinerzeit noch gestützt auf Art. 280 EG – diesen Bereich durch supranationale Vorgaben wirksam zu regeln. Dieser Richtlinienvorschlag wurde aber wohl durch den Lissabon-Vertrag im Wesentlichen obsolet. Daneben verfolgt die Gemeinschaft den Schutz ihrer finanziellen Interessen durch **verwaltungsrechtliche Sanktionen und Kontrollmaßnahmen**.[184]

ff) Erstes Zusatzprotokoll zum Übereinkommen über den Schutz der finanziellen Interessen der Europäischen Gemeinschaften zur Bekämpfung der Korruption

Bestechungshandlungen gegenüber nationalen oder Gemeinschaftsbeamten, die für die Erhebung, die Verwaltung oder die Bewilligung ihrer Kontrolle unterliegender Gemeinschaftsmittel verantwortlich sind, stellen neben oder zusammen mit dem Betrug ein zentrales Problem der Schädigung der EG/EU-Finanzinteressen dar.[185] Deshalb wurde am 27.9.1996 das Protokoll zur **Bekämpfung der Bestechung und Bestechlichkeit**[186] unterzeichnet, das ebenso wie das Übereinkommen über den Schutz der finanziellen Interessen der Europäischen Gemeinschaften „ein Bündel von Mindestnormen"[187] enthält und gemeinsam mit diesem am 17.10.2002 in Kraft getreten ist.[188] Dieses Protokoll erweiterte das Übereinkommen auf Bestechungshandlungen zum Nachteil der finanziellen Interessen der EG, an denen nationale oder Gemeinschaftsbeamte beteiligt sind. Hervorzuheben ist insbesondere die Pflicht zur Bestrafung von Bestechlichkeit (Art. 2) und Bestechung (Art. 3). Art. 4 enthält den Assimilierungsgrundsatz,[189] und Art. 5 regelt Anforderungen an Sanktionen sowie das Verhältnis zur Disziplinargewalt. Art. 6 verpflichtet zur Bestrafung von Auslandstaten, Art. 7 bestimmt das Verhältnis zum Übereinkommen zum Schutz der finanziellen Interessen und Art. 8 sieht schließlich die Einschaltung des EuGH für Streitigkeiten zwischen einem oder mehreren Mitgliedstaaten und der EG-Kommission vor. **95**

In Deutschland fehlte eine **Assimilierung von Amtsträgern der EU und der Mitgliedstaaten** mit deutschen Amtsträgern (vgl. §§ 332 ff., 11 Abs. 1 Nr. 2 StGB) durch deutsches Strafrecht. Durch das Gesetz zu dem Protokoll vom 27.9.1996 zu dem Übereinkommen über den Schutz der finanziellen Interessen der Europäischen Gemeinschaften **(EU-Bestechungsgesetz)**[190] wurde dem Europarecht Rechnung getragen.[191] Das Ziel einer Bekämpfung der grenzüberschreitenden Korruption im öffentlichen und im privaten Sektor verfolgen auch weitere Rechtsakte des Rates, allerdings unabhängig von einer Beeinträchtigung der finanziellen Interessen der Europäischen Gemeinschaften.[192] **96**

gg) Zweites Protokoll zum Übereinkommen über den Schutz der finanziellen Interessen der Europäischen Gemeinschaften zur Bekämpfung der Geldwäsche

Das Zweite Protokoll zu dem Übereinkommen über den Schutz der finanziellen Interessen der Europäischen Gemeinschaften wurde am 19.6.1997[193] beschlossen.[194] Die Bundesrepublik **97**

---

[184] Näher dazu unten Rn. 175 ff.
[185] Vgl. die Erwägungsgründe zum Protokoll aufgrund von Art. K. 3 EUV zum Übereinkommen über den Schutz der finanziellen Interessen der Europäischen Gemeinschaften, ABl. 1996, Nr. C 313 vom 23.10.1996, S. 2.
[186] ABl. 1996, Nr. C 313 vom 23.10.1996, S. 2 ff.
[187] So der Erläuternde Bericht zu dem Protokoll zum Übereinkommen über den Schutz der finanziellen Interessen der Europäischen Gemeinschaften, ABl. 1998, Nr. C 115 vom 15.1.1998, S. 12.
[188] Vgl. *Müller-Gugenberger*, in: *ders./Bieneck* § 5 Rn. 115.
[189] Siehe unten Rn. 153.
[190] BGBl. 1998 II 2340 ff.; vgl. dazu *Braum*, JZ 2000, 493, 494.
[191] Näher dazu unten Rn. 97, 201.
[192] Näher dazu unten Rn. 52 ff.
[193] ABl. 1997, Nr. C 221 vom 19.7.1997, S. 12 ff.
[194] Vgl. *Müller-Gugenberger*, in: *ders./Bieneck* § 5 Rn. 116.

Deutschland hat durch das Vertragsgesetz vom 21.10.2002[195] zugestimmt. Es ist jedoch mangels Notifizierung durch alle Mitgliedstaaten (vgl. Art. 16 des Protokolls) bislang nicht in Kraft getreten.[196] Das Protokoll enthält zum einen Regelungen über die Normierung eines **Geldwäschetatbestands.** Die Vorschrift des § 261 StGB, die die Strafbarkeit wegen Geldwäsche in Deutschland regelt und die durch das Gesetz zur Bekämpfung des illegalen Rauschgifthandels und anderer Erscheinungsformen der Organisierten Kriminalität vom 15.7.1992[197] in das Strafgesetzbuch eingefügt wurde, wurde bereits in den Jahren 1993, 1994 und 1998 geändert.[198] Dadurch war den Vorgaben des Zweiten Protokolls bereits zuvor im Wesentlichen Rechnung getragen worden. Eine vollständige Anpassung hat der deutsche Gesetzgeber mit dem „**Gesetz zur Ausführung des Zweiten Protokolls** vom 19.7.1997 zum Übereinkommen über den Schutz der finanziellen Interessen der Europäischen Gemeinschaften, der Gemeinsamen Maßnahme betreffend die Bestechung im privaten Sektor vom 22.12.1998 und des Rahmenbeschlusses vom 29.5.2000 über die Verstärkung des mit strafrechtlichen und anderen Sanktionen bewehrten Schutzes gegen Geldfälschung im Hinblick auf die Einführung des Euro"[199] vom 22.8.2002 vorgenommen. Dies geschah, indem er durch einen neuen Art. 3 EU-Bestechungsgesetz den Anwendungsbereich des Geldwäschetatbestandes in § 261 Abs. 1 Satz 2 Nr. 1 und Nr. 2a StGB auch auf solche Mittel ausgeweitet hat, die aus der Bestechung oder Bestechlichkeit eines Richters oder sonstigen Amtsträgers der Gemeinschaft oder eines anderen Mitgliedstaates herrühren.

98 Neben der Strafbarkeit der Geldwäsche betont das Zweite Protokoll, dass die finanziellen Interessen der EG durch Handlungen, die im Namen von juristischen Personen begangen werden oder im Zusammenhang mit illegaler Geldwäsche stehen, geschädigt oder gefährdet werden können (Art. 3).[200] Die **Strafbarkeit bzw. Ahndbarkeit juristischer Personen** ist derzeit in den einzelnen Mitgliedstaaten völlig uneinheitlich ausgestaltet.[201] Daher wird im Zweiten Protokoll die Verantwortlichkeit der juristischen Person für zu ihren Gunsten begangene Betrugs-, Bestechungs- und Geldwäschehandlungen an die auf bestimmte Kriterien beruhende Führungsposition des Täters geknüpft, die sich auch in einer bloßen Kontrollfunktion erschöpfen kann. Entsprechend wurde durch das deutsche Ausführungsgesetz zum Zweiten Protokoll die Anwendbarkeit des § 30 OWiG durch Erweiterung des Personenkreises, dessen Verhalten die Verhängung einer Geldbuße auslösen kann, ausgedehnt und umfasst nun gemäß § 30 Abs. 1 Nr. 5 OWiG generell solche Personen, die für die Leitung des Betriebs oder Unternehmens verantwortlich handeln.[202]

99 Das Zweite Protokoll enthält weiterhin Regelungen zu **Einziehung und Verfall** und untersagt die Ablehnung der Rechtshilfe in Fällen von Betrug, Bestechung und Bestechlichkeit sowie Geldwäsche, soweit die Ablehnung allein unter Berufung auf das Vorliegen eines Abgaben- oder Zolldelikts erfolgt (Art. 6).

hh) Protokoll betreffend die Auslegung des Übereinkommens über den Schutz der finanziellen Interessen der Europäischen Gemeinschaften durch den Gerichtshof der Europäischen Gemeinschaften im Wege der Vorabentscheidung

100 Am 29.11.1996 wurde das Protokoll betreffend die Auslegung des Übereinkommens über den Schutz der finanziellen Interessen der Europäischen Gemeinschaften durch den Gerichtshof der Europäischen Gemeinschaften im Wege der Vorabentscheidung[203] unterzeichnet.

---

[195] BGBl. 2002 II 2722 ff.
[196] Vgl. zum Stand: http://ue.eu.int/cms3_Applications/applications/Accords/details.asp?cmsid= 297 &id=1997086&lang= DE&doclang=EN.
[197] BGBl. 1992 I 1302.
[198] Zuletzt durch Gesetz vom 4.5.1998, BGBl. 1998 I 845.
[199] BGBl. 2002 I 387 ff.
[200] Vgl. die Erwägungsgründe zum Zweiten Protokoll aufgrund von Art. K.3 EUV zum Übereinkommen über den Schutz der finanziellen Interessen der Europäischen Gemeinschaften, ABl. 1997, Nr. C 221 vom 19.7.1997, S. 12.
[201] Zusammenfassend dazu *G. Heine,* ÖJZ 1996, 211 ff.
[202] Näher dazu *Achenbach,* wistra 2002, 441 ff.
[203] ABl. 1997, Nr. C 191 vom 23.7.1997, S. 1.

A. Harmonisierungsbestrebungen

Dieses Protokoll ist gemeinsam mit dem Finanzschutzübereinkommen und dessen Erstem Protokoll am 17.10.2002 in Kraft getreten. Nach Art. 2 Abs. 1 dieses Protokolls kann jeder Mitgliedstaat durch eine Erklärung die **Zuständigkeit des EuGH für die Auslegung des Übereinkommens** und des Ersten Protokolls im Wege der Vorabentscheidung anerkennen. Deutschland hat dies mit dem EG-Finanzschutz-Auslegungsprotokollgesetz vom 10.7.2000 getan[204] und über eine Erweiterung dieses Gesetzes durch das Vertragsgesetz zum Zweiten Protokoll zugleich die Anwendbarkeit des Auslegungsprotokolls auch auf das Zweite Zusatzprotokoll erstreckt.[205]

ii) Übereinkommen über die Bekämpfung der Bestechung, an der Beamte der Europäischen Gemeinschaften oder der Mitgliedstaaten der Europäischen Union beteiligt sind

Am 26.5.1997 hat der Rat der Europäischen Union auf der Grundlage von Art. K.3 Abs. 2 lit. c EUV ein Übereinkommen über die Bekämpfung der Bestechung, an der Beamte der Europäischen Gemeinschaften oder der Mitgliedstaaten der Europäischen Union beteiligt sind, unterzeichnet,[206] das den strafrechtlichen Schutz auch auf **Bestechungshandlungen** ausweitet, die nicht im Zusammenhang mit der Schädigung von EG-Finanzinteressen stehen und so allgemein die Anwendbarkeit des nationalen Strafrechts auf Bestechungshandlungen **gegenüber Gemeinschaftsbeamten und Beamten anderer Mitgliedstaaten** sicherstellen soll, um so die grenzüberschreitende Korruption wirksam bekämpfen zu können.[207] Damit geht das Übereinkommen über das Erste Protokoll[208] zum Übereinkommen über den Schutz der finanziellen Interessen der Europäischen Gemeinschaften[209] hinaus. Die Bundesrepublik Deutschland hat dem Übereinkommen durch Gesetz vom 21.10. 2002[210] zugestimmt und zugleich die Zuständigkeit des EuGH zur Auslegung des Übereinkommens im Wege der Vorabentscheidung anerkannt. Zur Umsetzung der strafrechtlichen Verpflichtungen waren keine Änderungen des nationalen Strafrechts notwendig, da diese bereits im Rahmen des EU-Bestechungsgesetzes erfüllt worden sind.[211] Das Übereinkommen ist am 28.9. 2005 nach der gemäß Art. 13 Abs. 2 und 3 noch fehlenden Notifizierung von Luxemburg schließlich in Kraft getreten. Eine Notifizierung seitens Deutschlands erfolgte bereits am 8.10.2003.[212]

101

jj) Rahmenbeschluss zur Bekämpfung der Bestechung im privaten Sektor

Zur Bekämpfung der Bestechung im privaten Sektor, die eine Gefahr der Verzerrung des lauteren Wettbewerbs im Gemeinsamen Markt beinhaltet, hat der Rat der Europäischen Union am 22.12.1998 eine **Gemeinsame Maßnahme**[213] angenommen, die am 31.12.1998 in Kraft getreten ist.
Diese Gemeinsame Maßnahme, die jedoch keine Anordnung der Verbindlichkeit für die Mitgliedstaaten enthielt, wurde schließlich durch den auf einer Initiative Dänemarks beruhenden **Rahmenbeschluss 2003/568/JI des Rates vom 22.7.2003 zur Bekämpfung**

102

---

[204] BGBl. 2000 II 814 ff.
[205] Art. 2 des Vertragsgesetzes zum Zweiten Protokoll, BGBl. 2000 II 814.
[206] Vgl. ABl. 1997, Nr. C 195 vom 25.6.1997, S. 1, 2 ff.
[207] Vgl. den Erläuternden Bericht zum Bestechungsübereinkommen, ABl. 1998, Nr. C 391 vom 15.12.1998, S. 1 ff.
[208] Näher dazu oben Rn. 95 f.
[209] Näher dazu oben Rn. 91 ff.
[210] Gesetz zu dem Übereinkommen vom 26. Mai 1997 über die Bekämpfung der Bestechung, an der Beamte der Europäischen Gemeinschaften oder der Mitgliedstaaten der Europäischen Union beteiligt sind, BGBl. 2002 II 2727 ff.
[211] Näher dazu oben Rn. 95 f.
[212] Vgl. zum gegenwärtigen Ratifikationsstand: http://ue.eu.int/cms_3_Applications/applications/Accords/details.asp?cmsid=297&id=1997079&lang=DE&doclang=EN.
[213] ABl. 1998, Nr. L 358 vom 31.12.1998, S. 1, 2 ff.; zur Rechtsnatur der Gemeinsamen Maßnahme siehe Rn. 61.

der **Bestechung im privaten Sektor**,[214] der am 31.7.2003 in Kraft getreten ist, aufgehoben (vgl. Art. 8 des Rahmenbeschlusses 2003/568/JI). Mit diesem Rahmenbeschluss soll ausweislich der Erwägungsgründe sichergestellt werden, dass in allen Mitgliedstaaten sowohl die Bestechung als auch die Bestechlichkeit im privaten Sektor unter Strafe gestellt wird, dass auch juristische Personen für diese Straftaten haftbar gemacht werden können und die dabei verhängten Strafen wirksam, verhältnismäßig und abschreckend sind.[215] Da der Rahmenbeschluss hinsichtlich der Verpflichtung zur Umsetzung seines Inhaltes verbindlich ist (vgl. Art. 9 Abs. 1 des Rahmenbeschlusses 2003/568/JI), wurde damit zugleich ein effektiveres Vorgehen gegen die Bestechung im privaten Sektor durch den Zwang zur Harmonisierung der entsprechenden Strafvorschriften der Mitgliedstaaten erreicht.

103   Inhaltlich unterscheidet sich der Rahmenbeschluss 2003/568/JI von der Gemeinsamen Maßnahme 98/742/JI vor allem darin, dass er höhere **Anforderungen an die Sanktionshöhe** stellt, indem er die Mitgliedstaaten verpflichtet, die erforderlichen Maßnahmen zu treffen, um sicherzustellen, dass die in Art. 2 des Rahmenbeschlusses 2003/568/JI als Bestechlichkeit und Bestechung einheitlich definierten Handlungen, mit einer Mindesthöchststrafe zwischen einem Jahr und drei Jahren Freiheitsstrafe bedroht werden. Demgegenüber ließ die Gemeinsame Maßnahme 98/742/JI die Art der Sanktion weitgehend offen, sofern diese nur wirksam, angemessen und abschreckend war. In schweren Fällen sollten aber auch Freiheitsstrafen vorgesehen werden, die zu einer Auslieferung führen können (vgl. Art. 4 Abs. 1 der Gemeinsamen Maßnahme 98/742/JI). Als weiteren bedeutenden Unterschied enthält der Rahmenbeschluss 2003/568/JI in seinem Art. 3 – anders als zuvor noch die gemeinsame Maßnahme – eine Regelung, die die Mitgliedstaaten zur Schaffung einer **Strafbarkeit von Anstiftung und Beihilfe** zu einer der in Art. 2 des Rahmenbeschlusses 2003/568/JI definierten Handlungen verpflichtet. Darüber hinaus verlangt dieser Rahmenbeschluss von den Mitgliedstaaten, unter Berücksichtigung insbesondere des nationalen Verfassungsrechts, entsprechende Maßnahmen zu treffen, um sicherzustellen, dass einer natürlichen Person, die im Zusammenhang mit einer bestimmten Geschäftstätigkeit wegen der in Art. 2 des Rahmenbeschlusses 2003/568/JI genannten Handlungen verurteilt ist, unter bestimmten Voraussetzungen gegebenenfalls die weitere Ausführung dieser oder einer vergleichbaren **Geschäftstätigkeit vorübergehend** untersagt werden kann (vgl. Art. 4 Abs. 3 Rahmenbeschluss 2003/568/JI). Dadurch soll der Gefahr zukünftiger Bestechungshandlungen entgegengewirkt werden, so dass der präventive Charakter dieser Maßnahme überwiegt.

104   Da die **Korruption** auch ausdrücklich im Straftatenkatalog des Rahmenbeschlusses über den **Europäischen Haftbefehl** Erwähnung findet, ist nunmehr eine **Auslieferung** wegen einer Handlung nach Art. 2 des Rahmenbeschlusses 2003/568/JI aufgrund des den Europäischen Haftbefehl beherrschenden Grundsatzes der gegenseitigen Anerkennung unter erleichterten Voraussetzungen möglich.

kk) Rahmenbeschluss über Geldwäsche sowie Ermittlung, Einfrieren, Beschlagnahme und Einziehung von Tatwerkzeugen und Erträgen aus Straftaten

105   Am 5.7.2001 ist der „Rahmenbeschluss des Rates vom 26.7.2001 über Geldwäsche sowie Ermittlung, Einfrieren, Beschlagnahme und Einziehung von Tatwerkzeugen und Erträgen aus Straftaten (2001/500/JI)" in Kraft getreten.[216] Dieser verpflichtet die Mitgliedstaaten auf die Grundsätze des Übereinkommens des Europarates von 1990 über Geldwäsche sowie Ermittlung, Beschlagnahme und Einziehung von Erträgen aus Straftaten[217] und untersagt die Geltendmachung und das Aufrechterhalten von Vorbehalten gegen die Sanktionen betreffenden Artikel des Europaratsübereinkommens (Art. 1 des Rahmenbeschlusses). In Verbindung mit Art. 2 des Rahmenbeschlusses, der **konkrete Vorgaben für den Strafrahmen** enthält, und Art. 3, der **Verfall und Einziehung** von Erträgen aus Straftaten betrifft, setzt der Rat

---

[214] ABl. 2003, Nr. L 192 vom 31.7.2003, S. 54 ff.
[215] Erwägungsgrund 10 des Rahmenbeschlusses 2003/568/JI, ABl. v. 31.7.2003 Nr. C 192/55.
[216] Bereits am 3.12.1998 hatte der Rat die Gemeinsame Maßnahme 98/699/JI zu diesem Bereich erlassen, ABl. 1998, Nr. L 333 vom 9.12.1998, S. 1.
[217] Näher dazu oben Rn. 50.

A. Harmonisierungsbestrebungen

konkrete Maßstäbe für die innerstaatliche Strafbarkeit fest, die von den Mitgliedstaaten bis zum 31.12.2002 umzusetzen waren (Art. 6 Abs. 1 des Rahmenbeschlusses 2001/500/JI).

ll) Rahmenbeschluss über die Einziehung von Erträgen, Tatwerkzeugen und Vermögensgegenständen aus Straftaten

Unter Berufung darauf, dass mit den bestehenden Rechtsakten im Bereich der vermögensrechtlichen Einziehung eine effiziente grenzüberschreitende Zusammenarbeit nicht sichergestellt sei, da bislang nicht alle Mitgliedstaaten in der Lage sind, sämtliche Erträge aus Straftaten, die mit einer Freiheitsstrafe von mehr als einem Jahr belegt werden können,[218] einzuziehen, hat der Rat auf Initiative Dänemarks[219] den Rahmenbeschluss 2005/212/JI über die Einziehung von Erträgen, Tatwerkzeugen und Vermögensgegenständen aus Straftaten erlassen. Zweck dieses Rechtsaktes ist es, durch die Harmonisierung der mitgliedstaatlichen Einziehungsvorschriften deren Effizienz auch bei grenzüberschreitenden Sachverhalten zu steigern, um dadurch die – ohne Rücksicht auf nationale Grenzen agierende – **organisierte Kriminalität wirksamer bekämpfen** zu können. Denn laut den Erwägungsgründen dieses Rahmenbeschlusses besteht das Hauptmotiv der organisierten Kriminalität in der Erzielung wirtschaftlicher Gewinne, derer man nur Herr werden könne, wenn man an diesem Gesichtspunkt ansetze.[220]

106

In diesem Zusammenhang wird in Art. 2 Abs. 1 RB 2005/212/JI die Pflicht der Mitgliedstaaten statuiert, mittels der erforderlichen Maßnahmen sicherzustellen, dass Tatwerkzeuge und Erträge aus Straftaten, die mit einer Freiheitsstrafe von mehr als einem Jahr bedroht sind, oder Vermögensgegenstände, deren Wert diesen Erträgen entspricht, ganz oder teilweise eingezogen werden können. Art. 3 Abs. 1 RB 2005/212/JI konkretisiert diese Forderung, indem er eine Art **Mindestharmonisierung** für detailliert beschriebene Fälle vorgibt. Darüber hinaus kann nach Art. 3 Abs. 3 RB 2005/212/JI jeder Mitgliedstaat in Erwägung ziehen, seine Einziehungsvorschriften unter bestimmten Gründen auf **unbeteiligte Dritte** zu erstrecken, wenn diese mit dem eigentlich der Einziehung unterliegenden Täter in einem bestimmten Nähe- bzw. Abhängigkeitsverhältnis stehen und den einziehungsrelevanten Gegenstand vom Täter erworben haben. Insgesamt wird damit ein Instrumentarium vorgegeben, mit dem eine weitreichende Vereinheitlichung der einziehungsrelevanten Vorschriften in den Mitgliedstaaten erreicht werden kann.

107

Nach Art. 6 RB 2005/212/JI musste dieser Rahmenbeschluss bis spätestens 15.3.2007 umgesetzt werden. In Deutschland erfolgte dies durch das Gesetz zur Umsetzung der Rahmenbeschlüsse vom 2.10.2009.[221]

mm) Rahmenbeschluss zur Bekämpfung von Umweltkriminalität

Am 27.2.2003 hat der Rat der Europäischen Union auf eine Initiative Dänemarks aus dem Jahre 2000 hin einen Rahmenbeschluss[222] verabschiedet, mit dem Mindeststandards für die Bekämpfung von Umweltkriminalität für alle Mitgliedstaaten geschaffen werden. Der Rahmenbeschluss hat u. a. die **Harmonisierung der Vorschriften für die strafrechtliche Verfolgung** schuldhaft herbeigeführter Verschmutzungen der Hohen See, von Küstengewässern und der Küste zum Ziel. Zudem bestimmt der Rahmenbeschluss, dass illegale Beseitigung und illegale Exporte von gefährlichen Abfällen strafbar sind. Weiterhin enthält der Rahmenbeschluss strafrechtliche Regelungen, die dem Artenschutz sowie dem Schutz der Ozonschicht vor der Gefährdung durch FCKW-Stoffe dienen, und geht damit inhaltlich über das Europarats-Übereinkommen über den Schutz der Umwelt durch Strafrecht vom 4.11.1998 hinaus.[223] Der Rahmenbeschluss enthält auch – der aktuellen Entwicklung auf

108

---

[218] Entwurf des Rahmenbeschlusses, Erwägungsgrund 9.
[219] Ratsdokument 10697/02; näher dazu Europareport EuZW 2003, 68.
[220] Erwägungsgrund 1 des Rahmenbeschluss 2005/212/JI, ABl. 2005, Nr. L 68 vom 24.2.2005, S. 49.
[221] BGBl. I S. 3210 zur Begründung des Entwurfs BT-Drs. 16/12320.
[222] ABl. 2003, Nr. L 29 vom 5.2.2003, S. 55 ff.; vgl. auch *Dannecker/Streinz*, in: *Rengeling* (Hrsg.), EUDUR, Bd. I, 2. Aufl. 2003, § 8 Rn. 54d; *Vogel*, GA 2003, 314, 326; siehe auch unten Rn. 381 f.
[223] Siehe oben Rn. 51.

EU-Ebene entsprechend – Regelungen zur Verantwortlichkeit juristischer Personen (Art. 6), zu Sanktionen für juristische Personen (Art. 7), zur Gerichtsbarkeit (Art. 8) sowie zur Auslieferung und Verfolgung (Art. 9).

109 Der EuGH hat jedoch mit seinem **Urteil C-176/03** die **Nichtigkeit des Umweltrahmenbeschlusses** festgestellt.[224] Als Grund dafür wurde ein Mangel in der Kompetenz zum Erlass dieses Rechtsaktes geltend gemacht. Da der Schwerpunkt der dem Rahmenbeschluss zugrunde liegenden Regelungen auf dem Umweltrecht läge, wäre Art. 175 EG die richtige Rechtsgrundlage gewesen. Damit hat der EuGH nicht nur eine wichtige Entscheidung zur Abgrenzung der ersten und dritten Säule der Europäischen Union getroffen, sondern im Ergebnis der EG ausdrücklich auch eine **strafrechtliche Anweisungskompetenz** zugewiesen. Am 19.11.2008 wurde daher eine Richtlinie (RL 2008/99/EG) über den strafrechtlichen Schutz der Umwelt erlassen, die am 27.12.2008 in Kraft trat.[225]

nn) Rahmenbeschluss des Rates über die Anwendung des Grundsatzes der gegenseitigen Anerkennung von Geldstrafen und Geldbußen

110 Der Rahmenbeschluss 2005/214/JI vom 24.2.2005[226] zeigt den Stellenwert des Prinzips der gegenseitigen Anerkennung deutlich auf. Seine Regelungen haben die Anerkennung rechtskräftiger Verurteilungen zu Geldstrafen und Geldbußen wegen bestimmter Straftaten oder Verwaltungsübertretungen – insbesondere natürlich Verkehrsdelikten – grundsätzlich ohne vorherige Überprüfung durch den Vollstreckungsstaat zur Folge. Eine Weigerung ist nach Art. 7 des Rahmenbeschlusses aus formellen Gründen (Abs. 1) und bei Vorliegen eines materiellen Weigerungsgrundes nach Absatz 2 zulässig, etwa bei Bagatellgeldbußen unter 70 €. Geldsanktionen gegen juristische Personen sind sogar dann durch den Vollstreckungsstaat anzuerkennen und durchzusetzen, wenn dessen nationales Recht keine strafrechtliche Verantwortlichkeit juristischer Personen kennt (Art. 9 Abs. 3). In Deutschland erfolgte die Umsetzung des Rahmenbeschlusses durch Gesetz vom 18.10.2010.[227]

oo) Rahmenbeschlüsse des Rates über die Anerkennung und Vollstreckung von strafrechtlichen Entscheidungen anderer Mitgliedstaaten

111 Durch eine Reihe von Rahmenbeschlüssen hat die Union den Grundsatz der gegenseitigen Anerkennung in einigen Bereichen mit strafrechtlicher Bedeutung umgesetzt:

112 Der **Rahmenbeschluss 2008/675/JI des Rates zur Berücksichtigung der in anderen Mitgliedstaaten der EU ergangenen Verurteilungen in einem neuen Strafverfahren** vom 24.7. 2008[228] fordert in Art. 3 für in einem Mitgliedstaat ergangene strafrechtliche Entscheidungen auch in allen anderen Mitgliedstaaten die gleiche rechtliche Wirksamkeit ein. Das bedeutet, dass jeder Staat mitgliedstaatliche Entscheidungen im Rahmen von inländischen Strafverfahren so zu behandeln hat, als wären sie im Inland ergangen. Dies hat insbesondere bei der Berücksichtigung von Vorstrafen oder bei der Anordnung von Untersuchungshaft Bedeutung.[229]

113 Soweit die Vollstreckung von Urteilen betroffen ist, hat der **Rahmenbeschluss 2008/909/JI des Rates über die Anwendung des Grundsatzes der gegenseitigen Anerkennung auf Urteile in Strafsachen, durch die eine freiheitsentziehende Strafe oder Maßnahme verhängt wird, für die Zwecke ihrer Vollstreckung in der EU** vom 27.11.2008 besondere Bedeutung, der am 5.12.2008 in Kraft getreten ist. Er soll die Anerkennung mitgliedstaatlicher Strafurteile über Freiheitsstrafen und freiheitsentziehende Maßnahmen und deren Vollstreckung regeln.

---

[224] EuGH, Slg. 2005 I-07879; vgl. dazu *Böse*, GA 2006, 211 ff.; *Braum*, wistra 2006, 121 ff.; *Schünemann*, StV 2006, 361 ff.; *Heger*, JZ 2006, 310 ff; *Streinz*, JuS 2006, 164 ff.; vgl. *Müller-Gugenberger*, in ders./Bieneck § 5 Rn. 106.
[225] ABl EU Nr. L 328//28.
[226] ABl. EU Nr. L 76/16
[227] BGBl. 2010 I 1408 ff.
[228] ABl. L 220 vom 15.8.2008, S. 32–34
[229] Vgl. zu den Einzelheiten BGH HRRS 2012 Nr. 79.

A. Harmonisierungsbestrebungen

Der **Rahmenbeschluss 2008/947/JI des Rates über die Anwendung des Grundsatzes der gegenseitigen Anerkennung auf Urteile und Bewährungsentscheidungen im Hinblick auf die Überwachung von Bewährungsmaßnahmen und alternative Sanktionen** vom 27.11.2008 soll es ermöglichen, auf die Verhängung einer Freiheitsstrafe auch gegen eine Person zu verzichten, die ihren gewöhnlichen Aufenthalt nicht im Staatsgebiet des urteilenden Staates hat. Bewährungsauflagen oder alternative Sanktionen sollen auch in einem anderen Mitgliedstaat überwacht oder vollstreckt werden können. 114

Die vorgenannten Rahmenbeschlüsse wurden durch den **Rahmenbeschluss 2009/299/JI zur Stärkung der Verfahrensrechte von Personen und zur Förderung der Anwendung des Grundsatzes der gegenseitigen Anerkennung auf Entscheidungen, die im Anschluss an eine Verhandlung ergangen sind, zu der die betroffene Person nicht erschienen ist,** vom 28.3. 2009 ergänzt und verändert, um damit Umsetzungsprobleme der bereits wirksamen Rahmenbeschlüsse zu beseitigen, die sich aus der unterschiedlichen Haltung der Mitgliedstaaten zu Abwesenheitsurteilen ergeben. 115

pp) Rahmenbeschluss des Rates über die Europäische Beweisanordnung zur Erlangung von Sachen, Schriftstücken und Daten zur Verwendung in Strafsachen

Am 19.1.2009 ist der Rahmenbeschluss des Rates über die Europäische Beweisanordnung zur Erlangung von Sachen, Schriftstücken und Daten zur Verwendung in Strafsachen vom 18.12.2008[230] in Kraft getreten, der sich auf ex-Art. 31 EUV stützt und der nach dem Grundsatz der gegenseitigen Anerkennung die Europäische Beweisanordnung (EBA) bringen soll.[231] Es geht also um die Umsetzung der Idee des **„europaweit verkehrsfähigen Beweises",**[232] die auf das Grünbuch der Kommission vom 11.12.2001 zurückgeht, das dazu dienen sollte, die Hindernisse bei den strafrechtlichen Ermittlungen wegen Straftaten zum Nachteil der finanziellen Interessen der EU abzubauen. 116

Vorgesehen ist, dass eine justizielle Entscheidung eines Anordnungsstaates an den Vollstreckungsstaat übermittelt wird, indem dieser ersucht wird, eine Ermittlungsmaßnahme zum Zwecke der Sicherstellung von Sachen, Schriftstücken oder Daten zur Verwendung als Beweismittel in einem Strafverfahren vorzunehmen. Die Anordnung ist durch den Vollstreckungsstaat grundsätzlich ohne weitere Entscheidung zu vollstrecken, soweit keine Versagungsgründe (Art. 13) eingreifen. Dabei hat sich die anordnende Behörde zu vergewissern, dass eine Ermittlungsmaßnahme im Inland nach nationalem Recht zulässig und verhältnismäßig wäre. Andere als die genannten Beweismittel sind nicht erfasst.[233] Es soll damit zumindest partiell das Prinzip des freien Binnenverkehrs nicht nur in wirtschaftlicher Hinsicht, sondern als Korrelat auch im Justizverkehr verwirklicht werden, wenn auch darauf hinzuweisen ist, dass die Parallele zwischen einem strafverfahrensrechtlichen Beweismittel und einem Wirtschaftsgut oder einer Dienstleistung nur sehr bedingt gegeben ist, allein schon weil die unterschiedlichen Rechtsordnungen von sehr verschiedenen Grundverständnissen des Strafverfahrensrechts ausgehen.[234] 117

qq) Rahmenbeschluss des Rates über die Durchführung und den Inhalt des Austauschs von Informationen aus dem Strafregister zwischen den Mitgliedstaaten

Der Rahmenbeschluss 2009/315/JI des Rates über die Durchführung und den Inhalt des Austauschs von Informationen aus dem Strafregister zwischen den Mitgliedstaaten vom 26.2.2009 soll ausweislich Art. 1 die Modalitäten festlegen, nach denen ein Mitgliedstaat **Informationen über die Verurteilung eines Staatsangehörigen eines anderen Mitgliedstaates** an diesen Staat mitteilt und nach denen Informationen aus Strafregistern übermittelt werden. Ferner sollen die Rahmenbedingungen festgelegt werden, auf deren Grundlage ein elektronisches Informationssystem auf- und ausgebaut werden soll. 118

---

[230] ABl. EU Nr. L 350/72.
[231] *Müller-Gugenberger* in: ders./Bieneck § 5 Rn. 156.
[232] Vgl. hierzu *Hecker*, Europäisches Strafrecht, § 12 Rn. 58.
[233] Vgl. zu den Einzelheiten *Hecker*, Europäisches Strafrecht, § 12 Rn. 13 u. 57.
[234] Vgl. *Hecker*, Europäisches Strafrecht, § 12 Rn. 60 ff.

rr) Rahmenbeschluss über die Anwendung des Grundsatzes der gegenseitigen Anerkennung auf Entscheidungen über Überwachungsmaßnahmen als Alternative zur Untersuchungshaft

119 Der Rahmenbeschluss 2009/829/JI des Rates vom 23.10.2009 über die Anwendung – zwischen den Mitgliedstaaten der Europäischen Union – des Grundsatzes der gegenseitigen Anerkennung auf Entscheidungen über Überwachungsmaßnahmen als Alternative zur Untersuchungshaft dient der effektiveren Überwachung von Beschuldigten, die nicht in Untersuchungshaft genommen werden, der Sicherung der Freiheit des Einzelnen und der Unschuldsvermutung in einem Strafverfahren und schließlich der Durchführung von Auflagen und Überwachungsmaßnahmen.[235] Die Umsetzungsfrist ist am 1.12.2012 ausgelaufen.

b) Die Handlungsformen im Bereich des Strafrechts nach dem EVV

120 Die Umsetzung des Europäischen Verfassungsvertrags (EVV) ist an den Referenden in den Niederlanden und Frankreich gescheitert. Gleichwohl lohnt sich der Blick auf dieses Vertragswerk, weil sich die für das Strafrecht wesentlichen Regelungen im Lissabon-Vertrag wiederfinden.

121 Der geplante Vertrag für eine Verfassung für Europa beinhaltete erhebliche Änderungen im Zusammenhang mit den Rechtsakten, die der Union im Bereich der Polizeilichen und Justiziellen Zusammenarbeit in Strafsachen zur Verfügung stehen. Dies ist dadurch bedingt, dass im EVV die **Trennung zwischen den intergouvernementalen Politikbereichen und dem vergemeinschafteten EG-Recht** in systematischer und auch in materieller Hinsicht **aufgegeben** ist. Demnach gelten die Handlungsformen der EU einheitlich und unabhängig von dem zu regelnden Themenbereich.

122 Der Verfassungsvertrag unterschied insbesondere zwischen Gesetzgebungsakten und Rechtsakten ohne Gesetzescharakter (vgl. Art. I-33 EVV). Unter Erstere sollten zum einen die sog. **„Europäischen Gesetze" fallen.** Dabei sollte es sich um Gesetze mit allgemeiner Geltung handeln, die in allen ihren Teilen verbindlich sein und unmittelbar in jedem Mitgliedstaat gelten sollten (vgl. Art. I-33 Abs. 1 Unterabs. 3 EVV). Zum anderen sind auch sog. **„Europäische Rahmengesetze"** erfasst. Darunter sind Gesetzgebungsakte zu verstehen, die für jeden Mitgliedstaat, an den sie gerichtet sind, ausschließlich hinsichtlich des zu erreichenden Ziels verbindlich sind, jedoch den innerstaatlichen Stellen die Wahl der Form und der Mittel überlassen (vgl. Art. I-33 Abs. 1 Unterabs. 2 EVV). Im Ergebnis vereinigt damit die neue Rechtsform des Europäischen Rahmengesetzes den derzeit im intergouvernementalen Bereich bestehenden Rahmenbeschluss und die im vergemeinschafteten Bereich vorherrschende Richtlinie als einheitlichen Rechtsakt. Dagegen hat das Europäische Gesetz kein entsprechendes Pendant in den gegenwärtigen Handlungsformen der Europäischen Union. Ausschließlich mit der Verordnung des EG-Vertrages ist es wegen der unmittelbaren Wirkung vergleichbar.

123 Hinsichtlich des **Verfahrens des Zustandekommens** enthielt Art. I-34 EVV eine beide Gesetzgebungsakte gleichermaßen betreffende Regelung. Danach sollten Europäische Gesetze und Rahmengesetze im ordentlichen Gesetzgebungsverfahren nach Art. III-396 EVV auf Vorschlag der Kommission vom Europäischen Parlament und vom Rat gemeinsam erlassen werden. Soweit beide Organe nicht zu einer Einigung gekommen wären, sollte die entsprechende Vorschrift nicht zustande kommen.

124 **Welche Handlungsform** der EU unter Geltung des Verfassungsvertrages im konkreten Fall zur Anwendung kommen muss, sollte sich – wie bereits im gegenwärtigen Recht – nach der entsprechenden **Ermächtigungsgrundlage** bestimmen, die aufgrund des Prinzips der begrenzten Einzelermächtigung[236] zwingend notwendig ist, um eine Handlung der EU zu legitimieren. Im Bereich des Strafrechts sind diesbezüglich vor allem die Artt. III-270 und III-271 EVV zu beachten. Diese sollten jeweils Möglichkeiten zur Harmonisierung der nationalen Strafrechtssysteme enthalten. Denn gemäß Art. III-270 Abs. 1 EVV sollte die justizielle Zusam-

---

[235] Vgl. *Müller-Gugenberger*, in: *ders./Bieneck* § 5 Rn. 157.
[236] Siehe Rn. 132.

A. Harmonisierungsbestrebungen

menarbeit in Strafsachen insbesondere die Angleichung der Rechtsvorschriften der Mitgliedstaaten umfassen. Dabei betrifft Art. III-270 Abs. 2 EVV eher die Harmonisierung verfahrensrechtlicher Fragen, wie z. B. die Zulässigkeit von Beweismitteln auf gegenseitiger Basis in den Mitgliedstaaten bzw. die Rechte des Einzelnen im Strafverfahren. Demgegenüber sollte Art. III-271 EVV der **Angleichung des materiellen Strafrechts** dienen, indem durch Europäisches Rahmengesetz Mindestvorschriften zur Festlegung von Strafen und Straftaten in Bereichen besonders schwerer Kriminalität, wie z. B. Terrorismus, Menschenhandel, Geldwäsche, Korruption, Computerkriminalität, organisierte Kriminalität usw., vorgegeben werden können.

c) Die Handlungsformen im Bereich des Strafrechts nach dem Lissabon-Vertrag

Die Schaffung einer Handlungsform des europäischen Gesetzes wurde im Lissabon-Vertrag nicht umgesetzt. Auch wenn in Art. 16 EUV vom Rat und vom Parlament als Gesetzgeber die Rede ist, sieht Art. 288 AEUV als Rechtsakte der Union nur **Verordnungen** als unmittelbar für alle Mitgliedstaaten allgemeinverbindliche, **Richtlinien** als ebenfalls allgemein verbindliche, aber umzusetzende und **Beschlüsse** als nur für den Adressaten unmittelbar verbindliche Rechtsakte vor. **Empfehlungen** und **Stellungnahmen** sind nicht verbindliche Rechtsakte.[237] Die Rechtsakte werden nach Art. 289 EUV im ordentlichen oder besonderen Gesetzesverfahren erlassen und erfassen alle Rechtsbereiche, in denen die Union Kompetenzen ausübt.[238] Die Zusammenführung von Richtlinie und Rahmenbeschluss, die der EVV umsetzen sollte, wurde durch den Lissabon-Vertrag verwirklicht, der nunmehr keine Rahmenbeschlüsse mehr, sondern insofern nur noch den Erlass von Richtlinien vorsieht. Welche Art der Rechtsetzung jeweils zur Anwendung kommt, ergibt sich – soweit es das Strafrecht betrifft – unmittelbar aus der die Kompetenz begründenden Regelung; auch der Lissabon-Vertrag hat also das Prinzip der begrenzten Einzelermächtigung beibehalten.

125

Art. 82 Abs. 1 UAbs. 2 AEUV bestimmt für Fragen des **Strafverfahrensrechts**, dass das Europäische Parlament und der Rat **Maßnahmen** erlassen, um die unter den Buchstaben a) bis d) genannten Ziele der gegenseitigen Anerkennung und Zusammenarbeit zwischen den Mitgliedstaaten zu verfolgen. Die Verwendung des Begriffs der Maßnahme macht deutlich, dass der Unionsgesetzgeber hier auf alle Rechtsakte zurückgreifen kann, um die genannten Ziele zu fördern.[239]

126

Art. 82 Abs. 2 UAbs. 1 AEUV schreibt dagegen vor, dass das Europäische Parlament und der Rat im ordentlichen Gesetzgebungsverfahren **Richtlinien** erlassen können, durch die Mindestvorschriften zur Erleichterung der gegenseitigen Anerkennung gerichtlicher Urteile und Entscheidungen sowie zur Regelung der polizeilichen und justiziellen Zusammenarbeit bei der Bekämpfung der grenzüberschreitenden Kriminalität im Sinne von Art. 83 AEUV vorgegeben werden. Bei dem Erlass dieser Mindestvorgaben ist jedoch Rücksicht auf die unterschiedlichen Rechtsordnungen und -traditionen zu nehmen. Art. 82 Abs. 2 UAbs. 2 AEUV benennt die Bereiche, in denen die Mindestvorschriften vorgegeben werden können, in einem Katalog, der den Beweismittelverkehr, die Rechte des Einzelnen im Strafverfahren und der Opfer von Straftaten sowie sonstige Aspekte des Strafverfahrens umfasst, die der Rat einstimmig durch Beschluss und mit Zustimmung des Parlaments festlegen kann. Art. 82 Abs. 3 AEUV sieht hier einen sog. Notbremsenmechanismus vor, und Art. 82 Abs. 4 ermöglicht die **verstärkte Zusammenarbeit** von mindestens neun Staaten, wenn kein Einvernehmen erzielt werden kann.

127

Nach Art. 85 Abs. 1 UAbs. 2 S. 1 AEUV sollen das Europäische Parlament und der Rat im ordentlichen Gesetzgebungsverfahren durch Verordnung den Aufbau, die Arbeitsweise, den Tätigkeitsbereich und die Aufgaben von **Eurojust** festlegen; Art. 85 Abs. 1 UAbs. 1 S. 2 AEUV umschreibt die möglichen Regelungsgegenstände. Die **Europäische Staatsanwaltschaft** soll nach Art. 86 Abs. 1 AEUV durch den Rat im besonderen Gesetzgebungsverfahren ausgehend von Eurojust eingesetzt werden; darüber muss ein einstimmiger Beschluss des Rates nach Zustimmung des Parlaments erfolgen.

128

---

[237] Vgl. *Müller-Gugenberger*, in: *ders./Bieneck* § 5 Rn. 64.
[238] Vgl. *Hecker*, Europäisches Strafrecht, § 4 Rn. 51 ff.
[239] *Vogel*, in: *Grabitz/Hilf/Nettesheim* (Hrsg.), Art. 82 AEUV Rn. 51.

129 Für das **materielle Strafrecht** sind Regelungen in Art. 83 Abs. 1 AEUV durch Richtlinien und in Art. 325 AEUV durch „Maßnahmen" vorgesehen. Während Art. 83 Abs. 1 AEUV auf die Bekämpfung der **transnationalen Schwerstkriminalität** abzielt und daher eine Reihe von Kriminalitätsbereichen (u. a. Terrorismus, Menschenhandel, sexuelle Ausbeutung von Frauen und Kindern, Betäubungsmittelhandel, Korruption, Geldwäsche und organisierte Kriminalität) als Anwendungsgebiete bestimmt, richtet sich Art. 325 AEUV gegen **rechtswidrige Handlungen gegen die finanziellen Interessen der Union**. Insofern setzt Art. 325 Abs. 1 AEUV das Ziel der Union und der Mitgliedstaaten fest, eine effektive Bekämpfung von Betrügereien und anderen Straftaten zu betreiben. Art. 325 Abs. 2 AEUV verpflichtet die Mitgliedstaaten in Orientierung am Urteil *Griechischer Mais* des EuGH[240] dazu, gegen Straftaten zum Nachteil der finanziellen Interessen der Union die gleichen Maßnahmen zu ergreifen wie gegen Straftaten zum Nachteil der Mitgliedstaaten selbst. Damit wird dem **Grundsatz der Unionstreue** (Art. 4 Abs. 3 EUV) Nachdruck verliehen.

130 Ferner weist Art. 325 Abs. 3 AUEV der Union die Kompetenz zu, durch das Europäische Parlament und den Rat im ordentlichen Gesetzgebungsverfahren und nach Anhörung des Rechnungshofs alle Maßnahmen zu ergreifen, die erforderlich sind, um zur Verhütung und Bekämpfung von Betrügereien zum Nachteil der finanziellen Interessen der Union einen **effektiven** und dem nationalstaatlichen Schutz **gleichwerten Schutz** vor Finanzkriminalität in den Mitgliedstaaten und allen Stellen der Union zu gewährleisten. Hier sind, ebenso wie bei Art. 82 Abs. 1 AEUV, unter Maßnahmen alle Rechtsakte zu verstehen, die der AEUV vorsieht. Weitere materiell-strafrechtliche Befugnisse ergeben sich etwa aus Art. 79 Abs. 2 AEUV.

B. Die Bedeutung des Unions- und Gemeinschaftsrechts für das nationale Wirtschaftsstrafrecht

131 Nach dem Überblick über die Entstehung und die zu erwartende Fortentwicklung der europäischen Einigungsbestrebungen auf dem Gebiet des Wirtschafts- und Verwaltungsstrafrechts soll im Folgenden dargestellt werden, welche Auswirkungen das Unionsrecht auf das Wirtschaftsstrafrecht im Einzelnen gehabt hat und welche Auswirkungen sich aufgrund dieser Entwicklungen für die Zukunft abzeichnen.

Die in der Vergangenheit heftig diskutierte Frage, inwiefern der EG die Kompetenz zur originären Strafrechtssetzung zukomme, ist durch den AUEV beantwortet:[241] Der EU als Nachfolgeorganisation von EG und EU in der Fassung von Nizza steht die **Kompetenz zur Strafrechtssetzung** zumindest in der Weise zu, dass sie Mindestvorgaben für Strafvorschriften in den Mitgliedstaaten setzen kann. Zunächst ist der Frage nachzugehen, ob und inwiefern der EU eine eigene Kompetenz auf dem Gebiet des Kriminalstrafrechts zukommt (I.).

Hieran schließt sich die Darstellung der **Bußgeldkompetenzen** der Europäischen Gemeinschaft bzw. Union an, wobei die wichtigsten Bereiche der gemeinschaftsrechtlichen Geldbußen kurz dargestellt werden (II.).

Sodann wird ein **Überblick über die Kompetenzen der EU** zur Einführung und Verhängung sonstiger repressiver Verwaltungssanktionen **gegeben** (III.).

Der folgende Abschnitt befasst sich mit der **Verpflichtung der Mitgliedstaaten zur Sanktionierung von Unions- und Gemeinschaftsrechtsverletzungen** (IV.).

Daran anschließend wird auf das sog. **Assimilierungsprinzip** eingegangen, das die Ausdehnung des Anwendungsbereichs der nationalen Strafrechtsordnungen auf den Schutz gemeinschaftlicher Rechtsgüter betrifft (V.).

Abschnitt VI befasst sich mit dem **Anwendungsvorrang des Gemeinschaftsrechts**.

---

[240] EuGH, Urt. v. 21.9.1989 – C-68/88, *Griechischer Mais*, NJW 1990, 2245; vgl. hierzu auch *Esser*, Europäisches und Internationales Strafrecht, § 2 Rn. 48 ff.

[241] Vgl. aber *Esser*, Europäisches und Internationales Strafrecht, § 2 Rn. 120 ff.

B. Die Bedeutung des Unionsrechts

Abschnitt VII betrifft die **unions- und gemeinschaftsrechtskonforme Auslegung,** über die eine besonders weitgehende Beeinflussung der nationalen Strafrechtsordnungen erfolgen kann.

Schließlich wird zur **Ausweitung der nationalen Straf- und Bußgeldvorschriften auf Verstöße gegen das Unions- und Gemeinschaftsrecht durch Blankettstrafgesetze** Stellung genommen (VIII.).

I. Kompetenzen der Europäischen Union auf dem Gebiet des Kriminalstrafrechts

1. Rechtssetzung der EU

a) Prinzip der begrenzten Einzelermächtigung

Die Kompetenzen der Union zur Rechtsetzung ergeben sich aus dem Primärrecht der Gemeinschaft. Hierbei gilt auch nach dem Lissabon-Vertrag das Prinzip der begrenzten Einzelermächtigung,[242] d. h. die Rechtsetzungsorgane der Gemeinschaft bedürfen einer **ausdrücklichen Kompetenzzuweisung in den Gründungsverträgen,** um Rechtsakte erlassen zu können, denn die Gemeinschaft ist gemäß **Art. 5 EUV** (Art. 5 [ex-Art. E] EU und Art. 5 [ex-Art. 3 b] Abs. 1 EG) und **Art. 288 AEUV** (Art. 249 [ex-Art. 189] Abs. 1 EG) zur Rechtssetzung nur „für die Ausübung der Zuständigkeiten der Union" berechtigt.[243]

132

b) Begrenzte originäre Strafrechtsetzungskompetenz

Zwar waren die einzelnen Ermächtigungsnormen des nunmehr durch EUV und AEUV abgelösten EGV teilweise so weit formuliert, dass sie grundsätzlich auch strafrechtliche Maßnahmen hätten rechtfertigen können.[244] Sowohl in der Rechtsprechung des EuGH[245] und des BGH[246] als auch in der Literatur[247] bestand jedoch weitgehend Einigkeit darüber, dass die Mitgliedstaaten beim Abschluss der Verträge von Rom der EG **keine originäre Kompetenz zur Schaffung eines supranationalen Strafrechts**[248] übertragen hatten.[249] Die Mitgliedstaaten sahen das Strafrecht vielmehr nach wie vor als Ausdruck ihrer Souveränität an,[250] und der EuGH wies ihnen diese Kompetenz auch ausdrücklich zu.[251]

133

---

[242] Vgl. auch *Hecker,* Europäisches Strafrecht, § 4 Rn. 68; *Müller-Gugenberger,* in: *ders./Bieneck* § 5 Rn. 55.

[243] *Streinz,* Europarecht, Rn. 498.

[244] Vgl. *Sieber,* ZStW 103 (1991), 957, 969.

[245] EuGH Slg. 1981, 2595, 2618 (*Casati*); Slg. 1989, 195, 221 f. (*Cowan/Trésor public*).

[246] BGHSt 25, 193 f.

[247] *Cuerda,* in: *Schünemann/Suárez González* (Hrsg.), Bausteine eines europäischen Wirtschaftsrechts, 1994, S. 367, 368 ff.; *Dannecker/Streinz,* in: *Rengeling* (Hrsg.), EUDUR, Bd. I, § 8 Rn. 54 ff.; *Dannecker,* JZ 1996, 869; *Jescheck,* PChR. 1997, 483; *Kaiafa-Gbandi,* KritV 1999, 162, 165 f.; *Oehler,* FS Baumann 1992, S. 561; *Schulz,* in: *Rengeling* (Hrsg.), Europäisierung des Rechts, 1996, 163, 189; *Tiedemann,* NJW 1993, 23 f.; *Vogel,* in: *Dannecker* (Hrsg.), Die Bekämpfung des Subventionsbetruges im EG-Bereich, 1993, S. 175 ff.

[248] Zur Problematik eines europäischen Begriffs des Strafrechts und der Abgrenzung zwischen Kriminalstrafrecht und Strafrecht im weiteren Sinne *Hecker,* Europäisches Strafrecht, § 4 Rn. 59 f.

[249] Vgl. nur *Böse,* Strafen und Sanktionen im Europäischen Gemeinschaftsrecht, 1996, S. 54 ff.; *Gröblinghoff,* Die Verpflichtung des deutschen Strafgesetzgebers zum Schutz der finanziellen Interessen der Europäischen Gemeinschaften, 1996, S. 141; *Pühs,* Der Vollzug des Gemeinschaftsrechts, 1997, S. 276 f.; *Satzger,* Die Europäisierung des Strafrechts, S. 92 ff.; *Schröder, Chr.,* Europäische Richtlinien und deutsches Strafrecht, S. 104 ff.; jeweils m. w. N.

[250] *Weigend,* ZStW 105 (1993), 774, 775 m. w. N.; vgl. auch *Böse,* Strafen und Sanktionen im Europäischen Gemeinschaftsrecht, S. 55 ff.

[251] EuGHE 1977, 139; 1990, 2911.

134 Damit war der Erlass gemeinschaftlicher Strafnormen in Form von unmittelbarer Wirkung gegenüber dem Einzelnen entfaltenden Verordnungen ausgeschlossen. Auch wenn bereits damals teilweise geltend gemacht wurde, dass das Strafrecht nicht schlechthin aus dem Anwendungsbereich des Gemeinschaftsrechts ausgeschlossen werden dürfe, weil die Mitgliedstaaten verpflichtet seien, ihr nationales Recht in den Dienst der Integration zu stellen und sich die Annahme eines absoluten Souveränitätsvorbehalts bei den Mitgliedstaaten aus integrativer Sicht als kontraproduktiv erweise,[252] bestand Einigkeit darüber, dass die vertragschließenden Staaten die Ausübung einer so wesentlichen Befugnis wie die Androhung und Verhängung echter Kriminalstrafen ohne eine entsprechende ausdrückliche Ermächtigung der EG nicht überlassen hatten.[253] Dies müsse umso mehr gelten, als die Organe der EG nur bedingt demokratisch legitimiert seien.[254] In diesem Zusammenhang sei auch zu beachten, dass das BVerfG in seiner **Maastricht-Entscheidung**[255] den Ansatz, über das **Vertragslückenschließungsverfahren** gemäß Art. 308 (ex-Art. 235) EG der EG immer neue Kompetenzen zuzuweisen (nun Art. 352 AEUV), abgelehnt hatte.[256] Durch das Vertragslückenschließungsverfahren wurde der Rat zum Erlass von Rechtsakten ermächtigt, wenn die Verträge zwar keine ausdrückliche Einzelermächtigung enthalten, ein Tätigwerden der Gemeinschaft aber erforderlich erschien, um eines ihrer Ziele zu verwirklichen. In diesem Kontext hat das BVerfG in seiner Entscheidung die Notwendigkeit der Abgrenzung zwischen der Wahrnehmung von Hoheitsbefugnissen und der Vertragsänderung hervorgehoben.

135 Doch die Neufassung des europäischen Primärrechts durch den Lissabon-Vertrag brachte eine Änderung dieser Situation mit sich, auch wenn es nach wie vor kein supranationales, also durch die Union selbst gesetztes, unmittelbar geltendes Kriminalstrafrecht gibt.[257] Zum einen wurde nun eine ausdrückliche Ermächtigung der Union zur Setzung kriminalstrafrechtlicher Mindestvorgaben im Primärrecht verankert, wie Art. 83 AEUV unmissverständlich zeigt; insofern handelt es sich jedoch ausschließlich um eine **Anweisungskompetenz** (vgl. Rn. 137 ff.).[258]

136 Zum anderen – und hier liegt der wesentliche Unterschied zur Situation vor dem Lissabon-Vertrag – räumt **Art. 325 Abs. 4 AEUV** der Union die Kompetenz zum Erlass von **Maßnahmen zur Bekämpfung von gegen ihre Interessen gerichteten Betrügereien** ein.[259] Zwar war bereits unter Geltung der Vorläufernorm des Art. 280 IV S. 1 EGV heftig darüber gestritten worden, ob er eine Setzung supranationalen Strafrechts zulässt. Dies wurde jedoch vielfach mit Hinweis auf die Vorbehaltsklausel des Art. 280 Abs. 4 S. 2 EGV verneint. Mit dem Wegfall dieses Vorbehalts in Art. 325 AEUV und mit Blick auf den Wortlaut der Regelung des Absatzes 4, der allgemein von Maßnahmen zur Bekämpfung von Betrugshandlungen spricht, beinhaltet das Unionsrecht nicht nur eine Kompetenz zur Strafrechtsharmonisierung durch Richtlinien, sondern auch zum Erlass von unmittelbar geltenden **Verordnungen strafrechtlichen Inhalts**. Es ist daher davon auszugehen, dass der Union die Kompetenz zur

---

[252] *Zuleeg*, JZ 1992, 761, 762; zustimmend *Appel*, in: *Dannecker* (Hrsg.), Lebensmittelstrafrecht und Verwaltungssanktionen in der Europäischen Union, 1994, S. 165, 177.

[253] Vgl. *Dannecker*, in: 50 Jahre Bundesgerichtshof, Festgabe aus der Wissenschaft, Bd. IV, S. 339, 346 ff.; *Dannecker/Streinz*, in: *Rengeling* (Hrsg.), EUDUR, Bd. I, § 8 Rn. 55; *Deutscher*, Die Kompetenzen der Europäischen Gemeinschaften zur originären Strafgesetzgebung, 2000, S. 309 ff.; *Gärditz*, wistra 1999, 293; *Gröblinghoff*, Die Verpflichtung des deutschen Strafgesetzgebers zum Schutz der Interessen der Europäischen Gemeinschaften, S. 141; *Pühs*, Der Vollzug von Gemeinschaftsrecht, S. 276 f.; *Satzger*, Die Europäisierung des Strafrechts, 2001, S. 92 ff.; zur Rechtslage nach Inkrafttreten des Amsterdamer Vertrages vgl. Rn. 156 ff.

[254] Vgl. dazu *Grams*, Zur Gesetzgebung der Europäischen Union, 1998, S. 65 ff.; *Oehler*, FS Baumann 1992, S. 561.

[255] BVerfGE 89, 155.

[256] Vgl. insofern auch BVerfGE 123, 267, 295 ff., 355 ff.

[257] Vgl. *Hecker*, Europäisches Strafrecht, § 4 Rn. 58.

[258] Eingehend dazu *Böse*, in: ders. (Hrsg.), Europäisches Strafrecht, § 4 Rn. 1 ff.; *Dorra*, Strafrechtliche Legislativkompetenzen, S. 21 ff.; *Hecker*, Europäisches Strafrecht, § 4 Rn. 68.

[259] Zur Entwicklung der Kompetenz aus Art. 325 AEUV *F. Meyer*, Strafrechtsgenese, S. 360 ff.; vgl. auch *Hecker*, Europäisches Strafrecht, § 4 Rn. 79 ff.

B. Die Bedeutung des Unionsrechts

Schaffung supranationaler Vorschriften auf dem Gebiet des Strafrechts zukommt.[260] Eine Kompetenz zur Schaffung supranationalen Strafrechts gegen den Menschenhandel könnte ferner aus Art. 79 Abs. 1, 2 lit. d AEUV abgeleitet werden.

c) Anweisungskompetenz gegenüber den Mitgliedstaaten

Neben dieser Kompetenz zur Schaffung supranationalen Strafrechts auf dem eng begrenzten Gebiet der Betrugsbekämpfung, steht der Union eine **Anweisungskompetenz** gegenüber den Mitgliedstaaten zu, aufgrund derer sie diese verpflichten kann, durch die Schaffung nationaler Strafvorschriften unionsrechtliche Mindestvorgaben zu erfüllen.[261] Im EG-Vertrag war zwar keine ausdrückliche Rechtsgrundlage für solche Anweisungskompetenzen enthalten. In der Literatur wurde aber bereits damals teilweise vertreten, eine Anweisungskompetenz ergebe sich als **Annexkompetenz** zu den einzelnen, im Vertrag enthaltenen Rechtsgrundlagen, die die Gemeinschaft zur Angleichung, Koordinierung und Harmonisierung mitgliedstaatlicher Rechtsvorschriften ermächtige.[262] Diese Auffassung stützte sich auf die sog. „**implied-powers**"-Lehre, die der EuGH im Rahmen seiner integrationsfreundlichen und an der praktischen Wirksamkeit des Gemeinschaftsrechts – also dem **effet utile** – orientierten Rechtsprechung entwickelt hat.[263] Danach stehen der Gemeinschaft ungeachtet des Wortlauts einer Ermächtigungsnorm all jene Kompetenzen zu, die zu einer ausdrücklich eingeräumten Befugnis ergänzend erforderlich sind, um die gestellten Aufgaben zu erfüllen, selbst wenn diese Kompetenzen nicht ausdrücklich in den Gemeinschaftsverträgen enthalten sind.[264] In der Literatur wurde die Anweisungskompetenz zur strafrechtlichen Harmonisierung zum Teil auch auf **Art. 94 bzw. 95 EGV (nunmehr Art. 114, 115 AEUV)** gestützt.[265] Anweisungskompetenzen ergeben sich jedoch im aktuellen Primärrecht unmittelbar aus Art. 83 AEUV, der Vorgaben von Mindestvorschriften zur Harmonisierung des nationalen Strafrechts durch die EU ermöglicht.

137

Sanktionsnormen bedürfen als besonders intensive Grundrechtseingriffe nach allgemeinen demokratischen und rechtsstaatlichen Grundsätzen **besonderer demokratischer Legitimation.** Insoweit wurde und wird als bedenklich empfunden, dass der Rat als Hauptgesetzgeber der Union aus Vertretern der Exekutive der Mitgliedstaaten zusammengesetzt ist, die befugt sind, für die Regierung der Mitgliedstaaten verbindlich zu handeln (Art. 16 Abs. 2 EUV; ex-Art. 203 Abs. 1 EG).[266] Ungeachtet dessen, dass das BVerfG in seiner **Maastricht-Entscheidung** die demokratische Legitimation der gemeinschaftlichen Gesetzgebung zum einen über die nationalen Parlamente, zum anderen über das Europäische Parlament zutreffend bejaht hat, ergibt sich jedoch aus dem starken Eingriffscharakter des Strafrechts, dass das Europäische Parlament bei der Schaffung von Sanktionsnormen in der stärksten Form, d. h. im **Verfahren der Mitentscheidung** gemäß ex-Art. 251 EGV, zu beteiligen war.[267]

138

---

[260] Vgl. *Hecker*, Europäisches Strafrecht, § 4 Rn. 82 m. w. N.

[261] *Bleckmann*, FS Stree und Wessels 1993, S. 106, 111; *Dannecker/Streinz*, in: *Rengeling* (Hrsg.), EUDUR, Bd. I, § 8 Rn. 62 ff.; *Esser*, Europäisches und Internationales Strafrecht, § 2 Rn. 130 ff. *Sieber*, ZStW 103 (1991), 957, 963; *Tiedemann*, NJW 1993, 23, 26; *Vogel*, in: *Dannecker* (Hrsg.), Die Bekämpfung des Subventionsbetrugs im EG-Bereich, S. 170, 172; *Albrecht/Braum*, KritV 2001, 312, 319 f.

[262] *Appel*, in: *Dannecker* (Hrsg.), Lebensmittelstrafrecht und Verwaltungssanktionen in der Europäischen Union, 1994, S. 172, 177 m. w. N.; *Dannecker*, Strafrecht in der europäischen Gemeinschaft, 1995, S. 59.

[263] Vgl. EuGH Slg. 1987, 3203 (Einwanderungspolitik), *Müller-Gugenberger*, in: *ders./Bieneck* § 5 Rn. 57; *Satzger*, in: *Böse* (Hrsg.), Europäisches Strafrecht, §§ 2 Rn. 30 ff.

[264] *Schweitzer/Hummer*, Europarecht, Rn. 338.

[265] Vgl. dazu *Appel*, in: *Dannecker* (Hrsg.), Lebensmittelstrafrecht und Verwaltungssanktionen in der Europäischen Union, S. 172, 174; *Vogel*, in: *Dannecker* (Hrsg.), Die Bekämpfung des Subventionsbetrugs im EG-Bereich, S. 170, 172; *Dannecker*, Strafrecht der Europäischen Gemeinschaft, S. 59.

[266] *Dannecker/Streinz*, in: *Rengeling* (Hrsg.), EUDUR, Bd. I, § 8 Rn. 62.

[267] Vgl. *Streinz*, in: *Dannecker* (Hrsg.), Lebensmittelstrafrecht und Verwaltungssanktionen in der Europäischen Union, 1994, S. 219 ff.; *Pühs*, Der Vollzug von Gemeinschaftsrecht. Formen und Grenzen eines effektiven Gemeinschaftsrechtsvollzugs und Überlegungen zu seiner Effektuierung, S. 274; *Dannecker/Streinz*, in: *Rengeling* (Hrsg.), EUDUR, Bd. I, § 8 Rn. 62; hinsichtlich Art. 95 EGV ist dies gegeben, ebenso in den Teilbereichen des Art. 175 EGV, nicht aber hinsichtlich Art. 37 EGV (Agrarpolitik), auch

139 Nach Art. 83 Abs. 1 AEUV gilt auch für Richtlinien strafrechtlichen Inhalts, dass ein **ordentliches Gesetzgebungsverfahren** nach Art. 294 AEUV (Mitentscheidungsverfahren) durchzuführen ist. Für Harmonisierungsrichtlinien nach Art. 83 Abs. 2 AEUV ist die Verfahrensweise anzuwenden, die für den Bereich zur Geltung kommt, der harmonisiert werden soll, also das ordentliche oder das besondere Gesetzgebungsverfahren; zudem ist die **Notbremsenfunktion** des Art. 83 Abs. 3 AEUV zu beachten.[268] Die Kompetenz zur Schaffung supranationalen Strafrechts wird im ordentlichen Gesetzgebungsverfahren durch das Europäische Parlament und den Rat und nach Anhörung des Rechnungshofs ausgeübt.

140 Das **Subsidiaritätsprinzip** des Art. 5 Abs. 3 UAbs. 1 EUV (ex-Art. 5 Abs. 2 EG) beschränkt die Anweisungskompetenz der Gemeinschaft zudem auf Sachverhalte, die auf nationaler Ebene nicht effektiv geregelt werden können.[269] Dabei ist zu beachten, dass das Subsidiaritätsprinzip keine Kompetenzschranke, sondern eine Kompetenzausübungsschranke darstellt, also voraussetzt, dass überhaupt eine Unionskompetenz besteht.[270] Freilich spielt der Subsidiaritätsgedanke auch dann eine Rolle, wenn es darum geht, Unionskompetenzen in Randbereichen – wie eben dem Strafrecht – zu konkretisieren.[271] Darüber hinaus dürfen nach dem in Art. 5 Abs. 3 UAbs. 2 S. 1 EUV (ex-Art. 5 Abs. 3 EGV) festgeschriebenen **Verhältnismäßigkeitsprinzip** nur dann Anweisungen zum Erlass oder zur Harmonisierung strafrechtlicher Regelungen getroffen werden, wenn dies zur Erreichung der Ziele des Vertrages erforderlich ist.

141 Der EuGH[272] hatte in seinem Urteil zum Rahmenbeschluss 2003/80/JI des Rates vom 27.1.2003 über den Schutz der Umwelt durch das Strafrecht zu einem intrainstitutionellen Konflikt zwischen Rat und Kommission[273] über den richtigen Ort der Europäisierung auf dem Gebiet der Umweltpolitik Stellung genommen und der EG die Anordnungskompetenz zugewiesen, die eine EU-Kompetenz ausschloss, und den Erlass einer Richtlinie aufgrund von Artt. 174 f. EG als das richtige Mittel zur Harmonisierung des Strafrechts angesehen.[274] Diese Fragen der Kompetenz haben sich durch die Zusammenführung von EG und EU durch den Lissabon-Vertrag erledigt, weil sich diese Konkurrenzfragen hier nicht mehr stellen.

142 Ihrer Anweisungskompetenz bedient sich die EU wie zuvor die EG regelmäßig durch den **Erlass von Richtlinien**.[275] Gemäß Art. 288 UAbs. 3 AEUV (ex-Art. 249 Abs. 3 EGV) ist eine Richtlinie für die Mitgliedstaaten zielverbindlich, jedoch bleibt diesen die Wahl der Form und Mittel zur Zielerreichung überlassen. Während die Gemeinschaft die Mitgliedstaaten durch solche Richtlinien zunächst unter Rückgriff auf die Rechtsprechung des EuGH im „**Mais**"-**Urteil** zum Erlass geeigneter und wirksamer Sanktionen zum Schutz bestimmter Rechtsgüter verpflichtet hatte,[276] zeigte sich bereits unter Geltung des EGV die Tendenz,

---

nicht nach dem Vertrag von Nizza. Immerhin unterliegen seit dem Vertrag von Amsterdam abweichend von Art. 37 EGV Maßnahmen in den Bereichen Veterinärwesen und Pflanzenschutz, die unmittelbar den Schutz der Gesundheit der Bevölkerung zum Ziel haben, dem Verfahren der Mitentscheidung gem. Art. 251 EGV.

[268] Hierzu *Esser*, Europäisches und Internationales Strafrecht, § 2 Rn. 148 ff.
[269] *Gröblinghoff*, Die Verpflichtung des deutschen Strafgesetzgebers zum Schutz der Interessen der Europäischen Gemeinschaften, S. 135 f.; *Dannecker/Streinz*, in: *Rengeling* (Hrsg.), EUDUR, Bd. I, § 8 Rn. 62; *Müller-Gugenberger*, in: *ders./Bieneck* § 5 Rn. 56.
[270] Vgl. *Streinz*, Europarecht, Rn. 145a; *Dannecker/Streinz*, in: *Rengeling* (Hrsg.), EUDUR, Bd. I, § 8 Rn. 55.
[271] *Dannecker/Streinz*, in: *Rengeling* (Hrsg.), EUDUR, Bd. I, § 8 Rn. 55.
[272] EuGH EuZW 2005, 632 ff. (Rahmenbeschluss 2003/80/JI).
[273] Zu den fundamentalen Unterschieden zwischen der Polizeilichen und Justiziellen Zusammenarbeit und dem „vergemeinschafteten Bereich" vgl. auch BVerfG NJW 2005, 2289 *(„Darkazanli")*.
[274] Näher dazu *Böse*, GA 2006, 211 ff.; *Braum*, wistra 2006, 121 ff.; *Heger*, JZ 2006, 310 ff.; *Schünemann*, StV 2006, 361, 362; *Streinz*, JuS 2006, 164 ff.
[275] Vgl. umfassend dazu *Schröder, Chr.*, Europäische Richtlinien und deutsches Strafrecht, 2002; vgl. auch *Müller-Gugenberger*, in: *ders./Bieneck* § 5 Rn. 63 ff.
[276] Vgl. z. B. die Richtlinie 79/409/EWG des Rates über die Erhaltung der wildlebenden Vogelarten, ABl. 1979 vom 25.4.1979, Nr. L 103, S. 1 ff.; *Dannecker/Streinz*, in: *Rengeling* (Hrsg.), EUDUR, Bd. I, § 8 Rn. 63.

B. Die Bedeutung des Unionsrechts

den Mitgliedstaaten detaillierte Vorgaben zum Inhalt der Sanktionsnormen zu machen.[277] So wurden die Straftatbestände zum Teil wörtlich vorgegeben und Mindestvorschriften für Art und Höhe der Strafen getroffen.[278] Dieses Vorgehen war und ist bedenklich, da sich die Gemeinschaft/Union damit der Rechtsform der Verordnung stark annähert, durch die aufgrund ihrer Verbindlichkeit und unmittelbaren Geltungen in den Mitgliedstaaten **supranationales Strafrecht** geschaffen würde. Zwar entfaltet eine solche Richtlinie wegen ihres für den Einzelnen belastenden Inhalts – anders als den Einzelnen begünstigende Richtlinien – auch nach Ablauf der Umsetzungsfrist keine unmittelbare Wirkung in den Mitgliedstaaten, wenn sie nicht in nationales Recht umgesetzt ist; jedoch wird der den Charakter der Rechtsform „Richtlinie" mitprägende Umsetzungsspielraum für die Mitgliedstaaten erheblich verkleinert. Allerdings würde eine Kompetenz des Rats, unmittelbar geltende Strafvorschriften zu erlassen, keine so grundlegende Neuerung darstellen, wie es auf den ersten Blick scheinen mag. Vielmehr gibt es bereits gegenwärtig gemeinschaftsrechtliche Regelungen, die den Anwendungsbereich der nationalen Strafrechtsordnungen ausdehnen, indem sie auf nationale Strafrechtsnormen verweisen (**Assimilierung**) und dadurch erreichen, dass die den Schutz nationaler Rechtsgüter bezweckenden Strafnormen auch für entsprechende Gemeinschafts-/Unionsgüter anwendbar sind.[279]

d) Bedenken des BVerfG gegen eine europäische Strafrechtssetzung und Schutz der Verfassungsidentität

In seinem **Lissabon-Urteil**[280] hat das BVerfG Vorbehalte gegen eine nicht hinreichend legitimierte strafrechtliche Normsetzungskompetenz der Union angemeldet und deutlich gemacht, dass es bereit ist, die Verfassungsidentität der Bundesrepublik Deutschland zu schützen.

In der Entscheidung des BVerfG heißt es: „Soweit das Volk nicht unmittelbar selbst zur Entscheidung berufen ist, ist demokratisch legitimiert nur, was parlamentarisch verantwortet werden kann." In der Entscheidung betont der Zweite Senat weiterhin das Prinzip der beschränkten Einzelermächtigung und der Subsidiarität aus Art. 5 EUV und stellt fest, dass eine „verfassungsrechtlich bedeutsame Spannungslage" zu diesem Prinzip entstehe, wenn Unionsorgane das Primärrecht ergänzend oder erweiternd auslegen. Durch ausweitende Auslegung entstehe die **Gefahr der Überschreitung des vorherbestimmten Integrationsprogramms.** Daher hat das BVerfG eine geeignete innerstaatliche Sicherung zur Wahrung der nationalen Integrationsverantwortung eingefordert und verlangt, dass das Zustimmungsgesetz zum Lissabon-Vertrag und die innerstaatliche Begleitgesetzgebung so beschaffen sein müssen, dass „die europäische Integration weiter nach dem Prinzip der begrenzten Einzelermächtigung erfolgt, ohne das für die Europäische Union die Möglichkeit besteht, sich der **Kompetenz-Kompetenz** zu bemächtigen und die **integrationsfeste Verfassungsidentität der Mitgliedstaaten,** hier des Grundgesetzes, zu verletzen".[281] Das BVerfG hat sich ferner für befugt erklärt, zur Wahrung des unantastbaren Kerngehalts der Verfassungsidentität eine **Ultra-vires-Kontrolle** durchzuführen und zu prüfen, ob der „unantastbare Kerngehalt der Verfassungsidentität" verletzt wird.[282] Das BVerfG stellt weitergehend fest: *„Sowohl die Ultra-vires- als auch die Identitätskontrolle können dazu führen, dass künftig Unionsrecht in Deutschland für unanwendbar erklärt wird."*[283] In welchem Verfahren diese Kontrolle erfolgen soll, lässt der Senat offen.

---

[277] Vgl. *Sieber,* ZStW 103 (1991), 957, 965.

[278] Vgl. z. B. die Rechtsakte über den strafrechtlichen Schutz der Umwelt, näher dazu unten Rn. 108 f.; vgl. auch den Vorschlag für eine Richtlinie des Europäischen Parlamentes und des Rates über den strafrechtlichen Schutz der finanziellen Interessen der Gemeinschaft, näher dazu unten Rn. 94, 392 ff.; *Böse,* R. A. E. – L. E. A. 2001–2002, S. 103 ff.

[279] Vgl. *Dannecker,* Jura 1998, 79, 80 f.; *Böse,* Strafen und Sanktionen im Europäischen Gemeinschaftsrecht, S. 107 ff.

[280] BVerfGE 123, 267, 351.

[281] BVerfGE 123, 267, 353.

[282] BVerfGE 123, 267, 353 f.

[283] BVerfGE 123, 267, 354.

144 Hinsichtlich der Kontrollfunktion des BVerfG betont der Senat, dass die Europäische Einigung nicht dazu führen darf, dass den Mitgliedstaaten keinerlei Gestaltungsspielräume mehr zur wirtschaftlichen Gestaltung und zur Berücksichtigung kultureller Eigenheiten und spezifischer Lebensverhältnisse sowie für politische Entscheidungen mehr verbleiben. Zu den **wesentlichen Bereichen,** in denen Spielräume verbleiben müssen, sollen nach dem BVerfG neben der Staatsbürgerschaft, dem zivilen und militärischen Gewaltmonopol und der Haushaltspolitik auch das **Strafrecht** und das **Recht der Unterbringung** mit seinen grundlegenden Grundrechtseingriffen gehören.[284] Auf diesen Gebieten liege es besonders nahe, der Unionskompetenz klare Grenzen dahingehend zu ziehen, dass eine Unionsvorgabe nur zulässig sei, wenn die **grenzüberschreitende Koordination notwendig** ist.[285]

145 Entscheidungen über das materielle und formelle Strafrecht – so das BVerfG – seien für die **demokratische Selbstgestaltungsfähigkeit eines Verfassungsstaates** besonders sensibel, denn die Strafrechtspflege sei von „*kulturellen, historisch gewachsenen, auch sprachlich geprägten Vorverständnissen und von den im deliberativen Prozess sich bildenden Alternativen abhängig, die die jeweilige öffentliche Meinung bewegen*".[286] Die Pönalisierung sozialen Verhaltens sei „*nur eingeschränkt aus europaweit geteilten Werten und sittlichen Prämissen normativ ableitbar. Die Entscheidung über strafwürdiges Verhalten, über den Rang von Rechtsgütern und den Sinn und das Maß der Strafandrohung ist vielmehr in besonderem Maße dem demokratischen Entscheidungsprozess überantwortet. Eine Übertragung von Hoheitsrechten über die intergouvernementale Zusammenarbeit hinaus darf in diesem grundrechtsbedeutsamen Bereich nur für bestimmte grenzüberschreitende Sachverhalte unter restriktiven Voraussetzungen zu einer Harmonisierung führen; dabei müssen grundsätzlich substantielle Handlungsfreiräume erhalten bleiben.*"[287]

146 Das BVerfG mahnt ferner, dass insbesondere die neu übertragenen **Zuständigkeiten in den Bereichen der Justiziellen Zusammenarbeit in Strafsachen** durch die Organe der Union in einer Weise ausgeübt werden müssen, die „*auf mitgliedstaatlicher Ebene sowohl im Umfang als auch in der Substanz noch Aufgaben von hinreichendem Gewicht bestehen*" lässt, „*die rechtlich und praktisch Voraussetzung für eine lebendige Demokratie sind*".[288]

147 Der Zweite Senat geht ferner auf die strafrechtliche Mindestvorgabenkompetenz nach Art. 83 Abs. 1 AEUV für grenzüberschreitende Schwerstkriminalität, die Annexkompetenz nach Art. 83 Abs. 2 S. 1 AEUV, die Kompetenz zum Erlass kriminalpräventiver Maßnahmen aus Art. 84 AEUV sowie auf Eurojust und Europäische Staatsanwaltschaft ein.[289] In diesem Zusammenhang betont das BVerfG die besondere Bedeutung der **Entscheidung des Gesetzgebers über Strafbarkeit und Strafdrohung** als wesentlich und elementar für das menschliche Zusammenleben im Allgemeinen und die Funktionsfähigkeit einer demokratischen Gesellschaft im Besonderen.[290] Hier heißt es wörtlich: „*Der Gesetzgeber übernimmt mit der Entscheidung über strafwürdiges Verhalten die demokratisch legitimierte Verantwortung für eine Form hoheitlichen Handelns, die zu den intensivsten Eingriffen in die individuelle Freiheit im modernen Verfassungsstaat zählt. Der Gesetzgeber ist bei der Entscheidung, ob er ein bestimmtes Rechtsgut, dessen Schutz ihm wesentlich erscheint, gerade mit den Mitteln des Strafrechts verteidigen und wie er dies gegebenenfalls tun will, grundsätzlich frei*".[291] Damit betont das Gericht die besondere Bedeutung der **Strafrechtshoheit des Gesetzgebers** für die Souveränität eines jeden Mitgliedstaates. Das Gericht räumt zwar ein, dass es geboten sein könne, bestimmte Handlungen auch zu dem Zweck unter Strafe zu stellen, völkerrechtlichen Verpflichtungen nachzukommen,[292] aber wegen der „*empfindlichen Berührung der demokratischen Selbstbestimmung durch Straf- und Strafverfahrensnormen sind die vertraglichen Kompetenzgrundlagen für solche Schritte [Straf- und Strafverfah-*

---

[284] BVerfGE 123, 267, 357 f.
[285] BVerfGE 123, 267, 359.
[286] BVerfGE 123, 267, 359 f.
[287] BVerfGE 123, 267, 360.
[288] BVerfGE 123, 267, 406.
[289] BVerfGE 123, 267, 406 ff.
[290] BVerfGE 123, 267, 408.
[291] BVerfGE 123, 267, 408 f.
[292] BVerfGE 123, 267, 409.

B. Die Bedeutung des Unionsrechts

rensvorschriften zu schaffen, die den Bedingungen europäischer grenzüberschreitender Sachverhalte Rechnung tragen] strikt – keinesfalls extensiv – auszulegen und ihre Nutzung bedarf besonderer Rechtfertigung".[293] Der Zweite Senat macht hier deutlich, dass das Strafrecht in seinem Kernbestand keinesfalls als „*rechtstechnisches Instrument zur Effektuierung einer internationalen Zusammenarbeit*" gebraucht werden dürfe, vielmehr stehe es für die „*besonders sensible demokratische Entscheidung über das rechtsethische Minimum*".[294] Das Zustimmungsgesetz zum Lissabon-Vertrag – über dieses hatte das Gericht zu entscheiden – sei aus diesen Gründen nur deswegen als verfassungsgemäß anzusehen, weil der Lissabon-Vertrag im Hinblick auf alle strafrechtlichen Kompetenznormen verfassungskonform auszulegen sei. Das BVerfG misst damit über das Instrument des Zustimmungsgesetzes den Lissabon-Vertrag am deutschen Verfassungsrecht und behält sich bereits damit faktisch auch die Feststellung einer Verfassungswidrigkeit vor.

Das BVerfG weist in diesem Zusammenhang auf die Notwendigkeit einer **besonders engen Auslegung aller strafrechtlichen Kompetenzen** hin: In Art. 83 Abs. 2 AEUV mit der Annexkompetenz sei das Wort unerlässlich ernst zu nehmen. Es müsse nachweisbar feststehen, dass ein „*gravierendes Vollzugsdefizit im Unionsrecht tatsächlich besteht und nur durch Strafandrohung beseitigt werden kann*".[295] Ähnliches gelte auch für Art. 83 Abs. 1 AEUV: Hier zeige bereits der Katalog, dass es sich um schwere und typischerweise grenzüberschreitende Kriminalität handeln müsse. Zudem seien nur Mindestvorgaben möglich, die den Mitgliedstaaten noch einen substantiellen Gestaltungsfreiraum überlassen. Gegen Art. 83 Abs. 1 UAbs. 3 AEUV äußert der Senat jedoch grundlegende Bedenken, da „die Nutzung der dynamischen Blankettermächtigung nach Art. 83 Abs. 1 UAbs. 3 AEUV, je nach Entwicklung der Kriminalität', eine Ausdehnung des Katalogs besonders schwerer grenzüberschreitender Straftaten vorzunehmen," in der Sache einer Erweiterung der geschriebenen Kompetenzen der Union darstelle, mithin dem Gesetzesvorbehalt des Art. 23 Abs. 1 S. 2 GG unterliege.[296] 148

Schließlich betont der Zweite Senat einen materiellen Gesichtspunkt: das **Schuldprinzip**. Bei der Auslegung europäischen Strafrechts dürfe keinesfalls das Prinzip nulla poena sine culpa verletzt werden, das in der Menschenwürde des Art. 1 Abs. 1 GG wurzele und auf dem das Strafrecht beruhe.[297] „*Das Schuldprinzip gehört zu der wegen Art. 79 Abs. 3 GG unverfügbaren Verfassungsidentität, die auch vor Eingriffen durch die supranational ausgeübte öffentliche Gewalt geschützt ist.*"[298] 149

Für alle grundlegenden strafrechtlichen Maßnahmen mahnt das BVerfG eine besondere demokratische Legitimation an, die dadurch erreicht werden könne, dass „*der deutsche Vertreter im Rat die in Art. 82 Abs. 3 und Art. 83 Abs. 3 AEUV genannten mitgliedstaatlichen Rechte nur nach Weisung des deutschen Bundestages und, soweit die Regelungen über die Gesetzgebung dies erfordern, des Bundesrates ausübt*". Der Senat betrachtet die konkretisierende Ausfüllung der Ermächtigungen nach Art. 82 Abs. 2 und Art. 83 Abs. 2 AEUV in der Sache als Vertragsänderungen, die einer entsprechenden Ausübung der **Integrationsverantwortung der Gesetzgebungsorgane** bedürfen.[299] 150

Bemerkenswert ist an dieser Entscheidung, dass das BVerfG die weitgehende Kompetenz zur strafrechtlichen Rechtssetzung aus Art. 325 AEUV, also zur Bekämpfung der Straftaten gegen die finanziellen Interessen der Europäischen Union, nicht einmal anspricht. Das macht deutlich, dass das entscheidende Problem die **mangelnde Bestimmtheit der Unionskompetenz** in Artt. 82 ff. AEUV ist und nicht so sehr die Übertragung der Rechtssetzungsgewalt als solche auf die EU. 151

In der späteren **Entscheidung zum Anti-Terror-Datei-Gesetz**[300] hat das BVerfG noch einmal seine Bereitschaft zum Schutz der Verfassungsidentität der Bundesrepublik im Kontext 152

---

[293] BVerfGE 123, 267, 410.
[294] BVerfGE 123, 267, 410.
[295] BVerfGE 123, 267, 412.
[296] BVerfGE 123, 267, 412 f.
[297] BVerfGE 123, 267, 413.
[298] BVerfGE 123, 267, 413.
[299] BVerfGE 123, 267, 414.
[300] BVerfG NJW 2013, 1499, 1501.

des Unionsrechts unterstrichen. Der Zweite Senat stellt hier fest, dass die Zuständigkeit des EuGH für die Auslegung mitgliedstaatlichen Rechts nicht allein dadurch ausgelöst werde, dass irgendein zufälliger Zusammenhang zwischen der Rechtsmaterie und den Politiken oder dem Recht der Union gegeben ist. Solange es sich nicht um einen „unionsrechtlich geregelten" Sachverhalt handele, sei der Anwendungsbereich des Unionsrechts, einschließlich der Unionsgrundrechte, nicht eröffnet. Der Fransson-Entscheidung des EuGH vom 26.2. 2013[301] sei nichts anderes zu entnehmen. *„Im Sinne eines kooperativen Miteinanders zwischen dem BVerfG und dem EuGH (vgl. BVerfGE 126, 268, 307…) darf dieser Entscheidung keine Lesart unterlegt werden, nach der diese offensichtlich als Ultra-vires-Akt zu beurteilen wäre oder Schutz und Durchsetzung der mitgliedstaatlichen Grundrechte in einer Weise gefährdete (Art. 23 Abs. 1 GG), dass dies die Identität der durch das Grundgesetz errichteten Verfassungsordnung in Frage stellte …".*[302]

e) Assimilierungsprinzip

153 Neben der Anweisung zum Erlass nationaler Strafrechtsvorschriften bedient sich die Union zum **Schutz von Unionsrechtsgütern** des Assimilierungsprinzips,[303] indem sie in ihren Rechtsakten auf das nationale Strafrecht verweist, so deren Anwendungsbereich auch auf den Schutz von Gemeinschaftsrechtsgütern erweitert[304] und letztlich durch Vereinnahmung nationaler Strafvorschriften Straftatbestände mit unmittelbarer supranationaler Wirkung schafft. Auf diese Assimilierung nationaler Strafvorschriften zum Schutz originärer Unionsrechtsgüter ist die Union angewiesen und kann sich zur Begründung ihrer Kompetenz hierzu auf Art. 4 Abs. 3 UAbs. 2, 3 EUV (ex-Art. 10 EGV) berufen, der den **Grundsatz der Unionstreue** (Loyalitätsgebot) beinhaltet und der auch in besonderer Form in Art. 325 Abs. 2 AEUV zum Ausdruck kommt.[305]

Solche Fälle der Assimilierung[306] finden sich zum Teil im Primärrecht, wie etwa bei Art. 30 EuGH-Satzung, der für Falschaussagen von Zeugen auf die nationalen Vorschriften zum Schutz der Rechtspflege verweist. Ähnliches gilt für Art. 194 Abs. 1 UAbs. 2 des Vertrages zur Gründung der Europäischen Atomgemeinschaft, wonach der Geheimnisverrat von den nationalen Gerichten nach nationalem Strafrecht zu bestrafen ist.[307]

2. Rechtssetzung im Rahmen der intergouvernementalen Zusammenarbeit

154 Der Unionsvertrag bestätigt auch nach den Änderungen durch den Lissabon-Vertrag weiterhin die Auffassung, dass die EU keine generelle Kompetenz zum Erlass strafrechtlicher Normen hat,[308] indem die Regelungen über die Zusammenarbeit in Strafsachen weiterhin dem Bereich der intergouvernementalen Zusammenarbeit in den Art. 82 ff. AEUV zugeordnet bleiben.[309] Dieser Bereich wurde auch durch den AEUV nicht „vergemeinschaftet", d. h. der Gesetzgebungskompetenz der EU unterstellt, sondern wird als **„Angelegenheit von gemeinsamem Interesse"** behandelt, die eine Zusammenarbeit der Mitgliedstaaten erfordert.[310] Die durch den **Amsterdamer Vertrag** erfolgte Reform der Zusammenarbeit in den Bereichen Justiz und Inneres, die der Maastrichter Vertrag in Art. K normiert hat, hat für die Zusammenarbeit in Strafsachen an der Grundkonzeption nichts geändert. Die grund-

---

[301] EuGH, Urt. v. 26.2.2013 – C-617/10, NJW 2013, 1415 ff.
[302] Dazu *Dannecker*, JZ 2013, 616 ff.; ferner *Bülte/Krell*, StV 2013, 713 ff.
[303] Vgl. *Müller-Gugenberger*, in: ders./*Bieneck* § 5 Rn. 109.
[304] Vgl. hierzu *Hecker*, Europäisches Strafrecht, § 7 Rn. 1 ff.
[305] Vgl. *Hecker*, Europäisches Strafrecht, § 7 Rn. 2.
[306] Dazu *Dannecker*, in: Böse (Hrsg.), Europäisches Strafrecht, § 8 Rn. 3 ff.
[307] Dazu *Ambos*, Internationales Strafrecht, § 11 Rn. 23; *Bridge*, CLR 1976, 88; *Satzger*, Internationales Strafrecht, § 8 Rn. 16.
[308] Zur strafrechtlichen Kompetenz auf dem Gebiet der Bekämpfung des Betrugs zu Lasten der EU gemäß Art. 325 Abs. 4 AEUV (ex-Art. 280 Abs. 4 EG) vgl. Rn. 129.
[309] Vgl. zur Rechtslage bis 1.12.2009 *Sieber*, in: *Schünemann/Suárez González* (Hrsg.), Bausteine des europäischen Wirtschaftsstrafrechts, S. 349, 356.
[310] Vgl. *Streinz*, Europarecht, Rn. 958 ff.

B. Die Bedeutung des Unionsrechts

legende Konzeption wurde auch in den Lissabon-Vertrag übertragen, wenn auch der Charakter der geringeren völkerrechtlichen Verbindlichkeit durch die Inkorporierung in das Unionsrecht beseitigt ist.

Ziel der **Polizeilichen und Justitiellen Zusammenarbeit in Strafsachen** nach Titel VI des EU-Vertrages in der Fassung des Amsterdamer Vertrages war es, *„den Bürgern in einem Raum der Freiheit, der Sicherheit und des Rechts ein hohes Maß an Sicherheit zu bieten"* (Art. 29 Abs. 1 EU). Daran halten Art. 3 Abs. 2 EUV und Titel V des AEUV ausdrücklich fest (Art. 67 ff. AEUV). 155

Zur Schaffung dieses Raums sollte die Europäische Union ein gemeinsames Vorgehen der Mitgliedstaaten im Bereich der Polizeilichen und Justitiellen Zusammenarbeit in Strafsachen entwickeln (Art. 67 Abs. 3 AEUV). Die ehemals in Art. 29 Abs. 2 EU formulierte Zielsetzung der Schaffung des Raums der Freiheit, Sicherheit und des Rechts *„durch die Verhütung und die Bekämpfung der – organisierten oder nichtorganisierten – Kriminalität, insbesondere des Terrorismus, des Menschenhandels und der Straftaten gegenüber Kindern, des illegalen Drogen- und Waffenhandels, der Bestechung und Bestechlichkeit sowie des Betrugs"* zu erreichen, findet sich zwar in dieser Klarheit nicht im AEUV wieder. Jedoch wird in Art. 83 Abs. 1 UAbs. 2, Abs. 2 AEUV (ex-Art. 31 lit. e EU) näher ausgeführt, dass zum gemeinsamen Vorgehen bei der justiziellen Zusammenarbeit in Strafsachen auch die schrittweise Ergreifung von **Maßnahmen zur Festlegung von Mindestvorschriften** sowohl über die Tatbestandsmerkmale als auch die Sanktionen u. a. in den Bereichen der organisierten Kriminalität, des Terrorismus und des illegalen Drogenhandels, soweit dies zur effektiven Bekämpfung grenzüberschreitender Kriminalität erforderlich ist.

3. Kompetenzen zur Bekämpfung von Betrug zum Nachteil der Europäischen Union

Art. 280 EGV in der Fassung des Amsterdamer Vertrages hatte den bisherigen Art. 209a EGV erheblich modifiziert und betraf die Kompetenzen der Gemeinschaft zur Bekämpfung von Betrügereien zum Nachteil der Europäischen Gemeinschaft. An die Stelle von Art. 280 EGV ist Art. 325 AEUV getreten, der jedoch der EU weitergehende Kompetenzen zuweist.[311] 156

Der durch den **Maastrichter Vertrag** eingeführte **Art. 209a EG** sah ursprünglich vor, dass die Mitgliedstaaten in einem koordinierten Vorgehen (Abs. 2) zur Bekämpfung von Betrügereien zum Nachteil der finanziellen Interessen die gleichen Maßnahmen ergreifen, die sie auch gegen Betrügereien zum Nachteil ihrer eigenen finanziellen Interessen richten (Abs. 1). Die Vorschrift enthielt keine gemeinschaftsrechtliche Kompetenz zum Erlass supranationaler Rechtsnormen, insbesondere nicht zum Erlass strafrechtlicher Sanktionen, sondern konkretisierte lediglich die allgemeine Loyalitätspflicht des gemeinschaftsfreundlichen Verhaltens gemäß Art. 10 EGV (ex-Art. 5 EGV), wirkte mithin auf eine Bekämpfung von Straftaten gegen die finanziellen Interessen der Gemeinschaft durch die Mitgliedstaaten selbst hin. 157

Nach der Neufassung des **Art. 280 Abs. 1 EG** bekämpften die Gemeinschaft und die Mitgliedstaaten Betrügereien und sonstige gegen die finanziellen Interessen der EG gerichtete Handlungen mit abschreckenden Maßnahmen, die in den Mitgliedstaaten einen effektiven Schutz bewirken. Durch diese Vertragsformulierung wurde die Rechtsprechung des EuGH im *„Mais*-Urteil" aufgegriffen (näher dazu unten Rn. 185) und als allgemeiner Grundsatz in der Betrugsbekämpfung innerhalb der Gemeinschaft formuliert. 158

Art. 325 Abs. 1 AEUV bezieht diese Aufgabenbeschreibung nunmehr auf die Union und die Mitgliedstaaten und erweitert sie auf Maßnahmen, die in den Mitgliedstaaten und den Organen, Einrichtungen und sonstigen Stellen der Union einen effektiven Schutz bewirken. Damit wird der Schutz der Union als solcher deutlich herausgestellt.

Art. 280 Abs. 2 EG enthielt die bisher in ex-Art. 209a Abs. 1 EGV enthaltene Regelung, die auch in **Art. 325 Abs. 2 AEUV** enthalten ist, wenn er auch naturgemäß von den finanziellen Interessen der Union spricht. 159

---

[311] Vgl. zum Folgenden auch *Müller-Gugenberger*, in: *ders./Bieneck* § 5 Rn. 84 ff.; 101 ff.

160 Art. 280 Abs. 3 EG beinhaltete das bisher durch ex-Art. 209a Abs. 2 EGV erfasste Gebot der Zusammenarbeit zwischen den Mitgliedstaaten. Durch die Formulierung „zusammen mit der Kommission" statt wie bisher „mit Unterstützung der Kommission" soll die Rolle der Kommission gestärkt werden.[312] Die Regelung findet sich in **Art. 325 Abs. 3 AEUV** wieder.

161 **Art. 325 Abs. 4 AEUV** beinhaltet durch den Wegfall der Vorbehaltsklausel, die in Art. 280 Abs. 4 S. 2 EGV aufgenommen worden war,[313] die entscheidende Ausweitung der Kompetenz der Union zur Strafrechtssetzung. Durch **Art. 280 Abs. 4 EG** war dem Rat bereits eine ausdrückliche Kompetenz zugewiesen worden, zur Gewährleistung eines effektiven und gleichwertigen Schutzes in den Mitgliedstaaten die **erforderlichen Maßnahmen zur Verhütung und Bekämpfung von Betrügereien** zu beschließen, die sich gegen die finanziellen Interessen der Gemeinschaft richten. Das schloss eine Kompetenz zur Harmonisierung der nationalen Rechtsvorschriften ein und hatte durch qualifizierte Mehrheitsentscheidung des Rates im Verfahren der Mitentscheidung des Parlamentes gemäß Art. 251 (ex-Art. 189b) EG und nach Anhörung des Rechnungshofes zu geschehen. Somit wurde die Stellung des Rechnungshofes gestärkt. Diese Vorschrift wurde in Art. 325 Abs. 4 AEUV im Wesentlichen aufgenommen. Auch hier ist die Anhörung des Rechnungshofes im ordentlichen Gesetzgebungsverfahren vorgesehen. Während Art. 280 Abs. 4 S. 2 EGV jedoch den Passus enthielt, dass die Anwendung des Strafrechts der Mitgliedstaaten und ihrer Strafrechtspflege von diesen Maßnahmen unberührt bleibe, enthält Art. 325 Abs. 4 AEUV einen solchen Vorbehalt nicht mehr. Daraus folgert die wohl herrschende Ansicht, dass der Union der Weg über supranationales Strafrecht zur Bekämpfung von Betrugstaten gegen ihre finanziellen Interessen geebnet werden sollte. Der EU steht damit insofern die Kompetenz zur Setzung supranationalen Strafrechts zu.[314]

162 Gemäß **Art. 325 Abs. 5 AEUV** (ex-**Art. 280 Abs. 5 EG**) legt die Kommission in Zusammenarbeit mit den Mitgliedstaaten dem Europäischen Parlament und dem Rat jährlich einen Bericht über die Maßnahmen vor, die zur Durchführung dieses Artikels getroffen wurden.

163 Am 23.5.2001 hatte die Kommission einen **Vorschlag für eine Richtlinie des Europäischen Parlamentes und des Rates über den strafrechtlichen Schutz der finanziellen Interessen der Gemeinschaft**[315] eingebracht, der nunmehr in der überarbeiteten Fassung vom 16.10.2002[316] vorliegt. In den Richtlinienvorschlag wurden alle Bestimmungen des Übereinkommens und der dazu 1996 und 1997 ergangenen Zusatzprotokolle übernommen, die die Straftatbestände, die Verantwortlichkeit, die Sanktionen und die Zusammenarbeit mit der Kommission betreffen. Als Rechtsgrundlage für den Erlass eines solchen, auf die Harmonisierung des nationalen Strafrechts abzielenden, supranationalen Rechtsaktes der „Ersten Säule" hatte sich die Kommission auf Art. 280 Abs. 4 EG berufen.[317] Diese Vorschrift bot eine Rechtsgrundlage für die zur Gewährleistung eines effektiven und gleichwertigen Schutzes der finanziellen Interessen der Union in den Mitgliedstaaten erforderlichen Maßnahmen zur Verhütung und Bekämpfung von Betrügereien, die sich gegen die finanziellen Interessen der Gemeinschaft richten. Zwar bildete Art. 280 Abs. 4 Satz 1 EG durch die Änderungen im Zuge des Amsterdamer Vertrages damit bereits eine Grundlage für den Erlass gemeinschaftsrechtlicher Regelungen. Umstritten war jedoch, ob die Auffassung der Kommission zutraf, grundsätzlich seien alle Maßnahmen zur Betrugsvorbeugung und -bekämpfung von der Kompetenz umfasst und damit auch eine Kompetenz zum Erlass strafrechtlicher Harmonisierungs-

---

[312] Denkschrift zum Amsterdamer Vertrag, BR-Drucks. 784/97, S. 159.
[313] Vgl. *Müller-Gugenberger*, in: *ders./Bieneck* § 5 Rn. 87.
[314] *Hecker*, Europäisches Strafrecht, § 4 Rn. 82.
[315] KOM (2001) 0272 endg., ABl. 2001, Nr. C 240 E vom 28.8.2001, S. 125 ff.; vgl. auch die Stellungnahme des Rechnungshofes vom 8.11.2001, ABl. 2002, Nr. C 14 vom 17.1.2002, S. 1 ff. und des Europäischen Parlamentes vom 29.11.2001, ABl. 2002, Nr. C 153 E vom 27.6.2002.
[316] KOM (2002) 0577 endg.
[317] Vgl. Punkt 1.2. der Begründung des Richtlinienentwurfs, ABl. 2001, Nr. C 240 E vom 28.8.2001, S. 125 ff.

B. Die Bedeutung des Unionsrechts

vorschriften gegeben. Die Kommission berief sich zur Begründung ihrer Auffassung auf die sich aus den Art. 29 und 47 EU ergebende **Priorität des Gemeinschaftsrechts** vor dem Recht der Union. Dem stünde auch die Ausnahmeregelung des Art. 280 Abs. 4 Satz 2 EG nicht entgegen, da dort „nicht vom Strafrecht insgesamt und im allgemeinen die Rede ist, sondern lediglich von zwei Aspekten, nämlich der ‚Anwendung des Strafrechts der Mitgliedstaaten' und ihrer ‚Strafrechtspflege'."[318] Als Ausnahmeregelung sei dies eng auszulegen, so dass weder der Wortlaut noch der juristische Zusammenhang einer gemeinschaftsrechtlichen Regelung entgegenstünden, die auf eine gewisse strafrechtliche Harmonisierung abziele. Der Ausnahmeregelung weiterhin unterfallen sollten hingegen diejenigen Bestimmungen des Übereinkommens über den Schutz der finanziellen Interessen und der Zusatzprotokolle, welche eine Ausweitung der Gerichtsbarkeit der Mitgliedstaaten, die Auslieferung und Verfolgung, die Zusammenarbeit und den Grundsatz „ne bis in idem" betreffen.[319]

Damit ging die Kommission bereits unter Geltung des EGV von einer in Art. 280 Abs. 4 Satz 1 EG enthaltenen genuinen Strafrechtskompetenz der Gemeinschaft aus. Für die Ansicht der Kommission sprach bereits damals, dass nach dem Wortlaut des Art. 280 Abs. 4 S. 2 EG nur die **Anwendung des Strafrechts** der Mitgliedstaaten, nicht hingegen die Rechtsetzung unberührt bleiben sollte.[320] Diese Frage ist jedoch mit dem Wegfall der Vorbehaltsklausel im Sinne der Auffassung der Kommission beantwortet. Dennoch spielt die Frage der Kompetenzen der EG zur Strafrechtssetzung vor dem Lissabon-Vertrag bei der Auslegung von Rechtsakte, die unter Geltung von Art. 280 EGV ergangen sind, weiterhin eine wichtige Rolle.

164

II. Bußgeldkompetenz der Europäischen Union aufgrund primärrechtlicher Regelungen

Im **Primärrecht** finden sich vereinzelt ausdrückliche Ermächtigungen für den Rat der Union, auf Vorschlag der Kommission und nach Anhörung des Europäischen Parlaments supranationale Geldbußen einzuführen.[321] Zu nennen sind Art. 103 AEUV und Art. 83 EAG,[322] sowie trotz der geringeren Bedeutung das Sanktionsverfahren nach Art. 132 Abs. 3 AEUV (ex-Art. 110 Abs. 3 EGV), das die Verhängung von Sanktionen durch die Europäische Zentralbank (EZB) ermöglicht.[323] Von der nun in Art. 103 AEUV, aber auch bereits in Art. 83 (ex-Art. 87) EGV vorgesehenen Bußgeldkompetenz hat der Rat mehrfach Gebrauch gemacht. Praktische Bedeutung kommt insbesondere den Bußgeldvorschriften des europäischen Wettbewerbsrechts zu.[324]

165

1. Europäisches Kartellrecht[325]

a) Kompetenzen im EGV und AUEV

Nach **Art. 103 Abs. 1 AEUV** (ex-**Art. 83 Abs. 1 EGV**) ist die Beachtung der Verbote wettbewerbswidrigen Verhaltens (Art. 101 Abs. 1 und Art. 102 AEUV) insbesondere durch die Einführung von Geldbußen und Zwangsgeldern zu gewährleisten. Von dieser Ermächti-

166

---

[318] Vgl. Punkt 1.2. der Begründung des Richtlinienentwurfs, ABl. 2001, Nr. C 240 E vom 28.8.2001, S. 125 ff.
[319] Vgl. Punkt b). der Begründung des Richtlinienentwurfs, ABl. 2001, Nr. C 240 E vom 28.8.2001, S. 125 ff.
[320] Vgl. *Tiedemann*, Agon 1997 Nr. 17, 12 f.; *ders.*, in: FS Roxin 2001, S. 1401, 1406 ff.; *Zieschang*, ZStW 113 (2001), 255, 256; *ders.*, in: *Hohloch* (Hrsg.), Wege zum Europäischen Recht, 2002, S. 39, 40.
[321] Vgl. auch *Müller-Gugenberger*, in: *ders./Bieneck* § 5 Rn. 81 ff.
[322] Der Vertrag zur Gründung der Europäischen Atomgemeinschaft (EURATOM) gilt in der konsolidierten Fassung 30.3.2012 fort, EU ABl. 2010, Nr. C 84, S. 1.
[323] Vgl. hierzu *Müller-Gugenberger*, in: *ders./Bieneck* § 5 Rn. 83.
[324] Näher dazu *Dannecker/Müller* Kap. 18 Rn. 277 ff.
[325] Eingehend dazu unten *Dannecker/Müller* Kap. 18 Rn. 238 ff.; vgl. auch *Dannecker/Biermann*, in: *Immenga/Mestmäcker* (Hrsg.), EG-Wettbewerbsrecht, Kommentar, Bd. II, 4. Aufl. 2007, Vor Art. 23 ff.

gung hat der Rat erstmals durch Erlass der **VO 17/62**[326] Gebrauch gemacht, die in Art. 15 Bußgeldvorschriften und in Art. 16 eine Zwangsgeldvorschrift enthielt. Diesen Bestimmungen der VO 17/62 entsprechende Regelungen wurden auch durch die Verordnungen über **Wettbewerbsregelungen für den Eisenbahn- und Straßenverkehr**[327] und **für den See- und den Luftverkehr**[328] geschaffen. An die Stelle dieser zuletzt genannten Verordnungen für die einzelnen Sektoren (Land-, See- und Luftverkehr) ist die Verordnung (EG) Nr. 2843/98 getreten, die eine Vereinfachung der Wettbewerbsregeln im Verkehrsbereich bringt.[329]

167 Zum 1.5.2004 wurde die VO 17/62 durch die **VO (EG) Nr. 1/2003 des Rates vom 16.12.2002 zur Durchführung der in den Artikeln 81 und 82 des Vertrags niedergelegten Wettbewerbsregeln**[330] abgelöst (vgl. Artt. 43, 45 VO 1/2003).[331] Zwar wurden die Vorschriften der Artt. 81 und 82 EGV durch Artt. 101 und 102 AEUV abgelöst, aber nach Art. 5 Abs. 1 des Vertrages von Lissabon ist auch die Übereinstimmungstabelle, die die Umnummerierung der Artikel ausweist und sich im Anhang des Vertrages befindet, Bestandteil des Primärrechts, so dass die Verweise entsprechend zu lesen sind (vgl. auch Art. 5 Abs. 2 Lissabon-Vertrag).[332]

168 Grund für diese Novellierung des Kartellrechts durch die **VO (EG) 1/2003**, die weiterhin gilt, war die mangelnde Effizienz des in der VO 17/62 enthaltenen sog. Zentralanmeldesystems, bei dem die Freistellung nach Art. 81 Abs. 3 EG (nun Art. 101 Abs. 3 AEUV) immer erst von der Kommission auf Antrag erteilt werden musste. Wegen der damit einhergehenden Überlastung der Kommission entsprach dieses System nicht den Erfordernissen des Art. 83 Abs. 2 lit. b EGV (Art. 103 Abs. 2 lit. b AEUV) nach einer wirksamen Überwachung bei möglichst einfacher Verwaltungskontrolle.[333] Deshalb wurde mit der VO (EG) 1/2003 dieses Zentralausnahmesystem durch ein **Legalausnahmesystem** ersetzt, bei dem die Freistellungstatbestände des Art. 101 Abs. 3 AEUV (ex-Art. 81 Abs. 3 EGV) direkte Anwendung finden.[334] Gleichzeitig sieht die Verordnung ein Netzwerk der nationalen und europäischen Wettbewerbsbehörden bei der Verfolgung von Verstößen gegen Artt. 101, 102 AEUV (Artt. 81, 82 EGV) vor. Insbesondere haben die Wettbewerbsbehörden Pflichten zur gegenseitigen Information und Zusammenarbeit. Gleichwohl ist ein paralleles Vorgehen mehrerer Behörden wegen desselben Verstoßes nicht ausgeschlossen, obwohl hierin nach deutschem Verfassungsverständnis ein Verstoß gegen den Grundsatz „ne bis in idem" liegt, der nicht nur eine doppelte Bestrafung, sondern auch eine doppelte Verfolgung ausschließt. Die nationalen Wettbewerbsbehörden, deren Sanktionen sich nach nationalem Recht bestimmen, sind bei Verstößen gegen Artt. 101, 102 AEUV (Artt. 81, 82 EGV) lediglich im Einzelfall zuständig. Die Zuständigkeit und die Befugnisse der Kommission richten sich ausschließlich nach den Vorschriften der VO (EG) 1/2003 (vgl. Art. 4 VO [EG] 1/2003). Insbesondere kann die Kommission gemäß Art. 23 VO (EG) 1/2003 bei bestimmten vorsätzlich oder fahrlässig begangenen wettbewerbswidrigen Verhaltensweisen Geldbußen gegen Unternehmen und Unternehmensvereinigungen verhängen.

Um klarzustellen, dass es sich bei den Geldbußen nicht um Kriminalstrafen handelt, wird in Art. 23 Abs. 5 VO (EG) 1/2003 ausdrücklich geregelt, dass die in Art. 23 vorgesehenen Sanktionen keinen strafrechtlichen Charakter haben. Die **Rechtsnatur der Geldbußen** wird gleichwohl ganz überwiegend als „Strafrecht im weiteren Sinne" qualifiziert und mit

---

[326] ABl. 1962, S. 204 ff.; vgl. auch *Dannecker/Biermann*, in: *Immenga/Mestmäcker* (Hrsg.), EG-Wettbewerbsrecht, Kommentar, Bd. II, Vor Art. 23 ff. Rn. 4 f.
[327] VO 1017/68, ABl. 1968, Nr. L 175 vom 23.7.1968, S. 1 f.
[328] VO 3975/87, ABl. 1987, Nr. L 347 vom 11.12.1987, S. 1 ff.
[329] ABl. 1998, Nr. L 354 vom 22.12.1998, S. 22 ff.
[330] ABl. 2003, Nr. L 001 vom 4.1.2003, S. 1 ff.; *Hamm*, Beilage zu NJW 8/2003 und EuZW 3/2003.
[331] Näher dazu unten Kapitel 16; vgl. auch zur Novellierung des Bußgeldtatbestandes *Dannecker/Biermann*, in: *Immenga/Mestmäcker* (Hrsg.), EG-Wettbewerbsrecht. Kommentar, Bd. II, Vor Art. 23 ff., Art. 23.
[332] Vgl. auch *Müller-Gugenberger*, in: *ders./Bieneck* § 5 Rn. 26 f.
[333] Erwägungsgründe 1 bis 3 der VO 1/2003, vgl. ABl. 2003, Nr. L 001 vom 4.1.2003, S. 1 ff.
[334] Vgl. dazu ausführlich *Dannecker*, wistra 2004, 361; vgl. zur früheren Rechtslage ausführlich *Deringer*, GRURAusl 1962, 283 ff.

B. Die Bedeutung des Unionsrechts

den Geldbußen des deutschen, italienischen und portugiesischen Ordnungswidrigkeitenrechts gleichgesetzt.[335] Dies bedeutet, dass grundsätzlich die besonderen rechtsstaatlichen Garantien des materiellen Strafrechts und des Strafverfahrensrechts auch für EG-rechtliche Geldbußen gelten müssen.[336]

Neben der VO (EG) 1/2003 enthielt auch die Verordnung über die Kontrolle von Unternehmenszusammenschlüssen (sog. **Fusionskontrollverordnung VO [EWG] 4064/89**)[337] in ihrem Art. 14 eine dem Bußgeldtatbestand der Kartellverordnung vergleichbare Sanktionsnorm. Allerdings wurde im Zuge der Novellierung des europäischen Kartellrechts auch das Fusionskontrollverfahren umfassend reformiert, damit dieses in einer effizienteren Form der Erweiterung der EU standhalten konnte. Deshalb wurde die VO (EWG) 4064/89 durch die am 1.1.2004 in Kraft getretene **VO (EG) 139/2004**[338] ersetzt. Diese neue Fusionskontrollverordnung beinhaltet zum einen flexiblere Prüfungsfristen und stärkt den Grundsatz der Einmalanmeldung von Fusionen mit gemeinschaftsweiter Bedeutung zur Vermeidung von Mehrfachanmeldungen. Zum anderen wurde das materielle Prüfkriterium zur Beurteilung von Zusammenschlussvorhaben umgestaltet.[339] Insbesondere wirkte sich die Reform aber auch auf den Bußgeldtatbestand des Art. 14 VO (EWG) 4064/89 aus. Diese Regelung wurde zwar im Grundsatz in Art. 14 VO 139/2004 übernommen; im Detail war sie aber von erheblichen Änderungen betroffen.[340]

b) Kompetenzen im EAG-Vertrag

Art. 83 Abs. 1 EAG sieht lediglich vor, dass **Zwangsmaßnahmen gegen Personen** oder Unternehmen festgesetzt werden können, wenn diese ihre Verpflichtungen aus Titel II des Vertrages verletzen. Diese Zwangsmaßnahmen werden teilweise als dem Bußgeldrecht der EU (ehemals der EG und EGKS) vergleichbar angesehen, indem ihnen eine repressive Funktion zugeschrieben wird.[341]

Die in Art. 83 Abs. 1 Unterabs. 2 a–d EAG vorgesehenen Zwangsmaßnahmen sind der Schwere nach geordnet und in dieser Reihenfolge auch zu verhängen. Die Kommission kann zunächst das Unternehmen bei einem Verstoß gegen die Artt. 77 ff. EAG **verwarnen**. Sodann kommt der **Entzug besonderer Vorteile** in Betracht, d. h. von Leistungen, die unmittelbar von der EAG oder im Rahmen eines von der EAG abgeschlossenen Vertrages gewährt werden, insbesondere finanzielle Hilfen für Forschungsprojekte, für gemeinsame Unternehmen oder für Schürfungsvorhaben. Darüber hinaus kann die Kommission die **Verwaltung des Unternehmens** für die Dauer von bis zu vier Monaten einer anderen Person oder Personengruppe übertragen, die im Einvernehmen zwischen Kommission und dem Mitgliedstaat, in dem sich das Unternehmen befindet, bestellt wird. Der Betriebserlös fließt jedoch weiterhin dem Eigentümer zu. Als gravierendste Zwangsmaßnahme kann die Kommission schließlich verfügen, dass dem Unternehmen die **Ausgangsstoffe** oder die besonderen spaltbaren Stoffe teilweise oder vollständig **entzogen** werden. Der vollständige Entzug solcher Stoffe hat zwangsläufig eine **Betriebsstilllegung** zur Folge. Die Vollstreckung der Sanktionen obliegt den Mitgliedstaaten. Sie haben auch dafür Sorge zu tragen, dass die Verstöße beendet werden.

---

[335] Vgl. *Böse*, Strafen und Sanktionen im Europäischen Gemeinschaftsrecht, S. 137 ff.; *Dannecker/Biermann*, in: Immenga/Mestmäcker (Hrsg.), EG-Wettbewerbsrecht, Kommentar, Bd. II, Art. 23 Rn. 290 ff.

[336] So bereits *Dannecker/Fischer-Fritsch*, Das EG-Kartellrecht in der Bußgeldpraxis, S. 7.

[337] Verordnung (EWG) Nr. 4064/89 des Rates vom 21. Dezember 1989 über die Kontrolle von Unternehmenszusammenschlüssen, ABl. 1989, Nr. L 395 vom 30.12.1989, S. 1 ff.

[338] Verordnung (EG) Nr. 139/2004 des Rates vom 20. Januar 2004 über die Kontrolle von Unternehmenszusammenschlüssen („EG-Fusionskontrollverordnung"), ABl. 2004, Nr. L 24 vom 29.1.2004.

[339] Vgl. *Staebe/Denzel*, EWS 2004, 199 ff.; *Bergmann/Burholt*, EuZW 2004, 161; umfassend auch *Berg*, BB 2004, 561 ff.

[340] Vgl. *Staebe/Denzel*, EWS 2004, 198.

[341] *Fornasier*, RMC 1982, 399, 403; vgl. auch *Mok*, Europees ekonomisch strafrecht, Delikt en Delinkwent, 1974, S. 269.

2. Die vom Gerichtshof und dem Gericht erster Instanz zu verhängenden Geldbußen

a) Satzungen des EuGH und des EuG

172 In den Satzungen des EuGH steht dem Gerichtshof für **ausbleibende Zeugen** die Befugnis zur Verhängung von Geldbußen zu (Art. 27 der Satzung des EuGH der EU[342] und Art. 25 der Satzung für die EAG). Nach Art. 47 Abs. 1 der Satzung des EuGH gelten diese Bestimmungen auch für das Verfahren vor dem EuG.[343]

b) Verfahrensordnungen

173 Während die Befugnis des EuGH und des EuG, **Geldbußen** festzusetzen, in den Satzungen nur erwähnt wird, sind die **Verfahrensordnungen** in dieser Hinsicht ausführlicher. Nach Art. 48 § 2 Abs. 1 Verfahrensordnung des EuGH[344] und Art. 69 § 2 Abs. 1 Verfahrensordnung des EuG[345] kann gegen einen Zeugen, der trotz ordnungsgemäßer Ladung nicht erscheint, eine Geldbuße von bis zu 5.000 Euro verhängt werden. Eine solche Sanktion kann auch festgesetzt werden, wenn der Zeuge die Aussage, die Eidesleistung oder die Versicherung an Eides statt verweigert (Art. 48 § 2 Abs. 2 Verfahrensordnung des EuGH, Art. 69 § 2 Abs. 2 Verfahrensordnung des EuG). Erscheint ein Zeuge in **vernehmungsunfähigem Zustand,** so wird auch dies als Ausbleiben angesehen und kann nach Art. 48 § 2 der Verfahrensordnung des EuGH bzw. Art. 69 § 2 Verfahrensordnung des EuG geahndet werden. Gleiches gilt für die **Verspätung des Zeugen,** sofern es sich nicht nur um eine geringfügige Verspätung handelt.

3. Weitergehende Bußgeldkompetenzen

174 Umstritten ist, ob die Gemeinschaft auch außerhalb der genannten Vorschriften die Kompetenz zur Schaffung von Bußgeldtatbeständen hat. In diesem Zusammenhang wird die Vorschrift des **Art. 261 AEUV** (ex-Art. 229 EGV) **als Ermächtigungsnorm für die Schaffung einer Zuständigkeit des EuGH zur Verhängung von Bußgeldern** diskutiert. Die Ableitung einer allgemeinen Befugnis des Rats aus dieser Regelung, Verstöße gegen EG/EU-Verordnungen auch mit „strafrechtlichen" Folgen zu versehen,[346] wird jedoch zu Recht überwiegend abgelehnt.[347] Berücksichtigt man nämlich, dass Geldbußen und Zwangsgelder in Art. 103 AEUV (ex-Art. 83 EGV) ausdrücklich genannt sind, so kann die wesentlich allgemeinere Rechtsgrundlage des Art. 261 AEUV (ex-Art. 229 EGV) eine so wichtige Ermächtigung nicht indirekt enthalten. Schließlich muss berücksichtigt werden, dass die Mitgliedstaaten bei den Reformen der Gemeinschaftsverträge auf eine diesbezügliche Klarstellung verzichtet hatten, so dass die hier vertretene Ansicht durch den Amsterdamer Vertrag bestätigt wurde und durch die Lissaboner Fassung – auch mit Blick auf Art. 325 AEUV – gestützt wird.

III. Kompetenz zur Einführung und Verhängung sonstiger repressiver Verwaltungssanktionen

175 Von den Kriminalstrafen und Geldbußen sind die sonstigen supranationalen Sanktionen des Sekundärrechts zu unterscheiden. Das europäische Recht sieht vor allem im **Agrar- und Fischereibereich** verschiedene verwaltungsrechtliche Sanktionen vor, die von den Mitglied-

---

[342] ABl. EU v. 30.3.2010, Nr. C 84, S. 76.
[343] *Böse*, Strafen und Sanktionen im Europäischen Gemeinschaftsrecht, S. 243 ff.
[344] ABl. L 176 vom 4.7.1991, S. 7, und L 383 vom 29.12.1992 in der Fassung vom 13.1.2009, ABl. L 24 vom 28.1.2009, S. 8.
[345] ABl. L 136 vom 30.5.1991, S. 1, mit Berichtigung im ABl. L 193 vom 17.7.1991, S. 44, und im ABl. L 317 vom 19.11.1991, S. 34 in der Fassung vom 24. 05.2011, ABl. L 162 vom 22.6.2011, S. 18.
[346] So auch *Ipsen*, Europäisches Gemeinschaftsrecht, 1972, S. 533 ff.
[347] Vgl. nur *Pache*, Der Schutz der finanziellen Interessen, 1994, S. 306 m. w. N.

B. Die Bedeutung des Unionsrechts

staaten im Falle einer unberechtigten Inanspruchnahme von Unionssubventionen verhängt werden können.[348] Diese Sanktionen reichen von der Kürzung oder Versagung von Beihilfen bis hin zu Rückforderungen mit Zusatzbeträgen, die über die bloße Rückforderung der unrechtmäßig erlangten Beihilfen hinausgehen, sowie zum Ausschluss von künftigen Subventionen. Es kann also zwischen Sanktionen, die zu finanziellen Einbußen führen, und solchen, die einen – zumindest zeitweiligen – Rechtsverlust zum Inhalt haben, differenziert werden.

Die Verordnungen, die diese Sanktionen enthalten, sind fast ausschließlich solche der Kommission zur Durchführung von Ratsverordnungen. Dabei waren die Sanktionen in den Verordnungen zunächst nicht systematisch geregelt. Erst im Jahre 1995 wurde eine **Rahmenverordnung** erlassen, die einige Grundsätze für alle Sanktionen vorsieht, so z. B. das Verhältnismäßigkeitsprinzip, das Rückwirkungsverbot, die Regelungen für die Verfolgungs- und Vollstreckungsverjährung und über das Verhältnis zu nationalen Sanktionen.[349]

1. Strafzuschläge und Kautionsverfall

Zu finanziellen Einbußen führen **pauschalierte Rückzahlungsaufschläge** und erhöhte **Zinsforderungen,** die sog. Strafzuschläge. Diese finden sich vornehmlich im subventionsrechtlichen Bereich (z. B. Artt. 4 und 5 VO [EG, Euratom] 2988/95). Die in den Verordnungen vorgesehenen Zuschläge, die von den Mitgliedstaaten erhoben werden, reichen von der einfachen Verzinsung von Rückerstattungsbeiträgen erschlichener Subventionen bis hin zu **Strafzuschlägen** in Höhe von bis zu 40 %.[350] 176

Weiterhin sehen die Marktordnungen der EG auf dem Sektor des Agrarmarktes für die Einfuhr bestimmter Agrarprodukte aus Drittländern sowie teilweise für deren Ausfuhr Lizenzen vor, die nicht nur zur Ein- bzw. Ausfuhr berechtigen, sondern hierzu auch verpflichten (vgl. etwa Art. 8 VO [EWG] 3183/80[351]). Der Zweck solcher Ein- und Ausfuhrlizenzen besteht darin, den Behörden der Gemeinschaft eine zuverlässige Prognose über die künftigen Warenströme zu ermöglichen. Der Antragsteller muss eine **Lizenz-Kaution** beibringen, um sicherzustellen, dass er seiner Verpflichtung während der Gültigkeitsdauer der Lizenz tatsächlich nachkommt. Die Höhe der Kaution ist in den einschlägigen Gemeinschaftsvorschriften genau festgelegt. Die Kaution verfällt, wenn die Einfuhr oder Ausfuhr nicht bis zum Ablauf der Lizenz durchgeführt wird, es sei denn, dass ein Fall höherer Gewalt vorliegt (Art. 33 Abs. 3 VO [EWG] 3183/80).[352] 177

Die Stellung einer Kaution ist darüber hinaus in solchen Fällen erforderlich, in denen die Gemeinschaft z. B. Beihilfen dafür gewährt, dass sich ein Antragsteller verpflichtet, auf dem Markt überschüssige Waren für einige Zeit vom Markt zu nehmen und privat einzulagern, oder in denen eine bestimmte Verarbeitung von Überschussprodukten vorgeschrieben wird, um den Markt nicht weiter mit dem betreffenden Produkt zu belasten.[353] Eine **Einlagerungskaution** verfällt, wenn der private Lagerhalter die Ware nicht, nicht rechtzeitig oder unsachgemäß einlagert oder sie vor Ablauf der festgelegten Zeit wieder auslagert. Bei den **Verarbeitungskautionen** tritt ein Verfall ein, wenn der Kautionssteller die vorgeschriebene 178

---

[348] Einen Überblick über die verschiedenen Verordnungen gibt *Heitzer,* Punitive Sanktionen im Europäischen Gemeinschaftsrecht, 1997, S. 47 ff.

[349] VO (EG, Euratom) 2988/95, ABl. 1995, L 312 vom 23.12.1995, S. 1 ff.; eingehend dazu *Heitzer,* Punitive Sanktionen im Europäischen Gemeinschaftsrecht, S. 170 ff.

[350] Näher dazu *Tiedemann,* NJW 1993, 23, 27; vgl. auch *Heitzer,* Punitive Sanktionen im Europäischen Gemeinschaftsrecht, S. 47 ff.

[351] Verordnung (EWG) Nr. 3183/80 der Kommission vom 3. Dezember 1980 über gemeinsame Durchführungsvorschriften für Einfuhr- und Ausfuhrlizenzen sowie Vorausfestsetzungsbescheinigungen für landwirtschaftliche Erzeugnisse, Abl. EU Nr. L 338 vom 13.12.1980, S. 1

[352] EuGH Slg. 1968, 577 (*Schwarzwaldmilch*); vgl. dazu *Dannecker,* in: *Schünemann/Suárez González* (Hrsg.), Bausteine des Europäischen Wirtschaftsstrafrechts, S. 331, 340 f.; ferner *Schröder, Chr.,* Europäische Richtlinien, S. 108.

[353] Dies gilt etwa bei der gemeinsamen Marktordnung für Schweinefleisch, VO (EG) Nr. 2795/75; 2763/75; 1889/76.

Verarbeitung nicht oder nicht fristgerecht vornimmt. Schließlich gibt es Fälle von Kautionsstellungen mit Verfallsregelungen im Bereich von **Abschöpfungsfreistellungen** und **Ausfuhrerstattungen**. Der vollständige Verfall einer Kaution ist bei einer Verletzung bloßer Nebenpflichten nicht zulässig,[354] da auch beim Kautionsrecht der Grundsatz der Verhältnismäßigkeit zu beachten ist.

179 Das Unionsrecht regelt für keinen der genannten Fälle, welcher konkrete Anspruch mit der zu stellenden Kaution gesichert werden soll. Aus diesem Grund wird in der Literatur die Frage aufgeworfen, ob es sich bei dem Kautionsverfall um eine **verdeckte Strafsanktion** handele, für deren Verhängung die Union keine Kompetenz habe.[355] Der EuGH[356] und auch das Bundesverfassungsgericht[357] verneinen jedoch den Strafcharakter des Kautionsverfalls und qualifizierten ihn als rein verwaltungsrechtliche Sanktion, weil die Kaution nur die Sicherheit für die Erfüllung einer freiwillig übernommenen Verpflichtung sei und daher einer Strafsanktion nicht gleichgestellt werden könne.[358] Hingegen werden Strafzuschläge in der Literatur als Strafen im weiteren Sinne eingeordnet.[359] Dies hat zur Folge, dass die Hinterziehung solcher Strafen weder nach § 370 AO, da es sich nicht um Abgaben handelt, noch nach § 263 StGB, da der Betrugstatbestand nur das Vermögen schützt, strafbar ist.[360]

2. Subventionskürzungen, Abzüge und Subventionssperren

180 Die zweite Gruppe von Sanktionen, zu denen die **Kürzung oder Streichung von Subventionen**, die sog. Abzüge und die Subventionssperren gehören, führen zu einem **Rechtsverlust**. So können im Bereich der Agrarsubventionen bei Überschreitung der gemeldeten beihilfefähigen Flächen um bis zu 10 % die Beihilfen um den entsprechenden Prozentsatz gekürzt werden. Wird die Fläche um mehr als 10 % überschritten, so kann die gesamte Subvention für den Bewilligungszeitraum gestrichen werden.

181 Der Kürzung von Subventionen stehen die sog. **Abzüge** gleich. Sie können verhängt werden, wenn in den Subventionsanträgen nur zum Teil unrichtige Angaben gemacht wurden und der Verstoß nicht schwerwiegend war. Welche dieser Sanktionen im Einzelfall verhängt wird, bestimmt sich nach Art und Schwere der Täuschungshandlung.

182 Eine besonders einschneidende Maßnahme stellt schließlich die **Subventionssperre** dar. Bei erheblichen Unregelmäßigkeiten kann ein Landwirt über den beantragten Subventionsgewährungszeitraum hinaus auch für zukünftige Bewilligungszeiträume von der Subventionierung völlig ausgeschlossen werden.[361]

3. Allgemeiner Teil für ein Europäisches Verwaltungssanktionenrecht

183 Mit der **Verordnung (EG, Euratom) des Rates Nr. 2988/95 über den Schutz der finanziellen Interessen der Gemeinschaften**[362] waren die ersten Schritte zur Durchführung einer Harmonisierung auf Gemeinschaftsebene getan, um wirksam gegen die Schädigung der Unionsfinanzen vorzugehen.[363] Diese Verordnung ist Ende 1995 in Kraft getreten und in all

---

[354] EuGH Slg. 1979, 2137 (*Atlanta Amsterdam/Produktschap vor Vee en Vlees*).
[355] *P. Tiedemann*, NJW 1983, 2727 ff.
[356] Vgl. EuGH Slg. 1970, 1125 (*Internationale Handelsgesellschaft mbH/Einfuhr- und Vorratsstelle für Getreide und Futtermittel*); vgl. auch *Barents*, ELR 1985, 242.
[357] BVerfGE 37, 271, 288 (*Solange I*).
[358] *P. Tiedemann*, NJW 1983, 2727 ff.
[359] *Böse*, Strafen und Sanktionen im Europäischen Gemeinschaftsrecht, S. 262 ff.; differenzierend *Heitzer*, Punitive Sanktionen im Europäischen Gemeinschaftsrecht, S. 88 ff.
[360] Vgl. hierzu auch *Bülte*, HRRS 2011, 465 ff. m. w. N.
[361] Zur Einordnung als Strafe vgl. *Heitzer*, Punitive Sanktionen im Europäischen Gemeinschaftsrecht, S. 105 ff.
[362] ABl. 1995, Nr. L 312 vom 18.12.1995, S. 1 ff.; näher dazu unten Rn. 335 ff.
[363] Näher dazu *Dannecker*, ZStW 108 (1996), 603 ff.

B. Die Bedeutung des Unionsrechts

ihren Teilen verbindlich; sie gilt in jedem Mitgliedstaat unmittelbar. Sie sieht die Einführung von verwaltungsrechtlichen Maßnahmen und Sanktionen als Reaktionen auf Handlungen zum Nachteil der finanziellen Interessen der Gemeinschaften vor, die *neben* den Kriminalstrafen verhängt werden sollen.[364] Diese Sanktionen in Form von Rückerstattungen, Verlust von Sicherheiten, Geldbußen etc. nach Artt. 4 und 5 der **Verordnung (EG, Euratom) des Rates Nr. 2988/95** werden von den Verwaltungsbehörden der Mitgliedstaaten verhängt.

Der Rat hat sich mit dieser Verordnung darüber hinaus das Ziel gesetzt, einen „allen Bereichen der Gemeinschaftspolitik gemeinsamen rechtlichen Rahmen" für die bereits bestehenden und die zukünftig einzuführenden Sanktionsvorschriften des europäischen Verordnungsrechts zu schaffen sowie einheitliche Modalitäten der Sanktionierung festzulegen, also eine Art **Allgemeinen Teil für ein europäisches Verwaltungssanktionenrecht** zu normieren, der von den Mitgliedstaaten bei der Verhängung gemeinschaftsrechtlicher Sanktionen anzuwenden ist. Es wird zwischen „verwaltungsrechtlichen Maßnahmen" und „verwaltungsrechtlichen Sanktionen" unterschieden. Sanktionen dürfen grundsätzlich nur für vorsätzliche und fahrlässige Unregelmäßigkeiten verhängt werden, Maßnahmen können auf jede – auch schuldlose – Unregelmäßigkeit folgen.[365]

184

IV. Verpflichtung der Mitgliedstaaten zur Sanktionierung der Verletzung des Unions- bzw. Gemeinschaftsrechts

1. Verpflichtung der Mitgliedstaaten zum Erlass von Sanktionsnormen

Im Zusammenhang mit der Sanktionskompetenz der EG kommt insbesondere der Entscheidung des EuGH zum sog. **„Griechischen Maisfall"** aus dem Jahre 1989 tragende Bedeutung zu,[366] die im Rahmen eines Vertragsverletzungsverfahrens ergangen ist. In diesem Urteil, in dem es um Betrügereien im Zusammenhang mit Agrarabschöpfungen unter Mitwirkung griechischer Beamter ging, kam der Gerichtshof zu dem Ergebnis, dass die Griechische Republik gegen Art. 4 Abs. 3 EUV (ex-Art. 10/Art. 5 EGV) verstoßen habe, weil sie keine straf- oder disziplinarrechtlichen Verfahren gegen die Personen eingeleitet hatte, die an der Durchführung und Verschleierung von Abschöpfungshinterziehungen beteiligt gewesen waren.[367] Nach der Rechtsprechung des EuGH haben die Mitgliedstaaten die Verpflichtung, alle geeigneten Maßnahmen zu treffen, um die Geltung und Wirksamkeit des Gemeinschaftsrechts zu gewährleisten. Dies ergebe sich aus dem Grundsatz der Gemeinschaftstreue und dem Effektivitätsprinzip.[368] Hierzu gehöre es, Verstöße gegen das Gemeinschaftsrecht nach ähnlichen sachlichen und verfahrensrechtlichen Regelungen ebenso zu ahnden wie gleichartige Verstöße gegen nationales Recht. Zwar verbleibe den Mitgliedstaaten die Wahl der Sanktionen; die nationalen Stellen müssten aber bei Verstößen gegen das Gemeinschaftsrecht mit derselben Sorgfalt vorgehen, die sie bei der Anwendung der entsprechenden nationalen Vorschriften walten ließen **(Gleichstellungserfordernis)**.[369] Darüber hinaus müssten die Sanktionen jedenfalls wirksam, verhältnismäßig und abschreckend sein **(Mindesttrias)**.[370]

185

---

[364] Näher dazu *Heitzer*, Punitive Sanktionen im Europäischen Gemeinschaftsrecht, S. 121 ff.

[365] Näher dazu *Heitzer*, Punitive Sanktionen im Europäischen Gemeinschaftsrecht, S. 6 ff.

[366] EuGH Urt. v. 21.9.1989 – C-68/88, NJW 1990, 2245 *(Griechischer Mais)* m. Anm. *Bleckmann*, WuR 1991, 283 f.; *Tiedemann*, EuZW 1990, 100 f.; vgl. auch *Böse*, Strafen und Sanktionen im Europäischen Gemeinschaftsrecht, S. 410 f.; *Bonichot*, Rev. Science crim. 1990, 155 f.; *Gröblinghoff*, Die Verpflichtung des deutschen Strafgesetzgebers, S. 12 ff.; *Stoffers*, JA 1994, 131 ff.; *Müller-Gugenberger*, in: ders./*Bieneck* § 5 Rn. 73.

[367] *Schermers/Pearson*, FS Steindorff 1990, S. 1359, 1366 f.; kritisch zur Anweisungskompetenz der Gemeinschaft direkt aus Art. 10 (ex-Art. 5) EG *Appel*, in: *Dannecker* (Hrsg.), Lebensmittelstrafrecht und Verwaltungssanktionen in der Europäischen Union, S. 165, 172 f.

[368] Vgl. dazu *Bleckmann*, FS Stree und Wessels 1993, S. 107, 109 f.

[369] Vgl. dazu *Zuleeg*, JZ 1992, 761, 767.

[370] So auch EuGH Slg. 1990, 2935 *(Hansen)*; Slg. 1990, 423 *(Zwartveld)*; vgl. auch *Hecker*, Europäisches Strafrecht, § 7 Rn. 24 ff.

186 Diese Rechtsprechung hatte der EuGH durch sein **Urteil C-176/03 zum Umweltrahmenbeschluss**[371] fortgeführt, indem er der EG im Ergebnis das Recht zugestanden hatte, nicht länger nur allgemeine Sanktionen zu fordern, sondern den Mitgliedstaaten konkret auch strafrechtliche Regelungen vorzugeben. Insbesondere wird in den Urteilsgründen ausgeführt, dass der Gemeinschaftsgesetzgeber *„Maßnahmen in Bezug auf das Strafrecht der Mitgliedstaaten ergreifen [kann], die seiner Meinung nach erforderlich sind, um die volle Wirksamkeit der von ihm zum Schutz [des zu regelnden Politikbereiches] erlassenen Rechtsnormen zu gewährleisten"*. Damit hat der EuGH dem Gemeinschafts-/Unionsgesetzgeber letztlich ausdrücklich eine **Annexkompetenz zur Strafrechtssetzung** in den im EG-Vertrag geregelten Politikbereichen zugestanden. Während der Gemeinschafts-/Unionsgesetzgeber also nach dem Urteil im sog. *„Griechischen Maisfall"* nur die Regelung wirksamer, verhältnismäßiger und abschreckender Sanktionen anordnen konnte, ohne diese genauer spezifizieren zu dürfen, stand damit fest, dass der Rat in den im EG-Vertrag genannten Politikbereichen auch Regelungen strafrechtlichen Inhalts vorgeben darf. Damit war ein weiterer wesentlicher **Grundstein für ein europäisches Strafrecht** gelegt[372] und die Kompetenz der Union zur Vorgabe strafrechtlicher Sanktionen außerhalb der in Art. 83 Abs. 2 AEUV genannten Bereichen grundsätzlich anerkannt.

187 Die Verpflichtung zum Erlass von Sanktionsnormen kann sich zum einen unmittelbar aus dem **Primärrecht** und zum anderen aus dem **Sekundärrecht** in Verbindung mit Art. 4 Abs. 3 EUV (ex-Art. 10 EGV) ergeben. Daher muss der Gesetzgeber sicherstellen, dass ein im Primärrecht angelegtes Rechtsgut durch das nationale Strafrecht dem vergleichbaren nationalen Rechtsgut adäquat geschützt ist, so z. B. das Strafrecht die Existenz und die Aufgaben des Gerichtshofs ebenso schützt wie die nationaler Gerichte. Im Sekundärrecht geht es darum, Verhaltensnormen zur strafrechtlichen Bewehrung zu verhelfen, die strafrechtlich relevante Rechtsgüter schützen sollen. Dabei darf die Sanktionsnorm nicht unverhältnismäßig sein, insbesondere nicht durch unangemessene Strenge eine Grundfreiheit beeinträchtigen;[373] auch darf sie nicht den Wettbewerb verzerren.

188 Der EuGH überprüfte im Fall *„van de Venne"*[374] die Verpflichtung der Mitgliedstaaten, die **Strafbarkeit juristischer Personen** einzuführen. Ein Lastwagenfahrer war überführt worden, die gemeinschaftsrechtlich vorgeschriebenen Lenk- und Ruhezeiten nicht eingehalten zu haben. Nach belgischem Recht konnten nur der Fahrer und im Betrieb verantwortliche Personen strafrechtlich verantwortlich gemacht werden, nicht aber das Unternehmen an sich, weil das belgische Strafrecht die Verantwortlichkeit juristischer Personen nicht kannte. In der einschlägigen EG-Verordnung war vorgesehen, dass die Unternehmen für die Einhaltung der vorgeschriebenen Lenk- und Ruhezeiten zu sorgen haben. Der EuGH präzisierte die Mindesterfordernisse, die Art. 10 (ex-Art. 5) EG (nunmehr Art. 4 Abs. 3 AEUV) an eine nationale Sanktionsnorm im Dienste der Gemeinschaft stellt. Der Gerichtshof wiederholte – unter Berufung auf das Urteil im Fall *„Hansen"*[375] – sinngemäß die entscheidenden Passagen des *„Mais"*-Urteils (Gleichstellungserfordernis und Mindesttrias) und folgerte daraus, dass die Mitgliedstaaten nicht verpflichtet seien, die Strafbarkeit juristischer Personen einzuführen: „Zuwiderhandlungen gegen Art. 15 der Verordnung […] können durch die Anwendung von Bestimmungen bestraft werden, die mit den Grundprinzipien des nationalen Strafrechts in Einklang stehen, sofern die sich daraus ergebenden Sanktionen wirksam, verhältnismäßig und abschreckend sind."[376]

189 Die Entscheidung im *Mais-Fall* bedeutete eine **Fortentwicklung der Rechtsprechung,** denn der EuGH hatte zunächst in dem Urteil *„Amsterdam Bulb"*[377] dargelegt, dass Art. 10 (ex-

---

[371] EuGH, Slg. 2005 I-07879; vgl. dazu *Böse,* GA 2006, 211 ff.; *Braum,* wistra 2006, 121 ff.; *Schünemann,* StV 2006, 361 ff.; *Heger,* JZ 2006, 310 ff.; *Streinz,* JuS 2006, 164 ff.; vgl. auch Rn. 108 f. und 141.
[372] EuGH EuZW 2005, 634.
[373] Zu den vier Grundfreiheiten der Römischen Verträge *Müller-Gugenberger,* in: *ders./Bieneck* § 5 Rn. 40.
[374] EuGH Slg. 1991 I, 4371.
[375] EuGH Slg. 1990 I, 2911.
[376] EuGH Slg. 1991 I, 4388.
[377] EuGH Slg. 1977, 137 ff.; vgl. hierzu auch *Hecker,* Europäisches Strafrecht, § 7 Rn. 16, 22.

B. Die Bedeutung des Unionsrechts

Art. 5) EGV (nunmehr Art. 4 Abs. 3 AEUV) den einzelnen Staaten die Wahl der sachgerechten Maßnahmen einschließlich der Wahl der – auch strafrechtlichen – Sanktionen überlasse. Die Mitgliedstaaten könnten Sanktionen wählen, die ihnen sachgerecht erschienen.[378]

Im Fall „*von Colson* und *Kamann*" wurde die Freiheit der Mitgliedstaaten bei der **Wahl der Sanktionen** eingeschränkt, ohne eine Strafverpflichtung zu statuieren: Die Klägerinnen waren wegen ihres Geschlechts bei der Besetzung von Sozialarbeiterstellen nicht berücksichtigt worden. Hierin lag nach Auffassung des EuGH ein Verstoß gegen eine EG-Richtlinie, die einen gleichen Zugang von Männern und Frauen zum Beruf vorgab.[379] Das deutsche Arbeitsgericht hatte den beiden Frauen nur die Erstattung von Fahrtkosten zugesprochen. Der Gerichtshof gab der Klage statt und legte dar, dass die Sanktion „eine wirklich abschreckende Wirkung gegenüber dem Arbeitgeber" haben müsse.[380] Der Mitgliedstaat könne unter den verschiedenen Möglichkeiten auswählen. Entscheide er sich jedoch für eine Entschädigung, so müsse diese jedenfalls, damit ihre Wirksamkeit und ihre abschreckende Wirkung gewährleistet seien, in einem angemessenen Verhältnis zu dem erlittenen Schaden stehen und somit über einen rein symbolischen Schadensersatz hinausgehen.[381] Diese Kriterien belassen dem Gesetzgeber einen sehr viel weiteren Spielraum bei der Ausgestaltung der zivilrechtlichen Normen als die Entscheidung „*Griechischer Mais*", weil der EuGH die Kriterien der Wirksamkeit, Verhältnismäßigkeit und abschreckenden Wirkung ausdrücklich auf die zivilrechtliche Entschädigung beschränkt hat. Demgegenüber war in dem „*Mais-Urteil*" zum einen die Forderung neu, dass Verstöße gegen Gemeinschaftsrecht nach ähnlichen sachlichen und verfahrensrechtlichen Regeln geahndet werden müssen wie nach Art und Schwere gleichartige Verstöße gegen nationales Recht, und zum anderen die Ausweitung der Erfordernisse der Wirksamkeit, Verhältnismäßigkeit und abschreckenden Wirkung auf **jede Sanktionsnorm**, die Verstöße gegen Gemeinschaftsrecht ahnden soll.

Die **Verpflichtung zur Gleichbehandlung** hatte der Gemeinschaftsgesetzgeber für den Bereich der Bekämpfung von Betrügereien zum Nachteil der EG in Art. 209a EGV a. F. aufgenommen und so eine primärrechtliche Grundlage geschaffen.[382] Außerhalb des Bereichs der Betrugsbekämpfung nach Art. 325 AEUV (ex-Art. 280 EGV) hat diese Rechtsprechung weiterhin erhebliche Bedeutung bei der Begründung der Kompetenz zur Schaffung von Sanktionsnormen und auch bei der unionsrechtskonformen Auslegung nationalen Rechts.

2. Inhalt der Richtlinien und Verordnungen, die zum Erlass von Strafnormen verpflichten

a) Verpflichtung zur Einführung „geeigneter Maßnahmen"

Die Gemeinschaft selbst hatte sich bislang im Wesentlichen damit begnügt, die Forderung nach wirksamen Sanktionen im Recht der Mitgliedstaaten zu erheben, ohne die konkrete Art und das Ausmaß der Sanktionen näher festzulegen. Auch in der „Richtlinie zur Koordinierung der Vorschriften betreffend Insider-Geschäfte"[383] und der „Richtlinie zur Verhinderung der Nutzung des Finanzsystems zum Zwecke der Geldwäsche"[384] hat der Rat von der ursprünglich vorgesehenen Regelung, die Mitgliedstaaten zur Androhung von Kriminalstrafen ausdrücklich zu verpflichten, abgesehen.[385] Hierzu hat die Kommission insbesondere die

---

[378] EuGH Slg. 1977, 150.
[379] Richtlinie 76/207/EWG des Rates vom 9. Februar 1976 zur Verwirklichung des Grundsatzes der Gleichbehandlung von Männern und Frauen hinsichtlich des Zugangs zur Beschäftigung, zur Berufsbildung und zum beruflichen Aufstieg sowie in Bezug auf die Arbeitsbedingungen, ABl. L 39 vom 14.2.1976, S. 40.
[380] EuGH Slg. 1984, 1908, m. Anm. *Bleckmann*, DB 1984, 1297 ff.; *Zuleeg*, RdA 1984, 325 ff.
[381] EuGH Slg. 1984, 1909.
[382] Zur Rechtslage nach dem Amsterdamer Vertrag vgl. oben Rn. 156 ff.
[383] Richtlinie des Rates 89/592/EWG vom 13.11.1989, ABl. 1989, Nr. L 334 vom 18.11.1989, S. 30.
[384] Richtlinie des Rates 91/308/EWG vom 10.6.1991, ABl. 1991, Nr. L 166 vom 28.6.1991, S. 77.
[385] Vgl. dazu *Vogel*, ZStW 109 (1997), 335 ff.

Formulierung verwandt, die Mitgliedstaaten hätten **„geeignete Maßnahmen"** zum Schutz bestimmter Interessen zu treffen.

b) Verzicht auf die Forderung nach Einführung bestimmter Sanktionen

193 Die Formulierung, die Mitgliedstaaten hätten „geeignete Maßnahmen" einzuführen, ist z. B. in Art. 5 der Richtlinie des Rates zur Erhaltung der wild lebenden Vogelarten[386] enthalten, wonach die Mitgliedstaaten „die erforderlichen Maßnahmen zur Schaffung einer allgemeinen Regelung zum Schutz aller unter Art. 1 fallenden Vogelarten" treffen. Daraufhin wurde in England ein Straftatbestand eingeführt, der einen Verstoß gegen die Verbote zum Schutz der Vögel mit Geldstrafe sanktionierte.[387] Angesichts des Wortlauts des Art. 249 (ex-Art. 189) Abs. 3 EGV (nunmehr Art. 288 UAbs. 3 AEUV), der die Richtlinie für jeden Mitgliedstaat, an den sie gerichtet wird, nur hinsichtlich des zu erreichenden Zieles für verbindlich erklärt, den innerstaatlichen Stellen jedoch die Wahl und Form der Mittel überlässt, ist fraglich, ob die EG die Mitgliedstaaten auf diese Weise gleichwohl zur **Androhung bestimmter Sanktionen** verpflichten konnte. In der Literatur wurde dies zum Teil bejaht.[388]

194 Zu bedenken ist hierbei jedoch, dass die Erforderlichkeit einer solchen Unionsinitiative, die das **Subsidiaritätsprinzip** fordert, allenfalls dann gegeben ist, wenn durch die Unterschiede in den Mitgliedstaaten schwerwiegende Wettbewerbsverzerrungen herbeigeführt werden oder wenn die Erreichung der von der EU verfolgten Ziele – vor allem des Gesundheitsschutzes und des freien Warenverkehrs – ernsthaft gefährdet erscheinen.[389] Hingegen ist ein solches Bestreben nicht gerechtfertigt, wenn einzelne Verstöße nur nicht bzw. geringfügig oder in den Mitgliedstaaten nach unterschiedlichen Maßstäben geahndet werden. Außerdem ist zu berücksichtigen, dass der nationale Umsetzungsakt nur noch einen Formalismus bedeuten würde, wenn die Straftatbestände und die Höhe der strafrechtlichen Sanktionen detailliert vorgegeben werden könnten.

c) Beschlossene Richtlinien und Verordnungen

195 Von der Möglichkeit, die Mitgliedstaaten **allgemein zum Erlass von Strafnormen** zu verpflichten, hatte bereits die EG mehrfach Gebrauch gemacht.[390] Die **bisherigen Richtlinien und Verordnungen,** die zur Einführung nationaler Strafnormen verpflichten, betreffen neben den bereits oben erwähnten Bereichen z. B. Begleitpapiere für den Transport von Weinbau-Erzeugnissen und die im Weinsektor zu führenden Ein- und Ausgangsbücher, das Bilanz- und Außenwirtschaftsrecht und das Datenbankrecht. Kriminalpolitische Elemente finden sich auch in der Richtlinie 93/37/EWG des Rates vom 14.6.1993 zur Koordinierung der Verfahren zur Vergabe öffentlicher Bauaufträge aus dem Jahre 1993,[391] die es ermöglichen will, Unternehmer abzuweisen, die bereits verurteilt worden sind oder gegen die Sozialgesetzgebung verstoßen haben. Ferner soll auch die **Mehrwertsteuersystemrichtlinie**[392] dem Zweck dienen, Steuerumgehungen und Steuerhinterziehungen zu verhindern. Daher sollen die darin vorgesehenen Steuernachteile wie etwa der Verlust der Steuerbefreiung von Mitgliedstaaten auch zu Sanktionszwecken eingesetzt werden.[393]

---

[386] Richtlinie 79/409/EWG, ABl. 1979, Nr. L 103 vom 25.4.1979, S. 1.
[387] Siehe dazu *France,* European Journal of Crime, Criminal Law and Criminal Justice 1994, 343.
[388] Vgl. *Funck-Brentano,* EuZW 1992, 745; *Grasso,* Comunità Europee e Diritto Penale, 1989, S. 192 ff.
[389] Vgl. *J. Heine,* in: *Dannecker* (Hrsg.), Lebensmittelstrafrecht und Verwaltungssanktionen in der Europäischen Union, 1994, S. 23, 34 f.
[390] Vgl. den Überblick bei *Eisele,* JA 2000, 896 ff., 991 ff.; ferner *Brodowski,* ZIS 2010, 751 ff.
[391] ABl. 1993, Nr. L 199 vom 9.8.1993, S. 54 ff.
[392] Richtlinie 2006/112/EG des Rates vom 28. November 2006 über das gemeinsame Mehrwertsteuersystem, ABl. EU v. 11.12.2006, Nr. L 347, S. 1 ff.
[393] Vgl. EuGH NJW 2011, 203 ff., 206 – *Rechtsache R,* Rn. 50; vgl. ferner *Bülte,* HRRS 2011, 465, 471.

V. Ausdehnung des Anwendungsbereichs der nationalen Strafrechtsordnungen (Assimilierungsprinzip)

Trotz beschränkter Kompetenz der EG auf dem Gebiet des Kriminalstrafrechts gab es bereits vor der Novelle durch den Lissabon-Vertrag gemeinschaftsrechtliche Regelungen, die den Anwendungsbereich der nationalen Strafrechtsordnungen ausdehnten, indem sie auf nationale Strafrechtsnormen verwiesen (Assimilierung)[394] und dadurch erreichten, dass die den Schutz nationaler Rechtsgüter bezweckenden Strafnormen auch für entsprechende **Gemeinschaftsrechtsgüter** anwendbar sind.[395] Durch solche Verweisungen entstanden und entstehen noch neue, abgeleitete Normen, so dass insofern bereits seit langem von einem **unionsrechtlichen Strafrecht** gesprochen werden kann.[396]

1. Verweisungsnormen im primären Gemeinschaftsrecht

Im Bereich des primären Gemeinschaftsrechts betrifft die Ausdehnung des Anwendungsbereichs nationaler Straftatbestände durch EG-Vorschriften die **Eidesverletzungen,** die vor dem EuGH und dem EuG begangen werden,[397] den **Geheimnisverrat der Bediensteten der Atomüberwachungsbehörde** sowie Strafnormen zur Ahndung von **Verstößen gegen die gemeinsame Verfahrensordnung des Gerichtshofes der Europäischen Gemeinschaft.**[398]

2. Verweisungsnormen im sekundären Gemeinschaftsrecht

Auch im sekundären Gemeinschaftsrecht finden sich mehrere Verordnungen, die für die Verletzung EG-rechtlicher Normen auf die inhaltlich entsprechenden **nationalen Strafvorschriften verweisen** und diese für anwendbar erklären,[399] so z. B. Art. 5 VO Nr. 28/62 des Rates zur Durchführung einer Lohnerhebung.[400] Eine gleichlautende Regelung enthält Art. 5 Abs. 2 der VO Nr. 188/64/EWG des Rates zur Durchführung einer Erhebung über Struktur und Verteilung der Löhne in Industrie und Handwerk.[401] Dadurch wurde § 13 a. F. des Gesetzes über die Statistik für Bundeszwecke erweitert.[402] Nunmehr enthält § 18 Abs. 1 BStatG vom 22.1.1987 einen generellen Verweis auf durch Rechtsakte der Europäischen Gemeinschaften angeordnete Erhebungen. Ein weiteres Beispiel bietet die VO Nr. 1468/81 des Rates vom 19.5.1981 betreffend die gegenseitige Unterstützung der Verwaltungsbehörden der Mitgliedstaaten und die Zusammenarbeit dieser Behörden mit der Kommission, um die ordnungsgemäße Anwendung der Zoll- und der Agrarregelungen zu gewährleisten.[403]

---

[394] Vgl. hierzu *Dannecker* in: FG-50 Jahre BGH, S. 339, 349 ff.

[395] *Cuerda*, in: Schünemann/Suárez González (Hrsg.), Bausteine des Europäischen Wirtschaftsstrafrechts, S. 367, 373; *Dannecker,* in: Böse (Hrsg.), Europäisches Strafrecht, § 8 Rn. 2 ff.

[396] *Tiedemann,* NJW 1993, 23, 25; *Dannecker* in: FG-50 Jahre BGH, S. 339, 349 ff.

[397] Näher dazu *Böse*, Strafen und Sanktionen im Europäischen Gemeinschaftsrecht, S. 107 ff.; *Dannecker*, in: *Eser/Huber* (Hrsg.), Strafrechtsentwicklung in Europa, 1.3, S. 34 ff.; *Esser*, Europäisches und Internationales Strafrecht, § 2 Rn. 37 ff.; *Johannes*, EuR 1968, 69 ff.; *ders.*, ZStW 83 (1971), 546 ff.; *Pabsch*, Der strafrechtliche Schutz der überstaatlichen Hoheitsgewalt, 1965, S. 155 f.; *Pache*, Der Schutz der finanziellen Interessen der Europäischen Gemeinschaften, S. 232 f.

[398] Vgl. dazu *Bridge*, CLR 1976, 88 ff.; *Dannecker* in: FG-50 Jahre BGH, S. 339, 350 ff.; *Hecker*, Europäisches Strafrecht, § 7 Rn. 6 ff; vgl. ferner BGHSt 17, 121.

[399] *Dannecker* in: FG-50 Jahre BGH, S. 339, 351 ff.; *Hecker*, Europäisches Strafrecht, § 7 Rn. 15.

[400] ABl. 1962, Nr. 41, vom 28.5.1962, S. 1277.

[401] ABl. 1964, Nr. 214 vom 24.12.1964, S. 3634.

[402] Eingehend dazu *Johannes*, EuR 1968, 63, 103 ff.

[403] ABl. 1981 L 144, 1 ff.; ähnlich Art. 10 Abs. 4 VO Nr. 1681/94 der Kommission vom 11.7.1994, ABl. 1994, Nr. L 178 vom 12.7.1994, S. 43.

199 Die EG hatte zuletzt allerdings vom **Erlass von Verordnungen abgesehen,**[404] die auf nationale Strafvorschriften verweisen, weil in der Literatur die Kompetenz der EG zunehmend in Frage gestellt wurde, die Strafbarkeit bestimmter Verhaltensweisen selbst zu begründen und damit gleichsam unmittelbar geltendes materielles Strafrecht zu schaffen.[405]

3. Ausdehnung des Schutzes nationaler Vorschriften auf Rechtsgüter der Europäischen Union

200 Bei mehreren Straftatbeständen ist umstritten, ob sie auch dem Schutz von EG/EU-Rechtsgütern dienen. In der Regel wird danach unterschieden, ob die betreffende Vorschrift Individualinteressen oder staatliche Interessen schützt. Während Individualrechtsgüter universalen Schutz erhalten, unterfallen Rechtsgüter ausländischer Staaten nicht dem Schutz der nationalen Strafnormen. So ist umstritten, ob **ausländische öffentliche Urkunden,** z. B. der EG, dem Schutz deutscher Strafvorschriften unterfallen. Hingegen ist der Straftatbestand der Geldfälschung auf den Euro anwendbar, seitdem dieser als Barzahlungsmittel eingeführt ist.[406]

201 Außerdem ist fraglich, ob **Maßnahmen von EU-Beamten** nach § 113 StGB und das Vertrauen in die Sachlichkeit der durch die EU-Verwaltung getroffenen Entscheidungen nach den Vorschriften über die Vorteilsgewährung und Bestechung geschützt werden. Diesbezüglich hat der Gesetzgeber das Gesetz zu dem Übereinkommen vom 26.7.1995 aufgrund von Artikel K.3 des Vertrages über die Europäische Union über die Errichtung eines Europäischen Polizeiamts (EUROPOL-Gesetz) vom 16.12.1997[407] erlassen und in Art. 2 § 8 für die Anwendung der Vorschriften des Strafgesetzbuches über Verletzung von Privatgeheimnissen, Verwertung fremder Geheimnisse sowie Verletzung des Dienstgeheimnisses vorgesehen, dass die Mitglieder des Verwaltungsrats, der Direktor, die Stellvertretenden Direktoren, der Finanzkontrolleur, die Mitglieder des Haushaltsausschusses und die Bediensteten von Europol sowie die Verbindungsbeamten den Amtsträgern und die anderen nach Art. 32 Abs. 2 des Übereinkommens zur Verschwiegenheit oder zur Geheimhaltung besonders verpflichteten Personen den für den öffentlichen Dienst besonders Verpflichteten gleichstehen.

Nach dem Gesetz zu dem Protokoll vom 27.9.1996 zu dem Übereinkommen über den Schutz der finanziellen Interessen der Europäischen Gemeinschaften **(EU-Bestechungsgesetz)** vom 10.9.1998[408] werden ausländische und EU-Amtsträger den inländischen Amtsträgern bei Bestechungshandlungen gleichgestellt.

VI. Bedeutung der Grundsätze des Unionsrechts für das nationale Strafrecht, Anwendungsvorrang und EuGH-Judikatur

202 Grundsätzlich ist die Anwendung von Strafrecht eine nationale Domäne. Bis auf die wenigen Anwendungsgebiete des europäischen Bußgeldrechts im Rahmen von Kartellverstößen (vgl. Art. 101 AEUV) obliegt es den nationalen Gerichten, in Anwendung nationalen Strafrechts Straftaten und sonstige Verfehlungen zu sanktionieren.[409] Jedoch wirkt das europäische Recht nicht nur im Wege europäischer Verordnungen, Richtlinien und in gewissem Sinne auch durch Übereinkommen in der Weise auf die nationale Strafrechtsgesetzgebung ein, dass die Mitgliedstaaten ihre Legislative an europäischen Vorgaben auszurichten haben. Die Rechtsanwendung in den Mitgliedstaaten wird durch europäische Grundsätze, wie sie in der Grund-

---

[404] *Pache*, Der Schutz der finanziellen Interessen der Europäischen Gemeinschaften, S. 236.
[405] Vgl. nur *Bruns*, Der strafrechtliche Schutz der Europäischen Marktordnungen für die Landwirtschaft, 1980, S. 91; *Dieblich*, Der strafrechtliche Schutz der Rechtsgüter der Europäischen Gemeinschaften, S. 245 f.; *Oehler*, FS Jescheck 1985, S. 1399, 1407 f.; a. A. *Johannes*, EuR 1968, 63, 108 ff.
[406] Dazu bereits *Westphal*, NStZ 1998, 555 f.
[407] BGBl. 1998 II 2150.
[408] BGBl. 1998 II 2340.
[409] Vgl. EuGH, Urt. v. 21.2.2006 – C-255/02, *Halifax*, Rn. 76, DStR 2006, 420, 425.

B. Die Bedeutung des Unionsrechts

rechtscharta oder der EMRK niedergelegt sind, die gemäß Art. 6 AEUV nunmehr für die EU unmittelbar verbindlich sind, ebenso beeinflusst wie durch die Europäischen Grundfreiheiten, die vornehmlich Ausprägungen des allgemeinen Diskriminierungsverbots sind.

Der **Anwendungsvorrang**[410] des Unionsrechts führt dazu, dass auf strafrechtlich relevante 203 Binnensachverhalte nicht nur das nationale Strafrecht zur Anwendung kommt, sondern dieses vom europäischen Recht stark beeinflusst und zum Teil sogar in seiner Anwendung blockiert werden kann. Das Unionsrecht verdrängt im Einzelfall das nationale Recht, das auf einen konkreten Sachverhalt nicht zur Anwendung kommt, wenn einer solchen Anwendung europäisches Recht entgegensteht. Im Einzelfall kann solch verdrängendes Unionsrecht sogar eine europäische Richtlinie sein, mag diese im Einzelfall bei Tatbegehung auch noch nicht einmal in Kraft gesetzt bzw. ihre Umsetzungsfrist abgelaufen sein.[411]

1. Grundsätze der Rechtsstaatlichkeit (Art. 6 EUV; Präambel GR-Charta)

Das Primärrecht macht in seiner neuen Fassung durch den Vertrag von Lissabon deutlich, 204 welchen Stellenwert die Union den Rechten ihrer Bürger im neu gefassten Gefüge der Europäischen Vereinigung einräumt. EUV und AEUV verleihen dem Unionsbürger nicht nur selbst eine Reihe von Rechten (vgl. Art. 9 EUV sowie Art. 45 ff AEUV), sondern Art. 6 EUV inkorporiert einerseits eine neue **Charta der Grundrechte der Europäischen Union (GR-Charta)** in den EUV, die durch diese Maßnahme den Status primären Gemeinschaftsrechts erhält, und erklärt andererseits den Beitritt der Union selbst zur EMRK. Art. 6 Abs. 3 EUV stellt fest, dass die Rechte, die sich aus der EMRK ergeben, ebenso als allgemeine Grundsätze Teil des Unionsrecht sind wie die Menschenrechte und Grundfreiheiten, die sich aus den gemeinsamen Verfassungsüberlieferungen der Mitgliedstaaten ergeben. Man wird sogar annehmen können, dass es sich bei den Menschenrechten, die sich aus der GR-Charta und der EMRK ergeben, um grundlegende Werte der Union im Sinne von Art. 2 EUV handelt.

Art. 6 EUV könnte für die Anwendung nationalen Strafrechts weitreichende Folgen ha- 205 ben: Soweit ein nationales Strafgericht nun über einen Binnensachverhalt zu entscheiden hat, könnte man die Regelung so verstehen, dass das Gericht seine Entscheidung an den Grundsätzen von EMRK und GR-Charta zu messen lassen hat. Denn Art. 7 EUV kann man so deuten, dass nicht nur die Union selbst sich diesen grundlegenden Werten aus GR-Charta und EMRK verschrieben hat, sondern dass auch jeder der Mitgliedstaaten eine Pflicht zur Einhaltung der Menschenrechte, der Rechtsstaatlichkeit und der Gerechtigkeit gegenüber der Union hat.

Nach Art. 2 S. 1 EUV, der für alle Mitgliedstaaten verpflichtend ist, gehört die Rechtsstaat- 206 lichkeit zu den grundlegenden Werten der Union. Der Begriff der Rechtsstaatlichkeit ist sicherlich nicht so konkret, dass man aus ihm isoliert hinreichend konkrete Schlussfolgerungen oder Ergebnisse ableiten könnte. Jedoch kann insofern auf die Rechtsprechung des EuGH zurückgegriffen werden, der im Hinblick auf die gemeinsamen Verfassungsüberlieferungen der Mitgliedstaaten eine Reihe von Prinzipien entwickelt hat, die nach seiner Ansicht, die für die Auslegung des Unionsrechts maßgebend ist, zu beachten sind.

a) Vertrauensgrundsatz/Rechtssicherheit

Der EuGH hat in seiner Rechtsprechung stets die Grundsätze der **Rechtssicherheit** und des 207 **Vertrauensschutzes** herausgestellt. Diese Grundsätze werden im Hinblick auf das Steuerrecht in den Entscheidungen *BLP*[412] sowie *Halifax*[413] betont.[414] Auch in der Entscheidung

---

[410] Vgl. bereits EuGH, Urt. v. 9.3.1978 – Rs. 106/77, *Simmenthal*, Slg. 1978, 629; ferner Rn. 224.
[411] Vgl. Nur EuGH, Urt. v. 23.11.1999 – verb. Rs C-369/96 u. 376/99, *Arblade und Leloup*, EuZW 2000, 88 ff.; vgl. hierzu auch *Esser*, Europäisches und Internationales Strafrecht, § 2 Rn. 14 ff.;
[412] EuGH *BLP Group*, Slg. 1995, I-983, BeckRS 2004, 77032.
[413] Vgl. aber auch EuGH, Urt. v. 26.6.2003 – C-305/01 MKF, Rn. 64, DStR 2003, 1253, 1257.
[414] Vgl. aber auch schon EuGH v. 15.12.1987, *Niederlande/Kommission*, 326/85, Slg. 1987, 5091.

Collée hat der EuGH deutlich gemacht, dass es gegen den **Grundsatz der Rechtssicherheit** verstoße, wenn ein Mitgliedstaat einem Steuerpflichtigen im Hinblick auf eine innergemeinschaftliche Lieferung zur Erlangung von Steuerfreiheit diesbezüglich aufgebe, die Aufzeichnungen hinsichtlich der Lieferung unmittelbar nach der Durchführung vorzunehmen, ohne aber eine Frist zu nennen.[415] Eine solche Rechtsunsicherheit hat der EuGH u. a. zum Anlass genommen, eine steuerrechtliche Regelung, die einen Verlust der Steuerbefreiung bei Nichterfüllung von Aufzeichnungspflichten vorsah und damit die Erfüllung der Pflicht zur materiellen Voraussetzung machte, als gemeinschaftsrechtswidrig anzusehen. Die finanzstrafrechtlichen Folgen einer solchen Entscheidung liegen auf der Hand: Hatte der Steuerpflichtige, der eine innergemeinschaftliche Lieferung durchführte, die Aufzeichnungspflichten nicht erfüllt, so machte er nach Auffassung der finanzgerichtlichen Rechtsprechung eine Steuerbefreiung geltend, die ihm nicht zustand. Darin sah die deutsche Rechtsprechung zum Teil eine Steuerhinterziehung.[416]

208 Im Hinblick auf den Vertrauensgrundsatz hat der EuGH in der Sache *Federation of Technological Industries*[417] entschieden, dass *„Wirtschaftsteilnehmer, die alle Maßnahmen treffen, die vernünftigerweise von ihnen verlangt werden können, um sicherzustellen, dass ihre Umsätze nicht zu einer Lieferkette gehören, die einen mit einem Mehrwertsteuerbetrug behafteten Umsatz einschließt, müssen nämlich auf die Rechtmäßigkeit dieser Umsätze vertrauen können dürfen, ohne Gefahr zu laufen, für die Zahlung dieser von einem anderen Steuerpflichtigen geschuldeten Steuer gesamtschuldnerisch in Anspruch genommen zu werden".*[418]

Mit dieser Entscheidung wird deutlich, welchen Stellenwert der EuGH dem Vertrauensschutz als Ausprägung des Rechtsstaatsprinzips, konkreter, dem Gebot der Rechtssicherheit, zumisst. Der Steuerpflichtige müsse davor geschützt werden, dass er bei eigenem ordnungsgemäßem Verhalten als Gesamtschuldner fremder Steueransprüche in Anspruch genommen wird. Diesen Grundsatz hat der EuGH in der Entscheidung *Téleos*[419] nochmals bekräftigt.

b) Nullum crimen sine lege (Art. 49 Abs. 1 S. 1 GR-Charta)

209 Jedes rechtsstaatliche Strafrechtssystem basiert auf dem Gesetzlichkeitsprinzip. Der Grundsatz „nullum crimen sine lege" gilt auch im europäischen Strafrecht.[420] Der EuGH sieht hierin einen allgemeinen Rechtsgrundsatz, der im Unionsrecht verbindlich ist,[421] und beruft sich dabei auch auf Art. 7 Abs. 1 EMRK.[422] Außerdem wird er durch Art. 49 Abs. 1 S. 1 GrCh garantiert. Der Grundsatz „nullum crimen sine legis" enthält als Einzelprinzipien das Erfordernis einer gesetzlichen Grundlage (Rn. 210), das Bestimmtheitsgebot (Rn. 211 ff.), das Analogieverbot (Rn. 214) und das Rückwirkungsverbot (Rn. 215).

210 Erste Ausprägung des Grundsatzes „nullum crimen nulla poena sine lege" ist das **Gesetzlichkeitsprinzip:** Nur der demokratisch legitimierte Gesetzgeber ist berechtigt, Strafgesetze zu erlassen. In Art. 49 GrCh wird das Gesetzlichkeitsprinzip allerdings mit **„Gesetzmäßigkeit"** und nicht mit „Gesetzlichkeit" überschrieben. Die Wahl dieses Begriffs kann im Zusammenhang mit Straftaten und Strafen seinen Grund darin haben, dass für die Strafbarkeit nicht unbedingt eine gesetzliche – im Sinne der „lex scripta" –, sondern lediglich eine recht-

---

[415] EuGH, Urt. v. 27.9.2007 – C-146/05, *Collée*, Rn. 32, DStR 2007, 1811, 1814; vgl. ferner EuGH Urt. v. 11.5.2006 – C-384/04, *Federation of Technological Industries u. a.*, Rn. 29, Slg. 2006, I-4191, DStR 2006, 897.
[416] BGH, Urt. v. 12.5.2005 – 5 StR 36/05, NJW 2005, 2241 ff.
[417] EuGH, Urt. v. 11.5.2006 – C-384/04, Rn. 33, DStR 2006, 897, 900.
[418] Vgl. auch EuGH Urt. v. 12.1.2006, Rs. C-354/03, C-355/03 und C-484/03, *Optigen*, Rn. 52, DStR 2006, 133.
[419] EuGH, Urt. v. 27.9.2007 – C-409/04, Rn. 58 ff., *Téleos*, DStRE 2008, 110, 114.
[420] *Dannecker*, in Schünemann/Suárez González (Hrsg.), Bausteine des europäischen Wirtschaftsstrafrechts, S. 331, 344 ff.; *Hecker*, Europäisches Strafrecht, § 10 Rn. 36. m. w. N.; *Tiedemann*, Wirtschaftsstrafrecht AT, Rn. 415 ff.
[421] Vgl. EuGHE 1984, 3291 (*Könecke*); vgl. auch EuGHE 1981, 1931 – (*Gondrand Frère*); *Satzger*, Europäisierung, S. 177 f.
[422] EuGH Slg. 1984, 2689, 2718 (*Regina/Kirk*); EuGH Slg. 1996, 6609, 6637 (*Telecom Italia*).

B. Die Bedeutung des Unionsrechts

liche Grundlage vorausgesetzt wird, so dass es für die Gestaltung des nationalen Strafrechts den jeweiligen Gesetzgebern der EU-Mitgliedstaaten überlassen bleibt, in welcher Form sie die Rechtsgrundlage der Strafbarkeit bestimmen wollen. Damit steht es den Ländern aus dem common-law-Bereich offen, Straftaten auf der Grundlage des richterlichen case law zu verfolgen, sofern der Grundsatz des „stare decisis" eingehalten wird, nach dem die Gerichte ihre Entscheidungstätigkeit auf die bisherige Tradition aufbauen, sich von dieser binden lassen und mit ihr argumentativ auseinandersetzen.[423] Den kontinentaleuropäischen Mitgliedstaaten wie Deutschland bleibt es entsprechend überlassen, am Erfordernis eines Gesetzes im formellen Sinne festzuhalten. Berücksichtigt man allerdings, dass der EU durch Art. 325 AEUV die Kompetenz zur Einführung eigener Straftatbestände eingeräumt worden ist, so ist diesbezüglich am Gesetzlichkeitsprinzip, das die kontinentaleuropäischen Rechtsordnungen beherrscht, festzuhalten, zumal auch im Common-law-Bereich bezüglich der Neueinführung von Strafgesetzen eine Entwicklung hin zum Gesetzlichkeitsprinzip festzustellen ist.[424]

Das **Bestimmtheitsgebot** erfordert, dass der Gesetzgeber die Strafrechtssätze bestimmt fasst, weil nur so erreicht werden kann, dass der Gesetzgeber und nicht der Rechtsanwender über die Grenzen der Strafbarkeit entscheidet.[425] Der EuGH führt aus, dass der Grundsatz der gesetzlichen Bestimmtheit strafbarer Handlungen und Strafen es verbiete, die Strafverfolgung wegen eines Verhaltens einzuleiten, dessen Strafbarkeit sich nicht eindeutig aus dem Gesetz ergibt.[426] Eine Verweisung auf außerstrafrechtliche Regelungen ist deshalb erst dann unwirksam, wenn sie unklar ist und auslegungsbedürftig zu werden beginnt.[427] Dadurch soll auch die **Vorhersehbarkeit** und **Rechtssicherheit** für den Bürger garantiert werden. Diese Garantie muss sich auch auf blankettausfüllende Normen des Unionsrechts beziehen. Der Europäische Gerichtshof geht allerdings davon aus, dass gemeinschafts- und unionsrechtliche Normen stets gleich auszulegen sind, sei es im Rahmen eines außerstrafrechtlichen Verfahrens oder im Rahmen des Strafrechts, wenn dieses auf außerstrafrechtliche Regeln des Gemeinschaftsrechts Bezug nimmt.[428] Es darf bei der Auslegung nicht danach unterschieden werden, so der EuGH im Urteil „*Roeser*",[429] „*ob das innerstaatliche Verfahren, in dem der Vorabentscheidungsantrag gestellt worden ist, ein Strafverfahren oder ein anderes Verfahren*" ist. Der Gerichtshof stellt für das Strafrecht keine erhöhten Anforderungen.[430] Demgegenüber hatte die Kommission gegen die vom Gerichtshof favorisierte Auslegung vorgebracht, die zu beurteilende Regelung enthalte eine Lücke: „*Im Hinblick auf die strengen Bestimmtheitsanforderungen, die an Strafvorschriften zu stellen sind, darf die gemeinschaftsrechtliche Vorschrift nicht extensiv oder sogar gegen ihren Wortlaut ausgelegt werden.*"[431] Damit wird das Verbot der strafbarkeitsbegründenden oder -schärfenden Analogie bzw. das Gebot der „strikten Auslegung" strafbegründender oder -schärfender Strafrechtssätze von der Kommission zutreffend auch auf die blankettausfüllende Norm bezogen. Im Ergebnis anerkennt der Europäische Gerichtshof zwar den Grundsatz „nullum crimen, nulla poena sine lege". Bei der Auslegung der einzelnen Ausprägungen bleibt er aber deutlich hinter dem Standard zurück, der in Deutschland gilt. Da der Anwendungsvorrang des Gemeinschaftsrechts[432] grundsätzlich auch für das Verfassungsrecht Geltung beansprucht, kann nicht auf die nationalen Verfassungsgarantien, sondern auf das unionale Verfassungsrecht als einzuhaltende Schranke zurückgegriffen werden.[433]

---

[423] *Eser* in *Meyer*, Kommentar zur Charta der Grundrechte der Europäischen Union, Art. 49 Rn. 13.
[424] *Tiedemann*, ZStW 110 (1998), 497, 511.
[425] *Hammer-Strnad*, S. 71 f.; *Satzger*, Europäisierung des Strafrechts, S. 544; *Chr. Schröder*, Richtlinien, S. 33, 386.
[426] EuGH, Slg. 1996, 6609, 6637 (*Telecom Italia*).
[427] So *Tiedemann*, FS Roxin, S. 1401, 1405; vgl. auch *Hecker* Europäisches Strafrecht, § 7 Rn. 79 ff.
[428] EuGH, Slg. 1986, 805 ff. (*Gemeinsame Marktorganisation für Wein*).
[429] EuGH, Slg. 1986, 795 (*Roeser*); dazu *Hilf/Willms* EuGRZ 1987, 176, 185 f.
[430] EuGH, Slg. 1986, 795, 806 (*Roeser*).
[431] Kommission in EuGH, Slg. 1986, 795, 797 (*Roeser*).
[432] Grundlegend dazu EuGH Slg. 1964, 1251 (*Costa/Enel*) sowie bereits EuGH Slg. 1963, 1 (*Van Gend & Loos*).
[433] *Vogel*, ZStW 109 (1997) 335, 349.

212 In der *Halifax*-Entscheidung[434] hat sich der EuGH zum Bestimmtheitsgrundsatz allerdings partiell anders grundlegend geäußert, der im Rahmen einer steuerrechtlichen Missbrauchskonstellation relevant wurde. Das Gericht stellte zunächst fest, dass missbräuchlich praktizierte Umsätze nicht zum Vorsteuerabzug berechtigen und stellte dann zum Bestimmtheitsgebot Folgendes fest: „*Wie der Gerichtshof jedoch vielfach entschieden hat, müssen Rechtsakte der Gemeinschaft auch bestimmt sein, und ihre Anwendung muss für die Betroffenen vorhersehbar sein ... Dieses Gebot der Rechtssicherheit gilt in besonderem Maße, wenn es sich um eine Regelung handelt, die sich finanziell belastend auswirken kann, denn die Betroffenen müssen in der Lage sein, den Umfang der ihnen damit auferlegten Verpflichtungen genau zu erkennen ...* ".[435]

Damit macht der EuGH deutlich, dass es hoher Anforderungen an die Bestimmtheit einer Vorschrift zur Begründung einer für den Unionsbürger finanziell nachteiligen Maßnahme bedarf. Nur wenn der Bürger die Folgen seines wirtschaftlichen Handelns aufgrund der Vorschrift hinreichend konkret vorhersehen kann, darf er aufgrund dieser Regelung mit einer finanziellen Belastung belegt werden. Die Große Kammer des EuGH hat ferner in anderem Zusammenhang ausgeführt, dass die Anforderungen der Gesetzesbestimmtheit nur erfüllt sind, „*wenn der Rechtsunterworfene anhand des Wortlauts der einschlägigen Bestimmung und nötigenfalls mit Hilfe ihrer Auslegung durch die Gerichte erkennen kann, welche Handlungen und Unterlassungen seine strafrechtliche Verantwortung begründen (vgl. insb. EGMR, Recueil des arrêts et décisions, 2000-VII, S. 1, § 145 Coëme u. a.)*".[436]

Der EuGH geht jedoch in der *Halifax*-Entscheidung noch über diese Anforderungen, die für finanzielle Belastungen gelten, hinaus und mahnt für Sanktionen an,[437] eine Bestrafung bedürfe – anders als eine schlichte Rückzahlungspflicht – einer „*klaren und unzweideutigen Rechtsgrundlage*".

213 Daraus lässt sich folgern, dass der EuGH seine Missbrauchsjudikatur zwar als ausreichend ansehen dürfte, um darauf die Versagung eines Steuervorteils – etwa den Vorsteuerabzug oder der Steuerfreiheit einer Lieferung – zu stützen, nicht aber als hinreichende Grundlage für die Verhängung von strafrechtlichen Sanktionen. Für letztere ist eine „*klare und eindeutige Rechtsgrundlage*" erforderlich, die zumindest so lange zweifelhaft ist, wie sich aus der Strafnorm in Zusammenschau mit der ständigen Rechtsprechung des EuGH keine eindeutige Lösung für den konkret zu beurteilenden Einzelfall ableiten lässt. Auf diese Weise steckt der EuGH dem nationalen Strafrecht verhältnismäßig enge Grenzen, wenn die Strafbarkeit auf die Rechtsprechung des EuGH gestützt werden soll.[438] Es bleibt abzuwarten, wie der EuGH sich hier in Zukunft positionieren wird.

214 Eine weitere Konkretisierung des Gesetzlichkeitsprinzips ist das **Verbot der** den Täter belastenden **Analogie**. Hiernach ist es unzulässig, den Rechtsgedanken von Normen auf vom Gesetzeswortlaut nicht mehr gedeckte Sachverhalte anzuwenden. Kommission und Gerichtshof haben bislang zu diesem Prinzip noch keine Stellung bezogen. Gleichwohl gilt das Analogieverbot als allgemeiner Rechtsgrundsatz[439] auch im Unionsrecht.[440] Es lässt eine

---

[434] EuGH, Urt. v. 21.2.2006 – Rs. C- 255/03, *Halifax*, DStR 2006, 420 ff.

[435] Vgl. ergänzend EuGH v. 22.11.2001, C-301/97, *Niederlande/Rat*, Slg. 2001, I-8853, BeckRS 2004, 76155, Rn. 43, EuGH v. 15.12.1987, 326/85, *Niederlande/Kommission*, Slg. 1987, 5091, BeckRS 2004, 70813, Rn. 24; EuGH v. 29.4.2004, C-17/01, *Sudholz*, Slg. 2004, I-4243, DStR 2004, 860, Rn. 34.

[436] EuGH, Urt. v. 3.5.2007 – Rs. C-303/05, Rn. 49 f., NJW 2007, 2237, 2239.

[437] EuGH, Urt. v. 21.2.2006 – Rs. C-255/02 Rn. 93, *Halifax*, DStR 2006, 420, 426; vgl. ferner *Jarass*, EU-Grundrechte, 2005, § 7 Rn. 50; *Dannecker/Biermann*, in: Immenga/Mestmäcker (Hrsg.), EU-Wettbewerbsrecht, Kommentar, vor Art. 23 VO, Rn. 43 ff. jeweils m. w. N.; *Dannecker*, ZStW 117 (2005), 697, 737 ff.

[438] Vgl. hierzu auch *Dannecker/Bülte*, in: Achenbach/Ransiek, Handbuch Wirtschaftsstrafrecht, 2012, 2. Teil Kap. 2 Rn. 41.

[439] Eingehend dazu *Bacigalupo* in Commmission Européenne (ed.), Etude Comparative des Dispositions Legislatives, Reglementaires et Administratives des Etats Membres relatives aux Agissement Frauduleux Commis au Préjudice du Buget Communautaire, o. J. S. 15 f.

[440] *Grasso* Comunità europee e diritto penale, 1989 S. 97; *Tiedemann*, FS Jescheck S. 1411, 1427; siehe hierzu auch *Papakiriakou* Das europäische Unternehmensstrafrecht in Kartellsachen (2002) S. 22 ff.

B. Die Bedeutung des Unionsrechts

Auslegung nur innerhalb des Wortlauts der einschlägigen Rechtsnormen zu. Die Grenze des möglichen Wortsinns darf nicht überschritten werden.[441]

Weiterhin gilt das **Rückwirkungsverbot**. Diesbezüglich hat der Gerichtshof bereits im *„Bosch"*-Urteil festgestellt, dass es sich hierbei um eine elementare Ausprägung des Gesetzlichkeitsprinzips handele, die auch im Gemeinschaftsrecht Geltung beanspruche.[442] Aus diesem Grund wendete der Gerichtshof das europäische Kartellordnungswidrigkeitenrecht erst ab dem Zeitpunkt des Beitritts eines Mitgliedstaates auf wettbewerbswidrige Praktiken der Unternehmen an.[443] So stellte er im Verfahren *„Tepea/Watts"* darauf ab, dass die zwischen einem englischen und einem niederländischen Unternehmen seit Mitte der fünfziger Jahre praktizierte Marktaufteilung erst seit dem 1.6.1973 – dem Beitritt Großbritanniens zur Europäischen Gemeinschaft – ordnungswidrig gewesen sei, denn erst ab diesem Zeitpunkt sei der Handel zwischen den Mitgliedstaaten beeinträchtigt worden; zuvor habe sich die Vereinbarung lediglich auf den Binnenhandel der Niederlande ausgewirkt. Für die **außerstrafrechtlichen Normierungen** hielt er dagegen eine **Rückwirkung** für **möglich**.[444] Der EuGH hat ferner in der Entscheidung *Regina/Kirk Kent*[445] im Hinblick auf eine britische Regelung, die den Zugang dänischer Schiffe zu britischen Hoheitsgewässern bei Strafsanktion verbot, die Bedeutung des strafrechtlichen Rückwirkungsverbots betont. Die Entscheidung betraf eine Fallkonstellation, in der es den Mitgliedstaaten für eine Übergangszeit erlaubt war, Maßnahmen zu treffen, die vom Nichtdiskriminierungsgebot abwichen. Nach Ablauf dieser Zeit war es dem Rat vorbehalten, eine Verlängerung der Übergangszeit zu beschließen. Dieser Beschluss einer Verordnung des Rates erfolgte erst am 25.1.1983, während die Übergangsfrist, in der Einschränkungen nicht erlaubt waren, am 31.12.1982 abgelaufen war. Auch wenn der Rat seiner Verordnung rückwirkende Wirkung gegeben hatte, so hat der EuGH die Strafsanktion gegen den dänischen Fischer *Kirk*, der sich am 6.1.1983 in britische Hoheitsgewässer begab, dennoch als Verstoß gegen Art. 7 EMRK gewertet und für unzulässig erklärt.

c) Lex mitior (Art. 49 Abs. 1 S. 3 GR-Charta)

Das Milderungsgebot wird in Art. 49 Abs. 1 S. 3 GrCh garantiert und hat damit abweichend von der deutschen Regelung des § 2 Abs. 3 StGB Verfassungsrang.[446] Die Geltung des Milderungsgebots hat zur Folge, dass **unionsrechtliche Regelungen**, die aufgrund des Vorrangs des Unionsrechts zu einer Milderung der Rechtslage im Strafrecht führen, als gesetzliche Milderungen zu berücksichtigen sind. Dies gilt nicht nur für Verordnungen, die als blankettausfüllende Normen in Bezug genommen werden, sondern gleichermaßen für Richtlinien und Rahmenbeschlüsse, die begünstigend auf das Strafrecht wirken.[447] Nur auf diese Weise kann dem Milderungsgebot zu umfassender Geltung verholfen werden. Würde man Einschränkungen des Milderungsgebots in Abhängigkeit vom Unrechtsbezug des Unionsrechts vornehmen, so könnte und müsste der Richter mittels Bestimmung des geschützten Rechtsguts über den Anwendungsbereich des unionsrechtlichen Milderungsgebots entscheiden, wie anhand der Auswirkungen der EG-Richtlinie 91/439/EWG,[448] über die in dem *„Awoyemi"*-Verfahren[449] entschieden werden musste, gezeigt werden kann:

---

[441] Krit. zum Wortlautkriterium im Hinblick auf die verschiedenen jeweils gültigen Sprachfassungen *Engels* S. 69 f.

[442] EuGH Slg. 1962, 97 ff; vgl. auch EuGH Slg. 1984, 2689, 2718 (*Regina/Kirk*); EuGH Slg 1984, 3291, 3302 (*Könecke*); EuGH Slg. 1987, 3969, 3986 (*Kolpinghuis Nijmegen BV*); EuGH Slg. 2002, I-1613 Rn. 109 (*Brugg Rohrsysteme*); EuGH Slg. 2005, I-5425 Rn. 202 (*Dansk Rørindustri*); EuG, Slg. 2003, II-2597 Rn. 36 (*Archer Daniels Midland*); vgl. auch *Dannecker* in Wabnitz/Janovsky, Kap. 2 Rn. 136 ff; *Friedmann* S. 234 ff; *Heukels* S. 232 ff; *Satzger*, Europäisierung S. 549 ff; *Chr. Schröder*, Europäische Richtlinien S. 340 ff; *Zuleeg* JZ 1992, 761, 765.

[443] EuGH Slg. 1978, 1415 ff.; *Tiedemann*, Wirtschaftsstrafrecht AT, Rn. 416.

[444] EuGH Slg. 1990, 4023 ff. (*Fedesa*); *Tiedemann*, Wirtschaftsstrafrecht AT, Rn. 417.

[445] EuGH, Urt. 10.7.1984, 63/83, Slg. 1984, 2689.

[446] Vgl. ergänzend Rn. 251 ff.

[447] OLG Koblenz NStZ 1989, 188; OLG Stuttgart NJW 1990, 657.

[448] ABl. Nr. L 375 vom 29.7.1980, 1.

[449] EuGH, Urt. v. 29.10.1998 Rs., C-230/97, EuZW 1999 S. 2 ff.

In diesem Verfahren ging es um das Fahren ohne belgische Fahrerlaubnis in Belgien. Der Täter hatte jedoch in Großbritannien einen Führerschein nach EG-Muster erworben und lediglich versäumt, diesen innerhalb eines Jahres gegen eine belgische EG-Fahrerlaubnis umzutauschen. Nach der damals geplanten EG-Richtlinie 91/439/EWG sollte eine Umtauschpflicht nicht mehr zwingend, sondern lediglich fakultativ bestehen.[450] Wäre der Täter in Deutschland mit dem britischen Führerschein gefahren, so hätte sich die Frage gestellt, ob sich das Unrecht des Fahrens ohne Fahrerlaubnis in der Inkriminierung des Fahrens ohne gültige Fahrerlaubnis, also im bloßen Ungehorsam, erschöpft hätte und deshalb eine mildernde Wirkung abzulehnen wäre, oder ob das Unrecht darin liegt, dass ein nach den nationalen Vorschriften nicht zur Führung eines Kfz geeigneter und deshalb abstrakt gefährlicher Fahrer am Straßenverkehr teilnimmt. Im letzteren Falle würde der Unrechtsgehalt durch den Wegfall der Umtauschpflicht tangiert, und eine Milderung wäre anzuerkennen. Um das Milderungsgebot nicht von solchen Differenzierungen des nationalen Rechts abhängig zu machen, ist bei strafbarkeitsbegrenzenden Richtlinien und Rahmenbeschlüssen das Milderungsgebot wegen der erhöhten Anforderungen an die Rechtssicherheit bei Vorschriften, die die Rechtsgeltung und den zeitlichen Geltungsbereich betreffen, generell anzuwenden. Auf diese Weise wird außerdem sichergestellt, dass dem vorrangig anwendbaren Gemeinschaftsrecht zur Durchsetzung verholfen wird.[451]

In der Entscheidung *Antoine Kortas*[452] hat der EuGH die Geltung des Grundsatzes des milderen Gesetzes und die **unmittelbare Wirkung von Richtlinien** auch **ohne deren Umsetzung** in nationales Recht bestätigt. Ein schwedisches Gericht hatte die Frage zu entscheiden, ob ein Händler, der mit einem in Schweden nicht zugelassenen Farbstoff versetzte Süßigkeiten, die er aus Deutschland eingeführt und bis September 1995 in Schweden verkauft hatte, wegen Verstoßes gegen die schwedischen Lebensmittelvorschriften bestraft werden durfte. Die zugesetzten Farbstoffe waren in einer EG-Richtlinie von 1994 als ausdrücklich zugelassen angesehen worden; die Richtlinie war bis zum 31.12.1995 in nationales Recht umzusetzen. Schweden trat der EG mit Wirkung zum 1.1.1995 bei, stellte aber schon im Juli 1994 einen Antrag bei der Kommission, ein nationales Verbot dieses speziellen Lebensmittelfarbstoffes zum Schutz der Gesundheit der Bevölkerung beibehalten zu können. Später wurde auch ein entsprechender Abweichungsantrag bei der Kommission gemäß Art. 100a IV EGV gestellt, den die Kommission aber bis 1998 nicht beschieden hatte. Der EuGH hatte nun über die Frage zu entscheiden, ob die Richtlinie, die die Staaten zur Aufhebung von Vorschriften verpflichtete, die die Verwendung oder Einfuhr von Lebensmitteln mit dem fraglichen Farbstoff verboten, unmittelbare Wirkung für den Bürger hatte, auch wenn dessen Handlungen zu einem Zeitpunkt erfolgten, zu dem die Umsetzungsfrist noch nicht abgelaufen war. Der EuGH entschied in diesem Verfahren dreierlei: Zum ersten bestätigte er seine ständige Rechtsprechung, dass Richtlinien auch vor ihrer Umsetzung in einzelnen Fällen den Bürger unmittelbar begünstigende Wirkungen haben können,[453] wenn die **Richtlinie inhaltlich unbedingt** und **inhaltlich hinreichend bestimmt** ist.[454] Zum Zweiten führte der EuGH aus, dass die Wirkung der Richtlinie nicht davon abhängt, ob der umsetzungspflichtige Staat das Recht hat, einen Antrag auf Abweichung von der Richtlinie zu stellen. Zum Dritten konstatierte der EuGH, dass sich eine *unmittelbare Wirkung* einer Richtlinie für den Bürger im Strafverfahren anders darstellen kann als auf anderen Gebieten. Der Grundsatz der *lex mitior* gebiete es, von dem Gesetz auszugehen, das die Tat am mildesten beurteilt.[455] Daraus ergebe sich, dass ein nachträglicher Wegfall des Verbots – mag dieser auch durch ein Ablaufen der Umsetzungsfrist zwischen Tatbegehung und Entscheidung bedingt sein – zur Straflosigkeit führen müsse.[456]

---

[450] Art. 1 Abs. 2 und Art. 8 Abs. 1 Satz 1 der Richtlinie.
[451] Näher dazu *Dannecker*, FS Schroeder, S. 761, 770 ff.; *Gleß*, GA 2000, 224 ff.
[452] EuGH, Urt. v. 1.6.1999, C-319/97, *Antoine Kortas*, EuZW 1999, 476 ff.
[453] Vgl. hierzu auch S. 94 ff.
[454] EuGH, Urt. v. 1.6.1999, C-319/97 Rn. 21, *Antoine Kortas*, EuZW 1999, 476, 477.
[455] EuGH, Urt. v. 1.6.1999, C-319/97 Rn. 16, *Antoine Kortas*, EuZW 1999, 476, 477.
[456] Vgl. aber EuGH, Urt. v. 22.9.1983 – Rs. 271/82, *Auer*, NJW 1984, 2022.

B. Die Bedeutung des Unionsrechts

d) **Grundsatz der Verhältnismäßigkeit (Art. 49 Abs. 3 GR-Charta)**

Der Gerichtshof hat in verschiedenen Entscheidungen auf unterschiedlichen Gebieten deutlich gemacht, dass auch der Grundsatz der **Verhältnismäßigkeit** zu den **Grundlagen einer rechtsstaatlichen Rechtssetzung und Rechtsanwendung** gehört. In der Entscheidung *„Griechischer Mais"*[457] hat der EuGH auf die Notwendigkeit verhältnismäßiger Sanktionen im Rahmen der Mindesttrias hingewiesen. Mit der vielzitierten *Mais-Entscheidung* hat der EuGH mithin nicht nur in sehr eindrucksvoller Weise die Gemeinschaftstreue aller Mitgliedstaaten angemahnt, sondern auch den rechtsstaatlichen Grundsatz der *Verhältnismäßigkeit* als Grenze jeder Sanktionsverhängung bekräftigt.

In der Entscheidung *Calfa*[458] hat der Gerichtshof in **Konkretisierung seiner Verhältnismäßigkeitsjudikatur** ausgeführt, dass eine lebenslange Ausweisung eines Unionsbürgers aus einem Mitgliedstaat anlässlich einer Straftat nur gerechtfertigt sein könne, wenn sie im Hinblick auf die begangene Straftat angemessen erscheine und keine Generalausweisung von Angehörigen anderer Mitgliedstaaten bedeute. Mit dieser Entscheidung wurde deutlich, dass der EuGH strafrechtliche Sanktionen, die in einem europäischen Binnensachverhalt verhängt werden, stets am Verhältnismäßigkeitsgrundsatz misst.

Besonders eindringlich hat der EuGH jedoch in der Entscheidung *Federation of Technological Industries*[459] zur Frage der **Verhältnismäßigkeit (und Rechtssicherheit)** im **Steuerrecht** Stellung genommen: Der EuGH äußerte sich zu einer nationalen Regelung, nach der ein Steuerpflichtiger, an den die Lieferung von Gegenständen oder Dienstleistungen erbracht worden war, gesamtschuldnerisch mit seinem Lieferanten für die Mehrwertsteuer haften soll, wenn der Empfänger der Leistung wusste oder pflichtwidrig nicht wusste, dass die Mehrwertsteuer ganz oder zum Teil unbezahlt bleiben würde.

Der EuGH stellte mithin fest, dass eine solche steuerrechtliche Regelung den Grundsätzen der Verhältnismäßigkeit und der Rechtssicherheit genügen müsse. Diesen Prinzipien entspreche sie aber nur, wenn der Steuerpflichtige, der alles ihm Zumutbare getan habe, um sicherzugehen, dass seine Umsätze nicht zu einer Lieferkette gehören, die mit einem Umsatzsteuerbetrug behaftet ist, von einer gesamtschuldnerischen Haftung für eine fremde Mehrwertsteuerschuld befreit sei. Der EuGH betont in diesem Zusammenhang, dass eine solche Regelung, wie er sie zu beurteilen hatte, rechtmäßig sein könne, dabei aber die Verhältnismäßigkeit besonders im Blick zu behalten sei.[460] Zwar dürfe die Annahme, dass ein Steuerpflichtiger von dem Zusammenhang seines Umsatzes mit einem Steuerbetrug wusste oder hätte wissen müssen, auf die objektiven Umstände gestützt werden, aber dem Steuerpflichtigen müsse dennoch eine Möglichkeit gegeben werden, ernsthaft den Gegenbeweis zu führen.[461] Die besondere Bedeutung des Verhältnismäßigkeitsprinzips im Steuerrecht betonte der EuGH u. a. in den Entscheidungen *Collée*[462] und *Teleos*[463] erneut.

2. Unionsrechtliche Grundsätze und ihre Auswirkungen auf die Anwendung nationalen Strafrechts

Weiterhin wird das nationale Strafrecht bei transnationalen Konstellationen durch das Verbot von Beschränkungen des Binnenwettbewerbs und die sonstigen europäischen Grundfreiheiten beeinflusst.

---

[457] EuGH, Urt. v. 21.9.1989 – Rs. C-68/88, *Griechischer Mais*, NJW 1990, 2245 ff.
[458] EuGH, Urt. v. 19.1.1999 – Rs. C-348/96, *Calfa*, Rn. 24, EuZW 1999, 345, 346.
[459] EuGH, Urt. v. 11.5.2006 – Rs. C- 384/04, *Federation of Technological Industries*, DStR 2006, 897 ff.
[460] Vgl. in diesem Zusammenhang § 25d UStG, der eine nachrangige Haftung für einen Steuerausfall vorsieht.
[461] EuGH, Urt. v. 11.5.2006 – Rs. C- 384/04, Rn. 29 ff., *Federation of Technological Industries*, DStR 2006, 897, 900.
[462] EuGH, Urt. v. 27.9.2007 – C-146/05, Rn. 26, *Collée*, DStR 2007, 1811, 1813 m. w. N.
[463] EuGH, Urt. v. 27.9.2007 – C-409/04, Rn. 52 ff., *Teleos*, DStRE 2008, 110, 114.

a) Wettbewerbsbeschränkungen (Art. 34 AEUV)

221 Der EuGH hat in zwei berühmten Entscheidungen ausgeführt, in welcher Weise auch grundsätzlich **objektiv formulierte Grundsätze** des Unionsrechts zu **subjektiver Wirkung** im Strafrecht gelangen können:

222 In der Entscheidung *Dassonville*[464] hat der Gerichtshof zunächst festgestellt, dass eine nationale Rechtsvorschrift, die für den Nachweis des Ursprungs eines Erzeugnisses eine Bescheinigung verlangt, die sich der Importeur eines in einem anderen Mitgliedstaat ordnungsgemäß im freien Verkehr befindlichen echten Erzeugnisses schwerer zu beschaffen vermag als der Importeur, der das Produkt unmittelbar aus dem Ursprungsland einführt, eine mit dem EWG-Vertrag nicht vereinbare Beeinträchtigung darstellt. Gestützt hatte sich der EuGH bei dieser Feststellung konkret auf **Artt. 30 ff. EWG** (Artt. 34 ff. AEUV), die eine **mengenmäßige Beschränkung von Einfuhren aus einem Mitgliedstaat in einen anderen** untersagten.

Dieses grundsätzlich auf die Aufrechterhaltung der Freiheit des Wettbewerbs gerichtete Beschränkungsverbot hatte in diesem Zusammenhang insofern die **Wirkung eines subjektiven Freiheitsrechts**, als der Gemeinschaftsbürger sich darauf berufen konnte, dass beschränkende Vorschriften weder gegen ihn zur Anwendung kommen dürfen, noch gar auf die Anwendung einer solchen Verbotsvorschrift eine Sanktion gegen den durch die Regelung benachteiligten Importeur gestützt werden darf.

223 In der Entscheidung *Cassis de Dijon*[465] hatte der EuGH einen ähnlich gelagerten Fall zu entscheiden: Hier wurde es französischen Importeuren nicht gestattet, einen Fruchtsaftlikör nach Deutschland einzuführen, weil dieser einen bestimmten Weingeistgehalt nicht erreichte. Der EuGH hat hier eine **gemeinschaftsrechtswidrige Beschränkung** im Sinne von Art. 30 EWGV (Art. 34 AEUV) bejaht, weil er keinen sachlichen Grund für das Verbot dieser Einfuhr erkennen konnte. Auf Grundlage einer solchen gemeinschaftsrechtswidrigen Vorschrift hätte mithin auch bei einem gegen sie gerichteten Verstoß keine Sanktion verhängt werden dürfen.

224 Im Hinblick auf diese Problematik nahezu identisch gelagert war der Fall *Tommaso Morellato*[466], in dem ein Händler Brot aus Frankreich nach Italien eingeführt hatte, das den in Italien zulässigen Flüssigkeits- und Aschegehalt überstieg. Hier wurden gegen den Händler, der diese Vorschrift verletzt hatte, Geldbuße verhängt. Im Bußgeldverfahren beschied der EuGH das vorlegende Gericht dahingehend, dass die Anwendung einer Vorschrift, die es dem Importeur auferlegen würde, seine Produkte an die Rechtsvorschriften des Bestimmungslandes anzupassen, eine mengenmäßige Beschränkung im Sinne von Art. 30 EGV (später Art. 28 EGV; nun Art. 34 AEUV) sei. Diese sei nur gerechtfertigt, wenn eine Ausnahme gemäß Art. 36 EGV (später Art. 30 EGV, nun Art. 36 AEUV) erforderlich sei, um eines der dort genannten Ziele zu erreichen. Da die nationalen Behörden jedoch nicht hätten dartun können, dass durch die Rechtsvorschrift, gegen die verstoßen worden war, in verhältnismäßiger Weise der Schutz der Gesundheit der Bevölkerung erreicht werden könne, sei die Vorschrift auf einen binnengemeinschaftlichen Sachverhalt nicht anwendbar.

Hier bekräftigte der EuGH nochmals den **Anwendungsvorrang** des Gemeinschaftsrechts mit den Worten: „*Sind Bestimmungen des nationalen Rechts mit dem Gemeinschaftsrecht unvereinbar, so sind nach ständiger Rechtsprechung die nationalen Gerichte gehalten, für die volle Wirksamkeit des Gemeinschaftsrechts Sorge zu tragen, indem sie die unvereinbaren Bestimmungen des nationalen Rechts aus eigener Entscheidungsbefugnis unangewendet lassen (Urteil vom 9.3.1978 in der Rechtssache 106/77, Simmenthal, Slg. 1978, 629).*"[467]

---

[464] EuGH, Urt. v. 11.7.1974 – Rs. 8/74, *Dassonville*, GRUR 1974, 467.
[465] EuGH, Urt. v. 20.2.1979, Rs. 120/78, *Cassis de Dijon*, NJW 1979, 1766.
[466] EuGH, Urt. v. 13.3.1997 – Rs. C-358/95, *Tommaso Morellato*, Slg. 1997, 1431.
[467] EuGH, Urt. v. 13.3.1997, Rs. C-358/95, *Tommaso Morellato*, Rn. 18, Slg 1997, 1431.

B. Die Bedeutung des Unionsrechts

b) Steuerneutralität

Eine ganze Reihe von Entscheidungen des EuGH in diesem Kontext betrifft den Grundsatz der **Steuerneutralität**, den der EuGH zumindest mittelbar einem subjektiven Recht angenähert hat.

Zunächst hatte der EuGH in den Urteilen zur *Genius Holding*[468] sowie zu *Schmeink & Cofreth und Strobel*[469] den Grundsatz der **Steuerneutralität** in Bezug auf die **Mehrwertsteuer** umschrieben. In der Entscheidung *Eurodental*[470] stellt der Gerichtshof fest, dass die Neutralität der Mehrwertsteuer es verbiete, *gleichartige und deshalb miteinander in Wettbewerb stehende Leistungen* hinsichtlich der Mehrwertsteuer unterschiedlich zu behandeln.[471] Daraus leitet der EuGH die Pflicht zu einer strengen Gleichbehandlung her, die sich dahingehend auswirke, dass der Lieferant, der eine Leistung über die Binnengrenzen der Union erbringt, in keiner Weise steuerlich schlechter gestellt werden dürfe, als derjenige, der die Leistung innerhalb eines Mitgliedstaates erbringt. Bezogen auf das gemeinsame Mehrwertsteuersystem bedeute die Neutralität, dass *alle wirtschaftlichen Betätigungen*, unabhängig von ihrem *Zweck* und *ihrem Ergebnis grundsätzlich der Mehrwertsteuer unterliegen* und insofern auch *gleich zu behandeln* sind.[472]

Diesen Grundsatz hat der EuGH dahingehend konkretisiert, dass die steuerliche Neutralität, die auch eine Wertneutralität sei, auch eine **steuerrechtliche Differenzierung zwischen erlaubten und unerlaubten Geschäften grundsätzlich verbiete**. Etwas anderes gelte nur dann, wenn die Ware oder Dienstleistung aufgrund ihrer Eigenschaften einen Wettbewerb zum legalen Wirtschaftssektor ausschließe (etwa bei Betäubungsmitteln).[473] Aus dem Grundsatz der Steuerneutralität folgert der Gerichtshof dann auch im *Collée*-Urteil,[474] dass der Steuerpflichtige die Möglichkeit haben müsse, auch nachträglich seine Rechnungen oder sonstigen Aufzeichnungen über den Lieferweg zu berichtigen, soweit es dadurch nicht zu einer Steuergefährdung komme. Eine Regelung, die eine solche Berichtigung generell und ohne Rücksicht auf eine Steuergefährdung verbiete, um damit den Umsatzsteuerbetrug zu bekämpfen, sei im Übrigen unverhältnismäßig.[475]

3. Grundfreiheiten und ihre Auswirkungen auf die Anwendung nationalen Strafrechts

Die am weitesten reichenden Auswirkungen auf die nationale Strafrechtsanwendung dürfte jedoch bislang die Judikatur des EuGH zum Diskriminierungsverbot im Allgemeinen und zu den europäischen Grundfreiheiten im Besonderen gehabt haben.

a) Allgemeines Diskriminierungsverbot (Art. 18 AEUV)

Grundlegend hat sich der EuGH mit dem Diskriminierungsverbot als europäische Grundfreiheit in der Entscheidungen *Frilli*,[476] *Pieck*[477] und *Cowan*[478] auseinandergesetzt und festgestellt, dass Art. 7 EWGV (Art. 18 AEUV) es verbiete, einen Staatsangehörigen eines Mitgliedstaates zu diskriminieren. Dieses Diskriminierungsverbot fließe unmittelbar aus dem Gemeinschafts-

---

[468] EuGH, Urt. v. 13.12.1989, Rs. C-342/87, *Genius Holding* Slg. 1989, 4227; NJW 1991, 632.
[469] EuGH, Urt. v. 19.9.2000, C-454/98, *Schmeink & Cofreth und Strobel*, BB 2000, 2617; vgl. auch EuGH, Urt. v. 6.11.2003, C-78/02 bis C-80/02, Rn. 50, *Karageorgou*, Slg. 2003, I-13295; DStRE 2004, 108.
[470] EuGH v. 7.12.2006, *Eurodental*, C-240/05, Rn. 46, Slg. 2006, I-11479, DStRE 2007, 1042.
[471] Vgl. hierzu auch EuGH, Urt. v. 27.9.2007 – C-409/04, *Teleos*, 59 ff., DStRE 2008, 110, 115.
[472] Vgl. hierzu auch EuGH, Urt. v. 21.2.2006 – C-255/02, Rn. 78, *Halifax*, DStR 2006, 420, 425.
[473] Vgl. EuGH, Urt. v. 12.1.2006, C-354/03, 355/03, 484/03, Rn. 49, *Optigen*, DStR 2006, 133, 136; Urt. v. 6.7.2006 – C-439/04, Rn. 50, *Kittel*, DStR 2006, 1274, 1277 m. w. N.
[474] EuGH, Urt. v. 27.9.2007 – C- 146/05, *Collée*, Rn. 31 ff., DStR 2007, 1814.
[475] Zu Ausnahmen von dieser Unzulässigkeit bei Beteiligung an Steuerhinterziehungen, vgl. S. 96 ff.
[476] EuGH, Urt. v. 22.6.1972, C-1/72, *Frili*, Rn. 19, Slg. 1972, 457.
[477] EuGH, Urt. v. Urt. v. 3.7.1980 – Rs 157/79, *Pieck*, NJW 1981, 506.
[478] EuGH, Urt. v. 2.2.1989, Rs. 186/87, *Cowan*, NJW 1989, 2183.

recht und sei ein **gemeinschaftsrechtliches Grundprinzip**.[479] Daher dürfe – soweit das Diskriminierungsverbot sachlich reiche – die Gewährung eines Rechts – hier des Rechts auf Entschädigung wegen eines Raubüberfalls – nicht von einem Wohnsitz im Inland abhängig gemacht werden, wenn dies bei den eigenen Staatsbürgern nicht der Fall sei.

Für das Strafrecht und das Strafverfahrensrecht hat der EuGH in der *Cowan*-Entscheidung ausdrücklich festgestellt, dass für diese Rechtsgebiete zwar grundsätzlich die Mitgliedstaaten zuständig seien, jedoch dürfen nach ständiger Rechtsprechung[480] des EuGH *„derartige Rechtsvorschriften nicht zu einer Diskriminierung von Personen führen, denen das Gemeinschaftsrecht einen Anspruch auf Gleichbehandlung verleiht, noch die vom Gemeinschaftsrecht garantierten Grundfreiheiten beschränken"*.[481] Damit ist die einst als Diskriminierungsverbot normierte Gewährleistung mittlerweile längst zu einem **Beschränkungsverbot mit Grundfreiheitsqualität** geworden.

b) Niederlassungsfreiheit (Art. 49 ff. AEUV)

230 Im Zusammenhang mit der Niederlassungsfreiheit hat der EuGH hinsichtlich konkreter Strafvorschriften der Mitgliedstaaten über den **Anwendungsvorrang** entschieden und festgestellt, dass das Verbot der Ausübung eines Berufs durch einen Inhaber eines ausländischen Diploms, einer ausländischen Berufsausbildung etc. eine verbotene Diskriminierung und ein Verstoß gegen die Niederlassungsfreiheit[482] sein kann.

231 In der Entscheidung *Auer*[483] hat der EuGH dementsprechend ausgeführt, dass ein Staatsangehöriger eines Mitgliedstaates nicht deswegen in der **Freiheit seiner Niederlassung und Berufsausübung** beschränkt werden darf, weil er sein Diplom zur Ausübung eines Berufs in einem anderen Mitgliedstaat erworben hat. Eine Strafvorschrift, die die unerlaubte Ausübung eines Berufs unter Strafe stellt, dürfe daher auf einen Angehörigen eines Mitgliedstaates nicht angewendet werden, der sich erfolglos um die für die Berufsausübung erforderliche Aufnahme in eine berufsständische Kammer bemüht hat, wenn diese Aufnahme nur wegen des Fehlens eines inländischen Diploms versagt wurde.[484]

232 Ähnliche Feststellungen beinhaltet die Entscheidung *Gebhard*, die die Zulassung der Tätigkeit als Rechtsanwalt betrifft.[485] Hier führt der EuGH aus, dass grundsätzlich jedem Unionsbürger in jedem Mitgliedstaaten die Aufnahme jeder beruflichen oder wirtschaftlichen Tätigkeit offen stehen müsse, soweit die Aufnahme der Tätigkeit im Niederlassungsstaat nach den dort geltenden Vorschriften unbeschränkt sei. Ausnahmen von der Zulassung eines Unionsbürgers zu einer Tätigkeit können sich – so der EuGH weiter – nur aus dem Zweck des Schutzes wichtiger Allgemeingüter ergeben. Diese Zugangsbeschränkungen müssen jedoch in nicht diskriminierender Weise angewendet werden; sie müssen durch **zwingende Gründe des Allgemeininteresses** gerechtfertigt und **geeignet** sein, die Verwirklichung der mit ihnen verfolgten Ziele zu gewährleisten, und sie müssen **verhältnismäßig** sein.[486] Ob diese Voraussetzungen erfüllt sind, muss im Einzelfall entschieden werden und kann auch von der konkreten Tätigkeit abhängen, die der betroffene Berufsträger auszuüben gedenkt oder bereits ausübt.

---

[479] EuGH, Urt. v. 22.6.1972, C-1/72, *Frili*, Slg. 1972, 457.
[480] EuGH, Urt. v. 11.11.1981 – Rs 203/80, *Castati*, NJW 1982, 504, 505.
[481] EuGH, Urt. v. 2.2.1989 – Rs 186/87, *Cowan*, NJW 1989, 2183 f.
[482] Zur Abgrenzung der Niederlassungsfreiheit von der Dienstleistungsfreiheit und zum Verhältnis dieser Grundfreiheiten zueinander vgl. EuGH, Urt. v. 30.11.1995 – Rs. C-55/94, Rn. 20 ff., *Gebhard*, NJW 1996, 579, 580.
[483] EuGH, Urt. v. 22.9.1983, Rs. 271/82, *Auer*, NJW 1984, 2022.
[484] EuGH, Urt. v. 22.9.1983 – Rs 271/82, *Auer*, NJW 1984, 2023.
[485] EuGH, Urt. v. 30.11.1995 – Rs. C-55/94, *Gebhard*, NJW 1996, 579.
[486] EuGH, Urt. v. 30.11.1995 – Rs. C-55/94, *Gebhard*, NJW 1996, 579; vgl. ferner EuGH, Urt. v. 31.3.1993 – Rs C-19/92, Rn. 32, *Kraus*, NVwZ 1993, 661, 662.

B. Die Bedeutung des Unionsrechts

c) Dienstleistungsfreiheit (Art. 56 ff. AEUV)

Zur europäischen Dienstleistungsfreiheit[487] hat der EuGH zunächst insbesondere Entscheidungen getroffen, die sich mit dem Recht zur freien Inanspruchnahme von Dienstleistungen auseinandersetzen. In der Entscheidung *Luisi und Carbone*[488] stellte der EuGH u. a. fest, dass die Dienstleistungsfreiheit nicht nur dem Bürger eines Mitgliedstaates das Recht gebe, seine Dienstleistungen innerhalb der Gemeinschaft frei und ungehindert **anzubieten** und **zu erbringen**, sondern dass auch der **Empfänger von Dienstleistungen** (insbesondere der Tourist) sich auf dieses Recht berufen könne.[489]

Diesen Grundsatz hat der Gerichtshof in der Entscheidung *Unborn Children*[490] bekräftigt, aber auch einschränkend konkretisiert: Dort war es einer irischen Studentenorganisation durch gerichtliche Verfügung untersagt worden, Informationen über die Möglichkeiten zum Schwangerschaftsabbruch, insbesondere Adressen ausländischer Ärzte, die solche Eingriffe vornahmen, in Irland zu verbreiten. Der EuGH hat festgestellt, dass grundsätzlich auch die **Vornahme des Schwangerschaftsabbruchs** durch einen Arzt als **Dienstleistung** anzusehen sei, da sie freiberuflich und gegen Entgelt vorgenommen werde. Diese Bewertung sei von dem Vortrag, es könne sich nicht um eine Dienstleistung handeln, da die Abtreibung höchst unmoralisch sei und die Tötung eines lebenden Wesende zur Folge habe, nicht beeinflusst. Es sei nicht Sache des Gerichtshofs seine eigene (moralische) Beurteilung solcher Fragen an die des nationalen Gesetzgebers des Staates, der die Schwangerschaftsabbrüche zulasse oder untersage, zu setzen.

Die Begrenzung nahm der EuGH jedoch sachlich dahingehend vor, dass er die Dienstleistungsfreiheit auf tatsächlich **wirtschaftlich motivierte Tätigkeiten** beschränkte. Die Studentenorganisation, die aus sozialen oder politischen Gründen Informationen über Schwangerschaftsabbrüche verbreite, nehme lediglich ihr **Recht auf Meinungsfreiheit** wahr, habe aber nicht mit den Kliniken oder Ärzten zusammengearbeitet, deren Adressen sie verbreitete. Daher konnten sich die Studenten – nach Ansicht des EuGH – nicht auf die Dienstleistungsfreiheit berufen. Einschränkungen der Meinungsfreiheit, die nicht harmonisiert war und nunmehr zwar als Grundrecht (Art. 11 Abs. 1 GrCh) garantiert ist, aber unter dem Vorbehalt der allgemeinen Gesetze steht, stellen nach dieser Judikatur keine Verletzung von Unionsrecht dar.[491] Das führt etwa dazu, dass sich ein Unionsbürger in Deutschland nicht auf seine Meinungsfreiheit berufen könnte, wollte er in Deutschland – in Wahrnehmung seiner in seinem Heimatstaat garantierten Meinungsfreiheit – Inhalte verbreiten, die in Deutschland als Volksverhetzung (§ 130 Abs. 3 StGB „Auschwitzlüge") strafbar sind.

d) Kapitalverkehrsfreiheit (Art. 63 ff AEUV)

In dem Urteil *Luisi* und *Carbone*[492] war der Ankauf von europäischen Devisen durch zwei italienische Staatsbürger Gegenstand der Entscheidung. Frau *Luisi* und Herr *Carbone* hatten für mehr als die zulässige Summe von 500.000 Lire französische und deutsche Devisen gekauft, um diese zu touristischen Zwecken und zur Bezahlung von Heilbehandlungen zu verwenden. Für dieses Devisenvergehen wurden beiden Personen Bußgelder durch den italienischen Schatzminister auferlegt. Durch diese Sanktionierung sah der EuGH die **Kapitalverkehrsfreiheit** verletzt.[493]

Hier hat der Gerichtshof ausgeführt, dass die Mitgliedstaaten befugt seien, „zu kontrollieren, ob Devisentransferierungen, die sich angeblich auf liberalisierte Zahlungen beziehen,

---

[487] Zur Abgrenzung der Niederlassungsfreiheit von der Dienstleistungsfreiheit und zum Verhältnis dieser Grundfreiheiten zueinander vgl. EuGH, Urt. v. 30.11.1995 – Rs. C-55/94, Rn. 20 ff., *Gebhard*, NJW 1996, 579, 580.
[488] EuGH, Urteil vom 31.1.1984 – Rs 286/82, 26/83, NJW 1984, 1288.
[489] Vgl. EuGH, Urt. v. 19.1.1999 – Rs. C-348/96, Rn. 16, *Calfa*, EuZW 1999, 345, 346 m. w. N.
[490] EuGH, Urt. v. 4.10.1991 – Rs. C-159/90, NJW 1993, 776.
[491] Vgl. hierzu Erl. GR-Charta zu Art. 11.
[492] EuGH, Urteil vom 31.1.1984 – Rs 286/82, 26/83, *Luisi & Carbone*, NJW 1984, 1288.
[493] Vgl. zum Begriff der Kapitalverkehrsfreiheit, EuGH, Urt. v. 31.1.1984 – Rs 286/82, 26/83, NJW 1984, 1288, 1289.

nicht in Wahrheit für nicht genehmigte Kapitalverkehrsvorgänge verwendet werden". Der EuGH hat diese Kontrollbefugnis jedoch dahingehend eingeschränkt, dass sich aus den Devisenkontrollen **keine mengenmäßigen Beschränkungen von Zahlungen** ergeben dürfen, die sich auf europäische Dienstleistungen beziehen. Ebenso wenig dürfen Zahlungskontrollen zu einer willkürlichen Beschränkung von Freiheitsrechten führen. Daher waren die verhängten Bußgelder gemeinschaftsrechtswidrig.

e) Freizügigkeit (Art. 21 AEUV)

237 In dem bereits (Rn. 218) erwähnten *Calfa*-Urteil hatte der EuGH zu der lebenslangen Ausweisung der italienischen Staatsbürgerin *Donatella Calfa*[494] in einem griechischen Strafverfahren Stellung zu nehmen. Frau *Calfa* war wegen eines Betäubungsmitteldelikts von einem griechischen Strafgericht zu einer kurzen Freiheitsstrafe verurteilt worden. Zudem sah das griechische Strafrecht bei einer solchen Verurteilung eines ausländischen Staatsbürgers vor, dass diesem die Wiedereinreise regelmäßig auf Lebenszeit zu verbieten sei.

Der EuGH hat diese Regelung als einen Verstoß gegen den **Grundsatz der Verhältnismäßigkeit** und gegen das **Recht auf Freizügigkeit**, mithin als gemeinschaftsrechtswidrig angesehen: „*Das Strafrecht darf nämlich nicht die durch das Gemeinschaftsrecht garantierten Grundfreiheiten beschränken.*"[495] Zwar dürfe der Mitgliedstaat gegenüber Staatsangehörigen anderer Mitgliedstaaten auch solche Maßnahmen vorsehen, die er eigenen Staatsbürgern gegenüber nicht ergreifen könne, weil er diesen nicht lebenslang die Einreise verwehren könne, jedoch sei bei den vorgesehenen Maßnahmen gegen Ausländer der **Verhältnismäßigkeitsgrundsatz** zu beachten. Eine Ausnahme vom Grundsatz der Freizügigkeit bedürfe daher einer besonderen Rechtfertigung durch **Interessen der öffentlichen Sicherheit,** wobei im Hinblick auf die Bedeutung der Grundfreiheiten strenge Anforderungen an eine solche Beschränkung zu stellen seien.[496]

4. Unmittelbare Wirkungen von Richtlinien auf das Strafrecht

238 Nicht nur die Rechte und Grundsätze aus dem primären Unionsrecht können sich auf das nationale Strafrecht auswirken. Auch das sekundäre Gemeinschaftsrecht hat gelegentlich unmittelbare Wirkung auf das Strafrecht, auch wenn dieses grundsätzlich (noch) in die Zuständigkeit der Mitgliedstaaten fällt. In Einzelfällen hat der EuGH festgestellt, dass auch **europäische Richtlinien,** die grundsätzlich keine unmittelbare Rechtswirkung für den Bürger haben, sich **unmittelbar auf die Rechte des Bürgers auswirken** können.

239 Hierzu hatte sich der EuGH schon in der Entscheidung *Ratti*[497] dahingehend geäußert, dass es mit dem verbindlichen Charakter, der einer europäischen Richtlinie nach Art. 189 EWGV (Art. 288 AEUV) zukomme, unvereinbar sei, wenn grundsätzlich ausgeschlossen werde, dass sich der Adressat einer nationalen Strafvorschrift auf eine einem Mitgliedstaat durch die Gemeinschaft auferlegte Verpflichtung berufen könne. Ansonsten würde die praktische Wirksamkeit einer rechtlichen Vorgabe der Gemeinschaft abgeschwächt. Ein Mitgliedstaat, der eine Richtlinie nicht ordnungsgemäß oder nicht fristgemäß umsetze, könne daher seine mangelnde Pflichterfüllung dem Adressaten seiner nationalen Norm nicht entgegenhalten und ein nationales Gericht eine Strafsanktion nicht auf eine richtlinienwidrige Vorschrift stützen. Ein Strafgesetz sei daher nicht anwendbar, wenn es einer zum Zeitpunkt der Entscheidung nicht umgesetzten Richtlinie widerspreche.[498]

240 In der Entscheidung *Antoine Kortas*[499], die im Zusammenhang mit dem Grundsatz der lex mitior schon kurz angesprochen wurde (Rn. 216), führt der EuGH aus, dass eine EG-Richt-

---

[494] EuGH, Urt. v. 19.1.1999 – Rs. C-348/96, *Calfa*, EuZW 1999, 345; vgl. hierzu auch *Esser*, Europäisches und Internationales Strafrecht, § 2 Rn. 28 ff.
[495] EuGH, Urt. v. 19.1.1999 – Rs. C-348/96, Rn. 17, *Calfa*, EuZW 1999, 345, 346.
[496] EuGH, Urt. v. 19.1.1999 – Rs. C-348/96, Rn. 23 f., *Calfa*, EuZW 1999, 345, 346.
[497] EuGH, Urt. v. 5.4.1979 – Rs. 148/78, *Ratti*, Slg. 1979, 1629.
[498] EuGH, Urt. v. 5.4.1979 – Rs. 148/78, Rn. 18, *Ratti*, Slg. 1979, 1629, 1642.
[499] EuGH, Urt. v. 1.6.1999, C-319/97, *Antoine Kortas*, EuZW 1999, 476 ff.

B. Die Bedeutung des Unionsrechts

linie insbesondere dann unmittelbare Wirkung für den Unionsbürger und auch auf die Anwendung von Strafrecht auf ihn hat, wenn die Vorgaben in der Richtlinie – hier zur Verkehrsfähigkeit eines Farbstoffs in Lebensmitteln – **unbedingt und hinreichend bestimmt** sind und der Mitgliedstaat, dessen Strafrecht angewendet werden soll, die Richtlinie trotz Ablaufs der Umsetzungsfrist noch nicht in nationales Recht transformiert hat. Daher kann sich der Bürger nach ständiger Rechtsprechung[500] vor einem nationalen Gericht gegenüber dem Staat auf solche Richtlinienbestimmungen berufen. Im Falle des *Antoine Kortas* führt diese Berufung auf die nicht umgesetzte Richtlinie zum **Anwendungsvorrang des Gemeinschaftsrechts** vor dem schwedischen Strafrecht und damit zur Straflosigkeit.[501] Dieser Anwendungsvorrang gilt nach der Entscheidung *Arblade* und *Leloup* sogar dann, wenn die Richtlinie, auf die sich die Betroffenen berufen, zum Zeitpunkt der Tatbegehung noch nicht in Kraft getreten war.[502]

In der Entscheidung *Awoyemi*[503] hat der EuGH die unmittelbare Wirkung auf Staatsangehörige von Drittstaaten ausgeweitet und festgestellt, dass sich auch eine **Person, die nicht Unionsbürger ist**, unmittelbar auf eine Europäische Richtlinie berufen könne. Der Gerichtshof hatte hier die Erteilung einer mitgliedstaatlichen Fahrerlaubnis als Anknüpfungspunkt angesehen und aus diesem Rechtsakt das Recht zur Berufung auf Gemeinschaftsrecht hergeleitet.

5. Einschränkung von unions- und gemeinschaftsrechtlichen Gewährleistungen bei Missbrauch

a) Missbrauchsverbot

In der *Halifax*-Entscheidung stellte der EuGH ausdrücklich fest, dass die **betrügerische oder missbräuchliche Berufung auf Gemeinschaftsrecht** nicht erlaubt sei.[504] Die Anwendung des Gemeinschaftsrechts könne nämlich nicht so weit gehen, dass missbräuchliche Verhaltensweisen von Wirtschaftsteilnehmern gedeckt werden, mithin das Gemeinschaftsrecht auch auf solche Umsätze Anwendung finde, die nicht im Rahmen normaler Handelsgeschäfte getätigt werden, sondern **allein** um missbräuchlich in den Genuss von (Steuer-)Vorteilen zu kommen.[505] Diesen Grundsatz hat der Gerichtshof auch später wiederholt und konkretisiert.[506] Damit macht der EuGH deutlich, dass es entgegen der in diesem Verfahren geäußerten Ansicht sehr wohl eine europäische Missbrauchslehre gibt, die in der ständigen Rechtsprechung des EuGH entwickelt wurde.

In diesem Zusammenhang führt der EuGH spezifisch zum **Mehrwertsteuerrecht** aus, es sei ein Ziel der Sechsten Richtlinie (nun Mehrwertsteuer-Systemrichtlinie) Steuerhinterziehungen, Steuerumgehungen und etwaige Missbräuche zu verhindern.[507]

Dieser Grundsatz ändere jedoch nichts daran, dass zum einen die Rechtsakte der Gemeinschaft, auf die steuerliche Belastungen gestützt werden sollen, so **hinreichend bestimmt** sein müssen, dass der Bürger die ihn betreffende Belastung erkennen und einschätzen kann. Ferner bedeute diese Zielsetzung der Verhinderung von Missbrauch im Mehrwertsteuerrecht auch nicht, dass der Unternehmer bei einer Teilnahme am innereuropäischen Markt eine ggf.

---

[500] Vgl. insb. *EuGH*, Slg. 1982, 53 = NJW 1982, 499 Rn. 27 – *Becker*, *EuGH*, Slg. 1989, 1839 = NVwZ 1990, 649 Rn. 29 = EuZW 1990, 296 L – *Fratelli Costanzo*, *EuGH*, Slg. 1996, I 4373 = EuZW 1997, 126 Rn. 17 – *Cooperativa Agricola Zootecnica S. Antonio* u. a.
[501] Vgl. hierzu schon EuGH, Urt. v. 5.4.1979, Rs. 148/78, Slg. 1979, 1629.
[502] EuGH, Urt. v. 23.11.1999 – Rs. C-369/96 u. C-376/96, *Arblade* und *Leloup*, Rn. 29, EuZW 2000, 88, 90.
[503] EuGH, Urt. v. 29.10.1998 – Rs. C-230/94, Rn. 45, *Awoyemi*, EuZW 1999, 52, 55.
[504] EuGH, Urt. v. 21.2.2006 – Rs. C-255/03, Rn. 68, *Halifax*, DStR 2006, 420, 424 m. w. N.
[505] EuGH, Urt. v. 21.2.2006 – Rs. C-255/03, Rn. 68, *Halifax*, DStR 2006, 420, 424 m. w. N.
[506] EuGH, Urt. v. 6.7.2006 – C-439/04, Rn. 54, *Kittel*, DStR 2006, 1274, 1278 m. w. N.
[507] EuGH, Urt. v. 21.2.2006 – Rs. C-255/03, Rn. 71, *Halifax*, DStR 2006, 420, 424 m. w. N.; vgl. hierzu auch EuGH, Urt. v. 26.2.2013 – Rs. C-617/10, *Fransson*, Rn. 19, NJW 2013, 1415, 1416.

bestehende Wahl zwischen steuerfreien und steuerpflichtigen Umsätzen nicht ausüben dürfte. Der Unternehmer sei berechtigt, seine Entscheidungen an steuerrechtlichen Begebenheiten auszurichten.[508]

244   Die Frage, wann ein Verhalten einen Missbrauch darstellt, ist nach der Judikatur des EuGH nur im jeweiligen Sachzusammenhang zu beantworten. Für das Umsatzsteuerrecht hat der EuGH zunächst eine Missbrauchslehre formuliert, die die Fälle des **Gestaltungsmissbrauchs** erfassen soll:

„Die Feststellung einer missbräuchlichen Praxis erfordert zum einen, dass die fraglichen Umsätze trotz formaler Anwendung der Bedingungen der einschlägigen Bestimmungen der Sechsten Richtlinie und des zu ihrer Umsetzung erlassenen nationalen Rechts einen Steuervorteil zum Ergebnis haben, dessen Gewährung dem mit diesen Bestimmungen verfolgten Zielen zuwiderlaufen würde. Zum anderen muss auch aus einer Reihe objektiver Anhaltspunkte ersichtlich sein, dass mit den fraglichen Umsätzen im Wesentlichen ein Steuervorteil bezweckt wird."[509]

Diese Rechtsprechung erfasst daher jene Fälle, in denen der Unternehmer eine Gestaltung für die Durchführung eines Geschäftes wählt, die wirtschaftlich sinnlos oder in anderer Weise als eine willkürliche Gestaltung anzusehen ist. Es liegt ein Gestaltungsmissbrauch **zum Zwecke der Umgehung** vor, der nicht zur Folge haben dürfe, dass entgegen dem Geist der Mehrwertsteuer-Richtlinie ein Steuervorteil gewährt wird.

245   Aus der *Collée*-Judikatur[510] des EuGH lässt sich jedoch folgern, dass ein solcher Gestaltungsmissbrauch nicht per se die Versagung des formell durch die Gestaltung begründeten Steuervorteils rechtfertige[511]. In dieser Entscheidung hat der EuGH nämlich ausgeführt, dass sich schon aus der Entscheidung *Genius Holding* ergebe, dass die Mitgliedstaaten eine steuerrelevante Berichtigung von Rechnungen zulassen müssen, in denen zu Unrecht Mehrwertsteuer ausgewiesen ist, wenn durch die Berichtigung oder in anderer Weise die entstandene Gefährdung des Steueraufkommens beseitigt sei.[512] Dabei sei zu berücksichtigen, dass die Berichtigung nicht vom guten Glauben des Rechnungsausstellers abhängig gemacht werden dürfe.

b) Verbot der Beteiligung an Steuerhinterziehungen

246   In der Entscheidung *Kittel* hat der EUGH seine **Rechtsprechung zur Steuerneutralität** (Rn. 225 ff.) und **zum Missbrauch** (Rn. 242 ff.) aus den Entscheidungen *Genius Holding*[513], *Schmeink & Cofreth und Strobel*[514] und *Halifax* dahingehend **konkretisiert**, dass zwar die Begrifflichkeiten des europäischen Mehrwertsteuerrechts, wie Lieferung und Waren etc. wertneutral auszulegen sind,[515] eine **Beteiligung des von einem Unternehmer erbrachten Umsatzes an einer Steuerhinterziehung (etwa im Umsatzsteuerkarussell)** aber dennoch zu einem Verlust des Rechts auf den Vorsteuerabzug führen könne. Dies sei jedoch nur dann der Fall, wenn dem Steuerpflichtigen ein **Verschulden** hinsichtlich seiner Beteiligung an dem betrügerischen Umsatz vorgeworfen werden kann, er also fahrlässig oder vorsätzlich an diesem Umsatz teilgenommen hat.

Dies hat der EuGH einheitlich für den Fall entschieden, dass der Steuerpflichtige vor oder nach einem betrügerischen Umsatz in einer Umsatzkette eingebunden ist, ohne Kenntnis oder fahrlässige Unkenntnis von den betrügerischen Zwecken der Umsätze zu haben, die andere in die Kette eingebundene Unternehmer tätigen.[516] Der EuGH macht jedoch in den

---

[508] EuGH, Urt. v. 21.2.2006 – Rs. C- 255/03, Rn. 73, *Halifax*, DStR 2006, 420, 424 m. w. N.
[509] EuGH, Urt. v. 21.2.2006 – C-255/02, *Halifax*, 2. Leitsatz, Rn. 74 f., DStR 2006, 420, 424.
[510] EuGH, Urt. v. 27.9.2007 – C-146/05, *Collée*, DStR 2007, 1811 ff.; vgl. auch 219, 227.
[511] Vgl. nur FG Baden-Württemberg, Beschl. v. 11.3.2009, 1 V 4305/08, Rn. 24 ff., vgl. auch *Ransiek*, HRRS 2009, 421 ff.
[512] Vgl. EuGH, Urt. v. 27.9.2007 – C-146/05, *Collée*, Rn. 35 ff., DStR 2007, 1811, 1814.
[513] EuGH, Urt. v. 13.12.1989, Rs. C-342/87, Slg. 1989, 4227, NJW 1991, 632.
[514] EuGH, Urt. v. 19.9.2000, C-454/98, *Schmeink & Cofreth und Strobel*, BB 2000, 2617; vgl. auch EuGH, Urt. v. 6.11.2003, C-78/02 bis C-80/02, Rn. 50, *Karageorgou*, Slg. 2003, I-13295; DStRE 2004, 108.
[515] EuGH, Urt. v. 6.7.2006 – C-439/04, Rn. 41, *Kittel*, DStR 2006, 1274, 1277 m. w. N.
[516] EuGH, Urt. v. 6.7.2006 – C-439/04, Rn. 45 ff., *Kittel*, DStR 2006, 1274, 1277 m. w. N.

B. Die Bedeutung des Unionsrechts

weiteren Ausführungen dieser Entscheidung[517] deutlich, dass derjenige, der eine Steuerhinterziehung begeht oder sich an einer solchen beteiligt, sich nicht auf die Steuerneutralität berufen könne. Der Gerichtshof führt hier aus, dass die objektiven Kriterien, nach denen sich die Begriffe der Lieferung oder der wirtschaftlichen Betätigung bestimmen, nicht erfüllt seien, wenn der Steuerpflichtige **selbst eine Steuerhinterziehung begehe**.[518]

Eine Berufung auf die Mehrwertsteuerrichtlinien, deren Zweck gerade die Bekämpfung von Steuermissbräuchen sei, sei nämlich dann nicht erlaubt, wenn der getätigte **Umsatz zur Durchführung solcher Missbräuche dienen** solle. Daher – so der EuGH weiter – sei eine nationale Finanzbehörde auch befugt, bei Feststellung von Steuerhinterziehungen oder sonstiger betrügerische Ausübung des Rechts auf Vorsteuerabzug, Steuerrückforderungen zu stellen. Ein nationales Gericht sei ferner **berechtigt, den Vorsteuerabzug zu verweigern,** wenn aufgrund objektiver Umstände feststehe, dass ein Unternehmer betrügerisch einen Vorsteueranspruch geltend gemacht und ausbezahlt erhalten habe.[519] Auf die Frage der Steuergefährdung durch die Steuerhinterziehung geht der EuGH in dieser Entscheidung mit keinem Wort ein.

Zusätzlich erweitert der Gerichtshof diese Folgen eines Verlustes des Vorsteuerabzugs – für andere Steuervorteile wie die Steuerfreiheit der innergemeinschaftlichen Lieferung muss dies aber analog gelten – auch auf den **Beteiligten an einer Steuerhinterziehung**. Hierzu führt der EuGH aus, dass auch derjenige, der *wusste oder hätte wissen müssen*, dass er sich mit seinem Erwerb an einem Umsatz beteiligt, der in eine Mehrwertsteuerhinterziehung eingebunden sei, „*für die Zwecke der Sechsten RL als an dieser Hinterziehung Beteiligter anzusehen*"[520] sei. Diesen weiten mehrwertsteuerlichen Beteiligtenbegriff begründet der EuGH mit dem Satz: „*Denn in einer solchen Situation geht der Steuerpflichtige den Urhebern der Hinterziehung zur Hand und macht sich ihrer mitschuldig.*"[521]

Welche **steuerstrafrechtlichen Konsequenzen** aus dieser strengen Rechtsprechung des EuGH, die im Hinblick auf den Sinn und Zweck der Sechsten Mehrwertsteuerrichtlinie (nun Mehrwertsteuer-Systemrichtlinie) aber konsequent erscheint, folgen, ist noch nicht vollständig geklärt. Insbesondere stellt sich die vom Bundesgerichtshof aufgeworfene (und bejahte) Frage (vgl. Rn. 279 ff.), ob ein Unternehmer eine Steuerhinterziehung begeht, der trotz seiner Kenntnis von betrügerischem Verhalten Dritter, von dem er aber nicht unmittelbar profitiert, Vorsteuern oder Steuerfreiheit in Anspruch nimmt.[522]

Entgegen der in der deutschen Literatur vielfach vertretenen Auffassung, dass eine Versagung von Steuervorteilen nur gerechtfertigt sein könne, wenn es auch zu einer **Gefährdung des Steueraufkommens im Bestimmungsland** der Lieferung komme, gilt diese Einschränkung für die Beteiligung an einem Mehrwertsteuerbetrug nach der Judikatur des EuGH in der *Kittel*-Entscheidung wohl nicht. Diese Entscheidung macht das Recht zur Verweigerung von Steuervorteilen nur von der Beteiligung an der Hinterziehung abhängig und geht nicht, wie die Entscheidung *Collée*, in der es allenfalls um einen Gestaltungsmissbrauch zum Zwecke zivilrechtlicher Täuschungen gegenüber dem Vertriebspartner und die damit zusammenhängende Rechnungsberichtigung ging, davon aus, dass auch eine Steuergefährdung bestehen muss.[523]

---

[517] EuGH, Urt. v. 6.7.2006 – C-439/04, Rn. 53 ff., *Kittel*, DStR 2006, 1274, 1278 m. w. N.
[518] EuGH, Urt. v. 6.7.2006 – C-439/04, Rn. 53, *Kittel*, DStR 2006, 1274, 1278; vgl. ferner EuGH, Urt. v. 21.2.2006 – C-255/02, Rn. 59, *Halifax*, DStR 2006, 420, 423.
[519] EuGH, Urt. v. 6.7.2006 – C-439/04, Rn. 55, *Kittel*, DStR 2006, 1274, 1278 m. w. N.
[520] EuGH, Urt. v. 6.7.2006 – C-439/04, Rn. 55, *Kittel*, DStR 2006, 1274, 1278 m. w. N.
[521] EuGH, Urt. v. 6.7.2006 – C-439/04, Rn. 56, *Kittel*, DStR 2006, 1274, 1278 m. w. N.
[522] Vgl. nur BGH, Beschl. v. 7.7.2009 – 1 StR 41/09, DStR 2009, 1688, Beschl. v. 20.10.2011 – 1 StR 41/09, NStZ 2011, 379 ff.; ferner *Bülte* HRRS 2011, 465 m. w. N.
[523] Vgl. EuGH, Urt. v. 27.9.2007 – C-146/05, *Collée*, Rn. 35 ff., DStR 2007, 1811, 1814.

6. Scheinkollisionen des nationalen Strafrechts mit dem Unionsrecht („*Berlusconi*-Entscheidung")

250 Während in den zuvor dargestellten Fallkonstellationen sogenannte **echte Kollisionen** dadurch entstanden, dass die Anwendung nationalen Strafrechts gegen Unionsrecht/Gemeinschaftsrecht verstieß, hatte sich der EuGH auch mit Fällen **unechter (scheinbarer) Kollisionen** auseinander zu setzen. Dies sind Fälle, in denen das Unionsrecht/Gemeinschaftsrecht eine hinreichend klare und abschließende Regelung für das nationale Recht vorgibt, die den Mitgliedstaaten in Bezug auf den relevanten Sachverhalt keinen Gestaltungs- oder Konkretisierungsspielraum lässt, das nationale Recht aber diesen Vorgaben zuwiderläuft. Wenn in solchen Fällen das nationale Recht eine gemeinschaftsrecht-/unionsrechtskonforme Auslegung im Hinblick auf Art. 4 Abs. 3 AEUV (ex-Art. 10 EGV) nicht zulässt, kommt es zu einer unechten (scheinbaren) Kollision. Unecht oder scheinbar ist diese Kollision deswegen, weil eine **nicht hinreichend umgesetzte Richtlinie** im Rahmen eines Strafverfahrens gegen einen Bürger keine unmittelbare Wirkung entfalten kann und daher das nationale Recht anzuwenden ist.[524]

251 In dem prominenten Fall des damaligen italienischen Ministerpräsidenten *Silvio Berlusconi* ergab sich diese Situation: Unter anderem wurde *Berlusconi* vorgeworfen, nach italienischem Recht strafbare **Bilanzfälschungen** begangen zu haben. Durch eine Änderung der Strafvorschriften betreffend die Bilanzfälschung und ihre Verfolgung sorgte der italienische Gesetzgeber dafür, dass die dem Ministerpräsidenten vorgeworfenen Taten nicht mehr bestraft werden konnten. Damit wurde jedoch eine gemeinschaftsrechtswidrige Lage herbeigeführt, denn die Mitgliedstaaten waren aufgrund einer europäischen Richtlinie verpflichtet, für eine *wirksame, abschreckende* und *verhältnismäßige Sanktionierung* von Bilanzfälschungen zu sorgen. Durch die Änderungen im italienischen Strafrecht waren diese Voraussetzungen nicht mehr erfüllt. Das erkennende italienische Gericht fragte nun beim EuGH an, ob die Anwendung des milderen Gesetzes, das zur Straffreiheit *Berlusconis* führte, auch dann in Betracht gezogen werden dürfe, wenn das mildere Gesetz den geltenden und für Italien verbindlichen Verpflichtungen aus einer EG-Richtlinie nicht entspreche, mithin gemeinschaftsrechtswidrig sei. Generalanwältin *Kokott* gelangte zu der Auffassung, die Aufhebung des in Italien geltenden Gesetzes sei mit den Verpflichtungen des italienischen Gesetzgebers nicht vereinbar und deshalb nicht anwendbar. Sie ging davon aus, dass gemeinschaftsrechtswidriges Strafrecht nicht die Qualität eines *Gesetzes* im Sinne des **Lex-mitior-Grundsatzes** habe. Der Anwendungsvorrang des Gemeinschaftsrechts führe dazu, dass die gesetzliche Milderung nicht anzuwenden sei, sondern die vor der Gesetzesänderung geltende Strafvorschrift zur Anwendung zu bringen sei.[525] Der EuGH entschied jedoch, dass die Aufhebung des italienischen Straftatbestandes wirksam sei und deshalb der Grundsatz der lex mitior eingreife. Für diese Auffassung spricht, dass das europäische Recht nur im Fall der **Kollision von nationalem und europäischem Recht** Anwendungsvorrang hat. Wenn jedoch ein nationales Gesetz aufgehoben oder geändert worden ist, geht es um die Frage der Rechtsgeltung. **Geltungsvorrang** vor nationalem Recht **hat das Unionsrecht** jedoch **nicht**.

252 Die **Grundrechte** gehören nach der ständigen Judikatur des EuGH zu den allgemeinen **Rechtsgrundsätzen,** die der Gerichtshof zu wahren habe. Dabei lasse sich der EuGH von der Verfassungstradition der Mitgliedstaaten und den Hinweisen leiten, die die völkerrechtlichen Verträge über den Schutz der Menschenrechte geben.[526] Zu diesen Grundsätzen gehöre auch das **Prinzip der lex mitior**. Daraus folge, dass auch der nationale Richter, der

---

[524] Vgl. hierzu *Hecker*, Europäisches Strafrecht, § 9 Rn. 15 ff.
[525] Vgl. hierzu die Darstellung bei *Esser*, Europäisches und Internationales Strafrecht, § 2 Rn. 19, 109 f.; *Hecker*, Europäisches Strafrecht, § 9 Rn. 15 ff.
[526] Vgl. insbes. *EuGH*, Slg. 2003, I-5659 Rn. 71 = EuZW 2003, 592 m. Anm. *Koch* = NJW 2003, NJW 3185 – *Schmidberger* und die dort zitierte Rechtsprechung; *EuGH*, Slg. 2003, I-7411 Rn. 65 = DVBL 2003, 1344 L – *Booker Aquaculture* u. *Hydro Seafood* sowie die dort zitierte Rechtsprechung.

B. Die Bedeutung des Unionsrechts

zur Durchführung des Gemeinschaftsrechts erlassenes nationales Recht anzuwenden habe, an das Prinzip der Anwendung des mildesten Gesetzes gebunden sei.[527]

Der EuGH wirft im Anschluss an diese grundsätzlichen Feststellungen selbst die Frage auf, ob dieses Prinzip auch dann gelten könne, wenn das **mildere Gesetz gemeinschaftsrechtswidrig** ist. Diese Frage lässt er jedoch unbeantwortet und stützt sich für eine Annahme der Straflosigkeit letztlich auf den nur gegenüber dem Mitgliedstaat verbindlichen Charakter einer Richtlinie. Zwar seien die vorlegenden Gerichte nach der gefestigten Judikatur des EuGH grundsätzlich gehalten, eine nationale Vorschrift nicht anzuwenden, wenn diese gemeinschaftsrechtswidrig ist; das nationale Gericht müsse hier nicht ein Aktivwerden des Gesetzgebers o. ä. abwarten. Aber der EuGH habe ebenfalls in ständiger Rechtsprechung entschieden, „*dass eine Richtlinie nicht selbst Verpflichtungen für einen Einzelnen begründen kann, so dass ihm gegenüber eine Berufung auf die Richtlinie als solche nicht möglich ist.*"[528]. Der Gerichtshof bekräftigt weiterhin seine Judikatur, dass die **unmittelbare Anwendung einer europäischen Richtlinie** nicht dazu führen dürfe, die **Strafbarkeit** einer Person zu **begründen** oder zu **verschärfen**.[529]

Der EuGH weicht also zu Recht der Frage nach dem Anwendungsvorrang des Unionsrechts in diesen Fällen aus, weil sich die Vorrangfrage nur dann stellte, wenn die beiden miteinander um den Vorrang streitenden Rechte überhaupt in Konkurrenz stünden. Bereits daran fehlt es aber im Fall *Berlusconi*, weil sich der Mitgliedstaat nicht gegenüber einem Bürger zur Begründung oder Schärfung von Strafbarkeit auf die EG-Richtlinie berufen kann.[530] Wenn der italienische Gesetzgeber eine Regelung nicht mehr außer Kraft setzen könnte, weil europäisches Recht entgegensteht, beträfe dies eine Frage der **Rechtsgeltung**. Geltungsvorrang kommt aber EG/EU-Richtlinien nicht zu.[531]

7. Auswirkungen der EuGH-Judikatur auf strafrechtliche und steuerstrafrechtliche Fragen

Die zuvor dargestellten Eckpunkte der das Strafrecht betreffenden Judikatur des EuGH sollen nun in drei Bereichen konkretisiert werden, die letztlich alle durch die Missbrauchsrechtsprechung bestimmt werden: das **nationale Finanz-/Steuerstrafrecht** im Spannungsfeld der Niederlassungs- und Dienstleistungsfreiheit, die **Geldwäschegesetzgebung und Geldwäschestrafbarkeit** als europäisch harmonisierter Bereich und die oben schon angedeutete Frage der **Missbrauchsrechtsprechung im Kontext der Hinterziehung von Mehrwertsteuern**.

a) Beratungsleistungen im Zusammenhang mit grenzüberschreitenden Steuerhinterziehungen

Der Abbau der wirtschaftlichen Binnengrenzen der europäischen Union und die damit verbundenen Grundfreiheiten, insbesondere die **Niederlassungs-, Dienstleistungs- und Kapitalverkehrsfreiheit** ermöglichen Wirtschaftsteilnehmern in einem großen Maße grenzüberschreitende berufliche Tätigkeiten. Diese transnationalen Wirtschaftsbeziehungen haben zur Europäisierung mancher Problembereiche geführt, die im nationalen Bereich schon seit längerem diskutiert werden. Die sich daraus ergebenden Brennpunkte des nationalen Strafrechts sollen hier zunächst am Beispiel einer transnationalen grenzüberschreitenden Bankdienstleistung im Zusammenhang mit einer nationalen Steuerhinterziehung erörtert werden.

---

[527] Urteil vom 3.5.2005 – C-387/02, C-391/02 und C-403/02, Rn. 67 ff., *Silvio Berlusconi*, EuZW 2005, 369, 371.

[528] Urteil vom 3.5.2005 – C-387/02, C-391/02 und C-403/02, Rn. 73, *Silvio Berlusconi*, EuZW 2005, 369, 372.

[529] Urteil vom 3.5.2005 – C-387/02, C-391/02 und C-403/02, Rn. 74, *Silvio Berlusconi*, EuZW 2005, 369, 372.

[530] Vgl. *Hecker*, Europäisches Strafrecht, § 9 Rn. 19.

[531] Eingehend dazu *Dannecker*, FS Schroeder, S. 761.

Im Hinblick auf die Aktualität der Fragestellung und die praktischen Gegebenheiten soll hier folgender Beispielsfall gewählt werden:

Der deutsche Steuerpflichtige S lässt sich von einem Mitarbeiter einer österreichischen Bank zum Zwecke des Kapitaltransfers und der Kapitalanlage in Österreich beraten. S möchte nicht, dass die deutschen Finanzbehörden Kenntnis von seinen Kapitalerträgen erhalten, weil er nicht bereit ist, die Erträge der deutschen Zinsabschlagsteuer zu unterwerfen und weil es sich um Schwarzgeld handelt. Durch eine grundsätzlich banktübliche und zulässige Anlage wird das Kapital nach Österreich transferiert. S zahlt aufgrund der Zinsabschlagsteuer in Österreich nicht den vollen Steuersatz auf die Erträge und hinterzieht so deutsche Steuern.[532]

aa) Problem der berufsneutralen Handlung in Deutschland

257 Hier sollen die Grundzüge der Problematik der berufsneutralen Handlung im deutschen Strafrecht dargestellt werden:[533]

In der deutschen Rechtsprechung und Literatur sind **Fallkonstellationen des berufsneutralen oder sozialadäquaten Handelns**, also solcher Tathandlungen, die isoliert betrachtet keinen eigenen Unwertgehalt aufweisen, weil sie berufstypisch oder grundsätzlich sozial akzeptiert sind, vornehmlich in innerdeutschen Bereich diskutiert und entschieden worden. Hier haben sich im Wesentlichen drei Standpunkte herauskristallisiert. Neben den Stimmen, die auch im Rahmen von Bankgeschäften übliche Handlungen, die zu einer Steuerstraftat beitragen, grundsätzlich den allgemeinen Regeln der Beteiligung unterwerfen wollen und damit stets als objektive Beihilfe ansehen,[534] sind andere zu dem Ergebnis gekommen, dass diese neutralen Handlungen schon im objektiven Tatbestand auszusondern sind; die Rechtsprechung löst das Problem schließlich im subjektiven Tatbestand.[535]

258 Insofern werden in der Literatur u. a. Ansätze vertreten, den objektiven Tatbestand dahingehend einzuschränken, dass Handlungen von Bankmitarbeitern nur dann strafrechtlich relevant sein können, wenn sie isoliert betrachtet als nicht **sozial-/berufsadäquat** oder pflichtgemäß zu betrachten sind. Andere wollen im objektiven Tatbestand die Grundrechte des potentiellen Gehilfen, mithin das Recht zur Berufsausübung zur Geltung bringen, um zumindest in Fällen der eventualvorsätzlichen Begehung den objektiven Tatbestand schon auszuschließen. Letztlich laufen damit die Auffassungen der Literatur meist auch auf eine normative Risikobewertung hinaus und stellen darauf ab, ob ein Verhalten schon die Schaffung einer rechtlich missbilligten Gefahr oder lediglich ein erlaubtes, durch die Berufsausübung als solche bedingtes Risiko bedeutet.[536]

259 Einen vornehmlich subjektiven Ansatz hat *Roxin* gewählt, der die Strafbarkeit des Berufsträgers bei berufsneutralem Handeln auf Fälle des **deliktischen Sinnbezugs der Handlung und erkennbare Tatgeneigtheit des Vortäters** beschränken will:

Diese Voraussetzungen sind nach der Auffassung *Roxins* in einer ersten Fallgruppe dann erfüllt, wenn der **Berufsträger positive Kenntnis von der Absicht des Haupttäters** zur Begehung der Tat und die neutrale Handlung dennoch vornimmt oder wenn die Leistung des Berufsträgers keinen anderen Sinn als die Begehung der Haupttat haben kann.[537] Zudem könne der deliktische Sinnbezug entstehen, wenn die neutrale Handlung vorgenommen wird, obwohl der Bankmitarbeiter weiß, dass seine Handlung erkennbar nur ausschließlich dem Zweck der Begehung der Haupttat dienen könne.

Die zweite Fallgruppe bildet *Roxin* aus den Fällen, in denen der **Haupttäter für den Berufsträgers erkennbar tatgeneigt** ist und der Berufsträger zumindest mit Eventualvorsatz hinsichtlich der Haupttat handelt. Das bedeutet, dass eine Beihilfe in Betracht kommt, wenn der Berufsberechtigte damit rechnet, dass der Kunde eine Steuerhinterziehung begehen

---

[532] Vgl. zur Steuerhinterziehung trotz Zinsabschlagsteuer *Bülte*, BB 2008, 2375 ff.
[533] Vgl. vertiefend *Dannecker/Hagemeier,* in: *Leitner* (Hrsg.), Finanzstrafrecht 2008, S. 63 ff.
[534] *Beckemper*, Jura 2001, 169, *Niedermair*, ZStW 107 (1995), 507.
[535] Vgl. *Dannecker/Hagemeier,* in: *Leitner* (Hrsg.), Finanzstrafrecht 2008, S. 63, 68 ff.
[536] Vgl. im Einzelnen und mit Nachweisen *Dannecker/Hagemeier,* in: *Leitner* (Hrsg.), Finanzstrafrecht 2008, S. 63, 72 ff.
[537] *Roxin*, Strafrecht Allgemeiner Teil II, § 26 Rn. 221 f.

B. Die Bedeutung des Unionsrechts

könnte und sich damit abfindet. Zudem muss die Betrachtung der objektiven Umstände unter Berücksichtigung des Vertrauensgrundsatzes dazu führen, dass der Bankmitarbeiter nicht mehr pflichtgemäß darauf vertrauen durfte, dass der Kunde keine Steuerhinterziehungen begehen wird.

Die **Rechtsprechung** hat sich, nachdem sie zunächst auf objektive Kriterien zur Einschränkung der Beihilfe bei berufsneutralen Handlungen zurückgegriffen hatte,[538] später an der Auffassung von *Roxin* orientiert: In der Entscheidung vom 20.9.2000[539] hat der BGH maßgeblich auf den subjektiven Tatbestand abgestellt und erklärt, eine Beihilfe komme bei grundsätzlich neutralen Handlungen in Betracht, wenn der Täter mit sicherem Wissen um die spätere Tatbegehung durch den Haupttäter handele. Habe der Helfende dieses sichere Wissen nicht, so komme eine Beihilfe nur dann in Betracht, wenn *„das von ihm erkannte Risiko eines strafbaren Verhaltens des durch ihn Unterstützten derart hoch"* ist, *„dass er sich mit seiner Hilfeleistung die Förderung eines erkennbar tatgeneigten Täters angelegen sein lässt"*.[540]

260

Unabhängig von der berechtigten Kritik, die diese Lösung des BGH über einen neuen, gesteigerten Eventualvorsatz hervorgerufen hat,[541] kann im Ergebnis festgestellt werden, dass nach der deutschen Diktion derjenige Bankmitarbeiter wegen Beihilfe zur Steuerhinterziehung strafbar ist, der in dem (relativen) **Wissen um die spätere Nichtversteuerung** von Kapitalerträgen eine Anlageberatung oder die Anlage selbst durchführt.

261

bb) Die Beschränkung der Strafbarkeit berufsneutraler Handlungen im europäischen Kontext

Dieses Ergebnis muss aber im europäischen Kontext modifiziert werden, soweit es sich um eine **transnationale Dienstleistung** handelt. Erbringt jemand eine berufliche Tätigkeit grenzüberschreitend, so ergibt sich zunächst die Frage, ob er sich nach den Normen des *Herkunftsstaates*, jenen des *Bestimmungsstaates* oder nach *beiden Rechtsordnungen* zu richten hat: Grundsätzlich gilt, zumindest für denjenigen, der seine Dienstleistung nach Deutschland erbringt, dass er auch dann die deutschen (Straf-)Vorschriften einzuhalten hat, wenn er im Ausland handelt und seine Dienstleistung lediglich nach Deutschland wirkt. Für einen österreichischen Bankmitarbeiter bedeutet dies beispielsweise, dass er sich nach deutschem Recht wegen Beihilfe zur Steuerhinterziehung (§ 370 AO, § 27 StGB) strafbar machen kann, wenn er einem in Deutschland Steuerpflichtigen dabei Hilfe leistet, eine Steuerhinterziehung in Deutschland zu begehen.

262

Diese Situation kann zu **Konflikten des Strafrechts mit der Dienstleistungsfreiheit und der Kapitalverkehrsfreiheit** führen. Dies wird deutlich, wenn man sich vor Augen führt, dass das deutsche Strafrecht zwar grundsätzlich nur auf solche Straftaten Anwendung findet, die im Inland begangen worden sind (§ 3 dStGB), aber auch eine Tat als im Inland begangen gilt, deren tatbestandlicher Erfolg im Inland eintritt. Dieser tatbestandliche Erfolg ist bei der Steuerhinterziehung die Steuerverkürzung oder Erreichung des Steuervorteils und dieser tritt in dem Land ein, in dem der Schaden am Steueraufkommen entsteht, also im Beispielsfall in Deutschland. Diese Strafbarkeit erscheint deswegen sehr weitgehend, weil das deutsche Strafrecht ein Rechtsgut, das in Österreich grundsätzlich nicht geschützt ist, unter strafrechtlichen Schutz auch gegen Handlungen von Österreichern in Österreich stellt.[542]

263

Obwohl dieser Grundsatz des in § 9 StGB normierten **Ubiquitätsprinzips** völkerrechtlich anerkannt ist, kann das Unions- bzw. Gemeinschaftsrecht bei Tathandlungen innerhalb der Union zu Einschränkungen führen:

264

Aus dem Vorrang des Unionsrechts folgt, dass, soweit Bankmitarbeiter im Rahmen ihrer beruflichen **Tätigkeit im Rahmen der unionsrechtlichen Vorgaben** handeln, ihre Tätigkeit nicht strafbar sein kann. Diesen europarechtlichen Rahmen stecken die unionsrechtlichen Vorgaben, die auf dem Gebiet des weitgehend harmonisierten Bankenrechts zahlreich

265

---

[538] LG Bochum, 15.3.1999, 12 KLs 35 Js 409/98, NJW 2000, 1430, 1431.
[539] BGH, 20.9.2000, 5 StR 729/98, NStZ 2000, 34.
[540] BGH, 20.9.2000, 5 StR 729/98, NStZ 2000, 34.
[541] Hierzu *Dannecker/Hagemeier*, in: *Leitner* (Hrsg.), Finanzstrafrecht 2008, S. 63, 87 f.
[542] *Dannecker/Hagemeier*, in: *Leitner* (Hrsg.), Finanzstrafrecht 2008, S. 63, 94 ff.

existieren, ab. Bei diesen unionsrechtlichen Vorgaben handelt es sich etwa um die Bankenrichtlinie, die Geldwäscherichtlinie und die Bargeldverordnung. Das hierin kodifizierte Bankrecht stellt die Grenze, aber auch den Freiraum derjenigen Tätigkeiten dar, die als banküblich und als in der Union erlaubt gelten müssen. Die einzelnen im Bankbetrieb zulässigen Berufshandlungen sind in der Anlage I zur Bankrichtlinie aufgeführt. Die dort genannten Handlungen sind damit unionsrechtlich als erlaubt anzusehen. Der **Anwendungsvorrang** des Unionsrecht bewirkt hinsichtlich dieser Handlungen, dass der Bankmitarbeiter, der die dargestellten Handlungen vornimmt, vorbehaltlich anderer gemeinschaftsrechtlicher Regelungen, unionsrechtskonform handelt und damit nicht nach nationalem Strafrecht bestraft werden darf, soweit es sich um einen transnationalen binneneuropäischen Sachverhalt handelt.

Nimmt daher ein Mitarbeiter einer ausländischen Bank eine Handlung vor, die unionsrechtlich und nach dessen Heimatrecht nicht verboten ist – wie etwa einen Kapitaltransfer von Deutschland in ein anderes EU-Land[543] –, so kann er dafür nicht nach deutschem Steuerstrafrecht wegen Beihilfe zur Steuerhinterziehung bestraft werden.[544] Dies gilt unabhängig von der Staatsangehörigkeit des Berufsträgers. Denn auf das Unionsrecht kann sich jeder Unionsbürger im Rahmen eines transnationalen Sachverhalts berufen. Das bedeutet, dass sich auch ein deutscher Mitarbeiter einer ausländischen Bank, der dort seine Dienstleistung erbringt, darauf berufen kann, das österreichische Bankrecht und das Unionsrecht eingehalten zu haben. Er muss sich nicht am deutschen Bankrecht oder Steuerstrafrecht messen lassen.

Hinsichtlich der Wirkungen der europäischen Freiheitsrechte ist jeder Berufstätige allein an die für seinen Ansässigkeitsstaat geltenden berufsrechtlichen Regeln gebunden: „*Die Ausgestaltung des Berufsrechts in einem anderen Mitgliedstaat ist eine dem inländischen Strafrecht vorgelagerte Ordnung, der im Rahmen der Sozialadäquanz und des erlaubten Risikos Rechnung getragen werden muss.*"[545]

cc) Wirkungen des Missbrauchsverbots

266 Auch wenn das Unionsrecht den Bankmitarbeiter grundsätzlich vor der deutschen Strafbarkeit schützt, muss auch in diesem Zusammenhang das oben dargestellte Missbrauchsverbot berücksichtigt werden. Der EuGH hat deutlich gemacht, dass niemand sich zu Zwecken, die dem Unionsrecht zuwider laufen, auf dieses berufen könne. Einen solchen Missbrauch wird man aber dann annehmen müssen, wenn der Bankmitarbeiter gegen das **allgemeine Täuschungsverbot** verstößt und **Verschleierungsverhalten** an den Tag legt. Dies sind alle Verhaltensweisen, die spezifisch darauf gerichtet sind, die Besteuerung von Kapitalerträgen zu verhindern, etwa durch das **Erstellen unrichtiger Belege oder das Verschleiern von Vermögen über Scheinfirmen** etc.[546]

b) Beratungsleistungen im Zusammenhang mit grenzüberschreitenden Geldwäschehandlungen

267 Im Zusammenhang von Steuer- und Anlageberatungsleistungen kann nicht nur das Steuerstrafrecht selbst zu Problemen führen; auch eine mögliche **Strafbarkeit wegen Geldwäsche** kann Risiken bergen. Diese Problematik ergibt sich aus dem Umstand, dass zwar die Dritte Geldwäscherichtlinie 2005/60/EG den Mitgliedstaaten recht genaue Vorgaben hinsichtlich der Pflichten macht, die bestimmten Berufsträgern zur Bekämpfung von Geldwäsche und Terrorismusfinanzierung auferlegt werden müssen, die Umsetzung durch die Mitgliedstaaten jedoch zum Teil sehr unterschiedlich ist.[547] Daher kann es zu Fallkonstellationen kommen, in denen einen Berufsträger nach dem Recht seines Ansässigkeitsstaates keine geldwäschebezogenen Pflichten treffen, während das Recht des Staates, aus dem sein Kunde oder Mandant

---

543 Zu Einzelfällen *Dannecker/Hagemeier*, in: *Leitner* (Hrsg.), Finanzstrafrecht 2008, S. 63, 104 ff.
544 Vgl. hierzu eingehend *Dannecker/Hagemeier*, in: *Leitner* (Hrsg.), Finanzstrafrecht 2008, S. 63, 94 ff.
545 *Dannecker/Hagemeier*, in: *Leitner* (Hrsg.), Finanzstrafrecht 2008, S. 63, 97.
546 Vgl. zu Einzelheiten *Dannecker/Hagemeier*, in: *Leitner* (Hrsg.), Finanzstrafrecht 2008, S. 63, 97 ff.
547 Vgl. nur zu den Unterschieden zwischen Österreich und Deutschland, *Bülte*, in: *Dannecker/Leitner* (Hrsg.), Handbuch der Geldwäsche-Compliance, 2010, Rn. 120 ff., 306 ff.; ferner *Jacsó-Potyka*, Bekämpfung der Geldwäscherei in Europa, unter besonderer Berücksichtigung des Geldwäschestrafrechts von Österreich, der Schweiz und Ungarn, Berlin 2007, passim.

B. Die Bedeutung des Unionsrechts

stammt, eine Anzeigepflicht oder ein Verbot der Durchführung eines Geschäfts vorsieht. Dies gilt etwa für die gewerbsmäßige Steuerhinterziehung:
Hat ein deutscher Steuerpflichtiger aus einer solchen Tat beispielsweise einen Betrag von 1.000.000 € erlangt, etwa durch unrichtige Umsatzsteuererklärungen, so handelt es sich bei diesem Vermögen, wenn es konkretisierbar auf einem Konto bei einer Bank liegt, um einen nach deutschem Strafrecht **geldwäschetauglichen Vermögensgegenstand**. Nach österreichischem Recht dagegen ist die Steuerhinterziehung nicht stets eine taugliche Vortat zur Geldwäsche,[548] so dass eine Verfügung über dieses Vermögen nach dem öStGB nicht strafbar ist. Hier stellt sich die Frage, ob der in Österreich ansässige Wirtschaftstreuhänder, der den deutschen Steuerhinterzieher wegen der Anlage des Vermögens berät, sich nach deutschem Recht wegen Geldwäsche strafbar machen kann.[549] Letztlich ist die Antwort aus dem zuvor zur Steuerhinterziehung Ausgeführten abzuleiten. Es ist bei solchen grenzüberschreitenden Fallgestaltungen der gemeinschaftsrechtliche Ansatz zu wählen, den *Dannecker/Hagemeier*,[550] wie oben dargestellt, schon für die Steuerhinterziehung fruchtbar gemacht haben:

Das Unionsrecht und die nationalen Rechtsordnungen sind, soweit sie den gleichen 268 Lebenssachverhalt betreffen, nebeneinander anzuwenden. Im Kollisionsfall gilt der **Anwendungsvorrang**[551] des Unionsrechts. Das nationale Strafrecht tritt zurück.[552] Aus dem Anwendungsvorrang hat der EuGH in ständiger Judikatur[553] weiterhin abgeleitet, dass das nationale Recht in Übereinstimmung mit dem Unionsrecht auszulegen ist (**unionsrechtskonforme Auslegung**).[554]

Bei dieser Auslegung ist den unionsrechtlichen Grundfreiheiten wie der **Freizügigkeit der** 269 **Arbeitnehmer** (Artt. 45 ff. AEUV), der **Niederlassungsfreiheit** (Artt. 49 ff. AEUV), der **Dienstleistungsfreiheit** (Artt. 56 ff. AEUV) und der **Kapitalverkehrsfreiheit** (Artt. 63 ff. AEUV) besonderes Gewicht beizumessen. Diese Grundfreiheiten gewährleisten allen Unionsbürgern die Freiheit, sich wirtschaftlich im gesamten Unionsgebiet zu betätigen, ohne Benachteiligung aufgrund ihrer Staatsbürgerschaft oder Ansässigkeit fürchten zu müssen.[555] Beachtet der Berufsberechtigte das für ihn geltende nationale Berufsrecht und liegt auch **kein Missbrauch der Grundfreiheiten** (Verschleierung/Täuschung etc.) vor, so kann eine Berufstätigkeit keine strafrechtlichen Folgen aufgrund von Vorschriften eines anderen Staates haben, die von den berufsrechtlichen Regelungen des Ansässigkeitsstaats abweichen.

aa) Grundsatz der Geltung des Berufsrechts des Ansässigkeitsstaates

Dieses für die Steuerhinterziehung entwickelte und dort überzeugende Ergebnis lässt sich auf 270 die im Wesentlichen harmonisierten Geldwäschebekämpfungsregelungen, mithin den Straftatbestand des § 261 StGB mit Rücksicht auf folgende Überlegungen übertragen:

Die **Grundfreiheiten** hat der Gerichtshof, nachdem sie zunächst nur als reine Diskri- 271 minierungsverbote verstanden worden waren, mittlerweile zu **Beschränkungsverboten** weiterentwickelt.[556] Zum Strafrecht der Mitgliedstaaten führt der EuGH in der *Calfa*-Entschei-

---

[548] Vgl. hierzu eingehend *Bülte*, in: *Dannecker/Leitner* (Hrsg.), Handbuch der Geldwäsche-Compliance, 2010, Rn. 348 ff.; ferner *ders.* in *Leitner*, Finanzstrafrecht, 2012, S. 163, 174 ff.

[549] Vgl. hierzu eingehend *Bülte*, in: *Dannecker/Leitner* (Hrsg.), Handbuch der Geldwäsche-Compliance, 2010, Rn. 665 ff.

[550] *Dannecker/Hagemeier*, in: *Leitner* (Hrsg.), Finanzstrafrecht 2008, S. 63, 72 ff., vgl. des Weiteren *Dannecker* ZStW 117 (2005), S. 697, 718; *ders.* in: FS Mangakis, S. 267, 286 ff.

[551] Hierzu grundlegend EuGH, Urt. v. 5.2.1963, C-26/62, Slg. 1963, 1 (*van Gend & Loos*); sowie EuGH Urt. v. 15.7.1993, C-6/64, Slg. 1964, 1251 (*Costa/Enel*).

[552] Vgl. Nachweise bei *Dannecker*, Jura 2006, 173 f.; *ders./Hagemeier*, in: *Leitner* (Hrsg.), Finanzstrafrecht 2008, S. 63, 94 f.

[553] Vgl. nur EuGH Rs. 14/83, Slg. 1984, 1891 – (*von Colson*); Rs. 79/83, Slg. 1984, 1921 – (*Harz/Tradax*); Urt. v. 29.10.1998, C-230/94 Slg. 1996, I-4517, EuZW 1999, 52, 53 f.; vgl. auch *Zuleeg*, JZ 1992, 761, 765 m. w. N.

[554] EuGH Slg. 1984, 1891 (*von Colson und Kamann*); vgl. ferner *Dannecker*, in: LK § 1 Rn. 356.

[555] Vgl. EuGH NJW 1987, 3069 ff.; Slg. 1989, 195; NJW 1989, 2183 (*Cowan*); Slg. 1999, I-11, EuZw 1999, 345, 346 (*Calfa*).

[556] Vgl. zu dieser Entwicklung *Bröhmer*, in: *Calliess/Ruffert*, EUV/EGV, Art. 43 EGV Rn. 27 ff.

dung⁵⁵⁷ aus: „*Das Strafrecht darf nämlich nicht die durch das Gemeinschaftsrecht garantierten Grundfreiheiten beschränken.*" Das Unionsrecht gewährleistet diese Grundfreiheiten zwar nicht unbeschränkt, jedoch hat der Gerichtshof in der *Gebhard*-Entscheidung⁵⁵⁸ und seiner mittlerweile ständigen Rechtsprechung⁵⁵⁹ konstatiert, dass alle Maßnahmen der Mitgliedstaaten, welche die Ausübung der durch das Gemeinschaftsrecht garantierten grundlegenden Freiheiten behindern oder unattraktiver machen⁵⁶⁰ können, vier Voraussetzungen erfüllen müssen, um nicht gegen Gemeinschaftsrecht zu verstoßen. Sie müssen
– in nicht diskriminierender Weise angewendet werden,
– durch zwingende Gründe des Allgemeininteresses gerechtfertigt sein,
– geeignet sein, die Verwirklichung des mit ihnen verfolgten Ziels zu gewährleisten, und
– sie müssen verhältnismäßig sein.⁵⁶¹

272 Untersucht man die Frage der **Strafbarkeit des Beraters** nach deutschem Recht unter dieser Maßgabe, so beschränkt die Notwendigkeit, in transnational-binneneuropäischen Sachverhalten nicht nur das ausländische, sondern auch das deutsche Geldwäscherecht zu beachten, fraglos die Niederlassungs- und Dienstleistungsfreiheit. Der Berater kann seine Dienstleistung nicht mehr in der gleichen Weise anbieten wie im rein nationalen Dienstleistungsverkehr; durch die zusätzliche Rechtsprüfung, die verlangt wird, wird seine Dienstleistung komplizierter und das Risiko erhöht sich.

273 Zwar bringt grundsätzlich jede grenzüberschreitende Dienstleistung auf dem Gebiet der **Rechtsberatung** die Schwierigkeit mit sich, dass der Berater das Recht des Staates, der durch seine Dienstleistung berührt wird, beachten muss, um die Rechtsfolgen für seinen Mandanten – allein aus Haftungsgründen diesem gegenüber – transparent zu machen. Aber im hiesigen Kontext ergibt sich die besondere Beschränkung daraus, dass er eine Dienstleistung in seinem eigenen Ansässigkeitsstaat, aber für einen Mandanten, der in einem anderen EU-Mitgliedstaat ansässig ist, erbringt. Ihm hier die Beschränkung aufzuerlegen, für seine Tätigkeit, nicht allein im Hinblick auf die Rechtsfolgen für seinen Mandanten, die spezifisch berufsbezogenen Regelungen der Rechtsordnungen mehrerer Staaten zu beachten, benachteiligt den Berater in einem anderen EU-Land gegenüber einem Berater, der seine Leistung in Deutschland für einen Deutschen erbringt und nur das deutsche Recht beachten muss.

274 Man wird diese Anwendung strafrechtlicher Vorschriften zwar **nicht** als **diskriminierende Rechtsanwendung** ansehen können, da nicht nur der ausländische Berufsträger die deutsche Rechtsordnung berücksichtigen muss, sondern grundsätzlich jeder Berater, der Leistungen mit Bezug zu Deutschland erbringt. Die deutschen Geldwäscheregelungen sind auch geeignet, den Zweck einer wirksameren Bekämpfung der Organisierten Kriminalität zu erreichen, deren überragende Bedeutung die deutsche Gesetzgebung gegen die Geldwäsche,⁵⁶² die europäische Geldwäscherichtlinien⁵⁶³ und der EuGH in seiner Entscheidung zur Zweiten Geldwäscherichtlinie⁵⁶⁴ ausdrücklich betonen.

275 Durch **zwingende Gründe des Allgemeininteresses** dürfte die deutsche Strafgesetzgebung jedoch nicht gerechtfertigt sein. Verhältnismäßig ist sie ebenso wenig. Das ergibt sich aus zwei Aspekten:

---

⁵⁵⁷ EuGH EuZW 1999, 345, 346 (*Calfa*), zuvor schon in EuGH Slg. 1989, 195=NJW 1989, 2183 (*Cowan*).
⁵⁵⁸ EuGH Rs. C-55/94, Slg. 1995, 4165, Rn. 37 (*Gebhard*).
⁵⁵⁹ Nachweise bei *Bröhmer*, in: *Calliess/Ruffert* (Hrsg.), EUV/AEUV, 2011, Art. 49 AEUV Rn. 28.
⁵⁶⁰ EuGH C-253/03, Slg 2006, I-1831; EuZW 2006, 312, Rn. 17 m. w. N.
⁵⁶¹ *Bröhmer*, in: *Calliess/Ruffert* (Hrsg.), EUV/AEUV, 2011, Art. 49 AEUV Rn. 28.
⁵⁶² Vgl. die Definition der Geldwäsche in BT-Drs. 12/989, S. 26. Eingeführt wurde § 261 StGB durch das Gesetz zur Bekämpfung des illegalen Rauschgifthandels und anderer Erscheinungsformen der Organisierten Kriminalität; vgl. hierzu *Bülte*, Die Geldwäschegesetzgebung als Ermächtigungsgrundlage für den Informationsaustausch zwischen den Steuerbehörden und den Strafverfolgungsorganen, 2007, S. 173 ff.
⁵⁶³ Vgl. die Definition der Geldwäsche in Art. 1 C, 91/308/EWG.
⁵⁶⁴ EuGH Urt. v. 27.6.2007, Rs. C-305/05, NJW 2007, 2387, 2388, Rn. 36.

B. Die Bedeutung des Unionsrechts

Die **Steuerhinterziehung** ist **kein typisches Delikt der Organisierten Kriminalität**. 276
Es ist zwar zutreffend, dass die Steuerhinterziehung häufig im Zusammenhang mit der Organisierten Kriminalität auftritt, aber sie ist allenfalls eine *Nebenfolge*.[565] *Hoyer/Klos* haben dargelegt, dass die Häufigkeit der Begehung von Steuerhinterziehungen im Bereich der Organisierten Kriminalität aus einem einfachen Grund nicht höher ist als im Allgemeinen:

„*Für den Geldwäscher steht hierbei [bei der Integration] die gewinnbringende Anlage im Vordergrund, wobei die unauffällige Infiltration der legalen Wirtschaft nur gelingen kann, wenn das eingesetzte Geld als versteuert gilt …*"[566]

Ferner sind keine Gründe des **„zwingenden Allgemeininteresses"** gegeben, die die 277 deutsche Strafgesetzgebung zur Geldwäsche rechtfertigen würden. Zwar steht dem Gesetzgeber eine Einschätzungsprärogative insofern zu, als er grundsätzlich entscheiden kann, welche Handlungen er unter Strafe stellt und wie er den Straftatbestand ausgestaltet. Soweit seine Strafgesetze jedoch einen europäisch harmonisierten Bereich wie die Geldwäschebekämpfung betreffen, ist diese Einschätzungsprärogative durch die europäischen Vorgaben beschränkt, zumindest soweit es die Anwendung nationalen Strafrechts auf transnationale-binneneuropäische Sachverhalte betrifft:

Durch zwingendes Allgemeininteresse kann nur das geboten sein, was das **Unionsrecht als Mindestvorgaben** in dem jeweiligen Bereich bestimmt. Wenn Staaten über diese Mindeststandards hinausgehen, so ist ihnen das im nationalen Bereich unbenommen; die Geldwäscherichtlinie 2005/60/EG erlaubt dies sogar ausdrücklich. Zwingendes Allgemeininteresse kann aber schon denknotwendig nur dasjenige sein, was unionsrechtlich als zwingend, also als Mindeststandard angesehen wird. Soweit das deutsche Strafrecht aufgrund der Überschreitung dieser Mindeststandards beschränkende Wirkung hätte, kommt der Anwendungsvorrang des Unionsrechts zur Geltung. Das deutsche Strafrecht wird von den das Unionsrecht konkretisierenden und damit als Unionsrecht anzusehenden österreichischen Regeln des Berufs- und Strafrechts des ausländischen Staates blockiert.

Denn in einem anderen EU-Mitgliedstaat ansässigen, dem dortigen Berufsrecht verpflichteten Berufsberechtigten kann daher eine berufliche Tätigkeit strafrechtlich nur vorgeworfen werden, wenn er gegen das **dortige Berufs- oder Strafrecht verstoßen** hat oder die Handlung zwar nach – unionsrechtskonform ausgelegtem – Berufs-/Strafrecht nicht sorgfaltswidrig war, dieses **Berufsrecht** aber **nicht den Anforderungen** an eine **unionsrechtliche Geldwäschebekämpfung** entspricht. Da in der Regel ein solches Defizit im Recht eines anderen EU-Mitgliedlandes nicht vorliegt und das deutsche Strafrecht teilweise sowohl im Vortatenkatalog als auch mit der Leichtfertigkeitsstrafbarkeit über die unionsrechtlichen Mindestanforderungen hinausgeht,[567] ist festzustellen: Der Berufsträger in einem anderen EU-Land, der sich an die dortigen Vorgaben des Geldwäscherechts hält, kann auch dann nicht nach deutschem Strafrecht bestraft werden, wenn er mit seinem Handeln einen Beitrag zu einer in Deutschland begangenen Geldwäsche nach deutschem Recht durch seinen Mandanten leistet. Dabei ist jedoch zu beachten, dass der Berufsträger sich nur soweit auf die Grundfreiheiten berufen kann, wie er sich exakt an das für ihn geltende Berufsrecht hält.

bb) Missbrauchsvorbehalt

Eine Strafbarkeit ist jedoch – wie im Bereich der Steuerhinterziehung durch berufsneutrales 278 Verhalten – dann möglich, wenn der Berufsberechtigte seine Berufspflichten hinsichtlich der Geldwäschebekämpfung zwar nominell nicht verletzt, aber missbräuchliche Handlungen vornimmt, die dem Berufsrecht zuwider laufen.[568] Ein Missbrauch liegt etwa dann vor, wenn der

---

[565] Vgl. hierzu *Bülte*, Die Geldwäschegesetzgebung als Ermächtigungsgrundlage für den Informationsaustausch zwischen den Steuerbehörden und den Strafverfolgungsorganen, 2007, S. 210 m. w. N.

[566] *Hoyer/Klos*, S. 13; ebenso *Joecks*, in: FS Kohlmann, S. 451, 455; einschränkend *Ackermann*, Geldwäscherei, S. 35 ff.

[567] Vgl. hierzu *Bülte*, Die Geldwäschegesetzgebung als Ermächtigungsgrundlage für den Informationsaustausch zwischen den Steuerbehörden und den Strafverfolgungsorganen, 2007, S. 261; *Altenhain*, in: NK-StGB, 3. Aufl. 2010, § 261 Rn. 137.

[568] Vgl. hierzu *Dannecker/Hagemeier*, in: *Leitner* (Hrsg.), Finanzstrafrecht 2008, S. 63, 99 ff.

Berufsberechtigte **bewusst und künstlich einen Sachverhalt schafft**, der es ihm ermöglicht, die betreffenden Rechtsvorschriften zu umgehen,[569] etwa wenn der Berater nur, um eine in Deutschland strafbare Beratung straflos vornehmen zu können, einen Scheinsitz in einem anderen EU-Staat begründet. Das bedeutet aber nicht, dass der deutsche Berater nicht zum Zwecke der Bearbeitung solcher „Geldwäschemandate" einen echten Geschäftssitz in einem anderen Mitgliedstaat begründen dürfte, von dem aus er dann tatsächlich die Dienstleistung erbringt.[570] Missbräuchlich sind naturgemäß auch übliche **Verschleierungshandlungen** wie die Gründung von Scheingesellschaften oder die Verwendung von Luftrechnungen etc.

c) Missbrauchsgestaltung und Steuerhinterziehung im Zusammenhang mit innergemeinschaftlichen Lieferungen

279 In Deutschland hat die oben bereits angesprochene[571] Frage zu heftigem Streit innerhalb der Judikatur und Literatur gesorgt, ob ein deutscher Unternehmer, der grundsätzlich ordnungsgemäße innergemeinschaftliche und damit steuerfreie innergemeinschaftliche Lieferungen erbringt, sich wegen Steuerhinterziehung strafbar machen kann, wenn er diese Lieferungen als steuerfrei deklariert, obwohl er damit bewusst zu einer **ausländischen Steuerhinterziehung beiträgt**.

aa) Rechtsprechung des Bundesgerichtshofs

280 Der Streit entzündete sich an zwei Entscheidungen des BGH.[572] Der 1. Senat ging davon aus, dass demjenigen nicht die Steuerfreiheit einer Lieferung zugutekomme, dessen Lieferung zwar grundsätzlich die Voraussetzungen einer steuerfreien Lieferung erfüllt, der aber in Abstimmung mit den Abnehmern zu seinen Leistungen unrichtige Belege ausstellt und damit der Steuerhinterziehung im Bestimmungsland Vorschub leiste. Die Versagung der Steuerfreiheit hat der BGH auf das **gemeinschaftsrechtliche Missbrauchsverbot**, konkret auf die Entscheidungen *Halifax*[573] und *Kittel*,[574] gestützt. Danach könne die Steuerfreiheit einer innergemeinschaftlichen Lieferung versagt werden, wenn die Lieferung in das übrige Gemeinschaftsgebiet mit der Absicht getätigt wird, dem Abnehmer im Bestimmungsland die Hinterziehung von Mehrwertsteuern zu ermöglichen.[575] Die betrügerische oder missbräuchliche Ausnutzung des Gemeinschaftsrechts sei nach der ständigen Judikatur des EuGH unzulässig; der Lieferant könne sich daher im Missbrauchs- oder Betrugsfall nicht auf die Steuerfreiheit berufen. Daher gelte für einen innergemeinschaftlichen Erwerb die Befreiung von der Umsatzsteuer nicht, *„wenn die im Bestimmungsland vorgesehene Erwerbsbesteuerung der konkreten Lieferung nach dem übereinstimmenden Willen von Unternehmer und Abnehmer durch Verschleierungsmaßnahmen und falsche Angaben gezielt umgangen werden soll, um dem Unternehmer oder dem Abnehmer einen ungerechtfertigten Steuervorteil zu verschaffen."*[576] Der Steuerpflichtige, der eine solche Lieferung trotzdem als steuerfrei deklariere, mache sich wegen Steuerhinterziehung strafbar.[577]

---

[569] Vgl. EuGH, Urt. v. 12.9.2006 – C-196/04 –, Slg. 2006, I-7995, EuZW 2006, 633, 636 (*Cadbury Schweppes*) m. w. N.
[570] Vgl. EuGH, Urt. v. 12.9.2006 – C-196/04 –, Slg. 2006, I-7995, EuZW 2006, 633, 636 (*Cadbury Schweppes*), Rn. 75 und Tenor; vgl. aber auch schon die *Centros*-Entscheidung vom 9.3.1999, Rs. C-212/97, NJW 1999, 2027, 2028 (Rn. 17 m. w. N.).
[571] S. 246 ff.
[572] BGH, Beschl. 20.11.2008, 354/08, NJW 2009, 1516 ff., zust. *Sterzinger*, BB 2009, 1563; abl. *Bielefeld*, DStR 2009, 580 f.; BGH, Beschl. v. 19.2.2009 – 1 StR 633/08, wistra 2009, 238 f.
[573] EuGH Urt. v. 21.2.2006 – Rs. C-255/02, DStR 2006, 420, 424 Rn. 69 (*Halifax*).
[574] EuGH Urt. v. 6.7.2006 – Rs. C-439/04, DStR 2006, 1274, 1278 Rn. 53 ff. (*Kittel*).
[575] BGH, Beschl. 20.11.2008, 354/08, NJW 2009, 1516 ff., BGH, Beschl. v. 19.2.2009 – 1 StR 633/2008, wistra 2009, 238 f.; vgl. auch OLG Karlsruhe PStR 2009, 57.
[576] BGH, Beschl. 20.11.2008, 354/08, NJW 2009, 1516, 1517.
[577] Bestätigt schließlich durch BGH, Beschl. v. 20.10.2011 – 1 StR 41/0, NJW 2011, 379.

B. Die Bedeutung des Unionsrechts

bb) Gegenstimmen in der finanzgerichtlichen Judikatur und der Literatur

Dieser Rechtsprechung ist nicht nur ein Teil der Literatur, sondern auch die finanzgerichtliche Rechtsprechung[578] entgegengetreten und hat steuerrechtliche Zweifel an dieser Auslegung geäußert: Zwar dürfe die Anwendung des Gemeinschaftsrechts nicht dazu führen, dass Umsätze gedeckt werden, die nur zu dem Zweck getätigt wurden, in den Genuss von gemeinschaftsrechtlichen Vorteilen zu kommen. Jedoch könne ein steuerlicher Vorteil – wie der Vorsteuerabzug oder die Steuerfreiheit – auch bei **Missbrauchsgestaltungen** nur verwehrt werden, wenn ansonsten eine **Gefährdung des Steueraufkommens im Bestimmungsland** entstehe. Wollte man auch in anderen Fällen unter Berufung auf das Missbrauchsverbot den Steuervorteil versagen, so verstoße dies gegen die gemeinschaftsrechtlich garantierte **Steuerneutralität** (Rn. 225). Im vorliegenden Fall sei eine solche Gefährdung des Mehrwertsteueranspruchs im Bestimmungsland jedoch durch die Erhebung der Umsatzsteuer auf den eigentlich steuerfreien Lieferumsatz zu erreichen. Da Deutschland kein Mehrwertsteueranspruch zustehe, verletze die Erhebung der Umsatzsteuer in Deutschland die Steuerneutralität.[579] Daher sei die Steuerfreiheit die logische Konsequenz.

281

cc) Vorlage des deutschen Bundesgerichtshof an den EuGH

Auf diese Zweifel der finanzgerichtlichen Rechtsprechung hin hat der BGH die Frage dem EuGH zur Vorabentscheidung gemäß Art. 234 EGV (Art. 267 AEUV) vorgelegt. In seinem Vorlagebeschluss bringt der BGH jedoch sehr deutlich zum Ausdruck, dass er keine Zweifel an seiner bisherigen Judikatur hegt. Derjenige, der sich *bewusst an betrügerischen Umsätzen beteilige*, könne sich nicht auf das Gemeinschaftsrecht berufen, um gerade für diese Umsätze Steuerfreiheit zu erlangen. Nur der Lieferant, der *nicht wissen konnte*, dass er an einer Steuerhinterziehung mitwirkt, könne aus Gründen der Steuerneutralität später nicht mehr zur Entrichtung der Mehrwertsteuer herangezogen werden.[580]

282

dd) Bewertung

Die **steuerrechtlichen Zweifel** an der Judikatur des BGH erscheinen nicht berechtigt:

283

Die Erwägungen des BGH zur *Halifax*-Entscheidung vermögen die Versagung der Steuerbefreiung zwar wohl allein nicht zu tragen, doch insbesondere in der *Kittel*-Entscheidung macht der EuGH deutlich, dass für Fälle der systematischen Steuerhinterziehung andere Regeln gelten als für den Gestaltungsmissbrauch oder die Berichtigung von Rechnungen.

Wer **wissentlich an einer Steuerhinterziehung mitwirkt**, macht sich ihrer **mitschuldig**[581] und kann daher einen Vorsteuerabzug nicht beanspruchen. Eine Steuergefährdung durch das Handeln der Beteiligten ist in diesen Fällen nicht erforderlich. Der EuGH spricht dieses Kriterium auch nur in der Entscheidung *Collée*, nicht aber im Zusammenhang mit der Steuerhinterziehung in den Urteilen zu *Halifax* oder *Kittel* an. Im Hinblick auf die gemeinschaftsrechtliche Rechtsprechung liegt in Hinterziehungsfällen, anders als in Fällen des Gestaltungsmissbrauchs, eine **teleologische Reduktion der deutschen Steuerbefreiungsvorschrift** nahe.

Das deutsche Bundesverfassungsgericht hatte in einem Eilverfahren verfassungsrechtliche Zweifel an der Entscheidung des BGH geäußert.[582] Das **Analogieverbot** könne hier verletzt worden sein, weil der BGH entgegen dem Wortlaut eine steuerbefreiende und damit die Strafbarkeit wegen Steuerhinterziehung beseitigende Vorschrift nicht angewendet hatte. In der Entscheidung im Hauptverfahren hat das Gericht jedoch angenommen, dass ein Verfas-

284

---

[578] FG Baden-Württemberg, Beschl. v. 11.3.2009, 1 V 4305/08, Rn. 24 ff.; ebenso FG RHPf, Urt. v. 27.11.2008, 6 K 1463/08; wohl auch BFH DStR 2009, 1688.
[579] Vgl *Ransiek*, HRRS 2009, 421, 425 ff; *Sterzinger*, BB 2009, 1563, 1566.
[580] BGH, Beschl. v. 7.7.2009, 1 StR 41/09, DStR 2009, 1688, 1690, vgl. EuGH Urt. v. 6.7.2006 – Rs. C-439/04, DStR 2006, 1274, 1278 Rn. 60 (*Kittel*).
[581] EuGH, Urt. v. 6.7.2006 – Rs. C-439/04, DStR 2006, 1274, 1278 Rn. 57 (*Kittel*).
[582] BVerfG HFR 2009, 1031, 1032.

sungsverstoß nicht festgestellt werden könne. Der BGH habe in seiner Entscheidung den Wortlaut des § 6 UStG nicht verletzt.[583]

285 Im Ergebnis hat der **EuGH** die steuerrechtliche Auffassung des BGH in der Entscheidung zur „*Rechtssache R*" bestätigt[584] und so den Weg für eine Versagung der Steuerbefreiung wegen schuldhafter Beteiligung an einem Umsatzsteuerkarussell frei gemacht. Der BGH hat im Hinblick auf diese Vorabentscheidung auch die Strafbarkeit der Geltendmachung einer Steuerbefreiung trotz dieser Beteiligung an der Missbrauchskonstellation bejaht.[585]

VII. Unions- und gemeinschaftsrechtskonforme Auslegung

1. Gemeinschaftsrechtskonforme Auslegung des gesamten nationalen Rechts

a) Richtlinienkonforme Auslegung

286 Der EuGH vertritt in ständiger Rechtsprechung die Auffassung, dass nationales Recht richtlinienkonform auszulegen ist.[586] Dogmatisch stützt er diese Auffassung auf folgende **Begründung**: „*Allerdings ist klarzustellen, dass sich die aus einer Richtlinie ergebende Verpflichtung der Mitgliedstaaten, das in dieser vorgesehene Ziel zu erreichen, sowie die Pflicht der Mitgliedstaaten gemäß Art. 10 (ex-Art. 5) EG [nunmehr Art. 4 Abs. 3 EUV], alle zur Erfüllung dieser Verpflichtung geeigneten Maßnahmen allgemeiner oder besonderer Art zu treffen, allen Trägern öffentlicher Gewalt in den Mitgliedstaaten obliegen, und zwar im Rahmen ihrer Zuständigkeiten auch den Gerichten. Daraus folgt, dass das nationale Gericht bei der Anwendung des nationalen Rechts, insbesondere auch der Vorschriften eines speziell zur Durchführung der Richtlinie 76/207 erlassenen Gesetzes, dieses nationale Recht im Lichte des Wortlauts und der Richtlinie auszulegen hat, um das in Art. 189 Abs. 3 [ex-Art. 249 Abs. 3 EG; 288 UAbs. 3 AEUV] genannte Ziel zu erreichen.*"

b) Unionsrechtskonforme Auslegung

287 Im Jahre 1989 forderte der EuGH, dass **Empfehlungen** gemäß Art. 249 (ex-Art. 189) EG (nunmehr Art. 288 Abs. 5 AEUV) bei der Auslegung des nationalen Rechts zu berücksichtigen sind, obwohl diese Rechtsform keine Verbindlichkeit aufweist:[587] „*Die innerstaatlichen Gerichte sind nämlich verpflichtet, bei den Entscheidungen der bei ihnen anhängigen Rechtsstreitigkeiten die Empfehlungen zu berücksichtigen, insbesondere dann, wenn diese Aufschluß über die Auslegung zu ihrer Durchführung erlassener innerstaatlicher Rechtsvorschriften geben oder wenn sie verbindliche gemeinschaftliche Vorschriften ergänzen sollen.*"

Im Urteil „*Marleasing*" kommt der EuGH dann zum ersten Mal zu dem Ergebnis, dass sich das Gebot der gemeinschaftsrechtskonformen Auslegung nicht auf Umsetzungsakte beschränkt, sondern – gleich, ob es sich um vor oder nach der Richtlinie erlassene Vorschriften handelt – die Auslegung so weit wie möglich am Wortlaut und Zweck der Richtlinie auszurichten ist, um das mit der Richtlinie verfolgte Ziel zu erreichen.[588] Auch wenn es sich um eine vor der Richtlinie erlassene Vorschrift handelt, muss das nationale Recht somit richtlinienkonform ausgelegt werden. Daher ist davon auszugehen, dass nach Auffassung des EuGH das **gesamte nationale Recht** im Lichte des Wortlauts und Zwecks einer Richtlinie auszulegen ist, sofern es nur in deren Regelungsbereich fällt.[589]

---

[583] BVerfG NJW 2011, 3778f.; krit. *Bülte*, HRRS 2011, 465ff.
[584] EuGH NJW 2011, 203ff.
[585] BGH NJW 2011, 3797 = NZWiSt 2012, 150 m. Anm. *Jope*; vgl. hierzu auch *Bülte*, HRRS 2011, 465ff. m. w. N.
[586] Grundlegend: EuGH Slg. 1984, 1909 (*von Colson und Kamann*); Slg. 1984, 1942 (*Harz*); Slg. 1991 I, 4159 (*Marleasing*).
[587] EuGH Slg. 1989, 4421 (*Grimaldi*).
[588] EuGH Slg. 1990 I, 4159 (*Marleasing*).
[589] In diesem Sinne wohl auch EuGH Urt. v. 26.2.2013 – Rs. C-617/10, *Fransson*, Rn. 19ff., NJW 2013, 1415, 1416; eingehend dazu *Brechmann*, Die richtlinienkonforme Auslegung, 1994, S. 69; *Heinrichs*, NJW 1995, 154; *Müller-Gugenberger*, in: *ders./Bieneck* § 5 Rn. 96ff.

B. Die Bedeutung des Unionsrechts

2. Unionsrechtskonforme Auslegung des nationalen Strafrechts

a) Vorgaben des EuGH bezüglich einer einheitlichen Auslegung im strafrechtlichen und außerstrafrechtlichen Bereich

Auch das Strafrecht ist unions- bzw. gemeinschaftsrechtskonform auszulegen[590] und im Lichte des Unionsrechtsrechts fortzubilden[591] (vgl. hierzu auch Rn. 202). Dabei geht der EuGH davon aus, dass unions- bzw. gemeinschaftsrechtliche Normen stets gleich auszulegen sind, sei es im Rahmen eines außerstrafrechtlichen Verfahrens oder im Rahmen des Strafrechts, wenn dieses außerstrafrechtliche Regeln des Gemeinschaftsrechts in Bezug nimmt.[592] Dadurch wird eine **Normspaltung vermieden**. Demgegenüber wird in Deutschland im Strafrecht eine Begrenzung der Sanktionsvorschriften auf tatbestandsmäßig zweifelsfreie Verstöße gefordert, da nur so dem verfassungsrechtlich garantierten Bestimmtheitsgebot Rechnung getragen werden kann.[593] Dies soll gleichermaßen für auf EG-Richtlinien beruhende Sanktionsvorschriften gelten.[594] Hiergegen spricht jedoch, dass nur allgemeine Rechtsgrundsätze zu einer Begrenzung der unions- und gemeinschaftsrechtskonformen Auslegung führen können. Das Gebot einer restriktiven Auslegung im Strafrecht ist aber kein solcher Grundsatz.

288

EuGH hat im „*Pupino*"-Urteil die für die erste Säule entwickelten Grundsätze auf den daran angelehnten Rahmenbeschluss in der dritten Säule der EU übertragen und eine **unionsrechtliche Pflicht zur rahmenbeschlusskonformen Auslegung** des nationalen Rechts bejaht.[595] Dadurch wurde die gemäß ex-Art. 34 Abs. 2 lit. b EUV[596] expressis verbis ausgeschlossene unmittelbare Wirkung von Rahmenbeschlüssen für den Bereich der Polizeilichen und Justiziellen Zusammenarbeit in Strafsachen gleichsam „durch die Hintertür" eingeführt und dieser Bereich damit partiell „vergemeinschaftet". Damit entfalten die europäischen Rahmenbeschlüsse – auch nach Inkrafttreten des Lissabon-Vertrages – Rechtswirkungen, die zu einer Verrechtlichung der Zusammenarbeit in Strafsachen beitragen,[597] die naturgemäß durch die Neufassung der Regelungen in Artt. 82 ff. AEUV eine neue Dimension erhalten hat.

289

b) Verfassungsrechtliche Grenzen der gemeinschaftsrechtskonformen Auslegung

Bezüglich der unionsrechtskonformen Auslegung des Strafrechts ist zu beachten, dass ein Teil der Literatur[598] diese Auslegungsmethode für das Strafrecht ablehnt. Zur Begründung wird vorgetragen, das EG-Recht dürfe zur Auslegung des Strafrechts generell nicht herangezogen werden. Hierbei handelt es sich jedoch um eine petitio principii: Grenzen für eine gemeinschaftsrechtskonforme Auslegung des Strafrechts können sich lediglich aus verfassungsrechtlichen Vorgaben ergeben. In diesem Zusammenhang kommt als begrenzende Norm der

290

---

[590] Zur richtlinienkonformen Auslegung des Umwelt-, Steuer-, Bilanz- und Lebensmittelstrafrechts sowie zur gemeinschaftsrechtskonformen Auslegung der Straftatbestände des Kernstrafrechts *Dannecker*, in: *Wabnitz/Janovsky* (Hrsg.), Handbuch des Wirtschafts- und Steuerstrafrechts, Vorauflage, Kap. 2 Rn. 141 ff.

[591] Näher dazu *Dannecker*, JZ 1996, 869, 873; *Hugger*, NStZ 1993, 421 ff.; *Satzger*, Die Europäisierung des Strafrechts, S. 518 ff.; *Schröder, Chr.*, Europäische Richtlinien und deutsches Strafrecht, S. 355 ff.; zur richtlinienkonformen Auslegung des Straftatbestandes der Geldwäsche *Vogel*, ZStW 109 (1997), 348 ff.

[592] EuGH Slg. 1986, 805 ff. (*Gemeinsame Marktorganisation für Wein*).

[593] Grundlegend dazu *Tiedemann*, Tatbestandsfunktionen im Nebenstrafrecht, 1969, S. 172 ff., vgl. auch Rn. 209 ff.

[594] *De Weerth*, Die Bilanzordnungswidrigkeiten nach § 334 HGB unter besonderer Berücksichtigung der europarechtlichen Bezüge, 1994, S. 65 ff.

[595] EuGH NJW 2005, 2839 ff. m. Anm. *Herrmann*, EuZW 2005, 436 ff. und *Hillgruber*, JZ 2006, 841 ff.; vgl. auch *Baddenhausen/Pietsch*, DVBl. 2005, 1562 ff.; *Esser*, Europäisches und Internationales Strafrecht, § 2 Rn. 73; *Gärditz/Gusy*, GA 2006, 225 ff.; *Killmann*, JBl 2005, 566 ff.; *von Unger*, NVwZ 2006, 46 ff.; *Wehnert*, NJW 2005, 3760 ff.

[596] Diese Vorschrift hat mangels Fortexistenz der Handlungsform des Rahmenbeschlusses nach EUV und AEUV keine Entsprechung in diesen Verträgen.

[597] *Tinkl*, StV 2006, 36, 41.

[598] *Hugger*, NStZ 1993, 421 ff.; dagegen *Müller-Gugenberger*, in: *ders./Bieneck* § 5 Rn. 98.

Grundsatz **„nullum crimen sine lege"** in Betracht. Hiernach bildet der mögliche Wortsinn eine unüberschreitbare Grenze für die Auslegung.[599]

Problematisch wird die **Reichweite der unionsrechtskonformen Auslegung** erst dann, wenn ein klar erkennbarer Widerspruch zwischen nationalem Gesetz und Richtlinie oder zwischen einer an einer EG/EU-Richtlinie orientierten Auslegung und nationalem Verfassungsrecht besteht. Hierbei geht es um die Frage, ob die Richtlinie oder Verordnung ein imperatives, andere Auslegungsregeln überspielendes Interpretationsgebot enthält[600] oder ob das Verfassungsrecht bei der Berücksichtigung des EG-Rechts zu beachtende Grenzen statuieren kann.[601]

291 Gegen eine Anerkennung der unionsrechtskonformen Auslegung als ranghöchstes Auslegungsprinzip, das auch die Grenzen des Wortlauts zu sprengen vermag, spricht die vom EuGH selbst geäußerte Auffassung, dass die gemeinschaftsrechtskonforme Auslegung *„ihre Grenzen in den allgemeinen Rechtsgrundsätzen, die Teil des Gemeinschaftsrechts sind, und insbesondere in dem Grundsatz der Rechtssicherheit und im Rückwirkungsverbot"* finde.[602] Bereits in den Entscheidungen *„von Colson und Kamann"* und *„Harz"* erklärte der EuGH den eindeutigen **Wortlaut des Gesetzes** zur Grenze der Auslegung: *„Es ist Sache des nationalen Gerichts, das zur Durchführung der Richtlinie erlassene Gesetz unter voller Ausschöpfung des Beurteilungsspielraums, den ihm das nationale Recht einräumt, in Übereinstimmung mit den Anforderungen des Gemeinschaftsrechts auszulegen und anzuwenden."*[603] Der Wortlaut des Gesetzes, aber auch der erkennbar andere Wille des Gesetzgebers muss daher im Strafrecht eine Grenze für die gemeinschaftsrechtskonforme Interpretation bilden, die zu einer Ausweitung des Anwendungsbereichs einer Strafnorm führen würde. Hingegen bestehen gegen eine die **Strafbarkeit einschränkende unionsrechtskonforme Auslegung** keine verfassungsrechtlichen Bedenken.[604]

VIII. Anwendung nationaler und europäischer Grundrechtsstandards

292 Die Entscheidung des EuGH in der Sache *Fransson*[605] hat in der deutschen Literatur[606] und auch in der Rechtsprechung des BVerfG für Unruhe gesorgt. Die Entscheidung setzt sich mit Fragen des Ne-bis-in-idem-Grundsatzes auseinander und betrifft das europäische Steuerstrafrecht. Ausgangspunkt war die Frage, ob eine steuerliche und eine strafrechtliche Sanktion für dieselbe Tat nebeneinander verhängt werden können und ob – soweit es die Hinterziehung von Mehrwertsteuer betrifft – der europäische Grundsatz „ne bis in idem" aus Art. 50 GrCh Anwendung findet. Der EuGH stellt in der *Fransson*-Entscheidung zunächst fest, dass eine strafrechtliche und eine nicht – strafrechtliche Sanktion wegen derselben Handlung nebeneinander verhängt werden dürfen. Darüber hinaus hat der EuGH aber angenommen, dass es sich bei der Sanktionierung von Handlungen zur Hinterziehung von Mehrwertsteuern um

---

[599] *Dannecker*, in: *Schünemann/Suárez González* (Hrsg.), Bausteine eines europäischen Wirtschaftsstrafrechts, S. 331, 345; *Esser*, Europäisches und Internationales Strafrecht, § 2 Rn. 87 ff.; *Müller-Gugenberger*, in: *ders./Bieneck* § 5 Rn. 98.

[600] So z. B. *Everling*, RabelsZ (50) 1986, 193, 225, der die Rechtsprechung des EuGH wiedergibt.

[601] *Heise*, Europäisches Gemeinschaftsrecht und nationales Strafrecht, S. 109 ff.

[602] EuGH Slg. 1987, 3986 (*Kolpinghuis Nijmegen BV*); vgl. dazu auch *Zuleeg*, JZ 1992, 761, 765.

[603] EuGH Slg. 1984, 1909 (*von Colson und Kamann*); Slg. 1984, 1942 (*Harz*).

[604] *Beisse*, BB 1990, 2007, 2012; *Bleckmann*, in: *Leffson/Rückle/Großfeld* (Hrsg.), Handwörterbuch unbestimmter Rechtsbegriffe im Bilanzrecht des HGB, 1986, 28; *ders.*, BB 1984, 1525, 1526; vgl. auch *Gröblinghoff*, Die Verpflichtung des deutschen Strafgesetzgebers, S. 51 f.; *Dieblich*, Der strafrechtliche Schutz der Rechtsgüter der Europäischen Gemeinschaften, S. 148 ff.; *Heise*, Europäisches Gemeinschaftsrecht und nationales Strafrecht, S. 151 ff., *Möhrenschlager*, in: *Dannecker* (Hrsg.), Die Bekämpfung des Subventionsbetrugs im EG-Bereich, S. 162, 164.

[605] EuGH, Urt. v. 26.2.2013 – C-617/10, *Fransson*, NJW 2013, 1415 ff. m. Anm. *Dannecker*, JZ 2013, 616 ff.

[606] *Vogel* (StV Editorial Heft 5/2013) spricht von einer „nur vergiftet grundrechtsfreundlichen Entscheidung"; ferner *Bulte*, ZWH 2013, 219 ff., *ders./Krell* StV 2013, 713 ff. *Rönnau/Wegner*, GA 2013, 562 ff.; *Weiß*, EuZW 2013, 287.

B. Die Bedeutung des Unionsrechts

die **Durchführung von Unionsrecht im Sinne von Art. 51 GrCh** handele, weil jeder Staat aus Art. 325 AEUV und nach der Mehrwertsteuerrichtlinie verpflichtet sei, das Mehrwertsteueraufkommen durch entsprechende Maßnahmen, insbesondere durch Rechts- und Verwaltungsvorschriften, zu schützen. Bereits aus diesem Zusammenhang zwischen dem Steuerstrafrecht und der unionsrechtlichen Aufgabe ergebe sich die die Geltung der Grundrechtecharta.

Diese Feststellungen wären als solche wenig aufsehenerregend, aber der EuGH fügte unter Bezugnahme auf die **Melloni**-Entscheidung[607] in Rn. 29 folgende Passage hinzu: *„Hat das Gericht eines Mitgliedstaats zu prüfen, ob mit den Grundrechten eine nationale Vorschrift oder Maßnahme vereinbar ist, die in einer Situation, in der das Handeln eines Mitgliedstaats nicht vollständig durch das Unionsrecht bestimmt wird, das Unionsrecht im Sinne von Art. 51 Abs. 1 der Charta durchführt, steht es somit den nationalen Behörden und Gerichten weiterhin frei, nationale Schutzstandards für die Grundrechte anzuwenden, sofern durch diese Anwendung weder das Schutzniveau der Charta, wie sie vom Gerichtshof ausgelegt wird, noch der Vorrang, die Einheit und die Wirksamkeit des Unionsrechts beeinträchtigt werden (vgl. für diesen letzten Aspekt Urteil vom 26. Februar 2013, Melloni, C-399/11, noch nicht in der amtlichen Sammlung veröffentlicht, Randnr. 60).“*

293

In der *Melloni*-Entscheidung heißt es an der entsprechenden Stelle: *„Zwar bestätigt Art. 53 der Charta, dass es den nationalen Behörden und Gerichten, wenn ein Unionsrechtsakt nationale Durchführungsmaßnahmen erforderlich macht, weiterhin freisteht, nationale Schutzstandards für die Grundrechte anzuwenden, sofern durch diese Anwendung weder das Schutzniveau der Charta, wie sie vom Gerichtshof ausgelegt wird, noch der Vorrang, die Einheit und die Wirksamkeit des Unionsrechts beeinträchtigt werden.“*

Das **BVerfG** hat auf die *Fransson*-Entscheidung mit einem obiter dictum in der Entscheidung vom 24.4.2013 über das Antiterrordateigesetz erwidert, sich gegen eine zu weite Auslegung des Anwendungsvorrangs des Unionsrechts durch den EuGH verwahrt und dem Gerichtshof nicht vorgelegt, weil er nicht gesetzlicher Richter im Sinne des Grundgesetzes sei: *„Nichts anderes kann sich aus der Entscheidung des EuGH in der Rechtssache Åkerberg Fransson (EuGH, Urteil vom 26. Februar 2013, C-617/10) ergeben. Im Sinne eines kooperativen Miteinanders zwischen dem Bundesverfassungsgericht und dem Europäischen Gerichtshof (vgl. BVerfGE 126, 286, 307) darf dieser Entscheidung keine Lesart unterlegt werden, nach der diese offensichtlich als Ultra-vires-Akt zu beurteilen wäre oder Schutz und Durchsetzung der mitgliedstaatlichen Grundrechte in einer Weise gefährdete (Art. 23 Abs. 1 Satz 1 GG), dass dies die Identität der durch das Grundgesetz errichteten Verfassungsordnung in Frage stellte (vgl. BVerfGE 89, 155, 188; 123, 267, 353f.; 125, 260, 324; 126, 286, 302ff.; 129, 78, 100). Insofern darf die Entscheidung nicht in einer Weise verstanden und angewendet werden, nach der für eine Bindung der Mitgliedstaaten durch die in der Grundrechtecharta niedergelegten Grundrechte der Europäischen Union jeder sachliche Bezug einer Regelung zum bloß abstrakten Anwendungsbereich des Unionsrecht oder rein tatsächliche Auswirkungen auf dieses ausreiche. Vielmehr führt der Europäische Gerichtshof auch in dieser Entscheidung ausdrücklich aus, dass die Europäischen Grundrechte der Charta nur in ‚unionsrechtlich geregelten Fallgestaltungen, aber nicht außerhalb derselben Anwendung finden' (EuGH, Urteil vom 26. Februar 2013, C-617/10, Rn. 19).“*

294

Damit hat das BVerfG deutlich gemacht, dass es sich nicht nur als Hüter der deutschen Verfassung vor der deutschen Staatsgewalt sieht, sondern auch die **nationale Verfassungsidentität** gegenüber der Union schützen will. Die Entscheidung kann mithin als Fortsetzung der *Solange*- und *Maastricht*- sowie der *Lissabon*-Rechtsprechung des BVerfG angesehen werden. Nominell besteht damit Einigkeit zwischen EuGH und BVerfG, zumal der EuGH in der *Fransson*-Entscheidung deutlich gemacht hat, dass die europäischen Grundrechte der Charta nur in „unionsrechtlich geregelten Fallgestaltungen, aber nicht außerhalb derselben Anwendung finden". In der Abgrenzung der Fälle, in denen Unionsrecht durchgeführt wird, von denen, in denen kein Unionsrecht zur Durchführung kommt, liegt unter Zugrundelegung der Rechtsauffassung des EuGH kein Konfliktpotential mehr. Man wird wohl mit *Wegner* sagen müssen: Im Zweifel ist die Charta anwendbar.[608] Für Deutschland bedeutet dies, dass da-

295

---

[607] EuGH, Urt. v. 26.2.2013 – C-399/11, *Melloni*, NJW 2013, 1215 ff.
[608] *Wegner*, HRRS 2013, 126, 130.

mit die EMRK mittelbar den Rang von Unionsrecht gewinnt. Hingegen ist der Vorschlag von *Eckstein*[609] mit der Rechtsprechung des EuGH nicht vereinbar, dass nur bei unmittelbar wirkendem europäischem Strafrecht de lege ferenda Unionsrecht durchgeführt werde und zum Eingreifen der Unionsgrundrechte führe. Eine solche Auslegung führt zwar zu klaren Ergebnissen, ist aber mit dem Harmonisierungsgedanken nicht vereinbar.

296 Die weite Auslegung des Begriff der Durchführung von Unionsrecht und die Aussage des EuGH, nationale Verfassungssätze und Verfahrensrechte, die die Wirksamkeit des Unionsrechts schwächen könnten, aufgrund des Anwendungsvorrangs als blockiert anzusehen, hat zu erheblichen **Befürchtungen eines Grundrechteverfalls** auf der Ebene der Mitgliedstaaten geführt. Anlass für solche Befürchtungen haben offenbar die Entscheidungen *Radu*[610] und *Melloni* in der Gesamtschau gegeben. Hier ist behauptet worden, der EuGH habe eine Prüfung der Vollstreckung am Maßstab der Grundrechtscharta untersagt.[611] Sollte dies tatsächlich der Fall sein, so würde die Ausweitung des Anwendungsvorrangs verbunden mit der Blockade nationaler Grundrechte und die Schwächung der Wirkung europäischer Grundrechte eine gefährliche Synthese ergeben. Aber diese Idee der „Grundrechtsvergiftung" beruht auf der Prämisse, der EuGH habe mit seinem Hinweis, die Vollstreckung eines Haftbefehls dürfe *nur* aus den im Rahmenbeschluss genannten Gründen verweigert werden, eine weitergehende Grundrechtsprüfung ausgeschlossen. Diese Annahme ist mit Blick darauf, dass der EuGH die Bedenken der Generalanwältin wegen einer möglichen Verkürzung des Grundrechtsschutzes nicht gewürdigt hat, zwar nicht abwegig, aber spätestens durch die Entscheidung des EuGH in der Sache *Jeremy F.*[612] widerlegt. Dort hat der EuGH betont, dass die Grundsätze des Unionsrechts, insbesondere die Europäischen Grundrechte, auch im Haftbefehlsverfahren und jenseits des Wortlauts des Rahmenbeschlusses zu wahren sind. Dies leitet die Entscheidung aus dem Erwägungsgrund 12 und aus Art. 1 Abs. 3 des Rahmenbeschlusses sowie aus Art. 6 EUV her. Grundsätzlich sieht der EuGH damit zwar das Haftbefehlsverfahren nach dem Rahmenbeschluss als mit dem fairen Verfahren gemäß Artt. 47, 48 GrCh vereinbar an. Der Grundsatz der gegenseitigen Anerkennung basiere jedoch auf der Prämisse, dass alle Mitgliedstaaten die Unionsgrundsätze und Unionsgrundrechte achten. Nach dieser Entscheidung ist daher die Grundrechtsprüfung über den Rahmenbeschluss hinaus nicht ausgeschlossen, sondern geradezu zwingend erforderlich.[613]

297 Im Übrigen würde sich ein Ausschluss der Grundrechtsprüfung auch nicht in das bisher aus der Judikatur des EuGH herzuleitende Grundrechtsverständnis einfügen: In der *Steffensen*-Entscheidung heißt es etwa: *„Die Grundrechte gehören zu den allgemeinen Rechtsgrundsätzen, deren Wahrung der EuGH zu sichern hat."*[614] In der Berlusconi-Entscheidung hat der EuGH ferner ausgeführt: *„Daraus folgt, dass dieser Grundsatz [dort lex mitior] als Bestandteil der allgemeinen Rechtsgrundsätze des Gemeinschaftsrechts anzusehen ist, die der nationale Richter zu beachten hat, wenn er das nationale Recht, das zur Durchführung des Gemeinschaftsrechts erlassen wurde, und im vorliegenden Fall insbesondere die Richtlinien zum Gesellschaftsrecht anwendet."*[615]

298 Daher steht nicht zu erwarten, dass tatsächlich ein Grundrechteverfall stattfinden wird, der das BVerfG zwingen würde, zum Schutz der Verfassungsidentität einzuschreiten, zumal das BVerfG dem EuGH in der *Honeywell*-Entscheidung eine gewisse Fehlertoleranz bei der Beurteilung zugestanden hat.[616] Ob die Grundrechtecharta im Einzelfall auch einen Höchststandard der Grundrechte darstellen kann, bleibt zunächst wohl noch offen.[617]

---

[609] *Eckstein*, ZIS 2013, 220, 224.
[610] EuGH, Urt. v. 29.1.2013 – C 369/10, *Radu*, NJW 2013, 1145 ff.; vgl. hierzu auch *Gaede*, NJW 2013, 1279 ff.
[611] *Vogel* (StV Editorial Heft 5/2013); ebenso *Brodowski*, HRRS 2013, 54 ff.
[612] EuGH Urt. v. 30.5.2013 – C-168/12 PPU.
[613] Vgl. hierzu *Bülte/Krell*, StV 2013, 713, 716.
[614] EuGH Urt. v. 10.4.2003 – C-276/01, *Steffensen*, EuZW 2003, 666, 670 Rn. 69.
[615] EuGH Urt. v. 3.5.2005 – C-387/02, C-391/02, C-403/02, EuZW 2005, 369, 371 Rn. 69
[616] BVerfGE 126, 286, 308.
[617] Dazu *Bülte/Krell*, StV 2013, 713, 718 f.: abl. *Rönnau/Wegner*, GA 2013, 561, 575.

IX. Ausweitung der nationalen Straf- und Bußgeldvorschriften auf Verstöße gegen das Unions- und Gemeinschaftsrecht durch Blankettstrafgesetze

Mehrere nationale Straf- und Bußgeldtatbestände in Form von Blankettgesetzen haben in den letzten Jahrzehnten dadurch eine Ausweitung erfahren, dass sie auf EG/EU-Verordnungen verweisen.[618] Zu nennen sind das Lebensmittel-[619] und das Weinstrafrecht, das Steuer- und Zollstrafrecht, das Außenwirtschaftsstrafrecht, das Naturschutzstrafrecht, das Marken- und Patentstrafrecht sowie Strafnormen des Betriebsverfassungsgesetzes.[620] Dabei entspricht es der h. M. und auch der Rechtsprechung des BVerfG zu EG-Blanketten,[621] dass straf- und bußgeldrechtliche Blankettgesetze, in denen lediglich die wesentlichen Strafbarkeitsvoraussetzungen sowie Art und Maß der Strafe bestimmt sind, die konkrete Beschreibung des Straftatbestandes aber durch die Verweisung auf ausfüllende Vorschriften in unmittelbar geltenden Rechtsakten der EG oder EU ersetzt werden, ebenso zulässig sind wie Blankettverweisungen auf nationale Normen.[622] Nicht zulässig ist dagegen die Verweisung auf Richtlinien, weil diese nicht unmittelbar zu Lasten des Bürgers gelten, oder auf Programmsätze des Unionsrechts wie etwa das Vorsorgeprinzip.[623]

299

C. Bekämpfung von Unregelmäßigkeiten zu Lasten des Haushalts der Europäischen Gemeinschaft

Der Schutz der finanziellen Interessen der EU gegen Wirtschaftsstraftaten, der sowohl die Einnahme- als auch die Ausgabenseite der Union betrifft, stellt einen Schwerpunkt im Bereich der Einflussnahme des Europarechts auf das nationale Wirtschaftsstrafrecht der Mitgliedstaaten dar. Dies ist vor allem dadurch bedingt, dass die Fremdfinanzierung der EG durch Beschluss des Rates vom 21.4.1970 auf Eigenfinanzierung umgestellt worden war.[624] Unregelmäßigkeiten zu Lasten des damit eigenständigen EG-Haushalts als Angriffsobjekt sollten nach Ansicht der europäischen Organe, d. h. des Europäischen Parlaments,[625] des Europäischen Rats und der EG-Kommission, insbesondere durch den Einsatz des Strafrechts bekämpft werden.[626] Die Unregelmäßigkeiten[627] und Manipulationen zu Lasten des EU-Haushalts beziehen sich vor allem auf die Beantragung von Subventionen und sonstigen Beihilfen sowie auf die Nichtabführung von Zöllen. Alle Steuer-, Zoll- und Subventionsnormen kommen als **Ansatzpunkte für Rechtsverletzungen,** die eine Strafbarkeit begründen können, in Frage.[628] Da-

300

---

[618] Vgl. *Müller-Gugenberger*, in: *ders./Bieneck* § 5 Rn. 99 ff.

[619] Vgl. hierzu näher *Dannecker/Bülte*, in: *Achenbach/Ransiek*, Kap. 2 Teil 2 Rn. 39 ff.

[620] Näher dazu *Böse*, in: FS Krey, S. 7 ff.; *Moll*, Europäisches Strafrecht durch nationale Blankettstrafgesetzgebung?, 1998, S. 49 ff.; *Satzger*, Die Europäisierung des Strafrechts, S. 586 ff.; kritisch dazu *Heger*, in: Böse (Hrsg.), Europäisches Strafrecht, § 5 Rn. 61 ff.; *Hellmann*, in: FS für Krey S. 169 ff.

[621] BVerfGE 29, 210.

[622] BVerfGE 75, 342; näher zu den verschiedenen Blankettvorschriften siehe 1. Auflage, 2. Kap. Rn. 151 ff.

[623] Vgl. *Dannecker/Bülte*, in: *Achenbach/Ransiek* (Hrsg.), Handbuch Wirtschaftsstrafrecht, 2012, 2. Teil Kap. 2 Rn. 41.

[624] ABl. 1970, Nr. L 94 vom 28.4.1970, S. 9 ff.

[625] Entschließung des Europäischen Parlaments, ABl. 1979, Nr. C 39 vom 12.2.1979, S. 30 ff.

[626] Näher dazu *Dannecker*, in: *Eser/Huber* (Hrsg.), Strafrechtsentwicklung in Europa, 4.3., S. 174 ff.; *Weigend*, in: *Zieschang/Hilgendorf/Laubenthal* (Hrsg.), Strafrecht und Kriminalität in Europa, 2003, S. 63 f.; jeweils m. w. N.

[627] Zum Begriff der Unregelmäßigkeiten vgl. *Prieß*, in: *Groeben/Thiesing/Ehlermann*, Kommentar zum EU-/EG-Vertrag, Art. 209a Rn. 7 ff. m. w. N. Zu den Erscheinungsformen der Unregelmäßigkeiten vgl. *Gschwend*, FS N. Schmid 2001, S. 320 ff.; *Hamacher*, Kriminalistik 1996, 778 ff.

[628] *Sieber*, SchweizZStR 1996, 357, 362; vgl. umfassend zu Umgehungshandlungen *Reisner*, Die Strafbarkeit von Schein- und Umgehungshandlungen in der EG, 1995.

bei liegt der **Anreiz zur Begehung von Straftaten** zum Ersten in der dirigistischen Agrarpolitik der EU, die mit einer erheblichen Normenflut verbunden ist.[629] Zum Zweiten setzt die EU erhebliche Geldflüsse entgegen den Marktbedingungen in Bewegung, die dazu verleiten, Gewinne zu realisieren, die auf einem freien Markt niemals erzielt werden könnten. Zum Dritten stellt das Mehrwertsteuersystem der Union mit seinem Vorsteuerabzugssystem eine Konstruktion dar, die anscheinend geradezu zu Betrugshandlungen einlädt.[630]

301 In diesem Bereich der Unregelmäßigkeiten gegen die finanziellen Interessen der EG, in dem seit Jahren die Diskussion um die Harmonisierung des Strafrechts dominiert, konnte eine weitgehende Angleichung der Rechtsvorschriften in den Mitgliedstaaten erzielt werden,[631] so dass der Schutz der EU-Finanzinteressen eine Vorreiterrolle auf dem Weg zu einem **vereinheitlichten Strafrecht** einnimmt. Besonders hervorzuheben ist das „Corpus Juris der strafrechtlichen Regelungen zum Schutz der finanziellen Interessen der Europäischen Union".[632]

Im Folgenden wird zunächst der strafrechtliche Schutz der EU-Finanzinteressen dargestellt und ein Überblick über die Zuständigkeit nationaler und gemeinschaftlicher Behörden gegeben (I.). Sodann folgt eine Übersicht über den Schutz der Finanzinteressen durch Verwaltungssanktionen und Kontrollmaßnahmen der Kommission (II.).

I. Strafrechtlicher Schutz der Finanzinteressen der Europäischen Union

302 Auf vorsätzliche (und leichtfertige) Schädigungen der Finanzinteressen der Europäischen Gemeinschaften finden grundsätzlich die **Straf- und Bußgeldtatbestände des nationalen Rechts** Anwendung. Um sicherzustellen, dass alle Mitgliedstaaten einen hinreichenden strafrechtlichen Schutz gewähren, wurden Übereinkommen geschlossen, die sich auf den Schutz der finanziellen Interessen der Europäischen Gemeinschaften bezogen und nun naturgemäß zugunsten der Union wirken.[633] Dieser Schutz auch der Finanzinteressen ist – wenn man den Schätzungen der Schäden glaubt – auch zwingend notwendig, wird doch davon ausgegangen, dass 10–20 % der Unionshaushalts durch kriminelle Handlungen verloren gehen.[634]

1. Schutz der Gemeinschafts-/Unionseinnahmen

303 Auf der Einnahmenseite wurden die Finanzinteressen der Europäischen Gemeinschaften bzw. werden die Finanzinteressen der Europäischen Union insbesondere durch die Verkürzung von Zöllen und Steuern beeinträchtigt. Hierauf finden in Deutschland insbesondere die Straftatbestände der **Steuerstraftaten (§§ 370 ff. AO)** und der Ordnungswidrigkeitentatbestand der leichtfertigen **Steuerverkürzung (§ 378 AO)** Anwendung.

a) Marktordnungsverstöße

304 Aus der Fülle der **Hinterziehung von Einfuhrzöllen** ragen die Marktordnungsverstöße durch Verschleierung von Abschöpfungsvoraussetzungen hervor. Einige Beispiele sollen das Vorgehen der Täter verdeutlichen:[635]

---

[629] *Tiedemann*, FS Pfeiffer, S. 101, 103; vgl. auch *Dannecker*, ZStW 108 (1996), 577, 578; *Mögele*, EWS 1998, 1 ff.
[630] Vgl. hierzu *Bülte*, in: *Graf/Jäger/Wittig*, § 370 AO Rn. 311 f.
[631] Vgl. dazu den Überblick bei *Böse*, Strafen und Sanktionen im Europäischen Gemeinschaftsrecht, passim.
[632] *Delmas-Marty* (Hrsg.), Corpus Juris der strafrechtlichen Regelungen zum Schutz der finanziellen Interessen der Europäischen Union, 1998; eingehend dazu Rn. 386 ff.
[633] Näher dazu oben Rn. 91 ff.
[634] Vgl. *Pache*, Der Schutz der finanziellen Interessen der Europäischen Gemeinschaften, S. 62 ff.
[635] Zu weiteren Tatbegehungsweisen vgl. die Betrugsbekämpfungsberichte der Kommission; krit. auch Sonderbericht des Rechnungshofes der EG, ABl. 1998, Nr. C 230 vom 22.7.1998, S. 1 ff.; vgl. auch BGH StV 1988, 239 f.

C. Unregelmäßigkeiten zu Lasten des Haushalts der EU

Die Täter importieren hochwertiges ausländisches Fleisch als Schlachtabfälle. Eine weitere, in der Praxis häufig auftretende Erscheinungsform ist, dass die Täter zur Verschleierung Zertifikate der Behörden des Lieferlandes fälschen. Die Begehung von Steuer- und Zollverkürzungen wird nicht selten dadurch erleichtert, dass die zur Untersuchung jeder Sendung verpflichteten Tierärzte pflichtwidrig auf eine Beschau verzichten. Teilweise wäre eine Beschau allerdings nicht zur Aufdeckung von Unregelmäßigkeiten geeignet, weil z. B. bei zerkleinertem Fleisch eine serologische Untersuchung nicht möglich ist.[636] Weiterhin können **Herkunftszeugnisse von Drittlandswaren** gefälscht werden, indem z. B. als Ursprungsland ein zollfreies Land angegeben wird. Solche Fälschungen sind vor dem Hintergrund zu sehen, dass die EU-Kommission kurzfristig Einfuhrzölle erheben kann, um das Hereindrängen von Billigware aus Drittländern auf den EG-Markt zu verhindern. Die Täter vermeiden durch die Manipulationen die hohen Einfuhrzölle, indem sie als Herkunftsland ein Drittland angeben, das nicht mit hohen Zöllen belastet ist.

Besonders manipulationsanfällig ist das sog. **externe Versandverfahren**.[637] In diesem Verfahren werden Waren unter zollamtlicher Kontrolle von einem Ort an der Außengrenze der EU zu einem anderen befördert, ohne dass die Waren in der EU verbleiben sollen.[638] Manipulationen sind für die Täter bei hoch besteuerten Waren wie Zigaretten und Alkohol besonders attraktiv. Bei ordnungsgemäßem Ablauf des Versandverfahrens (§§ 133 ff. BranntwMonG 1998) werden die Zölle zunächst nicht erhoben (Steueraussetzung). Es muss jedoch eine Sicherheit bei der Abgangszollstelle gestellt werden. Treffen die Waren bei der Bestimmungszollstelle ein, trägt diese auf dem Versandschein das Ergebnis ihrer Kontrollen ein. Ein Rückschein geht dann an die Abgangszollstelle, die die geleistete Sicherheit freigibt. Die Täter konnten jahrelang schon dadurch Gewinne machen, dass sie die Waren in die EG einführten und die Sicherheit einfach verfallen ließen, denn diese entsprach in ihrer Höhe nicht dem Wert der zu entrichtenden Einfuhrzölle. Die Vollstreckung in die gestellte Sicherheit brachte daher keinen hinreichenden Ausgleich. Dieser Missstand wurde mittlerweile behoben.[639] Aber auch bei abschreckenden Sicherheitsleistungen bleibt das Versandverfahren manipulationsanfällig, wie eine Entscheidung des 5. Strafsenats des BGH[640] zeigt. Die Täter fälschen die Rückscheine und täuschen der Abgangszollstelle dadurch vor, die Waren seien ordnungsgemäß bei der Bestimmungszollstelle eingetroffen. Die Aufdeckung wird durch die hohe Zahl an Versandvorgängen, überlastete Zollstellen und gut organisierte Deliktsbegehung erschwert.

b) Straftatbestände

Als Straftatbestand kommt in diesem Bereich neben den **Urkundsdelikten** die **Steuerhinterziehung** (§ 370 AO) in Betracht. Die Anwendbarkeit dieser nationalen Normen für Straftaten zu Lasten der EU-Einnahmen ergibt sich ausdrücklich aus den sog. **Assimilationsklauseln** der §§ 3 Abs. 1 S. 2, 370 Abs. 6 AO.[641] § 370 AO erfasst hinsichtlich der EG/EU-relevanten Einnahmen die Hinterziehung der Mehrwertsteuer und der Zölle (§ 3 Abs. 1 S. 2 AO, Art. 4 Nr. 10 Zollkodex). Bei § 370 Abs. 6 AO ist zu beachten, dass bis 13.12.2010 als objektive Strafbarkeitsbedingung für eine Verfolgung im Inland die Gegenseitigkeit der Strafverfolgung verbürgt sein musste.[642] Diese Einschränkung der Verfolgung wurde durch das Jahressteuergesetz 2010 aufgehoben; für Altfälle gilt sie naturgemäß nach wie vor, weil es sich nach h. M. bei dem Gegenseitigkeitserfordernis um eine objektive Bedingung der Straf-

---

[636] Vgl. *Sieber*, SchweizZStR 1996, 357, 365.
[637] Vgl. *Sieber*, SchweizZStR 1996, 357, 362 ff.
[638] Vgl. hierzu auch OLG Brandenburg StV 2004, 7 ff.
[639] Vgl. Europäische Kommission, Schutz der finanziellen Interessen der Gemeinschaft, Betrugsbekämpfung, Jahresbericht 1995, S. 26 ff.
[640] BGHSt 48, 52 ff.
[641] Zur Rechtslage in anderen europäischen Staaten vgl. *Dannecker*, ZStW 108 (1996), 577, 585 ff.; *ders.*, in: *Leitner* (Hrsg.), Finanzstrafrecht 2012, S. 61 ff.
[642] Vgl. zu § 370 Abs. 6 und 7 AO *Keßböhmer/Schmitz*, wistra 1995, 1 ff.; zur Neufassung nun Kohlmann/*Ransiek*, Steuerstrafrecht, § 370 Rn. 542 ff.

barkeit und nicht um eine verfahrensrechtliche Regelung gehandelt hat.[643] In Fällen leichtfertiger Tatbegehung liegt eine Ordnungswidrigkeit nach § 378 AO vor.

2. Schutz der Gemeinschafts-/Unionsausgaben

307 Auf der Ausgabenseite werden die EU-Finanzinteressen durch vielgestaltige Formen von Subventionserschleichungen, insbesondere durch die rechtswidrige Inanspruchnahme von Subventionen und Erstattungen beeinträchtigt. Hierauf finden in Deutschland die Straftatbestände des **Subventionsbetrugs** und des **Betrugs** Anwendung.[644]

a) Betrügerische Verhaltensweisen

308 Die größten Schäden der EU entstehen im Bereich des Agrarmarktes.[645] Agrarausfuhren aus dem Binnenmarkt wurden bis 2007 durch den Europäischen Ausrichtungs- und Garantiefonds für Landwirtschaft (EAGFL) subventioniert; der Fonds wurde aufgespalten in den Europäischen Landwirtschaftsfonds für die Entwicklung des ländlichen Raums (ELER) und den Europäischen Garantiefonds für die Landwirtschaft (EGFL). Daneben interveniert die EU durch ein kompliziertes System von Beihilfen an Landwirte und andere agrarische Erzeuger; auch solche Beihilfen können erschlichen werden. Die Tatbegehungsweisen entsprechen in verschiedener Hinsicht denen bei der Hinterziehung von Abgaben.

Beispielsweise kommt das **externe Versandverfahren** zum Zuge.[646] Exportware wird überwiegend an Binnenzollstellen abgefertigt und den Ausgangszollstellen durch Versand zugeführt. Die Täter erreichen durch Fälschung von Versandscheinen und Bestechung von Zollbeamten, dass im Binnenmarkt verbliebene Ware als exportiert bestätigt wird. Die Ware kann auch tatsächlich ausgeführt worden sein, aber unter Tarnladungen versteckt oder mit falschen Papieren wieder eingeführt werden.[647] Daran können sich Hinterziehungsstraftaten anschließen, wie sie oben geschildert wurden. **Täuschungen über die Menge oder Qualität** der ausgeführten Ware verlaufen genau spiegelbildlich zu den Manipulationen bei der Abgabenhinterziehung. Wieder können neben dem Tatbestand des Subventionsbetrugs Urkunds- und Bestechungsdelikte vorliegen. **Quotenregelungen** wie bei Milch und Milchprodukten können unterlaufen werden, indem eine zweite Buchführung aufgebaut und so über die tatsächlich hergestellte Menge getäuscht wird. **Strukturfondsmittel** können erschlichen werden, indem die Täter die Tatbestandsvoraussetzungen für die Förderwürdigkeit oder tatsächlich nicht erbrachte Leistungen vortäuschen oder indem Nebenbestimmungen und Auflagen nicht beachtet werden.[648]

b) Straftatbestand des Subventionsbetrugs

309 Die zentrale Strafrechtsnorm zur Erfassung solcher Unregelmäßigkeiten ist der Tatbestand des Subventionsbetrugs gemäß § 264 StGB.[649] Die 1976 in das StGB eingefügte Norm bringt gegenüber dem Tatbestand des § 263 StGB eine dahingehende Beweiserleichterung, dass kein durchlaufender Kausalzusammenhang zwischen Täuschungshandlung, Irrtumserregung, Vermögensverfügung und Vermögensschaden erforderlich ist.[650] § 264 StGB verzichtet auf den Eintritt einer Verletzung oder konkreten Gefährdung des Vermögens. Es handelt sich also um ein **abstraktes Gefährdungsdelikt**.[651]

---

[643] Kohlmann/*Ransiek*, Steuerstrafrecht, § 370 AO Rn. 557; *Tully/Merz*, wistra 2011, 121, 122; *Walter/Lohse/Dürrer*, wistra 2012, 125, 128.

[644] Vgl. *Halla-Heißen*, Subventionsbetrug bei Agrarexporten, 2004, S. 8.

[645] Vgl. hierzu *Halla-Heißen*, Subventionsbetrug bei Agrarexporten, 2004, S. 1 ff.

[646] Vgl. zur Funktionsweise auch *Halla-Heißen*, Subventionsbetrug bei Agrarexporten, 2004, S. 101 ff.

[647] Vgl. *Sieber*, SchweizZStR 1996, 357, 365 f.; zur Hinterziehung von Eingangsabgaben auf Zigaretten vgl. BGH NJW 2003, 907 ff.

[648] Vgl. *Sieber*, SchweizZStR 1996, 357, 367 f.

[649] Vgl. *Tiedemann*, NJW 1990, 2226, 2227; *Thomas*, NJW 1991, 2233, 2236.

[650] Vgl. *Tiedemann*, in: LK, § 264 Rn. 16.

[651] BGHSt 34, 267 ff.; *Perron*, in: Schönke/Schröder, § 264 Rn. 5; vgl. ferner *Halla-Heißen*, Subventionsbetrug bei Agrarexporten, 2004, S. 189 ff. zur Anwendung des § 264 StGB im Bereich der Erschleichung von Ausfuhrerstattungen.

C. Unregelmäßigkeiten zu Lasten des Haushalts der EU

§ 264 StGB wurde durch das Gesetz zu dem Übereinkommen vom 26.7.1995 über den Schutz der finanziellen Interessen der Europäischen Gemeinschaften (EG-Finanzschutzgesetz)[652] geändert. Die Ausdehnung des Subventionsbegriffs auf Leistungen an Private sowie auf andere Zwecke als die der Wirtschaftsförderung gilt nur für Subventionen nach dem Unionsrecht. Dies hat dazu geführt, dass der Tatbestand des Subventionsbetrugs von zwei unterschiedlichen Subventionsbegriffen ausgeht, je nachdem, ob es sich um eine Subvention nach nationalem oder nach Unionsrecht handelt.[653] Während nationale Subventionen nur dann § 264 StGB unterfallen, wenn es sich um Leistungen aus öffentlichen Mitteln nach Bundes- oder Landesrecht an Betriebe oder Unternehmen handelt, die wenigstens zum Teil ohne marktmäßige Gegenleistungen gewährt werden und der Förderung der Wirtschaft dienen sollen, sind gemäß § 264 Abs. 7 S. 1 Nr. 2 StGB Leistungen „aus öffentlichen Mitteln nach dem Recht der Europäischen Gemeinschaften" bereits dann geschützt, wenn sie wenigstens zum Teil ohne marktmäßige Gegenleistung gewährt werden. Weder muss es sich um Wirtschaftssubventionen handeln, noch muss der Empfänger ein Betrieb oder Unternehmen sein. Die Legaldefinition des § 264 Abs. 7 S. 1 Nr. 2 StGB ist bei EG-Subventionen regelmäßig erfüllt, insbesondere bei Ausfuhrerstattungen und Beihilfen an Unternehmen aus Sozial- und Regionalfonds. Weniger eindeutig ist die Rechtslage bei Interventionszahlungen der Interventionsstelle und bei Lagerbeihilfen. Für die Abgrenzung von Betrug und Subventionsbetrug ist entscheidend, ob die Leistung von einer Gegenleistung abhängig ist. Während in der Praxis teilweise die Auffassung vertreten wird, marktmäßige Gegenleistungen seien bei Interventionszahlungen nicht erkennbar, es handele sich daher um Subventionen, sind andere der Meinung, die Voraussetzungen einer Subvention lagen nicht vor, so dass die strengeren Voraussetzungen des § 263 StGB erfüllt sein müssten.[654] Häufig wird jedoch § 264 StGB bereits angesichts des Wortlauts einschlägig sein, der lediglich eine teilweise Freiheit von einer Gegenleistung voraussetzt.

Bei der Anwendung des § 264 StGB auf Subventionen, die durch die EU gewährt werden, entsteht ein grundsätzliches Problem mit dem Wortlaut des § 264 Abs. 7 Nr. 2 StGB. Dort heißt es nämlich, dass nur Subventionen Tatobjekt des § 264 StGB sind, die **aus öffentlichen Mitteln nach dem Recht der Europäischen Gemeinschaften** gewährt werden. Doch wird man hier im Wege der Auslegung, insbesondere unter Rückgriff auf Art. 5 des Änderungsvertrages, zu dem Ergebnis gelangen, dass unter Recht der Europäischen Gemeinschaften zum einen das fortgeltende Recht der EG und zum andern auch das neu gesetzte Recht der Europäischen Union zu verstehen ist.

Unterschiede zwischen Subventionen nach nationalem Recht einerseits und EG/EU-Recht andererseits sollen sich für Subventionen auch dadurch ergeben, dass auf das Erfordernis der Bezeichnung durch den Subventionsgeber als **subventionserheblich** im Sinne von § 264 Abs. 8 StGB[655] bei EG/EU-Subventionen verzichtet werden müsse,[656] weil diese Einschränkung in dem Übereinkommen über den Schutz der finanziellen Interessen der EG nicht vorgesehen ist und entsprechend im deutschen Strafrecht verzichtbar sei. Daher soll für EG/EU-Subventionen das Tatbestandsmerkmal, das der deutsche Gesetzgeber im Interesse der Rechtsklarheit und der Vorhersehbarkeit für den Bürger eingefügt hat, entfallen. Diese Auffassung verstößt jedoch gegen Art. 103 Abs. 2 GG, da dem Gesetz eine solche Einschränkung nicht entnommen werden kann. Aus diesem Grund gilt auch für Subventionen aus dem europäischen Recht, dass der Tatbestand des Subventionsbetruges nicht durch teleologische Auslegung über den Wortlaut hinaus ausgedehnt werden darf.

Als **Tathandlung** wurde neben unrichtigen und unvollständigen Angaben und dem pflichtwidrigen In-Unkenntnis-lassen durch § 264 Abs. 1 Nr. 2 StGB die Verpflichtung aus Art. 1 Abs. 1a des Übereinkommens vom 26.7.1995 umgesetzt und das Verwenden eines Ge-

---

[652] BGBl. 1998 II 2322.
[653] *Halla-Heißen*, Subventionsbetrug bei Agrarexporten, 2004, S. 83, Fn. 51.
[654] So auch *Tiedemann*, NJW 1990, 2226, 2227; zur Diskussion vgl. *Dieblich*, Der strafrechtliche Schutz der Rechtsgüter der Europäischen Gemeinschaften, S. 110 ff.
[655] Vgl. hierzu BGH wistra 2011, 67, 68; ferner BGHSt 44, 233, 241.
[656] BT-Drucks. 7/5291 S. 13.

genstandes oder einer Geldleistung entgegen der Verwendungsbeschränkung unter Strafandrohung gestellt.[657] Nach früherem Recht war die missbräuchliche Verwendung von Mitteln zu anderen Zwecken als denen, zu denen sie ursprünglich gewährt worden sind, nicht generell erfasst. Sie ist auch nicht durch den allgemeinen Betrugstatbestand des § 263 StGB abgedeckt. Vielmehr erfasste § 264 Abs. 1 Nr. 2 StGB a. F. nur Fälle, in denen eine Verpflichtung bestand, die Absicht, eine Subvention entgegen einer Verwendungsbeschränkung zu verwenden, rechtzeitig vorher anzuzeigen, wie dies z. B. § 3 Abs. 2 SubvG vorsieht. Diese Vorschrift ist aber nicht auf Subventionen nach europäischem Recht anwendbar.[658]

311 Der Erläuternde Bericht zum Übereinkommen[659] setzt sich auch mit Fallgestaltungen auseinander, die als **besonders schwerwiegende Subventionsstraftaten** gegen die finanziellen Interessen angesehen werden und damit durch die Mitgliedstaaten mit verschärfter Strafe bedroht werden sollen. Als ein solcher schwerwiegender Fall werden z. B. genannt eine wiederholte Begehung, eine besonders gute Organisation bei der Tatbegehung, die Zugehörigkeit der Täter zu einer kriminellen Vereinigung oder einer organisierten Bande sowie die Einbindung von Behörden in die kriminellen Aktivitäten durch korruptive Handlungen. Diese Erwägungen hat der deutsche Gesetzgeber aufgegriffen und die **bandenmäßige Begehung in § 264 Abs. 3** i. V. m. § 263 Abs. 5 StGB als Regelbeispiel für einen besonders schweren Fall eingeführt. Die bandenmäßige Hinterziehung von Eingangsabgaben oder des Bannbruchs ist durch § 373 AO als qualifizierter Tatbestand erfasst.

312 **Bei leichtfertiger Begehungsweise** kommt nach § 264 Abs. 4 StGB ein niedrigerer Strafrahmen zur Anwendung; es handelt sich aber nicht wie bei der leichtfertigen Steuerverkürzung um eine bloße Ordnungswidrigkeit.[660] Leichtfertigkeit setzt voraus, dass der Täter grob fahrlässig, „an der Grenze zum Vorsatz" gehandelt hat.[661]

313 Nach § 264 Abs. 5 StGB wird wegen **tätiger Reue straffrei**, wer freiwillig verhindert, dass aufgrund der Tat die Subvention gewährt wird, oder, wenn die Subvention ohne sein Zutun nicht gewährt wird, sich freiwillig und ernsthaft bemüht hat, die Gewährung zu verhindern.

314 Nach **§ 6 Nr. 8 StGB (Weltrechtsprinzip)** unterliegt der Subventionsbetrug unabhängig vom Tatortrecht auch bei einer Auslandstat dem deutschen Strafrecht. Somit können Ausländer auch dann in Deutschland verfolgt werden, wenn sie in anderen EU-Ländern oder in Drittländern einen Subventionsbetrug zum Nachteil der EG/EU begangen haben. Der notwendige Inlands-[662] bzw. Unionsbezug wird hier durch die Verletzung eines Unionsrechtsguts hergestellt. Begehen Deutsche die Tat im Ausland, ergibt sich die Anwendung deutschen Strafrechts auch aus § 7 Abs. 2 Nr. 1 StGB.

3. Zuständigkeit für die Verfolgung von Unregelmäßigkeiten zu Lasten des EG/EU-Haushalts

a) Zuständigkeit der Wirtschaftsstrafkammer

315 Gemäß § 74c Abs. 1 Nr. 5 GVG ist die **Wirtschaftsstrafkammer** für Subventionsbetrügereien nach § 264 StGB zuständig, wenn der Staatsanwalt wegen der besonderen Bedeutung des Falles Anklage zum Landgericht erhebt.

---

[657] Vgl. hierzu *Fischer*, § 264 Rn. 18 ff.
[658] *Tiedemann*, in: LK, § 264 Rn. 92 f.
[659] Erläuternder Bericht zum Übereinkommen über den Schutz der finanziellen Interessen der Europäischen Gemeinschaften, ABl. 1997, Nr. C 191 vom 23.6.1997, S. 6.
[660] Dazu *Tiedemann*, NJW 1990, 2226, 2228.
[661] So *Tiedemann*, in: LK, § 264 Rn. 123; vgl. auch BGH NStZ 1998, 42, 44; kritisch zur Verfassungsgemäßheit von § 264 Abs 4 *Hillenkamp*, in FS Wassermann, S. 861, 868 ff.
[662] Vgl. hierzu BGHSt 45, 64 ff.

C. Unregelmäßigkeiten zu Lasten des Haushalts der EU

b) Zuständigkeit der Hauptzollämter und der Zollfahndungsämter

Für das sonstige Verfahrensrecht ist hervorzuheben, dass im Bereich des EG/EU-Marktordnungsrechts nicht mehr die Oberfinanzdirektion, sondern die Staatsanwaltschaft zuständig ist (Art. 6 Nr. 7b Nr. 1 WiKG). Bei Rechtsverstößen im Zusammenhang mit dem EG/EU-Agrarbereich greifen die §§ 1 Abs. 1, 35, 37 MOG ein, nach denen die Staatsanwaltschaft Ermittlungen auch durch die **Hauptzollämter** oder die **Zollfahndungsämter** vornehmen lassen kann, und zwar bei den in § 35 MOG bezeichneten Straftaten (Nr. 1) ebenso wie bei Straftaten nach §§ 263, 264 StGB (Nr. 2) und bei Begünstigungen im Hinblick auf die in Nr. 1 und Nr. 2 genannten Straftaten (Nr. 3). 316

Die **Kompetenzen der Beamten der Zollfahndung** und diejenigen der Kriminalpolizei decken sich allerdings nicht völlig. Nur der Zollbeamte hat, soweit ein Steuerdelikt verwirklicht ist, gemäß § 404 AO i. V. m. § 110 StPO ohne Weiteres das Recht zur Durchsicht der Papiere. Er kann also an Ort und Stelle Beweiserhebliches von Unwichtigem trennen und einer Beweisvereitelung vorbeugen.[663] Handelt es sich hingegen nicht um ein Steuerdelikt, sondern um einen Betrug oder einen Subventionsbetrug, so hat der Zollbeamte keine weitergehenden Rechte als ein Kriminalbeamter. In diesem Fall obliegt die Durchsicht der Papiere dem Staatsanwalt. Daraus ergibt sich für die Staatsanwaltschaft die bisweilen schwierige Entscheidung, ob sie die Polizei oder die Zollfahndung mit den Ermittlungen beauftragt. Kommen Steuerstraftaten in Frage, ist die Zollfahndung vorzuziehen, um keine Zuständigkeitsüberschreitungen zu riskieren. Hinzu kommt die besondere Erfahrung der Zollbeamten in internationalen Angelegenheiten und hinsichtlich der sich oft ändernden nationalen, internationalen und gemeinschaftsrechtlichen Regelungen. Schließlich besteht zwischen den inländischen und ausländischen Zolldienststellen in der Regel eine intensive Zusammenarbeit.

Nach § 37 Abs. 2 MOG haben die Hauptzollämter und Zollfahndungsämter und deren Beamte auch ohne ausdrückliches Ersuchen der Staatsanwaltschaft die Aufgabe, Verstöße gegen Marktordnungsbestimmungen zu ermitteln. Sie sind insofern aufgrund § 37 Abs. 3 S. 2 MOG **Ermittlungspersonen der Staatsanwaltschaft** und haben gemäß § 163 StPO die Ermittlungsunterlagen unverzüglich der Staatsanwaltschaft zuzuleiten. 317

Der deutsche Gesetzgeber hat darüber hinaus durch Einführung des § 5a ZVG mit Gesetz vom 7.7.1992[664] zur Unterstützung der Zollfahndungsämter das **Zollkriminalamt (ZKA)** errichtet, ihm koordinierende und datenverwaltende Aufgaben übertragen (§ 5a Abs. 1 ZVG) und seinen Beamten die Befugnisse der Zollfahndungsämter eingeräumt (§ 5a Abs. 3 ZVG). Die Staatsanwaltschaft soll mit dem ZKA eng zusammenarbeiten, weil dies die Möglichkeit eröffnet, durch eine genaue Marktbeobachtung Betrugsbekämpfungsstrategien zu entwickeln und die Überwachungs- und Ermittlungsmaßnahmen der Zolldienststellen zu koordinieren.

c) Meldepflicht nationaler Vergabestellen

Bei der Vergabe von Fördermitteln der EG waren bzw. der EU sind nationale Stellen beteiligt. Die Staatsanwaltschaft ist darauf angewiesen, von den Vergabebehörden die erforderlichen Informationen über eventuelle Missstände zu erhalten. Ein Haupthindernis liegt hierbei in der mangelhaften Erfüllung der **Meldepflicht durch die öffentlichen Stellen,** die gemäß § 6 SubvG den Verdacht eines Subventionsbetruges den Strafverfolgungsbehörden mitteilen müssen.[665] Diese Verpflichtung wird aber in gewissen Verwaltungsbereichen restriktiv gehandhabt. 318

Die Verwaltung steht zwischen ihren Verpflichtungen, einerseits mit der Staatsanwaltschaft zu kooperieren und andererseits das Vertrauensverhältnis zu den Subventionsnehmern aufrechtzuerhalten. Bei **geringfügigen Unregelmäßigkeiten** geht die Praxis der Ämter dahin, das Vorliegen einer Straftat aus subjektiven Gründen zu verneinen. Hiergegen spricht jedoch, dass sich die durch kleinere Verstöße verursachten Schäden zu einem beträchtlichen Gesamtschaden

---

[663] Vgl. hierzu *Weyand,* in: *Graf/Jäger/Wittig,* § 404 AO Rn. 89.
[664] BGBl. 1992 I 1222.
[665] Vgl. *Tiedemann,* in: LK § 264 Rn. 169; *Partsch/Scheffner,* NJW 1996, 2492.

summieren können. Außerdem kann die Nichtanzeige des Verdachts einer Straftat nach § 264 StGB eine Strafvereitelung durch Unterlassen (§§ 258 Abs. 1, 13 StGB) darstellen.[666]

319 Das Unionsrecht verpflichtet die Behörden der Mitgliedstaaten, der Kommission Betrügereien und Unregelmäßigkeiten im Bereich der gemeinsamen Agrar- und Strukturpolitik sowie der Erhebung von Zöllen und Agrarabgaben mitzuteilen.[667] Eine Sanktion ist mit der Verletzung dieser Pflicht jedoch nicht verbunden.[668]

d) Unterstützung der Strafverfolgungsbehörden durch die EU

320 Die Bekämpfung der Kriminalität zu Lasten des EU-Haushalts ist zwar Aufgabe der einzelnen Mitgliedstaaten. Angesichts der grenzüberschreitenden Aktivitäten vieler Täter und Täterorganisationen kommen auf die Strafverfolgungsbehörden jedoch vielfältige Anforderungen im Hinblick auf eine internationale Zusammenarbeit zu.[669] Die Unterstützung der nationalen Behörden beim Schutz der finanziellen Interessen oblag aufgrund ihrer Rolle als „Hüterin der Verträge" (Art. 17 Abs. 1 S. 2 EUV; ex-Art. 211, 1. Spiegelstrich EG) in erster Linie der Kommission.[670]

aa) UCLAF

321 Während in der Anfangszeit die Kontrolltätigkeit zum Schutz der finanziellen Interessen organisatorisch jeweils der Generaldirektion zugewiesen war, der auch die Durchführung der jeweiligen Gemeinschaftspolitik oblag,[671] wurden die nationalen Behörden seit dem Jahre 1988 von der UCLAF („Unité de coordination de la lutte antifraude" oder „Betrugsbekämpfungseinheit"), einer zentralen Koordinierungsstelle innerhalb der Kommission, unterstützt,[672] die inzwischen von ihrer Nachfolgeorganisation OLAF[673] abgelöst wurde.

322 UCLAF hatte die Aufgabe, die Aktivitäten der Gemeinschaft auf dem Gebiet der Betrugsbekämpfung zu koordinieren, die Kommission auf diesem Gebiet gegenüber den Mitgliedstaaten und den anderen Gemeinschaftsorganen zu vertreten sowie eine eigene Betrugsbekämpfungspolitik der Gemeinschaft zu entwickeln und durchzuführen.[674] Ziel der Maßnahmen der UCLAF war es, die im Fall von Betrügereien einzuziehenden Beträge festzustellen und die Verfolgung der einzelnen Straftaten durch die Staatsanwaltschaften der Mitgliedstaaten vorzubereiten.

323 Einer wirksamen Durchführung interner Untersuchungen stand jedoch die fehlende Unabhängigkeit der Koordinierungsstelle entgegen, die selbst in die hierarchische Struktur der Kommission eingebunden war und der entsprechende Ermittlungsbefugnisse fehlten.[675] Die UCLAF erwies sich letztlich als ineffektiv und ihren Aufgaben nicht gewachsen.

---

[666] Vgl. *Bülte*, in: *Graf/Jäger/Wittig*, § 258 StGB Rn. 40 m. w. N.
[667] Art. 3 und 5 der Verordnung 595/91, ABl. 1991, Nr. L 67 vom 14.3.1991, S. 11 ff.; Art. 23 Abs. 1 der Verordnung 2083/93, ABl. 1993, Nr. L 193 vom 31.7.1993, S. 1 ff.; Art. 6 Abs. 3 der Verordnung 1552/89, ABl. 1989, Nr. L 155 vom 7.6.1989, S. 1 ff.
[668] *Tiedemann*, in: LK, § 264 Rn. 170.
[669] Vgl. oben Rn. 15, 37.
[670] *Gemmel*, Kontrollen des OLAF in Deutschland, S. 49.
[671] *Gemmel*, Kontrollen des OLAF in Deutschland, S. 49; vgl. die Übersicht bei *Prieß/Spitzer*, EuZW 1994, 297, 302.
[672] Vgl. zu den Aufgaben der UCLAF Europäische Kommission, Jahresbericht der Kommission über die Betrugsbekämpfung, Bilanz der Tätigkeiten 1992 und Aktionsprogramm 1993, KOM(93), 141 endg., S. 57; *Gemmel*, Kontrollen des OLAF in Deutschland, S. 49 ff.
[673] Näher dazu Rn. 324 ff.; zur Entstehungsgeschichte weiterhin *Esser*, Europäisches und Internationales Strafrecht, § 3 Rn. 1 ff.
[674] *Gemmel*, Kontrollen des OLAF in Deutschland, S. 49 f.; zur Geschichte der UCLAF Zweiter Bericht über die Reform der Kommission Band II, 10.9.1999, abrufbar unter http://www.europarl.europa.eu/experts/pdf/rep2-2de.pdf.
[675] Vgl. den Sonderbericht des Rechnungshofes Nr. 8/98, ABl. 1998, Nr. C 230 vom 22.7.1998, S. 1 ff., 20 ff.; *Gemmel*, Kontrollen des OLAF in Deutschland, S. 49.

C. Unregelmäßigkeiten zu Lasten des Haushalts der EU

bb) OLAF

Zum 1.6.1999 wurde auf Beschluss der Kommission[676] – auch als Reaktion auf die Kritik des Rechnungshofes der EG[677] an der UCLAF – das bisherige Amt zur Betrugsbekämpfung durch ein neu gegründetes **Europäisches Amt zur Betrugsbekämpfung** (OLAF – Office de la lutte antifraude) ersetzt.[678] Mit dieser Maßnahme verfolgte die Kommission das Ziel, die strukturellen Probleme der Einbindung von UCLAF in den Apparat der Kommission zu beseitigen und die Unabhängigkeit und Effektivität der für die Betrugsbekämpfung zuständigen Behörde zu gewährleisten. Gleichzeitig war jedoch die grundsätzliche Wahrung der Verwaltungsautonomie der zu kontrollierenden Gemeinschaftsorgane zu beachten.[679] **Aufgabe von OLAF** ist einerseits die Durchführung von Untersuchungen und andererseits die Unterstützung und Koordination der Betrugsbekämpfung sowie die Zusammenarbeit mit den Mitgliedstaaten.[680] 324

OLAF ist **organisatorisch als Amt der Kommission** in der Rechtsform einer **Agentur der Europäischen Union** ebenfalls dieser zuzurechnen,[681] da es deren Zuständigkeiten und Kompetenzen zur Durchführung externer und interner Verwaltungsuntersuchungen (vgl. Art. 2 Abs. 1 des Errichtungsbeschlusses) wahrnimmt, die Gesetzesinitiativen der Kommission im Bereich der Betrugsbekämpfung vorbereitet (Art. 2 Abs. 4), die sonstigen operationellen Aufgaben der Kommission übernimmt (Art. 2 Abs. 5) und die Kommission in Sachen der Betrugsbekämpfung (Art. 2 Abs. 7) vertritt. OLAF ist dem **Kommissar für Steuern, Zollunion, Audit und Betrugsbekämpfung** zugeordnet. 325

Die Arbeitsbereiche von OLAF sind insbesondere eigene Ermittlungen (intern und extern), Koordination, Unterstützung und Beobachtung fremder Ermittlungen. Strafrechtliche Zwangsmittel (Durchsuchung, Haft) stehen OLAF jedoch nicht zur Verfügung.

Anders als UCLAF verfügt OLAF jedoch zur Wahrnehmung seiner Aufgaben über **weitreichende Befugnisse**[682] und **Entscheidungsautonomie.** Letztere kommt bereits in Art. 3 des Errichtungsbeschlusses zum Ausdruck, nach welchem das Amt seine Untersuchungsbefugnisse in voller Unabhängigkeit ausübt und der Direktor des Amtes bei der Ausübung dieser Befugnisse keine Anweisungen der Kommission, einer Regierung, eines anderen Organs, einer Einrichtung, eines Amtes oder einer Agentur erbitten oder entgegennehmen darf. Die Wahrnehmung seiner Aufgaben durch OLAF richtet sich nach der VO (EG) 1073/99[683], der VO (Euratom) 1074/99[684] und nach den Aufgaben und Befugnissen zur Betrugsbekämpfung, die in früheren Rechtsvorschriften der Kommission eingeräumt worden waren und deren Wahrnehmung durch Art. 1 Abs. 1, Artt. 3 und 4 der VO (EG) 1073/99 sowie VO (Euratom) 1074/99 nunmehr OLAF übertragen ist. Die Unabhängigkeit von OLAF kommt auch in der – nicht an das Vorliegen bestimmter Tatbestandsvoraussetzungen geknüpften – Möglichkeit einer autonomen Einleitung von Verfahren durch OLAF zum Ausdruck: Nach Art. 5 VO (EG) 1073/99 bzw. VO (Euratom) 1074/99 wird die Einleitung externer Untersuchungen vom Direktor des Amtes von sich aus oder auf Ersuchen eines betroffenen Mitgliedstaats beschlossen, die Einleitung interner Untersuchungen vom Direktor des Amtes von sich aus 326

---

[676] Beschluss der Kommission, SEK (1999) 802, ABl. 1999, Nr. L 136 vom 31.5.1999, S. 20 ff.

[677] ABl. 1998, Nr. C 230 vom 22.7.1998, S. 1 ff.

[678] Vgl. dazu *Brüner*, in: Europäisches Forum für Außenwirtschaft, Verbrauchsteuern und Zoll e. V. (Hrsg.), Erweiterung der Europäischen Union, 2001, S. 17 ff.; *Haus*, EuZW 2000, 745 ff., einen kurzen Überblick zu OLAF geben z. B. *Albrecht/Braum*, KritV 2001, 312, 325 ff.; *Gleß*, EuZW 1999, 618 ff.; *Jung*, in: Bauer, H.-J. (Hrsg.), Felder der Rechtsentwicklung, 2003, S. 119, 137; *Mager*, ZEuS 2000, 177 ff.

[679] Vgl. *Kuhl/Spitzer*, EuR 2000, 671, 675; *Thym*, EuR 2000, 990, 991; *Gemmel*, Kontrollen des OLAF in Deutschland, S. 52.

[680] *Gemmel*, Kontrollen des OLAF in Deutschland, S. 57 ff.; vgl. auch *Müller-Gugenberger*, in: ders./Bieneck § 5 Rn. 117.

[681] Vgl. näher dazu *Kuhl/Spitzer*, EuR 2000, 671, 673 ff.; *Gemmel*, Kontrollen des OLAF in Deutschland, S. 52 f., 55, Fn. 323.

[682] Vgl. *Haus*, EuZW 2000, 745, 747 ff.; *Horn*, Die Durchführung von Kontrollen durch das Europäische Amt für Betrugsbekämpfung (OLAF) in Irland, 2002, passim.

[683] ABl. 1999, Nr. L 136 vom 31.5.1999, S. 1 ff.

[684] ABl. 1999, Nr. L 136 vom 31.5.1999, S. 8 ff.

oder auf Ersuchen des Organs, der Einrichtung oder des Amtes oder der Agentur, bei dem bzw. der die Untersuchung durchgeführt werden soll. Die Durchführung externer Untersuchungen richtet sich insbesondere, aber nicht ausschließlich nach Art. 3 VO (EG) 1073/99 bzw. VO (Euratom) 1074/99 und den Vorschriften der VO (Euratom, EG) 2185/96 und VO (EG, Euratom) 2988/95.[685] Die Durchführung interner Untersuchungen erfolgt gemäß Art. 4 VO (EG) 1073/99 bzw. VO (Euratom) 1074/99 sowie aufgrund einer interinstitutionellen Vereinbarung vom 25.5.1999[686] und der auf deren Grundlage ergangenen Beschlüsse der Gemeinschaftsorgane.[687]

327 Die Kontrolle der Tätigkeit von OLAF obliegt einem auf Art. 11 VO (EG) 1073/99 bzw. VO (Euratom) 1074/99 basierenden **Überwachungsausschuss,** der sich aus fünf externen und ihrerseits unabhängigen Persönlichkeiten zusammensetzt, die in ihren Ländern die Voraussetzungen erfüllen, um hochrangige Aufgaben in diesem Bereich wahrzunehmen (Art. 11 Abs. 2 Satz 1). Diese werden vom Parlament, dem Rat und der Kommission im gegenseitigen Einvernehmen für eine Zeit von drei Jahren ernannt (Art. 11 Abs. 2 Satz 2).

328 Am 8.12.2012 hat der Haushaltsausschuss des Europäischen Parlaments neue Regeln für eine neu ausgehandelte **OLAF-Verordnung** aufgestellt. Alle Mitgliedstaaten müssen nun eine nationale Dienststelle benennen, die die Zusammenarbeit mit OLAF koordiniert. Überdies sollen Berichtspflichten statuiert werden, damit die von OLAF angestoßenen Ermittlungen der nationalen Strafverfolgungsbehörden auch ernsthaft betrieben werden. Ferner sollen auf politischer Ebene zwischen OLAF, dem Parlament, der Kommission und dem Ministerrat regelmäßige Treffen stattfinden, um die Betrugsbekämpfung auch in den Mitgliedstaaten effektiv umzusetzen.[688]

e) Europäisches Parlament

329 Über die **Entlastung zur Ausführung des Haushaltsplans** entscheidet das Europäische Parlament.[689] Dem Beschluss des Parlaments muss eine Empfehlung des Rates vorausgehen, der mit qualifizierter Mehrheit zu beschließen hat. Dabei betrifft die Kontrollfunktion des Parlaments lediglich den Bereich der Ausgaben. Grundlage der Entscheidung sind die von der Kommission erstellte Haushaltsrechnung und Vermögensübersicht sowie der Jahresbericht des Rechnungshofs und die Antworten der kontrollierten Organe. Für die laufende Haushaltskontrolle ist primär der Ausschuss für Haushaltskontrolle zuständig.

330 Durch den Maastrichter Vertrag wurde Art. 193 (ex-Art. 138c) EG eingefügt – im Art. 226 AEUV –, der vorsieht, dass auf Antrag eines Viertels der Mitglieder des Parlaments ein **Untersuchungsausschuss** einzusetzen ist, der von Gemeinschaftsorganen, Mitgliedstaaten oder Einzelpersonen angezeigte Verstöße gegen Gemeinschaftsrecht oder Missstände bei dessen Ausführung zu prüfen hat.

f) Rechnungshof

331 Die umfassende Kontrolle der Recht- und Ordnungsmäßigkeit von Einnahmen und Ausgaben bzw. der Verwendung von Gemeinschaftsmitteln obliegt dem Rechnungshof (Art. 285 ff. AEUV). Seitdem der Rechnungshof den Status eines Organs der Gemeinschaft erhalten hat, ist er als **Kontrollorgan** maßgeblich aufgewertet. Um die Rolle des Rechnungshofes bei der Betrugsbekämpfung zu stärken, wurde dessen Rechtsstellung durch den Amsterdamer Vertrag weiter verbessert. So wurde der Rechnungshof in Art. 232 Abs. 1 EGV (nun Art. 265 AEUV) in den Kreis der **klageberechtigten Institutionen** einbezogen.

332 Zudem erhält der Rechnungshof das Recht, **Prüfungen vor Ort** künftig sowohl in den Räumlichkeiten der Einrichtungen, die Einnahmen und Ausgaben für Rechnung der Gemeinschaft verwalten, als auch der natürlichen und juristischen Personen, die Zahlungen aus

---

[685] Näher dazu *Gemmel*, Kontrollen des OLAF in Deutschland, S. 58 f.
[686] ABl. 1999, Nr. L 136 vom 31.5.1999, S. 15 ff.
[687] Näher dazu *Gemmel*, Kontrollen des OLAF in Deutschland, S. 59 f.
[688] Zum Reformpaket v. 17.7.2013 vgl. *Esser*, Europäisches und Internationales Strafrecht, § 3 Rn. 2.
[689] Ausführlich zur Kontrolle durch das Europäische Parlament *Vervaele*, Fraud against the Community, 1992, S. 75 ff.

C. Unregelmäßigkeiten zu Lasten des Haushalts der EU

dem Haushalt erhalten, durchzuführen (Art. 287 Abs. 3 AEUV).[690] Beamte des Rechnungshofes treten also zukünftig neben die Ermittler der Zoll- und Steuerfahndung.

Der Rechnungshof erstattet gemäß Art. 287 Abs. 4 AEUV nach Abschluss eines jeden Rechnungsjahres einen **Jahresbericht,** der Grundlage für die Entscheidung des Europäischen Parlaments über die Entlastung der Kommission ist. Daneben werden besondere Jahresberichte über die Haushaltsrechnung der Sondereinrichtungen und -stellen der Gemeinschaft erstellt.[691]

II. Schutz der Finanzinteressen der Europäischen Gemeinschaften/ Union durch Verwaltungssanktionen und Kontrollmaßnahmen der Kommission

Neben den oben dargestellten Sanktionsbestimmungen[692] hat der Gemeinschaftsgesetzgeber zwei wichtige Verordnungen erlassen, die **Verwaltungssanktionen und -maßnahmen** vorsehen und die Kommission zu **Kontrollen vor Ort** ermächtigen.

1. Verordnung Nr. 2988/95 über den Schutz der finanziellen Interessen der Europäischen Gemeinschaften

Neben dem Kriminalstrafrecht darf die Bedeutung von **verwaltungsrechtlichen Maßnahmen und Sanktionen** bei der Bekämpfung von Unregelmäßigkeiten zum Nachteil des EU-Haushaltes nicht unterschätzt werden. Dies gilt umso mehr, als die Grenze zwischen Verwaltungssanktionen und Strafsanktionen nicht immer klar zu ziehen ist.[693] Um einen allen Bereichen der Gemeinschaftspolitik gemeinsamen rechtlichen Rahmen für die verwaltungsrechtlichen Sanktionen festzulegen, gilt seit Dezember 1995 die Verordnung Nr. 2988/95 über den Schutz der finanziellen Interessen der Europäischen Gemeinschaften.[694]

In Art. 1 Abs. 2 der Verordnung (EG, Euratom) Nr. 2988/95 wird zunächst der Tatbestand der **Unregelmäßigkeit** definiert: *„Der Tatbestand der Unregelmäßigkeit ist bei jedem Verstoß gegen eine Gemeinschaftsbestimmung als Folge einer Handlung oder Unterlassung eines Wirtschaftsteilnehmers gegeben, die einen Schaden für den Gesamthaushaltsplan der Gemeinschaften oder die Haushalte, die von den Gemeinschaften verwaltet werden, bewirkt hat bzw. haben würde, sei es durch die Verminderung oder den Ausfall von Eigenmitteleinnahmen, die direkt für Rechnung der Gemeinschaften erhoben werden, sei es durch eine ungerechtfertigte Ausgabe.*" Dies umfasst betrügerische Praktiken im Sinne des Übereinkommens über den Schutz der finanziellen Interessen der EG.[695] Die verwaltungsrechtlichen **Maßnahmen,** die für schuldlose Verstöße vorgesehen werden, sind in Art. 4 geregelt. Nach Absatz 1 bewirkt *„jede Unregelmäßigkeit in der Regel den Entzug des rechtswidrig erlangten Vorteils".* Rechtsmissbräuchliche Handlungen im Sinne von Art. 4 Abs. 3, insbesondere Umgehungsgeschäfte, haben zur Folge, dass der betreffende Vorteil nicht gewährt oder wieder entzogen wird.

Bei vorsätzlicher oder fahrlässiger Begehung können Unregelmäßigkeiten, gemäß Art. 5 **verwaltungsrechtliche Sanktionen** zur Folge haben. Als Sanktionen werden genannt: die Zahlung einer Geldbuße, die Zahlung eines Betrages, der den erhaltenen oder hinterzogenen Betrag übersteigt, der vollständige oder teilweise Entzug eines Vorteils, auch wenn dieser nur zum Teil rechtswidrig erlangt wurde, der vorübergehende Entzug einer Genehmigung oder der Verlust einer Sicherheit oder einer Garantie. Darüber hinaus kommen weitere ausschließlich wirtschaftliche Sanktionen gleichwertiger Art und Tragweite in Betracht. Gemäß Art. 7

---

[690] Siehe dazu die Denkschrift zum Amsterdamer Vertrag, BR-Drucks. 784/97, S. 158.
[691] Vgl. auch *Vervaele,* Fraud against the Community, 1992, S. 62 ff.
[692] Siehe oben Rn. 300 ff.
[693] Vgl. nur EuGH-Urteil vom 29.7.2010 – Rs. C-188/09, *Profaktor Kulesza, Frankowski, Jóźwiak, Orlowski,* UR 2010, 775, 778.
[694] ABl. 1995, Nr. L 312 vom 23.12.1995, S. 1.
[695] ABl. 1995, Nr. C 316 vom 27.11.1995, S. 1.

können die verwaltungsrechtlichen Maßnahmen oder Sanktionen **gegen natürliche oder juristische Personen** verhängt werden.

338 Die VO Nr. 2988/95 enthält **keine unmittelbar geltenden Sanktionsvorschriften,** sondern allgemeine Regelungen, die auf im Gemeinschaftsrecht existierende verwaltungsrechtliche Maßnahmen und Sanktionsvorschriften anwendbar sind. Es handelt sich also um eine Art **„Allgemeinen Teil" für gemeinschaftsrechtliche Sanktionen**, der allerdings rudimentär geblieben ist. Insbesondere fehlt die Normierung allgemeiner Rechtsgrundsätze wie des Gesetzlichkeitsprinzips, des Schuldprinzips, des Ausschlusses der Verantwortung, des Versuchs, der Beteiligung, des Handelns für einen anderen, der Verletzung von Kontrollpflichten oder von Regeln für die Zumessung von Sanktionen.[696] Für eine entsprechende ausdrückliche Regelung hätte gesprochen, dass der EuGH bei der Bestimmung von allgemeinen Rechtsgrundsätzen den in den Mitgliedstaaten geltenden Rechtsgrundsätzen lediglich Anregungen entnimmt, aber ansonsten die Bestimmung der im Unionsrecht geltenden allgemeinen Rechtsgrundsätze unionsautonom erfolgt.

2. Verordnung Nr. 2185/96 des Rates vom 11.11.1996 betreffend die Kontrollen und Überprüfungen vor Ort durch die Kommission zum Schutz der finanziellen Interessen der Europäischen Gemeinschaften vor Betrug und anderen Unregelmäßigkeiten

339 Die Verordnung Nr. 2185/96 des Rates vom 11.11.1996 betreffend die Kontrollen und Überprüfungen vor Ort durch die Kommission zum Schutz der finanziellen Interessen der Europäischen Gemeinschaften vor Betrug und anderen Unregelmäßigkeiten[697] ermöglicht es der Kommission, im Bereich der Betrugsbekämpfung die nationalen Behörden und die Wirtschaftsteilnehmer **vor Ort zu kontrollieren** und zu überprüfen. Diese Befugnisse treten ergänzend zu den Möglichkeiten und Aufgaben der Mitgliedstaaten und der OLAF bei der Betrugsbekämpfung hinzu. Sie sollen insbesondere bei schweren oder grenzüberschreitenden Unregelmäßigkeiten sowie in Fällen genutzt werden, in denen ein Eingreifen zur Sicherstellung eines gleichwertigen, wirksamen Schutzes der finanziellen Interessen in der Gemeinschaft erforderlich ist. Dabei haben die Kontrolleure der Kommission gleichermaßen Zugang zu allen relevanten Informationen und Unterlagen wie die nationalen Behörden. Die dabei gewonnenen Beweise sind in Kontroll- und Überprüfungsberichten aufzubereiten, die dann in den Verwaltungs- und Gerichtsverfahren einschließlich der Strafverfahren vor einem nationalen Gericht verwendet werden können. Deshalb müssen die Kommissionsbediensteten bei der Auswertung des Beweismittels und Erstellung der Berichte die im nationalen Recht jeweils vorgesehenen Verfahrenserfordernisse berücksichtigen, um die Verwertbarkeit der Beweismittel zu ermöglichen.[698] Damit kommen die Verteidigungsrechte, insbesondere der Anspruch auf rechtliches Gehör, das Recht auf Akteneinsicht, das Recht auf anwaltlichen Beistand und der Schutz der Vertraulichkeit des anwaltlichen Schriftverkehrs sowie die Pflicht zur Wahrung vertraulicher Angaben und das Auskunftsverweigerungsrecht wegen der Gefahr der Selbstbelastung zum Tragen.

340 Im Hinblick darauf, dass diese Grundrechte und rechtsstaatlichen **Anforderungen an ein faires Verfahren** zwar allgemein anerkannt und durch die Rechtsprechung des EuGH konkretisiert worden sind, dass aber zentrale Fragen wie z. B. das Auskunftsverweigerungsrecht juristischer Personen, der Umfang des Akteneinsichtsrechts und die Vertraulichkeit des anwaltlichen Schriftverkehrs kontrovers diskutiert werden, wäre eine grundsätzliche Regelung der Anforderungen an ein faires Verfahren sinnvoll gewesen, um eine möglichst umfassende, aber rechtsstaatliche Verwertung der Kontroll- und Überprüfungsberichte in den nationalen Strafverfahren sicherzustellen.

---

[696] Siehe dazu *Böse*, Strafen und Sanktionen im Europäischen Gemeinschaftsrecht, S. 180 ff.; *Dannecker*, ZStW 108 (1996), 577, 608; *Kühl*, ZStW 109 (1997), 777, 789.

[697] ABl. 1996, Nr. L 292 vom 15.11.1996, S. 2.

[698] Näher dazu *Kuhl/Spitzer*, EuZW 1998, 40 ff.; *Nelles*, ZStW 109 (1997), 743 ff.

D. Europäische Zusammenarbeit bei der Kriminalitätsbekämpfung in der EU – Bedeutung der ehemaligen „dritten Säule"

Die Zusammenarbeit zur Kriminalitätsbekämpfung über die Grenzen hinweg[699] erfolgte zunächst in den 1970 er Jahren auf informeller Basis im Rahmen verschiedener **TREVI-Konsultationsgruppen** (Terrorisme, Radicalisme, Extremisme et Violence Internationale) (I.). Als die Binnengrenzen zwischen den Mitgliedstaaten der EG wegfielen und im Zuge des „Übereinkommens betreffend den schrittweisen Abbau der Grenzkontrollen an den gemeinsamen Grenzen" **(Schengener Übereinkommen)** insbesondere keine Personenkontrollen mehr durchgeführt wurden, wurde die grenzüberschreitende Strafverfolgung durch das **SDÜ** verankert (II.).[700] Schließlich wurden Maßnahmen innerhalb der „dritten Säule" der EU, der Polizeilichen und Justiziellen Zusammenarbeit in Strafsachen, getroffen, die über die klassische intergouvernementale Zusammenarbeit hinausgingen und zur Bekämpfung schwerwiegender Formen internationaler Kriminalität erfolgten; hierzu gehört unter anderem die Schaffung von Europol, Eurojust und dem Europäischen Justiziellen Netz (III.).

Mit der grundlegenden Neugestaltung des primären Unionsrechts durch den Vertrag von Lissabon ist nunmehr die „dritte Säule" bestehend aus PJZS und GASP in der Form des Vertrages von Nizza mit der EG zur EU verschmolzen worden. Damit sind die Grundlagen der europäischen Zusammenarbeit in der Kriminalitätsbekämpfung aus Artt. 30 ff. EUV in Artt. 82 ff. AEUV übergesiedelt. Dort sind nun das Prinzip der gegenseitigen Anerkennung (Art. 82 AEUV, ex-Art. 31 EUV), die Bekämpfung von Straftaten mit grenzüberschreitender Wirkung (Art. 83 AEUV, ex-Art. 31 EUV) sowie die polizeiliche Zusammenarbeit (Artt. 87 ff., ex Artt. 30, 32 EUV) geregelt. Dennoch sollen die bisherigen Entwicklungen angesichts ihrer nach wie vor bestehenden Bedeutung hier noch kurz dargestellt werden.

I. Internationale Zusammenarbeit zur Kriminalitätsbekämpfung im Rahmen der Konsultationsgruppen TREVI

Die Innen- und Justizminister der Mitgliedstaaten der damaligen EG beschlossen im Jahre 1976 ein Programm zur Verbesserung der Zusammenarbeit im Bereich der Inneren Sicherheit. Im Hinblick darauf, dass bis zum Vertrag von Maastricht die Europäische Gemeinschaft keine Kompetenz im Bereich der Innen- und Rechtspolitik hatte, wurden auf EG-Ebene lediglich **Konsultationsgruppen und Ausschüsse** gebildet, die die Zusammenarbeit fortentwickeln sollten.

1. Arbeitsgruppen TREVI

Im Bereich der Strafverfolgung war die Notwendigkeit der Bekämpfung des **politischen Terrorismus** in den 1970 er Jahren Anlass für eine engere Zusammenarbeit der Mitgliedstaaten.[701] Der Europäische Rat von Rom reagierte auf die neue Herausforderung durch die Einführung einer informellen, jedoch regelmäßigen Zusammenarbeit der nationalen Behörden in Arbeitsgruppen im Jahre 1975. Ziel dieser Zusammenkünfte war es, Informationen und

---

[699] Vgl. dazu *Händel*, NJW 1992, 2069 ff.; *Hailbronner* (Hrsg.), Zusammenarbeit der Polizei- und Justizverwaltungen in Europa, 1996; *Hertweck*, Kriminalistik 1995, 721 ff.; *Jaeger*, Der Kriminalist 1992, 158 ff.; *Kühne*, Kriminalitätsbekämpfung durch innereuropäische Grenzkontrollen?, 1991; *Sturm*, Kriminalistik 1997, 99 ff.
[700] Zur Entstehungsgeschichte vgl. *Kattau*, Strafverfolgung nach Wegfall der europäischen Grenzkontrollen, 1993, S. 2 ff.
[701] *Gleß/Lüke*, Jura 1998, 70, 71.

Erfahrungen im Hinblick auf die Bekämpfung des politischen Terrorismus zwischen den Staaten auszutauschen und gemeinsame polizeiliche Strategien zu entwickeln.[702]

In der Folgezeit wurde diese Zusammenarbeit in fünf **regelmäßig tagende Gruppen** – TREVI I, II, III, TREVI '92 und die Ad-hoc-Gruppe Europol – umgesetzt, die jedoch nicht in den institutionellen Rahmen der Gemeinschaften eingegliedert waren.

Die Arbeitsgruppe **TREVI I** befasste sich mit allgemeinen Fragen der Terrorismusbekämpfung. **TREVI II** wurde anlässlich der Ereignisse im *Heysel*-Stadion in Brüssel am 29.5.1985 gegründet, bei denen 4540 Personen verletzt und 39 getötet wurden. Aufgabe dieser Gruppe war es, den Informationsaustausch über schwerwiegende Störungen der öffentlichen Ordnung insbesondere im Zusammenhang mit Fußball-Rowdytum auszutauschen. Die Arbeitsfelder wurden später ergänzt durch einen Informationsaustausch und die Zusammenarbeit in den Feldern Polizeiausrüstung, polizeiliche Kommunikation und Informationsverarbeitung, polizeiliche Ausbildung einschließlich Sprachschulung, Polizeitechnik und Kriminaltechnik sowie Polizeiforschung, so dass der Schwerpunkt auf technischem Gebiet lag.

Die Arbeitsgruppe **TREVI III** wurde im Jahre 1985 gegründet, um die Zusammenarbeit bei der Bekämpfung der internationalen organisierten Kriminalität zu verbessern. Ein Arbeitsschwerpunkt lag bei der Bekämpfung des illegalen Rauschgifthandels. Als Untergruppe von TREVI III wurde im Jahre 1990 die Ad-hoc-Arbeitsgruppe „European Drug Intelligence Unit (EDU)" eingerichtet. Aufgabe dieser Untergruppe war zunächst, die Gründung einer supranationalen Stelle zur Bekämpfung der Rauschgiftkriminalität vorzubereiten. Im Jahre 1991 wurde eine Ausweitung des Aufgabenbereichs beschlossen und die Bekämpfung schwerwiegender internationaler Kriminalität einbezogen. Nach einem Beschluss des Europäischen Rats von Essen im Jahre 1994 wurde die Zuständigkeit auf die Bekämpfung des illegalen Handels mit radioaktiven und nuklearen Materialien, der Schleuserkriminalität und der Verschiebung von Kraftfahrzeugen sowie die *„mit diesen Kriminalitätsfeldern zusammenhängende Geldwäsche"* ausgedehnt.[703] Weiterhin wurde die Bekämpfung des Menschenhandels in den Kompetenzkatalog aufgenommen.[704] Dabei war von Anfang an vorgesehen, dass EDU in dem geplanten **Europäischen Polizeiamt** aufgehen sollte, sobald die Mitgliedstaaten ein solches einrichteten.[705]

Von 1988–1992 wurden in einer weiteren Ad-hoc-Arbeitsgruppe **TREVI '92** Ausgleichsmaßnahmen für den Wegfall der Kontrollen an den Binnengrenzen beraten, um Sicherheitsverluste beim Abbau der Binnengrenzen in der EU zu überprüfen.

2. Bedeutung der Arbeitsgruppen TREVI für die intergouvernementale Zusammenarbeit

345 Die Ergebnisse, die im Rahmen der TREVI-Arbeitsgruppen erzielt wurden, gingen als Grundbestand in die Verhandlungen über den Maastricht-Vertrag ein und bildeten die **Grundlage der weiteren Zusammenarbeit im Rahmen der „dritten Säule".**

Auf der Basis des Titel VI des EU-Vertrages wurde die **K 4-Kooperation** fortentwickelt. An der Spitze dieser Kooperation steht der „Rat der Justiz- und Innenminister". Außerdem wurde der „Ausschuss ständiger Vertreter" als EU-Institution eingerichtet, dem die Botschafter der EU-Staaten in Brüssel angehören.

---

[702] *Di Fabio,* DÖV 1997, 89, 96.
[703] ABl. 1995, Nr. L 62 vom 20.3.1995, S. 1.
[704] ABl. 1996, Nr. L 342 vom 31.12.1996, S. 4.
[705] Siehe Rn. 357 ff.

II. Zusammenarbeit im Rahmen der Schengener Abkommen

1. Übereinkommen betreffend den schrittweisen Abbau der Grenzkontrollen an den gemeinsamen Grenzen vom 14.6.1985

Ausgehend von einem durch den Europäischen Rat im Jahre 1984 gefassten Beschluss, dass eine europäische Integration durch den Wegfall der Binnengrenzen zwischen den Mitgliedstaaten erfolgen sollte, wurden die Personenkontrollen an den Binnengrenzen teilweise abgeschafft. Im Jahre 1985 schlossen Frankreich, Deutschland und die Benelux-Staaten in Schengen einen völkerrechtlichen Vertrag **(Schengener Übereinkommen)**, der die Beseitigung aller Binnengrenzen und die gemeinsame Kontrolle der Außengrenzen vorsah (sog. Schengen I).[706]

346

2. Durchführungsübereinkommen vom 19.6.1990 zum Übereinkommen betreffend den schrittweisen Abbau der Grenzkontrollen an den gemeinsamen Grenzen (SDÜ)

Die durch den Wegfall der Binnengrenzkontrollen befürchtete Einbuße an innerer Sicherheit sollte das am 19.6.1990 geschlossene Durchführungsübereinkommen zum Übereinkommen betreffend den schrittweisen Abbau der Grenzkontrollen an den gemeinsamen Grenzen vom 14.6.1985[707] **(Schengener Durchführungsübereinkommen)** ausgleichen. Hierdurch sollte ein Schritt auf dem Weg zum einheitlichen Raum der Sicherheit, der Freiheit und des Rechts erfolgen.

347

Die im SDÜ vorgesehenen Maßnahmen umfassen die polizeiliche Zusammenarbeit zur vorbeugenden Bekämpfung und zur Aufklärung von strafbaren Handlungen (Rn. 348 f.), die Einrichtung einer zentralen Personen- und Objektdatensammlung, das sog. **Schengener Informationssystem** (SIS; Rn. 350 f.), die Vollstreckungszusammenarbeit in Strafsachen, Regelungen über den Strafklageverbrauch, die erleichterte Auslieferung und Übertragung der Vollstreckung von Strafurteilen, die Bekämpfung der Betäubungsmittelkriminalität und die Harmonisierung des Waffenrechts.

a) Polizeiliche Zusammenarbeit (Artt. 39 ff. SDÜ)

Im Rahmen der polizeilichen Zusammenarbeit ist insbesondere die **grenzüberschreitende Observation** (Art. 40 SDÜ) vorgesehen, wonach die Polizei eines Schengen-Staates eine Person auch auf dem Hoheitsgebiet einer anderen Vertragspartei observieren darf, wenn es sich um die Fortsetzung einer Maßnahme handelt, die im Rahmen eines Ermittlungsverfahrens im eigenen Lande wegen Verdachts der Beteiligung an einer auslieferungsfähigen Straftat begonnen wurde. Außerdem muss der Staat, auf dessen Hoheitsgebiet gehandelt werden soll, zuvor um Rechtshilfe ersucht worden sein und diesem Ersuchen zugestimmt haben.

348

Die zweite neue Form polizeilicher Tätigkeit über die Grenzen hinweg ist die sog. **Nacheile** (Art. 41 SDÜ). Sie ist zulässig, wenn eine Person auf frischer Tat betroffen wird oder aus der Haft entflohen ist und die Behörden des Staates, auf dessen Hoheitsgebiet nachgeeilt wird, nicht rechtzeitig informiert werden und deshalb die Verfolgung nicht selbst an der Grenze aufnehmen können.

349

b) Schengener Informationssystem (SIS)

Das Schengener Informationssystem (SIS) ist ein **staatsübergreifendes computergestütztes, polizeiliches Fahndungssystem** im Rahmen des Schengener Durchführungsübereinkommens.[708]

350

---

[706] *Müller-Gugenberger*, in: ders./Bieneck § 5 Rn. 45.
[707] BGBl. 1993 II 1013 ff.
[708] Vgl. auch *Müller-Gugenberger*, in: ders./Bieneck § 5 Rn. 48.

Der Datenverbund durch das SIS (Artt. 92 ff. SDÜ) gliedert sich in eine zentrale elektronische Datenverarbeitungseinheit in Straßburg und in die nationalen Schengener Informationssysteme (vgl. Art. 92 Abs. 1 Satz 1 SDÜ), in denen die gesamten **Fahndungsinformationen in allen Vertragsstaaten** in gleicher Weise verfügbar sind. Das SIS eröffnet den Polizeidienststellen der Schengen-Staaten einen Online-Zugang zu den Datenbeständen der Polizeibehörden der anderen Staaten.[709] Umfasst sind eine Personen- und eine Sachfahndungsdatei (vgl. Art. 94 Abs. 2 SDÜ).

Seit Inkrafttreten des SDÜ gilt der Grundsatz, dass die internationale Fahndung in den Vertragsstaaten grundsätzlich im SIS und nicht mehr über Interpol erfolgt. Eine **Ausschreibung im SIS** nach Art. 95 SDÜ ist einem Ersuchen um vorläufige Festnahme im Sinne des Art. 16 EuAlÜbK[710] gleichgestellt (Art. 64 SDÜ). Dies soll gemäß Art. 9 Abs. 3 RbEuHb künftig auch für einen Europäischen Haftbefehl gelten.[711] Die Verantwortung für die Zuständigkeit der Ausschreibung obliegt in allen Schengen-Staaten der ausschreibenden Justizbehörde, die die Fahndung betreibt. Die Suchbehörde hat gemäß Art. 95 Abs. 2 SDÜ zu prüfen, ob die Festnahme zur Auslieferung nach dem Recht der anderen Schengen-Staaten möglich ist.[712]

351   Bereits seit mehreren Jahren wird an der **Entwicklung einer Nachfolgeversion (SIS II)** gearbeitet, die im Jahr 2007 das SIS ablösen sollte.[713] Denn das SIS war von der Kapazität her ursprünglich nur für 18 Staaten ausgelegt und erreicht aufgrund des erfolgten EU-Beitritts weiterer Länder seine Grenzen. Darüber hinaus war auch die Notwendigkeit einer Überholung der technischen Möglichkeiten Auslöser für die Schaffung des SIS II.[714] Doch bislang gab es offensichtlich so große Sicherheitsbedenken, dass die Einführung des SIS II noch nicht erfolgen konnte.[715]

3. Vergemeinschaftung des Schengenbesitzstandes

352   Dem Schengener Übereinkommen gehören die europäischen Staaten mit Ausnahme von Andorra, Monaco, San Marino und dem Vatikanstaat an. Im Rahmen der Regierungskonferenz von Amsterdam wurde dann beschlossen, den Besitzstand von Schengen in die „dritte Säule" der Europäischen Union zu überführen. Allerdings konnten Großbritannien und Irland weiterhin frei entscheiden, ob und welchen Maßnahmen der Schengener Verträge sie beitreten wollten; derzeit nehmen sie nur an der justiziellen und polizeilichen Zusammenarbeit teil, Grenzkontrollen bestehen aber weiterhin.

---

[709] *Hemesath*, Kriminalistik 1995, 169 ff.
[710] Europäisches Auslieferungsübereinkommen, BGBl. 1976 II 1778 ff.
[711] *Lagodny/Gleß*, in: Schomburg/Lagodny/Gleß/Hackner (Hrsg.), IV, vor Art. 92–119 SDÜ, Rn. 6, 6a; vgl. dazu auch *Dannecker/Reinel*, in: Leitner (Hrsg.), Finanzstrafrecht 2006, 49 ff.
[712] Zu den Fahndungserfolgen vgl. *Wilckesmann*, NStZ 1999, 69.
[713] Hierzu vgl. VO (EG) Nr. 1987/2006 des Europäischen Parlaments und des Rates vom 20. Dezember 2006 über die Einrichtung, den Betrieb und die Nutzung des Schengener Informationssystems der zweiten Generation (SIS II), ABl. L 381 vom 28.12.2006, S. 4–23.
[714] Vgl. Mitteilung der Kommission an den Rat und das Europäische Parlament, Die Entwicklung des Informationssystems Schengen II, KOM (2001) 720 endgültig, S. 3 f.; vgl. auch Mitteilung der Kommission an den Rat und das Europäische Parlament, Entwicklung des Schengener Informationssystems der zweiten Generation (SIS II) und mögliche Synergien mit einem künftigen Visa-Informationssystem (VIS), KOM (2003) 771 endgültig, S. 4 ff. Zur Entstehungsgeschichte insgesamt *Leutheusser-Schnarrenberger*, ZRP 2004, 97 f.; vgl. umfassend auch *Dannecker/Reinel*, in: Leitner (Hrsg.), Finanzstrafrecht 2006, S. 49 ff.
[715] Vgl. Beschluss 2010/261/EU der Kommission vom 4.5.2010 über den Sicherheitsplan für das zentrale SIS II und die Kommunikationsinfrastruktur, ABl. 112 vom 5.5.2010.

4. Prümer Vertrag (Schengen III) und Wiedereinführung von Kontrollen

Mit dem Vertrag über die Vertiefung der grenzüberschreitenden Zusammenarbeit, insbesondere zur Bekämpfung des Terrorismus, der grenzüberschreitenden Kriminalität und der illegalen Migration vom 27.5.2005 (Schengen III) wurde eine Vertiefung der durch das SDÜ erreichten **Zusammenarbeit auf dem Gebiet von Justiz und Polizei** vereinbart. 353

Im Jahr 2010 setzte mit den Revolutionen in Nordafrika ein Flüchtlingsstrom in die Europäische Union über Italien ein. Da Italien sich mit dem Problem, alle einreisenden Flüchtlinge zu versorgen, überfordert sah, begann es Touristenvisa an die Flüchtlinge auszugeben, was zu einer berechtigten Einreise in andere Mitgliedstaaten führten, die darauf zum Teil mit der Wiedereinführung von Grenzkontrollen antworteten.

III. Internationale Kooperation im Rahmen der Polizeilichen und Justiziellen Zusammenarbeit in Strafsachen

1. Einbindung der Kriminalitätsbekämpfung in die „dritte Säule"

In der ersten Hälfte der 1990er Jahre wurden zur Bekämpfung der internationalen organisierten Kriminalität, insbesondere des illegalen Drogenhandels und der Geldwäsche, **grenzüberschreitende Maßnahmen** gefordert, die über das klassische Konzept der intergouvernementalen Zusammenarbeit hinausgingen. Im Vertrag von Maastricht wurde die bereits bestehende informelle Zusammenarbeit bei der Kriminalitätsbekämpfung in die neu geschaffene Zusammenarbeit in den Bereich Justiz und Inneres als dritte Säule der EU eingegliedert, die nunmehr – nach der Umstrukturierung durch den Vertrag von Amsterdam – dem Bereich der Polizeilichen und Justiziellen Zusammenarbeit in Strafsachen entspricht (vgl. Art. 29 EU, nun Art. 67 EUV). 354

Vorgesehen war eine **Zusammenarbeit zur Bekämpfung vielfältiger Kriminalitätsformen.** Im Vordergrund steht dabei die Zusammenarbeit zum einen beim **Schutz von transnationalen und Gemeinschaftsrechtsgütern,** wie dies einerseits die Umwelt und andererseits die finanziellen Interessen der Europäischen Gemeinschaft sind. Zum anderen erstreckte sich die Zusammenarbeit auf die **Verfolgung schwerer Kriminalität** wie etwa organisierte Kriminalität,[716] Betrügereien im internationalen Maßstab, Korruption,[717] Drogenkriminalität,[718] Terrorismus,[719] Bildung einer kriminellen Vereinigung,[720] Menschenhandel,[721] Geldwäsche und Kinderpornographie.[722] Diese Vorgaben sind in Art. 83 AEUV eingeflossen und dort konkretisiert worden.[723] 355

---

[716] Vgl. insbesondere das am 27.3.2000 vom Rat angenommene Dokument „Prävention und Bekämpfung der organisierten Kriminalität – Eine Strategie der Europäischen Union für den Beginn des neuen Jahrtausends", das derzeit politisch maßgeblich ist; ABl. 2000, Nr. C 124 vom 3.5.2000, S. 1 ff.

[717] Näher dazu oben Rn. 52, 95.

[718] Vgl. den Vorschlag für einen Rahmenbeschluss des Rates zur Festlegung von Mindestvorschriften über die Tatbestandsmerkmale strafbarer Handlungen und die Strafen im Bereich des illegalen Drogenhandels; ABl. 2001, Nr. C 304 E vom 30.10.2001, S. 172 ff.

[719] Rahmenbeschluss über die Bekämpfung des Terrorismus, 2002/475/JI, ABl. 2002, Nr. L 164 vom 22.6.2002, S. 3 ff.; zu weiteren Maßnahmen vgl. *Vogel,* GA 2003, 314, 327 m. w. N. Vgl. ferner den Rahmenbeschluss v. 28.11.2008, ABl. EU L 330 v. 8.12.2008, S. 21.

[720] Vgl. die Gemeinsame Maßnahme 98/733/JI des Rates vom 21.12.1998 betreffend die Strafbarkeit der Beteiligung an einer kriminellen Vereinigung in den Mitgliedstaaten der Europäischen Union, ABl. 1998, Nr. L 351 vom 29.12.1998, S. 1.

[721] Rahmenbeschluss zur Bekämpfung des Menschenhandels, 2002/629/JI v. 19.7.2002, ABl. 2002, Nr. L 203 vom 1.8.2002, S. 1 ff.

[722] Rahmenbeschluss zur Bekämpfung der sexuellen Ausbeutung von Kindern und der Kinderpornographie, 2004/68/JI v. 22.12.2003, ABl. EU Nr. L 13 vom 20.1.2004, S. 44 ff. Über diesen Rahmenbeschluss wurde zwischenzeitlich politische Einigung erzielt.

[723] Vgl. auch *Müller-Gugenberger,* in: *ders./Bieneck* § 5 Rn. 128 ff. auch mit einer Übersicht zu den bisherigen Maßnahmen der EU auf dem Gebiet des materiellen Strafrechts.

356 Die **getroffenen Maßnahmen zur Zusammenarbeit bei der Strafverfolgung** betraffen vielfältige Bereiche. Zu nennen sind insbesondere die Rechtshilfe (Rn. 47, 83 ff.) und die Auslieferung (Rn. 46) sowie die Harmonisierung des Strafrechts (Rn. 376 ff.). Insbesondere hat der Rat ein **Netz von Einrichtungen zur direkten Zusammenarbeit zwischen den Mitgliedstaaten und auf Unionsebene** geschaffen. Teils handelt es sich dabei um bloße Organisationsstrukturen, die die Kooperation erleichtern sollen, wie etwa das Europäische **Justitielle Netz,**[724] teils besitzen die Institutionen auch eigene Rechtspersönlichkeit, wie dies bei **Europol** (Art. 88 AUEV, ex-Art. 30 EUV)[725] und **Eurojust** (Art. 85 AEUV, ex-Art. 31 EUV)[726] der Fall ist.

2. Europäisches Polizeiamt (Europol)

357 Die Bestrebungen zur **Errichtung einer Europäischen Kriminalpolizeilichen Zentralstelle** gehen auf eine deutsche Initiative im Rat der Europäischen Union aus dem Jahre 1991 zurück.[727] Im Maastricht-Vertrag über eine Europäische Union vom 7.2.1992 wurde in Art. K.3 EUV die Einrichtung von Europol als Einrichtung für den unionsweiten Informationsaustausch im Rahmen der polizeilichen Zusammenarbeit zur Verhütung und Bekämpfung schwerwiegender Formen der internationalen Kriminalität festgeschrieben.[728] Nachdem im Jahr 1994 mit der **„European Drug Unit"** zunächst eine vorläufige Einrichtung geschaffen worden war,[729] wurde dann am 26.7.1995 das Übereinkommen aufgrund von Art. K.3 des Vertrages über die Europäische Union über die Einrichtung eines Europäischen Polizeiamtes **(Europol-Übereinkommen)** geschlossen, das am 1.10.1998 in Kraft trat.[730] Der deutsche Vertragsgesetzentwurf wurde im Dezember 1996 dem Parlament zugeleitet und am 10.10. 1997 vom Bundestag sowie am 7.11.1997 vom Bundesrat verabschiedet.[731] Nach Abschluss des mit Verzögerungen behafteten Ratifizierungsverfahrens[732] in allen Mitgliedstaaten hat Europol am 1.7.1999 seine Arbeit aufgenommen.[733]

358 Gemäß Art. 26 Abs. 1 des Europol-Übereinkommens war Europol eine mit **eigener Rechtspersönlichkeit** ausgestattete Einrichtung der Europäischen Union, die ihren Sitz in Den Haag[734] hatte (Art. 37 Europol-Übereinkommen).

Die **Organisation** verfügte über eigene Bedienstete sowie von den nationalen Behörden abgeordnete Verbindungsbeamte.[735] Für die Erfüllung der Europol übertragenen Aufgaben, der laufenden Verwaltung und der Personalverwaltung war der Direktor, der vom Europäischen Rat für die Dauer von vier Jahren einstimmig ernannt wird (Art. 29 Europol-Übereinkommen); Grundsatzfragen werden hingegen vom Verwaltungsrat entschieden. Dieser besteht aus einem Vertreter je Mitgliedstaat, der jeweils über eine Stimme verfügt (Art. 28

---

[724] Näher dazu unten Rn. 368 ff.
[725] Näher dazu unten Rn. 357 ff.
[726] Näher dazu unten Rn. 364 ff.
[727] *Gleß*, NStZ 2001, 623; zur Geschichte vgl. auch *Esser*, Europäisches und Internationales Strafrecht, § 3 Rn. 32 ff.
[728] Vgl. *Müller-Gugenberger*, in: ders./*Bieneck* § 5 Rn. 140 ff.
[729] Vgl. die Ministervereinbarung vom 2.6.1993 sowie die Gemeinsame Maßnahme GM 95/73/JI vom 10.3.1995, ABl. 1995, L 62 vom 20.3.1995, S. 1 ff.
[730] ABl. 1995, Nr. C 316 vom 27.11.1995, S. 1, 2 ff.; einen kurzen Überblick zu Europol geben *Albrecht/Braum*, KritV 2001, 312, 342 ff.; *Jung*, in: *Bauer, H.-J.* (Hrsg.) Felder der Rechtsentwicklung, S. 119, 138 f.
[731] Vgl. dazu *Hirsch*, ZRP 1998, 10.
[732] Vgl. *Wachholz*, Kriminalistik 1995, 715.
[733] *Tolmein*, StV 1999, 108.
[734] Einvernehmlicher Beschluss der auf Ebene der Staats- und Regierungschefs vereinigten Vertreter der Regierungen der Mitgliedstaaten über die Festlegung des Sitzes bestimmter Einrichtungen und Dienststellen der Europäischen Gemeinschaften sowie des Sitzes von Europol, ABl. 1993, Nr. C 323 vom 30.11.1993, S. 1 ff.
[735] *Gleß*, NStZ 2001, 623.

D. Europäische Zusammenarbeit

Europol-Übereinkommen). Weitere Organe waren der Finanzkontrolleur und der Haushaltsausschuss (Art. 27 Europol-Übereinkommen).

Seit dem 1.1.2010 ist Europol eine **Agentur der Europäischen Union**. Der Rat der Europäischen Union hat am 6.4.2009 den Beschluss zur Errichtung des Europäischen Polizeiamtes (Europol) (2009/371/JI)[736] auf der Grundlage von ex-Art. 30 Abs. 1 lit. b, Abs. 2 und ex-Art. 34 Abs. 2 lit. c EUV (nun Art. 88 AEUV) gefasst, insbesondere um die Anpassung der Rechtsgrundlagen für Europol zu vereinfachen, die bis dahin von einer Änderung des Europol-Übereinkommens abhing. Mit der Auflösung der dritten Säule verlieren diese Rechtsgrundlagen des Europol-Beschlusses aber nicht ihre Wirksamkeit, sondern gelten fünf Jahre nach dem Inkrafttreten des Beschlusses fort (Artt. 9, 10 des Protokolls Nr. 36). Die rechtlichen Rahmenbedingungen für die Bestimmung der Aufgaben von Europol finden sich ferner im Primärrecht (Art. 88 AEUV) wieder. 359

Die **Ziele von Europol** ergaben sich bereits aus Art. 2 des Europol-Übereinkommens und finden sich nun im Wesentlichen in Art. 88 AEUV wieder. Hiernach soll die Leistungsfähigkeit und die Zusammenarbeit der für die **Verhütung und Bekämpfung** des Terrorismus, des illegalen Drogenhandels und sonstiger **schwerwiegender Formen der internationalen Kriminalität** zuständigen Behörden der Mitgliedstaaten verbessert werden, sofern Anhaltspunkte für eine kriminelle Organisationsstruktur vorliegen und von den genannten Kriminalitätsformen zwei oder mehr Mitgliedstaaten in einer Weise betroffen sind, die ein gemeinsames Vorgehen erfordert. Nachdem die **Zuständigkeit** von Europol zunächst auf die Bereiche des illegalen Drogenhandels, des illegalen Handels mit nuklearen und radioaktiven Substanzen, der Schleuserkriminalität, des Menschenhandels und der Kraftfahrzeugkriminalität beschränkt war, wurde sie in den Folgejahren zunächst auf alle Formen der Geldwäsche[737] sowie auf Straftaten im Rahmen terroristischer Handlungen[738] und später auf alle im Anhang zum Europol-Übereinkommen aufgeführten schwerwiegenden Formen der internationalen Kriminalität[739] erstreckt; dies deckt sich mit der Aufgabenbestimmung in Art. 88 Abs. 1 AEUV. Damit unterfallen der Zuständigkeit von Europol nunmehr auch **schwerwiegende Fälle von Straftaten gegen Leben, körperliche Unversehrtheit und Freiheit, Straftaten gegen fremdes Vermögen und staatliches Eigentum sowie Betrug, illegaler Handel und Straftaten gegen die Umwelt sowie von mit solchen Delikten in Zusammenhang stehenden Straftaten.**[740] 360

Die **Aufgaben** Europols liegen in der **Sammlung, Analyse und Weitergabe von Daten** zu den im Europol-Beschluss (Art. 4) und Art. 88 AEUV näher bestimmten Straftaten.[741] Im Mittelpunkt stehen der polizeiliche Informationsaustausch und die Verbrechensanalyse (Art. 5 Europol-Beschluss).[742] Grundlage dafür sind ein automatisiert geführtes Informationssystem 361

---

[736] ABl. L 121/37.

[737] Durch Rechtsakt des Rates vom 30.11.2000 über das Protokoll erstellt aufgrund von Artikel 43 Absatz 1 des Übereinkommens über die Errichtung eines Europäischen Polizeiamts (Europol-Übereinkommen) zur Änderung von Artikel 2 und des Anhangs jenes des Übereinkommens – Erklärung, ABl. 2000, Nr. C 358 vom 13.12.2000, S. 1, 2 ff.

[738] Vgl. Art. 2 Abs. 2 UAbs. 2 des Europol-Übereinkommens.

[739] Beschluss des Rates vom 6. Dezember 2001 zur Ausweitung des Mandats von Europol auf die im Anhang zum Europol-Übereinkommen aufgeführten schwerwiegenden Formen internationaler Kriminalität, ABl. 2001, Nr. C 362 vom 18.12.2001, S. 1 mit Erläuterung, ABl. 2001, Nr. C 362 vom 18.12.2001, S. 2. Beachte auch die Änderung des Anhangs durch das Protokoll, erstellt aufgrund von Artikel 43 Absatz 1 des Übereinkommens über die Errichtung eines Europäischen Polizeiamts (Europol-Übereinkommen) zur Änderung von Artikel 2 und des Anhangs jenes des Übereinkommens – Erklärung, ABl. 2000, Nr. C 358 vom 13.12.2000, S. 2 ff.

[740] Vgl. den Anhang zum Europol-Übereinkommen, ABl. 1995, Nr. C 316 vom 27.11.1995, S. 2, 32 sowie das Protokoll erstellt aufgrund von Artikel 43 Absatz 1 des Übereinkommens über die Errichtung eines Europäischen Polizeiamts (Europol-Übereinkommen) zur Änderung von Artikel 2 und des Anhangs jenes des Übereinkommens, ABl. 2000, Nr. C 358 vom 13.12.2000, S. 2 ff.

[741] *Fisahn*, KJ 1998, 358, 362; *Bank/Krisch*, in: Gleß/Grote/Heine (Hrsg.), Justitielle Einbindung und Kontrolle von Europol, Bd. 2, 2001, S. 7, 15.

[742] *Gleß/Lüke,* Jura 1998, 70, 77.

(vgl. Artt. 10 ff. Europol-Beschluss) und die Zusammenarbeit zwischen Polizeibeamten der unterschiedlichen Mitgliedstaaten. Im Informationssystem sind Daten über Personen enthalten, die einer Straftat im Zuständigkeitsbereich von Europol verdächtig bzw. wegen einer solchen Tat verurteilt sind oder bei denen die Gefahr der Begehung einer solchen Straftat besteht (Art. 8 Europol-Übereinkommen). Jedoch ist bislang nur ein vorläufiges Informationssystem installiert. Mit Hilfe von Europol sollen Spezialkenntnisse der nationalen Ermittlungsbehörden vertieft, Beratungen angeboten, strategische Erkenntnisse übermittelt und Gesamtberichte über den Stand der Arbeit verfasst werden. Darüber hinaus sollen die Mitgliedstaaten durch Beratungen und Forschung auf den Gebieten der Fortbildung ihrer Bediensteten, der Organisation und der materiellen Ausstattung unterstützt werden.

362 Nach den Beschlüssen der **Amsterdamer Regierungskonferenz** zur **Fortentwicklung von Europol** sollte der Rat gemäß Art. 30 Abs. 2 lit. a EUV innerhalb von 5 Jahren nach Inkrafttreten die Rolle von Europol weiter stärken. So war beabsichtigt, den Europol-Beamten weitere Befugnisse einzuräumen, insbesondere soll die Möglichkeit geschaffen werden, Ermittlungsmaßnahmen nationaler Behörden und operative Maßnahmen gemeinsamer Teams der Mitgliedstaaten zu unterstützen.[743] Nach Art. 30 Abs. 2 lit. b EUV sollte sich Europol an die zuständigen Behörden der Mitgliedstaaten mit dem Ersuchen wenden können, Ermittlungen in speziellen Fällen vorzunehmen und zu koordinieren.

363 Auf Initiative Dänemarks erging schließlich – gestützt auf Art. 43 Europol-Übereinkommen – am 27.11.2003 ein **Rechtsakt des Rates zur Erstellung eines Protokolls**,[744] um die in Art. 30 Abs. 2 EU verankerten Forderungen umzusetzen. Das Protokoll beinhaltet maßgebliche Änderungen des Europol-Übereinkommens und wird den Mitgliedstaaten zur Annahme gemäß ihren verfassungsrechtlichen Vorschriften empfohlen.[745] Diese Entwicklungen wurden durch den Lissabon-Vertrag überholt.

3. Eurojust

364 Am 28.2.2002 hat der Rat der Europäischen Union den **Beschluss über die Einrichtung von Eurojust zur Verstärkung der Bekämpfung der schweren Kriminalität**[746] angenommen, der am 6.3.2002 wirksam geworden ist (vgl. Art. 43 Beschluss 2002/187/JI).[747] Die Einrichtung einer solchen Stelle war nach den Schlussfolgerungen des Europäischen Rates von *Tampere*[748] im Vertrag von Nizza[749] vorgesehen worden. Der Rat hatte bereits mit Entscheidung vom 14.12.2000 eine vorläufige Stelle („Pro-Eurojust") eingerichtet,[750] die am 1.3.2001 ihre Arbeit aufnahm und zum 6.3.2002 durch Eurojust ersetzt wurde.[751]

365 Eurojust ist eine **mit eigener Rechtspersönlichkeit** ausgestattete Einrichtung der Europäischen Union (vgl. Art. 1 Beschluss 2002/187/JI). Sie setzt sich zusammen aus je einem Mitglied eines jeden Mitgliedstaates, das von diesem entsandt wird und die Eigenschaft eines Staatsanwalts, Richters oder Polizeibeamten mit gleichwertigen Funktionen besitzt (vgl. Art. 2 Abs. 1 Beschluss 2002/187/JI).

Mit seiner Tätigkeit verfolgt Eurojust das **Ziel der Förderung und Verbesserung der Koordinierung der Ermittlungen** und Strafverfolgungsmaßnahmen in den verschiedenen

---

[743] Vgl. auch die Empfehlung des Rates vom 30.11.2000, ABl. 2000, Nr. C 357 vom 13.12.2000, S. 7 f. Kritisch hierzu *Tolmein*, StV 1999, 108, 113.
[744] Protokoll aufgrund von Artikel 43 Absatz 1 des Übereinkommens über die Errichtung eines Europäischen Polizeiamts (Europol-Übereinkommen) zur Änderung dieses Übereinkommens, Abl. v. 6.1.2004 Nr. C 2/3.
[745] Vgl. ABl. 2004, Nr. C 2 vom 6.1.2004, S. 1.
[746] ABl. 2002, Nr. L 63 vom 6.3.2002, S. 1 ff.
[747] Vgl. auch *Müller-Gugenberger*, in: *ders./Bieneck* § 5 Rn. 164 ff.
[748] Schlussfolgerungen des Vorsitzes – Europäischer Rat (Tampere) 15. und 16. Oktober 1999, 200/1/99, Tz. 46.
[749] Geänderter Artikel 29 und 31 EU, ABl. 2000, Nr. C 80 vom 10.3.2001, S. 1, 9 f.
[750] ABl. 2000, Nr. L 324 vom 21.12.2000, S. 2.
[751] Vgl. Art. 43 RB 2002/187/JI.

D. Europäische Zusammenarbeit

Mitgliedstaaten (Art. 3 Abs. 1 lit. a Beschluss 2002/187/JI), der **Verbesserung der Zusammenarbeit** zwischen den Behörden der Mitgliedstaaten, insbesondere durch die Erleichterung der internationalen Rechtshilfe und der Erledigung von Auslieferungsersuchen (Art. 3 Abs. 1 lit. b Beschluss 2002/187/JI) und der **anderweitigen Unterstützung** der zuständigen Behörden der Mitgliedstaaten mit dem Ziel, die Wirksamkeit ihrer Ermittlungen und Strafverfolgungsmaßnahmen zu erhöhen (Art. 3 Abs. 1 lit. c Beschluss 2002/187/JI).

Der allgemeine **Zuständigkeitsbereich** von Eurojust erstreckt sich auf die Kriminalitätsformen, die nach Art. 2 des Europol-Übereinkommens vom 26.7.1995 zum jeweiligen Zeitpunkt in die Zuständigkeit von Europol fallen, auf **Computerkriminalität, Betrug** und **Korruption** sowie auf alle Straftaten, die die **finanziellen Interessen der Europäischen Gemeinschaften** berühren, auf das **Waschen von Erträgen aus Straftaten**, auf die Umweltkriminalität, die Beteiligung an einer dem Anwendungsbereich der betreffenden Gemeinsamen Maßnahme der EU-Mitgliedstaaten[752] unterfallenden kriminellen Vereinigung sowie auf alle Straftaten, die zusammen mit den genannten Kriminalitätsformen und Straftaten begangen worden sind (Art. 4 Abs. 1 Beschluss 2002/187/JI). Auf Antrag kann Eurojust auch bei anderen Straftaten ergänzend gemäß seinen Zielen Unterstützung leisten (Art. 4 Abs. 2 Beschluss 2002/187/JI). 366

Für das Tätigwerden von Eurojust sind grundsätzlich **zwei verschiedene Handlungsformen** vorgesehen: zum einen die Wahrnehmung der Aufgaben von Eurojust durch seine nationalen Mitglieder (Art. 5 Abs. 1 lit. a i. V. m. Art. 6 Beschluss 2002/187/JI), zum anderen ein Tätigwerden als Kollegium (Art. 5 Abs. 1 lit. b i. V. m. Art. 7 Beschluss 2002/187/JI). Grundsätzlich obliegt es Eurojust nach diesen Vorschriften unter anderem, den zuständigen nationalen Ermittlungsbehörden die Vornahme bestimmter Ermittlungshandlungen vorzuschlagen, eine wechselseitige Unterrichtung der beteiligten Behörden zu gewährleisten, Unterstützung bei der Koordination der Ermittlungsmaßnahmen zu leisten, Rechtshilfeersuchen zu übermitteln und die Ermittlung mit dem Europäischen Justitiellen Netz abzustimmen. Letzteres umfasst insbesondere auch die Inanspruchnahme und Vervollständigung der dortigen Dokumentationsdatensammlung. Als Gremium kann es darüber hinaus Europol Beistand leisten, insbesondere durch Abgabe von Gutachten auf der Grundlage der von Europol vorgenommenen Analysen. Bei seiner Tätigkeit arbeitet Eurojust eng mit Europol zusammen (Art. 26 RB 2002/187/JI). 367

Die Regelungen über Eurojust waren zwar bereits in ex-Art. 31 Abs. 2 EUV rudimentär im Primärrecht enthalten, sind aber nunmehr durch Art. 85 AEUV konkretisiert worden. Dort sind in Absatz 2 nun Einzelheiten über die zu bestimmenden Rahmenbedingungen für Eurojust enthalten.

4. Europäisches Justitielles Netz (EJN)

Der Rat der Europäischen Union hat am 29.6.1998 die **Gemeinsame Maßnahme zur Einrichtung eines Europäischen Justitiellen Netzes (EJN)** angenommen, die gemäß ihrem Art. 13 am 8.8.1998 in Kraft getreten ist.[753] Das EJN setzt sich aus den für die internationale justitielle Zusammenarbeit zuständigen nationalen Behörden als Vertreter der Mitgliedstaaten zusammen und schafft ein **Netz von Kontaktstellen zwischen den Mitgliedstaaten.** Diese Kontaktstellen haben die Aufgabe, **als aktive Vermittler für die Herstellung möglichst zweckdienlicher Direktkontakte** bei der justitiellen Zusammenarbeit zwischen den Mitgliedstaaten, insbesondere bei der Verfolgung schwerer Kriminalität, zu dienen (Art. 4 Abs. 1 Gemeinsame Maßnahme 298/428/JI), die dafür notwendigen Informationen über die Behördenstruktur ihres Landes und die Kontaktstellen der anderen Mitgliedstaaten bereitzustellen (Art. 4 Abs. 2 Gemeinsame Maßnahme 98/428/JI) und die notwendige Koordination bei mehreren Anträgen auf Zusammenarbeit aus ihrem Mitgliedstaat 368

---

[752] Gemeinsame Maßnahme 98/733/JI des Rates vom 21.12.1998 betreffend die Beteiligung an einer kriminellen Vereinigung in den Mitgliedstaaten der Europäischen Union, ABl. 1998, Nr. L 351 vom 29.12.1998, S. 1.
[753] Vgl. auch *Müller-Gugenberger*, in: *ders./Bieneck* § 5 Rn. 144 ff.

gegenüber einem anderen Mitgliedstaat zu leisten (Art. 4 Abs. 3 Gemeinsame Maßnahme 98/428/JI). Die dafür notwendigen Informationen stellen sich die Kontaktstellen gegenseitig über ein Telekommunikationsnetz zur Verfügung, das ständig zu aktualisieren ist (Art. 3 lit. c Gemeinsame Maßnahme 98/428/JI). Zudem finden regelmäßige Sitzungen der Vertreter der Mitgliedstaaten statt, die den Kontaktstellen einen Erfahrungsaustausch ermöglichen und die Möglichkeit zur Erörterung von praktischen und rechtlichen Problemen bieten sollen (Artt. 3 lit. b, 5 Gemeinsame Maßnahme 98/428/JI). Aufgrund des Informationsaustausches haben die Kontaktstellen **ständig Zugang zu folgenden Informationen:** den vollständigen Angaben über **Kontaktstellen** in jedem Mitgliedstaat und deren Zuständigkeit (Art. 8 Nr. 1 Gemeinsame Maßnahme 98/428/JI), einer vereinfachten Liste der Justizbehörden und einem Verzeichnis der örtlichen Behörden jedes Mitgliedstaates (Art. 8 Nr. 2 Gemeinsame Maßnahme 98/428/JI), kurzgefassten rechtlichen und praktischen Informationen über das **Gerichtswesen und die Verfahrenspraxis** in den Mitgliedstaaten (Art. 8 Nr. 3 Gemeinsame Maßnahme 98/428/JI), Texten der **einschlägigen Rechtsinstrumente** und – bei in Kraft befindlichen Übereinkommen – den Wortlaut etwaiger Erklärungen und Vorbehalte (Art. 8 Nr. 4 98/428/JI). Während also die oben dargestellte Einrichtung Eurojust den Zweck verfolgt, im konkreten Ermittlungsfall die tatsächliche Zusammenarbeit der Mitgliedstaaten zu erleichtern und zu einer gut funktionierenden Koordinierung der Strafverfolgung bei schweren Verbrechen beizutragen, dient das Europäische Justitielle Netz in erster Linie der Verbreitung der für die bilaterale Zusammenarbeit erforderlichen Informationen über Zuständigkeiten, anwendbare Rechtsvorschriften und Verfahren.[754]

369 Im Vertrag über die Arbeitsweise der EU ist das Europäische Justitielle Netzwerk in Art. 85 Abs. 2 UAbs. 2 S. 2 lit. c im Zusammenhang mit einer fakultativen Beschreibung der Aufgaben von Eurojust erwähnt. Danach kann es eine gemäß Art. 85 Abs. 2 S. 1 AEUV im ordentlichen Gesetzgebungsverfahren festzulegende Aufgabe von Eurojust sein, die justizielle Zusammenarbeit durch eine enge Kooperation mit dem Europäischen Justitiellen Netzwerk zu verstärken.

E. Beteiligung des EuGH bei der Anwendung des europarechtlich determinierten Straf- und Strafverfahrensrechts

370 Der Rechtsschutz in der Europäischen Union wird von den Auswirkungen der europarechtlichen Vorgaben auf das nationale Straf- und Strafverfahrensrecht maßgeblich geprägt.[755] Dabei ist zu unterscheiden zwischen der Beteiligung des EuGH bei der Anwendung des auf Vorgaben des supranationalen Unionsrechts beruhenden materiellen Strafrechts bzw. des Strafverfahrensrechts einerseits und der Beteiligung bei der Anwendung der auf intergouvernementalen Rechtsakten der Polizeilichen und Justitiellen Zusammenarbeit in Strafsachen gründenden materiellen Straftatbestände bzw. Strafverfahrensregelungen andererseits.

I. Rechtsschutz durch den EuGH zur Sicherstellung der Vorgaben des Unions- und Gemeinschaftsrechts

371 Im Bereich des supranationalen Gemeinschaftsrechts ist es Aufgabe des EuGH, das Recht bei der Auslegung und Anwendung der Gemeinschaftsverträge zu wahren (Art. 19 EUV, ex-Art. 220 EG, Art. 136 EAG). Mit dieser Aufgabenzuweisung soll das Ziel erreicht werden, die Rechtseinheit und die gleichmäßige Anwendung des Gemeinschaftsrechts in den Mitgliedstaaten zu gewährleisten.[756] Maßstab der Entscheidungen des EuGH ist das „Recht" i. S. d. Art. 19 EUV (ex-Art. 220 EG), 136 EAG. Dieser Begriff umfasst sowohl das primäre

---

[754] Vgl. auch *Schünemann*, GA 2002, 501, 506 f.; *Albrecht/Braum*, KritV 2001, 312, 345 f.; *von Bubnoff*, ZEuS 2002, 186, 204 ff.; *Jung*, in: *Bauer, H.-J.* (Hrsg.), Felder der Rechtsentwicklung, S. 119, 139 f.
[755] *Dannecker*, in: *Rengeling* (Hrsg.), Handbuch des Rechtsschutzes in der Europäischen Union, Rn. 34.
[756] Vgl. *Geiger*, EUV/AEUV, Art. 19 Rn. 7.

F. Ausblick

als auch das sekundäre Gemeinschaftsrecht sowie die in der Union geltenden allgemeinen Rechtsgrundsätze.[757] Der **EuGH** hat deshalb grundsätzlich das **Monopol zur Auslegung des gesamten Unionsrechts und zur Überprüfung der Gültigkeit von Rechtsakten der Gemeinschaft bzw. der Union.**[758]

Noch nicht entschieden ist in diesem Zusammenhang allerdings die Frage, inwieweit dem EuGH das Entscheidungsmonopol im Hinblick auf in das Unionsrecht inkorporiertes Recht der EMRK zusteht. Nach Art. 6 Abs. 3 EUV sind die Grundrechte, wie sie in der Europäischen Konvention der Menschenrechte gewährleistet sind und wie sie sich aus den gemeinsamen Verfassungsüberlieferungen der Mitgliedstaaten ergeben, als allgemeine Grundsätze Teil des Unionsrechts. Damit stellt sich die Frage, ob bezüglich dieser Rechte aus der EMRK, soweit sie in das Unionsrecht einbezogen sind, die Auslegungshoheit beim EGMR oder beim EUGH liegt.

Bestehen im Rahmen eines nationalen Strafverfahrens Zweifel an der Vereinbarkeit einer nationalen Norm des Straf- oder Strafverfahrensrechts mit dem Gemeinschaftsrecht oder an der Gültigkeit einer gemeinschaftsrechtlichen Bestimmung, so kann hierüber nur der EuGH entscheiden. Dieses Auslegungs- und Verwerfungsmonopol wird durch das **Vorabentscheidungsverfahren nach Art. 267 AEUV (ex-Art. 234 EG)** gesichert.[759] Gleichzeitig gewährleistet das Vorabentscheidungsverfahren auch einen Individualrechtsschutz,[760] dem gerade auf dem Gebiet des Strafrechts besondere Bedeutung zukommt.[761]

II. Rechtsschutz durch den EuGH im intergouvernementalen Bereich

Der Rechtsschutz im Bereich der Polizeilichen und Justiziellen Zusammenarbeit in Strafsachen und im Zusammenhang mit der auf dieser Grundlage erlassenen Rechtsakte wird durch die Einbeziehung in das Primärrecht nunmehr auch unmittelbar von den primärvertraglichen Zuständigkeiten des EuGH im supranationalen Bereich umfasst. Diese Entscheidungskompetenz wurde bislang noch über die Spezialregelung des **Art. 35 EU** hergestellt, mittels derer die Gerichtsbarkeit des EuGH auch auf dieses Gebiet ausgedehnt wurde. Dies ist durch die Überführung der Regelungen in das Primärrecht zumindest soweit überflüssig geworden, wie es nach dem AEUV ergangene Regelungen betrifft. In diesem Zusammenhang ist jedoch die Regelung des Art. 276 AEUV (ex-Art. 35 Abs. 5 EUV) zu beachten, nach der der EUGH bei der *„Ausübung seiner Befugnisse im Rahmen der Bestimmungen… über den Raum der Freiheit, der Sicherheit und des Rechts …"* für die Überprüfung der *„Gültigkeit oder Verhältnismäßigkeit von Maßnahmen der Polizei oder anderer Strafverfolgungsbehörden eines Mitgliedstaats oder der Wahrnehmung der Zuständigkeiten der Mitgliedstaaten für die Aufrechterhaltung der öffentlichen Ordnung und den Schutz der inneren Sicherheit"* nicht zuständig ist.

F. Ausblick

Im Rahmen der Europäischen Union wird die Notwendigkeit einer Harmonisierung der nationalen Rechtsordnungen in immer größerem Maße offensichtlich. Aus diesem Grund ist zu

---

[757] Vgl. *Geiger*, EUV/EGV, Art. 220 Rn. 18; *Streinz*, Europarecht, Rn. 330.
[758] Vgl. *Geiger*, EUV/EGV, Art. 220 Rn. 7; *Dannecker*, in: *Rengeling* (Hrsg.), Handbuch des Rechtsschutzes in der Europäischen Union, Rn. 34; *Schweitzer/Hummer*, Europarecht, Rn. 520; *Müller-Gugenberger*, in: *ders./Bieneck* § 5 Rn. 70. Zur Rolle des EuGH bei der Wahrung von Grundrechten von Unternehmen im europäischen Rechtsraum vgl. *Hilf/Hörnemann*, NJW 2003, 1, 2 f., 5 ff.
[759] Vgl. zum Vorabentscheidungsverfahren in Strafverfahren ausführlich *Dannecker*, in: *Rengeling* (Hrsg.), Handbuch des Rechtsschutzes in der Europäischen Union, Rn. 34.
[760] *Dauses*, Das Vorabentscheidungsverfahren nach Art. 177 EG-Vertrag, S. 48; *Huber*, Recht der Europäischen Integration, § 20 Rn. 5; *Dannecker*, in: *Rengeling* (Hrsg.), Handbuch des Rechtsschutzes in der Europäischen Union, Rn. 34.
[761] Zu Einzelheiten im Hinblick auf das Vorabentscheidungsverfahren speziell in Zusammenhang mit einem Strafverfahren vgl. 1. Auflage Kapitel 2, Rn. 240–251.

erwarten, dass die bereits erfolgte **Angleichung des Wirtschafts- und Umweltstrafrechts** konsequent fortgeführt werden wird (I.). Daneben bilden die unionsrechtlichen Aktivitäten **zum Schutz der finanziellen Interessen der Europäischen Union** durch Einführung einer gemeinschaftsweit gleichmäßigen und effektiven Strafverfolgung unter Beteiligung einer Europäischen Staatsanwaltschaft einen weiteren Schwerpunkt der rechtspolitischen Entwicklung (II.). In der Wissenschaft erarbeitete **Vorschläge zu einem Europäischen Wirtschaftsstrafrecht** gründen hingegen nicht auf konkreten Planungen der Europäischen Union (III.). Die Einführung eines **europäischen Modellstrafrechts**[762] wird gegenwärtig nicht weiter verfolgt (IV.). Vielmehr empfiehlt sich eine **Annäherung der nationalen Strafrechtsordnungen** unter Berücksichtigung der Vorgaben internationaler Organisationen (V.). Mit dem Lissabon-Vertrag bieten sich der EU weitreichende Befugnisse, eine derartige **Harmonisierung** effektiv durchzuführen (VI.).

I. Bereichsspezifische Harmonisierung des Strafrechts

376 Im Hinblick auf die erheblichen politischen Schwierigkeiten bei der Übertragung und Ausgestaltung von strafrechtlichen Kompetenzen auf die EG und die Zurückhaltung bezüglich der Bereitschaft zur Strafrechtsharmonisierung,[763] die vor allem auch aus dem Sondercharakter des Strafrechts als Inbegriff nationaler Souveränität herrührt, waren zunächst keine umfassenden Veränderungen auf dem Gebiet des EG-Strafrechts zu erwarten,[764] denn eine solche Harmonisierung setzt die Schaffung bzw. Ausweitung entsprechender primärrechtlicher Ermächtigungen voraus. Allerdings hat das Urteil des EuGH zum Umweltrahmenbeschluss diesbezüglich zur Erweiterung der Kompetenzen der Kommission geführt, so dass zunehmend mit strafrechtlichen Vorgaben der EU zu rechnen sein wird. Hier zeichnet sich insbesondere die Tendenz ab, **einheitliche Lösungsvorschläge** für den Bereich des Wirtschaftsstrafrechts zu erarbeiten.[765] Die Einräumung der Kompetenz zur Strafrechtssatzung hat zusätzliche Impulse zu einer Europäisierung des Strafrechts gegeben. Dennoch kommt erst in jüngster Zeit etwas Bewegung in die strafrechtliche Harmonisierung.

1. Notwendigkeit einer Vereinheitlichung des Wirtschaftsstrafrechts

377 Als Prinzipien, die für eine Vereinheitlichung der Straftatbestände sprechen, werden die Rechtssicherheit, der Gleichheitssatz und die Gerechtigkeit[766] sowie die identitätsbildende Wirkung des Strafrechts[767] genannt. Weiterhin muss die Vorhersehbarkeit gewährleistet sein. Diesbezüglich wird hervorgehoben, dass der europäische Bürger bei grenzüberschreitender Tätigkeit aufgrund der Anwendbarkeit einer Vielzahl von nationalen Blankettverweisungen die Rechtslage nicht mehr vorhersehen kann und deshalb bei detaillierten Marktregelungen des Wirtschaftsstrafrechts schnell den Überblick verliert.[768] Es sei aus verfassungs- und menschenrechtlichen Gründen angebracht, **Rechtssicherheit, -klarheit und -bestimmtheit** zu schaffen.[769]

378 Einen weiteren Anlass, die Strafrechtsordnungen der Mitgliedstaaten zu vereinheitlichen, bildet das Phänomen der **internationalen Kriminalität**. Die Öffnung der Binnenmarktgrenzen einerseits und die nationale Begrenztheit der Strafverfolgungssysteme andererseits erweist sich bei der Aufrechterhaltung der bisherigen Rechtsordnungen als schwierig. Maßnahmen auf ausschließlich nationaler Ebene, wie die Erstreckung des eigenen Rechts über das

---

[762] *Sieber*, JZ 1997, 369 ff.
[763] *Weigend*, ZStW 105 (1993), 774, 785; *Rüter*, ZStW 105 (1993), 30, 44.
[764] *Dannecker*, Jura 1998, 79, 87; vgl. auch *Schomburg*, DRiZ 1999, 107, 111.
[765] Vgl. dazu bereits *Heger*, JZ 2006, 310, 311.
[766] *Sieber*, ZStW 103 (1991), 957, 975; *ders.*, JZ 1997, 369, 374.
[767] *Sieber*, ZStW 103 (1991), 957, 978; *Zuleeg*, JZ 1992, 761, 763.
[768] *Sieber*, JZ 1997, 369, 374.
[769] *Vogel*, JZ 1995, 331, 333; *Zuleeg*, JZ 1992, 761, 774.

F. Ausblick

Territorialitätsprinzip hinaus aufs Ausland, bieten keinen hinreichenden Schutz gegen die internationale Kriminalität.

Neben diesen allgemeinen Gründen für eine Strafrechtsangleichung gibt es weitere Gesichtspunkte, die sich aus den Besonderheiten des Strafrechts ergeben. So ist der **Schutz supranationaler Rechtsgüter,** insbesondere der Finanzinteressen der EU, erforderlich. Weiterhin zeigt sich die Problematik bei der Verletzung unionsrechtlicher Normen. Wenn Verstöße in einem Mitgliedstaat strenger als in einem anderen geahndet werden, steht zu befürchten, dass die verbotene Tätigkeit in das Land verlagert wird, in dem keine oder mildere Sanktionen verhängt werden. Dadurch entstehen **Wettbewerbsverzerrungen.**[770] Aus diesem Grunde sowie wegen der Gefahr, dass sich „Kriminalitätsoasen" bilden und sog. *forum shopping* betrieben wird, ist ein einheitlicher Schutz supranationaler Rechtsgüter unabdingbar.

379

Kurz- und mittelfristig ist es deshalb aus den dargestellten Gründen erforderlich, die Straf- und Bußgeldtatbestände im Wirtschaftsstrafrecht – so z. B. das Gesellschafts-, Kapitalanlage-, Insolvenz-, Patent-, Marken-, Urheber- sowie das Wettbewerbsstrafrecht – weiter so weitgehend zu harmonisieren wie dies notwendig ist, um die **Einhaltung des Unionsrechts** sicherzustellen und um **Wettbewerbsverzerrungen** zu vermeiden.[771] Hierzu bedarf es einer Vereinheitlichung der Verbotstatbestände und der angedrohten Sanktionen[772] sowie einer Harmonisierung der allgemeinen Grundsätze.

380

2. Angleichung des Umweltstrafrechts

Ein weiterer Schwerpunkt zukünftiger Harmonisierung ist das Umweltstrafrecht. Denn der Umweltschutz hat zwar in der Europäischen Union schon seit längerem immer mehr an Bedeutung gewonnen;[773] jedoch machen die bei grenzüberschreitenden Fällen auftretenden Probleme und Strafbarkeitslücken[774] deutlich, dass der **Schutz von Umweltgütern** eine **gemeinsame Angelegenheit aller Mitgliedstaaten** ist.[775]

381

In diesem Zusammenhang wird vor allem das bereits mehrfach angesprochene **Urteil des EuGH C-176/03**[776] relevant, mit dem die **Nichtigkeit des Umweltrahmenbeschlusses** festgestellt wurde. Dieser bereits oben dargestellte Rahmenbeschluss enthielt vor allem Regelungen zur Vereinheitlichung des dem Umweltschutz dienenden Strafrechts.[777] Der EuGH führte in seiner Entscheidung aus, dass die richtige Rechtsgrundlage für derartige Regelungen nicht Art. 34 EU sei; vielmehr hätten die strafrechtlichen Harmonisierungsregelungen

---

[770] *Jung,* CLR 1993, 235, 237, 240.

[771] *Bleckmann,* FS Stree und Wessels 1993, S. 107, 112; *Dannecker,* Rivista Trimestrale di Diritto Penale 1993, 961, 993 f., 1019 f.; *ders.,* JZ 1996, 869, 879; *Keijzer,* in: Internationalisierung van het Strafrecht, 1986, S. 28 ff.; *Spannowski,* JZ 1994, 326, 327; zum Lebensmittelstrafrecht vgl. *Streinz,* WiVerw 1993, 31 ff.

[772] Zur Notwendigkeit einer Harmonisierung des Strafprozessrechts vgl. *de Angelis,* in: *Dannecker* (Hrsg.), Die Bekämpfung des Subventionsbetrugs im EG-Bereich, S. 139 ff.; kritisch *Schomburg,* DRiZ 1999, 107, 111.

[773] Zur Entstehung der gemeinschaftsrechtlichen Umweltpolitik vgl. *Krämer,* in: Groeben/Thiesing/Ehlermann (Hrsg.), Kommentar zum EU-/EG-Vertrag, 5. Aufl. 1999, Art. 130 r bis 130t, Rn. 1 ff.

[774] *Ferchland,* in: *Polizeiführungsakademie* (Hrsg.), Schlußbericht über das Seminar Umweltkriminalität vom 16. bis 22. Oktober 1989, 1990, S. 45 ff.; *Forkel,* Grenzüberschreitende Umweltbelastungen und Deutsches Strafrecht, 1987; *Klages,* Meeresumweltschutz und Strafrecht, 1989; *Wegscheider,* DRiZ 1983, 56 ff.; *ders.,* JBl. 1989, 214 ff.; ein Überblick über die Umweltstrafgesetze in ausländischen Rechtsordnungen findet sich bei *Eser/Huber* (Hrsg.), Strafrechtsentwicklung in Europa III, Teil 1, 1990, 9 ff., 25 ff., 47 f., 320 ff., 431, 496, 603 ff.; *dies.* (Hrsg.), Strafrechtsentwicklung in Europa IV, Teil 1, 1993, 22 f., 32, 104 f. 201 ff., 237, 282 f., 454 f., 462, 524, 562, 662 f., 726, 763, 831, 850 f., 871; *G. Heine,* GA 1986, 67 ff.; vgl. auch *Alvazzi del Frate/Norberry* (Hrsg.), Environmental and Sustainable Development, 1993.

[775] So ausdrücklich *Rengier,* JR 1996, 34, 36.

[776] EuGH, Slg. 2005 I-07879; vgl. dazu *Böse,* GA 2006, 211 ff.; *Braum,* wistra 2006, 121 ff.; *Schünemann,* StV 2006, 361 ff.; *Heger,* JZ 2006, 310 ff.; *Streinz,* JuS 2006, 164 ff.; vgl. auch oben Rn. 109 und 186.

[777] Vgl. dazu oben Rn. 108 f.

gemäß Art. 175 EG von der EG im Mitentscheidungsverfahren erlassen werden müssen.[778] Im Ergebnis hat der EuGH demnach speziell für das Gebiet des Umweltrechtes anerkannt, dass der Rat – gleichsam als **Annexkompetenz zu dem im EG verankerten Politikbereich** des Umweltschutzes – flankierende strafrechtliche Regelungen erlassen kann, wenn diese der praktischen Wirksamkeit der in diesem Rechtsgebiet erlassenen Normen dienen. Diese Entscheidung ist – speziell für den Bereich des Umweltstrafrechts – zu befürworten und hat auch Auswirkungen im Lissaboner Recht. Denn das Umweltstrafrecht ist wegen der Verwaltungsakzessorietät enorm von den schon bislang durch die EG vereinheitlichten Regelungen des den Umweltschutz betreffenden Verwaltungsrechts abhängig. Insofern kann gerade in diesem Bereich eine **konsistente Rechtslage** nur geschaffen werden, wenn die das Strafrecht betreffenden Normen auf der einen Seite und die den Umweltschutz betreffenden verwaltungsrechtlichen Regelungen auf der anderen Seite in ein und demselben Verfahren, an dem auch dieselben Beteiligten mitwirken, erlassen werden.[779] Am 19.11.2008 wurde die Umweltstrafrechtsrichtlinie 2008/99/EG erlassen, deren Umsetzung durch das – überwiegend zum 14.12.2011 in Kraft getretene – 45. StrÄndG[780] erfolgte, welches kleinere Verschärfungen der bis dahin bestehenden Rechtslage mit sich brachte.[781]

Da das Umweltstrafrecht sich allerdings durch seine Verwaltungsakzessorietät auszeichnet, sind neben spezifisch strafrechtlichen **Problemen**, auch solche **verwaltungsrechtlicher Natur** zu lösen, so z. B. die rechtliche Beurteilung grenzüberschreitender Umweltbelastungen, die nach dem Recht des ausländischen Handlungsortes erlaubt sind. Die Lehre vom Umweltvölkerrecht neigt hier noch zu der Annahme, dass die Störung aus dem Nachbarstaat geduldet werden muss, sofern die Erlaubnis nicht ihrerseits völkerrechtswidrig ist. Deshalb sind in diesem Bereich gemeinschaftsrechtliche Regelungen erforderlich, um den Umweltschutz effektiv durchsetzen zu können.[782]

3. Vorgeschlagene Angleichung im Datenschutzrecht

382 Im Datenschutzrecht liegt seit Januar 2012 der Entwurf einer Verordnung des Europäischen Parlaments und des Rates zum Schutz natürlicher Personen bei der Verarbeitung personenbezogener Daten und zum freien Datenverkehr (Datenschutz-Grundverordnung) vor.[783] Als Rechtsgrundlage stützt sich der Vorschlag auf den Schutz der persönlichen Daten des Einzelnen nach Art. 16 AEUV und Art. 8 EMRK. Kapitel VIII des Vorschlages soll die Mitgliedstaaten in Artt. 78 ff. zur Einführung von Vorschriften verpflichten, die mit wirksamen, verhältnismäßigen und abschreckenden Verwaltungssanktionen die Einhaltung der Datenschutzvorschriften bewirken. Zu diesen Verwaltungssanktionen gehören Geldbußen, die gemäß Art. 79 Abs. 2 nach Art, Schwere und Dauer, Verschuldensform und Grad der Verantwortung zu bemessen sind. Die vorgesehene Höchstgeldbuße beträgt je nach Art des Verstoßes zwischen 250.000 €, bei Unternehmen bis zu 0,5% des Jahresumsatzes (Art. 79 Abs. 4) und 1.000.000 € oder bei Unternehmen bis zu 2% des Jahresumsatzes (Art. 79 Abs. 6).

---

[778] Vgl. EuGH EuZW 2005, 635.
[779] Allgemein zum Umweltschutz im Völkerrecht *Randelzhofer*, Jura 1992, 1 ff.
[780] BT-Drs. 17/5391.
[781] Vgl. dazu *Heger*, HRRS 2012, 211 ff.; *Saliger*, Umweltstrafrecht, 2012, Rn. 23.
[782] *Dannecker/Streinz*, in: *Rengeling* (Hrsg.), Handbuch zum europäischen und deutschen Umweltrecht, Bd. 1, 2. Aufl. 2003, § 8 Rn. 96 f.
[783] KOM(2012) 11 endgültig.

II. Strafrechtlicher Schutz der finanziellen Interessen der Europäischen Gemeinschaften und Einführung einer Europäischen Staatsanwaltschaft

1. Konzept für eine Gesamtstrategie zum Schutz der finanziellen Interessen der Gemeinschaften

Der **Schutz der finanziellen Interessen** der Europäischen Gemeinschaften stellt sich in den letzten Jahren verstärkt als **Motor der Entwicklung eines europäischen Strafrechts** dar.[784] Dies zeigt sich neben den Entwicklungen im institutionellen Bereich, von denen vor allem die Schaffung und Stärkung der Position des unabhängigen Europäischen Amtes für Betrugsbekämpfung (OLAF)[785] zu nennen ist,[786] insbesondere in dem sowohl materiell-strafrechtliche als auch verfahrensrechtliche Vorgaben enthaltenden Übereinkommen zum Schutz der finanziellen Interessen der Europäischen Gemeinschaften mitsamt den hierzu erlassenen Zusatzprotokollen,[787] die im Rahmen der zwischenstaatlichen Zusammenarbeit beschlossen wurden. Der beschrittene Weg zur Harmonisierung durch Rechtsakte der Zusammenarbeit ist jedoch nach wie vor **mit erheblichen Problemen** behaftet. So konnten die genannten Maßnahmen bislang keine umfassende Schutzwirkung entfalten, da sich die Ratifizierung des bereits 1995 beschlossenen Übereinkommens und seiner Zusatzprotokolle durch die Mitgliedstaaten erheblich verzögert hat, so dass die Regelungen erst am 17.10.2002 in Kraft treten konnten. Zur Durchsetzung einer früheren Ratifizierung fehlte es der Europäischen Union an einer entsprechenden Handhabe. Insbesondere enthält das Primärrecht keine dem Vertragsverletzungsverfahren gemäß Art. 258 AEUV (ex-Art. 226 EG) entsprechende Regelung, die es ermöglicht hätte, säumige Mitgliedstaaten vor dem EuGH zu verklagen.[788] Neben diesen verfahrenstechnischen Problemen bei der Implementierung intergouvernementalen Rechts[789] wurde kritisiert, dass die Beschränkung auf die Harmonisierung des materiellen Rechts und die Kooperation bei der Strafverfolgung nicht die grundlegenden Probleme beseitigen könnten: Das Prinzip der Ausweitung nationaler Straftatbestände auf den Schutz unionsrechtlicher Rechtsgüter (Assimilierung) biete aufgrund der **Unterschiedlichkeit des Schutzniveaus** in den einzelnen Mitgliedstaaten keine Gewähr für eine effiziente Strafverfolgung.[790] Selbst eine Harmonisierung lasse zu große Lücken in der Umsetzung durch die Mitgliedstaaten entstehen und sei insbesondere im Verfahrens- und Beweisrecht wegen der großen Vielfalt der nationalen Regelungen nur schwer zu erreichen.[791] Die klassische internationale Rechtshilfe sei ungeeignet für eine effektive innergemeinschaftliche Strafverfolgung: Einerseits fehle eine Kompetenz der Kommission, auf Verfahren der justiziellen Zu-

---

[784] *Sieber,* in: *Delmas-Marty* (Hrsg.), Corpus Juris der strafrechtlichen Regelungen zum Schutz der finanziellen Interessen der Europäischen Union, S. V; vgl. auch den Tagungsbericht von *Lorenz,* StV 2001, 85 ff.
[785] Vgl. oben Rn. 324 ff.
[786] So auch die Schlussfolgerungen des Vorsitzes – Europäischer Rat (Helsinki) 10. und 11. Dezember 1999, Tz. 24.
[787] Vgl. oben Rn. 91 ff.
[788] Die Zuständigkeit des EuGH im Bereich der PJZS ist vielmehr nach Maßgabe der Artt. 46 und 35 EUV auf die Entscheidung über die Gültigkeit und Auslegung der Rahmenbeschlüsse und Beschlüsse, sowie über die Auslegung der Übereinkommen und die Gültigkeit und Auslegung der dazugehörigen Durchführungsmaßnahmen im Wege der Vorabentscheidung beschränkt.
[789] Vgl. auch die Kritik am Verfahren der Zusammenarbeit bei *Delmas-Marty* (Hrsg.), Corpus Juris der strafrechtlichen Regelungen zum Schutz der finanziellen Interessen der Europäischen Union, S. 16 ff.
[790] *Delmas-Marty* (Hrsg.), Corpus Juris der strafrechtlichen Regelungen zum Schutz der finanziellen Interessen der Europäischen Union, S. 14 ff.
[791] *Delmas-Marty* (Hrsg.), Corpus Juris der strafrechtlichen Regelungen zum Schutz der finanziellen Interessen der Europäischen Union, S. 24 ff.

sammenarbeit zurückzugreifen,[792] andererseits bestünden Probleme bei der innerstaatlichen Vereinbarkeit des Beweisrechts, also dem grenzüberschreitenden Verkehr von Beweismitteln innerhalb der Union.[793] Zusammengefasst wird diese Kritik in der Feststellung, es könne nicht angehen, die Grenzen für Kriminelle zu öffnen, sie aber für die Strafverfolgungsbehörden geschlossen zu halten und so zu riskieren, dass die Europäische Union zu einem wahren Paradies für Kriminelle verkomme.[794]

384 Am 28.6.2000 hat die Kommission, entsprechend einem Auftrag des Europäischen Rates von Helsinki,[795] ein **Konzept für eine Gesamtstrategie zum Schutz der finanziellen Interessen der Gemeinschaften**[796] vorgelegt, das sich auf einen Zeitraum von 5 Jahren (2001–2005) bezog. Als die vier entscheidenden Herausforderungen wurden dabei eine umfassende Gesetzgebungspolitik im Bereich der **Betrugsbekämpfung** (Weiterentwicklung der Rechtsvorschriften im Sinne größerer Effizienz und Kohärenz), eine **neue Kultur operativer Zusammenarbeit** (uneingeschränkte Mitwirkung sowie abgestimmtes Vorgehen der Mitgliedstaaten und der Gemeinschaft vor Ort), ein **organübergreifendes Vorgehen zur Prävention und Bekämpfung von Korruption** (Stärkung der Glaubwürdigkeit der europäischen Organe) und die **Stärkung der strafrechtlichen Dimension** (Anpassung der innerstaatlichen Strafverfolgungspolitik an die neuen vertraglichen Verpflichtungen) genannt.[797] Gerade der letzte Punkt macht deutlich, dass die Kommission bei der Harmonisierung der strafrechtlichen Normen der Rechtsgrundlage des Art. 280 Abs. 4 EGV (nun Art. 325 Abs. 4 AEUV) Priorität vor den Handlungsformen des früheren Art. K.3 EUV einräumt, die sich als zu schwerfällig erwiesen haben. Die Kommission ging von einem pfeilerübergreifenden Konzept aus, bei dem (den zwischenzeitlich vorgelegten Rechtsakten nach zu urteilen)[798] prioritäre supranationale Maßnahmen im Rahmen des EG-Vertrags durch Maßnahmen im Rahmen des EU-Vertrags ergänzt werden sollten.[799]

385 Dementsprechend veranlasste die soeben dargelegte lang anhaltende Blockade eines effizienten und unionsweit gleichwertigen Schutzes der finanziellen Interessen die Kommission,[800] im Mai 2001 einen auf Art. 280 Abs. 4 EGV gestützten, inzwischen überarbeiteten Vorschlag für eine Richtlinie über den strafrechtlichen Schutz der finanziellen Interessen der Gemeinschaft[801] vorzulegen. Die Wahl einer supranationalen Handlungsform begründete die Kommission mit der sich aus Art. 29 und 47 EU a. F. ergebenden Priorität des Gemeinschaftsrechts gegenüber dem Recht der Union.[802]

Da nunmehr jedoch in **Art. 325 AEUV** ein Reglement geschaffen worden ist, das nach h. M. die Setzung von unionsrechtlichen Strafvorschriften zum Schutz der Finanzinteressen ermöglicht, dürfte ein weiterer Schritt auf dem Weg zur effektiven Bekämpfung des Betruges zu Lasten der Union gemacht sein, wenn es naturgemäß noch an den Regelungen fehlt, die ein gemeinsames Wirtschaftsstrafrecht der Union ausmachen.

---

[792] *Theato*, in: *Huber* (Hrsg.), Das Corpus Juris als Grundlage eines Europäischen Strafrechts, S. 47, 48 ff.
[793] Vgl. *Delmas-Marty* (Hrsg.), Corpus Juris der strafrechtlichen Regelungen zum Schutz der finanziellen Interessen der Europäischen Union, S. 14 ff.
[794] *Delmas-Marty* (Hrsg.), Corpus Juris der strafrechtlichen Regelungen zum Schutz der finanziellen Interessen der Europäischen Union, S. 28.
[795] Schlussfolgerungen des Vorsitzes – Europäischer Rat (Helsinki) 10. und 11. Dezember 1999, Tz. 24.
[796] KOM (2000) 0358 endg.
[797] Vgl. KOM (2000) 0358 endg., Abschnitt „Dimensionswandel und neue Pflichten".
[798] Vgl. den nachfolgend angesprochenen Richtlinienvorschlag.
[799] Vgl. KOM (2000) 0358 endg., Fn. 12.
[800] Vgl. Punkt 1.1 der Begründung des Richtlinienvorschlags, ABl. 2001, Nr. C 240 vom 28.9.2001, S. 125 ff.
[801] Vgl. oben Rn. 163 f., 382 ff.
[802] Vgl. Punkt 1.2 der Begründung des Richtlinienvorschlags, ABl. 2001, Nr. C 240 vom 28.9.2001, S. 125 ff.

F. Ausblick **2**

2. Corpus Juris der strafrechtlichen Regelungen zum Schutz der finanziellen Interessen der Europäischen Union

Die Diskussion um die Verbesserung des Schutzes der finanziellen Interessen der Europä- 386
ischen Union wurde durch das im Jahre 1997 von einer internationalen Expertengruppe im Auftrag des Europäischen Parlamentes vorgelegte „**Corpus Juris der strafrechtlichen Regelungen zum Schutz der finanziellen Interessen der Europäischen Union**"[803] wesentlich geprägt.[804] Das kurz „Corpus Juris" genannte Werk wurde nach teils kritischen Reaktionen überarbeitet und in einer zweiten Fassung[805] als Abschlussbericht am 30.9.1999 dem Europäischen Parlament vorgelegt;[806] umgesetzt wurde es freilich nicht.

a) Statuierung eines vereinheitlichten europäischen Sanktionensystems

Inhaltlich geht das Corpus Juris über das Übereinkommen über den Schutz der finanziellen 387
Interessen der Europäischen Gemeinschaft von 1995 hinaus, indem es ein **vereinheitlichtes europäisches Sanktionensystem** vorschlägt, das Gerechtigkeit, Einfachheit und Effizienz miteinander verbinden soll.[807] Materiell-rechtlich ist es auf eine Harmonisierung im Sinne einer vollständigen Vereinheitlichung der dort vorgesehenen Straftatbestände gerichtet, verbunden mit der Schaffung einheitlicher Regelungen für zentrale Fragen des Allgemeinen Teils. Verfahrensrechtlich wird die Schaffung einer Europäischen Strafverfolgungsbehörde vorgeschlagen.

Das Corpus Juris diente in den letzten Jahren als **Diskussionsgrundlage** für die Fortent- 388
wicklung bzw. Weiterentwicklung der in ihm enthaltenen Regeln,[808] die in Teilbereichen noch nicht überzeugen können. Dies gilt insbesondere für das Strafverfahrensrecht, bei dem man sich im Wesentlichen auf die Statuierung der in der EMRK garantierten Mindestgarantien beschränkt hat.[809] Diese Schwächen des Corpus Juris zeigen zugleich, dass es geboten ist, weitere rechtsvergleichende Untersuchungen durchzuführen, auf die bei der Vorbereitung der Rechtsreformen zurückgegriffen werden kann.[810]

b) Implementierung in das Europäische Rechtsystem

Während die Verfasser des Corpus Juris die Art und Weise einer **Implementierung in das Ge-** 389
meinschaftsrecht zunächst bewusst offen gelassen haben, da die vorgeschlagenen Regelungen zunächst lediglich als Vorschlag für eine weitere Diskussion gedacht waren, ist im Jahre 2000 in einem zweiten Schritt eine Studie zu den Möglichkeiten einer Umsetzung vorgelegt worden.[811] Dabei wurden sowohl die Möglichkeiten einer Umsetzung im Rahmen der PJZS (Artt. 29 ff. EU a. F.) als auch die sekundärrechtliche Umsetzung auf Grundlage des EG erörtert.[812]

---

[803] Näher dazu *Sieber*, in: Delmas-Marty (Hrsg.), Corpus Juris der strafrechtlichen Regelungen zum Schutz der finanziellen Interessen der Europäischen Union, S. 6 ff.

[804] Vgl. auch *Müller-Gugenberger*, in: *ders./Bieneck* § 5 Rn. 119.

[805] In Anlehnung an den Ort der Abschlusskonferenz wird diese Fassung auch „Corpus Juris Florence" genannt, vgl. etwa *Braum*, JZ 2000, 493, 494 f.

[806] Vgl. aus der Vielzahl der dazu erschienenen Literatur etwa *Hassemer*, KritV 1999, 133 ff.; *Huber, B.* (Hrsg.), Das Corpus Juris als Grundlage eines Europäischen Strafrechts, 2000; *Manoledakis*, KritV 1999, 181 ff.; *Spinellis*, KritV 1999, 141 ff.

[807] *Delmas-Marty* (Hrsg.), Corpus Juris der strafrechtlichen Regelungen zum Schutz der finanziellen Interessen der Europäischen Union, S. 28.

[808] Siehe auch *Dannecker*, FS Hirsch 1999, S. 141, 143.

[809] Vgl. zur Kritik etwa *Braum*, JZ 2000, 493, 497 ff.; *Margaritis*, KritV 1999, 191 ff.; *Schünemann*, GA 2002, 501, 514 f. sowie die Beilage in StV 2003, 115 ff. mit Beiträgen von *Bendler*, StV 2003, 133; *Castaldo*, StV 2003, 122 ff.; *Kempf*, StV 2003, 128 ff.; *Madignier*, StV 2003, 131 ff.; *Salditt*, StV 2003, 136 f.; *Satzger*, StV 2003, 137 ff.; *Schulz*, StV 2003, 142 f.; *Sommer*, StV 2003, 126 ff.; *Schünemann*, StV 2003, 116 ff.

[810] Vgl. z. B. die Erörterung von *Argyropoulos*, KritV 1999, 201 ff., zu den Legitimationsproblemen prozessualer Regelungen des Corpus Juris am Beispiel griechischer Verfassungsgrundsätze.

[811] *Delmas-Marty/Vervaele* (eds.), The implementation of the Corpus Juris in the Member States, 2000.

[812] *Delmas-Marty/Vervaele* (eds.), The implementation of the Corpus Juris in the Member States, S. 53 ff.

3. Entschließung des Europäischen Parlaments vom 19. April 2012 zur Forderung nach konkreten Maßnahmen zur Bekämpfung von Steuerbetrug und Steuerhinterziehung

390 Das Europäische Parlament hat eine „Entschließung des Europäischen Parlaments vom 19.4. 2012 zur Forderung nach konkreten Maßnahmen zur Bekämpfung von Steuerbetrug und Steuerhinterziehung" veröffentlicht. Darin wird die **Notwendigkeit einer verschärften Bekämpfung von Steuerbetrug und Steuerhinterziehung** mit den beträchtlichen Einnahmeausfällen infolge steuerdelinquenten Verhaltens hervorgehoben und ein **15-Punkte-Programm** aufgestellt. Schwerpunkte der rechtspolitischen Forderungen sind die Überprüfung der nationalen Steuersysteme auf Systemgerechtigkeit, die Überprüfung der Wirksamkeit der bereits ergriffenen Maßnahmen, insbesondere der Zinsbesteuerungsrichtlinie, die Nutzung bestehender Informationsmöglichkeiten zur Erhöhung der Transparenz, insbesondere der Bilanzen, und auf dem Gebiet des Strafrechts bzw. Strafverfahrensrechts der automatische Informationsaustausch (Nr. 3), die Zusammenarbeit zwischen den Verwaltungen der Mitgliedstaaten (Nr. 8) und der Informationsaustausch mit ausländischen Steuerbehörden (Nr. 15).[813]

4. Vorschlag der Kommission zur schnellen Reaktion auf den Mehrwertsteuerbetrug

391 Die Kommission hat am 31.7.2012 einen Vorschlag für einen Schnellreaktionsmechanismus angenommen, der den Mitgliedstaaten eine schnellere und wirksamere Reaktion auf den Mehrwertsteuerbetrug ermöglicht (IP/12/868). So sollen die Mitgliedstaaten binnen eines Monats die sog. **Reverse-Charge-Regelung** anwenden können, bei der die Steuer vom Dienstleistungsempfänger oder vom Erwerber und nicht vom Dienstleistungserbringer oder Lieferanten der Gegenstände geschuldet wird. Um auf neue Formen des Betruges reagieren zu können, sollen im Rahmen des Schnellreaktionsmechanismus auch **weitere Betrugsbekämpfungsmaßnahmen** genehmigt und eingeführt werden können. Solche Ausnahmeregelungen müssen förmlich bei der Kommission beantragt werden, die dann einen entsprechenden Vorschlag ausarbeitet und dem Rat vorlegt, der ihn einstimmig annehmen muss, bevor die Maßnahmen umgesetzt werden dürfen.

5. Richtlinienvorschlag der Kommission über die strafrechtliche Bekämpfung von gegen die finanziellen Interessen der EU gerichtetem Betrug

392 Ende Mai 2011 hat die Kommission eine Mitteilung über den Schutz der finanziellen Interessen der Europäischen Union durch strafrechtliche Vorschriften und verwaltungsrechtliche Untersuchungen – Gesamtkonzept zum Schutz von Steuergeldern vorgelegt[814], in dem sie bis zum Jahr 2020 eine „Politik der ‚Nulltoleranz'" gegen Delikte zu Lasten des EU-Haushalts fordert. Da nur fünf Mitgliedstaaten die – zudem unzureichenden – strafrechtlichen Vorgaben des Übereinkommens über den Schutz der finanziellen Interessen der Europäischen Union vollständig umgesetzt haben und sich die Strafrahmen deutlich unterscheiden, fehle es an einem gleichwertigen strafrechtlichen Schutz in der gesamten EU. Daher kündigte die Kommission drei Handlungsschwerpunkte an, von denen sich der erste auf eine Neuauflage eines Richtlinienvorschlags über den strafrechtlichen Schutz der finanziellen Interessen der Europäischen Union bezog.[815]

393 Ende Juli 2012 hat die Europäische Kommission, gestützt auf Art. 325 Abs. 4 AEUV, einen „**Vorschlag einer Richtlinie über die strafrechtliche Bekämpfung von gegen die fi-**

---

[813] Vgl. *Dannecker*, FS Kirchhof, 2013, S. 1809, 1814.
[814] KOM[2011] 293 endg. v. 26.5.2011.
[815] Im Anschluss an KOM(2001) 272 endg. v. 23.5.2001 sowie KOM(2002) 577 endg. v. 16.10.2002.

F. Ausblick

nanziellen Interessen der EU gerichteten Betrug" vorgelegt[816], um einen einheitlichen Rechtsrahmen für die Verfolgung und Ahndung von Straftaten gegen den EU-Haushalt zu schaffen. Dieser Richtlinienvorschlag, der den Vorschlag für eine Richtlinie des Europäischen Parlaments und des Rates über den strafrechtlichen Schutz der finanziellen Interessen der Gemeinschaft ersetzt[817], baut auf dem Übereinkommen über den Schutz der finanziellen Interessen der EG vom 26.7.1995 (Rn. 9 1ff.) auf, das noch immer nicht von allen Mitgliedstaaten ratifiziert wurde.

Der Richtlinienvorschlag definiert die finanziellen Interessen der Union weit und bezieht die **Mehrwertsteuer** ein. Art. 4 enthält eine **Definition des Betrugstatbestandes** zum Nachteil der EU und verpflichtet die Mitgliedstaaten, einen solchen Straftatbestand zu schaffen. Hierunter ist auch die missbräuchliche Verwendung zu fassen, worunter Verhaltensweisen eines öffentlichen Bediensteten verstanden werden, die nicht als Betrug im engeren Sinne eingestuft werden können, aber eine zweckwidrige, auf eine Schädigung der finanziellen Interessen der Union gerichtete Verwendung von Finanzmitteln oder Vermögenswerten bewirken. Des Weiteren wird unter Verweis auf die Geldwäsche-Vorschriften vorgeschrieben, dass die Mitgliedstaaten die Geldwäsche von Erträgen aus in der Richtlinie erfassten Straftaten unter Strafe stellen müssen. Auf diese Weise wird sichergestellt, dass alle gegen die finanziellen Interessen der Union gerichteten Straftaten derselben Sanktionsregelung unterliegen. Zudem sollen **juristische Personen** (Art. 6) strafrechtlich belangt werden können; dabei wird ausgeschlossen, dass diese alternativ zu natürlichen Personen haften. Art. 7 (Sanktionen gegen natürliche Personen) sieht vor, dass die Mitgliedstaaten **wirksame, verhältnismäßige und abschreckende Sanktionen** in Übereinstimmung mit der Rechtsprechung des Europäischen Gerichtshofs verlangen und bestimmte strafrechtliche Mindestsanktionen für natürliche Personen festlegen. Art. 8 sieht, ausgehend von den Schwellenbeträgen, **Mindestfreiheitsstrafen** für besonders schwere Straftaten vor, um EU-weit eine wirksame Abschreckung zu erreichen. Art. 9 enthält **Mindestsanktionen für juristische Personen**, darunter den Ausschluss von öffentlichen Zuwendungen oder Hilfen, ein vorübergehendes oder ständiges Verbot der Ausübung einer Handelstätigkeit, die Unterstellung unter richterliche Aufsicht, die richterlich angeordnete Eröffnung des Liquidationsverfahrens und die vorübergehende oder endgültige Schließung von Einrichtungen, die zur Begehung der Straftat genutzt wurden. Art. 10 schreibt die **Sicherstellung und Einziehung** von Erträgen aus solchen Straftaten sowie von Tatmitteln vor. Art. 13 stellt klar, dass die Verpflichtung der Mitgliedstaaten zur **Wiedereinziehung von unrechtmäßig erlangten Beträgen** von dieser Richtlinie und den in Art. 12 festgelegten Verjährungsfristen unberührt bleibt. Art. 14 erläutert das **Verhältnis zwischen verwaltungs- und strafrechtlichen Sanktionsregelungen**, und Art. 15 regelt die **Zusammenarbeit zwischen den Mitgliedstaaten und dem Europäischen Amt für Betrugsbekämpfung** (OLAF).

6. Geplante Einrichtung einer Europäischen Staatsanwaltschaft

Die EG-Kommission hatte in Vorbereitung der Regierungskonferenz von Nizza den Vorschlag zur Errichtung einer Europäischen Staatsanwaltschaft[818] aufgegriffen und die Einführung einer entsprechenden Rechtsgrundlage in den EG-Vertrag angeregt. Danach war nach Art. 280 EG ein neuer Art. 280a EG bestehend aus drei Absätzen geplant. Dessen erster Absatz sollte die Ernennung eines Europäischen Staatsanwaltes dahingehend regeln, dass sie durch den Rat auf Vorschlag der Kommission und nach Zustimmung des Europäischen Parlaments mit qualifizierter Mehrheit erfolgen sollte. Als Amtszeit war die Dauer von sechs Jah-

---

[816] KOM(2012) 363 endg. vom 11.7.2012.
[817] KOM(2001) 272 endg. vom 23.5.2001, geändert durch den geänderten Vorschlag für eine Richtlinie des Europäischen Parlaments und des Rates über den strafrechtlichen Schutz der finanziellen Interessen der Gemeinschaft (KOM[2002] 577 endg. vom 16.10.2002).
[818] Ergänzender Beitrag der Kommission zur Regierungskonferenz über die institutionellen Reformen – „Strafrechtlicher Schutz der finanziellen Interessen der Gemeinschaft: das Amt eines europäischen Staatsanwalts", 29.9.2000, KOM (2000) 608.

ren vorgesehen, die nicht verlängerbar sein sollte. Absatz 2 sollte den Grundsatz der Unabhängigkeit der Europäischen Staatsanwaltschaft als Justizorgan und zusätzlich Bedingungen für eine etwaige Amtsenthebung enthalten.

396 Neben diesen primärrechtlichen Vorgaben sollte der geplante Absatz 3 eine Ermächtigung zur Schaffung sekundärrechtlicher Vorschriften betreffend klarer Befugnisse und Verfahrensregelungen sowie Vorschriften über die richterliche Kontrolle von Handlungen der Europäischen Staatsanwaltschaft enthalten. Dieser Vorschlag wurde jedoch nicht realisiert. Vielmehr wurde die Kommission beauftragt, seine praktischen Auswirkungen vorab näher zu analysieren. Daher hat die Kommission zwischenzeitlich Teile der Vorschläge[819] des Corpus Juris in ein am 11.12.2001 vorgelegtes **Grünbuch** zum strafrechtlichen Schutz der finanziellen Interessen der Europäischen Gemeinschaften und zur Schaffung einer Europäischen Staatsanwaltschaft[820] einfließen lassen, um sie zur Diskussion zu stellen.[821]

397 Basierend auf den im Rahmen der öffentlichen Konsultation erfolgten Stellungnahmen erging seitens der Kommission im Jahre 2003 eine **Follow-up-Mitteilung,**[822] in der das Ergebnis der Reaktionen auf das Grünbuch und das weitere Vorgehen hinsichtlich der Schaffung einer Europäischen Staatsanwaltschaft dargestellt wurden. Dabei wurde betont, dass die Errichtung einer derartigen Institution mehrheitlich auf positive Resonanz gestoßen sei. Allerdings bestanden erhebliche Differenzen der Meinungen im Hinblick auf die Frage der konkreten institutionellen Umsetzung.[823] Inhaltlich hielt die Kommission – zumindest im Grundsatz – ausdrücklich an dem oben dargestellten Vorschlag von Nizza fest.[824] Allerdings befand sie zwei Ergänzungen für geboten: Zum einen sollte eine primärvertragliche Verpflichtung zur sekundärrechtlichen Präzisierung der Verknüpfung der Europäischen Staatsanwaltschaft mit Eurojust entstehen, wobei die Kommission eine Wahl zwischen mehreren im Rahmen der Konsultation angesprochenen Möglichkeiten zur inhaltlichen Umsetzung dieser Forderung im Einzelnen offen gelassen hat. Dabei reichen die diesbezüglich genannten Varianten von einer Zusammenarbeit zwischen getrennten oder sich ergänzenden Stellen, über eine bloße institutionelle Verbindung bis hin zu einer vollständigen Integration beider Einrichtungen.[825] Zum anderen hält die Kommission es für erforderlich, dass von vornherein die materiellrechtliche Zuständigkeit der Europäischen Staatsanwaltschaft präzise geregelt ist, zugleich aber hinreichend Spielraum für zukünftige Entwicklungen besteht. Hinsichtlich der Möglichkeit zur Implementierung der Europäischen Staatsanwaltschaft sah die Kommission eine primärrechtliche Verankerung als zwingend an, wobei sie den geplanten Vertrag über eine Verfassung für Europa als Gelegenheit betrachtete, diese Institution auf der Grundlage ihrer dargelegten Erwägungen zu schaffen.[826]

---

[819] KOM (2001) 715 endg., Pkt. 1.2.
[820] KOM (2001) 715 endg.; Die im Grünbuch zum strafrechtlichen Schutz der finanziellen Interessen der Europäischen Gemeinschaften und zur Schaffung einer Europäischen Staatsanwaltschaft nicht hinreichend berücksichtigten Rechte des Beschuldigten im Strafverfahren waren Gegenstand eines am 19.2.2003 vorgelegten „Grünbuch(s) der Kommission – Verfahrensgarantien in Strafverfahren innerhalb der Europäischen Union" (KOM (2003) 75 endg.), das in einen „Vorschlag für einen Rahmenbeschluss des Rates über bestimmte Verfahrensrechte in Strafverfahren innerhalb der Europäischen Union" (KOM (2004) 328 endg.) mündete, vgl. zu den Einzelheiten *Hecker,* Europäisches Strafrecht, § 12 Rn. 52f.
[821] Vgl. aus der Vielzahl der dazu erschienenen Literatur etwa *Brüner/Spitzer,* NStZ 2002, 393 ff.; kritisch *Braum,* ZRP 2002, 508 ff. (m. Anm. von *Rapatiuski,* ZRP 2003, 256; *Hetzer,* ZRP 2003, 256 f.); *Stiegel,* ZRP 2003, 172 ff. sowie zu den strafverfahrensrechtlichen Regelungen die Nachweise in Fn. 713. Zu den rechtsstaatlichen Anforderungen an ein europäisches Strafrecht vgl. *Albrecht/Braum/Frankenberg/Günther/Naucke/Simitis,* KritV 2001, 269 ff.; *Kaiafa-Gbandi,* KritV 2001, 290 ff.; *Trechsel,* KritV 2001, 298 ff.
[822] Follow-up-Mitteilung, Grünbuch zum strafrechtlichen Schutz der finanziellen Interessen der Europäischen Gemeinschaften und zur Schaffung einer Europäischen Staatsanwaltschaft, KOM (2003) 128 endg.
[823] KOM (2003) 128 endg., S. 5, 22.
[824] KOM (2003) 128 endg., S. 23.
[825] KOM (2003) 128 endg., S. 23.
[826] KOM (2003) 128 endg., S. 23.

F. Ausblick

Entsprechend der Follow-up-Mitteilung der Kommission ist nunmehr im Vertrag über die Arbeitsweise der Europäischen Union die Einrichtung einer Europäischen Staatsanwaltschaft ausdrücklich in **Art. 86 AEUV** vorgesehen.[827] Nach dessen Absatz 1 kann zur Bekämpfung von Straftaten zum Nachteil der finanziellen Interessen der Union durch Verordnungen des Rates ausgehend von Eurojust eine Europäische Staatsanwaltschaft eingesetzt werden; hierfür ist ein einstimmiger Beschluss des Rates nach Zustimmung des Europäischen Parlaments notwendig. Absatz 2 regelt primärrechtlich die Zuständigkeit der Europäischen Staatsanwaltschaft. Die Zuständigkeit kann jedoch nach Abs. 4 durch einen Beschluss des Europäischen Rates bereits bei Schaffung der Einrichtung oder auch nachträglich erheblich erweitert werden.

Durch diese Kombination der grundsätzlich starren primärrechtlichen Zuständigkeitsnorm mit einer flexibel handhabbaren Ermächtigung zur Ausdehnung der entsprechenden Kompetenz wurde der von der Kommission in ihrer Follow-up-Mitteilung oben dargelegten zusätzlichen Forderung entsprochen. Auch die von der Kommission gewünschte **Verankerung der Zusammenarbeit zwischen der Europäischen Staatsanwaltschaft und Eurojust** findet sich in der Bezugnahme auf Eurojust in **Art. 86 Abs. 1 AEUV** wieder. Zu bedauern ist nur, dass Art. 86 AEUV keinen Hinweis auf die Unabhängigkeit der Europäischen Staatsanwaltschaft enthält, wie dies seit jeher von der Kommission gefordert wurde. Vielmehr regelt Art. 86 Abs. 3 AEUV, dass Einzelfragen, wie zum Beispiel die Satzung der Europäischen Staatsanwaltschaft, Verfahrensvorschriften für ihre Tätigkeit, Regeln für die Zulässigkeit von Beweismitteln oder Vorschriften für die gerichtliche Kontrolle der von ihr vorgenommenen Prozesshandlungen durch die nach Art. 86 Abs. 1 AEUV zu erlassene Verordnung zu regeln sind. Damit bleiben wichtige, **rechtsstaatliche Grundsätze** berührende Fragen, wie zum Beispiel auch die Unabhängigkeit der Europäischen Staatsanwaltschaft, in – insofern wenig wünschenswerter Weise – der **sekundärrechtlichen Umsetzung** vorbehalten.[828]

Am 17.7.2013 hat die Europäische Kommission einen **Vorschlag für eine Verordnung zur Einrichtung einer Europäischen Staatsanwaltschaft** zum besseren Schutz der finanziellen Interessen der Union vorgelegt.[829] Die Europäische Staatsanwaltschaft soll Ermittlungs- und Strafverfolgungsaufgaben übernehmen und gegebenenfalls bei Straftaten zulasten des EU-Haushalts bei den mitgliedstaatlichen Gerichten Anklage erheben (Art. 4 EU-StA-VO). Es soll sich um eine unabhängige, aber der demokratischen Kontrolle – des Europäischen Parlaments – unterworfene Einrichtung handeln (Art. 5 Abs. 3 EU-StA-VO).

Die Europäische Staatsanwaltschaft soll nach dem Vorschlag eine **dezentrale Struktur** erhalten (Artt. 3 Abs. 1, 6 EU-StA-VO) und in die nationalen Rechtssysteme eingebunden werden. Abgeordnete Europäische Staatsanwälte sollen in **ausschließlicher Zuständigkeit** für die Verfolgung der Straftaten gegen die finanziellen Interessen der Union und in Zusammenarbeit mit nationalen Justizangehörigen und unter Geltung nationalen Rechts unter Beachtung des Unionsrechts, insbesondere der **Unionsgrundrechte** (Artt. 11 ff. EU-StA-VO), Ermittlungen und Strafverfolgungsmaßnahmen in den Mitgliedstaaten durchführen. Diese Maßnahmen sollen durch die Europäische Staatsanwaltschaft koordiniert werden, um so ein unionseinheitliches Vorgehen gegen Straftaten zu Lasten der finanziellen Interessen der Union zu gewährleisten. Zur Überprüfung der Rechtmäßigkeit der Ermittlungsmaßnahmen sind die nationalen Gerichte berufen. Für die Zuweisung der Ermittlungsverfahren sollen durch ein Kollegium bestehend aus dem Europäischen Staatsanwalt und seinen vier Vertretern sowie fünf abgeordneten Staatsanwälten allgemeine Regeln entwickelt werden (Art. 7 EU-StA-VO). Der Europäische Staatsanwalt und seine Vertreter sollen durch den Rat mit Zustimmung des Parlaments bestimmt werden (Art. 8 Abs. 1, 9 EU-StA-VO). Die abgeordneten Staatsanwälte bestimmt der Europäische Staatsanwalt (Artt. 10 EU-StA-VO).

---

[827] Vgl. umfassend speziell unter dem Blickpunkt der Finanzkriminalität *Dannecker/Reinel*, in: *Leitner* (Hrsg.), Finanzstrafrecht 2006, S. 49 ff.
[828] Vgl. dazu auch *Dannecker/Reinel*, in: *Leitner* (Hrsg.), Finanzstrafrecht 2006, 49 ff.
[829] KOM (2013) 534 endg.

401 Der Vorschlag sieht ausdrücklich besondere **Verfahrensrechte des Beschuldigten** vor, als da wären das Recht auf Dolmetscherleistungen und Übersetzungen, das Recht auf Belehrung und auf Akteneinsicht sowie das Recht auf Rechtsbeistand im Falle einer Verhaftung. Ferner sind in dem Vorschlag für die Verordnung weitere, noch nicht durch Unionsrecht vereinheitlichte Rechte bestimmt, die Verfahrensgarantien bieten sollen, wie etwa ein Aussageverweigerungsrecht, die Unschuldsvermutung, das Recht auf Prozesskostenhilfe sowie ein Recht, Beweismittel vorzulegen oder Zeugen zu benennen. Außerdem sind in dem Vorschlag harmonisierte Regeln zu Ermittlungsmaßnahmen enthalten, die die Europäische Staatsanwaltschaft im Zuge ihrer Ermittlungen durchführen kann, sowie Bestimmungen zur Erhebung und Verwendung von Beweisen.

402 Im Einklang mit dem für die Europäische Staatsanwaltschaft vorgesehenen Konzept schlägt die Kommission vor, die OLAF-Governance weiter zu verbessern und die Verfahrensgarantien für die Durchführung der Untersuchungen zu stärken. In dieser Hinsicht sind zwei Schlüsselinitiativen geplant. Erstens soll ein **unabhängiger Kontrollbeauftragter für Verfahrensgarantien** eingesetzt werden, der die investigativen Maßnahmen des OLAF einer stärkeren rechtlichen Überprüfung unterzieht. Zweitens soll eine spezielle Verfahrensgarantie in Form einer **Genehmigung des Kontrollbeauftragten für weitergehende investigative Maßnahmen** (Durchsuchungen von Büroräumen, Beschlagnahmen von Akten usw.), die das OLAF möglicherweise in den EU-Organen vornehmen muss, eingeführt werden.

403 Durch die Schaffung der Europäischen Staatsanwaltschaft soll sich auch der **Aufgabenbereich von OLAF verändern**. Die Verwaltungsuntersuchungen von OLAF sollen sich nun auf den Bereich der Unregelmäßigkeiten zu Lasten der finanziellen Interessen der EU und schweres Fehlverhalten von Unionsbediensteten ohne finanzielle Auswirkungen beschränken. Untersuchungen wegen Straftaten zu Lasten der finanziellen Interessen der Union werden dann nicht mehr in den Zuständigkeitsbereich von OLAF, sondern ausschließlich in den der Europäischen Staatsanwaltschaft fallen. OLAF soll daher in Zukunft die Europäische Staatsanwaltschaft bei Auftreten von Verdachtsmomenten möglichst früh informieren, um dort die Ermittlungen zu ermöglichen. Weiterhin soll OLAF aber bei diesen Ermittlungen auf Anfrage hin Hilfestellung leisten.

404 Die vorgeschlagene Verordnung muss nach Zustimmung des Europäischen Parlaments einstimmig von den Mitgliedstaaten im Rat angenommen werden. Wird im Rat keine Einstimmigkeit erzielt, kann gemäß den Verträgen eine Gruppe von mindestens neun Mitgliedstaaten eine **verstärkte Zusammenarbeit** beginnen (Art. 86 AEUV).

III. Vorschläge zur Ausgestaltung eines Europäischen Wirtschaftsstrafrechts

405 In der Wissenschaft sind Überlegungen zur Ausgestaltung eines Europäischen Wirtschaftsstrafrechts[830] angestellt worden, die nicht auf konkreten Planungen der Europäischen Gemeinschaft beruhten, sondern sich orientierten an den **Grundfreiheiten des EG-Vertrages** und an jenen Materien, die der – zunächst außerstrafrechtlichen – **Harmonisierungskompetenz der EG** (also Arbeitsschutz, Verbraucherschutz und Umweltschutz) unterliegen, sowie am strafrechtlichen **Schutz eigener supranationaler Institutionen der EG**.[831] Dabei wurde bewusst offen gelassen, ob die vorgelegten Tatbestandsvorschläge ein (partielles) Modellstrafgesetzbuch darstellen oder nur Mindeststandards (Basisregeln) wiedergeben.[832]

406 Der Vorschlag besteht aus einem **Allgemeinen Teil,** der das Gesetzlichkeitsprinzip, das Territorialitätsprinzip, Fragen der Gerichtsbarkeit und des Grundsatzes „ne bis in idem"[833] sowie Voraussetzungen und Ausschluss der subjektiven Zurechnung,[834] Ausschluss der objekti-

---

[830] *Tiedemann*, in: *ders.* (Hrsg.), Wirtschaftsstrafrecht in der Europäischen Union, 2002.
[831] *Tiedemann*, in: *ders.* (Hrsg.), Wirtschaftsstrafrecht in der Europäischen Union, S. X.
[832] *Tiedemann*, in: *ders.* (Hrsg.), Wirtschaftsstrafrecht in der Europäischen Union, S. XI.
[833] Vgl. dazu *Vogel*, in: *Tiedemann* (Hrsg.), Wirtschaftsstrafrecht in der Europäischen Union, S. 91 ff.
[834] *Vogel*, in: *Tiedemann* (Hrsg.), Wirtschaftsstrafrecht in der Europäischen Union, S. 125 ff.

F. Ausblick

ven Zurechnung,[835] Regelungen zu Täterschaft und Teilnahme,[836] zu Versuch und Rücktritt[837] und zu den Konkurrenzen[838] normiert. Die Frage nach der Strafbarkeit juristischer Personen wurde allerdings offen gelassen.

Im **Besonderen Teil** finden sich Straftatbestände zum Schutz der Arbeitnehmer und des Arbeitsmarktes,[839] Straftatbestände zum Schutz der Verbraucher und des Wettbewerbs in Form des Lebensmittelstrafrechts[840] und Wettbewerbsstrafrechts,[841] solche zum Schutz der Umwelt,[842] Straftatbestände zum Handelsgesellschafts- und Insolvenzstrafrecht,[843] zum Schutz des Kredit-, Börsen- und Finanzwesens,[844] zum Schutz der Gemeinschaftsmarke[845] sowie Straftatbestände zum Schutz von europäischen und internationalen Sanktionsmaßnahmen.[846] Weiterhin findet sich der Vorschlag eines Tatbestandes zur Sanktionierung des organisierten Menschenschmuggels.[847]

407

IV. Europäisches Modellstrafgesetz

Als Möglichkeit, auf eine Vereinheitlichung der nationalen Strafrechtsordnungen[848] hinzuwirken, kann daran gedacht werden, ein europäisches Modellstrafgesetzbuch zu entwickeln. In der Literatur[849] finden sich gewichtige Stimmen, die sich gegen eine bloße Teilharmonisierung des Strafrechts und für die Ausarbeitung und Einführung eines Europäischen Modellstrafrechts aussprechen,[850] das jedenfalls langfristig sowohl **Straftatbestände** wie Mord, Totschlag, Diebstahl und Raub als auch **Regelungen für den Allgemeinen Teil** umfassen soll.[851] Der Vorteil eines solchen umfassenden Vorgehens wird darin gesehen, dass auch Empfehlungen privater Vereinigungen oder hoheitlicher Organisationen herangezogen werden können.[852]

408

Gegen die Umsetzung einer solchen Forderung spricht, dass es nicht Sinn eines zukünftigen Europas sein kann, **gewachsene Rechtskulturen** und **Traditionen** einzuebnen.[853] Dies gilt sowohl für den Besonderen Teil, wie ein Blick auf die unterschiedliche Ausgestaltung des

409

---

[835] *Dannecker*, in: Tiedemann (Hrsg.), Wirtschaftsstrafrecht in der Europäischen Union, S. 147 f.
[836] *Tiedemann* in: FS Nishihara 1998, S. 496 ff.
[837] *Cancio*, in: Tiedemann (Hrsg.), Wirtschaftsstrafrecht in der Europäischen Union, S. 169 ff.; *ders.*, GA 1998, 120, 121 f.
[838] *Suárez*, in: Tiedemann (Hrsg.), Wirtschaftsstrafrecht in der Europäischen Union, S. 185 ff.
[839] *Nieto*, in: Tiedemann (Hrsg.), Wirtschaftsstrafrecht in der Europäischen Union, S. 213 ff.
[840] *Dannecker*, in: Tiedemann (Hrsg.), Wirtschaftsstrafrecht in der Europäischen Union, S. 239 ff.
[841] *Tiedemann*, in: *ders.*, (Hrsg.), Wirtschaftsstrafrecht in der Europäischen Union, S. 279 ff.
[842] *Pradel*, in: Tiedemann (Hrsg.), Wirtschaftsstrafrecht in der Europäischen Union, S. 295 ff.; *Kühl*, ebenda, S. 301 ff.
[843] *Foffani*, in: Tiedemann (Hrsg.), Wirtschaftsstrafrecht in der Europäischen Union, S. 311 ff.; *Otto*, ebenda, S. 353 ff.
[844] *Foffani*, in: Tiedemann (Hrsg.), Wirtschaftsstrafrecht in der Europäischen Union, S. 335 ff.; *Otto*, ebenda, S. 353 ff.
[845] *Dannecker*, in: Tiedemann (Hrsg.), Wirtschaftsstrafrecht in der Europäischen Union, S. 369 ff.
[846] *Dannecker*, in: Tiedemann (Hrsg.), Wirtschaftsstrafrecht in der Europäischen Union, S. 383 f.
[847] *Arroya*, in: Tiedemann (Hrsg.), Wirtschaftsstrafrecht in der Europäischen Union, S. 199 ff.
[848] Zu den Voraussetzungen einer Vereinheitlichung vgl. *Perron*, ZStW 109 (1997), 281 ff.; *Vogel*, JZ 1995, 331 ff.
[849] So insbesondere *Sieber*, ZStW 103 (1991), 963 ff.; vgl. auch *Vogel*, JZ 1995, 331, 334 m. w. N.; *Paraskevopolous*, KritV 1999, 208 ff.
[850] Auch der Europarat hatte im Jahre 1971 in Erwägung gezogen, ein europäisches Model Penal Code zu schaffen; vgl. dazu *Sevenster*, CMLR 29 (1992), 29, 38 m. w. N.; zu weiteren Bestrebungen *Sieber*, JZ 1997, 369 ff.
[851] Vgl. zur Debatte um Voraussetzungen und Grenzen europäischen Strafrechts *Prittwitz*, ZStW 113 (2001), 774 ff.; zur Notwendigkeit eines internationalen Wirtschaftsstrafrechts *Pieth*, ZStW 109 (1997), 756 ff.
[852] *Sieber*, ZStW 103 (1991), 957, 961 f.; *Vogel*, JZ 1995, 331, 334.
[853] *Weigend*, ZStW 105 (1993), 783 ff.; vgl. auch *Rüter*, ZStW 105 (1993), 30, 144.

Betrugs, der Untreue, der Steuerhinterziehung usw. zeigt, als auch für den Allgemeinen Teil.[854] Dort sind z. B. die Anforderungen an eine Rechtfertigung unterschiedlich geregelt, soweit die Proportionalität des eingesetzten Gut zu dem verteidigten Gut in Frage steht; die Strafbarkeit des unechten Unterlassungsdelikts wird nicht in allen Mitgliedstaaten der EU anerkannt; die Behandlung des Rechtsirrtums, dem im Bereich des Wirtschafts- und Nebenstrafrechts zentrale Bedeutung zukommt, ist uneinheitlich; und selbst die Geltung strafrechtlicher Fundamentalprinzipien wie des Analogieverbots ist nicht in allen Mitgliedstaaten anerkannt. Die Bestrebungen zur Einführung eines europäischen Modellstrafrechts können daher allenfalls langfristig erfolgreich sein. Vor allem ist diesbezüglich zweifelhaft, ob eine generelle Harmonisierung auf dem Gebiet des Strafrechts erforderlich ist, die zur Folge hätte, dass kulturelle Besonderheiten, die sich insbesondere in den nationalen Strafrechtsordnungen widerspiegeln, verloren gingen und dadurch die **Normakzeptanz** in der Bevölkerung verringert werden würde. Daher ist es vorzugswürdig, die Vereinheitlichung des Strafrechts der Entwicklung der politischen Union anzupassen und den Weg einer schrittweisen Harmonisierung unter Berücksichtigung des in Art. 4 Abs. 3 EUV (ex-Art. 10 EG) vorgesehenen Subsidiaritätsprinzips fortzusetzen.

V. Annäherung der nationalen Strafrechtsordnungen unter Berücksichtigung der Vorgaben internationaler Organisationen

410 Insgesamt erscheint es vorzugswürdig, dass sich die EU an den kriminalpolitischen Überlegungen und Vorgaben der UNO[855] und der OECD beteiligt, soweit sich diese **internationalen Organisationen** mit der Bekämpfung der schwerwiegenden internationalen Kriminalität befassen.[856] In Teilbereichen ist eine solche Vorgehensweise bereits festzustellen. Diese **bereichsspezifisch orientierte Kriminalpolitik** könnte sich auf die dringendsten Probleme der Kriminalitätsbekämpfung konzentrieren und liefe nicht Gefahr, an der Zurückhaltung der Nationalstaaten bezüglich einer generellen Harmonisierung auf dem Gebiet des Strafrechts zu scheitern.

---

[854] Zur europäischen Zukunft der nationalen Strafrechtsdogmatik vgl. etwa *Bacigalupo*, FS Roxin 2001, S. 1361 ff.; *Perron*, FS Lenckner 1998, S. 227 ff.; *Schünemann*, FS Roxin 2001, S. 1 ff.; zur Vereinheitlichung eines Allgemeinen Teils *Vogel*, GA 2002, 517 ff.; *Weigend*, FS Roxin 2001, S. 1375 ff.; zu Täterschafts- und Teilnahmemodellen *ders.*, ZStW 114 (2002), 403 ff.

[855] *Oppenheimer*, in: *Sieber* (Hrsg.), Europäische Einigung und Europäisches Strafrecht, 1993, S. 103 ff.; *Nilsson*, in: *Sieber* (Hrsg.), Europäische Einigung und Europäisches Strafrecht, S. 99 ff.; vgl. auch *Vogler*, Jura 1992, 586 ff.

[856] *Vogler*, in: *Sieber* (Hrsg.), Europäische Einigung und Europäisches Strafrecht, S. 128, 129.

3. Kapitel. Internationales Wirtschaftsstrafrecht – Erfassung auslandsbezogener Wirtschaftsstraftaten –

Literatur: a) Internationales Strafrecht, insbesondere die strafrechtliche Erfassung von Auslandstaten (Allgemeine Literatur): *Altenhain*, Europäisches Herkunftslandprinzip und nationales Strafanwendungsrecht, in Zieschang (Hrsg.), Strafrecht und Kriminalität in Europa, 2003, S. 107; *Ambos*, Internationales Strafrecht, 3. Aufl. 2011; *Androulakis*, Die Globalisierung der Korruptionsbekämpfung, 2007; *Arzt*, Zur identischen Strafnorm beim Personalitätsprinzip und bei der Rechtshilfe, in Jenny/Kälin (Hrsg.), Festgabe zum Schweizerischen Juristentag (1988), 417; *Barton/Gercke/Janssen*, Die Veranstaltung von Glücksspielen durch ausländische Anbieter per Internet unter besonderer Berücksichtigung der Rechtsprechung des EuGH, wistra 2004, 321; *Böse*, Die Stellung des sog. Internationalen Strafrechts im Deliktsaufbau und ihre Konsequenzen für den Tatbestandsirrtum, FS Maiwald, 2010, S. 61; *Bremer*, Strafbare Internet-Inhalte in internationaler Hinsicht, 2001; *Conradi/Schlömer*, Die Strafbarkeit der Internet-Provider, NStZ 1996, 366, 472; *Cornils*, Die Fremdrechtsanwendung im Strafrecht, 1978; Der Begehungsort von Äußerungsdelikten im Internet, JZ 1999, 394; *Council of Europe, European Committee on Crime Problems*, Extraterritorial criminal jurisdiction, 1990; *Dannecker*, Strafrecht der Europäischen Gemeinschaft, 1995; *Deiters*, Das Prinzip stellvertretender Strafrechtspflege als Strukturelement einer föderalen Strafrechtsordnung in Europa, ZIS 2006, 472; *Derksen*, Strafrechtliche Verantwortung für in internationalen Computernetzen verbreiteten Daten mit strafbarem Inhalt, NJW 1997, 1878; *Dieblich*, Der strafrechtliche Schutz der Rechtsgüter der Europäischen Gemeinschaften, Diss. Köln, 1985; *Dölling*, Handbuch der Korruptionsprävention, 2007; *Eisele*, Internationale Bezüge des Strafrechts, JA 2000, 424; *Ensenbach*, Der Vermögensschutz einer Auslands-GmbH im deutschen Strafrecht, wistra 2011, 4; *Eser*, Grundlagen und Grenzen „stellvertretender Strafrechtspflege" (§ 7 Abs. 2 Nr. 2 StGB), JZ 1993, 875; Das „internationale Strafrecht" in der Rechtsprechung des BGH, in BGH-Festschrift, Bd. 4, 2000, 3; Völkermord und deutsche Strafgewalt, FS Meyer-Goßner, 2001, S. 3; Harmonisierte Universalität nationaler Strafgewalt, FS Trechsel, 2002, 219; *Forkel*, Grenzüberschreitende Umweltbelastungen und deutsches Strafrecht, 1988; *Gärditz*, Weltrechtspflege, 2006; *Gercke/Brunst*, Praxishandbuch Internetstrafrecht, 2009; *Golombek*, Der Schutz ausländischer Rechtsgüter im System des deutschen Strafanwendungsrechts, 2010; *Gribbohm*, Strafrechtsgeltung und Teilnahme, JR 1998, 177; *Grützner/Pötz/Kreß* (Hrsg.), Internationaler Rechtshilfeverkehr in Strafsachen, 3. Aufl. [Stand: Oktober 2013; zit. G/P/K-*Autor*]; *Günter-Nicolay*, Die Erfassung von Umweltstraftaten mit Auslandsbezug durch das deutsche Umweltstrafrecht gemäß §§ 324 ff. StGB, 2003; *Hecker*, Die Strafbarkeit grenzüberschreitender Luftverunreinigungen im deutschen und europäischen Strafrecht, ZStW 115 (2003), 880; *Heger*, Die Europäisierung des deutschen Umweltstrafrechts, 2009; *Heinrich*, Der Erfolgsort beim abstrakten Gefährdungsdelikt, GA 1999, 72; Handlung und Erfolg bei Distanzdelikten, in Festschrift f. U. Weber, 2004, 91; *Henrich*, Das passive Personalitätsprinzip im deutschen Strafrecht, 1995; *Hertel*, Vergessene Grenzen in der Nordsee, in Talmon (Hrsg.), Über Grenzen, 2012, S. 117; *Hilgendorf*, Überlegungen zum Ubiquitätsprinzip im Zeitalter des Internet, NJW 1997, 1873; Neue Medien und das Strafrecht, ZStW 113 (2001) 650; *Hilgendorf/Valerius*, Computer- und Internetstrafrecht, 2. Aufl., 2012; *Holthausen*, Die Strafbarkeit von Auslandstaten Deutsche und das völkerrechtliche Interventionsverbot, NJW 1992, 214; Entgegnung zum Beitrag von Pottmeyer (NStZ 1992, 57), NStZ 1992, 268; *Jeßberger*, Der transnationale Geltungsbereich des deutschen Strafrechts, 2011; *Johannes*, Das Strafrecht der Europäischen Gemeinschaften, Europarecht 1968, 65; Zur Angleichung des Straf- und Strafprozessrechts in der Europäischen Wirtschaftsgemeinschaft, ZStW 83, 531 (1971); *Jung*, Die Inlandsteilnahme an ausländischer strafloser Haupttat, JZ 1979, 325; *Kappel*, Das Ubiquitätsprinzip im Internet, 2007; *Keller*, Grenzen, Unabhängigkeit und Subsidiarität der Weltrechtspflege, GA 2006, 25; *Khan*, Die deutschen Staatsgrenzen, 2004; *Kienle*, Internationales Strafrecht und Straftaten im Internet, 1989; *Klages* Meeresumweltschutz und Strafrecht, 1989; *Klenge/Heckler*, Geltung des deutschen Strafrechts für vom Ausland aus im Internet angebotenes Glücksspiel, CR 2001, 243; *Knaut*, Die Europäisierung des Umweltstrafrechts, 2005; *Koch*, Nationales Strafrecht und globale Internetkriminalität, GA 2002, 703; *Korte*, Der Einsatz des Strafrechts zur Bekämpfung der internationalen Korruption, wistra 1999, 81; *Kudlich*, Altes Strafrecht für Neue Medien? Jura 2001, 305; Herkunftslandprinzip und internationales Strafrecht, HRRS 2004, 278; *Lehle*, Der Erfolgsbegriff und die deutsche Strafrechtszuständigkeit im Internet, 1999; *Lesch*, Sportwetten im Internet – Spiel ohne Grenzen? wistra 2005, 24; *Liebelt*, Zum deutschen internationalen Strafrecht und seiner Bedeutung für den Einfluß außerstrafrechtlicher Rechtssätze des Auslands auf die Anwendung inländischen Strafrechts,

Diss. Münster 1978; *Lüttger,* Bemerkungen zu Methodik und Dogmatik des Strafschutzes für nichtdeutsche öffentliche Rechtsgüter, Festschrift für Jescheck, Bd. 1, 1985, S. 121; *Mankowski/Bock,* Fremdrechtsanwendung im Strafrecht durch Zivilrechtsakzessorietät bei Sachverhalten mit Auslandsbezug für Blanketttatbestände und Tatbestände mit normativem Tatbestandsmerkmal, ZStW 120 (2008), 704; *Martin,* Strafbarkeit grenzüberschreitender Umweltbeeinträchtigungen, 1989; Grenzüberschreitende Umweltbeeinträchtigungen im deutschen Strafrecht, ZRP 1992, 19; *Miller/Rackow,* Transnationale Täterschaft und Teilnahme – Beteiligungsdogmatik und Strafanwendungsrecht, ZStW 117 (2005), 379; *Mintas* Glückspiele im Internet, 2009; *Möhrenschlager,* Einbeziehung ausländischer Rechtsgüter in den Schutzbereich nationaler Straftatbestände in: *Dannecker* (Hrsg.), Die Bekämpfung des Subventionsbetrugs im EG-Bereich, 1993, S. 162; Internationalisierung des materiellen Strafrechts, in Bundesministerium der Justiz, Beiträge zum X. Kongress der Vereinten Nationen in Wien, Österreich, vom 10. Bis 17. April 2000, S. 26; Die strafrechtliche Bekämpfung internationaler Korruption auf internationaler und nationaler Ebene in *Dölling* (Hrsg.), Handbuch der Korruptionsprävention, 2007, Kapitel 8; Jurisdiction Provisions of the OECD Convention and their National Application, FS Pieth, 2013; *Mölders,* Bestechung und Bestechlichkeit im internationalen geschäftlichen Verkehr – Zur Anwendbarkeit des § 299 StGB auf Sachverhalte mit Auslandsbezug, 2009; *Momsen/Grützner,* Wirtschaftsstrafrecht, 2013; *Mosiek,* Fremdrechtsanwendung – quo vadis? StV 2008, 94; *Namavicius,* Territorialgrundsatz und Distanzdelikt, 2012 (Diss. Bonn, 2010); *Neumann,* Normtheoretische Aspekte der Irrtumsproblematik im Bereich des „internationalen Strafrechts", FS Müller-Dietz, 2001, S. 589; *Niemöller,* Zur Geltung des inländischen Strafrechts für Auslandstaten Deutscher, NStZ 1993, 171; *Obermüller,* Der Schutz ausländischer Rechtsgüter im deutschen Strafrecht im Rahmen des Territorialitätsprinzips, Diss. Tübingen, 1999; *Oehler,* Internationales Strafrecht, 2. Aufl. 1983; Theorie des Strafanwendungsrechts, in: Oehler/Pötz, Festschr. f. Grützner, 1970, S. 110; Strafrechtlicher Schutz ausländischer Rechtsgüter, insbesondere bei Urkunden, in der Bundesrepublik Deutschland, JR 1980, 485; *Pappas,* Stellvertretende Strafrechtspflege, 1996; *Rath,* Internationales Strafrecht, JA 2006, 435; 2007, 26; *Pottmeyer,* Die Strafbarkeit von Auslandstaten nach dem Kriegswaffenkontroll- und dem Außenwirtschaftsgesetz, NStZ 1992, 57; *Rath,* Internationales Strafrecht (§§ 3 ff. StGB), JA 2006, 435; 2007, 26; *Rebholz,* Einfuhr, Durchfuhr und Ausfuhr im Straf- und Ordnungswidrigkeitenrecht, 1991; *Reschke,* Der Schutz ausländischer Rechtsgüter durch das deutsche Strafrecht, Diss. Freiburg, 1962; *Römer,* Verbreitungs- und Äußerungsdelikte im Internet, 2000; *Rönnau,* „Angestelltenbestechung" in Fällen mit Auslandsbezug, JZ 2007, 26; Haftung der Direktoren einer in Deutschland ansässigen englischen Private Company Limited by Shares nach deutschem Strafrecht, ZGR 2005, 832; *Rotsch,* Der Handlungsort i. S. d. § 9 Abs. 1 StGB, ZIS 2010, 168; *Safferling,* Internationales Strafrecht, 2011; *Satzger,* Die Anwendung des deutschen Strafrechts auf grenzüberschreitende Gefährdungsdelikte, NStZ 1998, 115; Die Europäisierung des Strafrechts, 2001; Das deutsche Strafanwendungsrecht (§§ 3 ff. StGB), Jura 2010, 108; Internationales und Europäisches Strafrecht, 6. Aufl., 2013; *Schlösser* Die Strafbarkeit des Geschäftsführers einer private company limited by shares in Deutschland, wistra 2006, 81; *Schlüchter,* Zur teleologischen Reduktion im Rahmen des Territorialitätsprinzips, in Festschrift f. Oehler, 1985, 307; *Schmitt,* Zum räumlichen Geltungsbereich des deutschen Strafrechts bei Straftaten im Internet, in FS 600 Jahre Würzburger Juristenfakultät, 2002, 356; *A. Schmitz,* Das aktive Personalitätsprinzip im Internationalen Strafrecht, 2002; *R. Schmitz,* § 7 Abs. 2 Nr. 2 StGB, in Festschrift f. Grünwald, 1999, 619; *R. Scholten,* Das Erfordernis der Tatortstrafbarkeit in § 7 II Nr. 2 StGB, NStZ 1994, 266; Das Erfordernis der Tatortstrafbarkeit in § 7 StGB, 1995; *Schomburg/Lagodny/Gleß/Hackner,* Internationale Rechtshilfe in Strafsachen [IRG-K], 5. Aufl. 2011; *Schramm,* Internationales Strafrecht, 2011; *Schramm/Hinderer,* Die Untreue-Strafbarkeit eines Limited-Directors, § 266 StGB, insbesondere im Lichte des Europäischen Strafrechts. Zugleich eine Anmerkung zu BGH, Urt. v. 13.4.2010, 5 StR 428/09, ZIS 2010, 494; *Schroeder,* Der „räumliche Geltungsbereich" der Strafgesetze, GA 1968, 353; Schranken für den räumlichen Geltungsbereich, NJW 1969, 130; Urkundenfälschung mit Auslandsberührung, NJW 1990, 1406; *Schwarzenegger,* Handlungs- und Erfolgsort beim grenzüberschreitenden Betrug, in Festschrift f. Nikolaus Schmid, 2001, 143; *Sieber* Internationales Strafrecht im Internet, NJW 1996, 2065; *Sieren,* Ausländische Umweltmedien als Schutzgüter des deutschen Umweltstrafrechts, Diss. Osnabrück, 2001; *Staubach,* Die Anwendung ausländischer Strafrechts durch den inländischen Richter, 1964; *Sternberg-Lieben,* Internationaler Musikdiebstahl und deutsches Strafanwendungsrecht, NJW 1985, 2121; *Stoffers,* Überblick über die deutsche Rechtsprechung zum Schutz ausländischer Rechtsgüter durch das deutsche Strafrecht, insbesondere im Bereich der Aussage- und Urkundendelikte, JA 1994, 76; *Tinkl,* Strafbarkeit von Bestechung nach dem EUBestG und dem IntBestG, wistra 2006, 126; *Van der Beken/Vermeulen/Steverlynck/Thomaes* Kriterien für die jeweils beste Strafgewalt in Europa, NStZ 2002, 624; *Vec,* Internet, Internationalisierung und nationalstaatlicher Rechtsgüterschutz, NJW 2002, 1535; *Velten,* Grenzüberschreitende Gefährdungsdelikte, in Festschrift für Rudolphi, 2004, 329; *Vogel,* Internationales Wirtschafts- und Steuerstrafrecht, in *Volk,* Münchener Anwalts-Handbuch in Wirtschafts- und Steuer-

strafsachen, 2006, § 14; *ders.*, in: *Assmann/Schneider*, Wertpapierhandelsgesetz, 6. Aufl. 2012; *Vogler*, Geltungsanspruch und Geltungsbereich der Strafgesetze, in: Oehler/Pötz,Festschr. f. Grützner, 1970, S. 149; *Vormbaum*, Schutz der Rechtsgüter von EU-Staaten durch das deutsche Strafrecht, 2005 (dazu *Hecker*, ZIS 2007, 334); *Walter*, Einführung in das internationale Strafrecht, JuS 2006, 870, 967; *Weber* Zur Anwendbarkeit des deutschen Urheberstrafrechts auf Rechtsverletzungen mit Auslandsberührung, FS Stree/Wessels, 1993, S. 613; *Werle/Jeßberger*, Grundfälle zum Strafanwendungsrecht, JuS 2001, 35, 141; *Wörner, L.*, Einseitiges Strafanwendungsrecht und entgrenztes Internet?, ZIS 2012, 458; *Wörner, L., Wörner, M.* in Sinn (Hrsg.), Jurisdiktionskonflikte bei grenzüberschreitend organisierter Kriminalität, 2012, S. 203; *Wolf*, Internationalisierung des Antikorruptionsstrafrechts, ZRP 2007, 44; *Worm*, Die Strafbarkeit eines director einer englischen Limited nach deutschem Strafrecht, 2009; *Ziegenhain*, Extraterritoriale Rechtsanwendung und die Bedeutung des Genuine-Link-Erfordernisses, Eine Darstellung der deutschen und amerikanischen Staatenpraxis, Diss. München, 1992; *Zieher*, Das sog. Internationale Strafrecht nach der Reform, 1977; *Ziermann*, Die strafrechtliche Relevanz der sogenannten Grenzverkehrsverträge unter besonderer Berücksichtigung des Internationalen Strafrechts, Diss. Köln, 1992; *Zieschang*, Das EU-Bestechungsgesetz und das Gesetz zur Bekämpfung der internationalen Bestechung, NJW 1999, 105.
Ausländisches Recht: *Ascensio/Decaux/Pellet* (Hrsg.), Droit International Pénal, Paris, 2000; Blackstone's Criminal Practice, 22. Aufl. 2012; *Card, Cross and Jones*, Criminal Law, 20. Aufl., London, 2012; *Cassani*, Die Anwendbarkeit des schweizerischen Strafrechts auf internationale Wirtschaftsdelikte, SchweizZStR 114 (1996), 237; *Cassese/Delmas-Marty*, Jurisdictions nationals et crimes internationaux, 2002; *Doyle*, Extraterritorial Application of American Criminal Law, Congressional Research Service, 15.2.2012; *European Parliament, Directorate-General for External Policies, Policy Department*, The extraterritorial effects of legislation and policies in the EU and US, Mai 2012; *Hirst*, Jurisdiction and the Ambit of the Criminal Law, Oxford, 2003; *Home Office*, Steering Committee Report, Review of extra-territorial jurisdiction, 1996; *Huet/Koering-Joulin*, Droit pénal international, Paris, 3 Aufl. 2005, *Kolb/Scalia*, Droit international pénal, Basel/Brüssel, 2. Aufl., 2012; *Ladiges*, Strafrechtliche Risiken des „Directors" einer Limited nach dem Fraud Act 2006, wistra 2012, 170; *Li, Haidong*, Die Prinzipien des internationalen Strafrechts, Eine vergleichende Untersuchung zwischen dem internationalen Strafrecht der Volksrepublik China und dem der Bundesrepublik Deutschland, 1991; *Schwarzenegger*, Der räumliche Geltungsbereich des Strafrechts im Internet, SchwZStr 118 (2000), 109; Wong, Criminal Act, Criminal Jurisdiction and Criminal Justice, 2004;
b) Völker(straf)recht: *Bantekas/Nash/Mackarel*, International Criminal Law, 4. Aufl., 2010; *Bassiouni*, International Criminal Law, 3. Aufl. 2008; *Bassiouni/Wise*, Aut Dedere aut Iudicare, 1995; *Berber*, Lehrbuch des Völkerrechts, Bd. I, Allgemeines Friedensrecht, 2. Aufl., 1975; *Bernhardt/Max Planck Institute for Comparative Public Law and International Law* (Hrsg.), Encyclopedia of Public International Law, Bd. I–III, 1992 ff.; *Bothe/Dolzer/Hailbronner*, Völkerrecht, 5. Aufl., 2010; *Brownlie*, Principles of public international law, 7. Aufl. 2008; *Carreau*, Droit International, 10. Aufl. 2009; *Carter/Trimble/Weiner*, International Law, 6. Aufl. 2011; *Cassese*, International Criminal Law, 3. Aufl., 2013; International Criminal Justice, 2009; *Combacau/Sur*, Droit International Public, 10. Aufl. 2012; *Dahm*, Völkerrecht, Bd. I, 1958, Bd. II, 1961; *Dahm/Delbrück/Wolfrum*, Völkerrecht, Bd. I/3, 2. Aufl. 2002; *Doehring*, Völkerrecht, 2. Aufl. 2004; *Dupuy/Kerbrat*, Droit international public, 11. Aufl., 2012; *Evans*, International Law, 3. Aufl., 2010; *Gardiner*, International Law, 2003; *Gless*, Internationales Strafrecht, Basel 2011; *Hecker*, Europäisches Strafrecht, 4. Aufl., 2012; *Henkin/Pugh/ Schachter/Smit*, International Law, St. Paul (USA), 4. Aufl., 2001; *Henzel/Pierling/Hoffmann*, Völkerrechtsprechung, 2005; *Herdegen*, Völkerrecht, 11. Aufl., 2012; *Ipsen*, Völkerrecht, 5. Aufl. 2004; *Maierhöfer*, Aut dedere – aut iudicare, 2006; *Paust/Jordan*, International Criminal Law, Cases and Materials, 3. Aufl. 2007, Durham (USA); *Ryngaert*, Jurisdiction in International Law, 2008 (Diss. Leuven, 2007); *Satzger*, Internationales und Europäisches Strafrecht, 5. Aufl., 2011; M. Schmidt, Externe Strafpflichten, Völkerstrafrecht und seine Wirkungen im deutschen Strafrecht, 2002; *Shaw*, International Law, 6. Aufl., Cambridge, 2008; *Stein/v. Buttlar*, Völkerrecht, 13. Aufl., 2012; *Vitzthum* (Hrsg.), Völkerrecht, 5. Aufl. 2010.

Inhaltsübersicht

	Rn.		Rn.
I. Einleitung	1	2. Ausdehnung von Wirtschaftsstraftatbeständen auf den Schutz ausländischer Rechtsgüter durch „autonome" Entscheidung des Gesetzgebers	12–16
II. Die Einbeziehung des Schutzes ausländischer Rechtsgüter in das deutsche Strafrecht	2–27		
1. Wirtschaftsstraftaten, auf die „allgemeine" Straftatbestände anwendbar sind	2–11		

	Rn.		Rn.
3. Ausdehnung von Wirtschaftsstraftatbeständen auf den Schutz ausländischer Rechtsgüter nach dem Recht der Europäischen Gemeinschaften oder sonst aufgrund völkerrechtlicher Verträge	17–27	a) Inlandsbegriff und allgemeine Bestimmung der Staatsgrenze	29
		b) Inlandsbegriff und „Grenzen" im Zusammenhang mit sog. „Verbringungstatbeständen" (Einfuhr, Ausfuhr, Durchfuhr)	30–33
III. Die Erfassung von grenzüberschreitenden und im Ausland begangenen Wirtschaftsstraftaten nach dem internationalen Strafanwendungsrecht	28–46	c) Ubiquitätstheorie (§ 9 StGB)	34–39
		2. Aktives und passives Nationalitätsprinzip – Schutzprinzip	40–44
		3. Prinzip der stellvertretenden Strafrechtspflege	45
1. Reichweite des Territorialitätsprinzips	28–39	4. Universalitätsprinzip	46

I. Einleitung

1 Zu einem Schwerpunkt der internationalen Kriminalität ist die **internationale Wirtschaftskriminalität** in ihren vielfältigen Erscheinungsformen geworden. Ihre wirksame Bekämpfung setzt – neben präventiven Maßnahmen – zum einen sowohl ausreichende strafrechtliche Verbote und strafverfahrensrechtliche Regelungen und gut funktionierende staatliche Institutionen (Justiz, Polizei und Verwaltungsbehörden) und internationale Einrichtungen als auch eine effektive Zusammenarbeit zwischen den zuständigen Stellen im In- und Ausland und mit internationalen Institutionen bei der Aufklärung, Verfolgung und Aburteilung voraus.

Dieser Beitrag befasst sich mit **materiell-strafrechtlichen und internationalstrafrechtlichen Aspekten** „internationaler" bzw. „transnationaler", d. h. auslandsbezogener Wirtschaftskriminalität. Dieser Auslandsbezug kann darin bestehen, dass die Tat ganz oder teilweise im Ausland begangen wird, was zur Aufklärung und Beweisgewinnung eine Zusammenarbeit mit dem Ausland notwendig machen kann. Ein solcher Auslandsbezug kann aber auch gegeben sein, wenn die Tat sich zwar im Inland abspielt, sich aber gegen ausländische Rechtsgüter richtet. Darüber hinaus sind auch die Fälle einzubeziehen, in denen Taten – sei es im Inland oder Ausland – die Interessen internationaler oder supranationaler Organisationen verletzen oder gefährden. Dabei spielt eine entscheidende Rolle die Beantwortung der Frage, inwieweit eine Strafvorschrift sowohl inländische als auch ausländische oder nur inländische Rechtsgüter schützt. In bestimmten Bereichen, insbesondere soweit es um den Schutz von Individualrechtsgütern geht, ist eine weite Auslegung möglich. Im Übrigen kann es notwendig werden, die jeweiligen einschlägigen Tatbestände je für sich gesondert zu prüfen. Davon zu trennen ist die Frage, ob und inwieweit auch Auslandstaten, die sich gegen inländische oder ausländische Rechtsgüter richten, von deutschen Strafverfolgungsbehörden und Strafgerichten verfolgt werden können. Dies richtet sich nach den Regeln des internationalen bzw. transnationalen Strafanwendungsrechts (§§ 4 ff. StGB), die gegebenenfalls durch das Völkerrecht eine Begrenzung erfahren,[1] sofern sich nicht aus der Strafvorschrift ergibt, dass nur Inlandstaten erfasst werden. Sie werden von der h. L. als objektive Bedingungen der Strafbarkeit gedeutet[2], deren Fehlen ein zur Verfahrenseinstellung führendes Prozesshindernis darstellt.[3]

---

[1] Vgl. Rn. 28 ff.
[2] BGHSt 27, 30, 34; LK-*Werle/Jeßberger* Rn. 268, 452 vor § 3; MK-*Ambos*, Rn. 3 vor § 3; Schönke/Schröder-*Eser*, Rn. 6 vor § 3; AnwK-*Zöller*, Rn. 2 vor § 3; G/J/W-*Rotsch*, Rn. 9 vor § 3; aA Matt/Renzikowski/*Basak* Rn. 2 vor § 3 (Tatbestandsmerkmal) m. w. N.; differenzierend NK-*Böse*, Rn. 8 ff., 51 vor § 3 (Tatbestandsmerkmal bei Ausübung originärer Strafgewalt wie in den §§ 3–5; Verfahrensrecht bei Ausübung abgeleiteter Strafgewalt); *Jeßberger*, S. 128 ff (Tatbestandsmerkmal bei Durchsetzung des Territorialprinzips und des Staatsschutzgrundsatzes; objektive Bedingung der Strafbarkeit bei Durchsetzung eines von einer anderen Rechtsordnung abgeleiteten Strafanspruchs, wie etwa im Fall des § 7 II Nr. 2), jeweils m. w. N.
[3] BGHSt 34, 1, 3; NJW 1995, 1844 f.; NStZ 1997, 257; wistra 2011, 335 f.; NStZ-RR 2012, 247 f.; OLG Celle BeckRS 2007, 10172; OLG Düsseldorf wistra 1992, 352; OLG Köln NJW 1982, 2740 = StV 1982, 471; OLG Saarbrücken, NJW 1975, 506; LK-*Werle/Jeßberger*, Rn. 10, 321 vor § 3; MK-*Ambos*,

II. Die Einbeziehung des Schutzes ausländischer Rechtsgüter in das deutsche Strafrecht

1. Wirtschaftsstraftaten, auf die „allgemeine" Straftatbestände anwendbar sind

Im Inland begangene „Wirtschaftskriminalität", deren Strafbarkeit sich aus dem deutschen Strafrecht ergibt, kann als Folge der deutschen Strafgewalt über das Territorium der Bundesrepublik Deutschland (§ 3 StGB – Territorialitätsprinzip –) grundsätzlich auch im Inland verfolgt werden,[4] gleichgültig, ob sie dort von deutschen Staatsangehörigen oder von Ausländern[5] begangen wird.

a) Was zunächst die **Reichweite von Tatbeständen** betrifft, so bestehen keine Probleme bei solchen Tatbeständen, die sowohl inländische als auch ausländische Rechtsgüter schützen. Allgemein – entsprechend den Grundsätzen des über Artikel 25 Grundgesetz im Inland anwendbaren völkerrechtlichen Fremdenrechts, das Ausländern einen menschenrechtlichen „minimum standard of justice" im jeweiligen Aufenthaltsstaat zuerkennt,[6] und der durch das Grundgesetz anerkannten Gewährleistung von menschenrechtlichen Grundrechten sowohl für In- als auch für Ausländer[7] – ist zum einen anerkannt, dass Strafvorschriften, die Individualrechtsgüter – wie Leben, Gesundheit, Freiheit, Ehre, Vermögen oder Eigentum – schützen, grundsätzlich jedenfalls auf Inlandstaten anwendbar sind, auch wenn der Rechtsgutsträger ein Ausländer ist.[8] Das Gleiche gilt für ausländische Unternehmen, die im Inland Eigentum oder Vermögen haben bzw. sich im Inland betätigen. In diesem Rahmen können auch Rechtsgüter ausländischer Staaten, wenn sie nicht Ausfluss von Hoheitsgewalt sind, sondern den Charakter von Individualrechten haben, Strafrechtsschutz genießen.[9] Die interna-

---

Rn. 4 vor § 3; Schönke/Schröder-*Eser*, Rn. 7 vor § 3; AnwK-*Zöller*, Rn. 2 vor § 3; G/J/W-*Rotsch*, Rn. 8 vor § 3; *Mankowski/Bock*, JZ 2008, 556, differenzierend NK-*Böse*, Rn. 11 vor § 3.

[4] Wenn nicht ein Verfolgungshindernis besteht (Fehlen eines Strafantrags, einer Ermächtigung; Immunität von Abgeordneten, von Diplomaten (dazu BVerfGE 96, 98) oder von Bediensteten supranationaler (wie von Institutionen der Europäischen Union) oder internationaler Organisationen; zur Immunität von Staatsoberhäuptern vgl. *Stein/v. Butlar*, Rn. 723 ff.

[5] Allgemein, auch im Völkerrecht (s. näher nachstehend im Text), anerkannt als Folge des Territorialitätsprinzips (ausdrücklich noch erwähnt in § 3 RStGB 1871 [zuvor in § 3 PrStGB 1851]; § 4 Abs. 1 StGB i. d. F. der VO vom 6.5.1940, RGBl. I 754, der bis 31.12.1974 galt).

[6] *Jescheck/Weigend*, Lehrbuch des Strafrechts, AT, 5. Aufl. 1996, S. 176; LK-*Werle/Jeßberger* Rn. 276 vor § 3; MK-*Ambos*, Rn. 78 vor § 3; NK-*Böse*, Rn. 56 vor § 3; *Schramm*, Rn. 73; ausführlich *Reschke*, S. 102 ff. m. w. N.; *Obermüller*, S. 50 ff.; vgl. auch *Baur*, Fremdenrecht, Wien, 2002; *Vagts*, Minimum Standards, in: Bernhardt/Max Planck Institute for Comparative Public Law and International Law/(ed.), Encyclopedia, Bd. III, 1997, S. 408 ff.; *Shaw*, S. ff.; *Hailbronner*, Die allgemeinen Regeln des völkerrechtlichen Fremdenrechts, 2000; *Henkin/Pugh/Schachter/Smit*, S. 716 ff.; *Lüttger*, S. 121, 147; *Stein/v. Butlar*, Rn. 580 ff.; *Tiburcio*, The human right of aliens under international and comparative law, Boston, Nijhoff-Verlag, 2001.

[7] *Obermüller*, S. 60 ff. m. N.

[8] BVerfG BeckRS 2007, 32414 [42] (4.12.2007); LK-*Werle/Jeßberger*, Rn. 274 vor § 3; LK-*Tiedemann*, § 263 Rn. 332 (Zum Vermögen); MK-*Ambos*, aaO und *Ambos*, § 1 C II; NK-*Böse* aaO; Schönke-Schröder/*Eser*, Rn. 33 vor § 3 m. w. N.; SSW-*Satzger*, Rn. 8 vor § 3, *Fischer* Rn. 8 vor § 3; G/J/W-*Rotsch*, Rn. 17 vor § 3; AnwK-*Zöller* Rn. 5 vor § 3;. *Möhrenschlager* (1993), S. 162, 163 m. w. N.; *Obermüller*, S. 56 ff., 64 ff.; *Günter-Nicolay*, S. 120; *Oehler*, Int. Strafrecht, Rn. 125, 161, 233; *Vogel*, § 14 Rn. 31; *Hecker*, Europäisches Strafrecht, § 2 Rn. 6; *Ziermann*, S. 11 (für das Inland); vgl. auch BGHSt 29, 85, 88 (betr. „in der zivilisierten Welt anerkannte elementare Rechtswerte wie Leib, Leben, Freiheit oder Ehre, die das deutsche Strafrecht auch bei nur ausländischer Wirkung der Tat schützen müßte" unter Bezug auf BGHSt 21, 277, 281, wo auch der Eigentumsschutz mit erwähnt wird); BayObLGSt 1972, 120 f. = NJW 1972, 1722; OLG Düsseldorf NJW 1982, 1242 f.; OLG Karlsruhe NStZ 1985, 317; OLG Köln NJW 1982, 2740.

[9] Schönke-Schröder/*Eser* Rn. 33, 39 vor § 3; *Fischer*, Rn. 8, 10 vor § 3; *Möhrenschlager* (Fn. 8); *Ziegenhain*, S. 63; NK-*Lemke*, 2. Aufl. 2005, Rn. 29, 31 vor § 3; *Obermüller*, S. 64 f. m. w. N.; *Günter-Nicolay*, S. 121; *Vogel* (Fn. 8).

tional anerkannte Schutzwürdigkeit solcher menschenrechtsbezogener Rechtsgüter auch mit Mitteln des Strafrechts erlaubt jedoch im Rahmen der Regelungen des Strafanwendungsrechts den Strafrechtsschutz auch auf grenzüberschreitende und im Ausland begangene Taten zu erstrecken. Wie weit darüber hinaus bei Wirtschaftsstraftaten i. w. S. dieser Schutz reicht, hängt dann von der – mitunter erst durch Auslegung zu ermittelnden – Reichweite der jeweiligen Tatbestände ab und völkerrechtliche Begrenzungen, etwa i. S. des Nichteinmischungsgebots, nicht im Wege stehen, also die Auslandserstreckung mit dem Völkerrecht im Einklang steht.

4   **b)** Die **§§ 242 ff.** und **§ 246 StGB** kennen deshalb grundsätzlich keine inlandsbezogene Begrenzung. **Diebstahl** oder **Unterschlagung** von Gegenständen, die einem deutschen Staatsangehörigen oder einem Ausländer, einem inländischen Unternehmen oder einem solchen, das sich (mehrheitlich) in den Händen von Ausländern bzw. einer ausländischen Gesellschaft befindet, einer Institution eines ausländischen Staates (z. B. einer Botschaft) oder einer internationalen oder supranationalen Organisation (wie etwa einer Einrichtung der EU) gehören, kann daher in Deutschland verfolgt werden.[10] Dabei ist die Frage, wie und für wen Eigentum erworben wird, nach der lex sitae, d. h. bei Sachen, die im Ausland erworben wurden, nach ausländischem Recht zu beantworten.[11] Unter Umständen ist allerdings die Nichtanerkennung des (ausländischen) Eigentumserwerbs durch den deutschen ordre public zu beachten (vgl. Art. 30 EGBGB).[12]

5   **c)** Entsprechendes gilt auch für Taten des **Betruges** (§ 263 StGB),[13] des **Computerbetruges** (§ 263a StGB),[14] des **Versicherungsmissbrauchs** (§ 265 StGB),[15] des **Erschleichens**

---

[10] *Möhrenschlager* (Fn. 8); *Reschke*, S. 136 ff.; *Vogel* (Fn. 8).

[11] So im Erg. schon RGSt 27, 135 (1895 – Unterschlagung von in der Schweiz unter Eigentumsvorbehalt gekauftem Druckerei- und Papierwarenfabrikinventar); BGH NStZ 2010, 632 = wistra 2010, 268, 270 m. zust. Anm. *Bittmann*. S. 303; OLG Schleswig NJW 1989, 3105 (Unterschlagung von in Griechenland bei Hausabriss gefundenen antiken Münzen); dem Erg. zust. *Liebelt*, S. 218 f., 234, 241; ebenso Schönke-Schröder/*Eser*, Rn. 41 vor § 3; LK-*Werle/Jeßberger*, Rn. 337 vor § 3; NK-*Böse*, Rn. 63 vor § 3; NK-*Lemke* (Fn. 9), Rn. 32 vor § 3 m. N; *Mankowski/Bock*, ZStW 120 (2008), 704, 744 f.

[12] Schönke-Schröder/*Eser*, Rn. 41, 74; *Reschke*, S. 137 ff. (auch zu Fällen des Erwerbs als Folge von Enteignungen); zu § 263 LK-*Tiedemann*, Rn. 333; generell zur Anwendung ausländischen Rechts *Cornils* und *Staubach*, passim; *Liebelt*, S. 195 ff.; *Günter-Nicolay*, S. 308 ff.

[13] BayObLGSt 1979, 199, 200 = NJW 1980, 1057 (grundsätzlich bejahend bei § 263 StGB; ebenso LK-*Tiedemann*, § 263 Rn. 332 ff.; s. auch Rn. 3; zu Ausnahmen s. u.); *Möhrenschlager* (Fn. 8); *Reschke*, S. 141 ff.; Schönke-Schröder/*Eser*, Rn. 33, 39 vor § 3; *Vogel*, § 14 Rn. 36; generell *S. Berger*, Der Schutz öffentlichen Vermögens durch § 263 StGB, 2000.

[14] LK-*Tiedemann/Valerius*, § 263a Rn. 101 f.; ergänzender Hinweis auf AG Hamm CR 2006, 70 (Überweisungen nach Russland nach Ausspionieren von Online-Banking-Daten in Deutschland durch Installation von Trojanern) und LG Köln MMR 2008, 259.

[15] Geschütztes Rechtsgut der Neufassung des § 265 StGB ist jedenfalls das Vermögen der Versicherungen; der Tatbestand ist eine Art Vorbereitungshandlung zur Vermögensschädigung, die nicht notwendigerweise eine Vorbereitungshandlung zum Betrug darstellen muss (Ausschussbericht zum 6. StRG, BT-Drucks. 13/9064, S. 19 f.; Begr. zu § 256 Abs. 2 E 62, BT-Drucks. IV/650 = V/32, S. 427 f.); noch mehr als zum früheren Recht ist daher § 265 StGB geeignet, nicht nur inländische, sondern auch ausländische Versicherungen in ihrem Vermögen zu schützen; vgl. *Fischer* § 265 Rn. 2; *Mitsch*, ZStW 111, 65, 117 (1999) (Struktur einer Betrugsvorbereitung); schon zum früheren Recht bejahend BGHR § 265 I Versicherungsvertrag 2 = wistra 1993, 224 (Anstiftung zum Inbrandsetzen eines in Schweden gelegenen und dort versicherten Ferienhauses in betrügerischer Absicht; dazu *Obermüller*, S. 100, 102, 213); NK-*Böse* Rdn. 60 vor § 3; LK-*Tiedemann*, § 265, Rn. 40 (zumindest Versicherungsunternehmen mit Sitz in EU im Schutzbereich, selbst wenn neben dem Vermögen zusätzlich oder gar vorrangig Leistungsfähigkeit der Sach-Versicherungswirtschaft als geschütztes Rechtsgut angesehen wird); *Lackner/Kühl*, § 265, Rn. 1; *Golombek*, S. 182; weiter *Engemann*, Die Regelung des Versicherungsmissbrauchs (§ 265 StGB) nach dem 6. Strafrechtsreformgesetz, 2001; *C. Wolff*, Die Neuregelung des Versicherungsmissbrauchs, 2000; *R. Schröder*, Versicherungsmissbrauch – § 265 StGB, 2000 (Diss. Bonn); *Wirth*, Zur Notwendigkeit des strafrechtlichen Schutzes des Privatversicherungswesens durch die Privatwirtschaft, 2004; a. A. *Obermüller*, S. 212 f., nach dem § 265 StGB vorrangig den Schutz der sozialen Leistungsfähigkeit des dem allgemeinen Nutzen dienenden Versicherungswesen bezwecke; ähnlich MK-*Wohlers/Mühlbauer* Rn. 4.

II. Die Einbeziehung des Schutzes ausländischer Rechtsgüter

von Leistungen (§ 265a StGB),[16] der **Untreue** (§ 266 StGB),[17] der **Hehlerei** (§§ 259 ff. StGB)[18] und des **Missbrauchs von Scheck- und Kreditkarten** (§ 266b StGB)[19] als Straftat im Umkreis von Betrug und Untreue. Von Bedeutung ist die Anwendung von § 266 auf Untreuehandlungen in einer Gesellschaft ausländischer Rechtsform. Auf dem Hintergrund der Anwendung des am Sitz einer Gesellschaft geltenden Gesellschaftsrechts (Gründungstheorie) durch den EuGH[20] wird dies weitgehend anerkannt bei Untreue zum Nachteil einer brit. Private Company limited by shares (sog. Limited).[21] – Bei der Bei der Anwendung des allgemeinen Untreuetatbestandes sollte, wennman die streitige Frage, ob auch ein zu gesetz- oder sittenwidrigen Zwecken begründetes Treueverhältnis eine Betreuungspflicht begründet, grundsätzlich bejaht[22], bei der Anwendung auf Ausländer, deren „Treueverhältnis" direkt oder indirekt auf im Ausland stammende Regelungen zurückgeht, zusätzlich für die Entscheidung den deutschen ordre public heranziehen.

Überholt, weil zu allgemein formuliert, ist die Auffassung des BGH[23], das Strafrecht sei „nicht dazu berufen, die fiskalischen Belange anderer Staaten vor Beeinträchtigungen zu schützen". Gegen Schädigungen durch Betrugshandlungen im Rahmen (verwaltungs)privatrechtlicher (Fiskal)Geschäfte wird auch das Vermögen ausländischer Staaten, sonstiger ausländischer juristischer Personen und von supranationalen (wie der Europäischen Union) und internationaler Organisationen geschützt.[24] Bejaht wird eine Anwendung des § 263 StGB auch bei Subventionserschleichungen z. B. zum Nachteil der EU[25] außerhalb des Anwendungsbereichs des § 264 StGB.[26] Ausländische staatliche Finanz-Interessen, die unmittelbarer Ausfluss staatlicher Hoheitsgewalt sind, etwa bei hoheitlich auferlegten Zahlungspflichten, sind in den Schutzbereich von § 263 nicht einbezogen. Die Hinterziehung von ausländischen Steuern, Zöllen oder sonstigen Abgaben, auch wenn die auslandsbezogenen Voraussetzungen

---

[16] LK-*Tiedemann*, § 265a Rn. 59 (betr. Verkehrsmittel und Telekommunikationsnetze). Daraus, dass der Tatbestand auch dem Missbrauch „*eines öffentlichen Zwecken dienenden Telekommunikationsnetzes*" begegnen will, lässt sich kein ausschließlicher Inlandsbezug herleiten.

[17] *Reschke*, S. 144 ff.; *Vogel* (Fn. 8).

[18] *Reschke*, S. 148 (soweit es sich bei den Vortaten um nach deutschem Recht strafbare Taten handelt, Letzteres h. M., vgl. RGSt 55, 234 f. [1921] – Ankauf eines gestohlenen Pferdes; LK-*Walter*, § 259 Rn. 16; Schönke-Schröder/Stree/*Hecker*, § 259 Rn. 10 m. w. N.).

[19] LK-*Möhrenschlager*, § 266b Rn. 2.

[20] EuGH, Rs C-212/97, 9.3.1999, Slg. 1999 I-1459 = NJW 1999, 2027 (Centros); Rs C-208/00, 5.11.2002, Slg. 2002 I-9919 = NJW 2002, 3614 (Überseering); Rs C-167/01, 30.9.2003, Slg. 2003 I-10155 = NJW 2003, 3331 (Inspire Art).

[21] BGH NStZ 2010, 632, 634 = wistra 2010, 268, 270 m. Anm. *Bittmann* S. 303; *Radtke* NStZ 2011, 556 (krit. *Rönnau* NStZ 2011, 556); AG Stuttgart wistra 2008, 226, 228 f. m. Anm. *Schumann*; LK-*Schünemann*; § 266 Rn. 264; NK-*Böse*; Rn. 63, 67 vor § 3; Schönke/Schröder-*Perron*, § 266 Rn. 21; G/J/W-*Waßmer*, § 266 Rn. 24; *Müller-Gugenberger*/Bieneck, § 23 Rn. 118; *Gross*/Schork NZI 2006, 10, 15; *Mankowski*/Bock ZStW 120 (2008) 704, 756 f.; GmbHR 2010, 822; *Richter*, Festschrift Tiedemann, 2008, S. 1023, 1034 f.; *Schlösser*, wistra 2006, 81, 87 f.; *Schramm*/Hinderer, ZIS 2010, 494, 497 f.; *Wilk*/Stewen, wistra 2011, 161, 168 f.; *Worm*, S. 108 f.

[22] Vgl. BGH NStZ-RR 1999, 184 = wistra 1999, 103, 107; NJW 1984, 800; LK-*Schünemann* § 266 Rn. 64; a. A. z. B. Schönke-Schröder/*Lenckner*/*Perron*, § 266 Rn. 31, jeweils m. w. N.; *Reschke*, S. 145 ff.

[23] BGHSt 29, 85, 89 (betr. die von der h. M. gebilligte Nichtanwendung von § 170b bei Verletzung der Unterhaltspflicht gegenüber im Ausland lebenden Unterhaltsberechtigten nichtdeutscher Staatsangehörigkeit).

[24] BayObLGSt 1979, 199 f. = NJW 1980, 1057 f.; LK-*Tiedemann*, Rn. 332; Schönke/Schröder-*Cramer*/Perron Rn. 1/2; NK-*Kindhäuser* Rn. 10; MK-*Hefendehl* Rn. 7; Lackner/*Kühl* Rn. 2; G/J/W-*Dannecker* Rn. 5; AnwK-*Gaede* Rn. 2; Schönke/Schröder-*Eser*, Rn. 33. vor § 3.

[25] LK-*Tiedemann* aaO; *Dannecker*, S. 161 f.; *Dieblich*, S. 120 ff.; *Obermüller*, S. 64, 69; *Berger* S. 32 ff.; auch sonstige Ausgabemittel der EU sind durch § 263 StGB geschützt.

[26] Liegen Voraussetzungen des § 264 nicht vor, kann gleichwohl ggf. § 263 angewandt werden, BGHSt 44, 233, 243; h. L., vgl. LK-*Tiedemann*, § 263 Rn. 314; § 264 Rn. 186; Schönke/Schröder/*Cramer*/Perron, § 264 Rn. 87.

der §§ 369 ff. AO nicht vorliegen, kann daher nicht nach § 263 verfolgt werden.[27] Hinsichtlich des Schutzes der finanziellen Interessen der Europäischen Union, durch deren Schädigung auch Inlandsinteressen betroffen sind, kann für eine Weiterung über eine gemeinschaftskonforme Auslegung auch Art. 325 II AEUV (früher Art. 5 EG-Vertrag mit der Verpflichtung zu einer entsprechenden Ausdehnung durch den EuGH in dem bekannten griechischen Mais-Fall[28] sowie Art. 280 II EUV a. F.) herangezogen werden.[29] Bisher beruhen Erstreckungen in diesem Bereich auf ausdrücklichen gesetzgeberischen Erweiterungen (s. dazu u.).

7   Nicht so eindeutig ist die Sachlage bei den Tatbeständen des **Kapitalanlagebetruges (§ 264a StGB)** und des **Kreditbetruges** (§ 265b StGB), dies jedenfalls dann, wenn man diese Tatbestände nicht nur als Vorfeldtatbestände (abstrakte Gefährdungstatbestände) zum Betrug ansieht, sondern entsprechend dem Willen des Gesetzgebers[30] mit der überwiegenden Meinung[31] den Schutz überindividueller Schutzinteressen neben dem Schutz von Vermögen besonders hervorhebt. In diesem Fall ist es nicht von vornherein abwegig, eine Beschränkung auf inländische Interessen anzunehmen. Aus dem Wortlaut ergibt sich jedoch eine solche Einschränkung nicht. Die Anerkennung von Vermögen als Schutzgut spricht eher dafür. Der Gesetzgeber wollte auch Anteile an ausländischen Aktiengesellschaften in den Schutzbereich einbeziehen,[32] was allerdings eine Beschränkung auf Handlungen mit möglichen Wirkungen für den deutschen Kapitalmarkt nicht ausschließen würde.[33] Die heutzutage bestehende Verflechtung nationaler und ausländischer Kapitalanlagemärkte spricht aber für einen weitergehenden Ansatz. Geschützt werden also sowohl Deutsche als auch Ausländer, die im Inland oder Ausland Anteile an inländischen oder ausländischen Gesellschaften erwerben wollen.[34] M. E. bestehen auch keine Bedenken, diese Ansicht auf den Tatbestand des § 265b StGB zu übertragen. Eine Einschränkung auf den Schutz des inländischen Kreditwesens, wie ihn OLG Stuttgart[35] annimmt, ergibt sich auch hier nicht aus dem Wortlaut und folgt auch nicht zwingend aus der Struktur des § 265b StGB angesichts des auch hier anzuerkennenden Vermögensschutzes. Die Anlehnung von Tatbestandselementen an das KWG ist kein ausreichendes Gegenargument. § 265b StGB ist nicht akzessorisch ausgestaltet wie z. B. ein Teil der

---

[27] Zuletzt BayObLG aaO (Hinterziehung von Steuervorteilen bei italienischen Benzingutscheinen); Lit. in Fn. 24; *Gribbohm* in LK[11], Rn. 177 vor § 3 m. w. N. zur Rechtspr. und Lit.; zur Verdrängung von §§ 263, 263a und 264 durch § 370 AO BGHSt 36, 100 f.; 51, 356, 363 = wistra 2007, 388, 390 f.; LK-*Tiedemann*, § 263 Rn. 319; Bedenken dagegen erhebt *Gössel*, Das Rechtsgut als ungeschriebenes strafbarkeitseinschränkendes Tatbestandsmerkmal, Festschrift f. Oehler, 1985, S. 97, 106.
[28] EuGH vom 21.9.1989, Slg. 1989, 2965 (Rechtssache 68/88 – Kommission – Griechenland) = NJW 1990, 2245 = EuZW 1990, 99 m. Anm. *Tiedemann*.
[29] LK-*Tiedemann* (Fn. 24); vgl. auch LK-*Werle/Jeßberger*, Rn. 281 ff. vor § 3 mit dem wichtigen Hinweis in Rdn. 285, dass eine solche Auslegung nicht infrage kommt, wenn eine deutsche Strafvorschrift ausdrücklich den Schutz auf deutsche hoheitliche Interessen beschränkt hat; Art. 325 II, IV AEUV stellen jedoch auch eine Rechtsgrundlage für den Erlass eines europäischen Rechtsinstruments zur Bekämpfung von Betrügereien im Ausgaben- und Einnahmenbereich dar (str., dafür *Hecker* in Sieber/Brüner/Satzger, Europäisches Strafrecht, 2011, Kap 10 Rn. 23 ff. m. w. N.).
[30] Zu § 264a StGB RegE, BT-Drucks. 10/318, S. 22; zu § 265b StGB RegE, BT-Drucks. 7/3441, S. 17 f., Ausschussbericht, BT-Drucks. 7/5291, S. 14.
[31] LK-Tiedemann § 264a, Rn. 25 m. w. N. in Fn. 26; § 265b, Rn. 9 ff. m. w. N. in Fn. 7.
[32] RegE, BT-Drucks. 10/318, S. 22.
[33] Möglicherweise einschränkend in dieser Richtung *Petersen* in: *Gropp* (Hrsg.), Wirtschaftskriminalität und Wirtschaftsstrafrecht in einem Europa auf dem Weg zu Demokratie und Privatisierung, 1998, S. 115, 119. Nach Schönke-Schröder/*Cramer/Perron* § 264a Rn. 4 erfasst § 264a auch Fälle des Vertriebs von Anlagewerten durch eine ausländische Anlagefirma vom Ausland aus, was allerdings nach den §§ 3, 9 I als grenzüberschreitender Inlandsfall eingestuft werden kann.
[34] Ebenso *Vogel*, § 14 Rn. 36; *Golombek* S. 182; enger LK-*Tiedemann*, § 264a Rn. 117 f. (beschränkt auf den EU-Bereich); wohl abl. MK-*Wohlers/Mühlbauer* Rn. 1 f.
[35] NStZ 1993, 545 (dazu *Obermüller*, S. 101 ff., 212 f.); ebenso LK-*Tiedemann*, § 265b, Rn. 116 f. (aber einschränkend); *Lackner/Kühl*, § 265b Rn. 1; *Vogel* § 14 Rn. 36.

II. Die Einbeziehung des Schutzes ausländischer Rechtsgüter 3

Umweltstraftatbestände.[36] Die Lösung von *Tiedemann*, die Tatbestände wenigstens auf den Bereich der Europäischen Union, also zu § 265b StGB zum Schutz von Kreditunternehmen mit dortigem Sitz auszudehnen, ist nicht zwingend. Sie enthalten keine ausdrückliche Beschränkung auf den Bereich der Europäischen Union, wie dies bezogen auf den Gemeinsamen Markt die Gemeinsame Maßnahme vom 22.12.1998 über die Bestechung im privaten Sektor[37] gestattete.[38] § 265b StGB ist wie § 264a StGB daher auch auf Fälle anzuwenden, in denen die Tathandlungen im Rahmen der §§ 3 ff. im Ausland auch ohne EU-Bezug begangen werden.[39]

Bei den **Urkundenstraftatbeständen** stellt sich auch die Frage, ob geschütztes Rechtsgut 8 nicht nur die Sicherheit und Zuverlässigkeit des inländischen, sondern auch des ausländischen und supranationalen Rechtsverkehrs sein kann.[40] Nach wohl überwiegender Ansicht ist Letzteres jedenfalls für die **§§ 267–270 StGB** zu bejahen,[41] d. h. also, soweit es um den Schutz der Echtheit und Unversehrtheit von Urkunden geht, was auch eine Tat nach § 274 StGB einschließt. Bereits das bis 1943 geltende Urkundenstrafrecht schloss ausdrücklich auch den Schutz ausländischer öffentlicher Urkunden mit ein und stellte ohne weitere Einschränkung nur auf Täuschungen ab.[42]

Sofern im Ausland gefälscht hergestellte oder verfälschte Urkunden im Inland gebraucht werden, etwa durch Vorzeigen an der Grenze beim Einreisen, geht es allerdings noch um

---

[36] In den Fällen, in denen z. B. Umwelttatbestände allgemein formuliert sind, wird weitgehend versucht, diese so auszulegen, dass auch die ausländische Umwelt in den Schutzbereich mit einbezogen wird; eine Ausdehnung auf den EU-Bereich hat inzwischen das 45. StrÄndG im Anwendungsbereich des § 330d Abs. 2 und in § 325 Abs. 2 Satz 2 StGB bei verwaltungsakzessorischen Tatbeständen vorgenommen.
[37] ABl. EG Nr. L 358 vom 31.12.1998 S. 2.
[38] Bei der Umsetzung hat Deutschland davon allerdings keinen Gebrauch gemacht, vielmehr § 299 StGB durch Anfügung eines neuen Absatzes 3 durch Gesetz vom 22.8.2002 (BGBl. I 3387) generell auf „Handlungen im ausländischen Wettbewerb" ausgedehnt (vgl. dazu die Begründung im Reg-E, BT-Drucks. 14/8998 S. 9 f.).
[39] Im Ergebnis ebenso Gribbohm in LK[11], Rn. 191 vor § 3; NK-*Böse*, Rdn. 60 vor § 3; G/J/W-*Wiedner* § 265b Rn. 6; wohl auch LK-*Werle/Jeßberger* Rn. 308 vor § 3, der das ausländische Kreditwesen jedenfalls, soweit das betroffene Kreditunternehmen seinen Sitz in der EU hat, als durch § 265b geschützt ansieht; Schönke-Schröder/*Cramer/Perron*, § 265b Rn. 3 a. E. und *Fischer*, § 265b Rn. 2a, 3.; *Golombek*, S. 182; abl. *Obermüller*, S. 212 f.
[40] Dazu in der Vergangenheit insbesondere *Schroeder*, NJW 1990, 1406; *Stoffers*, JA 1994, 76, 78 ff.
[41] BayObLGSt 1979, 199, 201 f. = NJW 1980, 1057 (italienische Benzingutscheine als ausländische öffentliche Urkunden; Entfernung von Stempeln); KG JR 1980, 516 (ausländischer Reisepass mit falschem Dr.-Titel – dazu *Oehler*, JR 1980, 485; *Obermüller*, S. 84); KG JR 1981, 37 (Vorweisen eines gefälschten Kfz-Briefs gegenüber DDR-Grenzbeamten; BGHR, 2 StR 296/11 v. 17.8.2011, StGB § 276 Konkurrenzen 1 = BeckRS 2011, 25840 (französischer Reisepass); von dieser Auffassung ging offenbar auch BGHSt 13, 235 (kanadischer Bezugskarten-Fall) aus; LK-*Werle/Jeßberger*, Rn. 310 vor § 3; Gribbohm in LK[11] Rn. 192 vor § 3, § 267 Rn. 1; MK-*Ambos*, Rn. 80 vor § 3; NK-*Böse* Rdn. 60 vor § 3; Schönke-Schröder/*Cramer/Heine*, § 267 Rn. 1b; SSW-*Wittig*, Rn. 4; Matt/Renzikowski/*Maier*, § 267 Rn. 3; *Lackner/Kühl*, § 267 Rn. 1, 25; *Golombek*, S. 183; *Reschke*, S. 203 ff.; *Schramm* Rn. 76; *Vogel* (Fn. 34); *Ziermann*, S. 15; *Hecker*, § 10 Rn 71; a. A. *Sternberg-Lieben*, Internationaler Musikdiebstahl und deutsches Strafanwendungsrecht, NJW 1985, 2121, 2125 (betr. GEMA-Aufdruck auf illegalem Tonträger); *Obermüller*, S. 207 (grundsätzlich nur Schutz des inländischen Rechtsverkehrs).
[42] § 267 StGB a. F. lautete: „Wer in rechtswidriger Absicht eine inländische oder ausländische öffentliche Urkunde oder eine solche Privaturkunde, welche zum Beweise von Rechten oder Rechtsverhältnissen von Erheblichkeit ist, verfälscht oder fälschlich anfertigt und von derselben zum Zwecke einer Täuschung Gebrauch macht, wird ... bestraft." Dass auch „ausländische" Privaturkunden unter den Schutz des § 267 StGB a. F. fielen, war selbstverständlich (vgl. *Olshausen*, StGB, 11. Aufl. 1927, Anm. 10 a. E. (*Kirchner*); berechtigte Kritik an der Anknüpfung an einer „ausländischen" (Privat)Urkunde jedoch bei *Schroeder*, NJW 1990, 1406; *Satzger* (2001), S. 579). Der geltende Tatbestand geht auf die Strafrechtsangleichungs-VO vom 29.5.1943 (RGBl. I S. 339) zurück, die offensichtlich an der Einbeziehung „ausländischer" Urkunden nichts ändern wollte (LK-*Zieschang*, Rn. 1).

die Gefährdung der Sicherheit und Zuverlässigkeit des inländischen Rechtsverkehrs, so dass in einem solchen Fall an einer Strafbarkeit nach § 267 StGB kein Zweifel besteht.[43] Bei der heutigen Verflochtenheit staatlicher und privater internationaler Beziehungen im Rechtsverkehr erscheint es notwendig, auch die Täuschung des ausländischen Rechtsverkehrs durch Herstellen unechter *Urkunden* sowie die Verfälschung und den Gebrauch solcher Urkunden etwa durch Deutsche im Ausland tatbestandlich zu erfassen.[44] **§ 275, auch i. V. mit § 276a StGB**, erfasst nicht nur die Vorbereitung der Fälschung von inländischen, sondern auch von ausländischen amtlichen Ausweisen, aufenthaltsrechtlichen Papieren und Fahrzeugpapieren;[45] das Gleiche gilt für die Strafvorschriften über das **Verschaffen falscher amtlicher Ausweise, aufenthaltsrechtlicher Papiere und Fahrzeugpapiere (§§ 276, 276a StGB)**;[46] der Begriff „amtlicher" Ausweis enthält also nicht eine stillschweigende Einschränkung auf inländische amtliche Ausweise. Auch die **§§ 277–279 StGB (betr. Gesundheitszeugnisse)** werden so ausgelegt, dass sie auch Fälle von Täuschungen gegenüber ausländischen Behörden erfassen.[47]

9   Was die **§§ 271 ff. StGB** angeht, so werden ausländische Urkunden als Schutzobjekt einbezogen, auf denen eine inländische Legalisierung angebracht ist oder die aufgrund von Staats- oder Konsularverträgen als öffentliche Urkunden im Inland anerkannt sind und einer derartigen zusätzlichen Legalisierung nicht bedürfen.[48] Das Gleiche dürfte gelten, soweit aufgrund Gemeinschaftsrechts bestimmte öffentliche Urkunden eine Schutzwirkung für das gesamte Gebiet der Europäischen Union zum Inhalt haben. Beim Gebrauchmachen von mit falschen Angaben und Ursprungszeugnissen im Ausland erschlichenen belgischen T-2 Versandscheinen (welche die Einfuhrfähigkeit der Ware dokumentieren) zum Zwecke der Täuschung deutscher Zollbehörden bei der Einfuhr hat das OLG Frankfurt[49] entscheidend darauf abgestellt, dass diese Versandscheine auch inländische Interessen schützen. Darüber hinaus werden überwiegend ausländische öffentliche Urkunden in den Schutzbereich auch noch einbezogen, soweit eine Beeinträchtigung oder Gefährdung deutscher Interessen bzw.

---

[43] Davon sind das OLG Bremen, Strafverteidiger 2002, 552 (Verfälschung eines griechischen Passes durch Auswechseln eines Lichtbildes eines einreisenden Bulgariers) und das BayObLGSt 1981, 72 = NJW 1983, 529 betr. Änderung des Gültigkeitsdatums in einem marokkanischen Reisepass) als selbstverständlich ausgegangen; streitig war im letzteren Fall nur die Frage, ob das Gebrauchmachen im Ausland oder im Inland erfolgte; ebenso KG JR 1980, 516; *Jakobs*, Strafrecht, Allgemeiner Teil, 2. Aufl. 1993, S. 109.

[44] Ausdrücklich in dieser Richtung *Schroeder*, NJW 1990, 1406 f.; Maurach/*Schroeder*/Maiwald, Strafrecht, Besonderer Teil, Teilband 2, 9. Aufl. 2005, § 65 Rn. 11; *Reschke*, S. 204; LK-*Gribbohm*[11], § 267 Rn. 1; weiter s. Fn. 41; a. A. *Schlüchter*, S. 313 f.

[45] Schönke-Schröder/*Cramer*/Heine, § 275 Rn. 2; § 276a Rn. 4 m. w. N.; LK-*Zieschang*, § 275 Rn. 3; NK-*Puppe*, § 275 Rn. 5; Fischer, § 275 Rn. 2; § 276a Rn. 4 (betr. Fahrzeugpapiere, Zulassungsbescheinigungen, ebenso MK-*Erb* Rdn. 3; AnwK-*Brehmeier*/Metz, Rn. 4); SSW-*Wittig*, § 275 Rn. 2; AnwK-*Brehmeier*/Metz §, 275 Rn. 3; Matt/Renzikowski/*Maier*, § 275 Rn. 3 (nicht zu § 276a).

[46] BGH NJW 2000, 3148 = wistra 2000, 386 f. (entspricht dem Willen von Bundesregierung und Gesetzgeber, BT-Drucks. 12/6853 S. 29); BGHR, 2 StR 296/11 v. 17.8.2011, StGB § 276 Konkurrenzen 1 = BeckRS 2011, 25840 (französischer Reisepass); LK-*Zieschang*, § 276 Rn. 3, 5 m. w. N.; SSW-*Wittig*,§ 276 Rn. 2; AnwK-*Brehmeier*/Metz § 276 Rn. 2; *Lackner/Kühl*, § 276a Rn. 1 (betr. aufenthaltsrechtlicher Papiere, soweit sie in Deutschland aufgrund zwischenstaatlicher Abkommen anerkannt werden); ebenso einschränkend zu § 276a NK-*Puppe*, Rn. 6; MK-*Erb*, Rn. 1; Matt/Renzikowski/*Maier*, Rn. 2.

[47] BGHSt 18, 333 = NJW 1963, 1318 (betr. § 279 StGB, Gebrauch gegenüber ausländischen Konsulaten im Inland); LK-*Zieschang*, § 277 Rn. 6 m. w. N.; Schönke-Schröder/*Cramer*/Heine, § 277 Rn. 9; § 279 Rn. 2; AnwK-*Brehmeier-Metz*, § 277 Rn. 11; SSW-*Wittig*, § 277 Rn. 5; Matt/Renzikowski/*Maier*, § 277 (Adressat auch ausländische Behörden, die im Inland amtliche Befugnisse ausüben).

[48] LK-*Zieschang*, § 271 Rn. 6 f; Schönke/Schröder/*Cramer*/Heine, § 271 Rn. 1; *Vogel*, § 14 Rn. 36; Matt/Renzikowski/*Maier*, § 271 Rn. 2.

[49] wistra 1990, 271; für Anwendung des § 271 StGB jedenfalls bei öffentlichen Urkunden mit EG-Relevanz *Satzger*, (2001) S. 580 ff.; LK-*Zieschang*, Rn. 7 m. w. N.; MK-*Freund*, § 271 Rn. 16; Schönke/Schröder/*Cramer*/Heine, § 271 Rn. 1 SK-*Hoyer*, § 271 Rn. 10; und *Hecker* (Fn. 41) Rn. 72.

II. Die Einbeziehung des Schutzes ausländischer Rechtsgüter

Schutzgüter infrage steht.[50] Das ist insbesondere der Fall, wenn im Ausland erschlichene öffentliche Urkunden im Inland in irreführenderweise benutzt werden. Erwägungen, die zur Anwendung der §§ 267 ff. StGB auch auf den Schutz des ausländischen Rechtsverkehrs führen, wie z. B. die Notwendigkeit eines Schutzes ausländischer Bürger und Behörden vor dem Gebrauch von falschen Beurkundungen durch Deutsche im Ausland, sollten auch bei § 271 (Abs. 2) StGB zu einer weiteren Auslegung führen.[51]

Bei **Insolvenzstraftaten** (§§ 283–283d StGB) ist eine Auslandserstreckung trotz teilweise 10 begrifflicher Anlehnung an das deutsche Insolvenz-, Handels- und Bilanzrecht ebenfalls zu bejahen. Die §§ 283, 283a StGB werden angewandt, wenn die Bankrotthandlungen im Ausland geschehen, die objektiven Bedingungen (z. B. Insolvenzeröffnung) aber im Inland eintreten.[52] Dies gilt auch im umgekehrten Fall, d. h., wenn die Bankrotthandlungen im Inland vorgenommen werden, im Ausland jedoch ein Insolvenzverfahren über das betroffene Unternehmen eröffnet wird.[53] Entsprechend ist auch in dem Fall zu verfahren, dass ein Deutscher die Bankrotthandlungen im Ausland begeht und dort auch die objektiven Bedingungen (Zahlungsunfähigkeit, Insolvenzeröffnung usw.) eintreten (sofern die Tat am Tatort auch strafbar ist, § 7 Abs. 2 Nr. 1 StGB). Eine Anwendbarkeit auf Auslandsstraftaten „wäre allerdings ausgeschlossen, wenn durch die Strafnorm ausschließlich inländische Rechtsgüter geschützt würden … Dies ist aber nicht der Fall. Denn geschütztes Rechtsgut der Konkursstraftaten ist das Vermögensinteresse der Gläubiger …"[54] Für die Interpretation der Tatbestandselemente, die sich an das Insolvenz-, Handels- und Bilanzrecht anlehnen, sind bei Auslandstaten dann die entsprechenden ausländischen Regelungen („Fremdrechtsanwendung") maßgebend.[55]

---

[50] RGSt 68, 300, 302 (1934 – Vorlage eines von einer belgischen Behörde mit Lichtbild des Täters, aber mit fremden Namen versehenen Passes im Inland als Straftat nach § 273 StGB a. F. = § 271 Abs. 2 StGB n. F.); BGH NJW 1990, 2207 f (betr. § 273; unrichtige Identitätsangabe in einem thailändischen Pass); OLG Düsseldorf, NStZ 1983, 221 (Vorlage unrichtiger öffentlicher persischer Beschäftigungszeugnisse bei einer Ärztekammer); KG JR 1980, 516 (Anm. 41); MK-*Freund*, § 271 Rn. 16; *Fischer*, § 271 Rn. 5, § 273 Rn. 2; SSW-*Wittig*, § 273 Rn. 4; SK-*Hoyer*, Rn. 3; *Lackner/Kühl*, § 271 Rn. 5; AnwK-*Brehmeier-Metz* § 271 Rn. 4; *Oehler* (Fn. 8), Rn. 239, 784, JR 1980, 485; *Schroeder*, NJW 1990, 1406 f.; *Stoffers*, JA 1994, 76, 78; *Cornils*, S. 97 f. (Vorweisen einer von einem Ausländer in seinem Heimatsstaat durch unzutreffende Angaben erlangten Bescheinigung über die Kinderzahl, um in Deutschland mehr Kindergeld zu bekommen); *Vogel*, § 14 Rn. 36; abl. LK-*Zieschang*, § 271 Rn. 7; SSW-*Wittig*, § 271 Rn. 22; *Wiedenbrüg*, Schutz ausländischer öffentlicher Urkunden durch § 271, 273 StGB?, NJW 1973, 301, 303; *Niewerth*, NJW 1973, 1219; *Winter*, Die grundlegenden Probleme der Falschbeurkundungstatbestände der §§ 271, 348, 2004, S. 127 ff.; und die in Fn. 48 Genannten, die aus dem komplementären Charakter von § 271 StGB zu § 348 StGB auf eine inländische Beschränkung schließen und deshalb eine solche ausdehnende Interpretation ablehnen. Eine Ausnahme macht Schönke-Schröder/*Cramer/Heine* (Fn. 49) für den Fall des § 273 StGB a. F. (Gebrauch ausländischer Pässe).

[51] Wie *Schroeder*, NJW 1990, 1406 f. vorgeschlagen hat; abl. *Obermüller*, S. 207 ff.; LK-*Werle/Jeßberger*, Rdn. 310 vor § 3; NK-*Böse*, Rn. 60 vor § 3; *Matt/Renzikowski/Maier*, § 271 Rn. 2; für eine Ausdehnung des § 271 II auf ausländische öffentliche Urkunden NK-*Puppe*, § 271 Rn. 46, für Beschänkung des § 271 insoweit auf Inlandsfälle offenbar *Kindhäuser*, LPK, 4. Aufl. 2010, § 271 Rn. 2; *Maurach/Schroeder* § 66 Rn. 3 jeweils m. N.

[52] RGSt 16, 188 (1887; ca. 70 000 RM verspielt in Monte Carlo; Eröffnung des Konkursverfahrens in Brandenburg); RG JW 1935, 2061 (Unternehmen verlegt vor Bedingungseintritt Sitz ins Inland); LK-*Tiedemann*, § 283 Rn. 242 f.; Müller-Gugenberger/Bieneck/*Richter*, Wirtschaftsstrafrecht, 5. Aufl., 2011, § 75 Rn. 141, eingeschränkt auf Fälle von Vermögensverschiebungen ausländischer Vermögensteile, z. B. § 283 I Nr. 1–4); *Vogel*, § 14 Rn. 36; *Bittmann*, Insolvenzstrafrecht, § 12 Rn. 343; ebenso schon *J. Kohler*, Internationales Strafrecht, 1917, S. 134.

[53] LK-*Tiedemann* Rn. 243; Schönke-Schröder/*Heine*, § 283 Rn. 61; *Vogel*, § 14 Rn. 36; *Bittmann* aaO.

[54] OLG Karlsruhe NStZ 1985, 317 (m. Anm. *Liebelt*) = wistra 1985, 157; LK-*Tiedemann*) Rn. 244 a. E.; zust. auch Schönke-Schröder/*Heine*, § 283 Rn. 29; vgl. auch kritisch *Liebelt*, Strafbare Verletzung der Buchführungspflicht im Ausland?, NStZ 1989, 182.

[55] LK-*Tiedemann*), Rn. 92, 244 ff.; LK-*Werle/Jeßberger*, Rn. 335 vor § 3; NK-*Böse* Rdn. 65, 67 vor § 3; NK-*Kindhäuser*, § 283 Rn. 56; Schönke/Schröder/*Eser*, Rn. 41 vor § 3; *Heine*, § 283 Rn. 29 MK-*Radtke/Petermann*, Rn. 46 – OLG Karlsruhe aaO erstreckte das in § 283 Abs. 1 Nr. 5 bis 7 StGB in Bezug ge-

11 Entsprechendes gilt bei der „**Verletzung der Buchführungspflicht**" (§ 283b StGB)[56] und bei **der Gläubiger- und Schuldnerbegünstigung nach den §§ 283c und d StGB**.

2. Ausdehnung von Wirtschaftsstraftatbeständen auf den Schutz ausländischer Rechtsgüter durch „autonome" Entscheidung des Gesetzgebers

12 Sofern sich nicht aus der allgemeinen Struktur von Strafvorschriften ergibt, dass diese auch ausländische bzw. supra- oder internationale Rechtsgüter mitschützen, kann eine Einbeziehung – unabhängig von internationalen oder supranationalen Vorgaben[57] – auch durch eine ausdrückliche Ergänzung erfolgen, wie dies z. B. der Reichsgesetzgeber im Urkundenstrafrecht ursprünglich vorgenommen hatte.[58]

Eines der bekanntesten und ältesten Beispiele ist die ausdrückliche Einbeziehung **ausländischen Geldes, ausländischer Wertpapiere und – seit 1975 – generell auch ausländischer Wertzeichen**[59] in den Schutzbereich der Strafvorschriften gegen Geldfälschung (§§ 146 ff. StGB) durch § 152 StGB.[60] Das 2. WiKG vom 15. Juni 1986[61] enthielt

---

nommene (deutsche) Handelsrecht zur Anwendung von § 283 StGB auf das Ausland (ebenso *Wilk*/Stewen, wistra 2011, 161, 166 f., 169; abl. dazu *Vogel*, § 14 Rn. 36); Bittmann (Fn. 52); *Liebelt*, NStZ 1989, 182 f. – Bei einem Insolvenzdelikt einer brit. Limited mit faktischem Sitz und wirtschaftlicher Betätigung in Deutschland hat es AG Stuttgart wistra 2008, 226, 228 f. m. Anm. *Schumann* offen gelassen, ob bei Nichterstellung einer Bilanz auf deutsches oder britisches Handelsrecht abzustellen ist (für letzteres auf dem Hintergrund der „Gründungstheorie" des EuGH (s. Fn. 20) LK-*Tiedemann* Rn. 245; krit. *Wilk*/Stewen, wistra 2011, 161, 167 Fn. 67; abl. *Golombek*, S. 134 Fn. 540; *Stärk*, Strafbarkeit des geschäftsführenden Organs einer Private Company Limited by Shares in Deutschland, 2011, S. 166 ff.). Weil dies für das AG nach beiden Rechtsordnungen der Fall war, wurde der faktische Geschäftsführer nach § 283 StGB verurteilt.

[56] OLG Karlsruhe aaO gegen Vorinstanz AG Lörrach NStZ 1985, 221 (in Deutschland wohnender Deutscher ließ in der Schweiz als Direktor einer AG mit Sitz in der Schweiz keine Geschäftsbücher führen; Anwendung von HGB- und Aktienrecht); i. Erg. zust. LK-*Tiedemann*, § 283 Rn. 244 f.; NK-*Böse*, Rn. 65, 67 vor § 3; NK-*Kindhäuser*, § 283b Rn. 2; Schönke/Schröder/*Heine*, § 283 Rn. 29; *Fischer*, § 283b Rn. 4; G/J/W-*Reinhart*, § 283 Rn. 43; Maurach/*Schroeder*/Maiwald, Teilband 1, 9. Aufl., 2005, § 48 Rn. 36; *Vogel*, § 14 Rn. 36; *Liebelt* aaO; Dannecker/ Knierim/ *Hagemeier*, Insolvenzstrafrecht, 2. Aufl., 2012, Rn. 1070; Auslandserstreckung zweifelhaft für Müller-Gugenberger/Bieneck-*Richter* § 75 Rn. 142.

[57] Vgl. Rn. 17 ff.
[58] Vgl. Fn. 42.
[59] Für die Strafbarkeit nach § 275 StGB a. F. der Herstellung unechter russischer Stempelmarken aber schon RGSt 6, 388 (1882); neueres Beispiel BGHSt 32, 68 = wistra 1984, 30 (Mitwirkung an der Beschaffung von gefälschten niederländischen Sozialversicherungsmarken (Druck in der Schweiz) und deren Inverkehrbringen in den Niederlanden); abl. trotz des Wortlauts von § 152 StGB *Schlüchter*, S. 317 f., 320 f.; zur Fälschung ausländischer Steuerzeichen durch russische Straftäter vgl. Kapitel 20 der 3. Aufl., 2007, Rn. 107.

[60] Die ursprüngliche Fassung des § 146 StGB (§ 121 PrStGB 1851 folgend) enthielt direkt die Ausdehnung auf ausländisches Geld („Wer inländisches oder ausländisches Metallgeld oder Papiergeld nachmacht, ..."), dem in § 149 StGB a. F. (§ 123 Pr StGB 1851 folgend) schon 1871 auch bestimmte Wertpapiere gleichgestellt wurden. – Es muss jedoch auch im Ausland eine Bestimmung und Eignung zum öffentlichen Zahlungsverkehr vorliegen, was der BGH (St 32, 198) für südafrikanische Krügerrand-Goldmünzen verneint hat. Englische Goldsovereigns konnten ihren Charakter als ausländisches Geld nur durch einen staatlichen Willensakt verlieren, nicht kraft Gewohnheitsrecht, BGHSt 12, 344, 346; 19, 357, 359; NK-Puppe, § 152 Rn. 3; teilw. a. A. MK-*Erb* § 152 Rn, 4 i. V. m. § 146 Rn. 9. – Die Merkmale der Rechtsgutsobjekte i. S. des § 148 bzw. des § 151, müssen für die Anwendung von § 152 auch die entsprechenden ausländischen Wertzeichen bzw. -papiere aufweisen (BGHSt 32, 68, 75 ff. = wistra 1984, 32, 34 f.; NStZ 1987, 504 f.). Ausländische Wertzeichen müssen in Ausübung hoheitlicher (einschließlich unter staatlicher Aufsicht delegierter) Befugnisse zum Nachweis öffentlich-rechtlicher Abgaben ausgestellt sein (BGHSt 32, 68, 77 f. betr. niederländische Sozialversicherungsmarken; abl. dazu *Puppe*, JZ 1986, 393 und in NK, § 152 Rn. 6). – Die geltende Regelung des § 152 StGB beruht auf

II. Die Einbeziehung des Schutzes ausländischer Rechtsgüter

eine ähnliche Gleichbehandlung bezüglich der Fälschung von Vordrucken und Euroscheckkarten, was im 6. StRG vom 26. Januar 1998[62] auf sämtliche garantierte Zahlungskarten ausgedehnt wurde. Die zwangsläufig enge Verbundenheit des nationalen und internationalen Geldverkehrs[63] führte zu dieser Gleichstellung hinsichtlich der Geldfälschung und des Inverkehrbringens gefälschten Geldes, was sich dann auch in Art. 5 des Internationalen Abkommens vom 29. April 1929 zur Bekämpfung der Falschmünzerei[64] niederschlug.[65] Nach deutschem Recht kann das (beabsichtigte) Inverkehrbringen auch im Ausland geschehen. Weitergehend als das Übereinkommen hat es darüber hinaus das Universalitätsprinzip, d. h. auch die Strafbarkeit von Auslandstaten von Ausländern ohne Rücksicht auf das Recht des Tatorts, für die §§ 146 ff. – außer für die §§ 147, 148 – StGB eingeführt.[66]

Ein weiteres Beispiel ist in dieser Hinsicht der Tatbestand des **Subventionsbetruges** **13** (§ 264 StGB) als Vorfeldtatbestand zum Betrug. In der durch das Erste Gesetz zur Bekämpfung der Wirtschaftskriminalität (1. WiKG) vom 29.7.1976 (BGBl. I 2034) eingeführten Strafvorschrift hatte der Gesetzgeber eine erste „Europäisierung" dadurch erreicht, dass nach § 264 Abs. 6 StGB (a. F.) in den Subventionsbegriff auch eine „Leistung aus öffentlichen Mitteln nach dem Recht der Europäischen Gemeinschaften" einbezogen wurde; zusätzlich legte der Gesetzgeber in § 6 Nr. 8 StGB fest, dass § 264 StGB auch für Auslandstaten (von In und

---

Art. 19 Nr. 59 EGStGB v. 9.3.1974 (BGBl. I 469, 484), der zusätzlich die Regelung generell auch auf ausländische amtliche Wertzeichen, d. h. solche „eines fremden Währungsgebiets", ausdehnte. Für Beschränkung auf Nicht-EU-Staaten nunmehr *G. Schmidt*, Ist die Fälschung von sog. „Postwertzeichen" (§ 148 StGB) seit der Privatisierung straffrei (Art. 103 Abs. 2 GG)?, ZStW 111, 388, 417f. Dies ist dann akzeptabel, wenn man in der EU ausgegebene Wertzeichen unmittelbar den §§ 148 ff. unterfallen lässt (dafür Schönke-Schröder/*Sternberg-Lieben*, § 152 Rn. 1). Die Einbeziehung von Postwertzeichen in § 148 bzw. § 152 hängt davon ab, ob sie weiterhin „amtlich" ausgegeben werden, was in Deutschland seit der Privatisierung der Post nicht mehr der Fall ist (zu § 148 LK-*Ruß* Rn. 2 m. w. N.; NK-*Puppe*, § 148 Rn. 8; Schönke/Schröder/*Sternberg-Lieben* Rn. 2 m. w. N.; SSW-*Wittig* Rn. 5; AnwK-*Brehmeier-Metz* Rn. 2; Matt/Renzikowski/*Maier* Rn. 4. Zweifel an der Anwendung des § 148 äußerte auch das KG, 5 Ws 2/02, 10.1.2002; a. A. z. B. noch *Stern* in Beck'scher PostG-Kommentar, 2000, § 43, Rn. 23), im Ausland jedoch weiterhin teilweise möglich ist (Beurteilung erfolgt insoweit nach ausländischem Recht, BGHSt 32, 68, 76 = wistra 1984, 30, 32).

[61] Art. 1 Nr. 1 2. WiKG, BGBl. I 1986 S. 721.
[62] Art. 1 Nr. 3b 6. StrRG, BGBl. I 1998 S. 164.
[63] Näher dazu *Zieher*, S. 164.
[64] Vgl. Bekanntmachung vom 10.11.1933, RGBl. 1933 II 913.
[65] Der US Supreme Court hatte bereits zuvor im Arjona-Fall die Befugnis des Bundes zur Bestrafung der im eigenen Land begangenen Fälschung ausländischer Banknoten, Wertpapiere und Schuldverschreibungen in dem US-Gesetz von 1884 „to prevent and punish the counterfeiting within the United States of notes, bonds, and other securities of foreign Governments" aus dem (allgemeinen) Völkerrecht hergeleitet (US v. Arjona, 120 U. S. 479 [1887]).
[66] Ursprünglich nur für Münzverbrechen (§ 4 Abs. 2 Nr. 1 RStGB 1871) nach preußischem Vorbild; auf Münzvergehen ausgedehnt im Hinblick auf das Abkommen von 1929 durch Art. I Nr. 1 des Gesetzes vom 26.5.1933 (RGBl. I 295), was aber dann für den Fall des § 147 StGB – dem E 1962 folgend – durch das EGStGB (Fn. 60) wieder zurückgenommen wurde, vgl. zum Verhältnis zu dem weiterhin einbezogenen § 149 StGB die vorsichtige Kritik von *Zieher* (Fn. 63), S. 165 („eine gewisse, aus praktischen Erwägungen heraus ... nicht unangebrachte Inkonsequenz"). Der Rat der Europäischen Union nahm in Ergänzung des Abkommens von 1929 am 29.5.2000 einen „*Rahmenbeschluss ... über die Verstärkung des strafrechtlichen, mit anderen Sanktionen bewehrten Schutzes gegen Geldfälschung im Hinblick auf die Einführung des Euro*" (ABl. EG L 140 vom 14.6.2000 S. 1; abgedruckt bei *Wasmeier/Möhlig*, Das Strafrecht der Europäischen Union, 2. Aufl., 2008, S. 306ff.; hierzu auch G/P/K-*Waßmer* Teil IIIC 4.8) an, der im deutschen Recht durch Gesetz vom 22.8.2002 (BGBl. I 3387) zu einer Erweiterung des § 149 StGB führte. – Auch wenn die §§ 147, 148 nicht dem Universalitätsprinzip nach § 6 Nr. 7 StGB unterliegen, so sind sie doch auf grenzüberschreitende und auf Auslandstaten unter den Voraussetzungen der §§ 3, 4, 7, 9 StGB anwendbar, LK-*Ruß*, § 152 Rn. 1. – Der Rahmenbeschluss soll künftig durch eine Richtlinie ersetzt werden, vgl. zum Vorschlag in KOM (2013) 42 endg. (BR-Drs. 87/13), der sich auch auf § 147 auswirken könnte (krit. *Möhrenschlager*, wistra 2013 H. 6).

Ausländern) unabhängig vom Recht des Tatorts gelten sollte. Inzwischen ist § 264 StGB auf der Grundlage eines neuen EU-Rechtsinstruments noch weiter ausgedehnt worden (s. dazu u. zu 3).[67]

14   Eine ausdrückliche Erweiterung enthält auch der Straftatbestand der **Steuerhinterziehung in § 370 Abgabenordnung (AO)**,[68] **der sich auf Steuern, einschließlich Einfuhr- und Ausfuhrabgaben i. S. von § 3 AO, § 1 I ZollVG und des Zollkodex [ZK]**,[69] und damit auch auf die Hinterziehung von Zöllen (Unterfall von Einfuhr- und Ausfuhrabgaben, Art. 4 Nr. 10, 11 ZK, der in Art. 5 Nr. 20, 21 UZK allerdings nicht mehr aufgeführt wird; vgl. auch die an sich nunmehr überflüssige Verwendung des Begriffs „Zollstraftaten" in § 369 AO) bezieht. Einen Qualifikationstatbestand für die gewerbsmäßige Hinterziehung von Einfuhr- und Ausfuhrabgaben enthält **§ 373 AO**.[70] Zudem erklärt **§ 12 Abs. 1 Satz 1** des Gesetzes zur Durchführung der gemeinsamen Marktorganisationen und der Direktzahlungen **(MOG)**[71] hinsichtlich Abgaben auf Marktordnungswaren, die zu Marktordnungszwecken erhoben werden, die AO-Vorschriften und damit auch § 370 AO für anwendbar. Damit werden auch die fiskalischen Interessen der Europäischen Gemeinschaften und anderer Staaten mit geschützt.

Nach **§ 370 Abs. 6 Satz 1 AO** gilt § 370 Abs. 1 bis 5 AO „auch dann, wenn sich die Tat auf **Einfuhr- und Ausfuhrabgaben** bezieht", die von einem anderen EU-Staat „verwaltet werden" oder einem EFTA-Staat[72] oder einem mit dieser assoziierten Staat „zustehen". Entsprechend anwendbar ist diese Regelung auf eine Tat nach § 373 aufgrund der Verweisung in dessen Absatz 4.[73] Nach Artikel 4 Nr. 10, 11 Zollkodex sind, Ein- und Ausfuhrabgaben „Zölle und Abgaben mit gleicher Wirkung bei der Einfuhr" bzw. „Ausfuhr von Waren" sowie „bei der Einfuhr" bzw. „Ausfuhr erhobene Abgaben, die im Rahmen der gemeinsamen Agrarpolitik oder aufgrund der für bestimmte landwirtschaftliche Verarbeitungserzeugnisse geltenden Sonderregelungen vorgesehen sind."[74] Einfacher bestimmen Art. 5 Nr. 20, 21 UZK, dass Ein- und Ausfuhrabgaben die für die Ein- bzw. Ausfuhr von Waren zu entrichten-

---

[67] Vgl. Rn. 22 ff.
[68] Vgl. hierzu auch Kapitel 20 und 22.
[69] Letzte Änderung durch VO (EG) 1791/2006 v. 20.11.2006, ABl. EG L 363 v. 20.12.2006 S. 1; ab 1.5.2016 gilt aufgrund der VO (EU) 952/2013 v. 9.10.2013, ABl. L 269 v. 10.10.2013, ber. ABl. L 287/90 v. 29.10.2013, eine Neufassung („Zollkodex der Union", zit. UZK).
[70] Beispiel: Schmuggel (gewerbsmäßige Hinterziehung der Einfuhrumsatzsteuer) von Unterhaltungselektronik (Mobiltelefone, MP-Player) von China nach Deutschland, BGH NStZ 2012, 637 = wistra 2012, 350.
[71] I. d. F. vom 24.6.2005 (BGBl. I 1847), zuletzt geändert durch Gesetz v. 7.8.2013, BGBl. I 3154. Dazu Müller-Gugenberger/Bieneck-*Bender*, Wirtschaftsstrafrecht, 5. Aufl., 2011, § 45 Rn. 54 ff., 57 und Christian Busse, MOG, 2007 (hält Regelung nicht für anwendbar auf ausländische Binnenabgaben, § 35 Rn. 8). – Verfahren nach § 12 i. V. m. §§ 370 ff. AO hat es bisher wohl nur wenige gegeben.
[72] Island, Liechtenstein, Norwegen, Schweiz. – § 370 Abs. 6 AO erfasst in Bezug auf EFTA-Staaten jede Hinterziehung von Eingangsabgaben und nicht nur solche, die aufgrund unrichtiger Verzollungsunterlagen – die die Ware als aus der EU stammend und deshalb als präferenzberechtigt ausweisen – nicht erhoben werden (OLG Hamburg wistra 1987, 266 = ZfZ 1987, 247 gegen Vorinstanz – Alkoholschmuggel nach Norwegen).
[73] Eingeführt mit Wirkung v. 1.1.2008 aufgrund von Art. 3 Nr. 4c des „Gesetzes zur Neuregelung der Telekommunikationsüberwachung und anderer verdeckter Ermittlungsmaßnahmen sowie zur Umsetzung der Richtlinie 2006/24/EG" v. 21.12.2007 (BGBl. I 3198).
[74] Zum früheren Problem des Verständnisses der Begriffe Eingangs- und Einfuhrabgaben vgl. *Keßebömer/Schmitz*, wistra 1995,1 (vgl. weiter die 3. Auflage Kap 3 Rn. 14 Fn. 65). Zum Streit um die Auslegung des Begriffs „Eingangsabgabe" (i. S. von § 1 I 3 ZollVG oder nur i. S. des Zollkodex) s. für die weitere Auslegung BGH wistra 2001, 62; OLG Schleswig wistra 1998, 30; enger *Bender*, Rechtsfragen um den Transitschmuggel mit Zigaretten, wistra 2001, 161, 163 f.; *Schmitz/Wulf*: Erneut: Hinterziehung ausländischer Steuern und Steuerhinterziehung im Ausland, § 370 Abs. 6, 7 AO, wistra 2001, 361, 367 f.; *Hampel*, ZfZ 2002, 69. – Zur Wirkung von neueren EuGH-Entscheidungen *Bender*, Der EuGH und das Zollstrafrecht, wistra 2006, 41 mit der Replik von *Weidemann*, Keine strafrechtlichen Konsequenzen des Urteils des EuGH vom 3.3.2005, wistra 2006, 45.

II. Die Einbeziehung des Schutzes ausländischer Rechtsgüter

den Abgaben sind. § 1 Abs. 1 ZollVG versteht unter „Einfuhrabgaben" „die im Zollkodex geregelten Abgaben sowie die Einfuhrumsatzsteuer und die anderen für eingeführte Waren zu erhebenden Verbrauchssteuern", die nach h. M. auch zu den Einfuhrabgaben i. S. von **§ 370 Absatz 6 Satz 1 AO** gerechnet werden.[75] Voraussetzung für die Anwendung des § 370 AO ist dabei, dass es sich um „Einfuhr(früher Eingangs)abgaben" eines ausländischen Staates handelt, die von diesem zur Tatzeit auch erhoben werden.[76] Ob ausländische „Steuertatbestände die Erhebung von Eingangs[jetzt Einfuhr]abgaben i. S. von § 370 Abs. 6 AO regeln und ob die entsprechenden Vorschriften als Ausfüllungsnorm hinreichend bestimmt sind, ist auf der Grundlage des deutschen Steuerrechts in einer vergleichenden Wertung festzustellen".[77]

Darüber hinaus sollen durch **§ 370 Abs. 6 Satz 2 AO** auch das Umsatzsteueraufkommen und das Aufkommen aus harmonisierten Verbrauchssteuern (auf Mineralöl, Alkohol, alkoholische Getränke, Tabakwaren)[78] anderer EU-Mitgliedstaaten unter bestimmten Voraussetzungen in gleicher Weise wie in Deutschland geschützt werden. Die zur bisherigen Unanwendbarkeit führenden Verfahrensvoraussetzungen in Satz 3 und 4 a. F. wurden durch Art. 9 Nr. 11 des Jahressteuergesetzes v. 8.12.2010 (BGBl. I 1768) mit Wirkung v. 14.12.2010 aufgehoben. – Durch **Absatz 7** wird der Schutzbereich noch weiter ausgedehnt, nämlich auf ausländische Tatorte, unabhängig von dort geltendem Recht. Allerdings wird die Hinterziehung von deutschen Steuern durch Tathandlungen Deutscher oder von Ausländern bereits von Absatz 1 i. V. m. § 9 StGB erfasst. Absatz 7 ist daher vor allem auf die Hinterziehung von Ein- und Ausfuhrabgaben gegenüber einem anderen Mitgliedstaat der EU oder der EFTA (und einem assoziierten Staat) und hinsichtlich der in Absatz 6 Satz 2 genannten Umsatz- und Verbrauchssteuern von Bedeutung.[79] Ergänzend enthält **§ 35 MOG** eine parallele Auslandserstreckung bezüglich „Abgaben zu Marktordnungszwecken … hinsichtlich Marktordnungswaren" und bezüglich „Zölle für Marktordnungswaren und Ausfuhrabgaben"; sie ist wohl überflüssig geworden, da für die ersteren Abgaben durch die Verweisung in § 12 MOG auf die AO die Auslandserstreckung in dessen § 370 Abs. 7 sowieso schon gilt und auf Zölle und Ausfuhrabgaben diese Vorschrift auch anwendbar ist.[80]

Ein neueres Beispiel liefert auch das **Gesetz über den Wertpapierhandel (WpHG)**,[81] das zum Schutze von Anlegern vor allem **verbotene Insidergeschäfte** bekämpfen will. Auch wenn sich die Verbotsregelungen auf Handlungen im Inland beziehen, wozu wohl

---

[75] BGH wistra 2001, 62f.; 2007, 224, 226f.; krit. weiterhin *Schmitz/Wulf* MK Nebenstrafrecht II, § 370 AO Rn. 56.

[76] BGH wistra 1991, 29 = ZfZ 1991, 329 (Alkoholschmuggel nach Schweden, das erst ab 1.1.1985, d. h. noch nicht zum Tatzeitpunkt, Eingangsabgaben erhoben hatte); Kohlmann-*Ransiek* § 370 Rn. 545.

[77] BGH aaO; wistra 2001, 62f.; *Jäger*, NStZ 2008, 21, 24: *Keßeböhmer/Schmitz*, wistra 1995, 1 m. w. N.; zur Notwendigkeit einer genauen Prüfung und evtl. Einholung einer Auskunft des betr. Staates vgl. *Achenbach/Wannemacher*, Beraterhandbuch zum Wirtschafts- und Steuerstrafrecht, Teil 2, § 7 II Rn. 220 (*Mösbauer/Meine*).

[78] Die Verweisung auf Art. 3 der durch Art. 47 der am 1.4.2010 in Kraft getretenen RL 2008/118/EG v. 16.12.2008 (sog. Verbrauchssteuersystem-RL; ABl. 2009 L 9 v. 14.1.2009, S. 12) aufgehobenen RL 92/12/EWG v. 25.2.1992 (ABl. L 76 v. 23.3.1992, S. 1) bedarf noch der Anpassung (G/J/W-*Lipsky* § 370 Rn. 206). Gleichwohl führt dies nach *Tully/Merz*, wistra 2011, 121, 126 und *Weidemann*, wistra 2012, 52 Fn. 23 allein noch nicht zur Straflosigkeit, weil der Hinweis auf die VO nur eine deskriptive Begriffsverweisung und kein Ausfüllungsmerkmal in Satz 2 sei; daran habe ich Zweifel. *Weidemann* kommt gleichwohl zur Straflosigkeit, da Angaben vor ausländischen Behörden jedenfalls in Fällen des § 370 I Nr. 2 nicht erfasst würden; ebenso insoweit *Schmitz/Wulf*, MK-Nebenstrafrecht II, § 370 AO Rn. 318; in diesem Punkt anders offenbar die Rechtsprechung, vgl. BGH wistra 2001, 62f (Einfuhr von Diamanten nach Italien) und auch Kohlmann-*Ransiek* § 370 Rn. 544.

[79] Zur Anwendung auf Hinterziehung von Einfuhrumsatzsteuern bei einem anderen EU-Mitgliedstaat vgl. BGH wistra 2001, 62f. (Diamanten nach Italien).

[80] Vgl. *Busse*, MOG, 2007, § 35 Rn. 9; vgl. auch Rn 14 m. Fn. 71.

[81] I. d. F. vom 9.9.1998 (BGBl. I 2708), zuletzt geändert durch Gesetz v. 28.8.2013, BGBl. I 3395.

auch grenzüberschreitende Handlungen gehören,[82] und deshalb die Strafvorschrift primär deren Bewehrung dient (**§ 38 Abs. 1 WpHG**), so wird ein räumlich weiterreichender Schutz dadurch erreicht, dass für die Anwendung dieser Strafvorschrift einem Verbot i. S. von § 14 WpHG ein entsprechendes (gleichlaufendes) ausländisches (gesetzliches, nicht notwendigerweise strafrechtliches) Verbot gleichsteht (**§ 38 Abs. 5 WpHG**). Verstößt daher z. B. ein Deutscher in Frankreich vorsätzlich gegen ein dem deutschen Recht entsprechendes französisches Insiderverbot (§ 14 Abs. 1 i. V. m. § 12 Satz 1 Nr. 2; vgl. auch § 1 Abs. 2), so kann der Täter nicht nur in Frankreich, sondern auch in Deutschland strafrechtlich verfolgt werden.[83]

Eine Veränderung der Auslandsanwendbarkeit haben die früheren Strafvorschriften in den §§ 88 und 89 des am 30.6.2002 außer Kraft getretenen Börsengesetzes durch das Gesetz zur weiteren Fortentwicklung des deutschen Finanzmarktes (**Viertes Finanzmarktförderungsgesetz**) **vom 21. Juni 2002**[84] erfahren. Die Strafvorschrift gegen **Kursbetrug** in § 88 wurde in einer Neugestaltung ersetzt durch § 38 Abs. 2 i. V. mit der neuen Bußgeldvorschrift in § 39 Abs. 1 Nr. 1 und 2, Abs. 2 Nr. 11 und einer verwaltungsrechtlichen Regelung in § 20a WpHG. Die Nachfolgeregelung zur Strafvorschrift über die **Verleitung zu Börsenspekulationsgeschäften** in § 89 war § 61 (Strafvorschriften) i. V. mit § 23 des neuen Börsengesetzes v. 21.6.2002.[85] In Umsetzung der EG-Marktmissbrauchsrichtlinie v. 28.1.2003[86] wurde durch Art. 1 des Anlegerschutzverbesserungsgesetzes (AnSVG) v. 28.10.2004[87] das WpHG, darunter auch dessen § 20a I WpHG grundlegend geändert.

Die Reform des § 88 BörsenG a. F. führte zu der Konsequenz einer Aufteilung der Strafvorschrift in ein **verwaltungsrechtliches Verbot der Kurs- und Marktpreismanipulation** in einem neuen **§ 20a WpHG**, dessen (einfache) Verletzung eine Ordnungswidrigkeit nach § 39 Abs. 1 darstellt und die i. d. F. des AnSVG zur **Straftat nach § 38 Abs. 2** (zuvor Abs. 1 Nr. 4) **WpHG** wird, wenn die Manipulation tatsächlich auf den inländischen Börsen- oder Marktpreis oder den Preis eines Finanzinstruments an einem organisierten Markt in der EU oder im EWR einwirkt.[88] Auch nach § 20a WpHG beschränkt sich der Auslandsbezug auf diese Bereiche. Die auf § 20a aufbauende Bußgeldvorschrift des § 39 Abs. 1 WpHG und die daran anknüpfende Strafvorschrift des § 38 Abs. 2 WpHG können dann in ihren Schutzbereichen auch nicht weiter reichen als die verwaltungsrechtliche Regelung. Daran ändert auch § 38 Abs. 5 WpHG nichts. Dieses stellt einem (strafrechtlichen) Verbot nach § 38 Abs. 2 WpHG nur ein entsprechendes (gleichlaufendes) ausländisches (gesetzliches) Verbot gleich. Ein über den EU- und EWR-Bezug hinausgehendes ausländisches Verbot wird also

---

[82] So im Erg. *Schuster*, Die internationale Anwendung des Börsenrechts, 1996, S. 471 ff.; *Vogel*, § 14 Rn. 37 und in *Assmann/Schneider*, WpHG, 6. Aufl., 2012, § 38 Rn. 70; *Park-Hilgendorf*, Kapitalmarktstrafrecht, § 38 Rn. 248 verlangt einen hinreichenden inländischen Bezug, den er aber mangels Erfolgsort im Inland bei Begehung einer Straftat nach § 38 Abs. 1 als einem Tätigkeits- bzw. abstrakten Gefährdungsdelikt verneint. Weitergehend G/J/W-*Diversy* § 38 WpHG Rn. 186, der im Anschluss an BGHSt 42, 235 und 46, 212, 220 ff (zu § 130 StGB) § 38 Abs. 1 – trotz des Charakters als abstraktes Gefährdungsdelikt auf eine Auslandstat anwendet, wenn der dortige Verstoß gegen § 14 geeignet ist, sich auf den inländischen Preis eines geschützten Finanzinstruments auszuwirken. Streitig ist, ob der ausländische Verstoß strafbewehrt sein muss (dafür *Diversy* Rn. 188; dagegen *Wehowsky* in Erbs-Kohlhaas W 57a, § 38 WpHG Rn. 38; *Pananis* MK Nebenstrafrecht II § 38 WpHG Rn. 225).

[83] Vgl. *Wehowsky* aaO; Achenbach/Ransiek-*Schröder* Rn. 206; *Vogel*, § 14 Rn. 25 und in Assmann/Schneider aaO Rn. 65, 67, 70.

[84] BGBl. I 2010.

[85] Enthalten in Artikel 1 des Gesetzes vom 21.6.2002, letztes ÄndG v. 16.8.2005 (BGBl. I 2437, 3095).

[86] Richtlinie 2003/6/EG des Europäischen Parlaments und des Rates v. 28.1.2003 über Insider-Geschäfte und Marktmanipulation (Marktmissbrauch), ABl. EG L 96 v. 12.4.2003 S. 16.

[87] BGBl. I 2630; BörsenG neugefasst am 16.7.2007 (BGBl. I 1330, 1351), zuletzt geändert durch Gesetz v. 4.7.2013, BGBl. I 1981.

[88] Erfolgsdelikt anstelle des Gefährdungsdelikts in § 88 Nr. 2 BörsG a. F., dazu BGHSt 48, 373, 383 f. = wistra 2004, 109, 112 m. Anm. *Vogel*, NStZ 2004, 252; *Schmitz*, JZ 2004, 522; BGH wistra 2005, 139, 143 f. = JR 2005, 161 m. Anm. *Ransiek*; G/J/W-*Diversy* § 38 WpHG Rn. 185. – Kritisch zu dieser Einschränkung *Möhrenschlager* wistra 2002 Reg R XXXIV f.; *Tiedemann*, Wirtschaftsstrafrecht, BT, 3. Aufl., 2011, Rn. 353; LG München I wistra 2003, 436, 438; zust. jedoch *Schmitz*, ZStW 115 (2003), 501, 527.

II. Die Einbeziehung des Schutzes ausländischer Rechtsgüter 3

von § 38 WpHG nicht erfasst.[89] Ein Deutscher, der z. B. in den USA auf den Kurs einer nur an der New Yorker Börse notierten Aktie unlauter in einer Weise einwirkt, die keine auslandsbezogenen Wirkungen im Sinne von §§ 20a, 38 WpHG hervorruft, kann strafrechtlich in Deutschland nicht mehr verfolgt werden. Nach § 88 BörsenG i. V. mit § 7 Abs. 2 Nr. 1 StGB war dies möglich, wenn die Tat am Tatort strafbar war.

Nach dem Vorbild des WpHG wurde auch die Strafvorschrift des § 89 BörsenG aufgeteilt in ein – im Wortlaut der strafrechtlichen Regelung in § 89 BörsenG a. F. entnommenes – **verwaltungsrechtliches Verbot** in § 23 (seit 2007 **§ 26) BörsenG**, und in eine daran anknüpfende – damit also ebenfalls verwaltungsakzessorisch ausgestaltete – Strafvorschrift in § 61 (seit 2007 **§ 49) BörsenG**. Eine Auslandserstreckung durch Einbeziehung auch ausländischer Verbote wie in § 38 Abs. 5 WpHG hat der Gesetzgeber allerdings nicht vorgenommen. Jedoch wird – wohl wegen des Bezuges auf ausländische Börsen in § 26 – der verwaltungs- und damit auch der strafrechtlichen Regelung in der Literatur offensichtlich eine auslandsbezogene Wirkung entsprechend § 89 BörsenG a. F. weiterhin zuerkannt[90].

Im Zusammenhang mit der Entwicklung und Errichtung wirksamer Maßnahmen zur Bekämpfung des illegalen Einschleusens von Nicht-EG-Ausländern nach der weitgehenden Aufhebung von Grenzkontrollen in den sog. Schengen-Staaten ist zunächst im Ausländergesetz durch das Änderungsgesetz vom 16.12.1997[91] auch eine Ausdehnung auf den Auslandsbereich vorgenommen worden. Diese wurde auch in das **Aufenthaltsgesetz**[92] übernommen. Nach § 96 Abs. 4 AufenthG sind auf Zuwiderhandlungen gegen Rechtsvorschriften über die Einreise und den Aufenthalt von Ausländern in das Hoheitsgebiet eines EU-Mitgliedstaates sowie nach Island und Norwegen verschiedene Alternativen der Straftaten nach Absatz 1 bis 3 i. V. m. § 95 Abs. 1 Nr. 2, 3, Abs. 2 Nr. 1 entsprechend anzuwenden, wenn der Täter einen Ausländer unterstützt, der nicht die Staatsangehörigkeit eines EU- oder EWR-Mitgliedstaats besitzt.[93] Zur Erfassung der Tat eines Ausländers im Ausland genügt als legitimierender Anwendungspunkt dessen Wohnsitz oder Festnahme im Inland, die Ausschleusung aus Deutschland oder die Gefahr illegaler Einreise ins Inland.[94]

Schließlich gibt es auch Fälle, in denen die Entscheidung für eine Ausdehnung strafrechtlicher Regelungen auf den Schutz ausländischer oder supranationaler Rechtsgüter zwar „autonom" ist, Anlass dafür jedoch eine Verpflichtung zur Ahndung bestimmter Verstöße ist, welche die Wahl der Sanktionen jedoch dem nationalen Gesetzgeber überlässt. Dies ist insbesondere dann der Fall, wenn (ratifizierte) völkerrechtliche Verträge, soweit sie nicht sogar unmittelbar zu einer Änderung nationalen Strafrechts führen (dazu Rn. 18 f.), nur eine ganz allgemeine Verpflichtung zur Sanktionierung auferlegen. Im Gemeinschafts- bzw. Unionsrecht waren dies in der Vergangenheit vor allem Übereinkommen und Rahmenbeschlüsse, seit längerer Zeit aber vermehrt Richtlinien, die in Art. 83 des Vertrages über die Arbeitsweise der Europäischen Union (AEUV) als Neufassung des E(W)G-Vertrages ihre endgültige Grundlage gefunden haben.

---

[89] Ebenso Müller-Gugenberger/Bieneck/*Richter*, Wirtschaftsstrafrecht, 5. Aufl, 2011, § 4 Rn. 11; *Vogel* in Assmann/Schneider aaO Rn. 65, 67, 70.
[90] Vgl. *Vogel*, § 14 Rn. 37; Müller-Gugenberger/Bieneck-*Schumann*, Wirtschaftsstrafrecht, 5. Aufl., 2011, § 68 Rn. 10; G/J/W-*Waßmer*, § 49 Rn. 18; *Park*, Kapitalmarktstrafrecht, 2. Aufl., Kap 4, T 2, §§ 26, 49 BörsenG, Rn. 17.
[91] BGBl. I 2970, 2986.
[92] idF. v. 25.2.2008 (BGBl. I 162), zuletzt geändert durch Gesetz v. 6.9.2013, BGBl. I 3556.
[93] Dazu BGHSt 45, 103; 57, 239 = wistra 2012, 389; NStZ-RR 2002, 23; *Senge* in Erbs-Kohlhaas, Strafrechtliche Nebengesetze, Rn. 30 f.; G/J/W-*Mosbacher*, Rn. 21; MK-*Gericke* Nebenstrafrecht 6/2 Rn. 40 f.; *Cannawurf*, Zur Beteiligung im Ausländerstrafrecht, 2007.
[94] *Gericke, Senge* aaO.

3. Ausdehnung von Wirtschaftsstraftatbeständen auf den Schutz ausländischer Rechtsgüter nach dem Recht der Europäischen Gemeinschaften/Union oder sonst aufgrund völkerrechtlicher Verträge

17 a) Wie bei der Erörterung zur Geldfälschung erwähnt,[95] kann eine ausdrückliche Einbeziehung ausländischer Schutzgüter in den Anwendungsbereich eines Straftatbestandes u. U. auch Folge einer sich aus dem **allgemeinen Völkerrecht** ergebenden Verpflichtung zur Gleichstellung inländischer und ausländischer Schutzinteressen sein, wie dies allgemein für die Verletzung von Individualrechtsgütern von Ausländern zumindest im Inland der Fall ist.[96]

18 b) Eine Erweiterung des innerstaatlich beschränkten Anwendungsbereichs kann sich aber unmittelbar oder mittelbar auch aus **völkerrechtlichen Verträgen**, auch solchen zwischen den Mitgliedstaaten der Europäischen Union, und aus **Gemeinschaftsrecht** ergeben.

Von den Mitgliedstaaten der Europäischen Union ratifizierte Verträge können zu einer **direkten Ausdehnung nationaler Straftatbestände** führen. Ein bekanntes Beispiel stellt **Artikel 194 Abs. 1 des Euratom-Vertrages (EAGV)**[97] dar.[98] Nach dieser Vorschrift sind die Mitglieder der Organe der Europäischen Atomgemeinschaft, die Mitglieder ihrer Ausschüsse, Beamte und Bedienstete dieser Gemeinschaft und Personen, die durch ihre Amtstätigkeit oder durch ihre öffentlichen oder privaten (!) Verbindungen mit den Organen oder Einrichtungen der Gemeinschaft oder mit den gemeinsamen Unternehmen von etwas Kenntnis erhalten, das aufgrund von Rechtsvorschriften unter Geheimnisschutz steht, zur Geheimhaltung verpflichtet. Die Mitgliedstaaten sind verpflichtet, eine Verletzung dieser Pflicht als einen Verstoß gegen ihre Geheimhaltungsvorschriften anzusehen. Sie wenden dabei hinsichtlich des sachlichen Rechts und der Zuständigkeit ihre Rechtsvorschriften über die Verletzung der Staatssicherheit oder die Preisgabe von Berufsgeheimnissen an. Dementsprechend hat der BGH[99] die Landesverratsvorschrift des § 100e StGB a. F., die eine Gefährdung des Wohls der Bundesrepublik Deutschland verlangte, auf den Fall einer Verletzung von Geheimnissen angewandt, die zu einer Gefährdung des Wohls der Europäischen Atomgemeinschaft geführt hatte. Wenn der Täter in einer einem Amtsträger usw. i. S. von § 203 Abs. 2 oder § 353b StGB vergleichbaren[100] Funktion gehandelt hat, sind diese Vorschriften direkt anzuwenden. Der Begriff der Gefährdung wichtiger öffentlicher Interessen in § 353b StGB erfährt dann in seiner Auslegung auch eine entsprechende Veränderung.[101] Art. 194 EAGV könnte sogar so weit auszulegen sein, dass der Verrat von Euratomgeheimnissen, die einem Deutschen als luxemburgischen Anwalt von der Europäischen Atomgemeinschaft anvertraut wurden, nach § 203 Abs. 1 Nr. 3 StGB zu ahnden wäre.[102]

19 Eine zunächst nur beschränkte Gleichstellungsregelung enthält **Artikel 42 des Schengener Durchführungs-Abkommens (SDÜ)**.[103] Es stellt Beamte, die während einer grenz-

---

[95] Vgl. Fn. 65.
[96] Vgl. Rn. 3; allgemein zu Strafpflichten aus Völker(straf)recht *M. Schmidt*, S. 27 ff.
[97] Vertrag v. 25.3.1957, Gesetz v. 27.7.1957, BGBl. 1957 II 753, 1014, 1678; zuletzt geändert durch den Vertrag von Lissabon v. 13.12.2007, BGBl. 2008 II 1038 f. und im Protokoll über die Übergangsbestimmungen; Konsolidierte Fassung in ABl. C 327 v. 26.10.2012, S. 1 (mit Änderungen im Protokoll, S. 102 ff.).
[98] In Übereinstimmung mit der überwiegenden Literaturmeinung (*Johannes*, Europarecht 1968, 63, 81 m. N. in Fn. 50) hat der BGH (St 17, 121) eine unmittelbare Anwendbarkeit („self executing") bejaht (zust. NK-*Böse*, Rn. 61 vor § 3; *Hecker*, § 7 Rn. 17, jeweils m. w. N.; abl. *Satzger* (2001), S. 198 ff.; Zweifel bei *Scholten*, S. 181).
[99] BGHSt 17, 121 (teilw. kritisch dazu *Oehler*, Internationales Strafrecht, 2. Aufl., 1983 Rn. 921; *Satzger* aaO).
[100] Vgl. *Oehler* aaO.
[101] *Johannes*, Europarecht 1968, 63, 86 m. w. N.; *M. Schmidt*, S. 224 f.
[102] In dieser Richtung auch *Johannes*, Europarecht 1968, 63, 89 zur Anwendbarkeit von § 300 StGB a. F. (= § 203 Abs. 1 Nr. 1 StGB).
[103] BGBl. 1993 II 1010 (Text auch in IRG-K, III E 1, S. 1648); *Androulakis*, S. 86.

II. Die Einbeziehung des Schutzes ausländischer Rechtsgüter

überschreitenden Observation oder Nacheile nach Artikel 40, 41 SDÜ im Hoheitgebiet einer anderen Vertragspartei eine Aufgabe erfüllen, in Bezug auf Straftaten, denen diese zum Opfer fallen oder die sie selbst begehen, den Beamten dieses Hoheitsgebietes gleich. Ein Beamter eines anderen EU-Staates, der sich bei einer solchen Aufgabe in Deutschland bestechen lässt, kann also hier auch strafrechtlich wegen Bestechlichkeit oder Vorteilsannahme verfolgt werden. Diese Ausdehnung ist jedoch nicht auf den Bestechenden anwendbar. Ein Beamter kann in einem solchen Fall nicht als „Opfer" einer Straftat angesehen werden, wie dies etwa bei § 113 StGB der Fall ist. Beschränkt ist auch noch der Anwendungsbereich von **Artikel 15 des Übereinkommens über die Rechtshilfe in Strafsachen zwischen den Mitgliedstaaten der Europäischen Union vom 29. Mai 2000.**[104]

Ähnliche Beispiele finden sich in Artikel 16 Satz 3 des inzwischen aufgehobenen Übereinkommens vom 7.9.1967 zwischen Belgien, der Bundesrepublik Deutschland, Frankreich, Italien, Luxemburg und den Niederlanden über die gegenseitige Unterstützung ihrer Zollverwaltungen (sog. Neapel I-Übereinkommen)[105] und Art. 12 Abs. 3 des Abkommens vom 9.10.1997 zwischen Deutschland und Frankreich über die Zusammenarbeit der Polizei- und Zollbehörden in den Grenzgebieten.[106] Auch Grenzabfertigungs- bzw. -verkehrsverträge mit anliegenden Staaten[107] enthalten in der Regel nur die Bestimmung, dass die strafrechtlichen Bestimmungen des Gebietsstaates zum Schutze von Amtshandlungen auch für strafbare Handlungen gelten, die im Gebietsstaat gegen Bediensteten des Nachbarstaates begangen werden.

Weiter ging dann schließlich das Abkommen vom 18.12.1997 über gegenseitige Amtshilfe und Zusammenarbeit der Zollbehörden, das als sog. Neapel II-Übereinkommen[108] gemäß seinem Art. 32 Abs. 6 das o. g. Neapel I Abkommen mit seinem Inkrafttreten am 23.6.2009 ablöste. Art. 19 Abs. 8 dehnte die Gleichstellung auch auf Fälle von Bestechung und Vorteilsgewährung aus.[109] Möglich wurde dies durch die bewusste Verwendung des Merkmals „gegenüber" statt – wie aus anderen Abkommen bekannt – des Merkmals „gegen" oder „Opfer einer Straftat".

Entsprechend weiter gingen dann auch Artikel 33 des deutsch-schweizerischen Vertrages vom 27. April 1999 über grenzüberschreitende polizeiliche Zusammenarbeit,[110] Artikel 29 des deutsch-tschechischen Vertrages vom 2. Februar 2000, Artikel 22 des deutsch-polnischen Vertrages vom 17. Juli 2003 über die Ergänzung des Europäischen Übereinkommens über die Rechtshilfe in Strafsachen vom 20. April 1959 und die Erleichterung seiner Anwendung, Artikel 28 des deutsch-österreichischen Vertrages vom 10.11./19.12.2003 und Artikel 33 des deutsch-niederländischen Vertrages vom 2. März 2005 über die polizeiliche Gefahrenabwehr und in strafrechtlichen Angelegenheiten sowie Artikel 31 des Vertrages vom 27. Mai 2005 mit Belgien, Frankreich, Luxemburg, den Niederlanden, Österreich und Spanien über die

---

[104] ABl. EG C 197 v. 12.7.2000, S. 1 (abgedruckt bei *Wasmeier*, Fn. 66, S. 133 ff.; *Schomburg/Gleß*, IRG-K, S. 1226 ff.); Gesetz in BGBl. 2005 II 650, 661; zum Inkrafttreten in 21 EU-Staaten BGBl 2006 II 1379; zu weiteren Beitritten s. BGBl II Fundstellennachweis B zum Übereinkommen. Näher zur neueren internationalen Entwicklung der Erfassung der Bestechung und Bestechlichkeit ausländischer. Amtsträger s. u. Rn. 23 f.

[105] BGBl. 1969 II 65; dazu mit Kritik *Johannes*, Europarecht 1968, 63, 117 f.; *Androulakis*, S. 85.

[106] Vgl. dazu das Gesetz vom 14.9.1998 (BGBl. II 2479; Text auch in G/P/K, II F 8/78); Inhaltsbeschreibung von *Möhrenschlager* in wistra 1998 H. 8 S. VI), *Androulakis*, S. 86 Fn. 169.

[107] Übersicht in BGBl. II Fundstellennachweis B Sachgebiet VIII 2; *Ziermann*, S. 23 ff; *Androulakis* S. 86 Fn. 165.

[108] ABl. EG Nr. C 24 vom 23.1.1998 S. 1; Gesetz v. 3.6.2002 (BGBl. 2002 II 1387); zum Inkrafttreten s. die N. in BGBl II, Fundstellennachweis B; dazu *Androulakis* S. 86 Fn. 169; G/P/K-*Mac Lean*, Teil III C 18.2.

[109] „Während eines Einschreitens nach Maßgabe der Artikel 20 bis 24 [grenzüberschreitende Nacheile usw.] werden die Beamten, die im Hoheitsgebiet eines anderen Mitgliedstaats eine Aufgabe erfüllen, den Beamten dieses Mitgliedstaats in Bezug auf die Straftaten, die *gegenüber* diesen Beamten begangen werden oder die sie begehen, gleichgestellt."

[110] Zustimmung durch den deutschen Gesetzgeber durch Gesetz vom 25.9.2001 (BGBl. II 946, 948; Text auch in IRG-K II S 16/156), dazu näher *Hecker* § 5 D Rn. 79 ff., 104 f.

Vertiefung der grenzüberschreitenden Zusammenarbeit, insbesondere zur Bekämpfung des Terrorismus, der grenzüberschreitenden Kriminalität und der illegalen Migration.[111]

20   c) Ausdehnungen auf den Schutz ausländischer oder supranationaler Rechtsgüter sind auch Folge der Umsetzung entsprechender Verpflichtungen in weiteren multilateralen völkerrechtlichen Verträgen oder innerhalb der Europäischen Union aus dem Gemeinschafts- bzw. Unionsrecht. Ein älteres Beispiel sind die o. g. Verpflichtungen aus dem Falschmünzereiübereinkommen von 1929, denen das deutsche Recht zu diesem Zeitpunkt allerdings schon entsprach.

Eine ausdrückliche inlandsbezogene Beschränkung im Atomstrafrecht des StGB durch die Abhängigkeit strafbarer Tatbegehung von der „Verletzung verwaltungsrechtlicher Pflichten" (§ 311 Abs. 1 StGB) oder dem Verstoß gegen eine Genehmigungspflicht oder eine Untersagung (§ 328 Abs. 1 Nr. 1 StGB) ist für Vorsatzdelikte durch **Artikel 2 des Gesetzes zu dem Übereinkommen vom 26. Oktober 1979 über den physischen Schutz von Kernmaterial vom 24.4.1990**[112] aufgehoben worden: Einer verwaltungsrechtlichen Pflicht bzw. einer Genehmigung oder Untersagung wurde für die Anwendung dieser Strafvorschriften eine entsprechende ausländische verwaltungsrechtliche Pflicht bzw. Genehmigung oder Untersagung gleichgestellt, um – ausgehend von Artikel 8 des Übereinkommens – auch Taten von Staatsangehörigen, die im Ausland begangen werden, strafrechtlich zu erfassen.[113] Die etwaige Umsetzung des immer noch nicht in Kraft getretenen Übereinkommens des Europarates über den **Schutz der Umwelt durch das Strafrecht** vom 4.11.1998[114] in das nationale Recht würde zu noch mehr Änderungen in der gleichen Richtung führen, da bisher auch andere Umweltstraftatbestände, wenn auch nicht alle, auf den Schutz gegen Schädigungen und Gefährdungen im Inland beschränkt sind.[115] Mehr Erfolg hatte die Europäische Union mit der Richtlinie 2008/99/EG über den strafrechtlichen Schutz der Umwelt v. 19.11. 2008.[116] Sie wurde mit dem Fünfundvierzigsten Strafrechtsänderungsgesetz v. 6.12.2011 (BGBl. I 2557)[117] ins nationale Recht umgesetzt. Weniger weitgehend als die Konvention des Europarates begnügte sich das 45. StRÄndG u. a. bei Straftatbeständen, welche die Verletzung

---

[111] Zustimmung durch den deutschen Gesetzgeber durch Gesetze vom 13.7.2001 (BGBl. II 726, 733), 29.4.2004 (BGBl. II 522), v. 16.8.2005 (BGBl. II 859) und v. 17. 3. und 10.7.2006 (BGBl. II 194, 216, 626), dazu *Möhrenschlager*, wistra 2004 Register R XXI f., XLIV, 2005 Register R LIII f., LXII f., 2006 H. 5 S. V; H. 9 S. VII.

[112] BGBl. II 326, zuletzt geändert durch Artikel 4 Abs. 4 des Sechsten Gesetzes zur Reform des Strafrechts (6. StRG) vom 26.1.1998 (BGBl. I 164, 187). Eine Änderung des Übereinkommens v. 8.7.2005 (umgesetzt durch Gesetz v. 6.6.2008, BGBl. 2008 II 574) führte zu dessen Erweiterung, was sich in der Ausdehnung seines Titels auch auf den „Schutz von … Kernanlagen" niederschlug. Aufgrund der Kritik in LK-*Möhrenschlager*, § 311 Rn. 2 hat der Gesetzgeber in Art. 1 Nr. 2 des 45. StRÄndG (s. nachstehend) die personen- und sachbezogene Eignungsklausel in § 311 StGB umweltbezogen ergänzt (RegE, BT-Drucks. 17/5391, S. 16).

[113] Der Gesetzgeber ist allerdings bei § 328 Abs. 1 Nr. 1 StGB insoweit über die Verpflichtungen aus dem Übereinkommen hinausgegangen, als dieses nur dazu verpflichtete, den vorsätzlich illegalen Umgang mit Kernbrennstoffen nur dann unter Strafe zu stellen, wenn dieser geeignet war, Leib oder Leben zu schädigen.

[114] European Treaty Series (ETS) Nr. 172 (bisher nur ratifiziert von Estland), vgl. dazu die Übersicht über den Inhalt von *Möhrenschlager*, wistra 1999 H. 1 S. VI ff.; näher *Günter-Nicolay*, S. 395 ff. und *Knaut*, S. 243 ff.

[115] Dazu *Günter-Nicolay*, S. 324 ff., 333 ff., 352 ff., 360 ff., 366 ff., *Knaut*, S. 76 f., 132 ff.; *Dannecker/Streinz* in Rengeling, Handbuch zum europäischen und deutschen Umweltrecht, 2. Aufl., Bd. I, 2003, § 8 Rn. 92 f.; *Heger*, S. 59 f.

[116] ABl. EU Nr. L 328 vom 6.12.2008, S. 28 (abgedruckt bei *Esser*. Europäisches und Internationales Strafrecht, 2. Aufl. 2013, S. 214 ff; Inhaltsübersicht bei G/P/K-*Burr*, Teil III C 14.1; *Möhrenschlager*, wistra 2009 R XXII ff.; ausführlich *Heger*, Die Europäisierung des deutschen Umweltstrafrechts, 2009, insbesondere S. 275 ff.

[117] Dazu *Heger*, HRRS 2012, 211; *Möhrenschlager*, wistra 2011 R XXXIII ff., XXXVII ff., LXIX; *Pfohl*, NuR 2012, 307; *Szesny/Görtz*, ZUR 2012, 406; krit. *Meyer*, wistra 2012, 371; vgl. weiter die eingehende Darstellung und Erörterung bei *Saliger*, Umweltstrafrecht, 2012; Übersicht bei SK-*Schall*, Vor § 324 Rn. 4a, 5c, d.

II. Die Einbeziehung des Schutzes ausländischer Rechtsgüter

verwaltungsrechtlicher Pflichten oder das Handeln ohne Genehmigung voraussetzen, mit einer Gleichstellung mit entsprechenden verwaltungsrechtlichen Regelungen in EU-Staaten, wenn diese der Umsetzung bestimmter europäischer Rechtsakte dienen (so der neue § 330d Abs. 2 StGB). Auslandsbezogen ist auch die Regelung über das unerlaubte schädigungsgeeignete Betreiben einer gefährlichen Anlage in einem anderen EU-Mitgliedstaat (§ 327 Abs. 2 Satz 2 StGB). Mit solchen Regelungen können Umweltstraftaten i. S. der RL in Deutschland verfolgt werden, deren Tathandlungen im EU-Bereich begangen wurden, sofern die Voraussetzungen der §§ 5–7 StGB vorliegen (RegE, BT-Drucks. 17/5391, S. 11, 18, 20 f.).

Andere und jüngere Beispiele sind in verschiedenen Gesetzen zur Umsetzung **inter- und supranationaler Rechtsinstrumente zur Bekämpfung von Betrug und Bestechung** zu finden:

Wie bereits erwähnt, erfasst § 264 StGB seit 1976 auch Subventionsbetrügereien zum Nachteil der Europäischen Gemeinschaften. In Umsetzung des **Übereinkommens aufgrund von Artikel K.3 des Vertrags über die Europäische Union über den Schutz der finanziellen Interessen der Europäischen Gemeinschaften vom 26. Juli 1995**[118] umfasst nunmehr aufgrund des **EG-Finanzschutzgesetzes vom 10.9.1998**[119] der Begriff „Subvention" jede „Leistung aus öffentlichen Mitteln nach dem Recht der Europäischen Gemeinschaften, die wenigstens zum Teil ohne marktmäßige Gegenleistung gewährt wird" (§ 264 Abs. 7 Satz 1 Nr. 2 StGB), also nicht nur eine „europäische" Subvention an „Betriebe oder Unternehmen, die wenigstens zum Teil ... der Förderung der Wirtschaft dienen soll" (§ 264 Abs. 6 Nr. 2 StGB a. F.).[120] Nach dem neuen Wortlaut könnten nunmehr selbst Subventionen an Private, z. B. Vereine, und auch an Empfänger der öffentlichen Verwaltung, wie öffentliche Gebietskörperschaften[121] in den Mitgliedstaaten erfasst werden, sofern die Voraussetzungen der Anwendung von § 264 Abs. 1 Nrn. 1, 2 bzw. 4 i. V. mit Absatz 8 (subventionserhebliche Tatsachen) oder von § 264 Abs. 1 Nr. 2, der nicht an das Vorliegen einer subventionserheblichen Tatsache i. S. von Absatz 8 anknüpft, vorliegen. Neuerdings hat die Europäische Kommission vorgeschlagen, das o. g. Übereinkommen und seine Protokolle vollständig (mit gewissen Erweiterungen) durch eine neue Richtlinie zu ersetzen. Der Entwurf v. 11.7.2012, KOM (2012) 363 endg. wurde in BR-Drs. 409/12 veröffentlicht.[122]

Ein weiterer Bereich betrifft die **internationale Bestechung**.[123] Grundsätzlich bezog sich früher die Bestechung von Amtsträgern nur auf die nationale Ebene. Täter der Bestechlich-

---

[118] ABl. EG Nr. C 316 vom 27.11.1995 S. 48 (in Kraft seit 17.10.2002); Text bei *Wasmeier/Möhlig* (Fn. 66), S. 274 ff.; *Esser* (Fn. 116), Nr. 50; *Schomburg/Lagodny*, IRG-K, S. 1123 ff. (mit Auszug aus Erläuterndem Bericht); zum Inhalt *Hecker*, § 14 B IV Rn. 24 ff.

[119] BGBl. II 2322 (Begründung im RegE, BT-Drucks. 13/4025).

[120] Im Erg. werden nunmehr „europäische Subventionen" durch § 264 StGB in einem weiteren Anwendungsbereich geschützt als nationale Subventionen i. S. von § 264 Abs. 7 Nr. 1 StGB (*Böttger/Nuzinger*, WiPra, Kap 2 Rn. 7).

[121] NK-*Hellmann*, § 264 Rn. 43, 45; SSW-*Saliger* § 264 Rn. 16; Müller-Gugenberger/Bieneck-*Bender*, § 52 Rn. 9; Volk/*Verjans*, § 32 Rn. 47; *Fischer*, § 264 Rn. 12; LK-*Tiedemann*, § 264 Rn. 56, 70 (z. B. bei Leistungen zur politischen, kulturellen, beruflichen Bildung). – Nach der alten Fassung war dies wegen der Beschränkung des § 264 StGB auf Subventionen an Betriebe und Unternehmen nicht möglich; selbst der RegE-1.WiKG, BT-Drucks. 7/3441, der die letztere Beschränkung noch nicht kannte, wollte diesen Bereich ausschließen (§ 264 Abs. 6: „Subvention ... ist eine ... Leistung an Empfänger außerhalb der öffentlichen Verwaltung"), weil „für die Vergabe von öffentlichen Mitteln innerhalb der öffentlichen Verwaltung ... ein besonderer Strafschutz nicht geboten" sei. – Die Erläuterungen zum Übereinkommen, abgedruckt in BT-Drucks. 13/10425, S. 14, 16, erwähnen nur Subventionen und Beihilfen aus EG-Fonds, der Europäischen Investitionsbank usw., ohne allerdings zu sagen, ob diese sich nur auf solche an sog. Wirtschaftsteilnehmer beziehen.

[122] Dazu näher *Möhrenschlager*, wistra 2012 R LXV ff. (krit. Bundesrat in Drs. 409/12-Beschluss v. 21.9.2012 zur Ausdehnung von Art. 3-E betr. Betrug über die §§ 263, 264 hinaus).

[123] Vgl. dazu LK-*Sowada*, Rn. 24 ff. vor § 331; *Korte*, wistra 1999, 81 und in MK, § 331 Rn. 25 ff.; *Androulakis*, S. 117 ff., 251 ff.; *Möhrenschlager*, Strafrechtliche Vorhaben zur Bekämpfung der Korruption auf nationaler und internationaler Ebene, JZ 1996, 822, 830 f.; Stand und Entwicklung der internationalen Rechtsinstrumente zur Bekämpfung der Korruption in *Paul* (Hrsg.), Korruption in Brasilien und

keit bzw. der Vorteilsannahme i. S. der §§ 331, 332 StGB sowie Bezugspersonen für eine aktive Bestechung bzw. Vorteilsgewährung i. S. der §§ 333, 334 StGB konnten daher grundsätzlich nur Richter, Amtsträger nach deutschem Recht, für den öffentlichen Dienst aufgrund des Verpflichtungsgesetzes besonders Verpflichtete (§ 11 Abs. 1 Nr. 2 bis 4 StGB) und Soldaten der Bundeswehr (§ 48 Wehrstrafgesetz; §§ 333, 334 StGB) sein. Nur vereinzelt konnte bisher auch die Bestechlichkeit bzw. Bestechung auch ausländischer Amtsträger usw. strafrechtlich verfolgt werden.[124] Dies hat sich in der Zwischenzeit geändert:

24   Auf der Grundlage des **(1.) Protokolls vom 27. September 1996 zum Übereinkommen über den Schutz der finanziellen Interessen der Europäischen Gemeinschaften**[125] und des **Übereinkommens vom 26. Mai 1997 über die Bekämpfung der Bestechung, an der Beamte der Europäischen Gemeinschaften oder der Mitgliedstaaten der Europäischen Union beteiligt sind,**[126] hat **Art. 2 § 1 EU-Bestechungsgesetz (EU-BestG) vom 10.9.1998**[127] die Straftatbestände der Bestechung und Bestechlichkeit auf Bestechungshandlungen für eine künftige richterliche Handlung oder Diensthandlung eines Mitglieds des EuGH, der Kommission und des Rechnungshofes der Europäischen Gemeinschaften und eines Gemeinschaftsbeamten sowie eines Richters und eines Amtsträgers eines anderen EU-Mitgliedstaats anwendbar gemacht. Zusätzlich ist nach **Art. 2 § 1 des Gesetzes zur Bekämpfung internationaler Bestechung (IntBestG) vom 10.9.1998**[128] seit 15.2.1999[129] die sich

---

Deutschland, 2002; Die strafrechtliche Bekämpfung internationaler Korruption auf internationaler und nationaler Ebene in Dölling, Handbuch der Korruptionsprävention, 2007, 8. Kapitel B II, III, Rn. 270 ff.; *Nagel*, Entwicklung und Effektivität internationaler Maßnahmen zur Korruptionsbekämpfung, 2007; *Münkel*, Bestechung und Bestechlichkeit ausländischer Amtsträger, 2013, jeweils m. w. N.

[124] Strafbarkeit der Vorteilsgewährung an und die Bestechung von Soldaten und Beamten der in Deutschland stationierten Truppen der nichtdeutschen Vertragsstaaten des Nordatlantikpaktes oder solchen, die aufgrund einer allgemeinen oder besonderen Anweisung einer Höheren Dienststelle der Truppen zur gewissenhaften Erfüllung ihrer Obliegenheiten förmlich verpflichtet worden sind, durch Anwendung der §§ 333, 334 StGB aufgrund von Art. 7 Abs. 2 Nr. 10 des Vierten Strafrechtsänderungsgesetzes vom 11.6.1957, zuletzt geändert durch Art. 5 des Gesetzes zur Bekämpfung der Korruption vom 13.8.1997 (BGBl. I 2038); Vorläufer war die Ausdehnung von § 333 StGB a. F. in Anhang A § 16 (g) des Vertrages über die Rechte und Pflichten ausländischer Streitkräfte und ihrer Mitglieder in der Bundesrepublik Deutschland v. 26.5.1952 (Zusatzvertrag zum Vertrag über die Beziehungen zwischen der Bundesrepublik Deutschland und den Drei Mächten; Gesetz v. 28.3.1954, BGBl. 1954 II 78, 131 f.). – Weitere Beispiele für vertragliche Ausdehnungen sind unter Rn. 19 zu finden. Ein paralleles Beispiel ist die Erfassung des Stimmen(ver)kaufs auch von Abgeordneten des Europäischen Parlaments in § 108e StGB. Schließlich können u. U. auch die §§ 299, 300 StGB auf die Bestechung und Bestechlichkeit ausländischer Amtsträger usw. anwendbar sein, wie dies die Rechtsprechung zum Vorgänger (§ 12 UWG) teilweise getan hat.

[125] ABl. EG Nr. C 313 S. 1 vom 23.10.1996 (in Kraft seit 17.10.2002; BGBl. 2007 II 794); Erläuternder Bericht v. 19.12.1997, ABl. EG C 11 v. 15.1.1998 = BT-Drucks. 13/10424 S. 15 ff.; deutscher Text bei *Wasmeier/Möhlig* (Fn. 66), S. 274 ff., 280 ff.; *Esser* (Fn. 116) Nr. 51 und *Schomburg*/IRG-K, 3. Aufl., S. 1140 ff.; G/P/K-*Waßmer*, Teil III C 4.7.

[126] ABl. EG Nr. C 195 S. 1 vom 25.6.1997 (in Kraft seit 28.9.2005; BGBl. 2006 II 954); der deutsche Gesetzgeber hat dem Übereinkommen durch Gesetz vom 21.10.2002 (BGBl. II 2727) zugestimmt; die Ratifizierung war wegen Fehlens des Erläuternden Berichts zu dem Übereinkommen zunächst zurückgestellt worden; veröffentlicht am 15.12.1998, ABl. EG C 391, S. 1; deutscher Text bei *Wasmeier/Möhlig* (Fn. 66), S. 323 ff.; *Esser* (Fn. 116) Nr. 53 und *Schomburg/Gleß*, 3. Aufl., S. 1167 ff.; zum Inhalt *Androulakis*, S. 288 ff.; G/P/K-*Waßmer*, Teil III C 4.7.

[127] BGBl. II 2340; zum Inhalt LK-*Sowada* Rn. 25, 27 vor § 3; *Androulakis*, S. 372 ff.; *Böttger*, WiPra, Kap 5 Rn. 58 f., 169 ff.; *Gänßle*, NStZ 1999, 543; *Korte*, wistra 1999, 81, 83 ff.; *Möhrenschlager* in Dölling (Fn. 136), Kapitel 8 Rn. 361 ff.; *Momsen/Grützner/Behr* Kap 9 Rn. 315 ff.; *Tinkl*, wistra 2006, 126 f.; *Zieschang*, NJW 1999, 105 ff.; *Münkel* (Fn. 123) S. 197 ff., 214 ff.

[128] BGBl. II 2327; zum Inhalt LK-*Sowada* Rn. 26 ff. vor § 3; *Androulakis*, S. 397 ff., 404 ff.; *Böttger* aaO; *Gänßle*, *Zieschang* aaO; *Korte* aaO S. 87 ff.; *Möhrenschlager* aaO Rn. 346 ff.; *Momsen/Grützner/Behr* Kap. 9 Rn. 303 ff.; *Nagel* (Fn. 123), S. 142 ff.; *Pelz*, StraFo 2000, 300, 302 ff; *Tinkl* aaO S. 128 ff.; *Münkel* aaO S. 24 ff., 55 ff., 79 ff.

[129] Nach Art. 3 IntBestG traten die strafrechtlichen Regelungen mit dem Inkrafttreten des Übereinkommens in Kraft, was am 15.2.1999 geschehen ist (s. Bekanntmachung vom 4.2.1999, BGBl. II 87).

II. Die Einbeziehung des Schutzes ausländischer Rechtsgüter

auf eine künftige richterliche oder dienstliche Handlung beziehende Bestechung eines Richters, eines Amtsträgers, eines Soldaten eines ausländischen Staates und einer Person, die beauftragt ist, öffentliche Aufgaben für einen ausländischen Staat wahrzunehmen, sowie eines Richters eines internationalen Gerichts, eines Amtsträgers, eines Soldaten oder sonst einer Person, die beauftragt ist, Aufgaben einer internationalen Organisation wahrzunehmen, strafbar, wenn sie begangen wurde, um sich oder einem Dritten einen Auftrag oder einen unbilligen Vorteil im internationalen geschäftlichen Verkehr zu verschaffen oder zu sichern. Diese Assimilationsvorschrift wird in **Art. 2 § 2** ergänzt durch eine selbstständige Strafvorschrift zur parallelen Erfassung der Bestechung ausländischer Abgeordneter im Zusammenhang mit internationalem geschäftlichen Verkehr, wodurch der Strafrechtsschutz insoweit weiter geht als bei der Bestechung nationaler Abgeordneter nach § 108e StGB; letzteres ist rechtspolitisch unbefriedigend.[130] In Umsetzung von **Artikel 70 des Römischen Statuts des Internationalen Strafgerichtshofes vom 17. Juli 1998** hat der Gesetzgeber in **§ 2 des Gesetzes über das Ruhen der Verfolgungsverjährung und die Gleichstellung der Richter und Bediensteten des Internationalen Strafgerichtshofes** vom 21. Juni 2002[131] ebenfalls eine Gleichstellungsvorschrift zur Anwendung der §§ 331 bis 336 und des § 338 StGB auf eine Bestechungshandlung (einschließlich Vorteilsannahme/-gewährung!), die sich auf eine künftige richterliche Handlung oder Diensthandlung bezüglich Richtern, Amtsträgern und sonstigen Bediensteten des IGH bezieht, aufgenommen. Zu einer zusätzlichen Ausdehnung wird es mit der Umsetzung des Strafrechtsübereinkommens des Europarates über Korruption vom 27.1.1999[132] kommen. 11. Auf VN-Ebene beschloss die Generalversammlung am 31.10.2003 ein **Übereinkommen gegen die Korruption**.[133] Ähnlich dem OECD-Übereinkommen enthält es neben Regelungen zur Kriminalisierung von Bestechungshandlungen auf nationaler Ebene und solchen mit Auslandsbezug Art. 16 Abs. 1 i. V. mit Art. 2 (b), (c) auch eine bindende Regelung über die Einführung der Strafbarkeit der sog. aktiven Bestechung ausländischer und internationaler Amtsträger (einschließlich von Parlamentariern). Die Ratifizierung ist in diesem Zusammenhang mit der Schwierigkeit belastet, gemäß Artikel 15 i. V. mit Artikel 2 (a) weitergehend als in § 108e StGB auch die aktive und passive Bestechung nationaler Abgeordneter mit Strafe zu bedrohen.[134] Vor allem im Hinblick darauf ist sowohl die Ratifizierung der Konvention des Europarats als auch die der Vereinten Nationen zurückgestellt worden. Selbst ein dieses Problem ausklammernder Regierungsentwurf eines Strafrechtsänderungsgesetzes (BT-Drs.16/6558 v. 4.10.2007), basierend auf einem BMJ-Referentenentwurf v. 19.9.2006 für ein Zweites Gesetz zur Bekämpfung der Korruption, das zu einer

---

[130] BGHSt 51, 44, 60; *Möhrenschlager*, Die Struktur des Straftatbestandes der Abgeordnetenbestechung auf dem Prüfstand – Historisches und Künftiges, in Festschrift f. U. Weber, 2004, S. 217, 228 m. w. N.; Momsen/*Grützner/Behr* Kap 9 Rn. 351 ff.; *Jäckle*, ZRP 2012, 97, 100; *Münkel* (Fn. 123) S. 259, 277, 294 – Bemühungen von Oppositionsparteien (dazu *Jäckle* aaO S. 98 ff.), eine Ausweitung von § 108e StGB herbeizuführen, blieben in der 16. und 17. Legislaturperiode erfolglos; sie führten auch nicht zu einer Initiative seitens der Bundesregierung bzw. der Koalitionsfraktionen, s. *Möhrenschlager* wistra 2007 R XLVI, LXIV, 2009 R LIV ff.; 2010 R XLII, 2011R LVI; 2012 R XXXVIII f.; für eine Neuregelung zur Abgeordnetenbestechung aber nunmehr der Koalitionsvertrag v. 16.12.2013, S. 152.

[131] Verankert in Artikel 2 des Gesetzes vom 21. Juni 2002 zur Ausführung des Römischen Statuts des Internationalen Strafgerichtshofes vom 17.7.1998, BGBl. 2002 I 2144, 2162 (dazu *Ambos*, § 7 B VI Rn. 262 ff.; *Korte* MK § 331 Rn. 43; *Möhrenschlager* aaO Rn. 372 ff.).

[132] European Treaty Series (ETS) Nr. 173, in Kraft am 1.7.2002; dt.-österr.-schweiz. Fassung abrufbar unter www.conventions.coe.int. – zum Inhalt vgl. *Androulakis*, S. 320 ff.; *Korte* MK § 331 Rn. 28 f.; *Möhrenschlager*, wistra 1999 H. 2 S. V; *Münkel* aaO S. 239 ff.; *Sanchez-Hermosilla*, Kriminalistik 2003, 74, 76 f.; *de Vel/Csonka*, The Council of Europe Activities against Corruption, in Fijnaut/Huberts, Corruption, Integrity and Law Enforcement, Den Haag, London, New York, 2002; S. 361, 368 ff.; das Übereinkommen wurde ergänzt um ein Zusatzprotokoll v. 15.5.2003 (ETS Ntr. 191); es ist seit 1.2.2005 in Kraft.

[133] Abgedruckt in *United Nations Office on Drugs and Crime (UNODC)* (Hrsg.), Compendium of International Legal Instruments on Corruption, Wien, 2. Aufl. 2005, S. 21 ff.; Text auch in IRG-K IV E, S. 1947; österr. Fassung in öst. BGBl. III Nr. 47 v. 13.3.2006; in Kraft am 14.12.2005 (ratifiziert von 166 Staaten, Stand: 29.4.2013).

[134] Näher dazu *Möhrenschlager* (Fn. 130), S. 229 ff.

weiterreichenden Umsetzung strafrechtlicher Regelungen in internationalen Rechtsinstrumenten im StGB führen sollte, blieb im Gesetzgebungsverfahren stecken. Nach dem Entwurf sollten u. a. in einem neuen § 335a StGB die Tatbestände der §§ 332 ff. auf bestimmte Bedienstete und Richter ausländischer und internationaler Behörden (in teilweise eingeschränkter Weise) mit einer Auslandserstreckung in einem neuen § 5 Nr. 15 StGB – unter Ablösung von Regelungen im EUBestG, IntBestG und IStGH-G – ausgedehnt werden.[135] Mit einer Ratifizierung der VN- und Europaratskonventionen ist nicht mehr in der 17.[136], aber hoffentlich in der 18. Legislaturperiode zu rechnen.

25   Ein anderes Beispiel für eine Einbeziehung ausländischer Schutzinteressen ist die **Bestechung im privaten Geschäftsverkehr**. Die frühere Regelung in § 12 UWG ist im Kontext des UWG überwiegend so verstanden worden, dass sie sich nur auf Bestechungshandlungen bezog, die sich auf den deutschen Wettbewerb auswirken konnten.[137] An der bisherigen Auslegung wollte der Gesetzgeber mit der Überführung dieser Regelung in das StGB (erweitert als §§ 299, 300) zunächst nichts ändern.[138] Bei der Umsetzung der **„Gemeinsamen Maßnahme betreffend die Bestechung im privaten Sektor" vom 22.12.1998**[139] **(überführt in den Rahmenbeschluss 2003/568/JI v. 22.7.2003**[140]**)** ist der deutsche Gesetzgeber jedoch über das dort vorgegebene Mindestmaß (Erfassung von Fällen, die eine Verzerrung des Wettbewerbs mit sich bringen könnten) hinausgegangen. Durch das Gesetz vom 22.8.2002[141] wurde **§ 299 StGB** (mittels eines neuen **Absatzes 3** dessen Absätze 1 und 2 „auch für Handlungen im ausländischen Wettbewerb" gelten), also i. V. mit den §§ 3 ff. StGB selbst über den EU-Bereich hinaus auf das gesamte Ausland ausgedehnt. Es kommt nun nicht mehr darauf an, dass Wettbewerbsverhältnisse im Inland, d. h. dort inländische Konkurrenten, betroffen werden.[142]

26   Ein weiteres Beispiel aus dem EU-Bereich ist die Umsetzung von Artikel 41 Absatz 4 des „Beschlusses des Rates vom 6. April 2009 zur Errichtung des Europäischen Polizeiamts (Europol) (2009/371/JI):[143] „Jeder Mitgliedstaat behandelt eine Verletzung der in den Absätzen 2 und 3 genannten Verpflichtung zur Zurückhaltung und Verschwiegenheit als einen Verstoß gegen seine Rechtsvorschriften über die Wahrung von Dienst- und Berufsgeheimnissen oder seine Bestimmungen zum Schutz von Verschlusssachen".[144] Daraus ergab sich zwingend eine Ausweitung der nationalen Geheimnisschutzvorschriften im Wege der Assimilation in **Artikel 2 § 8 des Europol-Gesetzes**[145]:

„Für die Anwendung der Vorschriften des Strafgesetzbuches über Verletzung von Privatgeheimnissen (§ 203 Abs. 2 Satz 1 Nr. 1, Satz 2, Abs. 4 und 5, § 205), Verwertung fremder Ge-

---

[135] Zum Inhalt des BMJ-RefE und des RegE näher *Möhrenschlager*, wistra 2007 RXXXII, XLV und krit. *Münkel* aaO S. 280 ff.
[136] Liegengeblieben ist der Entwurf von BÜNDNIS 90/DIE GRÜNEN zu einem Gesetz zum Übereinkommen der Vereinten Nationen gegen Korruption, BT-Drs. 17/5932; entsprechendes gilt für Oppositionsentwürfe zur auslandsbezogenen Ausdehnung von § 108e StGB (BT-Drs. 17/1412, 5933, 8613); ein weiterer Versuch ist der Bundesrats-Entwurf, BR-Drs. 174/13 (Beschluss) v. 3.5.2013.
[137] Vgl. *Androulakis*, S. 112 ff., *Mölders*, S. 94 ff., 161, 175 ff., 184 ff., jeweils mit zahlreichen N.; LK-*Tiedemann* vor § 298, § 299 Entstehungsgeschichte; Momsen/*Grützner*/*Behr* Kap 9 Rn. 291.
[138] Vgl. CDU/CSU/F. D. P.-E, BT-Drucks. 13/5584 S. 15.
[139] ABl. EG Nr. L 358 vom 31.12.1998 S. 2 (vgl. dazu die Übersicht von *Möhrenschlager*, wistra 1999 H. 3 S. IX f.). Zur Diskussion einer Auslandserstreckung, insbesondere für den EU-Bereich schon vor 2002 LK-*Tiedemann* § 299 Rn. 64; *Androulakis*, S. 430 ff.; *Mölders*, S. 175 ff.; G/J/W-*Sahan*, § 299 Rn. 2, 4.
[140] ABl. EG L 1992, v. 31.7.2003, S. 54 (abgedruckt bei *Wasmeier*/*Möhlig*, Fn. 66, S. 331; *Esser*, Fn. 116, 1. Aufl., A 33).
[141] BGBl. I 3877.
[142] NK-*Dannecker*, Rn. 74; *Fischer*, Rn. 2a; *Böttger*, WiPra, Kap 5 Rn. 182 ff.; *A. Schmitz*, RIW 2003, 189, 194; *Fietz*/*Weidlich*, RIW 2005, 423, 426; ausführlich zur Erfassung von Auslandstaten *Mölders*, S. 203 ff., 231 f., 240 ff.; zur Anwendung der §§ 3 ff. Momsen/*Grützner*/*Behr* Kap 9 Rn. 292 ff. – Abl. *Haft*/*Schwoerer*, Festschr. f. U. Weber, 2004, S. 367, 381 ff. (zutr. Kritik bei *Mölders*, S. 188 ff., 194 ff.).
[143] ABl. Nr. L 121 v. 15.5.2009, S. 1.
[144] Text in *Esser*, Europäisches und Internationales Strafrecht, 2. Aufl., 2012, A 70.
[145] v. 16.12.1997, BGBl. II 2150, zuletzt geändert durch Gesetz v. 31.7.2009 (BGBl. I 2504); NK-*Böse* Rn. 61 vor § 3.

III. Die Erfassung von grenzüberschreitenden Wirtschaftsstraftaten

heimnisse (§§ 204, 205) sowie Verletzung des Dienstgeheimnisses (§ 353b Abs. 1 Satz 1 Nr. 1, Satz 2, Abs. 3 und 4) stehen die Mitglieder des Verwaltungsrates, der Direktor, die stellvertretenden Direktoren und die Bediensteten von Europol sowie die Verbindungsbeamten den Amtsträgern, die anderen nach Artikel 41 Absatz 2 des Beschlusses 2009/371/JI zur Verschwiegenheit oder zur Geheimhaltung besonders verpflichteten Personen den für den öffentlichen Dienst besonders Verpflichteten gleich. Ist dem Täter das Geheimnis während seiner Tätigkeit bei Europol bekannt geworden, wird die Tat nach § 353b StGB nur verfolgt, wenn ein Strafverlangen des Direktors von Europol vorliegt und die Bundesregierung die Ermächtigung zur Strafverfolgung erteilt."

Eine parallele Regelung enthielt § 2 des Gesetzes **zur Gewährleistung der Geheimhaltung der dem Statistischen Amt der Europäischen Gemeinschaften übermittelten vertraulichen Daten – SAEG-Übermittlungsschutzgesetz – vom 16.3.1993**[146] durch die Anwendung der genannten Strafvorschriften (§§ 203–205, 353b StGB) auf Beamte und Bedienstete des Statistischen Amtes der Europäischen Gemeinschaften. Durch verschiedene Änderungen der zugrundeliegenden Verordnung[147] ist die Verweisung in der Strafvorschrift auf die ursprüngliche Verordnung mangels Folgeanpassung unrichtig und dadurch unanwendbar geworden; eine neue strafrechtliche Regelung ist erforderlich.[148]

III. Die Erfassung von grenzüberschreitenden und im Ausland begangenen Wirtschaftsstraftaten nach dem inter(trans)nationalen Strafanwendungsrecht

1. Reichweite des Territorialitätsprinzips

Dem deutschen Strafrecht unterfallende Wirtschaftsstraftaten sind strafbar, wenn sie im „Inland" (§ 3 StGB) begangen werden.[149]

a) Inlandsbegriff und allgemeine Bestimmung der Staatsgrenze

Das „Inland" umfasst die sechzehn Bundesländer (Präambel zum GG; Art. 1 Einigungsvertrag) einschließlich des Luftraums darüber und des Raums unter Tage (Höhe und Tiefe sind umstr.).[150] Dazu gehören auch die deutsche Exklave Büsingen in der Schweiz,[151] das Kondo-

---

[146] BGBl. I 336; dazu die 3. Aufl. Rdn. 26.
[147] VO (Euratom, EWG) 1588/90 v. 11.6.1990 (ABl. L 151 v. 14.6.1990, S. 1; VO (EG,Euratom) v. 22.10.2008, ABl. L 304 v. 14.11.2008, S. 70; VO (EG) 223/2009 v. 11.3.2009, ABl. L 87 v. 31.3.2009, S. 164.
[148] Näher dazu *Möhrenschlager* wistra 2009 R XLIV.
[149] Zum Folgenden s. das im Literaturverzeichnis erwähnte völkerrechtliche Schrifttum und die Strafrechtskommentare zu § 3 StGB, jeweils m. w. N.; allgemein zum Territorialgrundsatz jüngst *Namavicius*, S. 19 ff.
[150] Die Höhe des Luftraums ist umstr., vgl. LK[11]-*Gribbohm* Rn. 251 f. vor § 3; LK-*Werle/Jeßberger*, § 3 Rn. 51 ff.; MK-*Ambos*, § 3 Rn. 22; *Ambos*, § 3 Rn. 19 f. Nach *Khan*, S. 615 ff., 637 ff. schließt der Luftraum – unter Hinweis auf die physikalischen Grenzen für den Luftverkehr einerseits und den Weltraumverkehr andererseits – den Zwischenraum der Troposphäre und der Stratosphäre mit ein; er geht auf dem Hintergrund der internationalen Diskussion davon aus, dass die Frage der genauen Grenzziehung bisher führte, von einem Luftraum bis zu einer Höhe zwischen 60 und 110 km aus; sonst wird von der Lehre (LK aaO; NK-*Böse*, § 3 Rn. 8; AnwK-*Zöller* § 3 Rn. 12) die Grenze bei 80 bis 100 km gezogen (näher zu Einschränkungen der Lufthoheit LK aaO Rn. 53 ff.). – Übertrieben scheint mir die Auffassung von LK-*Werle/Jeßberger*, Rn. 24, zum Inland den Erdraum bis zum Erdmittelpunkt reichen zu lassen; naheliegender ist eine Beschränkung auf den Bereich der Erdkruste (bis ca. 30–40 km Tiefe, im Oberrheingraben weniger tief) unterhalb Deutschlands, insbesondere auf dem Hintergrund der Erfahrungen mit den bisherigen Beschränkungen der Tiefenbohrungen (auf der Halbinsel Kola in Russland 1970: 12262 m; in der Oberpfalz 1994: 9101 m).
[151] Zur Entwicklung des Grenzregimes betr. Büsingen *Khan* S. 151 ff., 163.

minium mit Luxemburg an den Grenzwasserläufen von Mosel, Sauer und Our,[152] ggf. vorgeschobene Zollstellen auf fremdem Hoheitsgebiet (vgl. Art. 38 Abs. 3 ZK; 135 Abs. 4 UZK) im Anwendungsbereich bilateraler Vereinbarungen,[153] nationale Eigengewässer (auch Seehäfen, Freihäfen [= Freizonen des Kontrolltyps I, s. Art. 799a ZK-DVO], Meeresbuchten) und das daran und an das Festland bzw. eine zum Staatsgebiet gehörende Insel anschließende Küstengewässer (einschließlich Luftraum darüber und Meeresboden/-untergrund), auf das sich die staatliche Souveränitätsgewalt erstreckt (Art. 1 Abs. 2; Art. 2 Abs. 1, 2; Art. 3ff. SRÜ[154]). In der Nordsee ist das Küstengewässer seewärts von der Niedrigwasserlinie und den geraden Basislinien aus 12 sm breit, in der Ostsee ist es in Teilgebieten kürzer.[155] Kein Inland ist das seewärts angrenzende Meeresgebiet, auch wenn dort bezüglich Tätigkeiten im Bereich des Festlandsockels bzw. der Außenwirtschaftszone bestimmte Befugnisse ausgeübt werden dürfen. Bei Flüssen als Grenze sind zunächst für die genaue Grenzziehung einschlägige Verträge mit dem Nachbarstaat maßgebend, im Übrigen bei schiffbaren Flüssen der sog. Talweg (Fahrbahn der abwärtsfahrenden Schiffe bzw. die Linie der größten Tiefe des fließenden Stromes), sonst die Mittellinie bei Flussläufen.[156] Bei Grenzseen ist streitig, ob für die Grenzziehung auf den Hauptschifffahrtsweg oder die Mittellinie abzustellen ist.[157]

---

[152] Dazu ausführlich *Khan*, S. 476ff. m. w. N.; RGSt 9, 372 (1884) erkannte das Kondominium hinsichtlich des Wasserlaufes an, nicht aber – entgegen der zuvor genannten heutigen den (Luft-) Raum darüber einschließenden Auffassung (s. *Khan*, S. 480ff.) – nicht für den Raum darüber. Das RG war damals der Auffassung, dass für eine Brücke darüber auch in diesem Fall das Prinzip der Lineargrenze gelte. Die zu einem Tod führende Schlägerei auf der zu Luxemburg näheren Brückenhälfte stufte das RG deshalb als Auslandstat ein (a. A. zu Recht *Khan* aaO; für die Brückenmitte weiter LK-*Werle/Jeßberger* § 3 Rn. 40; NK-*Böse*, § 3 Rn. 4; MK-*Ambos* § 23 Rn. 18). – Durch den Grenzvertrag v. 19.12.1984, BGBl. 1988 II 414, 923, ist die Auffassung des RG überholt. Nach Art. 1 Satz 2 umfasst das gemeinschaftliche Hoheitsgebiet auch die Luftsäule und oberirdische Bauwerke und Anlagen. S. auch *Borchmann*, NJW 1997, 101, 103; LK-*Werle/Jeßberger*, § 3 Rn. 19.

[153] RGSt 57, 61; 66, 194; BGHSt 31, 215; BayObLGSt 1981, 72 = NJW 1983, 529; NStZ 1982, 122; wistra 2001, 231f.; OLG Karlsruhe NStZ-RR 2006, 87; einschränkend OLG Köln NStZ 1981, 122 (fingierte Inlandseigenschaft des deutschen Grenzabfertigungsbereichs einer vorgelagerten Kontrollstelle zumeist in Bezug auf zoll- und einfuhrrechtliche Zusammenhänge); näher LK-*Werle/Jeßberger*, § 3 Rn. 58ff.; vgl. auch *Franzen/Gast/Joecks-Jäger*, Steuerstrafrecht, 7. Aufl., 2009, § 372 Rn. 17; Liste der Verträge zu vorgeschobenen Zollstellen bei *Weber*, BtMG, 3. Aufl., 2009, § 2 Rn. 51; MK-*Rahlf*, § 2 BtMG, Rn. 34ff.

[154] Seerechtsübereinkommen der Vereinten Nationen vom 10.12.1982, BGBl. 1994 II S. 1799 (abgekürzt im Folgenden SRÜ).

[155] Art. 3 SRÜ i. V. mit Proklamation der Bundesregierung vom 11.11.1994, BGBl. I 3428; MK-*Ambos*, § 3 Rn. 14; *Ambos*, § 3 Rn. 19f.; *Khan*, S. 609ff.; teilweise ungeklärt für die Nordsee bezüglich der Niederlanden und Dänemarks, LK-*Werle/Jeßberger*, § 3 Rn. 44; *Khan*, S. 347 Fn. 2, S. 429ff., 582; *Hertel*, S. 117, 120ff. (im Zusammenhang mit dem Offshore-Windpark-Projekt Riffgat ca. 15 km im NW von Borkum); zur Abgrenzung des Küstenmeers außerhalb der Emsmündung auch *Lagoni*, ArchVR 2012, 348 und der Küstenmeergrenze in der Ostsee bezüglich Dänemark *Wolfrum*, Küstenmeergrenzen der Bundesrepublik Deutschland, ArchVR 24 (1986), 247, 269f.

[156] LK-*Werle/Jeßberger*, § 3 Rn. 36f.; *Fischer* Rn. 16 vor § 3; *Oehler* Rn. 397 (Mittellinie der Hauptschifffahrtsrinne); MK-*Ambos*, § 3 Rn. 18; *Khan* insbesondere bezüglich vertraglicher Regelungen, passim, z. B. S. 130, 150, 162, 182, 306, 331ff., 560.

[157] Vgl. LK-*Werle/Jeßberger*, § 3 Rn. 38; zum Bodensee vgl. LK aaO Rn. 39; MK-*Ambos*, § 3 Rn. 19; *Fischer* Rn. 15 vor § 3, jeweils m. w. N. sowie ausführlich *Khan*, S. 233ff. und *Kibele*, ZfW 2013, 195 m. zahlreichen N. (beide sind S. 266ff. bzw. 197ff. der umstrittenen Ansicht, dass sich – abgesehen von der Einigkeit über die Verhältnisse am Untersee und dem sog. Konstanzer Trichter, am Überlinger See und am sog. „Kleinen See" zwischen Lindau und dem Festland – die Grenz- bzw. Territorialverhältnisse am „Obersee" zwischen der Schweiz und Österreich und zwischen Deutschland und Österreich bis heute auf gewohnheitsrechtlichem Wege weder i. S. einer Realteilung noch eines Kondominiums verfestigen konnten und das Gebiet des sog. „Hohen Sees" des Bodensees jenseits der sich an die Ufergrenze anschließenden ufernahen Seezone (bis zur sog. „Haldengrenze") keinem Staatsgebiet zugeordnet werden kann, also „staatsfreies Gebiet" ist, das allen Uferstaaten grundsätzlich zu gleichem Recht zur Nutzung offen steht). Zum Warenverkehr Schweiz-Deutschland auf dem Bodensee s. § 1 Zollverordnung v. 23.12.1994 (BGBl. I 2449; 1994 I 162), zuletzt geändert durch VO v. 5.10.2009 (BGBl. I 3262).

III. Die Erfassung von grenzüberschreitenden Wirtschaftsstraftaten

b) Inlandsbegriff und „Grenzen" im Zusammenhang mit sog. „Verbringungstatbeständen" (Einfuhr, Ausfuhr, Durchfuhr)

Es gibt eine Reihe von Straftatbeständen, bei denen die Strafbarkeit ausdrücklich an das Merkmal der grenzüberschreitenden **„Verbringung"** bzw. an die Tatbestandselemente **„Einfuhr", „Ausfuhr"** und **„Durchfuhr"** anknüpft.[158] Diese Merkmale werden zwar generell im Wesentlichen ähnlich ausgelegt, erfahren aber doch mitunter verschiedene Interpretationen im Kontext der jeweils einschlägigen Gesetze. Von Bedeutung ist in diesem Zusammenhang die Ermittlung des maßgeblichen „Verbringungsgebietes", das in den einschlägigen Gesetzen teilweise ausdrücklich bezeichnet wird,[159] teilweise aber auch nicht. Im letzteren Fall ist durch Auslegung,[160] insbesondere durch Heranziehung des Schutzzwecks der jeweiligen Regelung des Gebiets- und damit zusammenhängend der Ein- und Ausfuhrbegriff näher zu bestimmen. Beispiel aus der Rechtsprechung:

„Der Begriff der ‚Einfuhr' findet sich in zahlreichen Gesetzen, ohne überall dieselbe Bedeutung zu haben ... Die Hoheitsgrenze des Staatsgebiets kommt dabei ebenso in Betracht wie etwa die damit nicht notwendigerweise zusammenfallende Grenze des Zollgebiets (vgl. § 2 ZollG [a. F.]) oder des Wirtschaftsgebiets (vgl. § 4 AWG [a. F.][161])." ... „Dies alles hat zur Folge, dass in jedem Einzelfall geprüft werden muss, wie bei einem Gesetz nach seinem Sinn und Zweck der Einfuhrbegriff zu verstehen ist."[162]

Da grenzüberschreitende Verbringungen, anders als etwa im AWG a. F. (§ 4 Abs. 2 Nrn. 4 bis 6 i. V. mit § 4 Abs. 1 Nr. 1) oder dem ZollVG (§§ 1 ff.), oft nicht näher erläutert sind (wie z. B. in § 86 Abs. 1, § 86a Abs. 1 Nr. 2, § 87 Abs. 1 Nr. 3, § 130 Abs. 2 Nr. 1 Buchst. d, § 131 Abs. 1 Nr. 4, § 184 Abs. 1 Nrn. 4, 8, 9, § 184a Nr. 3, § 275 Abs. 1, § 276 Nr. 1, § 326 Abs. 2, § 328 Abs. 1 StGB; § 372 Abs. 1 AO; § 7 Abs. 1, § 8 Holzhandels-Sicherungs-G (in die EU); § 143 Abs. 1 Nr. 3 i. V. mit § 14 Abs. 4 Nr. 3 Markengesetz[163]; § 142 Abs. 1 Nr. 1 i. V. mit § 9 Satz 2 Nr. 1 Patentgesetz; § 25 Abs. 1 Nr. 1 i. V. mit § 11 Abs. 1 Satz 2 Gebrauchsmustergesetz; § 10 Abs. 1 Nr. 2 Halbleiterschutzgesetz; § 16 Abs. 1 des Gesetzes zum Schutze des deutschen Kulturgutes gegen Abwanderung), besteht teilweise Streit darüber, ob diese Begriffe im Sinne der Definitionen im Zoll- oder Außenwirtschaftsrechts oder i. S. eines Verbringens in (= Einfuhr), aus (= Ausfuhr) und durch (= Durchfuhr) das Bundesgebiet zu verstehen sind.

Selbst im bisherigen Außenwirtschaftsrecht wurden unterschiedliche Begriffe verwendet. § 4 Abs. 2 Nr. 4 bis 7 AWG a. F.[164] definierte mit Zusätzen die Begriffe „Ausfuhr" (Verbringen aus dem Wirtschaftsgebiet [i. S. von § 1 I Nr. 1] nach fremden Wirtschaftsgebieten [i. S. von

---

[158] Vgl. die Zusammenstellung bei *Buddendiek/Rutkowski*, Lexikon des Nebenstrafrechts (Stand: 1.1.2013) unter den Stichworten „Ausfuhr", „Durchfuhr", „Einfuhr" und „Verbringen". Vgl. auch die Übersicht bei *Janovsky*, Die Strafbarkeit des illegalen grenzüberschreitenden Warenverkehrs, NStZ 1998, 117; Kohlmann-*Hilgers-Klautzsch*, § 372 AO Rn. 10, 20; MK 6/1-*Wegner*, § 372 AO Rn. 31 ff; Franzen/Gast/Joecks-*Jäger*, § 372 AO Rn. 9 ff; Weber (Fn. 153), § 2 BtmG, Rn. 39 ff.

[159] Beispiele für sog. Zielgebiete bei *Jäger* aaO, § 372 AO Rn. 15; *Wegner*, aaO Rn. 22 (wie Geltungsbereich eines Gesetzes, Bundesgebiet, Inland, Wirtschaftsgebiet, Zollgebiet der Gemeinschaft usw.); Erörterung einzelner gesetzlicher Regelungen bei *Rebholz*, S. 23 ff.

[160] *Hilgers-Klautzsch* aaO Rn. 36, 45; *Jäger* aaO Rn. 9, 19; *Wegner* aaO Rn. 23; verschiedene Beispiele erörtert ebenfalls *Rebholz*, S. 49 ff., 69 ff.

[161] Außenwirtschaftsgesetz i. d. F. v. 27.5.2009, BGBl. I 1150, zuletzt geändert durch VO v. 2.12.2011, BAnz AT 28.12.2012 V 1. Die Neufassung des AWG v. 6.6.2013, BGBl. I 1482, (dazu BT-Drs. 17/11127 v. 22.10.2012) hat auf die Gegenüberstellung „Wirtschaftsgebiet" und „fremdes Wirtschaftsgebiet" verzichtet und stattdessen – wie in jüngeren Gesetzen – an die von „Inland" und „Ausland" angeknüpft.

[162] BGHSt 21, 216 f.; 34, 180, 182; vgl. auch OLG Düsseldorf wistra 1993, 195 = NJW 1993, 2253 m. Anm. *Achenbach*, NStZ 1994, 423.

[163] Für Strafbarkeit der Einfuhr als widerrechtliche Benutzung der Besitz zum Zweck des Inverkehrbringens OLG Stuttgart wistra 1992, 152, 154 (krit. dazu *Schulz*, Das deutsche Markenstrafrecht, 2005, S. 81 ff.); LG Meiningen NStZ 1993, 41 (Benutzung umfasst auch Einfuhr).

[164] I. d. F. v. 27.5.2009 (BGBl. I 1150), zuletzt geändert durch VO v. 15.11.2011 (BAnz 2011, 4653); zu der früheren Fassung vgl. z. B. BGHR AWG § 34 Ausfuhr 1; BayObLG wistra 1998, 119 (Verbringen eines Kfz nach Serbien, wo es einem Dritten überlassen wurde); zur neuen Fassung OLG München,

§ 1 I Nr. 2]), „Verbringung" (Ausfuhr in andere EU-Mitgliedstaaten; früher in § 4c Nr. 2 AWV) „Einfuhr" (Verbringung aus fremden Wirtschaftsgebieten in das Wirtschaftsgebiet) und „Durchfuhr" (Beförderung von Sachen aus fremden Wirtschaftsgebieten durch das Wirtschaftsgebiet).[165] Bei Verstößen nach § 34 Abs. 4 i. V. m. § 33 Abs. 4 AWG a. F. und § 70 Abs. 5a 1 Nr. 1, 3 AWV a. F. wird in der in Bezug genommenen Regelung in Art. 2b, 3 der „Dual-Use"-EG-RatsVO Nr. 48/2009 v. 5.5.2009[166] jedoch auf die Ausfuhr i. S. von Art. 161, 182 des Zollkodex und einem erweiterten Ausfuhrbegriff für den Export von Software und Technologie mittels elektronischer Medien, einschließlich mündlicher Weitergabe mit Beschreibung am Telefon, verwiesen. Umfangreiche Details zur Strafbewehrung von Embargoverstößen finden sich z. B. in der Bekanntmachung von 28. März 2006.[167] Näher zum AWG-Strafrecht u. a. *Harder* in Kap 21.

32 Die neuere Rechtsprechung neigt, wenn keine anders lautenden gesetzlichen oder zwischenstaatliche Regelungen vorliegen, zur grundsätzlichen Anknüpfung an die Grenzüberschreitung;[168] auf die Verletzung einer Gestellungspflicht soll es nicht ankommen. Dies gilt jedenfalls regelmäßig dann, wenn z. B. bei der grenzüberschreitenden Verbringung an das „Verbringen in den Geltungsbereich" des betreffenden Gesetzes angeknüpft wird und dieses räumlich für das ganze Bundesgebiet gilt, was insbesondere bei Gesetzen, die Sicherheits- und Gesundheitsinteressen im Auge haben, der Fall ist.[169] Eine solche Verbringung ist dann auch gegeben, wenn Gegenstände in ein Zollfreigebiet wie etwa den früheren Freihafen von Hamburg[170] oder nach Helgoland unter Überschreitung der Grenzen des Bundesgebiets eingeführt werden;[171] die

---

BeckRS 2006, 11776 = NStZ-RR 2006, 376 [LS] (versuchter Verstoß gegen VN-Sicherheitsrats-Embargo durch versuchte mittelbare Geldüberweisungen in den Irak).

[165] Änderungen hat das neue AWG gebracht: Aus/Einfuhr: Lieferung von Waren (auch Übertragung von Software und Technologie wie in Dual-Use-VO) in/aus ein(em) Drittland (= EU-Zollgebiet); Verbringung: Lieferung von Waren in das/aus dem übrige(n) EU-Zollunionsgebiet; Neufassung des Durchfuhrbegriffs.

[166] ABl. L 134 v. 29.5.2009, S. 1 (vgl. zu den Begriffen die Kommentierungen in *Hohmann/John*, Ausfuhrrecht, 2002, *Bieneck*, Handbuch des Außenwirtschaftsrechts mit Kriegswaffenkontrollrecht, 2. Aufl. 2005; vgl. auch Franzen/Gast/ Joecks-*Jäger* § 372 Rn. 9; MK-*Wegner* § 372 AO Rn. 32.

[167] Veröffentlicht im Bundesanzeiger vom 7.4.2006 Beilage Nr. 69 b.

[168] Nach *Fischer*, § 22 Rn. 16. (vgl. auch die N. bei NK-*Zazczyk* § 22 Rn. 27) sind Einfuhr- und Hinterziehungsdelikte (spätestens) beim illegalen Grenzübertritt (unter Bezugnahme auf BGHSt 24, 178; NJW 1973, 814; ebenso BGHSt 31, 374, 376f.; 34, 180, 182; NStZ 1986, 274; 2008, 286) und beim legalen Grenzübertritt spätestens dann vollendet, wenn der Täter die Frage des Zollbeamten nach Bannware wahrheitswidrig verneint (unter Bezugnahme auf BGHSt 25, 138f.; 31, 164; BayObLG NJW 1983, 1439 m. Anm. *Jakobs*, JR 1983, 421) oder Bannware über die Grenze verbringt (unter Bezugnahme auf BGHSt 31, 252, 254; 34, 180f.; NStE § 29 BtMG Nr. 17; NStZ 1986, 274; Strafverteidiger 1992, 376 m. Anm. *Zaczyk*; MDR bei *Holtz* 1983, 622 m. Anm. *Hübner*, JR 1984, 82; NJW 1994, 61; LG Berlin Strafverteidiger 1983, 288 (betr. Einfuhr durch Post oder Bahn, auch wenn wegen Entdeckung Täter Zugriff auf Bannware verwehrt, BGH MDR 1986, 420); BGH, 2 StR 221/85, 17.7.1985 (Transport im Körper); BGH, 3 StR 398/91, 6.3.1992 (auf eine Gestellungspflicht kommt es nicht an). Auch für Franzen/Gast/Joecks-*Jäger* aaO Rn. 9; MK 6/1-*Wegner* § 372 AO Rn. 23, 36; Kohlmann-*Hilgers-Klautzsch* § 372 AO Rn. 43; *Vogel*, § 14 Rn. 51, ist grundsätzlich die Staatsgrenze entscheidend, insbesondere wenn ein Gesetz das Zielgebiet bzw. den Einfuhrbegriff nicht näher erläutert. Eine Einreise nach § 95 I Nr. 3, § 13 II AufenthaltsG setzt neben der Grenzüberschreitung das Passieren einer Grenzübergangsstelle voraus, BGH, 4 StR 226/12, 1.8.2012, HRRS 2012 Nr. 813 – Zur Ausfuhr von Betäubungsmitteln BGHSt 56, 52 = NStZ 2011, 461 f.

[169] Zu letzterem *Weber*, Betäubungsmittelgesetz, 3. Aufl., 2009, § 2 Rn. 47 m. N.

[170] So zur Einfuhr in den früheren Freihafen Hamburg BGHSt 31, 252 = wistra 1983, 117 (betr. Betäubungsmittel, abweichend von BGHSt 25, 137; NStZ 1982, 291; Freihafeneigenschaft von Hamburg aufgehoben mit Wirkung v. 1.1.2013 durch Gesetz v. 24.1.2011, BGBl. I 50; zuvor auch schon von Emden und Kiel, Gesetz v. 7.7.2007, BGBl. I 1713; weiter bestehend für Bremerhaven und Cuxhaven); OLG Düsseldorf (Fn. 162; betr. KWKG) entgegen einem Teil der Literatur, die auf die Einfuhr in das Zollgebiet abhebt.

[171] BGHSt 31, 252, 254; näher dazu *Rebholz*, S. 67 ff., 74 ff.; NK-*Lemke* (Fn. 7), § 9 Rn. 11; krit. zu der neueren Rechtsprechung *Prittwitz*, NStZ 1983, 350. Durch auf § 14 IV ZollVG gestützte VO vom

III. Die Erfassung von grenzüberschreitenden Wirtschaftsstraftaten

Weiterverbringung von den Freihäfen ins Inland ist dann, selbst bei Täuschung der Zollgrenzstelle,[172] keine Einfuhr.[173] Im Flugzeugverkehr liegt dann eine Einfuhr mit dem Einfliegen nach Deutschland vor, selbst wenn der Täter die Ware, ohne sie in Empfang zu nehmen, unter Zollverschluss zur vorübergehenden Aufbewahrung in das Zollfreigebiet schaffen ließ;[174] sie liegt im Falle einer Zwischenlandung im Inland vor, wenn der Reisende das Gepäck im Allgemeinen auf Verlangen ohne weiteres erlangen kann und dies weiß.[175] Die h. M. gelangte darüber hinaus auf der Grundlage einschlägiger Grenzabfertigungs-Vereinbarungen mit dem Ausland auch zur Anwendung der Einfuhrverbote hinsichtlich in den Nachbarstaat vorgeschobener deutscher Abfertigungsstellen und damit zu einer fiktiven Ausdehnung des Inlandsbegriffs (s. o. Rn. 29, 33).[176]

Generell ist m. E. jedoch der Ansatz richtig, im Einzelfall zunächst zu prüfen und durch Auslegung zu ermitteln, ob „durch Gesetz innerstaatliches Recht gewordene zwischenstaatliche Vereinbarungen" bestehen, „die zwischen der Bundesrepublik Deutschland und angrenzenden Staaten getroffen sind und die mit der Erweiterung des Zollgebiets der Bundesrepublik ... auch den Geltungsbereich des ... Gesetzes, jedenfalls was die Einfuhr ... anbelangt, über das deutsche Hoheitsgebiet erweitert haben". Solche Erweiterungen finden sich in zwischenstaatlichen Grenzfertigungsabkommen (s. Rn. 32), die aber durch die Zollunion weitgehend ihre praktische Bedeutung verloren haben. Alle an Deutschland angrenzenden Staaten außer der Schweiz gehören der Zollunion an.[177] Nach Art. 4 des deutsch-schweizerischen Abkommens v. 1.6.1961 über die Errichtung nebeneinander liegender Grenzabfertigungsstellen und die Grenzabfertigung während der Fahrt (Gesetz v. 1.8.1962, BGBl. 1962 II 877; 1964 II 675) gelten in der Grenzabfertigungszone die sich auf die Grenzabfertigung des Nachbarstaates beziehenden Vorschriften wie in der Gemeinde des Nachbarstaates, der die Grenzabfertigungsstelle zugeordnet ist (dazu die im BGBl II Fundstellennachweis B aufgeführte Änderung und die Bekanntmachungen und Zusatzvereinbarungen, zuletzt ergänzt durch die am 30.5.2012 in Kraft getretene VO v. 21.1.2011, BGBl. 2011 II 40; 2012 II 715). Damit können Verstöße in dieser Zone auch in Deutschland strafrechtlich verfolgt werden.[178] – Umfangreich ist die Rechtsprechung zur Reichweite des Ein- und Ausfuhrbegriffs und des Geltungsbereichs einzelner Gesetze und zwischenstaatlicher Vereinbarungen.[179]

1.7.1993 (BGBl. I 1132), zuletzt geändert durch VO v. 22.3.2007 (BGBl. 2005 I 519), sind auch Freihäfen (= Freizonen des Kontrolltyps I) der Grenzübersicht unterworfen worden; vgl. auch noch ergänzend § 26 ZollV (Fn. 157) betr. Umfriedung und Überwachung.

[172] Fall von BGHSt 31, 252.
[173] Volk-*Vogel*, § 14 Rn. 51.
[174] So BGH, 5 StR 203/73, 19.6.1973 (zustimmend zitiert in BGHSt 31, 252, 254) für Betäubungsmitteleinfuhr.
[175] BGHSt 31, 374, 376 f.; Strafverteidiger 2003, 281 = NStZ 2003, 92; BGHR BtMG § 29 I Nr. 1 Einfuhr 40; BGH BeckRS 2009, 89525; *Weber*, Betäubungsmittelgesetz, 3. Aufl., 2009, § 3 Rn. 48; § 29 Rn. 448.
[176] LK-*Werle/Jeßberger*, § 3 Rn. 58 ff.; MK-*Ambos*, § 3 Rn. 10; NK-*Böse*, § 3 Rn. 4; *Weber* aaO, § 2 Rn. 50 ff.; BayObLGSt 2001, 231; OLG Karlsruhe Die Justiz 2005, 330 f.; vgl. früher LK[11]-*Gribbohm* Rn. 279 ff. vor § 3 StGB m. N.; zur Anwendung von § 267 StGB im Grenzbereich BayObLGSt 1981, 72 (betr. Österreich).
[177] LK-*Werle/Jeßberger*, § 3 Rn. 62 ff.; MK-*Wegner* § 372 AO Rn. 29.
[178] Zustimmend für den Betäubungsmittelbereich MK-*Rahlf*, § 2 BtMG Rn. 35; Körner/*Patzak*, BtMG, 7. Aufl., 2012, § 29 Rn. 732.
[179] Vgl. zur **Ausfuhr** nach dem AWG BGH NJW 1992, 3114 = wistra 1993, 24; wistra 2004, 227 (Export von zur Waffenherstellung geeigneten Bohrwerkzeugen nach Jordanien/Irak); 2004, 463 (Verstoß gegen Irak-Embargo); 2005, 351 (Ausfuhr von speziellen Werkzeugen zur Herstellung von Patronenlagern im Ausland, u. a. in Kroatien); zur Ausfuhr von Betäubungsmitteln BGH BeckRS 2006, 09255 (Verbringen über die Deutsche Hoheitsgrenze ins Ausland); **zur Einfuhr von Betäubungsmitteln** BGHSt 31, 215 (betr. Belgien) m. Anm. *Bick*, Strafverteidiger 1983, 331; *Hübner*, JR 1984, 82; *Körner*, Strafverteidiger 1983, 473 (vollendet bei Verneinung der Frage nach dem Zollgut bei vorgeschobener Grenzabfertigung auf der Eisenbahnstrecke); BGHSt 31, 252 = wistra 1983, 117; BGHSt 31, 374; 34, 180; 38, 315, 317 f.; 50, 160 = wistra 2005, 430; EzSt BtMG § 30 Nr. 8; BGH JR 1984, 81; BGH NStZ 1986, 274; 1992, 338 = BGHR BtMG § 29 Abs. 1 Nr. 1 Einfuhr 25 (6.3.1992, nach Beendigung

c) Ubiquitätstheorie (§ 9 StGB)

34 Von großer Bedeutung für die **Frage, ob eine Inlands- oder Auslandstat** vorliegt, ist die auf der früheren Rechtsprechung aufbauende Entscheidung des Gesetzgebers, dass für die Bestimmung des Ortes der Tatbegehung sowohl der **Ort der Handlung als auch des Erfolgseintritts** maßgebend ist (§ 9 Abs. 1 StGB).[180] Dies führt zu einer nicht unerheblichen Ausdehnung des Territorialitätsprinzips und damit der deutschen Strafgewalt.

Als Tathandlungsort kommt demgemäß bei **Begehungsdelikten** jeder Ort in Betracht, an dem der Täter während der Ausübung der Tat eine auf die Tatbestandsverwirklichung gerichtete Tat vornimmt.[181] Ausreichend ist auch eine Vorbereitungshandlung, wenn diese zur zurechenbaren Mittäterschaft wird[182] oder eine selbstständige Straftat darstellt – z. B. § 30 II StGB oder das Anbieten, Versprechen(lassen), Fordern bei Bestechungsdelikten – auch ein Teilakt im Inland bei Distanzdelikten ins Ausland, wie der Aufgabe eines betrügerischen oder erpresserischen Briefes[183] im Inland, kann ausreichen. Kausales Zwischengeschehen einer im Ausland begangenen Tat mit Wirkungen nach „Transit" durch das Inland (z. B. durch Postsendung, Beförderung in einem den deutschen Luftraum überquerenden Flugzeug) wird man dann jedenfalls als auch im Inland begangen ansehen können, wenn auch inländische Interessen (i. S. eines Tatbestandserfolgs) gefährdet sein könnten;[184] erst recht gilt dies, wenn die „Durchfuhr" für sich unter Strafe gestellt ist. Wirken mehrere Tatbeteiligte in der Form der

---

der Grenzabfertigung des – hier niederländischen – Ausgangsstaates; Vollendung vor vorgeschobener deutscher Zollstelle, zum besonderen Fall des deutsch-niederländischen Grenzfertigungsabkommens zuvor bereits *Rebholz*, S. 61 f.); Einfuhr 30 (10.2.1993) = NStZ 1993, 287; 1997, 286; 2000, 321 (betr. dt. Zollstelle in Polen); 2004, 693 (Transitfall); 2005, 705 = wistra 2005, 436; NStZ 2010, 222; Einfuhr 37, 38 (22.11.1999; 9.2.2000); NJW 2009, 863; Beck RS 2009, 02604 (Transitfall); StV 2012, 410; HRRS 2012 Nr. 621, 1095 (Einfuhr aus den Niederlanden); BGHSt 56, 162 = NStZ 2012, 41 (keine vollendete Einfuhr bei Entdeckung durch Zollkontrolle im Ausland und folgendem kontrolliertem Weitertransport ins Inland); OLG Oldenburg MDR 1974, 329; **von Kriegswaffen** OLG Düsseldorf wistra 1993, 195; BGH NStZ 1993, 594; **von Waffen** OLG Köln NStZ 1982, 122 = ZfZ 1981, 343 (Einfuhr erst bei Überschreiten der Grenze im Unterschied zu den Straftaten der Zoll- und Steuerhinterziehung; abl. LK-*Werle/Jeßberger* aaO Rn. 287 vor § 3 Rn. 61; nach Anl. 1 Abschn. 2 Nr. 5 zum neuen WaffenG umfasst das Verbringen den Transport über die Grenze in den, durch den und aus dem Geltungsbereich des Gesetzes); von **„Embargo**-Noten" (irakische Geldscheine) BayObLGSt 2001, 8 = NStZ-RR 2001, 217 = wistra 2001, 231 = ZfZ 2001, 172 (Verbringung vollendet, wenn Geldscheine in den Bereich der auf tschechisches Gebiet vorgeschobenen deutschen Grenzdienststelle gelangen; zust. LK aaO); BGHSt 47, 207 (Einfuhr von irakischen Dinaren); **Hinterziehung von Einfuhrabgaben**, BGH NJW 2012, 2599 = wistra 2012, 350 (Schmuggel von Unterhaltungselektronik aus China); von **pornographischen Schriften**, insbesondere zum Einführerbegriff, BGH 2 StR 260/81, 21.4.1982; BayObLG MDR 1970, 941; OLG Bremen NJW 1972, 1678, 1680; LG Bayreuth NJW 1970, 574; LK-*Laufhütte/Roggenbruck* § 184 Rn. 30; Annahme einer Inlandstat nach § 3 StGB beim **Gebrauchmachen einer verfälschten Urkunde** gegenüber einem deutschen Grenzkontrollbeamten im benachbarten Ausland durch BayObLGSt 1981, 72).

[180] Beispiel: BGHSt 45, 97, 100 = NStZ 2000, 31 = wistra 1999, 336 f. (inländische Strafvereitelung durch einen ausländischen Geschäftsmann im Ausland mittels Fluchthilfe in die USA).

[181] BGH NStZ 2007, 287 = StraFo 2006, 461; LK-*Werle/Jeßberger* § 9 Rn. 10; MK-*Ambos*, § 9 Rn. 8 m. w. N.

[182] BGHSt 39, 88, 90 f. = wistra 1993, 142; NStZ-RR 2009, 197; wistra 2011, 335 f.; OLG Koblenz wistra 2011, 39 f.; LK aaO Rn. 11, 13; NK-*Böse*, § 9 Rn. 3, 5; Schönke/Schröder/*Eser* § 9 Rn. 4; abl. *Heinrich*, Festschr. f. U. Weber, 2004, S. 91, 107 f.; Hoyer SK § 9 Rn. 5; *Miller/Rackow*, ZStW 117 (2005), 379, 408 ff; *Namavicius*, S. 87 ff. (auch zu § 30 II) m. w. N.

[183] LK-*Werle/Jeßberger* § 9 Rn. 55 f.; vgl. auch die Bejahung einer Inlandstat durch das House of Lords in Treacy v. Director of Public Prosecutions, 2. W. R. L. 112, A. C. 537 (1971) – Übersendung eines erpresserischen Briefes von England nach Deutschland –.

[184] Schönke/Schröder/*Eser* § 9 Rn. 6b; LK-*Werle/Jeßberger* § 3 Rn. 40; MK-*Ambos*, § 9 Rn. 23; NK-*Böse*, § 9 Rn. 6; enger wohl *Fischer* Rn. 3a (ebenso *Satzger* [2011], § 5 Rn. 33; Matt/Renzikowski/*Basak* Rn. 12; nur bei Strafbarkeit der Durchfuhr; generell einschr. Auslegung auch bei *Oehler* Rn. 252 ff.; abl. zum Gefährdungsansatz *Namavicius*, S. 82).

III. Die Erfassung von grenzüberschreitenden Wirtschaftsstraftaten

Mittäterschaft zusammen, so handeln alle im Inland, wenn nur einer von ihnen dort tätig wird.[185] Bei der mittelbaren Täterschaft ist sowohl der Ort der Handlung des mittelbaren Täters als auch der des Werkzeugs maßgebend.[186]

Bei **Unterlassungstaten** ist **Handlungsort** der „Ort …, an dem der Täter … hätte handeln müssen". Das kann sowohl der „Aufenthaltsort" als auch der „Vornahme(Erfolgsabwendungs)-ort" sein, also sowohl der Ort, an dem sich der Täter während der Dauer seiner Pflicht zur Abwendung der Tat aufgehalten hat als auch der Ort, an dem er die gebotene Tat hätte vornehmen können und müssen.[187] Ergänzend wird teilweise auch der Ort (der gebotenen Handlung) berücksichtigt, an den sich der Täter hätte begeben können und müssen, um zu handeln[188], teilweise aber auch derjenige, an dem der Erfolg des pflichtgemäßen Handelns hätte eintreten müssen.[189] **35**

Tatort ist auch der „**Ort, an dem … der zum Tatbestand gehörende Erfolg eingetreten ist**". Bei „**Verletzungsdelikten**" ist dies der Ort, wo der Verletzungserfolg eingetreten ist. Bei Betrug und Untreue ist es der Ort des Schadenseintritts. Tatwirkungen, die für die Verwirklichung des Tatbestandes irrelevant sind, sind kein Erfolgsort und damit auch kein Tatort. **36**

Das OLG Koblenz[190] hat es für den Eintritt eines „Nachteils" i. S. des § 266 StGB allerdings ausreichen lassen, dass durch eine Untreuehandlung im Ausland seitens des bei der Muttergesellschaft angestellten, aber an die Tochtergesellschaft ausgeliehenen Täters ein Schaden bei der 100%igen Tochterfirma eintrat, deren Muttergesellschaft ihren Sitz im Inland hatte, weil sich der Verlust der Tochterfirma unmittelbar bei der deutschen Mutterfirma auswirke. Diese Auffassung ist jedoch den in der Literatur und vom OLG Frankfurt[191] (hier war der Täter Angestellter der Tochtergesellschaft!) erhobenen Bedenken ausgesetzt.

Auswirkungen, die für die Verwirklichung des Tatbestandes nicht relevant sind, können einen Tatort, hier also einen Inlandsbezug, nicht begründen.[192] Für die Annahme einer Inlandstat des Betruges oder einer mittelbaren Falschbeurkundung mit der Absicht der Bereicherung (§ 271 Abs. 3 StGB) reicht es daher nicht aus, wenn nach Vollendung der Tat der (erstrebte) Vermögensvorteil im Inland eintritt.[193] **37**

---

[185] BGHSt 39, 88, 90 f. = NJW 1993, 1405 = wistra 1993, 142; NStZ 1997, 502; NStZ-RR 2009, 197; NJW 1999, 2683 f.; OLG Karlsruhe wistra 2001, 229, 230; LK aaO Rn. 13; NK-*Böse*, § 9 Rn. 5; G/J/W-*Rotsch*, § 9 Rn. 13 m. w. N.; *Satzger*, § 5 Rn. 19; a. A. *Hoyer* SK Rn. 5; *Heinrich* aaO S. 107 f.; *Namavicius*, S. 86 f.; MK-*Ambos,* § 9 Rn. 10 (bei Straflosigkeit im Ausland wegen des Nichteinmischungsgrundsatzes).

[186] BGH wistra 1991, 135; OLG Schleswig wistra 1998, 30 f.; LK aaO Rn. 14 f.; MK-*Ambos* aaO; NK-*Böse* aaO; *Satzger*, § 5 Rn. 20 und in SSW Rn. 10; *Vogel*, § 14 Rn. 54; a. A. *Hoyer* aaO; *Heinrich* aaO, S. 106 f.

[187] LK-*Werle/Jeßberger*, Rn. 19 f.; MK-*Ambos*, Rn. 14 f.; AK-*Lemke*, Rn. 16; Schönke-Schröder/*Eser*, Rn. 5; *Satzger*, § 5 Rn. 16; nur für den Aufenthaltsort NK-*Böse*, § 9 Rn. 7; differenzierend *Rotsch*, ZIS 2010, 168, 171 f. und in G/J/W, § 9 Rn. 11 (unter Einbeziehung des Durchgangsorts bei dortigem Versuchsbeginn eines unechten Unterlassungsdelikts; weitergehend OLG Hamburg NJW 1986, 336).

[188] MK-*Ambos*, Rn. 14; krit. *Satzger*, § 5 Rn. 17.

[189] Volk/*Vogel*, § 14 Rn. 53 (Unterlassung der Beauftragung eines Steuerberaters vom Ausland aus hinsichtlich der Erfüllung der Rechnungslegungs- oder Insolvenzantragspflicht im Inland).

[190] OLG Koblenz wistra 1984, 79 f. (Einbehalten von Schecks in Brasilien); krit. Schönke-Schröder/*Eser* Rn. 6; abl. NK-*Böse*, § 9 Rn. 10; *Namavicius*, S. 135; differenzierend AK-*Lemke*, Rn. 21.

[191] OLG Frankfurt NJW 1989, 675 = NStE § 9 StGB Nr. 3 (12.12.1988 – Unzulässige Ausstellung und Begebung von Wechseln zum Nachteil der Tochtergesellschaft auf den Cayman Islands). – Vgl. auch BGHSt 51, 29 = NStZ 2006, 401 (Tatort nicht der Wohnsitz von (stillen) Gesellschaftern einer GmbH, da Betreuungspflicht nicht ihnen gegenüber, sondern nur gegenüber der Gesellschaft besteht).

[192] BGH wistra 2006, 426 f. = NStZ-RR 2007, 48, 50 betr. Untreuehandlung in der Ukraine; die Geldüberweisung nach Deutschland führte zu keiner weiteren relevanten Vermögensgefährdung der Bank; OLG München Strafverteidiger 1991, 504 f.; AG Bremen NStZ-RR 2005, 87 m. w. N.; KG NJW 2006, 3016 f.; *Velten*, S. 329, 331 f.; anders teilweise das ausländische Recht, vgl. z. B. *Akehurst* in Reisman, S. 31, 33 ff.; *Li*, S. 128 f. (für China).

[193] OLG Frankfurt wistra 1990, 271 (zu § 273 StGB a. F.); BayObLG NJW 1992, 1248; OLG Koblenz NStZ 2011, 95 (beide zu § 164); LK-*Werle/Jeßberger*, § 9 Rn. 39, 60; NK-*Böse*, § 9 Rn. 9; LK-*Tiedemann*,

38 Eine Ausnahme gilt in Fällen des Artikels 4 Abs. 1 erster Spiegelstrich des Übereinkommens über den Schutz der finanziellen Interessen der Europäischen Gemeinschaften vom 26.7.1995.[194] In dieser durch das Vertragsgesetz[195] innerstaatliches Recht gewordenen Vorschrift wird das Territorialitätsprinzip für (Subventions)Betrügereien zum Nachteil der Europäischen Gemeinschaften auf Fälle ausgedehnt, „in denen der Vorteil" im Inland „erlangt worden ist". Relevant wird dies im Hinblick auf das für § 264 StGB geltende Weltrechtsprinzip (§ 6 Nr. 8 StGB) allerdings nur, wenn es an einem Merkmal zur Anwendung des § 264 StGB, z. B. am Erfordernis einer „subventionserheblichen Tatsache" i. S. von § 264 Abs. 8 StGB, fehlt[196] und deshalb auf § 263 StGB zurückzugreifen ist.

„Erfolg" i. S. des § 9 StGB ist **bei Verletzungsdelikten der „Verletzungserfolg", bei konkreten Gefährdungsdelikten der Eintritt der konkreten Gefährdung**.[197] Dies gilt auch bei Begehung etwa eines Betruges via Internet.[198] Einzubeziehen sind als „zum Tatbestand gehörende Erfolge" auch solche, die in objektiven Bedingungen der Strafbarkeit (z. B. bei den Insolvenzdelikten[199]), in Qualifikationsmerkmalen oder in Regelbeispielen für besonders schwere Fälle (vgl. z. B. § 263 Abs. 3 Satz 2 Nrn. 2, 3; § 264 Abs. 2 Satz 2 Nr. 1; § 267 Abs. 3 Satz 2 Nr. 2, 3 StGB) zu finden sind.[200]

38a Bei **abstrakten Gefährdungs- und schlichten Tätigkeitsdelikten** reicht der durch ein solches Delikt herbeigeführte (Verletzungs/Gefährdungs)„Erfolg" für die Annahme eines Tatorts nach überwiegender Meinung nicht aus.[201] Ausnahmen bestehen bei abstrakten Gefährdungsdelikt, die einen (Zwischen)Erfolg voraussetzen.[202] Bei § 184 III StGB genügt es für das Verbreiten, dass die pornografische Datei auf dem Rechner des Nutzers ankommt (BGHSt 47, 55, 59). – Zu neuen Diskussionen zum Ort der Tatbegehung und insbesondere zum Begriff des Erfolges hat hierzu die weltweite **Verbreitung von (gefährlichen) Informationen im Internet** geführt.[203] Insbesondere die Entscheidung des BGH[204] zur Annahme des Erfolgsortes Deutschland bei im Ausland ins Internet gestellten Äußerungen, die geeignet

---

§ 263 Rn. 334a (ausreichend, wenn Irrtum bzw. Vermögensverfügung im Inland eintritt, nicht aber, wenn täuschendes Angebot durch die Post im Inland vom Ausland ins Ausland befördert wird); a. A. OLG Stuttgart NJW 1974, 914.

[194] ABl. EG Nr. C 316 S. 49 vom 27.11.1995; auch abgedruckt in BGBl. II 1998 S. 2324; zust. zur Auslegung *Vogel*, § 14 Rn. 55.

[195] Vertragsgesetz vom 10.9.1998, BGBl. II 1998 S. 2322.

[196] Vgl. die Anforderungen in BGHSt 44, 233 = wistra 1999, 142; näher zu den Anforderungen LK-*Tiedemann*, § 264 Rn. 71 ff.

[197] Vgl. BGH NJW 1991, 2498; KG NJW 1991, 2501 f.; BayObLG NJW 1957 1327 f. (Verrat eines Staatsgeheimnisses durch Ausländer); OLG Köln NJW 1968, 954; LK-*Werle/Jeßberger*, § 9 Rn. 27 m. w. N.; dezidiert gegen die Anerkennung von konkreten Gefährdungsdelikten als „Erfolgs"delikte *Velten*, S. 329, 334, 339, 343, 345 f.; abl. auch *Namavucius*, S. 154, 170.

[198] Schönke-Schröder/*Eser*, § 9 Rn. 7a; SSW-*Satzger*, § 9 Rn. 20; *Hilgendorf*, ZStW 113 (2001), 650, 662; NJW 1997, 1873, 1875; BGHSt 46, 212, 225 zu §§ 185, 189 StGB.

[199] Vgl. RGSt 16, 188 f.; 43, 84 f.; ebenso BGHSt 42, 235, 242 f. (betr. § 323a StGB); a. A. *Satzger*, NStZ 1998, 112, 116 f.; Jura 2006, 111; § 5 Rn. 31 und in SSW § 9 Rn. 5, *Namavucius*, S. 158.

[200] LK-*Werle/Jeßberger*, § 9 Rn. 37 f.; *Lackner/Kühl* (Fn. 13) Rn. 2; MK-*Ambos*, Rn. 21; Schönke-Schröder/*Eser*, Rn. 6a; für die Schweiz *Gless*, Rn. 159; str.; aA z. B. NK-*Böse* Rn. 9; Matt/Renzikowski/*Basak* Rn. 8 hinsichtlich Regelbeispielen.

[201] OLG München Strafverteidiger 1991, 504 (Pkw-Verschiebung); KG, NJW 1991, 2501 f.; 2006, 3016 f. (betr. Hehlerei); BGH NStZ 2003, 269 (zum Tätigkeitsdelikt des Handeltreibens im BtMG); SSW-*Satzger* § 9 Rn. 7, 20 ff.; Matt/Renzikowski/*Basak* Rn. 9 ff., 15 ff.; *Klengel/Heckler*, Geltung des deutschen Strafrechts für vom Ausland aus im Internet angebotenen Glücksspiele, Computer und Recht 2001, 243; a. A. *Martin*, Strafbarkeit grenzüberschreitender Umweltbeeinträchtigungen, 1989, S. 64 ff., 74 ff., 79, 118 und in Grenzüberschreitende Umweltbeeinträchtigungen im deutschen Strafrecht, ZRP 1992, 19 f.; *Heinrich*, GA 1999, 72, 77 ff. (mit umfangreichen N. zum Streitstand, S. 74); *Lehle*, S. 166 f.; *Rath*, JA 2006, 435, 437 f.; vgl. auch BGHSt 36, 255, 257 (zu § 326 I).

[202] S. NK-*Böse*, § 9 Rn. 10 m. w. N.; abl. wohl Matt/Renzikowski/*Basak*, § 9 Rn. 15.

[203] MK-*Ambos*, Rn. 26 ff.; Schönke-Schröder/*Eser*, Rn. 7 ff.; *Fischer* Rn. 5 ff., jeweils m. zahlreichen Nachweisen.

[204] BGHSt 46, 212.

III. Die Erfassung von grenzüberschreitenden Wirtschaftsstraftaten 3

sind, bei einer Tat nach § 130 StGB den öffentlichen Frieden zu stören, hat eine lebhafte Diskussion ausgelöst. Auf verschiedenen Wegen wird versucht, eine Lösung der Problematik insbesondere in **Internetfällen** zu finden. Zum einen wird versucht, den *Handlungsort* auszudehnen (Standort des Servers oder des Zugangsproviders; Bereich der Wirkungen einer Tathandlung (vgl. KG NJW 1999, 3500, Hitlergruß in Polen wahrnehmbar im deutschen Fernsehen); Zugänglichmachen).[205] Bei einer allgemeinen Anwendung dieses Konzepts besteht jedoch die Gefahr einer Auflösung der Unterschiede zwischen Handlungs- und Erfolgsort in § 9. Eine Alternative entwickelt ein *weiteres Verständnis des Erfolgsortes*, allerdings vielfach verbunden mit verschiedenen Eingrenzungsversuchen. Sie beruft sich zum einen auf die frühere Rechtslage vor Änderung von § 9, nach der abstrakten Gefährdungsdelikten am Ort daraus entstehenden konkreten Gefährdungen ein Erfolgsort zuerkannt wurde, sowie auf die Überlegung, deutsches Strafrecht dort anzuwenden, wo sich eine Gefährdung bzw. Schädigung aus einer abstrakten bzw. abstrakt-konkreten Gefahr entwickelt, vor die die Strafvorschrift schützen will.[206] Die damit verbundene Ausweitung stößt völkerrechtlich wegen des Nichteinmischungsgrundsatzes auf Bedenken und hat zu einer Fülle von Eingrenzungsversuchen geführt.[207] Völkerrechtlich legitimierender Anknüpfungspunkt i. S. von BGHSt 46, 212, 224 soll insbesondere ein besonderer objektiver Inlandsbezug der Tat sein (inhaltliche Ausrichtung nach Deutschland i. S. einer „territorialen Spezifizierung, z. B. bei Realisierung eines Erfolges im Inland; durch gezielt kontrollierte Speicherung auf einem dort befindlichen Server [sog. Push-Technologie][208]; als Element wird auch die Verwendung der deutschen Sprache genannt, was allein fragwürdig ist); genannt werden auch die Anwendung des aktiven und passiven sowie des Staatsschutzprinzips ohne Berücksichtigung des Tatortrechts; oder auch auf die zusätzliche Strafbarkeit am Handlungsort abgestellt, was zwar bei weltweiter Strafbarkeit jugendgefährdender pornografischer Schriften weiterhilft, aber nicht bei unterschiedlicher Strafbarkeit im Ausland durch die Möglichkeit des Ausweichens des Täters in andere Länder.

Dem bisher unbefriedigenden Zustand könnte zwar wohl durch weltweite **internationale Regelungen** begegnet werden. Eine solche zeichnet sich aber derzeit noch nicht ab. Ein Ansatz ist eine **Entwicklung auf europäischer Ebene**, die aber wegen der Bindung nur von EU-Staaten keine ausreichende generelle Lösung darstellt. Art. 9 des Rahmenbeschlusses 2008/913/JI v. 28.11.2008 zur strafrechtlichen Bekämpfung bestimmter Formen und Ausdrucksweisen bei Rassismus und Fremdenfeindlichkei[209] begründete u. a. eine allerdings nicht zwingende (gerichtliche) Zuständigkeit eines EU-Mitgliedstaates für Verfahren wegen einer

---

[205] Vgl. Schönke-Schröder/*Eser*, § 9 Rn. 4, 7b, c; *Cornils*, JZ 1999, 394, 396f.; Matt/Renzikowski/*Basak* Rn. 13; abl. LK-*Werle/Jeßberger*, § 9 Rn. 80ff.; MK-*Ambos*, § 9 Rn. 29; NK-*Böse*, § 9 Rn. 4; *Satzger*, § 5 Rn. 43ff.; NStZ 1998, 112 und in SSW, § 9 Rn. 16ff.; *Heinrich*, Festschr. f. U. Weber, 2004, 91, 99ff.; *Gercke/Brunst*, Rn. 80; Hilgendorf/*Valerius*, S. 46ff.; *Kappel*, S. 113.

[206] LK-*Werle/Jeßberger*, § 9 Rn. 33f; 89ff.; MK-*Ambos*, § 9 Rn. 34 (bei Realisierung des Tathandlungserfolges im Inland); *Hecker*, ZStW 115 (2003), 880, 886ff. und in Europäisches Strafrecht, § 2 Rn. 38, 43f.; AnwK-*Zöller*, § 9 Rn. 10; *Kudlich*, Jura 2001, 305, 307; HRRS 2004, 278 (mit Ablehnung der Anwendbarkeit des Herkunftslandprinzips der E-Commerce-RL; ebenso *Satzger*, § 5 Rn. 53); zu § 184 MK-*Hörnle*, Rn. 107ff. (für Bezug zu Deutschland); krit. NK-*Böse*, § 9 Rn. 11ff.; Hilgendorf/*Valerius*, S. 46ff.; *Bremer*, S. 114ff., 170f., 174, 243 (nur für Erweiterung des aktiven Personalitätsprinzips betr. Auslandstaten von Deutschen); *Koch*, GA 2002, 702, 707f.; *Gercke*/Brunst, Rn. 81 m. w. N. (weist hinsichtlich der Bereitstellung urheberrechtlich geschützter Werke auf ausländischen Servern auf die dort verwandte Sprache als relevanten Umstand hin; für Anknüpfung an „downloaden" *Loewenheim*, Handbuch des Urheberrechts, 2. Aufl., 2010, § 90 B II 3), *Schmitt*, FS 600 Jahre Würzburger Juristenfakultät, S, 366, 370f. – für Anwendung des sog. Kompetenzverteilungsprinzips *Wörner*, ZIS 2012, 458, 464f.

[207] Dazu insbesondere der umfassende Überblick von *Kappel*, S. 141 ff mit ausführlicher Kritik, S. 148ff., 196ff, 215, für ihn stellt (S. 248ff.) nur eine einheitliche internationale Rechtsordnung im Internet die richtige, globale, moderne Lösung dar; s. weiter Hilgendorf/*Valerius* aaO; *Namavucius*, S. 146ff., 152.

[208] Weitere Beispiele bei Matt/Renzikowski/*Basak*, Rn. 14.

[209] ABl. L 328 v. 6.12.2008, S. 55; deutliche Kritik am Rahmenbeschluss üben *Zimmermann*, ZIS 2009, 1, 6ff. und zu Art. 9 MK-*Schäfer*, § 130 Rn. 122 aus.

Straftat der öffentlichen Aufstachelung zu Gewalt und Hass gegen Personengruppen und ihre Mitglieder wegen ihrer Rasse, Hautfarbe, Religion usw. (Art. 1a RB) auch bei Begehung im Rahmen eines Informationssystems, dessen Handlungsinhalte sich im Inland befinden, gleichgültig, wo der Täter sich befindet, also auch wenn dieser die Tat vom Ausland aus begangen hat. – Darüber hinaus bestimmt Art. 17 Abs. 3 der RL 2011/93 v. 13.12.2011 zur Bekämpfung des sexuellen Missbrauchs und der sexuellen Ausbeutung von Kindern sowie der Kinderpornografie[210], dass Mitgliedstaaten sicherstellen sollen, „dass Straftaten nach den Artikeln 5 (betr. Kinderpornografie, z. B. Erwerb, Zugriff, Vertrieb, Verbreitung, Weitergabe, Anbieten, Zugänglichmachen) und 6 (Kontaktaufnahme mit Kindern zu sexuellen Zwecken) …, die mittels Informations- und Kommunikationstechnologie verübt werden, auf die der Zugriff aus ihrem Hoheitsgebiet erfolgte, unter ihre gerichtliche Zuständigkeit fallen, unabhängig davon, ob sich die Technologie in seinem Hoheitsgebiet befindet." Weiter geht nun Art. 12 Abs. 2 der Richtlinie 2013/40 v. 12.8.2013 über Angriffe auf Informationssysteme (ABl. L 218 v. 14.8.2013 S. 8): Eine territoriale Zuständigkeit in einem EU-Mitgliedstaat wird zum einem in Fällen gegründet, in denen der Täter sich bei Tatbegehung in diesem aufhält, auch wenn sich die Tat gegen ein Informationssystem außerhalb davon richtet. Diese besteht zum anderen aber auch, wenn sich die Tat gegen ein Informationssystem innerhalb dieses Staates richtet, unabhängig davon, ob sich der Täter bei Tatbegehung darin aufhält, was die Tatbegehung vom Ausland aus mit einschließt. Die Akzeptanz solcher Regelungen durch die Mitgliedstaaten spiegelt eine Ablehnung der die Anwendung von § 9 StGB verneinenden Auffassung wieder. Sie stellt mit der (nicht zwingend bestimmten) Zugriffsmöglichkeit im Hoheitsgebiet im ersten Fall, dem Zugriff im zweiten Fall und den Zuständigkeiten im dritten Fall eine territoriale Spezifizierung dar. Die Umsetzung könnte durch eine spezifische Bereichsergänzung im Rahmen von § 9 StGB oder der einschlägigen Tatbestände erfolgen, wenn man sich nicht mit einer EU-konformen bereichsspezifischen Auslegung begnügt, was auf der Linie einer tatbestandsbezogenen Auslegung wie in BGHSt 46, 212 zu § 130 StGB liegen würde. Die EU-Maßnahmen zeigen eine Entwicklung auf, die zur Anerkennung einer Zuständigkeit für Auslandstaten bei Zugriff im Inland und bei Erfolgseintritt im Inland auch sonst bei abstrakten Gefährdungsdelikten führen könnte.

38b Schließlich ist **„eine Tat" auch an einem „Ort begangen, an dem … der zum Tatbestand gehörende Erfolg … nach den Vorstellungen des Täters eintreten sollte"**. Tritt bei einer Auslandstat der (Verletzungs/Gefährdungs)Erfolg also noch im Ausland ein, obwohl er im Inland eintreten sollte, so liegt gleichwohl auch eine Inlandstat vor.[211] Dies gilt für strafbare Vorbereitungshandlungen wie § 30 Abs. 2 und § 149 StGB (z. B. Anschaffung von Geldfälschungswerkzeugen im Ausland zur Verwendung im Inland)[212], insbesondere aber beim Versuch (z. B. des Schmuggelns vom Ausland aus, der vor Erreichen der Grenze missglückt oder – unfreiwillig – aufgegeben wird).

Eine ziemlich weit reichende **spezielle Regelung für die Feststellung des Ortes einer Teilnahme enthält § 9 Abs. 2 StGB**.[213]

39 **Straftaten auf „deutschen" Schiffen und Luftfahrzeugen (§ 4 StGB)**
„Das deutsche Strafrecht gilt, unabhängig vom Recht des Tatorts, für Taten, die auf einem Schiff oder Luftfahrzeug begangen werden, das berechtigt ist, die Bundesflagge oder das

---

[210] ABl. 2011 L 335 v. 17.12.2011, S. 1, berichtigt in L 18 v. 21.1.2012, S. 7, umzusetzen bis 18.12.2013 (dazu *Gercke*, CR 2012, 520).
[211] Dazu BGHSt 44, 52, 54 (betr. Strafvereitelung); NStZ 1996, 277 (betr. § 239a StGB): zu § 9 LK-*Werle/Jeßberger*, Rn. 36; MK-*Ambos*, Rn. 22; NK-*Böse*, Rn. 16; Schönke-Schröder/*Eser*, Rn. 9; AnwK-*Zöller*, Rn. 11; *Miller/Rackow*, ZStW 117 (2005), 379, 385.
[212] *Eser, Böse, Zöller* aaO; a. A. *Namavucius*, S. 93.
[213] Vgl. dazu OLG Schleswig NStZ-RR 1998, 313 = wistra 1998, 30 m. zust. Anm. *Döllel*, wistra 1998, 70 (Beihilfe zum Schmuggel von 200 Mio. Zigaretten von USA nach Spanien auf einem unter deutscher Flagge fahrenden Schiff). – Teilweise wird eine Einschränkung bei Rechtmäßigkeit der Haupttat im Ausland gemacht (z. B. von *Liebelt*, S. 256 ff.), was mit dem Wortlaut nicht vereinbar ist (LK[11]-*Gribbohm*, Rn. 34 zu § 9). Ausführlich und mit zahlreichen Kritiken *Miller/Rackow*, ZStW 117 (2005), 379 ff.; weiter krit. LK-*Werle/Jeßberger* § 9 Rn. 49 ff.; MK-*Ambos*, § 9 Rn. 39 ff.; NK-*Böse*, § 9 Rn. 21 f.; SSW-*Satzger*, § 9 Rn. 13; *Namavicius*, S. 95 ff., 173; *Jung*, JZ 1979, 325.

III. Die Erfassung von grenzüberschreitenden Wirtschaftsstraftaten

Staatszugehörigkeitszeichen der Bundesrepublik Deutschland zu führen."[214] Zu den Schiffen gehören hier unter den im Flaggenrechtsgesetz[215] genannten Voraussetzungen sowohl See- als auch Binnenschiffe, auch ein Schwimmkran, nicht aber „feste Plattformen" oder ein bewegungsunfähiges (verlassenes) Wrack. „Auf" einem Schiff oder Luftfahrzeug ist eine Tat begangen unabhängig davon, ob sich dieses in Bewegung befindet oder nicht, ob die Täter an Bord die Tat begehen oder dort nur der Erfolg (z. B. durch Bombenexplosion) eintritt; engere Fassungen dieses Prinzips in völkerrechtlichen Verträgen sind grundsätzlich unerheblich.[216] Befindet sich das Schiff zurzeit der Tat noch im Inland, ist vorrangig § 3 StGB anwendbar.[217]

2. Aktives und passives Nationalitätsprinzip – Schutzprinzip

a) Auslandstaten Deutscher, die zur Tatzeit am Tatort – nach konkreter **Betrachtungsweise**[218] – mit (Kriminal)Strafe[219] bedroht sind oder dort keiner Strafgewalt unterliegen (Hohe See, Antarktis, Mond, Weltraum), sind nach § 7 Abs. 2 Nr. 1 StGB strafbar (eingeschränktes aktives Nationalitäts- bzw. Personalitätsprinzip)[220] Gleichgestellt sind – wegen des grundsätzlichen Auslieferungsverbots nach Art. 16 GG[221] – Auslandstaten von Ausländern, die nach der Tat Deutsche geworden (und bis zur rechtskräftigen Verurteilung Deutsche geblieben) sind (sog. Neubürgerklausel).[222] Nach der Rechtsprechung[223] ist es nicht erforderlich, dass der ausländische Straftatbestand sich mit dem des deutschen Rechts deckt oder ihm derselbe Rechtsgedanke zu Grunde liegt bzw. dass er das gleiche oder ein vergleichbares Rechtsgut schützt. Das Erfordernis der „doppelten" Strafbarkeit ist allerdings nicht erfüllt, wenn in beiden Ländern die relevanten Strafvorschriften jeweils nur inländische

40

---

[214] Beispielsfall OLG Schleswig aaO.

[215] I. d. F. v. 26.10.1994 (BGBl. I 3140), zuletzt geändert durch Gesetz v. 7.8.2013, BGBl. I 3154.

[216] Vgl. im Ganzen LK-*Werle/Jeßberger* § 4 Rn. 6 ff., 30 ff., 60 ff.; *Jeßberger*, Der transnationale Geltungsbereich des deutschen Strafrechts" 2011, S. 234 ff.; MK-*Ambos*, § 4 Rn. 12 ff.; *Ambos*, § 3 B I.

[217] MK-*Ambos*, Rn. 1; *Ambos*, § 3 Rn. 28; Schönke/Schröder-*Eser*, § 4 Rn. 7; G/J/W-*Rotsch*, § 4 Rn. 1; a. A. LK-*Werle/Jeßberger*, § 4 Rn. 13; NK-*Böse*, § 4 Rn. 2.

[218] BGHSt 42, 275, 277 = NStZ 1997, 437; LK-*Werle/Jeßberger*, § 7 Rn. 30; MK-*Ambos*, § 7 Rn. 6, jeweils m. w. N.

[219] BGHSt 27, 5, 8 f. = NJW 1976, 2354 (Kriminalstrafe erforderlich, administrative Sanktionen nicht ausreichend).

[220] Im Grundsatz schon verankert im RStGB bis 1940 (galt weiter in der DDR bis zum neuen StGB von 1968 und zuvor – von 1946 bis 1950 – in Thüringen, vgl. dazu näher *Möhrenschlager* (2007), Rn. 411 m. Anm. 913). Zur Begründung des Prinzips vgl. jüngst *Jeßberger*, S. 240 ff.

[221] Durch Gesetz vom 29.11.2000 (BGBl. I 1633) wurde durch Ergänzung von Art. 16 II GG die verfassungsrechtliche Grundlage für die Möglichkeit der Auslieferung auch Deutscher an einen EU-Staat und an einen internationalen Strafgerichtshof geschaffen; für die Auslieferung an internationale Strafgerichtshöfe ausführlich der IRG-Kommentar von *Schomburg/Lagodny/Gleß/Hackner*, S. 2193 ff., G/P/K-*Kreß*, Teil IV A; für den EU-Bereich in Umsetzung des EU-Rahmenbeschlusses über den Europäischen Haftbefehl und die Übergabeverfahren v. 13.6.2002, ABl. EG L 190 v. 18.7.2002 S. 1, ist insbesondere § 80 IRG einschlägig (dazu insbes. die Kommentierungen von Schomburg/*Lagodny* und von G/P/K-*Böse* mit Kritik Rn. 7 ff. und auch von Albrecht/*Böhm* usw., Internationales Strafrecht in der Praxis, 2008, Rn. 790 ff., 813 ff., vgl. auch *Möhrenschlager* in Dölling Kap. 8 Rn. 414 ff.).

[222] Insoweit liegt der Regelung eher das Prinzip der stellvertretenden Strafrechtspflege zu Grunde (vgl. auch *Jeßberger* aaO S. 248, 269 f. mit der Kennzeichnung als Sachwalterprinzip), das ein Teil der Literatur insgesamt für § 7 Abs. 2 Nr. 1 als maßgebend erklärt (vgl. näher dazu *Scholten*, S. 108 ff. m. N. zum Streitstand; *Liebelt*, S. 123 ff., 139 ff.; *A. Schmitz*, S. 214 ff.; *Satzger* § 5 Rn. 79 f. – kritisch zu der Regelung u. a. auch *Ambos*, § 3 Rn. 48).

[223] BGHSt 2, 160 f.; 42, 275, 277; NJW 1954, 1086; NStZ 1997, 89;; zust. *Niemöller*, NStZ 1993, 171 f.; a. A. z. B. *Arzt*, Zur identischen Norm beim Personalitätsprinzip und bei der Rechtshilfe, in Festgabe zum schweizerischen Juristentag 1988, S. 417; *Scholten*, S. 133 ff. m. w. N.; *A. Schmitz*, S. 274; einschränkend auch LK-*Werle/Jeßberger*, § 7 Rn. 36; NK-*Böse*, Rn. 14; (vergleichbare Bewertung der Tat); Matt/Renzikowski/*Basak*, § 7 Rn. 3 (zu Abs. 2 Nr. 1 2. Alt., Nr. 2). – Im Falle des § 299 reichen nach LK-*Tiedemann*, Rn. 65 und Schönke/Schröder/*Heine*, Rn. 29 untreueähnliche Tatbestände aus.

Rechtsgüter schützen. Rechtfertigungs- und Entschuldigungsgründe des Tatortrechts sind grundsätzlich – soweit sie nicht international anerkannten Rechtsgrundsätzen widersprechen, sog. internationaler Ordre-Public-Vorbehalt[224] – anzuerkennen. Verfahrenshindernisse für die Strafverfolgung am Tatort sind nach der Rechtsprechung irrelevant.[225] Unerheblich ist deshalb auch, ob die Tat am Tatort „faktisch" straflos ist, etwa weil die Verfolgung aus Opportunität unterbleibt.[226]

41 Vereinzelt gilt auch das **uneingeschränkte Nationalitätsprinzip** (absolutes aktives Personalitätsprinzip), d. h. also ohne Rücksicht auf das Tatortrecht, auch bei Wirtschaftsstraftaten, so z. B. bei Außenwirtschafts- und Kriegswaffenstraftaten (§ 18 X AWG [= § 35 AWG a. F.], § 21 des Gesetzes über die Kontrolle von Kriegswaffen, § 18 des Ausführungsgesetzes zum Chemiewaffenübereinkommen.[227]), bei der Abgeordnetenbestechung nach § 5 Nr. 14a StGB und bei der Bestechung ausländischer Amtsträger (und Abgeordneter) nach Artikel 2 § 2 Nr. 1 Buchstabea des EU-Bestechungsgesetzes und Artikel 2 § 3 des Gesetzes zur Bekämpfung internationaler Bestechung.[228]

Hierzu sind auch noch die Fälle hinzuzurechnen, für die das „Universalitätsprinzip" in den Fällen des § 6 StGB (Auslandstaten gegen international geschützte Rechtsgüter) anwendbar ist. § 6 StGB ist auch auf Deutsche anwendbar, die dort genannten Straftaten begehen, ohne dass es auf das Tatortrecht ankommt. Einschlägig sind hier vor allem die Nummern 6 und 7.

42 Eine teilweise Erweiterung gegenüber dem Nationalitätsprinzip stellt das sog. „(aktive bzw. passive) Hoheitsträgerprinzip"[229] durch Anknüpfung an die dienstbezogene Eigenschaft als „Amtsträger nach deutschem Recht" (§ 11 Abs. 1 Nr. 2 StGB), als „für den öffentlichen Dienst besonders Verpflichteter" (§ 11 Abs. 1 Nr. 4 StGB) bzw. als „Abgeordneter" in § 5 Nr. 12 und Nr. 14a StGB dar oder ähnlichen Funktionen im ausländischen, im EU- und Völkervertragsrecht (vgl. Art. 2 § 2 i. V. m. § 1 EU-Bestechungsgesetz; Art. 2 § 3 I. V. m. §§ 1, 2 IntBestG).[230]

43 **b) Auslandstaten können auch dann in Deutschland strafrechtlich verfolgt werden, wenn sie „gegen einen** [bestimmbaren] **Deutschen begangen werden", wenn diese am Tatort strafbar sind oder dort keiner Strafgewalt unterliegen (§ 7 Abs. 1 StGB – eingeschränktes passives Nationalitäts-/Personalitätsprinzip bzw. (Individual)Schutzprinzip).** In der Praxis hat bisher dieses Prinzip, das auch einen Fall stellvertretender Strafrechtspflege darstellt, kaum eine Rolle gespielt,[231] obwohl es auch bei bestimmten

---

[224] BGHSt 42, 275, 279 (kein Widerspruch zu international anerkannten Rechtsgrundsätzen); näher dazu *Scholten*, S. 166 ff.; *Henrich*, S. 105 f. (zu § 7 Abs. 1 StGB); MK-*Ambos*, § 7 Rn. 15 f.: LK-*Werle/Jeßberger*, § 7 Rn. 38 f.; a. A. NK-*Böse*, Rn. 15.

[225] BGHSt 2, 160 f.; NStZ-RR 2000, 208 f., 361; 2011, 245 f.; N. in LK-*Werle/Jeßberger* § 7 Rn. 41 ff. (anders zu Abs. 2 Nr. 1 2. Alt, Nr. 2).; *Scholten*, S. 149 ff.; a. A. z. B. *Eser*, JZ 1993, 875; *Henrich*, S. 98 f.; *Baumann/Weber/Mitsch*, Strafrecht, AT, 11. Aufl. 2003, § 7 Rn. 65; NK-*Böse*, Rn. 15; *Satzger*, § 5 Rn. 97 ff.; Matt/Renzikowski/*Basak*, § 7 Rn. 5 f.

[226] OLG Düsseldorf NJW 1983, 208 f.; NStZ 1985, 268; LK-*Werle/Jeßberger*, § 7 Rn. 50 (anders zu Absatz 2 Nr. 2); Momsen/*Grützner/Behr*, Kap 9 Rn. 302 (außer wenn im Ausland Bezahlung von Schmiergeldern sozialüblich und dort deshalb straflos ist); differenzierend MK-*Ambos* $ 7 Rn. 14.

[227] KrWaffKontrG, i. d. F. v. 22.11.1990, BGBl. I 2506, zuletzt geändert durch Gesetz v. 6.6.2013, BGBl. I 1482; AWG (Fn. 165); CWÜAG v. 2.8.1994, BGBl. I 1954, zuletzt geändert durch Gesetz v. 6.6.2013, BGBl. I 1482; krit. MK-*Ambos*, § 7 Rn. 35; *Pottmeyer*, Die Strafbarkeit von Auslandstaten nach dem Kriegswaffenkontroll- und dem Außenwirtschaftsrecht, NStZ 1992, 57 (verfassungswidrig wegen Verstoß gegen Art. 25 GG); abl. dazu MK-*Heinrich*, Rn. 3; *Holthausen*, NStZ 1992, 268; NJW 1992, 214; vgl. dazu *Epping*, Die Novellierungen im Bereich des Rüstungsexportrechts, RiW 1991, 461; *A. Schmitz*, S. 214 ff.

[228] Jeweils vom 10.9.1998, BGBl. II 2327, 2340, letzteres zuletzt geändert durch Gesetz v. 21.7.2004, BGBl. I 1763, 1774.

[229] *Jeßberger*, S. 251 f.

[230] Vgl. dazu LK-*Werle/Jeßberger* § 5 Rn. 183 ff., 192 ff., 196 ff., 202 ff., 208 ff.; MK-*Ambos* § 5 Rn. 34 ff.; *Henrich*, S. 35, 7 lässt alle Fälle des § 5 Nr. 12–14 StGB dem Schutzprinzip unterfallen. Für einschränkende Auslegung *Zieher*, S. 124 f.

[231] *Henrich*, S. 118 ff. 215 f., der im Übrigen – wie auch *Baumann/Weber/Mitsch* (Fn. 225) § 7 Rn. 62 – grundsätzliche Bedenken gegen die Beibehaltung dieses Prinzips erhebt. – Im Völkergewohnheitsrecht ist

III. Die Erfassung von grenzüberschreitenden Wirtschaftsstraftaten

individualbezogenen Wirtschaftsstraftaten anwendbar sein kann (wie z. B. (Computer-, Kapitalanlage-)Betrug, Untreue, Wucher, nicht aber bei Urheberrechtsverletzungen wegen des dort geltenden Territorialitäts- und Schutzlandprinzips[232]). Grund dafür ist u. a. auch die Schwierigkeit oder Unmöglichkeit, den ausländischen Täter ausgeliefert zu bekommen. Zu weit geht es m. E., wenn ein Teil der Literatur[233] als „Deutschen" i. S. dieser Regelung auch eine juristische Person mit Sitz in Deutschland ansieht.[234] Zur Tatortstrafbarkeit vgl. zu a.

Dem weiterreichenden (Real/Staats/Individual)**Schutzprinzip** werden beispielsweise die Verletzung von Betriebs- und Geschäftsgeheimnissen[235] nach § 5 Nr. 7 bzw. § 17 Abs. 6 UWG, bestimmte Straftaten gegen die Umwelt (§ 5 Nr. 11 StGB), internationalstrafrechtliche Amtsträgerregelungen in § 5 Nr. 12 (2. Alt.) bis 14 StGB und Artikel 2 § 2 Nr. 1b; Nr. 2 des EU-Bestechungsgesetzes sowie § 5 Nr. 14a betr. Abgeordnetenbestechung nach § 108e StGB zugeordnet. Die Nrn. 12 und 13 erfassen z. B. Straftaten der Vorteilsannahme und der Bestechlichkeit und die Verletzung von Geheimnisschutzvorschriften (§ 203 Abs. 2 Nrn. 1, 2; § 353b StGB). Dabei werden teilweise nicht nur innerstaatliche, sondern auch ausländische oder supra- (wie etwa EU-Interessen) oder internationale überindividuelle Schutzinteressen mit einbezogen.

3. Prinzip der stellvertretenden Strafrechtspflege („aut dedere aut iudicare")

Zahlreiche völkerrechtliche Regelungen sehen nach dem Grundsatz „ausliefern oder verfolgen" eine Strafbarkeit zumindest für den Fall vor, dass ein Staatsangehöriger nicht ausgeliefert wird;[236] Das deutsche Recht geht hier mit § 7 II Nr. 1 StGB weiter. Zusätzlich können im deutschen Recht auch Auslandstaten von Ausländern nach der allgemeinen und sehr weit

---

es nicht allgemein anerkannt (außer nun zur Bekämpfung von Terrorismus und organisierter Kriminalität, *Stein/v. Butlar*, Rn. 620).

[232] *U. Weber*, Zur Anwendbarkeit des deutschen Urheberstrafrechts auf Rechtsverletzungen mit Auslandsberührung, Festschrift für Stree und Wessels, 1993, S. 614, 622; *Hildebrandt*, Die Strafvorschriften des Urheberrechts, 2001, S. 314 ff. (kein Strafrechtsschutz für Auslandstaten, BGHSt 49, 93 = NStZ 2004, 461); BeckOK *UrhG-Sternberg/ Lieben* (2012), § 106 Rn. 10 f.; Ernsthaler/Weidert-*Gesmann-Nuissle*, HB Urheberrecht und Internet, 2. Aufl., 2010, S. 528 ff.; *Loewenheim* (Fn. 206) aaO; *Reinbacher*, Die Strafbarkeit der Vervielfältigung urheberrechtlich geschützter Werke zum privaten Gebrauch nach dem Urheberrechtsgesetz, 2007, S. 72, 120 ff., 315 f. *Pfaffendorf*, NZ WiSt 2012, 377.

[233] NK-*Böse*, § 7 Rn. 4; *Jakobs* V 18, S. 116; ebenso Appellationsgerichts des Kantons Baselstadt in Schweizerische Juristenzeitung 1956, 362, zit. bei *Henrich*, S. 109 und in einem Unterschlagungsfall SchweizBG (§ 121 IV 147), dazu *Cassani* S. 241 ff.; weiter *Schwarzenegger*, S. 143, 147 f.

[234] Abl. KG NJW 2006, 3016 f. (Haftbefehl gegen einen Polen wegen eines in Deutschland begangenen Diebstahls oder wahlweise in Polen begangener und dort auch strafbarer Hehlerei bezüglich Deutschen gehörenden KFZ-Navigationsgeräten); OLG Stuttgart NStZ 2004, 402 f. (betr. Hehlerei in Frankreich; Vortat Diebstähle hochwertiger Fahrzeuge in Baden-Württemberg zum Nachteil von Autoherstellern bzw. Auslieferungsfirmen, die ins Ausland verbracht worden waren); AG Bremen NStZ-RR 2005, 87 (Unterschlagung von von einer GmbH – mit Sitz in Deutschland – vermieteten Baumaschinen in Montenegro); LK-*Werle/Jeßberger*, § 7 Rn. 62 ff.; MK *Ambos*, § 7 Rn. 23, Schönke-Schröder/Eser, § 7 Rn. 6; SSW-Satzger, § 7 Rn. 4; G/J/W-Rotsch, § 4 Rn. 18; *Fischer*, § 7 Rn. 4; *Henrich*, S. 109 ff.; NK-*Lemke* (Fn. 7) § 7 Rn. 16; abl. auch *Council of Europe, European Committee on Crime Problems*, Extraterritorial jurisdiction, 1990, S. 12 f.

[235] Näher dazu im Kapitel 15 unter II 7; für die Zuordnung zum Schutzprinzip z. B. BT-Drs. IV/650, S. 111; MK-*Ambos*, § 5 Rn. 26; SK-*Hoyer*, § 5 Rn. 18; *Hecker* § 2 Rn. 49; *Henrich*, S. 42;; Jescheck/Weigend, § 18 III; *Zieher*, S. 131 f.; a. A. passives Personalitätsprinzip LK-*Werle/Jeßberger*, § 5 Rn. 122 ff. – zu § 5 Nr. 11 SSW-*Satzger*, § 5 Rn. 23; Jescheck/Weigend aaO; a. A. LK-*Werle/Jeßberger*, § 5 Rn. 157 (Jurisdiktionstitel sui generis mit Nähe zum Territorialitätsprinzip) – Zu § 5 Nr. 12 2. Alt., Nr. 13, 14 MK-*Ambos*, § 5 Rn. 34, 36 f.; LK-*Werle/Jeßberger*, § 5 Rn. 188, 198 f. 201, 213 (teilw. a. A.); NK-*Böse*, § 5 Rn. 16, 18.

[236] Zahlreiche Beispiele in dem Werk von *Bassiouni/Wise* sowie in Übereinkommen des Europarates und der Europäischen Union.

reichenden²³⁷ Regelung in § 7 Abs. 2 Nr. 2 StGB dann im Inland verfolgt werden, wenn ein im Inland „betroffener"²³⁸ Täter nicht ausgeliefert wird, für den kein Auslieferungshindernis – i. S. der §§ 3–9 des Gesetzes über die internationale Rechtshilfe (IRG) und unmittelbar anwendbarer völkerrechtlicher Regelungen (einschließlich der EU-Regelungen über den Europäischen Haftbefehl)vorliegt.²³⁹ „Nichtauslieferung" liegt vor, wenn ein betroffener ausländischer Staat (Tatort- oder Heimatstaat) innerhalb angemessener Frist (idR drei Wochen, vgl. BT-Drs. 15/3482, S. 25) kein Auslieferungsersuchen stellt²⁴⁰ (z. B. weil kein Interesse an der Strafverfolgung besteht), ein ausländisches Auslieferungsersuchen abgelehnt wird²⁴¹ oder die Auslieferung (z. B. aus gesundheitlichen Gründen) tatsächlich nicht durchführbar ist. Vor Anwendung des deutschen Strafrechts hat das Gericht eine verbindliche Feststellung der nach §§ 12f., 74 IRG zuständigen Stelle einzuholen, dass eine Auslieferung nicht erfolgt.²⁴² Aus den Umständen kann ggf. auf solche Auslieferungshindernisse geschlossen werden, so dass sich die Herbeiführung einer Entscheidung erübrigt

4. Universalitätsprinzip

46 Unabhängig vom Recht des Tatorts gilt für Auslandstaten von Deutschen und Ausländern das **„Weltrechtsprinzip"** des § 6 StGB auch für bestimmte Wirtschaftsstraftaten (i. w. S.), nämlich nach **Nummer 7** für Geld- und Wertpapierfälschung (§§ 146,Variante im Fall des LG Kempten (Fn. 240): Sichverschaffen von Falschgeld in Italien, § 146 Abs. 1 Nr. 3 StGB und Beihilfe zur Tat nach § 146 Abs. 1 Nr. 2 StGB. 151 und 152 StGB), die Fälschung von Zahlungskarten und früher von Vordrucken für Euroschecks (§ 152a Abs. 1 bis 4 StGB) sowie die Vorbereitung dieser Taten (§§ 149, 151, 152, 152a Abs. 5 StGB) und nach **Nummer 8** für den Subventionsbetrug (§ 264 StGB)²⁴³, obwohl damit über die Vorgaben aus internationalen Verträgen (z. B. das Internationale Übereinkommen über die Bekämpfung der Falschmünzerei vom 20.4.1929 mit dem ergänzenden EU-Rahmenbeschluss vom 29.5.2000 über die Verstärkung des strafrechtlichen und mit anderen Sanktionen bewehrten Schutzes gegen Geldfälschung im Hinblick auf die Einführung des Euro"²⁴⁴. oder das EU-Übereinkommen über den Schutz der finanziellen Interessen der Europäischen Gemeinschaften v. 22.7.1995²⁴⁵. hinausgegangen wird. § 264 StGB bezieht in seinen Schutzbereich allerdings nicht alle Subventionen fremder Staaten mit ein, sondern bezieht sich – wie sich aus § 264 Abs. 7 StGB ergibt – nur auf nach deutschem oder europäischem Recht vergebene Subventionen (in letzterem Fall kann diese Vergabe natürlich auch in anderen EU-Staaten erfolgen; die Täuschungshand-

---

²³⁷ Krit. dazu insbesondere *Pappas*; MK-*Ambos*, § 7 Rn. 30 f.; ein Beispiel in einem völkerrechtlichen Vertrag stellt Artikel 10 des Übereinkommens über den physischen Schutz von Nuklearmaterial vom 18.3.1980 dar.

²³⁸ Liegt nicht vor bei einem Täter, der nach Aufhebung des Haftbefehls in den Tatortstaat zurückkehrt, BGH wistra 2006, 426 f. = NStZ-RR 2007, 48, 50.

²³⁹ LK-*Werle/Jeßberger*, § 7 Rn. 96; MK-*Ambos*, § 7 Rn. 28, Schönke/Schröder-*Eser*, § 7 Rn. 25; NK-*Böse*, § 7 Rn. 18; SSW-*Satzger*, § 7 Rn. 12; a. A. früher BGHSt 18, 283, 286, anders aber nun BGHSt 45, 64, 72. *Deiters*, ZIS 2006, 472, 476 geht beim Verdacht einer auf fremdem Territorium begangenen von einem im Inland lebenden Ausländer von einem grundsätzlichen Vorrang des Strafverfolgungsinteresses des um eine Auslieferung ersuchenden EU-Mitgliedstaates aus.

²⁴⁰ So z. B. im Fall des LG Kempten NJW 1979, 225 (Abschieben von Falschgeld, § 147 StGB, in der Schweiz; kein Auslieferungsantrag Schweizer Behörden); BGH BeckRS 2004, 00092.

²⁴¹ Beispiel BGH wistra 2001, 419 = NStZ 2001, 588 (Mord in Kosovo); BGH BeckRS 2004, 00092 (keine Auslieferung, auch wenn Antrag gestellt würde).

²⁴² LK-*Werle/Jeßberger*, § 7 Rn. 107; *Fischer*, Rn. 11 a. E.; Schönke-Schröder/*Eser*, Rn. 26.; MK-*Ambos*, § 7 Rn. 29.

²⁴³ Im EU-Ausland, aber auch bei Begehung außerhalb der EU, LK-*Werle/Jeßberger*, § 6 Rn. 100; LK-*Tiedemann*, § 264 Rn. 190; abl. zu letzterem MK-*Ambos*, § 6 Rn. 18; AnwK-*Zöller*, § 6 Rn. 9.

²⁴⁴ ABl. EG L 140 vom 14.6.2000 S. 1; für die Fälschung des Euro sieht Art. 7 II des Rahmenbeschlusses allerdings das „Weltrechtsprinzip" für Eurozonenmitglieder vor.

²⁴⁵ ABl. EG C 396 v. 27.11.1995 S. 48.

III. Die Erfassung von grenzüberschreitenden Wirtschaftsstraftaten

lung kann auch außerhalb der EU erfolgen[246]). Eine § 6 Nr. 8 StGB entsprechende Regelung enthalten § 370 Abs. 7 AO[247] und § 35 MOG.[248]

Der Streit, ob die **Nummer 9** (Verfolgungspflicht aufgrund eines zwischenstaatlichen Abkommens) nur dann eingreift, wenn das Abkommen zur Einführung des Weltrechtsprinzips verpflichtet,[249] oder auch zu Recht für beschränktere Verpflichtungen zur Verfolgung von Auslandstaten gilt (was der Wortlaut nicht ausschließt), wird vielfach keine Rolle spielen. Eine genügend bestimmte unmittelbar anwendbare Vertragsregelung wird durch das Zustimmungsgesetz innerstaatliches Recht und wird dann zu einer direkt anwendbaren Regelung des innerstaatlichen Strafanwendungsrechts.[250] Maßgebend ist dann das „Vertragsprinzip". Die Reichweite der Verfolgungspflicht bestimmt sich nach den in den Abkommen aufgestellten Voraussetzungen.[251] Ob für die Anwendung des § 6 StGB auf eine Auslandstat durch einen Ausländer weiterhin vorausgesetzt werden soll, dass ein legitimierender Anknüpfungspunkt im Einzelfall einen unmittelbaren Bezug zur Strafverfolgung im Inland herstellt, ist umstritten.[252] In den Fällen des § 6 Nr. 9 StGB – wozu die Verfolgung von schwersten Völkerverbrechen gehört, die nach § 1 Völkerstrafgesetzbuch dem Weltrechtsprinzip unterliegen – kann darauf in der Regel verzichtet werden.[253]

---

[246] A. A. Volk-*Verjahns*, § 32 Rn. 27; MK-*Ambos*, § 6 Rn. 18 hält diese Ausdehnung für völkerrechtswidrig.

[247] Beispielsfall: BGH wistra 2001, 62 (Schmuggel von 550 Diamanten im Wert von über 8 Mio. DM von USA nach Italien durch einen US-Staatsangehörigen).

[248] Dazu näher *Busse* (Fn. 71, 80; er stellt in Rn. 8, 9 den selbstständigen Wert des § 35 in Frage).

[249] So *Fischer* § 6 Rn. 9; abl. dazu LK-*Werle/Jeßberger*, § 6 – Rn. 114; MK-*Ambos*, Rn. 19 f.; Schönke-Schröder/*Eser*, Rn. 10.

[250] Teilweise wohl enger *Zieher*, S. 166 ff.

[251] LK-*Werle/Jeßberger*, § 6 Rn. 107, 112, 123 ff., 138; MK-*Ambos*, § 6 Rn. 20 (mit Beispielen in Rn. 22 ff.); *Satzger*, § 5 Rn. 76 und in SSW § 6 Rn. 13.

[252] BVerfG (Kammer) JZ 2001, 975 m. Anm. *Kadelbach*; BGHSt 27, 30, 32; 34, 334, 336; 45, 64 f., 68; NStZ 1994, 232; 1999, 236; 2001, 658; Strafverteidiger 1999, 240; BayObLG NJW 1998, 392; krit. zu dieser Begrenzung, zumindest bei Völkermord, *Eser*, Völkermord und deutsche Strafgewalt, in Festschr. f. Meyer-Goßner, 2001, S. 3, 9 ff. m. w. N.; *Dahm/Delbrück/Wolfrum*, S. 1000; differenzierend MK-*Ambos*, § 6 Rn. 4; *Satzger* (2011), § 4 Rn. 12, § 5 Rn. 74 f.; abl. Schönke-Schröder/*Eser*, Rn. 1; Matt/Renzikowski/*Basak*, § 6 Rn. 14; für anderen Ansatzpunkt zur Einschränkung bei der für ihn missglückten Norm des § 6 *Hilgendorf*, FS 600 Jahre Würzburger Juristenfakultät, 2002, S. 333, 353 ff.

[253] *Ambos* aaO; *Hecker*, § 2 Rn. 53 f.; vgl. auch BGHSt 46, 292, 307 („Der Senat … neigt dazu, jedenfalls bei § 6 Nr. 9 StGB, solche zusätzlichen legitimierenden Anknüpfungstatsachen für nicht erforderlich zu halten"); strenger und einschränkend *Keller*, Grenzen, Unabhängigkeit und Subsidiarität der Weltrechtspflege, GA 2006, 25.

4. Kapitel. Allgemeine Grundsätze des Wirtschaftsstrafrechts

Literatur: *Achenbach/Ransiek* (Hrsg.), Handbuch Wirtschaftsstrafrecht, Heidelberg 2004 (zit. Bearb. in...); *Amelung, Knut* (Hrsg.), Individuelle Verantwortung und Beteiligungsverhältnisse bei Straftaten in bürokratischen Organisationen des Staates, der Wirtschaft und der Gesellschaft, Sinzheim, 2000; *Cramer, Peter,* Rechtspflicht des Aufsichtsrats zur Verhinderung unternehmensbezogener strafbarer Handlungen und Ordnungswidrigkeiten, in Festschrift für Walter Stree und Johannes Wessels zum 70. Geburtstag, Heidelberg, 1993; *Denckner, Friedrich,* Kausalität und Gesamttat, Berlin, 1996; *Fleischer, Holger,* Zur Angemessenheit der Vorstandsvergütung im Aktienrecht, DStR 2005 1279 ff., 1318 ff., *Große Vorholt, André,* Management und Wirtschaftsstrafrecht, Köln, 2001; *Henze, Hartwig,* Prüfungs- und Kontrollaufgaben des Aufsichtsrats in der Aktiengesellschaft, NJW 1998, 3309 ff.; *Jäger, Markus,* Aus der Rechtsprechung des BGH zum Steuerstrafrecht, NStZ 2005, 552 ff.; *Joecks, Wolfgang,* Bekämpfung der Schwarzarbeit und damit zusammenhängenden der Steuerhinterziehung, wistra 2004, 441 ff.; *Kiethe, Kurt,* Haftungs- und Ausfallrisiken beim Cash-Pooling, DStR 2005, 1573 ff.; *Knauer, Christoph,* Die Kollegialentscheidung im Strafrecht, München, 2001; *Laitenberger, Angelika,* Beitragsvorenthaltung, Minijobs und Schwarzarbeitsbekämpfung, NJW 2004, 2703 ff.; *Mansdörfer, Marco,* Die Verantwortlichkeit der Unternehmensleitung bei geheimen Abstimmungen, Festschrift Frisch, S. 315; *Langen/Bunte,* Kommentar zum deutschen und europäischen Kartellrecht, 10. Aufl., 2006 (zit. Bearb. in...); *Müller-Gugenberger/Bieneck,* Handbuch des Wirtschaftsstraf- und -ordnungswidrigkeitenrechts, 4. Aufl., Köln (zit. Bearb. in...); *Ransiek, Andreas,* Unternehmensstrafrecht, Heidelberg, 1996; *Rönnau, Thomas,* Die Festsetzung zu hoher Vorstandsvergütungen durch den Aufsichtsrat – ein Fall für den Staatsanwalt?, NStZ 2004, 113 ff.; *Schaal, Alexander,* Strafrechtliche Verantwortlichkeit bei Gremienentscheidungen in Unternehmen, Berlin, 2001; *Schilmar, Boris,* Kapitalschutz beim Cash-Management, DStR 2006, 568 ff.; *Schmidt, Wilhelm,* Gewinnabschöpfung im Straf- und Bußgeldverfahren, München, 2006; *Sofos, Themistokolis,* Mehrfachkausalität beim Tun und Unterlassen, Berlin, 1999; *Weißer, Bettina,* Kausalitäts- und Täterschaftsprobleme bei der strafrechtlichen Würdigung pflichtwidriger Kollegialentscheidungen, Berlin, 1996.

Inhaltsübersicht

	Rn.
A. Zurechnung strafrechtlicher Pflichten	1–89
I. Strafrechtliche Haftung beim Handeln für Unternehmen	1–26
1. Straftaten mit personalem Einschlag	4, 5
2. Strafvorschriften, die sich auf eine Amts- oder Organwalterstellung beziehen	6
3. Die allgemeine strafrechtliche Zurechnungsnorm des § 14 StGB	7–23
a) Vertreter nach § 14 Abs. 1 StGB	11
b) Beauftragte nach § 14 Abs. 2 StGB	12
c) Unwirksame Bestellungen – der so genannte faktische Geschäftsführer	13–23
aa) Feststellung des Handelns eines faktischen Geschäftsführers	15–18
bb) Strafrechtliche Folgen einer faktischen Geschäftsführung	19–22
(1) Faktischer Geschäftsführer	20
(2) Formeller Geschäftsführer	21, 22
cc) Anwendbarkeit der Grundsätze faktischer Geschäftsführung auch auf faktische Beauftragte	23
4. Beendigung der strafrechtlichen Verantwortlichkeit	24, 25
5. Strafrechtliche Verantwortlichkeit des Organs in eigenen Angelegenheiten	26
II. Strafrechtliche Folgen von Gesamt- und Ressortverantwortung innerhalb von Unternehmensorganen	27–57
1. Strafrechtliche Beurteilung gemeinsamer Beschlussfassung	29–32
a) Mittäterschaft bei Unterlassen	30
b) Überstimmte Mitglieder	31, 32
2. Fehlende Befassung des Gesamtorgans	33–40
3. Delegation an Mitarbeiter	41–44
4. Vorsatzanforderungen	45, 46
5. Gremienhaftung bei Fahrlässigkeitstaten	47–50
6. Strafrechtliche Haftung von Aufsichtsgremien	51–57
a) Ausübung von Kontrolltätigkeit	52–56

	Rn.
b) Vertretung der Gesellschaft	57
III. Begehensformen bei strafbarem Handeln in Unternehmensstrukturen	58–71
1. Organisationsdelikte	59–66
a) Grundsätze einer Organisationsherrschaft	60, 61
b) Konsequenzen für das Wirtschaftsstrafrecht	62–64
c) Mittelbare Täterschaft durch Unterlassen	65
d) Versuchsbeginn	66
2. Beteiligung bei Sonderdelikten	67–71
a) Teilnahme bei dem Fehlen persönlicher Merkmale	68, 69
b) Sonderfall der Steuerhinterziehungstatbestände	70, 71
IV. Verfassungsrechtliche Vorgaben	72–89
1. Untreue	73
a) Verletzung der Vermögensbetreuungspflicht	74
(1) Pflichtenkreis	75
(2) Pflichtwidrigkeit	76
b) Nachteil	77–79
2. Untreuevorsatz	80
a) Auswirkungen der verfassungsgerichtlichen Entscheidungen auf die Vorsatzprüfung	81
b) Bedingter Vorsatz	82–84
3. Betrug	85
a) Grundsätze der Entscheidung des Bundesverfassungsgericht	86
b) Umsetzung durch die Rechtsprechung des Bundesgerichtshofs	87–89
B. Spezifische Pflichten im Zusammenhang mit der Leitung von Unternehmen – Managerkriminalität	90–150
I. Strafrechtlich relevante Pflichtenstellungen	91–134
1. Interne Pflichten	92–115
a) Gesellschaftliche Pflichten	93, 94
b) Arbeitsrechtliche Pflichten	95, 96
c) Pflichten aus vertraglicher Vereinbarung	97
d) Einzelne Pflichtenkonstellationen	98, 99
aa) Verbot des existenzgefährdenden Eingriffs	100–102
(1) Cash-Management und Zahlungen im Konzernverbund	103–105
(2) Vorsatzprüfung	106
bb) Vergütungsregelungen	107
(1) Gestaltungsspielraum	108, 109
(2) Vorsatzanforderungen	110
cc) Untreue durch pflichtwidrige Kreditvergabe	111
(1) Pflichtwidrigkeit	112–114
(2) Vorsatzanforderungen	115, 116

	Rn.
dd) Verletzung von Buchführungs- und Dokumentationspflichte	117
(1) Nachteilszufügung	118
(2) Erfüllung nicht nachweisbarer Verbindlichkeiten	119
ee) Unternehmenssponsoring	120
(1) Strafrechtliche Relevanz	121–123
(2) Vorsatz	124
ff) Bildung schwarzer Kassen	125
2. Pflichten gegenüber dem Staat	126–144
a) Sozialversicherungsabgaben	127
aa) Strenge Sozialrechtsakzessorietät	128
bb) Begriff des Vorenthaltens	129
cc) Vorrang der Sozialversicherungsbeiträge	130–133
dd) Anwendbarkeit des § 266a StGB bei Insolvenzreife	134, 135
ee) Vorsatzanforderungen	136
ff) Verhältnis zum Betrug	137
b) Steuerliche Pflichten	138
aa) Erklärungsumfang	139–141
bb) Begrenzung steuerlicher Erklärungspflichten	142–144
II. Umfang strafrechtlicher Verantwortung	145
1. Einstandspflicht für die Straftaten anderer Betriebsangehöriger	146, 147
2. Übertragene Garantenstellung – Compliance	148–150
C. Strafzumessung in Wirtschaftsstrafsachen	151–220
I. Schadensumfang	153–157
1. Schätzung	158
a) Schätzungsanforderungen	159, 160
b) Zuordnung zu Veranlagungszeiträumen	161
2. Schadenskausalität	162
3. Schadensbewertung	163
a) Verkürzung auf Zeit oder Dauer	164–166
b) Formaler Steuerschaden	167
aa) Steuerbefreite innergemeinschaftliche Lieferungen	168
bb) Schmuggel aus der EU heraus	169, 170
bb) Berichtigungsfähige Scheinrechnungen	171, 172
cc) Vorliegen eines materiellen Steuerprivilegierungsgrunds	173
c) Wechselwirkungen zwischen verschiedenen Steuerarten	174
4. Kompensationsverbot und Schuldumfang	175–177
5. Umsatzsteuerkarusselle	178–180

	Rn.		Rn.
6. Schuldumfang bei anderen Vermögensdelikten	181–203	7. Zeitmoment als Strafzumessungsfaktor	204, 205
a) Schadensbestimmung	182	a) Voraussetzungen einer rechtsstaatswidrigen Verfahrensverzögerung	206
aa) Untreue	183, 184		
bb) Betrug	185, 186		
(1) Eingehungsbetrug	187	b) Rechtsfolgen	207
(2) Rabattbetrug	188, 189	c) Behandlung in der Revisionsinstanz	208
(3) Anlagebetrug	190		
(4) Betrügerische Subventionserschleichung	191	8. Orientierungsgrenzen bei der Strafzumessung in Steuersachen	209
(5) Stoffgleicher Schaden	192, 193	**II. Geldstrafe neben Freiheitsstrafe**	210
		III. Täter-Opfer-Ausgleich	211
(6) Quotenschaden	194	**IV. Sicherungsverwahrung bei Wirtschaftsstraftätern**	212
cc) Regelbeispiel des Vermögensverlustes großen Ausmaßes	195–197	**V. Sanktionen gegen juristische Personen (§ 30 OwiG)**	213
b) Vorsatzform als Zumessungskriterium	197	1. Handeln als Vertreter oder Verantwortlicher	214
c) Wirtschaftskorruption	198	2. Anknüpfungstat	215, 216
aa) Schmiergeldzahlungen	199	3. Ahndung	217, 218
bb) Submissionsabsprachen	200	4. Verfahrensrechtlicher Zusammenhang zwischen Strafverfolgung und Festsetzung der Verbandsgeldbuße	219, 220
d) Tattolgen	201		
aa) Nicht vermögensrechtliche Tatauswirkungen	202		
bb) Verarmung des Täters	203		

A. Zurechnung strafrechtlicher Pflichten
I. Strafrechtliche Haftung beim Handeln für Unternehmen

Im Wirtschafts- und Geschäftsleben handeln zumeist Unternehmen. Diese sind sehr häufig als juristische Personen strukturiert. Für sie werden aber natürliche Personen tätig und letztlich ziehen auch diese natürlichen Personen den Nutzen oder Schaden aus den geschäftlichen Aktivitäten juristischer Personen. Die Rechtsvorschriften, die das Wirtschaftsleben ordnen, unterscheiden meist nicht danach, ob eine natürliche oder eine juristische Person handelt. Vielmehr verlangen diese Normen immer im Hinblick auf eine bestimmte Sachverhaltskonstellation dem im Wirtschaftsverkehr Agierenden gewisse Handlungs- oder Unterlassungspflichten ab. Diese treffen regelmäßig die Wirtschaftssubjekte unabhängig von ihrer Rechtsform. Dies ist eine Konsequenz dessen, dass unsere Rechtsordnung juristische Personen als rechtlich vollwertige Einheiten am Wirtschaftsleben teilnehmen lässt. Sie unterwirft sie aber auch den gleichen Pflichten wie natürliche Personen. So unterliegen Aktiengesellschaften ebenso wie Einzelkaufleute sozialversicherungsrechtlichen Pflichten im Hinblick auf ihre Mitarbeiter. Gleiches gilt für nahezu alle wirtschaftssteuernde Bereiche des Rechtslebens (angefangen von der Haftpflichtversicherungspflicht für Kraftfahrzeuge, über umweltrechtliche Pflichten bis hin zur Steuerpflicht, die sich lediglich im Ertragssteuerrecht in der Form – einerseits Körperschaft-, andererseits Einkommensteuer – unterscheidet). 1

Hinsichtlich der strafrechtlichen Folgen klafft jedoch eine Lücke. Dies wird schon aus der Natur des Strafrechts deutlich. Mag auch die juristische Person zivil- und öffentlich-rechtlich einer natürlichen Person gleichwertig sein, sind ihrer strafrechtlichen Sanktionierbarkeit doch Grenzen gesetzt. Dies folgt einmal daraus, dass Kriterien und Begrifflichkeiten wie Vorsatz, Schuld, Sühne und Strafe für juristische Personen nicht passen und manche strafrechtliche Sanktionsformen (wie Freiheitsstrafen oder Maßregeln) auf juristische Personen gar nicht angewandt werden können. 2

Häufig erfolgen Straftaten gerade jedoch im Zusammenhang mit wirtschaftlichem Handeln und stehen in einer Beziehung zu Unternehmen, die als juristische Personen strukturiert 3 sind.[1] Besteht ein solcher Zusammenhang, ist für die strafrechtliche Prüfung folgende Unterscheidung vorzunehmen:[2]

1. Straftaten mit personalem Einschlag

4 Eine Zurechnungsproblematik stellt sich dann nicht, wenn die Strafvorschrift an ein konkretes Fehlverhalten einer natürlichen Person anknüpft. So macht sich eine Person, die andere im Wirtschaftsleben täuscht und dadurch schädigt, wegen Betrugs (§ 263 StGB) strafbar. Die Frage einer strafrechtlichen Haftung ergibt sich auch nicht, soweit der betrügerisch Handelnde nicht für sich selbst, sondern für das Unternehmen, in dem er angestellt ist, tätig wird (z. B. ein Einkäufer, der Waren für sein Unternehmen einkauft, obwohl er um dessen Zahlungsunfähigkeit weiß). Ein Betrug im Sinne des § 263 Abs. 1 StGB liegt nämlich – im Übrigen wie auch der Diebstahl (§ 242 StGB), die Unterschlagung (§ 246 StGB) oder die Hehlerei (§ 259 StGB) – auch in Fällen einer Drittbegünstigung tatbestandlich vor. Gleichermaßen unproblematisch sind weiter die Fälle, in denen Organe oder Arbeitnehmer ihre eigenen Unternehmen schädigen. Dies kann je nach Sachverhaltskonstellation im Prinzip durch verschiedenste vermögensstrafrechtliche Tatbestände erfolgen (z. B. Diebstahl durch Entwendung unternehmenseigener Gegenstände, Betrug durch falsche Reisekostenabrechnungen oder Untreue durch Einzug von Kundenforderungen auf das eigene Konto).

5 Gesetzliche Regelungen, die dem Schutz der Unternehmen (und deren Inhabern und Gläubigern) dienen, können unmittelbar oder mittelbar strafrechtliche Relevanz gewinnen. So werden Kreditinstitute und vor allem die eingebrachten Gelder seiner Einleger durch § 18 KWG geschützt.[3] Als wirtschaftsordnende Regelung beeinflusst die Bestimmung des § 18 KWG die vertraglichen Pflichten eines mit der Kreditvergabe befassten Angestellten. Insoweit wirkt die Vorschrift dann unmittelbar verhaltenssteuernd in das Verhältnis Arbeitnehmer/Arbeitgeber hinein und kann auch strafbarkeitsbegründend sein. Solche durch Gesetz oder Vertrag begründeten strafbewehrten Pflichten betreffen aber immer nur die Person selbst, der bestimmte Verhaltens- bzw. Unterlassenspflichten überbürdet werden und deren Verletzung dann (z. B. als Untreue) strafbewehrt ist.

2. Strafvorschriften, die sich auf eine Amts- oder Organwalterstellung beziehen

6 Der Gesetzgeber hat besondere Straftatbestände geschaffen, die sich speziell an bestimmte Personengruppen richten. Durch solche Straftatbestände können für bestimmte Berufsgruppen besonders gemeinschädliche Handlungen kriminalisiert sein (Parteiverrat – § 356 StGB bei Rechtsanwälten; Rechtsbeugung – § 339 StGB bei Richtern). Teilweise knüpfen die Straftatbestände aber auch an eine Funktion innerhalb eines Unternehmens an. So ist der Geschäftsführer einer GmbH gemäß § 15a InsO zur Stellung eines Insolvenzantrages verpflichtet, wenn die Gesellschaft überschuldet oder zahlungsunfähig ist. Verletzt der Geschäftsführer diese Pflicht, ist er – und zwar ausdrücklich als Person – nach § 15a Abs. 1 InsO strafbar. Entsprechende Sonderdelikte enthalten weiter die Straftatbestände des § 82 GmbHG (falsche Angaben)[4] und des § 84 Abs. 1 GmbHG (Unterlassen der Verlustanzeige) sowie die Vorschrift des § 85 GmbHG, die Geschäftsführer, Mitglieder des Aufsichtsrats und Liquidatoren einer Strafbarkeit bei Verletzung der Geheimhaltungspflicht unterwirft. Entsprechende gesetzliche Vorschriften gibt es u. a. auch im Handelsgesetzbuch (§ 331 HGB) oder im Aktienrecht (§§ 399, 400, 401 AktG). Auch hier stellt sich die Frage einer Zurechnung nicht.

---

[1] Vgl. hierzu *Rogall*, in: *Amelung*, S. 145, 149 ff. auch mit einem Abriss zur rechtsgeschichtlichen Entwicklung der strafrechtlichen Zurechnung.
[2] Vgl. *Ransiek*, S. 90 m. w. N.
[3] BGHSt 47, 148, 150.
[4] BGHSt 46, 62 ff.

A. Zurechnung strafrechtlicher Pflichten   **4**

3. Die allgemeine strafrechtliche Zurechnungsnorm des § 14 StGB

Fehlen spezialgesetzliche Zuordnungsvorschriften, richtet sich die strafrechtliche Haftung   **7**
nach der Grundnorm des § 14 StGB.[5] Danach werden den in § 14 Abs. 1 Nr. 1 bis 3 StGB genannten Vertretern die besonderen persönlichen Merkmale zugerechnet, wenn diese Merkmale zwar nicht bei ihnen, aber bei dem Vertretenen vorliegen. Die Regelung des Absatzes 2 erstreckt den Anwendungsbereich der Zurechnungsvorschrift weiterhin auf die Betriebsleiter und diejenigen, denen die Ausübung von wesentlichen Funktionen verantwortlich übertragen wurde. Diese Vorschrift ist dunkel formuliert und erschließt sich nicht auf den ersten Blick, zumal sie noch mit einer Legaldefinition der „besonderen persönlichen Merkmale" überfrachtet ist.

Seinem Zweck nach will § 14 StGB besondere Pflichten des Vertretenen auf bestimmte   **8**
Vertreter übertragen. Es findet damit eine Erweiterung strafrechtlicher Sanktionsmöglichkeiten in doppelter Hinsicht statt.[6] Einmal wird der handelnde Vertreter aufgrund dieser Vorschrift selbst Pflichtiger mit den gesamten strafrechtlichen Konsequenzen. Zum anderen wird aber auch das von ihm vertretene Unternehmen durch ihn schließlich erst tätig, weil die Kunstfigur der juristischen Person nur durch ihre Organe (oder von denen letztlich ermächtigte Personen) im Wirtschaftsverkehr agieren kann. Dadurch wird das Unternehmen selbst durch seine Organe handelndes Subjekt und kann damit erst zum Normadressat wirtschaftslenkender Rechtsvorschriften werden. Diese Zurechnung auch zulasten des Unternehmens ist wieder die Grundlage dafür, dass gegen dieses – als Nebenbetroffene – eine Ahndung nach der Vorschrift des § 30 OWiG möglich wird, der die Verhängung einer Geldbuße im Falle der Verletzung eigener, das Unternehmen selbst treffender (strafbewehrter) Pflichten gegen dieses erlaubt.

Aus dem vorgenannten Zweck der Regelung erschließt sich auch der Inhalt dessen, was   **9**
unter den legal definierten, „besonderen persönlichen Merkmalen" gemeint sein könnte. Schon aus den weiten Begriffen „Umstände, Eigenschaften und Verhältnisse" wird deutlich, dass alles, was strafrechtlich einen Einzelkaufmann als Person auch ein Unternehmen in der Rechtsform einer rechtsfähigen Gesellschaft treffen soll.[7] Dort, wo das Unternehmen im strafrechtlich relevanten Bereich handelt, wird dies seinen Organen zugerechnet. Eine Ausnahme besteht nur für solche Merkmale, die eine „egoistisch beschränkte Innentendenz"[8] aufweisen, also solche Merkmale, bei denen Motive oder Gesinnungen strafbarkeitsbegründend sind.[9] Abgesehen davon, dass sich solche Gesichtspunkte einem Unternehmen schon der Sache nach nicht zurechnen lassen, weil sie unlösbar an eine Person gebunden sind, will § 14 StGB die Strafbarkeitslücke schließen, die zwischen strafbewehrten Pflichten des Unternehmens und persönlicher Pflichtverletzung der für das Unternehmen handelnden Person ansonsten entstehen würde. Dies kann aber keine Frage von Innentendenzen sein, sondern es muss sich zwangsläufig immer um objektivierte Umstände handeln, weil nur diese Gegenstand einer Pflichtenzurechnung sein können. Die Regelung des § 14 StGB dehnt damit bei Sonder- und Pflichtdelikten den Tatbestand im Wege einer Zurechnung der strafbarkeitsbegründenden Merkmale aus. Solche Umstände können sowohl statusbeschreibend (wie Arbeitgeberstellung im Sinne des § 266a Abs. 1 StGB), tätigkeitsbezogen (z. B. Veranstaltung einer Lotterie § 287 StGB; Nichtbeseitigung radioaktiver Abfälle – § 326 Abs. 3 StGB) als auch individueller Natur (Pflichten in der Vermögenskrise – § 283 StGB) sein.

Der Täter muss dabei allerdings als Vertreter oder aufgrund eines Auftrags handeln. Nach   **10**
der bisherigen Rechtsprechung war dafür maßgeblich der Funktionszusammenhang mit sei-

---

[5] Vgl. zur dogmatischen Einordnung die Darstellung des Streitstandes bei *Rogall*, in: *Amelung*, S. 157 ff.
[6] *Fischer*, § 14 Rn. 1 b.
[7] *Ransiek*, S. 90.
[8] BGHSt (Großer Senat) 40, 8, 19 zu §§ 242, 246 StGB a. F.
[9] *Perron*, in: *Schönke/Schröder*, StGB § 14 Rn. 8, 12 haben den Terminus der höchstpersönlichen täterpsychischen Merkmale entwickelt, der aussagekräftig diese Ausnahmen kennzeichnet.

ner Vertreterstellung.¹⁰ Diese sog. Interessentheorie hat der Bundesgerichtshof zwischenzeitlich aufgegeben¹¹. Es reicht jetzt regelmäßig aus, wenn die betreffende Leitungsperson die rechtlichen oder tatsächlichen Wirkungsmöglichkeiten eingesetzt hat, die aus seiner Vertreter- bzw. Beauftragtenstellung resultieren.¹² Die Regelung des § 14 StGB deckt dabei die wesentlichen in Betracht kommenden Leitungsfunktionen innerhalb von Unternehmen ab.

a) Vertreter nach § 14 Abs. 1 StGB

11 Diese Vorschrift erfasst den Personenkreis, der aufgrund einer gesetzlichen Regelung berufen ist, für andere zu handeln. Die Zurechnungsnorm des Abs. 1 setzt ein wirksames Vertretungsverhältnis (sonst Abs. 3) voraus und schließt gewillkürte Vertretungsverhältnisse nicht ein. In Nr. 1 erfasst die Regelung die organschaftlichen Vertreter. Dabei ist es unerheblich, ob das Organ mehrgliedrig ist. Besteht es aus mehreren Personen, folgt gegenüber jedem dieser organschaftlichen Vertreter eine Zurechnung. Wann eine juristische Person im Sinne dieser Bestimmung entstanden ist, bemisst sich nach den hierfür maßgeblichen zivilrechtlichen Grundsätzen. Dies bedeutet, dass auch die fehlerhaft gegründete Kapitalgesellschaft eine solche im Sinne dieser Bestimmung sein kann.¹³ Gleiches gilt im Übrigen für die Regelung in Nr. 2, die vertretungsberechtigte Gesellschafter einer Personengesellschaft erfasst.¹⁴ Die Vorschrift in Nr. 3 betrifft schließlich gesetzliche Vertreter (Eltern – §§ 126 ff. BGB, Vormünder – §§ 1793 ff. BGB) sowie die so genannten „Parteien kraft Amtes" (Konkurs-, Vergleichs-, Nachlassverwalter sowie Testamentsvollstrecker).

b) Beauftragte nach § 14 Abs. 2 StGB

12 Während § 14 Abs. 1 StGB die organschaftlichen Vertreter erfasst, dehnt Abs. 2 die strafrechtliche Haftung auf solche Personen aus, die Leitungsaufgaben wahrnehmen, ohne aber eine Organstellung aufzuweisen. Hierunter fallen Betriebs- oder Niederlassungsleiter (Nr. 1) ebenso wie Abteilungs- und Bereichsleiter (Nr. 2). Entscheidend ist insoweit, dass eine eigenverantwortliche Stellung vorliegt und der Betreffende auf diesem Feld die Funktionen eines Betriebsinhabers im Wesentlichen wahrnimmt.¹⁵ Auch hier ist wiederum der Sinn der Vorschrift bei ihrer Auslegung zu beachten. Es geht um die strafrechtliche Gleichstellung zu natürlichen Personen. Dem entspricht es, bei Unternehmenseinheiten deshalb strafrechtlich denjenigen letztlich haften zu lassen, der den jeweiligen Bereich eigenständig verantwortet und über eine entsprechende Vertretungsmacht verfügt, dieser Verantwortung auch gerecht werden und sie umsetzen zu können.¹⁶ Der 5. Strafsenat des Bundesgerichtshofs hat in einer neueren Entscheidung (zur Übertragung von dem Arbeitgeber obliegenden Pflichten) maßgeblich darauf abgestellt, dass die gesetzlichen Pflichten in den eigenverantwortlichen Entscheidungsbereich des Betrauten verlagert sein müssen¹⁷. Im Rahmen einer solchen Prüfung kann indiziell auch von Bedeutung sein, ob der Betrieb aufgrund seiner Größe überhaupt eine personelle Aufteilung der Verantwortlichkeitsbereiche erforderlich macht. In diesem Sinne kann auch der Gedanke der Sozialadäquanz der Beauftragung herangezogen werden¹⁸. Dabei kommt es nicht auf die Rechtsform des Betriebes an. Er muss lediglich nicht nur vorübergehend und mit einer gewissen Nachhaltigkeit und in arbeitsteiliger Weise einen (nicht

---

¹⁰ BGHSt 30, 127; 34, 221.
¹¹ BGHSt 57, 229; BGH StV 2012, 216
¹² Auf den erforderlichen Vertretungsbezug der Handlung stellt *Rogall*, in: *Amelung*, S. 172, ab.
¹³ Dies bestimmt sich ebenfalls nach den hierzu entwickelten zivilrechtlichen Grundsätzen – vgl. die Übersicht bei *Schmidt-Leithoff*, in: Rowedder/Schmidt-Leithoff, GmbHG, 5. Aufl. § 2 Rn. 58 ff.
¹⁴ *Roth*, in: Baumbach/Hopt, HGB 35. Aufl. § 105 Rn. 75 ff. mit ausführlichen Nachweisen zu den möglichen Fehlerquellen und -folgen.
¹⁵ *Perron*, in: Schönke/Schröder, StGB § 14 Rn. 31; *Fischer*, StGB § 14 Rn. 13.
¹⁶ Vgl. *Ransiek*, S. 97 f., der zu Recht eine restriktive Auslegung befürwortet und den Kreis der nach § 14 Abs. 2 StGB Verpflichteten auf leitende Angestellte beschränkt.
¹⁷ BGHSt 58, 10 mit zust. Anmerkungen von *Windeln* ArbRB 2012, 371; *Buschmann* ArbuR 2013, 119 und *Klein* NZWiSt 2013, 119
¹⁸ BGH aaO Rn. 11 ff

A. Zurechnung strafrechtlicher Pflichten

notwendig wirtschaftlichen) Zweck verfolgen Der Betrieb kann dabei sogar einzelkaufmännisch strukturiert sein, wobei dann aber ein Maß an Arbeitsteilung verwirklicht sein muss, dass der Einzelkaufmann sich Beauftragter im Sinne des § 14 Abs. 2 Nr. 1 oder 2 StGB bedienen muss.[19] Da das Strafrecht hier alle Lebensbereiche gerade unabhängig von ihrer Rechts- oder ihrer Tätigkeitsform erfassen will, kommt es auf den Gegenstand des Betriebes nicht an. Dies wird im Übrigen auch daraus deutlich, dass nach der Regelung des § 14 Abs. 2 Satz 3 StGB auch Beauftragte einbezogen werden, die Aufgaben für Stellen der öffentlichen Verwaltung wahrnehmen.

c) Unwirksame Bestellungen – der so genannte faktische Geschäftsführer

Nach § 14 Abs. 3 StGB erfolgt auch dann eine strafrechtliche Zurechnung, wenn das zu Grunde liegende Bestellungsverhältnis unwirksam sein sollte. Dies kann einmal dadurch entstehen, dass der entsprechende Bestellungsakt unwirksam ist, weil die gesetzlichen Bestellungsvoraussetzungen nicht vorliegen (§ 6 Abs. 2 GmbHG) oder die Bestellung wegen eines Satzungsverstoßes nichtig ist.[20] Eine unwirksame Bestellung im Sinne dieser Regelung ist aber auch gegeben, wenn der Betreffende, ohne dass überhaupt eine Bestellung vorliegt, praktisch wie ein Organ handelt und der Gesellschafter oder die eigentlich zur Entscheidung Berufenen dies auch wissen. In diesen Fällen spricht man von einem faktischen Geschäftsführer[21]. Diese Grundsätze gelten rechtformübergreifend, also auch wenn eine Aktiengesellschaft[22] betroffen ist und ebenfalls für ausländische Gesellschaften[23].

In der strafrechtlichen Praxis spielt der faktische Geschäftsführer eine sehr wichtige Rolle.[24] Dies liegt vor allem daran, dass bei dem strafgerichtlich hauptsächlich behandelten Publikum häufig betrügerisch angelegte Unternehmen zur Aburteilung stehen, bei denen unbedarfte Figuren vorgeschoben werden, im Hintergrund aber die eigentlichen kriminellen Drahtzieher agieren. Die Rechtsprechung des Bundesgerichtshofs hatte sich zuletzt in mehreren Entscheidungen mit der Rechtsfigur des faktischen Geschäftsführers befasst. So hat der 1. Strafsenat des Bundesgerichtshofs betont, dass die Urteilsgründe ein „Bild" von den Verhältnissen ergeben müssen, das Rückschlüsse auf die der Annahme faktischer Geschäftsführung zu Gunde liegende konkrete Tätigkeit und ihren Umfang zulässt. Dann muss allerdings der faktische Geschäftsführer Geschäftsführerfunktionen in maßgeblichem Umfang übernommen haben[25]. Dieses Erfordernis hebt auch der 5. Strafsenat heraus[26]. Beruht die Macht des Dritten freilich allein darauf, dass er sich gegenüber dem formellen Geschäftsführer in den wesentlichen unternehmerischen Fragen durchsetzen kann, bedarf das Verhältnis zur Gesellschafterebene vertiefter Betrachtung. Dass ein außenstehender Dritter, der weder Mitgesellschafter noch Angestellter ist, sondern vielmehr auf der Seite des – wenngleich wirtschaftlich einflussreichen – Auftraggebers steht, über seine wirtschaftliche Macht als Auftraggeber hinaus ermächtigt ist, die Geschäfte seines Vertragspartners zu führen und damit auch verpflichtet ist, dessen Vermögensinteressen zu schützen, erklärt sich aufgrund der bloß faktischen Einflussnahme nicht selbst. Vielmehr wird in solchen Fällen der Abhängigkeit des Geschäftspartners die übermächtige Vertragsgegenseite häufig die Geschäftstätigkeit des abhängigen Geschäftspartners bestimmen können. Dies genügt aber nicht für die Annahme einer „faktischen Geschäftsführung", auch weil ansonsten der Betreffende gegenläufigen Vermögensbetreuungspflichten, nämlich für den Vertragspartner und das eigene Unternehmen, ausgesetzt wäre. Derjenige, der im Rahmen von schuldrechtlichen Beziehungen jedoch eigene Interessen im Wirtschaftsleben verfolgt, kann nicht die Vermögensinteressen der anderen Vertragspartei

---

[19] Fischer, StGB § 14 Rn. 8.
[20] Vgl. Fastrich, in: Baumbach/Hueck, GmbHG 20. Aufl. § 6 Rn. 20 mit umfänglichen Nachweisen.
[21] Die Lit. ist teilweise kritisch vgl. etwa Ransiek in Achenbach/Ransiek, S. 36 ff.
[22] BGHSt 21, 101 (zur AG); vgl. Raum in Henssler/Strohn, § 399 AktG Rn. 5
[23] BGH MDR 2013,1049 Rn. 16
[24] Gleiches gilt für den „faktischen Vorstand" – vgl. BGHSt 21, 101 ff.
[25] BGH wistra 2013, 272 Rn. 34 ff.
[26] BGH, NJW 2013, 624 = BB 2013, 658 mit Anm. von Corsten

wahrnehmen[27]. Deshalb hat der Bundesgerichtshof in der vorgenannten Entscheidung die Auffassung der Vorinstanz nicht bestätigt und die Sache zur neuen Prüfung zurückverwiesen, ob eine aus der Gesellschafterstruktur vermittelte Machtposition des Angeklagten vorgelegen hatte[28]. Umgekehrt ist im Blick zu behalten, dass lediglich gesellschafts- oder konzernrechtliche Einwirkungen eines Organs der Muttergesellschaft diesen Organwalter nicht ohne weiteres zum faktischen Geschäftsführer der Tochtergesellschaft werden lässt, selbst wenn er hierdurch die Organe der Tochtergesellschaft zu reinen Befehlsempfängern degradiert. Entscheidend bleibt sein eigenes Handeln im Außenverhältnis[29].

aa) Feststellung des Handelns eines faktischen Geschäftsführers

15 Das Strafrecht lehnt sich insoweit an das Zivilrecht an, das aus Gründen des Verkehrsschutzes den fehlerhaft bestellten Geschäftsführer dem ordnungsgemäß bestellten nach außen hin gleichstellt.[30] Der faktische Geschäftsführer ist jedenfalls dann gleich zu behandeln, wenn die zur Bestellung Berufenen Kenntnis von dessen Tun haben. Das Dulden einer nicht bestellten Person als tatsächlich handelndem Geschäftsführer steht bei wirtschaftlicher Betrachtung nämlich einem nicht ordnungsgemäß vollzogenen Bestellungsakt gleich.[31] Aus strafrechtlicher Hinsicht ist freilich die Beweissituation für den Nachweis des Handelns als Geschäftsführer wesentlich schwieriger, wenn nicht einmal ein (wenigstens) unwirksamer Bestellungsakt vorliegt.[32]

16 Der faktische Geschäftsführer muss nicht von vornherein einen kriminellen Hintergrund aufweisen. Eine entsprechende Position kann auch einem beherrschenden Gesellschafter einer GmbH, einem Generalbevollmächtigten oder solchen Mitarbeitern im Unternehmen zukommen, die eine entsprechende tatsächliche Machtstellung erlangt haben, wobei immer darauf zu achten ist, dass der Einfluss des faktischen Geschäftsführers nicht nur einzelne unternehmerische Funktionen betrifft.

17 Die Annahme einer faktischen Geschäftsführung im strafrechtlichen Sinne setzt voraus, dass der Bestellungsakt unwirksam ist, der Betreffende aber wie ein Organ tätig ist, oder aber der Betreffende das Unternehmen beherrscht oder zumindest mitbeherrscht, ohne überhaupt bestellt worden zu sein. Maßgeblich ist dabei immer die tatsächliche Verfügungsmacht.[33] Für die Feststellung dieser Voraussetzungen sind Typusmerkmale entwickelt worden, die das Vorliegen einer faktischen Geschäftsführung[34] indizieren können, wobei auch hier der Zweifelsgrundsatz gilt. Diese Beweisanzeichen für eine faktische Geschäftsführung sind:
– Bestimmung der Unternehmenspolitik,
– Unternehmensorganisation,
– Einstellung von Mitarbeitern,
– Gestaltung der Geschäftsbeziehungen zu Vertragspartnern,
– Verhandlungen mit Kreditgebern,
– Gehaltshöhe,
– Entscheidung in Steuerangelegenheiten und
– Steuerung der Buchhaltung.

18 Fraglich ist, ob dem BayOLG[35] insoweit zu folgen ist, dass eine faktische Geschäftsführung nur dann angenommen werden kann, wenn mindestens sechs von acht der oben genannten Merkmale erfüllt sind. Entscheidend dürfte eine wertende Gesamtbetrachtung sein, die aber auch letzte Zweifel nicht nur bei der Feststellung der Merkmale, sondern auch bei der Ge-

---

[27] BGH aaO Rn. 7 ff.
[28] Vgl. dazu auch *Klein* NZWiSt 2013, 119
[29] BGHZ 150, 61, 69; BGH BB 2005, 1867 = ZIP 2005, 1414 Rn. 8 ff.
[30] BGHZ 41, 282, 287; BGH AG 1999, 80.
[31] *Zöllner/Noack* in: Baumbach/Hueck, aaO. § 35 Rn. 9.
[32] Eine Grenze ist lediglich dort zu ziehen, wenn er sich die Unternehmensführung lediglich anmaßt – vgl. BGH NStZ 2000, 34, 35.
[33] BGHSt 46, 62, 65; 31, 118, 121 f. jeweils mit umfänglichen Nachweisen aus der Rechtsprechung.
[34] BGH NJW 1983, 240 – Gleiches gilt im Übrigen auch für den Liquidator – vgl. BGH NStZ 2000, 34, 35 f.
[35] BayOLG NJW 1997, 1936.

A. Zurechnung strafrechtlicher Pflichten 4

samtbewertung zugunsten des Betreffenden berücksichtigen muss[36]. Maßgeblich ist insoweit, dass die Macht, die nach dem gesetzlichen Leitbild Organen, gesetzlichen Vertretern oder vertretungsberechtigten Gesellschaftern zukommt, von anderen Personen ausgeübt wird. Die Grundsätze, die von der Rechtsprechung zum faktischen Geschäftsführer entwickelt wurden, gelten im Prinzip für jede Rechtsform.

bb) Strafrechtliche Folgen einer faktischen Geschäftsführung

Für den faktischen und den formellen Geschäftsführer können sich unterschiedliche strafrechtliche Konsequenzen ergeben. 19

(1) Faktischer Geschäftsführer

Strafrechtlich treffen den faktischen Geschäftsführer (einschließlich des fehlerhaft bestellten 20 Geschäftsführers) dieselben Pflichten wie einen ordnungsgemäß bestellten Geschäftsführer. Dies ergibt sich aus § 14 Abs. 3 StGB, der strafrechtlich eine Handlung auch dann zurechnet, wenn der Bestellungsakt unwirksam ist. Dem faktischen Geschäftsführer obliegen damit alle öffentlich-rechtlichen Pflichten eines Geschäftsführers, an deren Verletzung eine Strafbarkeit gekoppelt ist (z. B. § 34 AO i. V. m. § 370 AO). Ebenso haftet er unmittelbar strafrechtlich nach § 14 Abs. 3 StGB, wenn mit seinem Wissen der Gesellschaft obliegende Pflichten verletzt werden (etwa auch, wenn die Gesellschaft treuhänderisch verwaltetes Geld veruntreut oder keine Sozialabgaben bezahlt).[37] Der faktische Geschäftsführer macht sich weiterhin in den Fällen strafbar, in denen die Strafvorschrift ausdrücklich als Sonderdelikt für Geschäftsführer ausgestaltet ist (z. B. § 82 Abs. 1 Nr. 1 und 3 GmbHG). Im Hinblick auf diese Tatbestände ist der faktische Geschäftsführer – ohne dass ein Verstoß gegen das Analogieverbot vorläge – tauglicher Täter.[38]

(2) Formeller Geschäftsführer

Für den formellen Geschäftsführer, der das Auftreten eines faktischen Geschäftsführers duldet, 21 gelten die allgemeinen Grundsätze über die Delegation von Entscheidungszuständigkeiten, wenn er eine Person mit so weitreichenden Handlungsvollmachten gewähren lässt. Nimmt der formelle Geschäftsführer hin, dass sich ein faktischer Geschäftsführer etablieren kann, führt dies nicht zwangsläufig zu einer Zurechnung von dessen Straftaten. Der formelle Geschäftsführer handelt nur dann vorsätzlich im Sinne des jeweiligen Straftatbestandes, wenn er Anhaltspunkte für eine unzureichende Erfüllung der strafbewehrten Pflichten durch den faktischen Geschäftsführer erlangt und dennoch nicht die notwendigen Maßnahmen ergriffen hat.[39] Solche dem formellen Geschäftsführer erkennbaren Verdachtsmomente brauchen sich nicht unmittelbar auf die Verletzung der in Rede stehenden konkreten Pflicht (z. B. die sozialversicherungsrechtliche Pflicht zur Beitragsabführung) beziehen. Es kann nach den Umständen des Einzelfalls ausreichen, wenn sich dem formellen Geschäftsführer schon Anzeichen für die Unzuverlässigkeit des faktischen Geschäftsführers aufdrängen müssen, was häufig dadurch offenbar wird, dass Verbindlichkeiten nicht ordnungsgemäß erfüllt werden. Das gilt insbesondere dann, wenn die Handlungsweise des faktischen Geschäftsführers in einem rechtswidrigen Gesamtzusammenhang steht und dem formellen Geschäftsführer dies bekannt ist.[40]

Grundsätzlich wird in all den Fällen ein zureichender Ansatzpunkt für fehlende Gesetzes- 22 treue vorliegen, in denen nach § 6 Abs. 2 GmbHG ein gesetzliches Bestellungsverbot besteht. Gleiches gilt, wenn der formelle Geschäftsführer – häufig maßgeblich auf Betreiben des faktischen Geschäftsführers – bestellt wird, ohne dass irgendwie erkennbar wäre, warum er für diese Funktion qualifiziert sein sollte. In diesen Fällen wird sich ihm grundsätzlich aufdrängen, dass er letztlich als kontrollunfähige Galionsfigur nur ein rechtswidriges Handeln des faktischen Geschäftsführers verdecken soll.

---

[36] So auch BGH wistra 2013, 272
[37] Vgl. BayOLG aaO.
[38] BGHSt 46, 62, 65; *Schaal*, in: Erbs/Kohlhaas, § 82 Rn. 11; a. A. *Ransiek*, S. 95.
[39] BGHSt 47, 318, 325 f.
[40] BGHSt 47, 318, 325.

cc) Anwendbarkeit der Grundsätze faktischer Geschäftsführung auch auf faktische Beauftragte

23 Die Rechtsfigur des „faktischen" Geschäftsführers ist nur auf (Schein-)Organe von Kapitalgesellschaften anzuwenden. Die Gleichstellungsklausel des § 14 Abs. 3 StGB erfasst alle Fallgruppen des § 14 Abs. 1 und 2 StGB. Damit kommt auch auf Beauftragte im Sinne des § 14 Abs. 2 StGB grundsätzlich die Anwendung der hierfür entwickelten Grundsätze in Betracht. Freilich wird hier Zurückhaltung geboten sein. Abgesehen von der im Wesentlichen unproblematischen Fallgestaltung, dass jemand diese Funktionen aufgrund eines arbeitsrechtlich unwirksamen Vertrages tatsächlich ausübt, ist im Übrigen bei der Prüfung der bloß faktischen Einflussnahmemöglichkeit Vorsicht geboten.[41] Andernfalls ginge ein aus Gründen der Rechtssicherheit insbesondere auch für die strafrechtliche Beurteilung notwendiger aussagekräftiger Unternehmensaufbau verloren. Das Unternehmen wird von seinen Unternehmensträgern und Organen strukturiert. Deren rechtliche Vorgaben müssen für die strafrechtliche Beurteilung maßgebend bleiben. Demnach kann es nicht ausreichen, wenn im Einzelfall ein Mitarbeiter, der keine dem § 14 Abs. 1 und 2 StGB entsprechende Stellung aufweist, der lediglich tatsächlich über einen größeren Einfluss verfügt, der möglicherweise dem eines Beauftragten nach § 14 Abs. 2 Nr. 2 StGB gleichkommt. Eine entsprechende restriktive Tendenz zeigt sich im Übrigen schon in der Regelung des § 14 Abs. 2 Nr. 2 StGB selbst, die eine tatbestandliche Beschränkung auf eine „ausdrückliche" Beauftragung enthält. Damit sollte gerade einer unangemessenen Überwälzung strafbewehrter Pflichtenbindungen auf Hilfspersonen vorgebeugt werden.[42]

4. Beendigung der strafrechtlichen Verantwortlichkeit

24 Die Verantwortlichkeit des in § 14 StGB bezeichneten Personenkreises endet strafrechtlich dann, wenn das sie begründende zivilrechtliche Verhältnis erloschen ist. Dies gilt auch für die Organe von Kapitalgesellschaften.[43] Die organschaftliche Pflichtenstellung dauert nur so lange an, bis der Geschäftsführer (oder der Vorstand) abberufen wurde.[44] Der Geschäftsführer kann seine Organstellung seinerseits niederlegen, ohne hierfür einen wichtigen Grund benennen zu müssen.[45] Eine Ausnahme kommt dann in Betracht, wenn die Amtsniederlegung rechtsmissbräuchlich ist. Diese Voraussetzung kann vorliegen, wenn der Allein- oder dominante Mehrheitsgesellschafter seine Allein-Geschäftsführerstellung niederlegt, ohne einen anderen Geschäftsführer zu bestimmen.[46] Eine wegen Rechtsmissbräuchlichkeit unwirksame Amtsniederlegung wird auch im Insolvenzfall gegeben sein, weil sich der Geschäftsführer hierdurch nicht seiner Antragspflicht entziehen darf.[47]

25 Die Beendigung der Organstellung ist grundsätzlich unabhängig von dem rechtlichen Schicksal des Anstellungsvertrages.[48] Die Löschung der Organstellung im Handelsregister ist nicht konstitutiv.[49] Die Organstellung erlischt damit mit dem Zugang der Niederlegungserklärung bei dem zuständigen Gesellschaftsorgan bzw. mit dem Zugang von dessen Abberu-

---

[41] In diesem Sinne wohl auch *Perron*, in: Schönke/Schröder, StGB § 14 Rn. 42/43.
[42] Vgl. zur Gesetzgebungsgeschichte insoweit *Fischer*, StGB § 14 Rn. 12.
[43] Das Organverhältnis kann auch befristet sein (vgl. § 84 Abs. 1 Satz 1 AktG).
[44] Soweit der Gesellschaftsvertrag nicht nach § 38 Abs. 2 GmbHG eine abweichende Regelung vorsieht, die nur eine Abberufung aus einem wichtigen Grund erlaubt, gilt der Grundsatz der freien Abberufung – vgl. hierzu die Übersichten bei *Zöller/Noack*, in: Baumbach/Hueck, GmbHG 20. Aufl. § 38 Rn. 2 ff. und *Koppensteiner/Gruber*, in: Rowedder/Schmidt-Leithoff, GmbHG 5. Aufl. § 38 Rn. 3 ff.
[45] BGHZ 121, 257 ff.; enger noch BGHZ 78, 82 ff., der noch die Berufung auf einem wichtigen Grund verlangt hat.
[46] BayOLG DB 1999, 1748; OLG Hamm GmbHR 1989, 35 – kritisch *Zöllner/Noack*, in: Baumbach/Hueck, GmbHG 18. Aufl. § 38 Rn. 38 c.
[47] *Koppensteiner/Gruber*, in: Rowedder/Schmidt-Leithoff, GmbHG 5. Aufl. § 38 Rn. 35; *Vorholt*, S. 32.
[48] Ein Verstoß gegen den Anstellungsvertrag kann nur jeweils Schadensersatzpflichten des Vertragsverletzers begründen – vgl. BGHZ 121, 257, 261.
[49] *Zöllner/Noack*, in: Baumbach/Hueck, GmbHG 20. Aufl. § 38 Rn. 96 m. w. N.

A. Zurechnung strafrechtlicher Pflichten

fungserklärung bei dem entsprechenden Organwalter. In beiden Varianten liegt eine einseitige empfangsbedürftige Willenserklärung (§ 130 Abs. 1 BGB) vor, die rechtliche Wirksamkeit erlangt, wenn sie in den Bereich des Adressaten gelangt ist. Ab dem Zeitpunkt des Zugangs scheidet das Organ aus der öffentlich-rechtlichen Pflichtenbindung und damit auch aus einer hieran anknüpfenden strafrechtlichen Verantwortlichkeit aus. In der Praxis wird allerdings zu prüfen sein, ob die Niederlegung oder Abberufung ernsthaft gewollt war. Ein nach § 117 Abs. 1 BGB unwirksames Scheingeschäft kann nämlich dann vorliegen, wenn das ausgeschiedene Organ weiterhin mit einem nahezu identischen Aufgabenzuschnitt für das Unternehmen tätig ist.

5. Strafrechtliche Verantwortlichkeit des Organs in eigenen Angelegenheiten

Das Organ (Vorstand, Geschäftsführer) hat keine Zuständigkeiten in eigener Sache, es sei 26
denn, er ist zugleich Alleingesellschafter oder Aktionär. Deshalb trifft ihn auch keine Vermögensbetreuungspflicht im Sinne des § 266 Abs. 1 StGB in eigenen Angelegenheiten wie auch in dienstrechtlichen Fragen der anderen Organmitglieder. Dies gilt im Übrigen ebenso für den Vorsitzenden des Vorstands. Für den Vorstandsvorsitzenden besteht gleichfalls keine Vermögensbetreuungspflicht hinsichtlich der Festlegung der Vergütung seiner Vorstandskollegen. Für die Aktiengesellschaft ergibt sich dieses aus den vorgegebenen Regelungen des Aktienrechts, die Vergütungsfragen nicht nur aus der Vertretungsmacht des Vorstands, sondern auch aus seiner Geschäftsführungsbefugnis ausklammern.[50] Dies hat seinen Grund nicht nur darin, dass die Gesellschaft zum Ausschluss von In-sich-Geschäften durch ein anderes Organ vertreten werden muss. Vielmehr wird hierdurch auch der Tatsache Rechnung getragen, dass bei der Regelung der Vorstandsbezüge die Vermögensinteressen von Gesellschaft und Vorstandsmitglied nicht gleichgerichtet sind, sondern – auch soweit nicht die eigenen, sondern die Bezüge anderer Vorstandsmitglieder betroffen sind – typischerweise in die entgegengesetzte Richtung gehen. Ist dieser Entscheidungsbereich aber rechtlich aus den Befugnissen der Vorstandsmitglieder ausgeklammert, kann diese insoweit auch keine Pflicht zur Betreuung der Vermögensinteressen der Gesellschaft treffen.[51] Gleiches gilt für die Organe anderer Kapitalgesellschaften, weil insoweit das Verbot des In-sich-Geschäfts (§ 181 BGB) zu demselben Ergebnis führt. Damit ist das Organ davon entlastet, seine eigenen dienstvertraglichen Belange oder vergleichbare seiner Kollegen unter Wahrung einer Vermögensbetreuungspflicht gegenüber der Vertragsgegenseite zu verfolgen. Ihm bleibt so ein in der Praxis kaum lösbarer Interessenkonflikt erspart. Allein die faktische Einflussnahmemöglichkeit auf die entsprechenden Beschlüsse des Aufsichtsgremiums ändert an der Rechtslage nichts. Sie kann jedoch eine Strafbarkeit als Teilnehmer begründen, wenn der Betreffende auf die Willensbildung der insoweit zur Entscheidung Befugten entsprechend eingewirkt hat.

II. Strafrechtliche Folgen von Gesamt- und Ressortverantwortung innerhalb von Unternehmensorganen

Die organschaftliche Vertretung wird in der Unternehmenswirklichkeit bei Aktiengesellschaf- 27
ten in der Regel (§ 76 Abs. 1 AktG), bei der GmbH häufig durch mehrere Personen wahrgenommen. Bei entsprechenden mehrgliedrigen Organen gilt als gesellschaftsrechtliches Grundprinzip, dass das jeweilige Organ in Gesamtverantwortung entscheidet. Dies ist für die Aktiengesellschaft ausdrücklich in § 77 Abs. 1 AktG festgelegt, für die GmbH entspricht dieser Grundsatz allgemeiner Meinung.[52] Die Gesamtverantwortung ist insbesondere bedeutsam für die Einhaltung öffentlich-rechtlicher Pflichten, die nach den maßgebenden öffentlich-

---

[50] BGH NJW 2006, 522, 530.
[51] BGH aaO.
[52] *Zöllner/Noack*, in: Baumbach/Hueck, GmbHG 20. Aufl. § 37 Rn. 24 mit umfänglichen Nachweisen.

rechtlichen Normen immer das Organ als Ganzes treffen.⁵³ Haftungsrechtlich oder gar strafrechtlich gilt der Grundsatz aber nicht mit gleicher Stringenz. Hier spielen die internen Ressortverteilungen eine gewichtigere Rolle. Maßgeblich ist hier zunächst nicht so sehr die Frage, ob das Organ nach gesellschaftsrechtlichen Grundsätzen – das heißt unter Beachtung auch der Satzung bzw. Geschäftsordnung – hätte entscheiden müssen, sondern zunächst, ob das Organ als Ganzes entschieden und damit selbst die Angelegenheit aus dem Einzelressort an sich gezogen hat. Dies ist aufgrund der Gesamtverantwortung des Organs auch ohne weiteres zulässig.

28   Die Problematik der strafrechtlichen Gremienhaftung wird in Rechtsprechung und Literatur häufig in Anknüpfung an das so genannte Lederspray-Urteil des BGH vom 6. Juli 1990⁵⁴ erörtert. Ausweislich des (vereinfachten) Sachverhalts der genannten Entscheidung trat die Geschäftsführung einer GmbH, die Lederpflegeartikel betrieb, zu einer Sondersitzung zusammen, nachdem es Hinweise auf Gesundheitsschäden durch die Verwendung der Pflegeartikel gegeben hatte. Ein Rückruf der Produkte wurde ebenso abgelehnt wie sonstige Sicherungsmaßnahmen. Auch als später sich die Hinweise auf gesundheitliche Schäden immer mehr verdichteten, wurden die Produkte nicht vom Markt genommen, ohne dass aber eine nochmalige Sitzung der Geschäftsleitung feststellbar gewesen wäre.

1. Strafrechtliche Beurteilung gemeinsamer Beschlussfassung

29   Handelt das Organ als Kollegium, ist zumindest auf der Ebene des objektiven Tatbestandes die strafrechtliche Folge eindeutig. Verletzt die Willensentschließung, die nicht notwendigerweise im Wege eines förmlichen Beschlusses erfolgen muss, ein Strafgesetz, dann handeln die jeweiligen Mitglieder des Organs als Mittäter im Sinne des § 25 Abs. 2 StGB. Dies gilt allerdings nur, wenn sämtliche Mitglieder einen vergleichbaren Kenntnisstand haben. Hinsichtlich eines jeden Mitglieds ist dabei die subjektive Tatseite selbstständig zu prüfen. Im Übrigen können sich auch unter dem Gesichtspunkt der Verantwortlichkeit Unterschiede je nach Ressortzuständigkeit ergeben. So werden sich der Vorsitzende und die nicht ressortmäßig befassten Mitglieder auf die Vorlage des nach der internen Verteilung Zuständigen zunächst verlassen können. Nur wenn sich daraus Zweifel und Unstimmigkeiten ergeben, ist eine Rückfrage oder eine eigene Nachprüfung geboten.⁵⁵

a) Mittäterschaft bei Unterlassen

30   Ob das Verhalten des Gremiums als Tun oder Unterlassen zu werten ist, bestimmt sich nach allgemeinen Regeln. Ein sachgerechter Grund, danach zu differenzieren, ob die gemeinsame Beschlussfassung in ein Tun oder ein Unterlassen einer rechtlich gebotenen Handlung mündet, ist nicht ersichtlich. Entscheidet sich das Organ einstimmig oder mehrheitlich dafür, eine rechtlich gebotene Handlung nicht durchzuführen,⁵⁶ gelten hinsichtlich der strafrechtlichen Beteiligungsform für das Unterlassen dieselben Prinzipien wie für das Tun. Diejenigen Mitglieder des Organs, die der Entscheidung, eine rechtliche gebotene Handlung nicht durchzuführen, zugestimmt haben, sind dann Mittäter durch Unterlassen. Nach den Grundsätzen des Lederspray-Urteils waren die drei einzelnen Geschäftsführer gemeinschaftlich handelnde Mittäter und nicht nur unabhängig voneinander handelnde Nebentäter.⁵⁷ Ihre in Gesamtverantwortung getroffene gemeinsame Beschlussfassung, das Spray nicht zurückzurufen und damit weitere Verletzungen von Nutzern in Kauf zu nehmen, führt auch strafrechtlich dazu, sie als Mittäter zu behandeln.

---

⁵³ Vgl. für sozialversicherungsrechtliche Pflichten BGHZ 133, 370, 377; für steuerrechtliche Pflichten BFHE 141, 443.
⁵⁴ BGHSt 37, 106 ff.
⁵⁵ BGHSt 46, 30, 35 hinsichtlich der Kreditvergabe durch ein mehrköpfiges Gremium.
⁵⁶ Wie hier im Lederspray-Fall die Entscheidung zum Nichtrückruf des gesundheitsgefährdenden Sprays, obwohl hierfür aus dem Gesichtspunkt der Ingerenz eine Garantenpflicht bestanden hätte – BGHSt 37, 106, 115 ff.
⁵⁷ BGHSt 37, 106, 129 ff.; kritisch hierzu *Puppe*, JR 1992, 30, 32; *Samson*, StV 1991, 182, 185.

A. Zurechnung strafrechtlicher Pflichten

b) Überstimmte Mitglieder

Sieht die Satzung der GmbH bzw. der AG ein Mehrheitsprinzip vor, was in Abweichung des gesetzlichen Einheitsprinzips zulässig[58] ist, dann haften strafrechtlich grundsätzlich nur diejenigen Personen, welche die Mehrheitsentscheidung tragen. Derjenige, der nicht zustimmt, ist nicht Beteiligter der Tat. Er ist nur verpflichtet, unter Einsatz seiner Mitwirkungsrechte das ihm Mögliche und Zumutbare zu tun, um einen Beschluss des Organs mit einem entsprechenden strafbaren Inhalt zu unterbinden. Dies ergibt sich jedenfalls aus dem so genannten Lederspray-Urteil des 2. Strafsenats des Bundesgerichtshofs[59]. Anders kann sich die Sachlage freilich dann darstellen, wenn der überstimmte Organwalter den Beschluss des Gesamtgremiums dann später umsetzt, weil er jedenfalls ab diesem Zeitpunkt sich dem durch den Mehrheitsbeschluss in Gang gesetzten Tatplan unterordnet und diesen exekutiert[60]. Ebenfalls unterschiedlich zu beurteilen sind solche Fallgestaltungen bei denen sich der Vorwurf in einem Untätigbleiben erschöpft. In diesen Fällen bleibt jeder Täter, weil ein rechtswidriges Unterlassen nicht durch einen Mehrheitsbeschluss ersetzt werden kann[61]. Für die übrigen Fälle gilt, dass die Beschränkung auf die bloße Einflussnahme auf die Willensbildung des Gesamtorgans die Kehrseite der Verantwortung des Gesamtorgans für die Pflichterfüllung ist. Deswegen besteht nach der Logik dieser Entscheidung keine Erfolgsabwendungspflicht, sondern lediglich eine Bemühenspflicht. Ob dies immer so zu sehen sein wird, insbesondere wenn es um die Erfüllung öffentlich-rechtlicher Pflichten geht, ist zu bezweifeln. In diesen Fällen ergeben sich (z. B. Steuer, Sozialversicherung) unmittelbare Handlungspflichten aus dem Gesetz. Für diese hat der Geschäftsführer einzustehen.[62] Dem würde es entsprechen, selbst dem überstimmten Geschäftsführer noch zuzumuten, z. B. beim Aufsichtsrat bzw. den Gesellschaftern eine Gegenvorstellung zu erheben. Dies gilt jedenfalls dann, wenn die Straftat seine Ressortzuständigkeit berührt. In diesen kritischen Fällen kann ein Unterlassen dann vorliegen, wenn er es bei der Beschlussfassung belässt. Dasjenige Mitglied des Organs, dessen Ressortbereich durch diese Entscheidung berührt ist, genießt in besonderem Maße für diesen Kompetenzbereich das Vertrauen der Aufsichtsgremien. Dem entspricht es, dem überstimmten Mitglied der Geschäftsleitung in wesentlichen Fragen noch eine Remonstration gegenüber diesen Gremien abzuverlangen.

In diesen Fällen, in denen von dem überstimmten Mitglied weitere Maßnahmen zu fordern sind, lässt sich über das Merkmal der Zumutbarkeit eine sachgerechte Einschränkung der gebotenen Handlungen erzielen. Im Übrigen wird sich die Strafbarkeit auf die Fälle des § 138 Abs. 1 StGB beschränken. Da die Garantenpflichten dann durch das pflichtgemäße Abstimmungsverhalten und (gegebenenfalls) durch eine Remonstration gegenüber dem Aufsichtsrat ausgeschöpft sind, ist das Mitglied der Geschäftsleitung gleichsam wie jeder Dritte zu behandeln. Das bedeutet, dass das überstimmte Mitglied nur unter den Voraussetzungen des § 138 StGB (Nichtanzeige geplanter Straftaten) bestraft werden kann. Freilich kann in der Folge – wie oben bereits ausgeführt – eine Strafbarkeit wegen Beihilfe oder wegen (sukzessiver) Mittäterschaft in Betracht kommen, wenn das überstimmte Organ dann später dennoch fördernd in die Umsetzung des Beschlusses eingreift.

2. Fehlende Befassung des Gesamtorgans

Häufig wird sich keine (an sich ausreichende) tatsächliche Verständigung, erst recht keine förmliche Beschlussfassung des Gesamtorgans, feststellen lassen. Es fehlt dann an einer Befassung des Gesamtorgans. Auch hier stellt sich die Frage nach der Strafbarkeit der einzelnen Mitglieder des Organs, die je nach dem konkreten internen Aufgabengebiet häufig unter-

---

[58] *Zöllner/Noack*, in: Baumbach/Hueck, GmbHG 20. Aufl. § 37 Rn. 24; *Hüffner*, AktG 5. Aufl. § 77 Rn. 11.
[59] BGHSt 37, 106, 126.
[60] *Mansdörfer*, Festschrift Frisch, S. 315, 327 ff
[61] *Mansdörfer* aaO S. 324
[62] So für steuerliche Pflichten des einzelnen Geschäftsführers BFHE 141, 443, 447.

4. Kapitel. Allgemeine Grundsätze des Wirtschaftsstrafrechts

schiedlich beantwortet werden muss. In diesen Fällen wird das Spannungsverhältnis deutlich, das zwischen der gesellschaftsrechtlichen Gesamtverantwortung einerseits und andererseits der regelmäßig auf einer Satzung/Geschäftsordnung beruhenden Ressortverteilung innerhalb des jeweiligen Organs besteht.

34 Die strafrechtliche Rechtsprechung geht prinzipiell von einer fortbestehenden Gesamtverantwortlichkeit aus.[63] Im Grundsatz trifft nämlich jeden Geschäftsführer die Pflicht zur Geschäftsführung und damit auch zur Geschäftsführung im Ganzen.

35 Der Allzuständigkeit des Geschäftsführers steht eine entsprechende Verantwortung für die Belange der Gesellschaft gegenüber. Für den Vorstand einer Aktiengesellschaft gilt sinngemäß Gleiches. Selbst bei den global tätigen Aktiengesellschaften, die häufig über eine breite und sehr unterschiedliche Angebotspalette und über weit verstreute Betriebsstätten verfügen, verbleibt es bei der Gesamtverantwortung des Vorstands. Straf- und haftungsrechtlich können allerdings interne Zuständigkeitsregeln zwar nicht zu einer Aufhebung, dennoch aber zu einer wesentlichen Einschränkung der Verantwortlichkeit führen.[64] Die Delegation von Aufgaben durch einen entsprechenden Organisationsakt begrenzt gleichzeitig die persönlichen Verantwortlichkeiten. Es gilt dann nämlich der Grundsatz, dass im Falle einer ressortmäßigen Verteilung sich der einzelne Geschäftsführer darauf verlassen kann, der jeweils zuständige Geschäftsführer werde die ihm obliegenden Aufgaben sachgerecht und damit auch gesetzestreu erfüllen. Seine originäre Leistungspflicht wandelt sich dann in eine Überwachungspflicht.[65]

36 Jeder Mit-Geschäftsführer muss eingreifen, wenn er Anhaltspunkte dafür hat, dass die Erfüllung der der Gesellschaft obliegenden Aufgaben durch den zuständigen Geschäftsführer nicht mehr gewährleistet erscheint.[66] Um diese sachgerecht ausüben zu können, steht ihm ein Informationsrecht gegenüber den Mitgeschäftsführern zu.

37 Wie der einzelne Geschäftsführer dann handeln muss, ist anhand des Einzelfalles zu entscheiden. Beschränkt sich der Problemfall allein auf das einzelne Ressort, kann es ausreichen, lediglich insoweit organisatorische Veränderungen vorzunehmen. Anders ist die Situation zu beurteilen, wenn der Konfliktfall mehrere Ressorts übergreifend betrifft[67] oder gar für das Unternehmen insgesamt der Krisenfall eingetreten ist.

38 Insbesondere in der Krisensituation lebt straf- und haftungsrechtlich die umfassende gesellschaftsrechtliche Pflichtenstellung des einzelnen Geschäftsführers wieder auf. Er ist dann insgesamt verantwortlich und allzuständig. Aus der Überwachungspflicht wird eine Handlungspflicht. Dies bedeutet auch, dass in Krisenzeiten für das Unternehmen immer eine Gesamtverantwortung des Organs besteht, jedenfalls wenn unternehmerische Entscheidungen zum Krisenmanagement getroffen werden müssen oder öffentlich-rechtliche Pflichten berührt sind, die mit dem Eintritt der Krise im Zusammenhang stehen.

39 Für die strafrechtliche Beurteilung gelten dann die oben ausgeführten Grundsätze. Unterlässt es das einzelne Mitglied des Organs auf die Erfüllung bestimmter Pflichten innerhalb des Gesamtorgans hinzuwirken, macht es sich regelmäßig objektiv bereits dadurch in der Krisensituation strafbar.[68] Die strafrechtliche Haftung knüpft deshalb auch hier wieder daran an, wie der Geschäftsführer handeln muss; nämlich innerhalb des Gesamtorgans durch die Beeinflussung der Willensbildung im Sinne einer Befolgung der dort gegebenen Handlungspflichten. Die Krisensituation, die eine Tätigkeit des Gesamtvorstandes verlangt, bedingt dann nach strafrechtlichen Grundsätzen eine zweistufige Handlungspflicht des einzelnen Geschäftsführers. Zunächst muss er dafür sorgen, dass überhaupt das Gesamtorgan befasst wird. Sodann muss er innerhalb des Gesamtorgans auf eine Abwendung des strafrechtlichen Erfolges hinwirken.

---

[63] BGH, wistra 1990, 97 f.; BGHSt 37, 106, 123 ff.
[64] BGHZ 133, 370, 376.
[65] BGHZ 133, 370, 377 f.; BFHE 141, 443, 447.
[66] Sehr zurückhaltend *Schmid*, in: Müller-Gugenberger/Bieneck, Wirtschaftsstrafrecht 5. Aufl. § 30 Rn. 44.
[67] Dies kann sich auch schon dann ergeben, wenn wegen unklarer Organisationsstrukturen die Erfüllung steuerlicher Pflichten gefährdet wird – vgl. BFHE 141, 443, 447.
[68] BGHSt 37, 106, 124 ff.

A. Zurechnung strafrechtlicher Pflichten

Kommt es nicht zu einer gemeinschaftlichen Beschlussfassung, so ist allerdings für die Annahme einer Mittäterschaft kein Raum mehr. Insoweit fehlt die für § 25 Abs. 2 StGB erforderliche Willensübereinstimmung, wenn zwischen den Mitgliedern des Entscheidungsgremiums keine Verständigung stattgefunden hat. Bei einer derartigen Fallgestaltung kommt dann nur noch eine Nebentäterschaft der einzelnen Mitglieder des Entscheidungsgremiums in Betracht. Demnach ist für jedes einzelne Mitglied zu fragen, ob es die Gefährdungslage erkannt hat, die eine Einberufung des Gesamtgremiums erforderlich gemacht hätte bzw. ob es – im Bereich der Fahrlässigkeitsdelikte – eine solche Gefährdungslage hätte erkennen können.

3. Delegation an Mitarbeiter

Die Komplexität unternehmerischer Aufgaben macht es erforderlich, dass die jeweiligen Geschäftsführeraufgaben auch nach unten delegiert werden, weil nicht sämtliche Aufgaben von dem Organ wahrgenommen werden können. Auch für die vertikale Aufgabenverteilung gelten im Wesentlichen die Grundsätze, die bereits für den horizontalen Bereich ausgeführt wurden.[69]

Eine Delegation nach unten lässt die eigene Verantwortung eines Geschäftsführers erst recht nicht entfallen; auch hier führt aber die Delegation zu einer Überwachungspflicht, die allerdings gegenüber einem unterstellten Mitarbeiter engmaschiger auszufallen hat als gegenüber einem gleichgestellten Mitglied eines Organs. Solange zu Zweifeln kein Anlass besteht, kann sich der Geschäftsführer auf die ordnungsgemäße Erfüllung der Aufgaben durch seine Mitarbeiter verlassen – mit der Folge, dass er strafrechtlich nicht haftet.

Dabei wird aber die hierarchische Einordnung der Mitarbeiter, an die delegiert wird, zu beachten sein. Je tiefer die Einstufung, desto mehr Kontrolle ist für die Exkulpation des Verantwortlichen erforderlich. Ähnliches gilt im Übrigen auch für die Schadensanfälligkeit der Tätigkeit. Je höher diese ist, umso intensiver muss der eigentlich Verantwortliche den Ausführenden überwachen.[70]

In der Praxis sind solche Fallgestaltungen häufig, in denen es an einer eindeutigen Delegation fehlt. Vielmehr wachsen einzelne weisungsunterworfene Mitarbeiter mehr und mehr in bestimmte Aufgabenbereiche hinein, ohne dass ein konkreter Übertragungsakt festgestellt werden kann. Ebenso können sich auf der Mitarbeiterebene faktisch arbeitsteilige Strukturen herausbilden, die nicht auf Weisungen oder Organisationsakten der vorgesetzten Stellen beruhen. Dies hat jeweils gerade im Bereich des Unterlassens erhebliche Auswirkungen. Eine Garantenpflicht endet nämlich erst, wenn entweder die Aufgabenzuweisung durch seinen Vorgesetzten aufgrund einer gegenteiligen Weisung von ihm aufgehoben wurde, oder der Mitarbeiter die übernommene Schutzpflicht vollständig erledigt hat. Eine Mitübernahme von Sorgfalts- und Garantenpflichten durch andere Mitarbeiter lässt bei dem ursprünglich Verpflichteten noch nicht die eigene Pflichtenstellung entfallen. Ihre Erfüllung kann einem zur Übernahme bereiten Dritten überlassen werden, wobei allerdings die Pflichtenübernahme zweifelsfrei vereinbart sein muss. Übergibt der Verpflichtete, muss der Übernehmende die Sorgfaltsanforderung an dessen Stelle erfüllen. Der Übergebende muss dies – insbesondere wenn keine längere vertrauensvolle Zusammenarbeit vorliegt – jedenfalls bei besonders gefahrträchtigen Arbeiten kontrollieren.[71] Generell gilt: Bestehen Unsicherheiten hinsichtlich der Person oder des Umfangs der Pflichten, trifft jeden Beteiligten schon deshalb ein Verschulden, der die Unklarheit nicht durch entsprechende Feststellungen beseitigt hat, obwohl er sie hätte erkennen können. Insoweit ist ihm jedenfalls ein Fahrlässigkeitsvorwurf zu machen.

---

[69] BGHZ 133, 370 378 f.
[70] BGHSt 47, 224, 231; 37, 184, 187.
[71] Vgl. BGHSt 47, 224, 230 ff. m. w. N.

4. Vorsatzanforderungen

45 Ein Kriterium, das in der Praxis die strafrechtliche Haftung ganz wesentlich einschränkt, ist das subjektive Erfordernis des Vorsatzes. Da die Mehrzahl der Straftaten – jedenfalls soweit sie empfindliche Ahndungen vorsehen – Vorsatztaten sind, reduziert dieses Erfordernis das strafrechtliche Risiko ganz erheblich. Werden nämlich Straftaten aus einem Unternehmen heraus begangen oder strafrechtlich sanktionierte Pflichten nicht erfüllt, so lässt sich dem einzelnen Mitglied der jeweiligen Unternehmensspitze ein strafrechtlicher Vorwurf nur dann und nur insoweit machen, als er persönlich positiv Kenntnis von den für die Straftat maßgebenden Tatsachen hat.[72] Ausreichend ist hier allerdings bedingter Vorsatz, d. h. der Beschuldigte muss mit den strafbarkeitsbegründenden Tatsachen mindestens rechnen (Wissenselement) und den strafrechtlich relevanten Erfolg auch billigend in Kauf nehmen (Willenselement).[73]

46 Das klingt sehr theoretisch. Letztlich sind es vor allem zwei Problemgruppen, die für die Praxis relevant sind. Selbst bei Befassung des Gesamtorgans wird häufig der Einwand des einzelnen Mitglieds kommen, die Hintergründe im konkreten Fall in ihrer Tragweite nicht erkannt zu haben. In Großunternehmen kann dies sogar bei ressortmäßiger Befassung gelten. So wird der jeweilige Finanzvorstand nicht jede Bilanzposition verifizieren können, geschweige denn wird dies für ein anderes Vorstandsmitglied möglich sein. Erst Recht werden die ressortmäßig nicht unmittelbar Betroffenen sich damit verteidigen, die maßgebenden Umstände nicht gekannt zu haben. Erforderlich ist in diesen Fällen immer der Nachweis der Kenntnis der Anknüpfungstatsachen für den jeweiligen Straftatbestand. Je größer die Unternehmenseinheit und je arbeitsteiliger sie organisiert ist, desto weniger Detailkenntnisse können bei den Spitzen der Unternehmenshierarchie vorausgesetzt werden. Allenfalls für die Beurteilungsgrundlagen hinsichtlich der Verschlechterung der finanziellen Lage wird sich eine Kenntnis noch nachweisen lassen, weil insoweit die Beweisanzeichen für das Nahen einer Krisensituation im Unternehmen sich auf alle Bereiche erstrecken werden. Ansonsten sind die Ermittlungsbehörden regelmäßig auf andere Beweismittel angewiesen, aus denen sich auch auf den jeweiligen subjektiven Tatbestand rückschließen lässt. Neben unmittelbar belastenden Zeugenaussagen sind dies vor allem Urkunden, aus denen auf eine entsprechende Kenntnis gefolgert werden kann. Allgemein lässt sich aber als Faustregel festhalten: Je größer das Unternehmen und je geringer die fachliche, personelle oder ressortmäßige Beziehung, umso höhere Anforderungen müssen an den Nachweis der Erkenntnis strafrechtsrelevanter Umstände gestellt werden.

5. Gremienhaftung bei Fahrlässigkeitstaten

47 Bezieht sich die Beschlussfassung auf eine fahrlässig zu begehende Deliktsverwirklichung, stellt sich die Frage einer strafrechtlichen Einordnung der Beschlussfassung. Bei Fahrlässigkeitsdelikten gilt der Grundsatz,[74] dass eine Mittäterschaft denkgesetzlich ausgeschlossen ist, weil die Fahrlässigkeitstat an sich keinem gemeinsamen Tatplan und keinem gemeinsamen Tatentschluss unterliegen kann. Der Bundesgerichtshof hat in der genannten Lederspray-Entscheidung diese Frage nicht problematisiert und lediglich im Zusammenhang mit Kausalitätserwägungen ausgeführt,[75] dass bei mehreren Geschäftsführern sich auch bei einem Fahrlässigkeitsdelikt nicht jeder von seiner Haftung allein dadurch entlasten können soll, dass er auf eine alternative Deliktsverwirklichung durch Dritte verweist. Dies werde der gemeinsamen und gleichstufigen Verantwortung der Geschäftsführer nicht gerecht. Eine weitergehende Vertiefung war in der genannten Entscheidung nicht geboten, weil dort ein einheitliches Vorgehen der Geschäftsleitung vorlag.

---

[72] BGH WM 2002, 347 ff.; BGHSt 47, 318, 324 f.
[73] Siehe *Sternberg-Lieben*, in: Schönke/Schröder, StGB § 15 Rn. 47 ff.
[74] So die herrschende Meinung – siehe die Nachweise bei *Fischer*, StGB § 25 Rn. 51 f.; *Heine*, in: Schönke/Schröder, StGB Vorbem. § 25 Rn. 115 f.
[75] BGHSt 37, 106, 130 ff.

A. Zurechnung strafrechtlicher Pflichten

Entscheidungserheblichkeit kann die Frage der Mittäterschaft allerdings dann gewinnen, wenn eine Strafbarkeit sich nur durch die Zurechnung des Verhaltens anderer Gremienmitglieder gewinnen lässt. Dies wird vor allem problematisch, falls ein einzelnes Mitglied des Gremiums auf der Grundlage eines Gremienbeschlusses handelt (fahrlässige Einführung eines gesundheitsschädlichen Produkts). Hier kann die kollektive Beschlussfassung dazu führen, dass sämtliche Mitglieder des Gremiums jedenfalls nach Fahrlässigkeitsgesichtspunkten haften. Umgekehrt kann aber auch die Gremienentscheidung dasjenige Mitglied entlasten, das der schadensstiftenden Maßnahme nicht zugestimmt hat. 48

Diese Fallgestaltungen nötigen nicht zu einer grundsätzlichen Erörterung der Frage, ob eine Mittäterschaft auch bei fahrlässiger Tatbegehung denkbar ist. Eine spezifisch wirtschaftsstrafrechtliche Fragestellung ist das nicht. Für die strafrechtliche Gremienhaftung lässt sich jedenfalls festhalten, dass solange eine gemeinschaftliche Beschlussfassung vorausgeht, die das zuständige Mitglied der Geschäftsleitung nur noch umsetzen muss, vieles für die Annahme einer Mittäterschaft spricht.[76] Die sie prägenden Merkmale des gemeinschaftlichen Tatplans und der arbeitsteiligen Umsetzung sind nämlich bei diesen Fallgestaltungen gegeben. Mit der gemeinschaftlichen Beschlussfassung nehmen die Beteiligten zugleich ihre ihnen (in Gesamtverantwortung) obliegende Sorgfalts- und Obhutspflichten wahr. Die zustimmenden Gremienmitglieder – was die Konsequenz hiervon wäre – als Nebentäter anzusehen, würde der gemeinschaftlichen Verantwortlichkeit nicht gerecht. Das mehrgliedrige Organ muss gesetzlich und will regelmäßig auch als Kollektiv entscheiden.[77] 49

Im Übrigen kann bei einer gemeinschaftlichen Beschlussfassung auch der Kenntnisstand der einzelnen Mitglieder unterschiedlich sein, weshalb bei einigen Mitgliedern eine Vorsatz-, bei anderen Mitgliedern eine Fahrlässigkeitsstrafbarkeit in Betracht käme. Auch dieses Ergebnis stünde der Annahme einer Mittäterschaft nicht entgegen, weil § 29 StGB auch bei Mittätern ohne Rücksicht auf die Schuld des anderen die Bestrafung eines jeden nach seiner Schuld verlangt.[78] 50

6. Strafrechtliche Haftung von Aufsichtsgremien

Die Verantwortlichkeit der Mitglieder des Aufsichtsrats lässt sich jedenfalls in ihren strafrechtlichen Bezügen nicht abstrakt fassen. Anders als der Vorstand, dem die Gesamtverantwortung für das Unternehmen obliegt, ist der Aufsichtsrat grundsätzlich nicht in das operative Geschäft einbezogen. Regelmäßig verfügt er – mit Ausnahme der Personalangelegenheiten von Vorstandsmitgliedern (§ 112 AktG) – über keine Vertretungsmacht für die Aktiengesellschaft. Damit kann er rechtlich nach außen nicht für die Aktiengesellschaft handeln. 51

a) Ausübung von Kontrolltätigkeit

Nach den gesetzlichen Regelungen des Aktienrechts ist der Aufsichtsrat ein Kontrollorgan. Seine wesentliche Funktion ist nach § 111 Abs. 1 AktG die Überwachung der Geschäftsführung.[79] Dies betrifft in erster Linie die Vergangenheit; insoweit ist allerdings die Kontrolle auf die Zweckmäßigkeit und die Wirtschaftlichkeit unternehmerischer Entscheidungen zu erstrecken. Daneben hat der Aufsichtsrat auch die Rechtmäßigkeit der Arbeit des Vorstands zu überprüfen. 52

Maßnahmen der Geschäftsführung können ihm jedoch nach § 111 Abs. 4 Satz 1 AktG nicht übertragen werden. Er kann jedoch nach Satz 2 dieser Vorschrift hinsichtlich zukünftiger unternehmerischer Entscheidungen[80] für bestimmte Arten von Geschäften eine Vorlage 53

---

[76] *Weißer*, S. 156 ff.; *Schaal*, S. 242 ff.; *Knauer*, S. 181 ff.
[77] Vgl. insoweit *Schaal*, S. 243, der zutreffend auf die Sorgfaltswidrigkeit des Handlungsprojekt abstellt, wenn also gerade die Sorgfaltswidrigkeit Gegenstand des gemeinsamen Tatplans ist.
[78] *Ransiek*, S. 72 f.
[79] Vgl. BGHZ 75, 120, 133; 114, 127, 129, 135, 244, 251 f.; *Hüffer*, AktG 5. Aufl. § 111 Rn. 4, wobei diese Kontrolle regelmäßig vergangenheitsbezogen sein wird.
[80] Sog. vorbeugende Kontrolle, die allerdings die dem Vorstand zustehende unternehmerische Handlungsfreiheit beachten muss – vgl. BGHZ 135, 244, 255.

des Vorstands verlangen und die Vornahme dieser Geschäfte von seiner Zustimmung abhängig machen, soweit ein solches Zustimmungserfordernis nicht schon generell durch die Satzung vorgesehen ist. In den Fällen, in denen es für noch zu ergreifende Maßnahmen einen Zustimmungsvorbehalt gibt, trifft den Aufsichtsrat ein unmittelbares strafrechtliches Risiko. Erteilt er seine Zustimmung, dann kann diese wiederum im Gremium getroffene Entscheidung kausal für einen etwaigen strafrechtlichen Erfolg sein, wenn eine solche Straftat aus der Tätigkeit des Vorstands entstanden ist.[81] Bezogen auf die Fallgestaltung der Lederspray-Entscheidung[82] würde dies etwa bedeuten, dass auch die Mitglieder des Aufsichtsgremiums dann strafrechtlich gehaftet hätten, wenn die Geschäftsleitung hinsichtlich der beabsichtigten Vorgehensweise deren Einverständnis eingeholt hätte.

54 Für die strafrechtliche Haftung der Mitglieder gelten die oben zur Gremienhaftung ausgeführten Grundsätze. Freilich wird bei Aufsichtsratsmitgliedern – auch wenn für sie nach § 116 AktG sinngemäß dieselben Anforderungen in Bezug auf die Sorgfaltspflicht und die Verantwortlichkeit gelten wie nach § 93 AktG für Vorstandsmitglieder – jedenfalls in der strafrechtlichen Beurteilung im Hinblick auf die subjektive Tatseite Vorsicht geboten sein, weil sie diese Funktionen nicht im Hauptamt wahrnehmen. Ihnen können deshalb der detaillierte Einblick und teilweise auch die subjektiven Fähigkeiten (z. B. Arbeitnehmervertreter) zur Erfassung der Sachverhalte fehlen.[83]

55 Liegt eine ausdrückliche Zustimmung des Aufsichtsrats nicht vor, ist die Frage nach der individuellen strafrechtlichen Verantwortlichkeit der einzelnen Mitglieder schwieriger zu beurteilen. Insoweit gilt der Grundsatz, dass die Verantwortlichkeit für das operative Geschäft dem Vorstand obliegt. Lediglich in krassen Ausnahmefällen, in denen der Vorstand grob unwirtschaftlich oder rechtswidrig handelt, kann sich für das einzelne Aufsichtsratsmitglied, soweit es hierfür verdichtete Anhaltspunkte hat, die Pflicht ergeben, eine Beschlussfassung des Aufsichtsrats herbeizuführen mit dem Ziel, eine Ablösung des Vorstands durchzusetzen.[84] Unterlässt er dies, kann darin eine Beihilfe durch Unterlassen zu sehen sein. Allerdings wird dies nur solche rechtswidrige Handlungen betreffen, die sich gegen die Vermögensinteressen der Aktiengesellschaft richten. Nur insoweit trifft den Aufsichtsrat eine Garantenstellung, weil er aus seinem Rechtsverhältnis als Aufsichtsrat gegenüber der Aktiengesellschaft zur Vermögensbetreuung verpflichtet ist, nicht aber generell gegenüber der Gemeinschaft für ein rechtstreues Verhalten des Vorstands einzustehen hat.[85] Eine allgemeine Überbürdung solcher Pflichten, die eigentlich die Gesellschaft träfen, findet beim Aufsichtsrat nicht statt, weil er nicht von der Zurechnungsnorm des § 14 StGB erfasst wird.

56 Eine in der Praxis weiterhin relevante Form der strafrechtlichen Verstrickung von Aufsichtsratsmitgliedern ist in den Fällen gegeben, in denen der Aufsichtsrat im Rahmen seiner Kontrolltätigkeit Handlungen des Vorstands entdeckt, die Schadensersatzpflichten auslösen könnten. Bei einer solchen Sachverhaltsgestaltung trifft den Aufsichtsrat gegenüber der Aktiengesellschaft eine Vermögensbetreuungspflicht im Sinne des § 266 StGB.[86] Das Verhältnis zwischen dem Aufsichtsrat und der Gesellschaft ist auf eine Vermögensbetreuung ausgerichtet, weil der Aufsichtsrat als Kontrollorgan die Vermögensinteressen gegenüber dem Vorstand wahrzunehmen hat. Gegenüber der Aktiengesellschaft, die er insoweit auch vertritt, ist er demgemäß verpflichtet, Schadensersatzansprüche gegenüber dem Vorstand geltend zu machen. Hierbei steht ihm kein Ermessen zu. Allenfalls darf er übergeordnete betriebliche Aspekte berücksichtigen, wie etwa eine insgesamt für das Unternehmen schädliche negative Publizität oder auch die im Hinblick auf die Vermögensverhältnisse geringe Aussicht, die Forderung noch realisieren zu können.[87] Betreibt der Aufsichtsrat nicht die Geltendmachung ei-

---

[81] Enger *Vorholt*, S. 41, wobei die Beurteilung der subjektiven Tatseite bei Vorstands- und Aufsichtsratsmitglied unterschiedlich sein kann.
[82] BGHSt 37, 106 ff.
[83] Vgl. *Hüffner*, AktG 5. Aufl. § 116 Rn. 1.
[84] *Vorholt*, S. 41.
[85] Ausführlich zu diesem Problemkreis *Cramer*, S. 563 ff.; *Vorholt*, S. 41.
[86] BGHSt 47, 187, 201; BGH, wistra 1999, 418; vgl. auch BGHSt 9, 203, 217.
[87] BGHZ 135, 244, 255.

A. Zurechnung strafrechtlicher Pflichten

nes solchen Anspruchs, kann darin eine Untreue nach § 266 StGB (in der Form des Unterlassens) liegen. Die Pflicht zur Geltendmachung von Schadensersatzansprüchen ist als Resultat einer nachträglichen Kontrolle zugleich die Konsequenz daraus, dass der Aufsichtsrat eine präventive Kontrolle nicht durchgeführt hat, indem er die Maßnahme nicht einer vorherigen Prüfung unterzogen hat.[88] Mit der Beitreibung der Schadensersatzforderung hat er deshalb das Vermögen der Gesellschaft wieder auf den Stand zu bringen, den es bei einer rechtzeitigen präventiven Kontrolle gehabt hätte.

b) Vertretung der Gesellschaft

Unproblematisch sind schließlich die Fälle, in denen der Aufsichtsrat selbst unter Verletzung seiner Vermögensfürsorgepflicht tätig wird. Dies wird darin in Betracht kommen, wenn er bei den gegenüber dem Vorstand wahrzunehmenden Aufgaben die Vermögensinteressen der Gesellschaft verletzt (etwa durch kollusives Handeln mit dem Vorstand oder durch das Aushandeln völlig unvertretbarer Vergütungen bzw. Abfindungen). Eine originäre Vertretungsmacht hat der Aufsichtsrat (oder nach der Satzung der Aktiengesellschaft Teile hiervon – z. B. Präsidium, Personalausschuss) in den Personalangelegenheiten des Vorstands. Insoweit nehmen die Aufsichtsräte Aufgaben der Anteilseigner im Blick auf die Personalentscheidungen hinsichtlich der Vorstandsmitglieder wahr. Diese Aufgabe ist eine unternehmerische Führungs- und Gestaltungsaufgabe. Dabei müssen sie nach den Vorgaben des Aktienrechts handeln, insbesondere den Vorteil der Gesellschaft wahren und Nachteile von ihr abwenden (§ 116 Abs. 1 Satz 1; § 93 Abs. 1 Satz 1 AktG). Diese aktienrechtliche Pflicht stellt sich – im Sinne des § 266 Abs. 1 StGB – als Pflicht zur Wahrnehmung fremder Vermögensinteressen dar (vgl. dazu unten Rn. 88 ff.) Im Übrigen verletzt der Aufsichtsrat seine Vermögensbetreuungspflicht gegenüber der Gesellschaft, indem er auf den Vorstand pflichtwidrig einwirkt. Ein solches Tätigwerden kann darin bestehen, dass er den Vorstand veranlasst, eine die Gesellschaft schädigende Zahlung zu leisten.[89]

III. Begehensformen bei strafbarem Handeln in Unternehmensstrukturen

Im Bereich der Wirtschaftsstrafsachen gibt es hinsichtlich der Tatbegehung innerhalb von Unternehmensstrukturen Besonderheiten, die näherer Erläuterung bedürfen.

1. Organisationsdelikte

Wirtschaftsstraftaten werden häufig arbeitsteilig oder sogar in Unternehmen oder in zumindest unternehmensähnlichen Strukturen begangen. Dies bedeutet häufig, dass oft nur der Tatbeitrag desjenigen, der an vorderster Front steht, letztlich eindeutig zugeordnet werden kann. Die Strafbarkeit der hinter ihm stehenden Personen, die das kriminelle Geschehen maßgeblich steuern, ist häufig nicht nur vom Tatnachweis her schwierig, sondern auch von der rechtlichen Bewertung. Die Feststellung einer konkreten Anstiftungshandlung kann problematisch sein. Ebenso werden sich bei dem Hintermann die subjektiven Voraussetzungen einer Teilnahme nicht nachvollziehen lassen, nämlich das Wissen und Wollen der jeweils konkreten Haupttat. Der Hintermann wird häufig gar nicht wissen, wann und gegen welches Opfer es zu einer Tatbestandsverwirklichung kommt. Gleichwohl hat er durch seine Vorgaben den strafrechtlichen Erfolg determiniert.

a) Grundsätze einer Organisationsherrschaft

Die Rechtsprechung greift auch im Bereich der Wirtschaftskriminalität immer häufiger zu der Rechtsfigur der Organisationsherrschaft, die bei dem Hintermann eine eigenständige mittelbare Täterschaft begründen kann. Entwickelt wurde dieser Grundsatz im Zusammen-

---

[88] Vgl. *Henze*, NJW 1998, 3309.
[89] Z. B. Untreue begründendes Sponsoring – vgl. BGHSt 47, 187, 201.

hang mit der strafrechtlichen Bewältigung des DDR-Grenzregimes. Im Hinblick auf die Mitglieder des Nationalen Verteidigungsrats der früheren DDR hat der Bundesgerichtshof[90] ausgeführt, dass eine mittelbare Täterschaft auch in Betracht kommt, falls das handelnde Werkzeug (der Tatmittler) seinerseits deliktisch voll verantwortlich handelt. Der Hintermann besitzt Tatherrschaft, wenn er die durch Organisationsstrukturen geschaffenen Rahmenbedingungen, innerhalb derer sein Tatbeitrag regelhafte Abläufe auslöst, maßgeblich beeinflussen kann. Die Befehlsstruktur ermöglicht ihm, seinen Willen nach unten bis zum Ausführenden durchzusetzen. Eine Organisationsherrschaft wächst ihm zu, indem er die unbedingte Bereitschaft des unmittelbar handelnden Täters ausnutzt. Der Hintermann instrumentalisiert für sich die Struktur (die er entweder selbst geschaffen oder nur vorgefunden hat), indem er zwar abstrakte Vorgaben macht. Seine Weisungen lösen jedoch regelhafte Abläufe aus, die nahezu automatisch zu der vom Hintermann erstrebten Tatbestandsverwirklichung führen. Der Hintermann hat in solchen Fällen auch einen umfassenden Willen zur Tatherrschaft, soweit er weiß, dass die vom Tatmittler noch zu treffende Entscheidung gegen das Recht kein Hindernis bei der Verwirklichung des von ihm gewollten Erfolgs darstellt.[91]

61   Bereits in den ersten Judikaten in DDR-Unrechtsfällen hat der Bundesgerichtshof angedeutet, dass sich diese Rechtsprechung nicht nur auf den strafrechtlich ja mittlerweile abgewickelten Bereich des DDR-Unrechts beschränkt.[92] Er hat vielmehr die dort entwickelten Gedanken als verallgemeinerungsfähig bezeichnet und auf eine Anwendbarkeit dieser Grundsätze auch auf staatliche, unternehmerische oder geschäftsähnliche Organisationsstrukturen ausdrücklich hingewiesen.

b) Konsequenzen für das Wirtschaftsstrafrecht

62   Auf wirtschaftsstrafrechtliche Fragestellungen übertragen würde dies bedeuten, dass jedenfalls in den Fällen eine Tatherrschaft kraft Organisationsherrschaft in Betracht kommt, in denen das Handeln des Unternehmens ganz oder teilweise einen kriminellen Hintergrund aufweist. Diese Parallele hat der Bundesgerichtshof[93] auch gezogen. Er hat den faktischen Geschäftsführer einer GmbH, der trotz Zahlungsunfähigkeit den Betrieb weitergeführt hat, als Täter eines Organisationsdelikts verurteilt. Erfolgen die einzelnen Betrugshandlungen des Täters auf der Grundlage eines einheitlichen Organisationsakts, dann werden sämtliche auf der Grundlage dieses Organisationsaktes begangenen Einzeltaten zu einer einheitlichen Handlung im Sinne des § 52 StGB verknüpft.[94]

63   Ein weiteres klassisches Beispiel hierfür sind die betrügerisch handelnden Warenterminsfirmen,[95] die von vornherein auf eine Schädigung der Anleger ausgerichtet sind. Hier gibt der Organisator regelmäßig eine Art Drehbuch vor, wie potenziellen Anlegern gegenüberzutreten ist. In Umsetzung dieser Vorgaben wird durch bestimmte Personen der Erstkontakt hergestellt, wieder andere kümmern sich darum, den „Kunden" zu einem ersten finanziellen Engagement zu überreden, eine weitere Gruppe ist schließlich darauf spezialisiert, den Anleger zu weiteren Erhöhungen seiner Anlage zu veranlassen. Schließlich gibt es Mitarbeiter, die dann entsprechende Rückforderungsansprüche vom Geschädigten abwehren und eine letzte Gruppe ist für die Beutesicherung verantwortlich. Nach innen sind diese Organisationen straff organisiert, wobei als Disziplinierungsmittel nicht nur Belohnungen in Form von Abschlussprovisionen, sondern auch reale Bedrohungen dienen, um die an der Front handelnden Täter unter Kontrolle zu halten. Diese Organisationsherrschaft rechtfertigt es, den Hintermann, auch wenn er den einzelnen Anleger nicht kennt und keinen Kontakt zu ihm hatte, als Täter anzusehen.

---

[90] BGHSt 40, 218 ff., vgl. hierzu kritisch *Herzberg*, in: *Amelung*, S. 33 ff.
[91] Seither ständige Rechtsprechung – vgl. BGHSt 40, 218, 236 ff.; 45, 270, 296 ff.; BGH NJW 2003, 522, 525.
[92] BGHSt 40, 218, 236.
[93] BGH NStZ 1998, 598 mit Anm. *Dierlamm*; BGH NStZ 1996, 296; vgl. auch BGH NStZ 1997, 544, 545 zum Umweltstrafrecht.
[94] BGHSt 40, 218, 238 ff.; BGH NStZ 1996, 296.
[95] BGH NStZ 1996, 296.

A. Zurechnung strafrechtlicher Pflichten

Erforderlich für die Annahme einer Organisationsherrschaft ist indes nicht, dass das Unternehmen auf die Begehung von Straftaten ausgelegt ist. Auch jenseits solcher mafiöser Strukturen kommt die Annahme einer Organisationsherrschaft dann in Betracht, wenn hinsichtlich bestimmter Tatbereiche organisatorische Maßnahmen getroffen werden, die auf die Begehung von Straftaten gerichtet sind. Dies ist zum Beispiel denkbar bei Großbanken,[96] die bestimmte Direktiven geben, wie im Interesse von Bankkunden zu verfahren ist, um diesen zur Umgehung einer Quellenbesteuerung den Kapitaltransfer ins Ausland zu ermöglichen. Insoweit wird eine bestehende Organisation in den Dienst gestellt, um in einer nicht mehr überschaubaren Anzahl von Fällen einen strafrechtlich relevanten Erfolg herbeizuführen. Der Umstand, dass innerhalb des Unternehmens (in weit größerem Umfang) strafrechtlich unbedenkliche Geschäfte abgewickelt wurden, steht der Annahme einer Organisationsherrschaft nicht entgegen. Die Grenze ist vielmehr dort zu ziehen, wo es keines organisatorischen Gerüsts bedarf, um einen strafrechtlichen Erfolg herbeizuführen. Es muss vielmehr eine Einbettung in einen kriminellen Gesamtzusammenhang gegeben sein. Die Organisationsherrschaft ist nämlich dadurch geprägt, dass sich der Hintermann eines Apparates bedienen muss, um in einer für ihn nicht mehr im Einzelnen überschaubaren und steuerbaren Anzahl von Fällen einen strafrechtlich relevanten Erfolg herbeizuführen. Ein bloßes Machtgefälle zwischen Anweisenden und Ausführenden allein reicht nicht aus.[97] Entscheidend ist der kriminelle Gesamtzusammenhang, der durch organisatorische Maßnahmen sichergestellt wird. Das Bestehen von hierarchischen Strukturen genügt nur dann, wenn diese planvoll zur Deliktsverwirklichung in einer unbestimmten Anzahl von Fällen genutzt werden. Weist deshalb zum Beispiel der Finanzvorstand einen Buchhalter im Einzelfall an, einen bestimmten Bilanzierungsansatz in strafrechtlich relevanter Weise in einem ganz bestimmten Sinne vorzunehmen, dann vermittelt allein das Über-/Unterordnungsverhältnis noch keine Organisationsherrschaft. Insoweit findet kein regelhafter Ablauf statt, der das Organisationsdelikt kennzeichnet, sondern lediglich eine punktuelle Anstiftungshandlung. Umgekehrt bedarf es – aus der Sicht des Hintermanns betrachtet – keines abstrakt gefassten Regelwerkes, um den beabsichtigten strafrechtlich relevanten Erfolg herbeizuführen, weil insoweit die konkrete Beeinflussung eines Mitarbeiters – mag diese auch durch das Weisungsverhältnis unterstützt sein – allein ausreichend ist. Diese Person muss er aber konkret veranlassen, diesen Erfolg herbeizuführen. Er ist in der unrechtsstiftenden Situation mit ihm als Person konfrontiert. Anders ist das Verhältnis Finanzvorstand/Buchhalter dann zu beurteilen, wenn zusätzliche Gesichtspunkte hinzutreten, die den Finanzvorstand davon ausgehen lassen können, dass sich der Buchhalter so verhält, wie von ihm beabsichtigt. Dies kann z.B. bei einer vorher bereits getroffenen Willensübereinstimmung im Blick auf kriminelle Manipulationen wie auch bei einem besonderem Drohpotential des Chefs der Fall sein.

c) Mittelbare Täterschaft durch Unterlassen

Nach der Rechtsprechung des Bundesgerichtshofs ist eine Organisationsherrschaft auch bei mittelbarer Täterschaft durch Unterlassen möglich.[98] Eine entsprechende Sachverhaltskonstellation kommt in Betracht, wenn eine Unrechtsorganisation bereits besteht, die eine Gefahr für die ständige Begehung strafrechtlich relevanter Handlungen in sich birgt. Maßgeblich ist dabei nur, dass dieses System, beeinflusst durch die Weisungen des Täters, weiterfunktioniert (zum Beispiel ein neuer Geschäftsführer, der merkt, dass in einer Abteilung seines Unternehmens betrügerische Geschäfte abgewickelt werden, und nichts dagegen unternimmt) Auch wenn die von ihm konkret gegebenen Weisungen den strafrechtlichen Erfolg nicht herbeiführen können (sonst läge eine mittelbare Täterschaft durch Tun vor), kann jedenfalls ein Unterlassen gegeben sein, wenn er das konzertierte strafbare Handeln nicht bekämpft. Der nunmehr Garantenpflichtige kann für den Eintritt des strafrechtlichen Erfolges einstehen müssen,

---

[96] BGHSt 46, 107 ff.
[97] So weist *Roxin*, in: Amelung, S. 56, zutreffend darauf hin, dass im normalen Hierarchieverhältnis eine auf eine Straftat gerichtete Weisung nicht befolgt wird.
[98] BGH NJW 2003, 522, 525 mit abl. Anm. von *Ranft*, JZ 2003, 575; BGHSt 40, 257, 267.

weil er die fortwirkenden Weisungen bzw. betriebsinternen Regelungen, die zum Eintritt des strafrechtlichen Erfolges führen, nicht abändert.

d) Versuchsbeginn

66 Bei derartigen Organisationsdelikten kann sich die Frage stellen, wann der Versuch beginnt. Grundsätzlich gilt im Verhältnis Hintermann/Tatmittler, dass die Einwirkung auf den Tatmittler grundsätzlich als der maßgebliche Zeitpunkt des Ansetzens nach § 22 StGB anzusehen sein wird.[99] Dies gilt unabhängig davon, ob der Tatmittler seinerseits dolos ist. Ist er dolos, werden freilich hinsichtlich seiner Person die allgemeinen Regeln anzuwenden sein. Dies hat zur Folge, dass innerhalb von Organisationsstrukturen der Zeitpunkt des Versuchsbeginns für den Vorder- und Hintermann grundsätzlich unterschiedlich bestimmt werden muss.[100]

2. Beteiligung bei Sonderdelikten

67 Bei Sonderdelikten, wozu auch nur eigenhändig zu begehende Delikte (z. B. der Meineid nach § 154 StGB) zu rechnen sind, kann nur der jeweils Pflichtige tauglicher Täter sein. Darunter sind nicht nur diejenigen Tatbestände zu fassen, bei denen die Strafbarkeit ein bestimmtes Amt voraussetzt (Amts- und Wehrdelikte). Gleiches gilt, wenn die Strafbarkeit an eine bestimmte Stellung geknüpft ist (z. B. §§ 82 ff. GmbHG – u. a. die Stellung des Geschäftsführers) oder zumindest nach § 14 StGB eine entsprechende Vertreterzurechnung stattfindet (z. B. die eine GmbH treffende Vermögensbetreuungspflicht, die nach § 14 Abs. 1 Nr. 1 StGB dann durch deren Organe wahrzunehmen ist). Diesen Straftatbeständen ist gemeinsam, dass nur derjenige Täter sein kann, der in der konkreten Sonder- oder Pflichtenstellung steht. Damit scheidet bei anderen Beteiligten, die nicht diese Stellung innehaben, auch eine Mittäterschaft nach § 25 Abs. 2 StGB[101] oder eine mittelbare Täterschaft aus.[102] Möglich bleibt aber eine Teilnahme nach allgemeinen Regeln.

a) Teilnahme bei dem Fehlen persönlicher Merkmale

68 Im Falle einer Beteiligung an einem Sonderdelikt ist die Vorschrift des § 28 Abs. 1 StGB zu beachten. Eine entsprechende Pflichtenstellung, die eine Strafbarkeit begründet, bildet ein besonderes persönliches Merkmal nach § 28 Abs. 1 StGB. Die besonderen persönlichen Merkmale sind in § 14 Abs. 1 StGB legal definiert. Hierunter zählen die Verhältnisse einer Person, womit regelmäßig die Gesichtspunkte umschrieben sind, die jeweils die einzelnen Beziehungen des Menschen zu seiner Mitwelt bestimmen.[103] Insoweit geht es um Beziehungen des Einzelnen zu anderen Menschen, dem Staat oder auch zu Sachen. Die Pflichten- und Sonderstellungen fallen regelmäßig, da es sich jeweils um eine Sonderbeziehung des Betroffenen handelt, in der seine Pflichtenstellung begründet ist, unter diese Gruppe.[104]

69 Die in § 28 Abs. 1 StGB angeordnete Rechtsfolge einer Teilnahme an einem Sonderdelikt ist die obligatorische Strafmilderung nach § 49 Abs. 1 StGB. Dies trägt dem Umstand Rechnung, dass das personale Unrecht sich für denjenigen als reduziert darstellt, der nicht in einer entsprechenden Pflichtenstellung steht. Problematisch ist, ob für den Gehilfen nach § 27 Abs. 2 StGB eine weitere Strafmilderung in Betracht kommt. Dies hängt wiederum davon ab, ob er nur deshalb als Gehilfe bestraft wird, weil ihm die entsprechende Täterqualität fehlt. Eine nochmalige Milderung ist in diesen Fällen durch § 50 StGB ausgeschlossen, da die fehlende Täterqualität bereits Gegenstand der Strafmilderung nach § 28 Abs. 1 StGB ist. Nur wenn nach den Gesamtumständen sein Tatbeitrag auch materiell der eines Gehilfen ist,

---

[99] Der Versuch beginnt, wenn die Einwirkung auf den Tatmittler abgeschlossen ist – BGHSt 40, 257, 269; 30, 363, 365.
[100] Anderes soll nur gelten, wenn die Einwirkung auf den Tatmittler längere Zeit wirken soll, dann ist das unmittelbare Ansetzen des Tatmittlers entscheidend – BGHSt 43, 177, 180.
[101] BGHSt 2, 230; 14, 123.
[102] Vgl. zu dem Gesamtkomplex *Heine*, in: *Schönke/Schröder*, StGB Vorbem. §§ 25 ff. Rn. 84 ff.
[103] *Fischer*, StGB § 28 Rn. 5.
[104] So auch das Treueverhältnis nach § 266 StGB – BGHR StGB § 28 Abs. 1 Merkmal 1, 2.

A. Zurechnung strafrechtlicher Pflichten

kann eine neuerliche Milderung nach § 27 Abs. 2 StGB erfolgen. In diesen Fällen tritt nämlich als weiterer selbstständiger Milderungsgrund hinzu, dass der Tatbeitrag an sich von geringerem Gewicht ist.[105]

b) Sonderfall der Steuerhinterziehungstatbestände

Die Tatbestandsalternativen der Steuerhinterziehung nach § 370 AO unterscheiden sich insoweit, als sie auch einen unterschiedlichen Deliktscharakter aufweisen. Der Tatbestand des § 370 Abs. 1 Nr. 1 AO, der die Abgabe unrichtiger Angaben regelt, ist kein Sonderdelikt, das nur der steuerlich Pflichtige begehen kann. Deshalb kann auch derjenige Mittäter (sogar unter Umständen mittelbarer Täter) sein, wer weder selbst Steuerschuldner noch sonst Steuerpflichtiger in Bezug auf die verkürzte Steuer ist.[106] Mittäter können insbesondere auch Steuerberater oder Rechtsanwälte sein, die eine unrichtige Steuererklärung aufgrund eines gemeinsamen Tatplans mit dem Steuerpflichtigen fertigen.[107]

70

Dagegen setzt die Tatbestandsalternative des § 370 Abs. 1 Nr. 2 AO ein pflichtwidriges Unterlassen voraus. Damit kann Täter einer solchen Tat nur sein, wer zur Aufklärung steuerlich erheblicher Tatsachen besonders verpflichtet ist.[108] Dies ergibt sich wiederum aus den Steuergesetzen. Danach treffen die steuerlichen Erklärungspflichten nach § 34 AO grundsätzlich die gesetzlichen Vertreter juristischer Personen. Dies führt dazu, dass im Falle einer Unterlassensstrafbarkeit nach § 370 Abs. 1 Nr. 2 AO Mittäter nur derjenige sein kann, den selbst diese steuerliche Offenbarungs- oder Erklärungspflicht trifft. Andere Personen – auch die in die Steuerangelegenheit involvierte Steuerberater oder Rechtsanwälte – können nur als Teilnehmer an einer Steuerhinterziehung nach § 370 Abs. 1 Nr. 2 AO bestraft werden. Für die Strafbarkeit der Teilnehmer gelten dann die oben dargestellten Grundsätze.

71

IV. Verfassungsrechtliche Vorgaben

In zwei für Wirtschaftsstrafsachen bedeutende Entscheidungen hat das Bundesverfassungsgericht wesentliche Leitlinien für die Auslegung der Tatbestände der Untreue und des Betruges entwickelt.[109]

72

Aus dem verfassungsrechtlichen Gebot der hinreichenden Bestimmtheit folgt ein Verbot analoger oder gewohnheitsrechtlicher Strafbegründung. Dies schließt auch eine Rechtsanwendung aus, die tatbestandsausweitend über den Inhalt einer gesetzlichen Sanktionsnorm hinausgeht. Dabei dürfen einzelne Tatbestandsmerkmale, auch innerhalb ihres möglichen Wortsinns, nicht soweit ausgedehnt werden, dass sie vollständig in anderen Tatbestandsmerkmalen aufgehen.[110]

1. Untreue

Dieser vom Bundesverfassungsgericht als Verschleifungs- oder Entgrenzungsverbot bezeichnete Auslegungsgrundsatz hat speziell für die Untreue (§ 266 StGB) große Bedeutung und korrigiert eine teilweise ausufernde Normanwendungspraxis dieses Straftatbestands. Die frühere im Rahmen der Prüfung des Untreuetatbestandes durchaus gängige Argumentationskette, wonach eine Verletzung der Vermögensbetreuungspflicht dann vorliegt, wenn das betreute Vermögen gefährdet wird, die Vermögensgefährdung ihrerseits aber bereits den Tatbestand des Nachteils erfüllt, ist damit nicht länger haltbar.[111]

73

---

[105] BGHSt 26, 53, 54; BGH StV 1983, 330.
[106] BGHR AO § 370 Abs. 1 Nr. 1 Mittäter 1–5.
[107] BGHR AO § 370 Abs. 1 Nr. 1 Mittäter 5.
[108] BGHR StGB § 25 Abs. 2 Mittäter 1; vgl. auch BFHE 111, 7.
[109] BVerfGE 126, 170 ff. zur Untreue; BVerfGE 130, 1 ff. zum Betrug
[110] vgl. hierzu *Radtke* GmbHR 2010, 1121, 1125; *Frisch* EWiR 2010, 657; *Kuhlen* JR 2011, 246, 253
[111] kritisch hierzu auch *Dierlamm* im Münchener Kommentar, § 266 Rn 186, 195; *Waßmer* in Graf/Jäger/Wittig, StGB, § 266 Rn 183 f.; *Kindhäuser* in NK, 4. Aufl., § 266 Rn 110 f.; *Schünemann* in NK, 12. Aufl., § 266 Rn 178

4. Kapitel. Allgemeine Grundsätze des Wirtschaftsstrafrechts

Mit seiner grundlegenden Untreueentscheidung hat das Bundesverfassungsgericht in überzeugender Weise die rechtsstaatlichen Konturen geschärft und wesentliche Anforderungen an die Auslegung der beiden zentralen Merkmalen des Untreuetatbestands, die Verletzung der Vermögensbetreuungspflicht und die Nachteilszufügung neu formuliert.[112]

a) Verletzung der Vermögensbetreuungspflicht

74 Dieses Merkmal knüpft an das die moderne Wirtschaft prägende Auseinanderfallen von Vermögensinhaberschaft und übertragener Verfügungsmacht an. Die Vielgestaltigkeit der Treuhandverhältnisse, die sowohl solche die im Gesellschaftsrecht wurzelnde als auch individualrechtlich vereinbarte wie auch öffentlich rechtlich begründete umfasst, bedingt ein sehr weites (und damit unscharfes) Merkmal. Dies erfordert bei der Auslegung wiederum Restriktionen.[113]

1) Pflichtenkreis

75 Dies wird zum einen – was die Rechtsprechung schon bislang immer für erforderlich gehalten hat (Hauptgegenstand der Rechtsbeziehung, verbleibender Entscheidungsspielraum)[114] dadurch sichergestellt, dass nicht jede Verpflichtung für die Annahme einer Vermögensbetreuungspflicht ausreicht. Vielmehr muss im Rahmen einer Gesamtbetrachtung entschieden werden, ob es sich im Blick auf die konkrete Person um Angelegenheiten handelt, denen die Bedeutung der Wahrnehmung von Vermögensinteressen zukommt. Von maßgeblicher Bedeutung ist dabei in erster Linie, ob die fremdnützige Vermögensfürsorge den Hauptgegenstand der Rechtsbeziehung bildet und ob dem Verpflichteten bei deren Wahrnehmung ein gewisser Spielraum für eine gewisse Bewegungsfreiheit oder Selbstständigkeit, mit anderen Worten die Möglichkeit zu verantwortlicher Entscheidung innerhalb eines gewissen Ermessensspielraumes verbleibt.[115]

2) Pflichtwidrigkeit

76 Auch das damit zusammenhängende Merkmal der Pflichtwidrigkeit bedarf einer einschränkenden Auslegung.[116] Es genügt nicht jede Pflichtverletzung, sondern nur solche, die gravierend sind.[117] Damit bleibt die strafrechtliche Ahndung auf diejenigen Fälle beschränkt, die durch einen evidenten Pflichtverstoß gekennzeichnet sind. Eine weitere Restriktion strafrechtlicher Verfolgbarkeit wird sich in der Praxis auch daraus ergeben, dass für dieses Merkmal die subjektive Tatseite festzustellen ist. Ein entsprechender schwerwiegender Pflichtverstoß setzt nämlich voraus, dass der Täter den Pflichtverstoß – und zwar in seiner Schwere – in sein Vorstellungsbild aufgenommen hat. Dies hat vor allem bei Risikogeschäften Bedeutung. Auch da wird nicht immer jede Verletzung kaufmännischer Vorsicht ausreichend sein. Eine schwere Pflichtverletzung im Sinne der verfassungsgerichtlichen Rechtsprechung kann bei solchen Fallgestaltungen vielmehr nur dann angenommen werden, wenn die Eingehung dieser speziellen Risiken vom unternehmerischen Standpunkt schlechthin unvertretbar erscheint.[118]

---

[112] *Radtke, Frisch* a. a. O.
[113] BVerfGE 126, 170, 209 f.
[114] BGAST 24, 286, 388; 33, 244, 250 f; dazu auf *Waßmer* a.a.O, Rn 34 ff.
[115] BVerfG a.a.O, S. 209
[116] BVerfGE 126, 170, 210 ff.
[117] zu der Streitfrage des Erfordernisses einer gravierenden Pflichtverletzung vgl. einerseits BGHSt 50, 331, 343 ff. (3. Strafsenat – Mannesmann) und andererseits BGHSt 47, 148, 152; 187, 197 f. (1. Strafsenat) sowie BGHSt 49, 147, 155 ff. (5. Strafsenat – Bremer Vulkan); vgl. hierzu auch *Schünemann* in LK, 12. Aufl., § 266 Rn 95 ff.
[118] zum anzuwendenden Maßstand vgl. *Waßmer* a. a. O., Rn 94

A. Zurechnung strafrechtlicher Pflichten

b) Nachteil

Den für die Praxis wichtigsten Punkt für der verfassungsgerichtlichen Grundsatzentscheidung bilden die Ausführungen zum Merkmal des Nachteils im Sinne des § 266 StGB.[119] Ausgehend von dem von ihm entwickelten Verschleifungs- oder Entgrenzungsverbot verlangt das Bundesverfassungsgericht eigenständige Feststellungen zum Vorliegen eines Nachteils. Dies gilt auch, um das – § 266 StGB sieht keine Versuchsstrafbarkeit vor – Vollendungserfordernis zu wahren. Deshalb müssen die Strafgerichte, von einfach gelagerten und eindeutigen Fällen abgesehen (z. B. bei einem ohne weiteres greifbaren Mindestschaden) den von Ihnen angenommenen Nachteil der Höhe nach beziffern und dessen Ermittlung in wirtschaftlich nachvollziehbarer Weise in den Urteilsgründen darlegen. Normative Gesichtspunkte können bei der Feststellung eines Nachteils durchaus eine Rolle spielen. Sie dürfen aber die wirtschaftliche Schadensbestimmung nicht verdrängen. Die Bestimmung des wirtschaftlichen Schadens[120] darf auch nicht wegen praktischer Schwierigkeiten unterbleiben. Im Zweifel ist der Schaden – auch unter Hinzuziehung eines Sachverständigen – zu schätzen.

Damit korrigiert das Bundesverfassungsgericht die weit verbreitete Praxis, die häufig eine mehr oder minder diffuse Schadensgefährdung ausreichen ließ. Allerdings hat das Bundesverfassungsgericht die Rechtsfigur der (dann aber wenigstens) schadensgleichen Gefährdung nicht gänzlich verworfen.[121] Vielmehr rechtfertigt es sogar die Gleichsetzung von Schaden und Gefährdung aus der Erwägung, dass sich in einem marktwirtschaftlich orientierten Wirtschaftssystem die Preise über den Mechanismus von Angebot und Nachfrage bilden und dass sich daher die Zukunftserwartungen der Marktteilnehmer auf den erzielbaren Preis und damit den Wert von Gegenständen auswirken. Diese grundlegende Tatsache hat sich auch in den Bewertungsvorschriften des Bilanzrechts niedergeschlagen, die dann auch einen Ansatz bilden zur Bestimmung des konkreten Schadens. Ist deshalb ein bilanzieller Abschreibungsbedarf im Blick auf eine Forderung vorhanden, so kann die vorzunehmende Wertberichtigung zugleich den Schaden begründen. Selbst dann aufgrund glücklicher Umstände eingetretene, spätere Verbesserungen der wirtschaftlichen Situation, die eine vollständige Befriedigung ermöglichen, lassen den Schaden nicht mehr entfallen, sondern sind lediglich Schadenswiedergutmachung.[122]

Das Bundesverfassungsgericht veranschaulicht diese Anforderungen anhand der zur Entscheidung stehenden konkreten Fälle. So hat das Bundesverfassungsgericht die Annahme eines Nachteils bei der Gründung „Schwarzer Kassen",[123] grundsätzlich gebilligt, soweit die Gelder völlig aus dem Zugriffsbereich der eigentlich Berechtigten ausgelagert waren (hier auf ausländische Stiftungen). Ebenso wurde die Verurteilung des Vorstands einer Betriebskrankenkasse bestätigt, der Mitarbeiter erhebliche Prämien bewilligte. Dagegen hatte die Verurteilung von Vorständen einer Bank, die Kredite für den Erwerb und die Privatisierung von Plattenbauwohnungen bewilligten, keinen Bestand. Zwar mag die Kreditvergabe pflichtwidrig gewesen sein. Beanstandet hat das Bundesverfassungsgericht hier, dass die Vorinstanzen keine den Vorgaben des Art. 103 Abs. 2 GG entsprechende Nachteilsbestimmungen vorgenommen haben, sondern den Schaden lediglich aus dem Umstand abgeleitet haben, dass die Bankvorstände unter Vernachlässigung erkannter Risiken und Negierung vielfältiger Warnungen pflichtwidrig die Kreditgewährung fortsetzen, anstatt pflichtgemäßes Engagement durch Verweigerung weiterer Kredite zu begrenzen. Eine Nachteilsbestimmung, die eine Risikobewertung des ausgereichten Darlehens nach bilanziellen Grundsätzen vorausgesetzt hätte, hatten die Vorinstanzen nicht vorgenommen.[124]

---

[119] BVerfGE 126, 170, 211 ff.
[120] BVerfG a. a. O., S. 212
[121] BVerfG a. a. O., S. 222 f; zu den subjektiven Anforderungen vgl. *Nack*, StraFo 2008, 277
[122] BVerfG a. a. O., S 226; dies war allerdings schon vorher allg. Meinung und ist notwendige Folge, wenn man die Rechtsfigur des Gefährdungsschadens anerkennt
[123] Angefochten war konkret die Entscheidung des 2. Strafsenats des BGH zu den sog. „Schwarzen Kassen" bei Siemens (BGHSt 52, 322); zu „Schwarzen Kassen" bei Parteien (BGHSt 51, 100); vgl. auch zu verheimlichte Parteispenden (BGHSt 56, 203)
[124] BVerfGE 126, 170, 230 ff.

79 In einer neueren (Kammer-)Entscheidung vom 01.11.2011 hat das Bundesverfassungsgericht die Anforderung weiter präzisiert.[125] In dem dort streitgegenständlichen Sachverhalt hatten kommunale Wahlbeamte unter Verstoß gegen Haushaltsrecht einen Kredit aufgenommen.[126] Das Verfassungsgericht billigt dabei den grundsätzlichen Ansatz, dass auch bei der Nachteilsbestimmung ein subjektiver Schadenseinschlag[127] berücksichtigt werden darf. Die Zinslast stellt die Gegenleistung für die der Gemeinde zur Verfügung gestellte Liquidität dar. Die dafür zu entrichtenden Kreditzinsen können deshalb nur dann einen Schaden begründen, wenn das Darlehen für die Gemeinde wirtschaftlich wertlos war. Die Nachteilsbestimmung kann nämlich nicht mit der bereits die Pflichtwidrigkeit begründenden Feststellung der Verletzung der Hausratssouveränität des Gemeinderats begründet werden. Es bedarf einer eigenständigen Erklärung des Nachteils, der nur in der wirtschaftlichen Sachwidrigkeit der Darlehensaufnahme zu finden ist[128].

2. Untreuevorsatz

80 Die Feststellung der subjektiven Tatseite bei der Untreue ist in der Praxis dann schwierig, wenn keine Eigenbereicherung des objektiv pflichtwidrig Handelnden vorliegt, was der Tatbestand des § 266 StGB auch nicht voraussetzt. Die damit in der Regel verbundene Schädigung eines anderen, die die Grundlage für die eigene Bereicherung bildet, fehlt dann. Daher sind bei der notwendigen Vorsatzprüfung strenge Anforderungen an den Nachweis der subjektiven Tatseite zu stellen. Der Täter muss sich nicht nur der Pflichtwidrigkeit seines Tuns, sondern auch des hierdurch bewirkten Vermögensnachteils bewusst sein[129].

a) Auswirkungen der verfassungsgerichtlichen Entscheidung auf die Vorsatzprüfung

81 Die Rechtsprechung des Bundesgerichtshofs[130] hat sich in mehreren Entscheidungen mit dieser Frage befasst. Auch im Bereich des subjektiven Tatbestands nötigt die Rechtsprechung des Bundesverfassungsgerichts zu Randkorrekturen. Das bedeutet, dass bei der Vorsatzprüfung ebenfalls das vom Bundesverfassungsgericht[131] statuierte Verschleifungs- oder Entgrenzungsverbot gilt. Deshalb müssen der Vorsatz zur Pflichtwidrigkeit einerseits und zur Nachteilszufügung andererseits unabhängig voneinander geprüft werden. Die innere Tatseite hinsichtlich des Merkmals des Nachteils darf nicht dergestalt in der Merkmals der Pflichtwidrigkeit aufgehen, dass es seiner eigenständigen Bedeutung weitgehend beraubt wäre. Auch wenn die Pflichtwidrigkeit in einem inneren Zusammenhang mit dem Nachteil steht, weil die Pflichtwidrigkeit der Handlung sich häufig gerade aus der für das betreute Vermögen innewohnenden Gefährdung ergibt, ist auch in subjektiver Hinsicht zu unterscheiden zwischen dem Vorsatz hinsichtlich der Pflichtwidrigkeit und hinsichtlich der Nachteilszufügung[132].

b) Bedingter Vorsatz

82 Schwierig in der Abgrenzung sind immer die Fälle des bedingten Vorsatzes. Dieser setzt voraus, dass der Täter die Tatbestandsverwirklichung für möglich hält und den Erfolg billigend in Kauf nimmt. Der bedingte Vorsatz setzt damit ein wissens- (kognitives) und ein willens- (voluntatives) Element voraus. Häufig weisen unternehmerische Entscheidungen prognostische Elemente auf und sind daher risikobehaftete Geschäfte, denen eine Vermögensgefährdung immanent ist. Die Rechtsprechung hat bei Risikogeschäften besondere Anforderungen an die Feststellung der inneren Tatseite gestellt. Denn die bewusste Eingehung eines Risikos

---

[125] BVerfG, StraFo 2012, 496 = NJW 2013, 365
[126] BGH, Beschl. v. 13.04.2011 – 1 StR 592/10, Wistra 2011, 263
[127] Vgl. *Waßmer* in Graf/Jäger/Wittig, § 266 StGB Rn 187 ff.
[128] BVerfG NJW 2013, 365, 367.
[129] BGHSt 48, 331, 1340; 46, 30, 35; NJW 2006, 522
[130] BGHSt 51, 100, 121; 53, 199; BGH, DB 2013, 1779
[131] BVerfG 126, 170, 198f
[132] BGH, DB 2013, 1799 Rn. 18

A. Zurechnung strafrechtlicher Pflichten

ist Wesensmerkmal unternehmerischen Handelns und ein Strukturmerkmal des marktwirtschaftlichen Systems[133].

Auf der kognitiven Ebene setzt dies voraus, dass der Täter die Risikofaktoren erkannt und zutreffend bewertet hat. Wichtiger sind jedoch die Anforderungen an das voluntative Vorsatzelement. Anders als vielleicht bei Kapitaldelikten lässt sich das voluntative Element nicht bereits weitgehend aus dem Gefährdungspotential der Handlung ableiten. Deshalb kann – so die Rechtsprechung des Bundesgerichtshofs[134] – der Grad der Wahrscheinlichkeit eines Erfolgseintritts allein kein Kriterium für die Entscheidung der Frage sein, ob der Täter mit dem Erfolg auch einverstanden war. Es kommt immer auch auf die Umstände des Einzelfalls an, bei denen insbesondere die Motive und die Interessenlage des Täters zu beachten sind. Für die Beurteilung eines Geschäftsvorgangs, bei dem keine Indizien für einen auch nur mittelbaren persönlichen Vorteil der Beteiligten bestehen, ist besondere Skepsis hinsichtlich des voluntativen Moments geboten. Ebenso wie die Verschleierung von Risiken ein Anzeichen für das Vorliegen einer Billigung des Eintritts einer schadensgleichen Vermögensgefährdung sein kann, gilt umgekehrt auch, dass eine transparente und ordnungsgemäße Bilanzierung indiziell gegen eine willentliche Schadenszufügung sprechen kann. Beides gilt, wenn sich der Entscheidungsträger erkennbar um Informationen über einen Kreditnehmer bemüht oder Anstrengungen unternommen hat, sein Risikomanagement weiter zu effektivieren[135].

Streitig unter den Senaten des Bundesgerichtshofs ist, ob es ausreicht, dass nur die Gefährdungslage gebilligt wird oder ob der Täter darüber hinaus auch die Realisierung der Gefahr in Kauf nimmt, sei es auch nur in der Form, dass der Täter sich mit dem Eintritt des unerwünschten Erfolges abfindet[136]. Auch wenn in der Praxis der Unterschied nur marginal sein dürfte, ist auch im Ergebnis zur Kennzeichnung der Innentendenz die Billigung eines Vermögensnachteils zu verlangen. Dies steht nicht nur eher im Einklang mit der verfassungsrechtlich gebotenen restriktiven Auslegung des Tatbestandsmerkmals des Nachteils, dem eine innere Einstellung entspricht, die dadurch geprägt ist, dass sie sich letztlich mit dem Verlust abfindet[137].

3. Betrug

Mit seiner 2. Entscheidung vom 07.12.2011[138] hat das Bundesverfassungsgericht die zum Nachteilsbegriff der Untreue entwickelnden Grundsätze auf das Merkmal des Vermögensschadens beim Betrug (§ 263 StGB) übertragen.[139] Ebenso wie bei der Untreue billigt das Bundesverfassungsgericht auch beim Betrug die Rechtsfigur der schadensgleichen Vermögensgefährdung und bezieht sich insoweit auf seine Ausführungen zur Untreue. Erforderlich ist eine konkrete Gefahr eines zukünftigen Verlustes. Dabei dürfen allerdings die Verlustwahrscheinlichkeiten nicht so diffus sein oder sich in so niedrigen Bereichen bewegen, dass der Eintritt eines realen Schadens ungewiss bleibt.[140] Normative Gesichtspunkte können bei der Bewertung von Schäden eine Rolle spielen; sie dürfen die wirtschaftliche Betrachtung allerdings nicht überlagern oder verdrängen.

---

[133] BGH aaO Rn. 21 f.
[134] BGHSt 46, 30, 35; 48, 331, 347 ff – zum Betrug jeweils mwN
[135] BGH, DB 2013, 1779 Rn. 44
[136] BGH, Urteil vom 18. Oktober 2006 – 2 StR 499/05, BGHSt 51, 121; Beschluss vom 2. April 2008
– 5 StR 354/07, BGHSt 52, 182, 189 f.; BGH, DB 2013, 1779 Rn. 24 ff.
[137] *Büscher*, NStZ, Sonderheft 2009, 8, 13 f.; *Nack*, StraFo 2008, 277, 280 f.; NK/*Kindhäuser*, StGB, § 266 Rn. 123; *Gaede* in Matt/Renzikowski, StGB, § 15 Rn. 27
[138] BVerfGE 130, 1, 42 ff., wobei sich die – allgemein als Al-Quaida bekannte – Entscheidung im Schwerpunkt mit der Verwertbarkeit rechtswidrig erhobener personenbezogener Informationen im Strafprozess befasst.
[139] Dagegen billigt das Bundesverfassungsgericht (a. a. O.; S. 44 f.) grundsätzlich die Rechtsfigur der Täuschung durch schlüssiges Verhalten (vgl. hierzu BGHSt 51, 165, 169 ff.)
[140] BVerfG a. a. O., S. 47

a) Grundsätze der Entscheidung des Bundesverfassungsgerichts

86 In dem vom Bundesverfassungsgericht zu prüfenden Fall ging es um den betrügerischen Abschluss von Lebensversicherungen, wobei die Täter bereits bei Abschluss des Versicherungsvertrages planten, mittels gefälschter Todesbescheinigungen die Auszahlung der Lebensversicherung zu bewirken. Die Fachgerichte[141] haben – was das Bundesverfassungsgericht grundsätzlich gebilligt hat[142] – einen sog. Eingehungsbetrug angenommen. Dieser ist dadurch gekennzeichnet, dass bereits der Abschluss eines gegenseitigen Vertrages und nicht erst die Grundlage des Vertrages erfolgende Leistungserbringung zu einem Vermögensschaden führt.[143]

Nach der von der Rechtsprechung durchgängig angewandten Berechnungsmethode, an die im Grundansatz des Bundesverfassungsgerichtes anknüpft, ist die Schadensbestimmungen durch eine Gesamtsaldierung vorzunehmen. Dabei sind der Geldwert der gegen den Täuschenden erworbenen Ansprüche und der Geldwert der eingegangenen Verpflichtung miteinander zu vergleichen. Der Getäuschte ist geschädigt, wenn sich ein Negativsaldo zu seinem Nachteil ergibt.[144]

Die Bedeutung der Entscheidung des Bundesverfassungsgerichts besteht darin, dass jetzt dezidiert eine konkrete Bezifferung dieses Negativsaldos erfolgen muss. Da es hierbei um die Bestimmung von Werten aus einem eingegangenen Vertragsverhältnis geht, können im Regelfall die bilanziellen Wertermittlungsgrundsätze herangezogen werden. Denn wenn mit einem teilweise oder gar vollständigen Forderungsausfall zu rechnen ist, müssen entsprechende bilanzielle Korrekturen vorgenommen werden. Diese – häufig für die Strafgerichte nur mit sachverständiger Hilfe – zu ermittelnden Wertberichtigungen stellen dann den bezifferten Schaden im Sinne des § 263 StGB dar.[145]

b) Umsetzung durch die Rechtsprechung des Bundesgerichtshofs

87 Die Rechtsprechung des Bundesgerichtshofes hat diese Vorgaben umgesetzt. Die ersten Entscheidungen ergingen zum Kreditbetrug als einem klassischen Anwendungsfeld des Eingehungsbetruges.[146] Diese Fallgestaltung liegt etwa vor, wenn der Darlehensnehmer über wertbildende Faktoren der Kreditgewährung täuscht. Dies kann sowohl seine eigene wirtschaftliche Situation betreffen, als auch die Werthaltigkeit der von ihm gestellten Sicherheiten. Nach der Rechtsprechung ist diese Frage durch einen auf den Zeitpunkt der Darlehenshingabe abzustellenden Wertvergleich zu ermitteln. Es muss deshalb die Werthaltigkeit des Rückzahlungsanspruches bestimmt werden, die durch die Bonität des Darlehensschuldners und den Wert der gestellten Sicherheiten beeinflusst wird. Dabei kann bei einer Täuschung über die Bonität, ein Vermögensschaden ausbleiben, wenn die gestellten Sicherheiten die Darlehensforderungen abdecken.[147] Nur wenn dies nicht der Fall ist, also weder die Bonität noch die Sicherheiten die Rückzahlung sichern können, ist ein Vermögensschaden eingetreten. Dieser Minderwert des im Synallagma Erlangten ist dann unter wirtschaftlicher Betrachtungsweise zu ermitteln. Dieser Schaden ist dann (regelmäßig unter Hinzuziehung eines Sachverständigen) konkret aufzuklären und zu beziffern. Dabei können die banküblichen Bewertungsansätze für Wertberichtigungen Anwendung finden. Denn ist aufgrund fehlender Bonität des Schuldners und nicht ausreichender Sicherheiten mit einem teilweisen Forderungsausfall zu rechnen, müssen entsprechende bilanzielle Korrekturen vorgenommen werden. Sofern genaue Feststellungen zur Einschätzung des Ausfallrisikos nicht möglich sind, sind Mindestfeststellungen zu treffen, um den dadurch bedingten Minderwert und den inso-

---

[141] BGHSt 54, 69, 122 ff.
[142] BVerfG a. a. O., S. 46
[143] BGH, Urteil v. 20.03.2013 – 5 StR 442/11; NJW 2013, 883; BGH NStZ 2011, 638 jew. m. weiteren Nachweisen
[144] ständige Rechtsprechung vgl. BGHSt 45, 1, 4; BGH NStZ 2011, 638; BGH NJW 2013, 883
[145] BGH NJW 2012, 2370; wistra 2013, 20; Beschluss v. 29.01.2013 – 2 StR 422/12
[146] BGH a. a. O.
[147] BGH NStZ 2009, 150; NStZ-RR 2005, 374

B. Managerkriminalität

weit eingetretenen wirtschaftlichen Schaden unter Beachtung des Zweifelssatzes zu schätzen.[148]

Die Entscheidung des Bundesverfassungsgerichts hat hier keine bahnbrechenden neuen Erkenntnisse erbracht. Ihr Verdienst ist jedoch, dass sie die Ungenauigkeiten der Praxis abstellen wird und mit dem Rekurs auf die handelsrechtlichen Bewertungsregeln einen Weg für die Schadensfeststellung vorgegeben hat. Nunmehr zeigen sich in der Praxis Tendenzen, diese Entscheidung des Bundesverfassungsgerichts in die andere Richtung zu übertreiben und praktisch für jede Fallgestaltung ein Sachverständigengutachten anzufordern. Diesen Tendenzen ist der Bundesgerichtshof entgegen getreten.[149] Anlass dafür gab ein Fall, in dem ein wohlhabender Mann ein Grundstück erwirbt und dabei – so die rechtsfehlerfreien Feststellungen des Landgerichts – von Anfang an vorhatte, einen Kaufpreisanteil (nämlich vorab die Übernahme der öffentlichen Lasten) nicht zu erbringen.

Entgegen der in diesem Verfahren übereinstimmend von der Verteidigung und dem Generalbundesanwalt vertretenen Auffassung kam es bei der Feststellung des Vermögensschadens nicht auf den (nur durch Sachverständigenbeweis) zu ermittelnden und objektiven Wert des Grundstücks an. Grundsätzlich legen in einem von Angebot und Nachfrage bestimmten marktwirtschaftlichen System die Vertragsparteien den Wert des Gegenstandes fest. Nach Auffassung des Bundesgerichtshofes muss diese intersubjektive Wertfestsetzung nicht deshalb infrage gestellt werden, wenn sich eine Partei bei Vertragsschluss bereits vorgenommen hat, die vertraglich übernommene Verpflichtung ganz oder teilweise nicht zu erfüllen. Deswegen hat dieser von den Parteien selbst – auf der Grundlage übereinstimmender, von Willens- und Wissensmängeln nicht beeinflusster Vorstellungen über Art und Güte des Vertragsgegenstandes – bestimmter Wert grundsätzlich auch die Basis der Schadensfeststellung im Rahmen des Betruges sein. Das wird sämtliche Fallgestaltungen betreffen, in denen Leistung und Gegenleistung in keinem auffälligen Missverhältnis zueinander stehen.[150] Hierbei weist der Bundesgerichtshof zutreffend darauf hin, dass zwischen Betrug und Untreue ein struktureller Unterschied bei der Schadensfeststellung insoweit besteht, als die Untreue regelmäßig eine pflichtwidrige Einzelhandlung voraussetzt, deren Auswirkung auf das Gesamtvermögen nach objektiven Kriterien bestimmt werden muss. Dagegen liegt beim Eingehungsbetrag regelmäßig eine Bewertung des Vertragsgegenstandes durch die Vertragsparteien vor. Hieran kann – so der Bundesgerichtshof – die Schadensbestimmung grundsätzlich anknüpfen, in dem nur noch bewertet wird, inwieweit infolge der Täuschung das vertragliche Synallagma verschoben worden ist.[151]

Eine Bedeutung erlangt deshalb das vom Bundesverfassungsgericht statuierte Gebot zur Schadensbezifferung insbesondere bei Risikogeschäften, wenn die Täuschung zu einer Falschbewertung der Risiken führt. Neben den oben bereits angesprochenen Darlehensgeschäften ist dies bei Unternehmenskäufen oder auch bei Spielverträgen von Bedeutung. Deshalb hat der Bundesgerichtshof – in Abkehr von einem früheren Urteil, das vor der Entscheidung des Bundesverfassungsgerichts ergangen ist – bei Wettmanipulationen auch verlangt, dass eine Bewertung und Bezifferung des täuschungsbedingten Risikoungleichgewichts stattfindet. Der Schaden bestimmt sich in diesen Fällen immer aus der Verschiebung des synallagmatischen Zusammenhangs zulasten des Getäuschten.[152]

B. Spezifische Pflichten im Zusammenhang mit der Leitung von Unternehmen – Managerkriminalität

Unternehmen und die für sie handelnden Manager stehen aber in einem Geflecht von Verbots- und Gebotsnormen, die sie zu beachten haben. Neben den eigentlich genuin wirtschaftsstrafrechtlichen Pflichten, die hier zu behandeln sind, gibt es wesentliche Rechtsmate-

---

[148] BGH NJW 2012, 2370, wistra 2013, 20; Beschluss v. 29.01.2013 – 2 StR 422/12
[149] BGH, Urteil v. 20.03.2013 – 5 StR 344/12
[150] BGH a. a. O., Rn 19
[151] BGH a. a. O., Rn 20
[152] BGH NJW 2013, 883, Rn 40

rien, deren Verletzung gleichfalls strafrechtliche Folgen haben kann. Dies sind etwa die Bereiche des Umwelt- oder des Ausländerstrafrechts, die jeweils mit sehr fühlbaren Strafandrohungen auf die Leitungspersonen von Unternehmen einwirken. Hinzu kommen die – sehr weitgehend von supranationalen Organisationen vorgeprägten – Regelungen des Außenwirtschaftsstrafrechts (vgl. hierzu Kap. 24). Die Strafbarkeit des Managers ist dann unproblematisch, wenn er die Taten in Person begeht (zB selbst täuscht oder unrichtige Steuererklärungen abgibt). Insoweit können für diesen Personenkreis keine Besonderheiten gelten. Schwieriger ist die Situation einer strafrechtlichen Haftung für den nachgeordneten Bereich. Eine solche wird ihn zwar persönlich regelmäßig nur im Fall einer vorsätzlichen Verwicklung treffen. Gleichwohl gehört es zu den ureigenen Aufgaben des Managements den persönlichen Verantwortungsbereich „strafrechtlich sauber" zu halten.

I. Strafrechtlich relevante Pflichtenstellungen

91 Eine abschließende Aufzählung von Pflichten, deren Verletzung strafrechtliche Folgen haben könnte, ist nicht möglich. Hierzu ist das ein Unternehmen treffende Pflichtenbündel zu vielgestaltig. Diese Pflichten berühren den Manager nach Maßgabe der Zurechnungstatbestände nach § 14 StGB (vgl. oben Rn. 7 ff.). Daneben kann der Leitende aber auch Pflichten gegenüber dem eigenen Unternehmen haben. Zudem steht das Unternehmen in einem Geflecht öffentlich-rechtlicher Bindungen. Verstöße dagegen können auch zu strafrechtlichen Konsequenzen führen. Für die nachfolgende – auf Schwerpunkte beschränkte – Darstellung soll dabei zwischen Pflichten gegenüber dem eigenen Unternehmen (interne Pflichten) und den Pflichten eines Unternehmens gegenüber dem Staat und der Mitwelt unterschieden werden.

1. Interne Pflichten

92 Die den Mitarbeitern – ungeachtet der Hierarchiestufe – obliegende Pflicht ist, die Interessen des Unternehmens zu beachten und zu wahren. Solche Treue- bzw. Loyalitätspflichten sind arbeitsvertragliche Nebenpflichten. Für Organe gelten auf der Grundlage des organschaftlichen Verhältnisses dieselben Pflichten. Nicht jede allgemeine vertragliche Pflicht oder Nebenpflicht führt hingegen zur Annahme eines Treueverhältnisses im Sinne des § 266 StGB.[153] Maßgeblich sind insoweit nur inhaltlich besonders qualifizierte Pflichten, die in einem funktionalen Zusammenhang zu den dem Mitarbeiter übertragenen Aufgabenbereich stehen.[154] Sie richten sich gerade auf die Wahrung der Vermögens- und Geschäftsinteressen des Dienstherrn. Ihre Verletzung kann dann zu einer Strafbarkeit wegen Untreue nach § 266 StGB führen, wenn dem Unternehmen ein Nachteil entsteht. Entsprechende Pflichtenbindungen ergeben sich aus vertraglichen Vereinbarungen oder gesetzlichen Regelungen, die dem Erhalt des Kapitals des Unternehmens dienen. Sie können auch durch eine Auslegung des zu Grunde liegenden Vertragsverhältnisses gewonnen werden. In Betracht kommen Pflichten, die ihre Grundlage im Gesellschaftsrecht oder Arbeitsrecht haben, aber auch solche, die durch den Abschluss eines Vertrages entstehen, der eine besondere Pflichtenbindung für eine der beiden Vertragsparteien begründet.

a) Gesellschaftsrechtliche Pflichten

93 Die inhaltliche Bestimmung solcher Pflichten, die sich aus der gesellschaftsrechtlichen Funktion des Betroffenen ergeben, regelt sich nach dem Gesellschaftsrecht. Grundsätzlich bedeutet deshalb Pflichtwidrigkeit im Sinne des hier hauptsächlich in Betracht kommenden Untreuetatbestands (§ 266 StGB) die Verletzung der sich aus dem Gesellschaftsrecht ergebenden Pflichtenbindung. Eine solche Pflichtenbindung besteht für den Geschäftsführer nur gegenüber der Gesellschaft, nicht aber zugleich auch gegenüber ihren Gesellschaftern. Wie der 3. Strafsenat des Bundesgerichtshofs zutreffend ausgeführt hat, folgt aus der gesellschaftsrecht-

---

[153] BGHSt 28, 23; vgl. *Perron*, in: Schönke/Schröder, StGB § 266 Rn. 23.
[154] BGHR StGB § 266 Abs. 1 Vermögensbetreuungspflicht 20, 31, 32.

B. Managerkriminalität

lichen Pflichtverletzung grundsätzlich – bezogen auf den objektiven Tatbestand – die strafrechtliche Pflichtwidrigkeit.[155] Das zusätzliche Erfordernis eines „gravierenden" Pflichtenverstoßes, das der 1. Strafsenat des Bundesgerichtshofs verlangt,[156] hat der 3. Strafsenat abgelehnt. Das Bundesverfassungsgericht hat freilich in seiner Entscheidung zur Untreue das Erfordernis der „schweren" Pflichtverletzung wieder in den Vordergrund gerückt (vgl. Rn. 76). Dies folge aus dem Gebot der restriktiven Auslegung des Tatbestandsmerkmals der Pflichtwidrigkeit. Letztlich bedeutet diese Einschränkung aber nur, dass nicht jede Pflichtwidrigkeit ausreichen kann, sondern nur solche mit erheblichem Gewicht. Davon zu trennen ist freilich die – für das Strafrecht und das Gesellschaftsrecht gleichermaßen und übereinstimmend zu entscheidende – Frage, wann ein solcher Pflichtverstoß vorliegt. Dabei ist auf das konkret anzuwendende Recht abzustellen, dem diese Gesellschaft unterliegt, mithin für ausländische Gesellschaften auf deren Recht.[157]

Wenn die Handlung nicht in einer eigennützigen Verletzung rechtlicher oder vertraglicher Regelungen besteht, sondern an eine unternehmerische Entscheidung anknüpft, muss die Feststellung eines Pflichtenverstoßes einer Prüfung im Einzelfall vorbehalten bleiben. Insoweit gilt der Grundsatz, dass unternehmerische Entscheidungen sich innerhalb eines weiten Gestaltungsspielraums bewegen. Dies ergibt sich schon aus ihrem Prognosecharakter. Sie beruhen auf einer zukunftsbezogenen Gesamtabwägung, die zwangsläufig die Gefahr erst später erkennbarer Fehlbewertungen in sich trägt. Deshalb ist eine Pflichtverletzung nicht gegeben, solange die Grenzen, in denen sich ein von Verantwortungsbewusstsein getragenes, ausschließlich am Unternehmenswohl orientiertes, auf sorgfältiger Ermittlung der Entscheidungsgrundlagen beruhendes unternehmerisches Handeln bewegen muss, nicht überschritten sind.[158] Dem Entscheidungsträger obliegt es in diesen Fällen allerdings, sich in angemessener Weise durch Analyse der Chancen und Risiken eine möglichst breite Entscheidungsgrundlage zu verschaffen. Nach Auffassung des 1. Strafsenats des Bundesgerichtshofs ist er unter Umständen sogar gehalten, sich sachverständiger Hilfe zu bedienen.[159]

Bei der strafrechtlichen Bewertung von gesellschaftsrechtlichen Pflichtverletzungen ergeben sich aber – in Vergleich zum Gesellschaftsrecht – in zweierlei Hinsicht Besonderheiten. Zum einen handelt es sich bei dem an unternehmerische Fehlentscheidungen in erster Linie anknüpfenden Straftatbestand der Untreue nach § 266 StGB um ein Vorsatzdelikt. Dies hat zur Folge, dass der Täter den eingetretenen Schaden auch tatsächlich erkennen und billigen musste. Zum anderen gilt im Strafverfahren bei der Feststellung der Pflichtwidrigkeit – wie im Übrigen auch im Hinblick auf die subjektive Tatseite – der Zweifelsgrundsatz. Dies führt regelmäßig dazu, dass eine unvertretbare (und damit pflichtwidrige) unternehmerische Maßnahme erst dann angenommen werden kann, wenn sie unter keinem Gesichtspunkt mehr als vertretbar erscheint.[160]

b) Arbeitsrechtliche Pflichten

Soweit der Handelnde in keiner gesellschaftsrechtlich relevanten Stellung (als Gesellschafter oder Organ) zu dem Unternehmen steht, kommt eine arbeitsrechtliche Pflichtenbindung in Betracht. Das Arbeitsverhältnis als solches begründet noch keine Vermögensbetreuungspflicht. Dies gilt sowohl für den Arbeitnehmer[161] als auch für den Arbeitgeber.[162] Wie bereits oben ausgeführt (Rdn. 73), besteht eine Vermögensbetreuungspflicht nur bei qualifizierten Pflichten, die in der Regel bei einer bloß untergeordneten Stellung nicht vorliegen. Umgekehrt ist der abhängig Beschäftigte stets entlastet, soweit er aufgrund einer Weisung seines

---

[155] BGH NJW 2006, 522, 526.
[156] BGHSt 47, 148, 152; 187, 197.
[157] BGH, wistra 2010, 268 mit zust. Anm. von *Bittmann*, wistra 2010, 303
[158] BGHZ 135, 244, 253 f.; 111, 224, 227; BGHSt 47, 148, 149 f.; 187, 192; BGH NJW 2006, 522, 523.
[159] BGH NJW 2006, 453, 455.
[160] BGH NJW 2006, 453, 455; 522, 526.
[161] BGHSt 5, 187 ff.
[162] BGHSt 6, 314, 318.

Arbeitgebers handelt. Dies gilt jedenfalls, solange es ihm nicht bewusst wurde, dass die Anordnung zu einer Schädigung des Unternehmens führt. Je mehr wirtschaftlicher Entscheidungsspielraum dem Arbeitnehmer übertragen wurde, desto größer ist auch seine Gestaltungsfreiheit. Innerhalb des ihm eingeräumten wirtschaftlichen Ermessens gelten die Grenzen, die auch für die Pflichtwidrigkeit unternehmerischen Handelns maßgeblich sind.

96 Die zentrale Pflicht des Arbeitnehmers im Rahmen seiner Betreuungspflicht ist, das Vermögen seines Dienstherrn weitestgehend zu bewahren. Deshalb hat der Mitarbeiter innerhalb des ihm zugewiesenen Aufgabenbereichs für seinen Geschäftsherrn jede Gelegenheit zur Vermögensmehrung auszunutzen[163] und für seinen Geschäftsherrn auch möglichst günstige Preise zu erzielen.[164] Dies hat Auswirkungen bei Schmiergeldern oder so genannten Kickback-Zahlungen. Wenn nicht ganz außergewöhnliche Umstände vorliegen,[165] ist in der Regel davon auszugehen, dass jedenfalls mindestens der Betrag, den der Geschäftspartner für solche Zahlungen aufwendet, auch in Form eines Preisnachlasses dem Geschäftsherrn des Empfängers hätte gewährt werden können.[166] Insoweit liegt eine Pflichtwidrigkeit gerade darin, dass sich der Betreffende diesen Vermögenswert zulasten seines Dienstherrn selbst zugeführt hat. Dies gilt im Übrigen auch dann, wenn entsprechende Schmiergelder über eine dritte Person geleitet und von dort an den Treueverpflichteten ausbezahlt werden.[167]

c) Pflichten aus vertraglichen Vereinbarungen

97 Vermögensbetreuungspflichten für ein Unternehmen können schließlich durch eine vertragliche Vereinbarung übernommen werden. Aus solchen vertraglichen Vereinbarungen entsteht aber nur dann eine „Pflicht, fremde Vermögensinteressen wahrzunehmen" im Sinne des § 266 StGB, wenn das Rechtsverhältnis gerade auf die Betreuung fremder Vermögensinteressen gerichtet ist.[168] Es reicht nicht aus, dass sich Rücksichtnahme-, Treue- oder Loyalitätspflichten aus dem zu Grunde liegenden Vertragsverhältnis als Nebenpflichten ergeben.[169] Vielmehr muss sich das Vertragsverhältnis auf die Betreuung fremder Vermögensinteressen beziehen. Dies würde in erster Linie dann in Betracht kommen, wenn die Treuepflicht eine Art Geschäftsbesorgung zum Gegenstand hat.[170] Dies sind in erster Linie treuhand- oder anwaltliche bzw. steuerberatende Geschäftsbesorgungsverhältnisse. Selbst wenn das Verhältnis an sich ein solches Treueverhältnis im Sinne des § 266 StGB ist, setzt eine Strafbarkeit nach dieser Vorschrift voraus, dass die konkret verletzte Pflicht in einem funktionalen Zusammenhang zu der übernommenen Aufgabe der Wahrung fremder Vermögensinteressen steht. Daran fehlt es, wenn der Pflichtige im Rahmen dieses Verhältnisses nur eine Nebenpflicht verletzt,[171] oder wenn das die Vermögensbetreuungspflicht auslösende Rechtsverhältnis bereits beendet ist und der Pflichtige nur gegen nachwirkende Nebenpflichten verstößt.[172] Aus Gründen der Klarstellung können die Beteiligten durch Vereinbarung oder auch durch eine Satzung bestimmen, welche Pflichten besondere Betreuungspflichten darstellen.[173] Das Merkmal der Pflichtwidrigkeit ermöglicht solche privatautonome Konkretisierungen, ohne dass sich hieraus im Blick auf Art. 103 GG Bedenken ergeben würden.[174]

---

[163] BGH, wistra 1991, 266; *Perron*, in: Schönke/Schröder § 266 Rn. 35 a.
[164] BGHSt 44, 376, 380.
[165] BGHSt 49, 317, 332 f.; BGHR StGB § 266 Abs. 1 Nachteil 49.
[166] BGHSt 47, 295, 298 f.; 50, 299, 314.
[167] BGHSt 49, 317, 333 ff.
[168] BGHSt 49, 147, 155; BGHR StGB § 266 Abs. 1 Vermögensbetreuungspflicht 11, 14, 16.
[169] BGHR StGB § 266 Vermögensbetreuungspflicht 8.
[170] BGHSt 49, 147, 155; BGH GA 1977, 18, 19.
[171] BGHR StGB § 266 Abs. 1 Vermögensbetreuungspflicht 1, 11; *Perron* in: Schönke/Schröder StGB § 266 Rn. 23.
[172] *Perron* aaO.
[173] BGHSt 56, 203 Rn. 26 für politische Parteien
[174] BGH, wistra 2010, 268 Rn. 21

B. Managerkriminalität

d) Einzelne Pflichtenkonstellationen

Nach ständiger Rechtsprechung des Bundesgerichtshofs ist der Missbrauchstatbestand ein **98** Unterfall des Treuebruchtatbestands.[175] Dies hat zur Folge, dass auch in den Missbrauchsfällen eine entsprechende qualifizierte Vermögensbetreuungspflicht vorliegen muss.[176] Im Hinblick hierauf ist eine Unterscheidung zwischen den beiden Tatbestandsalternativen ohne praktischen Wert.[177] Deshalb ist einheitlich die Verletzung der Vermögensbetreuungspflicht zu prüfen, die einmal im Überschreiten einer eingeräumten Vollmacht[178] oder auch in Form einer anderen vermögensschädigenden Handlung liegen kann, die unmittelbar[179] zum Eintritt eines Vermögensnachteils beim betreuten Vermögen führt. Voraussetzung in diesem Zusammenhang ist aber, dass die Norm ihrerseits vermögensschützenden Charakter hat. Nur wenn ein solcher funktionaler Zusammenhang besteht, ist eine Pflichtverletzung pflichtwidrig im Sinne des § 266 StGB.[180]

Einfach zu handhaben sind diejenigen Fälle, bei denen der Treuepflichtige aus Bereiche- **99** rungsabsicht auf das betreute Vermögen zugreift. Diese bedürfen keiner weiteren Vertiefung. Da die Untreue nur eine Nachteilszufügung beim betreuten Vermögen, nicht aber eine Bereicherung des Täters voraussetzt, sind in der Praxis diejenigen Sachverhaltskonstellationen am schwierigsten zu beurteilen, bei denen aufgrund verschiedener Fehlerquellen durch ein Handeln für das Unternehmen ein Schaden entsteht. Ausgewählt sollen einige in der Praxis besonders bedeutsame Vermögensbetreuungspflichten dargestellt werden, die bislang Gegenstand der höchstrichterlichen Rechtsprechung waren.

aa) Verbot des existenzgefährdenden Eingriffs

Die Untreue schützt das betreute Vermögen. Dies hat bei Kapitalgesellschaften dann zu Pro- **100** blemen geführt, wenn der Treuepflichtige zugleich Vermögensinhaber ist oder im Einverständnis mit den Vermögensinhabern handelt. So ist der Geschäftsführer einer GmbH dieser gegenüber zur Vermögensbetreuung verpflichtet. Ist der Geschäftsführer aber zugleich Alleingesellschafter der GmbH, dann betreut er – wirtschaftlich betrachtet – in erster Linie sein eigenes Vermögen. Dennoch hat die strafgerichtliche Rechtsprechung,[181] die sich insoweit an der zivilrechtlichen Judikatur orientiert hat,[182] einen Schutzbereich anerkannt, welcher der Dispositionsfreiheit der Gesellschafter entzogen ist, weil Interessen anderer oder öffentliche Interessen berührt sind. Obgleich der zuständige II. Zivilsenat des Bundesgerichtshofs mittlerweile den Haftungsgrund für existenzvernichtende Eingriffe in einer sittenwidrigen Schädigung nach § 826 BGB sieht, bestand für den BGH bei der strafrechtlichen Auslegung kein Grund von der Rechtsfigur des existenzgefährdenden Eingriffs abzurücken. Von dem Wechsel der deliktsrechtlichen Haftungskonstruktion unberührt ist nämlich die Frage der zivilrechtlichen Treuepflicht des Gesellschafters gegenüber seiner Gesellschaft, mithin inwieweit er seine eigene Gesellschaft schädigen bzw. ausplündern darf.[183] Zur Feststellung einer konkreten Existenzgefährdung der Gesellschaft bedarf es grundsätzlich einer auf der Grundlage nach Zerschlagungswerten aufgestellten, die Abwicklungskosten und etwaige Sozialansprüche mit berücksichtigenden Bilanz[184]. Allerdings kann die Aufstellung einer solchen Bilanz nach Zerschlagungswerten zur Feststellung eines Angriffs auf das Stammkapital einer GmbH dann

---

[175] BGHSt 24, 386; 33, 244, 255; kritisch *Perron* aaO. Rn. 2.
[176] Vgl. BGHR StGB § 266 Abs. 1 Missbrauch 3; *Seier*, in: Achenbach/Ransiek, S. 309 f.
[177] Vgl. *Nack* in: Müller-Gugenberger/Bienek, Wirtschaftsstrafrecht, 4. Aufl. § 66 Rn. 7, der unter Bezugnahme auf BGH, wistra 1997, 301 beim Missbrauchstatbestand geringere Anforderungen an den Vorsatz stellen will.
[178] BGHR StGB § 266 Abs. 1 Missbrauch 2.
[179] Vgl. dazu *Seier*, in: Achenbach/Ransiek, S. 340 f.
[180] BGHSt 55, 288 Rn. 36; 56, 203 Rn. 25
[181] BGHSt 35, 333, 336 f.; BGH NJW 2003, 2996, 2998; 1997, 66, 68 f.
[182] BGHZ 151, 181, 186; 149, 10, 17.
[183] BGHSt 54, 52, 58 Rn. 27 f.
[184] Vgl. BGHZ 76, 326, 335

entbehrlich sein, wenn sich die Gefährdung der Existenz oder der Liquidität der GmbH allein auf Grund des tatsächlichen Geschehensablaufs feststellen lässt.[185]

101 Der Zweck einer Kapitalgesellschaft erschöpft sich nicht in einer bloßen Vermögensanlage für die Gesellschafter. Jedenfalls wenn die Gesellschaft eine eigene wirtschaftliche Tätigkeit aufgenommen hat, handelt sie unter eigener Rechtspersönlichkeit als Wirtschaftssubjekt im Geschäftsverkehr und wird Träger von Rechten und Pflichten. Dies lässt gleichzeitig Schutzerfordernisse entstehen, die sicherstellen, dass die Gesellschaft die Essentialien einhält, die für das Funktionieren des Wirtschaftskreislaufes unerlässlich sind und auf die der Rechtsverkehr vertrauen können muss.[186] Dementsprechend hat die Rechtsprechung eine Vermögensverfügung dann gegenüber der Gesellschaft als treuwidrig und wirkungslos angesehen, wenn die Verfügung geeignet ist, das Stammkapital der Gesellschaft zu beeinträchtigen.[187] Gleiches gilt, wenn durch die Vermögensverfügung eine konkrete und unmittelbare Existenzgefährdung eintritt, weil der GmbH ihre Produktionsgrundlagen entzogen werden oder ihre Liquidität gefährdet ist.[188] Zuletzt hat der BGH nochmals den Umfang dessen, was unter Gesichtspunkt des existenzgefährdenden Eingriff zu verstehen ist wie folgt präzisiert: Nach der Rechtsprechung bildet der existenzgefährdende Eingriff als Grenze der Verfügungsbefugnis des Gesellschafters den Oberbegriff, der die Unterfälle Beeinträchtigung des Stammkapitals sowie Entziehung der Produktionsgrundlagen oder Gefährdung der Liquidität umfasst.[189] Diese Grundsätze gelten nicht nur für den Alleingesellschafter-Geschäftsführer, sondern auch dann, wenn der Geschäftsführer mit der Zustimmung sämtlicher Gesellschafter handelt.[190]

102 Eine entsprechende Vermögensbetreuungspflicht trifft nicht nur den Geschäftsführer, der kraft seiner Organstellung eine Vermögensbetreuungspflicht hat. Sie kann auch den Gesellschafter, insbesondere den beherrschenden Alleingesellschafter erfassen. Den Gesellschaftern steht innerhalb wie außerhalb der Liquidation nur der Zugriff auf den zur Erfüllung der Geschäftsverbindlichkeiten nicht benötigten Überschuss zu. Der Gesellschafter darf der Gesellschaft Vermögen nicht entziehen, das sie für die Erfüllung ihrer Verbindlichkeiten benötigt. Diese Pflicht wird regelmäßig jedenfalls dann zur Vermögensbetreuungspflicht im Sinne des § 266 StGB, wenn der Allein-Gesellschafter oder die Gesellschafter zusammen die Kapitalverwendung auch tatsächlich kontrollieren.[191] Zumindest unter dieser Voraussetzung stellt sich das gesellschaftsrechtliche Kapitalerhaltungsgebot nicht nur als bloße Schranke der Dispositionsbefugnis des Gesellschafters dar, sondern erwächst zu einer eigenständigen Vermögensbetreuungspflicht im Sinne des § 266 StGB. Damit kann der Gesellschafter selbst Täter sein. Demnach entstehen keine Strafbarkeitslücken, wenn der Gesellschafter auf einen undolos (und damit ohne Täterqualität handelnden) Geschäftsführer einwirkt und ihn zu gesellschaftsrechtlich nicht mehr zulässigen Entnahmen veranlasst.

(1) Cash-Management und Zahlungen im Konzernverbund

103 Ein besonderer Anwendungsfall dieser Grundsätze sind die so genannten Cash-pools innerhalb eines Konzerns, die auch den Anlass für die Entscheidung „Bremer Vulkan" des II. Zivilsenats[192] und des 5. Strafsenats[193] des Bundesgerichtshofs gebildet haben. Ein solches System ist dadurch gekennzeichnet, dass Liquiditätsüberschüsse, die bei einzelnen Tochtergesellschaften anfallen, sofort umgeleitet werden und anderen Unternehmenseinheiten, bei denen ein Kapitalbedarf besteht, zur Verfügung gestellt werden[194] Diese materiell als Darlehen zu qualifizierenden Vermögensumschichtungen sind an sich nicht pflichtwidrig. Sie lösen aber bei der das Cash-Pool-System organisierenden Konzernmutter besondere Sicherungspflichten aus.

---

[185] BGH, wistra 2006, 229; Vgl. auch *Fischer*, StGB, § 266 Rn. 96a
[186] BGHSt 49, 147, 157 f.
[187] BGHSt 35, 333, 336; BGH NJW 2003, 2996, 2998.
[188] BGH, wistra 2003, 344, 346 f.
[189] BGH, ZIP 2013, 1382 Rn. 30
[190] BGH aaO. Rn. 20
[191] BGHSt 49, 147, 158 f.
[192] BGHZ 149, 10 ff.
[193] BGHSt 49, 147 ff.
[194] Vgl. dazu *Kiethe*, DStR 2005, 1573 ff., *Schilmar*, DStR 2006, 568.

B. Managerkriminalität   4

Erreichen die Vermögenstransfers ein solches Ausmaß, dass die Erfüllung der eigenen Verbindlichkeiten des einlegenden Konzernmitglieds im Falle des Verlusts der Gelder gefährdet wäre, dann trifft die Gesellschaft eine Vermögensbetreuungspflicht, die Rückzahlung der Gelder – etwa durch ausreichende Sicherung – zu gewährleisten. Sie hat dann die wirtschaftlichen Eigeninteressen ihrer Tochter (und deren Gläubiger) zu wahren.[195] Diese Pflicht der Konzernmutter wird ihren Organen nach § 14 Abs. 1 Nr. 1 StGB zugerechnet. Insoweit bildet der Verstoß gegen das Verbot des existenzgefährdenden Eingriffs die Pflichtverletzung im Sinne des Tatbestands. Dass in der zivilgerichtlichen Judikatur von einem „existenzvernichtenden" in der strafgerichtlichen Rechtsprechung von einem „existenzgefährdenden" Eingriff die Rede ist, bedeutet keinen inhaltlichen Unterschied. Die unterschiedliche Terminologie ist vielmehr nur dem Umstand geschuldet, dass für den strafrechtlichen Schadens- und Nachteilsbegriff die schadensgleiche Gefährdung ausreicht, während im Zivilrecht der Gefährdungsgedanke in diesem Zusammenhang keine Rolle spielt.[196]

In Beziehung zur Problematik der Cash-Pools steht auch die „Kinowelt-Entscheidung" des **104**
1. Strafsenats des Bundesgerichtshofs.[197] Dort ergab sich unter anderem die Frage, ob es einen Pflichtverstoß im Sinne des § 266 StGB darstellen kann, wenn ungesicherte Zahlungen an ein noch nicht einem Konzern zugehöriges Unternehmen geleistet werden, das aber übernommen und in den Konzern eingegliedert werden soll. Dies hat der Bundesgerichtshof verneint, wenn der Wille der maßgeblichen Organe der beteiligten Unternehmen ernstlich auf die Verbindung gerichtet ist und das zuwendende Unternehmen bereits eine Rechtsposition erlangt hat, die den Erwerb sicherstellt. Solche Zahlungen (die rechtlich als Darlehen zu qualifizieren sind) gehen bei wirtschaftlicher Betrachtung dem übernehmenden Unternehmen nicht verloren, weil sie entweder im Hinblick auf den zu entrichtenden Kaufpreis verrechenbar sind oder nach Übernahme innerhalb des Konzerns zurückgeführt werden können. Zutreffend hat der 1. Strafsenat des Bundesgerichtshofs in diesem Zusammenhang auf die gesicherte Erwerbsposition abgestellt. Eine solche lag dort in Form einer Option vor; zudem bestand – nach dem Willen der beteiligten Organe – der Fusionswunsch fort. Dieses so gestaltete Näheverhältnis erlaubt es, das zu übernehmende Unternehmen praktisch als schon dem Konzernverbund zugehörig anzusehen. In Übereinstimmung mit der aktienrechtlichen Auffassung[198] hat der Bundesgerichtshof insoweit zu Recht eine quasi – gesellschaftsrechtliche Legitimation für die Zahlungen gesehen und demgemäß zwangsläufig auch keine Pflichtwidrigkeit im Sinne des § 266 StGB angenommen.

Unberührt von der Frage, ob die Zahlung an ein noch nicht dem Konzernverbund angehörendes Unternehmen schon eine Untreue begründen kann, bleibt aber die Frage nach einer Verletzung der Vermögensbetreuungspflicht, wenn entweder der Abfluss der Mittel an den übernahmewilligen Konzern oder die Zahlung an den Übernahmekandidaten wirtschaftlich unvertretbar waren. In Bezug auf das zu übernehmende Unternehmen kommt eine Untreue nur dann in Betracht, wenn die Rückzahlung der ausgereichten Gelder selbst im Falle einer Übernahme nicht mehr hätte realisiert werden können, weil keine langfristige Rentabilitätserwartung im zu übernehmenden Unternehmen mehr bestand und auch keine Verrechnungsmöglichkeit mit dem Kaufpreis gegeben war. Im Hinblick auf das übernehmende Unternehmen kann der Kapitalentzug einen existenzgefährdenden Eingriff darstellen, wenn es dadurch selbst so viel an Liquidität verliert, dass die Erfüllung der eigenen Verbindlichkeiten nicht mehr gesichert ist.[199] Beide Gesichtspunkte bedingen sich im Übrigen gegenseitig. Je größer das Risiko der Investition in das zu übernehmende Unternehmen, umso gesünder muss die eigene wirtschaftliche Basis des investierenden Unternehmens sein. In seiner oben angesprochenen „Kinowelt-Entscheidung" hat der 1. Strafsenat des Bundesgerichtshofs eine Untreuehandlung der Organe des übernahmewilligen Konzerns deshalb angenommen, **105**

---

[195] BGHSt 49, 147, 161.
[196] BGHSt 49, 147, 159.
[197] BGH NJW 2006, 453.
[198] *Windbichler*, in: Großkomm. AktG, 4. Aufl. § 17 Rn. 26; *Bayer*, in: MünchKomm-AktG, 2. Aufl. § 17 Rdn. 51 ff.
[199] BGHSt 49, 147, 157 ff.; vgl. auch BGHR StGB § 266 Nachteil 23, 25, 33, 37.

weil eine weitere Mittelvergabe an das übernahmewillige Unternehmen pflichtwidrig war.[200] Da dem Konzern selbst Sanierungskredite versagt worden waren, bestand kein wirtschaftlicher Spielraum mehr für Investitionen, zumal das Unternehmen, das übernommen werden sollte, selbst illiquide war. Zwar besteht ein besonderer unternehmerischer Freiraum, der sich gerichtlicher Überprüfung entzieht, gerade dann, wenn neue Märkte erschlossen, in neue Technologien investiert oder neue Geschäftsideen verwirklicht werden sollen.[201] Im konkret zu entscheidenden Fall hat der Bundesgerichtshof wegen der schlechten wirtschaftlichen Lage sowohl des übernehmenden als auch des zu übernehmenden Unternehmens jedoch weitere Zahlungen auf Darlehensbasis für schlechthin unvertretbar erachtet.

(2) Vorsatzprüfung

106 Bei der notwendigen Vorsatzprüfung sind allerdings strenge Anforderungen an den Nachweis der subjektiven Tatseite zu stellen. Dies fordert der weite objektive Tatbestand der Untreue. Der Täter muss sich nicht nur der Pflichtwidrigkeit seines Tuns, sondern auch des hierdurch bewirkten Vermögensnachteils bewusst sein.[202] Dies kann es erforderlich machen, die bei ihm zum Zeitpunkt seiner Entscheidungsfindung vorhandene Vorstellung über einen etwaigen Vermögenszuwachs, der mit der pflichtwidrigen Handlung verbunden sein sollte, zu untersuchen.

bb) Vergütungsregelungen

107 Mit dem „Mannesmann"-Urteil des 3. Strafsenats des Bundesgerichtshofs[203] ist die strafrechtliche Begrenzung von Vergütungen auf der Ebene des Managements in den Blick geraten. Diese Frage stellt sich allerdings nur bei solchen Gesellschaften, bei denen das Kapital sich nicht nur in den Händen weniger Gesellschafter befindet. Die Gesellschafter einer GmbH wie auch die Aktionäre einer AG, sind – soweit sie das gesamte Kapital repräsentieren – rechtlich in der Lage, ihren Organen in Anstellungsverträgen Vergütungen und vergütungsähnliche Leistungen (Altersversorgung, Abfindungsregelungen oder Dienst-Pkw) praktisch nach Belieben zuzugestehen. Bei der Aktiengesellschaft würde ein solches Einverständnis voraussetzen, dass die Gesamtheit der Aktionäre in der Hauptverhandlung einen entsprechenden Beschluss fasst. Die nachträgliche Einwilligung eines Alleinaktionärs reicht ebenso wenig aus wie das vorherige Einverständnis eines Aktionärs, der später Alleinaktionär geworden ist. Entscheidend ist vielmehr, dass vor Tatbegehung die Gesamtheit der Aktionäre der Zahlung zustimmen.[204] Selbst dann entfaltet das Einverständnis nicht schlechthin eine Legitimationsgrundlage für die Leistung. Eine Grenze besteht selbst hier insoweit, als auch die Gesamtheit der Gesellschafter das Verbot des existenzgefährdenden Eingriffs (vgl. Rn. 100) gegenüber der Kapitalgesellschaft zu beachten hat.

(1) Gestaltungsspielraum

108 Fehlt es dagegen an einer übereinstimmenden Willensbetätigung sämtlicher Gesellschafter, gelten für Vergütungsentscheidungen die allgemeinen Grundsätze, die für unternehmerische Entscheidungen entwickelt wurden. Aus der Sicht der Kapitaleigner ist die Entscheidung über die Höhe der Vergütung ihrer Organe ihrem Wesen nach eine unternehmerische Entscheidung. Diejenigen, die nach der Struktur der Kapitalgesellschaft (Gesellschafterausschuss, Aufsichtsrat, Präsidium des Aufsichtsrats) hierüber zu befinden haben, nehmen insoweit die Interessen der Gesellschaft gegenüber deren Organen wahr. Deshalb lassen sich die Grundsätze, die der Bundesgerichtshof zu den Pflichten des Präsidiums einer Aktiengesellschaft entwickelt hat, ohne weiteres verallgemeinern.[205] Danach haben die Mitglieder des Präsidiums, das die Gesellschaft gegenüber den Vorstandsmitgliedern vertritt, bei Entscheidungen über die inhaltliche Ausgestaltung der Dienstverträge mit den Vorstandsmitgliedern und der Festle-

---

[200] BGH, NJW 2006, 453, 454.
[201] BGH, NJW 2006, 453, 455.
[202] BGHR StGB § 266 Abs. 1 Nachteil 38.
[203] BGH, NJW 2006, 522.
[204] BGH, NJW 2006, 522, 525 f.
[205] BGH NJW 2006, 522, 523.

B. Managerkriminalität

gung von deren Bezügen eine Vermögensbetreuungspflicht, die aus ihrer Stellung als Verwalter des für sie fremden Vermögens der Aktiengesellschaft folgt. Diese Vermögensbetreuungspflicht müssen sie im Unternehmensinteresse ausüben. Diese aus dem Aktiengesetz folgende Pflicht (§ 93 Abs. 1 Satz 1, § 116 Satz 1 AktG) stellt sich im Sinne des § 266 Abs. 1 StGB als Pflicht zur Wahrnehmung fremder Vermögensinteressen dar.

Wie dem Angemessenheitsgebot (§ 87 Abs. 1 AktG) zu genügen ist, entzieht sich naturgemäß einer generalisierenden Betrachtung. Diese Entscheidung verlangt zwangsläufig einen weiten unternehmerischen Gestaltungsspielraum.[206] Grenzen lassen sich nur dort ziehen, wo das Unternehmensinteresse erkennbar verletzt wird und die versprochenen Leistungen mit der Wirtschaftskraft des Unternehmens nicht mehr in Einklang stehen oder – wie im Fall „Mannesmann" die nachträgliche Anerkennungsprämie – für das Unternehmen nutzlos und schon allein deshalb zweckwidrig sind.[207] Inhaltlich gelten diese Grundsätze auch für die nachgeordnete Ebene. Dies bedeutet, dass das Organ bei der Verhandlung und Festlegung der Bezüge von Mitarbeitern seinerseits das Angemessenheitsgebot zu wahren hat. Da diese Pflicht von der umfassenden Vermögensbetreuungspflicht des Organs umschlossen ist, kann eine Untreue des Organs dann vorliegen, wenn die Vergütungsvereinbarung sich als unvertretbar erweist. Gleiches gilt im Übrigen auch für den Bereich des öffentlichen Dienstes. Das den Funktionsträgern dort obliegende Sparsamkeitsgebot verlangt nicht immer nach der preisgünstigsten, sondern nach der wirtschaftlichsten Lösung. Deshalb steht auch – jedenfalls innerhalb vorgegebener rechtlicher Grenzen – die angemessene Entlohnung in einem Gesamtzusammenhang einer Vielzahl möglicher Gesichtspunkte. Die Grenze bildet auch dort eine nicht gerechtfertigte und damit unangemessene Lohnzusage.[208]

(2) Vorsatzanforderungen

Hinsichtlich der inneren Tatseite gilt in diesen Fällen der Grundsatz, dass das Erkennen der Unangemessenheit ein Vorsatzerfordernis darstellt. Dies setzt nicht nur die Kenntnis der Tatsachen voraus, sondern auch einen entsprechenden Wertungsvorgang. Der Täter muss im Bewusstsein der Pflichtwidrigkeit handeln.[209] Entscheidend ist dabei, wie sich aus seiner Sicht der Wertungsvorgang gestaltet. Schätzt er selber die Entscheidung als für das Unternehmen nützlich ein, kann dies einen vorsatzausschließenden Tatbestandsirrtum im Sinne des § 16 StGB begründen. Dabei ist aber seine Einlassung kritisch zu hinterfragen. Deshalb wird der Tatrichter auch nicht ohne weiteres einen Tatbestandsirrtum unterstellen können, wenn eine solche (behauptete) Einschätzung aufgrund der Erfahrung und des Wissens des Täters als nicht plausibel erscheint.[210] Dies wird vor allem in den Fällen ausgeschlossen werden müssen, in denen nach den zum Zeitpunkt der Entscheidungsfindung bereits bekannten Umständen der Schaden für das Unternehmen deutlich erkennbar überwiegt. Der Täter muss nämlich lediglich nachvollziehen, dass die Entscheidung für das Unternehmen keinen Nutzen, sondern Schaden bringt. Wenn er diese Wertung vornimmt, handelt er vorsätzlich. Ein Irrtum darüber, trotz eines eintretenden Schadens für das Unternehmen aufgrund „unternehmerischer Handlungsfreiheit" dennoch zu einer entsprechenden Maßnahme berechtigt zu sein, begründet lediglich einen Verbotsirrtum im Sinne des § 17 StGB, weil der Handelnde einen Erlaubnissatz für sich in Anspruch nimmt, den die Rechtsordnung nicht kennt.[211]

cc) Pflichtwidrige Kreditvergabe – Verletzung des § 18 KWG

Nach § 18 Satz 1 KWG darf ein Kreditinstitut einen Kredit über 250 000 nur gewähren, wenn es sich von dem Kreditnehmer die wirtschaftlichen Verhältnisse, insbesondere durch Vorlage der Jahresabschlüsse, offen legen lässt.[212] Verletzt der zuständige Bankmitarbeiter diese

---

[206] Vgl. zum unternehmerischen Freiraum des Aufsichtsrats BGHZ 135, 244, 254 ff.
[207] Vgl. *Rönnau*, NStZ 2004, 113; *Fleischer*, DStR 2005, 1279 ff., 1318 ff.
[208] BGH, NStZ 2008, 87 Rn. 13
[209] BGHR StGB § 266 Abs. 1 Vorsatz 1.
[210] BGH NStZ-RR 2005, 147, 148; BGH NJW 2002, 2188, 2189.
[211] BGH NJW 2006, 522, 531.
[212] Die hierzu vom Bundesaufsichtsamt für das Kreditwesen gemachten Mitteilungen sind zitiert in BGHSt 47, 148 ff.

Pflicht, dann stellt sich die Frage einer Strafbarkeit wegen Untreue in Form des Missbrauchstatbestandes. Der Missbrauchstatbestand ist dadurch gekennzeichnet, dass der Verfügende seine durch das Innenverhältnis begrenzten Befugnisse überschritten und eine gegenüber Dritten wirksame Verfügung getroffen hat, die einen Nachteil seines Geschäftsherrn begründet. Eine maßgebliche Grenze des Dürfens im Innenverhältnis wird dabei auch durch die Regelung des § 18 KWG gezogen. Diese Problematik kann sich sowohl bei Darlehensgewährungen als auch bei der Duldung weiterer nicht genehmigter Überziehungen eines Kontokorrentkredits stellen.[213]

(1) Pflichtwidrigkeit

112 Die Rechtsprechung des Bundesgerichtshofs hat in zwei Entscheidungen sich mit der strafrechtlichen Folge einer Verletzung des § 18 KWG befasst.[214] Dabei hat der Bundesgerichtshof[215] ausgeführt, die nicht ausreichende Beachtung des § 18 KWG könne Anhaltspunkte dafür geben, dass der Entscheidungsträger seiner Prüfungs- und Informationspflicht nicht ausreichend nachgekommen ist. Eine Verletzung des § 18 KWG kann aber durch andere von dem Entscheidungsträger eingeholte Informationen gleichsam kompensiert werden, indem er weitere mindestens gleichwertige Informationen über den Kreditnehmer beibringt. Deshalb reicht es grundsätzlich nicht aus, wenn sich das Gericht für die Feststellung der Pflichtwidrigkeit allein auf die Verletzung des § 18 KWG stützt. Erforderlich ist vielmehr eine eingehende Auseinandersetzung mit allen dafür maßgeblichen Umständen, insbesondere den Vermögensverhältnissen des Kreditnehmers, der beabsichtigten Verwendung des Kredits und den Aussichten des geplanten Geschäfts. Handlungs- und Beurteilungsspielräume bestehen somit nur auf der Grundlage sorgfältig erhobener, geprüfter und analysierter Informationen.[216] Umgekehrt kann nämlich auch bei formaler Beachtung des § 18 KWG eine pflichtwidrige Kreditausreichung gegeben sein, wenn der Entscheidungsträger trotz Kenntnis des Jahresabschlusses diese erforderliche Gesamtwürdigung unterlassen hat. Diese Gesamtwürdigung ist, weil die Kreditgewährung ein Risikogeschäft ist, letztlich immer auch eine Risikoabwägung. Anhaltspunkte dafür, dass die Risikoabwägung nicht ausreichend vorgenommen wurde, können sich nach der Rechtsprechung des Bundesgerichtshofs aus folgenden Indiztatsachen[217] ergeben:
– Informationspflichten wurden vernachlässigt,
– die Entscheidungsträger besaßen nicht die erforderliche Befugnis,
– im Zusammenhang mit der Kreditgewährung wurden unrichtige oder unvollständige Angaben gegenüber Mitverantwortlichen oder zur Aufsicht befugten oder berechtigten Personen gemacht,
– die vorgegebenen Zwecke wurden nicht eingehalten,
– die Höchstkreditgrenzen wurden überschritten,
– die Entscheidungsträger handelten eigennützig.

113 Eine Sonderproblematik besteht in dem Fall von Sanierungskrediten.[218] Bei diesen kann eine Pflichtwidrigkeit dann entfallen, wenn eine neuerliche Kreditgewährung Erfolg bei der Sanierung des gesamten Kreditengagements versprechen würde. Dies ist insbesondere bei einem wirtschaftlich vernünftigen Gesamtplan der Fall, der auf einen einheitlichen Erfolg ausgelegt ist und bei dem erst nach einem Durchgangsstadium – hier der Sanierung – ein Erfolg erzielt wird. Ist die Existenz der Bank nicht bedroht und wird die Kreditwürdigkeit sorgfältig geprüft, so können bei dieser Erfolgsbewertung neben der Chance auf das „Auftauen" eingefrorener Altkredite auch weitere Umstände berücksichtigt werden, wie etwa die ökonomisch sinnvolle Erhaltung des Unternehmens und seiner Arbeitsplätze.

---

[213] *Schumann*, in: Müller-Gugenberger/Bieneck, Wirtschaftsstrafrecht 5. Aufl. § 6.
[214] BGHSt 46, 30; 47, 148.
[215] BGHSt 46, 30, 33 – die Entscheidung wurde besprochen von: *Dierlamm*, NStZ 2000, 656; *Gallandi*, wistra 2001, 281.
[216] BGH, wistra 2010, 21 Rn. 27
[217] BGHSt 46, 30, 34 f.
[218] BGHSt 47, 148, 153; vgl. auch *Waßmer* in Graf/Jäger/Wittig, Wirtschaftsstrafrecht, § 266 Rn. 128.

B. Managerkriminalität

Die bloße Verletzung von Pflichten bei der Kreditausreichung reicht nicht aus.[219] Eine Strafbarkeit wegen Untreue gemäß § 266 StGB setzt zudem einen Nachteil voraus. Dieser muss im Moment der Vermögensverfügung eintreten und auf der Pflichtverletzung beruhen. Wird der Kredit später Not leidend, ist dies irrelevant. Entscheidend ist, ob der Rückzahlungsanspruch im Moment der Kreditausreichung dem überlassenen Darlehensbetrag gleichwertig ist. Dabei sind die überlassenen Sicherheiten bei der Durchführung des gebotenen Vermögensvergleichs mit heranzuziehen.[220]

(2) Vorsatzanforderungen
Hinsichtlich der Feststellung des Vorsatzes ist zu beachten, dass der Entscheidungsträger eine über das allgemeine Risiko bei Kreditgeschäften hinausgehende Gefährdung des Rückzahlungsanspruchs der Bank erkannt und gebilligt haben muss.

Hinsichtlich des Wissenselements, nämlich des Erkennens der Möglichkeit einer Schädigung des Kreditinstituts, ist auf den Kenntnisstand bei Ausreichung der Darlehensvaluta abzustellen. Der Entscheidungsträger braucht dabei nur um die Gefährdung des Rückzahlungsanspruches der Bank zu wissen. Dabei entfällt das Wissenselement nicht dadurch, dass der Entscheidungsträger beabsichtigt, glaubt oder hofft, den endgültigen Schaden abwenden zu können. Erforderlich ist vielmehr nur, dass er im Zeitpunkt der Kreditgewährung die Minderwertigkeit des Rückzahlungsanspruches im Vergleich zur ausgereichten Darlehensvaluta gekannt hat, wofür allein die Kenntnis der die Vermögensgefährdung begründenden Umstände ausreicht.[221]

Zwar spricht umso mehr für die Annahme eines Vorsatzes, je gefährlicher und risikobehafteter sich die Ausreichung des Kredits darstellt. Allein der Grad der Wahrscheinlichkeit eines Erfolgseintritts kann bei einem derart komplexen Geschehen nicht das ausschließliche Kriterium für die Entscheidung der Frage sein, ob der Entscheidungsbefugte auch mit dem Erfolg einverstanden war; mithin also auch das für Annahme eines bedingten Vorsatzes notwendige Willenselement vorliegt. Es kommt vielmehr auch insoweit immer auf die Umstände des Einzelfalls an, bei denen insbesondere die Motive und die Interessenlage des Entscheidungsträgers zu beachten sein werden.[222] Sind die oben aufgeführten Anhaltspunkte für eine pflichtwidrige Kreditvergabe gegeben, dann kann dieser Gesichtspunkt umgekehrt ein Indiz dafür sein, dass der Entscheidungsträger eine Schädigung seines Dienstherrn auch billigend in Kauf genommen hat.

dd) Verletzungen von Buchhaltungs- und Dokumentationspflichten

Den Kaufmann trifft grundsätzlich die Pflicht, Bücher zu führen und in diesen seine Handelsgeschäfte und die Lage seines Vermögens nach den Grundsätzen ordnungsgemäßer Buchführung ersichtlich zu machen (§ 238 Abs. 1 Satz 1 HGB). Dabei müssen die einzelnen Geschäftsvorfälle sich in ihrer Entstehung und Abwicklung verfolgen lassen (§ 238 Abs. 1 Satz 3 HGB); die Eintragungen in den Büchern müssen vollständig, richtig, zeitgerecht und geordnet vorgenommen werden (§ 239 Abs. 2 HGB). Die Verletzung dieser Vorschrift ist nur strafbewehrt, wenn das Unternehmen in eine Krisensituation geraten ist (§ 283 Abs. 1 Nr. 5 StGB) und tatsächlich die Zahlungen eingestellt wurden, das Insolvenzverfahren eröffnet oder der Eröffnungsantrag mangels Masse abgewiesen wurde (§ 283 Abs. 6 StGB). Auch im Falle des § 283b Abs. 1 Nr. 1 StGB muss zugleich die objektive Strafbarkeitsbedingung nach § 283 Abs. 6 StGB gegeben sein.

(1) Nachteilszufügung bei fehlerhafter Buchführung
Die Praxis hat in diesem Zusammenhang die Frage beschäftigt, ob gegebenenfalls entsprechende Buchführungsmängel unter dem Gesichtspunkt einer Untreue als Verletzung der Vermögensbetreuungspflicht nach § 266 StGB strafrechtlich relevant sein können. Eine falsche oder unordentliche Buchführung begründet nicht schon als solche einen Nachteil. In ständi-

---

[219] Vgl. Schmitt, Festschrift Nobbe, S. 1011 ff
[220] BGHSt 47, 148, 157.
[221] BGHSt 47, 148, 157 – vgl. auch BGH, wistra 2001, 423; 1993, 265.
[222] BGHSt 47, 148, 157; BGHSt 46, 30, 35.

ger Rechtsprechung hat der Bundesgerichtshof in den Fällen unordentlicher Buchführung nur einen Nachteil im Sinne des § 266 StGB angenommen, soweit die Durchsetzung berechtigter Ansprüche erheblich erschwert, wenn nicht verhindert worden ist.[223] Gleiches muss auch für die umgekehrte Sachverhaltskonstellation gelten. Erleichtert eine fehlerhafte Buchführung die Geltendmachung ungerechtfertigter Ansprüche Dritter (etwa weil sich die Erfüllung von Verbindlichkeiten nicht nachweisen lässt und deshalb eine Doppelinanspruchnahme droht), begründet dies ebenfalls nicht per se eine schadensgleiche Vermögensgefährdung.[224] Ein im Sinne des Untreuetatbestands nach § 266 StGB relevanter Nachteil liegt nur vor, wenn mit einer ungerechtfertigten Doppelinanspruchnahme zu rechnen und aufgrund der unzureichenden Buchhaltung eine wesentliche Erschwerung der Rechtsverteidigung zu besorgen ist.

(2) Erfüllung nicht nachweisbarer Verbindlichkeiten

119 Bedient der Schuldner eine gegen ihn gerichtete Forderung, obwohl sich deren Bestand in einem gerichtlichen Verfahren nicht nachweisen ließe, begründet dies ebenfalls keinen Nachteil im Sinne des § 266 StGB.[225] Da die Rechtsordnung die unverzügliche Begleichung fälliger Verbindlichkeiten gebietet, ist für wirtschaftliche Erwägungen, die letztlich das Recht selbst zum abwägbaren Gegenstand machen würden, kein Raum. Es würde eine Überspannung des so genannten wirtschaftlichen Vermögensbegriffes bedeuten und könnte zu Wertungswidersprüchen führen, wollte man die Tilgung von Verbindlichkeiten, zu der die Rechtsordnung den Schuldner verpflichtet, als Vermögensschaden anzusehen. Generell gilt, dass die Frage, ob ein Vermögensschaden bzw. ein Nachteil (§§ 253, 263, 266 StGB) allein auf der Grundlage der materiellen Rechtslage zu entscheiden ist. Der Einsatz rechtswidriger Methoden – Nötigung, Täuschung, Überschreiten der eingeräumten Verfügungsmacht – ist für die rechtliche Beurteilung ohne Bedeutung. Davon losgelöst kann allerdings im Einzelfall die Art und Weise seiner Durchsetzung indizielle Bedeutung für den tatsächlichen Bestand eines Anspruches haben.[226]

ee) Unternehmenssponsoring

120 In der jüngsten Zeit vermehrt in den Blick geraten sind Unterstützungsmaßnahmen von Unternehmen, die teilweise erhebliche Summen in kulturelle, sportliche oder soziale Angelegenheiten investieren. Dies kann dazu führen, dass zulasten der Aktionäre eine Gewinnschmälerung verursacht wird. Bei alledem besteht immer die Gefahr, dass einzelne Organe zur Mehrung ihres eigenen Ruhms solche Aktivitäten entfalten.

(1) Strafrechtliche Relevanz

121 Der Bundesgerichtshof hat hier grundlegende Abgrenzungen vorgenommen, unter welchen Voraussetzungen solche Zuwendungen als Nachteilszufügung im Sinne des § 266 StGB angesehen werden müssen. Er war dabei bestrebt, den unternehmerischen Freiraum weitestgehend unangetastet zu lassen. Damit nimmt er den gesellschaftsrechtlichen Meinungsstand[227] auf. Danach ist es grundsätzlich nicht zu beanstanden, solche unentgeltlichen Zuwendungen allein mit dem Ziel zu vergeben, das Unternehmen als „good corporate citizen" darzustellen und dadurch indirekt ihr wirtschaftliches Fortkommen zu verbessern. Insoweit unterliegt es – ebenso wie bei anderen Werbemaßnahmen – grundsätzlich dem Ermessen des Vorstands, welche Form der Imagewerbung er für das Unternehmen als Erfolg versprechend ansieht. Diese Entscheidung ist grundsätzlich gerichtlicher Kontrolle entzogen.[228] Die Grenze ist aber dort zu ziehen, wo der Vorstand die Sorgfalt eines pflichtbewussten Unternehmers über-

---

[223] BGHSt 20, 304; 47, 8, 11; BGH StV 1996, 431.
[224] BGHSt 47, 8 11 f.
[225] BGHSt 47, 8, 10; BGHR StGB § 266 Abs. 1 Nachteil 46.
[226] BGHR StGB § 266 Abs. 1 Nachteil 46.
[227] BGHZ 23, 150, 157; *Hüffer*, AktG 5. Aufl. § 76 Rn. 4; *Hopt*, in: Großkommentar AktG 5. Aufl. § 93 Rn. 120; *Mertens*/*Cahn*, in: Kölner Kommentar zum AktG 3. Aufl. § 76 Rn. 34 ff.; *Fleischer*, AG 2001, 171, 175.
[228] BGHSt 47, 187 ff. = NJW 2002, 1585 f.

schreitet und die ihm obliegenden Vermögensinteressen der juristischen Person verletzt. Dies wird regelmäßig dann der Fall sein, wenn die Sponsoringentscheidung betriebswirtschaftlich sinnvoll sich nicht mehr nachvollziehen lässt. Dies wird in Fällen in Betracht kommen, in denen der Nutzen für das Unternehmen sich nicht mehr erkennen lässt. Insbesondere darf das Organ privaten Präferenzen keinen unangemessenen Raum geben.[229]

Für die strafrechtliche Haftung hat der Bundesgerichtshof den Maßstab nochmals abgemildert. Nicht jede Pflichtverletzung im Sinne der oben dargestellten Grundsätze löst eine strafrechtliche Relevanz aus, sondern nur eine gravierende Pflichtverletzung. Diese Rechtsprechung des 1. Strafsenats des Bundesgerichtshofs widerspricht zwar dem Ansatz, den der 3. Strafsenat in seiner Mannesmann-Entscheidung vorgelegt hat.[230] Dieser lehnt ein weiteres einschränkendes Kriterium wie das der „gravierenden" Pflichtverletzung ab. Im Ergebnis dürfte der Unterschied wenig praktisch sein, weil sowohl durch die Anwendung des „in dubio"-Grundsatzes als auch aufgrund der Anforderungen im subjektiven Bereich nicht jede geringfügige Überschreitung der Pflichtwidrigkeitsgrenzen eine strafrechtliche Handlung nach sich zöge (vgl. oben Rdn. 107 ff.). Dies ist entsprechend einer Gesamtschau der gesellschaftsrechtlichen Kriterien zu bestimmen. Maßgeblich für die Abwägung im Einzelfall sind dabei:
– die fehlende Nähe der Unterstützungsleistung zum Unternehmensgegenstand,
– die Unangemessenheit im Hinblick auf die Ertrags- und Vermögenslage,
– die fehlende innerbetriebliche Transparenz und
– das Vorliegen sachwidriger Motive, namentlich die Verfolgung rein persönlicher Präferenzen.

Besonderheiten bestehen in solchen Fällen, in denen zwar der Gemeinwohlbezug der Leistung unzweifelhaft ist, jedoch kaum oder auch gar keine Werbewirkung für das Unternehmen entsteht.[231] Hier reduziert sich der Zweck der Leistung allein auf die Erfüllung einer Verantwortung gegenüber der Gemeinschaft, ohne dass dem ein wirtschaftlicher Nutzen gegenübersteht. In diesen Fällen des eher verdeckten Mäzenatentums wird für die jeweiligen Organe es im Interesse eines möglichst breiten Konsenses und letztlich auch wegen ihrer eigenen Absicherung angeraten sein, die Aufsichtsgremien vorher zu befassen. Lässt sich eine Zustimmung für solche Zahlungen erzielen, wird dieser Umstand entsprechende Unterstützungsleistungen des operativ handelnden Organs legitimieren können. Grundsätzlich gilt bei solchen Fallgestaltungen: Je größer der Konsens innerhalb der Unternehmensspitze einschließlich der Aufsichtsorgane ist, umso eher wird sich die Leistung unter gesellschaftsrechtlichen und erst recht unter strafrechtlichen Gesichtspunkten rechtfertigen lassen. Dies gilt jedenfalls dann, wenn es sich um nicht mehr unerhebliche Größenordnungen handelt. Die Grenzziehung im Einzelfall ist in diesen Fällen schwierig. Schon wegen ihres sozialpolitischen Nutzens wird hier ein sehr großzügiger Maßstab anzulegen sein, soweit die Leistung sich noch in den wirtschaftlichen Gesamtrahmen des Unternehmens einfügt.[232]

(2) Vorsatz
Dieser Kriterienkatalog hat auch Auswirkungen für die Feststellungen zur subjektiven Tatseite. So wird insbesondere in der Praxis der Umstand Bedeutung haben, ob der Anstoß für entsprechende Zahlungen aus dem privaten Umfeld des Organs gekommen ist und inwieweit diese Angaben buchhalterisch ordnungsgemäß und in üblicher Form abgebucht und ausgereicht wurden. Je mehr persönlicher Einschlag festzustellen und je geringer die bilanzielle Nachvollziehbarkeit ausgestaltet ist, desto mehr individuelles Gewicht hat dies für die Annahme des Untreuevorsatzes.

---

[229] BGHZ 135, 244, 253.
[230] BGH NJW 2006, 522, 526.
[231] Zu diesen rein altruistischen Unterstützungsleistungen vgl. *H. P. Westermann*, ZIP 1990, 771, 774 – siehe auch BGHSt 47, 187, 195.
[232] Vgl. *Beckemper*, NStZ 2002, 324, 326; *Deiters*, ZIS 2006, 152

ff) Bildung schwarzer Kassen

125 Die Bildung schwarzer Kassen hat die Rechtsprechung in jüngerer Zeit wiederholt beschäftigt. Im Ergebnis ist folgendes festzuhalten: Im Regelfall ist das Absondern von Kapital und seine buchhalterische Nicht-Erfassung ein Verstoß gegen die Grundsätze ordentlicher Buchführung. Schon deshalb ist ein solches Verhalten pflichtwidrig. Ein solches Verhalten ist im öffentlichen Bereich in der Regel durch eine Umgehung haushaltsrechtlicher Bindungen (bzw. bei Parteien der Parteienfinanzierung) oder in der Privatwirtschaft dadurch motiviert, dass eine „Kriegskasse" häufig zur Zahlung künftiger Schmiergelder aufgebaut werden kann. Alle diese damit zusammengehörenden Gesichtspunkte vermögen die Pflichtwidrigkeit aber nicht entfallen lassen, selbst wenn es für das Unternehmen wirtschaftlich sich sogar als günstig herausstellen könnte.[233]

In der Rechtsprechung wurde ein solches Verhalten in der Regel auch als nachteilsbegründend im Sinne des Untreuetatbestands angesehen. Dabei tritt der Nachteil im Sinne des § 266 StGB häufig bereits dadurch ein, dass die hierzu berufenen Organe des Unternehmens keinen Zugriff auf die Gelder nehmen konnten. Dabei ist die Absicht, die Geldmittel im wirtschaftlichen Interesse des Unternehmens zu verwenden, ohne Belang. Im Rahmen der hier vorzunehmenden Analyse des Gesamtvermögenssaldos stellen solche (in der Regel auf rechtswidriges Verhalten aufbauende) Expektanzen keine ausreichende Kompensation dar.[234]

2. Pflichten gegenüber dem Staat

126 Zu den zentralen öffentlich-rechtlichen Pflichten des Unternehmens zählen die Pflichten zur Leistung von Abgaben.

a) Sozialversicherungsabgaben

127 Die strafrechtliche Haftung für sozialversicherungsrechtliche Beiträge ist in den letzten Jahren erheblich verschärft wurden.[235] Dies gilt namentlich für die Arbeitnehmerbeiträge im Sinne des § 266a Abs. 1 StGB, deren bloße Vorenthaltung zu einer Strafbarkeit des Arbeitgebers führt. Durch das Gesetz zur Intensivierung der Bekämpfung der Schwarzarbeit vom 23. Juli 2004[236] ist eine zusätzliche Erweiterung der Strafbewehrung eingetreten.[237] Nach dem neu gefassten und an § 370 Abs. 1 AO angelehnten Tatbestand des Abs. 2 ist nunmehr auch das Vorenthalten der Arbeitgeberbeiträge zur Sozialversicherung strafbewehrt. Allerdings ist hierbei nicht die bloße Nichtzahlung Tathandlung, sondern – wie bei der Steuerhinterziehung – ein Verhalten, das die Einzugsstelle nicht in die Lage versetzt, diese Beiträge gegenüber dem Arbeitgeber festzusetzen. Nicht erfasst werden sollen von der Neuregelung aber die Beiträge für geringfügig Beschäftigte in Privathaushalten, weil diese einen geringeren Unrechts- und Schuldgehalt aufweisen.[238] Letztlich soll hierdurch eine Kriminalisierung unzähliger Privatpersonen vermieden werden, die für hauswirtschaftliche Dienstleistungen Dritte „schwarz" beschäftigen.

aa) Strenge Sozialrechtsakzessorietät

128 Die Strafbarkeit nach § 266a StGB setzt eine Sozialversicherungspflicht im Inland voraus. Dies hat Bedeutung für die sog. Entsendebescheinigungen (E 101), die ein Beschäftigungsverhältnis im Herkunftsland bestätigen. Diese Bescheinigungen binden, sofern sie von EU-Mitglied-

---

[233] BGHSt 52, 323 Rn. 37 ff.; 51, 100 Rn. 43; Vgl auch *Waßmer* in Graf/Jäger/Wittig, StGB § 266 Rn 135 ff.

[234] BGHSt 52, 323 Rn. 43 – diese Entscheidung des 2. Strafsenats des Bundesgerichtshofs wurde in der grundlegenden Entscheidung des BVerfG (BVerfGE 126, 170) ausdrücklich gebilligt

[235] Vgl. *Raum*, Festschrift Tolksdorf, S. 359 ff.

[236] BGBl. I 1842.

[237] Zur Entstehungsgeschichte *Laitenberger*, NJW 2004, 2703, 2704; *Joecks*, wistra 2004, 441; vgl. auch BT-Drucks. 15/2573 S. 28.

[238] *Fischer*, § 266a Rdn. 19; *Perron*, in: Schönke/Schröder, § 266a Rdn. 1; *Joecks*, wistra 2004, 441, 443 f.

B. Managerkriminalität

staaten ausgestellt sind, auch die inländischen Sozialversicherungsträger und damit mittelbar auch die Strafverfolgungsbehörden, selbst wenn die Bescheinigung rechtswidrig erteilt oder gar durch Manipulationen erlangt wurde.[239] Für die von außerhalb der EU erteilten Bescheinigungen gilt dies nicht in gleichem Umfang; jedenfalls soweit sie aufgrund von Korruption oder manipulativen Einflüssen erlangt sind, scheidet eine Bindungswirkung aus.[240] Im Übrigen ist im Einzelfall festzustellen[241], ob ein Entsendetatbestand vorliegt oder mit den Arbeitnehmern nicht vielmehr vor Ort, also im Inland, ein Beschäftigungsverhältnis begründet wurde (§§ 5, 9 SGB IV).

bb) Begriff des Vorenthaltens

Mit der Entscheidung des VI. Zivilsenats vom 16. Mai 2000[242] hat die Kontroverse ein Ende gefunden, ob die Strafbarkeit nach dieser Vorschrift davon abhängt, dass tatsächlich Lohn ausbezahlt wurde.[243] Der Bundesgerichtshof hat dies verneint. Sozialversicherungsrechtlich entsteht nämlich die Beitragspflicht allein durch die versicherungspflichtige Beschäftigung eines Arbeitnehmers gegen Entgelt. Dieser Anspruch ist auch gemäß § 23 Abs. 1 Satz 2 StGB IV unabhängig von der tatsächlichen Zahlung von Arbeitslohn fällig. Maßgeblich ist auf der Grundlage der derzeitigen Rechtslage nur, ob der Arbeitgeber fällige Arbeitnehmersozialversicherungsbeiträge abführt.

cc) Der Vorrang der Sozialversicherungsbeiträge

Aus dem strafrechtlichen Schutz, den die Arbeitnehmerbeiträge durch die Vorschrift des § 266a Abs. 1 StGB erlangt haben, wird von der Rechtsprechung gefolgert, dass diese Ansprüche vorrangig zu befriedigen sind. Dieser Vorrang gilt auch gegenüber sonstigen Verbindlichkeiten, selbst wenn ihnen eine kongruente Gegenleistung zu Grunde liegen sollte. Dieses Ergebnis hat der Bundesgerichtshof aus den Gesetzgebungsmaterialien abgeleitet.[244] Dieses Vorranggebot, das allerdings in der Insolvenz sich nicht in einer Bevorrechtigung fortsetzt, wirkt umfassend. Es entsteht dadurch eine vom Strafrecht vorgegebene Prioritätsliste für die Erfüllung offener Verbindlichkeiten. Danach sind die sozialversicherungsrechtlichen Arbeitnehmerbeiträge zuerst zu bedienen, weil hier schon die Nichtabführung pönalisiert ist.

Allerdings setzt eine Strafbarkeit nach § 266a Abs. 1 StGB voraus, dass der Täter im Fälligkeitszeitpunkt leistungsfähig ist. Andernfalls würde man dem Betreffenden eine unmögliche Leistung abverlangen. Allerdings gilt dies dann nicht, wenn das Verhalten des Arbeitgebers von vorneherein auf Nichtabführen der Sozialbeiträge abgestellt war. In diesen auf „Schwarzlohn" ausgerichteten Beschäftigungsverhältnissen liegt die Hinterziehungsabsicht schon zum Zeitpunkt ihrer Eingehung vor. Eine Unmöglichkeit der Zahlung der Beiträge zum Leistungszeitpunkt kann deshalb nicht tatbestandsausschließend wirken.[245] Die Vorrangrechtsprechung hat dementsprechend auch besondere Bedeutung in den Fällen, in denen zum Fälligkeitszeitpunkt eine Leistungsfähigkeit des Unternehmens sich nicht mehr nachweisen lässt. Aus dem Vorranggedanken folgert der Bundesgerichtshof auch, dass schon im Vorfeld der sich abzeichnenden Krise das Unternehmen Vorkehrungen treffen muss, um zum Fälligkeitszeitpunkt eine Bezahlung der Sozialversicherungsbeiträge des Arbeitnehmers sicherstellen zu können. Diese Vorsorge kann in der Bildung von Rücklagen, aber auch in der Erstellung von Zahlungs- und Tilgungsplänen liegen. Unterlässt der für das Unternehmen Verantwortliche dies, so macht er sich nach den Grundsätzen der vorverlagerten Schuld nach § 266a Abs. 1 StGB strafbar.[246]

---

[239] BGHSt 51, 124 Rn. 22 ff.
[240] BGHSt 52, 67 Rn. 22 ff.
[241] BGHSt 51, 224 Rn. 17
[242] BGHZ 144, 311 ff.
[243] Vgl. *Gribbohm*, JR 1997, 479 ff.; *Bittmann*, wistra 1999, 441 ff. jeweils mit umfänglichen Nachweisen.
[244] Grundlegend BGHZ 134, 304 ff.
[245] BGH, NJW 2011, 3047 mit Anm. *Bittmann*
[246] BGHZ 134, 304, 307 ff.; BGH ZIP 2002, 261, 262.

132 Objektiv muss sich der Betreffende jedenfalls dann zu einer entsprechenden Vorsorgebildung veranlasst sehen, wenn eine krisenhafte Situation in dem Unternehmen droht. Ein Unternehmen mit geregelten wirtschaftlichen und objektiven Verhältnissen wird zur Erfüllung seiner sozialversicherungsrechtlichen Pflichten keiner außergewöhnlichen Vorkehrungen bedürfen.

133 Die Vorrangrechtsprechung des 5. Strafsenats des Bundesgerichtshofs hat durch die Rechtsprechung des II.[247] und IX.[248] Zivilsenats des Bundesgerichtshofs wie auch in der Literatur Kritik erfahren. Dieser Kritik ist der 5. Strafsenat[249] in zwei Entscheidungen entgegengetreten. Der hiergegen von den beiden Zivilsenaten insbesondere vorgebrachte Einwand, das Vorrangverhältnis kollidiere mit den Wertmaßstäben des Insolvenzrechts, ist nicht überzeugend. Auch wenn es insolvenzrechtlich keine Privilegierung dieser Ansprüche (mehr) gibt, besagt dies nichts darüber, dass nicht aus der Strafbewehrung selbst sich ein solches Vorrangverhältnis ergeben könnte. Dies gilt umso mehr, als in einer Vielzahl von Fällen, vor allem bei kriminell angelegten Betriebsstrukturen, es überhaupt nicht zur Durchführung eines Insolvenzverfahrens kommt. Insbesondere im Hinblick darauf soll der Straftatbestand des § 266a StGB sicherstellen, dass der Arbeitgeber in der sich abzeichnenden Krisensituation die Ansprüche der Sozialversicherungsträger bedient, an deren Erfüllung er kein Eigeninteresse hat.[250] Der Schutzzweck des § 266a StGB würde unterlaufen, wollte man im Blick auf etwaige Anfechtungsmöglichkeiten eines vielleicht gar nicht zur Eröffnung gelangenden Insolvenzverfahrens die strafrechtliche Pflicht zur Abführung der Sozialversicherungsbeiträge faktisch außer Kraft setzen.[251] Selbst wenn also der Insolvenzverwalter die gezahlten Sozialversicherungsbeiträge anfechten kann (§ 129 InsO) und später nach Abschluss des Insolvenzverfahrens die Masse unter Wahrung des Gleichbehandlungsgrundsatzes verteilt, steht dies allenfalls einem zivilrechtlichen Schadensersatzanspruch nach § 823 Abs. 2 BGB in Verbindung mit § 266a StGB entgegen,[252] nicht aber der Strafbarkeit an sich. Mit der Einführung des § 266a StGB wollte der Gesetzgeber nämlich der zu beobachtenden Entwicklung entgegentreten, dass bei sich abzeichnenden oder eintretenden Krisensituationen gerade die Ansprüche der Sozialkassen häufig nicht bedient werden.[253]

dd) Anwendung des § 266a StGB nach Insolvenzreife

134 Der zweite – mit dem ersten allerdings verzahnte – Streitpunkt im Rahmen der Anwendung des § 266a Abs. 1 StGB betrifft die Behandlung dieses Straftatbestandes in der Liquiditätskrise des Unternehmens. Grundsätzlich gilt auch hier die Pflicht, die Beiträge im Sinne des § 266a StGB abzuführen, solange noch liquide Mittel vorhanden sind, die für die Begleichung der Beitragsrückstände eingesetzt werden können. Nach dem Eintritt der Zahlungsunfähigkeit hat der Geschäftsführer einer GmbH nach § 15a Abs. 1 InsO unverzüglich, spätestens aber nach drei Wochen die Eröffnung des Insolvenzverfahrens zu beantragen. Diese Drei-Wochen-Frist ist eine Höchstfrist, die mit Kenntnis des Organs beginnt.[254] Sie dient dazu, den Organen der Gesellschaften die Möglichkeit zu geben, Sanierungsversuche durchzuführen. Während dieser Zeit hat der Gesetzgeber, um die Masse zu sichern, eine persönliche Haftung der Geschäftsführer für den Fall angeordnet, dass nach Eintritt der Insolvenzreife Zahlungen von der Gesellschaft geleistet werden. Damit entsteht eine Konfliktlage des Geschäftsführers, der einerseits unter dem Zwang der Strafbewehrung die Sozialbeiträge leisten muss, andererseits aber dann persönlich haftet. Um die Einheit der Rechtsordnung sicherzustellen, sieht der Bundesgerichtshof während des Laufs der Drei-Wochen-Frist den Geschäftsführer aufgrund der Regelung des § 15a Abs. 1 InsO als gerecht-

---

[247] BGH NJW 2005, 2546.
[248] BGHZ 149, 100 ff.; BGH ZIP 2003, 1666 ff.; vgl. Raum in FS Tolksdorf, S. 359.
[249] BGHSt 48, 307 ff.; BGH NJW 2005, 3650 ff. mit umfangreichen Nachweisen zum Streitstand.
[250] BGH NJW 2005, 3650, 3652.
[251] Kritisch hierzu auch OLG Dresden ZIP 2003, 360, 364.
[252] Vgl. BGH NJW 2001, 967, 969; 2005, 2546.
[253] BGHSt 48, 307, 312.
[254] BGHZ 75, 96, 110 f.; vgl. hierzu auch BGHZ 143, 184, 188; 146, 264, 274 f.

B. Managerkriminalität

fertigt an, wenn er die Sozialversicherungsbeiträge nicht abführt.[255] Insoweit besteht – soweit ersichtlich – auch noch allgemeiner Konsens.

Strittig war die Rechtslage, wenn der Geschäftsführer die Insolvenzantragspflicht verstreichen lässt. Während der 5. Strafsenat des Bundesgerichtshofs[256] dann die vorrangige Pflicht wieder aufleben lässt, die Sozialversicherungsbeiträge aus den vorhandenen und erwirtschafteten Mitteln zu bezahlen, sah der II. Zivilsenat[257] insoweit den Grundsatz der Massesicherheit als vorrangig an. Dem ist der 5. Strafsenat entgegengetreten. Derjenige Verantwortliche, der bei gegebener Insolvenzreife erkennt, dass für das Unternehmen keine Sanierungsmöglichkeit mehr besteht und trotzdem keinen Insolvenzantrag stellt, kann sich jedenfalls in strafrechtlicher Hinsicht nicht mehr auf den Grundsatz der Massesicherung (§ 64 GmbHG) berufen, wenn er das Unternehmen dennoch weiterführt. Ihm ist nämlich ohne weiteres möglich, sich aus dieser (nur scheinbaren) Konfliktlage dadurch zu befreien, dass er seiner Pflicht aus § 15a Abs. 1 InsO nachkommt und den gebotenen Insolvenzantrag stellt.[258] Insoweit fehlt es auch an einer Pflichtenkollision, weil sich der Geschäftsführer diesen widerstreitenden Pflichten jederzeit entziehen könnte, indem er einen Insolvenzantrag stellt.[259] Mittlerweile hat der II. Zivilsenat des Bundesgerichtshofs seine gegenteilige Rechtsprechung aufgegeben.[260] Mittlerweile kann die sog. Vorrangrechtsprechung als allgemein akzeptiert angesehen werden.[261]

135

ee) Vorsatzanforderungen

Da der Straftatbestand des § 266a Abs. 1 StGB ein Vorsatzdelikt ist, muss der Täter die Anzeichen von Liquiditätsproblemen, die besondere Anstrengungen zur Sicherstellung der Abführung der Arbeitnehmerbeiträge verlangt hätten, erkannt haben.[262] Dabei reicht es jedenfalls aus, dass er mit der Zuspitzung der Situation gerechnet und im Gefolge dessen eine Gefährdung der Arbeitnehmerbeiträge erwartet hat.[263] Dabei gilt auch hier im Grundsatz, dass, je greifbarer die Gefährdungslage hinsichtlich der sich abzeichnenden Unmöglichkeit der Abführung der Sozialversicherungsbeiträge ist, umso geringer die Anforderungen an das so genannte Willenselement sein können. Aber auch im Hinblick auf die innere Tatseite darf sich die Prüfung nicht allein auf den Grad der Wahrscheinlichkeit verengen. Für die Frage, ob der Täter mit einem entsprechenden Erfolgseintritt einverstanden war, kommt es auch hier auf eine umfassende Würdigung des Einzelfalles an, bei der insbesondere die Motive und die Interessenlage des Angeklagten zu beachten sind.[264]

136

ff) Verhältnis zum Betrug (§ 263 StGB)

Nach früherem Verständnis fand der Straftatbestand des § 266a Abs. 1 StGB nur Anwendung, soweit kein Betrug im Sinne des § 263 StGB vorlag, weil die Strafbestimmung des § 266a Abs. 1 StGB lediglich als Auffangtatbestand angesehen wurde.[265] Lag eine Tathandlung nach § 263 StGB vor, weil der Arbeitgeber gegenüber der sozialversicherungsrechtlichen Einzugsstelle falsche Angaben machte, dann ging insoweit der Betrug als die schärfere Strafnorm vor. Denn im Gegensatz zu § 266a Abs. 1 StGB, der nur das Vorenthalten der Arbeitnehmerbeiträge unter Strafe stellt, erfasst § 263 StGB den gesamten Sozialversicherungsbeitrag, mithin also sowohl Arbeitgeber- als auch Arbeitnehmerbeiträge. Mit der Neuregelung des § 266a

137

---

[255] BGHSt 48, 307, 309 f.
[256] BGH NJW 2005, 3650, 3652 mit umfangreichen Nachweisen zum Streitstand.
[257] BGH NJW 2005, 2546.
[258] Vgl. *Gross/Schork*, NZI 2004, 358, 362; a. A. *Kutzner*, NJW 2006, 413, 414.
[259] BGH NJW 2005, 3650, 3652.
[260] BGH, NJW 2007, 2118 mit zust. Anm. von *Altmeppen*
[261] BGH, NJW 2009, 295; 2011, 3047; vgl. auch BFHE 216, 491; 222, 228
[262] BGHSt 47, 318, 323.
[263] Zu den Anforderungen an die Kenntnis strafbewehrter Pflichten – vgl. BGH NJW 2003, 907; BGH NJW 2003, 1821.
[264] BGHSt 46, 30, 35.
[265] BGH NJW 2003, 1821.

Raum

StGB ist diese Unterscheidung obsolet geworden. Beide Tatbestände erfassen jetzt zusammen ebenfalls den gesamten Sozialversicherungsbeitrag. Da von dem neu gestalteten Absatz 2 betrugsähnliche Verhaltensweisen umfasst sind, ist nach der Rechtsänderung § 266a StGB Lex specialis gegenüber dem allgemeineren Betrugstatbestand.[266] Da die Tatbestände nach Abs. 1 und 2 miteinander verwoben sind, wirkt sich die neben § 266a Abs. 1 StGB erfolgende Anwendung lediglich auf den Schuldumfang aus und führt, ungeachtet ihrer unterschiedlichen dogmatischen Struktur, nicht zu einer tateinheitlichen Verwirklichung verschiedener Tatbestände.[267]

b) Steuerliche Pflichten

138 Das Unternehmen trifft – abhängig von seiner Rechtsform – eine Fülle von spezifischen steuerlichen Pflichten (Buchführungs-, Aufzeichnungs-, Erklärungs-, Auskunfts- und Duldungspflichten). Diese haben nach § 34 AO die gesetzlichen Vertreter zu erfüllen.

aa) Erklärungsumfang

139 Die Erklärung hat vollständig und wahrheitsgemäß zu erfolgen (§ 90 Abs. 1 AO). Deshalb hat der Steuerpflichtige von sich aus diejenigen Sachverhaltselemente darzulegen, die für eine steuerliche Veranlagung relevant sein könnten.[268] Dieser Grundsatz hat in der Praxis zu Schwierigkeiten geführt, weil die Steuererklärung oftmals nur Zahlenwerke enthält, die ihrerseits keinen Bezug mehr zu dem zu Grunde liegenden Sachverhalt aufweisen (Umsatzsteueranmeldungen, Bilanzen). Insoweit wird von dem Steuerpflichtigen verlangt, die Zahlbeträge zu nennen, die sich aus den abzuwickelnden Geschäftsvorfällen ergeben. Dies setzt grundsätzlich voraus, dass der Steuerpflichtige nachvollzieht, ob ein Sachverhalt steuerliche Relevanz haben könnte und von welchen Zahlenwerten insoweit ausgegangen werden muss. Bei bilanziellen Ansätzen wird dies deutlich, wenn der Steuerpflichtige Forderungen aktiviert oder Wertberichtigungen bzw. Abschreibungen vornimmt. Vereinfacht stellt sich im Kern dieselbe Problematik bei Umsatzsteuervoranmeldungen. Der Steuerpflichtige muss auch hier seine Steuerlast selbst errechnen, indem er die geschuldete Umsatzsteuer den abzugsfähigen Vorsteuern gegenüberstellt. Dies erfordert, dass er einschätzt, welche Geschäftsvorfälle im Blick auf das Umsatzsteuerrecht überhaupt relevant sein könnten. Der Steuerverwaltung ist aufgrund der ihr vorliegenden Unterlagen eine Nachprüfung weitgehend versperrt, weil sie von den Sachverhalten gar keine Kenntnis erlangt.

140 Es liegt auf der Hand, dass es dem Steuerpflichtigen nicht unbenommen bleiben kann, unter Berufung auf zweifelhafte Rechtsauffassungen der Finanzverwaltung nicht einmal mehr die Gelegenheit zu geben, die zutreffende Steuer festzusetzen. Jedenfalls wenn der vom Steuerpflichtigen eingenommene Rechtsstandpunkt zweifelhaft erscheint und der Steuerpflichtige mit einer abweichenden rechtlichen Würdigung durch die Finanzverwaltung rechnet, muss er den Sachverhalt vollständig mitteilen.[269] Er darf dann nicht seine eigene Rechtsansicht zu Grunde legen und sich auf die Erklärung eines Zahlenwerks beschränken, das den Sachverhalt nicht mehr erkennen lässt, obwohl die Einzelheiten von Bedeutung sein können.[270]

141 Der Steuerpflichtige ist nach § 153 AO auch verpflichtet, nachträglich als unrichtig erkannte Erklärungen zu berichtigen. Der strafrechtliche Grundsatz „dolus subsequens non nocet" gilt im Steuerstrafrecht nicht. Unterlässt der Steuerpflichtige eine entsprechende Mitteilung an die Finanzverwaltung, macht er sich wegen Steuerhinterziehung strafbar.[271]

---

[266] BGH, wistra 2008, 180; StraFo 2009, 219 f.; wistra 2009, 55
[267] BGH, wistra 2010, 408
[268] BGH, wistra 2000, 139 ff.
[269] Vgl. *Dörn*, wistra 2000, 334 m. w. N.
[270] BGHSt 37, 266, 284.
[271] BGH, NJW 2009, 1984; vgl. auch Klein/*Rätke*, AO, § 153 Rn. 21; dies gilt allerdings nicht für Steuerberater, die keine eigene Aufklärungspflicht haben – BGHR AO § 153 Berichtigungspflicht 1.

B. Managerkriminalität **4**

bb) Begrenzung der strafbewehrten Erklärungspflicht – der „nemo tenetur-Grundsatz"

Die Rechtsprechung hat eine Suspendierung der Strafbewehrung von steuerlichen Erklärungspflichten dann angenommen, wenn der Steuerpflichtige ansonsten mit einer wahrheitsgemäßen Erklärung frühere Steuerstraftaten aufdecken müsste. So wird beispielsweise derjenige, der in seinen monatlichen Umsatzsteuervoranmeldungen in Steuerverkürzungsabsicht falsche Angaben gemacht hat, aus steuerstrafrechtlicher Sicht keine Umsatzsteuerjahreserklärung abzugeben haben. Es soll ihm so der Konflikt erspart werden, entweder eine neue Straftat begehen oder eine von ihm bereits begangene Straftat aufdecken zu müssen. Gibt er dann keine Jahreserklärung ab, macht er sich nicht wegen eines Unterlassungsdelikts nach § 370 Abs. 1 Nr. 2 AO strafbar. Dies gilt jedoch nur, soweit gegen ihn wegen der begangenen Steuerstraftat bereits ein Ermittlungsverfahren eingeleitet ist. Ist die Tat unentdeckt, kann er im Wege einer Selbstanzeige (§ 371 AO) – ohne dass sich für ihn eine Konfliktlage stellt – auf den Pfad der Steuerehrlichkeit zurückkehren.[272] **142**

Dieser Grundsatz findet aber eine wesentliche Begrenzung in zweierlei Hinsicht. Einmal schützt er den Betroffenen nur davor, bereits begangenes Unrecht selbst aufdecken zu müssen.[273] Er darf aber nicht straflos neues Unrecht begehen.[274] Macht er deshalb wiederum unrichtige Angaben in seiner Jahreserklärung, indem er die Angaben aus den Voranmeldungen wiederholt, dann ist er deswegen nach § 370 Abs. 1 Nr. 1 AO zu bestrafen.[275] Zum anderen bezieht sich die Suspendierung der Strafbewehrung nur auf denselben Veranlagungszeitraum. Für nachfolgende Veranlagungszeiträume ist er zu wahrheitsgemäßen Angaben verpflichtet,[276] selbst wenn ein Zusammenhang zu früheren wahrheitswidrigen Angaben bestehen sollte. Ein früheres steuerunehrliches Verhalten kann keine Rechtfertigung dafür darstellen, auch in den Folgejahren den Verkürzungsschaden noch zu perpetuieren oder gar zu vergrößern. Seiner Konfliktlage wird aber dadurch Rechnung getragen, dass – soweit er sich in späteren Veranlagungszeiträumen zu einer wahrheitsgemäßen Erklärung entschließt – diese spätere Erklärung nach § 393 Abs. 2 AO nicht als Beweismittel im Hinblick auf eine Steuerstraftat aus vorangegangenen Veranlagungszeiträumen verwendet werden darf. Soweit die spätere Steuererklärung (weil andere Voraussetzungen des § 371 AO fehlen) nicht schon als strafbefreiende Selbstanzeige im Blick auf die zurückliegenden Jahre angesehen werden kann, belastet sie den Steuerpflichtigen nicht im Blick auf das Strafverfahren. Damit können sich aus ihr steuerliche Konsequenzen – allerdings auch für die zurückliegenden Jahre – ergeben.[277] Die Ermittlungsbehörden sind jedoch nicht gehindert, einen Tatnachweis für eine Steuerhinterziehung aus den vorangegangenen Jahren aufgrund anderer Beweismittel zu führen. **143**

Schließlich bleibt dem Steuerpflichtigen die Möglichkeit, wenn seine Erklärung bei vollständiger Mitteilung des zu Grunde liegenden Sachverhalts eine strafbare Handlung ergäbe, sich nur auf die Mitteilung der vereinnahmten Gelder zu beschränken. Eine solche Konstellation kommt insbesondere in den Fällen in Betracht, in denen das Steuergeheimnis (§ 30 AO) wegen des Schutzes überragender Interessen nach § 393 Abs. 2 Satz 2, § 30 Abs. 4 Nr. 5 AO durchbrochen ist. Dies hat in der Praxis für Bestechlichkeitsdelikte Bedeutung. Um dem Täter zu ermöglichen solche (als sonstige Einkünfte im Sinne des § 22 Nr. 3 EStG) zu versteuernde Einnahmen zu erklären, kann er sich auf die betragsmäßige Angabe beschränken.[278] **144**

---

[272] BGHSt 47, 8, 12 ff.
[273] Wird er formblattmäßig dennoch falsch informiert, indem auf bestehende Zwangsmittel verwiesen wird, führt dies nicht zur Anwendung des § 136a StPO, vgl. BGH NStZ 2005, 517.
[274] BGHR AO § 393 Abs. 1 Erklärungspflicht 3.
[275] BGH NStZ 2005, 517.
[276] BGHR AO § 393 Abs. 1 Erklärungspflicht 2.
[277] BGH NJW 2005, 763, 764.
[278] BGHSt 50, 299, 316 ff.; BGH, wistra 2004, 391, 392.

Raum

II. Umfang strafrechtlicher Verantwortlichkeit

145 Je weiter oben ein Manager in der Unternehmenshierarchie angesiedelt ist, umso nachdrücklicher wird er sich Gedanken darüber machen, unter welchen Voraussetzungen er strafrechtlich verantwortlich ist und wie er gegebenenfalls das ihn treffende Risiko weitergeben und für sich minimieren kann. Allerdings ist vor dem Hintergrund der teilweise aufgeregten Debatten um die BGH-Entscheidung zur strafrechtlichen Haftung des Compliance-Officers[279] in diesem Zusammenhang festzuhalten, dass dem Manager als Leitungsorgan nur dann strafrechtliche Verfolgung droht, wenn er hinsichtlich der in seinem Bereich begangenen Straftaten auch die subjektiven Voraussetzungen erfüllt. Das bedeutet zunächst, dass er Kenntnis von den in diesem Zusammenhang begangenen Straftaten haben muss (oder sie jedenfalls billigend in Kauf nehmen muss), wenn es sich um Vorsatztaten handelt. Nur soweit eine fahrlässige Deliktsbegehung möglich ist, reicht es, wenn er die Tat nur hätte erkennen können.

1. Einstandspflicht für die Straftaten anderer Betriebsangehöriger

146 Die Einstandspflicht des Unternehmers ist eine Garantenstellung im Sinne des § 13 StGB. Sie folgt aus dem Gedanken, dass der Betreiber eines Unternehmens eine Gefahrenquelle eröffnet und mithin verhindern muss, dass aus dieser Gefahrenquelle Straftaten begangen werden[280]. Aus diesem Grundgedanken heraus bestimmt sich auch ihr Inhalt. Die Einstandspflicht des Unternehmers beschränkt sich indes auf die Verhinderung betriebsbezogener Straftaten und umfasst nicht solche Taten, die der Mitarbeiter lediglich bei Gelegenheit seiner Tätigkeit im Betrieb begeht. Betriebsbezogen ist eine Tat dann, wenn sie einen inneren Zusammenhang mit der betrieblichen Tätigkeit des Begehungstäters oder mit der Art des Betriebes aufweist.[281]

147 Die Beschränkung der Garantenhaftung des Betriebsinhabers auf betriebsbezogene Taten ist nach Auffassung des 4. Strafsenats des BGH unabhängig davon geboten[282], welche tatsächlichen Umstände für die Begründung der Garantenstellung im Einzelfall maßgebend sind. Soweit allein an den Betrieb des Unternehmens angeknüpft wird, lässt sich eine über die allgemeine Handlungspflicht hinausgehende, besondere Verpflichtung des Betriebsinhabers nicht begründen, auch solche Taten von voll verantwortlich handelnden Angestellten zu verhindern, die nicht Ausfluss seinem Betrieb oder dem Tätigkeitsfeld seiner Mitarbeiter spezifisch anhaftender Gefahren sind, sondern die sich außerhalb seines Betriebes genauso ereignen könnten. In Anknüpfung an diese Entscheidung des Bundesgerichtshofs lässt sich betriebsbezogen durch den Unternehmensgegenstand näher präzisieren. Alle Rechtsverstöße, die in unmittelbarer Verfolgung dieses Zwecks begangen werden, sind betriebsbezogen. Gleiches gilt naturgemäß auch für sonstige Ziele, die von der Unternehmensleitung vorgegeben worden sind. Im konkreten vom Bundesgerichtshof entschiedenen Fall wurde deshalb die Garantenstellung eines Betriebsleiters für Körperverletzungshandlungen seiner Mitarbeiter verneint, weil sie weder in einem inneren Zusammenhang zur von den Mitangeklagten im Rahmen des Arbeitsverhältnisses zu erbringenden Tätigkeit standen, noch hat sich in ihnen eine gerade dem Betrieb des städtischen Bauhofs spezifisch anhaftende Gefahr verwirklicht. Insbesondere war den Haupttätern das Schikanieren des Geschädigten weder als Teil der „Firmenpolitik" – etwa um einen unliebsamen Mitarbeiter zum Verlassen des Unternehmens zu bewegen – von der Betriebsleitung aufgetragen worden, noch nutzten die Haupttäter die

---

[279] Rönnau
[280] BGHSt 54, 44 Rn. 23 mit Besprechung *Dannecker/Dannecker*, JZ 2010, 918, *Rönnau*, ZIP 2010, 53, 54 ff., *Stree/Bosch* in Schönke/Schröder, StGB, 28. Aufl., § 13, Rn. 53
[281] BGHSt 57, 42 Rn. 13 mit umfangreichen Nachweisen
[282] BGH aaO Rn. 14; vgl. hierzu auch die Anmerkungen von *Roxin* JR 2012, 305; *Poguntke* CCZ 2012, 152; *Grütner* BB 2012, 152

ihnen durch ihre Stellung im Betrieb eingeräumte arbeitstechnische Machtbefugnisse zur Tatbegehung aus.[283]

2. Übertragene Garantenstellung – Compliance

Die originäre Garantenstellung trifft nur den Betriebsinhaber oder – im Falle einer jur. Person – die für das Unternehmen handelnden Organe. Die Entstehung von Garantenpflichten im nachgeordneten Bereich setzt einen Übertragungsakt voraus. Dies wird regelmäßig durch einen Vertrag erfolgen, dem aber eine tatsächliche Übernahme des vertraglich übernommenen Pflichtenkreises nachfolgen muss. Entscheidend ist, dass der Verantwortungsbereich übertragen und der Adressat der Übertragung diesen Aufgabenbereich auch tatsächlich übernommen hat.[284] Dies setzt ein besonderes Vertrauensverhältnis voraus, das den Übertragenden gerade dazu veranlasst, dem Verpflichteten besondere Schutzpflichten zu übertragen.[285] Eine vollzogene Übertragung führt dazu, dass der Übertragende hierdurch entlastet wird und die primäre Verantwortlichkeit auf den Verpflichteten übergeht.[286]

148

In der Praxis wird die Übertragung der Garantenpflicht inzident durch die Übertragung bestimmter Funktionen zur eigenverantwortlichen Erledigung konkludent erfolgen. Dort, wo der Beauftragte einen Tätigkeitsbereich mit einem entsprechenden Verantwortungsgehalt zur eigenständigen Wahrnehmung übernommen hat, wird die Übertragung einer Garantenstellung naheliegen. Das gesetzliche Wertungsmodell des § 14 Abs. 2 StGB kann hierfür einen Anhalt bieten. Gleichwohl ist es nicht abschließend. Auch jenseits dieses Personenkreises kann es Aufgabenbereiche geben, deren Übernahme Garantenpflichten auslöst, wenn der Übertragende sich offensichtlich auf die eigenverantwortliche Wahrnehmung verlässt. Aus dieser Erwägung hat der Bundesgerichtshof den Leiter der Rechtsabteilung als Garanten für den gesetzkonformen Vollzug der Gebührenerhebung eines Straßenreinigungsunternehmens angesehen.[287] Dabei bestimmt der Inhalt der dem Organ zukommenden Garantenpflichten die äußerste Grenze, weil dem Verpflichteten nicht mehr übertragen werden kann als der Betriebsinhaber selbst in seiner Person hat. Deshalb bildet die Betriebsbezogenheit[288] auch für den Verpflichteten das maßgebliche Unterscheidungskriterium.

149

Nach diesen Grundsätzen ist auch der rechtliche Status des Compliance-Beauftragten (vgl. hierzu im Einzelnen Kap. 5) einzuordnen. Wird diesem – unabhängig von seiner Bezeichnung – die Aufgabe zur eigenverantwortlichen Wahrnehmung übertragen, Straftaten und Ordnungswidrigkeiten aus dem Betrieb heraus zu unterbinden, dann haftet er auch strafrechtlich[289], wenn er dieser Aufgabe nicht gerecht wird und nichts gegen entsprechende Rechtsverletzungen unternimmt.[290]

150

C. Strafzumessung in Wirtschaftsstrafsachen

In Wirtschaftsstrafsachen gelten für die Strafzumessung die allgemeinen Grundsätze. Es gibt deshalb an sich kein besonderes Strafzumessungsrecht für bestimmte Deliktsgruppen, mithin

151

---

[283] BGH aaO Rn. 15 ff., wobei auch weiterführend – mit umfangreichen Nachweisen – dargelegt wird, dass es auch keine allgemeine Einstandspflicht dergestalt gebe, Mobbing zu verhindern, selbst dann, wenn es sich um wiederholte Übergriffe handelt
[284] BGHSt 54, 44 Rn. 25
[285] BGH aaO.; BGHSt 46, 196, 202 f.; 39, 392, 399
[286] BGHSt 58, 10 mit zust. Anmerkungen von *Windeln* ArbRB 2012, 371, *Buschmann* ArbuR 2013, 119 und *Klein* NZWiSt 2013, 119
[287] BGHSt 54, 44 zugleich mit umfangreichen Nachweisen, in welchen Fällen die Rechtsprechung bereits früher -freilich meistens auf Beamtenverhältnisse bezogen – eine Garantenpflicht angenommen hat
[288] BGHSt 57, 42 Rn. 13
[289] BGHSt 54, 44 Rn. 27
[290] Vgl. Raum, CCZ 2012, 197

auch für Wirtschaftsstrafsachen nicht.[291] Es treten bei der Strafzumessung aber immer – je nach Deliktsgruppe – besondere Problemkreise auf, die dann dort eine größere praktische Relevanz aufweisen als bei anderen Straftaten.

152 Ein ganz wesentliches Schwergewicht bei der Strafzumessung in Wirtschaftsstrafsachen liegt bei der Feststellung des Schuldumfangs. Dies bedeutet allerdings nicht, dass nicht sämtliche in § 46 StGB genannten Strafzumessungsgrundsätze auch hier in die gebotene Gesamtabwägung einfließen müssten. Eine völlig schematische Strafzumessung, die sich allein an der Schadenshöhe orientiert, ist deshalb verfehlt. Es bedarf immer einer Gesamtabwägung.[292] Auch bei Wirtschaftsstrafsachen sind die Person des Täters, seine Motive, die von ihm aufgewendete kriminelle Energie, Vorstrafen, sein Bemühen um Wiedergutmachung, ein Geständnis und ein Mitverschulden der Geschädigten bei der Strafzumessung zu berücksichtigen. Die Rechtsprechung hat deshalb ein „Bestrafen nach Taxe" für unzulässig gehalten.[293] Wenn auch eine starre Relation vom Schaden zur Strafe nicht gezogen werden darf, ändert dies jedoch nichts an dem Grundsatz, dass für die Vermögensstraftat der erstrebte und der eingetretene Vermögensnachteil den zentralen Maßstab für die Bewertung der Schuld des Täters bilden müssen.[294]

I. Schadensumfang

153 Die Wirtschaftsstraftat bezieht ihren eigentlichen kriminellen Unrechtsgehalt in erster Linie aus dem Umfang des angerichteten Schadens. Dort liegen in der Praxis auch die entscheidenden Fehlerquellen. Dies gilt namentlich für das Steuerstrafrecht, weil der im Steuerrecht oft nicht so bewanderte Strafrichter mit der genauen Feststellung des Verkürzungsbetrages häufiger Schwierigkeiten hat. Freilich werden diese für das Steuerstrafverfahren typischen Schwierigkeiten oftmals überschätzt.

154 Allerdings gilt nach der Rechtsprechung des Bundesgerichtshofs der Grundsatz, dass im Falle einer Verurteilung wegen Steuerhinterziehung die Urteilsgründe in der Regel nicht nur die Summe der verkürzten Steuern, sondern – für jede Steuerart und ggf. für jeden Steuerzeitraum – deren Berechnung im Einzelnen ergeben müssen.[295] Diese Grundsätze gelten im Übrigen auch für die Beitragsvorenthaltung nach § 266a StGB[296] und für den Betrug nach § 263 StGB, soweit dieser sich auf Abgabenverbindlichkeiten bezieht.[297] Bei der Beitragsvorenthaltung ist nach ständiger Rechtsprechung weiterhin erforderlich, den jeweiligen Beitragssatz der Sozialkassen in den Urteilsgründen mitzuteilen.[298]

155 Eine entsprechende Feststellungsdichte ist notwendig, um dem Revisionsgericht die Prüfung zu ermöglichen, ob der Schadensumfang rechtsfehlerfrei bestimmt wurde. Erforderlich ist deshalb grundsätzlich, dass sich aus dem festgestellten Tatsachenmaterial der eingetretene Schaden bzw. die eingetretene Steuerverkürzung rechtlich nachvollziehen lassen. Als Anhalt dafür, welcher Darstellungsaufwand geboten ist, sollte man sich den Zweck von Urteilsgründen vergegenwärtigen. Jedenfalls dann, wenn sich das Urteil einer revisionsgerichtlichen Überprüfung zu stellen hat, müssen die tatsächlichen Feststellungen die getroffene Sanktion

---

[291] Dies folgt schon daraus, dass immer eine an den (jeweils gleichen) Zumessungsgesichtspunkten gemäß § 46 Abs. 2 StGB orientierte umfassende Abwägung vorzunehmen ist; BGHSt 17, 143; BGH NJW 1995, 2046.
[292] Ständige Rechtsprechung, die eine Feststellung der schärfenden und mildernden Momente und eine Abwägung in ihrer Bedeutung und ihrem Gewicht gegeneinander verlangt, vgl. BGHSt 4, 9; 8, 189; wistra 1988, 249.
[293] *Fischer*, § 46 Rn. 75 mit weiteren Nachweisen; vgl. zu dem von den einzelnen Oberfinanzdirektionen ausgearbeiteten und bei starrer Handhabung bedenklichen „Tarifsystem" für Steuerhinterzieher – *Kohlmann*, Steuerstrafrecht, § 370 Rn. 325.9 mit weiteren Nachweisen.
[294] BGHSt 37, 343; BGH, wistra 1984, 181; 1992, 103.
[295] BGHR AO § 370 Abs. 1 Berechnungsdarstellung 3, 4, 7; BGH, wistra 1992, 103.
[296] BGH NJW 2002, 2480, 2483; BGHR StGB § 266a Sozialabgaben 4.
[297] BGH NJW 2003, 1821.
[298] BGHR StGB § 266a Sozialabgaben 3, 4.

C. Strafzumessung in Wirtschaftsstrafsachen

tragen. Die Frage, die hier immer zu stellen ist, lautet deshalb: Lässt sich aus dem gewonnenen Tatsachenmaterial der Verkürzungsschaden als Rechtsfolge auf der Grundlage der entsprechenden Rechtsvorschriften ohne weiteres herleiten oder – von der Rechtsfolgenseite her betrachtet – tragen die getroffenen Feststellungen den zu Grunde gelegten Verkürzungsumfang.

Die Rechtsprechung des Bundesgerichtshofs hat jedoch den Darstellungsaufwand dann abgemildert, wenn der Angeklagte geständig ist und über eine ausreichende Sachkunde verfügt. In diesen Fällen, in denen der Hinterziehungsumfang praktisch außer Streit gestellt ist und die Sachkunde des Angeklagten auch die Gewähr dafür bietet, dass er hierdurch keinen Rechtsnachteil erleidet, hat die höchstrichterliche Rechtsprechung auf eine nach Steuerart und Besteuerungszeiträumen im Einzelnen dargelegte Berechnung verzichtet.[299] Für die Fälle des so genannten „Verurteilungskonsenses", in denen zwar kein Geständnis vorliegt, aber Einverständnis mit einer Bestrafung wegen Steuerhinterziehung besteht, kann auf eine nachvollziehbare Darstellung der Besteuerungsgrundlagen hingegen nicht verzichtet werden. Der angeklagte Steuerhinterzieher räumt insoweit – unabhängig davon, ob er überhaupt sachkundig ist – den Hinterziehungsumfang gerade nicht ein.[300] Für den Bereich der Sozialabgaben gilt hier wiederum Gleiches. Für beide Bereiche ist jedoch auch bei geständigen Tätern als Grenze zu beachten, dass die Darstellung die Tathandlung auch hinreichend konkret erkennen lassen muss. Unverzichtbar bleibt die Angabe, welches steuerlich erhebliche Verhalten im Rahmen welcher Steuerart in welchem Veranlassungszeitraum zu welchem Steuerschaden geführt hat.[301]

156

In der Praxis stehen den Gerichten nicht nur Finanzbeamte zur Seite, die über den Zugriff auf die entsprechenden Steuerberechnungsprogramme verfügen und auch aufgrund ihres steuerlichen Wissens die Steuerberechnung vermitteln können. Die höchstrichterliche Rechtsprechung ist hier ausgesprochen großzügig. Es muss lediglich ein eigenständiger juristischer Erkenntnisprozess des Richters erfolgen, mag der auch durch Berichte von Betriebsprüfern, Steuerfahndern oder Wirtschaftsprüfern begleitet sein. Nicht mehr hingenommen wird dagegen vom Bundesgerichtshof, wenn das Ausgangsgericht lediglich Betriebsprüfungsberichte mitteilt oder Finanzbeamte als Zeugen vernimmt und sich insoweit auf deren „glaubhafte Aussagen" stützt.[302] Die Bestimmung von steuer- oder sozialrechtlichen Verbindlichkeiten ist keine Tatsachenermittlung, sondern juristische Subsumtion. Diese ist aber naturgemäß keiner Beweisaufnahme zugänglich, sondern eine solche rechtliche Würdigung eines Sachverhalts bildet das Kernstück richterlicher Arbeit. Dem Richter obliegt die Rechtsanwendung und hierzu zählen auch und in gleicher Weise steuer- oder sozialversicherungsrechtliche Rechtsvorschriften. Diese hat sich der Richter eigenverantwortlich zu erschließen. Stellungnahmen von Finanzbeamten oder Berichte über Betriebsprüfungen können dabei für den Richter Hilfsmittel sein, sie können aber nicht die dem Richter obliegende Gesetzesanwendung ersetzen.[303] Damit der Richter diese Aufgabe sachgerecht wahrnehmen kann, empfiehlt es sich speziell für diese Sondergebiete des Wirtschaftsstrafrechts Zuständigkeitskonzentrationen zu schaffen, damit eine sinnvolle Einarbeitung und eine gewisse Praxis in diesen Materien gewährleistet werden kann.

157

1. Schätzung

Ein wesentliches Hilfsmittel für die Praxis ist die Schätzung. Sie ist in der Abgabenordnung ausdrücklich zugelassen (§ 162 AO). Grundsätzlich ist die Schätzung auch im Steuerstrafverfahren zulässig.[304] Gleiches gilt im Strafverfahren wiederum für die durch Schätzung zu ermit-

158

---

[299] BGHR AO § 370 Abs. 1 Berechnungsdarstellung 2, 4.
[300] BGH, wistra 2006, 110.
[301] BGHR AO § 370 Abs. 1 Berechnungsdarstellung 8; BGH NJW 2003, 1821.
[302] BGHR AO § 370 Abs. 1 Berechnungsdarstellung 9; BGH, wistra 2001, 308.
[303] Vgl. zu dem Gesamtkomplex *Harms*, in: Gedächtnisschrift für Ellen Schlüchter, S. 451 ff.
[304] Ständige Rechtsprechung vgl. BGHR AO § 370 Abs. 1 Steuerschätzung 1, Abs. 1 Nr. 2 Steuerschätzung 5; BGH, wistra 1984, 182; 1995, 67.

telnden Sozialversicherungsbeiträge, deren tatsächliche Grundlagen ebenfalls durch Schätzung ermittelt werden dürfen.[305] Im Strafverfahren hat die Schätzung jedoch auf den Zweifelsgrundsatz Bedacht zu nehmen.[306] Dies bedeutet aber nicht, dass auf der Einnahmenseite generell die niedrigsten, auf der Kostenseite die denkbar höchsten Sätze zu Grunde zu legen sein werden.[307] Liegen keine Anhaltspunkte für eine ungewöhnliche Vermögensentwicklung vor, ist bei der Schätzung von Besteuerungsgrundlagen nach § 162 AO auch im Strafverfahren von einer durchschnittlichen, an Wahrscheinlichkeitskriterien orientierten Ertragsberechnung auszugehen.[308] Besonderheiten gelten für die in der Praxis häufig vorkommende Schätzung der Höhe von „Schwarzarbeitslöhnen". Dort wird die Übernahme der Werte aus der Richtsatzkartei, die auf Vergleichszahlen der legalen Wirtschaft basieren, regelmäßig ausscheiden. Erfahrungsgemäß liegen die Vergütungen aus Schwarzarbeit deutlich unter denen aus legaler Beschäftigung.[309] Für die Schätzung vollständig illegaler Beschäftigungsverhältnisse hat der Bundesgerichtshof jetzt eigenständige Grundsätze entwickelt, die ganz wesentlich jeweils auf den sozialversicherungsrechtlichen bzw. lohnsteuerrechtlichen Regelungen aufbauen.[310]

a) Schätzungsanforderungen

159 Der Richter darf Schätzungsgrundlagen im Übrigen nur dann übernehmen, wenn er sie überprüft hat und von ihrer Richtigkeit überzeugt ist. Der Tatrichter hat selbst in eigener Verantwortung zu entscheiden, welche Schätzungsmethode dem vorgegebenen Ziel, der Wirklichkeit durch Wahrscheinlichkeitsüberlegungen möglichst nahe zu kommen, am besten gerecht wird.[311] Die Schätzung muss schon nach steuerlichen Grundsätzen insgesamt in sich schlüssig sein; ihre Ergebnisse müssen darüber hinaus vernünftig und möglich sein.[312] Auch hier ist wiederum hervorzuheben, dass die Schätzung eine eigene Aufgabe des Richters darstellt. Die kritiklose Übernahme von Betriebsprüfungs- oder Steuerfahndungsberichten ist bei diesen Fallkonstellationen besonders fehlerträchtig, weil die Steuerschätzung oftmals einen gewissen „Druckzuschlag" enthalten wird, um den Steuerpflichtigen zur Abgabe einer Steuererklärung zu veranlassen.[313] Andererseits ist der Tatrichter aber berechtigt, auf die regelmäßig sachkundigen Schätzungen der Finanzbehörden zurückzugreifen. Er muss nur zu erkennen geben, dass er diese eigenständig im Lichte der Maßstäbe strafrechtlicher Sachverhaltsfeststellung überprüft hat.[314] Dabei sind auch die steuerstrafrechtlichen Vorgaben zu beachten. Deshalb ist das Kompensationsverbot zu beachten; umgekehrt müssen solche Umstände in die Schätzung einbezogen werden, für die das Kompensationsverbot nicht gilt, weil diese steuermindernden Faktoren mit den verschwiegenen steuererhöhenden Umständen in einem untrennbaren Zusammenhang stehen.[315]

160 Das Gericht ist andererseits auch zu einer Schätzung verpflichtet. Es ist nicht angängig, die Feststellung einer steuerlichen Verkürzung mit der Begründung zu verweigern, dass wesentliche Buchhaltungsunterlagen nicht mehr greifbar und lediglich noch Geldsummen feststellbar sind. Nimmt das Gericht in dieser Situation an, das Vermögen sei durch nicht steuerbare Einkünfte erzielt worden, dann bedarf es für ein derart unwahrscheinliches Geschehen einer eingehenden Begründung und der Darlegung der tragenden tatsächlichen und rechtlichen

---

[305] BGH, wistra 2001, 464.
[306] BGH, wistra 2010, 148, 149 zu den allgemeinen Voraussetzungen einer Schätzung
[307] BGHR AO § 370 Abs. 1 Nr. 2 Steuerschätzung 2.
[308] BGHR AO § 370 Abs. 1 Steuerschätzung 1.
[309] BGH, wistra 2005, 311, 312.
[310] BGHSt 56, 153
[311] BGHR AO § 370 Abs. 1 Nr. 2 Steuerschätzung 5.
[312] Vgl. *Rüsken*, in: Klein, AO, § 162 Rn. 41 ff. zu den Schätzungsmethoden; vgl. auch BFHE 188, 160.
[313] Vgl. dazu *Ransiek* in Kohlmann, Steuerstrafrecht, § 370 Rn. 486.
[314] BGH, wistra 2010, 148, 150
[315] BGH, wistra 2012, 29, 119

C. Strafzumessung in Wirtschaftsstrafsachen

Erwägungen.³¹⁶ Dabei gelten im Strafverfahren die Beweiserleichterungen nach § 90 Abs. 2 AO nicht, weil sich diese nicht mit dem Zweifelssatz vereinbaren lassen. Auch im Strafverfahren muss der Beschuldigte allerdings Unsicherheiten zu seinem Nachteil im Rahmen des Schätzungsspielraums gegen sich gelten lassen, die gerade aus der Verletzung seiner Mitwirkungspflichten nach § 90 Abs. 2 AO erwachsen.³¹⁷

b) Zuordnung zu Veranlagungszeiträumen

In der Praxis hat sich in einigen Fällen gezeigt, dass die Tatrichter, soweit sich Hinterziehungshandlungen nicht bestimmten Zeiträumen zuordnen lassen, freisprechen, obwohl ein Hinterziehungsverhalten zweifelsfrei vorliegt. Trotz eindeutig nachweisbarer Hinterziehung könnte es zu einer Bestrafung zum Beispiel dann nicht kommen, wenn zugeflossene Gelder oder erfolgte Umsätze sich nicht exakt auf einen steuerstrafrechtlich relevanten Veranlagungs- oder Voranmeldungszeitraum beziehen lassen. Dies ist nicht sachgerecht. Auch in diesen Fällen muss nach der Rechtsprechung eine Schätzung erfolgen, die zu einer Aufteilung der Zuflüsse auf die in Betracht kommenden Veranlagungszeiträume führt.³¹⁸ Dogmatisch näherliegend scheint in diesen Fällen zu sein, von einer gleichartigen Wahlfeststellung auszugehen.³¹⁹ In der Sache macht dies freilich keinen Unterschied. Bei der notwendigen Zuordnung auf die einzelnen Veranlagungszeiträume ist wiederum der Zweifelsgrundsatz heranzuziehen, der dann sowohl bei der Zahl der Einzelakte als auch bei der Verteilung des Gesamtschadens auf diese Einzelakte Beachtung finden muss. Jede andere Betrachtung würde – zum Beispiel, wenn die entsprechenden Belege nicht mehr beigebracht werden können, zum Ausschluss, in vielen Fällen zur Erschwerung der Bestrafung bei zweifellos strafbarem Gesamtverhalten führen. Diese Grundsätze gelten in gleicher Weise für den Sozialversicherungsbetrug (§ 263 StGB) und die Nichtabführung von Sozialversicherungsbeiträgen (§ 266a StGB).³²⁰

2. Schadenskausalität

Die Straftatbestände, die eine Verkürzung öffentlich-rechtlicher Abgaben zum Gegenstand haben, beziehen sich regelmäßig auf einen gesetzlich festgelegten Anmelde- oder Veranlagungszeitraum. Maßgebend ist deshalb, dass die Tathandlung in Beziehung gesetzt wird zu einem bestimmten Veranlagungszeitraum. Dies kann aber im Steuerrecht kollidieren mit einem Verlustvor- bzw. -rücktrag (§ 10d EStG; § 8 KStG). Spielen solche Vor- bzw. Rückträge bei der steuerlichen Bestimmung eine Rolle, dann ist Vorsicht geboten. Für die Bestimmung des Schuldumfangs ist allein die Differenz zwischen der bei inhaltlich zutreffenden Angaben geschuldeten Steuer und der durch die unrichtigen Angaben bewirkten niedrigeren Steuer maßgebend. Wird durch die falsche Erklärung ein unrichtiger Verlustvortrag oder -rücktrag bewirkt, so kann der auf die unrichtige Steuererklärung zurückgehende zusätzliche Steuerschaden im Vor- oder Folgejahr hinzugerechnet werden. Wirkt sich ein unrichtiger Verlustvor- oder -rücktrag aus einem anderen Jahr im Veranlagungszeitraum weiter steuerverkürzend aus, muss dies als Folge für die Hinterziehungshandlung, die den Veranlagungszeitraum betrifft, unberücksichtigt bleiben.³²¹ Sie kann allenfalls der Tathandlung (Steuererklärung) zugerechnet werden, die den unrichtigen Verlustvor- oder -rücktrag bewirkt hat.

---

³¹⁶ BGHR AO § 370 Abs. 1 Steuerschätzung 1.
³¹⁷ BGH, wistra 1995, 67, 69; vgl. auch *Joecks*, in: Franzen/Gast/Joecks, Steuerstrafrecht, § 370 Rn. 59.
³¹⁸ BGHSt 40, 374, 377; BGH, wistra 1999, 426; 2004, 298, 299.
³¹⁹ Vgl. LK-*Gribbohm*, 11. Aufl. § 1 Rdn. 130 zugleich mit weiteren Nachweisen zu den prozessualen Folgeproblemen.
³²⁰ BGH, wistra 2004, 298.
³²¹ BGH wistra 2001, 309 f.

3. Schadensbewertung

163 Allein die Bestimmung der numerischen Höhe des Schadens verkürzt in Wirtschaftsstrafsachen allzu sehr die Prüfung des Strafzumessungsgesichtspunktes der „verschuldeten Auswirkungen der Tat" und wird so seiner Bedeutung nicht gerecht. Es gibt nämlich weitere Faktoren, die für die richtige Einordnung der Schadenshöhe von erheblichem Belang sind und für eine sachgerechte Gewichtung beachtet werden müssen. Dies wird an der Steuerhinterziehung deutlich. So wird in der gerichtlichen Strafzumessungspraxis regelmäßig das betrügerische Erlangen von unberechtigten Zahlungen des Fiskus grundsätzlich als schwerwiegender erachtet als das betrügerische Vereiteln des Steueranspruchs des Staates. Dies mag damit zusammenhängen, dass vom kriminellen Unwert her gesehen das offensive Schädigen des Staates, der zur unberechtigten Auszahlung von Geldern veranlasst wird (z. B. betrügerische Vorsteuererstattungen), ein deutlich höheres Gewicht hat, als die eher defensive Haltung, die auf eine Verhinderung des staatlichen Zugriffs gerichtet ist.[322] Ebenso ist regelmäßig eine Hinterziehung schwerwiegender, die sich auf die Hinterziehung von Steuern mit treuhänderischem Charakter bezieht (also etwa Umsatzsteuer oder Lohnsteuer). Auch hier verhindert der Täter nicht nur einen Zugriff auf das eigene Vermögen, sondern schädigt aktiv den Fiskus, was im Verhältnis zu privaten Vermögensträgern nicht als schuldmindernd angesehen werden kann.[323] Daneben gelten – wie grundsätzlich in Wirtschaftsstrafverfahren – die Grundsätze, dass je aufwändiger das Täuschungssystem und je systematischer die Verschleierung von Sachverhalten (schnelle Verlagerung der Gewinne auf Auslandskonten, Verwendung gefälschter Belege) betrieben wird, eine höhere kriminelle Energie (insbesondere auch durch Schaffung unternehmerischer Strukturen) vorhanden und dies strafschärfend zu berücksichtigen ist.[324]

a) Verkürzung auf Zeit oder Dauer

164 Weiterhin zu berücksichtigen ist, ob der Verkürzungs- bzw. Vermögensschaden nur auf Zeit oder auf Dauer angelegt war. Dies hat Auswirkungen auf den Schuldumfang, der wiederum maßgeblich die Höhe der verhängten Strafe bestimmt und ist vom Tatrichter in den Urteilsgründen ausdrücklich zu würdigen.[325] Der insoweit bei der Strafzumessung zu Grunde zu legende Verkürzungsschaden betrifft nicht nur die gesamte nicht abgeführte Steuer, sondern lediglich den Verspätungsschaden, der dem Fiskus durch die zu spät entrichtete Steuer entstanden ist. Der Verspätungsschaden bestimmt sich dann nach der Höhe der angefallenen Hinterziehungszinsen (§§ 235, 238 AO).

165 In Abkehr von der früheren Rechtsprechung hat nunmehr der Bundesgerichtshof auch bei der Umsatzsteuerhinterziehung durch unrichtige Voranmeldungen den nominell hinterzogenen Betrag als maßgeblichen Steuerschaden angesehen.[326] Begründet wurde dies mit der Erwägung, dass dem Staat bereits auf der Grundlage der Voranmeldungen der wesentliche Teil des Umsatzsteueraufkommens zufließt. Dies trifft nach dem Schutzgedanken der Norm zu und trägt das Auslegungsergebnis, zumal die bisherige Fiktion von dem nur auf Zeit hinterziehenden Täter höchst theoretisch und wegen der Möglichkeit der strafbefreienden Selbstanzeige durch die Jahressteuererklärung auch obsolet ist.[327] Dennoch hält die Rechtsprechung an dem Grundsatz des eigenständigen Erklärungswerts beider Arten von Steuererklärungen (der Voranmeldungen und der Jahreserklärung) fest.[328] Deshalb soll im Verhältnis der beiden zueinander die Annahme einer mitbestraften Nachtat im Hinblick auf die Jahreserklärung ausscheiden, selbst wenn in dieser die unzutreffenden Angaben aus den Vorsteueranmeldun-

---

[322] BGH NJW 2009, 528, 532 f., der damit sogar die unterschiedliche Höhe des großen Ausmaßes nach § 370 Abs. 3 Nr. 1 AO rechtfertigt.
[323] Vgl. *Schauf* in: Kohlmann, Steuerstrafrecht § 370 Rn. 1029.17.
[324] BGH aaO.
[325] Ständige Rechtsprechung vgl. BGHSt 38, 165; BGH, wistra 1996, 105; 1997, 262.
[326] BGHSt 53, 221
[327] Zutreffend mit der Erörterung der einzelnen Varianten im Blick auf das Vorstellungsbild des Täters BGH aaO. Rn. 40 ff.
[328] BGH, NJW 2005, 836, 837; wistra 2005, 145, 146; vgl. hierzu auch *Jäger*, NStZ 2005, 552, 553.

C. Strafzumessung in Wirtschaftsstrafsachen 4

gen nur wiederholt werden oder eine Jahreserklärung überhaupt nicht mehr abgegeben wird. Wegen ihres untrennbaren Zusammenhangs bilden beide allerdings eine einheitliche prozessuale Tat im Sinne des § 264 StPO.[329] Sofern das Verfahren gemäß § 154a StPO nicht entweder auf die Voranmeldungen oder – vorzugsweise – auf die Jahreserklärung[330] beschränkt wird, kann der Tatrichter der praktischen Identität der Hinterziehungsschäden nur durch einen äußerst straffen Zusammenzug der Einzelstrafen Rechnung tragen.

Die Unterscheidung zwischen Dauer- und Zeitschaden ist nicht nur für Steuerstrafsachen bedeutsam. Eine entsprechende Abgrenzung kann auch Relevanz entfalten im Rahmen anderer Vermögensdelikte, etwa wenn der Täter von einer Rückführung des Gegenstandes an den Berechtigten ausgehen konnte.[331] Gleiches gilt im Rahmen von Lastschriftreiterei.[332] Auch dort ist es rechtsfehlerhaft, allein auf den Gesamtgefährdungsschaden abzustellen, weil mit der jeweils neuen Darlehensgewährung die vorhergehende erfüllt und mithin die Gefährdungslage insoweit beseitigt wurde.[333]

166

b) Formaler Steuerschaden

In mehreren Fällen muss der Steuerschaden an sich einer Bewertung unterzogen werden. Wichtig ist dabei vor allem, dass der Tatrichter einen so genannten formalen Steuerschaden als solchen auch erkennt. Sind verkürzte Steuerforderungen dem deutschen Steuerfiskus nur aus formalen Gründen entstanden, ist dies bei der Strafzumessung im Hinblick auf die verschuldeten Auswirkungen der Tat nach § 46 Abs. 2 Satz 2 StGB in gesamtwirtschaftlicher Betrachtung zu berücksichtigen.[334] Derartige Fallgestaltungen sind dadurch gekennzeichnet, dass die Steuerpflicht häufig an einem Gefährdungstatbestand anknüpft, der Vorgang aber bei materieller Betrachtung an sich steuerfrei wäre. Häufig sind bei dieser Fallgruppe dieselben wirtschaftlichen Ergebnisse auch durch ein rechtmäßiges Verhalten herbeizuführen. In diesen Fällen rechtfertigt sich das Entstehen der Steuer aber regelmäßig dadurch, dass für die auf Massenverfahren ausgelegte und hochautomatisierte Finanzverwaltung mit ihren eingeschränkten Möglichkeiten für eine schnelle Kontrolle bestimmte Verhaltensweisen, die in typischen Verdachtssituationen zu erwarten sind, hochgradig gefährlich sind und wahrscheinlich einen Steuerschaden eintreten lassen.

167

aa) Steuerbefreite innergemeinschaftliche Lieferungen

Die Gefährdung muss sich nicht notwendigerweise auf das inländische Steueraufkommen beziehen. So hat der Bundesgerichtshof[335] bereits früher in einem Fall, in dem die beiden Angeklagten hochwertige Pkw nach Italien verkauft, aber ihre Rechnungen auf italienische Scheinkäufer ausgestellt haben, eine strafbare Umsatzsteuerhinterziehung angenommen. Obwohl in der Sache eine innergemeinschaftliche Lieferung im Sinne von § 6a UStG i. V. m. § 4 Nr. 1b UStG vorlag, die umsatzsteuerbefreit wäre, hat der Bundesgerichtshof eine Umsatzsteuerbefreiung verneint. Zu den materiell-rechtlichen Anforderungen an eine Steuerbefreiung zählt nach § 17c Abs. 1 Satz 1, Abs. 2 UStDV auch der buchmäßige Nachweis des wirklichen Abnehmers und dessen richtiger Umsatzsteueridentifikationsnummer. Macht der Steuerpflichtige insoweit unzutreffende Angaben, ist schon allein deshalb keine umsatzsteuerbefreite innergemeinschaftliche Lieferung gegeben.[336] Diese Rechtsprechung hat der Bundesgerichtshof im Grundsatz bestätigt, allerdings hat es die Begründung anders akzentuiert. Danach sind keine steuerfreie innergemeinschaftliche Lieferungen im Sinne des § 6a UStG

168

---

[329] BGH, NJW 2005, 836, 837 = wistra 2005, 66; BGHSt 43, 270, 276.
[330] BGH, NJW 2005, 836, 837; BGHR AO § 370 Abs. 1 Strafzumessung 18.
[331] Vgl. BGH, Beschl. vom 15. Januar 2003–5 StR 525/02; dort hatte der Täter, der immer wieder Kfz betrügerisch erwarb, den vorher erlangten Pkw als Pfandobjekt hinterlassen und konnte damit auch davon ausgehen, dass der Berechtigte ihn wieder in Besitz nimmt.
[332] BGH, wistra 2005, 423.
[333] BGH wistra 2006, 20.
[334] BGH NJW 2003, 446, 453; StV 2000, 497.
[335] BGH NJW 2005, 2241.
[336] BFHE 199, 80, 83 f.; BFH/NV 2004, 988, 989.

gegeben, wenn der inländische Abnehmer die Lieferung an einen Zwischenhändler vortäuscht, um dem Abnehmer die Hinterziehung von Steuern zu ermöglichen.[337] Nachdem mittlerweile der Gerichtshof der Europäischen Gemeinschaft auf Vorlage des Bundesgerichtshofs entschieden hat, dass die Steuerfreiheit der innergemeinschaftlichen Lieferung dann versagt werden müsse, wenn ernsthaft die Gefahr besteht, dass ansonsten die Besteuerung im Abnehmerland gänzlich unterbleiben könnte[338], ist die bisherige Rechtsprechung als europarechtskonform anerkannt. Der Bundesgerichtshof hat in seiner abschließenden Entscheidung[339] nunmehr die Kriterien unter denen die Lieferung nicht umsatzsteuerbefreit ist unter diesem Schutzgedanken wie folgt zusammengefasst[340]: Einmal verbleibt es bei dem Verschleierungsfall. Zum anderen kommt eine Umsatzsteuerfreiheit auch dann nicht mehr in Betracht, wenn unter Verstoß gegen die Pflichten zum Buch- und Belegnachweis (§§ 17a, 17c UStDV) die Identität des Erwerbers nicht offen gelegt wird. Die Nachweispflichten schützen nämlich nicht nur den Mitgliedstaat, aus dem ausgeführt wird, sondern auch das Umsatzsteueraufkommen des Mitgliedstaats, in den eingeführt wird.[341]

Der Gesetzgeber ist in einigen anderen Fällen auch den Weg gegangen, solche schadensgeneigten Vorfeldtatbestände einer Steuerpflicht zu unterwerfen, die dann grundsätzlich auch steuerstrafrechtliche Folgen hat, und zwar selbst dann, wenn die Gefahr für das steuerliche Aufkommen sich eigentlich nicht realisiert hat. Folgende Beispiele lassen sich hierzu aus der Rechtsprechung aufzeigen:

bb) Schmuggel aus der EU heraus

169 Der Schmuggel aus Deutschland heraus ist hierfür ein klassischer Anwendungsfall. Nach dem europäischen Verbrauchssteuersystem soll grundsätzlich nur der Verbrauch von Waren im Steuergebiet der Europäischen Gemeinschaft versteuert werden. Wird die beförderte Ware der zollamtlichen Überwachung im Inland entzogen, entsteht allein durch diese Handlung der Zoll oder die Steuer (vgl. z. B. § 143 BranntwMonG; Art. 203 Zollkodex). Selbst wenn die Ware dann in ein Drittland exportiert wird, bleibt die Steuerpflicht grundsätzlich bestehen, obwohl materiell kein besteuerungswürdiger Tatbestand vorliegt.[342] Gleiches gilt, wenn die Ware (z. B. Zigaretten versteckt unter anderer ordnungsgemäß verzollter Ware) durch Deutschland transportiert und wieder ausgeführt wird.[343] Maßgeblich ist nämlich, dass die Zollbehörde den jederzeitigen Zugang auf die unter zollamtlicher Überwachung stehenden Waren hat. Wird ihr dieser Zugriff auch nur zeitweise entzogen, dann knüpft an diesem Gefährdungstatbestand die Entstehung der Abgabe an.

170 Bei diesen Schmuggelfällen spielt es auch keine Rolle, dass die geschmuggelte Ware häufig in Drittländern in den Verkehr gebracht werden soll und das Einschmuggeln in das Drittland regelmäßig nur dann funktionieren kann, wenn die Ware bereits im Inland verborgen wird.[344] Gefährlich für das Steueraufkommen ist nämlich schon, wenn die unverzollte Ware im Inland außerhalb des Kontrollbereichs der Finanzbehörden bewegt wird und deshalb jederzeit unverzollt auch auf den inländischen Markt gelangen kann. Auch wenn die Ausfuhr in das Drittland feststeht, bleibt die zunächst entstandene Steuer bestehen; bei der Strafzumessung ist aber dann der nur „formale Steuerschaden" ganz erheblich mildernd zu berücksichtigen.

cc) Scheinrechnungen und ihre Berichtigungsfähigkeit

171 Ein weiterer in diesen Zusammenhang gehörender Komplex sind die Scheinrechnungen, die nach § 14c Abs. 1 und 2 UStG (§ 14 Abs. 3 UStG a. F.) eine Umsatzsteuerpflicht auslösen und

---

[337] BGHSt 53, 45
[338] EuGH, NStZ 2011, 165 mit Anm. von *Lohse*.
[339] BGH, NJW 2011, 3797
[340] Vom BVerfG gebilligt, wistra 2011, 458
[341] BGH NJW 2005, 2241.
[342] BGH NJW 2003, 446, 453; BGH, wistra 2001, 216, 217; BGH StV 2000, 497.
[343] BGH NJW 2003, 907.
[344] Diese Fallgestaltung liegt den Entscheidungen des Bundesgerichtshofes vom 24. Oktober 2002 (NJW 2003, 446 ff.) und vom 27. November 2002 (NJW 2003, 907) zugrunde.

C. Strafzumessung in Wirtschaftsstrafsachen

deshalb in den Umsatzsteueranmeldungen bzw. Umsatzsteuerjahreserklärungen zu erklären sind.[345] Ein nur formaler Steuerschaden kann dann eintreten, wenn die Scheinrechnungen nicht als Grundlage für Vorsteuererstattungen verwandt werden. Insoweit bleibt das Rechnungsverhältnis umsatzsteuerneutral. Dies ist nicht selten, weil entsprechende Scheinrechnungen auch anderen Zwecken dienen können (z. B. um gegenüber Banken oder potenziellen Erwerbern einen entsprechenden Umsatz vorzutäuschen). Dennoch entsteht zunächst mit dem Erstellen der Rechnung eine Umsatzsteuerschuld in der Höhe, in der Umsatzsteuer auf der Scheinrechnung ausgewiesen wurde. Die Beseitigung des Scheins kann regelmäßig über eine Selbstanzeige nach § 371 AO erfolgen. Jedenfalls solange noch keine Rückforderungsansprüche der Finanzbehörden entstanden sind, reicht es regelmäßig aus, dass der Scheincharakter aufgedeckt wird, selbst wenn die Person des Urhebers unbekannt bleibt.[346]

Die umsatzsteuerliche Regelung des § 14c Abs. 2 Satz 2 zweite Alternative UStG ist ein **172** Tatbestand, der eine Gefährdungslage absichern soll.[347] Das bloße Vorhandensein von Scheinrechnungen, die in den Verkehr gelangen, stellt für die Finanzverwaltung eine Situation dar, die sehr missbrauchsanfällig ist. Aus diesen Rechnungen kann in dem Massenverfahren der Umsatzsteuererhebung relativ unproblematisch Vorsteuern gezogen werden, ohne dass die Verwaltung eine entsprechende Kontrolle zeitnah im Einzelfall dahin leisten kann, ob umgekehrt die ausgewiesene Umsatzsteuer auch abgeführt wurde. Deshalb hat der Gesetzgeber eine Regelung geschaffen, die einen steuerlichen Ausfalltatbestand enthält, der unabhängig von der Geltendmachung einer Vorsteuer zunächst eingreift.[348] Die finanzgerichtliche Rechtsprechung lässt jedoch dann Berichtigungsmöglichkeiten zu, wenn eine steuerliche Gefährdung sicher ausgeschlossen werden kann.[349] Mittlerweile sind die Grundsätze der finanzgerichtlichen Rechtsprechung gesetzlich in § 14c UStG niedergelegt; zugleich hat der Gesetzgeber ein entsprechendes Berichtigungsverfahren entwickelt.[350] Eine Berichtigung verlangt, dass die Gefährdung des Steueraufkommens beseitigt ist. Dies setzt jedoch gemäß § 14c Abs. 2 Satz 3 und 4 UStG voraus, dass entweder der Steuerabzug aus den Rechnungen beim Rechnungsempfänger nicht durchgeführt oder aber die geltend gemachte Vorsteuer an die Finanzbehörde zurückgezahlt worden wäre.[351] Nicht dagegen ausreichen kann es, wenn das Finanzamt den Vorsteuerabzug aus den Scheinrechnungen nicht anerkannt hat.[352] Der Hauptfall der Berichtigung wird sein, dass die Rechnung ohne Geltendmachung von Vorsteuern an den Aussteller zurückgegeben wird. Dann läge mit der falschen (d. h. die Scheinrechnung nicht berücksichtigenden) Voranmeldung auf Seiten des Scheinrechnungsausstellers – jedenfalls solange das Finanzamt einer Berichtigung noch nicht zugestimmt hat (§ 14c Abs. 2 Satz 5 UStG) – eine Steuerhinterziehung vor, infolge der Berichtigungsfähigkeit wäre aber kein materieller Steuerschaden entstanden. Damit ist zwar die tatbestandliche Vollendung einer Steuerhinterziehung nicht in Frage gestellt, nach der Rechtsprechung des Bundesgerichtshofs ist ein solcher dann jedoch nur formeller Steuerschaden bei der Strafzumessung gravierend zugunsten des Angeklagten zu berücksichtigen.[353]

---

[345] BGH NJW 2002, 3036 ff.
[346] BGH, wistra 2004, 309, 310.
[347] Vgl. auch BGHR AO § 370 Abs. 1 Versuch 2; siehe auch *Zeuner/Korn* in: Bunjes, UStG § 14c Rn. 10.
[348] Die Regelung des § 14 Abs. 3 Satz 2 UStG geht auf Art. 21 Nr. 1 lit. c) der 6. EG-Richtlinie zurück; zur Auslegung vgl. die grundlegende Entscheidung des EuGH (Sammlung I 6973 – Schmeink & Cofreth und Manfred Strobel).
[349] Vgl. BFH, UR 2001, 255 ff. und 312 ff.
[350] Zur Entstehungsgeschichte der Neuregelung vgl. *Zeuner/Korn* in: Bunjes, UStG § 14c Rn. 1 ff.
[351] BGH, Beschluss vom 29. November 2011 – 1 StR 459/11.
[352] BFH, BB 2011, 296 Rn. 55
[353] BGH NJW 2002, 3036, 3038.

dd) Vorliegen eines materiellen Steuerprivilegierungsgrunds

173 In Betracht kommt eine strafmildernde Berücksichtigung ferner dann, wenn die Betreffenden eine steuerschädliche Gestaltung, obwohl nach deren Sinn und Zweck der zu beurteilende Vorgang an sich der Privilegierung unterfallen könnte. In diesen Fällen muss der Tatrichter bedenken, dass die Steuerforderungen des deutschen Fiskus lediglich aus formalen Gründen – nämlich durch die Art der Vertragsgestaltung und die tatsächliche Abwicklung – entstanden sind. Bei der Strafzumessung muss in diesen Fällen auf die verschuldeten Auswirkungen der Tat abgestellt werden (§ 46 Abs. 2 StGB). Dies bedarf in Fällen der vorliegenden Art einer gesamtwirtschaftlichen Betrachtung. Maßgebend ist in solchen Fällen deshalb immer die Frage, ob derselbe wirtschaftliche Erfolg auch mit einem steuerunschädlichen Vertragssystem erreichbar gewesen wäre.[354] Wenn bei einer anderen rechtlichen Gestaltung im Wesentlichen dasselbe Ergebnis erzielbar gewesen wäre, liegt ein bloß formaler Steuerschaden vor, was der Tatrichter bei der Strafzumessung ausdrücklich zu berücksichtigen hat.

c) Wechselwirkung zwischen verschiedenen Steuerarten

174 Schließlich ist bei der Berechnung des Umfangs eines Steuerschadens noch darauf zu achten, dass nicht ein einheitlicher steuerlicher Schaden letztlich doppelt bei der Strafzumessung verwertet wird. Eine solche Gefahr besteht immer dann, wenn wegen Hinterziehungen mehrerer Steuerarten verurteilt wird und sich diese Steuern gegenseitig bedingen. So muss nach der Rechtsprechung des Bundesgerichtshofes[355] der Tatrichter, wenn er wegen Lohnsteuerhinterziehung und Beihilfe zur Einkommensteuerhinterziehung verurteilt, den Zusammenhang zwischen Lohn- und Einkommensteuer erkennbar berücksichtigen, sofern sich beide Handlungen jeweils auf dieselben Arbeitnehmer beziehen. Beide Handlungen betreffen einen zumindest teilidentischen steuerlichen Schadenstatbestand, zumal es sich bei der Lohnsteuer nur um eine besondere Erhebungsform der Einkommensteuer handelt. Da die vom Arbeitgeber abgeführte Lohnsteuer beim Arbeitnehmer auf dessen veranlagte Einkommensteuer anzurechnen ist (§ 36 Abs. 2 Satz 2 Nr. 2 EStG), darf als realer Steuerschaden nicht die Summe der beiden hinterzogenen Steuern angesetzt werden. Gleiches würde im Übrigen auch gelten bei anderen Steuerarten, zwischen denen ein Anrechnungszusammenhang besteht. Dies hat insbesondere auch Bedeutung für das Verhältnis von Körperschafts- und Einkommensteuerhinterziehung, das bei verdeckten Gewinnausschüttungen an die Gesellschafter eine wesentliche Rolle spielt. Bei der Bemessung des dem Täter bei seiner Einkommensteuer strafrechtlich vorzuwerfenden Hinterziehungsbetrags ist zwar einerseits die verdeckte Gewinnausschüttung brutto in Ansatz zu bringen, andererseits aber – fiktiv – der bei steuerehrlichen Verhalten der Gesellschaft beim Gesellschafter abzuziehende Körperschaftsteuerbetrag anzurechnen. Andernfalls würde es nämlich zu einer strafrechtlich nicht hinzunehmenden Doppelbelastung des Täters kommen.[356] Eine Interdependenz kann auch zwischen der Umsatzsteuer und der Körperschaftsteuer bestehen. Eine Ermäßigung der Umsatzsteuer kann nämlich zugleich eine Erhöhung des Körperschaftsteuerbetrags bewirken.[357]

4. Kompensationsverbot und Schuldumfang

175 Um den Tatrichter im Steuerstrafverfahren zu entlasten, hat der Gesetzgeber in § 370 Abs. 4 Satz 3 AO das so genannte Kompensationsverbot eingeführt. Damit soll der Steuerstrafprozess von steuerlichen Alternativmodellen und Berechnungen frei gehalten werden, die letztlich nur dem Ziel dienen, die vom Täter verursachte steuerliche Verkürzung nachträglich durch andere steuerliche Gestaltungen zu legitimieren. Der Täter soll sich im Strafverfahren nicht

---

[354] BGHR AO § 370 Abs. 1 Strafzumessung 13 = wistra 1998, 345.
[355] BGHR AO § 370 Abs. 1 Strafzumessung 14.
[356] BGH, wistra 2005, 144, 145; 1990, 193, 194.
[357] BGH, wistra 2005, 144, 145; vgl. hierzu *Jäger*, NStZ 2005, 552, 559.

C. Strafzumessung in Wirtschaftsstrafsachen

mit Umständen rechtfertigen können, die er im Besteuerungsverfahren nicht vorgebracht hat,[358] obwohl ihm das ohne weiteres möglich gewesen wäre.

Das Kompensationsverbot steht aber nur der Berücksichtigung von solchen Gesichtspunkten entgegen, die einen „anderen Grund" im Sinne des § 370 Abs. 4 Satz 3 AO darstellen.[359] Diese Voraussetzung ist erfüllt, wenn zwischen der durch die Hinterziehungshandlung bewirkten Steuerverkürzung und dem steuergünstigen Umstand kein so enger wirtschaftlicher Zusammenhang besteht, als dass beide Gesichtspunkte nur einheitlich beurteilt werden könnten.[360]

176

Nach ständiger Rechtsprechung hindert das Kompensationsverbot aber nicht jedwede Berücksichtigung solcher Tatsachen bei der Strafzumessung, die sich für den Täter mildernd auswirken können.[361]. Insoweit findet der allgemeine Zumessungsgrundsatz nach § 46 Abs. 2 Satz 2 StGB Anwendung, wonach für die Strafzumessung die verschuldeten Auswirkungen der Tat maßgebend sind. Die Tatauswirkungen können sich aber dann durch die Berücksichtigung weiterer bislang nicht in Ansatz gebrachter steuerlicher Gesichtspunkte als nicht so gravierend, mithin also für den Täter günstiger darstellen. Dies bedeutet aber für den Tatrichter nicht, dass er diese Gesichtspunkte detailgenau erfassen müsste.[362] In der unterschiedlichen Feststellungsdichte liegt auch die eigentliche praktische Auswirkung des Kompensationsverbotes. Bestehen solche zugunsten des Täters sprechende anderweitige Gesichtspunkte, wird es regelmäßig ausreichen, wenn der Tatrichter sie gesehen und in ihrer ungefähren Größenordnung zutreffend eingeschätzt hat.

177

5. Umsatzsteuerkarusselle

Zu der schadensträchtigsten Erscheinungsform der Steuerkriminalität der letzten Jahre gehören die so genannten Umsatzsteuerkarusselle.[363] Der Gesetzgeber hat zunächst zur Verbesserung der strafrechtlichen Bekämpfung dieser hochkriminellen Begehungsformen den neuen Tatbestand des § 370a AO eingeführt. Durch den neu geschaffenen Verbrechenstatbestand wurden auch die Strafandrohungen erheblich verschärft.[364] Den Straftatbestand hat der Gesetzgeber zum 31. Dezember 2007 wieder abgeschafft und stattdessen das Regelbeispiel des Abs. 3 Nr. 5 eingefügt, das die bandenmäßige Begehung solcher Taten nunmehr abdeckt. Vor dem Hintergrund der gesetzlichen Neuerung bleibt aber die Frage, welcher Schuldumfang bei einem Umsatzsteuerkarussell zu Grunde zu legen ist.

178

In der Praxis sind in die Kette einzelne oder mehrere Personen eingebaut, die entweder keine Umsatzsteuer anmelden oder geschuldete Umsatzsteuer nicht abführen. Regelmäßig handelt es sich dabei um vermögenslose natürliche oder juristische Personen. Die betrügerische Arbeitsweise eines solchen Kartells zielt darauf, dass zwar alle Vorsteuern gezogen, aber nicht alle Umsatzsteuern aus den Scheinrechnungen angemeldet oder gar gezahlt werden. Aus der Differenz von gezogener Vorsteuer und nicht abgeführter Umsatzsteuer entsteht

179

---

[358] BGH AO § 370 Abs. 4 Satz 3 Kompensationsverbot 1.
[359] BGH, wistra 1984, 183; wistra 1982, 199; *Kohlmann*, Steuerstrafrecht, § 370 Rn. 160.2; *Jäger*, in: Klein, AO, § 370 Rn. 130 ff.
[360] Ein so enger Zusammenhang ist von der Rechtsprechung z. B. bei der Bildung von schwarzen Kassen und der Zahlung von Lohnzuschlägen hieraus (BGHR AO § 370 Abs. 4 Satz 3 Einkommensteuer 3) und bei verschwiegenen Gewinnen und damit zusammenhängenden Betriebsausgaben (BGH, wistra 2012,28, 37) bejaht, bei dem Verhältnis von Vorsteuern und Umsatzsteuern aber verneint (BGH wistra 1991, 107) worden.
[361] BGHR AO § 370 Abs. 4 Satz 3 Einkommensteuer; BGH NJW 2002, 1963, 1965 mit weiteren Nachweisen
[362] BGH NJW 2002, 3036, 3038.
[363] Vgl. dazu *Kühn/Winter*, UR 2001, 478; *Merk*, UR 2001, 97.
[364] Die vom Bundesgerichtshof (NStZ 2005, 105) insoweit geltend gemachten verfassungsrechtlichen Bedenken bestehen nicht. Eine verfassungswidrige Unbestimmtheit scheidet aus, weil – wie bei vielen vergleichbaren Straftatbeständen auch – es der Rechtsprechung überlassen bleiben muss, ausfüllungsbedürftige Tatbestandsmerkmale zu konkretisieren.

dann der Gewinn für die Täter. Diese Systeme sind dadurch geprägt, dass einzelne Personen jeweils gegenüber dem nächsten Glied Scheinrechnungen ausstellen. Der Aussteller von Scheinrechnungen ist Schuldner der Umsatzsteuer haftet hierfür steuerlich nach § 14c UStG. Sein Abnehmer ist aus diesen Rechnungen nicht zum Vorsteuerabzug berechtigt, weil diese Rechnungen nicht von einem anderen Unternehmen (§ 2 Abs. 1 UStG) herrühren, sondern letztlich nur von einem Strohmann.[365] Denn als Unternehmer handelt nur derjenige, der auch tatsächlich als Händler tätig wird.[366] Daneben werden Umsatzsteuerkarusselle häufig grenzüberschreitend tätig. Soweit es sich dabei um „innergemeinschaftliche Lieferungen" handelt, gelten die vorstehend dargestellten Grundsätze (Rn. 168) anwendbar.

180 Jedenfalls soweit den einzelnen Beteiligten die Struktur und die Funktionsweise des Karussells bekannt sind, muss dies auch bei der Feststellung der für die Strafzumessung bestimmenden Umstände der Tat Gewicht erlangen. Entgegen einer weit verbreiteten früheren Praxis[367] ist deshalb bei dem Einzelnen nicht nur das Rechnungsverhältnis, an dem er selbst beteiligt ist (und das auch ausgeglichen sein kann, weil die Sollbruchstelle dahinter liegt), sondern der deliktische Gesamtschaden an sich maßgebend.[368] Dieser ist deshalb grundsätzlich als „verschuldete Auswirkung der Tat" (§ 46 Abs. 2 Satz 2 StGB) festzustellen und bei der Strafzumessung zu berücksichtigen.[369] Als Mindestschaden kommt freilich auch in Betracht, das Verfahren auf die täterschaftlich begangene Steuerhinterziehung zu beschränken, um eine zeitraubende Feststellung des Gesamtschadens zu vermeiden.[370]

6. Schuldumfang bei anderen Vermögensdelikten

181 Die beiden zentralen vermögensrechtlichen Tatbestände des Betruges (§ 263 StGB) und der Untreue (§ 266 StGB) setzen eine Vermögensschädigung bzw. einen (Vermögens-) Nachteil voraus. Trotz unterschiedlicher Begrifflichkeiten wird das den Vermögensverlust kennzeichnende Tatbestandsmerkmal übereinstimmend ausgelegt.[371] Das hat zur Folge, dass tatsächlich später im Ergebnis überhaupt kein Schaden eingetreten sein muss, wenn nur eine entsprechende Gefährdungslage gegeben war. Die Gefährdungslage muss aber schadensgleich sein und nach der neueren Rechtsprechung des Bundesverfassungsgerichts (Rn. 77 f.) beziffert werden.

a) Schadensbestimmung

182 Der Begriff des Vermögensschadens beim Betrug und des Nachteils bei der Untreue werden in einem identischen Sinne verstanden. In beiden Fällen ist der Schaden durch einen Vermögensvergleich im Wege einer Gesamtsaldierung zu ermitteln.

aa) Untreue

183 Bei einer unter dem Gesichtspunkt einer Untreue zu würdigenden Pflichtverletzung ist deshalb immer gegenzurechnen, inwieweit dadurch Gegenansprüche erlöschen.[372] Dies hat insbesondere dann Bedeutung, wenn Verantwortliche des Unternehmens sich eigenmächtig aus dessen Vermögen Gelder abzweigen, sie aber andererseits gegen das Unternehmen Ansprüche haben. Da diese arbeits- oder gesellschaftsrechtlich unzulässige Handlungen dennoch in der Höhe, in der solche Gegenansprüche (aus Geschäftsführervergütung, Arbeitslohn oder Provi-

---

[365] BGH, wistra 2011, 264
[366] BGH, wistra 2003, 344, 345
[367] Vgl. BGH NJW 2002, 1963, 1966
[368] Deshalb ist grundsätzlich angezeigt, das Verfahren auf eine täterschaftliche Steuerhinterziehung zu beschränken und insoweit den deliktischen Gesamtschaden zu berücksichtigen – vgl. BGH, Beschl. vom 11. Dezember 2002–5 StR 212/02.
[369] BGH NJW 2002, 3036, 3039.
[370] BGH NStZ 2004, 574.
[371] BGHSt 15, 342, 343 f.
[372] BGHSt 15, 342, 343 f.; BGH NJW 1975, 1234, 1235; BGHR StGB § 266 Abs. 1 Nachteil 14, 55

C. Strafzumessung in Wirtschaftsstrafsachen

sionen) bestehen, diese zum Erlöschen bringen, kann insoweit ein Nachteil nur in einem eventuellen Zinsnachteil des Unternehmens gesehen werden.[373]

Maßstab für die Bestimmung des Nachteilsumfangs bei den so genannten existenzgefährdenden Eingriffen muss die Vermögenseinbuße sein, die der Täter dem geschützten Vermögen pflichtwidrig zugefügt hat. Anders als die zivilrechtliche Ausfallhaftung, die verlangt, den gesellschaftsrechtswidrigen Entzug von Vermögenswerten insgesamt auszugleichen, bedarf es im Strafrecht einer wertenden Betrachtung. Nur soweit die Erfüllung von Verbindlichkeiten nicht mehr gewährleistet ist, kann sich der Nachteil im Sinne des Untreuetatbestands nach § 266 StGB auch nur darauf beziehen. Deshalb hat das Gericht festzustellen, welcher Anteil des entzogenen Vermögens für die Erfüllung der Verbindlichkeiten benötigt worden wäre.[374] 184

bb) Betrug

Bei Betrugshandlungen, die auf der Erfüllungsebene stattfinden, ist die Schadensermittlung vielleicht in tatsächlichen, aber nicht in ihrer rechtlichen Bestimmung schwierig, weil der Schaden sich allein daraus ergibt, inwieweit der Wert des Geleisteten hinter dem Wert des Versprochenen zurückbleibt.[375] 185

(1) Eingehungsbetrug

Bei einem Eingehungsbetrug sind dagegen die beiderseitigen Vertragsverpflichtungen zu vergleichen. Nur wenn der Wert des Anspruchs auf die Leistung des Täuschenden hinter dem Wert der Verpflichtung zur Gegenleistung des Getäuschten zurückbleibt, ist der Getäuschte – und zwar in Höhe des Wertunterschieds geschädigt.[376] Eine Ausnahme gilt lediglich in den Fällen (so genannter subjektiver Schadenseinschlag), in denen der Vertragspartner täuschungsbedingt etwas völlig anderes erlangt hat, als er erlangen wollte.[377] Dagegen stellt eine bloße entgangene Vermögensmehrung keinen Vermögensschaden dar.[378] Deshalb ist bei der Schadensbestimmung, die sich häufig auf Angaben des Geschädigten stützt, zu unterscheiden, ob der von ihm gemachte Anspruch den Ausgleich einer echten Vermögenseinbuße betrifft oder Elemente eines (unbeachtlichen) entgangenen Gewinns enthält.[379] Im Übrigen betrifft die Entscheidung des Bundesverfassungsgerichts den Eingehungsbetrug[380]; insoweit wird auf die Zusammenhang hiermit erfolgten Korrekturen der höchstrichterlichen Rechtsprechung verwiesen (vgl. Rn. 85 ff.). 186

(2) Rabattbetrug

Die Unterscheidung zwischen Schaden und entgangenem Gewinn ist wichtig für die rechtliche Beurteilung von Rabattbetrügereien. Da der Rabatt wirtschaftlich den Verzicht auf einen höheren Gewinn darstellt, kommt die Annahme eines Vermögensschadens insoweit in Betracht, als eine verdichtete Gewinnaussicht besteht. Falls die Gewinnchance einen solchen Grad der Wahrscheinlichkeit ihrer Realisierung aufweist, dass ihr der Geschäftsverkehr einen eigenständigen wirtschaftlichen Wert zuerkennt, ist ein Vermögensschaden im Sinne des § 263 StGB gegeben.[381] Andernfalls stellt der betrügerisch erlangte Rabatt keinen Schaden gem. § 263 StGB dar. 187

In der jüngeren Vergangenheit hat sich der Bundesgerichtshof mit der Frage des „Rabattbetrugs" bei Arzneimitteln beschäftigt. Die Konstellation ist hier insofern anders, als für verschreibungspflichtige Fertigarzneimittel nach § 78 AMG in Verbindung mit der Arzneimittelpreisverordnung Festpreise bestehen. Nur bei sonstigen Arzneimitteln ist die Preisbildung frei. 188

---

[373] BGHR StGB § 266 Abs. 1 Nachteil 51.
[374] BGHSt 49, 147, 165 f.
[375] Perron in Schönke/Schröder, StGB § 263 Rn. 35.
[376] BGH NJW 2004, 2603, 2604 m. w. N.
[377] BGHSt 30, 177, 181; 32, 22; BGH NJW 2003 3644, 3645; BGH, wistra 2006, 259, 260 f.
[378] BGHR StGB 263 Abs. 1 Vermögensschaden 8, 64.
[379] BGHR StGB § 263 Abs. 1 Vermögensschaden 68, soweit Lohnansprüche nach § 8 Nr. 1 Abs. 2 VOB/B betroffen waren; BGH, Urteil vom 6. September 2006–5 StR 156/06 zu Ansprüchen einer Leasingbank im Rahmen einer Unterschlagung.
[380] BVerfGE 130, 1, 42 ff.
[381] BGHR StGB § 62 Abs. 1 Vermögensschaden 64 = NJW 2004, 2603 ff.; BGH NStZ 1991, 488

Während hinsichtlich der nicht preisgebundenen Arzneimittel ein Rabattbetrug aus den oben genannten Gründen bei an sich kostendeckenden Erlösen nur dann in Betracht kommt, wenn eine sichere Aussicht bestand, die Arzneimittel auch zu den höheren Preisen vertreiben zu können[382], ist die Situation bei den preisgebundenen Arzneimitteln anders. Dennoch stellt auch dort die Differenz zum (normativ vorgegebenen) Offizinpreis nicht zwangsläufig den Schaden dar, wenn das Arzneimittel anderweitig hätte günstiger beschafft werden können. Es müssen nämlich auch hier mögliche andere Bezugsquellen berücksichtigt werden. Im entschiedenen Fall hätte deshalb erörtert werden müssen, ob sich die Arzneimittel auf dem Generika-Markt oder dem Markt für Parallelimporte dann zu ähnlichen, jedenfalls günstigeren Bedingungen hätten beschaffen lassen.[383]

(3) Anlagebetrug

189 Die Feststellung des Gefährdungsschadens spielt bei Anlagebetrügereien eine wesentliche Rolle.[384] Die Rechtsprechung hat eine schadensgleiche Gefährdung in Höhe des Umfangs der vertraglichen Bindung und Leistung des Einlegenden angenommen, wenn die Form für die Anleger unbrauchbar ist. Dies ist der Fall, wenn die intendierte Rentenzahlung aus dem Fonds nicht erbracht werden kann, weil diese nach seinen betrügerischen Zuschnitt allein der Bereicherung seiner Initiatoren dient.[385] Eine weitere Frage in diesem Zusammenhang ist häufig, inwieweit das Vermögen des Fonds schadensmindernd gegenzurechnen ist (und damit auch darüber Beweis zu erheben ist). Bei betrügerischen Fonds ist darauf abzustellen, ob der Anleger überhaupt einen brauchbaren Gegenwert für die von ihm gezeichnete Anlage erlangt. Der Gegenwert des Erlangten muss regelmäßig außer Ansatz bleiben, wenn das Tatopfer nicht im Stande ist, ihn ohne finanziellen oder zeitlichen Aufwand, namentlich ohne Mitwirkung des Täters zu realisieren; letztlich sind diese Fallgestaltungen solche des persönlichen Schadenseinschlages, die durch ein für das Tatopfer nutzlosen Vermögenswert charakterisiert sind.[386] Dies kann bei solchen Fonds, die nur unter erheblichen Aufwand und wenig Ertragsaussicht zu liquidieren sind, der Fall sein.[387] Ein Vermögensschaden kann bei einem Eingehungsbetrug selbst dann nicht vorliegen, wenn der Geschädigte bei Vertragsschluss zunächst ausreichend gesichert ist.[388] Dies würde zwar der Annahme eines Vermögensschadens entgegenstehen, weil durch die Sicherung sein Anspruch auf die Gegenleistung an sich werthaltig wäre. Verfolgt jedoch der Täter von Anfang an das Ziel, dass der später Geschädigte seine Sicherungen aufgibt, dann kann hierin die Vermögensgefährdung liegen, die zu einem echten Vermögensschaden erstarkt, falls der Täuschende sein Ziel auch verwirklicht.[389]

(4) Betrügerische Subventionserlangung

190 Liegt der Vermögensschaden in der Gewährung einer betrügerischen Subvention ist der Schuldumfang im Blick auf den Subventionszweck zu bestimmen.[390] Die Inanspruchnahme der Subvention muss deshalb zweckwidrig sein. Der Schaden ergibt sich für den Subventionsgeber nur daraus, dass die zweckgebundenen Mittel verringert werden, ohne dass der angestrebte sozialpolitische Zweck erreicht wird.[391] Deshalb reicht ein Verstoß gegen haushaltsrechtliche Vorschriften (z. B. Nachweispflicht) für sich genommen nicht aus; maßgeblich ist allein, inwieweit der Subventionszweck verfehlt wurde.[392]

---

[382] BGH, NStZ 2012, 628
[383] BGH, Beschluss vom 12. Juni 2013 – 5 StR 581/12, NStZ-RR 2013, 313
[384] Vgl. BGHSt 48, 331, 344 ff.
[385] BGH, wistra 2006, 259, 260.
[386] Allerdings sehr weitgehend BGH, wistra 2010, 407
[387] BGH, wistra 2006, 259, 261.
[388] BGHSt 34, 199, 202 ff.; BGH NStZ-RR 2001, 329.
[389] BGHR StGB 263 Abs. 1 Vermögensschaden 67 = NJW 2005, 3650, 3652.
[390] Zum Verhältnis von § 264 und § 263 StGB vgl. BGHSt 44, 233, 243; *Perron*, in: Schönke/Schröder, § 264 Rdn. 87; *Allgayer*, wistra 2006, 261
[391] BGHSt 31, 93, 95.
[392] BGH, wistra 2006, 228.

C. Strafzumessung in Wirtschaftsstrafsachen 4

(5) Stoffgleicher Schaden
Im Gegensatz zur Untreue erfordert der Betrug nach § 263 Abs. 1 StGB die Absicht einer 191 unrechtmäßigen Bereicherung. Dies bedeutet aber andererseits, dass als Vermögensschaden im Sinne des Betrugstatbestandes nur das berücksichtigt werden kann, was der Täter erstrebt.[393] Insoweit muss „Stoffgleichheit" zwischen dem erstrebten Vermögensvorteil des Täters und dem Schaden des Opfers vorliegen.[394] Da aber nach § 263 StGB ausreicht, wenn der Täter einem Dritten einen Vermögensvorteil verschaffen will, kann sich die „Stoffgleichheit" der Vermögensverfügung auf die dem Dritten zugewandten Vermögensvorteile beziehen, auch wenn der Täter hieran mittelbar partizipieren will (zB durch erhoffte Provisionszahlungen)[395]

Dieser Gesichtspunkt bereitet in der Praxis Schwierigkeiten, vor allem in den Fällen des 192 betrügerischen Ankaufs von Grundstücken. Wegen der notariell vereinbarten Sicherungen, die verhindern, dass ein Eigentumsübergang vor vollständiger Bezahlung des Kaufpreises stattfinden kann, würde das Interesse des betrügerischen Ankäufers allein auf eine zeitweilige unentgeltliche Nutzung gerichtet sein. Dieser Nutzungswert bildet dann auch den stoffgleichen Vermögensschaden. Weitere Schäden können dann allenfalls als „verschuldete Auswirkungen der Tat" gemäß § 46 Abs. 2 Satz 2 StGB in die Strafzumessung einfließen.[396]

(6) Quotenschaden
Beim Eingehungsbetrug wird der Vermögensschaden durch einen Vergleich der vertraglich 193 versprochenen Leistungen bestimmt. Dieser Gedanke ist auch maßgebend bei der Feststellung eines Vermögensschadens in Fällen des Wettbetrugs. Der Bundesgerichtshof hat deshalb bei vorher manipulierten Fußballspielen einen Vermögensschaden des Wettanbieters allein deshalb angenommen, weil sich durch die Manipulation (Bestechung eines Spielers oder des Schiedsrichters) das Risikoverhältnis verschoben hat.[397] Durch den manipulierten Eingriff erhöht der Wettende seine Chance, ohne hierfür mehr zu bezahlen. Aus der Sicht des Anbieters eines zu einer festen Quote abgeschlossenen Wettvertrags wird der Schaden deutlich. Dieser räumt tatsächlich eine Gewinnchance ein, die gemessen am Wetteinsatz zu hoch ist. Nach seiner Vorstellung verkauft er die Chance für ein nicht manipuliertes Spiel; in Wirklichkeit ist jedoch Gegenstand des Wettvertrags die ungleich höhere Chance aus dem manipulierten Spiel. Während der Bundesgerichtshof zunächst noch eine Bezifferung des Quotenschadens für nicht erforderlich gehalten hat,[398] wird in einer neueren Entscheidung dies nicht mehr für ausreichend erachtet und dem neuen Tatrichter aufgegeben, die Wahrscheinlichkeit eines Wetterfolges und dessen Beeinflussung durch die Manipulationen zu beurteilen und danach den wirtschaftlichen Wert sowohl der bedingten Verbindlichkeit (Zahlung des Wettgewinns), als auch des gegenüberstehenden Anspruchs (Behaltendürfen des Wetteinsatzes) des getäuschten Wettanbieters zu bestimmen.[399]

**cc) Regelbeispiel des Vermögensverlustes großen Ausmaßes
(§ 263 Abs. 3 Satz 2 Nr. 2 StGB)**

Dieses Regelbeispiel, das sowohl für die Tatbestände des Betruges (§ 263 Abs. 3 Satz 2 Nr. 2 194 StGB) und der Urkundenfälschung (§ 267 Abs. 3 Satz 2 Nr. 2 StGB) als auch kraft Verweisung für den Untreuetatbestand (§ 266 Abs. 2 StGB) gilt, hat für die Praxis der Strafzumessung naturgemäß besondere Bedeutung, weil damit allein am Schaden angeknüpft ein höherer Ausnahmestrafrahmen ausgelöst wird. Liegt das Regelbeispiel vor, besteht eine Vermutung dafür, dass der Fall insgesamt als besonders schwerer anzusehen sein wird.[400] Hiervon kann der Tatrichter nur abweichen, soweit er aufgrund einer Gesamtwürdigung ein Über-

---

[393] BGH, StraFo 2011, 239
[394] BGHSt 6, 115, 116.
[395] Fischer, § 263 Rn. 188
[396] BGHR StGB § 263 Abs. 1 Stoffgleichheit 3.
[397] BGH, Urt. v. 15. Dezember 2006 – 5 StR 181/06; BGHSt 51, 165 Rn. 32
[398] BGH aaO.
[399] BGH, NJW 2013, 1017 Rn. 53
[400] BGH wistra 2004, 339.

wiegen strafmildernder Faktoren erkennt, die eine Anwendung des durch das Regelbeispiel an sich ausgelösten besonders schweren Falles unangemessen erscheinen lassen.[401]

195 Durch die Rechtsprechung des Bundesgerichtshofs sind hinsichtlich dieses Regelbeispiels des Vermögensverlustes großen Ausmaßes die wesentlichen Streitfragen mittlerweile geklärt. Unter Vermögensverlust ist – anders als bei Vermögensschaden im Sinne des § 263 StGB oder beim Nachteil im Sinne des § 266 StGB – nur der tatsächlich eingetretene Schaden zu verstehen. Der bloße Gefährdungsschaden reicht nicht aus.[402] Dieser Vermögensverlust muss zudem mindestens 50 000 Euro betragen, um als Vermögensverlust großen Ausmaßes angesehen werden zu können.[403] Bei der Berechnung dieses Betrages ist die Umsatzsteuer herauszurechnen, wenn diese einen durchlaufenden Posten darstellt.[404] Diese Grundsätze gelten einheitlich für die vorgenannten Straftatbestände.

196 Für das Regelbeispiel des § 370 Abs. 3 Nr. 1 AO hat der Bundesgerichtshof nach anfänglichen Zögern dennoch zu einer betragsmäßigen Bestimmung gefunden. Er lehnt sich an die Rechtsprechung zu § 263 Abs. 3 StGB an, differenziert allerdings zwischen dem Erlangen ungerechtfertigter Steuerzahlungen und dem bloßen Verschweigen von steuerlich relevanten Umständen, die zu einer bloßen Gefährdung des Steueraufkommens führen. Während im ersten Fall die Wertgrenze bei 50 000 Euro liegt, beträgt sie bei der bloßen Gefährdung 100 000 Euro.[405] Für beide Wertgrenzen gilt aber auch hier, dass durch andere strafmildernde Umstände von der Anwendung des Regelstrafrahmens abgesehen werden kann. Umgekehrt kann dann, wenn diese Wertgrenzen nicht erreicht sind, aber anderweitig schärfende Faktoren vorliegen, ein unbenannter Regelfall angenommen werden.[406]

b) Vorsatzform als Zumessungskriterium

197 Bei den Tatbeständen des Betrugs bzw. der Untreue ist ein besonderes Augenmerk auf die Vorsatzform zu legen. Vor allem beim Betrug sind in Fällen der Fortführung von Firmen Tathandlungen nicht selten, die an der Grenze der Tatbestandsmäßigkeit liegen. Dies kommt vor allem in Betracht, wenn sich für den Täter aufdrängen muss, dass die Weiterführung der Geschäfte mit einem Schaden für den Geschäftspartner enden wird. Es liegt auf der Hand, solche Begehungsformen deutlich milder zu sanktionieren als Schädigungshandlungen, die vom direkten Vorsatz bestimmt sind (Stoßbetrug, Anlagebetrug oder betrügerischer Warenterminhandel). Zwar ist jeweils die Schadenshöhe Ausgangspunkt; sie wird aber mit der mildernden Erwägung zu verbinden sein, dass der Täter nur mit bedingten Vorsatz gehandelt hat, oder umgekehrt im Zusammenhang mit dem schärfenden Gesichtspunkt einer mit hoher kriminellen Energie begangenen direkt vorsätzlichen Schädigung zu einer deutlichen Erhöhung der Strafe führen müssen. Dabei hat sich auch gegebenenfalls strafschärfend auszuwirken, wenn der Täter auf öffentliche Gelder Zugriff nimmt und sich dadurch im besonderen Maße sozialschädlich verhält.[407] Sofern der Betrüger persönlich in seinem Beruf begründetes Vertrauen missbraucht hat, ist dies ebenso zu seinen Lasten bei der Strafzumessung zu berücksichtigen.[408]

c) Wirtschaftskorruption

198 Probleme bereitet immer wieder die Feststellung des Vermögensschadens bei den verschiedenen Fallgestaltungen der Wirtschaftskorruption. Damit sind vor allem Bestechungen von Mitarbeitern oder sogar Organen von Unternehmen gemeint, aber auch Submissionsabsprachen. Beide Begehungsformen unterliegen zwar nach § 298 StGB (wettbewerbsbeschränkende Absprachen bei Ausschreibung) bzw. § 299 StGB (Bestechung im geschäftlichen Ver-

---

[401] BGH NJW 1987, 2450; Fischer, in: *Tröndle/Fischer*, § 46 Rn. 91.
[402] BGHSt 48, 354.
[403] BGHSt 48, 360.
[404] BGH, wistra 2006, 17, 20.
[405] BGH, NJW 2009,528, 532; wistra 2011, 396; NStZ 2011, 643
[406] Klein/*Jäger*, AO, § 370 Rn. 277
[407] Vgl. BGHSt 36, 320, 322.
[408] BGH NJW 1991, 2574.

C. Strafzumessung in Wirtschaftsstrafsachen

kehr) jeweils einem eigenständigen Straftatbestand. Entsprechende Handlungen können aber zugleich zu einer Schädigung Dritter führen. Dies ist insbesondere wichtig für die Frage einer Verfallsanordnung gemäß § 73 StGB.[409] Entstehen nämlich hinsichtlich der Tatbeute Ersatzansprüche von Geschädigten, kann eine Anordnung des Verfalls nach § 73 Abs. 1 Satz 2 StGB ausgeschlossen sein.[410]

aa) Schmiergeldzahlungen

Die Rechtsprechung des Bundesgerichtshofs hat grundsätzlich bei Schmiergeldzahlungen diese Zuwendungen als Mindestschaden angesehen.[411] Dem liegt die Erwägung zugrunde, dass die Beträge, die der Bestechende als Schmiergeld aufgewandt hat, auch als Preisnachlass dem Geschäftsherrn des Bestochenen hätten gewährt werden können. Gleichzeitig zahlt der Geschäftsherr mit dem höheren Preis zugleich das Schmiergeld für seine Angestellten. Bei der Schadensbestimmung können deshalb prinzipiell die gezahlten Schmiergelder als Schaden des Geschäftsherrn angenommen werden. Dies schließt freilich nicht aus, einen höheren Schaden festzustellen. Ein größerer Schaden liegt auch nahe, weil sich der Bestechende durch die Schmiergeldzahlung regelmäßig einen weiteren Vermögensvorteil sichern will. Ein solcher weitergehender Schaden kann darin bestehen, dass der bestochene Mitarbeiter wesentlich günstigere Angebote Dritter nicht berücksichtigt hat. In diesen Fällen stellt dann der Differenzbetrag zwischen dem günstigsten und dem angenommenen überteuerten Angebot den Schaden dar. Ausnahmsweise hat die Rechtsprechung Schmiergelder dann nicht als Mindestschaden angesehen, wenn sie gemessen am Gesamtumfang des Geschäfts so geringfügig waren, dass ein Einfluss auf die Preisbildung nicht ohne weiteres unterstellt werden konnte.[412]

199

bb) Submissionsabsprachen

Eine ähnliche Schadensbestimmung hat auch bei Submissionsabsprachen zu erfolgen. Bei solchen Bieterabsprachen werden häufig Schmiergelder oder Ausgleichszahlungen geleistet für solche Unternehmen, die überteuerte Angebote im Rahmen der Ausschreibung abgeben. Solche sachfremden Rechnungsposten wären bei einer wettbewerbskonformen Preisbestimmung nicht in die Angebotssumme eingeflossen.[413] Insoweit ist es gerechtfertigt, diese absprachetypischen Leistungen, die zu Lasten des Ausschreibenden den Angebotspreis erhöhen, als Mindestschaden bei dem dann gegebenen Straftatbestand des Betruges anzusehen. Möglich bleibt, soweit sich dazu Feststellungen treffen lassen, die Annahme eines noch höheren Schadens, der auch einen zusätzlichen Gewinn des Bieters mitberücksichtigt, der ohne die Absprache nicht hätte realisiert werden können. Grundsätzlich gilt nämlich für die Schadensfeststellung bei solchen Bieterabsprachen, dass der Vermögensschaden in der Differenz zwischen der vertraglich vereinbarten Auftragssumme und dem Preis besteht, der bei Beachtung der das Auftragsvergabeverfahren regelnden Vorschriften erzielbar gewesen wäre.[414]

200

d) Tatfolgen

Die Tatfolgen sind nach § 46 Abs. 2 StGB ein wesentliches Strafzumessungskriterium. Diese können beim Opfer über die bloße Vermögenseinbuße hinausgehen, ebenso wie der Täter durch die Aufdeckung der Tat und die Geltendmachung von Ersatzansprüchen in seiner bürgerlichen Existenz gravierend beeinträchtigt sein kann.

201

---

[409] Vgl. BGHR StGB § 73 Abs. 1 Satz 2 Verletzter 4, 5
[410] In dem Zusammenhang spielt die Unterscheidung zwischen dem „ aus der Tat " und „für die Tat" Erlangten eine entscheidende Rolle (vgl. BGHSt 50, 299, 309; BGH, NStZ 2007, 150), weil bei dem für die Tat Erlangten (z. B. Bestechungslohn) dert Ausschluss nach § 73 Abs. 1 Satz 2 StGB nicht gilt.
[411] BGHR StGB § 266 Abs. 1 Nachteil 49, vgl. auch BGHR StGB § 73 Verletzter 4, 5.
[412] BGHR StGB § 266 Abs. 1 Nachteil 49; vgl. auch BGH NStZ 1995, 233, 234.
[413] BGHSt 47, 83, 88 f.; BGH NJW 1997, 3034, 3038.
[414] BGHSt 50, 301, 314 f.; BGHSt 47, 83, 88; BGHSt 38, 186, 190; BGH NJW 1995, 737; 1997, 3034, 3038.

aa) Nicht vermögensrechtliche Tatauswirkungen

202 Im Bereich der Vermögensdelikte können nicht nur Vermögensschädigungen entstehen, sondern auch die Beeinträchtigung anderer Rechtsgüter. So werden die Opfer in ihrem psychischen Wohlbefinden teilweise in ganz erheblichem Umfang betroffen sein. Entsprechende seelische Krisensituationen können einmal in dem besonderen Vertrauensbruch, einer Verzweiflungssituation oder auch in der tief greifenden Sorge um den Fortbestand der eigenen Existenz begründet sein. Darauf, dass diese psychischen Tatauswirkungen nicht in den unmittelbaren Schutzbereich einer vermögensrechtlichen Norm fallen, kommt es dabei nicht an[415]. Maßgeblich ist allein, ob der Täter mit einer entsprechenden Tatfolge rechnen musste. In diesen Fällen ist eine Zurechnung möglich, weil es sich um eine verschuldete Auswirkung der Tat handelt. Wann ein Verschulden im Sinne einer ausreichenden Vorhersehbarkeit anzunehmen ist, bestimmt sich in erster Linie nach der Tat und ob diese nach ihrem Gesamtgepräge aus der Sicht des Täters dazu führen kann, dass über die rein vermögensrechtliche Einbuße hinaus zugleich eine erhebliche psychische Beeinträchtigung entsteht.[416]

bb) Verarmung des Täters

203 Der Vermögensverfall der für viele Straftäter in Wirtschaftsstrafsachen mit der Tatentdeckung einhergeht, darf nicht ohne weiteres strafmildernd gewertet werden. Diese Auswirkungen der Tat hat der Täter in der Regel selbst herbeigeführt, weil er damit rechnen muss, im Falle der Aufdeckung der Taten erheblichen Ersatzansprüchen ausgesetzt zu sein.[417] Raum für eine strafmildernde Berücksichtigung ist nur dann gegeben, wenn die Tatfolgen für den Betroffenen (z. B. durch eine Insolvenz oder eine persönliche Inanspruchnahme für Kreditverbindlichkeiten) über den bloßen Ersatz des Schadens aus der Straftat hinausgehen.[418]

7. Zeitmoment als Strafzumessungsfaktor

204 Das Zeitmoment hat gerade in Wirtschaftsstrafsachen eine enorme Bedeutung. Dies liegt einmal daran, dass diese Taten sehr komplex und schwierig in der Aufarbeitung sind und häufig Auslandsbezug haben, was erfahrungsgemäß zu erheblichem Zeitverlust führen kann. Die Zeit, die zwischen der Tatbegehung und ihrer Aburteilung liegt, kann als Strafzumessungsfaktor in dreierlei Hinsicht bei der Findung der schuldangemessenen Strafe als Milderungsgrund Relevanz erlangen:[419]
 a) Langer zeitlicher Abstand zwischen Tat und Urteil
 b) Belastung durch überlange Verfahrensdauer oder
 c) Rechtsstaatswidrige Verfahrensverzögerung, die einen Verstoß gegen Art. 6 Abs. 1 Satz 1 MRK darstellt.

205 Zentrale Bedeutung hat der letztgenannte Strafzumessungsgesichtspunkt erlangt. Ein Verstoß gegen Art. 6 Abs. 1 MRK, mit dem auch immer eine Verletzung des Rechtsstaatsprinzips einhergeht[420]. ist dadurch gekennzeichnet, dass Art und Ausmaß der Verzögerung im Urteil konkret aufzuzeigen sind und eine kompensatorische Strafzumessung stattzufinden hat.[421] Das bedeutet, dass neben der tatsächlich verhängten Strafe auch die an sich verwirkte Strafe darzustellen ist. Freilich darf die Gesamtstrafe nicht nochmals gesondert gemildert werden. Einen „doppelten Rabatt" darf es insoweit nicht geben. Es kann aber – und soll sogar – bei der Festsetzung der Gesamtstrafe deutlich gemacht werden, in welchem Ausmaß sich die Verfahrensverzögerung auch auf die letztlich verhängte Gesamtstrafe ausgewirkt hat.[422] Seit der Entscheidung des Großen Senats für Strafsachen des Bundesgerichtshofs wird die Kompensation

---

[415] Sehr eng allerdings BGHR StGB § 46 Abs. 2 Tatauswirkungen 6
[416] BGHR StGB § 46 Abs. 2 Tatauswirkungen 14.
[417] BGH, wistra 2005, 458.
[418] BGH, wistra 2006, 265.
[419] BGHR StGB § 46 Abs. 2 Verfahrensverzögerung 13.
[420] BVerfG NJW 1993, 3254; NJW 1995, 1277
[421] BGHSt 45, 308.
[422] BGH, wistra 2006, 226.

C. Strafzumessung in Wirtschaftsstrafsachen   **4**

für eine rechtswidrige Verfahrensverzögerung dadurch bewirkt, dass ein bestimmt Teil der Strafe als vollstreckt gilt, mithin also angerechnet wird.[423]

a) Voraussetzungen einer rechtsstaatswidrigen Verfahrensverzögerung

Wann eine rechtsstaatswidrige Verfahrensverzögerung anzunehmen ist, lässt sich nicht allgemein beantworten. Es ist insoweit eine Gesamtbewertung erforderlich, die sowohl die Komplexität und den Schwierigkeitsgrad des jeweiligen Verfahrens als auch die persönlichen Verhältnisse des Angeklagten umfasst[424]. Maßgeblich ist insoweit auch, ob der Angeklagte inhaftiert wird oder der Haftbefehl unter ihn belastenden Auflagen außer Vollzug gesetzt wurde. Zu betrachten ist das ganze Verfahren. Es beginnt mit der Bekanntgabe des Schuldvorwurfs an den Beschuldigten und schließt erst mit einer rechtskräftigen Entscheidung ab, wobei auch das verfassungsgerichtliche Verfahren eingeschlossen ist.[425] Erforderlich ist eine Gesamtbetrachtung. Verzögerungen in einem Verfahrensabschnitt können durch besondere Beschleunigungen in einem anderen Verfahrensabschnitt kompensiert werden. Zeitverluste, die auf prozessverschleppendes Verhalten des Beschuldigten oder seines Verteidigers zurückzuführen sind, haben allerdings außer Betracht zu bleiben.[426] Ebenso wenig begründen im Rechtsmittelzug erfolgende Aufhebungen und Zurückverweisungen eine rechtsstaatswidrige Verfahrensverzögerung, es sei denn, es handelt sich um ganz gravierende Fehler, insbesondere Verfahrensfehler.[427]   206

b) Rechtsfolgen

Die Kompensation für eine rechtsstaatswidrige Verfahrensverzögerung ist allerdings nicht von einer Verzögerungsrüge nach § 198 Abs. 3 GVG abhängig.[428] Die Folge einer rechtsstaatswidrigen Verfahrensverzögerung reicht von einer Reduzierung der Strafe (durch Anrechnung), einem Absehen von Strafe (§ 60 StGB) bis zu einer Verfahrenseinstellung nach § 153, 153a StPO. Sie kann bis zum Abbruch bzw. der Einstellung des Verfahrens führen[429], wenn aufgrund einer sehr gravierenden Verzögerung ein Verfahrenshindernis besteht. Dies hat die Rechtsprechung in ganz besonderen Ausnahmefällen angenommen.[430] Voraussetzung für eine so weitreichende Folge sind aber Feststellungen zum Schuldumfang, weil sich nur im Verhältnis hierzu entscheiden lässt, ob eine Kompensation des Verstoßes im Rahmen der Sachentscheidung noch in Betracht kommt.[431] Im Regelfall der Kompensation durch Anrechnung darf die Höhe der Kompensation aber nicht in Abhängigkeit zur Höhe der der Strafe erfolgen, sondern hat sich allein an den Belastungen für den Angeklagten zu orientieren.[432] Eine Ausnahme gilt allein für Geldbußen gegen Unternehmen, weil die Belastung hier ausschließlich im Rückstellungsbedarf für die Geldbuße besteht, der naturgemäß von ihrer Höhe abhängt.[433]   207

c) Behandlung in der Revisionsinstanz

Eine beachtliche Kontroverse hat unter den Senaten des Bundesgerichtshofs die Frage ausgelöst, wie im Revisionsverfahren mit der Feststellung einer rechtsstaatswidrigen Verfahrensverzögerung umzugehen ist. Die Rechtsprechung war sich insoweit einig, als der Bundesge-   208

---

[423] BGHSt 52, 124
[424] Etwa gesundheitliche Belastung BVerfG NJW 2003, 2225, 2226; BGHSt 46, 149, 169 ff.; BGH NStZ 2004, 294; BGHR MRK Art. 6 Abs. 1 Satz 1 Verfahrensverzögerung 21
[425] EGMR NJW 2002, 2856
[426] BGHSt 49, 342, 346 f.; BGHR StGB § 46 Abs. 2 Verfahrensverzögung 9.
[427] EGMR, wistra 2004, 177; BGHR MRK Art. 6 Abs. 1 Satz 1 Verfahrensverzögerung 25.
[428] In diesem Sinne inzident auch BGHSt 58, 158 Rn. 90 f; BGH, Beschluss vom 2. Juli 2013 – 2 StR 179/13; offengelassen von BGHR MRK Art. 6 Abs. 1 Satz 1 Verfahrensverzögerung 43
[429] BGHR MRK Art. 6 Abs. 1 Satz 1 Verfahrensverzögerung 22, 27; weitergehend BVerfG NStZ 2005, 456, 457
[430] BGHR MRK Art. 6 Abs. 1 Satz 1 Verfahrensverzögerung 21.
[431] BGHR MRK Art. 6 Abs. 1 Satz 1 Verfahrensverzögerung 2, 6.
[432] BGHSt 54, 135 Rn. 8; BGH NJW 2012, 2370 Rn. 12
[433] BGHSt 58, 158 Rn. 91

richtshof nach Erlass der angefochtenen Entscheidung eingetretene Verfahrensverzögerungen berücksichtigen und mit einem entsprechenden Strafnachlass kompensieren kann[434]. Dies folgt aus einer entsprechenden Anwendung des § 354 Abs. 1a Satz 2 StPO.[435] Im Übrigen war umstritten, ob im Revisionsverfahren die Prüfung einer möglicherweise vorliegenden rechtsstaatswidrigen Verfahrensverzögerung nur auf eine Verfahrensrüge hin oder schon allein aufgrund der Sachrüge erfolgen kann.[436] Nach einer Anfrage des 5. Strafsenats und einer informellen Verständigung der Strafsenate untereinander kann Folgendes als gesicherter Konsens gelten: Der Revisionsführer, der das Vorliegen einer Art. 6 Abs. 1 Satz 1 MRK verletzenden Verfahrensverzögerung geltend macht, muss grundsätzlich eine Verfahrensrüge erheben. Ergeben sich indes bereits aus den Urteilsgründen die Voraussetzungen einer solchen Verzögerung, hat das Revisionsgericht auf Sachrüge einzugreifen. Das gilt auch, wenn sich bei der auf Sachrüge veranlassten Prüfung, namentlich anhand der Urteilsgründe ausreichende Anhaltspunkte ergeben, die das Tatgericht zur Prüfung einer solchen Verfahrensverzögerung bringen mussten, so dass ein sachlich-rechtlich zu beanstandender Erörterungsmangel vorliegt.[437]

8. Orientierungsgrenzen bei der Strafzumessung in Steuersachen

209 Die Rechtsprechung des Bundesgerichtshofs hat im Zusammenhang mit der Strafzumessung in Steuerstrafsachen einige Eckdaten entwickelt. Neben den Wertgrenzen für die Verkürzung großen Ausmaßes (§ 370 Abs. 3 Nr. 1 AO) hat der Bundesgerichtshof am Verkürzungsumfang orientierte Anhaltspunkte entwickelt, die im Rahmen der Strafzumessung Beachtung finden sollten. So wird im Regelfall bei einem Steuerschaden, der 100 000 Euro übersteigt, nur noch bei Vorliegen ganz gewichtiger Milderungsgründe eine Geldstrafe verhängt werden dürfen.[438] Bei Hinterziehungsbeträgen von über 1 Million kommt regelmäßig eine (zur Bewährung) aussetzungsfähige Freiheitsstrafe nicht mehr in Betracht.[439] Maßgeblich ist dabei – unabhängig von der Aufspaltung auf selbstständige Taten – der Gesamtsteuerschaden der in dem Verfahren abgeurteilten Taten. Liegen Steuerverkürzungen in einer solchen Größenordnung vor, dann wird regelmäßig eine solche (Gesamt-)Freiheitsstrafe nur deshalb verhängt, weil längere Freiheitsstrafen nicht mehr zur Bewährung ausgesetzt werden dürfen.[440]

II. Geldstrafe neben Freiheitsstrafe

210 Der Gesetzgeber hat in § 41 StGB die Möglichkeit geschaffen, neben einer Freiheitsstrafe gegen den Täter auch eine Geldstrafe zu verhängen, wenn dies unter Berücksichtigung seiner persönlichen und wirtschaftlichen Verhältnisse angebracht erscheint. Damit soll gerade der Täter eines Vermögensdelikts nicht nur durch die Einschränkung seiner Freiheit, sondern auch an seinem Vermögen gestraft werden. Die Anwendung dieser Vorschrift kann nur in Betracht kommen, wenn es sinnvoll erscheint, den Täter gleichzeitig an Freiheit und am Vermögen zu bestrafen[441]. Dies setzt allerdings – insbesondere bei längeren Freiheitsstrafen – voraus, dass der Täter über nennenswertes eigenes Einkommen verfügt (z. B. weiterlaufende Zinsgewinne, absehbare lukrative Erwerbstätigkeit im offenen Vollzug). Dies muss der Tatrichter gegebenenfalls feststellen. Nur in solchen Fällen lässt sich nämlich der Strafzweck

---

[434] BGHR StGB § 46 Abs. 2 Verfahrensverzögerung 8, 10
[435] BGH, NStZ-RR 2008, 208
[436] Siehe zum Meinungsstand seinerzeit den Anfragebeschluss des 5. Strafsenats BGH, wistra 2004, 181.
[437] BGHSt 49, 342.
[438] BGH, NJW 2009, 528, 532.
[439] BGHSt 57,123; BGH aaO.; vgl. auch Jäger, DStZ 2012, 736
[440] BGH, wistra 2013, 31 Berücksichtigung erheblicher Hinterziehungsbeträge bei der Strafzumessung (15 Mio.) mit kritischer Anm. von Rübenstahl NZWiSt 2013, 227.
[441] Vgl. auch BGHSt 32, 66

C. Strafzumessung in Wirtschaftsstrafsachen

einer zusätzlichen Vermögenseinbuße erreichen. Anderenfalls liefe die Verhängung einer gesondert festgesetzten Geldstrafe darauf hinaus, dass diese entweder durch Dritte beglichen oder im Wege der Ersatzfreiheitsstrafe vollstreckt würde.[442] Häufiger ist in der Praxis jedoch die Fallgestaltung, dass neben einer zur Bewährung ausgesetzten Freiheitsstrafe eine Geldstrafe tritt. In Einzelfällen kann es dabei zu beanstanden sein, wenn die Höhe einer Freiheitsstrafe ersichtlich durch die Erwägung bestimmt wird, ihre Vollstreckung zur Bewährung aussetzen zu können[443]. Wollte sich der Angeklagte durch die Tat zumindest bereichern, bestehen aber mangels besonderer Anhaltspunkte gegen die Festsetzung der gleichzeitigen Verhängung einer Geldstrafe nach § 41 StGB neben einer zur Bewährung ausgesetzten Freiheitsstrafe keine Bedenken.[444]

III. Täter-Opfer-Ausgleich

211 Der Täter-Opfer-Ausgleich ist vom Gesetzgeber eingeführt worden, um die Frieden stiftende Wirkung von Ausgleichszahlungen stärker zur Geltung zu bringen und durch die vorgesehene Milderungsmöglichkeit für den Angeklagten einen entsprechenden Anreiz zu schaffen.[445]. Ob diese Norm sachlich berechtigt ist, mag angezweifelt werden. Für den hier interessierenden Bereich der Wirtschaftsstraftaten ist ihre Bedeutung beschränkt. Die Regelung des § 46a Nr. 1 StGB, die auf den Ausgleich immaterieller Folgen abhebt, ist zwar nicht gänzlich ausgeschlossen, aber fernliegend.[446] Die Regelung der Nr. 2, die den eigentlichen Schadensausgleich zum Gegenstand hat, kann in Ausnahmefällen zu einer Strafmilderung nach § 49 Abs. 1 StGB führen. Eine solche Fallgestaltung wird vorliegen, wenn Täter und Opfer erfolgreiche zivilrechtliche Vergleichsverhandlungen geführt haben und ein erheblicher Teil des Schadens ausgeglichen werden konnte.[447] Bei Steuerstraftaten kommt eine Anwendung des § 46a StGB nicht in Betracht. Es kann dort weder einen Ausgleich immaterieller Folgen geben noch ist denkbar, dass der Täter einen über die rein rechnerische Kompensation hinausgehenden Beitrag leistet.[448] Im Übrigen ist bei Vermögensstraftaten ein Täter-Opfer-Ausgleich nach der Regelung des § 46a Nr. 1 StGB nicht völlig ausgeschlossen. Dennoch dürfte jedenfalls, wenn es nicht auch um den Ausgleich immaterieller Beeinträchtigungen geht, die bloße Schadenswiedergutmachung noch nicht für eine Anwendung des § 46a StGB und insbesondere für eine Milderung nach § 49 Abs. 1 StGB ausreichen.[449] Ein Schadensausgleich ohne erkennbare Übernahme der Verantwortlichkeit genügt jedenfalls nach der Rechtsprechung des Bundesgerichtshofs nicht.[450]

IV. Sicherungsverwahrung bei Wirtschaftstätern

212 Die Sicherungsverwahrung spielt in Wirtschaftsstrafsachen seit der Gesetzesnovelle vom 22. Dezember 2010[451], die zum 1. Januar 2011 in Kraft trat, keine Rolle mehr. Wirtschaftsstraftaten sind seither keine Katalogtaten nach § 66 Abs. 1 Nr. 1 StGB mehr, mithin ist die Möglichkeit der Anordnung der Sicherungsverwahrung bei den klassischen Wirtschaftsstraftaten entfallen. Für Altfälle, also Straftäter gegen die bereits Sicherungsverwahrung angeordnet

---

[442] BGH, wistra 2003, 20, 22.
[443] BGHSt 32, 60, 65; Vgl. auch BGH, NJW 2004, 2248
[444] BGH wistra 2012, 232
[445] Vgl. BGHR StGB § 46a Nr. 1 Ausgleich 1; BGHR StGB § 46a Anwendungsbereich 1
[446] Vgl. BGH, NStZ 2013, 33
[447] BGH, wistra 2009, 188;; häufig scheitert eine Anwendung des § 46 Nr. 2 StGB daran, dass bei Vermögensdelikten prinzipiell kein Raum für einen über die rein rechnerische Kompensation hinausgehenden Beitrag ist – vgl. BGHR StGB § 46a Wiedergutmachung 5
[448] BGHR StGB § 46a Wiedergutmachung 6; BGH, wistra 2010, 152.
[449] Vgl. BGHR StGB § 46a Nr. 1 Ausgleich 4, 5.
[450] BGH, wistra 2009, 309
[451] BGBl.I 2010, S. 2300

V. Sanktionen gegen juristische Personen (§ 30 OWiG)

213 Das deutsche Strafrecht kennt wegen seiner Anknüpfung an die personale Schuld kein Unternehmensstrafrecht im eigentlichen Sinne. Dies ist in anderen Staaten anders, vor allem in anderen Mitgliedsstaaten der EU.[453] Im deutschen Recht eröffnet lediglich die Vorschrift des § 30 OWiG straf- oder bußgeldrechtlich relevantes Verhalten von Unternehmensangehörigen, jedenfalls auf der Ebene des Ordnungswidrigkeitenrechts durch ein Bußgeld zu sanktionieren, das gegen das Unternehmen selbst gerichtet ist. Dabei ist die in § 30 OWiG geregelte Sanktionsmöglichkeit der so genannten Verbandsgeldbuße abschließend.[454] Andere Maßnahmen (wie etwa Betriebsstilllegungen, Tätigkeitsverbote) können daher nicht im Wege der bußgeldrechtlichen Ahndung, sondern allenfalls präventiv – sicherheitsrechtlich durch entsprechende wirtschaftsverwaltungsrechtliche Maßnahmen verhängt werden. In der strafrechtlichen Praxis wird – anders als etwa im Bereich der Kartellordnungswidrigkeiten – von der Sanktionsmöglichkeit nach § 30 OWiG nur sehr spärlich Gebrauch gemacht.

1. Handeln als Vertreter oder Verantwortlicher

214 Die Haftung nach § 30 OWiG hängt zunächst davon ab, dass der Täter (einer Straftat oder Ordnungswidrigkeit) in einer qualifizierten Stellung zu der juristischen Person oder Personenvereinigung steht. Die in Betracht kommenden Funktionen sind in § 30 Abs. 1 Nr. 1 bis 5 OWiG im Einzelnen beschrieben. Im Wesentlichen handelt es sich um Organe, leitende Mitarbeiter oder für das Unternehmen in gehobener Position Verantwortliche, auch wenn sie nur Überwachungs- oder Kontrolltätigkeiten ausüben. Es muss allerdings eine gewisse Selbständigkeit und Entscheidungsbefugnis gegeben sein.[455] Dabei muss der Bestellungsakt nicht wirksam sein, es reicht aus, wenn er lediglich faktisch umgesetzt wird,[456] was in der Praxis große Bedeutung für die „faktischen Geschäftsführer" hat (vgl. Rn.). Eine Zurechnung wird nicht dadurch ausgeschlossen, dass eine weitere juristische Person dazwischengeschaltet ist.[457] Allerdings braucht der Handelnde als Person nicht festzustehen. Es reicht aus, dass die Tat zweifelsfrei durch einen Verantwortlichen im Sinne des § 30 Abs. 1 OWiG begangen wurde (so genannte anonyme Verbandsgeldbuße).[458] Beteiligen sich mehrere an der Tat, ist dennoch eine einheitliche Tat im Blick auf das Unternehmen gegeben, so dass nur eine einheitliche Geldbuße verhängt werden darf.[459]

2. Anknüpfungstat

215 Anknüpfungstat kann eine Straftat oder Ordnungswidrigkeit sein. Sie muss zudem unter Verletzung von Pflichten begangen worden sein, die sich an das Unternehmen richten, oder das Unternehmen muss bereichert worden sein. Die dort angesprochenen Pflichten sind unternehmensbezogene Pflichten, die das Unternehmen als Teilnehmer am wirtschaftlichen Leben

---

[452] BGHSt 57, 218 Rn. 13
[453] *Achenbach* in Achenbach/Ransiek, S. 4 f.
[454] *Achenbach* aaO.
[455] Insoweit gelten auch hier die von Rechtsprechung zu § 14 Abs. 2 StGB entwickelten Grundsätze – vgl. BGHSt 58, 10 mit zust. Anmerkungen von *Windeln* ArbRB 2012, 371, *Buschmann* ArbuR 2013, 119 und *Klein* NZWiSt 2013, 119
[456] BGHSt 21, 101; *Raum*, in: Langen/Bunte, 11. Aufl. GWB § 81 Rn. 38.
[457] BGH WuW/E 2191.
[458] *Raum* aaO. Rdn. 35.
[459] BGH, Beschluss v. 8.2.1994, WuW/E 2904 „Unternehmenssubmission".

C. Strafzumessung in Wirtschaftsstrafsachen 4

in seiner Eigenschaft als Rechtssubjekt treffen. Die praktisch wichtigsten Fälle sind – neben Umwelt- und Ausfuhrdelikten – die Verstöße gegen §§ 298 f. StGB. Hinsichtlich der Unternehmensbereicherung reicht die Absicht aus; sie muss nicht eingetreten sein. Unter dieses Merkmal fallen dann zum Beispiel Betrugstaten zu Gunsten des Unternehmens, für das die Leitungsperson tätig wird.

Es ist nicht erforderlich, dass der Verantwortliche im Sinne des § 30 Abs. 1 OWiG diese Taten selbst begangen hat. Insoweit genügt es, wenn ihm eine (vorsätzliche oder fahrlässige) Aufsichtspflichtverletzung nach § 130 OWiG zur Last fällt. Die Aufsichtspflicht stellt nämlich ihrerseits eine betriebsbezogene Pflicht in diesem Sinne dar, weil der Aufsichtspflichtige Verstöße gegen das geltende Recht durch ihm unterstellte Mitarbeiter verhindern muss.[460] **216**

3. Ahndung

Die Ahndung gegenüber der juristischen Person erfolgt im Wege einer Verbandsgeldbuße, die gegen die juristische Person als Nebenbetroffene festgesetzt wird. Dabei soll nach § 17 Abs. 4 OWiG im Wege der Bußgeldfestsetzung auch der wirtschaftliche Vorteil abgeschöpft werden, der dem Unternehmen durch die Tat zugeflossen ist.[461] Dabei sind allerdings – ähnlich wie beim Verfall – die hierauf entfallenden Steuern zu berücksichtigen.[462] Im Übrigen gelten für die Bußgeldbemessung bei der Verbandsgeldbuße die allgemeinen Grundsätze. Es ist deshalb anhand der wirtschaftlichen Leistungskraft eine für die Tat angemessene Ahndung zu bestimmen,[463] wobei die Geldbuße nicht so hoch sein darf, dass sie zur Insolvenz des Unternehmens führt.[464] Eine Sonderregelung gilt nach § 81 Abs. 4 Satz 2 GWB für bestimmte Kartellordnungswidrigkeiten. Danach darf gegen die hinter dem Täter stehende juristische Person eine Geldbuße in Höhe von bis zu 10 % des jährlichen Gesamtumsatzes verhängt werden, wobei der weltweite Umsatz der gesamten unternehmerischen Einheit zu Grunde zu legen ist.[465] **217**

Die Verhängung einer Verbandsgeldbuße gegen die juristische Person kann auch bei einem Wechsel der Rechtsform oder einer Veränderung der Gesellschafterbank erfolgen.[466] Ist die juristische Person jedoch als solche nicht mehr vorhanden, durfte die Geldbuße nach § 30 OWiG nicht ohne weiteres auch gegen ihren Rechtsnachfolger festgesetzt werden. Nach der Rechtsprechung des Bundesgerichtshofs war in diesen Fällen vielmehr Voraussetzung, dass das Vermögen, für das der Täter gehandelt hat, weiterhin getrennt von seinem Vermögen besteht. Es muss zudem in ähnlicher Weise wie bisher eingesetzt sein und in der neuen juristischen Person einen wesentlichen Teil des Gesamtvermögens ausmachen.[467] Bei einer Fusion unter gleichstarken Partner war mithin eine Rechtsnachfolge ausgeschlossen[468]. Durch eine Änderung des § 30 OWiG durch Gesetz vom 26. Juni 2013[469], dem ein Absatz 2a beigefügt wurde, der ausdrücklich eine Gesamtrechtsnachfolge anordnet, ist nunmehr – allerdings nur mit Wirkung für die Zukunft – eine fortdauernde bußgeldrechtliche Haftung des übertragenen Vermögens sichergestellt. **218**

---

[460] BGH, Beschluss v. 24.3.1984, WuW/E 2394 „Zweigniederlassung".
[461] Zu den Anforderungen an die Feststellung eines Gewinns vgl. BGH NJW 2006, 163, 164 ff.
[462] BGH, wistra 2005, 384; BGHSt 47, 260, 267; vgl. auch *W. Schmidt*, Gewinnabschöpfung Rn. 437.
[463] BGH, Beschluss v. 27.5.1986, WuW/E 2295, 2296.
[464] *Raum* in: Langen/Bunte, 11. Aufl., GWB § 81 Rn. 168.
[465] BGHSt 58, 158 Rn. 70 ff.
[466] BGH, Beschluss v. 11.3.1986, WuW/E 2265, 2266.
[467] BGH aaO; NJW 2005, 1381, 1383.
[468] BGHSt 57, 193; BGH wistra 2012, 152 – beide Entscheidungen mit zust. Anmerkung von *Achenbach*, wistra 2012, 413
[469] BGBl. I, S. 1738

4. Verfahrensrechtlicher Zusammenhang zwischen Strafverfolgung und Festsetzung der Verbandsgeldbuße

219 Die juristische Person wird zusammen mit dem Haupttäter verfolgt, also in einem einheitlichen Verfahren wird die Tat sowohl gegen den Täter als auch gegen die juristische Person, für die er handelt, geahndet. In diesem Verfahren ist die juristische Person dann als Nebenbetroffene beteiligt. Nach § 30 Abs. 4 Satz 1 OWiG kann die Geldbuße gegen die juristische Person in einem gesonderten Verfahren verhängt werden, wenn kein Strafverfahren eingeleitet, dieses eingestellt oder von Strafe abgesehen wird. In Kartellsachen gilt eine Besonderheit. Dort besteht nach § 82 GWB die Zuständigkeit der Kartellbehörde für die Festsetzung einer Verbandsgeldbuße auch in den Fällen fort, in denen eine Straftat vorliegt, wenn diese auch den Tatbestand einer dort genannten Kartellordnungswidrigkeit erfüllt.[470] In diesen Fällen kann jedoch die Kartellbehörde das Verfahren hinsichtlich der Verhängung der Verbandsgeldbuße an die Staatsanwaltschaft abgeben.

220 Hinsichtlich der Verjährung gilt Akzessorietät. Deshalb richten sich die Verjährungsfristen für die Nebenbetroffene nach der Haupttat.[471] Die Haupttat und die durch § 30 OWiG eröffnete Verfolgbarkeit der Haupttat gegenüber der Nebenbetroffenen verjähren deshalb grundsätzlich gleichzeitig. Die Unterbrechung der Verjährung hinsichtlich der Haupttat wirkt auch gegenüber der Nebenbetroffenen, selbst wenn gegen sie später ein selbstständiges Verfahren geführt wird. Hinsichtlich einer einheitlichen Tat reicht aus, wenn die Verjährung bezüglich eines Haupttäters unterbrochen wurde.[472]

---

[470] Vgl. dazu *Raum*, in: Langen/Bunte, 11. Aufl., GWB § 82 Rn. 3 ff.
[471] BGHSt 46, 207, 211.
[472] BGH NJW 2006, 163; BGH, NJW 2013, 1972 Rn. 28.

5. Kapitel. Compliance

Literatur: *Behrens,* Internal Investigations: Hintergründe und Perspektiven anwaltlicher „Ermittlungen" in deutschen Unternehmen, RiW 2009, 22; *Bock,* Criminal Compliance, Baden-Baden 2011; *Bockemühl,* Private Ermittlungen im Strafprozess, Baden-Baden 1996; *Bottcher* Direktanspruch gegen den D&O-Versicherer – Neue Spielregeln im Managerhaftungsprozess NZG 2008,645; *Breßler/Kuhnke/Schulz/Stein,* Inhalte und Grenzen von Amnestien bei Internal Investigations, NZG 2009, 721; *Bussmann/Matschke,* Die Zukunft der unternehmerischen Haftung bei Compliance-Verstößen, CCZ 2009, 132; *Bürkle,* Grenzen der strafrechtlichen Garantenstellung des Compliance-Officers, VVZ 2010, 4; *Eidam,* Unternehmen und Strafe: Vorsorge und Krisenmanagement, Neuwied, 3. Aufl. 2008; *Engelhart,* Sanktionierung von Unternehmen und Compliance, Berlin 2010; *Fleischer,* Corporate Compliance im aktienrechtlichen Unternehmensverbund, CCZ 2008, 1; *ders.* Kartellrechtsverstöße und Vorstandsrecht, BB 2008, 1070, *ders.,* Aktuelle Entwicklungen in der Managerhaftung, NJW 2009, 2337; *Franz/Jüntgen* Die Pflicht von Managern zur Geltendmachung von Schadensersatzansprüchen aus Kartellverstößen, BB 2007, 1681; *Görling/Inderst/Bannenberg,* Compliance, 2010; *Große-Vorholt,* Wirtschaftsstrafrecht, Köln, 2. Aufl. 2007; *Grützner/Hommel/Mossmayer,* Anti-Bribery Risk Assessment, München 2011; *Grützner/Jacob,* Compliance A-Z, München 2010; *Hassemer/Matussek,* Das Opfer als Verfolger, Ermittlungen des Verletzten im Strafverfahren, 1996; *Hamm,* Rainer NJW 2010, 1332; *Hauschka,* (Hrsg.), Corporate Compliance, Handbuch der Haftungsvermeidung im Unternehmen, München, 2. Aufl. 2010; *Hehn/Hartwig,* Unabhängige Untersuchungen in Unternehmen als Instrument guter Corporate Governance – auch in Europa?, Der Betrieb 2006, 1909; *Hense/Renz,* CCZ 2008, 181; *Hofmann,* Handbuch Anti-Fraud-Management, Berlin 2008; *Kahlenberg/Schwinn* Amnestieprogramme bei Compliance-Untersuchungen im Unternehmen, CCZ 2012, 81; *Kargl:* Über die Bekämpfung des Anscheins der Kriminalität bei der Vorteilsannahme (§ 331 StGB), ZStW 114 (2002), 763 ff.; *Knauer/Buhlmann,* AnwBl 2010, 387; *Knierim/Rübenstahl/Tsambikakis* (Hrsg.), Handbuch Internal Investigations, Heidelberg 2012; *Krause, Nils* Managerhaftung und Strategien zur Haftungsvermeidung, BB 2009, 1270; *Krey,* Zur Problematik privater Ermittlungen des durch eine Straftat Verletzten, 1994; *Lenckner,* Privatisierung der Verwaltung und „Abwahl des Strafrechts"? ZStW 106 (1994) 502 ff.; *Lomas/Kramer* (Hrsg.), Corporate Internal Investigations, 2008; *Mengel/Ullrich* Arbeitsrechtliche Aspekte unternehmensinterner Investigations, NZA 2006, 240; *Momsen,* Internal Investigation zwischen arbeitsrechtlicher Mitwirkungspflicht und strafprozessualer Selbstbelastungsfreiheit, ZIS 2011, 508; *Moosmayer,* Compliance, München, 2. Aufl. 2012; *ders.,* Modethema oder Pflichtprogramm guter Unternehmensführung, 10 Thesen zur Compliance, NJW 2012, 3013; *Moosmayer/Hartwig,* Interne Untersuchungen, München 2012; *Partsch,* The Foreign Corrupt Practises Act (FCPA) der USA, 2007; *Preising/Kiesel:* Korruptionsbekämpfung durch das Steuerrecht? – Zu den Problemen des Abzugsverbots und der Mitteilungspflicht gemäß § 4 Abs. 5 Nr. 10 EStG, DStR 2006, 118 ff.; *Radtke:* Der strafrechtliche Amtsträgerbegriff und neue Kooperationsformen zwischen der öffentlichen Hand und Privaten (Public Private Partnership) im Bereich der Daseinsvorsorge, NStZ 2007, 57; *Randt,* Schmiergeldzahlungen bei Auslandssachverhalten BB 2000, 1006 ff.; *ders.,* Abermals Neues zur Korruptionsbekämpfung: Die Ausdehnung der Angestelltenbestechung des § 299 StGB auf den Weltmarkt, BB 2002, 2252; *Rathgeber;* Criminal Compliance, Baden-Baden, 2012; *Rödiger,* Strafverfolgung von Unternehmen, Internal Investigations und strafrechtliche Verwertbarkeit von „Mitarbeitergeständnissen", 2012; *Schaefer/Baumann,* Compliance-Organisation und Sanktionen bei Verstößen, NJW 2011, 3601; *Schuster,* NZWiSt 2012, 29; *Spring,* Die strafrechtliche Geschäftsherrenhaftung, Hamburg 2009; *Taschke,* Zur Entwicklung der Verfolgung von Wirtschaftsstrafsachen in Deutschland, NZWiSt 2012, 9 ff, 41 ff, 89 ff; *Thanner /Soyer /Hölzl (Hrsg.),* Kronzeugenprogramme, Wien 2009; *Upmeier, Arne,* Fakten im Recht, Baden-Baden 2010; *Vogt,* NJOZ 2009, 4206; *Wagner* „Internal Investigations" und ihre Verankerung im Recht der AG, CCZ 2009, 8; *Wastl/Pusch* Haftungsrechtliche Konsequenzen einer so genannten Mitarbeiter-Amnestie – dargestellt am Beispiel „Siemens" – Ein weiteres Lehrstück für die Notwendigkeit der Berücksichtigung deutschen Rechts bei der Anwendung US-amerikanischer Rechtstraditionen, RdA 2009, 376; *Wells /Kopetzky,* Handbuch Wirtschaftskriminalität in Unternehmen, Wien 2006; *Wieland/Steinmeyer/Grüninger (Hrsg.),* Handbuch Compliance-Management, Berlin 2010; *Zimmermann,* Die straf- und zivilrechtliche Verantwortlichkeit des Compliance-Officers, BB 2011, 634.

5. Kapitel. Compliance

Inhaltsübersicht

	Rn.		Rn.
A. Compliance – materielles Recht		**B. Management der Compliance-Aufgaben**	
I. Einführung	1–30	I. Pflichtenkreis	100–104
1. Grundlagen	1–4	1. Pflicht zur Organisation	100–102
2. Begriffe	5–19	2. Pflicht zum Krisenmanagement	103–104
3. Bedeutung aus wirtschaftsrechtlicher Sicht	20–30	II. Ausgestaltung der Compliance-Organisation	105–112
II. Gesetzliche Grundlagen	31–99	1. Business-Practice-Grundsätze	105–107
1. Leitungsverantwortung und Delegation	31–53	2. Risikoanalyse	108–110
2. Gesetzliche Einzelpflichten	54–63	3. Grundsätze und Maßnahmen	111
3. Straf- und bußgeldrechtliche Compliance	64–80	4. Notfallplanung, Krisenmanagement	112
4. Selbstverpflichtungen	81–86	III. Aufklärungsmaßnahmen	113–167
5. Vermeidung von zivilrechtlicher Haftung	87–99	1. Einführung	113–120
		2. Strafrechtliche Aufklärungspflicht	121–129
		3. Kartellrechtliche Abwägungen	130–133
		4. Grenzen der Aufklärung	134–139
		5. Datenschutzrechtliche Vorgaben	140–160

A. Compliance – materielles Recht

I. Einführung

1. Grundlagen

1 Die Compliance-Bewegung ist ein Korrektiv zur Philosophie des „schlanken" Unternehmensmanagements (sog. „Advanced Industrial Engeneering").[1] In dem Bestreben, auf ein schwieriger werdendes Marktumfeld im Heimatmarkt und auf neue Expansionsmärkte auf anderen Kontinenten (vor allem Asien, Afrika und Südamerika) flexibel und effizient reagieren zu können, haben international agierende Unternehmen in den 80er und 90er Jahren ihre Unternehmen nach dem Strukturmodell des „lean managements"[2] fortentwickelt. Darin wurde eine lineare Aufbau- und Ablauforganisationen durch Matrix-Organisationen ersetzt. In einer solchen „Matrix" sind Mitarbeiter in mehreren Arbeitsgruppen nach Fachkriterien mehreren Leitern zugeordnet worden, die selbst ebenfalls nicht untereinander in einem Über-/Unterordnungsverhältnis standen. Meist wurde die disziplinarische Verantwortung für Mitarbeiter zudem getrennt davon geregelt. Diese „produktive" (oder auch „operative") Arbeitswelt sollte durch eine „nicht-produktive" (oder auch „administrative") Verwaltung nur noch „unterstützt", nicht aber gesteuert werden. Im Zuge der weiteren Technisierung der Arbeitsabläufe sind personelle Kapazitäten für Überwachungs- und Kontrollfunktionen verringert worden, zentrale Verantwortung wurde auf dezentrale kleinere Einheiten übertragen, aber nicht mehr wie früher linear, sondern geteilt. D. h. aus rechtlicher Sicht fand eine Delegation von Aufgaben, Kompetenzen und Verantwortung statt, es waren aber mehrere Personen in unterschiedlichen Stellen und Abteilungen für die Ergebnisse des „Arbeitsprozesses" verantwortlich. Obwohl Überwachung und Kontrolle als Rechtsforderung bestehen blieben, hatte man die Vorstellung der „besseren" Erledigung der Rechtspflichten durch diese Art der Verantwortungsteilung. Tatsächlich entwickelte sich genau das Gegenteil davon – Psychologen nennen das „Verantwortungsdiffusion".[3] Vor allem bei der Bekämpfung von Kartellen, Kapitalmarktdelikten und Marktmissbrauch machte man die Erfahrung, dass solche Delega-

---

[1] Vgl. dazu die Nachweise unter http://de.wikipedia.org/wiki/Advanced_Industrial_Engineering.

[2] Vgl. bspw. *Dörflinger/Fraefel*, KMU-Magazin 2009, S. 14 ff; *Mike Rother*, Die Kata des Weltmarktführers, 2009.

[3] http://de.wikipedia.org/wiki/Verantwortungsdiffusion; In der Spieltheorie wird das Phänomen unter dem Begriff „Freiwilligendilemma" behandelt, vgl. *Diekmann, Andreas*, Spieltheorie, Reinbek 2009, S. 122 ff.

A. Compliance – materielles Recht

tionsstrukturen ungeeignet sind, eine gesamthafte, das Unternehmen treffende ethische und rechtliche Verantwortung für Wettbewerb und Rechtsgüter Dritter durchzusetzen.

Um Fehlentwicklungen zu vermeiden oder zumindest einzugrenzen, begannen internationale Organisationen (parallel zu der US-amerikanischen Einführung des Anti-Korruptionsrechts (FCPA) Ende der 70er Jahre[4], verstärkt aber in den 1990er und den 2000er Jahren), die enorme Bedeutung der ethischen und rechtlichen Grundregeln und Grenzen für die Geschäftspraxis, sog. „Business Practice Guidelines" zu betonen.[5] Nationale Gesetzgeber verpflichteten sich, diese in nationales Recht umzusetzen.[6] Die weltweit mit unterschiedlichen Ausprägungen vorgetragenen Initiativen haben in der nationalen Gesetzgebung und Rechtsprechung ihren Niederschlag gefunden, auch wenn nicht immer reflektiert wird, dass es sich hier um Entwicklungen auf den Gebieten des Handels, der Produktvermarktung, der Technik, der Unternehmensaufsicht, der öffentlichen Auftragsvergaben, der Besteuerung von Unternehmen, des Wettbewerbs-/Kartellrechts sowie des Strafrechts handelt. Eine weitere Entwicklungslinie der Compliance-Bewegung stammt von den international verstärkten Anstrengungen seit den Terroranschlägen vom 11.09.2001 in New York, um Terrorismus, Geldwäsche, Menschenrechtsverletzungen u. a. das Gemeinwesen gefährdende Verhaltensweisen durch gesetzliche Vorgaben – insbesondere auch in der Ausgrenzung von der Teilnahme am geschäftlichen Leben – zu bekämpfen.[7]

Aufgrund dieser Vorgaben sind die Unternehmensführungen dazu übergegangen, in unterschiedlicher Weise **Modelle für eine „ethische Unternehmensführung und -kontrolle"** zu entwickeln, die sich in der heutigen „Compliance" Diskussion spiegeln. In wirtschafts- und rechtspolitischen Foren[8] wird gefordert, dass deutsche Unternehmen sich bei der Ausübung der Unternehmenstätigkeit dazu verpflichten müssen, einer gesamtgesellschaftlichen Verantwortung nachzukommen, d. h. dass sie jenseits der wirtschaftlichen Betätigung in sozialer, kultureller und rechtlicher Ausrichtung eine Vorbildstellung einnehmen sollen. In deutschen sowie grenzüberschreitenden Groß-Investitionsprojekten (dort besonders in Entwicklungs- und Schwellenländern) werden u. a. von den Unternehmen Nachweise darüber verlangt, welche Anstrengungen sie unternehmen, um die Vorschriften zur Bekämpfung von Korruption, Kartellen, Kapitalmarktbetrug, Kreditbetrug, Submissionsbetrug, Bilanzfälschung, Exportkontrolle, Geldwäsche und Terrorismusfinanzierung einhalten.

Die Unternehmen, die parallel zu gesetzlichen Vorgaben auch durch aktive **privatautonome Maßnahmen** die – mitunter auch nur als Meinung dargebotenen – Ge- und Verbote der Kartell-, Gewerbeaufsichts- und Strafverfolgungsbehörden eigenbestimmt umsetzen, werden mitunter kritisch beurteilt. Abgesehen davon, dass bestimmte Arten der „Selbstreinigung" tatsächlich auch wie „Selbstjustiz" wahrgenommen werden können, kann beobachtet werden, das den Unternehmen der Vorwurf einer Umgehung der Garantien und Begrenzungen des staatlichen Verfahrens (insbes. der Selbstbelastungsfreiheit und der Förmlichkeiten der §§ 136, 136a StPO) gemacht wurde.[9] Spätestens seit den aufwändigen Recherchen US-ame-

---

[4] FCPA = Foreign Corrupt Practices Act, Gesetz über die Verfolgung von Auslandskorruption von 1977.

[5] Vgl. dazu bspw. die OECD-Empfehlungen „Good Practice Guidance on internal controls, ethics & compliance" vom 18.02.2010; die OECD „Guidelines for multinational enterprises" von 1976 (Stand 2000); der UN-Global Compact, abrufbar unter http://www.unglobalcompact.org/languages/german/index.html.

[6] So insbes. die OECD-Konventionen zur Anti-Korruption von 1997; *Dannecker* in Kindhäuser/Neumann/Paefgen (3. A. 2010), Vor § 298 Rn. 8 f; *Joecks* in MK-StGB (2.A.2011) Einl. Rn. 118; zum Evaluierungsbericht der OECD-Kommission vgl. *Rübenstahl/Reyhn* CCZ 2011, 161.

[7] Auf die Darstellung der historischen Entwicklung des Wirtschaftsstrafrechts in diesem Handbuch wird verwiesen.

[8] Vorwiegend mit Fragen der Unternehmens-Compliance aus Sicht der Unternehmenspraxis und der Wissenschaft befassen sich die Fachzeitschriften „Zeitschrift Risk, Fraud & Compliance (ZRFC)", die seit 2006 im Erich Schmidt-Verlag, Berlin, erscheint; „Corporate Compliance Zeitschrift (CCZ)", die seit 2008 im Beck-Verlag, München erscheint; „Zeitschrift für Wirtschaftsstrafrecht und Haftung im Unternehmen (ZWH)", die seit 2011im Otto Schmidt-Verlag, Köln, erscheint.

[9] *Brunhöber*, GA 2010, 571, 572; *Wastl/Litzka/Pusch*, NStZ 2009, 68

rikanischer Anwaltskanzleien und Wirtschaftsprüfungsgesellschaften bei der Daimler AG und der Siemens AG sind diese sog. **Internal Investigations** in Deutschland in der Fachwelt stark beobachtet.[10] Sie sind in der Regel Folge, nicht aber Anlass oder gar Erfindung der von den Ermittlungsbehörden untersuchten Kriminalfälle. Die Parallelität ist weder ein Kunstgriff marketingversessener Anwaltskanzleien[11] noch eine neue Art der „verdeckten Ermittlung" von Staatsanwaltschaften.[12] Tatsächlich stellt sie sich im Regelfall nicht als verdeckte staatliche Ermittlungstätigkeit dar. Der aktive Einsatz des Unternehmens zur Bereinigung vergangenen Unrechts bezweckt nicht die Ersetzung der Arbeit der Ermittlungsbehörden, sondern verfolgt eigene Interessen des Unternehmens. Wichtigster Grund für das Unternehmen kann dabei sein, nicht selbst den Vorwurf der Untätigkeit und damit der Vernachlässigung einer geeigneten Anspruchsverfolgung wie auch der von den Institutionen geforderten „Selbstreinigung" auf sich zu ziehen. Es kann aber auch eine Reaktion darauf sein, dass im staatlichen Verfahren nur verzögert und unter vielfältigen Beschränkungen eine Ergebnisfindung stattfindet, so dass die „Selbstaufklärung" frühzeitige und rechtssichere Grundlagen für eine Umgestaltung der Organisations- und Ablaufstrukturen innerhalb des Unternehmens wie auch die aktive Anspruchsverfolgung schaffen kann. Der privat-investigativen Untersuchung fehlen schließlich vergleichbare Eingriffs- und Sanktionsinstrumentarien der Ermittlungsbehörden und der Justiz, so dass auch die durch die Maßnahme geschaffene Beurteilungsgrundlage begrenzt ist. Zutreffend sind die Grenzen solcher Untersuchungen aber erreicht, wenn diese nur durch „Bespitzelung"[13] zustande kommen oder eine Art „Selbstjustiz" entsteht.[14]

2. Begriffe

5 Mit dem Begriff „**Compliance**" meint man im deutschen Wirtschaftsrecht die „Einhaltung, Übereinstimmung" mit Regelwerken, i. d. R. mit den staatlichen Gesetzen und der unternehmensinternen Regelwelt. Dem Begriffskern zufolge finden sich solche Regeln nach dem kontinentaleuropäischen Rechtsverständnis vorwiegend in gültigen geschriebenen staatlichen und behördlichen Rechtsnormen, Richtlinien, Verwaltungsakten und Beschlüssen, aber auch in bekannt gegebenen Gesellschafterentscheidungen, Satzungen und Weisungen der Aufsichtsgremien sowie in Verträgen. Damit zielt der Begriffskern auf eine **Regelkonformität**.[15] Das erschöpft die Deutungsmöglichkeiten aber nicht. Im medizinischen Bereich bedeutet Compliance „Verträglichkeit; die zuverlässige Befolgung der therapeutischen Anweisung".[16] Der Begriffshof[17] umfasst mithin auch die aktive, sorgfältige, gewissenhafte, ethisch verantwortliche Vermittlung an Andere, die Begleitung und Erfassung ihrer Umsetzung sowie die Nachkontrolle solcher Vorgaben. Deren sinnhafte, intelligente und vorrangige Erfassung durch Verhaltensgrundsätze, Richtlinien, Steuerungs- und Kontrollmaßnahmen soll sowohl Verpflichtung als auch Gestaltungsrahmen für eine ethisch hochstehende Betriebskultur sein.

---

[10] *Bussmann/Matschke* wistra 2008, 88; *diess.* CCZ 2009, 132; *v. Hehn/Hartung* BB 2006, 1909; *Moosmayer* Compliance, S. 5.
[11] *Bock*, CCZ 2010, 161; *Klindt/Pelz/Theusinger*, NJW 2010, 2385, 2386.
[12] So aber *Brunhöber*, GA 2010, 571, 572; *Wastl/Litzka/Pusch*, NStZ 2009, 68 f.
[13] Die strafrechtlichen Grenzen werden in der sog. „Bespitzelungsaffäre" bei der Dt. Telekom AG aufgezeigt durch das LG Bonn Urt. v. 30.11.2010, BeckRS 2011, 111613; BGH B. v. 10.10.2012, 2 StR 591/11.
[14] Der Begriff ist allerdings sehr schillernd, so dass jenseits der privatautonomen Ausgestaltung von Lenkungsbefugnissen der Unternehmensleitung auch auf die Rechtsprechung zur Notwehr gem. § 32 StGB, § 227 BGB und zur Selbsthilfe gem. § 229 BGB verwiesen wird.
[15] *Bock*, ZIS 2009, 68; *Klindt*, NJW 2006, 3399; *Momsen*, ZIS 2011, 508; *Theile*, StV 2011, 381
[16] *Behringer*, Compliance Kompakt, S. 31; *Eufinger*, CCZ 2012, 21; *Hauschka*, NJW 2004, 257. *Junker/Knigge/Pischel/Reinhart*, in: Beck'sches Rechtsanwalts-Handbuch, § 48 Rn. 1; *Schmidt*, Compliance in Kapitalgesellschaften, S. 18; *Roth*, ZRFC 2009, 5. 0
[17] Vgl. *Röthel*, Normkonretisierung im Privatrecht, Tübingen 2004, S. 26 m. w. N. in Fn. 9, 10; *Engisch*, Einführung in das jur. Denken, S. 138.

A. Compliance – materielles Recht

Es ist aber zwischen **philosophischer Überhöhung und Rechtswirklichkeit** zu unterscheiden. In einer idealen Arbeitswelt, die ohne Nachstellungen, Neid und Missgunst, Übergriffe und gegenseitige Behinderung auskommt, könnte eine solche Kultur fast paradiesische Zustände (in Bezug auf die Regelkonformität) herstellen. Ein solches Ideal wird allerdings mit menschenmöglichen Mitteln niemals vollständig erreicht werden.[18] Zu weitgehend ist daher die Auffassung, unter Compliance sei üblicherweise die Gesamtheit aller Maßnahmen zu verstehen, die erforderlich seien, um ein rechtmäßiges Verhalten eines Unternehmens, seiner Organmitglieder und Mitarbeiter im Hinblick auf alle gesetzlichen Vorschriften herzustellen oder dauerhaft zu gewährleisten.[19] Tatsächlich kann man daher „Compliance-Management" als die gewissenhafte und sorgfältige Vermittlung, Umsetzung und Nachkontrolle der geschriebenen Verhaltensregeln im Unternehmen nach bestem und aktuellem Wissen beschreiben. Damit kommt man der Vorstellung von Delegation und Aufsichtsverantwortung ziemlich nahe, die gem. § 130 OWiG von dem „Betriebsleiter" erwartet wird. Dass Unternehmensziele und Kapazitäten des Unternehmens damit ebenfalls kongruent sein müssen, kann das Unternehmen vor laufende Herausforderungen stellen. 6

Der Begriff „**Corporate Compliance**" betont eine starke gesellschaftsrechtliche Prägung des Compliance-Managements. Man versteht allgemein darunter „eine präventiv wirkende und das Risiko der Haftung des Unternehmens bzw. der Unternehmensleitung minimierende Unternehmensorganisation".[20] Bei Corporate Compliance geht es dabei vor allem um die Frage, ob es eine eigenständige rechtliche Pflicht der Organe der Gesellschaft gibt, eine Compliance-Organisation einzurichten und wie diese ggf. im Einzelnen auszusehen hat. 7

Wenn von einer „**Richtlinie**" oder einem „**Kodex**" (auch Code of Conduct, Code of Ethics) die Rede ist, bedeutet dies ein von der Unternehmensleitung (d. h. in der Regel von einem Konzernleitungsorgan) verabschiedetes und bekannt gemachtes Grundsatzpapier über das ethisch richtige und angemessene Verhalten bei internen Betriebsabläufen und gegenüber externen Geschäftspartnern.[21] Dort werden in der Regel als abstrakt umschriebene Topoi aufgenommen das Anti-Korruptionsgebot, das Anti-Kartellgebot, der Schutz der Betriebs- und Geschäftsgeheimnisse, der Schutz der Immaterialgüter und der Reputation des Unternehmens, das Diskriminierungsverbot, der Datenschutz, der Nachstellungsschutz sowie die Ablehnung von Terrorismus, Ausländerdiskriminierung, Geldwäsche und Ausbeutung.[22] Weitere Verhaltensgebote oder -verbote bezogen auf die jeweiligen Geschäftsfelder kommen hinzu. 8

Die sog. „**Business Practice Guideline**" hat den Charakter allgemeiner Handlungsgrundsätze der Unternehmens- und Mitarbeiterführung. Derartige Handlungsempfehlungen können sowohl aus der Fallbeobachtung forensischer Berater als auch aus statistischer Auswertung eines breiteren Adressatenkreises stammen, sind aber keinesfalls bereits „Handelsbräuche" oder „Sorgfaltsgrundsätze". Sind in den Handlungsempfehlungen bestimmte Handlungsge- und -verbote angelegt, übt der Arbeitgeber durch eine Bekanntgabe auch sein Direktionsrecht für Mitarbeiter aus. In zahlreichen Unternehmen sind die Verhaltenscodizes daher bereits Grundlage des Arbeitsvertrages. Es ist in einem konkreten Fall erforderlich, nach dem formal ordnungsgemäßen Inkrafttreten solcher Richtlinien und ihrer Bekanntgabe gegenüber den jeweiligen Mitarbeitern zu fragen. 9

Der Begriff des „**Compliance-Verstoßes**" ist angesichts der Weite des Compliance-Begriffs kein typischerweise auf juristische Normen beschränkbarer Topos. Vielmehr sind hier sowohl kaufmännische, betriebswirtschaftliche als auch technische Regeln gemeint, für die jenseits der juristischen Deutung eine Übereinstimmung mit bestimmten der Vorsorge, Ge- 10

---

[18] Bspw. *Wagner* in MK-BGB, § 823 Rn. 24 f; dies entspricht auch historisch überlieferter christlicher Überzeugung, bspw. der Apostel Paulus im Römerbrief Kap. 3 V. 22–24;.
[19] So *Reichert/Ott*, ZIP 2009, 2173.
[20] So *Kiethe*, GmbHR 2007, 393.
[21] Vgl. dazu bspw. *Kort* NZG 2008, 81; *ders.* NJW 2009, 129; *Kopp/Klostermann*, CCZ 2009, 155.
[22] Als Muster hierfür gelten der UN-Global Compact oder die OECD-Verlautbarungen für multinationale Unternehmen sowie über „Good practice Guidance on Internal Controls, Ethics an Compliance" (Stand Feb. 2010).

fahrenabwehr und der Qualitätssicherung dienenden Standards feststellbar bleiben soll. Der „Verstoß" gegen solche Standards ist daher keineswegs automatisch eine Pflichtverletzung im Sinne des Strafrechts oder gleichzusetzen mit einem haftungsbegründenden Fehlverhalten. Bspw. kann schon der Verstoß gegen eine Dokumentations- oder Aufbewahrungsregel ein „Compliance-Verstoß" sein, während der Gesetzgeber hier nur in den seltensten Fällen einen Rechtsverstoß normiert. Das gilt erst Recht von rein ethischen oder moralischen Standpunkten. In einem Kriminalfall wird man daher sorgfältig darauf achten, bei den Feststellungen und Entscheidungsgrundlagen nicht allein auf den Charakter der Regelung abzustellen, sondern eine qualifizierende Verhaltensnorm zum Maßstab einer „Übertretung" zu machen.

11   Art und Umfang von Compliance-Regeln, der Überwachung ihrer Einhaltung im Betriebsablauf und der Reaktion auf Verstöße werden regelmäßig von einer Risikoeinschätzung für die Wahrscheinlichkeit eines Compliance-Verstoßes bestimmt. Der „Risikobegriff" bedeutet in diesem Zusammenhang die Annahme einer Eintrittswahrscheinlichkeit für die Nichtbeachtung einer gesetzlichen oder satzungsgemäßen Vorgabe. Allerdings hat sich eine einheitliche Deutung des Begriffs „**Compliance-Risiko**" bisher nicht eingebürgert. Das liegt zum einen daran, dass schon der Begriff „Compliance" eine sehr weitgehend, kaum bestimmbare oder vorhersehbare Umschreibung erfahren hat (vgl. oben), so dass mit Kriterien der Bestimmtheit und Vorhersehbarkeit i. S. v. Art. 103 I GG nur solche Elemente erfasst werden können, die sich in Gesetz und Satzung tatsächlich auch niedergeschlagen haben. Zum anderen kann der Begriff nicht eingegrenzt werden, weil laufend weitere vermeintliche oder tatsächliche Standards definiert werden, die ein Unternehmen nach Art, Umfang, Standort, Geschäftspartner und Anzahl der Verhaltensalternativen zu einem bestimmten, vorgezeichneten Verhalten veranlassen soll. Diese Standards sind mit einer objektivierten Betrachtung nicht mehr in Einklang zu bringen.

12   Der sog. „**Compliance-Officer**" ist die Führungskraft des Unternehmens, an die die Unternehmensleitung diejenigen Aufgaben übertragen hat, die sie für die Beachtung dieser Unternehmensaufgabe in der Unternehmensorganisation bereit gestellt hat. Wichtig für die Beurteilung seines Verhaltens ist, dass er keineswegs nur infolge seiner Benennung für die Beachtung aller möglicher Rechtsvorschriften im Unternehmen verantwortlich sein kann, sondern nur in dem Maße und Umfang, in dem er tatsächlich aufgrund der an ihn delegierten Aufgaben auch faktisch zur Wahrnehmung in der Lage ist sowie die Befugnis erlangt hat, vergleichbar einem Geschäftsleiter in funktionsfremde Betriebsabläufe einzugreifen. Eine Linien- oder Matrixorganisation enthält u. U. vielfältige Überschneidungen, Lücken oder Stolpersteine, die einer solchen effektiven Umsetzung entgegenstehen können. Beispielsweise können sich die Funktionen des Compliance-Officers mit denen der anderen Sicherheitsbeauftragten (Produktsicherheit, Arbeitssicherheit, Umweltsicherheit, Geldwäschebeauftragter, Exportkontrollbeauftragter, Datenschutzbeauftragter usw.) überschneiden. Daher lässt sich die Stellung des Compliance-Officers nicht aufgrund seiner Bezeichnung, sondern erst aufgrund seiner tatsächlich übertragenen Aufgaben und der von ihm selbstbestimmt einzusetzenden Kompetenzen umschreiben. Zu diesem Spektrum können – müssen aber nicht – die drei Kernaufgaben der Compliance (Prävention, Aufklärung von Verstößen, Reaktion) gehören.

13   Von einer „**Internal Investigation**", d. h. im Wirtschaftsrecht einer „Internen Untersuchung", spricht man bei einer repressiven Ausrichtung der unternehmensinternen Aufklärungsmaßnahmen unter Hinzuziehung externer Berater sowie einem grds. vorhandenen Zusammenhang mit einem gegenwärtigen oder drohenden Straf- oder zumindest Bußgeldverfahren.[23] Die Vorstellung, derartige Untersuchungen erschöpften sich lediglich in einer Rückwärtsbetrachtung, gilt aber nur für den Sachklärungsteil. In der Regel werden im Zuge der Ergebnisauswertung zukunftsgerichtete Handlungsempfehlungen für eine geeignete und erforderliche Reaktion gegeben.

14   In dem in der Praxis beliebten Phasenmodell „Prävention-Aufklärung-Reaktion" gehören die unternehmensinternen Verbesserungsmaßnahmen zur sog. „**Remediation**", wörtlich übersetzt mit „Sanierung, Entkontaminierung". Gemeint damit ist die Rückkehr aus einem

---

[23] Vgl. zur Begriffsdefinition *Momsen* ZIS 2011, 511.

A. Compliance – materielles Recht

Krisenzustand zu einem bereinigten und funktionsfähigen Normalzustand, in dem die aus einer Compliance-Untersuchung resultierenden Erkenntnisse für Richtlinien, Organisation und Betriebsprozesse in rechtssicherer Weise umgesetzt sind.[24]

Unternehmer ist, wer eine gewerbliche oder berufliche Tätigkeit selbstständig ausübt. Nachhaltiges Handeln, Beteiligung am wirtschaftlichen Verkehr und die Absicht, Einnahmen zu erzielen und wirtschaftliche Risiken zu tragen, sind wichtige Ausprägungen unternehmerischer Tätigkeit aus steuerlicher Sicht (§ 2 Abs. 1 UStG, der weitergehend als § 14 BGB ist). Im rein kaufmännisch-wirtschaftlichen Sinne ist der Grundtypus des wirtschaftlich handelnden Unternehmers ein Einzelkaufmann, der Eigentümer der von ihm geleiteten Organisation (Lenkungsfunktion) ist, für die er Kapital oder Fremdmittel aufbringt (Finanzierungsfunktion).[25] Als Einzelunternehmer trägt er unmittelbar strafrechtliche Verantwortung, da er die Leitung des Betriebes innehat und dessen Kapital aufbringt. Handlungsvertreter im Sinne der § 14 Abs. 1 Nrn. 1, 2 StGB, § 9 Abs. 1 Nrn. 1, 2 OWiG sind die bestellten oder faktischen Mitglieder der geschäftsführenden Organe einer juristischen Person oder einer Gesellschaft ohne Rechtspersönlichkeit (§ 11 Abs. 2 Nr. 1 InsO).

Fallen Finanzierungs- und Lenkungsfunktion auseinander, d. h. übernimmt der Eigentümer als Gesellschafter eines Verbandes lediglich das Kapitalaufbringungsrisiko, spricht man in der wirtschaftswissenschaftlichen Literatur von einem **„Manager-Unternehmen"**. Manager in diesem Sinne sind die beauftragten Unternehmensleiter, i. d. R. die Organmitglieder einer Kapitalgesellschaft oder einer Gesellschaft ohne Rechtspersönlichkeit, während die leitenden Angestellten im Sinne von § 5 Abs. 3, 4 BetrVG keine Organfunktionen ausüben.[26] Leitende Angestellte können allerdings im Sinne der § 14 Abs. 2 StGB, § 9 Abs. 2 OWiG mit der Leitung eines Betriebes oder Betriebsteils oder sonst mit der eigenverantwortlichen Erledigung von Inhaberaufgaben betraut sein. Sie können als Prokuristen (§§ 48, 49 HGB) oder Handlungsbevollmächtigte (§ 54 HGB) oder auch nur als Handlungsgehilfe (§ 59 HGB) dem Unternehmensanwalt gegenüber auftreten.

Unternehmen im Sinne dieses Abschnitts ist eine planvoll handelnde Wirtschaftsorganisation, die unabhängig von einer bestimmten Rechtsform eine auf Dauer angelegte, meist auch räumlich zusammengefasste Einheit von Personen und Sachmitteln ist, die unter einheitlicher Leitung zur (nicht notwendig gewinnorientierten) Produktion, zum Handel oder zur Erbringung von Dienstleistungen vom Unternehmer eingerichtet wurde.[27] Zu dieser Begriffsbildung stehen die normativen Begriffe **„Betrieb"** (§ 14 Abs. 2 S. 1 StGB, § 9 Abs. 2 S. 1 OWiG), **„Unternehmen"** (§ 14 Abs. 2 S. 2 StGB, § 9 Abs. 2 S. 2 OWiG) und **„öffentliche Stellen"** (§ 14 Abs. 2 S. 3 StGB, § 9 Abs. 2 S. 3 OWiG) nicht im Gegensatz. Das Straf- und Ordnungswidrigkeitsrecht verfolgt damit nämlich anders als der „Unternehmerbegriff" in § 14 Abs. 1 BGB, § 2 Abs. 1 UStG keine Festlegung auf jeweils unterschiedliche juristische, wirtschafts- und arbeitsorganisatorische, technische oder soziale Zusammenschlüsse von Personen.[28] Die strafrechtlich normierte Substitutenhaftung soll lediglich dazu dienen, einen möglichst breiten Anwendungsbereich strafrechtlicher Normbefehle bei mehrgliedrigen, organisierten Arbeitsabläufen sicherzustellen. Dies kommt auch in der Rechtsprechung zur „fehlerhaften" oder zur „faktischen Gesellschaft" zum Ausdruck, die allein auf die faktische Beherrschungsmöglichkeit einer Organisationseinheit abstellt.[29]

---

[24] Besonders in Kartell- und Vergabeverfahren wird über die Anforderungen und Bedingungen diskutiert: vgl. *Dreher/Hoffmann*, NZBau 2012, 265; *Hölz/Ritzenhoff*, NZBau 2012, 28; *Ohrtmann*, NZBau 2007, 201.
[25] *Eidam*, Unternehmen und Strafe, 3. Aufl. 2008, Rdnr. 96, 151.
[26] *Eidam*, a. a. O. Rdnr. 99, 153.
[27] Schönke/Schröder-*Lenckner/Perron*, StGB, 27. Aufl. 2006, § 14 Rdnr. 28 f; *Lackner/Kühl*, StGB, 27. Aufl. 2007, § 11 Rdnr. 15; *Fischer*, StGB, 56. Aufl. 2009 § 14 Rdnr. 8; *Eidam*, a. a. O. Rdnr. 18.
[28] LK-*Schünemann*, § 14 StGB Rdnr. 55; *Rogall* in KK-OWiG, 3. Aufl. 2006, § 9 Rdnr. 65, 68; *Göhler*, OWiG § 9 Rdnr. 44.
[29] BGHSt. 3, 32; 6, 314 = NJW 1954, 1852; 21, 101 = NJW 1966, 2225; 31, 118 = NJW 1983, 240; BGH wistra 1990, 97, 98; BGH NJW 1997, 66, 67; BayObLG NJW 1997, 1936; KG NJW-RR 1997, 1126; *K. Schmidt*, FS f. Rebmann, 1989, S. 419 ff; *Rogall* in KK-OWiG, 3. Aufl. 2006, § 9 Rdnr. 46; *Löffeler* wistra 1989, 121 ff.; *Fuhrmann*, FS f. Tröndle, 1989, S. 139 ff.; *Dierlamm* NStZ 1996, 153 ff.; *Gübel*,

18 Daher muss nicht der bei § 130 OWiG ausgetragene Begriffsstreit entschieden werden, ob der Begriff „Unternehmen" die mehr rechtlich-wirtschaftliche Seite einer Organisationseinheit, der Begriff des „Betriebes" die mehr technisch-soziale Seite der (gleichen) Organisationseinheit beschreibt. Unerheblich ist deswegen auch die spezifische Rechtsform, unter der das Unternehmen oder der Betrieb geführt werden. Ebenso wenig spielt für die Begriffsbestimmung eine Rolle, wer Inhaber des Verbandes ist.[30] Das kann eine juristische Person, eine Gesellschaft ohne Rechtspersönlichkeit oder auch eine natürliche Person sein.[31] Auch die sog. strafrechtliche „Geschäftsherrnhaftung"[32] stellt eine Ausprägung der Rechtsprechung zur strafrechtlichen Unternehmensverantwortung dar. Sie stellt sicher, dass Normbefehle nicht durch Unterlassen oder Desorganisation umgangen werden können.

19 Zudem sollte beachtet werden, dass in der anwaltlichen Praxis eine **nicht-wirtschaftliche und/oder nicht-rechtsfähige Organisation** (bspw. eine Anstalt, Stiftung oder Kirche), eine Personenvereinigung (bspw. eine Partei, Parlamentsfraktion, Erbengemeinschaft etc.) oder eine unselbstständige Stelle, die Aufgaben der öffentlichen Verwaltung wahrnimmt (bspw. ein unselbstständiges Universitätsinstitut, eine Schulleitung), ebenfalls ein den Rechtsanwalt beauftragendes „Unternehmen" im Sinne dieses Abschnitts sein kann. Solche Formationen, in denen sich gemeinsame Interessen angesichts staatlicher Eingriffe bündeln, können eigenständiger Adressat eines Gesetzesbefehls aus dem Gefahrenabwehrrecht oder dem Strafrecht, einer behördlichen oder gerichtlichen Entscheidung darüber oder einer Entscheidung über eine Haftungsverantwortung für Fehlverhalten von Verbandsvertretern (vgl. §§ 31, 831 BGB) sein.[33]

3. Bedeutung aus wirtschaftsrechtlicher Sicht

a) Verstöße gegen deutsches und europäisches Kartellrecht

20 Allein zwischen 2006 und 2010 hat die EU-Kommission einer Untersuchung des Dt. Aktieninstitutes zufolge wegen Kartellverstößen mehr als 10 Mrd. EUR Bußgelder verhängt.[34] In zahlreichen Fällen haben die dabei benachteiligten Wettbewerber Schadensersatzansprüche über deutlich mehr als 1 Mrd. Euro angedroht. Indem bei Kartellabsprachen nach dt. Recht stets auch gegen die Organmitglieder der jeweiligen dt. Kapitalgesellschaften wegen Verletzung der Aufsichtspflicht nach §§ 30, 130 OWiG ermittelt wird, bedeuten die Möglichkeiten der Gewinnabschöpfung gem. Art. 101, 102 AEUV i. V. m. § 81 GWB einer erhebliche Gefahr für das Unternehmenswohl. Ein nachgewiesener Kartellverstoß oder eine vorsätzliche Aufsichtspflichtverletzung können zudem auch eine Verletzung des Dienstvertrags bedeuten. Die Anstrengungen des Unternehmens und seiner Organe, solche Folgen abzuwehren, haben daher signifikante Bedeutung im Rahmen der Compliance-Diskussion.

b) Gesellschafts- und konzernrechtliche Sachverhalte

21 Das Risiko der persönlichen Haftung der Organmitglieder der Konzernobergesellschaft nach §§ 309, 310, 318 AktG, wenn in beherrschte Tochtergesellschaften „hineinregiert" wird, insbesondere Liquidität (einschließlich der Cash-Pooling-Systeme) oder Produktionsmittel entzogen werden, hat die straf- und zivilgerichtliche Rechtsprechung in den letzten zehn Jahren

---

Die Auswirkungen der faktischen Betrachtungsweise auf die strafrechtliche Haftung faktischer GmbH-Geschäftsführer, 1994; *Montag*, Die Anwendung der Strafvorschriften des GmbH-Rechts auf faktische Geschäftsführer, 1996.

[30] Sch/Sch-*Lenckner/Perron* § 14 StGB Rdnr. 28.
[31] *Rogall*, in KK-OWiG, 3. Aufl. 2006, § 9 Rdnr. 65; *Göhler* OWiG § 9 Rdnr. 16.
[32] Begriffsbildung nach § 831 BGB; vgl. die lesenswerte Dissertation von *Spring*, Die strafrechtliche Geschäftsherrnhaftung, Hamburg 2009, S. 5 ff. m.w.N; *Wessels/Beulke*, AT Rdnr. 724; *Kienle/Kappel*, NJW 2007, 3530 zum „Geschäftsherrnbegriff" in § 299 StGB; vgl. auch BGHSt. 37, 103 (Lederspray); BGHSt. 47, 224 (Wuppertaler Schwebebahn); BGH Urt.v. 17.07.2009, 5 StR 394/08 BeckRS 2009, 21880 (Straßenreinigungsfall, Innenrevisionsleiter).
[33] *Rogall* a.a.O, Rdnr. 65; die Praxis kennt bspw. Parteiuntersagungsverfahren oder sonstige unter Beobachtung der Verfassungsschutzbehörden stehenden Organisationsformen.
[34] *v. Rosen* (Hrsg.), DAI-Studie Nr. 48 „Internal Investigations", 2010, S. 14.

A. Compliance – materielles Recht

stark geprägt. Um solche Risiken abzuwehren, ist daraufhin gem. § 91 Abs. 2 AktG bei den aktienrechtlich geprägten Gesellschaften ein verpflichtendes Risikomanagementsystem für Bestandsrisiken eingeführt worden, das allerdings die zahlreichen Zusammenbrüche, Zwangsfusionen oder staatlichen Rettungsübernahmen im Zuge der sog. „Finanz- und Staatsschuldenkrise"[35] nicht abwehren konnte. Compliance-Management hat sich daher damit zu befassen, dass neben den finanziellen Risiken auch rechtliche Risiken rechtzeitig erkannt und einem Eintritt entgegen gewirkt wird.[36]

c) Finanzierungen, Risikogeschäfte, Bank- und Börsengeschäfte

Unkontrollierte Spekulationsgeschäfte haben in den 90er Jahren der Metallgesellschaft, der Volkswagen AG, der Baring Bank, der Porsche AG, der UBS, zahlreichen anderen Banken und anderen Industrieunternehmen erhebliche Schäden zugefügt. Waren- und Devisentermingeschäfte, Swaps, Options und dergleichen, die nach den Diskussionen über den Spiel- und Wetteinwand Anfang der 90er Jahre frei gegeben wurden, haben zu extremen Verlusten im Zuge der Wirtschaftskrise geführt, die durch die Anschläge vom 11. Sept. 2001 ausgelöst wurden. Durch eigene Organisationsanforderungen für Banken (§ 25a KWG), für Wertpapierhandelsunternehmen (§ 33 WpHG) und Versicherungsunternehmen (§§ 64a, 80d VAG) hat der Gesetzgeber reagiert.[37] Bei Industrieunternehmen stellt sich in Fragen der sog. „Criminal Compliance" die Aufgabe, Aufsichtspflichten normenklar und beherrschbar auszugestalten.

d) M & A, insbesondere Unternehmenskäufe

Es gehört praktisch schon zum Standard-Repertoire der sog. „Legal Due Dilligence" im Zuge einer Unternehmensübernahme, dass nicht unerhebliche Gefahren durch Verstöße gegen Geheimhaltungspflichten, über Insiderdelikte bis zur (mehr als verständlichen) Parteinahme bei feindlichen Übernahmen, die als unerlaubte Einmischung auf Anteilseignerebene gewertet werden können, bestehen. Beim GmbH-Anteilskauf versuchen Käufer nicht selten, die Vertragspartner und deren Geschäftsführer nachträglich für überhöhte Kaufpreise haftbar zu machen, indem durch eine interne Untersuchung vermeintliche oder tatsächliche Rechtsverstöße aufgedeckt werden.

e) Arbeitsrecht und Arbeitsstrafrecht, Steuer und Sozialversicherung

Die strafbewehrten Bestimmungen der Arbeitnehmerentsendung und -überlassung, Arbeitszeitbeschränkungen, Mindestlöhne, Arbeitsvermittlung, Ausländerbeschäftigung, Schwarzarbeit, Arbeitsschutzrecht sind ebenso wie das dazugehörige Lohnsteuer- und Sozialversicherungsrecht Gegenstand von Betriebsprüfungen und Ermittlungsverfahren. Die Vielzahl von kleineren Verstößen in Einzelfällen wie auch von größeren, systematischen Verstößen kann zu Bußgeldern, Freiheitsstrafen und Gewinnabschöpfungen führen. Ob der Compliance-Officer selbst oder Revisions- oder Rechtsbeauftragte hier Risiken aufspüren oder investigative Maßnahmen durchführen, es können dadurch ganz erhebliche Summen eingespart werden.

f) Umweltrecht und Umweltstrafrecht

Im Umweltrecht bestehen aufgrund der dort gewohnten Formstrenge von Genehmigungen und Auflagen umfangreiche Haftungs- und Strafbestimmungen in unübersichtlicher Gesetzgebungstechnik. Besonders für den Aufsichtspflichtigen ist das ein Risiko, weil einem anderen Kontrollorgan die Überwachung kaum möglich ist. Weil vielfach die Organe direkter Haftungsadressat sind, kann eine mangelhafte Organisation zumindest zum Verlust von Entlastungsmöglichkeiten führen. Gerät der Umweltbeauftragte des Unternehmens in Ziel- und

---

[35] Ein schneller Überblick mit Chronologie findet sich bei *Storbeck*, Die Jahrhundert-Krise, Stuttgart 2009; vgl. auch *Otte*, Der Crash kommt, 6. Aufl. 2010.
[36] Zu den Grenzen der Eignung eines betriebswirtschaftlichen Risikomanagementsystems vgl. *Rathgeber*, Criminal Compliance (2012), S. 166 ff, 247 f.
[37] Vgl. dazu *Rathgeber*, a. a. O., S. 109 ff (§ 25a KWG), S. 126 ff (Wertpapierhandelsunternehmen), S. 140 ff (Versicherungen).

Interessenkonflikte kann hier nur eine konsequente Präventionsarbeit durch den Compliance-Beauftragten helfen.

g) Produkthaftungsfälle

26 Schon in den 70er und 80er Jahren des letzten Jahrhunderts ist die ursprünglich aus der Verkehrssicherungspflicht abgeleitete zivilrechtlichen Produkthaftung durch eine Wechselwirkung von Zivilrecht und Strafrecht aufgefallen. Fälle wie „Contergan", „Monza-Steel", „Lederspray" und „Holzschutzmittel" als moderne Produkthaftungsfälle zeigen das besondere Produktrisiko des Unternehmens. Daher stellen Produktbeobachtungs- und Rückrufpflichten die Unternehmen und die Leitungsorgane vor besondere Herausforderungen.

h) Branchenspezifische Pflichten und Spezialgebiete des öffentlichen Rechts

27 Besondere branchenspezifische Sorgfaltspflichten haben Compliance-relevanz. Spediteure müssen Fahrtenschreiberschaublätter kontrollieren, der Bauunternehmen die Baustelle sichern und besonders gefährliche Stoffe, Chemikalien oder Sprengstoffe müssen nach besonderen Vorgaben gelagert, der Zugang dahin beschränkt und die Verwendung ausgesuchten Fachkräften übertragen werden. Gerade in der Kombination solcher Sorgfaltspflichten mit stoff-, transport- oder sonstigen berufsspezifischen Regelungen können erhebliche Compliance-Risiken erwachsen.

i) Korruptionssachverhalte

28 In den Umfangsverfahren der letzten rd. 10 Jahren sind nicht nur Korruptionstatbestände einschließlich der Auslandssachverhalte und der Vorgänge im rein geschäftlichen Verkehr durch sog. Internal Investigations geprüft worden. Die betroffenen begünstigten Unternehmen mussten auch erhebliche Anstrengungen dazu leisten, dass sie in Zukunft gegenüber der jeweiligen Kapitalmarktaufsicht, gegenüber ihren Kreditgebern und gegenüber ihren Aktionären sowie gegenüber ihren (meist öffentlichen) Auftraggebern zuverlässig sind. Nicht vergessen darf die Möglichkeit gerade der steuerlichen Aufklärungspflichten (§ 153 AO)[38] und die zentralen Zugriffe auf Firmendaten durch die steuerliche Betriebs- und Fahndungsprüfung. Dazu war neben der Akzeptanz von Strafen und Gewinnabschöpfungen häufig auch der Aufbau zentraler Compliance-Organisationen innerhalb des Konzerns erforderlich. Ansonsten hätte den Unternehmen der Ausschluss von Kapitalbeschaffungsmaßnahmen und von Finanzierungen durch Institutionen wie EU, IWF und Weltbank gedroht. In Deutschland ist die wesentliche Verantwortung von Unternehmen meist über die Verfallsvorschriften (gem. §§ 73 ff StGB) oder Gewinnabschöpfungen (§§ 30, 130 OWiG) vorgenommen.[39]

29 Die im Korruptionsumfeld häufig anzutreffende Aussage „Wir wissen nicht, wohin das Geld gegangen ist". kann auch zur Haftung des Mitarbeiters führen, wenn er gegen interne Richtlinien zur Zahlungsfreigabe und zur Dokumentation verstoßen hat. Die nicht selten spektakulären Fälle bspw. der der BayernLB gegen ihren früheren Risikovorstand Gribkowsky[40] führen praktisch immer zu einer Diskussion von vorgeblichen oder tatsächlichen Aufsichtspflichtverletzungen bei den Leitungsorganen, die für den jeweiligen Täter fachlich und disziplinarisch verantwortlich waren.

j) Geldwäschebekämpfung

30 Nicht zuletzt sind die Anforderungen an eine effektive Organisation der Geldwäschebekämpfung im Unternehmen (§ 9 Abs. 2 GwG) eine Quelle betrieblicher Anstrengungen zur Vermeidung eines Geldwäscheverstoßes. Während Banken schon sehr weitgehende Organisationsgrundlagen geschaffen haben (§ 25c KWG und die veröffentlichten BaFin-Rundschreiben dazu), fehlen Industrie und Handel noch geeignete Instrumente.[41]

---

[38] *Randt*, BB 2000, 1006 ff.; *ders.*, BB 2002, 2252.
[39] *Rathgeber*, a. a. O., S. 252 ff.
[40] LG München I, Urt. v. 27.6.2012, 5 KLs 406 Js 10.0098/11, unveröff., rkr.
[41] *Sandleben/Wittmann*, BC 2010, 464; *Stauder*, GWR 2012, 146; *Warius* in Herzog, GwG (2010) § 2 Rn. 79 ff.

II. Gesetzliche Grundlagen

1. Leitungsverantwortung und Delegation

a) Legalitätspflicht der Unternehmensleitung

Die Compliance-Verantwortung ist eine dem Leitungsorgan zufallende Verantwortung. Leitungsorgan ist wiederum das Organ, das die Geschäfte führt und operativ verantwortet. In der dualistisch geführten AG ist das ein Vorstand, in einer monistischen Gesellschaftsstruktur (bspw. einer SE) sind das die geschäftsführungsbefugten Organmitglieder. Gemäß § 76 I AktG hat der Vorstand in eigener Verantwortung die Gesellschaft zu leiten. Die Leitungsaufgabe des Geschäftsleitungsorgans beinhaltet nach herrschender Meinung auch die Verpflichtung, gesetzeskonformes Verhalten der Gesellschaft gegenüber Mitarbeitern und Dritten sicherzustellen (**sog. Legalitätspflicht**). In diesem Zusammenhang ist unerheblich, ob ein etwaiger Gesetzesverstoß im Interesse oder zum Nutzen der Gesellschaft geschieht, da die Bindung an gesetzliche Vorschriften nicht im Belieben des Geschäftsleitungsorgans steht. Die Sicherstellung eines gesetzeskonformen Verhaltens erfordert eine **ordnungsgemäße Organisation der betrieblichen Abläufe**, d. h. des operativen Geschehens, das die Gesellschaft zur Erreichung ihrer Zwecke entfaltet. Mithin ist das Geschäftsleitungsorgan berechtigt und verpflichtet, seine Arbeit und die der Mitarbeiter zu organisieren. Umfassende und detaillierte Vorgaben für die Organisation enthält das Gesellschaftsrecht jedoch nicht. 31

Die **Pflicht zur Einrichtung einer** auf die Vermeidung strafbarer Handlungen ausgerichteten **Compliance-Organisation** wird überwiegend bejaht.[42] Missverständlich wird vereinzelt allerdings behauptet, dass das staatliche Sanktionsrecht (Strafrecht, Ordnungswidrigkeiten) konkrete Organisationspflichten auferlegt.[43] Das ist nicht der Fall, weil es sich um Verbotsnormen handelt, die lediglich einen Rechtsgüterschutz Dritter in abstrakten oder konkreten Gefährdungssituationen bezwecken. Nur wenn der Staat eine Sanktionsnorm für Rechtsgutverletzungen oder -gefährdungen zur Verfügung stellt, können Präventionspflichten angenommen werden, die sich allerdings an den konkret Handlungsverpflichteten werden (§ 13 II StGB). Die Compliance-Organisationspflicht kann aber auch gewerbeaufsichtsrechtlich motiviert sein (Zuverlässigkeitsgedanke). Alles andere würde auf die verdeckte Wiedereinführung einer staatlichen Konzessionierung hinauslaufen. 32

Zutreffend wird darauf hingewiesen, dass die **Ausprägung der Compliance-Organisation** von der Erforderlichkeit und Zumutbarkeit abhängig sind. Art, Umfang und Funktionalitäten sind durch die Größe, das Risikopotential, die Branche, der Grad der Dezentralisierung, dem Grad der Eigentümerpräsenz der Internationalität der Geschäftsabwicklung und die Frage, ob es in der Vergangenheit bereits zu Missständen oder Rechtsverstößen gekommen ist, zu bestimmen.[44] Stets ist zu berücksichtigen, dass eine gewissenhafte und sorgfältige Ablauforganisation einen maßgeblichen Beitrag dazu leisten kann, die Organe der Gesellschaft in haftungsrechtlicher Hinsicht zu entlasten. 33

b) Originäre Gesamtverantwortung und horizontale Delegation:

Das **Prinzip der Gesamtgeschäftsführung** – gemeinsame Willensbildung und Entscheidung – im Aktienrecht (§ 77 Abs. 1 S. 1 AktG) bedeutet eine gemeinschaftliche Befugnis zur Geschäftsführung für ein mehrgliedriges Organ. Dieser aus dem Vereinsrecht stammende Grundsatz (§ 27 Abs. 3 BGB: Der Vorstand führt die Geschäfte nach Auftragsgrundsätzen; § 28 BGB: Der Vorstand beschließt gemeinsam über die Geschäftsführungsmaßnahmen) be- 34

---

[42] *Arnold* in: Marsch-Barner/Schäfer (Hrsg.), Handbuch börsennotierte AG, 2. Aufl. 2009, § 18 Rn. 18; *Bürkle*, BB 2005, 565; *Hüffer*, AktG, 10. Aufl. 2012, § 76 Rn. 9a; *Fleischer* in: Spindler/Stilz, AktG, § 76 Rn. 43; *Reichert/Ott*, ZIP 2009, 2173; kritisch: *Kort* NZG 2008, 81, 84; Rathgeber, a. a. O., S. 252 ff, 330 ff; *Schäfer/Baumann* NJW 2011, 3601 f..
[43] *Liese*, BB Special 5.2008, 17.
[44] *Reichert/Ott*, ZIP 2009, 2173; ders. ZIS 2011, *Kiethe*, GmbHR 2007, 393.

deutet, dass alle Vorstandsmitglieder mitstimmen müssen, erst dann wird dem Prinzip der Gesamtgeschäftsführung Rechnung getragen.[45] Bei Gefahr im Verzug sind jedoch die Sonderzuständigkeiten gem. § 115 Abs. 2 HGB bzw. 744 Abs. 2 BGB entsprechend anzuwenden. Somit gilt das Einstimmigkeitserfordernis nicht für Maßnahmen der Notgeschäftsführung. Damit übereinstimmend sieht die strafrechtliche Rechtsprechung das Leitungsorgan eines Unternehmens (unabhängig von der Rechtsform) als **gesamtverantwortlich** dafür an, dass strafrechtlich sanktionierte Normbefehle von dem Unternehmen eingehalten werden.[46] Da im Einzelfall das Unternehmen zur Überwachung oder zum Schutz vor Gefahren eine verfassungsrechtlich garantierte Freiheit zur Selbstorganisation hat, wird die Unternehmensleitung, die dieses Recht wahrnimmt, als Adressat des Normbefehls angesehen.

35 Eine ordnungsgemäße Zuordnung von Aufgaben und Kompetenzen innerhalb eines Kollegialorgans (**horizontale Delegation**) auf konkret benannte Einzelpersonen führt deshalb zu einer im Einzelfall erheblichen Reduzierung der (Gesamt)-Verantwortlichkeit und des Haftungsrisikos für einzelne Gremienmitglieder.

36 Vom Prinzip der Gesamtgeschäftsführung abweichende Gestaltungen aus Gründen der Praktikabilität und Effizienz führen zu einer **Verteilung der Geschäftsführungsaufgaben** auf die einzelnen Vorstandsmitglieder. Drei Typen von **Organisationsformen des Vorstandes**, die zum Teil auch miteinander kombiniert werden können, kommen in Betracht:[47]
– Einräumung einer sachlich unbeschränkten Einzelgeschäftsführungsbefugnis (verbunden mit einem Alleinvertretungsrecht) an einzelne Vorstandsmitglieder
– Einräumung einer auf einzelne Ressorts (z. B. Finanzen, Recht, Personal, Produktion, Marketing und Vertrieb etc.) bezogene Einzelgeschäftsführungsbefugnis an die Vorstandsmitglieder (Ressortprinzip bzw. funktionale Organisation)
– Einräumung einer auf einzelne Sparten des Unternehmens bezogene Einzelgeschäftsführungsbefugnis an die einzelnen Vorstandsmitglieder (Spartenorganisation bzw. divisionale Organisation).

37 Im Rahmen der ihnen eingeräumten Einzelgeschäftsführungsbefugnis handeln die jeweiligen geschäftsführungsbefugten **Vorstandsmitglieder eigenverantwortlich**. Sie sind insoweit nicht auf die Zustimmung der übrigen Vorstandsmitglieder angewiesen. Abweichungen vom Prinzip der Gesamtgeschäftsführung sind bei AG und KGaA im Rahmen der Satzung oder Geschäftsordnung für den Vorstand grundsätzlich zulässig (§ 77 Abs. 1 S. 2 AktG). Soweit nicht die Hauptversammlung durch entsprechende Satzungsgestaltung oder der Aufsichtsrat durch Erlass einer Geschäftsordnung für den Vorstand dies regeln, kann bspw. eine gemeinsame Willensbildung aller Vorstandsmitglieder über diese Ressortverteilung entscheiden (§ 77 Abs. 2 S. 3 AktG: Einstimmigkeitserfordernis).

38 **Rechtliche Grenzen** für die horizontale Delegation gelten für eine Reihe von Aufgaben, die – im Sinne einer gemeinsamen Willensbildung und Entscheidung – zwingend beim Gesamtvorstand verbleiben müssen und somit nicht auf einzelne Vorstandsmitglieder delegiert werden können (**Unveräußerlichkeit der Leitungsaufgabe**). Ohne näher auf Einzelheiten eingehen zu können sind das die Planungs- und Steuerungsverantwortung, die Organisationsverantwortung, Finanzverantwortung sowie die Informationsverantwortung. Eine Delegation der Entscheidungsbefugnis im Hinblick auf derartige Leitungsaufgaben auf einzelne Vorstandsmitglieder, z. B. den Vorstandsvorsitzenden oder Ausschüsse von Vorstandsmitgliedern, ist nicht zulässig. Nach überwiegender Meinung in der Literatur gehört die Verantwortung für die Compliance-Organisation zu den unveräußerlichen Leitungsaufgaben des Gesamtvorstands. Eine vollständige Delegation an einzelne Vorstandsmitglieder oder nachge-

---

[45] *Hüffer*, § 77 AktG Rn. 6; *Kort* in GK-AktG, 4. Aufl. 2008, § 77 Rn. 10; *Spindler* in MK-AktG, 3. Aufl. 2008, § 77 Rn. 11.
[46] BGHSt 39, 1; BGHSt 43, 219 (224 ff.) = NStZ 1997, 544 (545); BGH NStZ 2008, 89; vgl. zur Rechtsprechung die umfassende Aufzählung bei *Spring*, Die strafrechtliche Geschäftsherrenhaftung, 2009, S. 63 ff; in der neueren Literatur: *Dannecker*, JZ 2010, 981; *Chr. Dannecker*, NZWiSt 2012, 411; *Knauer*, NJW 2003, 3101; *Dannecker*, JZ 2010, 981; *Chr. Dannecker*, NZWiSt 2012, 411; *Schlösser*, NZWiSt 2012, 281; *Trüg/Mansdörfer*, StV 2012, 432; *Wagner* in MünchKomm BGB, § 831, Rn. 12 ff.
[47] *Kort* in GK-AktG, § 77 Rn. 20 ff..

A. Compliance – materielles Recht

ordnete Mitarbeiter scheidet somit aus.[48] Ebenfalls nicht delegierbar sind Einzelaufgaben, die dem Vorstand als Organ durch das Aktiengesetz zugewiesen wurden (insbesondere die §§ 83, 90, 91, 92, 121, 119 Abs. 2, 170 AktG). Schließlich untersagt § 77 I 2 Hs. 2 AktG Regelungen, die vorsehen, dass ein oder mehrere Vorstandsmitglieder Meinungsverschiedenheiten im Vorstand gegen die Mehrheit der Mitglieder entscheiden.

Es **verbleibt eine Gesamtverantwortung** aller Vorstandsmitglieder auch bei Abweichungen vom Prinzip der Gesamtgeschäftsführung für das ordnungsgemäße und rechtmäßige Funktionieren der Gesamtleitung des Unternehmens.[49] Daran ändert sich auch durch eine unter den Vorstandsmitgliedern bestehende Geschäftsverteilung nichts. Dem Kollegialorgan obliegt nämlich die Pflicht zur Kontrolle der horizontal delegierten Aufgaben bzw. die jedem einzelnen Vorstandsmitglied obliegende allgemeine Aufsichts- und Überwachungspflicht.[50] Der Vorstand muss sich folglich so organisieren, dass diesen Pflichten und den vorgenannten rechtlichen Grundsätzen Genüge getan wird. 39

Es muss dabei sichergestellt werden, dass das jeweils (ressortmäßig) zuständige Vorstandsmitglied die übrigen Vorstandsmitglieder über die Angelegenheiten in seinem Ressort, vor allem über bedeutsame Entscheidungen, unterrichtet (**Pflicht zur Unterrichtung**). Dieser Pflicht entspricht ein Recht der übrigen Vorstandsmitglieder auf Information durch das jeweils ressortmäßig zuständige Vorstandsmitglied (**Recht auf Information**), das eigeninitiativ von dem nicht-zuständigen Vorstandsmitglied auch wahrgenommen werden muss, wenn Anzeichen für eine nicht ausreichende Berichterstattung vorliegen. In organisatorischer Hinsicht ist somit ein *System regelmäßiger Berichterstattung* in den Vorstandssitzungen zu etablieren. Jedem einzelnen Vorstandsmitglied obliegt gegenüber den weiteren Vorstandsmitgliedern eine *Überwachungs- und Kontrollpflicht*. Die Tätigkeit der anderen Vorstandsmitglieder muss sorgfältig beobachtet werden. Sobald konkrete Anhaltspunkte für eine sorgfaltswidrige bzw. nicht rechtmäßige Geschäftsführung durch ein weiteres Vorstandsmitglied vorliegen, besteht ein Recht und eine Pflicht zum Einschreiten (**Interventionsrecht/Interventionspflicht**). Praktisch geschieht dies so, dass die fragliche Angelegenheit vor den Gesamtvorstand gebracht wird, so dass ein neuer gemeinsamer Willensbildungsprozess erfolgt. Der Gesamtvorstand trifft dann eine für das betroffene Vorstandsmitglied verbindliche Kollegialentscheidung, die auch darin bestehen kann, dass der Gesamtvorstand sich dem Standpunkt des intervenierenden Vorstandsmitgliedes nicht anschließt. 40

c) Vertikale Delegation (nachgeordnete Ebenen):

Ein Leitungsorgan in einem Unternehmen mit zahlreichen Mitarbeitern kann weder tatsächlich in der Lage noch dazu verpflichtet sein, *ausnahmslos alle* Entscheidungen zu treffen oder Maßnahmen für die zu organisierenden Betriebsabläufe „eigenhändig" zu veranlassen. Aufgaben und Befugnisse (i.w. Kompetenzen und Verantwortung) können auf andere Personen übertragen werden (**vertikale Delegation**), um die Funktionsfähigkeit der Betriebsabläufe zu einem unternehmerisch gesteckten Ziel zu führen. Bei der Delegation ist zwischen der Delegation auf Mitarbeiter des Unternehmens einerseits (**unternehmensinterne Delegation**) und der Delegation auf unternehmensfremde Dritte (**unternehmensexterne Delegation/Outsourcing**) zu unterscheiden. In beiden Fällen ist sicherzustellen, dass keine Aufgaben delegiert werden, die aus Rechtsgründen nicht delegiert werden dürfen. Eine wirksame Delegation liegt folglich nur dann vor, wenn nicht nur Aufgaben, sondern auch die zu ihrer Erfüllung notwendigen Kompetenzen und Mittel übertragen werden, die den Auftragnehmer in die Lage versetzen, wie der Geschäftsleiter selbst die Aufgabe gesetzmäßig zu erfüllen. Der Übertragungsakt muss zudem einvernehmlich stattfinden. Es ist ferner sicherzustellen, dass der Delegierende die übertragenen Aufgaben erforderlichenfalls wieder an sich ziehen kann. Daher sind Hinweise auf Mitarbeiterbeschwerden über unzulängliche Ausstattungen, fehlende Mitwirkung Anderer oder fehlende Kapazität Anzeichen für Zweifel an der Wirk- 41

---

[48] *Bermoser/Theusinger/Gushurst*, BB Special 5.2008, 1, 6.
[49] *Kort* in GK-AktG, § 77 Rn. 35.
[50] *Kort* in GK-AktG, § 77 Rn. 35; *Hüffer*, § 77 AktG Rn. 15; *Fleischer* in Spindler/Stilz, § 77 AktG Rn. 48 ff..

samkeit der Delegation. Eine ordnungsgemäße vertikale Delegation führt – ebenso wie die ordnungsgemäße horizontale Delegation – zu einer erheblichen Reduzierung der Verantwortlichkeit und des Haftungsrisikos für das Leitungsorgan.

42 **Grenzen der vertikalen Delegation** liegen zum einen in Normen, die die Willensbildung und Geschäftsleitung selbst betreffen. Es gibt daher einen unverzichtbaren und unveräußerlichen *Kernbereich von Geschäftsleitungsaufgaben*, dessen Grenzen allerdings nicht ganz einfach zu definieren sind. Insoweit sei auf die vorstehenden Ausführungen zu den rechtlichen Grenzen für die Delegation von Aufgaben innerhalb des Vorstands verwiesen, die hier entsprechend gelten. Soweit eine Delegation von Entscheidungszuständigkeiten und Aufgaben innerhalb des Vorstands ausgeschlossen ist, scheidet sowohl eine Delegation auf nachgeordnete (Führungs-)Ebenen bzw. Mitarbeiter als auch eine Aufgabenverlagerung auf unternehmensfremde Dritte aus. Die praktische *Umsetzung* eines Vorstandsbeschlusses betreffend eine Leitungsaufgabe kann jedoch auch auf einen Mitarbeiter einer nachgeordneten Hierarchie-Ebene übertragen werden, wenn zumindest ein Vorstandsmitglied diese Umsetzung im Auftrag des Gesamtvorstandes überwacht.

43 Ist die Delegation wirksam erfolgt, verbleiben in Anlehnung an die bei §§ 831, 823 BGB bzw. bei § 31 BGB entwickelten Grundsätze[51] zur Delegation für das Leitungsorgan folgende **unübertragbaren Pflichten**:
– Auswahlsorgfalt (cura in eligendo)
– Einweisungssorgfalt (cura in instruendo)
– Überwachungssorgfalt (cura in custodiendo).

44 Die Ausprägungen der **Auswahlpflichten** bestehen darin, dass Mitarbeiter und Personen, die über sie Aufsicht führen, sorgfältig für eine bestimmte Aufgabe und Verantwortung auszuwählen ist. Maßgeblich sind dafür eine Vorstellung von zeitlicher Beanspruchung, nötiger Fachkenntnisse, Verantwortung für andere Personen und Vorbild- und Leitungsfunktionen. Der Geschäftsleiter hat sich auch über die Erfahrung zu vergewissern.[52] Es sind auch Informationen über etwaige Vorstrafen einzuholen, die im Zusammenhang mit der zu übertragenden Aufgabe von Bedeutung sind, um schädlichen Neigungen begegnen zu können. Allerdings ist die Geschäftsleitung nicht zu einer Stigmatisierung verpflichtet. Insbesondere können nach Verstößen auch Reue und Wiedergutmachung eine wichtige Vertrauensgrundlage bedeuten.

45 Unter der **Einweisungssorgfalt** versteht man, dass die ausgewählten Mitarbeiter in ihren Verantwortungsbereich einzuweisen und ihnen die übertragenen Aufgaben zu erläutern sind.[53] Dazu zählt neben der Umschreibung der konkreten Sachaufgabe im Betriebsablauf auch die notwendige Kommunikation mit Anderen, die Inhalte und die Taktung erwarteter Berichte, Hinweise auf aktive Meldepflichten und Mitwirkungspflichten bei den Aufgaben Anderer. Es kann erforderlich sein, sie auf besondere Gefahrenmomente ausdrücklich hinzuweisen oder vor typischen Rechtsverletzungen zu warnen. Im Zeitablauf kann es nötig sein, die Mitarbeiter wiederholt zu schulen, besonders auch bei neuen Techniken oder Rechtsvorschriften.

46 Als **Überwachungssorgfalt** beschreibt man die im System vertikaler Delegation notwendige laufende Nachschau (prozessbegleitend) als auch die reguläre prozessunabhängige Kontrolle (bspw. die Revisionsprüfung). Es sind **laufende Kontrollen** in Form von nicht angekündigten Stichproben, ggf. auch in Form von umfassenden Geschäftsprüfungen durchzuführen. Umfang und Intensität der Überwachung richten sich nach der Art und Größe des Unternehmens, der Art und Bedeutung der delegierten Aufgabe, der Erfahrung und Qualifikation des betreffenden Mitarbeiters. In Einzelfällen lässt sich die Überwachungspflicht in Anlehnung an die zu § 130 OWiG entwickelte Rechtsprechung dahin zu konkretisieren, dass bei Vorliegen von Verdachtsmomenten im Hinblick auf Gesetzesverstöße oder Unregelmäßigkeiten die Pflicht besteht, einzuschreiten, d. h. dem Verdacht nachzugehen.

---

[51] vgl. z. B. *BGH* NJW 1988, 48; *BGH* NJW-RR 1996, 867; *Spindler*, Unternehmensorganisationspflichten, S. 691 ff.; *Fleischer*, AG 2003, 291, 293 ff.
[52] *Palandt-Sprau*, § 831 Rn. 12; *Göhler*, OWiG, 13. Aufl., § 130 Rn. 12.
[53] *Fleischer*, AG 2003, 291, 293.

A. Compliance – materielles Recht

Zum Compliance-Management als Organisationspflicht führt die Verklammerung von Rechtsprechungsgrundsätzen, die ebenfalls aus §§ 9, 30, 130 OWiG, aber auch aus §§ 13, 14 StGB abgeleitet werden können.[54] Danach ist das Unternehmen so zu organisieren, dass Pflichtverletzungen und Schädigungen Dritter, soweit dies vorhersehbar ist, vermieden werden. Dazu gehört insbesondere der **Erlass von Organisations- und Dienstanweisungen** sowie eine klare **Festlegung und Abgrenzung von Verantwortungsbereichen**.[55]

Grenzen der Überwachungspflicht sind zum einen die objektive Zumutbarkeit, zum anderen der Grundsatz der Eigenverantwortung der Mitarbeiter und sodann der Vertrauensgrundsatz, das heißt die (im konkreten Fall zulässige) Annahme, dass der Delegationsempfänger ordnungsgemäß handelt, solange nicht konkrete Anzeichen für das Gegenteil sprechen.[56] Immanent führt die bei § 130 OWiG verwendete „Maßfigur" des sorgfältigen und gewissenhaften Betriebsleiters ebenfalls dazu, dass die Handlungspflichten in einer konkreten Situation auch an normative Grenzen geraten. Deren Ausdeutung ist aber nur im Einzelfall möglich. Aus verfassungsrechtlicher Sicht mögen hier der Bestimmtheitsgrundsatz und die unternehmerische Gestaltungsfreiheit nur unvollkommene Korrektive sein.[57]

d) Insbesondere: Der Compliance Officer

Durch eine Nebenbemerkung hat der 5. Strafsenat des BGB in einem Beschluss vom 17.7.2009[58] eine originäre Garantenpflicht des Compliance-Officers bestätigt, die dogmatisch gesehen die rechtsgeschäftliche Übertragung von Garantenpflichten auf einen Unternehmensmitarbeiter bestätigt. Die Organe des Unternehmens haben straf- und bußgeldrechtlich gesehen damit weiterhin die oben dargestellte eigene Verantwortung für mögliches Fehlverhalten von Mitarbeitern (sog. Geschäftsherrenhaftung).[59] Das Anliegen des *5. Strafsenats*, die Diskussion um mögliche Garantenpflichten im Compliance-Bereich anzugehen, ist unbedingt ernst zu nehmen. Er formuliert zum Compliance-Officer: *„Deren Aufgabengebiet ist die Verhinderung von Rechtsverstößen, insbesondere auch von Straftaten, die aus dem Unternehmen heraus begangen werden und diesem erhebliche Nachteile durch Haftungsrisiken oder Ansehensverlust bringen können. Derartige Beauftragte wird regelmäßig strafrechtlich eine Garantenpflicht i. S. v. § 13 I StGB treffen, solche im Zusammenhang mit der Tätigkeit des Unternehmens stehende Straftaten von Unternehmensangehörigen zu verhindern. Dies ist die notwendige Kehrseite ihrer gegenüber der Unternehmensleitung übernommenen Pflicht, Rechtsverstöße und insbesondere Straftaten zu verhindern."*

Dieses „obiter dictum" hat in der Literatur viel **Bestätigung aber auch Kritik** erfahren.[60] Zum einen wird zwischen „originären" und „abgeleiteten" Organisationspflichten differenziert (vgl. oben Rn. 26ff). Innerhalb öffentlich-rechtlich überlagerter Zusammenhänge (wie in dem vom BGH entschiedenen Fall) lässt sich eine originäre primäre Garantenpflicht für den Leiter der Innenrevision oder den Compliance-Officer herleiten. Außerhalb, also in einer rein gewerblich-privatwirtschaftlich ausgerichteten Organisation oder Einrichtung lassen sich originäre Handlungspflichten nur an die Geschäftsleitung selbst adressieren. Wenn aber im Zuge einer Delegation (Übernahme oder Überwälzung) eine betriebliche Funktion sich gerade mit diesen Aufsichtspflichten zu befassen hat, entstehen abgeleitete sekundäre Garantenpflichten, die auch und gerade denjenigen treffen, der im Unternehmen für die Einhaltung von Regeln Sorge zu tragen hat, also vornehmlich den Compliance-Officer. Voraussetzung

---

[54] Näher zu Inhalt und Grenzen: *Rathgeber*, a. a. O., S. 252 ff; *Spring*, Die strafrechtliche Geschäftsherrenhaftung, S. 195 ff.
[55] *Fleischer*, AG 2003, 291, 294.
[56] *Göhler*, § 130 OWiG Rn. 12; *Rettenmaier/Palm* NJOZ 2010, 1414.
[57] Vgl. *Rathgeber*, a. a. O., S. 330 ff.
[58] BGH, B. v. 17.7.2009, 5 StR 394/08, BeckRS 2009, 21880 = NStZ 2010, 268.
[59] Vgl. dazu *Berndt*, StV 2010, 689, 690; *Dannecker*, NZWiSt 2012, 411; *Rönnau/Schneider* ZIP 2010, 53, 57; *Rathgeber*, a. a. O., S. 252 ff; *Spring*, a. a. O., S. 195 ff.
[60] *Bürkle*, CCZ 2010, 4; *Deutscher*, WM 2010, 1387; *Dierlamm/Mosbacher*, NStZ 2010, 268, 269; *Wybitul* BB 2009, 2590; *Campos Nave/Vogel*, BB 2009, 2546; *Grau/Blechschmidt*, DB 2009, 2145; *Kretschmer* JR 2009, 474; *Kraft* wistra 2010, 81; *Rönnau/Schneider*, ZIP 2010, 53; *Rübenstahl*, NZG 2009, 1341; *Thiel von Herff* BB 2009, 1985; *Winkler/Kraft*, CCZ 2009, 29.

hierfür ist, dass das Unternehmensorgan überhaupt Garantenpflichten treffen und dass das Organ diese Pflichten wirksam auf den Compliance-Officer übertragen hat.

51 **Originäre Garantenpflichten im Zusammenhang mit der sog. Geschäftsherrenhaftung:** Die handelnden Organe eines Unternehmens können Garantenpflichten in Hinblick auf das Verhalten ihrer Mitarbeiter zu beachten haben. Einen Geschäftsherren kann insbesondere die Pflicht treffen, betriebsbezogene Straftaten Betriebsangehöriger zu unterbinden.[61] Diese „Geschäftsherrenhaftung" beruht auf dem Gedanken, dass denjenigen eine Garantenstellung trifft, der verantwortlich für eine Gefahrenquelle ist. Wenn sich ein Betrieb als „Gefahrenherd" für die Rechtsgüter Dritter darstellt, muss der Geschäftsleiter diesen unter Kontrolle halten. Bei betriebsbezogenen Straftaten wie Bestechungsdelikten oder Betrugstaten zum Nachteil Dritter, die im Zusammenhang mit dem Betrieb stehen, wird deshalb eine Garantenstellung des Geschäftsherren im Einzelnen unabhängig von der eigenen Täterschaft des Betriebsangehörigen angenommen. Gefahrenquellen können nicht nur der räumliche Zusammenhang des Betriebs, einzelne Anlagen, Abläufe oder Einrichtungen, sondern auch Betriebsangehörige wie übereifriges Sicherheitspersonal oder überehrgeizige Verkäufer sein. Entscheidend für die Annahme einer Garantenstellung ist die Organisationsmacht des Geschäftsherren in Verbindung mit seiner Herrschaft über die Gefahrenquelle.

52 Allerdings kann man solche Garantenpflichten nicht aus jeder denkbaren Pflichtenkonstellation des Unternehmens ableiten, Maßstab kann hier nur diejenige Gefahr von Straftaten sein, die gerade durch die Eigenarten des Unternehmens und seiner Tätigkeit in besonderem Maße drohen. Keine Garantenpflicht besteht hingegen hinsichtlich allgemeiner Kriminalität von Betriebsangehörigen ohne Betriebsbezug wie etwa sexuellen Übergriffen oder Beleidigungen.[62]

53 **Sekundäre Garantenpflichten durch Delegation auf den Compliance-Officer**: Garantenpflichten, die das Leitungsorgan eines Unternehmers als Geschäftsherren treffen, kann dieses Organ grundsätzlich delegieren.[63] Eine solche Delegation bzw. Übernahme von Garantenpflichten bedarf eines besonderen Übernahmeaktes. Dieser kann ausdrücklicher oder konkludenter Natur sein, Garant wird der Compliance-Officer dann und soweit, soweit ihn die Unternehmensleitung wirksam mit entsprechenden Aufgaben betraut. Nicht nur die vertragliche Ausgestaltung und die konkrete Beschreibung des übertragenen Dienstpostens ist dafür entscheidend,[64] sondern auch die Definition von Aufgaben, Verantwortung und Kompetenzen für die Einhaltung von Regeln nach außen. Erschöpft sich seine Stellung in der unternehmensinternen Kontrolle und Beratung, dann findet im Falle einer solchen funktionsgerechten Ausübung eine „Umkehrung der Delegation" statt, d. h. die Garantenstellung kehrt zum Leitungsorgan zurück. Art und Umfang der Vergütung des Compliance-Officers sind dagegen keine Beurteilungskriterien für die Entstehung der Garantenpflicht. Der Inhalt der Handlungspflicht des Compliance-Officers ist auf Grund seiner Stellung im Unternehmen vornehmlich die Information der zuständigen Organe und der operativen Stellen im Unternehmen, damit diese die vom Inhaber (Gesellschafterkreis) abgeleiteten Pflichten auch wahrnehmen.

2. Gesetzliche Einzelpflichten

a) Pflicht zur Einrichtung eines Risikoüberwachungssystems gem. § 91 II AktG

54 Nach § 91 II AktG hat der Vorstand der AG[65] geeignete Maßnahmen zu treffen, insbesondere ein Überwachungssystem einzurichten, damit den Fortbestand der Gesellschaft gefährdende Entwicklungen früh erkannt werden. Nach der rechtswissenschaftlichen Literatur ist der Vor-

---

[61] *Fischer*, StGB, 60. Aufl., § 13 Rn 38 m. w. N.; *Roxin* StrafR AT II, § 32 Rn 134 ff.; SK-StGB-*Rudolphi* § 13 Rn 35a; vgl. auch *Rönnau/Schneider* ZIP 2010, 53, 54 ff.

[62] i. Ergebnis ebenso *Bülte*, NZWiSt. 2012, 176.

[63] *Fischer*, a. a. O., Rn 23 m. w. N..

[64] So *Campos Nave/Vogel*, a. a. O.; *Rönnau/Schneider*, ZIP 2010, 53, 59.

[65] Gem. §§ 278 III, 91 I AktG und über § 34 S. 2 VAG gilt dies auch für die Sonderformen der Kommanditgesellschaft auf Aktien und für den Vorstand von Versicherungsvereinen auf Gegenseitigkeit.

A. Compliance – materielles Recht

stand somit verpflichtet, ein **„Frühwarnsystem"** zur Erkennung bestandsgefährdender Entwicklungen einzurichten. Bestandsgefährdend sind Entwicklungen dann, wenn sie sich auf die Vermögens-, Ertrags- oder Finanzlage der Gesellschaft wesentlich nachteilig auswirken können.[66] Weiter ist ein **Überwachungssystem** einzurichten, um die Einhaltung der eingeleiteten Maßnahmen zu kontrollieren. Insbesondere ist sicherzustellen, dass das interne Kontrollsystem, die Unternehmensüberwachung und das auf der Kosten- und Leistungsrechnung beruhende Controlling miteinander in ihren Erkenntnissen abstimmen und darüber an die Unternehmensleitung berichten.[67] Eine analoge Anwendung dieser Bestimmung auf andere Gesellschaftsformen, insbesondere auf die GmbH, wird zwar diskutiert,[68] ist aber mangels ausdrücklicher Regelung im GmbH-Gesetz *de lege lata* schwer zu begründen.

Die Verantwortung für das Überwachungssystem liegt beim Vorstand, dem bei dessen Ausgestaltung die *business judgement rule* (§ 93 I 2 AktG) zugute kommt. Das Aktiengesetz enthält zwar verschiedene Regelungen über die fachkundige Überwachung der Vorstandstätigkeit, bspw. bei einer kapitalmarktorientierten Aktiengesellschaft, in deren Aufsichtsrat ein unabhängiges Mitglied über Sachverstand auf den Gebieten der Rechnungslegung oder Abschlussprüfung verfügen muss. Zudem hat der Aufsichtsrat die Pflicht, einen Prüfungsausschuss zu bestellen, der sich mit der Wirksamkeit des internen Kontrollsystems der Gesellschaft befassen muss (§ 107 III 2 AktG).[69] Damit sind zumindest bei börsennotierten Unternehmen Anforderungen nach internationalem Standards zu erfüllen, die zugleich auch Baustein einer Compliance-Organisation im weitesten Sinne sein können, wenn auch deren konkrete Ausgestaltung im Hinblick auf Größe, Branche und Kultur im Ermessen des Vorstands steht.[70]

b) Berichtspflichten gegenüber dem Aufsichtsrat, § 90 AktG

Der Vorstand der AG/KGaA muss dem Aufsichtsrat regelmäßig berichten über die Geschäftspolitik, die Rentabilität der Gesellschaft, den Gang der Geschäfte und die Lage der Gesellschaft sowie über Geschäfte, die für die Rentabilität oder Liquidität von Bedeutung sein können. Ist die Gesellschaft Mutterunternehmen, so erstreckt sich die Berichtspflicht auch auf die Tochterunternehmen. Darüber hinaus kann der Aufsichtsrat vom Vorstand jederzeit einen Bericht über die Angelegenheiten der Gesellschaft verlangen. Die Berichte haben einer gewissenhaften und getreuen Rechenschaft zu entsprechen und sind in der Regel in Textform zu erstatten. Die Erfüllung dieser dem Vorstand gegenüber dem Aufsichtsrat obliegenden Verpflichtung erfordert die Installation eines darauf abgestimmten Erfassungs-, Abstimmungs- und Berichtswesens über alle Abteilungen hinweg. Der Aufsichtsrat kann Schwerpunkte bilden und die Taktung der Berichtsintervalle der konkreten Situation der Gesellschaft anpassen.

c) Pflicht zur Abgabe einer Entsprechenserklärung, § 161 AktG

Gem. § 161 AktG sind Vorstand und Aufsichtsrat einer börsennotierten Aktiengesellschaft verpflichtet, jährlich zu erklären, dass den vom Bundesministerium der Justiz im amtlichen Teil des elektronischen Bundesanzeigers bekannt gemachten Empfehlungen der „Regierungskommission Deutscher Corporate Governance Kodex" entsprochen wurde und wird oder welche Empfehlungen nicht angewendet wurden. Im Falle der Abweichung von Empfehlungen des Corporate Governance Kodex ist diese nunmehr auch zu begründen. Auch die Erfüllung dieser Pflicht ist dem Vorstand und Aufsichtsrat einer börsennotierten Aktiengesell-

---

[66] *Hüffer*, § 91 AktG Rn. 6; *Spindler/Stilz*, § 91 AktG Rn. 91 ff..
[67] *Hüffer*, § 91 AktG Rn. 8; *Schmidt/Lutter*, § 91 AktG Rn. 13; *Schäfer/Zeller*, BB 2009, 1706; *Böttcher*, NZG 2009, 1047.
[68] *Spindler*, in: MüKo-AktG, 3. Aufl. (2008), § 91 Rn. 240 (m. w. Nachw. in Fußn. 169 u. 170).
[69] Gesetz zur Modernisierung des Bilanzrechts (BilMoG) vom 25.5.2009, BGBl I, 1102; §§ 246d und 324 HGB i. V. mit § 107 III 2 AktG; nach § 264d HGB sind kapitalmarktorientierte Kapitalgesellschaften solche Gesellschaften, die einen organisierten Markt i. S. des § 2 V WpHG durch von ihnen ausgebende Wertpapiere i. S. des § 2 I 1 WpHG in Anspruch nehmen oder die Zulassung solcher Wertpapiere zum Handel an einem organisierten Markt beantragt haben.
[70] *Weber-Rey* in: *Görling/Inderst/Bannenberg*, S. 574 Rn. 199.

schaft nur möglich, wenn ein entsprechendes Berichtswesen im Unternehmen eingerichtet wurde. Allerdings ist die Verletzung der Pflicht nicht staatlich sanktionierbar.[71] Mittelbar kann die Pflichtverletzung zur Prüfung führen, ob die durch § 331 Nr. 3a HGB strafbewehrte Pflicht zur Abgabe eines „Bilanzeides" für die Richtigkeit des Jahres-/Konzernabschlusses einer Gesellschaft sich auf die Darstellung zu § 161 AktG erstreckt. Das wird indessen nur dann angenommen werden können, wenn das abgelaufene Geschäftsjahr und der anschließende Aufhellungszeitraum wesentliche Entwicklungen aufweisen (Skandale, strafrechtliche Krisenfälle etc.), die das Bild der Gesellschaft entscheidend mitbeeinflusst haben.

d) Branchenspezifische Regelungen

58   Im allg. Wirtschaftsverwaltungsrecht aber neuerdings auch in Spezialgesetzen gibt es spezifische Regelungen für Industriezweige bzw. Dienstleistungssektoren. So gehen die Anforderungen an Bank- und Finanzdienstleistungsunternehmen gem. § 25a KWG und § 33 WpHG sowie an Versicherungsunternehmen gem. § 64a VAG den allgemeinen aktienrechtlichen Regelungen vor. Ob diese sektorenspezifischen Regelungen auch **Vorbildfunktion für andere Branchen** sein werden, bleibt abzuwarten.[72] Teilweise wird – in unterschiedlicher Ausprägung – vertreten, dass die §§ 25a KWG, 33 WpHG, 64a VAG für die Konkretisierung des § 91 II AktG herangezogen werden können.[73] Weiter wird Organmitgliedern von Aktiengesellschaften auch außerhalb der Finanzbranche empfohlen, im Bereich des Risikomanagements, insbesondere bei Finanztransaktionen, freiwillig die Vorgaben des § 25a KWG zu beachten.[74]

59   Nach § 25a KWG muss ein **Kreditinstitut** über eine ordnungsgemäße Geschäftsorganisation verfügen, die die Einhaltung der zu beachtenden gesetzlichen Bestimmungen und der betriebswirtschaftlichen Notwendigkeiten gewährleistet. Die sehr detaillierten Regelungen umfassen das Risikomanagement, weitere Organisationspflichten und eine vollständige Dokumentation der Geschäftstätigkeit (§ 25a I 6 Nr. 1 und 2 KWG). Auslagerungen dürfen nach § 25a II KWG keine neuen Risiken eröffnen. Die besonderen Pflichten zur Verhinderung von Geldwäsche, Terrorismusfinanzierung und strafbaren Handlungen zum Nachteil der Institute werden durch die §§ 25b-i KWG geregelt. Besondere Organisationspflichten für das E-Geld-Geschäft (Online-Zahlungsverkehr und Internetnutzungen) werden durch § 25i KWG erfasst. Die Kodifizierung ist seit der Finanzkrise 2008 erheblich weitergeführt worden;[75] so ist u. a. am 1.7.2011 das Anlegerschutz- und Funktionsverbesserungsgesetz (AnsFuG)[76] in Kraft getreten, das eine Qualitätskontrolle unter anderem auch der Compliance-Beauftragten in der Kreditwirtschaft vorsieht. Dies soll zu einer spürbaren Verbesserung der internen Rechtmäßigkeitskontrolle der Kredit- und Finanzunternehmen führen.

60   Dieser gesetzliche Regelungsrahmen ist durch diverse **Rundschreiben der BaFin** präzisiert. So hat die BaFin ihre Verwaltungspraxis für die Prüfung einer betrieblichen Compliance-Organisation in Abschn. AT.5. des Rundschreibens „Mindestanforderungen an das Risikomanagement" (MaRisk)[77] spezifiziert. Diese Verwaltungsanweisung wird zusätzlich durch Hinweis an die Kreditinstitute im Bereich der Geldwäscheprävention vertieft.[78]

61   Für **Wertpapierdienstleistungsunternehmen** begründet § 33 WpHG als Grundnorm die Pflichten zur Einrichtung und zum funktionsfähigen Betrieb einer Compliance-Organi-

---

[71] *Ederle*, NZG 2010, 655; *Kiethe*, NZG 2003, 559; *Klindt*, NJW 2006, 3399; *Thümmel*, CCZ 2008, 141.
[72] *Weber-Rey*, AG 2008, 345, 350 ff..
[73] *Hüffer*, § 91 AktG Rn. 8; *VG Frankfurt* VersR 2005, 57; *Kort*, NZG 2008, 81, 83, 85
[74] *Schäfer/Zeller*, BB 2009, 1706, 1707.
[75] Vgl. *Eisele*, in: Schimansky/Bunte/Lwowski, § 109 Rn. 7 ff.
[76] BGBl I 2011, 538; Materialien: RegE BT-Dr 17/3628, S. 22; *Möllers/Wenninger*, NJW 2011, 1697.
[77] BAFin, Rundschreiben vom 20.12.2005, MaRisk, zuletzt geändert durch die Neufassung vom 15.12.2010; zu den aktuellen Konsultationen vgl. BAFin, RS 1–2012, abrufbar unter http://www.bafin.de/SharedDocs/Veroeffentlichungen/DE/Konsultation/2012/kon_0112_ueberarbeitung_marisk_ba.html.
[78] *Zentes/Wybitul*, CCZ 2011, 90.

A. Compliance – materielles Recht

sation. Durch § 33 I Nr. 1 WpHG wird die ausdrückliche Verpflichtung eingeführt, eine dauerhafte und wirksame Compliance-Funktion einzurichten. Hierzu hat die BAFin am 7.6.2010 das Rundschreiben „Mindestanforderungen an das Compliance-Management" veröffentlicht.[79] Auch hier werden in gleicher Weise Anforderungen an die institutsinterne Organisation gestellt, die einen engen Gestaltungsraum für die einzelnen Institute zu Verfügung stellen.[80] Durch die Regelungen, die seit 1.1.2011 in Kraft sind, werden Wertpapierdienstleistungsunternehmen zur Etablierung von Compliance-Strukturen verpflichtet.[81] Dies hat zur Folge, dass im Bank- und Kapitalmarktrecht die Pflichten und Anforderungen an Compliance-Beauftragte relativ klar formuliert sind und damit ein gewisser Grad an Rechtssicherheit herrscht, den sich andere Industrien nur wünschen können; dies gilt insbesondere vor dem Hintergrund der *BGH*-Rechtsprechung zur Strafbarkeit von Compliance-Beauftragten wegen Unterlassens[17]. Durch die Auferlegung klarer Rechte und Pflichten, an denen sich die Compliance-Beauftragten orientieren können, wird das individuelle und kollektive Haftungsrisiko deutlich minimiert.

Die **Versicherungsunternehmen** müssen gem. §§ 64a, 80d VAG ebenfalls über eine ordnungsgemäße Geschäftsorganisation verfügen, die neben einer dem Geschäftsbetrieb angemessenen ordnungsgemäßen Verwaltung und Buchhaltung insbesondere ein angemessenes Risikomanagementsystem voraussetzt. Letzteres erfordert unter anderem die Entwicklung einer auf die Steuerung des Unternehmens abgestimmten Risikostrategie, aufbau- und ablauforganisatorische Regelungen, die die Überwachung und Kontrolle der wesentlichen Entscheidungsprozesse und ihre Anpassung an veränderte allgemeine Bedingungen sicherstellen müssen, sowie die Einrichtung eines geeigneten internen Steuerungs- und Kontrollsystems. 62

Weitere Präzisierungen dieser Verpflichtungen sind im Zuge der gesetzlichen Umsetzung der **EU-Rahmenrichtlinie „Solvency II"**[82] zu erwarten, die zum 1.1.2013 in Kraft getreten ist und deren compliance-relevante Bestimmungen innerhalb von drei Jahren, also bis zum 1.1.2016 in nationales Recht umgesetzt werden müssen. Unter anderem sollen die Compliance-Pflichten für Versicherungsunternehmen erheblich ausgeweitet werden.[83] Dabei werden die Versicherungsunternehmen insbesondere dazu verpflichtet, ihr internes Risikomanagement und Compliance-System zu optimieren. So muss sichergestellt werden, dass die Einhaltung der Rechtsregelungen für das Versicherungsunternehmen überwacht wird, Risiken der Einhaltung dieser Vorgaben identifiziert und bewertet werden, mögliche Auswirkungen von Änderungen des Rechtsumfelds auf die Tätigkeit des Unternehmens bewertet werden und die Geschäftsleitung entsprechend beraten wird. 63

3. Strafrechtliche / bußgeldrechtliche Compliance

a) Allgemeines zur Tatherrschaft

Allgemein erstreckt sich die „Corporate Criminal Compliance" auf ein strafrechtlich relevantes Handeln auf Handlungen, die der Täter im (vermeintlichen) Interesse seines Arbeit- oder Auftraggebers vornimmt. (Bspw. Korruption, Steuerhinterziehung zugunsten des Geschäftsherrn, Herstellung gefährlicher Produkte, Verstöße gegen Kennzeichnungspflichten, Umweltdelikte usw.). Delikte, die sich gegen den Geschäftsherrn des Handelnden richten (bspw. Diebstahl, Unterschlagung, Betrug, Verrat von Betriebs- und Geschäftsgeheimnissen etc.) sind nicht automatisch Bestandteil der Compliance-Arbeit, weil hier ein kriminogenes Verhalten grundsätzlich jeden guten Präventions- und Reaktionsansatz unterläuft. Daher werden solche Fälle in der betrieblichen Praxis von der internen Revision oder der Personalabteilung verfolgt. Die Compliance-Verantwortlichen sind mit solchen Fragen in der Regel nicht befasst. 64

---

[79] BAFin, Rundschreiben 4/2010, MaComp, zuletzt geändert in der Neufassung vom 31.08.2012.
[80] Vgl. zur Anwendungspraxis *Schäfer,* BKR 2011, 45.
[81] *Engelhart,* ZiP 2010, 1832; vgl. dazu *Schäfer,* BKR 2011, 45.
[82] Richtlinie 2009/138/EG.
[83] Vgl. hierzu im Einzelnen *Weber-Rey,* in: *Görling/Inderst/Bannenberg* S. 576 Rn. 208 ff.; *Romeike/Müller-Reichart/Hein,* ZfV 2006, 316; *Bürkle,* CCZ 2008, 50.

65 Strafandrohungen des StGB (Geld- bzw. Freiheitsstrafe) richten sich **ausschließlich an natürliche Personen**, also an die jeweils Handelnden bzw. Unterlassenden, deren Verantwortlichkeit und (individuelle) Schuld feststehen muss. Unternehmen bzw. andere juristische Personen können nicht mit Strafen belegt werden, sondern mit dem Verfall gem. §§ 73 ff. StGB, § 29a OWiG oder mit Gewinnabschöpfung (§ 30 OWiG) beteiligt sein. Eine Ausnahme dazu stellt § 30 OWiG dar, der aber zumindest eine zuvor von einer Führungsperson begangene schuldhafte Pflichtverletzung nach einem Straf- oder Bußgeldtatbestand voraussetzt.

66 **Täter im strafrechtlichen Sinne** ist zunächst jeder, der selbst eine tatbestandsmäßige Handlung vornimmt oder es bei Bestehen einer sog. Garantenstellung selbst unterlässt, den tatbestandlichen Erfolg abzuwenden (s. § 25 I, 1. Alt. StGB ggfls. i. V. m. § 13 StGB). Sog. mittelbarer Täter kann aber auch sein, wer die Organisationsverantwortung innerhalb eines Unternehmens trägt und im Rahmen dieser Verantwortung Strukturen schafft oder aufrecht erhält, die ihrerseits die Begehung von Straftaten ermöglichen.[84] Für sog. Kollegialentscheidungen gilt zudem, dass es nicht genügt, in seiner Meinung überstimmt worden zu sein.[85] Vielmehr sind alle dem jeweiligen Geschäftsleiter zur Verfügung stehenden Mittel einzusetzen, um strafbares Verhalten mit Schädigungen für Leib, Leben und Gesundheit Anderer abzuwenden. Besteht eine solche Eingriffspflicht und wird der Eingriff unterlassen, kann das eine täterschaftliche Verantwortung für die Erfüllung des jeweiligen Strafgesetzes durch Unterlassen (§ 13 StGB) bedeuten.

67 Daneben können Unternehmensverantwortliche auch wegen **Anstiftung** (§ 26 StGB) oder **Beihilfe** (§ 27 StGB) strafbar sein, wenn ihnen bspw. Untergebene vorab von strafbarem Ansinnen oder Vorhaben berichten und sie daraufhin entsprechende Handlungen gestatten oder decken.

68 **Juristische Personen** können neben den Einzeltätern sanktioniert werden, bspw. durch einen Verfall aller aus der Tat erlangten Gegenstände und Werte (§§ 73, 73a StGB) soweit nicht Ansprüche Dritter vorgehen.[86]

b) Anti-Korruption

69 Sowohl im nationalen wie auch im internationalen Wirtschaftsverkehr[87] gelten die Verbote der wettbewerbswidrigen Bestechung von Angestellten oder Beauftragten eines geschäftlichen Betriebes gem. § 299 StGB sowie der Amtsträgerbestechung (§§ 334–336 StGB, Art. 2 IntBestG, Art. 1 EUBestG). Ausgenommen vom Weltgrundsatz sind lediglich § 333 StGB für pflichtgemäße Diensthandlungen sowie Einzelfälle der Abgeordnetenbestechung gem. § 108e StGB.[88]

c) Untreue (§ 266 StGB).

70 Nach der neueren Rechtsprechung des BGH wird bereits das Anlegen und/oder Verwalten einer schwarzen Kasse als Untreue angesehen, selbst wenn das verwaltete Geld noch vorhanden ist oder später zum (vermeintlichen) Wohle des Unternehmens legal verwendet werden soll.[89] Daneben kann eine Untreue jeweils auch dann vorliegen, wenn durch vermögensbetreuungspflichtige Verantwortliche des Unternehmens[90] wirtschaftliche Dispositionen zum Schaden des Unternehmens getroffen werden, die ein sorgfältiger Kaufmann hätte vermeiden müssen.[91]

---

[84] BGHSt 49, 147; *BGH*, NStZ 2008, 89; von der Literatur wird diese Konstruktion mehrheitlich abgelehnt; s. z. B. *Roxin, FS-Schroeder*, S. 387 ff.

[85] BGHSt 37, 106.

[86] Auf die Ausführungen hierzu im Kapitel Verfall, Rückgewinnungshilfe (Kap. ...) wird verwiesen.

[87] Vgl. BGHSt. 52, 323 zur Anwendung des § 299 III StGB seit dem 1.9.2002; Art. 2 InBestG 1997, BGBl. II 1998, 2327, zur Anwendung auf Amtsträgerdelikte seit dem 15.2.1999.

[88] Wegen der weiteren Darstellung wird auf den in diesem Handbuch veröffentlichten Beitrag zur Anti-Korruption verwiesen, Kap. 12 Rn. 101 ff.

[89] BGHSt 52, 323; umfangreiche Nachweise bei *Fischer*, § 266 StGB, Rn. 75.

[90] Vgl. dazu *Fischer* § 266 StGB, Rn. 48; Dierlamm in MK-StGB, § 266 Rn.

[91] BGHSt 50, 229.

A. Compliance – materielles Recht

d) Steuerhinterziehung (§ 370 AO).

Gemäß § 4 Abs. 5 EStG sind zahlreiche Aufwendungen, die im Zusammenhang mit dem Marketing, der Produkt- und Markenwerbung des Unternehmens oder der Unterhaltung einer Kunden- und Lieferantenbeziehungen stehen können, nicht steuerlich als Betriebsausgabe abzugsfähig, wenn die Zuwendung eine rechtswidrige Handlung darstellt, die den Tatbestand eines Strafgesetzes oder einer Ordnungswidrigkeit verwirklicht. Korruptive Zuwendungen können daher regelmäßig zu einer Steuerhinterziehung gem. § 370 AO führen, wenn der jeweilige Aufwand als Betriebsausgabe steuermindernd angesetzt wird. Die Unzulässigkeit des Betriebsausgabenabzugs wird nicht durch die Einwilligung des Empfängers oder eine betriebliche Notwendigkeit der Zuwendung für einen Geschäftsabschluss beseitigt. Meldepflichten der Finanzbehörden an die StA bestehen gem. § 4 Abs. 5 Nr. 10 S. 3 EStG bei einem Verdacht auf Korruption. Führungsverantwortliche sind zudem zur Eigenaufklärung gem. § 153 AO verpflichtet, wenn ihnen nachträglich bekannt wird, dass die steuerliche Handhabung bestimmter Vorgänge in der Vergangenheit nicht korrekt war.[92]   71

e) Strafrechtliche Organisationsherrschaft (§§ 13 Abs. 1, 14 Abs. 1 StGB)

Ein Urteil des 4. Strafsenates des BGH vom 20.11.2011[93] veranschaulicht die Anwendung der strafrechtlichen Aufsichtspflicht. In Anwendung der Grundsätze eines „Beschützergaranten" bejaht der BGH die (bereits oben dargestellte) Möglichkeit der vertikalen Delegation von Arbeitgeberpflichten auf einen Vorarbeiter. Um zu einer solchen Schutzpflicht zu kommen, wird nach der Organisationsverantwortung bei unternehmensbezogener Sichtweise gegenüber dem einzelnen Mitarbeiter gefragt.[94] Zwar genügte in dem entschiedenen Fall nicht die Pflicht gem. § 618 BGB, indessen könnte eine solche Verantwortung durch gesteigerte Pflichten – bspw. aus dem Arbeitsvertrag – entstehen. Weiter muss geprüft werden, ob die Verpflichtung wirksam delegiert worden ist. Demnach ist für eine Pflichtenübertragung maßgebend, ob eine *tatsächliche Übernahme* des Pflichtenkreises stattgefunden hat. Schließlich ist zu prüfen, ob sich der Mitarbeiter in den tatsächlich übernommenen Handlungskreis desjenigen befand, an den die Schutzpflicht delegiert worden ist. Auch eine Überwachungsgarantenstellung in Gestalt der sog. strafrechtlichen Geschäftsherrenhaftung wird anerkannt. Danach kann den Geschäftsherrn die strafrechtliche Verantwortlichkeit für ein rechtswidriges und schuldhaftes Verhalten Dritter treffen, mit denen er über einen organisatorischen Zusammenhang verbunden ist. Im Kontext von Zurechnungsmodellen, die sich auf hierarchisch gegliederte Strukturen bezieht, ist das eine weitere Anerkennung der Rechtsfigur der so genannten Organisationsherrschaft.[95]   72

f) Strafrechtliche Folgen vermeiden

Criminal Compliance dient natürlich dazu, gerade die gravierenden strafrechtlichen Folgen zu vermeiden, die (jedenfalls bei vorläufigen Maßnahmen) lange vor einer rechtskräftigen Hauptentscheidung einschneidend in die Vermögenssphäre eingreifen können. Für natürliche Personen sieht das Gesetz **Geld- und Freiheitsstrafen** vor. Geldstrafen orientieren sich an Einkommen und Vermögen (§ 46 StGB), Freiheitsstrafen an den differenziert ausgestalteten Strafzumessungserwägungen, die keinesfalls alle nur generalpräventiv angelegt sind. Ob und inwieweit im Einzelfall Verfahrenseinstellungen wegen Geringfügigkeit (§ 153 StPO) bzw. gegen Geldauflage (§ 153a StPO) erreicht werden können, hängt von Art und Umfang, Ausmaß einer Drittschädigung und dem jeweiligen Verfolgungsinteresse der Ermittlungsbehörde   73

---

[92] Vgl. auch zur Strafbarkeit unterlassener Selbstaufklärung: FG Düsseldorf, EFG 89, 491; FG Berlin, EFG 99, 680.
[93] BGH, Urt. v. 20.10.2011 – 4 StR 71/11, NZWiSt, 182 ff. m. Anm. Schlösser, NZWiSt. 2012, 281.
[94] Dazu BGHSt. 37, 106, 114; *Schlösser,* Soziale Tatherrschaft (2004), S. 130 ff; *Dannecker/Chr. Dannecker,* JZ 2010, 981, 984.
[95] BGH, Urt. v. 20.10.2011 – 4 StR 71/11, Rn, 15 ff. unter Hinweis auf BGHSt. 54, 44, 50; 37, 106, 114.

ab. Infolge einer verschärften höchstrichterlichen Rechtsprechung[96] erhöht sich die Tendenz zu Freiheitsstrafen.

74 Verfall, Einziehung und Gewinnabschöpfung können gegen Unternehmen angeordnet werden (§ 73 ff. StGB, §§ 430 ff., 444 StPO; § 29a OWiG). Danach wird das aus einer Straftat Erlangte für verfallen erklärt. Der Verfall unterliegt dem sog. Bruttoprinzip, erfasst also sämtliche Gewinne aus einer Straftat, ohne dass die Aufwendungen des Täters hierfür gegengerechnet würden.[97] Trotz dieser gravierenden Folgen und einzelner, bereits genannter Bemühungen in der Rechtsprechung, das Bruttoprinzip abzuschwächen, wird es insgesamt nach wie vor aufrecht erhalten. Hier liegt eine erhebliche Gefahr für das Unternehmen, die letztlich nur durch erfolgreiche Prävention abzuwenden ist. Geht es um Steuerhinterziehung durch das Unternehmen, wird regelmäßig eine Steuernachzahlung durch das Unternehmen samt Hinterziehungszinsen festgesetzt. Insbesondere bei länger zurückliegenden Besteuerungszeiträumen können schon die Zinsen (0,5 % pro Monat, § 238 I 1 AO) einen deutlichen Betrag ausmachen. Im OWiG ist zu beachten, dass ein selbstständiges Verfallsverfahren wegen einer Ordnungswidrigkeit nur statthaft ist, wenn gegen den Täter ein Verfahren nicht eingeleitet werden kann oder eingestellt ist.[98]

75 Unter erheblichen Druck kann das Unternehmen geraten, wenn sich die Strafverfolgungsbehörde zur vorläufigen Maßnahmen gem. § 111b ff. StPO entschließen sollte. Das strafrechtliche Arrestierungsverfahren zu vermeiden ist daher eine wesentliche Aufgabe der strafrechtlichen Krisenbewältigung.

g) Anti-Kartell

76 Compliance im kartellrechtlichen Sinne umfasst
– eine bereits bei Vereinbarungen zwischen Wettbewerbern mit erheblicher Marktbedeutung oder in einer Lieferkette stattfindende Kontrolle zur Verhinderung von unlauteren, marktbeeinflussenden Absprachen oder eines abgestimmten Verhaltens,
– Maßnahmen eines Unternehmens zur Vermeidung eines Kartellverdachts, wie etwa der Abbruch von Lieferbeziehungen oder die Einforderung von Vertragsbedingungen sowie
– die Einhaltung von Anmeldepflichten bei Unternehmenszusammenschlüssen bzw. von Vereinbarungen, die auf eine gemeinsame Leitung und Führung hinauslaufen

77 In den § 81 GWB, Art. 101, 102 AEUV wurde eigenständige Sanktions- und Verfolgungsregelungen geschaffen, die zu ganz erheblichen Abweichungen vom „normalen" Sanktions- und Verfahrensrecht führen. Die Nichtigkeit kartellrechtswidriger Maßnahmen sowie Schadenersatzansprüche der Wettbewerber sind weitere Mittel, die empfindlich das Unternehmensvermögen und dessen Reputation bedrohen. Diese Risiken lassen sich nur durch ein vom Management gestütztes, vollumfängliches internes Kontrollsystem vermindern.

78 Adressaten eines **kartellrechtlichen Bußgeldbescheids** sind gem. § 81 Abs. 4 GWB natürliche Personen (i. V. m. §§ 9, 130 OWiG) und Unternehmen, gegen die bei einer Zurechnung des Verhaltens von Leitungspersonen nach § 30 Abs. 1 OWiG gem. § 81 Abs. 4 GWB ebenfalls ein Bußgeld verhängt werden kann. Haftungssubjekt bei einem Vorgehen der EU-Kommission sind nach Art. 23 der VO 1/2003 ausschließlich juristische Personen. Der Bußgeldrahmen nach deutschem Recht bemisst sich nach § 81 Abs. 1 S. 2, Abs. 4 S. 1 GWB i. V. m. § 130 OWiG und kann etwa im Fall der Verwirklichung von wettbewerbsbeschränkenden Absprachen, dem Missbrauch marktbeherrschender oder marktmächtiger Stellung, einem Vollzug eines Zusammenschlusses ohne Genehmigung oder der Angabe falscher Daten, um eine Zusammenschlussgenehmigung zu erreichen, für natürliche Personen bis zu 1 Mio. € betragen. Dabei sind nach § 81 Abs. 4 S. 6 GWB die Schwere und Dauer der Tat, die Bedeutung der Ordnungswidrigkeit und der Vorwurf, den der Täter trifft (§ 17 Abs. 3 OWiG), sowie seine finanzielle Leistungsfähigkeit (§ 17 Abs. 3 S. 2 OWiG) zu berücksichti-

---

[96] Bspw. BGHSt 53, 71.
[97] BGHSt 51, 65; dies ist nach *BVerfG*, NJW 2004, 2073 auch verfassungsrechtlich nicht zu beanstanden; Einschränkungen des Bruttoprinzips versucht BGHSt 50, 299, wonach durch eine Bestechung nur die Auftragserteilung, nicht aber der gesamte Werklohn erlangt sein soll; s.a. *Fischer*, § 73 StGB Rn. 11.
[98] OLG Köln, NStZ 2004, 700.

A. Compliance – materielles Recht

gen. Nach § 17 Abs. 2 OWiG kann eine Reduktion um 50 % bei fahrlässiger Begehung in Betracht kommen. Für Unternehmen beträgt das Bußgeld bei entsprechenden Verstößen, wenn sie der Gesellschaft über ihre Organe nach § 30 Abs. 1 OWiG zurechenbar sind, gem. § 81 Abs. 1 S. 2, Abs. 4 S. 2, 3 GWB über den Betrag von 1 Mio. € hinaus maximal 10 % des weltweiten Jahres(konzern-)umsatzes. Ungeklärt ist allerdings, ob es sich dabei um eine Kappungs- oder eine Obergrenze handelt, was zu unterschiedlichen Ergebnissen der jeweiligen Höhe führen kann.[99] Dieselbe Grenze sieht Art. 23 VO 1/2003 vor, wobei auch hier eine Zusammenrechnung der Umsätze der als wirtschaftliche Einheit handelnden Teile erfolgt und eine Geldbuße danach direkt gegen das Mutterunternehmen auf Basis seines Umsatzes erfolgen kann.[100] Darüber hinaus kommen in einzelnen Jurisdiktionen Gefängnisstrafen in Betracht.[101] Sowohl die EU-Kommission wie das Bundeskartellamt haben zur Konkretisierung der Bemessung von Bußgeldern Leitlinien entwickelt.[102] Zu signifikanten Ermäßigungen der Geldbuße kann auf europäischer Ebene auch die Einführung eines Compliance-Systems fallen.[103] Eine drohende Insolvenz ist bei der Bemessung nur in Ausnahmefällen berücksichtigungsfähig. Es steht im Ermessen der Kommission, eine Anrechnung von in Drittstaaten verhängten Bußgeldern vorzunehmen; jedenfalls jedoch findet in soweit der ne bis in idem Grundsatz keine Anwendung.[104] Nach deutschem Recht kommt auch eine Mehrerlösabschöpfung in Betracht, § 81 Abs. 5 GWB.

h) Aufsichtspflicht gem. § 130 OWiG

Aus § 130 OWiG lassen sich Organisationsanforderungen ableiten, sobald dem Betriebsleiter 79 erhebliche Schädigungen fremder, durch Straf- oder Bußgeldtatbestände geschützter Rechtsgüter angezeigt werden. Danach handelt ordnungswidrig, wer als Inhaber eines Betriebs oder Unternehmens vorsätzlich oder fahrlässig die Aufsichtsmaßnahmen unterlässt, die erforderlich sind, um in dem Betrieb oder Unternehmen Zuwiderhandlungen gegen Pflichten zu verhindern, die den Inhaber als solchen treffen und deren Verletzung mit Strafe oder Geldbuße bedroht ist, wenn eine solche Zuwiderhandlung begangen wird, die durch gehörige Aufsicht verhindert oder wesentlich erschwert worden wäre. Gem. § 9 Abs. 1 OWiG sind alle Geschäftsleiter und Betriebsleiter selbstständiger Organisationseinheiten (vgl. zum Personenkatalog § 30 I OWiG) in den Anwendungsbereich einbezogen. Da es sich um Verbotsnormen handelt, können diese Vorschriften neben dem allgemeinen Verhaltensgebot keine Vorgaben darüber machen, wie die betrieblichen Abläufe im Einzelnen zu organisieren sind. Immerhin hat die Rechtsprechung wenigstens fünf Pflichten konkretisiert:[105]
– Geeignete Auswahl
– Sorgfältige Einweisung
– Überschneidungsfreie Organisation der Aufgaben und Kompetenzen
– Laufende Aufklärung, Schulung und Nachschau
– Sanktionierung bei rechtswidrigen Verhalten und Verstößen gegen Vorgaben des Arbeitgebers mit (falscher) Vorbildwirkung

Die Verletzung der Aufsichtspflicht in Betrieben und Unternehmen kann sowohl vorsätz- 80 lich wie auch fahrlässig begangen werden. Regelmäßig wird eine Verletzung des § 130 OWiG auch als Anknüpfung für eine Sanktionierung des Unternehmens gem. § 30 OWiG und eine Gewinnabschöpfung im Sinne des § 30 Abs. 3 i. V. m. § 17 Abs. 4 OWiG verwendet.

---

[99] vgl. *Barth/Budde,* WRP 2010, 712 m. (w.) Nachw.; zu Zweifeln am Bestimmtheitsgrundsatz vgl. *Bach/Klumpp,* NJW 2006, 3524, 3526.
[100] EuGH Slg. 2005, I-6773 ff. – Thyssen Krupp Stainless.
[101] vgl. *Polley,* AnwBl. 2010, 643, 645.
[102] *Bundeskartellamt,* Bekanntmachung Nr. 38/2006 vom 15.9.2006; *Kommission,* Leitlinien für das Verfahren zur Festsetzung von Geldbußen gemäß Art. 23 Abs. 2 lit. a) VO 1/2003, ABl. EG 2006 C210/2.
[103] *Pampel,* BB 2007, 1636, 1639 m. (w.) Nachw..
[104] EuGH EuZW 2007, 408, Rn. 30 ff.
[105] Vgl. ausführlich *Rettenmaier/Palm,* NJOZ 2010, 1414

4. Selbstverpflichtungen

a) Verbandsrichtlinien

81 Für **Pharma- und Medizinprodukteunternehmen** sind unternehmensübergreifende und branchenspezifische Verhaltenskodizes, die neben den strafrechtlichen und dienstrechtlichen Bestimmungen die Lauterkeit der forschungs- und gesundheitspolitisch gewollten Zusammenarbeit zwischen Industrieunternehmen einerseits und Ärzten, Krankenhäusern und deren Mitarbeiter andererseits gewährleisten sollen. Der Arbeitskreis Kooperation im Gesundheitswesen e. V. (AKG), die Freiwillige Selbstkontrolle der Arzneimittelindustrie e. V. (FSA) und der Verband der Diagnostica-Industrie (VDGH) haben aus diesem Grund Verhaltensstandards (Codes of Conduct) entwickelt und darin unter anderem die Errichtung von Compliance-Organisationen vorgesehen.[106] § 28 I FSA-Kodex Fachkreise und § 26 I VDGH-Kodex verpflichten Pharma- bzw. Medizintechnikunternehmen zur Schaffung der Funktion eines Compliance Officers; § 26 I 2 AKG-Verhaltenskodex fordert eine ebensolche Position, dies allerdings nicht verbindlich[24]. Die Kodizes schreiben indes lediglich die Errichtung einer Compliance-Funktion vor, die Unternehmensrichtlinien und Dienstanweisungen etablieren, Mitarbeiter schulen und die Einhaltung dieser Regelungen überwachen und fortentwickeln soll. Die jeweilige Ausgestaltung bleibt indes den Unternehmen überlassen. Es ist daher wichtig, in der jeweiligen Stellenausschreibung den Aufgabenkreis des Compliance Officers möglichst eindeutig zu definieren, um das haftungsrechtliche Risiko zu minimieren[25]. Die Verhaltenskodizes werden seit dem 4.8.2008 vom Bundeskartellamt als Wettbewerbsregeln anerkannt; ein Verstoß gegen sie wird daher als Indiz für einen Wettbewerbsverstoß im Sinne des UWG gesehen. Somit gehört die Schaffung einer Compliance-Organisation jedenfalls zur *best practice* eines Pharma- und Medizintechnikunternehmens.

82 Zahlreiche deutsche Unternehmen unterliegen mit ihren Tochtergesellschaften oder aufgrund bestimmter Vertriebsbeziehungen zu ausländischen Unternehmen **ausländischen Business-Compliance-Regelungen**. Dazu zählen das Anti-Korruptionsrecht der USA, vor allem der Foreign Corrupt Practices Act von 1977[107] oder der UK Bribery Act 2010,[108] deren Nichteinhaltung erhebliche Sanktionen strafrechtlicher Art nach sich ziehen kann.[109] Der Aufbau einer funktionierenden und wirksamen Compliance-Organisation[110] hat daher für exportorientierte Unternehmen hohe Bedeutung.

83 Schließlich können auch die Voraussetzungen für die **Teilnahme an öffentlichen Vergaben** (bspw. § 97 IV GWB) als relevante Hinweise für den Aufbau entsprechender Unternehmensstrukturen genannt werden. Danach dürfen Aufträge nur an fachkundige, leistungsfähige sowie gesetzestreue und zuverlässige Unternehmen vergeben werden. Als gesetzestreu bzw. zuverlässig ist ein Bieter anzusehen, der bislang seinen Verpflichtungen nachgekommen ist und nicht zuletzt auch auf Grund interner Kontrollmechanismen eine einwandfreie Ausführung und Gewährleistung des öffentlichen Auftrages erwarten lässt.[111] Damit dürften zukünftig auch in Vergabeverfahren in Verhaltensrichtlinien niedergelegte Grundsätze wie die Errichtung einer Compliance-Organisation bzw. deren Fehlen Berücksichtigung finden. Schon eine Eintragung im Gewerbezentralregister (vgl. § 149 III, IV GewO) kann schon erhebliche Bedeutung für die Teilnahme an solchen Vergabeverfahren haben.

---

[106] *Klümper/Hofer*, Medizinprodukte-Journal 2009, S. 23 ff.; *Klümper/Diener*, Arzneimittelrecht und Arzneimittelpolitik (A & R) 2010, 147.

[107] *Partsch*, The Foreign Corrupt Practises Act (FCPA) der USA, 2007; *Rübenstahl*, NZWiSt. 2012, 401 ff, 2013, 6 ff; 124 ff.

[108] *Lagodny/Kappel*, StV 2012, 695; *Geiser/Deister*, CCZ 2011, 12; *Geier/Rew/Deister*, CCZ 2011, 81; *Mark/Pörnbacher*, NZG 2010, 1372.

[109] S. dazu im Rechtsvergleich: *Ehling/Kappel*, BB 2011, 2115; *Ehling/Acker*, BB 2012, 2517.

[110] Vgl. dazu die Grundsätze des Arbeitskreises Externe und Interne Überwachung der Unternehmung der Schmalenbach-Gesellschaft für Betriebswirtschaft e. V., DB 2010, 1509.

[111] *Otting* in: Bechtold (Hrsg.), GWB, 6. Aufl. (2010), § 97 Rn. 34.

A. Compliance – materielles Recht **5**

b) Corporate Governance Kodex

Der von der Regierungskommission veröffentliche „Deutsche Corporate Governance Kodex" (DCGK) ist kein förmliches Gesetz, sondern richtet sich als **Selbstverpflichtung an börsennotierte Unternehmen**. Für nicht börsennotierten Unternehmen wird die Beachtung des Kodex nur empfohlen. In der Fassung des DCGK vom 26. Mai 2010 werden den Unternehmen folgende Compliance-relevante Vorgaben gemacht: **84**
- Nach *Ziffer 3.4* informiert der Vorstand den Aufsichtsrat regelmäßig, zeitnah und umfassend über alle für das Unternehmen relevanten Fragen der Planung, der Geschäftsentwicklung, der Risikolage, des Risikomanagements und der Compliance.
- Nach *Ziffer 4.1.3* hat der Vorstand für die Einhaltung der gesetzlichen Bestimmungen und der unternehmensinternen Richtlinien zu sorgen und auf deren Beachtung durch die Konzernunternehmen hinzuwirken (Compliance).
- Nach *Ziffer 5.3.2* soll der Aufsichtsrat einen Prüfungsausschuss (Audit Committee) einrichten, der sich insbesondere mit Fragen der Rechnungslegung, des Risikomanagements und der Compliance, der erforderlichen Unabhängigkeit des Abschlussprüfers, der Erteilung des Prüfungsauftrags an den Abschlussprüfer, der Bestimmung von Prüfungsschwerpunkten und der Honorarvereinbarung befasst. Der Vorsitzende des Prüfungsausschusses soll über besondere Kenntnisse und Erfahrungen in der Anwendung von Rechnungslegungsgrundsätzen und internen Kontrollverfahren verfügen. Er sollte unabhängig und kein ehemaliges Vorstandsmitglied der Gesellschaft sein, dessen Bestellung vor weniger als zwei Jahren endete.

Konkrete Anforderungen an eine bestimmte Art der Compliance-Organisation enthalten diese Regelungen nicht; die insoweit vom Vorstand umzusetzenden Compliance-Maßnahmen müssen lediglich **angemessen und verhältnismäßig** sein (Ziff. 4.1.4 DCGK).[112] Wenn der Aufsichtsrat nach Ziff. 5.3.2 DCGK einen Prüfungsausschuss einrichtet, der sich insbesondere mit den Fragen des Risikomanagements und der *compliance* befasst, ist dies lediglich eine Ausweitung der Informationsbasis, indem die wichtigsten Einzelfällen im Bereich der *compliance*, also Vorkommnisse, Verstöße und Straftaten, die erheblichen Einfluss auf die Reputation des Unternehmens haben können, auch zu den Befassungen des Prüfungsausschusses gehören.[113] **85**

Aus der Kenntnis solcher Vorfälle heraus entsteht keine Geschäftsleitungsbefugnis oder gar eine Eingriffsverpflichtung (§ 111 Abs. 4 AktG). Aus den Regelungen des Corporate Governance Kodex folgt deshalb **keine rechtliche Verpflichtung** zur Einrichtung und Ausgestaltung einer Compliance-Organisation. Auch im Rahmen der jährlichen Entsprechenserklärung nach § 161 AktG wird nicht die Einhaltung des DCGK sanktioniert, sondern allenfalls eine unrichtige Erklärung über die Abweichungen von den Empfehlungen. **86**

5. Vermeidung von zivilrechtlicher Haftung

a) Rechtswirkungen für Hauptverträge

Kartellrechtlich missbräuchliche Vereinbarungen und entsprechende einseitige Maßnahmen sind nichtig. Nach Grundsätzen der Vertragsauslegung kann das gem. § 139 BGB den Gesamtvertrag betreffen. Auf eine Nichtigkeit – auch nach europäischem Primärrecht kann sich jeder einzelne berufen, da die Vorschriften des Art. 101, 102 AEUV unmittelbar anwendbar sind,[114] was die Durchsetzung kartellrechtswidriger Vereinbarungen verhindert. Ohne Genehmigung vollzogene Zusammenschlüsse sind mit Ausnahme von Grundstücksgeschäften und der Übertragung von Aktien nach deren Eintragung im jeweiligen Register (§ 41 Abs. 1 S. 3 GWB) schwebend unwirksam (§ 41 Abs. 1 S. 2 GWB). Ein nach Vollzug „angemeldeter" Zusammenschluss wird vom Bundeskartellamt seit Mai 2008 als **87**

---
[112] *Ringleb/Kremer/Lutter/v. Werder*, Deutscher Corporate Governance Kodex, 4. Aufl. (2010), Rn. 615, 628 ff.
[113] *Kort* NZG 2008, 81, 84 m. w. N.
[114] EuGH EuZW 2006, 529, 533 f.

Vollzugsanzeige gewertet, die ein Entflechtungsverfahren (§ 41 Abs. 3 GWB) nach sich zieht.

88 **Korruptive Verabredungen** oder Zuwendungen sind dagegen zwar für sich gesehen nichtig, das berührt aber im Regelfall die Wirksamkeit des Hauptvertrages nicht.[115] Die zivilrechtlichen Schadensersatzansprüche hängen ebenfalls davon ab, ob ein wirksamer Hauptvertrag besteht. Der Hauptvertrag ist jedenfalls wirksam, wenn sich die Schmiergeldabrede nicht nachteilig auf ihn ausgewirkt und der Geschäftsherr den Vertrag gemäß § 177 Abs. 1 BGB analog genehmigt hat. Im Übrigen ist bei nachteiliger Ausgestaltung des Hauptvertrages zulasten des Geschäftsherrn bei Ablehnung der Genehmigungsfähigkeit bzw. bei Verweigerung der Genehmigung der Hauptvertrag nichtig. Außerhalb eines wirksamen Vertrages, kommen allerdings Ansprüche des geschädigten Unternehmens gegenüber dem schmiergeldzahlenden Unternehmen aus culpa in contrahendo in Betracht (§§ 280 Abs. 1, 311 Abs. 2, 241 Abs. 2 BGB). Im Übrigen folgt die Pflicht zum Schadensausgleich aus § 280 Abs. 1 BGB. Zahlungspflichten können sich schließlich aus einer zwischen den Parteien vereinbarten Compliance-Klausel ergeben. Daneben bestehen deliktsrechtliche Schadensersatzansprüche sowie bei nichtigem Hauptvertrag eine bereicherungsrechtliche Rückzahlungspflicht der erhaltenen Vergütung samt eingepreistem Schmiergeld.

b) Schadensersatzanspruch der Gesellschaft

89 Vorstandsmitglieder haben bei ihrer Geschäftsführung die **Sorgfalt eines ordentlichen und gewissenhaften Geschäftsleiters** anzuwenden (§ 93 Abs. 1 S. 1 AktG). Vorstandsmitglieder, die ihre Pflichten verletzen, sind der Gesellschaft (d. h. ihrer Anstellungskörperschaft) zum Ersatz des daraus entstehenden Schadens als Gesamtschuldner verpflichtet.[116] Neben den diversen Einzelfallentscheidungen kommt hier auch der Rechtsprechung zum Organisationsverschulden Bedeutung zu. Ein Organisationsverschulden liegt vor, wenn Maßnahmen für die Schaffung einer rechtmäßigen Organisation des Unternehmens einschließlich ordnungsgemäßer interner Entscheidungsabläufe fehlen oder so unzureichend ausgestaltet sind.[117]

90 Die Haftung nach § 93 Abs. 2 AktG besteht nur für eigenes Verschulden; ein Fremdverschulden kann nach § 278 BGB nicht zugerechnet werden.[118] Daher sind Mitarbeiter keine Erfüllungsgehilfen im Sinne von § 278 BGB oder § 831 BGB. Fehler bei der Delegation von Vorstandsaufgaben sind jedoch eigene Pflichtverletzungen, die zur Haftung nach § 93 Abs. 2 AktG führen. Entsprechendes gilt für die Auswahl ungeeigneter Mitarbeiter und bei unzureichender Instruktion oder Überwachung.[119]

91 Nach § 93 Abs. 1 S. 2 AktG liegt eine Pflichtverletzung jedoch dann nicht vor, wenn der Vorstand bei einer unternehmerischen Entscheidung vernünftigerweise annehmen durfte, auf der Grundlage angemessener Information zum Wohle der Gesellschaft zu handeln („Business Judgement Rule"). Dem Vorstand obliegt es, sich alle erforderlichen Informationen zu beschaffen, um über eine fundierte Entscheidungsgrundlage in tatsächlicher Hinsicht sowie – bei mehreren Deutungsmöglichkeiten auch in rechtlicher Hinsicht – zu verfügen. Er hat somit durch entsprechende organisatorische Vorkehrungen sicherzustellen, dass er über die nötigen Informationen verfügt.[120]

92 Der Aufsichtsrat haftet nach den Grundsätzen der sorgfältigen und gewissenhaften Aufsichtstätigkeit entsprechend § 93 AktG mit Ausnahme von § 93 Abs. 2 S. 3 AktG (§ 116 AktG).

---

[115] BGH NJW 1999, 2266; *Acker/Froesch/Kappel*, BB 2007, 1509; *Kappel/Kienle*, WM 2007, 1441; *diess.* NJW 2007, 3530; *Unger*, CCZ 2008, 201.
[116] *Meier-Greve*, BB 2009, 2555.
[117] BGH NJW 1997, 130.
[118] *Hüffer*, § 93 AktG, Rn. 14.
[119] *Hüffer*, § 93 AktG, Rn. 14; *Fleischer*, AG 2003, 291, 292 ff..
[120] BGH NJW 2008, 3361; *Schäfer/Zeller*, BB 2009, 1706, 1708; *Kiethe*, GmbHR 2007, 393, 399; *Rodewald/Unger*, BB 2006, 113, 114 f..

A. Compliance – materielles Recht

Eine schuldhafte Pflichtverletzung des Vorstands muss zu einem **Schaden der vertretenen Gesellschaft** aufgrund des fehlerhaften Verhaltens geführt haben. Einen Schaden ermittelt man im Wege der Saldierung des wirtschaftlich-juristischen Gesamtvermögens vor und nach der schädigenden Handlung. Dabei kommt dem sog. „Reputationsschaden" kein eigener rechnerischer Wert zu. Es ist umstritten, ob ein Schaden schon vorliegt, wenn die Gesellschaft in der Zahlung von Bußgeldern oder anderen Strafzahlungen durch die Gesellschaft liegt. Während einerseits vertreten wird, dass schon allein die Inanspruchnahme durch eine Verwaltungs- oder Justizbehörde ein Vermögensverlust bedeutet, dem kein kompensatorischer Vorteil gegenüber steht, wendet man andererseits ein, dass eine Sanktionierung oder Gewinnabschöpfung ausschließlich darauf beruht, dass die Gesellschaft zu einem früheren Zeitpunkt eine – wenn auch nachträglich als illegal erkannte – Vermögensmehrung erfahren hat, auf deren dauerhaften Verbleib sie nicht vertrauen durfte. Das regelmäßig einhergehende Potenzial an streitigen Argumenten weitet sich in solchen Fällen auch darauf aus, welche sekundären Pflichten (bspw. im Berichtswesen der Gesellschaft, fehlende nachträgliche Aufklärung, fortwirkende Auszahlung an unlauter handelnde Geschäftspartner etc.), der jeweils Schadensersatzverpflichtete verletzt hat, sobald er von einem gesetzeswidrigen Verhalten von Mitarbeitern erfahren hat. 93

Grundsätzlich muss zwischen der Pflichtverletzung und dem Schaden ein **kausaler Zurechnungszusammenhang** bestehen. Insoweit gelten die allgemeinen Grundsätze. Danach besteht prinzipiell die Möglichkeit, rechtmäßiges Alternativverhalten geltend zu machen, d. h. sich darauf zu berufen, dass der Schaden auch bei rechtmäßigem Verhalten eingetreten wäre. Bei der Verletzung von Organisationspflichten ist es dem Vorstand jedoch verwehrt, den Einwand des rechtmäßigen Alternativverhaltens zu erheben.[121] 94

Im **Haftungsprozess** muss die Gesellschaft den Eintritt und die Höhe des Schadens beweisen, ferner die Handlung des betreffenden Organs und die adäquate Kausalität zwischen der Handlung und dem Schaden. Gelingt dieser Beweis, so ist es Sache des in Anspruch genommenen Organs zu beweisen, dass die betreffende Handlung nicht pflichtwidrig und schuldhaft war (§ 93 II 2 AktG). Angesichts dieser Beweislastverteilung wird eine Dokumentation von Leitentscheidungen des Vorstandes erhebliche Bedeutung für einen Haftungsprozess haben. 95

Im sonstigen **Recht der anderen Kapitalgesellschaften** gelten die hier erörterten Haftungsgrundsätze entsprechend (§ 43 I GmbHG, § 34 GenG).[122] Diese erstrecken sich grds. auch auf kommunale Wirtschaftsunternehmen, eine persönliche Inanspruchnahme ist allerdings begrenzt durch Haftungsfreistellungen nach den jeweiligen Kommunalgesetzen. 96

c) Schadensersatzansprüche von Gesellschaftsgläubigern

Eine vertragliche **Haftung gegenüber Dritten** kommt grundsätzlich nicht in Betracht. Ausnahmsweise mögen die Regeln des Vertrags zugunsten Dritter oder einer persönlichen Haftung neben dem Vertrag aufgrund besonderer Vertrauensinanspruchnahme anwendbar sein. Bei gravierenden Gesetzesverstößen haften Organmitglieder gem. den §§ 823, 826 BGB auch im Außenverhältnis, d. h. gegenüber Dritten. Ist das Organmitglied Begünstigter eines Vorteils aus einer Straftat oder Ordnungswidrigkeit, kann auch dort ein Verfall oder eine Gewinnabschöpfung vorgenommen werden. Im Übrigen besteht die Eigenverantwortung gegenüber der Justiz bei der Beteiligung an Straftaten oder Ordnungswidrigkeiten. 97

d) Vergaberechtliche Wirkungen

In Korruptions- und Kartellfällen wie auch bei Schwarzarbeit kann es zu einem **vergaberechtlichen Ausschluss vom öffentlichen Auftrag** wegen Unzuverlässigkeit (§ 6 AEntG; § 21 SchwArbG; 5 VOB/A) kommen.[123] Die Verhinderung eines solchen Ausschlusses setzt 98

---

[121] *Fleischer* in: Spindler/Stilz, § 93 AktG Rn. 203 m. (w.) Nachw.
[122] Vgl. bspw. BGH NZG 2005, 562 = beckRS 2005, 05201; BGH NZG 2009, 117; *Abel* LKV 2000, 66 (kommunale Aufsichtsgremien); *Böttcher* NZG 2009, 1047 (Kreditgenossenschaft); *Fleischer* NJW 2009, 2337; *Reuter*, NZG 2010, 808 (Genossenschaft); Werner ZEV 2009, 366 (Stiftungsvorstand).
[123] Nach § 81 GWB; vgl. *Eidam* (Fn. 25), Rn. 771 ff.

geeignete Präventionsmaßnahmen und – falls es zu Verstößen gekommen sein sollte – eine Aufklärung sowie einen Selbstreinigungsprozess voraus. Vergaberechtlich genügen für den Ausschluss bereits gesicherte Anhaltspunkte für ein wettbewerbswidriges Verhalten oder einen Verstoß gegen die Vergabebedingungen. Über Inhalt und Umfang besteht in Rechtsprechung und Schrifttum noch Unklarheit.[124] Im Wesentlichen wird ein glaubwürdiger und nachhaltiger Selbstreinigungsprozess folgende Elemente haben:
– glaubhafte (und kritische) Nachprüfung von Pflichtverstößen, Aufarbeitung konkreter Verdachtsfälle einschließlich der Anzeige von (verfolgbaren) Straftaten bei den Ermittlungsbehörden;
– Sanktionierung des Fehlverhaltens von Mitarbeitern, um Nachahmungseffekte zu vermeiden und eine Änderung der Unternehmenskultur zu bewirken;
– Kompensation eingetretener Schäden (etwaige Wiedergutmachung bei Vertragspartnern, Nachzahlung steuerlicher Verbindlichkeiten, usw.);
– Einführung verbindlicher Standards und Prozesse, die risikobewusst gleichartige Verhaltensweisen im Unternehmen unterbinden oder zumindest erschweren.

99 Dieser Selbstreinigungsprozess umfasst auch freiwillige, legale Informationen über Auslandssachverhalte, die in die Zuständigkeit der StA fallen. Würde die StA über eine Fortsetzung des alten Verhaltens oder gar eine „Verlagerung" von beanstandeten oder gar eingeräumten Praktiken ins Ausland von anderen Stellen informiert, könnten die Ermittlungen eigenständig geführt werden. Etwaige fortbestehende Verhaltensmuster in Auslandsgesellschaften müssten daher ebenfalls zeitnah abgestellt werden, weil sonst die Voraussetzungen des § 130 OWiG erneut festgestellt werden können.

B. Management der Compliance – Aufgaben

I. Pflichtenkreis

1. Pflicht zur Organisation

100 Die Verantwortlichen eines Unternehmens haben die **Pflicht zur Organisation des Unternehmenshandelns,** um eine risikoadäquate, vermögensschonende Geschäftsentwicklung sicherzustellen. Das kann sich relativ überschaubar gestalten, wenn jedem Leitungsverantwortlichen ein Team von acht bis zehn Personen zugeordnet ist, das sich selbst mit der Aus- und Durchführung der Unternehmensaktivitäten befasst. Die persönliche Auswahl, Einweisung, Organisation der Zusammenarbeit, Aufsicht und Nachkontrolle des Mitarbeiterverhaltens wird aber umso schwieriger, umso mehr geschäftliche Aktivitäten ausgeführt werden müssen und umso differenzierter die Aufbau- und Ablauforganisation der einzelnen Bereiche (bspw. Produktion, Einkauf, Vertrieb, Finanzwesen, Personalwesen, Verwaltung) sowie die unterschiedlichen rechtlichen Strukturen (bspw. Holding- oder Stammhausstrukturen) ausgestaltet sind. Betriebsorganisatorisch gesehen gestaltet die Unternehmensleitung, durch Management-, Kern- und Unterstützungsprozesse[125] die Gesamtsteuerung der Unternehmensaktivitäten.

101 Compliance ist daher als der **Teil der Geschäftsleitungsaufgaben** zu sehen, der sich mit der Beachtung aller für die Unternehmenstätigkeit relevanten zwingenden gesetzlichen Pflichten befasst. Hierzu zählen das allg. Strafrecht, das Recht der Ordnungswidrigkeiten und das Recht des lauteren Geschäftsverkehrs (insbes. die Verkehrssicherungspflichten und die Grenzen der Sittenwidrigkeit). Compliance dient dem Ziel, solche Rechtsverstöße zu vermeiden, der Entstehung von Gefahren oder Risiken für einen Verstoß entgegen zu wirken und – bei dem Verdacht von bereits stattgefundenen Verstößen – für eine dem Unternehmensprofil entsprechende angemessene Aufklärung, Reaktion, Risikoabsicherung und Schadensbewältigung zu sorgen.

---

[124] OLG Brandenburg NZBau 2008, 277; *Hauschka/Greeve*, BB 2007, 165; *Ohrtmann*, NZBau 2007, 201; *Prieß/Stein*, NZBau 2008, 230 f.
[125] Die Einteilung folgt der betriebswirtschaftlichen

B. Management der Compliance – Aufgaben

Der Organisationspflicht immanent sind auch die Ziele, eine zivilrechtliche Haftung und strafrechtliche Sanktionierung von Unternehmen[126] zu vermeiden. *Lüderssen*[127] hat die teils regulatorisch veranlassten, teils in der Unternehmensökonomie, in Unternehmenszusammenbrüchen, Skandalen und den politischen Reaktionen darauf begründeten Entwicklungen unter dem Leitgedanken „Regulierung, Selbstregulierung und Wirtschaftsstrafrecht" Ende 2008 zusammengefasst. Er belegt, dass seit den 70er Jahren das Spannungsfeld zwischen den staatlichen Wirtschaftsverwaltungsrecht, dem Wirtschaftsstrafrecht, den Vorgaben für die Unternehmensverfassung im Sinne einer „Corporate Governance" sowie den Regeln für die Überwachung und Kontrolle von Unternehmen weiter ausgebaut wurden, um so wirksamer die Wirtschaftskriminalität bekämpfen zu können. Die jeweiligen (idealen) Enden dieses Spannungsfeldes sind einerseits die unternehmerische Handlungsfreiheit und andererseits die Sanktionen des Straf- und Ordnungswidrigkeitsrechts. In diesem Ineinandergreifen von öffentlichem Eingriffsrecht, gesellschaftsrechtlicher Unternehmensverfassung, der Kapitalbindung nach Maßgabe sozialer (Unternehmens-)Verantwortung und der individuellen Haftung bewegt sich die laufende Diskussion – nicht zuletzt auch unter Syndici, Unternehmensanwälten, und Strafverteidigern. Wesentliche Teile der Organisationspflichten sind die Pflicht zur Steuerung und Organisation einer Compliance-Organisation (vgl. II.) und die Aufklärungspflicht (vgl. III.). 102

2. Pflicht zum Krisenmanagement

Bei den **Entscheidungspräferenzen in einer Compliance-Krise** muss zwischen dem vom Eigentümer/Gesellschafter selbst geführten Unternehmen und dem von Managern geführten Unternehmen unterschieden werden. Der Unternehmensvertreter, der seine unternehmensbezogenen Aufgaben aus seiner Stellung und den erhaltenen Weisungen im Zusammenhang der Unternehmenshierarchie ableitet, hat in der Regel eine diesen Kompetenzen entsprechenden Entscheidungs- und Vertretungsmacht für das Unternehmen. Nach den gesellschaftsrechtlichen und arbeitsrechtlichen Vorgaben ist ein Vertretungsrecht des Unternehmens nur dem jeweiligen Organ (Vorstand: §§ 76, 78, 82 AktG; Aufsichtsrat: §§ 111, 112, 170 AktG; Aktionär/Hauptversammlung: §§ 131, 145 AktG) oder einem anderen Mitarbeiter, der hierzu bevollmächtigt wurde,[128] möglich. 103

Die Beziehung zwischen Gesellschafter (Eigentümer) und beauftragtem Unternehmensleiter wird wirtschaftswissenschaftlich als das Verhältnis zwischen Prinzipal und Agent (Handlungsgehilfe) beschrieben (so auch die Begriffsbildung in § 62 HGB), die daraus resultierende Interessendivergenz als **„Principal-Agent-Konflikt"**.[129] Studien über die Entstehung und Verbreitung von Wirtschaftskriminalität[130] zufolge ist diese Interessendivergenz die Hauptursache für wirtschaftskriminelles Handeln, vorwiegend auf den Gebieten der Vermögensdelikte (Unterschlagung, Betrug, Untreue), der Informationsdelikte (Bilanzfälschung, Falsche Berichterstattung, Insiderdelikte), der Finanzierungsdelikte (Kreditbetrug, Kapitalanlagebetrug, Kapitalmarktbetrug, Börsenbetrug, Gründungsschwindel etc.) und der Steuerdelikte.[131] Zwischen dem durch solche Handlungen und Unterlassungen mal benachteiligtem, mal be- 104

---

[126] Die historische Entwicklung des Strafrechts für Unternehmen besonders im Bereich der Steuer- und Wirtschaftskriminalität dokumentieren *Achenbach* in FS Schwind (2006) S. 177 ff; *Dannecker* in Wabnitz/Janovsky, a. a. O. § 1 Rn. 80 ff; *Grunst* in Volk (Hrsg.) Münchner Anwaltshandbuch in Wirtschafts- und Steuerstrafsachen (2006), § 1 Rn. 4–26; *Hefendehl* ZStW 119 (2007), 816, 819; *Lüderssen* in Lüderssen/Kempf/Volk, Die Handlungsfreiheit des Unternehmers (2009), 241, 245; *Rönnau* ZStW 119 (2007) S. 887 ff; *Tiedemann* Wirtschaftsstrafrecht Einführung und Allgemeiner Teil, 2. Aufl. 2007, § 1 Rn. 39 ff.

[127] *Lüderssen* a. a. O. 241, 245ff; s.a. *ders.*, Entkriminalisierung des Wirtschaftsstrafrechts II, 2007.

[128] *Eidam*, a. a. O., Rn. 160, 161.

[129] *Blum*, Corporate Governance, Diss. 2005, Köln, S. 51 ff; *Hofmann*, Hdb. Anti-Fraud-Management, Berlin 2008 S. 48; *Marten*, DB 2006, 1121; *Luttermann*, Wpg 2006, 778; *Scheffler*, Wpg 2005, 478.

[130] *Bussmann/Salvenmoser* NStZ 2006, 203; *Bussmann/Matschke* wistra 2008, 88.

[131] *Peemöller*, Jahrbuch Interne Revision 2006, 30 ff; *Schroff*, Aufgabenwandel in der Internen Revision, Diss. München 2006, 65.

günstigtem Unternehmen und dem Management bestehen daher messbare Interessenunterschiede, die auch in dem jeweiligen Mandat eines Unternehmensanwaltes zum Ausdruck kommen können.

II. Ausgestaltung des Compliance-Managements

1. Business-Practice-Grundsätze

105 Um das Ziel einer effektiven Haftungsvermeidung zu erreichen, soll das im Unternehmen zu beachtende Compliance-Management nach den praktischen Erfahrungen anderer, fortschriftlicher Unternehmen sog. Business-Practice-Grundsätze beachten. Es handelt sich um nicht verallgemeinerungsfähige aber statistisch erfassbare Erfahrungswerte, die beispielsweise folgendes besagen:[132]
- Erarbeitung von *Compliance Standards,* insbesondere Bekenntnis zur Rechtstreue und zur Beachtung internationaler Geschäftsgrundsätze (Business Practice);
- Erstellung einer Compliance Risikoanalyse, d.h. Identifizierung der besonders gefahrgeneigten Unternehmensabläufe;
- Erstellung von *Compliance Trainingsprogrammen,* d. h. fortlaufende Schulung der Mitarbeiter im Hinblick auf die entsprechenden Regelwerke und die einschlägigen gesetzlichen Bestimmungen;
- Bestellung von *Compliance Beauftragten* (Compliance Officer);[133]
- Einrichtung einer *Mitarbeiter „Helpline"* bzw. *„Whistleblower Hotline",* um den Mitarbeitern zu ermöglichen, vertraulich über erfolgte oder drohende Rechtsverstöße bzw. Interessenkonflikte zu informieren;
- *Überwachung* der Einhaltung des Compliance-Systems sowie regelmäßiges Compliance-Reporting.

106 Aufgrund der rechtlichen Verpflichtung zur Schaffung einer Compliance-Organisation besteht hinsichtlich des „Ob" der Einrichtung einer Compliance-Organisation kein Ermessen der Geschäftsleitung. Sie kann jedoch im Rahmen einer pflichtgemäßen Ermessensausübung über das „Wie" der konkreten Ausgestaltung der Compliance-Organisation entscheiden.[134] Hierbei spielen etwa die Größe des Unternehmens, die konkrete Gefahrneigung, die Branchenzugehörigkeit, die Eigentümerpräsenz und der Internationalisierungsgrad eine entscheidende Rolle.[135]

107 Von erheblicher Bedeutung ist auch eine **umfassende Dokumentation** der Delegationsgrundsätze in der Organisation (z. B. Geschäftsordnungen, Beschreibung und Abgrenzung von Zuständigkeits-/Verantwortungsbereichen, Handlungsanweisungen, Notfallpläne etc.), um im Einzelfall den Nachweis der Einhaltung der Sorgfaltspflichten führen zu können.[136] Nach einer Entscheidung des Landgerichts München besteht z. B. eine eigenständige Rechtspflicht des Vorstands zur Dokumentation des Risikofrüherkennungssystems.[137] In der unterbliebenen Dokumentation liegt ein wesentlicher Gesetzesverstoß, der die Verweigerung der Entlastung des Vorstands rechtfertigt.

---

[132] *Liese,* BB 2008, 17, 21; *Kiethe,* GmbHR 2007, 393, 398; *Uwe H. Schneider,* ZIP 2003, 645, 649 f.; *Bürkle,* BB 2005, 565 ff.; *Kremer/Klahold* in: Handbuch Managerhaftung, § 18 Rn. 12 ff.
[133] zur strafrechtlichen Verantwortlichkeit vgl. BGH NJW 2009, 3173.
[134] *Bürkle,* BB 2005, 565, 568; *Hauschka,* NJW 2004, 257.
[135] *OLG Jena,* NZG 2010, 226; *OLG Düsseldorf* NJW 2010, 1537; *OLG Köln* AG 2009, 416; BGH NJW 2008, 3361; BGHZ 179, 71= BGH, NJW 2009, 850.
[136] *Rodewald/Unger,* BB 2006, 113, 115.
[137] LG München I BB 2007, 2170; zu den *Compliance-Pflichten des Aufsichtsrates* vgl. u. a. *Bürckle,* BB 2007, 1797, 1800 ff.; *Kort,* NZG 2008, 81, 84; zu den *Compliance-Anforderungen im Konzern* vgl. *Schneider,* NZG 2009, 1321; *Fleischer,* CCZ 2008, 1; *Schneider/Schneider,* ZIP 2007, 2061.

B. Management der Compliance – Aufgaben

2. Risikoanalyse

Auf der Gebiet der strafrechtlichen Compliance ist es das oberste Gebot für ein Unternehmen, **gerichtsfeste Präventionsmittel** zu nutzen, durch die belegt werden kann, dass das Unternehmen sowohl klare Ge- und Verbote für das Mitarbeiterverhalten aufgestellt hat als auch auf den Gebieten der Mitarbeiterauswahl, -einweisung, Arbeitsorganisation, Kontrolle und Reaktion Sorgfalt und Priorisierungen aufzuweisen hat. Dazu sind sowohl sachliche wie auch personelle Einzelmaßnahmen erforderlich, 108

Nahezu unabdingbar für jede sinnvolle Prävention von Compliance-Verstößen ist die **Ermittlung eines IST-Zustandes** des Unternehmens mit einer damit verbundenen Risikoeinschätzung für Rechtsverstöße nach Art des Geschäfts, nach dem jeweiligen betrieblichen Umfeld und dem Marktumfeld, nach der Größe des Geschäftsfeldes im Verhältnis zum Gesamtunternehmen aber auch nach der Bedeutung eines Rechtsverstoßes für das Gesamtansehen des Unternehmens. Die Erfassung korruptionsanfälliger Bereiche beginnt bspw. mit der Sammlung rein wirtschaftlicher Fakten zu den Wettbewerbsverhältnissen im Zielland (inländische Mitanbieter, Markt der Lieferanten, Logistik, Restriktionen in Handel und Produktion etc.), der Art der Kundenbeziehung (Dauerverträge, Einzelverträge), vereinbarte oder vorgegebene Restriktionen für den Vertrieb, die Beobachtung des Liefer- und Zahlungsverkehrs usw.. 109

Um ein **kartellrechtliches Risiko** einschätzen zu können, benötigt das Unternehmen bspw. einen Überblick über die relevante Wettbewerbssituation. Dazu sind Unterlagen auszuwerten und Mitarbeitergespräche zu führen. Für eine Risikoeinschätzung ist weiter wichtig, bestimmte Indikatoren wie Marktenge, Nähe zum Wettbewerber, eigene Marktbedeutung etc. zu erfassen. Dazu zählt auch die Marktstellung des Unternehmens, um die Bindungen, denen dieses Unternehmen unterliegt und Risiken insbesondere im Hinblick auf die Visibilität am Markt abschätzen zu können. Die Gefahr von Kartellabsprachen ist umso höher, je weniger Wettbewerber auf einen Markt tätig sind, je statischer die Marktanteile des Unternehmens und seiner Wettbewerber sind, je weniger Wettbewerb in einem Markt hinsichtlich bestimmter Gebiete oder Kunden stattfindet und je eher ein Produkt als Grundstoff oder anderweitig technisch nicht hochwertiges Produkt ohne Konsumentenloyalität zu qualifizieren ist. Soweit sich hier ein statisches Umfeld zeigt, ist nach schlüssigen, wirtschaftlich anerkennenswerten Gründen für das Verhalten des betroffenen Unternehmens zu forschen. Anhaltspunkte können die abgeschlossenen Geschäftsabläufe sein.[138] Bei der Sammlung entsprechender Informationen ist zu beachten, dass Mitglieder der Rechtsabteilung, selbst wenn es sich bei ihnen (auch) um zugelassene Rechtsanwälte handelt, nicht dem Anwaltsprivileg unterliegen, da ihre Stellung aufgrund ihrer Beschäftigung in einem Unternehmen nicht mit der Position eines externen Anwalts vergleichbar ist.[139] 110

3. Grundsätze und Maßnahmen

Aufbauend auf die Risikoanalyse können folgende Maßnahmen punktuell oder auch strukturiert ausreichen, um eine hinreichende Prävention vor Verstößen zu belegen: 111
– Erstellung und Implementierung von sog. Verhaltensrichtlinien, Themenrichtlinien und Verfahrens-/Dienstanweisungen;
– Einrichtung eines Hinweisgebersystems;
– Aufgabedelegation an besonders geschulte oder mit Kenntnissen und Erfahrungen ausgestattete sog. Compliance-Beauftragte, die je nach Funktion beratend tätig sind oader auch Eingriffsrechte in die betrieblichen Abläufe jenseits der sonstigen Organisationsstrukturen haben;
– lückenlose Dokumentation von Geschäftsvorgängen;

---

[138] *Hasselbach,* DB 2010, 2037; BGH NJW 1997, 1926 – ARAG/Garmenbeck.
[139] *EuGH,* NJW 1983, 503 – AM&S *EuG,* Slg. 1990 II-163 – Hilti; *EuG,* Beschluss v. 30.3.2003 – T-125/03 u. T 253/03 – Akzo; hierzu zuletzt EuGH, Rs. C-550/07 P v. 14.9.2010. Rn. 49 ff., 58 ff., 76, 87 ff., 106, 120, EuZW 2010, 778 und *Moosmayer,* NJW 2010, 3548.

- Schulung von Mitarbeitern, insbesondere in Vertrieb, Einkauf, Lagerverwaltung, Finanzwesen und Revision;
- Regel- und Anlasskontrollen durch interne Revisoren;
- Konkrete Einzelfallbezogene Reaktionen nach der Aufdeckung von Fehlentwicklungen.

4. Notfallplanung, Krisenmanagement

112 Einzubeziehen in die Präventionsstrategie des Unternehmens ist auch der **Compliance-Notfall**, teilweise auch die „Compliance-Krise" genannt. Das Unternehmen darf auch ohne Anlass vorbereitet sein auf unangekündigte Behördenbesuche, Durchsuchungen oder Beschlagnahmen. Dazu sind Notfallpläne für das Verhalten beim Erscheinen von Staatsanwaltschaft und/oder Polizei zu implementieren. Das Unternehmen wird in einer Compliance-Krise das Ziel verfolgen, stets handlungs- und entscheidungsfähig zu bleiben. Dazu spielt eine dem Vorwurf angemessene interne Kommunikation an die Kontrollorgane des Unternehmens sowie an die Unternehmensbeobachter eine große Rolle.

III. Aufklärungsmaßnahmen

1. Einführung

a) Aufgabe des Leitungsorgans

113 Das Leitungsorgan ist verpflichtet, die Einhaltung der einschlägigen rechtlichen Bestimmungen im Rahmen des Compliance-Systems zu überwachen. Bei den meisten Fallkonstellationen wird immer dann von einer Gesamtverantwortung der Geschäftsleitung gesprochen, wenn eine konkrete Ressortzuweisung oder Delegationsstruktur nicht vorliegt oder mangels wirksamer Aufgaben-/Kompetenzzuweisung nicht erfolgreich eingreifen kann.[140] Ist es im Unternehmen zu Rechtsverstößen gekommen bzw. liegen dahingehende Verdachtsmomente vor, so bestehen – im Hinblick auf die Durchsetzung der Corporate Compliance – gerade in der Wahrnehmung von Überwachungsverantwortung eine Reihe von Aufklärungs- und Reaktionspflichten.[141] Werden diese wahrgenommen, bekräftigt dies in gleicher Weise die hinreichende Wahrnehmung der Überwachungsverantwortung.

114 Liegen Rechtsverstöße vor bzw. besteht der Verdacht von Rechtsverstößen, so ist der zugrundeliegende **Sachverhalt aufzuklären** und der Verursache/Schuldige zu ermitteln. Nach h. M. steht dem Vorstand im Hinblick auf das „Ob" der Sachverhaltsaufklärung kein Ermessen zu. Ein Ermessen besteht lediglich im Hinblick auf das „Wie" (Wahl der Aufklärungsmethode, z. B. interne Untersuchungen oder Einschaltung von externen Experten wie Wirtschaftsprüfern, Rechtsanwälten bis hin zur Einschaltung staatlicher Ermittlungsbehörden).

115 Werden bei der erforderlichen Sachverhaltsaufklärung Rechtsverstöße festgestellt, so ist der Vorstand aufgrund der Legalitätspflicht verpflichtet, dafür zu sorgen, dass diese **nachhaltig, dauerhaft abgestellt** werden.[142] Auch insoweit gilt, dass der Vorstand kein Ermessen hinsichtlich der Entscheidung über das „Ob" des Abstellens der Verstöße hat. Das Ermessen bezieht sich auch hier wiederum nur auf das „Wie".

116 Erkennt der Unternehmensleiter, dass die Mitarbeiter die einschlägigen Vorschriften nicht einhalten; gehört auch die **Sanktionierung von Rechtsverstößen** durch geeignete Maßnahmen zu seinen Pflichten.[143] Hinsichtlich der Art und Weise der Sanktionierung steht ihm ein Auswahlermessen zu (Berücksichtigung der Umstände des Einzelfalls; Schwere des Rechtsverstoßes, vorsätzliches oder fahrlässiges Verhalten etc.). Er ist nicht gehalten, stets das schärfste Sanktionsmittel zu verhängen. Als Sanktionsmittel kommen v. a. in Betracht:
- Arbeitsrechtliche Maßnahmen (z. B. Abmahnung, Kündigung)

---

[140] BGHSt 37, 106 (124) – Lederspray-Fall.
[141] *Reichert/Ott*, ZIP 2009, 2173, 2176 ff..
[142] OLG Brandenburg NZBau 2008, 277; *Hauschka/Greeve*, BB 2007, 165; *Ohrtmann*, NZBau 2007, 201; *Prieß/Stein*, NZBau 2008, 230 f..
[143] *Reichert/Ott*, ZIP 2009, 2173, 2178 m. (w.) Nachw..

B. Management der Compliance – Aufgaben

- Geltendmachung von Schadensersatzansprüchen
- Initiierung von Straf- und Ordnungswidrigkeitsverfahren.

b) Verhältnis der staatlichen zu unternehmensinternen Ermittlungen

Die präventive Verhinderung oder Erschwerung von Gesetzesverstößen durch Unternehmensmitarbeiter wird ergänzt um eine **Pflicht zur Aufklärung** bei einem Verdacht oder gar der Feststellung eines rechtswidrigen, u. U. auch strafrechtswidrigen Verhaltens.[144] Die Aufklärungsaufgabe der Unternehmen geht den Aufgaben staatlicher Institutionen vor, solange diese nicht eingeschaltet sind oder trotz einer Information untätig bleiben. Es ist beachtlich, dass der BGH hier keinerlei Abgrenzungen zur staatlichen Ermittlungstätigkeit vorgenommen hat. 117

Dass der Staat selbst immer weniger Mittel und Personal zur Prävention und Aufklärung von Wettbewerbsverstößen, zum Schutz von Handelsbeziehungen und immaterielle Schutzgüter einsetzt, und die staatlichen Systeme sich auf Nebengebieten des Wirtschaftsstrafrechts zurückentwickelt haben, bspw. bei Schutznormen zugunsten des Firmenrufs, bei Immaterialgüterrechten, Betriebsgeheimnissen (vgl. bspw. § 374 I Nrn. 2, 3, 5a, 7, 8, § 395 I Nr. 6 StPO) wie auch im Nebenstrafrecht, befördert diese Entwicklung. Unternehmen sind darauf angewiesen, die **Aufklärung von Verstößen zur eigenen Rechtsverfolgung** in ihr Repertoire aufzunehmen. 118

Diese Aufklärung wird faktisch häufig durch externe Berater (Rechtsanwälte, Wirtschaftsprüfer, forensische Fachkräfte) wegen ihrer Unabhängigkeit vom bisherigen betrieblichen Umfeld und wegen der im Unternehmen häufig nicht vorhandenen Fachkompetenz für derartige Fallmuster und Risikoschemata durchgeführt. Die Branche spricht von einer „Internal Investigation", die mit Nachdruck, Kompetenz und hohem Aufwand in einer Weise betrieben wird, dass man tatsächlich „den Dingen auf den Grund" geht und im Normalfall auch brauchbare Ergebnisse dabei an das Tageslicht gefördert werden.[145] Eine solche Untersuchung kann daher für das Unternehmen überaus kostspielig und schmerzhaft sein. 119

2. Strafrechtliche Aufklärungspflicht

a) Abwägungskriterien

Die verschiedenen Rechtspflichten der Unternehmensorgane lassen abstrakt einen Sachklärungsauftrag als Management-Entscheidung zu, benötigen aber auch angesichts entstehender Kosten, angesichts der Sorgfaltspflichten des Vorstandes und der Geheimhaltungspflicht über Betriebs- und Geschäftsgeheimnisse (§ 404 AktG, §§ 17, 18 UWG) wie auch angesichts von Auskunftspflichten gegenüber einem Abschlussprüfer (§ 320 II HGB) und den Berichtspflichten über die Lage der Gesellschaft im Jahresabschluss ausreichender Abwägungen mit möglichst umfassenden Informationen. Vor dem Abschluss von Ermittlungen stehen sowohl die Auskünfte, als auch die Informationen über die Erkenntnisse einer internen Untersuchung aber stets auf vorläufiger, unsicherer Tatsachengrundlage. 120

Eine Pflicht zur unternehmensinternen Sachklärung und (darauffolgenden) Anzeige ergibt sich zunächst nach dem ausdrücklichen Gesetzeswortlaut nur aus der Pflicht zur Anzeige schwerer Straftaten gem. § 138 StGB.[146] Eine Verdachtsanzeige setzt eine hinreichende 121

---

[144] BGH NStZ 2009, 686 = NJW 2009, 3173 m. Anm. Stoffers = CCZ 2009, 239; dazu *Bock*, ZIS 2009, 68; *Dann/Schmidt*, NJW 2009, 1851; *Fischer*, NStZ 2009, Sonderheft, 8; *Jahn*, StV 2009, 41; *Knauer*, NStZ 2009, 151; *Michalke*, StV 2011, 492; *Rönnau*, StV 2009, 246; *Satzger*, NStZ 2009, 297; *Schünemann*, StraFo 2010, 1; *Winkler/Kraft* CCZ 2009, 29; *Zimmermann*, BB 2011, 634.

[145] Vgl. dazu die mittlerweile reiche Literatur zu diesem Thema am Anfang des Kapitels.

[146] *Moosmayer* Compliance, S. 5 f. m. w. N., BGH GmbHR 1985, 143; OLG Koblenz ZIP 1991, 870; *Salvenmoser/Schreier* in Achenbach/Ransiek (Hrsg.), Wirtschaftsstrafrecht, Kap. XV Rn. 13 ff., 21 ff.; *Walisch*, Organisatorische Prävention gegen strafrechtliche Haftung deutscher Unternehmen und ihrer Leitungen nach US-Recht, 2004. Eingehend zur Unternehmensaufgabe: *Bürkle*, BB 2005, 565; *Eidam* Unternehmen und Strafe, Rn. 1936 ff.; *Hauschka* Corporate Compliance, § 1 Rn. 21 ff., 24 ff.; *ders.*, NJW 2004, 257 (259); *Hauschka/Greeve*, BB 2007, 165 (166 f.); *Lösler*, NZG 2005, 104. Zweifel am Wert der

Kenntnis der angezeigten Tatsachen voraus, andernfalls wären strafrechtliche Grenzen der §§ 185 ff. (Beleidigung, üble Nachrede), § 145d (Vortäuschen einer Straftat) und § 164 (falsche Verdächtigung) StGB überschritten. Das gilt auch für die Anzeige eines Geldwäscheverdachts nach § 11 Abs. 1 GwG. Um sich nicht Vorwürfen von welcher Seite auch immer auszusetzen, wird man daher dem Unternehmen eine Sachklärung empfehlen, die zumindest auf zwei oder drei voneinander unabhängigen Quellen beruht und ein Verdachtsmuster bestätigt.

b) Einzelfälle mit Aufklärungspflichten

122 Eine im Einzelfall aus der **sog. strafrechtlichen Geschäftsherrenhaftung** heraus abgeleitete Sachklärungs- und Eingriffspflicht des Betriebsleiters bzw. der Unternehmensorgane (§§ 25 Abs. 2, 14 Abs. 1, 2, 13 Abs. 1 StGB) wird von der Rechtsprechung bei der Gefährdung wichtiger Rechtsgüter angenommen. Folgende Konstellationen wurden entschieden:
– Fälle mit konkreter Gefährdung für Leib und Leben oder andere bedeutende Rechtsgüter Dritter (bspw. Arbeitnehmer, Vertragspartner), die durch das (evtl. fortgesetzte) Handeln des Unternehmens oder seiner Organe und Vertreter entstanden sein kann;[147]
– Fälle, in denen im Unternehmen eine systemhafte, durchorganisierte Kriminalität beobachtet wird, die auf das Versagen der unternehmensinternen Delegationsstrukturen, Präventionsmaßnahmen und Kontrollen hinweist;[148]
– Fälle, in denen eine (evtl. fortgesetzte) unrichtige Berichterstattung des Unternehmens gegenüber den Kapitalmarktteilnehmern und -behörden (Börse, DPR, BaFin) durch unrichtige Lageberichte oder eine wesentliche Verstrickung von Unternehmensorganen in Gesetzesstöße[149] festgestellt wurden sowie
– Fälle, in denen die Unterlassung einer Sachklärung als pflichtwidriges Verhalten eines Garanten im Sinne des § 13 StGB zum Nachteil des Unternehmens anzusehen wäre.[150]

123 Eine eigenständige Fallgruppe stellt die **Pflicht zur Beendigung von Beteiligungs- und Unterstützungsstraftatbeständen** dar (i. E. Anstiftung, Beihilfe, Begünstigung, Strafvereitelung, Geldwäsche). Während der konkret Verantwortliche aus einem solchen Geschehen in dieser Fallgruppe keine (sanktionierbare) Mitwirkungspflicht hat, weil das der Selbstbelastungsfreiheit widersprechen würde (Art. 6 Abs. 1 EMRK), kann das Unternehmen selbst eine strafrechtlich begründete Aufklärungspflicht treffen. Dies wird meistens mit der Schadensneigung eines solchen Geschehens begründet, teilweise auch mit der Pflicht zur Restitution eines erlittenen Nachteils. Wenn die Unternehmensorgane bspw. über den Verdacht krimineller Handlungen von Mitarbeitern in der Vergangenheit Informationen (bspw. aus Revisions-, Rechts- und/oder Compliance-Berichten) erhalten haben, wird die Frage nach den damals veranlassten Verhinderungs- und Beseitigungsmaßnahmen gestellt werden, um deren Design und Wirksamkeit überprüfen zu können.

124 Ist dem Unternehmen aus einem vergangenen Ereignis ein Schaden entstanden, knüpft die strafrechtliche Rechtsprechung an die Treuepflicht der Geschäftsleitung gegenüber dem Unternehmensvermögen an und hält das **Unterlassen einer Sachklärung bei bestehendem Schadensersatzanspruch** für einen gravierenden Verstoß im Sinne einer Untreue gem. § 266 Abs. 1 StGB. Neben einer Sachaufklärung, einer Prüfung etwaiger Regressansprüche,

---

Compliance und Kritik wegen der Verletzung strafprozessualer Garantien äußern *Hamm*, NJW 2010, 1332; *Wehnert*, in: Jung (Hrsg.), Festschrift für Egon Müller, 2008, S. 629; *ders.* (Fn. 24), S. 175; *diess.*, NJW 2009, 1190.

[147] Vor allem bei Produkt- und Umweltschäden; vgl. *Spring*, Die strafrechtliche Geschäftsherrenhaftung, Hamburg 2009, S. 208 ff.; dazu auch Anforderungen an das Notfall-Management bspw. nach der Störfall-VO (12. BImSchV), der TA Abfall (Stand 15.7.2009) bzw. Nachfolgeregelungen.

[148] BGH NJW 1995, 2933 (Glykolwein); *Lenckner/Eisele*, in: Schönke/Schröder, Strafgesetzbuch, Kommentar, 28. Aufl. 2010, § 13 Rn. 100 ff. („Lehre von den Verantwortungsbereichen").

[149] *Lechner*, DStR 2006, 1854; zu Sonderprüfungen als Mittel der Informationsbeschaffung: *Duve/Basak*, BB 2006, 1345.

[150] Bspw. die Unterlassung der Rückforderung veruntreuter Gelder, BGHSt 36, 227 (228) = BGH NJW 1990, 332 (333); BGH NStZ-RR 1997, 357; BGH NJW 2009, 3173 = BGH NStZ 2009, 686; *Fischer*, Strafgesetzbuch und Nebengesetze, Kommentar, 58. Aufl. 2011, § 266 Rn. 27 m. w. N.; ausführlich *Spring* (Fn. 29), S. 195 ff.

B. Management der Compliance – Aufgaben 5

wird eine (nach der erforderlichen Abwägung) Durchsetzung solcher Ansprüche verlangt.[151] Die Unterlassungsverantwortung richtet sich nach § 13 StGB, wobei die Garantenstellung aus Gesetz und Vertrag,[152] den Vorstand und jeden Führungsverantwortlichen trifft, der durch die tatsächliche Übernahme des Pflichtenkreises eine Sachaufklärungspflicht hat. Die Rechtsprechung hat bislang in einer Reihe von Fällen Garantenstellungen anerkannt, die aus der Übernahme von bestimmten betrieblichen Funktionen abgeleitet wurden.[153]

c) Gefahrenpotentiale

Konkrete Ansätze zum Aufgreifen von strafrechtlichen Verstößen sollen schon dann bestehen, wenn ein gefährliches Verhalten von Mitarbeitern allgemein bekannt ist, ohne dass ein Verstoß konkretisiert sein muss. Der BGH hat seit dem sog. „Mauerschützenfall"[154] die Gefahrenabwendungspflicht auch auf innerbetriebliche Organisations- und Kontrollstrukturen übertragen und eine **strafrechtliche Verantwortung kraft „Organisationsherrschaft"** begründet.[155] Dieser Rechtsprechungsgedanke liegt – neben anderen Vorwürfen – auch den Korruptionsfällen zugrunde, die das LG München mehrfach, zuletzt in den Verfahren gegen Verantwortliche der Siemens AG und der MAN Nutzfahrzeuge AG angewendet hat.[156] Die sog. „Organisationsverantwortung" umfasst die Pflicht zur Sachklärung und Beendigung oder Eingrenzung eines gefährlichen Zustandes, der rechtswidrigen Schaden bei Dritten verursachen kann. Unternehmensorgane[157] sollen danach – sanktionsfähig – verpflichtet sein zur
– Identifizierung von Gefahren/Risiken in der Produktion und dem Betrieb des Unternehmens,
– unmittelbaren Reaktion auf erkannte Gefahren durch geeignete und wirksame Schutzmaßnahmen sowie
– laufenden weiteren Beobachtung und Vorsorge vor Schadensrealisierungen.

Bei einer „Gefahr" ist aber stets zu berücksichtigen, dass über die weitere Entwicklung des Geschehens (Ursachen, unmittelbare und mittelbare Folgen, Kollateralschäden etc.) Unsicherheiten bestehen, so dass für verschiedene Entwicklungsvarianten Wahrscheinlichkeiten errechnet oder prognostiziert werden müssen. Eine Entscheidung über die **Eignung von**

125

126

---

[151] BGHZ 135, 244 = BGH NJW 1997, 1926 (ARAG/Garmenbeck); BGHSt 52, 323 = BGH NJW 2009, 89 (Siemens), vgl. hierzu auch *Jahn*, JuS 2009, 173; BGH NJW 1983, 1807 = BGHSt 31, 232 (Vereitelung eines finanziell vorteilhaften Vertrages); BGH NStZ 2000, 665 = BGHSt 46, 30 (Sparkasse Neu-Ulm); BGH NStZ 2002, 1211 =BGHSt 41, 147 (Sparkasse Mannheim); BGH NStZ 2004, 559 = BGHSt 49, 147 (Bremer Vulkan). BGH NStZ 2007, 583 = BGHSt 51, 100 (Kanther/Weyrauch); BGH NStZ 2009, 151 = BGHSt 52, 323 (Siemens/KWU); einschränkend: BVerfG NStZ 2010, 626 = NJW 2010, 3209; *Hillenkamp*, NStZ 1981, 161 (Risikogeschäfte); *Kubiciel*, NStZ 2005, 323 (Gesellschaftsuntreue); *Saliger*, NStZ 2007, 545; *Tiedemann*, NStZ 1986, 1842; *Wessing*, BKR 2010, 159.
[152] OLG Frankfurt a.M. NJW 1987, 2753 (2757) = NStZ 1987, 508; *Böse*, NStZ 2003, 636.
[153] BGH NJW 1979, 1258; BGHSt. 37, 106 [127] = NJW 1990, 2560; fortgeführt in BGH NJW 2004, 2754; BGH NStZ 2009, 151; BGH, Urteil vom 17.07.2009 -5 StR 395/08 BeckRS 2009 21880 = NStZ 2010, 268 = NZG 2009, 1356 = BB 2209, 2263 m.Anm. Wybitul.
[154] BGHSt 39, 1; BGHSt 43, 219 (224 ff.) = NStZ 1997, 544 (545); BGH NStZ 2008, 89.
[155] Vgl. dazu *Hassemer*, Produktverantwortung im modernen Strafrecht, 2. Aufl. 1996, S. 25 ff., *Hilgendorf*, Strafrechtliche Produzentenhaftung in der „Risikogesellschaft", 1993, S. 114 ff.; *Hilgendorf*, NStZ 1993, 10; *Knauer*, NJW 2003, 3101; *Kuhlen*, Fragen der strafrechtlichen Produkthaftung, 1990, S. 32 ff.; *Lackner/Kühl*, Strafgesetzbuch, Kommentar, 27. Aufl. 2011, § 15 Rn. 37 f.; *Otto*, in: Weigend u. a. (Hrsg.), Festschrift für Hans Joachim Hirsch zum 70. Geburtstag am 11.4.1999, 1999, S. 29 ff.; *Roxin*, Täterschaft und Tatherrschaft, 8. Aufl. 2006, S. 242–252, 677 ff.; *Spring*, Die strafrechtliche Geschäftsherrenhaftung, 2009, S. 208 ff.; krit. *Rotsch*, ZStW 112 (2000), 518; *ders.*, NStZ 2005, 13.
[156] Vgl. dazu die von der Siemens AG veröffentlichte Entscheidung des LG München vom 4.10.2007 – 5 KLs 563 Js 45994/07; StA München, Bußgeldbescheid vom 08.12.2008 gegen die Siemens AG, mitgeteilt von der Siemens AG am 15.12.2008, abrufbar unter http://www.siemens.com/press/de/pressemitteilungen/2008/corporate_communication/axx20081219.htm (zuletzt abgerufen am 23.12.2008)
[157] Begriffsbildung nach § 831 BGB; vgl. auch BGHSt 37, 103 (Lederspray); BGHSt 47, 224 (Wuppertaler Schwebebahn); BGH, Urt. v. 17.7.2009 – 5 StR 394/08, vgl. hierzu auch BeckRS 2009, 21880 (Berliner Straßenreinigung, Innenrevisionsleiter).

Schutzmaßnahmen erfordert eine Abwägung von Chancen und Risiken, wie sie auch sonst im Rechtsverkehr erwartet wird.

127 Die von der Rechtsprechung aus der Verkehrssicherungspflicht heraus entwickelte **Gefahrenabwendungspflicht** betrifft überwiegend nur innerbetriebliche technische Arbeitsprozesse oder Zustände, durch die Arbeitnehmern oder Dritten ein Schaden zugefügt werden kann (Haftung aus vorvertraglichen Pflichten, Verletzung vertraglicher Nebenpflichten, Verletzung von Obhuts- und Schutzpflichten, Schutzgesetzverletzungen, Verletzung von Unfallverhütungsvorschriften).

128 Inhalt und Umfang einer Gefahrenabwendungspflicht können sich in dem Maß verändern, in dem sich auch die **Gefahrenumstände verändern** und ein **Schadenseintritt wahrscheinlicher oder unwahrscheinlicher** wird. Alle Pflichten ergänzen sich und erstarken in Fällen, in denen eindeutig (mit der für Leitungsentscheidungen ausreichenden Gewissheit) die nach Gesetz, Satzung und Gesellschaftszweck bestehenden Grenzen überschritten sind, zu einer Pflicht zum Eingreifen, zur Ablehnung etwaiger angedachter Geschäfte oder ihrer weiteren Durchführung.[158] Auch im Unterlassen eines gebotenen Einschreitens kann eine vermögensrelevante Treuepflicht liegen.[159]

129 Gerade in den Risikoabwägungsfällen muss hinzugefügt werden, dass keine Pflicht des Unternehmens besteht, „so zu denken" wie eine Ermittlungsbehörde. Dennoch wird erfahrungsgemäß das Verhalten des Unternehmens nach Legalitäts- und Sorgfaltsgrundsätzen so interpretiert, dass alle zureichenden, verfügbaren und angemessenen Mittel aufgewandt werden sollen, um einen aus Sicht der Ermittlungsbehörden „greifbaren" Verdacht auszuschließen. Infolgedessen sind „Alibi-Untersuchungen" von zweifelhaftem Nutzen. Sie eignen sich nicht, überzeugende Argumente gegen einen strafrechtlichen Verdacht zu schaffen. Nur ein objektiver, interessenkonfliktfreier Ansatz mit methodischer Fachkompetenz kann hier überzeugen. Da es sich bei einem strafrechtlichen Verstoß in der Regel um eine rein vergangenheitsbezogene Betrachtungen eines Gefahrenherdes handelt, können ausreichende Aufklärungen darin bestehen, dass die maßgeblichen Tatsachen ermittelt werden, die nötigen Schlüsse daraus für die internen Prozesse und die Stellenbesetzung gezogen werden und eine Kooperation mit den Ermittlungsbehörden die Risiken für Reputation des Unternehmens in überschaubaren Grenzen hält.

3. Kartellrechtliche Abwägungen

130 Die **Möglichkeiten** eines von Kartellverstößen betroffenen Unternehmens richten sich nach dem Stand der Ermittlungen durch die Kartellbehörden. Soweit bereits Ermittlungen initiiert wurden, ist die Kooperationsbereitschaft des Unternehmens für die Höhe möglicher Bußgelder ein erheblicher Faktor.[160] Soweit sich auf Basis einer Risikoanalyse kartellrechtssensible Umstände zeigen, ohne dass es bereits zu Ermittlungen der Kartellbehörden gekommen ist, sind entsprechende Verletzungen abzustellen, da die Dauer entsprechender Verstöße die Höhe des Bußgelds für das Unternehmen und die Verantwortlichen selbst negativ beeinflusst.[161] Etwas anderes gilt, wenn die Bonusregelung, die ausschließlich für Absprachen zwischen Wettbewerbern genutzt werden kann, in Anspruch genommen werden soll und das Unternehmen von den Kartellbehörden auf ein konspiratives Handeln verpflichtet wurde.[162]

---

[158] BGH NStZ 2004, 559 (Bremer Vulkan); BGH NStZ 2007, 583 (Kanther/Weyrauch); BGH NStZ 2009, 151 (Siemens/KWU).
[159] BGHSt 36, 227 (228) = BGH NJW 1990, 332 (333); BGH NStZ-RR 1997, 357; BGH NJW 2009, 3173 = BGH NStZ 2009, 686; *Fischer* (Fn. 32), § 266 Rn. 27 m. w. N.
[160] *Kommission*, Leitlinien für das Verfahren zur Festsetzung von Geldbußen, ABl. EG 2006, C 210/2, Rdnr. 28; das *Bundeskartellamt* (Bekanntmachung Nr. 38/2006 – Bußgeldleitlinien, Rdnr. 17.
[161] vgl. § 81 IV 6 GWB, Art. 23 I VO 1/2003, *Kommission*, aaO, Rdnr. 19; *Bundeskartellamt*, aaO, Rdnr. 4 f.
[162] vgl. *Kommission*, Mitteilung der Kommission über den Erlass und die Ermäßigung von Geldbußen in Kartellsachen („Bonusregelung"), ABl. EG 2006, C 298/17, Rdnr. 12 lit. b; *Bundeskartellamt*, Bekanntmachung über den Erlass und die Reduktion von Geldbußen in Kartellsachen, Rdnr. 7; zur Pflicht der Inanspruchnahme für Vorstand und Aufsichtsrat vgl. *Säcker*, WuW 2009, 362.

B. Management der Compliance – Aufgaben

Soweit **eine Kronzeugenregelung in Betracht** kommt, ist das Risiko der Offenlegung gegen die mit diesem Vorgehen verbundenen Chancen, ein Bußgeld zu vermeiden oder zu verringern, abzuwägen. Zu den Risiken zählen etwa, dass Straftaten (§§ 263, 298 StGB) und Verletzungen von Kartellrecht von einer Bonusregelung nicht erfasst sind, weitere Kartellverletzungen durch die Ermittlungen ans Tageslicht kommen können, andere Behörden Kenntnis vom Kartellverstoß erlangen, aber keine Bonusregelungen in deren Zuständigkeit anwendbar sind, Schäden im Unternehmensrenommee und den Beziehungen mit Kunden und Kooperationspartnern entstehen. Schließlich ist eine erleichterte Durchsetzung von Schadensersatzansprüchen nach Erlass eines Bescheides der Kartellbehörden möglich (§ 33 IV 1 GWB, § 840 BGB). 131

Die typischerweise entstehenden Probleme einer solchen freiwilligen Kooperation mit Kartellbehörden werden durch das Akteneinsichtsrecht für Verletzte (§ 406e StPO) und das internationale Discovery-Verfahrens in common law Staaten,[163] jeweils zur Vorbereitung von Schadensersatzansprüchen, begünstigt. In die Chance-/Risikoabwägung muss auch das mögliche Verhalten anderer Kartellanten einbezogen werden, ohne dass es allerdings zu einer Absprache zu diesem Thema kommen darf, da dies einen abermaligen Kartellverstoß darstellen kann. Welche Kartellbehörden zuständig sind, richtet sich nach den betroffenen Märkten, auf denen sich das kartellrechtswidrige Verhalten verwirklicht hat, was eine zeitgleiche Anzeige gegenüber mehreren Kartellbehörden nötig machen kann. Soweit Straftaten im Raum stehen, ist zeitgleich eine Selbstanzeige der Handelnden resp. möglicher Garanten (§ 13 StGB) bei der zuständigen Staatsanwaltschaft zu erwägen, da entsprechende Erkenntnisse vom Bundeskartellamt an die Strafverfolgungsbehörden weitergegeben werden. Gleiches sollte im Fall kartellrechtlicher Ermittlungen erfolgen, wenn Hinweise für strafrechtlich relevante Umstände bestehen, um den strafrechtlich Verantwortlichen diesen Milderungsgrund nicht unnötig abzuschneiden. 132

Auch ohne Nutzung einer Kronzeugenregelung wird eine Kooperationsbereitschaft als **positives Nachtatverhalten** bußgeldmindernd gewertet werden. Darüber hinaus ist im Rahmen eines bereits initiierten Verfahrens an eine einvernehmliche Lösung mit den Kartellbehörden zu denken.[164] Soweit die Kronzeugenregelung nicht in Anspruch genommen wird, die Kartellbehörden aber auch noch nicht von dritter Stelle Kenntnis von der Verletzung von Art. 101 AEUV oder § 1 GWB erlangt haben, ist die Kartellverletzung dokumentierbar zu beenden. Hierbei muss im Rahmen von Dauerdelikten von dem bisherigen Verhalten erkennbar abgerückt werden, was bei klassischen Kartellen unter Aspekten des Gefangenen-Dilemmas nicht einfach ist, ist doch zu befürchten, dass andere Kartellanten in diesem Fall die Bonusregelung als erste nutzen, wenn sie Kenntnis davon erhalten, dass andere Mitglieder des Kartells von den getroffenen Vereinbarungen oder dem abgestimmten Verhalten (zu Preisen, Kunden, Gebieten oder Produktion) Abstand nehmen. Mit einer Beendigung des kartellrechtswidrigen Zustandes beginnt die Verfolgungsverjährung von fünf Jahren, Art. 25 Abs. 1 lit. b VO 1/2003, § 81 VIII 2 GWB, § 31 III 1 OWiG, was allerdings die Frist für die Geltendmachung von Schadensersatzansprüchen (§ 33 III GWB, § 199 III BGB) und der Nichtigkeit einer Vereinbarung respektive Unwirksamkeit einer kartellrechtswidrigen Transaktion unberührt lässt. 133

4. Grenzen der Aufklärung

a) Grenzen innerhalb der Unternehmensorganisation

Alle unternehmensinternen Aufklärungsaktivitäten unterliegen gesetzlichen Vorgaben
– des Datenschutzes (§ 4, 27, 28, 6b BDSG),
– des Schutzes der Telekommunikation (§§ 88 ff, 91 ff. TKG),
– der Mitbestimmung (§ 87 I Nr. 1, 3, 6 BetrVG), und
– des Persönlichkeitsschutzes (Art. 2 I in Verb. m. Art. 1 I GG). 134

---

[163] *Klusmann* in Wiedemann, § 57 GWB, Rn. 93j.
[164] *Hirsbrunner*, EuZW 2011, 12; *Soltész,* BB 2010, 2123

135 Standardisierungen der Prüfungstätigkeit werden in dem Deutschen Institut für Interne Revision (DIIR) als auch durch die Normierungsinstitute DIN/EN bzw. ISO für Qualitätsanforderungen veröffentlicht. Internationale Unternehmen haben darüber hinaus die im jeweiligen Geschäftsbereich geltenden Regeln anzuwenden, dazu gehören bspw. die Regelungen für Kapitalmarktrelevante Veröffentlichungen (WpHG, SEC-Act von 1934 und Verlautbarungen der SEC), das Antikorruptionsgesetz (FCPA) und der Sarbanes-Oxley-Act von 2002.

b) Offenheit und Heimlichkeit

136 Interne offene Ermittlungen (Auswertungen von im Unternehmen der Geschäftsleitung zugänglichen Daten, Unterlagen und offene Befragungen von Mitarbeitern) sind nicht den gleichen Ablaufkontrollen und Zustimmungspflichten unterworfen. Sie haben – als private Ermittlungen – grds. neben dem Kernbereichsschutz der Grundrechte[165] auch die Mitbestimmungsgrenzen des BetrVG und das Datenschutzrecht (vgl. nachfolgend unter 5.) zu beachten. Auf Wunsch eines zu befragenden Mitarbeiters ist die Hinzuziehung des Betriebsrats zur Befragung gem. § 82 Abs. 2 S. 2 BetrVG möglich.[166] Interne heimliche Recherchen sind dagegen nur in der Öffentlichkeit oder auf der Grundlage von datenschutzrechtlichen Eingriffsermächtigungen (wozu auch wirksame Einwilligungen gehören) zulässig.

c) Strafrechtliche und bußgeldrechtliche Grenzen

137 Grenzen für alle Arten der unternehmensinternen Ermittlungen leiten sich auch aus individualschützenden Strafnormen ab:
– Schutz von Privat-, Geschäftsgeheimnissen und TK-Daten, §§ 201, 202a, 206 StGB,
– betrieblichen Datenschutz §§ 43, 44 BDSG,
– in der Beachtung des Diskriminierungsverbotes iSv. Art. 3 Abs. 1 GG, §§ 3, 11 AGG, auch §§ 185, 186 StGB; und
– in der Beachtung des Fernmeldegeheimnisses §§ 88, 89, 148 TKG.

138 Der oder die internen Ermittler haben sich auch vor dem Vorwurf einer Begünstigung oder Strafvereitelung (§§ 257, 258 StGB) oder gar der Beihilfe zur falschen Berichterstattung eines Unternehmens (§ 400 I AktG, § 38 II WpHG) vorzusehen.

139 Ein besonderes Problem aus strafprozessualer Sicht stellt die **Kontaminierung** von Beweisen[167] und die **Beweismittelfälschung** dar[168], weil dadurch der Beweiswert verringert wird. Eine solche Veränderung des personalen oder sachlichen Beweismittels allein durch die interne Aufarbeitung kann u. a. vorgebeugt werden, indem den Ermittlungsbehörden der Erstzugriff ermöglicht wird.

5. Datenschutzrechtliche Vorgaben

a) Datenschutzrecht als Limitierung einer Compliance

140 Um ein rechtskonformes Verhalten von Managern und sonstigen Mitarbeitern eines Unternehmens sicherzustellen und „Non-Compliance" zu verhindern *(Prävention)* oder aufzude-

---

[165] *Krey, V.* Interne Ermittlungen, 1994; *Salvenmoser/Schreier* in Achenbach/Ransiek Handbuch Wirtschaftsstrafrecht, 2. Aufl. 2007, Kap. XV: Private Ermittlungen, S. 1226 ff.
[166] Vgl. dazu die Grundsätze für Unternehmensanwälte des Strafrechtsausschusses der Bundesrechtsanwaltskammer: *Ignor,* CCZ 2011, 143; *Gerst,* CCZ 2012, 1; *v. Saucken/Ruhmannseder/Sidhu,* NJW 2011, 881.
[167] *Bernsmann* StraFo 1999, 226/227; *Dahs* StraFo 2000, 181, 182; *Dahs,* Handbuch des Strafverteidigers, Rz. 604; *Dornach,* NStZ 1995, 57; *Hammerstein,* NStZ 1997, 12 f; *Krekeler,* NStZ 1989, 148, 151; *Leipold,* StraFo 1998, 79; *Vehling,* StV 1992, 86, 89; BGHSt 10, 393/394; BGHSt 38, 345/351; BGHSt 45, 97, 103 (Fall Schneider); BGH NJW 2000, 1277 = BGHSt. 46, 30; OLG Düsseldorf, NStZ-RR 1998, 336; BRAK, Thesen der zur Strafverteidigung 1992, Nr. 55, 56.
[168] Es gilt die alte Weisheit (Prediger Kap. 1 V. 15): Was krumm ist, kann nicht gerade werden und was nicht da ist, kann man nicht zählen. Vielfach wird bei internen Aufklärungen aber versucht, sich ein einseitiges Bild von der Wahrheit zu machen, ohne einzelne Informationen in ein Gesamtbild einzuordnen, zu gewichten und dann bestimmende von nicht bestimmenden Merkmalen zu trennen (§ 267 IV StPO).

B. Management der Compliance – Aufgaben

cken und ggf. – z. b. im Wege der Geltendmachung von Unterlassungs- und Schadensersatzansprüchen, der Erklärung einer ggf. außerordentlichen Kündigung oder der Einleitung strafrechtlicher Schritte – zu verfolgen *(Repression)*, sind regelmäßig interne IT-Maßnahmen wie z. B. ein Datenscreening oder Überwachungsmaßnahmen erforderlich.[169] Die IT kann auch zur Aufklärung genutzt werden, bspw. die IT-gestützte Ermittlung von unternehmensschädigenden Handlungen *(Fraud Detection)* oder die Sicherung von Beweisen *(Litigation Support)*. Aufklärungsmaßnahmen im Unternehmen richten sich häufig an die dort vorhandene IT-Infrastruktur. Für Ermittler praktisch selten vorstellbar ist, dass das IT-Recht gerade dem kooperationswilligen Unternehmen Grenzen[170] setzt, die es weder zu Präventionszwecken noch im sog. Compliance-Krisenfall überschreiten darf. Bei allen Maßnahmen hat das Unternehmen das Datenschutzrecht strikt anzuwenden, das mit dem allgemeinen IT-Recht (und dem der Telekommunikation) eine Querschnittsmaterie bildet, die zu einem erheblichen Teil von öffentlich-rechtlichen Vorgaben und vertraglichen Bestimmungen beherrscht werden.

Bei Compliance-bezogenen Maßnahmen werden personenbezogene Daten (i. S. v. § 3 Abs. 1 BDSG) von Mitarbeitern oder ggf. auch Dritten erhoben, verarbeitet oder genutzt. Ein solcher Eingriff in das Allgemeine Persönlichkeitsrecht der Betroffenen (Art. 1 Abs. 1, Art. 2 Abs. 1 GG) in Gestalt des Rechts auf informationelle Selbstbestimmung[171] ist aber gemäß § 4 Abs. 1 BDSG (bzw. den Parallelvorschriften in anderen datenschutzrechtlichen Regelungen) nur zulässig, soweit ein Gesetz wie bspw. das BDSG dies erlaubt oder anordnet oder der Betroffene wirksam eingewilligt hat **(Verbot mit Erlaubnisvorbehalt).** Die unbefugte Erhebung oder Verarbeitung personenbezogener Daten, die nicht allgemein zugänglich sind, stellt gemäß § 43 Abs. 2 Nr. 1 BDSG eine Ordnungswidrigkeit und unter den Voraussetzungen des § 44 BDSG eine Straftat dar.

Über die Einhaltung des Datenschutzrechts wacht der **betriebliche Datenschutzbeauftragte** (§ 4 f BDSG). Er ist in der Regel in allen Unternehmen eingerichtet, in denen in der Regel mehr als neun Personen ständig mit der automatisierten Verarbeitung personenbezogener Daten beschäftigt sind (§ 4 f Abs. 1 S. 4 BDSG) oder die automatisierte Verarbeitungen vornehmen, die – wie viele Compliance-Maßnahmen – einer Vorabkontrolle unterliegen (§ 4 f Abs. 1 S. 6 BDSG i. V. m. § 4d Abs. 5 BDSG). Der – sowohl externe als auch interne – betriebliche Datenschutzbeauftragte ist unmittelbar der Unternehmensleitung zu unterstellen (§ 4 f Abs. 3 S. 1 BDSG) und hat auf die Einhaltung der Vorschriften über den Datenschutz hinzuwirken (§ 4g Abs. 1 S. 1 BDSG); die Entscheidungskompetenz und damit Verantwortung bleibt allerdings bei der Unternehmensleitung (siehe auch § 4g Abs. 2a BDSG für den Fall, dass keine Pflicht zur Bestellung eines betrieblichen Datenschutzbeauftragten besteht). Dem betrieblichen Datenschutzbeauftragten steht ein Zeugnisverweigerungsrecht und der Schutz vor Beschlagnahme bei strafprozessualen Maßnahmen zur Seite (§ 4 f Abs. 4a BDSG).

b) Einzelne Compliance-Instrumente im Licht des Datenschutzes

Eine generelle **Videoüberwachung** aller sonst gegen Einblick besonders geschützten Räume ist gem. § 201a StGB wegen Verletzung des höchstpersönlichen Lebensbereichs durch Bildaufnahmen verboten (z. B. Toiletten, Duschen oder Umkleideräume; nicht aber Büro-Arbeitsplatz des Arbeitnehmers. Im Übrigen ist eine Videoüberwachung von Beschäftigten am Arbeitsplatz nur nach § 32 Abs. 1 BDSG zu beurteilen, dagegen eine Videoüberwachung in „öffentlich zugänglichen Räumen" nach § 6b BDSG, und zwar – soweit arbeitsplatzimmanent – auch von Beschäftigten.[172] oder die Durchführung von Videoüberwachung zum Schutz des Vermögens oder zur Sicherheit der Beschäftigten und damit der Abschre-

---

[169] *Moosmayer*, Compliance, S. 88 ff.; *Müller-Bonani*, AnwBl 2010, 651.
[170] ArbG Berlin, Urt. v. 18.02.2010, 38 Ca 12879/09, MMR 2011, 70 = CCZ 2010, 158 m.Anm. *Götz*; *Ernst*, NJOZ 2011, 953; *Hauschka/Salvenmoser*, NJW 2010, 331; *Maschmann*, NZA-Beil. 2012, 50; *Mengel*, CCZ 2008, 85; *Schürrle/Olbers*, CCZ 2010, 102.
[171] grundlegend BVerfG v. 15.12.1983 – 1 BvR 209/83 u. a. – NJW 1984, 419.
[172] *Thüsing*, Arbeitnehmerdatenschutz und Compliance, 2010, S. 155 ff..

ckung von möglichen Straftätern und der Sicherung von Beweismaterial für die Verfolgung zivilrechtlicher Ansprüche in Betracht.[173]

144 Das **Abhören und Aufzeichnen von Gesprächen** von Mitarbeitern ist gem. § 201 StGB (Vertraulichkeit des Wortes) untersagt.

145 Verboten ist auch das **Abhören und Aufzeichnen von Ferngesprächen** speziell bei erlaubter Nutzung der Telefonanlage des Arbeitgebers für private Zwecke § 206 StGB (Fernmeldegeheimnis, vgl. Art. 10 GG und § 88 TKG),

146 Als Maßnahmen kommt auch ein **Datenscreening** auf dem IT-System in Betracht.[174] Hierbei handelt es sich um eine dem Arbeitgeber erlaubte Maßnahme, wenn dadurch nicht Mail-Konten einzelner Benutzer angesprochen werden.

147 Ebenso sind das **Überwachen und Filtern von E-Mails** bei erlaubter Nutzung des betrieblichen E-Mail-Dienstes für private Zwecke gem. § 206 StGB verboten[175] (subsidiär zu § 206 StGB gilt auch § 202b StGB (Abfangen von Daten) bzw. bei Vorbereitungsmaßnahmen § 202c StGB). Wenn der Schutz des § 206 StGB endet, folgt der Schutz durch das allgemeine Datenschutzrecht nach.[176]

148 Der **Zugriff auf Daten**, die ein Mitarbeiter **auf einem Datenträger** (z. B. auf der Festplatte seines PC, auf einem USB-Stick) gegen unberechtigten Zugang besonders gesichert hat (z. B. durch selbst gewählte Verschlüsselung) gilt § 202a StGB (Ausspähen von Daten). Allerdings wird die Norm nicht angewendet auf Zugangsdaten des dienstlichen PC, da hier keine Sicherung gegenüber dem Arbeitgeber erfolgt.

149 Die Einrichtung einer sog. „**wistleblower-Hotline**" also eines IT-gestützten Hinweisgebersystems bedarf einer datenschutzrechtlichen Prüfung.[177] Sie sollte mit dem Datenschutzbeauftragten des Unternehmens durchgesprochen sein, da es erhebliche Überschneidungen mit Arbeitnehmerdaten und anderen geheimnisgeschützten Daten des Unternehmens geben kann.

c) Eingriffsvoraussetzungen

150 Im Arbeitnehmerdatenschutzrecht sind **repressive Maßnahmen** (z. B. eine verdeckte Videoüberwachung zur Aufdeckung von Vermögensdelikten[178] gegenüber Beschäftigten (i. S. v. § 3 Abs. 11 BDSG) nur nach Maßgabe von § 32 Abs. 1 S. 2 BDSG zulässig: Zur Aufdeckung von Straftaten dürfen personenbezogene Daten eines Beschäftigten nur dann erhoben, verarbeitet oder genutzt werden, wenn – wie gem. § 100 Abs. 3 TKG und § 15 Abs. 8 TMG – zu dokumentierende tatsächliche Anhaltspunkte den Verdacht begründen, dass der Betroffene im Beschäftigungsverhältnis eine Straftat begangen hat, die Erhebung, Verarbeitung oder Nutzung zur Aufdeckung erforderlich ist und das schutzwürdige Interesse des Be-

---

[173] *Thüsing*, Arbeitnehmerdatenschutz und Compliance, 2010, S. 155 ff.; *Grimm/Schiefer*, RdA 2009, 329, *Freckmann/Wahl*, BB 2008, 1904, *Dann/Gastell*, NJW 2008, 2945, *Maties*, NJW 2008, 2219 und *Bayreuther*, NZA 2005, 1038

[174] *Thüsing*, Arbeitnehmerdatenschutz und Compliance, 2010, S. 75 ff., *Bierekoven*, CR 2010, 203, *Brink/Schmidt*, MMR 2010, 592, *Salvenmoser/Hauschka*, NJW 2010, 331, *Mähner*, MMR 2010, 379, *Heldmann*, DB 2010, 1235 ff., *Wybitul*, BB 2009, 1582 ff., *Kock/Franke*, NZA 2009, 646, *Schneider*, NZG 2009, 1321.

[175] OLG Karlsruhe v. 10.1.2005 – 1 Ws 152/04 – MMR 2005, 178; *Thüsing*, Arbeitnehmerdatenschutz und Compliance, 2010, S. 93 ff.; *Heidrich*, CR 2009, 168; *Sassenberg/Lammer*, DuD 2008, 461; *Sauer*, K&R 2008, 399; *Schmidl*, MMR 2005, 343; *Heidrich*, MMR 2005, 181; *Cornelius/Tschoepe*, K&R 2005, 269.

[176] BVerfG v. 16.6.2009 – 2 BvR 902/06 – NJW 2009, 2431, VG Frankfurt v. 6.11.2008 – 1 K 628/08.F – CR 2009, 125 und *Hoppe/Braun*, MMR 2010, 80.

[177] Vgl. dazu *von Zimmermann*, WM 2007, 1060, *ders.*, RDV 2006, 242, *Wisskirchen/Körber/Bissels* BB 2006, 1567; s.a. die Empfehlung der Art. 29-Arbeitsgruppe der EU-Datenschutzbeauftragten (Working Paper 117 vom 1.2.2006) und den Arbeitsbericht der Ad-hoc-Arbeitsgruppe „Beschäftigtendatenschutz" des Düsseldorfer Kreises von 2007

[178] BAG v. 27.3.2003 – 2 AZR 51/02 – NJW 2003, 3436, LAG Sachsen-Anhalt v. 15.4.2008 – 11 Sa 522/07 und ArbG Freiburg v. 7.9.2004 – 4 Ca 128/04.

B. Management der Compliance – Aufgaben

schäftigten an dem Ausschluss der Erhebung, Verarbeitung oder Nutzung nicht überwiegt, insbesondere Art und Ausmaß im Hinblick auf den Anlass nicht unverhältnismäßig sind.

Jenseits dessen, z. B. für **präventive Maßnahmen,** dürfen personenbezogene Daten eines Beschäftigten für Zwecke des Beschäftigungsverhältnisses erhoben, verarbeitet oder genutzt werden, wenn dies für die Entscheidung über die Begründung eines Beschäftigungsverhältnisses oder nach Begründung des Beschäftigungsverhältnisses für dessen Durchführung oder Beendigung erforderlich ist (§ 32 Abs. 2 S. 1 BDSG). Die Beteiligungsrechte der Interessenvertretung der Beschäftigten, bspw. des Betriebsrats, bleiben gemäß § 32 Abs. 3 BDSG unberührt.[179] 151

Daneben[180] kann sich eine gesetzliche Erlaubnis auch aus § 28 Abs. 1 S. 1 Var. 2 BDSG ergeben. Für Zwecke außerhalb des Beschäftigungsverhältnisses bleibt § 28 BDSG ungeachtet dessen anwendbar. 152

Ohne einen gesetzlichen Erlaubnistatbestand kommt es auf eine wirksame **Einwilligung des Betroffenen** an (§ 4a BDSG). Die Einwilligung bedarf zu ihrer Wirksamkeit grundsätzlich der Schriftform (§ 4a Abs. 1 S. 3 BDSG; zur elektronischen Einwilligung siehe § 13 Abs. 2, 3 TMG). Damit der Betroffene eine informierte Einwilligung erklären kann, muss er jedenfalls auf den vorgesehenen Zweck der Erhebung, Verarbeitung oder Nutzung seiner Daten hingewiesen werden (§ 4a Abs. 1 S. 2 BDSG). So lässt sich die Reichweite der Einwilligung ermitteln. Bei einer Einwilligungen eines Arbeitnehmers gegenüber dem Arbeitgeber, insbesondere im Arbeitsvertrag, besteht regelmäßig Anlass zur Prüfung, ob sie auf der freien Entscheidung des Arbeitnehmers beruht, was Voraussetzung für die Wirksamkeit ist (§ 4a Abs. 1 S. 1 BDSG). Vorformulierte Einwilligungserklärungen unterliegen zudem einer Inhaltskontrolle gemäß §§ 305 ff. BGB, bei Arbeitsverträgen besonders i. V. m. § 310 Abs. 4 S. 2, 3 BGB. 153

IT-basierte Compliance-Maßnahmen unterliegen regelmäßig der Mitbestimmung (gem. § 87 Abs. 1 Nr. 6 BetrVG). Durch den Abschluss einer **Betriebsvereinbarung** lassen sich Aufwand und Formalitäten in engen Grenzen halten. Betriebsvereinbarungen können zwar auch zu Ungunsten der Arbeitnehmer von den Regelungen des BDSG abweichen, müssen dabei aber gem. § 75 Abs. 2 S. 1 BetrVG den Grundsätzen über den Persönlichkeitsschutz der Arbeitnehmer im Arbeitsverhältnis Rechnung tragen.[181] 154

Der Einsatz externer Dienstleister zur Erhebung und Verarbeitung (einschließlich Speicherung und Auswertung) von personenbezogenen Daten nach den Weisungen des Auftraggebers kann eine **Auftragsdatenverarbeitung** (§ 11 BDSG) sein. Innerhalb eines solchen Verhältnisses ist für die Erhebung oder Verarbeitung personenbezogener Daten keine weitere Einwilligung des Betroffenen und auch kein weiterer Erlaubnistatbestand erforderlich (§ 3 Abs. 8 S. 3 BDSG). Bei einem Verstoß gegen die Vorgaben des § 11 BDSG liegt eine Ordnungswidrigkeit gem. § 43 Abs. 1 Nr. 2b Var. 1 BDSG vor. 155

Werden Rechtsanwälte mit Compliance-Maßnahmen beauftragt, handelt es sich allerdings regelmäßig nicht um eine Auftragsdatenverarbeitung i. S. v. § 11 BDSG, sondern um eine Funktionsübertragung. Zudem gehen die berufsrechtlichen Regelungen der BRAO zum Datenschutz in ihrem Anwendungsbereich dem BDSG vor (§ 1 Abs. 3 S. 1, 2 BDSG). 156

Für die konkrete Maßnahme kann eine **gesetzliche Erlaubnis** vorhanden sein. Nur bei Festlegung des konkreten Zwecks lassen sich die passenden Erlaubnistatbestände identifizieren. 157

d) Verstöße gegen Datenschutzrecht

Verstöße gegen Datenschutzrecht stellen gem. § 43 BDSG (bzw. entsprechenden Sondervorschriften) **Ordnungswidrigkeiten** dar.[182] Der § 43 Abs. 1 BDSG sanktioniert dort nor- 158

---

[179] *Zimmer/Heymann,* BB 2010, 1853.
[180] Das ist umstritten; BT-Drs. 16/13657, S. 35 lässt eine abschließende Regelung annehmen, dagg. mit guten Argumenten: *Hanloser,* MMR 2009, 594.
[181] BAG NJW 2005, 313, NZA 2008, 1187.
[182] Prominente Anwendungsfälle sind die Datenschutzskandale bei der Deutschen Bahn AG (1,12 Mio. € Bußgeld, ZDNet v. 23.10.2009), Lidl (1,5 Mio. € Bußgeld, Zeit-Online v. 6.4.2009) und der Deutschen Telekom AG (Bußgelder und Strafen, WiWo v. 6.10.2010); vgl. *Diller,* BB 2009, 438; *Mähner,* MMR 2010, 379; *Maschmann,* NZA-Beil. 2012, 50.

mierte Verstöße mit einer Geldbuße bis zu 50000,00 €, der § 43 Abs. 2 BDSG die dort geregelten Verstöße bis zu 300000,00 € (§ 43 Abs. 3 S. 1 BDSG). Die Geldbuße soll den wirtschaftlichen Vorteil, den der Täter aus der Ordnungswidrigkeit gezogen hat, übersteigen (§ 43 Abs. 3 S. 2 BDSG). Reichen die in § 43 Abs. 3 S. 1 BDSG genannten Beträge hierfür nicht aus, so können sie überschritten werden (§ 43 Abs. 3. S. 3 BDSG). Die Sanktion kann sich sowohl gegen das Unternehmen (§ 30 OWiG) als auch gegen die handelnden Unternehmensleiter und -Mitarbeiter richten. Bei Ordnungswidrigkeiten gilt das Einheitstäterprinzip.

159 Gem. § 44 BDSG können Datenschutzrechtsverstöße auch **Straftaten** darstellen.[183] Daneben kommen je nach Compliance-Maßnahme weitere Straftatbestände in Betracht (bspw. §§ 201, 201a, 202a, 202b, 202c, 206 StGB). Die Sanktionen können – jenseits der Zurechnung nach § 14 StGB – auch die **Unternehmensleitung persönlich** treffen, und zwar als Täter (§ 25 StGB), Anstifter (§ 26 StGB) oder Gehilfe (§ 27 StGB).

160 Darüber hinaus drohen **öffentlich-rechtliche Maßnahmen der Datenschutzaufsicht** (§ 38 Abs. 1 S. 1 BDSG). So kann das Unternehmen zur Auskunft aufgefordert werden (§ 38 Abs. 3 BDSG). Dem Landes-Datenschutzbeauftragen steht auch ein Betretungs-, Besichtigungs- und Prüfungsrecht zu (§ 38 Abs. 4 BDSG). Maßnahmen zur Beseitigung festgestellter Datenschutzverstöße können ebenfalls angeordnet werden (§ 38 Abs. 5 BDSG). Die Datenschutzaufsicht kann zum Zweck der Aufsicht zudem Informationen an andere Aufsichtsbehörden übermitteln (§ 38 Abs. 1 S. 4, 6 BDSG), so dass ggf. ergänzend gewerbeaufsichtsrechtliche Maßnahmen drohen (§ 38 Abs. 7 BDSG).

---

[183] LG Bonn, Urt. v. 30.11.2010, 23 KLs 10/10, BeckRS 2011, 11161 (Geldstrafen und 3,5 Jahre Freiheitsstrafe für den Chef der Konzernsicherheit der Deutsche Telekom AG wegen Untreue, Betrug und Bruch des Fernmeldegeheimnisses gem. § 206 StGB); dazu BGH, B. v. 10.10.2012, 2 StR 591/11, HRRS 2013, Nr. 185.

6. Kapitel.
Geldwäsche

Literatur: *Arzt, G.*, Geldwäsche und rechtsstaatlicher Verfall, JZ 1993, 913; *ders.*, Zum Anwendungsbereich des Geldwäschetatbestandes, JR 1999, 79; *Barton, S.*, Das Tatobjekt der Geldwäsche, NW 1993, 159; *ders.*, Sozial übliche Geschäftstätigkeit und Geldwäsche, Strafverteidiger 1993, 156; *Bernsmann, K.*, Geldwäsche und Vortatkonkretisierung, Strafverteidiger 1998, 46; *Bittmann, V./Rosner M.*, Ein Beitrag zum Umfang der Verwendungsbeschränkungen in den §§ 10 und 11 Abs. 5 des Geldwäschegesetzes, wistra 1995, 166; *Boetticher, A.*, Internationale organisierte Wirtschaftskriminalität, ZRP 1999, 144; *Brüning, J.*, Die Strafbarkeit des Insolvenzverwalters wegen Geldwäsche gem. § 261 StGB wistra 2006, 241 ff.; *Burger, A.*, Die Einführung der gewerbs- und bandenmäßigen Steuerhinterziehung sowie aktuelle Änderungen im Bereich der Geldwäsche, wistra 2002, 1; *Burr, C.*, Die Strafbarkeit wegen Geldwäsche bei Auslandstaten, wistra 1995, 255; *Bülte, J.*, Der strafbefreiende Rücktritt vom vollendeten Delikt: partielle Entwertung der strafbefreienden Selbstanzeige gem. § 371 AO durch § 261 StGB? ZStW 122, 550; *Carl, D./Klos, J.*, Der Anfangsverdacht der Geldwäsche, wistra 1995, 32; *dies.*, Geldwäsche und Datenweitergabe zu Besteuerungszwecken, DStZ 1994, 68; *dies.*, Neue Zuständigkeit der Bußgeld- und Strafsachenstellen zur Verfolgung von Ordnungswidrigkeiten nach dem Geldwäschegesetz, StW 1995, 66; *dies.*, Verdachtsmeldepflicht und Strafaufhebung in Geldwäschefällen, wistra 1994, 161; *Dahm, J./Hamacher R.*, Geldwäschebekämpfung und strafrechtliche Verfahrensgarantien, wistra 1995, 206; *Diergarten/Reiner*, Geldwäscheverdachtsfälle, 2001; *Diergarten/Schmid*, Geldwäsche, 2006; *Findeisen, M.*, Geldschebekämpfung im Zeitalter des Electronic Banking, Kriminalistik 1998, 107; *ders.*, Deliktsspezifische Strukturprävention gegen Geldwäsche im Finanzsektor, WM IV 1998, 2410; *ders.*, Der Präventionsgedanke im Geldwäschegesetz, wistra 1997, 121; *Frey, M.*, Geldwäsche – Die Achillesferse der Organisierten Kriminalität, Kriminalistik 1994, 337; *Fülbier, A.*, Die Umsetzung der EG-Richtlinie zur Bekämpfung der Geldwäsche in Luxemburg, wistra 1996, 49; *Fülbier/Aepfelbach/Langweg*, Kommentar zum Geldwäschegesetz, 5. Auflage, 2006; *Gotzens/Schneider*, Geldwäsche durch Annahme von Strafverteidigerhonoraren, wistra 2002, 121; *Harder*, Geldwäschebekämpfung durch Finanzermittlungen, Lehr- und Studienbriefe Kriminalistik Nr. 25, VDP Hilden, Januar 1999; *Hardtke, F./Leip, C.*, Der Zusammenhang von Vortat und Gegenstand der Geldwäsche unter besonderer Berücksichtigung der Vermengung von Giralgeld, wistra 1997, 281; *Hasse, A.*, Das Verhältnis des Geldwäschegesetzes zur Legitimationsprüfungspflicht nach § 154 AO, WM IV 1995, 1941; *Haurand, G.*, Das Geldwäschegesetz und seine Bedeutung bei der Verfolgung der organisierten Kriminalität, DuD 1994, 204; *Herzog/Mülhausen*, Geldwäschebekämpfung und Gewinnabschöpfung, 2006; *Hetzer, W.*, Bekämpfung der Organisierten Kriminalität durch Bekämpfung der Geldwäsche, wistra 1993, 286; *ders.*, Finanzbehörden im Kampf gegen Geldwäsche und organisierte Kriminalität, JR 1999, 141; *ders.*, Geldwäschebekämpfung oder Staatsbankrott, Kriminalistik 1999, 220; *ders.*, Vermögenseinziehung, Geldwäsche, Wohnraumüberwachung, wistra 1994, 176; *ders.*, Organisierte Kriminalität: Geldflußkontrolle und Besteuerung in „Der Kriminalist" 1998, S. 260; *ders.*, Elektronische Geldwäsche, Kriminalistik 2002, 123; *Heghmanns, M.*, Strafbarkeit des „Phishing" von Bankkontendaten und ihrer Verwertung, wistra 2007, 167; *Helmers, G.*, Zum Straftatbestand der Geldwäsche (§ 261 StGB): Beispiel einer rechtsprinzipiell verfehlten Strafgesetzgebung, ZStW 121, 509; *Helmrich, J.*, Handelsunternehmen und Geldwäsche, NJW 2009, 3686; *Huber, B.*, Das Bankgeheimnis der Nachrichtendienste, NJW 2007, 881; *Jasinski, D.*, Das Problem der Geldwäsche in Polen, VW 1998, 395; *Kis, J.*, Doppelter Anfangsverdacht bei der Geldwäsche, wistra 1997, 236; *Klugmann, M.*, Das Gesetz zur Optimierung der Geldwäscheprävention und seine Auswirkungen auf die anwaltliche Praxis, NJW 2012, 641; *Kögel, A.*, Die Strafbarkeit des „Finanzagenten" bei vorangegangenem Computerbetrug durch „Phishing", wistra 2007, 206; *Körner, H.*, Verurteilung wegen Geldwäsche bei möglicher Beteiligung an der Vortat, wistra 1995, 311; *Körner, O.*, Rechtsprechungsübersicht zu Geldwäschedelikten in Deutschland und in der Schweiz, NStZ 1996, 64; *Kreß, C.*, Das neue Recht der Geldwäschebekämpfung, wistra 1998, 121; *Löwe-Krahl, O.*, Das Geldwäschegesetz – ein taugliches Instrumentarium zur Verhinderung der Geldwäsche?, wistra 1994, 121; *ders.*, Die Strafbarkeit von Bankangestellten wegen Geldwäsche nach § 261 StGB, wistra 1993, 123; *ders.*, Geldwäsche in Achenbach/Ransiek, Handbuch Wirtschaftsstrafrecht, 2004; *Mansdörfer, M.*, Der internationalstrafrechtliche Geltungsbereich des Geldwäschetatbestandes, HRRS 2009, 252; *Melzer, W.*, Das neue Gesetz zur Bekämpfung der Geldwäsche in der Tschechischen Republik, wistra 1997, 54; *Neuheuser, S.*, Die Strafbarkeit des Bereithaltens und Weiterleitens des durch „Phishing" erlangten Geldes, NStZ 2008, 492; *Otto, H.*, Das strafrechtliche Risiko der gesetzlichen Vertreter und Geldwäschebeauftragten der Kreditinstitute nach dem Geldwäschegesetz, wistra 1995, 323; *Petropoulos, V.,* Der Zusammenhang von Vortat und Gegenstand in § 261 StGB, wistra 2007, 241; *Püttner, N.,* Geldwäsche und die Achillesferse des Organisierten Verbrechens, Kriminologisches Journal 1995, 257; *Ransiek, A.,* Strafbare Geldwäsche an Gegenständen aus Auslandstaten, EWiR 1994, 1129; *Rock, J.P./Seifert, M.,* Abwicklung von Kreditkartenzahlungen für unerlaubtes Glücksspiel – ein Fall strafbarer Geldwäsche? ZBB 2009, 377; *Rossmüller/Scheinfeld,* Telefonüberwachung bei Geldwäscheverdacht, wistra 2004, 52; *Rübenstahl,M./Stapelberg, F.,* Anwaltliche Forderungsbeitreibung in bemakeltes Vermögen – grundsätzlich keine Geldwäsche! NJW 2010, 3692; *Ruppert, S.,* Gesetz zur Optimierung der Geldwäscheprävention: Neue Pflichten für Steuerberater, DStR 2012,100; *Scherp, K.,* Internationale Tendenzen der Geldwäschebekämpfung, wistra 1998, 81; *ders.,* Geldwäsche durch Strafverteidiger, NJW 2001, 3242; *Siska, J.,* Geldwäsche – Die österreichische Variante, Kriminalistik 1997, 169; *Spatscheck/Wulf,* „Schwere Steuerhinterziehung" gemäß § 370a AO, NJW 2002, 2983; *Stellpflig, M.,* Die Umsetzung der EG-Richtlinie 91/308/EWG zur Bekämpfung der Geldwäsche in Großbritannien, wistra 1994, 257; *Wegner, C.,* Das Geldwäschebekämpfungsgesetz – Neue Pflichten für rechtsberatende Berufe und verfahrensrechtliche Besonderheiten, NJW 2002, 2276; *Weigend, E.,* Geldwäsche im polnischen Strafrecht, Zeitschrift für die gesamten Strafrechtswissenschaften 108, 416; *Wulf, M.,* Telefonüberwachung und Geldwäsche im Steuerstrafrecht, wistra 2008, 321; *Zöller, M.,* Beteiligungen an kriminellen und terroristischen Vereinigungen als Vortat der Geldwäsche, Roxin-FS 80 (2011), 1033.

Inhaltsübersicht

	Rn.
Vorbemerkung	1, 2
1. Der Tatbestand nach § 261 StGB .	3–18
a) Entwicklung	3, 4
b) Die Regelung des § 261 StGB	5–18
aa) die Vortat	5
bb) der Tatgegenstand	6–11
cc) die Tathandlung	12
dd) der subjektive Tatbestand	13, 14
ee) Strafausschließungsgründe nach § 261 Abs. 9 StGB	15, 16
ff) Verhältnis der Geldwäsche zur Hehlerei	17
gg) keine Strafbarkeit bei besonderen Berufsgruppen?	18
2. Das Geldwäschegesetz	19, 20
3. Formen der Geldwäsche	21–29a
a) Verdeckte Treuhandschaft	22
b) Bargeldgeschäfte	23
c) Geldwechselgeschäfte	24
d) Geldtransfersysteme	25
e) Underground-Banking oder Havala-Banking	26
f) Über- oder Unterfakturierung von Rechnungen	27
g) Loan back	28
h) Tarnunternehmen	29
4. Die Pflichten nach dem GwG	30–46
a) Adressaten	30
b) Die Identifizierungspflicht	31–36
c) Die Aufzeichnungspflicht	37
d) Die Pflicht zur internen Sicherung gegen Geldwäsche	38–40
e) Die Verdachtsanzeigepflicht	41–44
f) Fortsetzung der Geschäftsbeziehung nach einer Geldwäscheanzeige	45, 46
5. Der Ablauf des Clearingverfahrens	47–61
a) Die Anzeige	47, 48
b) Zuständigkeit und Erfassung	49–51
c) Einstellung des Verfahrens	52
d) Anklage oder Abgabe	53–56
e) Verhältnis zur Finanzbehörde	56a–61
aa) Steuergeheimnis	57
bb) Mitteilungspflicht nach § 15 Abs. 2 GwG	58, 59
cc) Verwendungsbefugnis	60
dd) Steuerstrafverfahren	61
6. Schwierigkeiten bei der Umsetzung in der Praxis	62–65
a) Ausgangslage	62
b) Problemstellung	63
c) Auslandsbezug	64
d) Erfolge des Geldwäschegesetzes	65

Vorbemerkung

1 Die Bekämpfung der Geldwäsche ist ein relativ neues Rechtsgebiet, das im besonderen Maß von Regelungen und Standards im internationalen Kontext bestimmt wird. So fassten im Juli 1989 die Regierungschefs der G-7-Staaten während des Pariser Weltwirtschaftsgipfels den Beschluss, die Anstrengungen zur Bekämpfung der Geldwäsche zu verstärken und richteten die „Financial Action Task Force on Money Laundering" (FATF)[1] ein. Deutschland ist damit

---

[1] http://www.oecd.org/fatf/

eines der Gründungsmitglieder. Gegenwärtig gehören der FATF 34 Staaten und 2 internationale Organisationen (Europäische Kommission und Gulf Cooperation Council) an. Bereits im Februar 1990 legte die FATF einen Bericht mit 40 Empfehlungen zur Bekämpfung der Geldwäsche vor. Diese Empfehlungen bildeten die wesentliche Grundlage der Geldwäscherichtlinie des Rates der Europäischen Gemeinschaft vom 10.6.1991 (91/398/EWG). Durch diese Richtlinie wurden die Mitgliedstaaten der EU verpflichtet, gesetzgeberische Schritte und konkrete Verwaltungs- und Strafverfolgungsmaßnahmen zur Bekämpfung der Geldwäsche zu unternehmen.

In Deutschland wurde diese sog. 1. Geldwäscherichtlinie im Wesentlichen durch das Gesetz zur Bekämpfung des illegalen Rauschgifthandels und anderer Erscheinungsformen der Organisierten Kriminalität (1. OrgKG) im September 1992 und durch das Gesetz über das Aufspüren von Gewinnen aus schweren Straftaten, kurz Geldwäschegesetz (GwG), im November 1993 umgesetzt.

In Folge der Anschläge vom 11.9.2001 veröffentlichte die FATF im Oktober 2001 8 Sonderempfehlungen zur Bekämpfung der Terrorismusfinanzierung. Im Oktober 2004 folgte eine weitere Sonderempfehlung, weshalb inzwischen von den sogenannten 40+9 FATF-Empfehlungen gesprochen wird.

Als Geldwäsche (im weiteren Sinn) wird die Einführung von illegal erworbenen Gegenständen in den Finanzkreislauf unter Verschleierung der wahren Herkunft verstanden.

Aktuell ist die 3. Geldwäscherichtlinie des Europäischen Parlamentes und des Rates vom 26. Oktober 2005 (2005/60/EG) in Kraft.[2] Mit ihr wurde in Art. 44 auch die Geldwäscherichtlinie 91/308/EWG aufgehoben. Art. 45 der Richtlinie sah ihre Umsetzung in nationales Recht bis zum 25.12.2007 vor.[3] Der deutsche Gesetzgeber kam dieser Verpflichtung in mehreren Gesetzen schrittweise nach, so zuletzt mit dem Gesetz zur Optimierung der Geldwäscheprävention vom 22.12.2011.[4]

1. Der Tatbestand der Geldwäsche nach § 261 StGB

a) Entwicklung

§ 261 StGB wurde mit Wirkung zum 22.9.1992 in das Strafgesetzbuch durch das Gesetz zur Bekämpfung des illegalen Rauschgifthandels und anderer Erscheinungsformen der organisierten Kriminalität (OrgKG)[5] aufgenommen.

§ 261 StGB stellt eine Ergänzung zur Hehlerei (§ 259 StGB) dar. Wie bei der Geldwäsche bedarf es auch bei der Hehlerei einer Vortat, nämlich einer Straftat, die gegen fremdes Vermögen gerichtet ist. Unter Hehlerei fällt nur das Sich-Verschaffen von Sachen, d. h. körperlichen Gegenständen, nicht von Forderungen. Vor allem um diese Strafbarkeitslücke aufzufangen, wurde der Tatbestand der Geldwäsche in das Strafgesetzbuch aufgenommen.

Der Geldwäschetatbestand wurde in den Folgejahren mehrmals ergänzt. So wurde mit dem Gesetz zur Verbesserung der Bekämpfung der Organisierten Kriminalität vom 4.5.1998[6] der Katalog der Grundtaten erheblich erweitert.

Viel diskutierte und mehrfach umgestellte Änderungen betrafen Straftaten nach der Abgabenordnung als Vortaten der Geldwäsche. Aktuell ist der Straftatbestand der Steuerhinterziehung nach § 370 AO in den Vortatenkatalog des § 261 Abs. 1 S. 2 Nr. 4 b) StGB aufgenommen. Voraussetzung ist jedoch, dass die Steuerhinterziehung gewerbsmäßig oder von einem Mitglied einer Bande begangen wurde.

---

[2] Amtsblatt der Europäischen Union vom 25.11.2005 L 309/15 ff.
[3] Zu Einzelheiten *Fülbier/Aepfelbach/Langweg*, Kommentar zum Geldwäschegesetz, 5. A. Einleitung, Rn. 45 ff. und StGB vor § 261, Rn. 30 ff.
[4] BGBl. I S. 2959.
[5] BGBl. I S. 1302.
[6] BGBl. I S. 845.

Zuletzt wurde § 261 StGB durch das Gesetzes zur Verbesserung der Bekämpfung von Geldwäsche und Steuerhinterziehung (Schwarzgeldbekämpfungsgesetz) vom 28.4.2011[7] ergänzt. Hierdurch sollten die im Deutschland-Bericht der FATF vom 19.2.2010 benannten Defizite beseitigt werden. Im FATF-Bericht war kritisiert worden, dass Marktmanipulation, Insiderhandel und Produktpiraterie entgegen den 40+9-Empfehlungen bislang nicht Vortaten zur Geldwäsche in Deutschland waren. Das Schwarzgeldbekämpfungsgesetz setzte diese Empfehlung nunmehr um, indem die entsprechenden Straftatbestände in den Vortatenkatalog des § 261 Abs. 1 S. 2 Nr. 4 b) StGB aufgenommen wurden. Aus dem Wertpapierhandelsgesetz sind dies die Straftatbestände der Marktmanipulation und des Insiderhandels, § 38 WpHG. Da Produktpiraterie in Deutschland nicht in einem einzigen Straftatbestand geregelt ist, sondern in den jeweiligen Fachgesetzen, verweist Nr. 4 b) daher nunmehr auf das Markengesetz, das Urheberrechtsgesetz, das Gebrauchsmustergesetz, das Geschmacksmustergesetz, das Patentgesetz, das Halbleiterschutzgesetz sowie das Sortenschutzgesetz. Aus Gründen der Verhältnismäßigkeit gilt jedoch auch für diese Straftatbestände, dass sie nur dann Vortaten der Geldwäsche sind, wenn sie gewerbsmäßig oder von einem Mitglied einer Bande, die sich zur fortgesetzten Begehung solcher Taten verbunden hat, begangen worden sind.

b) Die Regelung des § 261 StGB

aa) die Vortat

Anders als der Straftatbestand der Hehlerei, der als Vortat jede gegen fremdes Vermögen gerichtete Tat bestimmt, ist in § 261 StGB eine ganze Reihe einzelner Vortaten aufgelistet.

Ziffer 1: Verbrechen gemäß § 12 Absatz 1 StGB, d. h. jeder Straftatbestand, der ein Strafmaß von mindestens einem Jahr Freiheitsstrafe aufweist. In der Praxis von Bedeutung sind hier Geldfälschung nach § 146 StGB, die Raubdelikte nach §§ 249 ff. StGB und aus dem Bereich des Betäubungsmittelgesetzes die §§ 29a, 30 und 30a BtMG.

Ziffer 2: Bestechlichkeit nach § 332 Abs. 1, auch in Verbindung mit Abs. 3 und Bestechung nach § 334 StGB. Das unerlaubte Anbauen, Herstellen, Handel treiben, Einführen (ohne gleichzeitig Handel zu treiben), Ausführen, Veräußern, Abgeben, sonst in den Verkehr Bringen, Erwerben oder sich in sonstiger Weise Verschaffen von Betäubungsmitteln gemäß § 29 Abs. 1 Ziffer 1 Betäubungsmittelgesetz sowie entsprechende Straftaten in Bezug auf Grundstoffe nach § 19 Abs. 1 Ziffer 1 Grundstoffüberwachungsgesetz.

Ziffer 3: Gewerbsmäßige Hinterziehung von Eingangsabgaben und gewerbsmäßiger Bannbruch nach § 373 Abs. 1 AO sowie bestimmte Qualifikationen des Schmuggels nach § 373 Abs. 2 AO, bei denen das Tatbestandsmerkmal der Gewerbsmäßigkeit insoweit nicht erforderlich ist, sowie die Steuerhehlerei nach § 374 AO, soweit der Täter gewerbsmäßig oder als Mitglied einer Bande handelt.

Ziffer 4: Hier sind eine ganze Reihe von Vergehen aus dem Strafgesetzbuch benannt, nämlich Fälschung von Zahlungskarten (§ 152a), Zuhälterei (§ 181a), Menschenhandel (§ 232 ff.), Diebstahl (§ 242), Unterschlagung (§ 246), Erpressung (§ 253), Hehlerei (§ 259), Betrug (§ 263), Untreue (§ 266), Urkundenfälschung (§ 267), Fälschung beweiserheblicher Daten (§ 269), mittelbare Falschbeurkundung (§ 271), unerlaubte Veranstaltung eines Glücksspiels (§ 284), umweltgefährdende Abfallbeseitigung (§ 326 Abs. 1, 2 und 4), unerlaubter Umgang mit radioaktiven Stoffen und anderen gefährlichen Stoffen und Gütern (§ 328 Abs. 1, 2 und 4) und Falschbeurkundung im Amt (§ 348). Hinzu kommen noch das Einschleusen von Ausländern (§ 96 Aufenthaltsgesetz), das Verleiten zu missbräuchlicher Asylantragstellung (§ 84 Asylverfahrensgesetz) und die Steuerhinterziehung (§ 370 AO). Ergänzt wurde dieser Katalog aufgrund des Schwarzgeldbekämpfungsgesetzes vom 28.4.2011 um Straftatbestände wegen Marktmanipulation, Insiderhandel und Produktpiraterie (s. o. Rn. 4). Bei allen diesen Vortaten ist Voraussetzung, dass sie **gewerbsmäßig oder bandenmäßig** begangen wurden.

Ziffer 5: Staatsschutzdelikte nach §§ 89a, 129, 129a und 129b.

Vortaten sind nach Absatz 8 auch solche Katalogtaten, die im Ausland begangen wurden, wenn die Tat auch am Tatort mit Strafe bedroht ist. Erforderlich ist, dass eine Katalogtat nach

---

[7] BGBl. I S. 676.

1. Der Tatbestand der Geldwäsche nach § 261 StGB

§ 261 Abs. 1 Satz 2 StGB vorliegt und die Tat am Tatort überhaupt mit Strafe bedroht ist. Nach dem Gesetzeswortlaut ist es nicht erforderlich, dass die Tat auch im Ausland eine Vortat für eine dort begangene Geldwäsche ist.

bb) der Tatgegenstand

Das Gesetz spricht in § 261 Abs. 1 Satz 1 StGB von „einem Gegenstand". Dies ist weit zu fassen. Darunter fallen nicht nur körperliche Gegenstände, sondern alles, was einen Vermögenswert darstellt, also auch Rechte und Forderungen;[8] von praktischer Bedeutung sind hier insbesondere Forderungen gegenüber Kreditinstituten (sog. Buchgeld).

Herrühren muss der Gegenstand aus einer Vortat. Auch dieses Tatbestandsmerkmal ist nach dem Willen des Gesetzgebers weit auszulegen. Bei einer Kette von Verwertungshandlungen fällt darunter – im Gegensatz zu § 259 StGB – auch das, was unter Beibehaltung des Wertes nach mehreren Transaktionen an die Stelle des ursprünglich bemakelten Gegenstandes getreten ist. Das mag nach einem präzisen sachenrechtlichen Verständnis nicht immer leicht verständlich sein, entspricht jedoch dem Willen des Gesetzgebers.[9]

Ein Korrektiv zu dem weiten Begriff des Herrührens findet sich in § 261 Abs. 6 StGB. Eine Tat ist dann nicht nach Absatz 2 – Absatz 1 ist hier nicht genannt – strafbar, wenn zuvor ein Dritter den Gegenstand erlangt hat, ohne hierdurch eine Straftat begangen zu haben. Einen zivilrechtlich wirksamen Eigentums- oder Rechtserwerb hindert die Eigenschaft als Tatobjekt jedoch nicht.

Die Vorschrift des § 261 Abs. 6 StGB ist dem Wortlaut nach äußerst problematisch. Nach der strengen grammatikalischen Auslegung wäre unter diesen Absatz folgender – allgegenwärtiger – Fall zu subsumieren: Der Vortäter zahlt einen Bargeldbetrag aus einer Katalogtat auf ein Bankkonto ein, der Bankangestellte schöpft in strafrechtlich nicht vorwerfbarer Weise keinen Verdacht, der Vortäter überweist den Betrag an einen Dritten, der die wahre Herkunft des ursprünglich einbezahlten Betrages kennt, und dieser hebt den Betrag von seinem Konto ab. Eigentlich wäre der Dritte hier nach § 261 Abs. 6 StGB straffrei. Dieses Ergebnis lag aber nicht im Bestreben des Gesetzgebers. Vielmehr liegt hier ein klassischer Fall der Geldwäsche vor. Da inzwischen auch Angestellte von Kreditinstituten wegen Geldwäsche belangt wurden, kann auch nicht argumentiert werden, dass Kreditinstitute und deren Mitarbeiter nicht Dritte im Sinne des § 261 Abs. 6 StGB sind. Hier wird man auf das Rechtsverhältnis zwischen dem Vortäter und dem Dritten abstellen müssen. In diesem Rechtsverhältnis erfolgt direkt die Vermögensverschiebung, das Kreditinstitut ist nur Zahlstelle.[10] Der Vortäter erwirbt einen Auszahlungsanspruch gegen die Bank, den er an den Zahlungsempfänger überträgt.

Ein weiteres Problem ergibt sich, wenn ein Vermögenswert teils mit legalen, teils mit Mitteln aus einer Katalogtat angeschafft wird und dann an einen bösgläubigen (oder leichtfertig gutgläubigen) Erwerber weiterveräußert wird. Hier muss man davon ausgehen, dass der Gegenstand insgesamt dem Vorwurf der Geldwäsche unterliegt, wenn der Anteil der inkriminierten Mittel nicht von völlig untergeordneter Bedeutung ist. Ein Ausgleich kann bei der Strafzumessung gefunden werden.

Anders ist der Fall bei Erspartem zu beurteilen. Dies soll folgendes Beispiel darstellen: Ein Täter verbringt mehrmals legal erworbene Mobiltelefone in größerem Umfang in ein anderes Land, ohne dort die Einfuhrabgaben zu bezahlen; es liegt mithin eine Vortat nach § 261 Abs. 1 Satz 2 Nr. 3, Abs. 8 StGB vor (gewerbsmäßiger Schmuggel). Bemakelt sind hier die einzelnen Mobiltelefone, an denen die Käufer im Ausland objektiv Geldwäsche begehen. Wie aber steht es mit den ersparten Aufwendungen für die nicht bezahlten Einfuhrabgaben? Dieser Teil des Vermögens des Täters kann nicht abgegrenzt werden. Die Erlöse aus dem Verkauf der Mobiltelefone entstammen einem ordnungsgemäßen Verkauf. Das zur Zahlung des Kaufgegenstandes eingesetzte Geld entstammt dem legalen Kreislauf. Wollte man hier mit dem Vorwurf der Geldwäsche gegenüber dem Verkäufer ansetzen, müsste man sein gesamtes

---

[8] *Fischer*, § 261, Rn. 6.
[9] OLG Karlsruhe in wistra 05, 189 mit weiteren Nachweisen.
[10] *Stree* in: *Schönke/Schröder*, Kommentar zum StGB, 28. A. 2010, § 261, Rn. 14.

Vermögen als bemakelt ansehen. Dies wäre aber ein Verstoß gegen das strafrechtliche Bestimmtheitsgebot. Daher wird zum Teil auch vertreten, einen dem Ersparnis entsprechenden Prozentanteil an allen Vermögensgegenständen des Verkäufers oder einen entsprechenden „Sockelbetrag" als erlangten „Gegenstand" im Sinne des Abs. 1 anzusehen.[11]

11 Auch folgender Fall wirft nicht unerhebliche dogmatische Schwierigkeiten auf: Dem Opfer eines gewerbsmäßig handelnden Anlagebetrügers gelingt es nach geraumer Zeit, den Täter zur Rückzahlung des Anlagebetrags zu veranlassen. Der ursprünglich eingesetzte Betrag – ob überwiesen oder in bar bezahlt – ist längst nicht mehr vorhanden. Das Opfer weiß somit – oder verkennt jedenfalls leichtfertig –, dass die nunmehr an ihn bezahlten Mittel solche weiterer Geschädigter sind. Eigentlich hat sich das ursprüngliche Opfer damit der Geldwäsche nach §§ 261 Abs. 2, Abs. 1 Satz 2 Nr. 4, 263 StGB strafbar gemacht. Dieses Ergebnis befriedigt keineswegs, weil das Opfer einen zivilrechtlichen Anspruch aus Vertrag und unerlaubter Handlung hat und nur den ursprünglichen wirtschaftlichen Zustand wieder herstellen will. Der Rechtsgrund der Geldwäsche, die Perpetuierung einer kriminellen Ausgangslage, ist nicht verletzt. Somit muss der Tatbestand der Geldwäsche hier teleologisch reduziert werden. Der Gedanke der Perpetuierung führt hier zur Nichtanwendung des § 261 StGB.

Insgesamt muss das Tatbestandsmerkmal des Herrührens aus obigen Gründen – entgegen den ursprünglichen Intentionen des Gesetzgebers – aus allgemein gültigen Grundsätzen des Strafrechts im Zweifelsfall eher eingeschränkt ausgelegt werden.

cc) die Tathandlung

12 Die erforderliche Tathandlung ist in zwei getrennten Absätzen geregelt.

Absatz 1 führt im Einzelnen auf das Verbergen des inkriminierten Gegenstandes, die Verschleierung seiner Herkunft sowie die Vereitelung oder Gefährdung der Ermittlung der Herkunft, des Auffindens, des Verfalls, der Einziehung oder der Sicherstellung des Gegenstandes. Eine Gefährdung liegt vor, wenn die konkrete Gefahr des Scheiterns der Ermittlungen herbeigeführt wird.[12]

Ungleich wichtiger für die Praxis ist Absatz 2. Hier wird in Ziffer 1 unter Strafe gestellt, den Gegenstand sich oder einem Dritten zu verschaffen. Hinzu kommt Ziffer 2: Strafbar macht sich, wer den Gegenstand verwahrt oder für sich oder einen Dritten verwendet, wenn er die Herkunft des Gegenstandes im Zeitpunkt der Erlangung gekannt hat.

Zwar setzt der Wortlaut „Kenntnis" hinsichtlich der inkriminierten Herkunft voraus, nach h. M. ist jedoch insoweit auch bedingter Vorsatz ausreichend.[13] Erfolgt die Kenntnis später, liegt gleichwohl – wie bei der Hehlerei[14] – eine Straftat bei einer neuen Tathandlung vor, z. B. bei einem Verschaffen an einen Dritten.

Auch der Versuch der (vorsätzlichen) Geldwäsche ist in § 261 Abs. 3 StGB unter Strafe gestellt.

dd) der subjektive Tatbestand

13 Für die Strafbarkeit wegen vorsätzlicher Geldwäsche ist erforderlich, dass der Täter jedenfalls mit bedingtem Vorsatz bezüglich aller Tatbestandsmerkmale handelt. Der Vorsatz muss sich also sowohl auf das Vorliegen einer Vortat im Sinne des § 261 StGB beziehen als auch auf die Tathandlung nach Absatz 1 oder 2. Fraglich ist hier, wie genau der Täter die Vortat kennen muss. Hier dürfen keine zu hohen Anforderungen an die Kenntnis gestellt werden. Es reicht aus, wenn der Täter diejenigen Umstände billigend in Kauf genommen hat, aus denen sich in groben Zügen bei rechtlich richtiger Bewertung, die der Täter aber nur laienhaft erfasst haben muss, eine Katalogtat ergibt.[15] Das heißt, dass der Täter z. B. die *Umstände* kennen muss, die eine Tat als gewerbsmäßigen Betrug qualifizieren.

---

[11] *Fischer*, § 261, Rn. 8a und Rn. 13; Saldit, StV 2002, 215.
[12] OLG Hamm in wistra 04, 73.
[13] *Fischer*, § 261, Rn. 26a.
[14] *Fischer*, § 259, Rn. 24.
[15] BGH in wistra 98, 227; BGH in wistra 03, 260.

1. Der Tatbestand der Geldwäsche nach § 261 StGB

Strafbar wegen Geldwäsche ist nach § 261 Abs. 5 StGB aber auch, wer leichtfertig nicht erkennt, dass der Gegenstand aus einer Katalogtat herrührt. Hinsichtlich der Tathandlung bleibt es beim – zumindest bedingten – Vorsatz[16]. Ein leichtfertiges Handeln liegt vor, wenn sich die Herkunft des Gegenstandes aus einer Katalogtat aufdrängt und der Täter dies aus besonderer Gleichgültigkeit oder grober Unachtsamkeit außer Acht lässt.[17] Mit grober Fahrlässigkeit ist die Leichtfertigkeit nicht gleichzusetzen. Die grobe Fahrlässigkeit bemisst sich nach objektiv, abstrakten Maßstäben, demgegenüber kommt es für die Leichtfertigkeit auf individuelle Kenntnisse und Fähigkeiten an.[18]

Nach der Intention des Gesetzgebers sollte eine Beweiserleichterung geschaffen werden, um dem Ziel, die organisierte Kriminalität zu bekämpfen, gerecht zu werden. Eine Unterscheidung in leichtfertiges und vorsätzliches Handeln ist wegen des unterschiedlichen Strafrahmens aber gleichwohl nicht verzichtbar.

Da es sich bei der leichtfertigen Geldwäsche um ein Fahrlässigkeitsdelikt handelt, ist deren Versuch nicht strafbar.[19]

ee) Strafausschließungsgründe nach § 261 Abs. 9 StGB

Nach § 261 Abs. 9 Satz 1 StGB wird nicht bestraft, wer freiwillig eine Anzeige erstattet oder veranlasst und den Gegenstand sicherstellt.

Freiwillig ist auch eine Anzeige, die auf der Verpflichtung nach § 11 GwG beruht, § 11 Abs. 5 GwG.

Nach § 261 Abs. 9 Satz 2 StGB wird nicht bestraft, wer wegen Beteiligung an der Vortat strafbar ist. Das bedeutet, dass auch der Vortäter (oder ein Beteiligter) den Tatbestand der Geldwäsche verwirklichen kann; er wird nur nicht aus § 261 StGB bestraft. Diese Regelung ist anders als bei der Hehlerei. Hier geht die allgemeine Meinung davon aus, dass der Vortäter (anders ein Anstifter oder Beihelfer) nicht auch noch Hehler sein kann;[20] die Hehlerei setzt nämlich die Vortat eines *anderen* voraus.

Die Regelung des § 261 Abs. 9 StGB ist gesetzestechnisch als persönlicher Strafausschließungsgrund gefasst.

Dies hat u. a. zur Konsequenz, dass bei der Begründung einer Bande gemäß § § 261 Abs. 4 Satz 2 StGB auch ein solcher Beteiligter berücksichtigt werden kann, der wegen Mitwirkung an der Vortat selbst nicht wegen Geldwäsche bestraft werden kann.[21]

Wegen Geldwäsche ist jedoch nur straflos, dessen Beteiligung an der Vortat feststeht. Bleibt es zweifelhaft, ob der Täter an der Vortat tatsächlich beteiligt war, hat nach der Rechtsprechung des BGH im Wege einer Postpendenzfeststellung eine Verurteilung wegen Geldwäsche zu erfolgen.[22]

ff) Verhältnis der Geldwäsche zur Hehlerei

Eine Gesetzeskonsumtion oder eine Subsidiarität eines der beiden Straftatbestände gegenüber dem anderen sieht das Gesetz nicht vor. Somit stehen die beiden Delikte – sofern die Voraussetzungen beider Straftatbestände gegeben sind – in Tateinheit.

Von erheblichen praktischen Auswirkungen ist der Fall, wenn sich der Vorsatz des Täters zu einer Hehlerei nicht nachweisen lässt, aber eine Katalogtat nach § 261 Abs. 1 Satz 2 StGB vorliegt. In Betracht kommt dann eine leichtfertige Geldwäsche nach § 261 Abs. 5 StGB. Eine derartige Bestrafung ist hier nicht ausgeschlossen; der Strafausschließungsgrund nach § 261 Abs. 9 Satz 2 StGB bezieht sich nur auf eine Beteiligung an der Vortat, nicht auf das Verhältnis zu einem anderen Verwertungstatbestand. Eine Sperrwirkung der Hehlerei für die Geldwäsche kann weder dem Gesetzeswortlaut noch dem Willen des Gesetzgebers entnom-

---

[16] BGH NJW 2008, 2516.
[17] BGHSt 43, 158.
[18] BGHSt 50, 347.
[19] OLG Karlsruhe NStZ 2009, 269.
[20] *Fischer*, § 259, Rn. 26.
[21] BGH NJW 2005, 3507.
[22] BGH NJW 2000, 3725.

men werden; nach dessen Willen sollten Lücken im Bereich der Verwertungsdelikte bei Vorliegen einer Katalogtat auch im subjektiven Bereich geschlossen werden.[23]

gg) keine Strafbarkeit bei besonderen Berufsgruppen?

18   Unbestritten ist, dass Mitarbeiter von Kreditinstituten den Geldwäschetatbestand im Zusammenhang mit ihrer beruflichen Tätigkeit begehen können.

Umstritten ist dies bei **Strafverteidigern**[24] bei Annahme des Honorars. Eine Reihe von Argumenten wird gegen die Strafbarkeit vorgebracht. Zum einem wird vom Gesichtspunkt des Mandanten her argumentiert, der aus dem Rechtsstaatsprinzip einen Anspruch auf eine effektive Verteidigung habe, zum anderen wird auf die Berufsausübungsfreiheit des Verteidigers aus Art. 12 GG abgestellt. Beide Ansätze überzeugen nicht. Es gibt kein Sonderrecht im Rahmen des § 261 StGB für Verteidiger.[25] Die Berufsfreiheit der Verteidiger aus Art. 12 GG ist nicht verletzt, da die Berufsfreiheit nur im Rahmen der Gesetze gewährleistet ist; hierzu gehört § 261 StGB. Ein Verstoß gegen das Recht des Beschuldigten auf einen Verteidiger seiner Wahl kann auch nicht gegen die Anwendbarkeit des § 261 StGB eingewendet werden, da andererseits das Recht auf einen Pflichtverteidiger besteht; dem Beschuldigten kommt hier ein Vorschlagsrecht zu, dem dann zu folgen ist, wenn nicht wichtige Gründe entgegenstehen, § 142 Abs. 1 Satz 2 StPO. Eine teleologische Reduktion des § 261 StGB war vom Gesetzgeber nicht gewollt. Für eine solche Reduktion geben die Materialien nichts her. Im Übrigen unterfällt ein Verteidiger – unbestritten – auch den §§ 257, 259 StGB. Ebenso ist ein besonderer Rechtfertigungsgrund des Verteidigers nicht ersichtlich.[26] Das **Bundesverfassungsgericht**[27] ist im Ergebnis der Argumentation des Bundesgerichtshofes gefolgt, allerdings mit Einschränkungen. Die Strafnorm des § 261 Abs. 2 Nr. 1 StGB ist wegen der Berufsausübungsfreiheit der Strafverteidiger verfassungskonform zu reduzieren, da andernfalls ein Verstoß gegen den Grundsatz der Verhältnismäßigkeit vorliege. Das bedeutet, dass § 261 Abs. 2 Nr. 1 StGB bei Strafverteidigern bei Annahme des Honorars nur bei einem sicheren Wissen um die Herkunft der für das Honorar aufgewendeten Mittel aus einer Katalogtat im Zeitpunkt der Annahme zur Anwendung kommen darf. Eine leichtfertige Geldwäsche nach § 261 Abs. 5 StGB scheidet auf jeden Fall aus. Auch die Staatsanwaltschaft ist an den Verhältnismäßigkeitsgrundsatz gebunden und darf daher von ihren Ermittlungsbefugnissen nur schonenden Gebrauch machen.[28]

Im Ergebnis wird durch die Entscheidung ein gesondertes Strafrecht für Strafverteidiger zu § 261 Abs. 2 Nr. 1 StGB geschaffen, das im Wortlaut des Gesetzes keine Stütze findet, auch wenn man das besondere Spannungsverhältnis des Verteidigers zu seinem Mandanten, den er wegen einer Katalogstraftat verteidigt, berücksichtigt.

Das sichere Wissen um die Herkunft der Gelder liegt bei bestimmten Deliktsbereichen auf der Hand. Wenn ein des gewerbsmäßigen Betrugs belangter Beschuldigter im Tatzeitraum sonst keine Einkünfte hat, stammt das Verteidigerhonorar höchstwahrscheinlich aus der Beute

---

[23] BGH NJW 2006, 1297.
[24] Anders ist es natürlich bei einer rein zivilrechtlichen Vertretung: hier kommt § 261 StGB wie in sonstigen Fällen zur Anwendung.
[25] BGH NJW 2001, 2891; a. A. OLG Hamburg wistra 2000, 105. Das Hanseatische Oberlandesgericht verneint eine Strafbarkeit nach § 261 Abs. 2 Satz 1 StGB hinsichtlich der Annahme der Honorarforderung regelmäßig dann, wenn nicht Verletzte der Vortat infolge der Honorarzahlung das Nachsehen hätten. Dies würde jedoch zu einer unterschiedlichen Behandlung der Strafverteidiger führen: Der Strafverteidiger eines Drogenhändlers wäre regelmäßig straffrei, während der Strafverteidiger eines gewerbsmäßigen Anlagebetrügers regelmäßig mit einem Verfahren rechnen müsste.
[26] Der BGH weist über die rechtlichen Ausführungen hinaus zu Recht darauf hin, dass es nicht im Interesse der Anwaltschaft sein kann, in eine wirtschaftliche und finanzielle Nähe zur organisierten Kriminalität gerückt zu werden, aaO S. 2893.
[27] BVerfG NJW 2004, 1305.
[28] Noch einmal bestätigt in BVerfG NStZ 2005, 443 und in BVerfG NJW 2006, 2974. Fraglich bleibt natürlich, was ein schonender Gebrauch sein soll; nach § 152 StPO muss die Staatsanwaltschaft, sofern nicht gesetzlich etwas anderes bestimmt ist, wegen aller verfolgbaren Taten einschreiten, sofern zureichende Anhaltspunkte vorliegen.

des gewerbsmäßigen Betrugs. Hier muss der Verteidiger sich durch Befragung des Mandanten Gewissheit verschaffen.

2. Das Geldwäschegesetz

Allein die Einführung des § 261 StGB als Strafrechtsnorm hätte die Bekämpfung der Geldwäsche nicht effektiv gemacht. Denn die Ansätze zur Verfolgung von Geldwäschehandlungen mussten die Ermittlungsbehörden aus den Grundstraftaten herleiten und von dort aus den Weg der inkriminierten Gegenstände, insbesondere den Geldfluss, weiterverfolgen.

Anders als bei der Hehlerei, bei der aus einem unverhältnismäßig niedrigen Ankaufspreis auf das Vorliegen eines Vorsatzes beim Hehler geschlossen werden kann, gibt es für Geldwäschehandlungen ein derartiges Indiz nicht. Geld ist immer seinen Nennwert wert.

Um die Ermittlungstätigkeit effektiver zu gestalten, wurde dem § 261 StGB das Geldwäschegesetz (GwG) zur Seite gestellt. Auch dieses Gesetz beruht auf der Umsetzung der EU-Richtlinie zur Geldwäsche vom 10.6.1991 in innerstaatliches Recht.

Das Geldwäschegesetz (GwG) trat am 29.11.1993 in Kraft. Kernpunkt dieses Gesetzes ist die Verpflichtung der Kreditinstitute und anderer Unternehmen, dem Staat bei der Bekämpfung der organisierten Kriminalität und inzwischen auch der Terrorismusfinanzierung zu helfen. Das Gesetz verfolgt sowohl einen präventiven Zweck, nämlich das Verhindern bzw. Erschweren der Geldwäsche, als auch einen repressiven Zweck, nämlich das Erleichtern des Aufspürens krimineller Gewinne und das Gewinnen von Ansatzpunkten zur Aufdeckung krimineller Strukturen.[29] Das GwG legt der Wirtschaft im Wesentlichen drei Pflichtenkreise auf: die Identifizierungspflicht mit der Aufzeichnungspflicht, die Verdachtsanzeigepflicht und die Pflicht zur internen Sicherung gegen Geldwäsche.

Die Tätigkeit der Ermittlungsbehörden stellt sich damit in umgekehrter Reihenfolge dar: Ausgehend von einer möglichen Geldwäschehandlung wird nunmehr eine Grundtat i. S. d. § 261 StGB gesucht.

Auch das Geldwäschegesetz wurde seit seinem Inkrafttreten bereits mehrmals geändert. Eine nachhaltige Novellierung erfolgte im Gesetz zur Verbesserung der Bekämpfung der Geldwäsche und der Finanzierung des Terrorismus vom 8.8.2002.[30] Ein Kernpunkt dieser Novellierung war die Einbeziehung diverser Berufsgruppen in den Kreis der Verpflichteten. Weiter wurde die Errichtung einer Zentralstelle für Verdachtsanzeigen beim Bundeskriminalamt vorausgesetzt und es wurden deren Aufgaben geregelt.

Neu gefasst wurde das Geldwäschegesetz sodann durch das Gesetz zur Ergänzung der Bekämpfung der Geldwäsche und der Terrorismusfinanzierung (GwBekErgG) vom 13.8.2008.[31] Mit diesem Gesetz wurde die 3. Geldwäscherichtlinie des Europäischen Parlamentes und des Rates vom 26. Oktober 2005 (2005/60/EG) umgesetzt. Weitere Änderungen erfolgten zuletzt durch das Gesetz zur Optimierung der Geldwäscheprävention vom 22.12.2011.[32] Damit wurden Defizite bei der Umsetzung des Art. 37 der 3. Geldwäscherichtlinie (2005/60/EG) sowie von der FATF im Deutschlandbericht vom 19. Februar 2010 festgestellte Versäumnisse behoben. Das Gesetz ist größtenteils am 29.12.2011 in Kraft getreten. Lediglich einige Bestimmungen des Art. 1 traten erst am 1.3.2012 in Kraft. Das Gesetz sieht insbesondere folgende Maßnahmen vor[33]:
– Vervollständigung der Sorgfaltspflichten und internen Sicherungsmaßnahmen in Fällen eines hohen oder niedrigen Risikos, die insbesondere für den Nichtfinanzsektor sowie die freien Berufe (wie etwa Immobilienmakler, Spielbanken, Steuerberater und Rechtsanwälte) Anwendung finden

---

[29] *Harder*, Geldwäschebekämpfung durch Finanzermittlungen, Lehr- und Studienbrief Kriminalistik Nr. 25, VDP Hilden.
[30] BGBl. I S. 3105 ff.
[31] BGBl. I S. 1690.
[32] s. o. Rn. 4.
[33] BT-Drs. 17/6804.

- Konkretisierung der Sorgfaltspflichten, insbesondere zur Identifizierung des „wirtschaftlich Berechtigten" sowie der Definition des „wirtschaftlich Berechtigten"
- Ergänzung der verstärkten Sorgfaltspflichten in Bezug auf inländische „politisch exponierte Personen" (PEPs)
- Anpassung des Verdachtsmeldewesens bei der Zentralstelle für Verdachtsanzeigen (Financial Intelligence Unit – FIU) an die FATF-Standards durch Konkretisierung der Schwelle bezüglich der Meldeverpflichtung
- Anpassung bestehender Sanktionen bei Verstößen gegen das Geldwäschegesetz durch Anpassung des Verschuldensmaßstabes sowie der Bußgeldhöhe
- Konkretisierung entsprechender Sorgfaltspflichten für Treuhandkonstruktionen
- Festlegung besonderer Sorgfaltspflichten für Verpflichtete nach dem Geldwäschegesetz in Fällen von komplexen Transaktionen und unüblichen Mustern von Transaktionen, die keinen offensichtlichen wirtschaftlichen oder erkennbaren gesetzlichen Zweck verfolgen
- Ergänzung der Meldepflicht für den Fall, dass eine Identifizierung des Vertragspartners oder des „wirtschaftlich Berechtigten" nicht möglich ist
- als untergesetzliche Maßnahme die Einrichtung eines Forums für Geldwäscheprävention und zur Verhinderung der Terrorismusfinanzierung, das bei dem Bundesministerium der Finanzen angesiedelt wird; das Forum soll die Arbeit der Ressorts sowie des Bundeskriminalamts – Zentralstelle für Verdachtsanzeigen –, des Zollkriminalamts und der Bundesanstalt für Finanzdienstleistungsaufsicht in diesem Bereich koordinieren.

20 Flankiert wurde das Geldwäschegesetz ursprünglich durch das Finanzverwaltungsgesetz, dessen Regelungen mit Gesetz vom 14.12.2001[34] unverändert in das **Zollverwaltungsgesetz** übernommen wurden. Die Zollbehörden haben gemäß § 1 Abs. 3a ZollVG die Aufgabe, die Einfuhr, Ausfuhr und Durchfuhr in das, aus dem und durch das Zollgebiet der Gemeinschaft hinsichtlich von Bargeld oder gleichgestellten Zahlungsmitteln (Wertpapier, Schecks, Wechsel, Edelmetalle und Edelsteine) zu überwachen.

Nach § 12a Abs. 2 S. 1 ZollVG haben Reisende auf Verlangen von Zollbediensteten bzw. Bundespolizeibeamten (§ 1 Abs. 3b S. 1 ZollVG) Bargeld oder gleichgestellte Zahlungsmittel im Wert von 10.000 Euro oder mehr zu deklarieren, wenn sie konkret nach solchen Gegenständen befragt werden. Umfasst sind Angaben zur Herkunft, zum wirtschaftlich Berechtigten und zum Verwendungszweck. Nach § 12a Abs. 4 ZollVG können das Bargeld oder die gleichgestellte Zahlungsmittel bis zum Ablauf des dritten Werktages sichergestellt werden, wenn der Verdacht besteht, dass das Bargeld oder die gleichgestellten Zahlungsmittel zum Zwecke der Geldwäsche verbracht werden, um die Herkunft oder den Verwendungszweck aufzudecken. Die Frist kann durch Anordnung des zuständigen Amtsrichters einmal um einen Monat verlängert werden. Von der Sicherstellung sind unverzüglich die zuständigen Strafverfolgungsbehörden in Kenntnis zu setzen. Nach Ablauf der Frist sind die Gegenstände freizugeben, falls sich kein anderer Sicherstellungsgrund – etwa im Rahmen eines Ermittlungsverfahrens – ergeben hat.

Die Nichtanzeige oder die unvollständige Anzeige von Bargeld oder bargeldgleichen Zahlungsmitteln stellt eine Ordnungswidrigkeit nach § 31a ZollVG dar, die sowohl bei vorsätzlicher als auch bei fahrlässiger Begehungsweise mit einer Geldbuße bis zu 1 Million Euro geahndet werden kann.

3. Formen der Geldwäsche

21 Die Erkenntnisse der Ermittlungsbehörden über Geldwäschetechniken sind vielfältig. Zwar ließ sich in der Vergangenheit feststellen, dass sich bestimmte Täter oder Tätergruppen innerhalb größerer Organisationen auf Geldwäschedelikte spezialisiert haben, in der überwiegenden Zahl der Fälle findet die Geldwäsche jedoch in mehr oder wenigs engen Zusammenhang mit den Kriminalitätsbereichen statt, in denen die illegalen Gewinne auch erwirtschaftet wurden.

---

[34] BGBl. I S. 3714.

3. Formen der Geldwäsche

Festzustellen ist, dass offensichtlich Täter einzelner Deliktsbereiche unterschiedliche Anforderungen an Geldwäsche stellen. Vielfach reicht es den Tätern aus, kriminell erlangte Gewinne in ihr Herkunftsland zu transferieren. Andere Tätergruppen stellen höhere Anforderungen an die „Sauberkeit" ihres Vermögens, da es in Deutschland oder in der Europäischen Union verbleiben soll. Insofern ist Geldwäsche individuell und lässt sich nur schwer kategorisieren. Die nachfolgend beschriebenen Verhaltensweisen wurden wiederholt bei Geldwäschern bzw. Geldwäscheverdächtigen beobachtet und sind grundsätzlich geeignet, den Zugriff der Strafverfolgungsbehörden auf kriminelle Gewinne zu erschweren. Sie bilden jedoch nur eine kleine, nicht abschließende Auswahl möglicher Geldwäschehandlungen und kommen in der Praxis häufig in Kombinationen miteinander und mit anderen Geldwäschetechniken vor.

Oftmals begehen in diesen Fällen auch die Täter des Grunddelikts die Geldwäschehandlungen.

a) Verdeckte Treuhandschaft

Der Täter überträgt einen Teil seines kriminell erlangten Vermögens auf eine oder mehrere nicht an der Tat beteiligte Vertrauenspersonen. In einfachen Fällen handelt es sich um nahe Verwandte. Diese geben vor, Eigentümer dieses Vermögens zu sein. Tatsächlich verwalten sie diesen Vermögensteil nur und erhalten teilweise für jede Transaktion ausführliche Weisungen. Da in Deutschland und in vielen anderen Staaten Gewinn abschöpfende Maßnahmen – zumindest grundsätzlich – Eigentum des Täters an den einzuziehenden Vermögensgegenständen voraussetzen, ist diese einfache Geldwäschetechnik durchaus wirksam.

b) Bargeldgeschäfte

Häufig muss inkriminiertes Bargeld in den Geschäftsverkehr eingebracht werden. Hierfür bieten sich solche Erwerbsvorgänge an, bei denen die Bezahlung mit Bargeld nicht auffällig ist, und man dabei werthaltige Gegenstände erwirbt. So können Käufe von Gold oder Diamanten unter dem Verdacht von Geldwäschehandlungen stehen, ebenso wie Spieleinsätze in Casinos und Spielbanken. Auch kann Bargeld im Rahmen von Auktionen unauffällig ausgegeben werden, bis hin zu einer Ersteigerung von Immobilien. Auffällig ist auch der Erwerb einer Immobilie mit einer bankgestützten Finanzierung, wenn das Darlehen alsbald vollständig getilgt wird.

c) Geldwechselgeschäfte

Der Täter möchte sein kriminell erlangtes Bargeld in einer anderen Währung zur Verfügung haben. Er wendet sich an den Inhaber einer Geldwechselstube. Dieser nimmt das Geld entgegen und nimmt wiederum einen Währungsumtausch bei einem Kreditinstitut im benachbarten Ausland vor. Dort scheint der Tausch durch den Inhaber einer Wechselstube unverdächtig. Das Bargeld wird in der gewünschten Währung zurückgezahlt und kann nun einfacher in den Finanzkreislauf eingeschleust werden.

d) Geldtransfersysteme und „Elektronische Zahlungssysteme"

Der Täter möchte sein Bargeld ohne das Hinterlassen von Spuren ins Ausland schaffen. Er zahlt es in mehreren Beträgen unterhalb der Identifizierungsschwelle bei einem legalen Geldtransferdienst (beispielsweise AMEXCO oder Western Union) ein und übersendet das Geld an einen Empfänger im Ausland. Dort erfolgt die sofortige Bargeldauszahlung.

Zunehmender Beliebtheit erfreuen sich bei den Tätern internetbasierte Online-Zahlungssysteme (z. B. „webmoney", „e-gold", „ukash", „moneybookers"), um nationale und internationale Transaktionen mit inkriminierten Geld durchzuführen. Diese elektronischen Zahlungssysteme eröffnen aufgrund ihrer flexiblen Verwendbarkeit bei der Platzierung inkriminierter Gelder im legalen Finanzkreislauf und ihrer Eignung zur Durchführung von Verschleierungshandlungen einen breiten Gestaltungsspielraum zur Begehung von Geldwäschestraftaten.[35]

---

[35] Quelle: BKA FIU Deutschland Jahresbericht 2008.

e) Underground-Banking oder Havala-Banking

26 Der Täter A zahlt seinen illegalen Gewinn bei einem Underground Banker ein, um ihn spurlos ins Ausland zu transferieren. Der Underground Banker betreibt zur Tarnung ein Import-/Exportgeschäft und arbeitet mit einem Underground Banker im Empfängerland zusammen. Er schickt eine Nachricht an seinen Partner im Ausland und bittet ihn um Auszahlung des Betrages in der Währung des Empfängerlandes.

Im Empfängerland zahlt gleichzeitig ein legaler Unternehmer Geld in der Landeswährung ein, um eine Warenlieferung aus Deutschland unter Umgehung eines langwierigen und teueren Überweisungsweges zu bezahlen. Der dortige Underground Banker bittet nun seinen Partner in Deutschland, den entsprechenden Rechnungsbetrag aus dem legalen Geschäft zu begleichen. Der Underground Banker in Deutschland verwendet zur Auszahlung den kurz zuvor bei ihm eingezahlten illegalen Gewinn.

Damit scheint dieser zu verschwinden. Gleichzeitig wird im Ausland von dem dortigen Underground Banker der bei ihm eingezahlte legale Betrag verwendet, um die Auszahlung an einen Mittäter von A vorzunehmen. Dieser erhält damit scheinbar legales Geld ausgezahlt. Die Herkunft aus einer Straftat in Deutschland ist kaum noch nachzuvollziehen.

Ein auffälliger Bargeldkurierdienst oder geldwäscheverdächtiger Überweisungsverkehr entfällt bei diesem System weitgehend und ist nur für Betragsspitzen zum Ausgleich zwischen beiden Underground Bankern erforderlich.

Havala-Banking ist natürlich nicht per se kriminell. Das System beruht auf einem ausgeprägten Vertrauensverhältnis zwischen den beteiligten Personen. Nach deutschem Rechtsverständnis genügt Havala-Banking aber nicht den Vorschriften einer ordnungsgemäßen Buchführung.

Darüber hinaus konnte die Tätigkeit früher nur mit einer Erlaubnis der Bundesanstalt für Finanzdienstleistungsaufsicht (BaFin) nach §§ 1 Abs. 1a Ziffer 6, 32 KWG ausgeübt werden. Ohne Erlaubnis lag jeweils eine Straftat nach § 54 Abs. 1 Ziffer 2, Abs. 2 KWG vor. Seit dem 25. Juni 2009 richtet sich die Strafbarkeit des Havala-Banking nach dem neu erlassenen ZAG (Zahlungsdiensteaufsichtsgesetz). Es wurde nun ein detaillierter Tatbestand geschaffen, nach dem das Havala-Banking, das ohne Genehmigung und Kontrolle der BaFin durchgeführt wurde, strafbar ist. Die Strafbarkeit richtet sich nach § 1 Abs. 1, 2 Ziffer 5, § 31 Abs. 1 Ziffer 2 ZAG in Verbindung mit § 8 Abs. 1 ZAG. Der Strafrahmen beträgt bei vorsätzlichem Handeln Geldstrafe oder Freiheitsstrafe bis zu fünf Jahren. Handelt der Täter fahrlässig kann eine Geldstrafe oder Freiheitsstrafe bis zu drei Jahren verhängt werden, § 31 Abs. 2 ZAG.

Für die Strafverfolgung kommt es für die Anwendung des ZAG oder des KWG auf den Zeitpunkt der Tatbegehung an: Wenn das Banking vor dem 25. Juni 2009 durchgeführt worden ist, gilt das alte KWG; nach diesem Zeitpunkt das aktuelle ZAG.

Das Problem für die Ermittlungsbehörden – und damit der Vorteil für Straftäter – liegt darin, dass einzelne Geldbewegungen nicht oder nur selten nachvollzogen werden können.

f) Über- oder Unterfakturierung von Rechnungen

27 Der Täter möchte sein Geld unauffällig ins Ausland schaffen und dort vor dem Zugriff der Strafverfolgungsbehörden sichern. Er bestellt bei einem Unternehmer im Zielland Waren und lässt sich eine weit überhöhte Rechnung ausstellen. Er bezahlt diese Rechnung und erhält den zu viel bezahlten Betrag im Ausland ausgezahlt. Die erhaltenen Waren verkauft er scheinbar mit Verlust und kann diesen zusätzlich noch Einkommensteuer mindernd in seiner nächsten Steuererklärung geltend machen.

g) Loan back

28 In diesem Fällen möchte der Täter im Ausland befindliches illegales Geld in Deutschland verwenden. Er wendet sich an ein dortiges Kreditinstitut und bittet um einen Kredit für ein Geschäft in Deutschland. Als Sicherheit bietet er die Hinterlegung eines Bargeldbetrages in Höhe des Kredites an. Der Kredit wird gewährt. Der Täter kann über scheinbar legales Geld in Deutschland verfügen. Er unterlässt nach einiger Zeit bewusst die Kreditbedienung, so dass der aus Straftaten stammende Betrag im Ausland als Sicherheit verfällt.

4. Die Pflichten nach dem GwG 6

h) Tarnunternehmen

Der Beschuldigte betreibt zum Schein ein Unternehmen aus einer Branche, die einen regen 29
Bargeldumsatz hat, z. B. ein Restaurant oder ein Parkhaus. Hier kann er jeweils Barumsätze aus illegaler Tätigkeit in den Bankkreislauf als vermeintlich legale Umsätze einfließen lassen.

i) Online Gambling

Die Auswertung von Verdachtsanzeigen ergab, dass von Tätern auch Geflechte von in- und 29a
ausländischen Gesellschaften zur Geldwäsche mittels Internet-Glücksspielen genutzt wurden. Illegal erlangte Gelder werden dabei als Wett- und Spieleinsätze deklariert und auf Konten von Online-Casinos transferiert. Durch die Betreiber der Online-Casinos erfolgt eine Vermischung der inkriminierten Summen mit legalen Spieleinsätzen und Bruttospielerträgen. Die daraus resultierenden Millionenbeträge werden über „Offshore Firmen" auf die Konten der Täter zurücküberwiesen.[36]

4. Die Pflichten nach dem GwG

a) Adressaten

Die umfangreiche Liste der nach dem GWG Verpflichteten ist in § 2 Abs. 1 GwG aufgeführt. 30
Hierunter fallen insbesondere:
- Kreditinstitute im Sinne des § 1 Abs. 1 KWG (mit Ausnahme der in § 2 Abs. 1 Nr. 3 bis 8 KWG genannten Unternehmen)
- Finanzdienstleistungsinstitute nach § 1 Abs. 1a KWG (mit gewissen Ausnahmen der in § 1 Abs. 2 Satz 1 GwG benannten Unternehmen)
- Institute im Sinne des § 1 Abs. 2a ZAG und sog. Agenten nach diesem Gesetz
- Versicherungsunternehmen, soweit sie Geschäfte mit Lebensversicherungen betreiben oder Unfallversicherungsverträge mit Prämienrückgewähr anbieten, sowie grundsätzlich auch Versicherungsvermittler
- Kapitalanlagegesellschaften nach § 2 Abs. 6 Investmentgesetz.

Verpflichtet werden durch § 2 Abs. 1 Ziffer 7 bis 10 GwG auch eine Reihe von **Berufsgruppen**:
- Rechtsanwälte, Kammerrechtsbeistände, Patentanwälte und Notare, wenn sie für ihre Mandanten an der Planung oder Durchführung von folgenden Geschäften mitwirken, § 2 Abs. 1 Ziffer 7 GwG:
    a. Kauf und Verkauf von Immobilien oder Gewerbebetrieben,
    b. Verwaltung von Geld, Wertpapieren oder sonstigen Vermögenswerten,
    c. Eröffnung oder Verwaltung von Bank-, Spar- oder Wertpapierkonten,
    d. Beschaffung der zur Gründung, zum Betrieb oder zur Verwaltung von Gesellschaften erforderlichen Mittel,
    e. Gründung, Betrieb oder Verwaltung von Treuhandgesellschaften oder ähnlichen Strukturen
  oder wenn sie im Namen und auf Rechnung des Mandanten Finanz- oder Immobilientransaktionen durchführen; entsprechendes gilt für solche Geschäfte von nicht verkammerten Rechtsbeiständen und registrierten Personen im Sinne des § 10 Rechtsdienstleistungsgesetzes.
- Wirtschaftsprüfer, vereidigte Buchprüfer, Steuerberater und Steuerbevollmächtigte
- Dienstleister für Gesellschaften und Treuhandvermögen oder Treuhänder, die nicht unter die oben genannten Berufsgruppen fallen, wenn sie bestimmte Dienstleistungen für Dritte wie z. B. die Gründung einer juristischen Person oder die Geschäftsführerfunktion für eine solche juristische Person erbringen, § 2 Abs. 1 Ziffer 9 GwG,
- Immobilienmakler

Weitere Verpflichtete sind Spielbanken, § 2 Abs. 1 Ziffer 11 GwG, und Personen, die gewerblich mit Gütern handeln, § 2 Abs. 1 Ziffer 12 GwG.

---

[36] Quelle: BKA FIU Deutschland Jahresbericht 2008.

b) Die Identifizierungspflicht

31 Die Verpflichteten haben nach § 3 GWG allgemeine Sorgfaltspflichten, worunter insbesondere die in § 4 GWG näher geregelte Identifizierungspflicht fällt (§ 3 Abs. 1 Ziffer 1 GWG). Hervorzuheben ist, dass neben der Identifizierung des Vertragspartners auch abzuklären ist, ob der Vertragspartner für einen wirtschaftlich Berechtigten handelt. Soweit dies der Fall ist, ist auch dieser zu identifizieren, § 3 Abs. 1 Ziffer 3 GWG. Der Begriff des wirtschaftlich Berechtigten ist in § 1 Abs. 6 GWG näher bestimmt.

Wann diese Sorgfaltspflichten zu erfüllen sind, regelt § 3 Abs. 2 GWG. Danach ist der grundsätzlich maßgebende Zeitpunkt die Begründung der Geschäftsbeziehung (Ziffer 1). Aber auch außerhalb einer Geschäftsbeziehung bestehen die Sorgfaltspflichten, insbesondere die Identifizierungspflicht, wenn eine Transaktion von mindestens 15.000 EUR durchgeführt werden soll (Ziffer 2). Da in der Vergangenheit vielfach versucht wurde, dieser Identifizierungspflicht durch eine Stückelung des Gesamtbetrages in mehrere Tranchen von jeweils unter 15.000 EUR zu entgehen (sog. Smurfing), hat der Gesetzgeber auch für diesen Fall eine Identifizierungspflicht vorgesehen, wenn Anhaltspunkte für eine Verbindung der einzelnen Tranchen bestehen, § 3 Abs. 2 Ziffer 2 S. 2 GWG. Bei den Finanzinstituten eingesetzte Kontrollsysteme verfügen inzwischen über Algorithmen, um Smurfing zu erkennen. Der Begriff Smurfing ist abgeleitet vom englischen Namen der Schlümpfe (*Smurfs*). Die Schlümpfe bilden eine große Gruppe, die aus vielen kleinen Individuen besteht. In diesem Sinne wird beim Smurfing aus etlichen Einzelbeträgen eine große Geldsumme zusammengetragen.

Die oben genannten Verpflichtungen gelten nicht für Personen, die gewerblich mit Gütern handeln im Sinne des § 2 Abs. 1 Ziffer 12 GWG, außer es geht um die Annahme von Bargeld im Wert von mindestens 15.000 EUR, § 3 Abs. 2 S. 5 GWG.

Strengere Regeln sind von den Spielbanken zu beachten. Diese müssen ihre Kunden bereits dann identifizieren, wenn Spielmarken im Wert von mindestens 2.000 EUR gekauft oder verkauft werden, § 3 Abs. 3 S. 1 GWG. Der Grund hierfür besteht darin, dass sich Spielbanken ganz besonders zum „Waschen" von Geld eignen.

Die Konsequenz für eine nicht mögliche Identifizierung des Vertragspartners oder des wirtschaftlich Berechtigten ist, dass die Geschäftsbeziehung nicht begründet oder fortgesetzt werden darf. Eine angetragene Transaktion darf nicht durchgeführt werden, § 3 Abs. 6 GWG. Auch hierzu gibt es wieder eine Ausnahme für Verpflichtete im Sinne des § 2 Abs. 1 Ziffer 7 und 8 GWG, also insbesondere für Rechtsanwälte und Steuerberater, wenn der Vertragspartner eine Rechtsberatung oder Prozessvertretung erstrebt. Diese Ausnahme ist Ausfluss der Berufsausübungsfreiheit des Grundgesetzes und des besonderen Vertrauensverhältnisses zwischen den Beteiligten.

32 Der Umfang der Identifizierung ist in § 4 Abs. 3, 4 GwG geregelt: Bei natürlichen Personen sind der Name aufgrund eines Personalausweises, Reisepasses oder Ausweisersatzes sowie das Geburtsdatum, der Geburtsort, die Staatsangehörigkeit und die Anschrift, soweit sie darin enthalten sind, festzuhalten.

Bei juristischen Personen oder Personengesellschaften umfasst die Identitätsfeststellung: Firma, Name oder Bezeichnung, Rechtsform, Registernummer soweit vorhanden, Anschrift des Sitzes oder der Hauptniederlassung und Namen der Mitglieder des Vertretungsorgans oder der gesetzlichen Vertreter. Diese Feststellungen müssen anhand eines Handelsregister- oder Genossenschaftsregisterauszugs, vergleichbarer Register oder der Gründungsdokumente getroffen werden.

Hinsichtlich eines wirtschaftlich Berechtigten hat ein Verpflichteter zumindest dessen Namen und in Abhängigkeit vom bestehenden Geldwäscherisiko weitere Identifizierungsmerkmale zu erheben, § 4 Abs. 6 GwG.

33 Neben den allgemeinen Sorgfaltspflichten kennt das Gesetz die „vereinfachten Sorgfaltspflichten" nach § 5 GwG und die „verstärkten Sorgfaltspflichten" nach § 6 GwG.

Die vereinfachten Sorgfaltspflichten bedeuten, dass von den allgemeinen Sorgfaltspflichten nur noch die Identifizierungspflicht und die Pflicht zur kontinuierlichen Überwachung einer Geschäftsbeziehung zu beachten sind. Zudem kann der Umfang der Identitätsprüfung und der Überwachung angemessen reduziert werden. Voraussetzung für die Anwendung der ver-

4. Die Pflichten nach dem GwG

einfachten Sorgfaltspflichten ist, dass lediglich ein geringes Risiko der Geldwäsche bzw. der Terrorismusfinanzierung besteht. Das Gesetz führt in § 5 Abs. 2 GwG Fallgruppen auf, wann von einem geringem Risiko ausgegangen werden kann.

Größere Bedeutung für die Praxis haben die verstärkten Sorgfaltspflichten nach § 6 GwG. Diese sind zu erfüllen, wenn ein erhöhtes Risiko der Geldwäsche oder der Terrorismusfinanzierung besteht. Wann von einem solchen erhöhten Risiko auszugehen ist und welche verstärkten Sorgfaltspflichten dann zu erfüllen sind, hat der Gesetzgeber in Fallgruppen in § 6 Abs. 2 GwG zusammengefasst. Eine verstärkte Sorgfaltspflicht besteht danach, wenn es sich bei dem Vertragspartner oder dem dahinter stehenden wirtschaftlich Berechtigten um eine Person handelt, die ein öffentliches Amt ausübt oder ausgeübt hat, sog. „politisch exponierte Personen" („PEP"), § 6 Abs. 2 Ziffer 1 GwG. Die Begründung einer Geschäftsbeziehung mit einer solchen „politisch exponierten Person" oder deren unmittelbaren Familienmitgliedern bedarf der Zustimmung eines „vorgesetzten Mitarbeiters" auf Seiten der Verpflichteten. Gemeint ist damit wohl ein Vorgesetzter aus dem „Senior Management", wozu Führungspersonen aus der ersten und zweiten Führungsebene zählen dürften.[37] Ferner ist die Herkunft der Vermögenswerte anhand angemessener Maßnahmen zu klären und die Geschäftsbeziehung ist einer verstärkten kontinuierlichen Überwachung zu unterziehen. Nicht zu den „politisch exponierten Personen" im Sinne dieser Vorschrift zählen inländische Amtsträger und im Inland gewählte Abgeordnete des Europäischen Parlaments sowie solche Personen, die seit über einem Jahr kein wichtiges öffentliches Amt mehr ausgeübt haben.

Sowohl die FATF Empfehlung 11 als auch Art. 20 der 3. Geldwäscherichtlinie des Europäischen Parlamentes und des Rates vom 26. Oktober 2005 verlangen besondere Sorgfaltspflichten bezüglich aller Transaktionen und Geschäftsbeziehungen, die ungewöhnlich und auffällig sind und keinen offenkundigen wirtschaftlichen oder rechtlichen Hintergrund haben. Deshalb wurde zu deren Umsetzung eine besondere Überwachungspflicht eingeführt. Nach dem mit dem Gesetz zur Optimierung der Geldwäscheprävention neu eingeführten § 6 Abs. 2 Ziffer 3 GwG müssen die Verpflichteten nunmehr jeden Sachverhalt, der als zweifelhaft oder ungewöhnlich anzusehen ist, untersuchen. Das Ergebnis der Untersuchung ist aufzuzeichnen und aufzubewahren. Voraussetzung dieser Untersuchungs- und aufzeichnungspflicht ist nicht, dass die Auffälligkeit bereits die Qualität eines meldepflichtigen Sachverhalts im Sinne des § 11 Abs. 1 GwG erreicht hat. Diese Verpflichtung setzt vielmehr bereits im Vorfeld ein.

Das Geldwäschegesetz gibt keine konkreten Hinweise zur Bestimmung, wann Tatsachen auf eine Geldwäschestraftat oder auf Terrorismusfinanzierung hindeuten. Es lassen sich jedoch bestimmte Grundmuster zusammenfassen, wie z. B.:
– Eine Transaktion ergibt keinen wirtschaftlichen Sinn.
– Eine Transaktion fällt aus dem üblichen Zuschnitt der Kontoführung.
– Eine Transaktion fällt aus dem Lebenszuschnitt des Kunden.
– Auffällige Bargeldumsätze.
– Ein Neukunde hat keinen örtlichen Bezug zu dem Kreditinstitut.
– Transaktionen in oder aus Ländern, die den Kundenschutz über eine effektive Kriminalitätsbekämpfung stellen, z. B. karibische Inseln etc.
– Verhalten am Schalter: Nervosität, Kunde wird von dritter Person beaufsichtigt.

Wichtig ist, dass der Kundenbetreuer und der Geldwäschebeauftragte ihr gesamtes Wissen zu der Geschäftsbeziehung berücksichtigen, um einen Verdacht zu bewerten.

Versicherungsvermittler, die für ein Versicherungsunternehmen im Sinne des § 2 Abs. 1 Ziffer 4 GwG Versicherungsprämien einziehen, müssen diesem Versicherungsunternehmen Mitteilung machen, wenn sie Prämienzahlungen in bar erhalten und diese den Betrag von 15.000 EUR innerhalb eines Kalenderjahres übersteigen.

c) Die Aufzeichnungspflicht

Um die Einhaltung der Sorgfaltspflichten nachvollziehen und überprüfen zu können, sind die gewonnenen Erkenntnisse zu den Vertragspartnern, wirtschaftlich Berechtigten, Geschäftsbe-

---

[37] BGBl. I S. 3714; *Klugmann*, NJW 2012, 641.

ziehungen und Transaktionen gemäß § 8 Abs. 1 GwG aufzuzeichnen. Nähere Einzelheiten können der gesetzlichen Regelung entnommen werden. Die Aufzeichnungen sind mindestens fünf Jahre aufzubewahren, § 8 Abs. 3 Satz 1 GwG. Beziehen sich die Aufzeichnungen auf eine Geschäftsbezichung, beginnt die fünfjährige Aufbewahrungsfrist erst mit dem Schluss des Kalenderjahres, in dem die Geschäftsbeziehung endet, § 8 Abs. 3 Satz 2 GwG. In den übrigen Fällen mit dem Ablauf des Kalenderjahres, in dem die jeweilige Angabe festgestellt worden ist.

d) Die Pflicht zur internen Sicherung gegen Geldwäsche

38 Neben den vorbezeichneten Sorgfaltspflichten, insbesondere den Identifizierungs- und Aufzeichnungspflichten müssen die Verpflichteten nach § 9 GwG angemessene interne Sicherungsmaßnahmen treffen. Das Gesetz benennt dazu in § 9 Abs. 2 GwG folgende Maßnahmen:
– Die Bestellung eines der Geschäftsleitung unmittelbar nachgeordneten Geldwäschebeauftragten als Ansprechpartner für die Strafverfolgungsbehörden. Diese Maßnahme betrifft nur die Finanzunternehmen und Spielbanken. Die ursprünglich von der Bundesregierung angestrebte Ausdehnung der Pflicht zur Bestellung eines Geldwäschebeauftragten auf alle Verpflichteten mit mehr als neun Mitarbeitern hat sich im Laufe des Gesetzgebungsverfahrens (Gesetz zur Optimierung der Geldwäscheprävention) nicht durchgesetzt. Jedoch kann die zuständige Aufsichtsbehörde anordnen, dass auch Verpflichtete ohne obligatorischen Geldwäschebeauftragten einen solchen zu bestellen haben, wenn die Behörde dies für angemessen erachtet, § 9 Abs. 4 GwG. Eine Verpflichtung zur Bestellung eines Geldwäschebeauftragen kann sich auch aus spezialgesetzlichen Regelungen ergeben (§ 25c Abs. 4 KWG, § 80d Abs. 8 VAG, § 22 Abs. 2 ZAG).
– Die Entwicklung und Aktualisierung angemessener geschäfts- und kundenbezogener Sicherungssysteme und Kontrollen zur Verhinderung der Geldwäsche und der Terrorismusfinanzierung.
– Informationen zur Unterrichtung der Beschäftigten über Typologien und aktuelle Methoden der Geldwäsche und der Terrorismusfinanzierung. Während nach der früheren Gesetzesfassung nur diejenigen Mitarbeiter geschult werden mussten, die mit der Durchführung von Transaktionen oder der Anbahnung von Geschäftsbeziehungen befasst waren, besteht diese Unterrichtungspflicht nunmehr für sämtliche Mitarbeiter. Die inhaltliche und zeitliche Ausgestaltung kann jedoch risikoabgestuft durch den Verpflichteten selbst festgelegt werden.
– Geeignete risikoorientierte Maßnahmen zur Prüfung der Zuverlässigkeit der Beschäftigten. Diese Zuverlässigkeitsprüfung erstreckt sich auf alle Mitarbeiter, unabhängig, ob diese kundennah oder nur intern in der Verwaltung eingesetzt werden. Jedoch besteht auch hier hinsichtlich der Kontrolldichte und dem Umfang der Überprüfungsmaßnahmen ein risikoorienterter Beurteilungsspielraum der Verpflichteten.
Die Pflicht zu den genannten internen Sicherungsmaßnahmen trifft die rechtsberatenden Berufe nur, soweit sie die in § 2 Abs. 1 Ziffer 7 und 7a GwG abschließend aufgeführten Kataloggeschäfte (wie Kauf und Verkauf von Immobilien, Verwaltung von Geld, Bank- oder Wertpapierkonten u. a.) regelmäßig ausführen.

39 Um den internen Sicherungspflichten nachzukommen, § 9 Abs. 2 Ziffer 2 GwG, bedarf es insbesondere einer effektiven **Smurfing-Kontrolle**. Hierzu gehört auch, dass Bargeldeinzahlungen bei verschiedenen Zweigstellen zeitnah zusammengefasst werden können.
Auffällige Kunden, insbesondere „PEPs", sind in das sog. **Monitoring** aufzunehmen, § 6 Abs. 2 Ziffer 1 lit. c) GwG. Dies bedeutet, dass das Verhalten des Bankkunden vom Geldwäschebeauftragten nach dem ersten Auffälligwerden, § 6 Abs. 2 Ziffer 3 GwG, das noch keine Anzeige bedingt, weiter beobachtet wird. Eine weitere Beobachtung des Kunden ist aber auch nach Erstattung der Verdachtsanzeige erforderlich, um gegebenenfalls weitere Mitteilungen an die Ermittlungsbehörden übermitteln zu können.

4. Die Pflichten nach dem GwG 6

Ergänzt wird die Verpflichtung zur internen Sicherung durch § 25c Abs. 1 KWG.[38] Nach 40
dieser Bestimmung muss ein Institut über angemessene geschäfts- und kundenbezogene Sicherungssysteme gegen Geldwäsche und gegen betrügerische Handlungen zulasten des Instituts verfügen. Um einen Missbrauch des eigenen Instituts zu verhindern, müssen die den Instituten möglichen Erkenntnisquellen hinsichtlich des Kunden ausgeschöpft werden. Dieses „Know your customer"-Prinzip stellt ein wichtiges Mittel zum Selbstschutz der Institute dar.

Im übrigen enthalten die §§ 25b bis 25i KWG eine Reihe von weiteren Bestimmungen zur „Verhinderung von Geldwäsche, von Terrorismusfinanzierung und von sonstigen strafbaren Handlungen zum Nachteil der Institute", die die Regelungen des GWG ergänzen und zum Teil noch darüber hinaus gehen.

e) Die Verdachtsanzeigepflicht

Die Identifizierungspflicht und die Aufzeichnungspflicht allein hätten im Kampf gegen das 41
organisierte Verbrechen letztlich kaum eine Bedeutung, wenn die Erkenntnisse der Kreditinstitute nicht an die Ermittlungsbehörden weitergereicht würden. Die Pflicht zur Meldung von Verdachtsfällen nach § 11 Abs. 1 GwG durch die Verpflichteten im Sinne des § 2 Abs. 1 GwG ist daher eine der zentralen Normen des GWG. Im Deutschland-Bericht der FATF vom 19.2.2010 wurde moniert, dass in der Praxis die Verdachtsschwelle für die Erstattung von Geldwäscheverdachtsanzeigen zum Teil zu hoch angesetzt werde. Es sei weder erforderlich, dass hinsichtlich der Geldwäschestraftat ein strafprozessualer Anfangsverdacht im Sinne des § 152 Abs. 2 StPO bestehe noch handle es sich danach um eine Strafanzeige. Um dies klarzustellen, wurde § 11 GwG durch das Gesetz zur Optimierung der Geldwäscheprävention neu gefasst. Bereits in der Überschrift des § 11 GwG wurde nunmehr das Wort „Anzeige" durch „Meldung" ersetzt. Die bisherige Formulierung des Abs. 1 S. 1 „… bei Feststellung von Tatsachen, die darauf schließen lassen…." wurde in „Liegen Tatsachen vor, die darauf hindeuten …" geändert. Danach müssen die Verpflichteten alle aus ihrer Sicht in Bezug auf Geldwäsche oder Terrorismusfinanzierung relevanten Transaktionen und Geschäftsbeziehungen melden, ohne zuvor eine detaillierte rechtliche Subsumtion des Sachverhalts vornehmen zu müssen. Mit anderen Worten: der Meldepflichtige muss nicht die rechtlichen Voraussetzungen einer Tat nach § 261 StGB prüfen, sondern den Sachverhalt nach allgemeinen Erfahrungen und seinem beruflichen Erfahrungswissen unter dem Blickwinkel seiner Ungewöhnlichkeit und Auffälligkeit im jeweiligen geschäftlichen Kontext würdigen.[39] Es ist für die Meldpflicht ausreichend, dass objektiv Tatsachen vorliegen, die darauf hindeuten, dass es sich bei den Vermögenswerten um Erträge krimineller Aktivitäten handelt oder die Vermögenswerte im Zusammenhang mit Terrorismusfinanzierung stehen. Andererseits ist ohne solche hinreichend aussagekräftigen Anhaltspunkte eine rein vorsorgliche Meldung „ins Blaue hinein" unzulässig.

Mit dem Gesetz zur Optimierung der Geldwäscheprävention wurde entsprechend den Monita im FATF Bericht in § 11 Abs. 1 S. 2 GwG eine zusätzliche Meldepflicht eingeführt. Danach müssen die Verpflichteten auch dann eine Meldung erstatten, wenn Tatsachen darauf hindeuten, dass der Vertragspartner ihnen gegenüber nicht offenlegt, ob er die Geschäftsbeziehung oder die Transaktion für einen wirtschaftlich Berechtigten begründen, fortsetzen oder durchführen will. Eine Meldung ist auch dann zu erstatten, wenn der Vertragspartner mit der Offenlegung nicht auch die Identität des wirtschaftlich Berechtigten nachweist. Diese Meldepflichten aufgrund mangelnder Offenlegung bestehen unabhängig davon, ob Anhaltspunkte im Zusammenhang mit Geldwäsche oder Terrorismusfinanzierung vorliegen.

Eine Ausnahme zur Meldepflicht sieht § 11 Abs. 3 GwG für Rechtsanwälte, Rechtsbei- 42
stände, Patentanwälte, Notare, Wirtschaftsprüfer, vereidigte Buchprüfer, Steuerberater und Steuerbevollmächtigte vor. Diese Personen sind nicht zur Meldung verpflichtet, wenn es sich um Informationen handelt, die sie im Rahmen der Rechtsberatung oder der Prozessvertretung des Mandanten erlangt haben.

---

[38] Neu gefasst durch Art. 2 des Gesetzes zur Optimierung der Geldwäscheprävention vom 22.12.2011, BGBl. I S. 2959.
[39] So die Begründung im Gesetzentwurf der Bundesregierung, BT-Drucks. 17/6804 v. 17.8.2011.

Damit bleibt für die Anzeigepflicht dieser Berufsgruppen kaum ein Bereich übrig, da entsprechende Kenntnisse zu einem Geldwäscheverdacht wohl immer den Mandanten betreffen oder von ihm stammen. Denkbar ist vielleicht, dass ein Informant – ohne Mandant zu sein – sich über eine dritte Person – die wiederum auch nicht Mandant ist – äußert.

Allerdings bleibt die Anzeigepflicht bestehen, wenn ein Mitglied des besagten Personenkreises positiv bemerkt und somit weiß, dass der Mandant die Rechtsberatung bewusst für Zwecke der Geldwäsche oder der Terrorismusfinanzierung in Anspruch nimmt, § 11 Abs. 3 Satz 2 GwG. In der Praxis spielt diese Ausnahme-Ausnahme-Regelung keine nennenswerte Rolle.[40]

43 Im Übrigen stellt sich die Frage, welchen Sinn die Verpflichtung zur Identifizierung und Aufzeichnung hat, wenn eine Meldepflicht nicht besteht. Aus der unterschiedlichen Behandlung durch den Gesetzgeber kann der Schluss gezogen werden, dass die Aufzeichnungen bei den verpflichteten Personen jedenfalls als Beweismittel beschlagnahmt werden können. Ein beschlagnahmefreier Gegenstand nach § 97 StPO liegt somit nicht vor. Fraglich ist darüber hinaus, ob durch die Regelung des Geldwäschegesetzes auch das Zeugnisverweigerungsrecht des § 53 Abs. 1 Nr. 3 StPO für die in § 2 Abs. 1 Nr. 7 und 8 GwG in dem dort benannten Umfang Verpflichteten aufgehoben ist. Dies wird zu bejahen sein. Zwar wird diesem Personenkreis nicht zugemutet aus eigenen Stücken eine Meldung nach § 11 GwG zu erstatten, jedoch sind sie zur Identifizierung und Aufzeichnung verpflichtet. Daraus folgt der Schluss, dass sie zur Aufklärung von Tatbeständen der Geldwäsche insoweit verpflichtet sind, als sie auf Veranlassung der Ermittlungsbehörden Zeugnis erteilen müssen.

Der Bundesgerichtshof will die Einschränkung des Zeugnisverweigerungsrechts nach § 53 Abs. 1 Nr. 3 StPO aber nur in Bezug auf meldepflichtige Vorgänge nach § 11 Abs. 1 GwG annehmen, nicht jedoch soweit lediglich Identifizierungs- und Aufzeichnungspflichten betroffen sind.[41] Die Pflichten zur Identifikation, Aufzeichnung und Aufbewahrung nach dem Geldwäschegesetz und die Pflicht zur Herausgabe dieser Unterlagen an die Strafverfolgungsbehörden im Zusammenhang mit einer Straftat nach § 261 StGB berührten den Umfang des Zeugnisverweigerungsrechtes nicht.[42]

44 Die Meldung muss unverzüglich erfolgen; die Finanztransaktion darf erst nach Zustimmung durch die zuständige Staatsanwaltschaft oder nach Ablauf des zweiten Werktages nach dem Abgangstag der Meldung ausgeführt werden, § 11 Abs. 1a Satz 1 GwG. Ist ein Aufschub der Transaktion nicht möglich, darf sie sofort ausgeführt werden; die Meldung ist aber unverzüglich nachzuholen, § 11 Abs. 1a Satz 2 GwG.

f) Fortsetzung der Geschäftsbeziehung nach einer Geldwäscheverdachtsmeldung

45 Mitarbeiter von Banken können naturgemäß leicht als Verdächtige einer Geldwäsche in Betracht kommen, da ihre berufliche Tätigkeit den ständigen Umgang mit fremden Vermögenswerten mit sich bringt. Auch muss das Bestreben der Institute dahin gehen, nicht mit inkriminiertem Geld in Verbindung gebracht zu werden. Daher besteht ein nachvollziehbares Interesse der Institute, als Folge einer Verdachtsmeldung die Geschäftsbeziehung zu kündigen.

Eine ausdrückliche gesetzliche Regelung fehlt, sowohl zur Frage einer Verpflichtung zur Kündigung als auch zu einer Möglichkeit der Kündigung.

Bei zweifelhaften Sachverhalten, insbesondere bei auffälligen Transaktionen sollte der Kunde in das interne Monitoring[43] des Bankinstituts aufgenommen werden. Es ist letztlich eine unternehmerische Entscheidung der Bank oder des Kreditinstituts, ob eine Geschäftsbeziehung gekündigt wird. Eine Weiterführung verdächtiger Konten allein zum Zwecke der Ermittlungen gehört nicht zu den Aufgaben der Banken und Kreditinstitute. Gleichwohl ist

---

[40] Verdachtsanzeigen von Rechtsanwälten sind höchst singulär geblieben. Nach dem FIU-Jahresbericht 2010 wurden bundesweit in diesem Jahr insgesamt nur 10 Verdachtsanzeigen von Rechtsanwälten erstattet, 2009 waren es noch 16.
[41] BGH, Urteil vom 7.4.2005, 1 Str 326/04 in www.bundesgerichtshof.de/Entscheidungen.
[42] BGH, aaO S. 21.
[43] Das Monitoring ist bei den Banken eher unbeliebt, da es einen großen Aufwand verursacht.

5. Der Ablauf des Clearingverfahrens

häufig eine Fortsetzung aus der Sicht der Ermittlungsbehörden wünschenswert, um weitere Ermittlungen nicht zu gefährden. Der Beschuldigte soll nicht erfahren, dass gegen ihn schon verdeckte Erhebungen im Gange sind. Zwar ist eine – mit Zwang durchsetzbare – Anordnung der Staatsanwaltschaft zur Fortsetzung der Geschäftsbeziehung gesetzlich nicht vorgesehen. Zu beachten ist jedoch die bußgeldbewehrte (§ 17 Abs. 1 Nr. 8 GwG) Vorschrift des § 12 Abs. 1 Satz 1 GwG, wonach der Verpflichtete den Auftraggeber der Transaktion oder Dritte von einer beabsichtigten oder erstatteten Verdachtsmeldung nicht in Kenntnis setzen darf. Dementsprechend ist im Falle der Kündigung einer Geschäftsbeziehung jeder Hinweis auf eine Verdachtsmeldung oder gar die Begründung hiermit tunlichst zu unterlassen.

Die Banken, als eine der Hauptbetroffenen, kommen den Bitten der Staatsanwaltschaften auf Fortsetzung der Geschäftsbeziehung weitgehend nach. Eine Bitte um Fortsetzung der Geschäftsbeziehung wird jedoch nicht in allen Fällen einer Verdachtsmeldung ausgesprochen.

Keinesfalls sollte ein Bankinstitut eine Geldwäscheanzeige erstatten, um damit eine Möglichkeit zu schaffen, eine missliebige Geschäftsverbindung zu beenden.

Andererseits ist auch eine generelle Kündigungspflicht einer Geschäftsbeziehung abzulehnen, da es sich bei einer Meldung nach § 11 Abs. 1 GwG nur um die Mitteilung eines Verdachts handelt, den es abzuklären gilt. Wie bereits ausgeführt wurde, begründet die Verdachtsmeldung keinen strafrechtlich relevanten Anfangsverdacht im Sinne des § 152 Abs. 2 StPO. Die rechtliche Regelung ist so zu sehen, dass der Verpflichtete durch die Verdachtsmeldung seiner gesetzlichen Verpflichtung nachkommt, nicht aber den Kunden in den Rang eines Beschuldigten eines Ermittlungsverfahrens setzt.

Die besondere Exposition gegenüber Vorwürfen der Geldwäsche hat der Gesetzgeber gesehen und durch mehrere Bestimmungen geregelt. **46**

Nach § 13 GwG wird eine Haftung für eine Meldung nach § 11 Abs. 1 Satz 1 GwG oder eine Strafanzeige nach § 158 StPO ausgeschlossen, sofern diese nicht vorsätzlich oder grob fahrlässig unwahr erstattet wurden.

Grundgedanke ist hier eine Freistellung vom Vorwurf des Verdachts der falschen Verdächtigung nach § 164 StGB und des Vortäuschens einer Straftat nach § 145d StGB. Freigestellt wird aber insbesondere auch von der zivilrechtlichen Haftung auf Schadensersatz.[44]

§ 261 Abs. 9 Satz 1 StGB sieht eine Straffreiheit vor, wenn freiwillig eine Anzeige erfolgt und der Gegenstand sichergestellt wird. Diese Freiwilligkeit liegt auch bei der (Pflicht-)Meldung aus § 11 Abs. 1 Satz 1 GwG vor, § 11 Abs. 5 GwG.

Aus dem Rechtsgedanken dieser Bestimmungen heraus ist festzustellen, dass die weitere Kontoführung nicht den Verdacht der Geldwäsche durch einzelne Mitarbeiter des Instituts begründet, wenn eine Verdachtsmeldung nach § 11 Abs. 1 GWG zu einer Person einmal erstattet wurde und keine neuen Umstände zu Tage treten, die erneut den Geldwäscheverdacht auslösen. Die Institute sind somit nach dem Geldwäschegesetz nicht verpflichtet, bei einem Verdachtsfall die Geschäftsbeziehung zu kündigen.

5. Der Ablauf des Clearingverfahrens

a) Die Anzeige

Ausgangspunkt des Verfahrens bei der Staatsanwaltschaft ist eine Verdachtsmeldung nach § 11 **47** Abs. 1 GWG.

Liegen die Voraussetzungen vor, ist eine Verdachtsmeldung zu erstatten. Das Gesetz regelt nur, dass eine mündlich oder telefonisch gestellte Mitteilung schriftlich, fernschriftlich oder durch elektronische Datenübermittlung zu wiederholen ist, § 11 Abs. 2 S. 1 GWG. Näheres zur Form der Meldung kann durch Rechtsverordnung bestimmt werden, § 11 Abs. 1 GWG. In der Praxis haben sich einheitliche Formulare weitgehend durchgesetzt. Hierbei sollen neben den Formalien zur Person und den Daten zur Transaktion auch die *Tatsachen*, die den Verdacht auslösen, mitgeteilt werden. Darunter fallen alle Umstände, die dem Kundenbetreuer im Rahmen der Geschäftsbeziehung bekannt wurden und die für die Verdachtsgewin-

---

[44] *Fülbier/Aepfelbach/Langweg*, § 12 GwG, Rn. 8.

nung von Bedeutung sind. Wichtig sind in diesem Zusammenhang Mitteilungen über Aussagen des Kunden zur Herkunft der Gelder gegenüber seinem Betreuer. Der aufmerksame Betreuer wird hier auch versuchen, vom Kunden weitere Informationen zu erhalten. Ein Nachfragen beim Kunden steht in seinem eigenen Interesse, da ein bewusstes Augenverschließen ein leichtfertiges Handeln im Sinne des § 261 Abs. 5 StGB darstellen könnte.

Derartige Kenntnisse des Bankmitarbeiters unterfallen der Verpflichtung aus § 11 Abs. 1 GwG. In der Meldung ist nämlich darzulegen, warum das Institut den Verdachtsfall sieht.

48   Ein interessantes Phänomen ist, dass Banken eine Verdachtsmeldung erstatten, wenn sie eigentlich Geschädigte einer (versuchten) Straftat sind. So werden häufig Sachverhalte über das Einreichen gefälschter Schecks oder Überweisungsträger (mit oder ohne konkreten Auszahlungswunsch) sowie Phishingfälle als Geldwäscheverdachtsfälle deklariert. Hiergegen bestehen eigentlich keine Bedenken. Es ist aber durchaus zulässig, sich sofort an die örtlich zuständige Staatsanwaltschaft zu wenden und eine Strafanzeige nach § 158 Abs. 1 StPO zu erstatten.

b) Zuständigkeit und Erfassung

49   Die Verdachtsmeldung ist dem Bundeskriminalamt – Zentralstelle für Verdachtsmeldungen – und den zuständigen Strafverfolgungsbehörden zu übermitteln, § 11 Abs. 1 S. 1 GwG. In allen Bundesländern wurden für die Entgegennahme bestimmte Staatsanwaltschaften ausgewählt. In Bayern und Hessen sind die Meldungen an die Behörde des Generalstaatsanwalts zu richten. Die in § 2 Abs. 1 Nr. 7 und 8 GwG benannten Verpflichteten (Rechtsanwälte, Wirtschaftsprüfer u. a.) müssen die Meldung an die zuständige Bundesberufskammer mitteilen, die diese dann – mit einer freigestellten Stellungnahme – an das Bundeskriminalamt weiterleitet,[45] § 11 Abs. 4 GwG.

Technisch gesehen erfolgt die Eintragung der Verdachtsmeldung bei der Staatsanwaltschaft in ein Register für Ermittlungsverfahren. Sachlich gesehen liegen aber zunächst in der Regel nur Vorermittlungen („Clearingverfahren") vor. Von einem Ermittlungsverfahren kann nur gesprochen werden, sofern zureichende tatsächliche Anhaltspunkte für eine Straftat vorliegen, § 152 Abs. 2 StPO. Das anzeigende Institut erhält eine Eingangsbestätigung.

Gleichzeitig wird die Verdachtsmeldung auch an die zuständige Polizeibehörde des Landes übermittelt.

50   Die Polizeibehörden nehmen zunächst Abklärungen zu den gemeldeten Personen anhand der polizeilichen Dateien und des Melde- sowie des Gewerberegisters der Kommunen vor.

Ergibt sich nunmehr ein Anfangsverdacht, werden tatsächliche Ermittlungen in die Wege geleitet.

Es stehen alle Maßnahmen nach der Strafprozessordnung zur Verfügung. Insbesondere können Zeugen vernommen werden, z. B. auch der Kundenbetreuer.

Als eine Maßnahme, die den Beschuldigten nur gering beeinträchtigt, kommt eine kurzfristige Observation – insbesondere bei und nach einer Barabhebung – in Betracht. Auch eine längerfristige Observation nach § 163f StPO kann angeordnet werden, da es sich bei dem Verdacht der Geldwäsche in aller Regel um eine Straftat von erheblicher Bedeutung handelt.

Hat sich der Verdacht erhärtet, können eine Beschuldigtenvernehmung oder gar eine Durchsuchung der Wohn- und Geschäftsräume des Beschuldigten oder des von ihm vertretenen Unternehmens erfolgen.

51   Die Geldwäsche nach § 261 StGB ist auch im Katalog der Telefonüberwachung nach § 100a StPO aufgenommen. Gemäß § 100a Abs. 2 Nummer 1m StPO kann bei Verdacht einer vorsätzlichen – allerdings nicht beim Versuch – oder schweren Geldwäsche nach § 261 Abs. 1, 2 oder 4 StGB die Überwachung und Aufzeichnung der Telekommunikation angeordnet werden. Für den Verdacht einer leichtfertigen Geldwäsche besteht die Möglichkeit der Überwachung des Telekommunikationsverkehrs nicht. Die Unterscheidung in leichtfertige und vorsätzliche Geldwäsche ist allerdings im Ermittlungsverfahren kaum möglich.

---

[45] In Fällen von erforderlichen Sofortmaßnahmen (Beschlagnahme, Verhaftung etc.) werden hier allerdings nicht wieder gutzumachende Verzögerungen auftreten.

5. Der Ablauf des Clearingverfahrens

Das Abhören innerhalb einer Wohnung ist nach § 100c Abs. 1, Abs. 2 Nummer 11 StPO nur zur Verfolgung der gewerbsmäßigen oder bandenmäßigen Geldwäsche nach § 261 Abs. 4 Satz 2 StGB möglich.

Unter den Voraussetzungen des § 110a StPO kann auch ein verdeckter Ermittler zum Einsatz kommen.

Schließlich kann auch eine Rasterfahndung nach § 98a StPO dann angeordnet werden, wenn sich die Geldwäsche als eine Straftat von erheblicher Bedeutung darstellt und gewerbs- oder gewohnheitsmäßig oder bandenmäßig oder sonst organisiert begangen wurde.

In diesem Stadium der Ermittlungen müssen aber konkrete Hinweise auf ein Grunddelikt nach § 261 StGB vorliegen.

c) Einstellung des Verfahrens

Eine Einstellung des Verfahrens wegen mangelnden Tatverdachts nach § 170 Abs. 2 Satz 1 StPO kann in jedem Stadium des Ermittlungsverfahrens erfolgen. Hierüber ist dem meldenden Institut eine Mitteilung zu machen. Eine Begründung wird nicht übersandt. Es liegt nämlich keine Strafanzeige nach § 158 StPO vor. Es besteht auch keine Beschwerdemöglichkeit nach § 171 StPO, weil der Verpflichtete nicht Verletzter im Sinne dieser Vorschrift ist. Die Meldung erfolgt nämlich aufgrund der öffentlich-rechtlichen Verpflichtung aus § 11 Abs. 1 GwG. Aus dieser Verpflichtung heraus erwächst aber ein Interesse des meldenden Instituts, über den Ausgang der Ermittlungen Informationen zu erhalten. Denn der Verpflichtete wird sein weiteres Verhalten an den Ergebnissen der Ermittlungen ausrichten. Auch wenn § 261 Abs. 9 Satz 1 StGB die Strafbarkeit des Verpflichteten bei einer Anzeige entfallen lässt, besteht doch ein berechtigtes Interesse, keinen Kunden zu führen, der in einem Zusammenhang mit Geldwäsche oder anderen Delikten steht. 52

Eine Entscheidung über die Fortführung oder Kündigung der Geschäftsbeziehung kann der Verpflichtete allein aus der Mitteilung, dass das Verfahren nach § 170 Abs. 2 StPO eingestellt wurde, nicht treffen. Hier hilft § 475 StPO den Verpflichteten weiter, § 11 Abs. 8 S. 3 GwG. Diese Vorschrift regelt die Akteneinsicht für Privatpersonen, die nicht die Beschuldigten oder Verletzten des Ermittlungsverfahrens sind.

Nach § 475 Abs. 1 StPO kann ein Rechtsanwalt Auskünfte einholen. Bedeutet dies für die Staatsanwaltschaft einen zu großen Aufwand, kann auch über den Rechtsanwalt Einsicht in die komplette Akte gewährt werden.

Nach § 475 Abs. 4 StPO kann auch Privatpersonen, d. h. auch Instituten, Auskunft aus den Akten erteilt werden. Eine vollständige Akteneinsicht ist nicht möglich.

Erforderlich ist jeweils, dass die Privatperson ein berechtigtes Interesse an der Auskunftserteilung oder der Akteneinsicht hat. Der Verdacht, eine Geschäftsbeziehung zu einem Straftäter zu unterhalten oder unterhalten zu haben, stellt sicher ein berechtigtes Interesse im Sinne dieser Vorschrift dar.

Als Auskunft aus den Akten sind die Gründe für die Einstellung des Verfahrens anzusehen. Diese können daher im Rahmen des § 475 Abs. 4 StPO auf Anfrage an das Institut übersandt werden, § 477 Abs. 1 StPO.

d) Anklage oder Abgabe

Wird das Verfahren nach den Vorermittlungen bzw. nach einzelnen Ermittlungshandlungen nicht eingestellt, erfolgt eine Abgabe des Verfahrens an die örtlich zuständige Staatsanwaltschaft. In der Praxis erfolgt die Abgabe meistens aber nicht wegen eines Delikts der Geldwäsche, sondern wegen eines im Laufe der Vorermittlungen zu Tage getretenen Grunddelikts. In den meisten Fällen von weitergehenden Ermittlungshandlungen besteht nämlich der Verdacht, dass der Beschuldigte selbst das Grunddelikt verwirklicht hat. 53

In diesem Stadium der Ermittlungen ist unbedingt auf die **Verwertungsbeschränkung** des § 11 Abs. 6 GwG zu achten. Der Inhalt einer Verdachtsmeldung darf nach dieser Bestimmung – gesetzestechnisch etwas kompliziert zum Ausdruck gebracht – nur zur Verfolgung der Geldwäsche sowie für die Katalogtaten des § 261 StGB und des § 129a StGB sowie für Delikte, die im Höchstmaß mit mehr als drei Jahren Freiheitsstrafe bedroht sind, verwendet werden. Daneben können die Meldungen auch für das Besteuerungsverfahren und die Auf- 54 sichtsaufgaben der Behörden nach § 16 Abs. 2 GwG sowie zum Zweck der Gefahrenabwehr verwendet werden.

Nicht verwendet werden können somit Verdachtsmeldungen, aus denen sich Delikte mit einer Höchststrafe von drei Jahren Freiheitsstrafe und weniger ergeben. In der Praxis sind dies insbesondere die falsche Versicherung an Eides statt (§ 156 StGB), die Vereitelung der Zwangsvollstreckung (§ 288 StGB) oder Verstöße gegen das Kreditwesengesetz.

55 Die Verwertungsbeschränkung bleibt auch bestehen, wenn sich aus dem Clearingverfahren weitere Anhaltspunkte für eine solche Straftat ergeben, da diese Ermittlungen auf der ursprünglichen Meldung beruhen. Das Verwertungsverbot aus § 11 Abs. 6 GwG entfaltet auch Fernwirkungen.[46] Es geht nicht an, anhand der Verdachtsmeldung – bei bestehendem Verwertungsverbot – ein Verfahren einzuleiten und dann die benötigten Informationen vom dem Verpflichteten mittels eines Auskunftsersuchens zu erholen.

56 Eine andere Fallkonstellation ist, dass gegen die „gemeldete" Person bei einer Staatsanwaltschaft bereits ein Ermittlungsverfahren in dieser Sache oder mit einem anderen Sachverhalt anhängig ist. Dann wird üblicherweise das Verfahren sofort an die mit dem Beschuldigten bereits befasste Staatsanwaltschaft abgegeben. Diese Verdachtsmeldungen sind in der Regel für das bereits anhängige Ermittlungsverfahren sehr nützlich, da sie brandaktuelle Informationen zu den Vermögensverhältnissen des Beschuldigten enthalten.

Die Beantwortung eines staatsanwaltschaftlichen Auskunftsersuchens (auch aufgrund eines ermittlungsrichterlichen Durchsuchungs- und Beschlagnahmebeschlusses) gibt keine Veranlassung, nunmehr mit denselben Kontoauszügen eine Verdachtsmeldung zu erstatten.[47] Denn in diesem Fall wurden die Erkenntnisse schon den Ermittlungsbehörden mitgeteilt. Die Einleitung eines weiteren Verfahrens mit demselben Inhalt stellt einen unnötigen Aufwand für alle Beteiligten dar. Etwas anderes gilt nur dann, wenn das Kreditinstitut bei der Erstellung der Unterlagen für die ersuchte Auskunft weitere Umstände für den Verdacht der Geldwäsche feststellt, die von dem Auskunftsersuchen nicht umfasst sind.

e) Verhältnis zur Finanzbehörde

56a Durch das Geldwäschegesetz werden die Beziehungen der allgemeinen Ermittlungsbehörden zu den Finanzbehörden in mehrfacher Weise verknüpft.

aa) Steuergeheimnis

57 Im Rahmen der Bearbeitung der Verdachtsmeldungen kann von den Ermittlungsbehörden auch Auskunft vom Finanzamt erholt werden. Das allgemeine Steuergeheimnis des § 30 AO steht nicht entgegen. Der Gesetzgeber hat zur Bekämpfung der Geldwäsche eine Befreiung von dem grundsätzlich streng einzuhaltenden Steuergeheimnis in § 31b AO ausdrücklich in die Abgabenordnung eingefügt. Nach § 31b Satz 1 AO ist nunmehr nicht nur die Offenbarung im Rahmen eines Ermittlungsverfahrens wegen Geldwäsche zulässig, sondern in § 31b Satz 2 AO wird sogar eine Verpflichtung der Finanzbehörden gegenüber den Strafverfolgungsbehörden zur Mitteilung von Tatsachen, die auf Geldwäsche schließen lassen, ausgesprochen.

bb) Mitteilungspflicht nach § 15 Abs. 2 GwG

58 Gesondert hinzuweisen ist auf die Verpflichtung der Staatsanwaltschaft zur Mitteilung nach § 15 Abs. 2 GWG. Soweit ein Ermittlungsverfahren (der gesetzliche Ausdruck „Strafverfahren" ist hier nach ganz allgemeiner Ansicht als Ermittlungsverfahren zu verstehen) wegen Geldwäsche oder einer der in § 129a Abs. 2 bzw. § 261 Abs. 1 StGB genannten Straftaten eingeleitet wird, *muss* die Staatsanwaltschaft die ursprüngliche Verdachtsmeldung mit den zu Grunde liegenden Tatsachen der Finanzbehörde übermitteln, wenn eine Finanztransaktion inmitten steht, die für ein Besteuerungs- oder Steuerstrafverfahren von Bedeutung[48] sein

---

[46] Vgl. zur Frage der Fernwirkung *Meyer-Goßner*, Kommentar zur StPO, 55. A., Einl. Rn. 57.
[47] *Diergarten/Reiner*, S. 77 f. raten hier allerdings eher zu einer Anzeigeerstattung.
[48] *Fülbier/Aepfelbach/Langweg*, § 10 GwG, Rn. 22.
Letztlich hat jede betrieblich veranlasste Geldbewegung mit Inlandsbezug Bedeutung für ein Besteuerungsverfahren.

6. Schwierigkeiten bei der Umsetzung in der Praxis

könnte. Ein Ermessen besteht – wenn die Voraussetzungen vorliegen – nach dem klaren Gesetzeswortlaut nicht. Ein Ermittlungsverfahren ist dann eingeleitet, wenn Ermittlungshandlungen nach außen durchgeführt werden. Mitgeteilt werden *dürfen* auch gemäß § 15 Abs. 2 Satz 1 GwG die Aufzeichnungen nach § 8 Abs. 1 GwG. Verwendet werden dürfen diese Mitteilungen sowohl für das Besteuerungs- als auch für das Steuerstrafverfahren, § 15 Abs. 2 Satz 3 GwG.

An § 15 Abs. 2 GwG zeigt sich, wie wichtig die Unterscheidung in Verdacht nach § 11 Abs. 1 GwG, der z. B. durch einen Bankmitarbeiter festgestellt wird, und in den Anfangsverdacht nach § 152 Abs. 2 StPO, der von der Staatsanwaltschaft festgestellt wird, ist. Würde man bei jeder Verdachtsmeldung auch den Anfangsverdacht für ein Ermittlungsverfahren bejahen, müssten alle Verdachtsmeldungen – bei Vorliegen der Bedeutung für die Finanzbehörde – auch der Finanzbehörde mitgeteilt werden. Mit anderen Worten würde ein Bankangestellter darüber entscheiden, welche Kenntnisse den Steuerbehörden zukämen. **59**

cc) Verwendungsbefugnis

In § 11 Abs. 6 GwG ist zunächst die Möglichkeit der Verwertung einer Verdachtsmeldung für Straftaten festgelegt. Unscheinbar bestimmt der letzte Halbsatz aber zusätzlich, dass die Meldung auch für das Besteuerungsverfahren verwertet werden darf. Gemeint ist das allgemeine Veranlagungsverfahren des Finanzamtes. Hier ist die ursprüngliche Zielrichtung des Geldwäschegesetzes, nämlich die Bekämpfung der organisierten Kriminalität, weit ausgedehnt. **60**

Immerhin besteht keine Verpflichtung der Staatsanwaltschaft, die Erkenntnisse an das Finanzamt weiterzuleiten. Diese besteht nur, wenn Ermittlungen geführt werden, § 15 Abs. 2 GwG.

Dies bedeutet, dass eine Verwendung des Inhalts einer Verdachtsmeldung für das Finanzamt auch dann möglich ist, wenn kein Steuerstrafverfahren anhängig ist.

Kenntnis erlangen die Finanzämter – außer im Falle des § 15 Abs. 2 GwG – durch Anfragen der Ermittlungsbehörden an das Finanzamt. Diese Anfragen entsprechend § 31b Abs. 1 AO sind durchaus mit konkreten Zahlen versehen, um dem Finanzamt auch eine konkrete Antwort zu ermöglichen.

dd) Steuerstrafverfahren

Für Steuerermittlungsverfahren steht das Finanzamt der Staatsanwaltschaft gleich; gemäß § 386 Abs. 1 Satz 1 AO ermittelt bei Verdacht einer Steuerstraftat die Finanzbehörde den Sachverhalt. Daher kann auch eine Abgabe des Ermittlungsverfahrens an das Finanzamt erfolgen. § 370 AO sieht eine Freiheitsstrafe bis zu fünf Jahren vor, so dass keine Verwertungsbeschränkung nach § 11 Abs. 6 GwG besteht. Im Falle der Abgabe ist das Ermittlungsverfahren wegen Geldwäsche vorher ausdrücklich einzustellen, da der Steuerfahndung keine Kompetenz zur Verfolgung allgemeiner Straftaten zukommt. **61**

6. Schwierigkeiten bei der Umsetzung in der Praxis

a) Ausgangslage

Es ist immer wieder beklagt worden, dass trotz des immensen Aufwandes für die Kreditinstitute die Ergebnisse, die die Ermittlungsbehörden aus den Verdachtsmeldungen gewinnen können, unbefriedigend sind. In der Tat sind Verdachtsmeldungen, die zu Ermittlungsverfahren wegen Geldwäsche führen, sehr selten. Noch seltener sind Verurteilungen wegen Geldwäsche, bei denen die Ermittlungen ihren Ausgang in einer Verdachtsmeldung nach § 11 GwG genommen haben. **62**

Worauf dies zurückzuführen ist, ist schwierig zu beurteilen. Unterschiedliche Gründe sind anzuführen:
– Zum einen dürfte das Anzeigeverhalten einiger Kreditinstitute immer noch etwas zurückhaltend sein. Vereinzelt fällt auf, dass Institute jeweils nur abgelehnte Geschäftsbeziehungen, die in die Kategorie „Nonsens-Angebote" fallen, melden oder solche Straftaten, die keinen unmittelbaren Bezug zur Geldwäsche haben, sondern die allgemeine Kriminalität betreffen (z. B. Phishingfälle, Überweisungsbetrug).

– Entscheidend dürfte aber sein, dass die Ermittlungsmöglichkeiten – insbesondere bei Auslandsbezug – einfach eingeschränkt sind. Man muss nach wie vor betonen, dass weder dem eingezahlten Bargeld noch dem Buchgeld seine kriminelle Herkunft angesehen werden kann.

Die Verpflichteten sind im Allgemeinen bemüht, ihren gesetzlichen Aufgaben aus dem Geldwäschegesetz nachzukommen. So ist die Anzahl der Verdachtsmeldungen über die Jahre kontinuierlich angestiegen:

Während 2004 für das gesamte Bundesgebiet 8062 Verdachtsanzeigen erstattet wurden, waren 2010 11.042 Verdachtsanzeigen zu verzeichnen.[49]

Erfreulicherweise ist die Zusammenarbeit zwischen den Verpflichteten und den Ermittlungsbehörden von einem hohen Maß an Kooperation geprägt.

Die Kreditinstitute sind auch länderübergreifend durchaus an Maßnahmen interessiert, nicht für Zwecke der Geldwäsche missbraucht zu werden. So haben einige der umsatzstärksten Geschäftsbanken der Welt sich selbst Regeln gegeben, um den Missbrauch ihrer Institute durch Geldwäsche zu vermeiden. Die so genannten „Wolfsberg-Principles", an denen als deutsches Institut die Deutsche Bank beteiligt ist; Näheres findet sich unter http://www.wolfsberg-principles.com.

b) Problemstellung

63 Das Grundproblem liegt darin, dass für eine verdächtige Finanztransaktion eine Vortat nach § 261 Abs. 1 StGB ermittelt werden muss. Dem eingezahlten Bargeld bzw. der Überweisung sieht man weder den Rechtsgrund für die Zahlung noch die Herkunft des Betrages an.

Deshalb ist es für die Ermittlungsbehörden besonders wichtig, dass der Kundenberater und der Geldwäschebeauftragte umfassend die Verdachtsmomente erheben. Besonders wichtig sind Erklärungen seitens des Kunden. Auch können schriftliche Unterlagen von hohem Wert sein, insbesondere bei dubiosen Anlagegeschäften.

Es liegt nunmehr an den Ermittlungsbehörden, mit dem vorhandenen Instrumentarium effektiv die Verdachtsmeldungen auszuwerten und die Ermittlungen zu betreiben. Weitere gesetzgeberische Maßnahmen werden wohl nicht entscheidend zur Bekämpfung von Geldwäschedelikten beitragen können.

c) Auslandsbezug

64 Häufig gehen Überweisungen aus dem Ausland ein. Sofern überhaupt Näheres zum Auftraggeber („Eingang über elektronische Medien") mitgeteilt werden kann, gestalten sich die Ermittlungen im Ausland häufig schwierig und langwierig.

Das liegt zum einen schon grundsätzlich an dem System der internationalen Rechtshilfe. Das System ist als solches umständlich. Das bedeutet, dass Vortaten z. B. in Russland kaum ermittelt werden können.

Auch fehlen in Staaten, die üblicherweise als Fluchtländer für Vermögenswerte in Betracht kommen, die nötigen gesetzlichen Vorgaben. Zwar kennt z. B. auch die Schweiz eine Meldepflicht der Banken bei einem Geldwäscheverdacht gemäß Art 9 des Schweizer Geldwäschereigesetzes.[50] Für die Gewährung von Rechtshilfe werden jedoch in der Praxis konkrete Tatumstände zur Vortat verlangt, die ja eben anhand des Rechtshilfeersuchens erst ermittelt werden sollen. Somit kann nach dem Recht der Schweiz die Rechtshilfe nicht geleistet werden.

Die liechtensteinischen Behörden kommen einem Rechtshilfeersuchen auch dann nicht in der gebührenden Weise nach, wenn der Verdacht einer Untreue zum Nachteil eines liechtensteinischen Unternehmens besteht. Anstatt dort eine Durchsuchung nach Geschädigten vorzunehmen, begnügt man sich damit, den örtlichen Verwaltungsrat zu Themen zu vernehmen, zu denen nur der wirtschaftlich Berechtigte (der kein liechtensteinischer Staatsangehöriger ist) Auskunft geben kann.

---

[49] Quelle: BKA FIU Deutschland Jahresbericht 2010.
[50] www.admin.ch.

6. Schwierigkeiten bei der Umsetzung in der Praxis

Bei Auslandsbezug können die Kreditinstitute den Ermittlungsbehörden zur Hand gehen. Sie haben die Möglichkeit über die Partnerbank im Ausland, sofern es die jeweiligen örtlichen Gesetze zulassen, vorab die nötigen Informationen einzuholen.

Auch Geldtransfers in das Ausland können nicht in dem erforderlichen Umfang nachvollzogen werden. Soweit ersichtlich erfüllen Partnerunternehmen von Western Union in manchen Staaten nicht die Anforderungen an einen seriösen Finanzdienstleister, so dass eine Identifizierung eines Geldempfängers häufig nicht erfolgt.

d) Erfolge des Geldwäschegesetzes

Trotz aller dargestellter Probleme darf die Bedeutung der Meldepflicht und des Clearingverfahrens aber nicht unterschätzt werden. Weiterführende Ermittlungen zu Grunddelikten und solchen nach § 11 Abs. 6 GwG sind gar nicht so selten. Häufig erfolgt nur deshalb keine Anklage wegen Geldwäsche nach § 261 StGB, weil der Täter zugleich das Grunddelikt verwirklicht hat. Die Strafverfolgung beschränkt sich dann auf das Grunddelikt, § 261 Abs. 9 Satz 2 StGB. Häufig ergibt das Clearingverfahren auch den Verdacht einer anderen Straftat, die – bei Berücksichtigung des Verwertungsverbotes des § 11 Abs. 6 GwG – verfolgt wird. Diese Verwertungsmöglichkeiten, die weit über den Ansatz der Bekämpfung der organisierten Kriminalität hinausgehen, wurden vom Gesetzgeber gesehen und durch die Bestimmung des § 11 Abs. 6 GwG auch ausdrücklich gebilligt und gewünscht.

Insbesondere bei großen Betrugssystemen (z. B. Schneeballsystemen) sind die Verdachtsmeldungen hilfreich und wichtig, hier alsbald durch Beschlagnahmen und Verhaftungen dem kriminellen Treiben ein Ende zu setzen. Der aufmerksame Bankangestellte kommt schneller zu einer Meldung nach § 11 GwG als der vertrauensselige Anleger, der in der Hoffnung auf einen guten Ausgang seines Engagements sich lange mit der Anzeige nach § 158 StPO zurückhält. Eine frühzeitige Meldung ist wichtig, um durch ein schnelles Eingreifen Schaden von einer Vielzahl weiterer potenzieller Geschädigter abwenden zu können. Bei dieser Deliktsart gehen eine ganze Reihe von Ermittlungs- und Strafverfahren auf Verdachtsmeldungen nach § 11 GwG zurück. Die Effektivität solcher Meldungen hängt natürlich vom Gespür der jeweiligen Kundenbetreuer und Geldwäschebeauftragten ab.

Nicht vergessen werden darf der generalpräventive Aspekt. Allein die Identifizierungspflicht und die Meldepflicht schrecken Straftäter ab, ihre illegal erworbenen Mittel in einem Land mit strengen Geldwäschevorschriften zu platzieren. Diese These ist nicht nur reine Spekulation. Eine Auswertung der Geldwäscheanzeigen manifestiert, dass Verdachtsmeldungen mit hohen Geldsummen (sechsstellige Beträge und höher) selten sind.

Zusammenfassend ist festzustellen, dass das Geldwäschegesetz insgesamt einen wichtigen Teil zur Bekämpfung der Kriminalität beiträgt.

7. Kapitel.
Organisierte Wirtschaftskriminalität

Literatur: Karlsruher Kommentar zur StPO, 6. Auflage, 2008, Kommentierung zu § 74c GVG; *Wittig*, Wirtschaftsstrafrecht, 2. Auflage, 201, § 2 Begriffserklärung; *Buchmann*, „Vertragsfallen" im Internet – Rechtliche Würdigung und Gegenstrategien", NJW 2009, S. 3189 ff.; *Eisele*, „Zur Strafbarkeit von sog. „Kostenfallen" im Internet", NStZ 2010, S. 193 ff.; *Burmann/Heß/Jahnke/Janker*, StVR, 22. Auflage, 2012, Kommentierung zu § 22b StVG; *Blum*, „Missbrauch von Wegstreckenzählern und Geschwindigkeitsbegrenzern (§ 22b StVG)", NZV 2007, S. 70 ff.

Inhaltsübersicht

	Rn.		Rn.
1. Einleitung	1–4	3. Fazit / Ausblick auf neue Erscheinungsformen der organisierten Wirtschaftskriminalität („Sekundärmarkt" von Lebensversicherungen)	25–26
2. Einzelne Fallkonstellationen	5–24		
a) Abofallen / Abmahnanwälte	5–11		
b) Tachomanipulation	12–18		
c) Kontoeröffnungsbetrug	19–20		
d) Subventionsbetrug	21–24		

1. Einleitung

Das Gesetz kennt keine allgemeine Definition der Wirtschaftskriminalität. Dies ist auch nicht erforderlich, weil weder Wirtschafts- noch Organisierte Kriminalität[1] Tatbestandsmerkmale einer Strafnorm oder deren Qualifikation darstellen. Es handelt sich vielmehr um Phänomene / Bezeichnungen, die im Wesentlichen der Kriminalwissenschaft bzw. der polizeilichen und staatsanwaltschaftlichen Praxis entspringen. Eine Definition bzw. ein Versuch derselben soll hier von daher vorwiegend aus praktischer, staatsanwaltschaftlicher Sicht erfolgen. 1

Zur Umschreibung des Begriffes der Wirtschaftskriminalität wäre es nicht sachgerecht sich streng an § 74c GVG zu orientieren. § 74c GVG regelt die Zuständigkeit der bei den Landgerichten einzurichtenden Wirtschaftsstrafkammern. Die Aburteilung einzelner Delikte, vorwiegend aus dem Bereich des sogenannten Nebenstrafrechts wird den Wirtschaftsstrafkammern zugeordnet. Betreffend die Deliktsbereiche Betrug, Untreue, Computerbetrug, der im Rahmen der Organisierten Wirtschaftskriminalität die Hauptrolle spielen, ist die Zuständigkeit der Wirtschaftsstrafkammer nur unter dem normativen Merkmal der Erforderlichkeit von besonderen Kenntnissen des Wirtschaftslebens eröffnet. Die Auslegung dieses normativen Merkmals bereitet vor allem in der staatsanwaltlichen Praxis große Schwierigkeiten und führt nicht selten zu langdauernden, unnötigen Zuständigkeitsstreitigkeiten. Maßgebend sind dabei weder die Bedeutung noch der Umfang der Sache, sondern ausschließlich, ob die Behandlung der zur Entscheidung stehenden Fallkonstellationen besondere Kenntnisse des Wirtschaftslebens voraussetzt, über die nicht jeder Richter verfügt[2]. Dieses normative Zuständigkeitsmerkmal wird durch die Rechtsprechung, sofern überhaupt veröffentlichte Entscheidungen hierzu vorliegen, sehr eng ausgelegt. So wird es selbst für komplexe Fälle des ärztlichen Abrechnungsbetruges i. d. R. nicht bejaht[3]. Der Zuständigkeitskatalog des § 74c GVG kann daher lediglich als große Orientierung herangezogen und keinesfalls als abschließend gewertet werden. Sachgerechter erscheint es sämtliche Straftaten mit wirtschaftlichen Bezügen, bei denen der Täter 2

---

[1] Insoweit findet sich z. B. in Art. 1 Abs. 3 des Bayerischen Verfassungsschutzgesetzes in der Fassung vom 10. April 1997, GVBl. 1997, S. 70 eine Legaldefinition, auf die noch näher einzugehen sein wird.
[2] *Diemer* in Karlsruher Kommentar zur StPO, 6. Auflage, 2008, § 74c GVG Rn. 3.
[3] OLG Düsseldorf vom 20.2.1990, Gz. 1 Ws 148/90.

einen pönalisierten Vermögenswert erstrebt unter dem Begriff Wirtschaftskriminalität zu erfassen[4].

3 Für das Phänomen der Organisierten Kriminalität existiert – wie in Fußnote 1 ausgeführt – eine Legaldefinition in Art. 1 Abs. 3 des Bayerischen Verfassungsschutzgesetzes, die lautet wie folgt:

„3) Organisierte Kriminalität ist die von Gewinn- oder Machtstreben bestimmte planmäßige Begehung von Straftaten, die einzeln oder in ihrer Gesamtheit von erheblicher Bedeutung für die Rechtsordnung sind, durch mehr als zwei Beteiligte, die auf längere oder unbestimmte Dauer arbeitsteilig tätig werden
– unter Verwendung gewerblicher oder geschäftsähnlicher Strukturen oder
– unter Anwendung von Gewalt oder durch entsprechende Drohung oder
– unter Einflußnahme auf Politik, Verwaltung, Justiz, Medien oder Wirtschaft."

Ferner haben die Justizminister/-senatoren und die Innenminister/-senatoren der Länder in einer gemeinsamen Richtlinie über die Zusammenarbeit von Staatsanwaltschaft und Polizei bei der Verfolgung der Organisierten Kriminalität eine Definition niedergelegt. Sie findet sich in Anlage E zu den Richtlinien für das Strafverfahren und das Bußgeldverfahren[5] und ist inhaltsgleich mit Art. 1 Abs. 3 des Bayerischen Verfassungsschutzgesetzes.

Als wesentliches Definitionskriterium kann zusammengefasst eine feste Organisationsstruktur mit einem Über-/Unterordnungsverhältnis herangezogen werden. Insoweit unterscheidet sich der Begriff der Organisierten Kriminalität auch von dem gesetzlichen Tatbestandsmerkmal der Bande.

4 Als **Organisierte Wirtschaftskriminalität** kann man eine Kombination aus beiden Erscheinungsformen der Kriminalität bezeichnen, wobei aus der Anlage E zur RiStBV in aller Regel die Variante) einschlägig sein wird.

Die Grenzen dabei sind fließend, sodass – wie eingangs erwähnt – letztlich nur von einem Definitionsversuch zur Abgrenzung der im nachfolgenden zu schildernden Fallkonstellationen gesprochen werden kann.

Die Varianten der Organisierten Wirtschaftskriminalität in der strafrechtlichen Praxis sind vielfältig. Eine erschöpfende Darstellung wäre von daher schlichtweg unmöglich und würde den Rahmen dieses Werkes sprengen. Ich werde mich deshalb im Folgenden auf einige wesentliche Fallkonstellationen beschränken. Bei der Auswahl derselben habe ich mich zur Gewährleistung der Aktualität des Handbuches nicht an den Falldarstellungen der Vorauflage orientiert, sondern die Erscheinungsformen herausgegriffen, die in den letzten Jahren die tägliche staatsanwaltliche Praxis beherrschen. Nachdem es sich bei dem vorliegenden Werk um ein Handbuch von Praktikern für Praktiker handelt, sollen lediglich die wesentlichen tatsächlichen und rechtlichen Probleme aufgezeigt werden, ohne dass die Erörterung einen Anspruch auf wissenschaftliche Vollständigkeit erhebt. Nicht eingegangen wird auf das weit verbreitete, der Organisierten Wirtschaftskriminalität zuzuordnende Phänomen der sog. „Umsatzsteuerkarusselle". Dies soll dem steuerrechtlichen Teil dieses Werkes vorbehalten bleiben.

2. Einzelne Fallkonstellationen

a) Abofallen / Abmahnanwälte[6]

5 Als Abofallen (genannt auch Kostenfallen oder Vertragsfallen) im Internet bezeichnet man Internetseiten, die auf den ersten Blick unentgeltliche Dienstleistungen in Aussicht stellen, bei Eingehen auf das Angebot der Verbraucher aber eine kostenpflichtige Leistung, meist

---

[4] Vgl. dazu die Veröffentlichung des Bundesministeriums des Innern unter www.bmi.bund.de
[5] Karlsruher Kommentar zur StPO, 6. Auflage 2008, Anlage II.
[6] Betreffend den Gliederungspunkt „Abofallen / Abmahnanwälte" danke ich meinem Kollegen, Herrn Staatsanwalt als Gruppenleiter *Bernhard Geismar* herzlich für seine Anregungen und die Korrektur des Manuskripts.

2. Einzelne Fallkonstellationen

ein Abonnement erwirbt. Die Kostenpflicht ist dabei für den Verbraucher nicht ohne weiteres erkennbar. Auf sie wird i. d. R. lediglich an einer versteckten Stelle hingewiesen[7]. Oft erfolgt dies in einem sog. „Sternchentext", d. h. in einem kleingedruckten, sich unterhalb des Anmeldebutton befindlichen Text, auf den durch ein Sternchen oberhalb der Anmeldemaske hingewiesen und der erst nach Herunterscrollen sichtbar wird. Gelegentlich werden bei der Seitengestaltung auch die Seiten seriöser Anbieter imitiert. Insoweit ähneln die Fälle dem Phänomen des sog. „Offertenbetruges". Auf die Fallkonstellationen des „Offertenbetruges" soll an dieser Stelle jedoch nicht näher eingegangen werden, da dies Kapitel 17 vorbehalten ist.

Die Arten der angebotenen Leistungen sind vielfältig. Exemplarisch seien Routenplaner, Kochrezepte, Gedichte, Grußkarten etc. genannt.

Kurze Zeit nachdem der Verbraucher die vermeintlich kostenlose Seite besucht hat, erhält er eine Rechnung über einen Betrag, der i. d. R. ca. 100 Euro beträgt. Zu Recht wird hinsichtlich der Höhe des Betrages von einer sog. „Lästigkeitsgrenze"[8] ausgegangen. Beträge in der Größenordnung von 100 Euro bewegen sich noch in einem Bereich, den viele Verbraucher – ohne nähere Prüfung der Berechtigung des Anspruchstellers – gewillt sind zu bezahlen, um eine juristische Auseinandersetzung zu vermeiden.

Tun sie das nicht, erhalten sie meist nach sehr kurzer Zeit ein Mahnschreiben eines Rechtsanwaltes (sog. Abmahnanwalt) oder eines Inkassounternehmens, in dem nicht nur der ursprüngliche Rechnungsbetrag, sondern auch die angefallenen Mahn- bzw. Inkassogebühren als Verzugsschaden in Rechnung gestellt werden. Oft handelt es sich dabei um standardisierte, für eine Vielzahl von Fällen vorformulierte Texte, bei denen bereits das Vorliegen einer einen Vergütungsanspruch auslösenden anwaltlichen Tätigkeit problematisiert werden kann.

Vorgeschildertes Phänomen ist nicht nur aus strafrechtlicher, sondern auch aus verbraucherschutzrechtlicher Sicht ernst zu nehmen. Nach Schätzungen der Verbraucherzentralen „tappen" monatlich ca. 20.000 Nutzer in die Kostenfalle.[9] Es ist von daher nicht verwunderlich, dass Politik und Verbraucherschutzverbände ein verstärktes Augenmerk hierauf haben.

Zurück zum Strafrecht. Ungeachtet von Beweisproblemen und Schwierigkeiten bei der Verfolgung der Seitenbetreiber – worauf noch näher einzugehen sein wird – stehen bei der strafrechtlichen Erfassung des Verhaltens der Seitenbetreiber und der Abmahnanwälte auch rechtliche Probleme in mitten.

Zwar mag auf den ersten Blick das Verhalten der Seitenbetreiber den Tatbestand des (gewerbsmäßigen) Betruges gemäß § 263 Abs. 1, (Abs. 3 Nr. 1) StGB, ggf. bei entsprechender Fallgestaltung auch des gewerbsmäßigen Bandenbetruges gemäß § 263 Abs. 1, Abs. 5 StGB erfüllen, jedoch dürfte bei näherer Prüfung das Tatbestandsmerkmal der Täuschung in einer Vielzahl der Fälle nicht unproblematisch sein.

Eine höchstrichterliche Rechtsprechung liegt hierzu bislang nicht vor.

In einem dem medialen Interesse unterliegenden Verfahren der Staatsanwaltschaft Frankfurt am Main hat zunächst das Landgericht Frankfurt am Main die Eröffnung des Verfahrens abgelehnt[10]. Angeklagt waren Verantwortliche verschiedener Firmen, die im Internet kostenpflichtige Websites betrieben. Die Kostenpflichtigkeit des auf den ersten Blick kostenfreien Angebotes ergab sich aus einem unter Rn. 5 beschriebenen sog. „Sternchenhinweis". Das Landgericht Frankfurt am Main sah in dem ihm zur Entscheidung unterbreiteten Fall keine konkludente Täuschung durch einen planmäßig erweckten Gesamteindruck der Unentgeltlichkeit. Zwar spreche der Umstand, dass sich der Hinweis auf die Kostenpflichtigkeit des Angebotes erst nach der Anmeldemaske befinde, für eine Täuschung, jedoch gebe es keinen allgemeinen Vertrauensschutz dahingehend, dass man bei Dienstleistungen im Internet die Kostenpflichtigkeit auf den ersten Blick erkennen müsse, v. a. wenn die Nutzung der Leistun-

---

[7] Vgl. *Eisele*, „Zur Strafbarkeit von sog. „Kostenfallen" im Internet", NStZ 2010, S. 193
[8] *Eisele*, a. a. O., S. 193.
[9] Vgl. dazu das unter Wikipedia zur Problematik „Abo fallen" veröffentlichte Zahlenmaterial unter Verweis auf *Oliver Meyer-van Raay / Jörg Deitermann*, „Gefangen in der (Internet-)Kostenfalle?", Verbraucher und Recht, 2009, S. 335 ff.
[10] LG Frankfurt am Main vom 5.3.2009, Gz. 5/27 Kls 3330 Js 212484/07 Kls – 12/08.

7   7. Kapitel. Organisierte Wirtschaftskriminalität

gen mit der Angabe persönlicher Daten verbunden sei. Insgesamt sah das Landgericht Frankfurt am Main die Angaben der Seitenbetreiber zur Kostenpflichtigkeit des Angebotes als ausreichend an.

Auf die durch die Staatsanwaltschaft Frankfurt am Main eingelegte sofortige Beschwerde hob das Oberlandesgericht Frankfurt am Main[11] den Beschluss des Landgerichts Frankfurt am Main vom 5.3.2009 auf, eröffnete das Hauptverfahren und lies die Anklage der Staatsanwaltschaft Frankfurt am Main zur Hauptverhandlung zu. Das Oberlandesgericht Frankfurt am Main sah die Website vorwiegend unter Verweis auf § 1 Abs. 1 Satz 1 PAngV, wonach die Pflicht besteht, Preise dem Angebot eindeutig zuzuordnen sowie leicht erkennbar und deutlich lesbar oder sonst gut wahrnehmbar zu machen, als täuschend an. Dieser Pflicht seien die Angeschuldigten nicht nachgekommen, weil der Hinweis auf die Kostenpflichtigkeit aufgrund der Gestaltung der Website beim Aufruf der Seite jedenfalls bei Verwendung eines handelsüblichen 19-Zoll-Monitors mit der Standardauflösung 1280 × 1024 Pixel oder eines kleineren Monitors nicht sichtbar sei.

Zwischenzeitlich wurde der Fall vor dem Landgericht Frankfurt am Main verhandelt. Kürzlich ist eine teilweise verurteilende und teilweise freisprechende Entscheidung ergangen. Bei Fertigstellung dieses Beitrages war das Urteil (noch) nicht veröffentlicht, sodass eine nähere Erörterung insoweit nicht erfolgen kann.

Nicht vergessen werden darf in diesem Gesamtkontext, dass nicht zuletzt im Hinblick auf die Vielfältigkeit der Seitengestaltungen jeweils auf den konkreten Einzelfall abzustellen ist und gerade deshalb verallgemeinerungsfähige Aussagen und Bewertungen schwierig sein dürften. Insoweit bestehen Parallelen zu den Fällen des sog. „Offertenbetruges", betreffend die der 5. Strafsenat des Bundesgerichtshofs zunächst am 27.2.1979[12] entschied, dass der Betreiber eines Anschriftenverlages, sich nicht ohne weiteres des (versuchten) Betruges strafbar macht, wenn er Gewerbetreibenden Angebotsschreiben für die entgeltliche Aufnahme ihres Unternehmens in ein Branchenverzeichnis ähnlich den „Gelben Seiten" zusendet, die in Form von Rechnungen aufgemacht sind. In der Entscheidung des 4. Strafsenats vom 26.4.2001[13] wird sodann klargestellt, dass, wer Angebotsschreiben planmäßig durch Verwendung typischer Rechnungsmerkmale (insbesondere durch die hervorgehobene Angabe einer Zahlungsfrist) so abfasst, dass der Eindruck einer Zahlungspflicht entsteht, dem gegenüber die – kleingedruckten – Hinweise auf den Angebotscharakter völlig in den Hintergrund treten, eine (versuchte) Täuschung im Sinne des § 263 Abs. 1 StGB begeht. Ähnlich gelagert ist auch die spätere Entscheidung des 5. Strafsenates vom 4.12.2003[14].

Die durch den Bundesgerichtshof in vorzitierten Entscheidungen aufgestellten Grundsätze können für die strafrechtliche Bewertung der Abofallen sicherlich argumentativ herangezogen, allerdings nicht schematisch übertragen werden.

8   Eine interessante, allerdings nicht unproblematische und bislang nicht höchstrichterlich entschiedene Problematik in diesem Themenbereich ist ferner die Frage, ob sich mitwirkende Rechtsanwälte der Beihilfe oder gar Mittäterschaft[15] zu einem etwaigen Betrug der Seitenbetreiber strafbar machen. Nach den Grundsätzen der berufstypischen neutralen Handlung kann ein äußerlich neutrales, berufstypisches Verhalten nicht ohne weiteres als Beihilfe gewertet werden.[16] An sich neutrale Handlungen, wie hier die Forderungsgeltendmachung, verlieren ihren „Alltagscharakter" jedoch dann, wenn das Handeln des Haupttäters auf die

---

[11] OLG Frankfurt am Main vom 17.12.2010, Gz. 1 Ws 29/09.
[12] BGH vom 27.2.1979, NStZ 1997, S. 186 f.
[13] BGH vom 26.4.2001, BGHSt 47, 1.
[14] BGH vom 4.12.2003, NStZ-RR 2004, S. 116 ff.
[15] Für das Vorliegen einer Mittäterschaft spricht einiges. Oft erfahren die Seitenbesucher erstmals durch das Mahnschreiben davon, dass sie einen entgeltlichen Vertrag abgeschlossen haben. Die Mahnungen sind wesentliche Voraussetzung dafür, dass die Tatbeute in Form der an sich nicht geschuldeten Zahlungen der Seitenbesucher erlangt wird. Sie können als Teil des Systems bezeichnet werden.
[16] *Buchmann*, „Vertragsfallen" im Internet – Rechtliche Würdigung und Gegenstrategien", NJW 2009, S. 3139 ff, S. 3194.

2. Einzelne Fallkonstellationen

Begehung einer strafbaren Handlung abzielt und der Hilfeleistende dies positiv weis.[17] Die positive Kenntnis des Rechtsanwaltes muss im Einzelfall festgestellt werden und könnte sich eventuell aus Beschwerdeschreiben von betroffenen Verbrauchern an die zuständige Rechtsanwaltskammer, soweit der Rechtsanwalt hiervon Kenntnis erlangt hat oder an den Rechtsanwalt selbst ergeben.

Eine weitere rechtliche Frage, die sich in dem Gesamtkontext stellt, ist, ob sich im Hinblick auf die unter Rn. 7 dargestellte höchstrichterlich nicht geklärte, zuweilen selbst durch einzelne Gerichte unterschiedlich bewertete Rechtsfrage Seitenbetreiber und Abmahnanwälte auf das Vorliegen eines (unvermeidbaren) Verbotsirrtums berufen können. Das Oberlandesgericht Frankfurt am Main erteilt dem in seinem Beschluss vom 17.12.2010[18] eine klare Absage und weist darauf hin, dass die Angeschuldigten die Strafbarkeit ihres Verhaltens zumindest für möglich gehalten haben mussten, nachdem es zum Tatzeitpunkt keinerlei obergerichtliche Rechtsprechung zur gegenständlichen Vorgehensweise gegeben habe. Letztlich kommt es auch hier auf den konkreten Einzelfall an. Eine nicht unerhebliche Rolle können im Vorfeld durch einen der Beteiligten erholte Rechtsgutachten spielen. Jedoch dürften privat erholte Rechtsgutachten gerade betreffend die Abmahnanwälte nicht per se zu einem unvermeidbaren Verbotsirrtum führen. Auch insoweit bleibt die weitere Entwicklung in der Rechtsprechung abzuwarten. Eine vertiefte, wissenschaftliche Auseinandersetzung würde den Umfang dieses Beitrags sprengen.

Die strafrechtliche Verfolgung der Betreiber von Abofallen stellt sich jedoch nicht nur wegen der in Rn. 7–8 geschilderten Rechtsfragen, sondern i. d. R. auch aus tatsächlichen Gründen als problematisch dar. Wie ausgeführt kommt es für die Beurteilung des Vorliegens einer Täuschung des Users auf die konkrete Seitengestaltung an. Letztere unterliegt jedoch in den meisten Fällen einem steten Wandel. Nachdem die Anzeigeerstattung durch die Geschädigten oder eine sonstige Kenntniserlangung der Strafverfolgungsbehörden oft relativ spät erfolgt, ist die Feststellung, wie die Seite konkret zum Zeitpunkt der schädigenden Handlung ausgestaltet war, i. d. R. mit erheblichen Schwierigkeiten verbunden bzw. in einzelnen Fällen nicht mehr möglich.

Die die täuschenden Seiten betreibenden Firmen sind meist Gesellschaften ausländischen Rechts, die auch im Ausland ihren Sitz haben. Nicht selten sind die Betreiber keine deutschen Staatsbürger und / oder haben im Bundesgebiet auch keinen Wohnsitz. Sämtliche Ermittlungshandlungen und / oder Maßnahmen zur Ergreifung der Verdächtigen sind damit mit aufwändigen Rechtshilfemaßnahmen verbunden, was insbesondere dann problematisch ist, wenn es sich um Länder handelt, mit denen kein oder nur eingeschränkter Rechtshilfeverkehr besteht.

Was den strafrechtlichen Aspekt anbelangt bleibt die weitere Entwicklung der Rechtsprechung abzuwarten. Ob das vorgeschilderte Verfahren der Staatsanwaltschaft Frankfurt am Main auch den Bundesgerichtshof beschäftigen wird, war bei Fertigstellung des Beitrages noch nicht bekannt.

Betreffend den verbraucherschutzrechtlichen Aspekt sei auf die zwischenzeitlich gesetzlich geregelte sog. „Buttonlösung", die seit 1.8.2012 in Kraft ist,[19] hingewiesen. Diese gesetzliche Neuregelung dürfte auch Auswirkungen auf die strafrechtliche Bewertung haben. Bei einer bewussten Umgehung der „Buttonlösung" wird man in jedem Fall von dem Vorliegen einer vorsätzlichen Täuschung ausgehen dürfen.

---

[17] *Fischer*, StGB, 59. Aufl., § 27 Rn. 18 m. w. N.
[18] OLG Frankfurt vom 17.12.2012, Gz. 1 Ws 29/09.
[19] Gesetz zur Änderung des Bürgerlichen Gesetzbuches zum besseren Schutz der Verbraucherinnen und Verbraucher vor Kostenfallen im elektronischen Geschäftsverkehr und zur Änderung des Wohnungseigentumsgesetzes vom 10. Mai 2012, BGBl. I 2012, S. 1084 ff.

b) Tachomanipulation[20]

12 Ein weiteres Deliktsphänomen, das die staatsanwaltschaftliche Praxis derzeit verstärkt beschäftigt und für das bislang noch keine höchstrichterliche Rechtsprechung vorliegt, ist die Tachomanipulation.

Zur Verbesserung der „Marge" im umkämpften Gebrauchtwagenhandel erwerben Kfz-Gebrauchtwagenhändler zumeist im benachbarten europäischen Ausland, aber auch bei Kfz-Händlern und Leasingfirmen in Deutschland Gebrauchtfahrzeuge aus dem Premium-/Luxussegment mit hoher Laufleistung zu einem damit korrelierenden günstigen Preis.

Im Anschluss daran werden die Tachostände, die die wahre Laufleistung angaben, durch einen sog. professionellen „Tachomanipulator", der über die vom jeweiligen Fahrzeugtyp abhängige Software verfügt, nach unten manipuliert.

Zur Verschleierung der eigentlichen Herkunft der im Ausland erworbenen Fahrzeuge werden i. d. R. sog. Tages-/Kurzzeitzulassungen vorgenommen (COC-Bescheinigungen). So wird dem späteren Käufer ein deutscher Ursprung des Gebrauchtwagens suggeriert. Die zum Fahrzeug gehörenden Service-/Scheckhefte werden dem nach unten manipulierten Tachostand angepasst oder als nicht vorhanden deklariert.

Beim späteren Weiterverkauf wird dem Käufer ausdrücklich oder konkludent vorgespiegelt der manipulierte Tachostand entspreche dem tatsächlichen, um so einen erheblich über dem tatsächlichen Wert des jeweiligen Fahrzeugs liegenden Kaufpreis zu erzielen.

13 Auch bei dem Phänomen der Tachomanipulation handelt es sich um ein straf- und verbraucherschutzrechtlich ernst zu nehmendes Problem. Tachomanipulation ist nach den Schätzungen der Polizei und des ADAC[21] in Deutschland weit verbreitet und führt zu enormen volkswirtschaftlichen Schäden. Es wird geschätzt, dass jeder dritte Gebrauchtwagen der in Deutschland veräußert wird, vor Verkauf einer Manipulation des Wegstreckenzählers unterzogen wurde. Diese Dimension erklärt sich aus zwei Gründen: Zum einen ist die Manipulation technisch sehr leicht durchzuführen. Durch Anschluss des Manipulationsgerätes an den einheitlichen Diagnose-Stecker, über den jedes Fahrzeug ab etwa Baujahr 2000 verfügt, kann bei fast allen Kraftfahrzeugen der Tachostand ohne Ausbau desselben oder anderer Geräte in ca. 30 Sekunden erfolgen. Professionelle Manipulatoren, die über die für den jeweiligen Fahrzeugtyp erforderliche Manipulationssoftware verfügen, bieten diese Leistung bereits ab 50 Euro pro Fahrzeug an. Zum anderen ist die „Nachjustierung" des Tachostandes, wie die Manipulation in einschlägigen Kreisen zuweilen euphemistisch bezeichnet wird, sehr lukrativ. Der verfälschte Kilometerstand führt pro Fahrzeug nach Schätzungen der Polizei im Durchschnitt zu einer illegalen Wertsteigerung von 3000 Euro. Hochgerechnet würde das pro Jahr in Deutschland einen Schaden von ca. 6 Milliarden Euro bedeuten. Schaden erleidet der Käufer dabei nicht nur dadurch, dass er einen objektiv zu hohen Kaufpreis zahlt. Der veränderte Kilometerstand kann auch zu nicht unerheblichen Folgeschäden und Sicherheitsrisiken führen: Denkt z. B. der Eigentümer, er habe es bis zum nächsten Wechsel des Zahnriemens laut Tachostand noch Zeit und unterlässt die Erneuerung, obwohl diese entsprechend dem tatsächlichen Kilometerstand längst erforderlich wäre, reißt dieser unter Umständen, was schlimmstenfalls zu einem tausende Euro teuren Motorschaden führen kann.

14 Zurück zum Strafrecht und damit zur Frage, wie das Verhalten von Händler und Manipulator strafrechtlich erfasst werden kann bzw. muss. Sicherlich macht sich der Händler, der ein Kraftfahrzeug mit einem manipulierten Wegstreckenzähler in der Absicht durch die Täuschung über die tatsächliche Laufleistung des Fahrzeuges einen höheren Kaufpreis zu erzielen, veräußert, des Betruges gemäß § 263 Abs. 1 StGB, ggf. bei Vorliegen der übrigen Voraussetzungen auch des gewerbsmäßigen Bandenbetruges gemäß § 263 Abs. 1, Abs. 5 StGB strafbar; der Manipulator, der i. d. R. die Beweggründe des Händlers für die Manipulation kennt, der Beihilfe hierzu. Jedoch kann eine Strafbarkeit wegen Betruges oder des Versuches desselben

---

[20] Betreffend den Gliederungspunkt „Tachomanipulation" danke ich meinem Kollegen, Herrn Richter am Amtsgericht *Tobias Bauer* herzlich für seine Anregungen und die Korrektur des Manuskripts.

[21] Vgl. zum Ganzen die Internetpublikation des ADAC vom Juni 2012, „www.adac.de/infotestrat/fahrzeugverkauf-und-kauf.de".

2. Einzelne Fallkonstellationen

erst dann angenommen werden, wenn das Fahrzeug einem konkreten Kunden angeboten bzw. verkauft wurde. Wird das Fahrzeug durch eine invitatio ad offerndum einem unbestimmten Käuferkreis angeboten, dürfte die Schwelle der Versuchsstrafbarkeit noch nicht erreicht sein. Dennoch besteht bereits in diesem Stadium ein erhebliches Gefährdungspotential, das nach einer strafrechtlichen Sanktionierung des Verhaltens verlangt.

Auch in den Fällen, in denen es tatsächlich zu einer Veräußerung des Fahrzeuges kommt, kann der Tatbestand des Betruges in der Praxis v.a. betreffend die Manipulatoren oft nicht revisionssicher nachgewiesen werden. Dies kann verschiedene Gründe haben, z. B. weil der tatsächliche Wert des Kraftfahrzeuges wegen Verkaufes ins Ausland oder zwischenzeitlichem Untergang desselben nicht mehr durch einen Sachverständigen ermittelt werden kann, der sich im Ausland befindliche Geschädigte nicht als Zeuge zur Verfügung steht, etc.

In beiden Fallkonstellationen kommt eine Strafbarkeit des Manipulators wegen Missbrauchs von Wegsteckenzählern gemäß § 22b StVG, bzw. des Händlers wegen Anstiftung hierzu in Betracht. Nachdem der Bundesgerichtshof mit Entscheidung des 4. Strafsenates vom 7.2.1980[22] seine frühere Rechtsprechung[23], wonach „jede Darstellung von nur gewisser Dauerhaftigkeit, insbesondere auch die auf Bestandteilen des technischen Gerätes erscheinende Aussage, Schutzobjekt im Sinne des § 268 StGB sei", aufgegeben hatte, bestand zunächst betreffend die bloße Manipulation von Wegsteckenzählern ein strafrechtliches Vakuum, das dazu führte, dass die „Nachjustierung" von Tachoständen unter Verweis auf die Straflosigkeit derselben zu einem prosperierenden Geschäftszweig wurde. Dem half der Gesetzgeber durch Schaffung des § 22b StVG mit dem Dritten Gesetz zur Änderung des Straßenverkehrsgesetzes und anderer straßenverkehrsrechtlicher Vorschriften vom 14.8.2005[24] ab. Explizit unter Strafe gestellt wurde damit u. a. in Abs. 1 Nr. 1 die Verfälschung der Messung eines Wegstreckenzählers, der in ein Kraftfahrzeug eingebaut ist durch Einwirkung auf das Gerät oder den Messvorgang. In der Gesetzesbegründung hierzu werden vorbeschriebene Missstände detailliert aufgeführt[25]. Der Argumentation des Bundesgerichtshofes in der Entscheidung der 4. Strafsenates vom 7.2.1980[26], für eine Ausweitung des Tatbestandes des § 268 StGB bestehe kriminalpolitisch wegen der im Regelfall eingreifenden Strafbestimmungen des Betruges oder der Untreue kein Bedürfnis, erteilte der Gesetzgeber damit – zu Recht – eine klare Absage. Interessant zu erörtern wäre in diesem Zusammenhang, ob nach heutigem technischen Stand des Kraftfahrzeugbaus die Argumentation des Bundesgerichtshofs in der vorzitierten Entscheidung[27], die Anzeige des Kilometerstandes in einem Kraftfahrzeug sei keine technische Aufzeichnung im Sinne des § 268 StGB, weil als solche das Gesetz lediglich eine Darstellung von (Daten), Messwerten oder Rechenwerten, (Zuständen oder Geschehensabläufen), die durch ein technisches Gerät ganz oder zum Teil selbsttätig bewirkt werde, erfasse, wobei unter „Darstellung" nur eine solche Aufzeichnung zu verstehen sei, bei der die Information in einem selbstständig verkörperten, vom Gerät abtrennbaren Stück enthalten ist, aufrecht erhalten werden kann. Eine umfassende Erörterung dieser Problematik würde eine detaillierte technische Erörterung vorausschicken und den Rahmen dieses Beitrages sprengen, weshalb hier lediglich ein Denkanstoß gegeben werden soll.

In Absatz 3 bestimmt § 22b StVG, dass Gegenstände, auf die sich die Straftat nach Absatz 1 **15** bezieht, eingezogen werden können und erklärt insoweit § 74a StGB für anwendbar. Nachdem es sich bei dem manipulierten Wegstreckenzähler bzw. dem Kraftfahrzeug, dessen Tachometer manipuliert wurde, um einen an sich gemäß § 74 StGB nicht der Einziehung unterliegenden sog. „Beziehungsgegenstand" handelt[28], war, um die rechtspolitisch gewünschte und kriminalistisch sinnvolle Einziehung zu ermöglichen, diese gesetzgeberische Klarstellung erforderlich. Dass damit eine Einziehung des Wegstreckenzählers selbst unproblematisch

---

[22] BGH vom 7.2.1980, BGHSt 29, S. 204 ff.
[23] Beschluss vom 21.12.1972, Gz. 4 StR 566/72.
[24] BGBl. I 2005, S. 2412 ff.
[25] Vgl. BT-Drs. 15/5315 vom 19.4.2005.
[26] BGH vom 7.2.1980, a. a. O. Rn. 17.
[27] BGH vom 7.2.1980, a. a. O., Rn. 7.
[28] Vgl dazu: Eser in Schönke/ Schröder, Strafgesetzbuch, 28. Auflage, 2010, § 74 Rn. 12a.

möglich ist, wird – soweit ersichtlich – von niemandem angezweifelt[29]. Interessanter ist jedoch die Frage, ob ähnlich wie im Falle des Fahrens ohne Fahrerlaubnis (§ 21 Abs. 3 StVG)[30] das Fahrzeug, dessen Tachometer manipuliert wurde, als Ganzes eingezogen werden kann. Gerichtliche Entscheidungen existieren hierzu bislang nicht. Soweit die Fahrzeuge in den bereits anhängig gewesen Strafverfahren nach Abschluss derselben an die Täter nicht zurück gegeben wurden, erklärten sich diese (meist im Wege einer Verständigung) mit der formlosen Einziehung derselben einverstanden oder erfolgte dies im Rahmen der Abschöpfung in das Vermögen des Täters. In der Literatur wird die Einziehung des gesamten Fahrzeuges unter Verweis auf die Unverhältnismäßigkeit der Maßnahme abgelehnt.[31] Die Gesetzesbegründung ist hierzu wenig ergiebig. Ausgeführt wird lediglich folgendes[32]:

„*Die Vorschrift eröffnet die Möglichkeit, Gegenstände, auch Datenträger mit Computerprogrammen, die der Manipulationen Wegstreckenzählern und Geschwindigkeitsbegrenzern dienen, auch dann einzuziehen, wenn sie zum Zeitpunkt der Tat dem Täter oder Teilnehmer nicht gehören.*"

Ausgeschlossen ist nach dieser Begründung die Einziehung des gesamten Fahrzeuges nicht, die Gesetzesbegründung verhält sich vielmehr (unbewusst?) zu dieser Frage nicht. Auch steht die Entscheidung des Bundesverfassungsgerichts vom 9.5.2006[33] dem nicht entgegen. Das Bundesverfassungsgericht stellt in dieser Entscheidung lediglich fest, dass als sog. „Beziehungsgegenstand" i. S. d. § 22b Abs. 3 StVG manipulierte Wegstreckenzähler und Manipulationssoftware in Betracht kommen. Diese Feststellung ist lediglich exemplarisch, keinesfalls – wie der Wortlaut „kommen in Betracht" schon indiziert – abschließend. Im Übrigen hatte das Bundesverfassungsgericht über die Frage, ob auch das Kraftfahrzeug eingezogen werden kann, gerade nicht zu entscheiden. Das Fahrzeug stellt unproblematisch einen einziehungsfähigen Bezugsgegenstand im Sinne des § 22b Abs. 3 StVG, der allgemein von „Gegenständen, auf die sich die Straftat bezieht" spricht, dar. Insoweit kann eine Parallele zu § 21 Abs. 3 StVG gezogen werden. Dass § 21 Abs. 3 StVG explizit von „Fahrzeug" spricht, steht dem nicht entgegen. Im Rahmen des Fahrens ohne Fahrerlaubnis kommt als „Beziehungsgegenstand" ausschließlich das durch den Täter geführte Kraftfahrzeug in Betracht; anders bei der Manipulation von Wegstreckenzählern. Hier soll nach der Gesetzesbegründung (s. o.) eben auch die Einziehung der Manipulationssoftware möglich sein. Es ist daher nicht verwunderlich, dass der Gesetzgeber hier im Gegensatz zu § 21 Abs. 3 StVG allgemein von „Gegenständen" spricht.

Festgehalten kann damit werden, dass das Fahrzeug nach geltender Rechtslage grundsätzlich Einziehungsgegenstand i. S. d. § 22b Abs. 3 StVG ist, wenngleich eine gesetzgeberische Klarstellung insoweit durchaus für die tägliche Praxis hilfreich wäre. Rechtspolitisch wünschenswert ist die Einziehung des Fahrzeuges aus generalpräventiven Aspekten in jedem Fall. Streng davon ist – zur Vermeidung einer Verschleifung der Tatbestandsmerkmale – die – im konkreten Einzelfall durch das erkennende Gericht festzustellende – Frage der Verhältnismäßigkeit der Einziehung zu trennen. Letztere wird in der Literatur ohne nähere Begründung pauschal als Argument gegen die Einziehung des Fahrzeuges aufgeführt. Die Verhältnismäßigkeit der Einziehung ist – wie ausgeführt – in jedem Einzelfall zu prüfen und wird einer Einziehung sicherlich in Einzelfällen, nicht aber generell entgegenstehen. Auch insoweit kann eine Parallele zu § 21 Abs. 3 StVG gezogen werden. Gerade in Fällen, in denen die Tachomanipulation „gewerbsmäßig" erfolgt, dürfte eine Einziehung auch verhältnismäßig sein.

16   Auch nach Einführung des § 22b StVG suchen Täter selbstredend Möglichkeiten weiterhin straffrei Tachometer zu manipulieren. Bisweilen wird deshalb in grenznahen Regionen ein Treffpunkt und damit ein Tatort im Ausland vereinbart. Die Anwendbarkeit des deutschen Strafrechts ist in diesen Fällen problematisch, wenn „nur" der Tatbestand des § 22b

---

[29] Vgl., dazu: *Blum*, „Missbrauch von Wegstreckenzählern und Geschwindigkeitsbegrenzern (§ 22b StVG)", NZV 2007, S. 70 ff, S. 72; *Janker* in Burmann/Heß/Jahnke/Janker, StVR, 22. Auflage, 2012, § 22b StVG Rn. 11.
[30] Vgl. dazu: *Eser*, a. a. O., Rn. 12a.
[31] *Blum*, a. a. O., S. 72; *Janker*, a. a. O., Rn. 11.
[32] BT-Drs. 15/5315 vom 19.4.2005.
[33] BVerfG vom 9.5.2006, NJW 2006, S. 2318 ff.

2. Einzelne Fallkonstellationen

StVG, der ähnlich wie § 299 StGB keinen Geschädigten kennt, in Betracht kommt. Der Tatort liegt dann ausschließlich im Ausland, sodass § 3 StGB nicht greift. Ein Rückgriff auf § 7 Abs. 2 StGB kommt nur dann in Betracht, wenn die Tat auch am Tatort unter Strafe gestellt ist, was in vielen europäischen Nachbarländern nicht der Fall ist.[34] Dies ist äußerst misslich und einer grenzüberschreitenden Strafverfolgung mehr als abträglich. Blum[35] ist daher insoweit Recht zu geben, dass es wünschenswert wäre im Zuge der Europäischen Gemeinschaft eine Vereinheitlichung zu erreichen.

§ 22b StVG sieht als Sanktion Geldstrafe oder Freiheitsstrafe bis zu einem Jahr vor und bleibt damit im unteren Bereich der möglichen Strafrahmen. **17**

Dieser Strafrahmen ist sicherlich ausreichend für einfach gelagerte Fälle, wird jedoch den – nicht selten anzutreffenden – Fällen, in denen einzelne Manipulatoren über Jahre hinweg eine Vielzahl von Wegstreckenzählern manipulieren, sich so eine üppige Einnahmequelle verschaffen und / oder im Rahmen eines Netzwerkes zusammen mit anderen Tätern agieren, nicht gerecht. Da es sich zum Zeitpunkt der Verurteilung i. d. R. um sog. „Ersttäter" handelt, kann sich die vom Gericht zu verhängende Einzelstrafe sicherlich nicht im obersten Bereich des Strafrahmens bewegen. Bei der Bestimmung der Gesamtstrafe erfolgt oft nur eine sehr maßvolle Erhöhung der Einsatzstrafe unter Verweis auf die Rechtsprechung des Bundesgerichtshofs zur Bildung der Gesamtstrafe bei Serientaten[36]. Angesichts der Vielzahl der Taten und der aus den Straftaten generierten Gewinne werden diese Strafen oft dem Unwertgehalt der Taten nicht gerecht. Auch insoweit wäre ein gesetzgeberisches Handeln wie es von Frau Staatsministerin der Justiz und für Verbraucherschutz, Dr. Beate Merk im Frühjahr 2012 gefordert wurde[37], wünschenswert.

Mit Schaffung des § 22b StVG wurde sicherlich ein richtiger und wichtiger Schritt getan, das für den redlichen Gebrauchtwagenmarkt wirtschaftlich schädliche Phänomen der Tachomanipulation zu bekämpfen. Zur Verbesserung der – auch internationalen – Strafverfolgung wäre aus Praktiker Sicht eine gesetzliche „Nachjustierung" in den in Randziffern 15–17 aufgezeigten Punkten (Einziehung des Fahrzeuges, europäische Harmonisierung der Strafverfolgung, Erhöhung des Strafrahmens für gewerblich agierende Täter) wünschenswert. **18**

c) Kontoeröffnungsbetrug

Ein weiteres seit geraumer Zeit bundesweit zu beobachtendes Deliktsphänomen ist der sog. Kontoeröffnungsbetrug. **19**

Die im Hintergrund agierenden, zumeist schwer zu identifizierenden Drahtzieher (im Folgenden: Hintermänner) der Organisationen bringen vorwiegend ungarische, bulgarische und rumänische Staatsangehörige, die in der Organisationsstruktur eine sehr untergeordnete Rolle spielen und quasi austauschbar sind (im Folgenden: Läufer) für kurze Zeit nach Deutschland. Die Läufer werden in Arbeiterwohnheimen, Pensionen und anderen Häusern untergebracht. Für diese Scheinadressen beschaffen die Hintermänner Meldebescheinigungen, mittels derer die Läufer sodann Bankkonten eröffnen. Die eröffneten Konten und v. a. die dafür ausgegebenen EC-Karten werden im Folgenden genutzt um Einkäufe zu tätigen, Mobilfunkverträge abzuschließen und Finanzierungskredite für hochwertige Unterhaltungselektronik aufzunehmen. Vorwiegend kommt es den Hintermännern dabei darauf an, die mit den Mobilfunkverträgen ausgegebenen hochwertigen Handys zu übernehmen und gewinnbringend weiter zu veräußern. Nachdem die Konten der Läufer keine ausreichende Deckung zur Begleichung der eingegangenen Forderungen aufweisen und die Handyverträge durch diese nicht erfüllt werden, entstehen bei den Leistungserbringern hohe Schäden. Eine zivilrechtliche Durchsetzbarkeit der Ansprüche scheitert i. d. R. einerseits an der Vermögenslosigkeit der Läufer, andererseits an dem Umstand, dass sich diese unmittelbar nach Tatbegehung in ihr Heimatland absetzen.

---

[34] Vgl. dazu: *Blum*, a. a. O., S. 70.
[35] *Blum*, a. a. O., S. 70.
[36] Vgl. dazu die Kommentierung in *Fischer*, a. a. O., § 54 Rn. 7a.
[37] Vgl. dazu die Pressemitteilung der Bayerischen Staatsministeriums der Justiz und für Verbraucherschutz vom 12.4.2012.

7   7. Kapitel. Organisierte Wirtschaftskriminalität

20   Die strafrechtliche Verfolgung dieser kriminellen Erscheinungsform gestaltet sich i. d. R. schwierig. Zum einen ist die Organisationsstruktur anfangs oft schwer zu erkennen. I. d. R. werden die Delikte erst mit deutlicher Zeitverzögerung durch die unterschiedlichen Leistungsträger angezeigt und erreichen oft unterschiedliche polizeiliche oder staatsanwaltschaftliche Sachbearbeiter. Zum anderen erschwert der Umstand, dass die Täter sich kurz nach Tatbegehung in ihr Heimatland absetzen nicht nur die zivilrechtliche, sondern auch die strafrechtliche Verfolgung.

Eine wirksame Strafverfolgung ist letztlich nur durch Bildung entsprechender Ermittlungsgruppen bei der Kriminalpolizei, die sich strukturiert dieses Deliktsfeldes annehmen und bei Vorliegen einer hinreichenden Verdachtslage Razzien in „toxischen" Unterkünften durchführen, möglich. Dies ermöglicht zum einen zumindest einen Teil der Läufer, ggf. auch die Hintermänner zu ermitteln, zum anderen wirken durchgeführte Razzien i. d. R. auch präventiv.

d) Subventionsbetrug

21   Das immer „aktuelle", die Strafverfolgungs-, und auch die Verwaltungsbehörden beschäftigende Deliktsfeld des Subventionsbetruges gemäß § 264 StGB stellt einen „klassischen" Fall der organisierten Wirtschaftskriminalität dar. Zum einen fällt § 264 StGB unter den Dekliktskatalog des § 74 GVG, zum anderen werden die Taten, v. a., wenn Sie internationale Bezüge haben, i. d. R. durch mehrere Täter innerhalb einer festen Organisationsstruktur begangen.

Eine effektive Bekämpfung des Subventionsbetruges hat erhebliche volkswirtschaftliche Bedeutung, wird durch die betrügerische Erlangung von Fördergeldern nicht nur der Staatshaushalt der Bundesrepublik Deutschland, sondern, da es sich oft um ertrogene EU-Subventionen handelt, auch der Haushalt der Europäischen Union erheblich geschädigt. In den Jahren 2007 bis 2011 betrafen ca. ein Drittel aller in Bayern anhängiger Ermittlungsverfahren wegen Subventionsbetruges die unrechtmäßige Erlangung von EU-Fördergeldern[38].

22   Handelt es sich um Fälle, in denen eine Schädigung der finanziellen Interessen der Europäischen Union in mitten steht, spielt im Rahmen der Verfolgung das Europäische Amt für Betrugsbekämpfung (kurz und im Folgenden: OLAF) eine nicht unerhebliche Rolle.

Das OLAF untersucht Fälle von Betrug zum Nachteil des EU-Haushalts, von Korruption sowie von schwerwiegendem Fehlverhalten innerhalb der Organe und Einrichtungen der EU. Es entwickelt ferner eine Betrugsbekämpfungsstrategie für die Europäische Kommission[39]. OLAF ist allerdings keine europäische Strafverfolgungsbehörde, weshalb es sich im Wesentlichen darauf beschränkt, Informationen aus eigenen, internen oder käuflich zu erwerbenden Quellen auszuwerten und weiter zu geben sowie anonymisierte Fallkompendien zu erstellen und Weiterbildungsmaßnahmen betreffend die Aufdeckung und Verfolgung von Betrügereien zu organisieren. Mit Abschluss seiner Untersuchungen kann OLAF den EU-Behörden oder Behörden der Mitgliedstaaten lediglich Empfehlungen aussprechen oder Ahndungsvorschläge machen[40]. So konnten z. B. im Jahr 2011 aufgrund der Untersuchungen von OLAF ca. 700 Millionen EU-Fördergelder gesichert werden, die unter dem Deckmantel eines Straßenbauprojektes in der süditalienischen Region Kalabrien zu versickern drohten[41].

Es empfiehlt sich von daher in jedem Fall, in dem EU-Fördergelder betroffen sind, bereits mit Eingang der Strafanzeige bzw. zu Beginn der Ermittlungen den nationalen Ansprechpartner bei OLAF zu kontaktieren und abzugleichen, ob der angezeigte Sachverhalt dort bereits bekannt ist, ggf. dort schon Erhebungen durchgeführt wurden. Die Kontaktdaten sind i. d. R. sehr schnell über die jeweiligen Ansprechpartner der Generalstaatsanwaltschaften zu erfragen. Nicht selten zeigen sich in diesen Fällen oft bereits zu Beginn der Ermittlungen Spuren ins (EU-) Ausland. Eine Kontaktaufnahme zu den zuständigen Kollegen der ausländischen Strafverfolgungsbehörden und eine Koordination etwaiger transnationaler Ermittlungen kann durch OLAF wesentlich beschleunigt und erleichtert werden.

---

[38] Interne Erhebungen der Staatsanwaltschaft München I anlässlich einer internationalen Tagung im Jahr 2012.
[39] Vgl. dazu die Homepage des Europäischen Amtes für Betrugsbekämpfung.
[40] Vgl. dazu die Homepage des Europäischen Amtes für Betrugsbekämpfung.
[41] Süddeutsche Zeitung vom 3.7.2012, „EU-Anti-Betrugsbehörde rettet 700 Millionen Euro".

3. Fazit / Ausblick auf neue Erscheinungsformen

Die Erscheinungsformen bzw. Fallkonstellationen des Subventionsbetrugs sind mannigfaltig. Sie reichen von einfach gelagerter „Kleinkriminaliät", v.a. in der Variante der leichtfertigen Begehungsweise bis hin zur organisierten Kriminalität. So finden sich in den zuständigen Dezernaten Strafanzeigen, weil im Rahmen geförderter Fortbildungsmaßnahmen Beihilfen für einzelne real nicht existierende Teilnehmer beantragt bzw. Subventionsvoraussetzungen leichtfertig nicht eingehalten wurden bei moderaten Schäden. Dem gegenüber stehen Fälle, in denen in großem Stil EU-Fördergelder über ein internationales Firmengeflecht ertrogen wurden. 23

Als Beispiel für die zuletzt genannte Fallkonstellation können die Unregelmäßigkeiten im Zusammenhang mit dem EU-Förderprogramm SAPARD[42] genannt werden, die einer umfangreichen Medienberichterstattung im In- und Ausland unterlagen und deren Aufarbeitung letztlich dazu beigetragen hat, dass die EU gegenüber Bulgarien EU-Subventionen eingefroren hat[43]. Die Ermittlungen führten in Deutschland u. a. bereits im Jahr 2008 zur Verteilung eines deutschen Beteiligten zu einer unbedingten Freiheitsstrafe und dem Verfall eines nicht unerheblichen Geldbetrages, der aus den strafrechtlich relevanten Handlungen erlangt worden war, während in Bulgarien eine rechtskräftige Verurteilung der Hauptdrahtzieher bislang[44] nicht vorliegt.

Das in Rn. 23 am Ende geschilderte Fallbeispiel zeigt illustrativ die Probleme, denen sich die Ermittlungsbehörden bei der Verfolgung der betrügerischen Erlangung von EU-Fördergeldern gegenüber sehen. Das delinquente Verhalten hat i. d. R. transnationale Bezüge / Verstrickungen und kann effektiv nicht durch ein Land alleine, sondern nur durch die EU-weite Zusammenarbeit der Ermittlungsbehörden bekämpft werden. Dies setzt aber nicht nur die Unterstützung und Koordination durch OLAF sowie die Verbesserung der Rechtshilfe voraus, sondern auch einen gleichen Standard der Kriminalitätsbekämpfung in den einzelnen Mitgliedsstaaten. Letzterer betrifft zum einen die personelle und sachliche Ausstattung der Verfolgungsbehörden als auch den materiell- und formalrechtlichen Rahmen. Eine weitere Harmonisierung im EU-Raum insoweit wäre aus der Sicht des Praktikers wünschenswert und der Alternative der Errichtung einer europäischen Staatsanwaltschaft eindeutig der Vorzug zu geben. 24

Besonders deutlich wird dieses Bedürfnis im Rahmen der effektiven Verfolgung der Geldwäsche, die untrennbarer Bestandteil der Bekämpfung des Subventionsbetruges mit transnationalen Bezügen ist. Gemäß § 261 Abs. 8 StGB können Geldwäschehandlungen in Deutschland auch dann verfolgt werden, wenn die Vortat im Ausland begangen wurde, sofern die Taten auch am Tatort mit Strafe bedroht sind und die ausländischen Straftatbestände den Katalogtaten i. S. d. § 261 Abs. 1 StGB entsprechen. Erforderlich ist damit in rechtlicher Hinsicht eine Angleichung der Straftatbestände[45], in tatsächlicher Hinsicht eine vergleichbare Nachhaltigkeit der Kriminalitätsbekämpfung, da eine vollständige Aufklärung der Auslandsvortaten von Deutschland aus zwar nicht unmöglich, aber zuweilen mit erheblichen Schwierigkeiten und Kosten der deutschen Strafverfolgungsbehörden verbunden ist.

3. Fazit / Ausblick auf neue Erscheinungsformen der organisierten Wirtschaftskriminalität („Sekundärmarkt" von Lebensversicherungen)

Aus den unter Abschnitt 2 dargestellten Fallbeispielen lässt sich unschwer erkennen, wie vielfältig und sich ständig wandelnd die Erscheinungsformen der organisierten Wirtschaftskrimi- 25

---

[42] Special Accession Programme for Argriculture and Rural Development (Förderprogramm der EU, errichtet im Juni 1999 für osteuropäische Beitrittsstaaten zur Verbesserung der strukturellen Anpassung im landwirtschaftlichen Sektor in Vorbereitung auf deren EU-Beitritt).
[43] Vgl. exemplarisch: Fokus-online vom 29.3.2010, „Hohe Haftstrafen wegen EU-Subventionsbetrug in Bulgarien"; Süddeutsche Zeitung vom 30.3.2010, „Bulgarien zeigt Härte gegen Korruption"; morgenweb vom 23.7.2010, „Brüssel entmündigt Bulgarien".
[44] Stand Januar 2012.
[45] Im Falle des Subventionsbetruges dürfte das für EU-Länder mit Blick auf die EU-Vorgaben insoweit weniger problematisch sein; in Bezug auf sog. „Drittländer" können aber erhebliche Probleme auftreten.

nalität sind. Dies sowie der Umstand, dass organisierte Wirtschaftskriminalität i. d. R. transnationale Bezüge hat, stellt nicht nur die Strafverfolgungsbehörden, sondern – wie aufgezeigt – auch den Gesetzgeber ständig vor neue Herausforderungen.

Um der schwierigen Aufgabe der Bekämpfung der organisierten Wirtschaftskriminalität bestmöglich gerecht zu werden, ist es auf nationaler Ebene erforderlich, bestimmte Deliktphänomene durch konzentrierte Aktionen „anzugehen" und insoweit Schwerpunkt zu bilden. So konnten in Bayern betreffend die Themengebiete „Tachomanipulation" und „Kontoeröffnungsbetrug" durch konzentrierte Polizeiaktionen gute Erfolge erzielt werden.

Auf internationaler Ebene ist eine Intensivierung und Verbesserung der Zusammenarbeit der Ermittlungsbehörden unumgänglich. Sehr hilfreich kann dabei die Einschaltung bzw. Nutzbarmachung des Europäischen Justiziellen Netzes (EJN) bzw. von Eurojust sein. Gerade in einem sehr frühen Ermittlungsstadium, in dem oft noch so wenige Informationen vorliegen, dass die Formulierung eines förmlichen Rechthilfeersuchens an die zuständige ausländische Behörde[46] schlechterdings unmöglich ist, empfiehlt sich die Einbindung der zuständigen nationalen Kontaktstelle des EJN. Über diese können i. d. R. innerhalb sehr kurzer Zeit hilfreiche Informationen, die dann die Grundlage zur Abfassung eines förmlichen Rechtshilfeersuchens bilden können, eingeholt werden. Beschäftigen international agierende Täter die Strafverfolgungsbehörden mehrerer Länder, so kann unter Einschaltung von Eurojust innerhalb kürzester Zeit eine Koordination der Ermittlungsarbeit der einzelnen Länder erzielt werden. Nicht vergessen werden darf in diesem Zusammenhang die unter Punkt 2.4 näher dargestellte Funktion von OLAF. Eine möglichst frühzeitige Einschaltung von OLAF in Ermittlungsverfahren, in denen die finanziellen Interessen der EU betroffen sind, dürfte in jedem Fall hilfreich sein. Eine eingehendere Erörterung der Aufgaben der genannten internationalen Stellen soll in diesem Kapitel unterbleiben, da dies zum einen den Rahmen der hiesigen Ausführungen sprengen würde, zum anderen der Erörterung in Kapitel 31 vorbehalten sein soll.

26   Eine Prognose, wie sich die organisiere Wirtschaftskriminalität in den kommenden Jahren entwickeln wird, ist äußerst schwierig. Sich wandelnde wirtschaftliche Bedingungen bzw. Rahmendaten „erwecken" nicht selten auch neue Kriminalitätsformen. Deutlich beobachten kann man diese Entwicklung im Bereich des sogenannten „Anlagebetrugs"[47]. Politische und wirtschaftliche Veränderungen bewirken Veränderungen des Anlageverhaltens- und Angebots. So wurden Anfang der neunziger Jahre im Zuge der Erwartung einer wachsenden Immobiliennachfrage in Ostdeutschland und des dort steuerlich subventionierten Baubooms eine Vielzahl von geschlossenen und offenen Immobilienfonds aufgelegt und vertrieben, die in manchen Fällen als Vehikel für betrügerisches Verhalten („Schrottimmobilien") dienten. Die Energiewende und die staatliche Förderung des Einsatzes alternativer Energien führten zum Angebot diverser Anlageformen im Bereich der erneuerbaren Energie, die z. T. für kriminelle Zwecke benutzt wurden.

Aktuell beschäftigt der sog. „Sekundärmarkt" von Lebensversicherungen[48] verstärkt die Ermittlungsbehörden. Eine immer geringer werdende Verzinsung der Lebensversicherungen und ein im Zuge der Finanzkrise steigender Bedarf der Verbraucher an schnellen liquiden Mitteln bewegt eine nicht unerhebliche Zahl derselben aus den Versicherungen vorzeitig „auszusteigen". Dieses Bedürfnis nutzen legal, aber z. T. auch illegal agierende Anbieter. Zu unterscheiden sind hierbei zwei Konstellationen. Im ersten Fall werden die Versicherungen durch den Aufkäufer fortgeführt bzw. in speziellen Fonds auf den Tod einer Person gewettet. Diese Anlageform wird medial stark angegriffen[49], spielte aus strafrechtlicher Sicht bislang

---

[46] Oft ist in diesem Stadium noch gar nicht klar, welche Behörde zuständig sein könnte, weil z. B. erst sondiert werden muss, ob in einem bestimmten Staat überhaupt Verfahren anhängig sind.

[47] Der Begriff des „Anlagebetruges" ist sehr weit, die Erscheinungsformen so mannigfaltig, dass auf eine explizite Darstellung dieses Deliktstypus im Gegensatz zur Vorauflage verzichtet wurde.

[48] Vgl. dazu *Baumgarten*, „Lebensversicherungen verkaufen – Das Geschäft mit der Not", GuterRat.de vom 5.3.2010.

[49] Vgl. dazu „Lebensversicherungfonds – Der Verband rügt Todeswetten der Deutschen Bank", Der Spiegel, 5.2.2012.

3. Fazit / Ausblick auf neue Erscheinungsformen

aber keine Rolle. In der zweiten Variante werden die Lebensversicherungen durch die Anbieter nach Aufkauf sofort gekündigt. Der durch die Versicherungen ausbezahlte Rückkaufswert wird i. d. R. zu einem bestimmten Anteil sofort an den Kunden als erste Tranche des vertraglich vereinbarten Kaufpreises ausbezahlt, der Rest wird in andere Anlageformen investiert, um dem Kunden ratierlich oder zu einem späteren Zeitpunkt in einer zweiten Tranche den Restkaufpreis zu entrichten. Die rechtlichen Konstellationen / Vereinbarungen in dieser Fallvariante sind sehr unterschiedlich. Eine abschließende Darstellung ist von daher an dieser Stelle nicht möglich. Auffällig an einigen Produkten ist, dass die versprochenen Kaufpreise nach Abzug aller Kosten so hoch sind, dass dieser durch eine seriöse Anlage des erzielten Rückkaufswertes schlechterdings nicht zu erwirtschaften ist. Risikohinweise in den Anlageprospekten fehlen oft völlig.

Inwieweit einzelne Angebote tatsächlich strafrechtliche Relevanz haben, werden die kommenden Monate / Jahre zeigen. Dies kann ggf. in der nächsten Auflage des Werkes näher erläutert werden.

8. Kapitel.
Insolvenz – Materiellrechtlicher Teil

Literatur: *Ahrens/Gehrlein/Ringstmeier*, Fachanwaltskommentar Insolvenzrecht, 2012 (zitiert: *Bearbeiter*, in: *Ahrens/Gehrlein/Ringstmeier*); *Altmeppen*, Gegen die Hysterie um die Niederlassungsfreiheit der Scheinauslandsgesellschaften, DB 2004, 1083 ff.; *ders.*, Änderung der Kapitalersatz- und Insolvenzverschleppungshaftung aus „deutsch-europäischer" Sicht, NJW 2005, 1911 ff.; *Ampferl*, Der „starke" vorläufige Insolvenzverwalter in der Unternehmensinsolvenz, Köln 2002; *Arbeitskreis für Insolvenz und Schiedsgerichtswesen e. V.*, Kölner Schrift zur Insolvenzordnung, 2. Aufl. 2000; *Arens*, Die Bestimmung der Zahlungsunfähigkeit im Strafrecht, wistra 2007, 450 ff.; *Bales*, Neuer Überschuldungsbegriff durch Finanzmarktstabilisierungsgesetz, InsbürO 2009, 184 ff.; *Bauer*, Die GmbH in der Krise, 3. Auflage 2010; *Beck/Depré* (Hrsg.), Praxis der Insolvenz, 2. Auflage 2010; *Bischoff*, Missbrauch der Limited in Deutschland, ZInsO 2009, 164 ff.; *Bitter/Hommerich/Reiß*, Die Zukunft des Überschuldungsbegriffs – Expertenbefragung im Auftrag des BMJ, ZIP 2012, 1201 ff.; *Bitter/Kresser*, Positive Fortführungsprognose trotz fehlender Ertragsfähigkeit?, ZIP 2012, 1733 ff.; *Bittmann*, Strafrechtliche Folgen des MoMiG, NStZ 2009, 113 ff.; *ders.*, Insolvenzstrafrecht, Handbuch für die Praxis, 2004; *ders.*, Zahlungsunfähigkeit und Überschuldung nach der Insolvenzordnung, wistra 1998, 321 ff.; *Böcker/Poertzgen*, Der insolvenzrechtliche Überschuldungsbegriff ab 2014 – Perpetuierung einer Neuregelung statt Neuanfang, GmbHR 2013, 17 ff.; *dies.*, Finanzmarkt-Rettungspaket ändert Überschuldungsbegriff (§ 19 InsO), GmbHR 2008, 1289 ff.; *Böttger*, Wirtschaftsstrafrecht in der Praxis, 2011 (zitiert: *Bearbeiter*, in *Böttger*); *Bork*, Zahlungsunfähigkeit, Zahlungsstockung und Passiva II, ZIP 2008, 1749 ff.; *ders.*, Einführung in das Insolvenzrecht, 4. Aufl. 2005; *Brand/Brand*, Die insolvenzrechtliche Führungslosigkeit und das Institut des faktischen Organs, NZI 2010, 712 ff.; *Braun*, Insolvenzordnung (InsO), Kommentar, 5. Aufl. 2012 (zitiert: *Braun/Bearbeiter*, InsO); *Braun/Heinrich*, Auf dem Weg zu einer (neuen) Insolvenzplankultur in Deutschland – Ein Beitrag zu dem Regierungsentwurf für ein Gesetz zur weiteren Erleichterung der Sanierung von Unternehmen, NZI 2011, 505 ff.; *Breutigam/Blersch/Goetsch*, Insolvenzrecht, Loseblattsammlung; *Brossette/Plagens/Schmidt* (Hrsg.), Das Autohaus in Krise und Insolvenz, 2009; *Buchalik*, Das Schutzschirmverfahren nach § 270b InsO, ZInsO 2012, 349 ff.; *Büttner*, Der neue Überschuldungsbegriff und die Änderung des Insolvenzstrafrechts, ZInsO 2009, 841 ff.; *du Carrois*, Haftungsgefahren für Erben von Gesellschaftsanteilen durch das MoMiG, ZInsO 2009, 373 ff.; *Dannecker/Knierim/Hagemeier*, Insolvenzstrafrecht, 2. Auflage 2012 (zitiert: *Bearbeiter*, in: *Dannecker/Knierim/Hagemeier*); *Desch*, Schutzschirmverfahren nach dem RegE-ESUG in der Praxis, BB 2011, 841 ff.; *Eckert/Happe*, Totgesagte leben länger – Die (vorübergehende) Rückkehr des zweistufigen Überschuldungsbegriffs, ZInsO 2008, 1098 ff.; *Ehlers*, Das Haftungspotential gegenüber Beratern in der Unternehmenskrise, NZI 2008, 211 ff.; *ders.*, Haftungs- und Strafbarkeitsgefahren des traditionellen Bankrotteurs, InsbürO 2005, 60 ff.; *ders.*, Der Eröffnungsgrund der drohenden Zahlungsunfähigkeit, ZInsO 2005, 169 ff.; *Ehricke*, Sicherungsmaßnahmen bei Antrag auf Anordnung einer Eigenverwaltung, insbesondere zur Person des vorläufigen Sachwalters, ZIP 2002, 782 ff.; *Eidenmüller*, Die Eigenverwaltung im System des Restrukturierungsrechts, ZHR 175 [2011], 11 ff.; *Eisner*, Kapitalersatz- und Insolvenzverschleppungshaftung im Fall der Scheinauslandsgesellschaft, ZInsO 2005, 20 ff.; *Fischer*, Strafgesetzbuch mit Nebengesetzen, 58. Auflage 2011; *G. Fischer*, Zur Feststellung der Zahlungsunfähigkeit – Folgerungen aus der Rechtsprechung des IX. Zivilsenats, in: *Berger/Kayser/Pannen*, Festschrift Ganter, 2010, S. 153 ff. (zitiert: *Bearbeiter*, in: FS Ganter); *Frank/Heinrich*, Ein Plädoyer für einen wirksamen Beitrag zur Gläubigerautonomie im Insolvenzplanverfahren, ZInsO 2011, 858 ff.; *Frind*, Ein „schlankes" neues Privatinsolvenzverfahren?, ZInsO 2012, 1455 ff.; *ders.*, Praxis-Prüfstand: Die Vorschläge zur Neuordnung des Insolvenzverfahrens natürlicher Personen, ZInsO 2012, 475 ff., 668 ff.; *ders.*, Anmerkungen zur Musterbescheinigung des IDW nach § 270b Abs. 1 Satz 3 InsO, ZInsO 2012, 540 f.; *ders.*, Die Praxis fragt, „ESUG" antwortet nicht, ZInsO 2011, 2249 ff.; *Fromm/Gierthmühlen*, Zeitliche Geltung des neuen Überschuldungsbegriffs in Insolvenzstrafverfahren, NZI 2009, 665 ff.; *Frystatzki*, Ungeklärte Probleme bei der Ermittlung der Zahlungsunfähigkeit und der neue IDW PS 800, NZI 2010, 389 ff.; *Ganter*, Die Bedeutung der „Bugwelle" für die Feststellung der Zahlungsunfähigkeit, ZInsO 2011, 2297 ff.; *Gogger*, Insolvenzgläubiger-Handbuch, 3. Aufl. 2011; *Graf-Schlicker* (Hrsg.), Kommentar zur Insolvenzordnung, 3. Auflage 2012 (zitiert: *Bearbeiter*, in: *Graf-Schlicker*, InsO); *Greil/Herden*, Drohende Zahlungsunfähigkeit und Fortbestehensprognose, ZInsO 2011, 109 ff.; *Grube/Röhm*, Überschuldung nach dem Finanzmarktstabilisierungsgesetz, wistra 2009, 81 ff.; *Gude*, Neu gestärkt durch das ESUG? – Neue Erkenntnisse zur Nutzung des Insolvenzplanverfahrens, ZInsO 2012, 320 ff.; *ders.*, Erfolgsmodell Unternehmergesellschaft? Eine Risiko-Analyse zum 2. Geburtstag der Unternehmergesellschaft, ZInsO 2010, 2385 ff.; *Haarmeyer*, Die Methoden zur Ermittlung der Zahlungsunfähigkeit, InsbürO 2011, 442 ff.; *Haarmeyer/Huber/Schmittmann* (Hrsg.), Praxis der Insolvenzanfechtung, 2011 (zitiert: *Bearbeiter*, in: *Haarmeyer/Huber/Schmittmann*); *Haarmeyer/ Wutzke/Förster*, Praxiskommentar zur Insolvenzordnung, 2. Auflage 2012 (zitiert: *Bearbeiter*, in: *Haarmeyer/Wutzke/Förster*); *dies.* (Hrsg.), Handbuch zur Insolvenzordnung, 3. Auflage 2001; *Häsemeyer*, Insolvenzrecht, 3. Aufl. 2003; *Hagebusch/Oberle*, Gläubigerbefriedigung durch Unternehmenssanierung: die übertragende Sanierung, NZI 2006, 618 ff.; *Hartung*, Probleme bei der Feststellung der Zahlungsunfähigkeit, wistra 1997, 1 ff.; *Harz/Baumgartner/Conrad*, Kriterien der Zahlungsunfähigkeit und der Überschuldung, ZInsO 2005, 1304 ff.; *Heckschen*, Das MoMiG in der notariellen Praxis, 2009; *Hefendehl*, Der Straftatbestand der Insolvenzverschleppung und die unstete Wirtschaft – Ausländische Gesellschaftsformen – faktische Organe – Führungslosigkeit, ZIP 2011, 601 ff.; *Hess*, Großkommentar zur Insolvenzordnung in drei Bänden, 2007; *Hey/Regel*, Firmenbestatter – Strafrechtliche Würdigung eines neuen Phänomens, GmbHR 2000, 115 ff.; *Heybrock* (Hrsg.), Praxiskommentar zum GmbH-Recht, 2. Auflage 2010; *Hiebl*, Neue strafrechtliche Risiken durch die Neufassung des Straftatbestandes der Insolvenzverschleppung in § 15a InsO infolge des MoMiG vom 01.11.2008, in: *Hiebl/Kassebohm/Lilie*, Festschrift Mehle, 2009, S. 273 ff. (zitiert: *Bearbeiter*, in: FS Mehle); *Hirte*, Sechs Thesen zur Kodifikation der Konzerninsolvenz in der EuInsVO, ZInsO 2011, 1788 f.; *ders.*, Neuregelungen mit Bezug zum gesellschaftsrechtlichen Gläubigerschutz und im Insolvenzrecht durch das Gesetz zur Modernisierung des GmbH-Rechts und zur Bekämpfung von Missbräuchen (MoMiG), ZInsO 2008, 689 ff.; *ders.*, Die organisierte „Bestattung" von Kapitalgesellschaften: Gesetzgeberischer Handlungsbedarf im Gesellschafts- und Insolvenzrecht, ZInsO 2003, 833 ff.; *Hölzle*, Eigenverwaltung im Insolvenzverfahren nach ESUG – Herausforderungen für die Praxis, ZIP 2012, 158 ff.; *Holzer*, Die Empfehlungen der UNCITRAL zum nationalen und internationalen Konzerninsolvenzrecht, ZIP 2011, 1894 ff.; *ders.*, Die Änderung des Überschuldungsbegriffs durch das Finanzmarktstabilisierungsgesetz, ZIP 2008, 2108 ff.; *ders.*, Rechte und Pflichten des Geschäftsführers einer nach englischem Recht gegründeten „limited" im Hinblick auf das deutsche Insolvenzverfahren, ZVI 2005, 457 ff.; *Horstkotte*, Die führungslose GmbH im Insolvenzantragsverfahren, ZInsO 2009, 209 ff.; *Huhn*, Die Eigenverwaltung im Insolvenzverfahren, 2003; *Kayser*, Höchstrichterliche Rechtsprechung zum Insolvenzrecht, 5. Auflage 2011; *Kilper*, Unternehmensabwicklung außerhalb des gesetzlichen Insolvenz- und Liquidationsverfahrens in der GmbH: Zulässigkeitsaspekte, Haftungsfragen und gesetzliche Handlungsnotwendigkeiten bei der sogenannten „Firmenbestattung", Hamburg 2009; *Kirchhof/Lwowski/ Stürner* (Hrsg.), Münchener Kommentar zur Insolvenzordnung, 2. Auflage, Band 1: 2007, Band 2: 2008 (zitiert: MünchKommInsO-*Bearbeiter*); *Kirstein*, Ausführungen zur real existierenden Situation bei Eröffnungs- und Befriedigungsquoten in Insolvenzverfahren, ZInsO 2006, 966 ff.; *Kohte/Ahrens/Grote* (Hrsg.), Verfahrenskostenstundung, Restschuldbefreiung und Verbraucherinsolvenzverfahren, Kommentar, 3. Aufl. 2006 (zitiert: *Bearbeiter*, in: *Kohte/Ahrens/Grote*); *Kornblum*, Die UG hat die Ltd. überholt, GmbHR 2010, R 53 f.; *Kraemer*, Handbuch zur Insolvenz, Loseblattsammlung, Band 2; *Kreft* (Hrsg.), Heidelberger Kommentar zur Insolvenzordnung, 6. Aufl. 2011 (zitiert: HK-InsO/*Bearbeiter*), *Krüger*, Die persönliche Haftung der handelnden Personen einer Private Limited Company im Überblick, ZInsO 2007, 861 ff.; *Kübler* (Hrsg.), HRI – Handbuch Restrukturierung in der Insolvenz, 2012 (zitiert: *Bearbeiter*, in: HRI); *Kübler/Prütting/Bork* (Hrsg.), InsO: Kommentar zur Insolvenzordnung, Loseblattsammlung (zitiert: KPB/*Bearbeiter*); *Kuntz*, Die Insolvenz der Limited mit deutschem Verwaltungssitz – EU-Kapitalgesellschaften in Deutschland nach „Inspire Art", NZI 2005, 424 ff.; *Lackner/Kühl*, Strafgesetzbuch mit Erläuterungen, 27. Aufl. 2011 (zitiert: *Lackner/Kühl*, StGB); *Landfermann*, Das neue Unternehmenssanierungsgesetz (ESUG), WM 2012, 821 ff., 869 ff.; *Lawlor*, Die Anwendbarkeit englischen Gesellschaftsrechts bei Insolvenz einer englischen Limited in Deutschland, NZI 2005, 432 ff.; *Leipziger Kommentar*, 12. Aufl. 2008 (zitiert: LK/*Bearbeiter*); *Lenger/Apfel*, Grundzüge des Insolvenzstrafrechts I – Grundlagen und Bankrott, WiJ Ausgabe 1.2012, 34 ff.; *Leyendecker*, Rechtsökonomische Überlegungen zur Einführung der Unternehmergesellschaft, GmbHR 2008, 302 ff.; *Lutter*, Zahlungseinstellung und Überschuldung unter der neuen Insolvenzordnung, ZIP 1999, 641 ff.; *Meyer-Löwy/Poertzgen*, Eigenverwaltung (§§ 270 ff. InsO) löst Kompetenzkonflikt nach der EUInsVO, ZInsO 2004, 195 ff.; *Mock/Schildt*, Insolvenz ausländischer Kapitalgesellschaften mit Sitz in Deutschland, ZInsO 2003, 396 ff.; *Moosmayer*, Einfluß des Insolvenzrechts auf das Insolvenzstrafrecht, Diss. Aachen 1997; *Müller/Wabnitz/Janovsky*, Wirtschaftskriminalität, 4. Aufl. 1997; *Müller-Gugenberger/Bieneck* (Hrsg.), Wirtschaftsstrafrecht, 3. Aufl. 2000; *Natale/ Bader*, Der Begriff der Zahlungsunfähigkeit im Strafrecht, wistra 2008, 413 ff.; *Nerlich/Römermann*, Insolvenzordnung (InsO), Loseblattsammlung; *Nickert/Lamberti* (Hrsg.), Überschuldungs- und Zahlungsunfähigkeitsprüfung im Insolvenzrecht, 2. Auflage 2011 (zitiert: *Bearbeiter*, in: *Nickert/Lamberti*); *Otte/Wiester*, Nachmeldungen im Planverfahren, NZI 2005, 70 ff.; *Palandt*, Bürgerliches Gesetzbuch, 71. Aufl. 2012; *Pape*, Zahlungsunfähigkeit in der Gerichtspraxis, WM 2008, 1949 ff.; *Pape/Uhlenbruck/Voigt-Salus*, Insolvenzrecht, 2. Auflage 2010; *Paulus*, Deutschlands langer Weg in die insolvenzrechtliche Moderne, WM 2011, 2205 ff.; *Pelz*, Strafrecht in Krise und Insolvenz, 2. Auflage 2010; *Penzlin*, Strafrechtliche Auswirkungen der Insolvenzordnung, Bayreuth 2000; *Prager/Jungclaus*, Der Begriff der Zahlungsunfähigkeit und die sog. „Bugwellentheorie", in: *Flitsch/Hagebusch/u. a.*, Festschrift Wellensiek, 2011, S. 101 ff. (zitiert: *Prager/Jungclaus*, in: FS Wellensiek); *Rattunde*, Das neue Insolvenzplanverfahren nach dem ESUG, GmbHR 2012, 455 ff.; *Reck*, Auswirkungen der Insolvenzordnung auf die Insolvenzverschleppung, Bankrottstraftaten, Betrug und Untreue, ZInsO 1999, 195 ff.; *ders.*, Die Analyse der Überschuldung in der strafrechtlichen Praxis, Teil I, ZInsO 2004, 661 ff.; Teil II, ZInsO 2004, 728 ff.; *Röhm*, Strafrechtliche Folgen eines Insolvenzantrags wegen drohender Zahlungsunfähigkeit gem. § 18 InsO, NZI 2002, 134 ff.; *Römermann*, Neue Herausforderungen durch das ESUG – ein Überblick, GmbHR 2012, 421 ff.; *ders.*, Die Unternehmergesellschaft – manchmal die bessere Variante der GmbH, NJW 2010, 905 ff.; *ders.*, Aktuelles zur Insolvenzantragspflicht nach § 15a InsO, NZI 2010, 241 ff.; *ders.*, Wehe dem, der einen „nicht richtigen" Insolvenzantrag stellt! – Für eine Anwendung des vergessenen § 15a Abs. 4 InsO, ZInsO 2010, 353 ff.; *Römermann/Praß*, Beratung der GmbH als Schuldnerin in Krise und Insolvenz nach dem ESUG, GmbHR 2012, 425 ff.; *dies.*, ESUG vs. BRAO, ZInsO 2011, 1576 ff.; *Roth/Altmeppen*, GmbH-Gesetz, 6. Auflage 2009 (zitiert: *Roth/Altmeppen/Bearbeiter*); *Saenger/Koch*, Cash-Pooling und Feststellung der Zahlungsunfähigkeit, GmbHR 2010, 113 ff.; *Schäfer*, Rechtsprobleme bei Gründung und Durchführung einer Unternehmergesellschaft, ZIP 2011, 53 ff.; *Schmerbach/Staufenbiel*, Die übertragende Sanierung im Insolvenzverfahren, ZInsO 2009, 458 ff.; *Schmerbach/Wegener*, Insolvenzrechtsänderungsgesetz 2006, ZInsO 2006, 400 f.; *Schmidt A.* (Hrsg.), Hamburger Kommentar zum Insolvenzrecht, 4. Auflage 2012 (zitiert: HambKommInsO-*Bearbeiter*); *Schmidt A./Linker*, Ablauf des sog. Schutzschirmverfahrens nach § 270b InsO, ZIP 2012, 963 ff.; *Schmidt K.*, Konkursgründe und präventiver Gläubigerschutz, AG 1978, 334 ff.; *Schmidt K./Uhlenbruck W.*, Die GmbH in Krise, Sanierung und Insolvenz, 4. Aufl. 2009; *Schmitz*, Die Neufassung des § 19 Abs. 2 InsO durch das FMStG und seine Bedeutung für strafrechtliche „Altfälle", wistra 2009, 369 ff.; *Schönke/Schröder*, Kommentar zum StGB, 28. Aufl. 2010; *Scholz*, Kommentar zum GmbH-Gesetz, Band 1: 11. Aufl. 2012, Bände 2 und 3: 10. Aufl. 2010; *Schumann*, Die englische Limited mit Verwaltungssitz in Deutschland; Kapitalaufbringung, Kapitalerhaltung und Haftung bei Insolvenz, DB 2004, 743 ff.; *Simon*, Das ESUG und § 270b InsO in der Anwendung, ZInsO 2012, 1045 ff.; *Smid*, Grundzüge des Insolvenzrechts, 4. Aufl. 2002; *Smid/Rattunde*, Der Insolvenzplan, 2. Aufl. 2005; *Spieker*, Unternehmensveräußerung zwischen Insolvenzeröffnung und Berichtstermin (Anfangsphase), NZI 2002, 472 ff.; *Stahlschmidt*, Die Zahlungsunfähigkeit nach § 17 InsO, ZInsO 2005, 1086 ff.; *Staufenbiel*, Update Zahlungsunfähigkeit, InsbürO 2011, 446 ff.; *Staufenbiel/Hoffmann*, Die Ermittlung des Eintritts der Zahlungsunfähigkeit – Teil 2, ZInsO 2008, 838 ff.; *Tetzlaff*, Neues zum Insolvenzgrund der Zahlungsunfähigkeit, Anmerkung zu BGH, Beschluss v. 19.7.2007 – IX ZB 36/07, ZInsO 2007, 1334 ff.; *Uhlenbruck*, Insolvenzordnung, Kommentar, 13. Aufl. 2010 (zitiert: *Uhlenbruck/Bearbeiter*, InsOKomm); *Ulmer*, Gläubigerschutz bei Scheinauslandsgesellschaften, NJW 2004, 1201 ff.; *Vallender*, Gesetz zur weiteren Erleichterung der Sanierung von Unternehmen [ESUG] – Das reformierte Plan- und Eigenverwaltungsverfahren, MDR 2012, 125 ff.; *ders.*, Die Eigenverwaltung in neuem Gewand nach dem ESUG, GmbHR 2012, 445 ff.; *ders.*, Das neue Schutzschirmverfahren nach dem ESUG, GmbHR 2012, 450 ff.; *ders.*, Insolvenzkultur gestern, heute und morgen, NZI 2010, 838 ff.; *ders.*, Unternehmenskauf in der Insolvenz (II), GmbHR 2004, 642 ff.; *Wegner*, Aktuelle Entwicklungen im Insolvenzstrafrecht, HRRS 2009, 32 ff.; *Weiß*, Die Versagung der Restschuldbefreiung bei strafrechtlichen Verurteilungen, ZInsO 2012, 1058 ff.; *Wellensiek*, Übertragende Sanierung, NZI 2002, 233 ff.; *Weyand/Diversy*, Insolvenzdelikte, 8. Aufl. 2010; *Wimmer* (Hrsg.), Frankfurter Kommentar zur Insolvenzordnung, 7. Aufl. 2013 (zitiert: FK-InsO/*Bearbeiter*); *Wimmer/Dauernheim/Wagner/Gietl* (Hrsg.), Handbuch des Fachanwalts Insolvenzrecht, 5. Auflage 2012 (zitiert: *Bearbeiter*, in: *Wimmer/Dauernheim/Wagner/Gietl*); *Wuschek*, Eigenverwaltung gewinnt an Bedeutung, ZInsO 2012, 110 ff.

8. Kapitel. Insolvenz – Materiellrechtlicher Teil

Inhaltsübersicht

	Rn.
A. Einführung	1–99
I. Volkswirtschaftliche Dimensionen der Insolvenzen	1–6
II. Zur Insolvenzordnung	7–23
1. Reformentwicklung	7–11
2. Zielsetzung und Schwerpunkte der InsO	12–23
a) Erleichterung der Verfahrenseröffnung	12
b) Verteilungsgerechtigkeit	13
c) Gläubigerautonomie	14–19
d) Sanierungschancen	20
e) Bestmögliche Gläubigerbefriedigung	21
f) Neue/reformierte Rechtsinstitute der Insolvenzordnung	22
g) Außergerichtliche Sanierung	23
III. Insolvenzziele und Umsetzungsalternativen	24–81
1. Allgemeines	24, 25
2. Die Regelinsolvenz	26–35
a) Sofortige Betriebsstillegung	27
b) Zeitweilige Unternehmensfortführung (Ausproduktion)	28
c) Übertragende Sanierung	29–35
3. Der Insolvenzplan	36–48
a) Charakteristik	36–40
b) Planinhalt	41–45
c) Verfahrensgang im Überblick	46–48
4. Die Eigenverwaltung	49–59
a) Allgemeines	49–54
b) Besonderes: Das Schutzschirmverfahren	55–59
5. Verbraucherinsolvenz- und sonstige Kleinverfahren	60–70
a) Anwendungsbereich und Reformbestrebungen	60–62
b) Verfahrensgang	63–70
6. Exkurs: Die Restschuldbefreiung	71–81
IV. Insolvenzrecht und Strafrecht	82–99
1. Insolvenzstrafrecht im Spiegel der Statistik	82–89
a) Umfang der Wirtschaftskriminalität	82, 83
b) Überkommenes typisches Kriminalitätsfeld: Die GmbH	84–85c
c) Neues Kriminalitätsfeld: Von der Scheinauslandsgesellschaft zur UG (haftungsbeschränkt)	86–89
2. Auswirkungen der Insolvenzrechtsreform auf das Strafrecht	90–96
a) Verzicht auf ein neues Insolvenzstrafrecht	90–92
b) Mittelbare Auswirkungen	93–96
3. Objektive Strafbarkeitsbedingung des § 283 Abs. 6 StGB	97–99
B. Insolvenzrechtliche Grundlagen	100–178
I. Insolvenzauslöser	101–142
1. Grundsatz	101, 102
2. Zahlungsunfähigkeit	103–118
a) Insolvenzrechtlicher Begriff	103–110
b) Folgerungen für das Insolvenzstrafrecht	111–113
c) Erkenntnisquellen für die Ermittlungsbehörden	114–118
aa) Betriebswirtschaftliches Gutachten	115, 116
bb) Wirtschaftskriminalistische Feststellungsmethode	117
cc) Weitere Methoden	118
3. Drohende Zahlungsunfähigkeit	119–130
a) Insolvenzrechtlicher Begriff	119–123
b) Auswirkungen auf das Strafrecht	124–128
c) Erkenntnisquellen	129, 130
4. Überschuldung	131–142
a) Begriff	131–140
aa) KO	132
bb) InsO vom 1.1.1999 – 17.10.2008	133, 134
cc) InsO ab dem 18.10.2008	135–140
b) Auswirkungen auf das Strafrecht	141, 142
II. Insolvenzantragspflicht	143–153
1. Grundsatz	143, 144
2. Rechtsformneutrale Antragspflicht des § 15a InsO	145–151
3. Folgen der Pflichtverstöße	152, 153
III. Gerichtliche Sofortmaßnahmen im Eröffnungsverfahren	154–169
1. Der Maßnahmenkatalog im Überblick	154
2. Sachverständigengutachten	155
3. Sicherungsmaßnahmen	156–161
a) Vermögensbezogene Maßnahmen	156, 157
aa) Verfügungsverbote	156
bb) Vollstreckungsverbote	157
b) Personelle Maßnahmen	158–160
aa) Einsetzung eines vorläufigen Gläubigerausschusses	158
bb) Einsetzung eines vorläufigen Insolvenzverwalters	159
cc) Einsetzung eines vorläufigen Sachwalters	160
c) Sonstige Maßnahmen	161
4. Rechtsstellung des vorläufigen Insolvenzverwalters	162–168
5. Rechtsstellung des (vorläufigen) Sachwalters	169
IV. Entscheidung des Insolvenzgerichts	170–178
1. Eröffnung des Verfahrens	170, 171
2. Abweisung mangels Masse und ihre Folgen	172–176
a) Grundsätzliches	173, 174
b) Das Gesellschaftsvermögen in der Liquidation	175, 176
3. Bindungswirkung für das Strafrecht	177, 178

A. Einführung

I. Volkswirtschaftliche Dimensionen der Insolvenzen

Das Insolvenzrecht erlebte vor nicht allzu langer Zeit einen wahren „Boom".[1] Regelmäßig wurden neue Höchstzahlen vermeldet und die rechtliche Bewältigung von Insolvenzen wurde zu einem Dauerbrenner der deutschen Konjunkturlandschaft. Obwohl die Zeiten des steten Anwachsens nun vorbei sind, befinden sich die Insolvenzzahlen immer noch auf **hohem Niveau**. So werden in Deutschland jährlich in etwa 160 000 Insolvenzverfahren angemeldet, darunter um die 30 000 Unternehmensinsolvenzen.

Der große Sprung bei den Insolvenzzahlen 2002 und die weiteren Anstiege in den Jahren 2003 bis 2007 sind allerdings in weiten Teilen auf den **enormen Anstieg der Insolvenzzahlen bei natürlichen Personen** zurückzuführen.[2] Grund hierfür waren vor allem die durch das InsOÄndG zum 1.12.2001 in Kraft getretenen Neuerungen, wie etwa die Möglichkeit der Verfahrenskostenstundung für natürliche Personen (§§ 4a ff. InsO) und die Abkürzung der Wohlverhaltensperiode im Restschuldbefreiungsverfahren auf sechs Jahre. Die Zahl der Unternehmensinsolvenzen sank hingegen von ihrem Höchstwert von 39 320 aus dem Jahr 2003 annähernd auf 28 000 im Jahr 2012 (28 304).[3]

In jüngster Zeit fallen die jährlichen Veränderungen der Insolvenzzahlen merklich geringer aus. Ihre Entwicklung zeigen die nachfolgenden Grafiken[4]

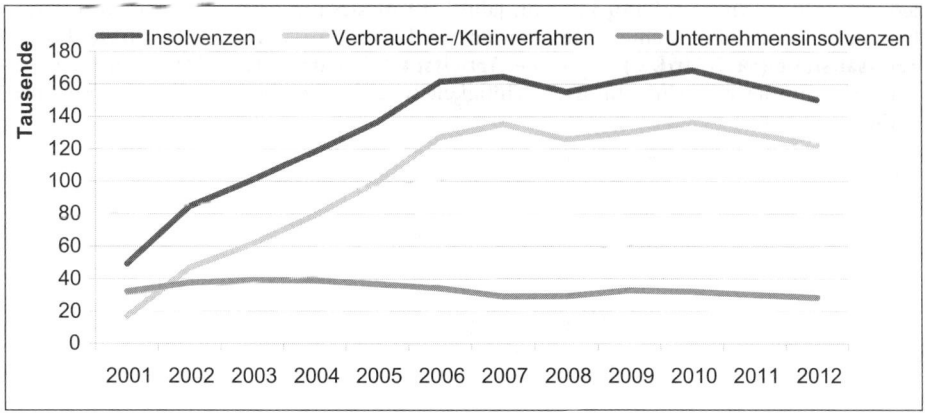

---

[1] Die Entwicklung der Insolvenzzahlen sowie deren konjunkturelle Einflüsse lassen sich den staatlichen Erfassungen des Verbands Creditreform e. V., abrufbar unter www.creditreform.de, sowie den Zahlen des Statistischen Bundesamtes, abrufbar unter www.destatis.de, entnehmen.

[2] Statistisches Bundesamt, Pressemitteilung vom 4.3.2005, www.destatis.de; Erhebungen des Statistischen Bundesamtes, Statistisches Jahrbuch 2008, Kap. 19.4.2 (S. 503), jeweils abrufbar unter www.destatis.de.

[3] Statistisches Bundesamt, Pressemitteilung vom 12.3.2013, www.destatis.de.

[4] Quelle: Statistisches Bundesamt, abrufbar unter www.destatis.de.

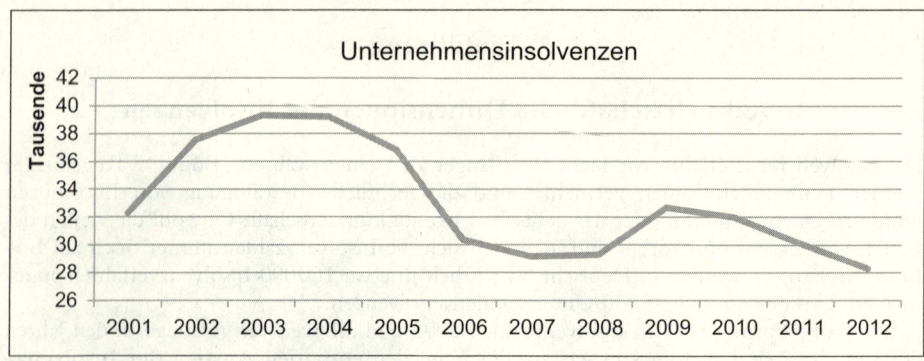

5 Die Entwicklung der Unternehmensinsolvenzen spiegelte sich lange Zeit auch in der Höhe der insolvenzbedingten Forderungsausfälle und Arbeitsplatzverluste wider. Im (Krisen-)Jahr **2009** betrugen die **offenen Forderungen** in Insolvenzverfahren **85 Mrd. €**, ehe sie im Jahr **2010** auf **39 Mrd. €** zurückgingen.[5] In **2011** reduzierten sich die Forderungsausfälle weiter auf **31,5 Mrd. €**.[6] Die mittelbaren und die endgültigen Schäden entziehen sich exakter Erkenntnis und sind auch volkswirtschaftlich im Einzelnen umstritten. Die **Gesamtzahl der Arbeitsplatzverluste** hat sich aufgrund der Wirtschaftskrise im Jahr **2009** mehr als verdoppelt und lag bei **250 813**.[7] In **2010** fiel die Zahl deutlich auf **131 292**, stieg jedoch in **2011** erneut auf **140 339**.[8] Im Jahr **2012** mussten trotz rückläufiger Entwicklung bei der Zahl der Unternehmensinsolvenzen wieder enorme **insolvenzbedingte Forderungsausfälle (51,7 Mrd. €)** und **hohe Arbeitsplatzverluste (183 378)** verzeichnet werden,[9] was auf die vermehrte Insolvenzhäufigkeit wirtschaftlich bedeutender Unternehmen zurückzuführen ist.

---

[5] Erhebungen des Statistischen Bundesamtes, Statistisches Jahrbuch 2011, Kap. 19.5.1 (S. 497), www.destatis.de.
[6] Erhebungen des Statistischen Bundesamtes, Statistisches Jahrbuch 2012, Kap. 20.4.3 (S. 515), www.destatis.de.
[7] Erhebungen des Statistischen Bundesamtes, Statistisches Jahrbuch 2011, Kap. 19.5.1 (S. 497), www.destatis.de.
[8] Erhebungen des Statistischen Bundesamtes, Statistisches Jahrbuch 2012, Kap. 20.4.3 (S. 515), www.destatis.de.
[9] Statistisches Bundesamt, Fachserie 2, Reihe 4.1, 12/2012, S. 10, www.destatis.de.

A. Einführung **8**

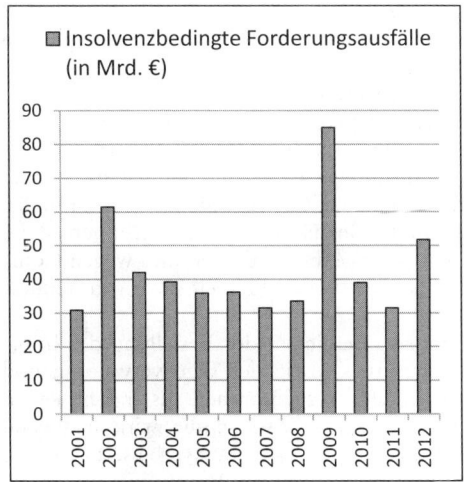
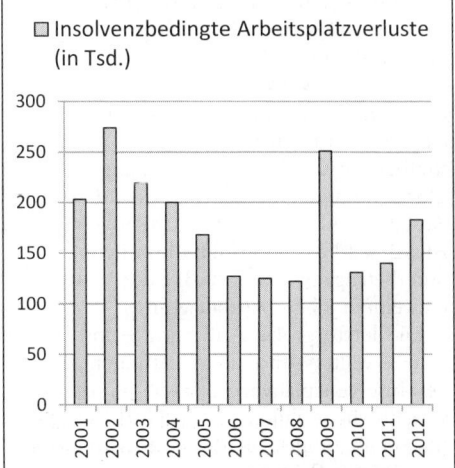

Quelle: Statistisches Bundesamt, abrufbar unter www.destatis.de.

Diese Zahlen beleuchten jedoch nur einen Teilaspekt. Die wirtschaftliche Bedeutung einer Insolvenz für die betroffenen Gläubiger lässt sich nur dann vollständig erfassen, wenn man die Höhe der dem einzelnen Gläubiger drohenden Verluste gesondert betrachtet. Hier brachte die Insolvenzordnung (InsO) entgegen ihrer Zielsetzung keine wesentliche Verbesserung. Unter Geltung der Konkursordnung konnten die ungesicherten, nicht privilegierten (sog. einfachen) Konkursgläubiger höchstens zwischen 3 und 5 % ihrer Forderungen realisieren.[10] Nach einer Auswertung des IfM Bonn für Insolvenzverfahren der Jahre 2002 bis 2007 erreichte die **durchschnittliche Befriedigungsquote** auch nach Einführung der InsO nur **3,6 %**.[11] Die geringe Quote ist häufig bedingt durch eine Vielzahl gesicherter Forderungen, wie sie im alltäglichen Wirtschaftsleben aufgrund der üblichen Sicherungsmittel (Sicherungsübereignung, verlängerter Eigentumsvorbehalt, Globalzession, Grundschuld, Hypothek) entstehen. Den gesicherten Gläubigern (Banken, Lieferanten) ermöglichen sie die **abgesonderte Befriedigung** aus dem Sicherungsgut vor allen anderen Gläubigern. Zudem sind vorab sämtliche Verbindlichkeiten der Massegläubiger aus der Insolvenzmasse zu berichten (§ 53 InsO). Hierzu zählen gemäß § 123 Abs. 2 S. 1 InsO auch die Sozialplanansprüche der Arbeitnehmer und nach § 55 Abs. 4 InsO die Steuerverbindlichkeiten, die vor Eröffnung des Verfahrens vom vorläufigen Insolvenzverwalter oder mit dessen Zustimmung begründet worden sind.

II. Zur Insolvenzordnung

1. Reformentwicklung

Am 1.1.1999 ist die Insolvenzordnung (InsO) in Kraft getreten. Sie hat in den alten Bundesländern die Konkursordnung (KO) aus dem Jahr 1877 sowie die Vergleichsordnung (VerglO) aus dem Jahr 1935 und in den neuen Bundesländern die Gesamtvollstreckungsordnung (GesO) von 1991 abgelöst. Damit gilt seit dem Jahr 1999 ein **einheitliches Insolvenzrecht** für die gesamte Bundesrepublik Deutschland. Seither ist die InsO bereits mehrfach geändert worden und der Gesetzgeber hat eine Vielzahl weiterer Gesetze mit insolvenzrechtlichem Bezug erlassen. Zu nennen sind hier insbesondere das **Gesetz zur Modernisierung des**

---

[10] *Gogger*, Insolvenzgläubiger-Handbuch, 1. Teil B.
[11] IfM Bonn, Die Quoten der Insolvenzgläubiger in Regel- und Insolvenzplanverfahren, abrufbar unter www.ifm-bonn.org.

8. Kapitel. Insolvenz – Materiellrechtlicher Teil

GmbH-Rechts und zur Bekämpfung von Missbräuchen (MoMiG)[12] vom 23.10.2008 und das **Gesetz zur weiteren Erleichterung der Sanierung von Unternehmen (ESUG)**[13] vom 7.12.2011.

8   Durch das **MoMiG** wurden die bislang im Gesellschaftsrecht verstreuten Insolvenzantragspflichten für juristische Personen und Gesellschaften ohne Rechtspersönlichkeit einheitlich in das Insolvenzrecht übernommen. Seither findet sich in § 15a InsO eine rechtsformneutrale, strafbewehrte Pflicht zur Stellung eines Eröffnungsantrags bei Zahlungsunfähigkeit oder Überschuldung.[14] Außerdem wurden die Gründe für eine Geschäftsführersperre nach § 6 Abs. 2 S. 2 GmbHG erheblich ausgedehnt. Ein GmbH-Geschäftsführer unterliegt gemäß § 6 Abs. 2 S. 2 Nr. 3e GmbHG nun bereits einem Bestellungsverbot, wenn er etwa wegen Computerbetrugs (§ 263a StGB) oder Untreue (§ 266 StGB) zu einer Freiheitsstrafe von mindestens einem Jahr verurteilt wurde.

9   Die letzte große Änderung – insbesondere in den Bereichen der Bestellung des Insolvenzverwalters und des vorläufigen Gläubigerausschusses sowie der Eigenverwaltung und des Insolvenzplanverfahrens – wurde durch das **ESUG** vorgenommen. Es trat in seinen wesentlichen Teilen am 1.3.2012 in Kraft. Mit dem ESUG sollen die wirtschaftlichen Rahmenbedingungen für die Sanierung notleidender Unternehmen verbessert werden. Ziel ist die Eröffnung einer neuen Insolvenzkultur, hin zu einem Verständnis des Insolvenzverfahrens als **echte Chance auf Sanierung**.[15] Hierzu wurden insbesondere die Rechte der Gläubiger bei der Auswahl des (vorläufigen) Insolvenzverwalters gestärkt und mit dem sog. „Schutzschirmverfahren" ein Instrument geschaffen, das sanierungsfähigen Unternehmen den Weg zurück zur Wettbewerbsfähigkeit ebnen soll. Im Planverfahren wurden die Gestaltungsmöglichkeiten um eine direkte Beteiligung der Gläubiger erweitert. Durch die vereinfachte Schuldumwandlung von Fremd- in Eigenkapital („debt-equity-swap") kann nun durch einen Insolvenzplan auch ein Eingriff in die Gesellschafterrechte erfolgen.

10   Die Reformbestrebungen auf dem Gebiet des Insolvenzrechts sind aber auch nach den jüngsten Änderungen noch nicht am Ende angelangt. Am 16.5.2013 verabschiedete der Deutsche Bundestag das Gesetz **zur Verkürzung des Restschuldbefreiungsverfahrens und zur Stärkung der Gläubigerrechte**.[16] Danach hat der Schuldner die Möglichkeit, die Restschuldbefreiung – statt wie bisher nach 6 Jahren – unter bestimmten Umständen bereits nach 3 Jahren zu erreichen. Damit soll ein neuer und schnellerer Weg zu einem wirtschaftlichen Neuanfang geschaffen werden.[17]

11   Schließlich sieht das rechtspolitische Programm vor, in einem weiteren Schritt ein eigenes **Konzerninsolvenzrecht** zu schaffen. Hierdurch sollen mithilfe teils verpflichtender Kooperationsmechanismen Effizienzverluste vermieden oder zumindest abgemildert werden, die bei einer dezentralen Abwicklung der Einzelinsolvenzen naturgemäß entstehen.[18] Auch die Europäische Kommission[19] sieht in dieser Hinsicht Handlungsbedarf. Auf europäischer Ebene soll eine Harmonisierung der insolvenzrechtlichen Vorschriften durch eine **Revision der**

---

[12] BGBl. 2008 I, S. 2026.
[13] BGBl. 2011 I, S. 2582. Zur Reform statt vieler *Landfermann*, WM 2012, 821 ff., 869 ff.
[14] Näher hierzu unter B. I.
[15] Von „Entstigmatisierung" spricht auch *Römermann*, GmbHR 2012, 421, 422; ausführlich zur neuen Sanierungskultur: *Paulus*, WM 2011, 2205 ff.; *Vallender*, NZI 2010, 838 ff.
[16] Beschlussempfehlung des Rechtsausschusses zum RegE eines Gesetzes zur Verkürzung des Restschuldbefreiungsverfahrens und zur Stärkung der Gläubigerrechte, BT-Dr. 17/13535.
[17] Zum Reformvorschlag *Frind*, ZInsO 2012, 1455 ff.; noch zum RefE v. 18.1.2012 vgl. *Frind*, ZInsO 2012, 475 ff., 668 ff.
[18] DiskE eines Gesetzes zur Erleichterung der Bewältigung von Konzerninsolvenzen vom 3.1.2013, abrufbar unter: www.zip-online.de
[19] Kommissionsentwurf vom 12.12.2012 zur Änderung der Verordnung (EG) Nr. 134672000 des Rats über Insolvenzverfahren („EuInsVO"), abrufbar unter: www.zip-online.de

A. Einführung

Europäischen Insolvenzverordnung (EuInsVO) erfolgen. Eines der Ziele ist auch hier die Kodifikation eines internationalen Konzerninsolvenzrechts.[20]

2. Zielsetzung und Schwerpunkte der InsO

a) Erleichterung der Verfahrenseröffnung

Ein **Grundanliegen** der Insolvenzordnung ist, im Allgemeininteresse die Eröffnung eines Insolvenzverfahrens in möglichst vielen Fällen zu ermöglichen und das Schuldnervermögen einer **geordneten, staatlich beaufsichtigten Haftungsrealisierung** zuzuführen.[21] So ist das Verfahren bereits dann zu eröffnen, wenn die Verfahrenskosten (gerichtliche Kosten und die Insolvenzverwalterkosten) durch eine entsprechende Masse abgesichert sind (§§ 26, 54 InsO). Allerdings stellt sich die Frage, ob es sinnvoll ist, derart massearme Verfahren erst zu eröffnen, um sie alsbald nach §§ 208, 211 InsO wieder einstellen zu müssen, wenn feststeht, dass die sonstigen Masseverbindlichkeiten nicht befriedigt werden können. Es besteht schließlich die Gefahr einer Überlastung der Gerichte und folglich einer allgemeinen Verlängerung der Verfahrensdauer.

b) Verteilungsgerechtigkeit

Ein weiteres Ziel der Insolvenzordnung liegt in der **Verbesserung der Verteilungsgerechtigkeit**. Bevorrechtigte Forderungen, wie es sie noch unter Geltung der KO gab, wurden abgeschafft. Der Gleichbehandlung dient auch die Verschärfung der Insolvenzanfechtung. Zudem ist geplant, die gerechte Verteilung unter den Gläubigern durch die Abschaffung des Lohnabtretungsprivilegs weiter voranzutreiben.[22] Das Ziel wird jedoch durch die Privilegierung des Fiskus in § 55 Abs. 4 InsO konterkariert, wonach die mit Zustimmung eines vorläufigen Insolvenzverwalters begründeten Steuerverbindlichkeiten ebenfalls als Masseverbindlichkeiten gelten.

c) Gläubigerautonomie

Eine **Stärkung der Gläubigerautonomie**[23] war stets ein wesentliches Anliegen des Gesetzgebers.[24] Es verwundert daher nicht, dass der Einfluss der Gläubiger im Zuge des ESUG erheblich erweitert wurde. Die Gläubiger werden nun frühzeitig in das Verfahren eingebunden.

Erstmalig ist die Einsetzung eines **vorläufigen Gläubigerausschusses** bereits im Eröffnungsverfahren gesetzlich geregelt. Erreicht das insolvente Unternehmen im vorangegangenen Geschäftsjahr zumindest zwei der drei nachfolgenden Schwellenwerte

- mindestens **4.840.000 € Bilanzsumme** nach Abzug eines auf der Aktivseite ausgewiesenen Fehlbetrags im Sinne des § 268 Abs. 3 HGB,
- mindestens **9.680.000 € Umsatzerlöse** in den letzten zwölf Monaten vor dem Abschlussstichtag,
- im Jahresdurchschnitt mindestens **fünfzig Arbeitnehmer**,

so **hat** das Insolvenzgericht gemäß § 22a Abs. 1 InsO die Einsetzung eines vorläufigen Gläubigerausschusses vorzunehmen („**obligatorischer Gläubigerausschuss**").

Darüber hinaus **soll** ein vorläufiger Gläubigerausschuss im Eröffnungsverfahren eingesetzt werden, wenn dies der Schuldner, der vorläufige Insolvenzverwalter oder ein Gläubiger beantragt und zugleich Personen benannt werden, die als Mitglieder des Ausschusses in Betracht

---

[20] Hierzu *Hirte*, ZInsO 2011, 1788 f.; Empfehlungen für ein nationales und internationales Konzerninsolvenzrecht gibt auch die United Nations Commission on International Trade Law (UNCITRAL), dazu *Holzer*, ZIP 2011, 1894 ff.

[21] MünchKommInsO-*Ganter*, § 1 Rn. 20 f.

[22] Rede der Bundesministerin der Justiz, Sabine Leutheusser-Schnarrenberger, beim Deutschen Insolvenzverwalterkongress 2011 am 28.10.2011 in Berlin, abgedruckt in: ZInsO-Dokumentation, ZInsO 2011, 2078, 2080.

[23] Näher MünchKommInsO-*Ganter*, § 1 Rn. 53 ff.

[24] *Frank/Heinrich*, ZInsO 2011, 858 m. w. N.

kommen und die benannten Personen ihr Einverständnis zu einer Mitwirkung im Ausschuss erklären, § 22a Abs. 2 InsO („**Antragsausschuss**").

17 Schließlich **kann** ein vorläufiger Gläubigerausschuss im Eröffnungsverfahren gemäß § 21 Abs. 2 Nr. 1a InsO eingesetzt werden, wenn die Anordnung vom Insolvenzgericht im Rahmen seiner nach § 21 Abs. 1 InsO zu treffenden Entscheidung als notwendig angesehen wird, um eine nachteilige Veränderung in der Vermögenslage des Schuldners zu verhüten („**fakultativer Gläubigerausschuss**")

18 Die frühzeitige Gläubigerbeteiligung dient in erster Linie der **Mitwirkung an der Bestellung** des vorläufigen Insolvenzverwalters.[25] Von einem **einstimmigen** Vorschlag des vorläufigen Gläubigerausschusses zur Person des Verwalters darf das Gericht nur abweichen, wenn die Person für die Übernahme des Amtes nicht geeignet ist. Hierdurch wird die Rechts- und Planungssicherheit der Gläubiger gestärkt. Da sie zudem über die Anordnung der Eigenverwaltung mitbestimmen, werden ihnen bereits in diesem frühen Verfahrensstadium wichtige Mitwirkungsrechte eingeräumt.

19 Von der Einsetzung eines vorläufigen Gläubigerausschusses ist gemäß § 22a Abs. 3 InsO in Fällen abzusehen, in denen die Einsetzung nicht als sinnvoll erachtet wird.[26] **Nicht einzusetzen** ist der Ausschuss daher, sofern
- der Geschäftsbetrieb des Schuldners eingestellt ist,
- die Einsetzung im Hinblick auf die zu erwartende Insolvenzmasse unverhältnismäßig ist, oder
- die mit der Einsetzung verbundene Verzögerung zu einer nachteiligen Veränderung der Vermögenslage des Schuldners führt.[27]

d) Sanierungschancen

20 Ein wesentliches Ziel der InsO ist die **Verbesserung der Sanierungschancen** für sanierungswürdige und im Kern intakte Unternehmen.[28] Dem dient u. a. die erleichterte und rechtzeitige Verfahrenseröffnung sowie die Einbeziehung der dinglich gesicherten Gläubiger. Soweit diese Absonderungsrechte an Mobilien haben, müssen sie dem zur Verwertung befugten Insolvenzverwalter einen pauschalen Kostenbeitrag in Höhe von 9% des Verwertungserlöses zur Insolvenzmasse belassen (§§ 170, 171 InsO), zuzüglich der anfallenden Umsatzsteuer bei der Verwertung von beweglichen Sachen (§ 171 Abs. 2 S. 3 InsO). Ausdruck dieses Sanierungsgedankens ist die Pflicht zur **Betriebsfortführung** bis zur ersten Gläubigerversammlung. Eine vorherige Betriebsstilllegung kommt nur ausnahmsweise und nur mit Genehmigung des Gerichts bzw. des Gläubigerausschusses (vgl. § 22 Abs. 1 Nr. 2 InsO bzw. § 158 InsO) in Betracht. Zur Verbesserung der Sanierungschancen soll auch das sog. **Schutzschirmverfahren** beitragen, das dem Schuldner in Anlehnung an englische und französische Vorbilder einen Anreiz zur unverzüglichen Einleitung von Sanierungsmaßnahmen gibt.[29] Ist das schuldnerische Unternehmen noch nicht zahlungsunfähig, so kann es im Fall der drohenden Zahlungsunfähigkeit oder der (eingetretenen) Überschuldung eigenverwaltend und in Obhut des aufgespannten „Schutzschirms" die Sanierung über einen Sanierungsplan vorbereiten. Die (branchenspezifischen) Kenntnisse und Erfahrungen der Geschäftsleitung können dann aufgrund ihrer „Schirmherrschaft" bestmöglich zur Sanierung genutzt werden.

e) Bestmögliche Gläubigerbefriedigung

21 Primäres Ziel des Insolvenzverfahrens bleibt unverändert die **gemeinsame und bestmögliche Befriedigung aller Gläubiger**. Zwar sieht die InsO die Unternehmenskrise als Sanierungschance an; sie verzichtet aber auf eine „Sanierung um jeden Preis".[30] In einer markt-

---

[25] Begründung zum RegE-ESUG, BT-Dr. 17/5712, S. 37.
[26] Begründung zum RegE-ESUG, BT-Dr. 17/5712, S. 36.
[27] Zu den hiermit verbundenen Frage- und Problemstellungen ausführlich *Ampferl*, in: HRI, § 8 Rn. 28 ff.
[28] Vgl. BR-Dr. 1/92, S. 77 ff.
[29] *Vallender*, GmbHR 2012, 450.
[30] Vgl. *Uhlenbruck*, NZI 1998, 1, 2.

A. Einführung

wirtschaftlichen Ordnung kann die Erhaltung eines Unternehmens kein Selbstzweck sein.[31] Folglich spielt der Einsatz der Insolvenzmasse zur gemeinschaftlichen Befriedigung der 6shy; Gläubiger die zentrale Rolle.[32] Ist der Schuldner nicht mehr leistungsfähig, gelangt eine individuelle Rechtsdurchsetzung im Wege der Einzelzwangsvollstreckung zu keinem gerechten Ergebnis.[33] In diesem Fall muss die Konzentration der Gläubigerinteressen den Vortritt haben.[34] Besonders zu betonen ist der Vorrang des Zieles der Gläubigerbefriedigung im Zusammenhang mit der Möglichkeit der Restschuldbefreiung für natürliche Personen gem. §§ 286 ff. InsO (näher hierzu Rn. 71 ff.).

f) Neue / reformierte Rechtsinstitute der Insolvenzordnung

Durch das ESUG hat das Institut der **Eigenverwaltung** in den §§ 270 ff. InsO eine umfassende Neuregelung erhalten und soll zukünftig in der insolvenzrechtlichen Praxis zu einem wichtigen Sanierungsinstrument werden. Um die Vorteile der Eigenverwaltung nicht schon frühzeitig zu schwächen, wird gemäß § 270a Abs. 1 S. 2 InsO statt eines vorläufigen Insolvenzverwalters ein **vorläufiger Sachwalter** bestellt. Bei erst drohender Zahlungsunfähigkeit oder der Überschuldung ist die Sanierung des Unternehmens zudem in einem sog. **Schutzschirmverfahren** möglich. Dabei handelt es sich um ein besonderes Verfahren, welches das Schuldnervermögen bei bestehenden Sanierungschancen für eine bestimmte Zeit dem Zugriff der Gläubiger entzieht und zugleich die Instrumente der Eigenverwaltung und des Insolvenzplanes insoweit verbindet, als der Schuldner geschützt vor Vollstreckungsmaßnahmen erfolgversprechende Sanierungsmaßnahmen in Eigenverwaltung vorbereiten kann, die dann in einem Insolvenzplan umgesetzt werden. Die Kombination der Instrumente der Eigenverwaltung, des Schutzschirmverfahrens und des Planverfahrens ist daher für ein gut beratenes Unternehmen besonders interessant. Modifiziert wurde auch das **Insolvenzplanverfahren** selbst, das dem Schuldner nun mehr eigene Gestaltungsmöglichkeiten bietet und folglich planbarer wird. Hierdurch soll es ebenfalls an praktischer Bedeutung gewinnen.

22

g) Außergerichtliche Sanierung

Schließlich liegt ein weiteres Ziel der Insolvenzordnung in der **Förderung außergerichtlicher Sanierung**.[35] Allerdings ist zu berücksichtigen, dass Sanierungsmaßnahmen in der Krise, wie übertragende Sanierung oder Betriebsaufspaltung, sich bei Fehlschlagen der Sanierung als Straftaten im Sinne des § 283 Abs. 1 StGB (Bankrott) darstellen können. So liegt etwa der Tatbestand des „Beiseiteschaffens" bei der übertragenden Sanierung vor, wenn die Gläubiger der übertragenden Gesellschaft keine entsprechende Gegenleistung als Haftungsvermögen erhalten.[36]

23

III. Insolvenzziele und Umsetzungsalternativen

1. Allgemeines

Die gesamte Programmatik der Insolvenzordnung findet sich in deren § 1:

24

„Das Insolvenzverfahren dient dazu, die Gläubiger eines Schuldners gemeinschaftlich zu befriedigen, indem das Vermögen des Schuldners verwertet und der Erlös verteilt oder in einem Insolvenzplan eine

---

[31] Begründung zum RegE-ESUG, BT-Dr. 17/5712, S. 25.
[32] Vgl. BR-Dr. 1/92, S. 77.
[33] *Ahrens*, in: *Ahrens/Gehrkein/Ringstmeier*, § 1 Rn. 27; *Häsemeyer*, Insolvenzrecht, Rn. 2.02.
[34] HK-InsO/*Kirchhof*, § 1 Rn. 4.
[35] Vgl. MünchKommInsO-*Ganter*, § 1 Rn. 85 ff. Hierzu dient vor allem die Abschaffung der – die Haftung des Vermögensübernehmers regelnden – Norm des § 419 BGB durch Art. 33 Ziff. 16 EGInsO (BGBl. 1994 I, S. 2911); kritisch *K. Schmidt*, in: Kölner Schrift zur Insolvenzordnung, S. 1199 ff. Rn. 33.
[36] Vgl. AG Ingolstadt v. 28.5.2004 – 8 Ls 31 Js 5828/04, EWIR 2004, 1245; *Fischer*, StGB, § 283 Rn. 4.

abweichende Regelung insbesondere zum Erhalt des Unternehmens getroffen wird. Dem redlichen Schuldner wird Gelegenheit gegeben, sich von seinen restlichen Verbindlichkeiten zu befreien. "

Oberstes Ziel eines Insolvenzverfahrens ist die gemeinschaftliche Befriedigung der Gläubiger – und nicht etwa der Schutz des Schuldners, seine Entschuldung, die Erhaltung des Betriebes, der Erhalt von Arbeitsplätzen oder sonstige soziale Belange. Dies alles sind lediglich – wenn auch wichtige – Sekundärziele.

25 Die InsO differenziert prinzipiell zwischen drei verschiedenen Verfahrensarten: dem **Regelinsolvenzverfahren**, dem **Insolvenzplanverfahren** und den **Verbraucherinsolvenz- und sonstigen Kleinverfahren**. In den §§ 304 bis 314 InsO hat der Gesetzgeber, anderen europäischen Rechtsordnungen folgend,[37] erstmals explizit ein besonderes, mehrstufiges Verfahren für Insolvenzen im nichtunternehmerischen Bereich vorgesehen. Für das Schicksal des Schuldnerunternehmens bietet die InsO zwar ein „einheitliches" Insolvenzverfahren für Unternehmen, dieses jedoch mit offenen Regelungszielen.[38] So tritt gem. § 1 InsO neben die Gläubigerbefriedigung durch Abwicklung gleichberechtigt die Gläubigerbefriedigung durch „Erhalt des Unternehmens". Damit schafft die InsO ein Wahlrecht der Gläubiger, über den Befriedigungsweg (Liquidation oder Unternehmensfortführung) selbst zu entscheiden (§ 157 InsO). Schematisiert sind folgende Wege zur Haftungsverwirklichung eröffnet:

2. Die Regelinsolvenz

26 Die Erfahrungen nach Inkrafttreten der Insolvenzordnung haben gezeigt, dass die Beteiligten von der Möglichkeit eines – autonom gestalteten – Insolvenzplanverfahrens bisher nur sehr zurückhaltend Gebrauch machten.[39] In den seltenen Fällen der Sanierung über einen Insolvenzplan war das Unternehmen in der Regel größer und älter als das durchschnittliche insolvente Unternehmen; seinen Tätigkeitsschwerpunkt hatte es zumeist im Bereich der Dienstleistungen und es konnte insbesondere eine bessere Eigenkapitalbasis sowie eine geringere Verschuldung aufweisen.[40] Allgemein bevorzugt wird bislang hingegen das „Regelinsolvenzverfahren", bei dem die Verfahrensregeln ebenso vorgegeben sind wie bestimmte materielle Rechtsvorschriften. Innerhalb des Regelinsolvenzverfahrens haben sich folgende Grundtypen der Haftungsverwirklichung herauskristallisiert:

a) Sofortige Betriebsstilllegung

27 Um eine „erhebliche Verminderung des Vermögens" durch – verlustbringende – Fortführung zu vermeiden, kann ein Betrieb (oder ein Betriebsteil) **im Eröffnungsverfahren** ausnahmsweise sofort stillgelegt werden. Dazu bedarf es formell der Zustimmung des Insolvenzgerichts (§ 22 Abs. 1 S. 2 Nr. 2 InsO) sowie materiell der Gefahr einer erheblichen Verminderung des Schuldnervermögens. Von letzterer ist nach überwiegender Meinung auszugehen, wenn bei einer Betriebsfortführung ein Verlust des Schuldnervermögens von mehr als 25% prognostiziert wird.[41] Die drohende Vermögensminderung hat der vorläufige Verwalter in seinem Antrag auf Stilllegung darzulegen. Im eröffneten Verfahren kann die Stilllegung **vor dem Berichtstermin** nur mit der Zustimmung des Gläubigerausschusses (vgl. § 158 InsO) geschehen, soweit ein solcher vorhanden ist, im Übrigen nach pflichtgemäßen Ermessen des Insolvenzverwalters.[42] Die Gründe für eine Stilllegung im eröffneten Verfahren sind gesetzlich nicht geregelt. Sie ist sowohl aus wirtschaftlichen als auch aus rechtlichen Gründen möglich.[43] Das Vorliegen eines Grundes ist anhand einer vergleichenden Liquiditäts- und Er-

---

[37] Vgl. *Kohte*, in: *Kohte/Ahrens/Grote*, Vor §§ 304 ff. Rn. 5.
[38] Vgl. auch *Häsemeyer,* Rn. 28.01.
[39] Nach *Kranzusch*, ZInsO 2012, 683, 687 kam es in den zehn Jahren von 1999 bis 2009 in nicht einmal einem Prozent aller eröffneten Regelverfahren zu einem Insolvenzplan.
[40] *Gude*, ZInsO 2012, 320, 323.
[41] MünchKommInsO-*Haarmeyer*, § 22 Rn. 114; HambKommInsO-*Schröder*, § 22 Rn. 62; **a. A.** HK-InsO/*Kirchhof*, § 22 Rn. 25 und *KPB/Pape*, InsO, § 22 Rn. 58: 10%.
[42] *Uhlenbruck*, InsOKomm, § 158 Rn. 9; HambKommInsO-*Decker*, § 158 Rn. 7.
[43] Ausführlicher dazu *Uhlenbruck*, InsOKomm, § 158 Rn. 5.

A. Einführung **8**

folgsplanung für die Fortführung und die Stilllegung des Betriebes zu bestimmen.[44] Der Schuldner ist vor der Beschlussfassung des Gläubigerausschusses bzw. vor der Stilllegung zu unterrichten. Er kann deren Untersagung beantragen, wenn die Stilllegung ohne erhebliche Verminderung der Insolvenzmasse bis zum Berichtstermin aufgeschoben werden kann (§ 158 Abs. 2 S. 2 InsO). **Im Berichtstermin** entscheidet die Gläubigerversammlung über die Fortführung oder Stilllegung (§ 157 S. 1 InsO). Im Fall der Stilllegung werden die Vermögensgegenstände des Unternehmens durch den Insolvenzverwalter (vgl. § 159 InsO) verwertet und die Gläubiger anschließend aus dem Verwertungserlös befriedigt. Dabei hat die Verwertung gewissenhaft und mit dem Ziel der bestmöglichen Quote zu erfolgen.[45]

b) Zeitweilige Unternehmensfortführung (Ausproduktion)

Eine Unterart der Betriebsstilllegung ist die Ausproduktion. Sie hat den Sinn, das im insolventen Betrieb noch vorhandene Potential (Know-how, Aufträge, Roh-, Hilfs- und Betriebsstoffe, Halbfertigwaren) zu nutzen und im Interesse der Gläubiger durch Wertschöpfung in Geld umzusetzen. Die Unternehmensfortführung **bis zum Berichtstermin** ist die Regel und grundsätzliche Pflicht des entsprechend verwaltungs- und verfügungsbefugten Insolvenzverwalters (§ 80 InsO). Die Ausproduktion wird ihm nach der InsO schon deshalb erleichtert, weil er auch bei Gegenständen, an denen Absonderungsrechte bestehen (Sicherungseigentum, Sicherungszession etc.), zur Verwertung berechtigt ist (§ 166 InsO). Der Insolvenzverwalter kann den Gläubigern – falls notwendig – auch vorschlagen, einer zeitweiligen Unternehmensfortführung über den Berichtstermin hinaus zuzustimmen (vgl. § 157 InsO). **28**

c) Übertragende Sanierung

Eine weitere „Unterart" der Verwertung des Schuldnervermögens stellt die übertragende Sanierung dar.[46] Dabei überträgt der Verwalter – gegen Entgelt – die zur Betriebsfortführung notwendigen Wirtschaftsgüter des insolventen Unternehmens geschlossen auf ein anderes Unternehmen oder auf eine zu diesem Zweck gegründete Auffanggesellschaft; dem neuen Rechtsträger wird dann – befreit von Altverbindlichkeiten – ein neuer Start ermöglicht.[47] Die **Freistellung des neuen Rechtsträgers** von Altverbindlichkeiten ist somit wesentliches Kernstück der übertragenden Sanierung. Der alte Unternehmensträger wird liquidiert, seine nicht zur Fortführung benötigten Unternehmensteile werden vom Verwalter „versilbert". Die Gläubiger werden aus den Verkaufserlösen befriedigt, die der Übernehmer für den Betrieb aufwendet. **29**

Seit dem Gesetz zur Vereinfachung des Insolvenzverfahrens vom 13.4.2007,[48] in Kraft getreten am 1.7.2007, hat der Insolvenzverwalter gemäß § 158 InsO schon **vor dem Berichtstermin** die Möglichkeit, das insolvente Unternehmen zu veräußern, falls ein Gläubigerausschuss dem Vorhaben zustimmt und falls das Insolvenzgericht die Veräußerung nicht – auf Schuldnerantrag – untersagt.[49] **30**

Die Zulässigkeit einer übertragenden Sanierung bereits **im Eröffnungsverfahren** ist hingegen umstritten, da das Vorliegen eines Eröffnungsgrundes zu dieser Zeit erst noch geprüft werden muss.[50] Zudem existieren womöglich noch keine Gläubigerorgane, die in Bezug auf die Verwertung des Schuldnervermögens entscheidungsbefugt sind.[51] Die Rechtsprechung hat die übertragende Sanierung im Eröffnungsverfahren bisher nur in speziellen Einzelfällen **31**

---

[44] HambKommInsO-*Decker*, § 158 Rn. 4.
[45] HambKommInsO-*Decker*, § 159 Rn. 6.
[46] Vgl. dazu *Wellensiek*, NZI 2002, 233 ff.; grundlegend auch *Schmidt*, ZIP 1980, 328, 336 ff.; eingehend zur strafrechtlichen Problematik *Mohr*, Bankrottdelikte und übertragende Sanierung, 1993.
[47] Vgl. *KPB/Otte*, InsO, § 217 Rn. 6.
[48] BGBl. 2007 I, S. 509.
[49] *Spieker*, NZI 2002, 472.
[50] *Schmerbach/Staufenbiel*, ZInsO 2009, 458, 460; *Hagebusch/Oberle*, NZI 2006, 618, 621; *Brossette/Plagens/Schmidt*, Rn. 734.
[51] Begründung zum RegE-InsVerfVereinfG, BR-Dr. 549/06, S. 14; *Schmerbach/Staufenbiel*, ZInsO 2009, 458, 460; **a. A.** wohl *Thiele*, in: *Wimmer/Dauernheim/Wagner/Gietl*, 13. Kap. Rn. 99 u. 119.

für möglich erachtet,[52] und auch der Gesetzgeber ist – entgegen seiner ursprünglichen Intention – von einer gesetzlichen Regelung abgerückt.[53] Eine Veräußerung des Unternehmens ist in diesem Verfahrensstadium daher regelmäßig als unzulässig anzusehen.[54]

32 Die übertragende Sanierung ist auf zweierlei Wegen möglich: Einmal nach den gesetzlichen Vorschriften der §§ 160ff. InsO, zum anderen im Rahmen eines Insolvenzplans.[55] Dass die übertragende Sanierung als Maßnahmetypus zulässig ist, ergibt sich deutlich aus §§ 160 Abs. 2 Nr. 1, 162 InsO. Für die übertragende Sanierung ist die Zustimmung des Gläubigerausschusses bzw. – soweit ein solcher nicht vorhanden ist – der Gläubigerversammlung erforderlich (§ 160 Abs. 1, Abs. 2 Nr. 1 InsO). Droht eine Veräußerung unter Wert, können der Schuldner oder eine qualifizierte Gläubigermehrheit gem. § 163 InsO beim Gericht beantragen, dass die Veräußerung nur mit Zustimmung der Gläubigerversammlung zulässig ist. Will der Verwalter an eine „besonders interessierte Person" veräußern, bedarf er in jedem Fall der Zustimmung der Gläubigerversammlung. Der Begriff der „besonders interessierten Person" ist in § 138 InsO definiert, auf den § 162 Abs. 1 S. 1 Nr. 1 InsO ausdrücklich verweist. Umfasst sind etwa bestimmte nahe Verwandte des Schuldners, die am Erwerb entsprechend mitwirken.

33 Die übertragende Sanierung wird dem Verwalter dadurch erleichtert, dass er bei den beweglichen Gegenständen, an denen ein Absonderungsrecht besteht, die Verwertungsbefugnis besitzt (§ 166 Abs. 1 InsO) und daher nicht gezwungen ist, betriebsnotwendige Gegenstände an die Absonderungsberechtigten herauszugeben. Da es bei der übertragenden Sanierung aufgrund der gesetzlichen Vorschriften nicht der „Formalien" des Insolvenzplanverfahrens bedarf, ist sie mit geringerem Aufwand zu erreichen als eine Abwicklung über das Planverfahren.[56]

34 Ein nicht zu unterschätzendes **Sanierungshindernis** stellt § 613a BGB dar, der auch im Insolvenzverfahren gilt und grundsätzlich bei der übertragenden Sanierung zum Übergang aller bestehenden Arbeitsverhältnisse auf den Erwerber führt. Zugleich besteht ein Kündigungsverbot wegen des Betriebsübergangs, § 613a Abs. 4 S. 1 BGB. Da kaum ein Erwerbsinteresse zur Übernahme der gesamten Belegschaft zu gleichen Konditionen bereit ist, kann an § 613a BGB die gesamte Sanierung scheitern, so dass kein einziger Arbeitsplatz gerettet werden kann.[57] Die Rechtsprechung hilft hier insoweit, als eine **Kündigung nach Erwerberkonzept** möglich sein soll: Entfällt der Arbeitsplatz aufgrund eines – bereits Gestalt annehmenden – Sanierungskonzeptes des Betriebserwerbers, kann der Arbeitnehmer bereits durch den Insolvenzverwalter wirksam gekündigt werden.[58] Unerheblich ist dabei, ob auch der bisherige Arbeitgeber das Sanierungskonzept hätte verwirklichen können.[59]

35 Wurde zwischen dem Betriebsrat und dem Insolvenzverwalter ein **Interessensausgleich mit Namensliste** vereinbart, erleichtert zudem eine doppelte Vermutung die Kündigung der Arbeitsverhältnisse.[60] Vermutet wird,
- dass die Kündigung durch dringende betriebliche Erfordernisse bedingt ist (§ 125 Abs. 1 S. 1 Nr. 1 InsO) sowie,
- dass die Kündigung nicht wegen des Betriebsübergangs erfolgt (§ 128 Abs. 2 InsO).

Nach Rechtsprechung des *BAG*[61] besteht in der Insolvenz **kein Fortsetzungs- bzw. Wiedereinstellungsanspruch**, wenn der Betriebsübergang nach Ablauf der Kündigungsfrist

---

[52] Zum Beispiel wenn der Veräußerung von Seiten der Gläubiger oder durch das Insolvenzgericht zugestimmt wurde, vgl. BGH v. 12.1.2006 – IX ZB 127/04, ZInsO 2006, 257, 259. Zudem soll die Veräußerung einer Unternehmenssparte innerhalb eines Konzerns vor Eröffnung des Verfahrens zulässig sein, AG Duisburg v. 28.7.2002 – 62 IN 167/02, ZInsO 2002, 885.
[53] *Schmerbach*, InsbürO 2007, 202, 213.
[54] HambKommInsO-*Schröder*, § 22 Rn. 41; FK-InsO/*Schmerbach*, § 22 Rn. 71; FK-InsO/*Wegener*, § 159 Rn. 2; *Hagebusch/Oberle*, NZI 2006, 618, 621; *Schmerbach/Wegener*, ZInsO 2006, 400, 407.
[55] Vgl. *Wellensiek*, NZI 2002, 233, 234f., 237f.
[56] Vgl. *Maus*, in: Kölner Schrift zur Insolvenzordnung, S. 931ff. Rn. 17.
[57] *Wellensiek*, NZI 2002, 233, 235; *Vallender*, GmbHR 2004, 642, 646.
[58] BAG v. 20.3.2003 – 8 AZR 97/02, ZInsO 2003, 1057.
[59] BAG v. 20.3.2003 – 8 AZR 97/02, ZInsO 2003, 1057; *Brossette/Plagens/Schmidt*, Rn. 741.
[60] Vgl. *Uhlenbruck/Berscheid*, InsOKomm, § 128, Rn. 26; *Schmerbach/Staufenbiel*, ZInsO 2009, 458, 465.
[61] BAG v. 13.5.2004 – 8 AZR 198/03, ZIP 2004, 1610; bestätigend BAG v. 28.10.2004 – 8 AZR 199/04, NZA 2005, 405.

A. Einführung

stattfindet. Ein solcher würde die mit den §§ 113, 125, 128 InsO verfolgte Rechtssicherheit in erheblichem Maße gefährden.[62] Einem Erwerber nützten die durch den Insolvenzverwalter wirksam ausgesprochenen Kündigungen wenig, wenn er sich anschließend Wiedereinstellungsansprüchen gegenübersehen würde. Die Grenze ist erreicht, wenn der Betriebsübergang rechtsmissbräuchlich erst nach Ablauf der Kündigungsfrist vollzogen wird.

3. Der Insolvenzplan

a) Charakteristik

Nach der Intention des Gesetzgebers bildet der Abschnitt über den Insolvenzplan (§§ 217 ff. InsO) das **Kernstück** der Insolvenzordnung.[63] Der Insolvenzplan ersetzt den früheren Vergleich und Zwangsvergleich.[64] Jedoch soll er deren Anwendungsbereiche zugleich erweitern und flexibler gestalten, den Beteiligten mehr Dispositionsmöglichkeiten einräumen und die Sanierung des schuldnerischen Unternehmens auch in der Krise fördern.[65] Der Gesetzgeber hat unter Rückgriff auf positive US-amerikanische Erfahrungen[66] ein Verfahren zur Verfügung gestellt, das die privatautonome Gestaltungsmöglichkeit der Beteiligten in den Vordergrund stellt und mit dem die Haftungsverwirklichung der Gläubiger abseits der Regelabwicklung realisiert werden kann. Anders als im früheren Vergleichsrecht sieht das Insolvenzplanrecht weder eine besondere „Vergleichswürdigkeit" des Schuldners noch eine Mindestquote vor. Eine Sanierung des Unternehmens soll nicht davon abhängen, ob der Schuldner sich strafbar gemacht hat oder nicht.[67] Vielmehr ist „neutraler" Zweck des Insolvenzplans allein, das Vermögen des Schuldners in wirtschaftlich effektiver Weise einzusetzen. Mit ihm soll eine Lösung gefunden werden, die betriebswirtschaftlich sinnvoller und volkswirtschaftlich erwünschter ist als eine Liquidation.[68]

Die **Rechtsnatur des Insolvenzplans** ist umstritten. Der Gesetzgeber versteht ihn als materiell-rechtlichen Vertrag[69] und auch in der Literatur wird der Insolvenzplan als mehrseitiger, privatrechtlicher Verwertungsvertrag der zwangsvollstreckungsberechtigten Gläubiger über die Art und Weise der Haftungsverwirklichung angesehen.[70] Nach der Rechtsprechung des *BGH*[71] handelt es sich hingegen um ein spezifisches insolvenzrechtliches Instrument zur Befriedigung der Gläubigergesamtheit aus dem schuldnerischen Vermögen. Begründet wird dies mit der zwangsweisen Gemeinschaft der Gläubiger, die sich gerade nicht selbstgewählt organisiert haben.[72]

Für die Haftungsverwirklichung durch Insolvenzplan bestehen nach der Vorstellung des Gesetzgebers **vielfältige Gestaltungsmöglichkeiten**, die § 217 InsO bewusst offen lässt.[73] In der Gestaltung und Ausfüllung dieses Rechtsrahmens sind die Gläubiger deshalb – bis auf wenige verbindliche Zielvorgaben[74] – frei. Der Plan kann demzufolge jede Art der Insolvenzbewältigung festlegen, die rechtlich zulässig ist. Für Insolvenzpläne kommen sämtliche Formen und Mischformen der bisherigen Insolvenzbewältigung (z. B. übertragende Sanierung, Sanierung des Unternehmensträgers in Form der Fortführung des Unternehmens

---

[62] *Brossette/Plagens/Schmidt*, Rn. 745.
[63] HambKommInsO-*Thies*, Vorb. zu §§ 217 ff. InsO, Rn. 15; *Maus*, in: Kölner Schrift zur Insolvenzordnung, S. 931 Rn. 1.
[64] Statt aller *Pape/Uhlenbruck*, Insolvenzrecht, Rn. 773.
[65] Vgl. *Braun/Frank*, InsO, vor §§ 217 – 269 Rn. 1.
[66] *Uhlenbruck/Lüer*, InsOKomm, vor § 217 Rn. 13 ff; ausführlich hierzu *Smid/Rattunde*, Der Insolvenzplan, Rn. 0.3, 2.35 ff., 7.6, 13.19 ff., 13.57 ff.
[67] Hierzu *Uhlenbruck*, wistra 1996, 1, 7 f.
[68] Vgl. *Uhlenbruck/Pape*, InsOKomm, § 1 Rn. 4.
[69] Begründung zum RegE-InsO 1992, BT-Dr. 12/2443, S. 91.
[70] *Uhlenbruck/Lüer*, InsOKomm, § 254 Rn. 1 f.; *KPB/Otte*, InsO, § 217 Rn. 65.
[71] BGH v. 6.10.2005 – IX ZR 36/02, ZInsO 2006, 38, 39.
[72] BGH v. 6.10.2005 – IX ZR 36/02, ZInsO 2006, 38, 39; HambKommInsO-*Thies*, Vorb. zu §§ 217 ff. InsO, Rn. 3.
[73] Vgl. *Breutigam/Blersch/Goetsch*, Insolvenzrecht, § 217 Rn. 5.
[74] Hierzu *Braun/Uhlenbruck*, Unternehmensinsolvenz, S. 454 ff.

durch den Schuldner, Ausproduktion, Liquidation oder sonstige Schritte wie die Stundung einzelner Forderungen) in Betracht.[75] Einen Typenzwang der möglichen Plangestaltungen gibt es nicht.[76] Ist der Schuldner keine natürliche Person, können gemäß § 217 S. 2 InsO auch die Anteils- oder Mitgliedschaftsrechte der am Schuldner beteiligten Personen in den Plan einbezogen werden. Der Planinhalt soll möglichst von staatlicher Einflussnahme frei sein. Im Wesentlichen wird den Gläubigern die autonome Bestimmung des Verfahrensziels überlassen.

39 Dieser Ansatz ist allerdings nicht unproblematisch. Denn ein gut beratenes Schuldnerunternehmen wird bereits mit dem Insolvenzantrag einen ausgearbeiteten Insolvenzplan vorlegen, so dass Prototyp eines Insolvenzplans ein vom Schuldner ausgehender Sanierungsplan sein wird.[77] In der Gläubigerversammlung kommt es letztlich darauf an, ob der Insolvenzverwalter sich den Plan zu eigen macht und wie er ihn den Gläubigern „verkauft".[78] Zudem ergibt sich das Problem, welche Gläubigerinteressen vorherrschen und welche Gläubigergruppe „das Sagen" hat. Arbeitnehmer werden in der Regel an dem Erhalt des gesamten Unternehmens Interesse haben, Handwerker das Interesse, möglichst rasch zu Geld zu kommen. Kreditinstitute, die bei der Abstimmung zumeist „summenmäßig" ausschlaggebend sind, werden in der Regel dominieren.[79]

40 Die Bedeutung des Planverfahrens war aufgrund seiner Schwerfälligkeit bislang gering.[80] Vielfach wurde es als zu bürokratisch und kompliziert kritisiert.[81] Es bleibt abzuwarten, ob die mit dem ESUG verbundenen Änderungen, insbesondere die Stärkung der Eigenverwaltung (§ 270a InsO) und das neu eingeführte „Schutzschirmverfahren" (§ 270b InsO), auch zu einer höheren Akzeptanz des Planverfahrens führen werden.

b) Planinhalt

41 Die Insolvenzordnung selbst bringt nur wenige Mindestanforderungen an Gliederung und formalen Inhalt des Plans. Zu unterscheiden ist zwischen dem **darstellenden Teil** und dem **gestaltenden Teil** des Insolvenzplans (§ 219 S. 1 InsO).[82] Der darstellende Teil hat die historische Entwicklung des Schuldnerunternehmens und Maßnahmen für die Sanierung zu beschreiben;[83] im gestaltenden Teil sind die konkreten Rechtseingriffe kenntlich zu machen sowie die Gläubiger in Gruppen einzuteilen, in denen die Abstimmung über den Plan erfolgt.

42 Der **darstellende Teil** dient der Information der Gläubiger und des Insolvenzgerichts (§ 220 InsO). Er soll erläutern, wie die Zielsetzung des Plans erreicht werden kann.[84] Der Planersteller kann den Mindestinhalt des darstellenden Teils nicht selbst festlegen. Entgegen dem Wortlaut der „Soll-Vorschrift" ergibt sich dieser **zwingend** aus § 220 Abs. 2 InsO.[85] Zu schildern sind die wirtschaftlichen und rechtlichen Grundlagen, die leistungs- und finanzwirtschaftlichen Probleme, sowie Ablauf und Umsetzung des im Ergebnis zur Sanierung führenden Plans.[86] Bei der Darstellung der wirtschaftlichen Verhältnisse sollten Vermögensstatus, Gläubiger- und Schuldnerverzeichnis, Verzeichnis des wesentlichen Anlage- und Umlaufver-

---

[75] Statt vieler *KPB/Otte*, InsO, § 217 Rn. 38.
[76] Vgl. *Uhlenbruck/Pape*, InsOKomm, § 1 Rn. 1.
[77] Vgl. *Pape/Uhlenbruck*, Insolvenzrecht, Rn. 791.
[78] So *Uhlenbruck*, NZI 1998, 1, 3.
[79] Vgl. *Uhlenbruck*, NZI 1998, 1, 4.
[80] FK-InsO/*Jaffé*, vor §§ 217 ff. Rn. 15.
[81] *Gude*, ZInsO 2012, 320, 321; *Römermann*, GmbHR 2012, 421, 423.
[82] Zu den Anforderungen an Insolvenzpläne: Institut der Wirtschaftsprüfer, IDW S 2, Stand 10.2.2000, abgedruckt z. B. in: *Kraemer*, Handbuch zur Insolvenz, Fach 8 Kap. 4 Rn. 2, oder in ZIP 1999, 500 (Entwurfsabdruck).
[83] Zu den IDW-Anforderungen an Sanierungskonzepte s. *Braun/Uhlenbruck*, Unternehmensinsolvenz, S. 546 ff.
[84] *Uhlenbruck/Maus*, InsOKomm, § 220 Rn. 3; *Gogger*, Insolvenzgläubiger-Handbuch, Zweiter Teil F II 4a.
[85] BGH v. 13.10.2011 – IX ZB 37/08, ZInsO 2012, 173; **a. A.** HambKommInsO-*Thies*, § 220 Rn. 5.
[86] *Rattunde*, GmbHR 2012, 455, 456.

A. Einführung **8**

mögens etc. angegeben werden. **Kernstück** des darstellenden Teils ist die **Prüfung der Sanierungsfähigkeit** des zusammengebrochenen Unternehmens.[87] Sanierungsfähigkeit meint neben der Fortführungsfähigkeit im Sinne von § 252 Abs. 1 Nr. 2 HGB auch die Wettbewerbs- und Renditefähigkeit des Unternehmens.[88] Des Weiteren beschreibt dieser Teil die Art der Verwertung. Bei beabsichtigter Unternehmenssanierung ist zudem anzugeben, auf welche Weise die gesellschaftsrechtliche Struktur und die Beteiligungsverhältnisse, etwa durch neue Kapitalgeber, geändert werden sollen.[89] Die Beteiligten sollen durch den Insolvenzplan nicht schlechter gestellt werden als durch eine Abwicklung in Form der Liquidation; dies kommt etwa in den Vorschriften der §§ 245 Abs. 1 Nr. 1, 247 Abs. 2 Nr. 1 und 251 Abs. 1 Nr. 2 InsO zum Ausdruck.[90] Deshalb ist die Vorlage einer **Vergleichsrechnung** mit den voraussichtlichen Auswirkungen der geplanten Änderungen auf die Befriedigungschancen der Gläubiger ohne Insolvenzplan wesentlicher Inhalt des darstellenden Teils des Plans.[91]

Ob der Schuldner auch eingeleitete **Verfahren wegen Insolvenzstraftaten** anzugeben hat, bestimmt sich mit dem *BGH*[92] danach, ob diese für die Entscheidung der Gläubiger über die Zustimmung zum Plan erheblich sind. Es ist zu unterscheiden, ob der Insolvenzplan eine Unternehmensfortführung vorsieht oder nicht. Ist der Schuldner zur Weiterführung gewillt, können Straftaten gem. §§ 283 – 283c StGB erhebliche Bedenken an seiner Zuverlässigkeit aufkommen lassen und die Erfolgsaussichten des Plans beeinträchtigen.[93] **43**

Im **gestaltenden Teil** des Insolvenzplans wird festgelegt, wie die **Rechtsstellung der einzelnen Beteiligten** durch den Plan geändert werden soll (§ 221 InsO).[94] Dabei kann der Insolvenzverwalter zur Berichtigung offensichtlicher Fehler des Insolvenzplans ermächtigt werden. Zur Wirksamkeit der Berichtigung ist zudem aber die Bestätigung des Insolvenzgerichts erforderlich (§ 248a InsO). Der gestaltende Teil ist Vollzugsteil.[95] Hier erfolgt die Gruppenbildung nach § 222 InsO und die Darstellung der Rechtsänderungen innerhalb der Gruppen. Pflichtgruppen (§ 222 Abs. 1 InsO) sind die absonderungsberechtigten Gläubiger, die Insolvenzgläubiger, die nachrangigen Insolvenzgläubiger sowie gemäß § 222 Abs. 1 S. 2 Nr. 4 InsO auch die am Schuldner beteiligten Personen, deren Anteils- oder Mitgliedschaftsrechte in den Plan einbezogen wurden. Zwar werden die Anteils- oder Mitgliedschaftsrechte der am Schuldner beteiligten Personen vom Insolvenzplan grundsätzlich nicht berührt. Im Plan kann aber die Umwandlung von Gläubigerforderungen in Anteils- oder Mitgliedschaftsrechte am schuldnerischen Unternehmen („debt-equity-swap") vorgesehen werden (§§ 217 S. 2, 225a Abs. 1 InsO); eine Umwandlung gegen den Willen der jeweiligen Gläubiger ist allerdings nicht möglich, § 225a Abs. 2 S. 2 InsO. Daneben können bzw. sollen noch weitere Gläubigergruppen mit gleichlaufenden Interessen gebildet werden (vgl. § 222 Abs. 2 und 3 InsO). Die Gruppenbildung ist eines der ausschlaggebenden Kriterien für die Aussichten des Planes, in der Gläubigerversammlung angenommen zu werden. **44**

Ein **Sonderproblem** stellt die Frage dar, ob eine sog. **„Ausschlussklausel"** im Insolvenzplan zulässig ist. Danach werden Gläubiger, die ihre Ansprüche nicht bis zur rechtskräftigen Bestätigung des Insolvenzplans zur Tabelle angemeldet haben, ihrer Rechte verlustig, da dann ein antizipierter Forderungsverzicht fingiert wird.[96] Aufgrund des berechtigten Interesses der Planbeteiligten, die Verwirklichung des Plans nicht daran scheitern zu lassen, dass bislang un- **45**

---

[87] Statt vieler *Pape/Uhlenbruck,* Insolvenzrecht, Rn. 784; *Uhlenbruck/Maus,* InsOKomm, § 220 Rn. 3; *Smid/Rattunde* Rn. 5.24 ff.
[88] *Uhlenbruck/Maus,* InsOKomm, § 220 Rn. 3.
[89] *Hess,* InsOKomm, § 220 Rn. 12.
[90] *Uhlenbruck/Maus,* InsOKomm, § 220 Rn. 3a.
[91] Vgl. *Haarmeyer/Wutzke/Förster,* Handbuch zur InsO, 9/42.
[92] BGH v. 13.10.2011 – IX ZB 37/08, ZInsO 2012, 173 ff.
[93] BGH v. 13.10.2011 – IX ZB 37/08, ZInsO 2012, 173, 174; ebenso MünchKommInsO-*Eilenberger,* § 220 Rn. 9; *KPB/Otte,* InsO, § 220 Rn. 12.
[94] Näher etwa *Maus,* in: Kölner Schrift zur Insolvenzordnung, S. 931 ff., Rn. 50 ff.
[95] *Braun/Frank,* InsO, § 221 Rn. 5.
[96] *Paul,* ZInsO 2012, 613.

bekannte Gläubiger nachträglich Leistungen nach den Planbestimmungen fordern, ist eine derartige „Ausschlussklausel" wohl als zulässig anzusehen.[97]

c) Verfahrensgang im Überblick

46 Die Durchführung eines Planverfahrens setzt die Vorlage eines schriftlichen Planes voraus. Hierzu sind der Schuldner sowie der Insolvenzverwalter (mittelbar auch die Gläubigerversammlung gemäß § 218 Abs. 2 InsO) berechtigt. Das **Initiativrecht** des Schuldners ist vor allem deshalb bedeutsam, da er den Eigenantrag auf Verfahrenseröffnung mit einem bereits „mitgebrachten" Insolvenzplan – sog. „prepackaged plan" – und darüber hinaus mit einem Antrag auf Eigenverwaltung (§ 270 InsO) verbinden kann.[98]

47 Der Insolvenzplan ist dem Insolvenzgericht vorzulegen (§ 218 InsO). Das Insolvenzgericht prüft **von Amts wegen**, ob der Plan an wesentlichen Mängeln leidet (§ 231 InsO). Hierbei ist dem Gericht eine angemessene Prognose erlaubt, in die auch vorangegangene Stellungnahmen der Beteiligten einfließen können.[99] Das Gericht kann den Plan zurückweisen oder an die Beteiligten zur Stellungnahme weiterleiten (§ 232 InsO). Sodann bestimmt es einen mündlichen Erörterungs- und Abstimmungstermin (§ 235 InsO). In diesem Termin kommt es zur Abstimmung der Gläubiger über den Plan, gegebenenfalls unter Änderungen (§ 240 InsO). Dabei stimmt jede Gruppe gesondert über den Insolvenzplan ab (§ 243 InsO). Erforderlich ist eine **doppelte Mehrheit** im Sinne des § 244 InsO („Kopf- und Summenmehrheit"). Nimmt in der Gruppe der Anteilsinhaber keiner an der Abstimmung teil, gilt die Zustimmung dieser Gruppe als erteilt (§ 246a InsO). Einer ausdrücklichen Zustimmung des Schuldners bedarf es nicht.[100] Diese wird fingiert, wenn er sein Recht zum Widerspruch nicht ausübt. Der Widerspruch ist ohnehin unbeachtlich, wenn der Schuldner durch den Plan nicht schlechter stünde als bei der Abwicklung in „klassischer Weise" nach den Vorschriften der InsO (vgl. § 247 InsO). Der Insolvenzplan muss – nach Prüfung bestimmter formeller und minderheitenschützender Belange (§§ 245, 250, 251 InsO) – durch gerichtlichen Beschluss bestätigt werden (§ 248 InsO). Mit der rechtskräftigen Bestätigung beschließt das Insolvenzgericht die Aufhebung des Verfahrens (§ 258 InsO). Zugleich treten die Wirkungen des Plans für und gegen alle Beteiligten ein (§ 254 Abs. 1 InsO).

48 Für längstens drei Jahre kann sich ein Überwachungsverfahren durch den weiter amtierenden Insolvenzverwalter und den Gläubigerausschuss anschließen (§§ 260, 261, 268 Abs. 1 Nr. 2 InsO). Solange der Schuldner nicht mit der Erfüllung seiner Pflichten erheblich in Rückstand gerät, ist er den Gläubigern nur in dem im gestaltenden Teil des Planes ausgeführten Umfang verpflichtet (§§ 254, 255 InsO). Nach deren Befriedigung sieht das Gesetz schließlich im Regelfall die Restschuldbefreiung vor (vgl. § 227 InsO), es sei denn, der Plan bestimmt hierzu Abweichendes.[101] Die Gläubiger wiederum können wegen der festgeschriebenen Ansprüche unmittelbar auf Grundlage des Plans in Verbindung mit der Eintragung ihrer Forderung in die Tabelle wie aus einem vollstreckbaren Titel die Zwangsvollstreckung betreiben (§ 257 InsO).

4. Die Eigenverwaltung

a) Allgemeines

49 In den §§ 270 bis 285 regelt die InsO das Rechtsinstitut der Eigenverwaltung durch den Schuldner. Sie kann vom Gericht auf Antrag des Schuldners angeordnet werden. Bei der Eigenverwaltung behält der **Schuldner die Verwaltungs- und Verfügungsbefugnis über sein Vermögen** (§ 270 Abs. 1 S. 1 InsO). Er untersteht lediglich der **Aufsicht eines Sach-**

---

[97] So auch BGH v. 15.7.2010 – IX ZB 65/10, ZInsO 2010, 1448 ff.; LAG Düsseldorf v. 15.9.2011 – 11 Sa 591/11, ZIP 2011, 2487, 2488; *Otte/Wiester*, NZI 2005, 70; ausdrücklich offengelassen: OLG Celle v. 14.7.2011 – 13 U 26/11, ZInsO 2011, 1505 ff.
[98] Hierzu *Breutigam/Blersch/Goetsch*, Insolvenzrecht, § 218 Rn. 4 Fn. 2.
[99] Vgl. BGH v. 30.6.2011 – IX ZB 30/10, ZInsO 2011, 1550, 1551.
[100] HambKommInsO-*Thies*, § 247 Rn. 2.
[101] Vgl. *Braun/Uhlenbruck*, Unternehmensinsolvenz, S. 522.

A. Einführung

walters, der die wirtschaftliche Lage des Schuldners, dessen Geschäftsführung sowie die Ausgaben für die Lebensführung zu überprüfen hat. Der Gesetzgeber sieht in der Eigenverwaltung eine Möglichkeit, Kenntnisse und Erfahrungen des Schuldners zu nutzen, die für das Unternehmen unentbehrlich sind.[102] Zudem wird die Unternehmensleitung des schuldnerischen Unternehmens gerade nicht verdrängt, sondern hält das „Heft des Handelns" weiter in der Hand. Es wird also ein zusätzlicher Anreiz für eine möglichst frühzeitige Antragstellung gesetzt.[103] Schließlich soll die Eigenverwaltung auch zur Kostensenkung beitragen.[104]

Außer in einigen Großverfahren (z. B. *Kirch Media* [2002], *Babcock Borsig* [2002], *Ihr Platz* [2005] oder *SinnLeffers* [2008]) hatte die Eigenverwaltung vor dem ESUG kaum praktische Bedeutung.[105] Auch der Gesetzgeber sah die zahlreichen Vorbehalte und die Zurückhaltung der Gerichte bei der Anwendung der §§ 270 ff. InsO.[106] Mit dem ESUG hat er daher das Recht der Eigenverwaltung attraktiver und interessanter ausgestaltet.

Das Gesetz bringt nun durch die gelockerten Anordnungsvoraussetzungen in § 270 Abs. 2 Nr. 2 und Abs. 3 InsO mehr **Planungssicherheit** für den Schuldner. Die Anordnung der Eigenverwaltung setzt neben seinem Antrag nun lediglich voraus, dass keine Umstände bekannt sind, die eine nachteilige Veränderung für die Gläubiger erwarten lassen. Solche Nachteile können sich beispielsweise aus einer wirtschaftsstrafrechtlichen Auffälligkeit der für den Schuldner handelnden Personen ergeben.[107] Ein Austausch der Geschäftsleitung aufgrund persönlicher Unzuverlässigkeit wird dann unvermeidbar.[108] Nach *Hölzle*[109] sollen Nachteile für die Gläubiger zudem dann entstehen, wenn die Anordnung ganz allgemein die Sanierungschancen für das Unternehmen beeinträchtigt, etwa weil Lieferanten oder Kreditgeber nicht bereit sind, sich an einer kooperativen Sanierung zu beteiligen. Entscheidend ist, dass diese Umstände **bekannt** sind; Unklarheiten gehen nun nicht mehr zum Nachteil des Schuldners.[110] Die Eigenverwaltung hat ihren Ausnahmecharakter – zumindest auf dem Papier – verloren.[111] Will das Gericht den Antrag ablehnen, so hat es dies schriftlich zu begründen, § 270 Abs. 4 InsO. In zeitlicher Hinsicht kann die Eigenverwaltung gemäß **§ 270a InsO** bereits im **Eröffnungsverfahren** angeordnet werden. Dies ist zweckgemäß, werden die wesentlichen Weichenstellungen doch bereits vor Verfahrenseröffnung gestellt.[112]

Bei der Anordnung spielen die Gläubiger eine wichtige Rolle. Wurde ein vorläufiger Gläubigerausschuss bestellt, so ist dieser gemäß § 270 Abs. 3 S. 1 InsO vor der Entscheidung über den Antrag zu hören, wenn dies nicht offensichtlich zu einer nachteiligen Veränderung in der Vermögenslage des Schuldners führt. Wird der Antrag von den Gläubigern **einstimmig** unterstützt, gilt die Eigenverwaltung als mit den Gläubigerinteressen verträglich, § 270 Abs. 3 S. 2 InsO. Anstelle eines vorläufigen Insolvenzverwalters wird bei der Eigenverwaltung ein vorläufiger Sachwalter bestellt, auf den die §§ 274, 275 InsO entsprechend anzuwenden sind, § 270a Abs. 1 S. 2 InsO. Bei seiner Bestellung ist die Beteiligung der Gläubiger gemäß § 274 Abs. 1 i. V. m. § 56a InsO zu beachten.

Für die Durchführung des Verfahrens ist grundsätzlich der Schuldner zuständig. Ihm obliegt es, die Geschäfte in der Krise zu leiten und das Unternehmen fortzuführen. Er hat das Vermögensverzeichnis zu erstellen und in der Gläubigerversammlung Bericht zu erstatten; er

---

[102] Vgl. Begründung zum RegE-InsO 1992, BT-Dr. 12/2443, S. 223 sowie *Eidenmüller*, ZHR 175, 11, 23.
[103] *Viniol*, in: *Beck/Depré*, § 44 Rn. 2. Ein Insolvenzantrag wird durchschnittlich erst 10 Monate nach Eintritt der materiellen Insolvenz gestellt, *Théry*, in: *Ringe/Gulliver/Théry* (Hrsg.), Current Issues in European Financial and Insolvency Law, 2009, S. 5.
[104] *KPB/Pape*, InsO, § 270 Rn. 5.
[105] Zur Kritik am Rechtsinstitut der Eigenverwaltung und den Gründen ihres Schattendaseins vgl. *Beck*, in der Vorauflage, Kap. 6 Rn. 41 ff.
[106] RegE-ESUG, BT-Dr. 17/5712, S. 1.
[107] *Wuschek*, ZInsO 2012, 110, 113.
[108] *Wuschek*, ZInsO 2012, 110, 113.
[109] *Hölzle*, ZIP 2012, 158, 160.
[110] Begründung zum RegE-ESUG, BT-Dr. 17/5712, S. 58.
[111] *Vallender*, GmbHR 2012, 445, 446.
[112] Begründung zum RegE-ESUG, BT-Dr. 17/5712, S. 17 f.

entscheidet über die Fortsetzung beiderseits nicht voll erfüllter Vertragsverhältnisse und die Aufnahme von Prozessen. Demgegenüber ist der Sachwalter für die Insolvenzanfechtung zuständig (§ 280 InsO). Seine Zustimmung ist bei juristischen Personen auch für die Abberufung und Neubestellung von Mitgliedern der Geschäftsleitung erforderlich (§ 276a S. 2 InsO).

54 Durch eine stärkere Einbindung der Gläubiger und die höhere Rechtssicherheit für den Schuldner hat die **Attraktivität** des Instituts der Eigenverwaltung deutlich **zugenommen**. Dies zeigen nicht zuletzt bedeutsame Insolvenzverfahren – wie das der *DURA-Gruppe*, von *Pfleiderer* oder der *Neumayer Tekfor Gruppe* –, für die im Jahr 2012 die Eigenverwaltung angeordnet wurde.

b) Besonderes: Das Schutzschirmverfahren

55 Durch das **Schutzschirmverfahren** (§ 270b InsO) soll die Sanierung des schuldnerischen Unternehmens in Eigenverwaltung möglichst frühzeitig und „geräuschlos" erfolgen.[113] Dem Schuldner wird sehr früh ein Anreiz zur Antragstellung gesetzt, um die bestmöglichen Sanierungschancen des Unternehmens zu erhalten.[114] Hierzu gibt § 270b InsO dem Schuldner die Gelegenheit, bei **drohender Zahlungsunfähigkeit oder Überschuldung** einen Eröffnungsantrag zu stellen und die Sanierung in Eigenverwaltung vorzubereiten. Innerhalb eines vom Gericht zu bestimmenden Zeitraums von längstens drei Monaten kann er dann unter Aufsicht eines Sachwalters und frei von Vollstreckungsmaßnahmen ein Sanierungskonzept ausarbeiten. Dieses kann im Anschluss an das Schutzschirmverfahren als Insolvenzplan umgesetzt werden. Der Anwendungsbereich des Schutzschirmverfahrens erstreckt sich zwischen dem Eröffnungsantrag und der Eröffnung des Verfahrens. Es handelt sich also nicht um ein selbstständiges Sanierungsverfahren im eigentlichen Sinn, sondern stellt eine besondere Form des Eröffnungsverfahrens dar.[115] Wurde das Insolvenzverfahren nach Ablauf der Frist in Eigenverwaltung eröffnet, gelten bei der Abwicklung die allgemeinen Regelungen der InsO sowie insbesondere die Regelungen zum Insolvenzplan.[116]

56 Zur **Einleitung** eines Schutzschirmverfahrens hat der Schuldner neben einem Antrag auf Eröffnung des Insolvenzverfahrens, der den gesetzlichen Anforderungen des § 13 InsO entspricht, sowohl einen Antrag auf Anordnung der Eigenverwaltung, als auch einen gesonderten Antrag auf den „Schutzschirm" zur Vorbereitung der Sanierung zu stellen.[117] Materiell-rechtlich wird vorausgesetzt, dass im Zeitpunkt der Antragstellung entweder drohende Zahlungsunfähigkeit oder aber Überschuldung – jedoch noch keine Zahlungsunfähigkeit – gegeben ist und die angestrebte Sanierung nicht offensichtlich aussichtslos erscheint, § 270b Abs. 1 S. 1 InsO.[118] Dies hat der Schuldner dem Gericht durch eine mit Gründen versehene Bescheinigung eines in Insolvenzsachen erfahrenen Berufsträgers[119] darzulegen.[120]

57 Liegen die Anordnungsvoraussetzungen vor, bestellt das Gericht einen vorläufigen Sachwalter und setzt dem Schuldner eine Frist zur Einreichung eines Insolvenzplans, § 270b Abs. 1 S. 1, 2, Abs. 2 S. 1 InsO. Nach Ablauf der Frist oder nach der Aufhebung der Anordnung, etwa weil die angestrebte Sanierung aussichtslos geworden ist (§ 270b Abs. 4 S. 1 Nr. 1

---

[113] *Vallender*, MDR 2012, 125, 129.
[114] Begründung zum RegE-ESUG, BT-Dr. 17/5712, S. 40; ebenso *Buchalik*, ZInsO 2012, 349; *Vallender*, GmbHR 2012, 450.
[115] *Desch*, BB 2011, 841; wohl auch *Römermann*, GmbHR 2012, 421, 424; **a. A.** *Buchalik*, ZInsO 2012, 349; *Braun/Heinrich*, NZI 2011, 505, 511; *Vallender*, GmbHR 2012, 450.
[116] *Ringstmeier*, in: *Ahrens/Gehrlein/Ringstmeier*, InsO, § 270b Rn. 39.
[117] Begründung zum RegE-ESUG, BT-Dr. 17/5712, S. 60.
[118] Vgl. zur Definition der Begriffe „Sanierung" und „offensichtlich aussichtslos": *Siemon*, ZInsO 2012, 1045, 1047 ff.
[119] Vgl. *Buchalik*, ZInsO 2012, 349, 351, der „nachgewiesene, praktische Erfahrung im Bereich operativer Sanierung und Beurteilung von Sanierungskonzepten" verlangt.
[120] Zu den Einzelheiten vgl.: *Schmidt/Linker*, ZIP 2012, 963 ff.; *Buchalik*, ZInsO 2012, 349 ff.; *Desch*, BB 2011, 841 ff. Dem Richter müssen nachvollziehbar und inhaltlich überzeugend Sanierungschancen aufgezeigt werden, wonach der Geschäftsbetrieb auch unter den speziellen Bedingungen der Insolvenz ohne erhebliche Vermögenseinbußen fortgeführt werden kann, *Siemon*, ZInsO 2012, 1045, 1051.

A. Einführung **8**

InsO) oder der vorläufige Gläubigerausschuss die Aufhebung beantragt hat (§ 270b Abs. 4 S. 1 Nr. 2 InsO), entscheidet das Gericht über die Eröffnung des Insolvenzverfahrens, § 270b Abs. 4 S. 3 InsO.

Gegenüber der regulären vorläufigen Eigenverwaltung wird der Schuldner privilegiert. Er kann selbst den **vorläufigen Sachwalter aussuchen**. Vom Vorschlag des Schuldners darf das Gericht nur bei offensichtlicher Ungeeignetheit der Person abweichen, § 270b Abs. 2 S. 2 InsO. Der vorläufige Sachwalter muss personenverschieden sein vom dem die Bescheinigung erstellenden Berufsträger und von bisherigen Ratgebern des Schuldners, §§ 270b Abs. 2 S. 1, 270a Abs. 1 S. 2, 274 Abs. 1, 56 Abs. 1 S. 3 Nr. 2 InsO.[121] 58

Gemäß § 270b Abs. 3 InsO wird dem Schuldner zudem auf Antrag gestattet **Masseverbindlichkeiten zu begründen**, ohne dass das Insolvenzgericht befugt wäre, dies in dieser kritischen Phase der Sanierung zu versagen.[122] Wichtig ist dies insbesondere zur Fortsetzung der laufenden Geschäftsbeziehungen und um die sanierungsnotwendigen Bankdarlehen zu erhalten.[123] Der Schuldner hat dann die Stellung eines starken vorläufigen Insolvenzverwalters inne, §§ 270b Abs. 3 S. 2, 55 Abs. 2 InsO. Erste Großverfahren zeigen bereits die Attraktivität dieses neuen Rechtsinstituts. 59

5. Verbraucherinsolvenz- und sonstige Kleinverfahren

a) Anwendungsbereich und Reformbestrebungen

Bisher erlangt das Verbraucherinsolvenzverfahren (§§ 304 bis 314 InsO) seine große Bedeutung für die breite Öffentlichkeit dadurch, dass es in aller Regel dem Restschuldbefreiungsverfahren für die geschätzten 3,26 Mio. überschuldeter Privathaushalte (6,6 Mio. überschuldeter Personen)[124] vorangehen muss und so eine Voraussetzung für deren Entschuldung darstellt.[125] Das Verbraucherinsolvenzverfahren ist die zwingend vorgeschriebene Verfahrensart für den in § 304 InsO festgelegten Personenkreis.[126] 60

Das vereinfachte Insolvenzverfahren gilt für natürliche Personen, die keine selbstständige wirtschaftliche Tätigkeit ausüben oder ausgeübt haben, und solche, die eine selbstständige wirtschaftliche Tätigkeit ausgeübt haben, deren Vermögensverhältnisse aber überschaubar sind und gegen die keine Forderungen aus Arbeitsverhältnissen bestehen. Überschaubar sind die Vermögensverhältnisse gemäß § 304 Abs. 2 InsO nur, wenn der Schuldner zum Zeitpunkt der Antragstellung weniger als 20, also höchstens 19 Gläubiger hat. Diese durch das InsO-ÄndG im Jahr 2001 geregelte Abgrenzung wird von einigen Stimmen als manipulierbar[127] kritisiert, von anderen als griffig gelobt.[128] Ungeachtet der Gläubigerzahl kann das Gericht das Regelinsolvenzverfahren eröffnen, wenn die Vermögensverhältnisse aus sonstigen Gründen nicht überschaubar sind.[129] Neben den **Unselbstständigen**, wie etwa den Arbeitnehmern, können gegebenenfalls auch **ehemals Kleingewerbetreibende** von § 304 InsO mit umfasst sein, wenn sie von ihrer Verschuldensstruktur einem Verbraucher gleichzustellen sind.[130] Noch werbende Selbständige können, auch wenn sie eine geringfügige Tätigkeit ausüben, nur im Regelverfahren verwaltet werden. Nicht anwendbar sind die §§ 304 ff. InsO zudem auf den geschäftsführenden Gesellschafter einer Ein-Personen-GmbH. Dieser übt eine selbstständige wirtschaftliche Tätigkeit aus, so dass seine Insolvenz ebenfalls im Regelver- 61

---

[121] So auch *Vallender*, GmbHR 2012, 450, 452.
[122] *Frind*, ZInsO 2011, 2249, 2260; *Vallender*, GmbHR 2012, 450, 453.
[123] *Römermann/Praß*, GmbHR 2012, 425, 429.
[124] Verband Creditreform e. V., SchuldnerAtlas Deutschland, Jahr 2012, S. 4, 8, www.creditreform.de.
[125] *Uhlenbruck/Vallender*, InsOKomm, Vor §§ 304 bis 314 InsO Rn. 1.
[126] *Braun/Buck*, InsO, § 304 Rn. 1 ff, 7.
[127] *Uhlenbruck/Vallender*, InsOKomm, § 304 Rn. 20; *Fuchs*, NZI 2001, 15, 16.
[128] *Haarmeyer/Wutzke/Förster*, Handbuch zur InsO, Rn. 10/36.
[129] BGH v. 12.2.2009 – IX ZB 215/08, ZInsO 2009, 682, 684.
[130] Begründung zum RegE eines Gsetztes zur Änderung der Insolvenzordnung und anderer Gesetze, BT-Dr. 14/5680, S. 30.

fahren durchzuführen ist.[131] Bestehen Zweifel, ob die Verschuldensstruktur des Schuldners nach Art und Umfang derjenigen eines Verbrauchers entspricht, ist das Regelinsolvenzverfahren anzuwenden.[132] Beide Verfahrensarten schließen einander aus; eine nachträgliche Umwandlung ist nicht möglich.[133] Insgesamt ist zu beachten, dass der Begriff „Verbraucherinsolvenz" für das Verfahren nach den §§ 304 ff. InsO wegen seines gerade dargestellten Anwendungsbereiches nicht ganz exakt ist.

62 **Ziel** dieses Regelungswerkes ist, dass diese Schuldner in einem vereinfachten und kostengünstigen Verfahren ohne aufwendige Insolvenzverwaltung ihre Vermögens- und Haftungsverhältnisse abwickeln und insbesondere Restschuldbefreiung erlangen können.

b) Verfahrensgang[134]

63 Das vereinfachte Insolvenzverfahren ist ein zwingendes Verfahren – es besteht kein Wahlrecht für den Schuldner oder dessen Gläubiger das allgemeine Insolvenzverfahren durchzuführen.[135] Es weicht in seinen Grundstrukturen wesentlich von dem allgemeinen Insolvenzverfahren ab. Das Verfahren ist bei einer Schuldnerinitiative **vierstufig** ausgestaltet:

64 **Erster Schritt:** Zulassungsvoraussetzung für das Verfahren auf Initiative des Schuldners ist, dass der Antragsteller gem. § 305 InsO mit dem Eröffnungsantrag eine Bescheinigung über einen **erfolglosen außergerichtlichen Einigungsversuch** vorlegt. Ein derartiger Nachweis kann nur ausnahmsweise nicht erforderlich sein, wenn zumindest ein Gläubiger unmissverständlich und in Schriftform zur Kenntnis des Gerichts erklärt, er sei zu einer außergerichtlichen Einigung nicht bereit.[136]

65 **Zweiter Schritt:** Scheitert das außergerichtliche Verfahren (nach § 305a InsO oder aus einem anderen Grund), muss eine einvernehmliche Schuldenbereinigung aufgrund eines **gerichtlichen Schuldenbereinigungsplans** versucht werden. Wenn jedoch nach freier Überzeugung des Gerichts auch der gerichtliche Schuldenbereinigungsplan voraussichtlich nicht angenommen wird, so ordnet es gemäß § 306 Abs. 1 S. 3 InsO die Fortsetzung des Verfahrens über den Eröffnungsantrag an.

66 **Dritter Schritt:** Scheitert die Schuldenbereinigung, wird das Verbraucherinsolvenzverfahren als sog. **vereinfachtes Insolvenzverfahren** fortgeführt. Neben den Sonderbestimmungen der §§ 311 bis 314 InsO, die eine Beschleunigung und Kostenreduzierung bezwecken, gelten die Vorschriften des allgemeinen Insolvenzverfahrens, § 304 Abs. 1 S. 1 InsO. Unanwendbar sind gemäß § 312 Abs. 2 InsO die Vorschriften über den Insolvenzplan und die Eigenverwaltung. Das Insolvenzgericht prüft nun das Vorliegen eines Eröffnungsgrundes sowie das Vorhandensein einer kostendeckenden Masse.

67 Reicht das Vermögen für die Verfahrenseröffnung aus oder wird Verfahrenskostenstundung gem. § 4a ff. InsO gewährt, wird im Eröffnungsbeschluss ein **Treuhänder bestellt**, dessen Befugnisse gegenüber denjenigen eines Insolvenzverwalters eingeschränkt sind.[137]

68 Nach Verteilung des Vermögens wird ein Schlusstermin abgehalten, in dem der Treuhänder sowie die Insolvenzgläubiger zum Antrag des Schuldners auf Restschuldbefreiung gehört werden. Liegt kein Versagungsgrund vor, so kündigt das Gericht die Restschuldbefreiung an und bestimmt einen Treuhänder für die Wohlverhaltensperiode (zum weiteren Gang des Verfahrens siehe unten, Rn. 76 ff.).

---

[131] *Uhlenbruck/Vallender*, InsOKomm, § 304 Rn. 13; BGH v. 22.9.2005 – IX ZB 55/04, ZInsO 2005, 1163, 1164 ebenfalls unter Abstellen auf die Verschuldensstruktur. Gleiches gilt für den geschäftsführenden Mehrheitsgesellschafter einer GmbH, die persönlich haftende Gesellschafterin einer GmbH & Co. KG ist, BGH v. 12.2.2009 – IX ZB 215/08, ZInsO 2009, 682, 683.
[132] BGH v. 12.9.2009 – IX ZB 215/08, ZInsO 2009, 682, 684.
[133] BGH v. 21.2.2008 – IX ZB 62/05, ZInsO 2008, 453, 455.
[134] Zu Einzelheiten des Verfahrensgangs vgl. *Wabnitz/Janovsky/Beck*, 2. Aufl. 2004, Kap. 6 Rn. 32 ff.
[135] *Uhlenbruck/Vallender*, InsOKomm, § 304 Rn. 26.
[136] HambKommInsO-*Streck*, § 305 Rn. 16; *KPB/Wenzel*, InsO, § 305 Rn. 20; **a. A.** *Uhlenbruck/Vallender*, InsOKomm, § 305 Rn. 33.
[137] Näher *Hoffmann*, Verbraucherinsolvenz und Restschuldbefreiung, S. 114 ff.

A. Einführung

Vierter Schritt: Danach „entlässt" das Gericht den Schuldner in die Wohlverhaltensperiode,[138] deren Laufzeit bereits mit Eröffnung des Insolvenzverfahrens beginnt (§ 287 Abs. 2 S. 1 InsO). Nach Ablauf der **sechsjährigen Wohlverhaltensperiode** entscheidet das Insolvenzgericht nach Anhörung des Schuldners, des Treuhänders sowie der Insolvenzgläubiger abschließend über die Restschuldbefreiung durch Beschluss (§ 300 Abs. 1 und 3 InsO). Gegen den Beschluss stehen dem Schuldner und jedem Insolvenzgläubiger, der die Versagung der Restschuldbefreiung beantragt hat, die sofortige Beschwerde zu (§ 300 Abs. 3 S. 2 InsO).

Das **Gesetz zur Verkürzung des Restschuldbefreiungsverfahrens und zur Stärkung der Gläubigerrechte**[139] bringt zur Entlastung der Gerichte und zur Kostenersparnis auch für das Verbraucherinsolvenzverfahren Änderungen mit sich. Das Insolvenzverfahren wird nun auch im Verbraucherinsolvenzverfahren zugelassen[140] und damit eine „maßgeschneiderte" Entschuldung unter individuellen Voraussetzungen ermöglicht. Hingegen wird der obligatorische außergerichtliche Einigungsversuch ebenso beibehalten wie die gerichtliche Zustimmungsersetzung.[141]

6. Exkurs: Die Restschuldbefreiung

Ist der Schuldner eine **natürliche Person**, so eröffnen ihm die §§ 286 bis 303 InsO die Möglichkeit, seine finanziell aussichtslose Lage durch eine Restschuldbefreiung zu beenden. Einem **redlichen Schuldner** soll – notfalls auch gegen den Willen seiner Gläubiger – die Gelegenheit gegeben werden, seine Überschuldung endgültig zu bereinigen.[142] Mit der Restschuldbefreiung soll auf die weitere soziale Existenz des Schuldners Rücksicht genommen werden. Denn dem Grundgedanken eines sozialen Rechtsstaates widerspricht es, den Schuldner, dessen gesamtes Vermögen im Insolvenzverfahren zugunsten seiner Gläubiger verwertet worden ist, auf Dauer daran zu hindern, sich wirtschaftlich zu erholen und eine neue Existenz aufzubauen.[143]

Für die Erreichung des Zieles der Restschuldbefreiung eröffnet die InsO **drei unterschiedliche Wege**, nämlich
– durch Vereinbarung eines Insolvenzplans (vgl. § 227 InsO),
– im Anschluss an das allgemeine Insolvenzverfahren (vgl. § 201 Abs. 3 InsO), sowie
– nach einem Verbraucherinsolvenzverfahren / sonstigem Kleinverfahren (vgl. §§ 304 ff. InsO).

Die Restschuldbefreiung kommt somit nicht nur dem „Verbraucher" oder dem Kleingewerbetreibenden zugute, sondern **jeder natürlichen Person**.[144] Juristische Personen können Restschuldbefreiung lediglich aufgrund Insolvenzplans erhalten. Ohne Plan werden sie infolge Insolvenzeröffnung liquidiert (vgl. z. B. § 60 Abs. 1 Nr. 4 GmbHG).

Des Weiteren setzt die Restschuldbefreiung einen **Antrag des Schuldners** voraus (§ 287 Abs. 1 InsO), der bei Personen, die in den Anwendungsbereich der §§ 304 ff. InsO fallen, zugleich mit dem Antrag auf Eröffnung des Insolvenzverfahrens zu stellen ist (§ 305 Abs. 1 Nr. 2 InsO). Liegt ein Gläubigerantrag auf Insolvenzeröffnung vor, so hat der Schuldner neben dem Antrag auf Restschuldbefreiung zudem spätestens zwei Wochen nach der in § 20 Abs. 2 InsO vorgesehenen Belehrung einen eigenen Antrag auf Eröffnung des Verfahrens zu stellen. Hat es der Schuldner versäumt, den Antrag auf Restschuldbefreiung fristgerecht zu stellen, ist ein erneuter Antrag – sollte in der Zwischenzeit kein weiterer Gläubiger hinzugekommen sein –

---

[138] So treffend *Vallender*, InVo 1998, 169 (176).
[139] Vgl. Fn. 16.
[140] Vgl. Begr. zum RegE (Fn. 16), S. 43.
[141] Begr. zum RegE (Fn. 16), S. 44.
[142] Vgl. *KPB/Wenzel*, InsO, § 286 Rn. 1.
[143] Eingehend zu den Gründen der Reformbedürftigkeit: *Schmidt-Räntsch*, Insolvenzordnung mit Einführungsgesetz, Rn. 2 ff.; ferner *KPB/Wenzel*, InsO, § 286 Rn. 1 ff.
[144] Damit können die Restschuldbefreiung auch **Einzelunternehmer, Gesellschafter-Geschäftsführer, „Vollkaufleute"** und **Selbständige** in Anspruch nehmen.

Beck

präkludiert.[145] Gleiches gilt, wenn der Antrag auf Restschuldbefreiung rechtskräftig abgewiesen wurde.[146]

74 Der Schuldner muss zudem die Erklärung beifügen, dass er seine künftigen Ansprüche auf jede Art von Arbeitsentgelt bzw. vergleichbare Bezüge – soweit sie pfändbar sind – für die Dauer von sechs Jahren (sog. Wohlverhaltensperiode) nach Eröffnung des Insolvenzverfahrens an einen vom Gericht zu bestellenden Treuhänder abtritt (§ 287 Abs. 2 S. 1 InsO). Eine Mindestquote wird nach der InsO nicht verlangt.

75 Nach § 290 Abs. 1 Nr. 1 bis 6 InsO ist die Restschuldbefreiung unter bestimmten Voraussetzungen **im Schlusstermin** zu versagen. Stets ist ein hierauf gerichteter Antrag eines Insolvenzgläubigers erforderlich (§ 290 Abs. 1 InsO). Eine amtswegige Prüfung des Gerichts findet nur statt, wenn der Gläubiger einen Versagungsgrund glaubhaft gemacht hat.[147] Die **Versagungsgründe** lassen sich in dem Sinne zusammenfassen, dass nur ein redlicher Schuldner Restschuldbefreiung erlangen kann. Das Gericht versagt die Restschuldbefreiung durch Beschluss. In diesem Fall kann der Schuldner einen erneuten Antrag auf Restschuldbefreiung erst nach dem Ende einer Sperrfrist von 3 Jahren stellen, die mit Rechtskraft der Entscheidung zu laufen beginnt.[148] Für unangemessen hält der *BGH* eine Sperrfrist allerdings im Fall des § 290 Abs. 1 Nr. 2 InsO. Diesem Versagungstatbestand ist bereits eine dreijährige Frist vor dem Eröffnungsantrag immanent, so dass eine zusätzliche Sperrfrist ab Rechtskraft des Versagungsbeschlusses zu einer unverhältnismäßig langen Sperre führen würde.[149]

76 Liegen keine Versagungsgründe vor, kündigt das Gericht durch Beschluss an, dass der Schuldner Restschuldbefreiung erlangen wird, wenn er während der sechsjährigen Wohlverhaltensperiode bestimmte Obliegenheiten erfüllt und Versagungsgründe während dieser Zeit nicht auftreten (§ 291 Abs. 1 InsO). Im Beschluss wird zugleich ein **Treuhänder** bestellt, auf den die abgetretenen pfändbaren Bezüge des Schuldners übergehen (§ 291 Abs. 2 InsO). Mit Rechtskraft des Beschlusses wird das Insolvenzverfahren aufgehoben. Problematisch ist die rein formale Gehaltsabtretung, wenn also der Schuldner keinerlei pfändbares Einkommen besitzt (Stichwort „Nullpläne"). Nach mittlerweile wohl herrschender Meinung[150] genügt eine solche Abtretung, da keine Mindestquote der Befriedigung verlangt wird.[151]

77 Während der Wohlverhaltensperiode hat sich der Schuldner nach Kräften zu bemühen, seine Gläubiger so weit wie möglich zu befriedigen. Insbesondere muss er eine angemessene Erwerbstätigkeit ausüben bzw. sich um eine solche bemühen (§ 295 Abs. 1 Nr. 1 InsO). Ab dem fünften Wohlverhaltensjahr werden dem Schuldner aus seinen an den Treuhänder abgetretenen Forderungen bestimmte Prozentanteile zurückgeführt (sog. „steigender Selbstbehalt", auch als „Motivationsrabatt" bezeichnet).[152]

78 Kommt es zu keinem vorzeitigen Abbruch der sechsjährigen Wohlverhaltensperiode, entscheidet das Insolvenzgericht nach Anhörung des Treuhänders, des Schuldners und der Insolvenzgläubiger über die Restschuldbefreiung (§ 300 InsO). Die Erteilung der **Restschuldbefreiung bewirkt**, dass die Insolvenzgläubiger ihre Forderungen nicht mehr durchsetzen können.[153] Dies gilt auch für die Gläubiger, die ihre Forderungen nicht angemeldet haben. Der Schuldner wird damit von den restlichen Verbindlichkeiten gegenüber allen (Alt-)Gläubigern befreit.[154]

---

[145] BGH v. 6.7.2006, IX ZB 263/05, ZInsO 2006, 821 f.
[146] BGH v. 11.10.2007, IX ZB 270/05, ZInsO 2007, 1223.
[147] *Weiß*, ZInsO 2012, 1058, 1061.
[148] BGH v. 12.5.2011, IX ZB 221/09, ZInsO 2011, 1127; *Pape*, ZInsO 2012, 1, 14; für den Versagungsgrund des § 290 Abs. 1 Nr. 5 InsO bereits BGH v. 16.7.2009 – IX ZB 219/08, ZInsO 2009, 1777.
[149] BGH v. 22.11.2012 – IX ZB 194/11, WM 2013, 50, 51.
[150] Vgl. u. a. BayObLG v. 30.9.1999 – 4Z BR 4/99, NJW 2000, 220, 222 und *Viniol*, in: *Beck/Depré*, § 41 Rn. 18; *Ahrens*, in: *Kothe/Ahrens/Grote*, § 300 Rn. 12 m.w.N; *Uhlenbruck/Vallender*, InsOKomm, § 305 Rn. 122 m. w. N.
[151] Zurecht kritisch: *Pape*, ZInsO 2009, 1369, 1382; zur Zulässigkeit sog. „Nullpläne" vgl. auch OLG Stuttgart v. 28.3.2002 – 8 W 560/01, ZInsO 2002, 836 f.
[152] Hierzu näher *Grote*, in: *Kohte/Ahrens/Grote*, § 292 Rn. 15 ff.
[153] *Braun/Buck*, InsO § 301 Rn. 1.
[154] Hierzu näher *Hoffmann*, Verbraucherinsolvenz und Restschuldbefreiung, S. 139 ff.

A. Einführung

79 Ein besonderes Problem ergibt sich, wenn das allgemeine bzw. vereinfachte Insolvenzverfahren eingestellt worden ist. Voraussetzung für die Restschuldbefreiung ist jedenfalls, dass ein Insolvenzverfahren zumindest eröffnet worden ist,[155] also die Verfahrenseröffnung nicht mangels Masse abgelehnt wurde. Gemäß § 289 Abs. 3 InsO kann bei nachträglicher Einstellung wegen **Masseunzulänglichkeit** (§ 208 InsO) unter den dort genannten Voraussetzungen die Restschuldbefreiung erteilt werden. Dies gilt aber nicht für die Einstellung aus anderen Gründen, etwa wegen Masselosigkeit (§ 207 InsO).[156] Dank der Möglichkeit der Verfahrenskostenstundung können auch masselose Verfahren zur Abwicklung kommen.[157]

80 Die Restschuldbefreiung und ihre Ausgestaltung waren insgesamt nicht unumstritten. So hatte das *AG München* in einer Reihe von Vorlagebeschlüssen an das *BVerfG*[158] die Frage aufgeworfen, ob die derzeitige Ausgestaltung der Restschuldbefreiung gegen die Eigentumsgarantie des Art. 14 Abs. 1 GG und den in Art. 103 Abs. 1 GG normierten Grundsatz des rechtlichen Gehörs verstößt. In seiner Entscheidung vom 22.12.2005[159] hat das *BVerfG* diese Bedenken jedoch zurückgewiesen.

81 Auch der Restschuldbefreiung steht eine größere Reform bevor. Mit dem **Gesetz zur Verkürzung des Restschuldbefreiungsverfahrens und zur Stärkung der Gläubigerrechte**[160] strebt der Gesetzgeber hier erhebliche Änderungen an. Zukünftig soll das Insolvenzgericht eine „Eingangsentscheidung" über den Antrag des Schuldners auf Restschuldbefreiung treffen.[161] Es hat von Amts wegen bereits vor der Eröffnung über bestimmte Versagungsgründe (beispielsweise § 290 Abs. 1 Nr. 1 InsO) zu befinden. Ist die Erteilung der Restschuldbefreiung von vorneherein offensichtlich ausgeschlossen, erspart die Eingangsentscheidung Aufwand und Kosten eines – für den Schuldner dann meist zwecklosen – Insolvenzverfahrens. Die Versagung der Restschuldbefreiung soll künftig schon vor dem Schlusstermin beantragt werden können, jedoch nur von Gläubigern, die Forderungen im Verfahren angemeldet haben. Zudem werden die zu einer Versagung der Restschuldbefreiung führenden Tatbestände des § 290 Abs. 1 InsO überarbeitet und das Bild des „redlichen Schuldners" so weiter konkretisiert. Insolvenzdelikte (§§ 283 – 283c StGB) führen künftig nur noch dann zu einer Versagung der Restschuldbefreiung, wenn der Schuldner in den letzten fünf Jahren vor dem Antrag auf Eröffnung eines Insolvenzverfahrens oder danach rechtskräftig zu einer Geldstrafe von mindestens 90 Tagessätzen oder einer Freiheitsstrafe von mehr als drei Monaten verurteilt worden ist.[162] Die Erwerbsobliegenheit des Schuldners wird für das gesamte Insolvenzverfahren in der neuen Regelung des § 287b InsO verankert. Populärste Neuregelung ist sicher die Verkürzung der Wohlverhaltensperiode; von sechs auf

- drei Jahre, wenn der Schuldner innerhalb dieser Zeit mindestens 35 % der Forderungen der Insolvenzgläubiger beglichen hat, oder
- fünf Jahre, wenn der Schuldner die Kosten des Verfahrens berichtigt hat.

Im Gegenzug wird der „Motivationsrabatt" nach § 292 Abs. 1 S. 4 InsO aufgehoben. Die Änderungen sollen zum 1.7.2014 in Kraft treten.

---

[155] Vgl. *Ahrens*, in: *Kohte/Ahrens/Grote*, § 289 Rn. 20.
[156] *Uhlenbruck/Vallender*, InsOKomm, § 289 Rn. 31 ff.
[157] Vgl. *Uhlenbruck/Vallender*, InsOKomm, § 289 Rn. 32.
[158] AG München v. 30.8.2002, ZVI 2002, 330 ff.; v. 20.11.2002, ZIP 2003, 177; v. 25.9.2003, ZVI 2003, 546; v. 9.6.2004, NZI 2004, 456.
[159] BVerfG v. 22.12.2005 – 1 BvL 9/05, ZInsO 2006, 317 ff.
[160] Vgl. Fn. 16.
[161] Begr. zum RegE (Fn. 16), S. 30.
[162] **Anders** *Weiß*, ZInsO 2012, 1058, 1063, der darauf abstellt, ob die Entscheidung in den letzten 5 Jahren rechtskräftig geworden ist,

IV. Insolvenzrecht und Strafrecht

1. Insolvenzstrafrecht im Spiegel der Statistik

a) Umfang der Wirtschaftskriminalität

82 In der Praxis gibt es kaum ein Insolvenzverfahren, das nicht von strafrechtlich relevantem Verhalten begleitet wird.[163] Erfahrungsgemäß wächst die Kriminalitätsanfälligkeit mit zunehmender Nähe zur Insolvenz. Den genauen Umfang der Wirtschaftskriminalität vermag allerdings niemand genau zu beziffern. Bei 159 418 Insolvenzen im Jahr 2011[164] wurden in der Polizeilichen Kriminalstatistik immerhin 12 493 bekannt gewordene Fälle von Insolvenzstraftaten im engeren Sinn[165] erfasst.[166] Darunter waren 5 127 Straftaten nach den §§ 283, 283a–d StGB. Das sind 155 Fälle mehr als noch im Vorjahr, wobei insbesondere die Zahl der schweren Bankrottfälle nach § 283a StGB erheblich gestiegen ist.[167] In 7 366 Fällen kam es zu Straftaten nach § 15a InsO wegen Insolvenzverschleppung, was einem Zuwachs von 7,5 % entspricht. Insolvenzdelikte liegen also weiter stark im Trend.

83 Laut Mitteilung des Bundeskriminalamtes liegt die Aufklärungsquote der tatsächlich verfolgten Delikte zwischen 99,5 und 100 %.[168] Gerade weil die Ermittlung von Insolvenzstraftaten aber zu einer der schwierigsten und zeitraubendsten Aufgaben der Strafverfolgungsbehörden gehört, wird – auch in der Polizeilichen Kriminalstatistik – zugleich mit einer **hohen Dunkelziffer** gerechnet. Für das alte Konkursrecht wurde die Häufigkeit von Wirtschaftsstraftaten auf bis zu 80 %, teilweise sogar 80 % bis 90 %[169], aller Konkurse geschätzt, was nach Ansicht *Weyands*[170] auch unter Geltung der Insolvenzordnung der Fall ist.

b) Überkommenes typisches Kriminalitätsfeld: Die GmbH

84 Die Insolvenzkriminalität hat heute ihren Schwerpunkt nicht mehr im Tätigkeitsbereich des Einzelkaufmanns, sondern der juristischen Person und dabei speziell der **GmbH**.[171] Dies vermag kaum zu erstaunen, da die GmbH statistisch gesehen eine herausragende Stellung unter den Insolvenzschuldnern einnimmt. So waren beispielsweise im Jahr 2011 unter den 30 099 Unternehmensinsolvenzen bundesweit 12 165 insolvente GmbHs zu verzeichnen (dabei wurde die Eröffnung in 4 269 Fällen mangels Masse abgelehnt).[172] Somit stellten die GmbHs über 40 % aller Unternehmensinsolvenzen, wobei das Verfahren in mehr als 35 % der Fälle mangels Masse gar nicht eröffnet wurde. Betrachtet man alleine die großen Verfahren mit einem Forderungsvolumen von mehr als 1 Mio. Euro, so handelt es sich sogar bei 60 % der insolventen Unternehmen um eine GmbH.[173] Diese Rechtsform erweist sich jedoch nicht nur als besonders insolvenzanfällig, sondern auch in erheblichem Maße als kri-

---

[163] Vgl. *Weyand*, ZInsO 2008, 242 ff.
[164] Die Zahl basiert auf Erhebungen des Statistischen Bundesamtes, Fachserie 2, R 4.1 06/2012, abrufbar unter www.destatis.de.
[165] Hierzu zählen Insolvenzstraftaten nach den §§ 283 – 283d StGB sowie die Insolvenzverschleppung nach § 15a InsO.
[166] Erhebungen des Bundeskriminalamtes, Polizeiliche Kriminalstatistik Berichtsjahr 2011, S. 53, 59 (Ziff. 560000 und 712200), www.bka.de.
[167] Erhebungen des Bundeskriminalamtes, Polizeiliche Kriminalstatistik, Berichtsjahr 2011, S. 53 (Ziff. 562000), www.bka.de.
[168] Erhebungen des Bundeskriminalamtes, Polizeiliche Kriminalstatistik, Berichtsjahr 2011, S. 53, 59 (Ziff. 560000 bis 564000, 712200), www.bka.de.
[169] So *Müller/Wabnitz/Janowsky*, Kap. 6 Rn. 8.
[170] Zuletzt *Weyand*, ZInsO 2008, 242, 244.
[171] Vgl. *Moosmayer*, S. 62 m. w. N.
[172] Erhebungen des Statistischen Bundesamtes, Statistisches Jahrbuch 2012, Kap. 20.4.3 (S. 515), www.destatis.de.
[173] Erhebungen des Statistischen Bundesamtes, Statistisches Jahrbuch 2011, Kap. 19.5.2 (S. 498), www.destatis.de.

A. Einführung **8**

minalitätsanfällig.[174] Gerade im Fall der GmbH muss allerdings auch berücksichtigt werden, dass es mit Beginn der Unternehmenskrise zu typischen – für den Gesellschafter-Geschäftsführer kaum lösbaren – Konfliktsituationen kommt. Einerseits gehört es zu den originären Pflichten des Geschäftsführers, um den Erhalt seines Unternehmens zu kämpfen und Sanierungschancen auszuloten. Auf der anderen Seite steht selbst der korrekteste Geschäftsführer einer GmbH vor dem **Dilemma**, die Drei-Wochen-Frist des § 15a Abs. 1 InsO einhalten zu müssen.[175]

Die erste Stufe zum Strafrecht ist erreicht, wenn die verantwortlichen Organe nach außen hin den Geschäftsbetrieb aufrechterhalten, aufgrund der Kenntnis der Unternehmensentwicklung jedoch bereits bedenken (müssen), dass Neubestellungen, Auftragsvergaben etc. nicht mehr bezahlt werden können, etwa weil die Kredit- oder Sanierungsgespräche noch nicht abgeschlossen sind. Die nächste Stufe der Eskalation besteht darin, dass in einer für das Unternehmen bereits verzweifelten Situation dennoch Aufträge entgegengenommen und Bestellungen getätigt werden, während in Krisengesprächen, außerordentlichen Gesellschafterversammlungen u. Ä. letzte Rettungsversuche unternommen werden. Die Endstufe der Eskalation ist erreicht, wenn nach endgültig erkannter Insolvenzreife auf Kosten der Gläubiger immer noch Geschäfte gemacht werden, einzelne Gläubiger bevorzugt werden oder Vermögen beiseite gebracht wird. 85

Straftaten treten auch im Fall der sog. **Firmenbestattung** auf.[176] Diese Form der Insolvenzkriminalität entstand Anfang der 90er Jahre und hat bundesweit zweifelhaften Ruhm erlangt.[177] Unter „Firmenbestattung" wird ein Vorgang verstanden, bei dem ein gewerblicher Abwickler die Gesellschaft zu einem symbolischen Kaufpreis übernimmt und sodann die Rechtsverfolgung für Gläubiger der GmbH durch häufige Firmen-, Sitz- und Geschäftsführerwechsel vereitelt. Das noch vorhandene Vermögen der GmbH wird auf ein Nachfolgeunternehmen „verschoben"; die Geschäftsunterlagen verschwinden. Hierdurch erhofft sich der Gesellschafter-Geschäftsführer ein Insolvenzverfahren sowie potenzielle Haftungsgefahren und Straftatbestände zu umgehen. Der „Firmenbestatter" erhält seinerseits für die Übernahme der Gesellschaft eine „Provision", die schnell mehrere tausend Euro betragen kann.[178] Wenn der neu eingesetzte „Strohmann-Geschäftsführer" schließlich einen Eröffnungsantrag stellt, kommt es im Regelfall zu einer Abweisung des Antrages mangels Masse.[179] Sofern die Pflicht zur Stellung des Eröffnungsantrags bereits im Zeitpunkt der Veräußerung bestand, ist der ursprüngliche Geschäftsführer wegen Insolvenzverschleppung zu bestrafen. Allerdings werden sich oftmals Nachweisprobleme ergeben, da ein zur Beurteilung der Vermögenssituation der Gesellschaft notwendiger Überschuldungsstatus mangels vorhandener Geschäftsunterlagen nicht erstellt werden kann.[180] Entnimmt der Gesellschafter-Geschäftsführer die Provision des Erwerbers dem GmbH-Vermögen, drohen zudem die Straftatbestände der Untreue oder – sollte sich das Verhalten als „gesteuerte Insolvenz" einordnen lassen – des Betruges.[181] 85a

---

[174] Vgl. *J. Uhlenbruck*, in: Kölner Schrift zur Insolvenzordnung, S. 1187 ff. Rn. 2.

[175] Vgl. zu dieser Problematik insbes. für die GmbH *Bauer*, ZInsO 2002, 153 ff.; allgemein zur außergerichtlichen Sanierung: *Obermüller*, ZInsO 2002, 597 ff.

[176] Vgl. hierzu umfassend *Kilper*, Unternehmensabwicklung außerhalb des gesetzlichen Insolvenz- und Liquidationsverfahrens in der GmbH; *Hey/Regel*, GmbHR 2000, 115 ff.; *Hirte*, ZInsO 2003, 833 ff.; *Ehlers*, InsbürO 2005, 60 ff.

[177] Der jährliche Schaden durch sog. „Firmenbestattungen" wird auf über 5 Milliarden Euro geschätzt, vgl. *Kuhr*, „Außer Pleite nichts gewesen", in: Süddeutsche Zeitung vom 6.5.2005, abrufbar unter www.sueddeutsche.de.

[178] *Verjans*, in: *Böttger*, Wirtschaftsstrafrecht in der Praxis, Kap. 4 Rn. 273 spricht von regelmäßig etwa 10% der Verbindlichkeiten, mindestens aber ca. 10 000 €.

[179] Die Zahl dieser Fälle ist beachtlich. Nach *Ehlers*, InsbürO 2005, 60, 68, sind allein einer in Berlin eingesetzten Sonderermittlungsgruppe rund 1 500 solcher Fälle bekannt.

[180] *Knierim/Smok*, in: *Dannecker/Knierim/Hagemeier*, Rn. 581.

[181] *Ehlers*, InsbürO 2005, 60, 68.

85b Die Strafbarkeit des neuen „Strohmann-Geschäftsführers" wird uneinheitlich beantwortet.[182] Da dieser in der Regel keinerlei Kenntnisse über die finanzielle und wirtschaftliche Lage des nun von ihm geführten Unternehmens hat und zudem auf Geschäftsunterlagen nicht mehr zugreifen kann, ist es dem Gericht in der Regel nicht möglich, den vom neuen Geschäftsführer gestellten Eröffnungsantrag inhaltlich zu prüfen; es wird ihn folglich als unzulässig zurückweisen.[183] Der Antrag war dann „nicht richtig" gestellt. Dem Geschäftsführer ist nach den Grundsätzen der *actio libera in causa* der strafrechtliche Vorwurf zu machen, er habe sich bewusst in eine Situation gebracht, in der ihm die Stellung eines zulässigen Eröffnungsantrags trotz entsprechender Pflicht nicht mehr möglich war.[184] Dieses Übernahmeverschulden macht ihn dann nach hier vertretener Ansicht selbst zum Täter einer Insolvenzverschleppung.

85c Der vermittelnde „Firmenbestatter" haftet grundsätzlich nicht aus § 15a InsO. Als Hintermann wird er nicht selbst als Geschäftsführer tätig und erfüllt somit auch nicht die Tatbestandsvoraussetzungen dieses Sonderdeliktes. Ihm ist der Vorwurf der Beihilfe zur Insolvenzverschleppung des Altgeschäftsführers zu machen. Daneben hat er den neuen Geschäftsführer zu dessen Insolvenzverschleppung gemäß § 26 StGB angestiftet; überdies kann er wegen Betrugs nach § 263 StGB strafbar sein, wenn er über seine tatsächlich nicht vorhandene Sanierungsabsicht getäuscht hat.[185]

c) Neues Kriminalitätsfeld: Von der Scheinauslandsgesellschaft zur UG (haftungsbeschränkt)

86 Die europäische Rechtsentwicklung[186] gebietet, wirksam in einem Mitgliedstaat gegründete Kapitalgesellschaften als solche anzuerkennen, selbst wenn diese ihrer Geschäftstätigkeit ausschließlich in Deutschland nachgehen. Besondere Attraktivität genoss hierbei lange Zeit die englische „**Limited**"[187], da diese verhältnismäßig leicht zu gründen ist und keinen Mindestkapitalvorschriften unterliegt.[188] Die Attraktivität von Scheinauslandsgesellschaften gerade für Geschäftsleiter zweifelhafter Herkunft ergab sich zudem aus zwei weiteren Gründen: Zum einen konnte eine nach § 6 Abs. 2 GmbHG wegen Verurteilung aufgrund einer Insolvenzstraftat als Geschäftsführer einer GmbH disqualifizierte Person nach überwiegender Auffassung (anders der *BGH*; vgl. Fn. 189) durchaus als Geschäftsleiter einer Scheinauslandsgesellschaft bestellt werden, wenn und soweit dies nach dem jeweils anwendbaren Recht des Gründungsstaates zulässig war.[189] Zum anderen unterlagen deren Entscheidungsträger vor Einführung des § 15a InsO – anders als die Geschäftsleiter deutscher Gesellschaften – nicht den sich jeweils auf die spezifische deutsche Rechtsform beziehenden Straftatbeständen der Insolvenzverschleppung, da einer analogen Anwendung der strafrechtliche Bestimmtheitsgrundsatz des Art. 103 Abs. 2 GG entgegenstand.[190]

87 Trotz der gesteigerten Attraktivität wurde der erwartete Siegeszug der Limited in Deutschland gestoppt. Die Zahl der Neugründungen ging in den vergangenen Jahren erheblich zu-

---

[182] Hierzu auch *Verjans*, in: *Böttger*, Wirtschaftsstrafrecht in der Praxis, Kap. 4 Rn. 276; *Knierim/Smok*, in: *Dannecker/Knierim/Hagemeier*, Rn. 584.
[183] *Bittmann*, NStZ 2009, 113, 115 f.
[184] *Bittmann*, NStZ 2009, 113, 116.
[185] *Knierim/Smok*, in: *Dannecker/Knierim/Hagemeier*, Rn. 585: Denkbar ist z. B. auch ein banden- und/oder gewerbsmäßiger Betrug nach § 263 Abs. 3 und 5 StGB.
[186] Vgl. EuGH, Urteil v. 9.3.1999 – Rs. C 212/97, NJW 1999, 2027 ff. (Centros); EuGH, Urteil v. 5.11.2002 – Rs. C-208/00, NJW 2002, 3614 ff. (Überseering); EuGH, Urteil v. 30.9.2003 – Rs. C-167/01, NJW 2003, 3331 ff. (Inspire Art)
[187] Private Company Limited by Shares.
[188] Vgl. hierzu *Ulmer*, NJW 2004, 1201 ff.; *Altmeppen*, DB 2004, 1083 ff.;, unter besonderer Berücksichtigung der Insolvenzsituation *Holzer*, ZVI 2005, 457 ff.; *Eisner*, ZInsO 2005, 20 ff.; *Altmeppen*, NJW 2005, 1911 ff.; *Mock/Schildt*, ZInsO 2003, 396 ff.; *Lawlor*, NZI 2005, 432 ff.; *Schumann*, DB 2004, 743 ff.; *Kuntz*, NZI 2005, 424 ff.; *Schall*, ZIP 2005, 965 ff.
[189] Dem ist der BGH mit Beschluss v. 7.5.2007 – II ZB 7/06, ZInsO 2007, 775 ff. entgegengetreten.
[190] *Eisner*, ZInsO 2005, 20, 22.

A. Einführung

rück – von 1 098 im Jahr 2006 auf nur noch 157 im Jahr 2011.[191] Zugleich stieg die Zahl der Abmeldungen kontinuierlich an, so dass bereits im Januar 2009 ein **negativer Saldo** aus An- und Abmeldungen zu verzeichnen war.[192] Die Beendigung der Geschäftstätigkeit beruhte dabei häufig auf dem Vorliegen eines Insolvenzgrundes. Die Gründer einer Scheinauslandsgesellschaft sind oftmals bereits mit (mindestens) einer vorherigen unternehmerischen Tätigkeit gescheitert und der Gesellschaft selbst steht im Hinblick auf ihr Geschäftsrisiko regelmäßig zu wenig Kapital zur Verfügung („materielle Unterkapitalisierung").[193] Schließlich hat auch die Reform des GmbH-Rechts maßgeblich zum Scheitern der Limited in Deutschland beigetragen.[194]

Die deutsche Antwort auf die Private Company Limited by Shares heißt **haftungsbeschränkte Unternehmergesellschaft** [*kurz:* **UG (haftungsbeschränkt)**]. Sie wurde durch § 5a GmbHG am 1.11.2008 geregelt und hat die Ltd. faktisch verdrängt. Die UG (haftungsbeschränkt) ist keine neue Gesellschaftsform; sie ist im Kern eine GmbH, deren Stammkapital weniger als 25 000 € (im äußersten Fall gerade einmal 1 €) beträgt.[195] Die Anmeldung der Gesellschaft darf erst erfolgen, wenn die in bar zu leistenden Stammeinlagen in voller Höhe einbezahlt wurden („**Volleinzahlungsgebot und Sacheinlagenverbot**", § 5a Abs. 2 GmbHG). Erwirtschaftet die Gesellschaft Gewinne, sind die Jahresüberschüsse nach Abzug eines Verlustvortrags aus dem Vorjahr solange zu einem Viertel in die gesetzliche Rücklage einzustellen, bis sich das Stammkapital auf mindestens 25 000 € beläuft.[196] Die „Umwandlung" einer bereits existierenden GmbH in eine UG durch Herabsetzung des Stammkapitals auf unter 25 000 € ist nicht möglich.[197] Verglichen mit der englischen Limited werden von dieser Gründungsvariante zwar ebenfalls in erster Linie kapitalschwache Gründer angesprochen, allerdings kommt es hier nicht zu den üblichen, mit der Wahl einer englischen Gesellschaftsform verbundenen Nachteilen, wie z. B. hohe Übersetzungskosten oder die Vorlage des Jahresabschlusses in England.[198]

Zusammen mit dem vereinfachten Gründungsverfahren nach § 2 Abs. 1a GmbHG soll mit der UG (haftungsbeschränkt) eine besonders **schnelle, einfache und kostengünstige** Möglichkeit der **Unternehmensgründung** geschaffen werden, um besonders junge Existenzgründer zu fördern.[199] In der Praxis wird die mindestkapitalfreie Gesellschaft sehr gut angenommen. Am 1.1.2010, etwas mehr als ein Jahr nach ihrer Einführung, waren in Deutschland bereits 23 369 Unternehmergesellschaften registriert[200] und gegen Ende 2010 sollen es bereits über 40 000 gewesen sein.[201] Im Jahr 2011 war die Zahl der Gewerbeanmeldungen mit 15 423 etwa dreimal so hoch wie die der Gewerbeabmeldungen im selben Zeitraum.[202] Trotz dieser erfolgreichen Entwicklung ist insbesondere die geringe Kapitalausstattung der Gesellschaften zu bemängeln. Das durchschnittliche Stammkapital beträgt gerade einmal 1 250 €; in den allermeisten Fällen beläuft es sich sogar auf weniger als 500 €.[203] Vielen dieser Gesellschaften fehlt daher die nötige finanzielle Stabilität. Es ist anzunehmen, dass die Gesell-

---

[191] IfM Bonn, Unternehmensgründungen 2003 bis 2011 in Deutschland nach Rechtsform, abrufbar unter: www.ifm-bonn.org; vgl. auch *Hefendehl*, ZIP 2011, 601, 602.
[192] *Niemeier*, „Back to square one" – der kontinuierliche Niedergang der Limited, abrufbar unter www.handelsblatt.com
[193] *Bischoff*, ZInsO 2009, 164.
[194] Hierzu *Heckschen*, S. 73; nach *Schäfer*, ZIP 2011, 53 ist die Empfehlung einer Limited heutzutage ein offensichtlicher Beratungsfehler.
[195] Zu den Besonderheiten der UG (haftungsbeschränkt) vgl. *Scholz/Westermann*, GmbHG, § 5a Rn. 7 ff.; *Schäfer*, ZIP 2011, 53 ff.
[196] *Gehrlein/Ekkenga/Simon/Schmitz*, GmbH-Komm, § 5a Rn. 25.
[197] *Heybrock*, Praxiskommentar zum GmbH-Recht, § 5a Rn. 4 a.
[198] *Bittmann*, NStZ 2009, 113, 119 f.
[199] *Bauer*, Die GmbH in der Krise, Rn. 1130; *Römermann*, NJW 2010, 905 ff.
[200] *Kornblum*, GmbHR 2010, R 53.
[201] *Scholz/Westermann*, GmbHG, § 5a Rn. 1; *Schäfer*, ZIP 2011, 53.
[202] Erhebungen des Statistischen Bundesamtes, Statistisches Jahrbuch 2012, Kap. 20.3.2 und 20.3.3 (S. 512 f.), www.destatis.de.
[203] *Gude*, ZInsO 2010, 2385, 2386.

schaft häufig für sehr riskante und stark unterfinanzierte Geschäfte gegründet wird, womit eine **erhöhte Insolvenzgefahr** einhergeht.[204] Der Geschäftsführer hat daher – nicht zuletzt aufgrund der drohenden strafrechtlichen Ahndung aus § 15a Abs. 4, 5 InsO schon im eigenen Interesse – die fortlaufende Zahlungsfähigkeit der Gesellschaft besonders sorgfältig zu überwachen.[205]

2. Auswirkungen der Insolvenzrechtsreform auf das Strafrecht[206]

a) Verzicht auf ein neues Insolvenzstrafrecht

90 Bei Einführung der InsO wurde das Insolvenzstrafrecht eher stiefmütterlich behandelt.[207] Während etwa der französische Reformgesetzgeber zugleich mit einer Insolvenzrechtsreform eine Entkriminalisierung der Insolvenzstraftaten in Angriff nahm, hat sich der deutsche Gesetzgeber bemerkenswert zurückgehalten.[208] Zur Rolle des Insolvenzstrafrechts unter Geltung der InsO finden sich in der Begründung zu Art. 58 des Regierungsentwurfs lediglich einige spärliche Hinweise[209], *dass die Erleichterung der Eröffnung des Insolvenzverfahrens auch zu einer Erleichterung der Aufklärung der Insolvenzstraftaten führen wird.*

91 Dem Gesetzgeber schienen schon wegen der **Gleichheit der Schutzrichtung** materielle Änderungen der das Konkursverfahren betreffenden Strafvorschriften durch die gesetzliche Neuordnung des Insolvenzrechts nicht indiziert. Denn die InsO schützt das Interesse der Gläubiger an einer geordneten und gleichmäßigen Befriedigung ihrer geldwerten Ansprüche. Zweck der Insolvenzstrafvorschriften (§§ 283 bis 283d StGB) sowie der strafbewehrten Insolvenzantragspflicht (§ 15a InsO) ist derselbe Rechtsgüterschutz, nämlich – neben überindividuellen Interessen – die Sicherung der Insolvenzmasse im Interesse der gesamten Gläubigerschaft.[210]

92 Die Sanierungsoption der InsO ändert daran nichts. Vielmehr stellt § 1 InsO klar, dass die Unternehmenssanierung lediglich eine Variante der Gläubigerbefriedigung ist. Aus Sicht des Gesetzgebers bestand daher keine Notwendigkeit, neben dem neuen Insolvenzrecht ein neues Insolvenzstrafrecht zu schaffen. Dass die diesbezüglichen gesetzgeberischen Vorstellungen aber nicht uneingeschränkt richtig sind, insbesondere wegen der Neuschaffung des Insolvenzgrundes der drohenden Zahlungsunfähigkeit und der Einführung von neuen Instituten zur Abwicklung des Schuldners (wie etwa die Eigenverwaltung), wird im Rahmen der Darstellung der Insolvenzauslöser noch genauer zu überprüfen sein (vgl. Rn. 101 ff.).

b) Mittelbare Auswirkungen

93 Soweit das **materielle Strafrecht** allerdings an insolvenzrechtliche Bestimmungen wie **Zahlungsunfähigkeit, Abweisung mangels Masse** etc. **anknüpft**, zeigt das Insolvenzrecht mittelbare Auswirkungen auf das Insolvenzstrafrecht. Denn regelungstechnisch basieren die Insolvenzstraftatbestände ganz wesentlich auf insolvenzrechtlichen Vorgaben bzw. insolvenzrechtlich geprägten Rechtsbegriffen.[211] Inwieweit die Legaldefinitionen der Insolvenzgründe der InsO für die Auslegung der Krisenmerkmale verbindlich sind, wird weiterhin diskutiert.[212] Da den spezifischen strafrechtlichen Anforderungen Rechnung zu tragen ist, wird eine sog. funktionale Akzessorietät vertreten anstelle einer strengen Anlehnung der strafrechtlichen Begrifflichkeiten an die insolvenzrechtlichen.[213]

---

[204] *Schäfer*, ZIP 2011, 53; *Leyendecker*, GmbHR 2008, 302, 304 ff.
[205] *Bauer*, Die GmbH in der Krise, Rn. 1142.
[206] Hierzu insgesamt *Penzlin*, Strafrechtliche Auswirkungen der Insolvenzordnung.
[207] So *Uhlenbruck*, wistra 1996, 1, 2.
[208] Vgl. auch LK/*Tiedemann*, vor §§ 283 – 283d StGB Rn. 10 a. E.
[209] Wörtlich abgedruckt bei *Uhlenbruck*, wistra 1996, 1 ff.
[210] BGH v. 22.2.2001 – 4 StR 421/00, NJW 2001, 1874, 1875.
[211] Vgl. *Moosmayer*, S. 2.
[212] *Schönke/Schröder/Stree/Heine*, StGB, vor §§ 283 ff. Rn. 50a; *Fischer*, StGB, vor § 283, Rn. 6 m. w. N.
[213] Vgl. *Schönke/Schröder*, StGB, vor §§ 283 ff. Rn. 50a; *Fischer*, StGB, vor § 283 Rn. 6; *Lackner/Kühl*, StGB, § 283 Rn. 5.

A. Einführung **8**

Die Insolvenzstrafvorschriften der §§ 283 ff. StGB, mit dem gegenüber § 288 StGB weitaus **94** schärferen Sanktionsrahmen und der Möglichkeit zur Bestrafung fahrlässigen Verhaltens, finden grundsätzlich auch im eigenständigen Verbraucherinsolvenzverfahren Anwendung. Der *BGH*[214] hat bereits entschieden, dass auch Personen, die in den Anwendungsbereich des vereinfachten Insolvenzverfahrens fallen, sich nach § 283 StGB strafbar machen können, soweit sich nicht aus den einzelnen Tatbestandsvarianten ein anderes ergibt. Damit ergebe sich lediglich faktisch eine Erweiterung des Täterkreises. Dies ist nach Auffassung des *BVerfG*[215] auch verfassungsrechtlich unbedenklich. Allerdings sind Inkonsistenzen vorprogrammiert.[216] Erreicht etwa der Schuldner mit seinen Gläubigern eine Einigung im Rahmen eines sog. Schuldenbereinigungsplans, so gilt das ruhende Insolvenzverfahren als nicht eröffnet (§§ 306 Abs. 1, 308 Abs. 2 InsO). Damit kommt es nicht – abgesehen vom Vorliegen einer Zahlungseinstellung – zur objektiven Strafbarkeitsbedingung des § 283 Abs. 6 StGB, der ja die Eröffnung des Insolvenzverfahrens voraussetzt. Demzufolge können etwaige Bankrotthandlungen des Verbrauchers strafrechtlich nicht verfolgt werden. Scheitert dagegen eine Einigung mit den Gläubigern, kommt es zu einem Insolvenzverfahren mit der Folge, dass strafrechtliches Verhalten des Schuldners geahndet werden kann.[217]

Raum für strafbares Verhalten des Schuldners schafft auch das Institut der **Eigenverwaltung**, da ihm die Eigenverwaltung den unmittelbaren Zugriff auf die Insolvenzmasse gewährt und somit die Gefahr der weiteren Schmälerung der Haftungsmasse birgt.[218] Die **Missbrauchsgefahr** dieses Instituts ist keinesfalls zu unterschätzen. **95**

Hinsichtlich der Bedeutung des Insolvenzrechts für das Strafrecht ist schließlich zu berücksichtigen, dass das Bankrottstrafrecht bislang vorwiegend auf den wirtschaftlichen Zusammenbruch des Schuldners ausgerichtet war. Mit Aufnahme von **Sanierungsoptionen** in der InsO muss die Krisenbewältigung verstärkt beachtet werden. Fraglich ist etwa, ob nicht mit nachträglicher Überwindung der Krise durch Sanierung das Strafbedürfnis entfällt.[219] **96**

3. Objektive Strafbarkeitsbedingung des § 283 Abs. 6 StGB

Durch die Integration des ehemaligen Vergleichsverfahrens in ein einheitliches Insolvenzverfahren in Form des Insolvenzplanverfahrens, stellt sich zwangsläufig die Frage, ob der Anwendungsbereich des Insolvenzstrafrechtes insoweit eine Verschärfung erfahren hat.[220] Kommt das „einheitliche" Verfahren zur Eröffnung, stünde demnach die objektive Strafbarkeitsbedingung des § 283 Abs. 6 StGB fest. Folge wäre, dass es zu einer Strafverfolgung kommt, obwohl noch offen ist, ob das Unternehmen gesunden wird oder nicht.[221] Hier muss berücksichtigt werden, dass das Insolvenzstrafrecht nach dem erklärten Willen des Gesetzgebers an den formell bestätigten wirtschaftlichen Zusammenbruch des Schuldners anknüpft.[222] **97**

Ebenfalls in diesem Problembereich anzusiedeln ist die Frage, ob eine Strafwürdigkeit des Täters überhaupt vorliegt, wenn er, wie eigentlich von der Insolvenzordnung gewünscht und neuerdings durch das Schutzschirmverfahren (vgl. § 270b InsO) zunehmend gefördert, bereits bei drohender Zahlungsunfähigkeit (vgl. Rn. 119 ff.) selbst Insolvenzantrag stellt (§ 18 InsO). Damit schafft er, obwohl er den gesetzgeberischen Zielvorstellungen gefolgt ist und zur Erhöhung der Sanierungschancen seines Unternehmens beigetragen hat, das Risiko einer potenziellen Strafbarkeit für sich, da die objektive Bedingung der Strafbarkeit des § 283 Abs. 6 StGB früher eintritt.[223] Somit ist er im Vergleich zu einem Schuldner, der erst **98**

---

[214] BGH v. 22.2.2001 – 4 StR 421/00, NJW 2001, 1874 f.
[215] BVerfG v. 28.8.2003 – 2 BvR 704/01, ZInsO 2004, 738.
[216] Vgl. eingehend *Moosmayer*, S. 64 f.
[217] Eingehend *Moosmayer*, S. 70 ff.
[218] Vgl. LK/*Tiedemann*, vor §§ 283 – 283d StGB Rn. 10.
[219] *Schönke/Schröder/Stree/Heine*, StGB, § 283 Rn. 59.
[220] Eingehend *Uhlenbruck*, ZInsO 1998, 250, 251 f.
[221] Vgl. LK/*Tiedemann*, vor §§ 283 – 283d StGB Rn. 10.
[222] So auch *Weyand/Diversy*, Insolvenzdelikte, 7. Auflage, Rn. 56.
[223] *Röhm*, NZI 2002, 134, 136.

8. Kapitel. Insolvenz – Materiellrechtlicher Teil

die Zahlungsunfähigkeit bzw. Überschuldung abwartet, ungerechtfertigterweise benachteiligt.

99 Es ist deshalb zu erwägen, ob die erfolgreiche Sanierung nach Eintritt der Strafbarkeitsbedingung unter dem Gesichtspunkt der Überwindung der Krise ähnlich zur Straflosigkeit führen sollte, wie nach dem alten Recht die Vermeidung des wirtschaftlichen Zusammenbruchs.[224] Dem alternativen Vorschlag, die drohende Zahlungsunfähigkeit aus dem Anwendungsbereich des § 283 Abs. 6 StGB herauszunehmen,[225] ist der Gesetzgeber bislang nicht gefolgt.

B. Insolvenzrechtliche Grundlagen

100 Die Ermittlung von strafbaren Handlungen in der Krise eines Unternehmens setzt die Kenntnis der Grundbegriffe und des Instrumentariums des Insolvenzrechts voraus; sie bildet die Basis jeder erfolgreichen Ermittlungsarbeit. Begriffe wie **Zahlungsunfähigkeit, Zahlungseinstellung, drohende Zahlungsunfähigkeit, Überschuldung, Insolvenzeröffnung und Abweisung mangels Masse** spielen im Insolvenzstrafrecht eine zentrale Rolle.

I. Insolvenzauslöser

1. Grundsatz

101 Die Eröffnung eines Insolvenzverfahrens als einschneidendste Maßnahme gegen den Schuldner setzt stets einen Insolvenzgrund, den sog. Eröffnungsgrund, voraus (vgl. § 16 InsO).
Allgemeiner Eröffnungsgrund ist die **Zahlungsunfähigkeit** (§ 17 InsO). Bei juristischen Personen bildet neben der Zahlungsunfähigkeit die **Überschuldung** einen zusätzlichen Eröffnungsgrund (§ 19 InsO). Die Eröffnungsgründe haben die Funktion festzulegen, zu welchem Zeitpunkt der Schuldner mit der privatautonomen Steuerung seiner Vermögens- und Haftungsverhältnisse endgültig gescheitert ist.[226] Überschuldung und Zahlungsunfähigkeit können nebeneinander vorliegen, müssen es aber nicht. Letzteres ist beispielsweise der Fall, wenn eine überschuldete GmbH noch Kredite erhält; denn die Kredite beseitigen die Zahlungsunfähigkeit da wieder Mittel zur Verfügung stehen, nicht aber die Überschuldung.[227]

102 Während die KO die Insolvenzgründe der Zahlungsunfähigkeit und Überschuldung nicht näher definiert hat, sondern deren Ausformung Rechtsprechung und Wissenschaft überließ, finden sich in der InsO zu beiden Tatbeständen Legaldefinitionen. Zudem wurde in der InsO als weiterer Eröffnungsgrund die **drohende Zahlungsunfähigkeit** (§ 18 InsO) eingeführt.

2. Zahlungsunfähigkeit

a) Insolvenzrechtlicher Begriff[228]

103 Die Zahlungsunfähigkeit bildet den **allgemeinen** Eröffnungsgrund, d. h. sie kommt bei Schuldnern aller Art in Betracht.
Die Legaldefinition der Zahlungsunfähigkeit in § 17 Abs. 2 InsO lautet: „Der Schuldner ist zahlungsunfähig, wenn er nicht in der Lage ist, die fälligen Zahlungsverpflichtungen zu erfüllen. Zahlungsunfähigkeit ist in der Regel anzunehmen, wenn der Schuldner seine Zahlungen eingestellt hat."

---

[224] Vgl. LK/*Tiedemann*, vor §§ 283 – 283d StGB Rn. 10; ähnlich *Schönke/Schröder/Stree/Heine*, StGB, § 283 Rn. 59.
[225] *Röhm*, NZI 2002, 134, 136 ff.
[226] Vgl. *Häsemeyer*, Rn. 7.16.
[227] Zur Problematik der wechselnden Überschuldungsbegriffe vgl. nachfolgend Rn. 131 ff.
[228] Zur Rechtslage unter der Geltung der KO vgl. erste Auflage, Kap. 2 Rn. 81 ff.

B. Insolvenzrechtliche Grundlagen

Mit dieser Definition ist der Gesetzgeber teilweise von dem noch zu Zeiten der KO in Wissenschaft und Rechtsprechung entwickelten Begriff der Zahlungsunfähigkeit abgerückt. Die Tatbestandsvoraussetzungen wurden bewusst strenger gefasst, um Verzögerungen bei der Verfahrenseröffnung entgegenzuwirken.[229] **Verzichtet** wird insbesondere auf das Merkmal, dass der Schuldner „**dauernd**" außerstande ist, seine fälligen Verbindlichkeiten zu erfüllen.[230] Der Gesetzgeber hat hiermit klargestellt, dass jedes nicht nur vorübergehende Zahlungsunvermögen (dies meint die Zahlungsstockung) des Schuldners ausreicht, ohne dass noch eine bestimmte Frist abgewartet werden muss.[231] Zeiträume von bis zu sechs Monaten, wie sie unter Geltung der KO diskutiert wurden, sind damit ad acta gelegt.[232]

104

Das bedeutet allerdings keine vollständige Abkehr vom Begriff der „Zeitraumilliquidität" hin zur reinen „Zeitpunktilliquidität".[233] Vielmehr wird klargestellt, dass die Illiquidität nur kurze Zeit andauern darf.[234] Frühere Erörterungen im Schrifttum über Zeitraum und Höhe der für die Annahme der Zahlungsunfähigkeit notwendigen Liquiditätslücke[235] dürften sich aufgrund der Entscheidung des *BGH* vom 24.5.2005[236] erledigt haben, in der dieser klare **Abgrenzungskriterien** zu einer bloß vorübergehenden **Zahlungsstockung** aufgestellt hat. Zahlungsunfähigkeit ist demnach anzunehmen, wenn der Zeitraum überschritten wird, den eine kreditwürdige Person benötigt, um sich die fehlenden Mittel zu leihen.[237] Dies ist **in der Regel** gegeben, wenn eine innerhalb von **drei Wochen** nicht zu beseitigende Liquiditätslücke **10 % oder mehr** beträgt. Da sich der Gesetzgeber in der Begründung zur Insolvenzordnung[238] ausdrücklich gegen die Festlegung eines bestimmten Bruchteils der Gesamtverbindlichkeiten zur Bestimmung der Zahlungsunfähigkeit ausgesprochen hatte, ist der vom *BGH* befürwortete Schwellenwert von 10 % nicht als starre Grenze zu verstehen.[239] Vielmehr soll Zahlungsunfähigkeit auch bei Liquiditätslücken von weniger als 10 % zu bejahen sein, wenn absehbar ist, dass die Lücke demnächst darüber liegen wird. Zahlungsunfähigkeit ist trotz höherer Liquiditätslücken zu verneinen, wenn zu erwarten ist, dass die Lücke demnächst vollständig oder fast vollständig beseitigt wird und den Gläubigern ein Zuwarten nach den besonderen Umständen des Einzelfalles zuzumuten ist. Die zeitliche Grenze, bis zu der eine (fast vollständige) Beseitigung der Liquiditätslücke noch „demnächst" erfolgt, soll in etwa bei drei Monaten liegen.[240] Eine längere Zeitspanne kann nur in seltenen Ausnahmefällen und bei Vorliegen besonderer Umstände des Einzelfalles angemessen sein.[241]

105

Kontrovers diskutiert wird die Frage, ob zur Bestimmung der Zahlungsunfähigkeit neben den innerhalb der Dreiwochenfrist hinzukommenden neuen liquiden Mitteln („Aktiva II") auch die in diesem Zeitraum neu entstandenen Verbindlichkeiten („Passiva II") zu berücksichtigen sind. Die höchstrichterliche Rechtsprechung hierzu ist uneinheitlich.[242] Im Ergebnis

106

---

[229] Vgl. Begr. zum RegE-InsO 1992, BT-Dr. 12/2443, S. 114; *KPB/Pape*, InsO, § 17 Rn. 5.
[230] Statt vieler MünchKommInsO-*Eilenberger*, § 17 Rn. 5.
[231] Vgl. *Drukarczyk/Schüler*, in: Kölner Schrift zur Insolvenzordnung, S. 95 ff. Rn. 30.
[232] Vgl. hierzu mit Nachweisen *KPB/Pape*, InsO, § 17 Rn. 9; *Stahlschmidt*, ZInsO 2005, 1086 ff.
[233] *Beck*, in: *Beck/Depré*, Praxis der Insolvenz, 1. Auflage, § 5 Rn. 49.
[234] *Uhlenbruck*, InsOKomm, § 17 Rn. 9.
[235] Vgl. Nachweise bei *Beck*, in: *Beck/Depré*, Praxis der Insolvenz, 1. Auflage, § 5 Rn. 49 ff. sowie *Wabnitz/Janovsky/Beck*, 2. Aufl. 2004, Kapitel 6 Rn. 72.
[236] BGH v. 24.5.2005 – IX ZR 123/04, ZIP 2005, 1426.
[237] In einer früheren Entscheidung war der BGH noch von einer Monatsfrist ausgegangen, BGH v. 20.11.2001 – IX ZR 48/01, ZInsO 2002, 29, 31.
[238] Vgl. Entwurf einer Insolvenzordnung, BT-Dr. 12/2443, S. 114 rechte Spalte oben.
[239] BGH v. 24.5.2005 – IX ZR 123/04, ZIP 2005, 1426, 1430.
[240] FK-InsO/*Schmerbach*, § 17 Rn. 22; *Harz/Baumgartner/Conrad*, ZInsO 2005, 1304, 1307; *Frystatzki*, NZI 2010, 389, 392: maximal 6 Monate in Ausnahmefällen.
[241] Vgl. BGH v. 19.7.2007 – IX ZB 36/07, ZInsO 2007, 939 m. krit. Anm. *Tetzlaff*, ZInsO 2007, 1334 ff.
[242] **Gegen eine Einbeziehung** der „Passiva II" sprechen BGH v. 12.10.2006 – IX ZR 228/03, ZIP 2006, 2222, 2224; BGH v. 14.5.2009 – IX ZR 63/08, ZIP 2009, 1235, 1239; **für eine Berücksichtigung** der kurzfristig fällig werdenden Verbindlichkeiten aber wohl BGH v. 24.5.2005 – IX ZR 123/04, ZIP 2005, 1426; BGH v. 21.6.2007 – IX ZR 231/04, ZInsO 2007, 816 ff.

ist jedoch der Meinung zu folgen, welche die **Passiva II** bei der Betrachtung **berücksichtigen** möchte.[243] Für die Einbeziehung sprechen insbesondere folgende Argumente:
- Beträgt die Liquiditätslücke am Stichtag weniger als 10 %, so ist der Schuldner zahlungsfähig, wenn nicht bereits jetzt abzusehen ist, dass die Lücke demnächst mehr als 10 % betragen wird. Bei der anzustellenden Prognose sind vernünftigerweise alle demnächst fällig werdenden Forderungen und Verbindlichkeiten zu berücksichtigen. Sind die Passiva II aber bereits bei einer Liquiditätslücke unterhalb der 10 %-Schwelle einzubeziehen, gilt dies erst recht wenn die Liquiditätslücke mehr als 10 % beträgt.[244]
- Findet die Abgrenzung der Zahlungsunfähigkeit von der Zahlungsstockung anhand der Aufstellung einer Liquiditätsbilanz statt, sind die neuen Passiva II schon aufgrund bilanzieller Grundsätze zu berücksichtigen.[245]
- Würde man nur die Aktiva II berücksichtigen, könnte der Schuldner eine „Bugwelle" neuer Forderungen vor sich herschieben. Bei der Zahlungsunfähigkeitsprüfung hinsichtlich der Passiva II, wären die im Dreiwochenzeitraum entstehenden neuen Verbindlichkeiten („Passiva III") nicht zu berücksichtigen, usw. Eine solche „Bugwelle" steht im Widerspruch zu der gesetzgeberischen Intention, ein notwendiges Insolvenzverfahren möglichst frühzeitig zu eröffnen.[246]
- Schließlich ist es auch nicht unbillig, dass die Dreiwochenfrist hinsichtlich der Passiva II nicht neu zu laufen beginnt. Zwar hat der Schuldner dann kurz vor Ende der Frist fällig werdende Verbindlichkeiten in der verbleibenden – womöglich sehr kurzen – Zeit zu erfüllen.[247] Etwaigen Bedenken ist mit *Ganter*[248] aber zu entgegnen, dass dem Schuldner ebenso erst kurz vor dem Ende der Frist zufließende Aktiva helfen können, die Zahlungsunfähigkeit zu vermeiden. Eine fortlaufende Dreiwochenfrist führt daher nicht per se zu ungerechten Ergebnissen.

107 Die Zahlungsunfähigkeit wird gem. § 17 Abs. 2 S. 2 InsO *widerleglich* vermutet, wenn der Schuldner seine Zahlungen eingestellt hat. **Zahlungseinstellung** liegt vor, wenn der Schuldner nicht in der Lage ist, seine fälligen Zahlungspflichten zu erfüllen und dieser Umstand nach außen hin in Erscheinung tritt, so dass er für die beteiligten Verkehrskreise erkennbar ist.[249] Ausreichend ist es, wenn der Schuldner nur einen erheblichen Teil seiner fälligen Geldschulden tatsächlich nicht mehr bedient. Dies ist bereits der Fall, wenn die Zahlung einer einzigen Schuld ausbleibt, die wiederum den wesentlichen Anteil der offenen Verbindlichkeiten ausmacht.[250] Indizien für die Zahlungseinstellung sind beispielsweise:[251] die Erklärung des Schuldners, nicht zahlen zu können, die Einstellung des schuldnerischen Geschäftsbetriebes ohne ordnungsgemäße Abwicklung, die Nichtzahlung von Energielieferungen, Arbeitnehmeransprüchen oder Telefonkosten, die Rückgabe von Vorbehaltswaren an Lieferanten ohne Verarbeitung, Flucht des Schuldners vor seinen Gläubigern, Haftbefehle zur Erzwingung der eidesstattlichen Versicherung sowie Verhaftung des Schuldners wegen Vermögensdelikten. Eine einmal eingetretene Zahlungseinstellung wirkt grundsätzlich fort. Sie kann nur dadurch beseitigt werden, dass die Zahlungen im Allgemeinen wieder aufgenommen werden.[252]

---

[243] So auch *Bork*, ZIP 2008, 1749, 1751 ff.; *Ganter*, ZInsO 2011, 2297, 2299 m. w. N.
[244] *Prager/Jungclaus*, in: FS Wellensiek, 2011, S. 101, 116.
[245] *Ganter*, ZInsO 2011, 2297, 2300.
[246] Hierzu ausführlich *Ganter*, ZInsO 2011, 2297 ff.
[247] *G. Fischer*, in: FS Ganter, 2010, S. 153, 158.
[248] *Ganter*, ZInsO 2011, 2297, 2301.
[249] *Uhlenbruck*, InsOKomm, § 17 Rn. 31; FK-InsO/*Schmerbach*, § 17 Rn. 38.
[250] BGH v. 20.11.2001 – IX ZR 48/01, NJW 2002, 515, 517; BGH v. 30.6.2011 – IX ZR 134/10, ZIP 2011, 1416, 1417; LK/*Tiedemann*, vor §§ 283 bis 283d StGB, Rn. 129.
[251] *Ampferl*, in: Beck/Depré, Praxis der Insolvenz, § 2 Rn. 85.
[252] BGH v. 20.11.2001 – IX ZR 48/01, ZInsO 2002, 29, 31; BGH v. 12.10.2006 – IX ZR 228/03, ZInsO 2006, 1210; 1212; BGH, ZInsO 2007, 819, 821.

B. Insolvenzrechtliche Grundlagen

Die Zahlungsunfähigkeit ist mithilfe einer **Liquiditätsbilanz** festzustellen.[253] Hierbei werden die kurzfristig verfügbaren liquiden Mittel des Schuldners herangezogen und zu seinen in diesem Zeitraum fällig werdenden Verbindlichkeiten in Beziehung gesetzt.[254] Die Liquiditätsbilanz ist wie in folgendem Beispiel[255] zu gliedern:

Liquiditätsbilanz zum _____	
AKTIVA	**PASSIVA**
I. Sofort verfügbare Aktiva	**I. Sofort fällige Passiva**
Bankguthaben	Fällige Verbindlichkeiten aus Lieferungen und Leistungen
Kassenbestand	
Schecks/Wechsel	Fällige Verbindlichkeiten des Finanzbereichs
Fällige Forderungen	Sonstige fällige Verbindlichkeiten
II. Innerhalb der nächsten 20 Tage verfügbare Aktiva	**II. Innerhalb der nächsten 20 Tage fällige Passiva**
Fällige Wechsel	Verbindlichkeiten aus Lieferung und Leistung
Fällige Forderungen aus Lieferungen	
Fällige Forderungen des Finanzbereichs	Verbindlichkeiten des Finanzbereichs
Veräußerungserlöse aus Anlagevermögen	Sonstige Verbindlichkeiten
III. Sonstige Aktiva mit Verfügbarkeit ab 21 Tage	**III. Sonstige Passiva mit Fälligkeit ab 21 Tage**
Summe Aktiva	**Summe Passiva**

Die Fälligkeit der Forderungen richtet sich nicht alleine nach § 271 BGB.[256] Aufgrund der verschiedenartigen Funktion des Tatbestandsmerkmals im jeweiligen Regelungszusammenhang verlangt der IX. Zivilsenat des *BGH*, dass die Forderung von dem Gläubiger **ernsthaft eingefordert** wurde.[257] Dies ist anzunehmen, wenn der Gläubiger die Erfüllung vom Schuldner gezielt verlangt hat.[258] An seine Handlung werden jedoch keine hohen Anforderungen gestellt. Bereits die Übersendung einer Rechnung reicht gewöhnlich als ernsthaftes Zahlungsverlangen aus.[259] Eine wiederholte Aufforderung zur Zahlung wird dem Gläubiger

---

[253] Aus retrospektiver Sicht kann Zahlungsunfähigkeit zudem in dem Zeitpunkt angenommen werden, in dem eine fällige Verbindlichkeit erstmalig bestand, sofern diese bis zur Eröffnung des Verfahrens nicht mehr beglichen wurde, BGH v. 12.10.2006 – IX ZR 228/03, NZI 2007, 36ff.

[254] BGH v. 24.5.2005 – IX ZR 123/04, ZIP 2005, 1426. Nicht zu berücksichtigen sind Forderungen, mit deren Erfüllung der Schuldner gegen ein gesetzliches Verbot verstoßen würde; so für gesellschaftsrechtliche Auszahlungsverbote HambKommInsO-*Schröder*, § 17 Rn. 12; **a. A.** *Roth/Altmeppen/Altmeppen*, Vorbem. § 64 GmbHG Rn. 8. Ob auf Seiten der liquiden Mittel auch sog. „Cash-Pool-Forderungen", also Forderungen einer Gesellschaft auf Liquiditätsüberschüsse einer (oder mehrerer) ihrer Schwestergesellschaften zu berücksichtigen sind, ist fraglich; hierzu *Saenger/Koch*, GmbHR 2010, 113ff.

[255] Vgl. *Pelz*, Strafrecht in Krise und Insolvenz, Rn. 64.

[256] FK-InsO/*Schmerbach*, § 17 Rn. 11.

[257] Vgl. BGH v. 19.7.2007 – IX ZB 36/07, ZIP 2007, 1666, 1668.

[258] So BGH v. 14.7.2011 – IX ZB 57/11, ZInsO 2011, 1742.

[259] BGH v. 19.7.2007 – IX ZB 36/07, ZIP 2007, 1666, 1668.

nicht abverlangt.²⁶⁰ Ist die Geldschuld nach dem Kalender bestimmt, bedarf es überhaupt keiner weiteren Zahlungsaufforderung.²⁶¹ Die Forderung ist sofort mit Ablauf dieses Datums fällig i. S. v. § 17 Abs. 2 S. 1 InsO.

109   Nicht ernsthaft eingeforderte Forderungen bilden die absolute Ausnahme. Macht ein Gläubiger seine Forderung überhaupt nicht geltend, so ist nach den konkreten Umständen zu prüfen, ob hierin eine **stillschweigende Stundung** liegt. Bejaht man dies, darf die Forderung zur Bestimmung der Zahlungsunfähigkeit nicht herangezogen werden.²⁶² Begleicht der Schuldner die fälligen Verbindlichkeiten hingegen mangels vorhandener Liquidität nicht oder nur verspätet und unterlässt es der Gläubiger in der Folge – beispielsweise weil er dies ohnehin für aussichtslos erachtet – gegen den Schuldner zu klagen und zu vollstrecken (sog. „**erzwungene Stundungen**"), wird die Zahlungsunfähigkeit des Schuldners hierdurch nicht berührt.²⁶³

110   Ein Schuldner, der aufgrund seiner verfügbaren liquiden Mittel Zahlungen leisten könnte, dies aber aufgrund von Einreden oder aus Böswilligkeit nicht tut, wird auch nach der InsO nicht als zahlungsunfähig klassifiziert.²⁶⁴ Allerdings darf die **Zahlungsunwilligkeit** nicht nur vorgeschoben sein, um die Zahlungsunfähigkeit zu verschleiern.²⁶⁵

b) Folgerungen für das Insolvenzstrafrecht

111   Das Merkmal der Zahlungsunfähigkeit spielt auch aus strafrechtlicher Sicht eine **zentrale Rolle**. Es findet sich als Tatbestandsmerkmal sowohl bei der strafbewehrten Insolvenzantragspflicht gemäß § 15a Abs. 1 InsO als auch bei den Insolvenzstraftaten der §§ 283 ff. StGB. Mittelbar ist es zudem im Rahmen der Strafbarkeit wegen Betruges (§ 263 StGB) oder Untreue (§ 266 StGB) von Bedeutung. Kontrovers diskutiert wird daher, inwieweit die Definition des § 17 Abs. 2 InsO auch für das Insolvenz*straf*recht maßgeblich ist.²⁶⁶ Teilweise wird eine Übertragung vollständig abgelehnt und auf eine eigenständige strafrechtliche Definition bestanden.²⁶⁷

112   Dieser Ansicht ist die höchstrichterliche Rechtsprechung in der Entscheidung vom 23.5.2007²⁶⁸ entgegengetreten. In einem „obiter dictum" hat der *BGH* ausdrücklich festgestellt, dass die Legaldefinition des § 17 Abs. 2 S. 1 InsO auch **für das Strafrecht Geltung** hat. In der strafrechtlichen Beurteilung ist somit ebenfalls zahlungsunfähig, wer seine fälligen Verbindlichkeiten nicht mehr erfüllen kann, ohne dass es dabei auf die Merkmale der Dauerhaftigkeit oder der Wesentlichkeit ankommt.²⁶⁹ Die Begriffsbestimmung des § 17 Abs. 2 S. 1 InsO auch im Strafrecht zu Grunde zu legen, ist aufgrund der gleichlaufenden Regelungs-

---

²⁶⁰ *Staufenbiel*, InsbürO 2011, 446, 447; *Kayser*, Rn. 28. Stellt ein Kreditinstitut infolge einer Kündigung der Geschäftsbeziehungen sämtliche Kredite zur sofortigen Rückzahlung fällig, soll von einem ernsthaften Einfordern auch dann ausgegangen werden, wenn die Bank in ein Gespräch über Sanierungschancen einwilligt oder dem Schuldner eine Frist zur Rückzahlung gewährt, *Tetzlaff*, ZInsO 2007, 1334, 1337.
²⁶¹ BGH v. 14.5.2009 – IX ZR 63/08, ZIP 2009, 1235, 1238.
²⁶² BGH v. 14.7.2011 – IX ZB 57/11, ZInsO 2011, 1742.
²⁶³ BGH v. 14.2.2008 – IX ZR 38/04, ZIP 2008, 706, 708. Im Konzernrecht verbleibt es trotz externer harter Patronatserklärung bei der Zahlungsunfähigkeit einer Tochtergesellschaft, da dieser hierdurch kein eigener Anspruch gegen das Mutterunternehmen zusteht, vgl. BGH v. 19.5.2011 – IX ZR 9/10, ZIP 2011, 1111, 1113.
²⁶⁴ *Uhlenbruck*, InsOKomm, § 17 Rn. 26. Vgl. zum Behaftetsein mit Einreden BGH v. 17.5.2001 – IX ZR 188/98, NZI 2001, 417; im Schrifttum umstritten, vgl. *Braun/Kind*, InsO § 17 Rn. 19 f.
²⁶⁵ Vgl. *Uhlenbruck*, InsOKomm, § 17 Rn. 26.
²⁶⁶ Vgl. hierzu *Pelz*, Strafrecht in Krise und Insolvenz, Rn. 88 ff. m. w. N.
²⁶⁷ Vgl. hierzu *Fischer*, StGB, vor § 283 Rn. 6.
²⁶⁸ BGH v. 23.5.2007 – 1 StR 88/07, wistra 2007, 386 f.; bestätigt durch BGH v. 28.10.2008 – 5 StR 166/08, ZIP 2008, 2308, 2309.
²⁶⁹ BGH v. 23.5.2007 – 1 StR 88/07, wistra 2007, 386, 387; *Natale/Bader*, wistra 2008, 413, 414. Zugleich verzichtet der BGH auf das Merkmal des „ernsthaften Einforderns". Ob dieses analog der jüngsten Rechtsprechung des IX. Zivilsenates auch im Strafrecht wieder zur Voraussetzung gemacht wird, kann derzeit noch nicht mit Sicherheit beurteilt werden; vgl. hierzu *Staufenbiel*, InsbürO 2011, 446, 452.

B. Insolvenzrechtliche Grundlagen

interessen von Insolvenz- und Strafrecht angebracht.[270] Für eine strafrechtlich-autonome Auslegung des Begriffs besteht wegen des gemeinsamen Gläubigerschutzzweckes von InsO und StGB schlichtweg kein Bedürfnis.[271] Zudem gilt der insolvenzrechtliche Begriff der Zahlungsunfähigkeit in jedem Fall für die nun in § 15a InsO geregelte Insolvenzverschleppung. Eine abweichende Definition der gleich lautenden Begrifflichkeit für die Bankrottdelikte der §§ 283 ff. StGB vermag nicht zu überzeugen.[272]

Bei der Abgrenzung der Zahlungsunfähigkeit von der bloßen Zahlungsstockung können die von der Rechtsprechung entwickelten Abgrenzungskriterien jedoch nicht einfach in das Strafrecht übernommen werden. Vielmehr ist von einer **funktionalen Akzessorietät** auszugehen, wonach die konkrete Ausgestaltung des Krisenmerkmals unter **Beachtung der strafrechtlichen Besonderheiten** (*ultima-ratio*-Prinzip, Zweifelsgrundsatz) zu erfolgen hat.[273] Würde man die insolvenzrechtlichen Kriterien zur Abgrenzung (10 %-Schwelle, 3 Wochen-Frist) vollumfänglich übertragen, käme es zu einer Vorverlagerung der Strafbarkeit auf möglicherweise nicht strafwürdige Sachverhalte.[274] Dem könnte man noch entgegnen, dass es nach dem Prinzip der Gewaltenteilung nicht Aufgabe der Justiz sein kann, eine gesetzlich normierte Strafbarkeit auf Tatbestandsebene auszuhebeln.[275] Zu beachten ist jedoch, dass es sich bei den vom IX. Zivilsenat entwickelten Abgrenzungskriterien nicht um starre Grenzen handelt, sondern diese beweisrechtliche Vermutungsregeln darstellen. Beweislastregeln oder Vermutungen sind dem Strafrecht jedoch fremd, so dass bei der strafrechtlichen Bewertung des objektiven Tatbestands nicht unreflektiert alleine auf diese Schwellenwerte abgestellt werden kann.[276] Entscheidend ist nach § 261 StPO die richterliche Überzeugung in Bezug auf die materiellen Strafbarkeitsvoraussetzungen. Bei der Überzeugungsbildung können Aspekte, denen im Zivilrecht indizielle Bedeutung beigemessen wird, eine wesentliche Rolle spielen.[277] Verbleiben allerdings Zweifel, so ist der Angeklagte nach dem Grundsatz *in dubio pro reo* freizusprechen. Wie eine Abgrenzung unter Beachtung der strafrechtlichen Besonderheiten konkret auszusehen hat, ist bislang noch weitgehend unklar. *Bittmann* verlangt für die Bejahung des (subjektiven) Tatbestandes eine Unterdeckung in Höhe von 25 % über einen Zeitraum von einem Monat oder alternativ in Höhe von 10 % über einen Zeitraum von drei Monaten.[278] Nach anderer Ansicht sind im Strafrecht absolute Grenzwerte zur Bestimmung der Zahlungsunfähigkeit nicht zielführend, so dass die Abgrenzung anhand einer „Gesamtschau der Geschäftsstruktur des Unternehmens"[279] zu treffen ist. Aufgrund der Parallelität der Regelungsintentionen, der Einheitlichkeit der Rechtsordnung sowie aus Gesichtspunkten der Rechtssicherheit wird man jedoch auch im Strafrecht die Begriffsbestimmung des § 17 InsO zu Grunde legen müssen, ohne indes eine strikte Bindung zu verlangen.

---

[270] *Wegner*, Aktuelle Entwicklungen im Insolvenzstrafrecht, in: HRRS 2009, 32, 34, abrufbar unter www.hrr-strafrecht.de; *Natale/Bader*, wistra 2008, 413, 414; *Lackner/Kühl*, StGB, § 283 Rn. 7; OLG Köln NStZ-RR 2005, 378: „insolvenzrechtsakzessorisch".

[271] LK/*Tiedemann*, Vor §§ 283 – 283d StGB Rn. 126; *Natale/Bader*, wistra 2008, 413, 414; *Pelz*, Strafrecht in Krise und Insolvenz, Rn. 90; **a. A.** wohl *Dannecker/Hagemeier*, in: *Dannecker/Knierim/Hagemeier*, Rn. 71, wonach das Insolvenzrecht eine möglichst frühzeitige Verfahrenseröffnung beabsichtigt, während es in den §§ 283 ff. StGB um die Grenzziehung zwischen strafwürdigem und strafunwürdigem Verhalten geht.

[272] So auch *Pelz*, Strafrecht in Krise und Insolvenz, Rn. 90.

[273] LK/*Tiedemann*, StGB, vor §§ 283 – 283d StGB Rn. 155; *Verjans*, in: *Böttger*, Wirtschaftsstrafrecht in der Praxis, Kap. 4 Rn. 15.

[274] *Verjans*, in: *Böttger*, Wirtschaftsstrafrecht in der Praxis, Kap. 4 Rn. 12; *Arens*, wistra 2007, 450, 453. Die vom Gesetzgeber angestrebte frühere Eröffnung des Insolvenzverfahrens führt auch zu einem früheren Eintritt der objektiven Strafbarkeitsbedingung des § 283 Abs. 6 StGB.

[275] So *Natale/Bader*, wistra 2008, 413, 415.

[276] *Arens*, wistra 2007, 450, 452.

[277] *Natale/Bader*, wistra 2008, 413, 415.

[278] *Bittmann*, Insolvenzstrafrecht, § 11 Rn. 61 ff., § 12 Rn. 18; früher schon *Bittmann*, wistra 1998, 321, 323 f.

[279] *Arens*, wistra 2007, 450, 454.

c) Erkenntnisquellen für die Ermittlungsbehörden

114 Zur strafrechtlichen Feststellung der Zahlungsunfähigkeit kommen für die Ermittlungsbehörden verschiedene Möglichkeiten in Betracht.

aa) Betriebswirtschaftliches Gutachten

115 Die Zahlungsunfähigkeit ist in der Regel durch eine **stichtagsbezogene Gegenüberstellung** der fälligen und eingeforderten Verbindlichkeiten und der zu ihrer Tilgung vorhandenen oder herbeizuschaffenden Mittel festzustellen.[280] Häufig wird hierfür ein **betriebswirtschaftliches Sachverständigengutachten** erforderlich sein. Hiervon wird auch von der Verteidigungspraxis mehr und mehr Gebrauch gemacht.[281] Der Fachausschuss „Sanierung und Insolvenz" des Instituts der Wirtschaftsprüfer hat den am 22.1.1999 verabschiedeten „IDW-Prüfungsstandard: Empfehlungen zur Prüfung eingetretener oder drohender Zahlungsunfähigkeit bei Unternehmen (IDW PS 800)" am 6.3.2009 durch eine überarbeitete Version ersetzt.[282] Dem IDW PS 800 kommt zwar keine Rechtsnormqualität zu, er findet aber im Allgemeinen bei der Arbeit von Sanierungsberatern, Bankenvertretern und Insolvenzverwaltern Anwendung. Danach erfolgt die Prüfung der Zahlungs(un)fähigkeit anhand des folgenden Finanzplanschemas[283]:

	Tage	Wochen	Monate
	1. 2. ... 7.	1. 2. 3.	1. 2. 3.

I. **Einzahlungen**
1. **Einzahlungen aus laufendem Geschäftsbetrieb**
   1.1. Barverkäufe
   1.2. Leistungen auf Ziel
2. **Einzahlungen aus Desinvestitionen**
   2.1. Anlagenverkäufe
   2.2. Auflösung von Finanzinvestitionen
3. **Einzahlungen aus Finanzerträgen**
   3.1. Zinserträge
   3.2. Beteiligungserträge

II. Auszahlungen
1. **Auszahlungen für den laufenden Geschäftsbetrieb**
   1.1. Gehälter/Löhne
   1.2. Roh-, Hilfs- und Betriebsstoffe
   1.3. Steuern/Abgaben
   1.4. ...
   1.5. ...
2. **Auszahlungen für Investitionen**
   2.1. Sachinvestitionen
      Ankäufe
      Vorauszahlungen
      Restzahlungen
   2.2. Finanzinvestitionen
3. **Auszahlungen im Rahmen des Finanzverkaufs**
   3.1. Kredittilgung

---

[280] Vgl. BGHR StGB § 283 Abs. 1 Zahlungsunfähigkeit 1 (2) m.w.N; *Kriegel*, in: *Nickert/Lamberti*, Rn. 48; BGH v. 30.1.2003 – 3 StR 437/02, KTS 2003, 579 ff., mit Anm. *Beckemper*, JZ 2003, 804 ff.
[281] Vgl. *Hartung*, wistra 1997, 1, 2.
[282] Vgl. FN-IDW 4/2009, S. 161 ff.; Erläuterungen des FAS IDW, in: ZIP 2009, 201 ff.
[283] Die Geeignetheit eines Finanzplans, der künftige Zahlungseingänge und Verbindlichkeiten im Planungszeitraum berücksichtigt, wird von *Uhlenbruck* wegen der Stichtagsbezogenheit in Zweifel gezogen, vgl. *Uhlenbruck*, InsOKomm, § 17 Rn. 45, nach anderer Ansicht aber befürwortet, vgl. *Harz*, ZInsO 2001, S. 193, 196.

B. Insolvenzrechtliche Grundlagen

3.2. Akzepteinlösung
3.3. Eigenkapitalminderung
   (z. B.: Privatentnahmen)
3.4. Zinsen

III. Ermittlung der Über- bzw. Unterdeckung
durch
I ./. II.
+ Zahlungsmittelbestand im Beurteilungszeitpunkt

IV. Ausgleichs- und Anpassungsmaßnahmen
1. **Bei Unterdeckung (Einzahlungen)**
   1.1. Kreditaufnahme
   1.2. Eigenkapitalerhöhung
   1.3. Rückführung gewährter Darlehen
   1.4. Zusätzliche Desinvestition
2. **Bei Überdeckung (Auszahlungen)**
   2.1. Kreditrückführung
   2.2. Anlage in liquiden Mitteln

V. Zahlungsmittelbestand am Periodenende unter Berücksichtigung der Ausgleichs- und Anpassungsmaßnahmen

In der strafrechtlichen Literatur wird ein solches Gutachten teils nur dann für sinnvoll gehalten, wenn überhaupt eine einigermaßen geordnete und aktuelle Buchführung vorhanden ist, nicht aber, wenn die Buchführung grob unübersichtlich ist oder gar nicht geführt wurde (zur Strafbarkeit unten Kap. 9 Rn. 136 ff.).[284] Bei kleineren Insolvenzfällen ist das Gericht aufgrund eigener Sachkenntnis genauso gut in der Lage, eine Gegenüberstellung der fälligen und der zur Tilgung vorhandenen Mittel vorzunehmen; beispielsweise hat das *LG Köln*[285] einen Beweisantrag zur Einholung eines betriebswirtschaftlichen Gutachtens aufgrund eigener Sachkunde abgelehnt.

bb) Wirtschaftskriminalistische Feststellungsmethode

Neben dieser betriebswirtschaftlichen Methode hat es der *BGH* gebilligt, dass auch durch die Feststellung **wirtschaftskriminalistischer Beweisanzeichen** ein sicherer Schluss auf den Eintritt der Zahlungsunfähigkeit gezogen werden kann.[286] Zu den äußeren Anzeichen gehören Steuer- und Sozialversicherungsrückstände, die Häufung von gerichtlichen Mahnbescheiden und bei Gericht anhängigen Leistungsklagen sowie von fruchtlosen Pfändungsmaßnahmen des Gerichtsvollziehers oder des Vollstreckungsgerichts, die Abgabe der eidesstattlichen Versicherung durch den Schuldner bzw. seine Organe, frühere Insolvenzanträge sowie Wechsel- und Scheckproteste, Nichtbezahlung wiederkehrender Verbindlichkeiten für betriebsnotwendige Leistungen sowie die Androhung oder die Vornahme der Kündigung von Bankkrediten.[287] Diese äußeren Anzeichen müssen dann in ihrer zeitlichen Reihenfolge erfasst und ausgewertet werden.

cc) Weitere Methoden

Zuletzt wurden im Schrifttum weitere Methoden zur Bestimmung der Zahlungsunfähigkeit entwickelt, die auch bei der Tätigkeit der Ermittlungsbehörden Anwendung finden können. Nach *Staufenbiel/Hoffmann* ist die Zahlungsunfähigkeit anhand der Mischung aus einer bestandsorientierten und einer dynamischen Liquiditätsanalyse zu bestimmen. Zunächst wird

---

[284] Vgl. *Hartung*, wistra 1997, 1, 2.
[285] Vgl. LG Köln v. 23.5.1991 – 112 KLs 10/88, wistra 1992, 269.
[286] Vgl. BGHR StGB § 283 Abs. 1 Zahlungsunfähigkeit 1 (Urteil vom 26.2.1987); BGHR StGB § 283 Abs. 1 Zahlungsunfähigkeit 2 (Urteil vom 2.8.1990); BGH, Urt. v. 20.7.1999 – 1 StR 668/98, NJW 2000, 154, 156.
[287] Vgl. *Müller/Wabnitz/Janovsky*, Rn. 37; *Weyand*, ZInsO 2002, 851, 857 f.; weitere Anzeichen bei *Schreiber*, in: *Nickert/Lamberti*, Rn. 1044 und *Pape*, WM 2008, 1949, 1951.

sich mithilfe der bestandsorientierten Analyse ein Überblick über die finanzielle Situation verschafft und es werden Anhaltspunkte für eine Zahlungsunfähigkeit eruiert.[288] In einem zweiten Schritt ist eine dynamische Liquiditätsanalyse durchzuführen und so der konkrete Zeitpunkt des Eintritts der Zahlungsunfähigkeit zu bestimmen.[289] Der Ermittlungsansatz von *Kirstein*[290] folgt einer strukturierten Vorgehensweise in insgesamt sechs Schritten. Im ersten Schritt wird versucht, anhand von Indizien einen Feststellungszeitpunkt zu ermitteln. Anschließend sollen die Unterlagen besorgt werden, die für eine Feststellung der objektiven Zahlungsunfähigkeit notwendig sind. Im dritten Schritt sind die liquiden Mittel zu diesem Stichtag zu ermitteln. In einem vierten Schritt werden die Aktiva für einen Zeitraum von drei Wochen ab dem Stichtag ermittelt, ehe im fünften Schritt die Verbindlichkeiten zum Stichtag bestimmt werden. Der letzte Schritt besteht dann in der Aufstellung einer Liquiditätsbilanz. *Haarmeyer* hingegen möchte anhand der vorliegenden Unterlagen, wirtschaftskriminalistischer Beweisanzeichen und der Feststellung der ältesten, nicht bezahlten Rechnung des Unternehmens zunächst einen ersten Anhaltspunkt für den Eintritt der materiellen Insolvenz finden.[291] Das gefundene Ergebnis kann dann durch eine auf Grundlage der betriebswirtschaftlichen Methode aufgestellten Liquiditätsbilanz überprüft werden. Der gefundene Stichtag ist schließlich anhand von Indizien zu verifizieren.[292] Die genauen Einzelheiten der verschiedenen Ansätze sollen an dieser Stelle nicht Gegenstand weiterer Erörterungen sein.

3. Drohende Zahlungsunfähigkeit

a) Insolvenzrechtlicher Begriff

119 Um früher auf eine Unternehmenskrise reagieren zu können und die Sanierungschancen zu erhöhen, hat die InsO den zusätzlichen Eröffnungsgrund der drohenden Zahlungsunfähigkeit eingeführt. Er schafft die Möglichkeit, bereits frühzeitig vor dem vollständigen Verfall des Schuldnervermögens geeignete verfahrensrechtliche Gegenmaßnahmen einzuleiten.[293]

Nach der **Legaldefinition** des § 18 Abs. 2 InsO liegt der Eröffnungsgrund der drohenden Zahlungsunfähigkeit vor, wenn der Schuldner voraussichtlich nicht in der Lage sein wird, die bestehenden Zahlungspflichten im Zeitpunkt der Fälligkeit zu erfüllen. Drohende Zahlungsunfähigkeit ist somit gegeben, wenn sich aus dem Vergleich zwischen den mit an Sicherheit grenzender Wahrscheinlichkeit zu begründenden Verbindlichkeiten, wie Lohnkosten, Sozialversicherungsbeiträge, Steuern etc. und den voraussichtlichen Einnahmen im Rahmen eines vom Schuldner aufzustellenden Finanzplanes ergibt, dass der Eintritt der Zahlungsunfähigkeit zu einem bestimmten Zeitpunkt überwiegend wahrscheinlich ist.[294] Dies ist der Fall, wenn eine Wahrscheinlichkeit von mehr als 50% besteht, mithin der Eintritt der Zahlungsunfähigkeit wahrscheinlicher ist als ihr Ausbleiben.[295]

120 Der Zeitrahmen der zu treffenden Prognose ist umstritten. Da aber der Finanzplan eine bestimmte Zuverlässigkeit haben sollte, ist es realistisch, das laufende und – wenn möglich – das folgende Geschäftsjahr zu umfassen.[296]

121 Zu beachten ist, dass dieser Eröffnungsgrund gemäß § 18 Abs. 1 InsO nur im Fall eines **Eigenantrags** des Schuldners eingreift. Außenstehende Gläubiger sollen den Schuldner

---

[288] *Staufenbiel/Hoffmann*, ZInsO 2008, 838.
[289] *Staufenbiel/Hoffmann*, ZInsO 2008, 838.
[290] *Kirstein*, ZInsO 2006, 966 ff.
[291] *Haarmeyer*, InsbürO 2011, 442, 445.
[292] *Haarmeyer*, InsbürO 2011, 442, 446.
[293] *Drukarczyk/Schüler*, in: Kölner Schrift zur Insolvenzordnung, S. 95 ff. Rn. 37.; vgl. *Gogger*, Insolvenzgläubiger-Handbuch Zweiter Teil B IV 4 a.
[294] Begr. zum RegE-InsO, BT-Dr. 12/2443, S. 114 f.; *Lackner/Kühl*, StGB, § 283 Rn. 8; *Gogger* Insolvenzgläubiger-Handbuch Zweiter Teil B IV 4c bb; für mehr als 50%: *Hess*, InsOKomm, Band 1, § 18 Rn. 6.
[295] FK-InsO/*Schmerbach*, § 18 Rn. 22; *Uhlenbruck*, InsOKomm, § 18 Rn. 11; HambKommInsO-*Schröder*, § 18 Rn. 8; *Verjans*, in: Böttger, Wirtschaftsstrafrecht in der Praxis, Kap. 4 Rn. 29.
[296] Vgl. *Uhlenbruck*, InsOKomm, § 18 Rn. 19.

B. Insolvenzrechtliche Grundlagen

nicht schon im Vorfeld der Krise zu stark unter Druck setzen können.[297] Eigenanträge können (und sollen nach der Absicht des Gesetzgebers auch) mit der Vorlage eines Insolvenzplanes zur Sanierung gestellt werden.[298] Der Tatbestand der drohenden Zahlungsunfähigkeit gibt dem Schuldner somit ein **Antragsrecht**, aber **keine** entsprechende **Pflicht** zur Antragstellung. Das Unterlassen des Antrags führt weder zu einer direkten strafrechtlichen Sanktion der antragsbefugten Organe noch zu zivilrechtlichen oder insolvenzrechtlichen Schadensersatzverpflichtungen.[299] Der Schuldner macht sich insbesondere nicht wegen Insolvenzverschleppung strafbar.[300] Allerdings löst der Schuldner, wenn aufgrund seines Eigenantrages wegen drohender Zahlungsfähigkeit das Insolvenzverfahren eröffnet wird, die objektive Strafbarkeitsbedingung des § 283 Abs. 6 StGB aus, so dass sich für ihn das generelle Risiko einer Insolvenzstrafbarkeit erhöht.[301]

Stellt der Schuldner selbst den Eröffnungsantrag, muss er die Tatsachen der Zahlungsunfähigkeit nicht glaubhaft machen. Bei dem Eröffnungsgrund der drohenden Zahlungsunfähigkeit sind allerdings seine weitreichenden Folgen (Vollstreckungsverbot für die Gläubiger, Rückschlagsperre des § 88 InsO, Schutzschirmverfahren des § 270b InsO) und die damit einhergehende Gefahr missbräuchlicher Verwendung durch den Schuldner (Weiterwirtschaften unter dem Schutz der InsO bei gleichzeitiger Anordnung der Eigenverwaltung) zu beachten. Das Gericht muss daher eine sorgfältige Überprüfung der vom Schuldner behaupteten drohenden Zahlungsunfähigkeit vornehmen.[302] Hierfür kann es vom Schuldner schon nach der allgemeinen Bestimmung des § 20 InsO Auskunft, etwa durch Vorlage eines Liquiditätsplans, verlangen.[303]

Verbindet der Schuldner seinen Eigenantrag bei drohender Zahlungsunfähigkeit mit den Anträgen auf Anordnung der Eigenverwaltung und auf das Setzen einer Frist zur Vorlage eines Insolvenzplans (§ 270b Abs. 1 S. 1 InsO), so bestimmt das Insolvenzgericht die Einleitung des „Schutzschirmverfahrens" (hierzu ausführlich bereits Rn. 55 ff.), wenn der Schuldner eine mit Gründen versehene Bescheinigung eines in Insolvenzsachen erfahrenen Beraters vorlegt, aus der sich ergibt, dass weder bereits Zahlungsunfähigkeit eingetreten, noch die Sanierung offensichtlich aussichtslos ist.

b) Auswirkungen auf das Strafrecht

Der Begriff der drohenden Zahlungsunfähigkeit fand im Strafrecht bereits unter Geltung der Konkursordnung Verwendung (vgl. § 283 Abs. 1, Abs. 4 Nr. 1, Abs. 5 Nr. 1, § 283d Abs. 1 Nr. 1 StGB). Dies basiert auf der Grunderkenntnis, dass bereits die Gefährdung und nicht erst die Schädigung der Gläubigerinteressen unter Strafdrohung gestellt werden muss. Im Unterschied zur eingetretenen Zahlungsunfähigkeit und zur Überschuldung konnte sich das Strafrecht bis zum Inkrafttreten der InsO nicht auf ein vorgeprägtes insolvenzrechtliches Begriffsverständnis stützen; der Begriff wurde auch durch die Normen des StGB nicht näher bestimmt. Nach der Begründung des Regierungsentwurfs zur InsO soll die Definition des § 18 Abs. 2 InsO geeignet sein, auch für das Strafrecht größere Klarheit zu bringen.[304]

Es wurde bereits darauf hingewiesen, dass der Eröffnungsgrund der drohenden Zahlungsunfähigkeit keine Rechtspflicht des Schuldners zur Insolvenzantragstellung nach sich zieht. Daher ist § 18 InsO für die Frage einer Insolvenzverschleppung irrelevant.[305] Hier verbleibt

---

[297] Vgl. *Ampferl*, in: *Beck/Depré*, Praxis der Insolvenz, § 2 Rn. 95.
[298] Vgl. *Ampferl*, in: *Beck/Depré*, Praxis der Insolvenz, § 2 Rn. 93.
[299] Vgl. auch *Breutigam/Blersch/Goetsch*, Insolvenzrecht § 18 Rn. 6.
[300] *Röhm*, NZI 2002, 134, 135.
[301] *Röhm*, NZI 2002, 134, 136, der auch verschiedene Lösungsansätze dieser Wertungsdiskrepanz zwischen Insolvenzrecht und Strafrecht darstellt und diskutiert.
[302] So *KPB/Pape*, InsO, § 18 Rn. 10 f.; auch schon *Beck*, in: *Beck/Depré*, Praxis der Insolvenz, 1. Auflage, § 5 Rn. 86.
[303] Vgl. auch die Begründung zu § 22 des Regierungsentwurfs; abgedruckt in Auszügen bei *Uhlenbruck*, wistra 1996, 1, 4.
[304] Begr. RegE zu § 18 InsO, abgedruckt in: *Kübler/Prütting*, Das neue Insolvenzrecht, S. 173.
[305] So auch *Bieneck*, in: *Müller-Gugenberger/Bieneck*, Wirtschaftsstrafrecht § 76 Rn. 60.

es vielmehr bei den Eröffnungsgründen der Zahlungsunfähigkeit bzw. Überschuldung (vgl. § 15a Abs. 1 InsO).

126   Im **Insolvenzstrafrecht** ist der Begriff der drohenden Zahlungsunfähigkeit wegen seines ihm innewohnenden prognostischen Elements heftig umstritten, ebenso die Frage, ob der insolvenzrechtliche Begriff übernommen werden kann. *Bieneck*[306] geht davon aus, dass eine Definitionsübertragung in das Strafrecht geboten ist, soweit dies möglich sei. Auch *Fischer*[307] und *Lackner/Kühl*[308] legen die Definition des § 18 Abs. 2 InsO zumindest zu Grunde, ebenso *Borchardt*[309] und *Stree/Heine*,[310] wobei Letztere aber die Definition strafrechtlich einschränkend auslegen wollen. Mit der Definition des § 18 Abs. 2 InsO dürfte klargestellt sein, dass auf die naheliegende Wahrscheinlichkeit des Eintritts der Zahlungsunfähigkeit abzustellen ist.[311]

127   Zu den bereits dargestellten Problemen, wie etwa die bereits aus insolvenzrechtlicher Sicht bestehenden Unsicherheiten bzgl. der Bestimmung der drohenden Zahlungsunfähigkeit, kommen noch strafrechtsspezifische Besonderheiten hinzu. Die Formulierung von *Uhlenbruck*, „die rechtlichen Konstruktionen hinsichtlich der Feststellung des Krisenmerkmals seien bislang weitgehend Kunstprodukte aus der juristischen Retorte geblieben",[312] spiegelt jedenfalls die Problematik dieses Tatbestandsmerkmals allzu deutlich wider.

128   Aus dem Gesichtspunkt des Bestimmtheitsgrundsatzes (Art. 103 Abs. 2 GG) heraus ist der Prognosezeitraum für strafrechtliche Zwecke auf die überschaubare Länge von einem Jahr zu begrenzen.[313] Da es im **Insolvenzverfahren** wegen drohender Zahlungsunfähigkeit zudem um den freiwilligen Verfahrenseintritt des Schuldners geht, um eine Krise früher zu meistern und damit die Sanierungschancen des Unternehmens zu erhöhen, kann eine gleich lautende Interpretation der Begriffe nicht unproblematisch erfolgen.[314] Der Schuldner soll durch das in der InsO normierte Antragsrecht bei drohender Zahlungsunfähigkeit schon frühzeitig „in den Genuss" des Insolvenzverfahrens mit seinen immanenten Vorteilen (Herausgabesperre von Gegenständen, an denen Sicherheiten bestehen gem. §§ 165, 166 InsO; Recht auf Vorlage eines Insolvenzplans, § 218 InsO; Möglichkeit der Eigenverwaltung nach den §§ 270 ff. InsO; Schutzschirmverfahren gem. § 270b InsO sowie die Restschuldbefreiung gem. §§ 286 ff. InsO) kommen.[315] Im Insolvenzrecht geht es also allein darum, eine niedrige Schwelle zur Verfahrenseröffnung bereitzustellen. Demgegenüber befasst sich das Insolvenzstrafrecht mit Handlungen unter Missachtung einer erkannten Krise. Folglich unterscheiden sich die in beiden Gesetzen verwendeten Begriffe und Zielrichtungen der drohenden Zahlungsunfähigkeit erheblich voneinander.[316] Eine parallele Auslegung der Begriffe ist daher keinesfalls indiziert.[317]

c) Erkenntnisquellen

129   Für die Ermittlungsbehörden ergibt sich das Problem, dass die drohende Zahlungsunfähigkeit des Schuldners schwer nachzuweisen ist.[318] Auch hier wird als Feststellungsnachweis auf die betriebswirtschaftliche Methode[319] oder die wirtschaftskriminalistische Feststellungsme-

---

[306] *Bieneck*, in: *Müller-Gugenberger/Bieneck*, Wirtschaftsstrafrecht § 76 Rn. 56, 58.
[307] *Fischer*, StGB, Vor § 283 Rn. 10.
[308] *Lackner/Kühl*, StGB, § 283 Rn. 8.
[309] HambKommInsO-*Borchardt*, § 283 StGB Rn. 7.
[310] *Schönke/Schröder/Stree/Heine*, StGB, § 283 Rn. 53.
[311] *Bieneck*, in: *Müller-Gugenberger/Bieneck*, Wirtschaftsstrafrecht § 76 Rn. 58.
[312] In wistra 1996, 1, 3.
[313] *Bieneck*, in: *Müller-Gugenberger/Bieneck*, Wirtschaftsstrafrecht § 76 Rn. 59; so auch *Bittmann*, wistra 1998, 321, 325.
[314] Im Ergebnis ebenso *Moosmayer*, S. 168 ff.
[315] *Ehlers*, ZInsO 2005, 169, 170.
[316] Ebenso *Dannecker/Hagemeier*, in: *Dannecker/Knierim/Hagemeier*, Rn. 85; *KPB/Pape*, InsO, § 18 Rn. 1; vgl. auch *Röhm*, NZI 2002, 134 ff.
[317] Ebenso *KPB/Pape*, InsO, § 18 Rn. 1; *Nerlich/Römermann/Mönning*, InsO, § 18 Rn. 21; **a. A.** wohl HK-InsO/*Kirchhof*, § 18 Rn. 4.
[318] Vgl. *Müller/Wabnitz/Janovsky* Kap. 6 Rn. 6; *Reck*, ZInsO 1999, 195, 197 f.
[319] Vgl. LK/*Tiedemann*, vor §§ 283 – 283d StGB Rn. 141.

B. Insolvenzrechtliche Grundlagen

thode[320] zurückgegriffen, wonach äußere Beweiszeichen ausreichen können. Vereinzelt ist zu beobachten, dass die Strafverfolgungsbehörden bei schließlich eingetretener Zahlungsunfähigkeit zumindest auf das „Drohen der Zahlungsunfähigkeit" für den vergangenen Zeitraum zurückschließen. Wenngleich Einigkeit besteht, dass ein solcher Rückschluss unzulässig ist, vielmehr zu einem bestimmten Stichtag aus *ex-ante*-Sicht die drohende Zahlungsunfähigkeit festgestellt werden muss, ist auch diese Sichtweise problembehaftet, weil der Begriff des „Drohens" schon wegen seines prognostischen Elements einer präzisen Definition nicht zugänglich ist.[321]

Schließlich stellt sich die Frage, ob im Fall eines Eigenantrags des Schuldners wegen drohender Zahlungsunfähigkeit und der hierauf beruhenden Eröffnung des Insolvenzverfahrens alleine die objektive Strafbarkeitsbedingung des § 283 Abs. 6 StGB eingetreten ist, oder die Ermittlungsbehörden von drohender Zahlungsunfähigkeit auch im Rahmen des § 283 Abs. 1 StGB ausgehen dürfen. Durch die Einführung des „**Schutzschirmverfahrens**" hat diese Problematik zusätzlich an praktischer Bedeutung gewonnen: Einem Antrag nach § 270b InsO ist eine Bescheinigung beizufügen, aus der sich – neben der Möglichkeit einer Sanierung – ergeben muss, dass dem Schuldner die Zahlungsunfähigkeit droht. Die drohende Zahlungsunfähigkeit ist von einem in Insolvenzsachen erfahrenen Berater darzulegen und zu begründen. Noch unklar ist, ob dieses „Eingeständnis" dem Verwendungsverbot aus § 97 Abs. 1 S. 3 InsO unterliegt.[322] Dagegen spricht zumindest der Wortlaut der Norm, welcher eine Auskunft verlangt, zu dessen Erteilung der Schuldner gemäß § 97 Abs. 1 S. 1 InsO **verpflichtet** war. Die Bescheinigung nach § 270b Abs. 1 S. 3 InsO hingegen ist Zulässigkeitsvoraussetzung des vom Schuldner frei gewählten Verfahrens. Eine Verwertung würde demnach den Intentionen des ESUG-Gesetzgebers widersprechen. Für die Feststellung der drohenden Zahlungsunfähigkeit als Tatbestandsvoraussetzung des § 283 Abs. 1 StGB entfaltet die Bejahung des Eröffnungsgrundes jedenfalls – wie bereits oben angeführt – keine zwingende Bindungswirkung. Im Übrigen ist auch hier der *in dubio pro reo*-Grundsatz zu beachten.

4. Überschuldung

a) Begriff

Bei **juristischen Personen** stellt gemäß § 19 Abs. 1 InsO neben der Zahlungsunfähigkeit auch die **Überschuldung** einen Eröffnungsgrund dar, ebenso beim Nachlass gemäß § 320 S. 1 InsO. Bei Gesellschaften ohne Rechtspersönlichkeit ist die Überschuldung Eröffnungsgrund, wenn kein persönlich haftender Gesellschafter eine natürliche Person ist (§ 19 Abs. 3 InsO), wie bspw. beim Regelfall der „kapitalistischen" GmbH & Co. KG. Beim Begriff der „Überschuldung" handelt es sich um einen **eigenständigen Rechtsbegriff**; eine Gegenüberstellung der Vermögenswerte in Bilanzform ist nicht ausreichend. Eine Handels- und Steuerbilanz kann die Erstellung eines eigenständigen Überschuldungsstatus daher nicht ersetzen. Auch wenn sie gewöhnlich als erste Erkenntnisquelle bei der Bestimmung der wirtschaftlichen Situation des Unternehmens vorliegt, besteht Einigkeit darin, dass die Bewertungsansätze der Handels- und der Steuerbilanz für die Ermittlung einer Überschuldung im insolvenzrechtlichen Sinn ungeeignet sind. Die Handels- und Steuerbilanz dient anderen Zwecken; sie soll den Überschuss/Verlust einer Wirtschaftsperiode aufzeigen. Eine in der Jahresbilanz ausgewiesene Überschuldung kann allenfalls indizielle Bedeutung haben und muss Ausgangspunkt weiterer Ermittlungen bzgl. des wahren Wertes des Gesellschaftsvermögens sein.[323] Vielmehr wird im Insolvenzrecht ebenso wie im Insolvenzstrafrecht nach der **recht-**

---

[320] *Fischer*, StGB. vor § 283 Rn. 9 b.
[321] Vgl. auch die IDW-Empfehlungen des Fachausschusses Sanierung und Insolvenz zur Prüfung drohender Zahlungsunfähigkeit, FN-IDW 4/2009, S. 161 ff.
[322] Vgl. *Lenger/Apfel*, WiJ 1.2012, 34, 41, abrufbar unter www.wi-j.de.
[323] BGH v. 8.3.2012 – IX ZR 102/11, ZInsO 2012, 732 f.; BGH v. 26.10.2010 – II ZR 60/09, ZIP 2010, 1443, 1445; OLG Celle v. 1.2.2006 – 9 U 147/05, ZInsO 2006, 440 ff.

lichen Überschuldung gefragt.[324] Bei der Bestimmung des Überschuldungsbegriffes ist nach bestimmten **Zeiträumen zu unterscheiden**. Zur strafrechtlichen Anwendungsproblematik bei sog. Altfällen vgl. nachfolgend Rn. 141.

aa) KO (bis 31.12.1998)

132 Der Rechtsbegriff der Überschuldung war in der KO gesetzlich nicht definiert. Der *BGH*[325] entwickelte hierzu den sog. „modifiziert zweistufigen Überschuldungsbegriff". Diese Definition wurde vom Insolvenzgesetzgeber (zunächst) nicht übernommen; sie ist jedoch seit dem 18.10.2008 wieder in Kraft und nun in § 19 Abs. 2 InsO auch gesetzlich verankert.
Zu den Einzelheiten wird auf die erste Auflage dieses Handbuches verwiesen.

bb) InsO vom 1.1.1999 – 17.10.2008[326]

133 Mit Einführung der InsO am 1.1.1999 bis zum 17.10.2008 galt für juristische Personen in Deutschland – die nicht im Jahre 2002 Opfer des Elbhochwassers waren[327] – der sog. **(einfache) zweistufige Überschuldungsbegriff**. Nach der damaligen Fassung des § 19 Abs. 2 InsO lag Überschuldung vor, *„wenn das Vermögen des Schuldners die bestehenden Verbindlichkeiten nicht mehr deckt. Bei der Bewertung des Vermögens des Schuldners ist jedoch die Fortführung des Unternehmens zu Grunde zu legen, wenn diese nach den Umständen überwiegend wahrscheinlich ist."*
Zur Ermittlung einer rechnerischen Überschuldung wurde zunächst eine **Bewertung unter Annahme der Liquidation** des Unternehmens vorgenommen (Erste Stufe der Überschuldungsprüfung). Anzusetzen waren diejenigen Werte, die für den Fall einer zum Stichtagszeitpunkt vorzunehmenden, zwanglos durchzuführenden Liquidation zu erzielen waren. War der Vermögensübersicht selbst beim Ansatz der Liquidationswerte keine Überschuldung zu entnehmen, war das Unternehmen „auf der sicheren Seite", also nicht überschuldet.

134 Zeigte sich unter Verwendung der Liquidationswerte hingegen eine Überschuldung, so war die Prüfung noch nicht abgeschlossen. § 19 Abs. 2 S. 2 InsO a. F. gestattete den Ansatz der (zumeist höheren) **Fortführungswerte** (sog. **Going-concern-Werte**), wenn die Fortführung des Unternehmens *„nach den Umständen überwiegend wahrscheinlich"* war. Es fand eine Fortführungsprüfung aus Sicht eines ordentlichen und gewissenhaften Geschäftsführers statt (Zweite Stufe der Überschuldungsprüfung). War die Fortführungsprognose positiv, musste eine zweite Überschuldungsbilanz unter Ansetzung der höheren Fortführungswerte aufgestellt werden. Konnte nun selbst das unter Verwendung der Fortführungswerte festgestellte Vermögen die Verbindlichkeiten nicht mehr decken, lag der Eröffnungsgrund der Überschuldung vor. Anderenfalls – also bei ausreichend vorhandenen Vermögenswerten – war eine Überschuldung im insolvenzrechtlichen Sinne nicht gegeben. Alleine eine positive Fortführungsprognose bewahrte das Unternehmen jedenfalls nicht vor der Insolvenz.

cc) InsO ab dem 18.10.2008

135 Gemäß § 19 Abs. 2 InsO in seiner aktuell gültigen Fassung liegt Überschuldung vor, *„wenn das Vermögen des Schuldners die bestehenden Verbindlichkeiten nicht mehr deckt, es sei denn die Fortführung des Unternehmens ist nach den Umständen überwiegend wahrscheinlich."*

---

[324] Zu den einzelnen Ansätzen der Überschuldungsprüfung eingehend *Beck*, in: *Beck/Depré*, Praxis der Insolvenz, § 5 Rn. 95 ff.; *Uhlenbruck*, InsOKomm, § 19 Rn. 10 ff.; zu den Grundlagen der Überschuldungsprüfung siehe auch die IDW-Empfehlungen des Fachausschusses Recht, abgedruckt in FN-IDW 1996, 523 ff.
[325] BGH v. 13.7.1992 – II ZR 269/91, ZIP 1992, 1382 ff. („Dornier").
[326] Vgl. hierzu auch die **Vorauflage** unter Rn. 93 ff. sowie *Beck*, in: *Beck/Depré*, 1. Auflage, § 1 Rn. 31.
[327] Diesen Unternehmen gestattete Art. 6 Abs. 1 des Flutopfersolidaritätsgesetzes v. 19.9.2002 (BGBl. 2002 I, S. 3651), ihren Insolvenzantrag bis längstens zum 31.12.2002 aufzuschieben, wenn der Eintritt der Überschuldung auf den Auswirkungen der Hochwasserkatastrophe aus dem August 2002 beruhte.

B. Insolvenzrechtliche Grundlagen

Mit dieser durch das **Finanzmarktstabilisierungsgesetz (FMStG)**[328] in Folge der Finanz- und Wirtschaftskrise neu gefassten Definition kehrt der Gesetzgeber zum sog. **„modifiziert zweistufigen Überschuldungsbegriff"** zurück, wie er bereits von Rechtsprechung und Schrifttum zu Zeiten der KO entwickelt wurde.[329] Für eine Überschuldung im insolvenzrechtlichen Sinn ist demnach erforderlich, dass beim Ansatz der Liquidationswerte eine **rechnerische Überschuldung** besteht und gleichzeitig **keine positive Fortführungsprognose** für das Unternehmen gestellt werden kann. Hingegen schließt bereits eine positive Fortführungsprognose die insolvenzrechtliche Überschuldung aus.[330] Durch diese Einschränkung soll verhindert werden, dass Unternehmen die zwar weiterhin erfolgreich am Markt operieren können, jedoch aufgrund hoher Wertverluste in Folge der Finanzkrise bilanziell überschuldet sind, zur Stellung eines Insolvenzantrages gezwungen werden.[331] Die gemäß Art. 5 FMStG am 18.10.2008 in Kraft getretene (Rück-) Änderung hin zum modifizierten zweistufigen Überschuldungsbegriff war zunächst zeitlich bis zum 31.12.2010 befristet, wurde aber bereits durch das **Gesetz zur Erleichterung der Sanierung von Unternehmen** um drei weitere Jahre bis 31.12.2013 verlängert.[332] Am 9.11.2012 beschloss der Deutsche Bundestag im **Gesetz zur Einführung eines Rechtsbehelfsbelehrung im Zivilprozess und zur Änderung anderer Vorschriften** schließlich die „Entfristung" des modifizierten zweistufigen Überschuldungsbegriffes,[333] mit der Folge, dass § 19 Abs. 2 InsO mit seinem gegenwärtigen Wortlaut auch über den 31.12.2013 hinaus Gültigkeit behält. Nach Ansicht des Gesetzgebers hat sich die aktuelle Fassung in der Praxis bewährt, was ihn zu einem Umdenken bei der Ausgestaltung des Überschuldungsbegriffes veranlasst hat.[334] Bei Einführung der InsO hatte sich der Gesetzgeber noch dazu entschlossen, die Überschuldungsprüfung zu objektivieren und Unternehmen zum Schutze der Gläubiger selbst im Falle einer positiven Fortführungsprognose der Insolvenzantragspflicht zu unterwerfen.[335] Unter der Prämisse, dass nur solche Unternehmen eine staatlich überwachte Reorganisation (Restrukturierung oder Liquidation) durchlaufen sollten, deren Fortbestehen am Markt aussichtslos erscheint,[336] findet nun jedoch eine dauerhafte Korrektur statt. In Anbetracht der volkswirtschaftlichen Vorteile hatten sich hierfür auch die befragten Experten ausgesprochen.[337]

Die Prüfung der Überschuldung im insolvenzrechtlichen Sinn lässt sich im Kern auf folgende **drei Elemente** zurückführen, die je nach Gewichtung zu unterschiedlichen Überschuldungsbegriffen führen:[338]
- Gegenüberstellung von Vermögen und Verbindlichkeiten
- Festlegung des maßgeblichen Bewertungsmaßstabes
- Fortführungsprognose

Verglichen mit dem (einfachen) zweistufigen Überschuldungsbegriff kommt der Fortführungsprognose nun im Rahmen des modifiziert zweistufigen Überschuldungsbegriffes eine stärkere tatbestandliche Bedeutung zu, da sich ihre Wirkrichtung geändert hat. Diente die

---

[328] Gesetz zur Umsetzung eines Maßnahmenpakets zur Stabilisierung des Finanzmarktes (Finanzmarktstabilisierungsgesetz – FMStG) vom 17.10.2008, BGBl. 2008 I, S. 1982 ff.
[329] BGH v. 13.7.1992 – II ZR 269/91, ZIP 1992, 1382, 1386 („Dornier"); *K. Schmidt*, AG 1978, 334, 337 f.; hierzu auch *Holzer*, ZIP 2008, 2108 ff. Anders als § 19 Abs. 2 InsO enthielten die damaligen Regelungen der §§ 207, 209 KO gerade keine Definition des Überschuldungsbegriffes.
[330] *Böcker/Poertzgen*, GmbHR 2013, 17 ff., MünchKommInsO-*Kiethe/Hohmann*, § 15a Rn. 51.
[331] Begründung zum RegE-FMStG, BT-Dr. 16/10600 S. 12 f.; *Grube/Röhm*, wistra 2009, 81, 82; *Holzer*, ZIP 2008, 2108, 2109.
[332] Gesetz zur Erleichterung der Sanierung von Unternehmen (FMStGÄndG) v. 24.9.2009, BGBl. 2009 I, S. 3151.
[333] Vgl. Art. 18 des Gesetzes zur Einführung eines Rechtsbehelfsbelehrung im Zivilprozess und zur Änderung anderer Vorschriften, BGBl. 2012 I, S. 2424.
[334] Begründung zum RegE eines Gesetzes zur Einführung einer Rechtsbehelfsbelehrung im Zivilprozess, BT-Dr. 17/11385, S. 27.
[335] Vgl. die Begründung zum Entwurf einer Insolvenzordnung (InsO), BT-Dr. 12/7302, S. 157.
[336] *Böcker/Poertzgen*, GmbHR 2013, 17, 18.
[337] Vgl. hierzu *Bitter/Hommerich/Reiß*, ZIP 2012, 1201 ff.
[338] *Böcker/Poertzgen*, GmbHR 2013, 17, 18 m. w. N.

Fortführungsprognose früher alleine zur Festlegung des Bewertungsmaßstabes für die Erstellung eines Überschuldungsstatus,[339] ist sie seit dem 18.10.2008 ein **eigenständiges Tatbestandsmerkmal**.[340] Sie steht nun gleichwertig neben dem „exekutorischen Element" der Bewertung des Schuldnervermögens.

Bei der Fortführungsprognose handelt es sich im Kern richtigerweise um eine **Zahlungsfähigkeitsprognose**.[341] Forderte man hingegen eine echte Ertragsfähigkeitsprognose, würde dies die Anforderungen an die Prognose überspannen, schon vor dem Hintergrund, dass die Aussicht auf einen – letztlich den Gesellschaftern des Schuldners zustehenden – Gewinn für die Gläubiger keine Bedeutung haben kann.[342] Im Rahmen der Prüfung ist somit zunächst festzustellen, ob eine Fortführung gewollt ist und ihr weder rechtliche noch tatsächliche Hindernisse im Wege stehen.[343] Sodann ist zu fragen, ob die Fortführung **überwiegend wahrscheinlich** ist. Es ist eine Prognose zu erstellen, ob die Finanzkraft des Unternehmens ausreicht, um dessen Fortführung über einen mittelfristigen Zeitraum sicherzustellen.[344] Dies wird man annehmen können, wenn das Unternehmen voraussichtlich – also mit einer Wahrscheinlichkeit von **mehr als 50%**[345] – seine fällig werdenden Verbindlichkeiten **innerhalb der nächsten zwei Jahre** wird begleichen können.[346] Ausreichend soll es sein, wenn der Überschuss eines Planjahres das Defizit des anderen Planjahres zumindest ausgleichen kann.[347] Machen betriebswirtschaftliche Gegebenheiten (z. B. längere Produktzyklen oder eine lange Fertigungsdauer bei einem Großauftrag) eine Ausweitung des Planungszeitraumes erforderlich, so kann der Prognosezeitraum im Einzelfall auch länger (etwa drei Jahre) sein.[348] Die Planung muss sich aber stets innerhalb der Grenzen dessen halten, was tatsächlich noch plan- und abschätzbar ist.

Eine **positive Fortführungsprognose schließt** eine **Überschuldung** im Sinne des insolvenzrechtlichen Eröffnungsgrundes **aus**. Eine weitergehende Prüfung ist dann entbehrlich. In der insolvenzrechtlichen Literatur wird empfohlen – und dies gilt erst recht für das Strafverfahren –, dass die Fortführungsprognose sorgfältig und am besten von einem außenstehenden, neutralen Dritten gefertigt wird, schon um nachträglich Streitfragen zu vermeiden.[349]

137 Ist die **Fortführungsprognose negativ**, ist für das Vorliegen einer Überschuldung im insolvenzrechtlichen Sinn entscheidend, ob das vorhandene Vermögen die Schulden noch deckt. Dies ist anhand eines **Überschuldungsstatus** festzustellen.[350] Dabei handelt es sich um eine stichtagsbezogene Gegenüberstellung des Vermögens des Schuldners mit den bestehenden Verbindlichkeiten. Bei der Bewertung der einzelnen Bilanzposten sind die **Liquidationswerte** anzusetzen. Dies sind die Werte, die sich bei zügiger, aber rational-wirtschaftlich

---

[339] *Grube/Röhm*, wistra 2009, 81, 82. Bei einer positiven Prognose wurden die Fortführungswerte (Going-concern-Werte), bei einer negativen die Liquidationswerte angesetzt.

[340] *Holzer*, ZIP 2008, 2108, 2110.

[341] Vgl. *Beck*, in: *Beck/Depré*, Praxis der Insolvenz, § 5 Rn. 105 ff. m. w. N.; OLG Köln v. 5.2.2009 – 18 U 171/07, ZInsO 2009, 1402; ebenso *Bremen*, in: *Graf-Schlicker*, InsO, § 19 Rn. 11; **a. A.** AG Hamburg v. 2.12.2011 – 67c IN 421/11, ZIP 2012, 1776 ff.

[342] So auch *Bitter/Kresser*, ZIP 2012, 1733, 1736; *Böcker/Poertzgen*, GmbHR 2013, 17, 21; **a. A.** AG Hamburg v. 2.12.2011 – 67c IN 42/11, ZInsO 2012, 183 f.; HambKommInsO-*Schröder*, § 19 Rn. 12.

[343] *Büttner*, ZInsO 2009, 841, 844; *Bales*, InsbürO 2009, 184, 185; nach *Eckert/Happe*, ZInsO 2008, 1098 ist ein rechtlicher Hinderungsgrund etwa die Gewerbeuntersagung, wohingegen beispielsweise aufgezehrte Bodenschätze bei einer Bergbaugesellschaft einen tatsächlichen Grund darstellen können. Das Interesse der Gesellschafter für unmaßgeblich hält *Bremen*, in: *Graf-Schlicker*, InsO, § 19 Rn. 11.

[344] BGH v. 13.7.1992 – II ZR 269/91, ZIP 1992, 1382, 1386 („Dornier"); Begründung zum RegE-FMStG, BT-Dr. 16/10600, S. 13.

[345] OLG Naumburg v. 20.8.2003 – 5 U 67/03, ZInsO 2004, 513.

[346] *Bales*, InsbürO 2009, 184, 185; *KPB/Pape*, InsO, § 19 Rn. 40; HK-InsO/*Kirchhof*, § 19 Rn. 12 m. w. N.; für ein Abstellen auf die künftige Ertragsfähigkeit: *Grube/Röhm*, wistra 2009, 81, 83.

[347] *Bremen*, in: *Graf-Schlicker*, InsO, § 19 Rn. 16.

[348] Vgl. *Bremen*, in: *Graf-Schlicker*, InsO, § 19 Rn. 12 m. w. N.

[349] Vgl. *Lutter*, ZIP 1999, 641, 644.

[350] *Eckert/Happe*, ZInsO 2008, 1098, *Büttner*, ZInsO 2009, 841, 844; HambKommInsO-*Schröder*, § 19 Rn. 7.

B. Insolvenzrechtliche Grundlagen

gesteuerter und zwanglos durchgeführter Einzelveräußerung der Vermögenswerte erzielen lassen.[351] Da die einzelnen Wirtschaftsgüter bei dieser Methode aus den jeweiligen Funktionseinheiten „herausgerissen" werden, sind die Wertansätze im Zweifel wesentlich geringer als bei einem „lebenden" Unternehmen. Auf der Aktivseite sind alle regulär liquidierbaren, materiellen und immateriellen Vermögensgegenstände sowie sonstigen gesellschaftsrechtlichen Ansprüche aufzuführen. Die Passivseite besteht aus allen zum Prüfungsstichtag bestehenden Verbindlichkeiten und den durch die Liquidation bedingten Aufwendungen.[352] Nicht zu passivieren sind Forderungen auf Rückgewähr von Gesellschafterdarlehen oder aus diesen wirtschaftlich gleichgestellten Rechtshandlungen, für die gemäß § 39 Abs. 2 InsO der Nachrang hinter den in § 39 Abs. 1 Nr. 1 bis 5 InsO bezeichneten Forderungen vereinbart worden ist, § 19 Abs. 2 S. 2 InsO.

Die Vermögensaufstellung fragt nach dem **wirklichen Wert** im Zeitpunkt der Erstellung des Vermögensverzeichnisses.

Aufzustellen ist eine „Sonderbilanz, die üblicherweise wie folgt gegliedert ist:

Überschuldungsbilanz – Aktiva

		Realisierungswerte T€ bei Liquidation
A.	**Anlagevermögen**	
I.	**Immaterielle Vermögensgegenstände**	
	1. Konzessionen, gewerbliche Schutzrechte und ähnliche Rechte	0
	2. Geschäfts- oder Firmenwert	0
II.	**Sachanlagen**	
	1. Grundstücke/grundstücksgleiche Rechte und Bauten	5000
	2. Technische Anlagen und Maschinen	2000
	3. Andere Anlagen, Betriebs- und Geschäftsausstattung	150
	4. Fahrzeuge	60
III.	**Finanzanlagen**	
	1. Anteile an verbundenen Unternehmen	50
	2. Beteiligungen	0
B.	**Umlaufvermögen**	
I.	**Vorräte**	
	1. Roh-, Hilfs- u. Betriebsstoffe	350
	2. Unfertige Erzeugnisse, unfertige Leistungen	0
	3. Fertige Erzeugnisse und Waren	400
II.	**Forderungen**	
	1. Forderungen aus Lieferungen und Leistungen	1850
	2. Forderungen gegen verbundene Unternehmen	0
III.	**Guthaben bei Kreditinstituten/Kasse**	
	1. Kreditinstitute	200
	2. Kasse	0
IV.	**Sonstige Vermögensgegenstände**	10
Summe:		**10 070**

Anmerkung: Bei einer positiven Fortführungsprognose ist die Erstellung eines Überschuldungsstatus nicht erforderlich, da dann bereits der Tatbestand der Überschuldung gemäß § 19 Abs. 2 InsO nicht vorliegt.

---

[351] *Ampferl*, in: *Beck/Depré*, Praxis der Insolvenz, § 2 Rn. 142; *Weyand/Diversy*, Insolvenzdelikte, Rn. 39; *Grube/Röhm*, wistra 2009, 81, 83. Abzuziehen vom Veräußerungswert sind die Verwertungskosten sowie die Umsatzsteuer, *Bremen*, in: *Graf-Schlicker*, InsO, § 19 Rn. 21.

[352] Ausführlich *Bremen*, in: *Graf-Schlicker*, InsO, § 19 Rn. 24 ff.

8 8. Kapitel. Insolvenz – Materiellrechtlicher Teil

Der Wertansatz erfolgt daher stets aufgrund einer negativen Fortführungsprognose zu Liquidationswerten.[353] *Bei der Ermittlung der Liquidationswerte ist jeweils von einer rational gesteuerten und konzeptionellen Vermögensverwertung auszugehen. Eine Darstellung zu den Einzelheiten der Bewertungsfragen im Überschuldungsstatus würde den Rahmen der Ausführungen sprengen.*[354]

Überschuldungsbilanz – Passiva

		Wert T€
A.	Eigenkapital	entfällt
B.	Rücklagen	entfällt
C.	Verbindlichkeiten	
I.	Kreditinstitute	
	1. Langfristdarlehen	6000
	2. Kurzfristige Ausreichungen	4000
II.	Sonstige Darlehen	1000
III.	Lieferungen und Leistungen	
	1. Warenlieferungen	1000
	2. Sonstige Leistungen	500
	3. Erhaltene Anzahlungen	800
IV.	Verbundene Unternehmen	0
V.	Löhne und Gehälter	400
VI.	Steuern / öffentliche Abgaben	350
VII.	Sonstige Verbindlichkeiten	50
Summe:		**14 100**

Anmerkung: Die Passivseite der Überschuldungsbilanz enthält alle Verbindlichkeiten, die im Fall der Eröffnung eines Insolvenzverfahrens aus der vorhandenen Masse bedient werden müssen. Ausgenommen von der Passivierungspflicht sind deshalb das Eigenkapital und die freien Rücklagen. Anders als bei der Insolvenzbilanz werden bei der Überschuldungsbilanz solche Verbindlichkeiten nicht angesetzt, die erst durch das Insolvenzverfahren ausgelöst werden; wegen der besonderen Problematik des Ansatzes von Passivposten muss wiederum auf weiterführende Literatur verwiesen werden.[355]

140 In der Praxis erfolgt die Prüfung der Überschuldung häufig erst nachträglich anhand der **Insolvenzeröffnungsbilanz**. Auch die Insolvenzordnung macht keine verbindlichen Vorgaben für die Erstellung einer Vermögensübersicht zum Zwecke der Überschuldungsprüfung.
In Anlehnung an die Bestimmungen der §§ 153 Abs. 1, 151 Abs. 2 und 152 Abs. 2 Satz 1 InsO hat sich für die Insolvenzeröffnungsbilanz das nachfolgende Gliederungsschema durchgesetzt:

---

[353] Instruktiv *Nerlich/Römermann/Mönning*, InsO, § 19 Rn. 17 ff.; *Reck*, ZInsO 2004, 661, 664.
[354] Weiterführend zur InsO: *Ampferl*, in: *Beck/Depré*, Praxis der Insolvenz, § 2 Rn. 160 ff.; *Uhlenbruck*, InsOKomm, § 19 Rn. 25 ff.; *Schmidt/Uhlenbruck*, Die GmbH in Krise, Sanierung und Insolvenz, S. 267 ff.; jeweils mit umfangreichen weiteren Nachweisen zum Meinungsstand.
[355] Weiterführend z. B. *Henkel*, in: *Vallender/Undritz*, Praxis des Insolvenzrechts, Kap. 4, Rn. 129 ff.

B. Insolvenzrechtliche Grundlagen

**Vermögensübersicht
zum ...
in dem Insolvenzverfahren über das Vermögen der Firma...
Aktenzeichen Insolvenzgericht ... IN.../...**

AKTIVA

	Realisierungswerte bei Fortführung T€	Drittrechte (Aussonderung Absonderung Aufrechnung) T€	Frei für die Masse / Verfahrenskostenbeitrag T€
A. Ausstehende Einlagen	0	0	0
B. Anlagevermögen			
I. Immaterielle Vermögensgegenstände			
1. Konzessionen, Schutzrechte, u. Ä.	0	0	0
2. Geschäfts- / Firmenwert	0	0	0
II. Sachanlagen			
1. Grundstücke und Gebäude	5000	5000	0
2. Technische Anlagen und Maschinen	2000	2000	0
3. Andere Anlagen, Betriebs- und Geschäftsausstattung	150	100	50
4. Fahrzeuge	60	60	0
III. Finanzanlagen			
1. Anteile an verbundenen Unternehmen	50	0	50
2. Beteiligungen	0	0	0
C. Umlaufvermögen			
I. Vorräte			
1. Roh-, Hilfs- und Betriebsstoffe	350	318,5	31,5*
2. Unfertige Erzeugnisse und Leistungen	0	0	0
3. Fertige Erzeugnisse und Waren	400	364	36*
II. Forderungen			
1. Forderungen aus Lieferungen und Leistungen	1850	1683,5	166,5*
2. Forderungen gegen verbundene Unternehmen	0	0	0
III. Kassenbestand und Bankguthaben			
1. Kasse	0	0	0
2. Kreditinstitute	200	0	200
IV. Sonstige Vermögensgegenstände	210	182	28

	Realisierungs-werte bei Fortführung T€	Drittrechte (Aussonderung Absonderung Aufrechnung) T€	Frei für die Masse / Verfahrenskostenbeitrag T€
D. Insolvenzspezifische Ansprüche			
I. GF- / Vorstandshaftung	0	0	0
II. Insolvenzanfechtung	100	0	100
Summen:	**10 370**	**9708**	**662**

* *Verfahrenskostenbeitrag i. H. v. 9% aus dem Realisierungswert (§ 171 InsO)*

Bei den Realisierungswerten ist jeweils mitzuteilen, ob für einen Gläubiger an dem Gegenstand bestimmte Sicherheiten (Aussonderung/Absonderung) bestellt sind oder die Aufrechnung möglich ist (vgl. § 152 Abs. 2 und 3 InsO). Lediglich der Überschuss steht der Gesamtheit der Insolvenzgläubiger als sog. „freie Masse" zur Verfügung.

**Vermögensübersicht
zum...
in dem Insolvenzverfahren über das Vermögen der Firma...
Aktenzeichen Insolvenzgericht... IN.../...**

PASSIVA

	Verbindlichkeiten T€	Drittrechte (Aussonderung Absonderung Aufrechnung) T€	Ungesicherte Forderungen T€
A. Masseverbindlichkeiten*			
I. Kosten des Insolvenzverfahrens (§ 54 InsO)			
1. § 54 Nr. 1 InsO (Gerichtskosten)	20		
2. § 54 Nr. 2 InsO (Vergütungen und Auslagen)	220		
II. Sonstige Masseverbindlichkeiten (§ 55 InsO)			
1. § 55 Abs. 1 Nr. 1 InsO (Handlungen des Insolvenzverwalters)	100		
2. § 55 Abs. 1 Nr. 2 InsO (gegenseitige Verträge)	170		
3. § 55 Abs. 1 Nr. 3 InsO (ungerechtfertigte Bereicherung)	0		
4. § 55 Abs. 4 InsO (Steuerverbindlichkeiten mit Masseschuldcharakter)	50		
5. Steuerverbindlichkeiten gemäß BFH, Urteil v. 9.12.2010	25		
III. Sozialplanforderungen (§ 123 Abs. 2 InsO)	750		

B. Insolvenzrechtliche Grundlagen

	Verbindlich-keiten T€	Drittrechte (Aussonderung Absonderung Aufrechnung) T€	Ungesicherte Forderungen T€
B. Insolvenzgläubiger (§ 38 InsO)			
I. Kreditinstitute			
1. Langfristdarlehen	6000	6000	0
2. Kurzfristige Ausreichungen	4000	1210	2790
II. Sonstige Darlehensgeber	800	0	800
III. Lieferanten und Leistungserbringer			
1. Warenlieferungen	2700	2548	152
2. Sonstige Leistungen	500	0	500
IV. Arbeitnehmer			
1. Löhne und Gehälter	0	0	0
2. Insolvenzgeld	300	0	300
3. Betriebliche Altersversorgung	800	0	800
V. Steuern / öffentliche Abgaben	350	0	350
VI. Sonstige	0	0	0
C. Nachrangige Insolvenzgläubiger (§ 39 InsO)	0	0	0
Summen B + C:	**15 450**	**9758**	**5692**

* *Die bei Insolvenzeröffnung aufgestellte Vermögensübersicht enthält in der Regel auch solche Verbindlichkeiten, die erst durch die Insolvenzeröffnung entstehen. Diese bleiben bei der Prüfung der Vorfragen, ob überhaupt eine Überschuldung besteht, außer Betracht.*

b) Auswirkungen auf das Strafrecht

Problematisch erscheint insbesondere, ob der modifizierte zweistufige Überschuldungsbegriff auf solche Sachverhalte angewendet werden kann, die sich vor der Änderung des Überschuldungsbegriffs am 18.10.2008 ereignet haben (sog. **Altfälle**). Grundsätzlich gilt für die Beurteilung strafrechtlichen Verhaltens gemäß § 2 Abs. 1 StGB das Gesetz, welches zum Zeitpunkt der Tat Gültigkeit beanspruchte. Etwas anderes kann sich jedoch aus dem in **§ 2 Abs. 3 StGB** verankerten **Meistbegünstigungsprinzip** ergeben. Die Änderung des Überschuldungsbegriffes durch das FMStG führte zu einer Milderung des Gesetzes i. S. d. § 2 Abs. 3 StGB, da mit der neuen Definition eine Einschränkung des Strafbarkeitsbereiches einhergeht.[356] Einige Autoren schlossen jedoch aus der bis zuletzt nur zeitlich befristeten Geltung des § 19 Abs. 2 InsO auf die Konzeption der Regelung als – bewusst nur vorübergehend geltendes – Zeitgesetz.[357] Im Umkehrschluss zu § 2 Abs. 4 S. 1 StGB wurde argumentiert, dass der Anwendungszeitraum des modifizierten zweistufigen Überschuldungsbegriff auf seine Geltungsdauer begrenzt war. Die Regelung des § 2 Abs. 4 S. 1 StGB schließt daher die Anwendung des § 2 Abs. 3 StGB auf Zeitgesetze aus.[358] Eine rückwirkende Anwendung des Überschuldungsbe-

141

---

[356] Vgl. *Büttner*, ZInsO 2009, 841, 850; *Verjans*, in: *Böttger*, Wirtschaftsstrafrecht in der Praxis, Kap. 4 Rn. 23; so auch *Böcker/Poertzgen*, GmbHR 2013, 17, 18.
[357] Vgl. *Büttner*, ZInsO 2009, 841, 851.
[358] *Fischer*, StGB, § 2 Rn. 13; *Dannecker/Hagemeier*, in: *Dannecker/Knierim/Hagemeier*, Rn. 61; **a. A.** *Schmitz*, wistra 2009, 369, 372, der darauf verweist, § 2 Abs. 3 StGB wolle die Bestrafung einer bereits begangenen Tat verhindern, wenn der Gesetzgeber das zu Grunde liegende Verhalten nicht mehr als strafbar ansieht. Nach *Dannecker/Hagemeier*, a. a. O., wollte der Gesetzgeber mit dem Zeitgesetz nur der Sondersituation einer Wirtschaftskrise gerecht werden.

griffes auf vor seiner Änderung begangene Straftaten war nach dieser Ansicht selbst zugunsten des Täters nicht möglich.[359]

Mit der „Entfristung" des Überschuldungsbegriffes kann die Annahme, bei § 19 Abs. 2 InsO handele es sich um ein Zeitgesetz, nach Meinung des Verfassers nicht mehr aufrecht erhalten werden. Unter Anwendung des Meistbegünstigungsgrundsatzes aus § 2 Abs. 3 StGB ist der **Überschuldungsbegriff** in seiner aktuellen Fassung folglich auch auf sog. Altfälle **anzuwenden**.

142 Da aus strafrechtlicher Sicht die Überschuldung zum Zeitpunkt der Tathandlung vorgelegen haben muss, ist die Bewertung durch den Strafrichter *ex ante* vorzunehmen. Der Prognosezeitraum sollte sich im Hinblick auf den Bestimmtheitsgrundsatz (§ 1 StGB, Art. 103 Abs. 2 GG) nur bis zum Ende des folgenden Geschäftsjahres erstrecken.[360] Wegen der Konformität der Schutzrichtung – dem Schutz der Gläubiger vor masseschmälernden Handlungen des Schuldners im Zusammenhang mit dem wirtschaftlichen Zusammenbruch – ist eine grundlegend gleichlaufende Auslegung des Begriffs der Überschuldung im Insolvenzrecht und Insolvenzstrafrecht unabdingbar.[361] Die Krisendeterminante „Überschuldung" muss damit vom insolvenzrechtlich vorgeprägten Begriffsverständnis ausgehen. Soweit allerdings strafrechtliche Grundsätze zu beachten sind (z. B. *in dubio pro reo*), genießen diese Vorrang gegenüber dem insolvenzrechtlichen Begriffsverständnis. Dennoch ist auch im Rahmen der strafrechtlichen Prüfung das Erstellen einer Fortführungsprognose unentbehrlich.[362] Positiv ist die Prognose bereits dann, wenn die Möglichkeit der mittelfristigen Fortführung nicht sicher ausgeschlossen werden kann.[363]

II. Insolvenzantragspflicht

1. Grundsatz

143 Ein Insolvenzverfahren wird nicht von Amts wegen, sondern immer nur auf Schuldner- oder Gläubigerantrag eröffnet. Dieser Dispositionsgrundsatz, d. h. das **Antragsrecht** des Gläubigers bzw. des Schuldners, ist in der InsO geregelt (§ 13 Abs. 1 S. 1, 2 InsO).

144 Zum Schutz der Gläubiger vor Schuldnern, die nicht unbeschränkt mit ihrem eigenen Vermögen haften, ist solchen Personen die strafbewehrte Pflicht zur Stellung eines Eröffnungsantrages innerhalb einer bestimmten Zeitspanne vorgeschrieben. Diese **Antragspflicht** zur Eröffnung eines Insolvenzverfahrens und die hiermit verbundene Haftung wegen Insolvenzverschleppung wurde im Zuge des am 28.10.2008 verkündeten MoMiG mit Wirkung zum 1.11.2008 in die InsO übernommen (§ 15a InsO).

2. Rechtsformneutrale Antragspflicht des § 15a InsO

145 Die bislang im Gesellschaftsrecht verstreuten, spezifischen Einzeltatbestände der Antragspflicht wurden **zusammengefasst und rechtsformneutral** in § 15a InsO **geregelt**. Wenn die Zahlungsunfähigkeit oder Überschuldung der Gesellschaft eingetreten ist, müssen die Mitglieder des Vertretungsorgans oder die Abwickler ohne schuldhaftes Zögern, spätestens aber innerhalb einer Frist von drei Wochen nach Eintritt des Eröffnungsgrundes, einen Eröffnungsantrag stellen. Die Frist darf alleine zum Zwecke fundierter Sanierungsbemühungen

---

[359] *Fromm/Gierthmühlen*, NZI 2009, 665, 668 f.
[360] *Bittmann*, wistra 1998, 321, 325..
[361] So auch *Grube/Röhm*, wistra 2009, 81, 84; *Moosmayer*, S. 164; vgl. auch *Schönke/Schröder/Stree/Heine*, StGB, § 283 Rn. 51.
[362] Zur Gegenmeinung vgl. *Reck*, ZInsO 2004, S. 661, 663. Uneinheitlich wird die Frage beantwortet, ob der Zweifelsatz nur auf die der Prognose zu Grunde liegenden Tatsachen oder auch auf die Prognose selbst Anwendung finden kann: **Für** eine Anwendung auf die Prognose selbst: *Verjans*, in: *Böttger*, Wirtschaftsstrafrecht in der Praxis, Kap. 4 Rn. 28; **dagegen**: *Bittmann*, wistra 2009, 138, 140 m. w. N.
[363] *Wegner*, Aktuelle Entwicklungen im Insolvenzstrafrecht, HRRS 2009, 32, 34, abrufbar unter www.hrr-strafrecht.de.

B. Insolvenzrechtliche Grundlagen

ausgeschöpft werden.[364] Sie beginnt bereits zu laufen, sobald der Eröffnungsgrund objektiv vorliegt.[365] Denn es wird erwartet, dass sich die Vertretungsorgane stets über die wirtschaftliche Lage der Gesellschaft, insbesondere über deren Insolvenzreife, vergewissern, sich die erforderlichen Informationen und Kenntnisse verschaffen und notfalls auch auf eine fachkundige Beratung durch Dritte zurückgreifen.[366] Die Insolvenzantragspflicht trifft auch den sog. **faktischen Geschäftsführer**.[367] Diese Stellung nimmt eine Person ein, welche die Geschicke der insolvenzreifen Gesellschaft durch eigenes, nach außen hervortretendes Handeln maßgeblich lenkt und der aus diesem Grund auch die Verantwortung für eine rechtzeitige Stellung des Insolvenzantrages aufzubürden ist; nicht ausschlaggebend ist indes, ob der bestellte Geschäftsführer dadurch vollständig aus seiner Position verdrängt wird.[368] § 15a Abs. 1 S. 2 InsO erweitert den Adressatenkreis der Regelung und erfasst in praktischer Hinsicht vor allem die GmbH & Co. KG.

Umstritten ist die systematische Einordnung der Antragspflicht. Die Norm des § 15a Abs. 1 InsO wird teilweise dem Gesellschaftsstatut, teilweise dem Insolvenzstatut zugerechnet.[369] Aufgrund des unmittelbaren Zusammenhangs zwischen dem Eintritt der Insolvenz und der Antragspflicht, handelt es sich – ebenso wie z. B. bei der vergleichbaren englischen *wrongful-trading-rule*[370] – um eine **insolvenzrechtliche Regelung**.[371] Dies entspricht auch der mit der Neuregelung verbundenen Intention des Gesetzgebers.[372] Die Norm ist auf eine im Ausland gegründete, vergleichbare Gesellschaft mit Sitz oder genauer *Center of Main Interest* (Art. 3 EuInsVO) in Deutschland anzuwenden.[373]

146

Gemäß § 15a Abs. 2 InsO besteht die Antragspflicht auch, wenn die organschaftlichen Vertreter der zur Vertretung der Gesellschaft ermächtigten Gesellschafter ihrerseits Gesellschaften sind, bei denen kein persönlich haftender Gesellschafter eine natürliche Person ist oder sich die Verbindung von Gesellschaften dieser Art fortsetzt. Der Gesetzgeber durchbricht hier die zivilrechtliche Dispositionsmaxime und verpflichtet die handelnden Personen zur Stellung eines Eröffnungsantrags, wenn nicht zumindest mittelbar eine natürliche Person unbeschränkt persönlich für die Verbindlichkeiten der Gesellschaft einsteht.[374]

147

Die Antragspflicht für die Vorstandsmitglieder und Abwickler einer **juristischen Person des bürgerlichen Rechts** (Verein, Stiftung) ist in den §§ 42 Abs. 2, 48 Abs. 2, 86 S. 1, 88 S. 3 BGB normiert. Die Antragspflicht des § 42 Abs. 2 BGB ist spezieller als die des § 15a InsO und geht diesem als *lex specialis* vor.[375] Für **juristische Personen des öffentlichen Rechts** (Körperschaften, Anstalten, Stiftungen) gilt, soweit diese überhaupt insolvenzfähig sind (vgl. § 12 InsO),[376] gem. § 89 Abs. 2 BGB die Antragspflicht des § 42 Abs. 2 BGB entsprechend.

148

Bei Überschuldung des **Nachlasses** sind antragspflichtig der oder die Erben (§ 1980 BGB) sowie der Nachlassverwalter (§ 1985 Abs. 2 S. 2 BGB).[377]

149

Im Fall der **Führungslosigkeit** der Gesellschaft trifft die Antragspflicht zudem die Gesellschafter einer GmbH – bei der AG die Aufsichtsratsmitglieder –, es sei denn, diese haben

150

---

[364] BGH v. 24.1.2012 – II ZR 119/10, ZInsO 2012, 648, 649.
[365] *KPB/Pape*, InsO, § 15 Rn. 7; **a. A.** HambKommInsO-*Wehr*, § 15a Rn. 16 („Erkennbarkeit").
[366] Vgl. BGH v. 27.3.2012 – II ZR 171/10, ZIP 2012, 1174, 1175.
[367] OLG Köln v. 15.12.2011 – 18 U 188/11, GmbHR 2012, 1358, 1359 m. w. N.
[368] BGH v. 21.3.1988 – II ZR 194/87, BGHZ 104, 44, 47; OLG Köln (Fn. 367), GmbHR 2012, 1358, 1361.
[369] **Für Gesellschaftsstatut**: *Hirte*, ZInsO 2008, 689, 699; *Krüger*, ZInsO 2007, 861, 865; **für Insolvenzstatut**: FK-InsO/*Schmerbach*, § 15a Rn. 39; *Hiebl*, in: FS Mehle, S. 273, 280 f.
[370] Section 214 Insolvency Act 1986.
[371] *Mitter*, in: Haarmeyer/Wutzke/Förster, InsO, § 15a Rn. 8; so auch *Hefendehl*, ZIP 2011, 601, 603.
[372] Vgl. Begr. RegE, BT-Dr. 16/6140, S. 55.
[373] HambKommInsO-*Wehr*, § 15a Rn. 4; *Poertzgen*, NZI 2008, 9, 10; *Bischoff*, ZInsO 2009, 164, 169; *Bittmann*, NStZ 2009, 113, 114.
[374] *Poertzgen*, ZInsO 2007, 574, 576.
[375] *Poertzgen*, ZInsO 2007, 574, 577.
[376] Näher hierzu bei *Palandt/Ellenberger*, BGB, § 89 Rn. 7.
[377] Hierzu näher *Palandt/Edenhofer*, BGB, § 1980 Rn. 1, § 1985 Rn. 7.

8. Kapitel. Insolvenz – Materiellrechtlicher Teil

vom Vorliegen des Insolvenzgrundes oder der Führungslosigkeit keine Kenntnis, § 15a Abs. 3 InsO. Führungslosigkeit ist gegeben, wenn die Gesellschaft kein wirksam bestelltes Vertretungsorgan mehr hat, § 10 Abs. 2 S. 2 InsO. Die rein faktische Vertretung durch einen Geschäftsführer vermag hieran nichts zu ändern.[378] Führungslosigkeit sollte aber auch bejaht werden, wenn sich ein noch wirksam bestellter Geschäftsführer seiner Verantwortung entzieht.[379] Da hiermit oftmals ein Abtransport letzter Vermögenswerte des schuldnerischen Unternehmens verbunden ist, ergibt sich eine besondere Schutzwürdigkeit für die Gläubiger.[380]

151 Verlangt wird die **Kenntnis** von Insolvenzgrund und Führungslosigkeit, bloßes „Kennenmüssen" schadet hingegen nicht. Bei insolvenzrechtlicher Betrachtung hat der Gesellschafter/das Aufsichtsratsmitglied aufgrund der in § 15a Abs. 3 InsO normierten Beweislastumkehr seine Unkenntnis nachzuweisen.[381] Die positive Kenntnis vom Vorliegen eines Insolvenzgrundes soll allerdings in der Regel fehlen, wenn ein Gesellschafter nicht mehr als 10 % der Gesellschaftsanteile hält.[382] Im Strafprozess bleibt der Nachweis der positiven Kenntnis jedoch unabdingbar.[383] Nach dem Schuldprinzip kann die Strafbarkeit erst angenommen werden, wenn die Kenntnis oder fahrlässige Unkenntnis vom Insolvenzfall erwiesen ist.[384]

3. Folgen der Pflichtverstöße

152 Das Gesetz knüpft an die schuldhafte Verletzung der gesetzlichen Pflicht zur Stellung eines Eröffnungsantrags unterschiedliche Sanktionen. Während im Vereinsrecht und Erbrecht die Pflichtverletzung lediglich **Schadensersatzansprüche** gegen die Verantwortlichen zur Folge hat, ist die Pflichtverletzung im Insolvenzrecht zusätzlich strafbewehrt, § 15a Abs. 4, 5 InsO (vgl. zur Insolvenzverschleppung eingehend unten Kap. 9 Rn. 10 ff.).

153 Nach § 15a Abs. 4 InsO wird derjenige bestraft, der einen notwendigen Eröffnungsantrag bewusst **nicht, nicht richtig oder nicht rechtzeitig** stellt. Das Strafmaß reicht von Geldstrafe bis zu einer Freiheitsstrafe von drei Jahren. Wurde der Verstoß fahrlässig begangen, liegt das Höchstmaß bei einer Freiheitsstrafe von einem Jahr, § 15a Abs. 5 InsO. Ob ein Antrag nicht oder nicht rechtzeitig gestellt wurde, kann relativ einfach beantwortet werden. Schwieriger ist die Beurteilung der „nicht richtigen" Antragstellung. Eine solche liegt vor, wenn die gesetzlichen Formbestimmungen nicht eingehalten wurden oder der Antrag bewusst unvollständig geblieben ist.[385] Man wird also ganz allgemein einen zulässigen Eröffnungsantrag zu fordern haben, der sowohl inhaltlich als auch formell den gesetzlichen Anforderungen genügen muss.[386]

Wird ein faktischer Geschäftsführer **nicht** zumindest von der **Mehrheit der Gesellschafter** getragen, scheidet eine Strafbarkeit wegen unterlassener Insolvenzantragstellung aus. Trotz der grundsätzlichen Antragspflicht (vgl. Rn. 145) fehlt ihm in diesem Fall die Berechtigung zur Stellung eines Insolvenzantrages, da er die Gesellschaft weder formell noch materiell vertreten darf. Seine Haftung für Zahlungen, die nach Eintritt der Zahlungsunfähigkeit oder der

---

[378] *Horstkotte*, ZInsO 2009, 209, 210; *Römermann*, NZI 2010, 241, 242; **a. A.** *Brand/Brand*, NZI 2010, 712, 715 f.
[379] *Weyand/Diversy*, Insolvenzdelikte, Rn. 146; *Passarge*, GmbHR 2010, 295, 297 ff.; *Römermann*, NZI 2010, 241, 242; **a. A.** AG Hamburg v. 27.11.2008 – 67c IN 478/08, ZInsO 2009, 23; wohl auch *Hefendehl*, ZIP 2011, 601, 606.
[380] *Weyand/Diversy*, Insolvenzdelikte, Rn. 146. Zum Phänomen der Firmenbestattung umfassend *Kilper*, Unternehmensabwicklung außerhalb des gesetzlichen Insolvenz- und Liquidationsverfahrens in der GmbH.
[381] *du Carrois*, ZInsO 2009, 373, 374; Begr. RegE, BT-Dr. 16/6140, S. 55.
[382] *Weyand/Diversy*, Insolvenzdelikte, Rn. 146.
[383] *Hefendehl*, ZIP 2011, 601, 607; *Dannecker/Hagemeier*, in: *Dannecker/Knierim/Hagemeier*, Rn. 29.
[384] Hierzu BGH v. 15.10.2009 – IX ZR 201/08, ZIP 2009, 2306; BGH v. 8.10.2009 – IX ZR 173/07, DB 2009, 2485.
[385] *Weyand/Diversy*, Insolvenzdelikte, Rn. 149.
[386] Ausführlich *Römermann*, ZInsO 2010, 353, 355 f.

B. Insolvenzrechtliche Grundlagen **8**

Überschuldung geleistet werden (vgl. z. B. § 64 GmbHG, § 130a HGB), bleibt aufgrund der faktischen Möglichkeit des Masseerhalts jedoch bestehen.[387]

III. Gerichtliche Sofortmaßnahmen im Eröffnungsverfahren[388]

1. Der Maßnahmenkatalog im Überblick

Mit der Stellung eines Eröffnungsantrags wird das Eröffnungsverfahren eingeleitet. In dieser Phase überprüft das Gericht die Zulässigkeit des Antrags und seine Begründetheit. Um eine Verschlechterung der Vermögenslage des Schuldners zulasten der Gläubiger zu verhindern, kann das Insolvenzgericht während dieser Zeitspanne gem. §§ 21 ff. InsO notwendige Sicherungsmaßnahmen zur Erhaltung des Haftungsvermögens anordnen. Es kommen nach dem Grundsatz der Verhältnismäßigkeit[389] – in abgestufter Reihenfolge entsprechend ihrer Eingriffsintensität – folgende **Maßnahmen** in Betracht. 154

2. Sachverständigengutachten

Das Insolvenzgericht hat von Amts wegen alle Umstände zu ermitteln, die für das Insolvenzverfahren von Bedeutung sind. Es kann zu diesem Zwecke insbesondere einen Sachverständigen bestellen (§ 5 Abs. 1 S. 2 InsO). Dies wird bei allen Eröffnungsantragsverfahren der Fall sein, in denen nicht von Anfang an eine übersichtliche Situation vorhanden ist. 155

3. Sicherungsmaßnahmen

a) Vermögensbezogene Maßnahmen

aa) Verfügungsverbote

Zulässig sind sowohl Verfügungsverbote über einzelne Vermögensgegenstände (§ 21 Abs. 1 InsO)[390] als auch ein allgemeines Verfügungsverbot über das gesamte Vermögen des Schuldners (§ 21 Abs. 2 Nr. 2 InsO). Hierbei handelt es sich um **absolute** Verfügungsverbote, d. h. verbotswidrig vorgenommene Verfügungen über bewegliche Sachen sind den Insolvenzgläubigern gegenüber absolut unwirksam.[391] Die Anordnungen nach § 21 Abs. 2 Nr. 2 InsO sind öffentlich bekannt zu machen (§ 23 Abs. 1 S. 1 InsO). 156

bb) Vollstreckungsverbote

Das Insolvenzgericht kann auch einzelne Zwangsvollstreckungsmaßnahmen in das bewegliche Vermögen des Schuldners untersagen oder einstweilen einstellen, um eine Gläubigergleichbehandlung zu gewährleisten (§ 21 Abs. 2 Nr. 3 InsO). Für das unbewegliche Vermögen gelten die §§ 30d, 30e ZVG. Der Antrag auf Einstellung der Zwangsvollstreckung in das unbewegliche Vermögen ist vom Insolvenzverwalter zu stellen (§ 30d Abs. 1 S. 1 ZVG). Bei der Bestellung eines vorläufigen Sachwalters oder wurde ein vorgelegter Insolvenzplan nicht gemäß § 231 InsO zurückgewiesen, steht das Antragsrecht dem Schuldner zu, § 30d Abs. 2, 4 S. 2 ZVG. 157

---

[387] OLG Köln (Fn. 367), GmbHR 2012, 1358, 1361.
[388] Zu den Straftaten im Insolvenzeröffnungsverfahren vgl. Kap. 9 Rn. 356 ff.
[389] Hierzu eingehend *KPB/Pape*, InsO, § 21 Rn. 15 ff. Maßnahmen gegen die Person des Schuldners dürfen nur als letzte Möglichkeit ergriffen werden, etwa wenn die drohende Vermögensverschlechterung mit Anordnungen über das Vermögen nicht mehr zu steuern ist, vgl. nur *Häsemeyer*, Rn. 7.35.
[390] Vgl. dazu MünchKommInsO-*Haarmeyer*, § 21 Rn. 59 ff.
[391] So MünchKommInsO-*Haarmeyer*, § 21 Rn. 59; *Uhlenbruck*, InsOKomm, § 24 Rn. 1.

b) Personelle Maßnahmen

aa) Einsetzung eines vorläufigen Gläubigerausschusses

158 Das Insolvenzgericht kann gemäß § 21 Abs. 2 Nr. 1a InsO bereits im Eröffnungsverfahren einen vorläufigen Gläubigerausschuss einsetzen; vgl. hierzu Rn. 15 ff.

bb) Einsetzung eines vorläufigen Insolvenzverwalters

159 Das Insolvenzgericht hat neben den vermögensrechtlichen Anordnungen zudem die Möglichkeit, einen vorläufigen Insolvenzverwalter zu bestellen (§ 21 Abs. 2 Nr. 1 InsO). Eine solche Anordnung ist sinnvoll, wenn es darum geht den Massebestand zu sichern, indem insbesondere masseschmälernde Handlungen des Schuldners unterbunden werden und die notwendigen Maßnahmen zur Aufrechterhaltung des Geschäftsbetriebes und der Vermögenssubstanz ergriffen werden. Dabei stehen mehrere Gestaltungsmöglichkeiten zur Verfügung. Das Gericht kann einen „schwachen", „starken", oder einen sog. „halbstarken" vorläufigen Insolvenzverwalter bestellen.

cc) Einsetzung eines vorläufigen Sachwalters

160 Hat das Gericht die Eigenverwaltung angeordnet, bestellt es anstelle eines vorläufigen Insolvenzverwalters einen vorläufigen Sachwalter, auf den die §§ 274, 275 InsO entsprechend anwendbar sind, § 270a Abs. 1 S. 2 InsO. Bei seiner Bestellung ist gemäß § 274 Abs. 1 i. V. m. § 56a InsO die gesetzlich geregelte Gläubigerbeteiligung zu beachten.

c) Sonstige Maßnahmen

161 Daneben können auf Grundlage der Generalklausel des § 21 Abs. 1 InsO Individualanordnungen getroffen werden, die dem Insolvenzgericht erforderlich erscheinen, um die Durchführung des Eröffnungsverfahrens zu sichern.[392]

4. Rechtsstellung des vorläufigen Insolvenzverwalters

162 Die Rechtsstellung des vorläufigen Insolvenzverwalters bestimmt sich im Einzelfall danach, inwieweit das Gericht dem Schuldner die Verwaltungs- und Verfügungsbefugnis im Einzelnen entzieht und sie auf den Verwalter überträgt.

163 Bestellt das Gericht einen vorläufigen Verwalter **ohne ein allgemeines Verfügungsverbot** auszusprechen, und ordnet es zugleich die Zustimmungsbedürftigkeit von Verfügungen des Schuldners an (§ 21 Abs. 2 S. 1 Nr. 2 Alt. 2 InsO), behält der Schuldner die Verwaltungs- und Verfügungsbefugnis über sein Vermögen, während dem vorläufigen Verwalter nur Überwachungs- und Sicherungsfunktion zukommen. Verbindlichkeiten, die der **nicht verfügungsbefugte („schwache") vorläufige Verwalter** zulässt, sind im eröffneten Verfahren bloße Insolvenzforderungen, die zur Tabelle anzumelden sind.[393] Diese Anordnung hat somit Nachteile für die „Aktionsfähigkeit" im Antragsverfahren, entlastet aber die künftige Masse von Masseverbindlichkeiten. Für Verfahren deren Eröffnung ab dem 1.1.2011 beantragt wurde, bestimmt nunmehr allerdings **§ 55 Abs. 4 InsO**, dass **Steuerverbindlichkeiten**, die durch Handlungen des vorläufigen „schwachen" Insolvenzverwalters oder durch Handlungen des Schuldners mit Zustimmung des vorläufigen „schwachen" Insolvenzverwalters begründet wurden, nach Eröffnung des Insolvenzverfahrens als **Masseverbindlichkeiten** gelten.[394] Unter den Voraussetzungen des § 55 InsO entstand zudem schon vor der Gesetzesänderung eine Masseverbindlichkeit, wenn ein den Umsatzsteueranspruch begründender Tatbestand erst nach Verfahrenseröffnung vollständig erfüllt wurde.[395] Der vorläufige „schwache" Insolvenzverwalter bietet sich insbesondere unter dem Gesichtspunkt der Verhältnismäßigkeit als Maß-

---

[392] Vgl. nur *KPB/Pape*, InsO, § 21 Rn. 10, 41 ff.
[393] Vgl. *Beck*, in: *Beck/Depré*, Praxis der Insolvenz, § 5 Rn. 145.
[394] Klarstellend hierzu auch das BMF-Schreiben v. 17.1.2012, abgedruckt in: ZInsO 2012, 213 ff.
[395] Vgl. BFH v. 29.1.2009 – V R 64/07, ZInsO 2009, 920 ff.; BFH v. 9.12.2010 – V R 22/10, ZInsO 2011, 823 ff.

B. Insolvenzrechtliche Grundlagen

nahme an; allerdings kann das Nebeneinander von Verwalter und Schuldner zu Unsicherheiten bzgl. der Kompetenzabgrenzung führen.[396]

§ 22 Abs. 1 InsO beschreibt die Rechtsstellung und die Befugnisse eines **verfügungsbefugten ("starken") vorläufigen Verwalters**[397], wenn das Gericht neben seiner Bestellung **zugleich ein allgemeines Verfügungsverbot** anordnet. Sein **Aufgabenbereich** ist gesetzlich vorgegeben: Seine primäre Funktion besteht in der **Sicherung und Erhaltung** des Schuldnervermögens. Zudem hat der verfügungsbefugte Verwalter den gesetzlichen Auftrag zur **Fortführung des Schuldnerunternehmens** bis zur gerichtlichen Entscheidung über den Eröffnungsantrag. Eine Stilllegung ist nur mit Zustimmung des Insolvenzgerichts möglich, die wiederum nur unter eingeschränkten Voraussetzungen (vgl. § 22 Abs. 1 S. 2 Nr. 2 InsO, z. B. wirtschaftlich unsinnige Betriebsfortführung) zulässig ist.[398] Des Weiteren hat er zu prüfen, ob das Vermögen des Schuldners die Kosten des Verfahrens decken wird. Schließlich kann das Gericht ihn zusätzlich beauftragen, als Sachverständiger zu prüfen, ob ein Eröffnungsgrund vorliegt und welche Aussichten für eine Unternehmensfortführung bestehen. Damit soll der Verwalter davor geschützt werden, dass er bei massearmen Verfahren ohne Vergütung bleibt[399] oder dass er wegen Nichterfüllung von Masseverbindlichkeiten zum Schadensersatz verpflichtet wird (§ 61 InsO).

Wichtigstes Merkmal dieses „Verwaltertypus" ist, dass die **Verwaltungs- und Verfügungsbefugnis kraft Gesetzes auf den vorläufigen Verwalter übergeht**, mit der Folge, dass auf ihn auch die Unternehmerstellung in arbeitsrechtlicher, steuerrechtlicher und handelsrechtlicher Hinsicht übergeht.[400] Damit ist seine Rechtsstellung der des endgültigen Insolvenzverwalters stark angenähert.[401] Dies verschafft ihm die Möglichkeit, die notwendigen Maßnahmen zur Betriebsfortführung auch tatsächlich durchzusetzen. Die durch den verfügungsbefugten Verwalter begründeten Verbindlichkeiten sind nach Eröffnung des Insolvenzverfahrens als **Masseverbindlichkeiten** zu berichtigen (§ 55 Abs. 2 S. 1 InsO). Für den Bereich des Insolvenzgeldes und dessen Vorfinanzierung hat der Gesetzgeber allerdings durch das InsOÄndG 2001 den § 55 Abs. 3 InsO eingefügt, demzufolge die auf die Bundesagentur für Arbeit aufgrund der Insolvenzgeldanträge übergegangenen Entgeltansprüche der Arbeitnehmer nur noch bloße Insolvenzforderungen darstellen.

Dennoch enthält die Norm des § 55 Abs. 2 InsO i. V. m. § 61 InsO immer noch enorme **Haftungsgefahren** für den vorläufigen „starken" Verwalter,[402] zumal er auch alle öffentlich-rechtlichen Pflichten und somit sämtliche steuerrechtlichen Pflichten im Hinblick auf die Masse zu erfüllen hat. Schließlich ist zu beachten, dass die Sondervorschriften des eröffneten Verfahrens mangels gesetzlicher Verweisung nicht anwendbar sind. Damit stehen ihm weder das Wahlrecht des § 103 InsO bei gegenseitigen Verträgen[403] noch die besonderen arbeitsrechtlichen Vorschriften der §§ 120 ff. InsO zur Verfügung.[404] Infolgedessen hat er kaum Möglichkeiten, einen notwendigen Personalabbau vorzunehmen, was von vornherein eine Betriebsfortführung – zu der der Verwalter an sich gesetzlich gezwungen ist – deutlich erschweren kann. Diese negativen Auswirkungen zwingen den Verwalter das Vorverfahren möglichst schnell durchzuführen.[405]

Zwischen den beiden vorgenannten Verwaltertypen ist der **partiell verfügungsbefugte ("halbstarke") vorläufige Verwalter** anzusiedeln. Er ist aus dem Bedürfnis der Praxis he-

---

[396] *Beck*, in: *Beck/Depré*, Praxis der Insolvenz, § 5 Rn. 158.
[397] Ausführlich zu dieser Rechtsfigur: *Ampferl*, Der „starke" vorläufige Insolvenzverwalter in der Unternehmensinsolvenz.
[398] Vgl. AG Aachen NZI 1999, 279; ausführlich: *Ampferl*, Der „starke" vorläufige Insolvenzverwalter in der Unternehmensinsolvenz, Rn. 791 ff.; kritisch *Smid*, Grundzüge des Insolvenzrechts, § 4 Rn. 54 ff.
[399] Vgl. *KPB/Pape*, InsO, § 22 Rn. 61.
[400] Vgl. *Ampferl*, Der „starke" vorläufige Verwalter in der Unternehmensinsolvenz, Rn. 635, 730, 733.
[401] Statt vieler *Gogger* Insolvenzgläubiger-Handbuch Zweiter Teil B VI 4b aa.
[402] Zur Haftungsproblematik vgl. *Ampferl*, Der „starke" vorläufige Insolvenzverwalter in der Unternehmensinsolvenz, Rn. 359 ff.
[403] *Beck*, in: *Beck/Depré*, Praxis der Insolvenz, § 5 Rn. 89 ff.
[404] H. M. vgl. *Beck*, in: *Beck/Depré*, Praxis der Insolvenz, § 5 Rn. 60.
[405] Vgl. *KPB/Pape*, InsO, § 22 Rn. 65.

raus entstanden, in den jeweiligen Einzelfällen für eine ausreichende Sicherung der Masse zu sorgen, ohne unverhältnismäßige Maßnahmen zu treffen. Wegen des Einzelfallbezuges ist dieser Typus nicht generell definierbar. Er beruht auf der Rechtsgrundlage des § 21 Abs. 1 InsO. Die notwendigen Pflichten und Befugnisse werden dem vorläufigen Verwalter nach § 22 Abs. 2 InsO vom Gericht übertragen. Es kommen beispielsweise eine Ermächtigung zum Abschluss von Kredit- und Sicherungsverträgen, zur Einziehung von Forderungen unter gleichzeitigem Ausschluss der Zessionare[406] und/oder zur Kündigung von Arbeitsverhältnissen in Betracht.[407]

168 Allerdings ist zu beachten, dass nach der Rechtsprechung des *BGH*[408] das Insolvenzgericht Verfügungs- und Verpflichtungsermächtigungen nicht pauschal in das Ermessen des vorläufigen Insolvenzverwalters stellen darf, wenn es kein allgemeines Verwaltungs- und Verfügungsverbot erlässt. Vielmehr hat das Gericht die Maßnahmen oder Arten von Maßnahmen bestimmt zu bezeichnen, zu denen der vorläufige Verwalter verpflichtet und berechtigt sein soll.[409]

5. Rechtsstellung des (vorläufigen) Sachwalters

169 Die Rechtsstellung des Sachwalters im Eigenverwaltungsverfahren regelt § 274 InsO, der über die Verweisungsnorm des § 270a Abs. 1 S. 2 InsO auch auf den vorläufigen Sachwalter Anwendung findet. Der (vorläufige) Sachwalter untersteht nach § 274 Abs. 1 InsO der Aufsicht des Insolvenzgerichts (§ 58 InsO) und haftet bei der Verletzung von Überwachungs- und Informationspflichten allen Beteiligten aus §§ 60, 62 InsO. Er hat die wirtschaftliche Lage des Schuldners zu prüfen und überwacht seine Geschäftsführung sowie dessen Ausgaben für die Lebensführung, § 274 Abs. 2 InsO. Der (vorläufige) Sachwalter ist berechtigt, hierzu Nachforschungen in den Geschäftsräumen des Schuldners anzustellen, §§ 274 Abs. 2 S. 2, 22 Abs. 3 InsO. Gemäß § 274 Abs. 3 InsO hat der (vorläufige) Sachwalter den (vorläufigen) Gläubigerausschuss sowie das Insolvenzgericht unverzüglich zu unterrichten, sollte er feststellen, dass bei fortdauernder Eigenverwaltung Schäden für die Gläubiger drohen. Als die Anzeigepflicht begründende Umstände kommen z. B. in Betracht:[410] Keine ordnungsgemäße Vorlage laufender Buchführungsunterlagen, fehlende vorherige Abstimmung mit dem Sachwalter bei Geschäften nach § 277 InsO, allgemein die Nichteinhaltung von Mitwirkungspflichten oder aber die Bevorzugung einzelner Gläubiger zum Nachteil der gesamten Gläubigerschaft.

IV. Entscheidung des Insolvenzgerichts

1. Eröffnung des Verfahrens

170 Stellen der Gutachter und mit ihm später das Gericht fest, dass so viel „freie" Masse vorhanden ist, dass daraus die Kosten des Verfahrens gedeckt werden können, muss das Insolvenzgericht das Insolvenzverfahren eröffnen. Die vom Gericht zu ergreifenden Maßnahmen sind detailliert in den §§ 27 ff. InsO geregelt (Eröffnungsbeschluss, Ernennung eines Insolvenzverwalters, Aufforderung an die Gläubiger zur Anmeldung ihrer Forderungen, Bestimmung eines Berichtstermins sowie eines Prüfungstermins, Verbot von Leistungen an den Schuldner, etc.).

171 Die wichtigste Wirkung der Eröffnung eines Insolvenzverfahrens ist die Beschlagnahme der Insolvenzmasse. Sie ist in der InsO nicht ausdrücklich erwähnt, ergibt sich aber aus § 80 Abs. 1 S. 1 InsO, der klarstellt, dass der Schuldner mit der Eröffnung seine Verwaltungs- und

---

[406] Vgl. BayObLG v. 6.8.2001 – 4Z BR 7/01, ZInsO 2001, 754f.
[407] *Beck*, in: *Beck/Depré*, Praxis der Insolvenz, § 5 Rn. 160.
[408] BGH, 18.7.2002 – IX ZR 195/01, ZIP 2002, 1625, 1628f.
[409] Zu diesem Problemkreis vgl. auch *Haarmeyer/Pape*, ZInsO 2002, 845ff.
[410] Vgl. HambKommInsO-*Fiebig*, § 274 Rn. 9.

B. Insolvenzrechtliche Grundlagen 8

Verfügungsbefugnis verliert. Die Beschlagnahme erstreckt sich auf die Insolvenzmasse, wozu nach § 35 InsO nicht nur das vorhandene Vermögen, sondern – anders als nach der KO – auch der Neuerwerb des Schuldners während des Verfahrens gehört.

2. Abweisung mangels Masse und ihre Folgen[411]

Reicht das Vermögen des Schuldners voraussichtlich nicht aus um die Kosten des Verfahrens 172 zu decken, so ist der Antrag auf Eröffnung des Insolvenzverfahrens abzuweisen (§ 26 Abs. 1 S. 1 InsO).

a) Grundsätzliches

Unter Geltung der InsO sollen Verfahrenseröffnungen durch ein Absenken der Eröffnungs- 173 voraussetzungen und die Möglichkeit der Verfahrenskostenstundung nach §§ 4a ff. InsO erleichtert werden. Trotzdem ist es auch nach Inkrafttreten der InsO „die Gretchenfrage", ob eine hinreichende „freie" Masse für die genannten Verfahrenskosten vorhanden ist. Denn an der Tatsache, dass die verwertbare Masse häufig „ausgezehrt" ist, hat die InsO nichts grundlegend geändert. Den absonderungsberechtigten Gläubigern wird lediglich ein Kostenbeitrag von pauschal 9% auferlegt (§§ 170, 171 InsO). Da die InsO an der Rechtsstellung der dinglich gesicherten Gläubiger ansonsten nicht gerüttelt hat, ist das **Haftungsvermögen** des Schuldners **praktisch meist vorweg verteilt**.

Bei der Abweisung des Antrags mangels Masse ordnet das Gericht die Eintragung des 174 Schuldners in das Schuldnerverzeichnis nach § 882b ZPO an und übermittelt die Anordnung unverzüglich dem Vollstreckungsgericht (§ 26 Abs. 2 InsO). Zudem wird die Abweisung mangels Masse dem Handels-, Genossenschafts- oder Vereinsregister von Amts wegen mitgeteilt, wenn der Schuldner dort als juristische Person oder Gesellschaft ohne Rechtspersönlichkeit verzeichnet ist (§ 31 Nr. 2 InsO). Mit Rechtskraft des Abweisungsbeschlusses werden Gesellschaften kraft Gesetzes aufgelöst (§§ 131 Abs. 2 Nr. 1, 161 Abs. 2 HGB, §§ 262 Abs. 1 Nr. 4, 278 Abs. 3 AktG; § 60 Abs. 1 Nr. 5 GmbHG; § 81a Nr. 1 GenG).[412] Die Gesellschaften werden – in der Regel durch ihre bisherigen Geschäftsführer/Vorstände – liquidiert und nach vollständiger Abwicklung im Register gelöscht.

b) Das Gesellschaftsvermögen in der Liquidation

Die Abweisung mangels Masse führt stets zu einem misslichen Zustand, weil kein geordnetes 175 (Insolvenz-)Verfahren mehr durchgeführt wird.[413] Die Abweisung mangels Masse bei beschränkt haftenden Gesellschaften des Handelsrechts bedeutet allerdings nicht zwingend, dass für die Gläubiger „nichts mehr zu holen" wäre, denn die Masseunzulänglichkeit ist allein im insolvenzrechtlichen Sinne zu verstehen und nicht mit der Vermögenslosigkeit gleichzusetzen.[414]

Nach der Lehre vom sog. **Doppeltatbestand** ist eine beschränkt haftende Gesellschaft erst 176 dann voll beendet, wenn sie **vermögenslos und** im Register **gelöscht** worden ist.[415] Eine Gesellschaft, die gelöscht wurde aber noch Vermögen hat, existiert noch als Rechtsträger.[416] Daher ist stets zu prüfen, ob noch Vermögenswerte vorhanden sind. Möglicherweise hat die Gesellschaft ihrerseits noch Ansprüche gegen Dritte, wie etwa gegen ihre organschaftlichen Vertreter, Gesellschafter, Konzernmütter etc.[417] Allerdings ist es für Gesellschaftsgläubiger,

---

[411] Zur Rechtslage unter der Geltung der KO vgl. 1. Auflage, 2000, Kap. 2 Rn. 142 f.; die Straftaten in Zusammenhang mit der Ablehnung mangels Masse werden im Kap. 9 Rn. 390 ff. erörtert.
[412] Zu den Rechtsfolgen der Abweisung näher *Uhlenbruck*, InsOKomm, § 26 Rn. 33 ff.
[413] Hierzu *Kilper*, Unternehmensabwicklung außerhalb des gesetzlichen Insolvenz- und Liquidationsverfahrens in der GmbH, S. 79 ff.; *Uhlenbruck*, ZIP 1996, 1641; MünchKommInsO-*Haarmeyer*, § 26 Rn. 49.
[414] Vgl. MünchKommInsO-*Haarmeyer*, § 26 Rn. 52.
[415] Statt vieler *J. Uhlenbruck*, in: Kölner Schrift zur Insolvenzordnung, S. 1187 ff. Rn. 20.
[416] *Scholz/K. Schmidt*, GmbHG, § 60 Rn. 26.
[417] MünchKommInsO-*Haarmeyer*, § 26 Rn. 52.

die keinen Einblick in die Geschäftsunterlagen und Interna haben, nur schwer möglich, derartige Ansprüche zu ermitteln und geltend zu machen.[418] Für die Liquidatoren gilt der insolvenzrechtliche Grundsatz der Gläubigergleichbehandlung nicht.[419] In aller Regel resignieren die Gläubiger, sobald die GmbH im Handelsregister gelöscht worden ist.[420] Dies ist die Chance für die ehemaligen Geschäftsführer und jetzigen Liquidatoren, das verbliebene Restvermögen nach eigenem Ermessen zu verteilen.

3. Bindungswirkung für das Strafrecht

177 Während die (drohende) Zahlungsunfähigkeit und die Überschuldung die materiellen Zustände der Krise beschreiben, sind die *Eröffnung des Insolvenzverfahrens* sowie die *Abweisung des Eröffnungsantrags mangels Masse* **formalrechtliche Akte** des Insolvenzrichters mit **Tatbestandswirkung** für die objektive Strafbarkeitsbedingung des § 283 Abs. 6 StGB, sofern nicht schon die Zahlungseinstellung bejaht wird. Der Strafrichter darf nach allgemeiner Ansicht die Berechtigung dieser Verfahrensakte nicht mehr überprüfen, sondern ist an die insolvenzrechtlichen Vorgaben gebunden.[421] Strafrechtlich maßgebend ist die Rechtskraft dieser Verfahrensakte.

178 Unbeachtlich für den Strafrichter sind daher Entscheidungen, die ein bereits eröffnetes Verfahren nachträglich wieder einstellen, d. h. es bleibt beim Vorliegen der objektiven Bedingung der Strafbarkeit.[422] Nach Eröffnung des Verfahrens besteht etwa die Möglichkeit der Einstellung, wenn bestimmte Voraussetzungen vorliegen, die in den §§ 207 ff. InsO näher bezeichnet sind. Folgende Gründe kommen in Betracht:
- Einstellung mangels Masse, wenn sich erst nach der Eröffnung des Verfahrens herausstellt, dass die Masse nicht ausreicht um die Verfahrenskosten zu decken (§ 207 InsO);
- Anzeige der Masseunzulänglichkeit, wenn die Masse ausreicht um die Kosten des Verfahrens zu decken, aber nicht um die sonstigen fälligen Masseverbindlichkeiten (vgl. § 55 InsO) zu begleichen, § 208 InsO; nach einer vereinfachten Verteilung stellt das Insolvenzgericht das Verfahren nach Maßgabe des § 211 InsO ein;
- Einstellung bei Wegfall des Eröffnungsgrundes (§ 212 InsO) oder bei Zustimmung aller Insolvenzgläubiger (§ 213 InsO).

---

[418] Vgl. nur *Uhlenbruck*, ZIP 1996, 1641 (zu Informationsmöglichkeiten der Gläubiger näher 1650 f.).
[419] *Scholz/K. Schmidt*, GmbHG, § 60 Rn. 28.
[420] Vgl. *Uhlenbruck*, ZIP 1996, 1641.
[421] Statt aller *Lackner/Kühl*, StGB, § 283 Rn. 28.
[422] *Schönke/Schröder/Stree/Heine*, StGB, § 283 Rn. 61.

9. Kapitel.
Insolvenz – Strafrechtlicher Teil

Literatur: *Achenbach/Ransiek (Hrsg.)*, Handbuch Wirtschaftsstrafrecht, 3. Aufl. 2012; *Bader*, Das Verwendungsverbot des § 97 I 3 InsO, NZI 2009, 416; *Bales*, Zivil- und strafrechtliche Haftungsgefahren für Berater und Insolvenzverwalter in der Krise und der Insolvenz, ZInsO 2010, 2073; *Baumbach/Hopt*, Handelsgesetzbuch, 35. Auflage 2012; *Baumgarte*, Die Strafbarkeit von Rechtsanwälten und anderen Beratern wegen unterlassener Konkursanmeldung, wistra 1992, 41; *Beck/Depré*, Praxis der Insolvenz, 2. Aufl. 2010; *Bieneck*, Die Zahlungseinstellung in strafrechtlicher Sicht, wistra 1992, 89; *Bittmann (Hrsg.)*, Insolvenzstrafrecht, 2004; *ders,*. Strafrechtliche Folgen des MoMiG, NStZ 2009, 113; *ders.*, Kapitalersatz, der 5. Strafsenat und das MoMiG, wistra 2009, 102; *ders.*, Neufassung des § 19 Abs. 2 InsO, wistra 2009, 138; *ders.*, Reform des GmbHG und Strafrecht, wistra 2007, 321; *Bittmann/Dreier*, Bekämpfung der Wirtschaftskriminalität nach dem Ende der fortgesetzten Handlung, NStZ 1995, 105; *Bittmann/Ganz*, Keine Identität gleichzeitiger Taten nach § 266a Abs. 1 StGB gegenüber verschiedenen Einzugsstellen, wistra 2002, 130; *Blöse*, Haftung der Geschäftsführer und Gesellschafter nach dem ESUG, GmbHR 2012, 471; *Braun*, Insolvenzordnung, 5. Aufl. 2012; *Brückl/Kersten*, Unmöglichkeit der Beitragszahlung bei vorenthaltenen Sozialversicherungsbeiträgen, NJW 2003, 272; *Cymutta*, Neue Regeln für Insolvenzanträge – Haftungsrisiken der antragspflichtigen Organe und dem Berater, ZIS 2009, 3151; *Dannecker/Knierim/Hagemeier*, Insolvenzstrafrecht, 2. Aufl. 2012; *Dierlamm*, Der faktische Geschäftsführer im Strafrecht – ein Phantom?, NStZ 1996, 153; *Ebner*, Insolvenzstrafrechtliche Konsequenzen der Einführung der §§ 241a, 242 Abs. 4 HGB zum 29.5.2009, wistra 2010, 92; *Eggers/Reuker*, Zur Auswirkung einer Insolvenzanfechtung auf rechtskräftig abgeschlossene Strafverfahren, wistra 2011, 413; *Erbs/Kohlhaas*, Strafrechtliche Nebengesetze, Loseblatt Stand: Juli 2012; *Fischer*, Strafgesetzbuch, 60. Aufl. 2013; *Fromm/Gierthmühlen*, Zeitliche Geltung des neuen Überschuldungsbegriffs in Insolvenzstrafverfahren – Hintertür für Straftaten wegen Insolvenzverschleppung bei Altfällen, NZI 2009, 665; *Gehrlein*, Einverständliche verdeckte Gewinnentnahmen der Gesellschafter als Untreue (§ 266 StGB) zu Lasten der GmbH, NJW 2000, 1089; *Goette/Habersack (Hrsg.)*, Münchener Kommentar zum Aktiengesetz, Bd. 6, 3. Aufl. 2010; *Graf/Jäger/Wittig (Hrsg.)*, Wirtschafts- und Steuerstrafrecht, 2011; *Gundlach/Müller*, Der Insolvenzantrag des faktischen GmbH-Geschäftsführers, ZInsO 2011, 1055; *Haas*, Die Rechtsfigur des „faktischen GmbH-Geschäftsführers", NZI 2006, 494; *Habetha*, Bankrott und Untreue in der Unternehmenskrise, NZG 2012, 1134; *Hagemeier*, Zur Unmöglichkeit der Erfüllung der Pflicht zur Buchführung und Bilanzaufstellung nach § 283 Abs. 1 Nrn. 5 und 7b StGB, NZWiSt 2012, 105; *Hartung*, Der Rangrücktritt eines GmbH-Gläubigers – eine Chance für Wirtschaftskriminelle?, NJW 1995, 1186; *ders.*, Kapitalersetzende Darlehen – eine Chance für Wirtschaftskriminelle?, NJW 1996, 229; *Hefendehl*, Der Straftatbestand der Insolvenzverschleppung und die unstete Wirtschaft: Ausländische Gesellschaftsformen – faktische Organe – Führungslosigkeit, ZIP 2011, 601; *Hey/Regel*, Firmenbestatter – Strafrechtliche Würdigung eines neuen Phänomens, GmbHR 2000, 115; *Hüffner*, Aktiengesetz, 9. Auflage 2012; *Ignor/Rixen*, Handbuch Arbeitsstrafrecht, 2. Aufl. 2008; *Jacobi/Reufels*, Die strafrechtliche Haftung des Arbeitgebers für den Arbeitnehmeranteil an den Sozialversicherungsbeiträgen, BB 2000, 771; *Janovsky*, Ermittlungen in Wirtschaftsstrafsachen, Kriminalistik 1998, 269/331; *Joecks/Miebach (Hrsg.)*, Münchener Kommentar zum Strafgesetzbuch, 2. Aufl. 2011; *Kemperdick*, Zur Zulässigkeit der Vollstreckung der Ersatzfreiheitsstrafe bei insolvenzrechtlicher Anfechtung der Zahlung der Geldstrafe, ZInsO 2010, 1307; *Kienle*, Zur Strafbarkeit des Geschäftsleiters einer in Deutschland ansässige Limited englischen Rechts, GmbHR 2007, 696; *Kindhäuser/Neumann/Paeffgen (Hrsg.)*, Strafgesetzbuch, 3. Aufl. 2010; *Krause*, Zur Berücksichtigung „beiseitegeschaffter" Vermögenswerte bei der Feststellung der Zahlungsunfähigkeit im Rahmen des § 283 II StGB, NStZ 1999, 161; *Krause*, Befugnis zur Entbindung von der Schweigepflicht bei juristischen Personen nach personellen Wechseln in den Organen, NStZ 2012, 663; *Krüger*, Zur Anwendbarkeit des Bankrottdelikts beim Privatkonkurs, wistra 2002, 52; *Krumm*, Zehn Schritte zur revisionsrechtlichen Prüfung des § 266a StGB, wistra 2012, 211; *Kümmel*, Zur strafrechtlichen Einordnung der „Firmenbestattung", wistra 2012, 165; *Ladiges*, Neue Pflichten für directors einer limited durch den Companies Act 2006, DStR 2007, 2069; *ders.*, Strafrechtliche Risiken des „Directors" einer Limited nach dem Fraud Act 2006, wistra 2012, 170; *Laitenberger*, Beitragsvorenthaltung, Minijobs und Schwarzarbeitsbekämpfung – Zu den Änderungen des § 266a StGB durch das Gesetz zur Intensivierung der Bekämpfung der Schwarzarbeit und damit zusammenhängender Steuerhinterziehung, NJW 2004, 2703; *Lemme*, Zur Ablehnung des Wirtschaftsreferenten der Staatsanwaltschaft gem. § 74 StPO, wistra 2002, 281; *Mahler*, Verstoß gegen § 64 S. 3 GmbHG bei

"Upstream-Securities" – Gleichlaufende Strafbarkeit des Geschäftsführers nach § 266 StGB?, GmbHR 2012, 504; *Maurer,* Strafbewehrte Handlungspflichten des GmbH-Geschäftsführers in der Krise, wistra 2003, 174; *ders.,* Der „innere Zusammenhang" im Bankrottstrafrecht, wistra 2003, 253; *Mohr,* Bankrottdelikte und übertragende Sanierung, 1993; *Moosmayer,* Einfluss der Insolvenzordnung 1999 auf das Insolvenzstrafrecht, 1997; *Müller/Rautmann,* Die Unzulässigkeit des Antrags als Folge der neuen Vorgaben des § 13 InsO, ZInsO 2012, 918; *Müller-Gugenberger/Bieneck* (Hrsg.), Wirtschaftsstrafrecht, 5. Auflage 2011; *Ogiermann/Weber,* Insolvenzstrafrecht in Deutschland – status quo und Perspektiven, wistra 2011, 206; *Pananis/Börner,* Strafbarkeit des Vermittlers der ordentlichen Abwicklung einer GmbH wegen Teilnahme an einer Insolvenzverschleppung?, GmbHR 2006, 513; *Passarge,* Zum Begriff der Führungslosigkeit – scharfes Schwert gegen Missbrauch oder nur theoretischer Papiertiger?, GmbHR 2010, 295; *ders.,* Führungslosigkeit in Theorie und Praxis – eine kritische Bestandsaufnahme, ZInsO 2011, 1293; *Pelz,* Strafrecht in Krise und Insolvenz, 2. Auflage 2011; *ders.* Russisches Roulette? Strafbarkeitsrisiken bei Restrukturierung und Insolvenz, in: Heinricht (Hrsg.), Nach der Krise gleich vor der Krise?!, S. 63; *Peto/Peto,* Die zivil- und strafrechtliche Beurteilung von Gläubigerbegünstigungen in der Insolvenz, ZVI 2011, 313; *Pohl,* Strafbarkeit nach § 283 Abs. 1 Nr. 7 b) StGB auch bei Unvermögen zur Bilanzaufstellung?, wistra 1996, 14; *Reck,* Unterlassen einer rechtzeitigen Bilanzaufstellung, StuB 2000, 1064; *ders.,* Buchführungs- und Bilanzdelikte i. S. d. § 283 StGB vor dem Hintergrund des Bilanzrechtsmodernisierungsgesetzes, ZInsO 2011, 1969; *Richter,* Der Konkurs der GmbH aus der Sicht der Strafrechtspraxis, GmbHR 1984, 113/137; *ders.,* Strafbarkeit des Insolvenzverwalters, NZI 2002, 121; *ders.,* Zur Strafbarkeit externer „Sanierer" konkursgefährdeter Unternehmen, wistra 1984, 97; *Röhm,* Strafrechtliche Folgen eines Insolvenzantrags bei drohender Zahlungsunfähigkeit gem. § 18 InsO, NZI 2002, 124; *Römermann/Praß,* Beratung der GmbH als Schuldnerin in Krise und Insolvenz nach dem ESUG, GmbHR 2012, 425; *dies.,* Das neue Sanierungsrecht, 2012; *Rönnau,* Zum Konkurrenzverhältnis von strafprozessualer Vermögens- und insolvenzrechtlicher Massesicherung, ZInsO 2012, 509; *Rönnau/Kirch-Heim,* Das Vorenthalten von Arbeitgeberbeiträgen zur Sozialversicherung gem. § 266a Abs. 2 StGB n. F. – eine geglückte Regelung?, wistra 2005, 321; *Rönnau/Krezer,* Darlehensverrechnungen im Cash-Pool – nach Inkrafttreten des MoMiG auch ein Untreue-Risiko (§ 266 StGB)?, ZIP 2010, 2269; *Schäfer C.,* Zur strafrechtlichen Verantwortung des GmbH-Geschäftsführers, GmbHR 1993, 717/780; *Schäfer H.,* Der Konkursverwalter im Strafverfahren, wistra 1985, 209; *ders.,* Die Verletzung der Buchführungspflicht in der Rechtsprechung des BGH, wistra 1986, 200; *Schlösser,* Europäische Aktiengesellschaft und deutsches Strafrecht, NZG 2008, 126; *Scholz,* Kommentar zum GmbH-Gesetz, Band II, 10. Auflage 2010; *Schönke/Schröder,* Strafgesetzbuch, 28. Aufl. 2010; *Staub,* Großkommentar HGB, 4. Auflage 1995; *Strohn,* Faktische Organe – Rechte, Pflichten, Haftung, DB 2011, 158; *Tiedemann,* GmbH-Strafrecht, 2010; *Trüg/Habetha,* § 283 Abs. 6 StGB und der „tatsächliche Zusammenhang", wistra 2007, 365; *Tully/Kirch-Heim,* Zur Entbindung von Rechtsbeiständen juristischer Personen von der Verschwiegenheitspflicht gemäß § 53 Abs. 2 Satz 1 StPO, NStZ 2012, 657; *Uhlenbruck,* Die Bedeutung des neuen Insolvenzrechts für GmbH-Geschäftsführer, GmbHR 1999, 313/390; *ders.,* Insolvenzordnung, 13. Auflage 2010; *Vornbaum,* Probleme der Gläubigerbegünstigung, GA 1981, 104; *Waßmer,* Bilanzielle Fragen als Vorfragen von Strafbarkeit, ZWH 2012, 306; *Weber,* Ist die angelsächsische Rechnungslegung im deutschen Strafrecht angekommen?, wistra 2007, 284; *Wegner,* Neue Fragen bei § 266a Abs. 1 StGB – eine systematische Übersicht, wistra 1998, 283; *Weiß,* Strafbarkeit der Geschäftsführer wegen Untreue bei Zahlungen „entgegen" § 64 GmbHG?, GmbHR 2011, 350; *ders.,* Die Versagung der Restschuldbefreiung bei strafrechtlichen Verurteilungen, ZInsO 2012, 1058; *Weyand,* Verspätete und unterlassene Bilanzierung bzw. nicht ordnungsgemäße Buchführung in der Unternehmenskrise am Beispiel der GmbH, ZInsO 1999, 327; *ders.,* Strafbarkeit wegen „nicht richtiger" Insolvenzantragstellung – strafrechtlicher Flankenschutz für Insolvenzgerichte und Verwalter?, ZInsO 2010, 359; *Weyand/Diversy,* Insolvenzdelikte, 8. Auflage 2010; *Wolf,* Der Sachverständige im Wirtschaftsstrafverfahren, ZWH 2012, 125.

Inhaltsübersicht

	Rn.
A. „Klassisches" Insolvenzstrafrecht	1–316
I. Allgemeines	1–9
1. Vorbemerkung	1, 2
2. Die gesetzlichen Grundlagen	3–6
a) Terminologie	3
b) Die wirtschaftliche Krise	4–6
3. Täterkreis	7–9
a) Gesetzlich Verantwortliche	7, 8
b) Faktisch Verantwortliche	9
II. Insolvenzverschleppung	10–75
1. Allgemeines	10–17
a) Überblick und Terminologie	10–14
b) Rechtsfolgen und Verjährung	15
c) Systematik	16, 17
2. Objektiver Tatbestand	18–75
a) Allgemeines	18–20
b) erfasste Gesellschaften	21–33
aa) juristische Personen	21–23
bb) Gesellschaften ohne Rechtspersönlichkeit	24–30
cc) Auslandsgesellschaften	31–33
c) Täterkreis	34–52
aa) Vertretungsorgan	35–37
bb) Gesellschaften ohne eigene Rechtspersönlichkeit	38
cc) Abwickler	39
dd) Führungslosigkeit	40
ee) echtes Sonderdelikt	41
ff) Teilnahme	42–45
gg) mehreren Mitgliedern des Vertretungsorgans	46–48
hh) Ausscheiden	49–52
d) Pflicht zur Stellung eines Eröffnungsantrags	53–63
aa) Allgemeines	53, 54
bb) Unterlassener Eröffnungsantrag	55
cc) Verspäteter Eröffnungsantrag	56
dd) Entfallen der Antragspflicht	57, 58
ee) Nicht richtiger Eröffnungsantrag	59–63
e) Rechtswidrigkeit und Unzumutbarkeit der Antragstellung	64, 65
f) Subjektiver Tatbestand und Irrtum	66–71
aa) Vorsatz	67, 68
bb) Tatbestands- und Gebotsirrtum	69
cc) Fahrlässigkeit	70, 71
g) Vollendung und Beendigung der Tat	72, 73
h) Konkurrenzen	74, 75
III. Bankrott	76–185
1. Allgemeines	76–110
a) Überblick	76
b) Systematik	77–81
aa) Unterschiedliche Formen des objektiven Tatbestandes in Abs. 1 und Abs. 2	77
bb) Abstraktes Gefährdungsdelikt, Erfolgsdelikt, echte Unterlassungsdelikte, Tätigkeitsdelikte	78, 79
cc) „Normalen" Bankrott	80
dd) Nennung der Begehungsform	81
c) Täterkreis	82–98
aa) Täter	83–94
bb) Mittäterschaft	95, 96
cc) Teilnehmer (Anstiftung und Beihilfe)	97, 98
d) Krisensituation; Strafbarkeitsbedingung nach Abs. 6	99–104
aa) Krisensituation	99
bb) Objektive Bedingungen der Strafbarkeit	100, 101
cc) Krise	102–104
e) Rechtsfolgen	105–110
aa) Kriminalstrafe	106–108
bb) Registersperre	109
cc) Versagung der Restschuldbefreiung	110
2. Einzelne Tatbestände des § 283 StGB	111–120
a) Abs. 1 Nr. 1 (Beiseiteschaffen und Verheimlichen von Vermögensbestandteilen)	111–120
aa) Zugehörigkeit zur Insolvenzmasse	112
bb) Beiseiteschaffen von Vermögensgegenständen	113–118
cc) Verheimlichen	119
dd) Zerstören, Beschädigen oder Unbrauchbar machen	120
b) Abs. 1 Nr. 2 (Verlust, Spekulations- und Differenzgeschäfte)	121–130
aa) Verlust-, Spekulations- und Differenzgeschäfte	121–126
bb) Spiel, Wette und unwirtschaftliche Ausgaben	127–130
c) Abs. 1 Nr. 3 (Warenbeschaffung auf Kredit)	131, 132
d) Abs. 1 Nr. 4 (Scheingeschäfte)	133
e) Abs. 1 Nr. 8 (Sonstiges Verringern)	134, 135
f) Abs. 1 Nr. 5 (Verletzung der Buchführungspflicht)	136–150
aa) Führen von Handelsbüchern	137–143
bb) Grundsätze ordnungsgemäßer Buchführung	144
cc) Unterlassene oder mangelhafte Buchführung	145–149

9. Kapitel. Insolvenz – Strafrechtlicher Teil

	Rn.
dd) Konkurrenzen	150
g) Abs. 1 Nr. 6 (Unterdrücken von Handelsbüchern)	151–152
aa) Tatgegenstand	151
bb) Tathandlung	152
h) Abs. 1 Nr. 7 (Verletzung der Bilanzierungspflicht)	153–172
aa) mangelhafte Bilanzaufstellung	155–158
bb) nicht rechtzeitige Bilanzierung	159–165
cc) Unmöglichkeit	166–171
dd) Konkurrenzen	172
i) Herbeiführen der Krise § 283 Abs. 2	173–174
j) Verhältnis zwischen den einzelnen Tatbeständen	175
3. Verhältnis zu Untreue	176–178
4. Subjektiver Tatbestand; Versuch	179–185
a) Vorsatz	179–180
b) Fahrlässigkeit	181–183
aa) § 283 Abs. 4 StGB	181–182
bb) § 283 Abs. 5 StGB	183
c) Versuch	184–185
IV. Verletzung der Buchführungspflicht (§ 283b StGB)	186–190
V. Gläubiger- und Schuldnerbegünstigung	191–223
1. Gläubigerbegünstigung	191–206
a) Überblick	191
b) Objektiver Tatbestand	192–198
aa) eingetretene Zahlungsunfähigkeit	193
bb) inkongruente Deckung	194–196
cc) Begünstigung	197–198
c) Subjektiver Tatbestand; Irrtum	199–200
d) Objektive Strafbarkeitsbedingung	201
e) Täterkreis	202–203
f) Versuch	204
g) Konkurrenzen; Sperrwirkung	205–206
2. Schuldnerbegünstigung	207–223
a) Überblick; Systematik	207
b) Tatbestand; Täterkreis	208–217
aa) Tathandlungen	208–210
bb) Täter, Teilnehmer	211–213
cc) Handlung zugunsten des Schuldners oder mit dessen Einwilligung	214–215
dd) Subjektiver Tatbestand	216–217
c) Sonstiges	218–223
aa) Objektive Bedingung der Strafbarkeit	218–219
bb) Versuch	220–221
cc) Konkurrenzen	222
dd) Rechtsfolgen	223
VI. Betrug (Lieferantenbetrug)	224–239
1. Allgemeines	224–226
2. Täuschungshandlung	227–229
3. Irrtum	230–231
4. Vermögensschaden	232–237
5. Vollendung	238

	Rn.
6. Täterschaft	239
VII. Untreue	240–258
1. Allgemeines	240–242
2. Typische Untreuehandlungen	243–248
3. Einverständnis und Weisungen der Gesellschafter	249–255
4. Sonderfragen	256–258
a) Untreue bei Personenhandelsgesellschaften	256–257
b) Risiko- und Spekulationsgeschäfte	258
VIII. Vorenthalten und Veruntreuen von Arbeitsentgelt	259–304
1. Der Arbeitgeber als Verantwortlicher	261–265
2. Der Sozialversicherungsbeitrag als Tatgegenstand	266–269
3. Das Vorenthalten als Tathandlung	270–287
a) Nichtabführen der Beiträge	270–271
b) Kausalität bei Abs. 2	272
c) Fälligkeit der Beiträge	273–275
d) Tatbestandsverwirklichung bei Nichtauszahlung des Lohns	276
e) Teilleistungen und Tilgungsbestimmungen	277–278
f) Unmöglichkeit und Unzumutbarkeit der Erfüllung der Handlungspflicht	279–287
aa) Tatsächliche Unmöglichkeit	280–283
bb) Rechtliche Unmöglichkeit	284
cc) Verhältnis zu Zahlungsverboten der § 64 Abs. 2 GmbHG, § 92 Abs. 3 AktG	285–286
dd) Weitere Unmöglichkeitsfälle	287
4. Subjektiver Tatbestand	288–291
5. Strafe und Nebenfolge	292
6. Strafbefreiende Selbstanzeige	293
7. Konkurrenzen	294–300
a) Allgemein	294–296
b) Verhältnis zum Beitragsbetrug	297–300
8. Notwendiger Inhalt von Anklage und Urteil	301–304
IX. Sonstige Insolvenzstraftaten i. w. S.	305–316
1. Falsche Versicherung an Eides statt	306–307
2. Unterschlagung	308
3. Kreditbetrug; Wechsel- und Scheckbetrug	309–314
a) Kreditbetrug	309–313
b) Wechsel- und Scheckbetrug	314
4. Steuerstraftaten	315–316
B. Strafrechtliche Besonderheiten	317–354
I. Der faktische Geschäftsführer	317–338
1. Bestimmung des faktisch Verantwortlichen	317–329
a) Grundsätzliches	317–320
b) Bestimmung im Einzelnen	321–325

Inhaltsübersicht

	Rn.
aa) Tatsächliche Stellung des Geschäftsführers	321–324
bb) Handeln im Einverständnis mit den Gesellschaftern oder dem Aufsichtsrat	325
c) Faktische Mitgeschäftsführung	326–329
2. Strafbarkeit wegen Insolvenzverschleppung	330–332
a) Nicht wirksam bestellter Geschäftsführer	330
b) Faktischer Geschäftsführer i. e. S.	331
c) Strohmann	332
3. Strafbarkeit wegen Bankrotts	333–336
a) Nicht wirksam bestellter Geschäftsführer	333
b) Faktischer Geschäftsführer i. e. S.	334–335
c) Strohmann	336
4. Untreuehandlungen	337
5. Sonstige Straftaten	338
II. Spezielle kriminelle Machenschaften	339–354
1. Die geplante und gesteuerte Insolvenz	340–342
2. Kriminelle Firmensanierer	343–354
a) Einrichtung eines Gläubiger-Fonds	344–346
aa) Einrichtung	344
bb) Folge	345–346
b) Bildung eines Gläubigerpools	347–348
c) Gründung von Auffang- oder ähnlichen Gesellschaften	349–350
d) Firmenbestattung	351–354
C. Straftaten nach Insolvenzantrag	355–396
I. Im Eröffnungsverfahren	356–358
II. Nach Insolvenzeröffnung	359–389
1. Der Schuldner als Täter	359–366
2. Der (bisherige) Geschäftsführer als Täter	367–370
3. Der Insolvenzverwalter als Täter	371–389
a) Verletzung von (Schuldner-)Pflichten	374–375
b) Verstöße im Zusammenhang mit der Masseverwertung	376–379
c) Straftaten bei Ausproduktion und übertragender Sanierung	380–384
d) Honorarmanipulationen	385–389
aa) Externe Vergütungen	386
bb) Vergütung nach der InsVV	387–388
cc) Untreue	389
III. Nach Ablehnung mangels Masse	390–396
1. Insolvenzstraftaten i. e. S.	390–395
a) Insolvenzverschleppung	390
b) Bankrott und Verletzung der Buchführungspflicht	391–393
c) Gläubiger- und Schuldnerbegünstigung	394–395

	Rn.
2. Insolvenzstraftaten i. w. S.	396
D. Ermittlungen	397–469
I. Einleitung von Ermittlungen	397–401
II. Erste Ermittlungsschritte	402–443
1. Zusammenarbeit zwischen Staatsanwaltschaft und Kriminalpolizei	402–404
2. Handelsregisterauskünfte und -akten	405–407
3. Auskünfte aus dem Gewerberegister und Gewerbezentralregister	408–413
a) Gewerberegister	408–411
b) Gewerbezentralregister	412–413
4. Anfragen beim Vollstreckungsgericht	414–417
5. Gerichtsvollzieherauskünfte	418–421
6. Auswertung der Akten des Insolvenzgerichts	422–436
a) Anforderung der Akten	423
b) Maßnahmen des Insolvenzgerichts	424–426
c) Verdachtsmomente	427–432
d) Verwertungsverbot (Beweisverwendungsverbot)	433–436
7. Kontaktaufnahme zum Gutachter oder Insolvenzverwalter	437–439
8. Anfragen bei sonstigen Stellen	440–443
a) Krankenkassen	440
b) Finanzbehörden	441–443
III. Weitere Ermittlungen	444–469
1. Durchsuchung, Beschlagnahme und Ähnliches	444–461
a) Durchsuchung beim Schuldner	448–454
aa) Schuldner als Tatverdächtiger	448
bb) Sicherstellung (§ 94 StPO) und Beschlagnahme (§ 98 StPO)	449–452
cc) Anwesenheit eines Rechtsanwalts u. a.	453–454
b) Durchsuchung bei Steuerberatern, Wirtschaftsprüfern u. a.	455
c) Bankermittlungen	456–459
d) Durchsuchungen bei sonstigen Dritten	460–461
2. Zeugenanhörung und -vernehmung; Umfeldermittlungen	462–464
a) Schriftliche Anhörung	462–463
b) Vernehmung von Zeugen	464
3. Auswertung der Unterlagen; Umfang weiterer Ermittlungen	465–467
4. Strafverfahren und Insolvenzanfechtung	468
5. Verletzteneigenschaft des Insolvenzverwalters	469
E. ABC des „klassischen Verteidigungsvorbringens"	470

A. „Klassisches" Insolvenzstrafrecht
I. Allgemeines
1. Vorbemerkung

1 Das Insolvenzstrafrecht gehört zu den Rechtsbereichen, in denen eine genaue Kenntnis zivil- und handelsrechtlicher Vorschriften ebenso erforderlich ist wie eine solche des Gesellschafts-, Insolvenz- und Bilanzrechts. Sowohl für die Strafverfolgung als auch die Verteidigung gehören Insolvenzstraftaten zu den zeitintensivsten Tätigkeiten, gilt es doch oftmals eine Vielzahl von Geschäftsvorfällen zu überprüfen und umfangreiche Unterlagen auszuwerten. Anzeigen von Geschädigten oder Feststellungen des Insolvenzverwalters kommen daher bei der Strafverfolgung große Bedeutung zu. Die Dunkelziffer dürfte ungeachtet dessen dennoch sehr hoch liegen. Nach Schätzungen sollen bei ca. 90% aller Insolvenzen Wirtschaftsstraftaten begangen worden sein.[1]

2 Eine Verletzung der Insolvenzantragspflichten des Schuldners oder die Begehung sonstiger Insolvenzstraftaten hat regelmäßig nicht nur strafrechtliche Folgen, sondern auch solche außerstrafrechtlicher Art, die für den Beschuldigten oft erheblich gravierendere Konsequenzen haben als das Strafverfahren selbst. Gerade die persönliche zivilrechtliche Haftung von Geschäftsführern gegenüber der Schuldnerin oder geschädigten Geschäftspartnern, aber auch die Haftung für Steuerverbindlichkeiten oder nicht entrichtete Sozialversicherungsbeiträge, kann schnell existenzielle Dimensionen annehmen. Hinzu kommt, dass die Registersperre nach § 6 Abs. 2 Satz 3 GmbHG, § 76 Abs. 3 Nr. 3 AktG[2] eine weitere berufliche Tätigkeit oft erheblich erschwert. Bei einer Entscheidung über eine Einstellung des Ermittlungsverfahrens gemäß § 153a StPO sollten deshalb die außerhalb des Strafrechts liegenden Auswirkungen stets bedacht werden.

2. Die gesetzlichen Grundlagen

a) Terminologie

3 Üblicherweise differenziert man nach Insolvenzstraftaten im engeren und im weiteren Sinn. Unter solchen **i. e. S.** versteht man zum einen die vom Gesetzgeber im 24. Abschnitt des Besonderen Teils des Strafgesetzbuchs so benannten §§ 283 bis 283d StGB. Zum anderen subsumiert man unter diesen Begriff die Verletzung der Pflicht zur Stellung des Eröffnungsantrags nach § 15a Abs. 4 InsO (bzw. ihrer Vorgängervorschriften in § 401 Abs. 1 Nr. 2 AktG a. F., § 84 Abs. 1 Nr. 2 GmbHG a. F., § 148 Abs. 1 Nr. 2 GenG a. F., § 130b HGB a. F.) und § 11 S. 2 EWiV-AusfG, § 53 Abs. 4 SE-AusfG bzw. § 36 Abs. 1 SCE-AusfG (Insolvenzverschleppung).[3] **Insolvenzstraftaten i. w. S.** sind dagegen zusätzlich auch jene Straftatbestände, die im Zusammenhang mit der bevorstehenden oder eingetretenen Insolvenz zum Nachteil von Gläubigern, Staat und Dritten begangen werden. Hierunter fallen insbesondere:
– Unterlassen der Einberufung der Gesellschafterversammlung bei Verlusten in Höhe der Hälfte des Grund- oder Stammkapitals (§ 401 Abs. 1 AktG, § 84 Abs. 1 GmbHG, § 148 Abs. 1 GenG);
– Betrug, insbesondere gegenüber Lieferanten, einschließlich Wechsel- und Scheckbetrug (§ 263 StGB);
– Kreditbetrug (§§ 263, 265b StGB);
– Subventionsbetrug (§§ 263, 264 StGB);
– Versicherungsbetrug (§§ 263, 265 StGB);
– Untreue (§ 266 StGB);
– Falsche Versicherung an Eides statt (§ 156 StGB);
– Steuerhinterziehung (§§ 370 ff. AO);

---

[1] *Weyand*, ZInsO 2008, 242, 244.
[2] Dazu näher unten Rn. 109.
[3] Dazu im Einzelnen Rn. 10 ff.

A. „Klassisches" Insolvenzstrafrecht

– Vorenthalten und Veruntreuen von Arbeitsentgelt (§ 266a StGB) sowie insbesondere weitere Formen des Betrugs und der Unterschlagung, z. B. durch Veräußerung von sicherungsübereigneten Gegenständen, mehrfache Sicherungsübereignungen oder Verpfändung fremder Sachen.[4]

Nicht zum Insolvenzstrafrecht gehört das Bilanzstraf- und -ordnungswidrigkeitenrecht der §§ 331 bis 334 HGB, jedoch sind bestimmte Bilanz- und Buchhaltungsverstöße nach §§ 283 Abs. 1 Nr. 5–7, 283b StGB strafbar.

b) Die wirtschaftliche Krise

Den Insolvenzdelikten i. e. S. ist gemein, dass ein strafbares Verhalten das Handeln während 4 oder nach einer **Krise des Unternehmens** voraussetzt. Krise bedeutet Zahlungsunfähigkeit, Überschuldung oder drohende Zahlungsunfähigkeit. Bei einigen Delikten ist auch Zahlungseinstellung Voraussetzung für die Strafbarkeit.

Welches Kriterium bei den einzelnen Insolvenzstraftaten i. e. S. Voraussetzung für eine Strafbarkeit ist, kann der nachfolgenden Übersicht entnommen werden:

Begriff	**Relevant für**
Drohende Zahlungsunfähigkeit	§ 283 StGB
	§ 283d Abs. 1 Nr. 1 StGB
Zahlungsunfähigkeit	§ 283 StGB
	§ 283c StGB
	§ 15a Abs. 4 InsO
	§ 53 Abs. 4 Nr. 2 SE-AusfG
	§ 36 Abs. SCE-AusfG
Überschuldung	§ 283 StGB
	§ 15a Abs. 4 InsO
	§ 53 Abs. 4 Nr. 2 SE-AusfG
	§ 36 Abs. SCE-AusfG
Zahlungseinstellung	§ 283 Abs. 6 StGB
	§ 283b Abs. 3 StGB
	§ 283c Abs. 3 StGB
	§ 283d Abs. 1 Nr. 2 StGB
	§ 283d Abs. 4 StGB

Was unter **Zahlungseinstellung, drohender Zahlungsunfähigkeit, Zahlungsunfä-** 6 **higkeit** und **Überschuldung** zu verstehen ist und wie diese ermittelt werden, wurde bereits im Kapitel über das materielle Insolvenzrecht dargestellt.[5] Zahlungsunfähigkeit und Zahlungseinstellung sind auch für Insolvenzstraftaten i. w. S. von Bedeutung, beispielsweise für Betrug. Zu beachten ist, dass drohende Zahlungsunfähigkeit nicht relevant ist für den Straftatbestand der Insolvenzverschleppung, obwohl sie nach § 18 Abs. 1 InsO einen Eröffnungsgrund darstellt. In diesem Fall besteht ein bloßes Insolvenzantragsrecht für den Schuldner, jedoch keine Antragspflicht.

3. Täterkreis

a) Gesetzlich Verantwortliche

Die Insolvenzdelikte i. e. S. sind überwiegend Sonderdelikte. Täter der **Insolvenzverschlep-** 7 **pung** können nur Mitglieder von Vertretungsorganen einer juristischen Person sein, beispielsweise Geschäftsführer einer GmbH, Vorstandsmitglieder einer AG oder Genossenschaft, persönlich haftende Gesellschafter einer KGaA oder die Liquidatoren einer der genannten Gesellschaften. Bei den Straftatbeständen des **Bankrotts**, der **Verletzung der Buchführungspflicht** und der **Gläubigerbegünstigung** kommt als Täter grundsätzlich nur derjenige in Betracht, der sich in der Krise befindet, diese herbeiführt, der seine Zahlungen eingestellt hat, über dessen Vermögen das Insolvenzverfahren eröffnet oder die Eröffnung

---

[4] LK/*Tiedemann*, vor § 283 Rn. 2 und 27; vgl. auch *Richter*, GmbHR 1984, 148.
[5] Kap. 8 Rn. 103 ff.; s. a. *Kindhäuser* in Kindhäuser/Neumann/Paeffgen, Vor §§ 283 bis 283d Rn. 91 ff.

mangels Masse abgewiesen wurde. Soweit es um die Beurteilung von Bankrotthandlungen bei Gesellschaften geht, ist nach § 14 Abs. 1 StGB auf die jeweiligen organschaftlichen Vertreter bzw. geschäftsführenden Gesellschafter abzustellen. Andere Personen können dann Täter sein, wenn ihnen entsprechende Aufgaben unter den Voraussetzungen des § 14 Abs. 2 StGB übertragen wurden. Täter der **Schuldnerbegünstigung** kann hingegen jeder sein. Bei den **Insolvenzdelikten i. w. S.** kommt überwiegend jedermann als Täter in Betracht. In der Praxis werden diese Delikte (vor allem Betrug und Untreue) meist durch den Schuldner oder die für ihn verantwortlich Handelnden begangen. Einzelheiten zu den gesetzlich Verantwortlichen sind bei den Ausführungen zu den jeweiligen Insolvenzstraftatbeständen dargestellt.

Soweit Täterqualität fehlt, ist immer an eine Teilnahmehandlung (Anstiftung, Beihilfe) zu denken. Dies kann vor allem bei Beratern des Schuldners der Fall sein, wenn deren Tätigkeit über den bloßen „neutralen" Rechtsrat hinausgeht.[6]

b) Faktisch Verantwortliche

Häufig sind für Insolvenzdelikte Personen tatsächlich verantwortlich, die nach dem Wortlaut der Bestimmungen als Täter nicht ausdrücklich genannt sind. Hier hat die Rechtsprechung schon seit langem die Figur des **faktisch Verantwortlichen** geschaffen.[7] Speziell bei **Strohmannverhältnissen** ist dies von Bedeutung. Ansonsten könnte der Drahtzieher und eigentlich Verantwortliche nicht oder nur wegen Beihilfe zur Rechenschaft gezogen werden.

II. Insolvenzverschleppung

1. Allgemeines

a) Überblick und Terminologie

Mit dem Begriff **Insolvenzverschleppung** werden Verstöße gegen die Pflicht zur Stellung des Eröffnungsantrags (Insolvenzantrags) bezeichnet. Die Verantwortlichen der Gesellschaften sind nach den Vorschriften der InsO, dem EWIV-AusfG, dem SE-AusfG, dem SCE-AusfG sowie – was strafrechtlich nicht relevant ist – nach dem BGB (Vereine, Stiftungen etc.) verpflichtet, bei Zahlungsunfähigkeit oder Überschuldung unverzüglich die Eröffnung des Insolvenzverfahrens zu beantragen.[8]

Soweit in strafrechtlichem Zusammenhang von Insolvenzverschleppung gesprochen wird, ist damit in der Regel nicht nur der materielle Tatbestand der unterlassenen, verspäteten oder unrichtigen Antragstellung gemeint, sondern die **Strafnorm**, die sich aus dem Handlungsgebot und der strafrechtlichen Sanktion zusammensetzt. Verkürzt wird häufig auch nur der Teil der Vorschrift, der die Strafdrohung enthält, als Tatbestand der Insolvenzverschleppung bezeichnet. Welche Normen hier relevant sind, ergibt sich aus der nachfolgenden Übersicht:

Gesellschaft	Handlungspflicht	Strafbewehrung
GmbH	§ 15a Abs. 1 InsO	§ 15a Abs. 4 InsO
AG	§ 15a Abs. 1 InsO, evtl. i. V. m. § 283 Nr. 14 AktG	§ 15a Abs. 4 InsO
OHG **KG** **GmbH & Co KG u. Ä.** (in bestimmten Fällen)	§ 15a Abs. 1 InsO	§ 15a Abs. 4 InsO
EWIV (in bestimmten Fällen)	§ 11 Satz 2 EWIV-AusfG i. V. m. § 15a Abs. 1 InsO	§ 15a Abs. 4 InsO
Genossenschaft	§ 15a Abs. 1 InsO	§ 15a Abs. 4 InsO

---

[6] Dazu BGH NStZ 2000, 34; s. a. ausführlich zur Strafbarkeit von Beratern *Wessing*, NZI 2003, 1 und NJW 2003, 2265.
[7] Zu Einzelheiten vgl. Rn. 317 ff.
[8] Vgl. bereits Kap. 8 Rn. 145.

A. „Klassisches" Insolvenzstrafrecht

Gesellschaft	Handlungspflicht	Strafbewehrung
SE	§ 22 Abs. 5 S. 2 SE-AusfG	§ 53 Abs. 4 Nr. 2b SE-AusfG
SCE	§ 18 Abs. 4 S. 2 SCE-AusfG	§ 15a Abs. 4 InsO i. V. m. § 36 Abs. 1 SCE-AusfG

Daneben gibt es Sonderregelungen für Kreditinstitute im Kreditwesengesetz (KWG) und 12 für Versicherungsunternehmen im Versicherungsaufsichtsgesetz (VAG). § 46b KWG und § 88 VAG enthalten Anzeigepflichten gegenüber der Aufsichtsbehörde. Nur diese ist befugt, einen Insolvenzantrag zu stellen. Das Unterlassen der Anzeige ist in § 55 KWG und § 141 VAG strafbewehrt. Dies sind die Tatbestände der Insolvenzverschleppung für die Verantwortlichen der Kreditinstitute und Versicherungsunternehmen.

Infolge der (neueren) Rechtsprechung des EuGH zur Niederlassungsfreiheit von Gesell- 13 schaften[9] erfreuen sich **europäische Auslandsgesellschaften** wachsender Beliebtheit; so nimmt die Zahl insbesondere der private company limited by shares (Ltd.) nach englischem Recht stark zu, und zwar vor allem entsprechend schwach kapitalisierter. Damit steigt unweigerlich auch die Zahl insolventer Ltds.[10] Seit Inkrafttreten der rechtsformneutralen Insolvenzantragspflicht in § 15a InsO[11] ist auch die Insolvenzverschleppung bei Auslandsgesellschaften mit Verwaltungssitz in Deutschland strafbewehrt.[12]

Der Gesetzgeber verwendet den **Begriff Insolvenzverschleppung** nicht. Da nach der 14 StPO die Straftaten im **Anklagesatz** (§ 200 Abs. 1 Satz 1 StPO), im Eröffnungsbeschluss (§ 207 Abs. 2 StPO) und im **Urteil** (§ 264 StPO) zu bezeichnen sind, ist eine schlagwortartige Umschreibung notwendig. Hierfür hat sich der Begriff Insolvenzverschleppung eingebürgert, der im Hinblick auf eine möglichst einheitliche Eintragung der Straftaten im Bundeszentralregister generell Verwendung findet. Da der Straftatbestand sowohl vorsätzlich als auch fahrlässig (§ 15a Abs. 5 InsO) begangen werden kann, ist darauf zu achten, die Begehungsform in Anklage und Urteil zu nennen.

b) Rechtsfolgen und Verjährung

Bei allen genannten Gesellschaftsformen beträgt die Strafdrohung bei vorsätzlicher Verwirkli- 15 chung des Tatbestandes jeweils drei Jahre Freiheitsstrafe oder Geldstrafe (§ 15a Abs. 4 InsO, § 53 Abs. 4 Nr. 2b SE-AusfG, § 36 Abs. 1 SCE-AusfG). Bei Fahrlässigkeit reduziert sich die angedrohte Freiheitsstrafe auf ein Jahr (§ 15a Abs. 5 InsO, § 53 Abs. 5 SE-AusfG, § 36 Abs. 1 SCE-AusfG). In der Praxis werden Verstöße, die in der überwiegenden Zahl die GmbH betreffen, in aller Regel durch Geldstrafen geahndet, häufig mittels Strafbefehls.

Die **Verjährungsfrist** beträgt bei vorsätzlicher Insolvenzverschleppung fünf Jahre (§ 78 Abs. 1 Nr. 4 StGB), bei fahrlässiger Insolvenzverschleppung drei Jahre (§ 78 Abs. 1 Nr. 5 StGB). Sie beginnt nicht bereits mit der Vollendung der Tat, sondern erst mit deren tatsächlicher Beendigung, also sobald die Pflicht zum Handeln entfallen ist, d. h. mit Antragstellung, Eröffnung des Insolvenzverfahrens oder deren Ablehnung mangels Masse oder mit Überwindung der Insolvenzsituation.[13] Für das Ruhen oder die Unterbrechung der Verfolgungsverjährung gelten die allgemeinen Regeln der §§ 78b und 78c StGB.

c) Systematik

Die Straftatbestände der Insolvenzverschleppung sind nicht als eigenständige, aus sich selbst 16 heraus verständliche „unabhängige" Strafvorschriften gefasst. Vielmehr sind sie **zusammengesetzt** aus dem sachlich-rechtlichen Handlungsgebot und der eigentlichen Strafnorm, die das Unterlassen der vorgeschriebenen Handlung mit einer Strafdrohung versieht. Wegen dieser Abhängigkeit der eigentlichen Sanktionsnorm von dem gesondert gesetzten Gebot spricht

---

[9] EuGH NJW 1999, 2027 – Centros; NJW 2002, 3614 – Überseering; NJW 2003, 3331 – Inspire Art.
[10] *Eidenmüller*, NJW 2005, 1618.
[11] Zum 1.11.2008 durch Art. 9 MoMiG.
[12] BT-Drs. 16/6140, S. 134; ausführlich *Pelz*, Rn. 465 ff.
[13] Vgl. unten Rn. 57 f.

man auch von **akzessorisch** gefassten Sanktionsnormen.[14] Die Straftatbestände der Insolvenzverschleppung stellen echte Blankettdelikte dar.[15]

17 Die Tatbestände der Insolvenzverschleppung sind **echte Unterlassungsdelikte**,[16] soweit sich das strafbare Verhalten in dem Unterlassen der (rechtzeitigen) Antragstellung erschöpft. Das bloße Untätigbleiben genügt, um den Tatbestand zu verwirklichen. Dies gilt auch für den Fall der nicht richtigen Antragstellung; auch hier liegt der Schwerpunkt des Vorwurfs außer im Fall unrichtiger Angaben auf einem Unterlassen, nämlich einen vollständigen und zulässigen Eröffnungsantrag zu stellen.[17] Da die Straftatbestände die vom Gesetz verlangten Handlungspflichten nicht von dem Eintritt eines bestimmten Gefährdungserfolges oder eines Schadens abhängig machen, sind sie nach h. M. **abstrakte Gefährdungsdelikte**.[18] Aus diesem Grund ist der Einwand eines Täters unbeachtlich, durch die unterlassene oder verspätete Insolvenzantragstellung sei ja kein Schaden eingetreten.

2. Objektiver Tatbestand

a) Allgemeines

18 Für alle juristischen Personen und Gesellschaften ohne Rechtspersönlichkeit ist die bislang in den gesellschaftsrechtlichen Einzelgesetzen normierte Verpflichtung zur Stellung eines Insolvenzantrags mit Inkrafttreten des MoMiG nunmehr rechtsformneutral und einheitlich in **§ 15a Abs. 1 InsO** geregelt. Danach haben die **Vertretungsorgane oder Abwickler von juristischen Personen** bei Zahlungsunfähigkeit oder Überschuldung der Gesellschaft ohne schuldhaftes Zögern, spätestens drei Wochen nach Eintritt von Zahlungsunfähigkeit oder Überschuldung, die Eröffnung des Insolvenzverfahrens zu beantragen.

19 Die gleiche Pflicht trifft nach S. 2 die **vertretungsberechtigten Organe der zur Vertretung ermächtigten Gesellschafter** oder die **Abwickler einer Gesellschaft ohne eigene Rechtspersönlichkeit** (z. B. OHG, KG, GbR), bei der unmittelbar oder mittelbar kein persönlich haftender Gesellschafter eine natürliche Person ist. Ist bei einer Gesellschaft, im Falle der Mehrstöckigkeit jedenfalls mittelbar, einer der persönlich haftenden Gesellschafter eine natürliche Person, so findet § 15a Abs. 1 InsO keine Anwendung.

20 Im Falle der **Führungslosigkeit** einer GmbH trifft die Insolvenzantragspflicht nach § 15a Abs. 3 InsO jeden Gesellschafter, bei einer AG oder Genossenschaft jedes Mitglied des Aufsichtsrats. Die Strafdrohung enthält **§ 15a Abs. 4 InsO**.

b) erfasste Gesellschaften

aa) juristische Personen

21 Die Insolvenzantragspflicht für **alle juristischen Personen** findet sich einheitlich in § 15a Abs. 1 InsO. Die Antragspflicht betrifft sowohl juristische Personen nach deutschem Recht als auch solche einer **ausländischen Rechtsform**, jedenfalls soweit sie **Verwaltungssitz in Deutschland** haben.

22 Entgegen dem insoweit missverständlichen Wortlaut der Vorschrift findet § 15a Abs. 1 InsO jedoch nicht auf alle juristischen Personen Anwendung. Für den **Verein** genießt die rechtsformbezogene Sonderregelung des § 42 Abs. 2 BGB als lex specialis Vorrang,[19] ebenso § 86 BGB für die **rechtsfähige Stiftung**.[20] Dies soll durch die geplante Ergänzung in § 15a

---

[14] Beck/Depré/*Köhler*, Praxis der Insolvenz, § 37 Rn. 16.
[15] Münchener Kommentar StGB/*Kiethe/Hohmann*, § 15a InsO Rn. 7; *Brand/Reschke*, NJW 2009, 2343 (2344); *Fromm/Gierthmühlen*, NZI 2009, 665 (667).
[16] BGHSt 28, 371 (380) = NJW 1980, 406;. Münchener Kommentar StGB/*Kiethe/Hohmann*, § 15a InsO Rn. 7.
[17] *Bittmann*, NStZ 2009, 113 (116); Münchener Kommentar StGB/*Kiethe/Hohmann*, § 15a InsO Rn. 7; *Otte* in Graf/Jäger/Wittig, § 15a InsO Rn. 5.
[18] Vgl. BGHSt 14, 280 (281) = NJW 1960, 1677 (1678); Münchener Kommentar StGB/*Kiethe/Hohmann*, § 15a InsO Rn. 5.
[19] BT-Drs. 16/6104, S. 55; *Brand/Reschke*, NJW 2009, 2343 (2346).
[20] *Schmahl*, NZI 2008, 6 (7); HK-InsO/*Kirchhof*, § 15a Rn. 3.

A. „Klassisches" Insolvenzstrafrecht

Abs. 6 RegE-InsO noch einmal klargestellt werden.[21] Insoweit findet auch die Strafvorschrift des § 15a Abs. 4 InsO keine Anwendung, denn die Strafnorm nimmt ausdrücklich lediglich auf die Insolvenzantragspflichten nach Abs. 1 und 2 Bezug. Aufgrund des Blankettcharakters der Strafvorschrift werden außerhalb von § 15a Abs. 1 und 2 InsO geregelte Insolvenzantragspflichten nicht erfasst. Für derartige Fallgestaltungen besteht eine Strafbarkeit nur dann, wenn auf die Geltung der Strafvorschrift ausdrücklich verwiesen wird, wie z. B. in § 36 Abs. 1 SCE-AusfG oder aber eine explizite Strafnorm besteht wie bei § 53 Abs. 4 Nr. 2b SE-AusfG. Für die SE bzw. SCE findet diese Strafvorschrift jedoch nur Anwendung, wenn es sich um eine Gesellschaft mit Sitz im Inland handelt, wie sich aus den jeweiligen § 1 SCE-AusfG und SE-AusfG ergibt. Bei Gesellschaften mit Sitz im Ausland findet bei SE- bzw. SCE-spezifischen Straftaten alleine das ausländische Recht Anwendung.[22]

Zu beachten ist, dass bei einer **Genossenschaft Überschuldung** Insolvenzgrund nach 23 § 98 GenG nur ist, wenn sie aufgelöst ist sowie bei einer Genossenschaft ohne Nachschusspflicht und bei einer Genossenschaft mit beschränkter Nachschusspflicht, wenn die Überschuldung ein Viertel der Haftsumme übersteigt.

bb) Gesellschaften ohne Rechtspersönlichkeit

Nach § 15a Abs. 1 S. 2 InsO besteht eine Insolvenzantragspflicht auch bei **Gesellschaften** 24 **ohne eigene Rechtspersönlichkeit**, also bei OHG, KG, GbR, etc., sofern nicht zumindest einer der persönlich haftenden Gesellschafter eine natürliche Person ist.

Der zweite Halbsatz des § 15a Abs. 1 Satz 2 InsO nimmt hiervon die Fälle aus, in denen zu 25 den Gesellschaftern eine andere Gesellschaft gehört, bei der entweder ein Gesellschafter selbst oder ein persönlich haftender Gesellschafter eines dieser Gesellschafter eine natürliche Person ist, und damit zumindest eine natürliche Person für die Verbindlichkeiten der Gesellschaft voll haftet. Dies betrifft u. a. die folgenden Konstellationen:
– es ist eine KGaA mit einer natürlichen Person als Komplementär beteiligt,
– Gesellschafter der OHG ist eine Gesellschaft des bürgerlichen Rechts,
– es liegt ein mehrstufiges Gebilde vor und auf der zweiten oder dritten Beteiligungsstufe haftet eine natürliche Person.

Der zuletzt genannte Fall ist beispielsweise dann gegeben, wenn an der OHG eine weitere OHG beteiligt ist, deren Gesellschafter zwar wiederum keine natürlichen Personen sind, bei denen aber ein persönlich Haftender vorhanden ist (Beispiel: An der A-OHG sind die X-AG und die B-OHG beteiligt. Die B-OHG besteht aus der Y-GmbH und der C-KG. Komplementär der C-KG ist eine natürliche Person, Herr D. Dieser haftet dann persönlich für die Verbindlichkeiten nicht nur der C-KG und der B-OHG, sondern auch der A-OHG.)

Für eine OHG besteht somit eine Insolvenzantragspflicht nur dann, wenn kein persönlich 26 haftender Gesellschafter eine natürliche Person ist, so genannte **atypische** oder **kapitalistische OHG**.

Die OHG muss also ausschließlich folgende Gesellschafter aufweisen:
– Kapitalgesellschaften (AG, KGaA, GmbH),
– Personengesellschaften (OHG, KG, Gesellschaft des bürgerlichen Rechts),
– Genossenschaften, Vereine, Stiftungen, sonstige Körperschaften.

Falls zu den Gesellschaftern der OHG allerdings eine andere OHG oder KG gehört, bei der ein persönlich haftender Gesellschafter eine natürliche Person ist, besteht nach § 15a Abs. 1 Satz 2 zweiter Halbsatz InsO keine Antragspflicht.

Das Gleiche gilt gemäß § 11 Satz 2 EWIV-AusfG i. V. mit § 15a InsO für die **Europäische wirtschaftliche Interessenvereinigung** (EWIV) mit Sitz in Deutschland.

Für solche Kommanditgesellschaften, bei denen kein Komplementär eine natürliche Per- 27 son ist – typischerweise die **GmbH & Co. KG** –, ergibt sich eine Insolvenzantragspflicht aus § 15a Abs. 1 Satz 2 erster Halbsatz i. V. m. Abs. 2 InsO. Dort liegt auch in der Praxis der Hauptanwendungsfall.

---

[21] *Poertzgen*, ZInsO 2012, 1697 (1698).
[22] *Schlösser*, NZG 2008, 126 (131).

28 Von der Insolvenz der atypischen OHG, KG oder der GmbH & Co. KG ist die **Insolvenz ihrer Gesellschafter** zu unterscheiden. In aller Regel hat die Insolvenz der atypischen OHG, KG oder GmbH & Co. KG auch die Insolvenz der persönlich haftenden Gesellschafter zur Folge. Dies insbesondere, wenn sich – wie häufig bei der GmbH & Co. KG – die Geschäftstätigkeit der Komplementär-GmbH auf die Geschäftsführung beschränkt und sie über kein das Stammkapital übersteigendes Vermögen verfügt. Dies hat zur Folge, dass typischerweise die **Insolvenzantragsfristen für die mehrstöckige Gesellschaft und die persönlich haftenden Gesellschafter** gleichzeitig zu laufen beginnen und sowohl für die Gesellschaft als auch bei Zahlungsunfähigkeit oder Überschuldung der Gesellschafter für diese Insolvenzantrag gestellt werden muss.

29 Da gerade bei der **GmbH & Co. KG** der verantwortliche Geschäftsführer dieser Gesellschaft häufig auch Geschäftsführer der Komplementär-GmbH ist, sind gegen ihn Ermittlungen wegen Insolvenzverschleppung bezüglich beider Gesellschaften veranlasst. Hat die Komplementär-GmbH jedoch außer den Gläubigern der KG, denen gegenüber sie unmittelbar haftet, keine weiteren Gläubiger, ist regelmäßig an eine Opportunitätseinstellung nach den §§ 153 ff. StPO zu denken, insbesondere dann, wenn hinsichtlich der Gesellschaft selbst rechtzeitig Eröffnungsantrag gestellt wurde.

30 Eine Ausnahme von der Insolvenzantragspflicht nach § 15a Abs. 1 InsO gilt für die fortgesetzte Gütergemeinschaft (§ 2489 Abs. 2 BGB), die Erbengemeinschaft (§ 1980 BGB) und für den Nachlassverwalter (§ 1985 Abs. 2 BGB), auch wenn es sich dabei um Außengesellschaften bürgerlichen Rechts handeln sollte. Hier gehen die jeweiligen Regelungen als lex specialis dem § 15a Abs. 1 InsO vor.

cc) Auslandsgesellschaften

31 Eines der wesentlichen Grundanliegen des § 15a InsO war es, Insolvenzantragspflichten auch für die zunehmende Anzahl von in Deutschland tätigen **Auslandsgesellschaften** zu begründen.[23] Aufgrund der Regelung in Art. 3 EUInsVO ist Voraussetzung für die Anwendung deutschen Insolvenzrechts jedoch, dass die Auslandsgesellschaft den **Mittelpunkt ihrer wirtschaftlichen Interessen** in Deutschland hat.[24] Ob tatsächlich eine derart umfassende Insolvenzantragspflicht besteht, bedarf jedoch noch näherer Klärung. Hier wird zu unterscheiden sein:

32 Bei ausländischen Gesellschaften, die nach dem Recht eines **Nicht-EU-Staates** gegründet sind, bestimmt sich nach noch überwiegender Auffassung die Anerkennung der Rechtsform und der damit verbundenen Rechte und Pflichten nach dem Recht des Staates, in dem die Gesellschaft ihren **effektiven Verwaltungssitz** unterhält.[25] **Nicht-EU-Auslandsgesellschaften** mit effektivem Verwaltungssitz in Deutschland unterliegen daher der strafbewehrten Insolvenzantragspflicht.[26] Für Nicht-EU-Auslandsgesellschaften mit effektivem Verwaltungssitz im Ausland bestimmen sich die Insolvenzantragspflichten nach ausländischem Recht.

33 Bei **EU-Auslandsgesellschaften** bestimmt sich die Anerkennung der Rechtsfähigkeit grundsätzlich nach dem **Gründungsstatut**,[27] sodass auch das Gründungsstatut darüber entscheidet, ob es sich bei der Auslandsgesellschaft um eine juristische Person oder eine solche ohne eigene Rechtspersönlichkeit handelt. Geht man davon aus, dass die Insolvenzantragspflicht ungeachtet der Verankerung in einer nationalen Rechtsordnung eine genuin gesellschaftsrechtliche Verpflichtung darstellt,[28] so würde die Statuierung einer Insolvenzantragspflicht nach § 15a InsO eine Beeinträchtigung der Niederlassungsfreiheit nach Art. 43, 84 EG darstellen, die eine Erschwerung des Marktzugangs bedeutet und deren Rechtfertigung

---

[23] BT-Drs. 16/6140, S. 134.
[24] *Bittmann* NStZ 2009, 113 (114); *Pelz*, Rn. 465.
[25] BGHZ 153, 353, 355; *Gottwald/Kohlmann*, Insolvenzrechts-Handbuch, § 132 Rn. 92.
[26] *Pelz* Rn. 466; *Hiebl*, FS Mehle, 273 (277).
[27] EuGH NJW 2002, 3614; 2003 (3331); BGHZ 154, 185 (189).
[28] *Gross/Schork* NZI 2006, 10 (14); Hirte, ZInsO 2008, 146 (147); *Bittmann/Gruber*, GmbHR 2008, 867 (871).

A. „Klassisches" Insolvenzstrafrecht

äußert zweifelhaft ist.[29] Vorzugswürdig scheint es jedoch, die Insolvenzantragspflicht als eine Regelung des (internationalen) Insolvenzrechts zu betrachten, da diese sowohl systematisch als auch aufgrund des gemeinsamen Schutzzwecks eine engere Anbindung an das Insolvenz- als an das Gesellschaftsrecht aufweist,[30] sodass deutsches Insolvenzstrafrecht immer dann zur Anwendung kommt, wenn die EU-Auslandsgesellschaft den **Mittelpunkt ihrer hauptsächlichen Interessen** (Center of Main Interest) in Deutschland besitzt. Liegt dieser im Ausland, richten sich Insolvenzantragspflichten alleine nach dem maßgeblichen Heimatrecht.

c) Täterkreis

Als Pflichtige bezeichnet § 15a Abs. 1 S. 1 InsO zunächst die Vertretungsorgane oder Abwickler juristischer Personen. Bei Gesellschaften ohne eigene Rechtspersönlichkeit (z. B. OHG, KG, GbR) trifft diese Pflicht die vertretungsberechtigten Organe des bzw. der zur Vertretung der Gesellschaft ermächtigten Gesellschafter(s) sowie die Abwickler, aber nur dann, wenn keiner der persönlich haftenden Gesellschafter eine natürliche Person ist (§ 15a Abs. 1 S. 2 InsO). Für den Fall der Führungslosigkeit von GmbH, AG oder Gen enthält § 15a Abs. 3 InsO eine Sonderverantwortlichkeit der Gesellschafter bzw. des Aufsichtsrats.[31] 34

aa) Vertretungsorgan einer juristischen Person ist jeder, der kraft Gesetzes, Gesellschaftsvertrags oder Mehrheitsbeschlusses der Gesellschafter zur Vertretung der juristischen Person ermächtigt ist bzw. bestellt wurde. Vertretungsorgan einer juristischen Person ist bei der GmbH der Geschäftsführer, bei AG und Genossenschaft der Vorstand, bei der KGaA nach § 283 Nr. 14 AktG der persönlich haftende Gesellschafter. 35

Bei mehrköpfigen Vertretungsorganen trifft die Pflicht zur Insolvenzantragstellung grundsätzlich jedes Mitglied, unerheblich von der Ressortverteilung.[32]

Vertretungsorgane sind grundsätzlich auch **stellvertretende Geschäftsführer** nach § 44 GmbHG oder **stellvertretende Vorstände** nach § 94 AktG. Stellvertretende Geschäftsführer bzw. Vorstände sind entgegen der missverständlichen Bezeichnung nicht nur für den Fall der Verhinderung des ordentlichen Geschäftsführers bzw. Vorstands bestellt, sondern sie haben die gleichen Rechte und Pflichten wie diese, sofern sich aus der Satzung nichts Abweichendes ergibt. Sie sind im Regelfall daher auch dann strafrechtlich verantwortlich, wenn daneben noch ein ordentlicher Geschäftsführer oder Vorstand verantwortlich ist.[33]

Strafrechtlich verantwortlich sind nach h. M. auch **faktische Vertretungsorgane, insbesondere faktische Geschäftsführer**,[34] sowie das lediglich als **Strohmann** fungierende Vertretungsorgan.[35] Dies hat in der Praxis vor allem Bedeutung in den Fällen, in denen beispielsweise die Ehefrau eines bereits einschlägig in Erscheinung getretenen Täters formal die Geschäftsführerstellung innehat, tatsächlich jedoch der Ehemann die Aufgaben eines Geschäftsführers wahrnimmt. In einer solchen Konstellation wird i. d. R. der oftmals nur untergeordneten Rolle des Strohmanns oder der Strohfrau bei der Strafzumessung oder im Rahmen einer Einstellung nach dem Opportunitätsprinzip (§§ 153 ff. StPO) Rechnung zu tragen sein. 36

Besonderer Prüfung bedarf aber stets der Umstand, ob es dem faktischen Geschäftsführer überhaupt **möglich** gewesen **war, Eröffnungsantrag zu stellen**. Nach dem Wortlaut des § 15 InsO steht dem faktischen Geschäftsführer nämlich **kein eigenes Antragsrecht** zu.[36] Kann der faktische Geschäftsführer angesichts der hohen Hürden bei der Glaubhaftmachung 37

---

[29] *Gross/Schork* NZI 2006, 10; *Bittmann/Gruber* GmbHR 2008, 867 (872); eine diskriminierende Wirkung verneinend *Hefendehl*, ZIP 2011, 601 (603).
[30] *Pelz*, Rn. 471; *Radtke/Hoffmann*, EuZW 2009, 404 (408); *Poertzgen* NZI 2008, 9 (10); *Ogiermann/Weber*, wistra 2011, 206 (209).
[31] Dazu unten Rn. 40.
[32] Vgl. dazu Rn. 46 ff.
[33] A. A. *Köhler* in Voraufl. Rn. 21.
[34] Dazu näher Rn. 317 ff.
[35] Unten Rn. 332.
[36] *Strohn*, DB 2011, 158 (165); *Hefendehl*, ZIP 2011, 601 (605); für ein Antragsrecht *Gundlach/Müller*, ZInsO 2011, 1055.

entweder seine faktische Geschäftsführerstellung oder das Vorliegen des Eröffnungsgrundes nicht darlegen, scheidet eine Strafbarkeit aus, entweder weil er seiner Handlungspflicht nachgekommen ist oder im Falle des Unterlassens, die Stellung eines zulässigen Eröffnungsantrags aus tatsächlichen und/oder rechtlichen Gründen nicht möglich gewesen wäre.[37] Die Annahme einer Pflicht des faktischen Geschäftsführers zur Einwirkung auf den satzungsmäßig bestellten Geschäftsführer zur Stellung eines Eröffnungsantrags[38] übersteigt jedoch die Wortlautgrenze der Strafnorm.[39]

38 bb) Bei **Gesellschaften ohne eigene Rechtspersönlichkeit** besteht eine Insolvenzantragspflicht nur dann, wenn kein persönlich haftender Gesellschafter eine natürliche Person ist, d. h. alle Gesellschafter nur juristische Personen sind. In diesem Fall sind die zuständigen Organe der vertretungsberechtigten Gesellschafter zur Insolvenzantragstellung verpflichtet (§ 15a Abs. 1 S. 2 InsO). Dies sind bei der OHG alle Gesellschafter, bei der KG der Komplementär. Für **Kommanditisten** besteht weder ein Antragsrecht noch eine Antragspflicht. Strafbare Insolvenzverschleppung durch sie als Täter scheidet aus. **Teilnahmehandlungen** sind jedoch möglich. Bei einer Einmann-GmbH & Co. KG ist der Kommanditist (in der Regel) gleichzeitig Geschäftsführer der Komplementär-GmbH und folglich in dieser Funktion verpflichtet, bei Zahlungsunfähigkeit oder Überschuldung einen Insolvenzantrag für die GmbH & Co. KG zu stellen. Unterlässt er dies, macht er sich nach § 15a Abs. 1, 4 InsO meist sowohl wegen Insolvenzverschleppung bei der Einmann-GmbH & Co. KG als auch bei der Komplementär-GmbH strafbar. Zwischen beiden Vergehen der Insolvenzverschleppung besteht Tateinheit.[40]

Soweit ein Gesellschafter nach der Satzung von der organschaftlichen **Vertretung** ausgeschlossen ist, trifft ihn auch keine Insolvenzantragspflicht. Bei mehrstöckigen Gesellschaften, beispielsweise der GmbH & Co. KG, trifft die Insolvenzantragspflicht daher den Geschäftsführer der Komplementär-GmbH. Kommanditisten sind nicht antragsbefugt.

39 cc) **Abwickler** sind die für die Abwicklung einer aufgelösten Gesellschaft kraft Gesetzes oder durch Mehrheitsbeschluss der Gesellschafter zuständigen Personen, die meist gleichzeitig auch ihr Vertretungsorgan während der Abwicklungsphase sind. Bei der GmbH nimmt die Funktion des Abwicklers grundsätzlich der Geschäftsführer, bei der AG und der Genossenschaft der Vorstand wahr, wenn diese Aufgabe nicht durch Gesellschaftsvertrag oder Beschluss der Gesellschafter einer anderen Person übertragen worden ist, § 66 Abs. 1 GmbHG, § 265 Abs. 1 AktG, § 83 Abs. 1 GenG. Der Abwickler kann bei Vorliegen bestimmter Voraussetzungen aus wichtigem Grund auch durch das Registergericht bestimmt werden. Ebenso wie der Geschäftsführer kann auch der Abwickler die Geschäftsführungs- und Vertretungstätigkeit nur faktisch ausüben, ohne förmlich dazu bestellt worden zu sein. Auf die Strafbarkeit hat das wiederum keinen Einfluss.

Da die Geschäftsführer bzw. Vorstände **geborene Liquidatoren** sind, können sie sich der Strafbarkeit nicht dadurch entziehen, dass sie ihrer Anmeldepflicht nach § 67 Abs. 1 GmbHG, § 266 Abs. 1 AktG, § 84 Abs. 1 GenG nicht nachkommen. Die Eintragung eines Liquidators im Handelsregister hat lediglich deklaratorische Bedeutung.[41] Solange nicht bestimmte andere Liquidatoren bestellt sind, bleiben die Geschäftsführer bzw. Vorstände im Amt und sind dann in ihrer Funktion als Liquidatoren verpflichtet, bei Zahlungsunfähigkeit oder Überschuldung der Gesellschaft Insolvenzantrag zu stellen.

40 dd) Im Falle der **Führungslosigkeit** einer GmbH, AG oder Genossenschaft sind nunmehr nach § 15a Abs. 3 InsO jeder **Gesellschafter** der GmbH bzw. jedes **Mitglied des Aufsichtsrats** einer AG oder Genossenschaft zur Insolvenzantragstellung verpflichtet, sofern sie von der Überschuldung bzw. Zahlungsunfähigkeit und der Führungslosigkeit wissen. Führungslosigkeit liegt nach § 10 Abs. 2 Satz 2 InsO dann vor, wenn die Gesellschaft keinen gesetzlichen Vertreter mehr hat, also das letzte Mitglied eines Vertretungsorgans sein Amt nie-

---

[37] *Strohn*, DB 2011, 158 (165); *Hefendehl*, ZIP 2011, 601 (605).
[38] So *Strohn*, DB 2011, 158 (165); Scholz/*K. Schmidt*, GmbHG, § 64 Rn. 23.
[39] *Hefendehl*, ZIP 2011, 601 (605).
[40] BGH GA 1981, 518 = bei *Holtz*, MDR 1981, 454 für § 283b StGB.
[41] Baumbach/Hueck/Schulze-Osterloh/*Noack*, § 67 Rn. 18; Scholz/*K. Schmidt*, § 67 Rn. 5.

A. „Klassisches" Insolvenzstrafrecht

derlegt hat, abberufen wird, seine Bestellung durch Zeitablauf endet, es verstirbt oder Amtsunfähigkeit eintritt.[42] Keine Führungslosigkeit hingegen liegt bei Urlaub, Krankheit oder unbekanntem Aufenthalt des Vertretungsorgans vor.[43] Auch im Falle einer faktischen Geschäftsführung liegt Führungslosigkeit dann vor, wenn es keinen bestellten Geschäftsführer mehr gibt.[44] Bei einer GmbH kommt im Falle der Führungslosigkeit jedem, der materiell-rechtlich Gesellschafter ist, Täterqualität zu. Solange er aber noch nicht in die zum Handelsregister einzureichende Gesellschafterliste eingetragen ist, ist er allerdings nach § 16 Abs. 1 GmbHG nicht zur Insolvenzantragstellung befugt,[45] so dass ihm regelmäßig die Vornahme der gebotenen Handlung unmöglich sein dürfte. Voraussetzung für das Eingreifen der Antragspflicht ist positive Kenntnis der Gesellschafter bzw. Mitglieder des Aufsichtsrats sowohl von Zahlungsunfähigkeit bzw. Überschuldung als auch von Führungslosigkeit.

ee) Wegen des ausdrücklich bezeichneten begrenzten Personenkreises ist § 15a Abs. 4 InsO ein **echtes Sonderdelikt**.[46] Damit kann **Täter (Alleintäter, Mittäter oder mittelbarer Täter)** nur sein, wer Vertretungsorgan, Organ eines vertretungsberechtigten Gesellschafters oder Abwickler ist. Deswegen scheiden insbesondere die Gesellschafter, die nicht gleichzeitig geschäftsführend tätig sind, oder Aufsichtsräte grundsätzlich als Täter aus.[47] Täter können Gesellschafter einer GmbH oder Mitglieder des Aufsichtsrats einer AG oder Genossenschaft nach § 15a Abs. 3 InsO lediglich bei Führungslosigkeit dieser Gesellschaften sein, da sie dann eine eigene Insolvenzantragspflicht trifft.[48] Da Abwickler – anders als ein Geschäftsführer – auch eine juristische Person oder eine Gesamthandsgemeinschaft sein kann, ist der Täter ggf. nach § 14 StGB zu bestimmen. Bei einer juristischen Person als Abwickler ist Täter dann regelmäßig der Organvertreter dieser juristischen Person.

ff) In Betracht kommt speziell für Gesellschafter jedoch **Teilnahme** (Anstiftung und Beihilfe). Die besonderen persönlichen Merkmale brauchen beim Anstifter oder Gehilfen nicht vorzuliegen (vgl. § 28 Abs. 1 StGB). Die Teilnahmehandlung kann darin liegen, dass die Gesellschafter oder ein Mitglied des Aufsichtsrats das Vertretungsorgan oder den Abwickler zur Unterlassung der Antragstellung drängen oder anweisen oder ihn in seinem Entschluss zur Unterlassung bestärken.[49] Zum Gehilfen wird der Gesellschafter nämlich immer dann, wenn er den Entschluss des Haupttäters (des Geschäftsführers oder Liquidators), die Insolvenzanmeldung zu unterlassen, **durch Rat oder Tat fördert.**[50] Soweit Gesellschafter gegenüber Gläubigern der GmbH nur die tatsächlich eingetretene Zahlungsunfähigkeit oder Überschuldung ableugnen und beispielsweise behaupten, es liege nur eine Zahlungsstockung vor, ist keine Beihilfehandlung zur Insolvenzverschleppung gegeben.[51]

Auch andere Personen können Teilnahmehandlungen begehen. So kommt insbesondere Beihilfe durch leitende **Angestellte**, z. B. aus der Finanzbuchhaltung, in Betracht. Das Zurverfügungstellen der Arbeitskraft durch Angestellte alleine stellt noch keine Beihilfehandlung dar.[52] Anstiftung und Beihilfe ist zudem durch **Außenstehende** möglich, beispielsweise durch Bankangestellte oder durch Rechtsanwälte, Steuerberater, Wirtschaftsprüfer oder Unternehmensberater.[53] Auch diese machen sich dann strafbar, wenn sie den Tatentschluss des

---

[42] *Pelz*, Rn. 195.
[43] BT-Drs. 16/6140, S. 55; AG Hamburg, ZIP 2009, 333; *Berger*, ZInsO 2009, 1977, 1980; a. A. *Passarge*, GmbHR 2010, 295 (297); *ders.*, ZInsO 2011, 1293 (1297).
[44] *Hefendehl*, ZIP 2011, 601 (606); *Gundlach/Müller*, ZInsO 2011, 1055 (1056); a. A. *Brand/Brand*, NZI 2010, 712 (715).
[45] *Horstkotte*, ZInsO 2009, 209 (213 f.).
[46] Vgl. BGHSt 14, 280 (281 f.) = NJW 1960, 1677 (1678); *Otte* in Graf/Jäger/Wittig, § 15a InsO Rn. 8.
[47] BGH BB 1958, 930.
[48] Vgl. Rn. 37.
[49] *Otte* in Graf/Jäger/Wittig, § 15a InsO Rn. 47.
[50] BGHSt 14, 280 (282) = NJW 1960, 1677 (1678); s. a. *Otte* in Graf/Jäger/Wittig, § 15a InsO Rn. 47.
[51] Wohl aber kann dies einen mittäterschaftlichen Betrug oder Beihilfe hierzu darstellen.
[52] A. A. *Ogiermann/Weber*, wistra 2011, 206 (208).
[53] *Baumgarte*, wistra 1992, 41; s. a. *Beck/Depré/Köhler*, § 37 Rn. 170 ff.

Haupttäters, keinen Insolvenzantrag zu stellen, hervorrufen oder fördern. Dies kann beispielsweise bei Bankmitarbeitern geschehen durch Gewährung von Krediten oder Bestellung von Sicherheiten während bestehender Insolvenzreife.[54]

44 Bei Anstiftungshandlungen von **Beratern** stellt sich regelmäßig die Problematik des Vorsatzes. Soweit der Rechtsanwalt oder sonstige Berater nur Alternativen zur Insolvenzantragstellung aufzeigt, beispielsweise die Gründung einer Auffanggesellschaft oder das Schließen eines außergerichtlichen Vergleichs durch prozentualen Teilverzicht der Gläubiger, ist Strafbarkeit mangels Anstiftervorsatzes nicht gegeben.[55] Zum strafbaren Anstifter wird der Rechtsanwalt oder sonstige Berater erst, wenn er in Kenntnis der eingetretenen Zahlungsunfähigkeit oder Überschuldung rät, auch nach Ablauf der Insolvenzantragsfrist keinen Antrag zu stellen, etwa weil damit Sanierungsversuche gefährdet wären. Allein aus dem Umstand, dass der Berater konkrete Sanierungsvorschläge unterbreitet oder Alternativen zur Sanierung erwägt, prüft und aufzeigt, lässt sich noch nicht schließen, dass er die eingetretene Zahlungsunfähigkeit oder Überschuldung kennt oder mit ihr rechnet und dies billigend in Kauf nimmt. Hat der Berater aber tieferen Einblick in die wirtschaftliche Situation des Unternehmens, kann ein Anstiftervorsatz zu bejahen sein, da die Voraussetzungen hierfür relativ gering sind. Der Grat zwischen dem straflosen reinen Aufzeigen der rechtlichen Möglichkeiten und der strafbaren Empfehlung an das Vertretungsorgan, keinen Insolvenzantrag zu stellen, ist schmal.

45 Die gleiche Problematik stellt sich bzgl. eines **Gehilfenvorsatzes**. Hier gelten im Wesentlichen dieselben Überlegungen. Auch diesbezüglich ist maßgebliches Kriterium, ob der Anwalt oder sonstige Berater die eingetretene Zahlungsunfähigkeit oder Überschuldung kennt. Straflos bleiben Unterstützungshandlungen des Beraters, wenn er keine Kenntnis von dem Ausmaß der wirtschaftlichen Krise hat. Darüber hinaus fehlt es an einer strafbaren Beihilfehandlung, wenn der Anwalt dem Vertretungsorgan lediglich die Rechtslage und die mit bestimmten Handlungen verbundenen Risiken aufzeigt, bei den Sanierungsbemühungen selbst jedoch nicht eingeschaltet wird.[56] Anders aber, wenn der Berater nach Eintritt der Insolvenzantragspflicht durch Fortführung der Beratungstätigkeit oder der Aufrechterhaltung von Sanierungsbemühungen an der Weiterführung des Betriebes mitwirkt.[57] Straflos hingegen ist die Weiterführung von Buchführungsarbeiten oder die Erstellung von Steuererklärungen trotz Kenntnis der Insolvenzreife,[58] weil den Schuldner eine gesetzliche Verpflichtung zur Buchführung und Erstellung von Steuererklärungen auch bei Fortführung des Unternehmens trifft.

46 **gg)** Bei **mehreren Mitgliedern des Vertretungsorgans** oder Abwicklern ist jeder für die Antragstellung verantwortlich und damit bei verspätetem oder unterlassenem Insolvenzantrag Täter der Insolvenzverschleppung.[59] Fassen die Mitglieder gemeinsam den Entschluss, (noch) keinen Insolvenzantrag zu stellen, sind sie **Mittäter** (§ 25 Abs. 2 StGB). Unterlassen sie den Antrag unabhängig voneinander, sind sie **Nebentäter**.

47 Die Verpflichtung zur Stellung eines Insolvenzantrags besteht für jedes Mitglied eines Vertretungsorgans auch dann, wenn es **nicht alleinvertretungsbefugt** ist, sondern nur zusammen mit einem oder mehreren anderen Mitgliedern. Dies ergibt sich daraus, dass – unabhängig von der gesellschaftsvertraglichen Regelung – nach der InsO jedes einzelne Mitglied eines Vertretungsorgans oder Abwickler antragsberechtigt und damit auch -verpflichtet ist.[60]

48 Die Verantwortlichkeit jedes Mitglieds eines Vertretungsorgans für die Geschäftsführung insgesamt folgt aus dem Grundsatz der **Generalverantwortlichkeit** und Allzuständigkeit

---

[54] Erbs/Kohlhaas/*Schaal*, § 401 AktG Rn. 54.
[55] *Baumgarte*, wistra 1992, 41 (43 f.); *Beck/Depré/Köhler*, § 37 Rn. 13.
[56] Dazu auch *Baumgarte*, wistra 1992, 41 (45 f.).
[57] *Bales*, ZInsO 2010, 2073 (2074).
[58] OLG Köln DStR 2011, 1195.
[59] *Otte* in Graf/Jäger/Wittig, § 15a InsO Rn. 10; Münchener Kommentar StGB/*Kiethe/Hohmann*, § 15a InsO Rn. 72.
[60] BGH wistra 1990, 97 (98).

A. „Klassisches" Insolvenzstrafrecht 9

der Geschäftsleitung, wo aus besonderem Anlass das Unternehmen als Ganzes betroffen ist.[61] Diese Voraussetzung ist bei Zahlungsunfähigkeit oder Überschuldung stets gegeben.[62]

Eine **interne Aufgabenverteilung** unter den Mitgliedern eines Vertretungsorgans ist unbeachtlich. Die häufiger anzutreffende Konstellation, dass von zwei Geschäftsführern oder Vorständen einer für den technischen und der andere für den kaufmännischen Bereich zuständig ist, entbindet den Techniker nicht von der Antragspflicht.[63] Möglicherweise fehlt ihm aber der Vorsatz (oder der Vorsatz ist zumindest nicht nachweisbar). Dies kann der Fall sein, wenn das für die Finanzen zuständige Mitglied des Vertretungsorgans den anderen über die Vermögenssituation des Unternehmens im Unklaren lässt und der für die Technik Zuständige auch sonst keine Kenntnis von der Zahlungsunfähigkeit oder Überschuldung erlangt. Fahrlässigkeit, § 15a Abs. 5 InsO,[64] wird ihm in der Regel aber vorzuwerfen sein.

hh) Das **Ausscheiden** eines Mitglieds eines Vertretungsorgans aus der Geschäftsleitung – 49 sei es freiwillig, etwa in Form der **Amtsniederlegung** oder unfreiwillig durch **Abberufung** seitens der Gesellschafter oder des Aufsichtsrats – wirkt sich auf die Antragspflicht nicht aus, wenn zu diesem Zeitpunkt bereits seit mindestens drei Wochen Zahlungsunfähigkeit oder Überschuldung vorlag. Das Ausscheiden nach Ablauf der Dreiwochenfrist des § 15a Abs. 1 Satz 1 InsO lässt die bereits eingetretene Strafbarkeit nicht entfallen.

Bei einem Ausscheiden während des Laufs der Frist ist das Mitglied des Vertretungsorgans 50 entgegen einer früher verbreiteten Meinung[65] nicht verpflichtet, den Insolvenzantrag noch rechtzeitig vor seinem Ausscheiden zu stellen oder das neue Mitglied zu veranlassen, dass dieser den Antrag stellt. Dass er nicht selbst zur Insolvenzantragstellung verpflichtet ist, ergibt sich schon aus der Regelung des § 15a Abs. 5 InsO, nachdem bei Führungslosigkeit einer GmbH, einer AG oder Genossenschaft die Insolvenzantragspflicht auf die Gesellschafter bzw. den Aufsichtsrat übergeht. Im Übrigen endet die Pflichtenstellung eines Mitglieds eines Vertretungsorgans mit seinem Ausscheiden aus dem Amt und er wird häufig seinen Nachfolger bei seinem Ausscheiden noch gar nicht kennen. Eine Strafbarkeit des ausscheidenden Mitglieds eines Vertretungsorgans wird man allenfalls dann annehmen können, wenn während des Laufes der Insolvenzantragsfrist keinerlei ernsthafte Bemühungen um eine Sanierung entfaltet wurden,[66] da bereits dann unverzüglich hätte Insolvenz beantragt werden müssen und die Dreiwochenfrist nicht abgewartet werden durfte.

Die Neufassung des § 15a Abs. 5 InsO spricht auch dafür, dass die **Niederlegung des Ge-** 51 **schäftsführer- bzw. Vorstandsamts** während des Laufes der Insolvenzantragsfrist nicht als wegen zur Unzeit erfolgend als unwirksam oder nichtig angesehen werden kann, sondern rechtlich wirksam ist.[67]

War dagegen die Gesellschaft zum Zeitpunkt des – freiwilligen oder unfreiwilligen – Aus- 52 scheidens des Mitglieds des Vertretungsorgans noch nicht insolvenzreif, ist das ehemalige Mitglied zur nachträglichen Antragstellung weder berechtigt noch verpflichtet.[68] Für eine Pflicht zur Antragstellung vor dem Ausscheiden fehlt es bereits an dem Tatbestandsmerkmal der Überschuldung oder Zahlungsunfähigkeit. Danach mangelt es an der notwendigen Organstellung.

d) Pflicht zur Stellung eines Eröffnungsantrags

aa) Allgemeines

§ 15a Abs. 1, Abs. 3 InsO enthalten das bereits dargestellte Handlungsgebot zur Stellung eines 53 Eröffnungsantrags, wenn Zahlungsunfähigkeit oder Überschuldung eingetreten ist. § 15a

---

[61] BGHSt 37, 106 (124) = NJW 1990, 2560 (2565).
[62] BGH NJW 1994, 2149 (2150).
[63] BGH wistra 1990, 97 (98).
[64] Dazu Rn. 70.
[65] BGHSt 2, 53 (54) = NJW 1952, 554; *Richter*, GmbHR 1984, 113 (119).
[66] Vgl. *Vorauflage Rn. 34*.
[67] *Haas/Ziemons* in Michalski, GmbHG, § 43 Rn. 93; *Haas/Hossfeld* in Gottwald, Insolvenzrechts-Handbuch, § 91 Rn. 147.
[68] *Scholz/Tiedemann*, Vor §§ 82 ff. Rn. 34.

Abs. 4 InsO enthält die Strafbestimmung, wenn der Handlungspflicht nicht, nicht rechtzeitig oder nicht richtig nachgekommen wurde.

54   Zur Frage, was **Zahlungsunfähigkeit** und **Überschuldung** bedeuten, inwieweit die insolvenzrechtlichen Definitionen auch für das Strafrecht gelten und wie diese beiden Krisenmerkmale strafrechtlich zu ermitteln sind, wird auf die Darstellungen im 8. Kapitel[69] verwiesen. Das Tatbestandsmerkmal des **Unterlassens** eines Eröffnungsantrags (Insolvenzantrags) ist verwirklicht, wenn das Vertretungsorgan (oder im Falle der Führungslosigkeit die Gesellschafter bzw. der Aufsichtsrat) den Antrag nicht, nicht rechtzeitig oder nicht richtig stellt.

bb) Unterlassener Eröffnungsantrag

55   Die erste Tatvariante ist erfüllt, wenn bis zur Eröffnung des Insolvenzverfahrens oder dessen Ablehnung mangels Masse oder aber bis zur Beseitigung der Insolvenzsituation überhaupt **kein Eröffnungsantrag gestellt** wurde, also ein vollständiges Unterlassen und nicht nur eine verspätete Handlung vorliegt. Voraussetzung hierfür ist jedoch, dass die Untätigkeit länger als drei Wochen nach Eintritt von Zahlungsunfähigkeit oder Überschuldung angedauert hat (was meist vorliegen dürfte), da bei Sanierungsbemühungen die Drei Wochen-Frist ausgeschöpft werden darf.

cc) Verspäteter Eröffnungsantrag

56   Der Antrag ist **ohne schuldhaftes Zögern** zu stellen, wobei umstritten ist, ob positive Kenntnis des Vertretungsorgans oder Abwicklers von der Zahlungsunfähigkeit oder Überschuldung der GmbH erforderlich ist oder der objektive Eintritt der Insolvenzreife ausreicht.[70] Dieser Streit spielt in der strafgerichtlichen Praxis jedoch kaum eine Rolle. Der späteste zulässige Zeitpunkt ist der Ablauf der gesetzlich bestimmten Höchstfrist von drei Wochen. Die **Dreiwochenfrist** darf jedoch nur dann ausgeschöpft werden, wenn die Sanierungsaussicht geprüft oder erfolgversprechende Sanierungsmaßnahmen in die Wege geleitet werden.[71] Deshalb ist der Insolvenzantrag dann früher zu stellen, wenn sich bereits vor Ablauf der Drei-Wochen-Frist ersehen lässt, dass mit einer fristgerechten Sanierung nicht ernstlich zu rechnen ist.[72] Ist eine vollständige Sanierung innerhalb der Drei-Wochen-Frist nicht möglich, muss spätestens nach Ablauf dieser Frist Eröffnungsantrag gestellt werden; die Sanierung muss dann im Rahmen des (Plan-)Insolvenzverfahrens fortgeführt werden.

dd) Entfallen der Antragspflicht

57   Die Antragspflicht eines Mitglieds des Vertretungsorgans **entfällt** nach ganz h. M., wenn ein anderes Mitglied für die Gesellschaft den Insolvenzantrag fristgerecht und ordnungsgemäß gestellt hat. D. h. die Pflicht jedes Einzelnen kann durch Antrag eines anderen Mitglieds des Vertretungsorgans erfüllt werden.[73] Hat ein Mitglied des Vertretungsorgans Eröffnungsantrag gestellt, aber verspätet, lässt dies die bereits eingetretene Strafbarkeit der anderen nicht entfallen. In diesem Fall haben alle Mitglieder des Vertretungsorgans die rechtzeitige Antragstellung unterlassen und damit den Tatbestand der Insolvenzverschleppung bereits vollendet.

58   Durch den **Insolvenzantrag eines Gläubigers** (vgl. § 13 Abs. 1 Satz 2, § 14 InsO) entfällt nach h. M. die Antragspflicht nicht.[74] Ein Fremdantrag soll deshalb nicht ausreichen, weil bei einer gerichtlichen Prüfung der Eröffnungsvoraussetzungen höhere Hürden als bei einem Eigenantrag zu überwinden sind, denn der Gläubiger muss sowohl nach § 14 Abs. 1 InsO ein rechtliches Interesse an der Insolvenzeröffnung als auch seine Forderung und das Vorliegen

---

[69] Vgl. Rn. 103 ff.
[70] Vgl. hierzu *Otte* in Graf/Jäger/Wittig, § 15a InsO Rn. 114; Münchener Kommentar StGB/*Kiethe/Hohmann*, § 15a InsO Rn. 63 einerseits; *Michalski/Dannecker*, § 64 GmbHG Rn. 84; Baumbach/Hueck/*Schulze-Osterloh*, § 84 GmbHG Rn. 28 andererseits.
[71] BGH DStR 2001, 1537; *Uhlenbruck/Uhlenbruck*, § 13 Rn. 35.
[72] BGHSt 48, 307 (309) = NJW 2003, 3787 (3788); s. a. *Pelz*, Rn. 176 m. w. N.
[73] Münchener Kommentar StGB/*Kiethe/Hohmann*, § 15a InsO Rn. 60.
[74] Vgl. nur BGH wistra 1988, 69; NJW 2009, 157, 158; a. A. *Müller-Gugenberger/Bieneck*, § 84 Rn. 10; Achenbach/Ransiek/Wegner, Teil 7, Kap. 2 Rn. 56.

A. „Klassisches" Insolvenzstrafrecht

eines Eröffnungsantrags glaubhaft machen, während dies beim Eigenantrag nach § 15 InsO nicht in diesem Umfang der Fall ist. Zudem kann der Fremdantrag auch jederzeit wieder zurückgenommen werden. Wird allerdings auf einen Fremdantrag hin das Insolvenzverfahren eröffnet oder die Eröffnung mangels Masse abgelehnt, beseitigt dies die Antragspflicht des Vertretungsorgans für die Zukunft.[75] In aller Regel ist der Tatbestand der Insolvenzverschleppung zu diesem Zeitpunkt aber bereits vollendet, da die Entscheidung über die Eröffnung eines Insolvenzverfahrens nach einem Gläubigerantrag in den seltensten Fällen innerhalb von drei Wochen erfolgen wird. Das bedeutet letztendlich, dass der Insolvenzantrag eines Gläubigers auf die Strafbarkeit des Vertretungsorgans oder Abwicklers keine Auswirkung hat. Eine Insolvenzantragspflicht lebt auch dann nicht mehr auf, wenn nach Ablehnung der Insolvenzeröffnung neues Vermögen in die Insolvenzmasse fällt.[76]

ee) Nicht richtiger Eröffnungsantrag

Anders als nach früherer Rechtslage[77] ist nunmehr auch die unrichtige Insolvenzantragstellung mit Strafe bedroht. Die InsO enthält erst seit **Inkrafttreten des ESUG**[78] in § 13 Abs. 1 Satz 3 ff. InsO eine Vorschrift, wie ein Insolvenzantrag zu stellen ist.[79] Danach ist ihm ein Verzeichnis der Gläubiger und ihrer Forderungen beizufügen. Des weiteren sind in Form einer Soll-Bestimmung bei einem nicht eingestellten Geschäftsbetrieb nach Satz 4 Angaben zu den höchsten und den höchsten gesicherten Forderungen sowie zu solchen von Finanzverwaltung, Sozialversicherungsträgern und aus betrieblicher Altersversorgung zu machen. Daneben sollen auch Angaben zur Bilanzsumme, zu Umsatzerlösen und zur durchschnittlichen Zahl von Arbeitnehmern gemacht werden (Satz 5). Diese Angaben sind nur unter den Voraussetzungen des Satzes 6 (Beantragung von Eigenverwaltung oder Einsetzung eines vorläufigen Gläubigerausschusses bzw. bei Vorliegen der Größenklassen des § 22a Abs. 1 InsO) verpflichtend. Allerdings hat der Antragsteller – unabhängig davon, ob Angaben verpflichtend oder aufgrund der Soll-Vorschrift gemacht wurden – nach Satz 7 deren Richtigkeit und Vollständigkeit zu bestätigen. Nach Art. 103g EGInsO gelten diese Vorschriften für alle Insolvenzverfahren, die ab dem 1. März 2012 beantragt wurden.

Eine Unrichtigkeit liegt nach dem Gesetzeswortlaut immer dann vor, wenn die in einem Insolvenzantrag gemachten **Angaben unzutreffend oder unvollständig** sind, beispielsweise Verbindlichkeiten nicht vollständig angegeben oder Vermögen falsch bewertet wurde. Nach Inkrafttreten des ESUG liegt eine Unrichtigkeit auch dann vor, wenn nach § 13 Abs. 1 Satz 3 ff. InsO erforderliche Angaben ganz fehlen. Nach den Gesetzesmaterialien soll nämlich diese Norm zur Konkretisierung der Richtigkeitsanforderungen in § 15a Abs. 4 InsO herangezogen werden können.[80] Obgleich § 13 Abs. 1 InsO zwischen dem Eröffnungsantrag und dem diesem nach Satz 3 beizufügenden Verzeichnis unterscheidet, ist von einer Unrichtigkeit des Antrags i. S. v. § 15a Abs. 4 InsO nicht nur in den Fällen auszugehen, in denen der Antrag unrichtig ist, sondern auch dann, wenn das Verzeichnis nicht beigefügt wird oder in diesem unzutreffende, fehlerhafte oder unvollständige Angaben gemacht werden.[81] Der Straftatbestand ist jedenfalls dann erfüllt, wenn die Angaben so mangelhaft sind, dass der Insolvenzantrag unzulässig ist[82] oder das Insolvenzgericht eine Frist zur Nachbesserung setzt.[83]

Nach dem Wortlaut der Norm können aber auch sonstige Fehler eine Strafbarkeit nach sich ziehen, selbst wenn diese nicht zur Unzulässigkeit des Eröffnungsantrags selbst führen.[84] Allerdings hat der Gesetzgeber in der Gesetzesbegründung klargestellt, dass das Fehlen einzel-

---

[75] Vgl. BGHSt 14, 280 (281) = NJW 1960, 1677; BGH NJW 2009, 157 (158); krit. *Pelz*, Rn. 179.
[76] BGH NJW 2009, 157 (159).
[77] Siehe hierzu Voraufl. Rn. 38.
[78] Gesetz zur Erleichterung der Sanierung von Unternehmen, BGBl. I 2011, 2582.
[79] *Cymutta*, BB 2012, 3151 ff.
[80] BT-Drucks. 17/5712, S. 23.
[81] *Blöse*, GmbHR 2012, 471 (473); *Römermann/Praß*, Das neue Sanierungsrecht, Rn. 310.
[82] *Göb*, NZR 2012, 371 (372); *Cymutta*, BB 2012, 3151 (3155).
[83] *Römermann/Praß*, GmbHR 2012, 425 (429); *Cymutta*, BB 2012, 3151 (3155).
[84] *Müller/Rautmann* ZInsO 2012, 918 (920).

ner Gläubiger oder Forderungen nicht schädlich sei oder auch Forderungen geschätzt werden können.[85] Daher ist der Tatbestand des unrichtigen Eröffnungsantrags dergestalt teleologisch zu reduzieren, dass solche **Unrichtigkeiten,** die die **Prüfung des Eröffnungsantrages** durch das Insolvenzgericht **nicht erschweren, nicht tatbestandsmäßig** sind.[86] Jedenfalls ist in diesen Fällen von der Möglichkeit der Einstellung nach § 153 StPO großzügig Gebrauch zu machen.

62 Die fehlerhafte Versicherung der Richtigkeit und Vollständigkeit der im Eröffnungsantrag und Verzeichnis gemachten Angaben nach § 13 Abs. 1 Satz 7 InsO selbst wird jedoch nicht von § 15a Abs. 4 InsO erfasst, da nach dem Schutzzweck der Strafnorm die verbotene Gefahr lediglich von den unrichtigen oder unvollständigen Angaben ausgeht, nicht jedoch von der zur Bekräftigung abzugebenden Versicherung.[87]

63 **Vor dem Inkrafttreten des ESUG**, d. h. vor dem 1. März 2012 gab es abgesehen von dem Schriftformerfordernis in § 13 Abs. 1 Satz 1 InsO nur wenige Vorschriften darüber, wie ein Insolvenzantrag richtig zu stellen ist. Der Insolvenzgrund war nach § 15 Abs. 2 InsO dann glaubhaft zu machen, wenn der Insolvenzantrag nicht von allen Mitgliedern des Vertretungsorgans gestellt wurde. Schließlich war er nach § 4 InsO i. V. m. §§ 253 Abs. 2, 4, 130 ZPO zu begründen.[88] Da die nicht richtige Insolvenzantragstellung des § 15a Abs. 4 InsO eine Blankettvorschrift darstellt und mit Ausnahme der genannten Formvorschriften weitere Ausfüllungsnormen gefehlt haben, führte bis zur Gesetzesänderung nur die Missachtung dieser rudimentären Formvorschriften zu einer nicht richtigen Antragstellung. Erhebliche verfassungsrechtliche Bedenken im Hinblick auf die Bestimmtheit der Norm bestehen gegen die zur früheren Rechtslage vertretene Auffassung, eine Unrichtigkeit liege schon dann vor, wenn ein Insolvenzantrag unzulässig oder nicht prüfbar ist, er weitere für das Insolvenzverfahren bedeutsame inhaltliche Angaben vermissen lässt oder sogar der Schuldner keine Auskünfte zur Aufklärung leistet.[89] Die Auffassung, dass verweigerte Auskünfte einer unrichtigen Insolvenzantragstellung gleichzustellen seien, verstößt in grober Weise gegen das strafrechtliche Analogieverbot, denn dies betrifft ein Verhalten, das erst nach der Insolvenzantragstellung liegt.[90] Im Übrigen aber verbleibt es dabei, dass es keine Bezugsnorm gab, die den Inhalt eines Insolvenzantrags festlegte, so dass der Blanketttatbestand ins Leere lief. Dieser Fehler des Gesetzgebers konnte auch nicht dadurch eine Bezugnahme auf allgemeine Grundsätze oder eine langjährige Rechtsprechung ersetzt werden, da nach einhelliger Rechtsprechung bislang inhaltliche Mängel und Fehler bei der Insolvenzantragstellung nicht zu einer Strafbarkeit geführt haben.[91]

Wurden im Insolvenzantrag jedoch Angaben unrichtig oder unvollständig gemacht, war auch dies dem Wortlaut nach vom Tatbestand erfasst. Allerdings muss auch hier gelten, dass es ausgereicht hat, wenn die wesentlichen Merkmale eines Insolvenzgrundes dargelegt wurden[92] und solche Unrichtigkeiten, die die Prüfung des Eröffnungsantrages durch das Insolvenzgericht nicht erschweren, nicht tatbestandsmäßig sind.[93]

e) Rechtswidrigkeit und Unzumutbarkeit der Antragstellung

64 Das tatbestandliche Verhalten ist grundsätzlich **rechtswidrig.** Die Nichterfüllung der Rechtspflicht indiziert die Rechtswidrigkeit. Diese kann nur durch das Vorliegen besonderer

---

[85] BT-Drucks. 17/5712, S. 23.
[86] *Pelz*, Rn. 189; *Kreft/Kirchhof*, § 15a Rn. 22; a. A. *Weyand*, ZInsO 2010, 359 (364), der in diesen Fällen für eine Einstellung nach §§ 153 ff. StPO plädiert.
[87] *Römermann/Praß*, Das neue Sanierungsrecht, Rn. 310; *dies.*, GmbHR 2012, 425 (429).
[88] *Weiß*, ZInsO 2009, 1520 (1521).
[89] *Weiß*, ZInsO 2009, 1520 (1523); *Bittmann*, NStZ 2009, 113 (115); *Römermann*, ZInsO 2010, 353 (355); *Weyand*, ZInsO 2010, 359 (360); a. A. *Knierim* in Dannecker/Knierim/Hagemeier, Rn. 536; *Hiebl*, FS Mehle, 273 (300).
[90] *Pelz*, Rn. 185; *Hiebl*, FS Mehle, 273 (300); im Ergebnis auch *Weyand*, ZInsO 2010, 359 (361).
[91] *OLG Frankfurt*, GmbHR 1977, 279; *BayObLG*, NStZ 2000, 595; *KG*, wistra 202, 313 (315).
[92] BGH, ZIP 2003, 358 (359); FamRZ 2007, 1648.
[93] *Pelz*, Rn. 189; *Kreft/Kirchhof*, § 15a Rn. 22; a. A. *Weyand*, ZInsO 2010, 359 (364), der in diesen Fällen für eine Einstellung nach §§ 153 ff. StPO plädiert.

A. „Klassisches" Insolvenzstrafrecht

Rechtfertigungsgründe wieder aufgehoben werden. Hier gelten die allgemeinen Grundsätze des Strafrechts. Für Notwehr oder rechtfertigenden Notstand (Pflichtkollision) wird in aller Regel kein Raum sein. Insbesondere kann das Interesse an der Fortführung des Unternehmens und an der Erhaltung der vorhandenen Arbeitsplätze nicht überwiegen. Der Gesetzgeber hat hier die Lösung des Interessenkonflikts dahingehend vorgeschrieben, dass die Sicherung der Gläubigerinteressen sowie das Interesse der Gesellschafter oder anderer Personen an einer wirtschaftlich gesunden Gesellschaft[94] grundsätzlich vorgehen.

Eine Weisung der Gesellschafter, trotz Insolvenzreife keinen Eröffnungsantrag zu stellen, führt nicht zur **Unzumutbarkeit** der Antragstellung (Schuldausschließungsgrund). Eine solche Weisung wäre nämlich rechtswidrig und könnte das Vertretungsorgan nicht binden.[95] Eine Unzumutbarkeit ist allenfalls in extremen Ausnahmefällen dann denkbar, wenn bei bereits eingeleiteten Sanierungsmaßnahmen der Sanierungserfolg nur kurze Zeit nach Ablauf der Dreiwochenfrist mit hoher Sicherheit zu erwarten ist. **65**

f) Subjektiver Tatbestand und Irrtum

Insolvenzverschleppung nach § 15a InsO kann sowohl vorsätzlich (Abs. 4) als auch fahrlässig (Abs. 5) begangen werden. **66**

aa) Vorsatz ist Wille zur Verwirklichung eines Straftatbestandes in Kenntnis aller seiner Tatumstände.[96] Der Vorsatz muss sich auf sämtliche objektiven Tatbestandsmerkmale beziehen. Der Täter muss also wissen, dass er Vertretungsorgan oder Abwickler ist. Außerdem muss er die Umstände kennen, aus denen sich die Pflicht zur Stellung eines Insolvenzantrags ergibt. Dies schließt die Kenntnis über die Antragsfrist, insbesondere den Ablauf der Höchstfrist von drei Wochen, ein. **Bedingter Vorsatz** reicht grundsätzlich aus.[97] **67**

Die umstrittene Frage, ob das objektive **Vorliegen der Krisenmerkmale** ausreicht oder ob positive Kenntnis zu verlangen ist,[98] stellt sich in der Praxis normalerweise nicht. Dies sieht man schon daran, dass es neuere strafgerichtliche höchstrichterliche Entscheidungen zu dieser Frage – soweit ersichtlich – nicht gibt. In den typischen, in der täglichen Praxis der Ermittlungsbehörden und Gerichte vorkommenden Fällen der Insolvenzverschleppung stellt das Vertretungsorgan entweder gar keinen Antrag oder er stellt ihn erheblich verspätet.[99] Jedenfalls bei Zahlungsunfähigkeit kann in diesen Fällen oftmals allein aufgrund der objektiven Krisenmerkmale auf eine zumindest drei Wochen vorher bereits vorhandene positive Kenntnis geschlossen werden. Den Zeitpunkt der Überschuldung im Nachhinein konkret festzulegen, ist hingegen mit erheblichen Schwierigkeiten behaftet. Hier wird in aller Regel auf solche Kriterien abgestellt, die einem Vertretungsorgan kaum verborgen bleiben können. Der festgestellte Zeitpunkt der Überschuldung und die Kenntnis des Vertretungsorgans hiervon werden bei einer derartigen Anknüpfung also annähernd zusammenfallen. **68**

bb) Unkenntnis oder Fehleinschätzung der Krisenmerkmale bedeutet **Tatbestandsirrtum** (§ 16 Abs. 1 StGB) und lässt den Vorsatz entfallen. Damit besteht zumindest Strafbarkeit nach § 15a Abs. 5 GmbHG wegen fahrlässiger Insolvenzverschleppung. Ein Irrtum über die rechtliche Verpflichtung, den Antrag zu stellen, ist ein **Gebotsirrtum**, der Verbotsirrtum bei einem Unterlassungsdelikt. Hierfür gilt § 17 StGB. Damit kommt es auf die Vermeidbarkeit an. Da man vom Vertretungsorgan erwarten kann, dass er seine Pflicht zur Antragstellung kennt, ist der Irrtum in aller Regel vermeidbar.[100] Die Anforderungen der Rechtsprechung an die Vermeidbarkeit sind zu Recht hoch. Die Einlassung eines Vertretungsorgans oder Abwicklers, er habe die Antragsfrist nicht gekannt, ist regelmäßig eine reine Schutzbehauptung. Ein unvermeidbarer Verbotsirrtum wird häufig aber dann vorliegen, wenn das Ver- **69**

---

[94] BGH NJW 1982, 1952 (1954).
[95] Michaelski/Haas-Ziemons, § 43 GmbHG Rn. 62; Münchener Kommentar GmbHG/*Müller*, § 64 Rn. 196.
[96] BGHSt 19, 295 (298) = NJW 1964, 1330 (1331).
[97] BGH bei *Herlan*, GA 1958, 46; *Otte* in Graf/Jäger/Wittig, § 15a InsO Rn. 133f.
[98] Oben Rn. 56.
[99] S. a. *Pelz*, Rn. 190.
[100] BGH wistra 1984, 178; *Otte* in Graf/Jäger/Wittig, § 15a InsO Rn. 145.

70 **cc) Fahrlässigkeit** und damit eine Bestrafung nach § 15a Abs. 5 InsO kommt nicht nur in Betracht, wenn der Täter die Zahlungsfähigkeit oder das Vermögen der Gesellschaft falsch einschätzt oder bei Krisenanzeichen eine sorgfältige Prüfung der Insolvenzreife unterlässt.[101] Fahrlässiges Unterlassen kann auch vorliegen, wenn das Vertretungsorgan oder der Abwickler irrtümlich die Beseitigung der für einen früheren Zeitpunkt festgestellten Überschuldung annimmt. Bei zwischenzeitlichen Gewinnen darf das Vertretungsorgan aber nicht ohne weiteres vom Ende der Überschuldung ausgehen und sich mit bloßen Annahmen und Vermutungen zufrieden geben. Ein Vertretungsorgan, das sich wie ein ordentlicher Kaufmann verhält, ist vielmehr zu einer gewissenhaften Prüfung verpflichtet. Das bedeutet, es hat in diesen Fällen in aller Regel eine schriftliche Vermögensbilanz aufzustellen, welche den gegenwärtigen Status der Gesellschaft wieder gibt.[102] Nach h. M. ist der Hauptanwendungsfall derjenige, dass der Schuldner den Eintritt von Überschuldung oder Zahlungsunfähigkeit fahrlässig nicht rechtzeitig erkennt.[103] Wenn man mit der h. M. davon ausgeht, dass die Frist zur Stellung eines Eröffnungsantrages erst mit Kenntnis vom Insolvenzgrund zu laufen beginnt, wird bei einer Unkenntnis von Zahlungsunfähigkeit oder Überschuldung kaum jemals ein Fahrlässigkeitsvorwurf bei unterlassener oder verspäteter Insolvenzantragstellung erhoben werden können. Fahrlässige Insolvenzverschleppung kommt darüber hinaus in Betracht, wenn der Täter die Antragstellung vergisst.[104]

71 Im Falle der Antragspflicht von Gesellschafter bzw. Aufsichtsrat bei **Führungslosigkeit** nach § 15a Abs. 3 InsO wird positive Kenntnis sowohl vom Umstand der Führungslosigkeit als auch vom Vorliegen von Zahlungsunfähigkeit oder Überschuldung gefordert. Fahrlässige Unkenntnis reicht insoweit nicht zu einer Strafbarkeit.[105] Lediglich bei einem bewussten Sichverschließen könnte bedingter Vorsatz angenommen werden.[106]

g) Vollendung und Beendigung der Tat

72 Die Insolvenzverschleppung ist als echtes Unterlassungsdelikt zu dem Zeitpunkt vollendet, bis zu dem die gebotene Handlung hätte vorgenommen werden müssen. Das bedeutet, dass spätestens nach Ablauf der Dreiwochenfrist des § 15a Abs. 1 InsO **Vollendung** eingetreten ist.[107] Nachdem die Pflicht besteht, einen Insolvenzantrag ohne schuldhaftes Zögern zu stellen, kann die Tat im Einzelfall schon vor Ablauf von drei Wochen vollendet sein. Dies ist z. B. dann der Fall, wenn von Anfang an feststeht oder sich vor Ablauf von drei Wochen herausstellt, dass eine rechtzeitige Sanierung nicht ernstlich zu erwarten ist.[108]

73 Tatsächliche **Beendigung** tritt ein, wenn die Pflicht zum Handeln entfallen ist. Dies ist nicht bereits nach Ablauf von drei Wochen nach Eintritt von Zahlungsunfähigkeit oder Überschuldung der Fall, sondern erst, wenn das Vertretungsorgan oder eines ihrer Mitglieder Insolvenzantrag gestellt hat.[109] Da bei einem Gläubigerantrag die Antragspflicht für den Geschäftsführer *mit Insolvenzeröffnung* ebenfalls entfällt,[110] ist die Tat auch beendet, sobald ein Insolvenzverfahren eröffnet oder die Eröffnung mangels Masse abgelehnt ist.[111] Beendigung ist zudem dann gegeben, wenn die Zahlungsunfähigkeit oder Überschuldung überwunden ist.[112]

---

[101] BGHSt 15, 306 (311); *Ogiermann/Weber*, wistra 2011, 206 (212).
[102] BGHSt 15, 306 (311) = NJW 1961, 740 (742); *Rowedder/Schmidt-Leithoff/Schaal*, § 84 Rn. 54.
[103] *Otte* in Graf/Jäger/Wittig, § 15a InsO Rn. 139; Münchener Kommentar StGB/*Kiethe/Hohmann*, § 15a InsO Rn. 67.
[104] Achenbach/Ransiek/*Wegner*, 7. Teil, 2. Kap. Rn. 61.
[105] *Bittmann*, wistra 2007, 321 (322); *Hefendehl*, ZIP 2011, 601 (606).
[106] *Hefendehl*, ZIP 2011, 601 (606); *Berger*, ZInsO 2009, 1977 (1985).
[107] BGHSt 28, 371 (379) = NJW 1980, 406; wistra 1988, 69.
[108] BGHSt 48, 307 (309); *Otte* in Graf/Jäger/Wittig, § 15a InsO Rn. 128.
[109] BGHSt 14, 280 (281) = NJW 1960, 1677; BGH wistra 1988, 69.
[110] S. o. Rn. 58.
[111] Vgl. auch BGHSt 28, 371 (380) = NJW 1980, 406.
[112] BGHSt 15, 306 (310) = NJW 1961, 740 (742); *Richter*, GmbHR 1984, 113 (120).

A. „Klassisches" Insolvenzstrafrecht **9**

Keine Beendigung tritt durch die Verurteilung eines Vertretungsorgans wegen Insolvenzverschleppung ein, wenn die Insolvenzlage weiterhin gegeben ist. Bei weiterer Unterlassung der Antragstellung ist dementsprechend sogar eine erneute Verurteilung möglich,[113] sofern neue Tatumstände nach einer erstmaligen Verurteilung hinzutreten.[114] Der Tatbestand des § 15a Abs. 4 InsO ist nämlich ein **Unterlassungsdauerdelikt**.

h) Konkurrenzen

Wenn die Unterlassung des Täters zu mehreren Gesetzesverletzungen führt, liegt **Tateinheit** 74 (§ 52 StGB) vor. Dies ist z. B. dann der Fall, wenn durch das Absehen von der Stellung eines Insolvenzantrags eine Sanierung bewusst verhindert oder einem Gläubiger noch eine Pfändungsmöglichkeit gewährt wird. Dann ist Tateinheit mit Untreue bzw. Gläubigerbegünstigung (§ 283c StGB) möglich.[115]

Meistens werden im Zusammenhang mit Insolvenzverschleppung begangene Taten aber zu 75 § 15a Abs. 4 InsO in **Tatmehrheit** (§ 53 StGB) stehen. So kommt Tatmehrheit insbesondere mit den Insolvenzstraftaten gemäß §§ 283 ff. StGB, mit Untreue sowie mit Betrug oder Unterschlagung zum Nachteil der Gesellschaft in Betracht. Auch Steuerhinterziehung steht, selbst wenn sie durch Unterlassen begangen wird, in Tatmehrheit zur Insolvenzverschleppung, weil die Handlungspflichten nicht übereinstimmen.[116]

III. Bankrott

1. Allgemeines

a) Überblick

§ 283 StGB ist die zentrale Bestimmung des im StGB geregelten Insolvenzstrafrechts i. e. S. 76 Sie enthält in den Absätzen 1 und 2 gleichsam die Grundtatbestände des Insolvenzstrafrechts i. e. S.[117] Geschütztes Rechtsgut ist die Sicherung der Insolvenzmasse im Interesse der gesamten Gläubigergemeinschaft.[118] Dass gegebenenfalls nur ein Gläubiger vorhanden ist, steht der Anwendung des § 283 StGB nicht entgegen.[119]

b) Systematik

aa) Die Strafvorschrift des Bankrotts enthält in den Absätzen 1 und 2 **unterschiedliche For-** 77 **men des objektiven Tatbestandes**. Abs. 1 ist erfüllt, wenn der Täter die in Abs. 1 Nr. 1 bis 8 beschriebenen typischen Bankrotthandlungen in der Krise (Überschuldung, drohende oder eingetretene Zahlungsunfähigkeit[120]) vornimmt. Erfolgen die Handlungen vor Eintritt der Krise und wird durch die Bankrotthandlungen der Eintritt der Krise (Überschuldung oder Zahlungsunfähigkeit; insoweit genügt drohende Zahlungsunfähigkeit nicht) verursacht, greift Abs. 2 ein. Eine Bestrafung nach § 283 Abs. 1 oder 2 StGB erfordert **Vorsatz** (vgl. § 15 StGB). Hat der Täter nicht hinsichtlich sämtlicher Tatbestandsmerkmale von Abs. 1 oder 2 vorsätzlich gehandelt, kommt eine Bestrafung wegen **fahrlässigen Bankrotts** nach Abs. 4 oder 5 in Betracht. Gemäß Abs. 3 ist der **Versuch** sowohl der Tathandlungen nach Abs. 1 als auch nach Abs. 2 strafbar. Abs. 6 enthält objektive **Strafbarkeitsbedingungen**.

bb) Da für die Tatbestandsmäßigkeit des Abs. 1 die Vornahme der Bankrotthandlungen 78 ausreicht, ohne dass es auf den Eintritt eines schädigenden Erfolgs ankommt, handelt es sich

---

[113] BGHSt 14, 280 (281) = NJW 1960, 1677.
[114] OLG München BeckRS 2013, 03058.
[115] Vgl. *Otte* in Graf/Jäger/Wittig, § 15a InsO Rn. 152.
[116] Vgl. *Otte* in Graf/Jäger/Wittig, § 15a InsO Rn. 153.
[117] *Fischer*, § 283 Rn. 1; LK/*Tiedemann*, § 283 Rn. 1.
[118] BGHSt 28, 371 (373) = NJW 1980, 406 (407); BGH NStZ 1987, 23; ausführlich: LK/*Tiedemann*, vor § 283 Rn. 45 ff.
[119] BGH NJW 2001, 1874.
[120] Dazu Kap. 8 Rn. 103 ff.

bei § 283 Abs. 1 StGB insgesamt um ein **abstraktes Gefährdungsdelikt**.[121] Abs. 2 stellt ein **Erfolgsdelikt** dar. Durch die Tathandlungen müssen Überschuldung oder Zahlungsunfähigkeit herbeigeführt werden. Weil einzelne Bankrotthandlungen kein Tun, sondern ein Unterlassen voraussetzen (§ 283 Abs. 1 Nr. 5, Alt. 1 und Nr. 7 Buchst. b StGB), liegen teilweise **echte Unterlassungsdelikte** vor. Im Übrigen handelt es sich um **Tätigkeitsdelikte**.

79 Der Bankrott nach Abs. 1 ist mit Vollendung der Bankrotthandlung oder im Fall der Unterlassungsdelikte mit Ablauf der für die Vornahme der Handlung vorgesehen Frist vollendet. Bei den Erfolgsdelikten des Abs. 2 ist der Eintritt des Erfolges maßgebend. Beendet ist die Tat sowohl im Fall des Abs. 1 als auch des Abs. 2 erst mit Eintritt der objektiven Strafbarkeitsbedingung, so dass erst ab diesem Zeitpunkt die **Verjährungsfrist** zu laufen beginnt.[122]

80 cc) § 283 StGB regelt den **„normalen" Bankrott**. § 283a StGB erweitert den Regelstrafrahmen für besonders schwere Fälle, wobei – wie in der neueren Strafgesetzgebung üblich – die so genannte Regelbeispielstechnik verwendet wird. Hierdurch bleibt zum einen Raum für die Bestrafung nur nach § 283 StGB, obwohl objektiv die Merkmale des Regelbeispiels erfüllt wurden. Zum anderen kann im Einzelfall ein besonders schwerer Fall auch dann bejaht werden, wenn keines der Regelbeispiele vorliegt. Die Anwendung des Strafrahmens des § 283 StGB trotz Verwirklichung eines Regelbeispiels wird allerdings nur in besonderen Ausnahmefällen in Betracht kommen. Es muss aufgrund besonders gewichtiger Umstände der Unrechts- oder Schuldgehalt im konkreten Einzelfall derart vom Normalfall des Regelbeispiels abweichen, dass die Anwendung des erhöhten Strafrahmens unangemessen wäre.[123]

81 dd) Sowohl § 283 als auch § 283a StGB stellen Vergehen dar. Es ist darauf zu achten, dass die Begehungsform – vorsätzlicher oder fahrlässiger Bankrott – in Anklage und Urteil zu nennen ist. Die frühere Differenzierung in einfachen und betrügerischen Bankrott gibt es nicht mehr.

c) Täterkreis

82 Obwohl § 283 StGB keinen speziellen Täterkreis nennt, sondern nach seinem Wortlaut („wer…") scheinbar jedermann tauglicher Täter sein kann, handelt es sich beim Tatbestand des Bankrotts um ein **Sonderdelikt**.[124] Dies schon deshalb, weil Täter nach Abs. 1 nur derjenige sein kann, der Schuldner ist und sich in der Krise befindet und für den eine der Bedingungen nach Abs. 6 eingetreten ist. Zudem obliegen die Handlungspflichten nach § 283 Abs. 1 Nr. 5 und 7 StGB nur (bestimmten) Kaufleuten.[125]

83 aa) **Täter** ist bei **natürlichen Personen** einschließlich Einzelkaufleuten der Schuldner, der die Bankrotthandlung vornimmt oder im Fall des § 283 Abs. 1 Nr. 5 Alt. 1 und Nr. 7 Buchst. b StGB das vom Gesetz geforderte Handeln unterlässt. Maßgeblich ist die Stellung zum Zeitpunkt der Handlung oder Unterlassung. Soweit die einzelnen Tatbestandsvarianten keine Kaufmannseigenschaft verlangen, kann jedermann Täter sein, der Schuldner ist. Die Ausübung einer selbstständigen wirtschaftlichen und unternehmerischen Tätigkeit ist nicht erforderlich; vielmehr werden von § 283 StGB **auch Privatinsolvenzen** (Verbraucherinsolvenzen) erfasst.[126]

84 Bei **Gesellschaften** ist nach den einzelnen Gesellschaftsformen zu unterscheiden:[127] Bei einer Gesellschaft des bürgerlichen Rechts, einer OHG und der Vorgesellschaft einer GmbH sind nach § 14 Abs. 1 Nr. 2 StGB taugliche Täter die einzelnen Gesellschafter. Bei

---

[121] Eingehend hierzu: LK/*Tiedemann*, § 283 Rn. 3 ff.; a. A. *Trüg/Habetha* wistra 2007, 366, 370, die § 283 Abs. 1 und § 283b Abs. 1 StGB als konkrete Gefährdungsdelikte ansehen.
[122] Dies gilt jedenfalls für die Fälle, in denen die Tathandlung vor Eröffnung des Insolvenzverfahrens begangen wurde. Fand die Tathandlung erst nach Eröffnung des Insolvenzverfahrens statt, richtet sich die Beendigung nach den allgemeinen Grundsätzen.
[123] LK/*Tiedemann*, § 283a Rn. 2; Schönke/Schröder/*Heine*, § 283a Rn. 2.
[124] *Fischer*, vor § 283 Rn. 18 ff.; LK/*Tiedemann*, vor § 283 Rn. 59 ff. m. w. N.
[125] *Fischer*, vor § 283 Rn. 19 f.; LK/*Tiedemann*, vor § 283 Rn. 59.
[126] Vgl. BGH NStZ 2001, 485; kritisch hierzu (für Fälle vor Inkrafttreten der InsO): *Krüger*, wistra 2002, 52.
[127] Vgl. dazu LK/*Tiedemann*, vor § 283 Rn. 62; *Fischer*, vor § 283 Rn. 19.

A. „Klassisches" Insolvenzstrafrecht

der KG kommen als Täter die Komplementäre in Betracht. Die Kommanditisten scheiden grundsätzlich als Täter aus, falls nicht im Einzelfall eine Verantwortlichkeit nach § 14 Abs. 2 StGB besteht. Dies kann beispielsweise dann der Fall sein, wenn ein Kommanditist als Geschäftsführer der KG angestellt ist. Auch bei der KGaA kommen grundsätzlich nur die persönlich haftenden Gesellschafter als Täter in Betracht.

Für **juristische Personen** richtet sich die Tätereigenschaft nach § 14 Abs. 1 Nr. 1 StGB.[128] 85 Täter bei der GmbH ist somit der Geschäftsführer. Bei mehreren Geschäftsführern ist jeder tauglicher Täter. Die Gesellschafter scheiden als Täter dann aus, wenn sie nicht gleichzeitig geschäftsführend tätig sind. Bei der AG, der Genossenschaft sowie dem rechtsfähigen Verein und der rechtsfähigen Stiftung ist Täter der Vorstand. Besteht dieser aus mehreren Personen, ist tauglicher Täter jedes Vorstandsmitglied. Über § 14 StGB sind auch die Liquidatoren taugliche Täter.[129]

Nach ganz einhelliger Meinung[130] ist bei den juristischen Personen und den sonstigen Ge-86 sellschaften hinsichtlich der Krisenmerkmale und der objektiven Strafbarkeitsbedingungen auf die Gesellschaft und nicht auf den Organvertreter abzustellen. Anstelle des Wortes „Täter" in § 283 Abs. 6 StGB müsste es eigentlich „Schuldner" heißen.[131] Bei dem Vermögen i. S. des § 283 Abs. 1 Nr. 1 und 8 StGB und bei den geschäftlichen Verhältnissen in § 283 Abs. 1 Nr. 8 StGB handelt es sich um diejenigen des Schuldners, also der Gesellschaft.

Die gleichen Grundsätze gelten auch bei mehrstöckigen Gesellschaften, beispielsweise der 87 GmbH & Co. KG oder der Ltd. & Co. So wird beispielsweise bei der **GmbH & Co. KG** der GmbH-Geschäftsführer als Täter angesehen, wenn er – wie üblich – auch die Geschäfte der KG führt, denn Täter für die KG ist nach § 14 Abs. 1 Nr. 2 StGB der Komplementär, für den gemäß § 14 Abs. 1 Nr. 1 StGB der Geschäftsführer verantwortlich ist.[132] Die Krisen- und sonstigen Merkmale müssen bei der KG vorliegen, nicht bei der Komplementär-GmbH. Zu beachten ist, dass häufig durch den Geschäftsführer der Komplementär-GmbH Bankrotthandlungen nicht nur in Bezug auf die GmbH & Co. KG begangen werden, sondern zusätzlich auch bzgl. der Komplementär-GmbH. Soweit es dabei um die Nichterfüllung der Bilanzierungspflichten für beide Gesellschaften geht, liegt Tateinheit vor,[133] denn typischerweise führt die unterlassene Bilanzaufstellung für die KG zur Unmöglichkeit der Bilanzaufstellung der Komplementär-GmbH, da diese von der KG-Bilanz abhängt. Für die sonstige **atypische KG** sowie die **atypische OHG**, bei der die Gesellschafter keine natürlichen Personen sind, gelten die gleichen Grundsätze wie für die GmbH & Co. KG. Als Täter kommen die Geschäftsführer oder sonstigen Organvertreter in Betracht.

Auch der **faktische Geschäftsführer** oder ein sonstiger faktischer Organwalter kann Tä-88 ter sein.[134] Zudem kommen über § 14 StGB weitere Personen als Täter in Betracht. So sind gemäß § 14 Abs. 2 StGB bestimmte gewillkürte Vertreter potenzielle Täter. Dies können sowohl Bedienstete des jeweiligen Unternehmens als auch externe Personen sein.

§ 14 Abs. 2 Nr. 1 StGB erfasst denjenigen, der **beauftragt** ist, den Betrieb ganz oder zum 89 Teil zu leiten. Betrieb ist hier im weiten Sinn zu verstehen. Erfasst werden nicht nur Betriebe im technischen Sinn, also Fabrik- oder Handwerksbetriebe, sondern auch Geschäfte, Reparaturwerkstätten, Büros, Agenturen, die Kanzlei eines Anwalts und die Praxis eines Arztes. Auf die rechtliche Form kommt es nicht an, so dass juristische Personen ebenso erfasst werden wie z. B. Einzelkaufleute.[135]

Die Beauftragung muss entweder durch den Inhaber des Betriebs oder einen sonst dazu 90 Beauftragten erfolgt sein. Neben dem Inhaber, bei juristischen Personen und sonstigen Ge-

---

[128] Vgl. LK/*Tiedemann*, vor § 283 Rn. 63 f.
[129] OLG Frankfurt a. M. BB 1977, 312; Schönke/Schröder/*Heine*, § 283 Rn. 65.
[130] Vgl. nur *Fischer*, vor § 283 Rn. 21; LK/*Tiedemann*, vor § 283 Rn. 63 ff.
[131] LK/*Tiedemann*, vor § 283 Rn. 63; Schönke/Schröder/*Heine*, § 283 Rn. 59 a.
[132] Vgl. BGHSt 19, 174 = NJW 1964, 505; LK/*Tiedemann*, vor § 283 Rn. 65 m. w. N.
[133] BGH GA 1981, 518 = bei *Holtz*, MDR 1981, 454 für § 283b StGB.
[134] Vgl. *Moosmayer*, NStZ 2000, 295 (295 f.); *Fischer*, vor § 283 Rn. 21; zum faktischen Geschäftsführer im Einzelnen unten Rn. 273 ff.
[135] *Fischer*, § 14 Rn. 8; LK/*Schünemann*, § 14 Rn. 54.

sellschaften dem Geschäftsführer oder sonstigen Organ (Vorstand), kommt Beauftragung z. B. durch den Prokuristen oder einen anderen Vertreter des Inhabers in Betracht. Daneben kann sich die Befugnis zur Beauftragung auch aus gesetzlichen Vorschriften ergeben, wie die über die gerichtliche Bestellung eines Abwicklers oder eines besonderen Vertreters durch die Mitgliederversammlung eines Vereins.[136]

91 Als Beauftragter kommt beispielsweise der technische oder kaufmännische Leiter eines Gesamtbetriebs, aber auch der Leiter eines Zweigbetriebs oder eines räumlich getrennten Betriebsteils oder einer Abteilung innerhalb des Betriebs in Betracht.[137] Ob eine entsprechende Beauftragung zur (ganzen oder teilweisen) Leitung des Betriebs vorliegt, kann nicht allgemein gesagt werden. Sie muss vielmehr jeweils im Einzelfall nach der Strukturierung des Betriebs und nach den tatsächlichen Befugnissen des potenziellen Täters festgestellt werden. Eine teilweise Leitung liegt vor, wenn sie nur einzelne Betriebsteile umfasst, z. B. Steuer-, Rechts-, Vertriebsabteilung, etc.[138]

92 Die Beauftragung nach § 14 Abs. 2 Nr. 2 StGB erfordert, dass der Beauftragte **bestimmte betriebsbezogene Aufgaben** wahrnimmt, die als solche dem Inhaber des Betriebs obliegen. Täter nach § 283 Abs. 1 Nr. 5 oder 6 StGB kann z. B. ein Buchhalter sein. Als externer Beauftragter kommt beispielsweise der Steuerberater in Betracht, der mit der Buchhaltung oder Bilanzierung beauftragt wurde. Er kann Täter nach § 283 Abs. 1 Nr. 5, 6 oder 7 StGB sein.[139] Strafbar machen können sich eventuell auch Leiter und Angestellte von Kreditinstituten bei Übernahme des gesamten Zahlungsverkehrs des Schuldners sowie Unternehmensberater, Wirtschaftsprüfer und sonstige Sanierungsberater.[140]

93 Zu beachten ist, dass die Nr. 2 von § 14 Abs. 2 StGB – anders als die Nr. 1 – die **ausdrückliche** Beauftragung verlangt. Ein konkludenter Auftrag genügt nicht, wenngleich er formfrei erteilt werden kann und der Ausdruck „Auftrag" nicht unbedingt verwendet werden muss. Die Beauftragung muss jedoch zweifelsfrei erfolgen und hinreichend konkret sein.[141] Die Aufgabe muss dem Betreffenden aber schriftlich oder mündlich eindeutig übertragen worden sein. Hierbei muss ihm eine klare Vorstellung von Art und Umfang der Aufgaben vermittelt worden sein.[142]

94 Darüber hinaus ist es nach § 14 Abs. 2 Nr. 2 StGB erforderlich, dass der Beauftragte die Aufgaben **in eigener Verantwortung** wahrzunehmen hat. Er muss also befugt sein, Entscheidungen, die eigentlich dem Inhaber des Betriebs obliegen, in gewissem Maße frei und eigenverantwortlich zu treffen.[143] Eine Kontrolle oder Überwachung durch den Inhaber des Betriebs steht der eigenen Verantwortung des Beauftragten nicht entgegen. Hierzu ist der Inhaber oder Organvertreter sogar in gewissem Umfang verpflichtet, so dass der Inhaber sich trotz Beauftragung eines Dritten ggf. nach § 283 Abs. 5 StGB strafbar machen kann (**Geschäftsherrenhaftung**).[144]

95 bb) **Mittäterschaft** kommt bei **Gesellschaften** oder sonstigen **juristischen Personen** vor, wenn mehrere Mitgesellschafter oder mehrere Organe oder Vertreter des schuldnerischen Unternehmens nach § 14 StGB gemeinsam oder in Absprache miteinander handeln.[145] Hat die Gesellschaft mehrere Geschäftsführer, ist bei den Unterlassungsdelikten des § 283 Abs. 1 Nr. 5 Alt. 1 und Nr. 7 Buchst. b StGB regelmäßig jeder verantwortlich. Zwar kann grundsätzlich eine horizontale Ressortverteilung zu einer Verantwortungsverlagerung führen, jedoch soll eine solche aber nach der Rechtsprechung gerade in Krisensituationen wie bei einer Insolvenzreife nicht zu einer Entlastung der nicht zuständigen Geschäftsführer

---

[136] *Fischer*, § 14 Rn. 9; LK/*Schünemann*, § 14 Rn. 58.
[137] *Fischer*, § 14 Rn. 10.
[138] LK/*Tiedemann*, vor § 283 Rn. 66.
[139] Vgl. LK/*Tiedemann*, vor § 283 Rn. 66.
[140] Vgl. LK/*Tiedemann*, vor § 283 Rn. 30, 66, 78.
[141] BGH NJW 2012, 3385 (3387).
[142] *Fischer*, § 14 Rn. 12; LK/*Schünemann*, § 14 Rn. 59.
[143] *Fischer*, § 14 Rn. 13; LK/*Schünemann*, § 14 Rn. 60.
[144] Vgl. LK/*Schünemann*, § 14 Rn. 65; *Fischer*, vor § 283 Rn. 21.
[145] LK/*Tiedemann*, § 283 Rn. 226; *Fischer*, § 283 Rn. 38.

A. „Klassisches" Insolvenzstrafrecht

führen.[146] Hingegen kommt bei **Einzelpersonen** (einschließlich Einzelkaufleuten) als Schuldnern Mittäterschaft kaum in Betracht. Da es sich beim Bankrott um ein Sonderdelikt handelt, scheidet Mittäterschaft mit Personen, die nicht selbst Schuldner sind, grundsätzlich aus. Eine Mittäterschaft ist aber in allen Fallkonstellationen zwischen gesetzlichen Vertretern i. S. v. § 14 Abs. 1 und solchen nach Abs. 2 möglich.

Außenstehende können, sofern nicht ein Fall des § 14 Abs. 2 Nr. 2 StGB vorliegt, **nicht** Mittäter sein. Dies gilt nicht nur für § 283 Abs. 1 StGB, sondern auch für Abs. 2 und Abs. 4 Nr. 2.[147] Bei einem Außenstehenden fehlt es nämlich daran, dass er nicht seine Überschuldung oder Zahlungsunfähigkeit herbeiführt (§ 283 Abs. 2 StGB). Darüber hinaus wären auch die Bedingungen des § 283 Abs. 6 StGB nicht erfüllt. Der Täter muss seine Zahlungen eingestellt haben, oder es muss über sein Vermögen das Insolvenzverfahren eröffnet oder mangels Masse abgewiesen worden sein.[148] Bei Abs. 4 Nr. 1 und Abs. 5 kommt Mittäterschaft schon deshalb nicht in Frage, weil es sich um Fahrlässigkeitsdelikte handelt. 96

cc) Personen, die nicht als Täter in Betracht kommen, können **Teilnehmer** sein. Hierfür gelten die allgemeinen Regeln. So kommt Beihilfe bei steuerlichen Beratern insbesondere dann in Betracht, wenn sie Geschäftsvorfälle bewusst fehlerhaft verbuchen.[149] Hingegen ist ein Steuerberater nicht gehalten, sein Mandat bei Eintritt der Insolvenzreife niederzulegen.[150] Da bei Fahrlässigkeitsdelikten nicht nur Mittäterschaft, sondern auch Teilnahme ausscheidet, kann nur zu den Tatbeständen der Abs. 1, 2 und 4 Nr. 2 angestiftet oder Hilfe geleistet werden. § 283 Abs. 4 Nr. 2 StGB ist nach § 11 Abs. 2 StGB eine Vorsatztat. Gegenüber der Schuldnerbegünstigung tritt eine Teilnahme am Vergehen des Bankrotts zurück.[151] 97

Zu beachten ist, dass diejenigen Personen, die beispielsweise als Geschäftspartner des Schuldners an Verlust-, Spekulations- oder Differenzgeschäften nach § 283 Abs. 1 Nr. 2 StGB mitwirken oder Waren erwerben, die der Schuldner unter Verwirklichung des § 283 Abs. 1 Nr. 3 StGB veräußert, sich als **notwendige Teilnehmer** nicht der Beihilfe strafbar machen.[152] Dies gilt jedoch dann nicht, wenn die Mitwirkungshandlung über das unerlässlich Erforderliche hinausgeht, insbesondere wenn der Geschäftspartner oder sonstige Dritte kollusiv mit dem Schuldner zusammenarbeitet. Das kann z. B. der Fall sein, wenn der Dritte vom Täter in Kenntnis von dessen Krisensituation Waren unter Wert erwirbt und der Täter hiervon in irgendeiner Weise profitiert oder Waren sich schenken lässt[153]. Darüber hinaus bleibt die Möglichkeit der Strafbarkeit wegen **Anstiftung** in jedem Fall bestehen.[154] 98

d) Krisensituation; Strafbarkeitsbedingung nach Abs. 6

aa) § 283 Abs. 1 StGB verlangt ein Handeln bei Überschuldung, drohender oder eingetretener Zahlungsunfähigkeit.[155] § 283 Abs. 2 StGB setzt voraus, dass der Täter durch die Bankrotthandlungen seine Überschuldung oder Zahlungsunfähigkeit herbeiführt. Liegt die Krisensituation bei Vornahme der Tathandlung noch nicht vor, kann bei Buchführungs- und Bilanzierungsverstößen anstelle des § 283 Abs. 1 Nr. 5 bis 7 StGB der Straftatbestand der Verletzung der Buchführungspflicht nach § 283b StGB verwirklicht sein.[156] 99

bb) Nach § 283 Abs. 6 StGB ist die Tat nur unter bestimmten Voraussetzungen strafbar. Es sind alternativ erforderlich: 100
– Zahlungseinstellung,

---

[146] Vgl. BGH NStZ 1998, 247 (248); siehe auch bereits oben Rn. 18 für das Unterlassungsdelikt der Insolvenzverschleppung.
[147] LK/*Tiedemann*, § 283 Rn. 226; a. A. *Fischer*, § 283 Rn. 38.
[148] Vgl. auch LK/*Tiedemann*, § 283 Rn. 226.
[149] LG Lübeck ZInsO 2012, 1481.
[150] OLG Köln DStR 2011, 1195.
[151] Näher Rn. 192.
[152] Schönke/Schröder/*Heine*, § 283 Rn. 65; LK/*Tiedemann*, § 283 Rn. 71, 80, 229; BGH bei *Herlan*, GA 1956, 348.
[153] Krause NStZ 2002, 42, 43.
[154] LK/*Tiedemann*, § 283 Rn. 229.
[155] Zu diesen Begriffen Kap. 8 Rn. 103 ff.
[156] Dazu unten Rn. 136 ff.

– Insolvenzeröffnung oder
– Abweisung der Eröffnung mangels Masse.

Hierbei handelt es sich nach ganz h. M.[157] um **objektive Bedingungen der Strafbarkeit**. Damit kommt es nur auf ihr tatsächliches Vorhandensein an. Weder Vorsatz noch Fahrlässigkeit müssen sich auf sie erstrecken. Ein Kausalzusammenhang zwischen der Tathandlung und der objektiven Strafbarkeitsbedingung braucht nicht zu bestehen.[158] Ebensowenig ist erforderlich, dass dieselben Gläubiger von der Bankrotthandlung und der Zahlungseinstellung usw. betroffen sind. D. h. die zurzeit der Zahlungseinstellung usw. vorhandenen Forderungen eines oder mehrerer Gläubiger müssen zum Zeitpunkt der Bankrotthandlung noch nicht bestanden haben.[159] Darüber hinaus ist es bei juristischen Personen oder sonstigen Gesellschaften nicht nötig, dass der Täter bei Eintritt der Strafbarkeitsbedingung die Organstellung noch innehat, sofern dies bei Vornahme der Tathandlung der Fall war.[160]

Maßgeblicher Zeitpunkt ist die Vornahme der Bankrotthandlung, bei den Unterlassungstatbeständen die Nichtvornahme trotz Handlungspflicht. Das bedeutet z. B. beim Tatbestand der Verletzung der Buchführungspflicht, dass der Zustand fehlender Übersichtlichkeit[161] noch zu dem Zeitpunkt fortbestehen muss, zu dem die objektive Strafbarkeitsbedingung eintritt. Außerdem hat dies zur Folge, dass Täter z. B. auch der ehemalige Geschäftsführer der insolventen GmbH sein kann, wenn während seiner Geschäftsführereigenschaft für die GmbH keine Bilanzen erstellt wurden.

101 **Zahlungseinstellung** liegt vor, wenn der Schuldner nicht in der Lage ist, seine fälligen Zahlungspflichten zu erfüllen und dieser Umstand nach außen hin in Erscheinung tritt, so dass er für die beteiligten Verkehrskreise erkennbar ist.[162] Indizien hierfür sind beispielsweise die Erklärung des Schuldners, nicht zahlen zu können, die Einstellung des schuldnerischen Geschäftsbetriebes ohne ordnungsgemäße Abwicklung, die Nichtzahlung von Energielieferungen, Arbeitnehmeransprüchen oder Telefonkosten, die Zurückgabe von Vorbehaltswaren an Lieferanten ohne Verarbeitung, die Flucht des Schuldners vor seinen Gläubigern oder Haftbefehle zur Erzwingung der eidesstattlichen Versicherung.[163] **Insolvenzeröffnung** ist der rechtskräftige Eröffnungsbeschluss, vgl. § 27 InsO. Der Strafrichter ist an den Eröffnungsbeschluss gebunden. Er hat dessen Berechtigung nicht nachzuprüfen. Dem Täter ist es verwehrt, sich auf Einwendungen gegen die Berechtigung des Beschlusses zu berufen. Das Gleiche gilt für den Beschluss, mit dem die **Insolvenzeröffnung abgelehnt** wird, § 26 Abs. 1 Satz 1 InsO.[164]

102 cc) Hat der Täter zwar während der Krise gehandelt, die **Krise** aber **überwunden**, entfällt das Strafbedürfnis nach ganz h. M.[165] Dies bedeutet, dass die Tat nicht bestraft wird, wenn zwischen der Krise und den objektiven Bedingungen der Strafbarkeit keine tatsächliche Beziehung besteht. Das ist beispielsweise dann der Fall, wenn der Täter nach der Bankrotthandlung seine Zahlungsfähigkeit wiederhergestellt oder die Überschuldung überwunden hat und er später aus anderen Gründen seine Zahlungen einstellt oder aus Gründen, die mit der damaligen Krise nicht im Zusammenhang stehen, über das Vermögen des Täters das Insolvenzverfahren eröffnet oder die Eröffnung mangels Masse abgewiesen wird. Der **fehlende Zusammenhang** muss feststehen. Zweifel gehen zulasten des Täters; der Grundsatz „in dubio pro reo" gilt insoweit nicht.[166]

---

[157] Vgl. nur BGHSt 28, 231 (234) = NJW 1979, 1418; LK/*Tiedemann*, vor § 283 Rn. 89 ff.; *Fischer*, vor § 283 Rn. 12 ff.

[158] BGHSt 1, 191; 28, 232; BayObLG NStZ 2003, 214, 555; a. A. *Trüg/Habetha* wistra 2007, 365, 370.

[159] Schönke/Schröder/*Heine*, § 283 Rn. 59.

[160] Vgl. Schönke/Schröder/*Heine*, § 283 Rn. 59a.

[161] Vgl. dazu unten Rn. 149.

[162] *Uhlenbruck/Uhlenbruck*, § 17 Rn. 12.

[163] Vgl. oben Kap. 8 Rn. 107; s. a. *Reck*, GmbHR 1999, 267 (269 f.).

[164] Vgl. SK/*Hoyer*, vor § 283 Rn. 15 f. m. w. N. und oben Kap. 6 Rn. 134.

[165] Vgl. nur BGHSt 28, 231 (233) = NJW 1979, 1418; LK/*Tiedemann*, vor § 283 Rn. 90; a. A. – mit guten Argumenten – *H. Schäfer*, wistra 1990, 81 (86 f.).

[166] OLG Hamburg NJW 1987, 1342 (1343 f.); LK/*Tiedemann*, vor § 283 Rn. 92; *Fischer*, vor § 283 Rn. 17; kritisch Schönke/Schröder/*Heine*, § 283 Rn. 59 m. w. N.

A. „Klassisches" Insolvenzstrafrecht

Von der Möglichkeit, nach § 18 InsO ein Insolvenzverfahren bereits bei drohender Zahlungsunfähigkeit zu beantragen, wurde in der Praxis nur zögerlich Gebrauch gemacht, sei es wegen der zivilrechtlichen Haftungsrisiken des Vertretungsorgans,[167] sei es weil sich der Schuldner sich damit selbst der Gefahr strafrechtlicher Ermittlungen aussetzt. Der Schuldner löst mit der Insolvenzantragstellung nämlich zugleich die objektive Bedingung der Strafbarkeit nach Abs. 6 aus. Führt das in Gang gesetzte Insolvenzverfahren zu einer Verfahrenseröffnung (oder auch zur Abweisung des Antrags mangels Masse), bedingt jedes vorsätzliche Fehlverhalten des Schuldners i. S. des § 283 Abs. 1 Nr. 1 bis 8 StGB die Erfüllung des Tatbestands des Bankrotts. Zudem treten im Fall des Eigenantrags kaum Schwierigkeiten auf, dem Schuldner nachzuweisen, dass er in einer Krisensituation nach § 283 Abs. 1 StGB gehandelt hat und vor allem, dass er diese kannte. Damit besteht eine problematische Inkongruenz zwischen dem zivilen Insolvenzrecht und dem Insolvenzstrafrecht.[168] Das Insolvenzrecht will den Schuldner zum frühen Antrag nach § 18 InsO bewegen; das Insolvenzstrafrecht behindert dies. Durch das sog. „Schutzschirmverfahren" will das ESUG die Möglichkeit der Eigenverwaltung aufwerten und einen frühzeitigen Eigenantrag wegen drohender Zahlungsunfähigkeit attraktiver machen.[169] 103

Für eine einschränkende Auslegung der Strafvorschrift ist angesichts der eindeutigen Regelung kein Raum,[170] soweit nicht der Fall der Krisenüberwindung gegeben ist. Deshalb kann man de lege lata nur an die Staatsanwaltschaften und Gerichte appellieren, in den Fällen des Eigeninsolvenzantrags bei drohender Zahlungsunfähigkeit großzügig von den §§ 153, 153a StPO Gebrauch zu machen. 104

e) Rechtsfolgen

Verstöße gegen § 283 StGB haben primär die im StGB angedrohte Kriminalstrafe zur Folge. Darüber hinaus hat eine Verurteilung aber auch mittelbare Rechtsfolgen. 105

aa) Die im StGB vorgesehene Strafe für Zuwiderhandlungen nach **Abs. 1 und 2 des § 283 StGB** ist Freiheitsstrafe bis zu fünf Jahren oder Geldstrafe. Bei Fahrlässigkeit – wenn auch nur hinsichtlich einzelner Merkmale wie bei Abs. 4 Nr. 2 – kommt nach § 283 Abs. 4 und 5 StGB eine Ahndung mit Freiheitsstrafe bis zu zwei Jahren oder Geldstrafe in Betracht. Für besonders schwere Fälle droht das Gesetz in § 283a StGB Freiheitsstrafe von sechs Monaten bis zu zehn Jahren an. Dem Unrechtsgehalt der Tat, der je nach Verwirklichung der einzelnen Bankrottatbestände sehr unterschiedlich sein kann, ist im Rahmen der Strafzumessung Rechnung zu tragen. 106

Der **Versuch** des Bankrotts nach § 283 Abs. 1 oder 2 StGB, der nach § 283 Abs. 3 StGB strafbar ist, kann gemäß § 23 Abs. 1 StGB milder bestraft werden. Für den Fall, dass das Gericht eine Milderung bejaht, reduziert sich das Höchstmaß nach § 49 Abs. 1 Nr. 2 StGB auf Freiheitsstrafe bis zu drei Jahre und neun Monate oder Geldstrafe bis zu 270 Tagessätze. 107

Bei Teilnahmehandlungen ist es umstritten, ob bei den Teilnehmern die Strafmilderung nach § 28 Abs. 1 StGB Anwendung findet.[171] Grundsätzlich ist der Strafrahmen für die Teilnehmer nach §§ 28 Abs. 1, 49 Abs. 1 StGB zu mildern, außer es ist nur deshalb Teilnahme angenommen, weil besondere persönliche Merkmale für die Annahme von Täterschaft fehlen.[172] 108

bb) Weitere Rechtsfolgen einer Verurteilung nach § 283 StGB finden sich im GmbHG und im AktG. § 6 Abs. 2 Satz 3 GmbHG und § 76 Abs. 3 Satz 2 AktG sehen vor, dass ein wegen Bankrotts verurteilter Täter fünf Jahre lang nicht Geschäftsführer einer GmbH oder Vorstandsmitglied einer AG sein kann. In die Frist wird die Haft – auch wegen anderer Delikte – nicht eingerechnet. Da die Verurteilung in das Gewerbezentralregister eingetragen wird, spricht man auch von der **Registersperre** nach § 6 Abs. 2 GmbHG und § 76 Abs. 3 109

---

[167] Dazu vgl. *Tetzlaff* ZInsO 2008, 226.
[168] *Röhm*, NZI 2002, 134 (136); s. a. *Schönke/Schröder/Stree/Heine*, § 283 Rn. 53.
[169] Vgl. *Römermann* NJW 2012, 645.
[170] Vgl. aber *Moosmayer*, C. II. 3a bb (S. 191 ff.); *Uhlenbruck*, ZInsO 1998, 251 f.
[171] Vgl. dazu näher LK/*Tiedemann*, § 283 Rn. 228; Schönke/Schröder/*Heine*, § 283 Rn. 65; *Fischer*, § 283 Rn. 38; SK/*Hoyer*, § 283 Rn. 107.
[172] BGH NJW 2013, 949.

AktG. Dieses Berufsverbot greift sowohl bei einer Verurteilung wegen Bankrotts oder einer der sonstigen Insolvenzstraftaten im 24. Abschnitt des Besonderen Teils des StGB (§§ 283 bis 283 d) als auch bei Insolvenzverschleppung sowie wegen Falschangaben gegenüber dem Registergericht (§ 82 GmbHG, § 399 AktG) oder wegen unrichtiger Darstellung (§ 400 AktG, § 331 HGB, § 313 UmwG, § 17 PublG) ein. Dasselbe gilt wegen der Vermögensstraftaten der §§ 263 – 264a, 265b – 266a StGB, sofern eine Verurteilung zu einer Freiheitsstrafe von mindestens einem Jahr vorliegt. Unabhängig hiervon können die Gewerbebehörden jedoch auch in anderen Fällen die Gewerbeausübung wegen Unzuverlässigkeit gemäß § 35 GewO untersagen. Dementsprechend regelt Nr. 39 der Anordnung über Mitteilungen in Strafsachen (MiStra), dass den Gewerbeaufsichtsämtern unter anderem solche rechtskräftigen Entscheidungen mitzuteilen sind, die geeignet sind Zweifel an der Zuverlässigkeit des Gewerbetreibenden hervorzurufen.

110   cc) Weitere mittelbare Rechtsfolge der Verurteilung wegen Bankrotts ist, dass nach § 290 Abs. 1 Nr. 1, § 297 Abs. 1 InsO auf einen entsprechenden Gläubigerantrag die **Restschuldbefreiung** (§§ 286 bis 303 InsO)[173] **zu versagen** ist. Dabei muss die Verurteilung nicht in einem konkreten Zusammenhang mit dem aktuellen Insolvenzverfahren stehen, in dem der Antrag auf Restschuldbefreiung gestellt worden ist.[174] Es sind Verurteilungen jedenfalls innerhalb der fünfjährigen Tilgungsfrist des § 46 Abs. 1 Nr. 1 BZRG zu berücksichtigen.[175]

2. Einzelne Tatbestände des § 283 StGB

a) Abs. 1 Nr. 1 (Beiseiteschaffen und Verheimlichen von Vermögensbestandteilen)

111   Vermögensverschiebungsdelikte gehören zu den häufigsten Tathandlungen im Insolvenzstrafverfahren. Eine Zueignungs- oder Bereicherungsabsicht ist weder für die Tathandlung des Beiseiteschaffens noch für die des Verheimlichens erforderlich.

112   aa) Der Tatbestand des Abs. 1 Nr. 1 schützt die potenzielle Insolvenzmasse **vor Schmälerung**. Die Tathandlungen müssen sich auf Gegenstände, Sachen oder Rechte beziehen, die im Fall der Insolvenzeröffnung zur Insolvenzmasse gehören würden bzw. die nach Insolvenzeröffnung zur Insolvenzmasse erworben wurden.[176] Nicht zur Insolvenzmasse gehören Vermögenswerte, an denen ein Gläubiger nach § 47 InsO ein Aussonderungsrecht besitzt. Wertlose Gegenstände, auch wenn sie zur Insolvenzmasse gehören, fallen ebenfalls nicht in den Schutzbereich.[177]

113   bb) Die häufigste Tathandlung liegt im **Beiseiteschaffen von Vermögensgegenständen**. Ein Beiseiteschaffen liegt dann vor, wenn Vermögensgegenstände dem Zugriff der Gläubiger in tatsächlicher oder rechtlicher Hinsicht entzogen werden oder wenn der Zugriff hierauf wesentlich erschwert wird. Eine Gläubigerbenachteiligungsabsicht ist nicht erforderlich. Ein Beiseiteschaffen kann beispielsweise erfolgen durch das Verbringen von Betriebsvermögen oder Vorräten an einen anderen Ort,[178] die Entnahme von Geld aus der Kasse[179] oder durch Abheben von Girokonten,[180] das Umleiten von Geldern von Geschäfts- auf Privatkonten oder die Einziehung auf Konten, die auf fremde Namen lauten.[181] Auch in der Übertragung von Rechten kann ein Beiseiteschaffen liegen, so bei der Einräumung eines wirtschaftlich wertvollen Ankaufsrechts[182] oder der Übertragung von Grundstücken auf nahe Angehörige oder neu gegründete Gesellschaften.[183]

---

[173] Vgl. hierzu Kap. 8 Rn. 71 ff.
[174] BGH NJW 2003, 974; NZI 2010, 349; NJW 2012, 2015, 2016. Vgl. *Weiß* ZInsO 2012, 1058.
[175] BGH NJW 2003, 974.
[176] Zum Begriff der Insolvenzmasse vgl. *Riering* in Nerlich/Römermann, § 315 InsO Rn. 23 ff.
[177] BGHSt 3, 32 (36); 5, 119 (120 f.).
[178] BGH NStZ 1991, 432.
[179] BGH MDR 1979, 456.
[180] BGH NStZ 30, 127 (129); NStZ 1984, 118 (119).
[181] BGH wistra 1986, 262; 1987, 254.
[182] BGH NStZ 1995, 86.
[183] BGH JZ 1979, 75.

A. „Klassisches" Insolvenzstrafrecht

Nicht tatbestandsmäßig sind Verhaltensweisen, bei denen eine Schmälerung der Insolvenzmasse nicht eintritt, beispielsweise bei der Überlassung sicherungsübereigneter Gegenstände an den Gläubiger oder bei einer Vermögensübertragung, die dem Ziel einer gleichmäßigen Gläubigerbefriedigung in der Insolvenz dient.[184]

Leistungen entgegen den Eigenkapitalschutzvorschriften des § 30 GmbHG können jedoch nicht ohne weiteres als Beiseiteschaffen angesehen werden. Mit Inkrafttreten des MoMiG zum 1.11.2008 haben sich die strafrechtlichen Risiken bei der Rückgewähr **eigenkapitalersetzender Leistungen** wesentlich verändert. Nach § 30 Abs. 1 Satz 3 GmbHG gilt das Auszahlungsverbot des § 30 Abs. 1 Satz 1 GmbHG nicht für die Rückzahlung von Gesellschafterdarlehen und wirtschaftlich entsprechenden Leistungen. Nach § 30 Abs. 1 Satz 1 GmbHG ist die Eigenkapitalrückgewähr auch dann zulässig, wenn sie durch einen vollwertigen Gegenleistungs- oder Rückforderungsanspruch gedeckt ist, d. h. wenn Leistung und Gegenleistung bei objektiver wirtschaftlicher Betrachtung gleichwertig sind bzw. im Falle eines Rückforderungsanspruchs dieser nicht fraglich ist und bei bilanzieller Betrachtung kein Abwertungsbedarf besteht.[185] Zivilrechtlich findet die Neuregelung nur auf Rechtshandlungen Anwendung, die ab dem 1.11.2008 vorgenommen wurden.[186] Strafrechtlich hingegen gilt nach § 2 Abs. 3 StGB das mildeste Gesetz, sodass die Rückzahlung von Gesellschafterdarlehen auch in Altfällen weitgehend straflos ist.[187]

Ein Beiseiteschaffen ist jedoch weiterhin anzunehmen, wenn Leistungen an **andere Personen als Gesellschafter** gewährt werden und unter Verstoß gegen das Auszahlungsverbot des § 30 GmbHG eine **Unterbilanz herbeigeführt** wird. Das gleiche gilt, wenn durch die Rückzahlung eines Gesellschafterdarlehens erst die Insolvenz herbeigeführt wird oder der Gesellschaft dadurch Mittel entzogen werden, die sie zum Wirtschaften dringend benötigt.[188] Insofern hat das MoMiG nämlich keine Änderung gegenüber der früheren Rechtslage gebracht.

Nicht tatbestandsmäßig sind zudem solche Verhaltensweisen, die den **Anforderungen einer ordnungsgemäßen Wirtschaft** entsprechen.[189] Dies ist dann der Fall, wenn sie eine wirtschaftlich vernünftige Zielsetzung verfolgen und nicht die Befriedigungsinteressen der Gläubiger wirtschaftswidrig gegenüber anderen Interessen zurücktreten. Dies lässt sich nur durch eine Gesamtschau der Umstände des Einzelfalls beurteilen, insbesondere durch eine Chancen-Risiken-Abwägung. Die Anforderungen einer ordnungsgemäßen Wirtschaft sind immer dann erfüllt, wenn für die Hingabe eines Vermögensgegenstands ein wirtschaftlich gleichwertiger Gegenwert erworben wird, da in diesem Fall lediglich ein Aktivtausch vorliegt.[190] Gleiches gilt für die Erfüllung fälliger Verbindlichkeiten, denn dies stellt lediglich einen Aktiv-Passiv-Tausch dar.[191] Auch Entnahmen des Schuldners zur Aufrechterhaltung eines angemessenen Lebensunterhalts[192] sowie zur Befriedigung fälliger Gehaltsansprüche[193] sind zulässig.

Bei der Überweisung von Vermögenswerten auf (neu errichtete) **ausländische Konten** des Schuldners liegt ein Beiseiteschaffen dann nicht vor, wenn die Vermögenstransfers transparent durchgeführt wurden und sie sich aus Bank- oder Buchhaltungsunterlagen für den Insolvenzverwalter ersehen lassen.[194] Etwas anderes gilt nur dann, wenn trotz der transparenten Verfügung ein Zugriff des Insolvenzverwalters auf die zur Insolvenzmasse gehörenden Ver-

---

[184] BGHSt 3, 32 (36); OLG München ZIP 2000, 1841.
[185] *Altmeppen* ZIP 2009, 49 (53); *Kiefner/Theusinger* NZG 2008, 801 (804).
[186] *Gutmann/Nawroth*, ZInsO 2009, 174 (176); *Dahl/Schmitz*, NZG 209, 325 (331).
[187] OLG Stuttgart wistra 2010, 34 (36); *Pelz*, Rn. 274; *Bittmann* wistra 2009, 102 (103).
[188] Wobei bei der Rückzahlung von Gesellschafterdarlehen meist Gläubigerbegünstigung (§ 283c StGB) als lex specialis eingreifen dürfte.
[189] BGHSt 34, 309, 310.
[190] LK/*Tiedemann*, § 283 Rn. 30.
[191] SK/*Hoyer*, § 283 Rn. 34.
[192] BGH NJW 1952, 889; NStZ 1981, 259.
[193] *Fischer*, § 283 Rn. 4.
[194] BGH NJW 2010, 2896 (2898).

mögenswerte tatsächlich oder rechtlich wesentlich erschwert ist, beispielsweise weil Vollstreckungstitel im Ausland nicht anerkannt werden.

119 cc) Ein **Verheimlichen** liegt dann vor, wenn zur Insolvenzmasse gehörige Gegenstände dem Zugriff des Insolvenzverwalters oder der Gläubiger entzogen werden sollen. Dies kann u. a. geschehen durch die unrichtige Beantwortung von Fragen gegenüber dem Insolvenzverwalter[195] oder durch Verbergen von Gegenständen bzw. Ableugnen des Besitzes.[196] Auch das Verschweigen von Freistellungsansprüchen[197] gehört hierher.

120 dd) Weitere Tathandlungen können im **Zerstören**, **Beschädigen** oder **Unbrauchbar machen** einer Sache liegen. Ein Beschädigen setzt voraus, dass die Substanz eines Gegenstandes verletzt oder dessen Brauchbarkeit für den bestimmten Zweck mehr als nur unerheblich beeinträchtigt ist. Demgegenüber wird beim Zerstören die Gebrauchsmöglichkeit vollständig aufgehoben oder die Sache vollständig vernichtet. Ein Unbrauchbarmachen liegt in der Aufhebung der Nutzungsmöglichkeit, auch wenn kein Eingriff in die Substanz selbst erfolgt. Da Handlungen ausscheiden, die den Anforderungen einer ordnungsgemäßen Wirtschaft entsprechen, bleibt praktisch nur ein Anwendungsbereich für mutwillige Handlungen.

b) Abs. 1 Nr. 2 (Verlust, Spekulations- und Differenzgeschäfte)

aa) Verlust-, Spekulations- und Differenzgeschäfte

121 Der Tatbestand des Abs. 1 Nr. 2 enthält mit dem Verbot, in einer den Anforderungen einer ordnungsgemäßen Wirtschaft widersprechenden Weise Verlust-, Spekulations- bzw. Differenzgeschäfte mit Waren oder Wertpapieren einzugehen oder durch unwirtschaftliche Ausgaben, Spiel oder Wette übermäßige Beträge zu verbrauchen, zwei Tathandlungen, die dem Schutz der Insolvenzmasse dienen.

122 **Verlustgeschäfte** sind solche, bei denen schon nach der im Voraus getroffenen Kalkulation die Einnahmen hinter den Ausgaben zurückbleiben und die deshalb zwangsläufig zu einer Vermögenseinbuße führen. Dies gilt insbesondere für Schleuderverkäufe oder solche unter Gestehungskosten, nicht hingegen für solche Geschäfte, die sich erst im Nachhinein als verlustbringend erweisen.

123 **Spekulationsgeschäfte** sind dadurch gekennzeichnet, dass bei ihnen ein besonders großes Risiko in der Hoffnung eingegangen wird, einen größeren als den sonst üblichen Gewinn zu erzielen, wobei die Gewinnerzielung oftmals vom Zufall abhängt.

124 **Differenzgeschäfte** sind solche des § 764 BGB, also Geschäfte, die in der Absicht geschlossen werden, die Differenz zwischen dem vereinbarten Preis und dem Börsen- oder Marktpreis zum vereinbarten Referenzzeitpunkt zu erhalten.

125 In all diesen Fallgestaltungen ist weitere Voraussetzung, dass die **Anforderungen einer ordnungsgemäßen Wirtschaft** verletzt wurden. So kann der Unter-Preis-Verkauf von verderblichen Waren ebenso zulässig sein wie die Eingehung verlustbringender Geschäfte während einer Flaute zur Erhaltung von Arbeitsplätzen oder die Eingehung von Termingeschäften zur Absicherung von Preisrisiken. Die Vornahme hochriskanter Geschäfte zur Verhinderung einer Insolvenz dürfte jedoch i. d. R. nicht mehr mit diesen Anforderungen zu vereinbaren sein.[198]

126 Zwar ist grundsätzlich durch das Eingehen der genannten Geschäfte der Tatbestand bereits vollendet. Allerdings soll sich der Schuldner nach h. M. dann nicht strafbar machen, wenn das Geschäft letztlich gewinnbringend endet; in diesem Fall soll nach dem Schutzzweck der Norm ein Strafbedürfnis entfallen.[199]

---

[195] RGSt 66, 152; Schönke/Schröder/*Heine*, § 283 Rn. 5.
[196] SK/*Hoyer*, § 283 Rn. 36.
[197] *Uhlenbruck* NZI 2002, 401 (404).
[198] *Fischer*, § 283 Rn. 9.
[199] *Fischer*, § 283 Rn. 10, SK/*Hoyer*, § 283 Rn. 44.

A. „Klassisches" Insolvenzstrafrecht

bb) Spiel, Wette und unwirtschaftliche Ausgaben

Die Definition von **Spiel und Wette** entspricht derjenigen des § 762 BGB. Beim Spiel wird ein Wagnis eingegangen, ohne dass dem ein ernster wirtschaftlicher Zweck zu Grunde liegt; meist ist Motivation die Unterhaltung oder die Aussicht auf Gewinn. Die Wette ist dadurch gekennzeichnet, dass eine Partei der anderen bei Eintreffen bestimmter Umstände die Vornahme einer Leistung verspricht. 127

Unwirtschaftliche Ausgaben sind solche Vermögensabflüsse, denen keine gleichwertige Gegenleistung gegenübersteht, die zur Gläubigerbefriedigung geeignet ist. Nur in diesem Fall ist eine Beeinträchtigung der Gläubigerinteressen zu befürchten. 128

Unwirtschaftlich sind die Ausgaben dann, wenn sie in keinem angemessenen Verhältnis zum Vermögen oder Liquidität des Schuldners mehr stehen oder als wirtschaftlich sinnlos anzusehen sind. Als unwirtschaftliche Ausgaben gelten die Weiterführung eines unrentablen Betriebsteils, aussichtslose Investitionen oder Sanierungsbemühungen, die Zahlung überhöhter Geschäftsführergehälter, überzogener Repräsentationsaufwand, etc. 129

Unwirtschaftliche Ausgaben, Spiele oder Wetten sind nur dann strafbar, wenn der Schuldner dabei übermäßige Beträge verbraucht oder schuldig geworden ist. Dies ist immer dann der Fall, wenn Mittel verwendet werden, die in keinem Verhältnis mehr zur Leistungsfähigkeit und Einkommen des Schuldners zum jeweils konkreten Zeitpunkt stehen. Maßgeblich ist hierfür in erster Linie der gesamte Vermögensstand des Schuldners, erst in zweiter Linie künftige Einnahmen. **Verbraucht** werden Beträge, die tatsächlich verausgabt wurden, also aus der Insolvenzmasse abgeflossen sind. Für das Merkmal des **Schuldigwerdens** sind nur solche Verbindlichkeiten zu berücksichtigen, die rechtlich bestehen, d. h. klagbar sind.²⁰⁰ Nichtige Geschäfte fallen nicht darunter. 130

c) Abs. 1 Nr. 3 (Warenbeschaffung auf Kredit)

Nach Abs. 1 Nr. 3 macht sich strafbar, wer auf Kredit beschaffte Waren oder Wertpapiere oder aus derartigen Sachen hergestellte Waren verschleudert. Eine **Warenbeschaffung auf Kredit** liegt dann vor, wenn Waren zum Zeitpunkt ihrer Veräußerung noch nicht vollständig bezahlt sind bzw. die geschuldete Gegenleistung noch nicht vollständig erbracht ist, insbesondere also bei Kauf auf Ziel oder unter Eigentumsvorbehalt. Keine Warenbeschaffung auf Kredit in diesem Sinne liegt vor, wenn die Waren zwar bezahlt sind, hierfür aber eine Geldkreditaufnahme von dritter Seite stattgefunden hat.²⁰¹ 131

Verschleudert werden Waren dann, wenn sie erheblich unter ihrem Marktpreis abgegeben werden. Auf die Höhe des Einkaufspreises kommt es nicht an, so dass auch der gewinnbringende Weiterverkauf strafbar sein kann, wenn er unter Marktwert erfolgt. Auch hier ist weiter vorausgesetzt, dass die Veräußerung den Anforderungen einer ordnungsgemäßen Wirtschaft widerspricht. Räumungsverkäufe, übliche Sonderangebote oder günstige Angebote zur Markterschließung sind ebenso zulässig wie der Verkauf einzelner Waren unter Marktpreis bei einer Mischkalkulation.²⁰² 132

d) Abs. 1 Nr. 4 (Scheingeschäfte)

Die Tathandlung besteht im **Vortäuschen von Rechten** anderer oder dem Anerkennen erdichteter Rechte. Anders als bei den Nummern 1–3 wird nicht die Aktivmasse geschmälert, sondern eine höhere Passivmasse vorgetäuscht. Ein Vortäuschen fremder Rechte liegt vor, wenn der Schuldner tatsächlich nicht bestehende Rechte vorspiegelt, insbesondere gegenüber dem Insolvenzverwalter. Dies kann durch unrichtige Auskünfte über nicht bestehende Rechte oder durch unrichtige Buchungen geschehen. Dass die vorgespiegelten Ansprüche im Insolvenzverfahren geltend gemacht werden, ist ebenso wenig erforderlich wie der Eintritt nachteiliger Folgen.²⁰³ Der Tatbestand ist ein reines Gefährdungsdelikt. Kein **Scheingeschäft** 133

---

²⁰⁰ BGHSt 22, 360.
²⁰¹ *Fischer*, § 283 Rn. 14.
²⁰² *Fischer*, § 283 Rn. 15.
²⁰³ *Fischer*, § 283 Rn. 17.

liegt hingegen vor, wenn Verjährungs-, Anfechtungs- oder Gewährleistungseinreden nicht geltend gemacht werden. In diesem Fall besteht das Recht des Gläubigers tatsächlich.[204] Allerdings kommt dann eine Tat nach Nr. 8 in Betracht.

e) Abs. 1 Nr. 8 (Sonstiges Verringern)

134 Die Vorschrift des Abs. 1 Nr. 8 ist ein **Auffangtatbestand** für all diejenigen Handlungen, die nicht schon nach den Nummern 1 bis 7 mit Strafe bedroht sind. Voraussetzung ist allerdings, dass sie diesen Tathandlungen an Sozialschädlichkeit gleichstehen.[205] Das Verringern des Vermögensstandes umfasst alle Handlungen, mit denen das Aktivvermögen vermindert wird. Als tatbestandsmäßig angesehen werden beispielsweise die Gründung oder der Erwerb eines Unternehmens mit unzureichendem Eigenkapital, das Wirtschaften ohne ein Mindestmaß an erforderlicher Planung[206] oder das Umleiten von Umsätzen auf vor dem Unternehmen verheimlichte Konten.[207] Auch die Veräußerung von solchen Waren unter Marktpreis, die nicht auf Kredit gekauft wurden, kann hierunter fallen.

135 Erfasst ist auch das Verheimlichen oder Verschleiern der **geschäftlichen Verhältnisse**. Hierunter fallen alle Umstände, die für die Beurteilung der Kreditwürdigkeit des Schuldners von Bedeutung sind.[208] Dies kann geschehen durch die Anfertigung von Scheinbilanzen, Umfirmierungen, zum Schein erfolgte Sitzverlegungen, die Bestellung eines tatsächlich unerreichbaren Geschäftsführers[209] oder die Kapitalanwerbung durch unzutreffende Angaben.[210] Hierunter fällt auch die Rückdatierung von Verträgen und Urkunden, um sich eine bessere Beweisposition zu verschaffen.[211] Auch in Fällen der Firmenbestattung soll Abs. 1 Nr. 8 Anwendung finden können.[212]

f) Abs. 1 Nr. 5 (Verletzung der Buchführungspflicht)

136 Da häufig – vor allem in der Krise – die Bücher nicht ordnungsgemäß geführt werden, hat die Regelung in § 283 Abs. 1 Nr. 5 StGB über **Buchführungsverstöße** in der Praxis große Bedeutung.

137 aa) Nach Nr. 5 werden bestimmte Verstöße gegen die gesetzliche **Verpflichtung** zum **Führen von Handelsbüchern** erfasst. Erforderlich ist in allen Fällen, dass sich eine Pflicht zur Buchführung aus den Vorschriften des Handelsgesetzbuchs ergibt. Die Verletzung rein steuerrechtlicher Buchführungspflichten nach §§ 141 ff. AO ist hingegen nicht wegen Bankrotts strafbar. Gemäß § 238 HGB ist grundsätzlich jeder Kaufmann verpflichtet, Bücher zu führen und in diesen seine Handelsgeschäfte und die Lage seines Vermögens nach den Grundsätzen ordnungsgemäßer Buchführung ersichtlich zu machen.

138 Eine **Ausnahme** besteht nur für **nichteingetragene Kleingewerbetreibende**. Gemäß § 1 HGB ist Kaufmann nämlich jeder, der ein Handelsgewerbe betreibt, es sei denn, dass das Unternehmen nach Art oder Umfang einen in kaufmännischer Weise eingerichteten Geschäftsbetrieb nicht erfordert. Dies betrifft typischerweise (kleinere) Handwerksbetriebe. Diese und andere Kleingewerbetreibende gelten nach § 2 Satz 1 HGB nur dann als Kaufleute, wenn die Firma in das Handelsregister **eingetragen** ist. Damit entsteht auch die Buchführungspflicht. In diesem Fall kommt es nicht darauf an, ob ein in kaufmännischer Weise eingerichteter Gewerbebetrieb vorliegt.[213] Derjenige, der als Kleingewerbetreibender sein **Einzelunternehmen** eintragen lässt (eingetragener Kaufmann – e. K.), kann sich deswegen im

---

[204] Schönke/Schröder/*Heine*, § 283 Rn. 26; a. A. *Fischer*, § 283 Rn. 18.
[205] Münchener Kommentar StGB/*Radtke*, § 283 Rn. 65.
[206] *Tiedemann* KTS 1984, 539 (554 f.).
[207] BGH NStZ 2000, 206 (207).
[208] BGH wistra 2009, 273 (274).
[209] *Hagemeier* StV 2010, 26 (27).
[210] *Fischer*, § 283 Rn. 30.
[211] AG Nürnberg ZInsO 2012, 339 (342).
[212] BGH NStZ 2009, 635 (636).
[213] Vgl. auch *Fischer*, § 283 Rn. 19; Schönke/Schröder/*Heine*, § 283 Rn. 29.

A. „Klassisches" Insolvenzstrafrecht

Strafverfahren nicht mit Erfolg darauf berufen, sein Unternehmen erfordere keinen kaufmännisch eingerichteten Gewerbebetrieb.

Auf § 5 HGB kommt es hierbei nicht an. Diese Vorschrift hat jedoch zivilrechtliche Bedeutung für den Fall, dass das Unternehmen eines Ist-Kaufmanns dauerhaft in den kleingewerblichen Bereich absinkt. Da bei diesem anders als bei einem Kleingewerbetreibenden die Eintragung in das Handelsregister nicht auf einer rechtsgestaltenden Willenserklärung beruht, sondern lediglich deklaratorische Wirkung hat (und der Kaufmann gemäß § 29 HGB zur Eintragung verpflichtet ist), bedeutet das Absinken in den kleingewerblichen Bereich materiell den Verlust der Kaufmannseigenschaft.[214] Hier greift dann die Fiktion des § 5 HGB ein, die für das Strafrecht jedoch nicht gilt. 139

Dies hat zur Folge, dass die Staatsanwaltschaft bei einem **freiwillig eingetragenen Kleingewerbetreibenden** nicht ermitteln muss, welchen Umfang der Gewerbebetrieb hat und ob deswegen oder wegen der Art des Unternehmens ein kaufmännisch eingerichteter Gewerbebetrieb erforderlich ist oder nicht. Bei einem **Ist-Kaufmann** kann die Reduzierung des Geschäftsbetriebs jedoch zur Folge haben, dass die Kaufmannseigenschaft und damit die Buchführungspflicht materiell-zivilrechtlich und damit auch strafrechtlich erlischt.[215] 140

Allerdings enthält § 241a Satz 1 HGB **Befreiungen** für Einzelkaufleute von der Pflicht zur Buchführung und Inventarerrichtung, wenn sie an den Abschlußstichtagen von zwei aufeinanderfolgenden Geschäftsjahren kumulativ nicht mehr als 500.000 € Umsatzerlöse und 50.000 € Jahresüberschuss erzielt haben. Bei Neugründungen greift die Befreiung schon ein, wenn die Schwellenwerte am ersten Abschlussstichtag nicht überschritten werden. Liegen diese Voraussetzungen vor, können solche Einzelkaufleute künftig[216] nicht mehr nach § 283 Abs. 1 Nr 5 – 7 StGB bestraft werden.[217] 141

Die Buchführungspflicht gilt auch für **Handelsgesellschaften** (§ 6 HGB). Bei diesen sind alle vertretungsberechtigten Gesellschafter buchführungspflichtig. Für **juristische Personen** ist die Pflicht zum Führen von Büchern in § 41 GmbHG, § 91 Abs. 1 AktG, § 33 Abs. 1 Satz 1 GenG geregelt. Die Verpflichtung trifft hier die Organmitglieder, also den Vorstand, die Geschäftsführer oder Liquidatoren. Dabei besteht eine Gesamtverantwortung des Vorstandes sowie der ggf. mehrköpfigen Geschäftsführung, was zur Folge hat, dass alle Mitlieder des Vorstandes, auch die stellvertretenden, verantwortlich sind (so genannte **Allzuständigkeit**). Eine **ressortmäßige Aufgabenverteilung** ändert hieran grundsätzlich nichts. Die intern nicht zuständigen Vorstandsmitglieder oder Geschäftsführer haben dann eine Überwachungspflicht.[218] 142

Der Kaufmann braucht die Bücher nicht eigenhändig zu führen. Er kann hierzu angestellte oder außenstehende **Hilfspersonen** einschalten. Für die ordnungsgemäße Buchführung bleibt er aber verantwortlich. Bei persönlicher Buchführung und Arbeitsüberlastung, Krankheit oder ähnlicher Verhinderung wird er von der Buchführungspflicht nicht befreit. Der Gewerbetreibende muss die Buchführung dann auf andere Personen übertragen. Eine zur Straflosigkeit führende Unmöglichkeit liegt nur dann vor, wenn aufgrund der Besonderheiten des Einzelfalls auch eine Aufgabenübertragung nicht mehr durchgeführt werden kann. 143

bb) Die **Art und Weise der Buchführung**, insbesondere welche Bücher zu führen sind, ist im HGB nicht im Einzelnen geregelt. § 238 Abs. 1 HGB stellt auf die **Grundsätze ordnungsgemäßer Buchführung** ab und bestimmt, dass die Buchführung so beschaffen sein muss, dass sie einem sachverständigen Dritten innerhalb angemessener Zeit einen Überblick über die Geschäftsvorfälle und die Lage des Unternehmens vermitteln kann (Satz 2). Außer- 144

---

[214] Vgl. *Lieb*, NJW 1999, 35 (36).
[215] Vgl auch Schönke/Schröder/*Heine*, § 283 Rn. 29, deren Formulierung, dass die bloße Eintragung als Kaufmann (§ 5 HGB) keine Buchführungspflicht begründe, jedoch leicht zu Missverständnissen führen kann.
[216] Für eine Rückwirkung i. S. v. § 2 Abs. 3 StGB *Ebner*, wistra 2010, 92 (94 ff.). Allerdings dürfte es sich bei den Buchführungs- und Bilanzierungsvorschriften um Zeitgesetze i. S. v. § 2 Abs. 4 StGB handeln.
[217] *Reck*, ZInsO 2011, 1969 (1970); *Ebner*, wistra 2010, 92 (94).
[218] Vgl. *Hüffner*, § 91 Rn. 3; s. a. bereits oben Rn. 94.

dem müssen die Geschäftsvorfälle sich in ihrer Entstehung und Abwicklung verfolgen lassen (Satz 3). § 239 HGB regelt weitere Anforderungen an die Führung der Handelsbücher. Wichtig ist vor allem § 239 Abs. 2 HGB, wonach die Eintragungen in Büchern und die sonst erforderlichen Aufzeichnungen vollständig, richtig, zeitgerecht und geordnet vorgenommen werden müssen. Wie dies konkret zu geschehen hat, ist nicht vorgeschrieben. Auch eine komplette EDV-Buchführung unter Verzicht auf papiergebundene Unterlagen kann ordnungsgemäß sein.[219] Bei Auslandsgesellschaften ist umstritten, ob sich der Inhalt der Buchführungspflichten nach dem Gesellschaftsstatut richtet oder als öffentlich-rechtliche Pflicht nach dem Recht des Verwaltungssitzes.[220]

145   cc) **Tathandlung** bei § 283 Abs. 1 Nr. 5 StGB ist zum einen das vollständige[221] **Unterlassen** des Führens von Handelsbüchern. Es meint daher den Fall, dass überhaupt keine Buchhaltung (mehr) vorliegt.

146   Dieser Tatbestand ist ein **echtes Unterlassungsdelikt**. Eine Strafbarkeit entfällt daher dann, wenn dem Täter die Bilanzerstellung aus persönlichen Gründen nicht möglich ist und er auch nicht die finanziellen Mittel hat, einen Dritten mit der Durchführung der Buchhaltungsarbeiten zu beauftragen.[222] Krankheit, Urlaub oder auch Arbeitsüberlastung können solche persönlichen Gründe sein, die zu einer **Unmöglichkeit** führen können. In diesem Fall aber muss der Gewerbetreibende die Buchführung dann auf andere Personen übertragen. Fehlende eigene Buchhaltungskenntnisse können ebenfalls zur Unmöglichkeit führen. Alleine das Betreiben eines Handelsgewerbes oder die Übernahme des Geschäftsführeramtes lassen nicht auf eine entsprechende persönliche Fähigkeit schließen.[223]

147   Eine Unmöglichkeit kann auch dann vorliegen, wenn der Geschäftsführer nicht über hinreichende eigene Kenntnisse zur Buchführung verfügt und auch nicht die finanziellen Mittel zur Verfügung hat, einen Buchhalter oder Steuerberater hiermit zu beauftragen. Verfügt der Geschäftsführer über Geldmittel, muss er diese grundsätzlich vorrangig für die Durchführung der Buchhaltungsarbeiten verwenden.[224] Zeichnet sich aufgrund der Liquiditätslage ab, dass Geldmittel für die Bezahlung eines Steuerberaters zur Erstellung der Buchführung nicht ausreichen, müssen entsprechende Rücklagen gebildet werden.[225] Wird dies unterlassen, ergibt sich eine Strafbarkeit nach den Grundsätzen der omissio libera in causa.[226] Eine Verpflichtung, bei fehlenden Geldmittel die geschäftliche Tätigkeit insgesamt einzustellen, besteht jedoch nicht;[227] wohl aber wird in diesen Fällen meist eine Insolvenzantragspflicht bestehen.

148   Zum anderen ist der Tatbestand dann verwirklicht, wenn die **Buchführung mangelhaft** ist, indem der Täter Handelsbücher so führt oder verändert, dass die Übersicht über seinen Vermögensstand erschwert wird. Dabei bezieht sich das Tatbestandsmerkmal des Führens darauf, dass Handelsbücher von vornherein nicht in Einklang mit den Grundsätzen ordnungsgemäßer Buchführung stehen, während ein Verändern ein Verhalten meint, bei dem die Buchführung nachträglich abgeändert wurde. Auch das zeitweise Unterlassen des Führens oder das Nichtführen einzelner Bücher kann eine mangelhafte Buchführung darstellen. Geringfügige Buchhaltungsrückstände werden in der Regel unschädlich sein.[228] Die möglichen Verstöße gegen die Grundsätze ordnungsgemäßer Buchführung sind vielfältig, sie können beispielsweise darin liegen, dass
– nicht alle Geschäftsvorfälle aufgezeichnet wurden,
– Luft- und Scheinbuchungen oder
– Buchungen auf falschen Buchhaltungskonten erfolgt sind,
– Daten der aufgezeichneten Geschäftsvorfälle fehlerhaft sind,

---

[219] BGH NStZ 1998, 247; vgl. auch § 239 Abs. 4 HGB.
[220] *Kienle*, GmbHR 2007, 696 (698 f.); *Ogiermann/Weber*, wistra 2011, 206 (209) m. w. Nachw.
[221] BGH NStZ 1995, 347 m. w. N.
[222] BGHSt 28, 231 (232); NStZ 1998, 192 (193).
[223] A. A. BGH NStZ 2012, 511.
[224] OLG Frankfurt NStZ-RR 1999, 104 (105).
[225] BGH NJW 2011, 3733 (3734); offen gelassen in BGH NStZ 2012, 511.
[226] BGH NJW 2011, 3733 (3734).
[227] *Pelz*, Rn. 367; a.A Schönke/Schröder/*Heine*, § 283 Rn. 33.
[228] *Pelz*, Rn. 368.

A. „Klassisches" Insolvenzstrafrecht

- der wahre Inhalt von Geschäften verschleiert wurde,
- nicht alle Geschäftskonten aufgeführt sind,
- Treuhandverhältnisse nicht in der Buchhaltung abgebildet wurden,
- die Buchhaltungsarbeiten nicht zeitnah erfolgt sind,
- die Buchführung keine hinreichende Ordnung aufweist,
- keine hinreichende Verknüpfung zwischen Buchführung und Belegen besteht,
- lediglich eine Vorkontierung, aber keine endgültige Buchung erfolgt ist.

Weitere kumulative Tatbestandsvoraussetzung ist, dass infolge der Buchführungsmängel die **Übersicht über den Vermögensstand erschwert** ist. Dies ist dann gegeben, wenn ein sachverständiger Dritter den von § 238 Abs. 1 HGB geforderten klaren Überblick über die Geschäftsvorfälle und die Lage des Unternehmens innerhalb angemessener Zeit nicht oder nur mit besonderer Mühe gewinnen kann (vgl. auch § 239 Abs. 1 Satz 2 HGB). Hieran kann es fehlen, wenn die Buchführungsmängel lediglich geringfügig sind, einzelne Buchungen zwar unterlassen wurden, die entsprechenden Belege aber vorhanden[229] oder die unterlassenen Buchungen üblicherweise leicht feststellbar sind (z. B. Mieten, Leasingraten, etc.).[230] Dasselbe gilt auch bei fehlerhaften Buchungen, wenn die Buchungsanweisung in den Buchhaltungsunterlagen verbleibt.[231] 149

dd) Mehrere Verstöße gegen die Buchführungspflicht innerhalb eines bestimmten Zeitraums bilden **eine** einzige **Tat i. S. des § 52 StGB**. Sie machen die Buchführung insoweit insgesamt unordentlich, da sie in ihrer Gesamtheit zu bewerten ist (Bewertungseinheit).[232] Dies ist beispielsweise dann der Fall, wenn der Täter die Buchführung von Anfang an unterlässt. Auch wenn dabei zunächst die Krisenmerkmale fehlen, so dass bei Beginn grundsätzlich (nur) § 283b Abs. 1 Nr. 1 StGB[233] verwirklicht ist, greift insgesamt § 283 Abs. 1 Nr. 5 StGB ein.[234] Eine Dauerstraftat nach § 283 Abs. 1 Nr. 5 StGB verbindet mehrere Vergehen gemäß § 283 Abs. 1 Nr. 7 StGB nicht zu einer Tat.[235] 150

g) Abs. 1 Nr. 6 (Unterdrücken von Handelsbüchern)

aa) Tatgegenstand sind hier zum einen alle **tatsächlich geführten Handelsbücher**. Es sind nicht nur die Bücher erfasst, zu deren Führung der Kaufmann gesetzlich verpflichtet ist. Damit können insbesondere auch Minderkaufleute nach früherem Recht Täter sein, wenn sie freiwillig Handelsbücher führen. Darüber hinaus wendet die wohl h. M. den Tatbestand auch auf Angehörige freier Berufe und Privatleute an.[236] Zum anderen sind Tatgegenstand solche **Unterlagen**, zu deren **Aufbewahrung** ein Kaufmann nach Handelsrecht verpflichtet ist. Dies sind z. B. Inventare und Bilanzen sowie die Handelskorrespondenz (§ 238 Abs. 2, § 257 Abs. 1 Nr. 2, 3 HGB). Weitere aufbewahrungspflichtige Unterlagen ergeben sich aus § 257 Abs. 1 HGB. 151

bb) Die Tathandlung ist verwirklicht, wenn der Täter die Handelsbücher oder sonstigen Unterlagen beiseite schafft, verheimlicht, zerstört oder beschädigt. Die Handlungen müssen vor Ablauf der entsprechenden Aufbewahrungsfristen vorgenommen werden. Die **Aufbewahrungsfristen** betragen gemäß § 257 Abs. 4 HGB je nach der Art der Unterlagen teils sechs, teils zehn Jahre, jeweils ab Schluss des Kalenderjahrs, vgl. § 257 Abs. 5 HGB. Auch hier ist weitere Voraussetzung, dass durch die Handlung die Übersicht über den Vermögensstand erschwert wurde. Hierfür gelten die gleichen Kriterien wie bei § 283 Abs. 1 Nr. 5 StGB. 152

---

[229] BGH MDR 1980, 455.
[230] RGSt 29, 35 (38); *Biletzki* NStZ 1999, 537 (539).
[231] BGH NStZ 2002, 327.
[232] BGH NStZ 1995, 347.
[233] Dazu Rn. 188.
[234] BGH NStZ 1998, 192 (193).
[235] BGH NStZ 1998, 192 (193).
[236] Vgl. Schönke/Schröder/*Heine*, § 283 Rn. 39 m. w. N. auch zur a. A.

h) Abs. 1 Nr. 7 (Verletzung der Bilanzierungspflicht)

153 Die Regelung in § 283 Abs. 1 Nr. 7 StGB über **Bilanzverstöße** hat in der Praxis große Bedeutung. Bei einer Vielzahl von insolventen Unternehmen werden die Bilanzen nicht, nicht ordnungsgemäß oder verspätet aufgestellt. Die Bilanzierungspflichten gehören zu den allgemeinen Buchführungspflichten. Sie sind im HGB aber speziell geregelt. Verstöße sind in § 283 Abs. 1 Nr. 7 StGB gesondert strafbewehrt; Nr. 7 ist lex specialis zu Nr. 5. § 283 Abs. 1 Nr. 7 StGB enthält zwei unterschiedliche Tatbestände:
– die fehlerhafte (mangelhafte) Bilanzierung (**Buchst. a**) und
– die nicht rechtzeitige Bilanzierung oder Inventarisierung (**Buchst. b**).

154 Bei Auslandsgesellschaften ist umstritten, ob sich der Inhalt der Bilanzierungspflichten nach dem Gesellschaftsstatut richtet oder als öffentlich-rechtliche Pflicht nach dem Recht des Verwaltungssitzes.[237]

155 **aa)** Die **mangelhafte Bilanzaufstellung** (Nr. 7 Buchst. a) kann sowohl durch Verstöße gegen die Bilanzwahrheit als auch durch Verstöße gegen die Bilanzklarheit sowie gegen die Bilanzkontinuität erfolgen.[238] Das HGB differenziert zwischen der **Eröffnungsbilanz** und dem **Jahresabschluss**. Dieser wird gebildet aus der Bilanz (für den Schluss des Geschäftsjahrs; „Abschlussbilanz") und der Gewinn- und Verlustrechnung, vgl. § 242 HGB. Eine Eröffnungsbilanz (auch Anfangs- oder Gründungsbilanz) ist gemäß § 71 Abs. 1 GmbHG auch für den Beginn einer Liquidation aufzustellen (Abwicklungseröffnungsbilanz oder Liquidations-Eröffnungsbilanz). Während der Liquidation ist eine gesonderte Jahresabschlussbilanz zu erstellen (Liquidationsbilanz oder Liquidations-Jahresbilanz), vgl. § 71 Abs. 1 GmbHG. Die Strafvorschrift erfasst sämtliche Arten von Bilanzen.

156 Das HGB regelt die Anforderungen, die an eine ordnungsgemäße Bilanz zu stellen sind, in den §§ 242 bis 256 und ergänzend für Kapitalgesellschaften in §§ 264 bis 288. Daneben enthält das HGB in §§ 340 ff. Sondervorschriften für Unternehmen bestimmter Geschäftszweige wie Kreditinstitute und Versicherungsunternehmen sowie in §§ 290 ff. besondere Rechnungslegungsvorschriften für Konzerne. Ebenso wie bei der allgemeinen Buchführungspflicht stellt der Gesetzgeber ergänzend auf die **Grundsätze der ordnungsgemäßen Buchführung** ab (§ 243 Abs. 1 HGB). § 243 Abs. 2 HGB fordert zudem, dass der Jahresabschluss klar und übersichtlich sein muss. Sofern nach § 351a HGB ein Konzernabschluss nach IFRS-Rechnungslegungsgrundsätzen aufzustellen ist, sind diese Bilanzierungsgrundsätze mitsamt der großen Reichweite der Auslegungsregeln anzuwenden. Verfassungsrechtliche Bedenken im Hinblick auf den Bestimmtheitsgrundsatz des Art. 103 Abs. 2 GG[239] bestehen hiergegen nicht.

157 Zu beachten ist, dass die Strafvorschrift auf Mängel der Handelsbilanz abstellt. Viele, vor allem kleinere Unternehmen stellen aber keine Handelsbilanz, sondern wegen des Grundsatzes der Maßgeblichkeit der Handelsbilanz für die Steuerbilanz nach § 5 Abs. 1 Satz 1 Halbsatz 1 EStG lediglich eine Steuerbilanz auf, die sie wie eine Handelsbilanz behandeln. Dabei ist aber zu beachten, dass nach § 5 Abs. 1 Satz 1 Halbsatz 2 EStG für Jahresabschlüsse ab 2010 steuerliche Wahlrechte im handelsrechtlichen Abschluss nicht mehr berücksichtigt werden dürfen. Wird dagegen verstoßen, führt dies dazu, dass ein Strafbarkeitsrisiko wegen unterlassener (Handels-)Bilanzerstellung gemäß § 283 Abs. 1 Nr. 7a StGB[240] oder jedenfalls wegen unrichtiger Bilanzierung entsteht.

158 Die fehlerhafte Aufstellung der Bilanz ist nach § 283 Abs. 1 Nr. 7 Buchst. a StGB nur dann strafbar, wenn hierdurch die **Übersicht über den Vermögensstand** des Kaufmanns **erschwert** wird. Hierfür gelten die gleichen Maßstäbe wie bei der mangelhaften Buchführung.[241]

159 **bb)** Die durch § 283 Abs. 1 Nr. 7 Buchst. b StGB strafbewehrte **nicht rechtzeitige Bilanzaufstellung** erfasst zeitliche Verstöße sowohl gegen die Pflicht zur Bilanzierung als

---

[237] *Kienle*, GmbHR 2007, 696 (698 f.); *Ogiermann/Weber*, wistra 2011, 206 (209) m. w. Nachw.
[238] Vgl. *Müller-Gugenberger/Bieneck/Schmid*, § 26 Rn. 21 ff. m. w. N.
[239] *Waßmer*, ZWH 2012, 306 (310); a. A. *Sorgenfrei*, PiR 2006, 38 (39); *Braum*, wistra 2006, 121 (123).
[240] *Reck* ZInsO 2011, 1969 (1971).
[241] Vgl. oben Rn. 149.

A. „Klassisches" Insolvenzstrafrecht

auch gegen die Pflicht zur Aufstellung des Inventars (§ 240 HGB). Nr. 7 Buchst. b stellt ein **echtes Unterlassungsdelikt** dar. Voraussetzung ist dabei, dass zum Zeitpunkt des Ablaufs der Bilanzierungsfrist schon die Überschuldung, drohende oder eingetretene Zahlungsunfähigkeit vorlag; war dies nicht der Fall, sondern tritt die Krisensituation erst nach Ablauf der Bilanzierungsfrist ein, so ist dies nur nach § 283b Abs. 1 Nr. 3b StGB zu bestrafen.[242] Zwar handelt es sich bei der Tat um ein Dauerdelikt, dennoch besagt § 283 Abs. 1 Nr. 7b StGB, dass nur die Tatvollendung nach Eintritt der Krise strafbar ist. **Vollendung** tritt mit Ablauf der Frist ein.[243] Damit steht der Täter, der die Bilanz verspätet aufstellt, demjenigen gleich, der gar keine Bilanz erstellt. Der unterschiedliche Grad des Unrechts muss bei der Strafzumessung berücksichtigt werden. Bei bloßen zeitlichen Verzögerungen, aber ansonsten ordnungsgemäßem Verhalten hat der Staatsanwalt regelmäßig zu prüfen, ob eine Einstellung nach dem Opportunitätsprinzip (§§ 153, 153a StPO) in Betracht kommt. Hierbei sind immer die außerstrafrechtlichen Folgen, insbesondere die Registersperre nach § 6 Abs. 2 GmbHG und § 76 Abs. 3 AktG,[244] zu beachten.

Für die Rechtzeitigkeit der Bilanzerstellung maßgeblich sind die **handelsrechtlichen Fristen** zur Erstellung eines Jahresabschlusses nach § 264 HGB, nicht jedoch davon abweichende steuerliche Fristen. Die handelsrechtlichen Fristen können auch nicht verlängert werden. Es gelten folgende Fristen:
- **3 Monate** für AG, KGaA und GmbH (§ 264 Abs. 1 Satz 2 HGB) und für bestimmte OHG- und KG-Konstruktionen wie z. B. die GmbH & Co. KG (§ 264a HGB);[245]
- **5 Monate** für Wirtschaftsgenossenschaften (§ 336 Abs. 1 Satz 2 HGB);
- **6 Monate** für kleine Kapitalgesellschaften i. S. des § 267 Abs. 1 HGB, wenn dies einem ordnungsgemäßen Geschäftsgang entspricht (§ 264 Abs. 1 Satz 3 HGB), und als regelmäßige Höchstfrist für Personengesellschaften und Einzelkaufleute.[246]

Eine Höchstfrist bei einzelkaufmännischen Unternehmen und den im HGB geregelten Gesellschaftsformen (OHG, KG), soweit sie nicht unter § 264a HGB fallen, ist nicht ausdrücklich geregelt. § 243 Abs. 3 HGB stellt vielmehr auf den **ordnungsgemäßen Geschäftsgang** ab. Zur Höchstfrist von 6 Monaten kommt man, indem man die kleine GmbH als Leitbild nimmt.[247] Im Einzelfall kann die Frist auch kürzer sein. Nach h. M.[248] ist vor allem in der Unternehmenskrise eine kürzere Frist anzusetzen. In der Praxis der Strafverfolgungsbehörden wird – schon aus Vereinfachungsgründen – bei Personengesellschaften und Einzelkaufleuten aber häufig auf die Sechsmonatsfrist abgestellt. Diese darf allenfalls bei Vorliegen besonderer Umstände geringfügig überschritten werden.[249] Die Bilanz ist erst aufgestellt i. S. des § 242 Abs. 1 HGB, wenn der Verantwortliche sie als endgültig anerkannt hat (vorher handelt es sich um einen Entwurf), was durch eine nach außen erkennbare Handlung geschehen muss,[250] wie z. B. die Unterzeichnung unter Angabe des Datums (§ 245 HGB) oder die Vorlage z. B. bei Banken.

Für den **Beginn** der Fristen ist der Schluss des Geschäftsjahrs maßgeblich (vgl. § 242 Abs. 1 Satz 1 HGB). Dieses kann mit dem Kalenderjahr übereinstimmen oder hiervon abweichen. Bei der Liquidationsbilanz beginnt die Frist grundsätzlich jeweils am Ende eines Abwicklungsjahrs. Durch die Auflösung einer GmbH entfällt nicht die Pflicht zur Aufstellung einer Jahresabschlussbilanz für die werbende Gesellschaft. Der Liquidator tritt vielmehr auch in

---
[242] OLG Stuttgart NStZ-RR 2011, 277 (278).
[243] BayObLG wistra 1990, 201 (202); LK/*Tiedemann*, § 283 Rn. 153.
[244] Oben Rn. 109.
[245] In einer Entscheidung vom 14.1.1999 (NStZ 2000, 206) stellt der 5. Strafsenat des BGH fälschlicherweise auf die Frist nach § 42a Abs. 2 GmbHG ab; vgl. hierzu auch die Kritik von *Reck*, StuB 2000, 1064.
[246] OLG Düsseldorf NJW 1980, 1292; *Baumbach/Hopt*, § 243 Rn. 10; *Lackner/Kühl*, § 283 Rn. 20; a. A. Adler/Düring/Schmalz, Rechnungslegung und Prüfung der Unternehmen, § 243 HGB Rn. 43 (9 Monate); *Budde/Krug* in Beck´scher Bilanzkommentar, § 243 Rn. 93 (12 Monate).
[247] Vgl. *Lackner/Kühl*, § 283 Rn. 20.
[248] Nachweise bei LK/*Tiedemann*, § 283 Rn. 147.
[249] LK/*Tiedemann*, § 283 Rn. 147 m. w. N.
[250] *Pelz*, Rn. 391 m. w. N.

diese Pflicht ein.²⁵¹ Dies gilt nicht nur, wenn das Geschäftsjahr bei Beginn der Liquidation bereits abgelaufen war,²⁵² sondern auch dann, wenn dies noch nicht der Fall ist. Nach h. M. besteht nämlich im Fall der Liquidation die Pflicht, eine Schlussbilanz der werbenden Gesellschaft für das Rumpfgeschäftsjahr aufzustellen.

163 Endet die Frist zur Bilanzerstellung erst nach Eintritt der objektiven Bedingung der Strafbarkeit des § 283 Abs. 6 StGB, so ist § 283 Abs. 1 Nr. 7 Buchst. b StGB nicht deshalb erfüllt, weil die Bilanz nicht erstellt wurde, sondern kann nur dann verwirklicht sein, wenn der Täter vor Eintritt der objektiven Strafbarkeitsbedingung keine hinreichenden Vorbereitungen zur Bilanzaufstellung getroffen hat.²⁵³

164 Hinsichtlich der **Eröffnungsbilanz** kommt strafbares Unterlassen praktisch nur dann in Betracht, wenn jemand ein Handelsgewerbe übernimmt, das sich in der Krise befindet. Bei einer Neugründung fehlt es regelmäßig an den Krisenmerkmalen. Bei **Übernahme eines Handelsgewerbes** ist der Kaufmann verpflichtet, unverzüglich eine Eröffnungsbilanz sowie sofort ein Inventar aufzustellen (vgl. § 242 Abs. 1 Satz 1, § 240 Abs. 1 HGB). Dies gilt nicht nur für die Übernahme eines Einzelhandelsgewerbes, sondern auch bei Fortführung einer OHG nach Ausscheiden des einzigen Mitgesellschafters, bei Begründung einer OHG durch Eintritt eines Gesellschafters in ein Einzelunternehmen, bei Eintragung als Kaufmann nach den §§ 2, 3 HGB sowie bei Geschäftsfortführung nach beendetem Insolvenzverfahren.²⁵⁴ Der **Wechsel** eines **GmbH-Geschäftsführers** begründet dagegen selbst dann keine Pflicht zur Erstellung einer Anfangsbilanz, wenn gleichzeitig die Gesellschaftsanteile übernommen werden. Der wirkliche oder vermeintliche („kriminelle") Sanierer einer GmbH²⁵⁵ kann sich damit erst dann nach § 283 Abs. 1 Nr. 7 Buchst. b StGB strafbar machen, wenn er einen erforderlichen Jahresabschluss nicht oder nicht rechtzeitig aufstellt. Im Fall der Auflösung einer GmbH ist der Liquidator jedoch verpflichtet, bei Beginn der Liquidation eine Eröffnungsbilanz zu erstellen. Bei der (unzulässigen) „stillen Liquidation" durch den bisherigen Geschäftsführer oder den Sanierer gilt dies jedoch nicht, so dass Strafbarkeit nach § 283 Abs. 1 Nr. 7 Buchst. b StGB nicht in Betracht kommt. Häufig macht sich der „Sanierer" aber der Insolvenzverschleppung oder nach § 283 Abs. 2 StGB strafbar.

165 Wenn der Täter die Bilanz zwar rechtzeitig aufstellt, diese aber an besonders groben Mängeln leidet, stellt dies kein Unterlassen der Bilanzierung, sondern eine mangelhafte Bilanzierung dar. Das ist beispielsweise bei einer **Scheinbilanz** der Fall, die nicht auf Grundlage der Buchführung und des Inventars erstellt wurde. Ebenso gilt dies dann, wenn die Bilanz von vornherein nicht auf Vollständigkeit angelegt ist, z. B. wenn nur eine Zusammenstellung willkürlich herausgegriffener Posten vorliegt.²⁵⁶

166 cc) Am pflichtwidrigen Unterlassen fehlt es dann, wenn es dem Kaufmann oder dem nach § 14 StGB Verantwortlichen **unmöglich** ist, die Bilanz anzufertigen. Dies kann dann der Fall sein, wenn der mit dem bisherigen Geschäftsführer nicht identische Liquidator wegen des völligen Durcheinanders in der Buchhaltung die Bilanz nicht oder nicht innerhalb der vorgeschriebenen Frist erstellen kann.²⁵⁷

167 Nach inzwischen gefestigter Rechtsprechung²⁵⁸ entfällt eine Straftat wegen Verletzung der Bilanzierungspflicht dann, wenn sich der Täter zur Erstellung der Bilanz oder zu ihrer Vorbereitung der Hilfe eines Steuerberaters bedienen muss, die hierzu erforderlichen **Mittel** jedoch **nicht aufbringen** kann. Die Voraussetzungen dieser Unmöglichkeit liegen bei genauerem Hinsehen aber nur selten vor.

---

²⁵¹ BayObLG wistra 1990, 201.
²⁵² BayObLG wistra 1990, 201.
²⁵³ BGH NStZ 1992, 182; *Fischer*, § 283 Rn. 29; Schönke/Schröder/*Heine*, § 283 Rn. 47 m. w. N.; a. A. *Bittmann/Bittmann*, Insolvenzstrafrecht § 12 Rn. 240.
²⁵⁴ Schönke/Schröder/*Heine*, § 283 Rn. 45 m. w. N.
²⁵⁵ Dazu auch Rn. 343 ff.
²⁵⁶ Vgl. im Einzelnen LK/*Tiedemann*, § 283 Rn. 152.
²⁵⁷ OLG Frankfurt a. M. BB 1977, 312 (313); Schönke/Schröder/*Stree/Heine*, § 283 Rn. 47; LK/*Tiedemann*, § 283 Rn. 154.
²⁵⁸ BGH NStZ 1992, 182 m. w. N.; s. a. BGH wistra 2001, 465 und *Pohl*, wistra 1996, 14.

A. „Klassisches" Insolvenzstrafrecht

So kann der Wegfall der Strafbarkeit bereits daran scheitern, dass der Täter die Bilanz **167a** **selbst** hätte **erstellen** können. Wer persönlich und fachlich dazu in der Lage ist, kann sich nicht auf Geldmangel für die Bezahlung von Hilfspersonen berufen. Dabei ist es unerheblich, ob der Täter die Buchführung und Bilanzerstellung bislang beispielsweise einem Steuerberater übertragen hatte.[259] Wenn er diesen nicht mehr bezahlen kann, muss er es (wieder) selbst machen oder die in seinem Betrieb vorhandenen Buchführungskräfte einsetzen.[260] Ist der Bilanzierungspflichtige auf Dauer weder in der Lage, die Bilanz selbst zu erstellen noch die Kosten hierfür aufzubringen, ist er nach h. M. zur Aufgabe des Gewerbebetriebs verpflichtet.[261] Der Steuerberater oder sonstige Beauftragte hat auch kein Zurückbehaltungsrecht an den ihm überlassenen Buchführungsunterlagen,[262] so dass die Ausrede des Täters, er habe die Bilanz deswegen nicht (selbst) erstellen können, weil sämtliche Unterlagen noch beim Steuerberater waren, jedenfalls dann nicht greift, wenn dieser zur Herausgabe bereit war.

Vor allem bedeuten Zahlungsunfähigkeit oder Zahlungseinstellung nicht per se, dass damit **168** auch die für die Bilanzerstellung erforderlichen Mittel fehlen. Gerade bei Zahlungsunfähigkeit i. S. der Insolvenzdelikte sind praktisch immer noch **liquide Geldmittel vorhanden**. Diese müssen nach h. M. in der Literatur vorrangig für die Erfüllung öffentlich-rechtlicher Pflichten wie der Bilanzierungspflicht verwendet werden.[263] Der BGH hatte dies bislang offen gelassen. In einer neueren Entscheidung tendiert er jedoch dazu, die Grundsätze der actio libera in causa auch auf diese Fallgestaltung anzuwenden.[264]

Wenn ausnahmsweise eine Strafbarkeit nach § 283 Abs. 1 Nr. 5 oder 7 StGB wegen (sub- **169** jektiver) Unmöglichkeit entfällt, kommt eine Strafbarkeit nach § 283 Abs. 1 Nr. 8 StGB in Betracht, da die Unternehmensfortführung ohne Erfüllung der Buchführungspflicht grob wirtschaftswidrig ist.[265]

Der ermittelnde Staatsanwalt muss – um dem Einwand des Täters, die Bilanzerstellung sei **170** ihm wegen Geldmangels unmöglich gewesen, begegnen zu können – ermitteln, welche Aufwendungen für den Steuerberater oder für sonstige Hilfspersonen erforderlich gewesen wären und ob trotz Zahlungsunfähigkeit noch liquide Mittel in dieser Höhe vorhanden waren.

Beauftragt der Bilanzierungspflichtige einen Dritten (z. B. Steuerberater) mit der Erstellung **171** der Bilanz, muss er ihm die dazu erforderlichen Unterlagen so rechtzeitig übergeben, dass der Jahresabschluss noch zeitgerecht erstellt werden kann. Auch bei einer Beauftragung hat der Bilanzierungspflichtige den Beauftragten zu überwachen und zu kontrollieren und zu einer rechtzeitigen Fertigstellung anzuhalten. Verletzt er diese Kontrollpflicht, kann der Tatbestand des § 283 Abs. 1 Nr. 7 StGB verwirklicht sein, wobei zumindest bei geringer Fristüberschreitung die Frage des Vorsatzes kritisch geprüft werden muss.[266]

dd) Bei **mehreren Verstößen** gegen die Bilanzierungspflicht sind in der Regel **selbst-** **172** **ständige Taten** anzunehmen. Sie werden weder durch die Zahlungseinstellung zu einer Bewertungseinheit noch durch die Dauertat der Verletzung der Buchführungspflicht gemäß § 283 Abs. 1 Nr. 5 StGB zu einer Tat verbunden.[267] Ist für die Erstellung eines Jahresabschlusses die Bilanz einer anderen Gesellschaft erforderlich und ist für beide Unternehmen der Täter verantwortlich, liegt **Tateinheit** vor. So macht sich der Geschäftsführer einer GmbH & Co. KG, der auch Geschäftsführer der Komplementär-GmbH ist und für beide

---

[259] Vgl. aber BGH wistra 2001, 465.
[260] Vgl. SK/*Hoyer*, § 283 Rn. 88.
[261] Münch Komm StGB/*Radtke* § 283 Rn. 47; Schönke/Schröder/*Heine*, § 283 Rn. 33; *Doster* wistra 1998, 326 (327); SK/*Hoyer*, § 283 Rn. 73; *Beckemper*, JZ 2003, 806 (808).
[262] Vgl. Bittmann/*Bittmann,* Insolvenzstrafrecht § 12 Rn. 246.
[263] LK/*Tiedemann*, § 283 Rn. 154 i. V. mit 119; *Pohl*, wistra 1996, 14 (16); *Richter*, GmbHR 1984, 137 (147).
[264] BGH NJW 2011, 3733 (3734).
[265] *Biletzki*, NStZ 1999, 537 (540); so im Ergebnis (Strafbarkeit) auch *Beckemper* (JZ 2003, 806), die allerdings eine Strafbarkeit nach § 283 Abs. 1 Nr. 5 oder 7 Buchstabe b StGB (ggf. § 283b Abs. 1 Nr. 1 oder Nr. 3 Buchstabe b StGB) annimmt.
[266] Vgl. BGH NStZ 1999, 206.
[267] BGH NStZ 1998, 192 (193).

Gesellschaften keine Bilanzen aufstellt, nur einer Straftat nach § 283 Abs. 1 Nr. 7 Buchst. b StGB schuldig.[268]

i) Herbeiführen der Krise, § 283 Abs. 2

173 Durch die Regelung in § 283 Abs. 2 StGB wird ein Verhalten des Täters mit Strafe bedroht, das vor der Krise erfolgt. Dadurch muss die **Krise** in Form von Zahlungsunfähigkeit oder Überschuldung vorsätzlich **herbeigeführt** werden. Drohende Zahlungsunfähigkeit genügt bei Abs. 2 nicht. § 283 Abs. 2 StGB nennt keine eigenen Tathandlungen, sondern nimmt Bezug auf die in Abs. 1 Nr. 1 bis 8 umschriebenen Handlungsweisen. Grundsätzlich kommt jede Bankrotthandlung auch im Rahmen von Abs. 2 in Betracht. Insbesondere die Nrn. 5 bis 7 scheiden aber praktisch aus, da es regelmäßig an der Kausalität der dort genannten Handlungsweisen für das Herbeiführen von Zahlungsunfähigkeit oder Überschuldung fehlt. Zwar muss die Bankrotthandlung nicht die alleinige Ursache für die Krise sein. Aber auch Mitursächlichkeit wird bei den Handlungen nach Nrn. 5 bis 7 nur selten anzunehmen sein.[269] Denkbar ist z. B., dass ein Darlehen durch Banken oder Gesellschafter infolge der verspäteten oder unterlassenen Bilanzerstellung gekündigt wird, was zum Eintritt der Krise führt.[270]

174 § 283 Abs. 2 StGB erfasst in erster Linie den echten Wirtschaftskriminellen, nämlich den skrupellosen Geschäftemacher, der bewusst den Zusammenbruch herbeiführt, um dabei unlautere Gewinne zu erzielen. Dagegen steht bei § 283 Abs. 1 StGB häufig weniger die kriminelle Energie des Täters im Vordergrund, sondern oftmals das Bestreben, „zu retten, was zu retten ist". Teilweise liegt auch schlicht Schlamperei vor.[271]

j) Verhältnis zwischen den einzelnen Tatbeständen

175 Mehrere Bankrotthandlungen stehen grundsätzlich in **Tatmehrheit** zueinander. Sie werden auch nicht durch die Zahlungseinstellung zu einer Tat i. S. des § 52 StGB verbunden.[272] Je nach Einzelfall kann aber **natürliche Handlungseinheit**, z. B. bei Abs. 1 Nr. 3 oder bei mehreren Verstößen gegen die Buchführungspflicht[273] (anders bei mehreren Zuwiderhandlungen gegen die Bilanzierungspflicht[274]), **mitbestrafte Nachtat** (Beiseiteschaffen nach vorherigem Verheimlichen; abermaliges Verheimlichen eines schon einmal verheimlichten Gegenstandes) oder **Tateinheit**, z. B. zwischen Abs. 1 Nr. 1 und 6, vorliegen.[275] Wenn offen bleibt, ob die eine oder andere Bankrotthandlung vorgelegen hat, so erfolgt die Verurteilung aufgrund einer **Wahlfeststellung**. Dies kommt z. B. in Betracht, wenn sich nicht klären lässt, ob fehlende Handelsbücher überhaupt nicht geführt (Abs. 1 Nr. 5) oder beiseite geschafft worden sind (Abs. 1 Nr. 6). Ebenso kann eine Verurteilung wegen Bankrotts erfolgen, wenn der Täter ein Vermögensstück entweder beiseite geschafft oder es verheimlicht hat.[276]

Zwischen verschiedenen Tathandlungen nach Abs. 1 und 2 besteht in der Regel Tatmehrheit, wenn der Täter nach Abs. 2 seine Zahlungsunfähigkeit oder Überschuldung herbeiführt und anschließend (weitere) Bankrotthandlungen nach Abs. 1 begeht.[277]

3. Verhältnis zu Untreue

176 Weil nach § 14 StGB Voraussetzung für eine strafrechtliche Verantwortlichkeit des Geschäftsführers oder Vorstands wegen eines Bankrottdelikts ist, dass er als Vertreter oder Organ (§ 14 Abs. 1 StGB) oder aufgrund eines Auftrags (§ 14 Abs. 2 StGB) **für den Schuldner** handelt, hatte der BGH entgegen heftiger Kritik in der Literatur die **„Interessenformel"** ent-

---

[268] BGH GA 1981, 518 = bei *Holtz*, MDR 1981, 454 (für § 283b Abs. 1 Nr. 3 Buchst. b StGB).
[269] *Fischer*, § 283 Rn. 31.
[270] LK/*Tiedemann*, § 283 Rn. 181; *Krause*, NStZ 1999, 161 (165).
[271] Zu den Insolvenzursachen vgl. *Grub/Rinn*, ZIP 1993, 1583 (1584 f.).
[272] BGH NStZ 1998, 192 (193).
[273] Oben Rn. 136 ff.
[274] Oben Rn. 153 ff.
[275] *Fischer*, § 283 Rn. 41.
[276] Schönke/Schröder/*Heine*, § 283 Rn. 49a.
[277] A. A. *Fischer*, § 283 Rn. 41: Tateinheit.

A. „Klassisches" Insolvenzstrafrecht

wickelt.²⁷⁸ Danach war maßgeblich, wessen Interesse der Täter mit der Tat verfolgt. Handelte der Täter **im Interesse des Schuldners** oder zumindest auch in dessen Interesse, fand der Straftatbestand des Bankrotts Anwendung. Bei einem Handeln, das nicht im Interesse der GmbH oder AG erfolgte, schied Strafbarkeit wegen Bankrotts aus. Dies war immer dann der Fall, wenn der Täter ausschließlich aus Eigennutz oder im Interesse einer anderen (juristischen) Person, beispielsweise einer neu gegründeten GmbH, agierte. Ebenso schied § 283 StGB aus, wenn das Handeln des GmbH-Geschäftsführers (oder des Sanierers) nur unternehmensfremden Zwecken diente, z. B. dem Interesse eines Gläubigerpools.²⁷⁹

Diese Abgrenzung hat aber zu einer Vielzahl von Wertungswidersprüchen und ungerechtfertigten Privilegierungen geführt. Vermögensverschiebungen im Zusammenhang mit einer Insolvenzsituation lagen fast nie im Interesse des Schuldners, so dass Geschäftsführer und Vorstände nur wegen Untreue, Einzelkaufleute hingegen wegen Bankrotts strafbar waren. Ebenso wenig liegen Buchführungs- und Bilanzdelikte im Interesse des Schuldners, andererseits fehlt für eine Verurteilung wegen Untreue der Vermögensnachteil. Aus diesem Grunde hat der BGH die Interessenformel zwischenzeitlich ausdrücklich aufgegeben.²⁸⁰ **177**

Nunmehr erfolgt die Abgrenzung danach, ob der Geschäftsführer **im Geschäftskreis des Schuldners** tätig geworden ist oder nicht. Im ersteren Fall liegt Bankrott vor, anderenfalls kommt eine Untreuestrafbarkeit in Betracht. Ein Handeln im Geschäftskreis des Schuldners liegt dann vor, wenn der Täter in Vollmacht des Schuldners gehandelt oder sich der Schuldner eines Vertreters bedient hat, so dass die Rechtswirkungen dieses Verhaltens den Schuldner treffen. Von einem Handeln im Geschäftskreis der Vertretenen abzugrenzen sind Fälle, in denen das Organ lediglich bei Gelegenheit Straftaten begeht. Bei rein faktischem Handeln soll alleine die (vorherige oder nachträgliche) Zustimmung des Schuldners ausreichen.²⁸¹ Handelt der Täter dabei (auch) eigennützig, kommt daneben auch eine tateinheitliche Verurteilung wegen Vermögensdelikten, insbesondere Untreue in Betracht, so insbesondere wenn die Zustimmung der Gesellschafter zu einem Verhalten wegen eines existenzgefährdenden Eingriffs in das Gesellschaftsvermögen unwirksam²⁸² ist. **178**

4. Subjektiver Tatbestand; Versuch

a) Vorsatz

Für die Taten nach § 283 Abs. 1 und 2 StGB ist Vorsatz erforderlich. **Dolus eventualis** reicht aus. Der Täter muss bei Abs. 1 wissen, dass eine Krise besteht. Bei Abs. 2 muss ihm bekannt sein, dass die Krise durch sein Handeln eintritt. Zudem muss er z. B. bei Abs. 1 Nr. 1 wissen, dass die Vermögensbestandteile zur Insolvenzmasse gehören. Darüber hinaus ist es erforderlich, dass die **Tathandlungen** selbst **vorsätzlich** begangen werden. Der Täter muss also die Tatbestandsverwirklichung kennen und zumindest billigend in Kauf nehmen. Dies ist in der Regel unproblematisch bei den Handlungen nach § 283 Abs. 1 Nr. 1, 2, 4, 7 Buchst. a und Nr. 8; bei der Nr. 8 zumindest dann, wenn es um das Verheimlichen oder Verschleiern der wirklichen geschäftlichen Verhältnisse geht. Bei den anderen Tatbeständen ist es in der Regel erforderlich, den Vorsatz besonders zu prüfen. So muss der Täter bei Abs. 1 Nr. 3 die Waren, Wertpapiere oder Sachen nicht nur objektiv erheblich unter Wert oder entgegen den Anforderungen einer ordnungsgemäßen Wirtschaft abgeben, sondern es muss sich auch der Vorsatz des Täters auf diese Merkmale erstrecken. Bei Abs. 1 Nr. 5 und 6 muss der Täter die Pflicht zum Führen und Aufbewahren von Handelsbüchern kennen und bei der zweiten Alternative der Nr. 5 sowie bei Nr. 6 und 7 Buchst. a zumindest erkennen, dass durch sein Handeln die Übersicht über sein Vermögen erschwert wird. Der **Irrtum** des Täters über seine handels- **179**

---

²⁷⁸ Vgl. BGHSt 28, 371 = NJW 1980, 406; s. a. BGHSt 30, 127 (129 f.) = NJW 1981, 1793 (1994); BGHSt 34, 221 (223) = NJW 1987, 1710.
²⁷⁹ LK/*Tiedemann*, vor § 283 Rn. 79.
²⁸⁰ NJW 2012, 2366 = wistra 2012, 346; zuvor bereits BGH NJW 2009, 2225 (2227 f.); NStZ-RR 2009, 373; NZG 2011, 1311 (1312).
²⁸¹ BGH NJW 2009, 2225 (2228); wistra 2012, 346 (348).
²⁸² BGHSt 35, 333; 49, 147 (158); wistra 2012, 346 (349).

rechtliche Pflicht, innerhalb der einem ordnungsgemäßen Geschäftsgang entsprechenden Zeit die Bilanz seines Vermögens aufzustellen, ist ein Gebotsirrtum, der den Vorsatz nicht ausschließt.[283]

180 Bei dem normativen Merkmal der Unwirtschaftlichkeit gemäß § 283 Abs. 1 Nr. 2 StGB und dem Merkmal „in einer den Anforderungen einer ordnungsgemäßen Wirtschaft (grob) widersprechenden Weise" bei Nr. 1 bis 3 und 8 genügt es, wenn der Täter die **tragenden Tatsachen** für diese Beurteilung **kennt**. Hält er dennoch aufgrund einer Fehlbewertung die Ausgaben für wirtschaftlich oder meint er fälschlicherweise, die Handlungen würden einer ordnungsgemäßen Wirtschaft nicht widersprechen, liegt ein Subsumtionsirrtum vor, der zu einem Verbotsirrtum führen kann.[284] Auf die Merkmale des Abs. 6 braucht sich der Vorsatz nicht zu erstrecken.

b) Fahrlässigkeit

181 aa) Bei fahrlässiger Nichtkenntnis der Überschuldung, Zahlungsunfähigkeit oder drohenden Zahlungsunfähigkeit wird der Täter nach § 283 Abs. 4 Nr. 1 StGB bestraft, wenn er ansonsten vorsätzlich gemäß § 283 Abs. 1 StGB handelt. § 283 Abs. 4 Nr. 2 StGB greift dann ein, wenn der Täter vorsätzlich handelt und dadurch seine Überschuldung oder Zahlungsunfähigkeit herbeiführt, ihm insoweit aber nur Leichtfertigkeit vorgeworfen werden kann. Da die Krise Tatbestandsmerkmal und keine besondere Folge der Tat ist, liegt bei § 283 Abs. 4 Nr. 1 StGB insgesamt ein Fahrlässigkeitsdelikt vor. § 11 Abs. 2 StGB kommt nicht zum Tragen. Anders verhält es sich bei § 283 Abs. 4 Nr. 2 StGB. Das Herbeiführen der Krise ist eine besondere Folge gemäß § 11 Abs. 2 StGB, so dass die Tat eine Vorsatztat darstellt.

182 Es ist sowohl für die Nr. 1 als auch die Nr. 2 des Abs. 4 unerheblich, ob **bewusste** oder **unbewusste Fahrlässigkeit** vorliegt. **Leichtfertigkeit** ist dann gegeben, wenn der Täter in grober Achtlosigkeit nicht erkennt, dass er durch das Handeln seine Zahlungsunfähigkeit oder Überschuldung herbeiführt. Das bedeutet, der Täter handelt leichtfertig nach Abs. 4 Nr. 2, wenn er nicht erkennt, dass er dadurch seine Zahlungsunfähigkeit oder Überschuldung herbeiführt, obwohl es jedem einleuchten muss.[285]

183 bb) Wer eine der Tathandlungen nach Abs. 1 Nr. 2, 5 oder 7 fahrlässig begeht, macht sich dann nach § 283 Abs. 5 Nr. 1 StGB strafbar, wenn er seine Überschuldung, Zahlungsunfähigkeit oder drohende Zahlungsunfähigkeit kennt oder fahrlässig nicht kennt. Wenn es bei den anderen Tatbeständen des Abs. 1 am Vorsatz des Täters fehlt – soweit dies nicht bereits begrifflich aufgrund der Tatbestandsmerkmale ausgeschlossen ist –, bleibt der Täter straffrei. Fahrlässigkeit kommt insbesondere bei Mängeln der Buchführung oder Bilanzierung in Betracht. So kann Fahrlässigkeit bei Abs. 1 Nr. 5 und 7 beispielsweise dann gegeben sein, wenn der Täter vorwerfbar nicht erkennt, dass er die vorgeschriebene Zeit zur Bilanzierung überschreitet oder dass er Buchhalter oder Steuerberater nicht gehörig auswählt oder beaufsichtigt.[286] Es liegt insgesamt eine Fahrlässigkeitstat vor, wenn die Fahrlässigkeit sich nur auf eines der Tatbestandsmerkmale erstreckt und im Übrigen Vorsatz gegeben ist. Dies kann etwa dann der Fall sein, wenn der Täter bewusst seine Handelsbücher verändert und fahrlässig verkennt, dass hierdurch die Übersicht über seinen Vermögensstand erschwert wird.[287]

c) Versuch

184 Der **Versuch** des Bankrotts nach § 283 Abs. 1 oder 2 StGB ist gemäß § 283 Abs. 3 StGB unter Strafe gestellt. Zwar ist ein Versuch auch bei der Vorsatztat nach § 283 Abs. 4 Nr. 2 StGB grundsätzlich möglich, jedoch nicht strafbar. Abs. 3 bezieht sich nur auf die beiden ersten Absätze des § 283 StGB. Versuch liegt dann vor, wenn die Tat noch nicht vollendet ist. Für die **Vollendung** kommt es im Fall des Abs. 1 ausschließlich auf die Bankrotthandlung an, im Fall

---

[283] BGH NJW 1981, 354 (355); Münchener Kommentar StGB/*Radtke*, § 283 Rn. 73.
[284] *Fischer*, § 283 Rn. 32; Schönke/Schröder/*Heine*, § 283 Rn. 56; a. A. LK/*Tiedemann*, § 283 Rn. 189.
[285] Vgl. *Fischer*, § 15 Rn. 20.
[286] *Fischer*, § 283 Rn. 35; s. a. Schönke/Schröder/*Heine*, § 283 Rn. 58; LK/*Tiedemann*, § 283 Rn. 217 f.
[287] Schönke/Schröder/*Heine*, § 283 Rn. 58; s. a. *Fischer*, § 283 Rn. 35.

A. „Klassisches" Insolvenzstrafrecht **9**

des Abs. 2 auf den Eintritt der Zahlungsunfähigkeit oder Überschuldung. Die objektive Strafbarkeitsbedingung nach Abs. 6 ist hierfür ohne Bedeutung. Die Tat ist erst **beendet**, wenn der Schuldner seine Zahlungen eingestellt hat oder das Insolvenzverfahren eröffnet oder mangels Masse abgewiesen wurde.

Ein strafbarer Versuch liegt z. B. dann vor, wenn im Fall von Abs. 1 Nr. 1 oder 2 ein **185** schuldrechtlicher Vertrag über das Beiseiteschaffen oder über das Beschaffen von Gegenständen geschlossen wird, der nicht zur Ausführung gelangt. Dies gilt jedenfalls dann, wenn der Täter für das dingliche Rechtsgeschäft bereits alles Erforderliche getan hat, etwa wenn bereits eine Auflassung erfolgt und der Antrag auf Eintragung beim Grundbuchamt gestellt ist.[288] Bei Abs. 1 Nr. 6 kann ein Versuch darin liegen, dass der Täter Handelsbücher in der Absicht beschädigt, dadurch die Übersicht über seinen Vermögensstand zu erschweren, diese Wirkung aber nicht eintritt.[289]

IV. Verletzung der Buchführungspflicht (§ 283b StGB)

§ 283b StGB ist ein abstraktes Gefährdungsdelikt, das im Wesentlichen die in § 283 Abs. 1 **186** Nr. 5 bis 7 StGB enthaltenen **Tathandlungen** für den Fall mit Strafe bedroht, dass gewisse für die Strafbarkeit wegen Bankrotts erforderliche Voraussetzungen fehlen. § 283b StGB greift ein, wenn der Täter
- Buchführungspflichten vor der in § 283 Abs. 1 StGB vorausgesetzten Krise (Überschuldung, drohende oder eingetretene Zahlungsunfähigkeit) verletzt (sonst § 283 Abs. 1 StGB),
- gegen Buchführungsvorschriften verstößt und dabei die eingetretene Krise ohne Fahrlässigkeit nicht kennt (sonst § 283 Abs. 4 Nr. 1 oder Abs. 5 Nr. 1 StGB) oder
- durch die Tathandlung weder Überschuldung noch Zahlungsunfähigkeit vorsätzlich oder leichtfertig verursacht (sonst § 283 Abs. 2, 4 Nr. 2 oder Abs. 5 Nr. 2 StGB).

Auch in diesen Fällen wird das Verhalten jedoch nur dann zum strafbaren Unrecht, wenn **187** die **objektive Bedingung der Strafbarkeit** des § 283 Abs. 6 StGB eingetreten ist, § 283b Abs. 3 StGB. Zusätzlich muss zwischen der Tathandlung und dem Eintritt der objektiven Strafbarkeitsbedingung ein Zusammenhang bestehen,[290] der grundsätzlich vermutet wird.[291] Hierbei ist zwar keine kausale Verknüpfung erforderlich. In der Rechtsprechung ist aber das grundsätzliche Erfordernis eines tatsächlichen Zusammenhangs zwischen Buchdelikt und objektiver Strafbarkeitsbedingung anerkannt. Danach müssen im Zeitpunkt des Eintritts der objektiven Strafbarkeitsbedingung wenigstens noch „irgendwelche Auswirkungen" vorhanden sein, die sich als gefahrerhöhende Folge der Verfehlung darstellen, etwa Zeitverlust durch Nachholung der Bilanzierung zwecks Dokumentation gegenüber Insolvenzverwalter und Gläubigern oder mangelndes rechtzeitiges Erkennen der bedrohlichen Geschäftslage wegen der Versäumnisse.[292]

Abs. 1 Nr. 1 stimmt wörtlich mit § 283 Abs. 1 Nr. 5 StGB überein. **Abs. 1 Nr. 2** ent- **188** spricht im Wesentlichen § 283 Abs. 1 Nr. 6 StGB. Die Regelung in § 283b bezieht sich aber abweichend vom Bankrotttatbestand nicht auf die tatsächlich – auch freiwillig – geführten Handelsbücher, sondern nur auf solche Bücher, zu deren Führung und Aufbewahrung der Täter nach dem HGB verpflichtet ist.[293] Zudem erfasst die Vorschrift anders als § 283 Abs. 1 Nr. 6 StGB nur Kaufleute.[294] **Abs. 1 Nr. 3** ist mit § 283 Abs. 1 Nr. 7 StGB identisch. Wer neben den ordnungsgemäß erstellten Bilanzen davon abweichende Bilanzen zur Täuschung

---

[288] Vgl. Schönke/Schröder/*Heine*, § 283 Rn. 64; *Fischer*, § 283 Rn. 33.
[289] Schönke/Schröder/*Heine*, § 283 Rn. 42.
[290] BGHSt 28, 231 (233 f.) = NJW 1979, 1418; Schönke/Schröder/*Heine*, § 283b Rn. 7.
[291] Vgl. LK/*Tiedemann*, § 283b Rn. 2, 14.
[292] BayObLGSt 2002, 117 (119) = NStZ 2003, 214; NStZ 2003, 555; Schönke/Schröder/*Heine*, § 283b Rn. 7 m. w. N.; kritisch zur Entscheidung BayObLGSt 2002, 117: *Maurer*, wistra 2003, 253; a. A. Bittmann/*Bittmann*, Insolvenzstrafrecht § 13 Rn. 7 f. m. w. N.
[293] LK/*Tiedemann*, § 283b Rn. 7; *Fischer*, § 283b Rn. 4; Schönke/Schröder/*Heine*, § 283b Rn. 3.
[294] Bittmann/*Bittmann* Insolvenzstrafrecht § 13 Rn. 2.

einzelner Geschäftspartner anfertigt, handelt jedoch nach dieser Vorschrift nicht tatbestandsmäßig.[295]

189 **Fahrlässige Begehung** ist gemäß § 283b Abs. 2 StGB in den Fällen des Abs. 1 Nr. 1 und 3 strafbar. Die **Strafdrohung** beträgt bei Vorsatz Freiheitsstrafe bis zu zwei Jahre oder Geldstrafe. Bei Fahrlässigkeit reduziert sich das Höchstmaß der Freiheitsstrafe auf ein Jahr. Der Versuch ist nicht strafbar. Mittelbare Rechtsfolge einer Verurteilung ist wie beim Bankrott neben der eventuellen zivilrechtlichen Haftung die Registersperre nach § 6 Abs. 2 GmbHG und § 76 Abs. 3 AktG und die Möglichkeit der Versagung der Restschuldbefreiung nach § 290 Abs. 1 Nr. 1, § 297 Abs. 1 InsO.

190 Da § 283 gegenüber § 283b StGB das **speziellere Delikt** ist, geht § 283 StGB vor. Dies gilt auch dann, wenn der Täter gegen Buchführungspflichten über einen längeren Zeitraum – teils vor und teils nach Eintritt der Krise i. S. des § 283 Abs. 1 StGB – verstößt. Statt § 283 Abs. 1 Nr. 5 und § 283b Abs. 1 Nr. 1 StGB greift dann insgesamt nur § 283 Abs. 1 Nr. 5 StGB ein.[296]

V. Gläubiger- und Schuldnerbegünstigung

1. Gläubigerbegünstigung

a) Überblick

191 Die Gläubigerbegünstigung nach § 283c StGB ist ein spezielles, den Täter gegenüber § 283 Abs. 1 Nr. 1 StGB privilegierendes Strafgesetz.[297] Der Strafrahmen ist dementsprechend niedriger als beim vorsätzlichen Bankrott. Als maximale Strafe kann eine Freiheitsstrafe von zwei Jahren verhängt werden. Mittelbare Folgen einer Verurteilung sind neben einer zivilrechtlichen Haftung wiederum die Registersperre nach § 6 Abs. 2 Satz 3 GmbHG und § 76 Abs. 3 Satz 2 AktG sowie die Möglichkeit der Versagung der Restschuldbefreiung. § 283c StGB ist ein Erfolgsdelikt, bei dem der Versuch unter Strafe gestellt ist (Abs. 2).

b) Objektiver Tatbestand

192 Der objektive Tatbestand ist dann verwirklicht, wenn der Täter folgende Merkmale erfüllt:
– der Schuldner muss objektiv **zahlungsunfähig** sein;
– der Täter muss einem Gläubiger einen „**inkongruenten**" **Vorteil** gewähren und
– dadurch muss eine **Bevorzugung** (Begünstigung) eines Gläubigers vor den übrigen Gläubigern eintreten.

193 aa) In Abweichung von § 283 StGB genügen die Krisenmerkmale Überschuldung und drohende Zahlungsunfähigkeit bei § 283c StGB nicht. Der Tatbestand erfordert **eingetretene Zahlungsunfähigkeit**.[298] Eine vor Eintritt der Zahlungsunfähigkeit gewährte Sicherheit oder Befriedigung ist daher nicht tatbestandsmäßig.

194 bb) Ein **inkongruenter Vorteil** ist eine Sicherheit oder Befriedigung, die der Gläubiger nicht, nicht in der Art oder nicht zu dieser Zeit beanspruchen kann. Diese Regelung in § 283c Abs. 1 StGB stimmt mit der in § 131 Abs. 1 InsO überein. In der Überschrift des § 131 InsO verwendet der Gesetzgeber erstmals den von Rechtsprechung und Lehre geprägten Begriff der **inkongruenten Deckung**. Die Einschränkungen zeitlicher Art in Nr. 1 bis 3 des § 131 Abs. 1 InsO gelten hingegen für den Straftatbestand nicht.

195 Zunächst ist Voraussetzung, dass überhaupt vertragliche Beziehungen zwischen dem Schuldner und dem Leistungsempfänger bestehen. Hat der Leistungsempfänger keinerlei Anspruch, ist er kein Gläubiger, so dass eine Gläubigerbegünstigung nach § 283c StGB von vornherein ausscheidet. In Betracht kommt dann eine Straftat nach § 283 StGB oder Untreue. An einem Anspruch fehlt es beispielsweise auch dann, wenn der zu Grunde liegende

---

[295] BGHSt 30, 186 (187) = NJW 1981, 2206 (2207); LK/*Tiedemann*, § 283b Rn. 7; Schönke/Schröder/*Heine*, § 283b Rn. 4; a. A. *H. Schäfer*, wistra 1986, 200.
[296] S. o. Rn. 134 und BGH NStZ 1998, 192 (193).
[297] BGH NStZ 1996, 543; Schönke/Schröder/*Heine*, § 283c Rn. 1 m. w. N.
[298] Dazu Kap. 8 Rn. 103 ff.

A. „Klassisches" Insolvenzstrafrecht

schuldrechtliche Vertrag nichtig ist.²⁹⁹ Bei bloßer Anfechtbarkeit greift hingegen § 283c StGB ein.

Wann **Inkongruenz** vorliegt, d. h. eine Sicherheit oder Befriedigung nicht, nicht in der Art oder nicht in der Zeit geschuldet war, bestimmt sich nach bürgerlichem Recht. **Nicht zu beanspruchen** hat ein Gläubiger eine Leistung dann, wenn dem Schuldner ein Leistungs- oder Erfüllungsverweigerungsrecht zusteht, z. B. die Einrede des nicht erfüllten Vertrages, der Verjährung oder ein Zurückbehaltungsrecht. Hierzu gehört auch die nachträgliche Gewährung einer Sicherheit.³⁰⁰ Nicht tatbestandsmäßig ist es hingegen, wenn bereits bei Begründung eines Rechtsgeschäfts Vereinbarungen über die Einräumung von Sicherheiten getroffen werden. Ebenfalls zulässig ist die Anforderung von Sicherheiten, wenn auf sie ein vertraglicher Anspruch besteht, so z. B. die Forderung von Vorauszahlungen nach § 9 RVG. **Nicht in der Art** geschuldet sind Leistungen, die von dem vertraglich Vereinbarten abweichen. Dies ist beispielsweise der Fall, wenn Leistungen erfüllungshalber oder an Erfüllung Statt erbracht werden, etwa durch Weitergabe von Kundenschecks oder durch Abtretung von Forderungen.³⁰¹ Werden Leistungen vor Fälligkeit oder einem vereinbarten Bedingungseintritt erbracht, sind sie **nicht zu der Zeit** erfolgt. Im Umkehrschluss ist ein **kongruentes Rechtsgeschäft** und damit eine zulässige Deckung dann gegeben, wenn der Gläubiger zum Zeitpunkt der Leistung einen einredefreien Anspruch in voller Höhe der gewährten Sicherheit oder Befriedigung hatte. An einer Einredefreiheit fehlt es, wenn Zahlungen an Gesellschafter entgegen dem Zahlungsverbot des § 64 GmbH geleistet werden.³⁰²

cc) Eine Bevorzugung (**Begünstigung**) liegt nur vor, wenn eine Besserstellung des einen Gläubigers zum Nachteil der anderen Gläubiger erfolgt. Darin liegt zugleich der Unterschied zum Bankrott (nach § 283 Abs. 1 Nr. 1 StGB). Bei diesem verringert der Täter die Insolvenzmasse (durch Verkürzung der Aktiva oder Aufblähung der Passiva), während er bei der Gläubigerbegünstigung nur die gleichmäßige Befriedigung aller Gläubiger hintertreibt,³⁰³ während die Insolvenzmasse in ihrem Wert ungeschmälert bleibt. Die Gläubigerstellung muss bei Eintritt der Zahlungsunfähigkeit nach h. M. noch nicht bestanden haben. Es genügt, wenn der Anspruch später begründet wurde.³⁰⁴

Zur Ermittlung der Strafbarkeit nach § 283c StGB muss festgestellt werden, ob ein Gläubiger durch die inkongruente Deckung einen **Vorteil** erlangt und ob diesem Vorteil ein entsprechender **Nachteil** der übrigen Gläubiger korreliert. Es ist also zum einen die Situation des Gläubigers nach Gewährung der Sicherung oder Befriedigung mit der hypothetischen Situation zu vergleichen, die bei Nichtgewährung der inkongruenten Deckung vorliegen würde (Vorteil). Zum anderen ist die hypothetische Situation der übrigen Gläubiger zu betrachten (Nachteil). Einer besonderen Feststellung des Nachteils bedarf es in aller Regel jedoch nicht, da die Benachteiligung der übrigen Gläubiger geradezu „unvermeidliche Begleiterscheinung" der Bevorzugung eines Gläubigers ist.³⁰⁵ Eine Begünstigung kann insbesondere bei Quotenabreden mit einzelnen Gläubigern bei Sanierungsversuchen entstehen, nicht hingegen bei einem außergerichtlichen Schuldenbereinigungsplan, da hierfür eine Zustimmung aller Gläubiger erforderlich ist.³⁰⁶ Nach dem klaren Gesetzeswortlaut ist der Eintritt einer Gläubigerbegünstigung notwendig, eine **Gefährdung** der Befriedigungsinteressen der übri-

---

²⁹⁹ LK/*Tiedemann*, § 283c Rn. 21; Schönke/Schröder/*Heine*, § 283c Rn. 9; a. A. *Vornbaum*, GA 1981, 104 (109 ff.).
³⁰⁰ AG Nürnberg ZInsO 2012, 339 (342). Dies gilt auch dann, wenn zwar grundsätzlich ein Anspruch auf Sicherheiteneinräumung besteht, aber keine konkrete Art oder eine andere Art der Sicherheitserbringung vereinbart ist, vgl. BGH ZIP 1999, 76, 78.
³⁰¹ BGHSt 16, 279.
³⁰² LK/*Tiedemann*, § 283c Rn. 10; a. A. *Weiß*, GmbHR 2011, 350 (357).
³⁰³ BGHSt 8, 55 (56) = NJW 1955, 1446.
³⁰⁴ BGHSt 35, 357 (361) = NJW 1989, 1167 (1168); LK/*Tiedemann*, § 283c Rn. 9; *Fischer*, § 283c Rn. 2; Schönke/Schröder/*Heine*, § 283c Rn. 12.
³⁰⁵ BGHSt 8, 55 (58) = NJW 1955, 1446; LK/*Tiedemann*, § 283c Rn. 27.
³⁰⁶ *Peto/Peto*, ZVI 2011, 313 (319).

gen Gläubiger reicht nicht aus.[307] Es genügt, dass der Gläubiger eine Rechtsstellung erhält, die ihm die Möglichkeit eröffnet, eher, besser oder gewisser befriedigt zu werden, als er es zu beanspruchen hat. Eine endgültige Schädigung liegt häufig schon deswegen nicht vor, weil die inkongruente Leistung nach § 131 InsO angefochten werden kann.

c) Subjektiver Tatbestand; Irrtum

199 § 283c StGB erfordert **vorsätzliches Handeln**. Sowohl in Bezug auf die Zahlungsunfähigkeit als auch hinsichtlich der Begünstigung des Gläubigers vor den übrigen Gläubigern ist positive Kenntnis Voraussetzung. Bedingter Vorsatz genügt insoweit nicht. Der Täter muss absichtlich oder zumindest mit dolus directus 2. Grades (wissentlich) handeln. Für die Gewährung der inkongruenten Deckung reicht hingegen dolus eventualis aus.[308]

200 Irrt der Schuldner über seine Zahlungsfähigkeit oder nimmt er irrig Kongruenz der Deckung an, entfällt nach § 16 StGB wegen **Tatbestandsirrtums** der Vorsatz. Ein **Verbotsirrtum** liegt vor, wenn der Täter glaubt, er dürfe die Schuld des Gläubigers bereits vor Fälligkeit erfüllen oder ohne entsprechende vorherige Vereinbarung Gegenstände statt des geschuldeten Geldes überlassen.[309]

d) Objektive Strafbarkeitsbedingung

201 Wie beim Straftatbestand des Bankrotts ist objektive Bedingung der Strafbarkeit, dass es zur Zahlungseinstellung, Insolvenzeröffnung oder zur Abweisung des Eröffnungsantrags mangels Masse kommt, § 283c Abs. 3 StGB. Dies kann vor oder nach der Tathandlung sein. Zwischen der Krise (Zahlungsunfähigkeit) und dem Eintritt der objektiven Strafbarkeitsbedingung muss auch bei § 283c StGB ein tatsächlicher Zusammenhang bestehen.[310]

e) Täterkreis

202 Da § 283c StGB ein Handeln „in Kenntnis seiner Zahlungsunfähigkeit" erfordert, kann **Täter** grundsätzlich nur der Schuldner sein. Die Gläubigerbegünstigung ist damit ein **Sonderdelikt**, was sich zusätzlich aus § 283c Abs. 3 StGB, der objektiven Bedingung der Strafbarkeit, ergibt. Andere Personen als der zahlungsunfähige Schuldner können nur Täter sein, wenn sie gemäß § 14 StGB verantwortlich sind. Wie bei § 283 StGB kommt es bei juristischen Personen und sonstigen Gesellschaften hinsichtlich der Zahlungsunfähigkeit und der objektiven Strafbarkeitsbedingung nicht auf den Täter, sondern auf die Gesellschaft an.[311] Wenn der gemäß § 14 StGB verantwortliche Geschäftsführer des Schuldners zugleich Gläubiger ist und sich selbst eine inkongruente Befriedigung gewährt, ist er nicht nach § 283c StGB, sondern wegen Bankrotts zu bestrafen.[312]

203 Wer nicht als Schuldner oder als verantwortliches Organ des Schuldners handelt, kann sich nur der **Teilnahme** strafbar machen. Teilnehmer kann auch der Gläubiger sein. Dies ist jedoch nur dann möglich, wenn er über die bloße Annahme oder Entgegennahme der Leistung hinaus tätig wird. Anderenfalls liegt eine **notwendige Teilnahme** des Gläubigers vor; sein Handeln ist straflos.[313] Strafbare **Anstiftung** ist nach ganz h. M. dann gegeben, wenn die Initiative zur bevorzugten Sicherung oder Befriedigung vom Gläubiger ausgeht. Dies ist vor allem bedeutsam für das Handeln von Kreditinstituten, die sich in Kenntnis der Zahlungsunfähigkeit Sicherheiten gewähren lassen, auf die sie keinen Anspruch haben. Zu denken ist hier z. B. an die nachträgliche Besicherung einer geduldeten Überschreitung des Kreditrahmens auf Druck der Bank.[314]

---

[307] A. A. noch Voraufl.
[308] Vgl. LK/*Tiedemann*, § 283c Rn. 30; *Fischer*, § 283c Rn. 8; Schönke/Schröder/*Heine*, § 283c Rn. 16.
[309] Schönke/Schröder/*Heine*, § 283c Rn. 16; LK/*Tiedemann*, § 283c Rn. 30.
[310] LK/*Tiedemann*, § 283c Rn. 32.
[311] LK/*Tiedemann*, § 283c Rn. 4.
[312] BGHSt 34, 221 = NJW 1987, 1710; a. A. *Bittmann/Bittmann*, Insolvenzstrafrecht § 14 Rn. 16 f.
[313] BGH NJW 1993, 1278 (1279); LK/*Tiedemann*, § 283c Rn. 38; *Fischer*, § 283c Rn. 10; *Lackner/Kühl*, § 283c Rn. 8.
[314] Vgl. dazu näher *Tiedemann*, ZIP 1983, 513 (516); s. a. *Lackner/Kühl*, § 283c Rn. 8.

A. „Klassisches" Insolvenzstrafrecht 9

f) Versuch

Der Versuch der Gläubigerbegünstigung ist nach § 283c Abs. 2 StGB strafbar. Beginn der un- 204
mittelbaren Tatbestandsverwirklichung (§ 22 StGB) ist dann gegeben, wenn der Täter die für
die inkongruente Deckung erforderliche Handlung vornimmt. Der Versuch beginnt damit
beispielsweise,
- wenn der Täter einen Überweisungsauftrag an seine Bank erteilt;
- Kundenschecks oder -wechsel hingibt;
- einem Gläubiger zusagt, trotz eingetretener Zahlungsunfähigkeit noch keinen Insolvenzantrag zu stellen, um dem Gläubiger Pfändungen zu ermöglichen.

Auch Strafbarkeit wegen **untauglichen Versuchs** kommt in Betracht, so bei der irrigen
Annahme, die in Wirklichkeit kongruente Deckung sei inkongruent. Ebenso macht sich der
Täter wegen Versuchs strafbar, wenn er auf eine vermeintlich wirksame Forderung leistet
oder irrig annimmt, zahlungsunfähig zu sein.[315]

g) Konkurrenzen; Sperrwirkung

Da § 283c StGB im Verhältnis zu § 283 Abs. 1 Nr. 1 StGB die speziellere Bestimmung dar- 205
stellt, geht der Straftatbestand der Gläubigerbegünstigung grundsätzlich vor. Bei Gewährung
einer kongruenten Deckung scheidet nach dem so genannten **Sperrwirkungsurteil** des
BGH[316] auch die Anwendung von § 283 Abs. 1 Nr. 1 StGB aus. Dies gilt ebenso, wenn der
Schuldner in Unkenntnis seiner Zahlungsunfähigkeit dem Gläubiger eine inkongruente Leistung gewährt oder irrig Kongruenz der Deckung annimmt.[317] Die Sperrwirkung besteht aber
lediglich gegenüber dem Bankrott nach § 283 Abs. 1 StGB. Keine Sperrwirkung tritt im Verhältnis zur Untreue ein, da beide Vorschriften andere Rechtsgüter schützen.

Tateinheit zwischen § 283c und § 283 Abs. 1 Nr. 1 StGB ist dann gegeben, wenn der Tä- 206
ter die Insolvenzmasse über die Bevorzugung des einzelnen Gläubigers hinaus schädigt, indem
er dem einen Gläubiger mehr zuwendet, als er schuldet.[318] Lässt sich aus tatsächlichen Gründen nicht feststellen, ob der Begünstigte Gläubiger ist, etwa weil weder die Unwirksamkeit
noch die Wirksamkeit des zu Grunde liegenden Vertrags festgestellt werden kann, soll nach
einer älteren Entscheidung des BGH eine wahlweise Verurteilung nach § 283 oder § 283c
StGB erfolgen (Wahlfeststellung). Dabei soll der Strafrahmen der Gläubigerbegünstigung zur
Anwendung kommen.[319] Richtigerweise ist nach dem Grundsatz in dubio pro reo ausschließlich wegen Gläubigerbegünstigung zu verurteilen.[320] Tateinheit ist auch möglich mit § 288
StGB (Vereiteln der Zwangsvollstreckung)[321] oder mit Insolvenzverschleppung, wenn der Insolvenzantrag deshalb nicht unverzüglich gestellt wird, um einem Gläubiger noch eine Pfändungsmöglichkeit zu gewähren. Meistens ist im Verhältnis zur Insolvenzverschleppung jedoch
Tatmehrheit gegeben. Mehrere Begünstigungshandlungen stehen ebenfalls regelmäßig in
Tatmehrheit zueinander.

2. Schuldnerbegünstigung

a) Überblick; Systematik

§ 283d Abs. 1 StGB erweitert den Täterkreis hinsichtlich der Tathandlungen des § 283 Abs. 1 207
Nr. 1 StGB auf **Dritte**. Gleichzeitig enthält § 283d StGB erhebliche Einschränkungen gegenüber dem Bankrotttatbestand:
- Überschuldung genügt nicht; vielmehr muss der Schuldner seine Zahlungen eingestellt
haben (Abs. 1 Nr. 2) oder es muss Zahlungsunfähigkeit zumindest drohen (Abs. 1 Nr. 1).

---

[315] *Fischer*, § 283c Rn. 9; Schönke/Schröder/*Heine*, § 283c Rn. 20.
[316] BGHSt 8, 55 = NJW 1955, 1446.
[317] Vgl. LK/*Tiedemann*, § 283c Rn. 38; BGHSt 8, 55 (57) = NJW 1955, 1446.
[318] BGH NJW 1969, 1494 (1495); Schönke/Schröder/*Heine*, § 283c Rn. 22; *Fischer*, § 283c Rn. 11.
[319] BGH bei *Herlan*, GA 1955, 365.
[320] So auch LK/*Tiedemann*, § 283c Rn. 40; Schönke/Schröder/*Heine*, § 283c Rn. 22.
[321] LK/*Tiedemann*, § 283c Rn. 42 f.; Schönke/Schröder/*Heine*, § 283c Rn. 22.

– Der Täter muss vorsätzlich handeln, wobei hinsichtlich des Tatbestandsmerkmals der drohenden oder eingetretenen Zahlungsunfähigkeit positive Kenntnis erforderlich ist.

Dies hat seinen Grund darin, dass der außenstehende Dritte nicht die gleiche Verantwortung für die geschützten Rechtsgüter hat wie der Schuldner.[322] Sind die besonderen Voraussetzungen aber erfüllt, muss der Täter mit der gleichen Bestrafung rechnen wie ein Schuldner, der sich des Bankrotts strafbar macht. Die Strafdrohung des § 283d Abs. 1 StGB entspricht der des § 283 Abs. 1 StGB (Freiheitsstrafe bis fünf Jahre oder Geldstrafe); die des § 283d Abs. 3 ist identisch mit der des § 283a StGB (Freiheitsstrafe bis zu zehn Jahre). Der Versuch ist gemäß § 283d Abs. 2 StGB strafbar.

b) Tatbestand; Täterkreis

208 aa) Die **Tathandlungen** – Beiseiteschaffen, Verheimlichen, Zerstören, Beschädigen und Unbrauchbarmachen von Insolvenzmasse – entsprechen denen des § 283 Abs. 1 Nr. 1 StGB.[323] Gleiches gilt für das Tatobjekt (Vermögensbestandteile, die zur – potenziellen – Insolvenzmasse gehören) und für das Kriterium „in einer den Anforderungen einer ordnungsgemäßen Wirtschaft widersprechenden Weise".

Durch die Handlung des Täters muss wie beim Bankrott die Gesamtheit der Gläubiger betroffen sein; die Bevorzugung eines Gläubigers vor den anderen, wie bei der Gläubigerbegünstigung, wird von dem Straftatbestand der Schuldnerbegünstigung nicht erfasst.[324]

209 In **zeitlicher Hinsicht** muss der Täter handeln:
– während dem Schuldner Zahlungsunfähigkeit zumindest droht (Abs. 1 Nr. 1),
– nach Zahlungseinstellung des Schuldners (Abs. 1 Nr. 2),
– während eines laufenden Insolvenzverfahrens (Abs. 1 Nr. 2) oder
– während eines Insolvenzeröffnungsverfahrens (Abs. 1 Nr. 2).

Obwohl § 283d Abs. 1 Nr. 1 StGB nur auf die drohende Zahlungsunfähigkeit abstellt, ist die Vorschrift nach ganz h. M. auch („erst recht") bei eingetretener Zahlungsunfähigkeit anzuwenden.[325] Die Formulierung des Gesetzes „in" bei Abs. 1 Nr. 2 ist im Sinne von „während" zu verstehen, also rein zeitlich, und meint nicht etwa den Verfahrensakt.[326]

210 Dazu, wie Zahlungsunfähigkeit festzustellen ist, ab wann Zahlungsunfähigkeit droht und was unter Zahlungseinstellung zu verstehen ist, wird auf die Darstellungen im 8. Kapitel verwiesen.[327] Das Insolvenzverfahren beginnt mit der Eröffnung, also mit Rechtskraft des Eröffnungsbeschlusses (vgl. § 27 InsO), und endet mit Aufhebung (§ 200 InsO), ggf. auch mit Einstellung (vgl. §§ 207 ff. InsO). Das sog. Eröffnungsverfahren beginnt mit Stellung eines Insolvenzantrags durch den Schuldner oder einen Gläubiger (§ 13 Abs. 1 InsO). Dieses Verfahren endet entweder mit Eröffnung des Insolvenzverfahrens oder mit Abweisung des Antrags, z. B. mangels Masse (§ 26 Abs. 1 Satz 1 InsO).

211 bb) Da § 283d StGB kein Sonderdelikt ist, kann **Täter** grundsätzlich jedermann sein. Für den Schuldner ist Täterschaft allerdings von vornherein ausgeschlossen. Dies gilt auch für die gemäß § 14 StGB verantwortlich handelnden Personen. Diese sind bei Vornahme entsprechender Handlungen wegen Bankrotts zu bestrafen. Täter kann also nur ein **Außenstehender** sein. Dieser muss Tatherrschaft haben. Gemeinsame Tatherrschaft des Außenstehenden und des Schuldners, der dann Täter nach § 283 Abs. 1 Nr. 1 StGB ist, genügt. Fehlt es an der Tatherrschaft des Außenstehenden, greift § 283d StGB nicht ein. In Betracht kommt jedoch Anstiftung oder Beihilfe zum Bankrott.

212 Täter kann auch ein Gläubiger sein. Handelt der Gläubiger mit Einwilligung des Schuldners, um eine inkongruente Deckung zu erhalten, soll er also „nur" gegenüber anderen

---

[322] LK/*Tiedemann*, § 283d Rn. 1 m. w. N.
[323] Vgl. Rn. 112 ff.
[324] BGHSt 35, 357 (359) = NJW 1989, 1167; Schönke/Schröder/*Heine*, § 283d Rn. 2 m. w. N.; a. A. SK/*Hoyer*, § 283d Rn. 9.
[325] Vgl. nur LK/*Tiedemann*, § 283d Rn. 7 m. w. N.
[326] Vgl. *Fischer*, § 283d Rn. 6; LK/*Tiedemann*, § 283d Rn. 8.
[327] Kap. 8 Rn. 103 ff.

A. „Klassisches" Insolvenzstrafrecht

Gläubigern bevorzugt werden, scheidet § 283d StGB jedoch aus. Der Gläubiger kommt dann als Teilnehmer am Vergehen der Gläubigerbegünstigung in Betracht.[328]

Teilnehmer der Schuldnerbegünstigung kann nach allgemeinen Grundsätzen jedermann sein. Wegen Anstiftung oder Beihilfe kann sich nach ganz h. M. auch der Schuldner strafbar machen. Er ist nicht etwa notwendiger Teilnehmer.[329]   213

cc) Der Täter muss **zugunsten des Schuldners** oder mit dessen Einwilligung handeln. Ein Handeln zugunsten des Schuldners ist dann gegeben, wenn es dem Interesse des Schuldners dient. In erster Linie werden hiervon die Fälle erfasst, in denen der Täter durch das Verheimlichen oder Beiseiteschaffen von Bestandteilen der (späteren) Insolvenzmasse dem Schuldner den Vermögensbestandteil erhalten oder zukommen lassen will.[330] Ausreichend ist auch, wenn der Täter einem Dritten etwas zuwendet und der Schuldner dadurch einen Vorteil erhält. Dieser Vorteil kann auch immaterieller Art für den Schuldner sein, so wenn der Dritte dem Schuldner nahe steht und deswegen etwas erhält. Beispiel: Der Täter – ein überaus loyaler Angestellter des Schuldners – sorgt dafür, dass ein Freund oder Verwandter des Schuldners (oder des Geschäftsführers der Schuldner-GmbH) einen Vermögensgegenstand erhält.   214

Mit **Einwilligung** des Schuldners handelt derjenige, der im Einverständnis oder Einvernehmen mit dem in der Krise Befindlichen handelt. Die Einwilligung muss im Zeitpunkt der Tat vorhanden sein, wobei konkludentes Einverständnis genügt.[331] Die Einwilligung des Schuldners darf allerdings nicht so weit gehen, dass dieser die alleinige Tatherrschaft hat. Bei Einwilligung des Schuldners muss die Handlung nach ganz h. M. nicht zu dessen Gunsten erfolgen. Damit wird beispielsweise das mit Einverständnis des Schuldners erfolgte Zerstören von Vermögensbestandteilen erfasst. Beim Zerstören, Beschädigen oder Unbrauchbarmachen fehlt es nämlich häufig am Vorteil des Schuldners.   215

dd) Der **subjektive Tatbestand** erfordert Vorsatz. Dieser muss sich auf die Tathandlung, das Tatobjekt und – soweit ein Handeln mit Einwilligung des Schuldners erfolgt – auf das Vorliegen der Einwilligung erstrecken. Bedingter Vorsatz reicht aus. Der Täter muss also zumindest billigend in Kauf nehmen, dass z. B. der beiseite geschaffte oder zerstörte Vermögensgegenstand im Fall der Insolvenzeröffnung zur Insolvenzmasse gehören würde. Ein Irrtum hierüber lässt als Tatbestandsirrtum den Vorsatz ebenso entfallen wie die irrige Annahme, der Vermögensbestandteil werde dem Gläubiger (als kongruente oder inkongruente Deckung) zugewandt.[332] Darüber hinaus muss der Täter Vorsatz hinsichtlich der Krisensituation haben. Abs. 1 Nr. 1 fordert **Kenntnis** des Täters von der drohenden oder eingetretenen Zahlungsunfähigkeit. Bei Abs. 1 Nr. 2 genügt **dolus eventualis**. Hier muss sich der (bedingte) Vorsatz zusätzlich auf die zeitliche Komponente beziehen.   216

Ein **Irrtum** darüber, ob dem Schuldner die Zahlungsunfähigkeit nur droht oder ob sie bereits eingetreten ist, wirkt sich auf den Vorsatz des Täters und dessen Strafbarkeit nicht aus.[333] Gleiches gilt, wenn der Täter darüber irrt, ob das Insolvenzverfahren bereits eröffnet ist oder ob das Gericht zunächst noch prüft, ob das Verfahren eröffnet werden soll. Entscheidend ist, dass objektiv und in der Vorstellung des Täters einer der Fälle des Abs. 1 Nr. 2 vorliegt.[334] Der Irrtum über Tatbestandsmerkmale führt in der Regel zur Bestrafung wegen (untauglichen) Versuchs.[335]   217

c) Sonstiges

aa) § 283d StGB enthält in seinem Abs. 4 eine dem § 283 Abs. 6 StGB entsprechende **objektive Bedingung der Strafbarkeit**. Soweit Zahlungseinstellung und Insolvenzeröffnung be-   218

---

[328] Vgl. BGHSt 35, 357 (359 f.) = NJW 1989, 1167; LK/*Tiedemann*, § 283d Rn. 5 m. w. N.
[329] *Lackner/Kühl*, § 283d Rn. 5.
[330] LK/*Tiedemann*, § 283d Rn. 11; Schönke/Schröder/*Heine*, § 283d Rn. 9.
[331] LK/*Tiedemann*, § 283d Rn. 14, 15; Schönke/Schröder/*Heine*, § 283d Rn. 3.
[332] Vgl. LK/*Tiedemann*, § 283d Rn. 16; Schönke/Schröder/*Heine*, § 283d Rn. 7.
[333] Schönke/Schröder/*Heine*, § 283d Rn. 8; s. a. LK/*Tiedemann*, § 283d Rn. 17.
[334] Vgl. LK/*Tiedemann*, § 283d Rn. 17.
[335] Oben Rn. 69.

reits Tatbestandsmerkmale sind, muss sich der Vorsatz hierauf erstrecken; insoweit kommt Abs. 4 keine eigenständige Bedeutung zu.

219 Das Strafbedürfnis entfällt bei der Schuldnerbegünstigung ebenso wie beim Bankrott, wenn der Täter zwar während der Krise gehandelt, der Schuldner die Krise aber überwunden hat und er später aus anderen Gründen seine Zahlungen einstellt oder aus einem anderen Grund das Insolvenzverfahren eröffnet oder mangels Masse abgewiesen wird.[336]

220 **bb)** Die Regelung über den **Versuch** in § 283d Abs. 2 StGB entspricht § 283 Abs. 3 StGB. Maßgeblich ist ausschließlich das unmittelbare Ansetzen zur Verwirklichung des Tatbestandes. Zudem muss in diesem Zeitpunkt die Begünstigungsabsicht oder die – dem Täter bekannte – Einwilligung des Schuldners vorliegen. Auf den Eintritt der objektiven Strafbarkeitsbedingung kommt es nicht an. Die bloße Anfrage an den Schuldner, ob er mit der vom Täter geplanten Handlung einverstanden ist, stellt grundsätzlich nur eine straflose Vorbereitung dar.[337]

221 Ein strafbarer **untauglicher Versuch** liegt dann vor, wenn der Täter irrig Tatbestandsmerkmale annimmt, die nicht vorliegen. Dies ist beispielsweise dann gegeben, wenn der Täter irrtümlich meint,
– der Schuldner befinde sich in einer Krise i. S. des Abs. 1 Nr. 1 oder 2,
– es sei bereits ein Insolvenzantrag gestellt,
– der beiseite geschaffte oder zerstörte Vermögensgegenstand würde zur Insolvenzmasse gehören oder
– der Schuldner habe eingewilligt.[338]

222 **cc) Mehrere Begünstigungshandlungen** stehen in der Regel in **Tatmehrheit** zueinander. Eine Handlung, die sowohl zugunsten des Schuldners als auch mit dessen Einwilligung vorgenommen wird, stellt nur **eine Tat** dar; Wahlfeststellung ist möglich.[339] Bankrott nach § 283 Abs. 1 Nr. 1 StGB und Schuldnerbegünstigung schließen sich aus. Eine Beteiligung des Außenstehenden an der Bankrotthandlung des Schuldners tritt hinter § 283d StGB zurück, soweit die Tatbestandsvoraussetzungen der Schuldnerbegünstigung erfüllt sind. Fehlt es an den strengen Voraussetzungen des § 283d StGB, ist Beihilfe oder Anstiftung zu § 283 Abs. 1 Nr. 1 StGB jedoch möglich. Eine Sperrwirkung besteht nicht.[340] Eine Anwendung des § 283d StGB neben § 283c StGB kommt schon aufgrund der unterschiedlichen Tatbestandsmerkmale nicht in Betracht.[341]

223 **dd)** Neben der Kriminalstrafe ist zwingende **Folge einer Verurteilung** die Registersperre nach § 6 Abs. 2 Satz 3 GmbHG, § 76 Abs. 3 Satz 2 AktG. Daneben kann ein Verstoß gegen § 283d StGB gemäß § 290 Abs. 1 Nr. 1, § 297 Abs. 1 InsO zur Versagung der Restschuldbefreiung und zu zivilrechtlicher Haftung führen.

VI. Betrug (Lieferantenbetrug)

1. Allgemeines

224 Im Zusammenhang mit der Insolvenz eines Unternehmens werden fast immer Betrugshandlungen gegenüber Lieferanten begangen (so genannter **Lieferanten-** oder **Warenkreditbetrug**). Häufig bestellen Kaufleute trotz bereits eingetretener oder unmittelbar bevorstehender Krise noch Waren auf Kredit, entweder in der – meist vagen – Hoffnung, sich durch den Verkauf der Ware noch über Wasser halten und den Zusammenbruch vermeiden oder verzögern zu können, oder um Vermögenswerte beiseite zu schaffen. Jede Bestellung auf Rechnung, vor allem wenn ein Zahlungsziel eingeräumt ist, kann den Tatbestand des § 263 StGB verwirklichen. Der Vermögensschaden des Lieferanten realisiert sich üblicherweise durch – meist völligen – Ausfall der Forderung in der Insolvenz.

---

[336] LK/*Tiedemann*, § 283d Rn. 19.
[337] LK/*Tiedemann*, § 283d Rn. 20.
[338] LK/*Tiedemann*, § 283d Rn. 21; s. a. Schönke/Schröder/*Heine*, § 283d Rn. 11.
[339] *Fischer*, § 283d Rn. 12; Schönke/Schröder/*Heine*, § 283d Rn. 14; LK/*Tiedemann*, § 283d Rn. 27.
[340] Schönke/Schröder/*Heine*, § 283 Rn. 65, § 283d Rn. 15.
[341] LK/*Tiedemann*, § 283d Rn. 26.

A. „Klassisches" Insolvenzstrafrecht

Die unter dem Stichwort „**Lieferantenbetrug**" im Folgenden abgehandelten Fragen gelten in gleicher Weise für die Inanspruchnahme von Dienstleistungen oder Ähnlichem. Bei der im Wirtschaftsleben zu verzeichnenden Zunahme der Miete (vor allem in der Form des Leasings) aber auch bei Inanspruchnahme von Zeitarbeitskräften mit späterer Nichtzahlung der durch den Zeitarbeitsunternehmer gestellten Rechnung gewinnen diese Arten von Betrug an Bedeutung. Warenkreditbetrug wird zudem von der Strafvorschrift des § 265b StGB erfasst.[342] Die folgenden Ausführungen beziehen sich ausschließlich auf den Tatbestand des Betrugs nach § 263 StGB.

225

Bei einer Betrugshandlung, die im Zusammenhang mit der Insolvenz eines Wirtschaftsunternehmens steht, kann ein **besonders schwerer Fall** nach § 263 Abs. 3 StGB gegeben sein. Vor allem das Regelbeispiel Nr. 1 – gewerbsmäßiges Handeln – kann hier verwirklicht sein. In Betracht kommen aber auch die Regelbeispiele Nr. 2 und 3. Bei der Alternative „Gefahr des Verlustes von Vermögenswerten einer großen Zahl von Menschen" in Nr. 2 ist zu beachten, dass die Absicht der Schädigung vieler juristischer Personen das Regelbeispiel in der Regel nicht erfüllen kann.[343] Der Vermögensverlust (Vermögensschaden) in Nr. 2 braucht nicht von Dauer zu sein; es genügt, dass er tatsächlich eingetreten ist.[344]

226

2. Täuschungshandlung

Der Lieferantenbetrug ist **Eingehungsbetrug**. Bei Begründung von Dauerschuldverhältnissen (Miete, Pacht, Leasing) kann auch ein unechter Erfüllungsbetrug vorliegen.[345] Die **Täuschungshandlung** liegt darin, dass der Täter bei Vertragsschluss entweder ausdrücklich oder zumindest konkludent erklärt, bei Fälligkeit zahlungsfähig und zahlungswillig zu sein. Bei hinausgeschobener Fälligkeit der Forderung wird stillschweigend erklärt, dass der Zahlungspflichtige nach seiner gegenwärtigen Lage und ihrer voraussichtlichen künftigen Entwicklung fähig sein werde, zum Fälligkeitszeitpunkt Zahlung leisten zu können.[346] Maßgeblicher Zeitpunkt für die Frage der Zahlungsfähigkeit ist immer der Tag der Fälligkeit der Forderung. Ob das Unternehmen bei Vornahme der Bestellung noch zahlungsfähig war, ist grundsätzlich unerheblich. Entscheidend ist die **künftige wirtschaftliche Situation** des Täters. Wenn der Kaufmann Zweifel hat, ob er die eingegangene Verpflichtung erfüllen kann, spiegelt er vorsätzlich eine falsche (innere) Tatsache vor. Dem Täter muss also nachgewiesen werden, dass die konkludent behauptete Prognose über seine künftige Bonität objektiv falsch ist und er subjektiv bei der Bestellung zumindest mit bedingtem Vorsatz von einer anderen Prognose ausgegangen ist.[347]

227

Dieser Nachweis ist in der Regel dann relativ leicht zu führen, wenn der Besteller bereits bei Eingehung des Geschäfts **zahlungsunfähig** war. Dann liegt regelmäßig eine Täuschungshandlung vor. Nur wenn der Kaufmann ernsthaft damit rechnen konnte, im Zeitpunkt der Fälligkeit wieder liquide zu sein, fehlt es am Täuschungsvorsatz. Die häufige Einlassung von Beschuldigten, mit zwischenzeitlichen unbestimmten Geldeingängen gerechnet zu haben, nützt ihnen in aller Regel nichts; die bloße Hoffnung auf künftige Zahlungsfähigkeit räumt den dolus eventualis nicht aus. Insbesondere wenn der Täter nicht einmal angeben kann, aus welchen konkreten Geschäftsvorgängen Zahlungen sicher zu erwarten gewesen wären, ist die Einlassung als reine Schutzbehauptung zu werten. Anderes gilt dann, wenn konkrete Zahlungen zu erwarten waren. Bei **noch nicht eingetretener Zahlungsunfähigkeit** im Zeitpunkt der Bestellung ist in der Regel eine betriebswirtschaftliche Analyse der Kreditwürdigkeit des Bestellers erforderlich. Hier ist entweder ein Sachverständigengutachten einzuholen oder es

228

---

[342] Dazu Rn. 309.
[343] BGH wistra 2001, 59.
[344] BGH NStZ 2002, 547 m. w. N.
[345] Vgl. BayObLGSt 1998, 123 = wistra 1999, 69.
[346] Vgl. nur BGH wistra 1998, 177; LK/*Tiedemann*, § 263 Rn. 38.
[347] Vgl. BGH StV 1985, 188; *Müller-Gugenberger/Nack*, § 85 Rn. 6.

ist anhand von anerkannten Krisenindikatoren (kriminalistischen Beweisanzeichen) auf die fehlende Kreditwürdigkeit zu schließen.[348]

229 Um festzustellen, ob tatsächlich eine Täuschung vorlag, ist die Ermittlung von Vertragsschluss bzw. Bestelldatum, Art und Umfang der bestellten Ware bzw. in Anspruch genommenen Dienstleistungen sowie Fälligkeit der Forderung erforderlich. Dies ergibt sich aus Rechnungen meist nicht.

3. Irrtum

230 Der Irrtum des Lieferanten folgt normalerweise daraus, dass dieser sich vorstellt, sein Geschäftspartner wolle und werde bei Fälligkeit auch zahlen. An einem Irrtum wird es in der Regel dann fehlen, wenn ihm die schwierige wirtschaftliche Lage seines Vertragspartners bekannt war, außer der Lieferant wäre über den Grad des Ausfallrisikos getäuscht worden.[349]

231 Bei **fortlaufenden Bestellungen** im Rahmen einer laufenden Geschäftsbeziehung kann es an dem auf der Täuschung beruhenden Irrtum des Lieferanten fehlen. Wenn trotz offener Rechnungen weitere Bestellungen entgegengenommen und weitere Warenlieferungen ausgeführt werden, bedarf es im Hinblick auf die Frage, ob auch diese Lieferungen noch auf der Vorspiegelung der Zahlungsfähigkeit und -willigkeit beruhen, in der Regel näherer Feststellungen dazu, ob der Lieferant Kenntnis von der Zahlungssäumigkeit erlangte und weshalb er sich gleichwohl zu weiteren Lieferungen bereit fand.[350] So kann beispielsweise Motiv für weitere Vermögensverfügungen des Lieferanten sein, dass er trotz Gefährdung des Anspruchs einen weiteren Kredit gewährt, um eine dem Schuldner drohende Insolvenz abzuwenden und sich so die Chance des Ausgleichs rückständiger Forderungen zu erhalten.[351] Dieses bewusst eingegangene Risiko schließt einen Irrtum und damit den § 263 StGB aus. Betrug kommt dagegen vor allem dann in Betracht, wenn der Täter Zweifel des Lieferanten zerstreut. Nicht selten stellt der Täter gegenüber dem Lieferanten den Eingang von Zahlungen oder weitere Bankkredite in Aussicht, um noch Lieferungen zu erhalten.[352]

4. Vermögensschaden

232 Der Vermögensschaden wird beim Eingehungsbetrug dadurch ermittelt, dass der Vermögensstand des Verletzten vor Vertragsschluss mit dem Vermögensstand nach dem Vertragsschluss verglichen wird (**Vermögensvergleich**).[353] Weil auf den Zeitpunkt des Vertragsschlusses abgestellt wird, handelt es sich grundsätzlich um einen **Gefährdungsschaden**.

233 Im Zusammenhang mit Insolvenzen erlangen die Ermittlungsbehörden zwar normalerweise Kenntnis von einem Lieferantenbetrug erst dann, wenn der Vermögensschaden tatsächlich eingetreten ist. Dennoch ist zur Ermittlung des Vermögensschadens auf die **Gefährdung** abzustellen. Es ist festzustellen, ob das Vermögen des Lieferanten oder sonstigen Geschäftspartners nach der Vermögensverfügung (Lieferung) einen geringeren Wert hat als vorher. Vor der Lieferung gehört zum Vermögen des Lieferanten noch der Wert der Ware. Danach ist das Vermögen um den Wert der Ware gemindert. Gleichzeitig tritt aber eine Vermögensmehrung in Form des Kaufpreisanspruchs ein. Damit liegt ein Vermögensschaden dann vor, wenn der Kaufpreisanspruch hinter dem Wert der Ware zurückbleibt, insbesondere wenn der Anspruch nicht, nur teilweise oder nur schwer durchsetzbar ist. Letzteres reicht dann aus, einen Vermögensschaden i. S. des § 263 StGB zu bejahen, wenn die Gefährdung des Vermögens einen solchen Grad erreicht, dass bei wirtschaftlicher Betrachtungsweise eine Wertminderung eingetreten ist,[354] die jederzeit in einen endgültigen Schaden umschlagen kann.

---

[348] Dazu bereits Kap. 8 Rn. 117.
[349] *Müller-Gugenberger/Nack*, § 85 Rn. 32, § 50 Rn. 64.
[350] BGH StV 2012, 267; wistra 1998, 179; vgl. auch *Fischer*, § 263 Rn. 33b m. w. N.
[351] *Fischer*, § 263 Rn. 33 b.
[352] *Müller-Gugenberger/Nack*, § 48 Rn. 23.
[353] BGHSt 16, 220 (221) = NJW 1961, 1876; *Fischer*, § 263 Rn. 103.
[354] BGHSt 23, 300 (303) = NJW 1970, 1932.

A. „Klassisches" Insolvenzstrafrecht

Hieran sind strenge Anforderungen zu stellen.[355] Man spricht deshalb von der **schadensgleichen Vermögensgefährdung**.

Bei im Zeitpunkt der Bestellung oder Lieferung bereits bestehender oder kurz danach eintretender Zahlungsunfähigkeit ist der Vermögensschaden in aller Regel unproblematisch zu bejahen. Da der Lieferant mit seiner Forderung dann regelmäßig ausfällt, wird üblicherweise (zur Vereinfachung) auf die offene Forderung als Schaden abgestellt. Schwierig kann es dann sein, wenn der Täter bereits **vor Eintritt der Zahlungsunfähigkeit**, nämlich bei drohender Zahlungsunfähigkeit oder noch früher, handelt und möglicherweise durch die maßgeblichen Lieferungen seine Zahlungsunfähigkeit vermeidet oder zumindest hinausschiebt. Da bei der Lieferung von Waren gegen Kredit immer ein gewisses Risiko besteht, ist der Tatbestand des Betrugs dann noch nicht verwirklicht, wenn sich die Gefahr des Ausfalls noch im Rahmen des allgemeinen Geschäftsrisikos bewegt. Maßgeblich ist, ob die Erfüllungswahrscheinlichkeit der aus der Bestellung und Lieferung resultierenden Forderung deutlich unter dem ausdrücklich zugesicherten oder aber konkludent behaupteten durchschnittlich Branchenüblichen liegt.[356] Auf die jeweilige Branche ist deswegen abzustellen, weil hier teilweise erhebliche Unterschiede bestehen können. Zudem sind die Art des Geschäfts und beispielsweise die Dauer der Geschäftsbeziehung zu berücksichtigen. 234

Wenn der Täter nach der sog. **„Loch-auf-Loch-zu-Methode"** arbeitet, den Eintritt der Zahlungsunfähigkeit also nur dadurch verhindert, dass er die Forderung eines Lieferanten durch den Erlös aus dem Verkauf von gegen Kredit gelieferten Waren eines anderen Lieferanten befriedigt, sind die einzelnen Bestellungen normalerweise bereits als Betrugshandlungen zu werten. Insbesondere hindert die Tatsache, dass der Beschuldigte noch über einen längeren Zeitraum hinweg Lieferantenverbindlichkeiten beglichen hat, die Feststellung eines Gefährdungsschadens nicht. Der Betrug, vor allem der Täuschungsvorsatz, ist nur schwerer nachzuweisen als bei bereits eingetretener Krise. 235

Aus diesem Grund und aus prozessökonomischen Erwägungen wird der Lieferantenbetrug durch die ermittelnden Staatsanwaltschaften häufig auf die Zeit ab Beginn der Krise beschränkt. Da die Krise, insbesondere der Beginn der Zahlungsunfähigkeit, bereits für die Ermittlung der Insolvenzverschleppung und der Insolvenzstraftaten gemäß §§ 283 ff. StGB festgestellt werden muss, ist dies auch sinnvoll. Selbst in den Fällen, bei denen eine Insolvenzverschleppung und insbesondere Buchführungs- und Bilanzdelikte nicht in Betracht kommen (bei nichteingetragenen Kleingewerbetreibenden), ist wegen des häufig schwierigen Nachweises von Vorsatz und Gefährdungsschaden eine Beschränkung auf die ab Zahlungsunfähigkeit begangenen Taten angebracht. 236

Der Kauf unter **Eigentumsvorbehalt** oder verlängertem Eigentumsvorbehalt steht einem Vermögensschaden nicht entgegen. Besonderer Prüfung bedarf, ob ein (endgültiger) Schaden eingetreten ist, d. h. der Wert der Ware nach Rücknahme wegen Zahlungsverzugs niedriger ist als im Zeitpunkt der Überlassung der gekauften Gegenstände. 237

5. Vollendung

Da zur Ermittlung des Gefährdungsschadens auf den **Zeitpunkt des Vertragsschlusses** abzustellen ist, wirkt sich die spätere Bezahlung auf die Tatbestandsverwirklichung nicht aus. Der Betrug ist bereits vollendet. Die Bezahlung stellt eine reine Schadenswiedergutmachung dar, die nur bei der Strafzumessung zu berücksichtigen ist. 238

6. Täterschaft

Täter kann jedermann sein. Wenn die **Verantwortlichen** eines Unternehmens, insbesondere die Geschäftsführer einer GmbH, die Bestellungen nicht selbst tätigen, sind sie in der Regel dennoch strafrechtlich verantwortlich. Bei Einzelanweisungen an die tatsächlich mit der Vor- 239

---

[355] BVerfG NStZ 2012, 496 (504 f.).
[356] *Richter*, GmbHR 1984, 137 (149).

nahme der Bestellung betrauten Mitarbeiter ist dies unproblematisch. Aber auch bei selbstständig von den Angestellten im Rahmen des laufenden Geschäftsbetriebs – des „Alltagsgeschäfts" – getätigten Bestellungen sind diese den verantwortlichen Geschäftsführern regelmäßig zuzurechnen. Es genügt, wenn sie die Mitarbeiter generell zur Erteilung weiterer Aufträge angehalten haben, was auch konkludent erfolgt sein kann.[357] Die Geschäftsführer sind dann als (mittelbare) Täter und nicht als Anstifter zu bestrafen, und zwar wegen Betrugs durch aktives Tun, nicht wegen Tatbestandsverwirklichung durch Unterlassen.[358] Die einzelnen Betrugshandlungen verbinden sich für den im Unternehmen Verantwortlichen aber zu einer Handlung, weil dessen Tatbeitrag sich in dem einmaligen Entschluss erschöpft, den Geschäftsbetrieb (im bisherigen Umfang) fortzuführen.[359] Bei den **Angestellten** des Unternehmens selbst fehlt es meist am Vorsatz (bezüglich der Täuschung über die Zahlungsfähigkeit), außer sie kennen die schlechte finanzielle Situation.

VII. Untreue

1. Allgemeines

240 Untreuehandlungen werden zwar nicht nur, aber typischerweise auch dann begangen, wenn ein Unternehmen in finanzielle Schwierigkeiten gerät oder geraten ist. Teilweise wird durch Vergehen der Untreue die Krise auch erst herbeigeführt. Wie beim Betrug gibt es besonders schwere Fälle (§ 266 Abs. 2 StGB).

241 Untreue ist die vorsätzliche Verletzung der Pflicht zur Betreuung fremder Vermögensinteressen durch Benachteiligung des zu Betreuenden und damit ein **Vermögensdelikt**.[360] Bei juristischen Personen ist geschütztes Gut das Vermögen der juristischen Person, das besonders schützenswert ist, weil die juristische Person nur mit ihrem beschränkten Vermögen für ihre Schulden haftet.[361] Von diesem Schutz profitieren – allerdings nur mittelbar – auch die Gläubiger und Arbeitnehmer.

242 Bei Auslandsgesellschaften bestimmen sich die zu beachtenden Pflichten nach dem jeweils maßgeblichen ausländischen Gesellschaftsrecht.[362]

2. Typische Untreuehandlungen

243 Untreue als Insolvenzdelikt i. w. S. liegt typischerweise dann vor, wenn der Geschäftsführer einer GmbH der Gesellschaft ohne triftigen Grund notwendige **Liquidität entzieht** oder wenn er durch bestimmte Handlungen das **Stammkapital** der Gesellschaft **beeinträchtigt**. Dies geschieht häufig zur persönlichen Bereicherung, nicht selten aber auch, um einzelnen Gläubigern oder einzelnen Gesellschaftern Vermögenswerte zukommen zu lassen. Meist bestehen in diesen Fällen enge Beziehungen zu den Gläubigern oder Gesellschaftern (Ehefrau, Kinder o. Ä.), wenn der Geschäftsführer nicht selbst der begünstigte Gesellschafter oder Gläubiger ist. Teilweise wird das Geld der GmbH auch zugunsten einer neuen oder weiteren Gesellschaft, an der der Geschäftsführer beteiligt ist, entzogen. Nach der Aufgabe der Interessenformel des BGH zur Abgrenzung von Bankrott und Untreue[363] kommt in diesen Fällen der Tatbestand des § 266 StGB neben dem des Bankrotts zur Anwendung.[364]

---

[357] BGH wistra 1998, 177.
[358] Vgl. BGH NJW 1998, 767 (769).
[359] BGH NJW 1998, 767 (769); wistra 1998, 177; s. a. BGH wistra 2001, 217 (218).
[360] BGHSt 14, 38 (47) = NJW 1960, 684 (687); *Fischer*, § 266 Rn. 2.
[361] *Müller-Gugenberger/Schmid*, § 31 Rn. 3.
[362] BGH NStZ 2010, 632 (634) m. Anm. *Radtke/Rönnau*, NStZ 2011, 556; zu den Pflichten des directors einer englischen Limited vgl. *Ladiges/Pegel*, DStR 2007, 2069; *Ladiges*, wistra 2012, 170.
[363] Oben Rn. 176.
[364] Zum Verhältnis der Untreue zur Gläubigerbegünstigung vgl. *Hartung*, NJW 1995, 1186 (1190).

A. „Klassisches" Insolvenzstrafrecht

Neben der Entnahme von Vermögenswerten kann auch die Vornahme von **Investitionen** oder der Erwerb von Rechten, beispielsweise Patenten, bei bevorstehender Insolvenz den Tatbestand der Untreue erfüllen. Dies ist dann der Fall, wenn die Investitionen sich wegen der Krisensituation als völlig sinnlos darstellen, weil eine Amortisation im Hinblick auf die zu erwartende Insolvenz ausgeschlossen ist. § 266 StGB ist insbesondere dann verwirklicht, wenn der Geschäftsführer allein in der Hoffnung handelt, die Investitionsgeschäfte gegebenenfalls nach Abweisung eines Insolvenzantrags mangels Masse auf eigene Rechnung oder mit den ehemaligen Gesellschaftern im Rahmen eines Nachfolgeunternehmens verwerten zu können.[365]

244

In welcher Weise der Täter den Vermögensnachteil für die Gesellschaft herbeiführt, ist unerheblich. In Betracht kommt z. B.:[366]
– Beiseiteschaffen von Ware oder sonstigen Gegenständen (eventuell um sie in eine neue Gesellschaft einzubringen),
– unberechtigte Entnahme von Barmitteln,
– Überweisung auf das eigene Konto,
– Ausstellen und Einreichen von Schecks zulasten der Gesellschaft,
– Einbehalten von Kundenschecks und Einlösung zugunsten des eigenen Kontos,
– Einkauf zu einem ungünstigen Preis trotz günstigerer Gelegenheit, um die Differenz einem Angehörigen oder sich selbst zu verschaffen,
– Auszahlen von überhöhten Provisionen oder sonstige Aushöhlung des Gesellschaftsvermögens durch überhöhte Kosten und ungerechtfertigte Zahlungen (z. B. von Entgelten an Berater),
– unangemessen hohe Bezüge oder nachträgliche übermäßige Erhöhung des Geschäftsführergehaltes, ggf. auch Unterlassen einer wirtschaftlich gebotenen Herabsetzung der Bezüge.

245

Die Vornahme von **Zahlungen** nach Eintritt von Zahlungsunfähigkeit oder Überschuldung **entgegen § 64 S. 1 GmbHG** ist dann nicht als Untreue strafbar, wenn die der Zahlung zu Grunde liegenden Forderungen fällig sind.[367] Dies folgt allerdings nicht aus der Sperrwirkung des § 283c StGB für Fälle kongruenter Deckung,[368] sondern daraus, dass die Vorschrift des § 64 S. 1 GmbHG lediglich eine einfache, aber keine qualifizierte Vermögensbetreuungspflicht begründet und es typischerweise an einem Vermögensschaden der Gesellschaft fehlt.[369] Anderes gilt aber, wenn durch derartige Zahlungen die Insolvenz der Gesellschaft herbeigeführt wird.[370]

246

Es ist zu beachten, dass ein **Vermögensnachteil** i. S. des § 266 StGB dann **ausgeschlossen** ist, wenn der Verfügende eigene flüssige Mittel ständig zum Einsatz bereithält.[371] Dass der Täter in der Lage ist, die Vermögenseinbuße jederzeit durch eigene Mittel auszugleichen, genügt hierfür nicht. Er muss diese Mittel auch tatsächlich bereithalten. Das bedeutet, der Täter muss die Mittel nicht nur zur Verfügung haben, sondern auch sein Augenmerk darauf richten, diese Mittel ständig zum Ausgleich benutzen zu können. Die Ersatzbereitschaft eines Dritten oder die nachträgliche Schadenswiedergutmachung verhindern den Eintritt eines Nachteils und die Tatbestandsverwirklichung nicht.

247

Bei privaten Entnahmen durch einen als Geschäftsführer tätigen Gesellschafter fehlt es an einem Vermögensschaden, wenn die Entnahmen dazu dienen, dem Geschäftsführer eine geschuldete – angemessene – Vergütung zukommen zu lassen.[372]

248

---

[365] *Richter*, GmbHR 1984, 137 (145).
[366] Zu weiteren Beispielen (auch zu sonstigen Formen der Untreue im Zusammenhang mit Geschäftsbetrieben) vgl. insbesondere *Scholz/Tiedemann*, Vor §§ 82 ff. Rn. 16.
[367] *Bittmann*, wistra 2007, 321 (325); *Weiß*, GmbHR 2011, 350 (354).
[368] So *Bittmann*, wistra 2007, 321 (325); a. A. *Weiß*, GmbHR 2011, 350 (354).
[369] *Weiß*, GmbHR 2011, 350 (352 ff.).
[370] *Bittmann*, wistra 2007, 321 (325); *Weiß*, GmbHR 2011, 350 (354).
[371] BGHSt 15, 342 = NJW 1961, 685; *Fischer*, § 266 Rn. 74 m. w. N.
[372] BGH NStZ 1995, 185.

3. Einverständnis und Weisungen der Gesellschafter

249 Nach ganz h. M.[373] ist die Gesellschaft, speziell die GmbH, als eigene Rechtspersönlichkeit schützenswert. Dies gilt auch bei der Einmann-GmbH. Der geschäftsführende Gesellschafter einer Einmann-GmbH hat die Pflicht, das Vermögen der juristischen Person, das für ihn fremdes Vermögen darstellt, zu betreuen. Wem das Vermögen wirtschaftlich zuzurechnen ist, hat außer Betracht zu bleiben. Maßgeblich ist allein die zivilrechtliche Trennung der Vermögensmassen. Der BGH[374] betont, dass der alleinige Gesellschafter sich nicht auf die Vorteile der Vermögenstrennung durch die GmbH berufen kann, wenn es um seine Haftung geht, andererseits aber Vermögenseinheit geltend machen kann, wenn er der GmbH willkürlich wirtschaftliche Werte zum eigenen Vorteil entzieht. Da das Vermögen juristischer Personen für ihre Anteilseigner Fremdvermögen ist, darf der Geschäftsführer auch bei Weisungen durch die Gesellschafter oder bei deren Einverständnis nicht grenzenlos frei über das Vermögen der GmbH verfügen.

250 Grundsätzlich können die Träger des Gesellschaftsvermögens selbst bestimmen, wie mit diesem umzugehen ist. Sie können daher den Organen die **Zustimmung** zur Vornahme bestimmter Geschäfte erteilen mit der Folge, dass die Organe dann **nicht mehr pflichtwidrig** handeln. Erforderlich ist dabei aber stets die Zustimmung des **obersten Willensbildungsorgans**, bei der GmbH also die Zustimmung aller Gesellschafter[375] oder jedenfalls der Mehrheit. Eine Einwilligung alleine der Mehrheitsgesellschafter ohne Beteiligung der Minderheitsgesellschafter hingegen reicht nicht aus.[376] Bei der Aktiengesellschaft wird es im Falle von Handlungen von Mitarbeitern auf die Genehmigung des Vorstands, beim Handeln des Vorstands auf diejenige des Aufsichtsrats ankommen.[377]

251 Jedenfalls die gesetzwidrige oder selbst ungetreue Zustimmung ist wirkungslos und strafrechtlich ohne Bedeutung.

252 Damit steht das Einverständnis (die Einwilligung) aller Gesellschafter oder des einzigen Gesellschafters dann der Strafbarkeit nach § 266 StGB nicht entgegen, wenn das **Stammkapital angegriffen** wird.[378] Darüber hinaus ist das Einverständnis wirkungslos, wenn die **Existenz**, die **Liquidität** oder **besondere entgegenstehende Interessen** der GmbH **gefährdet** werden.[379] Verstößt der Geschäftsführer durch sein Handeln gegen die Grundsätze eines ordentlichen Kaufmanns (beispielsweise durch Unterlassen der Dokumentation der Vermögensverschiebungen in der Buchführung), macht dies die Einwilligung nicht grundsätzlich unwirksam.[380]

253 Für die Rückzahlung **eigenkapitalersetzender Gesellschafterdarlehen**, die bislang jedenfalls dann als strafbare Untreue angesehen wurden, wenn sich die GmbH in der Krise befindet oder diese durch die Tathandlung herbeigeführt oder verstärkt wird,[381] hat sich durch das MoMiG eine wesentliche Änderung ergeben. Gesellschafterdarlehen und ihnen wirtschaftlich gleichgestellte Leistungen dürfen nunmehr auch in der Krise an den Gesellschafter zurückgewährt werden. Etwas anderes gilt nur dann, wenn derartige Rückzahlungen zur Zahlungsunfähigkeit der Gesellschaft führen.[382] In diesem Fall verbleibt es auch weiterhin bei einer Untreuestrafbarkeit.

---

[373] Vgl. nur BGHSt 34, 379 = NJW 1988, 1397; *Schönke/Schröder/Perron*, § 266 Rn. 6; LK/*Schünemann*, § 266 Rn. 125 m. w. N.
[374] BGHSt 34, 379 (385) = NJW 1988, 1397 (1398 f.).
[375] BGH NStZ-RR 2012, 80.
[376] BGH NStZ 2010, 700 (702 f.).
[377] BGH NStZ 2010, 700 (703 f.).
[378] BGHSt 35, 333 (338 f.) = NJW 1989, 112 (113); LK/*Schünemann*, § 266 Rn. 125 m. w. N.; Scholz/*Tiedemann*, Vor §§ 82 ff. Rn. 8.
[379] BGHSt 35, 333 (337 ff.) = NJW 1989, 112 (113); s. a. *Fischer*, § 266 Rn. 52 m. w. N.
[380] Vgl. BGHSt 35, 333 (336) = NJW 1989, 112; BGH NJW 2000, 154 (155) unter Aufgabe der anderslautenden Entscheidung in BGHSt 34, 379.
[381] Vgl. auch BGH wistra 1990, 99.
[382] BGH NStZ 2009, 89 (91); OLG Stuttgart StV 2010, 80 (82); *Livonius*, wistra 2009, 91 (95); *Bittmann*, NStZ 2009, 113 (118); *ders.* wistra 2009, 102 (103).

A. „Klassisches" Insolvenzstrafrecht

Dies gilt auch für Gesellschaften in einem **Konzern**. Bereits früher war durch die Rechtsprechung anerkannt, dass auch eine Gesellschaft (juristische Person) im Konzernverbund schützenswert ist. So waren schon bisher Eingriffe der Muttergesellschaft auf Belange der abhängigen Gesellschaft als Untreue strafbar, wenn – wie auch außerhalb eines Konzerns – ein Angriff auf das Stammkapital erfolgt oder die Überschuldung oder Zahlungsunfähigkeit herbeigeführt oder vertieft wird.[383] Nunmehr stellt der BGH darauf ab, ob eine Existenzgefährdung der Tochtergesellschaft eintritt.[384] Danach trifft die Muttergesellschaft eine eigene Treuepflicht zur Wahrung des Bestandsinteresses der abhängigen Gesellschaft. So dürfen Organe (§ 14 Abs. 1 Nr. 1 StGB) und Alleingesellschafter einem beherrschten Unternehmen nicht Vermögenswerte in einem Umfang entziehen, der deren Existenzfähigkeit gefährdet. Deshalb verletzen in einem Konzern die Vorstandsmitglieder der beherrschenden Aktiengesellschaft ihre Vermögensbetreuungspflicht gegenüber einer abhängigen GmbH, wenn deren Vermögenswerte in einem solchen Umfang ungesichert im Konzern angelegt werden, dass im Fall ihres Verlustes die Erfüllung von Verbindlichkeiten der Tochtergesellschaft oder deren Existenz gefährdet wäre. Die Einbeziehung von Tochtergesellschaften in einen konzernweiten **Cash-Pool** stellt jedenfalls dann keine Untreue dar, wenn ein hinreichendes Risikofrüherkennungssystem eingerichtet ist und die Möglichkeit besteht, bei Insolvenzgefahr eines der Cash-Pool-Mitglieder den Cash-Pool wieder zu verlassen.[385]

Zu beachten ist, dass bereits eine Handlung vor der Krise, wodurch diese weder herbeigeführt noch das Stammkapital angegriffen wird, dann den Tatbestand der Untreue erfüllen kann, wenn das Handeln von einer **„Aushöhlungsabsicht"** getragen ist. Es ist dann als Teil eines Gesamtverhaltens rechtsmissbräuchlich. Dieses Gesamtverhalten ist maßgeblich und nicht die isolierte Auswirkung der einen Handlung auf die GmbH. Das Gesamtverhalten muss von der Tendenz geprägt sein, die GmbH z. B. durch häufige Kapitalausschüttungen auszuhöhlen.[386] Aus diesem Grunde ist in Konzern-Strukturen sowohl die Gewährung von Downstream- als auch Upstream-Darlehen oder -Sicherheiten mit Strafbarkeitsrisiken wegen Untreue verbunden.[387]

4. Sonderfragen

a) Untreue bei Personenhandelsgesellschaften

Bei Personenhandelsgesellschaften sind die einzelnen Gesellschafter Vermögensinhaber. Damit ist die Schädigung des Gesamthandsvermögens für den Nachteil i. S. des § 266 StGB nur insoweit bedeutsam, als damit gleichzeitig das Vermögen der Gesellschafter berührt wird.[388] Zudem kommt Untreue durch den geschäftsführenden Gesellschafter nur dann in Betracht, wenn er sich persönlich zulasten der Mitgesellschafter bereichert. Bei gemeinsamem Handeln oder billigendem Beschluss durch sämtliche Gesellschafter ist Untreue ausgeschlossen. Es können allenfalls Bankrotthandlungen gemäß § 283 StGB vorliegen, insbesondere nach Abs. 1 Nr. 1 und 2.

Dies gilt grundsätzlich auch für die **GmbH & Co. KG**. Hier ist allerdings zu beachten, dass durch Handlungen des Geschäftsführers der GmbH, der „mittelbar" Geschäftsführer der GmbH & Co. KG ist, Untreue zum Nachteil der Komplementär-GmbH begangen werden kann. Da die GmbH als Komplementärin für die Schulden der KG haftet, können Entnahmen oder sonstige Verfügungen über Vermögen der KG in der Krise auch das Kapital der GmbH beeinträchtigen. Damit kann der Komplementärgesellschaft ein Untreueschaden ent-

---

[383] Vgl. *Bittmann/Bittmann*, Insolvenzstrafrecht § 16 Rn. 105.
[384] NStZ 2004, 559 („Bremer Vulkan").
[385] Vgl. dazu umfassend *Rönnau/Krezer*, ZIP 2010, 2269 ff.
[386] BGH NJW 1997, 66 (69); s. a. *Gehrlein* NJW 2000, 1089 (1090).
[387] *Mahler*, GmbHR 2012, 504 (505 ff.).
[388] BGH NJW 2011, 3733 (3735); wistra 1984, 71; *Bittmann/Bittmann*, Insolvenzstrafrecht § 16 Rn. 60 m. w. N.

stehen,³⁸⁹ sofern deren kapitalmässige Beteiligung am Gesamthandsvermögen nicht nur minimal ist.³⁹⁰

b) Risiko- und Spekulationsgeschäfte

258 Das Eingehen riskanter Geschäfte stellt per se noch keine Untreue dar. Es kann an der Verwirklichung des objektiven Tatbestandes (Pflichtwidrigkeit) fehlen oder zumindest Vorsatz oder Rechtswidrigkeit entfallen. Dies gilt insbesondere dann, wenn es sich um **branchenübliche** oder **verkehrsübliche Risiken** handelt. Wann das eingegangene Risiko als pflichtwidrig anzusehen ist, bestimmt sich zudem nach der wirtschaftlichen Lage des Unternehmens. Darüber hinaus kann der Vermögensnachteil fehlen, wenn das Geschäft zugleich einen Vorteil (Gewinn oder erhebliche Gewinnaussicht) bringt.³⁹¹ § 266 StGB liegt vor, wenn der Täter nach der Art eines Spielers entgegen den Regeln kaufmännischer Sorgfalt eine Verlustgefahr auf sich nimmt und nach einer Gesamtbetrachtung die Gefahr eines Verlustgeschäfts wahrscheinlicher ist als die Aussicht auf Gewinnzuwachs.³⁹² In Betracht kommt allerdings stets eine Strafbarkeit nach § 283 Abs. 1 Nr. 2 StGB.

VIII. Vorenthalten und Veruntreuen von Arbeitsentgelt

259 Ein geradezu typischerweise in der Krise von Unternehmen verwirklichter Straftatbestand ist § 266a StGB. Angesichts einer angespannten Finanzsituation wird oftmals versucht, den vermeintlich einfachen Weg zu gehen und sich dringend benötigte Liquidität auf Kosten der Sozialversicherungsträger und der Bundesagentur für Arbeit – und damit der Allgemeinheit – zu erhalten.

260 Das Nichtabführen von Sozialversicherungsbeiträgen ist in § 266a StGB geregelt, wobei zunächst nur Arbeitnehmeranteile (§ 266a Abs. 1 StGB) erfasst waren und erst durch die seit 1.8.2004 geltende Fassung des Abs. 2³⁹³ auch das Vorenthalten von Arbeitgeberanteilen unter Strafe steht. Die Strafvorschrift hat große Bedeutung auch für das Zivilrecht. § 266a StGB ist als Schutzgesetz i. S. des § 823 Abs. 2 BGB allgemein anerkannt³⁹⁴ und verschafft so den Einzugsstellen einen weiteren Schuldner. Dies ist häufig der Geschäftsführer einer inzwischen insolventen GmbH.

1. Der Arbeitgeber als Verantwortlicher

261 § 266a Abs. 1 bis 3 StGB sind **Sonderdelikte**. Nur der **Arbeitgeber** oder ein gemäß § 266a Abs. 5 StGB dem Arbeitgeber Gleichstehender kann **Täter** sein. Arbeitgeber ist derjenige, der den Arbeitsablauf organisiert, der gestaltend auf Arbeitsverhältnisse einwirkt, dem der Arbeitnehmer gemäß §§ 611 ff. BGB Dienste leistet und der im Gegenzug zur Lohnzahlung verpflichtet ist.³⁹⁵ Ein Arbeitsverhältnis und damit die Eigenschaft des Arbeitgebers setzt nicht die zivilrechtliche Wirksamkeit des Arbeitsvertrages voraus. Es genügt ein **faktisches Arbeitsverhältnis**, dessen Existenz die Beteiligten gelten lassen.³⁹⁶ Es kommt auch nicht auf die vertragliche Bezeichnung, sondern auf die tatsächlichen Verhältnisse an.³⁹⁷

262 Wenn Arbeitgeber eine juristische Person oder rechtsfähige Personengesellschaft ist, ergibt sich die strafrechtliche Verantwortlichkeit des maßgeblichen Gesellschaftsorgans über § 14

---

³⁸⁹ Vgl. BGH NJW 1991, 250 (251); *Müller-Gugenberger/Schmid*, § 31 Rn. 70; *Hartung*, NJW 1996, 229 (235).
³⁹⁰ BGH NJW 2011, 3733 (3735).
³⁹¹ Vgl. *Scholz/Tiedemann*, Vor §§ 82 ff. Rn. 15.
³⁹² BGH bei *Holtz*, MDR 1982, 624; *Fischer*, § 266 Rn. 62, 62 ff.
³⁹³ Änderung durch das Gesetz zur Intensivierung der Bekämpfung der Schwarzarbeit und damit zusammenhängender Steuerhinterziehung vom 23.7.2004, BGBl. I S. 1842.
³⁹⁴ *Stapelfeld* BB 1991, 1501 (1505); BGH NJW 1998, 1306.
³⁹⁵ *Wegner*, wistra 1998, 283 (284) m. w. N.
³⁹⁶ LK/*Gribbohm*, § 266a Rn. 15.
³⁹⁷ BGH NStZ 2001, 599.

A. „Klassisches" Insolvenzstrafrecht

Abs. 1 StGB. Bei mehreren Geschäftsführern einer GmbH ist wegen der vom Gesetz vorgesehenen Allzuständigkeit des Geschäftsführers jeder Geschäftsführer verantwortlich. Gleiches gilt für den Vorstand einer AG. Hier sind alle Mitglieder des Vorstandes, auch die stellvertretenden, verantwortlich. Eine **ressortmäßige Aufgabenverteilung** ändert hieran nichts. Die intern nicht zuständigen Vorstandsmitglieder oder Geschäftsführer haben dann eine Überwachungspflicht.[398]

Nach § 14 StGB verantwortlich ist auch der **Insolvenzverwalter**, da das Recht des Schuldners, das zur Insolvenzmasse gehörende Vermögen zu verwalten und über es zu verfügen, mit Eröffnung des Insolvenzverfahrens gemäß § 80 Abs. 1 InsO auf den Verwalter übergeht. Damit kann er sich nach § 266a StGB strafbar machen. Dies gilt auch für den verfügungsbefugten vorläufigen Verwalter (so genannter starker vorläufiger Verwalter).[399] Ob der vorläufig schwache Insolvenzverwalter über § 13 StGB Garant für die Zahlung der Gesamtsozialversicherungsbeiträge ist,[400] ist jedoch zweifelhaft. Die Aufgabe des vorläufig schwachen Insolvenzverwalters ist lediglich der Schutz der Insolvenzmasse vor schädigenden Verfügungen durch den weiterhin verwaltungsbefugten Geschäftsführer. In die Arbeitgeberstellung tritt der vorläufig schwache Insolvenzverwalter hingegen nicht ein. 263

Täter kann auch der **faktisch Verantwortliche**[401] sein. Entgegen heftiger Kritik in der Literatur[402] hält der BGH an der Figur des faktischen Geschäftsführers auch für den Tatbestand des § 266a StGB fest.[403] Zudem kann sich die Arbeitgeberstellung und damit die strafrechtliche Verantwortlichkeit unabhängig von der (strafrechtlichen) Figur des faktischen Geschäftsführers auch aus sozialrechtlichen Gründen ergeben. Danach ist beispielsweise derjenige Arbeitgeber, der sich bei der rechtlichen Gestaltung eines Strohmanns bedient.[404] 264

Als Arbeitgeber ist auch derjenige anzusehen, der einen **angeblich Selbständigen** (oftmals entgegen der tatsächlichen Ausgestaltung der vertraglichen Beziehung als freier Mitarbeiter oder als Subunternehmer bezeichnet) in der Weise beschäftigt, dass dieser in Wirklichkeit als sozialversicherungspflichtiger Arbeitnehmer zu qualifizieren ist. Maßgeblich für die Arbeitnehmereigenschaft sind hierbei allein die tatsächlichen Verhältnisse wie umfassende Weisungsgebundenheit, Entlohnung nach festen Stundensätzen, Einbindung in den Betriebsablauf und Fehlen eines eigenen unternehmerischen Risikos.[405] Auch die in § 7 Abs. 4 SGB IV genannten Kriterien können herangezogen werden, um eine **Scheinselbstständigkeit** und damit eine Arbeitnehmer- sowie auf der anderen Seite eine Arbeitgebereigenschaft anzunehmen.[406] Die sozialversicherungsrechtliche Beweislastumkehr, die in § 7 Abs. 4 SGB IV normiert ist, gilt für das Strafrecht jedoch nicht.[407] Allerdings können die im Statusfeststellungsverfahren nach § 7a SGB IV gemachten Angaben verwertet werden.[408] 265

2. Der Sozialversicherungsbeitrag als Tatgegenstand

Gegenstand der Taten nach § 266a Abs. 1 und 2 StGB sind die Beiträge zur Kranken-, Pflege-, Renten- und Arbeitslosenversicherung, vgl. § 28d SGB IV. Zahlungsverpflichtungen, die zwar gegenüber der Krankenkasse bestehen, aber keine unmittelbaren Sozialversicherungsbeiträge 266

---

[398] Vgl. *Hüffner*, § 91 Rn. 3.
[399] Hierzu näher Kap. 8 Rn. 164 ff.; *Plagemann*, NZS 2000, 8 (9); a.A. MünchKommStGB/*Radtke*, § 266a Rn. 14.
[400] So Voraufl.; *Richter*, NZI 2002, 121 (123).
[401] Vgl. hierzu näher unten Rn. 317 ff.
[402] Vgl. *Ignor/Rixen/Pananis*, Rn. 725; *Wegner*, wistra 1998, 283 (284 f.); Schönke/Schröder/*Perron*, § 266a Rn. 11; ebenso KG NJW-RR 1997, 1126.
[403] Vgl. aus jüngerer Zeit: BGH NStZ 2002, 547 (549); s. dazu auch LK/*Gribbohm*, § 266a Rn. 15 m. w. N.
[404] Schönke/Schröder/*Perron*, § 266a Rn. 11.
[405] Vgl. BGH NStZ 2001, 599; siehe hierzu auch *Schulz*, NJW 2006, 183 (184).
[406] S. a. Schönke/Schröder/*Perron*, § 266a Rn. 6.
[407] S. a. *Müller-Gugenberger/Heitmann*, § 36 Rn. 16 f.
[408] *Schulz*, NJW 2006, 183.

darstellen, insbesondere Säumniszuschläge und Zinsen, sind hingegen vom Tatbestand nicht erfasst.[409]

267 **Abs. 1** betrifft nur den Anteil des Arbeitnehmers. Den Arbeitgeberanteil oder -beitrag erfasst **Abs. 2**, der nicht das bloße Vorenthalten von Arbeitgeberbeiträgen unter Strafe stellt, sondern – in Anlehnung an § 370 Abs. 1 AO – ein bestimmtes Verhalten gegenüber der Einzugsstelle fordert (Machen von unrichtigen oder unvollständigen Angaben oder pflichtwidriges In-Unkenntnis-Lassen der Einzugsstelle von relevanten Tatsachen).

268 Durch den umfassenderen Abs. 1 des § 266a StGB werden solche Sozialversicherungsbeiträge, die der Arbeitgeber allein zu tragen hat, also vor allem die Beiträge zur Unfallversicherung (vgl. §§ 150 ff. SBG VII), **nicht** geschützt. Auch Fälle eines geringfügigen Beschäftigungsverhältnisses (so genannte Minijobs auf 400-Euro-Basis) nicht, da bei diesem der Arbeitgeber die Pauschbeträge zur Kranken- und Rentenversicherung allein zu tragen hat.[410] Ebenso betrifft § 266a Abs. 1 keine Ausbildungsverhältnisse, bei denen die Ausbildungsvergütung unter 325 Euro liegt, und beispielsweise Entlohnungen im Rahmen eines freiwilligen sozialen Jahrs, weil auch hier ausschließlich der Arbeitgeber die Beitragslast trägt.[411]

269 Das Vorenthalten von Sozialversicherungsbeiträgen bei den genannten Beschäftigungen wird aber (seit dem 1.8.2004) durch den zweiten Absatz des § 266a StGB unter Strafe gestellt. Eine Ausnahme gilt nur für die – im Rahmen des Insolvenzstrafrechts kaum relevante – geringfügige Beschäftigung in Privathaushalten (vgl. § 8a SGB IV), wo ein entsprechendes Verhalten nur als Ordnungswidrigkeit geahndet werden kann. Diese Ausnahme ergibt sich zwar nicht aus § 266a StGB selbst, jedoch aus §§ 111 Abs. 1 Satz 2 SGB IV und § 209 Abs. 1 Satz 2 SGB VII.[412]

3. Das Vorenthalten als Tathandlung

a) Nichtabführen der Beiträge

270 Vorenthalten i. S. des § 266a Abs. 1 und 2 StGB bedeutet, dass der Beitrag bei Fälligkeit nicht an die zuständige Einzugsstelle abgeführt wird.[413] Einzugsstelle ist gemäß § 28i Satz 1 SGB IV grundsätzlich (Ausnahmen vgl. § 28i SGB IV) die zuständige Krankenkasse, von der die Krankenversicherung durchgeführt wird.[414]

271 Das Vorenthalten muss nicht auf Dauer erfolgen; es genügt ein **Vorenthalten auf Zeit**.[415] Das hat zur Folge, dass auch die „Kreditbeschaffung bei der Sozialversicherung" im Fall eines Zahlungsengpasses des Arbeitgebers grundsätzlich Strafbarkeit nach sich zieht. Die Nachzahlung der Beiträge muss jedoch bei der Strafzumessung berücksichtigt werden. Bei einem geringen Zinsschaden, also vor allem also bei relativ zeitnaher Nachzahlung, kommt regelmäßig eine Einstellung nach § 153 oder § 153a StPO in Betracht,[416] soweit in diesem Fall nicht ohnehin die Voraussetzungen des § 266a Abs. 6 StGB gegeben sind.[417]

b) Kausalität bei Abs. 2

272 Bei Abs. 2 muss die Verletzung der Erklärungspflichten für das Vorenthalten kausal geworden sein; auch § 266a Abs. 2 StGB ist ein **Erfolgsdelikt**.[418] Dies könnte dazu führen, dass eine Verurteilung oftmals deswegen scheitert, weil der Täter nach der conditio-sine-qua-non-Formel die Arbeitgeberbeiträge abgeführt haben müsste, wenn man sich die Verletzung der Er-

---

[409] LK/*Gribbohm*, § 266a Rn. 48.
[410] Vgl. auch *Müller-Gugenberger/Heitmann*, § 36 Rn. 36; *Ignor/Rixen/Pananis*, Rn. 734.
[411] *Müller-Gugenberger/Heitmann*, § 36 Rn. 37; *Ignor/Rixen/Pananis*, Rn. 733.
[412] Vgl. auch *Erbs/Kohlhaas/Ambs*, SGB III Anh. § 266a StGB Rn. 20.
[413] BGH NJW 1997, 133 (134).
[414] Zu Ausnahmen für die neuen Bundesländer *Schönke/Schröder/Perron*, § 266a Rn. 8.
[415] *Erbs/Kohlhaas/Ambs*, SGB III Anh. § 266a StGB Rn. 4.
[416] Vgl. auch SK/*Samson/Günther*, § 266a Rn. 25; *Ignor/Rixen/Pananis*, Rn. 739.
[417] Vgl. dazu unten Rn. 293.
[418] *Rönnau/Kirch-Heim*, wistra 2005, 321 (323).

A. „Klassisches" Insolvenzstrafrecht 9

klärungspflichten wegdenkt (bei Abs. 2 Nr. 1) oder die Erfüllung der Erklärungspflichten hinzudenkt (bei Abs. 2 Nr. 2).[419]

c) Fälligkeit der Beiträge

Gemäß § 23 Abs. 1 Satz 1 SGB IV werden geschuldete laufende Beiträge entsprechend den Regelungen der Satzungen der Krankenkasse (Einzugsstelle) fällig. Das ist regelmäßig der auch in § 23 Abs. 1 Satz 2 SGB IV bestimmte Zeitpunkt. Für laufende Beiträge, die nach der Arbeitszeit oder dem Arbeitsentgelt bemessen sind, ist dies in Höhe der voraussichtlich anfallenden Beiträge der **drittletzte Bankarbeitstag** des Monats, in dem die Beschäftigung oder Tätigkeit ausgeübt wird, für die das Arbeitsentgelt erzielt wird. Ein eventuell verbleibender Restbetrag wird zum drittletzten Bankarbeitstag des Folgemonats fällig. Sonstige, nicht nach dem Arbeitsentgelt oder der Arbeitszeit zu berechnende Beiträge (z. B. Beiträge für Seeleute, Rehabilitanten) werden am 15. des Folgemonats zur Zahlung fällig. Zu den genannten Zeitpunkten muss das Geld bei der Einzugsstelle eingegangen sein, also i. d. R. auf dem Konto der Krankenkasse gutgeschrieben sein. Die bloße Erteilung des Überweisungsauftrags reicht nicht aus.[420] 273

Eine **Stundung** des Beitrags vor Fälligkeit schließt die Strafbarkeit aus. Eine stillschweigende Duldung der Einzugsstelle, die Zahlungsfrist zu überschreiten, oder die schlichte Verhandlungsbereitschaft hinsichtlich einer möglichen Stundung ändert hingegen nichts an der Fälligkeit des Beitragsanspruchs und damit bei Nichtzahlung an der Strafbarkeit. Auch eine Stundung nach Fälligkeit oder der Verzicht auf Vollstreckungsmaßnahmen hebt die bereits eingetretene Strafbarkeit nicht auf.[421] 274

Ob § 23 Abs. 1 SGB IV überhaupt eine von der Satzung der Einzugsstelle abweichende Stundungsvereinbarung zulässt, hat der BGH für zweifelhaft gehalten, letztendlich aber offen gelassen.[422] Zumindest ist eine Stundung nach § 76 SGB IV nur unter den dort genannten engen Voraussetzungen möglich. Bei einer tatsächlich getroffenen Stundungsvereinbarung wird es, wenn man deren Wirksamkeit mangels Zulässigkeit verneint, jedoch regelmäßig am Vorsatz des Beitragspflichtigen fehlen.[423] 275

d) Tatbestandsverwirklichung bei Nichtauszahlung des Lohns

In Abs. 1 ist **ausdrücklich geregelt**, dass der Tatbestand unabhängig davon eingreift, ob Arbeitsentgelt gezahlt wird oder nicht. Hierbei ist jedoch darauf hinzuweisen, dass das Kriterium der Lohnauszahlung im Fall der illegalen Arbeitnehmerüberlassung weiterhin eine Rolle spielen kann. Wegen der Regelung in § 28e Abs. 2 Satz 3 SGB IV ist ein Verleiher nämlich nur dann verpflichtet, Sozialversicherungsbeiträge abzuführen, wenn er Arbeitsentgelt tatsächlich zahlt. Er gilt nur in diesem Fall gemäß § 28e Abs. 2 Satz 4 SGB IV als Arbeitgeber. 276

e) Teilleistungen und Tilgungsbestimmungen

Da für die Strafbarkeit nach § 266a **Abs. 1** StGB nur die Versicherungsbeiträge der Arbeitnehmer relevant sind, ist für diesen Tatbestand vor allem bei **Teilzahlungen** von Bedeutung, worauf der Schuldner leistet. Die gleiche Frage tritt auf, wenn Zahlungsrückstände bestehen und die Zahlungen nicht den gesamten offenen Betrag – also die Rückstände und die aktuell fälligen Beiträge – abdecken. § 4 Satz 2 der Beitragsverfahrensverordnung (BVV) regelt, dass die Schulden grundsätzlich in folgender Reihenfolge getilgt werden: Auslagen der Einzugsstelle, Gesamtsozialversicherungsbeiträge, Säumniszuschläge, Zinsen, Geldbußen oder Zwangsgelder. Hierbei werden innerhalb der gleichen Schuldenart die einzelnen Schulden nach ihrer Fälligkeit, bei gleichzeitiger Fälligkeit anteilsmäßig getilgt. Der Arbeitgeber kann bei der Zahlung jedoch eine **andere Reihenfolge bestimmen**, und zwar hinsichtlich der 277

---

[419] So *Rönnau/Kirch-Heim*, wistra 2005, 321 (324 ff.), die deswegen eine Neufassung vorschlagen.
[420] Vgl. *Wegner*, wistra 1998, 283 (285 f.).
[421] LK/*Gribbohm*, § 266a Rn. 51; *Müller-Gugenberger/Heitmann*, § 36 Rn. 24.
[422] BGH NJW 1992, 177 (178).
[423] *Ignor/Rixen/Pananis*, Rn. 739.

Sozialversicherungsbeiträge auch dahin gehend, dass vorrangig die Arbeitnehmeranteile getilgt werden sollen (§ 4 Satz 1 zweiter Halbsatz BVV).

278 Bei **Fehlen einer ausdrücklichen** Tilgungsbestimmung nimmt die Rechtsprechung an, dass aufgrund der ausdrücklichen gesetzlichen Bestimmung des § 4 Satz 2 BVV für eine stillschweigende Tilgungsbestimmung im Hinblick auf die vorrangige Zahlung auf Arbeitnehmeranteile kein Raum sei, denn anderenfalls würde diese Vorschrift weitgehend leerlaufen. Es sei erforderlich, dass eine Tilgungsbestimmung in irgendeiner Art und Weise greifbar in Erscheinung getreten sei.[424] Zu recht wird dieser Auffassung allerdings entgegen gehalten, dass sie zu strafrechtlich unerträglichen Ergebnisse führe.[425] Da eine stillschweigende Tilgungsbestimmung möglich sei, wird auf den – auch für die Einzugsstelle erkennbaren – mutmaßlichen Willen des Beitragsleistenden abzustellen sein. Dabei ist anzunehmen, dass er zunächst auf die strafrechtlich relevanten Arbeitnehmeranteile leisten will, um eine Strafbarkeit zu vermeiden. Allerdings können sich auch nach der Gegenansicht Anhaltspunkte für einen Tilgungswillen hinsichtlich der Arbeitnehmeranteile etwa daraus ergeben, dass die Teilzahlung gerade in Höhe der Arbeitnehmerbeiträge oder dass sie nach einem Hinweis der Einzugsstelle auf die Strafbarkeit der nicht rechtzeitigen Zahlung der Arbeitnehmerbeiträge erfolgt.[426] In jedem Fall werden im Strafverfahren in diesen Konstellationen die Einstellungsmöglichkeiten nach den §§ 153, 153a StPO besonders zu prüfen sein, da der Beitragspflichtige durch eine ihm jederzeit mögliche ausdrückliche Tilgungsbestimmung die Strafbarkeit hätte vermeiden können.

f) Unmöglichkeit und Unzumutbarkeit der Erfüllung der Handlungspflicht

279 Strafbarkeit scheidet schon nach allgemeinen Grundsätzen aus, wenn dem Verpflichteten eine Zahlung nicht möglich ist. Die Unmöglichkeit normgemäßen Verhaltens lässt nämlich die Tatbestandsmäßigkeit bei Unterlassungsdelikten wie dem § 266a Abs. 1 und Abs. 2 Nr. 2 StGB entfallen; es fehlt dann an einem „Vorenthalten".[427]

280 aa) **Unmöglichkeit** in diesem Sinne kann dann gegeben sein, wenn dem Arbeitgeber im maßgeblichen Zeitpunkt die **Zahlungsfähigkeit fehlt**.[428] Unmöglichkeit liegt jedoch nicht automatisch vor, wenn der Arbeitgeber überschuldet oder zahlungsunfähig i. S. des Insolvenzrechts (§ 17 InsO) ist.[429] Unmöglichkeit bedingende Zahlungsunfähigkeit ist nämlich nicht schon dann gegeben, wenn der Arbeitgeber nicht mehr in der Lage ist, seinen Verbindlichkeiten Gläubigern gegenüber generell nachzukommen, sondern erst dann, wenn ihm die Mittel nicht mehr zur Verfügung stehen, um ganz konkret die fälligen Arbeitnehmeranteile zur Sozialversicherung abzuführen.[430] Das bedeutet, dass von einer die Strafbarkeit ausschließenden Unmöglichkeit erst dann auszugehen ist, wenn der Schuldner aus Geldmangel zu **keinerlei Zahlungen** mehr – von solchen in unwesentlicher Höhe abgesehen[431] – in der Lage ist. Der Pflicht zur Abführung der Arbeitnehmeranteile soll nach überwiegender Meinung nämlich ein **absoluter Vorrang** vor anderen (zivilrechtlichen) Verbindlichkeiten zukommen.[432] Deshalb muss der Arbeitgeber zur Vermeidung strafbaren Verhaltens noch vorhandene Mittel zuallererst dazu verwenden, die Arbeitnehmeranteile zur Sozialversicherung abzuführen. Selbst Lohnzahlungen haben hier ggf. zurückzustehen. Kein Vorrang besteht

---

[424] BGH NJW 2009, 2599; 2001, 967 (968); BGH NJW-RR 2001, 1280 (1281); *Richter*, NZI 2002, 121 (124); a. A. Bittmann/Bittmann, Insolvenzstrafrecht § 21 Rn. 107.
[425] BayObLGSt 1998, 187 = NStZ-RR 1999, 142; *Wegner*, wistra 2000, 35 (36 f.); *Pelz*, Rn. 503; Schönke/Schröder/Perron, § 266a Rn. 10a; *Fischer*, § 266a Rn. 11; LK/Gribbohm, § 266a Rn. 62 m. w. N.
[426] *Pelz*, Rn. 438 m. w. N.
[427] Vgl. BGHZ 133, 370 (379 f.); NJW 2002, 1123 (1124); a. A. OLG Celle NStZ 1998, 303.
[428] Vgl. BGHZ 133, 370 (379 f.); NJW 2002, 1123 (1124); NStZ 2002, 547 (548).
[429] Vgl. hierzu oben Kap. 8 Rn. 103 ff.
[430] BGH NJW 1997, 133 (134); NJW 2002, 1123 (1125).
[431] Vgl. BGH NJW 2002, 1124 (1125).
[432] BGHZ 134, 309 (310 f.) = NJW 1997, 1237 (1238); BGHSt 48, 307 (311) = NStZ 2004, 283; NJW 2005, 2650 (2651) m. w. N.; vgl. auch *Ignor/Rixen/Pananis*, Rn. 742 und *Erbs/Kohlhaas/Ambs*, SGB III Anh. § 266a StGB Rn. 31.; a. A. BGH NJW 2005, 2546 (II. Zivilsenat).

A. „Klassisches" Insolvenzstrafrecht 9

allerdings gegenüber sonstigen Zahlungspflichten, deren Nichterfüllung ebenfalls strafbedroht ist, beispielsweise zur Zahlung der Vergütung an Steuerberater zur Erstellung der Buchführung und Bilanz zur Erfüllung der Pflichten aus §§ 283 Abs. 1 Nr. 5 und 7, § 283b StGB.

Jedoch auch im Fall der absoluten Unmöglichkeit der Zahlung zum Fälligkeitszeitpunkt scheidet Strafbarkeit nicht automatisch aus. Der Arbeitgeber muss nämlich dafür Sorge tragen, die Beiträge am Tag der Fälligkeit entrichten zu können. Es wird ihm angelastet, wenn er den Zustand fehlender Handlungsmöglichkeit pflichtwidrig mit wenigstens bedingtem Vorsatz selbst herbeigeführt hat.[433] Denn als Unterlassungstäter haftet auch derjenige, der zur Vornahme der gebotenen Handlung nicht in der Lage ist, sich jedoch zu einem Zeitpunkt, zu dem er noch handlungsfähig war, selbst in diese Lage gebracht hat, sofern er sich dieses Umstands bewusst gewesen ist und ihn sowie die Möglichkeit, dass er die gebotene Handlung nicht vornehmen wird, zumindest billigend in Kauf genommen hat (**omissio libera in causa**).[434] Dies ist vor allem dann der Fall, wenn der Beitragsschuldner kurz vor Fälligkeit auf andere Verbindlichkeiten (auch in „kongruenter Deckung") leistet. Deshalb ist er ggf. sogar verpflichtet, die Nettolohnzahlungen für den laufenden Monat anteilig zu kürzen, um die darauf entfallenden, erst später fällig werdenden Sozialversicherungsbeiträge abführen zu können.[435] Da der Geschäftsführer einer GmbH die rechtliche Verpflichtung zur Abführung von Sozialversicherungsbeiträgen erst mit seiner Bestellung übernimmt, kann ihm das **pflichtwidrige Verhalten früherer Geschäftsführer** jedoch insoweit nicht zugeordnet werden.[436]

281

Der Arbeitgeber ist grundsätzlich auch verpflichtet, sich zur Erfüllung seiner sozialversicherungsrechtlichen Pflichten **Kreditmittel** zu beschaffen.[437] Dies allerdings nur dann, wenn deren Rückzahlung gewährleistet ist.[438] Vom Arbeitgeber kann nicht verlangt werden, dass er zur Leistung der Sozialversicherungsbeiträge einen Betrug begeht. Dass dabei einem Missbrauch Tür und Tor geöffnet sei,[439] ist unzutreffend. Hat der Beitragsschuldner Kredit aufgenommen und für andere Zwecke verwendet, ergibt sich eine Strafbarkeit schon aufgrund des von der Rechtsprechung angenommenen Vorrangs der Beitragspflicht.

282

Da die Zahlungspflicht über den Fälligkeitszeitpunkt hinaus andauert, kann der Arbeitgeber, der am Fälligkeitstag tatsächlich nicht in der Lage war zu zahlen und der auch nicht über die Grundsätze der omissio libera in causa strafrechtlich verantwortlich ist, dennoch den Tatbestand erfüllen, wenn er **später** wieder **zahlungsfähig wird** und weiterhin nicht zahlt.[440] Beendet ist die Tat nämlich erst mit Erfüllung der Beitragsschuld oder mit Wegfall des Beitragspflichtigen.[441]

283

bb) Ein weiterer Fall der Unmöglichkeit ist gegeben, wenn dem Schuldner die **rechtliche Möglichkeit** zur Zahlung **fehlt**. Dies ist vor allem dann gegeben, wenn die Beiträge erst nach Eröffnung eines Insolvenzverfahrens fällig werden, weil der Schuldner damit die Befugnis verloren hat, über das zur Insolvenzmasse gehörende Vermögen zu verfügen (§ 80 Abs. 1 InsO).[442] Gleiches gilt vor Eröffnung des Insolvenzverfahrens, sobald das Insolvenzgericht dem Schuldner ein allgemeines Verfügungsverbot auferlegt hat (§ 21 Abs. 2 Nr. 2 InsO).[443]

284

---

[433] BGHZ 134, 304 = NJW 1997, 1237; BGH NStZ 2002, 547(548); LK/*Gribbohm*, § 266a Rn. 56; *Schönke/Schröder/Lenckner/Perron*, § 266a Rn. 10; *Wegner*, wistra 1998, 283, 289 m. w. N.
[434] BGH NJW 2002, 1123 (1125) m. w. N.
[435] BGHZ 134, 304 = NJW 1997, 1237; LK/*Gribbohm*, § 266a Rn. 56: s. a. *Schönke/Schröder/Perron*, § 266a Rn. 10.
[436] BGH NJW 2002, 1122.
[437] BGH NJW 1997, 133 (134); *Schönke/Schröder/Perron*, § 266a Rn. 10; SK/*Samson/Günther*, § 266a Rn. 27; *Fischer*, § 266a Rn. 17.
[438] So BGH NStZ 2002, 547 (549); *Fischer*, § 266a Rn. 17; zustimmend *Radtke*, NStZ 2003, 154 (156).
[439] So die Voraufl. Rn. 242.
[440] SK/*Samson/Günther*, § 266a Rn. 33.
[441] BGH NStZ 2012, 510 (511).
[442] BGH NJW 1998, 1306 noch zur Konkursordnung.
[443] BGH NJW 1998, 1306 noch zur Konkursordnung; *Brückl/Kersten*, NJW 2003, 272.

Ebenso wenn Zahlungen nur mit Zustimmung des vorläufigen (schwachen) Insolvenzverwalters zulässig sind, dieser aber die Genehmigung verweigert.

285   cc) Problematisch ist das **Verhältnis des § 266a StGB zu § 64 Satz 1 GmbHG und § 92 Abs. 2 AktG**. Nach diesen Vorschriften dürfen die Geschäftsführer einer GmbH und die Vorstandsmitglieder einer AG nach Eintritt der Zahlungsunfähigkeit oder Feststellung der Überschuldung der GmbH oder AG keine Zahlungen mehr leisten. Zahlungsunfähigkeit ist hier wie bei § 15a InsO entsprechend der insolvenzrechtlichen Definition zu verstehen. Das bedeutet, dass nicht nur bei Überschuldung, sondern auch bei Zahlungsunfähigkeit in diesem Sinn Zahlungen oftmals tatsächlich noch geleistet werden können.

286   Damit kollidiert die durch § 266a StGB strafbewehrte Zahlungspflicht aus dem SGB IV mit dem **Zahlungsverbot** nach § 64 Satz 1 GmbHG, § 92 Abs. 2 AktG, deren Verletzung eine zivilrechtliche Schadensersatzpflicht auslösen kann. Der Widerspruch zwischen dem Zahlungsverbot auf der einen und der Zahlungspflicht auf der anderen Seite ist nach Auffassung des BGH (5. Strafsenat) dahin gehend aufzulösen, dass das gesellschaftsrechtliche Zahlungsverbot während des Laufs der Dreiwochenfrist die Nichtabführung der Arbeitnehmerbeiträge rechtfertigt.[444] Betreibt der Verantwortliche das Unternehmen jedoch über die Dreiwochenfrist hinaus weiter, muss er die Arbeitnehmerbeiträge aus den noch vorhandenen Mitteln abführen. Wie der 5.Strafsenat des BGH ausdrücklich betont, kann sich derjenige Verantwortliche, der bei gegebener Insolvenzreife erkennt, dass für das Unternehmen keine Sanierungsmöglichkeit mehr besteht, und trotzdem keinen Insolvenzantrag stellt, jedenfalls in strafrechtlicher Hinsicht nicht auf den Grundsatz der Massesicherung (§ 64 Abs. 2 GmbHG) berufen, wenn er das Unternehmen dennoch weiterführt.[445]

287   dd) Neben den dargestellten Fällen gibt es weitere – seltene – Konstellationen, die eine Strafbarkeit mangels Möglichkeit oder Zumutbarkeit der Beitragszahlung ausschließen. So kann beispielsweise eine unerwartete Krankheit oder ein Unfall den Arbeitgeber an der Zahlung hindern.[446] Unzumutbarkeit liegt dann vor, wenn die Beitragszahlung zu einer Gefahr für höchstpersönliche Rechtsgüter des Beitragspflichtigen oder einer ihm nahe stehenden Person führen würde, wozu namentlich die Gefährdung des notwendigen Lebensbedarfs zählt.[447]

4. Subjektiver Tatbestand

288   Für den Vorsatz, wie ihn § 266a **Abs. 1** StGB voraussetzt, sind das Bewusstsein und der Wille erforderlich und ausreichend, die Beiträge bei Fälligkeit (trotz Zahlungsfähigkeit) nicht abzuführen.[448] Der Arbeitgeber oder sein gesetzlicher Vertreter muss daher die Pflicht zur Abführung der Beiträge sowie den Zeitpunkt der Fälligkeit kennen und – da **bedingter Vorsatz** genügt – wenigstens billigend in Kauf nehmen, dass diese Pflicht nicht erfüllt wird.[449]

289   Damit sind die subjektiven Voraussetzungen auch dann erfüllt, wenn der Arbeitgeber trotz Vorstellung von der Möglichkeit der Beitragsvorenthaltung diese gebilligt und nicht in dem erforderlichen Maße auf Erfüllung der Ansprüche der Sozialversicherungsträger auf Abführung der Arbeitnehmerbeiträge hingewirkt hat.[450] Dies hat zur Folge, dass der mitverantwortliche Geschäftsführer einer GmbH, der seinen Überwachungspflichten nicht genügt, sondern auf den Mitgeschäftsführer, der intern für die Abführung der Sozialversicherungsbeiträge zuständig ist, vertraut hat, sich nicht in einem den Vorsatz ausschließenden Tatbestandsirrtum befindet. Es ist allenfalls ein Irrtum über das Unrecht seines Verhaltens, also ein Verbots- bzw. Gebotsirrtum gegeben.[451]

---

[444] BGHSt 48, 307 (310) = NStZ 2004, 283; NStZ 2006, 223; a. A. Vorauflage Rn. 276.
[445] BGH NStZ 2006, 223 (224 f.).
[446] Vgl. auch Schönke/Schröder/*Perron*, § 266a Rn. 10.
[447] Schönke/Schröder/*Perron*, § 266a Rn. 10; *Ignor/Rixen/Pananis*, Rn. 744.
[448] BGH NJW 2002, 1122 (1123).
[449] BGH NJW 2001, 969 (971).
[450] BGHZ 134, 304 (314); BGH NJW 2001, 969 (970).
[451] BGH NJW 2001, 969 (971).

A. „Klassisches" Insolvenzstrafrecht

Bei **Abs. 2** muss sich der Vorsatz zusätzlich auf das Verschweigen und dass es sich hierbei um sozialversicherungsrechtlich erhebliche Tatsachen handelt (Nr. 2) beziehen oder darauf, dass die Angaben unrichtig oder unvollständig sind (Nr. 1). 290

Soweit dem Arbeitgeber sein vor dem Fälligkeitszeitpunkt liegendes Verhalten, etwa die Befriedigung anderer Gläubiger unter Missachtung des Vorrangs der Entrichtung der Arbeitnehmerbeiträge, zur Last zu legen ist, müssen die Merkmale des bedingten Vorsatzes in dem insoweit maßgeblichen Zeitpunkt gegeben sein.[452] Das bedeutet, der Arbeitgeber muss die Anzeichen von Liquiditätsproblemen, die besondere Anstrengungen zur Sicherstellung der Abführung der Arbeitnehmerbeiträge verlangten, erkannt haben.[453] Unterlässt er es dennoch, Maßnahmen zu ergreifen, die eine Befriedigung dieser vorrangigen sozialversicherungsrechtlichen Verbindlichkeiten gewährleisten und nimmt er dabei zumindest billigend in Kauf, dass bei Unterlassung von Sicherheitsvorkehrungen später möglicherweise die Arbeitnehmerbeiträge nicht mehr (rechtzeitig) erbracht werden können, handelt er vorsätzlich.[454] 291

5. Strafe und Nebenfolge

Das Gesetz droht sowohl in in Abs. 1 als auch 2 des § 266 StGB jeweils **Freiheitsstrafe** bis zu fünf Jahren oder **Geldstrafe** an. In **besonders schweren Fällen** nach Abs. 4 sieht das Gesetz Freiheitsstrafe von sechs Monaten bis zu zehn Jahren vor. Nebenfolge einer Verurteilung ist der Ausschluss von öffentlichen Aufträgen, falls das Gericht eine Freiheitsstrafe von mehr als drei Monaten oder eine Geldstrafe von über 90 Tagessätzen verhängt (§ 21 Abs. 1 Satz 1 Nr. 4 SchwarzArbG). Da die Abführung von Sozialversicherungsbeiträgen eine Berufspflicht i. S. des § 70 StGB ist, kommt auch die Anordnung eines Berufsverbotes in Betracht.[455] 292

6. Strafbefreiende Selbstanzeige

Nach § 266a Abs. 6 Satz 1 StGB kann das Gericht von einer Bestrafung absehen, wenn der Arbeitgeber spätestens im Zeitpunkt der Fälligkeit oder unverzüglich danach der Einzugsstelle schriftlich die Höhe der vorenthaltenen Beiträge mitteilt und darlegt, warum die fristgerechte Zahlung nicht möglich ist, obwohl er sich ernstlich darum bemüht hat. Sobald der Arbeitgeber dann die Beiträge innerhalb einer von der Einzugsstelle gewährten Stundungsfrist nachentrichtet, entfällt gemäß Satz 2 **zwingend** die Strafe. Damit hat die Regelung strengere Voraussetzungen als die steuerstrafrechtliche Selbstanzeige nach § 371 AO, und zwar auch in Bezug auf den Abs. 2 des § 266a StGB, obwohl dieser nicht auf die Nichtzahlung der Beiträge, sondern auf unrichtige oder unvollständige Angaben und das In-Unkenntnis-Lassen der Einzugsstelle abstellt.[456] Von der Möglichkeit nach § 266a Abs. 6 Satz 1 StGB wird kaum Gebrauch gemacht. Bei insolventen Unternehmen scheitert zwingende Straffreiheit nach Satz 2 zudem aufgrund des Erfordernisses der Nachzahlung der Beiträge in aller Regel an der schlechten wirtschaftlichen Situation. 293

7. Konkurrenzen

a) Allgemein

Das auf einem einheitlichen Willensentschluss beruhende Vorenthalten von Sozialversicherungsbeiträgen für mehrere Arbeitnehmer zum gleichen Fälligkeitstermin nach Abs. 1 stellt Tateinheit dar (str.).[457] Dies gilt jedoch nur dann, wenn sich die Unterlassungshandlung gegen 294

---

[452] BGHZ 134, 304 (315).
[453] BGH NStZ 2002, 547 (549); Schönke/Schröder/*Perron*, § 266a Rn. 17; *Fischer*, § 266a Rn. 17.
[454] BGH NStZ 2002, 547 (549).
[455] *Erbs/Kohlhaas/Ambs*, SGB III Anh. § 266a StGB Rn. 33; a. A. *Pelz*, Rn. 622.
[456] So auch die Kritik von *Laitenberger*, NJW 2004, 2703 (2706); vgl. dazu auch *Joecks*, wistra 2004, 441 (443).
[457] Schönke/Schröder/*Perron*, § 266a Rn. 28; *Müller-Gugenberger/Heitmann*, § 36 Rn. 45; a. A. LK/*Gribbohm*, § 266a Rn. 108; *Erbs/Kohlhaas/Ambs*, SGB III Anh. § 266a StGB Rn. 24.

dieselbe Einzugsstelle richtet, an welche die Beiträge abzuführen sind. Beim Vorenthalten von Arbeitsentgelten für mehrere Arbeitnehmer gegenüber unterschiedlichen Einzugsstellen ist von **mehreren rechtlich selbstständigen Unterlassungshandlungen** – also Tatmehrheit – auszugehen.[458] Diese sind auch als **rechtlich selbstständige Taten im prozessualen Sinne** anzusehen.[459] Zwischen den Taten nach Absatz 1 und Absatz 2 besteht, jedenfalls wenn sie sich auf dieselben Arbeitnehmer beziehen, Tateinheit.[460]

295 Beschränkt sich die Tätigkeit des Täters ausschließlich auf die Aufrechterhaltung eines auf Beitragsvorenthaltung gerichteten Betriebs und nimmt er keine weitere Mitwirkungshandlung im Hinblick auf die unterbliebene oder fehlerhafte Beitragsabführung bzw. Meldung vor, so kann es sich um eine einzige Tat in Form eines uneigentlichen Organisationsdelikts handeln.[461]

296 Zwischen Beitragsvorenthaltung und – zumindest bei Schwarzarbeit regelmäßig ebenfalls verwirklichter – **Lohnsteuerhinterziehung** besteht Tatmehrheit. Es liegen zudem mehrere Taten im strafprozessualen Sinn vor. Das Gleiche gilt für das Verhältnis zu anderen Steuerhinterziehungsstraftaten, wie etwa zur Umsatzsteuerhinterziehung.[462]

b) Verhältnis zum Beitragsbetrug

297 Beitragsbetrug ist vor allem dann gegeben, wenn der Arbeitgeber der Einzugsstelle gegenüber eine **inhaltlich falsche Meldung** abgibt (§ 266a Abs. 2 Nr. 1 StGB), etwa indem er den Lohn eines oder mehrerer Arbeitnehmer zu niedrig angibt oder bei der Meldung einzelne Arbeitnehmer weglässt. Auch das In-Unkenntnis-Lassen der Einzugsstelle über sozialversicherungsrechtlich erhebliche Tatsachen. z. B. durch die Nichtabgabe einzelner Beitragsnachweise, kann eine Täuschungshandlung sein, wenn dadurch bei der Einzugsstelle der falsche Eindruck entstehen soll, es seien in dem fraglichen Monat keine Arbeitnehmer beschäftigt gewesen.[463]

298 Besonders in der wirtschaftlichen Krise ist mancher Arbeitgeber versucht, nicht nur die Zahlung zu unterlassen – dann liegt Beitragsvorenthaltung vor –, sondern über falsche Angaben seine Beitragsschuld insgesamt vermeintlich zu senken, weil die Nachzahlungspflicht im Falle des § 266a StGB hinderlich für eine eventuelle Sanierung sein kann oder weil vor allem der Geschäftsführer einer GmbH befürchtet, über § 823 Abs. 2 BGB i. V. mit § 266a Abs. 1 StGB persönlich für die Arbeitnehmeranteile in Anspruch genommen zu werden. Bei Falschmeldungen hat er einen dauerhaften Vorteil, egal ob er die zu geringen Beiträge abführt oder sogar diese auch noch schuldig bleibt.

299 Die Unmöglichkeit der Beitragszahlung schließt in den Fällen des Absatzes 2 eine Strafbarkeit anders als bei § 266a Abs. 1 StGB nicht aus.[464] Abs. 2 Nr. 1 stellt kein Unterlassungs-, sondern ein Begehungdelikt dar, das mit Vornahme der Täuschung – ähnlich wie bei § 370 Abs. 1 Nr. 1 AO – vollendet ist. Zwar handelt es sich bei Nr. 2 wiederum um ein Unterlassensdelikt, das aber auf die unterbliebene Unterrichtung der Einzugsstelle abstellt, so dass sich die Unmöglichkeit gerade hierauf und nicht auf die Zahlung der Beiträge beziehen muss.

300 Durch die Einbeziehung der Arbeitgeberanteile in den § 266a StGB und die Ausgestaltung des zweiten Absatzes dieser Vorschrift seit 1.8.2004 entfällt der Betrugstatbestand in aller Regel, weil § 266a StGB lex specialis gegenüber § 263 StGB ist.[465] Von diesem Vorrang ist nicht nur in den Fällen des Abs. 1, sondern auch des Abs. 2 auszugehen, zumal über die besonders schweren Fälle (Abs. 4) kein zusätzliches Bedürfnis mehr besteht, § 263 StGB anzuwenden.[466]

---

[458] BGHSt 48, 307 (314) = NStZ 2004, 283 (283 f.); Schönke/Schröder/*Perron*, § 266a Rn. 28.
[459] OLG Frankfurt a. M. NStZ-RR 1999, 104 (104 f.); *Bittmann/Ganz*, wistra 2002, 130; a. A. OLG Hamm wistra 2001, 238.
[460] *Fischer*, § 266a Rn. 36; *Erbs/Kohlhaas/Ambs*, SGB III Anh. § 266a Rn. 23.
[461] BGH NStZ 2011, 645.
[462] Schönke/Schröder/*Perron*, § 266a Rn. 28; *Müller-Gugenberger/Heitmann*, § 36 Rn. 46; vgl. auch BGH NStZ 2006, 227.
[463] *Müller-Gugenberger/Heitmann*, § 36 Rn. 58.
[464] BGH NStZ 2012, 94 (95).
[465] BGH NStZ 2012, 510 (511); *Joecks*, wistra 2004, 441 (443) m. w. N.
[466] *Erbs/Kohlhaas/Ambs*, SGB III Anh. § 266a StGB Rn. 23.

A. „Klassisches" Insolvenzstrafrecht **9**

8. Notwendiger Inhalt von Anklage und Urteil

Während die frühere Rechtsprechung gefordert hat, in der Anklage die jeweils geschuldeten 301
Beiträge gesondert für die jeweiligen Einzugsstellen aufzuschlüsseln nach
– Anzahl,
– Beschäftigungszeiten und
– Löhnen der Arbeitnehmer sowie
– nach Höhe des jeweiligen Beitragssatzes der Krankenversicherung[467]
soll es in den Fällen, in denen richtige Meldungen an die Einzugsstellen gemacht und lediglich die Beiträge nicht gezahlt wurden, ausreichen, wenn dargestellt werden
– die jeweils geschädigten Krankenkassen,
– die Höhe der Gesamtsozialversicherungsbeiträge,
– die Höhe der darin enthaltenen Arbeitnehmeranteile sowie
– die betreffenden Beitragsmonate.[468]

Es gelten hierbei ähnliche Grundsätze wie bei Steuerstrafverfahren. Bei insoweit fehlender 302
Buchführung des Täters können die geschuldeten Beiträge allerdings gegebenenfalls anhand
vorhandener Unterlagen geschätzt werden.[469] Um diesen Anforderungen zu genügen, muss
die Staatsanwaltschaft insbesondere beachten, dass aus den Rückstandsaufstellungen der Krankenkassen eventuell die Geringverdiener herausgerechnet werden müssen sowie die Arbeitnehmeranteile der Beschäftigten, die zwischen 400 <Euro> und 800 <Euro> pro Monat
verdienen, weil für diese der Arbeitnehmeranteil nicht in voller Höhe anfällt.[470] Zudem
muss bei Teilzahlungen genau aufgeschlüsselt werden, auf welche Forderungen der jeweiligen
Einzugsstelle eine Verrechnung erfolgt, wobei die Krankenkassen in ihrer Buchhaltung teilweise die BVV nicht hinreichend beachten, so dass die Staatsanwaltschaft deren Daten nicht
ohne weiteres übernehmen kann. Folgt man der Auffassung des BayObLG zur Verrechnung
von Teilzahlungen,[471] sind die Strafverfolgungsbehörden gezwungen, immer eigene, an dieser
Rechtsprechung orientierte Aufschlüsselungen der Zahlungen vornehmen.

Im Urteil müssen in aller Regel, da die fehlende tatsächliche Möglichkeit der Zahlung die 303
Tatbestandsmäßigkeit entfallen lässt,[472] Feststellungen zur finanziellen Situation des Arbeitgebers getroffen werden, insbesondere zur Zahlungsfähigkeit bei Fälligkeit der Beiträge. Diese
Feststellungen können allenfalls dann entbehrlich sein, wenn sich – was selten vorkommt –
keinerlei Anhaltspunkte auf eine möglicherweise angespannte finanzielle Lage ergeben. Die
Staatsanwaltschaft muss deshalb entsprechende Ermittlungen anstellen, vor allem wenn sie
gleichzeitig wegen Insolvenzverschleppung oder Bankrott Anklage erhebt. Sie sollte dann bereits in der Anklage darstellen, dass dem Beitragsschuldner trotz Zahlungsunfähigkeit im insolvenzrechtlichen Sinn die Abführung der Sozialversicherungsanteile noch möglich war oder
dass es der Arbeitgeber unterlassen hat, rechtzeitig dafür Sorge tragen, die Beiträge am Tag
der Fälligkeit entrichten zu können.

Die Frage, in welcher Höhe die Sozialversicherungsabgaben geschuldet sind, ist weitge- 304
hend nicht dem Zeugenbeweis zugänglich, sondern unter Anwendung von Rechtsnormen
zu klären.[473] Deshalb genügt es nicht, zur Höhe der geschuldeten Beträge den Sachbearbeiter
der Einzugsstelle als Zeugen zu vernehmen und die von ihm bekundeten Daten dem Urteil
zu Grunde zu legen.

---

[467] BGH wistra 1992, 145 (147); NJW 2005, 3650 (3651); *Fischer* § 266a Rn. 9a.
[468] BGH NStZ 2011, 161.
[469] Vgl. BGH NStZ 2001, 599 (600); *Fischer* § 266a Rn. 9a.
[470] *Bittmann/Bittmann,* Insolvenzstrafrecht § 21 Rn. 35 f.
[471] Oben Rn. 278.
[472] Oben Rn. 280 ff.
[473] BGH NJW 2005, 3650 (3651).

IX. Sonstige Insolvenzstraftaten i. w. S.

305 Häufig werden im Zusammenhang mit der bevorstehenden oder eingetretenen Insolvenz weitere Straftaten begangen, von denen hier nur einige kurz dargestellt werden sollen.

1. Falsche Versicherung an Eides Statt

306 Im Rahmen des Insolvenzverfahrens hat der Schuldner ein Vermögensverzeichnis einzureichen.[474] Das Insolvenzgericht kann eine eidesstattliche Versicherung der Richtigkeit und Vollständigkeit der Auskunft verlangen (§ 20 Satz 2 i. V. mit § 98 Abs. 1 Satz 1 InsO). Darüber hinaus gibt es im Rahmen des Insolvenzverfahrens weitere Verpflichtungen, die Richtigkeit von Angaben an Eides Statt zu versichern (vgl. §§ 98 Abs. 1, 153 Abs. 2 InsO). Insbesondere kann der Schuldner nach § 153 Abs. 2 InsO angehalten werden, die Richtigkeit und Vollständigkeit der Vermögensübersicht sowohl auf aktivischer als auch passivischer Seite, einschließlich derjenigen Gegenstände, die er beiseite gebracht hat oder deren Übertragung anfechtbar sind,[475] zu versichern. Häufig hat der Schuldner auch schon vor Einleitung des Insolvenzverfahrens auf Antrag eines Gläubigers die **eidesstattliche Versicherung nach § 807 ZPO** abgegeben und nicht selten hier falsche, insbesondere unvollständige Angaben gemacht.

307 Der Straftatbestand der Falschen Versicherung an Eides Statt nach § 156 StGB erfasst Verstöße gegen die Richtigkeit und Vollständigkeit dieser Angaben. Das Vollstreckungs- oder Insolvenzgericht gilt gemäß § 11 Abs. 1 Nr. 7 StGB als Behörde. § 156 StGB erfasst nur die Angaben, zu denen der Schuldner nach § 807 Abs. 1 ZPO oder nach § 98 Abs. 1 InsO verpflichtet ist. Zudem müssen die Angaben sich bei § 807 ZPO auf einen Gegenstand mit gegenwärtig konkret greifbarem Vermögenswert beziehen. Hieran kann es bei debitorischen Girokonten fehlen, so dass diese nur dann genannt werden müssen, wenn eine Kontokorrentabrede mit Dispositionskredit, der noch nicht voll ausgeschöpft ist, vorliegt (sehr str.).[476]

2. Unterschlagung

308 In oder unmittelbar vor der Krise ist dem Schuldner oder Verantwortlichen nach § 14 StGB oft jedes Mittel recht, um den Unternehmenszusammenbruch zu verhindern, zu verzögern oder um sich persönlich, vor allem zulasten einer juristischen Person und damit (auch) zum Nachteil von deren Gläubigern, zu bereichern. Nicht selten wird hier der Tatbestand der Unterschlagung nach § 246 StGB verwirklicht. Vor allem das **Beiseiteschaffen von Waren** oder Vermögensgegenständen einer juristischen Person, um diese Gegenstände einer Nachfolge-GmbH zuzuführen, kann hier relevant sein.[477] Soweit es sich dabei um unter **Eigentumsvorbehalt** stehende Ware handelt, liegt eine Unterschlagung deshalb vor, weil die Veräußerung üblicherweise nur im ordnungsgemäßen Geschäftsgang zulässig ist. Gleiches gilt für die Veräußerung von **sicherungsübereigneten Gegenständen**. § 283 Abs. 1 Nr. 1 StGB scheidet hinsichtlich der unter Eigentumsvorbehalt gelieferten Waren aus, da diese nicht zur Insolvenzmasse gehören. Die Unterschlagung verwirklicht den Qualifikationstatbestand des Abs. 2 (veruntreuende Unterschlagung).

---

[474] Dazu näher Rn. 59 f.
[475] Münchener Kommentar StGB/*Müller*, § 256 Rn. 40.
[476] Vgl. – auch zur a. A. – BayObLGSt 1999, 93 (94) = NStZ 1999, 563 (564).
[477] Vgl. BGHSt 3, 32 (39).

A. „Klassisches" Insolvenzstrafrecht

3. Kreditbetrug; Wechsel- und Scheckbetrug

a) Kreditbetrug

Bei beginnender oder sich abzeichnender Krise des Unternehmens wird üblicherweise versucht, neue Kredite zu erhalten oder Kreditinstitute zu veranlassen, den Kreditrahmen zu erhöhen. Da dies bei bestehenden wirtschaftlichen Problemen meist nur dann gelingt, wenn der Bank (weitere) Sicherheiten zur Verfügung gestellt werden – die in aller Regel nicht vorhanden sind –, ist die Versuchung groß, das Ziel durch falsche Angaben gegenüber dem Kreditinstitut zu erreichen. Daneben wird häufig versucht, mit Gläubigern – ebenfalls unter Vorspiegelung falscher Tatsachen – eine (weitere) Stundung von Forderungen zu vereinbaren. Dem Kreditbetrug als typisches Insolvenzdelikt i. w. S. ist in der InsO dadurch Rechnung getragen, dass die Restschuldbefreiung gemäß § 290 Abs. 1 Nr. 2, § 297 Abs. 1 InsO zu versagen ist, wenn der Schuldner in den letzten drei Jahren eine entsprechende Tat begangen hat. 309

Durch beide Verhaltensweisen kann sich der Schuldner wegen Kreditbetrugs nach § 265b oder § 263 StGB strafbar machen.[478] § 265b StGB ist ein **abstraktes Gefährdungsdelikt**, das im Unterschied zu § 263 StGB bereits mit Vorlage der falschen Unterlagen oder Angaben vollendet ist, ohne dass es auf Irrtumserregung, Kreditgewährung oder Schadenseintritt ankommt.[479] Wenn im Einzelfall die weiteren Voraussetzungen des § 263 StGB erfüllt sind, wobei Versuch genügt, ist § 265b StGB nicht anwendbar; er tritt hinter § 263 StGB zurück.[480] 310

Vollendeter Betrug nach § 263 StGB scheidet oftmals deswegen aus, weil die Stundung einer bestehenden Forderung (ggf. i. V. mit der Rücknahme eines Zwangsvollstreckungsauftrags) nur dann einen Vermögensschaden begründet, wenn dadurch eine Verschlechterung der konkret gegebenen Vollstreckungsaussicht eintritt. Das ist dann nicht der Fall, wenn der Schuldner schon im Zeitpunkt der Stundung kein pfändbares Vermögen mehr hat.[481] 311

Beim Kreditbetrug nach § 265b StGB ist zu beachten, dass nur **Betriebe und Unternehmen** als Kreditgeber und -nehmer in Betracht kommen, und zwar nur solche, die gemäß Abs. 3 Nr. 1 nach Art und Umfang einen in kaufmännischer Weise eingerichteten Geschäftsbetrieb erfordern. Kredite (Betriebskredite) i. S. des § 265b StGB sind gemäß Abs. 3 Nr. 2 Gelddarlehen aller Art, Akzeptkredite, der entgeltliche Erwerb und die Stundung von Geldforderungen, die Diskontierung von Wechseln und Schecks und die Übernahme von Bürgschaften, Garantien und sonstigen Gewährleistungen. 312

§ 265b StGB hat – in der Variante **Stundung von Geldforderungen** – damit Bedeutung nicht nur für Bankdarlehen, sondern auch für den Bereich des **Waren- und Lieferantenkredits**. Der Tatbestand des § 265b Abs. 1 Nr. 1 Buchst. b StGB ist z. B. bereits dann erfüllt, wenn der Käufer einer Ware den Verkäufer in einem Brief mit der unrichtigen Behauptung, er habe demnächst Außenstände zu erwarten, um die Stundung des Kaufpreises um einige Wochen bittet.[482] Oftmals scheitert die Verwirklichung des (objektiven) Tatbestandes in diesen Fällen aber daran, dass von § 265b StGB nur schriftliche Angaben erfasst werden und nicht mündlich – vor allem telefonisch – geäußerte Bitten um Stundung. Auch beim Kredit in der Form, dass bereits bei Bestellung ein Zahlungsziel eingeräumt wird, fehlt es – anders als beim Antrag auf Gewährung eines Bankkredits – in aller Regel an entsprechenden schriftlichen Angaben oder der Vorlage von Unterlagen über die wirtschaftlichen Verhältnisse des Bestellers. 313

b) Wechsel- und Scheckbetrug

Als Wechsel- und Scheckbetrug werden besondere Formen des „Kreditbetrugs" im Rahmen des § 263 StGB bezeichnet. Auch diese Arten des Betrugs werden oftmals im Zusammenhang mit der wirtschaftlichen Krise eines Unternehmens begangen.[483] 314

---

[478] Dazu auch Kap. 10 – Straftaten im Bankbereich, Rn. 170 ff.
[479] BGHSt 30, 285 (291) = NJW 1982, 775 (776); Fischer, § 265b Rn. 2.
[480] BGHSt 36, 130 = NJW 1989, 1868; Fischer, § 265b Rn. 2; SK/Samson/Günther, § 265b Rn. 28; a. A. LK/Tiedemann, § 265b Rn. 14; Schönke/Schröder/Perron, § 265b Rn. 51.
[481] BGH NStZ 2003, 546 (548).
[482] Fischer, § 265b Rn. 14.
[483] Dazu Kap. 10 Rn. 125 ff.

4. Steuerstraftaten

315 In Krisensituationen werden typischerweise Steuerstraftaten gemäß §§ 370 ff. AO begangen, vor allem Steuerhinterziehung (§ 370 AO), und zwar nicht nur in Form des Nichtabführens von Lohnsteuer der Arbeitnehmer. Da das Steuerstrafrecht ausführlich im 21. Kapitel dieses Handbuchs dargestellt ist, soll hier nur auf einige im Zusammenhang mit der Unternehmenskrise wichtige Punkte hingewiesen werden.

316 Zudem ist darauf hinzuweisen, dass oftmals **Umsatzsteuervoranmeldungen** im Zeitraum kurz vor Insolvenzantragstellung nicht mehr oder nicht mehr pünktlich abgegeben werden. Dies erfüllt bereits den Tatbestand der vollendeten Steuerhinterziehung. Die verspätete Abgabe stellt zwar eine Selbstanzeige dar. Straffreiheit tritt gemäß § 371 Abs. 3 AO jedoch nur dann ein, wenn die Steuer innerhalb einer von der Finanzverwaltung gesetzten Frist nachgezahlt wird. Hierzu kommt es meist nicht, da entsprechende Mittel fehlen oder für andere Zwecke verwendet werden.

B. Strafrechtliche Besonderheiten

I. Der faktische Geschäftsführer

1. Bestimmung des faktisch Verantwortlichen

a) Grundsätzliches

317 Verhältnismäßig häufig ist zu beobachten, dass strafbare Handlungen durch faktische Geschäftsführer verübt werden. Von faktischer Geschäftsführung spricht man zum einen bei **fehlerhafter Bestellung** eines Geschäftsführers. Zum anderen – und dies sind die in der strafrechtlichen Praxis meist relevanten Fälle – wird als faktischer Geschäftsführer derjenige bezeichnet, der offiziell gar nicht als Geschäftsführer auftaucht, d. h. dessen **Bestellung gänzlich fehlt**[484] (faktischer Geschäftsführer i. e. S.). Wie bereits bei der Insolvenzverschleppung dargestellt,[485] werden speziell bei GmbHs nicht selten Strohmänner als Geschäftsführer eingesetzt, die Geschicke der juristischen Person aber von jemand anderem – dem faktischen Geschäftsführer – geleitet. Grund hierfür ist z. B., dass der faktische Geschäftsführer einen schlechten Ruf (in der Branche) genießt und deswegen nicht nach außen in Erscheinung treten will. Als anderer Grund kommt in Betracht, dass dem faktischen Geschäftsführer die Ausübung eines Gewerbes nach § 35 GewO untersagt wurde oder er der Registersperre des § 6 Abs. 2 Satz 3 GmbHG unterfällt. Weitere Motivation kann beispielsweise sein, dass derjenige, der von vornherein Straftaten oder zumindest Manipulationen beabsichtigt, meint, durch fehlende Geschäftsführerbestellung könnte er einer persönlichen zivilrechtlichen Haftung entgehen und außerdem verhindern, strafrechtlich zur Verantwortung gezogen zu werden. Je nach Grund für die faktische Geschäftsführung bleibt der faktisch Verantwortliche entweder völlig im Hintergrund oder er tritt nach außen hin als der Bevollmächtigte des eingetragenen Geschäftsführers auf.

318 Bei Aktiengesellschaften und sonstigen Unternehmensformen können ebenfalls nicht offiziell bestellte Organe in Wirklichkeit leitende Funktionen ausüben – faktische Vorstandsmitglieder oder faktische Organwalter.[486] Selbst bei einzelkaufmännisch betriebenen Unternehmen kommt eine beherrschende Stellung eines Dritten – z. B. des Ehepartners der Inhaberin – vor. Deshalb spricht man allgemein von **faktischer Unternehmensbeherrschung**.[487] In der Praxis steht der faktische Geschäftsführer einer GmbH im Vordergrund.

319 Soweit die ursprünglichen Geschäftsführerpflichten wegen Auflösung der Gesellschaft dem Liquidator (Abwickler) obliegen, gibt es den **faktischen Liquidator**. Da die formalen Geschäftsführer geborene Liquidatoren sind (§ 66 Abs. 1 GmbHG), ist der Übergang vom fakti-

---

[484] Vgl. *C. Schäfer*, GmbHR 1993, 717 (722); *Hachenburg/Kohlmann*, vor § 82 Rn. 20 m. w. N.
[485] Oben Rn. 36.
[486] Vgl. oben Rn. 64 und 75.
[487] Vgl. auch *Müller-Gugenberger/Bieneck*, § 77 Rn. 16.

B. Strafrechtliche Besonderheiten

schen Geschäftsführer zum faktischen Liquidator vorprogrammiert, wenn der offizielle Geschäftsführer seine Funktion bereits bei der lebenden Gesellschaft tatsächlich nicht ausgeübt hat.

Die nachstehend dargestellten strafrechtlichen Verantwortlichkeiten gelten grundsätzlich 320 für sämtliche Arten der faktischen Unternehmensbeherrschung bei allen Gesellschaftsformen.

b) Bestimmung im Einzelnen

aa) Der faktisch Verantwortliche i. e. S. kann strafrechtlich belangt werden, wenn er die **Stel-** 321 **lung** eines **Geschäftsführers**, Vorstandsmitglieds oder Liquidators **tatsächlich eingenommen** hat. Diese Voraussetzung ist dann erfüllt, wenn sowohl betriebsintern als auch nach außen alle Dispositionen weitgehend von ihm ausgehen und er auch im Übrigen auf Geschäftsvorgänge, die üblicherweise von der Geschäftsführung entschieden werden, bestimmenden Einfluss nimmt.[488] Auf die entsprechende Stellung kann aus der Zusammenschau der einzelnen Tätigkeiten, die insofern bloße Beweisanzeichen darstellen, geschlossen werden.[489] Als Hinweise kommen in Betracht:
– selbständige Leitung sämtlicher Außengeschäfte;
– Auftreten gegenüber den Mitarbeitern als Geschäftsführer;
– Auftreten gegenüber den Kunden als Geschäftsführer;
– Erteilung von Buchungsanweisungen an einen mit der Führung der Geschäftsbücher betrauten Steuerberater;
– Entscheidung über Steuerangelegenheiten;
– Einstellung und Entlassung von Mitarbeitern, Ausstellen von Zeugnissen;
– Vereinbarung von Stundungen oder Aushandeln von Zahlungsbedingungen mit Lieferanten;
– Verhandlungen mit Banken;
– Vergütung, die dem Gehalt eines Geschäftsführers entspricht.

Fehlt es an einzelnen Merkmalen, steht dies einer tatsächlichen Geschäftsführertätigkeit nicht zwingend entgegen. So war der faktische Geschäftsführer in einem vom BGH entschiedenen Fall offiziell als Bote und Hausmeister angestellt, wofür er Lohn von 400 bis 600 DM erhielt.[490]

Erforderlich ist aber stets ein **Auftreten nach außen**. Der faktische Geschäftsführer muss 322 sich im Außenverhältnis wie ein Organwalter gerieren.[491] Daraus folgt, dass die bloße Wahrnehmung von Gesellschafterrechten, insbesondere die Erteilung von Weisungen an Geschäftsführer, alleine noch nicht zur Annahme einer faktischen Geschäftsführung ausreicht.[492]

Maßgeblich ist immer die **tatsächliche Verfügungsmacht**. Ob der faktisch Verantwort- 323 liche diese Verfügungsmacht auch formal nach außen hin hat, ist unerheblich. So benötigt der faktische Geschäftsführer beispielsweise keine Kontovollmacht. Es genügt, wenn er über den tatsächlichen Geschäftsführer (Strohmann) oder über Prokuristen Verfügungen über die Firmenkonten nach seinem Belieben vornehmen kann.[493] Im Gegenzug reicht es nicht aus, wenn jemand zwar umfangreiche Vollmachten wie Bank-, Einkaufs- und Verkaufsvollmachten hat, tatsächlich aber keinen eigenen maßgeblichen Einfluss auf die gesamten Geschäftsvorgänge nimmt, also nicht die gesamte Leitung des Unternehmens übernommen hat.[494]

Faktisches Mitglied des Vorstands kann auch ein Aufsichtsratsvorsitzender sein, der eine so 324 dominierende Stellung in der Gesellschaft hat, dass alle wesentlichen Entscheidungen von ihm getroffen werden. Dasselbe gilt für einen Bankenvertreter im Aufsichtsrat, wenn die Geschäftsleitung der Gesellschaft faktisch von ihm und der hinter ihm stehenden Bank gesteuert wird.

---

[488] BGHSt 3, 32 (37); BGH NJW 2000, 2285 m. w. N.; *Erbs/Kohlhaas/Schaal,* § 399 AktG Rn. 13.
[489] BGHSt 31, 118 (121) = NJW 1983, 240; *Erbs/Kohlhaas/Schaal,* § 399 AktG Rn. 13.
[490] BGHSt 31, 118 = NJW 1983, 240; zur „Sechs-von-acht-Theorie" vgl. Rn. 328.
[491] *Strohn,* ZIP 2011, 158 (161).
[492] *Ogiermann/Weber,* wistra 2011, 206 (208).
[493] Vgl. BGHSt 31, 118 (121) = NJW 1983, 240.
[494] *Hachenburg/Kohlmann,* vor § 82 Rn. 28.

325 **bb)** Zusätzlich zu der tatsächlichen Aufnahme der Geschäftsführungstätigkeit verlangt der BGH ein Handeln **im Einverständnis mit den Gesellschaftern oder dem Aufsichtsrat**.[495] Auch die bloße **Duldung** des maßgebenden Gesellschaftsorgans oder der Mehrheit seiner Mitglieder reicht aus.[496] Hierin ist ein faktisches Einverständnis zu sehen.

c) Faktische Mitgeschäftsführung

326 Es ist nicht erforderlich, dass der faktische Geschäftsführer die Geschicke der Gesellschaft allein leitet. Er kann neben einem weiteren Geschäftsführer, der nicht nur als Strohmann agiert, sondern tatsächlich Geschäftsführeraufgaben wahrnimmt, tätig sein.[497] Er ist dann **faktischer Mitgeschäftsführer**. Hier forderte der BGH eine **überragende Stellung** des Täters in der Geschäftsführung.[498] Anschließend ließ er ein bloßes „Übergewicht" genügen, wenn der bestellte Geschäftsführer selbst Geschäftsführungsaufgaben von Gewicht wahrnimmt.[499]

327 In späteren Entscheidungen[500] stellt der BGH erneut auf den „überragenden Einfluss" ab. Ob diese Rechtsprechung als „vorsichtige Distanzierung" zu dem früheren Urteil zu werten ist,[501] erscheint allerdings fraglich. Solange der BGH von seiner Entscheidung aus dem Jahr 1984 nicht ausdrücklich abrückt, reicht ein **Übergewicht** der Geschäftsführung des faktischen Geschäftsführers weiterhin aus.[502] Die Stellung als faktischer Geschäftsführer begründet eine Verantwortlichkeit im insolvenzstrafrechtlichen Sinn aber jedenfalls dann nicht, wenn der faktische Geschäftsführer gleichberechtigt neben dem eingetragenen Geschäftsführer steht.[503] In diesem Fall kann sich der auf den oder die Geschäftsführer Einfluss nehmende Gesellschafter oder sonstige Dritte jedoch wegen Anstiftung oder Beihilfe strafbar machen.[504]

328 Eine überragende Stellung ist nach dem BayObLG[505] dann gegeben, wenn der faktische Geschäftsführer **mindestens sechs** der folgenden acht klassischen Merkmale im Kernbereich der Geschäftsführung erfüllt:
– Bestimmung der Unternehmenspolitik,
– Unternehmensorganisation,
– Einstellung von Mitarbeitern,
– Gestaltung der Geschäftsbeziehungen zu Vertragspartnern,
– Verhandlung mit Kreditgebern,
– Gehaltshöhe,
– Entscheidung in Steuerangelegenheiten,
– Steuerung der Buchhaltung.

Diese „Sechs-von-acht-Theorie" wird teilweise nicht nur zur Bestimmung der überragenden Stellung eines faktischen Mitgeschäftsführers herangezogen, sondern dient auch zur Qualifizierung des faktischen Geschäftsführers an sich.[506]

329 Bei **Aufgabentrennung** hindert die Mitgeschäftsführung des formal bestellten Geschäftsführers eine Bestrafung des faktischen Geschäftsführers nicht (soweit seiner Geschäftsführung zumindest ein Übergewicht zukommt). Die Grundsätze der Allzuständigkeit und Generalverantwortlichkeit[507] gelten auch für den faktischen Geschäftsführer.[508]

---

[495] BGHSt 3, 32 (38); 21, 101 (103); NStZ 2000, 34 (35).
[496] BGHSt 21, 101 (104) = NJW 1966, 2225; für die Insolvenzantragspflicht ebenso *Strohn*, DB 2011, 158 (163).
[497] Vgl. BGHSt 31, 118 (121 f.) = NJW 1983, 240 (241); *Strohn*, DB 2011, 158 (160).
[498] BGHSt 31, 118 = NJW 1983, 240.
[499] BGH wistra 1984, 178 = StV 1984, 461 m. Anm. *Otto*; s. a. *Dierlamm*, NStZ 1996, 153 (155); *Hildesheim*, wistra 1993, 166; *Ogiermann/Weber*, wistra 2011, 206 (208).
[500] BGH wistra 1990, 97 und NJW 1998, 767 = NStZ 1998, 568.
[501] So *Dierlamm*, NStZ 1998, 569 (570).
[502] Offen gelassen z. B. von BayObLGSt 1997, 38 (39) = NJW 1997, 1936; a. A. *Tiedemann*, Wirtschaftsstrafrecht Rn. 136.
[503] OLG Düsseldorf wistra 1989, 152 (153).
[504] *Hachenburg/Kohlmann*, vor § 82 Rn. 34.
[505] BayObLGSt 1997, 38 (39) = NJW 1997, 1936.
[506] Vgl. *Dierlamm* NStZ 1996, 153 (156); *Wegner*, wistra 1998, 283 (284).
[507] Dazu oben Rn. 46 ff.
[508] Vgl. BGH wistra 1990, 97 (98); a. A. *Scholz/Tiedemann*, § 84 Rn. 23.

B. Strafrechtliche Besonderheiten

2. Strafbarkeit wegen Insolvenzverschleppung

a) Nicht wirksam bestellter Geschäftsführer

Der **fehlerhaft bestellte** Geschäftsführer ist strafrechtlich voll verantwortlich. Zwar greift bei unterlassener oder verspäteter Insolvenzantragstellung die Vorschrift des § 14 Abs. 3 StGB nicht ein, weil § 14 StGB insgesamt bei der Insolvenzverschleppung keine Anwendung findet,[509] da als Täter ausdrücklich das Vertretungsorgan genannt ist. Nach h. M. ist unabhängig von der Regelung in § 14 Abs. 3 StGB Voraussetzung für eine Bestrafung des fehlerhaft bestellten faktischen Geschäftsführers jedoch nur, dass der Betreffende sich mit seiner Bestellung einverstanden erklärt und sein Amt tatsächlich wahrgenommen hat.[510]

330

b) Faktischer Geschäftsführer i. e. S.

Der Insolvenzverschleppung macht sich auch derjenige strafbar, der als Geschäftsführer oder sonstiger Vertreter **nicht bestellt** und nicht im Handelsregister eingetragen ist, die **Position** aber im Einverständnis mit dem maßgeblichen Gesellschaftsorgan **tatsächlich einnimmt**, d. h. die oben dargestellten Kriterien erfüllt.[511] § 14 StGB steht der Anwendung der Tatbestände der Insolvenzverschleppung auf diese Art des faktischen Geschäftsführers nicht entgegen. Vielmehr entspricht die Anwendung der Insolvenzverschleppungstatbestände dem Grundgedanken der in § 14 StGB getroffenen Regelung.[512] Auch verfassungsrechtliche Bedenken bestehen nicht. Die faktische Betrachtungsweise verstößt weder gegen das Analogieverbot noch gegen den Grundsatz der Tatbestandsbestimmtheit des Art. 103 Abs. 2 GG.[513] Besonderer Prüfung bedarf aber stets der Umstand, ob es dem faktischen Geschäftsführer überhaupt möglich gewesen war bzw. wäre, Eröffnungsantrag zu stellen. Nach dem Wortlaut der §§ 14, 15 InsO steht dem faktischen Geschäftsführer nämlich kein eigenes Antragsrecht zu.[514] Kann der faktische Geschäftsführer angesichts der hohen Hürden bei der Glaubhaftmachung entweder seine faktische Geschäftsführerstellung oder das Vorliegen des Eröffnungsgrundes nicht darlegen, scheidet eine Strafbarkeit aus, entweder weil er seiner Handlungspflicht nachgekommen ist oder im Falle des Unterlassens, die Stellung eines zulässigen Eröffnungsantrags aus tatsächlichen und/oder rechtlichen Gründen nicht möglich gewesen wäre.[515] Die Annahme einer Pflicht des faktischen Geschäftsführers zur Einwirkung auf den satzungsmäßig bestellten Geschäftsführer zur Stellung eines Eröffnungsantrags[516] übersteigt jedoch die Wortlautgrenze der Strafnorm.[517] Soweit sich der Betreffende auf die Unkenntnis seiner strafrechtlichen Verantwortlichkeit als faktisches Organ beruft, wird regelmäßig nur ein vermeidbarer **Verbots-** bzw. **Gebotsirrtum** nach § 17 StGB vorliegen.[518]

331

c) Strohmann

Wenn der Insolvenzantrag verspätet oder gar nicht gestellt wird, ist zusätzlich zu dem faktischen Geschäftsführer der (ordnungsgemäß) bestellte Geschäftsführer – oftmals ein reiner **Strohmann** – wegen Insolvenzverschleppung zu bestrafen.[519] Die tatsächliche Übertragung der Geschäftsführung auf einen anderen entbindet den im Handelsregister eingetragenen Geschäftsführer nicht von seinen Pflichten. Er kann sich auch nicht damit entlasten, er sei von einer ordnungsgemäßen Pflichterfüllung des faktischen Geschäftsführers ausgegangen. Wenn

332

---

[509] Vgl. BGHSt 31, 118 (122 f.) = NJW 1983, 240 (241).
[510] BGHSt 3, 32 (37 f.); *Scholz/Tiedemann*, § 84 Rn. 17.
[511] BGHSt 31, 118 = NJW 1983, 240; *Erbs/Kohlhaas/Schaal*, § 82 GmbHG Rn. 7.
[512] BGHSt 31, 118 (123) = NJW 1983, 240 (241); s. a. *Erbs/Kohlhaas/Schaal*, § 82 GmbHG Rn. 7.
[513] Vgl. BGH NJW 2000, 2285 (2286) m. w. N.; Erbs/Kohlhaas/*Schaal*, § 82 GmbHG Rn. 7.
[514] *Strohn*, DB 2011, 158 (165); *Hefendehl*, ZIP 2011, 601 (605); für ein Antragsrecht *Gundlach/Müller*, ZInsO 2011, 1055.
[515] *Strohn*, DB 2011, 158 (165); *Hefendehl*, ZIP 2011, 601 (605).
[516] So *Strohn*, DB 2011, 158 (165); Scholz/*K. Schmidt*, GmbHG, Anh. § 64 Rn. 40.
[517] *Hefendehl*, ZIP 2011, 601 (605); anders noch Voraufl.
[518] Scholz/*Tiedemann*, § 82 Rn. 173.
[519] *Richter*, GmbHR 1984, 111 (119).

er die ihm obliegenden Aufgaben nicht selbst wahrnimmt, hat er zumindest die Pflicht zur Kontrolle des Vertreters.[520] Legt er sein Amt nieder, ist er ab diesem Zeitpunkt nicht mehr insolvenzantragspflichtig; die Verpflichtung geht nach § 15a Abs. 4 InsO auf die Gesellschafter über.

3. Strafbarkeit wegen Bankrotts

a) Nicht wirksam bestellter Geschäftsführer

333 Da Täter nach § 283 StGB der Schuldner ist, muss bei juristischen Personen und anderen Gesellschaften auf § 14 StGB zurückgegriffen werden. Bei förmlicher Bestellung, die zivilrechtlich unwirksam ist, ergibt sich die Organhaftung des faktischen Geschäftsführers unmittelbar aus dem Gesetz. § 14 Abs. 3 StGB regelt, dass die Unwirksamkeit des Bestellungsaktes strafrechtlich ohne Bedeutung ist.

b) Faktischer Geschäftsführer i. e. S.

334 Bei **tatsächlicher Ausübung der Geschäftsführertätigkeit** sind zwar die in § 14 Abs. 1 Nr. 1 und Abs. 3 StGB normierten Voraussetzungen nicht gegeben. Der faktische Geschäftsführer i. e. S. ist aber dennoch tauglicher Täter.[521] Wenn die oben dargestellten Kriterien erfüllt sind, hat er sämtliche Pflichten des Schuldners, Gesellschafters, Geschäftsführers oder des Vorstandsmitglieds. Dies bedeutet, dass er nicht nur die vor allem in § 283 Abs. 1 Nr. 1 bis 4 StGB bezeichneten Handlungen nicht vornehmen darf, sondern auch, dass er den Buchführungs- und Bilanzierungspflichten nachzukommen hat. Tut er dies nicht, macht er sich nach § 283 Abs. 1 Nr. 5 oder 7 StGB strafbar. Dies gilt auch bei faktischer Mitgeschäftsführung.

335 Der Irrtum, ohne formelle Bestellung zum Geschäftsführer für die ordnungsgemäße Buchführung und die rechtzeitige Bilanzerstellung nicht verantwortlich zu sein, ist als **Verbotsirrtum** (Gebotsirrtum) zu qualifizieren. Dieser ist in aller Regel vermeidbar. Insbesondere entschuldigt ein unterlassener Hinweis der beratenden Rechtsanwälte hinsichtlich der Pflichten eines faktischen Geschäftsführers nicht,[522] anders aber bei einem unzutreffenden Hinweis.

c) Strohmann

336 Auch in Bezug auf eine Bankrotttraftat kann **zusätzlich** zu dem faktischen Geschäftsführer der **formal bestellte Geschäftsführer** den Tatbestand verwirklichen.[523] Hinsichtlich der Unterlassungsdelikte nach § 283 Abs. 1 Nr. 5 erste Alt. und Nr. 7 Buchst. b StGB gelten im Prinzip die gleichen Grundsätze wie bei der Insolvenzverschleppung. Eine Strafbarkeit wegen Verletzung der Bilanzierungspflicht kann jedoch dann entfallen, wenn dem Strohmann und formalen Geschäftsführer die Erstellung der Bilanz tatsächlich unmöglich war, etwa weil er keinerlei Einfluss auf die Geschäftstätigkeit und den (faktischen) Geschäftsführer hatte.[524] Soweit Tätigkeitsdelikte nach § 283 StGB betroffen sind, wird der Bankrotttatbestand von dem offiziellen Geschäftsführer nicht verwirklicht, wenn er völlig untätig ist und alles dem faktischen Geschäftsführer überlässt; allenfalls eine Unterlassensstrafbarkeit (§ 13 StGB) kommt in Betracht. Sobald er allerdings – sei es auch nur auf dem Papier durch seine Unterschrift – nach außen handelt, ist er strafrechtlich verantwortlich.

4. Untreuehandlungen

337 Der faktische Geschäftsführer – gleich welcher Art – kann Täter einer Untreue nach dem **Treubruchstatbestand** (§ 266 Abs. 1 zweite Alt. StGB) sein. Hierbei kommt es nicht einmal darauf an, ob er im Einzelnen die für das faktische Organ maßgeblichen Kriterien erfüllt. Es

---

[520] S. a. BGH St 47, 318 (325) = NStZ 2002, 547 (549).
[521] Ständige Rechtsprechung seit BGHSt 21, 101 = NJW 1966, 2225.
[522] BGH wistra 1984, 178 = StV 1984, 461.
[523] Vgl. LK/*Tiedemann,* vor § 283 Rn. 72, 76.
[524] Vgl. KG wistra 2002, 313 (314 f.); a. A. *Maurer,* wistra 2003, 174 (175 f.).

B. Strafrechtliche Besonderheiten

genügt, wenn eine tatsächliche Verfügungsmacht über ein bestimmtes Vermögen, ein tatsächliches Treueverhältnis, besteht.[525] Der **Missbrauchstatbestand** scheidet hingegen aus. Diese Untreuevariante setzt ein rechtswirksames Verhalten des Täters voraus, woran es beim faktischen Geschäftsführer fehlt. Die faktische Rechtsmacht genügt für § 266 Abs. 1 erste Alt. StGB nicht.[526]

5. Sonstige Straftaten

Der faktisch Verantwortliche kann grundsätzlich **Täter sämtlicher** sonstiger **Insolvenzstraftaten** (i. w. S.) mit Ausnahme der Schuldnerbegünstigung sein.[527] § 283d StGB scheidet deswegen aus, weil der faktische Organwalter dem Schuldner oder dem (sonst) nach § 14 StGB Verantwortlichen gleichzustellen ist. Damit ist er nicht „Außenstehender", was der Täter einer Schuldnerbegünstigung jedoch sein muss.[528] Falsche Versicherung an Eides statt kommt durch den faktischen Geschäftsführer nur dann in Betracht, wenn ein fehlerhafter Bestellungsakt vorliegt, er aber trotzdem im Handelsregister eingetragen ist. Bei dem statt oder neben dem offiziellen Geschäftsführer handelnden faktischen Geschäftsführer i. e. S. kommt es nicht zur Abgabe der eidesstattlichen Versicherung durch ihn.

338

II. Spezielle kriminelle Machenschaften

Täter der Insolvenzdelikte, vor allem der Insolvenzverschleppung, sind häufig Gewerbetreibende, die nicht wahrhaben wollen, dass „ihr" Unternehmen in Schieflage geraten ist. Vielfach machen sie selbst etwas vor, wenn sie merken, dass ihr Lebenswerk oder ein altes Familienunternehmen nur noch rote Zahlen schreibt. Sie schieben dies auf die allgemeine wirtschaftliche Situation, auf eine Durststrecke oder auf sonstige unglückliche Umstände. Daneben gibt es diejenigen, die eine bevorstehende oder bereits eingetretene Krise sehr wohl erkennen, die notwendigen Konsequenzen aber bewusst nicht ziehen. Sie tun dies entweder, um weiter die Vorteile, die mit ihrer Tätigkeit verbunden sind, genießen zu können, oder um die Voraussetzungen für eine spätere, gleichartige oder ähnliche unternehmerische Tätigkeit auf Kosten des krisenbefangenen Unternehmens und damit in aller Regel zulasten der Gläubiger zu schaffen. Ein dritter Typus des Insolvenzstraftäters ist derjenige, der von vornherein eine Gesellschaft gründet, um sich persönlich zu bereichern, oder der zu diesem Zweck bereits Not leidende Unternehmen aufkauft. Dieser Täter nutzt ganz bewusst die gesetzlichen Haftungsbeschränkungen juristischer Personen und anderer Gesellschaftsformen und das Insolvenzrecht für seine Zwecke aus. Er ist der „echte Wirtschaftskriminelle".

339

1. Die geplante oder gesteuerte Insolvenz

Durch gezielte Planung oder Steuerung der Insolvenz können Vermögensgegenstände auf den Geschäftsführer und meist einzigen Gesellschafter (Einmann-GmbH), auf Angehörige und sonstige nahe stehende Personen oder auf weitere Gesellschaften übertragen werden. So veräußert der Täter beispielsweise Waren unter Wert an ein von ihm, seiner Ehefrau, seinen Kindern o. Ä. beherrschtes weiteres Unternehmen. Oder es wird die weitere Produktion durch neue Bank- oder Lieferantenkredite vorläufig sichergestellt, um aus den Verkaufserlösen Gehalts-, Honorar- oder Darlehensrückzahlungen an sich selbst zu bewirken.[529] Es gibt

340

---

[525] BGH NJW 1997, 66 (67); LK/*Schünemann*, § 266 Rn. 125.
[526] *Kindhäuser* in Kindhäuser/Neumann/Paeffgen, § 266 Rn. 83; einschränkend LK/*Schünemann*, § 266 Rn. 125.
[527] Speziell zur Strafbarkeit des faktischen Geschäftsführers und des formellen Geschäftsführers (Strohmann) bei § 266a StGB: BGHSt 47, 318 (324f.) = NStZ 2002, 547 (549) und oben Rn. 264.
[528] S. o. Rn. 211.
[529] Vgl. *Müller-Gugenberger/Bieneck*, § 88 Rn. 2; zu weiteren Indizien für gesteuerte Insolvenzen vgl. auch *Leibner*, NZI 2002, 479 ff.

hier vielfältige Möglichkeiten, durch kriminelle Handlungen die Insolvenz bewusst herbeizuführen (geplante Insolvenz) oder den Eintritt der Insolvenzreife zumindest zu steuern, um noch rechtzeitig die Vorteile hieraus zu ziehen (gesteuerte Insolvenz). So werden rechtzeitig vor dem endgültigen Zusammenbruch beispielsweise noch fingierte Darlehensverträge mit dem Unternehmen geschlossen und dadurch Sicherungsübereignungen von Betriebsvermögen erreicht.

341 Durch derartige Handlungsweisen werden üblicherweise folgende Insolvenzstraftatbestände (i. w. S.) verwirklicht:
– Bankrott nach § 283 Abs. 2 StGB;
– Bankrott durch Beiseiteschaffen, § 283 Abs. 1 Nr. 1 StGB;
– Untreue, § 266 StGB;
– Bankrott durch falsches Bilanzieren oder Buchen, § 283 Abs. 1 Nr. 5 oder 7 Buchst. b StGB;
– Unterschlagung, § 246 StGB, insb. von Sicherungsgut;
– Gläubigerbegünstigung, § 283c StGB;
– Betrug, § 263 StGB, vor allem Lieferantenbetrug;
– Beitragsvorhaltung, § 266a StGB;
– Insolvenzverschleppung.

342 Gelegentlich nutzt der Täter auch aus, dass die Gläubiger ihre offenen Forderungen nach einer Abweisung des Insolvenzantrags mangels Masse oftmals endgültig abschreiben. Der bisherige Geschäftsführer hat dann – als Liquidator – faktisch relativ freie Hand, wie er die noch vorhandenen Vermögensgegenstände, die beträchtlich sein können, verteilt.

2. Kriminelle Firmensanierer

343 Immer häufiger bedienen sich insolvente Unternehmen externer „Sanierer", die den maßgeblichen Entscheidungsträgern vorspiegeln, das Unternehmen aus jenen Schwierigkeiten zu führen, die die bisherige Unternehmensleitung nicht zu bewältigen vermochte. Als angebliche Sanierer treten vor allem Unternehmensberater, vereinzelt auch Steuerberater und Rechtsanwälte auf.

a) Einrichtung eines Gläubiger-Fonds

344 aa) Die „Sanierer" erreichen – meist unterstützt durch entsprechendes Auftreten – bei den Gläubigern oftmals Stundungen oder Teilerlassverträge, d. h. einen teilweisen Forderungsverzicht. Dadurch verschaffen sie dem in der Krise befindlichen Unternehmen Zeit für weitere Aktivitäten.[530] Den Gläubigern spiegeln sie überzeugend vor, dass dies für sie der einzig mögliche Weg sei, ohne allzu große Verluste davonzukommen. So weisen sie auf die geringe Erfolgsaussicht bei gerichtlicher Durchsetzung von Forderungen hin sowie darauf, dass ohne Teilverzicht oder zumindest Stundung der Gang zum Insolvenzrichter unausweichlich sei, was mit Sicherheit zu einem völligen Forderungsausfall führe. Deswegen wird mit dem Hinweis auf bereitgestellte Gelder Dritter zur Durchführung eines Sanierungsplans (so genannter Gläubiger-Fonds) geworben. Dabei wird das Vertrauen der Gläubiger vor allem dadurch gewonnen, dass für die angebliche Sanierung ein Anderkonto, das dem Zugriff des Schuldners entzogen ist, eingerichtet wird. Teilweise werden Bankvorstände als Berater oder Mitkontrolleure genannt, um die Seriosität und Sicherheit der Maßnahme zu unterstreichen.[531]

345 bb) Diese Aktivitäten können vor allem die Straftatbestände der Untreue, des Betrugs und des Kreditbetrugs, der Insolvenzverschleppung sowie der Gläubiger- und Schuldnerbegünstigung erfüllen.

346 So liegt **Untreue** (gegenüber den Gläubigern) vor, wenn der „Sanierer" den Gläubigern zur Herbeiführung eines Stundungsvergleichs zusagt, Fonds-Gelder im Rahmen eines Sanierungsplans an sie auszuzahlen, tatsächlich das Geld aber abredewidrig anderweitig, meist für sich oder den Schuldner verwendet.[532] Darüber hinaus macht sich der „Sanierer" des **Betrugs**

---

[530] Vgl. *Richter*, wistra 1984, 97.
[531] Vgl. *Richter*, wistra 1984, 97; *ders*. GmbHR 1984, 113 (116).
[532] Vgl. OLG Stuttgart wistra 1984, 114; *Richter*, wistra 1984, 97.

B. Strafrechtliche Besonderheiten

schuldig, wenn er die Gläubiger durch falsche Angaben über den Fonds und die angeblich zur Verfügung stehenden Gelder zum Abschluss von Stundungs- oder Teilerlassverträgen veranlasst. Problematisch ist hierbei allerdings der Nachweis eines Vermögensschadens. Dem Täter muss nämlich nachgewiesen werden, dass ohne den täuschungsbedingten Abschluss von Stundungsverträgen die Forderungen der Gläubiger zumindest teilweise noch hätten realisiert werden können, während sie nach erfolgloser Durchführung der „Sanierung" wertlos geworden sind.[533] Scheitert der Nachweis, kommt eine Bestrafung wegen **Kreditbetrugs** nach § 265b StGB in Betracht. Des Weiteren verwirklicht der „Sanierer" regelmäßig den Tatbestand der **Insolvenzverschleppung**, soweit er als faktischer Geschäftsführer anzusehen ist oder sogar formal die Funktion des Geschäftsführers übernommen hat. Fehlt es hieran, macht er sich der Anstiftung oder Beihilfe schuldig.

b) Bildung eines Gläubigerpools

Als Variante der vermeintlichen Sanierung kommt die Zusammenführung einzelner (Groß-) Gläubiger zu einem Sicherungspool (Gläubigerpool) in Betracht. Dies ist per se zwar nicht strafbar und inzwischen gängige Praxis sowohl vor als auch im Rahmen eines Insolvenzverfahrens.[534] Die Täuschung und Benachteiligung vor allem von Nichtmitgliedern des Pools ist bei kriminellen angeblichen Sanierern aber vorprogrammiert. Strafbar machen kann sich der „Sanierer" vor allem nach § 263, § 283 Abs. 1 Nr. 8 oder § 266 StGB.[535] Das gleiche kann gelten, wenn mit Gläubigern Moratorien vereinbart, eingehende Kundenzahlungen auf einem Anderkonto des Sanierers gesammelt und diese nach Scheitern eines „Sanierungsplans" dem Schuldner überlassen werden.[536] 347

Poolverträge sind Vereinbarungen von Gläubigern oder Kreditversicherern zwecks Wahrnehmung ihrer gemeinsamen Interessen gegen einen Schuldner. Von einem Sicherheitenpool oder Sicherungspool spricht man, wenn mehrere Gläubiger die Aussonderung (z. B. aufgrund einfachen Eigentumsvorbehalts) oder die Absonderung (z. B. aufgrund von Sicherungsübereignungen) ihrer Mobiliarsicherheiten gemeinsam wahrnehmen.[537] Rechtstechnisch ist der Sicherheitenpool entweder eine BGB-Gesellschaft oder ein unechtes Treuhandverhältnis. Poolvereinbarungen sind **grundsätzlich zulässig**; das drohende Insolvenzverfahren steht der Poolbildung nach h. M.[538] nicht entgegen. Hauptzweck ist, dass die Poolmitglieder ihre Sicherheiten aufgrund der Übertragung auf den Pool nicht mehr voneinander abgrenzen müssen und so Beweisschwierigkeiten vermieden werden.[539] Darüber hinaus kann durch die Poolbildung oftmals eine Unternehmensfortführung erreicht werden. Dies ist in aller Regel im Interesse der Mitglieder des Pools, weil dies die Fertigstellung von Waren und damit die Erzielung eines höheren Verwertungserlöses ermöglicht. 348

c) Gründung von Auffang- oder ähnlichen Gesellschaften

Um ein insolventes oder insolvenzgefährdetes Unternehmen vorübergehend fortzuführen oder es unter Vermeidung von Zerschlagungseinbußen und unter Nutzbarmachung immaterieller Werte optimal zu verwerten, werden oft **Auffang-, Sanierungs- oder Betriebsübernahmegesellschaften** (Stichwort: Übertragende Sanierung[540]) gegründet.[541] Dies kann zwar auch im Interesse der Gläubiger geschehen. Speziell durch angebliche Sanierer soll auf diesem Weg aber ausschließlich eine Zerschlagung des Unternehmens zulasten einzelner oder sämtlicher Gläubiger erfolgen. Die Gründung von Auffanggesellschaften außerhalb eines Insolvenzverfahrens kann eine Form der gesteuerten Insolvenz darstellen. 349

---

[533] *Richter,* wistra 1984, 97 (98); BGH NStZ 2003, 546 (548).
[534] Vgl. nur *Uhlenbruck/Uhlenbruck,* § 51 Rn. 47.
[535] Näher *Tiedemann,* ZIP 1983, 513 (517 f.); s. a. *Müller-Gugenberger/Bieneck,* § 88 Rn. 45.
[536] *Bales,* ZInsO 2010, 2073.
[537] Vgl. *Gottwald/Gottwald,* Insolvenzrechts-Handbuch, 2. Aufl. 2001, § 44 Rn. 2.
[538] Vgl. nur *Burgermeister,* Der Sicherheitenpool im Insolvenzrecht, 2. Aufl. 1996, S. 172.
[539] BGH NJW 1989, 895 (896); Münchener Kommentar BGB/*Ulmer* (3. Aufl.), vor § 705 Rn. 43.
[540] Vgl. Rn. 381 f.
[541] *Tiedemann,* ZIP 1983, 513 (517); s. a. *Mohr,* Kap. 3 (S. 95 ff.).

350 Bereits in der Gründung derartiger Gesellschaften kann ein Beiseiteschaffen von Vermögensbestandteilen (§ 283 Abs. 1 Nr. 1 StGB) oder eine unwirtschaftliche Ausgabe (§ 283 Abs. 1 Nr. 2 StGB) liegen.[542] Im Übrigen kommen vor allem Insolvenzverschleppung, Gläubigerbegünstigung (wenn die Veräußerung an einen Gläubiger erfolgt, dem so eine Aufrechnungsmöglichkeit verschafft werden soll) sowie Bankrott gemäß § 283 Abs. 2 StGB oder Untreue in Betracht. Da Auffang- und ähnliche Gesellschaften ebenso wie Gläubigerpools **grundsätzlich zulässig** sind – und zwar sowohl vor als auch im Rahmen eines Insolvenzverfahrens[543] –, muss die Erfüllung der Tatbestandsvoraussetzungen der in Betracht kommenden Insolvenzdelikte sehr kritisch geprüft werden, um nicht vorschnell jede Gründung einer Auffanggesellschaft als strafbare Handlung anzusehen. Eine Übertragung von Vermögenswerten stellt aber dann kein Beiseiteschaffen dar, wenn den Gläubigern ein entsprechender Gegenwert zufließt, also „true and fair value"-Grundsätze beachtet wurden.

d) Firmenbestattung

351 Eine weitere Form der „kriminellen Sanierung" ist der betrügerische Aufkauf von insolventen Unternehmen (meist GmbHs), um anschließend Insolvenzantrag zu stellen. Die **Firmenaufkäufer** oder **Firmenbestatter**[544] lassen sich den Aufkauf, der selbst meist zum symbolischen Betrag von 1 <Euro> erfolgt, vom bisherigen Geschäftsführer mit mehreren tausend Euro bezahlen (Übernahmegebühr oder „Entsorgungsentgelt"). Diesen Betrag muss der alte Geschäftsführer dem Übernehmer in aller Regel in bar übergeben. Als Gegenleistung wird ihm vorgegaukelt, dass er nicht mehr persönlich haftet, vom Stigma einer Insolvenz verschont bleibt und unbelastet von den Sorgen der Not leidenden GmbH mit einem neuen Unternehmen nunmehr erfolgreich am Markt agieren kann.[545] Der Aufkäufer oder ein von ihm eingesetzter neuer Geschäftsführer stellt dann, nachdem häufig noch verschiedene Verschleierungsmaßnahmen wie Sitzverlegung und Mitteilung einer Schein- oder Briefkastenadresse an Gläubiger sowie die Vernichtung von Geschäftsunterlagen vorgenommen wurden, Insolvenzantrag.

352 Dieses Verhalten verwirklicht vor allem den Tatbestand der Insolvenzverschleppung,[546] und zwar sowohl von dem Alt- als auch dem Neugeschäftsführer. Auf die Frage der Wirksamkeit oder Unwirksamkeit der Geschäftsanteilsveräußerung und der Abberufung des Geschäftsführers in Fällen der Firmenbestattung wegen Sittenwidrigkeit nach § 138 BGB bzw. in analoger Anwendung des § 241 Nr. 4 AktG[547] kommt es dabei nicht an. Erfolgt die Veräußerung eines insolventen Unternehmens an einen Firmenbestatter nicht mit dem Zweck der Sanierung, ist bereits durch den Altgeschäftsführer unverzüglich Eröffnungsantrag zu stellen.[548] Der Neugeschäftsführer ist nach seiner Bestellung unmittelbar von § 15a Abs. 4 InsO erfasst.

353 In aller Regel werden – je nach Vorgehensweise – darüber hinaus die Tatbestände des Bankrotts (in verschiedenen Alternativen), der Beitragsvorenthaltung, ggf. auch der Untreue und der Urkundenfälschung verwirklicht. Der BGH hat zunächst in einem obiter dictum den Anwendungsbereich der § 283 Abs. 1 Nr. 4 bzw. Nr. 8 Alt. 2 StGB für möglich erachtet.[549] Ein **Verheimlichen oder Verschleiern** der wirklichen geschäftlichen Verhältnisse i. S. d. § 283 Abs. 1 Nr. 8 Alt. 2 StGB könnte dann vorliegen wenn die Übertragung der Gesellschaftsanteile bzw. Abberufung des Altgeschäftsführers zivilrechtlich unwirksam waren, wenn der Altgeschäftsführer trotz seiner Abberufung weiterhin als faktischer Geschäftsführer die Geschicke des Unternehmens mitbestimmt, wenn über den wahren Firmensitz oder den Zweck des An-

---

[542] *Tiedemann*, ZIP 1983, 513 (517).
[543] Zu Letzterem siehe bereits Kap. 8 Rn. 29.
[544] Terminologie – auch im Folgenden – nach *Hey/Regel*, GmbHR 2000, 115; zum regelmäßigen Ablauf einer Veräußerung eines Unternehmens an einen professionellen Firmenbestatter vgl. auch LG Potsdam wistra 2005, 193 (194 f.).
[545] Vgl. *Hey/Regel*, GmbHR 2000, 115 (116).
[546] *Ogiermann*, wistra 2000, 250; *Kümmel*, wistra 2012, 165 (169) und LG Potsdam wistra 2005, 193.
[547] Vgl. hierzu auch *Pananis/Börner*, GmbHR 2006, 513 (515).
[548] *Pananis/Börner*, GmbHR 2006, 513 (515 f.); *Brand/Reschke*, ZIP 2010, 2134 (2136).
[549] BGH NStZ 2009, 635 (636).

teilsverkaufs getäuscht wird. Eine Verschleierung soll darin liegen, dass bei fehlender Fortführungsabsicht durch den Erwerber über die faktische Liquidation getäuscht wird.[550] Richtigerweise wird aber die reine Anteilsübertragung, auch wenn sie zu Gläubigerbenachteiligungszwecken erfolgt, noch keine Tathandlung darstellen.[551] Zwar soll in der Veräußerung der Gesellschaftsanteile ohne Absicht der Unternehmensfortführung eine Verschleierung liegen können.[552] Jedoch kommt der Veräußerung selbst kein eigener, auch kein stillschweigender Erklärungsgehalt nach außen zu. Jedoch sind sonstige Verschleierungshandlungen im Einzelfall durchaus denkbar.

Bei der Firmenbestattung machen sich meist sowohl der Aufkäufer und der ggf. zwischengeschaltete neue Geschäftsführer als auch der Altgeschäftsführer strafbar.[553] Je nach Fallgestaltung und zivilrechtlicher Wirksamkeit der zu Grunde liegenden Rechtsakte kommt hierbei Mittäterschaft (ggf. durch den Alt- oder Neugeschäftsführer als faktischen Geschäftsführer) bzw. Anstiftung oder Beihilfe in Betracht. Ein Nachweis der Taten ist – vor allem wegen der in aller Regel nicht mehr vorhandenen Geschäftsunterlagen – jedoch schwierig. 354

C. Straftaten nach Insolvenzantrag

Die Ermittlungen der Staatsanwaltschaft erstrecken sich üblicherweise im Wesentlichen auf den Zeitraum bis zur Insolvenzantragstellung. Bestenfalls wird noch das Verhalten des Schuldners bis zur Entscheidung des Insolvenzgerichts (Eröffnung oder Abweisung des Eröffnungsantrags) untersucht. Nachdem trotz Abweisung mangels Masse oftmals noch erhebliche Vermögenswerte vorhanden sind, die bei Gesellschaften im Rahmen der Liquidation zu verteilen sind, besteht hier ein weites Feld für kriminelle Machenschaften. Das liegt unter anderem daran, dass oftmals angenommen wird, bei Abweisung mangels Masse sei nichts mehr zu holen. Deswegen versuchen Gläubiger meist gar nicht mehr, ihre Forderungen zu realisieren. Dies hat wiederum zur Folge, dass der Schuldner oder Liquidator nach Gutdünken handeln kann, ohne Anzeigen der Gläubiger befürchten zu müssen.[554] 355

I. Straftaten im Eröffnungsverfahren

Die Stellung eines Insolvenzantrags berührt die Verfügungsbefugnis des Schuldners oder des vertretungsberechtigten Organs grundsätzlich nicht. Damit kommt er weiterhin als Täter sämtlicher Insolvenzdelikte (i. w. S.), auch der Sonderdelikte nach §§ 283 ff. StGB, in Betracht. Einzig der Straftatbestand der Insolvenzverschleppung scheidet nunmehr aus. 356

Im Eröffnungsverfahren ordnet das Insolvenzgericht jedoch häufig vorläufige Maßnahmen an,[555] die Auswirkungen auf die Tauglichkeit des Schuldners oder Geschäftsführers als Täter haben können. Soweit das Insolvenzgericht einen **vorläufigen Insolvenzverwalter** bestellt, ist danach zu differenzieren, ob es gleichzeitig ein allgemeines Verfügungsverbot erlässt oder nicht. Wenn **ohne Verfügungsverbot** nur die Zustimmungsbedürftigkeit von Verfügungen gemäß § 21 Abs. 2 Nr. 2 zweite Alt. InsO angeordnet wird, also das Gericht einen so genannten **schwachen** Insolvenzverwalter (oder „Zustimmungsverwalter") bestimmt,[556] bleiben die Pflichten des Schuldners erhalten. Damit ist er insbesondere weiterhin zur Buchführung und Bilanzierung verpflichtet und kann den Tatbestand des Bankrotts nicht nur nach § 283 Abs. 1 Nr. 5 und 7 Buchst. b StGB – verwirklichen. Der Geschäftsführer oder sonstige Organwalter behält ebenfalls seine Pflichten und Befugnisse und kommt weiterhin als Täter in Betracht. Bei Unterlassungsdelikten liegt aber eine rechtliche Unmöglichkeit der Pflichterfül- 357

---

[550] BGH ZInsO 2013, 555 (557).
[551] *Brand/Reschke*, ZIP 2010, 2134 (2135 f.); *Kümmel*, wistra 2012, 165 (168).
[552] *Kümmel*, wistra 2012, 165 (168).
[553] Einzelheiten: *Hey/Regel*, GmbHR 2000, 115 (118 ff.); s. a. *Ogiermann*, wistra 2000, 250.
[554] Vgl. auch *Müller-Gugenberger/Bieneck*, § 76 Rn. 78.
[555] Dazu oben Kap. 8 Rn. 154 ff.
[556] Dazu näher Kap. 8 Rn. 163.

lung dann vor, wenn der vorläufige Insolvenzverwalter seine Zustimmung zu einem Handeln verweigert.

358 Anders hingegen, wenn das Insolvenzgericht einen (allein) verfügungsbefugten vorläufigen Verwalter (einen so genannten **starken** Insolvenzverwalter[557]) einsetzt, d. h. zusätzlich ein **allgemeines Verfügungsverbot** für den Schuldner anordnet. Durch diese Maßnahmen geht die Verwaltungs- und Verfügungsbefugnis kraft Gesetzes auf den vorläufigen Verwalter über, so dass zwar der Schuldner selbst weiterhin Täter sein kann, der Geschäftsführer seine Stellung als Zurechnungssubjekt nach § 14 StGB aber verliert. Da die Situation nach Erlass eines Verfügungsverbots insoweit der Situation nach Insolvenzeröffnung gleicht, wird wegen der Einzelheiten auf die folgende Darstellung des strafbaren Handelns nach Insolvenzeröffnung verwiesen.

II. Strafbares Handeln nach Insolvenzeröffnung

1. Der Schuldner als Täter

359 Mit Eröffnung des Insolvenzverfahrens (Insolvenzeröffnung) geht das Recht des Schuldners, das zur Insolvenzmasse gehörende Vermögen zu verwalten und darüber zu verfügen, auf den Insolvenzverwalter über (§ 80 Abs. 1 InsO). Der Schuldner darf damit weder Gegenstände übereignen oder Forderungen oder andere Rechte abtreten, noch in sonstiger Weise über das Vermögen verfügen. Etwaige dennoch vorgenommene Verfügungen sind gemäß § 81 Abs. 1 Satz 1 InsO unwirksam.

360 Verfügt der Schuldner dennoch, indem er z. B. zur Masse gehörende Gegenstände an einen Dritten veräußert, um den Erlös für sich zu behalten, verwirklicht er den Tatbestand des **Betrugs** zum Nachteil des Käufers. Zudem macht er sich wegen **Bankrotts** nach § 283 Abs. 1 Nr. 1 StGB durch **Beiseiteschaffen** von Vermögensgegenständen strafbar. Dass die Tathandlung nach Eintritt der objektiven Bedingung der Strafbarkeit – hier: Eröffnung des Insolvenzverfahrens – begangen wird, steht einer Bestrafung wegen Bankrotts nicht entgegen. Nach ganz h. M. kann die Bankrotthandlung gemäß § 283 Abs. 1 StGB dem Eintritt der objektiven Strafbarkeitsbedingung zeitlich nachfolgen.[558] Handlungen des Schuldners nach Insolvenzeröffnung können deshalb den Tatbestand des Bankrotts erfüllen, soweit es nicht um Pflichten geht, die ausschließlich dem Insolvenzverwalter obliegen (Buchführung, Bilanzierung).

361 Taugliches Tatobjekt sind nur Gegenstände, die in die Insolvenzmasse fallen. Hier ist zu beachten, dass auch das während des Insolvenzverfahrens erlangtes Vermögen (**Neuerwerb**) gemäß § 35 InsO zur Insolvenzmasse gehört.

362 Handelt es sich um Eigentumsvorbehaltsware, scheidet Bankrott aus. Vielmehr ist insofern der Tatbestand des **Diebstahls** oder der **Unterschlagung** erfüllt. Ob Diebstahl oder Unterschlagung vorliegt, hängt von den Gewahrsamsverhältnissen ab. Es ist zweifelhaft, ob der Gewahrsam des Schuldners trotz Insolvenzeröffnung bestehen bleibt[559] oder der Gewahrsam nicht vielmehr auf den Insolvenzverwalter übergeht. Es dürfte wohl in aller Regel zumindest Mitgewahrsam des Insolvenzverwalters gegeben sein mit der Folge, dass der Tatbestand des § 242 StGB und nicht der des § 246 StGB einschlägig ist. Hinsichtlich des Schuldnervermögens kommt weder Diebstahl noch Unterschlagung in Betracht, weil der Schuldner durch die Insolvenzeröffnung das Eigentum an den ihm gehörenden Sachen nicht verliert.

363 Daneben verwirklicht der Schuldner durch das Beiseiteschaffen von Gegenständen regelmäßig den Tatbestand des **Verstrickungsbruchs** (§ 136 Abs. 1 StGB). Mit der Insolvenzeröffnung ist das ganze zur Insolvenzmasse gehörige Vermögen beschlagnahmt.[560] Verstrickungsbruch und Bankrott (ggf. Diebstahl) sowie Betrug stehen in Tateinheit zueinander.

---

[557] Dazu näher Kap. 8 Rn. 164 ff.
[558] Vgl. nur LK/*Tiedemann*, vor § 283 Rn. 96 m. w. N.
[559] Vgl. aber *Fischer*, § 242 Rn. 15.
[560] Münchener Kommentar StGB/*Hohmann*, § 136 Rn. 7; *Fischer*, § 136 Rn. 5; LK/*v. Bubnoff*, § 136 Rn. 10.

C. Straftaten nach Insolvenzantrag

Auch in der Tatbestandsvariante des **Verheimlichens** von Vermögensgegenständen wird **Bankrott** vom Schuldner nach Insolvenzeröffnung oft verwirklicht. Häufig verstößt der Schuldner gegen die ihm obliegenden umfassenden Auskunftspflichten gegenüber dem Insolvenzverwalter und dem Gläubigerausschuss (§ 97 InsO) und verheimlicht dadurch zur Insolvenzmasse gehörende Vermögensbestandteile bzw. die wirtschaftlichen Verhältnisse i. S. v. § 283 Abs. 1 Nr. 1 oder 8 StGB. Sowohl bei einem ausdrücklichen Auskunftsverlangen als auch ohne besondere Aufforderung ist der Schuldner bei Insolvenzeröffnung verpflichtet, dem Insolvenzverwalter auch solche Vermögensbestandteile mitzuteilen, die er in den Unterlagen des von ihm gestellten Antrags auf Insolvenzeröffnung nicht verzeichnet hatte.[561] So besteht unter anderem auch die Verpflichtung, Umstände mitzuteilen, die ein Anfechtungsrecht betreffen (z. B. die anfechtbare Weggabe eines Wertes aus seinem Vermögen).[562] Wenn der Schuldner vor Insolvenzeröffnung Gegenstände beiseite schafft und später diese Gegenstände verheimlicht, macht er sich nur eines (einheitlichen) Bankrotts strafbar. Dies folgt daraus, dass das Verheimlichen nur der Aufrechterhaltung und Sicherung der durch das Beiseiteschaffen des Vermögensstücks herbeigeführten rechtswidrigen Besitzlage dient.[563] 364

Soweit das Insolvenzgericht die eidesstattliche Versicherung gemäß § 98 Abs. 1 InsO anordnet, kommt ein Vergehen der **Falschen Versicherung an Eides statt** in Betracht.[564] Dass der Schuldner in seinem eigenen Insolvenzverfahren eher die Stellung einer Partei und nicht die eines Zeugen hat, hindert die Verwirklichung des § 156 StGB entgegen der Auffassung von Tiedemann[565] nicht. Auch im Verfahren nach der ZPO kann sich die Partei nach § 156 StGB strafbar machen, wenn sie eine falsche eidesstattliche Versicherung abgibt. 365

Im Fall der **Eigenverwaltung** gemäß §§ 270 ff. InsO[566] kommt der Schuldner nach Insolvenzeröffnung als Täter eines Vergehens der **Untreue** in Betracht. Der Schuldner ist ebenso tauglicher Täter einer Untreue wie der Insolvenzverwalter beim „normalen" Insolvenzverfahren.[567] Er hat eine Vermögensbetreuungspflicht gegenüber den Gläubigern. 366

2. Der (bisherige) Geschäftsführer als Täter

Der Geschäftsführer verliert durch die Insolvenzeröffnung die Stellung als vertretungsberechtigtes Organ nicht. Seine Befugnisse sind jedoch auf diejenigen Maßnahmen beschränkt, die entweder den insolvenzfreien Bereich oder verfahrensrechtliche Maßnahmen betreffen.[568] Dennoch entwickelt er häufig noch umfangreiche – oft unzulässige und strafbare – Aktivitäten. Schafft er Gegenstände beiseite, liegt **Diebstahl** (oder Unterschlagung) sowie – in Tateinheit hiermit – **Verstrickungsbruch** vor.[569] Der Tatbestand des **Bankrotts** (durch Beiseiteschaffen) scheidet aus, da der Geschäftsführer nicht mehr die hierfür erforderliche Stellung nach § 14 StGB hat. Es liegt kein Handeln als vertretungsberechtigtes Organ i. S. des § 14 Abs. 1 Nr. 1 StGB vor. Auch **Untreue** kommt nicht mehr in Betracht. Es fehlt an der besonderen, die Täterstellung nach § 266 Abs. 1 StGB ausmachenden Machtposition über das Vermögen des Schuldners.[570] 367

Im Fall der Eigenverwaltung kann der Geschäftsführer des Schuldners oder ein sonstiger gemäß § 14 StGB Verantwortlicher aber (wieder) Täter einer Untreue sein. Gleiches gilt im Fall der Unternehmensfortführung im Rahmen eines Insolvenzplans. Da der Schuldner nach Bestätigung des Insolvenzplans das Recht zurückerhält, über die Vermögensmasse frei zu verfügen (§ 159 Abs. 1 Satz 2 InsO), lebt die Vermögensbetreuungspflicht für den Geschäftsfüh- 368

---

[561] BGH GA 1956, 123 (124); Schönke/Schröder/*Heine*, § 283 Rn. 5; LK/*Tiedemann*, § 283 Rn. 39.
[562] LK/*Tiedemann*, § 283 Rn. 39; Schönke/Schröder/*Heine*, § 283 Rn. 5.
[563] BGHSt 11, 145 = NJW 1958, 429.
[564] Dazu schon Rn. 261 f.
[565] LK/*Tiedemann*, § 283 Rn. 39.
[566] Dazu Kap. 8 Rn. 49 ff.
[567] Vgl. LK/*Schünemann*, § 266 Rn. 47; dazu auch sogleich Rn. 371 ff.
[568] *Uhlenbruck*, GmbHR 1995, 81/195 (205); *ders.* GmbHR 1999, 313/390 (396).
[569] BGH NJW 1992, 250 (252).
[570] BGH NStZ 1993, 239.

rer wieder auf. Eine eventuelle Überwachung der Erfüllung des Plans, vgl. § 260 Abs. 1 InsO, steht dem nicht entgegen.

369 **Bankrott** ist auch dann nicht gegeben, wenn der Geschäftsführer unrichtige oder unvollständige Angaben gegenüber dem Insolvenzverwalter macht. Zwar gelten die Auskunftspflichten nach § 97 InsO, die dem Schuldner obliegen, auch für den (ehemaligen) Geschäftsführer einer juristischen Person. § 283 Abs. 1 Nr. 1 StGB setzt jedoch (auch in der Variante „Verheimlichen von Vermögensgegenständen") die Verwaltungs- und Verfügungsbefugnis des Täters voraus. Diese obliegt jedoch dem Insolvenzverwalter, so dass § 283 Abs. 1 Nr. 1 StGB von dem Geschäftsführer nach Insolvenzeröffnung nicht mehr begangen werden kann.[571]

370 Beim Geschäftsführer kommt hingegen ebenso wie beim Schuldner selbst ein Vergehen der **Falschen Versicherung an Eides statt** in Betracht. Zudem kann er den Tatbestand des **Betrugs** sowohl durch – unwirksame – Veräußerungen nach Insolvenzeröffnung verwirklichen als auch dadurch, dass er eigene, tatsächlich nicht bestehende Forderungen (z. B. angeblich offene Gehaltsansprüche) zur Masse anmeldet.[572]

3. Der Insolvenzverwalter als Täter

371 Der Insolvenzverwalter tritt mit Eröffnung des Insolvenzverfahrens an die Stelle des Schuldners. Er ist oder – wenn man die „Amtstheorie" zu Grunde legt – gilt zumindest als **gesetzlicher Vertreter** i. S. des § 14 Abs. 1 Nr. 3 StGB.[573] Damit kann er sich grundsätzlich ebenso strafbar machen wie vor Insolvenzeröffnung der Schuldner oder, wenn der Schuldner eine juristische Person ist, deren Geschäftsführer. In Betracht kommen vor allem Straftaten nach §§ 283 ff. StGB und Untreue sowie Beitragsvorenthaltung (§ 266a StGB).

372 Der Anwendung der §§ 283 ff. StGB steht nicht entgegen, dass die objektive Strafbarkeitsbedingung nach § 283 Abs. 6 StGB bereits vor der Tathandlung eingetreten ist. Es ist auch ohne Einfluss auf eine mögliche Täterschaft des Insolvenzverwalters, dass der Schuldner trotz Insolvenzeröffnung ebenfalls als Täter einer Insolvenzstraftat in Betracht kommt. Schuldner und Insolvenzverwalter können Mit- oder Nebentäter sein.

373 Wenn der Insolvenzverwalter im Eröffnungsverfahren als **verfügungsbefugter vorläufiger Verwalter** (**starker** vorläufiger Verwalter)[574] eingesetzt ist, gehen die Pflichten des Unternehmers bereits zu diesem Zeitpunkt (vorläufig) auf ihn über. Da die Rechtsstellung des vorläufigen Verwalters der des endgültigen Insolvenzverwalters im Wesentlichen angeglichen ist, gelten die nachstehenden Ausführungen zur Strafbarkeit des Insolvenzverwalters für den verfügungsbefugten vorläufigen Verwalter in gleicher Weise, nicht jedoch für den „**schwachen**" vorläufigen Insolvenzverwalter, also bei bloßem Zustimmungsvorbehalt nach § 21 Abs. 2 Nr. 2 InsO.[575] In diesem Fall bleiben die Handlungsrechte und -pflichten des Schuldners bestehen, so dass dieser oder die entsprechenden Organvertreter als Täter in Betracht kommen. Der schwache Insolvenzverwalter kann sich im Falle der Verweigerung einer Zustimmung zu einem rechtlich gebotenen Handeln des Schuldners u. U. jedoch – er ist Garant zugunsten der Gläubiger nach § 13 StGB – als Unterlassungstäter strafbar machen.[576]

a) Verletzung von (Schuldner-)Pflichten

374 Im Rahmen der **Insolvenzstraftaten i. e. S.** scheidet § 283b StGB in aller Regel deswegen aus, weil die Krise des § 283 Abs. 1 StGB vorliegt. Täter einer Schuldnerbegünstigung kann der Insolvenzverwalter ebenfalls nicht sein.[577] Zwar ist § 283d StGB kein Sonderdelikt. Täter-

---

[571] Vgl. auch *Müller-Gugenberger/Bieneck*, § 88 Rn. 13; a. A. wohl LK/*Tiedemann*, § 283 Rn. 39; offen gelassen von BGH NJW 1992, 250 (252).
[572] *Fischer*, § 283 Rn. 18; LK/*Tiedemann*, § 283 Rn. 86.
[573] Vgl. nur *Fischer*, § 14 Rn. 3; vor § 283 Rn. 21; LK/*Tiedemann*, vor § 283 Rn. 86; s. a. *Richter*, NZI 2002, 121 (122); zu den Theorien der Rechtsstellung des Insolvenzverwalters: *Uhlenbruck/Uhlenbruck*, § 80 Rn. 52 f.
[574] Dazu Kap. 8 Rn. 164 ff.
[575] Dazu Kap. 8 Rn. 163.
[576] *Richter*, NZI 2002, 121 (123).
[577] *Pelz*, Rn. 583; a. A. LK/*Tiedemann*, § 283d Rn. 5 und 28.

C. Straftaten nach Insolvenzantrag

qualität kann jedoch nur ein Außenstehender und nicht der Schuldner oder ein nach § 14 StGB Verantwortlicher haben.[578] Es bleiben deshalb nur **Bankrott** und **Gläubigerbegünstigung**. In Bezug auf den Tatbestand des Bankrotts ist darauf hinzuweisen, dass der Insolvenzverwalter nicht nur die Buchführungs- und Bilanzierungspflichten des Schuldners übernimmt (vgl. auch § 155 Abs. 1 InsO), sondern für ihn weitere Pflichten entstehen. So bestimmt § 155 Abs. 2 Satz 1 InsO, dass mit der Insolvenzeröffnung ein neues Geschäftsjahr beginnt. Der Insolvenzverwalter hat – was sich z. B. auch aus § 71 Abs. 1 GmbHG ergibt und vor Inkrafttreten der InsO bereits allgemeine Meinung war – damit eine (Liquidations-)Eröffnungsbilanz aufzustellen. Eine Verletzung der Pflicht zur – rechtzeitigen – Aufstellung führt zur Strafbarkeit gemäß § 283 Abs. 1 Nr. 7 Buchst. b StGB. Umstritten ist, ob der Insolvenzverwalter für Zeiträume vor der Insolvenzeröffnung die Buchführung und ggf. Bilanzierung nachzuholen hat.[579]

Als **Insolvenzstraftat i. w. S.** kommt bei einer Pflichtverletzung durch den Insolvenzverwalter vor allem ein Verstoß gegen § 266a StGB in Betracht. Er – und auch der vorläufige „starke" Verwalter – tritt in die Pflicht zur Abführung von Sozialversicherungsbeiträgen ein. Diese Pflicht wird durch das Insolvenzverfahren nicht suspendiert.[580] Darüber hinaus besteht für den Verwalter, der grundsätzlich die Pflichten des Unternehmers wahrzunehmen hat und nach § 14 StGB strafrechtlich verantwortlich ist, die Gefahr, sich durch Verstöße gegen **Pflichten, die unmittelbar nichts mit der Insolvenzsituation zu tun haben**, strafbar zu machen. So kann der Insolvenzverwalter bei Unfällen im Betrieb, vor allem wenn Sicherheitsvorschriften nicht beachtet wurden, strafrechtlich zur Verantwortung gezogen werden (fahrlässige Körperverletzung oder fahrlässige Tötung). Ebenso kann eine umweltstrafrechtliche Verantwortung[581] in Betracht kommen. Zudem besteht im Einzelfall die Möglichkeit einer Zuwiderhandlung gegen (straf)bewehrte arbeits- und sozialrechtliche Vorschriften.

375

b) Verstöße im Zusammenhang mit der Masseverwertung

Aufgrund der umfassenden Befugnisse des Insolvenzverwalters, insbesondere zur Verwertung der Masse (vgl. § 159 InsO), ist die Versuchung groß, sich selbst einen Vorteil zu verschaffen, vor allem indem er die **Masse eigennützig verwertet**. Dies kann z. B. dadurch geschehen, dass er Gelder auf eigene Konten überweist oder einzahlt. Entweder transferiert er noch vorhandene Gelder des Schuldners auf eigene Konten (Untreue oder Unterschlagung) oder er lässt Außenstände, die er einzieht, auf ein eigenes Konto überweisen (Untreue). Eine weitere Bereicherungsmöglichkeit für den Insolvenzverwalter besteht darin, vorhandene Waren oder sonstige Gegenstände der Insolvenzmasse zu entziehen. Dies kann beispielsweise dadurch geschehen, dass er die Gegenstände für eigene Zwecke an sich nimmt oder sie unter Preis an einen Dritten veräußert (Untreue). Der Dritte kann z. B. eine dem Insolvenzverwalter nahe stehende Person – Ehefrau, Kind o. Ä. – sein oder eine Gesellschaft, an der er selbst beteiligt ist oder der er, aus welchen Gründen auch immer, einen Vorteil verschaffen will. In den dargestellten Beispielsfällen ist **Untreue** deswegen gegeben, weil den Insolvenzverwalter grundsätzlich eine Vermögensbetreuungspflicht i. S. des § 266 StGB sowohl hinsichtlich der Gläubigerinteressen als auch der Insolvenzmasse trifft.[582]

376

Eine Untreuehandlung kann auch darin liegen, dass der Insolvenzverwalter Waren oder Auftragsbestände **unter Preis verkauft**. Dies kann entweder deswegen erfolgen, weil der Insolvenzverwalter sich selbst oder nahe stehenden Dritten einen Vorteil verschaffen will oder weil er beispielsweise das Insolvenzverfahren möglichst schnell beenden will, etwa um möglichst schnell Kapazitäten frei zu haben, damit er weitere – eventuell lukrativere – Tätigkeiten ausüben kann. Beim Verkauf von Insolvenzmasse – wozu er grundsätzlich befugt ist – hat der

377

---

[578] Oben Rn. 211.
[579] Bejahend OLG München GmbHR 2005, 1434; verneinend für den Fall der Masseearmut *Bales*, ZInsO 2011, 2073 (2078).
[580] *Pelz*, Rn. 586.
[581] Dazu *Beck/Depré/Köhler*, § 24 Rn. 213 ff.
[582] BGH wistra 1988, 191 (192); NStZ-RR 2011, 374 (375) zum Rechtspfleger als Aufsichtsorgan gegenüber dem Verwalter.

Insolvenzverwalter die für ihn geltenden kaufmännischen Maßstäbe zu beachten.[583] Diese kann er durch einen Verkauf unter Preis verletzen, wobei im Rahmen der Feststellung des am Markt zu erzielenden Preises die Tatsache der Insolvenzeröffnung zu berücksichtigen ist. Zudem ist zu beachten, dass ein Verkauf unter Preis durchaus auch den Grundsätzen einer ordnungsgemäßen Wirtschaft entsprechen kann. Hier gelten die gleichen Kriterien wie bei der strafrechtlichen Beurteilung eines Verlustgeschäfts gemäß § 283 Abs. 1 Nr. 1 StGB. Zusätzlich ist noch die durch die Insolvenzeröffnung eingetretene besondere Situation zu berücksichtigen. Maßgebend sind immer die Umstände des Einzelfalls.

378 Eine Verletzung kaufmännischer Grundsätze und damit Untreue kann auch im **Verkauf eines Auftragsbestands** an sich liegen. Nach kaufmännischen Grundsätzen kann der Insolvenzverwalter nämlich gehalten sein, Aufträge auszuführen statt den Auftragsbestand zu veräußern. Wenn das wirtschaftliche Risiko der Ausführung des Auftrags durch eigene Produktion mit Maschinen und Mitarbeitern des Schuldners gering ist, wird der Insolvenzmasse durch den Verkauf der Aufträge ein sicher zu erwartender Gewinn entzogen.[584]

379 Der Untreue strafbar machen kann sich der Insolvenzverwalter z. B. auch dadurch, dass er trotz Kenntnis von einem Anfechtungstatbestand nichts unternimmt, um das Rechtsgeschäft rückgängig zu machen. Auch hier kann Motivation sein, das Verfahren möglichst schnell – ohne Rücksicht auf die Höhe der Insolvenzmasse – zu beenden.

c) Straftaten bei Ausproduktion und übertragender Sanierung

380 Bei **Ausproduktion** durch den Insolvenzverwalter, also einem planvollen Marktaustritt,[585] kann der Verwalter sich grundsätzlich in gleicher Weise strafbar machen wie der Geschäftsführer des Schuldners im Rahmen seiner Tätigkeit vor Insolvenzantragstellung. Nur der Tatbestand der Insolvenzverschleppung scheidet aus. Vor allem kommt hier Untreue in Betracht, aber auch Bankrott (insbesondere nach § 283 Abs. 1 Nr. 1 StGB), Gläubigerbegünstigung und ggf. Betrug. Der Tatbestand des § 263 StGB kann vor allem dadurch verwirklicht werden, dass der Insolvenzverwalter neue Aufträge entgegennimmt und hierfür Materialbestellungen bei Lieferanten vornimmt, die er anschließend nicht bezahlen kann. Ob hier eine Täuschungshandlung mit zumindest bedingtem Vorsatz gegeben ist, bedarf jedoch der kritischen Überprüfung. Wenn der Insolvenzverwalter sich hinsichtlich seiner Prognose zu den Zahlungsmöglichkeiten bei Fälligkeit geirrt hat, bei Auftragsvergabe jedoch nicht damit rechnen konnte oder musste, die eingegangenen Verbindlichkeiten nicht erfüllen zu können, fehlt es am Täuschungsvorsatz.

381 Im Fall der **übertragenden Sanierung**[586] besteht außerhalb des Insolvenzverfahrens immer die Gefahr für den Verantwortlichen, sich gemäß § 283 Abs. 2 StGB oder der Untreue (Stichwort „Aushöhlung") strafbar zu machen. Falls die Übertragung gewinnträchtiger Unternehmensbereiche zu einem Zeitpunkt erfolgt, zu dem das Unternehmen bereits überschuldet ist, die Zahlungsunfähigkeit droht oder sogar eingetreten ist, können vor allem die Tatbestände des Bankrotts nach § 283 Abs. 1 Nr. 1, 3 oder 8 StGB oder der Gläubigerbegünstigung verwirklicht sein.[587] Die Grenze zwischen gezielter Aushöhlung des krisenbefangenen Unternehmens und dem straflosen „Totschrumpfen" kann im Einzelfall schwierig zu ziehen sein.[588]

382 Bei der übertragenden Sanierung **durch den Insolvenzverwalter** kommt strafbares Handeln nur im Einzelfall in Betracht. Die übertragende Sanierung stellt eine von der InsO zugelassene Maßnahme dar. Aber auch hier ist strafbarer Missbrauch möglich. Zwar scheidet § 283 Abs. 2 StGB aus. In Betracht kommen jedoch andere Delikte. Wenn der Verwalter den Betrieb oder Betriebsteile unter Preis verkauft, begeht er – auch wenn er unmittelbar

---

[583] BGH NStZ 1998, 246 (247) m. w. N.
[584] Vgl. BGH NStZ 1998, 246 (247).
[585] Dazu Kap. 8 Rn. 28.
[586] Dazu Kap. 8 Rn. 29 ff. und *Beck/Depré/Beck*, § 10 Rn. 13 ff. sowie ausführlich *Wellensiek*, NZI 2002, 234.
[587] Vgl. auch *Uhlenbruck*, wistra 1996, 1 (7) und oben Rn. 302.
[588] Dazu *Müller-Gugenberger/Bieneck*, § 88 Rn. 7; s. a. LK/*Tiedemann*, § 283 Rn. 164, 181.

C. Straftaten nach Insolvenzantrag   **9**

daraus keine eigenen geldwerten Vorteile erzielt – **Untreue** oder **Bankrott** durch Beiseiteschaffen. Motiv für eine solche Handlung kann z. B. sein, dass der Insolvenzverwalter unbedingt einen Verfahrenserfolg (wegen der Öffentlichkeitswirkung o. Ä.) erzielen will. Ein Verkauf unter Preis ist aber dann als legitim anzusehen, wenn er mit Zustimmung der Gläubigerversammlung gemäß § 163 InsO oder im Rahmen eines genehmigten Insolvenzplans[589] erfolgt.

Ein Verstoß gegen die §§ 160 bis 163 InsO, beispielsweise durch Betriebsveräußerung an einen besonders Interessierten i. S. des § 162 InsO ohne Zustimmung der Gläubigerversammlung (vgl. § 162 InsO),[590] ist nicht strafbewehrt. Wenn ein Insolvenzverwalter diese Vorschriften missachtet, kann dies aber ein Indiz dafür sein, dass der Verwalter etwas verbergen will und sein Handeln möglicherweise den Tatbestand der Untreue oder einer anderen Strafnorm verwirklicht. **383**

Falls der Insolvenzverwalter Wirtschaftsgüter veräußert, die den Aus- oder Absonderungsansprüchen der Lieferanten oder sonstiger Gläubiger unterliegen, kann hierin **Betrug** zulasten der Käufer liegen. Bei Verkauf von Eigentumsvorbehaltsware oder sicherungsübereigneten Gegenständen kann **Unterschlagung** gegeben sein, wenn der Verkauf aufgrund der zu Grunde liegenden Sicherungsverträge nicht gestattet ist. **384**

d) Honorarmanipulationen

Die Vergütung des Insolvenzverwalters wird durch die Insolvenzrechtliche Vergütungsverordnung (InsVV) geregelt. Die Vergütung des Insolvenzverwalters wird vom Rechtspfleger des Insolvenzgerichts auf Grundlage der Verordnung auf Antrag des Verwalters festgesetzt, vgl. § 64 Abs. 1 InsO, § 8 InsVV. **385**

aa) Externe Vergütungen für Tätigkeiten innerhalb des Pflichtenkreises eines Insolvenzverwalters sind nicht zulässig. Das bedeutet, dass Vergütungsvereinbarungen, die ein Insolvenzverwalter für seine Verwaltertätigkeit mit fremden dritten Personen schließt, zivilrechtlich nichtig sind. Strafrechtlich kann **Untreue** vorliegen, wenn der Insolvenzverwalter solche Vereinbarungen trifft und entsprechende Gelder vereinnahmt. So verletzt der Insolvenzverwalter seine Treuepflicht, wenn er sich von Sicherungsgläubigern, insbesondere Kreditinstituten, **Provisionen** für die Verwertung von Sicherungsgut bezahlen lässt und diese Beträge der Masse vorenthält. Hierbei ist es gleichgültig, ob es sich um aus der Masse freigegebenes oder in ihr verbliebenes Sicherungsgut handelt.[591] **386**

bb) Die **Vergütung nach der InsVV** wird auf Antrag des Insolvenzverwalters durch Beschluss festgesetzt. Die Vergütungsbeschlüsse werden veröffentlicht und dem Schuldner sowie ggf. den Mitgliedern des Gläubigerausschusses zugestellt (§ 64 Abs. 2 Satz 1 InsO). Gegen den Vergütungsbeschluss steht nicht nur dem Insolvenzverwalter, sondern auch dem Schuldner und jedem Insolvenzgläubiger die sofortige Beschwerde zu (§ 64 Abs. 3 InsO). Straftaten durch fehlerhafte Abrechnungen sind deshalb nur in seltenen Ausnahmefällen denkbar, beispielsweise bei kollusivem Zusammenwirken des Insolvenzverwalters mit dem zuständigen Rechtspfleger. **387**

Zudem kommt bei **überhöhten Vergütungen** durch wissentlich falsche Angaben gegenüber dem Insolvenzgericht der Tatbestand des Betrugs oder versuchten Betrugs in Betracht. Wegen des förmlichen Festsetzungsverfahrens kann strafbares Handeln jedoch nur gegeben sein, wenn der Insolvenzverwalter wahrheitswidrig Tatsachen behauptet, die zu Zuschlägen gemäß § 3 InsVV zu den Regelsätzen des § 2 InsVV oder zu einer gesonderten Auslagenerstattung führen. Ob der zuständige Rechtspfleger beim Insolvenzgericht die Richtigkeit anhand der Akten überprüfen kann oder er sich auf die Angaben des Insolvenzverwalters verlassen muss, spielt für die Frage der Täuschung keine Rolle. Betrügerisches Handeln des Insolvenzverwalters kann auch dann gegeben sein, wenn er Regelaufgaben, also Aufgaben, die in jedem Normalverfahren anfallen, delegiert, diese aus der Masse bezahlt und im Rahmen **388**

---

[589] Hierzu Kap. 8 Rn. 36 ff.
[590] Vgl. dazu Kap. 8 Rn. 32.
[591] *Müller-Gugenberger/Bieneck*, § 88 Rn. 16.

der Abrechnung seiner Vergütung die Tätigkeit der Hilfskräfte nicht vergütungsmindernd berücksichtigt.[592]

389   cc) **Untreue** liegt auch dann vor, wenn der Insolvenzverwalter **Gehälter von** angeblich oder tatsächlich in der Insolvenzverwaltung laufend tätigen **Angestellten** aus der Masse bezahlt, etwa auf Basis der Abrechnung einer von ihm beherrschten Treuhand- und Steuerberatungsgesellschaft.[593] Zu den allgemeinen Geschäftskosten, die mit der Vergütung abgegolten sind, gehört nämlich der Büroaufwand des Insolvenzverwalters einschließlich der Gehälter seiner Angestellten, auch soweit diese anlässlich des Insolvenzverfahrens eingestellt worden sind, § 4 Abs. 1 Satz 1 InsVV. Davon zu unterscheiden ist der Einsatz von Kräften zur Kontrolle und Leitung betrieblicher Aktivitäten im Rahmen der Aus- und Fortproduktion. Hier kann ein Verwalter für die Masse Dienst- oder Werkverträge abschließen (vgl. § 4 Abs. 1 Satz 2 InsVV). Er darf dazu selbstverständlich auf ihm bekannte und eingearbeitete Kräfte, die durchaus auch regelmäßig für ihn tätig sein können, zurückgreifen. In der Praxis lassen sich Insolvenzverfahren größeren Ausmaßes häufig nur so überhaupt bewältigen.

Darüber hinaus verletzt der Insolvenzverwalter seine Treuepflicht, wenn er **Vorschüsse** auf seine Vergütung entgegen § 9 InsVV ohne Zustimmung des Insolvenzgerichts entnimmt.

III. Strafbares Handeln nach Ablehnung mangels Masse

1. Insolvenzstraftaten i. e. S.

a) Insolvenzverschleppung

390   Nach Abweisung eines Insolvenzantrags gemäß § 26 InsO kommt Insolvenzverschleppung grundsätzlich nicht mehr in Betracht. Wenn sich allerdings nachträglich herausstellt, dass in Wahrheit doch verteilungsfähiges Vermögen vorhanden ist, das die Kosten des Insolvenzverfahrens übersteigt, ist das Unterlassen eines (erneuten) Insolvenzantrags tatbestandsmäßig.[594] Auch bei Beseitigung der Krise und Fortsetzung der Gesellschaft – falls man dies überhaupt als zulässig erachtet – kann bei erneutem Kriseneintritt der Tatbestand der Insolvenzverschleppung verwirklicht werden.

b) Bankrott und Verletzung der Buchführungspflicht

391   **Bankrott** wird durch die Abweisung des Antrags mangels Masse nicht ausgeschlossen.[595] Dies gilt zumindest, solange Überschuldung oder Zahlungsunfähigkeit noch andauern. Wenn die Zahlungsfähigkeit wieder eingetreten oder die Überschuldung beseitigt ist, scheidet Bankrott aus. Die „alte" objektive Strafbarkeitsbedingung (Abweisung mangels Masse) entfaltet dann keine Wirkung mehr. Der Wiedereintritt der Zahlungsfähigkeit bzw. der Wegfall der Überschuldung bedeutet eine Zäsur. Eine danach erfolgte Tatbestandsverwirklichung kann nur bei erneutem Eintritt der objektiven Bedingung nach § 283 Abs. 6 StGB zu einer Bestrafung führen.[596]

392   Als **Täter** kommen bei juristischen Personen die Liquidatoren in Betracht. Sie sind vertretungsberechtigtes Organ gemäß § 14 Abs. 1 Nr. 1 StGB.[597] Die Liquidation der Gesellschaft hat deswegen zu erfolgen, weil die Abweisung mangels Masse bei der AG, KGaA und GmbH einen gesetzlichen Auflösungsgrund darstellt und nicht die sofortige Vollbeendigung bedeutet. Dies ist für die AG (und die KGaA) in § 262 Abs. 1 Nr. 4 AktG, für die GmbH in § 60 Abs. 1 Nr. 5 GmbHG und für Handelsgesellschaften und Wirtschaftsgenossenschaften in § 131 Abs. 1 Nr. 3, Abs. 2 Nr. 1 HGB und § 81a Nr. 1 GenG geregelt.

---

[592] *Bittmann/Gerloff*, Insolvenzstrafrecht § 24 Rn. 9, 13.
[593] *Müller-Gugenberger/Bieneck*, § 88 Rn. 14.
[594] *Bittmann/Bittmann*, Insolvenzstrafrecht § 11 Rn. 24 m. w. N.
[595] *Müller-Gugenberger/Bieneck*, § 76 Rn. 75; LK/*Tiedemann*, vor § 283 Rn. 100; *Fischer*, vor § 283 Rn. 16; vgl. auch BGHSt 7, 146.
[596] So auch *Müller-Gugenberger/Bieneck*, § 76 Rn. 77.
[597] *Müller-Gugenberger/Bieneck*, § 76 Rn. 76 a.

D. Ermittlungen 9

Da für das Liquidationsverfahren bei Masselosigkeit dieselben Regeln gelten wie bei jedem 393
anderen Liquidationsverfahren, haben die Liquidatoren auch die Pflicht zur **Buchführung
und Bilanzierung**. Wird diese verletzt, sind die Liquidatoren wegen Bankrotts zu bestrafen.
Ebenso machen sich der Kaufmann, der weiterhin buchführungs- und bilanzierungspflichtig
ist, sowie die vertretungsberechtigten Gesellschafter von Handelsgesellschaften strafbar.
§ 283b StGB scheidet aus, weil ein Handeln oder Unterlassen während der Krise gegeben ist.

c) Gläubiger- und Schuldnerbegünstigung

Im Rahmen der Liquidation sind die Gläubiger nach Möglichkeit zu befriedigen. Welche 394
Gläubiger und ggf. in welcher Höhe sie befriedigt werden, schreibt das Gesetz nicht vor. Anders als im Insolvenzverfahren müssen die Gläubiger nach h. M. nicht gleichmäßig befriedigt
werden. Damit ist eine Bevorzugung „nahestehender" Gläubiger vorprogrammiert. Dies sind
zum einen Verwandte, Freunde oder Gesellschaften, an denen der Schuldner oder Liquidator
beteiligt ist. Zum anderen werden die Gläubiger befriedigt, mit denen im Rahmen neuer
Geschäftsbeziehungen – etwa nach Neugründung einer GmbH – wieder Verträge geschlossen werden sollen.

Zur strafbaren **Gläubigerbegünstigung** wird diese Handlungsweise jedoch nur, wenn der 395
Gläubiger die Leistung nicht, nicht in dieser Art oder nicht zu dieser Zeit beanspruchen
kann, also ein inkongruenter Vorteil gewährt wird. **Schuldnerbegünstigung** ist wie vor
Abweisung der Insolvenzeröffnung möglich.

2. Insolvenzstraftaten i. w. S.

Da die Insolvenzdelikte i. w. S. nicht an die Frage der Insolvenzeröffnung oder -abweisung 396
anknüpfen, wirkt sich die Ablehnung der Eröffnung mangels Masse auf die Möglichkeit, die
entsprechenden Tatbestände zu verwirklichen, nicht aus. Relevant sind vor allem die als **Unterschlagung** zu qualifizierende Veräußerung sicherungsübereigneter oder unter Eigentumsvorbehalt stehender Sachen und die eigennützige Verwertung des Gesellschaftsvermögens
durch den Liquidator. Letzteres stellt eine **Untreue**handlung dar. Der Tatbestand der Untreue wird auch dadurch verwirklicht, dass eingezogene Kundenforderungen nicht zur Tilgung der Verbindlichkeiten der Gesellschaft verwendet werden.[598] Die Einwilligung der Gesellschafter – auch des einzigen Gesellschafters bei der Einmann-GmbH – schließt Untreue
nicht aus. Insoweit gelten die gleichen Grundsätze wie sonst bei der Untreue, wo ein Handeln in der Krise trotz Zustimmung der Gesellschafter strafbares Unrecht darstellt.[599]

D. Ermittlungen[600]
I. Einleitung von Ermittlungen

Ermittlungen werden oftmals dadurch veranlasst, weil Gläubiger bei der Polizei oder der 397
Staatsanwaltschaft Anzeige erstatten. Teilweise erfolgen diese Anzeigen in der Hoffnung,
durch Einschaltung der Staatsanwaltschaft die Außenstände vielleicht doch noch realisieren
zu können.[601] Oft ist Motiv für eine Einschaltung der Ermittlungsbehörden jedoch ein gewisses Genugtuungs- oder Rachebedürfnis.[602]

Aber auch ohne Anzeige wird bei jeder Insolvenz durch die Ermittlungsbehörden die 398
Frage geprüft, ob zureichende tatsächliche Anhaltspunkte für das Vorliegen einer Straftat gegeben sind. Üblicherweise erfährt die Staatsanwaltschaft aber von Zwangsvollstreckungs- oder
Insolvenzverfahren aufgrund von Mitteilungen der Insolvenz- und Vollstreckungsgerichte
nach der „Anordnung über Mitteilungen in Zivilsachen" (**MiZi**), einer bundesweit geltenden

---

[598] *Müller-Gugenberger/Bieneck*, § 76 Rn. 78.
[599] Oben Rn. 249 ff.
[600] Vgl. hierzu auch Kap. 25.
[601] Vgl. *Bittmann/Schulze*, Insolvenzstrafrecht § 15 Rn. 3 („strafrechtliches Quasi-Inkasso").
[602] *Weyand*, Rn. 138.

Vereinbarung zwischen den Landesjustizverwaltungen und dem Bundesministerium der Justiz, fußend auf § 12 Abs. 5 EGGVG. Danach werden der Staatsanwaltschaft mitgeteilt:

vom **Vollstreckungsgericht**:
– die Abgabe der eidesstattlichen Versicherung nach § 807 ZPO, wenn das Verfahren eine AG, eine KGaA, eine GmbH, eine Genossenschaft oder eine OHG oder KG, bei der kein Gesellschafter eine natürliche Person ist, betrifft, MiZi X/2 Abs. 1 Satz 1 Nr. 1, Satz 2;
– der Erlass eines Haftbefehls nach § 901 ZPO bei den genannten Gesellschaftsformen, MiZi X/2 Abs. 1 Satz 1 Nr. 2, Satz 2;

vom **Insolvenzgericht**:
– die Abweisung des Antrags auf Eröffnung des Insolvenzverfahrens mangels Masse, MiZi XIIa/2 Abs. 1 Satz 1, Abs. 2 Satz 1 Nr. 1;
– die Eröffnung des Insolvenzverfahrens, MiZi XIIa/3 Abs. 1 Satz 1 Nr. 1, Abs. 3 Nr. 3.

Kenntnis von möglichen Insolvenzstraftaten erhalten die Ermittlungsbehörden gelegentlich auch vom Insolvenzverwalter oder durch Zuleitung von Akten durch die Zivilgerichte.

399 Bereits aufgrund der obigen Mitteilungen des Vollstreckungsgerichts besteht für den Staatsanwalt häufig Anlass, zumindest **Vorermittlungen** durchzuführen. Vor allem vergebliche Vollstreckungsmaßnahmen, bei denen der Gerichtsvollzieher **Pfandabstand** erklärt, sind wichtige Indizien für eine mögliche Zahlungsunfähigkeit oder Überschuldung. In diesen Fällen legt die Staatsanwalt oftmals einen **AR-Vorgang** zur weiteren Überwachung und Überprüfung von Zwangsvollstreckungsmaßnahmen gegen den oder die Verantwortlichen der Gesellschaft an.[603] Noch besser ist es, wenn ohne spezielle Verfügung des zuständigen Staatsanwalts. Im Zeitalter der elektronischen Datenverarbeitung ist dies ohne weiteres möglich.

400 Ein **Ermittlungsverfahren** wegen unterlassener oder verspäteter Insolvenzantragstellung wird spätestens dann eingeleitet werden, wenn der Verantwortliche einer der oben genannten Gesellschaften die **eidesstattliche Versicherung** für die Gesellschaft **geleistet** hat.[604]

401 Einzutragen ist in der Regel gegen den oder die Verantwortlichen der juristischen Person oder sonstigen Gesellschaft wegen des Verdachts der Insolvenzverschleppung. Für die Einleitung des Ermittlungsverfahrens wegen Bankrotts oder sonstiger Insolvenzdelikte i. w. S. fehlen in diesem Verfahrensstadium in aller Regel die konkreten Verdachtsmomente.

II. Durchführung erster Ermittlungsschritte

1. Zusammenarbeit zwischen Staatsanwaltschaft und Kriminalpolizei

402 Gerade bei der Bekämpfung der Wirtschaftskriminalität erfolgt eine **enge Zusammenarbeit** zwischen Polizei und Staatsanwaltschaft. Die Kriminalpolizei sollte möglichst frühzeitig und umfassend den zuständigen Staatsanwalt informieren. Dies deshalb, da insbesondere wegen der Mitteilungen der Vollstreckungs- und Insolvenzgerichte bei den Staatsanwaltschaften bereits Informationen vorliegen können, die sich die Polizeibeamten sonst erst bei den Amtsgerichten oder durch sonstige Ermittlungstätigkeit beschaffen müssten.

403 Auf der anderen Seite hat die Kriminalpolizei eventuell bereits Erkenntnisse über das Unternehmen oder die potenziellen Täter. Aufgrund der für alle Bundesländer verbindlichen „**Richtlinien über den kriminalpolizeilichen Nachrichtenaustausch bei Wirtschaftsdelikten**" sind möglicherweise bereits wichtige Informationen beim Bundeskriminalamt (BKA) oder den einzelnen Landeskriminalämtern gespeichert, die dort abgefragt werden können.

404 Schließlich sollte bedacht werden, dass Anzeigen von Gläubigern sowohl bei der Polizei als auch bei der Staatsanwaltschaft eingehen können. Auch hier hilft eine frühzeitige gegenseitige Kontaktaufnahme, unnötige Doppelarbeit zu vermeiden.

---

[603] Teilweise wird vorgeschlagen, dass bereits bei Eingang der Mitteilung gemäß MiZi eine Eintragung im AR-Register als Insolvenzüberwachung erfolgen und weitere Mitteilungen gegen denselben Schuldner dann unter diesem Aktenzeichen erfasst werden sollen, Voraufl. Rn. 347.
[604] Vgl. auch *Weyand*, Rn. 141.

D. Ermittlungen

2. Handelsregisterauskünfte und -akten

Typischerweise erfolgt spätestens bei Überleitung eines Vorermittlungsverfahrens in ein Ermittlungsverfahren (Eintragung in das Js-Register) oder nach einer Anzeige eine Anfrage beim **Handelsregister**. Dort befinden sich nämlich das **Karteiblatt** (Registerblatt) über die Firma, der **Hauptband** und der **Sonderband** der jeweiligen Registerakte. Im Sonderband sind die Angaben über die Gesellschafter und den Gesellschaftsvertrag nebst der Anmeldung zum Handelsregister abgelegt. Der Hauptband enthält alle Erhebungen und Verfügungen des Registergerichts und die hierauf von einzelnen Stellen, z. B. der Industrie- und Handelskammer, abgegebenen Erklärungen. Darüber hinaus befinden sich in diesem Hauptband Schriftstücke über Zwangsmaßnahmen gegen den Schuldner, Anfragen anderer Gerichte oder Auskunftsersuchen von Gläubigern. Der Staatsanwalt wird erforderlichenfalls die vollständigen Registerakten beiziehen und von wesentlichen Schriftstücken Fotokopien fertigen lassen. 405

Zumindest folgende Unterlagen werden regelmäßig vom Registergericht **angefordert**: 406
- Handelsregisterauszug,
- Gesellschafterliste,
- Gesellschaftsverträge,
- Anmeldung zum Handelsregister.

Darüber hinaus ist es zweckmäßig, auch die zum Handelsregister eingereichten Bilanzen anzufordern.[605]

Richtet sich der Verdacht gegen die Verantwortlichen einer Genossenschaft, ergeben sich die notwendigen Informationen aus dem **Genossenschaftsregister**. Dieses wird bei dem für den Sitz der Genossenschaft zuständigen Amtsgericht – parallel zum Handelsregister – geführt. 407

3. Auskünfte aus dem Gewerberegister und Gewerbezentralregister

a) Gewerberegister

Als weitere Erkenntnisquelle zu den Unternehmen bietet sich das bei den örtlich zuständigen Gewerbeämtern geführte **Gewerberegister** an. Hier können häufig genauere oder aktuellere Informationen speziell zum Firmensitz und eventuellen weiteren Geschäftsräumen oder Niederlassungen erlangt werden. 408

Wichtig ist das Gewerberegister insbesondere zur Ermittlung der **Personalien** der Geschäftsführer einer GmbH. Da im Handelsregister nur der Name und der Wohnort – ohne Straße – genannt sind, lässt sich die Person des Geschäftsführers daraus nicht zweifelsfrei feststellen. Erst dessen beim Gewerbeamt registrierte Angaben über Geburtsdatum und -ort sowie über Staatsangehörigkeit und Privatanschrift ermöglichen eine zweifelsfreie Identifizierung. Falls ein Gesellschafterwechsel stattgefunden hat, hilft das Gewerberegister aber häufig nicht weiter, da Änderungen in der gesetzlichen Vertretung einer juristischen Person nicht der gewerberechtlichen Anzeigepflicht unterliegen. Auch darf man sich auf die Angaben im Gewerberegister nicht verlassen, falls die aktuelle Adresse des Geschäftsführers benötigt wird. Hier ist zur Ermittlung eventueller Wohnungswechsel unbedingt aufgrund der nun bekannten Daten eine Auskunft beim Einwohnermeldeamt einzuholen. 409

Bei den Gewerbeämtern werden zudem alle Firmenanmeldungen sowie die Firmenanschrift erfasst. Unter der Rubrik „Angaben zum Betrieb" sind in der Gewerbeanmeldung u. a. die Anschriften der Betriebsstätte, der Hauptniederlassung und einer früheren Betriebsstätte zu nennen. Diese Angaben können für die Ermittlungsorgane, speziell für eventuelle Durchsuchungsmaßnahmen, von Wichtigkeit sein. 410

Nicht selten sind bei den örtlichen Gewerbeämtern im Zusammenhang mit Bußgeldverfahren und sonstigen gewerberechtlichen Überprüfungen auch Aktenvorgänge angelegt worden, die für das Ermittlungsverfahren von Bedeutung sein können. 411

---

[605] So *Bittmann/Bittmann*, Insolvenzstrafrecht § 1 Rn. 71.

b) Gewerbezentralregister

412 Neben den örtlichen Gewerberegistern besteht das **Gewerbezentralregister** (GZR), das vom Bundesamt für Justiz geführt wird. Aus dem Registerauszug können für das weitere Ermittlungsverfahren relevante Informationen erlangt werden. Dort sind gemäß § 149 GewO die vollziehbaren und nicht mehr anfechtbaren Entscheidungen einer Verwaltungsbehörde eingetragen, welche die Unzuverlässigkeit oder Ungeeignetheit eines Gewerbetreibenden betreffen. Von besonderer Bedeutung sind hierbei die **Gewerbeuntersagung** oder die Ablehnung einer Zulassung. Zudem sind alle wirtschaftlich relevanten Bußgeldentscheidungen wegen einer Ordnungswidrigkeit verzeichnet, soweit die Geldbuße den Betrag von 200 Euro übersteigt. Aus dem GZR können auch **Strohmannverhältnisse** abgelesen werden, soweit diese den Verwaltungsbehörden bekannt geworden sind.[606] Aufgrund der zentralen Erfassung der Verwaltungsentscheidungen kann gerade der mobile, den Firmensitz wechselnde Täter über das GZR frühzeitig erkannt werden.

413 Da das GZR zwar auch der Strafverfolgung im Bereich der Wirtschaftskriminalität dient, in erster Linie aber den Verwaltungs- und Bußgeldbehörden die Möglichkeit eröffnen soll, Schutz vor unzuverlässigen Gewerbetreibenden zu gewähren, besteht das **Auskunftsrecht** für die Strafverfolgungsbehörden gemäß § 150a Abs. 2 Nr. 1 2. Halbsatz GewO nur **in eingeschränktem Umfang**. Insbesondere hat der Gesetzgeber ein Auskunftsrecht der Gerichte und Staatsanwaltschaften über eingetragene Bußgeldentscheidungen bei der Verfolgung von Wirtschaftsstraftaten eingeschränkt. Die mit der Ermittlung von Wirtschaftsstraftaten befassten Dienststellen der Kriminalpolizei sind gemäß § 150a Abs. 2 Nr. 2 GewO ebenfalls befugt, Auskünfte über Registereintragungen einzuholen. Über Bußgeldentscheidungen erhalten sie aber ebenfalls keine Informationen.

4. Anfragen beim Vollstreckungsgericht

414 Wichtige Informationen können durch eine Anfrage beim zuständigen Vollstreckungsgericht erlangt werden. Hier wird das **Schuldnerverzeichnis** nach §§ 915 ff. ZPO geführt, in das gemäß § 915 Abs. 1 Satz 1 ZPO diejenigen Personen einzutragen sind, welche die eidesstattliche Versicherung nach § 807 ZPO abgegeben haben oder gegen die nach § 901 ZPO die Haft angeordnet wurde. Eingetragen wird der Schuldner (§ 807 ZPO), also bei Gesellschaften und Genossenschaften nicht der organschaftliche Vertreter (vgl. § 1 Abs. 3 SchuVVO), sondern die Gesellschaft oder Genossenschaft.

415 Der Schuldner wird grundsätzlich so eingetragen, wie er in dem Titel, der dem Vollstreckungsverfahren zu Grunde liegt, bezeichnet ist (§ 1 Abs. 1 Nr. 1 SchuVVO). Bei Anhaltspunkten, dass eine Gesellschaft im Rechtsverkehr unter verschiedenen Firmen aufgetreten ist, die von der im Handelsregister eingetragenen Firma abweichen, oder im Fall von Umfirmierungen sind deshalb alternative Anfragen veranlasst.

416 In der Regel wird die Staatsanwaltschaft die dort vorhandenen Akten über Vollstreckungsverfahren (sog. M-Akten) **anfordern**. Bei Abgabe einer eidesstattlichen Versicherung versteht sich dies von selbst, da die Staatsanwaltschaft die Angaben in dem nach § 807 Abs. 1 Satz 1 ZPO vom Schuldner vorzulegenden Vermögensverzeichnis prüfen muss. Aber auch ansonsten lassen sich aus den Akten des Vollstreckungsgerichts wichtige Erkenntnisse gewinnen. Zum einen ergeben sich hieraus die Gläubiger und zum anderen der Grund, warum die eidesstattliche Versicherung letztendlich in den einzelnen Fällen doch nicht abgelegt wurde.

417 Nachdem erfahrungsgemäß Anträge von Gläubigern nicht nur bei Befriedigung durch den Schuldner zurückgenommen werden, können hier Ansatzpunkte für weitere Ermittlungen gefunden werden. Gerade der kriminelle Firmeninhaber oder Verantwortliche bringt Gläubiger häufig aufgrund des Versprechens zu leisten dazu, von weiteren Vollstreckungsmaßnahmen abzusehen. Oder er bedient nur die Gläubiger, die den Antrag auf Abgabe der Offenbarungsversicherung gestellt haben. So können durch Befragungen bei Gläubigern für die Feststellung des Zeitpunkts der Zahlungsunfähigkeit oder Überschuldung wichtige Hinweise

---

[606] *Erbs/Kohlhaas/Ambs*, § 149 GewO Rn. 14.

D. Ermittlungen   9

oder auch Anhaltspunkte beispielsweise für Straftaten des (Lieferanten-)Betrugs oder der Gläubigerbegünstigung gewonnen werden.

5. Gerichtsvollzieherauskünfte

Eine ebenfalls sehr wichtige Erkenntnisquelle ist der zuständige **Gerichtsvollzieher**. Aus dessen Akten kann entscheidendes Hintergrundmaterial für Insolvenzdelikte gewonnen werden. Aus den hierin befindlichen Pfändungsprotokollen ergeben sich nämlich Anzahl und Datum der Vollstreckungsaufträge der Gläubiger, die Höhe der jeweiligen Forderung und der Vollstreckungserfolg. Besonders bedeutsam sind Pfandabstandserklärungen, Verhaftungsaufträge zur Abgabe der eidesstattlichen Versicherung oder abgewendete Verhaftungen (§§ 901, 902, 908, 909 ZPO). 418

Zu beachten ist, dass durch den zuständigen Dienstvorgesetzten des Gerichtsvollziehers die **Aussagegenehmigung** zu erteilen ist (vgl. § 54 Abs. 1 StPO, Nr. 66 RiStBV sowie z. B. in Bayern Art. 69 Abs. 2 BayBG oder in Nordrhein-Westfalen § 64 Abs. 2 LBG). Dies entfällt, sofern die Aussagegenehmigung allgemein erteilt ist. Dienstvorgesetzter ist der Direktor (Präsident) des Amtsgerichts. Die mit Genehmigung gegenüber der Staatsanwaltschaft oder der Polizei erteilten Auskünfte des Gerichtsvollziehers können in einer späteren Hauptverhandlung gemäß § 256 Abs. 1 Satz 1 StPO ohne Zustimmung der Verfahrensbeteiligten verlesen werden.[607] 419

Bei der Auswertung der Gerichtsvollzieherakten ist darauf zu achten, dass der Gerichtsvollzieher auch dann Pfandabstand erklärt, wenn er vom Schuldner lediglich einen Scheck zur Weiterleitung an den Gläubiger erhält. Aus dem Pfändungsprotokoll ergibt sich dann zwar die Scheckhingabe, nicht aber dessen Einlösung. 420

Die Gerichtsvollzieher sind gemäß § 161 StPO **verpflichtet**, dem **Auskunftsersuchen** der Staatsanwaltschaft **nachzukommen**. Auch wenn dies mit gewissem Arbeitsaufwand, nämlich dem Heraussuchen und Auswerten der Vorgänge, verbunden ist, muss der Gerichtsvollzieher die Vollstreckungsversuche und -maßnahmen für die Ermittlungsbehörde zusammenstellen. 421

6. Auswertung der Akten des Insolvenzgerichts

Ebenso wie aus den Akten des Vollstreckungsgerichts lassen sich aus den Akten des Insolvenzgerichts („**IN-Akten**") oftmals wertvolle Erkenntnisse gewinnen. Dies gilt auch für die Fälle, in denen das Insolvenzverfahren auf Antrag eines Gläubigers in Gang kam, später aber durch Antragsrücknahme endete oder wenn es zur Eröffnung des Insolvenzverfahrens oder zur Ablehnung mangels Masse kommt. Insbesondere ermöglicht eine intensive und die einzelnen Positionen vergleichende Betrachtungsweise der Vermögensübersicht einen Einblick in die Struktur, Größenordnung und Bedeutung der Insolvenz. Oftmals ist daraus schon zu erkennen, ob man es mit echten kriminellen Machenschaften zu tun hat oder ob der Schuldner im Wesentlichen nur versucht hat, mit unlauteren Mitteln „sein" Unternehmen zu retten. 422

a) Anforderung der Akten

Da der Staatsanwaltschaft nach der MiZi in den Fällen der Antragsrücknahme die Insolvenzverfahren nicht mitgeteilt werden, werden im Rahmen der Vorermittlungen oder des bereits eingeleiteten Ermittlungsverfahrens oftmals **sämtliche IN-Akten** angefordert. Der antragstellende Gläubiger muss neben seiner Forderung auch die Zahlungsunfähigkeit des Schuldners glaubhaft machen und einschlägige Informationen liefern (§ 14 Abs. 1 InsO); in vielen Fällen sind die dort gemachten Angaben allerdings wenig konkret. Allerdings können sich hieraus, auch bei späterer Rücknahme des Gläubigerantrags, Anhaltspunkte für weitere Ermittlungen entnehmen. 423

---

[607] BayObLG StV 2002, 646.

b) Maßnahmen des Insolvenzgerichts

424 Das Insolvenzgericht wird entweder auf Antrag eines Gläubigers oder des Schuldners tätig. Der Insolvenzrichter wird grundsätzlich folgende Maßnahmen ergreifen:

425 Wenn ein **Gläubiger** den Insolvenzantrag gestellt hat, setzt der Richter, dem Schuldner üblicherweise eine Frist von zwei Wochen zur Abgabe einer Stellungnahme. Hierzu übersendet er in aller Regel in Formblätter gefasste Fragebogen. Dies stellt gleichzeitig die gemäß § 14 Abs. 2 InsO vorgeschriebene Anhörung des Schuldners dar. Eine persönliche Anhörung ist unüblich – außer der Schuldner wünscht dies ausdrücklich – und in der Regel auch nicht erforderlich.[608] Wird die Aufforderung zur Stellungnahme vom Schuldner missachtet, so ordnet der Richter, die Vorladung oder Vorführung an (§ 98 Abs. 2 i. V. mit § 20 InsO). Daneben verfügt er die Einholung eines Handelsregisterauszugs und lässt beim Vollstreckungsgericht nachfragen, ob dort Akten über die eidesstattliche Versicherung oder sonstige Vorgänge vorhanden sind, die er dann beizieht.

426 Stellt der **Schuldner** selbst den Antrag, hat er ein Verzeichnis seiner Gläubiger und Schuldner sowie eine Übersicht der Vermögensmasse einzureichen (§ 13 InsO). Häufig fehlen diese Angaben, so dass der Insolvenzrichter den Schuldner auffordert, diese unverzüglich nachzureichen. Hierzu werden wieder die bereits erwähnten Fragebogen verwendet.

c) Verdachtsmomente

427 Aus der **fehlenden oder verzögerten Vorlage von Unterlagen** kann sich unter Umständen ein Indiz für Insolvenzstraftaten ergeben, insbesondere wenn hierfür keine nachvollziehbaren Gründe ersichtlich sind. Wenn Vermögensübersichten, Kreditoren- und Debitorenlisten nicht eingereicht werden, kann dies darauf hindeuten, dass Bücher unordentlich geführt und Bilanzen nicht erstellt oder verfälscht sind.[609]

428 Aber auch dann, wenn der Schuldner Angaben macht, ergeben sich hieraus oftmals konkrete Anhaltspunkte für Insolvenzverschleppung oder für sonstige Straftaten. Bei einem Fremdinsolvenzantrag ist die Insolvenzverschleppung evident, wenn der Schuldner einräumt, zahlungsunfähig oder überschuldet zu sein. Der eher theoretische Fall, dass der Gläubiger mit seinem Antrag einem Eigenantrag des Schuldners zuvorkam, ohne dass die Dreiwochenfrist des § 15a Abs. 1 InsO bereits abgelaufen ist, tritt in der Praxis kaum auf.

Ein konkreter Verdacht kann sich auch dann bereits aus den Schuldnerangaben ableiten lassen, wenn man die Auskünfte über die Außenstände und die Schulden (Debitoren- und Kreditorenliste) kritisch vergleicht.

429 Im Einzelnen können sich aus den Insolvenzakten folgende **Anhaltspunkte für strafbare Handlungen** ergeben.[610]
– Ist der (Gemein-)Schuldner eine juristische Person oder Handelsgesellschaft, kommt insbesondere ein Vergehen der Insolvenzverschleppung in Betracht. Dies gilt vor allem dann, wenn ein Fremdinsolvenzantrag vorliegt.
– Handelt es sich bei dem Gläubiger (Antragsteller) um einen Sozialversicherungsträger, sind Verdachtsgründe für Vergehen des Vorenthaltens und Veruntreuens von Arbeitsentgelt gemäß § 266a StGB gegeben.
– Weichen die Vermögensübersichten von früheren eidesstattlichen Versicherungen oder Bilanzen in wichtigen Vermögenspositionen ab, so besteht der Verdacht, dass der (Gemein-)Schuldner Vermögenswerte verheimlicht oder vorher beiseite geschafft hat.
– Übersteigt die Summe der Forderungsabtretungen den Gesamtbetrag der Außenstände, besteht der Verdacht, dass Bank- oder Warenkredite erschlichen wurden. Das Gleiche gilt bei einer Gegenüberstellung der sicherungsübereigneten oder verpfändeten Gegenstände mit dem als vorhanden angegebenen Anlage- oder Umlaufvermögen. Bei derartigen Abweichungen besteht zudem der Verdacht der Bankrottstraftat nach § 283 Abs. 1 Nr. 1 StGB oder eines Betrugs zum Nachteil des Sicherungsnehmers.

---

[608] Vgl. *Haarmeyer/Wutzke/Förster*, § 3 Rn. 129 ff.
[609] *Müller/Wabnitz/Janovsky*, Kap. 6 Rn. 14.
[610] Vgl. *Müller/Wabnitz/Janovsky*, Kap. 6 Rn. 17.

D. Ermittlungen 9

– Wurden Verbindlichkeiten aus Lieferungen und Leistungen erst in den letzten Wochen begründet, bestehen aber Lohnrückstände für die letzten zwei bis drei Monate, dann besteht der Verdacht des Lieferantenbetrugs.
– Die entgeltliche und unentgeltliche Übertragung von Vermögensgegenständen auf nahe Angehörige begründet den Verdacht des Beiseiteschaffens (Bankrott oder Untreue), wobei der Schuldner nicht selten noch weitere Forderungen von Angehörigen gegen sich vorspiegelt oder anmelden lässt.

Weitere Ermittlungsansätze ergeben sich aus den in den IN-Akten angegebenen oder nach 430 § 24c Abs. 3 Satz 1 Nr. 2 KWG abgefragten **Bankverbindungen**. Zum einen ist dies eine wichtige Voraussetzung für Anfragen oder für Durchsuchungen gemäß § 103 StPO bei Kreditinstituten. Zum anderen begründet das Verschweigen von einzelnen Bankverbindungen oder -konten einen Verdacht auf strafbare Handlungen. Um dies festzustellen, werden Unterlagen des Schuldners auf Angaben über Kontoverbindungen überprüft und diese mit den vom Schuldner gegenüber dem Insolvenzgericht genannten Bankverbindungen verglichen. Häufig ergeben sich aus den Angaben auf Geschäftsbriefen oder Rechnungen entsprechende Hinweise. Insbesondere die Änderung der Bankverbindung kurz vor dem Insolvenzantrag hat häufig einen kriminellen Hintergrund. Auch bei Gläubigern wird deshalb oftmals nach den ihnen bekannt gewordenen Bankverbindungen des Schuldners nachgefragt werden.

Neben den Bankverbindungen werden eventuelle Großgläubiger aus dem Vermögensverzeichnis 431 oder der Kreditorenliste ermittelt. Informatorische Voranfragen bei diesen sowie bei Banken oder Sparkassen können Grundlage für weitere Ermittlungen sein.[611]

Wenn das **Insolvenzverfahren eröffnet** wurde, ergeben sich weitere Ermittlungsansätze 432 aus dem Vergleich des in einer besonderen Akte erfassten Verzeichnisses der von den Gläubigern angemeldeten Forderungen mit der vom Schuldner in seinem Verzeichnis aufgeführten Verbindlichkeiten. Allerdings ist bei abweichenden Bestandsangaben noch kein Rückschluss auf eine unordentliche Buchführung möglich,[612] denn die bloße Forderungsanmeldung besagt noch nicht, dass die Forderung tatsächlich, erst recht in dieser Höhe, bestanden und der Schuldner dies auch erkannt hat.

d) Verwertungsverbot (Beweisverwendungsverbot)

Bei der Auswertung der Insolvenzakten ist darauf zu achten, dass Aussagen des Schuldners 433 einem strafrechtlichen Verwertungsverbot unterliegen können. Der Schuldner ist nämlich im Insolvenzverfahren verpflichtet, auszusagen; die Aussage kann erzwungen werden, vgl. §§ 5, 20, 97 Abs. 1 Satz 1 und § 98 Abs. 2 InsO. Die Auskunftspflicht besteht nicht nur für den Schuldner selbst, sondern trifft auch die gesetzlichen Vertreter wie Geschäftsführer, Vorstand oder Liquidatoren. Keine Auskunftspflicht besteht jedoch, sofern dies nicht ausdrücklich angeordnet ist, gegenüber dem vom Insolvenzgericht eingesetzten Massegutachter.

Der **Verpflichtung zur uneingeschränkten Aussage** des Schuldners, nämlich auch be- 434 züglich solcher Tatsachen, die geeignet sind, eine Verfolgung wegen einer Straftat oder einer Ordnungswidrigkeit herbeizuführen (§ 97 Abs. 1 Satz 2 InsO), steht die Regelung in Satz 3 des § 97 Abs. 1 InsO gegenüber. Danach darf eine Auskunft des Schuldners, die dieser gemäß der in § 97 Abs. 1 Satz 1 InsO geregelten Verpflichtung erteilt, in einem Straf- oder Ordnungswidrigkeitenverfahren gegen den Schuldner oder einen Angehörigen i. S. des § 52 Abs. 1 StPO **nur mit Zustimmung des Schuldners** verwendet werden.[613] Für Auskünfte gegenüber dem Massegutachter besteht jedenfalls dann kein Verwertungsverbot, wenn dem Schuldner nicht durch das Insolvenzgericht ausdrücklich eine Auskunftspflicht auferlegt wurde.[614] Das Verwertungsverbot bezieht sich nur auf erteilte Auskünfte, nicht aber auf die

---

[611] *Müller/Wabnitz/Janovsky*, Kap. 6 Rn. 17.
[612] Anders Voraufl. Rn. 383.
[613] *Bader*, NZI 2009, 416; *Hohnel*, NZI 2005, 152.
[614] OLG Jena NStZ 2011, 172 (173).

Vorlage von Geschäftsunterlagen und -bücher, Handelsunterlagen, Bilanzen oder sonstige Unterlagen des Rechnungswesens.[615]

435 Dem Verwertungsverbot unterliegen daher alle Angaben, die der Schuldner im Eröffnungsantrag oder gegenüber dem Insolvenzverwalter gemacht hat.[616] Dies unabhängig davon, ob es sich um mündliche oder schriftliche Angaben handelt. Auch vom Schuldner vorgelegte Unterlagen sind vom Verwertungsverbot erfasst, außer sie müssen unabhängig vom Insolvenzverfahren geführt werden (wie z. B. Buchhaltungsunterlagen).[617] Ein Verwertungsverbot besteht auch, soweit derartige Angaben in Berichten des Insolvenzverwalters oder der Insolvenzakte enthalten sind. Solche (auch mittelbare) Aussagen des Schuldners sind nicht zur Ermittlungsakte zu nehmen.[618]

436 Soweit ein Verwertungsverbot besteht, dürfen diese Auskünfte auch nicht zur Grundlage von weiteren Ermittlungen gemacht werden.[619] Verwertbar sind aber alle Erkenntnisse, die der Insolvenzverwalter anhand von Unterlagen und Dokumenten oder durch Befragung von Mitarbeitern bzw. Geschäftspartnern des Schuldners erlangt hat. Ebenso sind alle diejenigen Kenntnisse verwertbar, die die Staatsanwaltschaft selbst ermittelt hat. Umstritten ist, ob ein Verwertungsverbot auch dann eingreift, wenn die Staatsanwaltschaft bei legalem Vorgehen ohne Verstoß gegen das Verwertungsverbot ebenfalls die entsprechende Kenntnis hätte erlangen können.[620]

7. Kontaktaufnahme zum Gutachter oder Insolvenzverwalter

437 Da das Insolvenzgericht das Vorliegen eines Insolvenzgrundes und – bejahendenfalls – die Frage klären muss, ob zur Deckung der Kosten eines Insolvenzverfahrens genügend freie Masse vorhanden ist (§ 26 Abs. 1 InsO), beauftragen Insolvenzrichter häufig einen Sachverständigen zur Erstattung eines Gutachtens. Dies ist in aller Regel der in Aussicht genommene künftige Insolvenzverwalter, der bereits als vorläufiger Insolvenzverwalter bestellt werden kann (§ 21 Abs. 1 Satz 2 Nr. 1 InsO). Dieser stellt eine wichtige Informationsquelle für die Ermittlungsbehörden dar. Entweder ist der Gutachter aktuell dabei, Erkenntnisse über das Unternehmen zu sammeln und Unterlagen auszuwerten, oder es liegt bereits ein schriftliches Gutachten vor (insbesondere wenn die Staatsanwaltschaft von dem Unternehmenszusammenbruch erst nach Abweisung des Insolvenzverfahrens mangels Masse Kenntnis erlangt). In beiden Fällen können sich aus dem **Gutachten** bedeutende Ansatzpunkte für weitere Ermittlungen ergeben. Im Rahmen der Überprüfungen durch den Gutachter werden nämlich oft entscheidende Feststellungen über Straftaten getroffen, die für den Vermögensverfall ursächlich waren oder hierbei verübt wurden.

438 Der Gutachter und noch weiter gehend der Insolvenzverwalter verfügt aufgrund seiner Tätigkeit meist über umfassende Erkenntnisse zu dem insolventen Unternehmen. Er hat häufig einen guten Überblick über die möglicherweise geschädigten Gläubiger, zumal der Insolvenzverwalter nach § 152 InsO ein Gläubigerverzeichnis aufzustellen hat. Aufgrund der ihm erteilten Auskünfte und vor allem der Firmenunterlagen kann er oftmals Hinweise auf vorgenommene Vermögensverschiebungen und andere Bankrotthandlungen geben. Häufig legt er Verdachtsmomente nicht schriftlich nieder. Dies ist zum einen nicht seine Aufgabe, und zum anderen konzentriert sich der Sachverständige im Gutachten oftmals auf die Frage der Masseunzulänglichkeit, insbesondere wenn er die Empfehlung ausspricht, den Antrag mangels

---

[615] OLG Jena NStZ 2011, 172 (173); *Bader*, NZI 2009, 416 (420); a. A. *Uhlenbruck/Uhlenbruck*, § 97 InsO Rn. 12.
[616] LG Stuttgart NStZ-RR 2001, 282 (283); LG Potsdam BeckRS 2009, 05070; a. A. für die Verwertbarkeit von Angaben im Eröffnungsantrag *Bader*, NZI 2009, 416 (420).
[617] *Ogiermann/Weber*, wistra 2011 206 (212).
[618] *Ogiermann/Weber*, wistra 2011 206 (212).
[619] *Uhlenbruck/Uhlenbruck*, § 97 InsO Rn. 10; *Pelz*, Rn. 703.
[620] Verneinend LG Stuttgart NStZ-RR 2001, 282 (283); bejahend Münchener Kommentar InsO/*Passauer/Stephan*, § 97 Rn. 17.

D. Ermittlungen

Masse abzuweisen. Oftmals ist der Insolvenzverwalter im eigenen Interesse zur Mehrung der Masse an einer Kooperation mit der Staatsanwaltschaft interessiert.[621]

Manche Insolvenzverwalter stehen einer Zusammenarbeit mit der Staatsanwaltschaft ablehnend gegenüber. Nur wenn der Insolvenzverwalter die Ermittlungen zu behindern versucht oder tatsächlich behindert – etwa indem er Unterlagen nicht herausgibt, kann auch eine Durchsuchung und Beschlagnahme angeordnet werden.[622] Insbesondere ist zu beachten, dass keine Beschlagnahme solcher Unterlagen erfolgen darf, die dem Verwertungsverbot des § 97 Abs. 1 Satz 3 InsO unterliegen.[623]

8. Anfragen bei sonstigen Stellen

a) Krankenkassen

Da bei insolventen Unternehmen oftmals Rückstände hinsichtlich der Sozialversicherungsbeiträge zu verzeichnen sind, werden typischerweise die wichtigsten Krankenkassen angeschrieben und um Mitteilung über Beitragsrückstände und verspätete Beitragszahlungen (sog. Regelanfragen) gebeten. Dadurch können nicht nur Straftaten nach § 266a StGB aufgedeckt werden – die Krankenkassen erstatten nicht immer Anzeige –, sondern auch Erkenntnisse über Beginn und Ausmaß von Zahlungsschwierigkeiten eruiert werden. Häufig stunden die Krankenkassen auf Antrag die Beiträge. Das Datum eines solchen Antrags kann, ggf. i. V. mit den diesbezüglichen Angaben des Schuldners gegenüber der Krankenkasse, Indiz für den Zeitpunkt der Zahlungsunfähigkeit oder der drohenden Zahlungsunfähigkeit sein.

b) Finanzbehörden

Da im Zusammenhang mit Insolvenzen häufig Steuerdelikte verübt werden, erfolgen auch Anfragen beim örtlich zuständigen Finanzamt, ob sich aus den Steuerakten Hinweise auf Steuerstraftaten ergeben und ob die Einleitung eines Steuerstrafverfahrens erwogen wird.[624] Hat der Unternehmer z. B. dem Sozialversicherungsträger einbehaltene Arbeitnehmeranteile vorenthalten, so liegt der Verdacht auf Lohnsteuerhinterziehung nahe. Verschiedentlich liegen auch bereits Strafbefehlsanträge der Finanzämter vor.

Auch zur Vermeidung von unnötigen Doppelermittlungen ist eine **Kontaktaufnahme** des Staatsanwalts mit der zuständigen Bußgeld- und Strafsachenstelle (**BuStra**) des Finanzamtes und der Steuerfahndungsstelle (**Steufa**) angezeigt. Im Einzelfall – je nach Art der Geschäftstätigkeit des verdächtigen Unternehmers – ist auch eine Anfrage beim zuständigen Hauptzollamt (**HZA**), dort insbesondere bei der „Finanzkontrolle Schwarzarbeit" (**FKS**) oder beim Zollfahndungsamt (**ZFA**) veranlasst. Möglicherweise sind von Seiten der Finanzbehörden bereits Durchsuchungen geplant oder es liegen Erkenntnisse aus einer Betriebsprüfung vor. Hier gilt es, ebenso wie im Verhältnis zur Kripo, unnötigen Arbeitsaufwand oder sich überschneidende, eventuell sogar sich gegenseitig behindernde Ermittlungen zu vermeiden.[625]

Einer Weitergabe von Informationen durch die Finanzbehörden kann allerdings die Vorschrift des § 30 AO über das **Steuergeheimnis** entgegenstehen. Bei Sachverhalten, die keine Steuerstraftat betreffen, ist nach § 30 Abs. 4 Nr. 4 AO eine Durchbrechung des Steuergeheimnisses jedoch möglich. Daneben erlauben auch die Regelungen in § 30 Abs. 4 Nr. 2, 3 und 5 AO die Offenbarung der Erkenntnisse der Steuerbehörden.[626]

---

[621] Müller/Wabnitz/Janovsky, Kap. 6 Rn. 21; H. Schäfer, wistra 1985, 209.
[622] Zur Beachtung des Verhältnismäßigkeitsgrundsatzes bei Durchsuchungen bei Insolvenzverwaltern LG Neubrandenburg NStZ 2010, 352; LG Bielefeld BeckRS 2009, 27813; LG Saarbrücken NStZ 2010, 534.
[623] Vgl. dazu oben Rn. 433 ff.
[624] Weyand, Rn. 145.
[625] Vgl. auch Janovsky, Kriminalistik 1998, 269/331 (270).
[626] Dazu näher Weyand, Rn. 147; Müller/Wabnitz/Janovsky, Kap. 12 Rn. 18 ff.

III. Weitere Ermittlungen

1. Durchsuchung, Beschlagnahme und Ähnliches

444 Ergeben sich aufgrund der ersten Ermittlungsschritte, insbesondere aus den Akten des Insolvenzgerichts, des Vollstreckungsgerichts oder des Gerichtsvollziehers Anhaltspunkte für eine unsaubere Insolvenz, müssen die Geschäftsunterlagen des Schuldners sichergestellt und ausgewertet werden. **Durchsuchungsmaßnahmen** beim Schuldner oder bei Dritten sind nur dann erforderlich, wenn die Geschäftsunterlagen nicht vom Insolvenzverwalter auf Anfrage herausgegeben werden. Bei ausgeklügelten Bankrott- und Betrugshandlungen können sich wichtige Beweismittel auch in der Erst- oder Zweitwohnung des Beschuldigten befinden.

445 Ergeben sich bei einer Durchsuchung Anhaltspunkte für weitere Unterbringungsorte, werden die neu bekannt gewordenen Aufbewahrungsorte ebenfalls zu durchsuchen sein, wenn kein (ggf. auch mündlicher) Durchsuchungsbeschluss zu erlangen ist, wegen Gefahr im Verzug. Soweit im Rahmen der Durchsuchungen Unterlagen aufgefunden werden, die auf Steuer- oder Zollvergehen hindeuten können, sind diese Unterlagen grundsätzlich sicherzustellen. Nehmen allerdings von vornherein Beamte der Steufa an der Durchsuchung teil, kann dies auf die unzulässige gezielte Suche nach Zufallsfunden hindeuten. Ggf. kann der Wirtschaftsreferent oder eine Buchführungskraft der Staatsanwaltschaft bei der Durchsuchung hinzugezogen werden.

446 Bei der **Teilnahme des Wirtschaftsreferenten** ist darauf zu achten, dass dieser eventuell später mit der Erstellung eines Gutachtens beauftragt wird (falls er nicht bereits beauftragt ist) und er deshalb Handlungen, die im gerichtlichen Verfahren zu einer Ablehnung wegen Besorgnis der Befangenheit führen könnten, zu unterlassen hat. Die bloße Mitwirkung an Durchsuchungen oder gar allein die Tatsache, dass der Wirtschaftsreferent (oder eine Wirtschaftsfachkraft) organisatorisch in die Behörde der Staatsanwaltschaft eingegliedert ist, steht der Erstattung eines Gutachtens allerdings nicht entgegen. Die **Besorgnis der Befangenheit** ist dadurch nach h. M. nicht begründet.[627] Die Aufgabe des Wirtschaftsreferenten besteht darin, kraft seines Sachverstandes wirtschaftliche und wirtschaftsrechtliche Fragen, die im Ermittlungsverfahren auftauchen, zu beantworten. Da er innerhalb dieses Aufgabenkreises **weisungsfrei in eigener Verantwortung** arbeitet und die Sichtung des vorhandenen Materials sowie die Überprüfung der Unterlagen auf ihre Bedeutung für das Strafverfahren zu den Tätigkeiten gehören, die für einen Sachverständigen typisch sind, stellt die Tätigkeit des Wirtschaftsreferenten einschließlich der Teilnahme an Durchsuchungen keine (strafrechtliche) Ermittlungstätigkeit, sondern Gutachtertätigkeit dar.[628] Dies gilt unabhängig davon, ob sich die Staatsanwaltschaft der Sachkunde des Wirtschaftsreferenten bei der Durchsicht am Ort der Durchsuchung bedient oder erst nach der Beschlagnahme der Papiere.[629] Typische Ermittlungstätigkeiten, wie z. B. die Vernehmung von Zeugen, widersprechen jedoch der Stellung eines Sachverständigen und sollten deshalb durch den Wirtschaftsreferenten nicht vorgenommen werden.[630]

447 In diesem Zusammenhang ist darauf hinzuweisen, dass die Beauftragung des Wirtschaftsreferenten nach § 78c Abs. 1 Nr. 3 StGB die **Verjährung unterbricht**, wenn eine ordnungsgemäße Beauftragung mit der Erstattung eines Gutachtens vorliegt und er trotz organisatorischer Eingliederung in die Staatsanwaltschaft das Gutachten eigenverantwortlich und frei von

---

[627] OLG Zweibrücken NJW 1979, 1995; *Gössel*, DRiZ 1980, 363 (371); *Meyer-Goßner*, § 73 Rn. 9, § 74 Rn. 5; KK-StPO/*Senge*, § 74 Rn. 5; *Lemme*, wistra 2002, 281 (283 und 286); a. A. *Dose*, NJW 1978, 349 (354); *Löwe-Rosenberg/Dahs*, § 74 Rn. 7.

[628] Vgl. OLG Zweibrücken NJW 1979, 1995; *Gössel*, DRiZ 1980, 363 (371); s. a. *Lemme*, wistra 2002, 281 (286).

[629] *Gössel*, DRiZ 1980, 363 (371).

[630] Eingehend zu Grenzen der zulässigen Mitwirkung an Ermittlungshandlungen: *Lemme*, wistra 2002, 281 (286 ff.).

D. Ermittlungen

jeder Beeinflussung erstatten kann.[631] Zur Herbeiführung der verjährungsunterbrechenden Wirkung ist es nicht erforderlich, dass der Wirtschaftsreferent losgelöst von seinen sonstigen Dienstaufgaben im Wege der Nebentätigkeit als Sachverständiger beauftragt wird.[632] Die Beauftragung ist auch an keine Form gebunden. Sie kann daher auch mündlich oder durch schlüssige Handlung erfolgen. Voraussetzung ist aber stets, dass sie den Verfahrensbeteiligten nach ihrem Inhalt und dem Zeitpunkt ihres Ergehens erkennbar ist und von diesen in ihrer Wirkung auf das Verfahren abgeschätzt werden kann,[633] weswegen der Auftrag unter Benennung des Beweisthemas und des Gutachtens aktenkundig zu machen ist.[634] Zudem sollte dem Verteidiger gemäß Nr. 70 Abs. 1 RiStBV Gelegenheit gegeben werden, vor der Auswahl des Sachverständigen Stellung zu nehmen.[635]

a) Durchsuchung beim Schuldner

aa) Der **Schuldner ist Tatverdächtiger** i. S. der StPO, so dass bei ihm die Voraussetzungen des § 102 StPO vorliegen müssen. Da es hierfür ausreicht, dass die Durchsuchung vermutlich zur Auffindung von Beweismitteln führen wird, sind die Voraussetzungen regelmäßig gegeben, wenn sich aus den ersten Ermittlungen Hinweise auf Insolvenzstraftaten (i. w. S.) ergeben. 448

bb) Die aufgefundenen Geschäftsunterlagen, aber auch Unterlagen über private Ausgaben etc., sind **sicherzustellen (§ 94 StPO), ggf. zu beschlagnahmen (§ 98 StPO)**. Da häufig die gesamten Buchhaltungs- und Kontounterlagen der vergangenen Jahre sowie weitere Geschäftsunterlagen zur umfassenden Auswertung gesichert werden müssen, sollte soweit möglich – **vor Ort** bereits eine **grobe Durchsicht** erfolgen. Dadurch kann vermieden werden, dass kritiklos alles eingepackt wird, was sich später als nicht relevant herausstellt. Durch diese Vorauswahl ersparen sich die Ermittlungsorgane in aller Regel erheblichen Aufwand, auch wenn sie vor Ort zunächst einmal etwas mehr Zeit verwenden müssen. Darüber hinaus darf die gerade in Insolvenzfällen gelegentlich vorzufindende Unordnung in der Buchführung nicht durch hoheitliche Maßnahmen fortgeführt und vergrößert werden.[636] 449

Bei der Sicherstellung oder Beschlagnahme ist Folgendes zu beachten: 450
– der Fundort ist genau zu kennzeichnen;
– geordnete Beweismittel dürfen nicht auseinander gerissen werden;
– die Beweismittel sind (durch Anbringen von Aufklebern) genau zu kennzeichnen.

Darüber hinaus ist ein ausführliches Sicherstellungsverzeichnis anzufertigen.

Durch entsprechende Vorsichtung und Auswahl wird zudem eine übermäßige Beeinträchtigung des Betroffenen vermieden. Zuweilen kann es der **Grundsatz der Verhältnismäßigkeit** gebieten, dass von den Geschäftsunterlagen Kopien gefertigt und dem Betroffenen die Originale zur Fortführung seines Betriebes wieder zurückgegeben werden.[637] Oftmals bietet sich auch der umgekehrte Weg an: dem Betroffenen wird bei der Durchsuchung gestattet, auf dem firmeneigenen Kopierer (unter Aufsicht) die Unterlagen zu kopieren, die er benötigt. Das Original ist für ihn oftmals nicht entscheidend; meist genügt ihm eine Kopie. Auch die Beschlagnahme der kompletten EDV-Anlage sollte nicht ohne zwingenden Grund erfolgen.[638] Hier sind oftmals Kopien der gespeicherten Daten oder ein Ausdruck der Korrespondenz und Verträge ausreichend. 451

Zu den zum Nachweis der Insolvenz wichtigen Beweismitteln gehören vor allem folgende Unterlagen: 452
– Bilanzen und sonstige Vermögensübersichten;
– Gewinn- und Verlustrechnungen;

---

[631] Vgl. BGHSt 28, 381 (384) = NJW 1979, 2414; OLG Zweibrücken NJW 1979, 1995.
[632] BGH StV 1986, 465.
[633] BGHSt 28, 381 (382) = NJW 1979, 2414.
[634] *Lemme*, wistra 2002, 281 (285).
[635] BGH StV 1986, 465.
[636] *Müller/Wabnitz/Janovsky*, Kap. 6 Rn. 26.
[637] *Müller-Gugenberger/J. R. Niemeyer*, § 11 Rn. 101 m. w. N.
[638] Vgl. auch *Janovsky*, Kriminalistik 1998, 269/331 (277); dort (S. 276 f., 331 ff.) sowie in Kap. 27 auch Einzelheiten zu EDV-Durchsuchung, EDV-Beweissicherung und EDV-Beweisauswertung.

– Geschäfts- und Prüfungsberichte (auch der steuerlichen Betriebsprüfung);
– Geschäftsbücher und Belege (Sach-, Personen-, Bilanzkonten, einschließlich Geschäftskorrespondenz mit Kreditoren, Kassenbücher, Wechselkopierbuch, Inventurlisten, Umbuchungslisten, Lohnkonten);
– Steuererklärungen;
– Nachweise über Kassen- und Bankbewegungen, Eingangs- und Ausgangsrechnungen.

Weiterhin zählen hierzu Gütertrennungsverträge, Einkaufsrechnungen für Luxusgüter, Übereignungsverträge mit Angehörigen, Garantie- und Bürgschaftsverträge, Nachweise für Auslandsvermögen, private Sparkonten, Verträge über Briefkastenfirmen oder sonstige Gesellschafts- oder Beteiligungsverträge. Auch ältere Bilanzen sind (wegen des Grundsatzes der Bewertungsstetigkeit) von Interesse. Zu den Geschäfts- und Prüfungsberichten zählen auch die Lageberichte eines eventuell eingeschalteten Wirtschaftsprüfers.

453   cc) Da sich Durchsuchungsaktionen in Wirtschaftsstrafsachen, insbesondere wenn der Verdacht schwerwiegender Insolvenzstraftaten besteht, oftmals über längere Zeit hinziehen, ergeben sich gelegentlich Probleme, die hiermit zusammenhängen.[639] Vor allem wünschen Betroffene häufig die **Anwesenheit eines Rechtsanwalts**. Auch wenn mit der eigentlichen Durchsuchung nicht abgewartet werden muss, bis der telefonisch informierte Verteidiger am Ort der Durchsuchung eintrifft, soll zumindest eine angemessene Zeit zugewartet werden. In der Praxis stellt sich die Anwesenheit eines Verteidigers oft als Vorteil heraus, insbesondere wenn er es versteht, auf seinen möglicherweise aufgebrachten Mandanten beruhigend einzuwirken.

454   Soweit ein Geschäftsbetrieb noch besteht, sollte dieser so wenig wie möglich beeinträchtigt werden. Eine Grundlage dafür, **Telefongespräche** des Schuldners während der Durchsuchungsaktion zu unterbinden, besteht nicht, außer es liegen Anhaltspunkte dafür vor, dass der Schuldner beabsichtigt, unlautere Gespräche zu führen.[640]

b) Durchsuchung bei Steuerberatern, Wirtschaftsprüfern u. a.

455   Oftmals befinden sich Geschäftsunterlagen nicht beim verdächtigen Schuldner, sondern bei dessen steuerlichen Beratern. Gerade die **Jahresabschlüsse**, die häufig der Steuerberater erstellt, aber auch betriebswirtschaftliche Auswertungen sowie **sonstige Geschäftsunterlagen** finden sich dort. Nachdem vor allem bei kleineren bis mittleren Unternehmen die Buchhaltung vielfach durch den Steuerberater erledigt wird, sind meist gerade die aktuellen geschäftlichen Unterlagen nicht in den Räumen des Unternehmens, sondern in der Kanzlei des Beraters zu finden. Deswegen wird zunehmend beim Steuerberater durchsucht. Die dort befindlichen Buchführungsunterlagen unterliegen nach Erstellung des Jahresabschlusses oder der Steuererklärung in aller Regel nicht dem Beschlagnahmeverbot gemäß § 97 StPO.[641] Das gleiche gilt für **Wirtschaftsprüfer**, vereidigte Buchprüfer und Steuerbevollmächtigte. **Unternehmensberater**, Consulting-Gesellschaften oder ähnliche Unternehmen sind keine Berufsgeheimnisträger nach § 53 StPO, so dass für sie das Beschlagnahmeverbot des § 97 StPO generell nicht eingreift.

c) Bankermittlungen[642]

456   Zur Ermittlung von Insolvenzstraftaten (i. w. S.) sind immer die Kontobewegungen des Schuldners von Bedeutung. Darüber hinaus sind weitere Informationen wichtig, über die Kreditinstitute – insbesondere die „Hausbank" des Schuldners – häufig verfügen. Dies können den Banken vorgelegte Bilanzen, betriebswirtschaftliche Auswertungen oder Wirtschaftlichkeitsberechnungen ebenso sein wie z. B. Kreditvereinbarungen oder sonstiger Schriftverkehr. Deshalb werden diese Unterlagen i. d. R. von den Banken angefordert. Hier gibt es entweder den Weg über ein Auskunftsersuchen (**Bankanfrage**) oder über einen **Durchsu-**

---

[639] Vgl. *Müller-Gugenberger/J. R. Niemeyer*, § 11 Rn. 90; näher: *Rengier*, NStZ 1981, 372.
[640] *Rengier*, NStZ 1981, 372 (375); *Müller-Gugenberger/J. R. Niemeyer*, § 11 Rn. 90.
[641] LG Dresden NJW 2007, 2709; LG Essen NStZ-RR 2010, 150; *Mößmer/Moosburger*, wistra 2006, 211.
[642] Hierzu auch Kap. 10 Rn. 56 ff. und *Janovsky*, Kriminalistik 1998, 269/331 (273 f.).

D. Ermittlungen

chungsbeschluss nach § 103 StPO. Die gegenüber § 102 StPO strengeren Voraussetzungen für eine Durchsuchung bei anderen Personen als beim Verdächtigen liegen regelmäßig vor.[643] In einen **Durchsuchungsbeschluss** wird üblicherweise aufgenommen, dass die Durchsuchung und Beschlagnahme durch entsprechende Auskunft und Herausgabe der Unterlagen abgewendet werden kann (Abwendungsbefugnis). Vollzogen wird der Beschluss dann meist in der Form, dass er einem schriftlichen Auskunftsersuchen der Staatsanwaltschaft beigelegt wird. Außerdem sollte das Kreditinstitut gebeten werden, schriftlich zu erklären, dass die Unterlagen vollständig sind sowie die jeweiligen Sachbearbeiter zu benennen, die als Zeuge in Betracht kommen.

Grundsätzlich sind die Kreditinstitute verpflichtet, einem **Auskunftsersuchen** der Staatsanwaltschaft nachzukommen und die notwendigen Unterlagen herauszugeben (§§ 161a, 95 StPO).[644] Durch die schriftliche Erteilung von Auskünften kann eine ansonsten erforderliche Vernehmung der Bankmitarbeiter als Zeugen vermieden werden. Ein strafprozessual zu beachtendes Bankgeheimnis existiert nicht.[645] Da teilweise – insbesondere von einigen Kreditinstituten – vor allem unter Berufung auf § 98 Abs. 1 StPO die Auffassung vertreten wird, eine Herausgabepflicht erfordere eine richterliche Anordnung, ist häufig die Einschaltung des Ermittlungsrichters angezeigt. 457

Beim Auskunftsersuchen, aber auch bei Durchsuchungsbeschlüssen mit Abwendungsbefugnis wird oftmals darauf hingewiesen, dass der Kunde keinesfalls über das Ersuchen der Staatsanwaltschaft und die Tatsache, dass gegen ihn ermittelt wird, benachrichtigt werden darf. Eine Rechtsgrundlage hierfür besteht allerdings nicht. Vielmehr wird die Bank aufgrund des Geschäftsbesorgungsvertrages mit dem Kunden gerade zivilrechtlich verpflichtet sein, ihn zu unterrichten. Eine derartige Information wird auch unter dem Blickwinkel der Strafvereitelung meist zulässig sein. 458

Folgende Unterlagen und Informationen sind normalerweise bei Insolvenzermittlungen von Bedeutung: Auf jeden Fall werden die **Monatskontenübersichten** zumindest für die letzten Monate (mit dem dazugehörigen Textschlüssel) benötigt. Des Weiteren müssen sämtliche Konten, Depots und Schließfächer des Schuldners, ggf. auch des Geschäftsführers, erfragt werden. Zudem sind Kopien von Bilanzen und von sonstigen für eine Kreditgewährung maßgeblichen Unterlagen zu verlangen. Außerdem sollten den Kreditinstituten in der Regel folgende Fragen gestellt werden: 459
– Seit wann besteht die Geschäftsverbindung des Kreditinstituts mit dem Schuldner?
– Welche Konten werden oder wurden unterhalten?
– Wurden Kredite gewährt oder Überziehungsrahmen eingeräumt?
– Welche Sicherheiten wurden für die Kredite in welcher Höhe und zu welchem Zeitpunkt bereitgestellt?
– Wann wurde die Kreditlinie erhöht?
– Erfolgten eventuelle Erhöhungen der Kreditlinie (des Überziehungsrahmens), um bereits vorhandene und geduldete, von den Vereinbarungen aber nicht gedeckte Überziehungen zu rechtfertigen?
– Wurde der Kontoinhaber aufgefordert, den bestehenden Kreditrahmen einzuhalten bzw. die Schuldsalden zurückzuführen?
– Wurden Überweisungen nicht mehr ausgeführt, erfolgten Scheckrückgaben oder Wechselproteste?
– Wurden Sicherheiten durch die Bank in Anspruch genommen?
– Wurden Kredite gekündigt oder die Geschäftsbeziehung beendet und die aufgelaufenen Kredite sofort oder zu einem späteren Zeitpunkt fällig gestellt?

Die entsprechenden Daten und Auskünfte werden vor allem zur Ermittlung der Zahlungsunfähigkeit, aber auch der Überschuldung benötigt. Aus ihnen können sich jedoch auch

---

[643] Vgl. auch *Rengier*, NStZ 1981, 372 (373).
[644] Vgl. LG Gera NStZ 2001, 276; LG Halle NStZ 2001, 276; LG Koblenz wistra 2002, 359 und *Bittmann*, NStZ 2001, 231.
[645] Vgl. nur *Meyer-Goßner*, § 161 Rn. 4.

Hinweise auf Kreditbetrug – auch in der Form des Wechsel- oder Scheckbetrugs – ergeben. Insofern ist ein Blick in die Kreditakten oftmals sehr aufschlussreich.

d) Durchsuchungen bei sonstigen Dritten

460 Nicht selten versuchen Beschuldigte die zu ihrer Überführung geeigneten Unterlagen an Orten zu verbergen, wo sie vermeintlich nicht gefunden werden können. Neben den bereits genannten **Verstecken** wie Wochenendhaus, Zweitwohnung, etc. werden auch Räume von – meist ahnungslosen – Angehörigen oder Bekannten als Versteck benutzt. Wenn hierfür ein begründeter Verdacht besteht, ist dort ebenfalls zu durchsuchen (§ 103 StPO). Soweit Hinweise auf solche Orte erst im Rahmen der Durchsuchung beim Beschuldigten auftauchen, kann, sofern kein (ggf. mündlicher) Durchsuchungsbeschluss zu erlangen ist, grundsätzlich Gefahr im Verzug (§ 105 Abs. 1 Satz 1 StPO) angenommen werden.

461 Da für die Ermittlungen auch Unterlagen der Gläubiger von Relevanz sein können, kommt – was in der Praxis äußerst selten der Fall ist – auch eine **Durchsuchung bei Gläubigern** in Betracht. In aller Regel stellen die Gläubiger die benötigten Beweismittel ohne weiteres auf Anfrage zur Verfügung. Wenn ein Gläubiger – aus welchen Gründen auch immer – die Zusammenarbeit mit den Ermittlungsbehörden jedoch ablehnt, ist eine Durchsuchung gemäß § 103 StPO zulässig.

2. Zeugenanhörung und -vernehmung; Umfeldermittlungen

a) Schriftliche Anhörung

462 Bei Ermittlungen wegen Insolvenzstraftaten (i. w. S.) sind regelmäßig Angaben der geschädigten Lieferanten und sonstiger Kreditoren von Bedeutung. Diese werden deshalb **formularmäßig** über Zustandekommen, Art und Umfang der Geschäftsbeziehung sowie über Beginn und Umfang der Zahlungsschwierigkeiten des Beschuldigten **befragt**. Dies dient zum einen dazu, ein genaues Bild von der Chronologie der Unternehmenskrise zu gewinnen.[646] Zum anderen sind die Angaben der getäuschten Gläubiger speziell für den Warenkredit- und Lieferantenbetrug entscheidend. Vor allem die Daten der einzelnen Bestellungen müssen hier erfragt werden. Darüber hinaus sind Informationen über etwaige Stundungsersuchen des Beschuldigten und über dessen Angaben zu seinen wirtschaftlichen Verhältnissen maßgeblich. Auch Zahlungsversprechen und die Hingabe von Sicherheiten können wichtig sein.

463 Hier sollten möglichst **präzise Fragen** – orientiert an den Tatbestandsmerkmalen der in Betracht kommenden Delikte – gestellt werden. Rechtlich irrelevante Fragestellungen (z. B. „Fühlen Sie sich betrogen?") sind zu vermeiden.[647]

b) Vernehmung von Zeugen

464 Oftmals kann die Vernehmung geschädigter Geschäftspartner oder sonstiger Zeugen sinnvoll sein. In Betracht kommen hier z. B. Bank- oder Sparkassenangestellte auch von Kreditinstituten, mit denen die Geschäftsbeziehung beendet wurde. Darüber hinaus können ehemalige und gegenwärtige Mitarbeiter sowie etwaige frühere Gesellschafter, ggf. auch Nachbarn, wichtige Informationen liefern. Diese Personen können beispielsweise Hinweise geben, wann und wie Vermögenswerte abtransportiert wurden oder wo Häuser und Grundstücke (einschließlich Ferienhäuser o. Ä.) – auf den Namen der Ehefrau, von Kindern oder sonstiger Angehöriger – erworben wurden.[648] Diese „**Umfeldermittlungen**" erfordern meist keine formale Zeugenvernehmung. Hier ist es oftmals geschickter – zumindest zunächst –, rein informatorische Gespräche zu führen.

Zur **Entbindung** von Rechtsanwälten, Steuerberatern oder Wirtschaftsprüfern **von der Schweigepflicht** nach eröffnetem Insolvenzverfahren ist i. d. R. alleine der Insolvenzverwalter zuständig, wenn das Beratungsmandat ausschließlich mit dem Unternehmen bestanden

---

[646] *Weyand*, Rn. 145.
[647] *Müller/Wabnitz/Janovsky*, Kap. 6 Rn. 54.
[648] *Müller/Wabnitz/Janovsky*, Kap. 6 Rn. 59.

D. Ermittlungen

hat.[649] Einer zusätzlichen Entbindung durch frühere Organmitglieder bedarf es auch dann nicht, wenn der Schweigepflichtige die zu offenbarenden Informationen durch dieses Organmitglied erhalten hat. Geschützt ist nämlich lediglich das Vertrauensverhältnis zwischen Auftraggeber und Berater und der Auftraggeber wird nach Insolvenzeröffnung durch den Insolvenzverwalter repräsentiert.

3. Auswertung der Unterlagen; Umfang weiterer Ermittlungen

Ebenso wie die Zeugenbefragung und -anhörung sich grundsätzlich immer an den Tatbestandsmerkmalen der Insolvenzdelikte (i. w. S.) orientieren muss, ist eine **tatbestandsbezogene Auswertung** der sichergestellten Unterlagen und der sonstigen Beweismittel von immenser Bedeutung. Es nützt nichts, wenn zahlreiche Informationen gesammelt werden, die entweder rechtlich nicht relevant sind oder später mühsam im Hinblick auf die anzuklagenden Straftaten erneut gesichtet und sortiert werden müssen. Deswegen sollte der Staatsanwalt spätestens nach erfolgter Grobsichtung der Beweisunterlagen der Polizei einen konkreten Ermittlungsauftrag erteilen, am besten nach oder anlässlich einer Besprechung zwischen Staatsanwaltschaft und Kriminalpolizei.[650] Wegen der meist knappen Personallage sowohl bei der Staatsanwaltschaft als auch bei der Kriminalpolizei sowie zur Beschleunigung der Ermittlungsverfahren müssen frühzeitig **Ermittlungsschwerpunkte** gesetzt werden. Insbesondere sind die Ermittlungen vorerst nicht auf voraussichtlich nach den §§ 153 bis 154c StPO zu behandelnde Verfahrensteile zu erstrecken.[651] Zudem hat eine Beschränkung auf die wesentlichen, voraussichtlich nachweisbaren Straftaten zu erfolgen. Speziell bei umfangreichen Lieferantenbetrügereien sollte eine Eingrenzung sowohl hinsichtlich der Schadenshöhe als auch des Beginns und Umfangs der einzelnen Täuschungshandlungen vorgenommen werden.[652]

Falls ein externer **Gutachter** oder der Wirtschaftsreferent mit der Erstellung eines Sachverständigengutachtens beauftragt wird, muss der Gutachtensauftrag klar umrissen sein. Bei Großverfahren sind ggf. Zwischenberichte über den Stand der Auswertung der Unterlagen und der sich abzeichnenden Ergebnisse zu verlangen. Ansonsten kann es passieren, dass Verfahren jahrelang beim Gutachter sind und am Schluss immense Kosten anfallen, die in keinem Verhältnis mehr zu dem strafbaren Unrecht stehen. Auch wenn die Beauftragung eines Sachverständigen gemäß § 78c Abs. 1 Nr. 3 StGB die **Verjährung unterbricht**, sollte bedacht werden, dass eine lange Verfahrensdauer sich bei der Strafe immer zugunsten des Täters auswirkt.

Wenn die **Polizei** mit den Ermittlungen betraut ist, muss der Staatsanwalt – zumindest bei umfangreichen Ermittlungen – **engen Kontakt** zum sachbearbeitenden Kriminalbeamten oder dem Kommissariatsleiter halten und sich regelmäßig über den Stand der Ermittlungsfortschritte informieren. Dies gilt ebenso, sobald sich abzeichnet, dass der Täter erhebliche kriminelle Energie aufgewendet hat oder eine Vielzahl geschädigter Personen sowie große Schadenssummen im Raum stehen.

4. Strafverfahren und Insolvenzanfechtung

Zahlungen, die der Schuldner an den Staatsfiskus leistet, unterliegen nach den allgemeinen Regelungen der §§ 131 ff. InsO der **Insolvenzanfechtung**, wenn es sich um unentgeltliche Leistungen handelt oder sie mit Gläubigerbenachteiligungsabsicht vorgenommen wurden. Dies gilt für Zahlungen von Geldauflagen zur Einstellung nach § 153a StPO[653] ebenso wie

---

[649] OLG Nürnberg NJW 2010, 690; OLG Oldenburg NStZ 2004, 570; LG Bonn wistra 2012, 450; *Passarge*, BB 2010, 591; *Priebe*, ZIP 2011, 312 jeweils auch mit Hinweisen zur Gegenansicht; a. A. AG Bonn NStZ 2010, 536. Ausführlich *Tully/Kirch-Heim*, NStZ 2012, 657; *Krause*, NStZ 2012, 663.
[650] S. a. *Janovsky*, Kriminalistik 1998, 269/331 (269).
[651] *Huber*, NStZ 1996, 530 (531); s. a. *Janovsky*, Kriminalistik 1998, 269/331 (269, 338).
[652] *Müller/Wabnitz/Janovsky*, Kap. 6 Rn. 36.
[653] BGH NStZ 2009, 521 ff.

für Geldstrafen[654] oder Bewährungsauflagen[655] bzw. strafprozessuale Arrestanordnungen.[656] Die mit der Zahlung zunächst eingetretenen Wirkungen entfallen nach erfolgreicher Anfechtung rückwirkend, so dass sowohl die Geldstrafe im Rahmen des Strafvollstreckungsverfahrens nochmals bezahlt werden muss[657] als auch der Strafklageverbrauch der Einstellung nach § 153a StPO nachträglich wegfällt.[658] Kann aufgrund eines Insolvenzverfahrens eine Geldstrafe nicht beigetrieben werden, geht die Rechtsprechung davon aus, dass eine Ersatzfreiheitsstrafe zu vollziehen ist.[659] Da es in den Anfechtungsfällen sowohl der Staatsanwaltschaft als auch dem Gericht untersagt war, dem Schuldner zumindest eine zur Gläubigerbenachteiligung führende Geldauflage zur Verfahrenseinstellung nach § 153a StPO aufzuerlegen, wird dem durch eine Herabsetzung der Geldauflage oder einem nachträglichen Verzicht hierauf Rechnung zu tragen sein.

5. Verletzteneigenschaft des Insolvenzverwalters

469 Dem Verletzten steht im strafrechtlichen Ermittlungsverfahren eine Vielzahl von Rechten zu. Er kann z. B. Akteneinsicht nach § 406e StPO beantragen, Schadensersatzansprüche durch ein sog. Adhäsionsverfahren nach §§ 403 ff. StPO geltend machen, zu seinen Gunsten können Maßnahmen der Rückgewinnungshilfe nach §§ 111e ff. StPO durchgeführt werden. Umstritten ist dabei, inwieweit der Insolvenzverwalter Verletzter im Sinne dieser Vorschriften ist. Die wohl h. M. geht davon aus, dass die Verletztenstellung eine höchstpersönliche ist und auch nicht vom Übergang der Verfügungs- und Verwaltungsbefugnis auf den Insolvenzverwalter erfasst wird. Daher ist der Insolvenzverwalter jedenfalls für solche Sachverhalte und Ansprüche nicht Verletzter, die vor Insolvenzeröffnung entstanden sind.[660] Anders hingegen dann, wenn Ansprüche erst nach Insolvenzeröffnung entstanden sind.[661]

E. ABC des „klassischen Verteidigungsvorbringens"

470 In Insolvenzstrafverfahren werden dem Verteidiger oder auch Staatsanwaltschaft und Gericht durch den Beschuldigten oder seinen damaligen Berater die unterbliebene Insolvenzantragstellung oder die Verletzung von Buchführungs- und Bilanzierungspflichten oder sonstige vorgenommene Handlungen durch mehr oder weniger plausible Erklärungen erläutert. Dies sollte nicht vorschnell als bloße Schutzbehauptung angesehen werden, da gerade steuerliche Berater oder Wirtschaftsprüfer, aber auch Rechtsanwälte in nicht wenigen Fällen in der Krise eklatant falsche Ratschläge gegeben haben.

Die folgende alphabetisch geordnete Zusammenstellung erhebt keinen Anspruch auf Vollständigkeit. Einzelheiten sowie ggf. Nachweise der Rechtsprechung und Literaturhinweise sind in den Abschnitten A bis D dargestellt.

Alleinvertretungsbefugnis nicht gegeben: Bei mehreren Geschäftsführern oder Liquidatoren ist jeder für die Antragstellung verantwortlich und damit bei verspätetem oder unterlassenem Insolvenzantrag Täter der Insolvenzverschleppung. Die Verpflichtung zur Stellung eines Insolvenzantrags besteht für jeden Geschäftsführer auch dann, wenn er nicht alleinvertretungsbefugt ist, sondern nur zusammen mit einem oder mehreren anderen Geschäftsfüh-

---

[654] BGH wistra 2011, 119 f.
[655] *Ahrens*, NZI 2001, 456.
[656] *Rönnau*, ZInsO 2012, 509 ff.
[657] *Bittmann* wistra 2009, 15; a. A. *Rinjes*, wistra 2008, 336.
[658] *Bittmann*, wistra 2011, 133 (134); *Lorenz/Roth*, PStR 2011, 129 (132); a. A. *Eggers/Reuker*, wistra 2011, 413 (415); *Pfordte*, StV 2010, 591 (595).
[659] LG Leipzig ZIP 2002, 142; LG Frankfurt NZI 2006, 142; für eine Unterbrechung des Strafvollstreckungsverfahrens *Kemperdick*, ZInsO 2010, 1307 (1309).
[660] OLG Frankfurt NStZ 2009, 168, 587; OLG Jena NJW 2012, 547; a. A. OLG Celle wistra 2008, 37, 198; LG Hildesheim NJW 2009, 3799.
[661] Jena NJW 2012, 547.

E. ABC des „klassischen Verteidigungsvorbringens" 9

rern. Die Einlassung, mangels Zustimmung der anderen Geschäftsführer sei eine Antragstellung nicht möglich gewesen, hilft dem Täter somit nicht.

Alternativen aufgezeigt: Soweit ein Berater (Rechtsanwalt, Steuerberater etc.) nur Alternativen zur Insolvenzantragstellung aufzeigt, beispielsweise die Gründung einer Auffanggesellschaft oder das Schließen eines außergerichtlichen Vergleichs durch prozentualen Teilverzicht der Gläubiger, ist Strafbarkeit mangels Anstiftervorsatzes nicht gegeben. Wenn er jedoch in Kenntnis der Insolvenzreife rät, (zunächst) keinen Antrag zu stellen, etwa weil damit Sanierungsversuche gefährdet wären, wird er zum strafbaren Anstifter. Wenn der Berater hierbei konkrete Sanierungsvorschläge unterbreitet oder Alternativen zur Sanierung erwägt, prüft und aufzeigt, kann nicht zwingend daraus geschlossen werden, dass (drohende) Zahlungsunfähigkeit oder Überschuldung bereits eingetreten ist und er davon Kenntnis hat oder zumindest aber damit rechnet und billigend in Kauf nimmt.

Amtsniederlegung: Das Ausscheiden eines Geschäftsführers aus der Geschäftsleitung oder die Amtsniederlegung wirken sich auf die Antragspflicht nicht aus, wenn zu diesem Zeitpunkt bereits seit mindestens drei Wochen Zahlungsunfähigkeit oder Überschuldung vorlag oder aber vor Ablauf der Frist bereits deutlich war, dass eine Sanierung nicht möglich sein wird. In den anderen Fällen führt die Amtsniederlegung zum Wegfall der strafrechtlichen Verantwortlichkeit.

Andere Person verantwortlich: Bei mehreren Geschäftsführern (Vorstandsmitgliedern, Liquidatoren etc.) ist jeder für die Insolvenzantragstellung verantwortlich und damit bei verspätetem oder unterlassenem Insolvenzantrag Täter der Insolvenzverschleppung. Eine interne Aufgabenverteilung ist unbeachtlich. Die Verantwortlichkeit jedes Geschäftsführers für die Geschäftsführung insgesamt folgt aus dem Grundsatz der Generalverantwortlichkeit und Allzuständigkeit der Geschäftsleitung, wo aus besonderem Anlass das Unternehmen als Ganzes betroffen ist. Diese Voraussetzung ist bei Zahlungsunfähigkeit oder Überschuldung stets gegeben. Der Grundsatz der Allzuständigkeit gilt auch für sonstige Unterlassungsdelikte wie z. B. § 266a StGB und Bankrott durch Verletzung der Buchführungs- oder Bilanzierungspflicht. Bei der Delegation von Aufgaben auf Mitarbeiter kommt eine Bestrafung wegen Fahrlässigkeit, z. B. nach § 283 Abs. 5 StGB unter dem Gesichtspunkt der Geschäftsherrenhaftung – bei mangelnder Kontrolle und Überwachung des Beauftragten –, in Betracht.

Antragstellung vergessen: Die Einlassung des Täters, er habe vergessen, einen Insolvenzantrag zu stellen, führt – wenn man ihm glaubt – dazu, dass er nicht wegen vorsätzlicher, sondern nur wegen fahrlässiger Insolvenzverschleppung verurteilt werden kann.

Aufgabenverteilung: → „Andere Person verantwortlich"
Ausscheiden eines Geschäftsführers: → „Amtsniederlegung"
Bankkredit erwartet: → „Zahlungseingänge erwartet"
Bestellungen durch Personal getätigt: Täter eines (Lieferanten-)Betrugs ist auch derjenige, der Bestellungen nicht persönlich vornimmt, sondern hierfür sein Personal einsetzt. Dies ist nicht nur bei Einzelanweisungen an die tatsächlich mit der Vornahme der Bestellung betrauten Mitarbeiter, sondern auch bei selbstständig von den Angestellten im Rahmen des laufenden Geschäftsbetriebs getätigten Bestellungen der Fall. Es genügt, wenn der Täter die Mitarbeiter generell, auch konkludent, zur Erteilung weiterer Aufträge angehalten hat.

Buchführung nicht vorgeschrieben: Wenn das Gesetz die Buchführung nicht verlangt, insbesondere bei nichteingetragenen Kleingewerbetreibenden, kommt Bankrott nach § 283 Abs. 1 Nr. 5 StGB oder Verletzung der Buchführungspflicht gemäß § 283b StGB (auch Abs. 1 Nr. 2) nicht in Betracht. Strafbarkeit nach § 283 Abs. 1 Nr. 6 StGB kann jedoch gegeben sein, weil insoweit allein darauf abzustellen ist, ob Handelsbücher tatsächlich geführt werden.

Buchhalter hat den Verantwortlichen nicht (richtig) informiert: Die fehlende oder fehlerhafte Information des Geschäftsinhabers oder sonstigen Verantwortlichen kann zu einem Irrtum führen (→ „Irrtum über die Krisensituation").

Dreiwochenfrist nicht abgelaufen: Da Insolvenzantrag innerhalb einer Höchstfrist von drei Wochen gestellt sein muss, liegt Strafbarkeit nur dann vor, wenn schuldhaftes Zögern gegeben ist. Wenn vor Ablauf der Frist ein Gläubiger Insolvenzantrag stellt, entbindet dies den Verantwortlichen nach h. M. nicht von einer eigenen Antragstellung. Nur die Eröffnung des

Insolvenzverfahrens auf Gläubigerantrag vor Ablauf der Frist beseitigt die Antragsverpflichtung des Schuldners. Wenn ein Mitgeschäftsführer den Antrag stellt, beseitigt dies die Antragspflicht (→ „Insolvenzantrag durch anderen Geschäftsführer gestellt"). Zum Ausscheiden eines Geschäftsführers vor Ablauf der Frist: → „Amtsniederlegung".

Eigene Mittel bereitgehalten: Für den Tatbestand der Untreue fehlt es am Vermögensnachteil, wenn der Verfügende eigene flüssige Mittel ständig zum Einsatz bereithält. Dass der Täter in der Lage ist, die Vermögenseinbuße jederzeit durch eigene Mittel auszugleichen, genügt hierfür nicht. Er muss diese Mittel auch tatsächlich bereithalten. Das bedeutet, der Täter muss die Mittel nicht nur zur Verfügung haben, sondern auch sein Augenmerk darauf richten, diese Mittel ständig zum Ausgleich benutzen zu können. Die Ersatzbereitschaft eines Dritten oder die nachträgliche Schadenswiedergutmachung verhindern den Eintritt eines Nachteils und die Tatbestandsverwirklichung nicht.

Einverständnis/Einwilligung der Gesellschafter: Bei den Insolvenzdelikten i. e. S. ist das Einverständnis der Gesellschafter ohne Auswirkung auf die Strafbarkeit, da das geschützte Rechtsgut nicht zur Disposition der Gesellschafter steht. Untreue zum Nachteil einer juristischen Person ist trotz Einverständnis (Einwilligung) der Gesellschafter gegeben, wenn das Stammkapital angegriffen, die Existenz, die Liquidität oder besondere entgegenstehende Interessen der juristischen Person, die als eigene Rechtspersönlichkeit schützenswert ist, gefährdet werden. Dies ist vor allem dann der Fall, wenn sich die juristische Person in der Krise befindet oder diese durch die Tathandlung herbeigeführt oder verstärkt wird.

Erhaltung des Unternehmens/von Arbeitsplätzen: Das Interesse des Täters an der Erhaltung des Unternehmens oder von Arbeitsplätzen ändert an der Strafbarkeit, insbesondere wegen Insolvenzverschleppung, nichts. Die Sicherung der Gläubigerinteressen sowie das Interesse der Gesellschafter oder anderer Personen an einer wirtschaftlich gesunden Gesellschaft gehen vor. Ausnahmsweise kann ein Fall des § 266a Abs. 6 StGB vorliegen.

Erkrankung: Die Erkrankung des Handlungspflichtigen entbindet ihn grundsätzlich nicht von der Pflicht zur Insolvenzantragstellung, Buchführung und Bilanzierung. Er muss für Vertretung sorgen. Nur wenn er dies getan hat oder dies unmöglich ist, entfällt die strafrechtliche Verantwortlichkeit.

Fehlende Finanzmittel: → „Unmöglichkeit/Unvermögen"

Fortführungsprognose positiv: Eine positive Fortführungsprognose ist gegeben, wenn die überwiegende Wahrscheinlichkeit dafür spricht, dass die Gesellschaft mittelfristig Einnahmeüberschüsse erzielen wird, die zur Deckung der fälligen Verbindlichkeiten ausreichen werden. Dabei hat der Schuldner einen Beurteilungsspielraum. Für eine solche Prognose reichen schon begründete Anhaltspunkte aus.[662]

Gefährdung nicht herbeigeführt: Die Tatbestände der Insolvenzverschleppung sowie des § 283 Abs. 1 StGB sind abstrakte Gefährdungsdelikte. Auf eine konkrete Gefährdung der Gläubigerinteressen oder gar auf eine Schädigung kommt es deswegen nicht an.

Geldeingänge erwartet: → „Zahlungseingänge erwartet"

Geldmangel: → „Unmöglichkeit/Unvermögen"

Gläubiger hat Insolvenzantrag gestellt: Auf die Verwirklichung des Tatbestandes der Insolvenzverschleppung hat es nach h. M. keine Auswirkung, wenn ein Gläubiger den Insolvenzantrag stellt. Der Geschäftsführer oder sonstige Verantwortliche bleibt bis zur Eröffnung des Insolvenzverfahrens verpflichtet, selbst den Antrag zu stellen (s. a. → „Dreiwochenfrist nicht abgelaufen").

Großauftrag erwartet: Die bloße Erwartung von Aufträgen wirkt sich auf die Zahlungsunfähigkeit nicht aus. Maßgeblich kann es allenfalls sein, wenn damit auch zeitnahe konkrete Zahlungen unmittelbar in Aussicht standen, s. a. → „Zahlungseingänge erwartet".

Insolvenzantrag durch anderen Geschäftsführer gestellt: Die Antragspflicht eines Mitgeschäftsführers entfällt, wenn ein anderer Geschäftsführer für die GmbH den Insolvenzantrag fristgerecht und ordnungsgemäß gestellt hat. Bei verspäteter Antragstellung durch einen der Geschäftsführer bleibt es jedoch bei der bereits eingetretenen Strafbarkeit der Mitge-

---

[662] OLG Schleswig ZIP 2010, 516 (518); OLG Frankfurt NZG 2001, 173 (174).

E. ABC des „klassischen Verteidigungsvorbringens"

schäftsführer. In diesem Fall haben alle Geschäftsführer die rechtzeitige Antragstellung unterlassen und damit den Tatbestand der Insolvenzverschleppung bereits vollendet.

Insolvenzantrag durch Gläubiger oder sonstigen Dritten gestellt: → „Gläubiger hat Insolvenzantrag gestellt"

Interne Aufgaben-/Ressortverteilung: → „Anderer Geschäftsführer verantwortlich"

Irrtum über Antragspflicht: Ein Irrtum über die rechtliche Verpflichtung, den Antrag zu stellen, ist ein Gebotsirrtum, der Verbotsirrtum bei einem Unterlassungsdelikt. Hierfür gilt § 17 StGB. Damit kommt es auf die Vermeidbarkeit an. Da man vom Geschäftsführer einer GmbH erwarten kann, dass er seine Pflicht zur Antragstellung kennt, ist der Irrtum in aller Regel vermeidbar; anders aber, wenn er von seinem anwaltlichen oder steuerlichen Berater eine entsprechende Auskunft erhält. Die Anforderungen der Rechtsprechung an die Vermeidbarkeit sind hoch. Die Einlassung eines Geschäftsführers oder Liquidators, er habe die Antragsfrist nicht gekannt, ist regelmäßig eine reine Schutzbehauptung.

Irrtum über Buchführungs-/Bilanzierungspflicht: Wenn der Täter sich über die Verpflichtung zur Buchführung oder Bilanzierung irrt, liegt ein Gebotsirrtum (Verbotsirrtum) vor, der gemäß § 17 den Vorsatz nicht ausschließt. Es kommt auf die Vermeidbarkeit an, die in aller Regel gegeben ist (s. a. → „Irrtum über Antragspflicht").

Irrtum über Krisensituation: Bei mangelnder Kenntnis oder Fehleinschätzung der Krisenmerkmale (Überschuldung oder Zahlungsunfähigkeit) liegt ein Tatbestandsirrtum vor, so dass der Täter (nur) wegen fahrlässiger Insolvenzverschleppung bestraft werden kann. Allerdings bleibt zumeist die Zahlungsunfähigkeit dem für die Insolvenzantragstellung Verantwortlichen kaum verborgen. Hinsichtlich des Tatbestandes des Bankrotts entfällt bei fahrlässiger Nichtkenntnis der Überschuldung, Zahlungsunfähigkeit oder drohenden Zahlungsunfähigkeit ebenfalls der Vorsatz. Der Täter wird nach § 283 Abs. 4 Nr. 1 StGB bestraft, wenn er ansonsten vorsätzlich gemäß § 283 Abs. 1 StGB handelt. § 283 Abs. 4 Nr. 2 StGB greift dann ein, wenn der Täter vorsätzlich handelt und dadurch seine Überschuldung oder Zahlungsunfähigkeit herbeiführt, ihm insoweit aber nur Leichtfertigkeit vorgeworfen werden kann. Bei dem Vergehen der Schuldnerbegünstigung wirkt sich ein Irrtum darüber, ob dem Schuldner die Zahlungsunfähigkeit nur droht oder ob sie bereits eingetreten ist, auf den Vorsatz des Täters und dessen Strafbarkeit nicht aus.

Keine Anmeldung als Geschäftsführer/Vorstandsmitglied/Liquidator: Wer formal nicht als Geschäftsführer etc. im Handelsregister eingetragen ist, kann sich als faktischer Geschäftsführer (faktischer Organwalter) strafbar machen. Die eingetragenen (bisherigen) Geschäftsführer können sich als geborene Liquidatoren der Strafbarkeit nicht durch Nichtanmeldung zum Handelsregister entziehen. Die Eintragung als Liquidator hat lediglich deklaratorische Bedeutung.

Keine Kenntnis: → „Irrtum"

Kenntnis des Geschäftspartners von der Zahlungsunfähigkeit: Wenn der Vertragspartner Kenntnis von den Zahlungsschwierigkeiten des Schuldners hat, kann es für den Lieferantenbetrug am Tatbestandsmerkmal des Irrtums fehlen. Falls bei fortlaufenden Bestellungen im Rahmen einer laufenden Geschäftsbeziehung trotz offener Rechnungen weitere Bestellungen entgegengenommen und weitere Warenlieferungen ausgeführt werden, bedarf es im Hinblick auf die Frage, ob auch diese Lieferungen noch auf der Vorspiegelung der Zahlungsfähigkeit und -willigkeit beruhen, in der Regel näherer Feststellungen dazu, ob der Lieferant Kenntnis von der Zahlungssäumigkeit erlangte und weshalb er sich gleichwohl zu weiteren Lieferungen bereit fand. Betrug kommt vor allem dann in Betracht, wenn der Täter Zweifel des Lieferanten zerstreut.

Krise überwunden: Der Tatbestand der Insolvenzverschleppung greift nur dann nicht ein, wenn innerhalb der Dreiwochenfrist die Zahlungsunfähigkeit oder Überschuldung überwunden ist und das Zuwarten mit der Insolvenzantragstellung kein schuldhaftes Zögern darstellt. Wenn die Krise erst nach Ablauf von drei Wochen überwunden ist, wirkt sich dies auf die Strafbarkeit nicht mehr aus. Die Tat ist bereits beendet. Bei den Vergehen gemäß §§ 283 bis 283d StGB entfällt nach h. M. das Strafbedürfnis durch Überwindung der Krise, weil dann kein Zusammenhang zwischen der Tathandlung und dem Eintritt der objektiven Strafbarkeitsbedingung besteht.

Mittel zur Buchführung oder Erstellung der Bilanzen fehlen: → „Unmöglichkeit/ Unvermögen"

Nachteil nicht eingetreten: → „Schaden nicht eingetreten"

Ressortverteilung: → „Anderer Geschäftsführer verantwortlich"

Sanierung versucht: Sanierungsversuche, die nicht innerhalb der Dreiwochenfrist zum Erfolg führen, wirken sich auf die Strafbarkeit wegen Insolvenzverschleppung nicht aus. Dies gilt auch für Berater, die von der Stellung eines Insolvenzantrags abraten, weil dadurch Sanierungsversuche gefährdet werden könnten (s. a. → „Alternativen aufgezeigt"). Wenn ein ausscheidender Geschäftsführer sich vor seinem Ausscheiden und vor Ablauf der Dreiwochenfrist ernsthaft um die Sanierung bemüht hat, ist er nicht wegen Insolvenzverschleppung zu bestrafen (s. a. → „Amtsniederlegung").

Schaden nicht eingetreten: Ob ein Schaden eingetreten ist, spielt für Insolvenzverschleppung und Bankrott nach § 283 Abs. 1 StGB keine Rolle (abstrakte Gefährdungsdelikte). Gläubigerbegünstigung scheidet aus, wenn ein Nachteil der übrigen Gläubiger nicht eingetreten ist. In aller Regel ergibt sich der Nachteil aber zwangsläufig aus der Bevorzugung eines Gläubigers vor den anderen. Als Schaden (Nachteil) reicht eine Gefährdung der Befriedigungsinteressen aus. Betrug (Lieferantenbetrug) ist dann nicht gegeben, wenn es an einem Vermögensschaden, auch im Sinne einer konkreten Vermögensgefährdung, fehlt. Da der Warenkreditbetrug ein Eingehungsbetrug ist, stellt die spätere Bezahlung nur eine für die Strafzumessung bedeutsame Schadenswiedergutmachung dar. Bei Untreue ist ebenfalls ein Vermögensnachteil (Schaden) erforderlich. Dieser ist ausgeschlossen, wenn der Verfügende eigene flüssige Mittel ständig zum Einsatz bereithält (näher → „Eigene Mittel bereitgehalten").

Steuerberater ist nicht fertig: Wenn der Steuerberater oder ein sonstiger hiermit Beauftragter die Bilanz nicht rechtzeitig fertig stellt, entlastet dies den Geschäftsinhaber oder sonstigen Verantwortlichen grundsätzlich nicht. Der Buchführungs- und Bilanzierungspflichtige ist ggf. sogar gehalten, dem Steuerberater den Auftrag zu entziehen und die Buchführung und Bilanzierung selbst (durch die eigene Buchhaltung) zu erstellen oder einen sonstigen Dritten damit zu beauftragen.

Steuerberater weigert sich, die Bilanz zu erstellen: Der Steuerberater oder ein sonstiger mit der Buchhaltung und Bilanzerstellung Beauftragter weigert sich bei Honorarrückständen oft, weiter für den Schuldner tätig zu werden oder die durch ihn bereits fertig gestellte Bilanz vor Zahlung der Rückstände herauszugeben. Dies entlastet den Schuldner grundsätzlich nicht, vgl. → „Unmöglichkeit der Buchführung/Bilanzerstellung".

Strohmann: Auch derjenige, der nur zum Schein als Geschäftsführer eingesetzt ist, trägt die volle Verantwortung für die Erfüllung der einen Geschäftsführer treffenden Pflichten. Es kann jedoch ein Fall tatsächlicher Unmöglichkeit eintreten, wenn der Strohmann keinen Zugang zu Geschäftsunterlagen besitzt, die er zur Erfüllung seiner Verpflichtungen (z. B. Bilanzerstellung, Buchführung) benötigt.

Überschuldung überwunden: → „Krise überwunden"

Unmöglichkeit der Buchführung/Bilanzerstellung: Am pflichtwidrigen Unterlassen gemäß § 283 Abs. 1 Nr. 7 Buchst. b oder § 283b Abs. 1 Nr. 3 Buchst. b StGB fehlt es dann, wenn der Verantwortliche, z. B. als der mit dem bisherigen Geschäftsführer nicht identische Liquidator, wegen des völligen Durcheinanders in der Buchhaltung die Bilanz nicht oder nicht innerhalb der vorgeschriebenen Frist erstellen kann. Eine Straftat wegen Verletzung der Bilanzierungspflicht entfällt auch dann, wenn sich der Täter zur Erstellung der Bilanz oder zu ihrer Vorbereitung der Hilfe eines Steuerberaters bedienen muss, die hierzu erforderlichen Mittel jedoch nicht aufbringen kann. Etwas anderes gilt nur dann, wenn der Täter die Bilanz selbst hätte erstellen können. Allerdings bedeuten Zahlungsunfähigkeit oder Zahlungseinstellung nicht automatisch, dass damit auch die für die Bilanzerstellung erforderlichen Mittel nicht vorhanden sind. Gerade bei Zahlungsunfähigkeit i. S. der Insolvenzdelikte sind praktisch immer noch liquide Geldmittel vorhanden. Diese müssen vorrangig für die Erfüllung öffentlich-rechtlicher Pflichten wie der Bilanzierungspflicht verwendet werden. Gleiches gilt für die Buchführungspflicht.

E. ABC des „klassischen Verteidigungsvorbringens" 9

Unvermögen zur Zahlung: Wenn es dem Arbeitgeber nicht möglich ist, Arbeitnehmeranteile zur Sozialversicherung abzuführen, macht er sich nicht nach § 266a Abs. 1 StGB strafbar. Noch vorhandene Mittel muss er aber zu allererst zur Erfüllung der in § 266a StGB bewehrten Pflicht verwenden. Erst anschließend darf er den verbleibenden Nettolohn an den Arbeitnehmer auszahlen oder sonstige Verbindlichkeiten tilgen. Zudem muss er bei sich abzeichnender Krise Vorsorge treffen, die Sozialversicherungsbeiträge bei Fälligkeit entrichten zu können. Da selbst bei eingetretener Zahlungsunfähigkeit i. S. der Insolvenzdelikte in aller Regel noch gewisse Zahlungen möglich sind, ist § 266a Abs. 1 StGB fast immer dann verwirklicht, wenn trotz Fälligkeit der Sozialversicherungsbeiträge anderweitige Zahlungen erfolgen. Allerdings sind innerhalb der Dreiwochenfrist zur Insolvenzantragstellung die Zahlungspflichten suspendiert. Bei Unvermögen im Hinblick auf Steuerberater oder sonstige Hilfspersonen, die zur Buchführung oder Bilanzerstellung eingeschaltet sind: → „Unmöglichkeit der Buchführung/Bilanzerstellung".

Unwirksamer Bestellungsakt: Wer als Geschäftsführer, Vorstandsmitglied etc. nicht wirksam bestellt ist, macht sich als faktischer Organwalter strafbar. Auf die Wirksamkeit der Bestellung kommt es nicht an, wenn der Betreffende sich mit seiner Bestellung einverstanden erklärt und sein Amt tatsächlich wahrgenommen hat.

Unzumutbarkeit der Insolvenzantragstellung: → „Erhaltung des Unternehmens/von Arbeitsplätzen"; „Weisung durch Gesellschafter/Aufsichtsrat".

Verbot durch Gesellschafter/Aufsichtsrat: → „Weisung durch Gesellschafter/Aufsichtsrat"

Wechsel des Geschäftsführers: Durch einen Geschäftsführerwechsel kann sich der Verantwortliche grundsätzlich nicht der Strafbarkeit entziehen, vgl. → „Amtsniederlegung". Der Wechsel eines GmbH-Geschäftsführers begründet aber keine Pflicht zur Erstellung einer Anfangsbilanz, selbst wenn gleichzeitig die Gesellschaftsanteile übernommen werden.

Weisung durch Gesellschafter/Aufsichtsrat: Eine Weisung, (noch) keinen Insolvenzantrag zu stellen, stellt für den Verantwortlichen keinen Entschuldigungsgrund (Schuldausschließungsgrund) dar. Eine solche Weisung wäre rechtswidrig und kann den Geschäftsführer nicht binden. Da das Vermögen juristischer Personen für ihre Anteilseigner Fremdvermögen ist, darf der Geschäftsführer auch bei Weisungen durch die Gesellschafter oder bei deren Einverständnis nicht frei über das Vermögen der GmbH verfügen, sondern macht sich ggf. der Untreue strafbar, vgl. → „Einverständnis/Einwilligung der Gesellschafter".

Weiterer Geschäftsführer verantwortlich: → „Anderer Geschäftsführer verantwortlich"

Zahlungseingänge erwartet: Die Einlassung, (dauernde) Zahlungsunfähigkeit liege nicht vor, weil Geldeingänge aufgrund von Außenständen oder ein (weiterer) Bankkredit in Aussicht gestanden hätten, kann von Bedeutung sein. Es kann das Merkmal der „Dauerhaftigkeit" fehlen oder eine reine Zahlungsstockung vorliegen. Es wird zu überprüfen sein, ob tatsächlich konkrete Anhaltspunkte für Zahlungseingänge vorliegen oder dies bloße Schutzbehauptungen sind. Nur wenn sichere Zahlungen oder die Kreditgewährung in ausreichender Höhe, unmittelbar und gewiss zu erwarten waren, kann dies Auswirkungen auf das Merkmal der Zahlungsunfähigkeit und damit auf die Strafbarkeit insbesondere wegen Insolvenzverschleppung und Bankrott haben. Für den Tatbestand des Betrugs gelten die gleichen Überlegungen. Hier ist vor allem auf den Zeitpunkt der Fälligkeit der Verbindlichkeiten abzustellen, d. h. darauf, ob der Täter bei Fälligkeit mit der wieder hergestellten Leistungsfähigkeit sicher rechnen konnte.

Zahlungsunfähigkeit überwunden: → „Krise überwunden"

10. Kapitel.
Straftaten im Bankbereich

Literatur: *Abendroth*, Bankenrevision, Diss. Berlin 2005; *Achenbach/Ransiek*, Handbuch Wirtschaftsstrafrecht, Heidelberg, 3. Aufl. 2012; *Aldenhoff/Kuhn*, § 266 StGB – Strafrechtliches Risiko bei der Unternehmenssanierung durch Banken? ZIP 2004, 103; *Althof u. a.*, Kreditinstitute als Zielscheibe für Kreditbetrug, Heidelberg, 2012; *Bauer/Brinkmann*, Compliance in der Kreditwirtschaft, Heidelberg 2004; *Becker/Peppmeier*, Bankbetriebslehre, 8. Aufl. 2011; *Boos/Fischer/Schulte-Mattler*, KWG-Kommentar, München 4. Aufl 2012; *Dicken*, Bankenprüfung, Berlin 2003; *Everding*, Früherkennung von Kreditbetrug mit Hilfe bankmäßiger Kreditwürdigkeitsprüfungen, 1996; *Graf/Jäger/Wittig*, Wirtschafts- und Steuerstrafrecht, München, 2011; *Hellmann/Beckemper*, Wirtschaftsstrafrecht, Stuttgart 3. Aufl. 2010; *Jackmuth/Rühle/Zawilla*, § 25c-KWG-Pflichten „Sonstige strafbare Handlungen", Heidelberg 2011; *Kaup/Schäfer-Band/Zawilla* (Hrsg), Unregelmäßigkeiten im Kreditgeschäft, Heidelberg 2005; *Keller/Sauer*, Zum Unrecht der sog. Bankenuntreue, wistra 2002, 365; *Kiethe*, Die zivil- und strafrechtliche Haftung von Vorstandsmitgliedern einer Sparkasse für riskante Kreditgeschäfte, BKR 2005, 177; *Knauer*, Die Strafbarkeit der Bankvorstände für missbräuchliche Kreditgewährung, NStZ 2002, 399; *Kümpel/Wittig*, Bank- und Kapitalmarktrecht, 4. Aufl. 2010; *Langenbucher/Bliesener/Spindler*, Bankrechts-Kommentar, München, 2013; *Martin*, Bankenuntreue, Berlin 2000; *Müller-Gugenberger/Bieneck*, Wirtschaftsstrafrecht, 5 Aufl. 2011, § 49 (Trück), § 50 (Schmid/Hebenstreit), §§ 66–69 (Schumann); *Nobbe/Ellenberger/Pump*, Bankrecht, Köln 2. Aufl. 2013; *Otto*, Bankentätigkeit und Strafrecht, 1983; *Prüm/Sven Thomas*, Neue Rahmenbedingungen für Verbriefungen, BKR 2011, 133; *Schmitt, Bertram*, Untreue von Bank- und Sparkassenverantwortlichen bei der Kreditvergabe, BKR 2006, 125; *Schröder/Brettel*, Der neue Anlegerschutz in der Praxis, Bonn 2006; *Struwe* (Hrsg.), Schlanke § 18-KWG Prozesse, Heidelberg, 3. Aufl. 2011; *Tiedemann*, Wirtschaftsbetrug, Berlin 2002; *ders.* Wirtschaftsstrafrecht Allgemeiner Teil, München 3. Aufl. 2010; *ders.* Wirtschaftsstrafrecht Besonderer Teil, 3. Aufl. 2011 *Vortmann*, Aufklärungs- und Beratungspflichten der Banken, 10. Aufl. Köln 2012; *Weber*, Recht des Zahlungsverkehrs, Berlin, 4. Auflage 2005; *Wegner*, ZAG – neues Wirtschaftsstrafrecht, wistra 2012, 7; *Wenzel*, Bankgeschäftsrisiken bei Unternehmen der Realwirtschaft, NZG 2013, 161; *Werner*, Zivilrechtliche Neuerungen im Recht der Lastschrift – insbesondere im Einziehungsermächtigungsverfahren, BKR 2012, 221. *Wittig*, Wirtschaftsstrafrecht, München 2. Aufl. 2011.

Inhaltsübersicht

	Rn.
A. Bank- und Finanzwesen	1–80
I. Bankengruppen in Deutschland	1–39
1. Überblick	1–10
2. Rechtlicher Rahmen	11–39
a) Begriffe	11–18
b) Rechtsgrundlagen für Kreditinstitute	19–32
c) Finanzunternehmen im Bankbesitz	33–36
d) Deutsche Bundesbank und Europäische Zentralbank	37–39
II. Bankinterne Organisation und Kontrolle	40–46
1. Grundschemata der Organisation	40–42
2. Innenrevision der Banken	43
3. Geldwäschebeauftragte	44
4. Compliance-Organisation	45
5. Verstöße gegen die Organisations-, Aufsichts- und Anzeigepflichten	46
III. Bankexterne Sicherung und Kontrolle	47–50
1. Prüfungseinrichtungen der Banken und Bankgruppen	47
2. Aufsicht durch die BAFin	48–49
3. Schutzverbände für Kreditsicherung	50
IV. Strafprozessuale Besonderheiten	51–80
1. Allgemeines	51
2. Sachliche Beweismittel	52–67
a) Belegführung, Aufbewahrung von Geschäftsunterlagen	52–55
b) Durchsuchung und Beschlagnahme oder Herausgabe?	56–61
c) Sicherzustellende Unterlagen	62–65
d) Einwendungen gegen die Sicherstellung	66–67
3. Effektive Kontenauswertung	68–69
4. Bankgeheimnis im Strafverfahren	70–75
a) Allgemeines	70, 71
b) Gesetzliche Regelung der Schweigepflicht	72–74

		Rn.
	c) Kein Postgeheimnis für die Postbank	75
5.	Mitteilungen und Auskünfte des BAFin	76–78
6.	Auskunft und Zeugenvernehmung	79
7.	Entschädigung für Ermittlungsmaßnahmen	80

B. Geld- und Zahlungsverkehr 81–150

I. Kassengeschäfte 81–93
  1. Bargeldgeschäfte 81–82
  2. Edelmetall-, Wertpapier- und Devisengeschäfte 83–84
  3. Strafnormen zu Zahlungsmitteln . 85–93
    a) Überblick 85–88
    b) Identifizierung des Kunden gem. § 154 AO 89–93

II. Nationaler Zahlungsverkehr und Kontoführung 94–117
  1. Konten und Kontoverfügungen .. 94–103
    a) Einrichtung von Konten 94
    b) Kontoverfügungen im Allgemeinen 95, 96
    c) Entwendung des Sparbuchs und Verfügung über das Guthaben 97
    d) Entwendung der Geldkarte und der Geldautomatenkarte . 98, 99
    e) Bargeldverfügungen mit Geldautomatenkarte 100–102
    f) Bargeldauszahlungen per Kreditkarte 103
  2. Überweisungen 104–113
    a) Kontoeinrichtung und Online-Zugang 104–106
    b) Missbräuchliche Erlangung der Kontodaten (Phishing) .. 107–108
    c) Betrug durch konkludente Täuschung 109–112
    d) Betrug durch Unterlassen ... 113
  3. Lastschriftverfahren 114–117
    a) Allgemeines 114
    b) Fallgruppen 115, 116
    c) Untreue von Bankmitarbeitern? 117

III. Scheck- und Kreditkarten 118–124
  1. Bedeutung von Scheck-, Kredit- und Geldkarten 118, 119
  2. Missbräuchliche Erlangung einer Kreditkarte 120
  3. Missbräuchliche Verwendung der Kreditkarte 121–124
    a) Handeln des Berechtigten ... 121–122
    b) Handeln des Nichtberechtigten 123, 124

IV. Scheck und Wechsel 125–136
  1. Einführung 125, 126
  2. Betrugstatbestand 127–135
    a) Berechtigung zur Ausstellung . 127
    b) Zahlungsfähigkeit und -willigkeit 128
    c) Forderungsverkauf, Inkasso .. 129

		Rn.
	d) Geldbeschaffung ohne Grundgeschäft	130
	e) Weitere Tatbestandsmerkmale	131–135
3.	Untreue durch Tolerierung einer Scheck- oder Wechselreiterei ...	136

V. Internationaler Zahlungsverkehr . 137–150
  1. Bedeutung des internationalen Zahlungsverkehrs 137
  2. Missbrauch des Auslandszahlungsverkehrs 138–150
    a) Verschiebung eigenen oder fremden Vermögens 139–144
    b) Ungerechtfertigte Vorlage von Akkreditiven 145–147
    c) Ausnutzung von Devisenkursen zu Spekulationszwecken . 148–150

C. Kreditgeschäfte der Banken 151–260

I. Allgemeines 151–169
  1. Kreditbegriff, Kreditarten und Kreditrisiko 151–160
    a) Strafrechtlicher Kreditbegriff . 151–156
    b) Klassifizierung der Kredite ... 157
    c) Kreditrisiko 158–160
  2. Kreditsicherheiten 161–166
    a) Arten von Sicherheiten 161
    b) Bewertung von Sicherheiten . 162, 163
    c) Beleihungsgrenzen 164–166
  3. Irreführende Kreditanpreisung ... 167–169

II. Manipulationen zur Erlangung eines Kredites 170–195
  1. Kreditbetrug gem. § 265b StGB . 171–183
    a) Begriffe 171–174
    b) Tathandlung 175–179
    c) Abstrakte Gefährdung, Kausalität 180, 181
    d) Vorsatz, Tätige Reue 182, 183
  2. Betrug gem. § 263 StGB 184–194
    a) Täuschung 184, 185
    b) Irrtum 186, 187
    c) Verfügung, Vermögensschaden, Bereicherungsabsicht ... 188–190
    d) Vollendung, Versuch 191–192
    e) Vorsatz 193
    f) Besonders schwerer Fall 194
  3. Sonstiges strafbares Kundenverhalten 195

III. Missbräuchliche Kreditgewährung 196–233
  1. Motivlage von Bankenmitarbeitern 196–198
  2. Kompetenzregelungen für die Kreditvergabe 199–203
    a) Bedeutung der Arbeitsabläufe innerhalb der Bank 199
    b) Einhaltung der Kompetenzordnung 200–202
    c) Kausalität von Kompetenzverstößen 203
  3. Manipulations- oder Verschleierungshandlungen 204–208
    a) Garantieerklärung der Bank . 205
    b) Bürgschaft 206, 207
    c) Buchungsmanipulationen ... 208

Inhaltsübersicht

Rn.
- 4. Weitere pflichtwidrige Handlungen ... 209–219
  - a) Allgemeines ... 209, 210
  - b) Einzelfälle ... 211–219
- 5. Einwilligung in die Kreditvergabe ... 220, 221
- 6. Schadensberechnung bei der Untreue ... 222–228
- 7. Kausalität und Zurechnung ... 229, 230
- 8. Subjektive Tatseite bei Untreuehandlungen ... 231, 232
- 9. Versuch, Vollendung, Beendigung ... 233

IV. Kredite in Kundenkrise und Insolvenz ... 234–244
- 1. Verhalten der Bank in der Kundenkrise ... 234–236
- 2. Missbräuchliche Ausübung der Bankenmacht ... 237–244
  - a) Übersicherung von Banken ... 238–240
  - b) Insolvenzverschleppung und stille Liquidation ... 241–243
  - c) Täuschung bei unrichtiger Auskunft ... 244

V. Besondere Finanzierungen ... 245–260
- 1. Subventionskredit ... 245–249
  - a) Kriminelle Verhaltensweisen ... 245, 246
  - b) Förder- und Finanzierungshilfen ... 247–249
- 2. Verbraucherkredite ... 250–254
  - a) Dispositionskredit bei Banken oder Finanzdienstleistern ... 253
  - b) Ratenkredit ... 254
- 3. Kreditvermittler und Kreditwucher ... 255–258
- 4. Factoring ... 259, 260

D. Bankspezifische Strafnormen ... 261–321
- 1. Einführung ... 261–270
  - a) Allgemein ... 261–264
  - b) Systematik ... 265–270
- 2. Unerlaubte Bankgeschäfte, § 54 KWG ... 271–281
  - a) Verbotene Bankgeschäfte ... 272
  - b) Betreiben unerlaubter Bankgeschäfte ... 273–278
  - c) Betreiben unerlaubter Finanzdienstleistungsgeschäfte ... 279, 280
  - d) Betreiben von OTC-Geschäften und Clearingstellen ... 281
- 3. Strafbarkeit von Bankvorständen, § 54a KWG n.F. ... 281a–281c
  - a) Strafnorm ... 281a
  - b) Strafzweck ... 281b
  - c) Anwendung ... 281c
- 4. Insolvenz von Finanzinstituten, § 55 KWG ... 282–285

Rn.
  - a) Strafzweck, Rechtsgut ... 282
  - b) Finanzinstitute und Finanzdienstleistungsinstitute ... 283
  - c) Versicherungsunternehmen, Pensionsfonds ... 284
  - d) Depotbanken ... 285
- 5. Unbefugte Offenbarung §§ 55a-55b KWG ... 286–289
  - a) Preisgabe vertraulicher Informationen ... 286
  - b) Kein Bankgeheimnis im Strafverfahren ... 287–289
- 6. Ordnungswidrigkeiten, §§ 56, 59 KWG ... 290–293
  - a) Systematik, Zweck ... 290
  - b) Gruppierung der Tatbestände ... 291, 292
  - c) Anwendung des § 30 OWiG durch § 59 KWG ... 293
- 7. Depotunterschlagung und falsche Depotanzeigen ... 294–299
  - a) Systematik, Zweck ... 294
  - b) Depotunterschlagung, § 34 DepotG ... 295–297
  - c) Falsche Depotanzeige, § 35 DepotG ... 298
  - d) Verfolgungszuständigkeit ... 299
- 8. Strafrechtliche Bestimmungen des Kapitalanlagegesetzbuchs (KAGB) ... 299a–299d
  - a) Übersicht ... 299a
  - b) Straftatbestand, § 339 KAGB ... 299b
  - c) Bußgeldvorschriften, § 340 KAGB ... 299c
  - d) Zuständigkeit ... 299d
- 9. Ungedeckte Pfandbriefemissionen ... 300–305
  - a) Systematik, Zweck ... 300
  - b) Ausgabe ungedeckter Hypothekenbriefe, §§ 37, 38 HypBankG ... 301
  - c) Ausgabe ungedeckter Pfandbriefe, §§ 38, 39 PfandBG ... 302–304
  - d) Verfolgungszuständigkeit ... 305
- 10. Straftaten nach dem InvG ... 306–311
  - a) Systematik, Zweck ... 306–308
  - b) Straftatbestände, § 143a InvG ... 309
  - c) Bußgeldtatbestände, § 143 InvG ... 310
  - d) Verfolgungszuständigkeit ... 311
- 11. Straftaten nach dem ZAG ... 312–321
  - a) Übersicht ... 312–314
  - b) Straftatbestände, § 31 ZAG ... 315–317
  - c) Bußgeldtatbestände, § 32 ZAG ... 318–320
  - d) Verfolgungszuständigkeit ... 321

A. Bank- und Finanzwesen

I. Bankengruppen in Deutschland

1. Überblick

1 Die Aufbringung von Eigen- und Fremdkapital zur Finanzierung von Produktions-, Handels- und Dienstleistungsgeschäften, die sachgerechte Übermittlung von Geldern, die Geldanlage in börsennotierten Papieren aber auch in Rentenpapieren, die Begleitung von Börsengängen, die Emission von Staats- und Unternehmensanleihen und viele nationale und internationale Projekte wären nicht denkbar ohne die Geschäfte der Kredit- und Finanzinstitute. In Deutschland sind große Fusionen, eine Vielzahl kleinerer Zusammenschlüsse von Privatbanken, beschleunigt durch die Subprime- und Finanzkrise, die Abkoppelung der Landesbanken und Sparkassen von der staatlichen Gewährträgerhaftung (seit dem 19.7.2005) sowie zunehmende Tendenzen zur Konzern- und Mittelstandsfinanzierung aus dem Ausland heraus zu konstatieren. Sowohl die Auflösung der WestLB (2010), die Lehmann-Pleite (2008) als auch die Zwangsfusion der SachsenLB mit der LBBW (2007) und der Ausverkauf der Bankgesellschaft Berlin (2004) haben sog. Klumpen-Risiken offenbart, die in dem europäischen Wettbewerb der Finanzinstitute untereinander nur durch eine ausreichende Eigenkapitaldecke und seriöse Finanzierung der Bankgeschäfte bewältigt werden können.

2 Die All-Finanzaufsicht (Bundesanstalt für Finanzdienstleistungen, BaFin) und die Börsen- und Wirtschaftsprüferaufsicht haben durch neue gesetzliche Regelungen starke Kontrollfunktionen für die Geld- und Finanzmärkte erhalten. Dadurch kann bedeutender Einfluss auf das Geschäftsgebahren der Kredit-, Finanzdienstleistungs- und Finanzinstitute genommen werden. Durch die Veröffentlichung von „Mindestanforderungen" an das Kreditgeschäft, das Handelsgeschäft, die Risikokontrolle etc. hat die BaFin auf der verwaltungsrechtlichen Verfügungsebene Verhaltenskataloge geschaffen, die zunehmende Bedeutung für die Auslegung gesetzlicher Normen – auch im Strafrecht- haben werden.

3 Obwohl der Gesetzgeber Wirtschaftslenkung im Banken-, Finanzdienstleistungs- und Versicherungssektor immer mehr auch durch Strafrecht betreibt[1], sind Wirtschaftsverwaltung sind die strafrechtlichen Normen strikt zu trennen. Während einige Bankgeschäfte wie das Depotgeschäft oder das Netzgeldgeschäft relativ unbelastet von kriminellen Handlungen sind, sind sowohl der Zahlungsverkehr als auch das Kreditgeschäft weiter in den Schlagzeilen der Tagespresse geblieben. Prominente Skandale haben verstärkt auf die geschäftlichen Risiken von Banken bei Engagements in Derivaten, Zweckgesellschaften, leichtsinnigen Kreditvergaben, bei der Erlangung von Ratings oder der sog. Cross-Border-Finanzierung aufmerksam gemacht. Man muss sich von der Vorstellung verabschieden, Banken würden völlig objektiv, rational und neutral handeln. Längst sind (Groß-)Banken in Deutschland im Wettbewerb mit europäischen Instituten, sind „Dienstleister", die „Produkte" anbieten, und Verführungen aus den Geschäftsverbindungen mit Großunternehmen und Reichen erliegen. Das schließt mitunter auch eigene Bilanzmanipulationen, die Hinnahme fremder Falschdarstellungen, Steuerumgehungen durch Gewinnverlagerungen ins Ausland oder gar Steuerhinterziehungen ein.

4 Die Arbeit der Strafverfolger gegenüber Banken und Finanzdienstleistern ist in den letzten Jahren deutlich effektiver geworden. Allerdings können die Ermittlungen nur einen Teil der notwendigen Aufklärungsarbeit leisten. Die seit Jahren beklagte Personalnot und wenige Möglichkeiten zur Spezialisierung in fachübergreifenden Arbeitsgruppen tragen zu Aufklärungsdefiziten ebenso bei wie die Komplexität der wirtschaftlichen Vorgänge – gerade auch

---

[1] Ein klassisches Beispiel aus neuster Zeit ist das Trennbanken-Gesetz vom 6.2.2013 (zum neuen Ordnungsrahmen: http://www.bundesfinanzministerium.de/Content/DE/Downloads/Abt_7/2013-02-06-neuer-ordnungsrahmen-fuer-die-finanzmaerkte.pdf?__blob=publicationFile&v=1; zum Gesetzentwurf: http://www.bundesfinanzministerium.de/Content/DE/Downloads/Abt_7/Gesetzentwurf-Abschirmung-Bankenrisiken.pdf?__blob=publicationFile&v=1.

A. Bank-und Finanzwesen **10**

angesichts der immer weiter fortschreitenden europäischen und internationalen Steuerung des Finanzsektors durch nicht-justiziable regulatorische Vereinbarungen (bspw. die sog. Basel I, II, III-Beschlüsse), die einer Umsetzung in nationales Recht bedürfen. Ziel der folgenden Darstellung ist es, die grundsätzlichen Eckpunkte der Bestandteile und der Organisation des Finanzsektors, seiner regulatorischen Mechanismen, die privatautonome Ausgestaltung der Bankgeschäfte und ihrer Nachverfolgung durch Berichterstattungspflichten, Meldungen sowie Aufsichtsmaßnahmen der Deutschen Bundesbank und der BaFin.

Die **bankaufsichtsrechtliche Entwicklung** der letzten zehn Jahre ist vor allem geprägt 5
durch die Zusammenlegung der drei sektoralen Aufsichten für Kapitalmarkt, Versicherungen und Banken zur Allfinanzaufsicht seit 2002. Der Kreis der unterstellten Geschäfte ist stetig weiter ausgeweitet worden, so dass mittlerweile sämtliche Geld-, Kreditleihe und Derivatgeschäfte innerhalb der EU einer staatlichen Aufsicht unterliegen. Seit 2009 ist das System einer zentralen europäischen Finanzaufsicht vorangetrieben worden, nicht zuletzt aufgrund der Erfahrungen der Bankenkrisen 2007–2009 und der Notwendigkeit eines staatlichen Schutzschirms.[2] Die Vereinbarungen des **Basler Ausschusses für Bankenaufsicht** in 2004 (Basel II) und 2010 (Basel III) spielen dabei eine erhebliche Rolle. Durch die neu geschaffenen Anforderungen ist eine starke Konsolidierung des Bankensektors erfolgt, die zwar noch Unterscheidungen nach Art der Geschäfte und den Institutsträgern zulässt, aber grundsätzliche Aussagen zur Struktur sind nicht mehr aktuell. Informationen zu den einzelnen Bankengruppen, statistische Auswertungen geben die Dt. Bundesbank, der Zentrale Kreditausschusses des Bankengewerbs und der Bundesverbande Deutscher Banken[3] heraus.

Parallel zu den aufsichtsrechtlichen Reformen ist das **zivilrechtliche Recht der Bankge-** 6
schäfte reformiert und bestimmte Geschäfte aus der strengen Bankenaufsicht herausgenommen worden, insbesondere das Investmentgeschäft, das Recht des Verbraucherdarlehens, das E-Geld und das Zahlungsverkehrsgeschäft.[4]

Bankeninsolvenzen waren nach den Erfahrungen der 1930er Jahre mit dem Zusammen- 7
bruch der *Darmstädter und Nationalbank* (DaNat-Bank) am 13.7.1931[5] und der Insolvenz der Kölner *Herstatt Bank* am 26.6.1974 in Deutschland selten. Das Finanzsystem galt als stabil. Die Zusammenbrüche der am 5.7.1991 geschlossenen *Bank of Credit and Commerce International* (*BCCI*) und der *Barings Bank* 1995 in Großbritannien war dem Fehlverhalten eines einzelnen Angestellten zuzuordnen, aber immerhin eine Warnung. Der Bankensektor erfuhr in 2007 im Zuge der amerikanischen Subprime-Krise seine bis dahin größte Belastungsprobe.[6] In Deutschland mussten in acht Fällen aufsichtsrechtliche Gefahrenabwehrmaßnahmen ergriffen werden,[7] in 2008 wurden über die *Weserbank AG* aus Bremerhaven am 8.4.2008 und über die Lehman Brothers Bankhaus AG in Frankfurt a.M. am 15.9.2008 Moratorien nach § 46a KWG verhängt.[8] Nahezu alle deutschen Landesbanken erfuhren – weitgehend durch Herab-

---

[2] *Hopt*, Auf dem Weg zu einer neuen europäischen und internationalen Finanzmarktarchitektur, NZG 2009, 1401, 1402.

[3] Statistiken des Bundesverbandes sind abrufbar unter https://bankenverband.de/publikationen/bankenverband/shopitem/ee3cbd82b26b5a153ce4b41caedf130d.

[4] *Rühl*, Weitreichende Änderungen im Verbraucherdarlehensrecht und Recht der Zahlungsdienste, DStR 2009, 2256; *Schäfer/Lang*, Die aufsichtsrechtliche Umsetzung der Zahlungsdiensterichtlinie und die Einführung des Zahlungsinstituts, BKR 2009, 11; *Reymann*, Das Recht der Zahlungsdienste, DStR 2011, 1959; *ders.*, Überweisung und SEPA-Zahlungsdienste, JuS 2012, 781.

[5] Vgl.: *Storbeck*, Die Jahrhundertkrise, München, 2009, S. 88 ff; *Ruzik*, Bankenkrisen und -insolvenzen, ein besonderes Phänomen, BKR 2009, 133.

[6] Umfängliche Chronologien finden sich bei: *Braunberger/Fehr*, Crash – Finanzkrisen gestern und heute, Frankfurt, 2008, S. 153 ff; *Piper*, Die Große Rezession, München, 2009; *Grandt*, Der Staatsbankrott kommt, Rottenburg 2010; *Sommer*, Die Subprime-Krise und ihre Folgen, München, 2. Aufl. 2009.

[7] *BaFin*, Jahresbericht 2007, S. 134 (abrufbar im Internet unter http://www.bafin.de/cln_043/nn_722604/SharedDocs/Downloads/DE/Service/Jahresberichte/2007/jb__2007__gesamt,templateId=raw,property=publicationFile.pdf/jb_2007_gesamt.pdf; zitiert nach Ruzik, a. a. O.

[8] Vgl. die entsprechenden Pressemitteilungen der *BaFin* vom 9.4.2008 (abrufbar im Internet unter http://www.bafin.de/cln_043/nn_722552/SharedDocs/Artikel/DE/Service/Meldungen/meldung__08 0409__weserbank.html?__nnn=true, abgerufen am 8.9.2008) und vom 15.9.2008 (abrufbar im Internet

stufung des Ratings sog. Commercial Papers in ihren Wertpapierbeständen – milliardenschwere Verluste.[9] Die Beteiligung auch anderer Banken an der Rettung einzelner Institute[10] war nur eine kleine Parallele zu den internationalen Zusammenbrüchen und (Zwangs-)Übernahmen der Bank *Bear Stearnes* durch *JP Morgan* in den USA. Das sind nur wenige Beispiele für den weltumfassenden Niedergang des Bankensektors. Die Nationalstaaten haben nach den sog. Lehman-Pleite am 15.9.2008 als letztes Mittel auch zu einer Verstaatlichungen von Banken gegriffen.[11] In Deutschland wurde noch im Oktober 2008 der **Finanzmarktstabilisierungsfonds** (FMStF) geschaffen, verwaltet von der unselbstständigen Bundesanstalt „Sonderfonds Finanzmarktstabilisierung" (SoFFin).[12] Ihre Aufgaben und Befugnisse, insbesondere bei einer unmittelbaren Unternehmensbeteiligung, sind erheblich und gehen unternehmensinternen satzungsgemäßen Regeln vor.

8 Über **Ursachen und Folgen, die Verantwortung** für die erheblichen Verluste und die möglichen strafrechtlichen Implikationen der Vorgänge ist seitdem viel diskutiert und veröffentlicht worden.[13] Während Bilanzgrundsätze geändert wurden, um den Banken zu erlauben, aus dem strengen Korsett von Vorgaben flexibler auf den Stillstand der Handelsmärkte zu reagieren,[14] ist gleichzeitig von den Banken verlangt worden, ihre Gewinne zum Schuldenabbau und zur Eigenmittelstärkung zu nutzen sowie die Vergütung ihrer Manager an der reellen wirtschaftlichen Lage des Instituts und nicht an einzelnen Geschäften zu orientieren.[15] Die strafrechtliche Aufarbeitung der Finanzkrise dauert an.[16] Zudem will das Bundesfinanzministerium die Rufe nach einer Strafbarkeit von Bankvorständen durch Änderungen im KWG ab dem 1.1.2014 verbindlich umsetzen.[17]

9 Obwohl als eines der Hauptmerkmale der Finanzmarktkrise die Nichthandelbarkeit von Commercial Papers und anderen Finanzderivaten auf – vor allen Dingen direkt oder indirekt (über staatliche installierte oder geförderte Banken) staatlich abgesicherte – Papiere war, sind

---

unter http://www.bafin.de/cln_109/nn_721290/SharedDocs/Mitteilungen/DE/Service/PM__2008/pm__080915__lehman.html?__hnn=true, zitiert nach Ruzik, a. a. O.

[9] Umfassend: *Issing/Blum* in Hopt/Wohlmannstetter, Handbuch Corporate Governance von Banken, Anforderungen an eine neue Ordnung der Finanzmärkte, München 2011, 2. Teil I. C.; *Lerch*, Ratingagenturen im Visier des europäischen Gesetzgebers, BKR 2010, 402.

[10] Vgl. zur strafrechtlichen Aufarbeitung bei der *IKB*: LG Düsseldorf, Urteil vom 14.7.2010 – 014 KLs-130 Js 54/07–6/09, beckRS 2010, 22186; BGH Beschluss v. 20.7.2011 – 3 StR 506/10, beckRS 2011, 19726 = NZG 2011, 1075.

[11] *Park/Sorgenfrei* in Park (Hrsg.) Kapitalmarktstrafrecht, 3. Aufl. 2013, Einleitung Teil I Rn. 14 ff.

[12] *Horn*, Das Finanzmarktstabilisierungsgesetz und das Risikomanagement zur globalen Finanzkrise, BKR 2008, 452; *Wieneke/Fett*, Das neue Finanzmarktstabilisierungsgesetz unter besonderer Berücksichtigung der aktienrechtlichen Sonderregelungen, NZG 2009, 8; *Wolfers/Rau*, Finanzmarktstabilisierung, 3. Akt: „Bad Banks" zur Entlastung der Bilanzen, NJW 2009, 2401; *Brandl/Müller-Elsing*, Neuauflage des Finanzmarktstabilisierungsgesetzes, BB 2012, 466; *Geier/Schmitt*, Ablauf der Krise eines Kreditinstituts, BKR-SH 2012, 1; BVerfG NJW 2009, 2875.

[13] *Bartsch*, NJW 2008, 3337; *ders.*, ZRP 2009, 97; *Bell/Litten*, BKR 2011, 314; *Bittmann*, NStZ 2011, 361; *Böttcher*, NZG 2009, 1047; *Fleischer*, NJW 2010, 1504; *Forkel*, ZRP 2010, 158; *Funke/Neubauer*, CCZ 2012, 6 ff, 54 ff; *Hellwig*, NJW-Beil. 2010, 94; *Jahn*, JZ 2011, 240; *Lenz*, NVwZ 2010, 29; *Lüderssen*, StV 2009, 486 ff; *Noack*, AG 2009, 227; *Park/Rütters*, StV 2011, 434 ff; *Roberts*, NJOZ 2010, 1717; *Röhm/Grube*, wistra 2009, 81; *Ruffert*, NJW 2009, 2093; *Schünemann* (Hrsg.), Die sogenannte Finanzkrise, 2010; *Vorwerk* NJW 2009, 1777.

[14] Bspw. die Änderung der Grundsätze nach IAS 39/IFRS 7: *Fischer zu Cramburg*, NZG 2008, 862; *Rietdorf*, Auswirkungen der Finanzmarktkrise auf kommunale Cross-Border-Leasing-Transaktionen, KommJur 2008, 441; *Lüdenbach/Christian*, Die Bilanzierung von Cross-Border-Leasing nach IFRS und HGB in der Finanzmarktkrise, DStR 2009, 1054.

[15] *Greoger*, Begrenzung der Managervergütungen bei Banken durch staatliche Regulierung?, RdA 2011, 287; *Moll*, RdA 2010, 321; *Brüning/Samson*, ZIP 2009, 1089; *Becker/Walla/Endert*, WM 2010, 875.

[16] *Schröder*, Kapitalmarktstrafrecht, 8. Kapitel; *Puig* in: Schünemann (Hrsg.), Die sogenannte Finanzkrise, S. 9 ff; *Bittmann*, NStZ 2011, 361; *Kasiske*, ZRP 2011, 137; *Lüderssen*, StV 2009, 486 ff; *Park/Rütters*, StV 2011, 434 ff.; BGH Beschluss v. 20.7.2011 – 3 StR 506/10, beckRS 2011, 19726 = NZG 2011, 1075; *Prüm/Thomas*, BKR 2011, 133; *Schmitt, Bertram*, BKR 2006, 125.

[17] Vgl. dazu den Gesetzentwurf der BReg v. 4.2.2013 zum Trennbankensystem.

die EU-Staaten in der Finanz- und Wirtschaftskrise nicht vorsorgend, sondern extensiv mit ihrer **nationalen Geldpolitik** umgegangen. Teilweise auch bedingt durch die Krise der sie finanzierenden Geldhäuser sind einzelne Staaten durch die Nichtabnahme von Staatsanleihen und die fehlenden Mittel für die Rückzahlung der alten Anleihen teilweise in existentielle Krisen geraten. Vor allem die Euro-Länder Griechenland, Spanien, Portugal und Italien, aber auch Belgien, Zypern, Frankreich und Großbritannien haben weder die wirtschaftlich guten Jahre zu einer Rückführung ihrer Schuldenlasten genutzt, noch in den wirtschaftlich schwierigeren Jahren eine ausreichend flexible Handhabung ihres Bruttonationaleinkommens durchsetzen können. Durch den sog. „Euro-Rettungsschirm"[18] haben sich nunmehr die stabilen Euro-Länder verpflichtet, einen Sonderfonds zur Stabilisierung solcher Staaten und systemrelevanter Banken einzurichten.

Dies wird zu einer weiteren Verlagerung deutscher Regulierungs- und Aufsichtsmöglichkeiten in die EU führen. Es besteht die Absicht, supranationale Einrichtungen wie die EZB darüber entscheiden zu lassen, wie systemrelevante Banken zukünftig ihre Geschäftsfelder entwickeln können. Die Entwicklung darüber darf mit einiger Skepsis beobachtet werden, weil letztlich in der Vergangenheit die Verlagerung von direkten Kontrollen der Geschäftstätigkeit (nämlich durch die BAFin) auf ein supranationales Institut zu einer Schwächung des Kontrollumfeldes und damit zur Erhöhung des Risikos von weiteren Verlusten geführt hat.

2. Rechtlicher Rahmen für das Kreditwesen

a) Begriffe

Mittlerweile[19] umfassen die Begriffsdefinitionen in § 1 KWG mit insgesamt 36 Absätzen zahlreiche Legaldefinitionen für die Auslegung und Anwendung der KWG-Vorschriften Einzelne **KWG-Begriffe** sollen hier kurz erläutert werden:

Kreditinstitute sind Unternehmen, die Bankgeschäfte gewerbsmäßig oder in einem Umfang betreiben, der einen in kaufmännischer Weise eingerichteten Geschäftsbetrieb erfordert (§ 1 Abs. 1 S. 1 KWG). Gemeinsam mit den Finanzdienstleistungsinstituten fallen sie unter den Begriff der Institute (§ 1 Abs. 1b KWG).

Bankgeschäfte sind (§ 1 Abs. 1 S. 2 KWG): Einlagengeschäft[20], Pfandbriefgeschäft[21], Kreditgeschäft, Diskontgeschäft, Finanzkommissionsgeschäft[22], Depotgeschäft, Darlehenserwerbs-(Revolving-)geschäft, Garantiegeschäft, Scheckeinzugs-, Wechseleinzugs- und Reisescheckgeschäft[23]; Emissionsgeschäft, und die Tätigkeit als zentrale Gegenpartei im Sinne von § 1 Abs. 31 KWG. **Keine Bankgeschäfte** im Sinne des KWG sind danach das Investmentgeschäft[24] und

---

[18] BVerfG NJW 2010, 2418; BVerfG WM 2011, 1747 m. Anm. *Ruffert*, EuR 2011, 842; BVerfG WM 2012, 494 = NVwZ 2012, 495; EuGH WM 2012, 2364; *Faßbender*, NVwZ 2010, 799; *Kube/Reimer*, Grenzen des Europäischen Stabilisierungsmechanismus, NJW 2010, 1911; *Oppermann*, „Euro-Rettung" und europäisches Recht, NJW 2013, 6; *Piecha*, Die Europäische Gemeinschaftsanleihe – Vorbild für EFSF, ESM und Euro-Bonds?; EuZW 2012, 532; *Schanz/Schalast/Brück*, Finanzkrise letzter Akt: Die deutschen Zustimmungsgesetze zur Griechenlandfinanzhilfe und zum Europäischen Stabilisierungsmechanismus, BB 2010, 2522.

[19] Seit der Neubekanntmachung des KWG vom 9.9.1998, BGBl. I. S. 2776, sind 56 Änderungsgesetze in Kraft getreten, zuletzt durch das EMIR-Änderungsgesetz vom 13.2.2013, BGBl. I S. 174, in Kraft seit dem 16.2.2013. Zu FMIR vgl. *Funke/Neubauer*, CCZ 2012, 6 ff; 54 ff; *Köhling/Adler*, WM 2012, 2125 ff, 21/3 ff.

[20] Vgl. BGH NStZ 2000, 37: betrügerische Anlagegeschäfte; BGHSt. 48, 331: Deliktsnatur, mittelbare Täterschaft; insbes. zum Betrug: BGHZ 129, 80.

[21] Nach § 1 Abs. 1 S. 2 PfandBG vom 22.5.2005.

[22] Vgl. dazu BGHSt. 48, 373 (Scalping).

[23] Eingefügt durch das 4. FinMFG auf Empfehlung des Baseler Ausschusses für Bankenaufsicht und der FATF (Financial Aktion Task Force on Money Laundering), um Geldwäsche durch Kreditkartengeschäfte zu erschweren, vgl. *Reuschle*, a. a.O, Einführung Rz. 90.

[24] Investmentgesetz (InvG) v. 15.12.2003, BGBl. I S. 2676, i.Kr. ab 1.1.2004 mit 23 Änderungsgesetzen, zuletzt durch das EMIR-Ausführungsgesetz v. 13.2.2013, BGBl. I S. 174.

der Zahlungsverkehr.[25] Die strafrechtliche Rechtsprechung hat sich verschiedentlich mit der Abgrenzung der Bankgeschäfte zueinander und zu anderen gewerblichen Tätigkeiten zu befassen gehabt.[26]

14   Die sog. **All-Finanzaufsicht** (in den drei Sektoren: Banken, Wertpapierhandel und Versicherungswesen) wird wahrgenommen durch die BaFin, eine bundesunmittelbare Behörde im Geschäftsbereich des Bundesfinanzministeriums. Die Bundesanstalt hat Missständen im Kredit- und Finanzdienstleistungswesen entgegenzuwirken, welche die Sicherheit der den Instituten anvertrauten Vermögenswerte gefährden, die ordnungsmäßige Durchführung der Bankgeschäfte oder Finanzdienstleistungen beeinträchtigen oder erhebliche Nachteile für die Gesamtwirtschaft herbeiführen können.(§ 6 Abs. 2 KWG). Sie ist befugt, bei Überschuldung (§ 46 KWG) oder zur Abwendung der Insolvenzgefahr bei Kredit-, Finanz-, und Finanzdienstleistungsinstituten einzuschreiten (§ 46a KWG), Sonderprüfungen durchzuführen (§ 44 KWG), und sonstige Meldungen der Institute entgegen zu nehmen. Die BaFin ist Verwaltungsbehörde zur Verfolgung von Ordnungswidrigkeiten (§ 60 KWG). Die BaFin wird bei ihren Risikoprüfungen nicht zugunsten der Bankgesellschafter oder Gläubiger der Bank tätig. Die im Wetterstein-Wertbrieffonds Fall ergangene BGH-Rechtsprechung[27] zur „gewerbepolizeilichen" Schutzfunktion des KWG und der Bankenaufsicht hat der Gesetzgeber durch die 3. KWG-Novelle 1984 ausdrücklich aufgegeben (§ 6 KWG).

15   Dabei darf die sog. **dualistische Aufsicht**[28] nicht unerwähnt bleiben. In der Frage der Geld- und Währungsaufsicht sowie der Liquiditätsversorgung der Kreditinstitute nimmt die Deutsche Bundesbank (BBank) eine zentrale Rolle ein. Auch die Europäische Zentralbank (EZB) hat aufgrund der Refinanzierungsfazilitäten der Banken eine eigenständige Aufgabe für den Erhalt und die Versorgung des Bankensektors.

16   **Finanzdienstleistungsinstitute** sind Unternehmen, die Finanzdienstleistungen für andere gewerbsmäßig oder in einem Umfang erbringen, der einen in kaufmännischer Weise eingerichteten Geschäftsbetrieb erfordert und die **keine** Kreditinstitute sind (§ 1 Abs. 1a S. 1 KWG). Gemeinsam mit den Kreditinstituten fallen sie unter den Begriff der Institute (§ 1 Abs. 1b KWG).

17   **Finanzdienstleistungen** sind (§ 1 Abs. 1a S. 2 KWG): die Anlagevermittlung, die Anlageberatung, der Betrieb eines multilateralen Handelssystems, das Platzierungsgeschäft, die Abschlussvermittlung[29], die Finanzportfolioverwaltung[30], der Eigenhandel[31], die Drittstaateneinlagenvermittlung[32], das Sortengeschäft, das Factoring, das Finanzierungsleasing und die Anlageverwaltung.

18   **Finanzunternehmen** sind nicht Institute oder Kapitalanlage- oder Investmentgesellschaften, aber anzeige- und meldepflichtige Gewerbetreibende mit folgenden Geschäften: Erwerb und Halten von Beteiligungen; entgeltlicher Erwerb von Geldforderungen, Leasing-Objektgesellschaften, Handel mit Finanzinstrumenten auf eigene Rechnung, Beratung bei der Anlage in Finanzinstrumenten, Unternehmensberatung über Kapitalstruktur und Strategie; Geldmaklergeschäfte.

---

[25] Die Aufsicht darüber ist im Zahlungsdiensteaufsichtsgesetz (ZAG) v. 25.6.2009, BGBl. I S. 1506, i.Kr. ab 31.10.2009 mit 6 Änderungsgesetzen, zuletzt durch das EMIR-Ausführungsgesetz v. 13.2.2013, BGBl. I S. 174.
[26] Vgl. BGH NStZ 1997, 61; NStZ 2000, 37; NStZ 2000, 319; wistra 2003, 63; BGHSt. 48, 331; 48, 373; vgl. auch BFH/NV 1998, 210 (Leasinggeschäft) und BGH Urt. v. 11.4.2006 -1 ZR 245/02 (Umsatzsteuer-Erstattungsmodell).
[27] BGHZ 74, 144.
[28] *Hopt,* NZG 2009, 1401, 1402.
[29] Vgl. dazu BGHSt. 48, 373 (Scalping).
[30] Vgl. dazu BGHSt. 48, 373 (Scalping).
[31] Vgl. dazu BGHSt. 48, 373 (Scalping).
[32] Vgl. dazu BGH wistra 2003, 65 (Hawala-Banking; s. dazu auch BGH NStZ-RR 2004, 342).

A. Bank-und Finanzwesen   **10**

b) Rechtsgrundlagen für Kreditinstitute

Die für das Verständnis für die **rechtlichen Grundlagen des Bankwesens** notwendigen ge- 19
setzlichen und regulatorischen Bedingungen lassen sich schematisch so darstellen:

	Organisation	Geschäfte mit Kunden u. anderen Banken	Berichte und Prüfungen
Finanzaufsicht	Zulassung, Zuverlässigkeit der Bankleiter; Kapitalausstattung, Meldewesen, Organisationsrahmen	Geldverwaltung (BBankG) Kreditgeschäft §§ 13–22 KWG Refinanzierungsregister, §§ 22a–o KWG PfandbriefG, DepotG, InvG; ZAG	Kreditinstitute, §§ 44 ff. KWG Wertpapierhandelsinstitute, §§ 35 ff WpHG
Institute	Öffentlich-rechtliche Gesetze Gesellschaftsrecht, Satzungen, Einzelgesetze (bspw. DGZ, KfW, LAG, BausparkG)	BGB, HGB Einzelgesetze zum Verbraucher- und Anlegerschutz	Rechnungslegung, Abschlussprüfung, Verbandsprüfung Risikoprüfungen gesellschaftsrechtliche Sonderprüfungen

Das Kreditwesengesetz (KWG) war seit seinem Erlass am 5.12.1934, sowie der Neufassung 20
vom 10.7.1961 das zentrale Gesetzeswerk der Finanzaufsicht über Banken, Sparkassen, andere
Kreditinstitute, Finanzdienstleistungsinstitute, und Finanzunternehmen. Es enthält detaillierte
Anforderungen an die Zulassung der Institute, deren Organisation, die Bankleitung und
-steuerung, das Berichtswesen und die Prüfungs- und Eingriffsrechte der Bundesanstalt für
Finanzdienstleistungsaufsicht (BaFin oder auch „Bundesanstalt"). Hinzu kommen auch inhaltliche Vorgaben zu den einzelnen Kredit- und Finanzgeschäften. Verschiedene weitere
Gesetze, u. a. das Geldwäschegesetz (GwG), das Zahlungsdiensteaufsichtsgesetz (ZAG), das
Investmentgesetz (InvG), das Wertpapierhandelsgesetz (WpHG), das Versicherungsaufsichtsgesetz (VAG), das Depotgesetz (DepotG), das Börsengesetz (BörsG) und die länderspezifischen Sparkassengesetze enthalten Definitionen für sektorale Bank- und Finanzgeschäfte.
Hinzu kommen seit Ende der 90er Jahre zahlreiche europäische Richtlinien für Kredit- und
Bankgeschäfte.[33] Sie setzen die sog. Baseler Beschlüsse (Basel I, Basel II, Basel III) um, das sind
die Festlegungen des Basler Ausschusses für Bankenaufsicht (BCBS), der von den G-10-Ländern gegründet wurde und heute Mitglieder von Notenbanken und Bankaufsehern aus 27
Ländern bei der Bank für Internationalen Zahlungsausgleich zusammenführt.

Unmittelbare Auswirkungen auf das Verhalten von Ermittlungsorganen kann der rechtli- 21
che Rahmen der Institutsgruppen haben, da nicht alle Institute privatrechtlich organisiert
sind.

(1) Privatbanken

Mit knapp 40 % des Geschäftsvolumens stellt die Gruppe der Privatbanken die größte Gruppe 22
dar. Sie sind in der Wahl der Gesellschaftsform frei, allerdings ist die Tätigkeit als Einzelkaufmann für nach 1976 gegründete Institute untersagt (§ 2a KWG). Die Großbanken sind in der
Regel als Aktiengesellschaften, die Regional- und Kreditbanken in der Regel als AG oder
GmbH und die Privatbanken regelmäßig als oHG oder KGaA fundiert.

---

[33] Aus den umfangreichen europäischen Richtlinien sind zu nennen bspw. die EG-AufsichtsRL (RL 2002/87/EG), die EG-FinanzinstrumenteRL (RL 2004/39/EG), die EG-KreditinstituteRL (RL 2006/48/EG); die EG-ZahlungsdiensteRL (RL 2007/64/EG), die EU-E-GeldRL (RL 2009/110/EG); vgl. dazu auch *Zimmer*, NJW-Beilage 2010, 101; *Köhling/Adler*, WM 2012, 2125 ff, 2173 ff; *Prüm/Thomas*, BKR 2011, 133.

(2) Kreditgenossenschaften

23 Genossenschaftsbanken sind nach dem Genossenschaftsgesetz gegründet und organisiert. Zahlenmäßig stellen sie die größte Institutsgruppe dar. Gesetzeszweck der Kreditgenossenschaften ist „die Förderung des Erwerbs oder der Wirtschaft ihrer Mitglieder" (§ 1 Abs. 1 GenG). Sie können alle Bankgeschäfte auch mit Nichtmitgliedern durchführen. Auf dem Genossenschaftssektor haben die KWG-Novellierungen und die Öffnung des Banken- und Versicherungsmarktes für europäische Institute zu starken Konzentrations- und Fusionsentscheidungen geführt. Im Verbund der genossenschaftlichen Institute bilden die in einigen Ländern eingerichteten Zentralkassen überregionale Aktiengesellschaften (in einem Fall eine weitere Genossenschaft) mit teilweise eigenen Bankenfunktionen (z. B. bei der Vergabe sog. Meta- oder Konsortialkredite[34]). Spitzeninstitut des Genossenschaftsverbundes ist die Deutsche Genossenschaftsbank (DG-Bank) mit Sitz in Frankfurt. Sie war nach dem Gesetz vom 22.12.1975 eine Körperschaft des öffentlichen Rechts, ist aber durch Gesetz vom 13.8.1998 in eine AG umgewandelt worden. An ihrem Grundkapital sind die Genossenschaftsbanken, Zentralkassen, der Bund und die Länder beteiligt. Die DG-Bank ist eine Zentralbank des Genossenschaftswesens, unterstützt insbesondere Großkreditengagements und Kapitalanlagegeschäfte der Genossenschaftsbanken.

(3) Privatrechtliche Banken mit Sonderaufgaben

24 Die nachfolgenden Banken sind privatrechtlich organisiert, haben aber zum Teil öffentlich-rechtliche Aufgaben zu erfüllen oder befinden sich ganz oder teilweise im Besitz der öffentlichen Hand:
- Industriekreditbank AG, Düsseldorf (Kredit- und Pfandbriefprivileg)
- AKA Ausfuhrkredit GmbH (Exportfinanzierung der Banken)
- Dt. Bau- und Bodenbank AG, Frankfurt (Wohnungsbaufinanzierung)
- Dt. Verkehrsbank AG, Frankfurt (Finanzierung der Deutsche Bahn AG, beschränktes Kundengeschäft)
- DEG mbH, Köln (Entwicklungshilfefinanzierung).

(4) Sparkassen

25 Sparkassen sind **Anstalten des öffentlichen Rechts**, die durch kommunalen oder ministeriellen Verwaltungsakt begründet worden sind. Einzig die sieben freien Sparkassen (Hamburger Sparkasse, Frankfurter Sparkasse von 1822[35], Sparkasse in Bremen und 4 kleinere schleswig-holsteinische Sparkassen) sind im Privatbesitz und privatrechtlich organisiert. Die Sparkassen haben einen gesetzlichen öffentlichen Auftrag zu erfüllen, der in den Landes-Sparkassengesetzen festgelegt und durch die Satzungen der Sparkassen konkretisiert wird. Danach sind die Geschäfte der Sparkassen gesetzlich und satzungsrechtlich auf die Funktionen als kommunale Kreditversorger der Bevölkerung und der Wirtschaft und als risikoarme, mündelsichere (§ 1807 Nr. 5 BGB) Anlageinstitute beschränkt. Seit dem 19.7.2005 ist die früher bestehende Anstaltslast[36], d. h. die Gewährträgerhaftung der Kommune oder des Landes für die Sparkassen wegen des wettbewerbsverzerrenden Charakters aufgehoben. Dennoch unterliegen die Sparkassen und Landesbanken auch weiterhin der **Rechtsaufsicht** der Aufsichtsbehörden, i. d. R. ist das das Wirtschaftsministerium des jeweiligen Landes. Die Aufsicht wird vervollständigt durch die Prüfstellen des Sparkassen- und Giroverbandes.

(5) Landesbanken/Girozentralen, DGZ

26 Auch Landesbanken/Girozentralen sind in der Regel **Anstalten des öffentlichen Rechts** (keine Körperschaften, auch bei mehreren Gewährträgern). In der Regel werden diese Banken von dem jeweiligen Land, mehreren Ländern und/oder dem Sparkassen- und Giroverband getragen. Landesbanken können Beteiligungen an anderen Banken halten, sie sind Universalbanken, besitzen das Emissionsprivileg vor allem in ihrer Eigenschaft als Staats- und

---

[34] Vgl. zum Begriff unten Rn. 171 ff.
[35] Deren Anteile wurden allerdings 2006 von der Hessischen Landesbank übernommen.
[36] *Fischer/Klanten*, Bankrecht, Rn. 1.26.

A. Bank-und Finanzwesen **10**

Kommunalbanken. Die Gesellschafter können allerdings auch andere Rechtsformen wählen, wenn das Landesrecht das zulässt. Die Länder üben eine **Staatsaufsicht** über die Landesbanken aus. Die Deutsche Girozentrale – Deutsche Kommunalbank (DGZ) war früher Spitzeninstitut der Sparkassenorganisation, hat diese Bedeutung aber nach dem 2. Weltkrieg weitgehend verloren.

(6) Öffentlich-rechtliche Spezialbanken

Aus dem Bedürfnis heraus, staatliche Mittel besonders zur Förderung des Wiederaufbaus, der 27 Wirtschaft oder der Landwirtschaft heraus zur Verfügung zu stellen, dies aber bankmäßig abzuwickeln, wurden Spezialbanken durch jeweilige Einzelgesetze gegründet:
- **Kreditanstalt für Wiederaufbau (KfW)**,[37] Frankfurt/Main (Staatliche Förderprogramme, langfristige Finanzierungen von Investitionen, Entwicklungshilfe, Export),
- **Deutsche Ausgleichsbank**,[38] Bonn (Lastenausgleich zugunsten Vertriebener, Flüchtiger und Aussiedler),
- **Landwirtschaftliche Rentenbank**,[39] Frankfurt/Main (Kreditversorgung der Land- und Forstwirtschaft).

(7) Realkreditinstitute, Pfandbriefbanken, Bausparkassen

Private Hypothekenbanken und private Schiffsbanken dürfen nur in der Rechtsform der AG 28 oder der KGaA betrieben werden (§ 2 Abs. 1 HypBankG und § 2 Abs. 1 SchiffsbankG). Pfandbrief- und Grundkreditanstalten des öffentlichen Rechts sind durch Einzelgesetze errichtet worden. Die Tätigkeit dieser Banken konzentriert sich auf die gesetzlich geregelte Kombination der Emission von gedeckten Schuldverschreibungen (Pfandbriefe, Kommunalverschreibungen) und der Vergabe von Hypotheken-, Schiffshypotheken- und Grundschulddarlehen oder von öffentlich verbürgten Darlehen. Für die Finanzierung dieser Banken erlaubt der Gesetzgeber die Ausgabe von Pfandbriefen.[40] Diese müssen durch Sicherheiten gedeckt sein, deren Wert nach §§ 14, 16 PfandBG ermittelt wird. Über die Einhaltung der Deckungswerte wacht ein von der BaFin bestellter Treuhänder (§ 7 PfandBG, früher § 34 HypBankG). Für alle ausgegebenen Pfandbriefe und deren Deckungswerte – auch soweit sie nur bedingt den Banken gewährt wurden- ist ein einheitliches elektronisches Refinanzierungsregister eingerichtet worden (§§ 22a ff KWG). Dadurch können Gläubiger von Banken schneller auf die zur Deckung der Pfandbriefe zur Verfügung stehenden Sicherheiten zugreifen.

Schließlich werden Realkredite auch von den **Bausparkassen** vergeben. Das Bausparkas- 29 sengesetz[41] und die Bausparkassen-Verordnung[42] regeln den Geschäftszweck und die öffentliche Aufsicht über diese Banken. Für private Bausparkassen ist die Rechtsform der AG vorgeschrieben, die öffentlich-rechtlichen Landesbausparkassen sind zum überwiegenden Teil unselbstständige Abteilungen der Landesbanken/Girozentralen. Das Bauspargeschäft kombiniert die Kreditvergabe mit einem vorgeschalteten Sparplan, nach dessen Erfüllung der Kredit zu besonders günstigen Konditionen gegen Gewährung einer Grundschuld oder Hypothek vergeben wird. Die Bausparkassen unterliegen der Aufsicht durch die BAFin., einzelne Tarife und die AGB müssen genehmigt werden. Das BspkG enthält besondere Bestimmungen zur Zweckbindung der Bausparmittel (§ 6)[43], zur Sicherung von Darlehensforderungen (§ 7) und zur Vermeidung von Währungskursrisiken (§ 6a). Verstöße gegen diese Normen können ggfl.s als Untreue verfolgbar sein.[44]

---

[37] KfW-Gesetz BGBl. I 1969, 573.
[38] Ausgleichsbank-Gesetz BGBl. I 1986, 1545.
[39] Rentenbank-Gesetz BGBl. I 1963, 465, 548.
[40] PfandbriefG vom 22.5.2005, BGBl. I S. 1373, das zum 19.7.2005 in Kraft getreten ist und die Spezialgesetze HypBkG, SchiffsbkG und ÖPfandBG ablöste.
[41] Vom 16.11.1972, neu gefasst durch Bek. V. 15.2.1991, BGBl. I S. 454; zul. geändert durch Art. 7 G v 5.4.2004, BGBl. I S. 502.
[42] Vom 19.12.1990, BGBl. I S. 2947, zul. geä. D. G v. 21.12.2000, BGBl. I S. 1857.
[43] Vgl. z. B. BGH WM 1989, 706.
[44] *Nack* in Müller-Gugenberger/Bieneck, § 67 C, Rn. 11.

(8) Investmentgesellschaften

30 Investment- oder Kapitalanlagegesellschaften dürfen sich in der Rechtsform einer AG oder einer GmbH organisieren. Sie geben Anteilscheine an Kapitalanlagefonds aus und legen die Gelder je nach Fondsstruktur in Aktien, festverzinslichen Wertpapieren, stillen Beteiligungen oder Grundstücken an. Für sie gelten die gesetzlichen Regelungen über das Investmentgeschäft[45]. Soweit der Kapitalmarkt durch Investmentgesellschaften angesprochen wird, haben diese außerdem das einschlägige Wertpapierrecht (bes. das WpHG und das Verkaufsprospektg) zu beachten.

(9) Zahlungsdienstegesellschaften

31 Der Zahlungsverkehr[46] wird aufgrund der neueren europäischen Vorgaben nicht mehr als Kreditgeschäft, sondern kann isoliert durch die nach dem ZAG zugelassenen Zahlungsdiensteunternehmen betrieben werden. Das E-Geldgeschäft umfasst die Ausgabe vorausbezahlter Karten oder das Einrichten anderer elektronischer Geldsysteme. Kreditkartenunternehmen dagegen sind Finanzdienstleistungsunternehmen im Sinne von § 1 Abs. 1a S. 2 Nr. 8 KWG und unterliegen der Finanzdienstleistungsaufsicht. Sondergesetze gibt es für die Errichtung solcher Gesellschaften nicht. Sie sind in der Regel als GmbH privatrechtlich organisiert.[47]

(10) Zweigstellen, Repräsentanzen ausländischer Banken

32 Nach §§ 52, 53 ff. KWG dürfen ausländische Banken Zweigstellen und Niederlassungen unterhalten. Diese gelten dann als Kreditinstitut oder Finanzdienstleistungsunternehmen und müssen den Anforderungen der §§ 53, 53b KWG (Zweigstellen) oder § 52 KWG (Repräsentanzen) genügen.

c) Finanzunternehmen im Bankbesitz

33 Neben den eigentlichen Bankgeschäften befassen sich Banken auch unmittelbar oder über Beteiligungen an Unternehmen mit anderen Handelsgeschäften. Gerade aufgrund der neueren internationalen Regelungen (sog. Basel II-Beschlüsse) haben die Banken nicht nur für ihre eigene Institutsorganisation, sondern auch für abhängige Unternehmen, insbes. ausgelagerte Unternehmensteile und Organisationen mit Anschlussgeschäften, die nicht der Finanzaufsicht unterfallen, eine den Geschäftsrisiken entsprechende, angemessene Organisation zu sorgen. Eine solche Organisationsverantwortung folgt weiter aus § 15 GwG und § 25c KWG.

(1) Unternehmensbeteiligungsgesellschaften

34 Alle größeren privaten Banken, teilweise auch die Landesbanken/Girozentralen, haben Unternehmensbeteiligungsgesellschaften (UBG) gegründet oder sich an diesen beteiligt, um neue Wege der Eigenkapitalfinanzierung beschreiten zu können. Die UBG erwerben in offener oder stiller Form Beteiligungspakete an i. d. R. mittelständischen Gesellschaften, die mit Eigenkapital ausgestattet werden. Die UBG sind nach der ausdrücklichen Definition von § 1 Abs. 3 Nr. 1 KWG nicht Kreditinstitute, sondern Finanzunternehmen. Das mag schwer verständlich sein, da dem Unternehmen neben der Unternehmensbeteiligung (§ 1a Abs. 2 UBGG) nach § 3 UBGG auch die Vergabe von Darlehen, die Geldanlage und die Emission von Wertpapieren gestattet sind. Durch die den Finanzunternehmen auferlegten Meldepflichten der §§ 13, 14 KWG kann aber eine gewisse Transparenz auch dieser Geschäfte erreicht werden. Die Geschäfte der UBG sind erlaubnispflichtig und unterstehen einer Rechtsaufsicht durch die Landes-Fachbehörde (§§ 15, 16, 21 UBGG).

---

[45] Investmentgesetz (InvG) v. 15.12.2003, BGBl. I S. 2676, i.Kr. ab 1.1.2004 mit 23 Änderungsgesetzen, zuletzt durch das EMIR-Ausführungsgesetz v. 13.2.2013, BGBl. I S. 174.

[46] Die Aufsicht darüber ist im Zahlungsdiensteaufsichtsgesetz (ZAG) v. 25.6.2009, BGBl. I S. 1506, i.Kr. ab 31.10.2009 mit 6 Änderungsgesetzen, zuletzt durch das EMIR-Ausführungsgesetz v. 13.2.2013, BGBl. I S. 174.

[47] Die Unterstellung unter die Aufsicht dient – nach den Motiven des 4. FinMFG – ebenso wie die Beteiligungskontrolle nach § 2b KWG der Bekämpfung der Geldwäsche.

A. Bank- und Finanzwesen

(2) Factoringgesellschaften

Factoringgesellschaften sind, wenn sie ohnehin nicht bereits aufgrund ihrer sonstigen Geschäfte als Kreditinstitute anzusehen sind, Finanzunternehmen im Sinne des § 1 Abs. 3 Nr. 2 KWG. Per se ist das Factoring aber kein Bankgeschäft.[48] Factoringeschäfte werden in der Regel als Forderungskauf abgeschlossen, somit kann nur von einer wirtschaftlichen Finanzierung gesprochen werden. Die Unternehmen unterliegen nicht der Allfinanzaufsicht, obwohl ihr Anteil an der Finanzierung von Unternehmen ansehnlich ist und sie sich selbst in der Regel bei Banken refinanzieren. Die Gesamtfinanzierung eines Unternehmens durch die Factoringgesellschaft und die Banken wird aufgrund der Meldepflicht gem. §§ 13, 14 KWG zusammengeführt.[49]

(3) Leasinggesellschaften

Leasinggesellschaften sind Finanzunternehmen im Sinne von § 1 Abs. 3 Nr. 3 KWG. Eine Gleichbehandlung mit den Factoringgesellschaften war geboten, da die Interessenlage vergleichbar ist und die Leasingfinanzierung ebenso wie eine andere Finanzierung dem Kunden einen Zahlungsaufschub gewährt.

d) Deutsche Bundesbank und Europäische Zentralbank

Die Deutsche Bundesbank ist die Notenbank Deutschlands (§ 14 BBankG[50]), eine Anstalt des öffentlichen Rechts (§ 1 BBankG) und als Bank des Bundes mit zahlreichen Privilegien und Zusatzaufgaben ausgestattet. Sie gilt nicht als Kreditinstitut im Sinne des KWG (§ 2 Nr. 1 KWG). Ihre allgemeinen Aufgaben sind in § 3 BBankG normiert, in erster Linie ist das die Sicherung der Währung, sodann die bankmäßige Abwicklung des Zahlungsverkehrs im Inland und mit dem Ausland. Sie ist für den Bund Währungsbank, Kreditbank und Kassenhalter; für die Banken ist sie Refinanzierungs- und Clearingstelle.

Durch die Errichtung der europäischen Zentralbank ist die Bundesbank seit dem 1.1.1999 in das Europäische System der Zentralbanken (ESZB, Art. 106 Abs. 1 EG-Vertrag), das keine eigene Rechtspersönlichkeit besitzt, integriert. Die nach Art. 106 Abs. 2 EG-Vertrag gegründete **Europäische Zentralbank (EZB)** mit Sitz in Frankfurt/Main, hat die Aufgaben der Währungssicherung übernommen. Die Bundesbank ist nur noch Zweigstelle der EZB.

Ab dem 1.1.1999 ist die Entscheidungskompetenz in der **Währungs- und Geldmengenpolitik** auf die EZB übergegangen.[51] Die EZB soll – bezogen auf die Teilnehmerländer der EU – ein Geldmengenziel und ein Inflationsziel verfolgen. Durch das Rechnungsverbundsystem TARGET zwischen der EZB und den europäischen Notenbanken ist es auch den Banken in Nicht-Euro-Ländern möglich, an der Währungsentwicklung durch Bankguthaben beteiligt zu sein. Die EZB übt ihre Aufgaben durch marktpolitische Instrumente aus. Dazu gehören die Offenmarktgeschäfte (z. B. befristete Pensions- oder Pfandkredite, Emission von Schuldverschreibungen, Devisenswapgeschäfte, Hereinnahme von Termineinlagen), Refinanzierungskredite für Banken (Spitzenrefinanzierungsfazilität = kurzfristige Spitzenfinanzierung gegen Sicherheiten); Einlagenpflichten der Banken (Einlagenfazilität = kurzfristige Geldanlage überschüssiger Mittel) und Mindestreservepflichten der Banken. Die Bundesbank hat das Diskontgeschäft zum 14.1.1999 eingestellt. Die EZB betreibt ebenfalls keine Diskontgeschäfte.[52] Gleichwohl bleibt für bundesbankfähige inländische Wechsel noch eine Refinanzierungsmöglichkeit der Banken bei der Bundesbank erhalten, die aber angesichts der erweiterten Finanzierungsmöglichkeiten der EZB stark an Bedeutung verloren hat.

---

[48] Vgl. dazu ausführlich im Teil D.VI; die Auflistung bei *Nack* in Müller-Gugenberger/Bieneck, § 66 D.2. (Rn. 179) dürfte deshalb fehlerhaft sein.

[49] Zu den Rechtsgrundlagen des Factoringgeschäfts vgl. *Bette*, Das Factoringgeschäft in Deutschland, Stuttgart 1999.

[50] Vom 26.7.1957 (BGBl I S. 745), zuletzt geändert durch Art. 1 des siebten BBankÄndG v. 23.2.2002, BGBl. I S. 1169.

[51] *Simmert/Welteke*, Die Europäische Zentralbank, Stuttgart, 1999, S. 144f.

[52] *Simmert/Welteke*, a. a. O., S. 148.

II. Bankinterne Organisation und Kontrolle

1. Grundschemata der Organisation

40 Organisationsgrundsätze der Kreditinstitute sind Teil einer sorgfältigen, kaufmännischen Ordnung und risikoarmen Durchführung von Bankgeschäften in einem System widerspruchsfreier Regelungen, das sowohl den Aufbau der Bank nach Hierarchien als auch den Ablauf der Geschäftstätigkeit (z. B. durch Arbeitsanweisungen) festlegt. Zu den Organisationsgrundsätzen gehören:
- der Grundsatz der **Hierarchienbildung** (Über-/Unterordnungsverhältnisse);
- der Grundsatz der **Kompetenzzuweisung** mit klarer Abgrenzung der Verantwortlichkeiten auf einer bestimmten Hierarchieebene;
- der Grundsatz der **Einheitlichkeit der Aufgabenzuordnung**, wonach zusammengehörende Leistungen einheitlich auf bestimmte Mitarbeiter bzw. Abteilungen zu übertragen und von anderen Aufgaben abzugrenzen sind;
- der Grundsatz eines geeigneten, funktionsfähigen und wirksamen **Risikotragfähigkeitskonzepts und Risikomanagements** (§ 25a KWG),
- der Grundsatz eines angemessenen **Systems zur Verhinderung von Geldwäsche, Terrorismusfinanzierung sowie sonstiger strafbarer Handlungen** (§§ 25b, 25c KWG) und
- der Grundsatz der **effektiven Kontrolle**.

41 Diese Organisationsgrundsätze setzen wiederum voraus, dass jede Hierarchieebene alle für die anstehenden Entscheidungen notwendigen **Informationen** erhält (durch sog. Stabsabteilungen) und einer effektiven Kontrolle unterliegt, um Störungen im Betriebsablauf zu vermeiden und Qualitätsstandards sicherzustellen.[53]

42 Um die Eigenkapitalerhaltung und -mehrung (Kapitalanlage und Kapitalaufnahme) innerhalb der damit verbundenen Zeiträume und der damit verbundenen Risiken (Risikostufen) zu bewältigen, haben sich die Banken ausgehend von dem ihnen vorgegebenen Rechtsrahmen zu organisieren. Dabei sind das Weisungs- und Kompetenzsystem (1), die Organisation der Produktbetreuung (2), das Filialsystem (3) und die Organisation und Kontrolle der Arbeitsabläufe (4) zu regeln. Aufgrund vielfältiger struktureller Änderungen in den einzelnen Geschäftsarten, den gesetzlichen Vorgaben der §§ 25a ff KWG, §§ 33 ff WpHG, sowie den einzelnen Institutsgesetzen kann keine allgemeingültige Darstellung der hier anzuwendenden Grundsätze, Verfahren und Kontrollen erfolgen. Im Einzelfall sollte ggfls. unter Hinzuziehung der BaFin oder der Deutschen Bundesbank nach Organisations-, Handlungs- und Aufsichtspflichten im konkreten Fall gefragt werden.

2. Innenrevision der Banken

43 Die BaFin hat durch die sog. Mindestanforderungen für die Interne Revision (MaIR) die Anforderungen an eine Innenrevision der Banken (IR) konkretisiert.[54] Diese Regeln gelten für alle inländischen Banken, der ausländischen Zweigstellen und auch für die Zweigstellen ausländischer Banken im Inland. Da die Innenrevision Teil des bankinternen Kontrollsystems im Sinne von § 25a Abs. 1 Nr. 2 KWG ist, hat die Bankenaufsicht die Bedeutung der IR besonders hervorgehoben. Der Abschlussprüfer hat nach § 5 Abs. 1 Nr. 13 PrüfBerVO über die Einhaltung der MaIR gegenüber der Bankenaufsicht mindestens bei den periodischen Prüfungen zu berichten.[55]

---

[53] Vgl. dazu *Hagenmüller/Diepen*, Der Bankbetrieb, Wiesbaden, 13. Auflage 1993, S. 85 ff.
[54] Verlautbarung des BAKred. im RS 1/2000 vom 17.1.2000, Neufassung des Rundschreibens des BAKred. vom 28.5.1976; unabhängig davon gelten weiter der Regelungen im RS vom 30.3.1998 über die Maßnahmen der Kreditinstitute zur Bekämpfung und Verhinderung der Geldwäsche und im RS vom 30.12.1997 über die Maßnahmen der Finanzdienstleistungsinstitute auf dem gleichen Gebiet; ebenso unberührt bleiben die Anforderungen an die IR durch die MaH, die MaK und die MaRisk. Das RS 1/2000 galt nicht für Finanzdienstleistungsinstitute.
[55] *Dicken*, Bankenprüfung, S. 70 f.

A. Bank- und Finanzwesen

3. Geldwäschebeauftragte

Durch § 9 Abs. 1 Nr. 1 GWG, § 25c Abs. 1 KWG haben Banken und andere Institute i. S. v. **44**
§ 10a Abs. 3, 10b KWG angemessene Maßnahmen zum Schutz vor einem Missbrauch des Institutes oder seiner Einrichtungen (einschließlich der in- und ausländischen Tochterunternehmen) durch Geldwäsche, Terrorismusfinanzierung oder andere strafbare Handlungen zu schaffen. Es muss ein Geldwäschebeauftragter bestimmt werden, der Ansprechpartner für Ermittlungsbehörden und Bankenaufsicht ist und institutsintern die Einhaltung von Richtlinien und Grundsätzen nach dem GWG, der Finanzaufsicht und des Institutes selbst sicherstellen soll. Die Bankenaufsicht informiert die beaufsichtigten Institute regelmäßig über die Aufzeichnungs-, Dokumentations- und Aufbewahrungspflichten, was für Ermittlungsmaßnahmen im Zusammenhang mit Vermögensverlagerungen eine wertvolle Hilfe sein kann[56]. Wegen der Einzelheiten der Geldwäscheprävention wird auf das Kapitel zur „Geldwäsche" in diesem Handbuch verwiesen.

4. Compliance-Organisation

Kreditinstitute sind nach § 25c Abs. 1 S. 1 KWG verpflichtet, angemessene geschäfts- und **45**
kundenbezogene Sicherungssysteme gegen betrügerische Handlungen, gegen Geldwäsche und Terrorismusfinanzierung zu unterhalten. Unter einem „betrügerischen" oder auch „dolosen" Handeln versteht man dabei mehr als ein vorsätzlich pflichtwidriges Verhalten, nämlich sowohl vorsätzliche als auch fahrlässige täuschende, pflichtwidrige, den organisatorischen Ablauf und Schutzmechanismen hintergehende Handlungen. Die Anforderungen sind neu in das KWG aufgenommen worden und führen zu umfangreichen Aktivitäten der Institute.[57] Alle Institute haben dazu gefährdungsspezifische Analysen zu erstellen und fortlaufend weiter zu entwickeln, die mindestens folgende Anforderungen[58] erfüllen muss:
- die vollständige Bestandsaufnahme der institutsspezifischen Situation
- die Erfassung und Identifizierung der kunde-, produkt- und transaktionsbezogenen Risiken,
- die Kategorisierung der Risikogruppen und ggfls. eine zusätzliche Gewichtung, i.e. eine Bewertung der identifizierten Risiken nach Realitätsbezug;
- die Entwicklung geeigneter Parameter für die erforderlichen Research-Maßnahmen (vor allem EDV-Systeme) auf der Basis der institutsinternen Risikoanalyse;
- die Überprüfung und Weiterentwicklung der bisherigen Präventionsmaßnahmen unter Berücksichtigung des Ergebnisses der Gefährdungsanalyse.

5. Verstöße gegen die Organisations-, Aufsichts- und Anzeigepflichten

Verstöße gegen Organisations- und Aufsichtspflichten können auch bei Banken zu Sanktionen **46**
nach §§ 130, 30 OWiG führen. Tatsächlich zeigt die Praxis der gem. § 60 KWG zuständigen BaFin, dass Bußgeldverfahren gem. § 56 KWG auch institutsbezogen durchgeführt werden müssen. Für zahlreiche Organisations- und Anzeigenverstöße können Bußgelder von bis zu fünfhunderttausend EURO verhängt werden[59]. In § 59 KWG wird ausdrücklich der Geltungsbereich des § 30 OWiG auf Fälle des § 53b Abs. 1 S. 1 und Abs. 7 KWG erstreckt.

---

[56] Ein Beispiel bei *Deimel/Messner*, Steuerfahndung in Banken, Rz. 179 zeigt das anschaulich für eine Durchsuchung.
[57] *Gebauer/Niermann* in Hauschka, Corporate Compliance, 2. Aufl. 2010, § 36 rn. 36ff; *Winter* in Boos/Fischer/Schulte-Mattler, KWG § 29 Rn. 16ff; *Höche/Rößler*, Das Gesetz zur Optimierung der Geldwäscheprävention und die Kreditwirtschaft, WM 2012, 1505; *Kaetzler*, Anforderungen an die Organisation der Geldwäscheprävention bei Bankinstituten – ausgewählte Einzelfragen, CCZ 2008, 174; *Zentes/Wybitul*, Interne Sicherungsmaßnahmen und datenschutzrechtliche Grenzen bei Kreditinstituten sowie bei anderen Instituten des Finanzwesens – Neue Anforderungen zur Verhinderung von Geldwäsche, Terrorismusfinanzierung und sonstigen strafbaren Handlungen, CCZ 2011, 90; *Glaab/Zentes*, Novellierung des Geldwäschegesetzes, BB 2011, 1475.
[58] Vgl. *Salvenmoser/Kruse*, Die Bank 2006, 76.

In Fällen, in denen die Bank die Hinterziehung von Kapitalerträgen objektiv gefördert hat, beispielsweise durch Werbung („Ihr Geld geht auf Reisen, Zweitwohnsitz für Ihr Geld in Luxemburg") oder durch die Ausnutzung bankinterner CpD-Konten, sollen nach Auffassung einiger Autoren die §§ 130, 30 OWiG angewendet werden, wenn nicht eindeutig die Förderung der Steuerhinterziehung von einem einzelnen Mitarbeiter oder Vorstand ausgegangen ist oder dies nicht mehr feststellbar ist.[60] Diese Lösung ist zwar unbefriedigend aber oft gerechtfertigt. Die Fälle der mangelhaften Aufsicht, wie sie in § 56 I i. V. m. § 36 KWG und in § 56 Abs. 2 Nr. 6, 7, Abs. 3 Nr. 3, 6, 7, 11 KWG normiert sind, sind mit den Steuerhinterziehungsfällen vergleichbar. In diesen Sachverhalten organisiert die Bank ein gesetzestreues Verhalten nicht eindeutig. Sie nimmt ein ungesetzliches Verhalten der Bankmitarbeiter hin, möglicherweise um des eigenen wirtschaftlichen Vorteils willen.

III. Bankexterne Sicherung und Kontrolle

1. Prüfungseinrichtungen der Banken und Bankgruppen

47 Die externen Sicherungseinrichtungen und Kontrollinstanzen der Banken sollen präventiv Schutz vor Straftaten der Bankenmitarbeiter gegen die Bank und vor wirtschaftskriminellen Machenschaften von Kunden zum Nachteil der Bank bieten. Die wichtigsten externen Kontrollmechanismen sind:
- die Prüfung durch den Aufsichtsrat (z. B. §§ 90, 112, 170 ff AktG),
- die Prüfung durch Abschlussprüfer (§§ 316 ff, 340a ff HGB),
- die Prüfung durch Verbandsprüfer (z. B. des DSGV oder der Genossenschaftsverbände),
- die Prüfung durch die Sicherungseinrichtungen des Bankgewerbes,
- bei Pfandbriefbanken die Prüfungen des Treuhänders.

2. Aufsicht durch die BAFin

48 Seit dem 1.5.2002 ist die Banken- und Finanzaufsicht für das Kreditwesen, das Versicherungswesen und für Wertpapierdienstleistungen unter dem Dach der Bundesanstalt für Finanzdienstleistungsaufsicht (BAFin) zusammengefasst. Das Organisationsgesetz vom 22.4. 2002 (BGBl. I S. 1310)[61] hat die aufsichtsrechtlichen Regelungen unberührt gelassen und lediglich die drei Aufsichtsämter zusammengefasst. Das Gesetz zielte darauf, durch Zusammenfassung der verschiedenen Erkenntnisquellen, Meldungen und Datenbanken schneller ein Gesamtbild über eine bestimmte Institutslage oder einen bestimmten Kunden solcher Institute zu gewinnen, um so bei Missbrauchsfällen oder Schieflagen schneller reagieren zu können. Die Anstalt wird ausschließlich im öffentlichen Interesse tätig (§ 4 Abs. 4 FinDAG). Die BaFin erfüllt die ihr nach dem KWG, dem VAG und dem WpHG sowie nach den Sondervorschriften übertragenen Aufgaben (§ 4 Abs. 1). Die Rechts- und Fachaufsicht führt das BMF (§ 2). Die BAFin ist als Aufsichtsbehörde des Kreditwesens berechtigt, mit den Strafverfolgungsbehörden zusammen zu arbeiten (§§ 4 Abs. 2 FinDAG, 6, 8, 9 Abs. 1 S. 3 KWG). Eine Anzeigepflicht bei dem Verdacht von Straftaten ist nicht normiert. Umgekehrt ist die Unterrichtungspflicht der Polizei und Justiz bei der Verfolgung von Straftaten erweitert worden (§ 60a KWG). Jetzt ist bereits der Beginn des Ermittlungsverfahren anzuzeigen, wenn Gegenstand des Verfahrens ein Verdacht im Sinne des § 54 KWG ist. Die BAFin. hat außerdem seit 1.8.2002 ein gesetzliches Akteneinsichtsrecht (§ 60a Abs. 3 KWG[62]), das über § 475 StPO hinausgeht.

49 Bei der Fachaufsicht der BAFin. unterscheidet man nach
− der Erlaubnispflicht (§§ 32, 33 KWG),

---

[59] Im Einzelnen vgl. dazu Abschnitt E.
[60] *Vogelberg*, PStR 1/99, 10 ff; *Streck/Mack*, Banken und Bankkunden im Steuerfahndungsverfahren, BB 1995, 2137.
[61] *Consbruch* u. a., KWG, Nr. 30.24.
[62] I. d. F. des 4. FinMFG.

A. Bank-und Finanzwesen **10**

- der Geschäftsleiterqualifikation (§§ 1 Abs. 2, 33 Abs. 2, 35 Abs. 2 Nr. 3, 36 KWG),
- den Eigenkapital- und Beteiligungsanforderungen (§§ 2b, 10 KWG, Grundsatz I),[63]
- den Liquiditätsanforderungen (§ 11 KWG, Grundsätze II und III, § 12, 12a KWG),
- den Konsolidierungsverfahren für Institutsgruppen (§ 10a KWG),
- den Kreditkontrollen (§§ 13–18 KWG),
- den Monatsausweisen (§ 25 KWG),
- den sonstigen laufenden Anzeigen und Meldungen (§§ 22, 24 KWG)
- die Vorlage von Zwischen-, Jahres- Konzernabschlüssen und Prüfungsberichten (§§ 26–29 KWG, § 340k HGB, für Depotbanken: § 30 KWG, 36 WpHG)
- der Einzelfallprüfung (§§ 44–46b, 36 KWG; § 35 WpHG).

3. Schutzverbände für Kreditsicherung

Keine Aufsicht aber eine Sicherungseinrichtung der Kreditwirtschaft stellen die Schutzgemeinschaften für allgemeine Kreditsicherung (Schufa) in der Rechtsform einer GmbH dar. Die Schufa ist eine Gemeinschaftseinrichtung der kreditgebenden gewerblichen Wirtschaft, deren Aufgabe darin besteht, ihre Anschlusspartner, also vor allem Banken, vor Kreditverlusten zu bewahren. Bei ihr werden alle Daten, die für einen Kredit erheblich sein können, wie z. B. Personalien, Bankverbindungen, laufende und frühere Kreditverpflichtungen, Kreditkarten, Bürgschaften etc., gespeichert. Es handelt sich um eine der größten Datenbanken Deutschlands. **50**

IV. Strafprozessuale Besonderheiten

1. Allgemeines

Das Erkennen und die Aufklärung bankbezogener Wirtschaftsdelikte setzt ein detailliertes Wissen über den Bankbetrieb in seiner organisatorischen und rechtlichen Ausgestaltung, insbesondere auch über die Bankenaufsicht voraus. Ermittlungspersonen, Staatsanwaltschaften und Ermittlungsrichter sind mitunter unsicher, welche strafprozessualen Maßnahmen gegen Banken getroffen werden können. Diese Schwierigkeiten vergrößern sich oft dadurch, dass selbst die Verantwortlichen von geschädigten Kreditinstituten zur Wahrung ihres „guten Rufes" keine Anzeige erstatten und eher selten bereit sind, bei der Aufhellung des Sachverhalts mitzuwirken. Daher soll an dieser Stelle bereits auf die strafprozessualen Besonderheiten eingegangen werden. **51**

2. Sachliche Beweismittel

a) Belegführung, Aufbewahrung von Geschäftsunterlagen

In einem Ermittlungsverfahren mit Bankbezug werden alle Bankunterlagen und Erkenntnisse der Bank und ihrer Mitarbeiter benötigt, die über die Entstehung und Abwicklung eines Kreditverhältnisses oder bestimmter Bankgeschäfte Aufschluss geben. Grundsätzlich muss die Bank als kaufmännisches Unternehmen (§ 1 Abs. 2 Nr. 4 HGB; § 1 KWG) jeden angefallenen Geschäftsvorfall aufzeichnen und mindestens sechs Jahre (Buchungsbelege 10 Jahre) aufbewahren (§§ 238 ff. HGB, §§ 148 bis 161 AktG, §§ 41, 42, 42a GmbHG, § 33 GenG, § 25a Abs. 1 Nr. 3 KWG n. F.).[64] **52**

Die Fülle der schriftlich anfallenden Geschäftsunterlagen ist von den Kreditinstituten nicht mehr körperlich aufzubewahren. Kontounterlagen, d. h. Buchungsübersichten und Buchungsbelege werden daher seit vielen Jahren mikroverfilmt bzw. nur noch auf elektronischen Datenträgern gespeichert. Andere schriftliche Aufzeichnungen, Geschäftskorrespondenz, Kundenakten, Kreditakten etc. werden archiviert und meist mikroverfilmt. Die Banken ha- **53**

---

[63] Zu den einzelnen Kapitalbegriffen *Fischer/Klanten*, a. a. O., Rn. 2.52 ff.
[64] Für die Kaufmannseigenschaft öffentlich-rechtlicher Sparkassen vgl. RGZ 116, 229; 117, 228.

ben sehr unterschiedliche Organisations- und Ablageschemata, das regelmäßig über den Innendienst oder die Organisationsabteilung erfragt werden kann. Im Laufe einer Durchsuchungsmaßnahme muss ggfls. der für diesen Bereich verantwortliche Mitarbeiter der Bank als Zeuge gehört werden. Befinden sich die Unterlagen an einem nicht im Durchsuchungsbeschluss genannten Ort, so hat der Staatsanwalt bei Gefahr im Verzuge die erforderlichen Anordnungen zu treffen, d. h. sich zunächst mit einem Ermittlungsrichter ins Benehmen zu setzen und dessen Anordnung einzuholen. Erst wenn dies nicht möglich ist, darf er selbst die Durchsuchung und Sicherstellung, ggfls. Beschlagnahme anordnen.

54 Die **Durchsicht der EDV** ist zunehmend nur mit Spezialisten möglich. Wenn bei äußerst dringlichen Ermittlungen kann keine unverzügliche Überprüfung der Filmunterlagen nötig ist, muss der Staatsanwalt trotz der Erleichterungen in § 110 StPO die Durchsuchung leiten, damit keine Hindernisse aufgebaut werden. Ist die sofortige Durchsicht nicht möglich, dann genügt eine Sicherstellung, ggfls. Beschlagnahme und eine Versiegelung, bis zu einer gemeinsamen Durchsicht mit dem Betroffenen oder dessen Beauftragten.

55 Nur sehr kurz, nämlich **nicht länger als drei Monate,** werden die Telefonbänder aufgehoben, die bei den Telefonaten der Händler, Finanz- und Anlageberater der Banken mit ihren Kunden im Telefonverkehr angefertigt werden. Die Banken sichern sich durch die Telefonmitschnitte vor Widersprüchen oder Vorwürfen der Kunden, der Anlageberater hätte bestimmte Orders nicht oder falsch ausgeführt, ab. Die Kunden erteilen dazu ihre Einwilligung. Weil ein Widerspruch gegen eine derart veranlasste Maßnahme nach einem Monat bereits wirkungslos wird, sichern die Banken ihre Mitschnitte auch nur drei Monate, danach werden sie gelöscht. Besonders bei Insidervergehen kann die Sicherung solcher Bänder unschätzbare Ermittlungshilfe sein. Unterlässt man den rechtzeitigen Zugriff, kann daran das gesamte Ermittlungsverfahren scheitern.

b) Durchsuchung und Beschlagnahme oder Herausgabe?

56 Für das Strafverfahren ergeben sich bereits aus dem Rechtsrahmen der Kreditinstitute Konsequenzen, aus denen sich Probleme für die Beweismittelverwertbarkeit ergeben können:
- Richten sich strafprozessuale Zwangsmaßnahmen (Durchsuchung, Herausgabeverlangen, Beschlagnahme) gegen Banken in privat-rechtlicher Rechtsform, so sind diese wie natürliche Personen zu behandeln und je nach der Art der Durchsuchung die Vorschriften der §§ 94 ff. StPO unmittelbar anzuwenden.
- Richten sich diese Maßnahmen gegen öffentliche Stellen, so ist wegen § 96 StPO streitig, ob die §§ 94 ff. StPO entsprechend anzuwenden sind oder ob die gesuchten Gegenstände nur im Wege der (verwaltungsrechtlichen!) Amtshilfe (Art. 35 Abs. 1 GG, § 96 StPO) von den Ermittlungsbehörden angefordert werden können.

57 (1) Die durch einige Verwaltungsgerichte vertretene Mindermeinung hält Institute in öffentlich rechtlicher Rechtsform für Behörden im Sinne des § 96 StPO. Es wird damit argumentiert, dass die Leistungsverwaltung staatliche Interessen der Daseinsvorsorge wahrnimmt. Die Versorgung des Staates und der Bevölkerung mit Geldmitteln wird auch als eine öffentliche Aufgabe gesehen. Da es sich um Einrichtungen des Staates handelt, die unter staatlicher Autorität für staatliche Zwecke tätig werden,[65] sei anstelle einer Durchsuchung der Amtshilfeweg zu beschreiten. Da § 96 StPO an den **Behördenbegriff** im Sinne der staatsrechtlichen Amtshilfepflichten anknüpft, orientiert sich diese Auffassung an Art. 35 Abs. 1 GG. Danach sind Behörden alle Stellen der staatlichen Verwaltung, der Gesetzgebung und der Justiz. Auch sonstige öffentlich-rechtliche Einrichtungen, die der Daseinsvorsorge dienen und unter einer Rechtsaufsicht der öffentlichen Verwaltung stehen, zählen hierzu.[66] Im Rahmen des § 11 Nr. 2 StGB hat die Rechtsprechung die Amtsträgereigenschaft von Vorständen und Bediensteten der Sparkassen und Landesbanken[67] aus den gleichen Gründen anerkannt.

58 Die Ermittlungsbehörden müssen nach dieser Auffassung vor dem Antrag auf Erlass eines Durchsuchungsbeschlusses gegen eine öffentlich-rechtliche Bank die **Entscheidung der**

---

[65] So die Definition nach KK-*Nack*, § 96 StPO, Rn. 6.
[66] *Jarrass/Pieroth*, GG, München, 3. Auflage, Art. 35 Rn. 3.
[67] BGHSt 31, 269/271; OLG Frankfurt, NJW 1994, 2242.

A. Bank- und Finanzwesen **10**

obersten Dienstbehörde, das ist in der Regel das zuständige Finanzministerium, einholen. Lehnt die zuständige oberste Dienstbehörde eindeutig das Herausgabeverlangen ab und begründet sie den Bescheid, ist das Ermittlungsorgan an diese Entscheidung gebunden. Die herauszugebenden Unterlagen dürften dann nicht im Strafverfahren verwertet werden. Zu dem gleichen Ergebnis kommt man, wenn die Genehmigung der obersten Dienstbehörde überhaupt nicht eingeholt worden ist.

Eine **Zustimmung der öffentlich-rechtlichen Bank** alleine genügt nicht für eine Verwertung sichergestellter Unterlagen. Eine Ersetzungsbefugnis der Strafgerichte durch den Erlass eines Beschlagnahmebeschlusses besteht nur dann, wenn keine Entscheidung ergeht oder die Entscheidung offensichtlich willkürlich ist.[68] Aus welchen Gründen die oberste Dienstbehörde die Herausgabe verweigern kann, ist ebenfalls umstritten. Während eine Auffassung dahin geht, nur die in § 96 StPO genannten Gründe zuzulassen,[69] wird anderweitig zutreffend darauf verwiesen, dass im Rahmen der Güterabwägung alle gesetzlich normierten Gründe (wie z. B. das Sozialgeheimnis) für die Güterabwägung heranzuziehen sind.[70] Die Ablehnungsgründe müssen im Einzelnen dargelegt werden, gesetzlich normierte Zurückbehaltensgründe sind gegen das Interesse an der effektiven Strafverfolgung abzuwägen. 59

(2) Demgegenüber stellt die **Praxis der Staatsanwaltschaften** und Ermittlungsrichter auf die wirtschaftliche Tätigkeit der Kreditinstitute ab. Sie sieht alle Banken einheitlich als Teilnehmer an einem gewinnorientierten Wirtschaftssystem. Die „Behörden- oder Amtsträgereigenschaft" öffentlich-rechtlicher Kreditinstitute passt nicht so recht zur Konkurrenzsituation der Banken untereinander und zu dem Wettbewerb um den Kunden, dem sich auch diese Banken liefern. Hinzu kommt das legitime Interesse der Ermittlungsbehörden an dem Überraschungseffekt bei Durchsuchungen und die Möglichkeit, durch hoheitlichen Zugriff eventuellen Manipulationen oder gar dem Verrat der Ermittlungsmaßnahmen vorzubeugen. 60

(3) Eine **effektive Strafverfolgung** ist nur möglich, wenn der Überraschungseffekt einer Durchsuchung ausgenutzt werden kann. Die Art und Weise der Ermittlungsmaßnahmen kann wegen der Wettbewerbssituation der Banken und der damit verbundenen Neigung zu einem nicht behördengerechten Verwaltungshandeln nicht von der Rechtsform eines Kreditinstituts abhängig gemacht werden. Weigert sich ein Kreditinstitut, die benötigten Beweismittel freiwillig herauszugeben, müssen – sofern erforderlich – diese einstweilen sichergestellt und dann (nach genauer Bezeichnung) beschlagnahmt werden. 61

c) Sicherzustellende Unterlagen:

Eine beispielhafte Aufzählung der sicherzustellenden Unterlagen ist zweckmäßig, um sowohl dem Kriminalbeamten als auch den Bankbediensteten das unverzügliche Auffinden und Zusammenstellen der Unterlagen zu ermöglichen. Hierzu gehören u. a. bei Fällen des Zahlungsverkehrs oder der Kreditvergabe 62
• der Kontoeröffnungsantrag,
• das Unterschriftenblatt (dieses enthält in der Regel die Unterschriften und persönlichen Daten der Kontoinhaber und Verfügungsberechtigten),
• die Kontounterlagen (insbes. auch Monatskonten),[71]
• die Kreditakten und
• die Kredithandakten.

Häufig nutzen Täter auch die von der Bank bereit gestellten **Schließfächer** unter ihrem oder einem fremden Namen. Nach § 154 AO müssen die Banken jederzeit Auskunft darüber geben können, über welches Konto oder welche Schließfächer eine Person verfügungsberechtigt ist. Soweit ein Dritter verfügungsberechtigt ist, muss dessen Existenz nachgewiesen werden. Lässt sich bei der Durchsuchung eine Öffnung des Schließfaches nicht erreichen, so ist dieses zunächst zu versiegeln und später oder ggf. auch sofort aufbrechen zu lassen. Die Bank führt **Besucherbücher**, aus denen festgestellt werden kann, wer wann das Schließfach 63

---

[68] BGHSt 36, 159; BGHSt 38, 237.
[69] *Meyer-Goßner*, § 96 StPO, Rn. 7.
[70] KK-*Nack*, a. a. O., Rn. 9.
[71] Vgl. auch die Hinweise in Kap. 9 Rn. 456 ff.

genutzt hat. Viele Banken stellen mittlerweile ihre Schließfachanlagen auf ein elektronisches Zugangs- und Kontrollsystem um, das einen Zutritt rund um die Uhr ermöglicht. Der Zugang zur Stahlkammer wird durch Nutzung einer Magnetkarte und Eingabe einer PIN, die jeder berechtigte Nutzer gesondert erhält, ermöglicht, ohne dass wie bisher die Mitwirkung eines Bankmitarbeiters erforderlich ist. Das Schließfach kann durch den Mieter unter Nutzung eines einzelnen Schlüssels geöffnet werden. Die Stahlkammer ist videoüberwacht. Eine Identifizierung des Nutzers, dem Magnetkarte und PIN vom Mieter entgegen den Mietbedingungen überlassen wurde, findet nicht mehr statt. Dem Missbrauch durch Anmietung über Strohmänner, insbesondere im Bereich der organisierten Kriminalität, ist hier Tür und Tor geöffnet. Lediglich durch Beschlagnahme der oft nur kurzfristig aufbewahrten **Videobänder** kann eine Identifizierung des Nutzers versucht werden. Der Gesetzgeber wird hier durch längere Aufbewahrungsfristen der Videoaufzeichnungen und die Einführung der Fotoidentifizierung des Kartennutzers (ein auf der Karte befindliches Lichtbild wird mit dem Nutzer elektronisch verglichen) den Missbrauch einschränken müssen.

64 Im **Auslandszahlungsverkehr** hat der Ermittlungsführer sich vor einer Durchsuchung zu vergegenwärtigen, was er an vermeintlichen Unterlagen in der Bank auffinden kann. Bei der Zahlung an **Korrespondenzbanken** im Ausland besteht eine Kontoverbindung von Bank zu Bank bei dem inländischen Institut. Über dieses inländische Konto kann die ausländische Bank uneingeschränkt verfügen. Häufig wird der Geldtransfer ins Ausland von Bank zu Bank mit Sammelüberweisungen ausgeführt. Bei der absendenden Bank bestehen Listen und auch gesonderte Primanoten, aus denen sich die Aufschlüsselung des Buchungsvorgangs ergibt. Um ein **anonymisiertes Geldtransfersystem** aufzudecken, sind Kassenkontrollstreifen oder Kassenjournale in Verbindung mit Kundenlisten von Bedeutung. Zuweilen kommen auch „Einzelvollmachten" zur Durchführung der Bankgeschäfte vor, die dann im allgemeinen Schriftverkehr der Kasse abgelegt sind. Der mit dem Bankkunden geführte Schriftwechsel wird ebenfalls nicht einheitlich abgelegt. Sonderakten werden gelegentlich dann geführt, wenn besondere Verbindungen zu einer Domizilgesellschaft bestehen. Hier werden Originale oder Fotokopien verwahrt – manchmal sogar in einem besonderen Safe –, die Aufschluss über Kapitaleignerschaft, die Blankozession der Gründerrechte, die Generalvollmacht, das Mandatsverhältnis, Firmenverflechtungen und die Hintermänner der Briefkastenfirmen geben.

65 Soweit die entsprechenden Beweismittel aus **Bild- und Datenträgern** zu gewinnen sind, kann ein Hinweis der Ermittlungspersonen auf § 261 HGB erforderlich sein, um diese Datenbestände sichtbar zu machen. Danach ist auch das Kreditinstitut verpflichtet, „... *auf seine Kosten Hilfsmittel zur Verfügung zu stellen, die erforderlich sind, um die Unterlagen lesbar zu machen; soweit erforderlich hat es die Unterlagen auf seine Kosten auszudrucken oder ohne Hilfsmittel lesbare Reproduktionen beizubringen."*

d) Einwendungen gegen die Sicherstellung

66 Die Rechtsabteilungen von Großbanken an ihre Abteilungen und Filialen dürfen die Durchführung der Ermittlungsmaßnahmen nicht behindern. Berechtigten Einwendungen, etwa Hinweisen auf Geschäftsgeheimnisse, auf Datenschutzvorschriften oder auf nicht vom Durchsuchungsbeschluss erfassten Unterlagen kann auch durch eine Versiegelung der Informationen vor Ort und eine spätere Aussonderung und Rückgabe nach Durchsicht nachgekommen werden. Ansonsten sind Weisungen aus Stabsabteilungen der Bank auf deren Berechtigung zu prüfen. Unberechtigte Weisungen sind bspw. die Anweisung, trotz Vorlage richterlicher Durchsuchungs- und Beschlagnahmebeschlüsse zunächst das Vorhandensein von Kreditakten und Schriftverkehr zu verschweigen oder deren Ablage bei der Zentrale den Ermittlungsbeamten gegenüber zu behaupten. Hierdurch soll Zeit gewonnen und eine Sichtung und „Bereinigung" der Geschäftsunterlagen ermöglicht werden. Solche, gegebenenfalls unter dem Gesichtspunkt der Strafvereitelung zu beurteilenden Weisungen und Maßnahmen zentraler Institutionen dürfen zu keiner Verzögerung der Durchsuchungsmaßnahme führen. In besonders gelagerten Ausnahmefällen kann es erforderlich sein, die bankinternen Informations- und Weisungsdienste oder Einzelanordnungen sicherzustellen, um den für die Schreiben Verantwortlichen und die ihm evtl. zugeleiteten Kreditakten, Sonderakten und Informationsunterlagen feststellen zu können.

A. Bank-und Finanzwesen **10**

Die frühere **Sonderstellung der Postbank** wegen der Aufbewahrungspflicht von Konto- 67
unterlagen ist durch die Poststrukturreform weggefallen. Die Postbank mit ihren Niederlassungen unterliegt wie jede andere Bank den Aufbewahrungs- und Vorlegungspflichten nach § 257 ff. HGB, § 25a KWG n. F. Nach postbankinternen Vorschriften werden im Einzelfall Unterlagen auch länger als die gesetzlichen Fristen aufbewahrt. Dies ist z. B. bei Unterlagen, die gelöschte Konten betreffen, auf denen aber noch Guthaben vorhanden sind, der Fall. Hier werden die Belege 30 Jahre verwahrt. Anfragen an die Postbankniederlassungen über den Postbankverkehr sind wie gegenüber einem Kreditinstitut zu gestalten.

3. Effektive Kontenauswertung

Im Regelfall wird es zur Überprüfung des Geldflusses und der stichtagsbezogenen Konto- 68
stände des Beschuldigten ausreichend sein, die wieder vergrößerten Monatskonten sicherzustellen. Bei der Auswertung dieser Beweismittel treten auch für den erfahrenen Ermittlungsbeamten insofern Probleme auf, als die Bank fast nur Nummernschlüssel für Vorgänge verwendet. Es ist daher unbedingt erforderlich, bereits bei der Gewinnung dieser Unterlagen sich von der Bank Erläuterungen und Abkürzungsverzeichnisse übergeben zu lassen. Werden nur bestimmte Urkunden für den Nachweis einer einzelnen Transaktion (z. B. ein bestimmter Überweisungsträger, Scheck u. a.) benötigt, so kann dieser Beleg an Ort und Stelle reproduziert und zu den Akten genommen werden. Gegebenenfalls sind diese Unterlagen nur noch bei der einreichenden Bank vorhanden und müssen dort sichergestellt werden.

Hat der Beschuldigte jedoch zahlreiche Bankkonten oder Konten mit umfangreichen Bu- 69
chungsvorgängen und ist außerdem ein langer Zeitraum zu überprüfen, so können die sicherzustellenden und zu reproduzierenden Unterlagen eine Vielzahl von Ordnern füllen. Solche Unterlagen sollten möglichst elektronisch sichergestellt und ausgewertet werden. Unterschiede im Speicherformat müssen ggfls. mithilfe des Landeskriminalamtes als EDV-Sachverständige und als Buchhaltungssachverständige überbrückt werden Diese Auswertungsmaßnahmen bieten sich besonders bei umfangreichen Wechsel- und Scheckreitereien, bei Liquiditätsprüfungen oder dann an, wenn der Beschuldigte durch häufiges „Hin- und Herbuchen" einen Umsatz nur vortäuschte.

4. Bankgeheimnis im Strafverfahren

a) Allgemeines

Im Ermittlungsverfahren und gegenüber einem Ermittlungsersuchen der Polizei kann sich 70
der Bankmitarbeiter oder -vorstand nicht wie im Zivilprozess auf das Bankgeheimnis und damit auf ein Zeugnisverweigerungsrecht (§ 383 Abs. 1 Nr. 6 ZPO) berufen. Die StPO kennt kein Auskunftsverweigerungsrecht (§§ 53, 161a StPO). Von öffentlich-rechtlichen Kreditinstituten kann der Staatsanwalt bereits nach § 161 StPO eine schriftliche Auskunft fordern.[72] Gleichwohl kommt es immer wieder zwischen Kreditinstituten und Ermittlungsbehörden zu Missverständnissen, die bei Beachtung des jeweiligen Aufgabenbereiches und der Interessenlage vermeidbar sind.

Die Ermittlungsbefugnisse sind durch die vertragliche Bindung der Banken zu ihren Kun- 71
den im Strafverfahren in keiner Weise eingeschränkt. Die §§ 30, 30a AO sind auf das strafrechtliche Ermittlungsverfahren nicht anzuwenden.[73] § 30a AO beinhaltet kein Verwertungsverbot von Beweismitteln, selbst wenn diese unter Missachtung dieser Vorschrift erlangt worden sein sollten. Bankbedienstete übertragen verschiedentlich die Selbstbeschränkung der Finanzbehörden rechtsfehlerhaft auf die Ermittlungsmöglichkeiten der Staatsanwaltschaft. Der von § 30a bezweckte Schutz des redlichen Bankkunden darf nicht zu einem Freiraum für Wirtschaftsstraftäter führen.[74]

---

[72] OLG Bamberg, JurBl. 1979, 1686; LG Hof, NJW 1968, 65 und *Meyer-Goßner*, § 161 StPO Rn. 4.
[73] *Nack* in Müller-Gugenberger/Bieneck, § 66 E. Rn. 199.
[74] *Schumann*, § 30a AO – Schutz von Bankkunden, wistra 1995, 336 ff. m. w. N.

b) Gesetzliche Regelung der Schweigepflicht

72 Eine gesetzliche Regelung der Schweigepflicht besteht
- für den Bereich des Datenschutzes (BDSG und LDSG),
- nach den Sparkassengesetzen für Mitarbeiter der Sparkassen,
- nach § 9 KWG für Mitarbeiter der BaFin (nicht aber für die Weitergabe an Strafverfolgungsbehörden, § 9 Abs. 1 S. 3) und
- nach § 32 BBankG für Mitarbeiter der Bundesbank.

In allen Fällen einer solchen Schweigepflicht sollte vor der Vernehmung von Mitarbeitern eine Befreiung des jeweiligen Arbeitgebers oder Dienstherrn eingeholt werden. Werden solche Mitarbeiter Beschuldigte eines Ermittlungsverfahrens, dürfte nach der Pflichtenkollisionsentscheidung des BGH[75] ein Aussagerecht auch ohne eine Entbindungserklärung zu Verteidigungszwecken bestehen.

73 Darüber hinaus bestehen für Vorstände, Aufsichtsräte und Abschlussprüfer/Sonderprüfer strafrechtlich sanktionierte Schweigepflichten aus ihrer Amtsstellung heraus nach §§ 55a, 55b, 333 HGB, 404 AktG usw.

74 Mitarbeiter und Vorstände der öffentlich-rechtlichen Kreditinstitute sind Amtsträger im Sinne von § 11 Nr. 2 StGB.[76] Für Amtsträger besteht eine Schweigepflicht auch nach § 353b Abs. 1 Nr. 1 StGB und nach §§ 203, 204 StGB. Eine vorsätzliche Verletzung solcher Tatbestände durch Offenbarung der ihnen bekannten Sachverhalte in einem Ermittlungsverfahren dürfte allerdings zu verneinen sein.[77]

c) Kein Postgeheimnis für die Postbank

75 Die Ermittlungsbehörden stehen immer wieder vor der Hürde des in Art. 10 GG geschützten Brief-, Post- und Fernmeldegeheimnisses, wobei die postalische Verschwiegenheitspflicht durch Verantwortliche der Postdienste oft zu Unrecht ausgeweitet und durch Polizei, Staatsanwälte und Richter hingenommen wird. Der im Grundgesetz verankerte Geheimnisschutz wird durch Normen konkretisiert: § 5 PostG, § 10 FAG, § 61 BbG, § 354 StGB und Bestimmungen über den Datenschutz. Beschränkungen des Brief-, Post- und Fernmeldegeheimnisses dürfen gem. Art. 10 Abs. 2 S. 1 GG nur durch ein Gesetz angeordnet werden. Der Gesetzgeber hat durch den Postgiro- und Postsparkassenverkehr (heute: Postbank) eine Einrichtung geschaffen, die in ihrem Marketing und der Abwicklung der Postbankgeschäfte in vollem Umfang den Tätigkeiten der Banken und Sparkassen entspricht. In der Literatur wird daher das Postgiro- und Postsparkassengeheimnis dem Bankgeheimnis gleichgesetzt,[78] so dass für die Ermittlungsbehörden keine Ermittlungshindernisse bestehen. Die Beschäftigten der Postbank können sich nicht auf § 5 PostG berufen, wenn sie als Zeugen vernommen werden sollen.[79] Die Postbank ist privates Unternehmen mit privatwirtschaftlicher Tätigkeit und keine öffentliche Behörde.

5. Mitteilungen und Auskünfte des BAFin

76 Wenn durch Prüfungsberichte, Medienberichte oder Indiskretionen riskante Kreditvergaben, Aktiv- oder Passivrisiken der Banken den Ermittlungsbehörden bekannt werden, dann wird diese Nachricht in der Regel auch bei der Bankenaufsicht angekommen sein. Regelmäßig leiten Staatsanwaltschaften ein Vorermittlungsverfahren ein und nehmen Kontakt zur BaFin auf. Die BaFin kann durch die eigenen Prüfungsmöglichkeiten nach § 44 KWG von der Bank Berichte anfordern, auf die die Staatsanwaltschaft u. U. im Rahmen der Amtshilfe zurückgreifen kann.

77 Die **Geheimhaltungsvorschrift** des § 9 Abs. 1 S. 1 KWG untersagt grundsätzlich die Weitergabe dienstlich erlangter Informationen für Bedienstete der Deutschen Bundesbank,

---

[75] BGHSt. 1, 366; Meyer-Goßner, § 203 Rn. 45.
[76] BGHSt 31, 269/271.
[77] ebenso *Nack*, a. a. O., § 66 E Rn. 195–198.
[78] *Meyer-Goßner*, § 161, Rn. 3.
[79] LG Frankfurt, NJW 1980, 1478.

A. Bank- und Finanzwesen **10**

der BAFin und weitere dort genannte Personen. Ausdrücklich regelt § 9 Abs. 1 S. 3 Nrn. 1–6 aber nunmehr die Befugnis, geheime Informationen an Dritte, insbesondere Ermittlungs- und Strafverfolgungsbehörden weiterzugeben (Nr. 1). Die Empfänger derartiger Informationen unterliegen der Verschwiegenheit nach § 9 KWG.

Eine **Mitteilungspflicht** besteht für die Bankaufsichtsbehörden nur gem. § 6 Subventionsgesetz. Obwohl die Problematik der Untreuehandlungen im Bankenbereich dem Gesetzgeber bekannt ist, hat er sich auch in der 6. KWG-Novelle nicht zu einer allgemeinen Anzeigepflicht durchringen können. In umgekehrter Richtung hat der Gesetzgeber Mitteilungspflichten in § 60a Abs. 1 KWG normiert und in § 60a Abs. 2 KWG bestimmt, dass Missstände in einer Bank, die in einem Strafverfahren bekannt werden, an die BAFin. mitgeteilt werden sollen. § 8 Abs. 2 KWG bestimmt ausdrücklich, dass eine Mitteilung der Finanzbehörde an die BAFin über die Einleitung eines Steuerstrafverfahrens gegen den Geschäftsleiter oder Vorstand einer Bank keine unbefugte Offenbarung gem. § 30 AO darstellt. 78

6. Auskunft und Zeugenvernehmung

Die Staatsanwaltschaft kann alle in der Strafprozessordnung eröffneten Möglichkeiten zur Beschaffung von Beweismitteln wahrnehmen. Hierbei hat sie selbstverständlich den Grundsatz der Verhältnismäßigkeit zu beachten. Auch muss der Staatsanwalt die sich aus der Rechtsform eines Kreditinstitutes ergebenden Konsequenzen überdenken[80] und entsprechend der Rechtsprechung des zuständigen Ermittlungsrichters Maßnahmen zur Durchsuchung oder zum Herausgabeverlangen treffen. Ist noch nicht klar, ob die Bank sich kooperativ verhalten wird, kann der Staatsanwalt den verantwortlichen Sachbearbeiter oder Leiter des Kreditinstituts als Zeugen vorladen und vernehmen. Bereits bei Bekanntgabe dieser Maßnahme erklären sich die Banken in der Regel bereit, ein schriftliches Auskunftsersuchen der Staatsanwaltschaft unverzüglich und umfassend zu beantworten und die erforderlichen Beweismittel in Fotokopie nachzureichen. Hierdurch werden die unter Umständen zeitraubenden Vernehmungen überflüssig. Falls doch Zeugenvernehmungen durchgeführt werden müssen, sind Zeugen erfahrungsgemäß umso kooperativer, je mehr der Staatsanwalt mit den Details einer bankmäßigen Bearbeitung von Geschäftsvorfällen vertraut ist. Das baut Vorbehalte und Verständnisbarrieren ab. Soweit Banken vereinzelt darauf verweisen, dass die Auskunftsverpflichtung eines Zeugen nicht die Pflicht zur Aushändigung von Beweismitteln umfasst, bleibt nur die zusätzliche Erwirkung eines Beschlagnahmebeschlusses. Besteht der Verdacht, dass Bankenmitarbeiter sich an den verfolgten Straftaten beteiligt oder Wirtschaftskriminelle gedeckt haben, sollte abgewogen werden, ob ein Auskunftsersuchen genügt oder eine Durchsuchung bessere Erkenntnisse bringen kann. 79

7. Entschädigung für Ermittlungsmaßnahmen

Nach § 17a ZSEG kann die Bank eine Entschädigung verlangen, wenn sie Unterlagen für die Staatsanwaltschaft herausgesucht oder sonstige Auswertungsarbeiten vorgenommen hat. Bei Rückvergrößerungen verfilmter oder gespeicherter Unterlagen ist jedoch § 261 HGB zu beachten, wonach die Banken diese Arbeit auf eigene Kosten erbringen müssen. Eine Entschädigung nach § 17a Abs. 1 ZSEG[81] kommt aber nicht in Betracht, wenn Bankmitarbeiter förmlich als Zeugen vernommen oder Beschlagnahmemaßnahmen durchgeführt wurden. 80

---

[80] Dazu oben Rn. 26 ff.
[81] Dazu *Meyer-Goßner*, StPO § 95 Rn 8, der einen Entschädigungsanspruch bei Übersendung von Ablichtungen der Mikrofiche durch die Bank bejaht.

B. Geld- und Zahlungsverkehr

I. Kassengeschäfte

1. Bargeldgeschäfte

81 Universalbanken unterhalten in der Regel vier verschiedene Kassen, in denen Vermögenswerte **bar** ein- und ausgezahlt werden: die Bar- (oder Schalter-)kasse, die Sortenkasse (Fremdwährungen), die Münz- und Edelmetallkasse sowie die Wertpapierkasse. Für die Barkassen werden zusätzliche Dienstleistungen, wie zum Beispiel der sog. Nachttresor, der Banksafe und mehr oder weniger große Spardosen angeboten. Zu den Kassen zählen auch die sog. Wertkassen, in denen vorbereitete Wertdokumente, z. B. Sparbuchblanketten, Scheckbücher, EC-Karten etc. verwahrt werden. Die Kassenhaltung wird mehr und mehr zugunsten der besser geschützten Geldausgabeautomaten eingeschränkt.

82 Für jede Kasse werden in der Bankbuchhaltung Kassenbücher und Journale geführt, aus denen sich taggenau ergeben muss, was im Bestand der Kasse enthalten ist. Die Barein- und -auszahlungen müssen lückenlos im Journal gebucht werden, und der Saldo der Kassenbewegungen muss täglich mit dem tatsächlichen Bestand abgeglichen werden Zu Überwachungs- und Kontrollzwecken sind Kassenbuchungen immer von zwei Mitarbeitern zu unterzeichnen. Die ordnungsmäßige Führung der Kassen und die Verbuchung aller Ein- und Auszahlungen sind turnusmäßig Gegenstand der internen Revisionsprüfung. Kassenfehlbestände müssen über ein täglich von der Innenrevision kontrolliertes Fehlbestandskonto gebucht werden. Kassen sind sowohl im Schalterraum als auch bei einem Kellertresor besonders gegen Gewaltanwendungen geschützt. Während der Schalteröffnungszeiten sind die Kassenräume in der Regel durch Schutzglas abgesichert, größere Geldmengen lagern im Tresor, zu dem wiederum nur mehrere Mitarbeiter gemeinsam Zugang haben. Ein leichtfertiger Umgang mit den bankinternen Sicherheitsvorschriften kann Raub, Unterschlagung und Untreue begünstigen.

2. Edelmetall-, Wertpapier- und Devisengeschäfte

83 Universalbanken betreiben an ihren Kundenschaltern auch Edelmetall-, Wertpapier- und Devisengeschäfte. Der An- und Verkauf von Edelmetallen, Wertpapieren und Devisen kann anonym, in der Form sog. Tafelgeschäfte erfolgen. Der Kunde muss sich grundsätzlich nicht ausweisen und darf auch effektive Stücke (Wertpapiere, Edelmetalle, Devisen) mitbringen oder mitnehmen. Tafelgeschäfte begründen den Anfangsverdacht einer Steuerhinterziehung.[82]

84 Immer wieder werden bei der Einfuhr in das Bundesgebiet Edelmetalle oder Münzen in großen Mengen über die Grenze nach Deutschland geschmuggelt. Absatzmöglichkeiten finden Schmuggler bei Münzgroßhändlern, Banken und auf dem Sammlermarkt. **Wesentliche Indizien** für den Absatz bemakelter Ware, sind nach wie vor der unter dem jeweiligen heimischen Marktwert liegende Preis und das Fehlen jeglichen Herkunftsnachweises. Strafrechtlich zu prüfen sind neben den §§ 372, 373 AO auch § 261 StGB. Im Reiseverkehr kann eine Steuerstraftat im Einzelfall nicht verfolgbar sein, § 32 ZollVG. Wegen weiterer Einzelheiten wird auf den Abschnitt „Geldwäsche" in diesem Handbuch verwiesen.

3. Geld und Zahlungsmittel im Strafrecht

a) Überblick

85 Die gesetzlichen Regelungen zum Schutz des Geldverkehrs vor umlaufenden falschen Zahlungsmitteln und Wertpapieren bzw. Zahlungs- und Wertkarten sind durch Art. 1 § 1 des

---

[82] BFH Beschl. v. 15.6.2001 – VII B 11/00, BB 2001, 2254 = wistra 2002, 27.

B. Geld- und Zahlungsverkehr

Dritten Euro-Einführungsgesetzes vom 16.12.1999 (BGBl. I 2402) von DM auf EURO übergeleitet worden. Grundlage der geltenden Regelungen sind die verschiedenen Beschlüsse, Verordnungen und Rahmenbeschlüsse des EU-Rates (zuletzt vom 6.12.2001)[83], umgesetzt durch das 35. StÄG v. 25.12.2003 (BGBl. I 2838), in Kraft seit 28.12.2003.

Die Strafnormen betreffen folgende Tathandlungen (Übersicht): **86**

Zahlungsmittel	Strafbare Handlung	Norm (StGB)
Geld	Nachmachen und Verfälschen	§ 146 Abs. 1 Nr. 1
	Sich Falschgeld verschaffen oder Feilhalten	§ 146 Abs. 1 Nr. 2
	In-Verkehr-Bringen von nachgemachtem oder gefälschtem Geld	§ 146 Abs. 1 Nr. 3
	In-Verkehr-Bringen falschen Geldes	§ 147
	Vorbereitung der Geldfälschung durch Beschaffung von techn. Ausrüstung, Papier, Hologramme	§ 149 Abs. 1
	Herstellen von Gegenständen, die zur Geldfälschung benutzt werden können	§ 127 OWiG § 12 MünzG
	Herstellung oder Verbreiten von papiergeldähnlichen Drucksachen ohne Genehmigung	§ 128 OWiG
Wertzeichen	Nachmachen oder Verfälschen	§ 148 Abs. 1 Nr. 1
	Sich Verschaffen falscher Wertzeichen	§ 148 Abs. 1 Nr. 2
	Feilhalten oder In-Verkehr-Bringen	§ 148 Abs. 1 Nr. 3
	Vorbereitung der Wertzeichenfälschung durch Beschaffung von techn. Ausrüstung, Papier, Hologramme	§ 149 Abs. 1
Wertpapiere	Gleichstellung zu Geld, wenn die Papiere besonders gegen Nachahmung gesichert sind	§ 151
Zahlungskarten, Schecks, Wechsel	Nachmachen oder Verfälschen von Zahlungskarten, Schecks, Wechseln	§ 152a Abs. 1 Nr. 1
	Verschaffen, Feilhalten, anderen Überlassen, Gebrauchen	§ 152a Abs. 1 Nr. 2
	Fälschen von Karten mit Garantiefunktion	§ 152b Abs. 1
	Verschaffen von Automatenprogrammen zum Auslesen von Zahlungskarten	§ 263a Abs. 3

Nach dem Geltungsbereich ist zu unterscheiden: Geld, Wertzeichen und Wertpapiere ausländischer Währungsgebiete sind inländischen nach § 152 StGB gleichgestellt. Für die Geld- und Wertpapierfälschung nach §§ 146, 149, 151, 152 StGB gilt das Weltrechtsprinzip (§ 6 Nr. 7 StGB; ebenso § 127 Abs. 3 OWiG). Für § 147 und Wertzeichen im Sinne der §§ 148, 149 und 152 StGB gilt das Inlandsprinzip. Die nach europäischen Richtlinien hergestellten und in den Verkehr gebrachten Münzen und Banknoten sind europaweit geschützt (§ 12 MünzG). **87**

Auf einige **Sondernormen zu Geldfragen** sei nur hier hingewiesen: **88**
- Für die Ausgabe von Bargeld und Banknoten besteht ein Monopol der Deutschen Bundesbank. Die unbefugte Ausgabe von Geld, verwechslungsgeeignete Zeichen oder Inhaberschuldverschreibungen oder deren Verwendung zur Zahlung kann gem. § 35 BBankG mit Freiheitsstrafe bis zu fünf Jahren oder Geldstrafe bestraft werden. Der Versuch ist strafbar.
- Die Ausgabe von Münzen und Medaillen ist zwar nach dem MünzG v. 16.12.1999 erlaubt, kann aber gem. § 10 MünzG vom dem BMF wegen Verwechslungsgefahr untersagt werden. Bußgeldtatbestände folgen aus § 12 I MünzG.[84]
- Die Verletzung der Pflicht zur unverzüglichen Vorlage von Falschgeld bei der Deutschen Bundesbank wird gem. § 36 III S. 1, IV Nr. 2 BBankG als Bußgeldtatbestand verfolgt.

---

[83] Dazu *Vogel*, ZRP 2002, 7, 8 f.
[84] Einen ersten Überblick geben *Göhler/Buddendiek/Lenzen*, Lexikon des Nebenstrafrechts (zugleich Registerband zu Erbs/Kohlhaas, Strafrechtliche Nebengesetze), 2006, Rn. 549.

- Die Pflichten bei der Annahme oder Abgabe von Bargeld dubioser oder krimineller Herkunft werden in §§ 2, 11, 17 GwG I, II Nr. 1 behandelt, wobei strafrechtlich § 261 StGB vor § 258 StGB zu prüfen ist.[85]
- Beim Grenzübertritt sind große Bargeldmengen, andere Zahlungsersatzmittel und deren Herkunft, der wirtschaftlich Berechtigte und der Verwendungszweck anzugeben, § 12a FinanzVerwG, § 31a ZollVG i. V. m. § 382 AO.[86]
- Die Bereitstellung von Bargeld für die Begehung von Betäubungsmittelgeschäften wird durch § 29 I Nr. 13, III Nr. 1 BtmG erfasst.
- Die Annahme oder das Werben um Barspenden wird in den landesrechtlichen Sammlungsgesetzen behandelt, so u. a. das Einsammeln ohne Erlaubnis oder mit erschlichener Erlaubnis.[87]

b) Identifizierung des Kunden (§ 154 AO)[88]

89 Banken, Finanzdienstleister und andere Finanzunternehmen sind gem. § 154 AO, § 2 GwG verpflichtet, die Personen und Unternehmen, mit denen sie in Geschäftsbeziehungen treten einschließlich deren persönlichem und wirtschaftlichem Umfeld – je nach Risikoprofil – zu identifizieren. Schon bei Beginn der Geschäftsbeziehung sind die Banken verpflichtet, sich über die Person des Kontoinhabers, seine Identität sowie etwaige wirtschaftlich hinter dem Kontoinhaber stehende weitere Personen Gewissheit zu verschaffen (Identitätsprüfung, § 154 Abs. 2 AO). Dies geschieht meist durch Vorlage eines amtlichen Ausweises oder die versicherte Bestätigung des Bankmitarbeiters, dass der jeweilige Kunde von Person bekannt ist. Bei Personengesellschaften oder juristischen Personen sind die Unterlagen vorzulegen, die die rechtliche Existenz der Gesellschaft beweisen. Die allgemeinen und erhöhten Sorgfaltspflichten nach dem Geldwäschegesetz (§§ 3, 6, 8 GwG) sind unabhängig von der Verpflichtung nach § 154 AO zu erfüllen. Auch aus Gründen der bankkaufmännischen Sorgfalt sind Identifizierungen des Geschäftspartners erforderlich (vgl. §§ 238 Abs. 1, 343, 355 HGB). Zu den Verpflichtungen im Rahmen der Geldwäscheprävention wird auf das Kapitel „Geldwäsche" in diesem Handbuch verwiesen.

90 **Treuhandkonten** sind als Konten auf den Inhaber formell in der Rechtsmacht des nominellen Kontoinhabers. Wirtschaftlich kann jedoch die Verfügung von der Zustimmung eines Dritten abhängig sein (z. B. Mietkautionskonto, Insolvenzverwalterkonto), da ein Treuhandkonto wirtschaftlich nicht dem Inhaber, sondern dem Treugeber zuzurechnen ist (§ 39 Abs. 2 AO, vgl. auch § 8 GwG[89]). Solche Treuhandkonten werden häufig für Notare, Rechtsanwälte, Insolvenzverwalter, Testamentsvollstrecker, Vermieter, Factoringinstitute etc eingerichtet (dann auch „Anderkonto" genannt). Kennt die Bank die Zustimmungspflicht (z. B. Verpfändungsvermerk im Kautionssparbuch), darf sie Verfügungen über ein Konto ohne den Nachweis der Zustimmung nicht zulassen. Daher haben die Banken besondere Formulare entwickelt, auf denen der wirtschaftlich Berechtigte sein Einverständnis zu der Verfügung erklären kann.

91 Formal nicht von § 154 Abs. 1 AO erfasst sind CpD-Konten, weil es sich um bankinterne Sammelkonten handelt, auf denen Geschäftsvorfälle verbucht werden, die keiner bestimmten Person zugeordnet werden können oder zugeordnet werden sollen.[90] In der Buchhaltung der

---

[85] BGH Urt. v. 24.1.2006 -1 StR 357/05- NJW 2006, 1297.
[86] *Göhler/Buddendiek/Lenzen*, a. a. O. Rn. 984.
[87] *Göhler/Buddendiek/Lenzen*, a. a. O. Rn. 683.
[88] Vgl. dazu ausführlich auch Kap. 5.
[89] Das Treuhandkonto wird durch § 154 AO nicht erfasst, BGH NJW 1995, 261; zu den Anforderungen nach dem alten GwG *Fülbier/Aepfelbach/Langweg*, § 8 GwG a. F. Rn. 21; dazu auch Herzog, GwG, 2010, Einl. Rn. 20; Treuhandkonten eines StB können aber der Einziehung unterliegen, LG Hildesheim, B.v. 2.7.2009, 25 KLs 4131 Js 103693/08, BeckRS 2009, 080194.
[90] *Carl/Klos*, Das ungelöste Problem der Verfügungsberechtigten i. S. d. § 154 Abs. 2 AO aus Sicht der Ermittlungsbehörden, wistra 1990, 45 ff.; *Carl/Klos*, Zum Zugriff der Strafverfolgungsbehörden auf CpD-Konten einer Bank, NWB Fach 13, 5. 849 ff.; *Kottke*, Tafelgeschäfte, NWB Fach 21, 5. 1117 ff; *Dahm/Hamacher*, Identitätsprüfung bei Tafelgeschäften, WM 1993, 445; Vgl. auch LG Düsseldorf, wistra 1985, 201 und *Kniffka*, wistra 1987, 309.

B. Geld- und Zahlungsverkehr

Bank sind Zwischenkonten, sog. CpD-("conto pro diverse")-Konten eingerichtet, die der bankinternen Abwicklung von Buchungen im Interbankenverkehr oder zur Erstellung von Bankbilanzen dienen können. Das CpD-Konto wird in der Bankpraxis nur als reines bankinternes Zwischenkonto bei unklarer Vermögenszuordnung verwendet, z. B. wenn im Zeitpunkt der Buchung der Name des Begünstigten nicht zu ermitteln ist oder nicht geklärt werden kann, ob der bei der Bank eingegangene Betrag dem Begünstigten noch zusteht. Die Buchung eines solchen unklaren Geldbetrages auf einem Zwischenkonto ist zur Einhaltung der Grundsätze ordnungsmäßiger Buchführung nötig. Das Kreditinstitut hat dadurch außerdem eine Prüfungsmöglichkeit, um die Zuordnung der eingegangenen oder abgehenden Gelder aufzuklären. Falls eine solche Zuordnung nicht erfolgen kann, ist das Geld an den Einzahler oder Übersender zurückzuzahlen. CpD-Konten gehören auch nicht zu den bilanzwirksamen Erfolgskonten der Bank. Deshalb kann ein Verstoß gegen § 154 Abs. 2 AO nicht als Ordnungswidrigkeit im Sinne von § 379 Abs. 1 Nr. 2 AO geahndet werden.[91]

Wird allerdings bewusst eine kundenbezogene Einzahlung oder Überweisung über Kassenkonten geleitet oder in anderer Weise eine Wiedererkennung des Absenders unmöglich macht, hilft eine Bank einem Kunden dazu, den entsprechenden Vermögenswert zu verbergen. Die Verschleierungsmöglichkeiten sind variationsreich.[92] Es ist nicht zulässig, die Beamten der Steuerfahndung an der Auswertung der CpD-Konten durch Erwirkung einer einstweiligen Anordnung des Finanzgerichts zu hindern.[93] Ob durch einen Verstoß gegen § 154 AO der Tatbestand der Steuergefährdung gem. § 379 Abs. 1 Nr. 2 bzw. Abs. 2 Nr. 2 AO oder der Tatbestand der Steuerhinterziehung gem. § 370 AO erfüllt sein können, war bis zur Entscheidung des BGH vom 1.8.2000 umstritten.[94] Seitdem kann es als gesichert angesehen werden, dass nicht nur der Anfangsverdacht einer Beihilfe[95] besteht, sondern die Art und Weise der Abwicklung, beispielsweise

- die Überweisung an einen nur durch Ziffern oder Buchstabenkombinationen bezeichneten Empfänger im Ausland,
- die Einlösung anonymer Barschecks über das Kassenkonto,
- die Versendung von Kontoauszügen an eine von der Bank selbst eingerichtete Postfachadresse
- die Nutzung eines CpD-Kontos außerhalb ihres Bestimmungszweckes (Klärung nicht zuzuordnender Gelder.[96]

bereits die Strafbarkeit nahe legt.

Kontrollmitteilungen können gefertigt werden, wenn für die Erteilung ein hinreichender Anlass oder gar ein Verdacht auf Steuerverkürzung besteht.[97] § 30a Abs. 3 AO steht auch einer Weitergabe von Kontrollmitteilungen an ausländische Behörden entgegen.[98] Die Steuerfahndung darf gem. §§ 30, 30a, 30b AO nur unter den dort genannten Voraussetzungen Erkenntnisse über Kapitalvermögen und -einkünfte, die sie bei einer Bankendurchsuchung gewonnen hat, für Besteuerungszwecke auswerten und an die Besteuerungsfinanzämter weiterleiten.[99]

---

[91] Ebenso *Vogelberg*, PStR 1/99, 11; AEAO § 154 Nr. 9; a. A. *Tipke/Kruse*, § 154 AO Rn. 10.
[92] Wegen weiterer Beispiele wird auf die Vorauflage, Kap. 8 Rz, 84 ff verwiesen.
[93] FG Saarland, wistra 1990, 272, zur Auswertung der CpD-Konten als Zufallsfunde, vgl. LG Baden-Baden, wistra 1990, 118.
[94] BGH Urt. v. 1.8.2000 -5 StR 624/99- BGHSt. 46, 107; vgl. zum Streitstand die Vorauflage, Kap. 8 Rn. 87 ff.
[95] OLG Frankfurt, B. v. 20.12.1995, wistra 1996, 159; a. A. *Hammacher*, DB 1995, 2284.
[96] *Bilsdorfer*, PStR 2001,187; BFH B. v. 15.6.2001 – VII B 11/00.
[97] Dazu *Burhoff*, PStR 2001,42; FG Baden-Württemberg 21.7.2000, 3 K 59/98, EFG 00, 1218, Rev. BFH VII R 71/00.
[98] FG Köln, Beschl. v. 8.12.1999, V 7278/99, Az. BFH I B 17/00, EFG 2000, 598.
[99] Dazu *Löwe-Krahl*, PStR 2000, 200.

II. Nationaler Zahlungsverkehr und Kontoführung

1. Konten und Kontoverfügungen

a) Einrichtung von Konten

94 Der sog. **unbare** Zahlungsverkehr wird nicht über eine Kasse, sondern an den Kundenschaltern, in den Abteilungen Allgemeiner Zahlungsverkehr, Auslandszahlungsverkehr, in der Wechsel- und Scheckinkassoabteilung und in der Abteilung Interbankenverkehr abgewickelt. Voraussetzung für die Teilnahme am unbaren Zahlungsverkehr ist ein Konto. Banken unterscheiden dem Zweck der Kontonutzung entsprechend **bei den Kundenkonten** zwischen Kontokorrent, Spar-, Depot- und Kreditkonten. Girokonten, Devisenkonten und Festgeldkonten sind dabei besondere Ausprägungen des Kontokorrentes, Sparkonten findet man auch bei Geldanlageformen wie „Gewinnsparen", „Zuwachssparen" oder „Rentensparen". In Depotkonten werden in der Regel fremde Wertpapiere, seltener auch eigene Papiere der Banken gebucht. Schließlich gibt es vielfältige Bezeichnungen der Kredite je nach Zweck: Kontokorrentkredit, Dispositionskredit, Betriebsmittelkredit, Realkredit, Anschaffungskredit, Globalkredit, Bürgschaftskredit (Aval). Die Grundsätze ordnungsmäßiger Buchführung verlangen es, dass die Bank bei jeder Geldbewegung ein Konto anspricht, d. h. bei der Vorbereitung von Vereinbarungen über Geldanlagen und Kreditvergaben auch **Konten einrichten** muss.

b) Kontoverfügungen im Allgemeinen

95 Zivilrechtlich gesehen ist das Konto nichts anders als die buchhalterische Erfassung von Forderungen und Verbindlichkeiten durch einen Kaufmann, i. d. R. die Bank. Durch die Neuregelungen in §§ 675c–676 c BGB werden die Zahlungsdienste der Zahlungsinstitute erfasst. Diese sind vor allem (§ 1 II ZAG (Ausnahmen in § 1 X ZAG)) das *Überweisungsgeschäft, das Lastschriftgeschäft und das (Kredit-)Kartenzahlungsgeschäft* sowie Bareinzahlungen und Barabhebungen von Zahlungskonten und das Online-Banking, *nicht* dagegen *Scheck- und Wechselzahlungen* (näher § 675c III nF BGB iVm § 1 II ZAG). Die Regelungstechnik des § 1 ZAG entspricht der des § 1 KWG. Für das BGB maßgebliche Begriffsbestimmungen sind § 1 ZAG und in § 1 KWG enthalten.[100] Das neue Recht enthält eine Reihe wichtiger Abweichungen von der bisherigen, durch das Überweisungsgesetz (ÜG) 1999 geprägten Rechtslage. Vor allem kehrt das neue Recht zur alten Rechtslage vor dem ÜG 1999 zurück und hat die durch die EG-ÜberweisungsRi 1997 nicht vorgegebene, gekünstelte Trennung von Girovertrag (§ 676f aF BGB), Zahlungsvertrag (§ 676d aF BGB) und Überweisungsvertrag (§ 676 g aF BGB) aufgegeben. Grundlage ist wieder der *einheitliche Girovertrag,* also typischerweise ein Rahmenvertrag mit Geschäftsbesorgungscharakter, der die Erbringung von Zahlungsdiensten (und uU weitere Geschäftsbesorgungen) zum Gegenstand hat (*Zahlungsdienstevertrag,* § 675c BGB).

96 Durch die im Vertragsverhältnis vereinbarten Annahme- und Einlösungsverpflichtungen der Bank kann ein Kunde der Bank Schaden zufügen. Nutzt ein Kunde die ihm eingeräumte Rechtsmacht aus, über das Vermögen der Bank bis zu einem bestimmten Betrag zu verfügen, können je nach Art der Verfügung die §§ 263, 263a, 266, 266b StGB zu prüfen sein. Auf den Aufwendungsersatzanspruch der Bank nach §§ 670, 676h BGB sei an dieser Stelle nur hingewiesen. Unter Umständen kompensiert ein solcher Anspruch einen etwaigen Verlust der Bank.

c) Entwendung des Sparbuchs und Verfügung über das Guthaben

97 Sparbücher sind qualifizierte Legitimationspapiere i. S. d. § 808 BGB, in denen der Gläubiger der Bank namentlich genannt ist.[101] Die Bank muss nur bei Vorlage des Sparbuches leisten,

---

[100] Zu allem: Hopt in Baumbach/Hopf, HGB, 35. Aufl. 2012, 2. Teil. V.7., 3. Kap. C.1. Zahlungsverkehr ab 31.10.2009.
[101] Zur Rechtsnatur vgl. Gehrlein, BeckOK § 808 BGB Rn. 4; BGHZ 64, 278, 284 = NJW 1975, 1507.

B. Geld-und Zahlungsverkehr

ohne dass der Inhaber berechtigt ist, die Leistung zu fordern (sog. „hinkendes Inhaberpapier"). Das Eigentum am Sparbuch folgt gem. § 952 BGB dem Recht an dem Papier, es folgt also immer der Gläubigerposition gegenüber der Bank[102]. Objekt eines Diebstahls ist das Sparbuch, weshalb der Täter sich nicht nur den Gebrauch anmaßt, wenn er das Sparbuch zur Vorlage bei der Bank mitnimmt, danach aber zurücklegt[103]. Das dem Diebstahl nachfolgende Abheben des Geldes ist eine Ausnutzung der Vorteile der Wegnahmehandlung, so dass es **nicht** auf die Frage nicht ankommt, ob sich der Bankmitarbeiter bei Vorlage des Sparbuchs Gedanken über die Berechtigung macht und betrügerisch getäuscht werden kann[104]. Eine eigenständige Täuschung liegt vor, wenn der Vorleger einen etwaigen Sperrvermerk beseitigt oder den Bankmitarbeiter veranlasst, diese in der Regel im Computer eingegebene Sperre zu löschen[105].

d) Entwendung der Geldkarte und der Geldautomatenkarte

Zwischen Geldkarte und Geldautomatenkarte muss auch eigentumsrechtlich unterschieden werden. Eine (aufgeladene) Geldkarte gewährt Zugang zu einem auf der Karte gespeicherten Netzgeld. Ihre Wegnahme und ihr Auslesen führen daher zu einem Wertverlust und damit nach der Substanz- und der Sachwerttheorie zu einem Diebstahl[106]. 98

Die Mitnahme, Benutzung und Rückgabe einer (nicht mit einem Guthaben aufgeladenen) Geldautomatenkarte führen hingegen weder zu einem Substanz- oder Sachwertverlust. Dagegen nimmt der BGH Tateinheit zwischen einem Diebstahl der Automatenkarte und einem Computerbetrug an[107]. Die Geldautomatenkarte ist anders als ein Sparbuch oder eine Geldkarte kein eigenständiger wirtschaftlicher Wert, sondern ein Automatenschlüssel. Die Wegnahme und Verwendung stellen daher nur eine Gebrauchsanmaßung dar, wenn sie vorübergehend sind[108]. Die Folge der Verfügung über die Karte war bis zur Einführung des Computerbetrugs nach § 263a StGB ab dem 1.8.1986 streitig. Der BGH hatte eine Unterschlagung des nach der Wegnahme und der Verwendung am Automaten erlangten Geldes angenommen[109]. Seitdem die missbräuchliche Verwendung der Geldautomatenkarte unter § 263a Abs. 1 Nr. 3 StGB subsumiert werden kann, wird davon ausgegangen, dass eine Bargeld-Unterschlagung durch diesen Tatbestand verdrängt wird[110]. Die Norm übernimmt die subjektive Seite des § 263 Abs. 1 StGB und tauscht die dort vorgesehene Täuschungshandlung durch eine Anzahl von weit gefassten Computermanipulationen aus. Geschütztes Rechtsgut ist das Vermögen. Deshalb wird gefordert, dass die Norm betrugsnah ausgelegt wird[111]. Geschützt wird vor der unbefugten Beeinflussung des Ergebnisses eines Datenverarbeitungsvorgangs durch unrichtige Gestaltung des Programms, durch Verwendung unrichtiger oder unvollständiger Daten oder sonst unbefugte Einwirkung auf den Ablauf[112]. Der Versuch ist strafbar (§ 263a Abs. 2 StGB). Durch das 35 StrÄG (in Kraft ab 28.12.2003) ist auch die Programmierung oder Beschaffung eines solchen Programms mit dem Ziel einer Auto- 99

---

[102] Ein Sparkonto soll nach umstr. Auffassung eine darlehensähnliche Abrede zwischen dem Kunden und der Bank verkörpern, so *Wessels/Hillenkamp*, Strafrecht BT 2, Rn. 160; Gehrlein a.a.O, a. A. Palandt/Sprau, § 808 BGB Rn. 4 (Verwahrungsvertrag gem. § 700 BGB).

[103] RGSt. 26, 151/154; 39, 239/242 ff; *Wessels/Hillenkamp*, a. a. O., Rn. 160; a. A. MK-*Schmitz*, § 242 Rn. 122.

[104] RGSt. 39, 239/243; BGH StV 1992, 272; *Fischer*, § 242 Rn. 37, 59; *LK-Ruß*, § 242 Rn. 60; *Wessels/Beulke*, Strafrecht AT, Rn. 795; *Wessels/Hillenkamp*, a. a. O., Rn. 161.

[105] BGH GA 1969, 306.

[106] So auch für die Telefon-, Geld-, Prepaid-Karte und Sparcard: *Schnabel*, NStZ 2005, 18.

[107] BGH NJW 2001, 1508 =NStZ 2001, 316 mit zust. Anm. *Wohlers*, NStZ 2001, 539.

[108] BGHSt. 35, 152/156.

[109] BGHSt. 35, 152/161; ebenso OLG Stuttgart NJW 1987, 666; *Lackner/Kühl*, § 242 Rn. 23. a. A. straflos: OLG Hamburg, NJW 1987, 815; *Krey/Hellmann*, Strafrecht BT II Rn. 514, 516; *Otto*, JR 1987, 221.

[110] BGHSt. 38, 120/124 f; *Wessels/Hillenkamp*, a. a. O., Rn. 171.

[111] OLG Düsseldorf NStZ-RR 98, 137.

[112] Vgl. dazu *Meier*, Strafbarkeit des Bankautomatenmißbrauchs, JuS 1992, 1017.

matenmanipulation nach Abs. 1 strafbar (§ 263a Abs. 3 StGB). Tätige Reue ist möglich (§ 263a Abs. 3 StGB)[113].

e) Bargeldverfügungen mit Geldautomatenkarte

100 (1) **Verfügungen des Berechtigten**: Die Bargeldverfügung des berechtigten Karteninhabers am Geldausgabeautomaten ist nicht von § 263a StGB und auch nicht von § 266b StGB erfasst. Der Berechtigte täuscht weder den Kontoführer noch einen Automaten; er nimmt auch keinen Einfluß auf die Datenverarbeitungsvorgänge. Auch dann, wenn der Kontostand eine Bargeldabhebung nicht erlaubt, wird durch die Anweisung an den Automaten, Geld auszuzahlen, eine Situation geschaffen, die der der Vorlage der Auszahlungsanweisung gegenüber dem Kassierer vergleichbar ist[114]. Für die Beurteilung, was in diesem Fall „unerlaubt" sein soll, muss auf das jeweilige Prüfprogramm des Automaten bzw. auf eine Person abgestellt werden, die die gleichen Merkmale prüft[115]. Nur durch diese „betrugsnahe" Auslegung werden die vom Gesetz bezweckten, von § 263 StGB nicht erfassten, Automatentäuschungen tatbestandsmäßig. Ansonsten wären selbst die einfachsten Vertragsverstöße strafbar, was selbst der Betrugstatbestand nicht bezweckt[116]. Nach anderer Auffassung sind alle Verhaltensweisen unerlaubt, bei denen ein (als Vergleichsperson vorgestellter) Kontoführer bei Vorlage der Auszahlungsanweisung eine Überprüfung veranlasst hätte (z. B. bei Überziehungen), diese jedoch infolge einer Täuschung unterließ[117].

101 (2) **Fehlendes Kontoguthaben**: Die Bargeldverfügungen des berechtigten Karteninhabers bei einem nicht ausreichenden Kontoguthaben an einem institutsfremden Geldausgabeautomaten sind von dem § 266b StGB erfasst[118]. Da mit der EC-Karte seit dem 1.1.2002 keine Garantie verbunden ist, ist nach den Kontrolleistungen im Authentifizierungssystem der jeweiligen Bankengruppe zu fragen[119]. Stellt das Authentifizierungssystem des kartenausgebenden Instituts eine Online-Abfrage des Kontostandes zur Verfügung und versagt dieses, kann dem Karteninhaber zwar vorgeworfen werden, den Tatbestand nach eigenen Vorstellungen verwirklicht zu haben (Wahndelikt), indessen ist eine institutseigene Kontrolle nicht überwunden worden. Das Versagen des Kontrollmechanismus kann nicht vorgeworfen werden. Gerät der Kunde unerwartet ins Soll, muss die Bank sogar die Überziehungszinsen erstatten[120]. Nach einigen Literaturmeinungen soll auf diese Verfügungen ebenfalls der § 263a StGB mit seinem höheren Strafrahmen anwendbar sein[121].

102 (3) **Verfügungen eines Nichtberechtigten**: Die Verfügung des Nichtberechtigten am institutseigenen Automaten oder einem fremdem Geldausgabeautomaten ist nach § 263a Abs. 1 StGB strafbar[122]. Wer dagegen durch Täuschung in den Besitz der Karte und der PIN gelangt, ist nicht unerlaubter Nutzer[123]. Allenfalls täuscht er i. S. v. § 263 StGB über den Willen zur Auszahlung des erlangten Geldes[124]. Die Rechtsprechung stellt bei dem Merkmal „unbefugt" darauf ab, dass die Verfügung dem wirklichen oder mutmaßlichen Willen des Be-

---

[113] Vgl. dazu *Krack*, NStZ 2001, 505.
[114] BGHSt. 47, 160 =NStZ 2002, 544 =NJW 2002, 905 =wistra 2002, 139; dazu *Achenbach*, Rechtsprechungsübersicht, NStZ 2002, 523/526 f.
[115] BGHSt. 47, 160/163 m. Bespr. *Kudlich* JuS 2003, 537; *Altenhain*, JZ 1997, 752/758.
[116] Dazu OLG Düsseldorf, NStZ-RR 98, 137; *Wessels/Hillenkamp*, Rn. 600, 609 jeweils m.w.N; *Hilgendorf*, JuS 99, 542; ablehnend *Ranft* NJW 94, 2574.
[117] OLG Schleswig NJW 1986, 2652; OLG Stuttgart NJW 1988, 981; LG Karlsruhe NStZ 1986, 71.
[118] BGH B.v. 21.11.2001 -2 StR 260/01- NJW 2002,905 = NStZ 2002, 262 = StV 2002, 135 = BGHSt. 47, 160/164; *Beckemper* JA 2002, 545; *Kudlich* JuS 2003, 538; zust. *Fischer*, § 263a Rn. 14; *Zielinski* JR 2002, 342; a. A. *Wessels/Hillenkamp*, BT/2 Rn. 794, 795.
[119] Vgl. dazu *Gehrke/Kölbl*, Alles über Bankgeschäfte, 3. Aufl. 2003, S. 71 ff.
[120] BGH Urt. v. 27.6.2002, 1 ZR 86/00; dazu *Gehrke/Kölbl*, a. a. O., S. 74.
[121] *Wessels/Hillenkamp*, a. a. O., Rn. 611.
[122] *Wessels/Hillenkamp*, a. a. O. Rn. 608.
[123] BGHR StGB § 263a Anwendungsbereich 1; OLG Jena, BeckRS 2007, 5394.
[124] *Mühlbauer*, NStZ 2003, 650 zu BGH Urt. v. 17.12.2002.

B. Geld-und Zahlungsverkehr **10**

treibers widerspricht[125]. Vereinzelt wird die Auffassung vertreten, für die Erfüllung des Tatbestands genüge ein einfacher Vertragsverstoß[126]. Diese Auffassung wird der Tatbestandsparallele zum Betrug nicht gerecht. Die Handlung muss wenigstens Täuschungscharakter haben[127]. Daher ist die Ausnutzung eines bereits bestehenden Irrtums oder eines technischen Defekts nicht vom Tatbestand erfasst[128]. Tatbestandsirrtum liegt vor, wenn der Kartennutzer glaubt, aufgrund eines Auftrages oder einer sonstigen Berechtigung zu handeln, der Automatenbetreiber damit aber nicht einverstanden ist, oder die Berechtigung unwirksam ist.

f) Bargeldauszahlungen per Kreditkarte

Ob Bargeldauszahlungen bei Vorlage einer Kreditkarte durch den Berechtigten den vertrag- **103** lichen Vereinbarungen der Kartenausgeber mit den Partnerunternehmen entsprechen, hängt von den Vereinbarungen im jeweiligen Einzelfall ab. Das Partnerunternehmen erlaubt zuweilen, Bargeld gegen Vorlage der Kreditkarte auszuzahlen (z. B. Hoteliers). Da der Tatbestand des § 266b StGB nicht dazu dient, vor dem Missbrauch aller vertraglichen Regelungen zu schützen, sondern eine untreueähnliche, durch Missbrauch geprägte Verhaltensweise voraussetzt[129], handelt ein Karteninhaber nur dann tatbestandsmäßig, wenn aus dem Geschäft eine (ungedeckte) zivilrechtliche Verpflichtung des Kartenausgebers erwächst, nicht aber, wenn er nur über die Art des zu Grunde liegenden Geschäfts getäuscht wird. Der Karteninhaber, der sich vertragswidrig Bargeld auszahlen lässt und damit das Partnerunternehmen, das nach den vertraglichen Grundlagen mit dem Kartenherausgeber kein Bargeld auszahlen darf, zur falschen Abrechnung eines Warenbezugs gegenüber dem Kartenausgeber veranlasst, macht sich wegen versuchten Betruges strafbar; das Gleiche gilt für das Partnerunternehmen[130]. Das Betreiben eines erlaubnispflichtigen Bankgeschäftes (bis 2011: § 54 Abs. 1 Nr. 2, § 32 Abs. 1 S. 1 KWG, ab 2012: § 31 Abs. 1 i. V. m. § 2 Abs. 1 ZAG) kann nur bei gewerblicher Tätigkeit des Partnerunternehmens auf dem Gebiet der Bargeldannahme und -ausgabe angenommen werden[131].

2. Überweisungen

a) Einrichtung von Konten

Die Geschäftsverbindung einer Bank mit ihren Kunden beruht in der Regel auf Geschäfts- **104** besorgungsverträgen i. S. d. § 675 BGB. Aufgrund eines Kontovertrages kann der Kontoinhaber oder ein sonstiger Verfügungsberechtigter über das auf dem Konto verbuchte Guthaben (rechtstechnisch: eine Forderung des Kontoinhabers gegen die Bank) oder den auf dem Konto eingeräumten Kredit (i. d. R. ein Dispositionskredit) durch Überweisungen, Lastschrifteinlösungen oder Scheckziehungen **unbar verfügen**. Für die strafrechtliche Beurteilung eines Sachverhaltes **im Zusammenhang mit einer Überweisung** ist nach der Neuregelung durch die Verbraucherkreditrichtlinie[132] und die Zahlungsdiensterichtlinie[133] danach zu fragen, ob und inwieweit die Geschäftsverbindung bereits zur Eröffnung eines Bankkontos des Kunden geführt hat (§§ 675c ff. BGB), oder bspw. von einem Online-Terminal eine Überweisung ausgeführt wurde. Wurde ein Konto eröffnet, dann bestehen meistens sichere

---

[125] BGHSt. 40, 331/335; BayObLG JR 1994, 289; OLG Jena, B.v.20.9.2006, 1 Ss 226/06, BeckRS 2007, 5394.
[126] *Maurach/Schroeder/Maiwald* Strafrecht BT I § 41 Rn. 233; *Mitsch*, Strafrecht BT II/2 § 3 Rn. 23.
[127] BGHSt. 38, 120/121; BGHSt. 47, 160; OLG Köln NJW 1992, 126.
[128] OLG Karlsruhe wistra 2003, 116f.
[129] *Hellmann/Beckemper*, Wirtschaftsstrafrecht, § 2 Rn. 230; a. A. *Küpper*, NStZ 1988, 60/61.
[130] BGHSt. 33, 244/247; Fischer, § 266b Rn. 9; Ranft, JuS 1988, 673/678; *Hellmann/Beckemper*, a. a. O., § 2 Rn. 228, 230.
[131] BGH NStZ-RR 2003, 55; KG WM 1992, 219f.; *Fett/Bentele* BKR 2011, 403.
[132] Richtlinie 2008/48/EG des Europäischen Parlaments und des Rates vom 23.4.2008 über Verbraucherkreditverträge.
[133] Richtlinie 2007/64/EG vom 13.11.2007 über Zahlungsdienste im Binnenmarkt (Zahlungsdiensterichtlinie).

Grundlagen dafür, was die Bank bereits anhand eines standardisierten Formulars notwendige Informationen erhoben, diese auf Richtigkeit geprüft und mit dem Kunden eine standardisierte Abwicklung von Überweisungen verabredet hat. Nicht immer ist der Geschäftsverbindung einer Bank zu einem Kunden ein Konto zugeordnet. So unterhalten bspw. Investmentbanken oder andere Institute, die sich im Schwerpunkt um die Begleitung institutioneller Investoren oder die Verwaltung von Gesellschaftsbeteiligungen kümmern, nicht automatisch auch Konten für ihre Kunden. Ein dem Kundenverhältnis zugeordnetes Konto wird nach den Grundsätzen ordnungsmäßiger Buchführung im kaufmännischen Geschäftsverkehr stets dann eingerichtet, wenn Forderungen und Verbindlichkeiten aus der Geschäftsbeziehung in einer aufzeichnungs- oder buchführungspflichtigen Weise entstehen (§§ 237, 238 HGB). Der Girovertrag (§ 675c BGB) kommt durch grds. formlose Einigung zustande. Die Bank zeichnet lediglich aus Beweisgründen Informationen auf, deren Erfassung durch Gesetze und Richtlinien vorgegeben sind.

105 Der **Inhalt** der mit einer Kontoeinrichtung verbundenen Information ist sodann für die jeweilige Risikoverteilung zwischen Bank und Kunden entscheidend. Zu unterscheiden ist nach den (steuer-)gesetzlichen Pflichtangaben (Vorname, Nachname, Anschrift, Vertretungsverhältnisse; Identitätsprüfung i. S. d. § 154 Abs. 2 AO), den banktechnischen Informationen (Kontoart, Kontenbezeichnung, Rechenschaftspflichten (Kontoauszug)) und den (sonstigen) zivilvertraglichen Informationen (Kündigungsfristen, Verfügungsberechtigung, Unterschriftsprobe, Anerkennung der AGB, Schufa-Klausel, Gerichtsstandsvereinbarung). Dazu kommen i. d. R. eigene Prüfvermerke der Bank über die Identitätsprüfung, die devisenrechtliche Stellung (Gebietsansässiger) und Aufzeichnungen nach §§ 2 ff. GwG. Das Kreditinstitut ordnet das jeweilige Kundenkonto im institutseigenen Kontenrahmen einer internen Risikogruppe zu, so dass daraus Folgerungen für die Zulassung von Überziehungen, ungewöhnliche Geldbewegungen etc. gezogen werden können. Sonstige Verknüpfungen mit anderen Konten- oder Kundenstammnummern (bspw. für Bevollmächtigte) sind ebenfalls hinterlegt.

106 Eine **Kontoverfügung** durch den Auftrag zur Ausführung eines Zahlungsdienstes führt zu einer Änderung des Bestandes an Forderungen oder Verbindlichkeiten auf dem Kundenkonto. Die Verfügung stellt entweder eine Anweisung des Kontoinhabers oder sonst Verfügungsberechtigten an die Bank dar (z. B. bei Geldabhebungen oder -einzahlungen, Überweisungen) oder die Bank veranlasst die Änderung als Nichtberechtigter (z. B. bei der Belastung des Kontos mit Lastschriften, Gebühren, AGB-Pfandrechten), denen der Kontoinhaber zustimmen kann, i. d. R. auch vertragsgemäß zustimmen muss (zur Haftung vgl. die §§ 675v-675z BGB). Mit einem (monatlichen oder quartalsweisen) Rechnungsabschluss gehen allerdings alle Einzelposten einer Buchungsperiode unter (vgl. § 355 HGB), was zum Nachteil des Kunden eine Beweislastumkehr für einen etwaigen späteren Widerspruch bewirkt.

b) Missbräuchliche Erlangung der Kontendaten (Phishing)

107 Die Daten über eine Kontobeziehung kann ein „Datendieb" angesichts der im Geschäftsverkehr üblichen, bei Privatpersonen häufigeren Verwendung solcher Daten durch Tricks und unerlaubte Methoden (sog. „phishing")[134] erlangen. Der Begriff Phishing umschreibt den Versuch der Entwendung vertraulicher Daten von Internetnutzern. Dabei werden eine Vielzahl gefälschter E-Mails versandt, die den Empfänger auf manipulierte Webseiten locken, damit er dann vertrauliche Passwörter offenbart. Die leichtsinnige Verwendung der Daten durch den berechtigten Nutzer in einer unverschlüsselten elektronischen Korrespondenz per E-Mail oder sogar auf der unverschlüsselten Internet-Seite eines Anbieters führt noch nicht einmal zu

---

[134] Grundsätzlich dazu: LG Köln BeckRS 2007, 65197; LG Berlin BeckRS 2009, 28142; *OLG Karlsruhe* MMR 2008, 752; *LG Mannheim* MMR 2008, 765 m. Anm. *Mühlenbrock/Sesing; Beck/Dornis* CR 2007, 642; *Buggisch/Kerling* Kriminalistik 2006, 531; *Gercke,* CR 2005, 606; *Goeckenjan* wistra 2009, 47, 48; *ders.* wistra 2008, 128; *Gisin* Kriminalistik 2008, 197; *Graf* NStZ 2007, 129 Fn 1; *Heghmanns* wistra 2007, 167; *Herrmann* StRR 2008, 248; *Kögel* wistra 2007, 206, 207; *Neuheuser* NStZ 2008, 492; *Stuckenberg* ZStW 118, 878, 879; *Popp,* NJW 2004, 3517; *ders.* MMR 2006, 84; *Marbeth-Kubicki,* DRiZ 2007, 212; *diess.,* Computer- und Internetstrafrecht, Rn. 118 ff; *Schulte am Hülse/Klabunde,* MMR 2010, 84; *Seidl/Fuchs* HRRS 2010, 85.

B. Geld-und Zahlungsverkehr

einem Straftatbestand. Ein Ausspähen von Daten im Sinne des § 202a StGB liegt nicht vor, wenn solche Daten auf einem ungesicherten Weg über das Internet eingegeben werden[135]. Anders dürfte es sich bei der Erlangung von Kontendaten mittels „Pharming"[136], „Keylogging" oder sonstige aktive Angriffe um Datenausspähung handeln[137]. Obwohl die Nutzung des Internet Teil der Telekommunikation ist, wird man schwerlich eine Verletzung des Postgeheimnisses annehmen können, weil das Internet frei zugänglich ist.

Allerdings stellt die zum Zweck der Täuschung an den Kontoinhaber übersandte Aufforderung, die Kontodaten auf der Mail-Antwort einzugeben und dem (vermeintlich) berechtigten Institut zu schicken, eine Täuschung dar, die bei dem Empfänger zu einer irrtumsbedingten Verfügung des Kontoinhabers führt[138]. Indessen ist der Kontoinhaber nicht durch die Preisgabe seiner Kontodaten (PIN und TAN) geschädigt, weil es sich dabei nur um die „Automatenschlüssel" für den Kontozugang per Internet handelt[139]. Zu differenzieren ist nämlich zwischen der Versendung der „Phishing"-Mail[140], der Übersendung von Daten infolge der Täuschung und der – auf einem eigenem, neuem Willensentschluß beruhenden Kontoverfügung mittels der so erlangten Daten[141] (hier kommt sogar bei Kenntnis der voran gegangenen Verfügungen Geldwäsche in Betracht)[142]. Erst die von dem Täter verursachte Belastung des Kontos durch eine Abhebung oder Überweisung führt zum Schaden. Da auch der Täter in der Regel die Daten online, d. h. gegenüber einem Bankcomputer einsetzt, erfüllt die unerlaubte Datenverwendung wie bei einer Geldkarte auch, den Tatbestand des § 263a StGB.

108

c) Betrug durch konkludente Täuschung

(1) **Verfügung des Nichtberechtigten**: Beim Betrug ist zu unterscheiden zwischen der Verfügung des Nichtberechtigten zum Nachteil des Kontoinhabers und der Verfügung des Berechtigten zum Nachteil der Bank. Wer als Nichtberechtigter wie der Kontoinhaber auftritt, täuscht über das Zugangs- und Verfügungsrecht über die Kundenforderung gegenüber der Bank. Eine solche Täuschung kann dann zu einem Irrtum des Kontoführers, d. h. des Bankangestellten, der das Konto verwaltet oder über dessen Guthaben verfügt, führen, wenn er sich Gedanken über die Berechtigung macht oder typischerweise machen muss. Das ist bei einer Bargeldabhebung regelmäßig der Fall.[143]

109

Bei einer Belastung des Kontos durch eine Belastungsbuchung liegt hingegen nicht automatisch eine Täuschung des Verfügenden vor. Zwar wird die Kontobelastung durch einen Nichtberechtigten veranlasst, indessen stellen die Vereinbarungen über die Ausführung der Zahlungsdienste gem. §§ 675c, 675 f BGB[144] Ermächtigungen dar, das Konto des Verpflichteten anzusprechen. Ob der Kontoinhaber die ihm gegenüber bestehenden vertraglichen Pflichten erfüllt, indem er die Belastungen zulässt, oder ob er den Belastungen widerspricht

110

---

[135] Die irrtumsbedingte freiwillige Preisgabe kann nicht mit der Überwindung eines Zugangsschutzes im Sinne des § 202a StGB verglichen werden; and. Auff. *Gercke*, CR 2005, 606/611; *Knupfer*, MMR 2004, 641.

[136] BGH Urt. v. 24.4.2012, XI ZR 96/11, DB 2012, 1265.

[137] Zur zivilrechtlichen Bedeutung im Vertragsverhältnis des geschädigten Kunden zu Banken und Auktionshäusern: *Borges*, NJW 2005, 3313; strafrechtlich ordnet *Weidemann*, BeckOK, § 202a StGB die Vorgänge den §§ 269, 263a, 303a StGB zu.

[138] *Gercke*, CR 2005, 606/607.

[139] And. Auff. *Fischer*, § 263 StGB Rn. 94; *Hilgendorf/Frank/Vallerius*, Computer- und Internetstrafrecht, Rn. 765.

[140] Strafbarkeit nach § 269 StGB bejaht von *Gercke*, CR 2005, 606/610; verneint von *Marbeth-Kubicki*, a. a. O., Rn. 118.

[141] *Marbeth-Kubicki*, a. a. O., Rn. 120.

[142] Strafbarkeit nach § 261 StGB bejaht durch das LG Darmstadt, Urteil vom 13.6.2006 -212 Ls 7 Ns, wistra 2006, 468.

[143] Instruktiv: OLG Düsseldorf, Beschl. vom 16.10.2007, 5 Ss 174–07/75/07, BeckRS 2007, 18321 unter Hinweis auf BGH NJW 1999, 2449 = wistra 1999, 306, in BGHSt. 45,51 insoweit nicht abgedruckt.

[144] *Rösler/Werner*, BKR 2009, 1, 6 f; *Köndgen*, JuS 2011, 481, 485, der beklagt, dass eine mitunter geradezu monströse Begrifflichkeit hinzugekommen sei.

und damit seinen Leistungsvertrag nicht erfüllt, ist Sache des Kontoinhabers und im Normalfall (außer beim Erfüllungsbetrug) strafrechtlich nicht sanktioniert. Daher sind Belastungen der Konten von Privatkunden durch unzulässige Entgelte von Banken (bspw. Buchungspostengebühren ohne Freiposten) grds. nicht strafbar.

111 (2) **Verfügung des Berechtigten:** Die Verfügung des Berechtigten über das Konto ist hingegen nicht täuschungsgeeignet. Der Erklärungsinhalt einer solchen Verfügung ist nicht falsch, bei einem Bankangestellten kann kein Irrtum eintreten. Ob der jeweils Auftretende im Verhältnis zum Forderungsinhaber (bspw. eine juristische Person) zur Verfügung aufgrund der internen Geschäftsverteilung oder aufgrund einer entzogenen Vollmacht nicht mehr berechtigt ist, ist keine Frage des Verfügungsrechts. Bei Kontoverfügungen kommt es nicht auf die Organstellung oder allgemeine Vertretungsmacht an, sondern auf die dem Kontoführer gegenüber erklärten Vertretungsverhältnisse. Verfügungsberechtigt ist also jeder, dem (bis zum Eingang eines Widerrufs) Kontovollmacht erteilt wurde.

112 Die **Herkunft des Kontoguthabens** gehört nicht zum Erklärungsinhalt der konkreten Verfügung. Wer durch Vorlage einer Auszahlungsanweisung oder eines Schecks eine ihm tatsächlich nicht zustehende Zahlung aus dem Kontoguthaben fordert, hat nach der früheren Rechtsprechung betrugsrelevant getäuscht[145]. Die Gerichte waren der Auffassung, dass derjenige, der Geld einfordert, das ihm wissentlich nicht zusteht, den Eindruck erweckt, dass das Guthaben ihm auch materiell-rechtlich zusteht. Allerdings sollte in Fällen der irrtümlichen Fehlüberweisung eines Dritten der Verfügende nicht strafbar sein[146]. Diese Rechtsprechung ist durch Urteil des BGH vom 8.11.2000 aufgegeben worden[147]. Da die Führung des Kontos und die Buchung von Last- und Gutschriften generell in den Pflichten- und Risikokreis der Bank fallen, trägt diese auch das Risiko, dass eine Kontoführung fehlerfrei erfolgt. Das bloße Auszahlungsbegehren des Verfügungsberechtigten durch Vorlage eines Auszahlungsscheins ist daher von vornherein nicht geeignet, beim Bankangestellten eine für einen Betrug kennzeichnende Fehlvorstellung über die tatsächliche Forderungsberechtigung zu bewirken. Erklärungs- und Beweiswert eines Überweisungsauftrags ist damit nur die gewollte Transaktion.

d) Betrug durch Unterlassen

113 Eine Garantenpflicht besteht grundsätzlich nicht bei Rechtsgeschäften des täglichen Lebens, so u. a. auch nicht bei der Unterhaltung eines Girokontos. In aller Regel besteht noch keine über das bloße Vertragsverhältnis hinausgehende Vertrauensbeziehung gegenüber der Bank[148]. Eine Garantenpflicht entsteht nicht aufgrund des einfachen Geschäftsbesorgungsvertrages und der einbezogenen AGB.

3. Lastschriftverfahren

a) Allgemeines

114 Auch der Lastschriftverkehr[149] (teilw. auch als rückläufige Überweisung bezeichnet) ist durch die Neuregelung des Zahlungsdiensteverkehrs in der neuen rechtlichen Ausgestaltung des § 675j BGB (Inlandslastschrift) und des § 675p BGB (Auslandslastschrift-SEPA) zu betrachten.[150] Die Lastschrift stellt auch kein sonstiges Zahlungspapier dar. Die Folgen einer mißbräuchlichen Lastschriftvorlage lassen sich deshalb nicht mit denen der falschen Scheckvorlage oder der Scheckreiterei vergleichen. Auch das Risiko der Banken bei Durchführung der Kundenaufträge liegt hier anders als bei dem Inkasso von Zahlungs- oder Orderpapieren.

---

[145] OLG Köln Urt. v. 5.2.1980 – 1 Ss 1134/79 – NJW 1980, 2366; OLG Celle Urt. v. 21.7.1992 – 1 Ss 168/92 – StV 1994, 188 (189).
[146] OLG Celle Urt. v. 21.7.1992 – 1 Ss 168/92 – StV 1994, 188 (189).
[147] BGH Beschl. v. 8.11.2000 – 5 StR 433/00 – BGHSt 46, 196 (199) = wistra 2001, 20 = StraFo 2001, 68, m. Anm. *Hefendehl* NStZ 2001, 281; vgl. auch OLG Düsseldorf, Beschl. vom 16.10.2007, 5 Ss 174–07/75/07, BeckRS 2007, 18321.
[148] BGH Beschl. v. 8.11.2000 – 5 StR 433/00 – BGHSt 46, 196 (202 f.).
[149] *Werner*, BKR 2012, 221.
[150] *Köndgen*, JuS 2011, 481, 488f.; *Bautsch/Zahrte*, BKR 2012, 229.

B. Geld-und Zahlungsverkehr

Anhand der in den Grundzügen noch fortgeltenden Rechtsprechung zu Inlandslastschriften lassen sich drei Fallgruppen einer missbräuchlichen Verwendung von Lastschriften unterscheiden:
- die Täuschung über das (Fort-)Bestehen einer Einzugsermächtigung[151];
- die Täuschung über das Bestehen einer Forderung[152];
- die sog. „Lastschriftreiterei", d. h. die Täuschung über die Verabredung eines Widerspruchs unter Ausnutzung der Sechs-Wochen-Frist des Lastschriftabkommens der Banken bei gleichzeitigem erhöhtem Ausfallrisiko der Einzugsstelle[153].

b) Fallgruppen

In den **ersten beiden** Fallgruppen besteht weitgehende Einigkeit darüber, dass mit der Lastschrifteinreichung konkludent erklärt wird, dass eine Einzugsermächtigung und/oder eine Forderung bestehen. Getäuscht wird dabei die Inkassostelle, d. h. die Hausbank des Lastschriftgläubigers, bei der die Lastschriften eingereicht werden. Im Schalterverkehr irrt der Angestellte daher über diese Voraussetzungen des Lastschrifteinzugs. Das ist im Online-Banking umstritten, da dort in der Regel kein Bankmitarbeiter eine Prüfung über die standardisierten Lastschriftmerkmale hinaus vornimmt[154]. Einen Betrug durch Abschluss der Inkassovereinbarung anzunehmen ist jedenfalls dann problematisch, wenn über die Abwicklung des Lastschriftverkehrs und die Vermögensverhältnisse des Lastschriftgläubigers nicht getäuscht wird[155]. 115

Die sog. **Lastschriftreiterei** als **dritte Fallgruppe** wird von der Rechtsprechung als konkludente Täuschung angesehen, weil der Lastschriftgläubiger mit dem Lastschriftschuldner die Rückgabe der Lastschrift vor Ablauf der Sechs-Wochen-Frist nach dem Lastschriftabkommen der Banken (LSA) verabredet hat und in der Regel die Vermögensverhältnisse des Lastschriftgläubigers keine ausreichende Gewähr für den AGB-Stornoanspruch der Hausbank des Lastschriftgläubigers (Inkassostelle) bieten. Der BGH stellt diese Fallkonstellation der unberechtigten Bargeldverfügung bei der EC-Karte gleich. Diese strafrechtliche Einordnung ist indessen nicht gerechtfertigt. Das Risiko der Rückbelastung ist aufgrund der bekannten Überweisungsrisiken (gem. §§ 675u ff. BGB) ein einkalkuliertes Risiko, weil das Schuldnerkonto bei der Zahlstelle nicht aufgrund einer Anweisung oder Einwilligung des Kontoinhabers, sondern durch einen Nichtberechtigten belastet wird. Mit der Zurückweisung einer solchen Verfügung müssen alle Beteiligten rechnen. Da die beteiligten Banken auch generell keine Angaben über das zwischen Gläubiger und Schuldner bestehende Schuldverhältnis in die Prüfung des Lastschriftinkassos einbeziehen, muss das Verhalten des Lastschriftgläubigers straflos bleiben[156]. 116

c) Zur Untreue von Bankmitarbeitern

Das Verhalten von Bankmitarbeitern, die eine solche „Lastschriftreiterei" tolerieren, wird vereinzelt als Kredituntreue angesehen[157]. Dies würde voraussetzen, dass die dem Lastschriftgläubiger zwei Tage nach Lastschrifteingang unter Eingangsvorbehalt erteilte Gutschrift eine Kreditforderung begründet. Ein Kreditvertrag ist in der Abwicklung des Zahlungsverkehrs weder gewollt, noch entsteht eine Kreditforderung durch die Vorbehaltsgutschrift. Auch die sechs- 117

---

[151] LG Oldenburg Urt. v. 26.3.1979 NJW 1980, 1176 (1177), Lackner/Kühl § 263 Rn. 11.
[152] OLG Hamm Urt. v. 15.6.1977 – 4 Ss 363/76 – NJW 1977, 1834 (1836).
[153] BGH Urt. vom 15.6.2005 – 2 StR 30/05 – NStZ 2005, S. 634 = StV 2005, 607; BGH Beschl. v. 24.8.2005 – 5 StR 221/04 – wistra 2006, 20; dazu auch AG Gera, Urt. v. 10.11.2004, NStZ-RR 2005, 213; unveröffentlichte Haftentscheidungen des OLG München Beschl. v. 18.11.2004 – 2 Ws 1110/04 – und des OLG Stuttgart Beschl. v. 25.1.2005 – 5 HEs 149/04, zitiert bei *Heinze* hrrs-online 10/2005, S. 349; *Hadamitzky/Richter* (StA Stuttgart) NStZ 2005, 636; *diess.* wistra 2005, S. 441; *Heinze* (StA Hanau) hrrs-online 10/2005, 349; *Lang* in: EWiR § 263 StGB 1/05, 741; And. Ansicht nur: *Soyka* (StA Kiel) NStZ 2005, 637; *ders.* NStZ 2004, 538.
[154] AG Gera, Urt. v. 10.11.2004, NStZ-RR 2005, 213.
[155] *Soyka* NStZ 2005, 637; *ders.* NStZ 2004, 538.
[156] Zutreffend daher *Soyka*, NStZ 2004, 538.
[157] *Hadamitzky/Richter* wistra 2005, 441.

wöchige Widerspruchsfrist macht die Gutschrift nicht zu einem kreditähnlichen Geschäft. Geschäfte mit hinausgeschobener Fälligkeit des Rückzahlungsanspruches werden üblicherweise erst ab einer Zeitdauer von drei Monaten als Kreditgeschäfte angesehen (§ 491 Abs. 1 BGB)[158]. Allen Zahlungsverkehrsmitteln ist nämlich gemeinsam, dass sie keine entgeltlichen Finanzierungsgeschäfte mit hinausgeschobener Fälligkeit darstellen (vgl. dazu die §§ 488, 491, 499 BGB)[159]. Da dem Konto des Lastschriftgläubiger nur der Lastschriftgegenwert gutgeschrieben wird, den die Inkassostelle von der Zahlstelle erhält, verfügt der Kontoinhaber berechtigt über das dadurch entstandene Kontoguthaben. Erst durch die Stornierung, die durch die Rückbelastung der Inkassostelle von der Zahlstelle ausgelöst wird, kann eine Kontoüberziehung entstehen, falls das Konto des Lastschriftgläubigers keine oder keine ausreichende Deckung aufweist. Eine Untreue der Bankmitarbeiter, die solche Lastschriftgeschäfte tolerieren, wäre – unterstellt andere Voraussetzungen des § 266 StGB könnten bejaht werden- nur denkbar, wenn sie bei Lastschrifteinreichung fest davon ausgehen würden, dass der Stornoanspruch der Inkassostelle gegen den Kunden wegen einer kurzfristig eintretenden oder bereits eingetretenen Zahlungsunfähigkeit des Lastschriftgläubigers nicht verwirklicht werden kann.

III. Scheck- und Kreditkarten

1. Einführung, Übersicht

118 Die in Deutschland im Umlauf befindlichen Zahlungs- oder Kreditkarten beruhen auf unterschiedlichen vertraglichen Vereinbarungen. Allerdings haben die Änderungen durch die Verbraucherkreditrichtlinie und die Zahlungsdiensterichtlinie alle diese Unterschiede in einem neuen Regelungswerk in den §§ 675c-676c BGB zusammen gefasst.[160] Die in der Wirtschaft gebräuchlichen Electronic-Cash-System (z. B. Cashpool, Point-of Sale (POS))[161], verschiedene Debitkartensysteme (Maestro, Mastercard), das Point-of-Sale-Verfahren ohne Zahlungsgarantie (POZ-Verfahren) oder das klassische Kreditkartenangebot (z. B. Visa, Eurocard) sind nunmehr rechtlich in diesen Vorschriften erfasst, so dass ein Verweis auf Verbraucherkreditverträge nicht erforderlich ist (§§ 488, 491, 499 BGB)[162].

119 Es kommt für die strafrechtliche Betrachtung nicht darauf an, dass eine Karte als solche bestimmte Funktionen abstrakt gewährleistet. Entscheidend für die Anwendung von Straftatbeständen ist die konkrete Verwendung der Karte. Die folgende Übersicht zeigt das:

Kartenfunktion	Vertragslage	Strafrechtlicher Tatbestand
Geldkarte mit Netzgeld ist auf der Karte gespeichert	Keine Garantie für Dritte	§ 242 StGB bei Entwendung, § 246 StGB bei sonstigem Missbrauch
Bankautomatenkarte am bankeigenen Automaten	Keine Garantie für Dritte	§ 263a StGB bei Verfügungen Nichtberechtigter, § 266b bei Verfügungen Berechtigter
Geldautomatenkarte an beliebigen Automaten ohne online-Zugang zum Kartenausgeber	Betragsmäßig begrenzte Garantie für Dritte	§ 263a StGB bei Verfügungen Nichtberechtigter, § 266b bei Verfügungen Berechtigter

---

[158] Palandt-*Putzo*, Vor § 488 BGB Rn. 2, § 491 BGB, Rn. 5; MK-*Ulmer*, § 491 BGB Rn. 54, 56; *Martis/Meinhof*, Verbraucherschutzrecht, 2. Aufl. 2005, S. 48.
[159] *Büschgen*, Bankbetriebslehre, 5. Aufl. 1998, S. 418 ff, S. 432 zu Liquiditätseffekten verschiedener Instrumente des Zahlungsverkehrs; *Martis/Meinhof*, a. a. O., S. 48 zu Darlehen, S. 49 f zu Kreditkarten, S. 51 f zu Zahlungskarten.
[160] *Bitter*, WM 2010, 1773; *Casper/Pfeifle*, WM 2009, 2243; *Grundmann*, WM 2009, 1157, 1161 ff.; *Heese*, AcP 210 (2010), 251, 266 ff.; *Köndgen*, JuS 2011, 481; *Oechsler*, WM 2010, 1381.
[161] *Gehrke/Kölbl*, a. a. O., S. 77.
[162] MK-*Ulmer*, § 491 BGB Rn. 67; MK-*Habersack*, § 499 Rn. 18; *Martis/Meinhof*, a. a. O., S. 49.

Kartenfunktion	Vertragslage	Strafrechtlicher Tatbestand
Point-of-Sale Zahlung mit online-Abgleich der Kontodaten	Eine Garantie besteht nicht, die online-Funktion ersetzt die Deckungsprüfung	§ 263a StGB bei Verfügungen Nichtberechtigter
Point-of-Sale Zahlung ohne online-Abgleich	Eine Garantie besteht nicht, die Kartendaten dienen dem Lastschriftinkasso	§ 263 StGB bei Verfügungen Nichtberechtigter § 266b StGB bei Verfügungen Berechtigter
Kreditkarteneinsatz für Warengeschäft	Eine Einlösungsgarantie des Kartenausgebers besteht	§ 266b bei Verfügungen des Nichtberechtigten und des Berechtigten

2. Missbräuchliche Erlangung einer Kreditkarte

Wenn durch Täuschung über die Vermögensverhältnisse erreicht wird, dass die Bank eine Zahlungs- oder Kreditkarte übergibt und dadurch das Vermögen mindestens schadensgleich gefährdet, so steht ein solcher Betrug nach Auffassung des BGH in Tateinheit zum Missbrauch von Scheck- und Kreditkarten nach § 266b StGB. Auch mehrfache Missbräuche werden dadurch zur Tateinheit verklammert, wenn die vertragswidrige Verwendung der Karte schon bei Antragstellung beabsichtigt wurde[163]. Das Gleiche gilt, wenn die Karte mit dem Ziel der Ausnutzung der durch sie eröffneten Möglichkeiten (nämlich als „Automatenschlüssel") entwendet oder unterschlagen wurde[164].

3. Missbräuchliche Verwendung der Kreditkarte

a) Handeln des Berechtigten

Die durch das 2. WiKG 1986 eingeführte Vorschrift soll die missbräuchliche Verwendung der Scheck- und Kreditkarten unter Strafe stellen. Bis dahin hatte der BGH eine Strafbarkeitslücke für missbräuchliche Verfügungen angenommen, sofern nur der Karteninhaber die Karte einsetzte[165]. Nach der Abschaffung der EC-Kartengarantie zum 1.1.2002 ist der Anwendungsbereich für das EC-Scheck- und Scheckkartensystem entfallen. Der Straftatbestand schützt das Vermögen des Kartenausstellers. Der Schutz des Zahlungsverkehrs ist allenfalls mittelbar bezweckt[166]. Die Strafvorschrift ist nur auf den berechtigten Karteninhaber anwendbar, weil nur er den Aussteller zur Zahlung „veranlassen" kann[167].

Bei den pflichtwidrigen Handlungen des **Berechtigten** im Sinne des § 266b StGB handelt es sich um die Vorlage der Kreditkarte beim Einkauf oder zur Bezahlung von Dienstleistungen in dem Wissen, dass die finanzielle Lage den Kontoausgleich nicht gestattet. Die eingesetzte Karte muss für die Verwendung im sog. „Drei-Partner-System" vorgesehen sein[168], d. h. zwischen dem Kartenaussteller, dem Karteninhaber und dem Gewerbetreibenden bestehen eigenständige, voneinander unabhängige Vereinbarungen mit eigenen Vertragspflichten.

---

[163] BGH Beschl. v. 21.11.2001 – 2 StR 260/01 – BGHSt 47, 160 (169, 170); *Fischer*, § 266b Rn. 24 mit Hinweis darauf, dass aus täuschenden Angaben bei der Kartenbeantragung nicht schon regelmäßig auf die Absicht späterer missbräuchlicher Verwendung geschlossen werden könne und für die Praxis mangels Strafanzeigen wegen „Vermögensgefährdung" bei Kartenüberlassung gegen Kunden, die fällige Forderungen trotz schlechter Vermögenslage begleichen, ohnehin nur offensichtliche Fälle eine Rolle spielten; für Tatmehrheit NK/*Kindhäuser* § 263 Rn. 472; *Lackner/Kühl* § 266b Rn. 9; für eine mitbestrafte Nachtat Schönke/Schröder-*Lenckner/Perron* § 266b Rn. 14; für § 263 als mitbestrafte Vortat LK-*Gribbohm* § 266b Rn. 55–57.

[164] BGH wistra 2006, 20.

[165] BGHSt. 33, 244.

[166] Achenbach/Ransiek-*Hellmann*, Kap. IX.2 Rn. 5; *Wessels/Hillenkamp*, BT/2, Rn. 792; a. A. BGH NStZ 1993, 283; *Schnauder*, NJW 2003, 849.

[167] *Fischer*, § 266b Rn. 21.

[168] BGHSt. 38, 281/282; Anm. *Otto*, JZ 1992, 1139; *Ranft* NStZ 1993, 185; Achenbach/Ransiek-*Hellmann*, Kap. IX.2 Rn. 55; *Lackner/Kühl*, § 266b Rn. 4; *Fischer*, § 266b Rn. 10.

Der Missbrauch im Sinne des § 266b StGB bezieht sich dabei auf den Vertrag des Kartenausstellers und dem Karteninhaber.

b) Handeln des Nichtberechtigten

123 Die Verwendung der Kreditkarte durch einen Nichtberechtigten – unabhängig von der Strafbarkeit der Erlangung- stellt sich problematisch dar. Der Nichtberechtigte kann den Kartenaussteller nicht zu einer Zahlung veranlassen, er kann auch das Partnerunternehmen nicht dazu bewegen, die Zahlung zu akzeptieren. Täuscht der Nichtberechtigte also über seine Inhaberschaft und die Berechtigung zur Unterschrift, dann begeht er einen Betrug zum Nachteil des Partnerunternehmens, das keinen Anspruch gegen den Kartenaussteller erlangt.

124 Die Annahme eines vorsätzlichen Handelns des Berechtigten begegnet Schwierigkeiten, wenn zwar das dem Kartenaussteller gegenüber angegebene Belastungskonto überzogen ist, der Karteninhaber aufgrund seines sonstigen Vermögens aber jederzeit willens und in der Lage ist, das Konto auszugleichen[169]. In einem solchen Fall ist schon zweifelhaft ob der Karteninhaber pflichtwidrig handelt. Jedenfalls fehlt es aber am Vorsatz.

IV. Scheck und Wechsel

1. Einführung

125 Der zunehmende **Dokumentenbetrug** im Rechts- und Zahlungsverkehr hat in der strafrechtlichen Rechtsprechung zu einem strikten Kurs gegen jegliche Art der vorgetäuschten Inhaberschaft oder der vorgespiegelten Zahlungsfähigkeit und -willigkeit geführt. Der Schutz des gutgläubigen Empfängers von Urkunden dominiert diese Rechtsprechung. Da abstrakte Zahlungspapiere wie Scheck und Wechsel von der konkreten schuldrechtlichen Forderung unabhängig sind, gefährden bereits unrichtige Angaben über den Inhaber, den Aussteller, die Zahlstelle oder die Zahlungsfähigkeit/-willigkeit das Vermögen des entgegennehmenden Geschäftspartners[170]. Dem Grundtypus nach handelt es sich um einen **Eingehungsbetrug**[171].

126 So sind zwar weder Wechsel noch Scheck Zahlungsmittel, die unmittelbar zum Bezug von Geld berechtigen. Wechsel oder Schecks dienen im Wirtschaftsverkehr dem u. U. auch hinausgeschobenen Ausgleich einer schuldrechtlichen Forderung, deren Grundlage meist ein Warenbezugs- oder Dienstleistungsvertrag (sog. Grundgeschäft) ist. Aufgrund der Begebungsabrede wird eine verkehrsfähige, standardisierte Urkunde ausgestellt, der der Rechtsverkehr allein aufgrund ihrer Existenz und Vollständigkeit Vertrauen in die Richtigkeit und Verbindlichkeit entgegenbringt. Dritte, i. d. R. die bezogene Bank als Zahlstelle, aber auch andere Inhaber, Indossanten und Ankäufer (z. B. bei Diskontierung) gehen eigene Verpflichtungen ein, die die Unterzeichnung der Urkunde nach dem Wechselgesetz oder dem Scheckgesetz auslösen. Die schuldrechtliche Situation ist nicht mit dem Lastschriftinkasso vergleichbar, weil hier der Schuldner des Grundgeschäfts durch Ausstellung oder Akzeptanz der Urkunde eine Anweisung an seine Hausbank (Zahlstelle) zur Einlösung erteilt hat.

2. Betrugstatbestand

a) Berechtigung zur Ausstellung:

127 Wenn der Aussteller eines abstrakten Zahlungspapiers (Scheck, Wechsel, sonstiges kfm. Orderpapier) über seine Berechtigung zur Ausstellung, d. h. zur Begründung der Zahlungsforderung täuscht, liegt normalerweise eine Täuschung über Tatsachen vor. Ein **Auftreten unter falschem Namen** ist allerdings keine Täuschung, wenn der Aussteller der Berechtigte ist. die Auch eine nur langfristig avisierte Zahlung kann die Eignung der Erklärung als (gegen-

---

[169] *Lackner/Kühl*, § 266b Rn. 6; *Wessels/Hillenkamp* BT/2, Rn. 796.
[170] RGZ 158, 317; BGHZ 3, 238/242.
[171] OLG Stuttgart WM 1994, 423; allgemein zum Eingehungsbetrug: *Köhler* in: Wabnitz/Janovsky, Hdb. des Steuer- und Wirtschaftsstrafrechts, Kap. 7 Rn. 223; LK-*Tiedemann*, § 263 Rn. 38.

B. Geld-und Zahlungsverkehr

wärtige) Tatsachenangabe entfallen lassen[172]. Das Gleiche gilt, wenn die Zahlungsfähigkeit des Ausstellers im Fälligkeitszeitpunkt lediglich zweifelhaft ist. Der Aussteller begibt das Zahlungsdokument, das die Fälligkeit der Forderung in die Zukunft verschiebt, ja gerade deshalb, weil er die Zahlungsfristen ausnutzen, die Ware weiterveräußern und dadurch Geld einnehmen oder einen anderweitigen Geldeingang abwarten will.

b) Zahlungsfähigkeit und -willigkeit:

Wenn der Aussteller über seine Zahlungsfähigkeit und -willigkeit (eine innere Tatsache): täuscht, normalerweise liegt bei kurzfristig fällig werdenden Forderungen eine betrugsrelevante Täuschung bereits bei der Hingabe des Zahlungspapiers vor[173]; ob auch schon vorhandene Deckung zugesichert wird, ist umstritten und hängt nach h. M. von den Umständen des Einzelfalls ab[174]. Ein **garantierter Scheck** ist nach Auffassung der Rechtsprechung auch täuschungsgeeignet[175]. Das Schrifttum weist dagegen zutreffend darauf hin, dass die Frage der Deckung nicht mehr Gegenstand der Erklärung ist, wenn die Einlösung von einem Dritten garantiert wird[176].

128

c) Forderungsverkauf, Inkasso

Wenn der nicht berechtigte Inhaber die Forderung aus dem Zahlungspapier an einen Käufer (**Diskontierer**) verkauft, der es gutgläubig erwirbt, liegt das strafrechtliche Verhalten bereits in der Erlangung des Papiers zur Weiterveräußerung (z. B. Scheck-/ Wechseldiebstahl oder -unterschlagung). Die Weitergabe (Verkauf) stellt dann eine Verwertung des Tätererfolgs dar und wird – bei unterstelltem Vorsatz- von der Vortat erfasst. Im **Inkasso** der Bank, die lediglich den Gegenwert einzieht und dem Einreicher erst nach Einzug gutschreibt liegt kein selbstständiges Unrecht. Wurde das Zahlungspapier unrechtmäßig erlangt, handelt es sich um eine mitbestrafte Nachtat. Wenn die Inhaberschaft durch eine strafbare Handlung zum Nachteil eines Dritten erlangt wurde, stellt die Weitergabe zum Inkasso zwar eine eigenständige Täuschung sein, ein Schaden bei der Einreicherbank (Inkassostelle) wird aber kaum nachzuweisen, sein, weil diese den Gegenwert des Zahlungspapiers nicht dem Einreicherkonto gutschreibt, bevor sie selbst ihn von der Zahlstelle erlangt hat. Die Zahlstelle wird aber durch die Einreichung über die Berechtigung des Vorlegers getäuscht und kausal zur Auszahlung veranlasst.

129

d) Geldbeschaffung ohne Grundgeschäft:

Wenn das Zahlungspapier ohne Grundgeschäft ausgestellt wurde (z. B. beim Finanzwechsel, Art. 75 WG), es also ausschließlich der Geldbeschaffung dient, dann wird gegenüber jedem Empfänger dieses Papiers der unzutreffende Eindruck erweckt, dem Zahlungspapier lägen werthaltige Forderungen aus Waren- oder Dienstleistungsgeschäften zu Grunde (**Scheckreiterei**[177], **Wechselreiterei**[178]). Für den Indossanten wie auch für den Diskontierer liegen hier nicht erkennbare Risiken in dem i. d. R. nicht bestehenden Erfüllungsinteresse des Ausstellers, einer Beteiligung vermögensloser Akzeptanten (Gefälligkeitswechsel) oder gar einer Vortäuschung eines real nicht existierenden Akzeptanten[179]. Die **Stundung oder Prolongation** einer Forderung aus einem Zahlungspapier (i. d. R. durch Neuausstellung eines weiteren Schecks oder Wechsels) kann ebenfalls eine (zusätzliche) Täuschung und Vermögensgefährdung sein, wenn auch im hinausgeschobenen Fälligkeitszeitpunkt nicht mit einer Deckung

130

---

[172] *Krekeler/Werner*, a. a. O. Rn. 1277.
[173] BGHSt 3, 69; BGH wistra 1994, 223; *Lackner/Kühl*, § 263 Rn. 11; Schönke/Schröder-*Cramer*, § 263 Rn. 29; *Fischer*, § 263 Rn. 14a; LK-*Tiedemann*, § 263 Rn. 46.
[174] OLG Köln Beschl. v. 19.10.1990 – Ss 476/90 – NJW 1991, 1122.
[175] BGHSt. 24, 386/389; 33, 244/247; BGH wistra 1986, 171; OLG Köln NJW 1978, 713.
[176] *Gössel* JR 1978, 469/470; *Vormbaum*, JuS 1981, 18/23; *Krekeler/Werner*, Unternehmer und Strafe, 2006 Rn. 1276, 1283.
[177] BGH Urt. v. 18.2.1992 1 StR 802/91, BGHR StGB § 266 I Nachteil 29.
[178] BGH Urt. v. 17.8.1976 – 1 StR 371/76 – NJW 1976, 2028; *Lackner/Kühl* § 263 Rn. 11.
[179] RGSt. 25, 14; 36, 368; BGH NJW 1976, 2028; *Obermüller* NJW 1958, 655/656.

zu rechnen ist[180]. Allerdings muss die Chance für den Erwerber, einen Ausgleich dauerhaft zu erlangen, im Zeitpunkt der Prolongation spürbar verschlechtert werden[181]. War der Schaden aber bereits beim ursprünglichen Akzept eingetreten, stellt die Prolongation nur eine mitbestrafte Nachtat dar[182].

e) Weitere Tatbestandsmerkmale

131 Der Meinungsstreit um garantierte oder nicht garantierte Einlösungszusagen Dritter setzt sich auch bei der Feststellung des Irrtums fort. Kann aus Sicht des Irrenden davon ausgegangen werden, dass dieser das Zahlungspapier nicht entgegengenommen hätte, wenn ihm Nichtberechtigung oder Zahlungsunwilligkeit bekannt gewesen wären (oft bei Vergleichen oder abgekürzten Zahlungen), dann muss von einem Irrtum ausgegangen werden. Kommt es dem Empfänger des Zahlungspapiers aber allein auf die Deckungszusage des Dritten an (z. B. Bundesbankscheck), dann ist eine unrichtige Erklärung bei der Übergabe nicht strafrechtlich relevant.

132 Die Verfügung über das eigene Vermögen liegt nicht in der Annahme des Schecks oder des Wechsels, sondern entweder in der Zahlung eines Gegenwertes (so beim Diskonieren) oder im Verzicht auf die schnelle Durchsetzung des aus dem Grundgeschäft resultierenden Anspruchs.

133 Für die Beurteilung einer Vermögensminderung der jeweiligen Empfänger des Zahlungspapiers ist der Vermögensbestand im Zeitpunkt der Einlösung des Schecks oder Wechsels maßgeblich. Ein Minderwert entsteht bereits dann, wenn das Zahlungspapier nicht eingelöst wird, da ein Ersatzanspruch gegen den Aussteller oder Indossanten nach dem WG oder ScheckG nur mit zusätzlichem Aufwand, u. U. auch einem Haftungsprozess oder gar nicht durchsetzbar ist[183]. Es wird angenommen, dass eine schadensgleiche Vermögensgefährdung bereits eingetreten ist, wenn nach vernünftiger Prognose eine Deckung nicht zu erreichen ist[184]. Wird nur ein Dokumenteninkasso betrieben, zahlt die Inkassostelle den Gegenwert aber vor dessen Eingang an den Einreicher aus, ist das Vermögen der Inkassostelle gefährdet, wenn sie den AGB-Stornoanspruch (Nr. 47 AGB-Banken) nicht durchsetzen kann.

134 Weist das bezogene Konto hingegen (dauerhafte) Deckung auf, stellt sich kein Minderwert ein. Das ist auch bei dem garantierten Papier der Fall, weil die Einlösung des Zahlungspapiers allein von der Zusage des Garantiegebers, nicht aber vom Kontostand des Ausstellers abhängig ist[185]. Für den garantierten Scheck ergibt sich in der Regel auch, dass nicht das Vermögen des Schecknehmers gefährdet wird, sondern das des Einlösungsgaranten. Hier scheidet ein Betrug aus und der Tatbestand des § 266b StGB ist zu prüfen[186]. Wenn man einen **kompensierenden Umstand** anführen kann, kann der Schaden entfallen. Das setzt allerdings voraus, dass die Vermögensverfügung selbst Vorteil und Nachteil zugleich auslöst. Eine Kompensation scheidet deshalb regelmäßig aus, wenn sich die Vermögensmehrung nicht aus der Verfügung selbst ergibt, sondern erst durch eine andere, rechtlich selbstständige Handlung hervorgebracht wird[187], so z. B. wenn das Konto, auf das ein ungedeckter Scheck gezogen ist, zu einem späteren Zeitpunkt Deckung aufweist[188]. Auch eine nachträgliche Schadensbeseitigung ändert an dem einmal eingetretenen Vermögensschaden nichts[189]. Allerdings hat sich der BGH bei einer Umbuchung eines Kreditbetrages vom Konto des Kreditkunden auf ein

---

[180] BGH StV 1994, 185; BGH NStZ 2005, 160; LK-*Tiedemann*, § 263 Rn. 47.
[181] BGH NStZ 2005, 160.
[182] BGH wistra 1986, 170.
[183] BGHSt. 24, 386.
[184] LK-*Tiedemann*, § 263 Rn. 220.
[185] BGHSt. 3, 69; BGH wistra 1986, 170f.
[186] BGH wistra 1987, 64; wistra 1987, 136; *Lackner/Kühl*, § 266b Rn. 9; LK-*Tiedemann*, § 263 Rn. 219.
[187] BGH Urt. v. 4.3.1999 – 5 StR 355/98 – NStZ 1999, 353 (354).
[188] *Trück* in: Müller-Gugenberger/Bieneck, § 49 Rn. 24, 27.
[189] BGH Urt. v. 3.11.1987 – 1 StR 292/87 – wistra 1988, 188 (190).

B. Geld- und Zahlungsverkehr **10**

Konto eines anderen Firmenkunden, über die die Bank selbst verfügte, gegen die Annahme eines Vermögensschadens entschieden[190].

Jede der beschriebenen Handlungen ist nur strafbar, wenn sie vorsätzlich verwirklicht wird. Beim Betrug mittels Zahlungspapieren spielt hauptsächlich neben der Wahrscheinlichkeit, dass das bezogene Konto Deckung aufweist eine Rolle, dass der Aussteller nicht mit einer Deckung rechnen konnte[191]. Das bloße (ungewisse) Hoffen auf Zahlungseingänge kann einen Vorsatz nicht entfallen lassen[192], auch wenn es sich nicht notwendig um dokumentierte Ansprüche handeln muss. **135**

3. Untreue durch Tolerierung einer Scheck- oder Wechselreiterei

Wer als Bankmitarbeiter Absprachen zwischen dem Aussteller und dem Empfänger über ein nicht bestehendes Grundgeschäft (Finanzwechsel, Finanzschecks) kennt und sie entgegen den institutsinternen oder gesetzlichen Regelungen duldet, gefährdet das Vermögen der Zahlstelle und kann dadurch eine Untreue begehen[193]. Das Gleiche dürfte bei Bankmitarbeitern der Fall sein, die Zahlungspapiere zum Inkasso annehmen, aber im Wissen um deren Deckungsproblematik den Gegenwert bereits vor Eingang des Geldes von der Zahlstelle dem Einreicherkonto gutschreiben. Weist das Einreicher-Konto oder die sonstigen Vermögensverhältnisse des Einreichers eine ausreichende Deckung für den Storno-Anspruch auf, tritt allerdings kein Vermögensnachteil der Bank ein. **136**

V. Internationaler Zahlungsverkehr

1. Bedeutung des internationalen Zahlungsverkehrs

Im Zeitalter einer weltumspannenden EDV, Internet, Satellitenübertragungen und Kontinente verbindender Konzernbildungen stellt die Abwicklung des internationalen Zahlungsverkehrs einen nicht mehr wegzudenkenden Bestandteil unseres Wirtschaftssystems dar. Gerade durch die internationalen Verflechtungen der deutschen Großbanken, aber auch durch von Banken dominierte Unternehmensbeteiligungen, Finanzierungen internationaler Konzerne und ausländischer Staaten sowie durch die Abwicklung eigener und fremder Geldanlagegeschäfte wird die zuverlässige und gesetzmäßige Abwicklung des internationalen Zahlungsverkehrs immer bedeutsamer. **137**

2. Missbrauch des Auslandszahlungsverkehrs

Es gibt drei Hauptgruppen missbräuchlicher Ausnutzung der auf den internationalen Zahlungsverkehr gerichteten Dienstleistungen der Banken: **138**
– die Verschiebung eigenen oder fremden Vermögens (a),
– die ungerechtfertigte Vorlage von Akkreditiven (b) und
– die Ausnutzung von Devisenkursen zu spekulativen Zwecken (c).

a) Verschiebung eigenen oder fremden Vermögens

Die Wahl einer Geldanlage im Ausland, die (Schein-)Gründung einer Gesellschaft mit Sitz im Ausland, die Beteiligung eines inländischen Unternehmens an einem ausländischen zu Fantasiepreisen, die Bezahlung von fingierten oder überhöhten ausländischen Lieferanten-Rechnungen durch ein inländisches Unternehmen und die (scheinbare) Kreditvergabe ins Ausland sind Erscheinungsformen der modernen Wirtschaftskriminalität. Die Ermittlungsbehörden finden häufig folgende Abläufe vor: **139**

---

[190] BGH NStZ 1995, 232.
[191] BGHSt. 3, 69; *Krekeler/Werner*, Rn. 1282, 1285, 1290.
[192] BGH MDR 1955, 528; Schönke/Schröder-*Cramer*, § 263 Rn. 29.
[193] BGH Urt. v. 13.2.2001 -1 StR 448/00- wistra 2001, 218.

140 aa) Eine inländische Bank (meist eine Tochtergesellschaft einer ausländischen Bank) oder eine Zweigstelle oder Repräsentantin einer ausländischen europäischen Bank (vgl. §§ 53 bis 53c KWG) empfiehlt ihren Kunden zur Geldanlage besonders ertragreiche Anlagemöglichkeiten im Ausland. Es kann sich um Aktien, andere Wertpapiere oder „Finanzinstrumente" im Sinne von § 1 Abs. 1 Nr. 4 KWG handeln. Durch Ausnutzung der internationalen Bankverbindungen dieser Bank wird die Geldanlage in einem Niedrigsteuerland erworben und dort anonym verwahrt. Die Bank vereinbart mit dem Kunden eine treuhänderische Verwaltung der Geldanlage durch die Bank und regelt den Postverkehr so, dass dem Kunden im Inland keine Post mehr zugestellt wird. Erträge aus derartigen Geschäften können schwerlich aufgespürt und festgestellt werden, wenn sie einer Besteuerung entzogen werden.

141 bb) In bestimmten Staaten können Domizilgesellschaften gegründet werden, über deren Inhaberschaft und Vermögensverhältnisse keine Auskünfte erteilt werden müssen, oder die durch Treuhänder verwaltet werden, die nicht zu einer Auskunft über den wahren Geschäftsherrn gezwungen werden können.

142 cc) Auch Unternehmensbeteiligungen im Ausland werden durch den internationalen Zahlungsverkehr ermöglicht. Dabei nutzen die „Vermögensverschieber" in den Banken in meist unbekannter Absicht Korrespondenzbankennetze im Ausland, um fingierte oder preislich überhöhte Beteiligungen zu erwerben. Auf diese Weise wird einem Unternehmen ohne wirtschaftlichen Hintergrund Liquidität entzogen. In der Bilanz wird zwar meist eine Unternehmensbeteiligung als Vermögenswert ausgewiesen, ob der Wertansatz aber realistisch ist, ist kaum überprüfbar. Ermittlungsansätze ergeben sich hier bei dem Wirtschaftsprüfer des Unternehmens, der als Außenstehender häufig der Erste ist, der den Wertansatz im Jahresabschluss überprüfen muss. Im umgekehrten Falle haben sich ausländische Unternehmen mit Fantasiepreisen an inländischen Unternehmen in der Absicht beteiligt, auf diese Weise Gelder zu waschen oder die Unternehmen zunächst einmal zu übernehmen und dann finanziell ausbluten zu lassen. Derartige Absichten nachzuweisen, ist ermittlungstechnisch sehr schwierig. Meist wird es nur durch eine lange Indizienkette möglich sein, das Unrecht nachzuweisen.

143 dd) Die Bezahlung ausländischer Lieferantenrechnungen durch deutsche Unternehmen wird seit Jahren von den Finanzämtern kritisch untersucht. Dennoch gelingt es nicht selten, unauffällig überhöhte Rechnungen des ausländischen Lieferanten in die Buchhaltung einzustellen, die Bezahlung aber nur vorzutäuschen oder – bei voller Bezahlung – eventuelle als „Provisionen" getarnte Rückzahlungen im Ausland zu verschleiern. Meist können solche Vorgänge erst aufgedeckt werden, wenn ein an den Rechnungsstellungen und Zahlungen Beteiligter diese Vorgänge offenbart. Die in der Abteilung Auslandszahlungsverkehr der Banken aufbewahrten Belege können häufig Aufschluss darüber geben, ob der Rechnungsaussteller tatsächlich Gelder erhalten hat, oder ob Zahlungen an andere Adressaten gingen.

144 ee) Schließlich sind auch Fälle der Kreditvergabe eines deutschen Unternehmens an ein ausländisches Unternehmen bekannt geworden. Der Zahlungsverkehr der Banken ist dabei genutzt worden, um die Gelder ins Ausland zu verschieben, wobei die Täter in dem Wissen den Kredit vergeben, dass die empfangende Stelle den Kredit nicht zurückzahlen kann. Meist sind die Empfänger Informanten oder Helfershelfer und leiten den Geldbetrag im Ausland an die eigentlichen Täter wieder zurück. Ermittlern wird die Aufklärung der Tat durch die nationalen Grenzen häufig entscheidend erschwert. Eine effektive Rechtshilfe[194] wird nur in den Ländern gewährt, die dem Schengener Abkommen vorbehaltlos zugestimmt haben. In anderen Ländern wird in Fiskalsachen nur eingeschränkt oder gar keine Rechtshilfe gewährt.

b) Ungerechtfertigte Vorlage von Akkreditiven

145 Im internationalen Warenverkehr verlangt der Exporteur einer Ware von dem in einem anderen Land sitzenden Importeur häufig eine bankmäßige Sicherheit oder gar die bankmäßig garantierte Erfüllung seiner Leistungen. Dies geschieht durch Dokumenteninkassogeschäfte und Akkreditive. Beim **Dokumenteninkasso** beauftragt der Exporteur seine Hausbank mit dem Einzug der Warenforderung unter Übergabe der die Ware repräsentierenden Dokumente. Bei diesen handelt es sich um kaufmännische Transportpapiere mit Orderfunktion

---

[194] Vgl. hierzu Kapitel 24.

B. Geld- und Zahlungsverkehr

(§§ 363–365, 424 HGB). Die Exporteurbank prüft die Dokumente auf Vollständigkeit und leitet die Papiere dann an die Importeurbank weiter mit der Aufforderung, den Warengegenwert zu zahlen. Da zwischen dem Exporteur und seiner Hausbank nur ein Sondervertrag „zum Einzug" zustande kommt, hat er keinen Anspruch auf Gutschrift des Dokumentengegenwertes vor Ablauf der Zahlungsfristen. Allerdings gewährt die Bank ähnlich wie bei einem Scheck eine Vorfinanzierung.

Beim **Akkreditiv** beauftragt der Importeur seine Bank, dem Exporteur ein Akkreditiv mit oder ohne Bankbestätigung auszustellen und an die Korrespondenzbank im Land des Exporteurs weiterzuleiten. Wenn der Exporteur das Akkreditiv in Händen hält, liefert er die Ware. Die Transportpapiere hierzu übergibt er der inländischen Bestätigungsbank und verlangt Zahlung aus dem Akkreditiv. Die Bestätigungsbank ist verpflichtet, nach Prüfung der Dokumente den Gegenwert auszuzahlen. Die Dokumente werden an die Akkreditivbank weitergeleitet, dort erneut geprüft. Sodann wird der Importeur von seiner Bank aufgefordert, den Gegenwert der Dokumente zu zahlen.

Die missbräuchliche Ausnutzung der beiden Zahlungswege ist keine Seltenheit. Die Manipulationen, insbesondere die Auslassung des so wichtigen Grundgeschäftes, der Warenlieferung, können enormen Schaden anrichten. Da die Interessenlage der Bank derjenigen bei einem Finanzwechsel vergleichbar ist, wird man auch hier in Fortsetzung der Rechtsprechung des BGH zu Finanzwechseln ein vollständige Offenbarung aller Umstände der Begebung des Akkreditives verlangen müssen.

c) Ausnutzung von Devisenkursen zu Spekulationszwecken

Devisengeschäfte, Devisentermingeschäfte und Devisenoptionsgeschäfte können ohne die Vermittlung einer Bank nicht ausgeführt werden. Im kaufmännischen Bereich ist ein Devisengeschäft dann sinnvoll, wenn durch Handelsbeziehungen in das Ausland eine fällige oder eine künftige Verbindlichkeit beglichen werden muss. Ein Devisentermingeschäft wird meist dann abgeschlossen, wenn Ware auf Termin erworben worden ist und zu einem bestimmten zukünftigen Tag gegen Zahlung in Fremdwährung abzunehmen ist. Ein Devisenoptionsgeschäft bietet sich als sinnvolle Absicherung des Kursrisikos einer laufenden Investition, eines Darlehens oder eines Warengeschäftes an. In den vergangenen Jahren sind allerdings immer wieder Fälle bekannt geworden,[195] die ausschließlich oder erkennbar weitaus überwiegenden spekulativen Charakter hatten. Die handelsrechtlich mögliche und zulässige wirtschaftliche Absicherung eines Auslandsgeschäftes kann hingenommen werden, solange der Wert des kommerziellen Grundgeschäftes nicht überschritten wird.

Manipulationen beginnen, wenn die kommerzielle Basis, d. h. die Höhe der Forderungen oder Risiken aus Auslandsgeschäften, verlassen und ohne erkennbaren Bezug zu dieser Basis auf das Geradewohl Devisengeschäfte abgeschlossen werden. Diejenigen Banken, die derartige spekulative Geschäfte auf Kredit finanzieren und über die Geschäftslage ihrer Kreditnehmerin informiert sind, beteiligen sich unter Umständen an den schädigenden Handlungen der handelnden Personen.

Wann bereits eine betrugsrelevante Gefährdung der Vermögenslage des Opfers vorliegt, ist in der Rechtsprechung noch nicht endgültig geklärt. In der Regel stehen Optionsgeschäften bestimmte Rechte gegenüber. Bei einer vollständigen Ausermittlung wäre der Wert dieser Rechte zu ermitteln und von dem Umfang an eingegangenen Verpflichtungen abzuziehen. Erst dann kann ein messbarer Schaden entstehen. Außerdem ist bei einer Kreditierung der Geschäfte durch eine Bank natürlich zu beachten, dass die Bankzinsen zum Aufwand aus dem Geschäft mitgerechnet werden. Die Ermittlung der konkreten Risiken aus derartigen Geschäften bereitet ohne fachkundige Hilfe erhebliche Schwierigkeiten. Ohne die Hilfe einer erfahrenen Wirtschaftsprüfungsgesellschaft wird der Sachverhalt häufig unvollständig ermittelt.

---

[195] Herstatt-Zusammenbruch, VW-Devisenskandal, Balsam-Insolvenz, Barings-Pleite.

C. Kreditgeschäfte der Banken

I. Allgemeines

1. Kreditbegriff, Kreditarten und Kreditrisiko

a) Strafrechtlicher Kreditbegriff

151 Voraussetzung für die Annahme, ein bestimmter Kredit sei missbräuchlich erlangt oder die Kreditsicherheit sei manipuliert, ist das Vorliegen eines Kredites im strafrechtlichen Sinne. Es gibt unterschiedliche Kreditbegriffe und -arten, die nicht alle strafrechtliche Relevanz haben. Die Begriffsbildungen sind aber immer abstrakter und kaum noch verständlich. Das mag zwar dem gesamtwirtschaftlichen Interesse an der Vermeidung von Insolvenzen und „Klumpenrisiken" dienen, schon wegen des Bestimmtheitsgebotes (§ 1 StGB) muss der strafrechtliche Schutz von Finanzierungen enger gezogen werden.

152 Man muss sich verabschieden von der Vorstellung, der Begriff „Kredit" im **bürgerlich-rechtlichen Sinne** könne mit „Darlehen" im Sinne der §§ 607 ff. BGB (a. F.) gleichgesetzt werden. Abgesehen davon, dass die Finanzierungsformen vielfältig sind und gerade Projekt- und Unternehmensfinanzierungen bei weitem nicht auf einer klassischen Geldleihe beruhen, hat das Schuldrechtsmodernisierungsgesetz zum 1.1.2002 keine einheitliche Begriffsdefinition geschaffen, sondern die Vorschriften über das Darlehen, den Verbraucherkredit und ähnliche Geschäfte (vgl. früher § 1 Abs. 2 VerbrKG) neu gefasst. Die zivilrechtlichen Begriffe sind geprägt durch die bankrechtlichen Vorgaben der EU: klassische Gelddarlehen in § 488 ff. BGB, das Verbraucherdarlehen in § 491 ff., der Zahlungsaufschub und sonstige Finanzierungen in § 499, Finanzierungsleasing in § 500, Teilzahlungsgeschäfte in § 501 ff.; Ratenlieferungsverträge in § 505 und nur noch Sachdarlehensverträge sind durch §§ 607 ff. BGB geregelt. Erkennbar ist der Gesetzgeber davon ausgegangen, dass eine einheitliche Begriffsdefinition nicht gefunden werden kann, aber auch nicht gefunden werden muss. Gemeinsame Merkmale aller Finanzierungsformen sind die Vorleistung des Finanzierungsgebers, die hinausgeschobene Fälligkeit des Rückzahlungsanspruches, der eine Ratenzahlungsvereinbarung oder eine Ablösungsvereinbarung zzgl. einer Vergütung (Zinsen oder Zusatzleistungen, Provision, Agio etc.) bei Laufzeitende oder in periodischen Abständen gegenübersteht. Die Mindestlaufzeit einer solchen Finanzierung muss drei Monate betragen, um als Darlehen angesehen zu werden (§ 499 Abs. 1 BGB). Die betriebswirtschaftlichen „Finanzierungsarten" wie beispielsweise Anteilserwerb, Fonds- oder andere Unternehmensbeteiligungen, stille Gesellschaften oder Venture-Capital-Beteiligungen stellen keine Kredite in diesem Sinne dar. Der Begriff der Kreditleihe ist schließlich nicht gesetzlich normiert.

153 **Nach dem KWG** wird in Anlehnung an § 1 Abs. 1 Satz 2 Nr. 2 KWG von einem Kredit dann gesprochen werden müssen, wenn die Bank aufgrund einer Vereinbarung mit dem Kunden rückzahlbare Gelder auszahlt, zum Abruf bereithält oder deren Auszahlung Dritten gegenüber garantiert. Nach § 19 KWG sind für die Bestimmungen der §§ 13, 14 und des Kreditnehmers als Kredite anzusehen: Bilanzaktiva der Banken (also Forderungen gegen Kunden oder andere Banken), Derivate außer den Stillhalterpositionen bei Optionsgeschäften sowie die dafür übernommenen Gewährleistungen und andere außerbilanzielle Geschäfte.[196] Unter diesen Begriff fallen beispielsweise auch Zentralbankguthaben der Banken, Schuldtitel öffentlicher Stellen, Forderungen an Kreditinstitute und Kunden, Schuldverschreibungen, Beteiligungen, Anteile verbundener Unternehmen, Finanzswaps, Finanztermingeschäfte und Optionsrechte. Auch Wertpapiere (Aktien etc.) zählen dazu. Ausnahmen dazu regelt § 20 KWG.

154 Dagegen verwendet § 21 KWG gerade für die Bestimmung des wegen § 266 StGB wichtigen § 18 KWG einen **engeren Kreditbegriff**. Zu Krediten im Sinne des § 18 KWG zählen danach beispielsweise nicht institutionelle Kredite, abgeschriebene Kredite, Realkredite

---
[196] *Jung/Schleicher*, a. a. O., S. 99.

C. Kreditgeschäfte der Banken

und öffentlich verbürgte Kredite (§ 21 Abs. 2–4 KWG). Auch Factoringgeschäfte fallen nicht unter § 18 KWG.

Angesichts der immer wieder kehrenden Frage, ob Immobilienkredite als Realkredite im Sinne des § 21 Abs. 3 Nr. 1 KWG nicht unter den Anwendungsbereich des § 18 KWG fallen können, sei darauf hingewiesen, dass nach dieser Ausnahmevorschrift ein ggfls. einheitlicher Darlehensvertrag aufgespalten werden muss in einen Realkreditteil, der den Anforderungen der §§ 14, 16 PfandBG (früher: §§ 11 II, 12 HypBankG) entspricht, und einen sog. „Personalkreditanteil", der zwar nicht ungesichert ist, auf den aber § 18 KWG mit seinen eigenen Tatbestandsalternativen anzuwenden ist.[197]

Da solche Begriffsbestimmungen aus strafrechtlicher Sicht teilweise zu eng, teilweise zu weit geraten sind[198], hat der Gesetzgeber in § 265b StGB den strafrechtlichen Kreditbegriff definiert:

Kredite im strafrechtlichen Sinne sind danach alle „Gelddarlehen, Akzeptkredite, der entgeltliche Erwerb und die Stundung von Forderungen, die Diskontierung von Wechseln und Schecks und die Übernahme von Bürgschaften, Garantien und sonstigen Gewährleistungen" (§ 265b Abs. 3 Nr. 2 StGB).

b) Klassifizierung der Kredite

Die Bankenpraxis unterscheidet Geldleihgeschäfte und Kreditleihgeschäfte.[199] Bei Geldleihgeschäften werden Zahlungen von der Bank geleistet (Kontokredite, Diskontgeschäft, Hypothekenkredite), bei Kreditleihgeschäften gibt die Bank nur die verbindliche Zusage, unter bestimmten nachgewiesenen Voraussetzungen in der Zukunft Gelder zu zahlen (Akzeptkredit, Avalkredit). Nach Art der Verwendung der Finanzierungsmittel sind die folgenden Einzelbegriffe gebräuchlich:

Kreditklassifikation	Begriffsbestimmung	Rechtsnatur
Dispositions- oder Überziehungskredit an Private	Zusage einer bestimmten Verfügungsmöglichkeit über ein Giro- oder Kontokorrentkonto, die über ein Guthaben hinausgeht bis zur Höhe des Kreditrahmens auf unbestimmte oder bestimmte Zeit. Der Kredit kann tageweise ausgeschöpft oder zurückgeführt werden.	§ 493 BGB
Betriebsmittelkredit an Unternehmen	Zusage der Verfügungsmöglichkeit über ein laufendes Firmenkonto über das Guthaben hinaus bis zum vereinbarten Kreditrahmen auf unbestimmte oder bestimmte Zeit. Gegenstück zum Dispositionskredit.	Darlehen i. S. v. § 488 BGB
Währungskredit (Eurogeldkredit)	Zusage eines Betriebsmittelkredites in fremder Währung auf unbestimmte oder bestimmte Zeit zur Auszahlung. Es besteht für die Bank und den Kunden ein Währungsrisiko.	Darlehen i. S. v. § 488 BGB
Anschaffungskredit (auch Ratenkredit)	Auszahlung von Kreditmitteln auf bestimmt vereinbarte Zeit für die Anschaffung eines bestimmten Gegenstandes.	Darlehen i. S. v. § 488 BGB
Hypothekenkredit oder Kommunalkredit	Auszahlung von Kreditmitteln auf lange Zeit mit oder ohne Festlegung des Zinssatzes für die Anschaffung oder Finanzierung von Grundstücken oder grundstücksgleichen Rechten gegen Sicherheit durch Hypothek oder Grundschuld. Beim Kommunalkredit langfristige staatliche Finanzierung.	Darlehen i. S. v. § 488 BGB

---

[197] Boos/Fischer-*Bock*, § 21 KWG, Rn. 72.
[198] So auch *Fischer*, § 265b StGB Rn. 10, § 291 StGB Rn 6.
[199] *Hagenmüller/Diepen*, Der Bankbetrieb, S. 411.

Kreditklassifikation	Begriffsbestimmung	Rechtsnatur
Diskontgeschäft	Erwerb diskontfähiger Wechsel oder Schecks gegen Auszahlung des Geld-gegenwertes abzüglich Diskontsatz.	Forderungskauf i. S. v. § 433 BGB
Lombardgeschäft	Kurzfristiger Kredit gegen Verpfändung verwertbarer beweglicher Sachen oder Rechte (insbes. Wertpapiere).	Darlehen i. S. v. § 488 BGB
Weiterleitungskredite	Durchgeleitete oder Treuhandkredite aus zweckgebundenen fremden Mitteln anderer Banken an den Kunden.[200]	Entgeltliche Geschäftsbesorgung i. S. v. §§ 778, 675 BGB
Schuldscheindarlehen	Längerfristige Darlehen an Großunternehmen, staatliche Stellen oder Kreditinstitute mit Sonderaufgaben, gegen Ausstellung eines Schuldscheins oder Unterzeichnung des Darlehensvertrages.	Darlehen i. S. v. § 488 BGB
Risikovormerkungen	Auch die kurzfristige Vorfinanzierung einer Kundenforderung, z. B. das Lastschriftlimit, die Scheckgutschrift „Eingang vorbehalten" und das Devisenterminlimit sind Finanzierungen der Bank für den Kunden.	Entgeltliche Geschäftsbesorgung i. S. v. § 675 BGB
Avalkredit	Ausstellung einer Bürgschaft oder Garantie der Bank zugunsten eines Gläubigers des Bankkunden auf Zeit oder unbefristet, (z. B. Gewährleistungsbürgschaft, Prozessbürgschaft)	Entgeltliche Geschäftsbesorgung für den Kunden, § 675 BGB, Bürgschaft i. S. v. §§ 765 ff. BGB, 349 ff. HGB gegenüber dem Gläubiger
Akzeptkredit	Annahme eines von dem Kunden ausgestellten, auf die Bank gezogenen Wechsels unter der Bedingung, dass der Kunde den Wechselgegenwert vor Fälligkeit des Wechsels der Bank zur Verfügung stellt.	Regelmäßig entgeltliche Geschäftsbesorgung für den Kunden i. S. v. § 675 BGB[201]
Leasing	Erwerb eines Anlagegegenstandes durch den Leasinggeber vom Lieferanten und langfristige entgeltliche Vermietung (mit oder ohne Kaufoption) zum Zwecke der Nutzung an den Leasingnehmer.	Meist Mietvertrag i. S. v. § 535 BGB, neu in § 500 BGB
Factoring	Erwerb von noch nicht fälligen Kundenforderungen und Auszahlung des Forderungsgegenwertes abzüglich einer Sicherheit gegen Provision. Meist übernimmt die Bank das Ausfallrisiko (echtes F.)	Forderungskauf i. S. v. § 433 BGB (Echtes Factoring); Darlehen i. S.v § 488 BGB (Unechtes Factoring)

c) Kreditrisiko

158   Die Geschäftspolitik einer Bank bewegt sich stets zwischen den beiden Polen „Risikominimierung" und „Ertragsoptimierung". Die Bank versucht aus der kaufmännischen Sicht, den betriebswirtschaftlichen Ertrag aus einem Kredit zu optimieren und das Kreditausfallrisiko zu minimieren. In der Bankpraxis wird im Idealfall ein Kreditmitteleinsatz zu möglichst hohen Zinsen bei möglichst weiter (Über-)Sicherung angestrebt. Dennoch sieht die Realität anders aus. Sie richtet sich häufig an den Erfolgsaussichten des Finanzierungsgegenstandes, an der Bonitäts- und Ratingklasse des Kreditnehmers und an den Marktverhältnissen aus. Je nach Kredit- und Finanzierungsart sind die zu bestellenden und zu beurteilenden Kreditsicherheiten, die Beleihungsanforderungen und die Gesamtkreditgrenzen unterschiedlich. Die Einflussmöglichkeit eines Kunden oder auch des Bankmitarbeiters auf die Kreditgewährung durch manipulative Praktiken variieren. Auch muss jede Kreditart hinsichtlich des mit ihr ver-

---

[200] *Hagenmüller/Diepen*, a. a. O., S. 557 ff.
[201] BGH-Urteil vom 16.12.1955 – I ZR 134/54, BGHZ 19, 282.

C. Kreditgeschäfte der Banken **10**

bundenen Risikos besonders beurteilt werden. Nachdem in der Bankenwelt seit einigen Jahren das „Beamtendenken" sukzessive durch ein „Produktdenken" ersetzt worden ist, muss auf der Ermittlungsseite bedacht werden, dass verschiedene Kredite, z. B. die Finanzierung hochriskanter Spekulations- und Termingeschäfte, die Euro- und Devisenkredite oder die Kredite für von der Bank vertriebene Geldanlagen, stets mit einem **aus dem Finanzierungsobjekt selbst resultierenden zusätzlichen Risiko** gewährt werden, ohne dass dafür angemessene Sicherheiten bestellt werden. Bei Termingeschäften besteht ein Erfüllungs- oder Verfallsrisiko, bei Devisenkrediten ist es in der Regel das Kursrisiko und bei Anlagenfinanzierungen das Bewertungs- und Realisierungsrisiko.

Bei einer strafrechtlichen Beurteilung des Kreditabschlusses und eines dadurch oder danach eingetretenen Schadens muss dieses, von der Bank in der Regel bei der Eingehung des Kredites kalkulierte Risiko berücksichtigt werden. Die Grenze zwischen einem noch kausal verursachten Irrtum der Bank und anschließender Vermögensverfügung und einem deutlich fahrlässigen Erkennen des mit der Kreditgewährung verbundenen Ausfallrisikos muss auch bei der strafrechtlichen Beurteilung eine Rolle spielen. Bislang hat die Rechtsprechung ein leichtfertiges Verhalten der Banken oder eine zu große Nachlässigkeit bei der Kreditverwendungskontrolle einem betrügerisch handelnden Täter in der Strafzumessung zugute gehalten. Angemessen wäre es aber, solche Fälle bereits auf der Kausalitätsebene im objektiven Tatbestand zu lösen. Eine Bank, die sehenden Auges eine riskante Finanzierung vereinbart, kann nur über solche Umstände getäuscht sein, die mit dem erkannten Risiko **nicht** zusammenhängen.[202] Die Bank erleidet auch keinen strafrechtlich relevanten Schaden, wenn sich das vorhergesehene Risiko verwirklicht. Die Zivilgerichte haben diesen Risikoaspekt beispielsweise bei dem Ankauf von Umkehrwechseln erkannt und der Bank in Einzelfällen den Schadensersatzanspruch versagt.[203] Dieser Ansatz sollte in konsequenter Weise auf der strafrechtlichen Seite weiterverfolgt werden. Ein Schaden, dessen Eintritt die Bank bei Vertragsabschluss oder Prolongation bewusst in Kauf genommen und den sie bereits unter Aufgabe wesentlicher Sicherheitsbedenken bei der Kreditvergabe einkalkuliert (evtl. mit erhöhtem Disagio oder erhöhter Verzinsung) hat, darf dem möglichen Betrüger nicht mehr zugerechnet werden. **159**

In diesem Sinne sind die **nichtigen Kreditverhältnisse** keine einen Schaden der Bank auslösenden Geschäftsabschlüsse. Nichtigkeit ist anzunehmen, wenn **160**
– der Kredit unter Verstoß gegen §§ 55, 56 Abs. 1 Nr. 6 GewO, 134 BGB im Reisedienst zustande kam,[204]
– die Kreditgewährung wegen erkennbarer Schädigungen Dritter gegen die guten Sitten verstößt (§ 138 BGB),[205]
– der verlangte Zins wucherisch überhöht ist (§ 138 BGB),[206]
– durch die Besicherung der Bank ein Knebelvertrag[207] vorliegt und eine Gläubigerbenachteiligung eintritt und
– wenn eine Insolvenzverschleppung vorliegt (d. h. die Bank hält den Schuldner wirtschaftlich am Leben, saniert ihn aber nicht).

Da in solchen Fällen die Bank selbst die Nichtigkeit des Kredites durch eigenes Verhalten herbeigeführt hat, beruht der eingetretene Verlust nicht auf einer eventuellen Täuschung des Kreditnehmers.

---

[202] BGH Beschl. v. 8.3 2001 – 1 StR 28/01, StV 2002, 132.
[203] OLG Koblenz, U. v. 7.3.1986 – 2 U 1393/85; BGH ZIP 1984, 37 (zum Scheck-Wechsel-Verfahren).
[204] BGHZ 71, 358; BGH NJW 1992, 425; Ausn. bei Vermittlung von Steuersparmodellen, BGH ZIP 1985, 203.
[205] BGH ZIP 1984, 37 (wenn die Bank mit der Schädigung Dritter rechnen musste).
[206] *Nack*, MDR 1981, 624; BGHZ 80, 153.
[207] RGZ 130, 145; BGH NJW 1955, 1272.

2. Kreditsicherheiten

a) Arten von Sicherheiten

161 Für eine Bank stellen die Kreditsicherheiten das wesentliche Äquivalent zur Rückzahlungsforderung dar. Die Bank sichert sich nach der Sorgfalt eines ordentlichen Kaufmannes so ab, dass das Risiko eines Forderungsausfalls gemindert oder ausgeschlossen werden kann. Wird keine Sicherheit vereinbart oder zwar eine Sicherheit vereinbart, diese aber nicht bewertet, spricht man in der Bankpraxis von einem Blankokredit. Man unterscheidet Real- und Personalsicherheiten. Bei den Real- oder Sachsicherheiten erhält die Bank Rechte an einem beweglichen oder unbeweglichen Gegenstand oder einem Recht. Bei Personalsicherheiten tritt neben den Kreditnehmer eine andere Person, die für die Rückzahlung des Kredites unter den Bedingungen des Sicherheitenvertrages einstehen will. Folgende Kreditsicherheiten können unterschieden werden:

Kreditsicherheit	Regelung	Bedeutung
Positivverklärung (ähnlich: Patronatserklärung)	Keine	Verpflichtung des Kreditnehmers, auf erstes Anfordern eine Sicherheit zu stellen
Bürgschaft	§§ 765 ff. BGB, 349 ff. HGB	einseitig verpflichtender Vertrag, der den Bürgen für den Fall des Ausfalls des Hauptschuldners zur Zahlung verpflichtet
Garantie	Keine	abstraktes einseitiges Schuldversprechen, für den Fall eines bestimmten Bedingungseintrittes den Rückzahlungsanspruch zu erfüllen
Pfandrecht	§§ 1204 ff., 1273 BGB	Dingliches, zur Sicherung einer Forderung dienendes Recht an fremden Sachen oder Rechten. Bei Verwertungsreife ist der Gläubiger zur sofortigen Verwertung des Gegenstandes berechtigt. Das Pfandrecht kann aufgrund eines Gesetzes oder eines Vertrages[208] bestehen.
Sicherungsübereignung	§§ 929, 930 BGB, keine vollständige Regelung	Übereignung einer beweglichen Sache oder eines Rechtes an die Bank mit gleichzeitiger Vereinbarung, dass der bisherige Inhaber die Sache oder das Recht weiterhin besitzen und verwerten darf.
Forderungszession	§§ 398 ff., 433 BGB	Stille oder offene Vollrechts- oder Sicherungsabtretung zur Absicherung der Bank gegen einen Forderungsausfall aus dem Kredit. Bei ständig variierender Abtretung und Ersetzung wird ein Mantelzessionsvertrag vereinbart.
Grundpfandrechte Grundschuld, Hypothek, Rentenschuld	§§ 1113 ff., 1163, WEG; Erbbau-RVO	Eintragung grundbuchfähiger Rechte (Grundschuld, Hypothek) in bestimmter Höhe auf einem im fremden Eigentum oder Erbbaurecht stehenden Grundstück

b) Bewertung von Sicherheiten

162 Eine sachgerechte Bewertung der Sicherheiten ist erforderlich, damit die Bank klären kann, welchen Wert sie selbst der Sicherheit zuschreibt und welche Deckung der Kreditforderung dadurch eintritt. Grundgedanke ist dabei, dass die Bank eine möglichst gute Deckung erreichen will, um sich für den Fall eines Forderungsausfalls gegen den Kreditnehmer abzusichern. Je höher der Wert der der Bank gewährten Sicherheiten nach objektiven Marktkriterien ist, umso weniger von Bedeutung ist die allgemeine Vermögenslage des Kreditnehmers. Bei der Bewertung spielen alle Merkmale der jeweiligen Sicherheit eine Rolle, z. B. die Bonität eines Bürgen, die Ausfallrisiken bei einer zedierten Forderung und die Zeitspanne, innerhalb der ein Pfandrecht beispielsweise an einem Wertpapierdepot realisiert werden kann. Bei verpfändeten Bankguthaben und Wertpapierdepots kann man in der Regel von erstklassigen Sicher-

---

[208] Z. B. Nr. 19 AGB-Banken oder Nr. 21, 22 AGB-Sparkassen.

C. Kreditgeschäfte der Banken

heiten ausgehen, bei sonstigen Sicherheiten hängt die Realisierbarkeit häufig auch mit der allgemeinen wirtschaftlichen Lage und der Ausgestaltung der jeweiligen Sicherheitenvereinbarung ab.

Von dem Wert der Sicherheit muss die **Kapitaldienstfähigkeit** unterschieden werden. Sie ergibt sich nicht aus dem Wert der Sicherheiten, sondern aus der Fähigkeit des Kreditnehmers, aus seinen allgemeinen, objekt- oder projektbezogenen Einnahmen die vereinbarte Tilgungs- und Zinsrate auf Dauer aufzubringen. 163

c) Beleihungsgrenzen

Je nach gesetzlichen Vorgaben, nach der Satzung oder institutsinternen Regelungen werden für Sicherheiten Beleihungsgrenzen festgesetzt. Eine Beleihungsgrenze besagt nichts über die Werthaltigkeit der Kreditforderung, sondern legt eine Wertgrenze fest, mit der eine Sicherheit höchstens als Deckungswert für eine Kreditforderung akzeptiert wird. Decken sich Beleihungswert und Kreditbetrag nicht, ist für den ungedeckten Teil der Kreditforderung nach einer Bonitätsbeurteilung oder ergänzenden Sicherheiten zu fragen. Mit der folgenden Übersicht sollen nur Anhaltspunkte üblicher Beleihungsgrenzen gegeben werden: 164

Sicherheit	Bewertungsgrenze	Maßnahmen zur Bewertung
Bürgschaft	50–70% der Bürgschaftssumme	Angaben über die wirtschaftliche Lage des Bürgen, Vermögens- und Einkommensauskünfte, evtl. Bilanzen, Steuererklärungen
Garantie	80–100% der Garantiesumme	Angaben über die wirtschaftliche Lage des Garantiegebers, Vermögens- und Einkommensauskünfte, evtl. Bilanzen, Steuererklärungen
Pfandrecht	10–70% des Marktwertes	Wertgutachten oder Einschätzung durch die Bank; bei Bankguthaben im eigenen Haus bis zu 100%, bei Depotwerten der Tageskurs abzgl. 10–20%
Sicherungsübereignung	50–70% des Nominalwertes	Wertgutachten, bei Neuwert Kaufpreisunterlagen
Forderungszession	0–90%	Bewertung nach Branchen und Schuldnerbonität; z. T. auch nach sonstigen Sicherungen; Forderungen gegen ausländische Schuldner sind kaum zu bewerten, da Beitreibbarkeit unsicher
Grundpfandrecht Grundschuld, Hypothek, Rentenschuld	60–100% des Beleihungswertes	Wertgutachten der Bank oder von Sachverständigen; Kaufpreis, Investitionsvolumen; nachrangige Kredite dürfen bis zu 100% des Sicherheitenwertes ausgegeben werden

Weicht die Bank ohne erkennbaren sachlichen Grund von gesetzlichen oder bankinternen Vorgaben beim ab, dann besteht Anlass zu genauerer Prüfung, warum und auf wessen Anordnung das geschehen ist. Ein ungedeckter Kredit stellt theoretisch auf eine hohe Kreditwürdigkeit des Kunden ab. Wenn diese aufgrund der wirtschaftlichen Verhältnisse des Kreditnehmers nicht festgestellt werden kann, bestehen Anhaltspunkte für eine pflichtwidrige Kreditvergabe. Ob ein Schaden der Bank entstanden ist, orientiert sich ausschließlich an der Werthaltigkeit der Kreditforderung im Zeitpunkt der Kreditvergabe.[209] 165

Die Deckungsgrenze für hypothekarisch gesicherte Darlehen in Höhe von 60% aus § 11 HypBankG, § 14 PfandBG ist keine Beleihungsgrenze im Sinne des Kreditrechts. Das HypBankG ist am 19.7.2005 außer Kraft getreten, das PfandBG trat an seine Stelle[210]. Das HypBankG enthielt Refinanzierungsregeln für die Ausgabe von Hypothekenpfandbriefen in den §§ 10 ff HypBankG. Der Nominalwert der ausgegebenen Pfandbriefe ist durch Sicherheiten 166

---

[209] BGH Urt. v. 24.8.1999, wistra 2000, 60; dazu *Carl* in: Struwe (Hrsg.), § 18 KWG-Verstöße, Heidelberg, 2004, S. 260 ff.

[210] Art. 18 Nr. 5 des Gesetzes zur Reform des Pfandbriefrechts vom 22.5.2005, BGBl. I. S. 1373).

zu decken, die in einem vor Insolvenz besonders geschützten Deckungsstock (heute: Refinanzierungsregister) einzubringen sind. In diesen Deckungsstock waren Grundbuchsicherheiten mit dem nach § 12 HypBankG ermittelten Beleihungswert (heute: § 16 PfandBG) zu höchsten 60% (§ 11 HypBankG) bzw. 80% (§ 22 HypBankG) einzubringen. In dem neu geschaffenen § 14 Pfandbriefgesetz ist dieser Sachverhalt deutlicher als in der alten Gesetzesfassung zum Ausdruck gekommen. Es war einer Hypothekenbank zu keiner Zeit untersagt, Kredite zu vergeben, deren Nominalbetrag über 60% des Beleihungswertes der Sicherheiten lagen. Eine Hypothekenbank durfte alle nach §§ 1, 5 HypBankG erlaubten Bankgeschäfte durchführen. Dazu gehörten u. a. neben Realkrediten auch andere Kreditgeschäfte, die anderweitig – auch zweitrangig – besichert waren (§ 5 Abs. 1 Ziff. 2 a. E. HypBankG)[211]. Nach § 5 Abs. 1 Nr. 2 HypBankG konnten Kredite auch unabhängig von der Zuführung einer Sicherheit vom Deckungsstock gewährt werden. Damit ließ das HypBankG auch nachrangige Finanzierungen zu. Der Schutzzweck der Normen über die Ermittlung des Beleihungswertes und das Deckungsregister besteht lediglich darin, die im Deckungsstock hinterlegten Sicherheiten für Pfandbriefgläubiger zu schützen[212]. Bei der Prüfung der Pflichtwidrigkeit einer Kreditzusage im Sinne von § 266 StGB hat deshalb die Bewertung der Sicherheit für das Deckungsregister (vgl. dazu Abschnitt E) keine Bedeutung.

3. Irreführende Kreditanpreisung

167 Zu seinem Schutz muss der Kreditnehmer bereits in der Werbung bzw. den Geschäftsräumen über die Kreditbedingungen, Kreditkosten und Belastungen umfassend aufgeklärt werden. Nach § 675a BGB i. V. m. Art. 239 EGBGB[213] und der dazu erlassenen §§ 12, 13 BGB-Info-VO ist für alle Kredite der Nominalzins, der Zeitraum, die Bindungsdauer und der Effektivzins (§ 6 PAngV i. d. F. vom 28.7.2000) anzugeben. Für Verbraucherdarlehensverträge folgt die Angabepflicht aus §§ 492 Abs. 1 S. 5 Nr. 5, Abs. 2 BGB. Bei fehlenden oder falschen Angaben gilt der gesetzliche Zins.[214]

168 Die Nichtangabe des ordnungsgemäß errechneten Preises ist eine **Ordnungswidrigkeit (§ 3 WiStG)**. Wird – was z. B. bei Kaffeefahrten[215] häufiger vorkommt – bestimmte Ware verkauft und der Kaufpreis finanziert, so kann bei falscher Angabe der tatsächlichen Effektivverzinsung ein Verstoß vorliegen.

169 Darüber hinaus liegt ein **Verstoß gegen §§ 55, 56 GewO** vor, wenn der Veranstalter, der in einem solchen Fall auch als Vermittler des Finanzierungsinstitutes auftritt, für die Finanzierungsvermittlung keine Reisegewerbekarte hat. Der Verstoß gegen die wirtschaftsverwaltungsrechtlichen Pflichten kann zur Nichtigkeit des Geschäfts, mindestens aber nach §§ 312, 312a BGB zur schwebenden Unwirksamkeit führen. Bei beharrlichen Verstößen gegen die Gewerbeerlaubnis kann auch eine Straftat im Sinne von §§ 148 Nr. 1 GewO i. V. m. § 145 Abs. 1 Nr. 1 GewO angenommen werden.

II. Manipulationen zur Erlangung eines Kredites

170 Erschleicht sich ein Kreditnehmer bei seiner Bank durch unrichtige Angaben über seine Vermögensverhältnisse, seine zukünftige Zahlungsfähigkeit oder die angebotenen Kreditsicherheiten einen Kredit oder dessen Erhöhung oder Verlängerung, so täuscht er im Sinne eines Betrugs oder Kreditbetrugs, §§ 263, 265b StGB. Der Kreditbetrugstatbestand soll im Vorfeld des § 263 die betrügerische Erschleichung von Kreditmitteln bei der **Unternehmensfinanzierung** unter Strafe stellen.[216] Erfasst werden also auch nicht private Teilzahlungs-, Waren- und Lieferantenkredite, nicht aber Kredite von und an Private.

---

[211] *Fischer/Klanten*, a. a. O., Rn. 1.70.
[212] *Fischer/Klanten*, a. a. O., Rn. 1.65.
[213] *Wendehorst* in MK-BGB, Art. 239 Rn. 2; Abgedruckt im Anhang zu § 675a BGB.
[214] *Martis/Meinhof*, Verbraucherschutzrecht, 2. Aufl. 2005, S. 154 ff.
[215] Vgl. Kapitel 16, Strafbare Werbung Rn. 33 ff.
[216] *Fischer*, § 265b Rn. 2.

C. Kreditgeschäfte der Banken **10**

1. Kreditbetrug gem. § 265b StGB

a) Begriffe

(1) **Unternehmer:**
Im Sinne des § 265b Abs. 1 StGB sind Betriebe und Unternehmen unabhängig von ihrem **171** Gegenstand und der Rechtsform solche, die nach Art und Umfang einen in kaufmännischer Weise eingerichteten Geschäftsbetrieb erfordern. Die Begriffe „Betriebe" und „Unternehmen" orientieren das Täterprofil daher am geschäftlichen, unternehmerischen Charakter seiner Tätigkeit und der Art seiner Organisation. Die Verpflichtung zur Einrichtung eines kaufmännischen Geschäftsbetriebs folgt indessen nicht aus § 1 Abs. 1 HGB, sondern wird von dieser Vorschrift vorausgesetzt. Daher ist der geschäftliche Charakter auch dann schon gegeben, wenn die Tätigkeit des Kreditnehmers nach Art und Umfang das Erfordernis einer kaufmännischen Einrichtung begründen.

Die h.M versteht die Begriffsdefinition im umfassenden Sinne, vergleichbar zu §§ 11 **172** Abs. 1 Nr. 4b, 14 Abs. 2, 264 StGB[217]. Die Zweckmäßigkeitserwägungen, die zur Rechtfertigung dieser Meinung herangeführt werden, wollen aus kriminalpolitischen Intentionen die Fehlerhaftigkeit der Formulierung überdecken. Allein nach dem Wortlaut der Vorschrift und dem Bestimmtheitsgrundsatz sind damit die Einbeziehung freier Berufe (in den unterschiedlichen Rechtsformen), Ideal-Vereine, nicht-gewerbliche, gemeinnützige Einrichtungen, Stiftungen, öffentlich-rechtliche Einrichtungen und alle nicht unter den Gewerbebegriff fallenden Betriebe nicht gerechtfertigt. Immerhin wird in § 264 Abs. 6 S. 2 StGB der öffentliche Betrieb einem privatrechtlichen ausdrücklich gleichgestellt. Daher kann die h. M.[218] auch nicht rechtfertigen, dass „Behörden mit reiner Aufsichtsfunktion" ausgerechnet von der von ihr favorisierten weiten Auslegung ausgenommen sein sollen. Zwar wird insoweit auf § 14 Abs. 2 StGB verwiesen. Dies überzeugt aber nicht, wenn die gleichen Meinungsvertreter der Bundesrepublik und den einzelnen Bundesländern eine Kreditgebereigenschaft zuerkennen wollen (z. B. für Ausfallbürgschaften und andere „Kreditsubventionen"). Der Begriff des „Unternehmers" ist in § 14 Abs. 1 BGB legaldefiniert.[219]

(2) **Betrieb:** Der Begriff des „**Betriebes**" ist im Sinne der gesetzlichen Intention als Wirt- **173** schaftsbetrieb zu verstehen. Wenn also beispielsweise ein (unselbstständiger) Abfallwirtschaftsbetrieb eines Landkreises einen Kredit bei einer Bank aufnimmt, kann er tauglicher Beteiligter eines Kreditbetruges sein. Das gleiche gilt für (rechtlich unselbstständige) Wirtschaftsbetriebe von Ideal-Vereinen, gemeinnützigen Einrichtungen, Stiftungen, Betrieben der Land- und Forstwirtschaft etc. Die heutigen Erscheinungsformen des geschäftlichen Auftretens führen dann zu Abgrenzungsschwierigkeiten, wenn die Pflicht zur Einrichtung eines kaufmännischen Geschäftsbetriebes zweifelhaft ist. Die Begriffsdefinition lehnt sich an die alte Fassung der §§ 2 Abs. 1, 4 HGB an, die durch die Neufassung des Kaufmannsrechts mit Gesetz vom 22.6.1998 umgestaltet worden sind. Jetzt findet man die Begrenzung des Kaufmannsbegriffes auf einen Geschäftsbetrieb, der nach Art und Umfang eine kaufmännische Einrichtung erfordert, in den §§ 1 Abs. 2, 3 Abs. 2 HGB.

(3) **Strafrechtlicher Kreditbegriff:** Strafrechtlicher und zivilrechtlicher Kreditbegriff **174** stimmen nicht überein. Es gibt schon keinen einheitlichen zivilrechtlichen Kreditbegriff. Auch die §§ 19 Abs. 1, 20 Abs. 1 und 21 Abs. 1 KWG umschreiben jeweils andere Kredite oder Kreditnehmereinheiten. Dagegen wird durch **§ 265b Abs. 3 Nr. 2 StGB** der Kreditbegriff einheitlich für das Strafrecht normiert. Nach dieser Legaldefinition wird ein Vertragsverhältnis dann als Kredit angesehen, wenn es auf die Gewährung von Gelddarlehen, den entgeltlichen Erwerb und die Stundung von Forderungen, Wechsel- und Scheckdiskontierungen, sowie die Ausstellung von Bürgschaften, Garantien oder sonstigen Gewährleistungen

---

[217] LK-*Tiedemann* § 265b Rn. 31; *Fischer,* § 265b Rn. 7; *Sch/Sch/Lenckner* § 265b Rn. 8.
[218] LK-*Tiedemann* § 265b Rn. 31.
[219] Gesetz vom 27.6.2000 (BGBl. I S. 897).

gerichtet ist[220]. Ein Kredit in diesem Sinne ist beispielsweise **nicht** die Verwahrung einer Sicherheit, die Einlage von Geldern, die Gründungsfinanzierung[221] und die gesellschaftsrechtliche Beteiligung[222], obwohl sie wirtschaftlich gesehen Finanzierungen sind. Die veröffentlichte Rechtsprechung zur Untreue eines mit einer Finanzierung befaßten Vorstandes oder Geschäftsleiters[223] hatte sich bislang zumeist mit Betriebsmittelkrediten, Anschaffungs- und Immobilienfinanzierungen zu befassen. Die Vergabe von Investitionsdarlehen, die Verknüpfung gesellschaftsrechtlicher Beteiligungskomponenten mit klassischen Finanzierungsformen, die Problematik von Finanzierungen mit Endfälligkeiten und die Finanzierung konzerneigener Projekte durch eine Bank sind soweit ersichtlich bisher nicht in der strafrechtlichen Rechtsprechung behandelt worden.

b) Tathandlung

175 (1) **Tatmittel**: Als Grundlage für die Kredittäuschung im Sinne des § 265b Abs. 1 kommen in Betracht: Berichte des Rechnungswesens: Bilanz, Jahresabschluß, Konzernabschluß; andere Übersichten und Darstellungen der Verhältnisse des Unternehmens (Vermögensübersichten, Projektübersichten, Gutachten, Ertragspläne) Prüfungsberichte, Verkaufsprospekte, sonstige schriftliche Kreditantragsinformationen über die wirtschaftlichen und finanziellen Verhältnisse des Kreditnehmers.

176 **Nicht alle Angaben** in den Informationsmitteln sind vom Straftatbestand erfasst. So werden nur schriftliche Informationen erfasst, weil sie ein größeres Gefährlichkeitspotential entfalten können. Die Bewertung eines Postens muss unvertretbar falsch sein, wenn sie für § 265b relevant sein soll[224]. Sonstige unrichtige tatsächliche Informationen oder Unterlassungen des Unternehmers gegenüber dem Abschlussprüfer, des Abschlussprüfungsberichts, des Unternehmers im Kapitalanlageprospekt genügen in der Regel nicht. Allerdings ist eine Verschlechterung, die in schriftlichen Kreditunterlagen fehlt, nachträglich mitzuteilen (§ 265b Abs. 1 Nr. 2 StGB). Ob eine Angabe in den Informationsmitteln für den Kreditnehmer **vorteilhaft** ist oder nicht, kann durch einen Vergleich der Kreditchancen ohne oder mit den beanstandeten Informationen geprüft werden. Auch ein Vergleich der beanstandeten Angaben mit den sonstigen, in den Antragsunterlagen vorhandenen Angaben ist denkbar.

177 Die **Erheblichkeit/Wesentlichkeit** einer unzutreffenden Information für das Gesamtbild der Gesellschaft kann an verschiedenen Maßstäben beurteilt werden. Verstöße gegen Einzelvorschriften bei der Bilanzierung genügen nicht, um die Information insgesamt als verfälscht darzustellen. Es muss ein unrichtiges Gesamtbild der wirtschaftlichen Verhältnisse, vergleichbar den §§ 264 Abs. 2, 289 Abs. 1 HGB in Jahresabschluß und Lagebericht vermittelt werden. Prognosen und Wertungen, die ein besonderes Maß an Subjektivität in sich bergen, sind einem „Unrichtigkeitsurteil" nicht zugänglich[225]. Bspw. können das Verhältnis des einzelnen Vorgangs zum Bilanz-/GuV-Posten bewertet werden; Bagatellen scheiden aus[226]; es kann das Verhältnis zur Bilanzsumme, zum Eigenkapital oder zum Jahresergebnis oder auch zu sonstigen Prospekt- bzw. Kreditantragsangaben über die wirtschaftlichen Verhältnisse maßgebend sein.

178 (2) **Während der Laufzeit eines Kredites** besteht grundsätzlich keine strafrechtlich begründete Offenbarungspflichten für negative Veränderungen der Wirtschaftslage, der bilanziellen Verhältnisse oder der Werthaltigkeit einer Kreditsicherheit. Der Tatbestand des

---

[220] Zur Abgrenzung des strafrechtlichen Kreditbegriffes von anderen Finanzierungsformen: *Tiedemann*, Wirtschaftsbetrug, § 265b Rn. 37 ff; zum Unterschied zwischen bürgerlich-rechtlichem und KWG-Kreditbegriff: *Fischer/Klanten*, Bankrecht, 3. Aufl., S. 187; *Claussen* a. a. O., S. 190.
[221] BayObLG, NJW 1990, 1677 ff.
[222] Schönke/Schröder-*Lenckner*, § 265b Rn. 12; LK-*Tiedemann*, § 265b Rn. 37.
[223] BGH Urteil vom 21.3.1985, wistra 1985, 190; BGH Urteil vom 11.1.1955, NJW 1955, 508; BGH Urteil vom 10.2.1988, wistra 1988, 305; BGH Beschluß vom 22.11.1988, wistra 1988,142; BGH Beschluß vom 20.12.1989, wistra 1990,148.
[224] *Lackner/Kühl*, § 265b Rn. 5; Sch/Sch-Lenckner/*Perron*, § 265b Rn. 39; LK-*Tiedemann*, § 265b Rn. 76; a. A. Beweisbarkeit genüge: BGHSt. 30, 285/288.
[225] *Fischer* § 265b Rn. 27; Achenbach/Ransiek-*Hellmann*, Kap. IX.1 Rn. 31; BGH StV 2003, 445.
[226] Achenbach/Ransiek-*Hellmann*, Kap. IX.1 Rn. 28.

C. Kreditgeschäfte der Banken

§ 265b StGB enthält kein Merkmal einer besonderen Vermögensbetreuungspflicht. Zwar bestehen auch dann Risiken einer Bank, wenn der Kreditnehmer die sicherungsübereignete Ware veräußert, ohne dies mit der Bank generell oder in einer bestimmten Weise vereinbart zu haben.[227] Jedoch liegen diese Verhaltensweisen in der Zukunft und sind nicht Gegenstand des „Kreditantrages". Ein Kreditbetrug „durch Unterlassen" setzt voraus, dass der Kunde eine Garantenpflicht gegenüber der Bank hat. Solche Offenbarungspflichten können sich nur im Einzelfall aus einem treueähnlichen Vertragsverhältnis ergeben. Grundsätzlich wird in den Kreditbedingungen vereinbart, dass der Kreditnehmer jede Verschlechterung seiner Vermögenslage oder der Werthaltigkeit der Sicherheiten unverzüglich dem Kreditgeber mitzuteilen habe. Eine sich aus Treu und Glauben ergebende Verpflichtung zur Offenbarung ist aber nicht ohne weiteres zu bejahen.[228]

(3) Bei der **Verlängerung oder der Erhöhung eines Kredites** gelten die gleichen Grundsätze wie bei der Krediterlangung. Jede Prolongationsentscheidung und jede Erhöhungsentscheidung stellt eine neue Verfügung über den Kredit dar. Allerdings muss zwischen der bankinternen mindestens einmal jährlich durchgeführten Kreditbeobachtung und einer mit dem Kunden vereinbarten Neuentscheidung unterschieden werden. Eine allgemeine Kreditbeobachtung, die ohne Beteiligung des Kunden durchgeführt wird und lediglich zur internen Bestätigung des Kreditverhältnisses führt, stellt keine Verfügung im Sinne des Betrugstatbestandes dar. Nur die mit Beteiligung des Kunden (durch Gespräche, Auskünfte, Bilanzneubewertungen, evtl. mit neuen Sicherungsvereinbarungen) durchgeführte Prolongation stellt eine strafrechtlich relevante Verfügung über das Bankvermögen dar.

c) Abstrakte Gefährdung, Kausalität

Der strafrechtliche Tatbestand erfasst nicht alle **Informationszusammenhänge**. Es muss ein sachlicher, nicht notwendig zeitlicher Zusammenhang mit einem Kreditantrag bestehen.[229] Vorverhandlungen scheiden aus.[230] Daher sind zu unterscheiden:
- Berichte des Rechnungswesens sind nicht Kreditantragsunterlagen, wenn sie als Rechenschaftsberichte und Information für Gesellschafter, Abschlussprüfer, oder Kontrollorgan dienen, auch wenn der Kreditgeber über diese Personen zu den Unterlagen gelangt sein mag (z. B. bei Joint-Ventures mit Banken!);
- Prüfungsbegleitende Briefe (sog. Management Letter) als Informationsgrundlage für Aufsichtsrat und Vorstand sind nicht Kreditantragsunterlage;
- Prospekt oder sonstige Informationsschrift als Vertriebsmittel einer Kapitalanlage unterfallen nur dann dem § 265b StGB, wenn sie als Teil der Unternehmensinformation dem Kreditgeber von dem Kreditnehmer zur Verfügung gestellt wurden;
- eigene Besichtigungen, Prüfungen oder Auswertungen des Kreditgebers beim Kreditnehmer sind keine Angaben im Zusammenhang mit dem Kreditantrag.

Für die Frage der **Wirkung eines Gefahrenpotenzials** auf die Interessen des Kreditgebers von einer bestimmten (unrichtigen) Antragsinformation ist die konkrete Kreditvergabepraxis des Kreditgebers entscheidend. Daher ist zu prüfen, ob eine Gefährdung tatsächlich bei dem Kreditgeber eingetreten ist (oder bspw. nur bei einem Kreditvermittler), ob der Kreditgeber angesichts anderweitiger Informationen oder eigener gesetzlicher oder satzungsgemäßer Beschränkungen keine der beabsichtigten Geschäfte durchführen durfte. Auch können interne Anforderungen des Kreditgebers an Sicherheiten unabhängig von den unrichtigen Angaben nicht erfüllt sein. Die Angabe kann auch völlig ungeeignet sein für die Kreditentscheidung[231] oder sie wird erst nach Auszahlung des Kredites gemacht[232]. Häufig kann das ohne die

---

[227] Vgl. dazu BGHSt. 34, 309 = NJW 1987, 2242; BGH Beschl. v. 28.6.2005 -4 StR 376/04- NStZ-RR 2005, 311 – Veräußerung im normalen Geschäftsverkehr; anders OLG Düsseldorf NJW 1984, 810 f; BGHZ 104, 129/133: Veräußerung unter Einstandspreis.
[228] BGH StV 1984, 511.
[229] *Fischer* § 265b Rn. 17; OLG Frankfurt StV 1990, 213.
[230] *Fischer* § 265b Rn. 18.
[231] *Müller-Emmert/Maier* NJW 1976, 1662; Lackner/*Kühl* § 265b Rn. 5.
[232] BGH StV 2003, 445.

Sicht eines verständigen, durchschnittlich vorsichtigen fachkundigen Dritten[233] nicht beurteilt werden. Schließlich muss die Angabe das Risiko des Kreditgebers, mit der Rückzahlungsforderung auszufallen, beeinträchtigen[234].

d) Vorsatz, tätige Reue

182   Für die Abgrenzung sollte man berücksichtigen, dass bedingter Vorsatz für die Tathandlungen genügt[235], aber Vorsatz auch für die Krediteigenschaften (betriebsbezogener Kredit, Unternehmervertrag etc) erforderlich ist. Bei Unterlassungsdelikten muss sich der Vorsatz auf die (subjektive) Vorwerfbarkeit erstrecken.

183   **Tätige Reue** kann gem. § 265b Abs. 2 StGB zur Straflosigkeit führen. Die Verhinderung der Kausalität einer unrichtigen Angabe für eine Kreditentscheidung zugunsten des Kreditnehmers genügt. Schon das ernsthafte Bemühen um eine Verhinderung kann genügen, um straffrei zu bleiben.

2. Betrug gem. § 263 Abs. 1 StGB

a) Täuschung

184   (1) **Täuschung durch aktives Tun:** Da der Kreditbetrug im Vorfeld des Betrugstatbestandes gem. § 263 StGB angesiedelt ist, sind die Tathandlungen i. S. v. § 265b stets auch für die Frage der Täuschung i. S. v. § 263 Abs. 1 StGB relevant. Darüber hinaus erstreckt sich der Betrugstatbestand auch auf mündliche und konkludente Angaben über Tatsachen, also greifbare, einem Beweis zugängliche Umstände. Werturteile, Prognosen und Zukunftserwartungen als solche werden dagegen nicht erfasst[236]. Daher täuscht derjenige, der einen Kredit beantragt und mündlich falsche Angaben über seine Einkommens- und Vermögensverhältnisse (Kreditwürdigkeit) und seine Bereitschaft zur Rückzahlung eines Krediten (Zahlungswilligkeit) macht[237]. Sollte der Antragsteller zwar im Zeitpunkt der Beantragung über keine ausreichenden Geldmittel zur Rückzahlung verfügen, diese aber bei Rückzahlung erwarten, kommt es nicht auf die persönliche Einschätzung, sondern die objektive Wahrscheinlichkeit eines Geldzuflusses von anderer Seite an. Bei nur vagen Aussichten täuscht der Antragsteller. Der Kreditantragsteller täuscht auch dann, wenn er über das Bestehen, den Wert oder die Verwertbarkeit einer vertraglich vereinbarten Kreditsicherheit falsche Angaben macht[238].

185   (2) Eine **Täuschung durch Unterlassen** kann bei einer explizit vereinbarten Aufklärungs- oder Hinweispflicht oder auch in einer langfristigen Vertrauensbeziehung, aus der sich eine Handlungspflicht ergibt, angenommen werden[239]. Grundsätzlich trifft den Kreditnehmer in einem Erstkreditantrag aber nur die Verpflichtung, die Fragen zu beantworten, die ihm gestellt werden, und ungefragt zu offenbaren, was für die Kreditentscheidung wesentlich ist[240]. Bei länger andauernden Geschäftsbeziehungen kann indessen ein so intensives Vertrauensverhältnis aufgebaut sein, dass eine Offenbarung wesentlicher Änderungen geboten sei[241]. Es kommt allerdings auf den Einzelfall an. Der BGH hat auch entschieden, dass eine Finanzvermittlung für den Abschluß eines Grundstücksvertrages nur in Ausnahmefällen auf

---

[233] BGH NStZ 2002, 433.
[234] BGHSt. 42, 135 = NStZ 1997, 272 = StV 1997, 411; mit Anm. *Roxin* JZ 1997, 297; *Schlehofer* StV 1997, 412.
[235] BGHSt. 42, 135 = NStZ 1997, 272 (versuchter Betrug durch wissentliche Vorlage eines falschen Wertgutachtens).
[236] RGSt. 56, 227/231 (keine Zukunftserwartungen); BGHSt. 2, 325/326; BGH wistra 1987, 255; BGH GA 1972, 209; BGH NJW 1983, 2827; 2002, 1059; BHG StV 1984, 511; OLG Düsseldorf JR 1982, 343; LK-*Tiedemann*, § 263 Rn. 9 ff; 38 f; *Hebenstreit* in Müller-Gugenberger/Bieneck, § 50 Rn. 53a, 58; *Wessels/Hillenkamp*, BT/2, Rn. 494–496.
[237] OLG Stuttgart, JZ 1958, 1833; BGH StV 1984, 511.
[238] BGH Beschl. v. 12.6.2001 -4 StR 402/00- NStZ-RR 2001, 328 =StV 2002, 133.
[239] BGH wistra 1988, 262/263.
[240] BGH wistra 1984, 223; BGH StV 1984, 511.
[241] BGH wistra 1988, 262; OLG Stuttgart JR 1987, 389, m.Anm. *Beulke*; *Fischer*, § 263 Rn. 26.

C. Kreditgeschäfte der Banken

die Zusammensetzung der Kosten[242] oder die Eignung des Grundstückes für die jeweilige Geldanlage[243] eingehen muss. Dagegen sind Verschlechterungen der Vermögensverhältnisse nicht automatisch zu offenbaren[244].

b) Irrtum und Kausalität

Die Bankmitarbeiter und insbes. das Kompetenzorgan der Bank, das über die Kreditbewilligung entscheidet, muss den Angaben vertrauen. Da bankinterne Kontrollen und Risikoabwägungen zunehmend eine stupide „Leichtgläubigkeit" von Angaben des Antragstellers unmöglich machen, kann u. U. ein Kreditverhältnis auch ohne Rücksicht auf etwaige falsche Angaben im Kreditvertrag zustande kommen.

Bei einer erkennbaren Bereitschaft der Bank, ein riskantes Geschäft (bspw. mit einem Kreditnehmer zweifelhafter Bonität) mit Blick auf einen guten Ertrag abzuschließen, muss eine Kausalität zwischen Täuschung und Irrtum thematisiert werden. Ein Irrtum ist schon auszuschließen, wenn der Kredit in Kenntnis der zweifelhaften Rückzahlungsmöglichkeit gewährt wird[245]. Wenn z. B. nur falsche Angaben über den Verwendungszweck des Kredites gemacht werden, dann kann der Kausalzusammenhang entfallen[246]. Auch kann ein falscher Name bei feststehender Identität des Kreditnehmers keinen Einfluß auf die Kreditgewährung haben[247]. Schließlich sind auch sonstige Angaben des Kreditnehmers (z. B. über Familienstand, Vorstrafen, berufliche Position etc.) keine irrtumsrelevanten Umstände, wenn der Kredit vollständig abgesichert ist oder eine Rückzahlung außer Frage steht.

c) Verfügung, Vermögensschaden und Bereicherungsvorteil

Betrug ist kein bloßes Vergehen gegen Wahrheit und Vertrauen im Geschäftsverkehr, sondern ein Delikt gegen die vermögensschädigende Täuschung.[248] Zu den einzelnen Interpretationen des Vermögensbegriffs des § 263 StGB vgl. das Kapitel zum Betrug. Für das Kreditinstitut maßgeblich ist daher, ob im Zeitpunkt der Darlehenshingabe absehbar war, dass die gegebenen dingl. Sicherheiten nicht ausreichen, um den Rückzahlungsanspruch zu decken. Eine Übersicherung führt nicht zu einem Schaden, solange ausreichende Deckung durch einige Sicherheiten vorhanden ist[249]. Der Vermögensschaden der Bank besteht in dem Minderwert des Vermögens des Geschädigten nach der Vermögensverfügung. Für diese Beurteilung kommt es auf den Zeitpunkt der Kreditauszahlung an. Da die Bank vertraglich stets einen Rückzahlungsanspruch gegen den Darlehensnehmer erwirbt, ist die Werthaltigkeit dieses Rückzahlungsanspruches im Zeitpunkt der Kreditauszahlung zu beurteilen.[250] Ist der Kreditnehmer leistungsunwillig oder täuscht er Sicherheiten nur vor, ist der Rückzahlungsanspruch schon minderwertig, ein Schaden bereits (durch die Gefährdung der Rückzahlung) eingetreten[251]. Eine Stundung des Kredites führt nicht zu einem Vermögensschaden, wenn die gestundete Forderung im Zeitpunkt der Stundung wertlos war[252]. Eine Umbuchung verändert ebenfalls für sich gesehen die Vermögenslage der Bank nicht.[253] Kein Schaden tritt ein bei

---

[242] BGH NStZ 1999, 555 (Kosten eines Bauträgermodells).
[243] BGH NJW 2000, 3013 (Bebaubarkeit eines Grundstücks).
[244] BGH StV 1984, 511; wistra 1987, 213; wistra 1988, 262.
[245] BGH Beschl. v. 8.3.2001 -1 StR 28/01- StV 2002, 132.
[246] LK-*Tiedemann*, § 263 Rn. 122; Täuschung bejaht aber BGH StV 2002, 132.
[247] RGSt. 48, 238.
[248] BGHSt. 16, 220; BGH StV 1995, 254.
[249] BGHSt. 16, 220 = NJW 1961, 1876; ebenso BGHSt. 3, 99 = NJW 1952, 1062; BGHSt. 16, 321= NJW 1962, 309; BGHSt. 30, 380 = NJW 1982, 1165; BGH NJW 1986, 1183 = NStZ 1986, 218; BGH NStZ 1999, 555.
[250] Fischer, § 263 StGB Rn. 70 ff. Eine Täuschung über die wahren Absichten eines Anlagevermittlers allein bewirken daher allein keinen Vermögensschaden (BGH NJW 2006, 1679/1681); BGH NStZ 1998, 570; BGH B. v. 12.6.2001 NStZ-RR 2001, 328; BGH StV 2002, 133 =wistra 2001, 423.
[251] BGH wistra 1992, 142; wistra 1993, 265 f; 1993, 340/341; StV 1995, 254/255; BGHSt. 15, 24/27.
[252] So schon BGH wistra 1986, 170; StV 1994, 186; wistra 2001, 463; auch Achenbach/Ransiek-*Gallandi*, Kap. V.1. Rn. 200; *Lackner/Kühl*, § 263 Rn. 41 a. E.
[253] BGH NStZ 1995, 232.

einer Zug-um-Zug-Verpflichtung und bei ausreichender Werthaltigkeit des Rückzahlungsanspruches[254].

189 Unmittelbar aus der Tat entstehende **kompensierende Vorteile** des Kreditgebers können einen etwaigen Vermögensnachteil ausgleichen. Das Bestehen eines gesetzlichen Pfandrechts kann den Nachteil kompensieren, der durch die Minderwertigkeit einer anderen vereinbarten Sicherheit eingetreten ist.[255] Allerdings muss eine solche Kompensation unmittelbar und gleichzeitig eingetreten sein.[256]

190 Nur ausnahmsweise ist die **unrichtige Mittelverwendung** schon für sich gesehen ein Vermögensnachteil für den Kreditgeber. Zwar wird gerade bei einem Bankkredit häufig ein vertraglich vorausgesetzter Zweck angegeben, über dessen Eigenart oder Risiko auch getäuscht worden sein kann. (bspw. wenn ein Anleger mit der Kreditvaluta für einen Immobilienkauf Warentermingeschäfte erwirbt).[257] Für eine eigenständige Beurteilung des Nachteilsmerkmals[258] muss der Schaden unabhängig von etwaigen Täuschungen über die vereinbarte Mittelverwendung ermittelt werden. Eine schadensmindernde Berücksichtigung durch Anrechnung des erworbenen Gegenstandes kommt aber nur in Betracht, wenn die Bank imstande ist, den Gegenwert ohne finanziellen und zeitlichen Aufwand, namentlich ohne Mitwirkung des Täters zu realisieren.[259] Umgekehrt gilt aber auch, dass nicht dasjenige als Schaden angesehen werden kann, was die Bank ohnehin am Markt jedermann gewährt, bspw. Rabatte oder Preisnachlässe in Form von Besserstellungen.[260]

d) Vollendung, Versuch

191 Der Tatbestand ist schon dann **vollendet**, wenn die täuschungsbedingte Gefahr des endgültigen Verlusts eines Vermögensbestandteils zum Zeitpunkt der Verfügung so groß ist, dass sie schon jetzt eine Minderung des Gesamtvermögens zur Folge hat[261], so etwa bei der Aushändigung einer Kreditkarte, einer ec-Karte oder eines Euroschecks an einen zahlungsunwilligen Kontoinhaber[262], bei der Valutierung eines Kredits, falls in diesem Zeitpunkt bereits die Minderwertigkeit des Rückzahlungsanspruchs feststeht[263] (wie es beispielsweise bei einer sog. Überfinanzierung wegen tatsächlich minderwertiger Grundschuldsicherung der Fall ist[264], ferner schon bei der Gutschrift eines Geldbetrages auf einem Konto des Täters, sofern der Täter in der Lage ist, diesen Geldbetrag jederzeit abzuheben[265]).

192 Zum **Versuch des Betruges** setzt an, wer bereits Merkmale des gesetzlichen Tatbestandes verwirklicht hat (z. B. die Erstrebung eines rechtswidrigen Vorteils durch unrichtige Erklärungen). Ein Ansetzen zum Versuch kann nur dann angenommen werden, wenn die vom

---

[254] BGH wistra 1992, 101; wistra 1998, 59; Achenbach/Ransiek-*Gallandi*, Kap. V.1. Rn. 208.
[255] Fischer, StGB, § 263 Rn. 111a.
[256] BGH NStZ-RR 2007, 201; StV 2011, 733, 734.
[257] BGHSt. 30, 177/181 = NJW 1981, 2131; BGHSt. 32, 22 = NJW 1984, 622; BGH NStZ 1983, 313; NJW 1992, 1709; NStZ 2000, 34 = StV 2000, 479.
[258] Wie sie das BVerfG fordert; BVerfG Urt. v. 23.6.2010, NStZ 2010, 626 = NJW 2010, 3209.
[259] BGHSt. 47, 148/154 = NJW 2002, 1211 = NStZ 2002, 262; BGH NStZ-RR 2000, 331.
[260] BGH Beschl. V. 12.6.1991 -3 StR 155/91- StV 1991, 516; BayObLG NJW 1994, 208.
[261] BGH Urt. v. 5.11.2003 – 1 StR 287/03 – wistra 2004, 60.
[262] BGH Beschl. v. 21.11.2001 – 2 StR 260/01 – BGHSt 47, 160 (167, 169 f).
[263] BGH Urt. v. 15.11.2001 – 1 StR 185/01 – BGHSt 47, 148 (156 f) = NStZ 2002, 262; = NJW 2002, 1211 = NStZ 2002, 262; vgl. dazu die Anm. *Klanten*, DStR 2002, 1190; *Kühne*, StV 2002, 193; *Marxen/Müller* EWiR § 266 StGB 2/02, 307; zusammenfassend Schmidt, BKR 2006, 125.
[264] BGH Urt. v. 14.7.2000 – 3 StR 53/00 – NStZ-RR 2001, 241 (242 f), dort auch zur Berechnung des Schadensumfangs bei Vermögensgefährdung wegen Überfinanzierung.
[265] RG Urt. v. 30.4.1907 – II 2 D 52/07 – GA 54, 414; BGH Urt. v. 6.4.1954 – 5 StR 74/54 – BGHSt. 6, 115 (116 f); weitergehend BGH Urt. v. 17.10.1995 – 1 StR 372/94 – NStZ 1996, 203, wonach ein vollendeter Betrug schon dann vorliegen soll, wenn es dem Täter gelingt, seine Bank durch Täuschung zu einer Überweisung auf ein tätereigenes Konto zu veranlassen, dieses aber bei Eingang der Gutschrift wegen Aufdeckung der Manipulationen bereits gesperrt ist.

C. Kreditgeschäfte der Banken

Täter ausgelöste Handlung ohne weiteres Zutun oder Zwischenschritte zu einer irrtumsgeeigneten Handlung führen würde[266].

e) Vorsatz

Vorsatz (auch bedingter) erfordert, dass der Täter die Merkmale des äußeren und inneren Tatbestandes in sein Vorstellungsbild aufgenommen hat. Dazu gehört auch der Kausalzusammenhang, wobei sich der Täter eine Wertminderung des Bankvermögens vorstellen muss[267]. 193

f) Besonders schwerer Fall

Gem. § 263 Abs. 2 Nr. 2 1. Alt. StGB stellt die Herbeiführung eines Vermögensverlustes großen Ausmaßes einen besonders schweren Fall des Betruges dar. In Anlehnung an § 264 Abs. 2 Nr. 2 StGB soll ein Verlust von wenigstens 50.000 EUR das Regelbeispiel erfüllen[268]. Allerdings soll das nur für endgültige Ausfallschäden gelten[269]. 194

3. Sonstige Straftaten des Kunden

Es bestehen Risiken der Bank, wenn der Kreditnehmer im Verlauf des Kreditengagements die sicherungsübereignete Ware veräußert, ohne dies mit der Bank generell oder in einer bestimmten Weise vereinbart zu haben.[270] Unterschlagung oder Betrug können je nach Fallgestaltung vorliegen, wenn der Kreditnehmer versucht, die Vereinbarungen mit der Bank zu umgehen. 195

III. Missbräuchliche Kreditgewährung

1. Motivlage von Bankenmitarbeitern

Der Wettbewerb zwischen den Banken in der Europäischen Union wird immer schärfer. Während zu Beginn und Mitte der neunziger Jahre wesentliche Zielsetzung die Umsatzausweitung war, soll in den 2000ern eine Konsolidierung einsetzen. Dem Erwartungsdruck nach Umsatz- und Produktausweitung sieht sich jeder Filialleiter bzw. Vorstand einer Bank ausgesetzt. Eine Erhöhung des Bilanzvolumens lässt sich aber in der Regel nur durch eine Erweiterung der Bilanzaktiva und damit des Kreditumfanges verwirklichen. Die Prüfung der Prosperität des Finanzierungsobjektes, der Bonität des Kreditnehmers und die Beachtung von Beleihungsgrenzen werden hierdurch häufig in den Hintergrund gedrängt. Die Bereitschaft für riskante Kreditengagements ist immer wieder festzustellen. Teilweise wird von politischer Seite (z. B. aus Anlass der Flutkatastrophe an der Elbe im Jahr 2002) eine ungedeckte Kreditvergabe gefordert. Das auf das einzelne Institut bezogene Sicherungsinteresse kann so verletzt werden. 196

Durch Buchungsmanipulationen, unterlassene oder falsche Meldungen und Missachtung von Anzeigepflichten nach dem Kreditwesengesetz können bankaufsichtsrechtliche Maßnahmen vorübergehend verhindert werden. In der Vergangenheit wurde bei derartigen Fällen regelmäßig die Aufklärung solcher Manipulationen durch die Leitung der Bank (z. B. Vorstand und Aufsichtsrat, Verwaltungsrat oder Gesellschafter) zugunsten der Imagepflege des eigenen Unternehmens unterlassen. Der Staatsanwaltschaft werden in der Regel nur jene spektakulären Fälle bekannt, durch die entweder das jeweilige Kreditinstitut in der Substanz getroffen und dem Zusammenbruch nahe gebracht wird oder die über Massenmedien in die 197

---

[266] BGH NStZ 2002, 433; BGHSt 37, 294 = JR 1992, 121 mit Anm. Kienapfel; BGH NStZ 1997, 31; StV 2001, 272, 273.
[267] *Lackner/Kühl*, § 263 Rn. 57.
[268] BGH StV 2004, 20 = NJW 2004, 169.
[269] BGH NJW 2003, StV 2004, 18.
[270] Vgl. dazu BGHSt. 34, 309 = NJW 1987, 2242; BGH Beschl. v. 28.6.2005 -4 StR 376/04- NStZ-RR 2005, 311 – Veräußerung im normalen Geschäftsverkehr; anders OLG Düsseldorf NJW 1984, 810 f; BGHZ 104, 129/133: Veräußerung unter Einstandspreis.

Öffentlichkeit gedrungen sind. Andere Missbräuche werden durch vertrauliche Hinweise, Institutsprüfungen oder anlässlich von Insolvenzverfahren aufgedeckt.

198 Nachlässigkeiten und Fehler der Bank können allerdings den Kreditkunden selbst nicht entlasten. Die Bank hat durch die Einhaltung der KWG-Bestimmungen keine Schutzfunktion zugunsten des Kunden. Auch die Bankenaufsicht wird nicht im Interesse privater Nutznießer der Fehler oder Pflichtwidrigkeiten der Banken täti. Die im Wetterstein-Wertbriefonds Fall ergangene BGH-Rechtsprechung[271] zur „gewerbepolizeilichen" Schutzfunktion des KWG und der Bankenaufsicht hat der Gesetzgeber durch die 3. KWG-Novelle 1984 ausdrücklich aufgegeben (§ 6 KWG).

2. Kompetenzregelungen für die Kreditvergabe

a) Bedeutung der Arbeitsabläufe innerhalb der Bank

199 Nach den Vorstellungen der Bankenaufsicht stellt sich der Prozess der Kreditvergabe im Idealfall so dar, dass der Marktbereich, der den Kontakt mit dem Kunden pflegt, eine Kreditvorlage schreibt. Diese wird um eine Stellungnahme der Kreditabteilung ergänzt, die die Vorlage nach objektiven, risiko- und gewinnorientierten Aspekten prüft. Zu dieser Prüfung gehören alle Kriterien der Darlehensvergabe, der Sicherheiten und der Bonitätsbeurteilung (einschließlich die der wirtschaftlichen Verhältnisse im Sinne von § 18 KWG). Beide Ausarbeitungen werden dem Kompetenzträger vorgelegt, der über die Kreditvergabe zu entscheiden hat. Dieser kann sich zuvor noch weitere Stellungnahmen, Voten des Kreditsekretariats oder externe Gutachten einholen. Der Kreditbeschluss selbst kann, muss aber nicht zwingend auf der Vorlage gefasst werden. Die Gestaltungsvielfalt verbietet, hier Regeln aufzustellen. Falls der Gesamtvorstand noch eine Zustimmung des Kreditausschusses oder des Verwaltungsrates einholen muss, kann dies je nach Dringlichkeit während einer entsprechenden Gremiensitzung oder im Umlaufverfahren geschehen. Der Beschluss eines Kreditausschusses setzt die Einhaltung der für den Ausschuss geltenden Förmlichkeiten voraus (z. B. Teilnahme von mindestens 3 Mitgliedern, § 108 Abs. 2, 4 AktG). Nur ein zustimmender Beschluss kann kausal für eine spätere Kreditvergabe sein, nicht aber ein nichtiger oder ablehnender Beschluß.[272]

b) Einhaltung der Kompetenzordnung

200 Unbeschadet der im Kreditwesengesetz, Genossenschaftsgesetz bzw. im Sparkassengesetz oder in der Sparkassenordnung der jeweiligen Bundesländer zum Schutz der Wirtschaft und der Sparer festgelegten Pflichten haben Kreditinstitute aufgrund ihrer jeweiligen Rechtsform wie auch aufgrund der Anforderungen der Bankaufsicht Kompetenzregelungen getroffen, durch die die Befugnisse und Aufgaben der für die Vergabe und Überwachung von Krediten verantwortlichen Sachbearbeiter oder Vorstände festgelegt sind.[273] Die einzelnen Kompetenzen liegen immer unter den durch die vorbezeichneten Gesetze abgesteckten Rahmen. Die Verantwortlichen der Sparkassen haben die durch den Gewährsträger erlassene und durch die Aufsichtsbehörde genehmigte Satzung, die Vorstände der Genossenschaftsbanken (z. B. Raiffeisenbanken, Volksbanken) die durch die Generalversammlung beschlossene Satzung und die Filialleiter der Privatbanken (Aktiengesellschaften, GmbH, Personengesellschaften) die vom Vorstand, dem Aufsichtsrat, den verschiedentlich geschaffenen Kreditausschüssen des Vorstandes, des Aufsichtsrates oder den Inhabern des Bankgeschäfts angeordneten Beschränkungen zu beachten.

201 Die Auswertung dieser Kompetenzregelungen bildet die erste Grundlage für die Aufhellung einer Untreue des einzelnen Bankmitarbeiters bis hin zum Bankvorstand. Die für den Außenstehenden unbekannten und zu seiner Kenntnis auch nicht bestimmten Kreditvergabebeschränkungen sind grundsätzlich schriftlich niedergelegt und deshalb bei einschlägigen

---

[271] BGHZ 74, 144.
[272] Vgl. *Martin*, Bankenuntreue, Berlin 2000, S. 74, 76 ff; *Knauer*, Die Kollegialentscheidung im Strafrecht, München 2001, S. 60, 73 ff, 80 ff; BGHSt. 37, 106 (Lederspray-Fall).
[273] Vgl. die Europäischen Bankenrichtlinie vom 20.3.2000 (2000/12/EG), abgedruckt bei *Consbruch* u. a. Nr. 22.23.

C. Kreditgeschäfte der Banken

Ermittlungen neben den speziellen Kreditakten sicherzustellen und auszuwerten. Die Kreditkompetenzen sind abgestuft. Sie richten sich nach der Bedeutung der Hauptstelle, Abteilung oder Filiale, nach der Berufserfahrung und dem von dem einzelnen Kreditsachbearbeiter, Abteilungsleiter oder Vorstand erzielten Geschäftserfolg. Wurden einem langjährigen Sachbearbeiter ungewöhnliche Beschränkungen auferlegt, so sollte man dies als Hinweis darauf werten, dass seine Handlungen und Entscheidungen mutmaßlich nicht mit den Anordnungen der Geschäftsleitung in Einklang standen. Neben diesen Kompetenzregelungen sind bei Ermittlungen auch die sich aus der persönlichen Kreditwürdigkeit des Bankkunden abgeleiteten Grenzen und Beschränkungen bezüglich der Kredithöhe zu beachten.

Diese Einzelhöchstkreditgrenzen sind in den Protokollen des Verwaltungsrats, des jeweiligen Aufsichtsrats oder in den Genehmigungsschreiben des Vorstands oder des Bankiers zu finden. Mindestens eine aktuelle Regelung der Kompetenzvergaben muss sich auch in der Abteilung „Interne Revision" oder in der Stabsabteilung „Kreditsekretariat" befinden.

c) Kausalität von Kompetenzverstößen

Nicht jeder Kompetenzverstoß führt zu einem Vermögensnachteil der Bank.[274] Kausal kann eine bankinterne Entscheidung nur dann werden, wenn sie externe Wirkungen auf die Vermögenslage der Bank nach sich zieht. Das ist z. B. dann der Fall, wenn der Kreditvertrag so abgeschlossen wird, wie das vom Kompetenzträger beschlossen worden ist. Das ist aber nicht der Fall, wenn der Marktbereich, der den Vertrag oder die Auszahlung des Kredites mit dem Kunden verhandelt, sich über Auflagen und/oder Bedingungen des Kompetenzträgers hinwegsetzt. Das folgende Schaubild verdeutlicht die Abläufe und die Wirkungen auf das Vermögen der Bank:

3. Manipulations- oder Verschleierungshandlungen

Vielfach wird übersehen, dass sich der Umfang eines Kredits nicht nur aus den Kreditkonten und den vom Kreditnehmer tatsächlich in Anspruch genommenen Geldern, sondern auch aus Garantiezusagen und Bürgschaften ergibt. Für die strafrechtlichen Untersuchungen sollte auf den Kreditbegriff des § 265b Abs. 3 Nr. 2 StGB zurückgegriffen werden. Zusätzlich gibt der nicht deckungsgleiche § 21 KWG wegen seiner Vorgaben für die Beachtung des § 18 KWG Anhaltspunkte dafür, ob sich ein Bankenmitarbeiter im Rahmen seiner eigenen Sorgfaltspflicht verhalten und alle mit dem Kunden in Verbindung stehenden Forderungen der Bank in seine Überlegungen einbezogen hat. Missbräuchliche Finanzierungen durch Bankmitarbeiter können auch durch „Kreditleihen" (Bankgarantien, Bürgschaften, Akzepte) zustande kommen.

a) Garantieerklärung der Bank

Nicht selten sind Lieferanten nur dann zur Aufrechterhaltung der Geschäftsverbindung und zur Hereinnahme von Wechseln bereit, wenn die Hausbank des Akzeptanten eine Einlösungsgarantie übernimmt. Erfahrungsgemäß haben aber solche Wechselverpflichtete ihre laufenden Kredite bei der Bank voll ausgeschöpft und teilweise in genehmigter oder nicht genehmigter Weise überzogen. Sie sind daher weder zur Rückführung ihrer Kontostände noch zur Begleichung ihrer Warenschulden wirtschaftlich in der Lage. Nicht selten hat der Kreditsachbearbeiter oder Filialleiter die Kreditausweitung nur deshalb ermöglicht, weil er den Überwachungsorganen der Bank die wirtschaftliche Situation, insbesondere die Sicherheiten unrichtig dargestellt hatte. Um sein Fehlverhalten oder auch Untreuehandlungen zu verschleiern, wird er alles daransetzen, dem überschuldeten Kreditnehmer die Fortführung seines Geschäftsbetriebes zu ermöglichen. Die Garantiezusage gegenüber Wechselgläubigern ist hierzu ein geeignetes Mittel.[275]

---

[274] BGHSt. 46, 30.
[275] Untreue im Fall einer geduldeten Scheckreiterei nahm BGH Urt. v. 13.2.2001 – 1 StR 448/00, wistra 2001, 218 an.

b) Bürgschaft

206 Aus der Vielgestaltigkeit soll nur auf jene Bürgschaften hingewiesen werden, die Banken mittelbar oder unmittelbar gegenüber der öffentlichen Hand (auch ausländischen Staaten) eingehen. Die Prüfung der Zahlungsfähigkeit und der Kreditwürdigkeit eines Schuldners durch die öffentliche Hand wird mittels der vorbezeichneten Sicherheit (Bürgschaft) vermieden. Bspw. fordern viele Staaten im grenzüberschreitenden LKW-Transport-Verkehr ein „Carnet de Passage". Der Aussteller dieses Dokuments, bei dem es sich häufig um die bedeutsamen Automobilclubs handelt, übernimmt hierin die Garantie gegenüber der ausländischen Zollverwaltung, dass das Transportfahrzeug wieder ausgeführt und nicht im Einfuhrland zollschädlich belassen wird. Hierfür fordert der Aussteller aber die Bürgschaft der Hausbank des Kaufmannes. Bürgschaften der Hausbank sind üblich und werden gefordert, wenn der Kaufmann Zahlungsaufschub einer bestehenden Zollschuld erreichen will. Die Bürgschaftserklärung ist gegenüber dem zuständigen inländischen Hauptzollamt abzugeben. Sie erleichtert dem Importeur die finanzielle Abwicklung seiner Geschäfte. Auch bei der Vergabe öffentlicher Aufträge werden in bestimmten Fällen Bürgschaften der Hausbanken zur Sicherung der vertragsgemäßen Leistung (z. B. auch Sicherung einer Vertragsstrafe) gefordert.

207 Garantien und Bürgschaften sind auf Avalkonten zu erfassen. Auch diese Konten sind bei Ermittlungen wegen Untreue sicherzustellen und auszuwerten. Oftmals wird die Überschreitung der Kreditgrenze, die Falschmeldung gegenüber der Landeszentralbank oder die Nichtverbuchung ersichtlich.[276]

c) Buchungsmanipulationen

208 Ungetreue Kreditsachbearbeiter werden bestrebt sein, Kreditüberschreitungen nicht offenkundig werden zu lassen. Das kann durch Umgehung der Regeln für die bankinterne Buchführung geschehen, was von Zeit zu Zeit bei Wechselgeschäften beobachtet werden konnte. Besteht keine Möglichkeit mehr, durch zeitliche Buchungsverschiebungen den Ausgleich herbeizuführen, konnte auch die Belastung eines Kundenkontos vermieden werden, wenn ein Scheck bzw. ein Lastschrift eingelöst wurde, die Belastungsbuchung aber auf einem Zwischenkonto gebucht wurde. Die Buchungsdifferenzen können u. a. dadurch verdeckt werden, dass fingierte Unterkonten angelegt, Beträge von beachtlichen, nicht bewegten Guthabenkonten anderer Bankkunden auf das Schuldnerkonto vorübergehend umgebucht werden, die Buchungen über bankinterne Sammelkonten geleitet werden oder Scheinkonten für existierende oder nicht vorhandene Personen angelegt werden. Die besondere Gefährlichkeit solcher Handlungen besteht darin, dass der Geschäftsleitung oder dem Aufsichtsrat die Kompetenzüberschreitung, etwaige eingetretene Verluste und eine etwaige Verfälschung der Bilanz verborgen bleiben.

4. Weitere pflichtwidrige Handlungen

a) Allgemeines

209 Pflichtwidrig handelt derjenige, der den **ihm vorgegebenen Handlungs- und Pflichtenkreis** nicht einhält[277]. Der rechtliche Rahmen für Kreditbewilligungen bestimmt sich nach dem im Zeitpunkt der Handlung/Unterlassung geltenden Recht. Spätere Gesetzes- oder Satzungsänderungen, die Handlungspflichten nachträglich normieren, können indiziell entlas-

---

[276] Zur Risikobürgschaft – Untreue – vgl. BGH wistra 1985, 190.
[277] BGH wistra 1985, 190; BGHSt. 46, 30; 47, 147; *Feigen*, Untreue durch Kreditvergabe, Rogall/Puppe/Stein (Hrsg.), Festschrift für Hans-Joachim Rudolphi zum 70. Geburtstag, Neuwied 2004, S. 445 ff.; *Gallandi*, wistra 2001, 281; *Ignor/Sättele*, Pflichtwidrigkeit und Vorsatz bei der Untreue am Beispiel der sog. Kredituntreue, in: Michalke/Köberer/Pauly/Kirsch (Hrsg.), Festschrift für Rainer Hamm zum 65. Geburtstag, Berlin 2008, S. 211 ff.; *Klanten*, DStR 2002, 1190; *Keller/Sauer*, wistra 2002, 365; *Schumann*, in: Müller-Gugenberger/Bieneck, § 67 Rn. 9 ff; *Nack* NJW 1980, 1599; *Schmitt*, BKR 2006, 125; *Wessing* BKR 2010, 195.

C. Kreditgeschäfte der Banken

tende Wirkung haben[278], da aus der späteren Normierung einer Pflicht im Umkehrschluß gefolgert werden kann, dass sie früher nicht bestand. Die Vertretbarkeit einer Kreditentscheidung wird vom BGH anhand weiterer Indizien auf eine Pflichtwidrigkeit geprüft. Wenn
- die Entscheidungsträger nicht die erforderliche Befugnis besaßen[279],
- im Zusammenhang mit der Kreditgewährung unrichtige oder unvollständige Angaben gegenüber Mitverantwortlichen oder zur Aufsicht befugten oder berechtigten Personen gemacht wurden[280],
- die vorgegebenen Zwecke nicht eingehalten wurden,
- die Höchstkreditgrenzen überschritten wurden[281] oder
- die Entscheidungsträger eigennützig handelten,

wird ein Verstoß gegen Treuepflichten angenommen.

Die Strafgerichte hatten zunächst abweichend von den Zivilgerichten den Standpunkt vertreten, ein Kreditgeschäft (besonders ein Großkredit) sei ein besonderes Risikogeschäft, dessen Abschluß für das betreute Bankvermögen eine besondere Gefahr darstelle[282]. Aus dem einfachen Verstoß gegen KWG-Normen, internen Beleihungsvorschriften oder Anweisungen der BaFin folge bereits (fast automatisch) die Annahme einer pflichtwidrigen Handlung im Sinne des § 266 StGB.[283] Damit knüpfte die Strafjustiz an die öffentlich-rechtlichen Normen des KWG an, obwohl dieses Gesetz für die Nichteinhaltung der KWG-Vorschriften eigene Straf- und Bußgeldvorschriften enthält[284] und ausdrücklich nicht dem Gläubigerschutz dient[285]. Die Entscheidung des 1. Strafsenates des BGH vom 6.4.2000[286] entwickelt als Vergleichsmaßstab nicht mehr nur die formale Verletzung der öffentlich-rechtlichen Normen, sondern ein wertender Vergleich der betrieblichen Informations- und Risikolage mit den damit einhergehenden Geschäftschancen. Eine Kreditentscheidung stellt nach Auffassung des 1. Strafsenates ein Geschäft des täglichen (Bank-)Lebens dar, das seiner Natur nach mit Risiken behaftet ist. Allein aus einem Ausfall der Forderungen gegen den Kunden kann nicht geschlossen werden, dass die Kreditvergabe pflichtwidrig war. Die Anforderungen an die Feststellung eines pflichtwidrigen Verhaltens werden allgemeinen kaufmännischen Sorgfaltspflichten für die Kreditvergabe durch Geschäftsleitungsmitglieder eines Kreditinstitutes angenähert.[287] Erst wenn keine Informationsgrundlage hergestellt, wenn die Chancen und Risiken des Geschäftes, der wirtschaftlichen Verhältnisse des Kunden und der Realisierbarkeit des Finanzierungsobjektes nicht umfassend abgewogen werden, kann eine Kreditvergabe pflichtwidrig sein. Gleichwohl will der 1. Strafsenat seine Judikatur nicht so verstanden wissen, dass Verstöße gegen KWG-Normen damit nicht mehr geprüft werden. Vielmehr entnimmt er dem KWG nunmehr den Pflichtenkreis und die Gewichtung einzelner Verstöße.[288] Die Rechtsprechung des 1. Strafsenates ist durch den 3. Strafsenat[289] bestätigt worden. Dieser

---

[278] BGHSt 20, 177/181; 37, 320/322.
[279] BGH Urteil v. 11.1.1955, NJW 1955, 508.
[280] *Nack*, NJW 1980, 1599/1560; *Hillenkamp*, NStZ 1981, 161.
[281] BGH Urteil vom 21.3.1985, wistra 1985, 190.
[282] BGH NJW 1955, 508; BGH MDR 1979, 636; BGH wistra 1985, 190; kritisch *Seier* in Achenbach/Ransiek, Handbuch Wirtschaftsstrafrecht, Kap. V.2 Rn. 239, 316.
[283] BGH Urteil vom 14.11.1978, MDR 1979,636; BGH NJW 1975, 1234.
[284] §§ 54 ff KWG.
[285] Heute § 6 Abs. 4 KWG, Art 1 Nr. 3 des 3. Gesetzes zur Änderung des KWG und anderer Vorschriften vom 20.12.1984, zitiert bei *Schwark*, KWG, 20. Aufl. 1999, Einl. S. 16; in Abkehr von den Entscheidungen BGHZ 74, 144 ff (Wetterstein-Wertbrief-Fonds); OLG München, WM 1984, 128/131; BGH NJW 1973, 321; BGHZ 75, 120 (Herstatt); *Beck/Samm*, KWG, § 18 Rn. 21 ff.
[286] BGH Urt. v. 6.4.2000, 1 StR 280/99, BGHSt. 46, 30 = wistra 2000, 305 = NStZ 2001, 527; fortgeführt durch BGHSt. 47,148 = wistra 2002, 101 = NJW 2002, 1211.
[287] Dazu *Schumann* in Müller-Gugenberger/Bieneck, § 67 Rn. 108, 118; OLG Naumburg, NZG 2000, 380; BGHZ 135, 244/253.
[288] BGH Urt. v. 15.11.2001 BGHSt. 47, 148 = wistra 2002, 101; dazu *Klanten*, DStR 2002, 1190; *Kühne*, StV 2002, 193; *Marxen/Müller* EWiR § 266 StGB 2/02, 307; *Carl*, a. a. O. S. 243 ff; *Keller/Sauer* wistra 2002, 365; *Kiethe* BKR 2005, 177; *Knauer* NStZ 2002, 399; *Schmidt* BKR 2006, 125.
[289] BGH Urt. v. 13.8.2009, 3 StR 576/08 (LG Düsseldorf) BKR 2010, 163 = BeckRS 2009, 24828.

betont, dass Handlungs- und Beurteilungsspielräume nur auf der Grundlage sorgfältig erhobener, geprüfter und analysierter Informationen bestehen können.

b) Einzelfälle

211   Ob die **vorgegebenen Zwecke** eingehalten wurden, kann ein Kreditgeber nur sehr eingeschränkt und in der Regel erst im Nachhinein prüfen. In der Praxis ist er auf (freiwillige) Angaben des Kunden angewiesen, die entsprechend der arbeitsteiligen Organisation der Kreditinstitute nicht vom Entscheidungsträger entgegengenommen werden. Eine eigene Kontrolle der Mittelverwendung beim Kunden findet wegen der bei Kreditinstituten nicht vorhandenen Kundenrevision[290] nicht statt. Die absprachewidrige Verwendung von Geldern kann deshalb nur dann einen Pflichtverstoß indizieren, wenn sie dem Kreditentscheidungsträger von vornherein bekannt war.

212   Die **Überschreitung der KWG-Höchstkreditgrenzen** stellte nach der bisherigen Rechtsprechung eine „automatische" Pflichtwidrigkeit dar. Auch hier stuft der BGH den Verstoß zum Indiz herab und betont die umfassende Prüfung der Finanzierungsentscheidung. Allgemein gilt für KWG-Pflichten, dass die Bank wie oben dargestellt, sich hieran aus öffentlich-rechtlicher Sicht halten soll, die Sanktionen für ein nicht ordnungsgemäßes Verhalten sind im KWG abschließend geregelt. Allenfalls Indizien im strafrechtlichen Sinne können die durch das KWG festgelegten Grenzen für Großkredite (§ 13 KWG), Millionenkredite (§ 14 KWG) und Organkredite (§ 15 KWG) einschließlich dem Zustimmungserfordernis aller Geschäftsleitungsmitglieder geben. Auch allgemeine, die Gesellschaft als solche betreffende gesetzliche Grenzen sind gemeint, z. B. § 88 AktG.

213   Unter einem auf die Pflichtwidrigkeit hinweisenden „**eigennützigen Verhalten**" ist der persönliche Vorteil aus der konkreten Kreditbewilligung zu verstehen. Sog. kick-backs oder korruptive Zuwendungen im konkreten Zusammenhang mit der Finanzierungsentscheidung belegen sachfremde, unerlaubte Motive bei der Kreditentscheidung.[291] Dagegen sind allgemeine, aus dem Anstellungsverhältnis folgende Vorteile, z. B. Tantiemenansprüche, die an Parametern des Jahresabschlusses gemessen werden, kein Indiz für eine Pflichtwidrigkeit. Derartige arbeitsvertraglich zugesagte „Vorteile" sind Hinweise auf die zwischen Unternehmen und Geschäftsleitung vereinbarte Pflichterfüllung und damit Indizien, die gegen die Pflichtwidrigkeit sprechen.

214   Die **Nichtbeachtung von Beleihungsrichtlinien** kann pflichtwidrig sein, wenn eine Kreditvergabe nur gegen angemessene Sicherheit nach den internen Richtlinien möglich ist, die geforderte Kreditsicherung fehlt oder aber erkennbar keine ausreichende Befriedigungsmöglichkeit bietet. Dies ist dann der Fall, wenn handelsübliche oder gesetzliche Beleihungsgrenzen missachtet werden oder wenn die Kreditsicherheiten nachträglich mit Null bewertet werden müssen, es sich also entgegen den Darstellungen der Kreditvorlage um Blankokredite handelt. Neben den Personalsicherheiten (verschiedene Arten von Bürgschaften) spielen bei größeren Krediten die Realsicherheiten eine entscheidende Rolle. Weitere Sicherheiten, z. B. die Verpfändung von Wertpapieren, Waren und sonstigen Vermögenswerten, Sicherungsübereignung von beweglichen Sachen, Abtretung von Forderungen und Rechten, Bestellungen von Grundschulden und Hypotheken sind jeweils für sich und in ihrem Zusammenwirken innerhalb des Kreditverhältnisses zu beachten.[292] Dieses Sicherungsbedürfnis findet seinen Niederschlag in Nr. 19 AGB der Banken. Nach Nr. 19 Abs. 1 hat die Bank ihren Kunden gegenüber jederzeit Anspruch auf die Bestellung oder Verstärkung bankmäßiger Sicherheiten für alle Verbindlichkeiten, auch soweit sie bedingt oder befristet sind. Die Missachtung von Beleihungsrichtlinien ist ein wichtiges Indiz für missbräuchliches Verhalten des Bankensachbearbeiters.

---

[290] Ausnahmen gelten z. B. für Factoring- und Leasingunternehmen, z. B. *Bette*, Das Factoringeschäft in Deutschland, S. 75 f.
[291] BGH Beschl. v. 17.8.2005 – 2 StR 6/05 NStZ-RR 2005, 374; vgl. auch BGH NStZ 2003, 539; OLG Stuttgart NJW 2002, 384.
[292] BGH StV 1994, 172; StV 2000, 490 = wistra 2000, 60.

C. Kreditgeschäfte der Banken

Zu prüfen ist auch, ob bei der **Ermittlung des Beleihungswertes** der Grundstückswert in pflichtwidriger Weise durch die Verantwortlichen der Bank überhöht angesetzt wurde. Dem begegnet eine Bank in der Regel durch Einholung eines Sachverständigengutachtens über den Ertragswert (bei Kapitalimmobilien) oder des Sachwertes (bei selbstgenutzten Immobilien).

Bei einer Sicherheit, die in der Gesamtbeurteilung eines **Geschäftsbetriebes** besteht oder die von dem Wert dieses Betriebes dominiert wird, hat die Bank neben den Unternehmensbilanzen und den dort angegebenen Werten auch die vom Kunden mitgeteilten Annahmen über einen Betriebsfortführungswert zu prüfen. Das gilt sowohl für betriebliche genutzte Immobilien, Maschinen und Anlagen als auch für Patente, andere immaterielle Werte etc. Weil ein Fortführungswert im Falle der Liquidation selten zu erzielen ist, sind daher Abschläge auf die Annahmen des Kunden erforderlich. Allerdings darf eine Sicherheit unter Zugrundelegung einer Going-Concern-Bewertung durchaus noch mit einem realistischen Wert angesetzt werden, auch wenn sich später ein solcher Wert beim (nicht erwarteten) Zusammenbruch des Unternehmens nicht mehr realisieren lässt.

Forderungen sind nach handelsrechtlichen Vorschriften nach dem Vorsichtsprinzip zu bilanzieren. Jeder Kaufmann wird bei Aufstellung seiner Bilanzen das Ausfallrisiko einer Forderung durch Abschreibung der Forderungen (Wertberichtigung) berücksichtigen, wobei die Höhe des Abschreibungssatzes sich individuell an der Beurteilung der Durchsetzbarkeit der einzelnen Forderung ausrichtet oder sich pauschal durch Werte aus der Insolvenzstatistik der jeweiligen Länder ergeben kann.

Die Variationsbreite der Verstöße gegen das Sicherungsbedürfnis der Banken ist groß. Um eine zuverlässige Aussage über die ordnungsgemäße Kreditsicherung und – getrennt davon – über die Kreditwürdigkeit des Schuldners zu gewinnen, wird in bestimmten Fällen die Einschaltung eines Sachverständigen geboten sein, es sei denn, dass bereits aus anderen vorhandenen Beweismitteln ein eklatanter Verstoß gegen die Beleihungs- und Sicherungsgrundsätze ersichtlich ist.

Gravierende Verstöße gegen **§ 18 KWG** sind nach der Rechtsprechung bislang Teil des Vorwurfes einer pflichtwidrigen Finanzierung[293]. Der Gesetzeszweck des § 18 KWG besteht allerdings nicht in der Kreditverhinderung. Die in der Vergangenheit vom BAKred. konkretisierten Pflichten[294] dienen nur der Einschätzung und Eingrenzung eigener Geschäftsrisiken der Bank. Die Norm soll nur eine ausreichende Informationslage der Bank sicherstellen. Nachdem die früheren Rundschreiben des BAKred durch Schreiben der BaFin vom 9.5.2005 aufgehoben worden sind, muss sich die von den Banken zu beschaffende Informationsgrundlage an den jeweiligen Kreditrisiken ausrichten[295]. Der gebotene Umfang der Informationsverschaffung hängt auch davon ab, welches Risiko dem Entscheidungsträger hinsichtlich fehlender Informationen gestattet ist. Bei der Vergabe eines Großkredits durch eine Bank sind insbesondere die in § 18 Satz 1 KWG normierten Informations- und Prüfungspflichten von Bedeutung, nach denen eine Offenlegung der wirtschaftlichen Verhältnisse des Kreditnehmers zu verlangen ist. Ggf. sind auch Prüfberichte oder testierte Jahresabschlüsse von Wirtschaftsprüfern zu analysieren. Wird ein neues Geschäftsfeld erschlossen oder eine neue Geschäftsidee verwirklicht, muss sich der Entscheidungsträger für die erforderliche Risikoanalyse eine breite Entscheidungsgrundlage verschaffen.[296]

---

[293] BGH NJW 1979, 1512; BGH wistra 1985, 190/191; wistra 1990, 148/19; LG München, U. v. 9.12.1991 (BRZ), S. 33, 303f; *Nack*, NJW 1980, 1599/1600; dagg. KG Urt.v. 22.3.2005 – 14 U 248/03.

[294] Schreiben des BAKred. Nr. 9/98 vom 7.7.1998, abgedr. bei Consbruch/Bähre, KWG, Nr. 4.304 und andere Schreiben sind mit Schreiben der BaFin vom 9.5.2005 aufgehoben worden; zukünftig soll die Einhaltung geeigneter Kontrollen anhand der MAK bzw. der MARisk geprüft werden (www.BaFin.de).

[295] Dazu *Struwe/Koch*, § 18 KWG – gibt es Handlungsbedarf, BankPraktiker 2005, 84; *Clausen*, Offenlegung der wirtschaftlichen Verhältnisse gegenüber Banken bei Kreditaufnahme – Aktuelle Entwicklungen, DB 2005, 1534.

[296] BGHSt. 47, 147; BGH BKR 2010, 163.

5. Einwilligung in die Kreditvergabe

220 Die **Einwilligung** der Gesellschaftsorgane oder Gesellschafter kann die Pflichtwidrigkeit grundsätzlich entfallen lassen. Auch Weisungen der überwachenden Gesellschaftsorgane kann eine Einwilligung darstellen.[297] Die Einwilligung der Gesellschafter als Grund für die Pflichterfüllung der Geschäftsleitungsorgane kann aber nicht schrankenlos anerkannt werden. Zum einen gilt das nicht für unwirksame oder nur nachträgliche Einwilligungen. Zum anderen gilt der Grundfall nur für Fälle, in denen die Einwilligung nicht erschlichen oder in anderer Weise durch falsche Unterrichtung herbeigeführt wurde. Schließlich endet die Dispositionsbefugnis, wenn gegen zwingende Gesetze verstoßen oder die Existenzgrundlagen der Gesellschaft gefährdet werden.[298] Zu prüfen ist auch, ob Einzelweisungen der Gesellschaftsorgane eingehalten worden sind. Hierzu zählen verbindliche Beschlüsse der Gesellschafterversammlung, Anordnungen des Aufsichtsrates im Rahmen seiner Befugnisse, nicht jedoch die (Mit-)entscheidung eines Kreditausschusses des Aufsichtsrats.

221 Keine Einwilligung stellen für sich gesehen die gesellschaftsrechtlichen **Entlastungsbeschlüsse für Vorstand und Aufsichtsrat dar**[299]. Auch **unauffällige Kreditprüfungen** im Rahmen einer Verbandsprüfung (§ 26 Abs. 2 KWG) oder Jahresabschlussprüfung (§ 29 Abs. 1 KWG) können nur dann Rechtfertigungsgründe darstellen, wenn das konkrete Kreditverhältnis vor der Entscheidung über die Kreditvergabe zielgerichtet anhand der Kreditakten mit untersucht und die Vertretbarkeit der Kreditentscheidung festgestellt worden ist. Ansonsten reicht das Gesamturteil bei Entlastungen und Kreditprüfungen nur, soweit tatsächliche Untersuchungen angestellt worden sind oder bei sorgfältiger Prüfung hätten angestellt werden können[300]. Unter einer Vergabefolgeprüfung ist unabhängig von der Einhaltung aller Pflichten bei der Kreditvergabe die Prüfung zu verstehen, die sich mit dem Bestand und der Werthaltigkeit des Kreditrückzahlungsanspruches bzw. bei Verwertungsreife mit Bestand und Werthaltigkeit der Sicherheiten auseinander setzt.

6. Schadensberechnung bei der Untreue

222 Ein (Vermögens-) Nachteil im Sinne des § 266 StGB ist nach herrschender Meinung in Rechtsprechung und Schrifttum eingetreten, **wenn das Vermögen des Kreditgebers nach einer etwaigen pflichtwidrigen Handlung geringer ist, als vor dieser Handlung**, d. h. die Aktiva per Saldo niedriger sind oder die Passiva per Saldo höher sind[301]. Abzustellen ist auf den Zeitpunkt, in dem die Darlehensvaluta ausgezahlt wurde, nicht auf einen späteren Zeitpunkt[302]. Das Merkmal des Vermögensnachteils ist eigenständig und ohne „Verschleifung" mit Elementen des Pflichtwidrigkeitsmerkmals zu prüfen.[303]

223 Die Rechtsprechung zum Vermögensnachteil bei der Kreditvergabe hat sich einer bankbetriebswirtschaftlichen Beurteilung angenähert, wie die beiden Urteile des BGH vom 6.4.2000[304]

---

[297] BGHSt. 3, 23/25; *Fischer* § 266 Rn. 49; LK-*Schünemann*, § 266 Rn. 100; Achenbach/Ransiek-*Seier*, Kap. V.2. Rn. 78.

[298] *Fischer*, § 266 Rn 52; BGHSt. 35, 333; BGH NStZ 95, 185 f; 96, 54; NJW 2000, 154 f.

[299] Vgl. dazu Lorenz NZG 2009, 1138.

[300] BGH DB 1988, 1007 zu eingetr. Vereinen; BGH Urt. v. 3.12.2001 – II ZR 208/99 DB 2002, 473 zu Genossenschaftsbanken.

[301] Sog. Saldotheorie, vgl. *Fischer*, § 263 Rn. 70 ff; *Carl* in: Struwe (Hrsg.), § 18 KWG-Verstöße, Heidelberg, 2004, S. 204.

[302] BGH U. v. 24.8.1999, wistra 2000, 60; dazu *Carl*, a. a. O., S. 260 ff.

[303] BVerfG, Urt. v. 23.6.2010, 2 BvR 2559/08, m. zust. Anm. *Safferling*, NStZ 2011,276; *Saliger* NJW 2010, 3195; BVerfG B. v. 10.3.2009, 2 BvR 1980/07, NJW 2009, 2370=NStZ 2009, 560; Bittmann, NStZ 2012, 57; *Dierlamm* in MüKo-StGB, § 266 Rn. 206 ff; *Schmitt, Bertram*, BKR 2006, 125.

[304] BGHSt. 46, 30 = NStZ 2000, 655 = NJW 2000, 2364 (Sparkasse Neu-Ulm); dazu *Carl*, a. a. O., S. 255 ff.

C. Kreditgeschäfte der Banken

und 15.11.2001[305] zeigen. Diese der jeweiligen Entscheidung zu Grunde liegende Abwägung spielt gerade auch für die Beurteilung eines Vermögensnachteils eine maßgebliche Rolle. Ein Vermögensnachteil wäre nur dann anzunehmen, wenn nach **wirtschaftlicher Betrachtungsweise** bereits mit der Auszahlung der Kreditvaluta (aber auch erst dann[306]) ein Rückzahlungsanspruch nicht mehr als gleichwertig angesehen werden kann. Bislang ist ein strafrechtlich begründeter Verdacht bejaht worden, wenn im Zeitpunkt der Kreditauszahlung
- eine Einzel-Wertberichtigung erfolgen (als sog. Vermögensgefährdung)[307] oder die Forderung ganz oder teilweise abgeschrieben werden müsste[308],
- der vertragliche Schuldner nicht existent oder zahlungsunfähig ist[309],
- die vertraglich vereinbarte Sicherheit von vornherein minderwertig oder nicht existent ist[310].

Bei der Ermittlung eines Vermögensnachteils von **Erstkrediten** sind die Kreditchancen 224 den Risiken gegenüber zustellen. Eine **Saldierung von Risiken und Chancen** verlangten schon das Reichsgericht[311] und im Anschluß daran der Bundesgerichtshof[312]. In der Fortentwicklung der Rechtsprechung wird die Berücksichtigung der wirtschaftlichen Vorteile eines kaufmännischen Geschäfts nachdrücklich gefordert. Ein BGH-Urteil aus dem Jahr 1986[313] markiert diese Entwicklung, indem der BGH darauf abstellt, dass es auf die gesamte, der Bank gewährten Sicherheitenlage ankommt, nicht nur auf die vom Kreditnehmer geleisteten Sicherheiten. Diese Rechtsprechung zur **konkreten Vermögensgefährdung** bei Finanzierungsgeschäften ist vom BGH konsequent fortgesetzt worden. Im Urteil vom 4.2.2004[314] zur Vorfinanzierung von kaufmännischen Liefergeschäften in das Ausland wird die Revision gegen ein freisprechendes Urteil des LG Darmstadt u. a. mit dem Hinweis zurückgewiesen, dass ein Risikogeschäft im Sinne des § 266 StGB nur dann vorliegen kann, wenn der Täter bewusst und entgegen den Regeln kaufmännischer Sorgfalt eine äußerst gesteigerte Verlustgefahr auf sich nimmt, nur um eine zweifelhafte Gewinnaussicht zu erhalten. Folglich sind für die Beurteilung der Werthaltigkeit des Rückzahlungsanspruches alle vertragsgemäß vereinbarten und realisierbaren Sicherheiten einzubeziehen, d. h. der Wert der Real- und Personalsicherheiten ist zu ermitteln[315]. Die gegen Saldierungsüberlegungen nur in vereinzelt gebliebenen Entscheidungen und Literaturmeinungen[316] ins Feld geführten Argumente haben angesichts der jeweiligen Fallkonstellationen keine nachhaltige Bedeutung erlangt. **Fälle der Existenzgefährdung**[317] eines Institutes sind dagegen kaum durch Einzelsicherheiten aufzuwiegen.

In **Sanierungsfällen** reduzieren sich die Handlungsalternativen auf zwei, bestenfalls drei 225 Möglichkeiten. Wird die Finanzierung wegen des dem Kreditnehmer unmöglich gewordenen Kapitaldienstes gekündigt, steht ein Ausfall der Gesamtforderung zu befürchten. Wird die Finanzierung fortgesetzt, „rettet" dies möglicherweise das Engagement, dennoch besteht zumindest für den neu ausgekehrten Kredit eine geringere Rückzahlungswahrschein-

---

[305] BGHSt 47, 148 =NStZ 2002, 262 (Sparkasse Mannheim); = NStZ 2002, 262; = NJW 2002, 1211 = NStZ 2002, 262; vgl. dazu die Anm. *Klanten*, DStR 2002, 1190; *Kühne*, StV 2002, 193; *Marxen/Müller* EWiR § 266 StGB 2/02, 307; *Carl*, a. a. O. S. 243 ff; zusammenfassend *Schmidt*, BKR 2006, 125.
[306] *Carl*, a. a. O. S. 215.
[307] *Carl*, a. a. O. S. 204.
[308] *Carl*, a. a. O. S. 204.
[309] *Carl*, a. a. O. S. 213 f.
[310] *Carl*, a. a. O. S. 205.
[311] RG JW 1934, 2923.
[312] BGH Sparkasse 1960, 393; ebenso *Nack*, NJW 1980, 1602; BGH Urt. v. 18.6.1965 -2 StR 435/64 bei *Hillenkamp*, NStZ 1981, 161 Rn. 33.
[313] BGH NJW 1986, 1183.
[314] BGH StV 2004, 424=BGHR StGB § 266 StGB Vorsatz I 4.
[315] BGH Beschl. v. 12.6.2001 -4 StR 402/00- NStZ-RR 2001, 328; BGH StV 1985, 186; BGH StV 1986, 203; BGH NStZ 1999, 353.
[316] BGH Sparkasse 1960, 147 und BayObLGSt 1965, 88, 90 f; *Hillenkamp*, NStZ 1981, 161.
[317] zuletzt OLG Karlsruhe, wistra 2005, 40.

keit[318]. Selten besteht die Möglichkeit, durch Hinzutreten eines Investors (auch aus dem Verfügungsbereich der Bank, z. B. durch eine Unternehmensbeteiligungsgesellschaft) eine Teilung der Lasten zu erreichen. Maßgeblich ist eine Gesamtbetrachtung, aus der sich die hypothetische Vermögenslage ergibt, die bestehen würde, wenn das Gesamtengagement ausfallen würde im Vergleich zu der tatsächlichen Vermögensentwicklung des Kreditinstitutes nach Durchführung der Sanierung. Das bei Sanierungskrediten anzuwendende Kompensationsprinzip[319] verlangt neben der Berücksichtigung des aus der Fortführungsentscheidung resultierenden planmäßigen Verlustes auch die Hinzurechnung des Vorteils bei Aufrechterhaltung des Altkredites.

226 **Schadensindikatoren:** Einzelwertberichtigungen als Indikator für oder gegen einen Vermögensnachteil: Anknüpfungspunkt für eine Schadensbetrachtung kann zwar eine Einzelwertberichtigung oder eine Abschreibung sein. Kann im Zeitpunkt der Kreditvalutierung die Erreichbarkeit des Kreditzweckes unterstellt werden, ist der Rückforderungsanspruch nicht minderwertig[320]. Deshalb ist eine Übernahme von in späteren Jahresabschlüssen gebildeten Wertberichtigungen und Forderungsabschreibungen kein belastendes Indiz für das Vorhandensein eines Vermögensnachteils im Zeitpunkt der Kreditentscheidung. Vielmehr kommt es auf den Inhalt und die wirtschaftlichen Abwägungen bei der Bildung und Auflösung von Einzelwertberichtigung oder Forderungsabschreibung an[321]. Da z. B. auch auf Zinsen und andere Nebenforderungen ebenfalls Einzelwertberichtigungen gebildet werden, stellt es keinen Nachteil im Sinne des § 266 StGB dar, wenn lediglich solche Nebenforderungen wertberichtigt werden, nicht aber ein Rückzahlungsanspruch. Auch wenn eine Umfinanzierung oder eine Neubesicherung stattfindet, kann eine Einzelwertberichtigung nicht unterschiedslos auf den Erstkredit rückbezogen werden. Bei Sanierungskrediten muss besonders die abgeschriebene Forderung mit der „geretteten" Forderung verglichen werden.

227 **Bewertung der Rückzahlungsforderung**: Ob ein Vermögensnachteil eingetreten ist, kann sich erst dann ergeben, wenn weder die Rückzahlungsforderung als solche im Zeitpunkt der Auszahlung des Darlehens teilweise oder ganz nicht mehr einbringlich ist und eine (prognostizierte) Verwertung der der Bank tatsächlich gegebenen Sicherheiten oder sonstigen Verwertungsrechte (z. B. das Aufrechnungsrecht nach den AGB) keine hinreichende Befriedigung mehr erwarten lassen[322]. Strafrechtlich gesehen ist eine etwaige spätere Verwirklichung des der Darlehensgewährung immanenten Risikos unbeachtlich[323]. Der BGH[324] hat die Verrechnung des Wertes der Rückzahlungsforderung durch den Wert der Sicherheiten zugelassen.

228 Noch deutlicher weist der BGH im Beschluß vom 12.6.2001[325] für die sich parallel beim Betrugstatbestand stellende Frage eines Vermögensnachteils bei ausreichenden Sicherheiten darauf hin, dass der Rückzahlungsanspruch dem Darlehensanspruch immer dann gleichwertig ist, wenn auf Grund der Vermögenslage oder sonstiger Umstände, die den Gläubiger vor dem Verlust seines Geldes schützen, eine Gewähr für die Rückführung des Darlehens besteht. Dann schadet es auch nicht, wenn eine konkrete Sicherheit vorgespiegelt worden sein sollte. Eine mehr oder minder pauschale Annahme, dass der Wert eines Darlehensrückforderungsanspruches mit dem Beleihungswert von Sicherheiten angenommen werden könnte, ist damit nicht vereinbar. Es kommt auf den tatsächlichen Wert der Sicherheit unter Marktbedingungen an.

---

[318] Vgl. den von *Nack* im Vortrag auf der NStZ-Tagung 2002 in Leipzig geschilderten Fall nach RGSt. 61, 211, berichtet von *Carl*, a. a. O. S. 232 f.
[319] *Schumann* in: Müller-Gugenberger/Bieneck, § 67 Rn. 61b; BGH NStZ 1995, 92; BGH StV 1995, 73; BGH wistra 1997, 301.
[320] BGHSt. 46, 30; *Carl*, a. a. O. S. 219.
[321] Vgl. mit einem instruktiven Beispiel *Carl*, a. a. O. S. 231, 233 f.
[322] So schon RGSt. 74, 129/130; vgl. *Martin*, a. a. O. S. 128; *Schumann* in: Müller-Gugenberger/Bieneck, § 67 Rn. 87.
[323] BGHSt. 46, 30, 32.
[324] BGH NJW 1986, 1183.
[325] BGH NStZ-RR, 2001, 328/330.

C. Kreditgeschäfte der Banken

7. Kausalität und Zurechnung

Zwischen einer pflichtwidrigen Handlung und einem etwaigen Vermögensnachteil muss ein Ursachenzusammenhang bestehen[326]. Wenn unterstellt würde, der behauptete Pflichtverstoß hätte nicht stattgefunden, dann muss mit hinreichender Wahrscheinlichkeit auch der behauptete Nachteil entfallen können. Bliebe dieser aber bestehen, weil das sog. rechtmäßige Alternativverhalten letztlich auch zur Bewilligung der Kredite gelangt wäre, dann fehlt es an einer Kausalität. Der erforderliche innere Zusammenhang zwischen pflichtwidrigem Verhalten und Erfolg besteht beispielsweise nicht, wenn die Bank keine vertraglichen Sicherungsrechte hat und vorgeworfen wird, dass sich die Kompetenzträger keine Grundsicherheiten verschafft haben[327]. Die Prüfung dieses „inneren Zusammenhangs" besteht aus zwei Komponenten. Zum einen besagt der sog. Pflichtwidrigkeitszusammenhang, dass es eine kausale Verknüpfung zwischen der Handlung und dem eingetretenen Vermögensnachteil geben muss[328]. Der Nachteil darf nicht nur einfach gelegentlich oder anlässlich des Verhaltens eingetreten sein, sondern er muss seinen Grund gerade in der etwaigen pflichtwidrigen Handlung haben.

Zum anderen muss ein Schutzzweckzusammenhang bestehen. Das heißt, dann wenn der Schutzzweck einer verletzten Norm wie z. B. § 18 KWG oder eine satzungsgemäße Vorgabe nicht den Schutz des Vermögensinhabers vor Vermögensverlusten bezwecken, sondern beispielsweise der Aufrechterhaltung einer vertrauenswürdigen Kreditwirtschaft dienen, kann kein kausal verursachter Nachteil gefolgert werden[329]. Das bedeutet, es ist in jedem Einzelfall zu bestimmen, ob der festgestellte Pflichtenverstoß[330] auch die Vermeidung eines Schadens bezweckt hat.

8. Subjektive Tatseite bei Untreuehandlungen

Der objektive Nachweis pflichtwidrigen Verhaltens ist im Regelfall nicht schwierig zu führen. Die Einwilligung des jeweiligen Bankmitarbeiters oder Bankleiters in eine deliktische Handlung hängt nicht von einem eigenen Vorteil ab oder davon, dass nur mit den besten Absichten für die Bank gehandelt worden wäre. Die Verteidigung mit dem Hinweis, der eingetretene Endschaden sei weder vorausssehbar noch gewollt gewesen und sei ausschließlich auf einen ungünstigen Wirtschaftsverlauf zurückzuführen, ist für sich gesehen nicht entscheidend für die Verneinung der subjektiven Tatseite[331].

Ein bedingt vorsätzliches Verhalten wird schon dann angenommen, wenn aufgrund des Indizienbildes erkennbare bankkaufmännische Sorgfaltsgrundsätze verletzt sind und dies weder in der Natur des Geschäfts noch durch gegengewichtige Kontrollmaßnahmen ausgeglichen wird. Wer Maßnahmen von Aufsichtsorganen zielgerichtet verhindert oder verschleppt hat, dürfte mit direktem Vorsatz handeln, da er von vornherein den Eintritt eines Schadens durch nähere Aufklärung oder Offenlegung der Umstände zu erwarten scheint.[332]

---

[326] BGH wistra 2000, 60 f.
[327] BGH B. v. 27.3.2003 -5 StR 508/02- BGHR § 263 StGB Vermögensschaden 63.
[328] BGHSt. 46, 30; Carl, a. a. O. S. 216 f.; Martin, Bankuntreue, Berlin 2000, S. 136 ff.; Wessing, in: Struwe (Hrsg.), § 18 KWG-Verstöße, Heidelberg, 2004, S. 344.
[329] BGH wistra 1986, 256; BGH § 266 I Vermögensbetreuungspflicht 9; OLG Hamm NJW 1973, 1809/ 1810 f; Carl, a. a. O. S. 223 ff; Kubiciel, NStZ 2005, 353; Knauer, NStZ 2002, 399; Martin, a. a. O., S. 135, 140 ff; Rönnau/Hohn, NStZ 2004, 113/114.
[330] BGH wistra 1985, 190, sog. „Verstoß gegen den ihm gezogenen Rahmen".
[331] BGH NJW 1979, 1512; kritisch dazu Otto, JR 2000, 517; Knauer, NStZ 2002, 399/403.
[332] Vgl. dazu Armin Nack, Untreue im Bankbereich durch Vergabe von Großkrediten, in NJW 1980, 1599 ff.; Thomas Hillenkamp, Risikogeschäft und Untreue, in NStZ 1981, 161 ff.; s.a. BGH wistra 1992, 26; BGH NJW 1984, 1539 ff.; LG Bochum, ZIP 1981, 1064 ff.

9. Versuch, Vollendung, Beendigung

233 Eine nur versuchte Nachteilszufügung ist nicht unter Strafe gestellt. Eine Tat ist vollendet und regelmäßig auch beendet, wenn der Nachteil eingetreten ist[333]. Wenn nach einer Vermögensgefährdung eine Schadensvertiefung oder ein endgültiger Verlust eintreten, wird eine Beendigung erst mit diesem nachfolgenden Ereignis angenommen[334]. Für die schwere Untreue nach §§ 266 Abs. 2, 263 Abs. 3 StGB folgt daraus, dass sie erst dann angenommen werden kann, wenn ein endgültiger Schaden eingetreten ist.

IV. Kredite in Kundenkrise und Insolvenz

1. Verhalten der Bank in der Kundenkrise

234 Banken merken die wirtschaftliche Krise ihres Kunden von allen Gläubigern am frühesten. Dies hat weniger mit dem Vertrauensverhältnis zwischen Bank und Kunde zu tun als damit, dass sich Zahlungen oder Zahlungsstockungen unmittelbar anhand der Zahlungsflüsse auf dem Bankkonto erkennen lassen. Beobachtet ein Kreditinstitut, dass Schecks platzen, der Überziehungskredit ausgereizt ist, Pfändungen von Gläubigern in Bankkonten erwirkt werden und gleichzeitig Zahlungen der Abnehmer des Bankkunden ausbleiben, sind das untrüglichen Zeichen für eine wirtschaftliche Schieflage. Kommt hinzu, dass die fälligen Zahlungen für Personalkosten, Steuern und Sozialabgaben nicht wie sonst über das Geschäftskonto abgewickelt werden, weiß die Bank recht genau, wie es um die wirtschaftlichen Verhältnisse ihres Kunden bestellt ist. Auch wenn die eigentliche Insolvenz noch Monate oder gar Jahre auf sich warten lässt, sind dies für die Bank Alarmzeichen. Auch andere Informationsquellen können der Bank Anzeichen der drohenden Insolvenz vermitteln, bspw. vertrauliche Auskünfte von Bank zu Bank, die Schufa, die Auskunfteien, die regelmäßigen Mitteilungen der Dt. Bundesbank für die Großkredit- und Millionenverschuldung ihres Kunden bei mehreren Banken und Finanzdienstleistern oder Finanzunternehmen.

235 Die Bank kann folgendermaßen reagieren:[335]
  a) Sie kündigt die Kredite und stellt ihre Forderungen fällig. Die ihr gewährten Sicherheiten zieht sie ein und klagt den Restanspruch gegen den in der Regel persönlich haftenden Geschäftsinhaber oder Geschäftsführer ein. Diese Reaktion hat für Schuldner und Bank den Nachteil, dass alle Sicherheiten nur noch zu Zerschlagungswerten realisiert werden können und daher hohe Kreditausfälle vorgezeichnet sind.[336]
  b) Die Bank wird aktiv, setzt dem Schuldner bzw. dessen Gesellschafter einen eigenen Vertreter oder einen von ihr ausgewählten Unternehmensberater vor, zwingt den Schuldner, die von diesen Personen für richtig gehaltenen Maßnahmen durchzuführen, und „entmachtet" so faktisch die Unternehmensleitung.[337]
  c) Die Bank hält still, weil sie glaubt, nur so den Kredit und die Sicherheiten retten zu können. Bei begründeten, zweckgebundenen Projekten finanziert sie – geringfügig – weiter, um die Fertigstellung des Projektes zu ermöglichen. Sie verlangt zusätzliche Sicherheiten. Wenn keine zusätzlichen Sicherheiten gestellt werden können, übt die Bank den ihr nötig erscheinenden „Druck" auf den Kunden aus, damit dieser offene Forderungen zugunsten des laufenden Bankkontos einzieht und die „stille" Verwertung der Sicherheiten zu ihren Gunsten betreibt.
  d) Nicht selten haben Bankenmitarbeiter auch unter Verschweigen ihres sensiblen Wissens eine weitere Kreditaufnahme vermittelt oder den Wechsel des Kunden zu und die Ablösung der hausinternen Kredite durch ein anderes Finanzierungsinstitut erreicht.

---

[333] BGHSt. 47, 27.
[334] BGH StraFo 2004, 359.
[335] Instruktiv: *Neuhof*, NJW 1998, 3225 und NJW 1999, 20.
[336] Vgl. dazu BGH GA 1981, 518 = bei *Holtz*, MDR 1981, 454 (für § 283b Abs. 1 Nr. 3 Buchst. b StGB).
[337] BGH NJW 1992, 3035.

C. Kreditgeschäfte der Banken

Während der Fall a) den vertraglichen Vereinbarungen entspricht und die Bank berechtigt 236
ist, die Kredite fällig zu stellen, stellen die Fallgestaltungen b) bis d) für Banken in Zeiten
häufiger Insolvenzen zwar denkbare Alternativen dar, die aber in hohem Maße riskant sind
und Ansätze für eine strafrechtliche Beteiligung der Bank an Bankrotthandlungen im Sinne
der §§ 283, 283c StGB, 64, 84 GmbHG darstellen können.[338]

2. Missbräuchliche Ausübung der Bankenmacht

In der täglichen Praxis treten vor allem drei Fallgestaltungen auf, die einen strafrechtlich rele- 237
vanten Missbrauch von Bankenmacht im Stadium einer drohenden oder eingetretenen Insolvenz darstellen. Von einer eingetretenen Insolvenz auch im Sinne der neuen InsO spricht
man, wenn ein Schuldner nicht mehr in der Lage ist, seine fälligen Verbindlichkeiten in angemessener Zeit zu begleichen. Dabei stellt die Neuregelung in § 17 Abs. 2 InsO allein auf die
Fälligkeit ab, die nach der bisherigen Rechtsprechung mindestens erforderliche Deckungslücke zwischen Verbindlichkeiten und liquidierbarem Vermögen wird nicht definiert. Für
die strafrechtliche Ahndung wird man mit dem Bayerischen Obersten Landgericht eine Unterdeckung von mindestens 25 % verlangen müssen.[339] Ebenso wird man dem Schuldner für
die Vergleichsbetrachtung zugestehen müssen, dass als liquidierbar dasjenige Vermögen zu gelten hat, das innerhalb von 3 Monaten noch verflüssigt werden kann.[340] Ausgehend davon kann
die drohende Zahlungsunfähigkeit auf einen Zeitraum von 6 bis 12 Monaten vor diesem Zeitraum angenommen werden, wenn nicht im Einzelfall der Zusammenbruch durch spezielle,
auf der Hand liegende plötzliche Ereignisse herbeigeführt wurde. Das Bankenverhalten ist regelmäßig davon geprägt, die eigenen Ansprüche zu sichern. Nicht selten werden dabei die
strafrechtlichen Grenzen überschritten.

a) Übersicherung von Banken

(1) Zunächst spielt häufig eine Rolle, dass die ursprünglich vertragsgemäß gegebene Sicher- 238
heit bei Eintritt der Zahlungsunfähigkeit ganz oder teilweise zur Übersicherung des Gläubigers führt, ein Freigabeanspruch aber an der Weigerung des Gläubigers scheitert. Banken lassen sich regelmäßig für alle herausgelegten Kredite Sicherheiten geben, es sei denn, die
Bonität des Schuldners ist überragend. Im Bereich der Betriebsmittel- und Investitionskredite
sind das nicht nur die Sicherungsübereignungen von Maschinenparks und Warenlager, sondern häufig auch Bürgschaften des Geschäftsführers und/oder dessen Lebenspartners. Häufig
wird eine Grundbuchsicherheit zusätzlich verlangt. Da Kredite im Laufe der Zeit zurückgeführt werden, verbleiben oft freigewordene Sicherheiten bei der Bank. Weigert sich die Bank,
freigewordene Sicherheiten zurückzugeben, kann dies bei wirtschaftlicher Schieflage des Sicherungsgebers zu einer Insolvenz führen, wenn ihm dadurch alle Möglichkeiten genommen
werden, neue Liquidität zu erlangen. Banken, die erkennen, dass der Schuldner ohne die
Freigabe von Sicherheiten keine Möglichkeiten mehr hat, anderweitige Liquidität zu beschaffen, sind grundsätzlich nicht gem. § 283 Abs. 2 StGB für die Schuldnerinsolvenz strafrechtlich
verantwortlich. Die Nichtfreigabe von Sicherheiten stellt in der Regel keine Handlung zum
Nachteil anderer Gläubiger oder der Insolvenzmasse dar, denn sie ist nominell nicht Bestandteil der Masse. Allerdings stellt eine deutliche Übersicherung der Bank eine sittenwidrige
Knebelung des Schuldners dar. Als deutliche Übersicherung in diesem Sinne kann ein Wert
von mehr als 150 % des Kreditvolumens angenommen werden. Die Zurückhaltung eines Vermögenswertes, an dem ein Freigabeanspruch besteht, kann allenfalls nach § 283d StGB strafbar sein, wenn dahinter die Absicht steht, den Schuldner zu begünstigen.

Strafrechtlich ebenso problematisch ist, ob die Verweigerung der Sicherheitenfreigabe eine 239
Straftat im Sinne des § 291 StGB darstellt. Ausgangspunkt der ursprünglichen Sicherheitenvereinbarung war nämlich ein berechtigtes Interesse der Bank an der Sicherstellung des Kre-

---

[338] Vgl. dazu auch Kap. 9.
[339] BayObLG wistra 1988, 363.
[340] Vgl. insgesamt: *Bittmann*, wistra 1998, 321.

dites. Die vereinbarte Kreditsicherheit ist nur dann wucherisch überhöht, wenn sie einen Wert von mehr als 200% des Kreditvolumens erreicht. Treuepflichten aus dem Vertragsverhältnis zugunsten eines Kunden im Sinne des § 266 StGB bestehen ebenfalls nicht.

240 (2) Missbräuchlich ist das häufig bei drohender Insolvenz geäußerte Verlangen der Bank nach weiterer (inkongruenter) Absicherung bereits ausgelegter, aber nicht ausreichend gesicherter Kredite. Bankenmitarbeiter versuchen nicht selten, bei einer erkannten oder mitgeteilten Schieflage des Kreditschuldners sich noch möglichst durch Grundbuchsicherheiten oder Sicherungsübereignungen abzusichern. Hier gilt grundsätzlich, dass die Bank bereits bei der Kreditbewilligung geprüft haben muss, ob und in welchem Umfang sie Sicherheiten benötigt. Wenn die verlangte Sicherheit nicht bei der Kreditbewilligung zugesagt oder gewährt worden ist, stellt das nachträgliche Gewähren durch den Schuldner eine Gläubigerbegünstigung im Sinne des § 283c StGB dar. Der oder die Bankenmitarbeiter sind als Anstifter oder Gehilfen zu einer solchen Straftat zu bestrafen.[341]

b) Insolvenzverschleppung und stille Liquidation

241 (1) Häufig nutzen Banken ihre Funktionen in Kontrollgremien der Gesellschaft oder aufgrund der faktischen Finanzierungssituation dazu aus, die bisherige Geschäftsleitung zu entmachten, eigene Mitarbeiter oder ihnen nahe stehende Personen in der Geschäftsleitung zu installieren und sodann die Vermögenswerte der Gesellschaft möglichst schnell und wirtschaftlich zu verwerten. Faktisch fließen ihr die Verwertungserlöse zu und decken so einen Teil oder alle ausgelegten Kredite ab. Erst wenn der Kredit gedeckt oder kein liquidierbares Vermögen mehr vorhanden ist, wird die Gesellschaft in die Insolvenz entlassen. Die Zivilgerichte haben erkannt, dass die Übernahme faktischer Leitungsmacht in einem Unternehmen dazu führt, dass die der Bank auf diese Weise unrechtmäßig zugeflossenen Mittel zu Rückzahlungsansprüchen im Sinne des § 32a GmbHG oder der §§ 302, 303 AktG führen.[342] Die Auszahlung solcher Mittel zu einem Zeitpunkt, in dem der Kreditschuldner überschuldet oder zahlungsunfähig war, stellt eine Gläubigerbegünstigung durch den Schuldner oder (den von der Bank eingesetzten) Geschäftsführer im Sinne des § 283c StGB dar.

242 (2) Das Verhalten der Bank berührt zugleich die Frage der Konkurs- oder Insolvenzverschleppung. Faktisch wird durch die (stille) Verwertung des Firmenvermögens der Zusammenbruch des Unternehmens hinausgeschoben. Eine Insolvenzverschleppung im Sinne von §§ 64, 84 GmbHG liegt dann vor, wenn die Bank keine echte Sanierung des Unternehmens beabsichtigt, sondern das „Überleben des Unternehmens" lediglich zur Sicherung der stillen, banknützigen Abwicklung sichert. Sie verletzt in einem solchen Fall massiv die Interessen anderer Gläubiger.

243 Die Bank wird sich in derartigen Fällen mit der Behauptung verteidigen, das Unternehmen nur sanieren zu wollen. Für aufmerksame Ermittler wird es daher von besonderer Bedeutung sein, durch Recherchen im Unternehmen eine derart vorgeschobene Einlassung zu widerlegen. Stellt das Unternehmen auf Veranlassung der Bank beispielsweise die Produktion eines auf Herstellung von Waren angelegten Unternehmens ein, kann nicht von einem Sanierungswillen ausgegangen werden. Wird das Warenlager entgegen einer normalen kaufmännischen Vorsorge geleert, spricht dies eher für Liquidationsabsichten. Neutral zu werten ist der beschleunigte Einzug von Forderungen zur Verbesserung der Liquidität. Der Verkauf des wesentlichen Maschinenparks stellt ebenso ein Anzeichen für Liquidationsabsichten dar wie die Entlassung wesentlicher Teile des Personals.

c) Täuschung bei unrichtiger Auskunft

244 Wenn die Hausbank in einer unternehmerischen Schieflage zu keiner weiteren Finanzierung bereit ist, versuchen Schuldner in der Regel, bei anderen Banken Kredit zu erhalten. Die neue Bank erfragt bei der Kreditanbahnung auch die bisherigen Bankbeziehungen. Dann fragt sie bei der bisherigen finanzierenden Bank an, ob negative Umstände über den Kreditantragsteller bekannt geworden sind. Verschweigt die Bank die ihr selbst bekannten negativen wirt-

---

[341] *Fischer*, § 283c StGB Rn. 10.
[342] BGHZ 90, 381; BGH NJW 1992, 3035; BGHZ 107, 7; BGHZ 122, 123.

C. Kreditgeschäfte der Banken

schaftlichen Verhältnisse, täuscht sie bei der Abgabe einer unauffälligen oder positiven Meldung über ihr tatsächliches Wissen. Ein Bankenmitarbeiter, der die Schieflage des Kunden nicht mitteilt, nimmt in der Regel in Kauf, dass der neue Kreditgeber aufgrund der Auskünfte einen Kredit gewährt, der nicht mehr einbringlich ist. Hier sind die Voraussetzungen des § 263 StGB eingehend zu prüfen. Allzu oft verschweigen die geschädigten Banken diese Falschauskünfte nach der Devise, dass „eine Krähe der anderen die Augen nicht auskratzt". Der Schaden durch derartige Falschauskünfte ist aber nicht zu unterschätzen, da zwar der Kunde ebenfalls bei der Kreditantragstellung falsche Auskünfte erteilt hat, oftmals aber erst die (falsche) Bankauskunft der bisherigen Hausbank den Anstoß gibt, den beantragten Kredit zu bewilligen.

V. Besondere Finanzierungen

1. Subventionskredit

a) Kriminelle Verhaltensweisen

Die Vielzahl der vom Bund und von den Ländern aufgelegten Förderprogramme für den Aufbau Ost oder die Förderung von Wohnungseigentum kann nur noch von Kreditspezialisten überblickt werden. Dieser Subventionsdschungel eröffnet ein besonderes Betätigungsfeld für Wirtschaftskriminelle, zumal die rechtliche Ausgestaltung und die Abwicklung der einzelnen Fördermaßnahmen den Strafverfolgungsbehörden und den Gerichten weitgehend unbekannt sind. Folgende kriminelle Verhaltensweisen werden aber zumeist bei intensiven Ermittlungen offenkundig: 245

– Der Not leidende Unternehmer erschleicht sich die Fördermittel durch Vorlage falscher Unterlagen und erfüllt hierdurch die Tatbestände des Subventionsbetrugs, Kreditbetrugs oder des Betrugs.
– Die Hausbanken, die grundsätzlich bei der Erlangung von einschlägigen Krediten, Bundes- und Landeszuschüssen tätig werden müssen, leisten (wie Tiedemann aufgrund seiner Forschungen feststellte – vgl. Subventionskriminalität in der Bundesrepublik, 262 ff.) in Einzelfällen sogar Formulierungshilfen bei der rechtswidrigen Beantragung von Fördermitteln.
– Der insolvent gewordene Kaufmann spiegelt seinen Lieferanten einen nur vorübergehenden Liquiditätsengpass vor, der durch das alsbaldige Ausreichen hoher Staatskredite überwunden werde. Obwohl die Kreditsachbearbeiter der jeweiligen Hausbanken genau wissen, dass ihr Institut die notwendige Primärhaftung nicht übernimmt und die in bestimmten Fällen geforderte Staatsbürgschaft und Fördermittel mit Sicherheit nicht zur Verfügung gestellt werden, wird in Bankauskünften gegenüber Lieferanten und sonstigen Gläubigern des insolventen Schuldners die Beantragung des Staatskredits bestätigt. Dem späteren Gemeinschuldner wird dadurch das Erschleichen von Lieferungen und Leistungen und eine Begünstigung seiner Banken zulasten Dritter ermöglicht.

Diese Machenschaften bleiben, wie die Praxis zeigt, zumeist den Opfern schon deshalb verborgen, weil ihnen eine Nachweismöglichkeit nicht eröffnet wird und die diesbezüglichen Ermittlungen zumeist im Vorfeld enden. Zivilrechtliche Schadensersatzansprüche gegen Kreditinstitute scheitern von vornherein an Beweisschwierigkeiten. Die Überprüfungspraxis jener Stellen, die die Voraussetzungen für die Vergabe von Fördermitteln feststellen, ist unzulänglich. So wurden häufig eigene Kontrollen unterlassen und sogar Selbstauskünfte des Antragstellers und Gefälligkeitsteste ortsfremder Steuerberater zur Grundlage der gutachterlichen Stellungnahme gemacht. Der in das Subventionsverfahren eingeschaltete – jedoch nicht der den Bewilligungsbescheid erteilende – Amtsträger kann dadurch Täter des Subventionsbetrugs sein, dass er zugunsten des Subventionsnehmers zumindest leichtfertig im Sinne des § 264 Abs. 3 StGB unrichtige, subventionserhebliche Tatsachen festgestellt[343] oder gegenüber einem Vorgesetzten als richtig bestätigt[344] hat. 246

---

[343] OLG Hamburg, NStZ 1984, 218.
[344] BGH NStZ 1985, 72.

b) Förder- und Finanzierungshilfen[345]

247 Der Katalog der Förderprogramme für die Wirtschaft wird von Jahr zu Jahr umfangreicher und damit unübersichtlicher.[346] Das Spektrum des Förderinstrumentariums umfasst Investitionen für Existenzgründungen, Rationalisierungen, Modernisierungen, Innovationen des Hightech-Bereichs und des Umweltschutzes. Flankiert werden diese Maßnahmen durch Beteiligungsgesellschaften des Bundes und der Länder, die Risikokapital zur Verfügung stellen, und durch öffentliche Bürgschaften, die risikobehaftete Engagements mit bis zu 80%igen Ausfallbürgschaften entlasten. Hierzu gehören vor allen Dingen die ERP-Kredite, die durch die Kreditanstalt für Wiederaufbau in Frankfurt vergeben werden, Kredite der Lastenausgleichsbank in Bonn/Bad Godesberg und Kredite aus regionalen Förderprogrammen der Länder für die gewerbliche Wirtschaft.

248 Die Antrags- und Abwicklungsmodalitäten zur Erlangung dieser Fördermittel unterscheiden sich grundlegend von denen des Investitionszuschusses und der Investitionszulage. Die Kredite müssen grundsätzlich über die Hausbank beantragt werden, die gegenüber dem Kreditgeber (z. B. Kreditanstalt für Wiederaufbau, Lastenausgleichsbank, Landesanstalt für Aufbaufinanzierung, Finanzierungsaktiengesellschaft) die Primärhaftung übernehmen muss. Die Darlehen sind nach bankmäßigen Gesichtspunkten abzusichern. Nach den Vergaberichtlinien dürfen in der Regel diese Finanzierungshilfen nicht zur Rückführung anderer Kredite verwendet werden. Eine Ausnahme bilden lediglich die äußerst seltenen Konsolidierungs- und Sanierungskredite, die zur Umschuldung kurzfristiger Verbindlichkeiten verwendet werden müssen. Der Staatsanwalt wird aber feststellen, dass diese Ausnahme häufig zum Regelfall wird, die Absicht bereits bei Antragstellung bestand, jedoch durch wahrheitswidrige Formulierung verschleiert wurde. Da jedes Bundesland besondere Kreditanstalten mit unterschiedlicher Bezeichnung eingerichtet hat, ist es zweckmäßig, sich im Einzelfall bei den zuständigen Ministerien, Industrie- und Handelskammern oder den jeweiligen Hausbanken über die genaue Bezeichnung und Anschrift des öffentlichen Kreditgebers zu unterrichten.

249 Oft missachten die mit dem Ausreichen von derartigen Fördermitteln betrauten Stellen, Behörden und rechtsfähigen Anstalten des öffentlichen Rechts die ihnen aus § 6 des Subventionsgesetzes auferlegte Pflicht, Subventionsbetrügereien der Staatsanwaltschaft zu melden. Die einzelnen Kreditinstitute (Hausbanken) haben nämlich den Einsatz der Kreditmittel zu überwachen, sich die bestimmungsgemäße Verwendung und die Erfüllung etwaiger Auflagen nachweisen zu lassen und einen Abschlussbericht zu erstatten. Werden Unregelmäßigkeiten festgestellt, so ist das den Vergabestellen zu berichten. Verletzen deren Sachbearbeiter die Anzeigepflicht gegenüber der Staatsanwaltschaft, so ist der Straftatbestand der Strafvereitelung zu prüfen.

2. Verbraucherkredite

250 Zielgruppe des Konsumentenkredits ist nicht der Unternehmer, sondern der private Verbraucher, d. h. der Konsument. Mit allen verfeinerten Mitteln der psychologischen Werbung werden die Verbraucher zur Eingehung kurzfristiger Dispositions- und mittelfristiger Ratenzahlungskredite verleitet. Rechtsnatur und vertragliche Pflichten aus derartigen Darlehensverhältnissen richten sich nach den Verbraucherschutzbestimmungen des BGB (§§ 488, 491 ff. BGB n. F.).[347]

251 Der Kreditbegriff des § 491 BGB n. F. weicht von dem hier verwendeten strafrechtlichen Kreditbegriff ab.[348] Wegen der für Zwecke des Strafrechtes nicht ausreichend bestimmt er-

---

[345] Zu Investitionszulagen und Investitionszuschüssen vgl. die Vorauflage, 8. Kap. Rn. 297 ff.
[346] Vgl. „Die Finanzierungshilfen des Bundes, der Länder und der internationalen Institutionen", Ausgabe 1994/95 – 3 Bände.
[347] Wegen der Übergangsregelungen bleiben im Folgenden die Hinweise auf Normen des VerbrKG bestehen. Eine sachliche Änderung soll sich nach den Vorstellungen des Gesetzgebers mit der Eingliederung ins BGB nicht ergeben haben.
[348] Vgl. Rn. 171 ff.

scheinenden Fassung sollte auch hier auf den Kreditbegriff des § 265b Abs. 3 Nr. 2 StGB zurückgegriffen werden, der in der Praxis alle problematischen Fälle abdeckt.

Durch den Bundesverband deutscher Banken und den Verband deutscher Hypothekenbanken wurde ab 1. Juli 1992 zum Schutz der Konsumenten ein Schlichtungsverfahren eingeführt, um Streitigkeiten zwischen Banken und Kunden außergerichtlich klären zu können, sog. Ombudsmann-Verfahren.[349] Die Raiffeisen- und Volksbanken sowie die Sparkassen haben sich diesem Verfahren allerdings nicht angeschlossen.

a) Dispositionskredit

Die sozialen Gefahren, die Menschen eingehen, die nicht „mit Geld umgehen" können, werden am leichtesten durch einen Dispositionskredit oder einen Anschaffungs- oder Teilzahlungskredit ohne Sicherheiten ausgenutzt. Meist verkennt der Darlehensnehmer die Höhe der Kreditkosten. Da der Verbraucher den Kredit nicht zweckgebunden verwenden muss und in der Regel keine feste Rückzahlungsverpflichtung besteht, erhöhen sich für ihn die Verschuldungsrisiken. Der Gesetzgeber hat die Gefahren dieser Art des Kontokorrentkredites unterschätzt und den Verbraucherschutz (§ 493 BGB n. F.) nicht umfassend auf diese Kreditform ausgedehnt. Eine strafrechtliche Verantwortung des Kreditgebers gegenüber dem Kunden ergibt sich nur in seltenen Ausnahmefällen.

b) Ratenkredit

Dieser Kredit soll dem Verbraucher die Möglichkeit eröffnen, Wünsche zu erfüllen, die er mit seinen normalen Einkünften und Ersparnissen nicht unverzüglich realisieren konnte. Die Laufzeit dieser Kredite bewegt sich meist zwischen 6 und 60 Monaten. Obwohl das Darlehen mehrere Monatsgehälter erreichen kann, ohne dass Sicherheiten vereinbart werden, sind die persönliche Bonität des Kreditnehmers, insbesondere seine Einkommensverhältnisse, von ausschlaggebender Bedeutung. Der persönliche Ratenkredit ist regelmäßig an den Abschluss eines besonderen Kreditvertrages gebunden, in welchem die Kredithöhe, die Laufzeit, die Tilgung, die Zinsen und Nebenkosten festgelegt werden. Die kreditgebenden Institute haben ihr Ausfallrisiko weitgehend durch die Zinshöhe, die geforderten Nebenkosten und den Abschluss von Restschuldversicherungen abgefangen. Ausfällen wird durch Abschreibungen Rechnung getragen. Der Ratenkredit kann Anlass für strafrechtliche Untersuchungen bei strafbarem Wucher oder bei der Untreue bieten, wenn besonders krasse Missverhältnisse zwischen den wirtschaftlichen Verhältnissen, insbes. zur Kapitaldienstfähigkeit, und den Kreditkosten bestehen.

3. Kreditvermittler, Kreditwucher

Die **gewerbliche Kreditvermittlung** unterliegt gesetzlichen Begrenzungen.[350] Nach § 655c BGB darf sich bei einer Umschuldung der effektive Jahreszins nicht erhöhen. Der Kreditvermittler kann eine Vergütung in diesem Fall nur dann fordern, wenn durch günstigere Bankkonditionen des Neukredits im Verhältnis zum Altkredit auch noch Spielraum für eine in den effektiven Jahreszins einzubeziehende Vermittlergebühr besteht. Im Übrigen ist gem. § 655b BGB in dem schriftlich abzufassenden Kreditvermittlungsvertrag die Vergütung auszuweisen, selbst wenn sie vom Kreditgeber, d. h. der Bank, bezahlt wird. Weitere Schutzbestimmungen wurden durch die §§ 495, 503, 355 Abs. 3 BGB geschaffen, wonach dem Verbraucher ein Widerrufsrecht von einer Woche eingeräumt wird. Schließlich ist die Vergütung des Kreditvermittlers erfolgsabhängig und kann nur dann gefordert werden, wenn ein Widerruf nicht mehr möglich ist und der Darlehensbetrag dem Verbraucher tatsächlich zur Verfügung gestellt wurde.[351]

---

[349] Verfahrensordnung vgl. NJW 1992, 2745 ff.
[350] BGH NStZ 2001, 545; StV 1999, 25; NJW 1991, 1810; OLG Brandenburg, Urt. v. 24.5.2007, 12 U 197/06, BeckRS 2008, 9704; *Risch/Knorre,* Kreditvermittlungsbetrug, Kriminalistik 2003, 714.
[351] OLG Köln, ZIP 1993, 1541.

256	**Betrug** begeht derjenige Kreditvermittler, der gegen Entgelt eine Leistung (einen Kredit) verspricht, den er nicht geben kann und von dem er weiß, dass auch der vermittelte Darlehensgeber nicht bereit ist, das Geld auszuzahlen. Der Schaden des Kunden besteht darin, dass er Gelder an den Vermittler zahlt, die er nicht gezahlt hätte, wenn dieser keine falschen Erklärungen abgegeben hätte. Die an den Kreditvermittler geleistete Vergütung sowie etwaige andere Nebenleistungen werden oftmals übersehen. Betrug kann auch dann vorliegen, wenn der Kreditvermittler ein untaugliches oder im Honorar übersetztes Schätzgutachten einholen ließ, obwohl von vornherein klar war, dass ein Kredit nicht ausgezahlt werden kann, und er mit dem Gutachter zusammenarbeitete. Schließlich kann Betrug dann vorliegen, wenn die Finanzierungssumme zum Teil an den Darlehensnehmer oder den Kreditvermittler fließt (sog. Kick-Back-System).[352] Problematisch sind Fälle der Vermittlung von Schrottimmobilien.[353]
257	**Kreditwucher gem. § 291 StGB** ist ein in der strafrechtlichen Praxis selten gewordenes Delikt. Die Zinssenkungen der letzten Jahre und die Bereitschaft der Banken, mit keinen oder geringfügigen Personalsicherheiten schon zinsgünstige Kredite zu gewähren, haben „Kredithaien" das Geschäft schwer gemacht. Auch die Zunahme von Verbraucherinsolvenzen ist ein Hinweis darauf, dass die Geschäfte unseriöser Finanzvermittler hier eine Grenze gefunden haben. Die Interessenlage des Kunden besteht darin, möglichst schnell liquide Mittel zu erhalten. Da in der Regel Sicherheiten ausgeschöpft sind und das laufende Einkommen bei wirtschaftlicher Betrachtung nicht mehr ausreicht, um regelmäßige Kreditraten zu zahlen, erhalten Kunden von einer Universalbank keinen Kredit (mehr). Manchmal haben diese Interessenten auch negative Schufa-Auskünfte und werden deshalb nicht mehr als kreditwürdig angesehen. In solchen Lagen wenden sie sich an Finanzvermittler und Kleinbanken, die keine Sicherheiten verlangen, dafür aber Zinsen und Kosten, die weit über dem üblichen Zinsniveau der Universalbanken oder der Deutschen Bundesbank liegen. Gerade in Zeiten extremer Niedrigzinsphasen (Realkredite bei ca. 5%, Personalkredite bei ca. 10%), fallen Effektivverzinsungen über 20% extrem auf und berechtigen zu Überlegungen, ob und in welchem Umfang ein Kredit wucherisch überhöht ist.[354]
258	**Kreditwucher im Sinne des § 291 Abs. 1 Nr. 2 StGB** ist angenommen worden, wenn eine Bank sich angesichts aller Umstände des Einzelfalls einen Preis- oder Zinsvorteil versprechen lässt, der einer Effektivverzinsung von über 30% p. a. entspricht.[355] Dabei müssen alle Umstände des Geldmarktes, der Gestehungskosten, der persönlichen Verhältnisse des Kreditnehmers, das Risiko des Geldgebers und evtl. noch gestellte Sicherheiten in die Beurteilung einbezogen werden. Sollte das allgemeine Zinsniveau steigen, so wird man als Faustregel den gegenüber dem allgemeinen Zinsniveau verdoppelten Effektivzins als wucherisch ansehen können.

4. Factoring

259	Nach dem Zusammenbruch der größten deutschen Exportfactoringgesellschaft Procedo im Jahr 1994 durch die betrügerischen Machenschaften ihres größten Kunden, der Balsam AG,[356] mit einem Schaden der Refinanzierungsbanken von ca. 1,7 Milliarden DM und angesichts der neuen Regelungen für andere Finanzdienstleister ist eine Einbeziehung der Factoringinstitute in die Bankenaufsicht über Finanzunternehmen der richtige Schritt zur Kontrolle der Finanzbranche gewesen. Factoring ist ein wirtschaftlich sinnvolles Geschäft für den Forderungsgläubiger, weil die Vorfinanzierung der Forderung durch das Factoringgeschäft zu

---

[352] BGH Beschl. v. 17.8.2005 -2 StR 6/05- NStZ-RR 2005, 374; vgl. auch BGH NStZ 2003, 539; OLG Stuttgart NJW 2002, 384.
[353] BGH DStR 2006, 1097; LG Düsseldorf, Urt. v. 3.3.2008, 14 KLS 20/06 BeckRS 2010, 5310; LG Darmstadt, Urt. v. 5.9.2012 (unveröffentlicht); *Derleder*, NZM 2006, 449; *Jäger*, DStR 2011, 155; *Junglas*, NJOZ 2013, 49; *Stackmann*, NJW 2013, 341.
[354] RGSt 3, 220 hielt 20% p. a. bei einem 3-Wochen-Kredit noch nicht für Wucher.
[355] StA Stuttgart, JR 1980, 161; *Nack/Wiese*, wistra 1982, 135.
[356] LG Bielefeld, 9 KLs – IX/95, 6 Js 415/92.

einer spürbaren Verbesserung der Liquiditätslage führt. Bilanzrechtlich findet so ein Aktivtausch statt, d. h. die Bilanzposition Forderungen gegen Kunden wird durch die Bilanzposition Guthaben bei Banken oder Kasse ausgewechselt. Ohne Frage bessern sich dadurch auch die Bilanzkennzahlen eines Unternehmens. Der Verkauf der Forderungen an einen Factor wird in der Bilanz des Factoringkunden nicht dargestellt, solange und soweit sich keine Verbindlichkeiten gegenüber dem Factor aus dem Factoringvertrag ergeben. Im bürgerlichrechtlichen Sinne kann Factoring als vollwertiges Forderungsankaufgeschäft vereinbart werden, wenn mit der Forderung alle Nebenrechte und Risiken verkauft und übertragen werden (§§ 433, 398 BGB, „echtes Factoring"). Das Ausfallrisiko wegen mangelnder Bonität des Forderungsschuldners (missverständlich auch Drittschuldner genannt) trägt dabei das Factoringunternehmen. Eine Forderung kann aber auch nur zum Inkasso angekauft werden (unechtes Factoring), dann trägt das Ausfallrisiko letztlich der Forderungsaltgläubiger. Rückzahlungsverpflichtungen des Forderungsgläubigers gegenüber dem Factor ergeben sich nur dann, wenn die veräußerte Forderung nicht existent war, der Forderungsgläubiger schon bei dem Verkauf der Forderung wusste, dass sie nicht beitreibbar sein wird, der Forderungsschuldner die Forderung bereits erfüllt hat oder der Gegenwert der Forderung bei oder nach Fälligkeit bei dem Forderungsgläubiger eingeht. Factoringgeschäfte sind strafrechtlich gesehen Kredite im Sinne des § 265b Abs. 3 Nr. 2 StGB.

Der Factorkunde macht sich durch falsche Angaben gegenüber dem Factoringunternehmen gem. §§ 263, 265b StGB strafbar. Der gleiche Vorwurf trifft das Factoringunternehmen, wenn es bei der Refinanzierung gegenüber einem Gläubiger wissentlich falsche Angaben über die abgetretenen Sicherheiten oder die Werthaltigkeit der erworbenen Gegenstände macht. Für die Annahme einer **Untreue** müssen dagegen besondere Treuepflichten bestehen. Solche Treuepflichten werden nicht automatisch durch die vertragliche Weiterleitungspflicht begründet. Der Factorkunde muss eine gesteigerte Verfügungsmacht über fremdes Vermögen besitzen. Eine solche besteht dann, wenn im Einzelfall dem Factorkunden Verfügungsmacht über ein Konto des Factoringunternehmens eingeräumt ist, auf dem Schuldnergelder eingehen. Verfügt der Factorkunde absprachewidrig über dieses Konto, liegt eine Untreuehandlung vor. Der Einzug der Forderung als solche durch den Altgläubiger stellt noch keine Untreuehandlung dar, auch wenn in dem Vertrag mit dem Factoringunternehmen oder durch dessen AGB vereinbart ist, dass das Factoringunternehmen die Forderungen einzieht.

D. Bankspezifische Strafnormen

1. Einführung

a) Allgemein

Die Strafnormen in §§ 54 bis 55b KWG sowie die Bußgeldtatbestände in § 56 KWG[357] sollen sowohl die Funktionsfähigkeit der Bankenaufsicht wie auch das Vertrauen in die Leistungsfähigkeit der Kreditwirtschaft sicherstellen. Dazu gehört nicht der sog. „graue Kapitalmarkt", der nicht der Finanzaufsicht, sondern der Gewerbeaufsicht unterliegt.[358] Allerdings dient nicht jeder Tatbestand auch dem Gläubigerschutz.[359] Die Erlaubnis-, Anzeige- und Verhaltenspflichten sind in den letzten Jahren stark ausgeweitet worden. Ziel der Maßnahmen war es vor allem, internationale Standards zur Bekämpfung von Geldwäsche und Terrorismusfinanzierung zu installieren. Durch das ZAG 2009/2011 und das InvG 2007 sind diejenigen

---

[357] Übersichten bei *Moosmayer*, Straf- und bußgeldrechtliche Regelungen im Entwurf eines 4. Finanzmarktförderungsgesetzes, wistra 2002, 161; *Zerwas/Hanten*, Zulassung zum Geschäftsbetrieb für Kredit- und Finanzdienstleistungsinstitute – Im Überblick: die Rechtslage nach der 6. KWG-Novelle, BB 1998, 2481.

[358] *Janssen* in Park, KapMStR, 3. Aufl. 2013; § 54 KWG Rn. 8 mit Hinweis auf das Gesetz zur Novellierung des Finanzanlagenvermittler- und Vermögensanlagenrechts (FinAnl/VermAnlNovG) vom 6.12.2011, verkündet am 12.12.2011, BGBl. I, S. 2481 (dazu *Zingel/Varadinek*, BKR 2012, 177).

[359] *Schröder*, in: Achenbach/Wannemacher, § 24 IV Rn 1; *Fuhrmann*, in: Erbs/Kohlhaas, § 54 KWG Rn 1; BGHZ 74, 144, 149; BGHSt. 4, 347, 350; LG Essen NJW-RR 1992, 303, 304.

Institute, die keine anderen Bankgeschäfte betreiben, aus dem Anwendungsbereich der KWG-Normen ausgeschieden.

262 Die öffentlichen Sparkassen und Landesbanken sind weiterhin nicht durch die Sanktionsnormen des KWG erfasst. Obwohl hier von der EU stark kritisierte Vorteile der öffentlichen Banken bestehen, sind diese nur im Falle der WestLB durch die Zerschlagung ihrer Strukturen in 2011 zufriedenstellend gelöst.[360]

263 Die Unterscheidung zwischen Gründungsvorschriften, Kapitalerhaltungs- und Betriebsführungsvorschriften, Normen über die Bilanzierung und den Jahresabschluss sowie Normen, die die Funktionsfähigkeit der Aufsicht sicherstellen sollen, hat unmittelbare Bedeutung für die aufsichtsrechtlichen Regelungen als Ausfüllungsnormen für Blankettnormen oder zumindest auslegungsbedürftige Tatbestände des Nebenstrafrechts. Normen der ersten, dritten und vierten Kategorie eignen sich nicht für die Ausfüllung anderer Tatbestände, namentlich nicht für § 266 StGB, der nur einen Individualrechtsgüterschutz bezweckt. Mithin enthält das KWG einen eigenen Sanktionskatalog gegen Verstöße, die vor allen Dingen die Funktionsfähigkeit der Allfinanzaufsicht beeinträchtigen können. Die Konzentration der gesamten Finanzaufsicht bei der BaFin hat darüber hinaus die Möglichkeiten des Zugriffs auf zuverlässige Informationen im Wege der Sonderprüfungen gem. § 44 KWG erhöht.

264 Die Organisationspflichtenregelungen in §§ 25a, 25b, 25c ff. KWG stellen Ausgangsvorschriften für die Bußgeldnormen des § 56 Abs. 3 Nrn. 7a-7e sowie ABs. 4, Abs. 4c KWG dar. Damit hat das KWG Bußgeldtatbestände, deren unmittelbare Voraussetzungen in den EG-Verordnungen Nr. 1781/2006 (Geldtransfergeschäfte) und 648/2012 (OTC-Geschäfte) zu finden sind.

b) Systematik

265 (1) **Gründungsnormen:** Die Gründung von Instituten, Zweigstellen, Niederlassungen, Verlegung des Betriebssitzes, Beteiligungen betreffen folgende Tatbestände:[361]

Pflichten der Institute (inländische und ausländische, §§ 53a, 53b KWG)	Prüfungs- und Anordnungskompetenz	Straftat oder Bußgeldtatbestand
Einholung der Erlaubnis für die Führung von (genehmigungsfähigen (§ 3)) Bankgeschäften und Finanzdienstleistungen, eines inländischen Institutes § 32;[362]	BaFin nach § 32–35; Einschreiten gegen Geschäftsleiter nach § 36, gegen Institute nach § 37, allg. Folgen: § 38	Straftatbestände: Betreiben unerlaubter u. ungenehmigter Bankgeschäfte, § 54 I 1 und 2; Bußgeldtatbestände: Verstoß gegen Anordnungen iSv §§ 36, 56 I, Nichtbeachtung von Auflagen iSv §§ 32 II, 56 III Nr. 8
Anzeige des Erwerbs bedeutender Beteiligungen (Begriff: § 1 Abs. 9) oder der Erhöhung einer solchen an einem Institut, § 2b I	BaFin nach § 2b Ia, Ib, II, III, Untersagungsrechte, Beschränkungsrechte	Bußgeldtatbestände: Unterlassen, § 56 II Nr. 1–4 (nicht, nicht richtig, nicht vollständig, nicht rechtzeitig)

---

[360] Im Einzelnen dazu *Lampert*, DVBl 2010, 1466.
[361] Paragrafenangaben in der Tabelle beziehen sich auf das KWG.
[362] Übergangsvorschriften in §§ 61 ff beachten; insbes: zur 6. KWG-Novelle § 64e; zum 4. FinMFG § 64f: Wer am 1.7.2002 über eine Erlaubnis als Einlagenkreditinstitut verfügt, gilt die Erlaubnis für das Kreditkartengeschäft zu diesem Zeitpunkt als erteilt, § 64f Abs. 1; Finanzdienstleistungsinstitute und Wertpapierhandelsbanken, die am 1.7.2002 noch keine Erlaubnis zur Führung von Geschäften nach § 1 Abs. 1 S. 2 Nr. 8 hatten, mussten die Absicht der Fortsetzung dieser Geschäfte bis zum 1.11.2002 anzeigen, § 64f Abs. 2 KWG.

D. Bankspezifische Strafnormen   10

Pflichten der Institute (inländische und ausländische, §§ 53a, 53b KWG)	Prüfungs- und Anordnungskompetenz	Straftat oder Bußgeldtatbestand
Anzeige der Geschäftsleitertätigkeit, der AR- oder VR-Tätigkeit bei anderen Unternehmen, Übernahme oder Aufgabe unmittelbarer Beteiligungen (mind. 25% Kap.Anteile), § 24 III	BaFin BBank	Bußgeldtatbestände: Unterlassen, § 56 II Nr. 4 (nicht, nicht richtig, nicht vollständig, nicht rechtzeitig)
Anzeige der Verlegung des Sitzes oder der Niederlassung, § 24 I 6; Errichtung, Verlegung, Schließung einer Zweigstelle in Drittstaaten, § 24 I Nr. 7; Aufnahme und Beendigung grenzüberschreitender Dienstleistungen, § 24 I Nr. 7;	BaFin BBank	Bußgeldtatbestände: Unterlassen, § 56 II Nr. 4 (nicht, nicht richtig, nicht vollständig, nicht rechtzeitig)
Anzeige der Einstellung des Geschäftsbetriebes oder von Teilen davon oder einzelner Geschäftszweige, § 24 I Nr. 8, 9	BaFin BBank	Bußgeldtatbestände: Unterlassen, § 56 II Nr. 4 (nicht, nicht richtig, nicht vollständig, nicht rechtzeitig)
Beteiligungskontrolle, § 12 I; Anzeige des Erwerbs, Zuerwerbs, Minderung oder Aufgabe wesentlicher Beteiligungen sowie Kapitalveränderungen, Beherrschungsverhältnisse, § 24 I Nr. 11; qualifizierte Beteiligungen an anderen Unternehmen, § 24 I Nr. 14; ebenso mittelbare Beteiligungsverhältnisse, § 24 Ia;	BaFin BBank	Bußgeldtatbestände: Überschreiten einer qualifizierten Beteiligung, § 56 III Nr. 2–3 Unterlassen der Anzeige, § 56 II Nr. 4 (nicht, nicht richtig, nicht vollständig, nicht rechtzeitig)
Errichtung von Zweigniederlassungen in EWR-Staaten, § 24a I; Erbringung von Dienstleistungen ohne Zweigstelle, § 24a III	BaFin BBank	Bußgeldtatbestände: Unterlassen, § 56 II Nr. 4 (nicht, nicht richtig, nicht vollständig, nicht rechtzeitig)
Anzeige einer Übertragung oder Auslagerung von Bereichen, die für die Führung von Bankgeschäften oder Finanzdienstleistungen wesentlich sind, § 25a II	BaFin BBank	Bußgeldtatbestände: Unterlassen, § 56 II Nr. 4 (nicht, nicht richtig, nicht vollständig, nicht rechtzeitig)
Anzeigepflicht für Repräsentanzen ausländischer Institute im Inland, § 53a S. 2 (Aufnahme), S. 5 (Verlegung, Schließung)	BaFin. nach § 53a S. 4 BBank	Bußgeldtatbestände: Aufnahme von Tätigkeiten ohne Genehmigung, § 56 II Nr. 8

Damit sind bei weitem nicht alle Anzeige- und Mitteilungspflichten nach dem KWG und der Anzeigenverordnung durch Straf- oder Bußgeldnormen sanktioniert. So fehlen beispielsweise Anzeigen über unmittelbare Beteiligungen iHv 10% oder mehr (§ 24 I Nr. 3) oder auch die Mitteilungen über Pensionsgeschäfte (§ 24 I Nr. 12). Die Mitteilungen über Fusionsabsichten, die immerhin wichtigen Einfluß auf Börsenteilnehmer haben können, werden nicht gesondert sanktioniert. Hier wird man bei börsennotierten Unternehmen ohnehin von Ad-hoc-Mitteilungspflichten nach dem WpHG auszugehen haben.

266

267 (2) **Kapitalerhaltungsvorschriften:** Der Kapitalerhaltung der Vermeidung einer Betriebsgefährdung und einer Insolvenz sowie der rechtzeitigen Reaktion der Finanzaufsicht auf derartige Ausnahmesituationen dienen die folgenden Tatbestände:

Pflichten der Institute (inländische und ausländische, §§ 53a, 53b)	Prüfungs- und Anordnungskompetenz	Straftat oder Bußgeldtatbestand
Anzeigen über die Eigenmittelausstattung nach § 10 I 5, Abzugsposten, § 10 IIa, Genussrechtskapital und Marktpflege, § 10 V	BaFin BBank	Bußgeldtatbestände: Unterlassen von EK-Minderungen durch Kredite, § 56 II Nr. 4; Unterlassen der Anzeige von Marktpflegeaktionen, § 56 III Nr. 1 (nicht, nicht richtig, nicht vollständig, nicht rechtzeitig)
Kreditgewährung innerhalb der Obergrenzen der §§ 13, 13a	BaFin	Bußgeldtatbestände: Überschreiten oder nicht ausreichende Sicherstellung der Grenzeinhaltung § 56 II Nr. 6–7
Zugehörigkeit zu einer Sicherungseinrichtung, § 23a		Bußgeldtatbestände: Verletzung der Informationspflicht, § 56 III Nr. 5–7
Anzeige eines Verlustes iHv 25 % des haftenden Eigenkapitals, § 24 I Nr. 5;	BaFin BBank	Bußgeldtatbestände: Unterlassen, § 56 II Nr. 4 (nicht, nicht richtig, nicht vollständig, nicht rechtzeitig)
Anzeige des Absinkens von Eigenkapital, Wegfall einer Versicherung §§ 24 I Nr. 10, 33	BaFin nach § 35 II 1 Nr. 3; BBank	Bußgeldtatbestände: Unterlassen, § 56 II Nr. 4 (nicht, nicht richtig, nicht vollständig, nicht rechtzeitig)
Umsetzung und Duldung von Maßnahmen der Bankenaufsicht zum Erhalt von Eigenmitteln oder Liquidität, §§ 45–46a	BaFin nach §§ 45–46a	Bußgeldtatbestände: nach § 56 III Nr. 12–13
Unverzügliche Anzeige der Zahlungsunfähigkeit oder Überschuldung (§ 46b S. 1) (ersetzt Anzeigepflichten nach anderen Rechtsvorschriften!) Versicherungen und Pensionsfonds: (§§ 88 Abs. 1, 113 VAG) Bausparkassen: § 15 Abs. 2 BausparkG	BaFin nach §§ 46b, 47; Rettungsmaßnahmen, alleiniges Insolvenzantragsrecht,	Straftatbestände: § 55 bei vorsätzlichem (Abs. 1) oder fahrlässigem (Abs. 2) Unterlassen der Anzeige § 141 VAG § 37 DepotG

268 (3) **Betriebsführung:** Der Sicherung der Betriebsführung und der Erstellung des Jahresabschlusses dienen folgende Tatbestände:

Pflichten der Institute (inländische und ausländische, §§ 53a, 53b)	Prüfungs- und Anordnungskompetenz	Straftat oder Bußgeldtatbestand
Rechtzeitige Erstellung und Vorlage vollständiger, richtiger Zwischen- und Jahresabschlüsse für Einzelgesellschaft und Konzern, einschl. Prüfungsberichten §§ 10 III, 26–29;	BaFin BBank	Bußgeldtatbestände: Unterlassen oder nicht rechtzeitige oder unvollständige Vorlage nach § 56 II Nr. 5

D. Bankspezifische Strafnormen

Pflichten der Institute (inländische und ausländische, §§ 53a, 53b)	Prüfungs- und Anordnungskompetenz	Straftat oder Bußgeldtatbestand
Ansatz, Bewertung und Gliederung von Einzelposten des Rechnungsabschlusses, RechKredV	BaFin	Bußgeldtatbestände: nach § 38 RechKredV
Auskunft und Duldung von Prüfungshandlungen, Befolgung von Anordnungen	BaFin nach §§ 44–44c	Bußgeldtatbestände: nach § 56 III Nr. 9–11

Die Organisation der Risikosteuerung, -überwachung und -kontrolle, die Einrichtung interner Kontrollsysteme, von EDV-Sicherungen, die Erfüllung von Dokumentations- und Aufzeichnungspflichten wie auch die 10jährige Aufbewahrung solcher Dokumentationen, die Einrichtung und Unterhaltung von Sicherungssystemen gegen Geldwäsche nach § 25a I KWG sind nicht straf- oder bußgeldrechtlich abgesichert. Daher kann die Bankenaufsicht lediglich durch Anordnungen oder Maßnahmen nach den §§ 44ff KWG gegen die Nichterfüllung solcher Pflichten vorgehen. Das Fehlen von Bußgeld- und Straftatbeständen im KWG kann allerdings durch §§ 30, 130 OWiG, § 266 StGB aufgefangen werden. In Geldwäschefällen ist die Bundesanstalt nach § 13 iVm § 16 GWG zur Erstattung von Verdachtsanzeigen verpflichtet, das einzelne Institut hingegen muss nach § 11 GWG Verdachtsanzeigen erstatten. 269

(4) **Funktionsfähigkeit der Bankenaufsicht:** Um die Funktionsfähigkeit der Finanzaufsicht zu sichern, sind folgende Tatbestände geschaffen worden: 270

Pflichten der Institute (inländische und ausländische, §§ 53a, 53b)	Prüfungs- und Anordnungskompetenz	Straftat oder Bußgeldtatbestand
Sicherstellung der Eigenmittel[363], §§ 10, 10a unter Verweis auf die Europ. Solvabilitätsrichtlinie	BaFin nach § 10	Bußgeldtatbestände: Verstreute Einzelvorschriften bereits in Rz. 25a–25c berichtet
Großkreditmeldungen nach § 13, 13a iVm der nach § 22 erlassenen GroMiKV[364]	BaFinBBank	Bußgeldtatbestände: Unterlassen oder nicht rechtzeitige oder unvollständige Vorlage nach § 56 II Nr. 4; Kreditgewährung entgegen der Höchstgrenzen, § 56 II Nr. 6–7
Millionenkreditmeldungen nach § 14 und der nach § 22 erlassenen GroMiKV	BaFin, Bbank	Bußgeldtatbestände: nach § 56 III Nr. 4
Unbefugte Verwertung mitgeteilter oder angeforderter Daten über Millionenkredite von Kunden (§ 14 II 5)	BaFin prüft nach § 44 die Einhaltung der Pflichten über die Mitteilung von Millionenkrediten nach § 14	Straftatbestände: Vorsätzliche Verwertung, § 55a; Antragsdelikt (Abs. 2)
Unbefugte Offenbarung mitgeteilter oder angeforderter Daten über Millionenkredite von Kunden (§ 14 II 5)	BaFin prüft nach § 44 die Einhaltung der Pflichten über die Mitteilung von Millionenkrediten nach § 14	Straftatbestände: Vorsätzliche Offenbarung, § 55b I; Strafschärfung bei Bereicherungs- oder Schädigungsabsicht (Abs. 2); Antragsdelikt (Abs. 3)

---

[363] Zur Eigenmittelausstattung instruktiv *Matzke/Seifert* ZBB 1998, 152.
[364] Vom 29.12.1997, in Kraft ab 1.1.1998, Erläuterungen des BAKred. dazu vom 5.5.1998 RS Nr. 6/98.

Pflichten der Institute (inländische und ausländische, §§ 53a, 53b)	Prüfungs- und Anordnungskompetenz	Straftat oder Bußgeldtatbestand
Organkreditanzeigen nach § 15 Abs. 4 S. 5	BaFin erhält Meldungen	Bußgeldtatbestand: Unterlassen oder nicht rechtzeitige oder unvollständige Vorlage nach § 56 II Nr. 4
Kreditgewährung nur bei Offenlegung der wirtschaftlichen Verhältnisse des Kreditnehmers, § 18 S. 1	BaFin prüft im Rahmen der Jahresabschlussprüfungen und durch Sonderprüfungen nach § 44	Bußgeldtatbestände: Kreditgewährung entgegen § 18 S. 1, § 56 III Nr. 4
Vorhalten eines Abrufsystems für Kundendaten mit den in § 24c vorgeschriebenen Datenangaben	BaFin	Bußgeldtatbestände: Keine oder unzureichende Vorhaltung, Verhinderung eines Datenabrufes, § 56 III Nr. 7a-7b
Vollständige, rechtzeitige und richtige Mitteilung von Monatsausweisen, § 25	BaFinBBank	Bußgeldtatbestände: Unterlassen oder nicht rechtzeitige oder unvollständige Vorlage nach § 56 II Nr. 5

2. Unerlaubte Bankgeschäfte, § 54 KWG

271   Das kriminelle Betreiben eines verbotenen Bankgeschäftes (§ 54 Abs. 1 Nr. 1, § 3 KWG) ist weitaus häufiger anzutreffen als der Verstoß gegen die Erlaubnispflicht (§ 54 Abs. 1 Nr. 2 § 32 KWG) an sich. Die gesetzgeberische Verweisungstechnik zwingt zur Ausfüllung der Strafnorm durch die KWG-Vorschriften. Eine besondere „ultima ratio" für das Strafrecht ergibt sich dabei nicht. Lediglich die fehlende Feststellung eines vorsätzlichen oder fahrlässigen Verhaltens bildet die Grenze zum reinen Verwaltungsunrecht. Die Gesetzesfassung beruhte auf § 46 KWG 1939[365], ist durch das 2. WiKG vom 15.5.1986 (BGBl. I S. 721) neu gefasst und durch die 6. KWG-Novelle auf Finanzdienstleistungen erweitert worden[366]. Zwar sind Finanzdienstleistungen in § 1 Abs. 1a KWG legal definiert, durch die Erweiterung ergeben sich aber Abgrenzungsschwierigkeiten zu den Kreditgeschäften im konkreten Einzelfall. Durch Unternehmensgründungen und -ausgründungen/ -umwandlungen ergaben und ergeben sich somit Verlagerungsmöglichkeiten.

a) Verbotene Bankgeschäfte (§ 54 Abs. 1 Nr. 1 KWG)

272   Strafbar macht sich, wer gewerbsmäßig, d. h. auf Dauer mit Erwerbsabsicht, eines der in § 3 KWG beschriebenen Geschäfte fördert, nämlich das Betreiben von „Werkssparkassen", Zwecksparunternehmen oder den Ausschluss oder die Erschwerung des bargeldlosen Verkehrs bei Kredit- und Einlagegeschäften. Zum Abschluss eines konkreten Geschäftes muss es noch nicht gekommen sein, es genügt eine einmalige Tätigkeit mit Wiederholungswillen[367]. Das Gleiche gilt für Zweigstellen ausländischer Institute im Sinne von § 53b Abs. 3 KWG.

b) Betreiben unerlaubter Bankgeschäfte (§ 54 Abs. 1 Nr. 2 KWG)

273   aa) Ungenehmigte und damit unerlaubte Bankgeschäfte (§ 32 Abs. 1 Nr. 1 1. Fall KWG) betreibt gewerbsmäßig, wer einen kaufmännisch eingerichteten Geschäftsbetrieb benötigt und auf Dauer mindestens mit Wiederholungs- und Förderungswillen Bankgeschäfte im Sinne des § 1 Abs. 1 S. 2 KWG führt. Die Rechtsprechung hat konkrete Maßstäbe dazu entwickelt. Die Norm ist Schutzgesetz im Sinne des § 823 Abs. 2 BGB[368]. Die strafrechtliche Rechtspre-

---

[365] *Fuhrmann* in Erbs/Kohlhaas, Strafrechtl. Nebengesetze, 146 Erg., § 54 KWG Anm.1.
[366] *Schork*, KWG, 20. Aufl. 1999, § 54 KWG S. 452; in Kraft seit dem 1.1.1998.
[367] *Fuhrmann* in Erbs/Kohlhaas, a. a. O., § 54 KWG Anm. 3.
[368] OLG Celle, Urt. v. 14.10.2004, 4 U 147/04 BKR 2005/65 (LS).

D. Bankspezifische Strafnormen

chung hat sich verschiedentlich mit der Abgrenzung der Bankgeschäfte zueinander und zu anderen gewerblichen Tätigkeiten zu befassen gehabt.[369]

Verstöße gegen Organisations- und Aufsichtspflichten[370] können auch bei Banken zu Sanktionen gem. § 59 KWG, § 30 OWiG führen. Tatsächlich zeigt die Praxis der nach § 60 KWG zuständigen BaFin, dass Bußgeldverfahren gem. §§ 56, 59 KWG durchgeführt werden müssen. Für zahlreiche Organisations- und Anzeigenverstöße können Bußgelder von bis zu fünfhunderttausend EURO verhängt werden. In § 59 KWG wird ausdrücklich der Geltungsbereich des § 30 OWiG auf Fälle des § 53b Abs. 1 S. 1 und Abs. 7 KWG erstreckt.   274

In Fällen, in denen die Bank die Hinterziehung von Kapitalerträgen objektiv gefördert hat, beispielsweise durch Werbung ("Ihr Geld geht auf Reisen, Zweitwohnsitz für Ihr Geld in Luxemburg") oder durch die Ausnutzung bankinterner CpD-Konten, soll nach Auffassung einiger Autoren die §§ 130, 30 OWiG angewendet werden, wenn nicht eindeutig die Förderung der Steuerhinterziehung von einem einzelnen Mitarbeiter oder Vorstand ausgegangen ist oder dies nicht mehr feststellbar ist.[371] Diese Lösung ist zwar unbefriedigend aber oft gerechtfertigt. Die Fälle der mangelhaften Aufsicht, wie sie in § 56 I i. V. m. § 36 KWG und in § 56 Abs. 2 Nr. 6, 7, Abs. 3 Nr. 3, 6, 7, 11 KWG normiert sind, sind mit den Steuerhinterziehungsfällen vergleichbar. In diesen Sachverhalten organisiert die Bank ein gesetzestreues Verhalten nicht eindeutig. Sie nimmt ein ungesetzliches Verhalten der Bankmitarbeiter hin, möglicherweise um des eigenen wirtschaftlichen Vorteils willen.   275

bb) Ein **kaufmännischer Geschäftsbetrieb** ist erforderlich, wenn eine kaufmännische Buchführung, eine geordnete Ablage des Schriftverkehrs, eine geregelte Kassenführung und Inventur erforderlich sind, um die Geschäfte ordnungsgemäß führen zu können. Das ist etwa dann der Fall, wenn   276

- mindestens 25 angenommene Einlagen vorhanden sind oder ein Einlagenvolumen von EUR 15.000, wenn sich dieses aus mindestens 25 Einlagen zusammensetzt,
- mindestens 100 Kreditgewährungen, im Bestand befindliche Schecks oder Wechsel oder 100 übernommene Gewährleistungen oder jeweils ein Gesamtvolumen von 500 TEUR, sofern dieses aus mindestens 21 Einzelfällen besteht, vorhanden sind,
- die Führung von fünf Depots oder die Verwahrung von wenigstens 25 Effekten für Dritte festgestellt werden, oder
- mehrere nebeneinander betriebene Geschäfte in entsprechend geringerem Umfang abgewickelt werden.[372]

cc) Wer **keine Erlaubnis beantragt** hat, handelt ebenso unerlaubt wie derjenige, der die Geschäfte beginnt, bevor die Erlaubnis erteilt ist, der eine beschränkte Erlaubnis überschreitet oder dessen Erlaubnis erloschen oder unanfechtbar oder sofort vollziehbar aufgehoben worden ist. Eine zu Unrecht versagte oder zu Unrecht aufgehobene Erlaubnis befreit nicht von der Strafbarkeit.[373] Hingegen sind Erben (§ 34 KWG) oder Abwickler[374] befugt, im Rahmen der Abwicklung Bankgeschäfte durchzuführen. Der Verstoß gegen Auflagen (§ 32 Abs. 2 S. 1 KWG) ist keine Straftat, sondern Ordnungswidrigkeit gem. § 56 Abs. 3 Nr. 8 KWG.   277

dd) **Vorsätzlich** handelt, wer weiß oder zumindest damit rechnet, durch die Tätigkeit mit fremdem Vermögen Gewinn zu erzielen. Auf die Kenntnis des Begriffes der Bankgeschäfte oder der Finanzdienstleistungen kommt es nicht an.[375] Wer seine Tätigkeit irrtümlich nicht für erlaubnispflichtig hält, befindet sich im Verbotsirrtum. Dieser ist vermeidbar, wenn sich der Täter nicht bei der zuständigen Stelle über die anzuwendenden Normen und Voraussetzungen informiert. Die Taten sind vollendet mit einer auf den wiederholten Abschluss von   278

---

[369] Vgl. BGH NStZ 1997, 61; NStZ 2000, 37; NStZ 2000, 319; wistra 2003, 63; BGHSt. 48, 331; 48, 373; vgl. auch BFH/NV 1998, 210 (Leasinggeschäft) und BGH Urt. v. 11.4.2006 -1 ZR 245/02 (Umsatzsteuer-Erstattungsmodell).

[370] Vgl. *Harnos*, Das vorsätzliche Organisationsverschulden bei der Anlageberatung, BKR 2012, 185.

[371] *Vogelberg*, PStR 1/99, 10 ff; *Streck/Mack*, Banken und Bankkunden im Steuerfahndungsverfahren, BB 1995, 2137.

[372] BVerwG, 25.6.1980, bei *Beckmann/Bauer*, Nr. 33 zu § 1 KWG.

[373] *Fuhrmann* in Erbs/Kohlhaas, § 54 KWG Anm. 4.

[374] *Schork*, a. a. O., § 54 KWG Anm. 1 S. 452.

[375] BGHSt. 4, 347/352.

unerlaubten Geschäften gerichteten Tätigkeit. Es kann Tateinheit mit § 263 StGB oder § 4 UWG bestehen[376].

c) Betreiben unerlaubter Finanzdienstleistungsgeschäfte (§ 54 Abs. 1 Nr. 2 2. Fall KWG)

279 Nicht alle denkbaren Finanzdienstleistungsgeschäfte (§ 32 Abs. 1 Nr. 1 2. Fall KWG) stehen unter einer materiellen Staatsaufsicht (z. b. fehlen die Vermittlung von Immobilien, von Versicherungen und Gesellschaftsanteilen, die nicht unter den Wertpapierbegriff des § 1 Abs. 11 KWG fallen (z. B. GbR-, KG-, GmbH-Anteile, Immobilienfonds, Leasingfonds[377]). Eine erlaubnispflichtige Anlagevermittlung gemäß § 1 Abs. 1a Satz 2 Nr. 1 KWG oder eine Finanzportfolioverwaltung gemäß § 1 Abs. 1a Satz 2 Nr. 3 KWG muss die Anschaffung oder Veräußerung von Finanzinstrumenten bzw. die Verwaltung einzelner in Finanzinstrumenten angelegter Vermögen für andere mit Entscheidungsspielraum betreffen. Finanzinstrumente sind nach § 1 Abs. 11 Satz 1 KWG Wertpapiere, Geldmarktinstrumente, Devisen oder Rechnungseinheiten sowie Derivate.[378] Der Straftatbestand ist nur erfüllt, wenn der Betrieb auf Dauer angelegt ist und Gewinnerzielungsabsicht besteht. Diese muss sich auf die in § 1 Abs. 1a, Abs. 11 KWG legal definierten Geschäfte mit Finanzinstrumenten beziehen. Die jeweiligen Finanzdienstleistungen müssen sich auf Finanzinstrumente i. S. v. § 1 Abs. 11 KWG beziehen, der vier Kategorien nennt: handelbare Wertpapiere, Geldmarktinstrumente, Devisen oder Rechnungseinheiten und Derivate[379]. Ausnahmen von der Erlaubnispflicht bestehen nach § 2 Abs. 6 KWG für Fondsvermittler. Unerlaubt ist – wie bei Bankgeschäften – jede Tätigkeit, die nicht durch eine förmliche Genehmigung gedeckt ist.[380]

280 Der BGH hat entschieden[381], dass Anleger, die von einem Finanzdienstleister über die Absicherung der von ihnen investierten Gelder getäuscht werden und infolge dessen eine nicht mehr vertragsimmanente Verlustgefahr eingehen, Verletzte im Sinne von § 263 StGB sind. Die Ermittlung eines Vermögensschadens erfordert allerdings regelmäßig eine Bewertung des im Rahmen der abgeschlossenen Kapitalanlage erworbenen Zahlungsanspruchs. Ein Schaden in Höhe des gesamten Anlagekapitals kommt ausnahmsweise in Betracht, wenn die Anleger entweder über die Existenz des Anlagemodells getäuscht werden oder etwas völlig anderes als beabsichtigt erwerben, Für die Zuordnung zu den einzelnen Bankgeschäften und Finanzdienstleistungen im Sinne des § 1 Abs. 1 und 1a KWG (und damit für eine Strafbarkeit nach § 54 Abs. 1 Nr. 2, § 32 Abs. 1 Satz 1 KWG) sind die vertraglichen Vereinbarungen sowie die aus ihnen folgende Form des Rechtsgeschäfts zwischen dem Institut und dem Kunden maßgeblich[382].

d) Betreiben von OTC-Geschäften und Clearingstellen (§ 54 Abs. 1a KWG)

281 Wer ohne Zulassung nach Artikel 14 Absatz 1 der Verordnung (EU) Nr. 648/2012 des Europäischen Parlaments und des Rates vom 4. Juli 2012 über OTC-Derivate, zentrale Gegenparteien und Transaktionsregister (ABl. L 201 vom 27.7.2012, S. 1) eine Clearingdienstleistung erbringt, kann in gleicher Weise bestraft werden.

---

[376] BGH Urt. v. 26.3.1953 – 3 StR 668/51.
[377] *Jung/Schleicher*, a. a. O., S. 53 f.
[378] BGH B. v. 27.3.2012, 3 StR 447/11, hrrs 2012 Nr. 800.
[379] im Einzelnen vgl. *Schork*, a. a. O., § 1 KWG Begr. zu Abs. 11, S. 82 ff; *Jung/Schleicher*, a. a. O., S. 48 ff.
[380] *Schumann* in Müller-Gugenberger/Bieneck, § 66, Rn. 14, 22.
[381] BGH B. v. 27.3.2012, 3 StR 447/11, hrrs 2012 Nr. 800; BGHSt. 53, 199, 202.
[382] BGH NJW-RR 2011, 350, 351.

D. Bankspezifische Strafnormen

3. Strafbarkeit von Bankvorständen, § 54a KWG n.F.

a) Strafnorm

Am 2.1.2014 tritt mit § 54a KWG eine weitere Strafvorschrift in Kraft.[383] Danach wird gem. Abs. 1 mit Freiheitsstrafe bis zu fünf Jahren oder mit Geldstrafe bestraft, wer entgegen § 25c Abs. 4a oder § 25c Abs. 4b S.2 KWG nicht dafür Sorge trägt, dass ein Institut oder eine dort genannte Gruppe über eine dort genannte Strategie, einen dort genannten Prozess, ein dort genanntes Verfahren, eine dort genannte Funktion oder ein dort genanntes Konzept verfügt, und hierdurch eine Bestandsgefährdung des Instituts, des übergeordneten Unternehmens oder eines gruppenangehörigen Instituts herbeiführt. Gem. Abs. 2 wird mit Freiheitsstrafe bis zu zwei Jahren oder mit Geldstrafe bestraft, wer in den Fällen des Abs.1 die Gefahr fahrlässig herbeiführt. Gem Abs. 3 ist die Tat nur strafbar, wenn die BaFin dem Täter durch Anordnung nach § 25c Abs. 4c die Beseitigung des Verstoßes gegen § 25c Abs. 4a oder § 25c Abs. 4b S.2 aufgegeben hat, der Täter dieser vollziehbaren Anordnung zuwiderhandelt und hierdurch die Bestandsgefährdung herbeigeführt hat. Die Absätze 4a–4c des § 25c KWG treten gleichzeitig in Kraft.

281a

b) Strafzweck

Es bestehen derzeit nur unzureichende Möglichkeiten, Geschäftsleiter von Kreditinstituten, Finanzdienstleistungsinstituten und Versicherungsunternehmen strafrechtlich zur Verantwortung zu ziehen, wenn das Institut bzw. das Versicherungsunternehmen durch Missmanagement in eine Schieflage geraten ist. Die bisher bestehenden Tatbestände des Strafrechts setzen in ihrem Schutzzweck andere Schwerpunkte. Pflichtverletzungen im Risikomanagement, durch welche nicht nur die Stabilität des einzelnen Instituts, sondern des Finanzsystems als Ganzes auf dem Spiel steht, werden bislang nicht bestraft. Unternehmenskrisen im Banken- und Versicherungssektor führen jedoch zu Verwerfungen auf den Finanzmärkten und belasten im Fall von staatlichen Stützungsmaßnahmen die öffentlichen Haushalte. Der neue Straftatbestand schafft die Möglichkeit, die verantwortlichen Geschäftsleiter strafrechtlich zur Rechenschaft zu ziehen, die durch Pflichtverletzungen im Risikomanagement die Krise des Instituts bzw. des Unternehmens mit verursacht haben.[384]

281b

c) Anwendung

Ob die Norm ihren von Gesetzgeber verfolgten Zweck wirklich erreichen kann, wird sich nach ihrem Inkrafttreten zeigen.[385]

281c

4. Insolvenz von Finanzinstituten, § 55 KWG

a) Strafzweck, Rechtsgut

Ziel der Strafvorschrift in § 55 KWG ist es, die für die Geschäftsleiter von Kredit- und Finanzdienstleistungsinstituten gem. § 46b KWG im Wege der Gesetzeskonkurrenz verdrängten Insolvenzantragspflichten gem. §§ 92 Abs. 2 AktG, 64 Abs. 1 GmbHG, 99 Abs. 2 GenG durch die 1986 eingeführte Strafnorm unter Strafe zu stellen. Der strafrechtliche Schutz der Gläubiger eines Institutes wird dabei auf die Anzeige gegenüber der BaFin verlagert, damit dieses Gelegenheit erhält, noch Sicherungsmaßnahmen durchzuführen.[386] Als Sonderdelikt trifft § 55 KWG nur Geschäftsleiter, auch etwaige faktische Geschäftsleiter. Beihilfe und Anstiftung sind möglich. Die nach allgemeinen Vorschriften bestehende Überlegungsfrist von 3 Wochen steht dem Geschäftsleiter eines Institutes nicht zu. Die innere Tatseite verlangt Vor-

282

---

[383] Das sog. „Trennbankengesetz" vom 7.8.2013, BGBl. I. S. 3090 weist erhebliche redaktionelle Mängel auf, besonders in den Bezugnahmen auf § 25c KWG; vgl. dazu *Cichy/Cziupka/Wiersch*, NZG 2013, 846.

[384] BT-Drucksache 17/12601.

[385] *Cichy/Cziupka/Wiersch*, NZG 2013, 846; kritisch Stimmen zum Gesetzesvorhaben: DAV-Strafrechtsausschuss, NZG 2013, 577; *Kubiciel*, ZIS-Online 2013, 53.

[386] *Fuhrmann* in Erbs/Kohlhaas, Strafrechtliche Nebengesetze, § 55 KWG Anm. 1.

satz oder Fahrlässigkeit. Auf die nach anderen Vorschriften begründete Kenntnis der Bankenaufsicht kann sich der Anzeigepflichtige nicht berufen, da eine anderweitig erlangte Kenntnis die Garantenpflicht dieses echten Unterlassungsdeliktes nicht beseitigt. Tatmehrheit kann mit Delikten im Umfeld von Insolvenzstraftaten bestehen, z. B. §§ 266, 283 ff StGB.

b) Finanzinstitute und Finanzdienstleistungsinstitute

283 Gem. § 46b Abs. 1 S. 4 KWG hat die BaFin das alleinige Recht, für ein Finanzinstitut Insolvenz anzumelden. Der Insolvenzgrund ist von dem Institut unverzüglich mitzuteilen (§ 46b Abs. 1 S. 1 KWG). Bei Nichterfüllung dieser Pflicht durch den Geschäftsleiter oder den Inhaber (bei einzelkfm. Institut) macht sich der Verpflichtete wegen Verstoßes gegen die Anzeigepflicht strafbar (§ 55 KWG).

c) Versicherungsunternehmen, Pensionsfonds

284 Eine gleichartige Anzeigepflicht trifft Versicherungsunternehmen und Pensionsfonds (§ 88 Abs. 1 i. V. m. § 113 VAG). Auch deren Geschäftsführer bzw. Geschäftsleiter sind verpflichtet, den Eintritt der Zahlungsunfähigkeit oder Überschuldung unverzüglich zu melden, da sie ansonsten bestraft werden können (§ 141 VAG).

d) Depotbanken

285 Depotbanken haben nach dem DepotG bestimmte Pflichten, z. B. die Pflicht zur getrennten Aufbewahrung nach § 2 DepotG, zu erfüllen. Die Verletzung dieser und anderer gesetzlicher Verpflichtungen kann nach § 37 DepotG zu einer Geld- oder Freiheitsstrafe verurteilt werden. Die Vorschrift ist § 283 StGB nachgebildet[387]. Zwei objektive Bedingungen der Strafbarkeit müssen eintreten:
- das Institut muss seine Zahlungen eingestellt oder über sein Vermögen muss das Insolvenzverfahren eröffnet worden sein und
- der Anspruch des Berechtigten auf Aussonderung der Wertpapiere muss vereitelt oder die Durchführung eines solchen Anspruches muss erschwert worden sein.

5. Unbefugte Offenbarung §§ 55a–55b KWG

a) Preisgabe vertraulicher Informationen

286 Nachdem die Verletzung von Verschwiegenheitspflichten im früheren § 55 KWG durch das 2. WiKG 1986 aufgehoben wurde und die §§ 203, 204 StGB keinen Schutz des Bankkunden gewähren, hat die 6. KWG-Novelle einen kleinen Ausschnitt der Preisgabe von vertraulichen Informationen mit den §§ 55a und 55b KWG wieder unter strafrechtlichen Schutz gestellt. Die unbefugte Verwertung und Offenbarung von Informationen, die das Kredit- oder Finanzdienstleistungsinstitut durch die Teilnahme am Millionenkreditverfahren erhält, soll danach mit Freiheitsstrafe bis zu zwei Jahren bzw. einem Jahr oder Geldstrafe bestraft werden können. Da beide Vorschriften Antragsdelikte sind und Antragsberechtigter lediglich der betroffene Kunde ist, ist bislang kein Verfahren wegen Verstoßes bekannt geworden. Ob ein Antrag nicht gestellt wird, weil sich der Kunde gegen die Marktmacht einer Bank oder angesichts der Abhängigkeit vom Wohlwollen der Bank nicht zu einem Strafantrag entschließen kann, vermag man allenfalls zu spekulieren.

b) Kein Bankgeheimnis im Strafverfahren

287 Seit Einführung des § 161a StPO hat sich die Zahl der gegen Kreditinstitute gerichteten Durchsuchungs- und Beschlagnahmebeschlüsse wesentlich verringert. Bei Zeugenvernehmungen im Strafprozess (§§ 53, 161a StPO) kann sich der Bankmitarbeiter oder -vorstand nicht wie im Zivilprozess auf das Bankgeheimnis und damit auf ein Zeugnisverweigerungsrecht (§ 383 Abs. 1 Nr. 6 ZPO) berufen. Von öffentlich-rechtlichen Kreditinstituten kann der

---

[387] *Hellmann/Beckemper*, Wirtschaftsstrafrecht, § 3 Rn. 358; *Schröder* in Achenbach/Ransiek, X.3 Rn. 167 ff.

D. Bankspezifische Strafnormen

Staatsanwalt bereits nach § 161 StPO eine schriftliche Auskunft fordern.[388] Privatbanken sind zur Auskunft im Strafverfahren nicht verpflichtet. Bei ihnen muss – wenn ausreichender Anlass besteht, durch die Anordnung von Zeugenvernehmungen und Durchsuchungen/Sicherstellungen nach §§ 103, 94 StPO ermittelt werden. Dabei ist in der Rechtsprechung anerkannt, dass die Auskunft in einem solchen Fall als Mittel zur Abwendung von Zwangsmaßnahmen erlaubt ist[389].

Grundsätzlich haben Banken die (vertragliche) Pflicht, die Vermögensverhältnisse ihrer Kunden jenen Personen und Behörden gegenüber geheimzuhalten, die gesetzlich nicht zur Einholung von Bankauskünften berechtigt sind. Das Vertrauensverhältnis zwischen Kreditinstituten und dem Kunden soll ungestört bleiben. Der Gesetzgeber hat aber in weiten Bevölkerungskreisen durch die Übernahme des früheren Bankenerlasses vom 31. August 1979[390] und die Einfügung des § 30a AO zu Verwirrung und Missverständnissen beigetragen. Im Rahmen der Einführung der Zinsabschlagssteuer sollte den Steuerpflichtigen verdeutlicht werden, dass eine allgemeine finanzamtliche Überwachung der Kreditinstitute ausgeschlossen sei. Durch diese Bestimmung ist aber weder gegenüber den Finanzbehörden noch gegenüber den Strafverfolgungsbehörden ein Bankgeheimnis institutionalisiert worden. Die Ermittlungsbefugnisse sind durch die vertragliche Bindung der Banken zu ihren Kunden im Strafverfahren in keiner Weise eingeschränkt. Der § 30a AO normiert kein Verwertungsverbot von Beweismitteln, selbst wenn diese unter Mißachtung dieser Vorschrift erlangt worden sein sollten. Der von § 30a AO bezweckte Schutz des redlichen Bankkunden soll einem Straftäter nicht zugute kommen[391].

288

Die **Geheimhaltungsvorschrift** des § 9 Abs. 1 S. 1 KWG untersagt die Weitergabe dienstlich erlangter Informationen nur für Bedienstete der Deutschen Bundesbank, der BaFin und weitere dort genannte Personen.

289

6. Ordnungswidrigkeiten, §§ 56, 59 KWG

a) Systematik, Zweck

Das System der Ordnungswidrigkeiten im KWG unterlag zahlreichen Änderungen, zuletzt durch das 4. FinMFG. Dieses hat besonders die Bußgeldbewehrung der Anzeigepflicht nach § 24 Abs. 1 Nr. 10 (Absinken des Anfangskapitals) und die Pflichten zur Vorhaltung eines automatisierten Abrufverfahrens nach § 24c normiert. Als Teil des Maßnahmenkataloges zur Bekämpfung von organisierter Steuer- und Geldwäschekriminalität (u. a. durch die Erweiterungen in §§ 370a, 31b AO, § 261 StGB) ist es heftig kontrovers diskutiert worden[392]. Im Rahmen dieses Handbuches ist es nicht möglich, die Tatbestände im Einzelnen zu erläutern. Letztlich resultieren die Normen aus Erfahrungen mit den eingangs aufgeführten Fällen missbräuchlichen Verhaltens innerhalb einzelner Institute. Alle Bußgeldtatbestände sind Blankettnormen. Zu der objektiven Erfüllung der Norm muss daher die Feststellung des Normadressaten (Inhaber, Geschäftsleiter, Organmitglieder etc.) hinzutreten. Da durch § 56 KWG lediglich Verwaltungsunrecht normiert wird, kann Täter einer Pflichtverletzung jeder sein, der an der Pflichterfüllung im normalen Geschäftsgang des Institutes hätte mitwirken müssen[393].

290

---

[388] OLG Bamberg, JurBl. 1979, 1686; LG Hof, NJW 1968, 65; *Meyer-Goßner* § 161 StPO Rn. 4.
[389] LG Hof NJW 1968, 65; LR-Rieß, § 161 StPO Rn. 28a; *Probst* NJW 1976, 214.
[390] BStBl. I 590.
[391] *Schumann*, § 30a AO – Schutz von Bankkunden, wistra 1995, 336 ff. m. w. N.
[392] Zuletzt vor allem durch die ab 1.4.2005 möglichen bundesweiten Abrufe von Kontendaten bei dem Bundesamt für Finanzen, vgl. dazu die Ablehnung einer einstw. Anordnung durch das BVerfG im B.v.22.3.2005–1BvR 2357/04, 2/05. Ebenso haben die Ermittlungen gegen BaFöG-Empfänger wegen Betruges aus diesem Grund Aufsehen erregt, vgl. *Rau/Zieschack*, StV 2004, 669; *Krapp*, ZRP 2004, 261.
[393] *Fuhrmann* in Erbs/Kohlhaas, a. a. O., § 56 KWG Anm. 2.

b) Gruppierung der Tatbestände

291 Sinnvoll ist eine Unterscheidung nach vier Gruppen von Pflichten, die zwar in ihrer Gesamtheit ein funktionsfähiges Finanzwesen sicherstellen sollen, aber nur zum Teil auch als Gläubigerschutzvorschriften ausgelegt werden können.

- Pflichten bei Gründung, Erweiterung oder Beschränkung des Geschäftsbetriebes, bei der Übernahme von Beteiligungen an Dritte oder der Kapitalbeteiligung Dritter;
- Pflichten im Zusammenhang mit der Kapitalerhaltung und der Insolvenz;
- Pflichten für Betriebsführung und Jahresabschluss;
- Pflichten zur Sicherstellung der Funktionsfähigkeit des Kreditwesens;

292 So sind beispielsweise die statistischen Verpflichtungen nicht individualrechtsschützend, ebenso die Anzeigen nach der GroMiKV (und damit nach §§ 13, 14 KWG). Sie stellen nur die Funktionsfähigkeit der Aufsicht sicher und gelten daher im öffentlichen Interesse. Das Gleiche wird man von den Anzeigepflichten bei eigenen Zweigstellen, Niederlassungen, Beteiligungsveränderungen etc. sagen können. Hingegen dienen die Erlaubnispflichten für den Betrieb eines Kredit- oder Finanzdienstleistungsinstitutes, die Sicherstellung von Eigenmitteln, Verlustanzeigen, Insolvenzmeldungen und Informationen über die Beteiligung an einem Sicherungsfonds unmittelbar (auch) dem Schutz der Gläubiger. Die vorgenommene Gruppierung erlaubt zugleich für den Ermittler eine Einschätzung der „Schwere" eines Pflichtenverstoßes, wenn beispielsweise sowohl ein Bußgeldtatbestand infrage steht wie auch ein Untreueverdacht bestehen könnte. So ist bspw. ein Verstoß gegen **§ 18 KWG** bußgeldbewehrt. Der 1. Strafsenat BGH hat in zwei wichtigen Entscheidungen[394] zur Untreue in Anlehnung an Nack[395] die zentrale Bedeutung des § 18 KWG für die Kreditvergabe hervorgehoben. Nicht geklärt wurde durch diese Entscheidungen die Konkurrenz zwischen § 266 StGB und § 56 III Nr. 4 KWG. Da nach den beiden Entscheidungen die BaFin die bisherigen Verfügungen des BAKred und der BaFin zu § 18 KWG durch das Schreiben vom 9.5.2005 aufgehoben hat und der Gesetzgeber die Anhebung der Prüfungsgrenze nach § 18 KWG auf einen Kredit über 750.000 EUR normiert hat, nimmt die Bedeutung des § 18 KWG für die Begründung strafrechtlich relevanter Pflichtverstöße jedenfalls ab.

c) Anwendung des § 30 OWiG durch § 59 KWG

293 Zu erwähnen ist schließlich noch die Ausdehnung des § 30 OWiG auf sog. „gekorene" Geschäftsleiter durch § 59 KWG. Die Möglichkeit, bei Verstößen gegen §§ 54, 55, 56 KWG damit eine Geldbuße gegen das Kredit- oder Finanzdienstleistungsinstitut zu verhängen, werden aber kaum praktischer.

7. Depotunterschlagung und falsche Depotanzeigen

a) Systematik, Zweck

294 Die Straftatbestände des Depotgesetzes[396] sind Sondervorschriften, die kaum praktisch bedeutsam geworden sind. Das liegt zum einen daran, dass die §§ 246, 266 StGB im Wege formeller Gesetzeskonkurrenz vorgehen[397], und zum anderen daran, dass die Aufdeckung von Fehlern als Verstoß gegen Normen, die das Bankaufsichtsrecht schützt, bereits zu einem Eingreifen der BaFin führt. Die Finanzaufsicht hat aber weniger Interesse an der Verfolgung des strafrechtlichen Unrechtsgehaltes an sich als an der schnellstmöglichen Abstellung eines Missstandes[398]. Auch steht bei der Nichtverfolgung die Überlegung im Vor-

---

[394] BGHSt. 46,30 = NStZ 2000,655; BGH NStZ 2002, 262.
[395] *Nack* in Müller-Gugenberger/Bieneck, Wirtschaftsstrafrecht, 3. Aufl. 2000, § 66.
[396] Gesetz über die Verwahrung und Anschaffung von Wertpapieren (DepotG) vom 4.2.1937, Neubekanntmachung der ab 1.8.1995 geltenden Fassung BGBl I 1995 S. 35–42.
[397] *Schröder* in Achenbach/Ransiek, Handbuch des Wirtschaftsstrafrechts, X.3. Rn. 138; *Nack* in Müller-Gugenberger/Bieneck, § 67 A.II. Rn. 3.
[398] Die BaFin hat nach § 60 KWG i. V. m. § 36 Abs. 1 Nr. 1 OWiG die Ermittlungen wegen Ordnungsverstößen zu führen.

D. Bankspezifische Strafnormen

dergrund, dass die Öffentlichkeit in ihrem Vertrauen in die Ordnungsfunktion nicht beeinträchtigt wird.

b) Depotunterschlagung, § 34 DepotG

Neben der Strafbarkeit gem. §§ 246, 266 StGB wird gem. § 34 DepotG mit Freiheitsstrafe bis zu fünf Jahren oder Geldstrafe bestraft, wer über ein in das Depot eingeliefertes Wertpapier oder einen Sammelbestand an Wertpapieren oder einen Anteil daran rechtswidrig verfügt. **Wertpapiere**, auf die das Depotgesetz Anwendung findet, sind Aktien, Kuxe, Zwischenscheine, Anteilsscheine der Reichs- oder Bundesbank, Zinsscheine, Gewinnanteilsscheine, Erneuerungsscheine, Inhaberpapiere oder Schuldverschreibungen, die durch Indossament übertragen werden, andere vertretbare Wertpapiere mit Ausnahme von Banknoten und anderem Papiergeld.

Das DepotG schützt die Anschaffung und bankmäßige Verwahrung von Wertpapieren für einen Kunden auch durch die Strafnormen in §§ 34–36 DepotG[399]. Als Form der Verwahrung ist die früher übliche Sonderverwahrung einzelner Stücke ist in der Praxis weitgehend durch die Wertpapiersammelverwahrung abgelöst (§§ 2, 5 DepotG). Daher ist tatbestandsmäßig in der Praxis wohl noch die Verfügung über das Bruchteilseigentum eines Käufers an Globalurkunden (§§ 9a Abs. 2, 6 Abs. 1 DepotG). Die Verwahrung von Wertpapieren als Einzelstücke im Schließfach (Tafelgeschäfte und auch der Erwerb namentlicher Stücke) wird hingegen nicht durch die Norm erfasst[400], ebenso sind Derivate nicht erfasst, die nur in der Form von elektronischen Rechten gehandelt werden.

Der **Täterkreis** erstreckt sich auf Verwahrer, Pfandgläubiger und Kommissionäre. Es können aber nur solche Personen faktisch verfügen, die auch Zugriffsrechte haben, mithin die Verwahrung mindestens eigenständig betreiben. Als **Verfügung** ist jede Beeinträchtigung des Eigentumsverschaffungsanspruches anzusehen[401], d. h. über die zivilrechtliche Eigentumsübertragung hinaus jede Belastung, Besitzrechtsveränderung und auch Gebrauchsanmaßungen[402]. Die Tat ist **Vorsatzdelikt**.

c) Falsche Depotanzeige, § 35 DepotG

Weiter wird der Kaufmann mit Freiheitsstrafe bis zu einem Jahr oder Geldstrafe bestraft, der aus Eigensucht oder Begünstigungsabsicht eine Erklärung nach § 4 Abs. 2 DepotG wahrheitswidrig abgibt oder eine nach § 4 Abs. 3 ihm obliegende Mitteilung unterlässt. Gem. § 4 DepotG werden die bürgerlich-rechtlichen Vorschriften über den gutgläubigen Erwerb (§§ 929 ff BGB) von verwahrten Wertpapieren modifiziert. Führen die von dem Einreicher gegenüber der Depotbank oder einem Dritten abzugebenden Eigenanzeigen (§ 4 Abs. 2) oder Fremdanzeigen (§ 4 Abs. 3) zu einer falschen Zuordnung des Berechtigten wird der Tatbestand erfüllt. Die Anzeigen müssen vorsätzlich falsch sein. Eine konkrete Gefährdung der Eigentumslage ist nicht verlangt. Die Tat ist Antragsdelikt nach § 36 DepotG.

d) Verfolgungszuständigkeit

Die Verfolgung von Straftaten gem. §§ 34 ff. DepotG ist Wirtschaftsstrafsache gem. § 74c Abs. 1 S. 1 Nr. 2 GVG. Die Strafverfolgungsbehörden sind wie bei anderen Instituten auch gem. § 60a KWG zu Mitteilungen verpflichtet. Die Mitteilungspflicht besteht bei Vorsatzdelikten unbedingt im Falle der Erhebung der öffentlichen Klage.

---

[399] Ausführlich zum Depotgeschäft: *Kümpel*, Bank- und Kapitalmarktrecht, Rn. 11.1 ff; zu den Strafnormen *Schröder* in Achenbach/Ransiek, X.3. Rn. 138 ff.
[400] *Schröder* in Achenbach/Ransiek, X.3. Rn. 141.
[401] RGSt. 46, 144; RGSt. 66, 155 ff.
[402] *Schröder*, a. a. O., Rn. 153, 154.

8. Strafrechtliche Bestimmungen des Kapitalanlagegesetzbuchs (KAGB)

a) Übersicht

299a **aa)** Das Kapitalanlagegesetzbuch (KAGB) vom 4.7.2013 (BGBl. I S. 1981 (Nr.35)) trat in den hier wesentlichen Bestimmungen am 22.7.2013 in Kraft.[403] Das KAGB löst das InvG ab, dessen Bestimmungen gleichzeitig außer Kraft traten. Es dient überwiegend der Umsetzung der Richtlinie 2011/61/EU (AIFM-Richtlinie) über die Verwaltung alternativer Investmentfonds. Ziel dieses Gesetzes ist zudem, ein in sich geschlossenes Regelwerk für Investmentfonds und ihre Manager zu schaffen. Der Aufsichts- und Regulierungsrahmen wird dadurch fortentwickelt und an die geänderten europäischen Vorgaben angepasst. Dadurch soll vor allem ein Beitrag zur Verwirklichung des europäischen Binnenmarktes im Investmentfondsbereich geleistet werden und gleichzeitig soll ein einheitlich hoher Standard für den Anlegerschutz erreicht werden.[404]

bb) § 1 Abs. 1 KAGB definiert, dass Investmentvermögen jeder „Organismus" für gemeinsame Anlagen ist, der von einer Anzahl von Anlegern Kapital einsammelt, um es gemäß einer festgelegten Anlagestrategie zum Nutzen dieser Anleger zu investieren und der kein operativ tätiges Unternehmen außerhalb des Finanzsektors ist. Die §§ 91 ff. KAGB befassen sich näher mit Investmentvermögen. Das KAGB unterscheidet zwischen offenen inländischen Investmentvermögen (§§ 91 ff. KAGB) und geschlossenen inländischen Investmentvermögen (§§ 139 ff. KAGB). Grundsätzlich dürfen gem. § 91 Abs. 1 KAGB offene inländische Investmentvermögen nur als Sondervermögen oder als Investmentaktiengesellschaft mit veränderlichem Kapital aufgelegt werden. Geschlossene inländische Investmentvermögen dürfen gem. § 139 KAGB nur als Investmentaktiengesellschaft mit fixem Kapital oder als geschlossene Investmentkommanditgesellschaft aufgelegt werden. Für die genannten Investmentaktiengesellschaften gilt – soweit nicht anderes geregelt ist – auch das AktG (§§ 108 Abs. 2, 140 Abs. 1 KAGB).

b) Straftatbestand, § 339 KAGB

299b Gem. § 339 Abs. 1 KAGB sind strafbar:
- (Nr. 1) das Betreiben des Geschäftes einer Kapitalverwaltungsgesellschaft ohne die gem. § 20 Abs. 1 Satz 1 erforderliche Erlaubnis,
- (Nr. 2) das Unterlassen oder die nicht richtige, vollständige oder nicht rechtzeitige Erstattung einer Anzeige entgegen § 43 Abs. 1 i. V. m. § 46b Abs. 1 Satz 1 des KWG sowie
- (Nr. 3) das Betreiben des Geschäftes einer in § 44 Abs. 1 Nr. 1, auch i. V. m. Abs. 2 S. 1 genannten AIF-Kapitalverwaltungsgesellschaft ohne Registrierung.

Ein vorsätzliches Verhalten kann mit Freiheitsstrafe bis zu drei Jahren oder mit Geldstrafe bestraft werden. Gemäß Abs. 2 ist auch fahrlässiges Handeln im Falle des Abs. 1 Nr. 2 strafbar und kann mit Freiheitsstrafe bis zu einem Jahr oder Geldstrafe geahndet werden. Die Anwendungsvoraussetzungen im Einzelnen ergeben sich entsprechend der Rechtsprechung zu § 54 KWG.[405]

c) Bußgeldvorschriften § 340 KAGB

299c Auf den Wortlaut der hier einschlägigen Bestimmungen wird verwiesen, wegen des Umfangs der den ersten drei Absätzen enthaltenen insgesamt 64 Unterziffern wird von einem Abdruck abgesehen. Die Verfolgung als Ordnungswidrigkeit setzt jedenfalls wenigstens vorwerfbares

---

[403] Zu der europäischen Richtlinie vgl. *Weitnauer*, BKR 2011, 143 (EU-Richtlinie); *Jesch/Geyer*, BKR 2012, 359 (Übergangsbestimmungen), *Bußalb/Unzicker*, BKR 2012, 309 (geschlossene Fonds); *Schaffelhuber*, GWR 2011, 488 (Schattenbanksystem), *Fischer zu Cramburg*, NZG 2010, 101.

[404] BT-Drucksache 17/12294; zur Gesetzgebung: *Kobbach/Anders*, NZG 2012, 1170 (aus Sicht der Verwahrstellen); *Krause/Klebeck*, BB 2012, 2063 (Kleinunternehmen); *Loff/Klebeck*, BKR 2012, 353 (zum Fundraising); *Niewerth/Rybarz*, WM 2013, 1154 (Umsetzung und OGAW-Richtlinie), *Patzner/Wiese*, IStR 2013, 73 (Besteuerung der Investmentgesellschaften); *Zetsche*. NZG 2012, 1164 (Umsetzungsgesetz).

[405] Kritisch zum Anwendungsbereich: *Freitag*, NZG 2013, 329; vgl. auch *Walla*, BKR 2012, 265; *Weber*, NJW 2013, 275.

D. Bankspezifische Strafnormen

Verhalten im Sinne von Vorsatz (Abs. 1–4), Leichtfertigkeit (Abs. 2–4) oder Fahrlässigkeit (Abs. 3–4) voraus. Die Geldbuße kann bis zu hunderttausend Euro betragen (§ 340 Abs. 5 KAGB). Gemäß Abs. 6 ist die BaFin zuständige Verwaltungsbehörde im Sinne des § 36 Abs. 1 Nr. 1 OWiG.

d) Zuständigkeit

Die BaFin ist gemäß § 340 Abs. 6 KAGB zuständige Verwaltungsbehörde i. S. v. § 36 Abs. 1 Nr. 1 OWiG. Das Gericht, die Strafverfolgungs- oder die Strafvollstreckungsbehörden sind gemäß § 341 KAGB schon zur Mitteilung der Einleitung von Strafverfahren gem. § 339 KAGB gegen die Leitungs- und Aufsichtsorgane von Kapitalverwaltungsgesellschaften an die BaFin verpflichtet, in anderen Fällen sind Anklage, Strafbefehlsantrag und abschließende Entscheidung mit Begründung mitzuteilen.

299d

9. Ungedeckte Pfandbriefemissionen

a) Systematik, Zweck

Die bis zum 18.7.2005 geltenden Vorschriften des Hypothekenbankgesetzes (HypBankG)[406], des Schiffsbankgesetzes (SchiffsBkG) und des Gesetzes über die öffentlichen Pfandbriefe (ÖPfandBG) sind seit dem 19.7.2005 im Zuge der Reform des Sparkassenrechts und anderer Sondervorschriften des deutschen Bankenrechts abgelöst worden durch das Pfandbriefgesetz[407], das ein einheitliches Refinanzierungsregister in Deutschland eingeführt hat. Die Refinanzierung der Banken und Sparkassen musste aufgrund von Art. 87 EU-Vertrag (Wettbewerbsfreiheit) neu geregelt werden, weil die EU-Kommission die Anstaltslast und Gewährträgerhaftung für Sparkassen und Landesbanken als unzulässigen Wettbewerbsvorteil gegenüber den in- und ausländischen Genossenschaftsbanken und Privatbanken ansah[408].

300

b) Ausgabe ungedeckter Hypothekenbriefe, §§ 37, 38 HypBankG[409]

Durch § 37 HypBankG wurde die ungedeckte Hypothekenbriefemission unter Strafe gestellt, ebenso die Manipulation des Deckungswertes durch falsche Angaben oder Verfügungen zum Nachteil der Pfandbriefgläubiger. Das Hypothekengeschäft ist ein Bankgeschäft im Sinne des § 1 Abs. 1 KWG. Allerdings sind die Hypothekenbanken (seit Juli 2005 organisiert im Verband der Pfandbriefbanken) früher in ihrem Geschäftskreis beschränkt gewesen (§§ 1, 5 HypBankG). Sie gaben vorwiegend Kommunal- und Realkredite aus, die sie über die Ausgabe von Kommunal- und Pfandbriefen refinanzierten[410]. Die ausgegebenen Hypothekenpfandbriefe erhielten ihre besondere Sicherheit durch erhöhte Anforderungen an die Bewertung der Realsicherheiten und die Indeckungnahme solcher Sicherheiten nach den §§ 10ff HypBankG. Die sog. Deckungsgrenze in § 11 HypBankG und die Ermittlung des Beleihungswertes nach § 12 HypBankG haben Staatsanwaltschaften veranlasst, Ermittlungsverfahren wegen Kredituntreue einzuleiten und anzuklagen[411]. Die Deckungsvorschriften dienen indessen nicht der Beschränkung der Kreditvergabe, was sich aus §§ 22, 5 Abs. 1 Nr. 2 HypBankG ergibt. Sie sollen nur die Kongruenz der im Deckungsstock für Hypothekenpfandbriefe liegenden Realsicherheiten mit dem Wert der ausgegebenen Pfandbriefe sicherstellen (§§ 10, 22, 35 HypBankG). Der Deckungsstock nach § 41 HypBankG war von einem von der BaFin

301

---

[406] HypBankG vom 9.9.1998, BGBl. I S. 2674, zuletzt geändert durch Art. 8d. Gesetzes vom 5.4.2004 (Verkaufsprospektrichtlinie).
[407] PFANDBG vom 22.5.2005, BGBl I. S. 1373.
[408] Bescheid der EU-Kommission vom 27.3.2003, C(2002) 1286.
[409] *Bellinger/Kerl*, Hypothekenbankgesetz, § 37; aus strafrechtlicher Sicht: *Schröder* in Achenbach/Ransiek, X.3. Rn. 172 ff.
[410] Zur Refinanzierung vgl. *Herpfer*, Der Pfandbrief, Stuttgart 2004; *Gebhard*, Refinanzierung der Sparkassen nach Wegfall von Anstaltslast und Gewährträgerhaftung, Lahr 2005.
[411] LG Berlin, 536–13/04 (Berliner Hypothekenbank AG- Fall Aubis), Revision: BGH, B. v. 4.2.2009, 5 StR 260/08, BeckRS 2009, 05305 = wistra 2009, 189; aufgehoben durch BVerfG B. v. 23.6.2010, 2 BvR 2559/08 u. a., NStZ 2010, 626 = WM 2010, 1663 = BeckRS 2010, 51599.

bestellten Treuhänder nach § 30 zu überwachen. Die strafrechtlichen Vorschriften sanktionieren daher auch nur die Verfehlung des Gesetzeszweckes, nämlich die Sicherstellung einer ausreichenden Deckung der ausgegebenen Hypothekenpfandbriefe und Kommunalschuldverschreibungen (§ 41 HypBankG)[412].

c) Ausgabe ungedeckter Pfandbriefe, §§ 38, 39 PfandBG

302 Die neue Strafvorschrift des § 38 PfandBG stellt wie die Vorgängervorschrift in § 37 HypBankG auf den vorsätzlichen Verstoß gegen § 4 Abs. 7 PfandBG ab. In § 4 Abs. 7 PfandBG wird das Verbot ausgesprochen, Pfandbriefe in den Verkehr zu bringen, die nicht durch ausreichende Gegenwerte im Register gedeckt sind. Satz 2 dieser Norm enthält das Verbot, den im Deckungsregister eingetragenen Wert anderweitig zu belasten oder zu veräußern und dadurch einen Nachteil für die Pfandbriefgläubiger herbeizuführen. § 5 Abs. 1 S. 3 PfandBG stellt sicher, dass dann, wenn ein Deckungswert zurückgezahlt wird, der für die Eintragung Verantwortliche eine gleichwertige Ersatzdeckung zu beschaffen hat.

303 Schutzzweck der Strafvorschriften für Deckungsregister (§ 5 PfandBG) ist demnach allein das Interesse der Person, die auf die Deckung der ausgegebenen Schuldverschreibung (Pfandbrief, Kommunalobligation, Hypothekenpfandbrief etc.) vertraut. Kann die ausreichende Deckung der Schuldverschreibung anderweitig sichergestellt werden, z. B. weil mehr Sicherheiten im Deckungsregister eingetragen sind, als der Nominalwert der ausgegebenen Papiere beträgt, sind Gläubigerinteressen nicht betroffen.

304 Bei schwerwiegenden Verstößen gegen die Vorschriften über die Deckung und die dafür verwendeten Beleihungswerte kann eine Untreue zu prüfen sein, wenn der Bank durch den Verstoß ein Vermögensnachteil entstanden ist.[413]

d) Verfolgungszuständigkeit

305 Die Verfolgung von Straftaten nach dem PfandBG ist Wirtschaftsstrafsache gem. § 74c Abs. 1 S. 1 Nr. 2 GVG. Die Strafverfolgungsbehörden sind wie bei anderen Instituten auch gem. § 60a KWG zu Mitteilungen verpflichtet.

10. Straftaten nach dem InvG

a) Übersicht

306 aa) Das InvG enthält Vorschriften für Unternehmen, die das Investmentgeschäft betreiben. Es regelt u. a. die Zulassung von Kapitalanlagegesellschaften und Investmentaktiengesellschaften, die damit der Aufsicht der BaFin unterliegen, den Mindestinhalt der Vertragsbedingungen für die Investmentfonds (Sondervermögen), die Rechtsverhältnisse zwischen Gesellschaft, Anlegern und Investmentfonds, die Einschaltung einer Depotbank, die Bildung eines Aufsichtsrats und die Prüfungs- und Veröffentlichungsvorschriften. Das InvG beinhaltet zudem Regelungen zur Zulassung und Überwachung von Hedgefonds und Vorschriften für ausländische Investmentfonds. Mit dem InvG wurden 2004 das Gesetz über Kapitalanlagegesellschaften (KAGG) und das Auslandsinvestmentgesetz (AuslInvG) zusammengefasst und die Vorschriften für in- und ausländische Fonds vereinheitlicht.

307 Mit dem Investmentgesetz werden die Änderungsrichtlinien 2001/107/EG und 2001/108/EG vom 21. Januar 2002 zur EU-Investmentrichtlinie 85/611/EWG (Richtlinie über Organismen für gemeinsame Anlagen in Wertpapieren, kurz OGAW-Richtlinie) vom 20. Dezember 1985 umgesetzt. Mit der Umsetzung der Richtlinien wird ein weiterer Schritt zur Verwirklichung des Europäischen Binnenmarktes im Investmentbereich vollzogen. Im InvG sind verstärkt Ermächtigungen zum Erlass von Rechtsverordnungen vorgesehen, um technische Detailregelungen (z. B. zu Derivaten, zur Bewertung von Vermögensgegenständen, zur Rechnungslegung) schneller und flexibler den sich immer rascher verändernden

---

[412] *Schröder* in Achenbach/Ransiek, X.3 Rn. 175 bezeichnet die Vorschrift zutreffend deswegen als Anlegerschutzvorschrift.
[413] *Schumann* in Müller-Gugenberger/Bieneck, § 69 Rn. 11.

D. Bankspezifische Strafnormen

wirtschaftlichen Rahmenbedingungen anpassen zu können. Gleichzeitig soll das neue InvG die Aufsicht durch die BaFin stärken. Insbesondere über die Einführung eines beschleunigten Genehmigungsverfahrens für Vertragsbedingungen von Investmentfonds werden bei der BaFin Kapazitäten für wesentlichere Aufsichtsaufgaben frei. Im Rahmen einer verbesserten Marktaufsicht werden zudem neue Meldepflichten eingeführt, die die BaFin in die Lage versetzen, zeitnah und gezielt gegen Missstände vorzugehen.

bb) Das InvG[414] betrifft Vermögen zur gemeinschaftlichen Kapitalanlage, die nach dem Grundsatz der Risikomischung in Vermögensgegenständen wie bspw. Wertpapieren, Derivaten, Bankguthaben oder Grundstücken (§ 2 IV) angelegt sind (Investmentvermögen – § 1 S. 2). Es ist nach § 1 S. 1 u. a. anzuwenden auf inländische Investmentvermögen, die in Form von Sondervermögen (§ 2 II) oder Investmentaktiengesellschaften (§ 2 V) gebildet werden, und auf den öffentlichen Vertrieb (§ 2 XI) von ausländischen Investmentanteilen (§ 2 IX). Neben den grundlegenden Begriffsbestimmungen (§ 2) enthält das InvG in seinem allgemeinen Teil Regelungen über Kapitalanlagegesellschaften (§§ 6–19 l), die vor allem inländische Investmentvermögen oder EU-Investmentvermögen (vgl. § 2 I, VI) verwalten, und über Depotbanken (§§ 20–29), die mit der Verwahrung von Investmentvermögen zu beauftragen sind. Die umfangreichen Bestimmungen über die einzelnen Sondervermögen (§§ 30–95), über Investmentaktiengesellschaften (§§ 96–111 a) und über Sondervermögen mit zusätzlichen Risiken (Hedgefonds, §§ 112–120) können hier nicht näher dargestellt werden. Die Kapitalanlagegesellschaften werden hier u. a. zu einer bestimmten Rechnungslegung verpflichtet (§ 44 f.) und haben für die jeweiligen Sondervermögen bestimmte Anlageformen und Anlagegrenzen einzuhalten (bspw. § 46 ff., § 67, § 88) sowie gegenüber der Bundesanstalt für Finanzdienstleistungsaufsicht Mitwirkungspflichten zu erfüllen (bspw. § 54 IV). Die §§ 121–142 regeln schließlich den grenzüberschreitenden Vertrieb von Anteilen inländischer Sondervermögen sowie den öffentlichen Vertrieb von EU-Investmentanteilen (§ 2 X) und ausländischen Investmentanteilen im Inland.

b) Straftatbestand, § 143a InvG

Nach § 143a InvG ist das Betreiben des (inländischen) Investmentgeschäfts ohne die nach § 7 I S. 1 erforderliche Erlaubnis mit Freiheitsstrafe bis zu 3 Jahren oder Geldstrafe bedroht.[415] Die Erlaubnis für den Betrieb einer Kapitalanlagegesellschaft muss von der BaFin wirksam erteilt worden sein. Hier kann auf die Parallele zu § 54 KWG verwiesen werden. Investmentgesellschaften sind Unternehmen, die ihren Geschäftsbetrieb darauf ausgerichtet haben, Beteiligungen an anderen Kapitalgesellschaften zu verwalten und darauf bezogene Dienstleistungen durchzuführen. Die besonderen Sorgfaltspflichten dafür sind in § 9 InvG geregelt.

c) Bußgeldvorschriften, § 143 InvG

Auf eine Textwiedergabe des umfangreichen Bußgeldkatalogs wird hier verzichtet. Die Sanktionen sind auch auf Investmentaktiengesellschaften im Sinne von § 99 III InvG anzuwenden. Nach § 143 IV InvG ist die BaFin zuständige Verwaltungsbehörde.

d) Verfolgungszuständigkeit

Zuständige Verwaltungsbehörde i. S. v. § 36 Abs. 1 Nr. 1 OWiG ist die BaFin gem. § 143 Abs. 6 InvG. Die Verfolgung von Straftaten nach dem InvG ist Wirtschaftsstrafsache gem. § 74c Abs. 1 S. 1 Nr. 2 GVG. Die Strafverfolgungsbehörden sind gem. § 143b InvG, § 60a KWG zu Mitteilungen verpflichtet.

---

[414] Die Darstellung folgt hier den Erläuterungen von *Buddendiek/Rutkowski*, Lexikon des Nebenstrafrechts, 35. Aufl. 2012, Stichwort: Investmentgesetz.

[415] Neuregelung der Strafbarkeit ab dem 28.12.2007, BGBl. I S. 3089; vgl. *Schumann* in: Müller-Gugenberger/Bieneck, § 66 Rn. 22 ff.

11. Straftaten nach dem ZAG

a) Übersicht

312 Das ZAG[416] erfasst unter dem Begriff „Zahlungsdienste" (§ 1 II) die Übermittlung von Bargeld, elektronischem Geld oder Buchgeld vom Zahler an den Zahlungsempfänger unter Beteiligung eines Dritten, des Zahlungsdienstleisters (§ 1 I). Zahlungsdienste sind somit bspw. Ein- oder Auszahlungsgeschäfte, Überweisungsgeschäfte, Finanztransfergeschäfte sowie digitalisierte Zahlungsgeschäfte (§ 1 II; s. auch § 1 X). Bei Zahlungsdienstleistern handelt es sich um Kreditinstitute, E-Geld-Institute, staatliche und kommunale Stellen, die Europäische Zentralbank, die Deutsche Bundesbank und sonstige Zahlungsinstitute (§ 1 I).

313 Zahlungsinstitute, die keine Bankerlaubnis nach § 32 I S. 1 KWG haben, fallen unter eine spezifische Solvenzaufsicht durch die Bundesanstalt für Finanzdienstleistungsaufsicht. Erfasst werden hiervon vor allem Kreditkarten- und Zahlkartenunternehmen, Betreiber von Zahlungs- und Finanztransfergeschäften, Anbieter, die Bareinzahlungen oder Barabhebungen auf ein Zahlungskonto ermöglichen, sowie Geldautomatenbetreiber. Derartige Unternehmen bedürfen einer Erlaubnis zum Erbringen von Zahlungsdiensten (§ 8 I S 1) und unterliegen u. a. bei der Verzinsung von Guthaben, der Entgegennahme von Einlagen und beim Betreiben des Kreditgeschäfts besonderen Beschränkungen und Verboten (§ 2). Im Rahmen der Aufsicht (§§ 13 – 23) ergeben sich für Zahlungsinstitute bereichsspezifische Pflichten, u. a. Auskunftspflichten (§ 14) und Vorlagepflichten für Jahresabschlüsse pp. (§ 17).

314 Das E-Geld-Geschäft (§ 1 a I Nr. 5) umfasst die Ausgabe von elektronischem Geld, d. h. von digitalem Bargeld, das auf einem elektronischen Gerät oder auf einem Server gespeichert ist (§ 1 a II, III), bspw. von Zahlungskarten oder Chipkarten, die der Nutzer mit einer geringen Menge an elektronischem Geld auflädt, um damit Kleinbeträge zu begleichen. E-Geld-Institute bedürfen einer Erlaubnis zum Betreiben des E-Geld-Geschäfts (§ 8 a I S. 1) und unterliegen weiteren Beschränkungen, u. a. dem Verbot der Ausgabe von E-Geld über andere Personen (§ 23 a).

b) Straftatbestände, § 31 ZAG[417]

315 aa) Mit Freiheitsstrafe bis zu 5 Jahren oder Geldstrafe (bei Fahrlässigkeit bis zu 3 Jahren Freiheitsstrafe oder Geldstrafe) wird bestraft:
- Nr. 1: Entgegennahme von Einlagen oder anderen rückzahlbaren Geldern des Publikums oder unzulässige Kreditgewährung durch Zahlungsinstitute (§ 2 I, III S. 1);
- Nr. 2: Erbringen von Zahlungsdiensten (§ 1 II) ohne Erlaubnis nach § 8 I S. 1;
- Nr. 2a: Betreiben des E-Geld-Geschäfts (§ 1 a II) ohne Erlaubnis nach § 8 a I S. 1;

316 bb) Mit Freiheitsstrafe bis zu 3 Jahren oder Geldstrafe (bei Fahrlässigkeit bis zu 1 Jahr Freiheitsstrafe oder Geldstrafe) wird bestraft:
- Nr. 3: Verletzung der Pflicht des Geschäftsleiters (§ 1 VIII) zur Anzeige der Zahlungsunfähigkeit oder der Überschuldung des Zahlungsinstituts (§ 16 IV S. 1);
- Nr. 4: Ausgabe von E-Geld (§ 1 a III) durch E-Geld-Institute (§ 1 a I Nr. 5) über andere Personen, die im Namen des E-Geld-Instituts tätig werden (§ 23 a).

317 Die Verbote erfassen bereits das bloße Tätigwerden, ein bestimmter Taterfolg muss nicht festgestellt werden. Das verbotene Handeln endet erst, wenn ein rechtswirksame Erlaubnis vorliegt. Auf die materielle Genehmigungsfähigkeit soll es nicht ankommen. Vielfach wird eine Parallele zu § 330d Nr. 5 StGB gezogen, obwohl es an einer vergleichbaren gesetzlichen Regelung fehlt.[418]

c) Bußgeldtatbestände, § 32 ZAG

318 Durch § 32 Abs. 1 werden Zuwiderhandlungen gegen eine vollziehbare Anordnung nach § 4 I S. 2, 4 über die Abwicklung unerlaubter Zahlungsdienstgeschäfte oder nach § 15 I, III über

---

[416] Die Darstellung folgt hier den Erläuterungen zum ZAG von *Buddendiek/Rutkowski*, Lexikon des Nebenstrafrechts, 35. Aufl. 2012, Stichwort: Zahlungsdiensteaufsichtsgesetz.
[417] *Wegner*, wistra 2012, 7, 9 ff.; *Schumann* in Müller-Gugenberger/Bieneck, § 66 Rn. 17 ff.
[418] Für das Umweltstrafrecht: BGHSt. 37, 22, 28; *Wegner*, wistra 2012, 7, 9.

D. Bankspezifische Strafnormen

die Abberufung von Geschäftsleitern oder die Untersagung der Tätigkeit von Geschäftsleitern erfasst.

Der § 32 Abs. 2 Nr. 1 sanktioniert die Verletzung der Pflicht von Zahlungsinstituten oder Abschlussprüfern, der Bundesanstalt für Finanzdienstleistungsaufsicht und der Deutschen Bundesbank einen Jahresabschluss, einen Lagebericht, einen Prüfungsbericht, einen Konzernabschluss, einen Konzernlagebericht oder eine Monatsausweis einzureichen (§ 17 I S. 1, 3, II S. 1, 2, § 29 a I S. 1, 2, auch iVm. RechtsVO nach § 29 a III S. 1). § 32 Abs. 2 Nr. 2 erfasst die Verletzung von Anzeigepflichten des Zahlungsinstituts gegenüber der BaFin und der BBank, bspw. über die Verlegung des Sitzes oder die Einstellung des Geschäftsbetriebes (§ 25 I S. 1, § 29 I Nr. 4–10). 319

Gem. § 32 Abs. 3 Nr. 1, 2 wird die Verletzung von Überwachungspflichten durch Personen oder Unternehmen, insbesondere Auskunfts-, Vorlage oder Duldungspflichten (§ 5 I, V S. 1, VI) erfasst. Nr. 3 meint Zuwiderhandlungen gegen vollziehbare Auflagen, die mit einer Erlaubnis nach § 8 I S. 1 verbunden sind (§ 8 V S. 1). Nr. 4–6 betreffen die Verletzung von Überwachungspflichten durch Zahlungsinstitute, insbesondere Auskunfts-, Vorlage oder Duldungspflichten (§ 14 I S. 1, 4, III S. 1). Nr. 7 sind Zuwiderhandlungen des Zahlungsinstituts gegen vollziehbare Anordnungen der BaFin, bspw. das Verbot der Annahme von Geldern oder der Gewährung von Krediten (§ 16 III S. 1, § 22 IV S. 1). Wegen der weiteren Darstellung von Bußgeldtatbeständen wird auf den Gesetzeswortlaut verwiesen. 320

d) Verfolgungszuständigkeit

Zuständige Verwaltungsbehörde i. S. v. § 36 Abs. 1 Nr. 1 OWiG ist die BaFin gem. § 33 ZAG. Die Verfolgung von Straftaten nach dem ZAG ist Wirtschaftsstrafsache gem. § 74c Abs. 1 S. 1 Nr. 2 GVG. Die Strafverfolgungsbehörden sind gem. § 34 Abs. 1 ZAG, § 60a Abs. 1a-3 KWG zu Mitteilungen über die Anklageerhebung oder sonstige Erledigung verpflichtet. 321

11. Kapitel: Straftaten im Zusammenhang mit handels- und gesellschaftsrechtlichen Pflichten

Literatur: *Achenbach, Hans /Ransiek, Andreas*, Handbuch Wirtschaftsstrafrecht, 3. Aufl., (zit. Bearbeiter in); *Altenhain, Karsten*, Der strafbare falsche Bilanzeid, WM 2008, 1141; *Becker, Christian/Endert, Volker*, Außerbilanzielle Geschäfte, Zweckgesellschaften und Strafrecht, ZGR 2012, 699; *Bittmann, Folker*, Strafrechtliche Folgen des MoMiG, NStZ 2009,113; *Ceffinato, Tobias*, Die verdeckte Sacheinlage aus strafrechtlicher Sicht, wistra 2010,171; *Dierlamm, Alfred*, Verletzung der Berichtspflicht gem. § 332 HGB, NStZ 2000, 130; *Henssler,Martin/Strohn, Lutz*, Gesellschaftsrecht (zit. Bearbeiter in); *Kiethe, Kurt*, Strafrechtlicher Anlegerschutz durch § 400 Abs. 1 Nr. 1 AktG,NStZ 2004, 73, 74; *Meyer, Claus*, Reform des handelsrechtlichen Ordnungsgeldverfahrens, DStR 2013, 930; *Olbrich/Fuhrmann*, DAX-30 Geschäftsberichte im Lichte von § 244 HGB und § 400 HGB, AG 2011, 326; *Raum, Rolf*, Betriebs- und Geschäftsgeheimnisse im Kartellbußgeldverfahren in: Festheft für Ingeborg Tepperwien, S. 52; *Sorgenfrei, Ulrich*, Zweifelsfragen zum Bilanzeid, wistra 2008, 329; *Stackmann, Nikolaus*, Böses Erwachen – die gesetzliche Haftung für fehlgeschlagene Kapitalanlagen, NJW 2013, 1985; *Weiß, Udo*, Vermeidung von Haftungsrisiken bei der Buchung und Bilanzierung verdeckter Sacheinlagen, BB 2012, 1975.

Inhaltsübersicht

	Rn.
Allgemeines	1–3
I. Straftaten im Zusammenhang mit Falschangaben	4
1. Gründungsschwindel	5
a) Tathandlung	6
b) Einzelne Erklärungspflichten	7
aa) Erklärungspflichten nach Nr. 1	8
(1) Übernahme der Aktien	9
(2) Einzahlung auf Aktien	10
(3) Verwendung der eingezahlten Beträge	11
(4) Ausgabebetrag der Aktien	12
(5) Sondervorteile	13
(6) Sacheinlagen	14
(7) Wertbestand	15
bb) Zum Zweck der Eintragung	16
c) Unrichtige Berichte nach Nr. 2	17
2. Öffentliche Ankündigung	18
3. Kapitalerhöhungsschwindel	19, 20
4. Abwicklungsschwindel	21
5. Täuschung über persönliche Voraussetzungen	22
6. Wahrheitswidrige Erklärungen (§ 399 Abs. 2 AktG)	23
7. Strafbare Falschangaben bei der GmbH (§ 82 GmbHG)	24
a) Tathandlungen	25–27
b) Täterkreis	28–30
8. Falschangaben bei der Genossenschaft (§ 147 GenG)	31
9. Falschangaben im Rahmen der Umwandlung(§ 313 Abs. 2, 314a UmwG)	32–34

	Rn.
10. Vorsatz und Irrtum	35
a) Vorsatz	36, 37
b) Irrtum	38, 39
II. Bilanzdelikte	40–42
1. Unrichtige Darstellung	43
a) Tathandlungen	44
aa) Unrichtige Wiedergabe	45
bb) Verschleiern	46
b) Tatbestände der Nr. 1 bis 4	47
aa) Unrichtige Wiedergabe	48, 49
bb) Nr. 1a	50
cc) Nr. 2	51
dd) Nr. 3	52
ee) Nr. 3a	53, 54
ff) Nr. 4	55
c) Vorsatz	56
2. Verletzung der Berichtspflicht (§ 332 HGB)	57
a) Täterkreis	58
b) Art der Prüfung	59
c) Tathandlungen	60
aa) Unrichtige Berichte oder Verschweigen	61
bb) unrichtiger Bestätigungsvermerk	62
cc) beim Prüfgehilfen	63
d) Vorsatz	64
e) Qualifikationsnormen des Abs. 2	65
aa) Gegen Entgelt	66
bb) Bereicherungsabsicht	67
cc) Schädigungsabsicht	68
3. Spezialgesetzliche Tatbestände	69
a) § 400 Abs. 1 AktG	70, 71
aa) Nr. 1	72, 73
bb) Unrichtige Angaben in der Hauptversammlung	74
cc) Nr. 2	75

11   11. Kapitel. Straftaten im Zusammenhang m. handels- u. gesellschaftsrechtl. Pflichten

		Rn.			Rn.
	b) § 403 AktG	76		c) Abs. 2	86
	c) § 82 Abs. 2 Nr. 2 GmbHG	77, 78		d) Versuchsstrafbarkeit	87
	d) Genossenschaftsrechtliche Strafbestimmungen (§ 147 Abs. 2; § 150 GenG)	79	IV.	Straftaten im Zusammenhang mit Unternehmensverlusten	88
				1. Pflichtverletzung bei Verlust (§ 401 AktG)	89
	e) Umwandlungsgesetzliche Strafbestimmungen (§ 313 UmwG)	80, 81		a) Vorsatz, Fahrlässigkeit	90, 91
				b) Vollendung	92
III.	Falsche Ausstellung von Berechtigungsscheinen (§ 402 AktG)	82, 83		2. § 148 GenG	93
				3. § 84 GmbHG	94
	a) Inhalt	84	V.	Verletzung von Geheimhaltungspflichten	95
	b) Tathandlungen nach Abs. 1	85			

Allgemeines

1   Die gesellschaftsrechtlichen Pflichten sind teilweise durch strafrechtliche Tatbestände abgesichert. Diese Regelungen sollen die Einhaltung grundlegender Gebote im Zusammenhang mit der Gründung und der Führung einer Gesellschaft gewährleisten, die aufgrund des begrenzten Haftungskapitals der im Wirtschaftsleben agierenden Gesellschaften ein Gefährdungspotential darstellen. Die Strafvorschriften sind dabei – schon wegen ihrer Anknüpfung an die jeweils unterschiedlichen gesellschaftsrechtlich Verantwortlichen – regelmäßig in den Gesetzen verortet, die die betreffende Gesellschaftsform behandeln. Sie sind aber auch teilweise vor die Klammer gezogen, soweit Pflichten betroffen sind, die – unabhängig vom Gesellschaftstyp – für sämtliche Gesellschaftsformen Geltung beanspruchen. Hierzu zählen die Bilanzstraftaten und die Insolvenzdelikte.

2   Die Straftatbestände haben in der strafrechtlichen Praxis keine besonders große Bedeutung. Ihre Aufklärung ist schwierig; kommt es zu Unternehmenszusammenbrüchen spielen die vom Strafrahmen härteren Strafbestimmungen der Untreue und des Betrugs neben den Bankrottdelikten (§§ 283 ff StGB) eine weitaus wichtigere Rolle. Dagegen ist ihre Relevanz im Zivilrecht erheblich. Sämtliche Tatbestände sind Schutzgesetze im Sinne des § 823 Abs. 2 BGB[1]. Damit ermöglichen sie einen Haftungsdurchgriff auf die handelnden Personen und können so mittelbar auch Abschreckungspotential entfalten. Wer von den Straftatbeständen geschützt wird, ist normspezifisch zu bestimmen. Regelmäßig geschützt sind die Gesellschafter und tatsächliche sowie potentielle Gläubiger des Unternehmens. Die Regelungen beinhalten einen strafrechtlich geschützten Mindeststandard, der die Kapitalausstattung der Gesellschaft schützt, auf die der Verkehr und die Anleger vertrauen können müssen. Es besteht ein dreistufiges strafrechtliches Schutzkonzept[2]. Zum einen dürfen die Unternehmensverantwortlichen die wirtschaftliche Lage des Unternehmens nicht falsch darstellen, zum anderen müssen die Prüfer vollständige und zutreffende Prüfberichte erstellen und schließlich sind bestimmte buchhalterische Pflichten bußgeldbewehrt. Daneben sichern einige Strafbestimmungen aber auch – wie etwa durch den Schutz von Geschäftsgeheimnissen – die Gesellschaft selbst[3].

3   Das deutsche Gesellschaftsrecht ist allerdings grundsätzlich nur anwendbar, soweit es sich um eine Gesellschaft nach deutschem Recht handelt. Dies ist regelmäßig nur dann der Fall, wenn die Gesellschaft einen Sitz im Inland hat[4]. Dagegen unterfallen ausländische Gesellschaften nicht dem deutschen Gesellschaftsrecht, selbst wenn sie eine Zweigniederlassung im Inland haben[5]. Falls im Einzelfall auf die ausländische Gesellschaft deutsches Gesellschaftsrecht

---

[1] BGH NJW 2005, 3721; BGHZ 105, 121.
[2] *Ransiek* in Achenbach/Ransiek, S. 966.
[3] Vgl. *Raum* in Henssler/Strohn, § 404 AktG Rn. 1.
[4] BGH, NJW 1996, 553.
[5] *Otto* in Großkommentar AktG Vor § 399 Rn. 8 ff; vgl. auch *Hefendehl* in Spindler/Stilz, AktG, § 399 Rn. 16 ff.

anwendbar sein sollte[6], weil diese in einer entsprechenden Rechtsform handelt, kann im Einzelfall die Strafvorschrift eingreifen, wenn der Wortlaut die Einbeziehung einer ausländischen Gesellschaft zulässt[7]. Weiterhin erfasst das deutsche Strafrecht die Fälle unmittelbar, in denen die nationale Strafrechtsnorm – wie etwa § 82 Abs. 1 Nr. 5 GmbHG oder § 399 Abs. 1 Nr. 6 AktG – ausdrücklich ausländische Gesellschaften in die Strafbarkeit einschließt. In diesen Fällen muss jedoch ein (nach §§ 3 ff StGB festzustellender) Tatort im Inland gegeben sein, der die Verfolgung ermöglicht.

I. Straftaten im Zusammenhang mit Falschangaben über die Kapitalgesellschaft

Die Strafvorschriften der §§ 399 f. AktG, § 82 GmbHG, § 147 GenG und § 313 UmwG verfolgen im Wesentlichen denselben Schutzzweck. Sie sollen vor allem sicherstellen, dass die Kapitalgesellschaft mit der Kapitalausstattung, wie sie sich aus den amtlichen Registern ergibt, auch tatsächlich ausgestattet wird. Ihrer Deliktsnatur nach sind diese Straftatbestände abstrakte Gefährdungsdelikte[8], die Pflichtverletzungen im Vorfeld ahnden, die bei Personen eintreten, die mit der Kapitalgesellschaft in Geschäftskontakt stehen. Die aktienrechtlichen Strafbestimmungen gelten kraft ausdrücklicher Verweisung (§ 53 Abs. 1 SEAG) auch für die europäische Aktiengesellschaft (SE) und nach § 408 AktG für die Kommanditgesellschaft auf Aktien. 4

1. Gründungsschwindel nach § 399 Abs. 1 Nr. 1, 2 AktG

Die Strafbestimmung pönalisiert das Machen falscher Angaben oder das Verschweigen wesentlicher Umstände in Bezug auf die in den Nr. 1 genannten Erklärungspflichten. Insoweit hat die Vorschrift Blankettcharakter, weil sich die einzelnen Erklärungspflichten jeweils aus dem Aktienrecht ergeben[9]. Durch die jeweilige aktienrechtliche Spezialvorschrift werden Inhalt und Umfang der Pflichten bestimmt, die unter den strafrechtlichen Schutz dieser Bestimmung fallen. 5

Die Tathandlung ist das Machen falscher Angaben oder das Verschweigen erheblicher Umstände. Anders als beim Betrug (§ 263 StGB) ist die Täuschungshandlung nicht auf eine Täuschung über Tatsachen beschränkt. Erfasst werden sämtliche Angaben, also auch Wertungen (zB Vorlage von Gutachten). Diese müssen falsch sein[10]. Dies gilt auch für unrichtige Werturteile, wobei hier allerdings die subjektive Tatseite einer eingehenden Prüfung bedarf[11]. Die Unrichtigkeit kann auch darin bestehen, dass der Erklärungspflichtige zwar wahre (Einzel-)Angaben macht, aber wesentliche Aspekte verschweigt. Diese im Übrigen nicht nur klarstellende, sondern gerade im Hinblick auf die Berichtigungspflicht sogar erweiternde Tatalternative ist erfüllt, wenn sich beim Adressaten durch das Weglassen bestimmter Informationen ein unrichtiges Bild ergibt. Vor diesem Hintergrund ist auch die „Erheblichkeit" der verschwiegenen Umstände zu verstehen. Maßgeblich ist, welchen Schutzzweck die jeweilige Erklärungspflicht verfolgt und inwieweit dieser durch die unvollständige Information beeinträchtigt sein kann[12]. 6

---

[6] Etwa im Falle einer späteren Sitzverlegung – vgl. *Wagenpfeil* in Müller-Gugenberger, 5. Aufl., S. 1335.
[7] *Ransiek* in Achenbach/Ransiek, S. 972; EuGH NJW 1999, 2027, 2029; 2003, 3331, 3334.
[8] *Raum* in Henssler/Strohn, § 399 Rn. 1.
[9] BGH, Tz. 13, NJW 2005, 3721.
[10] MKAktG/*Schaal* Rn. 55 ff.; *Ransiek* in Achenbach/Ransiek S. 1020; hiervon hat sich der Tatrichter gegebenenfalls unter Beachtung des Zweifelssatzes zu überzeugen – vgl. BGHSt 30, 285 = NJW 1982, 775.
[11] GroßkommAktG/*Otto* Rn. 39, der dies auf unvertretbare und willkürliche Einschätzungen beschränken will.
[12] BGH 20.1.1955, NJW 1955, 678, 679.

7 b) Die einzelnen Erklärungspflichten betreffen die für die Gründung wesentlichen Informationen[13]. Entscheidend ist der Zusammenhang mit der Gründung der Gesellschaft. Täter können nur Gründer, Vorstands- oder auch Aufsichtsratsmitglieder sein, nicht dagegen ein Prokurist[14]. Diese Eigenschaft ist ein die Strafbarkeit begründendes Merkmal im Sinne des § 14 Abs. 1 iVm. § 28 Abs. 1 StGB. Andere Personen, die an der Tat mitwirken, sind nur als Teilnehmer (§§ 26, 27 StGB) zu bestrafen. Auf die Wirksamkeit des Bestellungsakts kommt es in diesem Zusammenhang nicht an. Es reicht aus, wenn die Aufgabe tatsächlich übernommen wurde (§ 14 Abs. 3 StGB). Als tauglicher Täter ist auch derjenige anzusehen, der eine faktische Organstellung ausübt. Insoweit gelten die allgemeinen Grundsätze (vgl. Kap. 4 Rn. 13 ff.

8 aa) Die einzelnen in Nr. 1 genannten Pflichten ergeben sich aus dem Aktienrecht. Sie sind in § 399 Abs. 1 Nr. 1 AktG enumerativ aufgeführt. Die Erklärungspflichten müssen im Zusammenhang mit der Gründung der Aktiengesellschaft verletzt sein. Es handelt sich um Erklärungen zu den nachfolgenden Punkten:

9 (1) Die Erklärung der Übernahme der Aktien durch den Gründer (§§ 23 Abs. 2, 29, 37 Abs. 4 Nr. 1, 4).

10 (2) Die Erklärung über die Einzahlung auf Aktien; diese Erklärung ist nicht nur falsch, wenn eine Zahlung überhaupt nicht erfolgte, sondern auch dann, wenn das eingezahlte Geld nicht endgültig zur freien Verfügung des Vorstands steht (§ 37 Abs. 1 Satz 2)[15]. Dem Vorstand stehen die Gelder aber dann nicht zur Verfügung, wenn sie nur als „Vorzeigegeld" genutzt und alsbald zurückgezahlt werden (sog. Hin- und Herzahlen). Ebenso wenig liegt eine ordnungsgemäße Einzahlung vor, wenn (zB wegen Verpfändung oder einer treuhänderischen Bindung) der Vorstand über den eingezahlten Betrag nicht ohne weiteres verfügen kann. Für die bei der Gründung aufgewendeten Steuern und Gebühren, deren Aufbringung geschuldet ist, gilt diese Einschränkung allerdings nicht. Auf deren Abfluss muss nicht gesondert hingewiesen werden[16].

11 (3) Verwendung der eingezahlten Beträge. Erklärungsbedürftig ist, ob und inwieweit das eingezahlte Kapital zum Zeitpunkt der Anmeldung bereits gemindert ist. Allerdings ist der Vorstand nicht gehindert, über das eingezahlte Geld werterhaltend zu verfügen[17]. Solche ersichtlich wertneutrale Verfügungen müssen bei der Anmeldung nicht aufgedeckt werden[18]. Insofern handelt es sich jedenfalls nicht um einen erheblichen (und damit offenbarungspflichtigen) Umstand. Anderes gilt, wenn den abgeflossenen Mitteln kein hinreichender Gegenwert entspricht, weil hierdurch ein Eintragungshindernis entstehen kann. Jedenfalls bei nicht eindeutig werterhaltenden Verfügungen muss dem Registergericht eine solche Verwendung mitgeteilt werden, damit es seiner Prüfungspflicht umfassend nachkommen kann[19].

12 (4) Dem Ausgabebetrag der Aktien. Durch diese Norm soll der Rechtsverkehr geschützt werden, weil der wahre Ausgabewert für Dritte erkennbar sein soll. Der tatsächlich vereinnahmte Betrag ist immer dann anzugeben, wenn er vom Nennwert der Aktien abweicht. Fehlende Angaben hierzu fallen immer unter die Strafbestimmung, unabhängig davon, ob der erzielte Wert höher oder niedriger ist[20].

13 (5) Sondervorteile (§ 26 Abs. 1) und Gründungsaufwand (§ 26 Abs. 2), die bei der Anmeldung nach § 37 Abs. 4 Nr. 2 offen zu legen sind.

14 (6) Sacheinlagen und Sachübernahmen (§ 26 Abs. 1 Satz 1). Falsche Angaben im Sinne des Tatbestands liegen vor, wenn die einzubringenden Gegenstände tatsächlich überbewertet[21]

---

[13] Vgl. *Wegner*, wistra 2009, 150, 151.
[14] BGH 22.9.2009 – 3 StR 195/09.
[15] BGH, NJW 2005, 2540 Tz. 13; vgl. BGH, NStZ 1996, 238.
[16] BGHZ 119, 177 = NJW 1992, 3300.
[17] BGHZ 119, 177 = NJW 1992, 3300; vgl. BGH, WM 2002, 967 = DStR 2002, 1538.
[18] *Raum* in Henssler/Strohn, § 399 AktG Rn. 6; aA MKAktG/*Schaal* Rn. 81.
[19] BGH 16.3.1993, NStZ 1993, 442 = BGHR AktG § 399 Angaben 1.
[20] *Schaal* aaO Rn. 88, der zutreffend darauf hinweist, dass die fehlende Angabe über den tatsächlich höheren Wert im Einzelfall nicht zum Zwecke der Eintragung dient.
[21] RGSt 49, 340; nicht allerdings, weil insoweit der Schutzzweck der Norm nicht tangiert ist, bei einer Unterbewertung.

I. Straftaten im Zusammenhang mit Falschangaben über die Kapitalgesellschaft

oder – etwa wegen eines zwischenzeitlich vorgenommenen Teilverkaufs – unvollständig sind[22]. Falsche Angaben können aber auch vorliegen, wenn die Umstände verschwiegen werden, die zur Annahme einer sogenannten verdeckten Sacheinlage führen[23]. Verdeckte Sacheinlagen sind gegeben, wenn Bareinlagen von der Gesellschaft dafür verwendet werden sollen, Vermögensgegenstände des Einlegenden zu erwerben. Eingelegt wird dann letztlich der Gegenstand selbst. Gleiches gilt bei Tilgung eines Darlehens, das der Einlegende der Aktiengesellschaft gewährt hat (bei betriebswirtschaftlicher Betrachtung stellt die eigentliche Einlage dann dasjenige dar, was die Gesellschaft mit den Mitteln des Einlegenden erwirbt). Faktisch liegt deshalb eine Sachgründung vor, was mit der Anmeldung offengelegt werden muss[24]. Die Erklärungspflicht besteht unabhängig davon, wie die tatsächlichen Wertverhältnisse des Geschäfts und des Gegengeschäfts sind, denn dieses soll ja im Anmeldeverfahren erst überprüft werden[25].

(7) Wertbestand der eingebrachten Vermögensgegenstände, insbesondere bei Wertpapieren (§ 37a Abs. 2).

bb) Die Tathandlung muss zum Zwecke der Eintragung erfolgen. Dies bedeutet zugleich, dass der Anmeldende wesentliche Umstände, die sich zwischen seiner Anmeldung und der Eintragung ergeben haben, nachträglich mitteilen muss[26]. Gleiches gilt, wenn der Anmeldende die Fehlerhaftigkeit seiner Anmeldung erst nachträglich erkannt hat[27]. Die eine Berichtigungspflicht auslösende Garantenstellung ergibt sich aus dem Verbot, gegenüber dem Registergericht erhebliches zu verschweigen. Die Mitteilungspflicht bezüglich erheblicher Umstände dauert fort, bis die Anmeldung vollzogen ist. Gegebenenfalls muss der Verantwortliche deshalb unrichtig gewordene Angaben berichtigen. Dies kann vor allem bedeutsam werden, wenn die Gelder nach der Anmeldung in relevanter Weise verwendet wurden (dh dass ihre Werterhaltung möglicherweise beeinträchtigt wurde) oder der Wert von Sacheinlagen sich zwischenzeitlich verändert hat. Mit der Eintragung endet allerdings eine Berichtigungspflicht.

c) Der Gründungsschwindel durch unrichtige Berichte nach § 399 Abs. Nr. 2 AktG bezieht sich auf den Gründungs-, Nachgründungs- und Prüfungsbericht. Die hierbei notwendigen Angaben ergeben sich für den Hauptfall der Gründungsprüfung aus § 32, 34 AktG. Anders als bei den Tathandlungen nach Nr. 1 fehlt es hier aber an einem unmittelbaren Bezug zur Registereintragung, obwohl diese Berichte gleichfalls Bestandteil der Registerunterlagen sind (vgl. § 34 Abs. 3 AktG)[28]. Strafbar sind deshalb – ohne dass es auf die Zielrichtung der Eintragung ins Register ankäme – allein die falschen Angaben in dem Bericht. Sie müssen von einem der in dieser Gruppe genannten tauglichen Täter (Sonderdelikt) vorgenommen oder veranlasst sein. Voraussetzung ist, dass der Bericht – über die Phase des Internums hinaus – erstellt und in der Regel unterschrieben ist. Mit der Weiterleitung des (unrichtigen) Berichts ist die Tat aber auch bereits vollendet[29]. Die Taten nach Nr. 1 und 2 können zusammentreffen, wegen der sie verbindenden Zielrichtung der Herbeiführung einer unrichtigen Registereintragung wird Tateinheit vorliegen[30].

2. Falsche Angaben in der öffentlichen Ankündigung nach § 399 Abs. 1 Nr. 3 AktG

Die Nr. 3 stellt die falschen Angaben in der öffentlichen Ankündigung nach § 4 / Nr. 3 unter Strafe. Anders als bei den übrigen Tatbestandsvarianten des § 399 kann bei Abs. 1 Nr. 3 jeder, der an der (falschen) öffentlichen Ankündigung mitwirkt, Täter sein. Die Verantwortlichkeit

---

[22] RGSt 40, 285.
[23] BGHZ 125, 141 = NJW 1994, 1477; BGHZ 110, 47 = NJW 1990, 982.
[24] BGHZ 170, 47, 57 f.; vgl auch *Ransiek* in Achenbach/Ransiek, S. 1025.
[25] *Raum* in Henssler/Strohn, § 399 AktG Rn. 6.
[26] BGH, NStZ 1993, 442.
[27] *Ransiek* in Achenbach/Ransiek, S. 1027.
[28] Vgl. K. Schmidt/Lutter/*Oetker*, § 399 Rn. 13.
[29] *Raum* in Henssler/Strohn, § 399 AktG Rn. 8.
[30] aA MkAktG/*Schaal* Rn. 244.

ergibt sich hier aus dem Bewirken der öffentlichen Ankündigung, obwohl er wusste, dass die zum Zwecke der Eintragung gemachten Angaben unrichtig oder unvollständig waren[31]. Gleiches gilt, wenn der Ankündigende die Schädigung der Gesellschaft durch Einlagen oder Sachübernahmen kannte. Anders als § 47 Nr. 3 AktG erfasst die Strafbarkeit aber nur die – zumindest in der Form des bedingten Vorsatzes – vorsätzliche Begehung.

3. Kapitalerhöhungsschwindel (§ 399 Abs. 1 Nr. 4 AktG)

19   Der sogenannte Kapitalerhöhungsschwindel betrifft Falschangaben im Zusammenhang mit einer Kapitalerhöhung. Erfasst ist hier aber nur die Kapitalerhöhung gegen Einlagen (§§ 182 bis 206). Falschangaben in Hinblick auf eine Kapitalerhöhung aus Gesellschaftsmitteln (§§ 207 bis 221) können nur nach Abs. 2 strafbar sein. Ebenso wie bei dem Gründungsschwindel werden allerdings nur die gesetzlich bestimmten Verstöße gegen die Erklärungspflicht einer Strafbarkeit unterworfen. Die Tathandlungen entsprechen sich daher auch sinngemäß.

20   Das wesentliche Merkmal ist dasjenige der Einbringung neuen Kapitals, das bei der Gründung dem Merkmal der Einzahlung entspricht. Auch hier ist entscheidend, dass der Einlagebetrag für den Zweck der Gesellschaft zur endgültigen freien Verfügung des Vorstands eingezahlt wird[32]. Dies bestimmt bei der Kapitalerhöhung auch die Erklärungspflicht gegenüber dem Registergericht. Die Angabe, dass sich der Leistungsgegenstand endgültig in der freien Verfügung des Vorstands befinde, bezieht sich deshalb allein auf die Erfüllungswirkung der fraglichen Leistung in Bezug auf die Einlageschuld. Mithin ist es nicht erforderlich, dass die Einlage im Zeitpunkt der Registeranmeldung noch unverändert, dh. gegenständlich oder wertmäßig im Gesellschaftsvermögen oder gar unangetastet auf dem Einlagenkonto vorhanden sein muss[33]. Auch Zweckbindungen von Stammkapitaleinlagen, welche die Ablösung von Forderungen Dritter zum Gegenstand haben, stehen der Erfüllungswirkung nicht entgegen. Die Grenze liegt erst dort, wo eingezahlte Mittel unmittelbar oder mittelbar einem Einleger selbst wieder zufließen sollen[34]. Im Übrigen beziehen sich die weiteren Erklärungspflichten auf:

die Einbringung des bisherigen Kapitals (§ 184 Abs. 2),

die Zeichnung des neuen Kapitals (§ 188 Abs. 3), die vergleichbar der Übernahme der Aktien ist,

auch bei der Kapitalerhöhung muss der tatsächliche Ausgabepreis genannt werden (§ 188 Abs. 2, § 37 Abs. 1),

Sacheinlagen (§ 183 Abs. 3, § 184 Abs. 1 Satz 2), wobei die vorstehend dargelegten Grundsätze (vgl. Rn. 14) – auch im Hinblick auf die verdeckten Sacheinlagen – gelten.

4. Abwicklungsschwindel (§ 399 Abs. 1 Nr. 5 AktG)

21   Tauglicher Täter ist hier allein der Abwickler. Tathandlung des Abwicklungsschwindels ist ausschließlich die falsche Angabe im Hinblick auf Erklärungspflicht nach § 274 Abs. 3 AktG im Zusammenhang mit der Fortsetzung der Gesellschaft. Der Abwickler muss angeben, dass noch nicht mit der Vermögensverteilung unter den Aktionären begonnen wurde[35]. Schutzzweck ist auch hier der ungeschmälerte Erhalt des Vermögens für den Fall der Fortsetzung der Gesellschaft.

---

[31] Öffentliche Angaben im Zusammenhang mit einer Kapitalerhöhung genügen demgegenüber nicht – vgl. *Ransiek* in Achenbach/Ransiek, S. 1030, MKAktG/*Schaal*, Rn. 137.
[32] BGHZ 150, 197 unter teilweiser Aufgabe von BGHZ 119, 177.
[33] BGH aaO; BGH, NJW 2005, 3721, 3722.
[34] BGH, NStZ 1996, 238 = wistra 1996, 262.
[35] Nur dann darf das Registergericht den Fortsetzungsbeschluss erlassen und eintragen, vgl. *Drescher* in Henssler/Strohn, § 274 AktG Rn. 9.

I. Straftaten im Zusammenhang mit Falschangaben über die Kapitalgesellschaft

5. Täuschung über persönliche Voraussetzungen (§ 399 Abs. 1 Nr. 6 AktG)

Die Regelung der Nr. 6 richtet sich mit einer Strafdrohung allein gegen die Mitglieder des Vorstands oder Abwickler und bezieht sich auf deren persönliche Tauglichkeit. Dabei geht es im Wesentlichen darum, dass keine Vorverurteilungen wegen Vermögens- oder Insolvenzdelikten oder ordnungsbehördliche Berufsuntersagungen (§ 76 Abs. 3 Satz 3 und 4) vorliegen[36]. Die Strafvorschrift erfasst nach ihrem ausdrücklichen Wortlaut auch die Leitungsorgane einer ausländischen juristischen Person[37], soweit diese in Zweigstellen im Inland tätig sind[38].

6. Wahrheitswidrige Erklärungen (§ 399 Abs. 2 AktG)

Absatz 2 erweitert die Straftatbestände um Verstöße gegen die Wahrheitspflicht im Zusammenhang mit Kapitalerhöhungen aus Gesellschaftsmitteln. Tathandlung ist die in § 210 Abs. 1 abzugebenden Erklärung, dass seit dem Stichtag der zugrunde gelegten Bilanz bis zum Tag der Anmeldung keine Vermögensminderung eingetreten ist[39]. Der Straftatbestand ist Sonderdelikt; Täter können nur Mitglieder des Vorstands oder des Aufsichtsrats sein, obwohl auf Seiten des Aufsichtsrats nur dessen Vorsitzender Anmeldender ist[40]. Gleichwohl sind sämtliche Mitglieder des Aufsichtsrats taugliche Täter und erfüllen das besondere persönliche Merkmal des § 28 Abs. 1 StGB. Der Täter muss zudem zum Zwecke der Herbeiführung der Eintragung ins Handelsregister handeln.

7. Strafbare Falschangaben bei der GmbH (§ 82 GmbHG)

Der Straftatbestand des § 82 GmbHG entspricht inhaltlich im Wesentlichen der Strafvorschrift des § 399 AktG. Es fehlt jedoch ein Pendant zu § 399 Abs. 1 Nr. 1 AktG (falsche öffentliche Ankündigung), weil solche Ankündigungen durch Emittenten aufgrund der unterschiedlichen Struktur einer GmbH, deren Geschäftsanteile nicht öffentlich gehandelt werden, keine Rolle spielen. Schließlich enthält § 82 GmbHG keine mit § 399 Abs. 1 Nr. 5 AktG übereinstimmende Strafvorschrift. Vom Schutzgut vergleichbar ist allerdings die Regelung des § 82 Abs. 2 Nr. 1 GmbHG, die eine falsche Versicherung im Rahmen einer Kapitalherabsetzung pönalisiert.

a) Im Übrigen entsprechen die Tathandlungen des § 82 Abs. 1 GmbHG denen des § 399 Abs. 1 AktG. Strafbewehrt sind mithin falsche Angaben über Gründungssachverhalte zum Zwecke der Eintragung der GmbH gemäß Nr. 1 dieser Strafnorm (Übernahme der Geschäftsanteile, Leistung der Einlagen, Sacheinlagen). Ebenso wie bei der AG sind auch verdeckte Sacheinlagen tatbestandsmäßig, selbst wenn die (verdeckte) Sacheinlage offensichtlich wertmäßig der ausgewiesenen Bareinlage entspricht[41]. Gleiches wie für den Gründungsschwindel im Aktienrecht gilt ferner für die Tatvarianten der Falschangaben zu der Verwendung der eingezahlten Beträge sowie zu den Angaben zum Gründungsaufwand und den Sondervorteilen (vgl. Rn. 13).

Nach § 82 Abs. 1 Nr. 2 GmbHG ist der Sachgründungsschwindel strafbar. Erfasst werden – ebenso wie in § 399 Abs. 1 Nr. 2 AktG – unrichtige Angaben, die in einem Bezug zur Werthaltigkeit der Sacheinlagen stehen. Hierunter fallen unvertretbare Falschbewertungen, nicht dagegen unterlassene Angaben, es sei denn aus dem teilweisen Verschweigen ergibt

---

[36] Zum notwendigen Inhalt vgl. BGH, ZIP 2011, 1305 = wistra 2011, 353.
[37] Vgl. OlG Jena, ZIP 2006, 708 = DB 2006, 720.
[38] *Ransiek* in Achenbach/Ransiek, S. 1034.
[39] Maßgeblich ist die Kenntnis des jeweiligen Anmeldenden im Zeitpunkt der Anmeldung, deshalb scheidet auch hier eine Berichtigungspflicht aus – vgl. *Ransiek* in Achenbach/Ransiek, S. 1034.
[40] Vgl. *Herrmann* in Hensslser/Strohn, § 210 AktG Rn. 3.
[41] Es mag dann allerdings das Merkmal der Falscheintragungsabsicht zweifelhaft sein – vgl. hierzu auch *Servatius* in Henssler/Strohn, § 82 GmbHG Rn. 6; *Bittmann*, NStZ 2009, 113, 119; aA *Ransiek* in Achenbach/Ransiek, S. 1039.

sich ein insgesamt falsches Bild⁴². § 82 Abs. 1 Nr. 3 GmbHG enthält – inhaltsgleich – eine Strafbarkeit des Kapitalerhöhungsschwindels, wobei diese Vorschrift ebenfalls nur für die Kapitalerhöhung gegen Einlagen gilt. Die Grundsätze über die verdeckten Sacheinlagen (Rn. 14) gelten hier gleichermaßen. Falsche Angaben über die Kapitalerhöhung aus Gesellschaftsmitteln sind nach § 82 Abs. 1 Nr. 4 GmbHG unter Strafe gestellt. Diese § 399 Abs. 2 AktG entsprechende Strafvorschrift betrifft Falschangaben zu den nach § 57i Abs. 1 Satz 2 GmbHG normierten Erklärungspflichten. Danach haben die Anmeldenden zu erklären, dass nach ihrer Kenntnis keine Vermögensminderung eingetreten ist, die einer Kapitalerhöhung entgegenstünde. Strafrechtlich relevant ist insofern allerdings nur der aktuelle Kenntnisstand, nicht aber der Umstand, dass die Anmeldenden Ermittlungen unterlassen haben[43]. Nach § 82 Abs. 1 Nr. 5 GmbHG sind falsche Angaben im Hinblick auf die persönliche Tauglichkeit des Geschäftsführers strafbewehrt. Auch diese Norm ist Schutzgesetz im Sinne des § 823 Abs. 2 BGB[44]. Die Geschäftsführer haben nach §§ 8, 39 GmbHG sich zu Vorstrafen und Untersagungsverfügungen zu erklären[45]. Kraft ausdrücklicher gesetzlicher Anordnung ist diese Vorschrift auch für die Geschäftsleiter ausländischer Gesellschaften anwendbar, wenn diese eine Zweigniederlassung anmelden[46].

27 Nach § 82 Abs. 2 Nr. 1 GmbHG werden unrichtige Versicherungen im Zusammenhang mit der Herabsetzung des Stammkapitals bestraft. Gegenstand der Versicherung ist dabei gemäß § 58 Abs. 1 Nr. 4 GmbHG, dass die Gläubiger, die sich bei der Gesellschaft gemeldet haben und der Kapitalerhöhung nicht zugestimmt haben, befriedigt oder sichergestellt sind. Wer Gläubiger im Sinne dieser Vorschrift ist[47], muss objektiv bestimmt werden[48]; strafrechtlich gesehen handelt es sich hierbei um ein normatives Tatbestandsmerkmal. Auf vereinfachte Kapitalherabsetzungen nach § 58a GmbHG findet die Strafvorschrift keine Anwendung[49].

28 b) Die vorgenannten Strafvorschriften nach § 82 GmbHG sind sämtlich Sonderdelikte, dh sie sind nur von bestimmten Funktionsträgern täterschaftlich begehbar. Mit Ausnahme der Nr. 2, die sich allein gegen die Gesellschafter[50] richtet[51], sind in den übrigen Fällen die Geschäftsführer allein taugliche Täter. Wer strafrechtlich als Geschäftsführer anzusehen ist, bestimmt sich nach den allgemeinen Grundsätzen. Gleiches gilt für die Pflichtenabwälzung durch Schaffung von Ressortverantwortlichkeiten oder durch Delegation. Die Strafvorschriften beziehen darüber hinaus – soweit sie sich gegen Geschäftsführer richten – auch die stellvertretenden Geschäftsführer ein. Dies ergibt sich aus § 44 GmbHG, wonach die für Geschäftsführer geltenden Pflichten ausdrücklich auch auf die stellvertretenden Geschäftsführer ausgedehnt werden. Allerdings ist bei ihnen zusätzlich erforderlich, dass sie im konkreten Fall die Funktion eines ordentlichen Geschäftsführers wahrnehmen. Kraft Funk-

---

[42] *Servatius* aaO, Rn. 22.
[43] *Dannecker* in Michalski, GmbHG, § 82 Rn. 184.
[44] *Dannecker* aaO Rn. 192; aA *Servatius* in Henssler/Strohn, § 82 GmbHG Rn. 35.
[45] Zum notwendigen Inhalt vgl. BGH, ZIP 2011, 1305 = wistra 2011, 353.
[46] Vgl. OlG Jena, ZIP 2006, 708 = DB 2006, 720.
[47] In Zweifelsfällen über das Bestehen einer behaupteten Verbindlichkeit muss allerdings vorsorglich Sicherheit geleistet werden, um ein strafrechtliches Restrisiko auszuschließen – vgl. *Servatius* in Henssler/Strohn, § 82 GmbHG Rn. 41.
[48] *Ransiek* in Achenbach/Ransiek weist zutreffend darauf hin, dass – dann freilich mit dem Risiko einer unterschiedlichen Bewertung – dem Registergericht die bestrittene Verbindlichkeit benannt werden kann.
[49] *Servatius* in Henssler/Strohn, § 82 GmbHG Rn. 40.
[50] Dabei kommt es auf den Gesellschafterstatus (genauer der Vorgesellschaft) zum Zeitpunkt der Einreichung der Anmeldung an – vgl. *Schaal* in Rowedder/Schmidt-Leithoff, GmbHG, 5. Aufl., § 82 Rn. 53; *Servatius* aaO Rn. 22.
[51] Gesellschafter sind alle Personen, die im Gesellschaftsvertrag Stammeinlagen übernommen haben (§ 3 Abs. Nr. 4 GmbHG), wozu auch die Strohgesellschafter, nicht aber deren Hinterleute zählen – vgl. *Ransiek* in Achenbach/Ransiek, S. 1038.

I. Straftaten im Zusammenhang mit Falschangaben über die Kapitalgesellschaft

tion haften sie deshalb strafrechtlich nicht ohne weiteres organschaftlich, weil sie der Geschäftsführung im engeren Sinne nicht angehören[52].

Bei den Tatbeständen des Gründungsschwindels nach § 82 Abs. 1 Nr. 1 GmbHG sieht das Gesetz eine täterschaftliche Strafbarkeit auch der Gesellschafter vor. Allerdings sind diese nicht anmeldungspflichtig, weil die Anmeldung den Geschäftsführern obliegt. Dennoch geht die Erstreckung auf sie im Tatbestand nicht ins Leere. Da die Gesellschafter letztlich die „Herren des Gründungsgeschehens" sind, ist ihre Einbeziehung in die Strafbarkeit beim Gründungsschwindel durchaus sinnvoll[53]. Da das strafbegründende Merkmal im Sinne des § 28 Abs. 1 StGB bei ihnen ebenso vorliegt, scheidet die obligatorische Strafmilderung nach § 28 Abs. 1 StGB bei Anstiftungs- oder Beihilfehandlungen bei ihnen aus. Wichtiger aber noch sind die Fälle der mittelbaren Täterschaft. Der Gesellschafter, der den gutgläubigen Geschäftsführer Falschangaben gegenüber dem Registergericht machen lässt, ist regelmäßig mittelbarer Täter kraft Irrtumsherrschaft. Seine taugliche Täterqualität ergibt sich bei diesen Fallgestaltungen allein daraus, dass der Gesellschafter nach § 82 Abs. 1 Nr. 1 GmbHG selbst Täter sein kann.

Davon unabhängig ist die Frage, ob die Gesellschafter eine generelle Überwachungspflicht haben, deren Verletzung strafrechtliche Relevanz entfalten kann. Ansatzpunkt für eine solche Verpflichtung ist § 46 Nr. 6 GmbHG, der den Gesellschaftern eine Überwachungspflicht zuweist. Es liegt nahe, diese gesetzlich vorgegebene Überwachungspflicht zugleich als Garantenpflicht kraft Gesetzes im strafrechtlichen Sinne (§ 13 StGB) anzusehen[54]. Diese träfe den einzelnen Gesellschafter allerdings nicht als Einzelperson, sondern konsequenterweise nur als Teil der Gesellschafterversammlung. Seine Pflicht geht deshalb auch nur dahin, auf die Gesellschafterversammlung einzuwirken, die pflichtwidrigen Handlungen der Geschäftsführung zu unterbinden, jedenfalls solange – wie bei Nr. 1 und 2 – er nicht selbst Täter sein kann. Nur in den Fällen der Nr. 1 und 2 könnte er sich als Täter strafbar machen, weil der Gesellschafter nur hier tauglicher Täter ist. In den übrigen Fällen des § 82 GmbHG muss er im Rahmen seiner Überwachungspflicht, soweit er selbst über die entsprechende Mehrheit verfügt, eine entsprechende Weisung gegenüber der Geschäftsführung durchsetzen, will er sich nicht der Beihilfe durch Unterlassen strafbar machen. Im Übrigen wäre er nur Gehilfe (durch Unterlassen), wenn er die Gesellschafterversammlung nicht dahingehend beeinflusst, das rechtswidrige Verhalten der Geschäftsführung abzustellen. Da die hier genannten Taten sämtlich Vorsatzdelikte sind, käme eine Strafbarkeit aber sowieso nur dann in Betracht, wenn der Gesellschafter seinerseits vorsätzlich gehandelt hätte.

8. Falschangaben bei der Genossenschaft (147 Abs. 1 GenG)

Das Genossenschaftsgesetz enthält nur einen auf Falschangaben bezogenen Straftatbestand. Nach § 147 Abs. 1 GenG machen sich die Mitglieder des Vorstands oder die Liquidatoren strafbar, wenn sie im Rahmen einer Versicherung nach § 79a Abs. 5 Satz 2 GenG falsche Angaben machen oder wesentliche Umstände verschweigen. Die danach bei der Anmeldung der Fortsetzung der Genossenschaft abzugebende Erklärung hat den Inhalt, dass vor dem Fortsetzungsbeschluss noch nicht mit der Verteilung des Vermögens der Genossenschaft an die Mitglieder begonnen wurde. Die Vorschrift ist an den Straftatbestand des § 399 Abs. 2 AktG angelehnt, weshalb es auf den Kenntnisstand zum Zeitpunkt der Anmeldung ankommt (vgl. Rn. 23). Weitere Falschangabetatbestände enthält die Vorschrift nicht, was seinen Grund in der umfassende Gründungsprüfung durch den Prüfungsverband haben soll[55].

---

[52] Damit haben sie auch nur im Vertretungsfalle die aus der organschaftlichen Gesamtverantwortung resultierenden Überwachungspflichten den anderen Geschäftsführern gegenüber – vgl. *Servatius* in Henssler/Strohn, § 82 GmbHG Rn. 6.
[53] Vgl. dazu *Servatius* in Henssler/Strohn, § 82 GmbHG Rn. 16.
[54] Sehr umstritten – vgl. *Servatius* aaO Rn. 20; *Haas* in Baumbach/Hueck, GmbHG, § 82 Rn. 19; aA *Dannecker* in Michalski; GmbHG, § 82 Rn. 130 alle mit weiteren Nachweisen.
[55] *Geibel* in Henssler/Strohn, § 147 GenG Rn. 1.

9. Falschangaben im Rahmen der Umwandlung (§§ 313 Abs. 2, 314a UmwG)

32 § 313 Abs. 2 ist Sonderdelikt für den Personenkreis, der in dieser Vorschrift ausdrücklich bezeichnet ist und kraft organschaftlicher Stellung die jeweilige Gesellschaft vertritt. Der Tatbestand stellt unrichtige Angaben im Hinblick auf bestimmte nach diesem Gesetz vorgesehene Erklärungen, nämlich die Erklärungen bei der Anmeldung der Verschmelzung, der Abspaltung oder Ausgliederung, unter Strafe. Die genannten Erklärungspflichten sind abschließend[56].

33 Die Strafvorschrift des § 314 UmwG pönalisiert weiterhin die unrichtige Angabe einer Versicherung nach § 122k Abs. 1 Satz 3 UmwG. Die Regelung betrifft allein die grenzüberschreitende Verschmelzung. Danach haben die Mitglieder des Vertretungsorgans im Anmeldeverfahren zu versichern, dass allen nach § 122j UmwG anspruchsberechtigten Gläubigern eine angemessene Sicherheit geleistet wurde. Die Unrichtigkeit kann sich sowohl auf das Ob der Sicherungsleistung als auch auf ihre Angemessenheit beziehen. Für die Feststellung der Gläubigereigenschaft gilt auch hier ein objektiver Maßstab.

34 Die Umwandlung kann mit der Neugründung einer AG oder GmbH verbunden sein. Dies ist etwa der Fall bei der Verschmelzung durch Neugründung (§ 2 Nr. 2; §§ 36 ff. UmwG), der Spaltung zur Neugründung (§§ 135 ff. UmwG) sowie beim Formwechsel (§ 197 UmwG). Liegen diese Voraussetzungen vor, sind bei der Verschmelzung durch Neugründung die für die Rechtsform des neuen Rechtsträgers geltenden Gründungsvorschriften grundsätzlich anzuwenden. Dies hat auch Auswirkungen auf die Strafbarkeit. Handeln die Vertreter zum Zwecke der Eintragung ins Handelsregister, wird ein Gründungsschwindel (§ 399 Abs. 1 Nr. 1 AktG) vorliegen. Sind die Prüfberichte bei der Gründung unrichtig, können Straftaten nach § 399 Abs. 1 Nr. 2 bzw. § 400 Abs. 2 AktG in Betracht kommen. Diese aktienrechtlichen Straftatbestände treten dann (tatmehrheitlich) zu einer Strafbarkeit nach § 313 UmwG[57].

10. Vorsatz und Irrtum

35 Strafbar ist die Tat in sämtlichen Tatbestandsvarianten nur als Vorsatzdelikt (§ 15 StGB).

36 a) Vorsatz bedeutet im Grundsatz, dass der Täter die Unrichtigkeit der Angaben kennt. Für die Tatbestandserfüllung in subjektiver Hinsicht genügt jedoch bedingter Vorsatz[58]. Der Täter muss erkennen, dass die Angaben falsch sein können und dies auch billigen. Dies hat vor allem in der Praxis Bedeutung für die Fallgestaltung, dass der organschaftliche Vertreter mit der Unrichtigkeit rechnet, aber bewusst eine nähere Aufklärung unterlässt, um sich nicht selbst bösgläubig zu machen. In den Fällen kann bereits bedingter Vorsatz vorliegen. Seine Annahme drängt sich – da die subjektive Tatseite regelmäßig aus den äußeren Umständen geschlossen wird – umso mehr auf, je mehr Indizien für den Anmeldenden dafür sprechen, dass die Angaben falsch sein könnten.

37 In den Fällen der Nr. 1, 4 und 5 muss der Täter allerdings weiterhin in der Absicht handeln, die Eintragung ins Handelsregister herbeizuführen. Diese Absicht beschreibt aber lediglich die Zielrichtung seines Handelns. Es ist nicht erforderlich, dass er die Eintragung als sicher einschätzt. Auch hier reicht es aus, wenn er die Falschangaben für geeignet erachtet[59], die Eintragung herbeizuführen, auch wenn er diesen Erfolg lediglich für möglich hält[60].

38 b) Wie häufig in Wirtschaftsstrafsachen und insbesondere in den nebenstrafrechtlichen Gebieten verbindet sich die Vorsatzfeststellung häufig mit einer Irrtumsproblematik. Denn befindet sich der Täter in einem vorsatzausschließenden Tatbestandsirrtum (§ 16 StGB), entfällt der Vorsatz und damit die Strafbarkeit, weil keine Fahrlässigkeitsstrafbarkeit angeordnet ist (§ 15 StGB). Unproblematisch ist die Annahme eines Tatbestandsirrtums, soweit er sich hin-

---

[56] Vgl. Kallmeyer/*Marsch-Barner*, § 313 Rn. 10.
[57] *Raum* in Henssler/Strohn, § 313 UmwG Rn. 5.
[58] BGH, GA 1977, 340, 342; vgl. GroßkommAktG/*Otto* Rn. 88.
[59] *Temming* in Graf/Jäger/Wittig, § 399 AktG Rn. 58.
[60] BGHSt 35, 325, 327 f. = NJW 1989, 595.

II. Bilanzdelikte

sichtlich der Richtigkeit der Angaben im Bereich des Tatsächlichen irrt. Ein Tatbestandsirrtum kann aber auch dann vorliegen, wenn der Täter die normativen Tatbestandsmerkmale, die diese Straftatbestände enthalten, nicht zutreffend erkennt[61]. Dies kann sich sowohl auf den Umfang seiner Anmeldepflichten als auch auf die zutreffende Erfassung einzelner anmelderelevanter Umstände beziehen[62]. Die Feststellung eines normativen Tatbestandsirrtums und den Ausschluss eines Verbotsirrtums stellt eine in der Praxis häufig nur schwer zu leistende Abgrenzung dar, die dem Tatgericht obliegt[63].

Ein den Vorsatz unberührt lassender Verbotsirrtum liegt dagegen dann vor, wenn der Täter die aktienrechtlichen Voraussetzungen zumindest in ihren Umrissen begreift. Hält er sein Verhalten lediglich für straflos oder meint er, sein Verhalten erfülle diese Tatbestandsmerkmale nicht, liegt ein bloßer Verbotsirrtum (§ 17 StGB) vor[64]. Die Anerkennung eines Irrtums darf freilich nicht vorschnell erfolgen[65]. Vielmehr ist eine entsprechende Einlassung kritisch zu prüfen; insbesondere sonstige Verschleierungsmaßnahmen können darauf hindeuten, dass der Täter sich tatsächlich nicht in einem Irrtum befunden hat.

39

II. Bilanzdelikte

Bilanzdelikte sind abstrakte Gefährdungsdelikte, die schadensunabhängig sind und allein durch die tatbestandlichen bilanziellen Falschangaben verwirklicht werden[66]. Falsche oder verschleiernde Bilanzen sind häufig vorgelagerte Handlungen für sich daran anschließende konkrete vermögensschädigende Straftaten. Falsche Bilanzen[67] können einem Kredit- oder Subventionsbetrug dienen, Grundlage für eine Steuerhinterziehung oder für einen Betrug an den Aktionären sein (deren Dividenden zum Beispiel durch unzutreffende Verlustansätze oder Unterbewertungen von Vermögensgegenständen gekürzt werden). Weiterhin können im Einzelfall auch Untreuehandlungen[68] vorbereitet werden (etwa durch Falschbewertungen und damit verbundenen zu hohen Entnahmen der Gesellschafter).

40

Bilanzstraftatbestände finden sich in den meisten Gesetzen, die sich mit speziellen Gesellschaftsformen befassen. Durch das Bilanzrichtliniengesetz vom 19. Dezember 1985[69] wurden auch die Strafvorschriften umgestaltet. Mit den §§ 331 f. HGB sind die beiden bilanzstrafrechtlichen Grundnormen vor die Klammer gezogen worden und im Anschluss an die handelsrechtlichen Vorschriften über die Rechnungslegung und Bilanzierung (§§ 238 ff HGB) gesetzt worden[70]. Dabei gilt eine Zweiteilung. Während § 331 HGB die Verantwortlichen des Unternehmens unter Strafe stellt, pönalisiert § 332 HGB das Verhalten der Abschlussprüfer und ihrer Gehilfen, wenn sie falsche Prüfberichte über Jahresabschlüsse oder andere Prüfungen erstellen. Daneben bestehen in den gesellschaftsrechtlichen Einzelgesetzen für die jeweilige Gesellschaftsform entsprechende (subsidiäre) Strafbestimmungen – wiederum unterteilt nach Unternehmens- und Prüferseite – für die dort für die spezifische Gesellschaftsform vorgesehenen besonderen Abschlüsse.

42

---

[61] BGHSt 3, 110, 123; BGH, NJW 2003, 3787, 3789; BGH, wistra 1986, 25.
[62] BGH, NStZ 1993, 112; BGHSt 3, 23.
[63] Zu sehr vereinfachend *Temming* aaO Rn. 59, der nur zwischen Tatsachen und Bewertungsirrtum differenziert.
[64] *Raum* in Henssler/Strohn, § 399 AktG Rn. 16.
[65] Ein Verbotsirrtum ist schon immer dann ausgeschlossen, wenn der Täter weiß, dass sein Verhalten mit der Rechtsordnung nicht im Einklang steht – vgl. BGHSt 52, 227, 239 f.; *Fischer*, StGB, § 17 Rn. 3.
[66] *Olbermann* in Graf/Jäger/Wittig, § 331 HGB Rn. 3; vgl. auch *Ransiek* in Achenbach/Ransiek, S. 973, der zu Recht darauf hinweist, dass häufig erst ein konkret eingetretener Schaden Ermittlungsmaßnahmen veranlasst.
[67] Siehe die Illustrative Zusammenstellung von Wagenpfeil in Müller-Gugenberger/Bieneck, S. 1332.
[68] *Becker/Endert*, ZGR 2012, 699, 721 ff. zu den sog. außerbilanziellen Geschäften.
[69] Zur Geschichte vgl. MüKo/*Sorgenfrei*, Vor §§ 331 HGB Rn. 4 ff.
[70] Mit der Ergänzung des § 335b HGB, der die vorgenannten Straftatbestände auf Personengesellschaften ohne natürliche Personen als unbeschränkt haftende erweitert – vgl. MüKo/*Sorgenfrei*, HGB § 335b Rn. 1.

11 11. Kapitel. Straftaten im Zusammenhang m. handels- u. gesellschaftsrechtl. Pflichten

43 Die Bilanzstraftatbestände knüpfen an das materielle Bilanzrecht des Handelsgesetzbuches an. Insoweit besteht eine Abhängigkeit des Strafrechts von den bilanziellen Vorwertungen[71]. Insoweit ist die Strafvorschrift ein blankettähnlicher Tatbestand, der letztlich durch die handelsrechtlichen Regelungen inhaltlich erst konkretisiert wird[72], wobei dann allerdings für die tatbestandlichen Feststellungen die verschärften strafrechtlichen Beweisregeln gelten[73]. Die Bilanzstraftatbestände sind sämtlich auch Schutzgesetze im Sinne des § 823 Abs. 2 BGB[74]. Sie schützen potentielle Gläubiger (wozu auch die Arbeitnehmer zählen[75]) und Anleger sowie die Gesellschaft selbst[76], weil die Ordnungsmäßigkeit der Bilanzierung in ihrem vom Gesetz vorgegebenen Interesse liegt.

1. Unrichtige Darstellung (§ 331 HGB)

43 Die Strafbestimmung ist ein echtes Sonderdelikt. Taugliche Täter sind nur die in den jeweiligen Nummern der Vorschrift genannten Personen. Dies sind die Mitglieder der vertretungsberechtigten Organe oder des Aufsichtsrats der Kapitalgesellschaft[77]. Welches Organ vertretungsberechtigt ist, ergibt sich aus den Einzelgesetzen bezüglich der einzelnen Kapitalgesellschaft (z. B. Vorstand für die AG). Die strafrechtliche Haftung innerhalb des vertretungsberechtigten Organs ergibt sich ebenso nach allgemeinen Grundsätzen wie die Rechtsfolgen fehlender bzw. unwirksamer Bestellung von Personen, die als Organ handeln).Für die Mitglieder des Aufsichtsrats gilt sinngemäß Gleiches. Sieht das Gesetz nur fakultativ die Möglichkeit vor, einen Aufsichtsrat einzusetzen (z. B. bei der GmbH gem. § 52 GmbHG), sind dessen Mitglieder dann taugliche Täter, wenn dem Aufsichtsrat die Prüfungspflichten nach § 171 AktG übertragen sind[78]. Mitglieder in Beiräten oder Verwaltungsräten scheiden hingegen aus, weil solche Gremien vom Wortlaut nicht mehr als erfasst angesehen werden können[79]. Durch § 335b HGB wird die Strafbarkeit auf solche Personengesellschaften im Sinne des § 264a HGB erstreckt, die keine natürliche Person als unbeschränkt haftenden Gesellschafter aufweisen[80].

44 a) Die einzelnen Tathandlungen ergeben sich aus den Nummern 1 bis 4. Diese beziehen sich auf bestimmte dort genannte Bilanzen und Abschlüsse, in Nr. 4 auf das täuschende Einwirken auf Prüfer. Tathandlungen sind die unrichtige Wiedergabe und das Verschleiern.

45 aa) Die unrichtige Wiedergabe kann in einer Mitteilung falscher tatsächlicher Umstände liegen, aber auch in einer falschen Bewertung. Während bei der Täuschung über Tatsachen diese dann falsch[81] sind, wenn sie mit der Wirklichkeit nicht übereinstimmen (etwa bei Aufnahme der Gesellschaft nicht gehörender Gegenstände oder Luftforderungen in die Bilanz),

---

[71] *Ransiek* in Achenbach/Ransiek, S. 968.
[72] Die Bestimmtheitserfordernisse nach Art. 103 Abs. 2 GG (vgl. BVerfGE 78, 374, 381 f.) sind hier gewahrt; zur Problematik der Übertragbarkeit gemeinschaftsrechtlicher Prüfungsstandards vgl. MüKO/ *Sorgenfrei*, HGB Vor §§ 331 Rn. 33 ff., wobei in der Praxis das Problem für den Bereich des Strafrechts dadurch entschärft ist, dass letztlich nur unvertretbare Ansätze Relevanz erlangen können und zudem auch in subjektiver Hinsicht Einschränkungen bestehen.
[73] *Ransiek* aaO, S. 969 im Hinblick auf den Zweifelssatz, den er zu Recht auf nicht sicher zu treffende Wertungen ausdehnen will.
[74] *Olbermann* in Graf/Jäger/Wittig, § 331 HGB Rn. 9 mwN.
[75] *Olbermann* aaO; aA *Ransiek* aaO, S. 974.
[76] *Raum* in Hensssler/Strohn, § 403 AktG Rn. 1; *Olbermann* aaO; MüKo/*Sorgenfrei*, § 331 HGB Rn. 5.
[77] Diese jeweilige Eigenschaft ist strafbegründend und stellt ein besonderes persönliches Merkmal im Sinne des § 28 Abs. 1 StGB dar – vgl. MüKO/*Sorgenfrei*, HGB § 331 Rn. 8, der zutreffend darauf hinweist, dass über § 14 StGB keine Erweiterung dieses Kreises möglich ist.
[78] *Olbermann* aaO Rn. 15; *Sorgenfrei* aaO Rn. 32; a. A. *Hoyos/Huber* in Beck'scher Bilanzrechtskomm. § 331 Rn. 18.
[79] *Sorgenfrei* aaO Rn. 33.
[80] Vgl. *Meyer*, DStR 2013, 930.
[81] BGHSt 13, 382; vgl. auch *Olbermann* aaO Rn. 21.

II. Bilanzdelikte

ist für Bewertungen zu unterscheiden[82]. Eine Bewertung kann falsch sein, weil ihr unrichtige Tatsachen zugrunde gelegt werden (beispielsweise falsche Abschreibung, weil unrichtiges Alter unterstellt wurde). Dieser Fall ist nicht anders zu beurteilen, als wenn unmittelbar über einen tatsächlichen Umstand getäuscht worden wäre. Bei der im Rahmen einer Falschbewertung oder fehlerhaften Prognose liegenden Unrichtigkeit verlangt die überwiegende Meinung dagegen, dass die Wertung unvertretbar sein muss (so bei einem unter keinem Gesichtspunkt gerechtfertigten Abschreibungssatz). Dies folgt aus dem Merkmal „unrichtig", das erst dann als gegeben angesehen werden kann, wenn sich die Prognose oder die Einschätzung unter keinem denkbaren Gesichtspunkt als zutreffend erweist[83]. Maßgeblich für die Auslegung ist immer der Empfängerhorizont, wobei entscheidend das Verständnis des bilanzkundigen Lesers ist[84].

bb) Als weiteres Merkmal führt § 331 HGB das „Verschleiern" ein. Die Bedeutung dieses **46** Merkmals ist deutlich geringer, was auch an seinem vagen Begriffsinhalt liegen dürfte. Der Verantwortliche verschleiert nach allgemeiner Auffassung, wenn er die Verhältnisse der Gesellschaft hinsichtlich der Einzelpositionen zwar zutreffend wiedergibt, dabei jedoch die tatsächliche Lage so undeutlich zum Ausdruck kommt, dass ein unzutreffendes Bild entsteht[85]. Die dabei diskutierten Anwendungsbeispiele[86] lassen sich freilich schon ohne weiteres unter den Begriff der falschen Einzelangaben subsumieren. Denkbar sind allenfalls Fallgestaltungen, in denen erkennbare Risiken unterbewertet bleiben[87]. Letztlich ist das Verschleiern ein Auffangtatbestand, wenn konkrete Fehler nicht nachweisbar sind, gleichwohl der Verantwortliche wissen musste, dass das vermittelte Gesamtbild falsch war.

b) die unterschiedliche Nummern (1 bis 4) beziehen sich auf unterschiedliche Abschlüsse, **47** Bilanzen oder Lageberichte.

aa) Die Zentralnorm der Nr. 1 erfasst die Eröffnungsbilanz (§ 242 Abs. Satz 1 HGB), den **48** Jahresabschluss (§ 242 Abs. 3 HGB), den Lagebericht (§ 264 HGB) und den Zwischenabschluss (§ 340 Abs. 3 HGB). Der Inhalt der genannten Vermögensübersichten ist in den angegebenen Bestimmungen legal definiert. Von dem strafrechtlichen Schutz kann auch der Anhang (§ 284 bis 288 HGB) erfasst sein[88], weil dieser die Bilanz erläutert und Falschangaben im Anhang die Bilanz insgesamt verdunkeln können. Jedenfalls soweit ein solcher Zusammenhang besteht, ist der Anhang wie auch die GuV-Rechnung Teil der Bilanz im Sinne der Strafvorschrift[89]. Nicht tatbestandsmäßig sind dagegen Auslassungen oder die nur teilweise Herstellung, soweit hieraus sich nicht schon ein unrichtiges Bild ergibt[90], weil nur die unrichtige Wiedergabe, nicht aber die fehlende Wiedergabe mit Strafe bedroht ist.

Das zusätzliche Merkmal, wonach „die Verhältnisse der Kapitalgesellschaft" unrichtig wie- **49** dergegeben sein müssen, ist nach dem Schutzzweck der Norm zu bestimmen. Es ist der Gesamtzusammenhang derjenigen Umstände, die für die Personen, die mit der Gesellschaft in Beziehung stehen oder treten wollen. Nur eine Falschangabe diesbezüglich ist deshalb tatbestandsmäßig[91]. Es ist aber noch eine weitere tatbestandliche Reduktion im Rahmen der Auslegung vorzunehmen. Beiden Tatbestandsmerkmalen (unrichtige Angaben und Verschleiern) ist gemeinsam, dass es sich um erhebliche Täuschungen handeln muss[92]. Dies ist ergebnis-

---

[82] Vgl. etwa zur Bilanzierung von verdeckten Sacheinlagen – *Weiß*, BB 2012, 1975 ff.; zur Bilanzierung von Kapitalanlagen *Stackmann*, NJW 2013, 1985 ff.
[83] *Dannecker* in Staub, HGB, § 331 Rn. 61.
[84] RGSt 68, 346, 349.
[85] RGSt 68, 346, 349; 37, 433 f.
[86] *Ransiek* in Achenbach/Ransiek, S. 982.
[87] Zum Verschleiern durch unklares Abfassen von Geschäftsberichten vgl. *Olbrich/Fuhrmann*, AG 2011, 326.
[88] Vgl. MüKo/*Sorgenfrei*, HGB § 331 Rn. 58.
[89] *Dannecker* in Staub, HGB, § 331 Rn. 68; *Becker/Endert*, ZGR 2012, 699.
[90] *Olbermann* in Graf/Jäger/Wittig, § 331 HGB Rn. 18a.
[91] *Olbermann* aaO Rn. 19; vgl. auch OLG Frankfurt, NStZ-RR 2002, 275, 276.
[92] Einhellige Meinung: *Wagenpfeil* in Müller-Gugenberger/Bieneck, S. 1337; *Olbermann* aaO Rn. 22; vgl. auch OLG Frankfurt, NStZ-RR 2002, 275, 276.

bezogen zu beurteilen und entzieht sich der Angabe einer starren Rechengröße im Sine eines konkreten Prozentsatzes der Bilanzsumme oder des ausgewiesenen Überschusses[93]. Maßgeblich ist, dass die Aussagekraft des Abschlusses insgesamt beeinträchtigt sein muss[94], weshalb nur bedeutsame Abweichungen zwischen den Angaben im Jahresabschluss und der tatsächlichen Unternehmenssituation ausreichen[95].

50 bb) Nr. 1a erweitert die Strafbarkeit auf Einzelabschlüsse, die zum Zwecke der Befreiung nach den internationalen Rechnungslegungsstandards gem. § 315a HGB offengelegt werden.

51 cc) Nr. 2 bezieht sich auf die besonderen Rechnungslegungspflichten des Konzerns. Hier sind unrichtige Angaben im Konzernabschluss, Konzernanlagebericht sowie im Konzernzwischenbericht unter Strafe gestellt. Für das zusätzliche Merkmal der" Verhältnisse des Konzerns" gilt sinngemäß das zu Nr. 1 Ausgeführte entsprechend. Das strafbewehrte Verbot unrichtiger Angaben gilt auch für solche freiwilliger Art[96]. Die konzernrechtlichen Rechnungslegungen sollen das Bild eines einheitlichen Unternehmens vermitteln (§ 297 Abs. 3 HGB).

52 dd) Nr. 3 enthält Konzernabschlüsse und Konzernanlageberichte für den Fall, dass die Muttergesellschaft keinen Sitz im Inland hat. Nicht anwendbar ist die Strafvorschrift dagegen auf den Konzernzwischenabschluss[97].

53 ee) Nr. 3a betrifft den sogenannten Bilanzeid, einer nach US-amerikanischen Vorbild geschaffenen Vorschrift[98]. Dieser ist kein Eid im klassischen Sinne[99], sondern lediglich eine Versicherung, dass nach besten Wissen der Jahresabschluss ein den tatsächlichen Verhältnissen entsprechendes Bild vermittelt oder der Anhang die erforderlichen Angaben enthält[100]. Zu dieser Versicherung sind freilich nur bestimmte Kapitalgesellschaften verpflichtet, nämlich nur solche, die Inlandsemittenten (§ 2 Abs. 7 WpHG) und nicht nach § 327a HGB die Erleichterung für bestimmte Kapitalgesellschaften in Abhängigkeit von der Stückelung in Anspruch nehmen können. Die Versicherung erfolgt schriftlich[101]. Nur die in der Form (wie von Nr. 3a vorausgesetzt) abgegebene Erklärung ist überhaupt tatbestandsmäßig.

54 Bestraft wird nur der Versichernde, nicht andere Mitglieder des Vertretungsorgans, die allerdings nach allgemeinen Grundsätzen Mittäter sein können, weil auch sie prinzipiell Täterqualität haben. Anders als nach dem US-amerikanischen Vorbild, das nur eine Verantwortlichkeit von CEO und CFO vorsieht, geht nämlich das deutsche Recht von der Gesamtverantwortlichkeit des Organs aus[102]. Falsch ist der „Bilanzeid" im Hinblick auf den ausdrücklichen Wortlaut dann, wenn der Versichernde der Wahrheit zuwider erklärt, dass er nach besten Wissen ein zutreffendes Bild von der Gesellschaft vermittelt hat, er aber tatsächlich von einem anderen Sachverhalt ausgeht. Damit ist das Merkmal" falsch" subjektiviert[103]. Gleichwohl ist auch hier – wie bei Nr. 1 (vgl. Rn. 43) – eine Erheblichkeitsschwelle als ungeschriebenes Tatbestandsmerkmal mit hineinzulesen[104]. Kriminalpolitisch ist der Straftatbestand praktisch nutzlos. Einen gewissen Zweck erfüllt er allenfalls präventiv insoweit, als die zuständigen Organe sich vor der Erklärung nochmal die besondere Bedeutung der Wahrheitsgemäßheit ihrer Angaben vergegenwärtigen[105].

---

[93] *Dannecker* in Staub, HGB, § 331 Rn. 64; OLG München BB 2008, 440.
[94] Es muss eine abstrakte Gefahr für andere Marktteilnehmer bestehen – vgl. *Becker/Endert*, ZGR 2012, 699, 716.
[95] So zutreffend *Olbermann* aaO.
[96] MüKo/*Sorgenfrei*, HGB § 331 Rn. 88.
[97] *Olbermann* aaO Rn. 66.
[98] Zur Entstehungsgeschichte im Einzelnen vgl. *Sorgenfrei*, wistra 2008, 329.
[99] Gleichwohl hat sich dieser Ausdruck bis in die Gesetzesmaterialien hinein eingebürgert – vgl. *Olbermann* aaO Rn. 80.
[100] *Altenhain*, WM 2008, 1141.
[101] *Sorgenfrei*, wistra 2008, 329, 334.
[102] *Olbermann* aaO Rn. 82.
[103] Ebenso *Ransiek* in Achenbach/Ransiek, S. 989.
[104] MüKo/*Sorgenfrei*, HGB § 331 Rn. 125.
[105] Die Sinnhaftigkeit dieses Straftatbestands wird allenthalben bezweifelt – vgl. *Olbermann* aaO Rn. 80 und *Ransiek* in Achenbach/Ransiek, S. 989 mit weiteren Nachweisen.

II. Bilanzdelikte

ff) Nr. 4 betrifft die Falschangaben gegenüber den Prüfern[106]. Die Auskunft muss dabei dem Prüfer nicht unmittelbar zugehen, es reicht aus, wenn sie über einen Mitarbeiter an ihn adressiert und für ihn bestimmt ist[107]. Damit soll zugleich die Richtigkeit des Prüfungsergebnisses selbst geschützt werden. Allerdings enthält der Tatbestand wesentliche Einschränkungen. Strafrechtlich relevant sind nur solche unrichtigen oder verschleiernden Angaben, die ihre Grundlage in Aufklärungen und Nachweisen nach § 320 HGB einem Abschlussprüfer zu geben sind. Die Strafbarkeit setzt mithin voraus, dass eine entsprechende Nachfrage oder ein Auskunftsverlangen des Prüfers vorgelegen hat und der Angesprochene zur Auskunft verpflichtet war. Dies bestimmt sich anhand des weiten Maßstabs des § 320 HGB. Danach kann der Prüfer alle Auskünfte bzw. Nachweise fordern, die für die ordnungsgemäße Durchführung der Prüfung erforderlich sind; dies schließt auch die sog. Vollständigkeitserklärung mit ein[108]. Damit kann er auch in Belege jeglicher Art, die im Zusammenhang mit dem zu prüfenden Unternehmen stehen[109], Einsicht nehmen. Die Auskunftspflicht beschränkt sich allerdings nur auf solche Prüfungen, für die nach dem HGB eine Prüfungspflicht bestehen[110]. Ebenso wenig reichen freiwillige Angaben aus, die der Befragte von sich aus dem Prüfer gegenüber macht[111]. Die Strafbarkeit nach Nr. 4 tritt dann im Wege der Konsumtion zurück, wenn der Täter sich nach Nr. 1 bis 3 strafbar gemacht hat[112].

c) Die Straftatbestände nach § 331 HGB können nur vorsätzlich verwirklicht werden. Dabei reicht bedingter Vorsatz aus; dies gilt auch für den „Bilanzeid" im Sinne der Nr. 3a[113]. Lediglich für die Tatbestände der Nr. 1a und 3 lässt das Gesetz auch Leichtfertigkeit genügen. Leichtfertigkeit bezeichnet einen erhöhten Grad an Fahrlässigkeit. Sie liegt vor, wenn der Täter grob achtlos handelt und nicht beachtet, was sich unter den Voraussetzungen seiner Erkenntnisse und Fähigkeiten aufdrängen muss[114].

2. Verletzung der Berichtspflicht (§ 332 HGB)

Die Strafvorschrift des § 332 HGB ist die Zentralnorm für strafbares Verhalten des Prüfers. Auch sie wurde durch das Bilanzrichtliniengesetz eingeführt[115]. Der Straftatbestand schützt die Integrität der Prüfung, nicht aber die inhaltliche Richtigkeit der geprüften Abschlüsse oder Lageberichte[116], für deren inhaltliche Richtigkeit allein die Geschäftsleitung die Verantwortung trägt[117].

a) Der Tatbestand ist ein echtes Sonderdelikt. Taugliche Täter nach dieser Strafvorschrift sind allein die Prüfer und ihre Gehilfen. Prüfer können sowohl Wirtschaftsprüfer als auch vereidigte Buchprüfer[118] (sowie aus diesen gebildete Gesellschaften) sein. Auch ausländische Prüfer können hierunter fallen[119]. Wird eine Gesellschaft beauftragt, bestimmt sich die strafrechtliche Haftung des handelnden Prüfers nach § 14 StGB[120]. Selbst wenn der von der WP-

---

[106] Wobei der Täterkreis um die vertretungsberechtigten Organe von Tochterunternehmen erweitert ist – vgl. MüKo/*Sorgenfrei*, HGB § 331 Rn. 127.
[107] *Dannecker* in Staub, HGB, § 331 Rn. 109.
[108] MüKo/*Sorgenfrei*, HGB § 331 Rn. 128; a. A. Olbermann in Graf/Jäger/Wittig, § 331 HGB Rn. 98.
[109] BGHSt 13, 382, 383; MüKo/*Sorgenfrei*, HGB § 331 Rn. 128.
[110] *Ransiek* in Achenbach/Ransiek, S. 995.
[111] MüKo/*Sorgenfrei*, HGB § 331 Rn. 128.
[112] Kritisch *Dannecker* in Staub, HGB, § 331 Rn. 209; Olbermann in Graf/Jäger/Wittig, § 331 HGB Rn. 114.
[113] *Altenhain*, WM 2008, 1141; Olbermann aaO Rn. 85; a. A. Sorgenfrei, wistra 2008, 329, 335, der aus der Wendung nach besten Wissen mindestens Vorsatz zweiten Grades in Form der Wissentlichkeit ableiten will.
[114] BGHSt 33, 66;.
[115] MüKo/*Sorgenfrei*, HGB § 332 Rn. 1.
[116] BGHZ 16, 17.
[117] *Dierlamm*, NStZ 2000, 130.
[118] Bei mittelgroßen Unternehmen gem. § 319 Abs. 1 HGB.
[119] MüKo/*Sorgenfrei*, HGB § 332 Rn. 11.
[120] *Dierlamm*, NStZ 2000, 130, 131.

Gesellschaft damit betraute Prüfer nicht deren Organ ist, folgt seine Verantwortlichkeit und Täterstellung regelmäßig aus § 14 Abs. 2 Nr. 2 StGB, zudem wird er zumindest Prüfungsgehilfe im Sinne der Vorschrift sein[121]. Ebenso wenig kommt es auf die Wirksamkeit der Bestellung des Prüfers an; maßgeblich ist allein, dass er das Amt tatsächlich übernommen hat und ausübt[122].

Gehilfe des Prüfers sind sämtliche Personen, die dem Prüfer zuarbeiten. Dabei reicht allerdings nicht jede Tätigkeit aus, sondern nur eine, die in einem prüfungsspezifischen Zusammenhang steht[123].

59   b) Die Strafvorschrift betrifft nicht jede Prüfungstätigkeit, sondern nur die abschließend in der Strafvorschrift genannten Prüfungsvorgänge. Die nicht hiervon erfassten gesetzlich angeordneten Prüfungen sind dann häufig von den Strafvorschriften in den Spezialgesetzen für die einzelnen Gesellschaftstypen erfasst.

60   c) Nach der Bestimmung sind drei verschiedene Tathandlungen möglich, durch die der Prüfer in strafbarer Weise seine Prüfungspflichten verletzen kann:

61   aa) In innerem Zusammenhang stehen allerdings die beiden Tatvarianten des unrichtigen Berichtens und des Verschweigens erheblicher Umstände im Prüfbericht. Beide betreffen nämlich den Fall, dass der Prüfer abweichende Feststellungen getroffen hat, wie im Bericht angegeben werden. Die beiden Tathandlungen unterscheiden sich insofern nur durch die Form der Darstellung. Während beim unrichtigen Berichten der Bericht Ausführungen enthält, die mit den Feststellungen nicht übereinstimmen, verschweigt in der anderen Tatbestandsvariante der Bericht diese Feststellungen. Entscheidend ist dabei nicht, ob die Prüfungsfeststellungen selbst zutreffen, sondern nur die Übereinstimmung von Bericht und Prüfung[124]. Entscheidend für die Beurteilung der Strafbarkeit ist allein der schriftliche Bericht und nur in dem Umfang, wie die gesetzliche Berichtspflicht reicht[125]. Hat der Prüfer deshalb bestimmte Feststellungen nicht getroffen, liegt kein Verschweigen vor[126].

62   bb) Weitere Tathandlung ist die Abgabe eines inhaltlich unrichtigen Bestätigungsvermerks. Dies ist dann gegeben, wenn aufgrund des Prüfungsergebnisses ein solcher Bestätigungsvermerk nicht hätte abgegeben werden dürfen. Tragen die Prüfungsfeststellungen nicht den Bestätigungsvermerk, weil Einwendungen oder Ergänzungen vorzunehmen gewesen wären, macht dies den Bestätigungsvermerk ebenso fehlerhaft, wie wenn er aufgrund des Gesamtergebnisses ganz versagen gewesen wäre. Pönalisiert ist mithin die Abgabe eines inhaltlich unzutreffenden Bestätigungsvermerks. Nicht dagegen, weil sich dies mit dem Wortlaut der Strafbestimmung nicht decken würde, wenn der Prüfer unzutreffend den Bestätigungsvermerk versagt[127]. Eine Pflicht zu einer nachträglichen Berichtigung besteht nicht, wenn der Prüfer erst später die inhaltliche Unrichtigkeit erkennt[128].

63   cc) Für den Gehilfen des Prüfers bedarf es für die täterschaftlichen Begehensformen dieses Tatbestands einer Korrektur, weil der Gehilfe weder eigenverantwortlich den Bericht verfasst noch einen Bestätigungsvermerk erteilt. Er kann gleichwohl dann Täter sein, wenn er durch seine Tätigkeit den eigentlichen Prüfer lenkt und so einen unrichtigen Bericht oder einen unrichtigen Bestätigungsvermerk herbeiführt[129].

64   d) Die Tat ist nur als Vorsatztat strafbar. Es genügt auch hier bedingter Vorsatz[130]. Diese Vorsatzform kann schon dann gegeben sein, wenn der Prüfer erkennt, dass noch weitere

---

[121] *Ransiek* in Achenbach/Ransiek, S. 999.
[122] *Ransiek* in Achenbach/Ransiek, 998; MüKo/*Sorgenfrei* aaO Rn. 14; a. A. *Olbermann* in Graf/Jäger/Wittig, § 332 HGB Rn. 7.
[123] Allg. Meinung – vgl. *Olbermann* aaO Rn. 8 mit weiteren Nachweisen.
[124] *Ransiek* in Achenbach/Ransiek, S. 999; MüKo/*Sorgenfrei* aaO Rn. 32.
[125] *Olbermann* aaO Rn. 16.
[126] *Dierlamm*, NStZ 2000, 130, 132.
[127] *Dierlamm* aaO, S. 132.
[128] Allg. Meinung vgl. *Olbermann* aaO Rn. 18.
[129] *Olbermann* aaO Rn. 8; *Dannecker* in Staub, HGB § 332 Rn. 23; *Dierlamm* NStZ 2000, 130, 131.
[130] A. A. *Dierlamm*, NStZ 2000, 130, 132, der für die Berichtstatbestandsvarianten direkten Vorsatz verlangt.

II. Bilanzdelikte

Prüfungen notwendig sind, er aber trotzdem den Bestätigungsvermerk erteilt[131]. Jedenfalls soweit für ihn erkannte, konkrete Anhaltspunkte bestehen, dass der Bestätigungsvermerk durch solche weitergehenden Prüfungshandlungen in Frage gestellt sein könnte, billigt er das unrichtige Prüfungsergebnis, wenn er von diesen Prüfungen Abstand nimmt.

e) Absatz 2 der Strafbestimmung sieht einen Qualifikationstatbestand vor, wenn der Täter mit besonders verwerflicher Gesinnung handelt. Dabei erhöht sich die Höchststrafe von drei (Abs. 1) auf fünf Jahre Freiheitsstrafe. Merkmale des Qualifizierungstatbestands[132] sind alternativ: 65

aa) Der Täter handelt gegen Entgelt. Der Begriff des Entgelts ist in § 11 Abs. 1 Nr. 9 StGB legal definiert als jede in einem Vermögensvorteil bestehende Gegenleistung. Dabei muss die Gegenleistung für das Entgelt in der strafbaren Handlung liegen, wobei unerheblich ist, ob das Entgelt letztlich tatsächlich gewährt wurde[133]. 66

bb) Der Täter handelt mit Bereicherungsabsicht. Dies setzt voraus, dass er einen Vermögensvorteil für sich oder einen Dritten erstrebt. Ob dieser dann tatsächlich eingetreten ist, ist unerheblich. Der erstrebte Vermögensvorteil braucht nicht rechtswidrig zu sein[134]. 67

(cc) Der Täter handelt mit Schädigungsabsicht. Auch hier muss der vom Täter beabsichtigte Nachteil nicht eingetreten sein. Der Nachteil ist nicht notwendigerweise ein wirtschaftlicher oder finanzieller Nachteil; es reicht ein ideeller Nachteil aus. 68

3. Spezialgesetzliche Straftatbestände

Neben die Grundnormen des HGB treten noch subsidiäre bilanzstrafrechtliche Normen, die in den jeweiligen Gesetzen über die einzelnen Gesellschaftsformen enthalten sind. 69

a) Die Regelung des § 400 Abs. 1 AktG[135] erfasst unrichtige Darstellungen über den Vermögensstand der Gesellschaft. Auch diese Vorschrift ist abstraktes Gefährdungsdelikt und schützt sämtliche Personen, die in Geschäftsbeziehungen zur Aktiengesellschaft stehen oder in solche eintreten wollen[136]. Der Tatbestand ist deshalb Schutzgesetz im Sinne des § 823 Abs. 2 BGB. 70

Absatz 1 der Strafnorm enthält zwei Straftatbestände. Beide Tatbestände sind Sonderdelikte. Täter können nur Mitglieder des Aufsichtsrats oder des Vorstands sowie Abwickler sein. Vertreter, die nicht selbst eine Organstellung innehaben, fallen deshalb nicht unter die Strafvorschrift, jedenfalls wenn sie keinen so weitgehenden Entscheidungsspielraum haben, dass sie eine faktische Organstellung einnehmen[137]. 71

aa) Die Vorschrift der Nr. 1 ist subsidiär. Sie tritt nach dem ausdrücklichen Wortlaut zurück, soweit eine Strafbarkeit nach § 331 Nr. 1 oder 1a HGB gegeben ist. Damit fallen unrichtige Darstellungen im Rahmen der dort genannten Abschlüsse und Zwischenabschlüsse nach § 340a Abs. 3 HGB aus der Strafbarkeit heraus. Die anderen Abschlüsse bleiben aber nach Nr. 1 strafbar. Maßgeblich nach dieser Tatvariante ist, dass sich die Bekanntgabe auf den Vermögensstand der Gesellschaft (einschließlich ihrer Beziehungen zu den verbundenen Unternehmen) bezog[138]. Diese Voraussetzung ist erfüllt, wenn der Bericht so umfassend ist, dass er ein Gesamtbild über die wirtschaftliche Lage des Unternehmens ermöglicht und den Eindruck der Vollständigkeit erweckt[139]. Dies trifft auf sämtliche Abschlüsse, Quartalsberichte, Halbjahresübersichten und insbesondere auch die Gewinn- und Verlustrechnung zu, weil 72

---

[131] MüKo/*Sorgenfrei* aaO Rn. 53.
[132] Vgl. *Raum* in Henssler/Strohn, § 403 AktG Rn. 6 ff.
[133] *Olbermann* aaO Rn. 25.
[134] Vgl. BGH, NStZ 1993, 538.
[135] Die Norm ist verfassungsgemäß, insbesondere auch ausreichend bestimmt – vgl. BVerfG, AG 2006, 539.
[136] *Raum* in Henssler/Strohn, § 400 AktG Rn. 1.
[137] BGH, BB 1958, 930.
[138] Vgl. *Kiethe*, NStZ 2004, 73, 74.
[139] BGHSt 49, 381, 386 f. = NJW 2005, 445.

11 11. Kapitel. Straftaten im Zusammenhang m. handels- u. gesellschaftsrechtl. Pflichten

sich der Schutzbereich der Vorschrift auch auf die Angaben zur Ertragslage der Gesellschaft bezieht.

73 Im Gegensatz dazu reichen Erklärungen zu punktuellen Aspekten der Geschäftstätigkeit nicht aus[140]. Solche auch als Ad-hoc-Mitteilung bezeichneten Erklärungen genügen nicht, weil sie nicht den Vermögensstand als Ganzes betreffen[141]. Entscheidend ist jedoch nicht, wie die Mitteilung selbst bezeichnet ist, sondern wie sie nach ihrem Gesamtzusammenhang zu verstehen ist. Falsch können dabei Angaben sein, wenn die relevanten Zeiträume nicht abgeschichtet werden und sich so „gekaufte" nicht von erwirtschafteten Ergebnissen abgrenzen lassen[142]. Maßgeblich ist insoweit die Sicht eines bilanzkundigen Lesers, so dass eine Strafbarkeit entfällt, wenn sich der wahre Sinn aus der Gesamterklärung entnehmen oder sich aus ihr erschließen lässt[143]. Bei einer Verurteilung nach dieser Strafnorm muss das Urteil alle für die Verhältnisse der Aktiengesellschaft wesentlichen Umstände enthalten[144].

74 bb) Nach dieser Strafvorschrift ist als weitere Variante strafbewehrt, wenn eine der in Satz 1 genannten Personen in der Hauptversammlung unrichtige Angaben macht. Tatort kann immer nur die Hauptversammlung sein, soweit sie ordnungsgemäß einberufen ist[145]. Strafbar ist dabei jede im Zusammenhang mit den Vermögensverhältnissen der Gesellschaft stehende falsche oder entstellende Äußerung[146], unabhängig davon, ob das Organ insoweit zur Auskunft verpflichtet war. Strafbar macht sich das Organ, das die falsche Äußerung abgibt; ebenfalls strafbar durch **Unterlassen** ist jedes anwesende Organ, das den falschen Angaben nicht widerspricht, obwohl es die Unrichtigkeit kennt[147]. Gleiches gilt, wenn ein Organ falschen Angaben von Mitarbeitern nicht widerspricht.

75 cc) Die Nr. 2 stellt falsche Angaben gegenüber Prüfern unter Strafe. Auch dieser Straftatbestand ist gegenüber der Strafvorschrift des § 331 HGB subsidiär. Nur wenn die Tat dort nicht unter Nr. 4 erfasst ist, kommt eine Strafbarkeit nach dieser Bestimmung in Frage. Als relevanter Anwendungsumfang verbleiben dadurch allein aktienrechtliche Sonderprüfungen (§§ 142, 258 f., 315 AktG), die keine Abschlussprüfungen im Sinne des § 320 HGB sind[148]. Hinsichtlich der Auslegung dieses Tatbestands gelten die zu § 331 Nr. 4 HGB gemachten Ausführungen (Rn. 54). Strafbar sind auch hier nur Falscherklärungen bezüglich solcher Umstände, hinsichtlich derer das Organ eine Auskunftspflicht hat. Diese Auskunftspflichten ergeben sich aus dem Aktiengesetz (§ 145). Sie müssen für die Prüfung notwendig sein, mithin sich also auf das Prüfungsthema beziehen[149]. Die Auskunftsverweigerung gegenüber dem Prüfer fällt nicht unter diese Strafbestimmung.

76 b) Der Straftatbestand des § 403 AktG ist ein Sonderdelikt für den Prüfer und seine Gehilfen. Die Vorschrift ist subsidiär gegenüber § 332 HGB. Prüfungen im Sinne dieser Vorschrift sind deshalb nur die Prüfungen, die nach dem Aktiengesetz vorgeschrieben sind, mithin also die Gründungs- (§ 33) oder die Sonderprüfungen (§§ 142 f.; §§ 257 f.). Auch dieser Tatbestand ist nur als Vorsatzdelikt strafbar. Es reicht bedingter Vorsatz. Ein bedingter Vorsatz kann auch vorliegen, wenn der Prüfer unbesehen ihm mitgeteilte Daten übernimmt. Rechnet der Prüfer mit der Möglichkeit, dass der Bericht falsch sein könnte, kann ein bedingter Vorsatz schon dann gegeben sein, wenn er ohne weitere Nachforschung den Bericht dennoch so erstattet. Als Faustformel mag in diesen Fällen gelten, dass die Annahme eines bedingten Vorsatzes umso näher liegt, je drängender die Anhaltspunkte für den Täter sind, dass der Bericht unrichtig sein könnte. Absatz 2 der Vorschrift enthält dieselben Qualifizierungstatbestände wie § 332 Abs. 2 HGB (vgl. Rn. 65 ff.).

---

[140] OLG München 20 U 4879/10; *Raum* in Henssler/Strohn, § 400 AktG Rn. 5.
[141] BGH, NJW 2004, 2664, 2666 ff. = BB 2004, 1812.
[142] BGHSt 49, 381, 391 f. = NJW 2005, 445.
[143] OLG Frankfurt, wistra 2003, 196.
[144] BGH, wistra 1982, 32.
[145] MKAktG/*Schaal*, § 400 Rn. 32.
[146] *Raum* in Henssler/Strohn, § 400 AktG Rn. 6.
[147] BGHZ 149, 10, 20 = NJW 2001, 3622.
[148] *Raum* aaO. Rn. 7.
[149] *Raum* aaO.

III. Falsche Ausstellung von Berechtigungsscheinen (§ 402 AktG)

c) § 82 Abs. 2 Nr. 2 GmbHG stellt die unwahre Darstellung der Vermögenslage der Gesellschaft in öffentlichen Mitteilungen unter Strafe. Auch dieser Tatbestand, der Sonderdelikt nur für die dort genannten Funktionsträger ist[150], ist subsidiär gegenüber § 331 Nr. 1, 1a HGB. Damit fallen die dort genannten Bilanzen, Abschlüsse und Lageberichte aus der Strafbarkeit nach dieser Norm heraus. Der für § 82 Abs. 2 Nr. 2 GmbHG verbleibende Anwendungsbereich umfasst Zwischenabschlüsse, Halbjahres- und Quartalsberichte. Die Berichte müssen sich dabei auf die Vermögenslage beziehen. Dies betrifft nicht nur das Vermögen der Gesellschaft im engeren Sinne, sondern auch ihre Finanz- und Ertragslage[151]. 77

Die Mitteilung (schriftlich oder mündlich) muss öffentlich erfolgen. Erklärungen in der Gesellschafterversammlung reichen hierfür ebenso wenig aus wie Stellungnahmen in Betriebsversammlungen, es sei denn, dass hierüber öffentlich berichtet wird[152]. Die öffentliche Mitteilung muss entweder eine unwahre Darstellung oder eine Verschleierung beinhalten (zu diesen Merkmalen vgl. Rn. 45 f.). 78

d) Die genossenschaftsrechtlichen Strafbestimmungen (§ 147 Abs. 2; § 150 GenG) entsprechen denen des Aktienrechts (§ 400 Abs. 1 Nr. 1 und Nr. 2 AktG). Auch sie sind subsidiär gegenüber den Grundtatbeständen des HGB. Die auf Seiten der Vertreter der Genossenschaft pönalisierten Handlungen sind in § 147 Abs. 2 GenG geregelt und betreffen unwahre oder verschleiernde Aussagen über die Vermögenssituation in der Generalversammlung (Nr. 1) sowie unzutreffende Auskünfte an den Prüfer (Nr. 2). Nach § 150 GenG, der § 403 AktG entspricht[153], sind die Verletzung der Berichtspflichten durch Prüfer und ihre Gehilfen unter Strafe gestellt. 79

e) Die Strafvorschrift des § 313 Abs. 1 UmwG ergänzt den strafrechtlichen Schutz vor unrichtigen Darstellungen in der Umwandlungssituation. Insoweit tritt die Vorschrift zu § 331 HGB, § 400 AktG und § 82 GmbHG hinzu. Ebenso wie diese Strafnormen ist § 313 UmwG in sämtlichen Tatbestandsvarianten Schutzgesetz im Sinne des § 823 Abs. 2 BGB. Der Tatbestand ist gleichfalls ein Sonderdelikt. Die Aufzählung bezieht sich – abhängig von der Gesellschaftsform – auf sämtliche vertretungsberechtigte Personen der an der Umwandlung beteiligten Rechtsträger. Erweitert wird diese Aufzählung um die Mitglieder des Aufsichtsrats (bei Aktiengesellschaften) sowie um Abwickler. Die Tathandlungen entsprechen sinngemäß den Tatbeständen des § 82 GmbHG und des § 400 AktG. Sie beziehen sich auf die unrichtige Wiedergabe bzw. die Verschleierung der Vermögensverhältnisse und auf Falschangaben gegenüber Prüfern. Nr. 1 ist subsidiär gegenüber § 331 Nr. 1 und Nr. 1a HGB. Unter den strafrechtlichen Schutz fallen nur die dort genannten umwandlungsrechtlichen Berichte. Im Übrigen entsprechen die weiteren Tatvarianten sinngemäß denen des § 400 Abs. 1 Nr. 1 AktG. 80

Nr. 2 betrifft unrichtige Angaben gegenüber einem Umwandlungsprüfer. Dabei muss es sich um eine Prüfung handeln, die nach dem Umwandlungsgesetz angeordnet ist (§§ 9, 60, 125 UmwG). Tathandlungen sind das Machen unrichtiger Angaben, die unrichtige Wiedergabe der wirtschaftlichen Verhältnisse des Rechtsträgers oder ihre Verschleierung. Insoweit entspricht die Strafvorschrift denjenigen des § 331 Nr. 4 HGB und des § 400 Abs. 1 Nr. 2 AktG. 81

III. Falsche Ausstellung von Berechtigungsscheinen (§ 402 AktG)

Die Vorschrift pönalisiert das Ausstellen falscher Bescheinigungen oder das Verfälschen von Bescheinigungen über das Stimmrecht sowie den Gebrauch solcher Bescheinigungen. Sie schützt damit vor Manipulationen beim Stimmrecht und sichert die Integrität der Willensbil- 82

---

[150] Dem Kreis der tauglichen Täter gehören hier auch Mitglieder eines Aufsichtsrats oder ähnlichen Organs an; ähnliche Organe sind dabei unabhängig von ihrer Bezeichnung solche, deren Aufgabe in der Kontrolle der Geschäftsführung liegt (Beirat, Verwaltungsrat oder Gesellschafterausschuss) – vgl. *Servatius* in Henssler/Strohn, § 82 GmbHG Rn. 48.
[151] BGHSt 49, 381=NJW 2005, 445.
[152] *Servatius* aaO Rn. 45.
[153] *Geibel* in Henssler/Strohn, § 150 GenG Rn. 1.

dung innerhalb der Aktiengesellschaft. Eine entsprechende Strafvorschrift existiert nur für die Aktiengesellschaft und gem. § 408 AktG auch für die KGaA.

83 Allerdings kommt der Vorschrift nur in den Fällen Bedeutung zu, in denen nach § 123 Abs. 3 AktG überhaupt ein Nachweis für die Hauptversammlung erforderlich ist. Dies bestimmt sich nach der Satzung der Aktiengesellschaft. Eine entsprechende Bestimmung in der Satzung stellt aber keine objektive Bedingung der Strafbarkeit im Rechtssinne dar[154]. Die durch die Satzung begründete Pflicht zur Vorlage einer solchen Bescheinigung ist lediglich die faktische Voraussetzung für die Anwendung des Straftatbestands.

84 a) Die Strafvorschriftum fasst in den Absätzen 1 und 2 insgesamt drei Tatvarianten. Allen Tatvarianten ist gemeinsam, dass sie subsidiär sind und nur dann eingreifen, wenn die Tat nicht nach anderen Urkundenstraftaten mit höherer Strafe bedroht ist. Bei Absatz 1 ergibt sich die Subsidiarität unmittelbar aus dem Tatbestand, bei Absatz 2 aus der Verweisung auf Absatz 1. Als vorrangige Urkundendelikte kommen in erster Linie die Urkundenfälschung (§ 267 StGB) und – wenn ein Gutgläubiger (etwa durch Täuschung) zur Ausstellung einer inhaltlich unrichtigen Urkunde veranlasst wird – die mittelbare Falschbeurkundung (§ 271 StGB) in Betracht. Der Tatbestand selbst ist den Urkundenstraftaten nachgebildet. Aufgrund der Subsidiaritätsklausel findet er faktisch aber nur Anwendung auf die Fälle der sogenannten schriftlichen Lüge[155]. Eine solche liegt dann vor, wenn der (richtige) Aussteller bewusst ein unrichtiges Stimmrecht bescheinigt[156].

85 b) Die Tathandlungen sind nach Absatz 1 das Ausstellen einer falschen Bescheinigung. Dies beinhaltet sowohl das Herstellen einer unechten Urkunde, mithin einer Urkunde, bei der über die Person des Ausstellers getäuscht wird, als auch die Schaffung einer nur inhaltlich unrichtigen Urkunde. Weiterhin wird das Verfälschen unter Strafe gestellt. Ein Verfälschen liegt vor, wenn nachträglich die in der Urkunde verkörperte Gedankenerklärung verändert wird. Dies kann auch dadurch geschehen, dass die Urkunde durch eine Person verändert wird, die früher ausstellungsbefugt war[157], wobei ausreicht, dass der Eindruck erweckt wird, die Urkunde sei zu einem Zeitpunkt verändert worden, zu welchem dem Aussteller die Verfügungsmacht noch nicht entzogen war[158]. In solchen Fällen wird immer eine Urkundenfälschung nach § 267 StGB vorliegen, so dass die Subsidiaritätsklausel einer Strafbarkeit entgegensteht[159].

86 c) Nach Absatz 2 wird das Gebrauchen des gefälschten Nachweises unter Strafe gestellt. Wegen der nur subsidiären Anwendbarkeit des Straftatbestands kommt die Strafbarkeit nur in Betracht, falls eine (im Sinne des § 267 StGB straflose) schriftliche Lüge durch Vorlage eines entsprechenden Schriftstücks als Nachweis verwendet wird. Gebrauchen bedeutet dabei, dass dem Adressaten der Täuschungshandlung die Möglichkeit gegeben werden muss, die Urkunde zu betrachten, sie sinnlich wahrzunehmen[160].

87 d) Gemäß Absatz 3 ist der Versuch strafbar. Der Versuch setzt ein unmittelbares Ansetzen voraus. Dies wird – wie bei den Urkundendelikten[161] auch – erst dann gegeben sein, wenn mit den Arbeiten zur Herstellung der falschen Bescheinigung über das Stimmrecht bereits begonnen wurde bzw. die falsche Bescheinigung schon zu Täuschungszwecken im Zusammenhang mit dem Kontrollvorgang bereitgehalten wurde[162].

---

[154] So aber MKAktG/*Schaal* Rn. 3.
[155] BGH, NJW 1993, 2759; vgl. auch BGHSt 26, 9 = NJW 1975, 176.
[156] *Raum* in Henssler/Strohn, § 402 Rn 2.
[157] BGHSt 13, 382.
[158] BGH, GA 1963, 16, 17.
[159] Vgl. aber MKAktG/*Schaal*, § 402 Rn. 20.
[160] Vgl. BGHSt 1, 117, 120.
[161] BGH, GA 1973, 179; NJW 1965, 594, 595.
[162] *Raum* in Henssler/Strohn, § 403 AktG Rn. 5.

IV. Strafbewehrte gesellschaftsrechtliche Pflichten im Zusammenhang mit Verlusten der Gesellschaft (§ 401 AktG; § 84 GmbHG; 148 GenG)

Die Rechtspflichten im Falle einer Insolvenz wurden durch das Gesetz zur Modernisierung des GmbH-Rechts und zur Bekämpfung von Missbräuchen (MoMiG)[163] rechtsformübergreifend in § 15a InsO geregelt und die früher bestehenden Einzelregelungen in den Gesetzen zu den jeweiligen Gesellschaftsformen aufgehoben. Im Vorfeld der Insolvenz besteht aber die gesellschaftsrechtliche Pflicht, den Gesellschaftern (bzw. den Genossen oder Aktionären) den Verlust den Verlust der Hälfte des Stammkapitals anzuzeigen. Die Verletzung dieser Pflicht ist strafbewehrt.

88

1. Pflichtverletzung bei Verlust (§ 401 AktG)

Der Vorstand ist verpflichtet, wenn sich aus Bilanzen ergibt oder nach pflichtmäßigem Ermessen anzunehmen ist, dass ein Verlust in Höhe der Hälfte des Grundkapitals besteht, die Hauptversammlung einzuberufen und ihr das anzuzeigen. Einer Strafbarkeit kann der Vorstand bei einem entsprechenden Verlust nur dadurch entgehen, dass er beides tut, mithin zur Hauptversammlung lädt und die Verlustanzeige auf die Tagesordnung setzt[164]. Nur ein Mitglied des Vorstands kann deshalb tauglicher Täter sein. Die Pflichten nach § 92 Abs. 1 treffen jedes Vorstandsmitglied in Person; auch eine Niederlegung seines Amts entbindet den Vorstand dann nicht, wenn die Voraussetzungen für die Einberufung bereits zu diesem Zeitpunkt vorgelegen haben, weil er sofort die Hauptversammlung einzuberufen hat[165].

89

a) Nach Absatz 1 ist die Tat nur als Vorsatztat strafbar. Der Vorsatz muss sich – zumindest in der Form des bedingten Vorsatzes – auf sämtliche Tatbestandsmerkmale beziehen. Dies hat besondere Bedeutung, falls sich der Verlust nicht schon aus einer Bilanz ergibt, sondern der Vorstand dies nach pflichtgemäßem Ermessen hätte feststellen müssen. In diesen Fällen kann es für die Annahme eines bedingten Vorsatzes genügen, wenn der Vorstand es in Kenntnis einer weiteren Verschlechterung der Geschäftslage unterlässt, zu bilanzieren und den Eintritt des hälftigen Verlusts nach § 92 Abs. 1 AktG festzustellen.

90

Nach Absatz 2 ist auch die fahrlässige Begehung strafbar. Die Regelung ist faktisch ein Auffangtatbestand[166], wenn die vorsätzliche Tatbegehung nicht nachweisbar erscheint. In der Regel wird sich die Fahrlässigkeit darauf beziehen, dass der Täter das Erreichen der Verlustgrenze nicht erkannt hat. In diesen Fällen wird häufig ein Sorgfaltsverstoß vorliegen, weil der Vorstand – gegebenenfalls durch geeignete Organisationsmaßnahmen – sicherstellen muss, dass er den Eintritt entsprechender Verluste unverzüglich erfährt. Denkbar ist als Sorgfaltspflichtverletzung freilich auch, dass er die Ladung zur Hauptversammlung delegiert hat, ohne eine zeitnahe Umsetzung dieser Weisung zu überwachen.

91

b) Die Tat ist – sowohl bei vorsätzlicher als auch bei fahrlässiger Begehung – vollendet, wenn der Täter seine Handlungspflicht nicht erfüllt hat. Da die Tat ein echtes Unterlassungsdelikt ist, ist für die Frage der Vollendung maßgeblich, wann der Vorstand die Unterrichtung und Einberufung der Hauptversammlung spätestens hätte vornehmen müssen[167]. Da § 92 Abs. 1 AktG Unverzüglichkeit verlangt, muss das Organ ohne schuldhaftes Zögern (§ 121 Abs. 1 BGB) handeln. Der zeitliche Rahmen, innerhalb dessen dieses zu geschehen hat, ist eine Frage des Einzelfalls. Jedenfalls in strafrechtlicher Hinsicht wird eine Frist von einer Woche noch ausreichen[168]. Beendet ist das Dauerunterlassungsdelikt erst ab dem Zeitpunkt, ab dem die Handlungspflicht entfallen ist, regelmäßig also nur mit ordnungsgemäßer Einberufung der Hauptversammlung.

92

---

[163] Vom 23. Oktober 2008, BGBl. I, S. 2026.
[164] MKAktG/*Schaal*, § 401 Rn. 24.
[165] vgl. BGH, NJW 2003, 3787, 3789 f.
[166] Vgl. BGHSt 17, 210; 32, 48, 57.
[167] *Raum* in Henssler/Strohn, § 401 AktG Rn. 6; MKAktG/*Schaal* Rn. 69 f.
[168] *Raum* aaO.

2. Pflichtverletzung bei Verlust (§ 148 GenG)

93 Der Straftatbestand entspricht inhaltlich dem des § 401 AktG[169]. Aufgrund der Verweisung auf § 33 Abs. 3 GenG entsteht eine strafbewehrte Pflicht zur Einberufung der Generalversammlung, wenn ein Verlust entstanden ist, der durch die Hälfte des Geschäftsguthabens und der Rücklagen nicht mehr gedeckt ist. Die Einberufung muss auch hier unverzüglich erfolgen und der Generalversammlung ist der Verlust anzuzeigen. Die Tat ist gleichfalls als Vorsatz- und Fahrlässigkeitstat strafbar.

3. Verletzung der Verlustanzeigepflicht (§ 84 GmbHG)

94 Der Straftatbestand des § 84 GmbHG unterscheidet sich insoweit, dass hier die Geschäftsführer nur verpflichtet sind, einen Verlust in Höhe der Hälfte des Stammkapitals anzuzeigen. Die Tat ist Sonderdelikt für die Geschäftsführer[170], die Feststellung des Verlusts erfolgt nach handelsrechtlichen Grundsätzen. Auch hier ist sowohl die vorsätzliche als auch die fahrlässige Begehung strafbar.

V. Verletzungen der Geheimhaltungspflichten

95 Zu den wesentlichen (und strafbewehrten) gesellschaftsrechtlichen Pflichten gehört der Schutz der Gesellschaft vor unbefugter Offenbarung ihrer Geschäfts- und Betriebsgeheimnisse[171]. Dieser Themenbereich ist aber Gegenstand einer eigenständigen Darstellung, auf die verwiesen wird (Kap. 15).

---

[169] *Geibel* in Henssler/Strohn, § 148 GenG Rn. 1.
[170] Nicht aber für Liquidatoren vgl. *Servatius* in Henssler/Strohn, § 84 GmbHG Rn. 4.
[171] Zum Schutzumfang bei der AG vgl. *Raum* in Henssler/Strohn, § 404 Rn. 1; Vgl. auch *Raum* in Festheft Tepperwien, S. 52 f.

12. Kapitel. Korruption

Literatur: *Achenbach/Ransiek (Hrsg.)*, Handbuch Wirtschaftsstrafrecht, 3. Aufl. Heidelberg u. a. 2012; *Adolphsen/Nolte/Lehner/Gerlinger (Hrsg.)*, Sportrecht in der Praxis, Stuttgart 2012; *v. Alemann*, Dimensionen politischer Korruption. Beiträge zum Stand der internationalen Forschung. Politische Vierteljahresschrift, Sonderheft 35/2005, Wiesbaden 2005; *v. Arnim*, Das System, Die Machenschaften der Macht, München 2001; *v. Arnim*, Abgeordnetenkorruption, JZ 1990, 1014 ff.; *Bannenberg*, Korruption in Deutschland und ihre strafrechtliche Kontrolle, Kriminologische Aspekte der Strafverfolgung, Kriminalistik 8/9 2005, 468 ff.; *Bannenberg*, Korruption in Deutschland und ihre strafrechtliche Kontrolle, Neuwied 2002; *Bannenberg/Dierlamm*, Korruption, in Inderst/Bannenberg/Poppe (Hrsg.), Compliance, 2. Aufl. Heidelberg u. a. 2013, Kap. 5 C; *Bannenberg/Jehle (Hrsg.)*, Wirtschaftskriminalität, Neue Kriminologische Schriftenreihe Band 112, Mönchengladbach 2010; *Bannenberg/Schaupensteiner*, Korruption in Deutschland, Portrait einer Wachstumsbranche, 3. Aufl. München 2007; *Bannenberg/Rössner*, Straftat gegen den Wettbewerb, in Weinreich (Hrsg.), Korruption im Sport, Leipzig 2006, 219 ff.; *Bartsch/Paltzow/Trautner*, Korruptionsbekämpfung, 18. Aktualisierung Köln 2011; *Baumann*, Über die notwendigen Veränderungen im Bereich des Vermögensschutzes, JZ 1972, 1 ff.; *Bellers (Hrsg.)*, Politische Korruption in der Bundesrepublik, Münster 1989; *Bock*, Criminal Compliance, Baden-Baden 2011; *Böttger*, Die Zeitraumvergrößerung bei der Verfolgungsverjährung von Bestechungsdelikten – Kollateralschäden bei der Korruptionsbekämpfung, in Hiebl/Kassebohm/Lilie (Hrsg.), Festschrift für Volkmar Mehle zum 65. Geburtstag am 11.11.2009, Baden-Baden 2009, 77 ff.; *Braasch*, Kriminologische und strafrechtliche Aspekte der Bestechlichkeit und Bestechung im geschäftlichen Verkehr (§ 299 StGB), in Kliche/Thiel (Hrsg.), Korruption. Forschungsstand, Prävention, Probleme, Lengerich u. a. 2011, 234 ff.; *Braasch*, Korruption in der Privatwirtschaft, Eine kriminologisch-strafrechtliche Untersuchung zur sogenannten Angestelltenbestechung, in Bannenberg/Jehle (Hrsg.), Wirtschaftskriminalität, Mönchengladbach 2010, 185 ff.; *Braasch*, „(Wirtschafts-)Korruption". Kriminologische Annäherung an einen unscharfen Begriff, in Grüne/Slanicka (Hrsg.), Korruption, Historische Annäherungen, Göttingen 2010, 361 ff.; *Braum*, Korruption im demokratischen Rechtsstaat, NJ 1996, 450 ff.; *Bruhn*, Was heißt hier eigentlich Korruption?..., in Mischkowitz/Bruhn/Desch/Hübner/Beese, Einschätzungen zur Korruption in Polizei, Justiz und Zoll, Wiesbaden 2000, 164 ff.; *Bundeskriminalamt*, Organisierte Kriminalität Bundeslagebild 2011 und Vorjahre; *Bundeskriminalamt*, Korruption Bundeslagebild 2011 und Vorjahre; *Bundeskriminalamt*, Wirtschaftskriminalität Bundeslagebild 2010; *Bundeskriminalamt*, Polizeiliche Kriminalstatistik Bundesrepublik Deutschland Berichtsjahr 2011, Wiesbaden 2012 und Vorjahre; *Bundesministerium des Innern (Hrsg.)*, Polizeiliche Kriminalstatistik 2012, IMK Kurzbericht, Berlin 2013; *Bundesministerium des Innern/Bundesministerium der Justiz (Hrsg.)*, Zweiter Periodischer Sicherheitsbericht, Berlin 2006; *Bussmann*, Sozialisation in Unternehmen durch Compliance, in Hellmann/Schröder (Hrsg.), Festschrift für Hans Achenbach, Heidelberg 2011, 57–82; *Bussmann*, Wirtschaftskriminalität und Unternehmenskultur, in Bannenberg/Jehle (Hrsg.), Wirtschaftskriminalität, Mönchengladbach 2010, 57 ff.; *Bussmann*, Compliance in der Zeit nach Siemens – Corporate Integrity, das unterschätzte Konzept, BFuP 2009, 506 ff.; *Bussmann/Matschke* Die Zukunft der unternehmerischen Haftung bei Compliance-Verstößen, CCZ 2009, 132 ff.; *Bussmann/Matschke*, The impact oft he US legislation on company measures of control and prevention, Criminal Law Soc Change (2008) 49: 349 ff.; *Bussmann/Salvenmoser*, Internationale Studie zur Wirtschaftskriminalität, NStZ 2006, 203 ff.; *Bussmann/Werle*, Addressing Crime in Companies. First Findings from a Global Survey of Economic Crime, British Journal of Criminology (2006) 46, 1128 ff.; *Claussen/Ostendorf*, Korruption im öffentlichen Dienst, 2. Aufl. Köln 2002; *Cleff/Luppold/Naderer/Volkert*, in PwC (Hrsg.), Wirtschaftskriminalität. Eine Analyse der Motivstrukturen. Frankfurt 2009; *Cohen/Holland*, Fünf Punkte, die ausländische Unternehmen über den United States Foreign Corrupt Practices Act (FCPA) wissen sollten, CCZ 2008, 7 ff.; *Corporate Trust Business Risk and Crisis Management GmbH (Hrsg.)*, Studie: Gefahrenbarometer 2010. Sicherheitsrisiken für den deutschen Mittelstand; *Daniel/Maton*, Recovering the Proceeds of Corruption: General Sani Abacha – A Nation's Thief, in Pieth (Ed.), Basel Institute on Governance, Recovering Stolen Assets, Bern u. a. 2008, 63 ff.; *Dann*, „Korruptionsregister" – keine Prävention zum Sparpreis, in Hiebl/Kassebohm/Lilie (Hrsg.), Festschrift für Volkmar Mehle zum 65. Geburtstag am 11.11.2009, Baden-Baden 2009, 127 ff.; *Dauster*, Private Spenden zur Förderung von Forschung und Lehre, NStZ 1999, 63 ff.; *Diettrich/Schatz*, Sicherung der privaten Drittmittelförderung, ZRP 2001, 521 ff.; *Dölling (Hrsg.)*, Handbuch der Korruptionsprävention, Für Wirtschaftsunternehmen und öffentliche Verwaltung, München 2007; *Dölling*, Anmerkung zu BGH vom 28.10.2004 – 3 StR 301/03, JR 2005, 519 ff. (Fall Kremendahl); *Dölling*, Anmerkung zu BGH vom

14.11.2003 – 2 StR 164/03, JR 2005, 27 ff., 30 ff.; *Dölling,* Zweiter Teil: Straftaten gegen Rechtsgüter der Allgemeinheit, hier 14. Kapitel: Straftaten gegen die Wirtschaftsordnung und 19. Kapitel: Straftaten gegen die Richtigkeit der Amtsführung, in *Gössel/Dölling,* Strafrecht, Besonderer Teil 1, 2. Aufl. Heidelberg 2004; *Dölling,* Die Neuregelung der Strafvorschriften gegen Korruption, ZStW 2000, 334 ff.; *Dölling,* Empfehlen sich Änderungen des Straf- und Strafprozessrechts, um der Gefahr von Korruption in Staat, Wirtschaft und Gesellschaft wirksam zu begegnen? Gutachten C zum 61. Deutschen Juristentag in Karlsruhe 1996, München 1996; *Dölling/Duttge/Rössner (Hrsg.),* Gesamtes Strafrecht. StGB, StPO, Nebengesetze, Handkommentar (HK-GS), 3. Aufl. 2013; *Erlinger,* Drittmittelforschung unter Korruptionsverdacht?, MedR 2002, 60 ff.; *Feinstein,* Waffenhandel. Das Globale Geschäft mit dem Tod, Hamburg 2012; *Fijnaut/Paoli (Eds.),* Organised Crime in Europe, Concepts, Patterns and Control Policies in the European Union and Beyond, Springer 2004; *Fischer,* Strafgesetzbuch und Nebengesetze, 60. Aufl. München 2013; *Fürsen/Schmidt,* „Drittmitteleinwerbung – strafbare Dienstpflicht?" Ein Symposium ruft den Gesetzgeber zum Handeln auf, JR 2004, 57 ff.; *Gansel,* Waffenschmuggel im Staatsinteresse, oder: Wie man mit U-Boot-Plänen untertauchen kann, in *Hafner/Jacoby (Hrsg.),* Die Skandale der Republik, Hamburg 1990, 296 ff.; *Geiger,* Ärzte-Korruption – Wie viel Strafrecht braucht das Gesundheitswesen? NK 2/2013, 136 ff.; *Graeff/Grieger (Hrsg.),* Was ist Korruption? Baden-Baden 2012; *Graeff/Schröder/Wolf (Hrsg.),* Der Korruptionsfall Siemens. Analysen und praxisnahe Folgerungen des wissenschaftlichen Arbeitskreises von Transparency International Deutschland, Baden-Baden 2009; *Graf/Jäger/Wittig* (G/J/W/Bearb.) (Hrsg.), Wirtschafts- und Steuerstrafrecht, Kommentar, München 2011; *Greeve,* Korruptionsdelikte in der Praxis, München 2005; *Gribl,* Der Vorteilsbegriff bei den Bestechungsdelikten, Heidelberg 1993; *Grüne/Slanicka (Hrsg.),* Korruption, Historische Annäherungen. Göttingen 2010; *Grützner/Behr,* Effektives Compliance Programm verhindert Bestrafung von Investmentbank wegen Verstößen gegen den FCPA, CCZ 2013, 71 ff.; *Haeser,* Erfahrungen mit der neuen Rechtslage im Korruptionsstrafrecht und Drittmittelrecht – aus Sicht des Staatsanwalts, MedR 2002, 55 ff.; *Hafner/Jacoby (Hrsg.),* Die Skandale der Republik, Hamburg 1990; *Hauschka (Hrsg.),* Corporate Compliance, Handbuch der Haftungsvermeidung im Unternehmen, 2. Aufl. München 2010; *Heidenheimer/Johnston/LeVine (Eds.),* Political Corruption, A Handbook, New Brunswick 1989 (3. Aufl. 1993); *Hiebl/Kassebohm/Lilie (Hrsg.),* Festschrift für Volkmar Mehle zum 65. Geburtstag am 11.11.2009, Baden-Baden 2009; *HK-GS* s. Dölling u. a.; *Hofmann/Zimmermann,* Die Bekämpfung der Korruption. Aktivitäten des Gesetzgebers zur Eindämmung der Korruption, Kriminalistik 1999, 585 ff.; *Inderst/Bannenberg/Poppe (Hrsg.),* Compliance, Aufbau – Management – Risikobereiche, 2. Aufl. Heidelberg u. a. 2013; *Inderst,* Der Aufbau einer Compliance-Organisation, in Inderst/Bannenberg/Poppe (Hrsg.), Compliance, 2. Aufl. Heidelberg u. a. 2013, 3. Kap.; *Inderst,* Compliance-Organisation in der Praxis, in Inderst/Bannenberg/Poppe (Hrsg.), Compliance, 2. Aufl. Heidelberg u. a. 2013, 4. Kap. A; *Joly,* Im Auge des Zyklons, Der Elf-Aquitaine-Skandal und mein Kampf gegen internationalen Finanzbetrug, München 2003; *Jorge,* The Peruvian Efforts to Recover Proceeds from Montesinos´s Criminal Network of Corruption, in Pieth (Ed.), Basel Institute on Governance, Recovering Stolen Assets, Bern u. a. 2008, 111 ff.; *Kamann/Simpkins:* Sarbanes-Oxley Act – Anlass zu verstärkter internationaler Kooperation im Bereich der Corporate Governance? RIW 3/2003, 183 ff.; *Kilz/Preuss,* Flick, Die gekaufte Republik, Hamburg 1983; *Kistner,* Fifa Mafia, Die schmutzigen Geschäfte mit dem Weltfußball, München 2012; *Kliche/Thiel (Hrsg.),* Korruption. Forschungsstand, Prävention, Probleme, Lengerich u. a. 2011; *König,* Neues Strafrecht gegen die Korruption, JR 1997, 397 ff.; *Kindhäuser/Neumann/Paeffgen (Hrsg.),* Strafgesetzbuch, Nomos Kommentar, Band 2, 3. Aufl. Baden-Baden 2010; *Kindhäuser/Goy,* Zur Strafbarkeit ungenehmigter Drittmitteleinwerbung – Zugleich eine Besprechung von BGH – 1 StR 372/01 und BGH – 1 StR 541/01, NStZ 2003, 291 ff.; *Kölbel,* Korruptionsprävention im Gesundheitssystem durch Selbstkontrolle der Wirtschaft? In Duttge (Hrsg.), Tatort Gesundheitsmarkt, Rechtswirklichkeit – Strafwürdigkeit – Prävention, Göttingen 2011, 87 ff.; *Koepsel,* Bestechlichkeit und Bestechung im geschäftlichen Verkehr (§ 299 StGB), Göttingen 2006; *Korte,* Der Einsatz des Strafrechts zur Bekämpfung der internationalen Korruption, wistra 1999, 81 ff.; *Krack,* Bestechlichkeit und Bestechung von Sportschiedsrichtern – eine Straftat? Zu § 299 StGB und § 6 SportSG-E, ZIS 6/2011, 475 ff.; *Krehl,* Anmerkung zu BGH vom 14.11.2003 – 2 StR 164/03, StV 2005, 322 ff.; *Kreuzer,* Kriminologische Dunkelfeldforschung, NStZ 1994, 10 ff.; *Krick,* Die Strafbarkeit von Korruptionsdelikten bei niedergelassenen Vertragsärzten, 4. Fachtagung „Betrug im Gesundheitswesen" am 17. und 18.02.2010 in Hannover, KKH-Allianz; *Kuhlen,* Untreue, Vorteilsannahme und Bestechlichkeit bei Einwerbung universitärer Drittmittel – Zugleich eine Anmerkung zu den Urteilen des BGH vom 23.5.2002 und vom 23.10.2002, JR 2003, 231 ff.; *Kühl* (Lackner/Kühl), StGB, Strafgesetzbuch Kommentar, 27. Aufl. 2011; *Lambsdorff,* Korruption als mühseliges Geschäft – eine Transaktionskostenanalyse, in Pieth/Eigen (Hrsg.), Korruption im internationalen Geschäftsverkehr. Bestandsaufnahme, Bekämpfung, Prävention, Neuwied, Kriftel 1999, 56 ff.; *Lambrecht/Mueller,* Die Elefantenmacher. Wie Spitzenpolitiker in Stellung gebracht und Entscheidungen gekauft werden, Frankfurt am Main 2010;

Literatur

Landfried, Parteifinanzen und politische Macht. Eine rechtsvergleichende Studie zur Bundesrepublik Deutschland, zu Italien und den USA, 2. Aufl. Baden-Baden 1994; *Leif/Speth (Hrsg.)*, Die fünfte Gewalt. Lobbyismus in Deutschland, Wiesbaden 2006; *Leif*, Beraten und verkauft. McKinsey & Co. – der große Bluff der Unternehmensberater, München 2006; *Leipziger Kommentar, Laufhütte, Heinrich Wilhelm/Rissing-van Saan, Ruth/ Tiedemann, Klaus (Hrsg.)*, Band 10, §§ 284 bis 305a, 12. Aufl. Berlin 2008; Band 13 §§ 331 bis 358, 12. Aufl. Berlin 2009; *Leyendecker*, Die große Gier, Korruption, Kartelle, Lustreisen: Warum unsere Wirtschaft eine neue Moral braucht, Berlin 2007; *Löhe*, AG Strafverfolgung, Transparency International Deutschland e. V., www.transparency.de, Korruptionsbekämpfung in Deutschland: Institutionelle Ressourcen der Bundesländer im Vergleich vom April 2009; *Lüderssen*, Antikorruptions-Gesetze und Drittmittelforschung, JZ 1997, 112 ff.; *Marcelo*, The Long Road from Zurich to Manila: The Recovery of the Marcos Swiss Dollar Deposits, in Pieth (Ed.), Basel Institute on Governance, Recovering Stolen Assets, Bern u. a. 2008, 89 ff.; *Mechtersheimer*, Bestechende Beschaffungskonzepte, HS 30, Starfighter und so weiter 1957 ff., in *Hafner/Jacoby (Hrsg.)*, Die Skandale der Republik, Hamburg 1990, 44 ff; *Meier*, Rote Karte für Betrüger, Strafbare Manipulationen im Profi-Fußball, Unimagazin Hannover 2006, 50 ff.; *Michalke*, Drittmittel und Strafrecht – Licht am Ende des Tunnels? NJW 2002, 3381 ff.; *Michels*, Weiße Kittel – Dunkel Geschäfte, Berlin 2009; *Möhrenschlager*, Der strafrechtliche Schutz gegen Korruption, in Dölling (Hrsg.), Handbuch der Korruptionsprävention, München 2007, 387 ff.; *Möhrenschlager*, Strafrechtliche Vorhaben zur Bekämpfung der Korruption auf nationaler und internationaler Ebene, JZ 1996, 822 ff.; *Monfrini*, The Abacha Case, in Pieth (Ed.), Basel Institute on Governance, Recovering Stolen Assets, Bern u. a. 2008, 41 ff.; *Moosmayer*, Compliance, Praxisleitfaden für Unternehmen, 2. Aufl. München 2012; *Mülder*, „Die Leute verdienen sich an Berlin kaputt", Berliner Sumpf- und Skandalchronik 1974 ff., in *Hafner/Jacoby (Hrsg.)*, Die Skandale der Republik, Hamburg 1990, 120 ff.; *Müller*, Korruption in der öffentlichen Verwaltung, Kriminalistik 1993, 509 ff.; *Münchener Kommentar*, MüKo-Bearb., Joecks/Miebach (Hrsg.), Band 4, München 2006; *Münkler*, Korruption und Korrumpierung. Die Spendenaffären des Helmut Kohl und deren demokratiegefährdende Dimensionen in Wagner/Wolf (Hrsg.), Korruption, Mosse-Lectures 2010 an der Humboldt Universität zu Berlin, Berlin 2011, 42 ff; *Münkler*, Die Neue Heimat 1982, in *Hafner/Jacoby (Hrsg.)*, Die Skandale der Republik, Hamburg 1990, 180 ff.; *Nanda*, Corporate Criminal Liability in the United States: Is a New Approach Warranted?, in Pieth/Ivory (Eds.), Corporate Criminal Liability, 2011, 63 ff.; NK, s. Kindhäuser u. a.; *Noack*, Korruption, Die andere Seite der Macht, München 1985; *Noack*, Die politische Dimension der Korruption, Kriminalistik 1995, 481 ff.; *Nötzel*, Strafverfolgung in Korruptionssachen, in Dölling (Hrsg.), Handbuch der Korruptionsprävention, München 2007, 598 ff.; *Pfeiffer*, Von der Freiheit der klinischen Forschung zum strafrechtlichen Unrecht? NJW 1997, 782 ff.; *v. Pierer/Homann/Lübbe-Wolff*, Zwischen Profit und Moral. Für eine menschliche Wirtschaft, München Wien, 2003; *Pieth*, Stehen internationale Sportverbände über dem Recht? Jusletter 14. März 2011; *Pieth*, Harmonising Anti-Corruption-Compliance, The OECD Good Practice Guidance 2010, Zürich/St. Gallen 2011; *Pieth*, Anti-Korruptions-Compliance, Praxisleitfaden für Unternehmen, Zürich/St. Gallen 2011; *Pieth*, Governing Fifa, 19. September 2011, Universität Basel/Basel Institute on Governance 2011; *Pieth*, Bestechung ausländischer Amtsträger im Geschäftsverkehr, Eine kriminologische Studie, in Bannenberg/Jehle (Hrsg.), Wirtschaftskriminalität, Mönchengladbach 2010, 173 ff.; *Pieth/Ivory (Eds.)*, Corporate Criminal Compliance, Emergence, Convergence, and Risk, Dordrecht u. a. 2010; *Pieth*, „Öl für Lebensmittel" – Aufpreise für Aufträge, in Sieber/Dannecker/Kindhäuser/Vogel/Walter (Hrsg.), Festschrift für Klaus Tiedemann zum 70. Geburtstag, Köln, München 2008, 901 ff.; *Pieth (Ed.)*, Basel Institute on Governance, Recovering Stolen Assets, Bern u. a. 2008; *Pieth/Low/Cullen (Eds.)*, The OECD Convention on Bribery, A Commentary, Cambridge 2007; *Pörnbacher/Mark*, Auswirkungen des UK Bribery Act 2010 auf deutsche Unternehmen, NZG 2010, 1372 ff.; *Poppe*, Begriffsbestimmungen Compliance: Bedeutung und Notwendigkeit, in: Inderst/Bannenberg/Poppe (Hrsg.), Compliance, 2. Aufl., Heidelberg u. a., 2013, Kap. 1 A; *Pragal*, Die Korruption innerhalb des privaten Sektors und ihre strafrechtliche Kontrolle durch § 299 StGB, Köln u. a. 2006; *PricewaterhouseCoopers/Martin-Luther-Universität Halle-Wittenberg (Hrsg.)*, *Bussmann/Burkhart/Salvenmoser*, Wirtschaftskriminalität, Pharmaindustrie, April 2013, diese und alle folgenden PwC-Studien unter www.pwc.com/de/forensicservices; *PricewaterhouseCoopers/Martin-Luther-Universität Halle-Wittenberg (Hrsg.)*, Wirtschaftskriminalität Oktober 2011.; *dies.*, Kriminalität im öffentlichen Sektor 2010. Auf der Spur von Korruption & Co. Oktober 2010; *dies.*, Compliance und Unternehmenskultur. Zur aktuellen Situation in deutschen Großunternehmen, Februar 2010; *dies.*, Wirtschaftskriminalität 2009. Sicherheitslage in deutschen Großunternehmen, September 2009; *dies.*, Wirtschaftskriminalität 2007. Sicherheitslage der deutschen Wirtschaft, Oktober 2007; *dies.*, Wirtschaftskriminalität 2005. Internationale und deutsche Ergebnisse, Frankfurt am Main 2005; *Reisman*, Corporate Compliance in the United States, in Wieland/Steinmeyer/Grüninger (Hrsg.) Handbuch Compliance-Management, Berlin 2010, 617 ff.; *Rengier*, Korkengelder und andere Maßnahmen der Verkaufsförderung im Lichte des Wettbewerbs(straf)-

rechts, in Sieber/Dannecker/Kindhäuser/Vogel/Walter (Hrsg.), Festschrift für Klaus Tiedemann zum 70. Geburtstag, Köln, München 2008, 837 ff.; *Rönnau*, Wirtschaftskorruption, in: Achenbach/Ransiek (Hrsg.), Handbuch Wirtschaftsstrafrecht, 3. Aufl. 2012, 220 ff.; *Rönnau*, Strafrecht und Selbstregulierung – Chance oder Risiko? In: Professorinnen und Professoren der Bucerius Law School (Hrsg.), Begegnungen im Recht, Tübingen 2011, 237 ff.; *Rössner*, Der Sport im Strafrecht und Strafprozessrecht: Strafbarkeit von Körperverletzungen, Doping und sonstigen Manipulationen im Sport (Kap. 11), in: Adolphsen/Nolte/Lehner/Gerlinger (Hrsg.), Sportrecht in der Praxis, Stuttgart 2012, 399 ff.; *Rössner*, „Sportbetrug" und Strafrecht – Notwendige Differenzierungen und kriminalpolitische Überlegungen, in: Hiebl/Kassebohm/Lilie (Hrsg.), Festschrift für Volkmar Mehle zum 65. Geburtstag am 11.11.2009, Baden-Baden 2009, 567 ff.; *Rössner*, Strafrechtlicher Schutz gegen Spielmanipulationen im Fussball? Überlegungen zum Urteil des Landgerichts Berlin im Fall Hoyzer, causa sport 4/2005, 391 ff.; *Rose-Ackerman*, Wirtschaft, Staat und kulturelle Differenz, in Wagner/Wolf (Hrsg.), Korruption, Mosse-Lectures 2010 an der Humboldt Universität zu Berlin, Berlin 2011, 76 ff; *Rose-Ackerman*, Globale Wirtschaft und Korruption, in Pieth/Eigen (Hrsg.), Korruption im internationalen Geschäftsverkehr, Bestandsaufnahme, Bekämpfung, Prävention, Neuwied 1999, 40 ff.; *Roth*, Unfair Play, Frankfurt am Main 2011; *Saliger*, Public Private Partnership und Amtsträgerstrafbarkeit, in Paeffgen u. a.(Hrsg.), Festschrift für Ingeborg Puppe zum 70. Geburtstag, Berlin 2011, 933 ff.; *Salvioni*, Recovering the Proceeds of Corruption: Ferdinand Marcos oft he Philippines, in Pieth (Ed.), Basel Institute on Governance, Recovering Stolen Assets, Bern u. a. 2008, 79 ff.; *Satzger*, Bestechungsdelikte und Sponsoring, ZStW 115 (2003), 469 ff.; *Satzger/Schmitt/Widmaier*, StGB Strafgesetzbuch Kommentar, Köln 2009; *Schaupensteiner*, Compliance-Management in Unternehmen – unverzichtbar! Compliance mit dem Fokus auf Prävention schützt vor Vermögensbeschädigung und Reputationsverlust, in Kliche/Thiel (Hrsg.), Korruption. Forschungsstand, Prävention, Probleme, Lengerich u. a. 2011, 490 ff.; *Schaupensteiner*, Korruption in Deutschland – Das Ende der Tabuisierung, in Pieth/Eigen (Hrsg.) 1999, 131 ff.; *Schaupensteiner*, Das Korruptionsbekämpfungsgesetz. Erstes Etappenziel erreicht, Kriminalistik 1997, 699 ff.; *Schaupensteiner,* Das Korruptionsbekämpfungsgesetz, Eine scharfe Waffe gegen ein verbreitetes Übel? Teil 1 und 2, Kriminalistik 1996, 237 ff. (Teil 1), 306 ff. (Teil 2); *Schaupensteiner*, Gesamtkonzept zur Eindämmung der Korruption, NStZ 1996, 409 ff.; *Schaupensteiner,* Bekämpfung von Korruptionsdelinquenz, Kriminalistik 1994, 514 ff.; *Schaupensteiner*, Submissionsabsprachen und Korruption im öffentlichen Bauwesen, ZRP 1993, 250 ff.; *Schlötterer*, Macht und Missbrauch, Von Strauß bis Seehofer, Ein Insider packt aus, aktualisierte Auflage, München 2012; *Schmolke*, Whistleblowing-Systeme als Corporate Governance-Instrument transnationaler Unternehmen, RIW 2012, 224 ff.; *Schneider*, Das Strafrecht im Dienste gesundheits-ökonomischer Steuerungsinteressen, HRRS 6/2013, 219 ff.; *Schneider*, Weltwirtschaftskrise, Schattenwirtschaft und Korruption in Österreich und Deutschland: Umfang, Folgen, Gegenmaßnahmen – Was wissen wir (nicht)? In Kliche/Thiel (Hrsg.), Korruption. Forschungsstand, Prävention, Probleme, Lengerich u. a. 2011, 219 ff.; *Schneider/John*, Der Wirtschaftsstraftäter in seinen sozialen Bezügen. Empirische Befunde und Konsequenzen für die Unternehmenspraxis, in Bannenberg/Jehle (Hrsg.), Wirtschaftskriminalität, Mönchengladbach 2010, 159 ff.; *Schönke/Schröder*, Strafgesetzbuch Kommentar, 28. Aufl. München 2010; *Schünemann*, Die Unrechtsvereinbarung als Kern der Bestechungsdelikte nach dem KorrbekG, in Festschrift für Harro Otto, 2007, 777 ff.; *Schünemann*, Strafrechtliche Sanktionen gegen Wirtschaftsunternehmen? In Sieber/Dannecker/Kindhäuser/Vogel/Walter (Hrsg.), Festschrift für Klaus Tiedemann zum 70. Geburtstag, Köln, München 2008, 429 ff.; *Schürrle/Fleck*, „Whistleblowing Unlimited" – Der U.S. Dodd-Frank Act und die neuen Regeln der SEC zum Whistleblowing, CCZ 2011, 218 ff.; *Schuller*, Korruption und Staatspolizei im spätrömischen Staat, in *Fleck/Kuzmics (Hrsg.)*, Korruption. Zur Soziologie nicht immer abweichenden Verhaltens, Königstein 1985, 72 ff.; *Schulze*, Der Bundesliga-Skandal 1971, in *Hafner/Jacoby (Hrsg.)*, Die Skandale der Republik, Hamburg 1990, 106 ff.; *Schwarz/Holland*, Enron, WorldCom …und die Corporate-Governance-Diskussion, ZIP 37/2002, 1661 ff.; *Seipel*, Der Mann, der Flick jagte, Die Geschichte des Steuerfahnders Klaus Förster, Hamburg 1985; *Sieber*, Compliance-Programme in Unternehmensstrafrecht. Eine neues Konzept zur Kontrolle von Wirtschaftskriminalität, in Sieber/Dannecker/Kindhäuser/Vogel/Walter (Hrsg.), Festschrift für Klaus Tiedemann zum 70. Geburtstag, Köln, München 2008, 449 ff.; *Sieber/Dannecker/Kindhäuser/Vogel/Walter (Hrsg.)*, Strafrecht und Wirtschaftsstrafrecht – Dogmatik, Rechtsvergleich, Rechtstatsachen – Festschrift für Klaus Tiedemann zum 70. Geburtstag, Köln, München 2008; *Sielaff*, Bruchstellen im polizeilichen Berufsethos, Kriminalistik 1992, 351 ff.; *Stessl*, Von der Herausforderung für Unternehmen, die Wirksamkeit von Compliance auf Mitarbeiterebene sicherzustellen und nachzuweisen, in Graeff/Grieger (Hrsg.), Was ist Korruption? Baden-Baden 2012, 189 ff.; *Sturminger*, Die Korruption in der Weltgeschichte, München 1982; *Täg*, Drittmitteleinwerbung – strafbare Dienstpflicht? Überlegungen zur Novellierung des Straftatbestandes der Vorteilsannahme, JR 2004, 50 ff.; *Tewlin*, Kriminalität in der Chefetage, Kriminalistik 1999, 344 ff.; *Transparency International Deutschland e. V. (Hrsg.)*, Nationaler Integritätsbericht Deutschland, Berlin 2012; *Transparency International*, Jahrbuch Korruption 2006, Schwerpunkt Gesundheitswesen Berlin 2006; *Trenschel,* Korruptionsverdacht – und was dann? Kriminalistik 1999, 750 ff.; *Vahlenkamp/Knauß,* Korruption – hinnehmen oder handeln?, BKA Wiesbaden 1995; *Walisch,* Organisatorische Prävention gegen strafrechtliche Haftung deutscher Unternehmen und ihrer Leitungen nach US-Recht, Berlin 2004; *Walther,* Bestechlichkeit und Bestechung im geschäftlichen Verkehr. Internationale Vorgaben und deutsches Strafrecht, Freiburg 2011; *Weisburd/Waring,* White-Collar Crime and Criminal Careers; Cambridge 2001; *Wessels/Hettinger,* Strafrecht Besonderer Teil 1, 35. Aufl. Heidelberg 2011; *Wieland,* Die Psychologie der Compliance – Motivation, Wahrnehmung und Legitimation von Wirtschaftskriminalität, in Wieland/Steinmeyer/Grüning (Hrsg.), Handbuch Compliance-Management, Berlin 2010, 71 ff.; *Wieland/Steinmeyer/Grüning (Hrsg.),* Handbuch Compliance-Management, Berlin 2010; *Wittig,* § 299 StGB durch Einschaltung von Vermittlerfirmen bei Schmiergeldzahlungen, wistra 1998, 7 ff.; *Wimmer,* Die Verwertung unternehmensinterner Untersuchungen – Aufgabe oder Durchsetzung des Legalitätsprinzips? In Schulz/Reinhart/Sahan (Hrsg.), Festschrift für Imme Roxin, Heidelberg, 2012, 537 ff.; *Ziekow/Siegel,* Evaluation des zweiten Modellversuchs „Befreiung von Vorschriften der VOB/A erster Abschnitt" des Landes Nordrhein-Westfalen, Baden-Baden 2007; *Zieschang,* Das EU-Bestechungsgesetz und das Gesetz zur Bekämpfung internationaler Bestechung, NJW 1999, 105 ff.; *Zimring/Johnson,* On The Comparative Study Of Corruption, British Journal of Criminology (2005) 45, 793 ff.; *Zöller,* Abschied vom Wettbewerbsmodell bei der Verfolgung der Wirtschaftskorruption? Überlegungen zur Reform des § 299 StGB, GA 3/2009, 137 ff.

Inhaltsübersicht

	Rn
I. Allgemeines	1–37
1. Phänomen Korruption	1–3
2. Weiter Korruptionsbegriff	4
3. Strafrechtlicher Korruptionsbegriff	5
4. Korruptionsstrukturen in Deutschland und empirische Erkenntnisse	6
a) Korruptionsstrukturen	6–9
b) Erkenntnisse über Täter	10
c) Empirische Erkenntnisse über grenzüberschreitende Korruption	11
5. Deutschland im internationalen Vergleich	12–15
6. Statistik – Verbreitung der Korruption	16–21
7. Dunkelfeld	22, 23
8. Schädlichkeit der Korruption	24–28
a) Materielle Schäden	24–27
b) Immaterielle Schäden	28
9. Öffentliches Dienstrecht und Folgen von Dienstpflichtverletzungen	29–32
10. Korruptionsprävention in Bund und den Ländern	33–35
11. Compliance – Korruptionsprävention in der Wirtschaft	36, 37
II. Materielles Strafrecht	38–115
1. Überblick	38–45
2. Bestechungsdelikte (§§ 331–335 StGB)	46–835
a) Allgemeine Vorbemerkung zum Gesetz zur Bekämpfung der Korruption (Korruptionsbekämpfungsgesetz)	46
b) Rechtsgut der §§ 331 ff. StGB	47
c) Amtsträger	48–51
d) Vorteilsannahme und Vorteilsgewährung, §§ 331, 333 StGB	52–62

	Rn.
aa) Vorteil	54–60
bb) gelockerte Unrechtsvereinbarung	61, 62
e) Einschränkungen und Probleme des Tatbestandes	63–73
aa) Sozialadäquanz	64
bb) Geschenke und Einladungen, Repräsentation der Behörde	65, 66
cc) Sponsoring	67, 68
dd) Wahlkampfspenden	69
ee) Drittmittel für Forschung und Lehre	70–73
f) Bestechlichkeit und Bestechung, §§ 332, 334 StGB	74, 75
g) § 335 StGB	76
h) Täterschaft und Teilnahme	77, 78
i) Verjährung	79–81
j) Sanktionen und Gewinnabschöpfung	82, 83
3. Angestelltenbestechung, §§ 299, 300 StGB	84–90
a) Vorbemerkung	84, 85
b) Täterkreis	86
c) Unrechtsvereinbarung	87
d) Unlautere Bevorzugung im Wettbewerb	88
e) Zukunftsbezug	89
f) Vermittler	90
4. Internationale Korruption und deutsches Strafrecht	91–94
5. Untreue, § 266 StGB	95
a) Typische schädigende Manipulationen	96
b) „Schwarze Kassen"	97–100
6. Politische Korruption und Abgeordnetenbestechung, § 108e StGB	101–103
7. Steuerhinterziehung	104, 105
8. Korruption und Sport	106–110

	Rn.		Rn.
9. Die Auswirkungen des amerikanischen Strafrechts auf deutsche Unternehmen	111–114	3. Strafprozessuale Ermittlungsmaßnahmen	119–122
10. UK Bribery Act	115	4. Vorschläge zur Intensivierung der Strafverfolgung gegen Korruption	123–125
III. Ermittlungen bei Korruptionsdelikten	116–129	5. Untersuchungshaft	126
1. Notwendige Spezialisierung der Strafverfolgung	116	6. Telefonüberwachung und Wohnraumüberwachung	127
2. Anzeigepflicht und Hinweisgeber („Whistleblowing")	117, 118	7. Vertraulichkeitszusage	128
		IV. Ausblick	129

I. Allgemeines

1. Phänomen Korruption

1   Korruption ist ein Thema, das in den letzten beiden Jahrzehnten (und seit der letzten Auflage dieses Handbuches) eine interessante Wendung in der öffentlichen Wahrnehmung erfahren hat. Waren vor der Verabschiedung des Korruptionsbekämpfungsgesetzes 1997 noch Debatten um die Berechtigung einer Thematisierung (oder auch Skandalisierung) im Gange, weil liebgewonnene Gewohnheiten infrage gestellt werden und viele sich auf einmal für „normale" Vorteilsannahmen und Geschäftspraktiken rechtfertigen mussten, so waren in den Folgejahren Bestechungszahlungen nicht mehr steuerlich absetzbar und Praktiken der Auslandsbestechung wurden unter Strafe gestellt. Auf Tagungen und einschlägigen Fortbildungsveranstaltungen war jedoch vor zehn Jahren noch häufig zu hören, Forderungen nach Ächtung der Korruption stellten einen rigiden Moralismus und Ausdruck von Weltfremdheit dar. Es sei faktisch unmöglich, im Ausland Geschäfte ohne die Zahlung „nützlicher Aufwendungen" zu tätigen. Nach 1997 bestimmte das Thema Korruption als Problem bestechlicher Beamter die Wahrnehmung. Man konzentrierte sich auf Fälle und „Skandale" im öffentlichen Dienst, der Schwerpunkt lag bei korrupten Baubehörden und Vergabemanipulationen bei Bauaufträgen. Mit zunehmender Privatisierung rückten Public Private Partnerships mit den meistens schwierigen rechtlichen Würdigungen der Amtsträgereigenschaft in den Blick. So neu waren die korruptiven „Gepflogenheiten" nicht, aber die Strafrechtsverschärfung, mediale Skandalisierungen und die aufgrund internationaler Abkommen riskanter werdenden Korruptionspraktiken im Ausland sorgten für öffentliche Beachtung.

Dann kam der „Fall Siemens" mit „schwarzen Kassen", Schmiergeldzahlungen in Millionenhöhe und systematischen Bestechungspraktiken ans Licht und sorgte ab 2006 für eine Vielzahl von Strafverfahren im Inland (vornehmlich durch die Staatsanwaltschaft München I) und Ausland, vor allem aber auch für ein Tätigwerden der amerikanischen Börsenaufsicht Securities and Exchange Commission, SEC.[1] Im Jahr 2013 war der strafrechtliche Komplex nahezu abgearbeitet (bis auf einzelne Verfahren). Das Bekanntwerden der strukturellen Korruption bei Siemens mit Kosten von etwa 2,5 Milliarden Euro für Strafen, Bußen, interne Ermittlungen und den immensen Umbau der Compliance-Abteilung (verstanden vor allem als Antikorruptionssystem) mit zwischenzeitlich 600 Mitarbeitern hat nicht nur bei den deutschen Unternehmen zu einem Bewusstsein für Risiken der Korruption geführt. Man konnte sich weder die Dimensionen der Bestechungspraktiken noch die Folgekosten (und weiteren Nachteile wie etwa Vergabesperren und verweigerte joint ventures) vorstellen. Die Wahrnehmung war und ist dabei voller Doppelmoral: Einerseits wurde und wird noch heute von der Normalität von nützlichen Aufwendungen, Provisionen und Beraterverträgen (Euphemismen für Bestechung und Korruption) ausgegangen. Andererseits hielt wohl kein Unternehmen ein derart massives strafrechtliches Vorgehen für möglich.

---

[1] *Leyendecker* 2007, 59 ff.; *Graeff/Schröder/Wolf* (Hrsg.) 2009; *Moosmayer* 2012 sowie Fallbeschreibungen zu Vorgehensweisen mit „schwarzen Kassen" unter II 5. Untreue, Rn. 97 ff.

I. Allgemeines **12**

Die großen Unternehmen, vorrangig die DAX-Konzerne, können seitdem die Risiken von entsprechenden Strafverfolgungen nicht mehr leugnen. Zum Teil ging und geht man jedoch von fehlender Entdeckungswahrscheinlichkeit das eigene Unternehmen betreffend aus. Die Fälle MAN, Ferrostaal, Ergo und andere belegen das. Dies zeigen aber auch interne Ermittlungen und Kenntnisse einiger Compliance-Abteilungen bei Großkonzernen, ohne dass es zu strafrechtlichen Ermittlungen kommt. Was sich jedoch drastisch verändert hat, ist die Haltung nach außen: Die eigenen Praktiken werden nicht mehr leichtfertig zugegeben oder gerechtfertigt. Compliance-Abteilungen sind aus Großunternehmen kaum wegzudenken. Ob der Compliance-Boom jedoch mehr bewirkt als ein neues Geschäfts- und Berufsfeld für Rechtsanwaltskanzleien und Wirtschaftsprüfungsgesellschaften, ist sehr fraglich. Die Korruptionspraktiken werden mit Sicherheit nicht alle unterbunden. Die Vorgehensweisen werden subtiler, verdeckter und durch das Vorhandensein der Compliance-Abteilungen bestehen nach außen bessere Möglichkeiten der Rechtfertigung für die Unternehmen, wenn Korruption bekannt wird oder zu Ermittlungsverfahren führt.

Ein Unterschied besteht auch zwischen Großunternehmen und mittelständischen Unternehmen. Bei letzteren ist die Sensibilität in der Regel heute noch nicht vorhanden. Über der Konzentration auf Korruption in der Wirtschaft wird die ebenso notwendige Korruptionsprävention (oder ebenfalls Compliance) im öffentlichen Dienst fast vergessen. Trotz angeschwollener Anti-Korruptions-Richtlinien und Ausführungsbestimmungen zu Richtlinien gelingt es politisch Verantwortlichen in Städten und Kommunen genauso wie machtbewussten Amtsträgern, Kontrolle zu umgehen und persönlich von korrupten Einflussnahmen zu profitieren. Defizite bei der Strafverfolgung verstärken die Problematik. Nach wie vor gibt es erhebliche Unterlassungen bei der angemessenen Verfolgung von Wirtschaftsstrafsachen, zu denen Korruptionsverfahren häufig gehören. Zu einer handlungsverändernden Risikoeinschätzung trägt die bisherige, sehr zögerliche, an einer Scheu vor umfangreichen Komplexen und Verfahrenseinstellungen orientierte Praxis der Staatsanwaltschaften nicht bei. Das Problem liegt dabei weniger bei den einzelnen Dezernenten als in den personell unterbesetzten Abteilungen, der auf Wechsel angelegten Personalpolitik und auch am fehlenden politischen Willen, Wirtschaftskriminalität professionell zu verfolgen. Eine nachdrückliche Verfolgung von Wirtschaftsstraftaten trifft zu oft auf den Widerstand politisch nahestehender Personen. Diese Erkenntnis ist keineswegs neu, sollte aber Fehlwahrnehmungen im Zusammenhang mit dem Modethema Compliance vermeiden.

Korruption gab es und wird es immer geben. Die Häufigkeit ihres Auftretens, die Phänomene und das Ausmaß der gesellschaftlichen Betroffenheit werden sich verändern. Entscheidend für die Wahrnehmung von Korruption als Problem ist die gesellschaftliche Sensibilität. Diese unterliegt dem Zeitgeist und Wellenbewegungen. **2**

Anfang der 1990er Jahre führten strafrechtliche Ermittlungen wegen Amtsträgerbestechungen eine verstärkte Sensibilität und gesetzgeberische Aktivitäten herbei. Die Konferenz der Innenminister und -senatoren (IMK) stellte 1996 fest, Korruption habe sich zu einer ernsthaften Bedrohung der moralischen Grundlagen unserer Gesellschaft entwickelt. Der 61. Deutsche Juristentag in Karlsruhe hat 1996 Änderungen des Straf- und Strafprozessrechts beschlossen, um der Gefahr von Korruption begegnen zu können. Auf der Grundlage von Gutachten und Beratungen wurde das Gesetz zur Bekämpfung der Korruption (Korruptionsbekämpfungsgesetz) am 13.8.1997[2] verabschiedet. Mit dieser wichtigen Änderung der Strafvorschriften gegen die Korruption veränderte sich auch die öffentliche Wahrnehmung. Das bis dahin gepflegte Bild vom weitgehend korruptionsfreien Deutschland musste erheblich revidiert werden. Häufig verwies man auf Einzelfälle und „schwarze Schafe", ohne die zur Normalität gewordenen korruptiven Strukturen im öffentlichen Dienst und in der Wirtschaft sehen zu wollen. Die Häufung bekannt gewordener Fälle von Privatbestechung bei DAX-Unternehmen ab dem Jahr 2005 zeigte, dass zahlreiche namhafte Unternehmen von Korruption betroffen sind und den Risiken wohl nicht mit wirksamen Kontrollstrategien begegnen. Gerade die 1997 verschärfte Strafbarkeit, aber auch Ermittlungen nach amerikanischem Strafrecht führen zunehmend zur Aufdeckung von Korruption in der Wirtschaft. Verweise auf er-

---

[2] BGBl. I S. 2038; in Kraft getreten am 20.8.1997; zu den Einzelheiten der Änderungen Rn. 38 ff.

schreckende Korruption im Ausland verfangen nicht mehr, in Deutschland und in den führenden Industrienationen ist Korruption vielfach Geschäftspolitik und Normalität.[3] Befragungen der Unternehmensberatung PricewaterhouseCoopers gemeinsam mit der Martin-Luther-Universität Halle-Wittenberg ergaben für die Jahre 2003 und 2004, das 46 % der Unternehmen von diversen wirtschaftskriminellen Handlungen betroffen waren.[4] Insbesondere bei Korruptionsdelikten berichteten fast 70 % der betroffenen Unternehmen neben materiellen Schäden auch von Imageschäden, Schwächung der Mitarbeitermotivation und Beeinträchtigungen der Beziehungen zu Geschäftspartnern. Trotz dieser Betroffenheit waren damals Kontroll- und Präventionssysteme sowie Risikobewusstsein recht schwach ausgeprägt. In den Folgestudien wurde deutlich, dass viele Unternehmen von Korruption und anderen wirtschaftskriminellen Handlungen betroffen sind, die Risikoeinschätzung auch Trends unterliegt, aber die Verbreitung von Anti-Korruptions- und Compliance-Programmen deutlich zugenommen hat.[5]

3   Die unlauteren Einflussnahmen sind nicht immer strafbar, wie etwa Schiedsrichter- und Spielerbestechungen im Leistungssport, erst recht Stimmenkäufe von Sportfunktionären der internationalen Sportverbände[6], bezahlte Lobbyarbeit von Abgeordneten und unsachliche Einflussnahmen auf freiberufliche Journalisten zeigen. Reformbedarf kann bei der Bestechung im geschäftlichen Verkehr gesehen werden. Freiberufler sind vom Strafrecht ausgenommen, wenn sie sich unsachlich beeinflussen lassen und höchstrichterlich geklärt dürfen sich niedergelassene Ärzte (Kassenärzte) bestechen lassen, ohne strafrechtliche Folgen befürchten zu müssen[7].

2. Weiter Korruptionsbegriff

4   Es gibt keinen einheitlichen Begriff der Korruption.[8] Der Versuch einer Begriffsbestimmung führt über allgemeine Ausführungen zur Wortbedeutung (abgeleitet aus dem lat. corrumpere: Bestechlichkeit, Verderbtheit, Sittenverfall) zu Definitionen, die in verschiedenen Wissenschaftsbereichen entwickelt wurden. Auf die historischen Beispiele für Korruption wird vielerorts hingewiesen.[9] Danach kannte jede gesellschaftliche Organisationsform neben den legalen Machtstrukturen auch die unlautere Einflussnahme und Bestechung, um Macht zu gewinnen. Kein Staat ist von Korruption frei, unterschiedlich sind das Ausmaß und die Phänomene, die von der bagatellhaften petty corruption bis hin zu staatsbedrohenden Strukturen politischer Korruption reichen. In einem ethisch-moralischen Sinn kann Korruption alle Verhaltensweisen bezeichnen, bei denen sich Personen mit öffentlichen oder privaten Aufgaben auf Kosten der Allgemeinheit als unangemessen bewertete Vorteile verschaffen.[10] Es finden sich sozialwissenschaftliche, politikwissenschaftliche, theologische und sozialpsychologische

---

[3] Vgl. dazu den Bribe Payers Index und den Corruption Perceptions Index von Transparency International, www.transparency.de und Rn. 12 ff.

[4] *PwC/Martin-Luther-Universität Halle-Wittenberg* 2005; *Bussmann/Salvenmoser* NStZ 2006, 203 ff.; s. auch *Bussmann/Werle*, Brit. J.Criminol. (2006) 46, 1128 ff. zu einer erweiterten weltweiten Befragung von 5.500 Unternehmen. Zu weiteren Erkenntnissen Rn. 9.

[5] *PwC/Martin-Luther-Universität Halle-Wittenberg* 2011, 27.

[6] Dazu noch unten II. 8., Korruption im Sport.

[7] BGH GSSt 2/11 vom 29.3.2012, St 57, 202 ff.; berufsrechtlich ist es den Ärzten untersagt, Geschenke und Vorteile für ihre Tätigkeit anzunehmen (§ 42 BeamtStG, § 71 BBG, § 7 I HWG). Während Ärzte im öffentlichen Dienst den scharfen Strafvorschriften der §§ 331 ff. StGB unterfallen, war bei Kassenärzten lange streitig, ob sie eventuell als Beauftragte § 299 unterfallen könnten. Dazu noch Rn. 86 und Vorauft.

[8] Zu Begriff und Phänomen *Rose-Ackermann*, in *Wagner/Wolf* (Hrsg.) 2011, 76 ff.; *Rose-Ackermann*, in *Pieth/Eigen* (Hrsg.) 1999, 41; *Zimring/Johnson* Brit. J. Criminol. (2005) 45, 795 ff.

[9] Beispiele bei *Bannenberg/Schaupensteiner* 2007, 15, 25 ff; *Noack* 1985; *Schuller* 1985, 72 ff.; *Bellers* 1989; *Heidenheimer/Johnston/LeVine* (Eds.) 1989/1993; *Kilz/Preuss* 1983 zu Flick; *Hafner/Jacoby* (Hrsg.) 1990, vor allem die Beiträge von *Mechtersheimer* zu HS 30, *Schulze* zur Bundesliga, *Mülder* zu Antes, *Münkler* zur Neuen Heimat und *Gansel* zu HDW; *Sturminger* 1982, *Grüne/Slanicka* (Hrsg.) 2010.

[10] *Dölling* 1996, C 9 m.w.Nw.

I. Allgemeines **12**

Begriffsbestimmungen neben wirtschaftswissenschaftlichen und strafrechtlichen Deutungsversuchen. Korruption wird u. a. „als Missbrauch von Macht, und zwar als Missbrauch eines öffentlichen Amtes oder Mandates zu privaten wie parteipolitischen Zwecken durch die Verletzung von Rechtsnormen" definiert.[11] Für die Wirtschaftswissenschaft wird auf einen Tausch abgestellt, bei dem einer der Beteiligten durch Missbrauch einer Vertrauensstellung eine nicht erlaubte Handlung als Leistung erbringt.[12]

3. Strafrechtlicher Korruptionsbegriff

Das Strafrecht kennt den Begriff Korruption nicht, auch wenn der Gesetzgeber die Novellierung der einschlägigen Bestechungsdelikte in einem „Gesetz zur Bekämpfung der Korruption" vom 13.8.1997 (Korruptionsbekämpfungsgesetz) geregelt hat. Im Strafgesetzbuch versteht man unter Korruption seit den Änderungen durch das Korruptionsbekämpfungsgesetz die Amtsdelikte der §§ 331–335 (Vorteilsannahme, Bestechlichkeit, Vorteilsgewährung und Bestechung) und die Bestechlichkeit und Bestechung im geschäftlichen Verkehr (§§ 299, 300) sowie § 108b (Wählerbestechung) und § 108e StGB (Abgeordnetenbestechung). 5

4. Korruptionsstrukturen in Deutschland und empirische Erkenntnisse

a) Korruptionsstrukturen

Über die Verbreitung und die Phänomene der Korruption ist in den letzten 20 Jahren einiges bekannt geworden, den Medien sind Berichte über einzelne Fälle zu entnehmen.[13] Ein befriedigendes empirisches Bild ist aber nicht zu erlangen.[14] Empirische Studien sind noch immer selten. In Deutschland ist die strukturelle Korruption problematisch, also das wiederholte Aufeinandertreffen von Akteuren, um wiederholt persönliche Vorteile aus Leistungs- und Auftragsvergaben vielfältiger Art zu ziehen. Nicht nur Bau-, Vergabe- und Immobiliensektor sind betroffen, zahlreiche Dienstleistungen der öffentlichen Hand wie privater Anbieter werden beeinflusst, der Wettbewerb ausgeschaltet und es wird bei der durch Bestechung ausgeschalteten Kontrolle durch Schlecht- und Nichtleistung bei der Ausführung der Aufträge betrogen. So mancher Tiefbau wird teurer abgerechnet als gebaut, Bestechungsgelder (2–3% bei Großaufträgen, 20–30% bei anderen Vergaben) werden in die Aufträge eingerechnet, Einkäufer kaufen schadhafte Teile zu überteuerten Preisen, weil sie persönlich profitieren. An Schulen und anderen öffentlichen Gebäuden werden angeblich ausgewechselte und reparierte Sanitäreinrichtungen und Fliesen abgerechnet, aber niemals eingebaut. Auf deutschen 6

---

[11] *Landfried* 1994, S. 173 ff. m.w.Nw.; *Noack* 1985, 7 ff.
[12] *Lambsdorff*, in *Pieth/Eigen (Hrsg.)* 1999, 57.
[13] Sehr anschaulich zu den letzten „großen" Fällen in Deutschland *Leyendecker* 2007. Das LG München I verurteilte am 27.6.2012 (5 KLs 406 Js 100098/11) das ehemalige Vorstandsmitglied der Bayerischen Landesbank (G.) zu einer Freiheitsstrafe von 8 Jahren und 6 Monaten wegen Bestechlichkeit in Tateinheit mit Untreue und Steuerhinterziehung, weil er in den Jahren 2005 bis 2007 von Formel-1„Chef" Ecclestone 44 Millionen Dollar (ca. 35 Millionen Euro) Bestechungsgeld für den Verkauf der Anteile der Landesbank an der Formel-1 an einen Finanzinvestor erhalten hat. Sowohl das Bestechungsgeld wie auch die Höhe der Freiheitsstrafe waren für deutsche Verhältnisse äußerst ungewöhnlich (die Revision wurde zurückgenommen, das Urteil wurde am 2.5.2013 rechtskräftig, BGH 1 StR 96/13).
[14] Dies war Anlass für eine umfassende empirische Studie über Korruption in Deutschland anhand von Strafakten und Interviews, *Bannenberg* 2002. Obwohl die Studie 10 Jahre alt ist, gibt sie wichtige Hinweise über Strukturen, Phänomene und Täter. Aufgrund der damaligen Gesetzeslage konzentrierte sie sich auf Amtsträgerdelikte. *Braasch* hat in einer umfassenden Studie, die 2013 als Habilitationsschrift veröffentlicht werden wird, einen empirischen Blick auf die Privatwirtschaft gerichtet. Die Ergebnisse ähneln sich sehr; die Strukturen bestätigen sich. Bestechungssummen sind gestiegen und das Verhalten der erfahrenen Täter ist stärker auf Verschleierung angelegt. Die Täter zeigen häufig Arroganz, fehlendes Unrechtsbewusstsein, bagatellisieren die Schäden, haben Rückhalt in ihrer Berufsgruppe bzw. im Unternehmen und pflegen die Haltung, sich als erfolgreiche „Macher" über das Gesetz stellen zu dürfen. Erste Eindrücke geben die Beiträge von *Braasch*, in *Bannenberg/Jehle (Hrsg.)* 2010, 185 ff. und in *Kliche/Thiel (Hrsg.)* 2011, 234 ff.

Straßen fahren Tausende ungeeigneter Führerscheinbesitzer, die das Papier gekauft, aber niemals eine Prüfung abgelegt haben. Beim sogenannten Facility Management verdienen bestochene Geschäftsführer Millionen, indem sie Aufträge an denjenigen vergeben, der bezahlt; Bestechungsgelder und Preisüberhöhungen werden in den Pauschalpreis eingerechnet, den Unternehmen und Immobilienfirmen ohne Prüfung zahlen. Kommunale Entscheidungsträger weisen Bauland aus und erteilen Genehmigungen, weil ein Investor einen persönlichen Vorteil aus seinem eigennützigen Engagement ziehen will. Getarnt als Sponsorenleistung entpuppt sich die vermeintliche Spende zu kommunalem Nutzen als Bestechungszahlung für rechtswidrige Beschlüsse einer Gemeinde mit erheblichen Nachteilen für die Bürger.[15]

7   Typischerweise werden situative und strukturelle Korruption unterschieden, wobei situative Korruption einen einmaligen spontanen Kontakt und strukturelle Korruption auf Dauer angelegte Beziehungen meint.[16] Ergebnisse aus einer umfangreichen, bundesweit durchgeführten strafrechtlich-empirischen Studie zur Korruption zeigen weitere Differenzierungen, unterschiedliche Korruptionsstrukturen, typische Täter und vielfältige Mängel bei der Aufdeckung und Reaktion auf Korruption.[17] Danach lassen sich Korruptionsstraftaten wie folgt klassifizieren: Einzelfall- und Bagatelldelikte (situative Korruption), räumlich und personell begrenzte und oft auf jahrelange Wiederholung angelegte „gewachsene Beziehungen" und organisierte Wirtschaftskriminalität großen Stils nicht zuletzt mit Verbindungen in die Politik. Problematisch ist dabei gerade die Verbreitung der schwerwiegenden Formen (strukturelle Korruption). Langjährige, auch jahrzehntelange Verbindungen lassen sich belegen, in denen die Beteiligten fortwährend manipulieren, verschleiern und profitieren. Korruption in Deutschland ist kein Problem der sogenannten Einzelfall- oder Bagatellkorruption. Diese Fälle kommen zwar vor, stellen jedoch weder ein massenhaftes Phänomen dar (wie z. B. die facilitation payments, Beschleunigungszahlungen von relativ geringem Wert, etwa im Zollbereich), noch gäben sie Anlass zur Beunruhigung. Einzelfälle liegen vor, wenn bei Gelegenheit, also aus der Situation heraus, geschmiert wird (bei der Verkehrskontrolle überreicht der Autofahrer Führer- und Euroschein, in der Erwartung den Führerschein zurückzubekommen), die Bestechung also weder geplant noch auf Wiederholung angelegt ist (situative Korruption). Geber und Nehmer sind sich in der Regel fremd, das Geschehen beschränkt sich meistens nur auf zwei oder wenig mehr Personen. Bei „gewachsenen Beziehungen" handelt es sich um Fälle struktureller Korruption, die räumlich und personell begrenzt sind. Es geht um länger andauernde Korruptionsbeziehungen, die sich vorwiegend auf eine Wirtschaftsregion beschränken. Die Korruptionsverflechtungen können weit über hundert Personen und Dutzende von Firmen umfassen. In der Regel wachsen diese Beziehungen sehr lange ungestört. Strukturelle Korruption findet sich typischerweise im Bauwesen und allgemein im Vergabebereich der öffentlichen Verwaltung. Von Netzwerken der Korruption ist im Zusammenhang mit der organisierten Wirtschaftskriminalität auszugehen. Hier ist eine Vielzahl von Personen auf Nehmer- und Geberseite, häufig Kartelle, auf Dauer und über die Grenzen von Bundesländern hinweg, beteiligt. Die Korruption gehört zur Geschäftspolitik eines Unternehmens und wird entsprechend dem hierarchischen Aufbau vom Vorstand beschlossen und über die kaufmännische Geschäftsleitung bis hinunter zum Kalkulator in die Tat umgesetzt. Eine systematische Einflussnahme der gewaltorientierten organisierten Kriminalität (in Abgrenzung zur organisierten Wirtschaftskriminalität[18]), wie sie etwa im Bereich des Menschen- und Dro-

---

[15] Struktur- und Fallbeispiele bei *Bannenberg/Schaupensteiner* 2007, insb. 104 ff.; *Bannenberg* 2002, insb. 103 ff., 114 ff.; mit anschaulichen Beispielen über korruptive Manipulationen und mangelhafte Kontrolle aus vielen Bereichen der Verwaltung *Bartsch/Paltzow/Trautner* 2011, Kap. 2.
[16] *BKA*, Bundeslagebild Korruption 2011; mit umfassenden Definitionen frühere Lagebilder; mit weiterer Differenzierung *Bruhn*, in *Mischkowitz u. a.* 2000, 172 ff.; zum Teil variieren die Bezeichnungen: Bagatell-, Gelegenheits- und Einzelfallkorruption für situative Korruption, verschiedene Varianten bei der strukturellen Korruption, vgl. die Analyse bei *Bannenberg*, 2002, 325 ff. m. w. Nw.
[17] *Bannenberg* 2002 umfassend zu Strukturen.
[18] Zur organisierten Wirtschaftskriminalität auch *Wimmer*, 7. Kap. in diesem Band. Die Definitionen organisierter Kriminalität sind nach wie vor sehr umstritten. Der wesentliche Unterschied zwischen organisierter Wirtschaftskriminalität und sonstiger organisierter Kriminalität wird hier darin gesehen, dass

I. Allgemeines

genhandels anzutreffen ist, auf Politik, Justiz und Verwaltung mithilfe von Korruption ist in Deutschland bislang nicht festzustellen, von Einzelfällen abgesehen.

Ein grundlegendes, Korruptionsdelikte förderndes Problem ist die **geringe Entdeckungswahrscheinlichkeit**. In Verwaltungen und Unternehmen besteht ein deutliches Kontrolldefizit. Als negativ hat sich in lange andauernden Korruptionsfällen immer wieder gezeigt, dass vorhandene Hinweise und Verdachtsmomente, die von Mitarbeitern geäußert worden waren, nicht ernst genommen wurden und diese Mitarbeiter, die versuchten, Kontrollen auszulösen, häufig noch negativen Reaktionen ausgesetzt waren. Dies schwächt nicht nur auf Dauer die Motivation der ehrlichen Mitarbeiter in der Verwaltung, sondern ermöglicht den Tätern, ihre Selbstbereicherung über Jahre zu verschleiern und das Recht zu missachten. Dabei zeigt sich weiter, dass die Täter auf der einen Seite gerade die leistungsstarken Amtsträger sind, die Vertrauen genießen und die Macht haben, Vorgänge abzuschotten. In der Wirtschaft zeigt sich häufig die bereits jahrzehntelang übliche Praxis der Korruption als Geschäftspolitik, die ehrliche Mitbewerber nicht zum Zuge kommen lässt und enormen Schaden in materieller und immaterieller Hinsicht anrichtet. Nicht selten wird nach der Aufdeckung eines Korruptionsfalles dem vermeintlichen „schwarzen Schaf" die Verantwortung zugeschoben, die Korruption als krimineller Einzelfall gebrandmarkt und Öffentlichkeit und Konkurrenz werden über das wahre Ausmaß der Korruption getäuscht. Für „whistleblower" oder Hinweisgeber, für ehrliche Einzelpersonen oder Unternehmer entsteht bei Offenbarung von Wissen über korrupte Handlungen ein hohes wirtschaftliches Risiko, das bis zur Existenzvernichtung reichen kann. Es müssen daher dringend Schutzkonzepte entwickelt werden. Diese Gedanken sind mittlerweile vielfach in Compliance-Richtlinien übernommen worden.[19] Probleme gibt es generell bei der praktischen Umsetzung der Compliance-Richtlinien, insbesondere bei der strukturellen Korruption, wie etwa das Beispiel Siemens-Enel zeigt, bei dem der Compliance-Beauftragte zugleich die schwarze Kasse für Bestechungszahlungen hielt.

Die Unternehmensberatung PricewaterhouseCoopers führte gemeinsam mit der Martin-Luther-Universität Halle-Wittenberg mittlerweile sechs Befragungen von Unternehmen zur Einschätzung und Betroffenheit von Wirtschaftskriminalität durch. Für die Studie 2005 wurden 3.634 Unternehmen in 34 Ländern erfasst, ergänzt durch Telefoninterviews mit Führungskräften von 400 deutschen Unternehmen.[20] Danach waren 46 % der Unternehmen von diversen wirtschaftskriminellen Handlungen betroffen. Insbesondere bei Korruptionsdelikten berichteten fast 70 % der betroffenen Unternehmen neben materiellen Schäden auch von Imageschäden, Schwächung der Mitarbeitermotivation und Beeinträchtigungen der Beziehungen zu Geschäftspartnern. 2011 berichteten 52 % der Unternehmen über mindestens einen Schadensfall durch ein wirtschaftskriminelles Delikt, 26 % der Unternehmen berichteten einen Verdachtsfall der Korruption (eindeutige Fälle in 12 %).[21] Die verschiedenen Befragungen bestätigen in ihren Kernaussagen ein hohes Dunkelfeld von Korruption.[22] Die Studie aus 2011 ist in einigen Aussagen mit früheren Studien vergleichbar. Von besonderem Interesse sind die Aussagen zur Betroffenheit von Korruption. Es wurden Verantwortliche in 830 Unternehmen mit über 500 Mitarbeitern befragt, die sich für die Themen Kriminalprävention

---

organisierte Wirtschaftskriminalität sich vornehmlich aus Strukturen grundsätzlich legal agierender Wirtschaftsunternehmen ergeben kann und es an dem Einsatz der Gewalt im Gegensatz zu sonstigen Formen der organisierten Kriminalität fehlt. Zur organisierten Kriminalität *Fijnaut/Paoli (Eds.)* 2004; zu den Einzelheiten *Bannenberg* 2002, 97 ff., 325 ff.

[19] Vgl. die Neuaufnahme des whistleblowing (vertrauliches Hinweisgebersystem) im Zusammenhang mit den internen Organisationsmaßnahmen im ICC-Verhaltenskodex für die Wirtschaft (2008).

[20] *PwC/Martin-Luther-Universität Halle-Wittenberg* 2005.

[21] *PwC/Martin-Luther-Universität Halle-Wittenberg* 2011, 19, 20.

[22] *PwC/Martin-Luther-Universität Halle-Wittenberg* 2005, 2007, 2009; die Studie Compliance und Unternehmenskultur 2010 richtet den Blick auf die „Konjunktur" von Compliance; die Studie zur Kriminalität im öffentlichen Sektor 2010 versucht mit Interviews das Dunkelfeld der Korruption in der Verwaltung zu erhellen, die Studie 2011 betrachtet Wirtschaftskriminalität und Compliance mit einem Schwerpunkt auf der Korruption. Die aktuelle Studie 2013 legt einen Schwerpunkt auf die Pharmaindustrie.

und -aufklärung für zuständig erklärten.²³ 52 % der Unternehmen berichteten über mindestens einen Schadensfall in 2011, konkret hatten 12 % (2009 13 %) einen Korruptionsfall aufzuweisen. Allerdings war die Korruption auch schwierig nachzuweisen, einen Verdachtsfall der Korruption sahen 26 % der Unternehmen.²⁴ Die Schäden speziell durch Korruption sahen die befragten Unternehmen zu 3,4 % in direkten finanziellen, darüber hinaus jedoch in schwer einzuschätzenden immateriellen Reputationsschäden (68 % meinten, der Schaden sei eher gering, 12 % eher groß).²⁵ Die Korruption betreffend wurde die Entwicklung als keinesfalls abnehmend oder beruhigend bewertet. Neben der konkreten Betroffenheit (12 %) und den Verdachtsfällen (26 %) wurde von mindestens 17 % der Unternehmen ein Bestechungsgeld erwartet, nahmen 26 % der Unternehmen an, sie wären im Wettbewerb durch Korruption benachteiligt worden und seien im Fall der Betroffenheit auch erheblich zeitlich mit der Aufarbeitung beschäftigt gewesen.²⁶ Trotz einer erheblichen Ausweitung von Compliance-Systemen sind die eingesetzten Einzelmaßnahmen sehr unterschiedlich, insbesondere wird auch im Auslandsgeschäft häufig von den Compliance-Standards abgerückt, obwohl sich die Risikoeinschätzung deutlich verändert hat.²⁷ Die Studie 2013 betrachtet spezifische Korruptionsprobleme der Pharmaindustrie und belegt eine breite Palette korruptionsgeneigter Kontakte zwischen Vertretern der Pharmaindustrie und Ärzten.²⁸

Befragungen von Ernst & Young im Jahr 2011 werfen einen Blick auf das Dunkelfeld korruptiver Geschäftspraktiken in 25 europäischen Ländern.²⁹ In Zusammenarbeit mit dem Handelsblatt befragte Corporate Trust unterstützt durch Rechtsanwalts- und Wirtschaftsprüfungsgesellschaften 5.154 mittelständische Unternehmen über mehrere Branchen verteilt. Danach waren 15 % der Unternehmen von Korruption, Betrug und Untreue betroffen gewesen und viele sahen insbesondere im Auslandsgeschäft die größten Risiken. Das höchste Risiko wurde mit Abstand (66,4 %) in der Korruption gesehen, dagegen installierte jedoch nur ein Drittel der Unternehmen Compliance- und Präventionsmaßnahmen, ein weiteres Drittel verzichtete sogar auf jegliche Prävention.³⁰

b) Erkenntnisse über Täter

10   Typische Täter struktureller Korruption ließen sich in der empirischen Studie von Bannenberg grob in zwei unterschiedlich Typen einteilen: „Betrügerpersönlichkeiten" und „auffällig unauffällige Täter".³¹ Diese Unterscheidung leitet sich aus den untersuchten Strafverfahren struktureller Korruption ab und ist nicht motivorientiert, sondern deskriptiv erfolgt. Die Ursachen und Rahmenbedingungen von Korruption und Wirtschaftskriminalität sind komplex. Eine Beschreibung der Täter ist deshalb zunächst ein empirischer Befund, der nicht zwingend Persönlichkeitseigenschaften und individuelle Charakteristika betont. „Betrügerpersönlichkeiten" entsprechen typischen Hochstaplern. Zur Beschreibung dienen folgende Charakteristika: Personen, die unter „legalen Fassaden" (als Rechtsanwalt, Unternehmer etwa) in Wahrheit Lug und Trug betreiben, mit Fälschungen agieren, geringe Qualifikationen vorweisen können, aber hohe vortäuschen, einen ausgeprägten Hang zur Selbstdarstellung und Angeberei aufweisen, sehr manipulativ und geschickt vorgehen, mit hoher krimineller Energie ihre primär finanziellen und statushebenden Absichten verfolgen, einschlägige Vorstrafen (Bankrott, Betrug) aufweisen, ihre neuen Opfer aber erfolgreich täuschen, einen extrem anspruchsvollen Lebensstil pflegen (Statussymbole, Luxus-Immobilien, Vermögensverschie-

---

[23] *PwC/Martin-Luther-Universität Halle-Wittenberg* 2011, 12, darunter 18 % Compliance-Beauftragte, sonst oft Angehörige der Rechtsabteilungen und Innenrevisionen.
[24] *PwC/Martin-Luther-Universität Halle-Wittenberg* 2011, 17–20.
[25] *PwC/Martin-Luther-Universität Halle-Wittenberg* 2011, 21–26.
[26] *PwC/Martin-Luther-Universität Halle-Wittenberg* 2011, 27 ff.
[27] *PwC/Martin-Luther-Universität Halle-Wittenberg* 2011, 34 ff.
[28] *PwC/Martin-Luther-Universität Halle-Wittenberg* 2013, 13 ff.
[29] European Fraud Survey 2011.
[30] Corporate Trust, Studie Gefahrenbarometer 2010, 17–25, 31 f.
[31] *Bannenberg* 2002, 209 ff. Täter der situativen Korruption sind sehr verschieden und nicht zu kategorisieren. Anders Täter der strukturellen Korruption; zur Diskussion dieser Befunde S. 340 ff. m. w. Nw.

I. Allgemeines

bungen, exotische Domizile), ihre Freundinnen systematisch in die Betrügereien involvieren, und eine starke Rechtfertigung ihres Verhaltens aufweisen. Diese Variante tritt eher selten, aber umso nachhaltig schädigender in Erscheinung, auch bei korruptiven Verhaltensweisen.[32] Der typische Täter struktureller Korruption ist dagegen „auffällig unauffällig" und in Verwaltungs- oder Unternehmensstrukturen ebenso eingebunden wie in ein grundsätzlich legales Weltbild. Diese Täter sind männlich, deutsch, nicht vorbestraft, haben keine Schulden, die sie zur Korruption ermutigen, und verfügen über Macht- und Entscheidungsbefugnisse im Unternehmen oder der Verwaltung. Persönlich sind sie ehrgeizig, sehr berufsorientiert, kennen die Korruptionsstrukturen so gut wie die Anforderungen an ihren Beruf, legen Wert auf soziale und gesellschaftliche Anerkennung und übertreiben es nicht[33]. Unrechtsbewusstsein haben sie in der Regel nicht, weil sie sich als im Einklang mit den beruflichen Anforderungen fühlen und verstehen (was nicht so falsch ist, da Korruption in der Privatwirtschaft hier auch überwiegend im Unternehmensinteresse ausgeübt wird, wenngleich mit privaten Nebenfolgen wie Prämien und Karriere und in der Verwaltung schaut man nicht hin).[34]

Der Wert empirischer Erkenntnisse über Täterpersönlichkeiten liegt zunächst einmal in der Erkenntnis selbst. Die Risikokonstellationen sind hier weniger im Individuum begründet (jedenfalls nicht beim „auffällig unauffälligen Täter", also bei einem in eine Unternehmensstruktur integrierten Täter; anders bei der „Betrügerpersönlichkeit", dem Hochstapler) als vielmehr in einem Wechselspiel zwischen der einflussreichen Persönlichkeit und einer Organisation (Verwaltung oder Unternehmen), die Gelegenheiten zur Begehung von Wirtschaftsstraftaten – häufig ja auch im Unternehmensinteresse – bietet und auf Kontrolle verzichtet. Die Anti-Korruptions-Richtlinien und Compliance-Systeme setzen deshalb zutreffend breit auf mehreren Ebenen an. Es geht weniger darum, den korruptionsgeneigten Täter von vornherein zu erkennen und aus der Organisation herauszuhalten (das wird vielleicht bei Betrügerpersönlichkeiten gelingen können) als darum, das Unternehmen oder Dezernat so zu organisieren, dass Korruption, Betrug und Untreue zu riskant und wenig lohnend erscheinen. Deshalb ist auch eine gewissen Skepsis angebracht, wenn die Forschung über wirtschaftskriminelle Täter (dazu unten) sogleich präventiven Nutzen abwerfen soll. Man sollte hier vorsichtiger und realistischer sein und künftig eher fragen, ob und warum Präventionskonzepte (nicht) wirken.

In einer empirischen Studie von PwC in Zusammenarbeit mit der Hochschule Pforzheim wurde versucht, Täterprofile zu beschreiben.[35] Um die Tatmotive der Wirtschaftsstraftäter zu beleuchten, wurden 13 qualitativ-psychologische Interviews mit verurteilten Wirtschaftsstraftätern in Justizvollzugsanstalten geführt und 60 Strafverfahren anhand der Akten untersucht. Identifiziert wurden fünf Täterprofile, die sich nach Persönlichkeitsstrukturen unterscheiden: „Visionäre" in den drei Ausprägungen egozentriert, frustriert oder narzisstisch, „Abhängige" und „Naive".[36] Aus dieser empirisch begründeten Persönlichkeitsstruktur mit Motivstrukturen und begünstigenden Rahmenbedingungen wird versucht, präventive Erfordernisse abzuleiten.[37] Grundsätzlich ist zuzustimmen (und auch in zahlreichen Compliance-Richtlinien zu finden), dass klare Regeln und kommunizierte und gelebte ethische Werte Hemmschwellen erhöhen und Rechtfertigungsstrategien erschweren. Es handelt sich jedoch um sehr komplexe Bedingungen. Etwas unterbewertet scheint die Kontrolle. In Strafverfahren lässt sich studieren, dass Täter genau wissen, ob im Unternehmen Korruption „hinter den Richtlinien" geduldet oder sogar gefördert wird oder ob die Unternehmensleitung diese illegalen Praktiken nicht duldet und somit das Entdeckungsrisiko steigt. Die Kontrollstrukturen dürfen sich nicht in bürokratischen oberflächlichen Akten erschöpfen, sondern müssen Ausdruck echter Kontrolle und Ächtung korrupter Verhaltensweisen sein.

---

[32] *Bannenberg* 2002, 211 ff., 345 f.
[33] Weniger wird der auffällige Luxussportwagen als eher die zweite und dritte unauffällige Immobilie angeschafft …
[34] *Bannenberg* 2002, 216 ff., 347 ff.
[35] *Cleff/Luppold/Naderer/Volkert*, in *PwC/Martin-Luther-Universität Halle (Hrsg.)* 2009.
[36] *Cleff/Luppold/Naderer/Volkert*, in *PwC/Martin-Luther-Universität Halle (Hrsg.)* 2009, 25.
[37] *Cleff/Luppold/Naderer/Volkert*, in *PwC/Martin-Luther-Universität Halle (Hrsg.)* 2009, 42.

Schneider untersuchte 37 Angeklagte aus 21 Wirtschaftsstrafverfahren aus Berlin und 13 Täter aus internen Ermittlungen in Anlehnung an die Unterscheidung von Weisburd & Waring (opportunity taker and opportunity seeker).[38]

Wieland betont zu Recht das Wechselspiel einer „dolose Handlungen legitimierenden Anreiz-, Unternehmens- und Führungskultur" mit individuellen Motiven.[39] Die Geschäftskultur prägt auch die handelnden Personen. Daraus ergeben sich für Wieland vier Tätertypen, die im Zusammenwirken mit der Unternehmenskultur unterschiedlich hohe Risiken eingehen (wollen).[40] Abzuleiten sind komplexe Folgerungen für ein Compliance-System mit Anreiz- und Kontrollelementen.[41]

c) Empirische Erkenntnisse über grenzüberschreitende Korruption

11 Zur Korruption mit Auslandsbezug liegen wenige empirische Erkenntnisse vor. Pieth sieht neben den fehlenden empirischen Erkenntnissen ein „marginales Interesse der Kriminologischen Literatur am Thema".[42] Neben Fallstudien[43] sind deshalb Versuche Pieths, OECD-Dokumente systematisch auszuwerten, hervorzuheben. Ausgehend von dem peer-monitoring Verfahren der OECD mit einer Datenbank von 345 Fällen und noch nicht genau bezifferbaren Korruptionsverfahren in der Folge des „Oil-for-Food programme of the UN in Iraq" (bis Mai 2009) konnte ein statistisches Bild relevanter Verdachtsfälle gezeichnet werden. Die Fälle lassen sich nach Bestechungssummen und damit großen oder kleineren Korruptionsfällen zuordnen (3 Fälle betrafen schwarze Kassen in Milliarden-Euro-Höhe, darunter Siemens und BAE, 1 Fall schwarze Kassen mit über 500 Millionen Euro, 4 Fälle schwarze Kassen zwischen 100 und 500 Millionen Euro, der Hauptteil der Fälle, 28, betraf schwarze Kassen zwischen 1 und 100 Millionen Euro).[44] Nach Sektoren aufgeteilt zeigte sich bei 311 Fällen der Energiesektor mit Öl, Energie, Wasser und Minen mit 77 Fällen als am häufigsten betroffen, gefolgt von Verteidigung und Zivilluftfahrt (58 Fälle), Bauwesen (48 Fälle), Beschaffung von LKW, Schiffen, Zügen (18 Fälle), IT (32 Fälle) und schließlich der Pharmabranche (28 Fälle).[45]

5. Deutschland im internationalen Vergleich

12 Transparency International hat im Dezember 2012 den internationalen Wahrnehmungsindex (Corruptions Perceptions Index, CPI) veröffentlicht.[46] Dieser Index wird bereits seit 1995 erstellt. Im internationalen Vergleich liegt Deutschland auf Platz 13 der Wahrnehmungsskala mit einem Punktwert von 79 (2010 bei 8.0).[47] Der Index misst das wahrgenommene Ausmaß

---

[38] *Schneider/John*, in *Bannenberg/Jehle* (Hrsg.) 2010, 159 ff.
[39] *Wieland*, in *Wieland/Steinmeyer/Grüninger* (Hrsg.) 2010, 71 ff., 80 ff.
[40] *Wieland*, in *Wieland/Steinmeyer/Grüninger* (Hrsg.) 2010, 82 ff.
[41] Zur Bedeutung der Unternehmenskultur auch *Bussmann*, in *Bannenberg/Jehle* (Hrsg.) 2010, 57 ff.
[42] *Pieth*, in *Bannenberg/Jehle* (Hrsg.) 2010, 173 ff.
[43] *Pieth*, „Öl für Lebensmittel", in FS Tiedemann 2008, 901 ff.; Joly 2003; *Nanda*, in *Pieth/Ivory* (Eds.) 2011, 63 ff.; zu den Fällen Abacha/Nigeria s. *Monfrini*; *Daniel/Maton*, zu Marcos/Philippinen s. *Salvioni*; *Marcello*, zu Fujimori/Peru s. *Jorge*, alle in *Pieth* (Ed.), Basel Institute on Governance, 2008; das gesamte Buch „Recovering Stolen Assets" gibt neben den Einblicken in die Einzelfälle eine sehr fundierte Darstellung von Möglichkeiten und Problemen, kriminell erlangte Gewinne aufzuspüren, einzufrieren und teilweise an die geschädigten Staaten zurückzuführen; zu Korruption und Waffenhandel *Feinstein* 2012.
[44] *Pieth*, in *Bannenberg/Jehle* (Hrsg.) 2010, 173 ff., 177, nicht in allen Fällen konnten die Bestechungssummen über das Auftragsvolumen hinaus bestimmt werden.
[45] *Pieth*, in *Bannenberg/Jehle* (Hrsg.) 2010, 178; weitere Aspekte wie betroffene Staaten, Vorgehensweisen, Zahlungsformen, Aufdeckung und Probleme der Kontrolle s. dort.
[46] Der CPI ist eine Zusammenfassung von Umfragen, die die Wahrnehmungen von Geschäftsleuten und Länderanalysten wiedergeben, vgl. zu den Einzelheiten die Jahresberichte unter www.transparency.de; dort finden sich auch die Jahresberichte von Bribe Payer's Index und Global Corruption Barometer sowie Global Corruption Report. 2012 wurde eine aktualisierte Skala von 0 bis 100 verwendet.
[47] Zwischen 1998 und 2011 lag Deutschland auf diesem Niveau mit den Plätzen 14 – 16 und mit Werten von 7.3 im Jahr 2002 bis 8.0. Regelmäßig lagen die skandinavischen Länder mit hohen Werten

I. Allgemeines

der Korruption von 100 (früher 10.0. – frei von Korruption) bis 0 (extrem von Korruption betroffen). Auf den ersten Plätzen liegen gleichauf die am wenigsten von Korruption betroffenen Länder Dänemark, Finnland und Neuseeland (je 90), auf den hinteren Plätzen die am korruptesten wahrgenommenen Länder Afghanistan, Nordkorea und Somalia (je 8, 2010 je 1.0). Mit diesem Index lässt sich zwar die tatsächliche Belastung eines Landes mit Korruption ebenso wenig realistisch abbilden wie mit der Polizeilichen Kriminalstatistik oder Lagebildern des Bundeskriminalamtes, weil bei der Korruption ein enorm hohes Dunkelfeld anzunehmen ist. Höchstens einige Prozent der tatsächlich begangenen Korruptionsstraftaten werden wohl bekannt und deren Entdeckung wird vor allem von funktionierenden Kontrollstrukturen geprägt. Bei aller statistischen Unsicherheit zeigt der CPI aber deutlich das weltweite Problem an. Auch wenn die Entwicklungsländer massiv von Korruption in allen Facetten betroffen sind, kann sich kaum ein führender Industriestaat als weitgehend korruptionsfrei bezeichnen. Industriestaaten, die im eigenen Land möglicherweise eine geringere Betroffenheit von Korruption aufweisen, agieren weltweit und nutzen Korruption als Geschäftspolitik.

Der Bribe Payers Index (BPI) 2002, 2006, 2008 und 2011 beschreibt die Bereitschaft der führenden Exportländer von den USA bis Australien, im internationalen Geschäftsverkehr ihre Vorteile mittels Schmiergeldzahlungen zu suchen. 2011 wurden 28 Länder gelistet. Der Durchschnittswert ergibt sich aus den Antworten der Befragten auf die Frage: „Bitte geben Sie für die Ihnen vertrauten Wirtschaftssektoren an, wie wahrscheinlich es ist, dass Unternehmen aus den folgenden Ländern Bestechungsgelder zahlen oder anbieten, um in diesem Land Geschäfte abzuschließen oder im Geschäft zu bleiben." Das nicht ganz erwartungswidrige Ergebnis ist, dass diejenigen Staaten, die sich auf den vordersten Rängen des CPI befinden, ihrerseits bereit sind, im Geschäftsverkehr mit Schwellenländern Bestechungsgelder zu zahlen. Auf Platz 1 – 3 fanden sich die Niederlande, die Schweiz und Belgien gefolgt von Deutschland (und sind damit am wenigsten bereit, Schmiergelder zu zahlen) mit einem Score von 8.8 – 8.6, die hinteren Plätze belegen Mexico, China und Russland mit einem Score von 7.0 bis 6.1.

Informativ sind weiter die in unterschiedlichen zeitlichen Abständen erstellten Analysen im Global Corruption Barometer, zuletzt 2010. Erfasst wurden die Einschätzungen von 91.781 Personen aus 86 Ländern zur Wahrnehmung von Korruption (Länderunterschiede bezüglich Relevanz der Korruption, Anstieg, betroffenen Institutionen, Erfahrungen mit Bestechungszahlungen bzw. -forderungen u.v.m.) Zu Spezialthemen erstellt Transparency außerdem Global Corruption Reports (2011 Climate Change; 2009 Corruption and the Private Sector).

Trotz gravierender Unterschiede in der Verbreitung und den Strukturen der Korruption in einzelnen Ländern ist auch in Deutschland davon auszugehen, dass Korruptionsbekämpfung nach wie vor nur sehr halbherzig geschieht, man überlässt den überlasteten Strafverfolgungsbehörden die Aufdeckung und berichtet in den Medien vor allem dann, wenn sich „Skandale" personalisieren lassen. Korruption in Deutschland ist vor allem ein Problem der Wirtschaftskriminalität, gekauft werden auf Dauer angelegte Beziehungen, um staatliche Kontrollen und die Konkurrenz zum eigenen Nutzen auszuschalten. Kontrollen in Verwaltungen und Unternehmen unterbleiben, obwohl viele Kontrollgremien dazu berufen sind, Schmiergeldpraktiken vorzubeugen und die enormen materiellen Schäden durch die typischerweise begleitend auftretenden Betrugs- und Untreuehandlungen sowie Steuerhinterziehung und -verschwendung zu vermeiden, mindestens zu erschweren oder auf Schadensersatz zu dringen. Ob die aufkommenden Compliance-Bestrebungen in Unternehmen daran etwas ändern werden, bleibt (skeptisch) abzuwarten.

(weitgehend korruptionsfrei) vorn, während etwa europäische Länder wie Italien und Griechenland Werte von 3.4 bis 5.0 aufweisen.

6. Statistik – Verbreitung der Korruption

16 Die Polizeiliche Kriminalstatistik (PKS) erfasst ausschließlich die polizeilich bekannt gewordenen Straftaten.[48] Fälle, die von den Staatsanwaltschaften oder Zollbehörden bearbeitet werden, sind in der PKS nicht enthalten. Die in der PKS erfassten Korruptionsstraftaten können nur als kleiner Teil tatsächlich begangener Taten angesehen werden. Neben den Erfassungsdefiziten ist von einem hohen Dunkelfeld auszugehen. Zahlen zu §§ 331 bis 335, 298, 299, 300 StGB werden nur dann ausgewiesen, wenn diese Tatbestände die schwerste Straftat darstellen. Ist die Bestechung nur Begleitdelikt, interessiert sie statistisch nicht. Von 1971 bis 1993 wurden die Bestechungsdelikte nicht im Einzelnen, sondern nur unter der Gruppenbezeichnung „Straftaten im Amt" in der polizeilichen Kriminalitätsstatistik ausgewiesen, was die fehlende Sensibilität für die Korruption anzeigt. In diese Gruppe fallen unter anderem Körperverletzung im Amt, Gebührenüberhebung, Verfolgung Unschuldiger und der Verrat von Dienstgeheimnissen. Genaue Zahlenangaben über Bestechungstatbestände waren bis 1993 nicht möglich. Die Fallzahlen nach §§ 331–334 bzw. 335 StGB zusammen genommen[49] wurden 1994 3.242, 1995 2.875, 1996 4.293 und 1997 4.206 Fälle in der PKS erfasst. Die weitere Entwicklung kann Tabelle 1 entnommen werden.

17 Die Zahlen schwanken jährlich erheblich, was mit geänderten Erfassungsmodalitäten und Verfahren mit einer großen Zahl von Einzelfällen zu tun hat. Im Jahr 2011 wurden insgesamt 1.998 Fälle von Korruptionsdelikten nach §§ 331–335 (1.110) und §§ 299, 300 (888) mit 2.502 Tatverdächtigen (1.134 nach §§ 331–335 und 1.368 nach §§ 299, 300 registriert.[50] Die Fallzahlen nach einzelnen Delikten können Tabelle 2 entnommen werden.

Tabelle 1: *Fallzahlen und Tatverdächtige in der Kriminalstatistik*

	Fallzahlen §§ 331–335	TV §§ 331–335	Fallzahlen §§ 299, 300	TV §§ 299, 300
1998	3566	2621	55	58
1999	3015	1838	63	86
2000	5223	4593	124	132
2001	3900	2255	238	263
2002	3230	2407	324	274
2003	2480	2090	431	307
2004	2425	2494	382	445
2005	1807 (Ä)	1788 (mit § 108e)	353	478
2006	1792 (Ä)	1608	478	543
2007	2324	2243	401	540
2008	1762	1636	612	640
2009	1493	1541 (nach neuer echter TV Zählung, sonst 1543)	719	913 (nach neuer echter TV Zählung, sonst 918)
2010	1349	1398	761	972
2011	1110	1134	888	1368
2012	1268	1348	519	784

---

[48] Die Darstellung der Statistiken erfolgt hier bewusst nach einer Darstellung der sonstigen empirischen Erkenntnisse (4.), da die Zahlen kaum aussagekräftig sind und zahlreichen Verzerrungsfaktoren unterliegen.

[49] Ab 1998 §§ 331–335 StGB; Änderung der Tatverdächtigenzählung ab 2009.

[50] PKS 2011, 227. Die Angaben in den Tabellen 1 und 2 stammen aus *BKA (Hrsg.)*, PKS Jahresberichte bis 2011, für 2012 liegt bislang nur ein Kurzbericht vor.

I. Allgemeines

Tabelle 2: *Fallzahlen nach Delikt (PKS)*

	§ 331	§ 332	§ 333	§ 334	§ 335	§§ 331–335	§ 298	§ 299	§ 300	§§ 298–300
2005	718	240 (Ä)	254	436 (Ä)	41	118	1807 (Ä)	118	249	104	471
2006	695	303 (Ä)	199	477 (Ä)	81	37	1792 (Ä)	149	409	69	627
2007	976	250	255	574	117	152	2324	75	378	23	476
2008	752	291	213	435	47	24	1762	42	488	124	654
2009	438	271	242	458	50	34	1493	50	663	56	769
2010	420	251	124	463	45	46	1349	60	679	82	821
2011	331	206	92	328	101	52	1110	53	790	98	941
2012	300	312	169	409	43	35	1268	115	456	63	634

Das „Bundeslagebild Korruption" des BKA erfasst seit 1994 Korruptionsverfahren, die mit der PKS nicht in Beziehung gesetzt werden können.[51] Das Lagebild wurde 2003 umgestaltet, die aktuelle Version stammt aus dem Jahr 2011. Unabhängig von den wenig aussagekräftigen Fallzahlen (1.528 Ermittlungsverfahren mit 46.795 Korruptionsstraftaten) überwiegen seit Jahren deutlich die bereits im Vorfeld der Tatbegehung geplanten Bestechungsfälle (strukturelle Korruption) mit 86 %. In den letzten Jahren zeigt sich der Trend zu mehr strafrechtlichen Ermittlungen wegen Bestechung im geschäftlichen Verkehr. 2011 war die Wirtschaftskorruption mit 64 % oder 29.275 Fällen (davon 25.364 Fälle nach § 299) gegenüber 17.511 Fällen (1.661 Fälle nach §§ 331, 333, 10.582 Fälle §§ 332, 334 und 5.268 Fälle nach § 335) quantitativ bedeutsamer als die Amtsträgerkorruption.[52] Die Entwicklungen geben die Realität nur eingeschränkt wieder. Starke Schwankungen der Fallzahlen und noch mehr der Einzeldelikte haben mit einzelnen Ermittlungskomplexen in den Bundesländern zu tun. In 2011 war das Land Nordrhein-Westfalen mit der Ermittlung von Verfahren mit einer Vielzahl von Einzelfällen befasst – 37.666 Fälle –, was sich auf die Gesamtstatistik stark auswirkt. Die Zahlen können Tabelle 3 entnommen werden. Für die Jahre 2006 bis 2011 sind auch Ermittlungsverfahren nach IntBestG und EUBestG ausgewiesen, vgl. Tabelle 4.

Tabelle 3: *Lagebilder Korruption des Bundeskriminalamtes*

	Verfahren	Einzeltaten	Tatverdächtige	Begleitdelikte[53]
1998	1072	11049	2040	2905
1999	1034	6743	2535	2580
2000	1243	9348	2853	1693
2001	1278	7962	2262	5876
2002	1683	8283	3506	22337
2003	1100	7232	2301	3098
2004	1207	7610	2730	4976

---

[51] *BKA*, Bundeslagebild Korruption Jahresberichte bis 2011.
[52] *BKA*, Bundeslagebild Korruption 2011, 8; allein auf NRW entfielen 23.618 Fälle nach § 299 StGB und 14.048 Fälle nach §§ 332, 334, 335 StGB.
[53] Straftaten wie Betrug und Untreue, Urkundenfälschung, wettbewerbsbeschränkende Absprachen bei Ausschreibungen, Strafvereitelung, Falschbeurkundung im Amt, Verletzung des Dienstgeheimnisses und Verstöße gegen strafrechtliche Nebengesetze, die mit der korruptiven Handlung in direktem Zusammenhang stehen.

12. Kapitel. Korruption

	Verfahren	Einzeltaten	Tatverdächtige	Begleitdelikte
2005	1649[54]	14689[55]	8323[56]	1643
2006	1609	6895	2611[57]	1776
2007	1599	9563	2323	1478
2008	1808	8569	3020	2529
2009	1904	6354	2953	1385
2010	1813	15746[58]	9071	7415
2011	1528	49795[59]	3432	1499

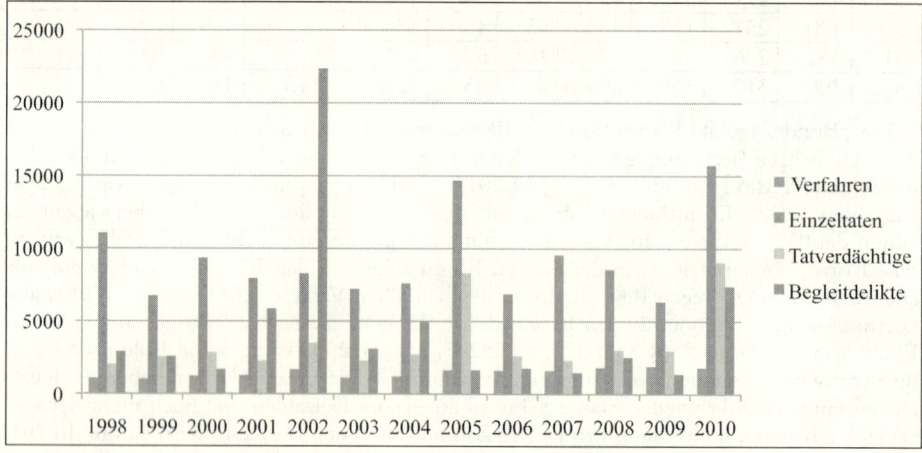

Tabelle 4: *Fallzahlen IntBestG und EUBestG aus Bundeslagebild Korruption 2010*

IntBestG

Jahr	2006	2007	2008	2009	2010	2011
Fallzahlen	4	8	31	69	69	50

EUBestG

Jahr	2006	2007	2008	2009	2010	2011
Fallzahlen	3	1	10	40	9	5

19   Daneben erstellt das BKA seit 1991 ein Lagebild Organisierte Kriminalität. Nach der OK-Definition: „Organisierte Kriminalität ist die von Gewinn- oder Machtstreben bestimmte planmäßige Begehung von Straftaten, die einzeln oder in ihrer Gesamtheit von erheblicher

---

[54] Ursächlich für den deutlichen Anstieg war ein in NRW anhängiger Komplex mit 427 Einzelverfahren.
[55] Der Anstieg resultiert aus Verfahrenskomplexen in Berlin, NRW und Niedersachsen.
[56] Aufgrund der Umstellung des Sondermeldedienstes für Wirtschaftsdelikte des BLKA konnten von Bayern lediglich für den Zeitraum vom 1.1.2005–31.06.2005 Daten zu den Tatverdächtigen übermittelt werden.
[57] Aufgrund erfassungstechnischer Umstellungen in einem Bundesland sind die Zahlen zu den Tatverdächtigen 2006 grundsätzlich mit denen des Vorjahres nicht vergleichbar.
[58] Der Anstieg ist vor allem auf ein in Bayern geführtes Verfahren nach §§ 299, 300 zurück zu führen (mehr als 6.300 Straftaten gemäß § 299 StGB). Gleiches gilt für einen Verfahrenskomplex aus NRW aus dem Bereich der öffentlichen Verwaltung (mehr als 5.000 Straftaten gemäß § 335 StGB).
[59] Der starke Anstieg resultiert aus Meldungen aus NRW, wo allein in 2 Umfangsverfahren gegen Mitarbeiter eines Automobilherstellers und gegen zivile Angestellte der Britischen Rheinarmee sowie die jeweils beauftragten Firmen mehr als 25.800 Einzeldelikte wegen §§ 299, 300 registriert wurden.

I. Allgemeines **12**

Bedeutung sind, wenn mehr als zwei Beteiligte auf längere oder unbestimmte Dauer arbeitsteilig a) unter Verwendung gewerblicher oder geschäftsähnlicher Strukturen, b) unter Anwendung von Gewalt oder anderer zur Einschüchterung geeigneter Mittel, c) unter Einflussnahme auf Politik, Medien, öffentliche Verwaltung, Justiz oder Wirtschaft zusammenwirken", ist die Variante c) von Interesse. Dem Lagebild 2011 zufolge wurden 589 Verfahren mit OK-Relevanz registriert. Darunter fielen 165 Verfahren (28 %) unter die Alternative korruptiver Zusammenhänge nach c).[60] Am häufigsten versuchten die Täter auf die öffentliche Verwaltung oder auf die Justiz Einfluss zu nehmen. Eine konkrete Einschätzung der Rolle der Korruption bei der Organisierten Kriminalität ist allein durch Betrachtung der Lagebilder nicht möglich.

Tabelle 5: *Lagebilder Organisierte Kriminalität des Bundeskriminalamtes*

	Verfahren			Tatverdächtige		Kriminalität im Zusammenhang mit dem Wirtschaftsleben		
	alle	Neu eingeleitete Verfahren	Variante c)	Alle	Neu ermittelte Tatverdächtige	Anteil an OK	Verfahren	Gesamtschaden in Mio. Euro
2005	650	345	180	10641	5580	13,7 %	89	205
2006	622	308	173	10244	5485	15,1 %	93	920[61]
2007	602	295	180	10356	4630	15,4 %	93	327
2008	578	271	158	9472	4251	16,9 %	97	467
2009	579	305	151	9294	4026	13,0 %	75	1000,08
2010	606	318	164	9632	4628	14,5 %	88	737
2011	589	318	165	8413	3812	14,8 %	87	576

Die unabhängig von der PKS geführten Lagebilder des BKA werden mit anderer Zielsetzung erstellt, so dass sich die Zahlen nicht miteinander in Beziehung setzen lassen. Stark schwankende Fallzahlen müssen kein Ausdruck realen Anstiegs oder Sinkens von Korruption sein. Die Ursache kann in Fallstrukturen liegen, die auf umfangreichen Tatkomplexen mit einer Vielzahl von Einzelhandlungen beruhen. Bis heute ist ungeklärt, ob von einer tatsächlichen Zunahme der Korruption auszugehen ist oder ob höhere Fallzahlen auf einer effektiveren Dunkelfeldaufhellung beruhen. Verlässliche Informationen über das Ausmaß korrupter Strukturen in Wirtschaft (s. auch Lagebild Wirtschaftskriminalität) und Verwaltung liegen damit bis heute nicht vor. Die Statistiken geben das Ausmaß der Korruption in Deutschland nicht annähernd zutreffend wieder und sind damit für eine zuverlässige Analyse nur bedingt geeignet.[62] 20

Die Strafverfolgungsstatistik der Justiz erfasst Informationen zu Personen, die wegen Straftaten rechtskräftig abgeurteilt wurden. 21

Tabelle 6: *Verurteilte und Abgeurteilte nach §§ 331–335 StGB 1999–2011*

	§ 331		§ 332		§ 333		§ 334		§ 335	
	Abgeurteilte	Verurteilte	Abgeurteilte	Verurteilte	Abgeurteilte	Verurteilte	Abgeurteilte	Verurteilte	Abgeurteilte	Verurteilte
1999	43	31	122	100	28	23	254	218	30	23
2000	45	30	111	79	38	32	201	169	13	12
2001	56	35	104	76	35	29	216	181	10	10
2002	54	38	99	83	33	23	195	172	25	22
2003	75	38	80	58	40	27	223	182	21	28

---

[60] *BKA*, Bundeslagebild Organisierte Kriminalität 2011, 10 f.; Tabelle 5 Lagebilder OK 2005 bis 2011.
[61] Dabei ragten zwei Verfahren mit Schäden von rund 189 Mio. € und 350 Mio. € heraus.
[62] *Bannenberg* 2002, 51–61 ausführlich zu den Fehlerquellen.

	§ 331		§ 332		§ 333		§ 334		§ 335	
2004	58	33	72	50	99	91	181	153	33	32
2005	120	30	58	33	22	17	148	123	27	25
2006	72	17	60	41	39	29	148	114	29	25
2007	43	23	44	26	37	31	224	180	46	38
2008	62	29	67	43	54	37	185	157	33	23
2009	80	33	56	38	41	26	162	129	36	22
2010	65	33	53	33	52	27	204	171	28	21
2011	48	22	59	32	38	27	167	134	30	23

Tabelle 7: *Verurteilte und Abgeurteilte nach §§ 298, 299, 300 StGB 1999–2011*

	§ 298 StGB		§ 299 StGB		§ 300 StGB	
	Abgeurteilte	Verurteilte	Abgeurteilte	Verurteilte	Abgeurteilte	Verurteilte
1999	16	8	5	2	3	3
2000	11	8	22	20	11	6
2001	8	3	13	12	16	15
2002	22	13	23	22	10	10
2003	33	27	33	27	21	17
2004	37	34	23	17	20	13
2005	29	14	46	35	32	22
2006	36	27	40	33	39	38
2007	43	25	64	56	41	36
2008	24	20	72	49	35	31
2009	25	19	60	34	52	49
2010	35	17	105	78	45	40
2011	28	20	106	72	60	52

Tabelle 8: *Sanktionen der Verurteilten nach §§ 331–335 StGB 2002–2011*

	§ 331 StGB		§ 332 StGB		§ 333 StGB		§ 334 StGB		§ 335 StGB	
	FS*	GS**	FS	GS	FS	GS	FS	GS	FS	GS
2002	6	32	58	24	6	17	65	97	21	1
2003	9	29	28	9	4	23	106	70	27	1
2004	8	25	43	7	13	78	78	71	31	1
2005	12	17	23	9	6	11	47	74	24	1
2006	4	13	26	15	8	21	52	59	22	2
2007	6	17	20	6	4	27	39	136	38	0
2008	5	24	33	9	2	35	54	96	23	0
2009	6	27	30	8	5	21	41	88	21	1
2010	2	31	26	7	6	21	45	124	20	1
2011	3	19	22	10	6	21	38	88	22	1

* FS = Freiheitsstrafe
** GS = Geldstrafe

Tabelle 9: *Sanktionen der Verurteilten nach §§ 298, 299, 300 StGB 2002–2011*

	§ 298 StGB		§ 299 StGB		§ 300 StGB	
	FS	GS	FS	GS	FS	GS
2002	3	10	7	15	1	8
2003	3	24	12	14	15	2
2004	1	33	4	12	9	4
2005	2	12	13	22	17	3

I. Allgemeines **12**

	§ 298 StGB		§ 299 StGB		§ 300 StGB	
	FS	GS	FS	GS	FS	GS
2006	6	20	7	26	32	5
2007	6	19	21	35	28	8
2008	5	15	15	34	24	5
2009	3	16	9	25	43	4
2010	1	16	24	54	30	6
2011	7	13	16	56	32	19

Für das Jahr 2011 stellt sich der für alle Straftaten typische „Schwund" von der polizeilichen zur justiziellen Ebene wie folgt dar: Die PKS 2011 weist 1.998 Fälle und 2.502 Tatverdächtige aus. Da es sich nicht um Verlaufsstatistiken handelt, gibt die Strafverfolgungsstatistik nicht wieder, wie diese Fälle erledigt wurden, sondern erfasst davon unabhängig die gerichtliche Erledigung der Fälle im Jahr 2011. Danach wurden 402 Personen abgeurteilt und 285 verurteilt. Wie der Aufteilung der Sanktionen nach Geld- und Freiheitsstrafe zu entnehmen ist, lag die Verurteilungsquote (Anteil der Verurteilten an den Abgeurteilten) im Jahr 2010 bei 70,8 %, da 99 Personen zu einer Freiheitsstrafe und 186 Personen zu einer Geldstrafe verurteilt wurden. Die Verurteilungsquote liegt mittlerweile im Durchschnitt aller Delikte, in früheren Jahren war sie niedriger. Ob sich der erhebliche Anteil der Verfahrenserledigungen nach § 170 II StPO wegen objektiver Beweisschwierigkeiten[63] verändert hat, kann ohne empirische Untersuchung den Statistiken nicht entnommen werden. In der Studie war ein großer Anteil an Verfahrenseinstellungen und insbesondere bei struktureller Korruption eine Dominanz von Absprachen und Bewährungsstrafen festzustellen gewesen (von den untersuchten erledigten Verfahren wurden knapp 57 % eingestellt, vornehmlich nach § 170 II StPO, 6 % endeten mit Strafbefehlen, 2,6 % mit Geldstrafen und 22,8 % mit Freiheitsstrafen).

7. Dunkelfeld

Die Masse der Korruptionsdelikte wird den Verfolgungsbehörden nicht bekannt und damit auch statistisch nicht erfasst.[64] Zwar kann diese Annahme nicht mit empirischer Dunkelfeldforschung belegt werden, mehrere Indizien legen jedoch ein hohes Dunkelfeld nahe.[65] Eine hohe Aufklärungsquote (in den letzten Jahren 80–89 %) stellt häufig ein Indiz für ein hohes Dunkelfeld dar, weil den Fällen, die entdeckt werden, rasch ein Tatverdächtiger zugeordnet werden kann. Korruption gedeiht im Verborgenen, es handelt sich um ein typisches Heimlichkeitsdelikt. Es ist für die Korruptionskriminalität kennzeichnend, dass die Täter von Beginn an und auch nach Entdeckung auf die Verschleierung ihres Tuns aus sind. In Deliktsbereichen wie Drogen- und illegaler Waffenhandel und klassischen Bereichen der gewaltorientierten organisierten Kriminalität, wo anzeigebereite Opfer fehlen (Kontrollkriminalität), ist von einem enormen Dunkelfeld auszugehen. Bei der Betäubungsmittelkriminalität wird angenommen, dass lediglich 1 % der Delikte bekannt wird.[66] Für die Korruption gilt nichts anderes. Ihre Aufdeckung und Analyse ist schwer, die Entdeckungswahrscheinlichkeit muss aufgrund der Strukturen, der fehlenden Anzeigeerstatter und der Verflüchtigung der Opfereigenschaft als gering eingeschätzt werden. Aktenanalysen legen ein hohes Dunkelfeld auch deshalb nahe, weil in jedem der umfangreichen Verfahren nur ein Bruchteil der Delikte aus Kapazitätsgründen angeklagt wird. Es ergeben sich regelmäßig neue Ermittlungsansätze aus aufgedeckten Fällen, weil sowohl Geber wie Nehmer in anderen Zusammenhängen dieselben Verhaltensweisen anwenden. Häufig ist Verjährung für einen weiteren hohen Anteil

22

---

[63] *Bannenberg* 2002, 274 ff.
[64] Die Fehlerquellen der statistischen Erfassung sind vielfältig, *Bannenberg* 2002, 58 ff.; *Bannenberg/Schaupensteiner* 2007, 36 ff.; *BMI/BMJ (Hrsg.)*, Zweiter Periodischer Sicherheitsbericht 2006, 220 ff., 246 ff.
[65] *Dölling* 1996, C 16 ff.
[66] *Kreuzer* NStZ 1994, 10.

von Einzeltaten festzustellen, was zur Annahme von Üblichkeit bei geringer Entdeckungswahrscheinlichkeit führen muss.

Diese Verflüchtigung des Opfers hat unmittelbare Konsequenzen für die Tataufklärung. Wenn es keinen persönlich Geschädigten gibt, der wie etwa bei einem Wohnungseinbruch oder einer Körperverletzung Anzeige erstattet, dann fehlt der Justiz der klassische Zeuge. Korruptionsabsprachen werden auch nicht explizit schriftlich festgehalten und können somit als Beweismittel nicht aufgefunden werden. Nur das geschulte Auge kann der Finanzbuchhaltung entnehmen, dass sich hinter scheinbar unverfänglichen Konten Schmiergeldzahlungen verstecken. Selten stößt man auf Tagebucheintragungen oder auf Kontoauszüge mit dem handschriftlichen Zusatz „Schmierg.". Täter, die sich freiwillig stellen, sind selten. Wenn sich Beteiligte ausnahmsweise den Staatsanwälten offenbaren, dann kann dies, wie im Fall des Mitarbeiters eines Bauunternehmens, daran liegen, dass er sich in einer ausweglosen Situation befindet: Er wurde in seinem Hause überfallen und einer der anwesenden Familienangehörigen mittels Sprühfarbe in Augen und Gesicht erheblich körperlich verletzt, die gesamte Einrichtung zerstört. In einem anderen Fall wurde ein Kronzeuge von den Mitgliedern eines enttarnten Baukartells systematisch daran gehindert, in Deutschland wieder beruflich Fuß zu fassen. Ein Baustofflieferant wurde mit Boykottdrohungen genötigt, einen geständigen Täter zu entlassen. Übereinstimmend wird aus den Bundesländern von Einschüchterungsversuchen von Zeugen – ein Zeuge las in der Presse seine eigene Todesanzeige – berichtet. Unternehmen zahlen ihren unter Verdacht geratenen Mitarbeitern Schweigegelder, stellen Verteidiger und entlohnen Aussagen im Unternehmensinteresse mit wirtschaftlicher Absicherung, Beförderung oder großzügig dotierten Beraterverträgen. Für ein hohes Dunkelfeld sprechen auch die Existenz aufgedeckter Kartelle und die Erkenntnis, dass aus einem Verdachtsfall sehr schnell Hunderte werden können, weil ein Täter die geübte Praxis oft in seinem gesamten Verantwortungsbereich, also auch mit anderen Akteuren umsetzt.

23 Zwei Beispiele zeigen den Einfluss des Ermittlungsverhaltens auf Dunkel- und Hellfeld.[67]

In der Korruptionsaffäre Frankfurt III ging man am Anfang lediglich von einem bestechlichen Buchhalter im Evangelischen Regionalverband Frankfurt aus.[68] Der Fall schien zügig aufgeklärt, zumal das, was auf den ersten Blick wie Korruption aussah, sich als Untreuehandlung eines Buchhalters herausstellte. Die Ermittlungen hätten also umgehend durch Anklageerhebung zum Abschluss gebracht werden können. Da war aber noch ein Fax, das die Fahnder auf die Spur eines umfangreichen Geflechts aus Bauabsprachen und Korruption bei der Frankfurter Aufbau AG und, mal wieder, bei der Stadtverwaltung Frankfurt am Main führte. Es handelte sich um eines der üblichen Faxangebote, wie sie bei Ausschreibungen für Bauunterhaltungsmaßnahmen von den Wettbewerbern an den Auftraggeber verschickt werden. Aber dieses Fax war bei einem Mitbewerber eingegangen. Ein klarer Beleg für eine Preisabsprache. Woher aber wussten die Konkurrenten voneinander? Der Verdacht lag nahe, dass ein Insider gekauft war. Im Ergebnis richtete sich die Korruptionsaffäre gegen 232 Personen und 122 Firmen aus der Baubranche.

Die Steuerfahndung in Bielefeld hatte im Zuge der Betriebsprüfung bei einem Unternehmer den Verdacht gewonnen, dieser habe den kürzlich entlassenen Einkaufsdirektor eines bekannten Süßwarenherstellers bestochen. Die Staatsanwaltschaft nahm die Ermittlungen auf und der Verdacht bestätigte sich mit aktiver Unterstützung des Unternehmens bei der Aufklärung schnell. Der Unternehmer war geständig und regelrecht erpresst worden, über die Jahre fast 800 000 € Schmiergeld zu zahlen. Man hätte die Akten schließen können. Doch die naheliegende Annahme, wer sich als Einkaufsdirektor in diesen Größenordnungen und über Jahre von dem Lieferanten für Milchzubereitungen bestechen lässt, wird auch sonst nichts unversucht lassen, bestätigte sich. Die weiteren Ermittlungen ergaben Schmiergeldzahlungen durch Kakao- und Nusslieferanten in sechsstelligen Höhen sowie eine Abrede mit einem Verpackungslieferanten in Höhe von 1,5 % des Jahresumsatzes. Die fällig gewesenen ca. 400 000 € kamen durch die Ermittlungen nicht mehr zur Auszahlung.

---

[67] *Bannenberg/Schaupensteiner* 2007, 38 f. und ausführliche Fallschilderungen 104 ff.
[68] *Bannenberg/Schaupensteiner* 2007, 206 ff.

I. Allgemeines

8. Schädlichkeit der Korruption

a) Materielle Schäden

Klassische Eigentums- und Vermögenskriminalität bindet einen Großteil der Strafverfolgungskapazitäten. Allein nach den Angaben der PKS werden nahezu 60% Diebstahls- und Betrugsdelikte begangen. Vergleicht man jedoch den Schaden, den diese massenhaft begangene Kriminalität anrichtet, mit dem Schaden durch Wirtschaftskriminalität, tritt ein erstaunliches Missverhältnis zutage. Die Wirtschaftskriminalität verursachte im Jahr 2010 mit 4,6 Mrd. Euro festgestellter Schadenssumme einen erheblichen Teil des polizeilich registrierten Gesamtschadens.[69] Die 102.813 Fälle der Wirtschaftskriminalität entsprechen aber lediglich 1,7 Prozent aller Delikte. Der tatsächlich verursachte Schaden durch Wirtschaftskriminalität kann allerdings genauso wenig beziffert werden wie Schäden durch Korruption. Das Dunkelfeld ist hoch, weil von Fehlerfassungen, nicht konkret bezifferbaren Schäden und den typischen Aufdeckungsschwierigkeiten auszugehen ist. Der statistische Schlüssel Wirtschaftskriminalität der PKS erfasst Korruptionsdelikte und mögliche Schäden nicht.[70] Steuerdelikte werden nicht erfasst, weil sie nicht originär polizeilich bearbeitet werden. Nicht erfasst sind auch Schäden durch Schwarzarbeit. Die Schäden durch Korruption sind nicht zu beziffern und schwer zu schätzen. Zwar finden sich immer wieder Schätzungen und nahezu unglaubliche Annahmen, zu überprüfen sind diese aber nicht. Nach Pieth schätzt das World Bank Institute, dass jährlich eine Billion Dollar an Schmiergeldern gezahlt wird und der Schaden durch Korruption bei dem 20-fachen liege.[71] Es finden sich Schätzungen für Korruptionsschäden in Höhe von 250 Mrd. Euro.[72] Die Wirtschaftskriminalität war schon immer von ausgeprägter Sozialschädlichkeit, nur wird sie anders als die sonstigen Vermögensdelikte nicht als eine Staat und Gesellschaft besonders gefährdende Kriminalitätsform wahrgenommen.[73] Dies ist eine der Ursachen, warum sie als weniger strafwürdig gilt. Aber auch die Schwierigkeiten, komplizierte Tatbestände zu ermitteln und nachzuweisen, spielen eine Rolle.

Die Korruption ist Teil der Wirtschaftskriminalität. Kontrolle und Verantwortung etwa des Einkäufers im Unternehmen, der über die Auftragsvergabe an den günstigsten Bieter entscheidet, oder des Technischen Angestellten auf der kommunalen Deponie, der überwachen soll, dass nicht als Hausmüll deklarierter Sondermüll abgekippt wird, werden weggekauft. Der Lagerverwalter akzeptiert Rechnungen, obwohl nur ein Teil der Ware angeliefert wurde. Der Bauleiter verzichtet trotz Gewährleistungsanspruch auf die Beseitigung von Mängeln und erteilt stattdessen einen Nachauftrag. Minderleistungen werden als vertragsgerechte Ausführung akzeptiert, Reinigungsunternehmen reinigen nicht, Sicherheitsunternehmen sichern nicht, rechnen aber die „vertragsgemäße Ausführung" ab. Planungsbüros planen nicht, sondern lassen sich durch die Bieterfirmen ihre Planungsleistungen kostenlos erbringen, die sie dann als eigene abrechnen. Zehntausende fiktiver Lohnstunden für Bauunterhaltung werden betrügerisch abgerechnet (es sind Fälle bekannt, in denen über Jahre hinweg 70% der Lohnstunden fingiert waren).[74]

Typischerweise werden etwa 3% der Auftragssumme als Schmiergeld fällig, in die Auftragssumme eingerechnet und somit vom Geschädigten (dem Steuer- und Gebührenzahler, der

---

[69] *BKA (Hrsg.)*, PKS 2010, 244 und Bundeslagebild Wirtschaftskriminalität 2010. Von einem hohen Dunkelfeld geht auch das BKA aus. Wirtschaftsstraftaten, die von Schwerpunktstaatsanwaltschaften oder Finanzbehörden unmittelbar verfolgt werden, sind nicht in der PKS erfasst.

[70] Zur Erfassung der Schäden durch Wettbewerbsdelikte im Lagebild Wirtschaftskriminalität s. dort 2010, 14 ff.

[71] *Pieth*, in *Bannenberg/Jehle (Hrsg.)* 2010, 174.

[72] Welt online vom 16.3.2012 unter Berufung auf den Linzer Ökonomen *Schneider*. S. auch *Schneider*, in *Kliche/Thiel (Hrsg.)* 2011, 219 ff.

[73] So schon *Baumann* 1972, 1 ff.

[74] *Bannenberg/Schaupensteiner* 2007, 44.

Stadt, der Kommune, dem beauftragenden Unternehmen) mitbezahlt.[75] Auch das Kölner Müllverfahren wies die bekannten 3 % Schmiergeld aus: Der Bau der Restmüllverbrennungsanlage in Köln zu einem Preis von 792 Mio. DM enthielt „durch verschiedene Aufschläge auf einzelne Baulose eine schmiergeldbedingte Erhöhung des Werklohns um rund 24 Mio. DM".[76] Diese korruptive Beeinflussung ermöglicht jedoch erst die wahre Schädigung. Durch Bestechung ausgeschaltete Kontrolle und das gegenseitig erkaufte Schweigen führen regelmäßig zur Überteuerung von Baumaßnahmen und Leistungen um etwa 30 %. Es kann davon ausgegangen werden, dass in Teilbereichen der staatlichen Verwaltung bis zu 90 % aller Bauvorhaben auf Bestechung und Preisabsprachen beruhen, so dass Bund, Ländern und Gemeinden allein auf dem öffentlichen Bausektor Verluste von etwa 5 Milliarden Euro im Jahr entstehen.[77] Eine konkrete Schadensberechnung bei Korruptionsdelikten ist nicht möglich, wie auch Erfahrungen der Staatsanwaltschaft in München zeigen. Die meisten durch Korruption beeinflussten Auftragsvergaben weisen einen Schaden von 5 bis 10 % des Angebotspreises auf. Es gab aber z. B. auch einen Auftrag über 70 Mio. DM, der nur in Höhe von 60 Mio. DM einem realen Gegenwert entsprach, die restlichen 10 Mio. DM waren ungerechtfertigte Überhöhungen, die teils dem Nehmer, teils dem Geber und seinem Unternehmen zugute kamen. Bei der Überprüfung eines in München ansässigen Absprachekartells wurde offenkundig, dass von ca. 250 Bauvorhaben eines bestimmten Bereichs mindestens 50, also immerhin jedes 5., korruptiv manipuliert worden waren. Bei anderen Auftragsvergaben fanden sich in einzelnen Gewerken komplette Luftrechnungen über erfundene Leistungen, die über Scheinfirmen abgerechnet wurden.

27 Wenn Korruption und Wirtschaftskriminalität als „opferlose" Kriminalität bezeichnet werden, so ist damit gemeint, dass es (zumeist) keine individuell Geschädigten gibt, die die Taten anzeigen könnten. Die Korruption hat wenige Nutznießer, geht aber zulasten aller. Den Preis für Korruption zahlt der seriöse Wettbewerber, der von der kriminellen Konkurrenz vom Markt gedrängt wird, und der Steuerbürger, der nicht ahnt, dass er vermehrt zur Kasse gebeten wird, weil die Kosten für einen überdimensionierten Klärwerksbau auf die Abwassergebühren umgelegt oder die Gebühren für die Kindertagesstätte wegen der üblichen Einrechnung von Schmiergeldern in die Bauunterhaltungskosten angehoben wurden. Einmal unterstellt, Korruption und die Verschwendung von Steuergeldern würden entscheidend eingedämmt, dann gäbe es auf lange Zeit keinen Grund, über die Erhöhung von Steuern zu diskutieren.

b) Immaterielle Schäden

28 Die durch Korruption verursachten immateriellen Schäden lassen sich demgegenüber nicht in Geld quantifizieren. Ganz überwiegend wird angenommen, dass Korruption Grundwerte des sozialen und demokratischen Rechtsstaates verletzt,[78] die Geschäftsmoral und die Grund-

---

[75] Vgl. die Beispielsfälle bei *Bannenberg/Schaupensteiner* 2007, u. a. „Mr. 3 %" in der hessischen Staatsbauverwaltung, 151 ff.; bei Großaufträgen finden sich immer wieder die klassischen 3 %, bei anderen Aufträgen auch deutlich höhere prozentuale Beteiligungen.

[76] BGH 5 StR 119/05 vom 2.12.2005, St 50, 299 ff. Die Schäden reichen weit über die eingerechneten 3 % Bestechungsgeld hinaus. Der Betrieb der Anlage und das Wirken des Müllkartells selbst soll neben der Ausschaltung des Wettbewerbs eine Überhöhung der Abfallgebühren um 30 % verursacht haben, wie die Schadensaufbereitung etwa im Rhein-Sieg-Kreis zeigt. Dort wird nun mit neuen Vertragspartnern gearbeitet und die Müllgebühren sollen um 30 % gesunken sein. Zur Problematik der Berechnung des Vermögensnachteils i. S. v. § 266 I StGB BGHSt 50, 299 ff.: Jedenfalls sind die vereinbarten Schmiergeldzahlungen in Form der prozentualen Preisaufschläge regelmäßig als Mindestsumme des Nachteils anzusehen.

[77] *Bannenberg* 2002, 240 ff., 366 ff., m. w. Nw.; *Schaupensteiner*, ZRP 1993, 250 ff., 80 % – 90 % aller öffentlichen Bauten seien durch Korruption betroffen; detaillierte Angaben und Nachweise bei *Müller*, Kriminalistik 1993, 509 ff. Zu materiellen und immateriellen Folgen der Wirtschaftskriminalität *Bussmann/Salvenmoser* NStZ 2006, 204 f. und die PwC-Studien bis 2013.

[78] *Von Arnim* 2001, insb. 172 ff.; *Hofmann/Zimmermann* Kriminalistik 1999, 585 ff; *Schaupensteiner*, in *Pieth/Eigen* (Hrsg.) 1999, 131–147.

I. Allgemeines

lagen der Marktwirtschaft gefährdet,[79] das polizeiliche Berufsethos beschädigt,[80] Arbeitsplätze vernichtet, überhöhte Preise und Staatsverschuldung verursacht,[81] Entwicklung und Innovation blockiert, die Schattenwirtschaft fördert und den Verfall politischer Moral ansteigen lässt.[82] Die Image- oder Reputationsschäden sind Unternehmen zunehmend bewusst. Letztlich begründen diese auch wieder materielle Nachteile.[83]

Die Sog- und Spiralwirkung alltäglicher Korruption ist gewaltig. Die Ausbreitung der Korruption führt zu einem Verlust des Vertrauens in die Integrität und Rechtmäßigkeit von staatlichem Verwaltungshandeln. Wenn Staatsdiener käuflich erscheinen und in der Politik Filz und Klüngel regieren, bleiben demokratische Prinzipien auf der Strecke und wird letzten Endes die Autorität des Staates selbst infrage gestellt. Der Wettbewerb, der von Kartellen und unsachlichen Vorteilsgaben dominiert wird, schädigt sowohl die Prinzipien einer ehrlichen, an Recht und Gesetz orientierten Marktwirtschaft wie auch die Qualität von Produkten und Leistungen und lässt Traditionen wie den „ehrbaren Kaufmann" als Worthülsen erscheinen.

9. Öffentliches Dienstrecht und Folgen von Dienstpflichtverletzungen

Die Amtsträgerdelikte, §§ 331 ff. StGB, knüpfen an die Amtsträgereigenschaft und an das Dienstrecht an. Strafverfahren haben in der Regel auch disziplinarrechtliche Folgen.[84] Das Dienstrecht selbst enthält eine Reihe von Verhaltensgeboten und -verboten, die Korruption verhindern sollen oder im Falle von Verstößen disziplinarrechtliche Konsequenzen haben können. 29

Das am 1. April 2009 in Kraft getretene Beamtenstatusgesetz (BeamtStG)[85] hat in der Folge auch Änderungen für das Bundesbeamtengesetz (BBG) und die Landesbeamtengesetze herbeigeführt. Das BeamtStG legt die Grundstrukturen für ein einheitliches Dienstrecht fest und gilt für Beamte der Länder und der Gemeinden. Das BeamtStG und das BBG vom 5. Februar 2009[86] enthalten wichtige Regelungen mit einem Bezug zur Korruption: Besonders relevant sind Dienstpflichtverletzungen durch Straftaten und Verstöße gegen das Verbot der Annahme von Belohnungen und Geschenken. Die Pflichten sind im Dritten Abschnitt des BBG (§§ 52 ff.) und im Sechsten Abschnitt des BeamtStG (§§ 33 ff.) geregelt. Nach § 71 I BBG und § 42 I 1 BeamtStG dürfen Beamtinnen und Beamte „auch nach Beendigung des Beamtenverhältnisses, keine Belohnungen, Geschenke oder sonstigen Vorteile für sich oder einen Dritten in Bezug auf ihr Amt fordern, sich versprechen lassen oder annehmen. Ausnahmen bedürfen der Zustimmung der obersten oder der letzten obersten Dienstbehörde. Die Befugnis zur Zustimmung kann auf andere Behörden übertragen werden." Für Angestellte und Arbeiter des öffentlichen Dienstes gilt das Verbot der Geschenkannahme über § 3 II TVöD/TV-L. Der Wortlaut der Normen orientiert sich gegenüber früheren Regelungen deutlicher an dem der Strafvorschriften (§§ 331, 332 StGB), geht aber wie schon früher mit der Wendung 30

---

[79] *Feinstein* 2012; *Joly* 2003; s. auch die Pariser Erklärung zur Demokratiefeindlichkeit der Korruption bei *Joly* 2003, 254 ff..
[80] *Sielaff*, Kriminalistik 1992, 351–357 zu Zusammenhängen zwischen veränderter Polizeikultur, Berufsauffassung und Korruption.
[81] *Hofmann/Zimmermann*, Kriminalistik 1999, 585.
[82] *Noack*, Kriminalistik 1995, 481, 486: Politische Korruption bildet seit jeher die Schattenseite der Macht und muss eingedämmt werden, um dem Verfall politischer Moral vorzubeugen; *von Arnim* 2001.
[83] *Pieth*, Anti-Korruptions-Compliance 2011; *PwC/Martin-Luther-Universität Halle-Wittenberg* 2011.
[84] Vgl. zu Fragen des Zusammentreffens von Strafverfahren (insbesondere wegen §§ 331, 333 StGB) und Disziplinarverfahren bzw. disziplinarrechtlichen Folgen einer strafgerichtlichen Verurteilung *Ostendorf*, in *Claussen/Ostendorf (Hrsg.)* 2002, 44 ff., der sich zwar noch auf die alte Rechtslage bezieht, im Kern aber immer noch gültige Aussagen trifft.
[85] Gesetz zur Regelung des Statusrechts der Beamtinnen und Beamten in den Ländern (Beamtenstatusgesetz – BeamtStG) vom 17.6.2008 (BGBl. I S. 1010), geändert durch Art. 15 Abs. 16 des Gesetzes vom 5.2.2009 (BGBl. I S 160).
[86] BGBl. I S. 160, zuletzt geändert durch Art. 4 des Gesetzes vom 21.7.2012 (BGBl. I S. 1583), in Kraft getreten am 12.2.2009.

"in Bezug auf ihr Amt" noch darüber hinaus. Erfasst sind demnach alle Handlungen, die auch von § 331 StGB ("für die Dienstausübung") abgedeckt werden. "In Bezug auf das Amt" geht aber noch weiter und meint jede Zuwendung im Hinblick auf die Amtsstellung.[87]

Weiter sind Regelungen über Nebentätigkeiten (§§ 97 ff. BBG, für das Landesrecht z. B. §§ 78 ff. Hessisches Beamtengesetz) relevant, die Korruption verhindern sollen; unerlaubte oder verschleierte Nebentätigkeiten geben Hinweise auf mögliche korruptive Verflechtungen und Genehmigungen von Nebentätigkeiten sollen in diesem Zusammenhang die Prüfung der möglichen Beeinträchtigung dienstlicher Belange ermöglichen.

31 Verstöße gegen Dienstpflichten können unterschiedliche disziplinarrechtliche Folgen haben. Die gravierendste Folge stellt eine Verurteilung zu einer Freiheitsstrafe von mindestens einem Jahr (Nr. 1) oder die Verurteilung wegen Bestechlichkeit zu einer Freiheitsstrafe von mindestens sechs Monaten dar (Nr. 2), § 41 I BBG bzw. § 24 I BeamtStG. In diesem Fall endet das Beamtenverhältnis mit der Rechtskraft des Urteils. Der Anspruch auf Besoldung und Versorgung erlischt, § 41 II BBG. In anderen Fällen kommen im Disziplinarverfahren Folgen wie Verweis, Geldbuße, Kürzung der Dienstbezüge, Versetzung, Rückstufung, Entfernung aus dem Beamtenverhältnis oder Kürzung bzw. Aberkennung des Ruhegehalts nach dem Disziplinargesetz in Betracht. Verstöße gegen das Verbot der Geschenkannahme stellen Dienstvergehen nach § 47 I BeamtStG dar.

32 Auf die Einzelheiten disziplinarrechtlicher Verstöße soll an dieser Stelle nicht eingegangen werden. Dispute um den "Vorrang" von strafrechtlicher oder dienstrechtlicher Ermittlung[88] werden überschätzt, da sie keine praktische Relevanz haben. Disziplinarrechtliche Vorgehensweisen scheinen nicht in Konkurrenz zum Strafrecht zu treten, im Gegenteil vermisst man im Zusammenhang mit Korruptionsverdacht häufig Engagement in den Behörden. Soweit überhaupt Zahlen zur Häufigkeit von Disziplinarverfahren zu erlangen sind, spielt auch die Statistik keine große Rolle. Transparency International berichtet, dass im Jahr 2010 gegen 0,18 % der aktiven Beamten des Bundes Disziplinarmaßnahmen wegen Dienstpflichtverletzungen verhängt wurden.[89] Wie viele Dienstpflichtverletzungen darunter gerade korruptive Sachverhalte betrafen, ist unbekannt. Für weitere Themen, die im Zusammenhang mit Korruptionsprävention in den letzten Jahren diskutiert wurden, gilt ähnliches: Es handelt sich um theoretische Debatten, die für die Praxis irrelevant sind: Anzeigepflichten bei Korruptionsverdacht von Beamten allgemein oder Anti-Korruptionsbeauftragten im Besonderen und Aussagegenehmigungen bei Zeugenaussagen vor Gericht.[90] Aus § 37 BeamtStG lässt sich eine Pflicht zur innerbehördlichen oder Strafanzeige nicht herleiten, jedoch wird die grundsätzliche dienstliche Verschwiegenheitspflicht nach II Nr. 3 durchbrochen, wenn "gegenüber der zuständigen obersten Dienstbehörde, einer Strafverfolgungsbehörde oder einer durch Landesrecht bestimmten weiteren Behörde oder außerdienstlichen Stelle ein durch Tatsachen begründeter Verdacht einer Korruptionsstraftat nach den §§ 331 bis 337 des Strafgesetzbuches angezeigt wird".

10. Korruptionsprävention in Bund und den Ländern

33 **Richtlinie der Bundesregierung zur Korruptionsprävention in der Bundesverwaltung vom 30. Juli 2004**

Die Richtlinie beschreibt Maßnahmen der Korruptionsprävention auf Bundesebene. Als nicht verbindliche Umsetzungshilfe zur Richtlinie sind am 9.6.2010 Empfehlungen des Bundesministeriums des Innern zur Korruptionsprävention in der Bundesverwaltung veröffentlicht worden. Auf Länderebene sind ebenfalls zahlreiche ähnliche Verwaltungsvorschriften er-

---

[87] So schon für die alte Fassung *Ostendorf*, in *Claussen/Ostendorf (Hrsg.)* 2002, 40.
[88] *Ostendorf*, in *Claussen/Ostendorf (Hrsg.)* 2002, 44.
[89] *Transparency International*, Nationaler Integritätsbericht Deutschland 2012, S. 69, Fn. 38 unter Verweis auf das Bundesministerium des Innern. Für die Landes- und Kommunalverwaltungen wird eine ähnliche Größenordnung geschätzt; die Statistiken seien schwer zu erlangen.
[90] *Bartsch/Paltzow/Trautner* 2011, Kap. 8; *Ostendorf*, in *Claussen/Ostendorf (Hrsg.)* 2002, 49 ff.; Vorauflage.

I. Allgemeines

lassen worden.[91] Inwieweit die Maßnahmen tatsächlich in die Praxis umgesetzt wurden, ist fraglich und wurde bislang nur sporadisch überprüft.[92] Generell sind Evaluationen, also Wirkungsüberprüfungen von Maßnahmen und Gesetzen in Bezug auf ihre kriminalpräventive Wirkung äußerst selten. Die Bundesrichtlinie gilt nach Nr. 1 für alle Dienststellen des Bundes. Nr. 2 sieht die Feststellung besonders korruptionsgefährdeter Arbeitsbereiche in regelmäßigen Abständen oder aus gegebenem Anlass ebenso vor wie die Durchführung von Risikoanalysen, um Aufbau-, Ablauforganisation und Personalzuordnung anzupassen. Zu Nr. 2 ist eine Handreichung erschienen, die Prüfschemata mit Unterstützung durch Fragebögen für die Feststellung besonders gefährdeter Arbeitsgebiete enthält.[93] Nr. 3 geht auf das Mehr-Augen-Prinzip[94] und Transparenz ein, Nr. 4 regelt die Personalauswahl in besonders korruptionsgefährdeten Arbeitsbereichen einschließlich der Rotation. Zu Nr. 4 ist eine Handreichung erschienen.[95] Nr. 5 sieht einen Ansprechpartner für Korruptionsprävention vor, der zur Wahrnehmung der Aufgaben zur Korruptionsprävention weisungsunabhängig ist, ein Informationsrecht gegenüber den Dienststellen hat und der wegen seiner Aufgabenerfüllung nicht benachteiligt werden darf. Gegenüber der Dienststellenleitung besteht ein unmittelbares Vortragsrecht.[96] Nr. 6 sieht eine Organisationseinheit vor, Nr. 7 die Sensibilisierung und Belehrung der Beschäftigten, Nr. 8 betont Aus- und Fortbildung, Nr. 9 konsequente Dienst- und Fachaufsicht. Eine Anzeigepflicht für die Dienststellenleitung gegenüber der Staatsanwaltschaft ist in Nr. 10 normiert. Nr. 11 regelt Vergabegrundsätze. Hier wird die besondere Bedeutung für die Korruptionsprävention hervorgehoben; neben der grundsätzlichen Trennung von Planung, Vergabe und Abrechnung wird die zu prüfende Vergabesperre betont. Dagegen spricht die Anhebung der Schwellenwerte in der Vergabeverordnung, die eine zwingende öffentliche Ausschreibung für viele Vergaben gar nicht vorsieht. Nr. 12 sieht eine (sehr oberflächliche) Antikorruptionsklausel vor. Auf die Sponsoringrichtlinie des Bundes vom 7.7.2003 wird in Nr. 13 hingewiesen, Nr. 14 will die Zuwendungsempfänger verpflichten, bei einer Zuwendung von mehr als 100.000 Euro die Richtlinie ebenfalls sinngemäß anzuwenden.

In den Bundesländern sind überwiegend der Bundesrichtlinie angenäherte Verwaltungsvorschriften zur Korruptionsprävention erlassen worden.[97] Die aktiven Bemühungen um wirksame Prävention sind jedoch unterschiedlich,[98] ein zuverlässiger Überblick ist schwer zu erhalten. Speziell für die besonders korruptionsanfälligen Vergabebereiche ist unbekannt, wie die Handhabung der Vergaben stattfindet und wie viele Manipulationen durch Korruption stattfinden bzw. aufgedeckt werden.[99] Es ist nicht bekannt, inwieweit in den Bundesländern, in denen eine Vergabesperre wegen „schwerer Verfehlungen" möglich ist, von dieser Ge-

---

[91] Trotz der Änderungen durch BeamtStG und in den Landesbeamtengesetzen gelten die Verwaltungsvorschriften vielfach fort.
[92] Ein Beispiel bieten *Ziekow/Siegel* 2006.
[93] Handreichung der AG Standardisierung zur Feststellung besonders korruptionsgefährdeter Arbeitsgebiete, BMI vom 20.12.2007.
[94] Die präventiven Möglichkeiten des Mehr-Augen-Prinzips werden regelmäßig überschätzt, weil häufig nur eine Arbeitsteilung der bürokratischen Abläufe vorgenommen wird, nicht aber eine kritische Prüfung des gesamten Vorgangs durch mindestens zwei unabhängige Stellen, vgl. dazu Beispiele bei *Bartsch/Paltzow/Trautner* 2011, Kap. 2.5 und Verbesserungsmöglichkeiten ebd. Kap. 6.4.2.
[95] Handreichung der AG Rotation zur Umsetzung der Rotation in besonders korruptionsgefährdeten Bereichen, BMI vom 10.6.2010.
[96] Zu Möglichkeiten und Grenzen auch *Bartsch/Paltzow/Trautner* 2011, Kap. 7.
[97] Vgl. auch die Übersicht der wichtigen Verwaltungsvorschriften der Länder mit Abdruck bei *Bartsch/Paltzow/Trautner* 2011, Kap. 10 (zum Bund Kap. 9). Dort finden sich auch weitere interessante Kapitel etwa zum Vergabewesen und zum Anti-Korruptionsbeauftragten.
[98] Vgl. auch die Zusammenstellung von *Löhe*, AG Strafverfolgung, Transparency International Deutschland e. V., www.transparency.de, Korruptionsbekämpfung in Deutschland: Institutionelle Ressourcen der Bundesländer im Vergleich vom April 2009.
[99] Zu typischen Vergabemanipulationen durch Korruption mit vielen Beispielen *Bartsch/Paltzow/Trautner* 2011, Kap. 3.

brauch gemacht wird.[100] Unternehmen, deren Zuverlässigkeit infolge schwerwiegender oder wiederholter Zuwiderhandlungen im Geschäftsverkehr nicht gegeben ist, sollten bundesweit auf Dauer oder zeitlich begrenzt vom öffentlichen Auftragswettbewerb auch schon vor rechtskräftigem Urteil ausgeschlossen werden, wenn im Einzelfall angesichts der Beweislage keine vernünftigen Zweifel an der Tatbegehung bestehen. Die Aussperrung dient dem Schutz eines freien und ungestörten Wettbewerbs und liegt nicht nur im Interesse der seriösen Wirtschaft, sondern auch der Verbraucher und Steuerzahler. Die Voraussetzungen eines Ausschlusses vom öffentlichen Auftragswettbewerb sind ebenso wie die Wiederzulassung gesetzlich zu regeln.

Im Folgenden werden – ohne Anspruch auf Vollständigkeit – wichtige Verwaltungsvorschriften und teilweise Anfragen an die Landesregierungen zu den Richtlinien aufgeführt.

35 **Baden-Württemberg:** VwV Korruptionsverhütung und -bekämpfung vom 19.12.2005 (GABl. 2006, 125); Gemeinsame Anordnung der Ministerien zur Förderung von Tätigkeiten des Landes durch Leistungen Privater (AnO Sponsoring) vom 6.11.2006. Merkblatt des Innenministeriums für Vorgesetzte: „Korruption: Vorbeugen – Erkennen – Handeln" vom Oktober 2001. Kleine Anfrage des Abgeordneten Sckerl (GRÜNE) und Antwort des Innenministeriums zum Business Keeper Monitoring System vom 26.5.2010 (Drucksache 14/6438).

Bayern: RiL der Bayerischen Staatsregierung zur Verhütung und Bekämpfung von Korruption in der öffentlichen Verwaltung (Korruptionsbekämpfungsrichtlinie – KorruR) vom 13.4.2004 (AllMBl. S. 87), geändert durch Bekanntmachung vom 14.9.2010 (AllMBl. S. 243). Bekanntmachung des Bayerischen Staatsministeriums der Finanzen vom 13.7.2009 (FMBl. S. 190 ff.) betr. Verbot der Annahme von Belohnungen und Geschenken. Richtlinie zum Umgang mit Sponsoring, Werbung, Spenden und mäzenatischen Schenkungen in der staatlichen Verwaltung (Sponsoringrichtlinie – SponsR) vom 14.9.2010 (AllMBl. S. 239). Schriftliche Anfrage der Abgeordneten Tausendfreund (BÜNDNIS 90/DIE GRÜNEN) vom 1.4.2009 und Antwort des Staatsministeriums des Innern vom 7.5.2009, Drucksache 16/1332 vom 8.6.2009.

Berlin: Gesetz zur Einrichtung und Führung eines Registers über korruptionsauffällige Unternehmen in Berlin (Korruptionsregistergesetz – KRG) vom 19.4.2006 (GVBl. S. 358) in der Fassung des Ersten Gesetzes zur Änderung des Korruptionsregistergesetzes vom 1.12.2010 (GVBl. S. 535); VV zum Umgang mit Sponsoring im Geschäftsbereich der Senatsverwaltung für Justiz vom 7.1.2009; RiL für die Arbeit der Prüfgruppen Korruptionsbekämpfung in der Hauptverwaltung vom 1.3.2007; Ausführungsvorschriften über die Annahme von Belohnungen und Geschenken der Senatsverwaltung für Inneres vom 9.3.1990 (DBl. I S. 87).

Brandenburg: RiL der Landesregierung zur Korruptionsprävention in der Landesverwaltung Brandenburg vom 25.4.2006 (ABl. S. 362);

Bremen: Gesetz zur Errichtung und Führung eines Korruptionsregisters (Bremisches Korruptionsregistergesetz – BremKorG) vom 17.5.2011; VV zur Vermeidung und Bekämpfung der Korruption in der öffentlichen Verwaltung der Freien Hansestadt Bremen vom 16.1.2001 (ABl. S. 103); VV über die Annahme und Verwendung von Beträgen aus Sponsoring, Werbung, Spenden und mäzenatischen Schenkungen zur Finanzierung öffentlicher Aufgaben der Freien Hansestadt Bremen vom 1.7.2008; VV über die Annahme von Belohnungen und Geschenken vom 19.12.2000 (ABl. 2001, S. 25); Empfehlungen des Senators für Finanzen für die Einrichtung von Innenrevisionen der Freien Hansestadt Bremen vom 19.12.2000.

Hamburg: Bekanntmachung über die Annahme von Belohnungen und Geschenken vom 6.4.2001 (MittVw. 113 ff.); Allgemeine VV über Maßnahmen zur Korruptionsbekämpfung (insbesondere Korruptionsprävention) vom 30.8.2001. Ein Korruptionsregister-Gesetz wurde kurz nach der Einführung (12.2.2004, in Kraft getreten am 18.2.2004) 2005 wieder abge-

---

[100] Speziell zur Vergabesperre und zu den Melde- und Informationsstellen s. die Übersicht bei *Bartsch/Paltzow/Trautner* 2011, Kap. 4.4. Es gibt bislang trotz einiger Bemühungen kein bundesweit einheitliches Korruptionsregister. Eine Übersicht zu den Entwürfen und Vorschlägen für ein bundesweites Zentralregister für Vergabesperren hat Transparency International erstellt. Kritisch schon zum Vorhaben *Dann*, in FS Mehle 2009, 127 ff.; allerdings ist bislang wegen der unübersichtlichen Regelungen und mangelhafter Umsetzung korruptionspräventiver Maßnahmen auch die Relevanz von Vergabesperren marginal.

I. Allgemeines

schafft. Jetzt RiL über den Ausschluss von der Vergabe öffentlicher Aufträge wegen schwerer Verfehlungen (RL Schwere Verfehlungen) vom 1.11.2008 in der Fassung vom 1.6.2010; Rahmenrichtlinie über Spenden, Sponsoring und mäzenatische Schenkungen für die Verwaltung der Freien und Hansestadt Hamburg vom 27.2.2007. In Hamburg existiert ein Dezernat Interne Ermittlungen des LKA (für Ermittlungen und Präventionsmaßnahmen).

Hessen: Erlass des Hessischen Ministeriums des Innern und für Sport betr. Korruptionsvermeidung in hessischen Kommunalverwaltungen vom 15.12.2008 (StAnz. 2009, 132); Gemeinsamer Runderlass betr. Öffentliches Auftragswesen; hier: Ausschluss von Bewerbern und Bietern wegen schwerer Verfehlungen, die ihre Zuverlässigkeit infrage stellen vom 14.11.2007 (StAnz. S. 2327); Verordnung über die Nebentätigkeit der Beamten im Lande Hessen (Nebentätigkeitsverordnung) in der Fassung vom 21.9.1976, zuletzt geändert 25.11.1998 (GVBl. I, 492).

Mecklenburg-Vorpommern: VV der Landesregierung betr. Bekämpfung von Korruption in der Landesverwaltung Mecklenburg-Vorpommern (VV-Kor) vom 23.8.2005 (ABl. S. 1031); Bekanntmachung des Innenministeriums betr. Anti-Korruptions-Verhaltenskodex für die Mitarbeiter in der Landesverwaltung Mecklenburg-Vorpommern vom 9.11.2001 (ABl. S. 1204); Erlass des Innenministeriums betr. Verbot der Annahme von Belohnungen und Geschenken vom 6.5.1999 (ABl. S. 558). Kleine Anfrage der Abgeordneten Borchardt (DIE LINKE) – Korruption in Mecklenburg-Vorpommern und Antwort der Landesregierung vom 21.12.2009 (Drucksache 5/3007).

Niedersachsen: RiL zur Korruptionsprävention und Korruptionsbekämpfung in der Landesverwaltung (Antikorruptionsrichtlinie) vom 16.12.2008, in Kraft getreten am 1.1.2009 (NdsMBl. 2009, 66); Gem. Runderlass des Ministeriums des Innern, der Staatskanzlei und der übrigen Ministerien vom 1.9.2009 betr. Verbot der Annahme von Belohnungen und Geschenken (NdsMBl. S. 822). Unterrichtung zum Landtagsbeschluss vom 29.10.2009 (Korruptionsprävention sichert richterliche Unabhängigkeit) vom 1.12.2009, Drucksache 16/1930.

Nordrhein-Westfalen: Gesetz zur Verbesserung der Korruptionsbekämpfung und zur Errichtung und Führung eines Vergaberegisters in Nordrhein-Westfalen (Korruptionsbekämpfungsgesetz – KorruptionsbekG) vom 16.12.2004, in Kraft getreten am 1.3.2005 (GVBl. Nr. 1 vom 4.1.2005); Runderlass des Innenministeriums, zugleich im Namen des Ministerpräsidenten und aller Landesministerien zur Verhütung und Bekämpfung der Korruption in der öffentlichen Verwaltung vom 26.4.2005.

Rheinland-Pfalz: VV der Landesregierung zur Korruptionsprävention in der öffentlichen Verwaltung vom 7.11.2000 in der Fassung vom 26.10.2010 (MBl. S. 209); Rundschreiben des Ministeriums der Finanzen: Bekämpfung der Korruption in der öffentlichen Verwaltung; Merkblatt für die Beschäftigten der Landesverwaltung vom 10.6.2003 (MBl. S. 375) und Vertrauensanwalt für die Landesverwaltung vom 10.6.2003, geändert durch Rundschreiben vom 17.2.2006 (MBl. S. 84); Kommunalrechtliche Vorschriften betr. Sponsoringleistungen, Spenden, Schenkungen und ähnliche Zuwendungen, Auszug aus der GemO i. d. F. vom 31.1.1994 (GVBl. S. 153, zuletzt geändert durch Gesetz vom 7.4.2009 (GVBl. S. 162).

Saarland: Richtlinien der Landesregierung zur Verhütung und Bekämpfung von Korruption in der Landesverwaltung vom 19.12.2000 (GMBl. 2001, 4). Erlass der Landesregierung zum Vollzug der VOB Teil A und der VOL – ausgenommen Bauleistungen – Teil A; hier: Ausschluss von Bewerbern und Bietern wegen schwerer Verfehlungen, die ihre Zuverlässigkeit infrage stellen vom 16.7.1996 (GMBl. 1997, 26).

Sachsen: VV der Sächsischen Staatsregierung zur Korruptionsvorbeugung in der staatlichen Verwaltung des Freistaates Sachsen (VwV Korruptionsvorbeugung) vom 21.5.2002 (ABl. S. 635), zuletzt als geltend bekannt gemacht durch VwV vom 11.12.2007 (Abl. S. 480); VV der Sächsischen Staatsregierung über das Verbot der Annahme von Belohnungen und Geschenken durch die öffentlich Bediensteten des Freistaats Sachsen (VwV Belohnungen und Geschenke) vom 20.10.2007 (ABl. S. 1471832); VV der Sächsischen Staatsregierung zum Sponsoring in der staatlichen Verwaltung des Freistaates Sachsen (VwV Sponsoring) vom 25.7.2007 (ABl. S. 1078).

Sachsen-Anhalt: VV zur Vermeidung und Bekämpfung der Korruption, Gemeinsamer Runderlass vom 30.6.2010 (Mbl. S. 434); Gemeinsamer Runderlass zum Verbot der Annahme von Belohnungen, Geschenken und sonstigen Vorteilen vom 22.2.2010 (MBl. S. 112, ber. 165).

Schleswig-Holstein: RiL Korruptionsprävention und Korruptionsbekämpfung in der Landesverwaltung Schleswig-Holstein (Korruptionsrichtlinie Schl.-H.) vom 18.3.2008 (ABl. S. 414); Runderlass des Finanzministeriums betr. Verbot der Annahme von Belohnungen, Geschenken und sonstigen Vorteilen durch die Mitarbeiterinnen und Mitarbeiter des Landes Schleswig-Holstein vom 6.4.2010 (ABl. S. 363). Tätigkeitsberichte des Anti-Korruptionsbeauftragten.

Thüringen: RiL zur Korruptionsbekämpfung in der öffentlichen Verwaltung des Freistaates Thüringen vom 8.10.2002, in Kraft getreten am 21.10.2002 (ThStAnz. S. 2540); Gem. Bekanntmachung der Thüringer Staatskanzlei, der Thüringer Ministerien, der Thüringer Landtagsverwaltung und des Thüringer Rechnungshofes betr. Verbot der Annahme von Belohnungen und Geschenken vom 9.12.2008 (ThStAnz. S. 2261). Kleine Anfrage des Abgeordneten Renner (DIE LINKE) und Antwort des Thüringer Innenministeriums zur aktuellen Problemlage in Thüringen nach dem Bundeslagebild Korruption 2008 vom 3.12.2009 (Drucksache 5/157).

11. Compliance – Korruptionsprävention in der Wirtschaft

36 Bereits in den 1990er Jahren kam es zunehmend zur Verabschiedung von Ethik-Kodizes als Selbstverpflichtung der Unternehmen. Nicht selten hatte man den Eindruck, diese Verhaltensrichtlinien stünden mehr oder weniger auf dem Papier und seien aus Imagegründen, vorrangig nach dem Bekanntwerden von Straftaten, verabschiedet worden. Später und erst recht nach Bekanntwerden der umfassenden strafrechtlichen Ermittlungen gegen Siemens wegen systematischer Bestechungen wurde der Begriff Compliance für Großunternehmen in Deutschland relevant. Unter Compliance versteht man die Aufgabe des Unternehmens, im Einklang mit den Gesetzen zu handeln.[101] International spielten nach dem FCPA 1977 Änderungen in der Praxis längere Zeit ebenfalls keine Rolle. Korruption bei lukrativen Auslandsgeschäften wurde lange toleriert. Doch Ermittlungen mit hohen Kostenfolgen gegen Firmen wie ABB, BAE, Halliburton, Panalpina, Statoil und natürlich Siemens führten zu einem Handlungsdruck[102], da die Korruptionspraktiken nicht mehr geleugnet werden konnten. Neben gesetzlichen Änderungen rücken dabei die Haftung des Unternehmens und das Unternehmensstrafrecht stark in den Vordergrund.[103] Einen starken Aufschwung erfuhren die Compliance-Bestrebungen. Unternehmen, die international tätig sind, riskieren zivil- und strafrechtliche Folgen, insbesondere finanzielle Sanktionen, wenn sie kein oder nur ein unzureichendes Compliance-System aufweisen. Unternehmen können nicht „Gewinn um jeden Preis" unter Inkaufnahme systematischer Bestechungen anstreben. Unternehmensrisiken bestehen heute zu einem erheblichen Maße in Rechts- und Reputationsrisiken.[104] Compliance-Systeme in Unternehmen müssen auf einem risikobasierten Ansatz aufbauen, der neben der

---

[101] *Moosmayer* 2012, 1; *Poppe*, in *Inderst/Bannenberg/Poppe* (Hrsg.) 2013, 1; sehr differenziert zu Begriff, Gegenstand und Compliance-Management *Wieland*, in *Wieland/Steinmeyer/Grüning* (Hrsg.) 2010, 15 ff.; umfassend zum Thema Compliance im Wirtschaftsstrafrecht *Knierim*, Kap 5; verschiedene Aspekte behandelt *Sieber*, in FS Tiedemann 2008, 449 ff.

[102] Vgl. ausführlich *Pieth*, Harmonising Anti-Corruption Compliance 2011; *Pieth*, Anti-Korruptions-Compliance 2011.

[103] Zum internationalen Überblick *Pieth/Ivory* (Eds.) 2011; in Deutschland steht die Verabschiedung eines Unternehmensstrafrechts nicht an, man verweist auf § 30 OWiG. NRW stellte am 14.5.2013 Eckpunkte eines Gesetzesentwurfs zum Unternehmensstrafrecht in einem eigenen Gesetz („Verbandsstrafgesetzbuch") vor, s. www.dico-ev.de. Zum neuen Höchstmaß der Geldbuße nach § 30 OWiG Gesetz zur Änderung des Gesetzes über Ordnungswidrigkeiten. Eine aktuellere Stellungnahme zur unendlichen Erörterung des Für und Wider zur Verbandsstrafbarkeit findet sich bei *Schünemann*, in FS Tiedemann, 2008, 429 ff.

[104] *Pieth*, Anti-Korruptions-Compliance 2011, 2 ff.; kritisch zur Compliance allgemein im Sinne einer unerwünschten Strafbarkeitsausdehnung *Rönnau*, 2011, 237, 254 ff.

I. Allgemeines

Vermeidung strafrechtlich relevanter und bußgeldbewehrter Verhaltensweisen auch das langfristige Unternehmensinteresse, ethisch vertretbares Handeln, Reputationsrisiken und spezielle Haftungsrisiken beachtet.[105] Im Mittelpunkt standen zunächst Anti-Korruptions-Compliance und Vorkehrungen gegen Geldwäsche.[106]

Anti-Korruptions-Compliance basiert auf dem risk based approach (Risikobewertung) und versucht, diverse Haftungs- und Reputationsrisiken sowie das langfristige Unternehmensinteresse über ethische Handlungsmaßstäbe zu beachten.[107] Dabei steht ein solcher ethischer Verhaltenskodex (code of conduct oder code of ethics) nur am Anfang des Aufbaus eines Compliance-Programms. Diese ethischen Richtlinien sind weder reine Rhetorik, noch dürfen sie überschätzt werden. Eine reine Orientierung allein an den Strafrechtsnormen reicht aber nicht aus. Mitarbeiter spüren auch sehr schnell, ob die Ethikrichtlinien nur auf dem Papier stehen oder tatsächlich mit Leben gefüllt werden. Nach der konkreten Risikoanalyse im Unternehmen muss bei der Organisation des Compliance-Systems darauf geachtet werden, dass die Unternehmensleitung Verantwortung für diesen Bereich übernimmt und die Organisation sowohl zum Unternehmen passt, wie den Risiken angemessen sein und auch ständig aktualisiert werden muss. Regelmäßig geht es um klare Richtlinien im Umgang mit Bestechung, Geschenken und Einladungen. Korruption in Form der grand corruption (eingerechnete Bestechungsgelder, fingierte Provisionszahlungen und Umgehungsgeschäfte wie falsch benannte Beraterverträge, die nur das Schmiergeld verdecken sollen) ist verboten, diese Verhaltensweisen und Verbote müssen klar benannt und Verstöße geahndet werden.[108] Für die Graubereiche der facilitation payments (auch hier zeigt sich in international tätigen großen Unternehmen der Trend zur zero tolerance) oder der Geschenke und Einladungen zur Kundenbindung sind klare Regelungen hilfreich.[109] Compliance-Maßnahmen sind auch nach deutschem Recht wichtig, um Pflichten des Vorstands einer Aktiengesellschaft zu erfüllen (§§ 76 Abs. 1, 93 Abs. 1 AktG) und um die Verhängung von Geldbußen oder Straftaten nach dem Aktiengesetz zu verhindern. Das Gesetz zur Kontrolle und Transparenz im Unternehmensbereich (KonTraG) von 1998 hat zudem in § 91 Abs. 2 Aktiengesetz (AktG) eine den Vorstand einer Aktiengesellschaft verpflichtende Regelung eingeführt, „ein Überwachungssystem einzurichten, damit den Fortbestand der Gesellschaft gefährdende Entwicklungen früh erkannt werden". Die Regelungen des Sarbanes-Oxley Act stellen höhere Anforderungen an ein Risikomanagement- und Kontrollsystem.[110] Insbesondere die amerikanischen Entwicklungen verschärfter Haftungsanforderungen sowie Bemühungen um Corporate Governance haben in Deutschland zu einem Anstieg der Verabschiedung von Ethik-Kodizes und Compliance-Maßnahmen geführt.[111] Für die zahlreichen Einzelfragen (welches Unternehmen braucht welches System, Chief Compliance Officer und Verantwortung, Zugang zum Vorstand, Großunternehmen und Mittelstand, Auslandskorruption, Geschäfte mit Län-

---

[105] *Pieth*, Anti-Korruptions-Compliance 2011, 2 ff.; *Pieth*, Anti-Corruption Compliance 2011, 2 f.; *Moosmayer* 2012.

[106] *Pieth*, in *Dölling (Hrsg.)* 2007, 566 ff.; *Pieth*, Anti-Korruptions-Compliance 2011, Gesamtüberblick. Der Begriff „Criminal Compliance" wird international nicht verwendet, anders als der Titel des Buches von *Bock* nahelegt. Stattdessen spricht man von Compliance und spezifiziert nach Branchen und Risikobereichen, vgl. etwa *Inderst/Bannenberg/Poppe (Hrsg.)*, 2013, 5. Kap.; *Pieth*, Harmonising Anti-Corruption Compliance 2011, 45 ff. „risk based approach"; *Moosmayer* 2012, 25 ff.

[107] *Pieth*, Anti-Korruptions-Compliance 2011, 2, 63 ff.; *Schaupensteiner* in Kliche/Thiel (Hrsg.) 2011, 503 ff.

[108] Compliance zur Korruptionsvermeidung ist mittlerweile ein Feld für die Strafverteidigung, s. *Dierlamm* Kap. 29, Rn. 6.

[109] *Pieth*, Anti-Korruptions-Compliance 2011, 63 ff. mit vielen Details; *Moosmayer* 2012, 33 zu den konkreten Organisationsmaßnahmen und dem Beispiel des Siemens Compliance Systems im Anhang, 117 ff.; zu Aspekten des Aufbaus der Compliance-Organisation *Inderst*, in *Inderst/Bannenberg/Poppe (Hrsg.)* 2013, Kap. 3, Kap. 4 A und Anhang; Verhaltenskodex zur Abgrenzung von legaler Kundenpflege und Korruption bei *Bannenberg/Dierlamm*, in *Inderst/Bannenberg/Poppe (Hrsg.)* 2013, Kap. 5 C.

[110] Dazu *Bussmann/Matschke*, Criminal Law Soc Change (2008) 49: 349 ff.

[111] *Reisman* in *Wieland/Steinmeyer/Grüninger (Hrsg.)* 2010, 617 ff.

dern im hinteren Drittel des CPI, Umgang mit facilitation payments, Verzicht auf Auslandsgeschäfte bei hohem Korruptionsrisiko, Konsequenzen bei Verstößen, Reaktionen auf Schadensfälle) sei auf die spezielle Literatur verwiesen.[112]

II. Materielles Strafrecht

1. Überblick

38 Das Korruptionsbekämpfungsgesetz vom 13.8.1997,[113] in Kraft getreten am 20.8.1997, hat die Straftatbestände gegen Korruption entscheidend geändert. Die Amtsdelikte bilden nach wie vor den Kern der Korruptionsdelikte. Man unterscheidet Vorteilsannahme und Vorteilsgewährung (§§ 331, 333 StGB) von den Tatbeständen der Bestechlichkeit und Bestechung (§§ 332, 334 StGB), die eine pflichtwidrige Diensthandlung voraussetzen. Nach der Gesetzeslage vor dem Korruptionsbekämpfungsgesetz musste der in der Praxis häufig schwierige Nachweis erbracht werden, dass der Vorteil als Gegenleistung für eine konkrete Diensthandlung vereinbart war, die sogenannte Unrechtsvereinbarung. Zahlungen aus Anlass oder bei Gelegenheit einer Amtshandlung („Dankeschön für gute Zusammenarbeit"), um sich das allgemeine Wohlwollen und die Geneigtheit des Amtsträgers zu erkaufen (Klimapflege), blieben mangels Zuordnung zu einer konkreten Diensthandlung ebenso straflos wie das „Anfüttern". Letzteres beschreibt den planvollen Auf- und Ausbau von Abhängigkeit durch die Gewährung von zunächst kleineren Aufmerksamkeiten bis hin zu aufwändigen Geschenken und Geldzahlungen. Das Beziehungsverhältnis zwischen Vorteil und Gegenleistung ist durch das Korruptionsbekämpfungsgesetz erweitert worden.[114] Heute ist bereits das Anbieten etc. von Vorteilen „für die Dienstausübung" gemäß §§ 331, 333 StGB unter Strafe gestellt. Der Nachweis einer bestimmten Diensthandlung als Gegenleistung für den Vorteil wird nicht mehr gefordert. Außerhalb jeder strafrechtlichen Betrachtung bleiben nach wie vor solche Zuwendungen, auf die der Empfänger einen Rechtsanspruch hat (z. B. der Werkvertrag, der ein rechtmäßiges Gutachten honoriert). Die Problematik der Abgrenzung zur Straflosigkeit zeigt sich in dem Bereich der schwer fassbaren Sozialadäquanz. Danach werden solche Zuwendungen nicht kriminalisiert, die im Rahmen sozial anerkannter gesellschaftlicher oder geschäftlicher Gepflogenheiten gewährt werden oder dem Gebot der Höflichkeit entsprechen. Aber auch andere Zuwendungen unterfallen nicht ohne weiteres den §§ 331, 333 StGB. Die Zuwendung muss „für die Dienstausübung" erfolgen, also ist eine unlautere Beeinflussung dienstlichen Handelns für das Strafrecht Voraussetzung (und nachzuweisen). Wie die Rechtsprechung der letzten Jahre zeigt, werfen typischerweise Geschenke und Einladungen, Sponsoring, Drittmitteleinforderungen an Hochschulen und Wahlkampfspenden Abgrenzungsprobleme auf, sind aber unter bestimmten Voraussetzungen vom Tatbestand ausgenommen und nicht strafbar.

39 Früher waren die Amtsdelikte nach herrschender Auffassung als eigennützige Delikte zu verstehen. Durch den Vorteil musste der Nehmer persönlich materiell oder immateriell bessergestellt sein. Straflos blieben Zuwendungen an Dritte, etwa Spenden an die Partei des Amtsträgers als Gegenleistung für eine Auftragsvergabe. Seit dem Korruptionsbekämpfungsgesetz kommt es nicht mehr darauf an, ob der Vorteil dem Amtsträger selbst oder einer anderen Person oder Organisation zukommt.

40 Vorteilsannahme und Vorteilsgewährung (§§ 331, 333 StGB) werden nun mit drei Jahren statt bisher zwei Jahren Freiheitsstrafe bedroht. Bei den Tatbeständen der Bestechlichkeit und der Bestechung (§§ 332, 334 StGB) bleibt der Strafrahmen von mindestens sechs Monaten

---

[112] Neben den bereits in den vorhergehenden Fn. genannten Quellen zahlreiche Beiträge in *Wieland/Steinmeyer/Grüning (Hrsg.)* 2010; *Hauschka (Hrsg.)* 2010 sowie der Überblick bei *Knierim*, Kap. 5. Für spezielle Probleme, etwa die Folgen unternehmensinterner Untersuchungen für Strafverfahren, s. *Wimmer* 2012; *Knierim*, Kap. 5, Rn. 4, 13 m. w. Nw.
[113] BGBl. I, S. 2038.
[114] *Schaupensteiner*, Kriminalistik 1996, 237 ff., 306 ff.; Kriminalistik 1997, 699 ff.

II. Materielles Strafrecht

(332 Abs. 1 StGB) bzw. drei Monaten (§ 334 Abs. 1 StGB) bis zu fünf Jahren Freiheitsstrafe erhalten. In einem neuen § 335 StGB ist für besonders schwere Fälle der Bestechung und Bestechlichkeit eine Strafzumessungsregelung mit einem Mindeststrafrahmen von einem bis zu zehn Jahren Freiheitsstrafe vorgesehen. Dabei handelt es sich um Regelbeispiele wie Vorteile großen Ausmaßes, fortgesetzte Bestechlichkeit, gewerbsmäßige Begehung oder Tatbegehung als Mitglied einer Bande. Da es sich um einen Vergehenstatbestand handelt, bleibt eine Verfahrenseinstellung nach Opportunitätsgesichtspunkten gem. §§ 153 ff. StPO weiterhin möglich.

Durch das Korruptionsbekämpfungsgesetz wurden der Submissionsbetrug (§ 298) und die Angestelltenbestechung (§ 299) in das StGB eingefügt. Die „wettbewerbsbeschränkenden Absprachen bei Ausschreibungen", § 298, sind strafbare Vergehen mit einer angedrohten Freiheitsstrafe bis zu 5 Jahren. Damit wurden die bisherigen Kartellordnungswidrigkeiten nach § 38 Abs. 1 Nr. 1 und 8 GWB zu Straftaten hochgestuft, weil erkannt wurde, dass derartige Absprachen häufig mit Schmiergeldzahlungen ermöglicht werden. Strafbar ist die Abgabe eines Angebots, das auf einer rechtswidrigen Absprache beruht.[115] Es wird nur kartellrechtswidriges Verhalten erfasst, nicht also z. B. die zulässige Bildung von Bietergemeinschaften. Abs. 1 erfasst die Abgabe von Angeboten bei beschränkten und öffentlichen Ausschreibungen. Abs. 2 betrifft die freihändige Auftragsvergabe nach Teilnahmewettbewerb (freie Preiseinziehung durch Angebotsabgabe); die unmittelbare Auftragsvergabe ohne vorangehenden Teilnahmewettbewerb ist hingegen nicht erfasst, da kein Wettbewerb unter mehreren Konkurrenten stattfindet. Geschütztes Rechtsgut ist vorrangig der freie Wettbewerb und nur in zweiter Linie das Vermögen des Wettbewerbsveranstalters. Personen, die die Abgabe eines wettbewerbsbeschränkenden Angebots fördern (z. B. durch Nichtbeteiligung nach Abstandszahlung, Offenlegung von Bieterlisten), werden durch die allgemeinen Vorschriften über Täterschaft und Teilnahme erfasst. Soweit im Einzelfall bei dem Veranstalter oder einem Mitbewerber ein konkreter Vermögensschaden nachweisbar ist, liegt auch Betrug (§ 263 StGB) vor. Für den korruptiven Verrat von Betriebs- und Geschäftsgeheimnissen (etwa Ausschreibungsunterlagen) ist § 17 UWG zu beachten.[116] Kartellbehörden und Staatsanwaltschaften sind beide mit der Verfolgung der Preisabsprachen befasst. Die Kartellbehörde ist neben der Staatsanwaltschaft zuständig für die Verhängung von Geldbußen gegen juristische Personen (§ 81a GWB).

Die Verfolgung der Bestechung im geschäftlichen Verkehr oder Angestelltenbestechung, §§ 299, 300 StGB, ist auch von Amts wegen möglich, § 301 StGB. Der Strafrahmen sieht Freiheitsstrafe bis zu drei Jahren (§ 299 Abs. 1 StGB), in besonders schweren Fällen von drei Monaten bis zu fünf Jahren vor (§ 300 StGB). Wie bei den Amtsdelikten werden nach der Novellierung auch Drittzuwendungen erfasst. Das nachträgliche Dankeschön ist wie das „Anfüttern" aber anders als in §§ 331 ff. StGB weiterhin straflos, da Strafbarkeitsbedingung die Vereinbarung einer konkreten unlauteren künftigen Bevorzugung bei dem Bezug von Waren oder gewerblichen Leistungen als Gegenleistung für den Vorteil ist. Weitere Strafbarkeitslücken betreffen die Geschäftsinhaber, etwa von Ingenieur- und Architekturbüros, und niedergelassene Ärzte, die bestochen werden können, da sie weder Amtsträger i. S. v. §§ 331 ff. noch „Beauftragte" im Sinne von § 299 StGB sind. Auch die Bestechung im Zusammenhang mit Beratungsleistungen (durch Gutachter und Wirtschaftsprüfer), die Korruption im Sport (Bestechung von Spielern, Schiedsrichtern und IOC-Mitgliedern) oder von Medienvertretern („Hofberichterstattung" durch die Presse, das „zufällige" Einblenden des Logos eines Markenartikelherstellers in einem Fernsehbeitrag) ist nicht strafbar.

Viele Vorgänge, die von der Gesellschaft als korrupt bezeichnet werden, sind strafrechtlich nicht erfasst, so insbesondere die Bestechung von Funktionären politischer Parteien, etwa zur Berücksichtigung von Verbandsinteressen der Gewerkschaften und der Industrie. Eine Norm

---

[115] Zu den Einzelheiten und Problemen, insbesondere Ausschreibung, horizontale und vertikale Absprache, s. *Dannecker*, Kap. 18; BGH vom 22.6.2004 – 4 StR 428/03, St 49, 201 ff.; HK-GS/*Bannenberg*, § 298.

[116] BGH NJW 1995, 2301 f.

wie etwa § 119 BetrVG ist praktisch unbedeutend[117] und bei der Reform des Korruptionsstrafrechts „vergessen" worden. Ämterpatronage, Klientelismus und Nepotismus bleiben weitgehend ausgeblendet, Wählerbestechung nach § 108b StGB ist bedeutungslos und die Abgeordnetenbestechung i. S. v. § 108e StGB erfasst nur den praktisch äußerst seltenen Stimmenkauf. Darüber hinaus richtet sich das Strafrecht als Schuldstrafrecht gegen natürliche Personen. Juristische Personen und Personenvereinigungen können nicht strafrechtlich verfolgt werden. Damit bleiben Straftaten, die aus Unternehmen heraus organisiert werden, strafrechtlich folgenlos, wenn wie häufig, angesichts einer schwer durchschaubaren hierarchischen Arbeitsteilung, die handelnden Personen nicht ermittelt werden können. Möglich ist die Verhängung der Unternehmensgeldbuße nach § 30 OWiG.

44   Mit den strafrechtlichen Normen der §§ 331–335 StGB sieht man vor allem die „Lauterkeit des deutschen öffentlichen Dienstes" oder „das Vertrauen in die Unkäuflichkeit von Trägern staatlicher Funktionen und damit zugleich in die Sachlichkeit staatlicher Entscheidungen" geschützt. § 108e StGB stellt auf das „Prinzip der demokratischen Gleichheit der Bürger sowie auf das öffentliche Vertrauen in die Unkäuflichkeit der Mandatsausübung und die Funktionsfähigkeit des repräsentativen Systems" ab.[118] §§ 298–300 schützen den freien Wettbewerb. Das geltende Strafrecht geht also bei Korruptionsdelikten von recht unterschiedlichen Rechtsgütern aus. Zwar kann das Strafrecht wegen seiner begrenzten Wirkkraft nicht alle sozialen Probleme lösen. Gerade bei der Diskussion um Korruption zieht das Strafrecht aber immer wieder die entscheidende Grenze vom Erlaubten zum Verbotenen und wirkt insoweit möglicherweise geradezu handlungsleitend, wenn bestimmte Formen der Korruption in der Gesellschaft als moralisch verwerflich angesehen, jedoch nicht pönalisiert werden. Was unterscheidet aber moralisch z. B. den Unrechtsgehalt der Bestechung eines Architekten, der als Verpflichteter an Bauvorhaben der öffentlichen Hand mitwirkt (und damit im rechtlichen Sinne Amtsträger ist) von einem Architekten, der statt das Interesse seines Auftraggebers (eines privaten Bauherrn) zu vertreten, sich für das teure Bauunternehmen verwendet, weil er von diesem eine Provision erwartet? Liegt etwa kein schwerwiegender Verstoß gegen berufsethische Grundsätze vor, wenn der Journalist einer großen Auto-Zeitung ein bestimmtes Modell für Monate kostenlos fahren darf und genau diesen Fahrzeugtyp im Test-Vergleich überaus positiv herausstellt? Nicht alle üblichen Praktiken sind strafrechtlich erfasst. Das Strafrecht allein wird die Korruption auch nicht entscheidend zurückdrängen können. Mit Dölling ist nach wie vor ein gesellschaftliches Gesamtkonzept zu fordern, das die Prävention in den Vordergrund stellt und eine gesamtgesellschaftliche Ablehnung der Korruption zu erreichen sucht.[119]

45   Begleitdelikte der Korruption sind in der Regel Betrug[120], Untreue und Steuerhinterziehung, weil die Schmiergelder und andere Vorteile in die betroffenen Maßnahmen eingerechnet werden. Die Preisabsprachen bei Auftragsvergaben (§ 298 StGB) werden häufig erst durch die Bestechung von Mitarbeitern des Auftraggebers (oder auch eines von diesem beauftragten Planungsbüros) ermöglicht. Die Schmiergelder sind nicht mehr steuermindernd abzugsfähig. Rechtswidrig erlangte Vorteile werden jedoch dem Finanzamt durch die Nehmer verschwiegen und durch die Geber in die überhöhte Rechnung eingefügt, so dass mit der Korruption auch Steuerhinterziehung (§ 370 Abgabenordnung) einhergeht. Helfen Mittelsmänner bei der Sicherung der Schmiergeldbeute, ist schnell der Tatbestand der Geldwäsche erfüllt.

---

[117] Vgl. BGH vom 17.9.2009 – 5 StR 521/08, St 54, 148 ff.: Für Zuwendungen an den Betriebsratsvorsitzenden, um dessen Wohlwollen dem Unternehmen gegenüber zu erhalten, kommt Untreue sowie Betriebsratsbegünstigung, § 119 BetrVG, in Betracht; zum Fall Gebauer/Volkert – VW, NJW 2010, 92 ff.
[118] BT-Drs. 12/5927, 4.
[119] *Dölling* 1996, C 42 ff.
[120] Zum Betrug im Zusammenhang mit Submissionsabsprachen s. *Dannecker*, Kap. 18.

II. Materielles Strafrecht

12

2. Bestechungsdelikte (§§ 331–335 StGB)

a) Allgemeine Vorbemerkung zum Gesetz zur Bekämpfung der Korruption (Korruptionsbekämpfungsgesetz)

Das Korruptionsbekämpfungsgesetz vom 13.8.1997,[121] in Kraft getreten am 20.8.1997, wollte rechtspolitisch eine Effektivierung der strafrechtlichen Verfolgung der Korruption und eine Stärkung generalpräventiver Aspekte erreichen.[122] In diesem Zusammenhang wurden die §§ 331 (Vorteilsannahme) und 333 StGB (Vorteilsgewährung) geändert. Die sogenannte Unrechtsvereinbarung, das ungeschriebene Tatbestandsmerkmal der Korruptionsvorschriften im Bereich der Amtsträger, wurde gelockert. So ist für die Tatbestandserfüllung der §§ 331, 333 StGB nicht mehr eine konkrete Gegenleistung erforderlich, sondern es genügt der Zusammenhang mit der Dienstausübung. Die Beeinflussung der Dienstausübung erfordert also nicht den Nachweis einer konkreten Handlung des Amtsträgers. Es reicht vielmehr grundsätzlich aus, dass der Vorteil als Gegenleistung dafür bestimmt ist, dass der Amtsträger in irgendeiner Weise dienstlich tätig gewesen ist oder tätig sein wird.[123] Damit ist umgekehrt aber nicht jede Gewährung materieller Vorteile an Amtsträger, die im äußeren Bild den Eindruck einer Besserstellung erwecken, bereits strafbar im Sinne des §§ 331, 333 StGB. Der Gesetzgeber hat bei den Beratungen eine mögliche, noch weitere Fassung einer Vorteilsgewährung (im Zusammenhang mit dem Amt) wegen zu unbestimmter Ausweitung abgelehnt.[124]

46

Der Gesetzentwurf des Bundesrates vom 3.11.1995[125] sah im Anschluss an den Gesetzesantrag des Landes Berlin vom 24.5.1995[126] vor, die Strafbarkeit erheblich auszuweiten. §§ 331, 333 StGB sollten bereits erfüllt sein, wenn die Zuwendung dem Amtsträger *„im Zusammenhang mit seinem Amt"* gewährt wird oder werden soll.[127] Man sah schon durch die bloße Beziehung von Vorteil und Dienst die *mögliche* Käuflichkeit und damit Ungleichbehandlung der Bürger als wahrscheinlich an. Der Entwurf des Bundesrates wollte die Gesetzeslücke der Vorteilsannahme ohne nachweisbare Gegenleistung schließen. Die Wörter „im Zusammenhang mit seinem Amt" seien gewählt worden, um die strafrechtliche Inanspruchnahme des Amtsträgers für außerdienstliche, in keinem Zusammenhang mit dem Amt stehende Vorteile – etwa im privaten Bereich – zu vermeiden. Ein Vorteil werde in diesem Sinne immer dann gewährt, wenn die zuwendende Person sich davon leiten lasse, dass der Beamte ein bestimmtes Amt bekleidet oder bekleidet hat. Sobald Vorteile – auch private Vorteile – mit Erwartungen in Bezug auf die dienstliche Tätigkeit des Beamten verknüpft seien, sei der Tatbestand erfüllt.[128]

Im Gutachten für den 61. DJT kritisierte Dölling diesen Vorschlag für eine Gesetzesfassung als zu weitgehend und unscharf: Ob *jede* im Zusammenhang mit dem Amt erfolgte Zuwendung bereits den Eindruck der Käuflichkeit erwecke und ob dadurch die Sachlichkeit der Amtsführung in einer Weise gefährdet werde, die eine Strafandrohung nahelege, sei zweifelhaft.[129] Er sah durch eine derart weite Fassung unverfängliche und sozialadäquate Zuwendungen (etwa das Neujahrsgeschenk an den Briefträger) in der Gefahr, als strafbar erfasst zu werden, obwohl sie nicht strafwürdig seien. Überdies hätte eine derart weite Tatbestandsfassung eine hinreichend sichere Abgrenzung zu nicht strafwürdigen Verhaltensweisen erschwert.[130] Diese weite, auf den Bundesratsentwurf zurückgehende Fassung „im Zusammenhang mit

---

[121] BGBl. I, S. 2038.
[122] *Schaupensteiner*, Kriminalistik 1996, 237 ff., 306 ff.; *Dölling* 1996, C 42 ff.; BR-Drs. 298/95, Anl. 9, 21; *Bannenberg* 2002, 17 ff.
[123] *Dölling*, Anmerkung zu BGH vom 28.10.2004 (3 StR 301/03), JR 12/2005, 519; *Dölling*, in *Gössel/Dölling* 2004, § 75 Rn. 4 ff., Rn. 13; *Fischer* § 331 Rn. 6, 21–24; NK-*Kuhlen* § 331 Rn. 74 ff., § 333 Rn. 7.
[124] So auch der Vorschlag von *Dölling* 1996, C 62 ff., Thesen C 111.
[125] BR-Drs. 298/95 (Beschluss).
[126] BR-Drs. 298/95.
[127] *Dölling*, 1996, C 64.
[128] Begründung BR-Drs. 298/95, Niederschrift, 703 R., 18.10.1995, S. 21.
[129] *Dölling*, 1996, C 64.
[130] *Dölling*, 1996, C 64, 111; *LK(11.)-Bauer/Gmel*, §§ 331–338, Rn. 11.

dem Amt" fand deshalb zu Recht keine Zustimmung.[131] Bereits bei der Abstimmung des DJT wurde die Fassung des Bundesrates verworfen. In der Begründung des Gesetzentwurfes zum Korruptionsbekämpfungsgesetz wurde der Vorschlag des Bundesrates nicht aufgegriffen, „da durch diesen Vorschlag ein breites Spektrum nicht strafwürdiger Handlungen grundsätzlich in die Strafbarkeit einbezogen würde und die Schwierigkeiten einer klaren Abgrenzung zu nicht strafwürdigen Zuwendungen geringeren Gewichts größer würden."[132] Die Debatten auf dem 61. Deutschen Juristentag spielten bei der Entscheidung eine bedeutende Rolle und es wurde in der Begründung ausdrücklich auf diese Empfehlungen Bezug genommen.[133] Für die Änderung der §§ 331, 333 StGB durch das Korruptionsbekämpfungsgesetz (Vorteil für die Dienstausübung) wird ausdrücklich an die Ausführungen des Gutachters Dölling angeknüpft. Danach sollen Vorteilsgewährung und Vorteilsannahme bereits Zuwendungen „erfassen, die – ohne Vereinbarung einer bestimmten Diensthandlung als Gegenleistung – in dem Bewusstsein vorgenommen werden, dass der Amtsträger hierfür irgendeine dienstliche Tätigkeit vorgenommen hat oder künftig vornehmen werde. Bereits hierdurch werden Vorteil und Amtsführung in einer Weise miteinander verknüpft, welche die Sachlichkeit der Amtsführung erheblich gefährdet und deshalb den Einsatz des Strafrechts als gerechtfertigt erscheinen lässt."[134] Eindeutig ist mit der aktuellen Fassung der §§ 331, 333 StGB keine mit den disziplinarrechtlichen Verboten der Geschenkannahme übereinstimmende Reichweite erzielt.

Die erforderliche (gelockerte) Unrechtsvereinbarung (Vorteil für die Dienstausübung) wird in der Verknüpfung zwischen Vorteil und Dienstausübung gesehen: Die Zuwendung des Vorteils muss mit dem Ziel erfolgen, dass der Amtsträger *hierfür* irgendeine dienstliche Tätigkeit vorgenommen hat oder vornehmen werde,[135] oder, anders ausgedrückt, vorausgesetzt wird ein Beziehungsverhältnis, bei dem der Vorteil dem Empfänger im Hinblick auf die Dienstausübung des Amtsträgers zugute kommen soll.[136] Geschenke und Aufmerksamkeiten im Rahmen sozial anerkannter gesellschaftlicher und geschäftlicher Gepflogenheiten, denen es an dem Element der finalen Beeinflussung des Amtsträgers fehlt, sind nicht vom Tatbestand erfasst.[137] Nicht strafwürdig im Sinne der §§ 331, 333 StGB sind demnach typische sozialadäquate Handlungen (Geringwertigkeit des Vorteils, Höflichkeit) oder solche Zuwendungen, die nicht zu beanstandenden gesellschaftlichen oder geschäftlichen Gepflogenheiten entsprechen.[138] Nicht ausreichend ist der bloße Bezug zur dienstlichen Stellung, weil hier eine Überdehnung des geltenden Rechts im Sinne der durch den Gesetzgeber gerade abgelehnten Fassung „im Zusammenhang mit dem Amt" vorläge. Um Vorteilsgewährung bejahen zu können, muss Grund und Anlass für die Zuwendung die Amtsstellung des Vorteilsempfängers sein und nicht nur seine bloße Zugehörigkeit zum öffentlichen Dienst.[139] Vertreter der öffentlichen Hand oder auch Angestellte haben selbstverständlich Repräsentationsaufgaben, denen sie sich nicht entziehen können, auch Gastgeschenke, die etwa dem (auch kommunalen) Gastgeber als solchem und nicht als persönliches Geschenk überreicht werden, sind Konstellationen, die von §§ 331, 333 StGB nicht erfasst sind.[140]

Entscheidend ist, dass nach wie vor die unlautere Einflussnahme auf den Amtsträger vorliegen muss. Die ebenfalls spiegelbildlich aufgebauten Bestechungsdelikte der §§ 332, 334 StGB (Bestechlichkeit und Bestechung) zielen auf die Beeinflussung einer rechtswidrigen konkreten Diensthandlung. Drittvorteile sind nun ausdrücklich erfasst.

---

[131] *Fischer* § 331 Rn. 22; *LK(11.)-Bauer/Gmel*, §§ 331–338, Rn. 11 ff.; *LK-Sowada* § 331 Rn. 51.
[132] Beschlussempfehlung und Bericht des Rechtsausschusses BT-Drs. 13/8079, S. 15.
[133] BT-Dr. 13/8079, S. 15.
[134] *Dölling*, 1996 C 64, 65.
[135] *Fischer* § 331 Rn. 22–24a; *Schönke/Schröder-Heine* § 331 Rn. 26 ff.
[136] *Kühl* § 331 Rn. 10a; *NK-Kuhlen* § 331 Rn. 15 ff.
[137] *Wessels/Hettinger* § 25, Rn. 1109.
[138] *Schönke/Schröder-Heine* § 331 Rn. 29a; wobei die Sozialadäquanz keine sichere Abgrenzung erlaubt, s. Rn. 64 und Fischer § 331 Rn. 24a.
[139] *Schaupensteiner*, Kriminalistik 1996, 237 ff., 242; *Schönke/Schröder-Heine* § 331 Rn. 9 a.E; BGHSt 39, 45, 46; BGH NJW 2005, 3011, 3012.
[140] *Schaupensteiner*, Kriminalistik 1996, 237 ff., 242 (der diese „unbegründeten Bedenken" gegen eine Überdehnung des Tatbestandes sogar für die Fassung „im Zusammenhang mit dem Amt" vertrat).

II. Materielles Strafrecht

b) Rechtsgut der §§ 331 ff. StGB

Nach h. M. wird das Vertrauen der Allgemeinheit in die Unkäuflichkeit von Amtsträgern und 47
in die Sachlichkeit staatlicher Entscheidungen geschützt. Andere sehen das Rechtsgut der
§§ 331 ff. StGB in der Sachlichkeit der Amtsführung als solcher, eine dritte Meinung sieht
primär die Lauterkeit des öffentlichen Dienstes und mittelbar das Vertrauen der Allgemeinheit
hierauf als geschützt an.[141] Mit Dölling sollte auf die Lauterkeit des öffentlichen Dienstes als
primären Schutzzweck abgestellt werden. Die Bestechungsdelikte der §§ 331 ff. StGB wollen
die Beeinflussung der Amtsführung durch unsachliche Vorteile verhindern, weil dadurch die
unparteiische und am Allgemeinwohl orientierte Aufgabenerfüllung gefährdet wird. Zwar
wird durch eine Käuflichkeit der Amtshandlung mittelbar auch das Vertrauen der Allgemeinheit in unbeeinflusste dienstliche Entscheidungen gefährdet. Wäre das Vertrauen der Allgemeinheit in die Lauterkeit des öffentlichen Dienstes jedoch primärer Schutzzweck der
§§ 331 ff. StGB, bestünde die Gefahr einer zu weiten Ausdehnung der Bestechungsdelikte,
weil das Vertrauen der Allgemeinheit bereits beeinträchtigt sein kann, wenn unkorrektes,
aber nicht strafbares Handeln des Amtsträgers oder der Anschein desselben vorliegt.[142]

c) Amtsträger

Der Begriff des „Amtsträgers" wird vom Gesetz in § 11 Abs. 1 Nr. 2 StGB definiert und ist für 48
die Begründung der Täterstellung bei Amtsdelikten entscheidend.[143] Während lit. a und lit. b
relativ[144] unproblematisch sind, da sich die Amtsträgereigenschaft nach deutschem Bundes-
und Landesrecht bestimmt,[145] bereitet die Reichweite von lit. c Probleme. Danach sind Amtsträger im strafrechtlichen Sinne auch diejenigen, die – ohne in einem öffentlich-rechtlichen
Beamten- oder Angestelltenverhältnis zu stehen – dazu bestellt sind, bei einer Behörde oder
bei einer sonstigen Stelle oder in deren Auftrag Aufgaben öffentlicher Verwaltung wahrzunehmen, und zwar unbeschadet der zur Aufgabenerfüllung gewählten Organisationsform. Leitende Mitglieder eines Rechtsanwaltsversorgungswerkes sind danach Amtsträger.[146] Redakteure öffentlich-rechtlicher Rundfunkanstalten sind Amtsträger i. S. d. § 11 I Nr. 2 c.[147]

Ratsmitglieder: Der BGH hat am 9. Mai 2006 erstmals entschieden, dass kommunale 49
Ratsmitglieder nur dann Amtsträger i. S. v. § 11 I Nr. 2 StGB sind, wenn sie mit konkreten
Verwaltungsaufgaben betraut sind, die über ihre Mandatstätigkeit in der kommunalen Volksvertretung und den zugehörigen Ausschüssen hinausgehen.[148] Anlass war die Verurteilung
eines Wuppertaler Stadtrates wegen Bestechlichkeit und Vorteilsannahme, weil er sich Entscheidungen als Baustadtrat hat bezahlen lassen. Die früher umstrittene Frage, ob Gemeinderatsmitglieder Amtsträger sind, hat der BGH[149] wie folgt entschieden: Mitglieder kommunaler
Volksvertretungen seien nur dann Amtsträger, wenn sie mit der Erledigung konkreter Verwaltungsaufgaben betraut seien, nicht aber in der Ausübung ihres freien Mandats in der kommunalen Volksvertretung und den zugehörigen Ausschüssen. Zwar sei die Tätigkeit der kommunalen Vertretungen nicht dem Bereich der Gesetzgebung, sondern dem der Verwaltung

---

[141] Dölling 1996, C 48 ff., C 111; Dölling, in Gössel/Dölling 2004, § 75 Rn. 1; Fischer § 331 Rn. 2; Schönke/Schröder/Heine § 331 Rn. 2 – 3; Wessels/Hettinger § 25 Rn. 1106.
[142] Dölling, in Gössel/Dölling 2004, § 75 Rn. 1.
[143] Fischer § 331 Rn. 4a, § 11 Rn. 12, 12a.
[144] BGH vom 16.7.2004 – 2 StR 486/03, St 49, 214 ff.: „Ein im Zuge der Bahnreform nach § 12 I Deutsche-Bahn-GründungsG aus dienstlichen Gründen beurlaubter Bundesbahnbeamter, der mit der Deutschen Bahn AG einen privatrechtlichen Anstellungsvertrag geschlossen hat und in dieser Funktion tätig wird, ist kein Amtsträger nach § 11 I Nr. 2 a StGB" (Ls.). Die DB Netz AG gilt jedoch als „sonstige Stelle" nach Nr. 2c, BGH vom 9.12.2010 – 3 StR 312/10, St 56, 97 ff.; Fortführung von BGHSt 49, 214 und BGHSt 52,290.
[145] Erweiterungen des Amtsträgerbegriffs auf ausländische Amtsträger nach § 1 IntBestG und § 1 EU-BestG, dazu unten Rn. 108 ff.
[146] BGH vom 9.7.2009 – 5 StR 263/08, St 54, 39 ff.
[147] BGH vom 27.11.2009 – 2 StR 104/09, St 54, 202 ff.; dazu Rn. 106.
[148] BGH vom 9.5.2006 – 5 StR 453/05, St 51, 46 ff.
[149] BGH vom 12.7.2006 – 2 StR 557/05 – NStZ 2007, 36.

zuzuordnen. Soweit gewählte Volksvertreter jedoch ihr freies Mandat wahrnähmen, seien sie nicht wie Staatsbedienstete in eine behördliche Organisations- und Weisungsstruktur eingebunden. Daraus folge aber noch nicht die Straflosigkeit. Zu prüfen sei in solchen Fällen Abgeordnetenbestechlichkeit bzw. Abgeordnetenbestechung.

50 Die **Privatisierung öffentlicher Aufgaben** und der Einsatz von **Privaten** bei der Erfüllung öffentlicher Aufgaben gab der Rechtsprechung mehrfach Anlass, den Begriff des Amtsträgers i. S. v. § 11 I Nr. 2c StGB zu konkretisieren.[150] Eine förmliche Verpflichtung Privater nach dem Verpflichtungsgesetz würde manche Streitfrage entbehrlich machen, weil Private sodann unter § 11 Nr. 4 StGB fielen, sie wird aber selten vorgenommen. Staat und Gemeinden greifen heute vielfach zu privatrechtlichen Organisationsformen, um ihre öffentlichen Aufgaben zu erfüllen. Allein die privatrechtliche Organisationsform darf jedoch nicht zur Ausschaltung der §§ 331 ff. StGB führen, denn – so Dölling mit Recht – „der Schutzzweck dieser Vorschriften – die Wahrung der Sachlichkeit der Amtsführung und mittelbar das Vertrauen der Bevölkerung hierauf – greift bei einer Aufgabenerfüllung in privatrechtlichen Formen genauso ein wie bei einer Aufgabenerledigung in den Formen des öffentlichen Rechts."[151] Das Korruptionsbekämpfungsgesetz stellte in § 11 I Nr. 2c StGB klar, dass eine Person, die sonst dazu bestellt ist, bei einer Behörde oder bei einer sonstigen Stelle oder in deren Auftrag Aufgaben öffentlicher Verwaltung wahrzunehmen, „unbeschadet der zur Aufgabenerfüllung gewählten Organisationsform" Amtsträger ist. Ob eine Einrichtung als „sonstige Stelle" anzusehen ist, hängt von einer *funktionalen Betrachtungsweise* ab, bei der es auf die *Art der Aufgabe* und nicht auf die Organisationsform ankommt. Die Wahl einer privatrechtlichen Organisationsform bestimmt daher nicht über die Anwendung des § 11 I Nr. 2c StGB und die Frage, ob ein Amtsträger vorliegt oder nicht.[152] Ob jedoch eine „sonstige Stelle" i. S. v. § 11 I Nr. 2c StGB vorliegt, kann im Einzelfall schwierig zu bestimmen sein. Der BGH fordert eine Gesamtbetrachtung, bei der die „sonstige Stelle" als „verlängerter Arm" des Staates erscheine.[153] Kriterien für die Amtsträgereigenschaft seien die Wahrnehmung öffentlicher Aufgabe der Daseinsvorsorge, ein Anschluss- und Benutzungszwang in der Satzung, die Steuerung und Beeinflussungsmöglichkeit der privatrechtlichen Gesellschaft sowie Zwecke im Allgemeininteresse.[154] Im Kölner Müllverfahren entschied der BGH, dass privatrechtlich organisierte Unternehmen im Bereich der Daseinsvorsorge keine „sonstigen Stellen" i. S. v. § 11 I Nr. 2c StGB sind, „wenn ein Privater daran in einem Umfang beteiligt ist, dass er durch eine Sperrminorität wesentliche unternehmerische Entscheidungen mitbestimmen kann".[155] Die Entscheidung bestätigt die gefestigte Rechtsprechung, wonach „sonstige Stellen" ohne Rücksicht auf ihre Organisationsform behördenähnliche Institutionen sind, „die zwar keine Behörden im organisatorischen Sinne sind, aber rechtlich befugt sind, bei der Ausführung von Gesetzen und bei der Erfüllung öffentlicher Aufgaben mitzuwirken".[156]

51 Der Täter muss dazu *bestellt* sein, Aufgaben der öffentlichen Verwaltung wahrzunehmen, was konkludent erfolgen kann. Es kann bereits ausreichen, wenn dauerhaft Aufgaben der öf-

---

[150] Vgl. auch die Nw bei HK-GS/*Bannenberg* § 331 Rn. 10; zur Rspr. zu § 11 I Nr. 2c *Saliger*, in FS Puppe 2011, 933, 936 ff.
[151] *Dölling*, Anm. zu BGH vom 14.11.2003 – 2 StR 164/03, JR 2005, 27 ff., 30; Entscheidung zugl. in StV 2005, 322 mit Anm. *Krehl* 325 ff.; wistra 2004, 99 ff.
[152] *Dölling*, Anm. zu BGH vom 14.11.2003 – 2 StR 164/03, JR 2005, 27 ff., 30; *Fischer* § 11 Rn. 17 ff.; Schönke/Schröder-Eser/Hecker § 11 Rn. 21.
[153] BGH vom 14.11.2003 – 2 StR 164/03, JR 2005, 27 ff., 30; zugl. StV 2005, 322; wistra 2004, 99 ff.
[154] Kritisch zu der wertenden Gesamtbetrachtung *Krehl*, StV 2005, 327: Konkrete Kriterien wie die finanzielle Ausstattung durch staatliche Stellen oder Vorgaben zur Unternehmensführung seien geeigneter (was zweifelhaft erscheint); MüKo-*Radtke* § 11 Rn. 40.
[155] BGH vom 2.12.2005 – 5 StR 119/05, St 50, 299, 303; Müllentsorgung als Daseinsvorsorge und öffentliche Aufgabe in BGH vom 26.10.2006 – 5 StR 70/06, Amtsträgerstellung der RSAG / Bonn.
[156] BGHSt 50, 299 ff. unter Bezugnahme auf BGHSt 43, 370, 375 ff.; 49, 214, 219 m. w. Nw. und die Gesamtbewertung der staatliche Tätigkeit kennzeichnenden Merkmale.

II. Materielles Strafrecht

fentlichen Verwaltung zur eigenständigen Wahrnehmung übertragen wurden und eine feste Eingliederung in die Organisation der Gesellschaft stattfand.[157]

d) Vorteilsannahme und Vorteilsgewährung, §§ 331, 333 StGB

Seit der Neufassung durch das Korruptionsbekämpfungsgesetz sind §§ 331 und 333 StGB spiegelbildlich aufgebaut. Der Geber kann jedermann sein. Die Tat muss gegenüber einem Amtsträger begangen sein. Die spiegelbildlichen Tathandlungen liegen darin, dass der Täter einem Amtsträger für die Dienstausübung einen Vorteil für den Adressaten selbst oder einen Dritten anbietet, verspricht oder gewährt (oder bei § 331 I StGB der Amtsträger entsprechend diesen Vorteil fordert, sich versprechen lässt oder annimmt). 52

Das als „Anfüttern" bezeichnete Verhalten einer Beeinflussung der Dienstausübung als solcher, etwa die Übergabe von Geld mit den Worten „auf gute Zusammenarbeit!", ohne dass konkrete Amtshandlungen bereits absehbar waren, war mit den §§ 331 ff. StGB nach der alten Rechtslage nicht zu sanktionieren.[158]

Die Unrechtsvereinbarung wurde vor dem Korruptionsbekämpfungsgesetz als „normative Schwachstelle" der Bestechungsdelikte bezeichnet. Für die Delikte der Bestechlichkeit und Bestechung (§§ 332, 334 StGB) verbleibt es bei der bisher erforderlichen Unrechtsvereinbarung. Für die Vorteilsannahme und Vorteilsgewährung (§§ 331, 333 StGB) wurde ein Vorschlag Döllings[159] aufgegriffen und der Gesetzestext dahin gefasst, dass der Vorteil **für die Dienstausübung** gefordert, versprochen oder angenommen werden muss. Das Wort „für" zeigt allerdings, dass es grundsätzlich bei einer Unrechtsvereinbarung bleibt, der Vorteil jedoch nicht für eine bereits bestimmte oder konkret bestimmbare Diensthandlung angeboten usw. werden muss. 53

aa) Vorteil

Die §§ 331 ff. StGB setzen voraus, dass der Amtsträger einen Vorteil für sich oder einen Dritten erhält bzw. fordert oder sich versprechen lässt. Das Tatbestandsmerkmal „Vorteil" ist weit auszulegen, wie sich schon aus der Entwicklung der Norm ergibt.[160] Vorteil ist nach h. M. und Rechtsprechung jede Leistung, durch welche die rechtliche, wirtschaftliche oder auch nur persönliche Lage des Empfängers objektiv verbessert wird und auf die er keinen Rechtsanspruch hat.[161] 54

Die Einschränkung oder das juristische Korrektiv des fehlenden Rechtsanspruchs ist an dieser Stelle allerdings ein Merkmal, das nicht recht überzeugt. Die Frage ist zunächst, ob der Empfänger tatsächlich besser gestellt wurde. Nur wenn eine solche Besserstellung feststellbar ist, lässt sich die für §§ 331 ff. StGB wichtige Frage anschließen, ob diese Besserstellung in einem Zusammenhang mit der Dienstausübung steht. Die andere Frage ist, ob Vorteile, die tatsächlich gewährt wurden, nicht einen anderen – sachlich gerechtfertigten – Grund haben, der die Sachlichkeit der Amtsausübung nicht berührt. Diese Frage könnte also bei der Definition des Vorteilsbegriffs geklärt werden. Man sieht jedoch, dass der Definitionsbestandteil der h. M. („auf die er keinen Rechtsanspruch hat") bei der Frage *sachlich* gerechtfertigter und somit unbedenklicher Vorteile nicht unbedingt ein *rechtlich* begründeter Vorteil sein muss und dass diese Definition nicht von der Prüfung enthebt, zu klären, ob eine unlautere Beziehung zur Dienstausübung besteht.[162] Somit kann man entweder auf dieses Merkmal ganz verzichten und die Prüfung an anderer Stelle des objektiven Tatbestandes durchführen oder man sieht 55

---

[157] BGH vom 14.11.2003 – 2 StR 164/03, StV 2005, 322, 325 für den Geschäftsführer einer städtischen GmbH, die als sonstige Stelle i. S. v. § 11 I Nr. 2c StGB angesehen wurde; BGHSt 43, 96; dazu auch *Dölling*, ZStW 112 (2000), 334, 338 ff.
[158] *Schaupensteiner*, Kriminalistik 1994, 522 ff.
[159] *Dölling* 1996, C 64 ff., siehe schon vorn Rn. 46.
[160] *Dauster*, NStZ 1999, 63 ff., 64.
[161] *G/J/W/Gorf* § 331 Rn. 26; *Fischer* § 331 Rn. 11–12 m. w. Nw.; *Schönke/Schröder-Heine* § 331 Rn. 17; *Dölling*, in *Gössel/Dölling* § 75, Rn. 10.
[162] Die Auffassung von *Satzger*, ZStW 115 (2003), 469, 475, auf das Kriterium des Rechtsanspruchs für die Definition des Vorteils zu verzichten, scheint deshalb vorzugswürdig.

im Rechtsanspruch ein negatives Abgrenzungskriterium und muss zusätzlich an späterer Stelle die Beziehung zur Dienstausübung prüfen. Die Meinung von Lüderssen[163] und Zieschang[164] etwa, die beim Bestehen eines Rechtsanspruchs auf eine Besserstellung den Vorteil *generell* verneinen wollen, wird jedenfalls von der h. M. zu Recht nicht geteilt.[165] *Allein* das Bestehen eines rechtsgültigen Vertrages kann die Frage der Unrechtsvereinbarung nicht entscheiden. Der Abschluss[166] oder Vollzug eines im Übrigen rechtsgültigen Vertrages mit adäquatem Austausch von Leistung und Gegenleistung könnte vielmehr gerade mit Blick auf die Beeinflussung der Dienstausübung erfolgt sein. Geklärt hat der BGH in der erwähnten Entscheidung den häufig vorkommenden Fall, dass die Zuwendungen aufgrund eines rechtswirksam abgeschlossenen Beratungsvertrages erfolgten. Das Landgericht hatte Vorteile i. S. v. §§ 331 ff. StGB abgelehnt, da die Höhe der Gelder durchaus den vom Angeklagten erbrachten Beratungsleistungen entsprochen hätten. Dies lehnt der BGH ab. Ein Vorteil für den Amtsträger könne bereits im Abschluss des Vertrages liegen, der Leistungen an den Amtsträger zur Folge hat. Dies gelte selbst dann, wenn diese nur das angemessene Entgelt für die von ihm selbst aufgrund des Vertrages geschuldeten Leistungen sind; denn ansonsten könnten Bestechungstatbestände stets durch die Vereinbarung eines Vertragsverhältnisses zwischen Amtsträger und Leistungsgeber umgangen werden. Im Abschluss des Beratungsvertrages lag bereits das Sichversprechenlassen eines Vorteils, ohne dass es darauf angekommen wäre, ob die Zahlungen als angemessene Honorierung der Beratungsleistungen anzusehen waren.

56 Die Vorgehensweise der h. M. ist zum Teil widersprüchlich, konsequenter wäre es, auf das Kriterium des Rechtsanspruchs ganz zu verzichten und die mögliche unlautere Beziehung bei der (gelockerten) Unrechtsvereinbarung zu prüfen. Stattdessen findet sich ganz überwiegend die Definition des Vorteils, der ausgeschlossen sein soll, wenn ein Rechtsanspruch besteht, um sodann Beispiele anzuführen, nach denen auch der bestehende Rechtsanspruch den Vorteil nicht ausschließt.[167]

57 Es geht für §§ 331, 333 StGB entscheidend darum, ob der Vorteil für die Dienstausübung gewährt wurde oder ob ein anderer sachlicher Grund diese Beziehung ausschließt. Die Frage nach der Sachgerechtigkeit der Besserstellung ist im Rahmen des (ungeschriebenen) Tatbestandsmerkmals dieser (gelockerten) „Unrechtsvereinbarung" zu beantworten und zu lösen.[168]

Ein Vorteil ist damit eine Leistung materieller Art, welche die wirtschaftliche, rechtliche oder auch persönliche Lage des Amtsträgers oder eines Dritten unmittelbar oder mittelbar verbessert.

Materieller Vorteil

58 Materielle Vorteile können vielfältig sein (Geld, Sachwerte, Rabatte, Einladungen etc.), ohne dass es auf eine Bereicherung des Empfängers ankommt. Jede Vereinbarung eines Rabatts (z. B. beim Erwerb einer Immobilie) ist ein Vorteil, auch wenn die Gesamtleistung trotz des vereinbarten Nachlasses für den Amtsträger nicht wirtschaftlich vorteilhaft ist.[169]

Immaterieller Vorteil

59 Unabhängig von einer materiellen Besserstellung könnten Vorteile in einer rein immateriellen Besserstellung liegen. Diskutiert werden Ehrenämter, Ehrungen, sexuelle Zuwendungen,

---

[163] *Lüderssen*, JZ 1997, 112 ff.
[164] *Zieschang*, JZ 2000, 95.
[165] Das Element der üblichen Vorteilsdefinition „auf die er keinen rechtlichen Anspruch hat", hat eher indiziellen Charakter. Nach h. M. kann der Rechtsanspruch den Vorteil ausschließen, bestehen jedoch Zweifel am lauteren Zweck des Vertrages, kann der Rechtsanspruch nicht das entscheidende Kriterium sein, um den Vorteil auszuschließen. Der Vorteilsbegriff wird stattdessen in diesen Fällen bejaht und die Frage der Unrechtsvereinbarung geprüft; zum Rechtsanspruch *Schönke/Schröder-Heine* § 331 Rn. 18a.; *Kühl* § 331 Rn. 4; *Fischer* § 331 Rn. 11; BGHSt 35, 128, 133; BGH NJW 2001, 2558.
[166] Umstritten, BGHSt 31, 264 ff.
[167] Sehr typisch insoweit *Kühl* § 331 Rn. 4.
[168] Ebenso *Satzger*, ZStW 115 (2003), 469, 475 f.
[169] *Fischer* § 331 Rn. 11c, d, g; *LK-Sowada* § 331 Rn. 33.

II. Materielles Strafrecht

Karrierechancen usw.[170] Zu weit erscheint generell die Auffassung der älteren Rechtsprechung, die Befriedigung von Ehrgeiz und Eitelkeit als immateriellen Vorteil anzusehen.[171] Der BGH[172] erachtete es zu Recht als „eher fernliegend", dass dem betroffenen Herzspezialisten als Vorteil angerechnet wurde, die Ausstattung der Klinik habe auch „der Befriedigung des Ehrgeizes" und der Erhaltung oder Verbesserung von „Karrierechancen" gedient. Sähe man „Ansehensmehrung" und „wissenschaftliche Reputation" als Vorteil im Sinne der Korruptionstatbestände an, würfe man dem betroffenen Arzt in unhaltbarer Weise seinen Willen zur bestmöglichen Erfüllung seiner Aufgaben vor. Die ältere Rechtsprechung ist auch vor dem Hintergrund der alten Gesetzesfassung zu sehen, die Drittvorteile nicht ausdrücklich in den Tatbestand einbezog. Somit waren die unmittelbaren materiellen Vorteile für dem Amtsträger nahestehende Dritte häufig mittelbare und immaterielle Vorteile für den Amtsträger selbst.[173] Literatur und neuere Rechtsprechung wollen deshalb bereits die uferlose Weite eines möglichen immateriellen Vorteils derart begrenzen, dass sie einen objektiv messbaren Inhalt haben und zu einer tatsächlichen Besserstellung des Empfängers führen.[174] Solche Besserstellungen wurden etwa in der Überlassung medizintechnischer Geräte an eine Universitätsklinik gesehen, weil dadurch die wissenschaftlichen Arbeits- und Entfaltungsmöglichkeiten des Klinikleiters tatsächlich verbessert worden seien. Darin kann man aber auch materielle Vorteile sehen. Selbst diese „Konkretisierung" wird aber als zu unbestimmt kritisiert.[175] Satzger weist richtig darauf hin, dass auch ein immaterieller Vorteil schon mit Blick auf das Bestimmtheitsgebot objektiv messbar und dem Nachweis zugänglich sein muss.[176] Man verliert nichts, wenn man auf immaterielle Vorteile ganz verzichtet.

Drittzuwendungen

Bis zum In-Kraft-Treten des Korruptionsbekämpfungsgesetzes reichten **Zuwendungen an Dritte** für die Tatbestandserfüllung nur aus, wenn sie der Amtsperson zumindest mittelbar zugute kamen. Erst das Korruptionsbekämpfungsgesetz hat die „Drittbegünstigung" in die §§ 331 ff. einbezogen. Vor 1997 hatten sich Rechtsprechung und Literatur eingehend damit befasst, wie „Umgehungszahlungen" an Dritte dem Amtsträger zugerechnet werden könnten. Gerade im Bereich der Wirtschaftskriminalität wurde diese Art der Verschleierung häufig benutzt, um den Tatnachweis zu erschweren: Die Zwischenschaltung einer oder mehrerer Firmen, möglichst noch im Ausland, gehörte zum Standard der Verdunkelungsmaßnahmen.[177] Mit der Einbeziehung der Drittvorteile ist der Dritte jedoch nicht in die Unrechtsvereinbarung einzubeziehen. Für §§ 331 ff. StGB hängt die Strafbarkeit von der Beziehung zwischen dienstlicher Handlung und ungerechtfertigtem Vorteil ab. Die Unrechtsvereinbarung bestimmt sich nach der Beziehung zwischen dem Vorteilsgeber und dem Amtsträger. Der Dritte kann jede natürliche oder juristische Person sein, die von den beiden Parteien vereinbart wird.

60

bb) Gelockerte Unrechtsvereinbarung

„Kern des Tatbestands" der §§ 331 I, 333 I StGB „ist die inhaltliche Verknüpfung von Dienstausübung und Vorteilszuwendung, die gemeinhin als „Unrechtsvereinbarung" i. S. einer (zumindest angestrebten) Übereinkunft zwischen dem Amtsträger und dem Vorteilsgeber

61

---

[170] Zurückhaltend *Fischer* § 331 Rn. 11e, f; bei irgendeiner Besserstellung bejahend *Schönke/Schröder-Heine* § 331 Rn. 19; krit. *LK-Sowada* § 331 Rn. 36–40.
[171] Eher skeptisch auch neuere Entscheidungen, etwa BGHSt 47, 295, 304; BGHSt 48, 44 in Bezug auf die berufliche Stellung.
[172] BGHSt 47, 295, 304.
[173] BGHSt 14, 123, 127; Nw. bei *Fischer* § 331 Rn. 11e sowie bei *Gribl* 1992, 19 ff.
[174] *G/J/W/Gorf* § 331 Rn. 26, 30, 31; *Dölling*, in *Gössel/Dölling* § 75 Rn. 10; *Satzger*, ZStW 115 (2003), 469, 478; *NK-Kuhlen* § 331 Rn. 35, 49 ff.; *Schönke/Schröder-Heine* § 331 Rn. 19; offen gelassen bei *Wessels/Hettinger* § 25 Rn. 1107; BGHSt 47, 295, 305; BGH NJW 2003, 763, 766.
[175] *Fischer* § 331 Rn. 11c; trotzdem werden immaterielle Vorteile als mögliche Vorteile angesehen.
[176] *Satzger*, ZStW 115 (2003), 469, 478.
[177] *Dölling* 1996, C 67.

... beschrieben wird."[178] Gerade die verbreitete Praxis unspezifischer Zuwendungen, „die nicht eine konkrete Diensthandlung honorieren, sondern allgemeines „Wohlwollen" und „Entgegenkommen" schaffen sollen",[179] war Grund für die Strafverschärfung der §§ 331, 333 StGB durch das Korruptionsbekämpfungsgesetz von 1997. Die Regelung geht, wie bereits ausgeführt, auf den Vorschlag Döllings in seinem Gutachten zum 61. Deutschen Juristentag (DJT) in Karlsruhe 1996[180] zurück. Der Vorteil muss nach der Neufassung durch das Korruptionsbekämpfungsgesetz *für die Dienstausübung* gefordert, versprochen oder angenommen bzw. auf Geberseite angeboten, versprochen oder gewährt werden. D. h., auf das Merkmal der Unrechtsvereinbarung (verdeutlicht durch das Wort „für") kommt es nach wie vor an,[181] wenngleich in einer „gelockerten" Form (ohne Bezug zu einer konkreten Diensthandlung).

Diese Strafverschärfung hatte ihren Grund in folgenden Überlegungen: Sieht man den spezifischen Unrechtsgehalt der Bestechungsdelikte im Kauf von Diensthandlungen, kann die Praxis der Strafrechtspflege mit erheblichen Problemen konfrontiert sein, um diese Unrechtsvereinbarung festzustellen.[182] Fordert man ein Gegenseitigkeitsverhältnis von Zuwendungen und Dienst*handlungen* des Amtsträgers, kann selbst dann, wenn beide Handlungen festgestellt werden, ein Problem auftreten, weil ein eindeutiger zeitlicher Zusammenhang nicht festgestellt werden kann. Erfolgen möglicherweise sogar wiederholte oder erhebliche Zuwendungen an einen Amtsträger, weil der Geber das „Wohlverhalten" des Amtsträgers generell beeinflussen will, und werden konkrete Diensthandlungen (noch) nicht in Aussicht genommen, so scheitert die Strafbarkeit an der Feststellung einer Unrechtsvereinbarung. Diese alte Rechtslage vor 1997, die ein „do ut des" auch für §§ 331, 333 StGB forderte, wurde deshalb zu Recht als zu eng angesehen.[183] Insbesondere waren „Zahlungen für „Wohlverhalten" oder zur „Klimapflege" oder als „Dankeschön" für gute Zusammenarbeit sowie dem auch für die Organisierte Kriminalität typischen „Anfüttern", so wörtlich Dölling,[184] strafrechtlich nicht zu erfassen. Gerade bei solchen Zuwendungen, die nicht mit der Erwartung bestimmter oder einer bestimmten Gegenleistung verbunden sind, würden jedoch Nähe- und Abhängigkeitsverhältnisse aufgebaut, die sich schließlich in dienstlichem Entgegenkommen der Amtsträger niederschlügen.[185] Nicht allein die Beweisschwierigkeiten konnten zur Änderung der Tatbestandsmerkmale der §§ 331, 333 StGB führen, notwendig waren die rechtsgutsbezogenen Überlegungen, wonach Strafbedürftigkeit und Strafwürdigkeit auch bei einer „Lockerung" dieser Unrechtsvereinbarung gegeben sind.[186] Der Vorteil muss also „für die Dienstausübung" gewährt werden. Voraussetzung der Strafbarkeit und damit Kern des Vorwurfs ist die Käuflichkeit oder unsachliche Beeinflussung dienstlicher Handlungen durch persönliche Vorteile. Wird ein Vorteil (Geld, eine Einladung, eine Eintrittskarte, eine andere geldwerte Leistung, s. o.) dem Amtsträger in der Erwartung dienstlicher Tätigkeiten mit dem Bemerken „auf gute Zusammenarbeit" oder ähnlich übergeben, ist der Tatbestand erfüllt. Eine konkrete Handlung muss der Geber nicht im Blick haben. Es genügt, wenn es ihm etwa auf künftige Auftragsvergaben oder Genehmigungen ankommt. Stocken beispielsweise Verhandlungen im Zusammenhang mit dienstlichen Tätigkeiten, werden von Seiten des Interessenten Vertrags-

---

[178] So wörtlich *Fischer* § 331 Rn. 21.
[179] *Fischer* § 331 Rn. 22 m. w. Nw.; BGH NJW 2004, 3569 ff., 3571; ausführlich auch zur Gesetzgebungsgeschichte *LK(11.)-Bauer/Gmel*, §§ 331–338 Rn. 1–14.
[180] *Dölling* 1996.
[181] *G/J/W/Gorf* § 331 Rn. 48; *LK-Sowada* § 331 Rn. 64; *Fischer* § 331 Rn. 23 m. w. Nw.
[182] *Dölling* 1996 C 63.
[183] BT-Drs. 13/8079, S. 14; *Schaupensteiner*, NStZ 1996, 409 ff., 413 f.; *Schaupensteiner*, Kriminalistik 1996, 237 ff., 306 ff.; *Möhrenschlager*, JZ 1996, 822 ff.; kritisch der Referent der Strafrechtlichen Abteilung *Volk*, 61. DJT; grundsätzlich ablehnend zur Strafverschärfung etwa *Braum*, Korruption im demokratischen Rechtsstaat, NJ 1996, 450 ff.; vgl. auch die Nachweise zu Änderungen durch das Korruptionsbekämpfungsgesetz bei *Bannenberg*, 2002, 16 ff.
[184] *Dölling* 1996 C 63.
[185] *Dölling* 1996 C 63 unter Verweis auf *Schaupensteiner*, Kriminalistik 1994, 522; Beispiel BGH NStZ 1999, 561, 562.
[186] *Dölling* 1996 C 63, 64.

II. Materielles Strafrecht

abschlüsse, Genehmigungen, Aufträge u. Ä. vom Amtsträger erwartet, kann eine Einladung auch bei geringem Wert bereits in den Anwendungsbereich der §§ 331 ff. StGB fallen. In diesen Fällen kann bereits eine unsachliche Beeinflussung der dienstlichen Tätigkeit vorliegen, auch wenn es dem Geber nur auf die Sicherung der allgemeinen Geneigtheit und des Wohlwollens des Amtsträgers in Bezug auf künftige dienstliche Tätigkeiten ankommt.

Zusammenfassend: Seit dem In-Kraft-Treten des Korruptionsbekämpfungsgesetzes genügt für die Vorteilsannahme und Vorteilsgewährung eine gelockerte Unrechtsvereinbarung, so z. B., wenn der Amtsträger durch Vorteile „günstig gestimmt" oder wenn sein Wohlwollen erkauft werden soll. Eine Beziehung des Anbietens etc. der Vorteile für die Dienstausübung muss nach wie vor bestehen. Der Vorteil muss sich nicht mehr auf eine bestimmte, in ihrem sachlichen Gehalt zumindest in groben Umrissen festgelegte Diensthandlung beziehen, es reicht aus, wenn der Vorteil in dem Bewusstsein vereinbart bzw. gefordert wird, dass der Amtsträger dafür in irgendeiner Weise dienstlich tätig gewesen ist oder tätig sein wird.[187] Insoweit reicht auch der Aufbau eines Nähe- und Abhängigkeitsverhältnisses („Anfüttern"), wenn vereinbart ist, dass der Vorteil für eine künftige, noch nicht bestimmte Diensthandlung erfolgen soll.[188] Für die Tatbestände der Bestechlichkeit und der Bestechung ist eine konkretisierbare Unrechtsvereinbarung erforderlich, schon allein, um auch ein pflichtwidriges Verhalten des Amtsträgers feststellen zu können. Je enger der Pflichtenkreis des Amtsträgers ist, desto eher kann von einem konkreten Äquivalenzverhältnis ausgegangen werden. Überspannte Anforderungen werden nicht gestellt.

e) Einschränkungen des Tatbestandes

Vom objektiven Tatbestand der §§ 331, 333 StGB ausgenommen sind sozialadäquate Leistungen, legitimes Sponsoring, nicht strafwürdige Repräsentationsaufgaben und wahrgenommene Einladungen durch hochrangige Amtsträger, Wahlkampfspenden und rechtmäßige Drittmittel. Damit unterfallen typisierte rechtlich und gesellschaftlich erwünschte Verhaltensweisen nicht zugleich den Tatbeständen der Vorteilsannahme bzw. Vorteilsgewährung. Welche Voraussetzungen erfüllt sein müssen, wird nachfolgend erörtert.

aa) Sozialadäquanz

Unter dem Gesichtspunkt der Sozialadäquanz sollen geringfügige Zuwendungen als nicht tatbestandsmäßig ausgeschieden werden, die im Rahmen der Verkehrssitte oder der allgemein üblichen Höflichkeit gewährt werden[189] (die Tasse Kaffee oder die Teilnahme am Buffett bei der Bauabnahme, das Neujahrsgeschenk an die Mitarbeiter der Müllabfuhr, das Geschenk für die aufopferungsvolle Pflege der Krankenschwester usw.). Diese Tatbestandseinschränkung ist denkbar, wenn Einladungen ausgesprochen werden, deren Wert eine bestimmte Grenze (die nach Empfänger durchaus variieren kann) nicht übersteigt („relativ geringwertig")[190] und generell noch unter dem Aspekt höflichen Verhaltens und gesellschaftlicher Gepflogenheiten betrachtet werden können. Mit der EnBW-Entscheidung des BGH[191] zeigt sich die Problematik, geeignete Kriterien für strafbares bzw. strafloses Verhalten zu finden, sehr deutlich. Auf Sozialadäquanz sollte deshalb nur noch sehr zurückhaltend abgestellt werden. Wenn schon die Frage, wann eine gelockerte Unrechtsvereinbarung (Vorteil für die Dienstausübung) schwer zu beantworten ist, hilft „Sozialadäquanz" nur selten weiter.

---

[187] *Dölling*, ZStW 112 (2000), 334, 344; BGHSt 32, 290 ff.; 39, 45 ff.
[188] *Dölling*, in *Gössel/Dölling* § 75 Rn. 13.
[189] *Fischer* § 331 Rn. 25; NK-*Kuhlen* § 331 Rn. 89; *Dölling*, in *Gössel/Dölling* § 75 Rn. 15; BGH StV 2002, 604, 605; BGHSt 31, 264, 279; BGHSt 15, 239, 251; *Wessels/Hettinger* § 25, Rn. 1112. Ein Neujahrsgeschenk für die Müllwerker ist heute schon strafrechtlich riskant, was zeigt, dass das Kriterium der Sozialadäquanz nur sehr zurückhaltend zur Abgrenzung straflosen Verhaltens verwendet werden kann.
[190] BGH NJW 2003, 763, 765.
[191] BGH vom 14.10.2008 – 1 StR 260/08, St 53, 6 ff.

bb) Geschenke und Einladungen, Repräsentation der Behörde

65 In der Praxis stellen Geschenke und Einladungen ein besonderes Problem dar. Gewohnheiten, wie Präsente aller Art an Feiertagen, Geburtstagen des Amtsträgers, oder ohne besonderen Anlass („Mitbringsel") sind heute nicht mehr zu empfehlen. Ist der Empfänger ein Amtsträger, stellen sich bei Geschenken sofort Fragen nach dem Grund und Anlass der Zuwendung, die sehr schnell in einen Kontext der Unrechtsvereinbarung („Klimapflege", „Anfüttern") gestellt werden kann. Wer schenkt wem was und warum? Warum geht ein Unternehmer mit einem Geschenk an einen Amtsträger in eine Behörde? Aus Compliance-Sicht ist von derartigem Verhalten nur abzuraten. Die weite Fassung der §§ 331, 333 StGB lässt nur wenig Spielraum für unverfängliche Geschenke an Amtsträger.

Aus Sicht der Kundenpflege ist es verständlich, wenn Unternehmen und deren Mitarbeiter ein gutes Verhältnis zu Behörden, mit denen sie wirtschaftlich zu tun haben, herstellen und behalten wollen. Der Grenzbereich zur strafbaren Korruption ist jedoch schnell überschritten.[192] Was noch vor 20 Jahren als „sozialadäquat" betrachtet wurde (und mangels des damaligen Strafrechts nicht verfolgt werden konnte), wirft heute Fragen nach der Strafbarkeit des Verhaltens auf.

66 Der BGH[193] hat im Fall EnBW wichtige Entscheidungskriterien genannt. Es ging um Einladung von Mitgliedern der Landesregierung Baden-Württemberg durch den Energiekonzern Baden-Württemberg (EnBW) zu Spielen der Fußballweltmeisterschaft in Deutschland. EnBW war einer der Hauptsponsoren der WM und der Vorstandsvorsitzende der EnBW hatte Einladungen auch an hochrangige Vertreter der Landesregierung versandt. Das Einladungskonzept sah die Verteilung von 14.000 Eintrittskarten durch die EnBW vor, darunter „einen kleinen Teil der Karten für Repräsentanten aus Wirtschaft, Gesellschaft, Kultur, Wissenschaft und Politik zu verwenden, um den Eingeladenen Gelegenheit zu geben, ihre entsprechenden Institutionen zu präsentieren und zu repräsentieren, und zugleich durch das öffentliche Erscheinen und bekannter Persönlichkeiten die Rolle der EnBW als Hauptsponsor der Fußballweltmeisterschaft werbewirksam hervorzuheben."[194] 700 Weihnachtsgrußkarten mit Einladungen und Gutscheinen wurden an Angehörige der Wirtschaft versandt, sieben Eintrittskarten an den Ministerpräsidenten, fünf Minister der Landesregierung und einen Staatssekretär. Zu den Amtsträgern gab es dienstliche Bezüge. Letztlich bestätigte der BGH den Freispruch des Landgerichts.[195] Eine Einzelabwägung sei in jedem Fall erforderlich, um zu klären, ob ein Vorteil für die Dienstausübung erfolgt sei. Folgende Abgrenzungskriterien seien in einer Gesamtschau zu würdigen:
– Plausibilität einer anderen Zielsetzung
– Stellung des Amtsträgers
– Beziehung des Vorteilsgebers zum Amtsträger und dessen dienstlichen Aufgaben
– Vorgehensweise bei dem Angebot pp. (transparent oder heimlich)
– Art, Wert und Zahl der Vorteile.

Schünemann hatte bereits vor der o. g. Entscheidung des BGH sechs verschiedene Indizien entwickelt, um die straflose Repräsentation von der strafbaren Vorteilsannahme / Vorteilsgewährung abzugrenzen.[196] Für Straflosigkeit sprechen:
– Zuwendung in öffentlichem Repräsentationsrahmen
– verknüpft mit Zuwendungen an andere Personen mit repräsentativen Stellungen (keine Bevorzugung eines Adressaten)
  Zuwendung fällt nicht wegen
– Höhe
– Kontinuität oder
– Verwertbarkeit aus dem Rahmen des für repräsentative Einladungen typischen „gehobenen Konsums" heraus

---

[192] *Bannenberg/Dierlamm*, in Inderst/Bannenberg/Poppe (Hrsg.), 2013, 5. Kap. C.;
[193] BGH vom 14.10.2008 – 1 StR 260/08, St 53, 6 ff.
[194] BGH vom 14.10.2008 – 1 StR 260/08, St 53, 6 ff., Rn. 4.
[195] BGH vom 14.10.2008 – 1 StR 260/08, St 53, 6 ff., Rn. 48.
[196] *Schünemann*, in FS Otto 2007, 777 ff.

II. Materielles Strafrecht

– und wird nicht aufgrund geheimer Absprache, sondern in transparentem Verfahren gewährt.

Auch bei Anwendung dieser Kriterien gibt es künftig Unsicherheiten der Abgrenzung von strafbarem Verhalten.

Sponsoring

Sponsoring lässt sich als rechtmäßig und nicht tatbestandsmäßig im Sinne der §§ 331 ff. StGB definieren und abgrenzen, wenn keinerlei unsachliche Verknüpfungen mit dienstlichen Handlungen vorgenommen werden.

Sponsoring kann nicht eindeutig definiert werden. Sponsoring sowie damit im Zusammenhang stehende Einladungen zu den betreffenden geförderten Ereignissen können §§ 331, 333 StGB unterfallen. Sportliche oder kulturelle sowie gesellschaftliche Ereignisse, die von Unternehmen gefördert werden, haben für die öffentliche Hand hohe Relevanz.[197] Sponsoring kann definiert werden als „Planung, Organisation, Durchführung und Kontrolle sämtlicher Aktivitäten, die mit der Bereitstellung von Geld, Sachmitteln, Dienstleistungen oder Know-how durch Unternehmen und Institutionen zur Förderung von Personen und/oder Organisationen in den Bereichen Sport, Kultur, Soziale Umwelt und/oder Medien verbunden sind, um damit zugleich Ziele der Unternehmenskommunikation zu erreichen".[198] Es geht um modernes Marketing durch Unternehmen, die Personen, Projekte oder Organisationen vor allem in den Bereichen Sport und Kultur fördern, um damit Werbung für das eigene Unternehmen, Imagepflege und „publicity" zu verbinden. Im gleichen Kontext sind auch Mäzenatentum und Spenden zu sehen. Hier wird meistens nach der altruistischen Zwecksetzung unterschieden.[199] Im strafrechtlichen Graubereich können damit vor allem die Förderung öffentlicher Aktivitäten und Zuwendungen an Amtsträger durch Unternehmen oder Einzelpersonen liegen, wenn der Eindruck des Einflusses auf die Amtsausübung entsteht. Vielfach liegt wohl einfach die diffuse Vermutung zugrunde, wer Verwaltung und Amtsträger mit Geld- und Sachleistungen auch zur Förderung gesellschaftlich erwünschter Ereignisse und Projekte bedenke, habe wohl in Wahrheit andere Absichten der Erwartung des Entgegenkommens der Amtsträger an anderer Stelle. Satzger verweist auch auf die strukturelle Ähnlichkeit zwischen Sponsoring und Bestechung: Die Sponsoringbeziehung stellt den Geförderten durch Geld- und Sachleistungen in Erwartung der Imagewerbung pp. besser und die Bestechung beruht auf einer Unrechtsvereinbarung. Allein Geben und Nehmen im Sinne einer Vereinbarung entscheidet aber selbstverständlich noch nicht über die Strafbarkeit.[200]

Dienstausübung ist jede Tätigkeit, die in den Kreis der dienstlichen Obliegenheiten der Amtsperson fällt und von ihr in amtlicher Eigenschaft wahrgenommen wird.[201] Die Wahrnehmung von durch Gesetz oder Dienstanweisung übertragenen Dienstaufgaben zählt zur Dienstausübung. Für Sponsoring gilt, dass der Abschluss und die Durchführung von Werbemaßnahmen und sonstigen im Zusammenhang mit dem geförderten Ereignis zu regelnden Einzelheiten zur Dienstausübung zu zählen ist. Handelt es sich um Sponsoring im sachlichen Interesse der Verwaltung, Organisation, Körperschaft usw., kann aber nicht zugleich darin die unlautere Beeinflussung der Dienstausübung liegen. Ist also die Kopplung von Vorteil und Dienstausübung sachgemäß (die Fußball-WM kann durch Förderer aus der Wirtschaft durchgeführt werden; das Musik-Festival findet dank finanzieller Unterstützung von Unternehmen statt), liegen weder Vorteilsannahme noch Vorteilsgewährung vor. Gleiches gilt dann selbstverständlich für nachfolgende Einladungen zu den geförderten Veranstaltungen, bei denen repräsentative Zwecke verfolgt werden. Beeinflusst würde die Dienstausübung in diesen Fällen nur dann, wenn unzulässige Kopplungsgeschäfte[202] getätigt würden: Für die Förderung

---

[197] Nicht in jedem Bundesland existieren Sponsoring-Richtlinien, s. Rn. 35.
[198] *Bartsch/Paltzow/Trautner* 6. 9.; Die Richtlinie der Bundesregierung zur Korruptionsprävention gibt nur spärliche Hinweise zum Sponsoring.
[199] Zum Ganzen umfassend und differenziert *Satzger*, ZStW 115 (2003), 469 ff.
[200] *Satzger*, ZStW 115 (2003), 469, 475, 476.
[201] *Dölling*, in *Gössel/Dölling* § 75 Rn. 12; BGHSt 31, 264, 280.
[202] Vgl. differenziert *Satzger*, ZStW 115 (2003), 469, insbesondere 480–483.

des gesellschaftlichen Ereignisses wird zu späterer Zeit eine wichtige Genehmigung erteilt. Für die Förderung des Sportevents wird als Gegenleistung der Verwaltung eine Auftragsvergabe verlangt usw. Ausreichend wäre auch der Aufbau eines Näheverhältnisses durch die Vorteilsgewährung, um die künftige Dienstausübung zu beeinflussen[203] (was nachzuweisen ist). Ist eine solche Beeinflussung von amtlicher Tätigkeit nicht anzunehmen und liegt die Zwecksetzung in repräsentativen Zwecken bei gesellschaftlich relevanten Veranstaltungen, ist für eine Strafbarkeit nach §§ 331 ff. StGB kein Raum.

dd) Wahlkampfspenden

69 In Bezug auf Wahlkampfspenden ist nach der Rechtsprechung des BGH eine einschränkende Auslegung der §§ 331, 333 StGB vorzunehmen.[204] Strafbar ist für Amtsträger, die sich um ein Wahlamt bewerben, die Annahme oder das Sichversprechenlassen von Vorteilen nur in einer den §§ 332, 334 StGB angenäherten Form. Die Unrechtsvereinbarung der §§ 331 und 333 StGB wird auf konkrete oder konkretisierbare Diensthandlungen beschränkt. Damit bleibt die Parteien- und Wahlkampffinanzierung straflos, wenn nicht konkrete Diensthandlungen in Aussicht gestellt werden.

Im Fall Kremendahl hatte das LG Wuppertal den Angeklagten vom Vorwurf der Vorteilsannahme freigesprochen. Auf die Revision der Staatsanwaltschaft hob der BGH das freisprechende Urteil auf. In der Neuverhandlung sprach das LG Dortmund den Angeklagten mit Urteil vom 16.3.2006 erneut frei.[205] Der BGH bestätigte diesen Freispruch und betonte erneut die grundsätzliche Unterscheidung zwischen zulässigen Parteispenden und Einflussspenden.[206]

Ausgangspunkt der Ermittlungen waren Annahmen, K habe sich als hauptamtlicher Bürgermeister der Stadt Wuppertal um seine Wiederwahl beworben und 1999 eine Spende des Bauunternehmers C in Höhe von 500.000 DM für den Oberbürgermeisterwahlkampf angenommen. Die Spende wurde über Einzelspender gestückelt und verschleiert. Dem einer anderen Partei angehörenden Bauunternehmer C soll es um eine investorenfreundliche Politik sowie um Bemühungen um die Errichtung eines Factory Outlet Centers gegangen sein, deren politische Unterstützung er erreichen wollte. Das LG sah zwar die Voraussetzungen des § 331 I StGB in der Begehungsform des Sichversprechenlassens und der Annahme eines Vorteils als erfüllt an, nahm aber im Hinblick auf BGHSt 47, 295 (Drittmittel) an, die zulässige Einwerbung von Parteispenden müsse zur Einschränkung des § 331 StGB führen. Der BGH befürwortete ebenfalls eine einschränkende Auslegung des § 331 StGB bei der Einwerbung von Parteispenden, verwarf aber die Argumentation des Landgerichts. K habe mit der Parteispende sowohl Vorteile für Dritte (Partei) wie auch für sich selbst angenommen. Er habe erkannt, dass die Wahlkampfunterstützung aufgrund seiner dienstlichen Stellung als Oberbürgermeister und seiner investorenfreundlichen Politik versprochen wurde. Ein innerer Vorbehalt, sich von der Spende nicht in seinen Entscheidungen beeinflussen lassen zu wollen, sei unbeachtlich, weil dadurch der Eindruck der Käuflichkeit staatlicher Entscheidungen nicht beseitigt werden könne. Zum erforderlichen Bezug der Vorteilsgewährung „für die Dienstausübung" reiche es aus, wenn mit der Vorteilszuwendung die Wiederwahl ermöglicht werden solle, also Gegenleistungen möglicherweise erst in der zukünftigen Amtszeit geleistet werden könnten, da K sich noch im Amt befand und damit die Lauterkeit des öffentlichen Dienstes bereits beeinträchtigt werde. Einschränkend müsse § 331 StGB jedoch deshalb ausgelegt werden, weil parteigebundene Amtsträger und Wahlbeamte in einen Zwiespalt zwischen der Annahme und Einwerbung zulässiger Parteispenden und den strengen Anforderungen des § 331 StGB (Klimapflege und Gewinnung allgemeinen Wohlwollens) geraten können. Die Strafbarkeit richte sich deshalb danach, ob es sich um zulässige Parteispenden[207]

---

[203] *Dölling*, in *Gössel/Dölling* § 75 Rn. 13.
[204] BGH vom 28.10.2004 – 3 StR 301/03, JR 2005 – NJW 2004, 3569 ff. = St 49, 275 ff.
[205] LG Dortmund vom 16.3.2006 – KLs 835 Js 153/02 14 V P 3/05.
[206] BGH vom 28.8.2007 – 3 StR 212/07 – NJW 2007, 3446.
[207] Auch hier ist nach Ansicht des BGH zu differenzieren: Auf das Transparenzkriterium komme es nicht an, so dass sich die Zulässigkeit einer Spende für die Beurteilung der §§ 331 ff. StGB nicht danach

II. Materielles Strafrecht

oder um **Einflussspenden** handele.[208] Ein Amtsträger mache sich nicht wegen Vorteilsannahme strafbar, wenn er sich Vorteile und Wahlkampfspenden versprechen lasse oder annehme, die darauf gerichtet seien, dass er nach erfolgreicher Wahl sein Amt in einer Weise ausübe, das den allgemeinen wirtschaftlichen und politischen Vorstellungen des Gebers entspreche. Dies folge aus der Chancengleichheit. Hier sei eine Unrechtsvereinbarung zu verneinen. Anders liege es, wenn sich der Amtsträger bereit zeige, „als Gegenleistung für die Wahlkampfförderung im Falle seiner Wahl eine konkrete, den Interessen des Vorteilsgebers förderliche Entscheidung zu dessen Gunsten zu treffen oder zu beeinflussen". In diesem Fall mache er sich der Vorteilsannahme strafbar. Es kam konkret darauf an, ob K sich die Spende nicht nur für eine allgemein investorenfreundliche Politik, sondern gerade im Hinblick auf die Errichtung des Factory Outlet Centers versprechen ließ.[209]

ee) Drittmittel für Forschung und Lehre

Im Sommer 1994 begannen umfangreiche staatsanwaltschaftliche Ermittlungsverfahren, die die Kooperation zwischen Herstellern von Medizinprodukten und medizinischer Forschung betrafen. Der so genannte Herzklappenskandal zeigte auf, dass der Ankauf von Medizinprodukten nicht immer nur von Qualitäts- und Praktikabilitätskriterien abhing, sondern offenbar auch von der Gewährung großzügiger Vorteile an einzelne Verantwortungsträger oder deren medizinische Anstellungskörperschaft. 70

Viele Problemlagen und Lösungsansätze wurden diskutiert,[210] bis der 1. Strafsenat des Bundesgerichtshofs in den Entscheidungen vom 23.5.2002[211] und vom 23.10.2002[212] zur Problematik der „Drittmittelforschung" im Lichte des Strafrechts ausführlich Stellung genommen hat.

Problematik

„Drittmittelforschung" ist nicht als solche problematisch. Der Abschluss von Forschungsverträgen zwischen Forschungsinstitut und zahlender Firma ist strafrechtlich unbedenklich, sofern der Leistungsaustausch als adäquat bewertet werden kann und in einem Forschungsvertrag geregelt wird, welche Leistungen zu erbringen sind und wie die Förderung durchgeführt werden soll. Probleme entstehen erst, wenn der Auftraggeber der Forschung zugleich auch Auftragnehmer der Institution ist. Entscheidet der Forscher auch über die Vergabe von Aufträgen an das fördernde Unternehmen, liegen Verquickungen der Drittmittelförderung mit Gegenleistungen im Sinne einer strafrechtlich relevanten Unrechtsvereinbarung nahe („für die Dienstausübung" bei §§ 331 ff. StGB). Ein Problem bleiben als Drittmittel bezeichnete Zuwendungen, wenn es sich in Wahrheit um verkappte Provisionszahlungen und persönliche Zuwendungen handelt und Drittmittel, die nicht nach den von der Rechtsprechung vorgegebenen Transparenz- und Sachkriterien verbucht und verwendet werden und zugleich Vergabeentscheidungen u. Ä. zugunsten des Förderers getroffen werden. In diesen Fällen existiert 71

---

richte, ob sie ordnungsgemäß verbucht worden sei oder nicht; damit sei die Frage nach der unzulässigen Verknüpfung von Spende und Diensthandlung und der hier interessierende Hintergrund der Zulässigkeit von Wahlkampfspenden an Wahlbeamte nicht zu lösen, BGH JR 2005, 513, auch *Dölling*, Anmerkung JR 2005, 519: Zuzugeben ist, dass Transparenz allein die Problematik nicht entscheiden kann. Auch die offen und ordnungsgemäß erfolgte Spende könnte auf einer Unrechtsvereinbarung beruhen. Als Indiz für eine solche Unrechtsvereinbarung scheint mir eine gestückelte und verdeckte Spende aber tauglich zu sein.

[208] BGH JR 2005, 515, 516.
[209] BGH JR 2005, 516 ausführlich; *Dölling*, Anmerkung JR 2005, 519, 520. Entsprechend bestimmt sich danach die Strafbarkeit für den Geber nach § 333 StGB. Nach Pressemeldungen konnte das LG Dortmund genau diesen Zusammenhang zwischen der Wahlkampfspende und dem Interesse des Bauunternehmers C an dem Bau des Centers nicht nachweisen.
[210] *Dauster*, NStZ 1999, 63 ff.; *Diettrich/Schatz*, ZRP 2001, 521 ff.; *Erlinger*, MedR 2002, 60 ff.; *Haeser*, MedR 2002, 55 ff.; *Pfeiffer*, NJW 1997, 782 ff.
[211] BGHSt 47, 295 ff., NStZ 2002, 648 ff.
[212] BGHSt 48, 44 ff; NJW 2003, 763 ff.; Anmerkungen *Kuhlen*, JR 2003, 231 ff. und *Kindhäuser/Goy*, NStZ 2003, 291 ff.

also neben der Forschungsfinanzierung eine zweite, rein kommerzielle Leistungsbeziehung, durch die wirtschaftliche Abhängigkeiten und kommerzielles Interesse unzulässigen Einfluss auf das Forschungsverhältnis ausüben können. Es besteht die Gefahr, dass der Einsatz von Drittmitteln in diesen Fällen nicht aus unabhängiger Forschungsperspektive erfolgt, sondern um sich langfristige, gut auskömmliche, wirtschaftliche Leistungsbeziehungen auf der zweiten Ebene zu sichern. Die Forschungsmittel durch Medizin- und Pharmaindustrie hätten in diesem Fall den Hauptzweck, die Entscheidungsträger für sich einzunehmen, um dadurch das eigene Unternehmen ökonomisch zu stabilisieren.

In diesen Fällen muss die Staatsanwaltschaft prüfen, ob Straftaten wie Vorteilsannahme, Bestechlichkeit oder Untreue begangen wurden. Damit besteht möglicherweise ein Spannungsverhältnis zu den länderspezifischen Hochschulgesetzen und § 25 HRRG, die die Einwerbung von Drittmitteln durch Hochschulprofessoren als Dienstpflicht normieren. Der Tatbestand der Vorteilsannahme unterliegt einer Einschränkung des Anwendungsbereichs für diejenigen Fälle, in denen es die hochschulrechtlich verankerte Dienstaufgabe des Amtsträgers ist, sog. Drittmittel für Lehre und Forschung – und damit zugleich auch Vorteile I.S. des Tatbestands – einzuwerben. Dem Schutzgut des § 331 I StGB (Vertrauen in die Sachgerechtigkeit und „Nicht-Käuflichkeit" der Entscheidung) wird auf diesem Felde schon dadurch angemessen Rechnung getragen, dass das im Hochschulrecht vorgeschriebene Verfahren für die Mitteleinwerbung (Anzeige und Genehmigung) eingehalten wird. Eine Unrechtsvereinbarung liegt dann vor, wenn ein Beziehungsverhältnis zwischen den Beschaffungsentscheidungen und Vorteilszuwendungen an den Amtsträger bestehen. Allein der Umstand, dass Gelder ausschließlich für Wissenschaft und Forschung verwendet werden, schließt in solchen Fällen den Tatbestand nicht aus. Zulässig ist die Drittmitteleinwerbung dann, wenn keine unzulässige Verknüpfung mit Beschaffungsentscheidungen vorgenommen wird, die Fördermittel aus sachlichem Grund gewährt werden, diese offengelegt, angezeigt und in dem hochschulrechtlich dafür vorgesehenen Verfahren genehmigt werden.[213]

Erscheinungsformen

72   Um sich Entscheidungsträger in Kliniken bzw. deren Verwaltung geneigt zu machen, wurden umsatzbezogene Rückvergütungen und die Gewährung von materiellen Vorteilen bekannt. So erhielt beispielsweise ein Oberarzt in einem süddeutschen Klinikum innerhalb von 9 Jahren 2 Mio. DM von den verschiedenen Medizinprodukte-Firmen. Dem Klinikum entstand dadurch ein Schaden von ca. 1,2 Mio. DM. Neben der „Direkt-Subventionierung" von Funktionsträgern gibt es aber auch indirekte Zuwendungen, die sich den Anschein eines rechtmäßigen Forschungsauftrags oder einer legalen Forschungsbeziehung geben. Bei Anwendungsbeobachtungen beantwortet der Arzt einen in Wahrheit nutzlosen Fragebogen, um die Wirkung des jeweiligen Produkts auf den Patienten festzuhalten, und wird für jeden Fall großzügig entlohnt. Beraterverträgen liegt nicht in jedem Fall ein echtes Beratungsverhältnis zugrunde, Vorträge werden zum Teil exorbitant entlohnt und dienen nur der Kundenbindung mit dem Schein eines hervorragend ausgewiesenen Referenten.[214] Im Urteil vom 23.5.2002 hatte das Landgericht den Angeklagten, den ärztlichen Direktor der Herzchirurgie in einem Universitätsklinikum, wegen Untreue und Vorteilsannahme zu einer Geldstrafe verurteilt. Eine Medizintechnikfirma lieferte Herzschrittmacher und Defibrillatoren, für deren Auswahl und Einsatz der Beschuldigte faktisch verantwortlich war. Mit dieser Firma hatte der Angeklagte vereinbart, ihm Boni in Höhe von 5 Prozent auf den getätigten Umsatz zu gewähren und die entsprechenden Zahlungen einem von ihm gegründeten (und dominierten) gemeinnützigen Verein zu überweisen. Die Universitätsverwaltung war nicht informiert worden. Der Förderverein beglich Kosten für Kongressreisen von Mitarbeitern, erwarb büro- und medizintechnische Geräte und bezahlte auch Vergütungen für in verschie-

---

[213] BGH a. a. O.; *Dölling*, in *Gössel/Dölling* § 75 Rn. 4 ff.; *Wessels/Hettinger* § 25, Rn. 1112; *Kuhlen*, JR 2003, 231 ff.; *Täg*, JR 2004, 50 ff.; Bericht über ein Symposium zum Thema *Fürsen/Schmidt*, JR 2004, 57 ff.; *Kindhäuser/Goy*, NStZ 2003, 291 ff.

[214] *Haeser*, MedR 2002, 55 ff. m. w. Nw.; zu Praktiken und möglichen Schäden Transparency International, Korruption im Gesundheitswesen 2006; *Michels* 2009.

II. Materielles Strafrecht

denen Projekten tätige Beschäftigte des Klinikums. Der Angeklagte hatte die Gelder nicht für private Zwecke verwendet. Der BGH hob die Verurteilung wegen Untreue auf, bestätigte jedoch die Verurteilung wegen Vorteilsannahme.[215]

Im zweiten Fall (Urteil vom 23.10.2002) hatte das Landgericht den Leiter der Abteilung Herzchirurgie eines Universitätsklinikums wegen Bestechlichkeit verurteilt. Der Angeklagte hatte mit einer Medizintechnik-Firma vereinbart, dass er einerseits die Abnahme von 300 Stück Oxygenatoren garantiere, er andererseits dafür die kostenlose Zurverfügungstellung einer so genannten dualen Antriebskonsole für ein Kunstherz erhalte, das zur Durchführung von Herztransplantationen eingesetzt wurde. Die Medizintechnikfirma bezahlte zusätzlich auch einige Weihnachtsfeiern und die Kosten für die Teilnahme an Fachkongressen im Ausland. Diese Absprachen wurden ebenfalls geheim gehalten. Der BGH hob die Verurteilung wegen Bestechlichkeit teilweise auf und sah eine Vorteilsannahme als gegeben an.

Lösungsansätze

In einem „gemeinsamen Standpunkt zur strafrechtlichen Bewertung der Zusammenarbeit zwischen Industrie, medizinischen Einrichtungen und deren Mitarbeitern", den verschiedene Verbände der Medizin-Industrie und der Krankenhäuser herausgegeben haben, werden vier Prinzipien dargestellt, die einerseits die Korruption verhindern, andererseits aber auch eine ungerechtfertigte Stigmatisierung von Ärzten vermeiden sollen.

Das **„Trennungsprinzip"** erfordert eine klare Trennung zwischen der Drittmittelforschung und etwaigen Umsatzgeschäften. Wer über größere Bestellungen entscheidet, darf nicht gleichzeitig Nutznießer von Zuwendungen der Lieferanten sein. Jede Abhängigkeit der Forschung von Beschaffungsentscheidungen muss vermieden werden. Das **Transparenz- bzw. Genehmigungsprinzip** verlangt die Offenlegung von Zuwendungen gegenüber den Verwaltungen oder Leitungen bzw. Trägern medizinischer Einrichtungen. Durch die Offenlegung aller Aufträge, Absprachen und Zuflüsse von Geld und anderen Vorteilen wird den Leistungsbeziehungen die Heimlichkeit genommen, die ein Wesensmerkmal für Korruption ist. Das ergänzende Genehmigungsprinzip bindet Entscheidungsträger auf anderer Ebene mit ein und soll damit ebenfalls der Objektivierung dienen. Das **Dokumentationsprinzip** ergänzt das Transparenzgebot durch schriftliche Fixierung, so dass zu jeder Zeit nachvollzogen werden kann, welche Absprachen getroffen und welche Leistungen geflossen sind. Schließlich soll das **Äquivalenzprinzip** verhindern, dass lediglich „Schein-Forschungen" unterstützt werden und in Wirklichkeit andere Leistungen (Auftragsvergaben) entlohnt werden.

f) Bestechlichkeit und Bestechung, §§ 332, 334 StGB

Der Tatbestand der Bestechlichkeit, § 332 StGB, setzt eine Verletzung von Dienstpflichten voraus.[216] Der Amtsträger fordert einen Vorteil (oder lässt ihn sich versprechen bzw. nimmt ihn an) für eine zurückliegende, vorgenommene oder künftige pflichtwidrige Diensthandlung. Darunter fallen Tätigkeiten aus dem Kreis der einschlägigen Amtspflichten genauso wie solche, in denen der Amtsträger seine amtliche Stellung missbraucht, um eine Handlung zu begehen, die ihm gerade seine amtliche Stellung erst ermöglicht.[217] Lassen die Umstände aber verschiedene Handlungsweisen des Amtsträgers zu, hat er also einen Ermessensspielraum, kann er sich nach § 332 III StGB strafbar machen, wenn er sich durch sein Verhalten ausdrücklich oder stillschweigend bereit zeigt, bei einer zukünftigen Entscheidung nicht ausschließlich sachliche Gesichtspunkte walten zu lassen, sondern die erlangten oder versprochenen Vorteile dabei berücksichtigen will; der insgeheime Vorbehalt, sich später sachgerecht zu verhalten, ist unbeachtlich.[218]

Die Geldzuwendungen an einen ordentlichen Professor einer deutschen Universität, vermittelte Promotionskandidaten gegen Bezahlung bis zum Abschluss der Promotion zu be-

---

[215] Die Zurückverweisung erfolgte unter Hinweis auf § 153 II StPO, da die Tatvorwürfe sich auf die Jahre 1992 und 1993 bezogen.
[216] G/J/W-*Gorf* § 332 Rn. 18 ff.
[217] *Wessels/Hettinger* § 25, Rn. 1115.
[218] BGH wistra 2002, 426 ff.; *Schönke/Schröder-Heine* § 332 Rn. 10

treuen, erfüllen für den Professor den Tatbestand der Bestechlichkeit, für die „Promotionsvermittler" den Tatbestand der Bestechung.[219] Im konkreten Fall hatten Gesellschafter und Geschäftsführer eines privaten Institutes „für Wissenschaftsberatung" Kontakt zu promotionswilligen Personen und Professoren gesucht. In 61 Fällen ließen sie sich bis zu 20.000 Euro von „Doktoranden" dafür bezahlen, einen Professor zu finden, der die Betreuung übernimmt. Sie wurden fündig und der Professor kassierte zwischen 2.000 und 4.000 Euro pro Kandidat für die Annahme der „Doktoranden". Die Betreuung von Doktoranden gehört zu den Dienstpflichten und ist unentgeltlich zu erbringen.

Ist der umworbene Amtsträger nicht selbst für die Entscheidung zuständig, genügt entweder der Ermessensspielraum oder die faktische Möglichkeit zur Einflussnahme.[220]

75   Die Bestechung, § 334 I, II StGB ist das Gegenstück zu § 332 und bildet gegenüber § 333 StGB eine Qualifikation. Die aktive Bestechung ist auch von Amtsträgern eines Mitgliedstaates der EU oder der EG-Organisation (EU-BestG) oder von Amtsträgern, Soldaten und Abgeordneten eines ausländischen Staates unter den Voraussetzungen des IntBestG möglich. § 334 III bezieht sich entsprechend § 332 III StGB auf Ermessenshandlungen.

g) § 335 StGB

76   Ein besonders schwerer Fall der Bestechlichkeit oder Bestechung liegt vor, wenn sich die Tat auf einen Vorteil großen Ausmaßes bezieht (§ 335 II Nr. 1), der Täter fortgesetzt Vorteile für künftige Diensthandlungen annimmt (§ 335 II Nr. 2) oder gewerbsmäßig handelt (§ 335 II Nr. 3). Die Größenordnung eines Vorteils großen Ausmaßes (Nr. 1) ist unklar, soll teilweise nach individuellem Lebensstil bemessen werden und wird jedenfalls bei 10.000 Euro angenommen.[221] Bei der Annahme eines Bestechungsgeldes in Höhe von über 32 Millionen Euro kam es im Fall Ecclestone / Vorstandsmitglied der Bayerischen Landesbank zu einer Freiheitsstrafe in Höhe von 8 Jahren und 6 Monaten.[222] Die fortgesetzte Annahme von Vorteilen wirft Probleme auf und soll nur bei selbstständigen Handlungen, nicht aber bei Handlungen in natürlicher oder rechtlicher Handlungseinheit vorliegen. Die Gewerbsmäßigkeit (Nr. 3) liegt in der Absicht, sich durch wiederholte Tatbegehung eine (mittelbare) Einnahmequelle nicht nur vorübergehender Art zu verschaffen; für bandenmäßiges Vorgehen wird der Zusammenschluss von mindestens drei Personen als erforderlich angesehen.

h) Täterschaft und Teilnahme

77   Der Vorteilsgeber ist nicht wegen Teilnahme an § 331 StGB strafbar, weil seine Strafbarkeit in §§ 333, 334 StGB abschließend geregelt ist. Außenstehende Dritte können wegen Anstiftung oder Beihilfe zu § 331 i. V. m. § 28 I strafbar sein, wenn sie im Lager des Vorteilsnehmers stehen und diesen zur Tat veranlassen oder bei der Durchführung unterstützen wollen. Auf der Seite der Geber können sie wegen Anstiftung oder Beihilfe zu §§ 333, 334 strafbar sein.

Eine Mittäterschaft bei §§ 331, 332 StGB setzt voraus, dass beide Täter zurzeit der Tat Amtsträger sind. Bisher konnte nur Mittäter sein, wer Vorteile für sich selbst annahm etc. und es war notwendig, dass diese Amtshandlung bei jedem der Beteiligten „in das Amt einschlägt".[223] Heute reicht es, wenn zwei oder mehrere Amtsträger für ihre Dienstausübung den Vorteil für einen von ihnen fordern etc.[224] Häufig werden Mittler eingesetzt, um beiden Seiten eine gewisse Anonymität zu gewährleisten. Mitunter laufen die korrupten Beziehungen geradezu staffettenartig durch verschiedene Entscheidungsebenen. Diese Mittler können Mittäter, nicht lediglich Gehilfen sein, wenn sie Amtsträger sind.

---

[219] Ein „Promotionsvermittler" wurde zu drei Jahren und sechs Monaten Freiheitsstrafe verurteilt, der Professor wurde zu einer dreijährigen Freiheitsstrafe verurteilt, BGH vom 26.5.2009 – 3 StR 48/09 (rk.).
[220] BGHSt 47, 263; NJW 2002, 2257 ff.; weitere Fallkonstellationen *Schönke/Schröder-Heine* § 332 Rn. 9, 10 sowie *Fischer* § 332 Rn. 6 ff.
[221] *Fischer* § 335 Rn. 6 m. w. Nw.
[222] Rk., Urteil des LG München I vom 27.6.2012 – 5 KLs 406 Js 100098/11 – BGH vom 2.5.2013 – 1 StR 96/13; Bestechlichkeit in TE mit Untreue und Steuerhinterziehung.
[223] BGHSt 14, 123 ff., 129, 130.
[224] *Schönke/Schröder-Heine* § 331 Rn. 35.

II. Materielles Strafrecht

Ist der Vermittler kein Amtsträger, sondern Privater, etwa der bei Kartellen häufig eingesetzte „Moderator", der von den am Kartell beteiligten Firmen beauftragt wird, Budget und Bieterliste beim Amtsträger – natürlich gegen Entgelt – in Erfahrung zu bringen oder die Bestechungszahlungen zu koordinieren, kommt Beihilfe in Betracht. Zu entscheiden ist, ob er im Lager der Nehmer oder der Geber steht.[225]

i) Verjährung

Gemäß § 78 Abs. 3 Nr. 4 StGB verjähren Straftaten nach den §§ 331 bis 334 StGB nach 5 Jahren. Nach § 78a StGB beginnt die Verjährung, sobald die Tat beendet ist bzw. wenn ein zum Tatbestand gehörender Erfolg erst später eintritt, mit diesem Zeitpunkt.

Nach der Entscheidung des BGH vom 29.1.1998[226] ist bei einer Bestechung die Tat dann beendet, wenn der Beamte die Amtshandlung vollzogen hat und (ggf.) die letzte Rate des Vorteils gewährt wurde. Zugrunde lag der nicht allzu seltene Fall, dass mit einem Amtsträger die Herausgabe von Budget und Bieterlisten gegen Zahlung von 3 % der Nettoauftragssumme vereinbart wurde. Der zuständige Bauausschuss beschloss die Auftragsvergabe an den unlauteren Konkurrenten, die Zahlung unterblieb jedoch aus nicht mehr aufklärbaren Gründen. Daher war in erster Linie auf den Zeitpunkt der Unrechtsvereinbarung abzustellen. Offen blieb, ob der Vollzug der Unrechtsvereinbarung, nämlich die Überlassung geheimer Informationen, noch zur tatbestandsmäßigen Handlung des § 334 StGB a. F zu rechnen war. Jedenfalls kommt es nicht auf den Zeitpunkt der Auftragsvergabe oder des Zuschlags an, ebenso wenig auf den Zeitpunkt, in dem von den Informationen Gebrauch gemacht wurde, weil die Verwendung, also die wirtschaftliche Nutzung der durch Bestechung erlangten Informationen, nicht mehr zu den tatbestandsmäßigen Handlungen der Bestechung selbst zählt (diese sind ggf. nach §§ 263, 266 StGB zu beurteilen). Der Kernvorwurf, der den §§ 331 ff. StGB zu Grunde liegt, ist, dass ein Amtsträger sich um seines Vorteils Willen für eine rechtmäßige oder pflichtwidrige Diensthandlung bezahlen lässt.

Die Verjährung beginnt also mit dem letzten Teilakt, der für den jeweiligen Tatbestand der §§ 331 bis 334 StGB gesetzt wurde; das kann die Annahme des Vorteils oder die Diensthandlung sein, die erkauft wurde. Alle Teilakte dieses Geschehens unterliegen jeweils Zäsuren, die die Beendigung des Tatbestands schrittweise in die Zukunft verlegen. Wird also – wie hier – aus unerklärlichen Gründen der Bestechungslohn nicht bezahlt, ist auf den letzten Teilakt abzustellen. Es genügt auch nicht die Absicht, den Vorteil zu einem späteren Zeitpunkt auszuzahlen, auch wenn dieser bereits näher eingegrenzt wurde. Denn die Verjährungsvorschriften können nur an äußeren Geschehensabläufen anknüpfen und nicht an inneren Tatsachen, die eine präzise zeitliche Grenzziehung nicht zulassen.[227]

Der BGH nahm im Kölner Müllverfahren zur Verjährung Stellung. Nach § 78a beginnt die Verjährung, sobald die Tat beendet ist. Die Beendigung tritt erst zu dem Zeitpunkt ein, in dem das Tatunrecht seinen tatsächlichen Abschluss findet. Die Verjährung setzt nur ein, wenn der Täter sein rechtsverneinendes Tun insgesamt abgeschlossen hat. Die Bestechung im geschäftlichen Verkehr ist in diesem Sinne erst mit der letzten Annahme des von der Unrechtsvereinbarung umfassten Vorteils beendet. Konkret war die letzte Schmiergeldzahlung, auch wenn sie an Dritte erfolgte, für die Verjährungsfrage maßgeblich. Der Verjährungsbeginn wird gleichermaßen durch die vereinbarten Beträge wie durch den vereinbarten Zahlungszeitraum bestimmt.[228]

j) Sanktionen und Gewinnabschöpfung

§§ 331 I, 333 I StGB drohen Geldstrafe oder Freiheitsstrafe bis zu drei Jahren an, § 332 I StGB im Regelfall 6 Monate bis fünf Jahre Freiheitsstrafe, 334 I StGB im Regelfall 3 Monate

---

[225] BGHSt 37, 207 ff., 212 f.
[226] BGH NJW 1998, 2373 ff.
[227] BGH NJW 1998, 2373; zu einem Fall, in dem die Gegenleistung vier Jahre nach der letzten Zahlung erbracht worden sein soll *Böttger*, in FE für Mehle, 2009, 77 ff..
[228] BGH vom 2.12.2005 – 5 StR 199/05, 12.

bis fünf Jahre Freiheitsstrafe.²²⁹ Von besonderer Bedeutung für die Sanktionierung sind Maßnahmen der Gewinnabschöpfung, weil die Täter nicht im Besitz der materiellen Vorteile aus der Tat bleiben sollen. Die empirische Untersuchung ergab – wenig überraschend angesichts der insgesamt geringen Bedeutung des § 73 StGB – eine relativ geringe Quote an formellen Verfallsanordnungen.²³⁰ Das bedeutet nicht, dass den Tätern entsprechend selten Gewinne aus der Tat entzogen worden wären. Durch die Dominanz der informellen Verfahrenserledigungen und Absprachen spielen materielle Schadenswiedergutmachungen und Steuerrückzahlungen eine erhebliche Rolle bei den „deals". Dies zeigen auch die Erfahrungen der StA München I, deren Korruptionsdezernat bis zum September 2005 mit dem Instrument des Verfalls „nur" 556.805 Euro erlöste, jedoch zugleich Schadensersatzzahlungen in Höhe von 46.757.032 Euro realisierte (und zusätzlich Geldstrafen mit einer Gesamtsumme von 5.859.942 Euro, Auflagen mit einer Summe von 15 201 262 Euro und Geldbußen nach § 30 OWiG mit einer Summe von 6 556 217 Euro verhängte).

Trotzdem spielen die Möglichkeiten der Verfallsanordnung nach §§ 73, 73a StGB (sowie die Rückgewinnungshilfe nach §§ 111b ff. StPO) eine Rolle, wenn sich Gewinn aus Straftaten nicht lohnen soll.²³¹ § 73 I 2 StGB ist wegen des Vorrangs des Verletzten generell problematisch und reformbedürftig.

83 Im Kölner Müllverfahren wurde die unterbliebene Verfallsanordnung vom BGH gebilligt.²³² Der BGH sah Anlass, die Auffassung der Staatsanwaltschaft zum Wert des Erlangten zu korrigieren und dürfte damit viele Entscheidungen für die Zukunft erschweren: „Zutreffend hat der GBA allerdings darauf hingewiesen, dass das Landgericht das „Erlangte" im Sinne von § 73 I 1, 73a 1 StGB nicht hinreichend genau bestimmt hat; entgegen der – insoweit vom GBA nicht vertretenen – Auffassung der StA ist das Erlangte aber auch nicht der für den Bau der RMVA vereinbarte Werklohn in Höhe von 792 Mio. DM. Durch Bestechung (im geschäftlichen Verkehr) erlangt im Sinne von § 73 I 1 StGB ist bei der korruptiven Manipulation einer Auftragsvergabe nicht der vereinbarte Preis, sondern der gesamte wirtschaftliche Wert des Auftrags im Zeitpunkt des Vertragsschlusses; dieser umfasst den kalkulierten Gewinn und etwaige weitere, gegebenenfalls nach § 73b StGB zu schätzende wirtschaftliche Vorteile ... . „Aus der Tat erlangt" im Sinne von § 73 I 1 StGB sind alle Vermögenswerte, die dem Täter unmittelbar aus der Verwirklichung des Tatbestandes selbst in irgendeiner Phase des Tatablaufs zufließen ...; „Für die Tat erlangt" im Sinne von § 73 I 1 StGB sind dagegen Vermögenswerte, die dem Täter als Gegenleistung für sein rechtswidriges Handeln gewährt werden, aber – wie etwa der Lohn für die Tatbegehung – nicht auf der Tatbestandsverwirklichung selbst beruhen. Für die Bestimmung desjenigen, was der Täter in diesem Sinne aus der Tat oder für sie erlangt hat, ist das Bruttoprinzip unerheblich. Erst wenn feststeht, worin der erlangte Vorteil des Täters besteht, besagt dieses Prinzip, dass bei der Bemessung der Höhe des Erlangten gewinnmindernde Abzüge unberücksichtigt bleiben müssen." Unmittelbar aus einer Bestechung erlange der Geber aber nur die Auftragserteilung selbst, nicht den vereinbarten Werklohn. Der strafrechtliche Makel treffe nur die Art der Auftragserlangung und nicht die Ausführung. Der gesamte Kaufpreis könne nicht als das Erlangte angesehen werden. Für dessen Bestimmung seien die Gewinnspanne sowie wirtschaftliche Vorteile durch den Vertragsschluss als solchen relevant. Die Eröffnung des Insolvenzverfahrens stehe im Übrigen der Verfallsanordnung nicht im Wege.

---

²²⁹ Zur Praxis der Sanktionierung bereits oben Rn. 17 und ausführlich die empirische Untersuchung von *Bannenberg* 2002, 274 ff.
²³⁰ *Bannenberg* 2002, 297.
²³¹ Einzelheiten *Podolsky*, 28. Kap.
²³² BGH vom 2.12.2005 – 5 StR 119/05, St 50, 299 ff.

II. Materielles Strafrecht

3. Angestelltenbestechung, §§ 299, 300 StGB

a) Vorbemerkung

Das Korruptionsbekämpfungsgesetz vom 13.8.1997 hat die Tatbestände der Angestelltenbestechung und -bestechlichkeit (§§ 299, 300 StGB) in das Strafgesetzbuch eingefügt. Bis dahin war die Angestelltenbestechung nach § 12 UWG möglich und setzte einen Strafantrag voraus. Diese Norm war enger (erfasste die Drittbegünstigung nicht), drohte lediglich eine Höchststrafe von einem Jahr Freiheitsstrafe an und war in der Praxis bedeutungslos.[233] Die Aufnahme der Angestelltenbestechung in das StGB soll, so die Begründung des Gesetzentwurfes, das Bewusstsein in der Bevölkerung dafür schärfen, „dass es sich auch bei der Korruption im geschäftlichen Bereich um eine Kriminalitätsform handelt, die nicht nur die Wirtschaft selbst betrifft, sondern Ausdruck eines allgemeinen sozialethisch missbilligten Verhaltens ist".[234] §§ 299, 300 StGB schützen – ebenso wie § 298 StGB[235] – den freien Wettbewerb vor unlauteren Einflussnahmen.[236]

§ 299 StGB droht Geldstrafe oder Freiheitsstrafe bis zu drei Jahren an, bei § 300 reicht der Strafrahmen von drei Monaten bis zu fünf Jahren. Die Ermittlungsbehörden können auch ohne Strafantrag tätig werden, wenn sie ein besonderes öffentliches Interesse an der Strafverfolgung bejahen (§ 301 StGB). § 299 I erfasst Bestechlichkeit, § 299 II Bestechung. Über den 2002 eingefügten III werden Handlungen im ausländischen Wettbewerb erfasst.[237] Die Reformbemühungen stehen still. Der Entwurf eines Strafrechtsänderungsgesetzes, mit dem die Bundesregierung auf verschiedene internationale Vorgaben reagieren wollte, ist nicht verabschiedet.[238]

b) Täterkreis

Auf der Geberseite (§ 299 II) kann grundsätzlich jedermann Täter sein; die weitere Konkretisierung im Wesentlichen auf Mitbewerber ergibt sich aus der Anforderung des Tatbestandes, dass im geschäftlichen Verkehr ein Vorteil für eine unlautere Bevorzugung bei dem Bezug von Waren oder gewerblichen Leistungen angeboten, versprochen oder gewährt werden muss. Auf der Nehmerseite (§ 299 I) muss der Angestellte oder Beauftragte eines geschäftlichen Betriebes bestochen worden sein. Der Geschäftsinhaber bleibt immer straflos, er kann also auch Vorteile annehmen und sich bei dem Abschluss von Verträgen von unsachlichen Motiven leiten lassen.[239] Angestellter ist, wer in einem Dienstverhältnis zu einem Geschäftsinhaber steht und dessen Weisungen unterworfen ist.[240] Beauftragter ist, wer ohne Angestellter zu sein, berechtigterweise für einen Geschäftsbetrieb tätig ist.[241] Für niedergelassene Ärzte (Kassenärzte) und Apotheker war bisher streitig, ob sie als Beauftragte der gesetzlichen Kassen anzusehen seien. Der GSSt des BGH hat dies verneint. Ein niedergelassener, für die vertragsärzt-

---

[233] Taten nach § 12 UWG wurden erstmals 1995 in der PKS registriert (161 Fälle). Aburteilungen und Verurteilungen wurden nicht gesondert ausgewiesen.
[234] BT-Drs. 13/5584, S. 15.
[235] Dazu ausführlich *Dannecker*, Kap. 18 Rn. 31 ff.
[236] Zur Statistik s. oben Rn. 17, 21; zur Normstruktur und unterschiedlichen Schutzgütern des § 299 *Braasch*, in *Kliche/Thiel (Hrsg.)* 2011, 234 ff.; zur Entstehungsgeschichte *Koepsel* 2006; umfassend zu § 299 auch *Pragal* 2006; zum Korkengeld-Fall *Rengier*, in FS Tiedemann 2008, 837 ff.
[237] Gesetz vom 22.8.2002 (BGBl. I S. 3387) zur Ausführung der Gemeinsamen Maßnahme betreffend die Bestechung im privaten Sektor vom 22.12.1998; einen rückwirkenden Schutz des ausländischen Wettbewerbs hat der BGH im Siemens/Enel-Fall verneint, BGH vom 29.8.2008 – 2 StR 587/07, St 52, 323, 339 ff.
[238] BT-Drs. 16/6558 vom 4.10.2007; dazu Fischer § 299 Rn. 1, 1a; zu den § 299 betreffenden Reformen („Geschäftsherrnmodell") äußert sich die Literatur aus verschiedenen Gründen fast ausnahmslos kritisch: *Rönnau*, in *Achenbach/Ransiek (Hrsg.)*, 3. Teil, Rn. 77 ff.; *Zöller* GA 2009, 137 ff.; *Braasch*, in *Kliche/Thiel (Hrsg.)* 2011, 234 ff.; NK-*Dannecker*, § 299 Rn. 102 ff.; LK-*Tiedemann* § 299 Rn. 2, 72 ff.; zu einem Vergleich mit Internationalen Vorgaben *Walther* 2011.
[239] Zum Problem *Koepsel* 2006, S. 177 ff.
[240] LK-*Tiedemann* § 299 Rn. 11.
[241] NK-*Dannecker* § 299 Rn. 23.

liche Versorgung zugelassener Arzt sei bei der Wahrnehmung der ihm in diesem Rahmen übertragenen Aufgaben weder Amtsträger noch Beauftragter im Sinne des § 299.[242] Die schon lange in der Praxis etablierte und phantasievolle Bestechung von Ärzten durch die Pharmaindustrie ist strafwürdig. Hinweise auf Selbstkontrolle und standesrechtliche Verbote sind scheinheilig. Der Gesetzgeber muss tätig werden. Durch eine Strafbarkeitslösung im SGB V kann das Problem jedoch nicht gelöst werden.[243] Es ist auch das Problem der Erfassung der freien Berufe durch § 299 umfassend zu diskutieren.

Unter einem „geschäftlichen Betrieb" versteht man jede auf gewisse Dauer betriebene Teilnahme am Wirtschaftsleben durch Leistungsaustausch.[244]

c) Unrechtsvereinbarung

87 § 299 erfordert eine Unrechtsvereinbarung und ist damit eher den §§ 332, 334 StGB vergleichbar. Es muss ein Vorteil für eine konkrete Gegenleistung angeboten, versprochen oder gewährt werden. Das „Anfüttern", die „Klimapflege", um allgemein das Wohlwollen eines möglichen künftigen Auftraggebers zu erreichen, die Vorteilsgabe ohne den Bezug zur konkreten künftigen Handlung ist – anders als bei §§ 331, 333 StGB – ebenso straflos wie das „Dankeschön" danach, weil Strafbarkeitsbedingung die Vereinbarung einer konkreten unlauteren künftigen Bevorzugung bei dem Bezug von Waren oder gewerblichen Leistungen als Gegenleistung für den Vorteil ist.

d) Unlautere Bevorzugung im Wettbewerb

88 Gegenstand des § 299 StGB ist eine unlautere Bevorzugung bei dem Bezug von Waren oder gewerblichen Leistungen. Nichtgewerbliche Leistungen, diejenigen beispielsweise der freien Berufe, aber auch der geschäftlichen Aufklärungs- und Beratungstätigkeit sind damit also nicht erfasst. „Unlauter" ist die Bevorzugung dann, wenn sie Mitbewerber zu schädigen geeignet ist, sei es durch Umgehung der Regeln des Wettbewerbs, sei es durch Ausschaltung der Konkurrenz.[245] Betroffen können dadurch entweder die Mitbewerber des Betriebs des Vorteilsempfängers oder die Mitbewerber des Vorteilsgebers sein, je nach Lieferrichtung. Eine Überlagerung durch Untreue-Elemente gegenüber dem eigenen Betrieb des Vorteilsempfängers wird nicht selten sein, muss aber nicht vorliegen. Eine unlautere Bevorzugung wird aber immer vorliegen, wenn die Angestellten der Erwartung des Geldgebers nachkommen und ihren Geschäftsherrn unter dem Einfluss der empfangenen oder zu erwartenden Vorteile beeinflussen würden, egal ob sie dies auch später tatsächlich so umsetzen. Das unlautere Verhalten muss weder eine Pflichtwidrigkeit gegenüber dem Geschäftsherrn darstellen noch heimlich erfolgen.[246] Auch wenn also Zuwendungen offen mit Wissen oder Billigung des Geschäftsherrn geschehen, kann § 299 StGB eingreifen. Die Heimlichkeit des Vorgangs ist jedoch ebenso ein starkes Indiz für die unlautere Bevorzugung wie die Verletzung der sich aus Arbeitsvertrag ergebenden Dienstpflichten. Vorausgesetzt wird ein wirtschaftliches Konkurrenzverhältnis[247], ohne dass ein konkreter Mitbewerber bekannt sein muss.

e) Zukunftsbezug

89 Anders als bei §§ 331 ff. StGB erfasst § 299 nur die zukünftige Beeinflussung. Belohnungen für die Vergangenheit sind straflos, es sei denn, sie sind lediglich der Vollzug eines früheren Forderns oder Sichversprechenlassens oder dienen in einer „Kettenbeziehung" vielfacher Auftragserlangung auch der künftigen unlauteren Beeinflussung.

---

[242] BGH GSSt vom 29.3.2012 – GSSt 2/11, St 57, 202 ff.; Anm. *Kölbel* 2012, 592 ff.; *Hohmann* 2012, S. 388; *Schneider* HRRS 2013, 219 ff.; zur Vorgeschichte Nw. bei *Fischer* Rn. 10b ff.
[243] Dazu auch *Geiger* NK 2/2013, 136 ff.
[244] *Fischer* § 299 Rn. 4; *Schönke/Schröder/Heine* § 299 Rn. 6.
[245] *Fischer* § 299 Rn. 16.
[246] *Fischer* § 299 Rn. 18.
[247] LK-*Tiedemann* § 299 Rn. 30 ff. ausführlich.

II. Materielles Strafrecht **12**

f) Vermittler

Ähnlich wie bei den Amtsdelikten ist auch bei § 299 StGB bei dem Zwischenschalten von 90
Vermittlern jeweils zu fragen, auf welcher Seite, in wessen Auftrag, in wessen Interesse der
Vermittler jeweils tätig wird. So löst Wittig[248] die dort beschriebene Sachverhaltskonstellation
von eigens gegründeten „Vermittlerfirmen" über eine analoge Anwendung der zu §§ 331 ff.
StGB erfolgten Rechtsprechung des Bundesgerichtshofs.[249] Angestellte eines Konzerns gründeten
selbstständige Gesellschaften, die von Lieferantenfirmen „Vermittlungsprovisionen" in
Höhe von 5% forderten; die für die Strohfirmen handelnden Personen waren dort angestellt
und gehörten nicht dem Konzern an. Sie brüsteten sich mit ihren guten Kontakten – was ja
auch zutreffend war – zu den für die Auftragsvergabe maßgeblichen Personen in dem Konzern.
Da sie selbst nicht Angestellte oder Beauftragte des geschädigten Konzerns waren, dürfte
eine unmittelbare Anwendung von § 299 Abs. 1 StGB nicht in Betracht kommen. Aber auch
§ 299 Abs. 2 StGB wird dem Handeln dieser Strohfirma-Angestellten nicht gerecht, so dass
am sachgerechtesten die Subsumtion als Beihilfe zur passiven wirtschaftlichen Bestechung gemäß
§§ 299 Abs. 1, 27 StGB erscheint.

4. Internationale Korruption und deutsches Strafrecht

Das OECD Übereinkommen über die Bekämpfung der Bestechung ausländischer Amtsträger 91
im Internationalen Geschäftsverkehr vom 17.12.1997 wurde mittlerweile durch das Gesetz
zur Bekämpfung internationaler Bestechung (IntBestG) vom 10.9.1998 in deutsches Recht
umgesetzt; dieses Gesetz trat am 15.2.1999 in Kraft. Die EU zielte zunächst auf den Schutz
finanzieller Interessen und ging danach zur Rechtsharmonisierung über. Das Übereinkommen
über den Schutz der finanziellen Interessen der EG (ABl. 1995 C 316/48 ff.) wurde zunächst
durch zwei Zusatzprotokolle ergänzt, die die Bestechung von EU-Beamten sowie
Amtsträgern in anderen EU-Mitgliedsstaaten und die Betrugs-Geldwäsche zum Gegenstand
hatten. Mit Protokoll vom 27.9.1996 zum Übereinkommen über den Schutz der finanziellen
Interessen der EG (ABl. 1996 V 313/01) wurde die Grundlage für das EU-BestG geschaffen,
das mit dem Gesetz vom 10.9.1998 in deutsches Recht umgesetzt wurde; dieses Gesetz trat
am 22.9.1998 in Kraft. Diese und andere internationale und europäische Bestrebungen lassen
vermuten, dass es dem deutschen Gesetzgeber auf die zügige Umsetzung der internationalen
und europäischen Übereinkommen ankommt, nicht etwa, dass mit EU-BestG und IntBestG
zwei sich ausschließende Gesetze geschaffen werden sollten. Diese Frage erlangt Bedeutung,
wenn Strafverfahren wegen der Bestechung europäischer Amtsträger geführt werden. In diesen
Fällen sind grundsätzlich beide Gesetze nebeneinander anwendbar (sofern sie sich nicht
wegen der spezielleren Voraussetzungen ausschließen).

Das **EU-BestG** erweitert für die §§ 332, 334 bis 336 und 338 StGB deren Anwendbarkeit 92
auf Amtsträger eines anderen EU-Mitgliedsstaates, auf Gemeinschaftsbeamte sowie Mitglieder
der Kommission und des Rechnungshofs der Europäischen Gemeinschaft. Diese Erweiterung
gilt nicht für die §§ 331 und 333 StGB, die Vorteilsannahme und Vorteilsgewährung. Auch
werden lediglich **künftige** richterliche oder sonstige Diensthandlungen erfasst, für bereits
vorgenommene rechtswidrige Diensthandlungen gilt die Erweiterung des Amtsträgerbegriffes
nicht. Die Beurteilung, ob eine Person Amtsträger eines anderen EU-Mitgliedsstaates ist, erfolgt
grundsätzlich an dem Recht des Mitgliedsstaates, dem der Amtsträger angehört. Nach
§ 1 1 Nr. 2 a EU-BestG wird diese aber nur dann einem inländischen Amtsträger gleichgestellt,
wenn deren Stellung auch dem Verständnis des Amtsträgers i. S. d. § 11 Abs. 1 Nr. 2
StGB entspricht. Sofern in anderen Mitgliedsstaaten Kirchenbeamte oder andere Funktionsträger
als „Amtsträger" gelten, wird diese Bewertung für das Gebiet der Bundesrepublik
Deutschland nicht übernommen.

---

[248] *Wittig,* wistra 1998, 7 ff.
[249] BGHSt 37, 206 ff., 212.

Die Definition des Gemeinschaftsbeamten ergibt sich aus dem im Bundesgesetzblatt abgedruckten Protokoll über das EU-Übereinkommen.[250] § 2 EU-BestG regelt Bestechungshandlungen im Ausland, die umfassend strafrechtlich sanktioniert werden. Danach wäre auch die Bestechung eines italienischen Beamten durch einen britischen Bürger nach dem deutschen Strafrecht zu verfolgen.

93 Das **Gesetz zur Bekämpfung internationaler Bestechung (IntBestG)** enthält im Wesentlichen die Gleichstellung von ausländischen und inländischen Amtsträgern sowie Richtern bei Bestechungshandlungen. Die Gleichstellung gilt allerdings nur für die aktive Seite, also für den Bestechenden. Dieser macht sich bei seiner Bestechung strafbar nach § 334 StGB, auch i. V. m. §§ 335, 336, 338 Abs. 2 StGB, wenn sie sich auf eine **künftige** richterliche oder sonstige Diensthandlung bezieht und bezweckt, sich einen unbilligen Vorteil im internationalen geschäftlichen Verkehr zu verschaffen oder zu sichern. Eine künftige Handlung liegt – Gleiches gilt für das EU-BestG – vor, wenn zwar nach der Diensthandlung ein Vorteil gewährt wird, das Verhalten aber auf einer vorausgegangenen Abrede beruht.[251] Der Begriff „geschäftlicher Verkehr" ist weit zu verstehen. Er muss grenzüberschreitend oder auslandsbezogen sein, genügend ist allerdings auch ein Geschäftsverkehr mit internationalen Organisationen, die im Inland ihren Sitz haben.

Einem deutschen Amtsträger werden die Amtsträger eines ausländischen Staates und die Personen, die beauftragt sind, „bei einer oder für eine Behörde eines ausländischen Staates, für ein öffentliches Unternehmen mit Sitz im Ausland oder sonst öffentliche Aufgaben für den ausländischen Staat wahrzunehmen, ... (und) Amtsträger und sonstige Bedienstete einer internationalen Organisation und eine mit der Wahrnehmung ihrer Aufgaben beauftragte Person" gleichgestellt. Anders als § 11 I 1 Nr. 4 StGB, bei der eine förmliche Verpflichtung erforderlich ist, stellt § 1 Nr. 2b IntBestG auf eine bloße Beauftragung ab. Es genügt eine einmalige Auftragserteilung zur Wahrnehmung öffentlicher Aufgaben. Da im Unterschied zum EU-BestG nicht auf § 11 I 1 Nr. 2 StGB ergänzend Bezug genommen wird, gilt letztlich für die internationale Bestechung ein weiterer Amtsträgerbegriff.[252]

94 Zusätzlich enthält § 2 IntBestG einen Sondertatbestand der (aktiven) Bestechung ausländischer Abgeordneter bzw. deutscher oder ausländischer Parlamentarier im Zusammenhang mit internationalem geschäftlichem Verkehr. Strafbar macht sich danach, wer sich oder einem Dritten einen Auftrag bzw. einen unbilligen Vorteil im internationalen geschäftlichen Verkehr dadurch verschaffen oder sichern möchte, dass er dem Mitglied eines Gesetzgebungsorgans eines ausländischen Staates oder einem Mitglied einer parlamentarischen Versammlung einer internationalen Organisation einen Vorteil anbietet, verspricht oder gewährt, damit er eine ihm zustehende Handlung vornimmt bzw. unterlässt. Deutsche Abgeordnete sind nur dann von § 2 IntBestG erfasst, wenn sie Mitglied einer parlamentarischen Versammlung einer internationalen Organisation sind.

Auch im IntBestG wird in § 3 eine Gerichtsstandsregelung vorgenommen, wonach das deutsche Strafrecht für alle Bestechungstaten eines Deutschen im Ausland anwendbar ist. Die Ermittlungsschwierigkeiten werden wohl von niemandem verkannt, zeigen aber das Interesse des deutschen Gesetzgebers an einer möglichst lückenlosen Verfolgung von Bestechungshandlungen.

Strafverfahren wegen internationaler Bestechung sind bislang selten. In vielen Fällen stellt die Rechtshilfe ein praktisches Problem dar. Die Vermutungen großflächiger Bestechungen im Irak („oil for food") lassen sich trotz der Aktivitäten eines UN-Sonderermittlers strafprozessual schwer nachweisen. Insbesondere die Einschaltung von Vermittlern für 10 bis 15 Prozent Vermittlungstätigkeit lässt sich nicht einfach als Bestechungszahlung an einen ausländischen Amtsträger subsumieren.

Durch das Gesetz zur Ausführung (...) der Gemeinsamen Maßnahme betreffend die Bestechung im privaten Sektor vom 22.12.1998 und 22.8.2002 wurde § 299 III StGB auf den ausländischen Wettbewerb ausgedehnt.

---

[250] Zum Ganzen *Korte,* wistra 1999, 81 ff.; *Zieschang,* NJW 1999, 105 ff.
[251] *Korte,* wistra 1999, 86.
[252] Dazu auch *Pieth,* in Dölling (Hrsg.) 2007, 563 ff.

II. Materielles Strafrecht

5. Untreue, § 266 StGB

Man kann den Eindruck gewinnen, ohne den Untreuetatbestand seien die meisten korruptiven Tatkomplexe nicht zu erfassen. Interessant ist, dass die überregional bekannt gewordenen Korruptionsfälle ganz überwiegend allein auf die Untreue gestützt werden (justizielle Erledigungen in den Fallkomplexen Siemens, VW und MAN können beispielhaft genannt werden). Die schwer zu erfassende Datenbasis mangels veröffentlichter Entscheidungen und der Vielzahl von Erledigungen durch Verfahrensabsprachen überrascht angesichts der erheblichen Medienwirksamkeit zu Beginn strafrechtlicher Ermittlungen. Man verspricht sich von Strafverfahren auch die genaue Aufklärung und Publizität der konkreten Sachverhalte, Phänomene und deren rechtliche Erledigung. Untreue (sowie Betrug, Steuerhinterziehung und Geldwäsche) sind natürlich typische Begleitdelikte der Korruption, da die Manipulation in der Regel nicht nur die wettbewerbswidrige Erlangung von Aufträgen bezweckt, sondern vor allem auch die materielle Bereicherung durch ausgeschaltete Kontrolle. Im Zusammenhang mit Korruptionsdelikten (die tatbestandlich zum Teil in den rechtlichen Würdigungen gar nicht mehr auftauchen), kommt es zu typischen Konstellationen: Einrechnung der Bestechungsgelder, Scheinrechnungen mit Überhöhungen oder „Luftpositionen", also gänzlich fehlender Leistung und die Anlage sogenannter „schwarzer Kassen".

a) Typische schädigende Manipulationen

Die Übernahme der Verpflichtung, die Ausschreibung von Aufträgen vorzubereiten und an ihr mitzuwirken, begründet eine Treuepflicht i. S. d. § 266 Abs. 1 StGB.[253] Im konkreten Fall wurde das Ingenieurbüro von einer Landesverwaltungsbehörde beauftragt, für die elektrotechnische Ausstattung im Südtrakt eines Schlosses die notwendigen Haushaltsunterlagen zu erarbeiten, die Ausführung zu planen, die Vergabe vorzubereiten und auch die Objektüberwachung durchzuführen. Mit einer an dem Auftrag interessierten Firma vereinbarte der Leiter des Ingenieurbüros die Zahlung von 5 % aus der Nettoauftragssumme für Bekanntgabe des Budgets und Mitteilung über die ansonsten zur Abgabe eines Angebots aufgeforderten Firmen.

Diese umfassenden Aufgaben, verbunden mit großer Selbständigkeit bei der Erfüllung, begründen die von § 266 Abs. 1 2. Alt. StGB geforderte Vermögenswahrnehmungspflicht. Diese Pflicht hat der Bauingenieur verletzt, da durch die Bekanntgabe des Budgets und der Bieterlisten ein ordnungsgemäßes Ausschreibungsverfahren unmöglich wurde. Die Verletzung einer wesentlichen Vertragspflicht, die auf die Wahrnehmung fremder Vermögensinteressen ausgerichtet war, rechtfertigte eine Verurteilung wegen Untreue. Typische korruptive Manipulationen finden auch bei der Einrechnung der Schmiergelder in die Planungskalkulation und bei der Abrechnung statt. Zeichnet der Bestochene etwa solche überhöhten Schlussrechnungen als sachlich und rechnerisch richtig ab und veranlasst so die Auszahlung, so liegt typischerweise Untreue vor.

b) „Schwarze Kassen"

Drei aktuelle Beispielsfälle können die rechtliche Würdigung der „schwarzen Kassen" als Untreue (§ 266) wie auch den faktischen Zusammenhang mit Korruption gut verdeutlichen. Es zeigt sich auch, dass in den 1980er Jahren trotz Anonymisierung noch relativ unproblematisch Bargeld abgehoben und überreicht werden konnte, die Kontensysteme mit schärfer werdender Gesetzgebung aber zunehmend verschachtelter und aufwändiger wurden.

Im ersten Fall handelt es sich um einen wichtigen „Kronzeugen" im Fall Siemens. Das LG München[254] verurteilte den Angeklagten wegen Untreue in 49 Fällen zu einer Freiheitsstrafe von zwei Jahren, die zur Bewährung ausgesetzt wurde. Daneben wurde eine Geldstrafe von 540 Tagessätzen verhängt. Hintergrund der Entscheidung war eine Verfahrensabsprache, die die umfassende Aussagebereitschaft des Betroffenen honorieren sollte. Durch die Aussagen wurden weitere Hauptbeschuldigte erfasst und die weit in verjährte Zeiträume hinein rei-

---

[253] BayOLG NJW 1996, 268 ff.
[254] LG München I, 5 KLs 563 Js 45994/07 (unveröffentlicht).

chenden Korruptionsstrukturen des Siemenskonzerns aufgeklärt. Insbesondere die hier relevanten verschachtelten Kontensysteme wären ohne diese Aussagen wohl nur ansatzweise aufgeklärt worden. Rechtlich spielten Bestechungstatbestände in dieser Entscheidung keine Rolle. Der Hintergrund der Einrichtung eines der offiziellen Buchhaltung entzogenen Kontensystems diente aber allein dem Zweck, Bestechungsgelder für zahlreiche Auslandsprojekte zu gewinnen.

Folgender Sachverhalt lag der Entscheidung zugrunde. Der Angeklagte war von 1966 bis November 2004 angestellter Mitarbeiter der Siemens AG, danach als Berater bis zu seiner Verhaftung für den Konzern tätig gewesen. Im Jahr 2006 hatte der Konzern etwa 475.000 Mitarbeiter und erwirtschaftete einen Umsatz von ca. 87 Milliarden Euro (Gewinn nach Steuern über 3 Mrd. Euro). Über 80 % des Umsatzes wurden außerhalb Deutschlands erzielt. Damals war der Konzern in Bereiche und zentrale Abteilungen und Stellen gegliedert, über denen sich der Zentralvorstand befand. Die Bereiche verantworteten ihr operatives Geschäft eigenständig (heute hat sich die Verantwortungsstruktur nicht nur personell vollständig verändert, weil erkannt wurde, dass die damalige Führungskultur die systematische Korruption ermöglicht hatte[255]). Der Angeklagte hatte über die Jahre Leitungsfunktionen in seinem immer wieder umstrukturierten Verantwortungsbereich COM (Communications). Er fand ein System von anonymisierten Bestechungszahlungen („nützliche Aufwendungen" oder „diskrete Zahlungen" genannt) vor. Viele Auslandsgeschäfte waren in den 1980er Jahren grundsätzlich nur möglich, wenn „Provisionen" (Bestechungsgelder) an einen „Promotor" oder einen externen Berater (Consultant) gezahlt wurden. Diese Zahlungen waren überwiegend zur Weitergabe an Personen bestimmt, die für die Auftragsvergabe entscheidend waren. Obwohl die Auslandsbestechung damals noch nicht strafbar war, gab es ein ausgefeiltes System, um die Geldflüsse zu verschleiern und zu anonymisieren. Die Zahlungsvereinbarungen, ob durch die Berater oder die Entscheider gefordert, wurden mündlich an die technischen oder kaufmännischen Vertriebsleute des Konzerns herangetragen. Es gab sogar ein „Grundsatzpapier Provision für Kundenaufträge", das Auskunft gab über das Auftragsland, das Projekt und dessen Wert, den Provisionsbetrag und den Zahlungszeitraum, zu unterzeichnen vom technischen und kaufmännischen Regionalleiter. Die Unterschriften der anfordernden Personen fanden sich fast nur auf gelben selbstklebenden Zetteln („Post-It"), nicht auf den Anforderungsschreiben, um eine kurzfristige Entfernung und damit Verschleierung der verantwortlichen Personen bei etwaigen Durchsuchungsmaßnahmen zu ermöglichen. Der kaufmännische Bereichsvorstand musste diese Grundsatzpapiere genehmigen. Der konkrete Abruf der Gelder erfolgte in der Regel durch den kaufmännischen Leiter zur Weiterleitung an eine Firma, eine konkrete Person wurde als Empfänger nur selten genannt. Die Anonymisierung der Bestechungszahlungen hatte den naheliegenden Grund, weder die Empfänger mit Siemens-Projekten in Verbindung zu bringen noch Siemens mit Geldzahlungen an bestimmte Personen. Man fürchtete öffentliche Diskussionen. Die Anonymisierungen wurden durch Bargeldzahlungen erleichtert. Hierzu wurden anfangs Gelder direkt an der Siemens-Kasse abgehoben oder es wurden Schecks ausgestellt, die bei einer Bank eingelöst und dann bar an den Empfänger übergeben wurden. Sollten die Bestechungsgelder überwiesen werden, versuchte man, die Rückverfolgung der Geldzahlung zu verhindern. So wurde etwa Geld bei bestimmten Filialen der Deutschen Bank in München abgeholt, im Koffer zur DG-Bank transportiert und eingezahlt und von dort auf ein damals noch mögliches namenloses Konto bei der Raiffeisen Zentralbank in Salzburg überwiesen. Mehrere österreichische Konten wurden von wenigen Siemens-Verantwortlichen betreut und benutzt, um die Bestechungsgelder an die Empfänger (nicht unter deren Namen, sondern unter Firmen und ihrerseits anonymen Konten) zu überweisen. Es sollen pro Jahr bis zu 200 Millionen Euro zu Bestechungszwecken über diese Konten geflossen sein, deren Detailangaben nur sehr wenige Personen kannten. Die konkreten Unterlagen über die Bestechungsvorgänge (Grundsatzpapiere, Abruf, Zahlungsanweisungen und Quittungen) wurden außerhalb der regulären Buchhaltung zunächst im Stahlschrank im Büro verwahrt. Nach endgültiger Abwicklung wurden sie in den Stahlschrank eines bestimmten Kellerraumes in einem anderen Gebäude verbracht, der nur für

---

[255] *Moosmayer* 2012, 119 ff.

diese Zwecke diente. Die Schlüssel hatten nur wenige Personen. Nach der Strafrechtsverschärfung 1998 setzte der Konzern ein Compliance-Programm auf, das aber nur auf dem Papier Änderungen nach sich zog, etwa der Zusatz auf den Grundsatzpapieren, der Empfänger sei nicht Amtsträger im Sinne der OECD-Richtlinien. Man wusste also um die Strafbarkeit der Auslandsbestechung, versuchte aber nur, das Vorgehen abzusichern und zu verschleiern.

Der Angeklagte wusste als Vertriebsmann von den Österreich-Konten und übernahm das System, als der frühere kaufmännische Bereichsvorstand wegen der neu eingeführten Strafbarkeit der Auslandsbestechung sich von diesen Vorgängen distanzieren wollte. Der Angeklagte sah auch wegen verschärfter Geldwäsche-Vorschriften Risiken und dachte über Änderungen nach. Er wollte durch Scheinberaterverträge, denen keine tatsächlichen Leistungen gegenüberstanden, Gelder von Siemens abziehen und in einem Pool sammeln. Da er freie Hand hatte, löste er die Österreich-Konten auf und begann rückdatierte Scheinverträge über angebliche Beraterleistungen aus längst abgeschlossenen Projekten zu fertigen. Als Prokurist war er berechtigt, interne und externe Zahlungen ohne Wertgrenze zu veranlassen. Mit wenigen Vertrauten und dem Leiter Rechnungswesen, dem Leiter Audit sowie dem kaufmännischen Leiter wurde 2003 verabredet, dass der Angeklagte das System der „diskreten Zahlungen" mittels Scheinverträgen eigenständig weiter betreiben sollte und die anderen Verantwortlichen sich auf eine Formalprüfung entsprechender Vorgänge beschränken würden. Die Vorgesetzten begrüßten das Vorgehen ausdrücklich. In der Folgezeit richtete der Angeklagte zwei verschachtelte Kontensysteme ein, die in zwei Jahren in 49 Fällen über 48 Millionen Euro aus der Siemens-Buchhaltung abzogen. Das erste System setzte bei der Erstellung der Scheinverträge auf einen iranischen Geschäftsmann aus London mit Kontakten nach Dubai. Nach Vorgabe des Angeklagten stellte dieser z. B. Scheinrechnungen über angebliche Beraterleistungen unter Angabe verschiedener Firmen mit Sitz in Dubai. So wurde etwa ein Beratervertrag zwischen Siemens und einer Firma aus Dubai über ein angebliches Telekommunikationsprojekt in Libyen geschlossen, in dem sich die Firma verpflichtete, Siemens bei der Beschaffung von Aufträgen in Libyen zu unterstützen, obwohl dies der Firma gar nicht möglich und zwischen den Beteiligten auch gar nicht beabsichtigt war. Ungerade sechs- und siebenstellige Summen wurden unter Bezugnahme auf derartige Verträge abgerechnet. Allein über dieses System wurden in rund zwei Jahren nahezu 24 Millionen Euro von Siemens abgezogen. Eine andere Variante setzte auf amerikanische und österreichische Briefkastenfirmen, die auf einen Schweizer Treuhänder zurückgingen. Der Angeklagte schloss für Siemens mit diesen Firmen „Business-Consulting-Agreements" und die Firmen stellten im Anschluss Scheinrechnungen an Siemens. Zur weiteren Tarnung bei der Verwendung der so erzielten Gelder wurden Briefkastenfirmen mit Sitz auf den British Virgin Islands zwischengeschaltet. Zwischen den Briefkastenfirmen, die Scheinrechnungen an Siemens stellten und den Briefkastenfirmen auf den Virgin Islands wurden sogenannte Kommissionsverträge geschlossen. So floss das Geld an die weiteren Briefkastenfirmen, die mit Siemens nicht mehr in Verbindung gebracht werden konnten. Über dieses Konstrukt wurden weitere 24 Millionen Euro von Siemens abgezogen. Eine Kontrolle dieser Geldabflüsse fand nicht statt. Nur der Angeklagte und zwei weitere Vertraute kannten den Verbleib der Gelder und die Details der „schwarzen Kassen". Von diesen Kassen wurden die Gelder nach konkreten Anforderungen der Vertriebsmitarbeiter weiter überwiesen oder bar abgehoben. Darüber entschied allein der Angeklagte.

Rechtlich wurde eine Vermögensbetreuungspflicht des Angeklagten aufgrund seiner Funktion als Prokurist und aus der übernommenen Aufgabe, die Abwicklung der „nützlichen Aufwendungen" zu organisieren, angenommen. Zur Verletzung dieser Pflicht kam es, weil die Poolbildung und der gesamte Geldtransfer letztlich ohne Mitwirken des Angeklagten nicht mehr nachvollziehbar waren. Eine Kontrolle und Buchführung fehlte. Der Angeklagte selbst hatte teilweise die Kontrolle über die Höhe der Geldsummen und deren Verbleib verloren. Nüchtern wurde vom Gericht festgestellt, dass die Gelder mit dem Abfluss für Siemens verloren waren. Der Vermögensschaden sei bereits eingetreten gewesen, weil Siemens keinerlei Kontrolle mehr über dieses Geld ausüben konnte. Eine Kompensation wurde verneint, weil die Gewinne nicht aus der Untreuehandlung resultierten und Schadensersatzforderungen irrelevant seien.

98 Im Fall Siemens/Enel befasste sich der BGH[256] mit „schwarzen Kassen". In diesem Verfahren schien aber auch die Vertrautheit der Akteure mit systematischer Korruption durch, wenn man die Lebensläufe und Vorgehensweisen der Geber und Nehmer näher betrachtet. Den Hintergrund bildeten Bestechungen zur Erlangung eines Auftrags durch ein Siemens-Tochterunternehmen in Italien.[257] Eine Tochterfirma (Enelpower S.p.A.) des Energiekonzerns Enel, dem wichtigsten Stromerzeuger Italiens, schrieb 1999 einen Auftrag zur Lieferung von Gasturbinen europaweit aus. Die Siemens-Tochter (Power Generation) gab in einem Konsortium mit einem italienischen Unternehmen ein Angebot ab. Es kam daraufhin im Dezember 1999 zu einem Zusammentreffen des Geschäftsführers der Enelproduzione S.p.A, C., mit dem Angeklagten V., bei dem C. ein Schmiergeld in Höhe von 2,65 Millionen Euro für den Fall der Auftragsvergabe forderte. Die Enelproduzione hatte der Enelpower den Auftrag zum Einbau der Gasturbinen erteilt. Der Auftragswert lag bei über 132 Millionen Euro. K. und V. waren bereit, das geforderte Bestechungsgeld an C. (und G.) zu zahlen. Ein weiterer Auftrag, der im Juni 2000 ausgeschrieben wurde, verlief ähnlich. Bei einem Auftragswert von über 205 Millionen Euro wurden Bestechungszahlungen in Höhe von knapp 3 Millionen Euro und etwa 484.000 US-Dollar an C. und G., das geschäftsführende Mitglied des Verwaltungsrates der Enelpower, vereinbart. V. war lange für Auslandsgeschäfte der Siemens-AG zuständig gewesen und nach seinem Ruhestand als freier Mitarbeiter und Berater für den Siemens-Geschäftsbereich Power Generation zuständig. 2/3 seiner Tätigkeit betrafen die Abwicklung verdeckter Überweisungen und nützlicher Aufwendungen. K. war einer von vier Bereichsvorständen und kaufmännischer Leiter im Geschäftsbereich Power Generation. Er hatte die Autorisierung, Zahlungen in unbegrenzter Höhe anzuweisen. Er war auch für die Umsetzung der Compliance-Vorschriften in seinem Geschäftsbereich verantwortlich. Die geforderten Bestechungsgelder leistete K. maßgeblich aus einer „schwarzen Kasse", die er seit langem führte. Zur Verschleierung wurde V. angewiesen, die Summen zu stückeln und über diverse Auslandskonten an die Empfänger gelangen zu lassen. Es existierte schon von Vorgängern des K. ein Geflecht von Nummernkonten bei diversen liechtensteinischen Banken, die auf Firmen und liechtensteinische Stiftungen lauteten. Der genaue Kontenstand konnte nicht ermittelt werden. Als in den Jahren 1999 und 2000 Geldwäscheverfahren in Liechtenstein geführt wurden, beschloss K. diese unsicheren Konten aufzulösen und unter verschiedenen Firmen in Dubai zu führen. V. betreute auch diese neuen Konten im Auftrag von K. Daneben hielt K. eine „schwarze Kasse" in der Schweiz, die in ihren Ursprüngen noch auf die frühere KWU AG zurückging. Die etwa 12 Millionen CHF waren der Buchhaltung der Siemens-AG vollständig entzogen, von der Existenz wusste nur noch K. Er wies V. an, eine Stiftung Gastelun in Liechtenstein zu errichten und Anfang 1999 die CHF auf das Konto dieser Stiftung zu überweisen. Der Zweck der Konten lag darin, Korruptionszahlungen zur Auftragserlangung nach Gutdünken zahlen zu können. Konkret wurden z. B. die 2,65 Millionen Euro Bestechungsgeld aus dem ersten Auftrag von dem Konto einer liechtensteinischen Gesellschaft Eurocell auf ein Konto einer weiteren dort ansässigen Gesellschaft Grenusso Anstalt überwiesen. Von diesem Konto wurde durch Aufteilung der Geldbeträge versucht, die Zusammenhänge durch Barabhebungen und -einzahlungen zu verschleiern. Das Geld wurde bar auf ein Konto der Colford Investment Corp. bei der Liechtensteinischen Landesbank eingezahlt. Die 2,65 Millionen Euro wurden sodann auf ein Konto einer Firma Middle East Energy & Industrial Service Llc in Abu Dhabi überwiesen und erreichten ihre Empfänger in Höhe von 1,32 Millionen Euro auf

---

[256] BGH vom 29.8.2008, 2 StR 587/07, St 52, 323 ff.

[257] In dieser Entscheidung waren auch die Aspekte Amtsträgereigenschaft und Auslandsbestechung von Relevanz, LG Darmstadt vom 14.5.2007, 712 Js 5231/04. Dieser Fall wurde von der sogenannten Hessischen Eingreifreserve der Generalstaatsanwaltschaft Frankfurt am Main ermittelt und von der StA Darmstadt im Jahr 2005 angeklagt. Auslöser waren Ermittlungen in Italien und ein Rechtshilfeersuchen der StA Mailand gewesen, das die StA München I erreicht hatte. Aus Zuständigkeitsgründen war das Ermittlungsverfahren von der StA München nach Hessen abgegeben worden. Zu diesem Zeitpunkt war von den später bekannt werdenden Vorgängen im Siemens-Bereich COM noch nichts bekannt. Die umfangreichen und medial bekannt gewordenen Vorgänge um systematische Korruption bei Siemens begannen letztlich mit ersten – gut vorbereiteten – Durchsuchungen im November 2006.

dem Konto der Ehefrau des C. bei einer Bank in Monaco bzw. 1,33 Millionen Euro, die durch zwei Bargeldeinzahlungen in Schweizer Franken auf einem Konto der UBS Lugano eingingen, das G. gehörte. C. und G. wurden vom Landgericht Mailand 2006 wegen Amtsträgerbestechung zu Bewährungsstrafen verurteilt. Gegen die Siemens-AG wurde wegen Unterlassens der Einführung und wirksamen Umsetzung eines Compliance-Systems eine Geldstrafe von 500.000 Euro sowie eine Vergabesperre von einem Jahr verhängt. Außerdem wurden 6,12 Millionen Euro Gewinn abgeschöpft. Mit Enel S.p.A. einigte sich Siemens auf eine Schadensersatzzahlung in Höhe von 113 Millionen Euro.[258]

Rechtlich wichen die Würdigungen des Landgerichts und des BGH in verschiedenen Aspekten voneinander ab. Das Landgericht hatte K. wegen Bestechung im geschäftlichen Verkehr in Tateinheit mit Untreue, Bestechung im geschäftlichen Verkehr sowie Untreue zu einer Gesamtfreiheitsstrafe von 2 Jahren, ausgesetzt zur Bewährung, verurteilt.[259] V. wurde wegen Beihilfe zur Bestechung im geschäftlichen Verkehr in zwei Fällen zu einer Freiheitsstrafe von 9 Monaten, ausgesetzt zur Bewährung, verurteilt. Die Beihilfe zur Untreue war gemäß § 154a Abs. 2 StPO eingestellt worden. Der BGH hob die Verurteilungen von K. und V. wegen Bestechung im geschäftlichen Verkehr auf[260], sah aber die Untreue bei K als erfüllt an und verwies die Sache zur Neuverhandlung zurück. Bezüglich der Untreue sah der BGH die Verurteilung des K. in zwei Fällen im Ergebnis als richtig an, begründete diese jedoch abweichend: Eine Differenzierung der beiden Tathandlungen (Schmiergeldzahlungen über mehrere Konten im ersten und aus der „schwarzen Kasse" im zweiten Fall) sei nicht geboten. In beiden Fällen handele es sich um Untreue durch Unterlassen. Es komme in beiden Fällen darauf an, dass K. die vorhandenen, auf verschiedenen Konten befindlichen Gelder seiner Arbeitgeberin nicht offenbart habe. K. hatte als kaufmännischer Leiter und verantwortlicher Bereichsvorstand eine Vermögensbetreuungspflicht auch hinsichtlich dieser nicht offenbarten und damit nicht ordnungsgemäß verbuchten Gelder gehabt. Diese Pflicht habe er grundlegend verletzt. Die Unterlassung des Offenbarens stelle auch das Schwergewicht des Vorwurfs dar, nicht erst die weiteren Vermögensverfügungen.[261] Für eine Einwilligung sei kein Raum, da der Zentralvorstand im Gegenteil die Einhaltung der Compliance-Vorschriften ausdrücklich forderte, auch wenn diese eine „bloße Fassade" gewesen seien. Von einer Kenntnis des Geschäftsherrn von der „Schattenkasse" sei nach den Urteilsfeststellungen nicht auszugehen.[262] Der Vermögensschaden sei mit dem endgültigen Entzug der Gelder und dem Verschwinden in den Kontensystemen und „schwarzen Kassen" eingetreten. Es sei nicht nur von einer schadensgleichen Vermögensgefährdung auszugehen, wie das Landgericht angenommen habe.[263] Eine andere Kammer des Landgerichts hat K. und V. später in kurzer Hauptverhandlung wegen Untreue zu Bewährungsstrafen verurteilt, das Urteil ist nicht veröffentlicht.

Im Zusammenhang mit Folgetaten aus dem „Kölner Müllskandal"[264] hatte sich der BGH[265] **99** noch einmal mit „schwarzen Kassen" zu beschäftigen. Anfang der 1990er Jahre beschloss der

---

[258] BGHSt 52, 323, Rn. 22, 23.
[259] Die Anklage war abweichend vom Urteil des Landgerichts von einer Amtsträgereigenschaft der Bestochenen ausgegangen; die Staatsanwaltschaft hatte wegen IntBestG angeklagt. Das LG sah dagegen eine privatwirtschaftliche Organisationsform und nahm § 299 StGB an.
[260] BGHSt 52, 323, Rn. 50 ff. mit dem Aspekt, dass die Auslandsbestechung im Wettbewerb zum Tatzeitpunkt nicht strafbar war. Mit der Argumentation des Landgerichts, auch schon vor Verabschiedung des § 299 III hätte von einem europäischen Wettbewerb ausgegangen werden können, der von § 299 II erfasst werde, setzte sich der BGH nicht tiefer auseinander.
[261] BGHSt 52, 323, Rn. 38, 39; die Einordnung des Schwerpunktes des Haltens der „schwarzen Kasse" als Unterlassung drängt sich nicht unbedingt auf. Im Halten der Kasse und Agieren mit dem Guthaben kann man sehr gut eine Tätigkeit sehen.
[262] BGHSt 52, 323, Rn. 40, 41.
[263] Die Entscheidung des Landgerichts in diesem Punkt dürfte stark von der Rechtsauffassung des BGHSt 51, 100 beeinflusst gewesen sein.
[264] BGHSt 50, 299; der Fall betraf den korruptiv beeinflussten Auftrag zum Bau der Müllverbrennungsanlage.
[265] BGH vom 27.8.2010, 2 StR 111/09, St 55, 266; in dieser Entscheidung ging es nicht um T, sondern um die Revisionen der beiden verurteilten Gehilfen. Die Revisionen wurden zurück gewiesen. Der

angeklagte Müllunternehmer T. eine „Kriegskasse", ein außerhalb der Buchhaltung geführtes Konto, einzurichten, um „nützliche Aufwendungen", also Bestechungsgelder, für Entscheidungsträger im In- und Auslandsgeschäft zahlen zu können. Er wollte bei diesen eine „politische Grundbereitschaft" herstellen. U.a. zahlte er aus dieser Kasse 1,5 Millionen DM aufgrund einer dauerhaften Unrechtsvereinbarung an den Bonner Kommunalpolitiker M., um diverse Auftragsvergaben über lukrative und lang laufende Betreiber- und Entsorgungsverträge zu seinen Gunsten zu beeinflussen. M. wurde rechtskräftig zu einer Freiheitsstrafe von 6 Jahren verurteilt.[266] Die „Kriegskasse" war eine in der Schweiz als reine Domizilgesellschaft ohne eigene operative Tätigkeit eingerichtete Briefkastenfirma. Ein Schweizer Vertrauter des T., H., war Allein-Aktionär dieser Schein-AG. T. hatte mit ihm vereinbart, diese AG ausschließlich zur Abwicklung von Scheinrechnungen zu nutzen. Auf Anforderung des T. erstellte H. jeweils Scheinrechnungen über nicht erbrachte Beraterleistungen an diverse Unternehmen des T-Konzerns und übergab die geforderten Summen über Treuhänder und Mittelsmänner in bar an T. In den Jahren 1993 bis 2001 sammelten sich etwa 30 Millionen DM auf dem Schweizer Schwarzgeldkonto an. Davon behielt H. etwa 30% als Provision und Steuerleistung ein.

In der Einrichtung der „schwarzen Kasse" sahen LG und BGH eine Untreue durch Verletzung der Treuepflicht, weil T „entgegen der Sorgfalt eines ordentlichen Geschäftsmanns (§ 43 Abs. 1 GmbHG) bzw. eines ordentlichen und gewissenhaften Geschäftsleiters (§ 93 Abs. 1 S. 1 AktG) sowie unter Verstoß gegen das handelsrechtliche Gebot der Vollständigkeit und Richtigkeit der Buchführung (§ 239 Abs. 2 HGB) Vermögensgegenstände durch inhaltlich falsche Buchungsvorgänge aus der Buchhaltung aussonderte, um unter gezielter Umgehung der gesellschaftsinternen Kontrollen und seiner Rechenschaftspflichten über Vermögensbestandteile der Treugeberin nach Maßgabe eigener Zwecksetzung verfügen zu können."[267] Dass die Einrichtung der Kasse und der Einsatz von Bestechungsgeldern möglicherweise im Interesse der Gesellschaft liege, sei irrelevant, weil Verstöße gegen die Legalitätspflicht nicht mit einem Interesse oder einer profitablen Pflichtverletzung gerechtfertigt werden könnten. Vorrang habe die Bindung an gesetzliche Vorschriften.[268] Eine Einrichtung einer „schwarzen Kasse" betreffe gravierende Verstöße mit bewussten Nicht- und Falschbuchungen, die somit auch eine Verletzung der Vermögensinteressen der betroffenen Gesellschaft darstelle.[269] Eine Einwilligung der Treugeberin komme unter keinem Gesichtspunkt in Betracht, weil T. die Pflichtwidrigkeit vor den anderen Gesellschaftern planmäßig verschleiert habe,[270] für eine Genehmigung seines eigenen Handels sei kein Raum.[271] In Höhe der gesamten Summe sei bereits ein endgültiger Vermögensschaden eingetreten. Wie auch schon in der E 52, 323, 338 Rn. 46, in der das Führen der „schwarzen Kasse" ebenfalls als eingetretener Schaden angesehen worden war, sei auch hier von einem Schaden auszugehen, da die konkrete pflichtwidrige Entziehung der Gelder durch T. keinerlei Kontrolle der Gesellschaft(en) mehr unterlag.[272] Der BGH wies ausdrücklich darauf hin, dass an der Ansicht, das Führen einer schwarzen Kasse lediglich als schadensgleiche Vermögensgefährdung anzusehen, wie noch in der E 51, 100, 113 f., Rn. 43 f., nicht festgehalten werde.

100   Der Geber wird in der Regel als Gehilfe des Haupttäters nach § 266 StGB anzusehen sein; denn in aller Regel ist ihm nicht nur die Vermögenswahrnehmungspflicht bekannt, sondern ebenso das Pflichtwidrige dessen Tuns; dem Schmiergeldzahlenden kommt es gerade darauf an, dass er einen Brückenkopf beim Auftraggeber erreicht, der ihn bevorzugt und damit

---

Gehilfenbeitrag lag in der Veranlassung der Bezahlung der Scheinrechnungen und der Schaffung einer Geschäftsfassade für die Zahlungen, St 55, 285, Rn. 49.

[266] BGH vom 26.10.2006, 5 StR 70/06.
[267] BGHSt 55, 266, 275, Rn. 27.
[268] BGHSt 55, 266, 275, 276, Rn. 29.
[269] BGHSt 55, 266, 277, Rn. 32.
[270] BGHSt 55, 266, 279, Rn. 36.
[271] BGHSt 55, 266, 281, Rn. 39.
[272] BGHSt 55, 266, 282, Rn. 40, 41 ff.

II. Materielles Strafrecht

günstigere Konkurrenten aus dem Felde schlägt. Damit umfasst sein Wissen und Wollen aber gerade auch den Vermögensnachteil beim Auftraggeber.

6. Politische Korruption und Abgeordnetenbestechung, § 108e StGB

Unter politischer Korruption kann man den „Missbrauch öffentlicher Macht zu privatem Nutzen" verstehen. Allerdings sind die Bemühungen um eine international gültige Definition nicht abgeschlossen und in der Wissenschaft ist die Begriffsumschreibung schon deshalb umstritten, weil man sich über die Definition von Politik nicht einig ist.[273] Grund zur Sorge bietet angesichts des ansteigenden Lobbyismus und der untransparenten Verbindungen zwischen Politik, Wirtschaft und Verwaltung die unsachliche Beeinflussung der parlamentarischen Arbeit.[274] Das deutsche Strafrecht erfasst mit § 108b (Wählerbestechung) und § 108e (Abgeordnetenbestechung) nur einen kleinen Teil politischer Korruption. Abgeordnete sind keine Amtsträger und unterfallen deshalb nicht den §§ 331 ff. StGB. Abgeordnete gehören der legislativen Gewalt an, sind im politischen Meinungsstreit tätig und dabei legitimerweise auch „Interessenvertreter".[275] § 108e StGB regelt den Teilbereich des „Stimmenkaufs", also nur das verwerfliche Abstimmungsverhalten von Mandatsträgern in parlamentarischen Gremien. Erforderlich ist eine konkrete Unrechtsvereinbarung.[276] Diese Vereinbarung muss eine konkrete zukünftige Stimmabgabe betreffen, weder reicht „allgemeine Klimapflege" (wie bei § 331 StGB), noch sind Abstimmungen vereinbarte Belohnungen erfasst.[277] In der Praxis ist § 108e bedeutungslos (in der Strafverfolgungsstatistik 2009 sind erstmals 2 Abgeurteilte und 1 Verurteilter ausgewiesen, in der Strafverfolgungsstatistik 2010 1 Abgeurteilter und 1 Verurteilter)[278]. Der BGH[279] hob im Fall eines Kölner SPD-Stadtrats (der zugleich Fraktionsvorsitzender und Fraktionsgeschäftsführer war) eine Verurteilung wegen Bestechlichkeit pp. wegen fehlender Amtsträgereigenschaft auf, gab aber für die Neuverhandlung den Hinweis, dass eine Verurteilung nach § 108e StGB in Betracht komme. Der Stadtrat wurde daraufhin zwar rechtskräftig verurteilt, nicht aber wegen § 108e. Die Übereinkunft, die der Angeklagte mit dem Unternehmer getroffen hatte (Entgegennahme einer Einflussspende, die das konkrete Abstimmungsverhalten in Rat und Fraktion beeinflussen sollte), beträfe allein die Mandatsausübung. In der Neuverhandlung seien jedoch nähere Feststellungen zur Konkretisierung der Unrechtsvereinbarung erforderlich.[280]

Dölling wies in seinem Gutachten für den 61. Deutschen Juristentag auf den Widerspruch hin, Mitglieder der Verwaltung wegen Korruption zu bestrafen, Beeinflussungsversuche auf die Abgeordneten in den Parlamenten aber vom Strafrecht weitgehend auszunehmen. Obwohl § 108e StGB scharfer Kritik ausgesetzt war und ist,[281] wurde die Strafnorm auch nach internationalen Entwicklungen nicht geändert. Verschiedene Entwürfe aus internationalen Verpflichtungen haben bislang noch nicht zur Reform des Tatbestandes geführt. Die gesamte Problematik der politischen Korruption wie Bestechlichkeit, illegale Parteienfinanzierung,

101

102

---

[273] Von *Alemann* 2005, 19 ff. mit guter Aufbereitung der Problematik, zahlreichen Nachweisen und erhellender Einleitung in den Sammelband, 13 ff.; *Heidenheimer/Johnston/LeVine* 1989 (1993).
[274] Von *Arnim*, JZ 1990, 1014 ff.; *Leif/Speth (Hrsg.)* 2006.
[275] Vgl. *Dölling* 1996, C 82 ff.
[276] *Fischer* § 108e Rn. 6 ff.
[277] *Fischer* § 108e Rn. 8a; *Kühl* § 108e Rn. 3.
[278] Weitere Verurteilungen sind in der SVS nicht zu finden. Die PKS weist § 108e nicht gesondert aus, es dürfte auch nahezu keine Ermittlungen geben. Transparency International teilt in einer Pressemitteilung vom 4.4.2007 mit, bei einer – nicht rechtskräftigen – Verurteilung eines Neuruppiner Stadtrates wegen eines Stimmenkaufes handele es sich um die erste Verurteilung nach § 108e, www.transparency.de/2007-04-04-Abgeordnetenbestech.1033.98.html.
[279] BGH 2 StR 557/05 vom 12.7.2006, St 51, 44.
[280] BGH 2 StR 557/05 Rn. 12; zur Auseinandersetzung mit § 108e ausführlich auch BGH 5 StR 453/05 vom 9.5.2006.
[281] *Fischer* § 108e Rn. 1 m. w. Nw. sowie die Nachweise bei *Dölling* 1996, C 81 f.; *Barton*, NJW 1994, 1100.

Ämterpatronage, Einkünfte aus „Nebenämtern", die die Entschädigung der Abgeordneten zum Teil bei weitem übersteigen,[282] ist noch nicht ausreichend diskutiert. Gerade angesichts der Erfahrungen mit „schwarzen Kassen" zur verdeckten Parteienfinanzierung, den „Ehrenwörtern" zur Verschleierung von illegalen Parteispenden, „Einflussspenden", des durch den Kölner Müll-Skandal offenkundig gewordenen Korruptionsdreiecks von Wirtschaft, Verwaltung und Politik sowie unklaren Grenzen eines berechtigten Lobbyismus besteht auch in diesem Bereich dringender Handlungsbedarf hin zu mehr Transparenz. Dölling plädiert zu Recht für eine Ausweitung des Strafrechts, um zumindest eklatante Verstöße gegen die Unkäuflichkeit der Mandatsausübung zu erfassen.[283] Das bisherige Recht lässt Abstimmungen und Beratungen in den Fraktionen unberührt (streitig ist, ob der Stimmenkauf in den Ausschüssen erfasst ist), obwohl gerade hier entscheidende Weichenstellungen für parlamentarische Entscheidungen fallen. Es wäre daher mit Dölling „angemessen, den Kauf und Verkauf aller Handlungen – und entsprechenden Unterlassungen – unter Strafe zu stellen, die ein Abgeordneter in Ausübung seines Mandats im Plenum, in den Ausschüssen und in den Fraktionsgremien vornimmt."[284]

103 Minister und andere hochrangige Repräsentanten des Staates sind Amtsträger und unterfallen damit den schärferen Vorschriften der §§ 331 ff. StGB. Im Bereich politischer Korruption ist die Aufdeckung von entsprechenden Verdachtsfällen jedoch weltweit schwierig, weil die Einflusspositionen der Betroffenen häufig eine Aufklärung erschweren. Historische Beispiele[285] lassen sich ebenso finden wie Vorgänge aus jüngerer Zeit[286].

7. Steuerhinterziehung

104 Schmiergeldzahlungen werden aus schwarzen Kassen oder über Scheinrechnungen und die Gründung von Scheinfirmen beschafft. Möglich sind auch die Einrechnung in die Auftragssummen und entsprechend gefälschte Abrechnungen sowie Scheinaufträge oder Nachtragsaufträge für die Geberseite. Die dafür erstellten Rechnungen beziehen sich meist auf Planungsleistungen, Montagearbeiten, Baustellenleitung oder Baustellenaufsicht. Auch „Baggerstunden" sind eine beliebte Rechnungsgröße, die nach außen unauffällig wirkt und teilweise nur schwer nachprüfbar ist. Die ausgestellten Scheinrechnungen werden von den Nachfrage-Unternehmern meistens als Umsätze erfasst und verbucht, wenn auch wiederum andere Scheinrechnungen zum Ausgleich der Besteuerung vorliegen.

Steuerlich ist dieses Verhalten folgendermaßen zu würdigen[287]: Bei dem Schmiergeldempfänger sind die Schmiergeldzahlungen einkommensteuerpflichtig i. S. d. § 22 Nr. 3 EStG. Anders als bei den Bestechungsvorschriften ist es nicht erforderlich, eine Zahlung einer konkreten Gegenleistung zuzuordnen. Eine Umsatzsteuerpflicht trifft den Schmiergeldempfänger dann, wenn er „nachhaltig" tätig wird, also wenn das Verhalten des Empfängers ein auf die Erzielung von Einnahmen gerichteter Dauerzustand ist. Für den Schmiergeldzahlenden gilt Folgendes: Die Schmiergeldzahlungen waren bis 1995 als Betriebsausgaben abzugsfähig, wenn der Empfänger der Zahlungen benannt wurde. Nach der Änderung des § 4 Abs. 5 Nr. 10 EStG war dieser Betriebsausgabenabzug seit 1996 nicht mehr möglich, wenn insoweit eine rechtskräftige Verurteilung oder eine Einstellung nach den §§ 153 bis 154e StPO stattfand bzw. ein Bußgeld rechtskräftig verhängt wurde. Die massive Kritik an der Abzugsfähigkeit von Bestechungsgeldern hatte zum Steuerentlastungsgesetz 1999/2000/2002 vom

---

[282] Dazu *von Arnim* 2001; *ders.* JZ 1990, 1014 ff.
[283] *Dölling* 1996, C 80, 83 f.
[284] *Dölling* 1996, C 83.
[285] Zum Fall Flick BT-Drucks. 10/5079, ferner *Seipel* 1985; *Kilz/Preuss* 1983; diverse Beiträge in *Grüne/Slanicka (Hrsg.)* 2010.
[286] Die Fälle Thyssen, Pfahls, Schreiber z. B. Zum Fall Kohl u. a. *Münkler*, in *Wagner/Wolf (Hrsg.)* 2011, 42 ff. und *Lambrecht/Mueller* 2010; zu Strauß und bayerischen Verhältnissen *Schlötterer* 2010. Ob die Vorwürfe der Vorteilsannahme bzw. Bestechlichkeit gegen den ehemaligen Bundespräsidenten Wulff von der Justiz bestätigt werden, ist noch offen (August 2013).
[287] Zu Einzelheiten auch *Greeve* 2005, 267 ff.

II. Materielles Strafrecht

24.3.1999 geführt.[288] § 4 Abs. 5 Satz 1 Nr. 10 des Einkommenssteuergesetzes hat folgenden Wortlaut:
„Die folgenden Betriebsausgaben dürfen den Gewinn nicht mindern:
10: Die Zuwendung von Vorteilen sowie damit zusammenhängende Aufwendungen, wenn die Zuwendung der Vorteile eine rechtswidrige Handlung darstellt, die den Tatbestand eines Strafgesetzes oder eines Gesetzes verwirklicht, das die Ahndung mit einer Geldbuße zulässt. Gerichte, Staatsanwaltschaften oder Verwaltungsbehörden haben Tatsachen, die sie dienstlich erfahren und den Verdacht einer Tat im Sinne des Satzes 1 begründen, der Finanzbehörde für Zwecke des Besteuerungsverfahrens und zur Verfolgung von Steuerstraftaten und Steuerordnungswidrigkeiten mitzuteilen. Die Finanzbehörde teilt Tatsachen, die den Verdacht einer Straftat oder Ordnungswidrigkeit im Sinne des Satzes 1 begründen, der Staatsanwaltschaft oder der Verwaltungsbehörde mit. Diese unterrichten die Finanzbehörde von dem Ausgang des Verfahrens und den zu grunde liegenden Tatsachen." Bestechungsgelder dürfen nicht mehr als Betriebsausgaben abgezogen werden. Wegen des IntBestG gilt dies auch für im Ausland eingesetzte Schmiergelder. Bei Verdacht auf Bestechungsdelikte muss eine Information der Staatsanwaltschaft gemäß § 4 V 1 Nr. 10 EStG erfolgen.

Nicht steuerlich geltend gemachte Einnahmen (empfangene Bestechungsgelder oder Provisionen) stehen häufig mit Korruption in Zusammenhang und können eine Steuerhinterziehung darstellen.[289]

8. Korruption und Sport

Unter Korruption im Sport lassen sich recht verschiedenartige Handlungsweisen fassen.[290] Bei einigen Konstellationen greift der strafrechtliche Schutz bereits heute, wenn man etwa an die Fälle der hessischen und thüringischen Fernsehsender denkt. Die jeweiligen Sportchefs der Sender erhielten Geld für die Produktion bzw. Übertragung von Randsportarten. Der Sportchef des HR, E., verlangte von Verbänden Geld für die Übertragung z. B. von Triathlon-Veranstaltungen oder Radrennen. Die Abwicklung der Produktionen auf Kosten der Verbände erfolgte über eine Vermarktungsagentur, an der seine Ehefrau und der Mitbeschuldigte F. beteiligt waren.[291] Nach Teileinstellung einiger Anklagepunkte wurde E. vorgeworfen, mindestens 285.000 Euro selbst kassiert zu haben. Er wurde wegen Bestechlichkeit in sechs Fällen, Untreue und Beihilfe zur Bestechung zu einer Freiheitsstrafe von 2 Jahren und 8 Monaten verurteilt.[292] Das Urteil wurde rechtskräftig, der BGH befasste sich ausführlich mit der Frage der Amtsträgereigenschaft und bejahte diese („Redakteure öffentlich-rechtlicher Rundfunkanstalten sind Amtsträger im Sinne des § 11 Abs. 1 Nr. 2 Buchst. c) StGB.").[293] Der hessische Rundfunk wurde als „sonstige Stelle" nach § 11 Abs. 1 Nr. 2c angesehen, die Aufgaben der öffentlichen Verwaltung wahrnehme. Es sei eine Einzelfallprüfung erforderlich, allein die Rechtsnatur der Körperschaften oder Anstalten des öffentlichen Rechts hätten nur

---

[288] BGBl. I S. 402; vgl. *Möhrenschlager*, wistra 1999, Heft 5, S. V.
[289] Zum Fall des Vorstandsmitglieds der Bayerischen Landesbank s. Fn. 13; zum Fall des Waffenlobbyisten Schreiber s. BGH vom 6.9.2011, 1 StR 633/10; Schreiber war vom LG Augsburg zu acht Jahren Freiheitsstrafe wegen Steuerhinterziehung verurteilt worden, weil er Provisionen aus Vermittlungen von Panzer- und Flugzeuggeschäften nicht angegeben haben soll. Im Mai 2012 wurde er wegen gesundheitlicher Probleme unter Auflagen aus der Haft entlassen. Der BGH hat das Urteil aufgehoben und zur Neuverhandlung zurückverwiesen.
[290] Dazu *Rössner*, in *Adolphsen/Nolte/Lehner/Gerlinger* (Hrsg.), 2012, 399 ff.; *Bannenberg/Rössner*, in *Weinreich* (Hrsg.), 2006, 214 ff.; *Krack* ZIS 6/2011, 475 ff.
[291] Der Spiegel 27/2005, 154; Süddeutsche Zeitung 1.7.2005, 17; Frankfurter Rundschau 30.6.2005, 29.
[292] LG Frankfurt am Main vom 2.10.2008, 7740 Js 214435/04. Der Mitangeklagte F, der gemeinsam mit der Ehefrau des E die Scheinfirma gegründet hatte, über die entsprechende Zahlungen abgewickelt wurden, wurde wegen Bestechung in fünf Fällen sowie Beihilfe zur Untreue zu einer Freiheitsstrafe von 1 Jahr und 10 Monaten, ausgesetzt zur Bewährung und einer Bewährungsauflage in Höhe von 100.000 Euro verurteilt. Die Ehefrau des E war nicht angeklagt worden.
[293] BGH 2 StR 104/09 vom 27.11.2009, St 54, 202–215.

indizielle Bedeutung. Zu den öffentlichen Aufgaben zähle die staatliche Daseinsvorsorge.[294] Öffentlich-rechtliche Rundfunkanstalten stellten die Grundversorgung der Bevölkerung mit Rundfunkprogrammen sicher, woran auch die Staatsfreiheit des Rundfunks nichts ändere.[295] E. sei dazu bestellt gewesen, bei dieser sonstigen Stelle Aufgaben der öffentlichen Versorgung wahrzunehmen und er habe Auswahl und Gestaltung dessen, was gesendet wurde, beeinflusst.[296] Daran ändere sein freier Beruf nichts. Pflichtwidrig waren seine Forderungen an die Geldgeber, weil sie einen Verstoß gegen die redaktionelle Unabhängigkeit darstellten und weil er Produktionskostenzuschüsse (beim HR Beistellungen genannt) an den Sender hätte weiterreichen müssen.[297] Der Sportchef des MDR, M. wurde am 29.9.2009 wegen Vorteilsannahme in drei Fällen und Bestechlichkeit in 19 Fällen sowie wegen Betruges in neun Fällen und Steuerhinterziehung in drei Fällen zu einer Freiheitsstrafe von 2 Jahren, ausgesetzt zur Bewährung, neben einer Geldstrafe von 360 Tagessätzen zu je 25 Euro verurteilt.[298]Seine Frau wurde wegen Beihilfe zur Bestechlichkeit in 15 Fällen zu einer Geldstrafe von 360 Tagessätzen zu je 20 Euro verurteilt. Wegen einer Einigung auf eine Schadensersatzzahlung an den Sender wurde von einer Verfallsanordnung abgesehen. M. hatte zwischen 1997 und 2005 insgesamt über 330.000 Euro an Bestechungsgeldern von verschiedenen Personen gefordert. Darunter waren Forderungen nach Produktionskostenzuschüssen, die allenfalls dem MDR zugestanden hätten. Er ließ sich aber auch monatliche Zahlungen von Firmen überweisen, damit er deren Firmenlogo im Fernsehen zur Geltung brachte, ohne dass der Sender dies wusste. Berichterstattungen über Ereignisse, die sonst nicht gesendet worden wären, waren z. B. der Stiftung Deutsche Sporthilfe 45.000 Euro zzgl. MwSt. wert. Zur Verschleierung der Geldflüsse stellte die Ehefrau Scheinrechnungen über angebliche Beratungsleistungen. Gegen weitere Beschuldigte wurden die Verfahren abgetrennt. Bei der rechtlichen Würdigung wurden die Ausführungen des BGH im Fall HR übernommen und auch M. wurde als Amtsträger angesehen.

Im klassischen Bereich der Korruptionsdelikte sind Fälle angesiedelt, die die Erlangung von Bauaufträgen zum Gegenstand haben. 2,8 Millionen Euro wurden als Schmiergeld für die Erlangung des Bauauftrags gezahlt und in die Baukosten der Fußballarena eingerechnet. W. wurde zu viereinhalb Jahren Freiheitsstrafe wegen Bestechlichkeit verurteilt; als Geber wurde der Konzernleiter der Fa. Alpine zu zwei Jahren Freiheitsstrafe, die zur Bewährung ausgesetzt wurden, verurteilt.[299]

107 Der Halbleiterhersteller Infineon Technologies AG war jahrelang als Sponsor im Motorsport engagiert. Im Jahr 2005 kamen Vorwürfe wegen Bestechung und Bestechlichkeit im geschäftlichen Verkehr auf, weil allein der damalige Vorstandsvorsitzende von Infineon von seinem früheren Geschäftsfreund S. über dessen schweizerische Agentur für das Sponsoring von Rennsportveranstaltungen über 300.000 Dollar Schmiergeld erhalten haben sollte. Auch weitere Vorstandsmitglieder hätten Zahlungen, bezahlte Luxuswochenenden im Motorsport und edle Bewirtungen erhalten. Damit habe sich der Freund weitere Aufträge seines Hauptkunden Infineon sichern wollen.[300] Der Geschäftsführer der schweizerischen Firma S. wurde wegen Untreue und Bestechung im geschäftlichen Verkehr zu einer Freiheitsstrafe von 4 Jahren verurteilt. Das Gericht hatte an illegitimen Zahlungen an Vorstandsmitglieder von Infineon keinen Zweifel.[301] Das Vorstandsmitglied Z. erhielt einen Strafbefehl wegen Bestechlichkeit im geschäftlichen Verkehr (Freiheitsstrafe von 1 Jahr, ausgesetzt zur Bewährung, neben einer Bewährungsauflage von 85.000 Euro).[302] Gegen das Vorstandsmitglied Sch.

---

[294] BGHSt 54, 202, 208.
[295] BGHSt 54, 202, 210.
[296] BGHSt 54, 202, 213.
[297] BGHSt 54, 202, 214.
[298] LG Leipzig vom 29.9.2009, rechtskräftig seit 7.10.2009.
[299] Süddeutsche Zeitung 9. 5.2005; 31.1.2006
[300] Etwa Süddeutsche Zeitung vom 19. 7., 21. 7., 22. 7., 23./24. 7., 24. 10., 7.11.2005, 25./26. 2., 1. 11., 24.11.2006; DIE ZEIT 21.7.2005; eine umfassende Darstellung findet sich bei *Leyendecker* 2007, 32 f.
[301] Süddeutsche Zeitung vom 6./7.5.2006; *Leyendecker* 2007, 48.
[302] *Leyendecker* 2007, 49 f.

II. Materielles Strafrecht

wurde im Oktober 2009 das Verfahren vor dem Landgericht München gegen Zahlung einer Geldauflage in Höhe von 200.000 Euro eingestellt. Vorgeworfen wurde ihm „nur" noch Steuerhinterziehung, dagegen konnten die Vorwürfe der Untreue und der Bestechlichkeit nicht bewiesen werden.[303]

Delikte wie Untreue, § 266 StGB, kommen in Betracht, wenn Vereinsvermögen zweckentfremdet wird. Im März 2006 kam der Verdacht auf, der ehemalige Geschäftsführer Calmund von Bayer Leverkusen habe 580.000 Euro eingesetzt, um den Ausgang von Bundesligaspielen zu beeinflussen und damit den Abstieg zu verhindern,[304] möglich scheint aber auch, dass die Gelder in eigene Taschen geflossen sind oder als Schmiergeldzahlungen bei Spielerkäufen im Ausland gedient haben.

Gegen Spielmanipulationen, „Sportbetrug" und Bestechungen im Sport gibt es bislang keinen spezifischen strafrechtlichen Schutz.[305] Lediglich die Hintergründe von Manipulationen etwa durch Wettbüros lassen sich strafrechtlich als Betrug erfassen (vgl. Fall Hoyzer).[306] Dabei sind verschiedene Varianten des Betruges denkbar, die durch den manipulierenden Wettanbieter selbst oder wie im Fall Hoyzer, durch denjenigen, der seinen Wetteinsatz gegenüber dem Wettanbieter tätigt, nachdem er Spieler und Schiedsrichter bestochen und damit den Ausgang des Spiels beeinflusst hat, verwirklicht werden können. Auch ein Betrug des Schiedsrichters gegenüber dem Arbeitgeber DFB oder des Spielers gegenüber seinem Arbeitgeber Verein liegen vor.[307] Die Bestechung von Spielern oder Schiedsrichtern selbst ist dagegen straflos, weil der Tatbestand des § 299 StGB diese Manipulationen nicht erfasst.

Stimmenkauf im Zusammenhang mit Austragungsorten von Fußballweltmeisterschaften und internationalen Sportwettkampfen ist ebenfalls nicht strafrechtlich erfasst. Ausgehend von Vorwürfen, dass im Bereich des Fußballs einzelne Komitee-Mitglieder der FIFA ihre Stimmen für jeweils etwa 1 Million Dollar verkauft haben sollen, führte der öffentliche Druck dazu, dass die FIFA 2011 ein sogenanntes unabhängiges Governance-Komitee einberufen hat, das einen Reformprozess bei der FIFA überwachen soll. Der Vorsitzende dieses Komitees, Pieth, hat dazu einen Teilbericht mit grundsätzlichen und zukunftsgerichteten Governance-Regeln vorgelegt, der Endbericht der Task Force steht noch aus. Ob diese Empfehlungen (ähnlich Compliance-Richtlinien in Unternehmen) zu einer Änderung der als problematisch angesehenen Praktiken führen werden, bleibt skeptisch abzuwarten.[308] Pieth selbst weist zu Recht sehr deutlich darauf hin, dass internationale Sportverbände – nicht nur in der

---

[303] *Leyendecker* 2007, 32 ff. zu den Hintergründen, gegenseitigen Vorwürfen der Beteiligten und Zweifeln am Wahrheitsgehalt von Aussagen; Süddeutsche Zeitung vom 10./11.1.2009: Grund für die Unklarheiten waren Zweifel an der Glaubhaftigkeit der Aussagen des Mitbeschuldigten S. Ob und zu welchem Zweck gerade Sch. Geld von S. bekommen habe, ließ sich nicht nachweisen.

[304] Süddeutsche Zeitung vom 25./26.3.2006; 27.3.2006; die StA Köln hat das Strafverfahren wegen des Verdachts der Untreue am 11.1.2007 gegen Zahlung von 30.000 Euro zugunsten gemeinnütziger Einrichtungen eingestellt.

[305] Das LG Kiel hatte 2011 im Eröffnungsbeschluss überraschend die Bestechung von Sportschiedsrichtern (THW Kiel) unter § 299 StGB gefasst. Am 26.1.12 endete das Verfahren mit einem Freispruch, die teilweise zurückgenommene Revision der StA ließ das Urteil gegen einen Verurteilten am 30.8.12 rechtskräftig werden, gegen den anderen Verurteilten steht noch eine Überprüfung des Untreuevorwurfs an. § 299 StGB greift bei Spieler- und Schiedsrichterbestechungen letztlich aber nicht, weil es zumindest am Bezug von Waren und gewerblichen Leistungen fehlt. *Krack*, ZIS 6/2011, 475 ff., verneint das Merkmal geschäftlicher Verkehr; *Rössner*, in *Adolphsen/Nolte/Lehner/Gerlinger (Hrsg.)* 2012, 11. Kap. V.

[306] *Meier* 2006, 50 ff.; der 5. Senat des BGH bestätigte am 15. Dezember 2006 die Spielmanipulationen als Betrug. Die Verurteilung des Schiedsrichters H. wegen Absprachen vor Abschluss der Wettverträge als Beihilfe zum Betrug zu einer Freiheitsstrafe von zwei Jahren und fünf Monaten ist damit rechtskräftig.

[307] Vgl. dazu *Rössner*, causa sport 4/2005, 391 ff.; *Rössner*, in *Adolphsen/Nolte/Lehner/Gerlinger (Hrsg.)* 2012, 11. Kap., 399 ff.

[308] Auch im Sport fehlt es neuerdings nicht an Compliance-Bestrebungen, die – wie bereits oben skeptisch angemerkt – allein kein Fehlverhalten beenden. Im Juli 2011 wurde etwa eine Handlungsempfehlung für Sponsoring und Einladungen von dem DOSB, dem Bundesministerium des Innern und einer Sponsorenvereinigung S20 gemeinsam herausgegeben: „Hospitality und Strafrecht – ein Leitfaden."

Schweiz – vom Strafrecht nur schlecht erfasst sind und deshalb der Aufklärung gravierende Hindernisse im Weg stehen.[309]

Seit die Möglichkeiten des Internets für illegale Wetten im Sport genutzt werden, sind alle Dimensionen illegalen Gewinns gesprengt worden. Illegale Online-Sportwetten, von denen weltweit 50 % den Fußball betreffen sollen, verzeichnen unkontrollierbare Umsätze und Gewinne, die allein bei einem Fußballspiel Größenordnungen von dreistelligen Millionensummen erreichen sollen. Das Instrument der illegalen Online-Wetten habe dem Missbrauch alle Türen geöffnet und sei durch staatliche Kontrolle kaum erreichbar, so der Tenor einer fundierten Filmproduktion.[310] Die wahrscheinlich von organisiert Kriminellen beherrschten Online-Plattformen für Sportwetten funktionieren wegen der Schnelligkeit und Unvorhersehbarkeit der Zahl der Teilnehmer an den Wetten und es besteht der Verdacht, dass illegale Gewinne aus anderen Straftaten mit diesen Wetten gewaschen werden. Ein Heer von abhängigen Kleinkriminellen sichere zudem die Verschleierung großer Geldströme. Vor allem funktionieren die Wetten aber auch, weil die Ergebnisse oder die Fakten, auf die gewettet werden kann, durch Korruption und Manipulation beeinflusst werden und somit vorher feststehen. Diese Manipulationen (Geldzahlungen an Spieler und Schiedsrichter, Ausnutzung von Zwangslagen und eigener Wettleidenschaften der dann verschuldeten Spieler und Akteure) funktionieren wohl deshalb so gut, weil nicht unbedingt auf Sieg, sondern gerade auf Verlieren gewettet und dafür bezahlt werde. Außerdem seien mittlerweile alle Sportarten und gerade Wettkämpfe außerhalb des großen Medieninteresses für die Wettanbieter besonders lukrativ. Es werde auch längst nicht mehr nur auf Sieg oder Niederlage, sondern auf zahlreiche nur denkbare Dinge wie z. B. eine rote Karte oder einen Platzverweis oder die Zahl der Eckstöße usw. gesetzt. Bei der Prävention deshalb vorrangig auf die Stärkung der Integrität von Sportlern zu setzen, bedeutet, die schwächsten Glieder der Kette kontrollieren zu wollen, was naiv anmutet.[311]

Das inzwischen anerkannte Rechtsgut des freien Wettbewerbs[312], der das Funktionieren der marktwirtschaftlichen Gesellschaftsordnung (einschließlich des hier bedeutsamen Bereiches des kommerziellen Sports) beruhend auf dem Leistungsprinzip und dem Bewusstsein der Bevölkerung von der Rationalität und Öffentlichkeit des Marktes garantiert,[313] wird durch Manipulationen des an sich nicht wirtschaftlich sondern ideell ausgerichteten Wettkampf- und Spielbetriebs im Sport in den wirtschaftlichen Folgen erheblich beeinträchtigt. Die besondere Sozialschädlichkeit der Sportmanipulation mit dem Ziel, unlautere wirtschaftliche Gewinne zu erzielen, liegt in der doppelten Angriffsrichtung auf das Rechtsgut: Die Manipulation verzerrt nicht nur die auf natürlicher Leistung basierenden Wettbewerbschancen auf wirtschaftlichen Gewinn der Sportler, sondern wirkt sich verheerend auch für die Sportkultur im Bewusstsein der Bevölkerung und der Erziehung zum Fair-Play aus.

Der kommerzialisierte Leistungssport unterscheidet sich damit nicht vom Wettbewerb in der freien Wirtschaft: Hier wie dort bestehen Regeln zur Wahrung der verfassungsrechtlich gebotenen Chancengleichheit bei der Teilnahme am (sportlichen) Wirtschaftsleben. Die Sportmanipulationen durch Doping und Bestechungen verursachen immense Schäden bei Veranstaltern, staatlicher Sportförderung, Sponsoren und möglicherweise auch bei Sportwet-

---

[309] *Pieth*, Governing Fifa, Concept Paper and Report, 19. September 2011; *Pieth*, „Herr Blatter ist uns relativ gleichgültig", FAZ vom 25.1.2012; *Pieth* jusletter 2011 mit dem Vorschlag, eine Erweiterung der Amtsträgerbestechung vorzunehmen und internationale Sportverbände dem – schweizerischen – Strafrecht zu unterstellen.

[310] Der über 70 minütige Film „Sport, Mafia und Korruption" von Hervé Martin Delpierre wurde am 6.10.2012 bei arte ausgestrahlt und ist dort abrufbar; http://videos.arte.tv/de/videos/sport-mafia-und-korruption-6971898.html. Versuche der Kontrolle werden im Film geschildert, u. a. die Tätigkeit des von der UEFA finanzierten Kontroll- und Präventionssystems sportradar.

[311] Einer ähnlichen Aussage im oben genannten Film kann insoweit nur zugestimmt werden. Es fehlt bislang an ernsthaften Versuchen, durch ein Zusammenwirken von staatlichen Stellen und Sportverbänden das Problem anzugehen. Zu den Auswüchsen und halbherzigen Kontrollversuchen auch *Kistner* 2012, der neben den Wettmanipulationen vor allem Korruption bei der FIFA anprangert; *Roth* 2011 kritisiert ebenfalls Korruption im Sport mit diversen Beispielen für Manipulationen und Wettbetrug.

[312] BT-Drucksache 13/5584, 13, *Schönke/Schröder-Heine* Vorbem. §§ 298 ff.

[313] *Fischer* vor § 298 Rn 6.

II. Materielles Strafrecht

ten. Es bilden sich korruptive Strukturen aus, die sogenannte Manager, Funktionäre, Trainer, Ärzte und weitere Personen mit den Sportlern als schwächsten Akteuren in das korruptive Geschehen verstricken. Dieser Sozialschädlichkeit mit ihrer Sogwirkung, die den Sport von Grund auf zerstört, kann mit der Selbstkontrolle des Sports nicht wirksam begegnet werden. Strafrechtlicher Schutz wäre geeignet, entgegenzuwirken.[314] Die effektive Gegensteuerung erfordert, die Kosten der Manipulationen durch Kontrolle, Aufklärung und spürbare Kosten so zu erhöhen, dass sich die Manipulationen nicht mehr lohnen. Das Strafrecht kann mit den prozessualen Zwangsmitteln wie Durchsuchung, Beschlagnahme, Telefonüberwachung, Untersuchungshaft u. a. auf die Aufklärung, Sanktionierung und damit auf die Kosten-Nutzen-Überlegungen[315] einwirken.[316]

Der Strafgesetzgeber wäre befugt, Doping und Korruption im Bereich des wirtschaftlich orientierten Leistungssports unter Strafe zu stellen.[317] Denkbar wäre eine Regelung im Gesamtkontext mit weiteren ebenso strafwürdigen und strafbedürftigen Manipulationen von Sportwettkämpfen im Leistungssport in dem dafür vom StGB vorgesehenen 26. Abschnitt der „Straftaten gegen den Wettbewerb".[318]

Vorschläge für neue Straftatbestände[319]

§ 298a Wettbewerbsverfälschungen im Sport
(1) Wer in der Absicht, sich oder einem Dritten einen Vermögensvorteil zu verschaffen, auf den Ablauf eines sportlichen Wettkampfs durch den Einsatz verbotener Mittel zur Leistungssteigerung, mit wissentlich falschen Entscheidungen oder ähnlich schwerwiegenden unbefugten Manipulationen einwirkt, wird mit Freiheitsstrafe bis zu 3 Jahren oder mit Geldstrafe bestraft.
(2) In besonders schweren Fällen ist die Freiheitsstrafe von 3 Monaten bis zu 10 Jahren. Ein besonders schwerer Fall liegt in der Regel vor, wenn der Täter
   1. gewerbsmäßig oder als Mitglied einer Bande handelt, die sich zur fortgesetzten Begehung von Wettbewerbsverfälschungen nach Abs. 1 verbunden hat,
   2. einen Vermögensverlust großen Ausmaßes herbeiführt,
   3. seine Vertrauensstellung als Arzt, Trainer, Schiedsrichter oder Funktionsträger missbraucht.

Bestechlichkeit und Bestechung im Zusammenhang mit Wettbewerbsverfälschung nach § 298a StGB müssen durch eine Erweiterung des bestehenden § 299 StGB erfasst werden, um wirksam gegen korrupte Strukturen der Sportmanipulationen vorgehen zu können. Hier könnte ein neuer § 299a StGB wie folgt gestaltet werden:

§ 299a Bestechlichkeit und Bestechung im sportlichen Wettkampf
(1) Wer als Teilnehmer oder als Verantwortlicher für die Veranstaltung von Sportwettkämpfen einen Vorteil für sich oder einen Dritten als Gegenleistung dafür fordert, sich versprechen lässt oder annimmt, dass er auf den Ablauf eines sportlichen Wettkampfs mit den Mitteln des § 298a Abs. 1 einwirkt, wird mit Freiheitsstrafe bis zu 3 Jahren oder mit Geldstrafe bestraft.
(2) Ebenso wird bestraft, wer zu Zwecken der Beeinflussung eines sportlichen Wettkampfs einem Athleten oder Verantwortlichen für die Veranstaltung einen Vorteil für diesen oder einen Dritten als Gegenleistung dafür anbietet, dass er auf den Ablauf eines sportlichen Wettkampfs mit den Mitteln nach § 298a Abs. 1 einwirkt.

---

[314] Zu einer umfassenden Auseinandersetzung mit den Defiziten der gegenwärtigen Rechtslage, den Vor- und Nachteilen einer Kriminalisierung und zu den bisherigen Reformvorschlägen s. *Rössner*, in *Adolphsen/Nolte/Lehner/Gerlinger* (Hrsg.) 2012, Kap. 11, 399 ff.
[315] *LK-Tiedemann* zu § 298 Rn 8.
[316] *Pieth* jusletter 2011; *Rössner*, in FS Mehle 2009, 578.
[317] Etwaige Zweifel hinsichtlich konkreter Gefährdungen des Rechtsguts schließen die Kriminalisierung nicht aus, BVerfGE 83, 130, 140 f.; s. auch BVerfGE 39, 1, 52 ff.; 88, 203, 214 ff.; 90, 145, 163 ff.; 177 ff.
[318] Vorschläge und Begründung bei *Rössner*, in *Adolphsen/Nolte/Lehner/Gerlinger* (Hrsg.) 2012, 399, 420 ff.; *Rössner*, in FS Mehle 2009, 578 und schon *Bannenberg/Rössner*, in *Weinreich* (Hrsg.) 2006, 214 ff.
[319] Ein aktueller Entwurf zur Änderung des Arzneimittelgesetz wurde erneut von Bayern vorgelegt, er ist also auf das Thema Dopingbekämpfung beschränkt: Entwurf eines Gesetzes zur Änderung des Arzneimittelgesetzes vom 25.6.2012.

9. Die Auswirkungen des amerikanischen Strafrechts auf deutsche Unternehmen

111 Deutsche Unternehmen müssen Risiken einer strafrechtlichen Verfolgung durch die USA beachten. In Deutschland ist die strafrechtliche Verfolgung von Unternehmen nicht möglich. In den USA ist die strafrechtliche Haftung von Unternehmen im Rechtssystem Tradition. Ein Unternehmen ist verantwortlich für Handlungen, die ein Mitarbeiter im Rahmen seiner Tätigkeit für das Unternehmen begeht.[320] Für die Korruptionsdelikte war die Rechtslage in den USA Ausgangspunkt für eine strafrechtliche Verfolgung von Auslandsbestechungen; zunächst galt der Foreign Corrupt Practices Act (FCPA) von 1977 jedoch nur für amerikanische Unternehmen, die im Ausland Bestechungshandlungen vornahmen.[321] In der Folgezeit führten Wettbewerbsnachteile amerikanischer Unternehmen und ein entsprechender Druck der USA zu internationalen Abkommen auf der Ebene der OECD.[322] Zeitgleich wurden Bestrebungen zur Eindämmung der grenzüberschreitenden Korruption in der OECD, im Europarat, in der EU sowie im Rahmen der Organisation amerikanischer Staaten (OAS) und der UNO vorangetrieben. In Deutschland führte das OECD-Übereinkommen über die Bekämpfung der Bestechung ausländischer Amtsträger im Internationalen Geschäftsverkehr vom 17. Dezember 1997 am 10. September 1998 zur Verabschiedung des Gesetzes zur Bekämpfung internationaler Bestechung (IntBestG). Das Gesetz trat am 15.2.1999 in Kraft.[323] Parallel wurde das EU-BestG verabschiedet.[324]

112 Mittlerweile haben der FCPA und andere Strafvorschriften der USA Auswirkungen auf die strafrechtliche Verantwortlichkeit auch deutscher Unternehmen. Diese Entwicklungen stehen in engem Zusammenhang mit dem sogenannten Sarbanes-Oxley Act vom 30.7.2002 und den von der US-Börsenaufsichtsbehörde (Securities and Exchange Commission, kurz SEC) am 29.8.2002 erlassenen Ausführungsregelungen zur persönlichen Haftung von CEOs und CFOs.[325] Der Sarbanes-Oxley Act wurde als Reaktion auf Bilanzskandale und Unternehmensinsolvenzen wie Enron und WorldCom erlassen. Deutsche Unternehmen, die an den amerikanischen Börsen notiert sind, mit ihren Produkten auf dem US-Markt präsent sind oder im Zusammenhang mit Straftatbeständen wie „mail fraud" and „wire fraud" (Nutzung amerikanischer Kommunikationssysteme) auffallen, können amerikanischen Strafgesetzen unterfallen. Strafvorschriften finden sich im Kartellstrafrecht, Korruptionsstrafrecht, Bilanzstrafrecht und Insiderstrafrecht.

113 Bei wissentlichem Bilanzbetrug drohen Managern nach Section 906 c) des Sarbanes-Oxley Act bis zu zehn Jahre Freiheitsstrafe, bei vorsätzlicher Manipulation sogar zwanzig Jahre Freiheitsstrafe.[326] Das amerikanische Korruptionsstrafrecht[327] verbietet die Bestechung von Amtsträgern (Beeinflussung einer Diensthandlung) sowie die Vorteilsgewährung an Amtsträger (direkte oder indirekte Zuwendung für die Diensthandlung) des Bundes (18 U.S.C. Section 201). Zuwendungen an Mitarbeiter eines geschäftlichen Betriebes, um ihr Verhalten gegenüber dem Geschäftsherrn zu beeinflussen, sind als Angestelltenbestechung strafbar.[328] Die Strafbarkeit ist nicht in einem gesonderten Tatbestand geregelt, sondern ergibt sich aus den allgemeinen bundesgesetzlichen Vorschriften zu „mail fraud" und „wire fraud", die weit ver-

---

[320] *Walisch* 2004, 16.
[321] Vgl. dazu bereits *Bannenberg* 2002, 29 ff. m. w. Nw.
[322] Sehr informativ zu den internationalen Entwicklungen und zu Einzelheiten der OECD-Maßnahmen *Pieth/Low/Cullen* (Eds.) 2007; *Pieth*, in *Dölling* (Hrsg.) 2007, S. 563 ff.; *Pieth/Ivory* (Eds.) 2010.
[323] Dazu *Bannenberg* 2002, 36 ff.
[324] Dazu oben Rn. 108; *Möhrenschlager* Kap. 3.
[325] *Kamann/Simpkins*, RIW 2003, 183 ff.; *Schwarz/Holland*, ZIP 2002, 1661, 1667 ff.; *Obermayr*, in *Hauschka* (Hrsg.) 2010, § 17, Rn. 20 ff..
[326] Zu weiteren Folgen wie Einziehung von Gehaltszahlungen und Berufsverbot etc. Sec 304 a) und 305 a) Sarbanes-Oxley Act sowie Informationen bei *Schwarz/Holland*, ZIP 2002, 1667 und *Walisch* 2004, 22 ff., 49 ff.
[327] Einzelheiten bei *Walisch* 2004, 27 ff.
[328] *Walisch* 2004, 29 f.

standen werden und die Teilnahme an einem Komplott voraussetzen, um einer Person einen Vermögensnachteil zuzufügen. Die Angestelltenbestechung liegt vor, wenn das Recht einer Person auf eine ehrliche Leistung verletzt wird und die Tatbeteiligten amerikanische Post- oder Fernmeldeeinrichtungen benutzt haben. Der FCPA stellt die Bestechung von Amtsträgern außerhalb der USA unter Strafe und gilt nicht nur für amerikanische Unternehmen: Deutsche Unternehmen können den Bestechungsvorschriften des FCPA unterfallen, wenn ihre Aktien an einer US-Börse gehandelt werden, auf den Sitz des Unternehmens kommt es nicht an.[329] Für die Bestechung von Amtsträgern nach 18 U.S.C. Section 201 werden für Unternehmen Geldstrafen bis zu 500 000 US Dollar oder bis zum Dreifachen des zugewendeten Wertes angedroht. Bei natürlichen Personen sind Freiheitsstrafen bis zu 15 Jahren sowie bis zu 250 000 US-Dollar möglich. Vorteilsgewährungen drohen geringere Freiheitsstrafe (bis zu zwei Jahren sowie bis zu 250 000 US-Dollar bei natürlichen Personen) und bis zu 500 000 US Dollar als Unternehmensstrafe an. Angestelltenbestechung sieht bei Unternehmen Geldstrafen bis zu 500 000 US Dollar (oder eine Million bei Schädigungen von Finanzinstituten) sowie bis zu 250 000 US-Dollar bei natürlichen Personen vor, Freiheitsstrafen sind bis zu 20 Jahren möglich. Der FCPA droht Unternehmen Geldstrafen bis zu 25 Mio. US Dollar an, natürliche Personen riskieren bei Vorsatz 20 Jahre Freiheitsstrafe oder bis zu 5 Mio. US Dollar Geldstrafe. Es ist ausdrücklich verboten, dass ein Unternehmen die den Mitgliedern auferlegten Geldstrafen ausgleicht.[330]

Die Strafvorschriften erfordern vorsätzliches Handeln und setzen somit grundsätzlich Wissen und Wollen der Straftat durch die Unternehmensleitungen voraus (bewusste Missachtung – conscious disregard, bewusste Fahrlässigkeit – willful blindness und deliberate ignorance).[331] Eine verschuldensunabhängige strafrechtliche Haftung für Taten von Mitarbeitern gibt es bei Vorsatztaten nicht. Zu beachten sind allerdings verschärfte Regeln im Zusammenhang mit dem Bilanzstrafrecht und dem Sarbanes-Oxley Act vom Juli 2002. Der Vorstandsvorsitzende und der Finanzvorstand von Unternehmen, die an der amerikanischen Börse notiert sind, müssen schriftliche Versicherungen über die Richtigkeit und Vollständigkeit des Geschäftsabschlusses sowie über die Einrichtung eines funktionierenden Kontrollsystems abgeben. Eine strafrechtliche Verantwortlichkeit droht beiden, wenn die Versicherungen unzutreffend sind. Diese Regeln haben auch für Korruptionsdelikte erhebliche Bedeutung: Werden etwa Schmiergeldzahlungen an der Buchführung vorbei getätigt, ist die Bilanz unrichtig. An dieser Stelle werden die zahlreichen Maßnahmen organisatorischer Prävention (Compliance-Maßnahmen) relevant. Im Strafverfahren gegen ein Unternehmen können durch interne Aufdeckung bereits Anklagen verhindert oder die Compliance-Maßnahmen strafmildernd bei einer Verurteilung berücksichtigt werden. Voraussetzung wirksamer Compliance-Maßnahmen sind Kriterien zur Effizienz nach amerikanischen Strafzumessungsvorschriften.[332] Danach müssen diese folgende Bereiche enthalten: Verhaltensrichtlinien für Mitarbeiter mit der Verpflichtung zur Einhaltung der Strafvorschriften, die Bestellung eines Compliance Officers oder eines Compliance Committees, die auf Einhaltung der Strafvorschriften im Unternehmen achten, Maßnahmen zur Auswahl gesetzestreuer Mitarbeiter, Schulungen der Mitarbeiter zur Einhaltung der Strafvorschriften, Prüfungen eingeführter Maßnahmen auf Mängel und Beseitigung von Mängeln, den Schutz von Whistleblowern sowie die Einrichtung einer Stelle, bei der Mitarbeiter die Verletzung von Vorschriften anzeigen können, ohne dass sie Nachteile erleiden dürfen, die Verhängung disziplinarischer Maßnahmen gegen Mitarbeiter, die gegen die Vorschriften verstoßen sowie interne Kontrollsysteme, um strafrechtlich relevante Vorgänge

---

[329] Zu den Tatbestandsmerkmalen und Ausnahmen (nicht strafbar ist etwa die Beeinflussung der Gesetzgebung) *Walisch* 2004, 32 ff.; bei den „facilitation payments" ändert sich die Auffassung bisher angenommener Straflosigkeit, vgl. *Pieth* 2011.

[330] § 78 ff. Penalties nach dem US Foreign Corrupt Practices Act (FCPA), www.usdoj.gov/criminal/fraud/fcpa/docs/fcpa-english.pdf; *Walisch* 2004, 38 f.

[331] *Cohen/Holland*, CCZ 2008, 7.

[332] Zu den Kriterien *Walisch* 2004, 128 ff., detailliert 55 ff.; *Bussmann* BFuP 2009, 506 ff.; *Grützner/Behr* CCZ 2013, 71 ff.; *Reisman* in *Wieland/Steinmeyer/Grüninger* (Hrsg.), 2010, 617 ff.

zu untersuchen. Für börsennotierte Unternehmen gelten erweiterte Dokumentations- und Kontrollpflichten.³³³

10. UK Bribery Act

115 Der am 1.7.2011 in Kraft getretene UK Bribery Act regelt straf- und zivilrechtliche Folgen von Korruptionsdelikten im Vereinigten Königreich. Es besteht eine verschuldensunabhängige Sanktionsmöglichkeit gegen Unternehmen, die das Unterlassen von Compliance-Maßnahmen zur Korruptionsvermeidung (adequate procedures) sanktioniert (§ 7 UK Bribery Act).³³⁴ Durch eine Beweislastumkehr müssen die Unternehmen nachweisen, dass das Korruptionsdelikt einen Einzelfall und kein strukturelles Problem darstellt. Für deutsche Unternehmen gilt das Gesetz, wenn sie Geschäfte im UK tätigen. Für natürliche Personen (auch gegen Angehörige des Managements) können bis zu 10 Jahren Freiheitsstrafe sowie Geldstrafen in unbegrenzter Höhe verhängt werden, für das Unternehmen Geldstrafen in unbegrenzter Höhe.³³⁵

III. Ermittlungen bei Korruptionsdelikten

1. Notwendige Spezialisierung der Strafverfolgung

116 Korruptionsdelikte werden in der Regel heimlich, verdeckt, „diskret" begangen, beide Seiten sind Täter. Auf das hohe Dunkelfeld wurde bereits hingewiesen. Die Strafverfolgungsorgane sind daher bei Korruption und Wirtschaftsstraftaten darauf angewiesen, von Verdachtsmomenten zu erfahren, Anhaltspunkte für ihre Nachforschungen zu erhalten und qualifizierte Ermittlungen zu führen. Auch wenn in den letzten Jahren zunehmend Bemühungen in den Justiz- und Innenministerien um Schwerpunktbildungen bei der Korruptionsbekämpfung zu beobachten sind, fehlt nach wie vor eine angemessene Organisationsstruktur bei Staatsanwaltschaften und Polizei.³³⁶ Personalknappheit, hohe Fluktuation in den spezialisierten Dezernaten, ein Festhalten an dem Glauben, Führungsqualitäten erlange nur derjenige, der viele Dezernate durchlaufen hat und der fehlende politische Wille, der Wirtschaftskriminalität entschlossen zu begegnen, sind Stichworte für Ressourcenverschwendung und fehlende Kontinuität bei der Strafverfolgung. Die erfolgreiche Verfolgung von Korruptionsdelikten ist maßgeblich von Erfahrungswissen und qualifiziertem Personal abhängig. In diesem Zusammenhang sei der Bundesgerichtshof zitiert, der in seltener Deutlichkeit in seiner Entscheidung vom 2.12.2005 („Kölner Müllskandal")³³⁷ zur Problematik Stellung genommen hat: „Nach der Erfahrung des Senats kommt es bei einer Vielzahl von großen Wirtschaftsstrafverfahren dazu, dass eine dem Unrechtsgehalt schwerwiegender Korruptions- und Steuerhinterziehungsdelikte adäquate Bestrafung allein deswegen nicht erfolgen kann, weil die gebotene Aufklärung derart komplexer Sachverhalte keine ausreichenden justiziellen Ressourcen zur Verfügung stehen. Die seit der Tat vergangene Zeit und auch die Dauer des Ermittlungs-

---

³³³ An der NYSE waren am 1.7.2013 nur noch die folgenden deutschen Unternehmen notiert: Deutsche Bank AG, Elster Group, Fresenius Medical-Care, SAP AG und Siemens AG.
³³⁴ *Pörnbacher/Mark* NZG 2010, 1372; *Stessl*, in *Graeff/Grieger* (Hrsg.) 2012, 190 f.
³³⁵ Eine Verurteilung eines ehemaligen Mitarbeiters eines Londoner Magistrates´ Court nach § 2 UK Bribery Act für das Fordern und Annehmen von Bestechungsgeldern gab dem Gericht zu Ausführungen zur Strafzumessung Anlass; die Strafen müssten hoch sein, um abzuschrecken, www.legislation.gov.uk/ukpga/2010/23/contents; diese Entscheidung wurde vorgestellt im Newsletter von Dierlamm.info 1/2012.
³³⁶ *Bannenberg* 2002, 435 ff m. w. Nw.; *Bannenberg/Schaupensteiner* 2007, 223; *Bannenberg* Kriminalistik 2005, 468 ff.; *Nötzel*, in *Dölling* (Hrsg.) 2007, 10. Kap., Rn. 4; vgl. zu den Organisationsstrukturen in der Praxis die Zusammenstellung bei *Löhe*, AG Strafverfolgung, Transparency International: Strategien bei der Korruptionsbekämpfung mit Berichten über die einzelnen Bundesländer, www.transparency.de.
³³⁷ BGH Urteil vom 2.12.2005, 5 StR 119/05, St 50, 299 ff.

III. Ermittlungen bei Korruptionsdelikten

und Strafverfahrens (vgl. Art. 6 Abs. 1 Satz 1 MRK) werden in vergleichbaren Verfahren häufig zu derart bestimmenden Strafzumessungsfaktoren, dass die Verhängung mehrjähriger Freiheitsstrafen oder – wie hier – die Versagung der Strafaussetzung zur Bewährung nach § 56 Abs. 3 StGB namentlich wegen des Zeitfaktors ausscheidet. Dem in § 56 Abs. 3 StGB zum Ausdruck gekommenen Anliegen des Gesetzgebers, das Vertrauen der Bevölkerung in die Unverbrüchlichkeit des Rechts vor einer Erschütterung durch unangemessen milde Sanktionen zu bewahren, kann im Bereich des überwiegend tatsächlich und rechtlich schwierigen Wirtschafts- und Steuerstrafrechts nach Eindruck des Senats nur durch eine spürbare Stärkung der Justiz in diesem Bereich Rechnung getragen werden. Nur auf diese Weise – nicht durch bloße Gesetzesverschärfungen – wird es möglich sein, dem drohenden Ungleichgewicht zwischen der Strafpraxis bei der allgemeinen Kriminalität und der Strafpraxis in Steuer- und Wirtschaftsstrafverfahren entgegenzutreten und dem berechtigten besonderen öffentlichen Interesse an einer effektiven Strafverfolgung schwerwiegender Wirtschaftskriminalität gerecht zu werden."

Bereits mit der Verabschiedung des Korruptionsbekämpfungsgesetzes von 1997 hatte der Bundestag die Länder gemahnt, unverzüglich die erforderlichen administrativen Maßnahmen zu ergreifen.[338] Defizite bei der Bekämpfung der Wirtschaftskriminalität liegen nicht nur und zunehmend weniger in gesetzlichen Defiziten. Die Organisationsstruktur der Staatsanwaltschaften ist den Herausforderungen einer effizienten Bekämpfung von Korruptions- und Wirtschaftsdelikten nicht angepasst. Ihre örtliche Zuständigkeits-Zersplitterung ist nicht mehr zeitgemäß. Die Einrichtung von Zentralstellen zur Korruptionsbekämpfung bei Justiz und Polizei wäre ein großer Vorteil für die Strafverfolgung.

2. Anzeigepflicht und Hinweisgeber ("Whistleblowing")

Es gibt keine allgemeine gesetzliche Anzeigepflicht für Korruptionsdelikte. Das Korruptionsbekämpfungsgesetz NRW von 2004 sieht eine Anzeigepflicht vor. In den Verwaltungsvorschriften mancher Bundesländer finden sich Anzeigepflichten.

Auffällige Verstöße gegen Ausschreibungs- und Vergabevorschriften und andere Regelwidrigkeiten werden häufig auch dann nicht von den Verwaltungsbehörden zur Anzeige gebracht, wenn sich der Verdacht der Korruption aufdrängt. So wie die Finanzbehörden gesetzlich verpflichtet sind, Korruptionsstraftaten den Staatsanwälten anzuzeigen, sollten auch die allgemeine Verwaltung einschließlich ihrer Prüfverbände sowie die Rechnungshöfe des Bundes und der Länder verpflichtet werden, bei Vorliegen des Verdachtes von Korruption und vergleichbar schwerwiegenden, den Fiskus schädigenden Handlungen die Strafverfolgungsbehörden umgehend zu unterrichten.

Die Haupterkenntnisquelle für Korruptionsdelikte[339] sind anonyme Anzeigen. In manchen Bundesländern wird auf Internetseiten des LKA zu Hinweisen aufgerufen. Anonymität sichert etwa das sogenannte Business Keeper Monitoring System[340] zu, das auch vom LKA Niedersachsen genutzt wird und einen anonymisierten Dialog mit dem Hinweisgeber zulässt. Das umfassende Thema Whistleblowing löst regelmäßig heftige Dispute aus. Aus einem ordnungsgemäßen Compliance-System sind Hinweisgebersysteme nicht mehr wegzudenken.[341]

---

[338] Entschließungsantrag, BT-Drucksache 13/8085; Plenarprotokoll BT-Drucksache 13/184 S. 16645 f.; Maßnahmenkatalog BMI, BMJ vom 20.3.1996; Koalitions-Entwurf BT-Drucksache 13/5584 S. 8.

[339] Zur Verdachtsschöpfung auch *Nötzel* in *Dölling (Hrsg.)* 2007, 10. Kap. B.

[340] Zum BKMS und Hinweisgebersystemen allgemein *Tur* in *Wieland/Steinmeyer/Grüning (Hrsg.)* 2010, 437 ff.

[341] Auf dieses komplexe Thema kann hier nicht weiter eingegangen werden. Vgl. *Inderst/Bannenberg/Poppe (Hrsg.)* 2013; *Schaupensteiner* in *Kliche/Thiel (Hrsg.)* 2011, 506 ff.; *Bussmann/Matschke* CCZ 2009, 132 ff.; *Schmolke* RIW 4/2012, 224 ff.; EGMR vom 21.7.2011, 28274/08: Whistleblowing ist vom Recht der freien Meinungsäußerung gedeckt, Art 10 EMRK, erfordert aber im Verhältnis zum Arbeitgeber die primäre Offenlegung der strafrechtlich relevanten Sachverhalte diesem gegenüber. Bei fehlendem Erfolg dürfen die Tatsachen Behörden und Medien offenbart werden.

Zunehmend werden Geldwäscheverdachtsanzeigen und Mitteilungen der Finanzbehörden gemäß § 4 V Nr. 10 EStG relevant für die Einleitung von Strafverfahren. Die Erfahrung zeigt sogenannte „Dominoeffekte" aus eingeleiteten Strafverfahren: Ein Verfahren mit stichhaltigen Verdachtsmomenten führt in der Regel zu weiteren Verdachtsmomenten bei den beteiligten Beschuldigten und Unternehmen, meistens über die Grenzen des Bundeslandes hinaus. Als erfolgreich zeigen sich manche Ombudsleute und Korruptionsbeauftragte.

3. Strafprozessuale Ermittlungsmaßnahmen

119 Ermittlungen in umfangreichen Korruptionsverfahren weisen die typischen Probleme der Ermittlungen in Wirtschaftsstrafverfahren auf. Insbesondere die Großverfahren der Wirtschaftskriminalität mit korruptivem Hintergrund werfen Probleme der Bearbeitung auf. Die besonderen Kenntnisse zur Verfolgung von Korruptionsstraftaten sind nicht immer vorhanden, um die Verflechtungen zwischen Wirtschaft und Verwaltung zu erkennen.[342] Die Kapazitäten reichen häufig nicht aus. Bei Ermittlungsmaßnahmen wie Durchsuchungen sind neben einer guten Planung der Aktion die notwendigen Auswertungen wichtig. Gerade hier fehlt es häufig an Personal und Fachwissen. Eine systematische Strafverfolgung mit konsequenter Nutzung des Erfahrungswissens findet nur bei einigen Staatsanwaltschaften statt. Auch diese Erkenntnis trifft generell auf Ermittlungen in umfangreichen Wirtschaftsstrafverfahren zu; der Zufall spielt immer noch die Hauptrolle bei dem Erfolg der Ermittlungen.[343] Der Zeitdruck stellt ein weiteres Problem dar, insbesondere wenn Beschuldigte in Untersuchungshaft genommen wurden. Eine wesentliche Erkenntnisquelle sind Zeugenaussagen. Zeugen können aber leicht zu Mitbeschuldigten werden, sich also auf ein Aussageverweigerungsrecht berufen. Zudem ist die Aussagebereitschaft aufgrund der Besonderheit dieser Delikte eingeschränkt. Beweisschwierigkeiten werden sowohl auf der tatsächlichen als auch auf der rechtlichen Ebene angeführt. Auch das Problem der Einzelfallorientierung des geltenden Strafrechts erschwert es, die strukturelle Korruption zu erfassen, da die Verantwortlichen in leitenden Unternehmensfunktionen häufig nicht die konkret handelnden Personen sind. Überlegungen zur Einführung eines Unternehmensstrafrechts gewinnen so neue Bedeutung. Die unterschiedliche Strafverfolgungspraxis beruht anscheinend auch auf einem unterschiedlichen Problembewusstsein bei den Staatsanwaltschaften.

120 Strafrechtliche Ermittlungen in umfangreichen Korruptionsverfahren sind von verschiedenen praktischen Schwierigkeiten geprägt, wie sie aus umfangreichen Wirtschaftsstrafverfahren oder Verfahren der organisierten Kriminalität bekannt sind. Die Verfahren weisen gegenüber normalen Strafverfahren eine Reihe von Besonderheiten auf. Alle mit dieser Materie befassten Personen, ob Beschuldigte, Strafverteidiger, Strafverfolgungsbehörden oder Gerichte, haben mit den rechtlichen Schwierigkeiten der Tatbestände zu tun, die häufig schon die Feststellung der Frage erschweren, ob überhaupt ein hinreichender Tatverdacht vorliegt. Auch im subjektiven Bereich der Tatbestandsfeststellung tauchen Probleme auf. Die Verfahren sind aus verschiedenen Gründen kompliziert und langwierig und es gibt praktische Schwierigkeiten, die Vorwürfe zu beweisen. Oft geht es um eine Vielzahl einzelner Tathandlungen, die sich über einen längeren Tatzeitraum erstrecken; Beweisschwierigkeiten und Schwierigkeiten bei der Abschichtung des Verfahrensstoffes sind die Folge. Bei der strafrechtlichen Ermittlung wie auch bei der Verteidigung in Wirtschaftsstrafverfahren sind deshalb neben der Rechtskenntnis besondere Kenntnisse der Materie, der Phänomenologie und der typischen Handlungsweisen der Beschuldigten erforderlich. Die Täter wirken oft mit mehreren zusammen, errichten gesellschaftsrechtliche Schachtelsysteme und agieren im Gegensatz zu Tätern der normalen Kriminalität oder Alltagskriminalität geschickt und taktisch, verfügen zum Teil über materielle oder gesellschaftliche Machtstellungen und verstehen es auch ab und zu, die Medien mit in das Spiel der Aufdeckung oder Verdunkelung einzubeziehen. Die Ermittlungsbehörden bedürfen spezieller Kenntnisse auch bei der praktischen Durchführung von speziellen Ermitt-

---

[342] Auch *Vahlenkamp/Knauß* 1995, 229.
[343] *Tewlin*, Kriminalistik 1999, 349.

III. Ermittlungen bei Korruptionsdelikten

lungsmaßnahmen, um eine Warnung der Beschuldigten, das Verdunkeln von Tathandlungen und das Entziehen von Tatgewinnen zu verhindern. Strafanzeigen und Zeugenaussagen sind selten. Unbeteiligte Dritte haben das Tatgeschehen selten verfolgen können und stehen deshalb als Zeugen nicht zur Verfügung. Insider sind deshalb häufig nicht nur Zeugen, sondern auch mutmaßliche Tatbeteiligte. Aussagen unterbleiben, weil sie zur Selbstbelastung führen können. Die Anordnung der Untersuchungshaft ist eine wichtige Maßnahme, um die Durchführung des Verfahrens sicherzustellen und Verdunkelungshandlungen oder Flucht zu verhindern, sie wirkt sich aber bei Beschuldigten der Wirtschaftskriminalität oft auch besonders belastend aus und kann damit Aussage- und Geständnisdruck erzeugen.

Alle diese hier nur angedeuteten Schwierigkeiten belegen ein Interesse aller Verfahrensbeteiligten daran, den Verfahrensstoff zu begrenzen. Dies geschieht durch Abtrennung von Verfahren oder durch Verfolgungsbeschränkung. Verfahren gegen Beschuldigte, bei denen eine Verfahrenseinstellung mit oder ohne Auflage der Schuld genügt, werden abgetrennt. Die Möglichkeiten der Verfahrenseinstellung gegen Auflagen werden bereits von der Staatsanwaltschaft intensiv geprüft. Schon hier liegen viele Möglichkeiten für informelle Erledigungsstrategien, etwa Angebote der Verteidigung, der Beschuldigte werde eine bestimmte Geldsumme an die Staatskasse oder eine gemeinnützige Einrichtung zahlen, einen materiellen Schaden durch freiwillige Zahlung wiedergutmachen, Steuerschulden begleichen oder der Staatsanwaltschaft mit Aussage- und Geständnisbereitschaft entgegenkommen. Der steigende Bedarf an informellen Erledigungsstrategien, die den Interessen der Verfahrensbeteiligten in Wirtschaftsstrafverfahren eher gerecht werden, zeigt sich aber vor allem an der Üblichkeit der Absprachen in oder vor der Hauptverhandlung. Ungeachtet aller rechtlichen und praktischen Probleme und Kritik an diesem Instrument der Strafrechtspraxis werden Ermittlungsverfahren und Hauptverhandlung in bedeutenden Korruptionsverfahren ebenso wie bisher bereits aus Wirtschaftsstrafverfahren bekannt von Absprachen erheblich beeinflusst.

Erkenntnisse über bundesweit tätige Unternehmen, gegen die ein Straftatverdacht in einem Bundesland erhoben wird, führen nicht selten zur Aufdeckung bundesländerübergreifender Verfahrenskomplexe. Dies ist jedoch nicht selbstverständlich. Grundsätzlich scheint eine geringe Neigung zu bestehen, abgegebene Verfahren aus anderen Bundesländern zu bearbeiten oder sich über die Grenzen der Bundesländer hinweg auszutauschen. Ein Wissensaustausch über Bundesländer hinweg bringt jedoch gerade in Großverfahren viele Vorteile. Gefördert wird der Erkenntnisaustausch durch persönliche Kontakte der Referenten der Spezialabteilungen für Wirtschafts- und Korruptionsdelikte.

Weiterhin sind in Einzelfällen Einflussnahmen auf Ermittlungsverfahren gegen statushohe und bekannte Persönlichkeiten zu beobachten. Hier finden sich unterschiedlichste Formen der Einflussnahmen, von informellen Telefonaten aus den Reihen der Politik über die Hierarchieebene der Staatsanwaltschaften oder Einflussnahmen über das Berichtswesen bis hin zu subtilen Störungen wichtiger Ermittlungen durch den Abzug erfahrener Ermittler von Verfahren, die Versetzung in andere Dezernate, die sich nicht selten als Beförderungen darstellen oder auch die mangelnde personelle Ausstattung der Abteilungen.

4. Vorschläge zur Intensivierung der Strafverfolgung gegen Korruption

Aus der Generalpräventionsforschung ist bekannt, dass Strafrecht gerade bei kalkulierbaren Delikten wie Wirtschaftsstraftaten und Korruption von der Entdeckungswahrscheinlichkeit beeinflusst wird. Diese muss also erhöht werden, was durch eine bessere Vernetzung von Kontrollinstanzen (Informationen an die Staatsanwaltschaften durch Rechnungshöfe, Rechnungsprüfungsämter, Steuerfahndung, Zollämter, Anti-Korruptions-Stellen der Verwaltung, Einrichtung von Ombudsleuten als Vertrauensanwälte) möglich ist, aber auch durch einen verbesserten und sensibilisierten Umgang mit Informationen und abgegebenen Verfahren anderer Bundesländer. Netzwerkkorruption macht nicht an den Grenzen der Bundesländer oder Länder halt und von dieser Form der Korruption geht die größte Schädlichkeit aus. Also muss die Strafverfolgung gut organisiert werden und eine entsprechende Personalausstattung sichergestellt werden. Der Umgang mit anonymen Anzeigen sollte von der denkbaren

"Zwickmühlensituation" von Insidern ausgehen und zur konsequenten Überprüfung des Wahrheitsgehaltes führen.

124 Zusammenfassend betrachtet ist Strafrecht für die Eindämmung der Korruption wichtig und notwendig.[344] Viele (geforderte) Selbstregulierungskräfte in Wirtschaft, Politik und Verwaltungen versagen, Kontrollen und der Druck zum ehrlichen Handeln nehmen aber zu, wenn strafrechtliche Ermittlungen das Versagen offenkundig machten. Die Aufmerksamkeit, die das Thema Korruption seit etwa 1990 in Deutschland erlangt hat, war wesentlich beeinflusst durch strafrechtliche Ermittlungen. Auf der anderen Seite kann Strafrecht allein gesellschaftliche Probleme nicht lösen. Durch die Strafverfahren wird auch nicht nur punktuelles Unrecht aufgedeckt, sondern es offenbaren sich Strukturen, die größtenteils über Jahrzehnte durch mangelnde Kontrolle und Aufmerksamkeit zu erheblichen Schäden geführt haben. Eine an der Problemlösung, also der Eindämmung und Zurückdrängung der Korruption, orientierte Strategie muss deshalb die Möglichkeiten des Strafrechts mit seinen beschränkten personellen und prozessualen Ressourcen so gut wie möglich nutzen und andere Instanzen informeller Kontrolle aktivieren, um Korruption, insbesondere die Entstehung und das unbemerkte Wachsen von Netzwerken und Korruptionsstrukturen zu verhindern. Es gilt also, ein Gesamtkonzept zur Eindämmung der Korruption umzusetzen. Dölling betont zu Recht, eine verbesserte Korruptionsbekämpfung werde nicht allein vom materiellen Strafrecht bestimmt. Wesentlich ist eine "Organisation der Strafverfolgung, die eine wirksame Aufklärung und Sanktionierung von Korruptionsstraftaten ermöglicht".[345] Neben den Forderungen nach einer Personalaufstockung muss die Spezialisierung und der intelligente Einsatz der beschränkten Ressourcen der Strafverfolgungsbehörden mit Priorität verfolgt werden.[346] Ideal wären (Landes-) Zentralstellen bei den Strafverfolgungsbehörden zur Intensivierung der Strafverfolgung bei Korruption und Wirtschaftskriminalität und zur Verbesserung eines länderübergreifenden Informationstransfers. Die seit etwa 1994 zu beobachtenden Schritte in Richtung auf eine Spezialisierung der Strafverfolgung reichen bei weitem nicht aus. Die Personalauswahl sollte nach Interesse für die Thematik und zumindest teilweise auch nach Erfahrungen mit Ermittlungen in Wirtschaftsstrafsachen oder Strafverfahren der organisierten Kriminalität erfolgen. Personenkontinuität müsste angestrebt werden, zumindest die institutionalisierte Weitergabe der Erkenntnisse an die Nachfolger. Für die Strafverfolgung von Korruptionsstraftaten sind besondere Kenntnisse notwendig. Hingewiesen sei nur auf die Besonderheiten öffentlicher Ausschreibungen und die sich phantasievoll ändernden Handlungsweisen der Täter. Um Manipulationen überhaupt zu erkennen, bedarf es entsprechender Kenntnisse über typische Manipulationsmuster, den häufig vorliegenden korruptiven Hintergrund oder die Praxis der Absprachen zur Erlangung von Aufträgen. Bei der Aus- und Fortbildung von Polizei und Justiz sollten diese Besonderheiten daher berücksichtigt werden.[347] Dölling fordert weiterhin die Speicherung der in den Strafverfahren gewonnenen Erkenntnisse in zentralen Informationssystemen.[348] Interne Möglichkeiten der EDV sollten zum selektiven Informationsaustausch genutzt werden.[349] In EDV-unterstützten Sammlungen kann z. B. der Name eines bei einem Submissionskartell tätigen Prokuristen sofort darauf abgefragt werden, bei welchen anderen Bauvorhaben dieser Name als Teilnehmer von Absprachekartellen ebenfalls aufgetaucht sei. Die Vernetzung sollte branchenübergreifend sein. Präventiv können entsprechende Informationssysteme bei Vergabestellen aufgebaut und genutzt werden.

---

[344] Dazu *Bannenberg* 2002, 435 ff. m. w. Nw.; *Bannenberg/Schaupensteiner* 2007; *Schaupensteiner* NStZ 1996, 409 ff.; *Dölling* 1996, C 97 ff.
[345] *Dölling* 1996, C 97.
[346] *Dölling* 1996, C 97; *Dannecker*, Kap. 1 zu weiteren Forderungen zur Verbesserung der Bekämpfung der Wirtschaftskriminalität.
[347] *Dölling* 1996, C 98; diese Fortbildungen sind seit etwa 2000 auch verstärkt zu beobachten. Die Wirkung der Fortbildungen wird jedoch gemindert, wenn die ausgebildeten Personen nicht im Bereich Korruption eingesetzt werden oder rasch die Dezernate wechseln. Eine Personenkontinuität mit entsprechenden Aufstiegschancen innerhalb der Spezialabteilungen verspricht höheren Erfolg.
[348] *Dölling* 1996, C 98.
[349] *Tewlin*, Kriminalistik 1999, 349.

III. Ermittlungen bei Korruptionsdelikten

Erfolgreiche Korruptionsermittlungen stellen sich oft erst mit einer gewissen Routine spezialisierter Stellen, einer Weitergabe des Erfahrungswissens an neue Kollegen und einer guten Zusammenarbeit zwischen Polizei und Staatsanwaltschaft ein. Notwendig sind gute Vorbereitungen von Ermittlungen und Aktionen, Abstimmungen zwischen Polizei und Staatsanwaltschaft sowie ein Ermittlungskonzept, in dem verschiedene Reaktionsmöglichkeiten in Betracht gezogen werden. In Vernehmungssituationen können Beschuldigte mit bestimmten Fragen und Vorhaltungen überrascht werden oder Einlassungen als falsch entlarvt werden. Damit steht in engem Zusammenhang das Erfordernis diskreter Vorermittlungen zur Person der Verdächtigen. Über das Umfeld des Beschuldigten, seine Lebensgewohnheiten, seine Eigentumssituation und Besitzverhältnisse sowie Geschäftsbeziehungen sollte so viel wie möglich in Erfahrung gebracht werden, ohne dass es vom Tatverdächtigen bemerkt wird. Eine gute Personalauswahl für die Durchführung dieser diskreten Ermittlungen ist Voraussetzung.[350] Aufwendige Observationen und Hintergrundabklärungen der Beziehungen und eine gute Vorbereitung der Durchsuchungen und Verhaftungen muss auch erfolgen, um gravierende Ermittlungspannen zu vermeiden, die bei Ermittlungen gegen bekannte oder statushohe Personen von den Medien aufgegriffen werden und Polizei und Staatsanwaltschaft Imageschäden zufügen können. Haus- und Bürodurchsuchungen und Verhaftungen gegen eine größere Personenanzahl wie bei struktureller Korruption üblich, sind fehleranfällig. Es beginnt mit der sorgfältigen Planung, Abstimmung und rechtlichen Vorbereitung der Aktionen, die geheim gehalten werden müssen. Die Presse erfährt leicht, wenn größere Polizeikräfte zur Unterstützung angefordert werden (PKW-Aufkommen und ungewöhnlicher Personenverkehr im Sitz der Staatsanwaltschaft) und muss dann nur Kneipengespräche am Abend verfolgen, um den Hintergrund zu erfahren. Das kann zu negativen Erfahrungen der Vorwarnung des Verdächtigen führen, der bei der beabsichtigten Vollziehung des Haftbefehls nicht mehr anzutreffen ist (vor allem aber Beweismittel vernichten kann). Die Presse kann vor der Polizei an den Orten auftauchen, an denen Durchsuchungen und Verhaftungen vorgenommen werden sollen. Die nächste schwierige Situation stellt der eigentliche Beginn der Durchsuchungs- oder Verhaftungsaktion dar. Diese Aktionen sollen bei mehreren Personen möglichst simultan verlaufen, damit gegenseitige Warnungen nicht zur Vernichtung von Beweismitteln und zum Untertauchen führen können. Dies erfordert gute Abstimmungen und einen ständigen Funkkontakt. Weiter ist mit Widerstand der Tatverdächtigen, kritischen Fragen, der Beiziehung von Anwälten zu rechnen, so dass der Staatsanwalt schnell reagieren muss, um die ermittelnden Polizeibeamten zu entlasten. Da der oder die Staatsanwälte nicht an jedem Ort gleichzeitig sein können, müssen die Polizeibeamten bei der konkreten Durchsuchung genau wissen, auf welche Informationen es ankommt und welche Personen wie zueinander in Beziehung stehen und was ihnen nach dem Ermittlungsstand vorgeworfen wird. Das ist keineswegs selbstverständlich, wenn z. B. gegen 40 Personen gleichzeitig ermittelt wird, eine Durchsuchungs- und Verhaftungsaktion stattfindet und deshalb auswärtige Polizeikräfte hinzugezogen werden müssen. Die Vernehmungssituationen und die Reaktion auf das Verhalten der Beschuldigten erfordern Routine und gute Vorbereitung, denn man hat es nicht selten mit Beschuldigten zu tun, die in diesen Situationen bestimmt auftreten und Drohungen über das angebliche Missverständnis aussprechen, oder wie bei Tewlin ausgedrückt: „Inhaber von Chefpositionen … verfügen im Allgemeinen auch über gute Intelligenz, analytische Begabung und die Eigenschaft, Lagebeurteilungen rasch und pragmatisch in Entscheidungen umzusetzen, mit denen sie auch in Extremsituationen, wie sie der strafprozessuale Zugriff auf ihre Person darstellt, überdurchschnittlich reagieren können."[351] Gewinnabschöpfungen setzen die Ermittlungen der Eigentums- und Besitzverhältnisse voraus, was wohl der schwierigste Teil der Ermittlungen ist, weil viele Täter bereits lange vor strafrechtlichen Ermittlungen die Spuren des Geldes zu verwischen suchen. Im Zeitpunkt des Bekanntwerdens der strafrechtlichen Ermittlungen versuchen sie häufig unter Einsatz ihrer Familienangehörigen, Ehefrauen und Freundinnen, Besitz und Geld verschwinden zu lassen, weshalb Maßnahmen zur Sicherstellung ergriffen werden müssen, §§ 111d, 111e StPO. Ein *Bankgeheimnis* gibt

---

[350] *Tewlin,* Kriminalistik 1999, 349; *Trenschel* Kriminalistik 1999, 753.
[351] *Tewlin,* Kriminalistik 1999, 349.

es im Zusammenhang mit strafrechtlichen Ermittlungen gegen Verdächtige nicht, d. h., Bankkonten und alle wichtigen Informationen die Bankverbindungen und Schließfächer betreffend können mit einem Durchsuchungs- und Beschlagnahmebeschluss eingesehen werden. Auskunft über elektronisch verarbeitete Daten erhält man in der Regel über die jeweiligen Organisationsleiter der Bank und notfalls – bei fehlender Kooperation der Bank – durch Hinzuziehung von EDV-Spezialisten der Landeskriminalämter.

5. Untersuchungshaft

126 Besondere Bedeutung bei Korruptionsdelikten hat der Haftgrund der Verdunkelungsgefahr gemäß § 112 Abs. 2 Ziffer 3 StPO. Bei der Anordnung von Untersuchungshaft bei Bestechungsdelikten fallen eine Reihe von Besonderheiten auf: Entgegen der üblichen statistischen Verteilung, nach der Untersuchungshaft in etwa 96% der Fälle mit dem Haftgrund der Fluchtgefahr begründet wird, dominiert bei der Anordnung von Untersuchungshaft bei Bestechungsdelikten der Haftgrund der Verdunkelungsgefahr oder der Haftbefehl wird auf beide Haftgründe gestützt.[352]

6. Telefonüberwachung und Wohnraumüberwachung

127 Die Telefonüberwachung bei Verdacht auf §§ 108e, 298, 299 unter den Voraussetzungen des § 300 Satz 2, §§ 332 und 334 ist seit 2007 möglich, § 100a II Nr. 1b, r und t.[353] Die bis 2004 mit unverständlichem Wertungswiderspruch (keine TÜ) zulässige Wohnraumüberwachung bei Bestechungsdelikten ist nur noch bei Verdacht auf besonders schwere Fälle der Bestechlichkeit und Bestechung nach § 335 I, II Nr. 1 bis 3 StGB möglich, § 100c, II Nr. 1m StPO).[354] Das BVerfG hatte in seiner Entscheidung vom 3.3.2004[355] die Erstreckung der Wohnraumüberwachung auf Delikte mit einer Höchststrafe von 5 Jahren, darunter auch §§ 332, 334 StGB, wegen Verstoßes gegen die Menschenwürde für verfassungswidrig erklärt.

7. Vertraulichkeitszusage

128 Nicht nur innerhalb eines Gewerbebetriebes, sondern auch innerhalb mancher Branchen kennt man sich sehr gut. Beispielsweise konkurrieren bundesweit im Fassadenbau nur wenige große, leistungsfähige Firmen; auch größere Bauvorhaben können angesichts der notwendigen Logistik meist nur von wenigen bundesweit bekannten Firmen federführend durchgeführt werden. Im regionalen Bereich sind Mitbewerber und Konkurrenten ebenfalls bestens bekannt, sei es durch gesellschaftliche oder geschäftliche Kontakte einander verbunden. So will häufig auch der solide Unternehmer nicht unbedingt als derjenige erkannt werden, der Staatsanwaltschaft oder Polizei mit Informationen über andere Konkurrenten versieht. Er möchte zwar dem Filz und Sumpf ein Ende bereiten, möchte nicht länger Wettbewerbsnachteile durch korruptive Manipulationen hinnehmen, will aber gleichzeitig nicht in der ganzen Branche oder in seinem sozialen Nahfeld geächtet werden. Sinnvollerweise wird ein Rechtsanwalt eingeschaltet, der in der Staatsanwaltschaft vorfühlt, unter welchen Bedingungen sie mit einer vertraulichen Aussage seines Mandanten einverstanden wäre. Die Justizbehörden können sich auf die Anlage D der RiStBV (Richtlinien für das Strafverfahren und das Bußgeldverfahren) berufen. Der aussagewillige Wettbewerber ist gemäß Ziffer 2.1 als Informant anzusehen, dem unter den Voraussetzungen der Ziffer 3 Vertraulichkeit zugesichert werden kann. Voraussetzung ist eine sonst aussichtslose oder wesentlich erschwerte Aufklärung der Tat und das Ziel, weitere Beweismittel zu erlangen, die auch vor Gericht präsentiert

---

[352] Zu den Argumentationslinien und der Frage, ob schon aus der Art des Delikts auf Verdunkelungsgefahr geschlossen werden kann, vgl. Vorauflage.

[353] Gesetz zur Neuregelung der Telekommunikationsüberwachung und anderer verdeckter Ermittlungsmaßnahmen sowie zur Umsetzung der Richtlinien 2006/24/EG vom 21. Dezember 2007.

[354] Gesetz zur Umsetzung des Urteils des Bundesverfassungsgerichts vom 3. März 2004 (akustische Wohnraumüberwachung) vom 24. Juni 2005.

[355] BVerfG NStZ 2004, 270–273.

IV. Ausblick **12**

werden können. Korruptionsdelikte können unter Umständen in den Bereich der Schwerkriminalität eingestuft werden, in der Regel sind sie im Bereich der mittleren Kriminalität (Ziffer 3.1, lit b) anzusiedeln: Eine Vertraulichkeitszusage kommt dann „ausnahmsweise" in Betracht, „wenn durch eine Massierung gleichartiger Straftaten ein die Erfüllung öffentlicher Aufgaben oder die Allgemeinheit ernsthaft gefährdender Schaden eintreten kann".

Hier empfiehlt sich, im Vorgespräch mit dem Rechtsanwalt abzuklären, welche Dimension die angekündigte Aussage enthält. Geht es um die Aufdeckung eines umsatzstarken Bieter-Kartells und kann die Aussage dazu verhelfen, beispielsweise den Veranstalter des Kartells zu enttarnen und in Rechnungen versteckte Schmiergeldzahlungen aufzudecken, scheint eine Vertraulichkeitszusage wahrscheinlich. Das Verfahren nach Abschnitt 1 Ziffer 5 ist zu beachten.

Die Zusage der Vertraulichkeit sollte die Ausnahme sein, denn in einem gerichtlichen Verfahren müsste sich die Staatsanwaltschaft analog § 96 StPO darauf beziehen, dass das Präsentieren des Zeugen dem Wohle eines Landes Nachteile bereiten würde. In vielen Fällen kann auch ein vertrauliches Vorgespräch dem Zeugen Angst nehmen; so ist es manchmal ausreichend, wenn der Zeuge nicht gerade als derjenige in den Akten erkennbar wird, der als Erster den Stein geworfen hat. „Danach" ist eine wahrheitsgemäße Aussage bei der Staatsanwaltschaft oder Polizei vom sozialen Status her in der Regel nicht mehr schädlich.

IV. Ausblick

Strafrecht allein kann Korruption und Wirtschaftskriminalität nicht entscheidend zurückdrängen. Trotzdem kommt gerade dem Strafrecht eine wichtige Rolle bei der Aufdeckung und Ermittlung der komplexen Sachverhalte zu, wie nicht zuletzt im Fall Siemens zu beobachten war. Ohne strafrechtlichen Druck sähen Verwaltungen und Unternehmen keine besondere Veranlassung, mit Kontrollstrategien gegen die Korruption vorzugehen. Dies zeigt sich zum einen an den überlegenen Möglichkeiten des Strafrechts bei der Aufklärung von Sachverhalten. Compliance-Richtlinien sind rasch erlassen, ob sie umgesetzt werden, hängt eher mit der Notwendigkeit zum Handeln zusammen.[356] Wie generell bei allen Delikten lässt sich Straftaten am besten vorbeugen, wenn ethisch-moralische und rechtliche Maßstäbe die Einstellung und das Verhalten bestimmen und nicht die kalte Kosten-Nutzen-Abwägung von Vorteil und Risiko des Rechtsbruchs. „Das beste Bollwerk gegen Korruption ist eine in der Politik, Verwaltung, Wirtschaft und in der gesamten Gesellschaft fest verankerte Kultur, die Korruption ächtet und ihre keine Chance lässt, sich auszubreiten. Die Unannehmbarkeit der Korruption setzt demnach die allgemeine Anerkennung und Praktizierung ethischer Grundwerte des Zusammenlebens in Staat, Wirtschaft und Gesellschaft voraus".[357]

129

---

[356] Zur Compliance oben Fn. 36, 37.
[357] *Dölling* 1996, C 7, 8.

13. Kapitel.
Straftaten im Gesundheitswesen

Literatur: *Achenbach, H., Ransiek, A.*, (Hg.), Handbuch Wirtschaftsstrafrecht, 3. Aufl. 2012; *Bales, St., von Schwanenflügel, M.*, Die elektronische Gesundheitskarte, NJW 2012, 2475; *Brand, Ch.*, Abrechnungsbetrug bei privatärztlichen Leistungen: zugleich Anmerkung zu BGH, Beschl. v. 25.1.2012 – 1 StR 45/11, Strafverteidiger 2012, 619; *Bringewat, P.*, Die Wiederverwendung von Herzschrittmachern, JA 1984, 61; *Bruns, W.*, Der sog. Herzklappenskandal – eine strafrechtliche Zwischenbilanz, ArztR 1998, 237; *Dahm, F.-J.*, Zur Problematik der Gewährung von Preisnachlässen und Zuwendungen im Gesundheitswesen, MedR 1992, 250; *Dahm, F.-J., Hofmayer, J.* Wirtschaftlichkeitsprüfung, in *Rieger, H.-J., Dahm, F.-J., Steinhilper, G.* (Hg.), Heidelberger Kommentar. Arztrecht, Krankenhausrecht, Medizinrecht, Loseblatt, Abschnitt 5560, Stand 2012; *Dahm, F.-J., Schmidt, J.*, Falschabrechnung (Abrechnungsbetrug), in *Rieger, H.-J., Dahm, F.-J., Steinhilper, G.* (Hg.), Heidelberger Kommentar. Arztrecht, Krankenhausrecht, Medizinrecht, Loseblatt, Abschnitt 1780, Stand 2007, *Dann, M.*, Privatärztlicher Abrechnungsbetrug und verfassungsrechtlicher Schadensbegriff, NJW 2012, 2001; *Dannecker, G., Streng, A. F.*, Strafrechtliche Risiken der impliziten Rationierung medizinischer Leistungen, MedR 2011, 131 ff.; *Deutsche Krankenhausgesellschaft*, DKG wehrt sich gegen den Vorwurf der Falschabrechnungen – Kassen führen unfaire Kampagne gegen Krankenhäuser, Das Krankenhaus 2010, 517; *Dieners, P.*, Handbuch Compliance im Gesundheitswesen, 3. Aufl. 2010; *Ehlers, A.*, Ärztliche Abrechnungsmanipulationen gegenüber der gesetzlichen Krankenversicherung, Festschrift für Schüler-Springorum, 1993, 163; *Ellbogen, K., Wichmann, R.*, Zu Problemen des ärztlichen Abrechnungsbetrugs, insbesondere der Schadensberechnung, MedR 2007, 10; *Feigen, H.*, Die Verteidigung des Arztes in Betrugssachen unter Berücksichtigung der Folgesachen, MedR 1988, 283; *Fischer, K./Uthoff R.*, Das Recht der formularmäßigen Einwilligung des Privatpatienten bei externer Abrechnung, MedR 1996, 115; *Fischer, T.*, Strafgesetzbuch, 60. Auflage 2013; *Forkel, H.-W.*, Vermögensschaden, Rechtsgüterschutz und Normbefehl: zu Abrechnungsbetrug und Abrechnungsuntreue von Kassenärzten, Pharmarecht 2011, 189; *Freitag, D.*, Ärztlicher und zahnärztlicher Abrechnungsbetrug im deutschen Gesundheitswesen, 2009; *Frister, H., Lindemann, M., Peters, A.*, Arztstrafrecht, 2011; *Gaidzik, P.*, Abrechnung unter Verstoß gegen die Pflicht zur persönlichen Leistungserbringung – Betrug des Arztes gemäß § 263 StGB, wistra 1998, 329; *Gercke, B., Leimenstoll, U.*, Abrechnung von Laborleistungen gegenüber Privatpatienten durch an Laborgemeinschaften beteiligte Ärzte – Abrechnungsbetrug? MedR 2010, 695; *Goetze*, Zum Umfang staatsanwaltschaftlicher Ermittlungsrechte am Beispiel des kassenärztlichen Abrechnungsbetruges, NStZ 1986, 529; *Goetze, E./Teyssen J.*, Kassenärztliches Wirtschaftlichkeitsgebot und Abrechnungsbetrug, DMW 1987, 1184; *Gramberg-Danielsen, B./Kern, B.*, Die Schweigepflicht des Arztes gegenüber privaten Verrechnungsstellen, NJW 1998, 2708; *Grunst, B.*, Zum Abrechnungsbetrug bei fehlender ordnungsgemäßer Zulassung zum Vertragsarzt, NStZ 2004, 533; *Haft, F.*, Reformbedarf beim System der gesetzlichen Sozialversicherung ZRP 2002, 457–462; *Hahn, B.*, Zulässigkeit und Grenzen der Delegierbarkeit ärztlicher Aufgaben, NJW 1981, 1977; *Hasselhorst*, Erfahrungen einer Kriminalbehörde mit Abrechnungsmanipulationen, Wirtschaftlichkeitsprüfung 1990, 59; *Hauck, K., Noftz, W.* (Hg.), Sozialgesetzbuch. Gesamtkommentar, Loseblatt Stand 2012; *Hellmann, U.*, Abrechnungsbetrug eines Arztes bei Abrechnung von tatsächlich durch ärztliches Hilfspersonal erbrachten und medizinisch indizierten Leistungen, für die lediglich keine Einzelanweisungen des Arztes vorlagen?, NStZ 1995, 232; *ders.*, Der ärztliche Abrechnungsbetrug, 2006; *Herffs, H.*, Der Abrechnungsbetrug des Vertragsarztes, 2002; *Hilgendorf, E.*, Tatsachenaussagen und Werturteile im Strafrecht, entwickelt am Beispiel des Betrugs und der Beleidigung. 1998; *ders.*, Die Verantwortung für Innovationen: Lebensmittelrechtliche Compliance, Haftung und strafrechtliche Konsequenzen, ZLR 2011, 303; *Igl, G., Welti, F.*, Gesundheitsrecht. Eine systematische Einführung, 2012; *Janssen, G.*, Compliance – Die Einhaltung von Verhaltensregeln im Gesundheitsdienst, RDG 2010, 116; Kamps, H., Rechtsfragen bei Ermittlungsverfahren gegen Kassenärzte wegen fehlerhafter Honorarabrechnungen, MedR 1988, 127; *Kassenärztliche Bundesvereinigung* (Hg.), Richtig kooperieren. Rechtliche Rahmenbedingungen für die Zusammenarbeit mit Vertragsärzten, 2012; *Kern, B.-R./Schumann, E.*, Zu den Anforderungen an eine formularmäßige Honorarvereinbarung bei Zahnärzten, JZ 1999, 154; *Kölbel, R.*, Abrechnungsbetrug im Krankenhaus. Erste wirtschaftsstrafrechtliche und -kriminologische Überlegungen, NStZ 2009, 312; *Krüger, M.*, Neues vom Straf- und Verfassungsrecht zum Abrechnungsbetrug und zur Vertragsuntreue, Zeitschrift für Wirtschaftsstrafrecht und Haftung im Unternehmen, 2012, 213; *Kruse, J., Hänlein, A.* (Hg.), Sozialgesetzbuch V. Gesetzliche Krankenversicherung. Lehr- und Praxiskommentar, 4. Aufl. 2012; *Kuhlen, L., Kudlich, H., Ortiz de Ur-

bina, I., (Hg.), Compliance und Strafrecht, 2013; *Lauckner, C.*, Abrechnungsbetrug beim Privatpatienten; *Laufs A.*, Kern, B.-R, Handbuch des Arztrechts, 4. Auflage 2010; *Luig, C.*, Vertragsärztlicher Abrechnungsbetrug und Schadensbestimmung, 2009; *Mennicke, P./Radtke, H.*, Die Abtretung von Honorarforderungen aus strafrechtlicher Sicht, MedR 1993, 400; *Meyer-Goßner, L.*, Strafprozessordnung, 55. Auflage 2012; *Möller, K.-H.*, Arzt und Staatsanwalt am Beispiel der Laborgemeinschaften, ArztR 1992 Nr. 13–15; *ders.*, Vertragsärztliche Leistungserbringungsgemeinschaften, MedR 1998, 60; *Mühlhausen, H.*, Abrechnungsbetrug aus Sicht der Staatsanwaltschaft, Zeitschrift für ärztliche Fortbildung und Qualitätssicherung 1998, 614 ff.; *Müller, R./Wabnitz, H.*, Kriminalität oder Grauzone im Gesundheitswesen, NJW 1984, 1789; *Naase, B.*, Abrechnungsskandale niedergelassener Ärzte, SozSich 1986, 369; *Nasser, S./Zrenner, K.*, Illegaler Tierarzneimittelverkehr, NJW 1982, 2098; *Nestler, N.*, Phänomenologie der Wirtschaftskriminalität im Gesundheitswesen, JZ 2009, 984; *Pragal, O.*, Das „Pharma-Marketing" um die niedergelassenen Kassenärzte: „Beauftragtenbestechung" gemäß § 299 StGB!, NStZ 2005, 133.; *Ratzel, R.*, Arzt und (Pharma-)Industrie, MedR 1998, 98; *Räpple, T.*, Zuwendungen und Rabatte im Gesundheitswesen in: Werben und Zuwendungen im Gesundheitswesen, 1996; *Rieger, H.-J., Dahm, F.-J., Steinhilper, G.* (Hg.), Heidelberger Kommentar Arztrecht, Krankenhausrecht, Medizinrecht, Loseblatt, Stand 2012; *Rotsch, Th.*, Criminal Compliance, Zeitschrift für internationale Strafrechtsdogmatik (ZIS), 2010, 614; *Roxin, C., Schroth, U.*, Handbuch des Medizinstrafrechts, 4. Aufl. 2010; *Rudolf, W.*, Rechte des Patienten im Ermittlungsverfahren gegen seinen Arzt wegen Abrechnungsbetruges, NJW 1991, 2337; *Rudolf, W.*, Abrechnungsbetrug, NJW 1991, 2337; *Salditt, F.*, Feststellung von Schuldumfang und Schadenshöhe durch Hochrechnung, Strafverteidiger 1990, 15 l; *Schaefer, H., Baumann, D.*, Compliance-Organisation und Sanktionen bei Verstößen, NJW 2011, 3601; *Schmidt, K.*, „Züge der organisierten Kriminalität", Der Kassenarzt 1999, 20; *Schnapp, F.*, Anzeigepflicht der Krankenkassen und kassenärztlichen Vereinigungen beim Verdacht auf sogenannten Abrechnungsbetrug, NJW 1988, 738; *Schroth, U., Joost, N.*, Strafbares Verhalten bei der ärztlichen Abrechnung, in Roxin, C., Schroth, U. (Hrsg.), Handbuch des Medizinstrafrechts, 4. Aufl. 2010; *Schneider, H., Reich, C.*, Abrechnungsbetrug durch „Upcoding". Ein Beitrag zu den Fallgruppen der „konkludenten Täuschung" im Straftatbestand des Betrugs, HRRS 6/2012, 267; *Schubert, M.*, Abrechnungsbetrug bei Privatpatienten, ZRP 2001, 154; *Schüller, M.*, Abrechnungsmanipulationen – eine ärztliche Sekundärtugend?, Arbeit und Sozialpolitik 2001, 32; *Schuhr, Jan C.*, Funktionale Anforderungen an das Handeln als Amtsträger (§§ 331 ff. StGB) oder Beauftragter (§ 299 StGB) – Besprechung des Beschlusses des BGH vom 5.5.2011 – 3 StR 458/10, NStZ 2012, 11; *Seibert, U.*, Zur Zulässigkeit der Beschlagnahme von ärztlichen Abrechnungsunterlagen bei den Krankenkassen, NStZ 1987, 398; *Singelnstein, T.*, Vermögensschaden trotz fachgerechter Leistung? Zur Reichweite der „streng formalen Betrachtungsweise" beim Abrechnungsbetrug durch Vertragsärzte, wistra 2012, 417 – 422; *Soldan, H.*, Das GKV-Wettbewerbstärkungsgesetz, NJW 2007, 1313; *Spickhoff, A.* (Hg.), Medizinrecht, 2011; *Stein, U.*, Betrug durch vertragsärztliche Tätigkeit in unzulässigem Beschäftigungsverhältnis?, MedR 2001, 124; *Sprafke, J.*, Korruption, Strafrecht und Compliance, 2010; *Steinhilper, G.*, Arzt und Abrechnungsbetrug, Heidelberg 1988; *Steinhilper, G.*, Plausibilitätsprüfung, in Rieger, H.-J., Dahm, F.-J., Steinhilper, G. (Hg.), Heidelberger Kommentar. Arztrecht, Krankenhausrecht, Medizinrecht, Loseblatt, Abschnitt 4160, Stand 2012; *Taupitz, J.*, Ärztliche Honorarvereinbarung nach der Neufassung der GOÄ, ArztR 1996, 209; *Terbille, M.* (Hg.), Münchner Anwaltshandbuch Medizinrecht, 2009; *Teyssen, J.*, Vom Umfang staatsanwaltschaftlicher Ermittlungsrechte am Beispiel des kassenärztlichen Abrechnungsbetruges, NStZ 1988, 529; *Traut, M.*, Fehlerquellen bei Schadenshochrechnungen in Abrechnungsbetrugsverfahren gegen Ärzte, ArztR 2002, 164; *Ulsenheimer, K.*, Arztstrafrecht in der Praxis, 4. Aufl. 2008; *Volk, K.*, Zum Schaden beim Abrechnungsbetrug, NJW 2000, 3385; *Wagner, K.-R.*, Strafbarkeit aufgrund wirksamer Gesellschaftsverträge, NZG 2000, 520; *Wartensleben, H.*, Abrechnungsbetrug aus der Sicht des Verteidigers, Zeitschrift für ärztliche Fortbildung und Qualitätssicherung 1998, 602 ff.; *Wasmuth, J.*, Beschlagnahme von Patientenkarteien und Krankenscheinen im Strafverfahren wegen Abrechnungsbetruges des Arztes, NJW 1989, 2297; 353; *Zierholz, H.*, Arzt im Strafrecht, JZ 1998, 245.

Inhaltsübersicht

	Rn.		Rn.
I. Kriminalitätsprävention im Gesundheitswesen	1–3	4. Die Typologie der Täuschungshandlungen	12–27
II. Der Abrechnungsbetrug	4–91	a) Die Scheinbehandlung	13
1. Das legale Abrechnungssystem des Vertragsarztes	5–8	b) Der falsche Behandler	14–15
2. Das System der Leistungsziffern	9–10	c) Der (zu) schnelle Behandler	16
3. Die Krankenhausbehandlung	11	d) Der Vielarbeiter	17
		e) Der Pauschalierer	18

		Rn.			Rn.
f)	Die falsche Kombination der Leistungen	19	b)	Patientenbefragung	78
g)	Der unwirtschaftliche Behandler	20	c)	Das ärztliche Hilfspersonal	79–81
			d)	Das Sozialgeheimnis	82–85
h)	Die Arztpraxis im Krankenhaus	21	e)	Die Schätzung	86–87
			f)	Strafzumessung	88
i)	Die Gefälligkeitsbehandlung oder die falsche Diagnose	22	g)	Verlust der Approbation	89, 90
			h)	Finanzermittlungen	91
j)	„Die Kasse zahlt nicht"	23	III.	Der Zahnarzt- und Dentalbereich	92–99
k)	Der Grabsteinbehandler	24			
l)	Der Laborarzt	25–27	1. Zahnersatzleistungen	93–96
5. Strafrechtliche Bewertung	28–33	a) Die gesetzliche Regelung	93–94
6. Die Aufgaben der Kassenärztlichen Vereinigungen	34–45	b) Unzulässige Zuwendungen	95
			c) Billigzahnersatz	96
a)	Kontrollinstrumentarien	34–35	2. Einbehalten von Altzahngold	97
b)	Sachlich-rechnerische Richtigkeit	36	3. Vereinbarung von Nachlässen	98
			4. Betrug z. N. der Zusatzversicherung	99
c)	Plausibilitätsprüfung	37			
d)	Wirtschaftlichkeitsprüfung	38	IV.	Straftaten im Pharmazie- und Rezeptbereich	110–117
e)	Einzelfallprüfung	39			
f)	Sanktionensystem der Kassenärztlichen Vereinigung	40–41	1. Rezeptabrechnung der Apotheken	100–103
			2. Der Wareneinkauf per Rezept	104, 105
g)	Das Anzeigeverhalten der Kassenärztlichen Vereinigung	42–45	3. Die Sprechstundenbedarfsrezepte	106–109
			4. Beteiligung am Rezeptumsatz	110–112
7. Stelle nach § 81a SGB V u. a.	46–49	5. Exkurs: Korruption im Gesundheitswesen	113
8. Die Unterstützung durch die Krankenkassen	50			
			6. Betrug mit reimportierten Arzneimitteln	114
9. Abrechnungsmanipulationen beim Privatpatienten	51–68			
			7. Die unrichtige Verordnung von Arzneimitteln	115
a)	Abrechnungsmodus	52–54			
b)	Beihilfestellen	55–56	8. Abgabe von Klinikpackungen	116
c)	Privatärztliche Verrechnungsstellen	57–61	9. Ermittlungshinweise	117
			V.	Heil- und Hilfsmittel	118–126
d)	Betrug durch unrichtige Berechnung des Gebührenfaktors	62	1. Der kostenlose Saunabesuch	119–120
			2. Die Anschlussheilbehandlung und „Kur"	121–123
e)	Vereinbarungen zwischen Arzt und Patient	63–64			
			3. Die Kaffeefahrt	124
f)	Die Firma des Arztes	65	4. Unrichtige Abgabe von Heil- und Hilfsmitteln	125
g)	Gemeinschaftliche Täuschung der Krankenversicherung	66			
			5. Häusliche Pflegedienste	126
h)	Steuerhinterziehung	67–68	VI.	Der illegale Tierarzneimittelmarkt	127–142
10. Das rechtswidrige Abbedingen der Regelsätze der ärztlichen Gebührenordnung	69–74			
			1. Die Abgabe von Tierarzneimitteln durch den Tierarzt	127–129
a)	Der Gebührenrahmen	69			
b)	Erhöhung der Hebesätze durch Honorarvereinbarung	70	2. Der illegale Tierarzneimittelmarkt	130–136
			a) Futterarzneimittel	131
c)	Das rechtswidrige Abbedingen	71–73	b) Gefahren der Massentierhaltung	132–133
d)	Wettbewerbsbeschränkende Maßnahmen	74	c) „Autobahntierärzte"	134
			d) Missbrauch von Betreuungsverträgen	135, 136
11. Besonderheiten im Ermittlungsverfahren	75–91			
			3. Strafrechtliche Bewertung	137–139
a)	Durchsuchung und Beschlagnahme versus Schweigepflicht	75–77	4. Ermittlungshinweise	140–142
			Anhang	127–142

I. Kriminalitätsprävention im Gesundheitswesen

Das Gesundheitswesen ist von hohen ethischen Leitsätzen geprägt; höchstes Gut ist die Gesundheit des Menschen. Trotzdem hat das Gewinnstreben einiger Ärzte, Tierärzte, Apotheker und anderer Akteure im Gesundheitsbereich zu zahlreichen, teilweise sehr umfangreichen Er- 1 mittlungsverfahren geführt.[1] Die genaue Höhe des durch unrechtmäßige Abrechnungsmanipulationen entstandenen finanziellen Schadens ist unklar.[2] Medienberichte über (echtes oder vermeintliches) ärztliches Fehlverhalten erregen regelmäßig großes öffentliches Aufsehen, wobei zu beachten ist, dass die unterschiedlichen Formen ärztlichen Fehlverhaltens in den Massenmedien nur selten hinreichend deutlich voneinander geschieden werden.

Betroffen von durch materielles Gewinnstreben verursachten Straftaten ist das gesamte Gesundheitswesen. Den durch standesrechtliche Vorschriften gebundenen Medizinern wurde in der Vergangenheit ein außergewöhnlich hohes Maß an Vertrauen entgegengebracht. Selbst die Finanzbehörden beschränkten ihre Überprüfung oft im Wesentlichen auf die Abgrenzung von privaten und beruflich veranlassten Ausgaben. Mit der Kostenexplosion im Gesundheitswesen und begünstigt durch das komplizierte Abrechnungssystem wuchs aber offenbar bei manchen Akteuren eine gewisse materielle Begehrlichkeit, die durch das gewandelte Anspruchsdenken der Patienten noch gefördert wird.

2 Leider funktioniert auch die **standesrechtliche Aufsicht**[3] nicht in allen Fällen. Gelegentlich kann der Eindruck entstehen, dass Ärztekammern ihre Mitglieder eher nach außen schützen als dass sie bemüht sind, die Einhaltung der rechtlichen Vorgaben zu kontrollieren. Kassenärztliche Vereinigungen, die häufig als Erste von Abrechnungsmanipulationen des Arztes erfahren, zeigen diesen meist zu spät an. Durch das „Drohen" mit einer Strafanzeige in Besprechungen wird der Arzt vorgewarnt und kann so wichtige beweiserhebliche Unterlagen beiseite schaffen und vernichten. Erst wenn der Arzt sich in den Gesprächen mit der Kassenärztlichen Vereinigung nicht kooperativ zeigt, wird die Frage der Strafanzeige geprüft. Die Vertreter der Kassenärztlichen Vereinigungen verkennen hier oft, dass sie sich der Untreue nach § 266 StGB strafbar machen können, wenn sie Regressansprüche gegenüber dem Arzt aus sachfremden Erwägungen nicht durchsetzen und zu viel gezahlte Vergütungen nicht in vollem Umfang zurückfordern.

Die in den Heilberufen festzustellende Kriminalität erschüttert das Vertrauen in das redliche Verhalten der Angehörigen der betroffenen Berufsgruppen. Dazu tragen allerdings auch die oft zur Übertreibung neigenden Massenmedien bei. Es ist deshalb zu betonen, dass die ganz überwiegende Mehrzahl der in den Heilberufen tätigen Personen rechtstreu und verantwortungsbewusst arbeitet. Eine zielgerichtete Bekämpfung von Gesetzesverstößen liegt deshalb auch im Interesse der ständischen Berufsvertretungen und aller im Gesundheitswesen Tätigen.

3 Ein neuer Weg, kriminellen Tendenzen im Gesundheitswesen zu begegnen, könnte in der vermehrten Einführung geeigneter Präventionsmaßnahmen liegen. Derartige Maßnahmen werden seit einiger Zeit unter dem Stichwort „**Compliance**" diskutiert.[4] „Compliance" bedeutet „Übereinstimmung mit dem (Straf-)Gesetz"; Compliance-Maßnahmen sind also solche Maßnahmen, die schon **vor** entsprechenden Straftaten durchgeführt werden, um die Taten zu **verhindern**. Für das Gesundheitswesen bietet sich ein ganzes Spektrum von Präventionsmaßnahmen an, von der Vereinfachung des (zu) komplizierten und deshalb wenig transparenten Abrechnungssystems über die Aufklärung der Ärzte und Patienten und die Einrichtung bestimmter Melde- und Anzeigemechanismen in Arztpraxen und Krankenhäusern (sog. „whistleblowing") bis hin zu besonderen Prüf-Prozeduren im Zusammenhang mit ärztlichen Abrechnungen.[5] Teilweise existieren derartige Mechanismen unter anderer Bezeich-

---

[1] Überblick über Straftaten im Gesundheitswesen bei *Nestler*, JZ 2009, 984.
[2] Laut dem Antrag der SPD-Fraktion im Deutschen Bundestag „Korruption im Gesundheitswesen wirksam bekämpfen", BT-Drucks. 17/3685, S. 1 aus dem Jahr 2010 betragen die Verluste der gesetzlichen Krankenkassen durch Korruption, Falschabrechnung und Abrechnungsbetrug jährlich zwischen 5 und 18 Mrd. Euro. Weitere Angaben bei *Frister/Lindemann/Peters*, Arztstrafrecht, S. 113f.
[3] Umfassend zum ärztlichen Berufsrecht *Wollersheim, U.*, in *Terbille* (Hg.), Anwaltshandbuch Medizinrecht, § 5.
[4] *Rotsch*, ZIS 2010, 614ff.; vgl. ferner *Schaefer/Baumann*, NJW 2011, 3601ff.; eingehend *Kuhlen/Kudlich/Ortiz de Urbina* (Hg.), Compliance und Strafrecht, 2013.
[5] Weitere Möglichkeiten behandelt *Janssen*, RDG 2010, 116ff.; ausf. *Dieners*, Handbuch Compliance im Gesundheitswesen, 3. Aufl. 2010; vgl. auch *Frister/Lindemann/Peters*, Arztstrafrecht, S. 311ff.

nung schon lange (vgl. unten Rn. 34 ff.). Compliance-Maßnahmen können darüber hinaus auch dazu dienen, rechtliche Vorgaben, die wegen ihrer Komplexität vom Rechtsunterworfenen nicht mehr nachvollzogen werden können (vgl. Rn. 12), zu verdeutlichen, und ihnen so zu faktischer Geltung verhelfen.[6]

II. Der Abrechnungsbetrug

Mit Ausnahme der Besonderheiten im tierärztlichen und Futtermittelbereich stehen bei den einschlägigen wirtschaftsstrafrechtlichen Ermittlungen die **Tatbestände des Betrugs, der Untreue, der Urkundenfälschung und der Steuerhinterziehung** im Vordergrund. Betrug, § 263 StGB, spielt dabei die größte Rolle. Seine Tatbestandsmerkmale sind bekannt: Durch eine **unzutreffende Tatsachenbehauptung** wird ein **Irrtum** erregt, der Getäuschte tätigt daraufhin eine **Vermögensverfügung**, wodurch ein **Vermögensschaden**, meist (aber nicht zwingend) beim Verfügenden, entsteht. Gerade im Gesundheitswesen treten im Zusammenhang mit dem **Abrechnungsbetrug** einige schwierige Sonderfragen auf, die nähere Betrachtung verdienen. Bevor darauf eingegangen wird, sollen die wichtigsten Erscheinungsformen des Abrechnungsbetrugs skizziert und strafrechtlich eingeordnet werden. 4

1. Das legale Abrechnungssystem des Vertragsarztes

Die wichtigste Einnahmequelle des Vertragsarztes sind seine über die Krankenversichertenkarte bzw. die elektronische Gesundheitskarte abgerechneten ärztlichen Leistungen. Der Patient erhält von seiner gesetzlichen Krankenkasse eine **Chipkarte**, auf der seine persönlichen Abrechnungsdaten gespeichert sind. Neben diesen Daten besteht bei Verwendung der elektronischen Gesundheitskarte die Möglichkeit, Notfalldaten (d. h. schnell verfügbare Informationen über z. B. Vorerkrankungen oder Allergien) oder die Organspendebereitschaft zu dokumentieren.[7] 5

Der Patient ist verpflichtet, bei dem jeweiligen Arzt den Anspruch auf kassenärztliche Versorgung durch Vorlage dieser Krankenversichertenkarte bzw. der elektronischen Gesundheitskarte nachzuweisen. Die ärztlichen Leistungen werden vierteljährlich über die Kassenärztliche Vereinigung des Bezirks abgerechnet. Diese Stelle leitet die Unterlagen nach entsprechender Prüfung den zur Zahlung verpflichteten Krankenkassen zu, die dann eine Gesamtvergütung mit befreiender Wirkung an die jeweiligen Kassenärztlichen Vereinigungen leisten. Diese wiederum verteilen das Geld an die in der jeweiligen Kassenärztlichen Vereinigung zusammengeschlossenen Vertragsärzte. Die Einzelheiten sind im Fünften Buch des Sozialgesetzbuches (SGB V) und in den jeweils auf Landesebene festgelegten Gesamtverträgen geregelt.[8]

Das Vertragsarztrecht[9] wurde durch das Gesundheits-Reformgesetz[10] mit Wirkung vom 1. Januar 1989 in die §§ 72–106a SGB V übernommen und wiederholt geändert, v.a. durch das Gesetz zur Steigerung des Wettbewerbs in den gesetzlichen Krankenversicherungen (GKV-WSG).[11] 6

Die **Kassenärztlichen Vereinigungen**[12] haben gem. § 75 Abs. 2 S. 2 SGB V die Erfüllung der den Vertragsärzten obliegenden Pflichten zu überwachen und die Vertragsärzte nötigenfalls unter Anwendung der gem. § 81 Abs. 5 SGB V in den Satzungen der Kassenärztlichen Vereinigungen vorgesehenen Maßnahmen zur Einhaltung ihrer Pflichten anzuhalten.

---

[6] *Hilgendorf*, ZLR 2011, 303 ff. (320).
[7] *Bales/von Schwanenflügel*, NJW 2012, 2475 ff. (2479).
[8] Überblick bei *Frister/Lindemann/Peters*, Arztstrafrecht, S. 116 ff.
[9] Zur geschichtlichen Entwicklung der kassenärztlichen Versorgung vgl. *Krauskopf*, in Laufs/Kern, Handbuch des Arztrechts, § 22 Rn. 1 ff.
[10] BGBl. 1988 I S. 2477.
[11] Gesetz vom 26.3.2007, BGBl. I, S. 378 ff. Dazu *Sodan*, NJW 2007, 1313 ff. Zu den Änderungen durch das GKV-Finanzierungsgesetz (GKV-FinG) vgl. *Frister/Lindemann/Peters*, Arztstrafrecht, S. 116 ff.
[12] *Crauskopf/Clemens*, in Laufs/Kern, Handbuch des Arztrechts, § 27 Rn. 1 ff., *Steinhilper*, in Laufs/Kern, Handbuch des Arztrechts, § 28 Rn. 1 ff.

Dieses unter Ausschaltung des Patienten festgelegte Überwachungssystem ist weitgehend ungeeignet, um kriminelle Praktiken wirksam zu verhindern. Man wird im Gegenteil festzustellen haben, dass das extrem undurchsichtige und überbürokratisierte Vergütungssystem für Ärzte in Deutschland dazu beiträgt, Respekt von den gesetzlichen Regelungen gar nicht erst entstehen zu lassen.

7   Ursprünglich erhielt der behandelnde Arzt unabhängig von der Vielzahl seiner Leistungen eine Pauschalvergütung. Durch § 85 Abs. 2 S. 2 SGB V wurde die Möglichkeit geschaffen, die Einzelleistungen des Arztes als Bemessungsgrundlage festzulegen. Durch Verträge zwischen den Kassenärztlichen Vereinigungen und den gesetzlichen Krankenkassen wurde ein entsprechendes Vergütungssystem geschaffen.

Nach § 85 Abs. 1 SGB V entrichtet die Krankenkasse nach Maßgabe des Gesamtvertrages für die gesamte vertragsärztliche Versorgung mit befreiender Wirkung eine Gesamtvergütung an die Kassenärztliche Vereinigung. Die Regelung der sog. „morbiditätsbedingten Gesamtvergütung" in den §§ 87a–c SGB V zeichnet sich durch eine geradezu groteske Überkomplexität aus.

Die Kassenärztliche Vereinigung übernimmt die Aufteilung der Gesamtvergütung auf die einzelnen Ärzte nach § 87b Abs. 1 SGB V i.V.m dem Verteilungsmaßstab, der im Benehmen mit den Landesverbänden der Krankenkassen und den Ersatzkassen festgesetzt worden ist. Der jeweilige Arzt bekommt für die von ihm erbrachten Leistungen eine Vergütung überwiesen, die der Anzahl der von ihm erbrachten Punkte gemäß des **Einheitlichen Bewertungsmaßstabes** (EBM) multipliziert mit dem sog. **Punktwert** entspricht. Für jede ärztliche Leistung ist im Einheitlichen Bewertungsmaßstab eine bestimmte Punktzahl festgelegt. Der Punktwert wird von der Kassenärztlichen Vereinigung ermittelt, indem die zur Verfügung stehende Gesamtvergütung durch die Summe der von allen Ärzten der Kassenärztlichen Vereinigung erbrachten „Punkte" geteilt wird. Je mehr Patienten behandelt oder je mehr Leistungen je Patient erbracht werden, umso mehr verringert sich der Punktwert und umso weniger Honorar erhält der Arzt somit für die von ihm erbrachten Leistungen.

8   Die Kassenärztliche Vereinigung nimmt anhand der vierteljährlichen Honorarabrechnungen der Vertragsärzte eine sachlich-rechnerische Prüfung vor. Ob der Arzt die Leistung aber tatsächlich erbracht hat, wird in den seltensten Fällen überprüft.

Der Kassenpatient, der der beste Kontrolleur ärztlicher Leistungen sein könnte, erlangt keine Kenntnis von der Abrechnung des Arztes und den von ihm bezeichneten Leistungen. Der Arzt teilt die erbrachten Leistungen nur der Kassenärztlichen Vereinigung und diese der gesetzlichen Krankenkasse mit. Damit wurde ein **Freiraum für Abrechnungsmanipulationen im Rahmen des Vergütungssystems geschaffen**.

2. Das System der Leistungsziffern

9   Grundlage für die Abrechnung der ärztlichen Leistungen sind Leistungskataloge, die in einzelnen Leistungsziffern bestimmte ärztliche Handlungen beschreiben und ihnen einen Punktwert zuweisen. Im sog. EBM (Einheitlicher Bewertungsmaßstab, vgl. Rn. 7) erfolgt die Definition dieser Punktzahlen und die Beschreibung des zu erbringenden Leistungsumfanges.

10 Die Leistungsziffern lassen sich unterteilen in Leistungen, die **vom Arzt selbst höchstpersönlich zu erbringen** sind, und in solche, die **durch ärztliches Assistenzpersonal** erbracht werden können. Voraussetzung hierfür ist jedoch die Anwesenheit des Arztes in der Praxis sowie die persönliche Anordnung und Überwachung durch den Arzt. Persönliche Leistungen dürfen auch von genehmigten Assistenten und angestellten Ärzten erbracht werden, sofern sie dem Praxisinhaber zugeordnet werden können.[13]

Manche Leistungsziffern setzen voraus, dass die Untersuchung eine bestimmte Mindestzeit in Anspruch genommen hat. Damit soll sichergestellt werden, dass der Arzt auch eine gründliche Untersuchung des Patienten vornimmt.

---

[13] *Wartensleben*, Zeitschrift für ärztliche Fortbildung und Qualitätssicherung 1998, 602 ff., 603.

II. Der Abrechnungsbetrug

Bei anderen Leistungsziffern ist vorgeschrieben, dass der Arzt die von ihm erbrachte Leistung entsprechend dokumentieren muss. In bestimmten Fällen muss der Arzt eine entsprechende besondere Qualifikation nachweisen und für die Leistungserbringung zugelassen sein.

Nur wenn die Voraussetzungen der Leistungsbeschreibung vorliegen, besteht ein Anspruch des Vertragsarztes auf Bezahlung der von ihm erbrachten Leistungen.

3. Die Krankenhausbehandlung

Durch das Gesundheitsreformgesetz 2000 wurden für die Krankenhausbehandlung im Bereich der gesetzlichen Krankenkassen sog. „Fallpauschalen"[14] eingeführt, die in § 17b KHG geregelt sind und zum 1.1.2004 für alle Krankenhäuser mit Ausnahme psychiatrischer Kliniken eingeführt wurden. Nach einer Übergangsphase bezahlen ab 2007 die Krankenkassen landesweit gleiche pauschale Preise für eine bestimmte Behandlung.

Abgerechnet wird die Krankenhausbehandlung nicht mehr nach dem Tagessatzsystem. Die einzelnen Behandlungsfälle sind vielmehr in sog. „DRG's"[15] eingeteilt. Durch die Fallpauschalen werden die allgemeinen Krankenhausleistungen einschließlich Unterkunft, Verpflegung sowie vor- und nachstationäre Behandlung des Patienten für einen Behandlungsfall vergütet. Mit Sonderentgelten werden einzelne Leistungskomplexe eines Behandlungsfalls bezahlt, so z. B. die Operationskosten, Labor- und Arzneimittelkosten. Alle weiteren Leistungen eines Krankenhauses werden über zusätzliche Pflegesätze vergütet.

Strafrechtlich bleibt die Entwicklung neuer Formen des Abrechnungsbetrugs abzuwarten. Bislang wurden Fragen des Abrechnungsbetrugs durch Krankenhausmitarbeiter nur wenig untersucht.[16] Auch einem Laien leuchtet aber ein, dass etwa aus der einfachen Entfernung eines Blinddarms sehr schnell eine solche mit Komplikationen gemacht werden kann, um so ein höheres Entgelt zu erhalten. Die Grenzen zwischen zulässiger Abrechnungsoptimierung, Abrechnungsfehlern und bewussten Straftaten bei der Abrechnung sind nicht immer leicht zu ziehen. Da die Kodierung der Diagnose, d. h. die Einstufung der festgestellten Erkrankung in das der Abrechnung zu Grunde liegende Klassifikationssystem (ICD[17]) Aufgabe des behandelnden Arztes ist, ist ein Betrug durch eine unzulässige Höherkodierung („Upcoding") keineswegs ausgeschlossen.[18] Eine Überprüfung wird hier nur anhand des Einzelfalles möglich sein, um den Nachweis des Betruges zu führen. Gegenwärtig (Ende 2012) wird diskutiert, ob Falschabrechnungen in Krankenhäusern nicht mittels eines neuen Straftatbestandes des Sozialversicherungsbetrugs bekämpft werden sollten.[19]

4. Die Typologie der Täuschungshandlungen

In zahlreichen Ermittlungsverfahren wurde festgestellt, dass Ärzte vielfach bei der Abrechnung **Leistungsziffern über nicht erbrachte Leistungen** eintragen oder durch ihr Personal eintragen lassen. Dies zeugt jedoch weniger von besonderer krimineller Energie der Ärzteschaft als vielmehr davon, dass nicht bloß das oben (Rn. 5 ff.) skizzierte Vergütungssystem, sondern auch das von den Ärzten selbst zu handhabende Abrechnungssystem infolge seiner extremen Komplexität so unübersichtlich ist, dass es nahezu zwingend zu Fehlern bei denen führt, die damit tagtäglich umgehen müssen.[20]

---

[14] Vgl. hierzu auch http://www.g-drg.de (12.11.2012).
[15] Diagnosis Related Groups = Diagnosebezogene Fallgruppen.
[16] Vgl. aber *Kölbel*, NStZ 2009, 312 ff.; dagegen *Deutsche Krankenhausgesellschaft*, Das Krankenhaus 2010, 517 ff.
[17] „ICD" steht für „Internationale statistische Klassifikation der Krankheiten und verwandter Gesundheitsprobleme". Operationen und andere Behandlungsleistungen werden mittels des OPS (Operationen- und Prozedurenschlüssel) kodiert.
[18] *Schneider/Reich*, HRRS 6/2012, 267 ff.
[19] Dazu unten Rn. 113 mit Fn. 102 f.
[20] Dazu *Dahm/Schmidt* in *Rieger/Dahm/Steinhilper*, Heidelberger Kommentar, Abschnitt 1780 Rn. 4: „Nicht zu übersehen ist auch, dass die ständigen Gesetzesänderungen, Anpassungen der Gebührenord-

Von der Erkenntnis dieser Fehlerträchtigkeit bis hin zur bewussten Ausnutzung von Unklarheiten im Abrechnungssystem ist es psychologisch nur ein kleiner Schritt. Man wird deshalb feststellen müssen, dass das gegenwärtige Abrechnungssystem teilweise geradezu kriminogen wirkt. Zu bedenken ist auch, dass jegliche Überregulierung und Bürokratisierung das ärztliche Ethos bedroht – die moralischen Standards werden von rechtlichen Regelungen ersetzt, deren Regelungserfolg jedoch zweifelhaft ist. Die nachfolgenden Fallgruppen[21] sollten auch vor diesem Hintergrund betrachtet werden. Fest steht, dass heute von einzelnen Ärzten jeglicher Fachrichtung durch fingierte Leistungspositionen den Krankenversicherungsträgern und damit letztlich der Versichertengemeinschaft sehr hohe Schäden zugefügt werden.

a) Die Scheinbehandlung

13 Der Patient legt bei Beginn der ärztlichen Behandlung seine Chipkarte in der Arztpraxis vor. In seine EDV oder in Hilfsbelege werden durch den Arzt oder dessen Mitarbeiter die erbrachten Leistungen eingetragen und dann an die Kassenärztliche Vereinigung zur Abrechnung eingereicht. Eine Kontrolle darüber, ob der Arzt die einzelnen bei der Abrechnung geltend gemachten Leistungen auch tatsächlich erbracht hat bzw. ob der Patient an dem jeweiligen Tag auch tatsächlich in der Praxis war, erfolgt durch die Krankenkassen bzw. die Kassenärztlichen Vereinigungen im Normalfall nicht.

Gelegentlich werden durch Ärzte sogar Leistungen abgerechnet, obwohl sie in ihrer Praxis nicht über die entsprechende Ausstattung verfügen. So rechnet ein Arzt etwa ein Belastungs-EKG ab, obwohl er nicht über eine entsprechende Ergometrievorrichtung verfügt. Kommt der Patient in die Praxis, um sich ein Rezept für laufende von ihm einzunehmende Medikamente abzuholen, so wird ihm oft das Rezept ausgehändigt, ohne dass der Arzt ihn gesehen, geschweige denn untersucht hat. Gleichwohl wird vom Arzt eine Untersuchung oder Beratung abgerechnet.

Zu dieser Fallgruppe gehört auch die weit verbreitete Übung, dass Patienten, die auf eine Dauermedikation angewiesen sind, bei der Arzthelferin anrufen und sich ein Rezept zuschicken lassen; auch hier wird oft durch die Helferin eine Beratung oder Untersuchung des Patienten in die Karteikarte eingetragen.

b) Der falsche Behandler

14 In vielen Fällen schreiben die Leistungsbeschreibungen die höchstpersönliche Leistungserbringung durch den Arzt vor.

Hiergegen verstößt der Arzt aber, wenn er die Untersuchung oder Behandlung durch die Sprechstundenhilfe vornehmen lässt. Zwingend durch den Arzt zu erbringende Leistungen oder Beratungen werden tatsächlich oft durch nichtärztliches Personal erbracht.[22]

15 Beschäftigt der Arzt in seiner Praxis einen Arzt in Weiterbildung oder Weiterbildungsassistenten, so dürfen von diesen Personen nur eingeschränkt abrechenbare Leistungen erbracht werden. So darf der Assistent lediglich unter Aufsicht des Arztes arbeiten. Nur mit dieser Maßgabe gestattet die Kassenärztliche Vereinigung die Behandlung durch den Assistenten.

Oft arbeitet der Weiterbildungsassistent aber wie ein voll ausgebildeter Arzt in der Praxis mit. Rechnet der Arzt diese Leistungen als *seine* Leistungen ab, begeht er Betrug gegenüber der Kassenärztlichen Vereinigung. Er täuscht hier über die Person des Leistungserbringers. Wären der Kasse die wahren Verhältnisse mitgeteilt worden, wäre es nicht zu einer Erstattung gekommen. Problematisch ist in solchen Fällen allerdings stets das Vorliegen eines Vermögensschadens.[23]

---

nungen [...] und der Rahmenbedingungen, unter denen vertragsärztliche Tätigkeit stattfindet, zu einer Unübersichtlichkeit führen, die für den Vertragsarzt neben dem Praxisalltag kaum noch zu meistern ist". Zur Überkomplexität des zu Grunde liegenden Vergütungssystems oben Rn. 6.

[21] Vgl. auch die Übersichten bei *Schroth/Joost*, in *Roxin/Schroth* (Hg.), Handbuch des Medizinstrafrechts, S. 179 (187 ff.); *Ulsenheimer*, Arztstrafrecht 14/16 ff.

[22] BGH wistra 1992, 253 ff.

[23] Vgl. Rn. 32.

II. Der Abrechnungsbetrug

c) Der (zu) schnelle Behandler

Bestimmte Leistungen dürfen nur dann abgerechnet werden, wenn der Arzt eine bestimmte Zeitdauer für die Untersuchung oder Behandlung benötigt hat.

Wird die Behandlungs- oder Untersuchungsdauer nicht erreicht, ist die Leistung nicht erstattungsfähig. Gerade hier ist in der Praxis eine starke Neigung zum großzügigen Aufrunden der Behandlungszeiten zu finden, um den nächsten Zeitsprung für die Abrechnung zu erreichen. Entsprechendes gilt für Fahrtzeiten und die abgerechnete Verweildauer am Krankenbett bei Hausbesuchen.

d) Der Vielarbeiter

Korrektes ärztliches Arbeiten und ordentliche Abrechnung setzen eine ordnungsgemäße Dokumentation voraus. In manchen Fällen kann diese durch den Arzt nicht zeitnah angefertigt werden. Sich stapelnde Patientenkarteien werden am Wochenende vom Arzt bearbeitet und die von ihm erbrachten Leistungen werden nachträglich eingetragen. In diesen Fällen kann sich der Arzt nicht immer mehr genau an das erinnern, was er am Patienten gearbeitet hat, und wird (gelegentlich) weitergehende Leistungen abrechnen. Die übermäßige bürokratische Belastung vieler Ärzte führt also zu fehlerhaften Abrechnungen. Ein Täuschungsvorsatz sollte in solchen Fällen nur aufgrund eindeutiger Indizien angenommen werden.

e) Der Pauschalierer

Oft arbeitet der Arzt mit EDV-Programmen, die bei Angabe einer Diagnose oder einer Behandlungsart kombinierbare Leistungsziffern, die von der Kassenärztlichen Vereinigung akzeptiert werden, in die Abrechnung eintragen. Die tatsächlich vom Arzt geleistete Arbeit wird nicht berücksichtigt. Eine Korrektur der durch das EDV-Programm gemachten Vorgaben findet durch den Arzt nicht statt. Vergleichbar sind die Fälle, in denen entsprechende allgemeine Anweisungen an die Arzthelferinnen gegeben wurden. Auch in derartigen Fallgestaltungen sollte nicht vorschnell Täuschungsvorsatz angenommen werden.

f) Die falsche Kombination der Leistungen

Manche Leistungsziffern dürfen nicht zusammen mit anderen Leistungsziffern abgerechnet werden, da die mit der einen Ziffer vergütete Leistung als Teilmenge bereits in der anderen umfangreicheren Leistungsziffer enthalten ist.

Entsprechende Warnhinweise in Rundschreiben der Kassenärztlichen Vereinigungen, in denen auf den Widerspruch in den Abrechnungen hingewiesen werden, können ein Indiz für das Wissen des Arztes sein. Wurde der Arzt in einem kassenrechtlichen Abrechnungsverfahren bereits auf seine unkorrekte Abrechnung hingewiesen oder wurden ihm Leistungsziffern in früheren Abrechnungen bereits durch die Kassenärztliche Vereinigung gestrichen, so dürfte der Nachweis einer Täuschungshandlung und des entsprechenden Vorsatzes unproblematisch sein.

g) Der unwirtschaftliche Behandler

Die kassenärztliche Versorgung umfasst nur solche Leistungen, die zweckmäßig, notwendig und wirtschaftlich sind. Leistungen, die für den Heilerfolg nicht notwendig oder unwirtschaftlich sind, kann der Versicherte nicht verlangen und der an der kassenärztlichen Versorgung teilnehmende Arzt darf sie nicht verordnen.[24]

h) Die Arztpraxis im Krankenhaus

In vielen Fällen gehen Krankenhäuser dazu über, Teile der zuvor in der Klinik erbrachten Leistungen an niedergelassene Ärzte zu vergeben, die oft in den Räumen des Krankenhauses praktizieren (z. B. Radiologen oder Pathologen).

Delegieren nun diese Ärzte ihre Arbeit in der Praxis auf ärztliche Mitarbeiter der Klinik, so können sie gegenüber der Kassenärztlichen Vereinigung bzw. der Krankenkasse einen Ab-

---

[24] BGH NStZ 1993, 388.

rechnungsbetrug begehen, da diese (Klinik-)Ärzte gegenüber der Kasse nicht abrechnungsberechtigt sind und der Arzt mit seiner Abrechnung erklärt, die Leistungen selbst erbracht zu haben.[25] Auch hier ist jedoch das Problem des Vermögensschadens zu beachten.[26]

i) Die Gefälligkeitsbehandlung oder die falsche Diagnose

22 Oft wünschen Patienten ärztliche Leistungen oder Verordnungen, die ihnen aufgrund der Bestimmungen der Krankenkasse nicht oder so nicht zustehen.

Will nun etwa der Patient, etwa für den bevorstehenden Urlaub, Massagen verschrieben haben, die bei seiner Erkrankung nicht verordnet werden dürfen, wird in vielen Fällen die Diagnose verändert, um eine abrechenbare Leistung zu erhalten.

j) „Die Kasse zahlt nicht"

23 Dem Patienten wird durch den behandelnden Arzt vorgetäuscht, dass eine bestimmte Leistung, die an sich medizinisch indiziert sei, von den gesetzlichen Krankenkassen nicht übernommen werde und der Patient diese Leistung selber erstatten müsse. Der Patient wird hier entweder über die Leistungspflicht der Kasse oder die medizinische Notwendigkeit der Untersuchung bzw. Behandlung getäuscht.

Im umgekehrten Fall werden gegenüber der Kassenärztlichen Vereinigung Befunde vorgetäuscht, um die erbrachte, eigentlich nicht abrechenbare Leistung doch abrechnen zu dürfen. So wird etwa ein allgemeines Screening nach Tumormarkern im Blut nicht von den gesetzlichen Krankenkassen bezahlt. Wird aber eine entsprechende Verdachtsdiagnose gestellt, so kann eine derartige Untersuchung abgerechnet werden. Allerdings muss – auch im Interesse der Patienten – einem behandelnden Arzt bei der Feststellung eines Erkrankungsverdachts ein erheblicher Entscheidungsspielraum zugebilligt werden.

k) Der Grabsteinbehandler

24 An sich endet die ärztliche Tätigkeit mit dem Tod des Patienten bzw. der sich gegebenenfalls anschließenden Sektion. Genauso, wie Versicherungsvertreter schon seit Jahren Versicherungsverträge für bereits Verstorbene abschließen, um so die Abschlussprovision zu erschwindeln, finden sich immer wieder Ärzte, die zumindest im laufenden Quartal noch Scheinbehandlungen abrechnen. Da die Kassenärztlichen Vereinigungen üblicherweise keine Daten darüber haben, ob ein Versicherter noch lebt oder nicht, können diese Behandlungen bei den normalen Plausibilitätsprüfungen durch die Kassenärztlichen Vereinigungen nicht entdeckt werden.

l) Der Laborarzt

25 Bei laborärztlichen Leistungen wird unterschieden zwischen solchen, die der Arzt in eigener Praxis erbringt, solchen, die in einer Laborgemeinschaft durchgeführt werden, und solchen, die der Arzt an einen Laborarzt weitergegeben hat. Bei den in eigener Praxis erbrachten Leistungen und den Untersuchungen durch die Laborgemeinschaft rechnet der niedergelassene Arzt die Leistung selbst ab, bei der Überweisung an den Laborarzt bekommt dieser unmittelbar das Honorar.

Bei Laborleistungen handelt es sich um Massenuntersuchungen, bei denen eine hohe Stückzahl zu einem Absinken der Kosten führt. Laborärzte erwirtschaften teilweise in die Millionen gehende Umsätze.

Manche Laborärzte geben einen Teil des durch die Massenuntersuchungen angewachsenen Gewinnes an ihre Auftraggeber, den einzelnen niedergelassenen Arzt, weiter. Dies geschieht beispielsweise durch nicht gebuchte „schwarze" Zahlungen, mit denen der niedergelassene Arzt unzulässig an den Leistungen des Laborarztes beteiligt wird.

26 In anderen Fällen ist der niedergelassene Arzt an einer Laborgemeinschaft beteiligt. Diese Laborgemeinschaft ist aber in Wirklichkeit eine Außenstelle des Laborarztes. Laborgemein-

---

[25] BGH wistra 1998, 329 mit Anmerkung *Gaizig*.
[26] S. Rn. 32.

II. Der Abrechnungsbetrug

schaften als vertragsärztliche Leistungserbringungsgemeinschaften[27] sind nur unter den Voraussetzungen der §§ 15 Abs. 3 des Bundesmantelvertrags für Ärzte (BMV)[28] bzw. 14 Abs. 2 des Bundesmantelvertrags für Ärzte/Krankenkassen (EKV)[29] zulässig.[30]

Der Arzt rechnet in solchen Fällen die Kosten für die Untersuchung selbst gegenüber der Krankenkasse oder dem Patienten ab und bezahlt die Kosten an die Laborgemeinschaft. Der hier von ihm zu zahlende Preis wird abhängig von der Anzahl der Überweisungen an den Laborarzt gestaffelt. Um besonders günstige Preisstaffelungen zu erreichen, ist der niedergelassene Arzt natürlich versucht, beim Laborarzt medizinisch an sich nicht erforderliche und besonders teure Laborleistungen in Auftrag zu geben. Gerade bei Laborleistungen ist es besonders einfach, Gebührenziffern, die tatsächlich nicht erbracht wurden, abzurechnen.

Der Laborarzt begeht in manchen Fällen auch dadurch Betrug, dass er einen weiteren Laborarzt zum Schein anstellt. Dieser Arzt erbringt in Wirklichkeit keine eigenen Leistungen im Labor. Der Laborarzt erreicht aber hierdurch, dass er aufgrund der Anzahl der von ihm beschäftigten Ärzte von der Kassenärztlichen Vereinigung ein höheres Honorarbudget zugewiesen bekommt.

27

5. Strafrechtliche Bewertung

In all den oben beispielhaft dargestellten Fällen spiegelt der Arzt gegenüber der Kassenärztlichen Vereinigung bzw. der Krankenkasse vor, er habe die Leistungen, so wie von ihm abgerechnet, erbracht und seine Abrechnung entspreche den Bestimmungen über die Leistungserbringung.

28

Einen Anspruch auf Bezahlung der von ihm abgerechneten Leistungen hat der Vertragsarzt aber nur, wenn er die Voraussetzungen der jeweiligen von ihm abgerechneten Leistungsziffern in vollem Umfang erbracht hat. Hierüber täuscht er in den Fällen des Abrechnungsbetruges.

Der abrechnende Arzt sichert bei der Quartalsabrechnung der Kassenärztlichen Vereinigung zumindest konkludent zu, dass die von ihm abgerechnete Leistung unter die entsprechende Leistungsbeschreibung der Gebührenziffer fällt, dass seine Leistung zu den kassenärztlichen Versorgungsleistungen gehört und dass diese nach dem allgemeinen Bewertungsmaßstab abgerechnet werden darf.[31]

29

Gegenüber der Kassenärztlichen Vereinigung gibt der Vertragsarzt bei Vorlage der Quartalsabrechnung eine umfangreiche Erklärung über die Richtigkeit und Vollständigkeit seiner Abrechnung ab (vgl. Muster im Anhang zu diesem Kapitel).

Ein erstes Sonderproblem ergibt sich insofern, als die Täuschung in einer unzutreffenden Tatsachenbehauptung bestehen muss („falsche Tatsache" i. S. v. § 263 StGB[32]). Nach ganz überwiegender Meinungen stellen Rechtsbehauptungen keine Behauptungen über Tatsachen dar.[33] Es wird deshalb vertreten, dass die (ungerechtfertigte) Geltendmachung einer Forderung keine (unzutreffende) Tatsachenbehauptung, sondern die Äußerung einer Rechtsansicht darstelle und als solche nicht dem Betrugstatbestand unterfalle.[34]

30

---

[27] *Möller*, MedR 1998, 60.
[28] Bundesmantelvertrag für Ärzte, abgedruckt unter http://www.kvwl.de/arzt/recht/kbv/bmv-ae/bmv-ae.pdf.
[29] Bundesmantelvertrag für Ärzte/Ersatzkassen, abgedruckt unter http://www.kvwl.de/arzt/recht/kbv/ekv/ekv.pdf.
[30] Zu beachten sind hier jedoch die §§ 15 Abs. 4 BMV bzw. 14 Abs. 3 EKV, die einen Zusammenschluss von Vertragsärzten bei gerätebezogenen Untersuchungsleistungen zur gemeinschaftlichen Leistungserbringung von Laboratoriumsleistungen des Abschnitts 32.2 des Einheitlichen Bewertungsmaßstabes mit Wirkung ab 1. Januar 2009 ausschließen.
[31] BGH wistra 1992, 253 ff.
[32] Streng genommen können freilich „Tatsachen" nicht falsch sein, sondern nur Behauptungen über Tatsachen. Die Formulierung des § 263 StGB, die Fehldeutungen provoziert, ist deshalb missverständlich.
[33] *Fischer*, StGB, § 263 Rn. 11.
[34] *Ulsenheimer*, Arztstrafrecht, 14/27.

Dem Problem lässt sich begegnen, wenn man in der Geltendmachung einer Forderung zugleich eine konkludente Behauptung des die Forderung tragenden Sachverhaltes sieht.[35] So würde z. B. in einer ärztlichen Abrechnung nicht bloß eine Forderung erhoben, sondern ein bestimmter Sachverhalt (unzutreffend) dargestellt. Ein zweiter Ausweg liegt darin, in der Äußerung einer Rechtsansicht die Aussage über die Rechtslage in Deutschland, z. B. über die Entscheidungspraxis von Gerichten, zu erblicken. Auch auf diese Weise lässt sich eine Tatsachenaussage annehmen.[36]

31 Die Fehlvorstellung des Getäuschten muss nicht in allen Details konkretisiert sein, vielmehr reicht die Vorstellung aus, es sei „alles in Ordnung".[37] Zweifel beim Adressaten schließen das Vorliegen eines Irrtums nicht aus.[38]

32 Problematisch ist aber die Annahme eines Vermögensschadens i. S. v. § 263 StGB, wenn der Falschabrechnung eine ansonsten lege artis durchgeführte ärztliche Leistung gegenübersteht.[39] Schwierig zu entscheiden sind vor allem diejenigen Fälle, in denen dem Arzt lediglich eine „Berufsordnungswidrigkeit" vorzuwerfen ist.[40] Da der Betrugstatbestand nur das Vermögen schützt, nicht aber die Einhaltung von Verfahrens- oder Abrechnungsvorschriften des Sozialversicherungsrechts, kommt ein Betrug nicht in Betracht, wenn die erbrachte Leistung „ihr Geld wert" ist, auch wenn aus formalen Gründen kein Honoraranspruch entstanden ist. Die entgegenstehende Rechtsprechung des BGH[41] zum Abrechnungsbetrug verdient keine Zustimmung,[42] da sie den Schadensbegriff verwässert, zumal sie kaum mit der neueren Judikatur des BVerfG zum wirtschaftlichen Schadensbegriff bei der Untreue (§ 266 StGB)[43] in Einklang gebracht werden kann.[44]

33 Bei Abrechnung gegenüber der Kassenärztlichen Vereinigung ist das Quartal der Abrechnungszeitraum. Mehrere Falschabrechnungen in unterschiedlichen Quartalen stehen daher zueinander in Tatmehrheit, § 53 StGB.[45]

Subjektiv ist zu unterscheiden zwischen Falschabrechnungen, die der Arzt bewusst durchführt, d. h., bei denen er weiß, dass er die Leistung nicht oder nicht so erbracht hat, und solchen Falschabrechnungen, bei denen es um die Auslegung der einzelnen Leistungsziffern geht.[46] Angesichts der Komplexität der Abrechnungsprozeduren und des durch sie erzeugten teilweise erheblichen bürokratischen Aufwands bedarf die Annahme eines Täuschungsvorsatzes klarer Indizien.

Wurde der Arzt jedoch durch die Kassenärztliche Vereinigung bereits darauf hingewiesen, dass er die Leistungsbeschreibung falsch auslegt, und rechnet er weiterhin so ab, dürfte sich der Nachweis vorsätzlichen Handelns einfacher gestalten. In diesen Fällen sollten immer entsprechende Vernehmungen bei der Kassenärztlichen Vereinigung geführt werden.

6. Die Aufgaben der Kassenärztlichen Vereinigungen

a) Kontrollinstrumentarien

34 Um unrichtige Abrechnungen feststellen zu können, haben die Kassenärztlichen Vereinigungen ein mehrstufiges Kontrollsystem entwickelt, mit dem nach der sachlich-rechnerischen

---

[35] *Schroth/Joost*, in *Roxin/Schroth* (Hg.), Handbuch des Medizinstrafrechts, S. 179, 191.
[36] *Hilgendorf*, Tatsachenaussagen und Werturteile, S. 205 ff.
[37] BGHSt 24, 386 ff. (389).
[38] BGH NJW 2003, 1198 ff.; *Ellbogen/Wichmann*, MedR 2007, 12.
[39] Eingehend *Herffs*, Abrechnungsbetrug, S. 116 ff.
[40] *Schroth/Joost*, in *Roxin/Schroth* (Hg.), Handbuch des Medizinstrafrechts, S. 179, 195.
[41] Zuletzt BGHSt 57, 95 ff (113 f.) mit ablehnender Besprechung von *Jäger, Ch.*, Zeitschrift für Wirtschaftsstrafrecht und Haftung im Unternehmen (ZWH)2012, 185 ff.
[42] Wie hier *Schroth/Joost*, in *Roxin/Schroth* (Hg.), Handbuch des Medizinstrafrechts, S. 179, 196 f.; abwägend *Singelstein*, wistra 2012, 417 ff.
[43] BVerfGE 126, 170 ff. = NJW 2010, 3209 ff.
[44] Dies betont *Dann*, NJW 2012, 2001 ff.
[45] BGH NStZ 1992, 436 (noch zum Gesamtvorsatz).
[46] *Mühlhausen*, Zeitschrift für ärztliche Fortbildung und Qualitätssicherung 1998, 614 ff., 615.

II. Der Abrechnungsbetrug

Richtigkeit zunächst nur statistische Auffälligkeiten eines Arztes festgestellt werden und erst in einer weiteren Stufe aufwendige Einzelfallprüfungen vorgenommen werden.[47]

Mit Abgabe seiner Quartalsabrechnung gibt der Vertragsarzt nach § 295 Abs. 1 SGB V folgende Daten an die Kassenärztliche Vereinigung: 35
- Patientenname, -vorname, Geburtsdatum
- Krankenkassenzugehörigkeit und Versicherungsnummer
- Diagnosen
- Behandlungstage
- Abgerechnete Leistungen bezogen auf den Behandlungstag und
- Einlesedatum der Chipkarte.

Nach § 295 Abs. 1a SGB V kann bzw. muss der Vertragsarzt bei einer Prüfung durch die Kassenärztliche Vereinigung eigene und fremde Befunde, seine Dokumentation und Röntgenbilder etc. vorlegen.

b) Sachlich-rechnerische Richtigkeit

Zunächst wird die sachlich-rechnerische Richtigkeit der Abrechnung durch Verwaltungsangestellte der Kassenärztlichen Vereinigung überprüft, § 106a Abs. 2 SGB V, § 45 BMV-Ärzte.[48] Hierbei geht es z.N. um die Frage, ob der Arzt zur vertragsärztlichen Versorgung überhaupt zugelassen ist oder ob er die richtigen Gebührennummern verwendet hat. Werden bei der Abrechnung Fehler festgestellt, so zieht dies eine entsprechende Honorarkürzung nach sich. 36

c) Plausibilitätsprüfung

Bei der Plausibilitätsprüfung, § 106a Abs. 3 SGB V, § 46 BMV-Ärzte, erfolgt eine EDV-gestützte Überprüfung der Abrechnung des Arztes dahingehend, ob er die abgerechneten Leistungen in der ihm zur Verfügung stehenden Zeit tatsächlich hat erbringen können.[49] 37

Geprüft werden hier im Wesentlichen das Zeitvolumen, die Fallzahlentwicklung und das Überweisungsverhalten des Arztes.

Die Auswahl der Ärzte erfolgt nach dem Stichprobenverfahren anhand einer Prüfliste, §§ 106, 297 SGB V.

Für die Prüfung werden alle Leistungsziffern durch die Kassenärztliche Vereinigungen mit einem Zeitfaktor versehen. Mit EDV-Unterstützung wird nun festgestellt, welche Zeit der Arzt für die von ihm abgerechneten Leistungen benötigen würde.

Die hierbei für eine Leistung zu Grunde gelegten Zeitwerte sind jedoch meist sehr gering, d. h. es wird wesentlich weniger Zeit angenommen, als sie der Arzt tatsächlich benötigt. Hierdurch werden nur deutlich auffällige Behandler erfasst. Erst bei einer Überschreitung der Durchschnittswerte um 40 % wird von einem „auffälligen Missverhältnis" gesprochen, das zu Honorarkürzungen führen kann.[50]

d) Wirtschaftlichkeitsprüfung

Nach § 12 SGB V müssen die Leistungen des Vertragsarztes ausreichend, zweckmäßig und wirtschaftlich sein; sie dürfen das Maß des Notwendigen nicht überschreiten.[51] Während bei der Plausibilitätsprüfung danach gefragt wird, ob eine Leistung richtig abgerechnet wurde und ob die Leistungserbringung möglich war, geht es bei der Wirtschaftlichkeitsprüfung darum, ob die erbrachte Leistung nötig war.[52] 38

---

[47] *Freitag*, Abrechnungsbetrug, S. 58 ff.; *Frister/Lindemann/Peters*, Arztstrafrecht, S. 131 ff.
[48] *Frister/Lindemann/Peters*, Arztstrafrecht, S. 132.
[49] Eingehend *Steinhilper*, in *Rieger/Dahm/Steinhilper*, Heidelberger Kommentar, Abschnitt 4160.
[50] *Clemens*, in Laufs/Kern, Handbuch des Arztrechts, § 36 Rn. 76.
[51] Überblick zu den Anforderungen des § 12 Abs. 1 SGB V bei *Kruse*, in *Kruse/Hänlein*, Sozialgesetzbuch V, § 12 Rn. 5 ff.
[52] Eingehend zur Wirtschaftlichkeitsprüfung *Dahm/Hofmayer*, in *Rieger/Dahm/Steinhilper*, Heidelberger Kommentar, Abschnitt 5560.

e) Einzelfallprüfung

39 Die Kassenärztlichen Vereinigungen beschäftigen sog. **Prüfärzte**. Hierbei handelt es sich um erfahrene Vertragsärzte, die die Abrechnung eines auffällig gewordenen Arztes überprüfen.[53] Während bei den bisher dargestellten Überprüfungsinstrumentarien nur mit Annäherungswerten oder statistischen Auffälligkeiten gearbeitet wurde und eine automatische Auswertung mit EDV vorgenommen wurde, erfolgt jetzt eine Einzelfallüberprüfung der Abrechnung des Arztes.

f) Sanktionensystem der Kassenärztlichen Vereinigung

40 Die Reaktionsmöglichkeiten der Kassenärztlichen Vereinigung auf unrichtige oder überzogene Abrechnungen sind weit gespannt und reichen von der Beanstandung bis hin zum Entzug der Vertragsarztzulassung.

Bei Verstößen gegen Abrechnungsvorschriften können nach Vertragsarztrecht Disziplinarmaßnahmen festgesetzt oder die Zulassung zur Vertragsarztbehandlung entzogen werden. § 81 Abs. 5 SGB V bestimmt, dass die Satzungen der Kassenärztlichen Vereinigungen hierüber nähere Bestimmungen enthalten müssen.[54]

Zulässige Maßnahmen sind hiernach:
- Verwarnung
- Verweis
- Geldbuße bis zu 10 000 Euro und
- Ruhen der Zulassung bzw. der vertragsärztlichen Beteiligung bis zu 2 Jahren.

Der Entzug der Vertragsarztzulassung richtet sich nach § 95 Abs. 6 SGB V und ist insbesondere dann zulässig, wenn der Vertragsarzt seine Pflichten gröblich verletzt.[55]

41 Daneben greifen bei Verstößen gegen Abrechnungsvorschriften auch berufsrechtliche Bestimmungen, so in Bayern z. B. das Heilberufe-Kammergesetz.[56] Berufsrechtlich sind danach bei Verstößen die folgenden abgestuften Reaktionen zulässig:
- Rüge durch den Vorstand des ärztlichen Bezirksverbandes, Art. 38 HKaG
- Verweis, Art. 67 Abs. 1 Nr. 1 HKaG
- Geldbuße bis 50 000 Euro, Art. 67 Abs. 1 Nr. 2 HKaG
- Entziehung der Delegierteneigenschaft oder der Mitgliedschaft oder eines Amts in Organen der Berufsvertretung, Art. 67 Abs. 1 Nr. 3 HKaG
- Entziehung der Wählbarkeit zum Delegierten oder in Organe der Berufsvertretung bis zur Dauer von fünf Jahren, Art. 67 Abs. 1 Nr. 4 HKaG
- Ausschluss aus der Berufsvertretung, wenn die Mitgliedschaft freiwillig ist, Art. 67 Abs. 1 Nr. 5 HKaG.

In der Praxis wird am meisten von der Möglichkeit der Honorarkürzung Gebrauch gemacht. Ist der Arzt mit dieser Maßnahme einverstanden, so unterbleibt in aller Regel eine Strafanzeige.

g) Das Anzeigeverhalten der Kassenärztlichen Vereinigungen

42 Die Kassenärztlichen Vereinigungen sind diejenigen Institutionen, die aufgrund ihrer Abrechnungs- und Prüfaufgabe am ehesten Kenntnis von Abrechnungsmanipulationen des Arztes haben. Entsprechende Kenntnisse führen aber nur in wenigen Fällen dazu, dass gegen den Arzt Strafanzeige erstattet wird.

Dieses restriktive Anzeigeverhalten lässt sich damit begründen, dass die Vertreter der Kassenärztlichen Vereinigungen gegenüber ihren Mitgliedern eine besondere Verantwortung besitzen. Angesichts des verheerenden und teilweise existenzbedrohenden Ansehensverlustes,

---

[53] Seit Januar 2008 sind die Prüfer nicht mehr ehrenamtlich tätig, sondern arbeiten im Rahmen hauptamtlich geführter Prüfungsstellen, vgl. *Frister/Lindemann/Peters*, Arztstrafrecht, S. 133.
[54] So z. B. § 18 der Satzung der Kassenärztlichen Vereinigung Bayerns.
[55] *Walter*, in *Spickhoff*, Medizinrecht, § 95 SGB V Rn. 51.
[56] Gesetz über die Berufsausübung, die Berufsvertretungen und die Berufsgerichtsbarkeit der Ärzte, Zahnärzte, Tierärzte, Apotheker sowie der Psychologischen Psychotherapeuten und der Kinder- und Jugendlichenpsychotherapeuten (Heilberufe-Kammergesetz – HKaG) in der Fassung der Bekanntmachung vom 6. Februar 2002, GVBl 2002, 42.

II. Der Abrechnungsbetrug

den etwa die Durchsuchung einer Arztpraxis mit sich bringt (auch wenn das Verfahren später durch die Staatsanwaltschaft eingestellt wird!), ist eine gewisse Zurückhaltung der Kassenärztlichen Vereinigungen nachvollziehbar. Sie sollte allerdings nicht soweit reichen, klare Fälle von Fehlverhalten zu decken, denn dadurch wird nicht nur das eigene Verhalten in einen strafrechtlichen Graubereich gezogen (§§ 257, 258 StGB), sondern auch der gute Ruf der Ärzteschaft gefährdet.

Folgende Indikatoren können Anhaltspunkte für betrügerisches Verhalten eines Arztes sein: 43
- Unrichtige Abrechnungen über mehr als ein Quartal
- Durchschnittlich mehr als 14 Stunden Arzt-Patienten-Kontakt täglich über einen längeren Zeitraum hinweg
- Leistungsziffernsplitting oder gehäuftes Auftreten von identischen Abrechnungsketten
- Einsatz von nicht genehmigten Assistenten oder von „Strohärzten".

Zumindest im Bereich einiger Kassenärztlicher Vereinigungen scheint sich das Anzeigeverhalten verbessert zu haben. Inwieweit dies mit der Einführung der Stelle nach § 81a SGB V (s. u. 7.) zusammenhängt, bedarf weiterer Klärung. Soweit sich die Annahme geradezu aufdrängt, dass der Arzt vorsätzlich falsch abgerechnet hat, der durch die Falschabrechnung verursachte Schaden aber durch die Kassenärztliche Vereinigung nicht zurück gefordert wird, können sich die Verantwortlichen der Kassenärztlichen Vereinigung auch der Untreue gegenüber der Kassenärztlichen Vereinigung strafbar machen. 44

Letztlich ist eine externe Überprüfung ärztlicher Abrechnung verbunden mit einer Anzeigepflicht zu fordern. Genauso wie es kommunale Prüfungsverbände, Rechnungshöfe im Bereich der öffentlichen Haushalte und selbstständige Revisionsabteilungen in der Wirtschaft gibt, sollte auch diejenige Einrichtung, die für die Verteilung des Geldes zuständig ist, von der Institution, die die korrekte Abrechnung überprüft, getrennt und verselbstständigt werden. Mit Unabhängigkeit versehen und unter dem Schutz einer Anzeigepflicht könnt dem Abrechnungsbetrug wirksamer begegnet werden. Nennenswerte Personalmehrkosten dürften dadurch nicht entstehen, da das Prüfungspersonal bei den Kassenärztlichen Vereinigungen bereits vorhanden ist. 45

7. Stelle nach § 81a SGB V

Durch das Gesetz zur Modernisierung der gesetzlichen Krankenversicherung vom 14.11.2003[57] wurde eine Stelle zur Bekämpfung von Fehlverhalten im Gesundheitswesen geschaffen, die mittlerweile bei allen Kassenärztlichen Vereinigungen eingerichtet wurde. 46

Entsprechende Stellen wurden nach § 197a SGB V für den Bereich der Krankenkassen und nach § 47a SGB XI für die Pflegeversicherung eingerichtet.[58]

Diese Stellen sollen Fällen des Abrechnungsbetruges nachgehen. § 81a IV SGB V (das Nachstehende gilt entsprechend für die Stellen nach § 197a SGB V und § 47a SGB XI) enthält eine eingeschränkte („sollen") Anzeigepflicht der Kassenärztlichen Vereinigungen, die Anzeige erstatten „sollen", wenn die Prüfung ergibt, dass ein Anfangsverdacht auf strafbare Handlungen mit nicht nur geringfügiger Bedeutung für die gesetzliche Krankenversicherung bestehen könnte. 47

In der Praxis ist streitig, wann ein Fall von nicht nur geringfügiger Bedeutung vorliegt. Nach dem Wortlaut der Norm ließe sich vermuten, es müsse sich um einen Fall von nicht nur geringfügiger Bedeutung für die gesetzliche Krankenversicherung handeln. Dies dürfte allerdings erst bei Größenordnung von mehreren tausend Euro anzunehmen sein. Gegen diese Auslegung spricht entscheidend, dass eine Anzeigepflicht erst ab einigen 1000 Euro 48

---

[57] BGBl. I 2190 (Nr. 55).
[58] Diese Stellen sind eine Reaktion auf besonders spektakuläre Betrugs- und Korruptionsfälle im Gesundheitswesen, vgl. *Dahm/Schmidt*, in *Rieger/Dahm/Steinhilper*, Heidelberger Kommentar, Abschnitt 1780 Rn. 17. Ob sie den in sie gesetzten Erwartungen gerecht geworden sind, ist fraglich, dazu die Antwort der Bundesregierung auf eine Kleine Anfrage der Fraktion Bündnis 90/Die Grünen vom 28.2.2011, BTDrs. 17/4943.

Schadenshöhe zu einer nicht zu rechtfertigenden Privilegierung straffällig gewordener Ärzte gegenüber anderen Sozialleistungsbeträgern führen würde. Denkbar erscheint es, auf den strafprozessualen Geringfügigkeitsbegriff (§ 153 StPO) abzustellen.[59] Exakter und einfacher anzuwenden ist allerdings eine Anlehnung an den Begriff des geringen Schadens („geringwertige[r] Sachen") nach § 248a StGB. Dieser Lösung gebührt deshalb der Vorrang.

Inwieweit die Einrichtung der Stelle nach § 81a SGB V tatsächlich zu einem erhöhten Anzeigeaufkommen führen kann, ist zweifelhaft. Selbst wenn die Verantwortlichen der Stelle in den meisten Fällen den Verantwortlichen der Kassenärztlichen Vereinigung eine Strafanzeige gegen den Arzt empfehlen werden, besteht in der Praxis jedoch ein weiterer, nicht zu unterschätzender „Filter": die Stelle kann ihre Aufgabe nur dann erfüllen, wenn ihr von der Verwaltung der Kassenärztlichen Vereinigung auffällige Ärzte zur Prüfung vorgelegt werden. Soweit nicht durch die Verwaltung der Kassenärztlichen Vereinigung alle Ärzte, die in der Plausibilität oder auf sonstige Weise auffällig geworden sind, der Stelle nach § 81a SGB V vorgelegt werden, wird eine nicht der Intention des Gesetzgebers entsprechende Vorprüfung vorgenommen.

49 Wichtig ist jedenfalls, dass sich die Kassenärztlichen Vereinigungen und die bei ihnen eingerichteten Stellen nach § 81a SGB V auf eine rein büromäßige Überprüfung beschränken und nicht an den verdächtigen Arzt herantreten, um damit nicht staatsanwaltschaftliche Ermittlungsmaßnahmen bereits im Vorfeld überflüssig zu machen. Nur durch die frühzeitige Unterrichtung der Staatsanwaltschaft kann einerseits die Vernichtung von Beweismitteln durch den kriminell gewordenen Arzt verhindert und andererseits weiterer Schaden von der Versichertengemeinschaft abgewendet werden.

8. Die Unterstützung durch die Krankenkassen

50 Die Krankenkassen haben das Problem der Überprüfung der ärztlichen Abrechnung durch die Kassenärztlichen Vereinigungen erkannt. In manchen Fällen ist den Kassenärztlichen Vereinigungen auch eine vollständige Überprüfung der ärztlichen Abrechnung nicht möglich, da der Krankenkasse Daten vorliegen, die der Kassenärztlichen Vereinigungen nicht bekannt sind.

Die Krankenkassen haben daher, bereits bevor die Stellen nach § 197a SGB V durch den Gesetzgeber eingeführt wurden, Prüfgruppen eingerichtet, die die Abrechnungen einzelner Ärzte überprüfen. Im Gegensatz zu den Kassenärztlichen Vereinigungen haben die Krankenkassen etwa Zugriff auf den Versicherungsverlauf und auf die jeweils ausgestellten Rezepte.

Insbesondere das Verschreibungsverhalten mancher Ärzte kann hier genauso überprüft werden wie der ständige Arztwechsel einzelner Patienten, um so mehr Arzneimittel verschrieben zu bekommen.

9. Abrechnungsmanipulationen beim Privatpatienten

51 Privatpatienten bringen den eigentlichen Ertrag in der Praxis des Arztes. Während bei den Kassenpatienten aufgrund des nur begrenzt zur Verfügung stehenden Budgets und der Vergleichspunktzahlen nur eingeschränkt eine rechtswidrige und betrügerische Mehrung der Einnahmen möglich ist, bietet der Privatpatient dem kriminellen Arzt ein fast unerschöpfliches Reservoir für betrügerische Abrechnungen.[60]

Die Abrechnungsmanipulationen, wie sie oben[61] für den Kassenpatienten geschildert wurden, sind grundsätzlich auch zulasten des Privatpatienten einsetzbar. Abweichungen und Ergänzungen werden im Folgenden dargestellt.

---

[59] So etwa *Auktor*, in Kruse/Hänlein, SGB V § 81a Rn. 13; *Engelhard*, in Hauck/Noftz, K 81a SGB V Rn. 15.
[60] Überblick bei *Ulsenheimer*, Arztstrafrecht, Rn. 14/18.
[61] Rn. 12 ff.

II. Der Abrechnungsbetrug

a) Abrechnungsmodus

Beim Privatpatienten kommt direkt zwischen diesem und dem Arzt ein Behandlungsvertrag zustande. Vertragsbeziehungen zwischen Krankenkasse und Arzt bestehen hier aber nicht. Auch ist die Kassenärztliche Vereinigung nicht in die Abrechnung der erbrachten Leistungen eingeschaltet.

Im Gegensatz zum Kassenpatienten erhält der Privatpatient von seinem behandelnden Arzt die Rechnung mit Aufgliederung der erbrachten Leistungen. Die Abrechnung erfolgt auf der Grundlage der GOÄ.[62]

Nach § 1 Abs. 2 Satz 1 GOÄ darf der Arzt Vergütungen nur für Leistungen berechnen, die nach den Regeln der ärztlichen Kunst für eine medizinisch notwendige ärztliche Versorgung erforderlich sind. Leistungen, die über das Maß einer erforderlichen ärztlichen Versorgung hinausgehen, dürfen nur dann berechnet werden, wenn sie auf Verlangen des Zahlungspflichtigen erbracht wurden, § 1 Abs. 2 Satz 2 GOÄ. Letztere sind nach § 12 Abs. 3 Satz 5 GOÄ in der Rechnung des Arztes gesondert auszuweisen.

Die einzelnen Gebührenwerte können durch einen **Multiplikator**, der abhängig von der Schwierigkeit und dem Umfang der ärztlichen Leistung im Einzelfall ist, erhöht werden, § 5 GOÄ.

In der Praxis hat sich eingebürgert, dass für nichtärztliche Leistungen oder für Laborleistungen grundsätzlich der 1,8 fache Satz und für ärztliche Leistungen der 2,3 fache Satz berechnet und von den Kassen bzw. den Beihilfestellen bezahlt wird. Eine weitere Erhöhung, meist auf den 3,5 fachen Satz, bedarf einer gesonderten Begründung durch den Arzt im Einzelfall.[63]

Die Rechnungen legt der Patient seiner Krankenkasse und/oder der Beihilfestelle vor und bezahlt den Betrag unmittelbar an den Arzt. Im Rahmen der jeweiligen Versicherungsbedingungen oder der Beihilfevorschriften bekommt der Patient eine Erstattung der an den Arzt zu zahlenden Beträge.

Die ärztliche Gebührenordnung ist für den Laien z. T. unübersichtlich und schwer durchschaubar. Auch hier entsteht für den Arzt die Versuchung, falsch oder unrichtig abzurechnen. Angriffsobjekt der Betrügereien ist im Allgemeinen die **private Krankenversicherung** und bei öffentlichen Bediensteten die **Beihilfestelle** und damit der Staat oder kommunale Dienststellen. Auch wenn der Patient die Einzelheiten der Rechnung in Hinblick auf seinen vollen Erstattungsanspruch häufig nicht voll überprüft, geht der Arzt, der kein besonderes Vertrauensverhältnis zum Patienten hat, ein höheres Entdeckungsrisiko als bei der Abrechnung gegenüber der Kassenärztlichen Vereinigung ein.

b) Beihilfestellen

Beamte bekommen einen bestimmten Prozentsatz der von ihnen in Anspruch genommenen ärztlichen Leistungen von der Beihilfestelle erstattet. Der Beihilfesatz liegt bei mindestens 50% und erhöht sich je nach der Anzahl der Kinder. Grundsätzlich ist es zulässig, die Arztrechnung oder das Rezept nicht im Original, sondern als Fotokopie einzureichen.

Die Leistungen der Beihilfestellen entsprechen in der Regel den Leistungen der privaten Krankenversicherungen. In Teilen (etwa bei der Zuzahlung zu Medikamenten oder bei Krankentransporten) sind die Leistungen der Beihilfe eher denen der gesetzlichen Krankenversicherungen angepasst.

Bei Vorlage des Beihilfeantrages unterschreibt der Beihilfeberechtigte, dass er etwaige Nachlässe, die ihm vom Arzt, der Apotheke, dem Physiotherapeuten oder für Heil- und Hilfsmittel gewährt werden, an die Beihilfestelle mitteilt. Die Beihilfe wird in diesen Fällen gekürzt oder anteilig zurückgefordert. Das Nichtmitteilen dieser Nachlässe stellt einen – in der Praxis weit verbreiteten – Betrug zum Nachteil der Beihilfestelle dar.

---

[62] Gebührenordnung für Ärzte in der Fassung der Bekanntmachung vom 9. Februar 1996 (BGBl. I S. 210), zuletzt geändert durch Artikel 17 des Gesetzes vom 4. Dezember 2001 (BGBl. I S. 3320).

[63] A. A. *Spickhoff*, in *Spickhoff* (Hg.), Medizinrecht, § 5 GOÄ Rn. 9.

56 Eine weitere Variante des Abrechnungsbetruges gegenüber der Beihilfestelle durch Beamte liegt vor, wenn etwa beide Elternteile je einen eigenen Beihilfeanspruch haben und beide Rechnungen für Kinder bei den jeweiligen Beihilfestellen eingereichen. Zwar wollen die Beihilfevorschriften dem vorbeugen, indem sie vorschreiben, dass in diesen Fällen nur Originalbelege eingereicht werden dürfen. Im Zeitalter von Laserdruckern und -kopierern ist es allerdings auch für den Laien kein Problem, Kopien herzustellen, die vom Original kaum zu unterscheiden sind, und so eine betrügerische Doppelabrechnung vorzunehmen.

c) Privatärztliche Verrechnungsstellen

57 Die Abrechnung der privatärztlichen Leistungen erfolgt teilweise über privatärztliche Verrechnungsstellen, deren Bedeutung aber in Hinblick auf die zunehmende Ausstattung der Arztpraxen mit EDV geschwunden ist. Nur wenige große Verrechnungsstellen haben überlebt.

Der Arzt teilt hier der jeweiligen Abrechnungsstelle Namen und Anschrift des Patienten, Diagnose und die erbrachten Leistungsziffern der GOÄ mit. Die Verrechnungsstelle erstellt für den Arzt die Rechnung, verschickt diese an den Patienten und nimmt den außergerichtlichen Forderungseinzug vor.

Nach § 10 Abs. 1 S. 1 Nr. 1 Rechtsdienstleistungsgesetz bedarf die Abrechnungsstelle der Registrierung ihrer Tätigkeit als Inkassounternehmen durch die zuständige Behörde

58 Die Abrechnung mit dem Arzt erfolgt teilweise rein im Wege des Inkassos. Hier leitet die Verrechnungsstelle die bei ihr eingezahlten Rechnungssummen nach Abzug des vereinbarten Honorars an den Arzt weiter.

In anderen Fällen erfolgt die Abrechnung auch über Factoring, indem die Verrechnungsstelle dem Arzt die Forderung abkauft und sie mit Versenden der Rechnung an den Patienten an den Arzt bezahlt. Üblich ist es aber, dass die Forderung, falls sie nicht innerhalb eines bestimmten Zeitraumes vom Patienten bezahlt wird, dem Arzt rückbelastet wird.

59 Der Patient muss der Einschaltung einer Verrechnungsstelle und damit der Weitergabe der Behandlungsdaten an diese ausdrücklich zustimmen. Die Abtretung einer ärztlichen oder zahnärztlichen Honorarforderung an eine gewerbliche Verrechnungsstelle, die zum Zwecke der Rechnungserstellung und Einziehung unter Übergabe der Abrechnungsunterlagen erfolgt, ist wegen **Verletzung der ärztlichen Schweigepflicht** (§ 203 I Nr. 1 StGB) gem. § 134 BGB nichtig, wenn der Patient ihr nicht zugestimmt hat.[64]

Für die Annahme einer stillschweigenden Einwilligung des Patienten in die Weitergabe der Abrechnungsunterlagen an eine gewerbliche Verrechnungsstelle zum Zwecke der Rechnungserstellung und Forderungseinziehung genügt es nicht, dass der Patient die ärztliche Behandlung in Anspruch nimmt, nachdem er schon früher Rechnungen des Arztes durch diese Verrechnungsstelle erhalten und bezahlt hat.[65]

60 Je nach Gestaltung des Vertrages der Verrechnungsstelle mit dem Arzt begeht diese Betrug bzw. Untreue, wenn sie Gelder von Patienten einzieht und diese Forderung zuvor dem Arzt gegenüber nicht bezahlt hat oder wenn sie im Wege des Inkasso eingezogene Gelder nicht an der Arzt weiterleitet. Durch das Einbehalten der Patientengelder kann sich die Verrechnungsstelle Kredit verschaffen, um fehlende Liquidität auszugleichen.

Es sind auch Fälle bekannt geworden, in denen die Verrechnungsstelle dem Arzt eine „günstige Anlage" der vereinnahmten Gelder anbot und ihm so das „Unterbringen" von Schwarzgeldern ermöglichte. Der Inhaber der Verrechnungsstelle hatte hier in Luxemburg eine eigene Firma gegründet, die die Anlage der Schwarzgelder und die Rücküberweisung der erwirtschafteten Zinsen übernommen. Die Verrechnungsstelle hat sich in diesen Fällen zumindest der Beihilfe zur Steuerhinterziehung schuldig gemacht.

61 Manche kriminelle Verrechnungsstellen bieten dem Arzt auch den Service einer **„maximalen" Abrechnung**. Hier ist es nicht der Arzt, der der Abrechnungsstelle die einzelnen von ihm erbrachten Leistungsziffern mitteilt. Mitgeteilt wird nur eine Diagnose oder ein Oberbegriff der erbrachten Leistung (z. B. „Blinddarmoperation"). Die Abrechnungsstelle erstellt

---

[64] BGHZ 115, 123.
[65] BGH NJW 92, 2348.

II. Der Abrechnungsbetrug

dann die Patientenrechnung unter Zugrundelegung aller bei einer derartigen Behandlung üblicherweise vorkommenden Leistungen – egal, ob wirklich durchgeführt oder nicht.

„Optimierungen" der Abrechnung erfolgen etwa auch bei zeitbezogenen Leistungen. So kostet etwa eine durchgeführte Narkose für jede begonnene halbe Stunde einen bestimmten Betrag. Im „Bedarfsfall" wird die Narkosedauer von 2:25 Stunden auf 2:35 Stunden angehoben – und schon ist mehr verdient!

Bei einer anderen Fallgestaltung werden der Abrechnungsstelle vom Arzt Vorgaben bezüglich der Gesamtkosten der Operation gemacht. Die Abrechnungsstelle stellt dann – EDV-gestützt – die Leistungsziffern entsprechend zusammen.

d) Betrug durch unrichtige Berechnung des Gebührenfaktors

Zusätzlich zu den bei der Kassenabrechnung geschilderten Manipulationsmöglichkeiten wird bei der Abrechnung privatärztlicher Leistungen auf tatsächlich erbrachte Leistungen oft ein **zu hoher Gebührenfaktor** in Ansatz gebracht.[66] So wird verbreitet „automatisch" der 2,3 fache Gebührensatz berechnet, obwohl hier an sich nur der 1,8 fache Gebührensatz zulässig wäre. In diesen Fällen täuscht der Arzt über den Schwierigkeitsgrad der von ihm erbrachten Leistungen.

e) Vereinbarungen zwischen Arzt und Patient

Weit verbreitet ist auch die Vereinbarung zwischen Privatpatienten und Arzt, sich im Falle der **Teilhonorierung** durch die Versicherung oder die Beihilfestelle mit diesen Beiträgen zufriedenzugeben. Um aber dem Arzt die volle Honorierung zu verschaffen, werden Einzelleistungen fingiert. Verschiedentlich werden auch falsche, zumeist spätere Behandlungsdaten eingesetzt, um Zeitbegrenzungen beim Ersatz ärztlicher Leistungen zu umgehen oder dem Patienten die Vorteile einer erst abzuschließenden Zusatzversicherung zu verschaffen.

Um derartigen Manipulationen entgegenzuwirken, enthalten die **Beihilfeanträge** die Erklärung des Antragstellers, dass er spätere Preisnachlässe der Beihilfestelle unverzüglich mitteilen werde. Das Unterlassen dieser Meldung erfüllt den Tatbestand des Betruges. Durch den Preisnachlass hat sich der beihilfefähige Rechnungsbetrag verringert. Der Schaden liegt in der Differenz zwischen dem geltend gemachten und dem tatsächlichen Beihilfeanspruch. Der Nachweis vorsätzlichen Handelns ist aufgrund der abgegebenen Erklärung unproblematisch.[67]

In anderen Fällen erklärt der Arzt dem Patienten von vornherein, dass die Beihilfestelle dem Patienten die erbrachte Leistung nicht bezahlen werde. Der Patient solle die Rechnung nur bei der Krankenkasse einreichen. Diese Rechnung ist dann entweder überhöht oder der Arzt erklärt, sich mit dem Erstattungsbetrag durch die Krankenkasse zufriedenzugeben.

In all diesen Fällen liegt (teils gemeinschaftlicher) Betrug vor. Der Patient ist aufgrund der Beihilfe- bzw. Versicherungsbestimmungen verpflichtet, der Krankenkasse etwaige Nachlässe mitzuteilen. Durch die Vorlage der Rechnung ohne Information über die Zusatzvereinbarung erklärt der Patient konkludent, dem Arzt den vollen Rechnungsbetrag zu schulden.

f) Die Firma des Arztes

Der Arzt hat hier neben seiner Arztpraxis noch eine Firma oder ist an einer solchen beteiligt. Diese Firma erbringt Leistungen für den Patienten, die vom Arzt berechnet werden. Der Patient reicht die Rechnung ein und bekommt den Betrag erstattet. So waren beispielsweise Orthopäden an Fitness-Studios beteiligt. Statt bestimmte Rehabilitationsmaßnahmen aufwendig in der eigenen Praxis unter ärztlicher Aufsicht durchführen zu lassen, schickte der Arzt den Patienten in das (eigene) Fitness-Studio. Die dort erbrachten Leistungen rechnete der Arzt selbst ab und täuschte so darüber, dass die Behandlungen nicht unter ärztlicher Aufsicht durchgeführt und somit nicht abrechnungsfähig waren.

---

[66] Zu den Gebührenfaktoren s. § 5 GOÄ näher *Kern* in *Laufs/Kern*, Handbuch des Arztrechts, § 75 Rn. 9.

[67] Zu derartigen Manipulationen und ihrer rechtlichen Problematik vgl. schon *Müller/Wabnitz*, NJW 1984, 1789, 1790.

Je nachdem, ob der Patient dies wusste, liegt gemeinschaftlicher Betrug oder Betrug in mittelbarer Täterschaft vor.

g) Gemeinschaftliche Täuschung der Krankenversicherung

66 In anderen Fällen wird durch den Arzt der Abschluss einer Krankenhauszusatzversicherung angeraten, um etwa einen notwendigen Krankenhausaufenthalt als Privatpatient genießen zu können. Um Schwierigkeiten mit etwaigen Leistungsausschlüssen begegnen zu können, bestätigt der Arzt dem Patienten bewusst wahrheitswidrig, dass ein Krankenhausaufenthalt nicht erforderlich ist.

Da es sich bei der Bestätigung über den Gesundheitszustand des künftigen Versicherungsnehmers um ein Zeugnis über den Gesundheitszustand eines Menschen handelt,[68] liegt neben dem Betrug z. N. der Krankenkasse hier meist auch ein Vergehen des Ausstellens unrichtiger Gesundheitszeugnisse nach § 278 StGB[69] vor.

h) Steuerhinterziehung, § 370 AO

67 Gerade die Abrechnung der privatärztlichen Tätigkeit bietet gute Möglichkeiten, über schwarze Konten Honorare zu vereinnahmen, ohne sie in der Buchhaltung und damit in der Steuererklärung zu erfassen.

Auffällig ist immer, wenn der Arzt auf verschiedenen Rechnungen unterschiedliche Bankkonten angibt. Hier ist zu prüfen, ob auch beide Konten in die Buchhaltung Eingang finden.

Hinweise können auch daraus gewonnen werden, nach welchen Kriterien die unterschiedlichen Bankkonten auf den jeweiligen Rechnungen angegeben wurden. Hinweise können hier das Abrechnungsprogramm oder eine Vernehmung der Arzthelferinnen geben.

68 In anderen Fällen verwirklicht der Arzt den Tatbestand der Steuerhinterziehung dadurch, dass er angeblich Praxiseinrichtung kauft. In Wirklichkeit handelt es sich hier um Einrichtungsgegenstände, die sich nicht in der Arztpraxis, sondern in einem Ferienhaus des Arztes finden. Durch leider problemlos zu erlangende mehrdeutige Rechnungen ist es bei einer Betriebsprüfung nur dann möglich, die Steuerstraftat zu entdecken, wenn der Steuerprüfer sich vor Ort von der aufwendigen Praxiseinrichtung überzeugt.

10. Das rechtswidrige Abbedingen der Regelsätze der ärztlichen Gebührenordnung

a) Der Gebührenrahmen

69 In der Gebührenordnung für Ärzte (GOÄ)[70] wird in § 5 Abs. 2 S. 4 bestimmt, dass der Arzt in der Regel nur eine Gebühr zwischen dem Einfachen und dem 2,3 fachen des Gebührensatzes berechnen darf. Ein Überschreiten des 2,3 fachen Gebührensatzes ist nur zulässig, wenn besondere Schwierigkeiten des Falles dies rechtfertigen. Eine Erhöhung der Gebühr bis zum 3,5 fachen (§ 5 Abs. 1 S. 1 GOÄ) setzt entweder eine Begründung durch den Arzt oder eine Vereinbarung mit dem Privatpatienten voraus.

b) Erhöhung der Hebesätze durch Honorarvereinbarung

70 § 2 GOÄ räumt dem Arzt ergänzend das Recht ein, mit dem Patienten vor Erbringung der ärztlichen Leistung in einem gesonderten Schriftstück eine abweichende Regelung von § 5 GOÄ (Gebührenrahmen) zu treffen.[71] Der Arzt ist jedoch an das Leistungsverzeichnis der GOÄ gebunden. Die Vereinbarung anderer Gebührenmaßstäbe ist mit den Motiven des Gesetzgebers nicht in Einklang zu bringen. Obwohl die abweichenden Honorarvereinbarungen für den Patienten in ihren finanziellen Auswirkungen und im Umfang der Abweichung gegenüber der amtlichen Gebührenordnung erkennbar sein müssten, entspricht eine Vielzahl

---

[68] *Fischer*, StGB, § 277 Rn. 3.
[69] Vgl. hierzu *Ulsenheimer*, in Laufs/Kern, Handbuch des Arztrechts, § 146 Rn. 1 ff., 6.
[70] Vgl. oben Fn. 62.
[71] Zu den Anforderungen an eine solche Vereinbarung *Spickhoff*, in *Spickhoff* (Hg.), Medizinrecht, § 2 GOÄ Rn. 11 ff.

II. Der Abrechnungsbetrug

der in den einzelnen Arztpraxen des gesamten Bundesgebiets verwendeten Abbedingungserklärungen nicht diesen Erfordernissen. Der Zahlungspflichtige kann hierdurch erhebliche finanzielle Einbußen erleiden.

Die staatlichen und kommunalen Beihilfestellen errechnen die Höhe der zu leistenden Beihilfe grundsätzlich aus dem 2,3 fachen Regelsatz (§ 5 GOÄ). Auch bei Privatversicherern führt die Abbedingung und damit die Erhöhung des Regelsatzes vielfach zur Minderung des Erstattungsanspruchs. Der Patient hat diese Differenz somit aus eigener Tasche zu zahlen.

c) Das rechtswidrige Abbedingen

Diese Vermögenseinbuße ist dann strafrechtlich als Vermögensschaden zu beurteilen, wenn die Abbedingung der Regelsätze durch mangelhafte Aufklärung erschlichen wurde. Werden dem Patienten in einer Arztpraxis ohne nähere Erläuterung formularmäßige Honorarvereinbarungen abverlangt, die keinerlei Hinweise auf die finanziellen Folgen enthalten, steht zum einen die zivilrechtliche Gültigkeit dieser Vereinbarung in Frage, zum anderen besteht ein Verdacht des Betrugs. Im Übrigen darf diese Vereinbarung gem. § 2 Abs. 2 S. 3 GOÄ keine weiteren Erklärungen enthalten.[72] **71**

Soweit in **Krankenhäusern** durch das Pflegepersonal oder sonstige Bedienstete des Krankenhausträgers die Behandlung eines oft hilflosen Patienten davon abhängig gemacht wird, dass er zunächst eine gesonderte Honorarvereinbarung unterzeichnet und eine Koppelung mit den Leistungen des Chefarztes vorgenommen wird, werden wohl die Grenzen der Nötigung und ggf. der Erpressung überschritten. Eine Drohung mit einem empfindlichen Übel i. S. v. § 240 Abs. 1 StGB liegt jedenfalls dann vor, wenn ein Chefarzt als „Spenden" bezeichnete Geldbeträge von Regelleistungspatienten dafür fordert, dass er diese persönlich und zeitnah behandelt.[73] **72**

Bedenklich ist auch, wenn der Patient nach einer ambulanten Untersuchung durch den Operateur einen Operationstermin vereinbart und ihm erst *nach* der Krankenhausaufnahme eine Honorarvereinbarung zur Unterschrift vorgelegt wird. Viele Patienten können in dieser Situation nicht mehr die Unterschrift verweigern. Oft wurde auch durch die Aufnahme bereits ein Behandlungsvertrag mit Vereinbarung privatärztlicher Leistungen abgeschlossen und der Patient hat keinen Anlass, einer Abänderung dieses Vertrages in Form der nachträglichen Honorarvereinbarung zuzustimmen. **73**

d) Wettbewerbsbeschränkende Maßnahmen

Zu beachten ist auch, ob durch die zwischen Ärzten einer Region oder einer größeren Stadt erfolgten Absprachen über Abbedingung oder bewusste Missachtung der GOÄ eine wettbewerbsbeschränkende Maßnahme zu bejahen ist. In diesen Fällen liegt eine Zuwiderhandlung gegen § 81 Abs. 1 Nr. 1 GWB i. V. m. § 1 GWB und somit eine Ordnungswidrigkeit vor. Es ist deshalb unverzüglich die zuständige Landeskartellbehörde und bei bundesweiten Verstößen das Bundeskartellamt in die Ermittlungen einzuschalten.[74] **74**

11. Besonderheiten im Ermittlungsverfahren

a) Durchsuchung und Beschlagnahme versus Schweigepflicht

Bei begründetem Tatverdacht sind die betreffenden **Patientenkarteien** zu beschlagnahmen und die dort vorgenommenen Eintragungen mit dem Inhalt der Abrechnung gegenüber der Kassenärztlichen Vereinigung zu vergleichen;[75] das Beschlagnahmeverbot des § 97 StPO gilt hier nicht, da der Arzt selbst Beschuldigter ist.[76] Das BVerfG verlangt aufgrund der Eingriff- **75**

---

[72] Zur Anwendung des AGB-Gesetzes bzw. der §§ 305 ff. BGB und Nichtigkeit der Vereinbarung vgl. AG Bad Homburg NJW 1984, 2637 und *Kölsch*, NJW 1985, 2172; siehe auch BGH NJW 1992, 746.
[73] LG Essen, MedR 2012, 187 ff mit Anm. *Grosse-Wilde*, MedR 2012, 189 ff.
[74] Zur Problematik bei Kartellabsprachen durch Ärzte vgl. OLG München NStZ 1985, 175.
[75] Zur Zulässigkeit der Beschlagnahme ärztlicher Patientenkarteikarten bei Verdacht des Abbruchs der Schwangerschaft, vgl. BGH NJW 1992, 763 ff. – Fall Theissen.
[76] Vgl. hierzu allgemein *Wasmuth*, NJW 1989, 2297 ff.; *Meyer-Goßner*, StPO, § 97 Rn. 18 ff.

sintensität von Durchsuchungsmaßnahmen das Vorliegen von Verdachtsgründen, die über vage Anhaltspunkte und bloße Vermutungen hinausreichen.[77] Auch wegen des besonderen Schutzes von Berufsgeheimnisträgern durch § 53 StPO ist eine besonders sorgfältige Überprüfung der Eingriffsvoraussetzungen für eine Hausdurchsuchung geboten.[78]

In der Regel scheuen sich Ärzte, in den Krankenblättern fingierte Werte einzutragen, weil in der Folgezeit ärztliche Behandlungsfehler zu befürchten wären, wenn aufgrund der unrichtigen Dokumentation eine weitere Behandlung erfolgen würde. Oft ist in der Arztpraxis eine „doppelte Buchhaltung" vorhanden, indem der Arzt sowohl Eintragungen in einer papierenen Patientenkartei als auch in einem EDV-System vornimmt. Aus den Krankenunterlagen und einem Vergleich mit der tatsächlichen Abrechnung können wertvolle Erkenntnisse gewonnen werden.

76 Der Vertragsarzt ist gem. § 57 des Bundesmantelvertrages Ärzte (BMV-Ä)[79] verpflichtet, über den Befund und die Behandlungsmaßnahmen Aufzeichnungen zu machen und diese mindestens zehn Jahre nach Abschluss der Behandlung aufzubewahren, soweit nicht andere Vorschriften eine längere Aufbewahrung erfordern. Die entsprechenden Abrechnungsunterlagen bei der Kassenärztlichen Vereinigung und den Krankenkassen werden in der Regel mindestens fünf Jahre aufbewahrt, wobei Krankenscheine und sonstige Berechtigungsscheine für die Leistung von den Kassen nur so lange aufbewahrt werden, wie dies für die Prüfungszwecke der Kassen erforderlich ist. Um dem Verlust von Beweisunterlagen vorzubeugen, muss der Staatsanwalt bei Einleitung von Ermittlungen unverzüglich die Kassenärztliche Vereinigung und die Krankenkassen auffordern, die den Arzt betreffenden Unterlagen nicht zu vernichten oder gespeicherte Daten zu löschen.

Nach § 73 Abs. 1 und 3 SGB X ist für die Übermittlung der bei der Kassenärztlichen Vereinigung und bei den Krankenkassen vorhandenen Patienten- und Behandlungsdaten ein richterlicher Beschluss erforderlich. Abrechnungsbetrug ist immer eine Straftat von erheblicher Bedeutung im Sinne dieser Vorschrift.

Der Staatsanwalt muss bei der Auswertung der beschlagnahmten Unterlagen im Hinblick auf facharztspezifische Leistungen und Manipulationen einen Sachverständigen hinzuziehen. Über große Erfahrungen und entsprechende Routine verfügen hier die Prüfärzte der Kassenärztlichen Vereinigungen bzw. der Krankenkassen, auf die ggf. zurückgegriffen werden sollte.[80]

77 Um eine nachträgliche Verfälschung zu verhindern, müssen grundsätzlich die Originalunterlagen beschlagnahmt werden, wobei dem Arzt zur Ermöglichung weiterer Behandlungen im Bedarfsfall eine Fotokopie zur Verfügung gestellt werden kann. Der Zugriff auf die Krankenakten zum Zwecke der Weiterbehandlung durch den Beschuldigten oder einen anderen Arzt muss im Interesse der Patienten sichergestellt sein. Die Einsichtnahme oder Kopie der Krankenakten ist sorgfältig zu organisieren, da ansonsten die Polizeidienststelle lahmgelegt werden kann.

In allen Fällen ist die Wohnung (und auch ein etwaiges Ferienhaus) mit zu durchsuchen, da davon auszugehen ist, dass der kriminelle Arzt Aufzeichnungen über seine betrügerischen Einnahmen nicht in der Praxis, sondern zuhause aufbewahrt.

b) Patientenbefragung

78 Während bei der Ermittlung von allgemeinen Betrugsdelikten die Vernehmung der Geschädigten, ggf. auch lediglich durch Übersendung eines Fragebogens, hilfreich ist, bietet ein derartiges Vorgehen in den Fallgestaltungen des Abrechnungsbetruges meist nur wenig Aussicht auf Erfolg.

Patienten müssten sich an oft einige Jahre zurückliegende ärztliche Behandlungen erinnern und darüber Aufschluss geben, welche Untersuchungen oder Behandlungen der Arzt an ihnen vorgenommen hat. Hiermit ist die Erinnerung des Einzelnen oft überfordert.

---

[77] BVerfG NJW 2004, 3171.
[78] BVerfG NStZ-RR 2008, 176; BVerfGE 42, 212.
[79] Abgedruckt unter http://www.kvwl.de/arzt/recht/kbv/bmv-ae/bmv-ae.pdf.
[80] Vgl. Rn. 39.

II. Der Abrechnungsbetrug

c) Das ärztliche Hilfspersonal

In verschiedenen Fällen werden die Staatsanwaltschaften durch Angehörige des Hilfspersonals des Arztes fernmündlich und anonym über „Luftabrechnungen" unterrichtet. Diesen Mitteilungen wird nicht immer die erforderliche Aufmerksamkeit gewidmet. Bei derartigen Benachrichtigungen muss der Staatsanwalt mit der Kassenärztlichen Vereinigung in Verbindung treten und eine spezielle Überprüfung der einschlägigen Abrechnungsunterlagen des Arztes anregen. 79

Die Ermittlungen sollten sich auf die alsbaldige bzw. sofortige Vernehmung der Arzthelferinnen und in geeigneten Fällen auf die der Patienten erstrecken. Das ärztliche Hilfspersonal sollte alsbald, möglichst in zeitlichem Zusammenhang mit einer laufenden Durchsuchungsmaßnahme, vernommen werden. In den meisten Fällen ist in einer Praxis eine erfahrene und lang in der Praxis arbeitende Arzthelferin die Vertrauensperson des Arztes, die für ihn auch die Abrechnungen durchführt.

Oft ist es auch sinnvoll, durch Vernehmungen festzustellen, ob vor kürzerer Zeit Arzthelferinnen entlassen wurden oder von sich aus gekündigt haben. Diese sind dann oft eher bereit, Angaben zu machen, als Mitarbeiterinnen des Arztes, die für den Fall einer negativen Aussage gegen ihren Arbeitgeber um den eigenen Arbeitsplatz fürchten oder die ggf. Mittäter oder Gehilfen sein können. 80

Versucht der Arzt, durch Weisungen gegenüber seinem Personal das Beweisergebnis zu seinen Gunsten zu beeinflussen, so ist bei Verdunklungsgefahr auch die Festnahme zu veranlassen. In diesem Fall sollte zur Gewährleistung der ärztlichen Versorgung die Unterrichtung der Gesundheitsbehörden und der Kassenärztlichen Vereinigung erfolgen.[81] 81

d) Das Sozialgeheimnis

Die Behandlungsdaten unterfallen nach § 35 SGB I i. V. m. 67 I SGB X dem Sozialgeheimnis.[82] 82

Die Kassenärztliche Vereinigung darf diese Daten nur insoweit übermitteln, als der Arzt selbst zu Übermittlung befugt wäre, da die Kassenärztliche Vereinigung die Daten vom Arzt erhalten hat, § 76 I SGB X. 83

Der Arzt ist zu Übermittlung u. a. befugt, wenn entweder eine Einwilligung des Patienten vorliegt, gesetzliche Befugnisse gem. § 71 SGB X bestehen, es sich um die Wahrnehmung eigener berechtigter Interessen handelt oder die Voraussetzungen des Notstandes nach § 34 StGB vorliegen.

Nach § 35 III SGB I besteht keine Auskunftspflicht, keine Zeugnispflicht und keine Pflicht zur Vorlegung oder Auslieferung von Schriftstücken, nicht automatisierten Dateien und automatisiert erhobenen, verarbeiteten oder genutzten Sozialdaten, soweit eine Übermittlung unzulässig ist.

In einem Durchsuchungs- und Beschlagnahmebeschluss, der sich entweder gegen einen Arzt oder gegen die Kassenärztliche Vereinigung richtet, sollte durch den Ermittlungsrichter nach Möglichkeit immer eine Anordnung nach § 73 III SGB X getroffen werden. Dies ist dann zulässig, wenn die Daten zur Durchführung eines Strafverfahrens wegen eines Verbrechens oder einer sonstigen Straftat von erheblicher Bedeutung benötigt werden. 84

Um den Verlust von Daten zu vermeiden, sollte in geeigneten Fällen mit der Kassenärztlichen Vereinigung bereits bei Beantragung des Beschlusses Kontakt aufgenommen werden, damit die Daten durch die Kassenärztliche Vereinigung „eingefroren" werden können.

Soweit ein entsprechender richterlicher Beschluss vorliegt, darf die Kassenärztliche Vereinigung die Herausgabe der Daten nicht verweigern. Wenn sie der Auffassung ist, dass die Voraussetzungen des § 73 SGB X durch den Ermittlungsrichter zu Unrecht angenommen wurden, kann sie gegen den Beschluss Beschwerde einlegen.

§ 69 Abs. 1 Nr. 2 SGB X stellt die Rechtsgrundlage für eine Strafanzeige durch die Kassenärztliche Vereinigung unter dem Gesichtspunkt des Datenschutzes dar. 85

---

[81] Vgl. auch MiStrA Nr. 24.
[82] Der Ausdruck „Sozialgeheimnis" (Sozialdatenschutz) bezieht sich auf die besonderen Datenschutz-Regelungen des deutschen Sozialrechts.

e) Die Schätzung

86 Bei Ermittlungen wegen Abrechnungsbetrug werden in vielen Fällen umfangreiche Unterlagen sichergestellt, deren Auswertung die Kapazität der Ermittlungsbehörden überschreitet. Geht man allein von einer mittleren Arztpraxis aus, in der im Quartal etwa 1500 Patienten behandelt werden, so ist klar, dass von vornherein eine Beschränkung des Ermittlungsverfahrens zwingend geboten ist.

Aber auch dann, wenn die Ermittlungen auf bestimmte Fallgruppen beschränkt werden, sind oft noch mehrere Tausend Einzelfälle, in denen unrichtige Angaben gegenüber der Kassenärztlichen Vereinigung oder dem Patienten gemacht wurden, zu ermitteln.

Die Rechtsprechung[83] hat in diesen Fällen die Ermittlung der Schadenshöhe durch Stichprobe und Wahrscheinlichkeitsrechnung zugelassen. Die Schätzung ist danach dann zulässig, wenn die gezogene Stichprobe keine Auffälligkeiten aufweist, sie für eine Hochrechnung ausreichend groß bemessen ist und die Berechnungsmethode von einem Sachverständigen nicht zu beanstanden ist.

Auch wenn es sich bei dieser Art der richterlichen Überzeugungsbildung um Wahrscheinlichkeitsüberlegungen handelt, ist diese Rechtsprechung überzeugend.[84] Heutige statistische Methoden erlauben es, die Genauigkeit und Aussagekraft einer Stichprobe mit einem sehr hohen Wahrscheinlichkeitsgrad festzulegen. Eine verbleibende Unsicherheit kann durch einen „Sicherheitsabschlag" bei dem durch die Hochrechnung ermittelten Betrag ausgeglichen werden. Außerdem sind an den Nachweis gleichbleibenden Verhaltens (des Arztes) hohe Anforderungen zu stellen.[85]

87 Da es sich bei der Schätzung um Berechnungen im Bereich der Strafzumessung handelt, müssen für jeden Tatzeitraum (= Abrechnungsperiode gegenüber der Kassenärztlichen Vereinigung) gesonderte Zahlen festgelegt werden.

Zumindest in umfangreichen Verfahren sollte die Hilfe eines (auch) für Statistik sachkundigen Sachverständigen herangezogen werden, um Art und Umfang der zu ziehenden Stichprobe, d. h. der auszuermittelnden Einzelfälle, festzustellen und die Berechnungsmethode für die Hochrechnung festzulegen.

f) Strafzumessung

88 Der BGH hat wiederholt klargestellt, dass das Vertrauen, das die Versichertengemeinschaft, die gesetzlichen Kassen und die Kassenärztlichen Vereinigungen dem Arzt aufgrund der Struktur des Abrechnungswesens entgegenbringen, in Fällen, in denen über mehrere Jahre hinweg in vielen Fällen falsch abgerechnet wurde, schwer missbraucht wurde. Der Täter habe hier regelmäßig ein solches Maß an Sozialschädlichkeit und persönlicher Schuld verwirklicht, dass die Taten mit einer empfindlichen Freiheitsstrafe zu ahnden seien.[86]

g) Verlust der Approbation

89 In Fällen des Abrechnungsbetruges mit einem hohen Schaden, der über einen langen Zeitraum betrieben wurde, sollte immer auch an ein Berufsverbot nach § 70 StGB gedacht werden, das im Ermittlungsverfahren bereits vorläufig nach § 132a StPO verhängt werden kann.[87]

---

[83] BGHSt 36, 320 = NStZ 1990, 197; BGH wistra 1990, 227; BGH wistra 1993, 300; BGH GesR 2007, 77, 81.

[84] So auch *Freitag*, Abrechnungsbetrug, S. 128; der Praxis des BGH zumindest nicht widersprechend *Frister/Lindemann/Peters*, Arztstrafrecht, S. 296 f; *Ulsenheimer*, Arztstrafrecht 14/37; ablehnend *Saldit*, StV 1990, 151 ff.

[85] *Frister/Lindemann/Peters*, Arztstrafrecht, S. 207 unter Berufung auf BGHSt 36, 320, 327.

[86] BGH Strafverteidiger 1993, 520 = wistra 1993, 300; BGH NStZ 1991, 181; BGH NStZ 1992, 436.

[87] Wegen der überragenden Bedeutung von Art. 12 Abs. 1 GG muss das als Präventivmaßnahme mit Sofortwirkung ausgestaltete vorläufige Berufsverbot erforderlich sein, um bereits vor dem rechtskräftigen Abschluss des Verfahrens konkrete Gefahren für wichtige Gemeinschaftsgüter abzuwenden, *Meyer-Goßner*, StPO, § 132a Rn. 3; OLG Nürnberg StraFo 2011, 366. Zum sofortigen Vollzug der Rücknahme bzw. des Widerrufs einer Approbation gem. § 80 Abs. 2 Satz 1 Nr. 4 VwGO vgl. *Frister/Lindemann/Peters*, Arztstrafrecht, S. 399; s.a. BVerfG NJW 2010, 2268.

Der Abrechnungsbetrug kann, wenn er über Jahre hinweg in großem Stil betrieben wird, auch **verwaltungsrechtlich** zum Verlust der Approbation führen. Auch wenn es sich beim Abrechnungsbetrug nicht um Verfehlungen handelt, die den eigentlichen beruflichen Kernbereich berühren, kann das Verhalten doch geeignet sein, einen Mangel an Zuverlässigkeit für die Ausübung des ärztlichen Berufs erkennen zu lassen.[88]

In dem verwaltungsrechtlichen Entzugsverfahren können die staatsanwaltschaftlichen Ermittlungsakten verwertet werden. Die strafrechtliche Verurteilung ist allerdings nicht Voraussetzung der Entziehung der Approbation.[89]

Verzichtet der Arzt freiwillig auf die Approbation, so ist dies bei der Strafzumessung zugunsten des Arztes zu werten.

h) Finanzermittlungen, Vermögenssicherung, Rückgewinnungshilfe

In Fällen, in denen der vom Arzt angerichtete Schaden eine gewisse Höhe erreicht hat, sollten immer die bei der Polizei vorhandenen Finanzermittler eingeschaltet werden, um im Wege der sog. „Rückgewinnungshilfe" die Schadensersatzansprüche sicherzustellen. Der Verfall der erschwindelten Gelder ist nach § 73 Abs. 1 Satz 2 StGB nicht möglich.

Besteht bei der Durchsuchung bereits ein entsprechender Verdacht, so sind die Schadensersatzansprüche durch einen dinglichen Arrest und entsprechende Pfändungsmaßnahmen zu sichern. Die Notwendigkeit dieser Maßnahmen ist in jeder Lage des Verfahrens zu überprüfen.

Unabhängig davon ist bei einer Durchsuchung immer auf Vermögenswerte im Ausland zu achten. Über etwaige Funde sind die Finanzbehörden zu unterrichten.

III. Der Zahnarzt- und Dentalbereich

Die Abrechnung der zahnärztlichen Leistungen ist vergleichbar mit der des Humanmediziners.[90] Auch hier erfolgt die Abrechnung mit den gesetzlichen Krankenkassen und den Ersatzkassen unter Einschaltung der Kassenzahnärztlichen Vereinigung.

Für die Behandlung des Privatpatienten ist die Gebührenordnung für Zahnärzte vom 22. Oktober 1987 (BGBl. I S. 2316), zuletzt geändert durch Artikel 1 der Verordnung vom 5. Dezember 2011 (BGBl. I S. 2661), maßgeblich.

1. Zahnersatzleistungen

a) Die gesetzliche Regelung

Besonderheiten bestehen im Bereich der **Zahnersatzleistungen**, bei denen ein Behandlungsplan zu erstellen ist. Dieser Behandlungsplan muss zusammen mit einem Kostenvoranschlag von der gesetzlichen Krankenkasse gebilligt werden. Diese erstattet lediglich einen Teil der Kosten, den Rest trägt der Patient.

Der Gesetzgeber erhoffte sich durch die in § 30 SGB V getroffene Regelung des Vergütungssystems für zahntechnische Leistungen eine beachtliche Kostendämpfung. Aufgrund dieser gesetzlichen Regelung haben die Landesverbände der Sozialversicherer mit den regionalen Innungen des Zahntechnikerhandwerks im Benehmen mit den Kassenzahnärztlichen Vereinigungen Vereinbarungen über die Vergütung und die Rechnungslegung für zahntechnische Leistungen im Rahmen der kassenzahnärztlichen Versorgung getroffen. Darüber hinaus wurde ein Leistungsverzeichnis für zahntechnische Leistungen erstellt, das der ärztlichen Gebührenordnung vergleichbar ist.[91] Dieser direkte Eingriff des Gesetzgebers in die sonst rein

---

[88] Vgl. *Frister/Lindemann/Peters*, Arztstrafrecht, S. 397 ff. Aus der Rspr. Bayer. VGH ArztR 1991, 107; Baden-Württemb. VGH NVwZ-RR 1995, 203; OVG Niedersachsen, MedR 2010, 342, 343: Begehung eines einzelnen Vermögensschadens führt noch nicht zur „Unwürdigkeit".
[89] OVG Koblenz, NJW 1990, 1553, 1554; VGH Mannheim, NJW 2010, 692, 695.
[90] Vgl. hierzu oben Rn. 5 ff.
[91] Vgl. hierzu die in § 8 SGB V getroffene Regelung.

zivilrechtlichen Beziehungen zwischen Endverbraucher, Zahnarzt und Labor führte jedoch zu neuen Formen wirtschaftsdeliktischen Verhaltens.[92]

94 Nach § 9 Abs. 1 der Gebührenordnung für Zahnärzte dürfen Zahnärzte an den Zahnersatzleistungen keinen Gewinn machen. Sie müssen die Rechnungen des zahntechnischen Labors ohne Aufschlag an die Kasse bzw. den Privatpatienten weitergeben.

Spätere Rückvergütungen des Labors dürfen sie ebenfalls nicht behalten. Lediglich ein Barzahlungsrabatt von 3% darf aufgrund der bestehenden Verträge teilweise vereinnahmt werden.

b) Unzulässige Zuwendungen

95 Nach wie vor gewähren aber bestimmte Dentallabors im In- und Ausland den Zahnärzten **unzulässige geldwerte Zuwendungen**, die den leistungspflichtigen Sozialversicherungsträgern und Leistungsendempfängern verschwiegen werden. Insbesondere wird bei Sammelabrechnungen der Dentallabors den Zahnärzten ein geringerer Betrag in Rechnung gestellt, als in den Einzelabrechnungen für den Leistungsendempfänger und den Sozialversicherungsträger ausgewiesen. Dieser Differenzbetrag zwischen Sammelrechnung und der Summe der Einzelrechnungen wird vom Zahnarzt unter Missachtung der gesetzlichen Bestimmungen einbehalten und dem Zahlungspflichtigen verschwiegen.

Dem Patienten bzw. der Kassenzahnärztlichen Vereinigung gegenüber wird der in der Einzelrechnung geforderte Betrag geltend gemacht und kassiert. Dem Dentallabor gegenüber wird aber nur der in der Sammelrechnung verlangte Betrag überwiesen. Teilweise wird in der Sammelrechnung ein Nachlass ausdrücklich ausgewiesen, zum Teil werden einige Einzelrechnungen nicht in die Sammelrechnung mit aufgenommen.

In diesen Fällen liegt Betrug zum Nachteil des Patienten bzw. der Kassenzahnärztlichen Vereinigung vor. Wird die in der Sammelrechnung nicht mit angegebene Einzelrechnung nicht in die Buchführung mit aufgenommen, so liegt Steuerhinterziehung durch Verschweigen von Betriebseinnahmen vor. Oft wird in diesen Fällen der geschuldete Betrag auch heute noch vom Zahnarzt in bar abkassiert.

Auch werden dem Zahnarzt als Gegenleistung für den Zahnersatz geldwerte Leistungen, wie aufwendige Urlaubsreisen oder Praxiszuschüsse, gewährt. In anderen Fällen ist auch bekannt geworden, dass den Zahnarztehefrauen von den Dentalsabors kostenlos auf diese zugelassene Fahrzeuge zur Verfügung gestellt wurden und so ein verdeckter Nachlass gewährt wurde.

c) Billigzahnersatz

96 Zahnersatz wird in Deutschland oft sehr teuer hergestellt. Osteuropäische oder asiatische Labors bieten den Zahnersatz meist für einen Bruchteil der deutschen Kosten an. Für den Patienten ist nicht zu erkennen, ob es sich um hochwertige deutsche Ware oder um Billigware handelt.

Hierdurch werden Manipulationen dann Tür und Tor geöffnet, wenn ausländischer Zahnersatz geliefert, aber inländische Rechnungen dem Patienten vorgelegt werden.

Die ausländischen Labors bieten dem Zahnarzt als „Sonderservice" auch von deutschen Scheinfirmen ausgestellte Rechnungen an. Teilweise wirken auch deutsche Labors mit, die dem Zahnarzt die Billigware verschaffen. Noch einfacher ist es dann, wenn der Zahnarzt selbst über ein Dentallabor verfügt, das die Rechnung an die Zahnarztpraxis stellt.

Den Differenzbetrag zwischen dem hohen Preis für die deutsche Ware und dem niedrigen Preis für die Billigware teilen sich in der Regel Arzt und Dentallabor. Geschädigt sind Patient und/oder Kassenzahnärztliche Vereinigung.

Dass der Zahnarzt als undoloses Werkzeug des Dentallabors agiert, ist unglaubwürdig, da er als Fachmann den Unterschied zwischen Qualitäts- und Billigware meist ohne Weiteres erkennen kann.

Neben Betrug ist auch an (gefährliche) Körperverletzung zu denken, wenn es durch gefährliche Materialien zu einer Gesundheitsschädigung beim Patienten kommt.

---

[92] *Müller/Wabnitz*, NJW 1984, 1785 ff.

2. Einbehalten von Altzahngold

Aber auch das **Einbehalten und das Verwerten von Altzahngold** ohne sachgerechte Aufklärung des Patienten wird offensichtlich nach wie vor von einzelnen Zahnärzten praktiziert. Verschweigt der Zahnarzt dem Patienten die tatsächlichen Eigentumsrechte am Altzahngold und eignet sich dieses zu, so erfüllt er den Tatbestand des Betruges. Weiterhin erzielt er hierdurch eine Betriebseinnahme, deren Nichtangabe als Steuerhinterziehung zu werten ist.

97

3. Vereinbarung von Nachlässen

Gerade im Bereich der Zahnbehandlung, insbesondere wenn aufwendige prothetische Arbeiten durchgeführt werden sollen, ist bei Behandlungsbeginn nicht immer sicher, in welchem Umfang die vom Zahnarzt zu erbringenden Leistungen von der Krankenkasse bezahlt werden und welche Zuzahlung durch den Patienten zu leisten ist. Bestimmte Zahnärzte treffen daher mit den Patienten **Vereinbarungen über Preisnachlässe**, die dem Versicherer und der Beihilfestelle nicht zur Kenntnis gelangen oder verborgen bleiben sollen. Verabredet wird hier meist, dass der Patient nur einen bestimmten Höchstbetrag selbst bezahlen muss und der Zahnarzt auf den Differenzbetrag zwischen Rechnungsbetrag auf der einen Seite und der Summe aus Krankenkassenleitung und Patientenzuzahlung auf der anderen Seite verzichtet.

98

Durch derartige Manipulationen wird der Tatbestand des Betrugs erfüllt.[93] Die Kassen werden über die tatsächliche Rechnungshöhe getäuscht, da ihnen die Nachlassvereinbarung verschwiegen wird.

4. Betrug z. N. der Zusatzversicherung

In anderen Fällen hat der Zahnarzt die Notwendigkeit aufwendiger und damit teurer Zahnersatzleistungen festgestellt. Um die Durchführung dieser Arbeiten zum eigenen Vorteil zu ermöglichen, hat der Zahnarzt dem Patienten den Abschluss einer Zusatzversicherung angeraten und dieser gegenüber wahrheitswidrig bestätigt, dass eine Zahnbehandlung derzeit nicht erforderlich sei. Nach Ablauf der Wartezeit wurde diese dann durchgeführt und der Ersatz von der Kasse gefordert. Auch hier liegt gemeinschaftlicher Betrug durch Zahnarzt und Patient zum Nachteil der Krankenkasse vor, da die Frage im Versicherungsvertrag, ob eine Zahnbehandlung beabsichtigt sei, wahrheitswidrig verneint wurde. Daneben kann auch ein Vergehen nach § 278 StGB gegeben sein.

99

IV. Straftaten im Pharmazie- und Rezeptbereich

1. Rezeptabrechnung der Apotheken

Die unzureichende Überwachung im Gesundheitswesen führte auch dazu, dass sich im **Rezeptbereich** besondere Kriminalitätsformen entwickelten. In das vom Arzt für den Kassenpatienten ausgefertigte Formularrezept setzt der Apotheker lediglich noch den Abgabepreis für die von ihm ausgegebenen Arznei- und Hilfsmittel in maschinenlesbarer Form ein. Diese Urkunde ist sodann einem Wertpapier, nämlich einem Scheck vergleichbar, für den eine Einlösungsgarantie besteht. Die Krankenkassen sind gem. § 31 SGB V verpflichtet, die Versicherten mit diesen Heilmitteln zu versorgen und dem Apotheker die verauslagte Leistung abzüglich einer vom Versicherten regelmäßig zu leistenden Zuzahlung zu ersetzen.

100

Eine Direktabrechnung zwischen den Apothekern und den gesetzlichen Krankenkassen und Ersatzkassen bildet die Ausnahme. Im Regelfall erfolgt periodisch eine Erledigung über Verrechnungsstellen, die aufgrund einer Vereinbarung zwischen den Berufs- und Standesver-

---

[93] So auch BGH NStZ 2004, 569 zu sog. „kick-back-Vereinbarungen" bei Kontaktlinsen. „Kickback"-Abmachungen, also verdeckte Provisionen, gelten als Standardbeispiel für Korruption.

tretungen der Apotheker und den Krankenkassen errichtet wurden. Eine frist- und abrechnungsgerechte Bezahlung ist somit sichergestellt.

101   Bei der **Medikamentenabgabe auf Kassenrezept** handelt es sich um einen zwischen der Krankenkasse und dem Apotheker unter Einschaltung des Vertragsarztes als Vertreter der Krankenkasse geschlossenen Vertrag zugunsten des Versicherten.[94] Nach anderer Auffassung soll der Kaufvertrag zwischen dem Apotheker und dem Versicherten zustande kommen.

Bei der Medikamentenabgabe muss der Apotheker im Wesentlichen formale Punkte prüfen (Name, Berufsbezeichnung und Anschrift des verordnenden Arztes, Name des Patienten) und feststellen, ob das verordnete Medikament von der Versorgung nach § 31 SGB V ausgeschlossen ist, §§ 34, 93 SGB V.

Über diese pharmazeutische und pharmakologische Prüfungspflicht hinaus ist der Apotheker aber grundsätzlich nicht verpflichtet, die Angaben des Arztes zu überprüfen, insbesondere ob die Verschreibung sachlich begründet ist.[95]

102   **Den Krankenversicherungsträgern fehlt** aber die **Nachprüfungsmöglichkeit**, ob die verordneten Arznei-, Verbands- und Hilfsmittel tatsächlich an die im Rezept benannte Person ausgegeben wurden. § 106 SGB V enthält lediglich Vorschriften bezüglich der Überwachung der Wirtschaftlichkeit der kassenärztlichen Versorgung. Diese richtet sich gegen die Verschreibung unwirtschaftlicher Medikamente. Für die Apotheker ergeben sich aus § 129 SGB V besondere Pflichten zur preisgünstigen Abgabe von Arzneimitteln. Das SGB sieht aber keine schriftliche Empfangsbestätigung durch den Verwender des Rezepts vor.

Während bis vor einigen Jahren sich nur schwierig feststellen ließ, welche Rezepte für einen bestimmten Patienten durch verschiedene Ärzte ausgestellt wurden, und die Verschreibungspraxis eines Arztes nur schwer zu überprüfen war, sind mittlerweile bei nahezu allen Krankenkassen entsprechende Auswertungen möglich. Die Rezepte sind mittlerweile komfortabel in Datenbanken erfasst, die eine Auswertung nach Arzt, Patient oder Medikament ermöglichen.

103   Der Privatpatient bezahlt seine Rezepte selbst und legt die mit dem Quittungsstempel des Apothekers versehenen Rezepte seiner Privatkasse zur Erstattung vor. Neben einer Überprüfung der Patientenkartei des Arztes kann hier nur eine Nachfrage bei den Krankenkassen Gewissheit über Verschreibungspraxis etc. schaffen.

2. Der Wareneinkauf per Rezept

104   Der Patient lässt sich von seinem Arzt teure, in Wahrheit nicht benötigte Medikamente verordnen. Diese Rezepte gibt er dann einem kriminellen Apotheker, der sie regulär abrechnet, erhält aber anstelle der Medikamente Alkoholika, Kosmetika, Diätnahrung und sonstige in Apotheken erhältliche Verbrauchs- und Genussmittel. Auf dem **Rezept** wird der Wert des verordneten Arznei- und Hilfsmittels vermerkt. Hierdurch erreicht der Apotheker eine Steigerung seines Umsatzes und sichert sich für die Zukunft einen kaufbereiten, zufriedenen Kunden. Die gesetzliche Krankenkasse erstattet den angegebenen Rezeptwert. Der Privatpatient täuscht seine Krankenversicherung oder Beihilfestelle und erschleicht sich eine Leistung, auf die er keinen Anspruch hat. Der Apotheker und der Patient sind somit Mittäter eines gemeinschaftlichen Betrugs.

Der Wareneinkauf über Rezepte zulasten der gesetzlichen Krankenversicherungen wird vielfach auch durch Beschäftigte in Apotheken und Arztpraxen vorgenommen. Dieser Personenkreis kann sich verhältnismäßig gefahrlos Rezepte auf eigenen Namen oder auf die Namen von Angehörigen oder Bekannten verschaffen und als Zahlungsmittel zum Bezug sonstiger Waren aus dem Sortiment der Apotheke verwenden.

105   Gelegentlich sind die manipulierten Entnahmen so kostenträchtig, dass sie erst innerhalb einiger Monate durch Kassenrezepte abgedeckt werden können. In derartigen Fällen werden zumeist von den in den Apotheken beschäftigen „Käufern" in Schmierheften genaue Auf-

---

[94] BSGE 77, 194, 200.
[95] BGH NZS 2004, 423; BGH NStZ 2004, 568.

IV. Straftaten im Pharmazie-und Rezeptbereich

zeichnungen geführt, die im Fall einschlägiger Ermittlungen eine wertvolle Beweisgrundlage bilden.

3. Die Sprechstundenbedarfsrezepte

Aber auch manche Ärzte verwenden Rezepte als Zahlungsmittel oder als sonstige Geldeinnahmequelle. 106

In jeder Arztpraxis werden für die Patienten Arzneien, Verbands- und Heilmittel bereitgehalten. Aufgrund von Vereinbarungen zwischen den Kassenärztlichen Vereinigungen und den Krankenkassen ist der Arzt berechtigt, diesen Sprechstundenbedarf über Rezepte ohne Angabe eines Patienten zu verordnen und sich auf Kosten der Kassen ersatzweise bei einer Apotheke wieder zu beschaffen. Der Arzt muss jedoch im Gegensatz zu der früheren Regelung die Medikamente in Einzelrezepten auf besonderen Formularen aufführen.

Mittel, die zu den allgemeinen Unkosten der Praxis gehören, sowie diagnostische und therapeutische Hilfsmittel und Reagenzien fallen nicht darunter. Die einzelne Arztpraxis kann aber bezüglich ihres verordnungsfähigen Sprechstundenbedarfes nicht hinreichend überprüft werden. Mancher Apotheker ist bestrebt, sich den Arzt als Dauerkunden zu erhalten, und ist daher geneigt, Privateinkäufe gegen **Sprechstundenbedarfsrezepte** vornehmen zu lassen oder den der Verschreibung innewohnenden Geldwert aufzuteilen.

Häufig reichen aber derartige Rezepte nicht aus, um die Begehrlichkeit bestimmter Ärzte 107 zur Deckung ihres Privatbedarfs zu befriedigen. Aus diesem Grund benutzt diese Tätergruppe die Namen von Patienten zur Ausfertigung von Kassenrezepten für eigene „Einkäufe". Diese Verschreibungen gelangen nie in die Hand des Patienten, sondern werden zwischen Arzt und Apotheker zum gemeinsamen Vorteil verwertet. Auch hier hat die zur Zahlung verpflichtete Krankenkasse keine ausreichende Überprüfungsmöglichkeit. Der auf einem Rezept bezeichnete Patient hat weder die Pflicht, den Empfang der Medikamente, noch die Bezahlung der gem. §§ 31 Abs. 3, 61 SGB V von ihm geschuldeten Rezeptgebühr unterschriftlich zu bestätigen.

Der Sprechstundenbedarf darf nur für Patienten, die in der gesetzlichen Krankenkasse versichert sind, verwendet werden. Oft werden damit aber auch Privatpatienten behandelt, denen das Verbrauchsmaterial oft noch zusätzlich in Rechnung gestellt wird. 108

In den vorbezeichneten Fällen erfüllen **Apotheker und Arzt** den Tatbestand des **gemeinschaftlichen Betrugs** gem. §§ 263, 25 Abs. 2 StGB und der **Steuerhinterziehung** nach § 370 AO, denn die geldwerten Zuflüsse beim Arzt werden grundsätzlich nicht als Betriebseinnahmen erfasst und damit nicht der Besteuerung unterworfen. 109

4. Beteiligung am Rezeptumsatz

Schwierig nachzuweisen ist eine weitere Form der **Schwarzeinnahmen** bestimmter Ärzte, 110 Altersheime oder Krankenhäuser aus einer **Beteiligung am Rezeptumsatz der Apotheken**. Durch streng vertrauliche Vereinbarungen zwischen einzelnen Ärzten und dem Apotheker wird festgelegt, den Patienten zur Einlösung seines Rezepts bei einer bestimmten Apotheke zu veranlassen. Dies geschieht teilweise mit dem unzutreffenden Hinweis, dass das einschlägige Medikament dort sofort zu erhalten sei oder von der Apotheke kostenlos ins Altersheim geliefert werde. Für diese Umsatzsteigerung lassen sich bestimmte Ärzte oder sonstige Verantwortliche im Krankenhaus oder Altersheim einen prozentualen Anteil am Rezeptwert versprechen und auf „schwarze Konten" einzahlen oder in bar bzw. mit Waren abgelten. Teilweise werden auch Medikamente, die für die Heimapotheke benötigt werden und sonst teuer bezahlt werden müssten, kostenlos geliefert.

Auch hier ist eine Einkommensteuerhinterziehung zu bejahen, da ein Ausweis als Betriebseinnahmen nicht erfolgt. Dieses Ermittlungsdickicht zu durchdringen, wird den Betriebsprüfern, den Steuerfahndern und dem Staatsanwalt wohl nur durch Ausschöpfung vertraulicher Mitteilungen möglich sein. 111

112   In anderen Fällen machten Altersheime, deren Träger eine gemeinnützige Institution war, die Belieferung des Altersheims durch eine bestimmte Apotheke davon abhängig, dass der Apotheker regelmäßig Spenden an die gemeinnützige Einrichtung leistete, ein verdeckter Rabatt, den der Apotheker zusätzlich als Spende steuerlich absetzen konnte. Neben der Einkommensteuerhinterziehung ist hier auch an eine Nötigung, § 240 StGB, bzw. Erpressung, § 253 StGB zu denken.[96]

5. Exkurs: Korruption im Gesundheitswesen

113   Viele der im Vorstehenden skizzierten Fallgestaltungen weisen korruptive Züge auf.[97] Hersteller und Vertreiber von Pharma- und Medizinprodukten gewähren in großem Stil sachfremde Vorteile, um auf das Verschreibungsverhalten der Ärzte Einfluss zu nehmen. Dazu gehören Preisnachlässe, Rückvergütungen, „Urlaubs-Tagungen" und sonstige Vorteile aller Art. Um einen ordnungsmäßen Wettbewerb zu schützen und zu fördern, wird deshalb vertreten, auf niedergelassene Vertragsärzte die §§ 331 ff. StGB (Straftaten im Amt) und/oder § 299 StGB (Bestechlichkeit und Bestechung im geschäftlichen Verkehr) anzuwenden.[98]

Der Große Senat des BGH hat diesen Vorstößen eine Absage erteilt:[99] Weder sei der Vertragsarzt Amtsträger i. S. v. § 11 Abs. 1 Nr. 2 StGB, noch handele er als Beauftragter der Krankenkasse i. S. v. § 299 StGB. Die Entscheidung verdient Zustimmung. Der Vertragsarzt nimmt keine Aufgaben der öffentlichen Verwaltung wahr[100], und er handelt auch nicht als Beauftragter auf Weisung der Krankenkassen. Die Zusammenarbeit zwischen den Vertragsärzten und den Kassen ist vielmehr vom Kooperationsgedanken geprägt.[101]

Derzeit wird allerdings darüber diskutiert, ob die skizzierten korruptiven Verhaltensformen de lege ferenda unter Strafe gestellt werden sollten.[102] Teilt man die Prämisse, dass die Einführung neuer Strafnormen stets ultima ratio zu sein hat, so gebührt geeigneten Maßnahmen der Aufklärung und Bewusstseinsschaffung der Vorrang.[103]

6. Betrug mit reimportierten Arzneimitteln

114   Pharmaunternehmen verkaufen häufig Arzneimittel im Ausland deutlich billiger als in Deutschland. Durch auf Reimport spezialisierte Firmen werden diese Arzneimittel nach Deutschland eingeführt und hier oft zur Hälfte des Preises eines deutschen Arzneimittels dem Apotheker verkauft.

Für diese Reimportarzneimittel muss der Apotheker nach der Arzneimittelpreisverordnung einen niedrigeren Abgabepreis verlangen. Um einen zusätzliche Gewinn zu erzielen, versieht er diese Arzneimittel mit dem Preis des inländischen Produkts. Der Kasse oder dem Patienten, der das Medikament selbst bezahlen muss, spiegelt er damit vor, ein deutsches Arzneimittel verkauft zu haben. Der Betrugsschaden liegt in Differenz des erlaubten und des tatsächlich verlangten Verkaufspreises.

---

[96] LG Essen MedR 2012, 187 ff. mit Anm. *Grosse-Wilde*, MedR 2012, 189 ff. (bevorzugte Behandlung durch Chefarzt gegen „Spenden").
[97] Überblick bei *Gaßner*, NZS 2012, 521 ff.
[98] *Pragel*, NStZ 2005, 133 ff.; abwägend *Schuhr*, NStZ 2012, 11; ablehnend *Nestler*, JZ 2009, 984 ff. (986), *Rönnau*, in *Achenbach/Ransiek*, Handbuch Wirtschaftsstrafrecht, S. 244 ff.
[99] BGHSt (GrS) NJW 2012, 2530 = MedR 2012, 656 ff. mit Anm. *Szesny, A.-M.* und *Remplik, Y.J.*, ebenda, 662, und Schmidt, St., PharmaR 2012, 339 ff.
[100] Kritisch *Fischer*, StGB, § 11 Rn. 22 d ff. m. w. N.
[101] *Fischer*, StGB, § 299 Rn. 10d.
[102] Gesetzentwurf der SPD-Franktion „Korruption im Gesundheitswesen wirksam bekämpfen", Deutscher Bundestag Drs.17/3685 vom 10.11.2010. Im April 2012 ist der Antrag im Gesundheitsausschuss des Bundestags abgelehnt worden.
[103] Vgl. in diesem Zusammenhang die von der Kassenärztlichen Bundesvereinigung herausgegebene und Anfang 2013 an die deutschen Vertragsärzte versandte Broschüre „Richtig Kooperieren. Rechtliche Rahmenbedingungen für die Zusammenarbeit von Vertragsärzten".

7. Die unrichtige Verordnung von Arzneimitteln

Verordnet der Vertragsarzt medizinisch nicht indizierte Arzneimittel, so begeht er Untreue nach § 266 I StGB gegenüber der Krankenkasse.[104] Der Arzt handelt, so der BGH, beim Ausstellen eines Rezeptes als Vertreter der Krankenkasse, darf hierbei aber den Rahmen der kassenärztlichen Versorgung nicht verlassen und darf Leistungen dann nicht verordnen, wenn sie nicht notwendig, nicht ausreichend oder unzweckmäßig sind, §§ 12 I, 70 I SGB V. Bei der Verordnung von Medikamenten hat der Arzt gegenüber der Krankenkasse eine Vermögensbetreuungspflicht.

Soweit der Patient mit dem Arzt zusammenwirkt und sich etwa den Erlös teilt, begeht er je nach Fallkonstellation Beihilfe zur Untreue, § 27 StGB, oder Anstiftung, § 26 StGB, dazu.

Der Apotheker, der von einer unzulässigen Verordnung keine Kenntnis hat, macht sich i. d. R. nicht strafbar, da er nur eine sehr eingeschränkte Prüfungspflicht in Hinsicht auf die ärztliche Verordnung hat.[105]

8. Abgabe von Klinikpackungen

So genannte Klinikpackungen dürfen nur in Krankenhäusern abgegeben werden. Die einzelne Tablette ist hier aufgrund der geringeren Verpackungskosten und der größeren Abgabemengen billiger.

Wenn einzelne Tablettenverpackungen, so genannte Blister, aus Klinikpackungen an den Patienten abgegeben werden, gegenüber der Krankenkasse jedoch die Abgabe einer normalen Packung in Rechnung gestellt wird, so liegt in der Regel ein Betrug, § 263 StGB, vor.

9. Ermittlungshinweise

In vielen Fällen ist an ein kriminelles Zusammenwirken zwischen Arzt und Apotheker zu denken. Teilweise setzen die oben geschilderten Begehungsweisen eine Mittäterschaft voraus. Bei Ermittlungsverfahren gegen Apotheken sollten stets die Prüfzentren der gesetzlichen Krankenkassen und deren Möglichkeiten, Rezepte komfortabel auszuwerten, genutzt werden. Hier lässt sich im Vorfeld einer Durchsuchung verdeckt der mögliche Umfang der Betrügereien feststellen und ggf. ein kriminelles Netzwerk von Ärzten und Apothekern aufdecken.

V. Kuren, Heil- und Hilfsmittel

Einen ähnlich lukrativen Bereich für Betrugshandlungen bildet der Bereich von Heil- und Hilfsmitteln. Bei der Verordnung von Kuren, Massagen oder krankengymnastischen Übungen sowie der Verschreibung etwa von Stützstrümpfen bietet sich die Möglichkeit des Betruges meist nur bei einem Zusammenwirken von Arzt und Leistungserbringer bzw. von Leistungserbringer und Patient.

1. Der kostenlose Saunabesuch

Der Arzt muss in zahlreichen Fällen **therapeutisch-physikalische Behandlungen**, z. B. Massagen, Fangopackungen, Krankengymnastik, Elektrotherapie, Hydrotherapie, Rotlicht usw. verordnen. Die hier anzuwendenden Richtlinien werden gem. §§ 32, 33, 124, 126, 127 SGB V zwischen den ärztlichen Berufsverbänden, den Leistungserbringern und den Verbänden der Krankenkassen und der Ersatzkassen vereinbart.

---

[104] BGH NZS 2004, 423 ff.; BGH NStZ 2004, 568 ff.
[105] S. o. Rn. 101.

Die Inhaber derartiger Therapieinstitute erstreben eine Steigerung ihrer Einkünfte durch Zuweisung zahlreicher Patienten. Die Patienten äußern oft den Wunsch, z. B. anstelle einer Heilgymnastik oder Massage die Sauna und das Solarium auf „Krankenschein" in Anspruch nehmen zu dürfen. Einzelne solcher Institute lassen sich sofort die Versicherungskarte aushändigen und überbringen diese einem Arzt, der sich zu manipulierten Verordnungen bereit gezeigt hat. Ohne den Patienten untersucht zu haben, verschreibt er eine physikalische Therapie und rechnet gegenüber den Krankenkassen die in Wahrheit nicht erbrachten Leistungen ab.

120 Neben dem Verstoß gegen Standespflichten, die zum Entzug der kassenärztlichen Zulassung führen können, erfüllt der Arzt durch dieses Verhalten den Tatbestand des Betrugs. Der Inhaber des therapeutischen Instituts und der Patient sind Mittäter. Diese handeln häufig auch ohne Kenntnis des Arztes, wenn anstelle einer tatsächlich erforderlichen, vom Arzt verschriebenen Massage etwa ein Gang in die Sauna finanziert wird.

2. Die Anschlussheilbehandlung und die „Kur"

121 Entsprechende Täuschungsmöglichkeiten bieten auch Kuren und Anschlussheilbehandlungen.

In manchen Fällen wird der Arzt die Notwendigkeit einer Kur nur bescheinigen, um den Patienten nicht an einen Kollegen zu verlieren. In Zeiten zurückgehender Einnahmen ist es für den Arzt verlockend, auf diese Weise Patienten als „Kunden" zu halten, insbesondere dann, wenn es sich um Privatpatienten handelt.

Aber auch während der Kur bieten sich die vielfältigsten Möglichkeiten des Betruges. Gerade während der Kur werden, insbesondere bei Privatpatienten, eine Vielzahl von Leistungen erbracht, an die sich der Patient im Nachhinein nicht mehr erinnern wird. Die Möglichkeit, nicht oder nicht so erbrachte ärztliche Leistungen abzurechnen, bietet sich hier in besonderem Maße.

122 Eine Kur wird in der Regel zunächst für die Dauer von drei Wochen genehmigt. Eine Verlängerung ist möglich. In manchen Kurkliniken soll es geradezu an der Tagesordnung sein, den Patienten zu befragen, ob er die Kur verlängern möchte. Der Nachweis, dass die medizinischen Voraussetzungen für eine Verlängerung der Kuren in Wirklichkeit nicht vorgelegen haben, wird in der Praxis so gut wie nicht zu führen sei.

123 Eine Anschlussheilbehandlung darf nur dann bewilligt werden, wenn sie sich unmittelbar an den stationären Aufenthalt im Krankenhaus anschließt. In vielen Fällen will der Patient aber erst einmal „nach Hause". Oft wird dem Patienten eine nicht mehr erforderliche stationäre Aufnahme nach einigen Wochen angeboten, um auf diese Art und Weise eine Anschlussheilbehandlung genehmigungsfähig zu machen. Ist die erneute stationäre Behandlung nicht erforderlich, so wird die Krankenkasse über die Bewilligungsvoraussetzungen für die Anschlussheilbehandlung betrügerisch getäuscht.

3. Die „Kaffeefahrt"

124 „Kaffeefahrten" sind aus dem Bereich der unlauteren Werbung als unzulässige Verkaufsveranstaltungen bekannt. Diese Masche hat nunmehr auch im medizinischen Bereich Einzug gehalten.

In Zeitungsanzeigen wird für ein „Wellnesswochenende" geworben. Sobald die Kunden in einem Hotel angekommen sind, werden sie aufgefordert, ihre Versicherungskarten abzugeben. Den Kunden wird nach einem ersten Arztbesuch ein gemütliches Wochenende mit Sauna und Massage geboten. Hierfür werden nur geringe Kosten in Rechnung gestellt. Die Bezahlung des Wochenendes wird der Allgemeinheit auferlegt, da gegenüber den Krankenkassen tatsächlich nicht erbrachte ärztliche und sonstige erstattungsfähige Leistungen in Rechnung gestellt werden. Auch hierbei handelt es sich um einen Betrug i. S. v. § 263 StGB.

4. Unrichtige Abgabe von Heil- und Hilfsmitteln

Bei der Abgabe von Heil- und Hilfsmitteln werden durch Apotheker oder Orthopädiefachgeschäfte ebenfalls Täuschungshandlungen begangen. 125

In einem Beispielsfall hatte ein Arzt seinem Patienten Stützstrümpfe „nach Maß" verordnet. Der Apotheker nahm bei dem Patienten auch Maß, verkauft ihm aber in der Folge keine gesondert angefertigten Maßstrümpfe, sondern Serienware, die oft nur die Hälfte kostete. Der Patient, der hier den Unterschied nicht bemerken konnte, bestätigte den Empfang der angeblichen Maßanfertigungen. Damit wird erneut ein Abrechnungsbetrug vorbereitet.

5. Häusliche Pflegedienste

Eine Vielzahl von Täuschungsmöglichkeiten bietet sich auch im Bereich der häuslichen Pflegedienste. Durch die Pflegeversicherung werden einzelne Leistungen, etwa solche der Körperpflege, detailliert bewilligt. In einem Pflegetagebuch müssen die einzelnen durch den Pflegedienstmitarbeiter erbrachten Leistungen vermerkt werden. 126

Bei pflegebedürftigen Patienten handelt es sich meist um alte, immer jedoch um schwer kranke Patienten. Diese Patienten vertrauen den Pflegedienstmitarbeitern. Es ist für Kriminelle ein Leichtes, angebliche Leistungen im Pflegetagebuch zu vermerken, obwohl diese Leistungen nicht erbracht wurden. Anhand des Pflegetagebuchs erfolgt dann die betrügerische Abrechnung.

VI. Der illegale Tierarzneimittelmarkt

1. Die Abgabe von Tierarzneimitteln durch den Tierarzt

Zahlreiche Ermittlungsverfahren stützen sich auf den Vorwurf des unerlaubten Inverkehrbringens von Arzneimitteln. Soweit Tierärzte als Mitbeschuldigte in Betracht kommen, ist zu beachten, dass nach § 43 Abs. 1 AMG Arzneimittel im Einzelfall **grundsätzlich nur in Apotheken** in den Verkehr gebracht werden dürfen. Eine Ausnahme von diesem so genannten Apothekenmonopol macht § 43 Abs. 4 AMG für Tierärzte. Die Abgabe von Arzneimitteln durch Tierärzte ist jedoch nur im Rahmen einer ordnungsgemäßen Behandlung von Tieren oder Tierbeständen zulässig.[106] 127

Nach § 13 Abs. 1 TÄHAV ist der Tierarzt verpflichtet, bei der Abgabe von allen Arzneimitteln, die zur Anwendung bei Tieren bestimmt sind, die der Lebensmittelgewinnung dienen, einen schriftlichen Nachweis zu erstellen (tierärztlicher Arzneimittelabgabebeleg), von dem das Original beim Tierhalter und die Durchschrift beim Tierarzt fünf Jahre aufzubewahren ist. 128

Der Gesetzgeber hat aus den sog. „Östrogenskandalen" und den zahlreichen Ermittlungs- und Strafverfahren wegen der illegalen Abgabe, Beschaffung und Verwendung von Tierarzneimitteln im gesamten Bundesgebiet Konsequenzen gezogen und beginnend mit dem 1. Gesetz zur Änderung des Arzneimittelgesetzes vom 24. Februar 1983 eine Verschärfung und Ergänzung des Arzneimittelgesetzes vorgenommen, um den ungerechtfertigten Erwerb oder die unkontrollierte Abgabe von Arzneimitteln zu verhindern. 129

Nach § 95 Abs. 1 Nr. 4 ff. AMG sind diejenigen Fälle unter Strafe gestellt, in denen verschreibungspflichtige Arzneimittel unter Nichtbeachtung der arzneimittelrechtlichen Vorschriften verschrieben, in den Verkehr gebracht, abgegeben, angewandt oder bezogen werden. Wenn der Täter durch eine der in § 95 Abs. 1 AMG bezeichneten Handlungen „die Gesundheit einer großen Zahl von Menschen gefährdet" (Abs. 3 S. 2 Nr. 1 lit. a)) oder „aus grobem Eigennutz für sich oder einen anderen Vermögensvorteile großen Ausmaßes erlangt"

---

[106] Vgl. § 12 Abs. 1 der Verordnung über tierärztliche Hausapotheken in der Fassung der Bekanntmachung vom 8. Juli 2009 (BGBl. I S. 1760).

(Abs. 3 S. 2 Nr. 1 lit. c)), verwirklicht er einen besonders schweren Fall, bei dem der Strafrahmen von 1 Jahr bis zu 10 Jahren reicht.

2. Der illegale Tierarzneimittelmarkt

130 Der illegale Arzneimittelmarkt blüht nach wie vor. Die in einschlägigen Strafverfahren wegen Beweisschwierigkeiten erfolgten Freisprüche haben die Täter ermutigt, mit noch besseren Verschleierungsmethoden zu arbeiten. Die illegalen Maßnahmen werden durch die Tätergruppen teilweise generalstabsmäßig organisiert.

Einzelne gewinnsüchtige **Tierärzte** wirken bei der Planung, Durchführung und Verschleierung dieser Aktionen mit. Sie verschaffen dem Tierhalter Arzneimittel, obwohl sie weder den Bauernhof noch die Stallungen kennen, geschweige denn den Tierbestand untersucht haben.

a) Futterarzneimittel

131 Gelegentlich arbeiten die Tierärzte auch mit Mischfutterbetrieben zusammen und kümmern sich nicht um die Auswahl und Zusammensetzung der **Fütterungsarzneimittel**. Futtermittelhändler und deren Vertreter kennen die verbotenen Wünsche und Bestrebungen der Tierhalter. Diese sind genauestens mit den Behandlungsmethoden ihrer zuständigen Tierärzte vertraut. Aus diesem Grund sind die Tierhalter bestrebt, das Honorar des Tierarztes zu sparen. Das Arzneimittel wird ihnen durch die kriminellen Tätergruppen z. B. für einen Einzelpreis von 6,- € geliefert, wohingegen die tierärztliche Leistung einschließlich Medikament Kosten in Höhe von 50,- € verursachen würde.

b) Gefahren der Massentierhaltung

132 Je umfangreicher die Tierhaltung ist, desto größer ist das Interesse am illegalen Erwerb von Arzneimitteln. Bei Großbetrieben sind z. B. bei einem Viehbestand von 600 bis 1000 Kälbern täglich durchschnittlich 10 bis 15 Tiere zu behandeln.

Darüber hinaus erliegt der Tierhalter gelegentlich der Versuchung, den Masterfolg durch Anwendung von Hormonen und Anabolika zu beschleunigen. In einem größeren Mastbetrieb können monatlich 50 bis 100 Tonnen Futtermittel benötigt werden. Der ebenfalls im Wettbewerb stehende Futtermittelhändler und -vertreter erkennt und analysiert diese Situation und bietet in Form des so genannten „Naturalrabattes" bei entsprechender Bestellung der Futtermittel oder Fütterungsarzneimittel apotheken- und verschreibungspflichtige Tierarzneimittel und außerdem verbotene Hormone zu Niedrigstpreisen oder als kostenlose Zugabe an.

133 Bei Durchsuchungen in großen Kälbermastbetrieben werden immer wieder umfangreiche „Apotheken" gefunden, die den Bedarf des Bestandes für mehrere Monate abdeckten. Diese Arzneien sind häufig in mehr oder weniger raffinierten Verstecken dem Zugriff der Ermittlungsbehörden entzogen.

c) „Autobahntierärzte"

134 Über so genannte Autobahntierärzte füllen die Tiermäster regelmäßig ihren Arzneimittelbestand auf. Alle diese Maßnahmen müssen verschleiert werden. Über die Arzneimittel und Hormone werden überhaupt keine Rechnungen und Belege ausgefertigt. Soweit der Kaufpreis im Rechnungsbetrag der gelieferten Futtermittel einbezogen ist, fehlen entsprechende Hinweise. Alle Täter errichten geheime Lagerräume und gut getarnte Verstecke. Betriebsfremde Kraftfahrzeuge werden von „Autobahntierärzten" oder den Händlern eingesetzt, die jeglicher behördlichen Observation entgehen wollen.

Bei den Autobahntierärzten handelt es sich um kriminelle Tierärzte, denen teilweise sogar die Zulassung entzogen wurde und die oft ausländische Tierärzte zur Behandlung vorschieben. Dieser Personenkreis verkauft in großem Umfang Tierarzneimittel an Mastbetriebe, ohne die erforderlichen Untersuchungen vorgenommen zu haben. Sie sind nicht von einer Praxis aus tätig, sondern betreiben in Wahrheit ein verbotenes Reisegewerbe, indem sie in

VI. Der illegale Tierarzneimittelmarkt

ihrem Fahrzeug ständig große Mengen Arzneimittel mit sich führen. Diese hier mitgeführten Arzneimittel unterliegen auch den Vorschriften der Tierärztlichen Hausapothekenverordnung.[107]

d) Missbrauch von Betreuungsverträgen

Für die ordnungsgemäße Behandlung und die Abgabe von Tierarzneimitteln stellt § 12 Abs. 2 TÄHAV gewisse Kriterien auf, wobei zwischen einer einmaligen Behandlung von Tieren oder Tierbeständen und einer fortlaufend durchgeführten Bestandsbetreuung, wie sie heute im Rahmen sog. „**Betreuungsverträge**" vielfach praktiziert wird, unterschieden werden kann. 135

Allerdings rechtfertigt der zwischen Tierarzt und Tierhalter geschlossene Betreuungsvertrag für sich allein noch keine Arzneimittelabgabe. Diese ist vielmehr erst dann zulässig, wenn der Tierarzt den betreuten Bestand regelmäßig selbst untersucht. Diese Untersuchungen müssen in an den Einzelfall angepassten Abständen erfolgen. Die Anwendung der Arzneimittel und der Behandlungserfolg müssen vom Tierarzt kontrolliert werden, § 12 Abs. 1, 2 Nr. 2 TÄHAV. Eine Nichtbeachtung dieser Vorschriften stellt eine unerlaubte Arzneimittelabgabe dar, §§ 95 Abs. 1 Nr. 8, 56a Abs. 1 AMG.

Soweit Tierärzte eine ordnungsgemäße Betreuung vorspiegeln, wird dieses **Verteidigungsvorbringen** bei Vorliegen folgender Sachverhalte **widerlegt**: 136
– Die Vielzahl von abgeschlossenen Betreuungsverträgen schließt praktisch eine ordnungsgemäße Untersuchung der einzelnen Tiere aus.
– Übersteigt z. B. die Medikamentenabgabe des Tierarztes die Millionengrenze, so kann selbst bei Beschäftigung weiterer Tierärzte keine reguläre Verordnung – bei ständiger Untersuchung und Behandlung der Tiere – vorliegen.
– Enthalten Betreuungsverträge die Befugnis, den Tierbestand auch in Abwesenheit des Tierhalters untersuchen und somit den „unverschlossenen" Stall betreten zu dürfen, dann soll in der Regel durch derartige Formulierungen künftigen Ermittlungen vorgebeugt werden. Der Tierhalter bestätigt zumeist eine angebliche Abwesenheit. Die Ermittlungsbeamten müssen daher beim Vorliegen einer derartigen Schutzvorschrift in Betreuungsverträgen schon nach dem ersten Zugriff alle in der Tierhaltung beschäftigen Personen zu der Frage vernehmen, ob und wann der Stall tatsächlich unverschlossen und unbeaufsichtigt war. Weiterhin müssen der Zeitaufwand und die einzelnen Wegstrecken des Tierarztes bei Abwicklung von Betreuungsverträgen gegenübergestellt werden.

3. Strafrechtliche Bewertung

Die vorbezeichneten Tatbegehungen sind im Wesentlichen in den §§ 95 ff. Arzneimittelgesetz und § 58 ff. Lebensmittel-, Bedarfsgegenstände- und Futtermittelgesetzbuch (LFGB) unter Strafe gestellt. Die Regelungen des AMG sind sehr kasuistisch und aufgrund ihrer zahlreichen Verweisungen innerhalb des Gesetzes unübersichtlich. 137

§ 95 AMG umfasst vorsätzliche und fahrlässige Handlungen mit besonders hohem Gesundheitsrisiko, § 96 AMG betrifft vorsätzliche Verstöße gegen Vorschriften, die Gesundheitsgefahren vorbeugen sollen.[108] Die Strafrahmen des § 95 AMG (bis zu drei Jahren) bzw. des § 96 AMG (bis zu einem Jahr) sind in Anbetracht der gesundheitlichen Gefährdung des Verbrauchers angemessen.

Mögliche Täter sind Hersteller, Händler, Tierärzte und Tierhalter. Unterschieden wird ferner zwischen apothekenpflichtigen und verschreibungspflichtigen Arzneimitteln sowie Fütterungsarzneimitteln. Letztere dürfen bei Verschreibung durch einen Tierarzt nach § 56 Abs. 1 S. 1 AMG unmittelbar vom Hersteller an den Tierhalter abgegeben werden. 138

Nach §§ 58 Abs. 1 Nr. 4, 10 Abs. 1 LFGB wird der Tierhalter unter Strafe gestellt, wenn vom Tier gewonnene Lebensmittel gewerbsmäßig in den Verkehr gebracht werden, die mit 139

---

[107] BVerwG NVwZ 94, 1013.
[108] *Erbs/Kohlhaas*, Strafrechtliche Nebengesetze, AMG, Vorbemerkung vor § 95, Rn. 2.

Rückständen verbotener Wirkstoffe, z. B. bestimmter Antibiotika, belastet sind. Die Strafbarkeit des Tierarztes richtet sich in diesen Fällen nach § 95 Abs. 1 Nr. 1 AMG.

Der „graue" Arzneimittelmarkt wird häufig unter **Missachtung der buchführungs- und steuerrechtlichen Vorschriften** abgewickelt. Ergeben sich derartige Verdachtsmomente, so muss der Staatsanwalt grundsätzlich die Steuerfahndung hinzuziehen.

4. Ermittlungshinweise

140   Nach Nr. 26 der Anordnung über Mitteilungen in Strafsachen (MiStra) ist in Ermittlungsverfahren gegen Tierärzte der Erlass eines Strafbefehls, die Erhebung der öffentlichen Klage und das Urteil der zuständigen Behörde und der Tierärztekammer mitzuteilen.

141   Der Staatsanwalt wird grundsätzlich in Verfahren, die die illegale Abgabe von Tierarzneimitteln betreffen, die Erkenntnisse der jeweiligen Veterinärämter und der **Tierärztekammern** auswerten müssen.

142   Grundsätzlich besteht die Möglichkeit, den Weg eines Tierarzneimittels von der Herstellung bis zur Anwendung zu verfolgen und die jeweilige Abgabe und Anwendung auf ihre Legalität zu überprüfen. Nach § 64 AMG sind die mit der Überwachung der Arzneimittelabgabe beauftragten Personen berechtigt, Betriebe unangemeldet zu überprüfen und hierbei Grundstücke zu betreten.

Durchsuchungen versprechen aufgrund des hohen Organisationsgrades der Tätergruppen und der guten Kommunikation unter den Tierhaltern nur dann Erfolg, wenn sie zeitgleich stattfinden. Außerdem sollte in allen Fällen ein Sachverständiger mitgenommen werden, der bereits vor Ort wertvolle Hinweise über die Art der aufgefundenen Arzneimittel geben kann.

Anhang

Erklärung des Vertragsarztes bei Abgabe der Quartalsabrechnung
(Muster der Kassenärztlichen Vereinigung in Bayern)

ERKLÄRUNG
Zur Abrechnung für das ... Quartal 20...

Ich bestätige hiermit, dass die abgerechneten Leistungen von mir persönlich oder von einem genehmigten angestellten Arzt/Psychotherapeuten, einem Vertreter oder einem genehmigten Assistenten oder von einem unter meiner Verantwortung stehenden nichtärztlichen Mitarbeiter unter meiner Überwachung erbracht worden sind und dass die von mir eingereichte Abrechnung sachlich richtig und vollständig ist.

Sämtliche abgerechneten Leistungen wurden entsprechend den bestehenden Bestimmungen zur vertragsärztlichen Versorgung (insb. Bundesmantelvertrag-Ärzte, Arzt/Ersatzkassenvertrag, einheitlicher Bewertungsmaßstab für ärztliche Leistungen, Richtlinien des Gemeinsamen Bundesausschusses und der Kassenärztlichen Bundesvereinigung, Verträge auf Bundes- und Landesebene, Abrechnungsbestimmungen sowie sonstiges Satzungsrecht der KVB) erbracht.

Sämtliche genehmigungs- oder nachweispflichtige Leistungen wurden von dem Arzt erbracht, der die Genehmigung von der KVB erhalten hat bzw. die erforderlichen Nachweise der KVB vorgelegt hat.

Sofern ich Leistungen abrechne, bei denen im selben Arztfall mehrere Ärzte/Psychotherapeuten mitgewirkt haben, erkläre ich hiermit, dass ich mit den anderen an der Erbringung der Leistung beteiligten Ärzten eine Vereinbarung getroffen habe, wonach nur ich allein in den jeweiligen Fällen diese Leistungen abrechne.

Ich bestätige, dass – sofern kein vom Versicherten unterschriebener Abrechnungsschein vorgelegen hat – die Krankenversichertenkarte aller Versicherten, die von mir in diesem Quartal behandelt worden sind, vorgelegen hat, es sei denn, es handelte sich um eine Notfallbehandlung, die im Ersatzverfahren aufgrund der Angaben des Versicherten oder der Angaben anderer Auskunftspersonen abgerechnet worden ist und bei der der Versicherte die Krankenversichertenkarte nicht vorlegen und den Behandlungsschein nicht unterschreiben konnte.

Ich bestätige, dass die mir erteilten Überweisungsaufträge nicht überschritten wurden.

Soweit ich Sachkosten mit dem tatsächlichen €-Betrag abrechne, bestätige ich, dass die tatsächlich realisierten Preise in Rechnung gestellt werden und ggf. vom Hersteller bzw. Lieferanten gewährte Rückvergütungen, wie Preisnachlässe, Rabatte, Umsatzbeteiligungen, Bonifikationen und rückvergütende Gewinnbeteiligungen mit Ausnahme von Barzahlungsrabatten anteilig pro Patient weitergegeben werden (§ 44 Abs. 5 BMV-Ä/§ 13 Abs. 5 AEV).

Ich bestätige, dass ich die Bestimmungen der Richtlinien der Kassenärztlichen Bundesvereinigung für den Einsatz von IT-Systemen in der Arztpraxis zum Zweck der Abrechnung gemäß § 295 Abs. 4 SGB V sowie die Bestimmungen der Bundesmantelverträge zur Nutzung von Datenverarbeitungssystemen in der Arztpraxis kenne und diese von mir beachtet und eingehalten werden. Insbesondere bestätige ich, dass durch entsprechende organisatorische und technische Maßnahmen eine Erfassung jeder einzelnen Leistung zur Abrechnung erst nach deren vollständiger Erbringung erfolgt ist und ausschließlich eine zertifizierte Software Anwendung gefunden hat.

Zur Verordnung von Arzneimitteln wurden ausschließlich zertifizierte Arzneimittel-Datenbanken und zu deren Nutzung zugelassene Software-Versionen gemäß § 29 Abs. 3 BMV-Ä bzw. § 15 Abs. 3 EKV-Ä eingesetzt.

Arzneimittel-Datenbank: _____Angewandte Software:

Die KBV-Prüfnummer der von mir eingesetzten Abrechnungssoftware ist automatisch in den Praxisdaten der Abrechnungsdatei (ADT-DatenpaketHeader) angegeben.

Hinweis:
Die vorstehende Erklärung wird zur Überprüfung der Zulässigkeit und Richtigkeit der Abrechnung benötigt. Zu diesen Angaben sind Sie nach den Vorschriften des Bundesmantel-

vertrages-Ärzte bzw. Arzt/Ersatzkassenvertrages verpflichtet (§ 35 Abs. 2 und 3, § 42 Abs. 3 BMV-Ä, § 34 Abs. 1, § 35 Abs. 3 EKV-Ä).

Datum   Unterschrift des Vertragsarztes bzw.
                         Vertragspsychotherapeuten

                         Stand 1.7.2011

                         (bei Berufsausübungsgemeinschaften Unterschrift sämtlicher Teilnehmer, bei Medizinischen Versorgungszentren Unterschrift sämtlicher Teilnehmer)

14. Kapitel.
Computer- und Internetkriminalität

Literatur: *Achenbach,* Das Zweite Gesetz zur Bekämpfung der Wirtschaftskriminalität, NJW 1986, 1835; *Achenbach/Ransiek,* Handbuch des Wirtschaftsstrafrecht, 3. Auflage, Heidelberg 2012; *Ackermann,* Ausgewählte Rechtsprobleme der Mailbox-Kommunikation, Diss., Hamburg 1994; *Altenhain,* Die strafrechtliche Verantwortung für die Verbreitung missbilligter Inhalte in Computernetzen, CR 1997, 485; *Altenhain,* Die gebilligte Verbreitung missbilligter Inhalte – Auslegung und Kritik des § 5 Teledienstegesetz, AfP 1998, 457; *Arloth,* Leerspielen von Geldspielautomaten – ein Beitrag zur Struktur des Computerbetrugs, CR 1996, 359; *Bär,* Der Zugriff auf Computerdaten im Strafverfahren, Köln 1992; *Bär,* Kapitel 7 Einleitung Strafrecht, in: Roßnagel (Hrsg.) Recht der Multimediadienste, Loseblattausgabe, München Stand: April 2005; *Bär,* Straftaten und Ordnungswidrigkeiten gegen den Datenschutz, in: Roßnagel, Handbuch des Datenschutzrechts, Kapitel 5.7, München 2002; *Bär,* Teil 11: Strafrecht, in: Leible/Sosnitza, Versteigerungen im Internet, Heidelberg 2004, S. 534; *Bär,* Wardriver und andere Lauscher – Strafrechtliche Fragen im Zusammenhang mit WLAN, MMR 2005, 434; *Bär,* Handbuch zur EDV-Beweissicherung im Strafverfahren, Stuttgart 2007; *Bär/Hoffmann* Das Zugangskontrolldiensteschutz-Gesetz – Ein erster Schritt auf dem richtigen Weg, MMR 2002, 654; *Barton,* Multimedia-Strafrecht, Neuwied 1999; *Bettinger/Freytag,* Privatrechtliche Verantwortlichkeit für Links, CR 1998, 545; *Bettinger/Freytag* Verantwortlichkeit der DENIC e. G. für rechtswidrige Domains?, CR 1999, 28; *Beukelmann,* Surfen ohne strafrechtliche Grenzen, NJW 2012, 2617; *Binder,* Strafbarkeit intelligenten Ausspähens von programmrelevanten DV-Informationen, Diss. Marburg 1994; *Bleisteiner,* Rechtliche Verantwortlichkeit im Internet, Köln 1999; *Boese,* Strafrechtliche Verantwortlichkeit für Verweisungen durch Links im Internet, Frankfurt 2000; *Borges,* Rechtsfragen des Phishing, NJW 2005, 3313; *Brackmann/Oehme,* Der strafrechtliche Vervielfältigungsbegriff des § 106 UrhG als Beispiel des Streamingverfahrens, NZWiSt 2013, 170; *Brand,* Missbrauch eines Geldausgabeautomaten durch den berechtigten EC-Karteninhaber, JR 2008, 496; *Brand,* EC-Kartenmissbrauch und untreuespezifische Auslegung, WM 2008, 2194; *Brand,* Die strafrechtliche Bedeutung der Nutzung fremder Packstationsdaten zu kriminellen Zwecken, NStZ 2013, 7; *Breuer,* Anwendbarkeit des deutschen Strafrechts auf exterritorial handelnde Internet-Benutzer, MMR 1998, 141; *Brisch,* EU-Richtlinienvorschlag zum elektronischen Geschäftsverkehr, CR 1999, 235; *Brunnstein,* Computerviren und andere bösartige Software, CR 1993, 456; *Bühler,* Ein Versuch, Computerkriminellen das Handwerk zu legen – Das Zweite Gesetz zur Bekämpfung der Wirtschaftskriminalität, MDR 1987, 448; *Bühler,* Geldspielautomatenmissbrauch und Computerstrafrecht, MDR 1991, 14; *Buggisch,* Dialer-Programme – strafrechtliche Bewertung eines aktuellen Problems, NStZ 2002, 178; *Buggisch/Kerling* Phishing, Pharming und ähnliche Delikte, Kriminalistik 2006, 531; *Bullinger/Mestmäcker,* Multimediadienste – Struktur und staatliche Aufgaben nach deutschem und europäischem Recht, Baden-Baden 1997; *Busch/Giessler,* SIM-Lock und Prepaid-Bundles – Strafbarkeit bei Manipulationen, MMR 2001, 586; *Collardin,* Straftaten im Internet – Fragen zum internationalen Strafrecht, CR 1997, 618; *Conradi/Schlömer,* Die Strafbarkeit der Internet-Provider, NStZ 1996, 366 (Teil 1) und 472 (Teil 2); *Dannecker,* Der Schutz von Geschäfts- und Betriebsgeheimnissen, BB 1987, 1614; *Dannecker,* Neuere Entwicklungen im Bereich der Computerkriminalität: Aktuelle Erscheinungsformen und Anforderungen an eine effektive Bekämpfung, BB 1996, 1285; *Dehn/Paul,* Vorbeugung bei Computerviren, CR 1989, 68; *Derkesen,* Strafrechtliche Verantwortung für in internationalen Computernetzen verbreitete Daten mit strafbarem Inhalt, NJW 1997, 1878; *Derkesen,* Die Hinterlegung einer Anleitung zur Herstellung von Sprengstoff in einer Mailbox – ein strafbarer Verstoß gegen das WaffG?, NJW 1998, 3760; *Dieterle/Schrötel/Bux,* Information Warfare, Kriminalistik 2003, 330; *Dornseif/Schumann* Probleme des Datenbegriffs im Rahmen des § 269 StGB, JR 2002, 52; *Dressel,* Strafbarkeit von Piratenangriffen gegen Zugangsberechtigungssysteme von Pay-TV-Anbietern, MMR 1999, 390; *Eck/Ruess,* Haftungsprivilegierung nach der E-Commerce Richtlinie – Umsetzungsprobleme dargestellt am Beispiel der Kenntnis nach § 11 Satz 1 Ziff. 1 TDG, MMR 2003, 363; *Eisele,* Der Kernbereich des Computerstrafrechts, JURA 2012, 922; *Eisele/Fad,* Strafrechtliche Verantwortlichkeit beim Missbrauch kartengestützter Zahlungssysteme, Jura 2002, 305; *Engel-Flechsig/Maennel/Tettenborn,* Das neue Informations- und Kommunikationsdienste-Gesetz, NJW 1997, 2981; *Engel-Flechsig,* Das Informations- und Kommunikationsdienstegesetz des Bundes und der Mediendienstestaatsvertrag der Bundesländer, ZUM 1997, 231; *Erbs/Kohlhaas,* Strafrechtliche Nebengesetze, Loseblattausgabe, Stand: Juli 2012 (zitiert: Bearbeiter, in: Erbs/Kohlhaas); *Ernst,* Internet und Recht, JuS 1997, 776; *Ernst,* Das neue Computerstrafrecht, NJW 2007, 2661; *Flechsig,* Haftung von Online-Diensteanbietern im Internet, AfP 1996, 333; *Fischer,* Strafgesetzbuch, 59. Auflage, München

2012; *Flechsig/Gabel*, Strafrechtliche Verantwortlichkeit im Netz durch Einrichten und Vorhalten von Hyperlinks, CR 1998, 351; *Fromm/Nordemann*, Urheberrecht, Kommentar, 10. Auflage 2008; *Gantner*, „Laden eines Computerprogramms als Vervielfältigung?" – Eine wesentliche Frage falsch gestellt, jur-PC 1994, 2752 (Teil 1) 2793 (Teil 2) und 2835 (Teil 3); *Gercke, B.*, Straftaten und Strafverfolgung im Internet, GA 2012, 474; *Gercke, M.*, Die Strafbarkeit von „Phishing" und Identitätsdiebstahl, CR 2005, 606; *Gercke, M.*, Die Entwicklung des Internetstrafrechts im Jahr 2011/2012, ZUM 2012, 625; *Gercke/Brunst*, Praxishandbuch Internetstrafrecht, Stuttgart 2009; *Goeckenjan*, Phishing von Zugangsdiensten für Online-Bankdienste und deren Verwertung, wistra 2008, 128; *Goldmann/Stenger*, Unbefugtes Eindringen in Computersysteme, CR 1989, 543; *Gounalakis*, Der Mediendienste-Staatsvertrag der Länder, NJW 1997, 2993; *Graf*, Phishing derzeit nicht generell strafbar! NStZ 2007, 129; *Graf/Jäger/Wittig*, Wirtschafts- und Steuerstrafrecht, München 2011 (zitiert: Graf/Jäger/Wittig-Bearbeiter); *Gravenreuth*, Computerviren, 2. Auflage, Köln 1998; *Gravenreuth*, Computerviren, Hacker, Datenspione, Crasher und Cracker, NStZ 1989, 201; *Greiner*, Sperrungsverfügungen als Mittel der Gefahrenabwehr im Internet, CR 2002, 620; *Gröseling/Höfinger* Computersabotage und Vorfeldkriminalität – Auswirkungen des 41. StrÄndG zur Bekämpfung der Computerkriminalität; MMR 2007, 626; *Haft*, Das Zweite Gesetz zur Bekämpfung der Wirtschaftskriminalität (2. WiKG), NStZ 1987, 6; *Heckmann*, juris PraxisKommentar Internetrecht, 3. Aufl., Saarbrücken 2011; *Hefendehl*, Strafrechtliche Probleme beim Herstellen, beim Vertrieb und bei der Verwendung von wiederaufladbaren Telefonkartensimulatoren, NStZ 2000, 348; *Hefermehl/Köhler/Bornkamm*, Wettbewerbsrecht, 24. Auflage, München 2006; *Heghmanns* Strafbarkeit des „Phishing" von Bankkontendaten und ihre Verwertung, wistra 2007, 167; *Heghmanns*, Daten- und Datennetzdelikte, in: Achenbach/Ransiek, Handbuch des Wirtschaftsstrafrecht, 3. Auflage, Heidelberg 2012, Teil 6.1; *Heghmanns*, Strafrechtliche Verantwortlichkeit für strafbare Inhalte im Internet, JA 2001, 71; *Heyl*, Teledienste und Mediendienste nach Teledienstegesetz und Mediendienste-Staatsvertrag, ZUM 1998, 115; *Hilgendorf*, Grundfälle zum Computerstrafrecht, JuS 1996, 509 und 702 und 890 und 1082 sowie JuS 1997, 130 und 323; *Hilgendorf*, Überlegungen zur strafrechtlichen Interpretation des Ubiquitätsprinzips im Zeitalter des Internet, NJW 1997, 1873; *Hilgendorf*, Die Neuen Medien und das Strafrecht, ZStW 113 (2001), 650; *Hilgendorf/Frank/Valerius*, Computer- und Internetstrafrecht, Berlin 2005; *Hinterseh*, Die strafrechtliche Verantwortlichkeit für Pornographie im Internet: Ein Beitrag zum Thema „Datennetzkriminalität", jur-PC 1996, 460; *Hochstein*, Teledienste, Mediendienste und Rundfunkbegriff – Anmerkungen zur Abgrenzung multimedialer Erscheinungsformen, NJW 1997, 2977; *Hoeren*, Haftung des Vereins zur Förderung eines Deutschen Forschungsnetzes e. V. als Online-Diensteanbieter, Rechtsgutachten, DFN-Bericht Nr. 83, 1997; *Hoeren/Sieber*, Handbuch Multimedia Recht – Rechtsfragen des elektronischen Geschäftsverkehrs, Loseblattausgabe, Stand: März 2012; *Hofer*, Computer-Viren – Herkunft, Begriff, Eigenschaften, Deliktsformen, jur-PC 1991, 1367; *Hörnle*, Pornographische Schriften im Internet: Die Verbotsnormen im deutschen Strafrecht und ihre Reichweite, NJW 2002, 1008; *Hörnle*, Aktuelle Probleme aus dem materiellen Strafrecht bei rechtsextremistischen Delikten, NStZ 2002, 113; *Holznagel*, Konvergenz der Medien – Herausforderung an das Recht, NJW 2002, 2351; *Jäger/Collardin* Die Inhaltsverantwortlichkeit von Online-Diensten, CR 1996, 236; *Jessen*, Zugangsberechtigung und besondere Sicherungen i. S. von § 202a StGB, Diss. 1994; *Jüngel/Schwan/Neumann* Das Abfangen von E-Mails nach § 303a StGB, MMR 2005, 820; *Kaspersen*, International Prosecution of Computer Crime, in: Sieber/Kaspersen/Vandenberghe/Stuurmann, The Legal Aspects of Computer Crime and Security, 1987, 50; *Kienle*, Internationales Strafrecht und Straftaten im Internet, Konstanz 1998; *Kitz* Der Gewaltbegriff im Informationszeitalter und die strafrechtliche Beurteilung von Online-Blockaden, ZUM 2006, 730; *Klas/Blatt* Ausnutzen eines (Geld-) Automatendefekts – strafbar als Computerbetrug?, CR 2012, 136; *Klengel/Gaus*, Datenhehlerei – Über die Notwendigkeit eines neuen Straftatbestands, ZRP 2013, 16; *Klengel/Heckler*, Geltung des deutschen Strafrechts für vom Ausland aus im Internet angebotenes Glücksspiel, CR 2001, 243; *Koch*, Zur Strafbarkeit der Auschwitzlüge im Internet, BGHSt 46, 212, JuS 2002, 123; *Koch*, Internet-Recht, München 1998; *Koch*, Aspekte des technischen und strafrechtlichen Zugriffsschutzes von EDV-Systemen, RDV 1996, 123; *Koch*, Zivilrechtliche Anbieterhaftung für Inhalte in Kommunikationsnetzen, CR 1997, 193; *Koch*, Grundlagen des Urheberrechtsschutzes im Internet und in Online-Diensten, GRUR 1997, 417; *Koch*, Neue Rechtsprobleme der Internet-Nutzung, NJW-CoR 1998, 45; *Koch* Strafrechtliche Probleme des Angriffs und der Verteidigung in Computernetzen, 2008; *Köhntopp/Köhntopp/Seeger*, Sperrungen im Internet, MMR 1998, 25; *König/Loetz*, Sperrungsanordnungen gegenüber Network- und Access-Providern, CR 1999, 438; *Krischker*, „Gefällt mir", „Geteilt", „Beleidigt" – Die Internetbeleidigung in sozialen Netzwerken, JA 2013, 488; *Kröger/Moos*, Regelungsansätze für Multimediadienste – Mediendienstestaatsvertrag und Teledienstegesetz, ZUM 1997, 462; *Mitsch*, Medienstrafrecht, 2012; *Kudlich*, Die Neuregelung der strafrechtlichen Verantwortung von Internet-Providern, JA 2002, 798; *Kugelmann*, Völkerrechtliche Mindeststandards für die Strafverfolgung im Cyberspace – Die Cyber-Crime Konvention des Europarates, TMR 2002, 14; *Kuner*, Internationale Zuständigkeitskonflikte im Internet, CR 1996, 453; *Kusnik*, Abfangen von Daten – Straftatbestand des

Literatur 14

§ 202b StGB auf dem Prüfstand, MMR 2011, 720; *Ladeur*, Zur Kooperation von staatlicher Regulierung und Selbstregulierung des Internet, ZUM 1997, 372; *Lackner/Kühl*, Strafgesetzbuch, 27. Auflage, München 2011 (zitiert: Lackner-Bearbeiter); *Leicht*, Computerspionage – „Die besondere Sicherung gegen unberechtigten Zugang" (§ 202a StGB), iur 1987, 45; *Lenckner/Winkelbauer*, Computerkriminalität – Möglichkeiten und Grenzen des 2. WiKG, CR 1986 483 (Teil 1), 654 (Teil 2) und 824 (Teil 3); *Leipziger Kommentar zum Strafgesetzbuch* (hrsg. von H. Jescheck, W. Ruß, G. Wilms), 12. Auflage 2006 ff. (zitiert: LK/Bearbeiter); *Malek*, Strafsachen im Internet, Heidelberg 2005; *Manssen*, Telekommunikations- und Multimediarecht, Loseblattausgabe, Stand: 2006; *Marberth-Kubicki*, Computer- und Internetstrafrecht, 2. Aufl. 2010; *Maunz/Dürig*, Grundgesetz-Kommentar, Loseblattausgabe, Stand: April 2012; *Möhrenschlager*, Das neue Computerstrafrecht, wistra 1986, 128; *Möhrenschlager*, Die Computerstraftaten und ihre Bekämpfung in der Bundesrepublik Deutschland, wistra 1991, 321; *Müglich*, Auswirkungen des EGG auf die haftungsrechtliche Behandlung von Hyperlinks, CR 2002, 583; *Mühlen*, Computer-Kriminalität – Gefahren und Abwehr, München 1973; *Müller/Wabnitz/Janovsky*, Wirtschaftskriminalität, 4. Auflage, München 1997; *Münchner Kommentar zum Strafgesetzbuch*, Hrsg. Joecks, W./Miebach, K., München 2003 ff. (zitiert: MüKo-StGB-Bearbeiter); *Neumann*, Unfaires Spiel am Geldspielautomaten – OLG Celle, NStZ 1989, 367, JuS 1990, 539; *Nickels*, Neues Bundesrecht für E-Commerce, CR 2002, 302; *Ochsenbein*, Strafrechtliche Aspekte des Internet, Kriminalistik 1998, 685; *Oglakcioglu*, Der Videostream und seine urheberstrafrechtliche Bewertung, ZIS 2012, 431; *Ostendorf/Frahm/Doege*, Internetaufrufe zur Lynchjustiz und organisiertes Mobbing, NStZ 2012, 529; *Otto*, Verrat von Betriebs- und Geschäftsgeheimnissen, § 17 UWG, wistra 1988, 125; *Popp*, Von „Datendieben" und „Betrügern" – Zur Strafbarkeit des sog. „phishing", NJW 2004, 3517; *Popp*, Phishing, Pharming und das Strafrecht, MMR 2006, 84; *Popp*, Informationstechnologie und Strafrecht, JuS 2012, 385; *Puppe*, Die Datenurkunde im Strafrecht, JuS 2012, 961; *Radtke* Neue Formen der Datenspeicherung und das Urkundenstrafrecht, ZStW 115 (2003), 26; *Rehbinder*, Tauschbörsen, Sharehoster und UGC-Streamingdienste, ZUM 2013, 241; *Richter*, Missbräuchliche Benutzung von Geldautomaten, CR 1989, 303; *Ringel*, Rechtsextremistische Propaganda aus dem Ausland im Internet, CR 1997, 302; *Rinker*, Strafbarkeit und Strafverfolgung von „IP-Spoofing" und „Portscanning", MMR 2002, 663; *Sasdi*, Strafbarkeit des Funktionsumfangs technischer Geräte, CR 2005, 235; *Satzger*, Strafrechtliche Verantwortlichkeit von Zugangsvermittlern, CR 2001, 109; *Scheffler*, Einsatz einer Pay-TV Piraten-SmartCard – strafrechtliche Würdigung, CR 2002, 151; *Schlüchter*, Zweites Gesetz zur Bekämpfung der Wirtschaftskriminalität, Heidelberg 1987; *Schnabel*, Das Zugangserschwerungsgesetz, JZ 2009, 996; *Schneider*, Handbuch des EDV-Rechts, 4. Auflage, Köln 2009; *Schmitz*, Ausspähen von Daten, § 202a StGB, JA 1995, 478; *Schmitz/Schmitz*, Computerkriminalität, Wiesbaden 1990; *Schönke/Schröder*, Strafgesetzbuch, 28. Auflage, München 2010 (zitiert: Schönke/Schröder-Bearbeiter); *Schreibauer/Hessel* Das 41. Strafrechtsänderungsgesetz zur Bekämpfung der Computerkriminalität, K&R 2007, 616; *Schricker*, Urheberrecht, Kommentar, 7. Auflage, München 1987; *Schulz*, Jugendschutz bei Tele- und Mediendiensten, MMR 1998, 182; *Schumann*, Das 41. StRÄndG zur Bekämpfung der Computerkriminalität, NStZ 2007, 675; *Sieber*, Computerkriminalität und Strafrecht, 2. Auflage, Köln 1980; *Schwarz/Poll*, Haftung nach TDG und MDStV, JurPC Web-Dok. 73/2003; *Seidl*, Debit Card Fraud: Strafrechtliche Aspekte des sog. „Skimmings"; ZIS 2012, 415; *Sieber*, The International Handbook on Computer Crime, New York 1986; *Sieber*, The International Emergence of Criminal Information Law, Köln 1992; *Sieber*, Information Technology Crime, Köln 1994; *Sieber*, Informationsrecht und Recht der Informationstechnik, NJW 1989, 2569; *Sieber*, Computerkriminalität und Informationsstrafrecht, CR 1995, 100; *Sieber*, Strafrechtliche Verantwortlichkeit für den Datenverkehr in internationalen Computernetzen, JZ 1996, 429 (Teil 1) und 494 (Teil 2); *Sieber*, Cyberlaw: Die Entwicklung im deutschen Recht, in: Cheswick, W./Bellovin, S., Firewalls und Sicherheit im Internet, Bonn 1996, 283; *Sieber*, Kontrollmöglichkeiten zur Verhinderung rechtswidriger Inhalte in Computernetzen, CR 1997, 581 (Teil 1) und CR 1997, 653 (Teil 2); *Sieber*, Die Strafrechtliche Verantwortlichkeit im Internet, Grundlagen, Ziele und Auslegung von § 5 TDG und 5 MDStV, Beilage zu MMR 2/1999; *Sieber*, Sperrverpflichtungen gegen Kinderpornografie im Internet, JZ 2009, 654; *Sieber*, Gutachten C zum 69. DJT – Straftaten und Strafverfolgung im Internet, München 2012; *Skulason*, Viren und Internet, jur-PC 1995, 3453; *Soiné*, Strafbarkeit von Kinderpornografie im Internet, Kriminalistik 2002, 218; *Sondermann*, Computerkriminalität – Die neuen Tatbestände der Datenveränderung gem. § 303a StGB und der Computersabotage gem. § 303b StGB, Diss. Münster 1989; *Spindler*, Haftungsrechtliche Grundprobleme der neuen Medien, NJW 1997, 3193; *Spindler*, Das Gesetz zum elektronischen Geschäftsverkehr – Verantwortlichkeit der Diensteanbieter und Herkunftslandprinzip, NJW 2002, 921; *ders.*, Verantwortlichkeit und Haftung für Hyperlinks im neuen Recht, MMR 2002, 495; *Spindler/Schuster*, Recht der elektronischen Medien, 2. Aufl. 2011; *Stadler*, Verantwortlichkeit für Hyperlinks nach der Neufassung des TDG, JurPC Web.-Dok. 2/2003; *Stange*, Pornographie im Internet – Versuche einer strafrechtlichen Bewältigung, CR 1996, 424; *Stolz*, Rezipient = Rechtsverletzer? Urheberrechtsverletzungen durch die Nutzung illegaler Streaming-Angebote, MMR 2013, 353; *Systematischer Kommentar zum Strafgesetzbuch*, hrsg. von H.

14. Kapitel. Computer- und Internetkriminalität

Rudolphi, Loseblattausgabe (zitiert: SK-StGB-Bearbeiter); *Tiedemann*, Datenübermittlung als Straftatbestand, NJW 1981, 945; *Tiedemann*, Die Bekämpfung der Wirtschaftskriminalität durch den Gesetzgeber, JZ 1986, 865; *Vassilaki*, Multimediale Kriminalität, CR 1997, 297; *Vassilaki*, Computer- und internetspezifische Entscheidungen der Strafgerichte – Einfluss der Informations- und Telekommunikationstechnik auf die Rechtsfortbildung, MMR 1998, 247; *Vassilaki*, Strafrechtliche Verantwortlichkeit durch Einrichten und Aufrechterhalten von elektronischen Verweisen (Hyperlinks), CR 1999, 85; *Vassilaki*, Strafrechtliche Haftung nach §§ 8 ff. TDG, MMR 2002, 659; *Vassilaki*, Kriminalität im World Wide Web – Erscheinungsformen der „Post-Computerkriminalität" der zweiten Generation, MMR 2006, 212; *Vassilaki*, Das 41. StrÄndG – Die neuen strafrechtlichen Regelungen und ihre Wirkungen auf die Praxis, CR 2008, 131; *Volesky/Scholten*, Computersabotage – Sabotageprogramme – Computerviren, iur 1987, 280; *Waldenberger*, Zur zivilrechtlichen Verantwortlichkeit für Urheberrechtsverletzungen im Internet, ZUM 1997, 176; *Waldenberger*, Teledienste, Mediendienste und die „Verantwortlichkeit" ihrer Anbieter, MMR 1998, 124; *Wandtke/Bullinger*, Urheberrecht, 2. Auflage 2006 (zitiert: Wandtke/Bullinger-Bearbeiter); *Welp*, Datenveränderung (§ 303a StGB) – Teil 1, iur 1988, 443; *Welp*, Datenveränderung (§ 303a StGB) – Teil 2, iur 1989, 434; *Welp*, Strafrechtliche Aspekte der digitalen Bildbearbeitung, CR 1992, 291 (Teil 1) und 354 (Teil 2); *Wenning*, Akteure im Internet: Rechtliche Problemfelder (1. Teil), JurPC Web-Dok. 46/1998; *Widmer/Bähler*, Strafrechtliche und aktienrechtliche Haftung von Internet Providern, CR 1996, 178; *Wiebe/Funkat*, Multimedia-Anwendungen als urheberrechtliche Schutzgegenstand, MMR 1998, 69; *Wuermeling*, Einsatz von Programmsperren – Zivil- und strafrechtliche Aspekte, CR 1994, 585.

Inhaltsübersicht

	Rn.
A. Einleitung und Begriff der Computer- und Internetkriminalität	1–10
I. Entwicklungen zur Informationsgesellschaft	1–3
II. Begriff der Computer- und Internetkriminalität und Überblick	4–10
1. Begriff der Computer- und Internetkriminalität	4–7
2. Überblick zu Deliktsformen	8–10
B. Einzelne Deliktsformen	11–179
I. Computerbetrug (§ 263a StGB)	11–44
1. Tatobjekt: Daten und Datenverarbeitungsvorgang	15
2. Unrichtige Programmgestaltung (1. Alternative)	16–17
3. Verwendung unrichtiger oder unvollständiger Daten (2. Alternative)	18–19
4. Unbefugte Verwendung von Daten (3. Alternative)	20–34
a) Kartenmissbrauch an Geld- bzw. Bankautomaten	21–24
b) Missbrauch von EC- oder Kreditkarten bzw. Geldkarten im Zahlungsverkehr	25–26
c) Missbrauch von Telekommunikationseinrichtungen	27–31
d) Phishing, Pharming und Skimming	32–33
e) Leerspielen von Geldspielautomaten	34
5. Unbefugte Einwirkung auf Ablauf (4. Alternative)	35
6. Beeinflussung des Ergebnisses eines Datenverarbeitungsvorgangs	36
7. Vermögensschaden	37
8. Subjektiver Tatbestand	38

	Rn.
9. Verweisung auf § 263 Abs. 2 bis 7 (Abs. 2)	39
10. Vorbereitungshandlungen (Abs. 3)	40–41
11. Tätige Reue (Abs. 4) und Konkurrenzen	42–43
12. Probleme des Tatnachweises	44
II. Elektronische Urkundendelikte (§§ 269, 270, 274 StGB)	45–70
1. Inhalte und einzelne Tatbestände	45–49
2. Fälschung beweiserheblicher Daten (§§ 269, 270 StGB)	50–66
a) Daten als Erklärungsträger	51
b) Beweiserheblichkeit der Daten	52
c) Parallelmerkmale zur Urkundenfälschung	53–56
d) Tathandlungen: Speichern, Verändern und Gebrauchmachen	57–60
e) Aktuelle Tatbegehungsweisen	61–62
f) Subjektiver Tatbestand und Versuch	63–64
g) Besonders schwere Fälle und Konkurrenzen	65–66
3. Unterdrückung beweiserheblicher Daten (§ 274 Abs. 1 Nr. 2 StGB)	67–69
4. Probleme des Tatnachweises	70
III. Beeinträchtigungen der „Datenintimität" (§ 202a – § 202c StGB)	71–101
1. Ausspähen von Daten (§ 202a StGB)	72–85
a) Daten i. S. d. § 202a Abs. 2 StGB	75–76
b) Datenbestimmung	77–78
c) Besondere Zugangssicherung	79–81
d) Unbefugtes Verschaffen des Zugangs zu den Daten	82–83

		Rn.
	e) Subjektiver Tatbestand, Versuch und Konkurrenzen	84–85
2.	Abfangen von Daten (§ 202b StGB)	86–92
	a) nicht für Täter bestimmte Daten	87
	b) nichtöffentliche Datenübermittlung (1. Alt.)	88–89
	c) elektromagnetische Abstrahlung einer DV-Anlage (2. Alt.)	90
	d) Anwendung technischer Mittel	91
	e) Subjektiver Tatbestand, Subsidiarität und Konkurrenzen	92
3.	Vorbereitungen zum Ausspähen und Abfangen von Daten (§ 202c StGB)	93–100
	a) Passwörter und Sicherungscodes (§ 202c Abs. 1 Nr. 1 StGB)	94–95
	b) Schadprogramme (§ 202c Abs. 1 Nr. 2 StGB)	96–97
	c) Tathandlungen	98
	d) Subjektiver Tatbestand, tätige Reue	99–100
4.	Probleme des Tatnachweises	101
IV.	**Datenveränderung und Computersabotage (§§ 303a, 303b StGB)**	**102–123**
1.	Computerviren und andere Sabotageprogramme	105–107
2.	Datenveränderung (§ 303a StGB)	108–123
	a) Tatobjekt	110
	b) Einschränkungen durch Verfügungsbefugnis über die Daten	111–113
	c) Tathandlungen	114–118
	d) Subjektiver Tatbestand, Rechtswidrigkeit	119–120
	e) Versuch und Konkurrenzen	121
	f) Vorbereitungshandlung (§ 303a Abs. 3 StGB)	122–123
3.	Computersabotage (§ 303b StGB)	124–143
	a) Datenverarbeitung von wesentlicher Bedeutung als Schutzobjekt	126–127
	b) Tathandlungen nach § 303b Abs. 2 StGB	128–133
	c) Qualifikation (§ 303b Abs. 2 StGB)	134
	d) Versuchsstrafbarkeit (§ 303b Abs. 3)	135
	e) Strafzumessungsregel (§ 303b Abs. 4 StGB)	136–139
	f) Vorbereitungshandlungen (§ 303b Abs. 5 StGB)	140
	g) Konkurrenzen und Antragserfordernis	141–142
	h) Besonderheiten der Strafverfolgung	143
V.	**Illegale Nutzung von Programmen (§§ 106 ff. UrhG)**	**144–168**
1.	Unerlaubte Verwertung urheberrechtlich geschützter Werke (§ 106 UrhG)	148–165

		Rn.
	a) geschützte Werke als Tatobjekt	149–153
	b) Tathandlungen	154–163
	aa) Vervielfältigung	155–157
	bb) Verbreitung	158
	cc) öffentliche Wiedergabe	159
	dd) Gesetzliche Schranken des Urheberrechts	160–163
	c) Subjektiver Tatbestand/Verfolgungsvoraussetzungen	164–165
2.	Strafbarer Eingriff in fremde Schutzrechte und technische Schutzmaßnahmen (§ 108 und § 108b UrhG)	166–167
3.	Probleme des Tatnachweises	168
VI.	**Persönlichkeitsverletzungen**	**169–170**
VII.	**Verrat von Betriebs- und Geschäftsgeheimnissen**	**171–179**
1.	Tatbestand und Rechtsgut	171–172
2.	Geschäfts- und Betriebsgeheimnisse als Tatobjekt	173
3.	Tathandlungen des § 17 UWG	174–177
	a) Betriebsspionage (§ 17 Abs. 2 Nr. 1 UWG)	175–176
	b) Geheimnishehlerei (§ 17 Abs. 2 Nr. 2 UWG)	177
4.	Subjektiver Tatbestand, Konkurrenzen	178
5.	Probleme des Tatnachweises	179
C.	**Straftaten im Internet**	**180–209**
I.	**Allgemeine Fragen und beispielhafte Verfahren**	**181–186**
1.	Entwicklung der Verfahren	181–183
2.	Abgrenzung von Telemedien, Telekommunikation und Rundfunk	184
3.	Beteiligte Personen und Verantwortlichkeit	185
4.	Bedeutung der Verantwortlichkeitsregeln für das Strafrecht	186
II.	**Verantwortlichkeit der einzelnen Beteiligten**	**187–200**
1.	Verantwortlichkeit der Anbieter	187–188
2.	Verantwortlichkeit der Provider	189–196
	a) Arten von Providern	189
	b) Zugangsvermittlung und Zwischenspeicherung („Caching")	190–191
	c) Speicherung von Informationen („Hosting")	192–195
	d) Bedeutung des § 7 Abs. 2 Satz 2 TMG	196
3.	Verantwortlichkeit der Nutzer	197–200
III.	**Verantwortlichkeit für Hyperlink**	**201–203**
IV.	**Probleme des Tatnachweises**	**204–209**
1.	Anwendbarkeit des deutschen Strafrechts	205–208
2.	Rückverfolgung von Straftätern	209
D.	**Zusammenfassung und Ausblick**	**210–211**

14. Kapitel. Computer-und Internetkriminalität

A. Einleitung und Begriff der Computer- und Internetkriminalität

I. Entwicklungen zur Informationsgesellschaft

1 Die Weiterentwicklung der Computer- und Informationstechnologie hat in den letzten Jahrzehnten zu grundlegenden Veränderungen in allen Bereichen der Wirtschaft und auch im privaten Bereich geführt. Die Informationsindustrie zählt heute in den westlichen Industrienationen zu den wachstumsstärksten Bereichen der Wirtschaft. Computer und Informationstechnologie sind bereits zu einem wirtschaftlichen Produktionsfaktor geworden, der entscheidend die Wettbewerbsfähigkeit einer Volkswirtschaft prägt. Der durch die Informationstechnik hervorgerufene epochale Wandel in der wirtschaftlichen Entwicklung wird deshalb auch als „zweite industrielle Revolution" charakterisiert.[1] Die in allen Bereichen zunehmende Verbreitung von EDV-Anlagen aller Art führt nicht nur im wirtschaftlichen, sondern auch im privaten Sektor zu einer weitestgehenden Verlagerung menschlicher Tätigkeit auf die Computersysteme. Statt der bisherigen Arbeit mit schriftlichen Unterlagen gewinnt die beleglose Verarbeitung und Speicherung von Informationen eine immer größere Bedeutung. Diese aktuellen Entwicklungen lassen sich am besten mit den Stichworten Digitalisierung, Miniaturisierung und Integration zusammenfassen. Durch den immer höher werdenden Vernetzungsgrad der EDV-Systeme auf lokaler, nationaler und internationaler Ebene wird der Computer zudem zu einem zentralen Kommunikationsmedium. Ein Zugang zum Internet und ein Zugriff auf Daten von jedem beliebigen Standort aus mit Smartphone, Tablet-PC oder Laptop entwickelt sich immer mehr zum Standard. Die gerade in den letzten Jahren immer weiter ausgebauten Datenübertragungstechniken führen von den bisherigen Kommunikationsformen der Sprache oder von Texten hin zur Übertragung digitalisierter und damit maschinell verarbeitbaren Informationen. Mit Hilfe der Digitalisierung ist es so möglich, große Mengen von Daten, Bildern oder anderen Informationen vollkommen ohne einen Qualitätsverlust und mit hoher Geschwindigkeit zu bearbeiten, zu kopieren, zu übertragen oder anzuzeigen. Die weitere Digitalisierung und Komprimierung von Daten hat in den vergangenen Jahren auch die Formen der Speicherung und Übermittlung von Informationen nachhaltig hin zur Miniaturisierung verändert. Die Flächendichte von gespeicherten Informationen hat sich damit in den letzten vier Jahrzehnten um den Faktor 130 000 erhöht. Durch die Integration von bisher getrennten Medien kommt es schließlich zu einem immer stärkeren Zusammenwachsen aller bisherigen Kommunikationsformen zum Multimedia-Dialog.

2 Mit dem zunehmenden Einsatz der EDV-Technologie ergeben sich auch neue **Gefahren und Missbrauchsmöglichkeiten**.[2] Straftaten im Internet sind inzwischen zu einem existentiellen Risiko für die unsere moderne Informationsgesellschaft geworden, weil elementare Grundlagen der Wirtschaft, Verwaltung und des privaten Sektors hochgradig von einer sicheren Datenkommunikation und Datenverarbeitung abhängig sind.[3] Durch Angriffe auf die Integrität von Computersystemen können heute – wie dies die Schadprogramme Stuxnet, Flame und Gauss[4] etwa deutlich machen – gesamte Bereiche der Wirtschaft lahmgelegt werden und vor allem hohe Schäden angerichtet werden. Die Medienberichterstattung über aktuelle Angriffsszenarien auf IT-Systeme macht die Bedrohung durch Cyberattacken und die Notwendigkeit von Cybersicherheit zur Abwehr entsprechender Angriffe besonders deutlich. Das Internet wird dabei nicht nur von Straftäter, sondern zunehmend auch Hacktivisten, etwa von Anonymous,[5] zur Verfolgung ihrer Ziele eingesetzt. Alle lebenswichtigen Infrastrukturbereiche – Energieversorgung, Notfall- und Rettungswesen, Gesundheitswesen, Finanz- und Versicherungswesen, Behörden und Verwaltungen – und die Telekommunikation

---

[1] Vgl. *Sieber*, NJW 1989, 2570 und CR 1995, 101 f.
[2] Vgl. Bundeslagebericht 2011 des BKA, online abrufbar unter http://www.bka.de/nn_233148/DE/Publikationen/JahresberichteUndLagebilder/Cybercrime/cybercrime__node.html?__nnn=true
[3] Vgl. *Sieber*, Gutachten C zum 69. DJT, S. 9.
[4] Vgl. dazu näher unter Rn. 106.
[5] Vgl. zu Hacktivisten näher: *Robertz/Rüdiger*, Kriminalistik 2012, 79.

A. Einleitung und Begriff der Computer-und Internetkriminalität

selbst sind von der Informationstechnik abhängig.⁶ Während der Mitarbeiter eines Unternehmens früher einen Sachverhalt aufgrund der ihm in ausgedruckter Form vorliegenden Akten umfassend nachvollziehen und überprüfen konnte, ist eine Kontrolle in dieser Form bei computergestützten Programmerfassungen nur noch in anderer Weise möglich. Das Wissen über die Funktionsweise der gesamten EDV-Anlage mit kaum mehr überschaubaren System- und Anwenderprogrammen liegt heute nur noch bei wenigen Fachleuten und Experten. Für gewöhnliche Nutzer sind Fehler in eingesetzten Programmen nur erkennbar, falls sie offen am Bildschirm sichtbar sind oder zu einem unrichtigen Ergebnis führen. Die **Kontrollmöglichkeiten** der Nutzer bleiben damit **beschränkt**. So begannen bereits mit der ersten Verwendung von Computeranlagen Beschädigungs- oder Sabotagehandlungen an Rechnern, Programmen oder Datenbeständen. Die EDV wurde von den Tätern auch dazu benutzt, um durch computerbezogene Täuschungshandlungen sich selbst einen finanziellen Vorteil zu verschaffen. Auch weitere spektakuläre Fälle des Eindringens in fremde Computersysteme bis hin zur geheimdienstlichen Agententätigkeit und der Wirtschaftsspionage wurden bekannt.⁷ Inzwischen wird im WWW bereits von der „Post-Computerkriminalität" der zweiten Generation gesprochen⁸ und es wird sogar über „Cyberwar" diskutiert, der modernen Kriegsführung über das Netz.

Der Gesetzgeber hat auf diese Entwicklungen nach dem Auftreten erster Fälle der sog. „Computerkriminalität" in Form von Manipulationen, Sabotagehandlungen oder Spionage bereits ab den 60er Jahren in unterschiedlichen Reformwellen reagiert. Beginnend mit den **Datenschutzgesetzen** von 1977 und dem **Zweiten Gesetz zur Bekämpfung der Wirtschaftskriminalität** von 1986 sowie der **Multimedia-Gesetzgebung** durch das IuKDG und den MDStV von 1997 erfolgten hier erste wesentliche Anpassungen im materiellen Strafrecht. Weitere Entwicklungen ergaben sich durch die Bestrebungen zur internationalen Harmonisierung vor allem auf der Ebene der Europäischen Union und des Europarats, etwa durch die **Cyber-Crime Konvention** von 2001 und den EU-Rahmenbeschluss vom 24.2.2005 über Angriffe auf Informationssysteme.⁹ Diese supranationalen Regelungen wurden mit dem 41. StrÄndG vom 7.8.2007¹⁰ in deutsches Recht überführt, wobei es zur Schaffung zusätzlicher Strafnormen in §§ 202b, 202c StGB sowie zu zahlreichen inhaltlichen Änderungen bei den übrigen Delikten kam.¹¹ Auf Grund der weiteren technischen Entwicklungen und die zunehmenden Gefährdungen aus dem Netz liegt derzeit ein Entwurf für eine Richtlinie der EU zum Angriff auf Informationssysteme als Ersatz für den bisherigen Rahmenbeschluss von 2005 vor, um die Europäische Union besser vor neuen Arten sog. Cyberkriminalität und vor allem vor Cyber-Großangriffen auf staatliche Informationssysteme zu schützen.¹² Der Vorschlag soll den immer ausgefeilteren technischen Methoden der Internetkriminalität Rechnung tragen, etwa durch sog. Botnetz-Attacken. Vorgesehen sind deshalb zusätzliche neue materiell-rechtliche Strafvorschriften nebst erschwerenden Umständen sowie höhere strafrechtliche Sanktionen. Verursacher von Cyberangriffen und die Hersteller entsprechender Schadsoftware sollen so strafrechtlich zur Verantwortung gezogen werden können. Flankiert werden sollen diese neuen Strafbestimmungen nach dem Willen der Kommis-

---

⁶ Vgl. zu den daraus resultierenden Gefährdungen mit Beispielen bereits *Dieterle/Schrötel/Bux*, Kriminalistik 2003, 330 unter dem bezeichnenden Titel „Information Warfare".

⁷ Vgl. dazu *Brodowski/Freiling*, Cyberkriminalität, online abrufbar unter http://www.sicherheit-forschung.de/schriftenreihe/sr_v_v/sr_4.pdf; *Sieber*, CR 1995, 100 ff.; *Beukelmann*, NJW 2012, 2617 ff. mit einzelnen Missbrauchsformen.

⁸ Vgl. *Vassilaki*, MMR 2006, 212 ff.

⁹ Vgl. zu diesen Entwicklungen ausführlich m. w. N. die Darstellungen in der 2. Auflage, Kapitel 12 Rn. 4–8.

¹⁰ BGBl. 2007, Teil I, 1786.

¹¹ Vgl. zu diesen Änderungen nur: *Ernst*, NJW 2007, 2661 ff.; *Gröseling/Höfinger*, MMR 2007, 549 ff. und 626 ff.; *Cornelius*, CR 2007, 682 sowie *Schultz*, MIR-Dok. 180–2006, abrufbar unter www.mur-on line.de

¹² Vgl. Entwurf für eine Richtlinie des Europäischen Parlaments und des Rates über Angriffe auf Informationssysteme und zur Ersetzung des Rahmenbeschlusses 2005/222/JI vom 30.9.2010 – KOM (2010) 517 endg.

sion durch eine Verbesserung der Zusammenarbeit zwischen den Justiz- und Polizeibehörden der einzelnen Mitgliedstaaten, in dem etwa dringende Ersuchen innerhalb einer bestimmten Frist zu erledigen oder die bestehenden Netzwerke von rund um die Uhr erreichbaren Kontaktstellen besser zu nutzen sind. Die Bedeutung dieser neuen Herausforderungen wird auch durch die Forderungen des 69. DJT deutlich, der sich in seiner strafrechtlichen Abteilung für neue, umfassende und nachhaltige Reformansätze ausgesprochen hat.[13]

II. Begriff der Computer- und Internetkriminalität und Überblick

1. Begriff der Computer- und Internetkriminalität

4 Die vielgestaltigen Erscheinungsformen der Computerdelikte machen es schwer, diese unter einen einheitlichen Nenner zu bringen. Bislang haben daher weder der Gesetzgeber noch die Kriminologen einen einheitlichen Begriff für Art und Umfang der Computerkriminalität gefunden. Es lassen sich aber in der Literatur **verschiedene Ansätze zur Begriffsbestimmung** feststellen.[14] So wurden der Computerkriminalität zunächst alle vorsätzlichen, in einem Sachzusammenhang mit der EDV stehenden rechtswidrigen Vermögensverletzungen untergeordnet. Erfasst waren damit alle Fälle, bei denen EDV-Daten vorsätzlich verändert (Computermanipulationen), zerstört (Computersabotage), unberechtigt erlangt und verwertet (Computerspionage), oder aber gemeinsam mit der EDV-Hardware genutzt (Zeitdiebstähle) werden.[15] Damit war der Begriff aber beschränkt auf Vermögensverletzungen, weitere Handlungen wie die Datenschutzverletzungen blieben aber ausgeschlossen. Gleiches galt für alle allgemeinen Wirtschaftsdelikte, die mit Computerhilfe begangen wurden. In der Literatur setzte sich daher überwiegend die Auffassung durch, dass unter Computerkriminalität als Oberbegriff alle strafbaren oder strafwürdigen Handlungen, die unter Einbeziehung der EDV begangen werden, zu verstehen sind.[16] Anders formuliert sind damit der **Computerkriminalität alle Sachverhalte** zuzuordnen, **bei denen die EDV Tatmittel und/oder Tatobjekt** ist und die den Verdacht auf eine Straftat begründen.[17] Ein besonderer Bezug zu einem Vermögensdelikt ist damit nicht erforderlich.

5 Derzeit wird statt von Computerkriminalität allgemein nur noch von **Cybercrime** gesprochen, wobei zwischen Cybercrime im engeren Sinn und im weiteren Sinn unterschieden wird. Während unter Cybercrime i. e. S. alle Straftaten erfasst werden, die erst durch die neuen Technologien möglich geworden sind, geht es bei der weiteren Begriffsdefinition um alle, vor allem auch herkömmliche Straftaten, die mittels EDV-Technik bzw. über das Internet begangen werden und sich damit von der Begehungsweise nur von der realen in die digitale Welt verlagert haben. Im Mittelpunkt von Cybercrime im engeren Sinne stehen dabei Angriffe gegen die Integrität, Vertraulichkeit und Verfügbarkeit von Computersystemen und -daten. Demgegenüber richten sich die Angriffe von Cybercrime im weiteren Sinne vor allem gegen traditionelle Rechtsgüter.

6 Im Bereich der Polizeibehörden des Bundes und der Länder wurde statt dem als zu eng empfundenen Begriff der Computerkriminalität seit 1997 nur noch von Kriminalität in Verbindung mit der Informations- und Kommunikationstechnologie oder kurz von **IuK-Kriminalität** gesprochen. Was diesem Begriff im Einzelnen unterzuordnen war, wurde durch den polizeilichen Meldedienst gemäß dem Beschluss der AG Kripo festgelegt. Danach umfasste der Missbrauch von Informations- und Kommunikationsdiensten:

---

[13] Vgl. dazu Sieber, Gutachten C zum 69. DJT „Straftaten und Strafverfolgung im Internet".
[14] Vgl. *Gercke*, GA 2012, 474 f.
[15] So *Sieber*, Computerkriminalität und Strafrecht, 2. Aufl. 1980, 188.
[16] So im Ergebnis auch *Sieber*, Computerkriminalität und Strafrecht, 2. Aufl. 1980, Nachtrag 2/139 sowie *Tilch* (Hrsg.), Deutsches Rechts-Lexikon, 2. Aufl. 1992, Band 1, 883, Stichwort „Computerkriminalität".
[17] So *Mohr*, in: Polizeiführungsakademie Münster (Hrsg.), Bekämpfung der Wirtschaftskriminalität, 1990, 347 ff. Nach *Sieber*, in: Hoeren/Sieber, Handbuch Multimedia Recht, Kapitel 19, Rn. 18 ff. gehören als spezielle Teilbereiche dazu die Netzkriminalität und die Multimedia-Kriminalität.

A. Einleitung und Begriff der Computer-und Internetkriminalität

- alle Straftaten, bei denen die EDV in den Tatbestandsmerkmalen enthalten ist (Computerkriminalität), bzw. bei denen die EDV zur Planung, Vorbereitung oder Ausführung eingesetzt wird/wurde;
- Straftaten im Zusammenhang mit Datennetzen (alle Netze, die der Übermittlung von Schrift-, Ton- und/oder Bildinformationen dienen, z. B. das Internet; ausgenommen ist die normale Sprachübermittlung im herkömmlichen Telefondienst);
- die Bedrohung der Informationstechnik. Dies schließt alle widerrechtlichen Handlungen ein, die geeignet sind, die Integrität, Verfügbarkeit und Authentizität von elektronisch, magnetisch oder sonst nicht unmittelbar wahrnehmbar gespeicherten oder übermittelten Daten zu beeinträchtigen.

Inzwischen wird im Bereich der Polizei diese bisher verwandte sperrige Bezeichnung IuK-Kriminalität durch eine einheitliche Definition des Begriffs „**Cybercrime**" abgelöst, die auch im internationalen Kontext gebräuchlich ist. Dieser Begriff umfasst alle Straftaten, die sich gegen das Internet, weitere Datennetze oder informationstechnische Systeme richten sowie alle Straftaten, die mittels dieser Informationstechnik begangen werden. Mit dieser Definition können sowohl nationale als auch internationale Sicherheitsstrategien erfasst sowie alle Straftaten der vormals als IuK-Kriminalität im engeren Sinn und weiteren Sinn bezeichnete Delikte abgebildet werden. Ein Blick auf all diese genannten Bereiche zeigt, dass sich die hier erfassten einzelnen Begehungsformen in gleicher Weise unter die obige Begriffsdefinition zur Cybercrime im engeren und weiteren Sinn einordnen lassen und mit dem polizeilichen Begriff Cybercrime nur das damit verbundene Phänomen als Ganzes beschrieben werden soll, ohne dass aber inhaltliche Unterschiede zu den obigen Definitionen bestehen.

2. Überblick zu Deliktsformen

Nachdem der Gesetzgeber die im Zusammenhang mit der Computerkriminalität stehenden Delikte nicht einheitlich in einem gesonderten Unterabschnitt des StGB zusammengefasst, sondern sie im Bereich der bereits bestehenden Deliktsgruppen angesiedelt hat, finden sich die relevanten **Tatbestände über** das gesamte **StGB verstreut**, teilweise auch im Bereich des **Nebenstrafrechts**. Am besten lassen sich die einzelnen als kriminell angesehenen Verhaltensweisen dadurch erläutern, dass im Wesentlichen auf die durch das 2. WiKG sowie durch das 41. StrÄndG geänderten oder neu geschaffenen Einzeltatbestände zurückgegriffen wird. Dabei können die Strafnormen von Cybercrime im engeren Sinne folgenden Schutzbereichen zugeordnet werden:
- Schutz der „Datenintimität" (Ausspähen von Daten – § 202a StGB und Abfangen von Daten – § 202b StGB einschließlich der Vorbereitungshandlungen – § 202c StGB)
- Schutz der Datenintegrität (Datenveränderung – § 303a StGB und Computersabotage – § 303b StGB)
- Schutz vermögensrelevanter und rechtserheblicher Vorgänge mit Daten (Computerbetrug – § 263a StGB und Fälschung bzw. Unterdrückung beweiserheblicher Daten – §§ 269, 270, 274 StGB)
- Schutz öffentlicher TK-Netze und Datenübertragungssysteme (§ 265a StGB)
- Schutz von Geschäfts- und Betriebsgeheimnissen (Computerspionage – § 17 UWG)
- Schutz von urheberrechtlich geschützten Computerprogrammen (Illegale Nutzung von Programmen – §§ 106 ff. UrhG)
- Schutz vor Persönlichkeitsrechtsverletzungen (§§ 43, 44 BDSG und Landesdatenschutzgesetze).

Zu berücksichtigen ist bei all diesen genannten Delikten, dass es durchaus zu Überschneidungen im Anwendungsbereich kommen kann, weil bei der jeweiligen oben dargestellten Angriffsrichtung der Computerkriminalität durchaus bei **ein und derselben Tathandlung** auch **mehrere Straftatbestände** gleichzeitig verletzt sein können. Da sich die weiteren Ausführungen auf die jeweiligen einzelnen Delikte beschränken, erscheint es für die praktische Rechtsanwendung erforderlich, vorab einen Überblick zu den möglicherweise bei einem strafrechtlich relevanten Verhalten verwirklichten und nebeneinander zur Anwendung kommenden Tatbeständen zu geben. Ausgehend von den denkbaren Tathandlungen mithilfe der EDV lassen sich u. a. folgende im Einzelfall tangierte Strafnormen unterscheiden:[18]

Tathandlungen	Mögliche Straftatbestände
Eindringen in fremde EDV-Systeme	§§ 202a, 17 Abs. 2 UWG
Kopieren von Daten	§§ 202a StGB, 17 Abs. 2 UWG
Kopieren von Programmen	§§ 106 UrhG, 17 Abs. 2 UWG, 202a StGB
Datendiebstahl	§§ 202a StGB, 17 Abs. 2 UWG, 43, 44 BDSG
Manipulationen an Software, Programmen	§§ 263a, 303a, § 303b StGB
Speicherung falscher Daten	§§ 269, 270 StGB
Veränderungen im Datenbestand	§§ 269, 270, 303a, 303b StGB
Manipulationen bei Dateneingabe	§§ 263a, 269, 270 StGB
Verwertung falscher Eingaben	§§ 269, 270 StGB
Weitergabe von Daten	§§ 202a StGB, 17 Abs. 2 UWG, 43, 44 BDSG
Programm-/Datennutzung ohne Berechtigung	§§ 263a StGB, 106 UrhG
Beschädigung/Zerstörung von Daten/Programmen	§§ 303a, 303b, 269, 274 StGB
Abfangen von Daten	§§ 202b StGB, 148 Abs. 1 Nr. 1 TKG
Lahmlegen von Computersystemen	§§ 303a, 303b StGB
Beschädigung/Zerstörung von Hardware	§ 303b StGB
Verbreitung von Zugangsdaten (Datenhehlerei)	§§ 202c Abs. 1 Nr. 1 StGB, 17 Abs. 2 UWG,

10 Einen aktuellen Überblick über die Entwicklung und Bedeutung der Computerkriminalität kann man sich aus der amtlichen **polizeilichen Kriminalstatistik (PKS)** verschaffen, die jedes Jahr im Frühjahr für das abgelaufene Jahr neu herausgegeben wird. Daneben besteht gegenüber dem Bundeskriminalamt (BKA) ein **Meldedienst** zur Computerkriminalität bzw. zur Internet-Kriminalität. Ziel dieses Meldedienstes ist eine zentrale Sammlung und Auswertung aller im nationalen und internationalen Bereich gewonnenen Erkenntnisse zur Computerkriminalität, um so etwa polizeiliche Analysen vornehmen zu können, Schwerpunktbildungen und neue Erscheinungsformen zu erkennen und im Rahmen der Prävention entsprechende Bekämpfungsstrategien zu entwickeln. Dieser wird derzeit überarbeitet und den aktuellen Entwicklungen angepasst. Zum Dritten werden von den Statistikbehörden nicht nur Informationen über die bekannt gewordenen Straftaten, sondern auch Daten über die jeweiligen **Verurteilungen durch die Gerichte** erfasst, die teilweise auch nach einzelnen Delikten untergliedert sind.[19]

B. Einzelne Deliktsformen

I. Computerbetrug (§ 263a StGB)

11 Durch das 2. WiKG neu in das StGB eingefügt wurde die Bestimmung des Computerbetrugs in § 263a StGB. Die Notwendigkeit, neben dem herkömmlichen Betrugstatbestand eine eigenständige Norm für **vermögenserhebliche Beeinflussungen eines Datenverarbeitungsvorgangs** mit unlauteren Mitteln zu schaffen, ergab sich, weil solche Vermögensschädigungen durch den bisherigen Betrugstatbestand des § 263 StGB nicht zu erfassen waren.

---

[18] Vgl. dazu auch die entsprechende Übersicht bei *Achenbach/Ransiek-Heghmanns*, HB Wirtschaftsstrafrecht, 3. Aufl. 2012, Teil 6.1 Rn. 13.

[19] Vgl. zu den bisherigen Entwicklungen die Darstellungen in der 2. Auflage, Kapitel 12 Rn. 13–14 sowie zu den aktuellen Kriminalstatistiken die Nachweise auf der Webseite des BKA unter http://www.bka.de.

B. Einzelne Deliktsformen **14**

Erforderlich hierfür wäre die Täuschung und die daraus resultierende irrtumsbedingte Verfügung einer natürlichen Person als Kontrollinstanz, die aber gerade bei unbefugten Eingriffen in die Datenverarbeitungsanlage fehlt. Mit dem neuen Tatbestand des Computerbetruges sollten damit entstandene Strafbarkeitslücken in diesem Bereich der Computermanipulationen aufgefangen werden. Konzipiert ist § 263a StGB deshalb als parallele Bestimmung zum Betrug. Durch die Erweiterung um das Tatbestandsmerkmal der unbefugten Verwendung von Daten, die auch die unbefugte Nutzung der ec-Karte durch den berechtigten Karteninhaber erfassen kann, wird dieser Bezug zu § 263 StGB verlassen, was auch zu erheblichen Diskussionen um die Reichweite des Computerbetruges geführt hat.[20]

Wie die **polizeiliche Kriminalstatistik** deutlich macht, hat diese Norm eine zentrale Bedeutung bei der gesamten Computerkriminalität. Allein die dieser Bestimmung zuzurechnenden Fälle machen über **90 % der gesamten Straftaten im Bereich der Computerkriminalität** aus. Im Rahmen des Computerbetrugs wiederum haben die Fälle des Missbrauchs von Geld- oder Kassenautomaten mit über 50 % die Hauptbedeutung innerhalb von § 263a StGB. In jüngster Zeit finden sich hier aber zunehmend Fälle des Missbrauch von Telekommunikationseinrichtungen und vor allem von Zugangsberechtigungen für Online-Angebote aller Arbeit (Phishing, Account-Takeover usw.). **12**

Tatobjekt bei § 263a StGB sind Daten oder eine Datenverarbeitung. Hinzukommen muss – an Stelle von Täuschung und Irrtum i. S. d. bei § 263 StGB und natürlichen Personen[21] – eine der **vier unterschiedlichen Tathandlungen**: Der Täter muss entweder durch eine unrichtige Gestaltung des Programms (1. Alt.), durch Verwendung unrichtiger oder unvollständiger Daten (2. Alt.), durch unbefugte Verwendung von Daten (3. Alt.) oder sonst durch unbefugte Einwirkung auf den Ablauf (4. Alt.) das Ergebnis eines Datenverarbeitungsvorgangs beeinflusst haben. Diese einzelnen Tathandlungen sollen letztlich alle denkbaren Manipulationshandlungen sanktionieren,[22] wobei die 4. Variante als Auffangtatbestand für alle von den anderen Modalitäten nicht erfassten Fälle anzusehen ist.[23] Auch ein Unterlassen durch garantenpflichtige Personen (z. B. Systembetreuer, Programmierer) ist möglich. Folge aller vier Tathandlungen muss die Beeinflussung des Ergebnisses eines vermögensrelevanten DV-Vorgangs sein, der zu einem Vermögensschaden führt. Bisherige und aktuelle Problemstellungen verdeutlichen folgende Verfahren: **13**

Fall 1 („ec-Karten-Fälschung"): Der Täter hatte sich in einer Filiale einer Stadtsparkasse mithilfe von ihm entwickelter Geräte an einem Geldausgabeautomaten zahlreiche Kontendaten und auch persönliche Geheimnummern (PIN) für ec-Karten gesammelt und gespeichert. Die Daten übertrug er mithilfe eines Codiergerätes auf Scheckkarten-Blankette. Mit Hilfe dieser so hergestellten Kopien hob der Täter in der Folgezeit an Geldautomaten in verschiedenen Städten und auch im Ausland von fremden Konten Geldbeträge in einem Gesamtwert von umgerechnet 80 000 € ab. Der Täter wurde rechtskräftig wegen Computerbetrugs und Fälschung beweiserheblicher Daten verurteilt.[24] **14**

Fall 2 („Glücksspielautomat"): Der Täter erwarb von einem Dritten illegal ein Computerprogramm, das für den Spielverlauf bei dem Geldspielautomaten Jackpot maßgebend war. Mit diesem auf der Diskette gespeicherten Programm und einem tragbaren Personalcomputer fuhr er dann mit seinem PKW in eine Gaststätte, in der ein solches Geldspielgerät aufgestellt war, spielte mehrfach, um Daten aus dem laufenden Programm in seinem Computer eingeben zu können, und benutzte das so gewonnene Programm, um den Geldspielautomaten weiter zu bedienen. Auf diese Weise erlangte er ca. 60 € aus dem Gerät. Der Täter berechnete den Programmablauf derart, dass er instande war, durch Drücken der Risikotaste in einem bestimmten Moment ein für ihn günstiges Gewinnbild herbeizuführen.[25]

Fall 3 („Sex-Telefonlines"): Die Täter boten über verschiedene 0190-Servicenummern telefonisch abrufbare Informationen an. Gleichzeitig drangen sie unbefugt in fremde Telefonanschlüsse ein und produzierten über diese und weitere beantragte Anschlüsse Anrufe zugunsten der eigenen 0190-Servicenummern, um mit computergestützten Wählautomaten über diese eine Vielzahl von Verbindungen von möglichst langer Dauer herzustellen. Für jedes Gespräch mit dieser 0190-Servicenummer hat der Kunde an die Telekom einen hohen Minutenpreis zu bezahlen. Dieser über die Telefonrechnung zu bezahlende Betrag wird zwischen dem Netzbetreiber und dem jeweiligen Service-Provider der 0190-Nummer aufgeteilt. Die Auszahlung dieses Betrages an den Provider erfolgte dabei unabhängig davon,

---

[20] Vgl. dazu nur *Schönke/Schröder-Cramer/Perron*, § 263a Rn. 2 und 10 sowie *LK/Tiedemann*, § 263a Rn. 5 f. jeweils m. w. N. auf das umfangreiche Schrifttum.
[21] Vgl. BT-Drs. 10/318, S. 19.
[22] Vgl. *Sieber* Computerkriminalität und Strafrecht, 2. Aufl. 1980, 40 ff.; *Tiedemann* JZ 1986, 869.
[23] Vgl. BayObLG NJW 1994, 960.
[24] Vgl. zum Sachverhalt BGHSt 38, 120.
[25] Vgl. zum Sachverhalt BGHSt 40, 331 f.

ob der entstandene Gebührenbetrag vom einzelnen Kunden auch tatsächlich eingetrieben werden kann. Während die Gebührenerstattung sofort erfolgt, sind die Gebühren beim Anrufer nicht beizutreiben, wodurch dem Netzbetreiber ein erheblicher Schaden entsteht.[26]

Fall 4 („Telefonkartensimulator"): Der Täter hatte im Ausland einen Telefonkartensimulator, ein einer herkömmlichen Telefonkarte entsprechendes elektronisches Bauteil, das handelsübliche Telefonkarten simuliert, zum Preis von ca. 600 € erworben. Mit dieser Karte begab sich der Täter in Asylbewerberheime und sprach die Heimbewohner dort an, um die Karte zu einem festen Mietpreis pro Minute an Asylbewerber zu vermieten, die von öffentlichen Telefonzellen Gespräche nach Hause führen konnten, ohne dass Gebühren anfielen.[27]

Fall 5 („ec-Kartenmissbrauch"): Die Täterin verschaffte sich einen gefälschten Personalausweis und eröffnete unter Täuschung ihrer Identität bei vier Kreditinstituten jeweils ein Konto, wobei sie beabsichtigte, die Konten unter Verwendung der erlangten Kreditkarten, ec-Karten und Schecks zu überziehen, ohne die so entstehenden Negativsalden auszugleichen. In der Folgezeit hob sie unter Einsatz der Karten in mehreren Fällen an Geldautomaten Geld ab, löste ec-Schecks über die Garantiesumme ein und verwendete die ec-Karte zur Bezahlung im Lastschriftverfahren, wodurch ein Schaden von ca. 13 000 € entstand.[28]

Fall 6 („Dialer-Programm"): Der Internet-Nutzer lud sich zum Abruf von Informationen ein sog. Dialer-Programm auf seinen Rechner herunter und installierte dieses dort. Dieses Programm stellte in der Folgezeit jedes Mal, wenn der Nutzer sich ins Internet einwählte, ohne dass dieser etwas davon bemerkte, einen Zugang über die gegenüber den herkömmlichen Standardverbindungen deutlich teureren 0190-Servicenummern her. Dadurch musste der Nutzer für jede Minute ca. 2 Euro für das Surfen im Internet zahlen, auch wenn er nicht die Angebote aufrief, für die das Dialer-Programm ursprünglich bestimmt war.[29]

Fall 7 („Wardriver"): Der Täter wählte sich in ein offenes fremdes WLAN ein und nutzte dieses immer wieder als Zugang zum Internet. Dadurch entstanden dem Betreiber des WLAN zusätzliche Nutzungskosten, die vom Internet-Provider von ihm verlangt wurden.[30]

Fall 8 („Phishing"): Der Internet-Nutzer erhält eine E-Mail, die den Eindruck erweckt von der Bank oder einem anderen Anbieter von Online-Diensten zu stammen, und wird dazu aufgefordert, einen Hyperlink anzuklicken, um so auf eine bestimmte vom Täter eingerichtete Web-Seite zu gelangen. Auf dieser ist die Aufforderung enthalten, die Zugangsdaten für Online-Banking (PIN und TAN) oder zunehmend auch für andere Angebote (ebay, Facebook usw.) einzugeben. Sobald der Betroffene seine Daten eingegeben hat, kann der Täter diese für seine Zwecke verwenden. In aktuellen Fallgestaltungen findet sich im Anhang der E-Mail eine Datei, bei deren Öffnung es zum Nachladen und zur Installation eines Trojaners auf dem Rechner des PC-Nutzers kommt, mit dessen Hilfe u. a. Tastatureingaben von Zugangsdaten für Online-Dienste aufgezeichnet und an den Täter übermittelt werden können.[31]

1. Tatobjekt: Daten und Datenverarbeitungsvorgang

15 Objekt einer der Tathandlungen i. S. d. § 263a StGB können nur Daten bzw. ein Datenverarbeitungsvorgang sein. Obwohl diese Begriffe im gesamten Tatbestand verwendete werden, fehlt eine Legaldefinition. Eine ausdrückliche Bezugnahme auf den Datenbegriff des § 202a Abs. 2 StGB, wie dies etwa in § 303a und § 303b StGB enthalten ist, ist ebenfalls nicht vorhanden. Insofern muss für den **Datenbegriff** auf allgemeine Definitionen zurückgegriffen werden, wobei aber die gesetzliche Begründung zu § 263a StGB eine Anknüpfung an § 202a Abs. 2 StGB nahe legt.[32] Im Hinblick auf die ratio legis ist der Datenbegriff hier weit zu verstehen, ohne dass auf die strikt personenbezogene und zu weit gehende Definition des § 3 BDSG abgestellt werden kann. Daten i. S. d. § 263a StGB sind somit alle Zeichen oder kontinuierliche Informationen, die zum Zweck der Verarbeitung Information aufgrund bekannter oder unterstellter Abmachungen darstellen, gleichgültig ob sie unmittelbar wahr-

---

[26] Vgl. FOCUS, Heft 39/1995, 298 ff. „Tatort Telefon" sowie *Hoeren/Sieber*, Handbuch Multimedia Recht, Kapitel 19 Rn. 87 ff. sowie zum bisher größten Prozess vor dem LG Osnabrück http://rsw.beck.de/rsw/shop/default.asp?docid=180327.

[27] Vgl. dazu auch LG Würzburg NStZ 2000, 374 sowie *Hefendehl*, NStZ 2000, 348.

[28] Vgl. zum Sachverhalt BGHSt 47, 160–171 = NJW 2002, 905 = NStZ 2002, 544 = CR 2002, 413 = MMR 2002, 461.

[29] Vgl. zu Internet-Betrug mithilfe von Dialern das Urteil des LG Osnabrück, Az. 10 Kls 10/06 vom 15.6.2006 sowie http://www.heise.de/newsticker/meldung/74358.

[30] Vgl. zu den einzelnen Tathandlungen beim „Wardriving": *Bär*, MMR 2005, 434 f.

[31] Vgl. zur Technik http://de.wikipedia.org/wiki/Phishing und https://www.bsi-fuer-buerger.de/BSIFB/DE/GefahrenImNetz/Phishing/phishing_node.html sowie näher zur Strafbarkeit des Phishing nur: *Graf* NStZ 2007, 129 ff.; *Gercke* CR 2005, 606 ff.; *Popp* MMR 2006, 84 ff.; *Stuckenberg* ZStW 118 (2006), 878 ff.; *Weber* HRRS 2004, 406 ff; *Goeckenjan* wistra 2008, 128 und *Seidl/Fuchs* HRRS 2010, 85 und die Dissertation von *Brandt*, Zur Strafbarkeit des Phishing, 2010.

[32] Vgl. BT-Drs. 10/5058, S. 30; *LK/Tiedemann*, § 263a Rn. 1, 19.

B. Einzelne Deliktsformen **14**

nehmbar sind oder nicht.[33] Aus technischer Sicht bedarf es auch keiner Fixierung des Datums auf einem elektronischen, magnetischen oder sonstigen Datenträger, denn auch während der Übertragungsphase zu einer anderen Speicherstelle behalten Daten ihren Charakter.[34] Dem Datenbegriff unterzuordnen sind folglich nur bereits kodierte Informationen, die in einem funktionellen Zusammenhang mit dem Betrieb einer DV-Anlage stehen, während kodierbare Informationen ausscheiden, die sich zwar durch bestimmte Zeichen darstellen lassen, aber tatsächlich noch nicht in eine maschinenlesbare Form umgesetzt wurden.[35] Unter den Begriff **„Datenverarbeitung"** – und nicht wie bei § 303b StGB die DV-Anlage – fallen alle technischen Vorgänge, die durch Aufnahme von Daten und ihre Verknüpfung nach Programmen zu Arbeitsergebnissen führen.[36] Notwendig ist eine Eingabe bestimmter Daten (Input) durch das im Computer verwendete Programm mit automatisierten elektronischen Prozessen, ggf. ergänzt durch weitere Eingaben über entsprechende Peripheriegeräte, Verarbeitung und schließlich deren Ausgabe (Output). Nicht einbezogen sind damit nur mechanisch wirkende Geräte oder Abläufe, die etwa durch § 265a StGB erfasst werden. Bei allen elektronischen Prüfprogrammen zur Steuerung des Einsatzes von elektronischen Anlagen ist § 263a StGB aber anwendbar. Soweit teilweise für den DV-Vorgang in Abgrenzung zum einfachen Rechenvorgang eine Beschränkung auf besonders komplexe, intellektsetzende „künstliche Intelligenz" gefordert wird,[37] sind diese Einschränkungen zu weitgehend und führen zu keinen klaren Abgrenzungskriterien.[38] Unabhängig von einer besonderen Wichtigkeit eines DV-Vorgangs ist hier vielmehr eine weitere Eingrenzung erst durch das Erfordernis einer unmittelbaren Vermögensminderung vorzunehmen,[39] die hier letztlich zu einem unrichtigen DV-Vorgang geführt hat, der nach der Aufgabenstellung und den Beziehungen der Beteiligten mit der materiellen Rechtslage nicht übereinstimmt.[40]

2. Unrichtige Programmgestaltung (1. Alternative)

Als erste Tathandlung erfasst § 263a StGB mit der unrichtigen Gestaltung des Programms sog. **16** **Programm-Manipulationen**, wobei unter einem Programm jede durch Daten fixierte Arbeitsanweisung an einen Computer zu verstehen ist.[41] Wann ein solches Programm unrichtig wird, ist im Einzelnen umstritten. Während teilweise eher subjektiv darauf abgestellt wird, ob das Programm noch dem Willen oder den Vorstellungen des eigentlich Verfügungsberechtigten entspricht, führt die von der h. M. vertretene sog. objektive Unrichtigkeit mit einer Berücksichtigung äußerlich erkennbarer Funktionen zu einer klaren Abgrenzung. Maßgeblich dafür ist, ob das Programm in der Lage ist, ein dem Zweck der Datenverarbeitung entsprechendes Ergebnis zu liefern.[42] Aus technischer Sicht sind zur Verwirklichung dieser Alternative **verschiedene Manipulationsmöglichkeiten** denkbar. So kann der Täter bei einem bestehenden Programm einzelne Programmschritte verändern, löschen oder ausschalten, um etwa im Programmablauf eingebaute Plausibilitätskontrollen zu umgehen (z. B. Fehlermeldungen bei Überschreitungen betragsmäßig begrenzter Abhebungen werden ausgeschlossen). Denkbar ist aber auch das Hinzufügen weiterer Programmteile, um eingegebene Daten in anderer Weise als ursprünglich vorgesehen zu verarbeiten. So kann etwa bei Active-X-Programmen, die durch Benutzung bestimmter Internet-Dienste aktiviert werden, unbemerkt

---

[33] Vgl. zur h. M. nur: *LK/Tiedemann*, § 263a Rn. 20; *MK-StGB/Wohlers*, § 263a Rn. 13.
[34] Vgl. *LK/Tiedemann* § 263a Rn. 21.
[35] Vgl. *LK/Tiedemann*, § 263a Rn. 21; *MK-StGB/Wohlers*, § 263a Rn. 13; *Fischer*, § 263a Rn. 3; *SK/StGB-Hoyer*, § 263a Rn. 11 jeweils m. w. N.; a. A. *Achenbach* Jura 1991, 227; *Bühler* Die strafrechtliche Erfassung des Missbrauchs von Geldautomaten, S. 102.
[36] Vgl. BT-Drs. 10/318, 21 sowie *LK/Tiedemann*, § 263a Rn. 22 m. w. N.
[37] So im Ergebnis: *Hilgendorf* JuS 1999, 543 m. w. N.
[38] So auch: *MK-StGB/Wohlers* § 263a Rn. 15.
[39] Vgl. *LK/Tiedemann*, § 263a Rn. 22.
[40] Vgl. *Hilgendorf* JuS 1997, 130 f.; *Fischer*, § 263a Rn. 3.
[41] Vgl. *Haft* NStZ 1987, 7; BT-Drs. 10/5058, S. 30.
[42] Vgl. näher *LK/Tiedemann*, § 263a Rn. 29 f.; *MK-StGB/Wohlers*, § 263a Rn. 22; *Fischer*, § 263a Rn. 6 m. w. N.

eine Manipulationen der Software des Nutzers erfolgen, aufgrund derer der Täter in die Lage versetzt wird – etwa bei einem Finanzverwaltungsprogramm – ungewollte Banküberweisungen zulasten des Nutzers durchzuführen.[43] Eine Unrichtigkeit kann auch bejaht werden, wenn ein DV-Programm erstellt wird, das bei bestimmungsgemäßer Verwendung falsche Ergebnisse liefert (z. B. durch falsche „Rundungen" bei Zinsberechnungen). Nicht erfasst von dieser Alternative sind aber Änderungen im Programm, die keinen Einfluss auf das spätere Ergebnis haben. Da Programme letztlich nur aus einzelnen Daten zusammengesetzte Anweisungen an den Computer sind, kommt es auch zur Verwendung unrichtiger Daten und damit zu Überschneidungen mit weiteren Tatbestandsalternativen. Liegen die Voraussetzungen der 1. Alt. vor, ist diese in jedem Fall als lex specialis zu den allgemeiner gefassten weiteren Tathandlungen anzusehen.

17   Von dieser Alternative des § 263a StGB lassen sich Programme aller Art erfassen, die vermögensrelevante Ergebnisse in Form von Bescheiden oder Betriebsausgaben produzieren, die unrichtig sind. Gleiches gilt auch für die **Verwendung sog. Dialer-Programme** im Fall 6. Mit diesen Bezahl-Programmen von Internet-Angeboten wird statt einer üblichen Standardverbindung zum Internet-Service-Provider eine Verbindung zu einer speziellen und erheblich teureren Servicenummer (früher: 0190-Nummer, derzeit: 0900-Nummern) hergestellt. Gegenüber den „normalen" Dialer-Programmen finden sich aber auch Varianten, die nicht nur beim Abruf kostenpflichtiger Angebote, sondern bei jedem Zugang zum Internet diese Service-Nummer aktivieren, weil der Dialer sich an Stelle der bestehenden Standardverbindung einen Zugang zum Internet verschafft. Die Installation einer solchen Software führt zu einer unrichtigen Programmgestaltung, weil der Aufruf der teuren Service-Nummer im Widerspruch zu den Vorstellungen des Nutzers steht, der nur von einer bestimmungsgemäßen Nutzung der Programme ausgeht. Damit führt diese Manipulation am Rechner zu einer unrichtigen Programmgestaltung mit einem abweichenden Ergebnis und so zu einer unberechtigten Vermögensverfügung. Durch die erhöhten Verbindungskosten beim Internet-Zugang entsteht dem Nutzer auch ein Vermögensschaden, der deckungsgleich mit dem Vorteil für den Betreiber der jeweiligen Servicenummer ist.[44] Der unmittelbaren Vermögensminderung steht es auch nicht entgegen, dass die Manipulation als mehraktige Verfügung erfolgt.[45]

3. Verwendung unrichtiger oder unvollständiger Daten (2. Alternative)

18   Die Verwendung unrichtiger oder unvollständiger Daten nach der 2. Alt. des § 263a StGB hat am ehesten eine Parallele zum Betrugstatbestand, wenn hier bei der sog. **Inputmanipulation** statt der Täuschung dem **Computer falsche Daten eingegeben** werden. Daten sind „unrichtig", sofern sie nicht mit der Wirklichkeit übereinstimmen, also einen Sachverhalt objektiv falsch darstellen. „Unvollständig" sind Daten demgegenüber, falls erhebliche Umstände weggelassen werden, so dass letztlich der Lebenssachverhalt nicht mehr ausreichend erkennbar ist. Zu einer Verwendung solcher falscher oder unvollständiger Daten als der eigentlichen Tathandlung kommt es erst, wenn diese – etwa durch einen Systemverwalter, einen Sachbearbeiter oder eine Schreibkraft, aber auch durch einen unbeteiligten Dritten – in den DV-Prozess eingeführt werden. Möglich ist hier auch eine mittelbare Täterschaft, wenn der Täter durch Vorlage falscher Informationen einen gutgläubigen Dritten – etwa eine Servicekraft – zur Eingabe unrichtiger Daten veranlasst. Diese Tatvariante ist aber nicht erfüllt, wenn nur Belege in nicht maschinenlesbarer Form hergestellt werden oder wenn die Unbefugtheit der Verwendung nicht Gegenstand des manipulierten DV-Vorgangs ist.

19   Erfasst werden neben den klassischen Fällen des Lagerverwalters, der Veränderungen am Lagerbestand durch Warenabgänge zu seinen Gunsten oder zum Vorteil eines Dritten vornimmt, oder des Sachbearbeiters, der sich Kindergeldzahlungen für nicht existente Kinder auf sein Konto überweisen lässt[46] etwa auch die Ausnutzung eines internen Fehlers im Ge-

---

[43] Vgl. *LK/Tiedemann*, § 263a Rn. 28.
[44] Vgl. *Buggisch* NStZ 2002, 180f; *MK-StGB/Wohlers*, § 263a Rn. 24.
[45] Vgl. *Schönke/Schröder-Cramer/Perron*, § 263 Rn. 62.
[46] Vgl. *Sieber* Computerkriminalität und Strafrecht, 2. Aufl. 1980, Falldarstellungen.

B. Einzelne Deliktsformen **14**

bührenerfassungssystem eines Mobilfunkanbieters.[47] Die 2. Alt greift auch ein, wenn beim Einsatz manipulierter Telefonkarten, um über die Zahlungsautomatik unberechtigte Erlöse aus den betriebenen Service-Rufnummern zu erlangen.[48] Inwieweit die Geltendmachung eines in Wahrheit nicht bestehenden Anspruchs im automatisierten Mahnverfahren nach § 689 ZPO erfasst wird, ist umstritten. Auch wenn die Angaben zum Anspruch hier unrichtig sind, fehlt es aber an der kausalen Täuschungsparallele, da die Berechtigung des Anspruchs im automatisierten Mahnverfahren nicht geprüft wird.[49] Nicht einbezogen sind hier Fälle des Leerspielens von Glücksspielautomaten an Hand von Spiellisten oder der Kenntnisse zum Programmablauf, da diese Informationen nicht in den DV-Vorgang eingeführt werden[50] oder die Inanspruchnahme von TK-Leistungen ohne Bezahlung auf Grund eines internen Softwarefehlers im Risikobereich des DV-Anbieters.[51]

4. Unbefugte Verwendung von Daten (3. Alternative)

Im Gegensatz zu den bisherigen Alternativen einer Verwendung unrichtiger Programme oder Daten, setzt die 3. Tatvariante den Einsatz „richtiger" Daten beim DV-Vorgang voraus. Sanktioniert wird hier die **unerlaubte Einflussnahme auf einen automatisierten Computerablauf**, weil eine Befugnis zur Nutzung der entsprechenden Daten fehlt. Nach der Gesetzesbegründung sollen hier vor allem alle Fälle der missbräuchlichen Verwendung von Codekarten an Bankautomaten erfasst werden,[52] wobei aber die Auslegung des Tatbestandsmerkmals „unbefugt" besonders umstritten ist.[53] Während die weitestgehende **subjektive Auslegung** alle Verhaltensweisen, die nicht vom wirklichen oder mutmaßlichen Willen des an sich Verfügungsberechtigten über die Daten gedeckt sind, als unbefugt ansieht,[54] soll nach der engsten sog. **computerspezifischen Auslegung** ein unbefugtes Handeln nur dann erfüllt sein, wenn der durch das Täterhandeln verletzte Wille in der konkreten Programmgestaltung hinreichend Niederschlag gefunden hat.[55] Diese letztgenannte Ansicht führt dazu, dass alle Fälle einer ordnungsgemäßen Bedienung einer DV-Anlage vom Tatbestand nicht erfasst werden. Demgegenüber sind nach der subjektiven Auslegung alle Handlungen tatbestandsmäßig, die nicht durch Gesetz, Vertrag oder mutmaßliche Einwilligung des Berechtigten gedeckt sind, so dass hier in weitem Umfang auch alle untreueartigen Verhaltensweisen einbezogen sind und eine weitere Einschränkung allenfalls über wertende Kriterien – etwa im Bezug auf die Erlangung der vom Täter verwendeten Daten – erreicht werden kann. Deshalb erscheint mit der h. M. in Rspr. und Literatur hier allein eine **betrugsspezifische Auslegung** vorzugswürdig, die eine Unbefugtheit dann bejaht, wenn die Verwendung der Daten Täuschungscharakter hätte, also eine Verhaltensweisen gegenüber einer gedachten natürlichen Person als zumindest konkludente Täuschung – ggf. auch durch Unterlassen – zu bewerten wäre.[56] Dabei ist aber der objektive Erklärungswert des jeweiligen Verhaltens an Hand

20

---

[47] Vgl. OLG Karlsruhe wistra 2003, 116.
[48] Vgl. BGH NStZ-RR 2003, 265/268.
[49] Vgl. näher *LK/Tiedemann*, § 263a Rn. 39, *MK-StGB/Wohlers*, § 263a Rn. 28; *Fischer*, § 263a Rn. 7a; *Dannecker* BB 1996, 1289; vgl. auch BGH NStZ 2012, 322.
[50] Vgl. *MK-StGB/Wohlers*, § 263a Rn. 31 m. w. N.
[51] Vgl. OLG Karlsruhe NStZ 2004, 333/334.
[52] Vgl. BT-Drs. 10/5058, S. 30.
[53] Vgl. zum Meinungsstand: *MK-StGB/Wohlers*, § 263a Rn. 35 – 44; *LK/Tiedemann*, § 263a Rn. 42 – 45; *Fischer*, § 263a Rn. 10 f.
[54] So im Ergebnis: BayObLG JR 1994, 289; *Hilgendorf*, JuS 1997, 132; *Ranft* JuS 1997, 22 sowie für die 4. Alt. auch BGHSt 40, 334.
[55] So im Ergebnis: OLG Celle wistra 1989, 355; LG Ravensburg StV 1991, 215; LG Freiburg NJW 1990, 2634; *Achenbach*, JR 1994, 393; *Lenckner/Winkelbauer*, CR 1986, 657.
[56] So im Ergebnis: BGHSt 38, 121; 47, 160; 50, 174/179; NStZ 2005, 213; NJW 2008, 1394; BayObLG NJW 1990, 414; OLG Köln NJW 1992, 126; OLG Karlsruhe NStZ 2004, 333; *LK/Tiedemann*, § 263a Rn. 44; *Fischer*, § 263a Rn. 11; *Schönke/Schröder-Cramer/Perron*, § 263a Rn. 9; *MK-StGB/Wohlers*, § 263a Rn. 44.

der Grundlagen des konkret infrage stehenden Geschäftstypus zu berücksichtigen.[57] Dieses Ergebnis entspricht am ehesten der Entstehungsgeschichte der Norm und dem geschützten Rechtsgut. Unter Berücksichtigung dieser Kriterien zur „Unbefugtheit" lassen sich folgende wesentliche Fallgruppen unterscheiden:

a) Kartenmissbrauch an Geld- bzw. Bankautomaten

21   Da EC- oder Kreditkarten den Karteninhabern die Abhebung von Bargeld rund um die Uhr an Geldausgabe- bzw. Bankautomaten ermöglichen, soweit ein in der Höhe begrenzter Betrag sowie ein individuell vorgegebener Verfügungsrahmen innerhalb eines bestimmten Zeitraums beachtet werden, kann sich auch der Straftäter diese technischen Anwendungsmöglichkeiten von Codekarten in Form von **EC-Karten oder Kreditkarten mit Auszahlungsfunktion** zunutze machen, die sich in der Praxis zum wichtigsten Bargeldbeschaffungsmittel entwickelt haben. Zum Schutz vor Missbrauch befindet sich auf der Rückseite der Karten ein Magnetstreifen, auf dem neben der Bankleitzahl und Kontonummer eine Kartenfolgenummer gespeichert ist, aus welcher der Bankautomat die vierstellige sog. Personenidentifikationsnummer (**PIN**) errechnet, die bei jeder Abhebung einzugeben ist. Im Bezug auf die Sicherheit dieses von den Banken entwickelte Verfahren wird immer wieder diskutiert, ob eine Entschlüsselung der PIN möglich ist.[58] Der Kartenmissbrauch kann zum einen durch einen Nichtberechtigten durch die missbräuchliche Verwendung einer rechtswidrig erlangten fremden Codekarte oder durch Nutzung einer von ihm selbst manipulierten oder gefälschten Karte mit der dazugehörigen Geheimzahl erfolgen. Zum anderen kann aber auch ein berechtigter Karteninhaber am Bankautomaten Bargeld unter Überziehung seines von der Bank eingeräumten Kreditrahmens abheben. In Betracht kommt aber auch eine abredewidrige Verwendung einer EC-Karte durch einen Dritten.

22   Nach ganz h. M. ist eine Geldabhebung an Automaten durch einen **nichtberechtigten Dritten** von § 263a StGB erfasst, soweit er eine von ihm selbst gefälschte oder manipulierte Karte zur Bargeldbeschaffung einsetzt und damit unbefugt fremde Daten verwendet. Während die Erfassung dieser Bankautomatenfälle vor dem 2. WiKG durch § 242, § 246 oder § 265a StGB umstritten war,[59] besteht nun Einigkeit, dass hier ausschließlich § 263a StGB als lex specialis zur Anwendung kommen soll. Eine solche unbefugte Verwendung von Daten liegt auch dann vor, wenn der Täter sich die Karte und die dazugehörige PIN durch Diebstahl, Unterschlagung oder auf sonstige Weise rechtswidrig verschafft hat und auch verwendet.[60] Hier kann der Computerbetrug auch in Tatmehrheit zum Diebstahl stehen.[61] Die der durch § 263a StGB erfassten Abhebung vorausgehende Entwendung der ec-Karte ist aber kein Diebstahl, wenn die Karte nach der Abhebung dem Berechtigten wieder zurückgegeben wird, sondern nur eine straflose Gebrauchsentwendung. Hat der Täter demgegenüber die in seinem Besitz befindlichen Kontendaten mit der Geheimnummer dazu benutzt, um sie mithilfe eines Kopiergerätes auf den Magnetstreifen einer anderen oder selbst erstellten Scheckkarte zu übertragen, so liegt darin eine Fälschung beweiserheblicher Daten gem. § 269 StGB sowie § 152a, § 152b StGB, zu dem beim Gebrauch der so gefälschten Scheckkarte § 263a StGB in Tatmehrheit hinzutritt.

23   Nutzt der Täter demgegenüber eine **EC- oder Kredit-Karte**, die ihm nebst der dazugehörigen Geheimnummer vom Berechtigten selbst überlassen wurde, nur **abredewidrig** zur Abhebung höherer oder zusätzlicher Beträge, handelt es sich nach h. M. um keine unbefugte Verwendung von Daten und damit um keinen Computerbetrug, da es in diesen Fällen an einer täuschungsgleichen Tathandlung gegenüber der Bank fehlt.[62] Sofern der Täter die ent-

---

[57] Vgl. *Mühlbauer* wistra 2003, 248; *MK-StGB/Wohlers*, § 263a Rn. 44.
[58] Vgl. *Pausch* CR 1997, 174 ff.; *Lochter/Schindler* MMR 2006, 292.
[59] Vgl. nur *Schönke/Schröder/Cramer-Perron*, § 263a Rn. 15–17.
[60] Vgl. BGHSt 35, 152; 38, 120/124; 47, 160/162; NStZ 2005, 213.
[61] Vgl. BGH NJW 2001, 1508.
[62] Vgl. BGHR § 263a Anw. 1; NStZ 2005, 213; OLG Köln wistra 1991, 350; OLG Düsseldorf CR 1998, 601; OLG Hamm wistra 2003, 356 und NStZ-RR 2004, 111; a. A. *SK-StGB/Hoyer*, § 263a Rn. 38.

B. Einzelne Deliktsformen

sprechende Karte mit PIN vom Kontoinhaber durch Täuschung erlangt hat, kommt aber hier ein Betrug zulasten des Berechtigten gem. § 263 StGB in Betracht. In der abredewidrigen Überschreitung des eingeräumten Rahmens zur Abhebung kann auch eine Untreue (§ 266 StGB) zum Nachteil des Berechtigten gesehen werden.[63] Demgegenüber wird in der Literatur teilweise die Anwendung des § 263a StGB hier mit unübersichtlichen Differenzierungen bejaht.[64] Nach § 263a StGB strafbar macht sich auch, wer gefälschte Überweisungsträger bei seiner Bank einreicht, wenn eine Ausführung dieser Überweisungen nur automatisiert, ohne Prüfung durch Mitarbeiter erfolgt.[65]

Erhebliche Meinungsdifferenzen ergeben sich jedoch bei Bankautomatenfällen, soweit die Abhebungen durch den an sich **berechtigten Kontoinhaber** vorgenommen werden, der die Grenzen seiner vertraglichen Befugnisse im Bezug auf den Kreditrahmen gegenüber der Bank überschreitet. Hier wirken sich vor allem die bereits dargestellten Auffassungen zur Auslegung des Merkmals „unbefugt" aus.[66] Nach der computerspezifischen Auslegung[67] scheidet eine Anwendung des § 263a StGB aus, da der Täter einen ihm zustehenden Zugang ohne Überwindung programmspezifischer Sicherungen verwendet. Mit der subjektiven Auslegung wäre § 263a StGB einschlägig, da das Verhalten des Kontoinhabers bei der Überschreitung des Kreditrahmens gegen den tatsächlichen oder mutmaßlichen Willen des Betreibers der EDV-Anlage verstößt. Entsprechend der hier vertretenen h. M. der betrugsähnlichen Auslegung ist entscheidend, welcher Erklärungsgehalt dem Verhalten des berechtigten Kontoinhabers bei der Abhebung zukommt. Sieht man in der Geldabhebung am Automaten die schlüssige Erklärung des Kontoinhabers, zur Abhebung befugt zu sein, ist hierin ein betrugsähnliches von § 263a StGB erfasstes Verhalten zu sehen. Die Tathandlung liegt dann in der Eingabe eines den Kreditrahmens überschreitenden Geldbetrages am Automaten.[68] Demgegenüber sieht die h. M. in dem Eintippen eines Auszahlungsbetrages unter Überziehung der von der Bank eingeräumten Kreditlinie noch keine unbefugte Datenverarbeitung, sondern nur einen Verstoß gegen die Vertragspflichten, die nicht durch § 263a StGB, sondern allenfalls durch die Sondervorschrift des § 266b StGB erfasst wird.[69] Für § 266b StGB ist eine weitere Differenzierung dahingehend geboten, ob es sich um einen Bankautomaten des kartenausgebenden Kreditinstituts oder einer Drittbank handelt. Die vertragswidrige Bargeldbeschaffung durch den berechtigten Karteninhaber bei der kartenausgebenden Bank wird auch nicht von § 266b StGB erfasst und bleibt daher insgesamt straflos. Nur durch die Abhebung bei einer Drittbank wird die EC-Karte – wie von § 266b StGB gefordert – im 3-Personen-Verhältnis – als Codekarte eingesetzt, so dass bei einer entsprechenden Garantieerklärung eine Strafbarkeit in Betracht kommt.[70] Wer unter Benutzung eines ihm zugeteilten Passwortes im Internet Leistungen über ein vollautomatisches Computerprogramm bestellt, das keine Bonitätsprüfung vornimmt, nimmt wegen fehlendem Täuschungscharakter ebenfalls keine unbefugte Verwendung von Daten i. S. d. § 263a StGB vor.[71]

b) Missbrauch von EC- oder Kreditkarten bzw. Geldkarten im Zahlungsverkehr

Soweit EC- oder Kreditkarten nicht an einem Bankautomaten zur Bargeldbeschaffung, sondern zur Bezahlung von Waren eingesetzt werden, ist zu differenzieren. Im automatisierten Lastschriftverfahren mit Online-Überprüfung der Karte („electronic cash") beim sog. **POS-Verfahren** (Point-of-Sales) kommt es durch den Einsatz der EC-Karte zusammen mit der

---

[63] Vgl. OLG Düsseldorf NStZ-RR 1998, 137; OLG Hamm wistra 2003, 356.
[64] Vgl. *Fischer,* § 263a Rn. 13a m. w. N.
[65] Vgl. BGH NJW 2008, 1394.
[66] Vgl. oben Rn. 20.
[67] Vgl. OLG Celle NStZ 1989, 367.
[68] So im Ergebnis: OLG Düsseldorf NStZ-RR 1998, 137; *Lackner/Kühl,* § 263a Rn. 14; *Möhrenschlager* wistra 1986, 133; *Otto* wistra 1986, 153.
[69] So im Ergebnis: BGHSt 47, 160/163; OLG Stuttgart NJW 1988, 981; OLG Köln NJW 1991, 126; *Zielinski* CR 1992, 221 f.; *Beckemper* JA 2002, 547.
[70] Vgl. *Graf/Jäger/Wittig-Bär,* Wirtschafts- und Steuerstrafrecht, § 266b Rn. 9.
[71] Vgl. OLG Karlsruhe NJW 2009, 1297.

PIN zu einer Datenverwendung, aber mit Prüfung der Echtheit einer Karte. Bei einer Kartensperre oder einer Überschreitung des Verfügungsrahmens des jeweiligen Kontos wird eine Auszahlung abgelehnt, ansonsten erfolgt hier eine Freigabe der Auszahlung (Autorisierung) durch die ausstellende Bank. Hier erhält der Händler nach der Autorisierung des Kartennutzers entsprechend den Bedingungen für EC-Karten eine Einlösegarantie gegenüber der kartenausstellenden Bank. Ein unbefugtes Handeln i. S. d. § 263a StGB liegt daher nur bei manipulierten oder entwendeten Karten vor, nicht aber bei einer Überschreitung der Kreditlinie. Hier tritt ein Vermögensschaden nicht beim Händler ein, sondern bei der Bank bzw. bei Verletzung der Sorgfaltspflichten auch beim Karteninhaber.[72] Soweit die EC- oder Kreditkarte demgegenüber im sog. **POZ-Verfahren** beim Lastschriftverfahren ohne Zahlungsgarantie eingesetzt wird, ermächtigt der Karteninhaber durch seine Unterschrift beim Händler diesen nur dazu, den jeweiligen Betrag von seinem Konto abzubuchen, so dass keine unbefugte Verwendung von Daten vorliegt. Der Einsatz der jeweiligen Karte durch den Nichtberechtigten oder bei einer Überschreitung des Kreditrahmens durch den berechtigten Karteninhaber ist daher nicht als Computerbetrug, sondern als Betrug i. S. d. § 263 StGB zulasten des Händlers zu behandeln.[73]

26 Soweit **Chipkarten mit Bezahlfunktion** – wie etwa Geldkarten – eingesetzt werden, erfolgt beim Aufladen der Karte eine Speicherung des jeweiligen Betrags als Werteinheiten direkt auf der Karte und damit ein der Bargeldabhebung vergleichbarer Vorgang, der nur dann zu einer unbefugten Verwendung von Daten i. S. d. § 263a StGB führt, wenn die Tat von einem Nichtberechtigten oder unter Verwendung einer manipulierten oder gefälschten Geldkarte vorgenommen wird. Wird eine mit einem Geldbetrag aufgeladene Speicherkarte durch einen Nichtberechtigten verwendet, ist das unbefugte Entladen eines dort gespeicherten Guthabens mangels Täuschungsäquivalenz nicht von § 263a StGB erfasst, weil der beteiligte Händler eine garantierte Erklärung der Bank zur Einlösung des Anspruchs erhält und nicht geschädigt ist ebenso wie die Bank, die das Konto des Karteninhabers bereits beim Aufladen der Karte belastet. Es kommt daher nur ein Aneignungsdelikt zulasten des Inhabers der Chipkarte in Betracht.[74]

c) Missbrauch von Telekommunikationseinrichtungen

27 Wer eine fremde Telefonkarte (SIM-Karte) verwendet, um damit eine gebührenpflichtige Verbindung aufzubauen, löst nur einen technischen Vorgang aus, ruft aber keine irrtumsbedingte Vermögensverfügung auf Seiten des Netzbetreibers i. S. d. § 263a StGB hervor.[75] Soweit mit sog. **Telefonkartensimulatoren** eine Umgehung der Hardware-Sicherungen zur Verhinderung eines unberechtigten Wiederaufladens von Telefonkarten erfolgt, um den Karten wieder ein entsprechendes Guthaben zuzuordnen und eine Speicherung des Restguthabens zuzulassen sowie die auf dem Chip der Telefonkarte vorhandene Identifikationsnummer zu ändern, erfolgt eine unbefugte Verwendung von Daten i. S. d. § 263a StGB, wenn man auf das „Wiederaufladen" und die Änderung der Identifikationsnummer und die dadurch erfolgte schadensgleiche Vermögensgefährdung abstellt.[76] In jedem Fall ist aber die Leistung eines öffentlichen Zwecken dienenden Telekommunikationsnetzes i. S. d. § 265a StGB erschlichen.[77] Die Herstellung der Karten mithilfe des Telefonkartensimulators wird im Übrigen von § 269 StGB wegen der Fälschung beweiserheblicher Daten erfasst. Der Vertrieb solcher Karten ist Hehlerei gem. § 259 StGB mit der Fälschung der Daten als Vortat und ggf. § 261 StGB.[78]

---

[72] Vgl. *MK-StGB/Wohlers*, § 263a Rn. 48; *Fischer*, § 263a Rn. 15.
[73] Vgl. BGHSt 46, 146/153 sowie *Graf/Jäger/Wittig-Bär*, Wirtschafts- und Steuerstrafrecht, § 266b Rn. 7.
[74] Vgl. *Altenhain* JZ 1997, 752/760; *MK-StGB/Wohlers*, § 263a Rn. 50.
[75] Vgl. BGH MMR 2005, 95 m. Anm. *Bär*.
[76] Vgl. BGH StV 2004, 21; LG Würzburg NStZ 2000, 374 mit Anm. *Hefendehl* NStZ 2000, 348; *Schnabel*, NStZ 2001, 374; sowie *Hecker* JA 2004, 762.
[77] Vgl. LG Freiburg CR 2009, 716.
[78] Vgl. AG Regensburg NJW 2001, 2897.

B. Einzelne Deliktsformen **14**

Eine unbefugte Verwendung von Daten durch den Missbrauch von TK-Einrichtungen ist **28** auch bei der rechtswidrigen Abrechnung von **Servicerufnummern** (z. B. „Sex-Telefone", „Partylines") gegeben. Hier zahlt der Kunde für Gespräche über Servicenummern an den Netzbetreiber einen hohen Minutenpreis, der über die Telefonrechnung abgerechnet wird, wobei anfallende Beträge zwischen dem Netzbetreiber und dem jeweiligen Service-Provider aufgeteilt werden. Die Auszahlung dieses Betrages an den Provider erfolgt unabhängig davon, ob der entstandene Gebührenbetrag vom einzelnen Kunden tatsächlich eingetrieben werden kann. Wird durch fingierte Telefongespräche dieser Service-Nummern vom Täter zielgerichtet ein hohes Verkehrsaufkommen erzeugt, lassen sich vom Netzbetreiber die anteilig auf die Täter entfallenden Gebühren vereinnahmen, ohne dass die entstandenen Telefongebühren beim Provider jemals bezahlt werden, da die Täter bis zur Reklamation und Betreibung dieser Gebühren verschwunden sind.[79]

Zu einer unbefugten Datenverwendung führt auch die Nutzung sog. **„Piratenkarten"**, **29** mit denen unbefugt eine Zugangsberechtigung zu Pay-TV-Programmen hergestellt wird, sofern durch dieses Vorgehen auch ein unmittelbarer Vermögensschaden entsteht.[80] Da es sich hier bei allen Pay-TV-Angeboten (z. B. Sky) um ein an die Allgemeinheit gerichtetes Angebot handelt, kommt bei einem Erschleichen entsprechender Leistungen hier aber vor allem § 265a StGB zur Anwendung.[81] Daneben ist das Herstellen, Einführen oder Verbreiten von Umgehungseinrichtungen zu gewerbsmäßigen Zwecken nach § 4 ZugangskontrolldiensteschutzG (ZKDSG) unter Strafe gestellt.

Bei der **missbräuchlichen Nutzung eines Wireless-LAN** (WLAN) zur Herstellung einer Internet-Verbindung kann es ebenfalls zu einer unbefugten Datenverwendung kommen.[82] Da bei einem offen WLAN ohne Zugriffschutz dem Täter eine IP-Adresse automatisch zugewiesen wird, fehlt es aber nach der betrugsähnlichen Auslegung der h. M. bereits an der Unbefugtheit.[83] Nur bei einem zugangsgesicherten WLAN liegt durch die Nutzung fremder Zugangsdaten über den Netzwerkschlüssel ein unbefugtes Handeln vor. Dieser Schlüssel hat aus Sicht des Netzbetreibers die Funktion einer Zugriffsschranke zum Netz, der Täter erweckt täuschungsäquivalent den Eindruck, ein berechtigter Nutzer für das Funknetz zu sein. An einem von § 263a StGB erfassten vermögensmindernden Verhalten fehlt es aber regelmäßig bei einer Flatrate. Ein solches ist nur gegeben, wenn dem WLAN-Betreiber durch die später von seinem TK-Anbieter in Rechnung gestellte unberechtigte Nutzung auch ein tatsächlicher Schaden entstanden ist. Die Nutzungsmöglichkeit des Internets mit einer Vermögensverfügung des WLAN-Betreibers und der vermögenswerte Vorteil für den Täter sind mit dem Schaden für den Betroffenen durch die Forderung seines TK-Providers deckungsgleich.[84] Die Nutzung eines offenen WLAN erfüllt auch nicht den Straftatbestand des § 148 Abs. 1 Nr. 1 i. V. m. § 89 TKG.[85] Bei der Aufzeichnung von WLAN-Netzen durch Google-Street-View ist ebenfalls eine Strafbarkeit zweifelhaft, da bei aufgezeichneten MAC-Adressen und SSIDs sowie verschlüsselten oder unverschlüsselten sog. Payload-Daten zumindest der subjektive Tatbestand nicht gegeben sein wird.[86]

Demgegenüber ist die nur im Verhältnis zu Dritten unbefugte Datenverwendung z. B. **31** durch Benutzung einer vom Arbeitgeber zur Verfügung gestellten Mobilfunk-Karte oder die private Nutzung eines dienstlichen Internetzugangs bzw. eines entsprechenden E-Mail-Kontos von § 263a StGB nicht erfasst. Entsprechend der betrugsnahen Auslegung kommt es zu keiner schlüssigen Vorspiegelung einer Verwendungsabsicht, so dass die nur gegen den

---

[79] Vgl. *Sieber* CR 1995, 102; *Dannecker* BB 1996, 1288.
[80] Vgl. *Dressel* MMR 1999, 390; *Beucher/Engels* CR 1998, 101.
[81] Vgl. *Bär/Hoffmann* MMR 2002, 654; *Fischer*, § 263a Rn. 17.
[82] Vgl. zur Technik: *Bär* MMR 2005, 434 f.
[83] Vgl. *Buermeyer* HRRS 2004, 288; *Bär* MMR 2005, 434/437.
[84] Vgl. *Bär* MMR 2005, 434/437; a. A. *Buermeyer* HRRS 2004, 289.
[85] Vgl. *Bär* MMR 2005, 434/438; *Ernst/Spoenle* CR 2008, 439; LG Wuppertal K&R 2010, 838; a. A. noch: AG Wuppertal NStZ 2008, 161.
[86] Vgl. Ermittlungsverfahren der StA Hamburg Az. 7450 Js 430/10; sowie zur Vorgehensweise beim WLAN-Scanning und zu Rechtsfragen bei Google-Street-View näher: *Hagemeier* HRRS 2011, 72–79.

Willen des Verwendungsberechtigten erfolgte Nutzung solcher Zugangsberechtigungen insoweit nicht ausreicht.[87]

d) Phishing, Pharming und Skimming

32 Beim sog. **Phishing**,[88] dem Fischen nach Online-Kontenzugangsdaten werden in einer ersten Stufe zunächst fingierte E-Mails zur Erlangung fremder Zugangsdaten verschickt und damit korrespondierend die Nutzer auf falsche Internetseiten gelenkt, um dort ihre Zugangsdaten einzugeben oder – bei aktuelleren Tatbegehungen – Trojaner auf dem fremden Rechner installiert, die beim Anklicken des Anhangs zur E-Mail nachgeladen und installiert werden. In einem zweiten Schritt werden die so erlangten Daten ggf. mit dem Zugangspasswort bzw. den Konteninformationen verändert ehe im dritten Schritt die erlangten Daten vom Täter zur Durchführung der eigentlichen Transaktionen missbraucht werden. Zur Abwicklung des Geldtransfers werden in einem letzten Schritt sog. Finanzmanager eingesetzt, die das durch die Täter erlangte Geld auf ihrem Konto entgegennehmen und gegen Provision ins Ausland transferieren. Soweit in der Phase 1 die Nutzer statt mit einer E-Mail unmittelbar durch Manipulationen an Domain-Name-Servern (DNS) auf gefälschte Web-Seiten umgeleitet werden, spricht man vom sog. **Pharming**. In allen denkbaren Fallgestaltungen liegt in der späteren Abhebung von Geldbeträgen mit den erlangten Zugangsdaten (PIN bzw. TAN oder iTAN) des Kunden vom fremden Konto eine unbefugte Verwendung von Daten i. S. d. 3. Alt., da mit diesem täuschungsäquivalenten Vorgehen das Ergebnis eines DV-Vorgangs beeinflusst wird. Die Geldtransaktion ist auch eine Vermögensverfügung, die zu einem kausalen Vermögensvorteil beim Täter und zu einem – je nach Risikoverteilung – Vermögensschaden beim Kunden bzw. bei der Bank führt.[89] Für die Finanzagenten wird teilweise von einer zumindest leichtfertigen Geldwäsche gem. § 261 StGB[90] oder einem Handeln ohne Erlaubnis gem. §§ 54 Abs. Nr. 2, 32 Abs. 1 Satz 1, 1 Abs. 1a Nr. 6 Kreditwesengesetz (KWG) bzw. nach §§ 31 Abs. 1 Nr. 2, 8 Abs. 1, 1 Abs. 2 Nr. 6 des Gesetzes über die Beaufsichtigung von Zahlungsdiensten (ZAG) ausgegangen.[91] Eine ebenfalls in Betracht kommende Beihilfe zum Computerbetrug[92] wird wegen des erforderlichen doppelten Gehilfenvorsatzes ggf. nur schwer nachweisbar sein. Computerbetrug kann auch im Zusammenhang mit **Online-Auktionen** vorliegen.[93]

33 Beim sog. **Skimming**, werden durch unterschiedliche technische Mittel die Daten von EC- oder Kreditkarten ausgespäht, indem etwa auf den Einschiebeschacht für die Karte direkt am Geldautomaten oder am Türöffner der Bank ein Lesegerät in Form eines kleinen Kunststoffrahmens zum Auslesen des Magnetstreifens aufgebracht wird.[94] Gleichzeitig wird von den Tätern die Eingabe der PIN mit einer kleinen Funk-Kamera, die oberhalb der Tastatur in einer angeklebten Kunststoffleiste versteckt ist oder über Tastenfeld-Attrappen ermittelt, die über das eigentliche Tastenfeld geklebt werden und jeden Tastendruck aufzeichnen. Die so erlangten Daten der Karte werden dann auf einem leeren Kartenrohling („White-Plastic") aufgebracht, mit dem die Täter dann zusammen mit der PIN Bargeld an Geldautomaten abheben können. Insoweit erfolgt bei jedem späteren Abhebungsvorgang eine unbefugte Ver-

---

[87] Vgl. BGHSt 47, 160/162; 50, 174/179; OLG Karlsruhe NStZ 2004, 333/334; LG Bonn NJW 1999, 3726; *Fischer*, § 263a Rn. 11b m. w. N.
[88] Phishing ist zusammengesetzt aus „Password" und „fishing". Vgl. *Gercke*, CR 2005, 606.
[89] Vgl. *Gercke* CR 2005, 606/611; *Borges* NJW 2005, 3313; *Knupfer* MMR 2004 641; *Popp* MMR 2006, 84; *Graf* NStZ 2007, 129; *Goeckenjan* wistra 2008, 128 und wistra 2009, 47; *Neuheuser* NStZ 2008, 492. Der Versuch beginnt mit der Verwendung der Daten (KG MMR 2012, 845 mit Bspr. *Jahn*, JuS 2012, 1135). Zunehmend erfolgt das Phishing auch bei Packstationsdaten. Vgl. *Brand*, NStZ 2013, 7.
[90] Vgl. AG Darmstadt v. 11.1.2006 – 212 Ls 360 Js 33848/05; LG Darmstadt v. 13.10.2006 -Az. 36 B 24/06; AG Wuppertal v. 24.4.2006 – Ds 30 Js 2237/06.
[91] Vgl. AG Überlingen v. 31.5.2006 – 1 Cs 60 Js 26466/05 AK 183/06.
[92] So: AG Hamm CR 2007, 70 m. Anm. *Werner/Borges*.
[93] Vgl. *Leible/Sosnitza-Bär*, Versteigerungen im Internet, S. 534 ff.
[94] Vgl. dazu auch § 202a Rn. 80.

B. Einzelne Deliktsformen

wendung von Daten i. S. d. § 263a StGB durch den Nichtberechtigten in Tateinheit mit § 152a I Nr. 2 i. V. m. § 152b I StGB.[95]

e) Leerspielen von Geldspielautomaten

Von § 263a StGB erfasst wird auch das Leerspielen von Glücksspielautomaten, soweit der Spieler über Kenntnisse des hinter dem Automaten stehenden rechtswidrig erlangten Computerprogramms verfügt. Beim Auswerten des Computerprogramms am Spielautomaten kommt dabei sowohl eine unbefugte Verwendung von Daten i. S. d. 3. Alt. als auch eine unbefugte Einwirkung auf den Ablauf gem. der 4. Alt. in Betracht. Letztlich kann dies offen bleiben, denn in jedem Fall wird durch das Drücken der Risikotaste vom bisherigen normalen Spiel in ein besonders programmiertes Spiel übergegangen, das dem Spieler erhöhte Gewinnchancen einräumt, aber auch ein erhöhtes Verlustrisiko bietet.[96] Durch die zwischenzeitlich weiterentwickelten technischen Sicherungen der Spielautomaten haben diese Fälle aber an Bedeutung verloren. Nicht dem § 263a StGB unterzuordnen sind Fälle, bei denen der Täter mithilfe eines mitgebrachten Computers die am Spielautomaten angezeigten Daten ohne weitere Kenntnis vom Programmablauf nur mit dem Ziel verarbeitet, Informationen für eine gewinnsichere Betätigung der Risikotaste zu gewinnen.[97]

5. Unbefugte Einwirkung auf Ablauf (4. Alternative)

Mit der 4. Alt. sollen nach dem Willen des Gesetzgebers alle bisher nicht bereits unter die übrigen Tathandlungen fallenden oder ggf. bisher **unbekannten Manipulationstechniken** erfasst werden. Wenngleich unklar geblieben ist, welche Fälle hierunter zu subsumieren sind, besteht doch wohl kein Streit mehr darüber, dass es sich bei der letzten Tatmodalität nicht um das Grunddelikt, sondern letztlich um einen Auffangtatbestand handelt. Gemeint sind insbesondere Manipulationen an der Konsole, soweit hier nicht bereits Inputmanipulationen sowie auch Veränderungen an der Hardware vorliegen. Von der Gesetzesbegründung erwähnt werden als Beispiele nachträgliche Einwirkungen auf den Aufzeichnungsvorgang, etwa auf dessen zeitlichen und maschinellen Ablauf.[98] Diese Tatvariante kommt – abgesehen von Fällen des Leerspielens von Geldspielautomaten, sofern man die 4. Alt. des § 263a StGB für erfüllt ansieht[99] – beim Ausnutzen des Defekts einer vollautomatischen Selbstbedienungstankstelle zum kostenlosen Tanken in Betracht.[100] Gleiches gilt, wenn der Täter einen vom ihm in Gang gesetzten DV-Vorgang bei einem Mietkartentelefon unter Ausnutzung einer planmäßigen Schaltung abbricht, so dass die gewählte Verbindung zur Unzeit auf einem vertraglich nicht vorgesehenen technischen Weg endet, um die Leistung ohne jegliche Bezahlung zu erlangen.[101]

6. Beeinflussung des Ergebnisses eines Datenverarbeitungsvorgangs

Folge aller vier Tathandlungen muss die Beeinflussung des Ergebnisses einer EDV-Anlage sein. Dieses Merkmal ersetzt Irrtum und Vermögensverfügung beim herkömmlichen Betrug. Eine solche Beeinflussung ist dann anzunehmen, wenn aufgrund des Verhaltens des Täters auf den Computer so eingewirkt worden ist, dass die **im Rechner enthaltenen bzw. gespeicherten Daten verändert** werden und das vom Computer erzielte **Resultat** von dem **abweicht**, das bei einem **programmgemäßen Ablauf** erzielt worden wäre. Der DV-Vorgang

---

[95] Vgl. BGH Beschluss vom 23.6.2010 – Az. 2 StR 243/10 – StraFo 2010, 391. Vgl. näher zum Skimming: *Seidl*, ZIS 2012, 415.
[96] Vgl. BGHSt 40, 331; BayObLG NJW 1991, 438; *LK/Tiedemann*, § 263a Rn. 61.
[97] Vgl. LG Göttingen NJW 1988, 2488 sowie *LK/Tiedemann*, § 263a Rn. 61 m. w. N.
[98] Vgl. BT-Drs. 10/318, 20.
[99] Vgl. oben Rn. 34.
[100] So: OLG Braunschweig NStZ 2008, 402 m. Anm. *Augustin* JR 2008, 436; a. A. *Klas/Blatt* CR 2012, 136.
[101] Vgl. OLG München NJW 2007, 3734 m. Anm. *Schönauer* wistra 2008, 445.

muss sich aber nach h. M. vor der Tathandlung nicht im Gang befinden, er kann auch erst durch den Täter ausgelöst werden.[102] Aufgrund der Anlehnung an den Betrugstatbestand kommen aber hier nur EDV-Vorgänge in Betracht, die sich wie beim Betrug – ohne weitere Zwischenverfügung – unmittelbar vermögensmindernd auswirken.[103] Auch die Manipulation von personenbezogenen Daten ist ausreichend, wenn daran auch vermögenswerte Verfügungen geknüpft sind (z. B. verändertes Einstellungsdatum einer Person durch Mitarbeiter einer Besoldungsstelle mit erhöhter Bezügeauszahlung als Folge). An der Unmittelbarkeit der Vermögensverfügung fehlt es aber, wenn die Veränderung der DV durch eine weitere selbstständige Handlung erst in eine vermögensrelevante Disposition umgesetzt werden muss. Kein Computerbetrug liegt daher beim Überwinden elektronischer Schlösser (z. B. Wegfahrsperren) vor oder wenn das Ergebnis der DV einer nochmaligen Prüfung durch den Sachbearbeiter und damit einer natürlichen Person unterliegt, ggf. kann aber bereits ein Gefährdungsschaden vorliegen.[104] Unschädlich für die Beeinflussung des Datenverarbeitungsvorgangs ist aber ein mehraktiges Verfahren, soweit eine weitere Person ohne nochmalige inhaltliche Kontrolle letztlich die entsprechende Vermögensdisposition veranlasst.[105]

7. Vermögensschaden

37 Die jeweils verwirklichte Tathandlung mit der Beeinflussung eines Datenverarbeitungsvorgangs muss – ebenso wie beim herkömmlichen Betrug – auch bei § 263a StGB letztlich das Vermögen eines anderen geschädigt haben. Zur Prüfung des Vermögensschadens ist nicht die Tathandlung, sondern das durch sie manipulierte Ergebnis zur Schadensfolge in Beziehung zu setzen. Für den Begriff des Vermögensschadens selbst gelten die zu § 263 StGB entwickelten Grundsätze.[106] Beim Computerbetrug ist neben der tatsächlichen Vermögensminderung eine bloße Vermögensgefährdung ebenfalls ausreichend. Dies kann etwa bei einer durch die EDV veranlassten falschen Buchung vorliegen, die noch nicht notwendig bereits unmittelbar zu einem Schaden geführt hat. Hier besteht aber die Gefährdung, dass die Fehlbuchung nicht mehr rückgängig gemacht werden kann. Im Gegensatz zum herkömmlichen Betrug wird es aber hier in den meisten Fällen zu keinem Leistungsaustausch kommen, sondern zu einer einseitigen Vermögensminderung auf Seiten des Opfers. Bei dem Vermögensschaden durch Computerbetrug ist unerheblich, ob der Betreiber der EDV-Anlage oder ein Dritter selbst Geschädigter ist. Die zu § 263 StGB entwickelten Grundsätze über den Dreiecksbetrug finden sinngemäß Anwendung.[107] Schäden am Rechner, die durch die Manipulation an der Anlage, der Software oder den Programmen auftreten, zählen nicht zu den relevanten Vermögensschäden, da es an der notwendigen Stoffgleichheit zwischen dem erstrebten Vermögensvorteil und dem durch die Tathandlung eingetretenen Schaden fehlt. In diesen Fällen kann aber eine Strafbarkeit gem. §§ 303a, 303b StGB in Betracht kommen.[108]

8. Subjektiver Tatbestand

38 Ebenso wie bei § 263 StGB erfordert der subjektive Tatbestand des Computerbetruges zunächst auf Seiten des Täters Vorsatz hinsichtlich des objektiven Tatbestandes sowie ein Handeln in der Absicht, sich oder einem Dritten einen rechtswidrigen Vermögensvorteil zu verschaffen. Für den Vorsatz ist damit vor allem das Bewusstsein des Täters nötig, durch die

---

[102] Vgl. BGHSt 38, 121; BayObLG JR 1994, 289; OLG Köln NStZ 1991, 568.
[103] Vgl. OLG Hamm NJW 2006, 2341; *Fischer*, § 263a Rn. 20 m. w. N.
[104] Vgl. *Fischer*, § 263a Rn. 20 m. w. N.
[105] Vgl. *Lenckner/Winkelbauer* CR 1986, 359.
[106] Vgl. im Einzelnen zum Vermögensbegriff *Graf/Jäger/Wittig-Dannecker*, Wirtschafts- und Steuerstrafrecht, § 263 Rn. 78 ff. und zum Vermögensschaden Rn. 86 ff.
[107] Vgl. zum Dreiecksbetrug näher: *Graf/Jäger/Wittig-Dannecker*, Wirtschafts- und Steuerstrafrecht, § 263 Rn. 73.
[108] Vgl. unten Rn. 102 ff.

B. Einzelne Deliktsformen **14**

Erfüllung einer der vier Tathandlungen einen Datenverarbeitungsvorgang beeinflusst und dadurch einen Vermögensschaden verursacht zu haben. Dieser Vorsatz muss sich hinsichtlich der 3. Tatvariante beim Merkmal „unbefugt", soweit man dieses als Tatbestandsmerkmal ansieht,[109] auch darauf erstrecken. Geht der Täter von einer Berechtigung zur Datenverwendung aus, liegt ein Tatbestandsirrtum i. S. d. § 16 Abs. 1 StGB vor.[110] Zum Vorsatz – auch bedingter Vorsatz genügt – hinzukommen muss der Wille des Täters, sich oder einem Dritten durch das Ergebnis des manipulierten Datenverarbeitungsvorgangs einen Vermögensvorteil zu verschaffen. Ebenso wie beim Betrug erfordert auch § 263a StGB eine Stoffgleichheit zwischen dem eingetretenen Vermögensschaden auf der einen Seite und dem vom Täter erstrebten Vermögensvorteil auf der anderen Seite.[111]

9. Verweisung auf § 263 Abs. 2 bis 7 (Abs. 2)

Wenn der Täter zu einer der obigen Tathandlungen unmittelbar ansetzt, also mit entsprechenden Manipulationshandlungen an Daten oder Programmen beginnt, kann durch den Verweis auf § 263 Abs. 2 StGB auch der Versuch sanktioniert werden, wenn der Täter etwa fremde Zugangsdaten durch Eingabe in den Computer verwendet, um so finanzielle Transaktionen vorzunehmen.[112] Die in Bezug genommenen Regelungen des § 263 Abs. 3 bis 7 StGB betreffen die Qualifikationen für besonders schwere Fälle (§ 263 Abs. 3) und für Bandendelikte (§ 263 Abs. 5) sowie über § 263 Abs. 6 und Abs. 7 die Möglichkeit zur Anordnung von Führungsaufsicht und erweitertem Verfall. Durch die für die Praxis wesentliche Verweisung auf § 263 Abs. 4 StGB wird auch der Computerbetrug zum Antragsdelikt bei Taten gegenüber Angehörigen, dem Vormund oder einem Hausgenossen i. S. d. § 247 StGB sowie als Bagatell-Delikt i. S. d. § 248a StGB, wenn der angerichtete Vermögensschaden oder der erstrebte Vermögensvorteil geringwertig ist, d. h. einen Betrag von ca. 25 – 30 €[113] nicht übersteigt, was speziell beim Missbrauch von TK-Leistungen häufiger in Betracht kommen wird. Über § 263 Abs. 4 StGB ist auch § 243 Abs. 2 StGB anwendbar, so dass ein besonders schwerer Fall i. S. d. § 263 Abs. 3 StGB unter den dortigen Voraussetzungen ausgeschlossen sein kann.

39

10. Vorbereitungshandlungen (Abs. 3)

Bereits mit dem 35. StrÄndG wurde in Umsetzung von Art. 4 Abs. 2 des EU-Rahmenbeschlusses vom 28.5.2001 zur Betrugsbekämpfung im Zusammenhang mit Zahlungsgeschäften[114] zur Vorverlagerung des strafrechtlichen Vermögensschutzes eine eigene Strafbarkeit für Vorbereitungshandlungen aufgenommen. Sanktioniert werden kann somit das **Herstellen, Verschaffen, Feilhalten, Verwahren oder Überlassen von Computerprogrammen**, deren Zweck die Begehung eines Computerbetrugs ist. Dies erfordert ein Computerprogramm, das nach Art und Weise seines Aufbaus und seiner Beschaffenheit bzw. seiner Funktionsweise objektiv bereits so ausgestaltet ist, dass es zur Begehung einer von § 263a Abs. 1 StGB erfassten Computerstraftat dienen soll. Nicht ausreichend ist es, wenn das jeweilige Computerprogramm lediglich zur Begehung eines Computerbetrugs geeignet ist. Der Gesetzgeber knüpft vielmehr ausdrücklich an die Zweckbestimmung an, so dass es sich bei der Begehung eines Computerbetrugs um eine entscheidende Eigenschaft des Programms handeln muss, auch wenn es nicht ausschließlich dafür bestimmt ist.[115] Vom Tatbestand erfasst

40

---

[109] Vgl. zum Meinungsstand oben Rn. 20.
[110] Vgl. *Schönke/Schröder-Cramer/Perron*, § 263a Rn. 27; *Fischer*, § 263a Rn. 23.
[111] Vgl. zur Stoffgleichheit näher: *Graf/Jäger/Wittig-Dannecker*, Wirtschafts- und Steuerstrafrecht, § 263 Rn. 120f.
[112] Vgl. KG Beschluss vom 2.5.2012 – 121 Ss 40/12 = MMR 2012, 845 m. Anm. *Spitz* jurisPR-ITR 19/2012 Anm. 2 und *Jahn*, JuS 2012, 1135.
[113] Vgl. zum Grenzwert für einen geringwertigen Schaden: *Fischer*, § 248a Rn. 3 m. w. N.
[114] Vgl. BT-Drs. 15/1720, S. 8.
[115] Vgl. BT-Drs. 15/1720, S. 11.

werden in erster Linie sog. Hacker-Programme, soweit sie zum Ausspähen, Cracken oder sonst zum Eindringen in fremde Computer dienen, die gegen Vermögensmanipulationen geschützt sind. Durch die vom Gesetzeswortlaut geforderte besondere Zweckbestimmung wird aber umgekehrt deutlich, dass alle Programme, die nach ihrer objektiven Funktion andere Zielsetzungen verfolgen, die aber auch für eine Tatbegehung nach § 263a Abs. 1 StGB eingesetzt werden könnten und hierfür geeignet sind, bereits nicht dem objektiven Tatbestand unterfallen.[116] Erfasst werden daher auch nicht Blanco-Smart-Cards mit Basisinformationen, jedoch noch ohne Entschlüsselungs-Software zum Empfang von Pay-TV-Sendungen.[117]

41 In Bezug auf sog. **Dual-Use-Programme**, die für Forschungen oder Sicherheitsüberprüfungen entwickelt wurden und zum Schutz von Datenverarbeitungsanlagen benutzt werden, sich aber auch missbräuchlich einsetzen lassen, muss primär auf den Zweck der Software abgestellt werden,[118] so dass Computerprogramm zur Entwicklung von Sicherheitssoftware oder zu Ausbildungszwecken in der IT-Sicherheitsbranche nicht erfasst sind.[119] Bzgl. des „Herstellens" ist maßgeblich, dass die wesentlichen Bestandteile eines Programms zumindest in Form des Quellcodes in einer maschinenlesbaren Sprache geschrieben und auf einem lesbaren Datenträger gespeichert sind.[120] Ein Verschaffen kann durch den Erwerb des Datenträgers oder die Anfertigung von entsprechenden Kopien erfolgen. Während es beim Feilhalten um das nach außen erkennbare Bereithalten jedenfalls für interessierte Personen von nicht nur einzelnen Programmkopien – etwa auch über das Internet – geht, bezieht sich das Verwahren auf das zur Verfügung halten des Programms, gleichgültig ob in offener, versteckter, kryptierter oder in anderer Form. Das Verschaffen oder der Handel mit Zugangsdaten für Online-Anwendungen zur Begehung eines Computerbetrugs ist aber – anders als bei § 202c Abs. 1 Nr. 1 StGB – hier nicht erfasst. In **subjektiver Hinsicht** muss sich der Vorsatz – dolus eventualis genügt – auf die Zweckbestimmung des Computerprogramms beziehen.[121] Der Täter muss also mindestens damit rechnen, dass das tatgegenständliche Programm zukünftig zur Begehung von Straftaten gebraucht wird und dies billigend in Kauf nehmen.

11. Tätige Reue (Abs. 4) und Konkurrenzen

42 Durch den Verweis in § 263a Abs. 4 StGB auf § 149 Abs. 2 und 3 StGB gilt hier **Tätige Reue** als persönlicher Strafaufhebungsgrund. Da mit einer Vorbereitungshandlung des § 263a Abs. 3 StGB Vollendung ohne Möglichkeit zum Rücktritt gegeben ist, hat der Gesetzgeber über die Tätige Reue eine Straffreiheit zugelassen, wenn der Täter die Tat freiwillig aufgibt und darüber hinaus die von ihm verursachte Gefahr, dass andere eine Computerprogramm weiter vorbereiten oder ausführen, abwendet oder deren Vollendung verhindert und die zur Tatbegehung hergestellten Programme bzw. anderen Mittel unschädlich macht.

43 Innerhalb des § 263a Abs. 1 StGB ist nur die 4. Alternative gegenüber den anderen Tathandlungen subsidiär, ansonsten besteht kein Vorrang einer Variante. Die gleichzeitige Verwirklichung mehrerer Tathandlungen führt im Ergebnis nur zu einer einheitlichen Tat des Computerbetrugs. Eine mehrfache unberechtigte Verwendung von Daten mit einer Karte an Geldautomaten bildet eine einheitliche Tat, wenn sie innerhalb kurzer Zeit begangen wird.[122] Bei der unbefugten Beschaffung von Bargeld an Geldautomaten ist ein Vorrang des Computerbetrugs im Wege der **Gesetzeskonkurrenz** gegenüber den anderen Eigentums- oder Vermögensdelikten anzunehmen. Im Fall des Diebstahls bzw. des betrügerischen Erlangens einer ec-Karte kommt aber Tateinheit bzw. Tatmehrheit in Betracht, wenn die jeweiligen Delikte ein eigenständiges Schutzgut, etwa die Funktionsfähigkeit des bargeldlosen Zah-

---

[116] Vgl. BVerfG CR 2009, 673 zu § 202c StGB.
[117] Vgl. LG Karlsruhe NStZ-RR 2007, 19 – sog. „Opus-Karten".
[118] Vgl. BVerfG CR 2009, 673.
[119] Vgl. BT-Drs. 16/3656, S. 19; *LK/Wolff*, § 303a Rn. 39; *Fischer*, § 202c Rn. 6; *Ernst* NJW 2007, 2663; *Hofmann/Reiners*, DuD 2007, 920 für § 202c.
[120] Vgl. *Fischer*, § 263a Rn. 33.
[121] Vgl. BVerfG NZV 2006, 483; *Fischer*, § 263a Rn. 34; *Ernst* NJW 2007, 2664.
[122] Vgl. BGH NStZ 2001, 494; wistra 2008, 220.

B. Einzelne Deliktsformen **14**

lungsverkehrs, sichern.[123] Demgegenüber schließen sich § 263a und § 263 StGB aus, wenn derselbe Schaden sowohl durch Manipulationshandlungen des Computerbetrugs als auch durch Täuschung bewirkt wurden.[124] Neben dem Computerbetrug kommen **tateinheitlich** weitere Tatbestände in Betracht, wie §§ 269, 270 StGB im Fall der Veränderung von gespeicherten Daten oder die Computersabotage gem. §§ 303a, 303b StGB sowie das Ausspähen von Daten (§ 202a StGB) oder beim Leerspielen von Geldspielautomaten § 17 UWG bzw. beim Skimming §§ 152a,b StGB.

12. Probleme des Tatnachweises

Bei der unbefugten Verwendung von Daten wird eine Aufklärung am einfachsten möglich sein, wenn der Täter beim jeweiligen Abhebungsvorgang am Automaten durch Video-Überwachungskameras oder andere Geräte aufgezeichnet wird, da hier die entsprechenden Videobänder einen wichtigen Ansatzpunkt für weitere Ermittlungen bieten. Demgegenüber ist bei den übrigen von § 263a StGB erfassten Manipulationshandlungen an EDV-Anlagen ein Tatnachweis viel schwieriger. Zunächst muss es dem betroffenen Unternehmen bzw. der Behörde erst gelingen, eine Veränderung im eigenen System zu erkennen. Dies kann etwa durch Prüfroutinen oder andere Sicherheitsmaßnahmen erfolgen. Selbst wenn hier eine Veränderung am Datenbestand oder am Programm noch relativ leicht feststellbar sein wird, ist damit der jeweilige Täter noch keineswegs überführt. Erst jetzt kann eine Suche nach dem Täter für die jeweilige Manipulationshandlung beginnen. Werden vom EDV-System keine weiteren Aufzeichnungen über die im oder am Rechner vorgenommenen Veränderungen und die jeweils am System angemeldeten Personen geführt, ist eine Täterermittlung oft schwierig. Soweit die Tatbegehung über Telefon- oder Datennetze erfolgt, kann ein Nachweis nur über die Rückverfolgung im Netz geführt werden. Dies setzt voraus, dass die Ermittlungen zeitnah durchgeführt werden und mithilfe der sichergestellten Unterlagen vor Ort oder entsprechenden Auskünften der TK-Anbieter über § 100g StPO i. V. m. § 96 TKG eine Ermittlung des Täters überhaupt möglich ist.[125] Nachdem es seit der Entscheidung des BVerfG vom 2.3.2010[126] bisher noch zu keiner Neuregelung zur Vorratsdatenspeicherung in §§ 113a, 113b TKG entsprechend den verfassungsgerichtlichen Vorgaben gekommen ist, haben sich dadurch zusätzliche Schwierigkeiten bei der Zurückverfolgung von Spuren in den Telefon- oder Datennetze ergeben, weil beweisrelevante Informationen zur Zuordnung von IP-Adressen zu bestimmten Personen insoweit gar nicht mehr oder nur zeitlich sehr begrenzt zur Verfügung stehen.

44

II. Elektronische Urkundendelikte (§§ 269, 270, 274 StGB)

1. Inhalte und einzelne Tatbestände

Da das gesamte Urkundenstrafrecht auf die Veränderung oder Unterdrückung von verkörperten Gedankenerklärungen abstellt, musste zur Vermeidung von Strafbarkeitslücken eine Anpassung an die Veränderungen durch die IT-Technologie erfolgen. Der Gesetzgeber hat deshalb bereits mit dem 2. WiKG einen eigenen Straftatbestand für computerspezifische Fälschungsvorgänge geschaffen und diesen den Tatbestandsvarianten der Urkundenfälschung i. S. d. § 267 StGB so weit nachgebildet, wie es ihm unter Beachtung der Besonderheiten der elektronischen Datenverarbeitung möglich erschien, um auch hier die Erfassung bloßer elektronischer Lügen auszuschließen.[127] Für die Prüfung einer „**Datenurkunde**" i. S. d. § 269

45

---

[123] Vgl. BGH NJW 2001, 1508 für § 242 und § 263a; BGHSt 47, 160 für § 263 und § 266b StGB.
[124] Dies ist im Einzelnen streitig. Vgl. *Fischer*, § 263a Rn. 38 m. w. N.
[125] Vgl. zu Ermittlungsmöglichkeiten näher: *Bär* TK-Überwachung Kommentar § 100g Rn. 3ff.
[126] BVerfG NJW 2010, 833.
[127] Vgl. BT-Drs. 10/5058, S. 34; BGH NStZ-RR 2003, 265/266.

StGB ist es notwendig, dass im Wege einer „hypothetischen Subsumtion" der jeweilige DV-Vorgang bei urkundengerechter Umsetzung vom Tatbestand des § 267 StGB erfasst wäre, wenn die computergespeicherte Information mit beweiserheblichen Daten in ein anderes Medium übertragen würde.[128] Ob diese am Vorbild der überkommenen Urkunde orientierte Gestaltung des Tatbestandes zum Schutz nicht sichtbarer Verkörperungen von Erklärungen die computerspezifischen Besonderheiten sachgemäß getroffen und umgrenzt hat, bleibt zweifelhaft.[129]

46 Dabei wird mit den elektronischen Urkundendelikten – ebenso wie bei der herkömmlichen Urkundenfälschung – die **Sicherheit und Zuverlässigkeit des Rechts- und Beweisverkehrs** im Bezug auf DV-Vorgänge mit beweiserheblichen Daten geschützt.[130] § 269 StGB dient damit an sich nicht dem Vermögensschutz. Erst durch den Verweis in § 269 Abs. 3 auf § 267 Abs. 3 Nr. 2 StGB mit der Qualifizierung in Bezug auf die beabsichtigte oder erfolgte Verursachung hoher Vermögensschäden als Regelbeispiele wird der Tatbestand auch zu einem Vermögensdelikt.

47 Unter Strafe gestellt wird mit § 269 StGB zunächst eine **Fälschung beweiserheblicher Daten**. Durch die Vorschrift des § 270 StGB werden der Täuschung im Rechtsverkehr die Fälle einer **fälschlichen Beeinflussung einer Datenverarbeitung** gleichgestellt. Dies gewinnt vor allem dort an Bedeutung, wo gefälschte Daten oder Urkunden unmittelbar in den Computer eingegeben werden und es deshalb zweifelhaft ist, ob der Täter „zur Täuschung im Rechtsverkehr" gehandelt hat. Vom Gesetzgeber den Urkundendelikten zugeordnet worden ist weiterhin die Unterdrückung beweiserheblicher Daten in § 274 Abs. 1 Nr. 2 StGB. Die Tatbestände hatten in der Kriminalstatistik zur Computerkriminalität bisher nur eine Bedeutung von unter 1%. Neue Begehungsformen führen aber in den letzten Jahren zu einem deutlichen Anstieg der Fallzahlen.

48 Da § 269 StGB erst bei einer Speicherung, der Veränderung oder des Gebrauchmachens von beweiserheblichen Daten erfüllt ist, handelt es sich – ebenso wie beim Computerbetrug durch den Vermögensschaden – um ein **Erfolgsdelikt**.[131] Bei einer Tatbegehung über Datennetze – dies ist speziell beim Phishing von besonderer praktischer Bedeutung – kommt es gem. § 9 Abs. 1 3. Alt. StGB für die Bestimmung des Tatortes auf den Ort an, an dem der zum gesetzlichen Tatbestand gehörende Erfolg eintritt. Damit kommt es bei **Taten vom Ausland** aus unter Verwendung von TK-Medien, etwa durch Speicherung, Veränderung der Daten bzw. im Fall des Gebrauchmachens der unechten oder gefälschten Daten per E-Mail oder sonst über das Internet zur Anwendung deutschen Strafrechts, wenn es dem ausländischen Täter auf eine Wirkung im Inland ankommt und die unechten oder gefälschten Daten gezielt dort gespeichert bzw. verändert oder dorthin übermittelt werden.[132]

49 **Fall 1 („ec-Kartennachbau"):** Der Täter hatte von seiner Bank eine ec-Karte mit entsprechender Geheimzahl (PIN) erhalten. Er erwarb einen Magnetkartenleser und schrieb ein Programm, um die Daten auf dem Magnetstreifen seiner Karte zu lesen, zu ändern und auf andere Karten mit Magnetstreifen zu übertragen, nachdem er die sog. „Prüfziffer" geknackt und damit manipulierbar gemacht hatte. Danach beschaffte sich der Täter Blankomagnetkarten in der Größe einer ec-Karte. Diese benutzte er dazu, darauf die veränderten Daten seiner eigenen ec-Karte zu speichern. So konnte der Täter die Gültigkeitsdauer der Karte verändern und die Zyklusdauer für Abhebungen anheben und mit den so manipulierten ec-Karten Abhebungen bei verschiedenen Banken mit erheblichem Schaden vornehmen.[133]
Fall 2 („Fahrerlaubniserweiterung"): Ein Systembetreuer der Rechneranlage des Amtes für öffentliche Ordnung, Abteilung für Straßenverkehrsangelegenheiten, einer Kommune änderte seinen im Computer gespeicherten Führerscheindatensatz dahingehend ab, dass er neben der Führerscheinklasse 1 und 3 auch die Führerscheinklasse 2 erhielt. Anschließend beantragte er einen Ersatzführerschein, weil ihm das Original abhanden gekommen sei. Die Fälschung am Datensatz fiel nur deshalb auf, weil der Täter noch nicht 21 Jahre alt war und deshalb eine solche Fahrerlaubnis noch gar nicht besitzen konnte.

---

[128] Vgl. *LK/Zieschang*, § 269 Rn. 13; *Schönke/Schröder-Cramer/Heine*, § 269 Rn. 18; *Fischer*, § 269 Rn. 2a.
[129] Vgl. *Radtke* ZStW 115, 26/30; *Freund*, JuS 1994, 209; *Fischer*, § 269 Rn. 2a m. w. N.
[130] Vgl. *Bühler* MDR 1987, 453; *Wegscheider* CR 1989, 998; *Fischer*, § 269 Rn. 2.
[131] Vgl. *LK/Zieschang*, § 269 Rn. 13.
[132] Vgl. nur *Sieber* NJW 1999, 2071; *Collardin*, CR 1995, 629; *Fischer*, § 9 Rn. 7a m. w. N.; im Einzelnen streitig.
[133] Vgl. zur Sachverhaltsschilderung AG Böblingen CR 1989, 308.

B. Einzelne Deliktsformen

Fall 3 („Herstellung Telefonkartensimulator"): Der Täter verschaffte sich eine Vielzahl von herkömmlichen Telefonkarten, deren Guthaben inzwischen aufgebraucht war. Das Kontaktfeld dieser abtelefonierten Karte mit einem herausgetrennten Original-Telefonkarten-Chip wurde vom Täter mit zusätzlichen elektronischen Bauteilen verdrahtet. Die für den Original-Chip und die zusätzlichen Bauteile auf der Karte vorgesehenen notwendigen Aussparungen versah der Täter mit farblich angepasstem Klebeband, welches neben den Bauteilen auch die Verdrahtung fixierte. Dadurch war die so veränderte Telefonkarte nicht ohne weiteres zu erkennen. Die früher wertlose Telefonkarte konnte nun wieder an öffentlichen Kartentelefonen benutzt werden.

Fall 4 („IP-Spoofing"): Der Täter verwendet im Internet bei der Versendung von Nachrichten immer eine gefälschte IP-Adresse, um nicht entdeckt zu werden und über seine wahre Identität zu täuschen.

Fall 5 („Ebay-Anmeldung"): Der Täter ist von Ebay wegen unseriösen Verhaltens bei Versteigerungen gesperrt worden. Um gleichwohl weiterhin Versteigerungen bei Ebay durchführen zu können, meldet sich der Täter auf der Anmeldeseite von Ebay mit fremden Personalien erneut bei Ebay an. Ihm wird dabei auch eine neue Kennung zugewiesen, unter der er künftig wieder agieren kann.[134]

2. Fälschung beweiserheblicher Daten (§§ 269, 270 StGB)

Eigentliches Objekt aller Tathandlungen des § 269 StGB sind beweiserhebliche Daten. Hinzukommen muss aber, dass die jeweiligen **Daten „bei ihrer Wahrnehmung eine unechte oder verfälschte Urkunde vorliegen würden**." Damit wird vom Gesetzgeber zum Ausdruck gebracht, dass von § 269 StGB alle Fälle der Urkundenfälschung erfasst werden sollen, bei denen eine Anwendung des § 267 StGB nur deshalb scheitert, weil ein unsichtbarer Datensatz mit beweiserheblichen Daten nicht dem Urkundenbegriff unterfällt. Insoweit ist im Einzelnen umstritten, ob sich der Prüfungsaufbau an der gesetzlichen Tatbestandsformulierung oder an der Parallele zur Urkundenfälschung zu orientieren hat.[135] Dies bedarf letztlich keiner weiteren Erörterung, da die Prüfung in beiden Varianten – wenn auch in unterschiedlicher Reihenfolge – jeweils dieselben relevanten Fragestellungen umfasst.

a) Daten als Erklärungsträger

Da eine ausdrückliche Regelung für die Daten fehlt, muss auf allgemeine Begriffsbestimmungen zurückgegriffen werden. Eine Heranziehung des § 202a Abs. 2 StGB, wo Daten auch nicht definiert, sondern nur vorausgesetzt werden, ist im Hinblick auf die unterschiedlichen Ziele der Normen wenig hilfreich.[136] Im Hinblick auf die ratio legis ist der Datenbegriff hier letztlich auf alle Informationen zu beziehen, die in einer primär für die maschinelle Verarbeitung bestimmten Form als eine bestimmte **Abfolge von Signalen** codiert sind, um eine **automatisierte Erfassung, Übertragung oder Bearbeitung der Information** zu ermöglichen oder zu erleichtern.[137] Die Art der Speicherung in magnetischer oder optischer Form ist für die strafrechtliche Bewertung ohne Bedeutung. Im Gegensatz zur urkundlichen Erklärung bedarf es aus technischer Sicht auch keiner Fixierung des Datums auf einem bestimmten elektronischen, magnetischen oder sonstigen Datenträger, denn auch während der Übertragungsphase innerhalb eines Speichermediums (z. B. bei Defragmentierungen) oder zu einer anderen Speicherstelle (z. B. Datenübertragung) behalten Daten ihren Charakter.[138] Abweichend von § 267 StGB kann keine Abgrenzung nach den Kategorien Kopie oder Original erfolgen, sonder nur bezogen auf die jeweilige Datei als Darstellung einer Erklärung.[139] Dem Datenbegriff unterzuordnen sind aber nur bereits maschinengerecht codierte Informationen, die in einem funktionellen Zusammenhang mit dem Betrieb einer DV-Anlage stehen. Dabei steht es aber nicht entgegen, dass die entsprechenden Zeichen – etwa in Form von Strichcodes oder auf Lochkarten – in sichtbarer Form gespeichert sind.[140] Demgegenüber handelt es sich bei Schriftstücken aller Art, Beweiszeichen sowie analogen Bild- und Tonaufnahmen, auch wenn diese automatisch erfasst und weiterverarbeitet werden können, um

---

[134] Vgl. zum Sachverhalt KG BeckRS 2009, 25371; OLG Bamberg, B. v. 24.11.09 – 2 Ss 50/09.
[135] Vgl. näher: MK-StGB/Erb, § 269 Rn. 5 ff.
[136] Vgl. Lenckner/Winkelbauer CR 1986, 483/484; LK/Zieschang, § 269 Rn. 6.
[137] Vgl. Dornseif/Schumann JR 2002, 52/54; MK-StGB/Erb, § 269 Rn. 13; Fischer, § 269 Rn. 3.
[138] Vgl. MK-StGB/Erb, § 269 Rn. 16.
[139] Vgl. Radtke ZStW 115, 26/36.
[140] Vgl. MK-StGB/Erb, § 269 Rn. 14; Dornseif/Schumann JR 2002, 52/54.

keine Daten i. S. d. § 269 StGB. Die Datenqualität ist erst gegeben, wenn – etwa durch Einscannen – eine digitale Bildaufzeichnung erstellt wird, bei welcher der Erklärende seine bisher nur schriftliche Willensäußerung in einen Datensatz umgewandelt und diesen dazu bestimmt hat, als originäre Perpetuierung der Erklärung zu dienen.[141]

b) Beweiserheblichkeit der Daten

52 Die dargestellten Daten müssen beweiserheblich sein, d. h. diese müssen dazu bestimmt sein, bei einer Verarbeitung im Rechtsverkehr als Beweisdaten für rechtlich erhebliche Tatsachen benutzt zu werden.[142] Die Daten benötigen somit einen **Aussagegehalt, der für das Rechtsleben in irgendeiner Form von Bedeutung** ist. Ebenso wie bei der herkömmlichen Urkunde in Papierform bedarf es aber keiner aktuellen Beweisbedeutung in einem bestimmten Verwendungszusammenhang, einer bestimmten Beweisrichtung oder einer Beweisbedeutung gerade für das Rechtsverhältnis, in dem die Datenurkunde errichtet wurde. Durch die noch weiter erforderliche Parallelität zur herkömmlichen Urkunde hat die Beweiserheblichkeit der Daten keine besondere eigenständige strafbarkeitsbegrenzende Wirkung. Daten, die für das Rechtsleben keine Relevanz besitzen, weil sie vom Nutzer ausschließlich für private, wirtschaftliche, technische oder wissenschaftliche Zwecke erstellt wurden, enthalten schon keine rechtserhebliche Erklärung und werden folglich bereits aus diesem Grund nicht von § 269 StGB erfasst.[143]

c) Parallelmerkmale zur Urkundenfälschung

53 Die weitere hypothetische Tatbestandsvoraussetzung, dass die beweiserheblichen Daten „bei ihrer Wahrnehmung eine unechte oder verfälschte Urkunde" darstellen würden, erfordert eine **urkundengerechte Umsetzung der DV-Vorgänge**. Die gespeicherten Daten müssen damit eine Gedankenerklärung beinhalten, die geeignet und bestimmt ist, Beweis zu erbringen und die einen bestimmten Aussteller als Erklärenden erkennen lässt. Diese hypothetische Konstruktion ersetzt damit nicht nur das Kriterium der visuellen Wahrnehmbarkeit, sondern schließt durch die Notwendigkeit der Unechtheit oder Verfälschung bei § 269 StGB die Strafbarkeit der bloßen schriftlichen Lüge bei der Datenverarbeitung aus.

54 Die gespeicherten Daten müssten hypothetisch bei ihrer Wahrnehmung eine **Gedankenerklärung** beinhalten. Insoweit genügt auch für die Datenurkunde nicht jede beliebige Willensäußerung, deren Nachweis als Indiz für einen rechtlich erheblichen Sachverhalt in Betracht kommt,[144] sondern nur eine solche, die als eigentliches Ziel von ihr selbst ausgehende Rechtswirkungen verfolgt und dauerhaft gespeichert ist. Einzelne Daten sind für sich genommen noch keine solche Gedankenerklärung, sie werden es erst im Zusammenhang mit anderen gespeicherten Daten, die im Rahmen eines Programms verarbeitet werden. Daran fehlt es bei § 269 StGB, wenn gespeicherte Daten etwa nur den Anschein einer technischen Aufzeichnung erwecken und keinen nach außen wirkenden Erklärungscharakter haben[145] oder ausschließlich für betriebsinterne Zwecke des Betreibers der EDV-Anlage bestimmt sind bzw. ihrem äußeren Anschein nach nur einen Entwurf für eine spätere Erklärung bilden sollen.[146] Gleiches gilt bei einer Datenübermittlung an Dritte, wenn diese erkennbar ohne Eingehung einer rechtlichen Bindung erfolgt.[147] Auch Veränderungen eines Computerprogramms bewirken noch nicht den Anschein einer Gedankenerklärung, weil dieses weder über einen bestimmten Sachverhalt informiert noch sich darin ein bestimmter Erklärungswille ausdrückt.[148]

---

[141] Vgl. *MK-StGB/Erb*, § 269 Rn. 15.
[142] Vgl. *LK/Zieschang*, § 269 Rn. 9; *Fischer*, § 269 Rn. 3; *MK-StGB/Erb*, § 269 Rn. 12.
[143] Vgl. *LK/Zieschang*, § 269 Rn. 9; *MK-StGB/Erb*, § 269 Rn. 12.
[144] Vgl. *MK-StGB/Erb*, § 269 Rn. 10.
[145] Vgl. OLG Hamm StV 2009, 475/476; *SK-StGB/Hoyer*, § 269 Rn. 14.
[146] Vgl. BGHSt 13, 382/385 zu § 267; *SK-StGB/Hoyer*, § 269 Rn. 15.
[147] Vgl. *MK-StGB/Erb*, § 269 Rn. 10.
[148] Vgl. *Sieber* Computerkriminalität, 325; *Schönke/Schröder-Cramer/Heine*, § 269 Rn. 8; *SK-StGB/Hoyer*, § 269 Rn. 16.

B. Einzelne Deliktsformen **14**

Die manipulierten Daten müssen weiter geeignet sein, bei einer Verarbeitung im Rechts- 55
verkehr als **Beweisdaten für rechtlich erhebliche Tatsachen** benutzt zu werden. Dies kann nur erfüllt sein, wenn die Daten einen Aussagegehalt haben, der für das Rechtsleben in irgendeiner Form relevant ist. Ebenso wie bei § 267 StGB genügt aber eine nachträgliche Beweisbestimmung durch den Täter oder durch einen Dritten in Form einer sog. Zufallsurkunde, wenn dies durch einen nach außen erkennbaren Akt des Ausstellers erfolgt.[149]

Ebenso muss auch bei der Datenurkunde der **Aussteller erkennbar** sein, d. h. nach der 56
sog. Geistigkeitstheorie[150] zu § 267 StGB demjenigen, dem die Daten im Fall ihrer visuellen Darstellung nach ihrem Erklärungsgehalt zugerechnet werden können und der den Anschein eines vorhandenen Garantiewillens übernehmen will.[151] Aussteller des beweiserheblichen Ergebnisses eines DV-Vorgangs ist damit derjenige, der diese EDV-Anlage für sich einsetzt und den Herstellungsprozess nach außen erkennbar autorisiert,[152] nicht aber der Programmierer, der die Arbeitsgänge des Computers festlegt, oder der Mitarbeiter, der die Daten tatsächlich einspeichert, um Buchungen, Eintragungen vorzunehmen.[153] Aussteller ist vielmehr der Betreiber der EDV-Anlage, also deren „Geschäftsherr", der die Anlage für seine Zwecke verwendet und damit in arbeitsteiligen Prozessen die Abgabe von Erklärungen delegiert, also etwa das TK-Unternehmen[154] oder die Bank. Die Identität des Ausstellers muss sich ohne weitere Untersuchungen und Nachforschungen aus der Datenurkunde selbst ergeben, wenn entweder der Text der Erklärung oder die jederzeit im System abrufbaren Dateiinformationen (z. B. der Header einer E-Mail) erkennen lassen, wem der jeweilige Datensatz zuzurechnen ist. Es genügt, wenn die Angaben zur Herkunft des jeweiligen Datensatzes aus einer bestimmten EDV-Anlage stammen, die berechtigterweise nur von einer einzigen Person zur Abgabe rechtserheblicher Erklärungen genutzt wird.[155] Kein Aussteller ist erkennbar, wenn dieser sich nicht aus den Daten selbst, sondern erst aus zusätzlichen Ausstellerhinweisen erkennen lässt, die etwa nur bei einem Computerausdruck (z. B. bei Papier mit vorgedrucktem Briefkopf) angebracht werden, weil mit den gespeicherten Daten noch keine vollständige Erklärung perpetuiert wird.[156]

d) Tathandlungen: Speichern, Verändern und Gebrauchmachen

Eigentliche Tathandlungen des § 269 StGB sind das **Speichern, Verändern** oder das **Ge-** 57
brauchmachen von Daten. Das Speichern entspricht dabei dem Herstellen einer echten Urkunde i. S. d. § 267 StGB, das Verändern dem Verfälschen einer echten Urkunde. Ebenso wie bei der Urkundenfälschung bildet dabei das Speichern oder Verändern mit anschließendem Gebrauch nur eine Tat i. S. d. § 269 StGB.[157]

Unter Rückgriff auf die Legaldefinition in § 3 Abs. 4 Nr. 1 BDSG umfasst das **Speichern** 58
alle Methoden, mit denen Daten auf einem Trägermedium zum Zweck ihrer weiteren Verwendung erfasst, kopiert, aufgenommen oder aufbewahrt werden, unabhängig von dem jeweiligen technischen Verfahren und der Vorgehensweise. So kann eine Speicherung durch Eingabe der Daten, Übertragung von einem Datenträger – unabhängig vom Ort – auf einen anderen erfolgen. Die für eine Perpetuierungsfunktion der Strafnorm erforderliche gewisse Beständigkeit der Daten fehlt aber, wenn diese lediglich im Arbeitsspeicher eines Rechners kurzfristig abgelegt werden.[158] Soweit eine E-Mail auf dem Rechner des Empfängers bzw.

---

[149] Vgl. *Wegscheider* CR 1989, 998; *Fischer* § 267 Rn. 9 m. w. N.; a. A. *SK-StGB/Hoyer* § 269 Rn. 20.
[150] Vgl. *Schönke/Schröder-Cramer/Heine*, § 267 Rn. 55.
[151] Vgl. OLG Hamm StV 2009, 475/476.
[152] Vgl. *Schönke/Schröder-Cramer/Heine*, § 269 Rn. 12; *LK-Zieschang*, § 269 Rn. 16; *SK-StGB/Hoyer*, § 269 Rn. 21; *Radtke* ZStW 115, 56; *Welp* CR 1992, 359.
[153] Vgl. *Schönke/Schröder-Cramer/Heine*, § 269 Rn. 12; *LK/Zieschang*, § 269 Rn. 16; *Lackner/Kühl*, § 269 Rn. 6, *Radtke* ZStW 115, 46.
[154] Vgl. BGH NStZ-RR 2003, 265.
[155] Vgl. *MK-StGB/Erb*, § 269 Rn. 11.
[156] Vgl. *SK-StGB/Hoyer*, § 269 Rn. 22; *MK-StGB/Erb*, § 269 Rn. 11.
[157] Vgl. *Fischer*, § 269 Rn. 10 und § 267 Rn. 44; *MK-StGB/Erb* § 267 Rn. 221 m. w. N.
[158] Vgl. *Welp* CR 1992, 354/360; *MK-StGB/Erb*, § 269 Rn. 32.

des Providers abgelegt wird, erfüllt auch deren Versendung das Merkmal des Speicherns.[159] Diese Tathandlung ist aber damit – neben der Spezialregelung des § 152a und § 152b StGB – einschlägig, wenn illegal erlangte Kontendaten und Geheimnummern auf Blanko-Karten übertragen werden, um gegenüber der Bank den Eindruck zu erwecken, der Karteninhaber sei berechtigter Kontoinhaber.[160] Gleiches gilt für die Herstellung von sog. Telefonkarten-Simulatoren, die ein entsprechendes Guthaben für das Telefonieren an Kartentelefonen vorgeben.[161] Eine Speicherung kann auch in mittelbarer Täterschaft gem. § 25 Abs. 1 StGB dadurch begangen werden, dass der Täter einen gutgläubigen Dritten zur Eingabe einer falschen Datenurkunde veranlasst.

59 Das **Verändern** i.S.d § 269 StGB entspricht dem Verfälschen einer Urkunde bei § 267 StGB. Und umfasst entsprechend der ergänzend heranzuziehenden Legaldefinition des § 3 Abs. 4 Nr. 2 BDSG jede inhaltliche Umgestaltung von Daten, indem eine vorhandene echte Datenurkunde zumindest teilweise einen anderen Inhalt erhält, der nur scheinbar dem als Erklärenden ausgewiesenen Aussteller zugerechnet werden kann.[162] Die technischen Mittel zur Tatbegehung sind dabei unerheblich, wenn letztlich die Angaben in der Datenurkunde und/oder die Ausstelleridentität nicht mehr in vollem Umfang zutreffend sind.

60 Die Tatmodalität des **Gebrauchmachens** ist verwirklicht, wenn die entsprechenden falschen Daten einem Täuschungsadressaten so zugänglich gemacht werden, dass diesem die Möglichkeit eines eigenständigen Zugriffs durch eine maschinellen Erfassung des Inhalts eröffnet und so die falsche Erklärung perpetuiert wird.[163] Die Konfrontation des Adressaten mit der vermeintlich echten Erklärung des Ausstellers kann etwa durch Übermittlung einer E-Mail, durch Bereitstellung einer Datenurkunde zum Herunterladen im Internet oder auch durch Übergabe einer falschen Datenurkunde auf einem Datenträger erfolgen. Daran fehlt es aber, wenn dem Täuschungsadressaten lediglich sekundäre Anschauungsobjekte in Form eines Computerausdrucks oder einer Bildschirmanzeige vorgehalten werden, denn insoweit erfolgt hier – ebenso wie bei der Vorlage nur einer Fotokopie bei § 267 StGB – nur die bloße Behauptung, über die Perpetuierung einer entsprechenden Erklärung zu verfügen, ohne dass der angebliche Erklärungsträger tatsächlich existieren muss.[164] Über die Gleichstellungsvorschrift des § 270 StGB ist auch ein Gebrauchmachen gegenüber einer EDV-Anlage erfasst, die auf Grund der automatisierten Weiterverarbeitung rechtserhebliche Dispositionen trifft.

e) Aktuelle Tatbegehungsweisen

61 Als relevante Begehungsweise dieser Tathandlungen kommt dabei zum einen beim sog. **Phishing** die massenhafte Versendung entsprechender E-Mails zur Erlangung fremder Zugangsdaten in Betracht, um damit den Nutzer entweder auf falsche Internetseiten zu lenken, oder ihn zum Öffnen von Dateianhängen mit entsprechender Schadsoftware zu bewegen. Soweit hier mit der E-Mail der Eindruck erweckt werden soll, sie stamme von einer Bank oder einem anderen Anbieter, unterfällt sie dem Datenbegriff und ist auch beweiserheblich. Erfolgt mit der E-Mail auch eine rechtlich erhebliche Gedankenerklärung unter falscher Identität, wird über den wahren erkennbaren Aussteller getäuscht, so dass hypothetisch eine unechte Urkunde vorliegt.[165] Auch eine unsignierte E-Mail ist geeignet, im Rechtsverkehr Beweis zu erbringen. Auch wenn eine Unterschrift oder sonstige (digitale) Signatur fehlt, hat die E-Mail zwar nicht die volle Beweiskraft, ebenso wie bei § 267 StGB genügt aber die

---

[159] Vgl. *Gercke* CR 2005, 606/610; *Goeckenjan* wistra 2008, 128/130; *Heghmanns* wistra 2007, 167/168; *Fischer*, § 269 Rn. 5; *Puppe*, JuS 2012, 963.
[160] Vgl. BGHSt 38, 120/121; *LK/Zieschang*, § 269 Rn. 19; *MK-StGB/Erb*, § 269 Rn. 33.
[161] Vgl. BGH NStZ-RR 2003, 265/266; LG Würzburg NStZ 2000, 374; *Böse* NStZ 2005, 370/375; *MK-StGB/Erb*, § 269 Rn. 33; *LK/Zieschang*, § 269 Rn. 19; *Fischer*, § 269 Rn. 3.
[162] Vgl. *MK-StGB/Erb*, § 269 Rn. 34.
[163] Vgl. *MK-StGB/Erb*, § 269 Rn. 35 f.
[164] Vgl. *MK-StGB/Erb*, § 269 Rn. 37 f.
[165] Vgl. *Buggisch* NJW 2004, 3519/3521; *Gercke* CR 2005, 606/609; *Popp* MMR 2006, 85; *Heghmanns* wistra 2007, 167; *Graf* NStZ 2007, 129/132; *Goeckenjan* wistra 2008, 128/130; kritisch: *Fischer*, § 269 Rn. 5a; *Puppe*, JuS 2012, 963.

B. Einzelne Deliktsformen

Eignung, für einen bestimmten rechtserheblichen Tatsache Beweis zu erbringen.[166] Da E-Mails heute im Rechtsverkehr vielfach wie Schreiben mit Unterschrift behandelt werden und auch vertrauliche Informationen enthalten, stellen sie auch ein für den Rechtsverkehr geeignetes Indiz dar. Maßgeblich ist nur, ob die E-Mail nach dem Verständnis der Beteiligten – auch ohne digitale Signatur – als verbindlich angesehen werden kann und ein Schreiben mit Unterschrift ersetzen soll.[167]

Anwendbar ist § 269 StGB auch bei einer **Anmeldung eines Accounts** (z. B. bei Ebay) mit falschen Daten. Hier kommt es über das Internet zu einer Speicherung beweiserheblicher Daten, wobei es im Blick auf § 270 StGB unerheblich ist, dass die Daten maschinell in das System eingelesen werden. Der Täter, der etwa unter seinen wahren Personalien beim Anbieter gesperrt ist, gibt mit der Eingabe unzutreffender Personalien die Gedankenerklärung ab, er wolle bei dem Betreiber des Webangebots Mitglied werden und unter Anerkennung der AGB deren Dienst nutzen. Die angegebenen falschen Personalien lassen auch einen Aussteller der Erklärung erkennen, während die wahre Identität des Anmeldenden unbekannt bleibt. Soweit die bei der Erstellung des Mitgliedskontos eingegebenen Daten (etwa bei Ebay) nicht nur einen internen Vorgang betreffen, sondern als besonderes Identifikationsmittel im vertraglichen wie vorvertraglichen Bereich ein Handeln unter einem bestimmten Namen nach außen ermöglichen und Pflichten (z. B. Zahlung von Provisionen, Angebotsgebühren) begründen, werden damit auch unmittelbar Rechtswirkungen entfaltet.[168] Da mit der Anmeldung eine Sperre umgangen werden soll, kommt es auch bzgl. der Verwendung der Datenurkunde, ihrer Beweisrichtung und den Kreis der Beteiligten zu einer Identitätstäuschung,[169] ohne dass es der Verwendung einer digitalen Signatur bedarf.[170] Allein die Tatsache, dass es einem Internetnutzer leicht gemacht wird, sich unter unzutreffenden Personalien anzumelden, steht einer Strafbarkeit nicht entgegen. § 269 StGB scheidet aber aus, wenn eine Identitätsprüfung bei der Anmeldung nicht erfolgt und die eingegebenen Daten keine Beweisbestimmung im Rechtsverkehr haben.[171] Gleiches gilt bei der Einstellung von Waren mit den falschen Daten bei der Versteigerung, da hier nur das Pseudonym des Verkäufers erkennbar ist, nicht aber der tatsächliche Anbieter der Waren.[172]

f) Subjektiver Tatbestand und Versuch

Der subjektive Tatbestand der Fälschung beweiserheblicher Daten erfordert zum einen Vorsatz des Täters hinsichtlich des objektiven Tatbestandes sowie zum anderen ein Handeln zur Täuschung im Rechtsverkehr. Der Täter muss zumindest bedingt vorsätzlich alle tatsächlichen Umstände kennen, die dazu führen, dass es sich bei der von ihm gespeicherten, veränderten oder gebrauchten beweiserheblichen Daten im Fall ihrer Wahrnehmbarkeit um eine unechte oder verfälschte Urkunde handeln würde. Dabei reicht eine Parallelwertung in der Laiensphäre aus. Ein Subsumtionsirrtum kann insoweit hier zu einem Verbotsirrtum führen.[173] Subjektiv liegt eine Täuschung im Rechtsverkehr nur vor, wenn es dem Täter darum geht, dem Täuschungsadressaten die Möglichkeit eines unmittelbaren Zugriffs auf die gefälschte Datenurkunde zu geben. Insoweit genügt es nach § 270 StGB auch, wenn dem Täter bekannt ist, dass die falschen Daten an eine EDV-Anlage übermittelt und weiter-

---

[166] Vgl. *Schönke/Schröder-Cramer/Heine*, § 267 Rn. 11; *Fischer*, § 267 Rn. 10; *SK-StGB/Hoyer*, § 267 Rn. 30.
[167] Eine Anwendung des § 269 StGB dürfte aber nicht mehr in Betracht kommen, wenn die E-Mail so grob fehlerhaft und schwer verständlich verfasst ist, dass sie nicht als ernsthafte Erklärung gelten kann. Vgl. *Graf* NStZ 2007, 129/132.
[168] Vgl. KG BeckRS 2009, 25371; OLG Bamberg B. v. 24.11.09 – 2 Ss 50/09; a. A. OLG Hamm StV 2009, 475/476 m. Bespr. *Jahn* JuS 2009, 662; *Fischer*, § 269 Rn. 4; *Puppe*, JuS 2012, 964 f.
[169] Vgl. BGHSt 40, 203/206.
[170] A. A. aber: OLG Hamm StV 2009, 475/476.
[171] Vgl. *Buggisch* NJW 2004, 3519/3521.
[172] Vgl. OLG Hamm StV 2009, 475/476; KG BeckRS 2009, 25371.
[173] Vgl. *LK/Zieschang*, § 269 Rn. 24.

verarbeitet werden, so dass es zu weiteren rechtserheblichen Beeinflussungen dieses Systems kommt.[174]

64 Gem. § 269 Abs. 2 StGB kann auch die Fälschung beweiserheblicher Daten versucht werden. Da bei jeder Speicherung oder Veränderung von Datenurkunden oder deren Gebrauchen die Tat bereits vollendet ist, wird die Strafbarkeit weit nach vorne verlagert. Die Vollendung beim Gebrauchen tritt dabei unabhängig davon ein, ob der Beweisadressat von der gefälschten Datenurkunde tatsächlich Kenntnis erlangt hat, es genügt wenn diese zugänglich gemacht wurde.[175] Für einen Versuch ist daher nur Raum beim Beginn mit ersten Ausführungshandlungen, sofern der Täter mit der Eingabe falscher beweiserheblicher Daten bzw. der Veränderung solcher startet, ohne dass es zu einem Abschluss seines Vorgehens und damit zu einer vom Tatbestand erfassten Tathandlungen gekommen ist.

g) Besonders schwere Fälle und Konkurrenzen

65 Über den Verweis in § 269 Abs. 3 StGB auf § 267 Abs. 3 werden die dort geregelten Regelbeispiele für besonders schwere Fälle auch für die Fälschung beweiserheblicher Daten anwendbar. Dazu gehören gewerbsmäßiges Handeln (Nr. 1), ein Vermögensverlust großen Ausmaßes (Nr. 2) ab einer Grenze von über 50.000 Euro, eine erhebliche Gefährdung des Rechtsverkehrs durch eine große Anzahl unechter oder verfälschter Datenurkunden (Nr. 3), wobei die Grenze ab einer Zahl von 20 anzunehmen sein wird,[176] sowie ein Missbrauch der Befugnisse oder der Stellung des Täters als Amtsträger (Nr. 4). Diese Nr. 4 kommt vor allem dann in Betracht, wenn der Amtsträger im Rahmen seiner Zuständigkeit Zugang zu echten Datenurkunden hat, die verfälscht werden können, oder ihm selbst die Befugnis zur Erstellung von Datenurkunden eingeräumt ist. Mit dem Verweis auf § 267 Abs. 4 StGB wird zusätzlich bei kumulativ vorliegendem gewerbsmäßigem und bandenmäßigem Handeln die Tat sogar zu einem Verbrechen. Dies wird etwa bei der massenhaften Versendung von Phishing-Mails zur Erlangung von Zugangsdaten für das Online-Banking in Betracht kommen.

66 Bei einer Begehung mehrerer Tathandlungen des § 269 StGB – etwa bei der Speicherung und beim anschließenden Gebrauch einer Datenurkunde – ist nur von einer Tat auszugehen, wenn das Gebrauchmachen nicht auf einem erst nachträglich gefassten Beschluss beruht. Die Fälschung beweiserheblicher Daten wird durch § 152a und § 152b StGB verdrängt, soweit eine Fälschung von Zahlungskarten (ggf. mit Garantiefunktion) – wie etwa beim Skimming – vorliegt. Daneben kommt Tateinheit vor allem mit Täuschungsdelikten in Betracht, die beim Gebrauch unechter Datenurkunden begangen werden, etwa mit § 263a StGB,[177] § 303a, § 303b StGB, aber auch § 263 und § 266 StGB. Auf Grund der fehlenden Urkundenqualität eines Datenausdrucks sowie der nur maschinell gespeicherten Daten ist ein Zusammentreffen mit § 267 StGB kaum denkbar, es sei denn das Tatobjekt enthält eine Erklärung sowohl in optisch wahrnehmbarer Form als auch in codierter Form (z. B. Flugschein mit Magnetstreifen). Soweit sich die Tat auf zwei Falsifikate erstreckt, die den Charakter von unechter Urkunde und gefälschter Datenurkunde aufweisen, ist Tateinheit möglich.[178]

3. Unterdrückung beweiserheblicher Daten (§ 274 Abs. 1 Nr. 2 StGB)

67 Zum Bereich der Urkundendelikte gehört auch die Urkundenunterdrückung. In **§ 274 StGB** selbst sind drei unterschiedliche Tatbestände der Unterdrückung von Urkunden und Daten sowie zur Veränderung der Grenzbezeichnung enthalten, von denen jedoch **nur die mit dem 2. WiKG neu geschaffene Nr. 2** bei der Computerkriminalität von Interesse ist. Diese Tatalternative war vom Gesetzgeber ursprünglich nur als Folgeänderung zu § 269 StGB deklariert worden, geht aber inhaltlich darüber weit hinaus. So kann beim Nichtvorliegen des § 269 StGB – etwa wegen fehlender Urkundenqualität der Daten – gleichwohl § 274 StGB

---

[174] Vgl. *MK-StGB/Erb,* § 269 Rn. 39; *Fischer,* § 269 Rn. 7.
[175] Vgl. *LK/Zieschang,* § 269 Rn. 26.
[176] Vgl. *Fischer,* § 267 Rn. 30 m. w. N.
[177] Vgl. BGHSt 38, 120/121; StV 2004, 21, 23; *MK-StGB/Erb,* § 269 Rn. 41.
[178] Vgl. *MK-StGB/Erb,* § 269 Rn. 41; *LK/Zieschang,* § 269 Rn. 29f.

B. Einzelne Deliktsformen **14**

beim Löschen, Verändern oder Unterdrücken von Daten als Straftatbestand in Betracht kommen. Geschütztes Rechtsgut ist damit hier das Interesse des Verfügungsberechtigten an der Unversehrtheit seiner Daten, speziell solchen zu Beweiszwecken.[179] Damit verfolgt § 274 StGB in vielen Bereichen denselben Schutz wie die §§ 303a, 303b StGB, die häufig tatbestandlich ebenfalls verwirklicht sein werden. Aufgrund des Erfordernisses einer besonderen Absicht, einem anderen einen Nachteil zuzufügen, ist **§ 274 StGB** aber **lex specialis gegenüber** den Delikten zur **Datenveränderung**.

Als **Tatobjekt** werden in § 274 Abs. 1 Nr. 2 StGB – ebenso wie auch in § 269 StGB – **68** zunächst **beweiserhebliche Daten** genannt. Hinsichtlich des Daten-Begriffs wird vom Gesetzgeber auf § 202a Abs. 2 StGB Bezug genommen.[180] Durch den Zusatz „beweiserheblich" wird als einschränkendes Kriterium aber zum Ausdruck gebracht, dass die jeweiligen Daten allein oder in Verbindung mit anderen Informationen einen im Rechtsverkehr bedeutsamen Aussagegehalt haben müssen. Damit ist der Datenbegriff gegenüber § 269 StGB modifiziert, da nicht nur Daten erfasst sind, die bei ihrer Wahrnehmung eine Urkunde darstellen würden. Da mit dem Tatbestand die Beweisposition des Berechtigten geschützt werden soll, muss hinzukommen, dass der Täter über die Daten nicht ausschließlich verfügen darf. Gemeint ist damit nicht die dingliche Rechtsposition über die Daten, sondern das Recht, mit den Daten im Rechtsverkehr Beweis zu erbringen. Dies wird etwa beim Betreiber einer EDV-Anlage anzunehmen sein oder demjenigen, der über die Verwendung von Informationen für bestimmte Zwecke zu entscheiden hat. Tauglicher Täter kann jeder sein, dem das Recht zur Verfügung über Daten gerade nicht zusteht, also auch ein an sich berechtigter Mitarbeiter eines Unternehmens, der aber das Beweisführungsrecht verletzt.

Eigentliche **Tathandlungen** sind das **Löschen, Unterdrücken, Unbrauchbarmachen** **69** **oder Verändern** der Daten. Zu diesen Begriffen wird inhaltlich auf die Darstellungen zu § 303a StGB Bezug genommen.[181] In allen Fällen hinzukommen muss als **subjektives Moment** neben dem stets erforderlichen zumindest bedingten Vorsatz hinsichtlich der Beweiserheblichkeit der Daten vor allem die Absicht, einem anderen einen Nachteil zuzufügen.

4. Probleme des Tatnachweises

Sowohl § 269 als auch § 274 StGB werden als Offizialdelikte ohne Strafantrag verfolgt. Probleme bereitet beim Nachweis eines solchen Delikts vor allem die auch im Rahmen des Gesetzgebungsverfahrens lange umstrittene Frage eines hypothetischen Vergleichs mit einer visuell erkennbaren Urkunde. Im konkreten Einzelfall sind teilweise aufwändige Ermittlungen nötig – speziell in den „Phishing"-Fällen – zur Zurückverfolgung der E-Mail, um an die eigentlichen Täter (meist ausländische Banden) zu gelangen.[182] Im Übrigen gelten auch hier die Ausführungen zu § 263a StGB entsprechend.[183] **70**

III. Beeinträchtigungen der „Datenintimität" (§ 202a – § 202c StGB)

Bisher war mit dem 2. WiKG in § 202a StGB nur ein Tatbestand zum Schutz der Daten vor **71** unberechtigter Verschaffung durch Dritte aufgenommen worden. Geschützt war damit bisher nur eine Form des „Datendiebstahls" im weiteren Sinne bzw. die „Datenspionage". Mit dem 41. StrÄndG vom 7.8.2007[184] wurden in Umsetzung von Art. 3 bis 5 des Rahmenbeschlusses der EU vom 24.2.2005 (2005/222/JI) über Angriffe auf Informationssysteme und von Art. 4

---
[179] Vgl. *Achenbach/Ransiek-Heghmanns*, HB Wirtschaftsstrafrecht, 3. Aufl. 2012, Teil 6.1 Rn. 170 f.
[180] Vgl. zum Datenbegriff des § 202a Abs. 2 StGB näher die Darstellungen.
[181] Vgl. dazu die Ausführungen in Rn. 114 ff.
[182] Vgl. *Bär*, HdB zur EDV-Beweissicherung, Rn. 334 ff. nur http://www.heise.de/newsticker/meldung/71637 m. w. N.
[183] Vgl. die Ausführungen oben in Rn. 44.
[184] BGBl. 2007, Teil I, 1786.

bis 6 des Übereinkommens über Computerkriminalität des Europarates (Convention on Cybercrime) wesentliche Erweiterungen bei den Strafnormen zum Schutz der Daten vor unberechtigtem Zugriff vorgenommen. So ist der bisherige § 202a StGB bereits bei einer konkreten Gefährdung der Vertraulichkeit von Daten erfüllt, wenn der Täter die Möglichkeit hat, auf gesicherte Daten zuzugreifen. Der Tatbestand kann daher nunmehr richtig als „elektronischer Hausfriedensbruch" bezeichnet werden. Weiterhin erfolgte eine Erweiterung des strafrechtlichen Schutzes der Datenübertragung durch den neuen Tatbestand des Abfangens von Daten (§ 202b) und die Sanktionen von Vorbereitungshandlungen zu §§ 202a und 202b StGB mit dem neuen § 202c StGB.

1. Ausspähen von Daten (§ 202a StGB)

72   Die praktische Bedeutung dieser Bestimmung blieb aber bisher nur gering. So weist etwa die polizeiliche Kriminalstatistik nur einen Anteil von unter 2% an der gesamten Computerkriminalität auf. Nach dem Willen des Gesetzgebers zum 2. WiKG sollte der „Hacker", der nur in ein fremdes Computersystem eindringt, ohne sich Daten zu verschaffen, vom Tatbestand ausgeklammert bleiben.[185] Dies ist seit der Umgestaltung durch das 41. StrÄndG nicht mehr der Fall, da nunmehr bereits das unberechtigte Verschaffen des Zugangs zu Daten und nicht mehr erst das Verschaffen der Daten selbst sanktioniert wird.[186] Geschütztes **Rechtsgut** ist nach inzwischen h. M. das **Verfügungsrecht des Besitzers von Informationen** jeglicher Art.[187] Der demgegenüber teilweise vertretenen Ansicht,[188] in § 202a StGB eine Norm zum Schutz des Vermögens zu sehen, kann nicht gefolgt werden, da ja gerade auch Informationen ohne eigenen wirtschaftlichen Wert geschützt werden sollen. Zum Schutzbereich der Norm gehören damit neben persönlichen Informationen, die man der Privatsphäre zuordnen kann, auch sonstige Daten, sei es mit ideellem, wirtschaftlichem oder wissenschaftlichem Inhalt, ohne dass es zu einer Verletzung des persönlichen Lebens- oder Geheimbereichs kommen muss.[189] Daten sind aber nicht generell vor dem Ausspähen durch Dritte geschützt, sondern nur dann, wenn der Berechtigte ein Interesse an ihrer Geheimhaltung hat und dies durch besondere Schutzvorkehrungen zum Ausdruck gebracht wurde. Die folgenden Fälle mögen die Entwicklungen und aktuellen Gefährdungen in diesem Bereich verdeutlichen:

73   **Fall 1 („NASA-Hacking"):** Den bisher ersten und gravierendsten Fall von Hacking stellt das Eindringen deutscher Jugendlicher in zahlreiche amerikanische Computersysteme – etwa in das NASA-Hauptquartier 1986 – und den Weiterverkauf der Informationen an den früheren sowjetischen Geheimdienst KGB dar. Die Täter verfügten über Zugangsmöglichkeiten – etwa über den Rechner der Universität Bremen – zu verschiedenen Rechnern, von denen ein Übergang zu den internationalen Computernetzwerken bestand. Durch diese Netze war es den Tätern möglich, unbefugt und unter Überwindung vielfältiger Zugangssperren in fremde EDV-Systeme einzudringen. Die „Datenreisen" wurden dadurch erleichtert, dass das Betriebssystem VMS eine Schwachstelle aufwies, durch die auf Systemprivilegien eingeschränkt zugegriffen werden konnte. Da sich die Hacker lange in den fremden Computersystemen aufhalten konnten, wurden den Terminal-Abläufe, Login-Dateien sowie Accounting-Daten verändert, teilweise Hacker-Programme, sog. „trojanische Pferde", in den fremden Rechnern abgelegt. Die Täter entschlossen sich, die beschafften Informationen an den sowjetischen Geheimdienst weiterzuverkaufen. Sie wurden vom OLG Celle wegen geheimdienstlicher Agententätigkeit verurteilt, nicht aber wegen Ausspähens von Daten.[190]

Fall 2 („Power Tools"): Zwei 16-jährigen Schülern gelang es, den Decoder von T-Online zu entschlüsseln, der das von den Nutzern eingegebene und abgespeicherte Passwort für den Zugang zu T-Online schützen sollte. Die beiden machten sich diese Tatsache zunutze und schrieben ein Programm, das sie als „T-Online Power Tools" als komfortable Anwendung zu Einstellung des T-Online-Decoders vertrieben. Das Tool-Paket wurde mithilfe von Shareware-Servern über das Internet verbreitet. In diesem Programm war ein sog. trojanisches Pferd bei der Registrierung integriert, das nach Ausfüllen eines kleinen Fragebogens nicht nur die eingegebenen Daten abschickte, sondern gleichzeitig die ge-

---

[185] Vgl. BT-Drs. 10/5058, 28.
[186] Vgl. BT-Drs 16/3656, 9 sowie näher *LK/Hilgendorf*, § 202a Rn. 3 f.
[187] So im Ergebnis *LK/Hilgendorf*, § 202a Rn. 6; *Schönke/Schröder-Lenckner/Eisele*, § 202a Rn. 1 sowie *Fischer*, § 202a Rn. 2 und *MüKo-StGB-Graf*, § 202a Rn. 2. jeweils m. w. N.
[188] So im Ergebnis etwa *Haft*, NStZ 1987, 10; *Bühler*, MDR 1987, 452.
[189] Vgl. BT-Drs. 10/5058, S. 28 und *LK/Hilgendorf*, § 202a Rn. 6.
[190] Vgl. die Falldarstellungen bei *Hafner/Markoff*, Cyperpunk, 1991, 251 ff. sowie *Bär*, Zugriff auf Computerdaten im Strafverfahren, 37–39 sowie Urteil des OLG Celle vom 15.2.1990.

B. Einzelne Deliktsformen **14**

samten Zugangsdaten des Nutzers für T-Online, sofern sie auf der Festplatte abgespeichert waren. Die beiden Schüler gelangten so in den Besitz von mehreren hundert Zugangsdaten zu T-Online.[191]

Fall 3 („Skimming"): Um sich die zum Nachmachen echter Zahlungskarten mit Garantiefunktion benötigten Daten zu verschaffen, die auf den Magnetstreifen solcher Karten gespeichert sind, setzten die Täter ein mit einem Speichermedium versehenes Kartelesegerät ein, das unauffällig vor den in die Geldautomaten eines bestimmten Typs eingebauten Einzugslesegeräten angebracht werden konnte. Die bei der Benutzung des Geldautomaten vom Inhaber der Zahlungskarte eingegebene persönliche Geheimzahl (PIN) erlangten sie mittels eines über der Tastatur des Geldautomaten angebrachten, ebenfalls mit einem Speichermedium versehenen Tastaturaufsatzes. Auf diese Weise verschafften sich die Täter durch wiederholtes Anbringen solcher Geräte an verschiedenen Geldautomaten eine Vielzahl von Datensätzen der Zahlungskarten. Die Datensätze der echten Zahlungskarten wurden anschließend auf die Magnetstreifen von Payback-Karten übertragen, um diese zur Abhebung von Bargeld an Geldautomaten im Ausland einzusetzen.[192]

Fall 4 („LulzSec-Hacker"): Bei LulzSec handelt es sich um eine Hackergruppe, die im Jahr 2011 für verschiedene Angriffe auf hochrangige Webseiten verantwortlich ist. Dazu gehörten vor allem das Ausspähen von angeblich über einer Million Benutzerkonten von Sony. Die Spannweite der Aktionen reicht von einem Denial-of-Service-Angriff auf die Webseite des CIA bis zum Veröffentlichen der Zugangsdaten von Nutzern einer Porno-Webseite. Die Täter konnten in den USA und in Europa verhaftet werden.[193]

Vergleichbar dieser letzten Fallgestaltung ließen sich inzwischen eine Vielzahl von Sachverhalte darstellen, bei denen es in sehr unterschiedlichem Umfang zum Eindringen in EDV-Systeme und zum Ausspähen von Daten – insbesondere über das Internet – gekommen ist.[194] Dazu zählen auf der einen Seite immer mehr **gehackte Web-Sites**.[195] Hierher gehören auf der anderen Seite Fälle der Beeinträchtigung der Datenintegrität etwa beim **Internet-Sniffer**, der versucht, die im Netz im Klartext übertragenen Daten und Passwörter aufzuzeichnen, oder beim **IP-Spoofing** unter Verwendung fremder IP-Adressen im Internet.[196] Unter Strafe gestellt wird nach § 202a StGB nur das unbefugte Verschaffen des Zugangs zu Daten, die nicht für den Täter bestimmt und gegen unberechtigten Zugriff besonders gesichert sind. Entscheidend für die Tatbestandsverwirklichung ist damit zunächst das Vorliegen geschützter Daten, die zum Zweiten auch mit einem entsprechenden Zugriffsschutz versehen sind. Der tatbestandliche Erfolg tritt erst ein, wenn sich der Täter den Zugang zu den Daten tatsächlich verschafft hat. **74**

a) Daten i. S. d. § 202a Abs. 2 StGB

Tatobjekt für das Ausspähen sind Daten i. S. d. § 202a Abs. 2 StGB. Aus dem Wortlaut wird aber bereits deutlich, dass es sich hierbei nicht um eine Legaldefinition für Daten handelt, sondern – ausgehend von einem umfassenden Datenbegriff – nur um eine **Einschränkung auf bestimmte Formen von Daten**, während der weitergehende Begriff des Datums vorausgesetzt wird. Der Begriff des „Datums" bezieht sich allgemein auf Informationen, die auf Statistiken, Messungen, Beobachtungen oder anderen Erkenntnissen beruhen. Er beinhaltet damit eine umfassende Bezeichnung für numerische und alphanumerische Angaben über die verschiedensten Dinge und Sachverhalte.[197] Daten müssen damit nicht notwendig durch eine EDV-Anlage verarbeitbar sein.[198] Nach **DIN 44300 (Informationsverarbeitung)** wer- **75**

---

[191] Vgl. den Bericht von *Luckhardt*, c't Heft 7/1998, 62 ff.
[192] Vgl. zum Sachverhalt BGH NStZ 2011, 154 m. Anm. *Schuhr* und *Schiemann*, JR 2010, 498.
[193] Vgl. dazu http://de.wikipedia.org/wiki/LulzSec und den Bericht dazu unter http://www.heise.de/security/artikel/LulzSec-ausser-Rand-und-Band-1261669.html.
[194] Vgl. nur den Bericht in der SZ vom 30.5.2012, S. 21 mit dem Titel „Verraten und verkauft – Hackerangriffe sind zu einem beliebten Sport geworden" sowie vom 1.12.2011, S. 27 mit dem Titel „Nichts ist sicher – Datendiebe werden immer dreister."
[195] Vgl. dazu nur den Bericht http://www.heise.de/security/meldung/Google-warnt-tausende-Betreiber-gehackter-Webseiten-1542165.html sowie die Hinweise zum Auffinden gehackter Webseiten über Google unter http://www.youtube.com/watch?v=6N86s21LE2U.
[196] Vgl. dazu näher *Sieber*, in: Hoeren/Sieber, Handbuch Multimedia Recht, Kapitel 19 Rn. 35 ff. und *Rinker*, MMR 2002, 663 und *MüKo-StGB-Graf*, § 202a Rn. 62 ff.
[197] Vgl. dazu die Stichworte „Daten" in *Schneider*, Lexikon der Informatik und Datenverarbeitung, sowie *Müller/Löbel/Schmidt*, Lexikon der Datenverarbeitung sowie *LK/Hilgendorf*, § 202a Rn. 7 ff.; *MüKo-StGB-Graf*, § 202a Rn. 8 ff.
[198] Vgl. dazu weiterführend m. w. N. die Darstellungen in der 2. Auflage, Kapitel 12, Rn. 53.

den Daten in der Informatik deshalb definiert als „Zeichen oder kontinuierliche Informationen, die zum Zweck der Verarbeitung Information aufgrund bekannter oder unterstellter Abmachungen darstellen".[199] Aus technischer Sicht sind damit elektronisch, magnetisch oder in sonstiger Weise gespeicherte Daten nur ein Unterfall des allgemeinen Datenbegriffs. Auch wenn es derzeit eine allseits Zustimmung findende Definition für Daten nicht gibt, ist doch kennzeichnend für den Begriff das Vorliegen einer codierbaren Information und ein funktioneller Zusammenhang dieser Information mit dem Betrieb einer DV-Anlage.[200] Nicht erforderlich ist ein Bezug zu einer bestimmten Person oder ein wie auch immer gearteter wirtschaftlicher, wissenschaftlicher oder ideeller Wert der Daten. Zu den Daten gehören auch die Computerprogramme, die ihrerseits aus Einzelinformationen zusammengesetzt sind.

76 Dieser allgemeine Datenbegriff erfährt durch § 202a Abs. 2 StGB in zweifacher Hinsicht eine inhaltliche Einschränkung: Zunächst dürfen die **Daten nicht unmittelbar wahrnehmbar** sein. Ausgenommen sind damit Daten, die in irgendeiner Form sichtbar oder hörbar sind, wie manuell erstellte Datensammlungen (z. B. Lochkarten).[201] Gleiches gilt aber auch für Scanner-Daten, weil diese als System von Strichen und damit optisch wahrnehmbar vorliegen.[202] Zum Zweiten fallen unter den Schutzbereich des § 202a StGB nur zwei Zustandsformen von **Daten**, die **Speicherung oder Übermittlung**. Gespeichert sind Informationen, wenn sie auf einem körperlichen Trägermedium aufgenommen oder aufbewahrt sind. Geschützt werden sollen damit alle Formen der Verkörperung von Daten. Der Gesetzgeber nennt dabei beispielhaft eine elektronische oder magnetische Speicherung auf dem jeweiligen Datenträger, somit auf Disketten, Festplatten, Magnet- oder Tonbändern. Durch die Worte „oder sonst" wird zusätzlich klargestellt, dass die gesetzliche Regelung insoweit offen ist für die rasant verlaufenden künftigen technischen Entwicklungen. Einbezogen sind damit auch alle modernen optischen Speicherverfahren, wie etwa die Datensicherung auf CD-ROM oder auch Memory-Sticks oder andere Speicherkarten.[203] Nicht gespeichert sind Informationen, die nach einer Dateneingabe lediglich im Arbeitsspeicher des Rechners vorhanden sind oder bereits ausgedruckt sind und in elektronischer Form nicht weiter aufbewahrt werden. Eine Übermittlung liegt demgegenüber vor, wenn Daten von einer speichernden Stelle weitergegeben oder auf dem eigenen Rechner zum Abruf bereitgehalten werden. Gemeint sind die während des Übermittlungsvorganges über die Datennetze übertragenen Informationen, so dass insbesondere auch das „Anzapfen" von Datenübertragungseinrichtungen – etwa im Internet- vom Tatbestand des § 202a bzw. dem speziellen Tatbestand des § 202b StGB erfasst wird.

b) Datenbestimmung

77 Durch § 202a StGB wird nicht jede unbefugte Verschaffung des Zugangs zu Daten erfasst. Geschützt werden vielmehr nur Informationen, die **nicht für den Täter selbst bestimmt** sind. Durch dieses Tatbestandsmerkmal betont das Gesetz – vergleichbar dem Gewahrsamsbruch beim Diebstahl – das Erfordernis eines Handelns gegen den Willen des Berechtigten. Eine Entscheidung über die Datenbestimmung kann dabei nur der jeweilige Datenbesitzer als Verfügungsberechtigter treffen. Eine Zuordnung einzelner Daten zu bestimmten Personen hat der Gesetzgeber aber bisher nicht vorgenommen. Nachdem eine zivilrechtliche Zuordnung von Daten zu einzelnen Personen nur mit Schwierigkeiten möglich ist, gilt i. S. d. § 202a StGB als **Verfügungsberechtigter** derjenige, der die Daten erstellt, gesammelt und

---

[199] Vgl. Deutsches Institut für Normierung, Informationsverarbeitung 1, 111.
[200] So im Ergebnis auch *LK-Hilgendorf*, § 202a Rn. 8; *Lenckner/Winkelbauer*, CR 1986, 485.
[201] Im Einzelnen umstritten ist die Behandlung von Mikrofilmen: Für eine Einbeziehung *LK-Hilgendorf*, § 202a Rn. 11;. *Fischer*, § 202a Rn. 4 f.; *Schönke/Schröder-Lenckner/Eisele*, § 202a Rn. 4 und *Hilgendorf*, JuS 1996, 511, die alle mittels Instrumenten wahrnehmbare Daten einbeziehen, ausgenommen nur technische Hilfsmittel (z. B. Brillen, Hörgeräte). Ablehnend dagegen: *SK-StGB-Samson*, § 202a Rn. 7 sowie *Achenbach/Ransiek-Heghmanns*, HB Wirtschaftsstrafrecht, 3. Aufl. 2012, Teil 6.1 Rn. 26; *MüKo-StGB-Graf*, § 202a Rn. 13.
[202] Vgl. *LK/Hilgendorf*, § 202a Rn. 10; *MüKo-StGB-Graf*, § 202a Rn. 15.
[203] Vgl. *MüKo-StGB-Graf*, § 202a Rn. 12–14.

B. Einzelne Deliktsformen

gespeichert hat. Maßgeblich ist damit der Skripturakt der erstmaligen Datenabspeicherung.[204] Daten sind daher nicht für den Täter bestimmt, wenn dieser nach dem Willen des Berechtigten keinen Zugang dazu haben soll. Die Verfügungsberechtigung muss sich mit den Eigentumsverhältnissen am Rechner und an den einzelnen Datenträgern nicht zwingend decken. Werden Daten – etwa über das Internet – frei zugänglich zum Abruf bereitgehalten, sind vom Berechtigten keine Zugangsbeschränkungen vorgenommen worden, die Daten sind damit für jedermann bestimmt. Werden Daten damit aber vom Berechtigten dem Täter zur Nutzung überlassen, ändert sich daran nichts, wenn damit eine zweckwidrige Verwendung erfolgt.[205] Der Verfügungsberechtigte kann aber auch in den **Datennetzen** durch konkrete Maßnahmen den Zugriff auf seine Daten von bestimmten Bedingungen abhängig machen. Ein Indiz für einen auf bestimmte Personen begrenzten Zugriff stellt es etwa dar, wenn vom Nutzer ein Entgelt zu entrichten ist oder der Zugang zum System nur mit einem besonderen Passwort möglich ist. Durch ein solches Verhalten macht der berechtigte Inhaber der Daten deutlich, dass sie nicht jedem beliebigen Adressaten zur Verfügung gestellt werden sollen.

Die für Daten entwickelten Grundsätze sind entsprechend auch auf **Computerprogramme** anzuwenden, die vom Hersteller als Verfügungsberechtigtem anderen zur Nutzung überlassen wurden. Hier sind dem Nutzer mit dem Programmdatenträger die entsprechenden Informationen zur Verfügung gestellt worden, die Daten sind somit für ihn bestimmt, wenn auch unter der Bedingung der ordnungsgemäßen Nutzung des Programms. Regelmäßig ist aber aus Gründen des Urheberrechtsschutzes ein Zugriff auf die eigentlichen Programmdaten nicht möglich. Eine Anwendung des § 202a StGB kommt deshalb hier nur dann in Betracht, wenn sich der Täter nicht an die durch den Lizenzvertrag und den Programmschutz gezogenen Grenzen hält, indem er das Programm erforscht, den Zugriffsschutz überwindet oder die Daten kopiert. In diesem Fall ist von einer fehlenden Datenbestimmung auszugehen, die zu einer Strafbarkeit führen kann. Dies ist im Einzelnen jedoch heftig umstritten.[206] Vor diesem Hintergrund ist deshalb bei einem Auslesen und Verändern von Daten auf dem Magnetstreifen einer ec-Karte ebenso wie bei den Programmdaten eines Spielautomaten ebenfalls von nicht für den Tätern bestimmten Daten auszugehen,[207] so dass auch hier § 202a StGB grundsätzlich zur Anwendung kommen kann, sofern eine entsprechende Zugangssicherung vorliegt. § 202a StGB kommt auch im Zusammenhang mit **zugangskontrollierten Diensten**, wie etwa Pay-TV, in Betracht. Da nach § 2 Nr. 2 ZKDSG[208] von einem zugangskontrollierten Dienst auszugehen ist, wenn technische Verfahren oder Vorrichtungen eine berechtigte Nutzung ermöglichen, ist offensichtlich, dass diese Systeme – sei es durch Codierung der Signale oder in anderer Art und Weise – gegen unberechtigten Zugang besonders gesichert sind und der Anbieter als Verfügungsberechtigter gerade sein Angebot vor unberechtigtem Zugriff schützen will.[209] Verwirklicht ist der Tatbestand aber erst, wenn es zu einer Verschaffung des Zugangs von Daten kommt, also die Informationen – etwa in entschlüsselter Form – zur Kenntnis genommen werden können und der Täter so in die Lage versetzt wird, den Informationsgehalt wahrzunehmen.[210] Damit kann der Verwender von Programmen und Geräten zum Knacken des Kopierschutzes auch über § 202a StGB strafrechtlich belangt wer-

---

[204] Vgl. *LK/Hilgendorf*, § 202a Rn. 26; *Fischer*, § 202a Rn. 7.
[205] Vgl. dazu nur *Schönke/Schröder-Lenckner/Eisele*, § 202a Rn. 6; *LK/Hilgendorf*, § 202a Rn. 22 m.w.N.
[206] Von einer Strafbarkeit gehen aus *Schönke/Schröder-Lenckner/Eisele*, § 202a Rn. 6; *Leicht*, iur 87, 50; *Lenckner/Winkelbauer*, CR 1986, 486 jeweils m. w. N. A. A. dagegen *Fischer*, § 202a Rn. 7; *LK/Hilgendorf*, § 202a Rn. 9 und *Achenbach/Ransiek-Heghmanns*, HB Wirtschaftsstrafrecht, 3. Aufl. 2012, Teil 6.1 Rn. 29.
[207] Vgl. BGH NStZ 2011, 154; *Richter*, CR 1989, 305; *Neumann*, JuS 1990, 539 und *Schönke/Schröder-Lenckner/Eisele*, § 202a Rn. 6; *LK/Hilgendorf*, § 202a Rn. 26; *Achenbach/Ransiek-Heghmanns*, HB Wirtschaftsstrafrecht, 3. Aufl. 2012, Teil 6.1 Rn. 29.
[208] Zugangskontrolldiensteschutz-Gesetz (ZKDSG) vom 19.3.2002, BGBl. 2002, 1090 in Umsetzung der Euro-Richtlinie über den rechtlichen Schutz von zugangskontrollierten Diensten vom 20.11.1998 (ABl. EG Nr. L 320 vom 28.11.1998, 54).
[209] Vgl. *Fischer*, § 202a Rn. 8.
[210] Vgl. *Schönke/Schröder-Lenckner/Eisele*, § 202a Rn. 10; *Fischer*, § 202a Rn. 11.

den. Weitergehende Sanktionen sind in der Strafvorschrift des § 4 ZKDSG vorgesehen.[211] Durch den neuen Tatbestand des § 202c StGB können im Übrigen bereits Vorbereitungshandlungen in Form des Herstellens, Überlassens oder Verschaffens von Hackertools sanktioniert werden.[212] Soweit der Täter beim sog. Phishing auf eine entsprechende Eingabeaufforderung hin seine Zugangsdaten zu einer Online-Anwendung freiwillig eingibt, bleibt dieses Einverständnis des Opfers zur Nutzung der Daten wirksam, auch wenn es durch Täuschung erlangt wurde,[213] so dass in Bezug auf § 202a StGB hier ein Strafbarkeit erst dann bejaht werden kann, wenn der Täter durch Verwendung der Daten Zugriff auf Konto- oder sonstige gespeicherte Zugangsdaten nimmt.

c) Besondere Zugangssicherung

79 Schwierigkeiten bei der rechtlichen Subsumtion bereitet die weitere einschränkende Voraussetzung des § 202a StGB, die Datenzugangssicherung. Nur wenn Informationen gegen unberechtigten Zugang besonders gesichert sind, kommt eine Strafbarkeit überhaupt in Betracht, sie entfällt damit umgekehrt bei fehlenden Sicherungen. Erforderlich ist damit zwar keine absolute Sicherheit, aber ein nach außen manifestierter Geheimhaltungswille, der die Zugriffsschwelle auf die Daten nicht unerheblich erhöht. Zu dem subjektiven Geheimhaltungswillen muss daher als objektive Komponente eine entsprechende wirksame Sicherung hinzukommen. Es lassen sich verschiedene Formen des Schutzes der Daten unterscheiden:[214] Als Zugangssicherungen i. S. d. § 202a StGB sind daher zunächst **software-technische Schutzmaßnahmen** anzusehen wie Passwörter, Verschlüsselungen, logische Schleifen oder auch andere Formen des Kopierschutzes. Gleiches gilt für **Zugangssicherungen der Hardware**, die etwa bei einem mechanischen Kopierschutz, aber auch bei allen modernen biometrischen Verfahren beim Zugang zur Hardware vorliegen (z. B. Systemzugang durch Kontrolle des Fingerabdrucks, der Stimme oder der Augen). Keineswegs so einfach dem § 202a StGB unterzuordnen sind dagegen **weitere hard- und softwareunabhängige Sicherungen**, die etwa in versenkten Tastaturen, verschlossenen Rechnergehäusen, verschlossenen Räumen bestehen können. Hier ist – vor allem bei Zugangssicherungen für Räume – im Einzelfall zu unterscheiden, ob derartige Sicherungen in erster Linie bezogen sind auf die Geheimhaltung der im System gespeicherten Daten oder ob es hier nicht nur um den Ausschluss einer von § 202a StGB nicht erfassten fremden Nutzung oder Entwendung der Hardware geht, die als Nebeneffekt zu einer Zugangssperre führt.[215]

80 In jedem Fall nicht als Zugangssicherungen gelten rein organisatorische Maßnahmen wie Benutzungsverbote oder Warnungen für den Zugriff auf bestimmte Daten ohne objektiv wirksame Sicherung. Auch die jeweilige Kompliziertheit des Systems begründet noch keinen Zugriffsschutz. Nicht ausreichend ist hier auch die Ausstattung eines Systems mit einer Software, die bei einem unberechtigten Zugriff nur protokolliert, wer das System von außen ausspioniert.[216] Ebenfalls nicht erfüllt ist § 202a StGB soweit beim **Skimming** – Fall 3 – die Daten des Magnetstreifens einer Zahlungskarte ausgelesen werden, da diese Daten dort unverschlüsselt gespeichert sind und deshalb als taugliches Tatobjekt im Sinne des § 202a StGB ausscheiden. Soweit beim Auslesen die zur Berechnung der PIN verschlüsselt gespeicherten Daten in verschlüsselter Form erlangt werden, wird die in der Verschlüsselung liegende Zugangssicherung nicht überwunden.[217] Hier einschlägig sein kann aber auch die

---

[211] Vgl. näher zum Zugangskontrolldiensteschutz-Gesetz: *Bär/Hoffmann*, MMR 2002, 654 sowie *MüKo-StGB-Graf*, § 202a Rn. 78.
[212] Vgl. unten zu § 202c in Rn. 93 ff.
[213] Vgl. *Schönke/Schröder-Lenckner/Eisele*, § 202a Rn. 10; *Goeckenjan* wistra 2009, 50; *LK/Hilgendorf*, § 202a Rn. 17; *Fischer*, § 202a Rn. 9a; *Gercke*, CR 2005, 611; a. A. *Graf* NStZ 2007, 131.
[214] Vgl. dazu näher auch die Einteilungen bei *Hilgendorf*, JuS 1996, 702 und *Leicht*, iur 1987, 47 ff.
[215] Vgl. *LK-Hilgendorf*, § 202a Rn. 30; *MüKo-StGB-Graf*, § 202a Rn. 31 ff. sowie BGH, NStZ 2005, 566.
[216] Vgl *Fischer*, § 202a Rn. 8 f.; *LK-Hilgendorf*, § 202a Rn. 29 f.; *Popp*, JuS 2012, 387.
[217] Vgl. BGH NStZ 2011, 154 m. Anm. *Schuhr* und *Schiemann*, JR 2010, 498 sowie BGH NStZ 2010, 509; *Seidl/Fuchs*, HRRS 2011, 265.

sog. „SIM-Lock"-Sperre, die ein Prepaid-Mobiltelefon vor unbefugter Entsperrung schützen soll.[218] Demgegenüber wird in den meisten Fällen auch das sog. **Portscanning** nicht zur Strafbarkeit führen, da sich der Hacker noch außerhalb des eigentlichen Systems befindet. Da jedes mit dem Internet verbundene System über mehrere Ein- und Ausgänge, sog. Ports, verfügt, die von einem Hacker als Angriffspunkt auf das Zielsystem herausgefunden werden, um die relevanten Netzwerkdienste abzuklären, ist auch diese Form des Ausspähens von großer praktischer Bedeutung, um ggf. über weitere Angriffe (Denial of Service) einen Rechner lahmzulegen.[219] Jedoch kann das mit erheblichem Aufwand verbundene Aufspüren oder Benutzen von Lücken im Sicherheitssystem etwa durch ein Trapdoor oder Backdoor den Tatbestand des § 202a StGB erfüllen, weil hier die entsprechenden Sicherungen eines Programms umgangen werden.

Gegenüber diesen Sicherungsmechanismen bei gespeicherten Daten bleibt aber festzuhalten, dass bei Informationen im **Übermittlungsstadium** keine physische Zugangssicherung gegen das Anzapfen von Leitungen oder das Abhören von Übertragungseinrichtungen vorhanden ist. Auch eine Datenverschlüsselung ist nicht als Zugangssicherung anzusehen. Sie verhindert zwar – sofern der Schlüssel nicht bekannt ist – eine Kenntnisnahme vom Inhalt der Daten, nicht aber einen Zugriff auf die Daten selbst. Da bei der Datenübermittlung somit kein Zugriffsschutz besteht, lässt sich ein Angriff auf Kommunikationseinrichtungen zum Informationsaustausch aber durch den neuen Tatbestand des § 202b StGB erfassen. Keine Zugangssicherung ist auch bei offenen WLAN vorhanden.[220] § 202a StGB greift aber beim Lesen fremder Mails ein, soweit diese am jeweiligen Rechner gespeichert und nur nach Einloggen des Benutzers in das System abrufbar sind.[221] **81**

d) Unbefugtes Verschaffen des Zugangs zu den Daten

Mit der seit dem 41. StrÄndG erfolgten Vorverlagerung der eigentlichen Tathandlung auf das Verschaffen des Zugangs zu den geschützten Daten sind die meisten Abgrenzungsprobleme beim bisherigen Merkmal des vorher erforderlichen Verschaffens von Daten beseitigt worden. Diese neue Tathandlung ist erfüllt, wenn der Täter ohne weiteren Zwischenakt auf die **gespeicherten oder übermittelten Daten zugreifen** kann und damit eine Herrschaftsposition erlangt, mit der er von den Daten Kenntnis nehmen kann.[222] Zum Tatnachweis erforderlich ist damit nur die Feststellung des Eindringens in das Computernetz, ohne dass dem Täter auch eine Kenntnisnahme von geschützten Daten – wie dies bisher notwendig war – noch nachgewiesen werden muss. Dementsprechend ist von dieser Tathandlung nunmehr auch das sog. Hacking in Form des bloßen Eindringens in einen Datenspeicher oder Datenübermittlungsvorgang erfasst, dessen Einbeziehung bisher sehr umstritten war.[223] Ein Verschaffen des Zugangs liegt daher beim Kopieren von Daten vor, selbst dann wenn davon inhaltlich keine Kenntnis genommen wurde, ebenso wie bei der Infizierung fremder Systeme mit einem Schadprogramm in Form eines Trojaners, Keyloggers, Sniffers, Back- oder Trapdoors, wenn mit diesen versteckten Anwendungen Informationen über Vorgänge auf dem Computer oder im Netz erlangt oder ausgespäht werden.[224] Im oben dargestellten Fall der Dialer-Programme wird aus den dargestellten Gründen eine Strafbarkeit nach § 202a StGB nicht in Betracht kommen, da es zu keiner Verschaffung des Zugangs zu Daten kommt, wenn das **82**

---

[218] So im Ergebnis *MüKo-StGB-Graf*, § 202a Rn. 77 sowie *Sasdi*, CR 2005, 235. Nach BGH, CR 2005, 106 kommt hier auch eine Produktveränderung i. S. d. § 24 Abs. 2 MarkenG in Betracht sowie § 269 und § 303a StGB. Vgl. AG Göttingen MMR 2011, 626; AG Nürtingen MMR 2011, 121 sowie Kusnik, CR 2011, 718 und unten Rn. 118.
[219] Vgl. *Rinker*, MMR 2002, 665; *Achenbach/Ransiek-Heghmanns*, HB Wirtschaftsstrafrecht, 3. Aufl. 2012, Teil 6.1 Rn. 32.
[220] Vgl. *Bär*, MMR 2005, 435 sowie *MüKo-StGB-Graf*, § 202a Rn. 73.
[221] Vgl. *MüKo-StGB-Graf*, § 202a Rn. 70 ff.
[222] Vgl. *Gröseling/Höfinger*, MMR 2007, 551; *LK/Hilgendorf*, § 202a Rn. 15 f.
[223] Vgl. BT-Drs. 16/3656, S. 9; *Fischer*, § 202a Rn. 10; *Schönke/Schröder-Lenckner/Eisele*, § 202a Rn. 10. Vgl. zum Meinungsstreit um die Erfassung des Hacking die 3. Aufl. § 12 Rn. 53 m. w. N.
[224] Vgl. *Goeckenjan*, wistra 2009, 47; *Heghmanns*, wistra 2007, 167; *Fischer*, § 202a Rn. 11; *Schönke/Schröder-Lenckner/Eisele*, § 202a Rn. 10 sowie BT-Drs. 16/3656, S. 9.

Programm nicht ausnahmsweise mit einem Spionageprogramm verbunden ist.[225] Inwieweit der **Zugang zu verschlüsselten Daten**, die für den Täter letztlich nicht nutzbar sind, bereits zur Tatbestandsverwirklichung ausreichend ist, wird unterschiedlich beurteilt.[226] Da die Verschlüsselung aber selbst als Zugangssicherung für die Daten angesehen wird, die hier gerade nicht überwunden wird, ist hier eine Strafbarkeit zu verneinen, ohne dass es zu einer ungerechtfertigten Privilegierung der Täter kommt, da auch der Versuch des § 202a StGB nicht strafbar ist.

83 Die eigentliche Tathandlung des Zugriffs auf die Daten muss **unter Überwindung der Zugangssicherung** erfolgen. Mit diesem zusätzlich als Klarstellung eingefügten und weit auszulegenden Tatbestandsmerkmal sollen Handlungen ausgegrenzt werden, bei denen besonders gesicherte Daten auf andere Weise erlangt werden. Erforderlich ist damit ein Kausalzusammenhang zwischen der Überwindung der Zugangssicherung und dem späteren Tatererfolg, der Verschaffung des Zugriffs auf Daten.[227] Die Zugangssicherung muss daher bei der Tathandlung wirksam sein. Damit wird auch eine „Umgehung" der Zugangssicherung etwa durch ein Trapdoor, Backdoor usw. gerade nicht ausgeschlossen. Erforderlich ist vielmehr nur, dass ein nicht unerheblicher zeitlicher oder technischer Aufwand nötig ist, um an die erstrebten Daten zu gelangen. Erfasst werden hier daher alle Schadprogramme vom Trojaner über Sniffer, Exploits, Keylogger, die zum Auslesen/Ausspähen der Daten führen. In jedem Fall hat das weitere Merkmal „unbefugt" nur klarstellende Funktion und bezieht sich ausschließlich auf das allgemeine Deliktsmerkmal der Rechtswidrigkeit, ohne – wie etwa bei § 303a StGB – eine eigene Bedeutung im Tatbestand zu erlangen.

e) Subjektiver Tatbestand, Versuch und Konkurrenzen

84 Eine Bestrafung aus § 202a StGB kommt letztlich nur dann in Betracht, wenn der Täter bzgl. aller Merkmale des objektiven Tatbestandes zumindest bedingten Vorsatz hat. Ihm muss daher insbesondere bekannt sein, dass die Daten nicht für ihn bestimmt waren. Geht der Täter irrig insoweit von einer Berechtigung aus, unterliegt er einem Tatbestandsirrtum.[228] Da mit dem Tatbestand durch die geforderte Überwindung einer Zugangssicherung ein besonderer Unrechtsgehalt gegeben ist, steht § 202a StGB regelmäßig in **Tateinheit** mit gleichzeitig erfüllten weiteren Tatbeständen, wie §§ 303a, 303b, 274 Abs. 1 Nr. 2 StGB, § 17 UWG oder § 43 BDSG.

85 Obwohl dies im Gesetzgebungsverfahren gefordert wurde, kam es in Übereinstimmung mit Art. 5 Abs. 2 des EU-Rahmenbeschlusses zu keiner Aufnahme einer Versuchsstrafbarkeit bei § 202a StGB, weil die Schwelle zur Tatbestandsverwirklichung gering sei. Diese Lücke in der Ahndung erscheint systematisch im Blick auf § 202c StGB wenig nachvollziehbar, wenn der **Versuch straflos** bleibt, die Vorbereitungshandlung aber sanktioniert werden kann. Ein massenhaft vorgenommener virtueller Einbruchsversuch bleibt damit, gleichgültig ob aus Unfähigkeit des Täters oder im Blick auf die Qualität bzw. Effizienz der Zugangssicherung begangen, ebenso wie eine Zugangsverschaffung verschlüsselter Daten straflos.[229] Auch wenn die Tat über § 205 StGB weiterhin grundsätzlich nur bei einem Strafantrag verfolgt werden kann, besteht seit dem 41. StrÄndG nun auch die Möglichkeit, dass die Staatsanwaltschaft ein besonderes öffentliches Interesse an der Strafverfolgung bejaht.

---

[225] Vgl. die Darstellungen oben Rn. 79 und 82 sowie *Buggisch*, NStZ 2002, 179 und *Fischer*, § 202a Rn. 11.
[226] Vgl. *Fischer*, § 202a Rn. 11a; *Gröseling/Höfinger*, MMR 2007, 551; *Schmitz*, JA 1995, 483; *Ernst* NJW 2007, 2661; *Schönke/Schröder-Lenckner/Eisele*, § 202a Rn. 10.
[227] Vgl. *Schönke/Schröder-Lenckner/Eisele*, § 202a Rn. 10a; *Fischer*, § 202a Rn. 11b.
[228] Vgl. *LK/Hilgendorf*, § 202a Rn. 37 und 43; *Schönke/Schröder-Lenckner/Eisele*, § 202a Rn. 12.
[229] Vgl. *Ernst*, NJW 2007, 2661; *Schönke/Schröder-Lenckner/Eisele*, § 202a Rn. 12a; *LK/Hilgendorf*, § 202a Rn. 42; *Fischer*, § 202a Rn. 10.

2. Abfangen von Daten (§ 202b StGB)

Mit dieser durch das 41. StrÄndG neu geschaffenen Strafnorm wird Art. 3 der Cyber-Crime-Konvention des Europarats umgesetzt, der eine Sanktion für das Abfangen nichtöffentlicher Computerdatenübermittlungen an ein Computersystem forderte. Nach der bisherigen Rechtslage war ein Zugriffsschutz auf Daten während der Übermittlungsphase (sog. „Sniffing") nur teilweise gewährleistet. Nur wenn Informationen – z. B. E-Mails – etwa durch Verschlüsselung besonders gesichert waren, bestand ein Schutz bereits über § 202a StGB. Geschütztes Rechtsgut beim Abfangen von Daten ist – ebenso wie bei § 202a StGB – das formelle Geheimhaltungsinteresse des Verfügungsberechtigten, das sich hier aber auf das allgemeine Recht auf die Nichtöffentlichkeit der Kommunikation stützt.[230] Tatobjekt ist neben der nichtöffentlichen Datenübermittlung (1. Alt.) auch die elektromagnetische Abstrahlung einer DV-Anlage (2. Alt.).

a) nicht für Täter bestimmte Daten

Hinsichtlich des Tatobjekts Daten wird im Gesetz bereits auf die Definition des § 202a Abs. 2 StGB Bezug genommen, so dass es sich auch hier um elektronisch, magnetisch oder sonst nicht unmittelbar wahrnehmbare Informationen handeln muss.[231] Durch die weiteren Merkmale der nichtöffentlichen Übermittlung bzw. elektromagnetischen Abstrahlung werden aber Beschränkungen vorgenommen. Die Daten müssen – wie bei § 202a Abs. 1 StGB – nicht für den Täter bestimmt sein. Es liegt daher auch hier ein negatives Sonderdelikt vor, bei dem letztlich die Entscheidung über die Datenbestimmung durch den Verfügungsberechtigten über die Daten getroffen wird. Der wesentliche Unterschied zu § 202a Abs. 1 StGB besteht allerdings hier darin, dass es für das Tatobjekt der Daten einer entsprechenden besonderen Zugangssicherung nicht bedarf, so dass der Tatbestand insoweit weiter gefasst ist.

b) nichtöffentliche Datenübermittlung (1. Alt.)

Von einer Datenübermittlung ist bei einem Übertragungsvorgang zwischen verschiedenen Computersystemen auszugehen, durch die der Adressat die Verfügungsgewalt über die Daten und die Möglichkeit zur Kenntnisnahme erhält.[232] Dies gilt damit auch bei Datenübertragungen innerhalb eines einzelnen elektronischen Systems von einem Speicherort zu einem anderen[233] ebenso wie für nur zwischengespeicherte Daten (z. B. E-Mails), die nur für eine Abruf durch den Empfänger bereitgehalten werden. Einbezogen sind damit alle Formen der **elektronische Datenübermittlung** – gleichgültig ob leitungsgebunden oder nicht – über Telefon, Telefax, Mobilfunk, E-Mail, VoIP, Internetchats, aber auch über WLAN- oder virtuelle private Netze (VPN) oder auch im Intranet – etwa bei der Übertragung zwischen Client und Drucker.[234] Hinsichtlich der WLAN-Kommunikation kommt es damit zu Überschneidungen mit der nebenstrafrechtlichen Strafbarkeit des §§ 148 Abs. 1 Nr. 1 i. V. m. 89 Satz 1 TKG beim Abhören von Funkanlagen. Einbezogen sind hier neben dem herkömmlichen Funkverkehr auch alle modernen Formen der kabellosen Datenübertragung, die zwischen Client und Access-Point (Router) stattfinden, nicht aber das „Schwarzsurfen" durch Einwählen in ein ungesichertes WLAN.[235] Nicht von § 202b StGB erfasst werden demgegenüber bereits gespeicherte Daten nach Abschluss der Übermittlungsphase oder Versendungen von Datenträ-

---

[230] Vgl. BT-Drs. 16/3656, S. 11; *Schönke/Schröder-Eisele*, § 202b Rn. 1; *LK/Hilgendorf*, § 202b Rn. 2; *Fischer*, § 202a Rn. 10.

[231] Vgl. oben Rn. 75 ff.

[232] Vgl. *LK-Hilgendorf*, § 202b Rn. 8; *Schönke/Schröder-Eisele*, § 202b Rn. 3; *Kusnik*, MMR 2011, 720; *Gercke/Brunst*, Praxishandbuch Internetstrafrecht, Rn. 105.

[233] Vgl. *Gercke/Brunst*, Praxishandbuch Internetstrafrecht, Rn. 105; *Kusnik*, MMR 2011, 720.

[234] Vgl. *LK/Hilgendorf*, § 202b Rn. 8; *Schönke/Schröder-Eisele*, § 202b Rn. 3; *Gercke/Brunst*, Praxishandbuch Internetstrafrecht, Rn. 105.

[235] Vgl. LG Wuppertal, K&R 2010, 838; die in der früheren Entscheidung vom AG Wuppertal (MMR 2008, 632) vertretene Gegenansicht wurde damit aufgegeben.

gern.²³⁶ Soweit beim Phishing die Zugangsdaten für Online-Dienste nach Eingabe in eine Maske an den Täter versendet werden, scheidet eine Anwendung des § 202b StGB aus, da nicht von außen in den Datenübertragungsvorgang eingegriffen wird. Insoweit kann § 202b StGB nur dann verwirklicht sein, wenn der Täter übermittelte Passwörter während der Übermittlung an Dritte abfängt.²³⁷

89 Die Datenübermittlung selbst muss weiterhin **nichtöffentlich** erfolgen. Dieser Begriff ist vergleichbar dem § 201 Abs. 2 Nr. 2 StGB auszulegen, so dass alle Übertragungen erfasst werden, die nicht an die Allgemeinheit gerichtet sind, sondern nur an einen beschränkten Personenkreis. Dabei ist für die Beurteilung, ob eine Nichtöffentlichkeit gegeben ist, nicht auf Art und Inhalt der übertragenen Daten abzustellen, sondern allein auf die Art des Übertragungsvorgangs.²³⁸ Die Nichtöffentlichkeit ist damit hier bei der Versendung von E-Mails, oder auch dem Datenaustausch über Peer-to-Peer-Netzwerke sowie die interne Kommunikation in Netzwerken und Unternehmen für Außenstehende gegeben. Da ein besonderer Schutz der Daten nicht erforderlich ist, steht die fehlende Verschlüsselung der Bejahung einer Nichtöffentlichkeit nicht entgegen. Daran fehlt es aber, soweit nur Daten auf einen öffentlich zugänglichen Server übertragen werden oder eine Kommunikation mit Mailinglisten oder in Newsforen erfolgt.²³⁹

c) elektromagnetische Abstrahlung einer DV-Anlage (2. Alt.)

90 Da es neben dem Abfangen von Daten während der Kommunikation auch möglich ist, die elektromagnetische Abstrahlung aus einem Computersystem zu rekonstruieren, es sich hierbei aber um keine Daten i. S. d. § 202a Abs. 2 StGB handelt, bedarf es – in Umsetzung der Vorgaben aus Art. 3 Cyber-Crime-Konvention – der Aufnahme einer weiteren Tatalternative. Diese greift damit nur bei einem Abfangen der **elektromagnetischen Abstrahlung** im Rahmen der Darstellung bereits gespeicherter Daten ein, da das Abfangen bei einem Datenübertragungsprozess bereits von der 1. Alt. erfasst wird.²⁴⁰ Einbezogen sind damit hier alle Formen des Einsatzes etwa von Richtmikrofonen zur Darstellung der Bildschirmanzeige bei Röhrenbildschirmen²⁴¹ ebenso wie sog. **Seitenkanalattacken** (*side channel attack*), die eine kryptoanalytische Methode bezeichnen, welche die physische Implementierung eines Kryptosystems in einem Gerät wie einer Chipkarte oder eines Hardware-Sicherheitsmoduls ausnutzen.²⁴²

d) Anwendung technischer Mittel

91 Für beide Tatobjekte müssen zur Begehung technische Mittel eingesetzt werden. Mit dieser Einschränkung im Gesetzeswortlaut sollte eine Überkriminalisierung vermieden werden.²⁴³ Diese Beschränkung der Tatbegehung hat praktisch aber keine Bedeutung, da ein Zugriff auf Informationen während der Übermittlungsphase ohne solche technischen Mittel nicht vorstellbar ist. Solche technischen Mittel sind neben hard- vor allem software-basierte Verfahren. Dazu zählen vor allem entsprechende Softwaretools, aber auch Login-Daten, Codes und Passwörter, die einen Zugriff auf Daten während der Übertragungsphase ermöglichen.²⁴⁴ Damit sind von dieser Norm in erster Linie alle Formen des Abfangen von E-Mails durch Snif-

---

²³⁶ Vgl. *Schönke/Schröder-Eisele*, § 202b Rn. 3; *LK/Hilgendorf*, § 202a Rn. 8; BT-Drs. 16/3656, S. 11; *Gröseling/Höfinger* MMR 2007, 552.
²³⁷ Vgl. *Goeckenjan* wistra 2009, 51; *Schönke/Schröder-Eisele*, § 202b Rn. 3.
²³⁸ Vgl. BT-Drs. 16/3656, S. 11; *Schönke/Schröder-Eisele*, § 202b Rn. 4; *LK/Hilgendorf*, § 202a Rn. 9; *Gröseling/Höfinger* MMR 2007, 552; *Vassilaki*, CR 2008, 133.
²³⁹ Vgl. *Gercke/Brunst*, Praxishandbuch Internetstrafrecht, Rn. 106; *Gröseling/Höfinger* MMR 2007, 556.
²⁴⁰ Vgl. *LK/Hilgendorf*, § 202b Rn. 12; *Gercke/Brunst*, Praxishandbuch Internetstrafrecht, Rn. 107.
²⁴¹ Vgl. zum Abfangen der Abstrahlung: *Grosch*, CR 1988, 568; *Sieber*, CR 1995, 103; *Pohl*, DuD 1987, 83.
²⁴² Vgl. *Kusnik*, MMR 2011, 725; *LK/Hilgendorf*, § 202b Rn. 12.
²⁴³ Vgl. BT-Drs. 16/3656, S. 11.
²⁴⁴ Vgl. *LK/Hilgendorf*, § 202b Rn. 16; kritisch: *Gercke/Brunst*, Praxishandbuch Internetstrafrecht, Rn. 109.

B. Einzelne Deliktsformen **14**

fing oder auch sog. Man-in-the-middle-Angriffe bei der Online-Kommunikation erfasst, bei dem der Angreifer entweder physikalisch oder meist logisch zwischen den beiden Kommunikationspartnern steht, vollständige Kontrolle über den Datenverkehr zwischen zwei oder mehreren Netzwerkteilnehmern hat und Informationen nach Belieben einsehen und sogar manipulieren kann.

e) Subjektiver Tatbestand, Subsidiarität und Konkurrenzen

Der Täter muss vorsätzlich handeln, wobei Eventualvorsatz genügt. Entsprechend der Subsidiaritätsklausel kommt § 202b StGB nur zur Anwendung, wenn nicht gleichzeitig eine andere Vorschrift verwirklicht wurde. Die Regelung ist daher subsidiär gegenüber den Bestimmungen des § 202a StGB und § 148 TKG, die als lex specialis durch die besondere Sicherung bzw. das besondere technische Mittel (Funkanlage) vorgehen.[245] Gem. § 205 Abs. 1 StGB erforderlich ist zur Strafverfolgung auch bei § 202b StGB ein Strafantrag, sofern das besondere öffentliche Interesse an der Strafverfolgung nicht bejaht wurde. **92**

3. Vorbereitungen zum Ausspähen und Abfangen von Daten (§ 202c StGB)

Durch den völlig neuen Tatbestand des § 202c StGB werden – in Umsetzung von Art. 6 Abs. 1a) der Cyber-Crime-Konvention – in der Form eines abstrakten Gefährdungsdelikts bestimmte besonders gefährliche Vorbereitungshandlungen zu Straftaten nach §§ 202a und 202b StGB kriminalisiert. Dabei sind hier zwei sehr unterschiedliche Tatbestandsalternativen geregelt: Neben der Herstellung, des Verschaffens, des Überlassens, des Verbreitens oder sonst zugänglich Machens in § 202c Abs. 1 Nr. 1 StGB in Bezug auf Computerpasswörter, Zugangscodes und ähnliche Daten, geht es mit § 202c Abs. 1 Nr. 2 StGB in erster Linie um diese Tathandlungen bei sog. Hackertools. In der Form eines abstrakten Gefährdungsdelikts werden hier die Rechtsgüter geschützt, die durch eine Vorbereitungshandlung nach §§ 202a und 202b oder durch den Verweis darauf auch in §§ 303a und 303b StGB tangiert werden. Die geltend gemachte rechtsstaatliche Unbestimmtheit der Tatbestandsmerkmale des § 202c Abs. 1 Nr. 2 StGB hat das BVerfG bei restriktiver Auslegung dieser Norm verneint.[246] **93**

a) Passwörter und Sicherungscodes (§ 202c Abs. 1 Nr. 1 StGB)

Von § 202c Nr. 1 StGB erfasst werden Passwörter oder sonstige Zugangscodes, die den Zugang zu Daten ermöglichen. Die Regelung bezieht sich damit auf das erfolgreiche Offline-Ausspähen von Passwörtern ebenso wie auf die Weitergabe von Zugangskennungen an Dritte (z. B. durch Veröffentlichung auf einer Webseite), denn die Vorbereitung setzt gerade keinen Einsatz technischer Mittel voraus. Diese Regelung hat derzeit vor allem im Zusammenhang mit dem Handel von rechtswidrig erlangten digitalen Identitäten in Form von Kreditkartendaten, Zugangsdaten zu Onlinediensten aller Art (Onlinebanking, E-Mail, soziale Netzwerke, Ebay usw.) große praktische Bedeutung. **94**

Unter dem Begriff **„Passwort"** wird jede Kombination von Zeichen in Form von Buchstaben, Zahlen oder beliebigen anderen Darstellungen verstanden, die über eine Sicherheitsabfrage den Zugang zu Daten eröffnet. Der Begriff **„Sicherheitscodes"** wird vom Gesetzgeber dabei als Überbegriff für Passwörter, Zugangscodes und andere der Sicherung dienende Daten verstanden, ohne dass solche sonstigen Sicherungscodes selbst Daten i. S. d. § 202a Abs. 2 StGB sein müssen.[247] Erfasst werden damit hier auch alle informationstechnischen Sicherungen wie Daten auf Codekarten oder biometrische Erkennungsmechanismen bzw. Codes für die Entschlüsselungs- oder Verschlüsselungssoftware. Allenfalls die reinen Kreditkartennummern oder Kontonummern sind selbst noch keinem sonstigen Sicherungscode zuzurechnen. Dazu werden diese Bankdaten erst im Zusammenhang mit einer PIN oder etwa der drei- oder vierstelligen Kreditkarten-Prüfnummer (Credit Card Verification ID – **95**

---

[245] Vgl. *Gröseling/Höfinger*, MMR 2007, 552; *Vassilaki*, CR 2008, 132; a. A. *Ernst*, NJW 2007, 2662; *Schönke/Schröder-Eisele*, § 202b Rn. 12.
[246] Vgl. BVerfG MMR 2009, 577.
[247] Vgl. *LK/Hilgendorf*, § 202c Rn. 7; *Fischer*, § 202c Rn. 3.

CIV). Soweit es den Tätern, die auf den weltweiten virtuellen Schwarzmärkten als Verkäufer von solchen missbräuchlich erlangten Zugangsdaten agieren, darum geht, dass mit diesen Daten der Zugang zu den besonders geschützten Kontodaten oder sonstigen gespeicherten Informationen des Nutzers bei anderen Online-Diensten verschafft wird, um etwa die Passwörter, gespeicherten Adressen, Kontoverbindungen usw. zu ändern, wird hier regelmäßig eine Vorbereitungshandlung zu § 202a StGB vorliegen, da der Gebrauch erlangter Zugangsdaten beim sog. „Phishing" erfasst wird.[248] Nicht in den Anwendungsbereich von § 202c Abs. 1 Nr. 1 StGB einbezogen sind Fallgestaltungen, bei denen es allein um die Vorbereitung einer Straftat nach § 263a StGB geht, da sich beim Computerbetrug kein Verweis zur Anwendung des § 202c StGB findet. Durch § 263a Abs. 3 StGB wird als Vorbereitungshandlung nur das Verschaffen, Feilhalten, Verwahren oder Überlassen von Computerprogrammen für eine Tat nach § 263a Abs. 1 StGB sanktioniert, nicht aber die Weitergaben von Passwörtern oder sonstigen Zugangsdaten. Die Veräußerung von Online-Zugangsdaten lässt sich daher strafrechtlich teilweise bereits durch § 202c Abs. 1 Nr. 1 StGB erfassen. Um einheitlich alle denkbaren Fallgestaltungen der Erlangung und Weitergabe entsprechender Daten sanktionieren zu können, erscheint aber die Schaffung einer eigenständigen Regelung für die sog. „Datenhehlerei" geboten.[249]

b) Schadprogramme (§ 202c Abs. 1 Nr. 2 StGB)

96 Mit § 202c Nr. 2 StGB sanktioniert wird die Weitergabe von Computerprogrammen, deren eigentliches Ziel die Begehung einer Straftat nach §§ 202a,b oder – durch den dortigen Verweis – auch der §§ 303a,b StGB ist. Damit soll als Vorbereitungshandlung bereits die Verbreitung sog. typischer „Hackertools" erfasst werden, also von Schadsoftware aller Art, die illegalen Zwecken dient, wobei eine Überkriminalisierung durch das weitere Tatbestandsmerkmal der Zweckbindung verhindert werden soll.[250] Die Regelung gilt nicht nur für professionelle Täter, die sich für gezielte Attacken gegen bestimmte Rechner eine spezielle eigene Software entwickeln und verbreiten, um diese im Einzelfall einzusetzen. Einbezogen sind vielmehr in erster Linie alle frei erhältlichen Hacker-Tools, die ohne große PC-Kenntnisse eingesetzt, leicht bedient werden können und insbesondere Angriffe auf ungeschützte Rechner ermöglichen sollen. Nach der Gesetzesbegründung gilt dies für offline oder online angebotene Software mit Computerviren, DoS-Tools, Port-Scannern oder sonstigen Hacker-Programmen. Am bekanntesten sind hier Angebote wie „Hacker´s best friends" oder „Datenschutz-CD", die etwa auch von sog. „Skript-Kiddies"[251] eingesetzt werden, die lediglich mithilfe von vorgefertigten Skripten über ein Netzwerk in fremde Computer einbrechen bzw. diesen Schaden zufügen, ohne die Funktion und Bedienung der einzelnen Programme zu kennen und sich selbst als Hacker ausgeben.

97 Im Einzelnen umstritten ist hier aber, ob Computerprogramme mit hohem „Missbrauchspotential"[252], d. h. Software die sowohl von Berechtigten für Prüfungs- und Testzwecke als auch von Unberechtigten zur Begehung von Straftaten eingesetzt werden können, überhaupt den objektiven Tatbestand des § 202c StGB erfüllen. In Bezug auf sog. **Dual-Use-Programme**, die für Forschungen oder Sicherheitsüberprüfungen entwickelt wurden und zum Schutz von Datenverarbeitungsanlagen benutzt werden, sich aber auch missbräuchlich einsetzen lassen, muss – ebenso wie bei § 263a Abs. 3 StGB – zunächst geprüft werden, ob nicht

---

[248] Vgl. *LK/Hilgendorf*, § 202a Rn. 17 und § 202c Rn. 10; *Fischer* § 202a Rn. 9a; *Schönke/Schröder-Eisele* § 202c Rn. 3 jeweils m. w. N.

[249] Vgl. dazu auch die Forderungen auch von *Sieber*, Gutachten C zum 69. DJT, S. C 91 f. Die Einführung eines Tatbestands der Datenhehlerei – etwa in einem neuen § 259a StGB – wird auch von der JuMiKo gem. Beschluss vom 13./14.6.2012 unterstützt. Der aktuell von Hessen im Bundesrat eingebrachte Gesetzentwurf (BR-Drs. 284/13) sieht für die Datenhehlerei die Schaffung eines neuen § 202d StGB vor. Vgl. auch *Klengel/Gaus*, ZRP 2013, 16.

[250] Vgl. BT-Drs. 16/3656, S. 12.

[251] Der Begriff ist zusammengesetzt aus Skript und Kid. Vgl. dazu näher: http://de.wikipedia.org/wiki/Skriptkiddie und http://www.bsi-fuer-buerger.de/abzocker/05_03.htm.

[252] Vgl. *Fischer*, § 202c Rn. 6.

B. Einzelne Deliktsformen **14**

bereits der Rekurs auf den Zweck der Software zum Ausschluss des Tatbestandes führt.[253] Erst wenn dies nicht der Fall ist, muss zusätzlich ein quasi subjektives Element dahingehend, dass der Täter eine eigene oder fremde Computerstraftat in Aussicht genommen hat, in den objektiven Tatbestand gezogen werden.[254] Dies führt zur Verneinung einer Strafbarkeit, wenn das Computerprogramm etwa nur zur Entwicklung von Sicherheitssoftware oder zu Ausbildungszwecken in der IT-Sicherheitsbranche hergestellt, erworben oder einem anderen überlassen wird.

c) Tathandlungen

Die umfassend in § 202c Abs. 1 StGB genannten Tathandlungen führen teilweise zu begrifflichen Überschneidungen und werden deshalb kritisiert.[255] Während die Tathandlung des **Herstellens** jede Form des Erzeugens umfasst, werden beim Begriff des **Verschaffens** alle Maßnahmen einbezogen, die zur Erlangung der tatsächlichen Verfügungsgewalt über einen der in § 202c Abs. 1 Nr. 1 oder 2 StGB genannten Tatgegenstände führen. Ein **Verkaufen** setzt die Eingehung eines Verpflichtungsgeschäfts voraus, während der weitergehende Begriff des **Überlassens** die Aufgabe der Verfügungsgewalt zu Gunsten eines anderen meint.[256] Durch die **Weitergabe** eines Tatgegenstandes an einen anderen mit dem Ziel, ihn einem weiteren Personenkreis zugänglich zu machen, kommt es zu einem Verbreiten. Das **sonstige Zugänglichmachen** ist erfüllt, wenn einem anderen die Möglichkeit des Zugriffs auf den Tatgegenstand eröffnet wird. Alle Tathandlungen setzen dabei – im Gegensatz zu § 202b StGB – keinen Einsatz technischer Mittel voraus. Regelmäßig wird eine Tatbegehung hier über die weltweiten Datennetze erfolgen. Nicht sanktioniert ist hier aber der bloße Besitz oder das Verwahren von Tatgegenständen i. S. d. § 202c StGB. 98

d) Subjektiver Tatbestand, tätige Reue

In **subjektiver Hinsicht** erfordert die Verwirklichung einer Vorbereitungshandlung Vorsatz, wobei dolus eventualis genügt. Hier könnten im Einzelfall Schwierigkeiten beim Tatnachweis bestehen, wenn bei **§ 202c Abs. 1 Nr. 1 StGB** die Verkäufer bzw. Käufer solcher missbräuchlich erlangten Passwörter oder Sicherungscodes weder die Täter sind, welche die Daten zuvor ausgespäht haben, noch diejenigen, die sie später betrügerisch einsetzen. Jedoch wird davon auszugehen sein, dass für die Konkretisierung der späteren Tat ein völlig vager Plan nicht genügt, aber auch keine zu hohen Anforderungen zu stellen sind. Bei einem Verkauf solcher Zugangsdaten wird daher zumindest billigend eine Verwendung für von §§ 202a, 202b, 303a oder 303b StGB erfasste strafbare Handlungen in Kauf genommen. Ein weitergehende in wesentlichen Umrissen vorgestellte Tat oder ein konkreter Nachweis für eine tatsächliche Benutzung der Daten ist damit für die Tatbestandsverwirklichung des § 202c Abs. 1 Nr. 1 StGB nicht erforderlich.[257] Bzgl. **§ 202c Abs. 1 Nr. 2 StGB** muss der Vorsatz sich auch auf die **Zweckbestimmung** des Computerprogramms beziehen.[258] Der Täter muss also mindestens damit rechnen, dass das tatgegenständliche Programm zukünftig zur Begehung von Straftaten gebraucht wird (kognitives Element) und diese Benutzung des Programms billigend in Kauf nehmen (voluntatives Element). 99

Da bei jeder der beiden Tathandlungen des § 202c StGB bereits Vollendung eintritt, ist für einen Rücktritt nach § 24 StGB kein Raum. Insoweit hat der Gesetzgeber über die **Tätige Reue** eine Straffreiheit dann angenommen, wenn der Täter die Tat freiwillig aufgibt und da- 100

---

[253] Vgl. BVerfG MMR 2009, 577.
[254] Vgl. BT-Drs. 16/3656, S. 19; *LK/Hilgendorf*, § 202c Rn. 13 ff.; *Fischer* § 202c Rn. 6; *Ernst*, NJW 2007, 2663; *Hofmann/Reiners* DuD 2007, 920).
[255] Vgl. *Schumann*, NStZ 2007, 678.
[256] Vgl. näher: *LK/Hilgendorf*, § 202c Rn. 22 ff.; *Schumann*, NStZ 2007, 678.
[257] Vgl. *Schönke/Schröder-Eisele*, § 202c Rn. 7; *Graf/Jäger/Wittig-Valerius*, Wirtschafts- und Steuerstrafrecht, § 202c Rn. 36; *Borges/Stuckenberg/Wegener*, DuD 2007, 276; *Fischer*, § 202c Rn. 8; enger demgegenüber: *LK/Hilgendorf*, § 202c Rn. 28; *Gröseling/Höfinger*, MMR 2007, 629.
[258] Vgl. BVerfG NZV 2006, 483; *Graf/Jäger/Wittig-Valerius*, Wirtschafts- und Steuerstrafrecht, § 202c Rn. 35; *Ernst* NJW 2007, 2664.

rüber hinaus die von ihm verursachte Gefahr, dass andere eine Datenveränderung weiter vorbereiten oder ausführen, abwendet oder deren Vollendung verhindert (§ 149 Abs. 2 Nr. 1 StGB) und die zur Tatbegehung hergestellten Programme bzw. anderen Mittel i. S. v. § 149 Abs. 2 Nr. 2 StGB unschädlich macht. Im Gegensatz zu §§ 202a,b StGB ist die Strafverfolgung bei § 202c StGB stets von Amts wegen vorzunehmen und kein Strafantrag erforderlich. Ein solcher wäre bei einem abstrakten Gefährdungsdelikt auch nicht zu erwarten, da es noch keinen Geschädigten gibt.[259]

4. Probleme des Tatnachweises

101 Da die Taten der §§ 202a,b StGB nach § 205 Abs. 1 StGB nur auf Antrag verfolgt werden und ein besonderes öffentliches Interesse an der Strafverfolgung erst dann bejaht werden kann, wenn die Tat den Strafverfolgungsbehörden bekannt geworden ist, sind es allein die Geschädigten, die weitere Ermittlungen in Gang bringen können. Gerade beim „professionellen" Hacking – gerichtet auf die Erlangung von Geheimnissen oder den Zugriff auf sensible Rechnersysteme – besteht ein **hohes Dunkelfeld**. Dies beruht zum einen darauf, dass die meisten Firmen aus Gründen des Prestigeverlustes kein Interesse daran haben, wenn ein erfolgreicher Hacking-Angriff in ihr EDV-System bekannt wird. Die Sicherheit der eigenen Systeme nach außen hin hat hier einen höheren Stellenwert als die Verfolgung von Straftaten. Zum anderen muss davon ausgegangen werden, dass Angriffe von professionellen Hackern vielfach auch so geschickt erfolgen, dass von den Systemverantwortlichen das Eindringen Fremder in das eigene Netz gar nicht bemerkt und deshalb nicht zur Anzeige gebracht wird. Hinzu kommen beim Hacking Täter, die mit angebotenen Hacker-Tools dazu animiert werden, fremde EDV-Systeme auszuspähen. Dies wird den sog. „Skript-Kiddies" und „Hobby-Hackern" vielfach auch dadurch leicht gemacht, dass viele Firmen und Betriebe trotz bekannter Schwachstellen im Betriebssystem und in bestimmten Applikationen keine Sicherungen ihrer Rechneranlagen vorgenommen haben. Sollte trotzdem eine Anzeige erstattet worden sein, bereitet die Ermittlung des Täters große Schwierigkeiten. Lässt sich über eine Zugangs- oder Abgangskontrolle zwar ein Eindringen in das eigene Programm vielfach noch feststellen, ist damit allerdings noch keine Überführung des Täters verbunden. Hier müssen den Behörden auch **angemessene Ermittlungsbefugnisse** zur Verfügung stehen. Sofern der Täter über die Datennetze in das Unternehmen eingedrungen ist, bedarf es einer Rückverfolgung zum Ausgangspunkt der „Datenreisen". Dies ist aber meist nur über die Zuordnung von IP-Adressen zu einer bestimmten Person möglich, soweit entsprechende Verkehrsdaten gespeichert und noch vorhanden sind. Da die Täter aber gerade durch die Benutzung fremder Rechner als „Sprungbrett" versuchen, ihre Identität zu verschleiern, ist eine Aufklärung regelmäßig nur über eine Überwachung der Telekommunikation Erfolg versprechend. Die dafür erforderlichen gesetzlichen Voraussetzungen liegen aber regelmäßig nicht vor, da §§ 202a, 202b StGB gerade keine Katalogtat i. S. d. § 100a Abs. 2 StPO darstellen.[260]

IV. Datenveränderung und Computersabotage (§§ 303a, 303b StGB)

102 Nachdem unkörperliche Daten keine Sachen i. S. d. § 303 sind, musste mit dem 2. WiKG zum einen mit § 303a StGB ein neuer Tatbestand geschaffen werden, um entsprechende Manipulationen daran strafrechtlich erfassen zu können. Zum anderen erfolgte mit § 303b StGB ein Sondertatbestand zum Schutz vor schweren Behinderungen oder Störungen des Betriebs eines Computer- oder Informationssystems. Mit dem 41. StRÄndG vom 7.8.2007[261] wurde in Umsetzung von Art. 3 bis 5 des Rahmenbeschlusses der EU vom 24.2.2005 (2005/222/JI)

---

[259] Vgl. BT-Drs. 16/3656, S. 12.
[260] Vgl. zu den Ermittlungsmöglichkeiten die Darstellungen in Kapitel 27 Rn. 72 ff. und weiterführend: *Bär*, HdB zur EDV-Beweissicherung, Rn. 47 ff.
[261] BGBl. 2007, Teil I, 1786.

B. Einzelne Deliktsformen **14**

über Angriffe auf Informationssysteme und von Art. 4 bis 6 des Übereinkommens über Computerkriminalität des Europarates (Convention on Cybercrime) eine Erweiterung in § 303a Abs. 3 StGB sowie eine grundlegende Neufassung des § 303b StGB durch die Einbeziehung auch privater Rechner in den Schutzbereich vorgenommen.

Im Verhältnis zu anderen Delikten der Computerkriminalität nimmt die Datenveränderung bzw. Computersabotage im Hinblick auf die Zahl der Delikte ebenfalls nur eine **geringe praktische Bedeutung** ein. Gleichwohl können über die in den §§ 303a und 303b StGB sanktionierten Tathandlungen aufgrund der zunehmenden Abhängigkeit vieler Unternehmen und Behörden von einer funktionsfähigen Datenverarbeitung **erhebliche materielle Schäden** ausgelöst werden. Im Vergleich mit herkömmlichen Arbeitsweisen in Papierform sind sowohl die gespeicherten Daten als auch die gesamte Hard- und Software viel anfälliger für Störungen aller Art. Veränderungen am Datenbestand des EDV-Systems, Blockaden von Internetzugängen, teilweise Löschungen von Datenbeständen oder nur der Kontakt mit einem Magneten können dazu führen, dass einzelne Daten, bestimmte Datenträger oder gesamte Datenbestände nicht mehr genutzt werden können. Es ist deshalb in diesem Bereich für die Täter mit geringem Aufwand möglich, erhebliche wirtschaftliche Schäden – sei es durch Computerviren oder andere Sabotageprogramme – herbeizuführen. Die folgenden Fälle machen dies besonders deutlich:

103

Fall 1 („Killer-Programm"): Der Täter hatte ein EDV-System für Arztpraxen erstellt, um das Abrechnungs- und Befundwesen sowie die Praxisorganisation mit Terminplanung u. a. rationeller zu gestalten. Der Einsatz führte zu erheblichen Benutzungsproblemen. Es kam deshalb zum Streit zwischen Softwarelieferant und Nutzer. Um sich ein Druckmittel bei den weiteren Verhandlungen zu verschaffen, beauftragte der Täter einen Dritten mit der Entwicklung eines sog. „Killer-Programms", welches nach Ablauf eines bestimmten Datums die Benutzung der Software unmöglich machen sollte. Eine Änderung der Programmdaten war dem Täter jederzeit über Telefonleitungen möglich. Entsprechend dem installierten Programm wurden beim üblichen Start des Systems Programmteile gelöscht, die gespeicherten Daten waren für längere Zeit nicht abrufbar, erheblicher materieller Schaden entstand.[262]

104

Fall 2 („ec-Kartenmanipulation"): Der Täter hatte von seiner Bank eine ec-Karte erhalten. Auf dieser Karte nahm der Täter mit seiner EDV-Anlage Veränderungen auf dem Magnetstreifen der Karte dergestalt vor, dass statt seiner Kontonummer eine fremde Nummer eingespeichert war, um so am Geldautomaten Abhebungen vorzunehmen. Da aufgrund der Veränderungen die MM-Merkmale der Karte nicht mehr stimmten, kam es zu keiner Geldauszahlung. Der Automat brach den Vorgang ab und zog die Karte ein. Ebenfalls am selben Tag führte der Täter eine abgelaufene und im Magnetstreifen entsprechend veränderte ec-Karte in den Automaten ein. Auch hier kam es zu keiner Auszahlung. Bei einer Überprüfung der eingezogenen Karten konnte jeweils die Veränderung festgestellt werden.[263]

Fall 3 („Systemabsturz"): Zwei in Hacker-Kreisen bekannte Beschuldigte versuchten mehrfach, auf den nicht öffentlichen Bereich des Münchner Flughafens zu gelangen, was ihnen auch zweimal gelang. In den Räumen des Flughafens gaben sie vor, Arbeiten am Computer der Lufthansa ausführen zu müssen, was ihnen nicht gestattet wurde. Am Tag nach dem Vorfall kam es beim Rechner zu einem nicht erklärbaren totalen Systemabsturz.[264]

Fall 4 („BKA-Virus mit Lösegeld-Trojaner"): Zehntausende Nutzer in Deutschland bekamen angeblichen Internet-Besuch vom BKA, der Bundespolizei, von Microsofts Antipiraterie-Abteilung oder der GEMA. Mit präparierten Websites nahmen Cyberkriminelle die Computer von Nutzern als Geisel und versperrten ihnen den Zugriff auf ihre eigenen Daten. Am Bildschirm erschien eine Warnmeldung: „Wir haben illegale und schädliche Aktivitäten auf Ihrem Computer entdeckt und ihn deswegen blockiert." Hinzugefügt wurde der Hinweis: „Gegen Zahlung einer Servicegebühr schalten wir ihn wieder frei." Die Zahlung sollte auf ein Internet-Bezahlsystem erfolgen.[265]

Fall 5 („DDos-Attacke"): Der Beschuldigte beschloss mittels eines sog. Bot-Netzes die Webseiten einzelner Pferdewetten-Anbieter lahmzulegen, sollten diese nicht auf eine zuvor geäußerte und mit einer entsprechenden Drohung verbundenen Zahlungsaufforderung positiv reagiert haben. Bei einem russischen Provider mietete er dazu die erforderliche Serverkapazität an. Nach weiteren technischen Vorbereitungen begann er die Kontaktaufnahme zu insgesamt sieben Firmen, die eine Plattform für Pferdewetten im Internet unterhielten. Er verlangte einen Geldbetrag dafür, dass er es unterließe, die Website der jeweiligen Firma lahmzulegen, wobei er zur Untermauerung seiner Drohungen den Server der Firmen durch sog. DDoS-Attacken mit unzähligen Anfragen attackierte, um ihn so zu überlasten und entsprechend lahmzulegen. Den Firmen entstanden dadurch erhebliche Umsatzausfälle. Die Firmen leisteten daraufhin

---

[262] Vgl. zum vollständigen Sachverhalt Urteil des LG Ulm CR 1989, 825 f.

[263] Vgl. die Sachverhaltsdarstellung BayObLG JR 1994, 476 sowie auch AG Böblingen CR 1989, 308.

[264] Der Sachverhalt beruht auf Informationen des BKA. Vgl. zu weiteren Urteilen, bei denen etwa Mitarbeiter eines Unternehmens auf dem Rechner ihres Arbeitgebers Viren oder andere Sabotageprogramme implantiert hatten, LAG Saarland CR 1994, 296 sowie ArbG Neunkirchen CR 1994, 35.

[265] Vgl. den Bericht in Spiegel-Online unter http://www.spiegel.de/netzwelt/web/0,1518,809770,00.html sowie den Bericht in c't 2012, Heft 20, S. 102 ff. „Trojaner aus dem Baukasten".

Zahlungen mit sog. U1-Vouchern, mit denen ohne Registrierung der Person Käufe mittels einer neunstelligen PIN abgewickelt werden können. Der Beschuldigte wurde wegen gewerbsmäßiger Erpressung und Computersabotage verurteilt.[266]

1. Computerviren und andere Sabotageprogramme

105 Bereits seit den 80er Jahren versetzen die aus dem biologischen Sprachschatz entliehenen Computerviren Besitzer aller heutigen Rechnersysteme und inzwischen auch von Mobiltelefonen und Smartphones in Angst und Schrecken. Spektakuläre Viren wie der „Michelangelo"- oder der Herbstlaub-Virus sind dabei durch die weltweite Verbreitung bekannt geworden. Es ist heute davon auszugehen, dass sogar etwa 5 – 10% aller PCs von Viren befallen sind. Der Begriff **Computerviren**[267] wird als **Oberbegriff für sämtliche Sabotage- und Störprogramme** verwendet, die selbst reproduzierende oder sonst unbemerkt einschleichende Anomalien in Softwareprogrammen auslösen. Dabei gibt es inzwischen zahlreiche Mischformen bei der eingesetzten Schadsoftware. Kennzeichnend für einen Computervirus sind zwei Eigenschaften: Zum einen gehört dazu die ohne Wissen des Benutzers erfolgte Einspeicherung und Ausführung, um am befallenen Rechner in der Regel schädliche oder zumindest unerwünschte Aktionen auszulösen (**Funktionsteil**), sowie zum anderen durch das Erstellen von Kopien dieses Virus die Übertragung und Verbreitung des Programms auf andere Computersysteme (**Reproduktions- oder Vervielfältigungsteil**). Damit wird bereits deutlich, dass Computerviren nicht von selbst entstehen, sondern von Personen vorsätzlich entwickelt und in Umlauf gebracht werden. Die Computerviren werden dabei meist durch die Weitergabe von Programmen und Daten und heute vor allem über die weltweiten Datennetze, insbesondere über das Internet, verbreitet.[268]

106 Nach der Art des Vorgehens finden sich bei Computerviren Unterscheidungen hinsichtlich sog. Würmer, logischer Bomben, trojanischer Pferde, Boot-Viren, Hybrid-Viren, Makro-Viren, Dropper und Trap-Doors oder Exploits. **Trojanische Pferde** – meist bei Hacker-Angriffen eingesetzt[269] – fügen in Anlehnung an die griechische Geschichte einem bekannten Programm oder System zusätzliche Funktionen hinzu, um auf dem fremden Rechner Informationen zu sammeln und an den Programmierer der Schadsoftware weiterzuleiten.[270] Eine besondere Form davon sind die sog. **Keylogger** (dt. Tasten-Rekorder), die dazu verwendet werden, die Eingaben des Benutzers an einem Computer mitzuprotokollieren und dadurch zu überwachen oder zu rekonstruieren. Keylogger werden beispielsweise von Hackern verwendet, um gezielt an vertrauliche Daten – etwa Kennwörter oder PIN und TAN beim Online-Banking – zu gelangen. Als **Computer-Würmer oder auch Netzwürmer** bezeichnet werden Programme, die sich selbstständig in den Datennetzen verbreiten lassen und entsprechend den Wünschen des Erstellers vielfältige Funktionen auslösen können, etwa in Form eines Kettenbriefs oder des berühmten Christmas-Wurms[271] oder des „Sasser"-Wurm in verschiedenen Varianten[272] sowie zuletzt vor allem die Computerwürmer „Stuxnet" oder „Flame" bzw. „Gauss" mit Angriffen auf die Steuerungssoftware von technischen Prozes-

---

[266] Vgl. zum Sachverhalt: LG Düsseldorf MMR 2011, 624 m. Anm. *Bär*.
[267] Vgl. dazu näher die Darstellungen bei: http://de.wikipedia.org/wiki/Computervirus sowie zu den klassischen Viren: *v. Gravenreuth*, Computerviren, 2. Auflage 1998 sowie *ders.*, NStZ 1989, 201 ff.; *Hofer*, Jur-PC 1991, 1367 ff.; *Brunnstein*, CR 1993, 456 ff. und *Dehn/Paul*, CR 1989, 68 ff.
[268] Aktuelle Informationen zu Schadprogrammen und besonderen Gefährdungen im Netz können beispielsweise über www.viruslist.com abgerufen werden.
[269] Vgl. dazu im Einzelnen *von Gravenreuth*, Computerviren, 2. Aufl. 1998. Vgl. etwa zum Trojaner, getarnt im Fußball-WM-Spielplan 2006 http://www.heise.de/newsticker/meldung/72717.
[270] Dazu zählen z. B. Viren, die Login-Prozeduren so verändern, dass der Hacker ohne Kenntnis des Passwortes in das System gelangt. Vgl. *Brunnstein*, CR 1993, 458 f. sowie auch *Sieber*, in: Hoeren/Sieber, Handbuch Multimedia Recht, Kapitel 19 Rn. 67 ff.
[271] Vgl. die Beispiele bei *Brunnstein*, CR 1993, 549 f. sowie auch *Sieber*, in: Hoeren/Sieber, Handbuch Multimedia Recht, Kapitel 19 Rn. 67 ff. sowie *Libertus*, MMR 2005, 507.
[272] Vgl. dazu *Eichelberger*, MMR 2004, 594.

B. Einzelne Deliktsformen

sen.[273] Zunehmend erfolgen die Attacken auf den Rechner auch über soziale Netzwerke oder Skype wie etwa mit dem aktuellen sog. „Dorkbot"-Wurm.[274] Als **Computerviren** – dem eigentlichen Oberbegriff – werden umgangssprachlich alle bösartigen Computerprogramme bezeichnet, welche sich an Dateien oder Anwendungsprogramme anhängen. Je nachdem welche speziellen Programme dabei betroffen sind, wird auch zunächst zwischen System- oder Programmviren differenziert. Zu den Systemviren zählen etwa auch Boot-Viren, die beim Hochfahren des Rechners aktiviert werden und die im Hauptspeicher speicherresistent installiert wurden. Programmviren befallen dagegen einzelne Programme oder Teile davon. Diesem Bereich zuzurechnen sind etwa auch Makro-Viren, die beim Aufruf einzelner Makros (vorprogrammierten bestimmten Befehlsfolgen) – etwa in Textverarbeitungsprogrammen – ausgelöst werden. Werden vom Programmierer im Programm nicht dokumentierte Passwörter im Code belassen, um sich jederzeit in die Lage zu versetzen, die Kontrolle über ein Programm zu erlangen, spricht man im Programmierjargon von einem „Hintertürchen" oder **„Trap Door"**, das als Sicherheitslücke im System anzusehen ist. Derzeit häufig eingesetzt werden sog. **Exploits** (englisch *to exploit* – ausnutzen) als kleine Schadprogramme bzw. Befehlsfolgen, die Sicherheitslücken und Fehlfunktionen von Hilfs- oder Anwendungsprogrammen ausnutzt, um sich programmtechnisch Möglichkeiten zur Manipulation von PC-Aktivitäten (Administratorenrechte usw.) zu verschaffen oder Internetserver lahm zu legen. Häufig werden sie von Hackern benutzt, um Schwachstellen im System aufzudecken. Bei neuen Formen, sog. Drive-by-Exploits, kann sogar der Besuch einer manipulierten, an sich aber seriösen Internetseite, bereits zur Infizierung mit Schadsoftware führen.

Viren aller Art finden sich heute vor allem in Kommunikationsnetzen, insbesondere **im Internet**. Hier ergibt sich eine viel leichtere und schnellere Verbreitung durch die Kommunikationsprogramme, indem vom Virus aus an alle im Mailverzeichnis bei den Kontakten enthaltenen Einträge automatisch entsprechende Nachrichten versandt werden. Auch hier ergeben sich immer wieder spezifische neue Arten, wie etwa der „ILOVEYOU"-Virus.[275] Weitere Missbrauchsformen finden sich im Internet etwa unter dem Begriff **E-Mail-Bombing** oder **DoS- bzw. DDoS-Attacken** (Distributet Denial of Service). Hier werden durch die massenhafte Übersendung von elektronischen Nachrichten (meist in Form von Werbung) gesamte EDV-Systeme blockiert und damit der störungsfreie Ablauf einer EDV-Anlage beeinträchtigt, weil es zum Ausfall von entsprechenden Servern kommt. Bei der als **Spamming** bezeichneten Deliktsform kommt es etwa zur Generierung von 100 Mill. E-Mails, die mit falscher Adresse versehen wurden. Da die Nachricht unzustellbar ist, werden 98 % der Nachrichten an den angeblichen Absender, verlängert um eine Fehlermeldung, zurückgesandt, der so mit einer Flut von Mails überrollt wird.[276] Teilweise werden auch Warnungen per E-Mail versandt, die bezogen auf die Gefährlichkeit vermeintlicher Viren überhaupt keinen ernstzunehmenden Hintergrund haben. Es handelt sich wohl mehr um ein soziologisches Phänomen, nachdem es die E-Mails, vor denen gewarnt wird, meist gar nicht gibt. Diese Warnungen werden **Hoaxes** genannt (*engl.* hoax, *altengl.* hocus: Scherz, Falschmeldung). Vielmehr stellen diese „Warnungen" die eigentlichen Viren dar, denn sie richten erheblichen Schaden an, indem sie Menschen verunsichern und Arbeitszeit binden. Außerdem belasten sie durch ihre nicht geringe Zahl das

---

[273] Vgl. http://de.wikipedia.org/wiki/Stuxnet m. w. N. sowie zu den neu entdeckten Schadprogrammen „Flame" den Bericht unter http://www.spiegel.de/netzwelt/web/trojaner-flame-so-arbeitet-der-virus-a-835652.html und „Gauss" unter http://futurezone.at/netzpolitik/10621-gauss-virus-spaeht-bankdaten-aus.php.
[274] Hier erhält der Nutzer von einem Freund eine Nachricht etwa mit der Frage: Hallo, sag mir ehrlich sind das deine Bilder? Darunter blinkt eine Datei mit dem Namen skype_imgag.exe oder skype_image.zip. Sobald diese geöffnet wird, installiert sich eine Schadsoftware und ein Bot-Master kann den Rechner fernsteuern. Gleichzeitig wird die Nachricht mit dem Link an alle Freunde weiterverbreitet. Vgl. Handelsblatt vom 11.10.2012 mit dem Beitrag „Neue Attacke aus dem Internet".
[275] Vgl. dazu *Hilgendorf*, ZStW 113 (2001), 651 mit weiteren Beispielsfällen für Viren.
[276] Vgl. dazu *Dresen*, iX Heft 2/1999, 105 ff.

Internet durch nutzlosen Datenverkehr.[277] Auch Filterprogramme von Providern, die sittenwidrige oder verbotene Inhalte ausschließen sollen, erfüllen nicht die Anforderungen an ein Sabotageprogramm.

2. Datenveränderung (§ 303a StGB)

108 Um Manipulationen an unkörperlichen Daten strafrechtlich erfassen zu können, bedurfte es eines eigenen Tatbestandes zur Datenveränderung in § 303a StGB. Der vorhandene Datenbestand soll deshalb durch die der Sachbeschädigung nachgebildete Strafnorm des § 303a StGB vor Veränderungen jeglicher Art bewahrt werden. Geschütztes Rechtsgut ist die **Unversehrtheit** der **in gespeicherten Daten enthaltenen Informationen**.[278] Die im Schrifttum[279] teilweise vertretene weitergehende Interpretation der Norm hin zu einem spezialisierten Vermögensrecht in Form des Verfügungsrechts über Daten als Immaterialgüterrecht stößt überwiegend auf Ablehnung. Der Tatbestand der Datenveränderung genügt auch den verfassungsrechtlichen Bestimmtheitsanforderungen des Art. 103 GG. Soweit teilweise dagegen Bedenken erhoben werden,[280] weil die Verfügungsbefugnis über Daten nicht konkret durch den Gesetzgeber festgelegt worden sei, lassen sich hier durch die Eigentumsverhältnisse an Datenträgern sowie durch gesetzliche geregelte Verwertungsrechte ausreichende Kriterien für eine Festlegung der Berechtigung an Daten finden, ohne den Bestimmtheitsgrundsatz zu verletzen.[281]

109 Bei § 303a StGB handelt es sich um ein **Erfolgsdelikt** i. S. d. allgemeinen Tatbestandslehre, das immer dann verwirklicht ist, wenn es durch eine der dort genannten Tathandlungen tatsächlich zu einer Datenveränderung als Handlungserfolg kommt.[282] Dies führt – vor allem bei einer Tatbegehung über die Datennetze – dazu, dass es gem. § 9 Abs. 1 3. Alt. StGB für die Bestimmung des Tatortes darauf ankommt, wo der **zum Tatbestand gehörende Erfolg eingetreten** ist und nicht nur auf den Ort, an dem die zum gesetzlichen Tatbestand gehörende Handlung vom Täter vorgenommen wurde. Vom Ausland unter Verwendung von Telekommunikationsmitteln begangene Taten werden damit vom deutschen Strafrecht erfasst, wenn eine der durch § 303a StGB sanktionierten Taterhandlungen zu einer Datenveränderung als Handlungserfolg im Inland geführt hat.

a) Tatobjekt

110 Tatobjekt i. S. d. § 303a StGB sind **Daten**, wobei vom Gesetzgeber dazu inhaltlich auf die Legaldefinition in § 202a Abs. 2 StGB Bezug genommen wird.[283] Geschützt werden damit alle einzelnen Informationen, gleichgültig ob sie der Nutzer selbst erstellt hat oder sie ihm unmittelbar dienen, oder aber nur für den Programmablauf eingesetzt werden ebenso wie Computerprogramme als Ansammlungen von verschiedensten Einzeldaten. Einbezogen sind daneben auch Datenbanken, E-Mails oder auch einzelne Internet-Seiten. Bezogen auf das Schutzgut des § 303a StGB ist hier entscheidend die physisch-elektronische Integrität von bereits entstandenen Daten im Bezug auf deren Verlust und Beeinträchtigung ihrer Verwertbarkeit. Der Datenbegriff ist nicht auf Informationen beschränkt, die einen unmittelbar nutzbaren Informationsgehalt haben, die beweiserheblich sind, gegen Zugriff besonders gesichert sind oder denen auch ein wirtschaftlicher Wert zukommt. Auch Daten des Betriebssystems

---

[277] Vgl. dazu näher die ständig aktualisierten Informationen mit einer entsprechenden Liste, online abrufbar unter http://hoax-info.tubit.tu-berlin.de/hoax/.
[278] Vgl. BayObLG JR 94, 476/477; *LK/Wolff*, § 303a, Rn. 4; *Fischer*, § 303a, Rn. 2; *Schönke/Schröder-Stree*, § 303a Rn. 1; *MK-StGB/Wieck-Nood*, § 303a Rn. 2; *Beck-OK-StGB/Weidemann*, § 303a Rn. 2; *Hilgendorf*, JuS 1996, 890; *Sondermann*, Computerkriminalität, 25 jeweils m. w. N.).
[279] So im Ergebnis *Welp*, iur 1988, 448 und *Haft*, NStZ 1987, 10.
[280] Vgl. nur *LK-Tolksdorf*, 11. Aufl., § 303a Rn. 7; *SK-StGB-Samson*, § 303a Rn. 7, 8.
[281] Vgl. *LK/Wolff*, § 303a Rn. 2 m. w. N.
[282] BGHSt 46, 212 [220 f.]; *LK/Wolff* § 303a Rn. 51, *Achenbach/Ransiek-Heghmanns*, HB Wirtschaftsstrafrecht, Teil 6.1 Rn. 145; *Sieber* NJW 1999, 2066; *Vassilaki* CR 2001, 263.
[283] Vgl. dazu oben die Darstellungen zum Datenbegriff in Rn. 75 ff.

B. Einzelne Deliktsformen

oder vergleichbare Informationen, die für den Ablauf des Systems von besonderer Bedeutung sind, sind hier einbezogen.[284] Geschützt werden damit alle einzelnen Informationen, gleichgültig ob sie der Nutzer selbst erstellt hat oder sie ihm unmittelbar dienen, oder aber nur für den Programmablauf eingesetzt werden ebenso wie Programme als Ansammlungen von verschiedensten Einzeldaten.

b) Einschränkungen durch Verfügungsbefugnis über die Daten

Obwohl bei § 303a StGB ein einschränkendes Kriterium – wie bei § 303 StGB durch „fremd" – zur Kennzeichnung der rechtlichen Beziehungen des Täters zum Tatobjekt fehlt, besteht Einigkeit darüber, dass der weite Tatbestand einer Präzisierung bedarf, auch wenn die Meinungen auseinandergehen, wie diese zu erfolgen hat. Während teilweise die Ergänzung des Tatbestandes um das ungeschriebene Merkmal der Fremdheit der Daten gefordert wird,[285] soll stattdessen hier die Rechtswidrigkeit der Datenveränderung nicht nur als allgemeines Verbrechensmerkmal, sondern als einschränkendes Tatbestandsmerkmal angesehen werden.[286] Da eine zivilrechtliche Zuordnung von Informationen zu bestimmten Berechtigten nicht existiert und man von keinem „Dateneigentum" ausgehen kann, lässt sich eine Datenveränderung nur dann bejahen, wenn die Daten als Tatobjekt einer fremden Verfügungsbefugnis unterliegen. Andernfalls könnte jeder Programmierer und jeder Nutzer, der an seinem Computer arbeitet, ein Datenveränderer sein, wenn er nicht mehr benötigte Daten löscht. Sinn und Zweck des Tatbestandes kann es aber nicht sein, in all diesen Fällen eines sozialadäquaten Verhaltens von einem kriminellen Unrecht auszugehen und die Datenveränderung undifferenziert unter Strafe zu stellen.

111

Wem dabei eine Verfügungsberechtigung über Daten zusteht, kann wegen mangelnder eindeutiger zivilrechtlicher Regelungen letztlich nur an Hand von **Fallgruppen** näher beurteilt werden, aus denen sich Anhaltspunkte der Datenzuordnung ergeben. Dabei sind bei Computerprogrammen die Nutzungsrechte gem. §§ 69a – 69g UrhG sowie die jeweils zu Grunde liegenden vertraglichen Vereinbarungen der Beteiligten von Bedeutung. Von § 303a StGB unproblematisch erfasst wird eine Datenveränderung auf fremden Speichermedien, über die der Täter als Dritter kein eigenes Zugriffs- und Verfügungsrecht hat.[287] Umgekehrt ist eine Verfügungsberechtigung über Daten für den anzuerkennen, der Daten befugt zu eigenen Zwecken erstellt oder von dessen Zustimmung eine Speicherung abhängig ist und der die Informationen erstmalig abspeichert.[288] Gleiches muss für den jeweiligen Eigentümer des Computers oder der Datenträger gelten. Problematisch sind nur Fallgestaltungen, bei denen Eigentum am Speichermedium und Nutzungsrechte (bei Leasing, Verarbeitungen in Netzwerken oder Datenbanken) auseinander fallen. Hier folgt die Berechtigung an den Daten nicht dem Eigentum am Datenträger, wenn unerlaubt Daten auf einem Anderen gehörenden Datenträger gespeichert werden.[289] Bei im fremden Auftrag erstellten Daten im Rahmen eines Arbeits- oder Dienstverhältnisses steht die Verfügungsbefugnis dem Arbeitgeber zu.[290] Im Verhältnis des Auftraggebers zu Dritten, die im fremden Auftrag Daten erstellen bei DV-Dienstleistern ist dies umstritten.[291] Hier besteht grundsätzlich eine Berechtigung des Auftraggebers erst, wenn diesem das Computerprogramm zur Verfügung gestellt wurde.[292] Die Verfügungsberechtigung endet bei einem Verzicht des Berechtigten oder einer Verwirkung der Rechte.

112

---

[284] Vgl. BayObLG JR 1994, 477; *LK/Wolff*, § 303a Rn. 6 m. w. N.
[285] Vgl. *Lenckner/Winkelbauer* CR 1986, 828; *Welp* iur 1989, 447; *Schönke/Schröder-Stree*, § 303a Rn. 3.
[286] Vgl. *LK/Wolff*, § 303a Rn. 9 ff.; *Fischer*, § 303a Rn. 4; *Hilgendorf*, JuS 1996, 892; *Lackner/Kühl*, § 303a Rn. 4; *SK-StGB/Samson*, § 303a Rn. 4.
[287] Vgl. BayObLG JR 1994, 476.
[288] Vgl. *Hilgendorf* JuS 1996, 892; *Welp* iur 1989, 447 f.; *LK/Wolff*, § 303a Rn. 12.
[289] Vgl. *LK/Wolff*, § 303a Rn. 13; *Hilgendorf* JuS 1996, 893.
[290] Vgl. § 69b UrhG für Computerprogramme.
[291] Vgl. zum Meinungsstand: *LK/Wolff*, § 303a Rn. 14 Fn. 23.
[292] Vgl. *LK/Wolff*, § 303a Rn. 14; *Fischer*, § 303a Rn. 6; *Hilgendorf* JuS 1996, 893; OLG Nürnberg, CR 2013, 212 m. Anm. *Popp*, juris PR – ITR 7/2013 Anm. 3.

113 Die **Verfügungsberechtigung** ist vor allem **bei E-Mails** von besonderer praktischer Relevanz. Hier ist davon auszugehen, dass der Empfänger letztlich erst dann zum Berechtigten wird, wenn die E-Mail in seinem elektronischen Postfach angekommen ist. Bis zu diesem Zeitpunkt bleibt der Absender der Nachricht weiter Nutzungsberechtigter, was vor allem für Virenscanner und Spamfilter von Bedeutung ist.[293] Somit verletzten nur Filterprogramme, die nach Ablage der Nachricht im Postfach des Empfängers eingreifen, dessen Verfügungsberechtigung. Werden demgegenüber E-Mails bereits vor diesem Zeitpunkt ausgefiltert, fehlt es an einem Übergang der Verantwortlichkeit, wenn die Nachrichten nicht unterdrückt, sondern mit einem Vermerk versehen an den Absender zurückgesandt werden.[294] Das bloße Kopieren von Dateien oder Programmen verletzt im Übrigen nicht die Verfügungsbefugnisse desjenigen, dem die Daten auf dem Original zustehen, weil die Daten dort unverändert bleiben.[295]

c) Tathandlungen

114 Als eigentliche Tathandlungen kommen mit dem **Löschen, Unterdrücken, Unbrauchbarmachen oder Verändern von Daten vier Alternativen** in Betracht, die sowohl durch individuelle Manipulationen oder automatisiert durch Programme (z. B. Viren) begangen werden können. Zur Auslegung kann an die entsprechenden Begriffsbestimmungen des § 3 Abs. 4 BDSG angeknüpft werden.[296] Aus der gesetzlichen Aufzählung wird bereits deutlich, dass es hier inhaltlich zu Überschneidungen kommen muss, da eine präzise Abgrenzung aller Begriffe nicht möglich ist. Auf diese Weise werden zwar Strafbarkeitslücken vermieden, die Rechtsanwendung aber letztlich erschwert. § 303a StGB kann sowohl durch positives Tun als auch durch Unterlassen i. S. d. § 13 StGB begangen werden. In Betracht kommt hier etwa die Nichtverhinderung einer Weitergabe von Computerviren durch einen infizierten Rechner.[297] Das bloße Betreiben eines ungesicherten WLAN-Zugangs, über den Dritte einen offenen Internetzugang zur Begehung von Straftaten erhalten, kann aber nicht als strafrechtlich erhebliches Unterlassen angesehen werden.[298]

115 Von einem **Löschen der Daten** ist erst dann auszugehen, wenn diese **vollständig und unwiederbringlich** unkenntlich **gemacht** und ihre Verkörperung auf dem Datenträger physisch beseitigt wurden. Dies gilt selbst dann, wenn die Daten weiterhin – etwa auf einer Sicherheitskopie – verfügbar sind.[299] Das Löschen entspricht damit dem bisherigen Zerstören von Sachen und deckt sich weitgehend mit der Begriffsdefinition in § 3 Abs. 4 Nr. 5 BDSG. Eine Datenlöschung kann auch durch die vorsätzliche Installierung von Virus-Programmen oder durch DoS-Attacken ausgelöst werden, wenn etwa ein vom Störprogramm herbeigeführter Systemabsturz zu einer vollständigen Vernichtung der Daten im Arbeitsspeicher des Rechners führt.[300] Auch die Beseitigung einer Kopiersperre mittels eines sog. Crackers oder des SIM-Lock-Schutzes bei einem Prepaid-Handy[301] führt zu einer Löschung. Zu beachten ist aber, dass das einfache „Löschen" in Form der Unkenntlichmachung einer Datei auf der Festplatte oder einem Datenträger – etwa durch Werfen in den „Papierkorb"- noch nicht darunter fallen. Da bei einem solchen Vorgehen lediglich der Verzeichniseintrag der File Allocation Table (FAT) gestrichen wird, sind die Daten auf dem Speichermedium weiterhin vorhanden. Nur die entsprechenden Sektoren des Datenträgers werden für eine Überschreibung

---

[293] Vgl. *Jüngel/Schwan/Neumann* MMR 2005, 820.
[294] Vgl. *Heidrich* CR 2009, 170; *LK/Wolff,* § 303a Rn. 17; *Fischer,* § 303a Rn. 7; a. A. *Hoeren* NJW 2004, 3513 und *Kitz* CR 2005, 454, die bereits von einer Berechtigung des Empfängers ausgehen.
[295] Vgl. *Fischer,* § 303a Rn. 6; *LK/Wolff,* § 303a Rn. 16; a. A. AG Böblingen CR 1989, 308 sowie *Richter* CR 1989, 303.
[296] Vgl. BT-Drs. 10/5058, S. 34.
[297] Vgl. *Hilgendorf* JuS 1996, 1082/1084.
[298] Vgl. *Hornung* CR 2007, 88; *Bär* MMR 2005, 434.
[299] Vgl. *Fischer,* § 303a Rn. 9; *Schönke/Schröder-Stree,* § 303a Rn. 4; *Hilgendorf* JuS 1996, 891.
[300] Vgl. LG Ulm CR 1989, 825.
[301] Vgl. OLG Frankfurt CR 2002, 806; AG Göttingen MMR 2011, 626 m. abl. Anm. *Neubauer* und AG Nürtingen MMR 2011 121; *Busch/Giesler* MMR 2001, 586; a. A. *Sasdi* CR 2005, 238 und *Kusnik,* CR 2011, 718.

B. Einzelne Deliktsformen

freigegeben. Tatsächlich gelöscht wird somit nur der Verzeichniseintrag, die Daten im Übrigen aber nur unterdrückt. Sie können durch geeignete Hilfsprogramme wieder rekonstruiert werden. Zu einer endgültigen Löschung kommt es erst bei einer vollständigen Überschreibung der Sektoren oder bei einer Magnetisierung des Datenträgers.[302] Erfolgt eine nur teilweise Datenvernichtung, führt dies nur dann zu einer Löschung, wenn die verbleibenden Informationen keine sinnvollen Inhalte mehr haben. Ansonsten kommt statt der Tathandlung des Löschens hier ein Verändern von Daten in Betracht. Von dieser Tathandlung erfasst wird auch die dauerhafte Löschung von E-Mails,[303] soweit die E-Mail nicht durch einen Spam-Filter nur mit einem entsprechenden Vermerk bzgl. der Nichtweiterleitung an den Versender als Verfügungsberechtigten wieder zurückgesandt wird.[304]

Bei der Tathandlung des **Unterdrückens** werden die Daten demgegenüber dem Berechtigten nur **zeitweise oder auf Dauer entzogen**, während die physische Integrität der Daten unangetastet bleibt.[305] Im Hinblick auf den straflosen Entzug von Sachen bei § 303 StGB steht der Entzug von Daten damit hier unter Strafe,[306] wobei es auf die Art und Weise des Eingriffs nicht ankommt. Eine auf unabsehbare Dauer gerichtete Entziehungsabsicht ist nicht erforderlich.[307] Bei einem nur verzögerten Aufbau einer Internetseite bzw. Totalausfall bei einer „Online-Demo" für 2 Stunden soll es aber an der Dauerhaftigkeit der Entziehung fehlen,[308] jedoch greift bei solchen Denial-of-Service (DoS)-Angriffen nun § 303b Abs. 1 Nr. 2 StGB ein.[309] Tatbestandsmäßig i. S. dieser Alternative des § 303a StGB ist hier in erster Linie die körperliche Entziehung des jeweiligen Datenträgers. Darunter einzuordnen sind aber auch alle Formen des „logischen" Versteckens, die zu einer Einschränkung der Verwendbarkeit von Daten führen. Zu denken ist an die Einfügung von Zugriffsschranken (etwa durch einen Passwortschutz), das Umbenennen von Dateien oder auch das oben bereits angesprochene Löschen von Dateien im Inhaltsverzeichnis des Datenträgers, so dass der Verfügungsberechtigte – wie im Fall 4 (Lösegeld-Trojaner) – vom Zugriff auf seine Daten ausgeschlossen bleibt. Darunter fallen aber auch in Computerprogramme eingebaute sog. Programmsperren, mit denen bei Eintritt eines bestimmten Ereignisses der Ablauf blockiert wird,[310] oder das Ausfiltern und damit Abfangen von E-Mails, soweit dies nicht bereits vom Merkmal des Löschens umfasst wird.[311] Gleiches gilt für das massenhafte Versenden unerwünschter E-Mails („Spamming"), soweit es beim überlasteten Rechner zu einem Systemabsturz oder zu Beeinträchtigungen beim Zugriff auf die dort gespeicherten Daten kommt. Für die Tatbestandsverwirklichung unerheblich ist es, ob es dem Berechtigten mit geringem oder erheblichem Aufwand gelingt, seine Daten wieder zu erlangen.[312]

Die Tathandlung des **Unbrauchbarmachens** wird dann als verwirklicht angesehen, wenn die **bestimmungsgemäße Verwendung der Daten aufgehoben** wird. Das Merkmal entspricht der Beschädigung von Sachen i. S. d. § 303 StGB.[313] Zu denken ist hier etwa an eine Einwirkung auf den Datenträger oder die Daten, die deren konkrete Bearbeitung ausschlie-

---

[302] So im Ergebnis *Welp*, iur 1989, 435; *Hilgendorf*, JuS 1996, 891.
[303] Vgl. *Sassenberg/Lammer* DuD 2008, 464; *Jüngel/Schwan/Neumann* MMR 2005, 820; *Heidrich/Tschoepe* MMR 2004, 79; *Kitz* CR 2005, 453.
[304] Vgl. *Heidrich* CR 2009, 169.
[305] Vgl. BT-Drs. 10/5058, S. 34 f.; *Möhrenschlager* wistra 1986, 141; *Welp* iur 1989, 436; *Hilgendorf* JuS 1996, 891; *Fischer*, § 303a Rn. 10 und *LK/Wolff*, § 303a Rn. 24.
[306] Vgl. zu § 303 StGB zur Sachbeschädigung durch Telefaxwerbung auch GenStA Frankfurt, Verfügung vom 7.12.2001, JurPC Web-Dok. 37/2002 mit der Verneinung einer Strafbarkeit sowie dazu als Anmerkung *Schmittmann*, JurPC Web-Dok. 45/2002.
[307] Vgl. *LK/Wolff*, § 303a Rn. 24; *Fischer*, § 303a Rn. 10.
[308] Vgl. OLG Frankfurt StV 2007, 248; a. A. *Gercke* ZUM 2007, 286/287.
[309] Vgl. unten Rn. 130.
[310] Vgl. dazu *Wuermeling*, CR 1994, 585.
[311] So: OLG Karlsruhe, MMR 2005, 178 sowie näher dazu *Jüngel/Schwan/Neumann*, MMR 2005, 820; *Hoeren* NJW 2004, 3515.
[312] Vgl. *LK/Wolff*, § 303a Rn. 24.
[313] Vgl. *Welp* iur 1989, 435; *LK/Wolff*, § 303a Rn. 26; *Hilgendorf* JuS 1996, 891 und *Fischer*, § 303a Rn. 11.

ßen. So kann etwa die Löschung oder Hinzufügung von Datensätzen in einer Datenbank mit bestehenden Verknüpfungen zu einer Unbrauchbarkeit des gesamten Datenbestandes führen. Dieses Beispiel macht aber bereits deutlich, dass die von diesem Merkmal erfassten Wirkungen durch Teillöschungen und Überschreibungen einzelner Daten oder durch inhaltliche Umgestaltungen zu erreichen sind, so dass diese Fälle meist bereits vom Löschen oder Unterdrücken von Daten erfasst werden. Für das Unbrauchbarmachen verbleibt damit kaum ein eigener Anwendungsbereich gegenüber den anderen Tathandlungen.

118 Als letzte Tatalternative führt das Gesetz ein **Verändern von Daten** auf. Unter Rückgriff auf § 3 Abs. 4 Nr. 2 BDSG wird darunter eine **inhaltliche Umgestaltung** von gespeicherten Daten verstanden, so dass von einem **anderen Bedeutungsgehalt bzw. Aussagewert** auszugehen ist.[314] Dies kann geschehen durch die Hinzufügung, den Austausch oder das Entfernen von Daten. Umfasst sind aber nicht nur inhaltliche Modifikationen, sondern entsprechend dem Willen des Gesetzgebers auch Manipulationen, die nur den Kontext der Daten verändern, aber die Daten selbst nicht modifizieren, wenn Informationen in einen anderen Zusammenhang gestellt oder aus einem solchen gelöst werden. Darunter wäre etwa die Übersetzung einer Datei in den Code einer anderen Programmiersprache ohne inhaltliche Änderung einzuordnen oder das Abspeichern eines Virus auf dem Rechner mit Manipulationen.[315] Nach der Rechtsprechung fällt darunter auch – siehe Fall 3 – der Austausch der Kontonummer einer ec-Karte,[316] da hier der Aussagewert des Magnetstreifens der Karte inhaltlich verändert wird. Diese Tathandlung ist aber auch dadurch verwirklicht, dass ein Computerprogramm oder eine Datei mit einem Virus verbunden wird, der etwa Informationen, Passwörter oder andere Informationen speichert, löscht oder verändert, da hier das ursprüngliche Programm ebenfalls durch die infiltrierten Teile erweitert und damit inhaltlich umgestaltet wird. Hierunter zu subsumieren sind auch die im Rahmen des § 263a StGB bereits dargestellten heimlich installierte sog „Dialer-Programme", die so ausgestaltet sind, dass sie ohne Zutun und ohne Kenntnis des Nutzers eine Veränderung der bestehenden Zugangsdaten für das Internet bzw. Veränderungen in der Registrierdatenbank vornehmen.[317] Dies gilt auch beim sog. Pharming, wenn Manipulationen an der „Host-Datei" am Computer bzw. an DNS-Servern erfolgen, um den Aufruf bestimmter Web-Seiten auf manipulierte Inhalte umzuleiten.[318] Diese Tathandlung kann insoweit auch durch die Aufhebung der Sperre von Mobiltelefonen („SIM-Lock") verwirklicht sein, die bei Prepaid-Handys nur ein Telefonieren im Netz eines bestimmten Providers zulassen.[319] Wer demgegenüber sich über ein ungeschütztes WLAN Zugang zum Internet verschafft, verändert keine Daten, sondern benutzt diese Zugangsmöglichkeit nur. Die Grenze zur Strafbarkeit wird hier erst überschritten, wenn Manipulationen an dort vorhandenen Daten – etwa des WLAN-Routers – vorgenommen werden.[320] Das bloße Kopieren von Dateien lässt den Informationsgehalt und die verkörperten Informationen unberührt und führt folglich zu keiner Veränderung.[321]

d) Subjektiver Tatbestand, Rechtswidrigkeit

119 Zur Tatbestandsverwirklichung erforderlich ist der Nachweis eines **zumindest bedingten Vorsatzes** hinsichtlich des objektiven Tatbestandes. Ein vorsatzausschließender Tatbestandsirrtum i. S. d. § 16 StGB liegt vor, wenn der Täter irrig glaubt, über die Daten verfügungsbefugt zu sein. Geht der Täter allerdings irrig – trotz Kenntnis der Berührung fremder Belange – davon aus, zur Tat berechtigt zu sein, kommt eine direkte Anwendung des § 16 StGB

---

[314] Vgl. *LK/Wolff,* § 303a Rn. 27; *Fischer,* § 303a Rn. 12.
[315] Vgl. *Welp,* iur 1989, 435 und *Hilgendorf,* JuS 1996, 891 sowie *Eichelberger,* MMR 2004, 595.
[316] Vgl. BayObLG JR 1994, 476 mit Anmerkung *Hilgendorf* sowie AG Böblingen CR 1989, 308 und *Richter,* CR 1989, 303 ff.
[317] Vgl. oben Rn. 17 sowie AG Hamburg-St. Georg MMR 2006, 345; *Buggisch* NStZ 2002, 180; *Fülling/Rath,* JuS 2005, 598.
[318] Vgl. *Buggisch/Kerling* Kriminalistik 2006, 536; *Popp* MMR 2006, 86.
[319] Vgl. oben Rn. 80 sowie *Sasdi* CR 2005, 235; BGH CR 2005, 106.
[320] Vgl. *Bär* MMR 2005, 434/439, *Buermeyer* HRRS 2004, 285.
[321] Vgl. *LK/Wolff,* § 303a Rn. 29.

B. Einzelne Deliktsformen **14**

nicht in Betracht. Die rechtliche Behandlung eines dann vorliegenden Erlaubnistatbestandsirrtums ist im Einzelnen umstritten.[322]

Soweit – wie dargestellt – das Merkmal rechtswidrig bei § 303a StGB nicht nur als allgemeines Verbrechensmerkmal angesehen wird, führt eine Einwilligung oder mutmaßliche Einwilligung des Verfügungsberechtigten über die Daten bereits zum Tatbestandsausschluss. Zu einer Rechtfertigung kommt es auch, wenn von einem Host-Provider von Dritten eingestellte rechtswidrige Inhalte auf der Grundlage des § 7 Abs. 2 Satz 2, § 10 Satz 1 Nr. 2 TMG nach dem Auffinden gelöscht werden. Soweit im Rahmen des Virenscanning oder der Abwehr von Spam-Mails eingehende Nachrichten vom Provider oder vom Unternehmen gelöscht oder unterdrückt werden, ohne dass der Adressat der E-Mail damit einverstanden ist, wird eine – Rechtswidrigkeit dieses Handeln regelmäßig zu bejahen sein, selbst wenn das Virenscanning häufig durch § 109 TKG gedeckt sein wird.[323] Mit der Umleitung dieser Daten in einen gesonderten Ordner, der auch dem Empfänger zugänglich gemacht werden kann, besteht aber die Möglichkeit, den Betroffenen in die Entscheidung über die Annahme der E-Mail einzubinden, bevor irgendwelche Schäden entstanden oder zu befürchten sind.[324] 120

e) Versuch und Konkurrenzen

Ebenso wie bei der Sachbeschädigung ist auch bei § 303a StGB der **Versuch strafbar**. Ein solcher Fall wird insbesondere dann vorliegen, wenn der Täter aus seiner Sicht zwar alles Erforderliche getan hat, es aber – etwa durch die eingesetzten Viren – noch zu keiner Auswirkung auf die Daten gekommen ist oder dem Eintritt des tatbestandlichen Erfolgs irgendwelche Hindernisse entgegenstehen. Der Versuch beginnt etwa mit dem Öffnen von Dateien bzw. dem Einschleusen eines Virusprogramms oder dem Angriff auf Zugangssperren[325] und ist mit dem Eintritt der Datenveränderung vollendet. Im Rahmen der **Konkurrenzen** tritt § 303a StGB bei Vorliegen der Qualifizierung des § 303b Abs. 1 Nr. 1 StGB zurück. Im Übrigen ist regelmäßig von Tateinheit mit §§ 263a, 269, 303 StGB auszugehen, es sei denn der Unrechtsgehalt der Tat ist in den anderen Delikten mit enthalten. 121

f) Vorbereitungshandlung (§ 303a Abs. 3 StGB)

Durch den seit dem 41. StrÄndG in § 303a Abs. 3 StGB neu aufgenommenen Verweis auf § 202c StGB werden bestimmte besonders gefährliche Vorbereitungshandlungen bei Datenveränderungen unter Strafe gestellt. Erfasst werden durch dieses abstrakte Gefährdungsdelikt alle Vorbereitungshandlungen, deren objektiver Zweck die Begehung einer Straftat nach § 303a Abs. 1 ist, d.h das Herstellen, Verschaffen, Verkaufen, Überlassen, Verbreiten oder sonstige Zugänglichmachen von Passwörtern oder sonstigen Sicherungscodes (§ 202c Satz 1 Nr. 1 StGB) sowie von Computerprogrammen (§ 202c Satz 1 Nr. 2 StGB), deren Zweck die Begehung einer Datenveränderung ist. 122

Von **§ 303a Abs. 3 i. V. m. § 202c Abs. 1 Nr. 1 StGB** erfasst werden somit alle Zugangscodes, Passwörter oder vergleichbare Daten, etwa einer Verschlüsselungs- bzw. Entschlüsselungssoftware, mit deren Hilfe eine Datenveränderung i. S. d. § 303a Abs. 1 StGB vorgenommen werden kann, wenn im Zeitpunkt der Tat eine konkrete Eignung der Zugangsdaten zur Tatbegehung besteht.[326] Demgegenüber erfordert **§ 303a Abs. 3 i. V m. § 202c Abs. 1 Nr. 2 StGB** ein Computerprogramm, das nach Art und Weise seines Aufbaus und seiner Beschaffenheit bzw. seiner Funktionsweise objektiv bereits so ausgestaltet ist, dass es zur Begehung einer von § 303a Abs. 1 StGB erfassten Computerstraftat dienen soll. Nicht 123

---

[322] Teilweise erfolgt eine Lösung über eine analoge Anwendung des § 16 StGB, teilweise ein Rückgriff auf den Verbotsirrtum gem. § 17 StGB. Vgl. dazu *Schönke/Schröder-Stree* § 303a Rn. 5; *Hilgendorf* JuS 1996, 894.
[323] Vgl. *Köcher* DuD 2005, 163/165; *Cornelius/Tschoepe* K&R 2005, 269/270.
[324] Vgl. *LK/Wolff*, § 303a Rn. 35; *Spindler/Ernst*, CR 04, 437/439; *Heidrich/Tschoepe*, MMR 04, 75/78; *Kitz*, CR 2005, 540/453f.; *Jüngel/Schwan/Neumann* MMR 2005, 820/823f.; *Schmidl* MMR 2005, 343; offen gelassen OLG Karlsruhe CR 2005, 288/290.
[325] Vgl. *LK/Wolff*, § 303a Rn. 36; *Fischer*, § 303a Rn. 16.
[326] Vgl. *Ernst* NJW 2007, 2663.

ausreichend ist aber die bloße Eignung des jeweiligen Computerprogramms, sondern maßgeblich ist – Anlehnung an § 263a Abs. 3 StGB – die Zweckbestimmung, d. h. entscheidende Eigenschaft des Programms muss die Begehung von Straftaten nach § 303a Abs. 1 StGB sein.[327] Vom Tatbestand erfasst werden damit in erster Linie sog. Hacker-Tools, soweit sie zu einer Datenveränderung eingesetzt werden können oder auch Programme zur Erstellung von Viren (Virus Construction Kids) oder Trojanern ebenso wie vergleichbare Softwareanwendungen, die gezielt zur Begehung von Straftaten geschrieben wurden. Demgegenüber fallen alle Programme, die nach ihrer objektiven Funktion schon andere Zielsetzungen verfolgen (z. B. allgemeine, unspezifisch einzusetzende Software einschließlich Systemprogrammen), die aber auch für eine Tatbegehung nach § 303a Abs. 1 StGB eingesetzt werden könnten und hierfür geeignet sind, bereits nicht unter den objektiven Tatbestand.[328] Hinsichtlich von sog. *Dual-Use-Programmen* gelten die Ausführungen zu § 202c StGB entsprechend.[329] Durch den Verweis in § 303a Abs. 3 StGB über § 202c Abs. 2 auf § 149 Abs. 2 und 3 StGB gilt auch hier **Tätige Reue** als persönlicher Strafaufhebungsgrund.

3. Computersabotage (§ 303b StGB)

124 Die Computersabotage ist im Verhältnis zur Datenveränderung ein Sondertatbestand für schwere Behinderungen oder Störungen des Betriebs eines Computer- oder Informationssystems. Während die mit dem 2. WiKG eingefügte ursprüngliche Fassung des § 303b StGB nur dem Schutz hochwertiger Wirtschafts- und Industriegüter vor Sabotageakten diente, erfolgte durch das 41. StRÄndG vom 7.8.2007[330] in Umsetzung von Art. 3 bis 5 des EU-Rahmenbeschlusses vom 24.2.2005[331] und von Art. 3 und 5 des Übereinkommens über Computerkriminalität des Europarates (Convention on Cybercrime) eine grundlegende Neufassung und Erweiterung des Tatbestandes. Vom Tatbestand werden nun auch weniger schwere Fälle der Computersabotage erfasst, die bisherigen Regelungen werden zur Qualifizierung in § 303b Abs. 2 StGB. Die Versuchsstrafbarkeit ist unverändert nun in § 303b Abs. 3 StGB beibehalten. Neu enthalten sind in § 303b Abs. 4 StGB eine Strafzumessungsregel für besonders Schwere Fälle der Computersabotage sowie durch den Verweis in § 303b Abs. 5 auf § 202c StGB auch eine selbstständige Strafdrohung für besonders gefährliche Vorbereitungshandlungen.

125 War bisher durch § 303b StGB nur das Interesse von Wirtschaft und Verwaltung an der Funktionstüchtigkeit ihrer Datenverarbeitung geschützt, dient die geänderte Schutzrichtung des Tatbestandes nun generell dem Interesse der Betreiber und Nutzer von EDV-Anlagen an deren ordnungsgemäßer Funktionsweise, ohne Beschränkung auf bestimmte betriebliche oder behördliche Computeranlagen.[332] Dies dient vor allem der Sicherung des **Grundrechts auf Integrität und Vertraulichkeit informationstechnischer Systeme** aus Art. 2 Abs. 1 i. V. m. 1 Abs. 1 GG.[333] § 303b StGB ist ebenfalls ein Erfolgsdelikt i. S. d. allgemeinen Tatbestandslehre, das verwirklicht ist, wenn es durch eine der dort Tathandlungen tatsächlich zu einer Computersabotage mit einer erheblichen der Störung der Datenverarbeitung als Handlungserfolg gekommen ist.[334] Da es bei einer Tatbegehung über die Datennetze gem. § 9 Abs. 1 3. Alt. StGB für die Tatortbestimmung darauf ankommt, wo der zum Tatbestand gehörende Erfolg eingetreten ist, werden vom deutschen Strafrecht auch vom Ausland aus unter Verwendung von Telekommunikationsmitteln begangene Tathandlungen erfasst, wenn eine

---

[327] Vgl. BT-Drs. 16/3656, S. 12; BVerfG NZV 2006, 483; *LK/Wolff*, § 303a Rn. 39; *Fischer*, § 202c Rn. 5.
[328] Vgl. BVerfG MMR 2009, 577.
[329] Vgl. oben Rn. 97.
[330] BGBl. 2007, Teil I, 1786.
[331] Rahmenbeschluss der EU (2005/222/JI) über Angriffe auf Informationssysteme.
[332] Vgl. BT-Drs. 16/3656, S. 13; *LK/Wolff*, § 303b Rn. 2 m. w. N.
[333] Vgl. BVerfG NJW 2008, 822.
[334] Vgl. BGHSt 46, 212 [220 f.]; *LK/Wolff*, § 303b Rn. 2, *Achenbach/Ransiek-Heghmanns*, HB Wirtschaftsstrafrecht, 3. Aufl. 2012, Teil 6.1 Rn. 154; *Sieber* NJW 1999, 2066; *Vassilaki* CR 2001, 263.

B. Einzelne Deliktsformen **14**

der durch § 303b StGB sanktionierten Tathandlungen zu einem Störungserfolg im Inland geführt hat.[335]

a) Datenverarbeitung von wesentlicher Bedeutung als Schutzobjekt

Als Tatobjekt i. S. d. § 303b StGB kommen nur Datenverarbeitungen in Betracht, die für einen anderen von wesentlicher Bedeutung sind. Der technisch nicht eindeutige Begriff „**Datenverarbeitung**" ist nach dem Willen des Gesetzgebers weit auszulegen und umfasst nicht nur den einzelnen Datenverarbeitungsvorgang, sondern auch den weiteren Umgang mit Daten und deren Verwertung.[336] Einbezogen sind damit neben (einzelnen) automatisierten elektronischen Prozessen, bei denen Daten durch Erfassung, Aufbereitung, Speicherung, Umwandlung verarbeitet oder innerhalb eines internen oder externen Netzwerkes übertragen werden, auch alle elektronischen Rechenvorgänge in ihrer Gesamtheit.[337] Ausgeklammert bleiben damit lediglich sonstige Vorgänge, wie die Versendung von Datenträgern per Post oder die Verwendung von Ausdrucken, da diese nicht in der Form der elektronischen Datenverarbeitung erfolgen.[338] Durch das weitere Merkmal der „**wesentlichen Bedeutung**" sollen als Filter Bagatellfälle vom Tatbestand ausgenommen werden. Eine solche Einschränkung war mit den Begriffen „schwere Behinderung" in Art. 5 des EU-Übereinkommens bzw. „wenn kein leichter Fall vorliegt" in Art. 3 des EU-Rahmenbeschlusses auch vorgesehen, ohne dass sich der Gesetzgeber aber in vollem Umfang an diesen Formulierungen orientiert hat. Die wesentliche Bedeutung ist letztlich unabhängig von der Größe und Leistungsfähigkeit der verwendeten Datenverarbeitung oder des jeweiligen Betriebes oder Unternehmens, so dass es auf eine anlagenbezogene Beurteilung nicht ankommt.[339] Selbst sehr leistungsfähige Kleingeräte, wie etwa Smartphones, Personal Digital Assistants (PDAs) oder IPads bzw. Netbooks können daher auch von wesentlicher Bedeutung sein,[340] da hier nach dem Willen des Gesetzgebers auch weniger schwer wiegende Fälle erfasst werden sollen, was auch aus dem abgesenkten Strafrahmen deutlich wird.[341] **126**

Im **Bereich der Wirtschaft** besteht eine wesentliche Bedeutung der Datenverarbeitung vor allem bei Rechenzentren etwa in Großunternehmen oder bei Computeranlagen, die für die Organisation und die Verwaltungs- oder Arbeitsabläufe eines Unternehmens grundlegend sind, so dass bei einem Ausfall notwendige Daten nicht zur Verfügung stehen bzw. Datenverarbeitungsprozesse in wichtigen Teilbereichen nicht mehr oder nur mit nicht unerheblichem Mehraufwand genutzt werden können.[342] Die geforderte Wesentlichkeit kann aber auch einen einzelnen Datenverarbeitungsvorgang betreffen, wenn etwa die Buchhaltung, das Controlling, die Personalverwaltung oder sonstige zentrale Aufgabenbereiche nicht mehr funktionsfähig sind. Dies gilt etwa bei Nichtfunktionieren der Praxissoftware eines Arztes, so dass die Patientendaten nicht zur Verfügung stehen.[343] Im **privaten Bereich** hat eine EDV-Anlage eine wesentliche Bedeutung, wenn sie für die Lebensgestaltung der jeweiligen Person eine zentrale Funktion einnimmt.[344] Daran fehlt es bei einem Computer, der etwa nur zum Surfen im Internet oder für Computerspiele benutzt wird. Gleiches gilt bei Datenverarbeitungen in Haushaltsgeräten wie TV-Anlagen oder Navigationsgeräten.[345] Demgegenüber ist dies bei einem Bezug zu einer Erwerbstätigkeit oder einer sonstigen wissenschaftlichen, künstlerischen oder schriftstellerischen Tätigkeit zu bejahen, so etwa beim Laptop mit der **127**

---

[335] Vgl. *Graf/Jäger/Wittig-Bär*, Wirtschafts- und Steuerstrafrecht, § 303b StGB Rn. 3.; *Fischer*, § 9 Rn. 5 ff. jeweils m. w. N.
[336] Vgl. BT-Drs. 10/5058, S. 35.
[337] Vgl. *LK-Wolff*, § 303b Rn. 4; *Fischer*, § 303b Rn. 4; *Schönke/Schröder-Stree* 3; *MK-StGB/Wieck-Nooth*, § 303b Rn. 6.
[338] Vgl. *Fischer*, § 303b Rn. 4.
[339] Vgl. *Fischer*, § 303b Rn. 6.
[340] Vgl. *Fischer*, § 303b Rn. 6; *LK-Wolff*, § 303b Rn. 12.
[341] Vgl. BT-Drs. 16/3656, S. 13.
[342] Vgl. *LK-Wolff*, § 303b Rn. 10; *Schönke/Schröder-Stree*, § 303b Rn. 7 jeweils m. w. N.
[343] Vgl. LG Ulm CR 1989, 825.
[344] Vgl. BT-Drs. 16/3656, S. 13.
[345] Vgl. *Fischer*, § 303b Rn. 7.

Dissertation eines Doktoranden.³⁴⁶ Dabei ist für die wesentliche Bedeutung vor allem auf einen objektiven Maßstab abzustellen.³⁴⁷ Eine zu weitgehende Subjektivierung – etwa im Blick auf katalogisierte Digitalbilder- oder Video-Sammlungen, umfangreiche private E-Mail-Daten – würde hier aber zu einer problematischen Ausdehnung des Tatbestandes führen, die im Blick auf den Schutzzweck der Norm nicht zu rechtfertigen ist.³⁴⁸

b) Tathandlungen nach § 303b Abs. 2 StGB

128 Als Tathandlungen für eine Computersabotage sind in den § 303b Abs. 1 Nr. 1 – 3 StGB sehr unterschiedliche Vorgehensweisen aufgeführt, die von der Begehung einer Datenveränderung (Nr. 1) über die Eingabe oder Übermittlung von Daten in Nachteilszufügungsabsicht (Nr. 2) bis hin zu Sabotagehandlungen an Datenverarbeitungsanlagen oder Datenträgern (Nr. 3) reichen.

129 **§ 303b Abs. 1 Nr. 1 StGB** setzt eine Tat nach § 303a Abs. 1 StGB voraus, d. h. eine rechtswidrige Löschung, Unterdrückung, Unbrauchbarmachung oder Veränderung von Daten, die rechtlich nicht der Verfügungsbefugnis des Täters unterliegen.³⁴⁹ Hinzukommen muss hier aber als erforderlicher Taterfolg eine Störung der Datenverarbeitung. Dieser Tatbestand kann nur erfüllt sein, wenn durch die veränderten Daten die geforderten negativen Veränderungen auf den Datenverarbeitungsvorgang oder den Informationsgehalt der Daten ausgelöst werden.³⁵⁰ Es liegt damit hier eine Qualifikation zu § 303a Abs. 1 StGB vor.

130 Mit der 2007 neu eingefügten Tathandlung in **§ 303b Abs. 1 Nr. 2 StGB** sollen spezielle Störungen der Datenverarbeitung erfasst werden, bei denen Daten in Nachteilszufügungsabsicht eingegeben oder übermittelt werden. Durch derartige an sich neutrale Handlungen können erhebliche Beeinträchtigungen eines Computersystems verursacht werden, wenn sie sozial inadäquat und damit rechtswidrig eingesetzt werden.³⁵¹ Einbezogen sind damit etwa sog. **Denial-of-Service(DoS)-Attacken** bzw. DDoS (distributet DoS), wenn – ohne Eindringen in den fremden Rechner – die Dienste eines Servers (bei DoS) oder einer größeren Anzahl von Rechners (bei DDoS) durch einen koordinierten Angriff mit einer Vielzahl von gleichzeitigen Anfragen so belastet werden, dass eine Kommunikation ganz blockiert oder zumindest erheblich erschwert wird.³⁵² Eine besondere Form stellt die DRDoS (Distributed Reflected Denial of Service)-Attacke dar, bei der ein Angreifer seine Datenpakete nicht direkt an das Opfer, sondern an regulär arbeitende Internetdienste sendet, jedoch über veränderte IP-Adressen (IP-Spoofing) als Absenderadresse die des Opfers eingibt, so dass es durch die Antworten auf diese Anfragen zum eigentlichen DoS-Angriff kommt, ohne dass der Ursprung des Angriffs erkennbar wird. Hier erfasst werden auch DoS-Attacken in Form eines politischen Protestes, sog. Online-Demonstrationen, bei denen das OLG Frankfurt³⁵³ zur alten Gesetzesfassung bei einer zweistündigen Blockade der Internetseite eines Luftfahrtunternehmens noch eine Strafbarkeit verneint hatte. Durch das zusätzliche subjektive Korrektiv „in der Absicht, einem anderen Nachteil zuzufügen" wird sichergestellt, dass nur in Schädigungsabsicht begangene Handlungen vom Tatbestand erfasst werden und andere Aktivitäten bei der Netzwerkgestaltung oder bei sonstigen zulässigen Maßnahmen ausgeklammert bleiben. Eine Nachteilszufügungsabsicht erfordert das Bewusstsein des Täters, dass der Nachteil die notwendige Folge der Tat ist. Als Nachteil gilt dabei jede negative Folge oder Beeinträchtigung rechtmäßiger Interessen, ohne dass dieser vermögensrechtlicher Natur zu sein braucht.³⁵⁴ Da zur Tatbestandsverwirklichung die Absicht genügt, braucht der Nachteil nicht eingetreten zu

---

³⁴⁶ Vgl. BT-Drs. 16/3656, S. 13; *Ernst* NJW2007, 2664.
³⁴⁷ So im Ergebnis auch: *LK/Wolff*, § 303b Rn. 11; für die Einbeziehung auch subjektiver Elemente: *Fischer*, § 303b Rn. 6.
³⁴⁸ Vgl. *Graf/Jäger/Wittig-Bär*, Wirtschafts- und Steuerstrafrecht, § 303b StGB Rn. 10.
³⁴⁹ Vgl. oben Rn. 114 – 118.
³⁵⁰ Vgl. *Grösling/Höfinger* MMR 2007, 627; *LK/Wolff*, § 303b Rn. 15.
³⁵¹ Vgl. BT-Drs. 16/3656, S. 13.
³⁵² Vgl. LG Düsseldorf MMR 2011, 624 m. Anm. *Bär*.
³⁵³ Vgl. OLG Frankfurt MMR 2006, 547 m. Anm. *Gercke* und *Kitz* ZUM 2006, 730.
³⁵⁴ Vgl. BGHSt 29, 196 zu § 274 Abs. 1 Nr. 1; *Fischer*, § 303b Rn. 12a.

B. Einzelne Deliktsformen

sein, jedoch soll es bei Massenprotesten per E-Mail an der Absicht der Nachteilszufügung fehlen, wenn dieses Vorgehen von der Meinungsfreiheit i. S. d. Art. 5 GG gedeckt ist.[355] Dies kann aber nur dann gelten, wenn im Rahmen einer nicht verabredeten Aktion unterschiedliche Absender von E-Mails eine Störung der Datenverarbeitung durch Überlastung des Servers herbeiführen. Die Grenzen einer zulässigen Meinungsäußerung werden aber überschritten, wenn es – auch bei durchaus anerkennenswerten Motiven – bei organisierten Protestaufrufen zur Durchsetzung von politischen oder sonstigen Anliegen zum Lahmlegen eines fremden Rechners kommt.[356] Dieses Vorgehen kann als „virtueller Protest" auch nicht als von der Versammlungsfreiheit i. S. d. Art. 8 GG als „Online-Demonstration" gedeckt angesehen werden.[357]

Unter Strafe gestellt sind nach **§ 303b Abs. 1 Nr. 3 StGB** zusätzlich Angriffe auf die Datenverarbeitungsanlage oder einen Datenträger und damit letztlich auf die Hardware. Die Datenverarbeitungsanlage erfasst alle Einzelbestandteile der maschinentechnischen Ausstattung vom Bildschirm über Laufwerke, Drucker bis hin zur Zentraleinheit selbst,[358] aber auch alle zur Datenverarbeitung gehörenden Bestandteile eines lokalen Netzwerkes (LAN oder WLAN). Zu den Datenträgern gehören alle heute gängigen elektronischen, magnetischen oder optischen Speichermedien wie Diskette, Magnetband, CD-ROM bzw. DVD, aber auch USB- sowie andere Memory-Sticks oder SD-Speicherchips in Digitalfotos, Navigationsgeräten oder anderen technischen Geräten. Da die Tatobjekte – im Gegensatz zu § 303 Abs. 1 StGB – für den Täter nicht fremd sein müssen, sind die Eigentumsverhältnisse für die Tatbegehung ohne Bedeutung. Die gegen eigene Sachen des Täters gerichtete Handlung ist daher auch erfasst, wenn dadurch die Datenverarbeitung eines dem Täter nicht gehörenden Unternehmens oder einer Behörde gestört wird.[359] Konkrete Tathandlungen sind – wie bei § 303 StGB – zunächst das Zerstören oder Beschädigen der jeweiligen Hardware sowie das Unbrauchbarmachen, wenn durch Aufhebung oder so starke Beeinträchtigung der Gebrauchsfähigkeit eine ordnungsgemäße Nutzung nicht mehr möglich ist. Da das Unbrauchbarmachen meist eine Beschädigung einschließt, ist der Anwendungsbereich dieser Tathandlung gering.[360] Da eine Beseitigung die Entfernung aus dem Verfügungs- oder Gebrauchsbereich des Berechtigten erforderlich ist, dies aber meist nicht ohne Herstellung eines abweichenden Zustandes der Hardware durch Umbau oder Verwendung neuer Komponenten und damit einer Beschädigung oder Unbrauchbarmachung verbunden ist, bleibt für diese letzte Tatalternative kaum ein Anwendungsbereich.[361]

Als Tatererfolg muss es bei allen Handlungen zu einer **erheblichen Störung der Datenverarbeitung** kommen. Durch die Einfügung „erheblich" mit dem 41. StRÄndG sollten Störungen von untergeordneter Bedeutung ausgeschlossen bleiben,[362] und nur Handlungen erfasst werden, die den reibungslosen Ablauf der Datenverarbeitung nicht unerheblich beeinträchtigen.[363] Dies erfordert noch keine Störung des Betriebes insgesamt, andererseits ist eine bloße abstrakte oder konkrete Gefährdung der Datenverarbeitung noch nicht ausreichend. Die Art der jeweiligen Störung ist unerheblich, so dass sowohl alle Eingriffe in den technischen Ablauf der mechanischen Teile oder des Datenflusses innerhalb der Anlage als auch Schadprogramme (Viren, DoS-Attacken) in allen denkbaren Formen in Betracht kommen. Dies ist zu bejahen, wenn die Funktionsfähigkeit der EDV-Anlage völlig aufgehoben ist, etwa durch Verletzung oder Zerstörung der Substanz des Rechners (Computer wird angezündet oder mit sonstigen Flüssigkeiten gebrauchsunfähig gemacht) oder durch bewusste Herbeiführung des völligen Zusammenbruchs eines EDV-Systems. Ist nur die Funktionsfä-

---

[355] Vgl. BT-Drs. 16/5449, S. 9.
[356] Vgl. *LK/Wolff*, § 303b Rn. 29.
[357] Vgl. BT-Drs. 17/10379. Vgl. näher auch: *Hoffmanns*, ZIS 2012, 409.
[358] Vgl. *LK/Wolff*, § 303b Rn. 17; *Fischer*, § 303b Rn. 13.
[359] Vgl. BT-Drs. 10/5058, S. 36.
[360] Vgl. *Hilgendorf* JuS 1996, 1082.
[361] Vgl. *LK/Wolff*, § 303b Rn. 22; *Fischer*, § 303b Rn. 13.
[362] Vgl. BT-Drs. 16/3654, S. 13.
[363] Vgl. *LK/Wolff*, § 303b Rn. 23; *Fischer*, § 303b Rn. 12; *Schönke/Schröder-Stree*, § 303b Rn. 10.

higkeit der Anlage eingeschränkt, kann das Kriterium der Erheblichkeit herangezogen werden. Beeinträchtigungen der Hardwarefunktionen – etwa beim Ausfall einzelner Funktionen oder Geräte (Bildschirme, Drucker) – führen regelmäßig zu einer Störung, wenn keine Datenausgabe und Arbeit am Rechner mehr möglich ist ebenso wie die erhebliche Herabsetzung der Rechnergeschwindigkeit oder die Nichtausführbarkeit einzelner Programme bzw. Anwendungen. Daran fehlt es, wenn die volle Funktionsfähigkeit aber über andere Geräte, Sicherungskopien oder durch einen kurzfristigen Neustart des Rechners ohne große Zeitaufwand oder erhebliche Kosten wieder erreicht werden kann[364] oder die Auswirkungen der Störung nur sehr begrenzt sind. Da sich der Begriff „Datenverarbeitung" auf den weiteren Umgang mit den Daten sowie deren Verwertung erstreckt, ist in Abgrenzung zu § 263a StGB regelmäßig die Störung eines einzelnen Datenverarbeitungsvorgangs hier nicht ausreichend, sondern nur die Störung einer unbestimmten Vielzahl von solchen Vorgängen.[365] Sabotagehandlungen führen deshalb nur zum tatbestandlichen Erfolg, wenn sich Programmveränderungen oder Veränderungen von Daten – etwa bei falschen Berechnungen der Lohnsteuern oder Gehaltsauszahlungen an fiktive Mitarbeiter – auf eine Vielzahl oder sogar alle Datensätze bzw. Daten auswirken.[366]

133   In subjektiver Hinsicht ist **zumindest bedingten Vorsatzes** erforderlich, d. h. der Täter muss vor allem wissen bzw. für möglich halten, dass die Datenverarbeitung für den von der Störung Betroffenen von wesentlicher Bedeutung ist und es durch die eigentliche Tathandlung zu einer entsprechenden erheblichen Beeinträchtigung kommt. Ein vorsatzausschließender Tatbestandsirrtum i. S. d. § 16 StGB liegt vor, wenn der Täter irrig von einer unwesentlichen Bedeutung der Datenverarbeitung ausgeht. Das bei § 303b Abs. 1 Nr. 1 StGB erforderliche rechtswidrige Handeln ist auf der Tatbestandsebene zu prüfen,[367] so dass zum Ausschluss der **Rechtswidrigkeit** hier nur allgemeine Rechtfertigungsgründe wie die Einwilligung oder mutmaßliche Einwilligung in Betracht kommen.

c) Qualifikation (§ 303b Abs. 2 StGB)

134   Mit einer gegenüber Abs. 1 erhöhten Strafandrohung bleiben die bisher in § 303b Abs. 1 a. F. StGB sanktionierten Sabotagehandlungen als Qualifikationstatbestand aufrecht erhalten, wenn die Datenverarbeitung für einen fremden Betrieb, ein fremdes Unternehmen oder eine Behörde von wesentlicher Bedeutung ist. Zur Reichweite des **„Betriebs"** ist nicht auf die enge Legaldefinition in § 265b Abs. 3 Nr. 1 StGB abzustellen, sondern allgemein auf die zu § 14 StGB entwickelten Grundsätze zurückzugreifen, d. h. ob es sich um eine räumliche und organisatorische Zusammenfassung von Personen und Sachmitteln zur Erreichung eines arbeitstechnischen Zwecks handelt, der nicht unbedingt wirtschaftlich sein muss.[368] Als **Unternehmen** gelten organisatorische Einheiten, die auf einer Verbindung personeller und sachlicher Mittel beruhen, so dass mit diesen teilweise deckungsgleichen Begriffen etwa Datenverarbeitungen in Geschäften, Handwerksbetrieben, Agenturen, Freiberuflern, Banken und Vereinen geschützt werde. Da ein unmittelbarer wirtschaftlicher Zweck mit Gewinnerzielungsabsicht nicht im Vordergrund steht, sind auch karitative Einrichtungen oder andere gemeinnützige Vereine, Theater ohne wirtschaftliche Ziele einbezogen. Hinzukommen muss aber in allen Fällen, dass Betrieb oder Unternehmen für den Täter fremd sind, d. h. dieser darf nicht Alleineigentümer oder Alleingesellschafter einer GmbH sein. Für Betriebs- oder Unternehmensangehörige ist von einer Fremdheit auszugehen, solange das Betriebsvermögen rechtlich bzw. wirtschaftlich nicht dem Täter zuzuordnen ist. Sofern die Datenverarbeitung des Unternehmens – etwa durch fremde Rechenzentren – wahrgenommen wird, ist sie dem Betrieb des Unternehmens nicht zuzuordnen. Der Betreiber des Rechenzentrums kann Täter i. S. d. § 303b Abs. 2 StGB sein. Entscheidend ist die Prüfung der Eigentums-, Gebrauchs- und Verfügungsrechte sowohl an der vorhandenen Hardware als auch hinsichtlich

---

[364] Vgl. LK/Wolff, § 303b Rn. 26.
[365] Vgl. BT-Drs. 10/5058, 35; Volesky/Scholten iur 1987, 283.
[366] Vgl. LK-Wolff § 303b Rn. 24; Volesky/Scholten iur 1987, 284.
[367] Vgl. oben zu 303a Rn. 111.
[368] Vgl. Fischer § 14 Rn. 8; Volesky/Scholten iur 1987, 281; LK-Wolff, § 303b Rn. 7.

B. Einzelne Deliktsformen **14**

der Software. Unter einer **Behörde** wird entsprechend § 11 Abs. 1 Nr. 7 StGB ein ständiges, von der Person des Inhabers unabhängiges, in das Gefüge der öffentlichen Verwaltung eingeordnetes Organ der Staatsgewalt verstanden, das die Aufgabe hat, unter öffentlicher Autorität nach eigener Entschließung für Staatszwecke tätig zu sein.[369] Dazu zählen auch die Gerichte.

d) Versuchsstrafbarkeit (§ 303b Abs. 3)

Ebenso wie bei Sachbeschädigung und Datenveränderung ist gem. § 303b Abs. 3 StGB auch hier der Versuch strafbar. Damit wird Art. 5 Abs. 2 des EU-Rahmenbeschlusses umgesetzt.[370] Ein Versuch liegt vor, wenn es trotz erfolgter Sabotagehandlung noch zu keinem Tatererfolg, der Störung der Datenverarbeitung, gekommen ist, der Täter aber nach seinen Vorstellungen bereits mit der Tatausführung begonnen hat. Die erfolglosen Bemühungen eines Crackers, über ein Sicherungssystem eines fremden Rechners Sabotagehandlungen vorzunehmen, werden so – im Gegensatz zu § 202a StGB – hier erfasst. Die Grenze der straflosen Vorbereitungshandlung zum Versuch ist mit dem Beginn des Angriffs auf die Datenverarbeitungsanlage bzw. den Datenträger – etwa durch den Eingabe- oder Übermittlungsvorgang eines Virus oder eines Trojanischen Pferdes – überschritten.[371]   **135**

e) Strafzumessungsregel (§ 303b Abs. 4 StGB)

Seit dem 41. StrÄndG besteht mit § 303b Abs. 4 StGB erstmals eine Strafzumessungsregel für besonders schwere Fälle der Computersabotage, die sich vom Strafrahmen des Abs. 2 nicht immer angemessen erfassen lassen.[372] Die dortigen Regelbeispiele orientieren sich dabei an vergleichbaren Bestimmungen anderer Tatbestände, wobei aber die besonders schweren Fälle nicht an den Grundtatbestand, sondern nur an die Qualifikation des Abs. 2 anknüpfen, da Sabotagehandlungen gerade bei Unternehmen und Behörden zu einem beträchtlichen wirtschaftlichen Schaden führen können.   **136**

Mit der Herbeiführung eines Vermögensverlustes großen Ausmaßes (**§ 303b Abs. 4 Nr. 1 StGB**) wird § 263a Abs. 2 i. V. m. § 263 Abs. 3 Satz 2 Nr. 2 StGB übernommen.[373] Dabei ist zur Konkretisierung an objektive Gesichtspunkte und die dort entwickelte Wertgrenze von 50.000 Euro für den geforderten Vermögensverlust anzuknüpfen.[374] Allein die Absicht der Zufügung eines großen Vermögensverlustes reicht für die Bejahung des Regelbeispiels nicht aus. Ebenso wie bei § 263 Abs. 3 StGB muss vielmehr der Schaden tatsächlich eingetreten sein, eine schadensgleiche Vermögensgefährdung genügt nicht.[375]   **137**

Für die gewerbs- oder bandenmäßige Begehung (**§ 303b Abs. 4 Nr. 2 StGB**) kann inhaltlich an den vergleichbaren Bestimmungen in § 263 Abs. 3 Satz 1 Nr. 2 und § 367 Abs. 3 Satz 2 Nr. 2 StGB, auf die auch in § 263a Abs. 2 und § 269 Abs. 3 StGB Bezug genommen wird, angeknüpft werden.[376] Die für die Gewerbsmäßigkeit erforderliche wiederholte Tatbegehung, um sich eine fortlaufende Einnahmequelle zu verschaffen, wird aber bei Sabotagehandlungen kaum in Betracht kommen. Eher denkbar ist eine bandenmäßige Begehung bei einem Zusammenschluss von mindestens drei Personen für eine gewisse Dauer, wenn mehrere selbstständige, im Einzelnen noch ungewisse Straftaten nach § 303b Abs. 2 StGB begangen werden sollen, ohne dass eine Bandenabrede – etwa in Form eines gefestigten „Bandenwillens" oder ein Tätigwerden im übergeordneten Bandeninteresse – nötig ist.[377] Eine solche Verwirklichung kommt etwa bei zeitlich koordinierten gemeinsamen DoS-Attacken durch mehrere Täter in Betracht, um einen für die Geschäftsabwicklung wesentlichen Internet-Server eines oder mehrerer Unternehmen lahmzulegen.   **138**

---

[369] Vgl. BGHSt 25, 186 sowie *Fischer* § 11 Rn. 29 m. w. N.
[370] Vgl. BT-Drs. 16/3656, S. 13.
[371] Vgl. *LK/Wolff*, § 303b Rn. 31; *Fischer*, § 303b Rn. 20.
[372] Vgl. BT-Drs. 16/3656, S. 13.
[373] Vgl. BT-Drs. 16/3656, S. 14.
[374] Vgl. BGHSt 48, 360/361; *LK/Wolff*, § 303b Rn. 35; *Fischer*, § 303b Rn. 23.
[375] Vgl. BGHSt 48, 354/356.
[376] Vgl. BT-Drs. 16/3656, S. 14.
[377] Vgl. BGHSt 47, 214/219; 46, 321/325.

139 Das an § 316b Abs. 3 StGB angelehnte dritte Regelbeispiel einer Beeinträchtigung der Versorgung der Bevölkerung mit lebenswichtigen Gütern oder Dienstleistungen oder der Sicherheit der Bundesrepublik Deutschland (**§ 303b Abs. 4 Nr. 3 StGB**) will besonders schwere Folgen für die Allgemeinheit ebenfalls mit einem erhöhten Strafrahmen sanktionieren. Hierbei wurde vom Gesetzgeber berücksichtigt, dass heute die Verfahrensabläufe im Rahmen der Infrastrukturunternehmen, etwa der Energie- und Wasserversorgung, aber auch der Krankenhäuser oder der Bankwirtschaft sowie des Bahn- und Luftverkehrs fast ausschließlich mithilfe der EDV abgewickelt werden, so dass solche Betriebe und Unternehmen für Sabotageakte besonders anfällig sind.[378] Eine Beeinträchtigung der staatlichen Sicherheitsinteressen ist – ebenso wie bei § 92 Abs. 3 Nr. 2 StGB – bei schwerwiegenden Angriffen gegen lebenswichtige Infrastruktureinrichtungen gegeben wie die öffentlichen Versorgungsbetriebe (Gas, Wasser, Strom), aber auch Datenverarbeitungsanlagen der Polizei, Feuerwehr, mit denen beispielsweise Einsätze ausgelöst oder gesteuert werden. Insoweit kann es hier zu tateinheitlicher Begehung mit § 316b, § 316c, § 317 und § 318 StGB kommen.

f) Vorbereitungshandlungen (§ 303b Abs. 5 StGB)

140 In Umsetzung von Art. 6 Abs. 1a) i. V. m. Art. 4 Abs. 1 der Cyber-Crime-Konvention werden mit § 303b Abs. 5 StGB unter Verweis auf § 202c StGB in Form eines abstrakten Gefährdungsdelikts besonders gefährliche Vorbereitungshandlungen in Bezug auf Eingriffe in ein System selbstständig unter Strafe gestellt,[379] deren objektiver Zweck die Begehung einer Straftat nach § 303b Abs. 1 StGB ist, und nicht nur eine bisher straflose versuchte Beihilfe zu sanktioniert, wenn es nicht zu Vollendung einer Haupttat gekommen ist.[380] Von **§ 303b Abs. 5 i. V. m. § 202c Abs. 1 Nr. 1 StGB** erfasst werden Zugangscodes, Passwörter oder vergleichbare Daten, etwa einer Verschlüsselungs- bzw. Entschlüsselungssoftware, die eine Begehung von Sabotagehandlungen i. S. d. § 303b Abs. 1 StGB zulassen, sofern eine konkrete Eignung der Zugangsdaten zur Tatbegehung besteht.[381] Demgegenüber erfordert **§ 303a Abs. 3 i. V. m. § 202c Abs. 1 Nr. 2 StGB** ein Computerprogramm, das nach Art und Weise seines Aufbaus und seiner Beschaffenheit bzw. seiner Funktionsweise objektiv so ausgestaltet ist, dass es zur Begehung einer von § 303b Abs. 1 StGB erfassten Sabotagehandlung eingesetzt werden kann.[382] Vom Tatbestand erfasst werden damit sog. Hacker-Tools, soweit sie für Sabotagehandlungen aller Art eingesetzt und/oder mit denen gezielt solche Programme geschrieben werden können.[383] In **subjektiver Hinsicht** erfordert die Verwirklichung einer Vorbereitungshandlung zumindest dolus eventualis. Der Vorsatz muss sich bzgl. § 202c Abs. 1 Nr. 2 StGB auch auf die Zweckbestimmung des Computerprogramms beziehen.[384] Durch den Verweisung in § 303b Abs. 5 auf den gesamten § 202c StGB, findet über den dortigen Abs. 2 auch § 149 Abs. 2 und 3 mit der **Tätigen Reue** als persönlichem Strafaufhebungsgrund Anwendung.

g) Konkurrenzen und Antragserfordernis

141 Die Qualifizierung des § 303b Abs. 1 Nr. 1 StGB verdrängt den Grundtatbestand des § 303a StGB. Im Übrigen ist regelmäßig Tateinheit mit weiteren Tatbeständen, insbesondere § 303 oder §§ 263a, 269 StGB gegeben, es sei denn die Sachbeschädigung würde hinter § 303b StGB zurücktreten, falls deren tatbestandlicher Erfolg bereits voll von der Sabotagehandlung mit erfasst wird. In Betracht kommt – wie im Fall 4 – bei der sog. Digitalen Erpressung,

---

[378] Vgl. BT-Drs. 16/3656, S 14.
[379] Vgl. BT-Drs. 16/3656, S. 14.
[380] Vgl. BT-Drs. 16/3656, S. 12; kritisch: *Borges/Stuckenberg/Wegener* DuD 2007, 275; *Schulz* DuD 2006, 781.
[381] Vgl. *Ernst* NJW 2007, 2663.
[382] Vgl. BT-Drs. 16/3656, S. 12; BVerfG NZV 2006, 483; *LK/Wolff*, § 303a Rn. 39; *Fischer*, § 202c Rn. 5.
[383] Vgl. ergänzend zu § 202c Rn. 93 ff. und § 303a Rn. 122 f.
[384] Vgl. BVerfG NZV 2006, 483; *LK/Wolff*, § 303a Rn. 42; *Ernst* NJW 2007, 2664.

B. Einzelne Deliktsformen **14**

wenn zur Abwendung eines DoS-Angriffs eine Geldzahlung verlangt wird, auch Tateinheit mit §§ 253, 255 StGB. Soweit mehrere Tathandlungen des § 303b Abs. 1 Nr. 1 und Nr. 3 StGB gleichzeitig verwirklicht wurden, handelt es sich trotz unterschiedlicher Angriffsmodi um eine einheitliche Tat und nicht um Idealkonkurrenz.[385]

Gem. **§ 303c StGB** werden alle Tathandlungen nach § 303b Abs. 1 bis 3 StGB primär nur **142** auf Antrag verfolgt. Antragsberechtigt ist als Verletzter hier der Inhaber und Berechtigte der Datenverarbeitung. Eines Strafantrages bedarf es nur dann nicht, wenn die Strafverfolgungsbehörde ein besonderes öffentliches Interesse an der Verfolgung bejaht und deshalb von Amts wegen einschreitet. Dies wird bei Sabotagehandlungen, die dem qualifizierten Tatbestand des § 303b Abs. 2 oder eines Regelbeispiels nach § 303b Abs. 4 erfüllen, auf Grund des besonderen Unrechtsgehalts dieser Vorgehensweisen regelmäßig anzunehmen sein.[386]

h) Besonderheiten der Strafverfolgung

Ebenso wie bei der Datenveränderung besteht auch bei Sabotagehandlungen die Haupt- **143** schwierigkeit des Tatnachweises darin, den Täter zu ermitteln. Dazu bedarf es zunächst einer Feststellung der vom Täter vorgenommenen Veränderungen an der Hard- und/oder Software, um einen gerichtsverwertbaren Nachweis für Manipulationshandlungen führen zu können. Dies wird in den meisten Fällen nur durch eine aufwändige Untersuchung und Auswertung durch speziell im EDV-Bereich ausgebildete Polizeibeamte von Spezialdienststellen oder durch Sachverständige möglich sein. Bei einer Tatbegehungen über Datennetze – etwa im Rahmen von DoS-Attacken oder vergleichbaren Vorgehensweisen – ist eine Täterermittlung nur durch Zurückverfolgungen im Netz an Hand der jeweils verwendeten und vom geschädigten Rechner gespeicherten IP-Adresse des Angreifers oder einer sonstigen Kennungen möglich. Nur wenn zu den so ermittelten IP-Adressen des Täters vom jeweiligen Provider entsprechende Verkehrsdaten überhaupt erhoben werden und noch vorhanden sind, kann eine Zuordnung dieser IP-Adresse im Tatzeitpunkt zu einem konkreten Anschluss überhaupt erst erfolgen, so dass nur dann ein weiterer Ermittlungsansatz zur Verfügung steht. Dies erfordert ggf. weitere gerichtlich angeordnete Maßnahmen zur Auskunft über Verkehrsdaten gem. § 100g Abs. 1 Nr. 2 StPO bei diesen mittels Telekommunikation begangenen Straftaten oder eine Auskunft zu den hinter einer IP-Adresse stehenden Personen auf der Grundlage des § 113 TKG.[387]

V. Illegale Nutzung von Programmen (§§ 106 ff. UrhG)

Zur Computerkriminalität gehören auch alle Formen der **Softwarepiraterie**, der unbefug- **144** ten Nutzung von fremden Programmen oder Daten. Mit den im Nebenstrafrecht in den **§§ 106 ff. UrhG** enthaltenen Strafnormen will der Gesetzgeber vom Rechtsgut her die Dispositionsbefugnis des Urhebers über die Nutzung seiner Werke schützen. Das Urheberstrafrecht enthält dazu drei Grundtatbestände: § 106 UrhG greift bei einer Verletzung der Verwertungsbefugnisse des Urhebers ein. In § 107 UrhG werden Straftaten im Fall eines Verstoßes gegen das Persönlichkeitsrecht des Urhebers, in § 108 UrhG Straftaten gegen Verwertungsbefugnisse der Inhaber von verwandten Schutzrechten sanktioniert. Zusätzlich wird durch § 108a UrhG der Strafrahmen der vorgenannten Einzelnormen für den Fall einer gewerbsmäßigen Verletzung erhöht. § 108b UrhG enthält eine Sondernorm für unerlaubte Eingriffe in technische Schutzmaßnahmen. Es liegen jeweils **Blankettstrafnormen** vor, die erst in Verbindung mit konkretisierenden Vorschriften über die Werkeigenschaft und über die einzelnen Tathandlungen ihren jeweiligen Inhalt erhalten. Von Interesse im Zusammenhang mit

---

[385] Vgl. *LK/Wolff*, § 303b Rn. 39; *Fischer*, § 303b Rn. 27.
[386] Vgl. *LK/Wolff*, § 303c Rn. 1; *Fischer*, § 303c Rn. 7.
[387] Vgl. zu den einzelnen Ermittlungsmöglichkeiten eingehend: *Bär* HdB zur EDV-Beweissicherung im Strafverfahren Rn. 151 ff. sowie *Bär* TK-Überwachung § 100g Rn. 3 ff., sowie die Ausführungen in Kapitel 27.

der Internetkriminalität sind vor allem § 106 und § 108 UrhG.[388] Nicht **strafrechtlich sanktioniert sind** hier **fahrlässige Handlungsweise** ebenso wie Vorgehen mit Einwilligung des Berechtigten. Gleiches gilt für das Ausstellen von Werken (§ 18 UrhG), die Bearbeitung und Umgestaltung von Werken (§ 23 UrhG), sofern damit nicht bereits eine Vervielfältigung verbunden ist, sowie die Entstellung eines Werkes (§ 14 UrhG). Hier muss der Urheber auf zivilrechtlichem Wege gegen solche Verwertungshandlungen vorgehen.

145 Das Urheberstrafrecht hat bei der Informationstechnologie heute deshalb eine besondere Bedeutung, da bereits der **Betrieb eines Computers ohne** eine entsprechende **Software gar nicht möglich** ist. Dies beginnt bereits mit dem Betriebssystem und reicht vom einfachsten Anwendungsprogramm oder Computerspiel bis hin zu umfangreichsten Softwareapplikationen. Während zu Beginn des EDV-Einsatzes vor allem in den 80er Jahren häufig in den Betrieben und Unternehmen noch eigene Softwareentwicklungen eingesetzt wurden, wird heute im Hinblick auf die Komplexität der Anwendungen und die damit verbundenen Entwicklungskosten meist auf **Standardsoftwareprogramme** zurückgegriffen. Auch wenn der Markt für Softwareprodukte inzwischen einen erheblichen Umfang eingenommen hat, ergibt sich doch im Urheberstrafrecht gerade bei Computerprogrammen nur eine sehr geringe Normgeltung. Die modernen Informations- und Kommunikationstechniken mit ihren immer preisgünstigeren und leistungsfähigeren digitalen Endgeräten mit ständig weiter erhöhten Speicherkapazitäten sowie die stetig wachsenden weltweiten Vernetzungsmöglichkeiten und Datenübertragungsgeschwindigkeiten über das Internet haben vor allem in den letzten Jahren zu einem sprunghaften Anstieg von Urheberrechtsverletzungen durch File-Sharing-Netzwerke, Angebote von Share- und Streaming-Hostern bezogen auf urheberrechtlich geschützte Werke aller Art wie Musik, Videos, Filme, elektronische Bücher und Computerspiele und -programme geführt.[389]

146 Trotz vieler Aufklärungskampagnen der Musik- und Filmindustrie sowie der Rechteverwerter ist festzustellen, dass ein entsprechendes Unrechtsbewusstsein bei Verletzungen der urheberrechtlichen Schutzrechte heute nur schwach ausgeprägt ist. Vielfach werden Urheberrechtsverletzungen von den Tätern nur als Art „Notwehrhandlung" gegen die übermächtige Medienindustrie und deshalb als reine „**Kavaliersdelikte**" angesehen. Hinzu kommt, dass die strafrechtliche Prävention und die Abschreckungswirkung durch zivilrechtliche Abmahnungen und Gerichtsverfahren noch relativ gering sind. Die Zahlen der polizeilichen Kriminalstatistik zu diesen Deliktsformen sind daher in den letzten Jahren eher zurückgegangen. Diese stellen aber nur die Spitze des Eisbergs dar, während im Übrigen von einer **Dunkelziffer von über 99 %** auszugehen ist. Auch wenn der statistische Anteil der Softwarepiraterie an der gesamten Computer- und Internetkriminalität gering ist, entstehen durch die hohe Dunkelziffer der Medienindustrie doch Schäden in Milliardenhöhe, die aber nur schwer zu bestimmen sind. Das Ausmaß und die Entwicklung der Verfahren soll durch die folgenden Fälle verdeutlicht werden:

147 **Fall 1 („Software-CD"):** Der arbeitslose Täter verschaffte sich fortlaufend Raubkopien der jeweiligen aktuellen, urheberrechtlich geschützten Computerprogramme praktisch aller namhafter Software-Hersteller. Davon stellte er mit einem eigenen CD-Brenner eine Vielzahl von CDs mit attraktiven Computerprogrammen her. Soweit die auf den CDs enthaltenen Programme von den Inhabern der Urheberrechte mit einem Schutz vor unberechtigter Vervielfältigung oder Installation versehen worden waren, hatte er diese Schutzeinrichtungen entweder bereits von anderen Raubkopierern überwunden oder es waren die zu Überwindung dieser Schutzvorrichtungen erforderlichen Programme und Seriennummern beigefügt. Darüber hinaus stellte der Angeklagte mit einem Farbdrucker nach eingescannten Vorlagen Kopien der Original-Hüllenbeschriftungen (Cover) der geschützten Programme her. Dazu hielt er umfangreiche Angebotslisten über die bei ihm erhältlichen Raubkopien bereit, die er teilweise auch als Werbung auf die selbst erstellten CDs aufspielte. Bei einer Wohnungsdurchsuchung wurden der Computer, das Modem, fertiggestellte CDs, Festplatten

---

[388] Vgl. im Übrigen weiterführend zum Urheberstrafrecht die Darstellungen bei; *Achenbach/Ransiek-Nordemann,* HB Wirtschaftsstrafrecht, 3. Aufl. 2012, Teil 11, S. 1251 ff. und *Sieber,* in: *Sieber/Brüner/Satzger/v. Heintschel-Heinegg,* Europäisches Strafrecht, § 26 Rn. 1 ff; *Mitsch,* Medienstrafrecht, § 8 Rn. 1 ff.
[389] Vgl. dazu nur die GfK-Studie zur digitalen Content-Nutzung (DCN-Studie) aus dem Jahr 2012, online abrufbar unter http://www.musikindustrie.de/fileadmin/news/publikationen/DCN-Studie_2012_Presseversion_Final.pdf sowie *Sieber,* in: *Sieber/Brüner/Satzger/v. Heintschel-Heinegg,* Europäisches Strafrecht, § 26 Rn. 3 ff. sowie *Rehbinder,* ZUM 2013, 241.

B. Einzelne Deliktsformen

und Backups sowie ein Computer mit CD-Brenner und ein Farbdrucker sichergestellt. Der Täter verschaffte sich jedoch in der Folgezeit neue Computer- und Kopieranlagen, so dass bei einer weiteren Durchsuchung wieder die entsprechende Hardware und Softwareausstattung mit raubkopierten CDs sichergestellt wurden. Bei einer dritten Durchsuchung am 16.4.1997 wurde nochmals die gesamte technische Ausstattung vorgefunden. Der Täter wurde zu einer Freiheitsstrafe von 1 Jahr und 3 Monaten mit Bewährung verurteilt.[390]

Fall 2 („OEM-Version"): Die Täterin war Geschäftsführerin und Gesellschafterin einer Vertriebsgesellschaft für Hard- und Software, deren Gegenstand u. a. der Handel mit Softwareprodukten war. In dieser Funktion bot die Täterin 3000 OEM-Versionen eines Microsoft-Programms zum Kauf an. Die Lizenzverträge mit Microsoft sahen gegen eine festgelegte Lizenzgebühr den Vertrieb der Programme durch die Computerhersteller vor. Im Zeitpunkt des Verkaufs waren aber nur noch 400 Stück verfügbar. Die Täterin bezog deshalb von einer Firma in Leverkusen 2000 Stück der OEM-Version. Die gelieferten und weiterverkauften Programme waren jedoch Fälschungen, die an den Hauptmerkmalen des Echtheitszertifikats erkennbar waren. Diese Abweichungen waren für die Täterin ohne weiteres erkennbar, sie hatte jedoch keine Überprüfungen der Ware vorgenommen. Sie wurde wegen gewerbsmäßigem unerlaubten Verwerten urheberrechtlich geschützter Werke in Tateinheit mit einer Verletzung der WarenzeichenG zu einer Geldstrafe von 150 Tagessätzen verurteilt.[391]

Fall 3 („Raubkopierte Homepage"): Ein Programmierer hatte eine spezielle und aufwändige Internet-Homepage als Angebot im Netz erstellt. Von verschiedenen Internet-Servern wurde er auf die Homepage eines anderen Unternehmens hingewiesen. Bei einem Aufruf dieses Angebotes stellte sich heraus, dass dieses schon in der Gestaltung eine bemerkenswerte Ähnlichkeit mit der selbst erstellten Homepage aufwies. Aber die Ähnlichkeit endete damit nicht. Auch die Hilfe-Texte zum Einstellen des Browsers waren fast vollständig identisch. Damit war offensichtlich, dass die ursprüngliche Homepage des Programmierers von dem anderen Anbieter nur kopiert und im Hinblick auf das eigene Angebot nur geringfügig verändert worden war.[392]

Fall 4 („Kino.to"): Über das größte deutschsprachige Streaming-Portal www.kino.to waren – bis zur Sperrung durch die Behörden im Sommer 2011 – rund 135,000 raubkopierte Filme, Serien und Dokumentationen abrufbar. Diese konnten von den Nutzern der Seite kostenlos heruntergeladen werden. Zeitweise griffen auf www.kino.to bis zu vier Millionen Nutzer täglich zu. Die Täter finanzierten sich durch auf den Seiten geschaltete Werbung, durch welche die Nutzer häufig auch auf „Abzockseiten" und in Abofallen geführt wurden. Insgesamt sechs Verantwortliche vom Gründer über den Chef-Programmierer bis zu den Serverbeschaffer dieses Internet-Portals wurden inzwischen vom LG Leipzig rechtskräftig zu Freiheitsstrafen zwischen 4 Jahren und 6 Monaten und 1 Jahr 9 Monate verurteilt.[393]

1. Unerlaubte Verwertung urheberrechtlich geschützter Werke (§ 106 UrhG)

Bei § 106 UrhG handelt es sich um den eigentlichen Grundtatbestand für Urheberrechtsverletzungen in der Form einer Blankettstrafnorm, die dadurch gekennzeichnet ist, dass sich sowohl die Tatobjekte als auch die Tathandlungen einer Urheberrechtsverletzung aus den zivilrechtlichen Normen zum Schutz von Werken ergeben. Damit enthält § 106 UrhG einen umfassenden Straftatbestand, der quasi zivilrechtsakzessorisch fast den gesamten urheberrechtlichen Schutzbereich abdeckt.[394]

a) geschützte Werke als Tatobjekt

Von § 106 UrhG geschützt sind Werke i. S. d. § 2 UrhG. Erst wenn eine solche Werkeigenschaft bejaht werden kann, kommt auch eine strafrechtliche Ahndung überhaupt in Betracht. Zu den geschützten Werken zählen nach **§ 2 Abs. 1 Nr. 1 UrhG** auch **Computerprogramme**.[395] Nach § 69a Abs. 3 UrhG bedarf es für den Schutz von Computerprogrammen ausdrücklich keiner besonderen schöpferischen Leistung sowie auch keiner Erfüllung qualitativer oder ästhetischer Kriterien mehr. Es genügt, wenn das Programm als **eigene geistige Schöpfung** einen **individuellen Charakter** hat. Damit ist zur Schutzfähigkeit der Nach-

---

[390] Vgl. zum Sachverhalt die Ausführungen im Urteil des AG Velbert MMR 1998, 153 mit Anm. *Hütig* sowie auch LG Berlin, Urteil vom 19.2.2004, Az. (505) 84 Js 670/01 KLs (5/04).
[391] Vgl. zum Sachverhalt AG München CR 1997, 749f.
[392] Vgl. zum Sachverhalt *König*, c't Heft 14/1997, 176.
[393] Vgl. dazu den Bericht unter http://www.spiegel.de/netzwelt/web/kino-to-chef-zu-viereinhalb-jahren-haft-verurteilt-a-838819.html
[394] Vgl. *Wandtke/Bullinger-Hildebrandt*, Urheberrecht, 3. Aufl. 2009, § 106 Rn. 6; *Spindler/Schuster-Gercke*, Recht der elektronischen Medien, 2. Aufl. 2011, § 106 UrhG Rn. 1.
[395] Vgl. zur Entwicklung der Rechtsprechung insoweit die Darstellungen in der 2. Auflage, Kapitel 12, Rn. 86.

weis weiterer Kriterien nicht erforderlich.[396] Weiterhin bedarf es jedoch einer Feststellung der Werkeigenschaft im jeweiligen Einzelfall, nachdem das Gesetz keine generelle Vermutung oder einen Anscheinsbeweis dafür enthält. Insofern benötigt wird bei jedem Programm immer der Nachweis, dass dieses sich gegenüber bereits bestehenden Gestaltungsformen abhebt. Bei den meisten heute am Markt vertriebenen Computerprogrammen dürfte damit vom Vorliegen eines urheberrechtlich geschützten Werkes auszugehen sein. Erfasst wird damit vor allem der Quellcode und Objektcode von Programmen. Nicht geschützt sind aber grafische Benutzeroberflächen von Computerprogrammen, da sie keine Ausdrucksform darstellen.[397] Gleiches gilt auch für die Funktionalität, das Dateiformat oder eine Programmiersprache des Computerprogramms.[398]

150 Wie auch nach der bisherigen Rechtsprechung muss ein **Urheberrechtsschutz** auch dann **verneint** werden, wenn es sich bei einem Computerprogramm nur um eine rein handwerkliche **Fortentwicklung** eines bereits **bestehenden Programms** handelt. Diese Fallgestaltung wäre etwa bei einem Datenbankprogramm gegeben, das nur geringe Verbesserungen etwa bei der Abfrage oder bei der Darstellung gegenüber bisher bestehenden Programmen aufweist. In diesem Fall fehlt es für die Werkqualität an dem besonderen individuellen Charakter des Programms. Anders zu beurteilen wäre diese Frage etwa bei einem Computerspiel, bei dem der Urheber nicht einfach bereits bestehende Ideen fortschreibt, sondern durch eine neue Spielidee eine eigene individuelle Schöpfung erstellt. Zu beachten sind hier weiter die Regelungen zur Schutzfähigkeit von Bearbeitungen eines Werkes gem. § 3 UrhG.[399] Die Bearbeitung und Umgestaltung von Programmen, die persönliche geistige Schöpfungen des Bearbeiters sind, werden unbeschadet des Urheberrechts am bearbeiteten Werk wie selbstständige Werke geschützt.

151 Bei Computerspielen kann sich neben dem urheberrechtlichen Schutz als Computerprogramm eine Werkeigenschaft aus **§ 2 Abs. 1 Nr. 6 UrhG** mit dem **„Filmwerk"** als selbstständig geschützter Kunstgattung ergeben. Ein solcher Schutz ist deshalb gerechtfertigt, weil das Filmwerk in der Verschmelzung der zu seiner Herstellung benutzten Werke und Leistungen als Gesamtkunstwerk ein Werk eigener Art darstellt.[400] Vom Gesetz wird den so zu bestimmenden Filmwerken der einfache Film ohne Werkqualität, der gem. §§ 94, 95 UrhG als Laufbild bezeichnet wird, gegenübergestellt. Eine Abgrenzung zwischen Filmwerken und Laufbildern hat danach zu erfolgen, ob die bewegte Bilderfolge von so individueller Eigenart ist, dass das vorliegende eigenständige Arbeitsergebnis einem bestimmten Urheber zugerechnet werden kann. Hätten die entsprechenden Bilder auch von jedem anderen zwangsläufig erstellt werden können, fehlt es an der entsprechenden Individualität.[401] Damit werden Computerprogramme in Form von Computerspielen regelmäßig die für Filmwerke geforderte individuelle Eigenart aufweisen, so dass ein Werkschutz über § 2 Abs. 1 Nr. 6 UrhG in Betracht kommt.[402] Für Computerspiele kann sich daneben ein weiterer urheberrechtlicher Schutz in Form des **„Laufbildschutzes"** aufgrund der Abfolge bestimmter Bilder und Sequenzen aus den §§ 94, 95 UrhG ergeben.[403]

---

[396] Vgl. näher und zum Einfluss des EU-Rechts: *Wandtke/Bullinger-Bullinger*, Urheberrecht, 3. Aufl. 2009, § 2 Rn. 13 f. und *Wandtke/Bullinger-Grützmacher*, § 69a Rn. 32 ff. und *Heckmann*, jurisPK-Internetrecht, 3. Aufl. 2011, Kapitel 3.1 Rn. 35 ff.

[397] Vgl. EuGH GRUR 2011, 220.

[398] Vgl. EuGH CR 2012, 428 m. Anm. *Heymann* und m. Anm. *Fiedler* EuZW 2012, 588.

[399] Vgl. näher *Wandtke/Bullinger-Bullinger*, Urheberrecht, 3. Aufl. 2009, § 3 Rn. 8 ff.

[400] Vgl. *Wandtke/Bullinger-Bullinger*, Urheberrecht, 3. Aufl. 2009, § 2 Rn. 129; *Fromm/Nordemann-Nordemann*, Urheberrecht, 10. Aufl. 2008. § 2 Rn. 76.

[401] Vgl. dazu nur *Wandtke/Bullinger-Bullinger*, Urheberrecht, 3. Aufl. 2009, § 2 Rn. 129; *Fromm/Nordemann-Nordemann*, Urheberrecht, 10. Aufl. 2008. § 2 Rn. 77 jeweils m. w. N.

[402] Vgl. *Wandtke/Bullinger-Bullinger*, Urheberrecht, 3. Aufl. 2009, § 2 Rn. 129 *Heckmann*, jurisPK-Internetrecht, 3. Aufl. 2011, Kapitel 3.1 Rn. 56 jeweils m. w. N. auf die umfangreiche Rechtsprechung.

[403] Vgl. dazu nur BayObLG CR 1992, 479 mit Anm. *Syndikus* = JZ 1993 104 mit Anm. *Weber* sowie OLG Köln CR 1992, 150; OLG Hamm NJW 1991, 2162 und *Syndikus* CR 1991, 529.

B. Einzelne Deliktsformen **14**

Neue Rechtsfragen ergeben sich im Zusammenhang mit der Einordnung von modernen **152 Multimedia-Werken** oder von Internet-Angeboten.[404] Im Multimedia-Bereich, bei dem Text, Ton, Bilder, Daten und Computerprogramme mittels digitaler Technik zu einem einheitlichen Angebot zusammengefasst sind, ist durchaus an ein Gesamtkunstwerk zu denken, das auf den Betrachter wie ein Filmwerk wirkt und deshalb auch als eine dem Film verwandte Werkart einzustufen ist, wenn die Bearbeitung, Anordnung sowie Abfolge und Zusammenstellung der genannten Elemente eine persönliche geistige Schöpfung nach § 2 Abs. 2 UrhG darstellt.[405] Hinzu kommt, dass die zur Steuerung der jeweiligen Anwendung erforderliche Software wohl stets als Computerprogramm Urheberrechtsschutz genießt. In jedem Fall hat aber hier eine gesonderte Einzelfallprüfung zu erfolgen, die meist die Einholung eines entsprechenden Gutachtens erforderlich machen wird. Zu den geschützten Werken gehören gem. §§ 87a ff. UrhG auch **Datenbanken**. Danach hat der Datenbankersteller das ausschließliche Recht, eine Datenbank insgesamt oder in wesentlichen Teilen zu vervielfältigen, zu verbreiten oder öffentlich wiederzugeben.

Derzeit noch nicht abschließend geklärt sind neue Rechtsfragen im Zusammenhang mit **153** dem **Urheberschutz bei Werken im Bereich des Internets**. Festzuhalten bleibt hier, dass die modernen Kommunikationsnetze jedenfalls keinen urheberrechtsfreien Raum bilden. Da die Werkqualität letztlich nicht von der Art der Herstellung abhängig ist, kann die digitale Repräsentationsform einem Schutz nicht entgegenstehen. Es besteht deshalb auch hier Urheberrechtsschutz etwa für Sprachwerke, Werke der Musik oder Lichtbildwerke.[406] Auch Homepages können – wie im Fall 3 – ein geschütztes Werk als Multimediawerk oder Computerprogramm darstellen. Geschützt über § 2 Abs. 1 Nr. 1 UrhG sind in jedem Fall die Browser, die zum Zugriff auf die Daten im Internet erforderlich sind. Aber auch die einzelne Web-Seite kann als technische Darstellung i. S. d. § 2 Abs. 1 Nr. 7 UrhG oder als Ausdrucksform desjenigen Computerprogramms angesehen werden, mithilfe dessen die Homepage letztlich generiert wurde.[407] Auch Webblogs – etwa in der Form eines Onlinetagebuchs – können als Sprachwerke im Einzelfall geschützt sein ebenso wie im Web 2.0 der Webauftritt des Plattformbetreibers.[408] Demgegenüber wird bei von den jeweiligen Nutzern dort eingestellten Inhalten – je nach den konkreten Darstellungen – meistens wegen fehlender eigenschöpferischer Leistungen ein Schutz zu verneinen sein.[409] Ebenso haben Hyperlinks, die eine Verweisung in und zwischen einzelnen Web-Seiten ermöglichen, grundsätzlich nur einen rein funktionalen, aber nicht individuell-schöpferischen Charakter. Man kann die Markierungen der Links allenfalls als schöpferischen Teil der gesamten Web-Seite ansehen und so einen Urheberrechtsschutz begründen.[410] Nicht dem Urheberrechtsschutz unterfallen Textdateien, einzelne Daten oder Datenbestände, soweit sie sich nicht einer der in § 2 Abs. 1 UrhG genannten Werkarten unterordnen lassen.

b) Tathandlungen

Die in § 106 UrhG abschließend aufgeführten Tathandlungen der Vervielfältigung, des Ver- **154** breitens und des öffentlichen Zugänglichmachens werden durch die §§ 15 ff. UrhG näher

---

[404] Vgl. dazu näher: *Wandtke/Bullinger-Bullinger*, Urheberrecht, 3. Aufl. 2009, § 2 Rn. 151 ff., *Heckmann*, jurisPK-Internetrecht, 3. Aufl. 2011, Kapitel 3.1 Rn. 71 ff.; *Gahrau*, in: Hoeren/Sieber, Handbuch Multimedia Recht, Kapitel 7.1 Rn. 10 ff. sowie *Wiebe*, Kapitel 9 Rn. 13 ff.
[405] Vgl. LG München I MMR 2005, 267; *Heutz* MMR 2005, 567; *Wandtke/Bullinger-Bullinger*, Urheberrecht, 3. Aufl. 2009, § 2 Rn. 152; *Fromm/Nordemann-Nordemann*, Urheberrecht, 10. Aufl. 2008, § 2 Rn. 79; ablehnend dagegen *Wiebe/Funkat*, MMR 1998, 69, 74.
[406] Vgl. dazu *Koch*, GRUR 1997, 418.
[407] Vgl. OLG Düsseldorf MMR 1999, 729; OLG Frankfurt MMR 2005, 705; *Wandtke/Bullinger-Bullinger*, Urheberrecht, 3. Aufl. 2009, § 2 Rn. 156 *Heckmann*, jurisPK-Internetrecht, 3. Aufl. 2011, Kapitel 3.1 Rn. 71; *Wiehe*, in: Hoeren/Sieber, Handbuch Multimedia, Kapitel 9 Rn. 41 ff.; *Koch*, GRUR 1997, 420 und *Fromm/Nordemann-Czychowski*, Urheberrecht, 10. Aufl. 2008, § 69a Rn. 2.
[408] Vgl. *Wandtke/Bullinger-Bullinger*, Urheberrecht, 3. Aufl. 2009, § 2 Rn. 158 f.
[409] Vgl. näher *Wandtke/Bullinger-Bullinger*, Urheberrecht, 3. Aufl. 2009, § 2 Rn. 159.
[410] Vgl. dazu näher *Koch*, GRUR 1997, 420.

konkretisiert sowie durch die gesetzlich zugelassenen Fälle als Schrankenregelung in den §§ 44a – 63a UrhG begrenzt.

aa) Vervielfältigung

155 Von einer **Vervielfältigung** als Tathandlung ist i. S. d. § 16 UrhG auszugehen, sofern zumindest eine Kopie hergestellt wird, die geeignet ist, das Programm den menschlichen Sinnen wiederholt wahrnehmbar zu machen.[411] Bei Computerprogrammen ist diese erfüllt im Fall einer digitalen Speicherung eines Werkes, gleichgültig ob in Form der **Erstspeicherung** oder einer **Übertragung von einem Speicher auf einen anderen**, also bei der Kopie eines Programms von der Diskette oder CD auf die Festplatte des Rechners oder umgekehrt von der Festplatte auf einen USB-Stick. Gleiches gilt beim Einbrennen der Programmdaten auf eine CD. Auch ein Ausdruck eines digital übermittelten Werkes ist als Vervielfältigung anzusehen.

156 Im Einzelnen umstritten ist aber weiterhin, inwieweit bereits das Laden eines Programms von der CD oder aus dem Internet in den Arbeitsspeicher des Rechners als Vervielfältigungshandlung anzusehen ist. Nach **§ 69c Nr. 1 UrhG** bedarf auch jede dauerhafte oder vorübergehende, ganz oder teilweise Vervielfältigung eines geschützten Computerprogramms der Zustimmung des jeweiligen Rechtsinhabers. Als Vervielfältigungshandlung wird ausdrücklich das Laden, Anzeigen, Ablaufen, Übertragen oder Speichern des Computerprogramms genannt. Diese Voraussetzungen sind daher für das komplette Laden des Programms in den Arbeitsspeicher sowie auch für das „paging", d. h. der Aufnahme nur der jeweils benötigten Programmteile in den **Arbeitsspeicher** zur besseren und gleichmäßigeren Auslastung der vorhandenen Speicherkapazität,[412] erfüllt, sofern man hier einer Vervielfältigung aus technischer Sicht nicht bereits ablehnend gegenübersteht.[413] Ob das – vor allem bei modernen Streaming-Portalen – allein vorgenommene Laden in den Arbeitsspeicher oder beim sog. Caching – bereits eine strafbare Handlung i. S. d. § 106 UrhG darstellt, ist daher umstritten.[414] Die deshalb teilweise begründete Gefahr einer Überkriminalisierung und der z. T. vertretenen Verletzung der Wortsinngrenze[415] wirkt sich praktisch nicht aus, da ein Laden von Programmen in den Arbeitsspeicher nur schwer feststellbar und in gerichtsverwertbarer Weise kaum nachweisbar sein wird. Nicht als Vervielfältigung angesehen werden kann in jedem Fall eine bloße Bildschirmanzeige, die als solche noch zu keiner Festlegung führt, sofern nicht bereits ein Laden in den Arbeitsspeicher vorliegt.

157 Im **Internet** kommt es zu einer Vervielfältigungshandlung beim **„Downloaden"**, d. h. dem Herunterladen von Programmen auf den eigenen Rechner, und auch beim **„Uploaden"**, der Übertragung von Dateien vom eigenen Rechner auf ein anderes EDV-System, insbesondere bei Tauschbörsen und Filehostern.[416] Beim Downloading ist aber die gesetzliche Schrankenregelung des § 53 UrhG zu beachten. Werden bei Tauschbörsen – etwa mithilfe der BitTorrent-Technik – aber nur Teile oder Segmente eines Werkes vervielfältigt, kann § 106 UrhG erst verwirklicht sein, wenn dieser Teil bereits selbst ein schutzfähiges Werk

---

[411] Vgl. *Wandtke/Bullinger-Hildebrandt*, Urheberrecht, 2. Auflage 2006, § 106 Rn. 12; *Erbs/Kohlhaas-Kaiser*, Strafrechtliche Nebengesetze, § 106 UrhG Rn. 12.

[412] Vgl. *Erbs/Kohlhaas-Kaiser*, Strafrechtliche Nebengesetze, § 106 UrhG Rn. 13; sowie *Achenbach/Ransiek-Heghmanns*, HB Wirtschaftsstrafrecht, 3. Aufl. 2012, 6. Teil Rn. 119 und *Wandtke/Bullinger-Grützmacher*, Urheberrecht, 3. Aufl. 2009, § 69c Rn. 5.

[413] So im Ergebnis etwa *Gantner*, jur-PC 1994, 2835.

[414] Bejahend: OLG Hamburg ZUM 2001, 512; OLG Düsseldorf CR 1996, 728; *Erbs/Kohlhaas-Kaiser*, Strafrechtliche Nebengesetze § 106 UrhG Rn. 12; *Fromm/Nordemann-Ruttke/Scharinghausen*, Urheberrecht § 106 UrhG Rn. 8, 10; *Gantner*, jur-PC 1994, 2752 ff. und 2793 ff.; *Achenbach/Ransiek-Heghmanns*, HB Wirtschaftsstrafrecht, 3. Aufl. 2012, 6. Teil Rn. 121. Ablehnend: *Wandtke/Bullinger-Hildebrandt*, Urheberrecht, 3. Aufl. 2009, § 106 Rn. 13; *Spindler/Schuster-Gercke*, Recht der elektronischen Medien, 2. Aufl. 2011, § 106 UrhG Rn. 4; *Gercke* ZUM 2012, 633.

[415] So *Wandtke/Bullinger-Hildebrandt*, Urheberrecht, 3. Aufl. 2009, § 106 Rn. 13.

[416] Vgl. *Nordemann/Dustmann* CR 2004, 380; *Fromm/Nordemann-Ruttke/Scharinghausen*, Urheberrecht, 10. Aufl. 2008, § 106 Rn. 9 und *Fromm/Nordemann-Czychowski*, Urheberrecht, 10. Aufl. 2008, § 69c Rn. 10; *Rehbinder*, ZUM 2013, 241 ff.

B. Einzelne Deliktsformen 14

i. S. d. § 2 UrhG ist.[417] Sofern die Vervielfältigung von Werken gewerbsmäßig – wie im Fall 1 oder Fall 2 – erfolgt, erhöht sich der Strafrahmen gem. § 108a UrhG.

bb) Verbreitung

Demgegenüber erfordert die Verbreitung i. S. d. § 17 UrhG die **Weitergabe** eines Computer- 158 programms **an die Öffentlichkeit** oder das **In-Verkehr-Bringen**. Erforderlich ist hierfür eine Beteiligung der Öffentlichkeit in der Weise, dass das Programm aus dem Herrschaftsbereich des Täters herausgelangt sein muss.[418] Erfolgen kann dies – etwa bei Computerprogrammen – durch Veräußerung, Verschenken, Tausch, Verteilen, Versenden oder durch eine sonstige Weitergabe. Speziell der Tausch mit anderen Anwendern ist bei Jugendlichen mit Computerspielen üblich. Nach der BGH-Rechtsprechung[419] genügt für das Verbreiten auch das **öffentliche Anbieten** eines kopierten Programms, wie etwa durch die Anzeige in einer Zeitschrift oder im Internet. Voraussetzung hierfür ist aber, dass es sich hierbei nicht um ein bloßes Scheinangebot handelt, weil der Täter die entsprechenden Programmkopien tatsächlich gar nicht hergestellt hat bzw. auch nicht herstellen kann. Nach Auffassung des EuGH soll hier aber keinesfalls eine vollendete Tat, sondern nur ein Versuch vorliegen.[420] Durch **§ 69c Nr. 3 UrhG** ausdrücklich gesetzlich zugelassen wird eine **Weiterveräußerung** eines auf legalem Weg erworbenen Originalcomputerprogramms unter Beachtung der dort angegebenen Voraussetzungen im Bereich der EU.[421] Gleiches gilt auch für eine unentgeltliche Verleihung an einen Dritten. In beiden Fällen wird die Grenze zu einer strafbaren Vervielfältigungshandlung aber überschritten, wenn das Programm vom Veräußerer oder Entleiher – etwa mithilfe der erstellten Sicherheitskopien – auch nach der Übergabe weiterhin benutzt wird. Während bei der Vervielfältigung lizenzvertragliche Regelungen zwischen dem Urheberrechtsinhaber und dem Nutzer eine besondere Bedeutung haben, ist in solchen Verträgen eine einzelvertragliche Einwilligung in eine Verbreitung bei herkömmlicher Software nicht vorhanden. Eine Ausnahme bilden insoweit nur sog. **Shareware-Produkte** oder **Public-Domain-Software**. Diese keineswegs nur einfachen, sondern teilweise auch sehr aufwändigen und umfangreichen Programme werden vom Ersteller bewusst zur freien oder zumindest befristeten freien Nutzung für eine Testphase zur Verfügung gestellt. Eine weitere Verbreitung dieser Programme stellt damit grundsätzlich keine Urheberrechtsverletzung dar. Erfolgt eine Verbreitung der Computerprogramme gewerbsmäßig, gilt der erhöhte Strafrahmen des § 108a UrhG.

cc) öffentliche Wiedergabe

In Bezug auf die Auslegung des Begriffs der öffentlichen Wiedergabe besteht Einigkeit, dass 159 hier auf § 15 Abs. 2 UrhG zurückgegriffen werden kann.[422] Ein geschütztes Werk wird danach öffentlich zugänglich gemacht (§ 19a UrhG), wenn es drahtgebunden oder drahtlos der Öffentlichkeit so zugänglich gemacht wird, dass es von beliebigen Orten und zu beliebigen Zeiten von beliebigen Personen frei abgerufen werden kann.[423] Von diesem Tätigkeitsdelikt werden damit vor allem neue Nutzungsarten durch Bereitstellung von Werken im Internet oder auch im Intranet des Unternehmens bzw. einer Universität erfasst. Dies gilt zum einen für die sog. Internet-Tauschbörsen – etwa im Fall Napster – oder beim Datenaustausch mit Filesharing über Peer-to-Peer-Netze, soweit dabei die Dateien auf dem eigenen Rechner

---

[417] Vgl. *Erbs/Kohlhaas-Kaiser*, Strafrechtliche Nebengesetze, § 106 UrhG Rn. 14.
[418] Vgl. dazu *Fromm/Nordemann-Dustmann*, Urheberrecht, 10. Aufl. 2008, § 17 Rn. 1 f.; *Erbs/Kohlhaas-Kaiser*, Strafrechtliche Nebengesetze, § 106 UrhG Rn. 17. Vgl. dazu auch EuGH ZUM-RD 2012, 437 wonach eine nationale Sanktion wegen Beihilfe zur Verbreitung mit Art. 34 und 36 AEUV vereinbar ist.
[419] Vgl. BGH NJW 1991, 1234 = CR 1991, 404 mit Anm. *Schweyer*.
[420] Vgl. EuGH GRUR 2008, 604; *Erbs/Kohlhaas-Kaiser*, Strafrechtliche Nebengesetze, § 106 UrhG Rn. 18.
[421] Vgl. näher *Wandtke/Bullinger-Grützmacher*, Urheberrecht, 3. Aufl. 2009, § 69c Rn. 30 f.; *Fromm/Nordemann-Czychowski*, Urheberrecht, 10. Aufl. 2008, § 69c Rn. 24 ff.
[422] Vgl. *Erbs/Kohlhaas-Kaiser*, Strafrechtliche Nebengesetze, § 106 UrhG Rn. 20; *Fromm/Nordemann-Ruttke/Scharringhausen*, Urheberrecht, 10. Aufl. 2008, § 106 Rn. 17; AG Leipzig NZWiSt 2012, 390 sowie LG Leipzig ZUM 2013, 338.
[423] Vgl. *Fromm/Nordemann-Dustmann*, Urheberrecht, 10. Aufl. 2008, § 19a Rn. 12.

zum Tausch freigegeben und damit öffentlich zugänglich gemacht werden. Auch Streaming-Angebote – wie im Fall 4 – sind einbezogen, wenn Audio- und Videodateien beliebig oft abgerufen, aber nicht dauerhaft auf dem eigenen Rechner gespeichert werden können.[424] Demgegenüber ist das Setzen eines Hyperlinks auf einer Webseite kein öffentliches Zugänglichmachen i. S. d. § 19a UrhG, jedoch kann insoweit eine Beihilfehandlung vorliegen.[425]

dd) Gesetzliche Schranken des Urheberrechts

160 Entsprechend dem Wortlaut des § 106 UrhG tritt eine Strafbarkeit nur dann ein, wenn die Tathandlung in anderen als den gesetzlich zugelassenen Fällen und ohne Einwilligung des Rechteinhabers erfolgt. Dadurch wird auf die gesetzlichen Schrankenregelungen des Urheberrechts in den **§§ 44a – 63a UrhG** Bezug genommen, bei denen eine Verwertung von Werken in den dort genannten Fällen ausdrücklich gesetzlich zugelassen wird.

161 **Gesetzliche Schranken des Urheberrechts** ergeben sich etwa gem. § 45 UrhG bei der Verwendung von Computerprogrammen für Zwecke des Verfahrens, also auch für strafrechtliche Ermittlungsverfahren. Seit der Umsetzung der Multimedia-Richtlinie hat vor allem die letztmals zum 1.1.2008 geänderte und bei den Beratungen im Gesetzgebungsverfahren sehr umstrittene Regelung des **§ 53 UrhG** eine besondere praktische Bedeutung. Danach ist gem. § 53 Abs. 1 UrhG die Vervielfältigung eines Werkes durch eine natürliche Person ausschließlich zum **privaten Gebrauch** zugelassen, wenn nicht zur Vervielfältigung eine offensichtlich rechtswidrig hergestellte oder öffentlich zugänglich gemachte Vorlage verwendet wird.[426] Mit dieser Regelung ist im Hinblick auf die verwendete Quelle damit klargestellt, dass Vervielfältigungen über File-Sharing und Peer-to-Peer-Netzwerke jedenfalls nicht mehr vom Anwendungsbereich des § 53 Abs. 1 UrhG umfasst sind. Zu beachten ist, dass § 53 UrhG auf Grund der ausschließlichen Regelung in §§ 69d und 69e UrhG aber nicht für Computerprogramme gilt, sondern vor allem für Musik- und Filmwerke (auch in digitaler Form). Für Computerprogramme ergeben sich Schranken des Urheberrechts aus **§ 69d UrhG**. So ist durch § 69d Abs. 2 UrhG die Erstellung von Sicherheitskopien ausdrücklich gesetzlich zugelassen. Die Grenzen dieser vertraglichen Erlaubnis werden aber in jedem Fall überschritten, sobald mithilfe der Kopien oder den Originaldatenträgern die Software auf weiteren EDV-Anlagen installiert wird. Zulässig und **durch vertragliche Regelungen nicht beschränkbar** gem. § 69d Abs. 3 UrhG ist eine Vervielfältigung eines Programms zum Beobachten, Untersuchen oder Testen durch den berechtigten Lizenznehmer. Diesen Erlaubnissen entgegenstehende vertragliche Regelungen sind gem. § 69g Abs. 2 UrhG nichtig.

162 Im Zusammenhang mit Streaming-Portalen – wie im Fall 4 – hat vor allem auch die Schrankenregelung des **§ 44a UrhG** große Bedeutung.[427] Danach sind vorübergehende Vervielfältigungshandlungen zulässig, soweit sie flüchtig oder begleitend sind, also nur sehr kurze Zeit andauern und dann automatisch gelöscht werden sowie keine eigenständige wirtschaftliche Bedeutung haben. Notwendig ist damit, dass es sich dabei um einen integralen und wesentlichen Teil eines technischen Verfahrens handelt.[428] Von dieser Regelung erfasst wird damit insbesondere das sog. Caching und das Downloaden auf einen Proxy-Server sowie das Browsing von abgerufenen Webseiten im temporären Speicher. Inwieweit das Streaming aus Sicht des Nutzers solcher Dienste ebenfalls dem § 44a UrhG unterfällt, ist umstritten.[429] Ge-

---

[424] Vgl. näher zu den einzelnen Techniken: *Fromm/Nordemann-Dustmann*, Urheberrecht, 10. Aufl. 2008, § 19a Rn. 15 – 22 sowie *Rehbinder*, ZUM 2013, 258 ff.
[425] Vgl. BGH GRUR 2003, 959; *Fromm/Nordemann-Ruttke/Scharringhausen*, Urheberrecht, 10. Aufl. 2008, § 106 Rn. 19.
[426] Vgl. näher zu den einzelnen Schranken des § 53 UrhG: *Wandtke/Bullinger-Lüft*, Urheberrecht, 3. Auf. 2009, § 53 Rn. 8 ff.; *Fromm/Nordemann-Nordemann*, Urheberrecht, 10. Aufl. 2008, § 53 Rn. 6 ff. sowie *Berger*, ZUM 2004, 257 und *Stickelbrock*, GRUR 2004, 736.
[427] Vgl. *Gercke*, ZUM 2012, 634.
[428] Vgl. *Wandtke/Bullinger-v. Welser*, Urheberrecht, 3. Auf. 2009, § 44a Rn. 7; *Spindler/Schuster-Wiebe*, Recht der elektronischen Medien, 2. Aufl. 2011, § 44a UrhG Rn. 3.
[429] Vgl. näher: *Oglakcioglu*, ZIS 2012, 431 sowie *Brackmann/Oehme*, NZWiSt 2013, 170 und *Stolz*, MMR 2013, 353.

gen eine Anwendung wird vorgebracht, dass hier der Vervielfältigung eine eigene wirtschaftliche Bedeutung zukommt, da ein Vor- und Rückspulen ermöglicht wird und alleiniger Zweck der Zwischenspeicherung i. S. d. § 44a Nr. 2 UrhG gerade keine rechtmäßig Nutzung des Werkes ist.[430] Da aber andererseits das Werk nur durch erneutes Streaming vom entsprechenden Server wiederholt werden kann und der Fall eher mit dem – ebenfalls nicht strafbaren – Ausleihen und Abspielen eine illegal vervielfältigten Werkes vergleichbar ist, erscheint hier eine Anwendung des § 44a UrhG nachvollziehbar.[431]

Eine Strafbarkeit nach § 106 UrhG besteht auch dann nicht, wenn die Tathandlung von einem entsprechenden **Lizenzvertrag** mit dem Urheberrechtsinhaber gestattet wird, der so seine **Einwilligung in die Nutzung** erteilt. Solche vertraglichen Regelungen finden sich heute regelmäßig bei allen Softwareverträgen, sei es in Form eines Kauf-, Lizenz- oder sonstigen Nutzungsvertrages. So werden den Kunden etwa beim ersten Aufruf des Programms oder vor der Installation diese vertraglichen Bestimmungen in der Regel am Bildschirm angezeigt. Der Nutzer muss sich dann durch Mausklick damit einverstanden erklären, da ansonsten eine Arbeit mit dem Programm in den meisten Fällen nicht zugelassen wird. Hinsichtlich der Inhalte solcher Lizenzverträge können keine allgemein gültigen Aussagen getroffen werden. Vielmehr differieren diese je nach dem einzelnen Softwarehersteller bzw. auch je nach der Art des jeweiligen Programms. Für den Nutzer selbst ist von besonderem Interesse, ob in diesen Verträgen zeitliche Begrenzungen, Regelungen für die Zahl der zulässigen Installationen oder zur Erstellung von Kopien des Programms enthalten sind. Es existieren dazu auch Musterverträge, auf die von den Herstellern teilweise zurückgegriffen wird.[432]

c) Subjektiver Tatbestand/Verfolgungsvoraussetzungen

Wie bei allen materiellen Straftatbeständen kommt auch eine Bestrafung gem. § 106 UrhG nur dann in Betracht, wenn der Täter zumindest mit bedingtem **Vorsatz** bzgl. der Verwirklichung des objektiven Tatbestandes handelt. Eine fahrlässige Begehungsweise löst damit keine strafrechtlichen Sanktionen aus. Bei fehlender Kenntnis über den Werkcharakter eines Computerprogramms kann es zu einem vorsatzausschließenden **Tatbestandsirrtum** i. S. d. § 16 StGB kommen, weil dem Täter in diesem Fall ein zum gesetzlichen Tatbestand gehörendes Merkmal nicht nachgewiesen werden kann. Dagegen bleiben reine Fehleinschätzungen hinsichtlich der Anforderungen an die Werkeigenschaft als bloßer Subsumtionsirrtum unbeachtlich und führen zu keinem Ausschluss der Strafbarkeit.[433] Für die Softwarepiraterie gelten auch die allgemeinen Grundsätze zu **Täterschaft und Teilnahme**, d. h. Anstiftung oder Beihilfe sind möglich. Zu beachten gilt aber, dass es sich bei dem Erwerb einer Raubkopie auf Seiten des Käufers um eine straffreie notwendige Beihilfe handelt, denn die Verbreitungshandlung des eigentlichen Haupttäters ist ohne eine Abnahme durch den Kunden nicht möglich. Eine Beihilfe ist aber etwa dann möglich, wenn dem Haupttäter Unterstützung beim Herstellen oder beim Verkauf von Raubkopien geleistet wird.

Nach **§ 109 UrhG** kann eine Urheberrechtsverletzung grundsätzlich nur nach einem entsprechenden **Strafantrag des Rechtsinhabers** erfolgen. Es ist den Strafverfolgungsbehörden aber möglich, Ermittlungen ohne Strafantrag aufzunehmen, wenn ein **besonderes öffentliches Interesse** an der Strafverfolgung zu bejahen ist. Zusätzlich liegt bei Urheberrechtsverletzungen gem. § 374 Abs. 1 Nr. 8 StPO ein Privatklagedelikt vor, d. h. die Staatsanwaltschaft kann trotz Vorliegens einer entsprechenden Strafanzeige die weitere Verfolgung der Tat ablehnen, wenn ein weiteres öffentliches Interesse an der Strafverfolgung fehlt. In diesem Fall ist der Anzeigeerstatter zur weiteren Geltendmachung seiner Interessen an einer Bestrafung des Täters auf die Durchführung des Privatklageverfahrens angewiesen. Das Antragserfordernis

---

[430] So im Ergebnis: *Radmann*, ZUM 2010, 387.
[431] So im Ergebnis *Gercke*, ZUM 2012, 634; *Vianello*, CR 2010, 729; *Klickermann*, MMR 2007, 11; *Achenbach/Ransiek-Heghmanns*, HB Wirtschaftsstrafrecht, 3. Aufl. 2012, 6. Teil Rn. 135 m. w. N.
[432] Vgl. Musterverträge für Lizenzverträge die Nachweise bei *Schneider*, Handbuch des EDV-Rechts, 4. Aufl. 2009, Rn. 1325 ff.
[433] Vgl. zu Einzelheiten m. w. N.: *Wandtke/Bullinger-Hildebrandt*, Urheberrecht, 3. Auf. 2009, § 106 Rn. 29.

des § 109 UrhG entfällt jedoch bei einem gewerbsmäßigen Handeln des Täters nach § 108a UrhG, d. h. diese Form der Softwarepiraterie muss von den Ermittlungsbehörden als Offizialdelikt auch ohne Strafantrag verfolgt werden.

2. Strafbarer Eingriff in fremde Schutzrechte und technische Schutzmaßnahmen (§ 108 und § 108b UrhG)

166 Zusätzlich zur Sanktion des Vervielfältigens oder Verbreitens von Werken in § 106 UrhG ergibt sich ein weiterer strafrechtlicher Schutz für verwandte Schutzrechte aus § 108 UrhG, vor allem beim **Laufbildschutz gem. § 95 UrhG**. Dieser ist dann von besonderem Interesse, wenn Computerprogrammen ein urheberrechtlicher Schutz gem. § 2 Abs. 1 Nr. 1, § 69a UrhG fehlt. Voraussetzung für den urheberrechtlichen Laufbildschutz ist, dass es sich um Bildfolgen oder kombinierte Bild- und Tonfolgen handelt, die noch nicht die Qualität eines Filmwerkes i. S. d. § 2 Abs. 1 Nr. 6 UrhG erreichen, weil es an einer persönlichen Schöpfung fehlt. Nachdem solche Bildfolgen bei fast allen Computerspielen enthalten sind und auch viele **Multimedia-Anwendungen** solche Teilbereiche aufweisen, unterfallen sie dem Laufbildschutz, wie er in den §§ 95 i. V. m. 94 UrhG definiert ist. Folge dieses Schutzrechtes ist, dass der Hersteller damit auch das ausschließliche Recht erlangt, das Programm auf dem Datenträger zu vervielfältigen bzw. zu verbreiten. Eigentliche Tathandlung des Urheberstrafrechts gem. § 108 UrhG ist letztlich das Verwerten von Programmen entgegen §§ 95, 94 UrhG ohne gesetzliche Befugnis oder Erlaubnis des Berechtigten im Einzelfall. Unter dem Begriff des Verwertens wiederum lässt sich nur eine Vervielfältigung oder Verbreitung subsumieren.[434] Im Gegensatz zum Urheberschutz für Computerprogramme ist beim Laufbildschutz aber gem. § 53 Abs. 1 UrhG eine Vervielfältigung für Zwecke des privaten Gebrauchs zugelassen, das oben beschriebene Kopierverbot aus § 69c UrhG gilt damit nicht, wenn dem Computerprogramm eine individuelle geistige Schöpfung i. S. d. § 2 Abs. 1 Nr. 1 UrhG fehlt. Jedoch ist es auch hier gem. § 53 Abs. 6 UrhG verboten, die erstellten Kopien zu verbreiten.

167 Neu eingefügt wurde in § 108b UrhG eine Sanktion des unerlaubten **Eingriffs in fremde Schutzrechte** i. S. d. §§ 95a – 95d UrhG. Sanktionierbar ist damit insbesondere ein vom Täter vorgenommener unerlaubter Eingriff in vom Rechteinhaber verwendete technische Schutzmaßnahmen. Nach dieser Norm kann – vergleichbar dem Zugangskontrolldiensteschutzgesetz (ZKDSG)[435] – das „Knacken" von Sicherungen in Form etwa eines Kopierschutzes oder ebenso die Verbreitung der dafür notwendigen Software als strafrechtliche Handlung geahndet werden.

3. Probleme des Tatnachweises

168 Besondere Probleme beim Tatnachweis im Zusammenhang mit dem Werkschutz i. S. d. § 2 UrhG für Werke mit der ggf. im Einzelfall notwendigen Einholung eines Sachverständigengutachtens sind nicht zu erwarten. Da der strafrechtliche Schutz nach dem UrhG aber sehr weitgehend ausgestaltet ist, liegt das Problem hier eher bei der Verfolgung dieser in einer Vielzahl von Fällen vorkommenden Verfahren und vor allem bei der Frage, wann speziell in diesem Bereich ein besonderes öffentliches Interesse bejaht werden kann. So wurden die Strafverfolgungsbehörden teilweise mit massenhaften computergenerierten Anzeigen wegen Urheberrechtsverletzungen von Seiten der Rechteverwerter überflutet, um auf diese Weise für weitere zivilrechtlich relevante Verfahren entsprechende Auskünfte zu erlangen.[436] Hierauf wurde von Seiten der Generalstaatsanwaltschaften mit Einstellungserlassen reagiert, soweit die eingegangenen Anzeigen nicht eine Erheblichkeitsschwelle überschritten hatten, also eine

---

[434] Vgl. *Wandtke/Bullinger-Hildebrandt*, Urheberrecht, 3. Auflage 2009, § 108 Rn. 5; *Fromm/Nordemann-Ruttke/Scharinghausen*, Urheberrecht, 10. Aufl. 2008, § 108 Rn. 4.
[435] Vgl. dazu *Bär/Hoffmann*, MMR 2002, 654.
[436] Vgl. nur *Hoeren* NJW 2008, 3100; *Kondziela* MMR 2009, 295 und *Schäfer*, Die Bedeutung des Urheberstrafverfahrensrechts bei der Bekämpfung der Internetpiraterie, 2010.

Urheberrechtsverletzung im gewerblichen Ausmaß oder eine Straftat von nicht nur geringfügiger Bedeutung in den Fällen der Verbreitung pornographischer Schriften vorlag. Nachdem die Reichweite des Auskunftsanspruchs gem. § 101a UrhG a. F. bei einer Verletzungshandlung gegenüber Internet-Providern[437] heftig umstritten war, ist es durch den in Umsetzung der Enforcement-RL zur besseren Bekämpfung der Piraterie zum 1.9.2008 in § 101 UrhG[438] neu geschaffenen zivilrechtlichen Auskunftsanspruch gegenüber den Providern inzwischen zu einer Abnahme von Strafanzeigen gekommen, jedoch erfolgten in der Folge eine Vielzahl von zivilrechtlichen Abmahnungen.[439] Der zivilrechtliche Antrag auf Auskunft über Nutzer von IP-Adressen setzt dabei nach der BGH-Rechtsprechung auch kein gewerbliches Ausmaß der Rechtsverletzung voraus.[440] Eine Nutzung von Vorratsdaten gegen Filesharing ist dabei zulässig.[441] Im Hinblick auf diese zivilrechtlichen Rechtsschutzmöglichkeiten sollte es daher Ziel der Strafverfolgung in diesem Bereich sein, die Verfolgung von Urheberrechtsverletzungen vor allem auf das organisierte Angebot von illegalen Inhalten zu konzentrieren und im Übrigen durch eine Verbesserung der zivilrechtlichen Rechtsdurchsetzung einen Schutz für urheberrechtlich geschützte Werke – auch im Internet – zu gewährleisten, ohne aber Urheberrechtsverletzungen zu einem reinen „Kavaliersdelikt" werden zu lassen.

VI. Persönlichkeitsverletzungen

Nachdem es durch den Computereinsatz möglich ist, personenbezogene Daten massenhaft zu sammeln, zu speichern, weiterzugeben und auch hinsichtlich unterschiedlichster Kriterien miteinander zu verknüpfen, ergeben sich daraus **neue Gefährdungen für das Persönlichkeitsrecht** des Betroffenen. Die Bedeutung des Persönlichkeitsschutzes hat das BVerfG seit seiner Entscheidung zum Volkszählungsgesetz[442] von 1983 noch weiter verstärkt, insbesondere im Zusammenhang mit neuen Angeboten im Internet, wie etwa bei sozialen Netzwerken.[443] Der Schutz des Einzelnen gegen unbegrenzte Erhebung, Speicherung, Verwendung und Weitergabe seiner persönlichen Daten werde unter den Bedingungen der modernen Datenverarbeitung von dem allgemeinen Persönlichkeitsrecht des Art. 2 Abs. 1 i. V. m. Art. 1 Abs. 1 GG erfasst. Dieses damit abzuleitende **Grundrecht auf informationelle Selbstbestimmung** gewährleistet für den Einzelnen auch die Befugnis, grundsätzlich über die Preisgabe und Verwendung seiner persönlichen Daten zu bestimmen. Gleichzeitig wurde dem Gesetzgeber aufgegeben, für Eingriffe in dieses Grundrecht entsprechende Rechtsgrundlagen zu schaffen sowie auch **organisatorische und verfahrensrechtliche Schutzvorkehrungen** zu treffen. In Umsetzung der EU-Datenschutzrichtlinie hat der Gesetzgeber am 18.5.2001 mit dem Gesetz zur Änderung des Bundesdatenschutzgesetzes und anderer Gesetze[444] auch eine umfassende Korrektur der bisherigen Rechtsgrundlagen vorgenommen. Durch die weltweiten Kommunikationsmöglichkeiten über das Internet bedarf es aber über das nationale Recht hinausgehend wirksamer europäischer und globaler datenschutzrechtlicher Standards. Diesem Ziel dienen auch die derzeitigen Überlegungen für eine EU-Datenschutzverordnung.[445]

---

[437] Vgl. dazu: *Nordemann/Dustmann*, CR 2004, 380; *Spindler/Dorschel*, CR 2005, 38; *Sieber/Höfinger*, MMR 2004, 575; *Czychowski*, MMR 2004, 514 und *Gercke*, CR 2006, 210 sowie LG Hamburg, MMR 2005, 55 mit Anmerkung *Kaufmann/Köcher*; OLG Frankfurt, MMR 2005, 241 mit Anmerkung *Spindler*.
[438] Vgl. BGBl. 2008, Teil I, S. 1191.
[439] Vgl. näher *Nümann/Mayer* ZUM 2010, 321.
[440] Vgl. BGH, Beschluss vom 10.8.2012, Az. I ZB 80/11.
[441] Vgl. EuGH CR 2012, 385.
[442] Vgl. BVerfGE 65, 1 ff.
[443] Vgl. dazu etwa nur *Masing*, NJW 2012, 2305; vgl. aber VG Schleswig-Holstein, CR 2013, 254 zum anwendbaren Datenschutzrecht bei Facebook.
[444] BGBl. I S. 904.
[445] Vgl. zum Entwurf: http://ec.europa.eu/justice/data-protection/document/review2012/com_2012_11_de.pdf sowie näher *Eckhardt*, CR 2012, 195 und *Bäcker/Hornung*, ZD 2012, 147 sowie die Antwort der Bundesregierung BT-Drs. 17/10452 vom 10.8.2012.

170 Wie ein Blick auf die aktuellen **polizeilichen Kriminalstatistiken** zeigt, haben Datenschutzverletzungen bisher dort nur eine untergeordnete Bedeutung erlangt. Daraus kann jedoch als Folge nicht zwangsläufig abgeleitet werden, dass der Datenschutz insgesamt zu vernachlässigen ist. Gerade die Fälle des Missbrauchs von Stasi-Akten,[446] aber auch die bisher teilweise noch auf den Bereich des Zivilrechts beschränkten Verstöße gegen Persönlichkeitsrechte bei traditionell geschützten Berufsgruppen wie Ärzten oder Rechtsanwälten machen dies – etwa bei der Praxisweitergabe – deutlich.[447] Im Internet wird die Diskussion um den Datenschutz vor allem von der Einhaltung des Persönlichkeitsschutzes bei der Nutzung sozialer Netzwerken bestimmt.[448] Nachdem der Gesetzgeber aber – wie dies auch bereits in zahlreichen Landesdatenschutzgesetzen der Fall war – nun auch im BDSG die früheren **Straftaten nach § 43 BDSG nur noch als Ordnungswidrigkeiten** behandelt und es nach dem neuen § 44 BDSG überhaupt erst im Fall eines Handelns gegen Entgelt oder mit Bereicherungsabsicht zu einer Straftat kommt, wird hier auf eine weitere Darstellung verzichtet.[449]

VII. Verrat von Betriebs- und Geschäftsgeheimnissen

1. Tatbestand und Rechtsgut

171 In § 17 UWG[450] war schon bisher der Verrat von Geschäftsgeheimnissen unter Strafe gestellt, die modernen **Erscheinungsformen** der **Wirtschaftsspionage** mit den daraus resultierenden **erheblichen Schäden** machten aber eine Reform erforderlich. Der Gesetzgeber hat deshalb mit dem 2. WiKG die Bestimmung in Abs. 1 geändert und in den Abs. 2 bis 4 völlig neu gefasst, um den Verrat von Geheimnissen unter Einsatz moderner technischer Mittel ebenfalls zu erfassen. Geschütztes **Rechtsgut ist der Geheimbereich des Unternehmens** vor unredlichen Eingriffen. Dem geschäftlichen Betrieb wird dabei ein Schutz nicht nur vor Mitbewerbern und Konkurrenten, sondern auch vor eigenen Mitarbeitern gewährt. Eine Beschränkung auf Wettbewerbszwecke erfolgt dabei nicht. Teilweise wird auch das Interesse der Allgemeinheit an der Funktionsfähigkeit und Reinerhaltung der Wettbewerbsordnung als Rechtsgut angesehen.[451] Indirekt dient der Tatbestand des § 17 UWG letztlich aber auch dem Schutz des betrieblichen Vermögens. Im Gegensatz zum Ausspähen von Daten (§ 202a StGB) ist der Geheimnisschutz hier unabhängig von einer zusätzlichen Zugriffssicherung. Im Hinblick auf die Darstellungen in Kapitel 15 beschränken sich die Ausführungen hier nur auf einzelne edv-spezifische Besonderheiten.[452]

172 Fall 1 („**Glücksspielautomat**"): Der Geschädigte betrieb eine Spielhalle mit Geldspielautomaten des Typs M. Diese enthalten einen Mikroprozessor, der zum Schutz in einem Blechgehäuse eingebaut ist, mit Anweisungen des Herstellers zum Spielablauf. Danach wiederholen sich Spielergebnisse nach einer gewissen Anzahl von Spielen immer wieder. Die Automaten werden vom Hersteller nur an Personen mit einer behördlichen Erlaubnis zum Betrieb solcher Geldspielautomaten verkauft. Der Täter griff auf Disketten zurück, die ein Manipulationsprogramm enthielten, welches das Programm des Geldspielautomaten dadurch entschlüsselt hatte, dass die Spielergebnisse von einigen tausend Einzelspielen systematisch ermittelt und auf einem Datenträger erfasst wurden. Mit den Daten des Manipulationsprogramms war feststellbar, an welchem Punkt sich das Spielprogramm derzeit befand. Der Täter wurde wegen Computerbetrug in Tateinheit mit Geheimnishehlerei verurteilt.[453]

---

[446] Vgl. näher dazu *Sieber*, CR 1995, 101.
[447] Vgl. dazu näher *Dannecker*, BB 1996, 1286 f. Vgl. zu Datenschutzverletzung bei Einbau eines GPS-Empfängers durch Privatdetektiv: BGH U. v. 4.6.2013 – 1 StR 32/13.
[448] Vgl. nur *Schlögel*, ZfP 2012, 85; Meyer, K&R 2012, 309; *Härting*, K&R 2012, 264; *Karg/Fahl*, K&R 2011, 453; *Erd*, NVwZ 2011, 19 jeweils m. w. N.
[449] Vgl. ausführlich zu den Tatbeständen der neuen §§ 43, 44 BDSG die Darstellungen *Bär*, in: Roßnagel, Handbuch des Datenschutzrechts, Kapitel 5.7.
[450] Vgl. hierzu auch Kapitel 15.
[451] Vgl. zum Rechtsgut näher *Otto*, wistra 1988, 126; *Fuhrmann*, in: Erbs/Kohlhaas-Diemer, Strafrechtliche Nebengesetze, § 17 UWG Rn. 2 sowie *Achenbach/Ransiek-Heghmanns*, HB Wirtschaftsstrafrecht, 3. Aufl. 2012, Teil 6.1 Rn. 60 und *Köhler/Bornkamm-Köhler*, UWG, 30. Aufl. 2012, § 17 Rn. 2.
[452] Vgl. die weitergehenden Darstellungen in Kapitel 15.
[453] Vgl. zum Sachverhalt nur BayObLG NJW 1991, 438 sowie auch LG Stuttgart NJW 1991, 441.

B. Einzelne Deliktsformen

Fall 2 („Programmkopie"): Der Täter war bei der geschädigten Firma als Verkäufer tätig und kopierte unberechtigt Softwareprogramme und Daten vom Firmenrechner. Später gründete der Täter mit einem Partner eine eigene Firma mit einem ähnlichen Tätigkeitsfeld wie sein bisheriger **Arbeitgeber**. Bei dieser neuen Firma kamen die auf einem Datenträger enthaltenen Informationen des früheren Arbeitgebers zum Einsatz. Dadurch entstand der geschädigten Firma ein erheblicher finanzieller Nachteil.[454]

Fall 3 („Datenhandel im Internet"): Eine Firma versendet über das Internet E-Mails mit der Aufforderung an die Adressaten, interne Betriebsdaten der Firma an eine vorgegebene E-Mail-Adresse zu senden und so an Dritte zu verkaufen und dabei die derzeitige Arbeitsplatzsituation zur Datenbeschaffung einzusetzen, um so Nebeneinkünfte zu erzielen.

Fall 4 („SIM-Lock"): Der Täter verfügt über ein Mobiltelefon, das mit einer Prepaid-Karte kombiniert ist, d. h. das Handy muss jeweils mit einem bestimmten Betrag aufgeladen werden, um wieder aktiv telefonieren zu können. Das vom Netzbetreiber subventionierte Mobiltelefon ist durch eine Sperre, dem sog. SIM-Lock, an die mitgelieferte SIM-Karte des Anbieters gebunden. Damit soll sowohl ein Verkauf des Handys als auch ein Wechsel des Netzbetreibers unterbunden werden. Diese Sperre läuft 24 Monate. Um diese zu umgehen, veränderte der Täter ohne Zustimmung des Herstellers bzw. Vertreibers die Software seines Mobiltelefons so, dass die unerwünschte Sperre aufgehoben wurde.[455]

2. Geschäfts- und Betriebsgeheimnisse als Tatobjekt

Gegenstand aller Tatbestandsalternativen des § 17 UWG sind **Geschäfts- und Betriebsgeheimnisse**.[456] Da diese Begriffe vom Gesetz als gleichwertig verwendet werden, spricht man als Oberbegriff von Unternehmens- oder besser generell von Wirtschaftsgeheimnissen. Kennzeichnend hierfür ist das Vorliegen sowohl subjektiver als auch objektiver Merkmale: Wirtschaftsgeheimnisse eines Unternehmens sind damit alle Tatsachen, die nach dem erkennbaren **Willen des Betriebsinhabers geheim gehalten**[457] werden sollen, die ferner nur einem begrenzten Personenkreis bekannt und damit nicht offenkundig sind und hinsichtlich derer der Betriebsinhaber deshalb ein **berechtigtes Geheimhaltungsinteresse** hat, weil eine Aufdeckung der Tatsachen geeignet wäre, dem Geheimnisträger wirtschaftlichen Schaden zuzufügen.[458] Zu den geschäftlichen Betrieben zählen alle auf Dauer angelegten Unternehmen, die durch den Austausch von Waren oder Dienstleistungen am Wirtschaftsleben teilnehmen, aber auch öffentliche Einrichtungen, die im wirtschaftlichen Umfeld tätig werden.[459] Nicht in den Anwendungsbereich des § 17 UWG einbezogen sind dagegen wissenschaftliche Erkenntnisse aus Forschungseinrichtungen des Staates oder der Universitäten bzw. vergleichbarer Einrichtungen.

3. Tathandlungen des § 17 UWG

Seit den grundsätzlichen Änderungen durch das 2. WiKG enthält § 17 UWG nunmehr **drei unterschiedliche Tatbestände**: Durch Abs. 1 wird zunächst der Geheimnisverrat des Beschäftigten eines Geschäftsbetriebes während der Dauer seines Dienstverhältnisses unter Strafe gestellt. Die Wirtschaftsspionage in Form des unbefugten Verschaffens oder Sicherns von Geschäfts- und Betriebsgeheimnissen durch einzeln aufgeführte Tatmittel hat in Abs. 2 Nr. 1 ihren Niederschlag gefunden. Unter Strafe gestellt ist schließlich durch Abs. 2 Nr. 2 die sog. Geheimnishehlerei durch unbefugte Verwertung oder Mitteilung eines nach Abs. 1 oder Abs. 2 Nr. 1 erlangten Geheimnisses. Die weiteren Ausführungen beschränken sich dabei auf die im EDV-Bereich allein relevanten Alternativen 2 und 3.[460] Im Gegensatz zu § 17 Abs. 1 UWG kann Täter hier jedermann sein, eine Betriebszugehörigkeit wird gerade nicht verlangt.

---

[454] Vgl. zu einem vergleichbaren Sachverhalt BGH CR 1993, 236.
[455] Vgl. AG Göttingen MMR 2011, 626 m. Anm. *Neubauer* und AG Nürtingen MMR 2011 121 sowie näher zum SIM-Lock: *Busch/Giessler*, MMR 2001, 586 f. und *Kusnik*, CR 2011, 718.
[456] Vgl. näher zu Geschäfts- und Betriebsgeheimnissen die Darstellungen in Kapitel 15 Rn. 10 f.
[457] Vgl. zum Geheimhaltungswillen näher Kapitel 15 Rn. 10.
[458] Vgl. BGHSt 41, 140, 142 sowie *Otto*, wistra 1988, 126 m. w. N. zur Begriffsdefinition.
[459] Vgl. näher *Erbs/Kohlhaas-Diemer*, Strafrechtliche Nebengesetze, § 17 UWG Rn. 2 und *Köhler/Bornkamm-Köhler*, UWG, 30. Aufl. 2012, § 2 Rn. 21 ff.
[460] Vgl. näher zu § 17 Abs. 1 UWG Kapitel 15 Rn. 2 ff. und die Darstellungen bei *Erbs/Kohlhaas-Diemer*, Strafrechtliche Nebengesetze, § 17 UWG Rn. 12 ff.

a) Betriebsspionage (§ 17 Abs. 2 Nr. 1 UWG)

175 Unter Strafe gestellt sind hier verschiedene, vom Gesetz abschließend aufgeführte, besonders gefährliche Erscheinungsformen der Geheimnisausspähung. Es genügt zur Tatvollendung bereits das Verschaffen oder Sichern des jeweiligen Geheimnisses durch eines der in Nr. 1a) bis c) genannten bestimmten Mittel. Das bereits aus einer Reihe anderer Tatbestände des Kernstrafrechts bekannte **Verschaffen** erfordert vom Täter die Erlangung der Verfügungsgewalt über ein Geheimnis, das dem Betreffenden bisher nicht bekannt war. Dies kann zunächst bei körperlichen Gegenständen dadurch geschehen, dass der Täter etwa bestimmte Datenträger, Magnetbänder oder auch Computerausdrucke in seinen Gewahrsam bringt, ohne dass er dabei vom Informationsgehalt dieser Objekte im Einzelnen Kenntnis zu haben braucht. Ausreichend ist aber auch, wenn der Täter ohne Gewahrsamserlangung nur bestimmte Geheimnisse – etwa am Bildschirm des Computers abruft oder aus schriftlichen Unterlagen – einsieht und sich so einprägt, dass er in der Lage ist, die Informationen wiederzugeben. Demgegenüber geht die zweite Alternative bei der Tathandlung, das **Sichern**, davon aus, dass der Täter das Geheimnis bereits kennt, seine Kenntnis nunmehr aber „materialisiert".[461] Dies kann durch die unbefugte Herstellung einer Kopie von schriftlichen Unterlagen, aber auch einer Kopie oder einem Ausdruck von Computerprogrammen erfolgen. Insoweit gewinnt daher gerade dieses Merkmal durch die vielfältigen Möglichkeiten der EDV eine besondere Bedeutung. Der Zusatz „unbefugt" hat hier keine eigenständige Bedeutung, sondern ist – wie auch bei § 202a StGB – als allgemeines Verbrechensmerkmal anzusehen.

176 Beide Tathandlungen des § 17 Abs. 2 Nr. 1 UWG führen aber nur dann zu einer Strafbarkeit, wenn eines der abschließend aufgeführten Tatmittel verwirklicht wird. Hauptanwendungsfall dürfte im EDV-Bereich die **Anwendung technischer Mittel** (Abs. 2 Nr. 1a) sein. Darunter fallen alle technischen Vorrichtungen, die dem Sichverschaffen oder Sichern von Wirtschaftsgeheimnissen dienen, ausgenommen sind nur alle manuellen Handlungen.[462] Einzuordnen sind hier Fotokopiergeräte, Fotoapparate, Film- oder Videokameras sowie USB-Sticks, Speicherkarten aller Art und Nutzungen von WLAN, aber auch Abhöreinrichtungen aller Art, die vom Einsatz von Minisendern bis hin zum Auffangen der von Computerbildschirmen ausgehenden elektromagnetischen Strahlungen – etwa durch Richtmikrophone – reichen.[463] Hier gehört aber auch der Aufruf und Ausdruck von Computerdaten unter Einsatz des technischen Hilfsmittels EDV-Anlage und somit auch die Kenntniserlangung des Programms zum Leerspielen von Geldspielautomaten über eine Diskette. Das weitere Tatmittel der **Herstellung einer verkörperten Wiedergabe des Geheimnisses** (Abs. 2 Nr. 1 b) erfordert die Duplizierung des Geheimnisses in materialisierter Form. Es überschneidet sich in vielen Fällen mit der Anwendung technischer Mittel, da eine Anfertigung einer verkörperten Wiedergabe ohne technische Mittel – wie etwa Fotokopierer, Drucker – nicht möglich sein wird. Zusätzlich zu Nr. 1a erfasst werden hier lediglich die Fälle, bei denen der Täter keine technischen Mittel verwendet, wie beim Abschreiben oder Abzeichnen von Geheimnissen. Der Tatbestand des § 17 Abs. 2 Nr. 1 UWG ist aber auch dann erfüllt, wenn der Täter die **das Geheimnis verkörpernde Sache wegnimmt** (Abs. 2 Nr. 1 c). Gemeint ist damit, dass der Täter den Gegenstand, in dem das Geheimnis verkörpert ist – vergleichbar dem Gewahrsamsbruch beim Diebstahl – an sich bringt und so Gewahrsam erlangt, dass er in die Lage versetzt wird, den Gegenstand zu verwerten oder weiterzugeben. Dieses Tatmittel kann daher nur eingreifen, wenn bereits eine Verkörperung des Geheimnisses, sei es in Form eines Datenträgers oder Computerausdruckes oder in anderer Weise, gleichgültig ob es sich dabei um einen Quelldatenträger oder um eine Kopie handelt, vorhanden ist und

---

[461] Vgl. *Schlüchter*, Zweites Gesetz zur Bekämpfung der Wirtschaftskriminalität, 131; *Otto*, wistra 1988, 128.

[462] Vgl. *Otto*, wistra 1988, 128; *Erbs/Kohlhaas-Diemer*, Strafrechtliche Nebengesetze, § 17 UWG Rn. 37; *Köhler/Bornkamm-Köhler*, UWG, 30. Aufl. 2012, § 17 Rn. 33. Die teilweise erhobene Forderung, dass es zu keiner Verkörperung des Geheimnisses kommen darf (so: *Schmitz*, Computerkriminalität, 52) lässt sich mit dem Wortlaut der Norm nicht in Einklang bringen.

[463] Vgl. dazu *Bär*, MMR 2005, 439 und die Darstellungen in Kapitel 15 Rn. 20 ff.

B. Einzelne Deliktsformen **14**

vom Täter nicht erst mit technischen Mitteln hergestellt werden muss.[464] Diese Tathandlungen des § 17 Abs. 2 Nr. 1 UWG kommen auch bei Prepaid-Handys – wie oben im Fall 4 näher beschrieben – in Betracht, wenn sich etwa Beschäftigte von Herstellerfirmen oder Netzbetreibern bzw. auch Dritte die Unlock-Codes bzw. das Unlock-Know-how beschaffen oder sichern und dabei – je nach der konkreten Sachverhaltskonstellation – eines der oben genannten Tatmittel eingesetzt wird.[465]

b) Geheimnishehlerei (§ 17 Abs. 2 Nr. 2 UWG)

Vergleichbar der Hehlerei in § 259 StGB wird nach Abs. 2 Nr. 2 UWG auch derjenige bestraft, der ein Wirtschaftsgeheimnis durch die beiden alternativen Tathandlungen unbefugt verwertet oder einem anderen mitteilt. Von einer solchen **Verwertung** ist immer dann auszugehen, wenn der Täter einen Wert aus der Sache ziehen oder sie sonst irgendwie wirtschaftlich nutzen will. Gemeint ist damit eine Tätigkeit, die auf Gewinnerzielung ausgerichtet ist, ohne dass es aber tatsächlich zu einem Gewinn kommen muss. Denkbar ist hier etwa der Weiterverkauf der ausspionierten Informationen an Konkurrenzunternehmen, aber auch die Weiterentwicklung eines entwendeten EDV-Programms, um es mit anderem Namen auf den Markt zu bringen. Unter die weitere Tathandlung des **Mitteilens** ist jede beliebige Art der Bekanntgabe einer geheimzuhaltenden Tatsache einzuordnen, durch die eine Ausnutzung des Geheimnisses in irgendeiner Form ermöglicht wird. Das Geheimnis muss damit in die Hände eines Dritten fallen, der bisher davon noch keine Kenntnis hatte, aber nun von dem Geheimnis Gebrauch machen kann.[466] In § 17 Abs. 2 Nr. 2 UWG sieht das Gesetz **drei Alternativen** als ausschließliche **Tatgegenstände** vor, wie der Täter die Verfügungsberechtigung über das Geheimnis erlangt hat, das er mitteilt oder verwertet. Dies gilt nach der 1. Alternative für den Verrat eines Unternehmensbeschäftigten, der durch die Mitteilung der Tatsache als Vortäter selbst den Tatbestand des § 17 Abs. 1 objektiv und subjektiv verwirklicht hat. Aufgrund der 2. Alternative muss der Täter das Geheimnis durch eine eigene oder fremde Spionagetätigkeit nach Abs. 2 Nr. 1 erlangt haben, d. h. er muss den Tatbestand der Nr. 1 entweder selbst rechtswidrig begangen oder ein Dritter muss entsprechend gehandelt haben. Als Art Generalklausel wird von der dritten Alternative zusätzlich jedes sonst unbefugte Verschaffen oder Sichern in den Tatbestand einbezogen. Erfasst werden sollen von diesem Auffangtatbestand alle Fälle des unbefugten Ausspähens von Geheimnissen, die nicht mit einem der in Abs. 2 Nr. 1 ausdrücklich aufgeführten Mittel durchgeführt werden, wenn die Kenntnis von den geschützten Tatsachen gesetzeswidrig oder sonst auf nicht ordnungsgemäße Weise erlangt wurde.[467] Diese letzte Tatvariante kommt im Fall 4 in Betracht, wenn sich der Täter die Unlock-Codes oder das dazu erforderliche Wissen in sonstiger, unbefugter Weise beschafft hat.[468] Daneben sind in diesen Fällen als weitere Straftatbestände auch die §§ 265a, 263a und 202a StGB anwendbar.

4. Subjektiver Tatbestand, Konkurrenzen

Im subjektiven Bereich genügt zur Strafbarkeit das Vorliegen eines zumindest bedingten Vorsatzes hinsichtlich des objektiven Tatbestandes allein noch nicht. Hinzukommen muss sowohl für die Betriebsspionage als auch für die Geheimnishehlerei entweder ein Vorgehen zu Zwecken des Wettbewerbs oder ein Handeln aus Eigennutz, zugunsten eines Dritten bzw. als

---

[464] Vgl. BayObLG, NJW 1992, 1777, 1779 sowie *Erbs/Kohlhaas-Diemer*, Strafrechtliche Nebengesetze, § 17 UWG Rn. 36 m. w. N.

[465] Vgl. *Busch/Giessler*, MMR 2001, 589 *Kusink*, CR 2011, 718. Regelmäßig wird aber hier § 269 und § 303a StGB erfüllt sein. Vgl. AG Göttingen MMR 2011, 626 m. Anm. *Neubauer* und AG Nürtingen MMR 2011 121.

[466] Vgl. zu den Tathandlungen *Erbs/Kohlhaas-Diemer*, Strafrechtliche Nebengesetze, § 17 UWG Rn. 22 (Mitteilen) und Rn. 50 (Verwerten) und Kapitel 15 Rn. 25 ff.

[467] Vgl. zur Auslegung dieser einzelnen Alternativen näher *Erbs/Kohlhaas-Diemer*, Strafrechtliche Nebengesetze, § 17 UWG Rn. 41 ff. und Kapitel 15 Rn. 26 f.

[468] Vgl. *Busch/Giessler*, MMR 2001, 590 f.

letzte Möglichkeit die Absicht, dem Inhaber des Geschäftsbetriebes einen Schaden zuzufügen. Ein **Handeln zu Zwecken des Wettbewerbs** lässt sich dabei nicht allein auf subjektive Elemente begrenzen. Es erfordert vielmehr neben dem entsprechenden subjektiven Ziel auch objektiv ein Verhalten, das auf den Wettbewerb abgestellt sein muss. Dieses Merkmal ist erfüllt, wenn die Ausbeutung des Geheimnisses zum Schaden des Betriebsinhabers erfolgen soll und dieses Ziel vom Täter angestrebt wird.[469] Von einem **Eigennutz** als subjektivem Element ist auszugehen, sofern das Handeln des Täters von einem Streben nach einem beliebigen persönlichen Vorteil geprägt ist. Dafür bedarf es keines Vermögensvorteils, so dass neben einem rein materiellen Vorteil – etwa in Form eines Geldbetrages – auch ein erheblicher immaterieller Vorteil ausreichen kann. Durch das Merkmal eines **Handelns zugunsten eines Dritten** sollen Täter erfasst werden, die weder wettbewerbliche Interessen verfolgen noch in eigenem Interesse handeln, sondern – beispielsweise im Fall der Betriebsspionage durch fremde Geheimdienste – andere Motive, etwa ideologischer oder politischer Art, verfolgen. Der subjektive Tatbestand des § 17 Abs. 2 UWG wird aber auch durch einen Täter verwirklicht, dem es darauf ankommt, dem Geschäftsinhaber **absichtlich irgendeinen Schaden zuzufügen**. Erforderlich ist aber auch hier kein Vermögensschaden, so dass auch Beweggründe ausreichend sind, die nur auf einen immateriellen Schaden hinführen. Regelmäßig wird es sich beim Täter aber um wirtschaftliche Nachteile handeln. In allen Fällen ist der **Versuch** der Tat, d. h. sobald der Täter nach seinen Vorstellungen von der Tat zur Verwirklichung unmittelbar ansetzt, gem. § 17 Abs. 3 UWG strafbar.[470]

5. Probleme des Tatnachweises

179 Die Strafverfolgung selbst setzt gem. § 17 Abs. 5 UWG bei allen Tatbeständen in der Regel einen **Strafantrag** voraus. Antragsberechtigt ist dabei der Inhaber des jeweils verletzten Geschäftsbetriebes, der zum Tatzeitpunkt Geheimnisinhaber war. Die Staatsanwaltschaft kann **auch von Amts** wegen einschreiten und bei Vorliegen eines besonderen öffentlichen Interesses entsprechende Ermittlungen aufnehmen. Voraussetzung hierfür ist aber, dass die Strafverfolgungsbehörde zur Einleitung eines Verfahrens überhaupt in irgendeiner Weise Kenntnis von einem strafbaren Verhalten erlangt.[471] Über die dafür notwendigen Informationen dürfte meist nur der Geheimnisträger selbst verfügen. Vor diesem Hintergrund ist es daher verständlich, wenn aufgrund der geringen Fallzahlen von einer hohen Dunkelziffer auszugehen ist. Wie auch bei anderen Antragsdelikten werden viele Unternehmen die Interessen an der Aufklärung von Straftaten geringer bewerten als die sich aus einem **negativen Image** ergebenden Folgen. Hinzu kommt aber gerade bei § 17 UWG noch ein weiteres gewichtiges Argument: Die Anzeige und der Nachweis eines strafbaren Verhaltens seitens des Unternehmens machen es je nach Einzelfall erforderlich, gegenüber den Ermittlungsbehörden Tatsachen und auch Geheimnisse mitzuteilen, damit überhaupt eine Straftat festgestellt werden kann. So ist es etwa im Fall des Verschaffens geschützter Software durch den Täter erforderlich, die vorgefundenen Informationen mit den Quelldaten zu vergleichen, um Übereinstimmungen oder Divergenzen feststellen zu können. Hinzu kommt, dass für das geschädigte Unternehmen sogar die Gefahr besteht, dass einzelne Tatsachen im Rahmen einer **öffentlichen Gerichtsverhandlung** erörtert werden müssen. Zusätzlich besteht aufgrund der modernen Informations- und Kommunikationstechnologien für die Ermittlungsbehörden immer häufiger die Schwierigkeit, bei unkörperlichen Daten einen Nachweis für die Verschaffung des Geheimnisses beim Täter zu führen, wenn es nicht gelingt, verkörperte Gegenstände mit den verratenen Informationen sicherzustellen. Die EDV-Technik erlaubt es dem Täter in viel größerem Umfang, Daten unbemerkt zu gewinnen, als bei Einsatz der herkömmlichen Printmedien. Vor diesem Hintergrund ist es daher nachvollziehbar, wenn es bisher – gerade zu § 17

---

[469] Vgl. *Erbs/Kohlhaas-Diemer*, Strafrechtliche Nebengesetze, § 17 UWG Rn. 29 m. w. N.
[470] Vgl. dazu näher die Darstellung in Kapitel 15 und *Erbs/Kohlhaas-Diemer*, Strafrechtliche Nebengesetze, § 17 UWG Rn. 65 ff.
[471] Vgl. näher Kapitel 15.

Abs. 2 UWG – kaum zu Verurteilungen gekommen ist. Es gibt daher derzeit Forderungen für eine Pflicht zur Meldung von Cyberattacken auf Unternehmen, um einen Überblick über das Ausmaß der Bedrohungen zu erhalten und entsprechende Sicherheitsstrategien zu entwickeln.[472]

C. Straftaten im Internet

Neben den bisher dargestellten einzelnen Deliktsformen der Computerkriminalität ergeben sich durch den zunehmenden Einsatz moderner Kommunikationsdienste aller Art auch neue Formen der Kriminalität in Datennetzen, die als sog. **„Multimedia-Kriminalität"** oder heute nur ganz allgemein als **„Cybercrime"** bezeichnet werden. Wenngleich es sich dabei häufig um Straftaten der Computerkriminalität i. e. S. handelt, lassen sich hier in erster Linie alle Formen der Computerkriminalität i. w. S. nachweisen, weshalb es erforderlich ist, die mit diesen Multimediaangeboten zusammenhängenden Rechtsfragen gesondert zu erörtern. Die juristische Diskussion befasst sich hier vor allem mit der strafrechtlichen Verantwortlichkeit von Anbietern, Providern und anderen Personen sowie mit der Erfassung solcher strafbarer Handlungen durch das geltende Strafrecht.[473]

180

I. Allgemeine Fragen und beispielhafte Verfahren

1. Entwicklung der Verfahren

Inzwischen zeigt sich, dass im Internet alle schon **bisher bekannten Kriminalitätsformen von A bis Z** zu finden sind.[474] Sie reichen von der Verletzung des Arzneimittelgesetzes durch unzulässige Angebote verschreibungspflichtiger Medikamente über Betrug, Erpressung, Kapitalanlagebetrug bis hin zu über die Datennetze vorbereiteten Waffen- und Zolldelikten durch die verbotene Einfuhr von Gegenständen. Ohne an dieser Stelle alle denkbaren Deliktsformen aufzählen zu können, wird bereits deutlich, dass der kriminelle Missbrauch in den modernen Kommunikationsnetzen in seinen Dimension noch kaum abschätzbare künftige Gefahren mit sich bringt, nachdem die technischen Entwicklungen ständig weiter fortschreiten. Dadurch ergeben sich bei der juristischen Bewertung immer neue Rechtsfragen. Die auftretenden Problemstellungen und die Entwicklungen der letzten Jahre verdeutlichen die folgenden Ermittlungs- bzw. Strafverfahren am besten.[475]

181

Fall 1 („CompuServe"): Besondere Aufmerksamkeit erregte am 22.11.1995 die Durchsuchung der Staatsanwaltschaft bei CompuServe in München wegen des Verdachts der Verbreitung von Kinderpornographie über den Online-Dienst. Im Anschluss daran übergab ein Mitarbeiter der Polizei an CompuServe eine Liste mit Newsgroups zur Überprüfung. Daraufhin sperrte CompuServe den Zugang zu ca. 250 verdächtigen Newsgroups mit Namen wie „sex" oder „gay", was zu heftigsten Reaktionen weltweit führte. Die Sperrung wurde daraufhin auf deutsche Zugänge beschränkt und später überwiegend wieder aufgehoben. Am 26.2.1997 erhob die Staatsanwaltschaft München I Anklage gegen den Geschäftsführer von CompuServe wegen des Verdachts der Beihilfe zur Verbreitung pornographischer Schriften über das Internet, weil gewalt-, kinder- und tierpornographische Bilder aus Newsgroups ungehindert an Kunden gelangten und so verbreitet wurden. Obwohl Staatsanwaltschaft und Verteidigung Freispruch beantragt hatten, verurteilte das

182

---

[472] Vgl. dazu nur den Bericht vom 25.7.2012 in www.focus.de/politik/deutschland/innenminister-will-meldepflicht-fuer-cyberattacken-wenn-hacker-das-atomkraftwerk-lahmlegen_aid_787364.html. sowie auf nationaler Ebene den Referentenentwurf für ein Gesetz zur Erhöhung der Sicherheit informationstechnischer Systeme und auf EU-Ebene der Vorschlag für eine Richtlinie über Maßnahmen zur Gewährleistung einer hohen Netz- und Informationssicherheit in der Union (BR-Drs. 92/13).
[473] Vgl. dazu etwa nur *Sieber*, JZ 1996, 429 ff. und 494 ff. sowie *Sieber*, CR 1997, 581 ff. und 653 ff.; *Jäger/Collardin*, CR 1996, 236 ff.; *Conradi/Schlömer*, NStZ 1996, 366 ff. und 472 ff.; *Hinterseh*, jur-PC 1996, 460 ff. und *Derksen*, NJW 1997, 1878 ff.: *Altenhain*, CR 1997, 485 und AfP 1998, 457 ff. sowie zusammenfassend *Bär*, in: Roßnagel (Hrsg.), Recht der Multimediadienste, 7. Teil – Strafrecht.
[474] Vgl. dazu bereits die Übersicht bei *Janovsky*, Kriminalistik 1998, 500.
[475] Vgl. zu weiteren Einzelheiten und Falldarstellungen die Ausführungen bei *Bär*, in: Roßnagel (Hrsg.), Recht der Multimediadienste, 7. Teil, Strafrecht – Einleitung Rn. 3 ff. sowie zu ausländischen Verfahren auch *Barton*, Multimedia Strafrecht, 65 ff.

Amtsgericht München den Angeklagten am 28.5.1998 zu einer Freiheitsstrafe von zwei Jahren mit Bewährung.[476] Mit Urteil vom 17.11.1999 wurde der Angeklagte freigesprochen.[477]

Fall 2 („Leder-Domina" und „Sado-Henker"): Über das Internet war bei Rosenheim von einem sado-masochistisch veranlagten Paar, das sich selbst als „Leder-Domina" und „Sado-Henker" bezeichnete, die Verschleppung von Kindern für menschenverachtende Sextouren an zahlungskräftige Kunden angeboten worden. Die Details für die Folter waren im Internet-Angebot aufgeführt. Für die Beseitigung des „Kadavers" wurde ein Aufschlag verlangt. Nach Aufdeckung und Anzeige dieses Angebotes durch einen Journalisten wurden beide Täter festgenommen. Bei einer Hausdurchsuchung konnten verschiedene EDV-Anlagen und Aufzeichnungen des Paares sowie Foltergegenstände sichergestellt werden, Spuren von Kindesmisshandlungen waren nicht auffindbar.[478]

Fall 3 („Radikal" und „Marquardt"-Verfahren): Über einen Server des Amsterdamer Providers **XS4ALL** war die im Bundesgebiet verbotene linksradikale Zeitschrift „Radikal" abrufbar. Die Ausgabe Nr. 154 enthielt mehrere strafrechtlich relevante Beiträge, u. a. mit der Behinderung von Bahntransporten aller Art oder Anschlägen auf Gleisstrecken der Deutschen Bahn AG. Die Generalbundesanwaltschaft leitete daraufhin ein Ermittlungsverfahren gegen die Herausgeber der Zeitschrift ein und forderte die deutschen Provider auf, den Zugriff auf diese Seiten über ihre Zugangs- und Netzknoten zu unterbinden, was zu weltweiten Protesten und zur Spiegelung der Druckschrift auf einer Vielzahl von Rechnern führte. Gegen die Provider, die diesen Aufforderungen nicht nachgekommen waren, wurden Ermittlungen geführt.[479] Ein weiteres Verfahren richtete sich gegen die damalige PDS-Bundestagsabgeordnete Angela Marquardt, die auf ihrer Internet-Homepage einen Link auf die veröffentlichten Auszüge von „Radikal" setzte, weshalb die Staatsanwaltschaft Berlin gegen sie wegen Beihilfe zur Anleitung zu einem gemeingefährlichen Verbrechen (§ 316a StGB) ermittelte.[480]

Fall 4 („Gekreuzigtes Schwein"): Das erzbischöfliche Ordinariat in Regensburg hatte Strafanzeige gegen eine Firma erstattet, die im Internet unter anderem ein Schweine-T-Shirt mit dem Motiv eines gekreuzigten Schweins anbot. Die Staatsanwaltschaft Regensburg stellte das Ermittlungsverfahren ein, da das Angebot im Internet nicht die Voraussetzungen einer Beschimpfung des religiösen Bekenntnisses erfülle. Die gegen diese Einstellung erhobene Beschwerde wies die Generalstaatsanwaltschaft zurück, da es nicht beweisbar sei, dass das Angebot geeignet sei, den öffentlichen Frieden zu stören. Dem dagegen erhobenen Antrag auf gerichtliche Entscheidung gab das OLG Nürnberg statt und hob die ablehnenden Entscheidungen auf. Das Gericht sah die Voraussetzungen für eine Beschimpfung als gegeben an. Insbesondere sei auch eine Verbreitung solcher Bilder und Informationen im Internet zur Friedensstörung geeignet.[481]

Fall 5 („Auschwitz-Lüge"): Der in Deutschland geborene Täter war nach Australien emigriert und schloss sich dort dem „Adelaide Institut" an, das den Holocaust leugnet und dazu auch verschiedene Internet-Seiten mit entsprechenden Inhalten über einen australischen Server zum Herunterladen anbietet. Es konnte jeweils nicht festgestellt werden, dass der Täter diese Seiten von sich aus Anschlussinhabern in Deutschland angeboten hat, um sie dorthin zu übermitteln. Das Landgericht sah in diesem Verhalten eine Beleidigung der überlebenden Juden sowie eine Verunglimpfung des Andenkens Verstorbener, keine Volksverhetzung. Der BGH hob dieses Urteil auf und verurteilte den Täter wegen Volksverhetzung, da die im Ausland gespeicherten Daten im Inland zugänglich und konkret zur Friedensstörung im Inland geeignet waren.[482]

Fall 6 („Kinderpornographie"): Der Täter hatte ein zur Tatzeit 13-jähriges Mädchen mehrfach sexuell missbraucht. Von diesen Taten sowie dem Missbrauch des Opfers durch Dritte fertigte er zum Zweck des späteren Vertriebs im Internet Fotos an. Während das LG eine Verbreitung der pornographischen Schriften nicht als gegeben ansah, weil es an einer körperlichen Weitergabe im Internet bei der Datenkommunikation fehle, bejahte der BGH dies, weil die Datei auf dem Rechner des Internetnutzers angekommen sei.[483]

---

[476] Vgl. zum Verfahren *Sieber*, JZ 1996, 429 und den Bericht in NJW-CoR 1997, 252 sowie zum Urteil AG München MMR 1998, 429 mit Anm. *Sieber*; NStZ 1998, 518 mit Anm. *Vassilaki*; CR 1998, 500 mit Anm. *Ernst* sowie *Pätzel* (625 ff.) und *v. Gravenreuth* (628 f.); NJW-CoR 1998, 356 m. Anm. *Ernst* sowie *Burkhardt*, CR 1999, 38 ff. sowie *Hilgendorf*, ZStW 113 (2001), 656.

[477] Vgl LG München, NJW 2000, 1051 sowie *Kühne*, NJW 2000, 1003.

[478] Entgegen der Anklage sprach das LG Traunstein beide Täter vom Vorwurf der Verabredung eines Verbrechens frei und verurteilte sie nur wegen Betrug und Untreue bzw. verbotener Prostitution zu einer Bewährungsstrafe von 18 bzw. 2 Monaten. Die Revision der StA wurde vom BGH verworfen. Vgl. zum Verfahren die Presseberichte in der Münchner Abendzeitung vom 29.1.1997 sowie im Straubinger Tagblatt vom 5.8.1997 sowie das BGH-Urteil in MMR 1999, 29 mit Anm. *Bär*.

[479] Vgl. zum Sachverhalt die Darstellungen in BT-Drucksache 13/8513, 1. die später wegen geringer Schuld eingestellt wurden. Vgl. MMR 1998, 93 mit Anm. *Hoeren* und JurPC Web-Dok 17/1998.

[480] Frau Marquardt wurde vom Amtsgericht Tiergarten (MMR 1998, 49 mit Anm. *Hütig* und CR 1998, 111 mit Anm. *Vassilaki*) rechtskräftig freigesprochen, da der Vorsatz für die Beihilfe fehlte. Die weiteren Strafverfahren wegen der Veröffentlichung der Anklage im Internet aus dem ersten bzw. zweiten Verfahren führten ebenfalls zu keiner Verurteilung.

[481] Vgl. OLG Nürnberg MMR 1998, 535 mit Anm. *Bär*.

[482] Vgl. BGHSt 46, 212 = NJW 2001, 624.

[483] Vgl. BGH NStZ 2001, 596 = CR 2002, 45 = MMR 2001, 676 mit Anm. *Gerke* sowie näher *Soiné*, Kriminalistik 2002, 218.

C. Straftaten im Internet

Fall 7 („BKA- und GVU-Trojaner"): Diese beiden Bezeichnungen stehen als Sammelbegriff für Computerschädlinge, die sich so im System des Betroffenen festsetzen, dass es nicht mehr benutzt werden kann, weil alle Möglichkeiten zum Öffnen von Programmen deaktiviert wurden. Beim Start des Rechners erhält der Anwender nur ein Hinweisfenster, wonach angeblich die Bundespolizei, die GEMA, die GVU oder auch das BKA den Rechner wegen illegaler Aktivitäten gesperrt haben. Die Anschuldigungen reichen dabei von der illegalen Kopie von Software bis zum Herunterladen von kinderpornografischen Inhalten. Verbunden werden diese Vorwürfe mit dem Hinweis, dass der Rechner nach Zahlung der angegebenen Summe – z. B. von 100 Euro – wieder benutzt werden könne. Die Zahlung dieses Betrages habe über Onlinebezahlsysteme wie ukash oder paysafe.card zu erfolgen, deren Zahlungsvorgänge kaum zurückverfolgt werden können. Wer diesen Forderungen nachkommt und bezahlt, kann aber gleichwohl seinen PC nicht wieder benutzen, da die Sperre nicht beseitigt wird.[484] Da in all diesen Fällen neue technische Mittel mit herkömmlicher Erpressung verbunden werden, spricht man hier vom Angebot von „Ransomware".[485]

Fall 8 („Fakeshop-Bande"): Im Zeitraum von November 2008 bis August 2011 verkaufte eine bandenmäßig strukturierte Tätergruppe in zuvor zu betrügerischen Zwecken eingerichteten Onlineshops gegen Vorkasse insbesondere Elektroartikel, Haushaltsgeräte, Werkzeug, Spielwaren und Edelmetalle und zog die Kaufpreise über angemietete Konten sog. Finanzagenten ein, ohne die Waren zu liefern. Um den Anschein von Seriosität zu erwecken, wurden die zur Tatbegehung verwendeten Internetauftritte an real existierende Onlineportale angelehnt. Zur Bewerbung der Internetauftritte wurden unberechtigt geschützte Wort- und Bildmarken verwendet. Überdies spähten die Täter mithilfe von Schadsoftware, die über sogenannte SPAM-E-Mails versandt wurde, bei Banken Kontodaten mit Zugangsdaten für das Online- und Telefonbanking aus und verwendeten diese in der Folgezeit für unberechtigte Abbuchungen. Soweit Internetforen vor den betrügerischen Machenschaften der Tätergruppe warnten, wurden diese mit sog. DDos-Angriffen durch eine künstlich erzeugte Flut von Anfragen für mehrere Tage lahmgelegt.[486]

Der Gesetzgeber hatte auf diese neuen Herausforderungen zunächst durch das **Informations- und Kommunikationsdienstegesetz (IuKDG)** als Bundesgesetz mit dem Teledienstegesetz (TDG) und dem Teledienstedatenschutzgesetz (TDDG) sowie dem **Mediendienste-Staatsvertrag (MDStV)** der Bundesländer als landesrechtliche Regelung reagiert. Beide Gesetze sind zum 1.8.1997 in Kraft getreten. Sie haben durch die Umsetzung der EU-Richtlinie zu Electronic Commerce (ECRL) vom 8.6.2000[487] zum 1.1.2002 durch das EGG[488] und den 6. Rundfunkstaatsvertrag zahlreiche Änderungen erfahren. Die dortigen Regelungen wurden mit dem ElGVG[489] vom 26.2.2007 Bestandteil des neuen Telemediengesetzes (TMG), das die beiden getrennten Regelungen im TDG und MDStV zusammengeführt und die bisherigen Verantwortlichkeitsregeln inhaltlich nahezu unverändert in die jetzt geltenden §§ 7 – 10 TMG übernommen hat.

2. Abgrenzung von Telemedien, Telekommunikation und Rundfunk

Die bisherige, letztlich auf die damaligen unterschiedlichen Gesetzgebungskompetenzen von Bund und Ländern für beide Materien zurückzuführende Differenzierung zwischen Tele- und Mediendiensten[490] mit einer praktisch sehr schwierigen Grenzziehung, ist weggefallen. Gleichwohl sind die **Telemedien** als neuer Oberbegriff für Tele- und Mediendienste weiterhin von Telekommunikation und Rundfunk abzugrenzen. Insoweit nimmt § 1 Abs. 1 TMG nur eine **negative Definition** insoweit vor, als unter Telemedien alle Informations- und

---

[484] Vgl. dazu bereits oben Rn. 116 und den Bericht in c't, Heft 9/2012, S. 130 mit dem Titel „Der BKA-Trojaner und seine Familie".

[485] Der Begriff setzt sich aus Malware (Schadprogramm) und Ransom, dem engl. Begriff für Lösegeld, zusammen.

[486] Vgl. dazu die Berichte im Spiegel „Felix Krull im Netz" 30/2012, S. 32 ff. sowie bei Heise vom 21.8.2012 http://www.heise.de/newsticker/meldung/Online-Betrueger-muss-sieben-Jahre-hinter-Gitter-1671192.html. Der Hauptangeklagte wurde am 21.8.2012 vom LG Augsburg zu einer Freiheitsstrafe von 7 Jahren verurteilt, die Mitangeklagten zu geringeren Freiheitsstrafen.

[487] Vgl. E-Commerce-Richtlinie, ABl. EG Nr. L 178 v. 17.7.2000 sowie zum Entwurf der EU-Kommission vom 18.11.1998 den Bericht in NJW-CoR 1999, 58 und *Brisch*, CR 1999, 235 ff.

[488] Vgl. Gesetz über den elektronischen Geschäftsverkehr -EGG, BGBl. 2001, Teil I, S. 3721.

[489] Vgl. Gesetz zur Vereinheitlichung von Vorschriften über bestimmte elektronische Informations- und Kommunikationsdienste – ElGVG. BGBl. 2007, Teil I, S. 179 ff.

[490] Vgl. dazu nur: *Bullinger/Mestmäcker*, Multimediadienste, 1997; *Engel-Flechsig/Maennel/Tettenborn*, NJW 1997, 2981; *Gounalakis*, NJW 1997, 2993; *Hochstein*, NJW 1997, 2977 und von *Heyl*, ZUM 1998, 115 sowie *Spindler*, in: Hoeren/Sieber, Handbuch Multimedia Recht, Kapitel 29 Rn. 43 ff.; *Barton*, Multimedia-Strafrecht, 103 ff.

Kommunikationsdienste zu verstehen sind, die weder dem Bereich des Rundfunks noch der Telekommunikation zuzuordnen sind. Unter den Begriff **Rundfunk** fällt nach der Legaldefinition des § 2 Abs. 1 Rundfunkstaatsvertrag (RStV) ein linearer Informations- und Kommunikationsdienst für die Allgemeinheit und zum zeitgleichen Empfang bestimmter Veranstaltungen sowie zur Verbreitung von Angeboten in Bewegtbildern bzw. Tönen entlang eines Sendeplans unter Benutzung elektromagnetischer Schwingungen. Einbezogen sind auch verschlüsselte und nur gegen besonderes Entgelt empfangbare Leistungen. Der **Telekommunikation** i. S. d. § 3 Nr. 24 TKG unterfallen demgegenüber alle Angebote, die der Übertragung von Signalen über Telekommunikationsnetze dienen. Kennzeichnend ist damit für die Telekommunikation die Übertragung von Informationen ohne die Aufbereitung und Ansehung von Inhalten, bei denen sich die Leistung auf die einfache Transportfunktion begrenzt. Davon erfasst werden damit auch die reine Zugangsgewährung zum Internet und der E-Mail-Dienst, sofern über die Übertragungsfunktion hinaus keine weiteren Zusatzleistungen erbracht werden.[491] Hierzu finden sich in § 11 Abs. 3 TMG ergänzende Regelungen, sofern ein Angebot sowohl Merkmale von Telemedien als auch von Telekommunikation erfüllt.[492] Entsprechend dieser negativen Abgrenzung gehören damit zu den Telemedien – entsprechend den bisherigen Beispielen in § 2 TDG und § 2 MDStV a. F. – vor allem etwa alle Online-Angebote von Waren und Dienstleistungen, Newsgroups, Chat-Rooms, soziale Netzwerke, Angebote zur Datensuche oder zur Abfrage von Daten (z. B. Suchmaschinen) ebenso wie kommerzielle Angebote zur Verbreitung mit elektronischer Post. Allen diesen multimedialen Angeboten gemeinsam ist die Bereitstellung von Inhalten oder Dienstleistungen. Damit gehören heute die Mehrzahl der Webseiten und Inhaltsangebote im Internet zu den Telemedien und unterfallen den dortigen Regelungen zur Verantwortlichkeit.

3. Beteiligte Personen und Verantwortlichkeit

185 Da an der Abwicklung und Durchführung der elektronischen Kommunikation über die Datennetze verschiedene Personen beteiligt sind, an deren strafrechtlich relevantes Verhalten angeknüpft werden kann, muss bei jedem Kommunikationsvorgang von einer Beteiligung von mindestens drei Personen ausgegangen werden. So ist zunächst der **Anbieter oder Autor** von Informationen nötig, der die von ihm erstellten Inhalte im Netz auch zum Abruf durch Dritte bereithält. Dem steht der **Nutzer** gegenüber, der von seinem Arbeitsplatz aus die gewünschten Informationen über die Computernetze abruft. Um aber dies zu ermöglichen, bedarf es eines **Diensteanbieters oder Providers**, der dem Nutzer den Zugang zu den Angeboten eröffnet, der aber auch die vom Autor erstellten Informationen zum Abruf bereithält. Je nach der Einordnung unter diese Begriffe ergeben sich abweichende Rechtsfolgen hinsichtlich der Verantwortlichkeit. Zusätzlich zum Anbieter, Nutzer und Provider ist an jedem Kommunikationsvorgang der **Anbieter von Telekommunikationsdienstleistungen** beteiligt, der die entsprechenden Leitungen für die Übertragung der Informationen zur Verfügung stellt. Für ihn gelten mit dem Fernmeldegeheimnis die Normen des **Telekommunikationsgesetzes (TKG)**, das – wie auch aus § 11 Abs. 3 TMG deutlich wird – **funktionsbezogen differenziert** neben den Verantwortlichkeiten nach dem TMG zur Anwendung kommt.[493]

---

[491] Vgl. näher *Spindler/Schuster-Holznagel/Ricke*, Recht der elektronischen Medien, 2. Aufl. 2011, § 1 TMG Rn. 6 f. m. w. N.
[492] Vgl. *Spindler/Schuster-Spindler/Nink*, Recht der elektronischen Medien, 2. Aufl. 2011, § 11 TMG Rn. 14.
[493] Vgl. näher zur Verantwortlichkeit von TK-Diensten: *Schmitz/Dierking*, CR 2005, 420 ff. Während sich das TKG allein auf den technischen Vorgang der Telekommunikation bezieht, beziehen sich die anderen Regelungen auf die jeweiligen Inhalte und deren Nutzungsformen.

C. Straftaten im Internet

4. Bedeutung der Verantwortlichkeitsregeln für das Strafrecht

Eine konkrete Einordnung der Verantwortlichkeit unter die relevanten haftungsbegrenzenden Normen des TMG ist dort nicht vorgesehen und muss daher vorab durch die Zuordnung dieser Regelungen in das System der strafrechtlichen Verantwortlichkeit geklärt werden. Das Strafrecht selbst unterscheidet die drei Wertungsstufen der Tatbestandsmäßigkeit als vorläufiges Unwerturteil, der Rechtswidrigkeit, die regelmäßig indiziert wird, und der Schuld, der persönlichen Vorwerfbarkeit einer Tat aus der Sicht des Täters. Dabei wäre es sicher denkbar, die Verantwortlichkeitsregeln des TMG auch verschiedenen Wertungsstufen im Strafrecht zuzuordnen.[494] Eine solche Differenzierung würde aber weder dem strafrechtlichen System noch den Wertungen des TMG in der Sache gerecht. Dabei sprechen gewichtige Gründe für eine **Zuordnung der §§ 7 ff. TMG zur Tatbestandsebene**. Die Verantwortlichkeitsregeln beinhalten letztlich strafrechtliche Teilnahme- und Zuordnungsbestimmungen, die mit ihren subjektiven und objektiven Elementen auf der Tatbestandsebene zu prüfen sind. Hinzu kommt, dass durch diese Regelungen eine Verantwortlichkeit gerade ausgeschlossen werden soll, so dass es nicht gerechtfertigt erscheint, hier eine Tatbestandsmäßigkeit zu bejahen, weil ein solches Verhalten kraft der gesetzlichen Regelungen gerade kein typisches Unrecht darstellen soll. Im Hinblick auf die weitergehende zivil- und verwaltungsrechtliche Verantwortlichkeit nach § 7 Abs. 2 TMG wäre letztlich eine Behandlung auf der Rechtswidrigkeitsebene vor dem Hintergrund der Einheit der Rechtsordnung problematisch. Die Verantwortlichkeitsregelungen für Tele- und Mediendienste bilden damit einen Filter vor den jeweiligen rechtsgebietsspezifischen Bestimmungen, was schlagwortartig als **tatbestandsintegrierte Vorfilterlösung oder als akzessorisches Tatbestandselement** zu bezeichnen ist.[495] Demgegenüber wird teilweise gefordert, die §§ 8 ff. TMG lediglich als persönlichen Strafausschließungsgrund anzusehen, mit der einer bestimmten Gruppe von Normadressaten im Interesse der Rechtssicherheit nur ein strafrechtsfreier Raum zugesichert wird.[496] Überzeugender erscheint es aber einerseits die §§ 7 ff. TMG als Begrenzungen der Verantwortlichkeit auf der Tatbestandsebene zu prüfen. Andererseits müssen die allgemeinen strafrechtlichen Bestimmungen etwa zum strafrechtlichen Bestimmtheitsgebot und zu Irrtums- und Versuchregelungen auch beachtet werden. Ein zur Prüfung anstehender Haftungsfall muss deshalb zunächst diesen Filter passieren, damit eine Verantwortlichkeit nach den jeweiligen einschlägigen Teilbereichen der Rechtsordnung überhaupt in Betracht kommt.[497]

II. Verantwortlichkeit der einzelnen Beteiligten

1. Verantwortlichkeit der Anbieter

Als primär Verantwortlicher für strafbare Inhalte in Datennetzen ist derjenige anzusehen, der die entsprechenden **Informationen selbst erstellt** und auch **selbst angeboten** hat. Aufgrund der gesamten Netzstruktur kann nicht nur ein kommerzielles Unternehmen als solcher Anbieter auftreten, sondern auch jeder Privatmann, der etwa seine eigene Homepage im Internet einstellt oder sich über einen Beitrag mit strafbarem Gehalt an einer Newsgroup beteiligt. Zu den Urhebern oder Autoren zählt dabei auch der sog. Content-Provider, der auf Rechnern von Online-Service-Providern oder Internet-Providern Informationen zur Verfügung stellt, die von ihm selbst stammen oder die er sich erkennbar zu eigen gemacht hat.

---

[494] Vgl. *Vassilaki*, MMR 1998, 630 ff.
[495] Vgl. *Sieber*, Handbuch Multimedia-Recht, Kapitel 19 Rn. 233 ff.; *Sieber*, Verantwortlichkeit im Internet, Rn. 236 ff.; *Vassilaki*, MMR 2002, 659; *Fischer*, § 184 Rn. 27; *Schönke/Schröder-Lenckner/Perron/Eisele*, § 184 Rn. 56; *Hilgendorf/Frank/Valerius*, Computer- und Internetstrafrecht, S. 81.
[496] So im Ergebnis: *Heghmanns*, JA 2001, 78 und ZUM 2000, 465; *Hilgendorf*, NStZ 2000, 518.
[497] Vgl. ausführlich zur Verantwortlichkeit der Beteiligten *Bär*, in: Roßnagel (Hrsg.) Recht der Multimediadienste, Kapitel 7 Einleitung Strafrecht. *Hilgendorf/Frank/Valerius*, Computer- und Internetstrafrecht, S. 82 ff.

Maßgeblich ist damit nicht die geistige Urheberschaft oder die Identifikation mit den Inhalten, sondern die willensgetragene Übernahme einer Position.[498]

188 Die rechtliche Beurteilung der Verantwortlichkeit des **Urhebers** oder auch **Content-Providers** bereitet keine Schwierigkeiten. Wie bei den herkömmlichen Printmedien[499] ist er auch bei Telemedien in erster Linie selbst **für** deren **Inhalt voll verantwortlich**. Ein Freiraum für den Autor ergibt sich aus verfassungsrechtlicher Sicht nur durch Art. 5 Abs. 1 und 3 GG sowie auf der Ebene des Strafrechts durch die Wahrnehmung berechtigter Interessen i. S. d. § 193 StGB. An diesen der allgemeinen Rechtsordnung entstammenden Grundsatz der Eigenverantwortlichkeit knüpft auch § 7 Abs. 1 TMG an. Derjenige, der eigene Informationen vorsätzlich oder fahrlässig so anbietet, dass sie über die modernen Kommunikationsdienste abgerufen werden können, hat nach der allgemeinen Rechtsordnung ohne inhaltliche Begrenzung dafür einzustehen. Als „**eigene Informationen**" gelten dabei nicht **nur selbst erstellte Inhalte**, sondern auch solche Dritter, die sich der Anbieter **erkennbar zu eigen gemacht** hat.[500] Insoweit ist eine Abgrenzung zu fremden, für einen Nutzer gespeicherten Informationen i. S. d. § 10 TMG vorzunehmen. Der Betreiber einer Online-Auktionsplattform bietet fremde und nicht zu eigen gemachte Informationen an.[501] Mit § 7 TMG kommt es damit zu einer rechtlichen Gleichbehandlung derjenigen, die Informationen online über Datennetze zur Verbreitung zur Verfügung stellen, und derjenigen, die nur offline als Anbieter auftreten. Durch die im Gesetz vorangestellte Verantwortlichkeit für eigene Inhalte wird deutlich, dass der Urheber als eigentlicher Begehungstäter auch primär strafrechtlich verantwortlich sein soll. Demgegenüber kann eine Haftung des Providers, die in §§ 8 ff. TMG geregelt ist, nur subsidiär eingreifen. Es muss daher auch Aufgabe der Ermittlungsbehörden sein, in erster Linie wirksam gegen diese unmittelbar aktiv handelnden Täter vorzugehen.

2. Verantwortlichkeit der Provider

a) Arten von Providern

189 Neben dem Ersteller oder Urheber von Informationen kommt als weiterer Verantwortlicher der Diensteanbieter oder Provider in Betracht, der dem Internet-Nutzer den Zugang zum Netz eröffnet. Legal definiert wird dieser in § 2 Nr. 1 TMG als die Person, die eigene oder fremde Inhalte zur Nutzung bereithält oder den Zugang zur Nutzung vermittelt. Hierbei ergeben sich jedoch erhebliche Unterschiede bei der technischen Ausgestaltung des Internet-Zugangs und dem Bereithalten von Informationen und damit verschiedene Formen von Providern. Abgestuft von den geringsten bis zu den stärksten Einflussmöglichkeiten sind deshalb folgende Differenzierungen vorzunehmen:[502] Wird vom Provider lediglich der technische Zugang zum Internet und seinen Diensten erbracht, spricht man vom sog. **Zugangs-Provider** oder **Access-Provider**, der quasi nur ein Gateway zum Internet anbietet. Darunter fallen auch die Netzknotenrechner oder Proxy-Cache-Server, die zur Weiterleitung von Informationen nur eine kurzfristige Zwischenspeicherung übernehmen, um so die Transportfunktionen für Daten zu gewährleisten. Stärkere Einflussmöglichkeiten auf die übertragenen Informationen hat ein Provider, der daneben auf seinem Server auch selbst Dienste bereithält, die etwa von der Speicherung fremder Daten über das Angebot eines News- oder Mail-Ser-

---

[498] Vgl. *Achenbach/Ransiek-Heghmanns*, HB Wirtschaftskriminalität, 3. Aufl. 2012, 6. Teil, Rn. 56.
[499] Vgl. zur Haftung von Urheber, Autor, Redakteur und Verleger die Nachweise bei *Sieber*, JZ 1996, 435 f.
[500] Vgl. näher *Spindler/Schuster-Hoffmann*, Recht der elektronischen Medien, 2. Aufl. 2011, § 7 TMG Rn. 15; *Sieber*, in: Hoeren/Sieber, Handbuch Multimedia Recht, Kapitel 19 Rn. 258 ff. sowie *Bleisteiner*, Rechtliche Verantwortlichkeit im Internet, 175 ff. und *Schönke/Schröder-Lenckner/Perron/Eisele*, § 184 Rn. 58; *Fischer*, § 184 Rn. 28b.
[501] Vgl. BGHZ 158, 236; näher *Spindler/Schuster-Hoffmann*, Recht der elektronischen Medien, 2. Aufl. 2011, § 7 TMG Rn. 18.
[502] Vgl. *Sieber*, JZ 1996, 434 und CR 1997, 597 f. *Hilgendorf/Frank/Valerius*, Computer- und Internetstrafrecht, S. 78 f.

C. Straftaten im Internet **14**

vers bis hin zur Moderation fremder Daten in Newsgroups reichen können. Man spricht dann von Internet-Service-Providern oder kurz Service-Providern bzw. von **Host-Providern**. Den stärksten Einfluss auf den Inhalt von Daten hat der Diensteanbieter, der dem Nutzer eigene Daten und Informationen zur Verfügung stellt. Der in diesem Fall vorliegende **Content-Provider** oder Inhaltsanbieter ist dann bereits wie ein Anbieter zu behandeln. Der **Admin-C** als der vom Domain-Inhaber benannte administrative Ansprechpartner hat demgegenüber keine gesetzlich geregelte Stellung. Ihn trifft aber bereits zivilrechtlich keine Verpflichtung, die entsprechenden Domains auf eventuelle Rechtsverletzungen hin zu überprüfen.[503] Gleiches gilt für die Nameserver-Dienste (z. B. die DENIC).[504] Eine strafrechtliche Verantwortlichkeit kann daher nur bestehen, wenn sich dem Admin-C ein offenkundiger Rechtsverstoß geradezu aufdrängen muss.[505]

b) Zugangsvermittlung und Zwischenspeicherung ("Caching")

Am einfachsten ist die **Verantwortlichkeit des Access-Providers** zu beurteilen, der nur über ein Gateway einen direkten Zugang zum Internet zur Verfügung stellt und so Informationen nur durchleitet. Ebenso wie man auch den TK-Anbieter nicht dafür verantwortlich machen kann, dass über sein Netz strafbare Inhalte abgesprochen oder weitergegeben werden, gilt dies nach **§ 8 TMG** auch für Access-Provider. Sie sind für **fremde Informationen nicht verantwortlich**. Dies umso mehr, als der Provider, der die Daten nur durchleitet, auch rein praktisch keinen Einfluss auf die Inhalte nehmen kann. Voraussetzung dafür ist nur, dass die Übermittlung durch den Diensteanbieter nicht veranlasst wurde, er die Adressaten nicht ausgewählt und von ihm auch die zu übermittelnden Informationen nicht geprüft oder verändert wurden. Auf diese Haftungsprivilegierung kann sich aber gem. § 8 Abs. 1 Satz 2 TMG nicht berufen, wer als Diensteanbieter absichtlich mit einem Nutzer seines Dienstes zusammenarbeitet, um rechtswidrige Handlungen zu begehen.[506] Durch § 8 Abs. 2 TMG wird zusätzlich klargestellt, dass die straflose Zugangsvermittlung auch dann vorliegt, wenn es zu einer automatischen und kurzzeitigen Zwischenspeicherung auf einem sog. Cache-Speicher kommt. Vom Gesetz wird dabei aber keine konkrete Zeitgrenze angegeben, doch dürfte eine Speicherung, die über einen oder zwei Tage hinausgeht, in jedem Fall nicht mehr als kurzzeitig und für die Übermittlung üblicherweise erforderlich anzusehen sein. Nicht mehr von § 8 TMG privilegiert ist aber das Angebot von Newsgroups, Chat-Rooms oder Mailinglisten sowie beim Usenet, soweit eine Moderation – etwa durch redaktionelles sortieren und verwalten der Beiträge – vorgenommen wird. In diesem Fall greift die Ausnahme des § 8 Abs. 1 Nr. 3 TMG ein, weil keine reine Datenübermittlung mehr vorliegt.[507] **190**

Dieses Haftungsprivileg des Zugangsvermittlers ist in den Fällen des sog. **Caching**, der Zwischenspeicherung noch zusätzlich erweitert. Diese gilt nach § 9 TMG für die Zwischenspeicherung von Daten, um die Übermittlung der fremden Informationen an andere Nutzer auf deren Anfrage effizienter zu gestalten. Gemeint sind damit Fälle eines längerfristigen Speicherns auf sog. **Proxy-Cache-Servern**, das aber vom eigentlichen individuellen Kommunikationsvorgang unabhängig ist.[508] Damit es hier aber zu keinen Missbräuchen bei der längerfristigen Zwischenspeicherung kommt, hat der Gesetzgeber diese durch eine Reihe von Bedingungen in den Ziffern 1 bis 5 des § 9 Satz 1 TMG ausdrücklich inhaltlich beschränkt. So geht etwa das Haftungsprivileg der Zwischenspeicherung verloren durch eine Veränderung der Informationen und insbesondere bei Kenntnis von rechtswidrigen Inhalten, wenn **191**

---

[503] Vgl. BGH MMR 2012, 233; AG Waldshut-Tiengen, MMR 2007, 402; KG, Urteil vom 3.7.2012 – Az. 5 U 15/12 mit Anm. *Pörksen*, jurisPR-ITR 17/2012 Anm. 5.
[504] Vgl. nur VG Düsseldorf CR 2012, 401.
[505] Vgl. *Gercke*, GA 2012, 477 f.
[506] Vgl. *Schönke/Schröder-Lenckner/Perron/Eisele*, § 184 Rn. 59 und *Fischer*, § 184 Rn. 29 m. w. N.
[507] Vgl. näher – speziell für den Usenet-Provider: *Röhl/Bosch*, NJOZ 2008, 1200; *Gercke*, GA 2012, 478 f.; *Bosbach/Wiege*, ZUM 2012, 295 f.; *Achenbach/Ransiek-Heghmanns*, HB Wirtschaftskriminalität, 3. Aufl. 2012, 6. Teil, Rn. 62.
[508] Vgl. *Spindler*, NJW 2002, 923; *Schönke/Schröder-Lenckner/Perron/Eisele*, § 184 Rn. 59; *Fischer*, § 184 Rn. 30.

nicht unverzüglich eine Entfernung der entsprechenden Informationen oder eine Sperrung des Zugangs vorgenommen wird.

c) Speicherung von Informationen („Hosting")

192 Weitaus schwieriger und nicht so eindeutig zu beantworten ist die Frage einer möglichen Verantwortlichkeit eines Host- oder Service-Providers, der zwischen Zugangsvermittlung und Content-Provider eine Moderation fremder Daten vornimmt oder Speicherkapazitäten für fremde Daten zur Verfügung stellt.[509] Nach § 10 TMG müssen als Voraussetzung für eine Haftung des Host-Providers auch weiterhin folgende Bedingungen erfüllt sein: Das Speichern fremder Informationen für einen Nutzer statt dem bisherigen „Bereithalten" sowie die Kenntnis des Providers von der rechtswidrigen Handlung oder Information oder das Unterlassen der Löschung trotz vorliegender Kenntnis. Ergänzt werden diese Regelungen durch § 7 Abs. 2 Satz 1 TMG dahingehend, dass der Host-Provider nicht dazu verpflichtet ist, die von ihm übermittelten und gespeicherten Informationen zu überwachen und nach Umständen zu forschen, die auf ein rechtswidriges Handeln hinweisen. Dies entspricht auch der Rechtsprechung des EuGH, der allgemeine Überwachungspflichten und unverhältnismäßige, übertrieben kostspielige Maßnahmen ablehnt.[510] Erst bei Bejahung dieser Voraussetzungen ist über den Vorfilter des TMG die Tür für weitere strafrechtliche Prüfungen eröffnet. Ob für den Host-Provider eine zur Unterlassungshaftung erforderliche Garantenstellung besteht, ist im Einzelnen umstritten. Zwar stellt das Internet eine Gefahrenquelle dar, so dass unter Sachherrschaftsgesichtspunkten eine Garantenstellung in Betracht gezogen werden könnte. Doch wird das Internet von der Allgemeinheit zur Gewährleistung der Kommunikationsfreiheit akzeptiert und – wie aus § 7 Abs. 2 Satz 1 TMG deutlich wird – werden dem Provider gerade keine Kontrollpflicht auferlegt. Deshalb wird überwiegend beim Hostprovider eine strafrechtliche Garantenstellung unmittelbar aus § 10 TMG verneint.[511]

193 Im Gegensatz zur alten Voraussetzung des „Bereithaltens" von Informationen in § 5 Abs. 2 TDG a. F. ist nun von **fremden Daten** die Rede, **die im Auftrag des Nutzers gespeichert** wurden. Es genügt damit eine Speicherung der Daten, ohne dass aber ein Sich-zu-eigen-Machen von Inhalten des Nutzers vorliegt, das zur Anwendung des § 7 Abs. 1 TMG führt.[512] Entscheidend für die Haftungsprivilegierung ist, ob der Nutzer dem Diensteanbieter untersteht oder von ihm beaufsichtigt wird. Werden die Informationen selbst vom Diensteanbieter beaufsichtigt (z. B. in Schulen), scheidet nach § 10 Satz 2 TMG eine Haftungsprivilegierung aus und es spielt keine Rolle, ob er sich ggf. auch deutlich davon distanziert hat. Erfolgt – wie im CompuServe-Verfahren – vom Inland aus via Standleitung eine Verbindung mit einem Server im Ausland, kann dies vom sprachlichen Verständnis her ebenfalls nicht anders beurteilt werden als bei einer Datenspeicherung im Inland.[513]

194 Zweite Voraussetzung für die Verantwortlichkeit ist die **Kenntnis von den Informationen oder rechtswidrigen Handlungen**. Während nach § 5 Abs. 2 a. F. TDG/MDStV nur auf die Kenntnis des Inhalts selbst abgestellt wurde, wird jetzt zwischen Schadenersatzansprüchen und anderen Verantwortlichkeitslagen differenziert. Für das Strafrecht bedeutet dies, dass die Privilegierung verloren geht bei einer „Kenntnis von der rechtswidrigen Handlung oder der Information". Ob sich die geforderte Kenntnis nach § 10 Nr. 1 TMG sowohl auf die

---

[509] Vgl. näher zur Verantwortlichkeit die Darstellungen vor allem *Sieber*, Beilage zu MMR 2/1999; *Altenhain*, AfP 1998, 457 sowie die obigen Fundstellen und Bleisteiner, Rechtliche Verantwortlichkeit im Internet, 178 ff.; *Barton*, Multimedia-Strafrecht, 224 ff. sowie vor allem auch *Sieber*, in: Hoeren/Sieber, Handbuch Multimedia Recht, Kapitel 19 Rn. 270 ff.

[510] Vgl. dazu EuGH ZUM 2012, 29 m. Anm. *Roth*, ZUM 2012, 125 sowie *Ensthaler/Heinemann*, GRUR 2012, 433 sowie näher zur Providerhaftung nach der Rechtsprechung des EuGH: *Wiebe*, wrp 2012, 1182.

[511] Vgl. *Achenbach/Ransiek-Heghmanns*, HB Wirtschaftskriminalität, 3. Aufl. 2012, 6. Teil, Rn. 60; *Spindler*, NJW 2002, 924; *Vassilaki*, NStZ 1998, 521; a. A. *Kudlich*, JA 2002, 801; *Hörnle*, NJW 2002, 1008 unter Hinweis auf Sachherrschaftsgesichtspunkte.

[512] Vgl. *Spindler*, NJW 2002, 923 und *Freytag*, CR 2000, 603 sowie *Sobola/Kohl*, CR 2005, 443.

[513] So im Ergebnis auch AG München MMR 1998, 432.

C. Straftaten im Internet

rechtswidrige Handlung als auch auf die rechtswidrige Information erstrecken muss,[514] ist im Einzelnen umstritten. Zutreffend sollte es nicht erforderlich sein, dass der Diensteanbieter auch Kenntnis von der Rechtswidrigkeit der Information oder der Handlung hat, da auch ansonsten eine zutreffende rechtliche Subsumtion unter eine Strafnorm nicht gefordert wird.[515] Damit bleiben etwaige Irrtümer über die Rechtswidrigkeit bei der Frage der Kenntnis unberücksichtigt.[516] Erfasst wird nur der direkte Vorsatz, also die positive und konkrete Kenntnis der strafbaren Informationen mit der bekannten Web-Adresse. Dagegen ist ein Kennenmüssen in Form des bedingten Vorsatzes vom Wortlaut des § 10 Satz 1 Nr. 1 TMG nicht einbezogen.[517] Das bloße „billigend in Kauf nehmen" als voluntatives Element ist mit dem Begriff der Kenntnis nicht in Einklang zu bringen. Ebenso ausgeschlossen ist eine Verantwortlichkeit, falls nur eine fahrlässige Kenntnis von strafbaren Inhalten besteht. Wer fahrlässig unwissend ist, kann keine Kenntnis haben. Fraglich ist hier deshalb, ob der rechtsunkundige Provider, der zwar positive Kenntnis von Inhalten, nicht aber von der rechtswidrigen Handlung hat, bevorzugt wird.[518]

Die meisten Schwierigkeiten bei der Auslegung bereitet nach § 10 Satz 1 Nr. 2 TMG die Verpflichtung für den Diensteanbieter, nach Kenntnis **unverzüglich tätig zu werden** in Form der Entfernung der Information oder der Sperrung des Zugangs. Diese Unverzüglichkeit kann dabei nur im Sinne eines Verschuldens so ausgelegt werden, dass hier **Zumutbarkeitsfragen zu berücksichtigen** sind. Eine Entfernung oder Sperrung von Informationen muss daher auch hier technisch möglich und zumutbar sein.[519] Damit wird eine Anpassung an veränderte technische Entwicklungen gewährleistet sowie eine weitere Konkretisierung der Zumutbarkeit durch Rechtswissenschaft und Informatik zugelassen. Eine objektivierte Betrachtung hat dabei nicht zu erfolgen. Es muss vielmehr eine Abwägung vorgenommen werden, bei der die Bedeutung des Einzelfalls und der Aufwand sowie die Auswirkungen auf andere Dienste im Verhältnis zueinander zu berücksichtigen sind. Aus der Gesetzesformulierung wird aber auch ersichtlich, dass eine technisch mögliche und zumutbare Verhinderung strafbarer Inhalte als der Regelfall anzusehen ist, wenn kein extremer Ausnahmefall vorliegt.[520] Abzuwägen sind damit im Einzelfall die jeweils tangierten Rechtsgüter beim Durchführen bzw. Unterlassen von Kontrollmaßnahmen. So stehen sich auf der einen Seite die Schutzgüter der durch Straftaten im Datennetz betroffenen Delikte sowie auf der anderen Seite die wirtschaftlichen Interessen des Providers neben den Allgemeininteressen an einem ungehinderten Datenverkehr gegenüber. Wie vor allem Sieber[521] gezeigt hat, ist eine umfassende Löschung oder Sperrung der als rechtswidrig erkannten Inhalte auf eigenen Servern ohne Schwierigkeiten möglich, sobald der jeweilige Inhalt auch konkret identifiziert ist. In diesen Fällen ist ein Einschreiten des Service-Providers daher grundsätzlich zumutbar. Demgegenüber dürfte es für den Service-Provider aufgrund der großen, sich schnell verändernden Datenmengen und den bisher nur in beschränktem Umfang möglichen Kontrollen mit entsprechender Filtersoftware kaum möglich sein, gezielt nach strafbaren Inhalten zu suchen,

---

[514] Vgl. *Spindler*, NJW 2002, 924 sowie *Fischer*, § 184 Rn. 29; *Eck/Ruess*, MMR 2003, 363.
[515] Vgl. *Achenbach/Ransiek-Heghmanns*, HB Wirtschaftskriminalität, 3. Aufl. 2012, 6. Teil, Rn. 59; a. A. *Spindler*, NJW 2002, 924.
[516] Vgl. *Nickels*, CR 2002, 307; *Wimmer/Kleincidam/Zang*, K&R 2001, 461; *Härting*, DB 2001, 82.
[517] So auch *Sieber*, CR 1997, 583 mit Fn. 19; *Spindler*, NJW 1997, 3196 sowie *Engel-Flechsig/Maennel/Tettenborn*, NJW 1997, 2985. *Barton*, Multimedia-Strafrecht, 195 ff. und *Bleisteiner*, Rechtliche Verantwortlichkeit im Internet, 178 ff. sowie *Kudlich*, JA 2002, 801; *Schönke/Schröder-Lenckner/Perron/Eisele*, § 184 Rn. 60 und *Fischer*, § 184 Rn. 29; *Schwarz/Proll*, JurPC Web-Dok. 73/2003. Bei zivilrechtlichen Schadensersatzansprüchen reicht „Offensichtlichkeit", also auch grobe Fahrlässigkeit.
[518] So etwa *Spindler*, NJW 2002, 923; *Freytag*, CR 2000, 608 jeweils m. w. N.
[519] Vgl. *Nickels*, CR 2002, 308; *Spindler*, NJW 2002, 924; *Freytag*, CR 2000, 609; *Schönke/Schröder-Lenckner/Perron/Eisele*, § 184 Rn. 60.
[520] Vgl. BR-Drucksache 966/96 (Beschluss), 5.
[521] Vgl. *Sieber*, CR 1997, 584 ff. und 653 ff. sowie Beilage zu MMR 2/1999 sowie *Bleisteiner*, Rechtliche Verantwortlichkeit im Internet, 193 ff.; *Schönke/Schröder-Lenckner/Perron/Eisele*, § 184 Rn. 60 sowie zu Filterpflichten der Provider näher: *Rössel/Rössel*, CR 2005, 809 ff.

nachdem auch über § 7 Abs. 2 Satz 1 TMG dazu gerade keine gesetzliche Verpflichtung besteht.

d) Bedeutung des § 7 Abs. 2 Satz 2 TMG

196 Nach § 7 Abs. 2 Satz 2 TMG bleibt auch im Fall der Nichtverantwortlichkeit die Verpflichtung zur Entfernung oder Sperrung der Nutzung von Informationen nach allgemeinem Recht unberührt. Damit kann aber eine **Haftung nach allgemeinem Strafrecht** nicht begründet werden. Dies hatte die **Generalbundesanwaltschaft** noch in der Einstellungsverfügung zum Radikal-Verfahren[522] bejaht, weil aus der Formulierung in diesem Absatz nur ein Verweis auf die allgemeinen Strafgesetze zu entnehmen sei. Damit könnte folglich eine schuldhafte Verletzung objektiver Verhaltenspflichten stets zu einer strafrechtlichen Haftung führen, wenn ein Straftatbestand erfüllt werde. Bei dieser Gesetzesauslegung wird aber übersehen, dass es bei dem Verweis auf die allgemeinen Gesetze um die Durchsetzung von zivilrechtlichen oder öffentlich-rechtlichen Unterlassungsansprüchen geht. Würde man der obigen Auffassung folgen, wären die übrigen Regelungen der §§ 8 – 10 TMG völlig überflüssig. Die Verwaltung hätte es dann sogar in der Hand, durch entsprechende Sperranordnungen eine Strafbarkeit zu begründen. Eine solche über die behördliche Anweisung hinausgehende Verpflichtung kann aber wegen der entgegenstehenden Regelungen zur Zugangsvermittlung, zum Caching und Hosting nicht anerkannt werden.[523] Sperrungsverfügungen zur Gefahrenabwehr im Internet – auch bei Nichtverantwortlichkeit – wie sie in § 22 Abs. 2 MDStV a. F. für die Aufsichtsbehörden vorgesehen waren, bestehen im TMG nicht. Die noch in § 2 ZugErschwG[524] vorgesehene Möglichkeit der Verpflichtung für Provider, den Zugang zur Nutzung der in eine Sperrliste aufgenommenen Informationen zu sperren, wurde mit Wirkung vom 29.12.2011[525] wieder aufgehoben.[526]

3. Verantwortlichkeit der Nutzer

197 Dritte am Kommunikationsvorgang beteiligte Person ist der Nutzer, gem. **§ 2 Nr. 2 TMG legal definiert** als derjenige, der als natürliche oder juristische Person Telemedien nachfragt. Es handelt sich damit um den Empfänger der übertragenen Daten. Insoweit enthalten die Regelung zur Verantwortlichkeit im TMG keine Aussagen zum Nutzer. Die **allgemeinen Straftatbestände** kommen hier in dreifacher Hinsicht in Betracht: Auf der einen Seite kann sich der Nutzer von modernen Kommunikationsdiensten durch die Verwirklichung eines **spezifischen Tatbestands der Computer- und Internetkriminalität** strafbar machen, was vom unbefugten Verschaffen von Daten (§ 202a StGB) über die Computersabotage an fremdem Rechner (§§ 303a, 303b StGB) bis hin zum Computerbetrug reicht. Zum Zweiten eignen sich die Datennetze auch für Tatbegehungen aller herkömmlichen Kriminalitätsformen, insbesondere auch für **Urheberrechtsverletzungen** in Form der Softwarepiraterie

---

[522] Vgl. MMR 1998, 97 bzw. JurPC Web-Dok. 17/1998. So im Ergebnis auch *Hilgendorf*, NStZ 2000, 518.

[523] So im Ergebnis auch *Hoeren*, MMR 1998, 97 (er spricht vom „deutlichsten Fall eines Fehlschlusses", den er je in seiner juristischen Laufbahn gelesen habe) und *Jaeger*, c't 10/1998, 205; *Satzger*, CR 2001, 109f.; *Kudlich*, JA 2002, 802; *Schönke/Schröder-Lenckner/Perron/Eisele*, § 184 Rn. 60.

[524] Vgl. Gesetz über die Erschwerung des Zugangs zu kinderpornografischen Inhalten in Kommunikationsnetzen (ZugErschwG) vom 17.2.2010, BGBl. 2010, Teil I, S. 78, in-Kraft-getreten am 23.2.2010.

[525] Vgl. Gesetz zur Aufhebung der Sperrregelungen bei der Bekämpfung von Kinderpornografie in Kommunikationsnetzen, vom 22.12.2011, BGBl. 2011, Teil I, S. 2958.

[526] Vgl. zur Diskussion um Sperrungsverfügungen: *Koenig/Loetz*, CR 1999, 438; *Greiner*, CR 2002, 620; *Mankowski*, MMR 2002, 277 f.; *Stadler*, MMR 2002, 343 sowie *Rosenkranz*, JurPC Web-Dok. 16/2003 und dazu http://www.sperrungsverfuegung.de. Vgl. auch OVG Nordrhein-Westfalen, CR 2003, 361 m. Anm. *Vassilaki* und VG Düsseldorf, MMR 2005, 794 = CR 2005, 885 mit Anmerkung *Volkmann* sowie vor allem zum ZugErschwG: *Sieber*, JZ 2009, 653; *Schnabel*, JZ 2009, 996 und K&R 2011, 175; *Frey/Rudolph*, CR 2009, 644 sowie die Kommentierungen dazu in *Spindler/Schuster-Volkmann*, Recht der elektronischen Medien, 2. Aufl. 2011, § 1 ff. ZugErschG.

C. Straftaten im Internet   14

nach den §§ 106 ff. UrhG.[527] Eine dritte mögliche Strafbarkeit kann sich ergeben, falls der Nutzer sich über das Internet **Informationen** beschafft, deren bloßer **Besitz bereits strafbar** ist. So ist etwa über § 86 StGB der Besitz von Propagandamitteln verfassungswidriger Organisationen ebenso wie über § 184b StGB das Vorrätighalten von Kinderpornographie unter Strafe gestellt.[528] Hierher gehören aber auch alle Formen der Beleidigungen, etwa über soziale Netzwerke.[529]

Nachdem solche verbotenen Gegenstände statt auf Printmedien nur in elektronisch gespeicherter Form auf Datenträgern vorhanden sind, war die Anwendung des Schriftenbegriffs i. S. d. **§ 11 Abs. 3 StGB** problematisch. Ein Besitz tritt aber nicht durch das Betrachten im Internet, sondern erst durch das Abspeichern auf eigenen Datenträgern ein.[530] Durch Art. 4 des IuKDG wurden deshalb den Schriften, Ton- und Bildträgern sowie Abbildungen nunmehr Datenspeicher gleichgestellt,[531] so dass die vorgenannten Tatbestände auch bei einer Anzeige der inkriminierenden Inhalte am Bildschirm oder bei deren Speicherung auf der Festplatte oder CD erfüllt sind. Hielt der BGH bisher an seiner restriktiven Auffassung zur **Tathandlung des „Verbreitens"**, dass stets die Schrift ihrer Substanz nach, also körperlich einem größeren, nach Zahl und Individualität unbestimmten Personenkreis zugänglich sein muss,[532] noch fest, wurde diese enge Auslegung inzwischen – wie im Fall 6 – aufgegeben.[533] Danach ist von einem Verbreiten im Internet bereits dann auszugehen, wenn eine Datei auf dem Rechner des Internetnutzers – sei es im (flüchtigen) Arbeitsspeicher oder auf einem (permanenten) Speichermedium – angekommen ist. Ohne Bedeutung ist es, ob dieser die Möglichkeit des Zugriffs auf die Daten genutzt oder ob der Anbieter die Daten übermittelt hat. Der Senat hat bei dieser Begriffsbestimmung eine Differenzierung hinsichtlich des Herunterladens angebotener Daten (Download) und des Versendens von Daten des Anbieters an den Nutzer (Upload) nicht vorgenommen, da diese technischen Vorgänge ineinander übergehen und kaum praktikabel zu unterscheiden sind. Dem kann letztlich im Ergebnis nur zugestimmt werden, da gerade bei Internetangeboten eine Unterscheidung zwischen demjenigen, der strafbare Inhalte quasi wie im Abonnement an bestimmte Dritte versendet oder diese über eine Mailing-Liste erhält, und demjenigen, der sich Daten von der Homepage des Anbieters oder über einen Link herunterlädt,[534] kaum möglich ist. Die bisherigen Restriktionen bei der Anwendung des Verbreitungs-Begriffs sind damit entfallen.

198

Wie die Fälle 7 und 8 deutlich machen, finden sich aber in den weltweiten Datennetzen neben den speziellen Delikten von Cybercrime i. e. S. inzwischen alle Formen der herkömmlichen Kriminalität, die sich nur von der realen Welt in das Internet verlagert haben. Neben der herkömmlichen Erpressung, die nun bei der sog. Ransomware mit Datenveränderungen am Rechner durch Trojaner kombiniert ist, gilt dies vor allem für den klassischen Betrugstatbestand, der im Internet – ohne dem späteren Opfer gegenübertreten zu müssen – in vielfacher Weise verwirklicht sein kann. Dies gilt für betrügerische Angeboten im Rahmen von **Online-Auktionen**[535] und vor allem für **Fake-Angebote** von Waren und Dienstleistungen

199

---

[527] Vgl. dazu näher die obigen Ausführungen in Rn. 148 ff.
[528] Vgl. zu diesen Delikten näher *Hörnle*, NJW 2002, 1008 und *Hörnle*, NStZ 2002, 113 sowie *Soiné*, Kriminalistik 2002, 218 sowie aus der Rspr. BayObLG, NJW 2003, 839; LG Stuttgart NStZ 2003, 36; LG Düsseldorf CR 2003, 452; OLG Hamburg NStZ-RR 1999, 329.
[529] Vgl. *Krischker*, JA 2013, 488.
[530] Vgl. LG Stuttgart NStZ 2003, 36; *Schönke/Schröder-Lenckner/Perron/Eisele*, § 184b Rn. 15; *Fischer*, § 184b Rn. 15.
[531] Vgl. näher zu den strafrechtlichen Änderungen durch das IuKDG die Kommentierungen dazu von; *Bär*, in: Roßnagel (Hrsg.), Recht der Multimediadienste, Kapitel 7 Strafrecht.
[532] So noch BGHSt 18, 63, 64 und zuletzt BGH NJW 1999, 1980 sowie auch BayObLG NJW 2000, 2911 = MMR 2000, 758 mit Anm. *Bär*.
[533] Vgl. BGHSt 47, 55 = NStZ 2001, 597 = MMR 2001, 676 mit Anm. *Gercke* = CR 2002, 45 sowie *Schönke/Schröder-Lenckner/Perron/Eisele*, § 184b Rn. 5; *Fischer*, § 184b Rn. 21 – 21c; OLG Hamburg StV 2011, 99 m. Anm. *Brodowski*. Vgl. auch LG Freiburg, CR 2011, 647.
[534] Vgl. *Fischer*, § 184 Rn. 35 und § 11 Rn. 36 a.
[535] Vgl. *Leible/Sosnitza-Bär*, Versteigerungen im Internet, S. 534 ff. sowie *Heyers*, NJW 2012, 2548 zu Manipulationen bei Internet-Auktionen mit Bietrobotern.

aller Art – wie im Fall 8 – über tatsächlich nicht existierende Firmen im Internet. Hinzu kommen vielfältige Internetangebote mit sog. **Abo-Fallen**, mit denen der Nutzer zur Zahlung von Leistungen in Anspruch genommen wird. Hier kann eine konkludente Täuschung im Sinne des § 263 StGB durch irreführendes Verhalten vorliegen, wenn auf einer Internetseite ein hinreichend deutlicher Hinweis auf die Entgeltlichkeit des fraglichen Angebots fehlt und wenn diese Information für den Nutzer bei Aufruf der Seite aus dem Gesamteindruck der Webseitengestaltung nicht erkennbar ist sowie nicht im örtlichen und inhaltlichen Zusammenhang mit den Angaben steht, die sich auf die angebotene Leistung direkt beziehen.[536] Durch die zum 1.8.2012 in Kraft getretene Neuregelung in § 312g BGB mit Informations- und Formpflichten werden diese Verfahren aber zurückgehen.[537] Hierher gehören auch neue Formen des **Scamming**. Bei dem Vorschussbetrug werden die Empfänger von E-Mails dazu bewegt, in Erwartung von Provisionen finanziell in Vorleistung zu treten gegenüber den Absendern. Da das Opfer auf die Gegenleistung vergeblich wartet, liegt auch hier ein klassischer Betrug vor.[538]

200 Inzwischen hat sich im Internet auch ein „**DarkNet**" entwickelt. Beim DarkNet handelt es sich um ein Netzwerk von Personen, die sich vertrauen und nur mit den anderen Nutzern dieser Gruppe verbinden. Daneben wird über spezielle **versteckte Dienste im Internet**, bei denen beide Seiten einer Kommunikation anonym bleiben, wie etwa im Tor-Netzwerk mit seinem „Black Market" bzw. seinen „Hidden Services", über die auf sog. „Underground Market Boards" als virtuelle Plattformen neben Bankdaten, Zugangsdaten und auch alle anderen für die Begehung von Straftaten relevanten Informationen, aber auch verbotene Gegenstände wie Waffen, Rauschgift oder gefälschte Papiere angeboten werden.[539] Insbesondere sog. „Black-Hats" handeln mit krimineller Energie und beabsichtigen beispielsweise, das Zielsystem zu beschädigen oder Daten zu stehlen. Über diesen virtuellen „Black Market" können beispielsweise Bot-Netze für Angriffe auf Rechner angemietet oder Zugangsdaten zu Bankkonten sowie nachgemachte Kreditkarten oder beliebige andere Daten ohne Identitätsprüfung erworben werden. Das Internet wird aber auch zur Lynchjustiz, zum Mobbing oder zur Ankündigung eines Amoklaufs genutzt.[540]

III. Verantwortlichkeit für Hyperlink

201 Da es aus Gründen der begrenzten Speicherkapazitäten nicht möglich ist, alle zu einem bestimmten Themenbereich oder Informationsangebot notwendigen Informationen auf dem eigenen Server abzuspeichern, besteht im Internet die Möglichkeit, mit dem **Hyperlink** oder kurz Link von einer Internet-Seite auf eine konkrete andere oder auf ein weiteres Angebot zu verweisen. Dabei kann aus technischer Sicht zwischen unterschiedlichsten Link-Methoden unterschieden werden, wobei aber hier vor allem zwei Arten von Bedeutung sind:[541] Dies betrifft zunächst den **einfachen Hyperlink**, bei dem der weitere Inhalt vom Nutzer selbst aktiviert werden muss, der allgemein auf ein Webangebot hinweist oder als sog.

---

[536] Vgl. OLG Frankfurt NJW 2011, 398 m. Anm. *Hansen* sowie *Hövel*, GRUR 2011, 253, *Haag*, K&R 2011, 209 und *Seidl*, jurisPR-ITR 2/2011 Anm. 6; *Bramssen/Apel* WRP 2011, 1254 sowie LG Osnabrück, Urteil vom 17.2.2012 – Az. 15 KLs 35/09 zur Verurteilung eines Abofallen-Betreibers wegen gewerbsmäßigen Betrugs und LG Hamburg CR 2012, 544.
[537] Vgl. Gesetz zur Änderung des BGB zum Schutz vor Kostenfallen im elektronischen Geschäftsverkehr u. a. (BGBl. 2012, Teil I, S. 1084). Vgl. dazu *Raue*, MMR 2012, 438; *Alexander*, NJW 2012, 1985 und *Leier*, CR 2012, 378.
[538] Vgl. den Bericht unter http://de.wikipedia.org/wiki/Vorschussbetrug.
[539] Vgl. den Bericht „The Cybercrime Black Market: uncovered", online abrufbar unter http://press.pandasecurity.com/wp-content/uploads/2011/01/The-Cyber-Crime-Black-Market.pdf
[540] Vgl. nur *Ostendorf/Frahm/Doege*, NStZ 2012, 529; LG Aachen, U. v. 5.9.2012 – 94 Ns 27/12.
[541] Vgl. näher dazu: *Boese*, Strafrechtliche Verantwortlichkeit für Verweisungen durch Links im Internet, S. 39 ff. m. w. N. sowie *Achenbach/Ransiek-Heghmanns*, HB Wirtschaftskriminalität, 3. Aufl. 2012, 6. Teil, Rn. 64

C. Straftaten im Internet 14

„Deep-Link" bereits auf eine konkrete Webseite. Entscheidend ist hier, dass erst durch das Anklicken eines bestimmten Wortes, Symbols oder einer Grafik die vom Anbieter bei der Erstellung des Angebots vorprogrammierte Verknüpfung zu einer anderen Internet-Seite hergestellt wird. Dem steht der **automatische Link** gegenüber, bei dem der Aufruf weiterer Inhalte ohne Zutun des Nutzers erfolgt. Dieser reicht vom sog. Inline-Links oder embedded Link bis hin zum Einsatz der Frame-Technik, bei der auf einer Webseite fremde Inhalte eingebunden sind, ohne dass dies für den Nutzer auf den ersten Blick erkennbar wird. Die aufgerufene Seite kann sich auf dem eigenen Rechner oder einem räumlich entfernten Server weltweit befinden. Dem Nutzer wird ein Zugriff auf bestimmte Daten erleichtert, die er sonst möglicherweise gar nicht oder erst mit größerem Aufwand gefunden hätte. Der Nutzer erlangt deshalb durch den Link zumindest einen zeitlichen Vorteil, weil er die „Stecknadel im Heuhaufen" bereits angezeigt erhält. Obwohl das eigene Internet-Angebot frei von strafrechtlich relevanten Inhalten sein kann, können sich hinter einem Hyperlink – wie im **Marquardt-Verfahren** (Fall 3) – inkriminierte Inhalte verbergen. Da es sich bei dem Ersteller des Links nicht notwendig um einen Provider oder Anbieter im Sinn der obigen Differenzierung handeln muss, bedarf die Prüfung der Verantwortlichkeit einer gesonderten Prüfung zur Verantwortlichkeit. Dabei stellt sich bei einer Linksetzung auf rechtlich unbedenkliche Informationen die Frage einer Anwendung der §§ 7–10 TMG nicht.

Erfolgt aber eine **Linksetzung** auf fremde rechtswidrige Informationen, ist die Frage nach einer Anwendbarkeit der Regelungen des TMG zur Verantwortlichkeit zu klären. Nachdem der Gesetzgeber sowohl bei der Schaffung des IuKDG als auch in Art. 21 Abs. 2 der EC-Richtlinie und bei den Novellierungen im TMG die Verantwortlichkeit für einen Link bewusst offengelassen hat,[542] war dessen Einordnung bereits unter die Regelungen des TDG bzw. MDStV streitig. Daran hat sich auch mit der Schaffung des TMG nichts verändert. Die Meinungen zur Verantwortlichkeit gehen deshalb auseinander: Da der Link kein Zufallsprodukt ist, sondern vom Ersteller bewusst in sein Angebot einbezogen wurde, mache sich der Anbieter nach einer Ansicht die fremden Inhalte in vollem Umfang zu eigen. Er hafte damit **unbeschränkt nach den allgemeinen Strafgesetzen**.[543] Teilweise soll aber auch § 10 TMG direkt oder entsprechend angewendet werden, mit der Folge, dass eine Verantwortlichkeit nur bei positiver Kenntnis bestünde.[544] Es finden sich aber auch Autoren, die von einer fehlenden Verantwortlichkeit aufgrund des § 8 TMG ausgehen[545] oder vermittelnd nach der Art des jeweiligen Links differenzieren.[546] Inzwischen besteht aber unter der neuen Fassung des TMG zunehmend Einigkeit dahingehend, dass die dortigen Verantwortlichkeitsregelungen weder für den bewusst gesetzten noch für den automatischen Hyperlink anwendbar sind.[547] Eine analoge Anwendung scheitere mangels planwidriger Lücke auch am geäußerten Willen des Gesetzgebers. Insoweit wird auf eine eingehendere Darstellung der einzelnen

202

---

[542] Vgl. BT-Drucksache 14/6098, S. 37.
[543] So im Ergebnis *Flechsig/Gabel*, CR 1998, 354; *Bonin/Köster*, ZUM 1997, 823; *Bettinger/Freytag*, CR 1998, 549; *Hörnle*, NJW 2002, 1010 sowie auch die Antwort der Bundesregierung in BT-Drs. 13/8153 auf Frage 14m der kleinen Anfrage im Bundestag.
[544] So im Ergebnis *Waldenberger*, MMR 1998, 128; *Spindler*, NJW 1997, 3198 und *Bonin/Köster*, ZUM 1997, 824; *Bettinger/Freytag*, CR 1998, 551 f.
[545] Vgl. dazu *Engel-Flechsig/Maennel/Tettenborn*, NJW 1997, 2985 sowie *Koch*, CR 1997, 198, 200 und *Koch*, NJW-CoR 1998, 48 sowie *Henning*, JurPC Web-Dok. 46/98 Abs. 19; a. A. dagegen *Bettinger/Freytag*, CR 1998, 549.
[546] So im Ergebnis etwa *Engel-Flechsig/Maennel/Tettenborn*, NJW 1997, 2985; *Vassilaki*, CR 1999, 86; *Spindler*, in: Hoeren/Sieber, Handbuch Multimedia-Recht, Kapitel 29 Rn. 123 ff.; ders., NJW 1997, 3198; *Sieber*, Verantwortlichkeit im Internet, S. 157 ff. sowie ders., in: Hoeren/Sieber, Handbuch Multimedia-Recht, Kapitel 19 Rn. 267 ff.
[547] So im Ergebnis: AG Stuttgart, MMR 2005, 334 = CR 2005, 69 mit Anmerkung *Neumann*; LG Stuttgart, CR 2005, 675 = MMR 2005, 715 mit Anmerkung *Köcher*; *Hilgendorf/Frank/Valerius*, Computer- und Internetstrafrecht, S. 90; *Spindler*, NJW 2002, 924 und ders., MMR 2002, 497 f.; *Stadler*, JurPC Web-Dok. 2/2003; *Schönke/Schröder-Lenckner/Perron/Eisele*, § 184 Rn. 58; *Fischer*, § 184 Rn. 28b; *Spindler/Schuster-Hoffmann*, Recht der elektronischen Medien, 2. Aufl. 2011, Vorb. §§ 7 ff. TMG Rn. 38.

203 Für eine Strafbarkeit, die hier regelmäßig – wie dies etwa in §§ 86, 184 Abs. 1 Nr. 1, 184a Nr. 2 oder 184b Abs. 1 Nr. 2 StGB der Fall ist – in einem Zugänglichmachen in Täterschaft bzw. der erforderliche **Vorsatz** bzw. der doppelte Gehilfenvorsatz bei der Beihilfe vorliegen. Daran dürften wohl dann keine Zweifel bestehen, wenn sich der Verweisende mit den Inhalten der Zielseite identifiziert und sich lediglich das Laden der Daten in sein eigenes Angebot erspart. Der Täter zeigt damit ein schwerwiegendes subjektives Indiz für einen Verbreitungswillen der strafbaren Inhalte. Wird vom Verweisenden auf seiner Internet-Seite der Zusatz angefügt, dass er sich mit dem Inhalt der gelinkten Seite nicht identifiziere und ihn auch nicht billige (sog. Disclaimer), hat er damit in Wahrheit volle Kenntnis der Inhalte und fördert so eine weitere Verbreitung zumindest mit bedingtem Vorsatz. Nach der Rechtsprechung kann eine **strafbare Beihilfe** hier auch bei einer **Distanzierung von der Haupttat** vorliegen, wenn deren Folgen aus Solidarität mit dem Haupttäter in Kauf genommen werden.[549] Maßgeblich ist dabei aber letztlich die jeweils inkriminierte Tathandlung. Da im Internet die Angebote sehr schnell inhaltlich wieder verändert werden können, erhebt sich auch die Frage, in welchem Umfang hier eine Kontrolle der Verweise zu erfolgen hat. Eine zu weite Ausdehnung der Pflichten des Verweisenden kommt hier aber nicht in Betracht. An einer Gehilfenstrafbarkeit dürfte es auch fehlen, wenn der Betreiber von Suchmaschinen auf bestimmte Internet-Seiten verweist. Gleiches gilt im Fall der Kettenverweisung, falls sich die strafbaren Inhalte erst auf einer Webseite befinden, die über die Seite zu erreichen ist, auf die primär verwiesen wurde.

IV. Probleme des Tatnachweises

204 Schwierigkeiten beim Nachweis von Straftaten in Datennetzen ergeben sich zunächst aus den **weltweiten** Möglichkeiten zur **Speicherung** und zum **Abruf von Daten** über das Internet. Das Internet kennt keine Grenzen. Nur ein geringer Teil der von den Tätern benutzten Rechner, auf denen sich die inkriminierten Dateien oder Bilder befinden, liegt auch tatsächlich im Inland. Das Internet lässt damit die nationalen Strafverfolgungsbehörden an die Grenzen ihrer Ermittlungsbefugnisse stoßen, da die Täter gerne die **internationale Anonymität der Netze** für ihre Zwecke ausnutzen. Bevor die im zwischenstaatlichen Bereich vorgeschriebenen Rechtshilfeverfahren[550] erfolgreich abgeschlossen werden können, vergehen – je nach dem ersuchten Staat – teilweise Wochen oder Monate, soweit nicht Vorabsicherungen von Daten nach Art. 29 Cyber-Crime-Konvention oder eine Direktanfrage bei ausländischen Providern in Betracht kommt.[551] Dieser Zeitvorteil bei der förmlichen Rechtshilfe wird von den Tätern häufig dazu benutzt, ihre im Ausland gespeicherten Daten mit strafbaren Inhalten entweder zu löschen oder auf einen anderen Server – möglicherweise in einem anderen Land – auszulagern.

1. Anwendbarkeit des deutschen Strafrechts

205 Im Übrigen setzt eine strafrechtliche Verantwortlichkeit aller am Internet beteiligten Personen weiter voraus, dass das **deutsche Strafrecht** überhaupt **anwendbar** ist.[552] Das in § 3 TMG verankerte **Herkunftslandprinzip** und das EU-Sitzlandprinzip in § 2a TMG führen zu keinen Einschränkungen. Dort ist zwar im Grundsatz vorgesehen, dass die Rechtsordnung

---

[548] Vgl. dazu näher die 2. Auflage, Kapitel 12 Rn. 138 f.
[549] Vgl. BGH NJW 2000, 3010 sowie die Nachweise bei *Fischer*, § 27 Rn. 22 sowie *Achenbach/Ransiek-Heghmanns*, HB Wirtschaftskriminalität, 3. Aufl. 2012, 6. Teil, Rn. 68.
[550] Vgl. zur Rechtshilfe im Einzelnen die Ausführungen in Kapitel 24.
[551] Vgl. dazu näher unten in Kapitel 27.
[552] Vgl. dazu näher *Bär*, in: Roßnagel (Hrsg.), Recht der Multimediadienste, Kapitel 7, Strafrecht Einleitung Rn. 32 ff. sowie *Kienle*, Internationales Strafrecht und Straftaten im Internet, 1998, 28 ff. und *Sieber*, in: Hoeren/Sieber, Handbuch Multimedia Recht, Kapitel 19 Rn. 383 ff.

C. Straftaten im Internet

desjenigen EU-Mitgliedstaates angewendet wird, in dem der Diensteanbieter seine Niederlassung hat. Zwar klammert die Richtlinie das Strafrecht nicht ausdrücklich aus ihrem Anwendungsbereich aus,[553] doch findet sich in Erwägungsgrund 8 der Richtlinie der Hinweis, dass gerade keine Harmonisierung des Strafrechts erreicht werden soll. Zusätzlich enthält die amtliche Begründung zum EGG mehrfach den Hinweis, dass die Anwendbarkeit des deutschen Strafrechts durch den TMG nicht berührt wird.[554] Das Herkunftslandprinzip führt daher zu keinen Einschränkungen bei der Anwendung des deutschen Strafrechts.

Zur Verfolgbarkeit von Straftaten im Internet ist somit auf die Prinzipien des internationalen Strafrechts in den §§ 3 ff. StGB zurückzugreifen. Das deutsche Strafrecht gilt nach dem **Territorialitätsprinzip des § 3 StGB** zunächst für alle inländischen Taten, unabhängig von der Nationalität des Täters oder des Verletzten. Der Tatort selbst wird durch **§ 9 StGB** mit der sog. **Ubiquitätstheorie** festgelegt. Anknüpfungspunkt ist danach der Ort, an dem der Täter gehandelt hat bzw. hätte handeln müssen oder an dem der zum Tatbestand gehörende Erfolg eingetreten ist. Dabei können aufgrund des Ubiquitätsprinzips der Ort der Handlung und der Eintritt des Erfolges räumlich auseinanderfallen. Es liegt dann ein sog. **Distanzdelikt** vor.[555] Diese Regelungen führen aber zu Anwendungsproblemen bei der Internetkriminalität, da hier die Überschreitung nationaler Grenzen wesenstypisch ist und ins Netz eingestellte Inhalte sich weltweit – und damit auch in Deutschland – abrufen lassen, ohne dass es technisch möglich ist, den Abruf von Daten auf Nutzer aus bestimmten Staatsgebieten zu beschränken.[556] Auch wenn damit § 9 StGB an sich für die Fragen des Strafanwendungsrechts im Internet nicht zugeschnitten ist, kann doch eine Lösung neuer Problemstellungen hier nur durch eine Auslegung und Interpretation dieser Regelung getroffen werden. Damit kommt eine Erfassung von Straftaten im Internet nach deutschem Recht nur in Betracht, wenn ein Handlungsteil im Inland begangen wurde bzw. hier zumindest ein Teilerfolg eingetreten ist. Die im Schrifttum vertretene Ansicht,[557] wonach allein die Tatsache, dass im Ausland gespeicherte Daten mit strafbaren Inhalten vom Inland aus abrufbar sind, zur Begründung eines Tatortes im Inland führen soll, vermag nicht zu überzeugen. Damit würde auch bei allen Handlungs- und Erfolgsdelikten das Territorialitätsprinzip zum Tragen kommen. Diese Meinung würde auch den bisher – vor allem zu Gefährdungsdelikten – entwickelten Grundsätzen zuwiderlaufen würde.[558]

Abgestellt werden muss vielmehr mit dem Handlungs- und Erfolgsort zur Anwendung des § 9 StGB jeweils auf den **Charakter des betreffenden Deliktes** als Tätigkeits-, Erfolgs- oder konkretes bzw. abstraktes Gefährdungsdelikt. Lässt sich ein Handlungsort im Inland feststellen, indem etwa von Deutschland aus strafbare Inhalte in Internet eingestellt werden, liegt eine Inlandstat vor. Demgegenüber wird bei im Ausland ins Internet aufgenommenen Daten ein Handlungsort im Inland grundsätzlich nicht begründet.[559] Ein Tatort liegt auch im Inland, wenn bei Taten im Internet eine Handlung zwar im Ausland vorgenommen wurde, der tatbestandliche Erfolg aber im Inland eintritt, es also hier etwa zu einem Vermögensschaden (z. B. bei § 263a StGB) kommt. Probleme bei der rechtlichen Einordnung werfen dabei hier die im StGB pönalisierten zahlreichen **Gefährdungsdelikte** auf. Nur wenn sie als Erfolgsdelikte zu qualifizieren sind, kann bei Tatbegehung im Ausland auch ein Tatort im Inland

206

207

---

[553] So etwa *Vassilaki*, in: Spindler/Wiebe, Internet-Auktionen, S. 282 f. Vgl. auch *Bär*, in: Leible/Sosnitza, Versteigerungen im Internet, R.n. 1385.
[554] Vgl. BT-Drucksache 14/6098, S. 17 und 18. Vgl. dazu auch *Kudlich*, JA 2002, 799 sowie *Spindler/Schuster-Pfeiffer/Weller/Nordmeier*, Recht der elektronischen Medien, 2. Aufl. 2011, § 3 TMG Rn. 9.
[555] Vgl. zum Begriff LK/*Werle/Jeßberger*, § 9 Rn. 54 ff. sowie *Fischer*, § 9 Rn. 5.
[556] Vgl. LK/*Werle/Jeßberger*, § 9 Rn. 75; *Hoeren*, NJW 1998, 2850.
[557] So im Ergebnis etwa *Conradi/Schlömer*, NStZ 1996, 368; *Sieber*, JZ 1996, 430 mit Fn. 10; *Kuner*, CR 1996, 456.
[558] So im Ergebnis LK/*Werle/Jeßberger*, § 9 Rn 76: *Hilgendorf*, NJW 1997, 1874; *Breuer*, MMR 1998, 142 m. w. N. Zu diesem Ergebnis gelangt auch *Collardin*, CR 1995, 621 über eine teleologische Reduktion des § 9 StGB; siehe auch *Kienle*, Internationales Strafrecht und Straftaten im Internet, 86 ff. mit weiteren Einschränkungen des Ubiquitätsprinzips.
[559] Vgl. LK/*Werle/Jeßberger*, § 9 Rn. 77 – 79; *Conradi/Schlömer*, NStZ 1996, 368; *Fischer*, § 9 Rn. 5a; *Park* GA 2002, 23.

als Erfolgsort liegen. Dies ist bei **konkreten Gefährdungsdelikten**, d. h. Taten, bei denen die Handlung geeignet war, eine Verletzung des geschützten Rechtsgutes herbeizuführen, ohne dass es tatsächlich zur Verletzung gekommen sein muss, unproblematisch, da die Gefahr als Erfolg anzusehen ist.[560] Tatort ist somit der Ort, an dem die Gefahr eingetreten ist bzw. eintreten sollte. Schwieriger gestaltet sich dies bei **abstrakten Gefährdungsdelikten**, bei denen ein Verhalten im Vorfeld einer konkreten Gefährdung bereits unter Strafe gestellt wird. Dies hat große praktische Relevanz, da viele internet-typische Straftaten, vor allem alle Äußerungs- und Inhaltsdelikte wie §§ 86, 111, 130a, 184 StGB, entsprechend ausgestaltet sind. Hier ist das Vorliegen eines Erfolgsorts im Inland umstritten. Nach der Literaturauffassung soll erst eine konkret eingetretene Gefahr als Erfolg anzusehen sein, so dass diese abstrakten Delikte bei Tatbegehung im Ausland grundsätzlich keinen tatbestandsmäßigen Erfolg im Inland haben.[561] Überwiegend wird bei abstrakten Gefährdungsdelikten weiter zwischen den **rein abstrakten und den abstrakt-konkreten bzw. besonders-abstrakten Gefährdungsdelikten** unterschieden, die auch als sog. „potenzielle Gefährdungsdelikte"[562] bezeichnet werden. Bei letzteren Delikten gehört zwar eine generelle Gefährlichkeit von Handlungen oder Tatmitteln zum jeweiligen Tatbestand, jedoch nicht der Eintritt einer konkreten Gefahr. Eine Ausnahme wird nur dort anerkannt, wo der jeweilige Tatbestand auf Grund eines völkerrechtlich legitimierten Anknüpfungspunkts einen rechtsgutsunabhängigen Zwischenerfolg vorsieht, der als Anknüpfungspunkt der Tatortklausel dienen kann.[563] So hat auch der BGH[564] im Fall 5 eine Anwendung des deutschen Strafrechts bejaht, weil die Äußerungen in deutscher Sprache auch zu einem im Inland liegenden Erfolg geeignet sind. Dieser Ausdehnung einer Anwendung des deutschen Strafrechts wird im Ergebnis überwiegend zugestimmt.[565]

208 Unabhängig von dieser Streitfrage bleibt das deutsche Strafrecht stets anwendbar, wenn es sich um ein Delikt handelt, das dem sog. **Weltrechtsprinzip in § 6 StGB** unterfällt und damit durch die internationale Staatengemeinschaft geächtet und von allen Kulturstaaten unter Strafe gestellt ist. Dazu zählt etwa die Verbreitung kinderpornographischer Inhalte gem. § 6 Nr. 6 StGB, nicht aber eine Verbreitung links- oder rechtsradikaler Propaganda.

2. Rückverfolgung von Straftätern

209 Neben dieser dargestellten Internationalisierung der Straftaten ist zum Tatnachweis in der Regelung die Rückverfolgung und Identifizierung des Täters in den Datennetzen notwendig. Dies wird durch die bestehenden Möglichkeiten der **Anonymisierung im Netz** erheblich erschwert. Selbst wenn es technisch möglich ist, die IP-Adresse des Rechners zu ermitteln, über den strafbare Inhalte verbreitet werden oder kriminelle Daten zum Abruf bereitgehalten werden, ist dies nur Ausgangspunkt für weitere Ermittlungen. So kann zwar der Provider festgestellt werden, der diese Internet-Adressen vergeben hat. Bei sog. **dynamischen IP-Adressen**, die nur für die Dauer einer Verbindung vergeben werden, kann aber nur der jeweilige Provider über seine Protokolldateien diese Adresse auch einem konkreten Nutzer zuordnen. Damit können sich hier erhebliche Probleme beim Nachweis einer Straftat

---

[560] Vgl. *LK/Werle/Jeßberger*, § 9 Rn. 88; *Fischer*, § 9 Rn. 4.; *Hilgendorf/Frank/Valerius*, Computer- und Internetstrafrecht, Rn. 230. Vgl. auch BGHSt 26, 190 und BGH NJW 1997, 139 f. (zu § 315c StGB).

[561] Vgl. zum Meinungsstand nur *LK/Werle/Jeßberger*, § 9 Rn. 86 ff.; *Fischer*, § 9 Rn. 4. Die gegenteilige Auffassung wird nur von *Martin*, ZRP 1992, 19 befürwortet.

[562] Vgl. zu dieser Unterscheidung näher *Fischer*, Vor § 13 Rn. 13a m. w. N. sowie auch BGH JurWeb-Dok. 38/2001 Rn. 61 f.

[563] Vgl. *Hilgendorf*, NJW 1997, 1875, 1876 und ZStW 113 (2001), 665.

[564] Vgl. BGHSt 46, 212 = NJW 2001, 624 = CR 2001, 260 mit Anm. *Vassilaki* sowie *Klengel/Heckler*, CR 2001, 243.

[565] Vgl. zusammenfassend: *LK/Werle/Jeßberger*, § 9 Rn. 99 ff.; *Fischer*, § 9 Rn. 8a und *Koch*, JuS 2002, 123 f.; *Achenbach/Ransiek-Heghmanns*, HB Wirtschaftsstrafrecht, 3. Aufl. 2012, Teil 6.2, Rn. 9 ff.

in Datennetzen ergeben.[566] Hinzu kommen die von Straftätern vielfach gewählten Möglichkeiten zur Veränderung der Identitäten, Verlagerung von Inhalten auf verschiedene Rechner weltweit bis hin zur Nutzung des „Black Market" bzw. „Darknet".

D. Zusammenfassung und Ausblick

Durch die immer weiter zunehmende Verbreitung der EDV-Systeme steigt in gleicher Weise die **Abhängigkeit der Informationsgesellschaft von der Computertechnik**. Damit ergeben sich neue Gefährdungen sowie für kriminelle Täter neue Möglichkeiten zur Tatbegehung. Die Computerkriminalität insgesamt wird deshalb durch die ständig neuen Erscheinungsformen immer vielfältiger, aber auch gefährlicher, da alle modernen technischen Steuerungssysteme von der EDV geprägt sind und somit bei Störungen weitaus größere Folgen auslösen können als zu früheren Zeiten. Entsprechend den obigen Darstellungen lassen sich die meisten neuen kriminellen Erscheinungsformen der Computerkriminalität durch das geltende materielle Strafrecht erfassen, da die Tatbestände meist allgemein und entwicklungsoffen ausgestaltet sind. **Defizite** bei der gesetzlichen Regelung zeigen sich vor allem beim **Schutz der Integrität von Computersystemen und Computerdaten**, insbesondere auch bei der Datenhehlerei.[567] Zwar wurden die Vorgaben der Cyber-Crime-Konvention des Europarats und des EU-Rahmenbeschlusses über Angriffe auf Informationssysteme bereits in nationales Recht umgesetzt,[568] Doch wird sich durch die derzeit im Entwurf vorliegende neue EU-Richtlinie für Angriffe auf informationstechnische Systeme ein weiterer Umsetzungsbedarf ergeben.[569] Abzuwarten bleibt auch hier, ob durch die zunehmende Vernetzung der EDV- Systeme und das Zusammenwachsen bisheriger getrennter Bereiche zu Multimedia-Anwendungen nicht weitere völlig neue kriminelle Aktivitäten entstehen, die sich durch das geltende Recht nicht mehr erfassen lassen und einen Handlungsbedarf für den Gesetzgeber begründen.

Nachdem die Entwicklungen der Computertechnologien in keinster Weise auf den nationalen Bereich beschränkt sind, ist eine **Harmonisierung der nationalen Rechtsordnungen** erforderlich, um ein Entstehen von „Computer Crime Havens" zu verhindern. Auf der anderen Seite bedarf es einer viel stärkeren **grenzüberschreitenden Zusammenarbeit** der jeweiligen nationalen Strafverfolgungsbehörden. Selbst wenn sich im Rahmen der Europäischen Union oder innerhalb anderer Gremien bereits wichtige Ansätze hierfür ergeben,[570] sind die dort erzielten Fortschritte noch nicht ausreichend und bedürfen noch entsprechender Umsetzung in nationales Recht bzw. internationale Vereinbarungen, um eine wirksame Bekämpfung der modernen Kriminalitätsformen mit der EDV als Tatobjekt oder Tatmittel zu erreichen. Innerhalb der EU sind aber inzwischen Cybercrime und Cybersecurity jedenfalls zu einem der wichtigsten Handlungsfelder im strafrechtlichen Bereich geworden, da die EU-Kommission ihre Mitgliedstaaten und deren Bürger immer größeren Bedrohungen durch Internetkriminelle ausgesetzt sieht. Für die Täter sind Staatsgrenzen kein Hindernis mehr, wenn sie etwa Kontodaten ausspähen oder Internetseiten von Firmen bzw. Behördennetze lahmlegen. Die EU will deshalb Hacker und Online-Kriminelle künftig auch von einem gemeinsamen Einsatzzentrum bekämpfen. Das EU-Zentrum zur Bekämpfung der Cyberkriminalität und zum Verbraucherschutz beim elektronischen Geschäftsverkehr ist seit Anfang 2013 im

---
[566] Vgl. dazu näher die Darstellungen in Kapitel 27 Rn. 120 ff. und ausführlich: *Bär*, HbB zur EDV-Beweissicherung, Rn. 47 ff.
[567] Vgl. *Scheffler/Dressel*, ZRP 2000, 514 mit dem bezeichnenden Titel „Insuffizienz des Computerstrafrechts". Vgl. zur Datenhehlerei den Gesetzentwurf für einen neuen § 202d StGB in BR-Drs. 284/13.
[568] Vgl. dazu *Gercke*, MMR 2004, 728 ff. und *Kugelmann*, TMR 2002, 14.
[569] Vgl. Entwurf für eine Richtlinie des Europäischen Parlaments und des Rates über Angriffe auf Informationssysteme und zur Ersetzung des Rahmenbeschlusses 2005/222/JI vom 30.9.2010 – KOM (2010) 517 endg.
[570] Vgl. dazu näher *Delmas-Harty*, Corpus Juris der strafrechtlichen Regelungen zum Schutz der finanziellen Interessen der Europäischen Union, 1998.

Europäischen Polizeiamt (Europol) in Den Haag eingerichtet worden.[571] Es soll als europäische Schaltstelle für die Bekämpfung von Cyberstraftaten dienen und vorrangig gegen solche illegalen Online-Tätigkeiten organisierter krimineller Vereinigungen vorgehen, die hohe illegale Erträge abwerfen, darunter Online-Betrug mit gestohlenen Kreditkarten und Bankkontendaten.[572] Die Aufgabe des Zentrums besteht vor allem darin, die Mitgliedstaaten der EU vor großen Bedrohungen auf dem Gebiet der Cyberkriminalität zu warnen, sie auf Mängel ihres Online-Schutzes hinzuweisen, organisierte Netze von Cyberstraftätern und groß angelegte Onlinedelikte aufzudecken sowie konkrete Untersuchungen durch computerforensische Hilfe oder durch Mitwirkung bei der Zusammenstellung gemeinsamer Untersuchungsteams operativ zu unterstützen. Das Zentrum soll zudem den mit Untersuchungen über Cyberstraftaten befassten Ermittlern in der EU als Plattform für gemeinsame Diskussionen mit der IT-Industrie, mit sonstigen privatwirtschaftlichen Unternehmen, mit der Forschungsgemeinschaft, mit Verbraucherverbänden und mit gesellschaftlichen Organisationen dienen und erster Ansprechpartner für internationale Partner und Initiativen auf dem Gebiet der Bekämpfung der Cyberkriminalität werden.

---

[571] Vgl. zum European Cybercrime Center (EC 3): http://www.europol.europa.eu/ec3.
[572] Vgl. dazu http://www.spiegel.de/netzwelt/web/eu-will-internetkriminalitaet-mit-eigenem-zentrum-bekaempfen-a-824337.html und http://europa.eu/rapid/pressReleasesAction.do?reference=IP/12/317&format=HTML&aged=1&language=DE&guiLanguage=en

15. Kapitel. Schutz von Geschäfts- und Betriebsgeheimnissen

Literatur: a) Kommentare und Lehrbücher zum Gesetz über den unlauteren Wettbewerb: *Beater*, Unlauterer Wettbewerb, 2002, 2011; *Berlit*, Wettbewerbsrecht, 8. Aufl. 2011; *Brammsen*, Kommentierung der §§ 16–19 UWG im Münchener Kommentar zum Lauterkeitsrecht, Bd. 2, 2006, 2. Aufl. 2014; Der strafrechtliche Schutz der Wirtschaftsgeheimnisse, 2007; *Diemer*, Kommentierung zum Gesetz gegen den unlauteren Wettbewerb, in: *Erbs/Kohlhaas*, Strafrechtliche Nebengesetze, U 43 [Stand: 3.3.2010]; *Emmerich*, Das Recht des unlauteren Wettbewerbs, 9. Auflage 2012; *Harte-Bavendamm*, Der Schutz von Geschäfts- und Betriebsgeheimnissen, in: *Loschelder/Erdmann* (Hrsg.), Handbuch des Wettbewerbsrechts, 4. Auflage 2010; *Harte-Bavendamm/Henning-Bodewig*, UWG, 3. Aufl., 2013; *Heermann/Hirsch*, Münchener Kommentar zum Lauterkeitsrecht, 2006, 2. Aufl. 2013; *Koehler/Hasselblatt*, in: *Götting/Nordemann*, UWG, 2010; *Köhler/Bornkamm*, Gesetz gegen den unlauteren Wettbewerb, 32. Aufl. 2014; *Köhler/Piper*, Gesetz gegen den unlauteren Wettbewerb, 3. Aufl., 2002; *Niedostadek*, in: Koos/Manke/Ring (Hrsg.), Praxis des Wettbewerbsrechts, 2009; *Otto*, Kommentierung zu den §§ 17 ff. UWG, in: *Jacobs/Lindacher/Teplitzky*, UWG, Großkommentar zum Gesetz gegen den unlauteren Wettbewerb, 1991; *Piper/Ohly/Sosnitza*, UWG, 5. Aufl. 2010, 6. Aufl. 2014; *Rengier* in: *Fezer*, Lauterkeitsrecht, Bd. 2,2. Aufl., 2010.

b) Speziallitteratur: *Aldoney*, Der strafrechtliche Schutz von Geschäfts- und Betriebsgeheimnissen, 2009 (Diss. Freiburg, 2007); *Ann/Loschelder/Grosch,* Praxishandbuch Know-how-Schutz, 2010; *Arians*, Der strafrechtliche Schutz des Geschäfts- und Betriebsgeheimnisses in der Bundesrepublik Deutschland, in: Oehler (Hrsg.), Der strafrechtliche Schutz des Geschäfts- und Betriebsgeheimnisses in den Ländern der Europäischen Gemeinschaft sowie in Österreich und der Schweiz, 1978, S. 307; *Bartenbach*, Der Schutz von Betriebs- und Geschäftsgeheimnissen im Arbeitsleben, in: Festschrift f. Kuttner, 2006, S. 113; *Beckemper in: Hellmann/ Beckemper*, Wirtschaftsstrafrecht, 4. Aufl., 2013, § 5 III; *Beyerbach*, Die geheime Unternehmensinformation, 2012 (Diss. Passau, 2011/2012); *Brammsen*, Bedeutung, Definition und Strafschutz, in: *Kragler/Otto* (Hrsg.), Schützen Sie Ihr Unternehmen vor unlauterem Wettbewerb, vor Medienattacken, vor Wirtschaftsspionage, 1991, S. 69; Rechtsgut und Täter der Vorlagenfreibeuterei (§ 18 UWG), wistra 2006, 201; *Bruch*, Zur Frage der Anwendbarkeit der Strafvorschriften des Gesetzes gegen den unlauteren Wettbewerb (§§ 15, 17, 18 und 20 UWG) bei Verletzung nichtdeutscher Unternehmen durch deutsche Staatsbürger, NStZ 1986, 259; *Dann* in: Böttger (Hrsg.), Wirtschaftsstrafrecht in der Praxis, Kap 8 C, 2011; in: Knierim/Rübenstahl/Tsambikakis, Internal Investigations, Kap 25, 2013; *Dannecker*, Der Schutz von Geschäfts- und Betriebsgeheimnissen, BB 1987, 1614; *Dittrich*, Geheimnisverletzungen, in: *Müller-Gugenberger/Bieneck*, Wirtschaftsstrafrecht, 5. Aufl. 2011, § 33; *Dreger*, Personelle Maßnahmen zum Schutz von Geschäftsgeheimnissen, Personalführung 1999, 68; *Ebert-Weidenfeller*, Straftatbestände des UWG in: *Achenbach/Ransiek* (Hrsg.), Handbuch Wirtschaftsstrafrecht, 3. Aufl., 2012, 3. Teil, Kapitel 3 C; *Engländer/Zimmermann*, Whistleblowing als strafbarer Verrat von Geschäfts- und Betriebsgeheimnissen? Zur Bedeutung des juristisch-ökonomischen Vermögensbegriffs für den Schutz illegaler Geheimnisse bei § 17 UWG, NZWiSt 2012, 328; *Fecht/Opfermann/Scheiterle*, BMWi-Dokumentation Nr. 444, Computerspionage, Risiken und Prävention, 1998; *Föbus*, Die Insuffizienz des strafrechtlichen Schutzes von Geschäfts- und Betriebsgeheimnissen nach § 17 UWG, 2011 (Diss. Frankfurt a. M., 2010); *Grosse Vorholt*, Wirtschaftsstrafrecht, Teil 3 K, 2007; *Hammer*, UWG, in Graf/Jäger/Wittig (Hrsg.), Wirtschafts- und Steuerstrafrecht, 2011, Nr. 770; *Hummelt*, Wirtschaftsspionage auf dem Datenhighway, 1997; *Janssen/Maluga*, UWG, in Joecks/Schmitz (Hrsg.), Münchener Kommentar zum Strafgesetzbuch, Bd. 6/1, Nebenstrafrecht II, 2010; *Joachim*, Schutz der Geschäftsidee und des Know-how, 2004; *Kiethe/Hohmann*, Der strafrechtliche Schutz von Geschäfts- und Betriebsgeheimnissen, NStZ 2006, 185; *Kim, Hyung-Cul*, Der Schutz von Betriebs- und Geschäftsgeheimnissen nach dem Umweltinformationsgesetz, 1999 [Diss. Münster]; *Kloepfer*, Informationsrecht, 2002; Informationsfreiheitsgesetz und Schutz von Betriebs- und Geschäftsgeheimnissen, Rechtsgutachten im Auftrag des Bundesbeauftragten für den Datenschutz und die Informationsfreiheit, Juli 2011 [zit. IFG]; *Knierim/Rübenstahl/Tsambikakis*, Internal Investigations, 2013; *Kochmann*, Schutz des „know-how" gegen ausspähende Produktanalysen („Reverse Engineering"), 2009 (Diss. Köln 2008/2009); *Kragler*, Wirtschaftsspionage – Schutz des Wirtschaftsgeheimnisses, Band 2, Strafrechtlicher Bereich, 1982; Das Strafverfahren wegen privater Wirtschaftsspionage; ausgewählte Fragen zur strafprozessualen Problematik von Verfahren nach §§ 17 ff. UWG, wistra 1983, 1; Schutz des geheimen Know-how, 1987; Maßnahmen zur Prophylaxe und Abwehr, in: *Kragler/Otto* (Hrsg.), Schützen Sie Ihr Unternehmen vor unlauterem Wettbewerb, vor Medienattacken, vor Wirtschaftsspionage, 1991, S. 11; *Kunz*, Betriebs- und Geschäftsgeheimnisse und Wettbewerbsverbot während der Dauer und nach Beendigung des Anstellungsverhältnisses, DB 1993, 2482; *Mautz/Löblich*,

15   15. Kapitel. Schutz von Geschäfts- und Betriebsgeheimnissen

Nachvertraglicher Verrat von Betriebs- und Geschäftsgeheimnissen, MDR 2000, 67; *Meincke*, Geheimhaltungspflichten im Wirtschaftsrecht, WM 1998, 749; *Mettinger*, Der Schutz von Geschäftsgeheimnissen im globalen und regionalen Wirtschaftsrecht, Bern, 2001; *Meyer/Möhrenschlager*, Möglichkeiten des Straf- und Ordnungswidrigkeitenrechts zur Bekämpfung des unlauteren Wettbewerbs, Wirtschaft und Verwaltung, 1982, S. 21; *Mitsch*, Strenge Akzessorietät der Teilnahme und andere Merkwürdigkeiten im neuen § 19 UWG, wistra 2004, 161; Wertungswidersprüche bei § 18 UWG n. F., GRUR 2004, 824; *Müller/Wabnitz/Janovsky*, Wirtschaftskriminalität, 4. Auflage 1997, 8. Kapitel, S. 225; *Nathusius*, Wirtschaftsspionage, 2001; *Nestoruk*, Strafrechtliche Aspekte des unlauteren Wettbewerbs, 2004; *Noak*, Wettbewerbsneutrale Absichten und § 17 UWG, wistra 2006, 245; *Oehler*, Verrat von Wirtschaftsgeheimnissen, in Jahrbuch 1969 des NRW-Landesamts für Forschung, 1969, S. 383; *Otto*, Verrat von Betriebs- und Geschäftsgeheimnissen, wistra 1988, 125; *Pfeiffer*, Der strafrechtliche Verrat von Betriebs- und Geschäftsgeheimnissen nach § 17 UWG, in: Festschrift für Nirk, 1992, S. 861; *Probst*, Wirtschaftsverrat und Wirtschaftsspionage, Wien 1976; *Ransiek*, Die Verletzung der Geheimhaltungspflicht, in: Achenbach/Ransiek, Handbuch Wirtschaftsstrafrecht, 8. Teil Kap 2, 3. Aufl., 2012; *Richter*, Verletzung von Geheimnissen, § 120 BetrVG, in Gercke/Kraft/Richter (Hrsg.), Arbeitsstrafrecht, Kap 2 N II, 2012, *Rützel*, Illegale Geheimnisse?, GRUR 1995, 557; *Rupp*, Computersoftware und Strafrecht, Diss. Tübingen, 1985; *Salger/Breitfeld*, Regelungen zum Schutz von betrieblichem Know-how, BB 2005, 154; *Schafheutle*, Wirtschaftsspionage und Wirtschaftsverrat im deutschen und schweizerischen Strafrecht, Diss. Freiburg, 1972; *Scheffler/Dressel*, Die Insuffizienz des Computerstrafrechts, Schleppende Gesetzgebungsverfahren als Störfaktor für die E-Commerce-Wirtschaft, ZRP 2000, 514; *Schlötter*, Der Schutz von Betriebs- und Geschäftsgeheimnissen und die Abwerbung von Arbeitnehmern – Eine rechtsvergleichende Untersuchung des englischen, französischen und deutschen Rechts, 1997 [Diss. München]; *Schulze-Heiming*, Der strafrechtliche Schutz gegen die Angriffsformen der Spionage, Sabotage und des Zeitdiebstahls, 1995; *Taeger*, Die Offenbarung von Betriebs- und Geschäftsgeheimnissen, 1988 [Diss. Hannover, 1987]; Softwareschutz durch Geheimnisschutz, Computer und Recht, 1991, 449; *Teufel*, Der Verrat von Wirtschaftsgeheimnissen, in: Poerting (Hrsg.), BKA-Schriftenreihe, Bd. 53, Wirtschaftskriminalität Teil 2, 1985, 141; *Tiedemann*, Wirtschaftsstrafrecht, BT, § 5 V, 3. Aufl., 2010; *Többens*, Wirtschaftsspionage und Konkurrenzausspähung in Deutschland, NStZ 2000, 505; Die Straftaten nach dem Gesetz gegen den unlauteren Wettbewerb (§§ 16–19 UWG), WRP 2005, 552; *Tuffner*, Der strafrechtliche Schutz von Wirtschaftsgeheimnissen im Staatsschutzrecht und Wettbewerbsrecht, Diss. Erlangen-Nürnberg, 1978; *Waurzinek*, Verrat von Geschäfts- und Betriebsgeheimnissen – §§ 17 ff. UWG, 2010 (Diss. Heidelberg, 2008/2009); *Wemmer*, Nutzung fremder Kundendaten stellt nicht zwingend eine Verwertung von Geschäftsgeheimnissen dar, K&R 2002, 103; *Westermann*, Handbuch Know-how-Schutz, 2007; *Wittig*, Wirtschaftsstrafrecht, 2. Aufl., 2011, § 33 III; *Witting*, Verletzung von Geschäfts- oder Betriebsgeheimnissen, in Volk (Hrsg.), Verteidigung in Wirtschafts- und Steuerstrafsachen, 2006, § 23 IV; *Wodtke/Richters*, Schutz von Betriebs- und Geschäftsgeheimnissen, Leitfaden für die Praxis, 2004; *Wolff*, Der verfassungsrechtliche Schutz der Betriebs- und Geschäftsgeheimnisse, NJW 1997, 98; *Wurzer/Kaiser* (Hrsg.), Handbuch Internationaler Know-how-Schutz, 2011; *Zech*, Information als Schutzgegenstand, 2012.

Zum **ausländischen Recht** vgl. die ausführlichen Nachweise in den Werken von *Brammsen* von 2006/2007; *Föbus*, S. 189 ff.; *Henning/Bodewig* (Hrsg.), International Handbook on Unfair Compettion, 2013; Internationales Handbuch des Lauterkeitsrechts, 2014; *Lukes/Vieweg/Hauck*, Schutz von Betriebs- und Geschäftsgeheimnissen in ausgewählten EG-Staaten, 2010; sowie *Ann/Loschelder/Grosch*, S. 611 f., 617 ff., 664 ff. (China), S. 686 ff. (Indien), S. 690 ff. (Russland) und S. 712 ff. (USA) und *Wurzer/Kaiser*, S. 567 ff., 579 ff., 599 ff. (USA); S. 138 ff.; 617 ff. (China), S. 685 ff. (Japan); S. 703 ff. (Bulgarien); S. 708 ff. (Russland), s. auch die Hinweise in der 2. Auflage und die Antwort der Bundesregierung auf eine Große Anfrage der SPD-Fraktion, BT-Drucks. 13/8368.

Inhaltsübersicht

	Rn.
I. Einleitung	1
II. Schutz im Gesetz gegen den unlauteren Wettbewerb	2–42
1. Geheimnisverrat (§ 17 Abs. 1 UWG)	2–18
a) Rechtsgut	4
b) Geschäfts- und Betriebsgeheimnis als Tatobjekt	5–10
c) Täterkreis	11
d) Zugänglichkeit des Geheimnisses	12
e) Handlung und Zeitpunkt der Tat	13
f) Subjektive Seite	14–18
2. Geschäfts-/Betriebsspionage (§ 17 Abs. 2 Nr. 1 UWG)	19–24
a) Rechtsgut und Täterkreis	19
b) Ausspähungshandlungen	20–24

I. Einleitung

	Rn.		Rn.
3. Geheimnishehlerei (§ 17 Abs. 2 Nr. 2 UWG)	25–29	8. Strafverfolgungsvoraussetzungen (§ 22 Abs. 1 UWG)	41, 42
a) Tathandlungen	26	III. Schutz durch andere strafrechtliche Regelungen	43–48
b) „Unbefugtes" Handeln des Vortäters und Täters	27–29	1. Gesellschafts-, wirtschafts- und arbeitsrechtliche Strafvorschriften	43, 44
4. Sanktionen (auch bei besonders schweren Fällen) und sonstige Rechtsfolgen	30	2. Strafvorschriften zum Schutze von Privat- und Dienstgeheimnissen	45, 45 a
5. Vorlagenfreibeuterei (§ 18 UWG)	31–34	3. Staatsschutzstrafrecht	46–48
a) Täterkreis	32	IV. Hinweise zu präventiven Maßnahmen	49–52
b) Tatobjekt und Tathandlung	33, 34	1. Personelle und rechtliche Schutzmaßnahmen	50
6. Versuch und Vorbereitungshandlungen	35–37	2. Organisatorische und technische Sicherungsmaßnahmen	51, 52
7. Voraussetzungen der Verfolgung von auslandsbezogenen Verstößen	38–40		

I. Einleitung

„Die strategische Position" und damit die Wettbewerbsfähigkeit „eines Unternehmens hängt von den jeweiligen Stärken oder Schwächen in den Bereichen Forschung und Entwicklung, Finanzen und Controlling, Produktlinien, Zielmärkte, Marketing, Verkauf, Distribution, Produktion, Arbeitskräfte und Einkauf ab".[1] Folge ist deshalb ein Interesse von Unternehmen, und zwar sowohl auf Seiten von Großunternehmen als auch von Seiten innovativer klein- und mittelständischer Betriebe, die in diesen Bereichen gewonnenen Errungenschaften als wirtschaftlich wertvolles „geistiges Eigentum", als ihr „Know-How", vor Spionage und unbefugter Verwertung durch andere Unternehmen (bzw. Personen) und ausländische staatliche Stellen (Nachrichtendienste u. Ä.) zu schützen. Der Aufwand an Kapital und Arbeitskraft soll sich auszahlen und nicht durch unbefugte Verwertung beeinträchtigt werden. „Geschäftliche Neuerungen und Vorstöße, die im Hinblick auf die Fortschritts- und Anpassungsfunktionen des Wettbewerbs unverzichtbar sind, wären ihrer ökonomischen Attraktivität und ihres Sinns beraubt, wenn die Konkurrenten sofort „kontern" könnten, weil ihnen die Pläne und das Vorhaben des Mitbewerbers bereits vorzeitig bekannt waren."[2] Eine solche Gefahr besteht vor allem dort, wo die Verwertung im Ausland erfolgen soll. Diese Interessenlage hat zur Anerkennung des rechtlichen Schutzes von Unternehmensgeheimnissen im In- und Ausland[3] auf den genannten Gebieten geführt, der allerdings nicht unerhebliche nationale Unterschiede aufweist. Dieser stellt eine Ergänzung zu Immaterialgüterrechten[4] dar, für die bereits seit längerem international harmonisierte Grundregelungen und sondergesetzliche nationale Bestimmungen zum Schutze von Erfindern, Urhebern von Werken geistiger Schöpfung und Markeninhabern (Zulassung von zeitlich beschränkten Monopolen, die finanziell ausgenützt werden können) bestehen. Die Globalisierung der Wirtschaft bedingt auch einen verstärkten internationalen und nationalen Schutz von Unternehmensgeheimnissen, insbesondere soweit damit eine (begrenzte) Überlassung wertvoller Informationen verbunden ist. So setzen vor 1

---

[1] *Hummelt*, Wirtschaftsspionage auf dem Datenhighway, Strategische Risiken und Spionageabwehr, 1997, S. 21.
[2] *Beater*, 2002, S. 491; vgl. dazu die Begründung im Vorschlag der EU-Kommission für eine „Richtlinie … über den Schutz vertraulichen Know-hows und vertraulicher Geschäftsinformationen (Geschäftsgeheimnisse) von rechtswidrigem Erwerb sowie rechtswidriger Nutzung und Offenlegung", KOM (2013) 813 endg. v. 28.11.2013, S. 2 ff. und Erwägungsgrund (1) bis (3), S. 12 ff.
[3] Beispiele für Fälle von, teilweise auch staatlicherseits unterstützter, internationaler Wirtschaftsspionage in *Davis/Hutchison*, Computer Crime in Canada, Carswell, Toronto, 1997, S. 115 ff.; *Hummelt* a. a. O. S. 19 f. (Lopez-Fall), 39 ff., 51 ff. und in Verfassungsschutzberichten (für den Bund jährlich vom BMI, Zusammenfassungen dazu jeweils von *Möhrenschlager*, zuletzt in wistra 2012 Reg R LXXVII [für 2011]; 2011 Reg R LXX [für 2010] m. N. über Berichte für frühere Jahre).
[4] Nach *Glöckner*, Europäisches Lauterkeitsrecht, 2006, S. 291 m. N. werden im anglo-amerikanischen Rechtskreis „trade secrets" zu den „intellectual property rights" gezählt.

allem mit Transfer von Technologie verbundene Investitionen von Unternehmen aus Industriestaaten in Entwicklungsländer eine zumindest zeitlich bestehende Schutzgarantie voraus. Bei dieser Sachlage ist es kein Wunder, dass die antikapitalistische Forderung von Lenin, Betriebs- und Geschäftsgeheimnissen großer Unternehmen den Schutz zu entziehen,[5] kein nachhaltiges Echo fand. Die nationale und internationale Entwicklung verlief im 20. Jahrhundert gegenläufig. Nach allerdings schwierigen Verhandlungen und gegen anfänglichen Widerstand etlicher, z. B. asiatischer und lateinamerikanischer Staaten,[6] gelang es sogar, in Artikel 39 (Schutz nicht offenbarter Informationen) des „Übereinkommens über handelsbezogene Aspekte der Rechte des geistigen Eigentums" (TRIPS-Abkommen) als Anhang 1 C des Übereinkommens vom 15.4.1994 zur Errichtung der Welthandelsorganisation (WTO-Abkommen)[7] eine Bestimmung zum Schutz von Geschäftsgeheimnissen von Angehörigen, d. h. natürlichen oder juristischen Personen, auch anderer Vertragsstaaten (vgl. Art. 1 III) vor Verrat, unbefugter Nutzung und unbefugtem Erwerb aufzunehmen[8] und damit insoweit auch in diesem Bereich einen internationalen Mindeststandard zu schaffen. Über einen fakultativen Strafrechtsschutz ist das Abkommen nach seinem Art. 61 Satz 3 jedoch insoweit nicht hinausgelangt. Einen allerdings mehr zivilrechtlichen Ansatz verfolgt die Kommission in einem neuen Richtlinienvorschlag (N. in Fn. 2).

Die nachfolgende Darstellung befasst sich primär mit strafrechtlichen Aspekten, die durch Hinweise auf präventive Maßnahmen und sonstige rechtliche Schutzmöglichkeiten ergänzt wird.

II. Schutz im Gesetz gegen den unlauteren Wettbewerb

1. Geheimnisverrat (§ 17 Abs. 1 UWG)

2 Die zentrale strafrechtliche Schutzvorschrift zur Wahrung von Unternehmensgeheimnissen, d. h. von Betriebs- und Geschäftsgeheimnissen, ist seit 1896[9] der nunmehrige § 17 des Gesetzes gegen den unlauteren Wettbewerb (UWG), der zwischenzeitlich mehrfach (1909,

---

[5] *Lenin* „„Aufhebung des Geschäftsgeheimnisses" in der im Oktober 1917 veröffentlichten Broschüre „Die drohende Katastrophe und wie man sie bekämpfen soll", abgedruckt in Institut für Marxismus-Leninismus beim ZK der KPdSU (Hrsg.), W. I. Lenin, Ausgewählte Werke, Bd. II, Dietz-Verlag, (Ost-)Berlin, 8. Auflage 1984, S. 280 ff.

[6] Ein Grund war die Sorge, das Abkommen würde ein Hindernis für den Technologietransfer schaffen (*Herdegen*, Internationales Wirtschaftsrecht, 2. Aufl., 1995, § 12 Rn. 6), was sich allerdings insbesondere auf den Bereich des Patent-, Marken- und Urheberrechtsschutzes bezog (zum Patentschutz *Herdegen* aaO, 10. Aufl. 2014, § 15 Rn. 8 ff.). Kritik äußerten weiterhin *Werner/Weiss*, Das neue Schwarzbuch Markenfirmen, 2006, S. 252 f. mit Hinweis auf eine Feststellung der UNO-Unterkommission für die Förderung und den Schutz der Menschenrechte, die u. a. einen Konflikt mit dem Recht auf Profitieren von wissenschaftlichem Fortschritt sehen; positiv hingegen das Fazit von *Staehelin*, Das Trips-Abkommen, 1997, Kap. 9.

[7] BGBl. II 1994 S. 1625, 1730, 1740.

[8] Vgl. dazu näher *Mettinger*, S. 27 ff., 43 ff.; *Schlötter*, S. 238 ff.; *Krasser*, The Protection of Trade Secrets in the Trips Agreement, in: *Beier/Schricker*, From Gatt to Trips, 1996, S. 216; *Müller*, Der Schutz von Know-How nach dem TRIPS-Übereinkommen, 2003; *Reger*, Der internationale Schutz gegen unlauteren Wettbewerb und das TRIPS-Übereinkommen, 1999; zusammenfassend MK-*Brammsen* Rn. 10 f. vor § 17 UWG m. w. N.; im TRIPS-Abkommen wurde allerdings der Begriff Geschäftsgeheimnis vermieden und nur der neutrale Begriff „undisclosed information" („nicht offenbarte Informationen") verwendet, wohingegen der Begriff „trade secret" in dem parallelen Artikel 1711 des North American Trade Agreement (NAFTA) von 1992 („trade secret") und der Begriff „secretos empresariales" in den entsprechenden Art. 260 ff. der Decisión 486: Regimen Común sobre propriedad industrial der Comunidad Andina von 2000 zu finden sind.

[9] Zu vorangegangenen landesrechtlichen Regelungen im 19. Jh. (z. B. Art. 372, 373 sächs. StGB, Art. 285, 320 thür. StGB), vielfach beeinflusst von Art. 418 code pénal (1810; keine Regelung in Preußen!), s. *Schmid*, Der gesetzliche Schutz der Fabrik- und Geschäftsgeheimnisse in Deutschland und im Ausland, 1907, S. 38 ff.; *Probst*, Wirtschaftsverrat, S. 1 ff.

II. Schutz im Gesetz gegen den unlauteren Wettbewerb

1932, 1986) erweitert worden war.[10] Das neue **am 8.7.2004 in Kraft getretene „Gesetz gegen den unlauteren Wettbewerb" v. 3.7.2004**[11] führte nur zu einer geringfügig inhaltlichen Änderung. § 17 dient vor allem dem Schutz vor Verrat an und gegen Ausspähung durch Konkurrenten und damit verbundene Verwertungshandlungen („Konkurrenzausspähung"; Industriespionage, „Geheimnishehlerei"); als Unterfall hat in den letzten zwanzig Jahren vor allem die **Computerspionage** an Bedeutung gewonnen.[12] Daneben erfasst § 17 UWG als volkswirtschaftlich gefährlichere Form – und zwar verstärkt nach der Einengung des Staatsschutzstrafrechts 1968 – auch den Verrat an fremde Nachrichtendienste und die von diesen ausgehende staatlich gelenkte oder unterstützte sog. „Aufklärung" von Unternehmen. Teilweise wird, m. E. zu Unrecht, nur die letztere Form als „Wirtschaftsspionage" bezeichnet.[13] Die staatlich gelenkte Wirtschaftsspionage kann sich auf fast sämtliche Unternehmensbereiche erstrecken. Östliche Nachrichtendienste interessieren sich insbesondere für militärische Geheimnisse (strategische und taktische Planungen, Rüstungspotentiale), militärisch nutzbare Forschungsergebnisse, Militärtechnologie, Produktinformationen aus der Rüstungstechnik, einschließlich ziviler Produkte mit militärischen Anwendungsmöglichkeiten (sog. „Dual-use"-Güter), aber auch darüber hinaus für modernes Know-how (z. B. modernste Kommunikations-, Computer- und Verschlüsselungstechnologie; Satelliten- und Lasertechnik), wissenschaftliche Erkenntnisse (in Bereichen der Kernenergie und regenerativer Energien, Solar- und Umwelttechnik, der Nanotechnologie, von Verbundwerkstoffen, der Medizin-, Bio- und Pharmaforschung) und Wirtschaftsstrategien.

In der Strafverfolgungspraxis spielt § 17 UWG bisher allerdings nur eine beschränkte Rolle, da geschädigte Unternehmen häufig keine Anzeigen erstatten, weil der von ihnen befürchtete Verlust von Image und Kunden aus ihrer Sicht in keinem Verhältnis zum erlittenen Schaden stehe.[14] Die Zahl der Strafverfahren ist in der Tat nicht hoch. Die Polizeiliche Kriminalistik registrierte 1994 103, 1995 98, 1996 86, 1997 97, 1998 101, 1999 107, 2000 132, 2001 106, 2002 137, 2003 157, 2004 140, 2005 183, 2006 176, 2007 189, 2008 243, 2009 278, 2010 299, 2011 266 und 2012 273 Fälle des Verrats von Betriebs- und Geschäftsgeheimnissen sowie 1994 41, 1995 116, 1996 99, 1997 103, 1998 157, 1999 181, 2000 116, 2001 155, 2002 132, 2003 118, 2004 127, 2005 154, 2006 117, 2007 136, 2008 165, 2009 270,

---

[10] Einen Handlungsbedarf, § 17 UWG neu zu fassen, hat die Bundesregierung in der 13. Legislaturperiode nicht gesehen; sie trat auch der Überlegung des DIHT (dafür auch *Többens*, NStZ 2000, 505, 512; *Scheffler/Dressel*, ZRP 2000, 514, 517) entgegen, die Regelung ins StGB aufzunehmen (vgl. BT-Drucks. 13/8368, S. 3, 4 f.), für Letzteres jedoch auch Bundeskriminalamt, Jahresbericht Wirtschaftskriminalität 2001, vom 1.7.2002, S. 154; auch bei der Reform des Wettbewerbsrechts ist weder von der Bundesregierung noch vom Bundesrat eine Standortänderung vorgeschlagen worden (vgl. BT-Drucks. 15/1487, S. 13, 26, 29 ff.). – Für totale und generell begrüßenswerte Neugestaltung unter Verzicht auf Einzeltatbestände im Nebenstrafrecht *Föbus*, S. 255 f., 275 f., 280 ff. in einem neuen StGB-Abschnitt „Verletzung des Geheimbereichs von Unternehmen" mit neuen §§ 208 (Verrat und Missbrauch), 209 (Unternehmensspionage), 210 (Hehlerei), 210a (Besonders schwere Fälle) und 210b (Strafantrag) nach Darstellung bestehender Unzulänglichkeiten, S. 215 ff.; für einen neuen § 17 (im StGB als Offizialdelikt im Rahmen der §§ 298 ff. und ersatzloser Aufhebung der §§ 18, 19 UWG) auch *Wawrzinek*, S. 130 ff., 155 ff., 161, 195 ff., 254, 286 ff; ebenso für eine StGB-Regelung *Müller Gugenberger*, in Festschrift Tiedemann, 2008, S. 1003, 1019.
[11] BGBl. I 1410; nach § 22 Satz 2 trat das bisherige UWG außer Kraft.
[12] *Hummelt*. Fn. 1; *Fecht/Opfermann/Scheiterle*, BMWi-Dokumentation Nr. 444, Computerspionage, Risiken und Prävention, Juli 1998.
[13] So z. B. Verfassungsschutzberichte und die Arbeitsgemeinschaft für Sicherheit der Wirtschaft, die Antwort der Bundesregierung in BT-Drucks. 13/8368 (Fn. 10) S. 2, die jedoch selbst Zweifel an dieser Unterscheidung aus rechtlicher Sicht äußert, sowie z. B. *Többens*, NStZ 2000, 505; *Kiethe/Hohmann*, NStZ 2006, 185 Fn. 1; anders *Teufel*, Der Verrat von Wirtschaftsgeheimnissen, in: *Poerting* (Hrsg.), BKA-Schriftenreihe Bd. 53, Wirtschaftskriminalität Teil 2, 1985, S. 141, 154 ff., 157 ff., 160 ff., der zwar zwischen staatspolitisch-strategischer Wirtschaftsspionage und Konkurrenzspionage unterscheidet, aber auf beides den Begriff Wirtschaftsspionage anwendet.
[14] Zu Recht kritisiert von *Kiethe/Hohmann* a. a. O. S. 191.

2010 347, 2011 234 und 2012 252 Verstöße gegen § 17 Abs. 2 UWG. Nur 1997 und 1998 wurden Schadenssummen für Delikte nach § 17 Abs. 2 UWG erfasst (DM 4 368 867 bzw. 1412349).[15] Im Allgemeinen wird allerdings von einem hohen Dunkelfeld von Straftaten mit hoch auftretenden Schäden ausgegangen; nähere Quantifizierungen sind aber kaum möglich.[16]

3   **§ 17 Abs. 1 UWG erfasst den Verrat durch Betriebsangehörige:**
Strafbar macht sich, **wer als eine bei einem Unternehmen beschäftigte Person ein Geschäfts- oder Betriebsgeheimnis, das ihm vermöge eines Dienstverhältnisses anvertraut worden oder zugänglich geworden ist, während der Geltungsdauer des Dienstverhältnisses unbefugt an jemand zum Zwecke des Wettbewerbs, aus Eigennutz, zugunsten eines Dritten oder in der Absicht, dem Inhaber des Geschäftsbetriebs Schaden zuzufügen, mitteilt.**

a) Rechtsgut

4   Geschützt wird durch § 17 Abs. 1 UWG primär das (subjektive) Interesse des Inhabers eines Unternehmens an der Wahrung der Vertraulichkeit[17] von im Geschäftsleben und im Wettbewerb wichtigen Informationen gegenüber den Angehörigen seines eigenen Unternehmens. Im Allgemeinen stehen dahinter Vermögensinteressen, die zur Qualifizierung von Betriebs- und Geschäftsgeheimnissen als dem Vermögen (i. S. von § 263) zuzurechnenden Immaterialgütern führen.[18] Genereller sieht *Brammsen*[19] das Vermögen des betroffenen Unternehmensinhabers, der ja auch eine juristische Person sein kann, als geschütztes Rechtsgut an; m. E. braucht jedoch nicht jeder Verrat zu einem Vermögensschaden bzw. einer Vermögensgefährdung führen.[20] Daneben wird in der Literatur vielfach das Interesse der Allgemeinheit an einem nicht durch Mittel des Verrats von Geschäftsgeheimnissen beeinflussten unverfälschten Wettbewerb[21] genannt.[22] § 17 UWG gehört nach h. M. zu den Vorschriften, die Inhalt und Schranken i. S. von Art. 14 Abs. 1 Satz 2 GG in der Kollision zwischen dem selbst durch Art. 14 geschützten Interesse an der (nachvertraglichen) Wahrung von Betriebs- und Geschäftsgeheimnissen und der Wettbewerbsfreiheit regeln und die (als Ausfluss der allgemeinen

---

[15] Vgl. BKA-Bericht (Fn. 10) S. 151 ff. (mit Zahlen ab 1997).
[16] So Bundesregierung (Fn. 10) S. 3, 5; ähnlich BKA-Lagebild Wirtschaftskriminalität 2005, S. 18.
[17] Vgl. BGHZ 166, 84, 105 – Kirch/Breuer [Deutsche Bank]-Fall) = NJW 2006, 830, 838 = ZIP 2006, 317 = DB 2006, 607 (dazu Fischer in DB 2006, 598) = Bank und Kapitalmarktrecht 2006, 103, 112 m. *Anm. Cosack/Enders*; zum Fall auch *Tiedemann*, BT, Rn. 236 ff.): Vorschrift schützt das Geheimhaltungsinteresse ... des Inhabers des Geschäftsbetriebs (Rn. 83) m. w. N.; also nicht desjenigen, dem dieser Verschwiegenheit schuldet, ebenso G/J/W-*Hammer* Rn. 7; a. A. *Tiedemann* aaO m. N.: auch das des Bankkunden. – Für *Wawrzinek*, S. 80 ist das Wirtschaftsgeheimnis das geschützte Individualrechtsgut.
[18] Zu § 263 LK-*Tiedemann*, Rn. 142; MK-*Hefendehl*, Rn. 455; *Fischer*, Rn. 95; Arzt/Weber/Heinrich/*Hilgendorf*, BT, § 8 Rn. 3.
[19] In MK Rn. 5; ähnlich *Mühlbauer*, wistra 2003, 244, 246 f. (Vermögensschutzfunktion im Vordergrund); *Föbus*, S. 47 f.; für indirekten Schutz des betrieblichen Vermögens auch *Bär* in Kapitel 12 Rn. 95.
[20] Vgl. auch BGH wistra 2007, 147, 149 = NJW 2006, 3424: „Ein Geschäftsgeheimnis braucht keinen bestimmten Vermögenswert besitzen." *Wawrzinek*, S. 80 f. nennt als Beispiele: Experimentelle Methoden eines Chemielabors ohne brauchbares Ergebnis; Tatsache der Überschuldung.
[21] Z. B. *Köhler* a. a. O., Rn. 4 vor § 17, § 17 Rn. 2; *Rengier*, Rn. 4; *Diemer*, Rn. 2; MK-*Janssen/Maluga*, Rn. 10; G/J/W-*Hammer*, Rn. 2; *Wawrzinek*, S. 84 ff.; abl. dazu MK-*Brammsen* a. a. O.; für Schutz der wettbewerblichen Entfaltungsfreiheit *Aldoney Ramirez*, S. 293, 333 und in Festschrift f. Tiedemann, 2008, S. 1141, 1160 f. – Der Schutz der deutschen Volkswirtschaft ist der Hintergrund der Auslandserstreckung in § 17 VI i. V. m. § 5 Nr. 7 StGB, BT-Drs. IV/650, S. 111; krit. dazu LK-*Werle/Jeßberger*, § 5 Rn. 124.
[22] Vor allem die folgenden Autoren, deren Kommentierungen nicht zu jedem Punkt zitiert werden, sind bei der folgenden Darstellung verwertet worden:, *Aldoney Ramirez, Beater, Beckemper, Brammsen* im MünchKomm (mit über 70 Seiten am umfangreichsten); *Diemer; Dittrich; Ebert-Weidenfeller, Föbus, Hammer, Harte-Bavendamm, Janssen/Maluga; Köhler, Kragler, Otto, Rengier* und *Wawrzinek*.

II. Schutz im Gesetz gegen den unlauteren Wettbewerb

Handlungsfreiheit geschützte) Freiheit im wirtschaftlichen Verkehr begrenzen.[23] Vom BVerfG[24] wurde im TelekomFall, in dem es um die Offenlegung von Betriebs- und Geschäftsgeheimnissen in einem verwaltungsgerichtlichen Verfahren ging, besonders hervorgehoben, dass auch das Grundrecht der Berufsfreiheit den Schutz solcher Geheimnisse gewährleiste. Europarechtlich besteht ein Schutz gemäß Art. 8 EMRK; auch der EuGH hat den Schutz von Geschäftsgeheimnissen als allgemeinen Grundsatz anerkannt.[25] – Zur Reichweite des Schutzes ausländischer Unternehmensgeheimnisse, s. Rn. 38.

b) Geschäfts- und Betriebsgeheimnis als Tatobjekt

Gegenstand des strafrechtlichen Schutzes sind „**Geschäfts- bzw. Betriebsgeheimnisse eines Unternehmens**".[26] Eine genaue Abgrenzung zwischen den beiden Arten von Geheimnissen ist schwierig. Generell beziehen sich „Geschäftsgeheimnisse" mehr auf den geschäftlichen bzw. kaufmännischen „Betriebsgeheimnisse" hingegen mehr auf den technischen Bereich (Betriebsablauf; Herstellung) des Unternehmens. In der praktischen Anwendung des § 17 UWG kann dies regelmäßig offen gelassen werden. Unter solchen Unternehmensgeheimnissen[27] sind
- im (direkten, inneren) Zusammenhang mit einem Geschäftsbetrieb stehende dem Beweis zugängliche Tatsachen, Informationen, Vorgänge und Umstände zu verstehen,
- die nur einem begrenzten Personenkreis zugänglich, also nicht offenkundig sind (d. h. nicht allgemein bekannt sind bzw. von einem Interessenten nicht ohne größere Schwierigkeiten in Erfahrung gebracht werden können),
- und nach dem vom Geschäftsinhaber (bzw. den für diesen verantwortlich Tätigen) gegenüber Mitwissern erkennbar geäußerten oder – wie z. B. bei Ausschreibungsunterlagen – sich aus der Natur der geheimzuhaltenden Tatsache ergebenden auf einem berechtigten wirtschaftlichen Interesse des Geschäftsinhabers[28] (Geheimnis verkörpert realisierbaren wirtschaftlichen Wert bzw. ist für die Wettbewerbsfähigkeit von Bedeutung; Aufdeckung geeignet, dem Unternehmen wirtschaftliche Schäden oder Nachteile[29] zuzufügen) beruhenden Willen geheimgehalten, also nicht verbreitet, werden sollen.[30]

---

[23] Vgl. BVerfG AP Nr. 5d zu § 611 BGB (10.10.1989); BVerfG, 1. Senat, 1. Kammer, 1 BvR 1347/88, 12.10.1989 (über iuris abrufbar), offengelassen in BVerfGE 115, 205 (1 BvR 2087, 2111/03, 14.3.2006 – zu § 75a TKG a. F. – Telekom) Rn. 137 = NVwZ 2006, 1041; BAGE 73, 229 = BB 1994, 1078; Lit.: z. B. *Kloepfer*, IFG, S. 7 ff.; N. auch bei *Beyerbach*, S. 182 Fn. 333, S. 185 Fn. 342; dieser S. 196 ff., 222 grundsätzlich (abgesehen für Sonderfälle) gegen Anwendung von Art. 14 GG, jedoch S. 234 ff., 255 f. für einen Schutz aus Art. 2 i.V.m. Art. 12 GG; für Letzteres auch *Wolff* NJW 1997, 98 f.

[24] BVerfGE 115, 205 (14.3.2006) a. a. O., Rn. 81 ff.; NVwZ 2011, 94, 103; zust. *Beyerbach*, S. 180 f.; MK-*Janssen/Maluga*, Rn. 15.

[25] Näher dazu m. N. *Kloepfer*, IFG, S. 3 f, 17 f. (m. Hinweis auf EuGH, EuR 2008, 708, 710).

[26] Der Begriff des „Unternehmers" ist in § 2 Abs. 1 Nr. 6 definiert. – „Unternehmen" ist nach EuGH (C 437/09, 3.3.2011, Rn. 42 f., ihm folgend BGH GRUR 2012, 288 Rn. 11) jede Einheit, die eine wirtschaftliche Tätigkeit (durch Anbieten von Gütern oder Dienstleistungen auf einem bestimmten) Markt ausübt, unabhängig von ihrer Rechtsform und ihrer Finanzierung. – Unternehmen sind auch freiberufliche Praxen mit Geheimhaltungspflichten *Rengier*, Rn. 27; *Harte-Bavendamm*, Rn. 18; *Aldoney Ramirez*, S. 29; *Föbus*, S. 114; abl. *Wawrzinek*, S. 150 f..

[27] Vgl. die allerdings wohl zu weite Definition in § 5 I Nr. 3 brandenburgisches Akteneinsichts- und Informationszugangsgesetz (AIG) v. 10.3.1998 (GVBl I 46); wenig aufschlussreich § 67 I 2 SGB X; zu beidem *Kloepfer*, IFG, S. 15, 41 f. – § 384 Nr. 3 ZPO verwendet den Begriff „Gewerbegeheimnis", Z. 1.8.1 (4) des Geheimschutzhandbuchs des BMWi den Begriff „Unternehmensgeheimnis", s. u. Rn. 50 a. E.

[28] BGH (Fn. 17): Der Schutz gilt nicht auch für denjenigen, dem der Geschäftsinhaber Verschwiegenheit schuldet (Rn. 84) – gegen *Tiedemann*, ZIP 2004, 294, 296.

[29] Auf Schäden stellt BGHSt 41, 140, 142 f.; NJW 2006, 3424; BeckRS 2013, 16521 (4.9.); (und das BMF, s. Fn. 30), auf Nachteile BVerwG CR 2005, 194, NVwZ 2009, 1113 f. ab (s. auch Fn. 49).

[30] Vgl. BVerfG (Fn. 23), 230 f.; BVerwG a. a. O.; zuvor BGHSt 41, 140 = NStZ 1995, 551 = wistra 1995, 266 = NJW 1995, 2301 (Angebote im Ausschreibungsverfahren); BGH GRUR 1955, 424 f. (Möbelpaste); 1961, 40 = NJW 1960, 1999 (Wurftaubenpresse); GRUR 2003, 356, 358 (Präzisionsmessgeräte); BAGE 41, 21 = NJW 1983, 134; BayObLGSt 2000, 131 f.; ähnlich auch EuGH, Slg. 1985, 3539;

15   15. Kapitel. Schutz von Geschäfts- und Betriebsgeheimnissen

Jede, auch eine unerlaubte, Preisgabe eines Geheimnisses an die Öffentlichkeit bzw. an einen unbestimmt großen Kreis Außenstehender führt zum Verlust des Geheimnischarakters.

aa) Beispiele für Tatsachen und Informationen bzw. Daten mit Geheimnischarakter sind:[31]

6   **aus dem geschäftlichen Bereich**: **(1)** Anzeigenaufträge vor Veröffentlichung; **(2)** Ausschreibungsinformationen; **(3)** Buchführungsunterlagen, Bilanzen, Jahresabschluss, Inventuren; Um-

---

für rein objektive Bestimmung des wirtschaftlichen Interesses jedoch MK-*Brammsen*, Rn. 8, 23 ff.; insoweit ähnlich das Merkblatt des BMF zur zwischenstaatlichen Amtshilfe durch Auskunftsaustausch in Steuersachen v. 25.5.2012 (BStBl. 2012 I 599)) wonach ein Geschäfts- oder Betriebsgeheimnis vorliegt „wenn es sich um Tatsachen und Umstände handelt, die von erheblicher wirtschaftlicher Bedeutung und praktisch nutzbar sind und deren unbefugte Nutzung zu beträchtlichen Schäden führen kann (BFH v. 20.2.1979, BStBl. II S. 268)". Vgl. auch die Definition in Art. 2 des Richtlinienvorschlags der Kommission in Fn. 2.

[31] Zitate bezogen auf die Zahlen in Klammern: **(1)** BayObLGSt 2000, 131 f. = NStZ 2001, 202; OLG Düsseldorf AfP 1999, 75 f. (Anzeigenvordrucke); OLG München NJW-RR 1996, 1134; **(2)** BGHSt 41, 140, 142 = NStZ 1995, 551 = wistra 1995, 266 (Angebote; Fallschilderung bei *Möhrenschlager*, in: Dölling (Hrsg.), Handbuch der Korruptionsprävention, 2007, Kapitel 8 Rn. 172); 43, 96 = NStZ 1997, 540 (Mitbieter, Budget); NJW 1976, 193f.; BKartA (Preisangebote von Wettbewerbern); BayObLGSt 1995, 110, 119f. = NJW 1996, 268, 272 = wistra 1996, 28, 31(Bieterliste, Budgetmittel); **(3)** RGSt 29, 426 (Buchführungsunterlagen, Bilanzen, Inventuren); BVerfGE 115, 205, 231 = NVwZ 2006, 1041 (Telekom-Fall); BAG AP BGB § 611 Nr. 11 (Umsatzzahlen); **(4)** RGSt 29, 426; BVerfGE aaO: verschiedene Kosten und deren Kalkulation(sergebnisse), Prozessbeschreibungen, Unterlagen der Buchhaltung, Werte zu Umsätzen, Absatzmengen, Kosten und Deckungsbeiträgen, Datenquellen); BGH GRUR 2003, 356 = NJW-RR 2003, 618 (Zuliefererrechnungen); BGH BeckRS 2013, 16521 (Schätzkosten, Kostenrahmen); BVerwG NVwZ 2004, 745 (Kosten der Leistungsbereitstellung eines Telekommunikationsunternehmens: Investitionswerte, Kapitalkosten, Abschreibungswerte, Betriebs- und Gemeinkosten, Produkt- und Angebotskalkulationen, Konzeption der Kapitalverzinsung); OLG Hamm, WRP 1959, 182 (Preisberechnungen); OLG Düsseldorf WRP 1959, 182 (Vorzugspreise von Lieferanten für Einkaufsgenossenschaft); OLG Stuttgart, GRUR 1982, 315 f. (Preiskalkulationen); OVG NRW Rtkom 2001, 168 (Know-how einer speziellen Methode der Kostenberechnung bei Telekommunikationsdienstleistungen); **(5)** RGSt 29, 426; 33, 62; BGH NStZ 1992, 451 = wistra 1992, 225 (Magnetband mit Kundenadressen); NJW-RR 1995, 1243 (Kundenliste); NJW-RR 1999, 1131 f. (Kundenkartei); NJW-RR 2003, 618, 833 (Kundenliste); NJW 2006, 3424 = wistra 2007,147 (Kundendaten/verwaltungsprogramm); NJW 2009, 1420 (Kundendaten); NJW-RR 2009, 1633 (Kundendaten); BAGE 57, 159 = NJW 1988, 1686 (Kundenliste); BAGE 73, 229 = BB 1994, 1078 (Kundenlisten, Kaufgewohnheiten von Kunden, Kundengeschmack); OLG Celle WRP 1995, 114 (Kundendatei); OLG Düsseldorf BeckRS 2011, 07387 (Kundenliste); OLG Koblenz, NJW-RR 1987, 95, 97 f. (Namen und Anschriften von Kunden); OLG Köln GRUR 2010, 480 (Datensammlung aus Werbebriefen); OLG (Z)Naumburg 2004, 445 (nach Beendigung eines Handelsvertretervertrages nicht zurückgegebene Kundenlisten); OLG Saarbrücken GRUR-RR 2002, 359 (Kundenkartei); LG Düsseldorf, K&R 2002, 101; AG Saarbrücken, wistra 1991, 318; **(6)** RGSt 48, 12 (Absatzplanung); BVerfGE 115, 205, 231 (Werte und Parameter zur Investitionsermittlung); BGH GRUR 1983, 34 (fehlgeleitetes Bestellschreiben); LG Konstanz NJW 1992, 1241 (steuerrechtliche Verhältnisse); LAG Mainz, 6Sa 626/07, 22.8.2208, zit bei *Dann* (2013) Kap 25 Rn. 20 (Unterlagen zur Kreditwürdigkeit); **(7)** BGH NJW 1996, 2576 (Gehaltsdaten); NJW 2000, 1329f.; BAGE 55, 96; OLG Hamm WRP 1993, 118 (Mitarbeiterbewerbungen, Geschäftsbriefe); **(8)** BGHSt 40, 331, 335 = wistra 1995, 105 f. = NStZ 1995, 135 (Programm eines Geldspielautomaten; Fallschilderung bei *Bär* Kapitel 14 Rn. 30); BGH CR 1993, 236 (Kopieren von Softwareprogrammen und Daten von einem Firmenrechner; Fallschilderung bei *Bär* a. a. O. Rn, 96); BayObLGSt 1990, 88 = NStZ 1990, 595 = wistra 1991, 76 (Programmstand; Fallschilderung bei *Bär* a. a. O. Rn. 30, 96); wistra 1994, 149f.; OLG Celle NStZ 1989, 367 = wistra 1989, 355; OLG Hamm RDV 1991, 268; OLG Karlsruhe Rechtspfleger 1992, 268; OLG Köln, CR 1998, 199 (Quellcode); BGHZ 150, 377, 382 f. = NJW-RR 2002, 1617 (Quellcode); LG Stuttgart NJW 1991, 441 (s. auch *Bär* a. a. O.); LG Freiburg NStZ 1990, 343 = wistra 1990, 279; LG Memmingen CR 1988, 1026; AG Augsburg CR 1989, 1004; AG Ansbach CR 1989, 415; AG Aschaffenburg CR 1988, 1030; **(9)** BGHZ 150, 377, 382 f. = NJW-RR 2002, 1617 (Faxkarten-Modem-Baustein); BGH NJW 1996, 197 (Umgehungsprogramm); OLG Düsseldorf GRUR 1990, 535 (jeweils Kopierschutz für Programm); OLG Frankfurt NJW 1996, 264 (Piratenkarte zur Entschlüsselung); OLG Frankfurt MMR 2002, 745 (Sim-Lock-Sperre für Handy); weitere N. bei MK-*Janssen/Maluga*, § 17

II. Schutz im Gesetz gegen den unlauteren Wettbewerb

satz; **(4)** Kalkulationen, Kosten, Preisberechnungen; **(5)** Kundendaten; **(6)** Unternehmensverhältnisse (Gesellschaftsverträge; steuerliche Verhältnisse; Kreditwürdigkeit Geschäftspolitik; Investitions-, Absatzplanung; Werbemethoden; Informationen über den Warenvertrieb; Einkaufskonditionen; Vertragsabschlüsse; Zahlungsbedingungen; **(7)** Personalpolitik, Gehaltsdaten, Mitarbeiterbewerbungen;
aus dem technischen Bereich:
(8) Computerprogramme mit Schutzvorkehrungen; Programmstand eines computergesteuerten Geldspielgerätes; **(9)** Schutz für Mobiltelefone, Pay-TV-Programm, digitale Empfangsgeräte, Faxkarten, verschlüsselte Codes, DVDs, Filme; **(10)** Herstellungsverfahren, Konstruktionspläne, Spezifika von Werkzeugtechniken; Rezepturen
Nicht als Geheimnisse wurden angesehen: (11) Zahl der Arbeitnehmer; **(12)** Code-Nr. der Originalersatzteile eines Kfz; **(13)** Störanfälligkeit eines Kopiergeräts; Erfahrungen der Verwender von Kopiergeräten mit Kundendienst des Herstellers); **(14)** Absicht des Arbeitnehmers, Arbeitsverhältnis zu einem späteren Zeitpunkt zu kündigen; **(15)** Uranbelastung von abgefüllten Mineralwässern; **(16)** Nach § 16a III GenTG zu erhebende Daten über den gentechnisch veränderten Organismus und seinen Standort; **(17)** Unternehmen erhält Ausfuhrerstattungen in bestimmter Höhe.

bb) Die geheimzuhaltende Tatsache muss **zu einem** (konkreten) **Geschäftsbetrieb in Beziehung** stehen.[32] Eine solche liegt auch vor, wenn geheim gehalten werden soll, dass ein Unternehmen ein bestimmtes, wenn auch allgemein bekanntes oder gegenüber dem Stand der Technik nicht neues Herstellungsverfahren[33] bzw. eine allgemein bekannte Vorrichtung anwendet. Sie geht aber für ein Unternehmen verloren, das ein Geheimnis an einen

---

Rn. 40 Fn. 148; Literaturbeispiele bei *Hilgendorf/Valerius*, Computer- und Internetstrafrecht, 2. Aufl., 2012, Rn. 750 ff.; **(10)** RGSt 48, 12 (Produktgestaltungszeichnung); BGHZ 16, 172 = NJW 1955, 628 (Spezialfette); GRUR 1955, 424 f. (Möbelwachspasten); 1961, 40 = NJW 1960, 1999 (Wurftaubenpresspläne); GRUR 1963, 207 (Kieselsäure); BGHZ 38, 391 = NJW 1963, 856 (Industrieböden, Planungsunterlagen); GRUR 1964, 31; GRUR 1966, 152 (Nitrolingual); NJW 1977, 1062 (Prozessrechner-Prototyp); GRUR 1980, 296 (Damenkleider/mäntel-Modelle), 750 = NJW 1980, 1338 (Pankreaplex; Medikamentenrezeptur); BAGE 41, 21 = NJW 1983, 134 (Rezept für Herstellung eines Reagenzes zur Auszählung von Thrombozyten im Blut); BGH GRUR 1983, 179 f. = NJW 1984, 239 (Stapelautomaten-Prototypenpläne); NJW-RR 1988, 1409 (Konstruktionszeichnungen für Gatterständer und Bandsägerollen); BAG NJW 1989, 3237 (Verfahrenstechnik); BGH GRUR 2002, 91 = WRP 2001, 1174 (technische Besonderheiten einer Spritzgießwerkzeugtechnik); NJW-RR 2003, 618 = GRUR 2003, 356 (Präzisionsmessgerät: Aufbau, technische Zusammensetzung und Funktionsweise); 2008, 727 = NJW-RR 2008, 1214 (Schweißmodulgenerator; Schaltpläne, Layouts); WRP 2008, 938 = NJOZ 2009, 301 (Konstruktionspläne für Kunststoffspritzgießgeräte); BGHZ 183, 153 = GRUR 2010, 318 (Lichtbogenschnürung; Verfahren zum Schweißen von Werkstücken mit Laserstrahlung); BGHZ 185, 11 = NJW 2010, 8 (Modulgerüst-Konstruktionszeichnungen mit Vertraulichkeitsmerkmal); BGH GRUR 2012, 1048 = wistra 2012, 442 (Movicol-Abführmittelzulassungsantrag); OLG Celle GRUR 1969, 548 (Abschaltplatte); OLG Frankfurt CR 1990, 589 (Geheimrezeptur); OLG Hamm WRP 1993, 36 (Kunststofftiermarken); LAG Hamm, 7 Sa 76/03, 23.5.2003 (abrufbar bei juris; Fabrikationsverfahren, Konstruktionen, technisches Know-how); **(11)** LG Potsdam VIZ 1995, 250; **(12)** OLG Karlsruhe NJW-RR 1993, 1516 f.; **(13)** OLG Stuttgart GRUR 1982, 315 f. = WRP 1982, 295; abl. *Wawzinek*, S. 95; **(14)** OLG Stuttgart wistra 1990, 277; **(15)** VG Magdeburg UPR 2006, 403 f.; **(16)** BVerfG NVwZ 2011, 94, 104; **(17)** BVerwG NVwZ 2009, 1113 f. – Rechtsprechungsnachweise auch bei MK-*Brammsen*, Rn. 12 ff., insbesondere Rn. 27; *Böttger/Dann*, Kap 8 Rn. 57; *Diemer*, Rn. 16; *Dittrich*, § 33 B I Rn. 50; *Köhler/*Bornkamm Rn. 12; MK-*Janssen/Maluga*, Rn. 40; *Otto*, Rn. 21; *Rengier*, Rn. 23 ff. – Falldarstellung auch in früheren Lageberichten Wirtschaftskriminalität des BKA.

[32] BGH NJW 1995, 2301; OLG Stuttgart wistra 1990, 277 f.
[33] RGZ 149, 329 = JW 1936, 874 (Stiefeleisenpresse; dazu *Kochmann*, S. 7 f.); 163, 1, 5; BGH(Z) LM Nr. 2 zu § 17 UWG = GRUR 1955, 424 f. (Fa. wendet ganz bekanntes Verfahren für die Herstellung von Möbelwachspaste an, was sie aber streng geheim hält); GRUR 1961, 40 = NJW 1960, 1999 (Fa. nutzt zur Herstellung von Wurftauben eine der Konstruktionsart zwar bekannte Wurftaubenpresse, die jedoch zur Nachahmung reizende Eigenheiten aufweist); GRUR 2002, 91 (Spritzgießwerkzeuge); GRUR 2003, 356 (Präzisionsmessgeräte); OLG Hamm WRP 1993, 36 f. (Verwendung eines bestimmten Systems zur Herstellung von Tierohrmarken).

Dritten veräußert, der dann allerdings selbst Geheimnisinhaber werden kann. Die Betriebs- bzw. Unternehmensbezogenheit entfällt bei Informationen, die nur die Privatsphäre des Inhabers oder seiner Arbeitnehmer bzw. die Geschäftstätigkeit Dritter betreffen oder den allgemeinen Marktverhältnissen bzw. anderen Unternehmen zuzurechnen sind.[34] Der geforderte Zusammenhang fehlt bei bloßen staatlichen bzw. dienstlichen Geheimnissen[35] und auch bei reinen Wissenschaftsgeheimnissen, die z. B. in einem wissenschaftlichen Institut gefunden worden sind.[36] Den Schutz des § 17 UWG genießt allerdings ein Betriebsinhaber, der rechtmäßig, z. B. aufgrund eines Lizenzvertrages, ein fremdes Betriebsgeheimnis nutzt.

cc) Offenkundig ist eine Tatsache, wenn sie allgemein bekannt ist[37] oder von einem Interessenten, jedenfalls von einem Fachmann, ohne größeren Mühen mit lauteren Mitteln in Erfahrung gebracht werden kann.[38] Dies ist dann also nicht der Fall, wenn die Tatsache nur einem eng begrenzten (zur Verhinderung des Geheimnisverlusts beeinflussbaren) Personenkreis bekannt bzw. zugänglich ist. Die Abgrenzung ist eine Sache des Einzelfalls. Der Geheimnischarakter ist im Allgemeinen nicht dadurch aufgehoben, dass Vorgänge im (Produktions)Betrieb den dort Beschäftigten bekannt werden.[39] Durch Weitergabe von Informationen an bestimmte Kunden oder auch andere Personenkreise (z. B. Anwälte, Steuerberater, Wirtschaftsprüfer) geht der Geheimnischarakter nicht verloren, wenn deren Verschwiegenheit gesetzlich oder vertraglich festgelegt oder verabredet ist, insbesondere wenn diese normal im Betrieb bestimmten Personen nicht vorgehalten („need to know") werden können, oder wenn sonst die Verschwiegenheit vorauszusetzen ist.[40] Offenkundigkeit kann sich jedoch auch aus dem Inverkehrbringen von Produkten ergeben, deren Beschaffenheit leicht festzustellen ist.[41] Die Tatsache, dass fachkundige Untersuchungen und Prüfungen durchzuführen sind, hebt die Offenkundigkeit auf, wenn das Geheimnis ohne größere Opfer und Schwierigkeiten erlangt werden kann. Anders ist dies, wenn Erkenntnisse nur aufgrund aufwendiger Analysen ermittelt werden können, z. B., wenn bei der Auslieferung eines mithilfe eines Geheimnisses gefertigten Gerätes die Konstruktion nur durch mühevolle Zerlegung zu ermitteln ist[42]

---

[34] Z. B. eine verschwiegene schwere Erkrankung, die zu Zweifeln an der Geschäftsfortführung führt, *Beater*, 2002, S. 493; private Beziehungen zu betriebsfremden Personen, *Brammsen*, § 18 Rn. 12 Fn. 34 m. N.; *Föbus*, S. 83 f.; Kündigungsabsicht eines Angestellten gehört zu dessen Lebensbereich, nicht zum Geschäftsbereich eines Unternehmens, OLG Stuttgart wistra 1990, 277 f. (dazu *Kiethe/Hohmann*, NStZ 2006, 185 f.); zum Geschäftsbereich gehört jedoch aus geschreddertem Geschäftsmüll rekonstruierter Mitarbeiterbrief, OLG Hamm WRP 1983, 118.

[35] Vgl. OLG Köln NJW 2010, 166 (TÜV-Liste über Diensteinteilung von Fahrlehrern); LG Freiburg wistra 2012, 361 f. (KFZ-Halterdaten im polizeiinternen System); anders bei erwerbswirtschaftlicher Betätigung durch die öffentliche Hand, *Rengier*, Rn. 11, *Wawrzinek*, S. 92. – Zur Abgrenzung vom Steuer- und Bankgeheimnis vgl. z. B. *Beyerbach*, S. 105 ff.; s. auch Fn. 17.

[36] MK-*Brammsen*, Rn. 12; G/J/W-Hammer, Rn. 7;; *Beyerbach*, S. 93; *Schafheutle*, S. 82; *Wawrzinek*, S. 94; BGHSt 18, 336, 339 (betr. Forschungsberichte aus dem Max Planck-Institut für Virusforschung, das kein Geschäftsbetrieb sei).

[37] Für Verzicht auf das Kriterium der allgemeinen Bekanntheit *Föbus*, S. 81. – Eine solche Tatsache wird nicht allein dadurch zu einem Betriebs- oder Geschäftsgeheimnis, dass der Unternehmensinhaber sie als solche bezeichnet, BVerwG Computer und Recht 2005, 194; BAGE 41, 21, 29; 57, 159, 167 f.

[38] Vgl. BGH NJW 2006, 3424; NJW-RR 2009, 1633; BayObLGSt (Fn. 31 [8]), verneint im Falle des Leerspielens eines Geldspielautomaten nur durch Einsatz von 70 Beobachtungsstunden und 5000 DM Spielgeld; OLG Köln CR 1998, 199; HansOLG(Z) GRUR-RR 2001, 137, 139 (Technisches Prinzip eines Proportionalventils für ein Warmwasserbereitungssystem offenkundig aufgrund der mit Werbeunterlagen veröffentlichten Zeichnungen; näher zum Aufwand zum Geheimniszugang *Föbus*, S. 68 ff.

[39] BGH NJW-RR 2003, 618 f.

[40] Statt auf gesetzliche oder vertragliche Verschwiegenheitspflichten stellt *Föbus*, S. 53 ff, 56 auf die Möglichkeit zur Sicherung der Geheimhaltung bei redlichem Verhalten Beteiligter ab.

[41] Beispiel: LAG Hamm BB 2005, 164 (für die Auftragsausführung waren keine besonderen technischen Vorkenntnisse über die Entwicklung und Herstellung von Gasverteilungsscheiben in einer veränderten Anordnung erforderlich); OLG Karlsruhe NJW-RR 1993, 1516 f. (Vertragshändlern werden zur Verwendung Artikelnummern für Ersatzteile mitgeteilt).

[42] Vgl. BAGE 41, 21 = NJW 1983, 134 (Rezeptur eines Reagenzes, wenn quantitative Analyse für ausgebildeten Chemiker von mittlerem Schwierigkeitsgrad und volle Verwertung nicht ohne Detail-

II. Schutz im Gesetz gegen den unlauteren Wettbewerb

(ebenso u. U. bei der Rückübersetzung – „reverse engineering" – eines komplizierten Computerprogramms, anders bei Fortschritten in diesem Bereich, die Erkennung wesentlich erleichtern[43] oder nach Bekanntwerden einschlägiger Entschlüsselungstechnik). Bei Veröffentlichung in einer vor allem inländischen (Fach-)Zeitschrift, im Internet,[44] der Offenlegung durch die (auch relativ leicht feststellbare ausländische) Patentanmeldung, der Bekanntmachung eines Gebrauchsmusters im Patentblatt, der Abbildung eines Geschmacksmusters im Geschmacksmusterblatt liegt Offenkundigkeit vor.[45] Nicht bestätigte Gerüchte und Vermutungen machen eine Tatsache noch nicht offenkundig.[46]

dd) Nach der heute allgemein anerkannten „Interessentheorie"[47] besteht ein objektiv **berechtigtes wirtschaftliches Interesse** an der Geheimhaltung etwa dann, wenn die geheimzuhaltenden Informationen einen wirtschaftlichen Wert für das Unternehmen darstellen, was sich daraus ergeben kann, dass die Geheimhaltung für die Wettbewerbsfähigkeit des Unternehmens von Bedeutung ist.[48] Dies ist z. B. der Fall, wenn das Bekanntwerden geeignet ist, den Wettbewerb bzw. die Position der Konkurrenten zu steigern oder das eigene Unterneh-

---

kenntnisse und erst nach entsprechender Untersuchung möglich); BGH NJW 1980, 1338 = GRUR 1980, 750 (Pankreaplex II – Magenmittel-Fall: erst dann, wenn dem Fachmann nicht nur offenkundig ist, aus welchen Stoffen das Medikament besteht, sondern auch, in welchem Mengen- und Gewichtsverhältnis diese zu verwenden sind, welche Beschaffenheit im Einzelnen sie aufweisen müssen und wie das Herstellungsverfahren abläuft, kann von einer Offenkundigkeit gesprochen werden); BGH NJW 1958, 671 (zu § 18 UWG, Offenkundigkeit betr. technische Zeichnungen nur, wenn in ihrer konkreten Ausgestaltung ohne größeren Schwierigkeiten für Konstruktion von Ziehwerkzeugen verwendbar); OLG Celle GRUR 1969, 548 f. (Abschaltplatte); einschränkend OLG Düsseldorf(Z) OLGR Düsseldorf 1999, 55 = RuS 2000, 87 (Rollenwechsler – in einer Maschine verkörperte Betriebsgeheimnisse, die sich auf die Beschaffenheit und das Zusammenwirken mechanischer Teile beziehen, so dass man sie durch Zerlegung der Maschine erkennen kann, verlieren ihren Geheimnischarakter dadurch, dass der Hersteller die Maschine ohne irgendwelche vertraglichen Beschränkungen an Dritte ausliefert; dazu *Kochmann*, S. 8 ff.); ähnlich auch OLG Hamburg GRUR-RR 2001, 137, 139 (Leichtes Zerlegen und Untersuchen eines in Verkehr gebrachten PM-Reglers durch einen Fachmann). – *Beater*, 2011, Rn. 1881, 1893 hält weitergehend Offenkundigkeit gegeben, wenn Tatsachen aus der Beschaffenheit eines Erzeugnisses abzulesen sind; Nachahmungsschutz sei nicht Aufgabe der §§ 17 ff. UWG.

[43] Hierzu näher *Kochmann*, S. 43 ff., 94 ff., 117 ff., 129 ff., 143 f., der mangels Eingriff in die Geheimhaltungssphäre des Produktherstellers keinen strafrechtlichen Schutz nach § 17 Abs. 2 zuerkennt und zu einer „extensiven Befugnis, fremde Produkte auf ihr latentes „Know-how" hin zu untersuchen" (S. 272) gelangt. – Anders wohl die h. L., nach der bei dieser Analyseform idR, sofern es sich nicht um ein einfaches Programm handelt (vgl. LG Freiburg wistra 1990, 279 f.), für die (Nicht)Offenkundigkeit auf die Höhe der Schwierigkeiten abgestellt wird, *Köhler/Bornkamm*, Rn. 8; MK-*Janssen/Maluga*, Rn. 25; G/J/W-*Hammer*, Rn. 14; *Harte-Bavendamm*, Rn. 10; *Kloepfer*, IFG, S. 25; zum Schutz von Zugangsberechtigungen s. *Hilgendorf/Valerius*, Computer- und Internetstrafrecht, 2. Aufl., 2012, Rn. 750 ff.; *Koehler/Hasselblatt*, Rn. 14 m. w. N.; vgl. auch Rdn. 21. – A/R-*Ebert-Weidenfeller* Teil 3 Kap 3 Rn. 68 stellt auf die Untersuchungsmöglichkeiten für einen Fachmann ab

[44] BGH wistra 2012, 442 f.; OLG Frankfurt NJW 1996, 264 (Entschlüsselungsprogramme); MK-*Janssen/Maluga*, Rn. 23; *Köhler/Bornkamm*, Rn. 16; *Kiethe/Hohmann*, NStZ 2006, 185, 187; *Kiethe/Groeschke*, WRP 2005, 1358, 1364. – Zu eng die Beschränkung von G/J/W-*Hammer*, Rn. 12 auf inländische Fachzeitschriften.

[45] *Föbus*, S. 65 ff.,73; einschränkend MK-*Janssen/Maluga*, Rn. 27 f (bei Veröffentlichung in einer lokalen oder regionalen Zeitschrift im entfernten Ausland); G/J/W-*Hammer* aaO (inlandsbezogen); weiter BGH wistra 2012, 442 f.; nach BGH GRUR 2008, 727, 729 schließt nicht jede im Patentrecht neuheitsschädliche Tatsache den Geheimnisschutz aus; abhängig von Zugänglichkeit ohne großen Zeit- und Kostenaufwand.

[46] *Tiedemann* BT Rn. 237; *Wittig*, § 33 Rn. 40.

[47] Vgl. BGH GRUR 1955, 424 f.; 1961, 40, 43; BGH HRRS 2013 Nr. 897 = BeckRS 2013, 16521 (4.9.); BAGE 121, 139 Rn. 32; 129, 364 Rn. 25; *Beyerbach*, S. 97 f.

[48] *Köhler/Bornkamm*, Rn. 9; BGHZ 80, 25, 35 = NJW 1981, 1089: die §§ 17 ff. „schützen Vorgänge, an deren Geheimhaltung der Unternehmer zur Unternehmensführung, insbesondere zur Durchführung seiner unternehmerischen Interessen am Markt objektiv interessiert sein muss".

men zu benachteiligen oder zu schädigen.[49] Teilweise wird in diesen Zusammenhang auch die Abgrenzung von Unternehmensgeheimnissen mit allgemeinen Branchenkenntnissen und -fähigkeiten sowie Berufserfahrungen gestellt, die ohne Weiteres verwertet werden können.[50] Wenn ein Betriebsinhaber Überlegungen zur Nutzung eines Geheimnisses für immer und vollständig aufgibt, ist mangels eines Geheimhaltungsinteresses ein Geheimnis zu verneinen.[51] Ein solches Interesse ist auch an strafbaren und nicht unerheblichen gesetz-, nach manchen sogar sittenwidrigen Geschäftsgeheimnissen nicht anzuerkennen (z. B.: bei Patentverletzungen, bei der Herstellung von falsch deklarierten oder gar gesundheits- oder umweltgefährlichen Geheimnissen, etwa hinsichtlich gesundheitsriskanten Erzeugnissen oder Verbraucherprodukten (§ 3 Satz 4 Nr. 2c Verbraucherinformationsgesetz idF v. 17.10.2012, BGBl. I 266), bei der Produktion von kinderpornographischen oder gewaltverherrlichenden Schriften; bei gesundheitsgefährdenden Arbeitsbedingungen).[52] Dies gilt insbesondere dann, wenn betriebsinternes Vorstelligwerden dagegen erfolg- oder sinnlos ist (dazu auch Rn. 13) oder sogar zu unberechtigten Kündigungen führen würde.[53]

Zur Auslegung des Begriffs Betriebs- und Geschäftsgeheimnis in § 11 des Schl-H Informationsfreiheits G hat das Schl-H OVG[54] in einer generell zu engen Entscheidung eine Schutzwürdigkeit bei einem Rechtsverstoß nur dann verneint, wenn dieser gleichzeitig tragende Grundsätze der Rechtsordnung, berühre. Dies sei etwa dann anzunehmen, wenn die Grundlagen des deutschen staatlichen oder wirtschaftlichen Lebens betroffen seien, wozu auch die wesentlichen Verfassungsgrundsätze u. a. das Recht auf Leben und körperliche Unversehrt-

---

[49] *Rengier*, Rn. 20; *Kloepfer*, IFG, S. 28 f.; *Waurzinek*, S. 114; BVerfGE 115, 205, 230 f., stellt auf die Beeinträchtigung der Ausschließlichkeit der Nutzung des Geheimnisses ab; BVerwG, NVwZ 2009, 1113 f. verlangt eine „nachteilige Beeinflussung der Wettbewerbsposition"; s. auch Fn. 29; für BayObLGSt 2000, 131, 133 = wistra 2001, 72 f. reicht die ernsthafte Gefahr eines Umsatzrückgangs oder der Minderung geschäftlichen Ansehens und dem dadurch bestehenden Risiko der Beeinträchtigung der Wettbewerbsfähigkeit aus; auf Eignung, wirtschaftliche Schäden zuzufügen (s. BGHSt 41, 140, 142) stellen *Bär* Kapitel 144 Rn. 173 und *Föbus*, S. 85 ab.

[50] *Schafheutle*, S. 86; *MK-Brammsen*, Rn. 21, der den Ausschluss eines Geheimhaltungsinteresses dann bejaht, wenn das Arbeitnehmerinteresse an der Verwertung seines Wissens eindeutig überwiegt.

[51] BGH GRUR 1983, 179, 181 = NJW 1984, 239.

[52] Ähnlich wie hier *Engländer/Zimmermann*, NZWiSt 2012, 328, 331 ff.; *BeckOK-RGKU-Joussen* (2008), § 611 BGB, Rn. 407 (bei Gesetzwidrigkeit); *Beyerbach*, S. 101 (teilw. einschränkend); *Diemer*, Rn. 16; *Thüsing* in Henssler/Willemsen/Kalb, Arbeitsrechtskommentar, 5. Aufl., 2012, § 611 BGB, 5. Aufl., 2012, § 611 BGB, Rn. 350 (bei Straftaten, Gesetzesverstößen, die die Rechtsposition des Arbeitnehmers konkret erheblich beeinträchtigen); *Kloepfer*, IFG, S. 31 f.; *Preis*, Erfurter Kommentar zum Arbeitsrecht, 14. Aufl. 2014, § 611 BGB Rn. 716 (kein Schutz für objektiv schutzunwürdige Verhaltensweisen); *Müller/Wabnitz/Janovsky*, S. 227; *Kotthoff*, § 17 Rn. 9 (z. B. über Schmiergeldpraxis); *Aldoney Ramirez*, S. 351; *Erb* in: Festschrift Roxin (2011), S. 1103, 1107, 1117 ff (bei Mitteilung an staatliche Stellen); *Föbus*, Insuffizienz, S, 104 ff.; *Rützel*, GRUR 1995, 557, 560 f.; *Krekeler*, Verteidigung in Wirtschaftsstrafsachen, 2002, S. 36 (zu § 333 HGB, z. B. Tatsachen zur Verdeckung von Steuerhinterziehungen); *Waurzinek*, S. 127 (bei Gesetzwidrigkeit); w. N. bei *Beyerbach*, S. 99 Fn. 146 – zur Rechtsprechung s. RAG JW 1931, 490 f. (betr. Milchfälschungen); OLG München ZUM 2005, 399, 404 (Publikation rechtswidrig recherchierter Informationen); LAG Berlin BB 1970, 710; a. A.: MK-*Brammsen*, Rn. 22, 34 und in Kragler/Otto, S. 76; MK-*Janssen/Maluga*, Rn. 34 ff; *Köhler/Bornkamm*, Rn. 9); *Rengier*, Rn. 21 f.; *Böttger/Dann*, Kap 8 Rn. 57; *Dittrich*, § 33 B I Rn. 51; *Koehler/Hasselblatt*, Rn. 19; *Beckemper*, Rn. 508; *Michalski/Dannecker*, § 85 GmbHG (2010), Rn. 42; *Otto* § 17 Rn. 16 m. w. N.; *Piper/Ohly/Sosnitza*, Rn. 12; *Tiedemann* in Scholz, Kommentar zum GmbH-Gesetz, 10. Aufl., 2010, § 85 Rn. 13; *Quedenfeld* in MünchKomm zum HGB, 2001, § 333 Rn. 13; *Többens*, NStZ 2000, 505, 506; WRP 2005, 552, 556; *Heine*, Festschrift Roxin, 2011, S. 1087, 1093; *Kiethe*, JZ 2005, 1034, 1037. Differenzierend *Beater*, 2011, Rn. 1883 (Ergibt sich die Rechtswidrigkeit aus Normen, die auch dem Schutz des Wettbewerbs dienen (z. B. bei Verstößen gegen §§ 298, 299 StGB, Kartellrecht) liegt kein schutzwürdiges Geheimnis vor, sonst generell schon).

[53] Zur m. E. nicht ausreichenden, wenn auch nunmehr weiter ausgedehnten Einschränkung des Kündigungsrechts in Fällen (externen) „whistleblowings" durch die Rechtsprechung vgl. EGMR, DÖV 2011, 816 (dazu *Momsen/Grützner/Donk*, ZIS 2011, 754); BAG NJW 2007, 2204 m. m. N.

[54] In Natur und Recht 2006, 327 f.

II. Schutz im Gesetz gegen den unlauteren Wettbewerb

heit zählen würden. Dass dazu eine gegen die FertigpackVO verstoßende Abfüllpraxis diesen Level nicht erreiche, dürfte jedoch einleuchten.

Der nach h. M.[55] erforderliche, jedoch in seinen Voraussetzungen in der Anwendung reduzierte **Geheimhaltungswille** muss für einen durchschnittlichen Beschäftigten erkennbar klar vorliegen.[56] In der Regel ergibt sich dieser, wenn nicht ausdrücklich (z. B. in Einzelanweisungen, in generellen Verschwiegenheitsverpflichtungen im Arbeitsvertrag) erklärt, aus Betriebspraxis und -übung bzw. den Usancen des Unternehmens. Ggf. kann es empfehlenswert sein, den Geheimhaltungswillen durch entsprechende auf das betroffene Objekt bezogene Vermerke (z. B. in Unterlagen oder in Schreiben) deutlich zu machen. Bei Ausschreibungsunterlagen und bei komplexen Maschinen(teilen) ist von einem Geheimhaltungswillen auszugehen. Ein Geheimhaltungswille kann auch vorliegen, wenn der Betriebsinhaber keine Kenntnis von dem Geheimnis hat, wie dies etwa bei Arbeitnehmererfindungen der Fall sein kann. Es genügt, dass ein (geheimhaltungsbedürftiges) Arbeitsergebnis ohne das Dienstverhältnis nicht erzielt worden wäre und der Wille des Unternehmers, es als Geheimnis zu behandeln, wenn er davon erfahren hätte, feststeht.[57]

c) Täterkreis

Was den **Täterkreis** angeht, so wird § 17 Abs. 1 UWG in dem Sinne weit ausgelegt, dass alle Beschäftigten eines Unternehmens, einschließlich Vorstands- und Aufsichtsratsmitglieder einer AG sowie der (auch nur faktische) Geschäftsführer einer GmbH[58] (trotz der Regelungen in den §§ 404 AktG, 85 GmbHG) und Handelsvertreter als Angestellte nach § 84 II HGB, taugliche Täter sein können. Nicht erfasst sind allerdings, da nicht ausdrücklich genannt, Beauftragte i. S. des § 299 StGB (bzw. des früheren § 12 UWG), ebenso nicht als solche Gesellschafter, ein KG-Kommandantist und Aktionäre sowie selbstständig bzw. freiberuflich Tätige[59], wenn sie aufgrund eines Vertrages für das Unternehmen tätig sind, wie z. B. Vertragshändler, Handelsvertreter, Anwälte (anders bei angestellten Syndikusanwälten), Wirtschaftsprüfer, Steuer- und Unternehmensberater (vgl. noch Rn. 5 mit. Fn. 26). 11

d) Zugänglichkeit des Geheimnisses

Das Geheimnis muss dem Täter im Rahmen des Dienstverhältnisses anvertraut oder sonst zugänglich geworden sein. Ersteres liegt z. B. auch vor, wenn der Beschäftigte es selbst in den Betrieb eingebracht hat, Letzteres z. B. auch dann, wenn er ein Geheimnis zufällig (außer wenn unabhängig vom Arbeitsverhältnis) entdeckt oder es auf strafbare oder sonst unlautere Weise, z. B. durch Diebstahl, Bestechung, Erpressung oder Ausspähen (auch wenn die Voraussetzungen von § 17 Abs. 2 UWG nicht vorliegen) erlangt hat. Auch vom Beschäftigten im Rahmen seines Arbeitsverhältnisses geschaffene Geheimnisse (z. B. sog. Arbeitnehmererfindungen[60]) erfüllen diese Voraussetzung. 12

---

[55] BGH GRUR 1964, 31 f.; 2003, 356, 358; *Beyerbach*, S. 96; *Wawrzinek*, S. 116, jeweils m. w. N.;

[56] Zur Erkennbarkeit BGHSt 41, 140, 142 f. = NJW 1995, 2301 (zum Ausschreibungsverfahren); NJW 1969, 463 f. = GRUR 1969, 341, 343; NJW 2006, 3424 f.; OLG Stuttgart, wistra 1990, 277 f.

[57] BGH NJW 1977, 1062 = GRUR 1977, 539 f. betr. Prozessrechner; BayObLGSt 1990, 88 (vgl. Fn. 31 (8); zur Geheimhaltung von Arbeitnehmererfindungen s. § 24 Arbeitnehmererfindungsgesetz. – Strafrechtlich bedenklich sind allerdings wettbewerbsrechtliche Neigungen (z. B. von *Köhler*/Bornkamm, Rn. 10; M-G/B-*Dittrich*, § 33 Rn. 47; *Koehler*/Hasselblatt, Rn. 17), einen Geheimhaltungswillen im Zweifel zu vermuten (vgl. auch *Otto*, Rn. 18; *Ebert*-Weidenfeller, § 29 Rn. 81; in A/R Teil 3 Kap 3 Rn. 70; MK-*Janssen*/Maluga, Rn. 32; *Rengier*, Rn. 19; *Wittig*, § 33 Rn. 41). Generell abl. zum konstitutivem Erfordernis eines Geheimhaltungswillens MK-*Brammsen*, Rn. 8, 23 ff., der nur eine Ausschlussfunktion zuerkennt (ähnlich *Dannecker*, HGB-Großkommentar, 2002, § 333 Rn. 27; in Michalski, § 85 GmbHG, 2008, Rn. 33); Piper/Ohly/Sosnitza, Rn. 11; einschränkend *Föbus*, S. 88 ff., 96 f., 112.

[58] Ausführlich zur Einbeziehung von Organmitgliedern juristischer Personen *Wawrzinek*, S. 139 ff.

[59] Selbständige Gewerbetreibende werden von § 17 I nicht erfasst, BGH NJW 2009, 1420 = GRUR 2009, 603.

[60] BGH GRUR 1955, 402 f.= NJW 1955, 463; 1977, 539 f. = NJW 1977, 1062; näher dazu *Schlötter*, S. 146 ff.; s. § 24 Arbeitnehmererfindungsgesetz.

e) Handlung und Zeitpunkt der Tat

13 Strafbar macht sich ein Unternehmensangehöriger nur, wenn er **ein Geheimnis während der (rechtlichen) Geltungsdauer des Dienstverhältnisses unbefugt an einen Dritten (auch im Betrieb) mitteilt, so dass er davon Gebrauch machen kann.** Dazu reichen neben mündlichen und schriftlichen Äußerungen auch Publikationen wie Presseveröffentlichungen. Genügen kann, je nach Sachlage, auch die Mitteilung an andere Angestellte des Unternehmens. Zweifelhaft ist, ob eine Mitteilung an einen Lockspitzel des Betriebsinhabers ausreicht.[61] Ein pflichtwidriges Dulden der Kenntnisnahme durch Unbefugte kann ausreichen, ebenfalls ein nach § 13 StGB strafbares Unterlassen der Verhinderung der Kenntnisnahme (aufgrund Verrats oder durch Betriebsspionage). Der Empfänger braucht die Mitteilung nicht zu verstehen, wenn er das Geheimnis verwertet oder verwerten kann. Vollendung setzt jedenfalls für schriftliche und andere Verkörperungen nicht positive Kenntnisnahme oder ein inhaltliches Verstehen durch den Empfänger voraus.[62]

„Unbefugt" handelt der Täter, der mit der Weitergabe seine sich insbesondere aus dem Dienst- oder Arbeitsverhältnis ergebenden Vertragspflichten verletzt, sofern nicht ein Rechtfertigungsgrund vorliegt (z. B. nach § 34 StGB[63], §§ 94, 99, 111b StPO, §§ 93 ff. AO; bei Anzeige in Fällen des § 138 StGB und bei nicht unerheblichen Straftaten (sog. externes „whistle-blowing");[64] bei Aussagepflicht, z. B. gegenüber einem Gericht; bei öffentlich-rechtlichen Offenbarungspflichten;[65] bei zivilrechtlichem Anspruch auf Überlassung oder auch nur auf Besichtigung. Um die Weiterentwicklung von Arbeitnehmern nach Ausschei-

---

[61] So *Köhler/Bornkamm*, Rn. 20; *Diemer*, Rn. 26; *Többens*, WRP 2005, 552, 557; zu Recht a. A. MK-*Brammsen*, Rn. 39 m. N.; *Rengier*, 34; *Wawrzinek*, S. 162 f.; *Föbus*, S. 149 f. (Mitteilung nur Versuch).

[62] MK-*Brammsen*, Rn. 37 f.; MK-*Janssen/Maluga*, Rn. 49 f.; *Dittrich*, § 33 Rn. 59; G/J/W-*Hammer*, Rn. 31; *Rengier*, Rn. 34 (zum Unterlassen, Rn. 35 f.); *Kotthoff*, § 17 Rn. 13; *Wawrzinek*, S. 162; a. A. *Többens*, NStZ 2000, 505, 508 m. N. zum Streitstand.

[63] Ausnahmsweise bei erheblichen Gefahren für hochrangige Rechtsgüter, G/J/W-*Hammer*, Rn. 67; *Harte-Bavendamm*, Rn. 22; gegen Anwendung bei Gefahr hoher volkswirtschaftlicher Schäden MK-*Janssen/Maluga*, Rn. 68 f (anders *Rengier*, Rn. 47: zur Wahrung eigener Vermögensinteressen); für A/R-*Ebert-Weidenfeller* Teil 3, Kap 3 Rn. 74 kommt § 34 StGB auch zur Wahrung des Strafverfolgungsinteresses (vgl. auch *Dittrich*, § 33 Rn. 57, bei zutreffender Strafanzeige, für *Rengier* aaO nur hinsichtlich bestimmter schwerer Straftaten, für *Wittig*, § 33 Rn. 52 möglich in Fällen von „Whistleblowing") in Betracht (dazu auch A/R-*Rotsch*, Teil 1 4 Rn. 53 ff.). – In Fällen rechtfertigenden Notstandes kann ggf. auch schon das Geheimhaltungsinteresse und damit der Geheimnischarakter verneint werden, *Föbus*, S. 149.

[64] In der Regel liegt hier schon kein schutzwürdiges Geheimnis vor, s. o. Rn. 10; auch bei grundsätzlicher Zuerkennung des Geheimnisschutzes für generelle Anzeigebefugnis *Tiedemann* (Fn. 52) Rn. 26 (außer wohl in Bagatellfällen); ähnlich *Beckemper* Rn. 508; enger *Dannecker* (Fn. 57) § 333 Rn. 65 (Wiederholungsgefahr; schwere Straftat; Straftat großen Ausmaßes, weiter wohl in Michalski, § 85 GmbHG (2008), Rn. 76); ähnlich *Otto*, Großkommentar AktG, 4. Aufl. 1997, § 404 Rn. 46, jeweils m. w. N.; nur bei (bestimmten) schweren Straftaten, *Rengier*, Rn. 47; ähnlich *Brammsen*, Rn. 54; G/J/W-*Hammer*, Rn. 66; *Rolfs* in: Preis, Der Arbeitsvertrag, 2. Aufl. 2005, Rn. 23 ff., 28. Zur nachvertraglichen Anzeige von betrieblichen Missständen BGH AP BGB § 611 Schweigepflicht Nr. 4 (1981). – Ein im Bundesrat eingebrachter Entwurf zur Klärung im Rahmen eines neuen § 612a BGB scheiterte schon dort (BR-Drs. 534/11-Beschluss v. 14.10.2011). Dem Bundestag lagen auch ein SPD-Entwurf eines Hinweisgeberschutzgesetzes, BT-Drs. 17/8467 v. 7.3.2012 (dazu auch *Leuchten*, ZRP 2012, 142) und ein Entwurf von BÜNDNIS 90/DIE GRÜNEN zu einem Whistleblower-Schutzgesetz, BT-Drs. 17/9782 v. 23.5.2012, vor, die im ersteren Entwurf Regelungen zu rechtmäßigen betriebsinternen und externen Hinweisen (etwa bei Verletzung bzw. unmittelbarer Gefährdung von Rechten und Pflichten, einschließlich von Gefahren für Leib oder Leben und die Umwelt) bzw. im zweiten Entwurf über Anzeigerechte enthalten. Allgemein zu Hinweisgebersystemen, auch zu etwaigen gesetzlichen Regelungen *Buchert/Jacob-Hofbauer* in: Knierim/Rübenstahl/Tsambikakis, Internal Investigations, Kap 8. Eine weitreichende Whistleblower-Regelung enthält Art. 4 Abs. 2 des Kommissionsvorschlages (Fn. 2).

[65] Beispiel: BVerwG K&R 2004, 99 f. (Offenlegung von Geschäfts- und Betriebsgeheimnissen im verwaltungsrechtlichen Zwischenverfahren nach Abwägung widerstreitender Interessen bejaht). – Teilweise wird auch der Presse ein Auskunftsanspruch bei Vorliegen eines zwingenden oder überragenden öffentlichen Interesses, z. B. bei Schmiergeldzahlungen, Teilnahme an Kartellabsprachen und schwerwiegenden Verletzungen von Umweltvorschriften, zuerkannt, so z. B. von *Köhler*, NJW 2005, 2337, 2340.

II. Schutz im Gesetz gegen den unlauteren Wettbewerb

den aus dem Unternehmen nicht zu gefährden, hat der Gesetzgeber die Strafbarkeit auf Fälle von Mitteilungen während der rechtlichen Geltungsdauer des Arbeitsverhältnisses beschränkt, das allerdings durch (provozierend) vertragsbrüchiges Verhalten nicht vorzeitig beendet wird.[66] Zwingend ist dieser rechtspolitische Ansatz nicht,[67] da auch im Rahmen einer weitergehenden strafrechtlichen Regelung dieser Gesichtspunkt berücksichtigt werden kann, wie sich bei der Ausgestaltung und Handhabung von § 17 Abs. 2 Nr. 2 UWG zeigt. Die Verletzung einer aufgrund einer weitergehenden zivilrechtlichen Vereinbarung (z. B. Lizenzvertrag) oder aufgrund von § 1 UWG bzw. § 826 BGB bestehenden nachwirkenden Geheimhaltungspflicht wirkt sich strafrechtlich im Rahmen des § 17 Abs. 1 UWG nicht aus. Die Kommission schlägt (s. Fn. 2) Sonderregelungen über rechtswidrige und rechtmäßige Nutzung und Offenlegung von Geschäftsgeheimnissen vor.

f) Subjektive Seite

Strafbarkeit liegt nur bei **vorsätzlichem Handeln** vor. Darüber hinaus verlangt § 17 Abs. 1 UWG **ein bestimmtes zielgerichtetes Verhalten,** um denjenigen strafrechtlich freizustellen, der solche Geheimnisse etwa im Familienkreis oder gegenüber Freunden preisgibt, was im letzteren Fall u. U. den Strafrechtsschutz doch zu stark verkürzt.   14

– **Zu Zwecken des Wettbewerbs** handelt der Täter, der in objektiv geeigneter Weise die eigene Situation auf dem Markt oder diejenige eines begünstigten Dritten, etwa hinsichtlich des Absatzes von Waren, der Erbringung von Dienstleistungen oder den Bezug von Waren oder Dienstleistungen, fördern will und dabei fremde Interessen beeinträchtigen will, etwa seinen Kundenkreis auf Kosten von Mitbewerbern erweitern will.[68] Nicht erforderlich ist, dass der Empfänger der Mitteilung selbst mit dem durch den Verrat betroffenen Unternehmen im Wettbewerb steht oder stehen will. Er kann auch nur Vermittler sein, der den Wettbewerb, den der Mitteilende oder ein Dritter beabsichtigt, fördern will;   15

– aus **Eigennutz handelt,** wer zielgerichtet nicht unerhebliche materielle oder vergleichbare immaterielle direkte oder indirekte Vorteile anstrebt; Zeit, Arbeit und Kosten zu sparen, kann im Vordergrund stehen.   16

– **zugunsten eines Dritten** bedeutet die Begünstigung eines Dritten (einschließlich der Nachrichtendienste eines fremden Staates, inter- bzw. supranationaler und Nichtregierungs(NGO)-Organisationen) durch Vorteile materieller oder immaterieller Art;   17

– eine **Schädigung** eines Unternehmens soll nach h. L. auch die Herabsetzung der Geschäftsehre einschließen.   18

2. Geschäfts-/Betriebsspionage (§ 17 Abs. 2 Nr. 1 UWG)

a) Rechtsgut und Täterkreis

Der Gesetzgeber hat 1986 im Rahmen des Zweiten Gesetzes zur Bekämpfung der Wirtschaftskriminalität (2. WiKG) in § 17 Abs. 2 Nr. 1 UWG ergänzend eine Strafvorschrift aufgenommen, die schon das **Ausspähen eines Geschäfts- oder Betriebsgeheimnisses** mit Strafe bedroht. Täter kann jedermann sein. Das unter Rn. 4 gekennzeichnete Rechtsgut soll zusätzlich gegen Angriffe von außen geschützt werden; die Regelung erweitert aber auch den Schutz gegen Verletzungshandlungen durch eigene Bedienstete durch Ausdehnung des Strafrechtsschutzes in das Vorfeld des Verrats und für Taten nach Beendigung eines Arbeitsverhältnisses.   19

---

[66] BGH NJW 1955, 463 = GRUR 1955, 402, 404f. (Anreissgerät); BAGE 41, 21= NJW 1983, 124; näher dazu *Wawrzinek*, S. 173 ff.; a. A. *Beckemper* Rn. 512.
[67] Weitergehend z. B. § 18 I Nr. 2 koreanisches UWG 1999, allerdings beschränkt auf den Bereich technischer Geschäftsgeheimnisse (*Kim*, S. 68, 182, 200).
[68] A/R-*Ebert*-Weidenfeller, Teil 3 Kap 3 Rn. 76; *Harte-Bavendamm*, Rn. 24; nur auf die Förderung, nicht auch auf die Beeinträchtigung stellen MK-*Janssen/Maluga*, Rn. 59, ab; Eignungselement für *Föbus*, S. 143 f. überflüssig.

b) Ausspähungshandlungen

20 In objektiver Hinsicht verlangt der Tatbestand das **unbefugte** (d. h. ohne Berechtigung erfolgte)[69] **Sichverschaffen oder Sichern eines Geschäfts- oder Betriebsgeheimnisses unter Anwendung bestimmter Methoden,** d. h. unter Einsatz von „Verkörperungen" und anderen technischen Mitteln. Der Täter hat sich ein solches Geheimnis „verschafft", wenn es (heimlich oder nicht) in seine Verfügungsgewalt gerät (ähnlich wie in § 146 Abs. 1 Nr. 2 StGB[70]), insbesondere wenn er (in verwertbarer Weise) Kenntnis davon erlangt. Voraussetzung ist Letzteres aber – wie in den §§ 96 und 202a StGB – nicht, um auch die Fälle zu erfassen, in denen der Täter z. B. Geschäftsunterlagen kopiert oder geheime Informationen auf eine Diskette überträgt, ohne sich mit dem (genauen) Inhalt vertraut zu machen. Ein „Sichern" liegt vor, wenn der Täter das Geheimnis zwar schon kennt, dieses jedoch genauer oder bleibend verfestigt[71], etwa in Form einer verkörperten Wiedergabe (Aufzeichnung, Kopie, Tonband-, Videoaufnahme, EDV-Speicherung, PC-Ausdruck). Um die Strafbarkeit nicht zu weit auszudehnen, sind diese Tathandlungen nur unter bestimmten Voraussetzungen strafbar:

21 – Ausreichend ist die **Anwendung technischer Mittel,** d. h. der „Einsatz aller im weitesten Sinne der Technik zuzurechnenden Vorrichtungen, die dem Sichverschaffen oder Sichern … dienen können"[72] (Ablichtungs-, Film-, Video-, Photo- und Abhör-, Kleinsenderempfangsgeräte, Kopierschutzentferner; Abhören/Anschauen/Aufzeichnen durch Nutzung von Telekommunikationsanlagen, wie Telefon, EDV-Anlagen, Manipulation eines E-Mail-Programms der Geschäftsleitung mit Umleitung auf Arbeitsplatz des Täters und Weitergabe von vertraulichen Informationen an Geschäftsführer einer Konkurrenzfirma nach Kündigung[73] – Abrufen bzw. Ausdrucken von EDV-Daten einschließlich des Erfassens eines Computerprogramms eines Spielautomaten auf einer Diskette und des Ablesens des Sichtanzeigegeräts[74] – Übertragung auf USB-Sticks, auf Memory Cards; Nutzung von Wireless-LAN, um in Datennetzwerke einzudringen[75]); Ausspähen durch bloßes Beobachten recht nicht aus.[76]

22 – Ein weiteres Beispiel ist die **Herstellung einer verkörperten Wiedergabe** i. S. einer „Vergegenständlichung eines Geheimnisses …, die dazu bestimmt ist, das Geheimnis festzuhalten, damit es anderen offenbart werden kann". Diese Alternative überschneidet sich zumeist mit der 1. Alternative und hat selbstständige Bedeutung nur, wenn keine techni-

---

[69] Befugtes Handeln ist gegeben, wenn eine nicht erschlichene Einwilligung vorliegt oder wenn ein wirksamer zivilrechtlicher Überlassungsanspruch besteht, BayObLG GRUR 1988, 634 f.

[70] Nicht erforderlich ist also ein derivativer Erwerb wie beim „Sichverschaffen" in den §§ 259, 261 StGB.

[71] BGH wistra 2012, 442 = GRUR 2012, 1048 (noch nicht ausreichend bloße Mitnahme einer bei der Arbeit gefertigten Kopie beim Ausscheiden; Entnehmen eines Geheimnisses ist jedoch unbefugtes Verschaffen).

[72] BT-Rechtsausschussbericht zum 2. WiKG, BT-Drucks. 10/5058 S. 39 f.

[73] Praxisbeispiel aus BKA-Bericht (Fn. 10), S. 153.

[74] Vgl. OLG Celle NStZ 1989, 367 = wistra 1989, 355; BayObLGSt 1990, 88, 91 f. = NJW 1991, 438 f. = GRUR 1991, 694, 696; NStZ 1994, 287 = wistra 1994, 149 (Stand des Programms des Geldspielgeräts); LG München I, Computer und Recht 1998, 209 (Kopie von Anschlussnummern nach Eindringen in Datex-P-Netz der Deutschen Telekom, um mit Anschlussnummer und Passwort auf Rechner der Anschlussinhaber zuzugreifen); OLG Frankfurt NJW 1996, 264 (Einsatz von sog. „Piratenkarte" zur Entschlüsselung von Pay-TV); LArbG Köln MDR 2002, 590 (durch Herstellung und Speicherung einer privaten Datenkopie; LG Köln CR 1998, 209. Abl. zur Anwendung auf die Extraktion mit technischen Mitteln und des „reverse engineering" *Schlötter,* S. 162 ff. (Letzteres befürwortend *G/J/W-Hammer,* Rn. 42; *Rengier,* Rn. 57 m. w. N.).

[75] *Bär,* MMR 2005, 434, 439 f.; weitere Beispiele bei *Hilgendorf/Valerius,* Computer- und Internetstrafrecht, 2. Aufl., 2012, Rn. 750 ff.; *Hasselblatt/Koehler,* Rn. 49.

[76] BGH NJW-RR 2009, 1633 (Ausspähen durch bloße Betriebsbeobachtung kann jedoch eine nach § 4 Nr. 10 UWG unlautere Behinderung eines Mitbewerbers sein).

II. Schutz im Gesetz gegen den unlauteren Wettbewerb

schen Mittel verwendet werden (Abschreiben, Ab- bzw. Aufzeichnen[77] mit Bleistift; Nachbauten[78]; Festigung und Vertiefung der Erinnerung durch systematisches unredliches Sammeln geheimer Unterlagen[79]; Rückgriff auf während der Beschäftigungszeit angefertigte schriftliche Unterlagen[80]);
- Drittes Beispiel ist die **Wegnahme einer Sache, in der das Geheimnis verkörpert ist.** Eine solche Wegnahme (i. S. von § 242 StGB) liegt vor, wenn der Täter ein verkörpertes Geheimnis (Sache, in der das Geheimnis selber verkörpert ist, und verkörperte Wiedergabe), das er nicht schon in Besitz hat „so an sich bringt, dass er in die Lage versetzt wird, es selber zu verwerten oder an einen anderen weiterzugeben".[81]

In **subjektiver** Hinsicht muss vorsätzliches Handeln und zusätzlich das auch in Absatz 1 verlangte zielgerichtete absichtliche Handeln vorliegen, wozu auch die Hoffnung auf die Stärkung der arbeitsrechtlichen Position im Unternehmen, zugunsten der der Täter gehandelt hat, gehören kann.[82]

Spezielle Regelungen über den rechtswidrigen und rechtmäßigen Erwerb von Geschäftsgeheimnissen schlägt die Kommission (s. Fn. 2) vor.

3. Geheimnishehlerei (§ 17 Abs. 2 Nr. 2 UWG)

Im Interesse einer Verstärkung des Schutzes des durch § 17 geschützten Rechtsgutes (s. o. zu 1 und 2) hat der Gesetzgeber 1986 in § 17 Abs. 2 Nr. 2 UWG den Tatbestand der sog. **Geheimnishehlerei** erweitert. Strafbar macht sich, **wer vorsätzlich ein Geschäfts- oder Betriebsgeheimnis, das er durch eine in § 17 Abs. 1 bezeichnete Mitteilung oder durch eine eigene oder fremde Handlung nach § 17 Abs. 2 Nr. 1 erlangt oder sich sonst unbefugt verschafft oder gesichert hat, unbefugt verwertet oder jemandem mitteilt.** Damit wird in weitem Umfang die unbefugte Verwertung bzw. Mitteilung eines unbefugt verschafften oder gesicherten Geheimnisses unter Strafe gestellt. Auf subjektiver Ebene ist von Bedeutung, dass das Vorliegen von dolus eventualis, was insbesondere hinsichtlich der Vortat von Bedeutung ist, ausreicht. Im Übrigen muss auch hier wie in den Fällen des § 17 Abs. 1 und 2 Nr. 1 das dort erörterte zielgerichtete absichtliche Handeln vorliegen.

a) Tathandlungen

Das **Erlangen** (i. S. von Verfügungsgewalt, d. h. von Gewahrsam oder Kenntnis i. S. eines Wissens, das zur Verwertung oder Weitergabe befähigt) von Geheimnissen unter Verstoß gegen § 17 Abs. 1 oder 2 Nr. 1 ist nur noch ein Unterfall des unbefugten Verschaffens bzw. Sicherns. Dies bedeutet z. B., dass die Vortat des Ausspähens nicht in den Formen des Absatzes 2 Nr. 1 verwirklicht sein muss. Täter kann jeder sein, auch ein außenstehender Berater oder ein Beschäftigter nach Beendigung seines Arbeitsverhältnisses. Nach h. M. muss die **Vortat** i. S. von Absatz 1 und Absatz 2 Nr. 1 tatbestandsmäßig, rechtswidrig und vorsätzlich mit einer der subjektiven Zwecksetzungen verwirklicht werden.[83] Zur dritten Alternative s. Rn. 27.

---

[77] Aufzeichnung eines Handelsvertreters aus der ihm von der Firma überlassenen Kundenkartei zum Zweck der Verwertung für ein Konkurrenzunternehmen, BGH(Z) NJW – RR 1999, 1131 = GRUR 1999, 934 f.; NJW-RR 2003, 833 = GRUR 2003, 453 f., NJW 1984, 239 (Abschreiben).
[78] BGH NJW 1984, 239 = GRUR 1983, 179, 181 (Stapelautomat).
[79] BGHSt 13, 333, 335 = NJW 1960, 207 = GRUR 1960, 294 f.; nicht ausreichend Reproduktion bloß aus dem Gedächtnis, s. BGH NJW-RR 1999, 1131 f. = GRUR 1999, 934; MK-*Janssen/Maluga*, § 17 Rn. 80; G/J/W-*Hammer*, § 17 Rn. 43.
[80] BGH GRUR 2006, 1044 = NJW 2006, 3424 = wistra 2007, 147; 2009, 603 = NJW 2009, 1420.
[81] Bei Alleingewahrsam (also bei Unterschlagung) keine „Wegnahme" BGH wistra 2012, 442 f. = GRUR 2012, 1048; BayObLGSt 1991, 147 = NJW 1992, 1777 f. = NStZ 1992, 284 = wistra 1992, 153; a. A. MK-*Brammsen*, Rn. 79. – Ist das Geheimnis auf mehrere Datenträger verteilt und gibt die Wegnahme eines einzelnen Datenträgers nur einen Hinweis auf ein Geheimnis, liegt eine Wegnahme i. S. von Nr. 1 nicht vor, MK-*Janssen/Maluga*, Rn. 81.
[82] AG Saarbrücken, wistra 1991, 318 f.
[83] BGH GRUR 1977, 539, 541; MK-*Brammsen*, Rn. 98 m. w. N.; a. A. *Wawrzinek*, S. 230 ff.

Die „**Geheimnishehlerei**" liegt in einem **Mitteilen** (vgl. dazu näher bei § 17 Abs. 1)[84] oder **Verwerten**. Verwertung setzt eine wirtschaftliche Nutzung[85] i. S. einer auf einen vermögensrechtlichen Gewinn abzielenden (wenn auch nicht immer erfolgreichen) Handlung voraus. Häufiges Beispiel ist der Verkauf von geheimen Informationen an Konkurrenten (a. A. sieht hierin ein Mitteilen). Ausreichend kann schon die Herstellung bzw. Nachahmung und nicht nur die Inbetriebnahme oder das Inverkehrbringen einer Maschine sein. Auch deren Verbesserung reicht aus. Erfasst werden auch die Nutzung und die Weiterentwicklung fremder Computerprogramme einschließlich der Fälle, in denen Spielautomaten mithilfe einer zuvor ermittelten mathematischen Formel, die diesen nach einem bestimmten Algorithmus steuert, leergespielt werden.[86] Ein Verwerten stellt bereits die Erstellung eines Angebots in einem Ausschreibungsverfahren unter Verwendung eines (z. B. durch Bestechung) unredlich erlangten Geheimnisses dar.[87] Sichern und Erhalten (also z. B. das Beschaffen von Unterlagen[88]) sowie das Entwerten eines Geheimnisses reichen nicht aus.

---

[84] Beispiel: BGH NStZ 1992, 451 = wistra 1992, 225 (Kundenadressen); AG Saarbrücken, wistra 1991, 318 (EDV-Kundenliste).

[85] So auch LG Freiburg wistra 2012, 361 f. – RG forderte eine praktische Verwendung zu gewerblichen Zwecken. – Ausreichend für eine „Verwertung" sind Entwicklungen, die nicht vollständig auf den unerlaubt erlangten Kenntnissen beruhen, aber durch sie mitbedingt und wirtschaftlich bzw. technisch nicht bedeutungslos sind, BGH GRUR 1985, 294, 296 = WRP 1985, 204 (Füllanlage); vgl. auch BGH GRUR 2002, 91, 93 = WRP 2001, 1174 (Spritzgießwerkzeuge); WRP 2008, 938. Ausreichend auch das Eingeben der Grundkonzeption eines Prozessrechners in einen neuen Rechner einer anderen Firma; ein Verwerten scheitert nicht daran, dass zusätzliche sachliche und finanzielle Mittel notwendig sind, BGH NJW 1977, 1062. Hat ein technischer Zeichner Kenntnisse durch das systematische unredliche Sammeln von betriebsgeheimen Unterlagen vertieft, so liegt ein strafbares Verwerten auch dann vor, wenn er sich dabei dieser Unterlagen nicht unmittelbar bedient, BGHSt 13, 333 = NJW 1960, 207 – Kaltfliesspressverfahren –; ein Unternehmer verwertet unbefugt, wenn er einem Angestellten zur Abwerbung von Kunden Ausdrucke von durch Verrat erlangten, auf einem Magnetband gespeicherten Kundenadressen übergibt, BGH CR 1993, 236; wer den Mitarbeiter eines Betriebes dazu verleitet, ihm unbefugt über 100 000 Adressen zu übermitteln und diese Daten danach verwertet, handelt unbefugt, OLG Karlsruhe (Z), RDV 2003, 246 f.; eine unbefugte Verwertung liegt vor, wenn sich jemand unbefugt Anzeigenvordrucke besorgt und diese vor der Veröffentlichung verwertet, OLG Düsseldorf(Z), AfP 1999, 75; Modifikationen und Weiterentwicklungen an einer als Betriebsgeheimnis anzusehenden Vorrichtung ändern nichts am Vorliegen einer „Verwertung", solange für das Betriebsgeheimnis entscheidende Grundelemente beibehalten werden und deshalb davon auszugehen ist, dass ohne eine Kenntnis des Vorbildes dasselbe technische Ergebnis entweder nicht oder jedenfalls nicht in derselben Zeit oder so zuverlässig hätte erreicht werden können, BGH(Z) WRP 2001, 1174 (betr. Verfahren nach § 1 UWG a. F.). Vertragswidriges Zurückhalten von Rohteil- und Fertigteilzeichnungen, die unbefugt einer Werkzeugmaschinen-GmbH zum Abzeichnen mit einer Logo-Ergänzung überreicht wurden und die zur Herstellung von Verschraubungen für Rohre usw. und auch als Grundlage für die Lieferung von Gussrohrteilen aus China an die GmbH verwendet wurden, erfüllte die Voraussetzungen von § 17 Abs. 2, LAG Hamm, 7 Sa 76/03, 23.5.2003 (abrufbar unter jurisweb). – OLGR Saarbrücken 2002, 395 = GRUR-RR 2002, 359 ließ auch wirtschaftliche Nutzung zur Kostensenkung ausreichen. – MK-*Brammsen*, nennt weitere Beispiele in Rn. 109. Dort kennzeichnet er reichlich abstrakt „Verwerten" generell als „eigengestaltende Kenntnisanwendungen", die ihrer Art und Anlage nach geeignet sind, dem Täter oder einem bestimmten Dritten ... direkt ... ungehinderten Zugang zum Ertragspotential funktionsgerecht aktivierter geheimer unternehmensbezogener Wissensinhalte zu vermitteln; entgegen der h. M. brauche keine ökonomische bzw. profitmäßige Disposition [dafür jedoch z. B. G/J/W-*Hammer*, Rn. 53] vorliegen; auch politische, wissenschaftliche oder karitative Zwecke reichen für ihn aus (Rn. 112); für Einbeziehung nichtwirtschaftlicher Nutzung auch *Föbus*, S. 174 f., *Wawrzinek*, S. 242 ff.

[86] Vgl. die Entscheidungen von OLG Hamm, Karlsruhe, LG Freiburg, Stuttgart, AG Aschaffenburg in Fn. 31 (8).

[87] Vgl. BayObLGSt 1995, 110 = NJW 1996, 268 = wistra 1996, 28, 31 (Bieterliste ist ein Geschäftsgeheimnis); vgl. auch die Sachverhalte in BGHSt 41, 140 = wistra 1995, 266 und BGHSt 43, 96 = wistra 1997, 336, 340; BGH wistra 1994, 227 f. = NStZ 1994, 277 und BayObLGSt 2000, 131 = wistra 2001, 72, die jeweils zu Verurteilungen nach § 17 II Nr. 2 führten.

[88] Vgl. AG Waiblingen CR 1988, 231; vgl. auch LG Düsseldorf K&R 2002, 101 f.

II. Schutz im Gesetz gegen den unlauteren Wettbewerb

b) „Unbefugtes" Handeln des Vortäters und Täters

aa) Schwierigkeiten bereitet das Merkmal „**unbefugtes" Verschaffen bzw. Sichern,** das 1986 an die Stelle der Merkmale „durch eine gegen das Gesetz oder die guten Sitten verstoßende eigene Handlung" getreten ist. Im Allgemeinen wird dieses Merkmal so verstanden, dass der Täter tatbestandsmäßig handelt, wenn die im Tatbestand beschriebenen Handlungsmerkmale vorliegen und keine tatbestandsausschließenden Voraussetzungen oder Rechtfertigungsgründe gegeben sind. Danach liegt kein unbefugtes Verschaffen vor, wenn der Täter einen (zivilrechtlichen) Anspruch auf Überlassung des Geheimnisses hat,[89] wenn eine (nach BGH auch mutmaßliche) Einwilligung des über das Geheimnis Verfügungsberechtigten vorliegt oder andere Rechtsvorschriften die Tat gestatten.[90] Die überwiegende Meinung knüpft in Anlehnung an das frühere Recht enger an ein gesetzwidriges (insbesondere strafbares) oder sittenwidriges bzw. sonst nicht rechtmäßiges bzw. ordnungsgemäßes oder unredliches Handeln an,[91] wobei Kenntniserlangung nach der Neufassung nicht mehr verlangt wird. – Eine nicht rechtswidrige Vortat schließt die Strafbarkeit wegen Geheimnishehlerei aus.[92]

Beispiele:
- Erlangung durch Straftaten (Diebstahl, Unterschlagung, mittels Hausfriedensbruch, Ausspähen von Daten; Verstoß gegen § 17 Abs. 1,[93] Abs. 2 Nr. 1 UWG, s. nachstehend; Bestechung,[94] Erpressung, Nötigung, Betrug, Untreue, Verstoß gegen UrhG);
- Besichtigung einer Maschine bei einem Konkurrenten als scheinbarer Kunde, um diese nachzubauen; Erschleichen eines Geheimnisses durch Ausfragen von Bediensteten eines fremden Betriebes (und Anfertigenlassen von Zeichnungen), Zerlegung einer durch Kauf erlangten, nach geheimen Konstruktionsunterlagen hergestellten Maschine und Nachbau;
- Verstoß des Beschäftigten gegen § 17 Abs. 1[95] oder Abs. 2 Nr. 1 und sonstige Fälle vertragswidrigen bzw. unredlichen Erlangens von Geheimnissen von Beschäftigten des geschützten Betriebes seitens eines Beschäftigten;
- Veranlassung von Arbeitskollegen zur Preisgabe (z. B. durch Anfertigung von Zeichnungen), deren Ausforschung oder Anwendung sonstiger ordnungswidriger Mittel zur Erlangung eines Geheimnisses, mit dem er selbst beruflich nichts zu tun hat;
- Täuschung des Arbeitgebers bei Mitteilung von Geheimnissen über Absicht, diese später als Konkurrent zu benutzen;[96]

---

[89] BayObLG BB 1988, 1769.
[90] Z. B. nach § 69a UrhG, LG Mannheim CR 1995, 542.
[91] Vgl. z. B. *Diemer*, Rn. 47 ff. (keine Rechtfertigungsgründe; Gesetzwidrigkeit; Unredlichkeit); *Többens*, WRP 2005, 552, 558 (gesetz-, sitten- oder vertragswidrige Mittel). Für noch restriktivere Auslegung jedoch z. B. *Föbus*, S. 171 f. (Verstoß gegen Rechtsnormen oder Vertragspflichten); *Köhler*/Bornkamm, Rn. 47; *Kiethe*, JZ 2005, 1034, 1038 (nur Handlungen, die mit Taten nach Absatz 1 oder Absatz 2 Nr. 1 vergleichbar sind); MK-*Janssen/Maluga*, Rn. 103 (erheblich größer Pflichtenverstoß); weitergehend *Harte-Bavendamm*, Rn. 50 und *Dittrich*, § 33 Rn. 79 (jede dem Geheimhaltungsinteresse widersprechende Benutzung); *Wawrzinek*, S. 235 ff. (jede dem (mutmaßlichen) Willen widersprechendes Sichern oder Verschaffen).
[92] *Rengier*, Rn. 66 f.; *Föbus*, S. 173; *Többens*, NStZ 2006, 505, 509.
[93] Auch Anstiftung zum Verrat Dritter, ArbG Bochum BB 1963, 229; Kenntnisnahme vom Beschäftigten über Mittelsmann, OLG München NJW-RR 1996, 1134.
[94] BayObLGSt 1995, 110, 122 (Bieterlisten); LG Freiburg wistra 2012, 361 f.
[95] Mitteilung eines Anzeigenauftrages vor Erscheinen der Zeitungsausgabe (= Geschäftsgeheimnis) durch Verlagsangestellte an Kaufinteressenten (= Täter), der vorzeitige Mitteilung zum Kauf des Anzeigengegenstandes ausnutzte, BayObLGSt 2000, 131 = wistra 2001, 72 (Verurteilung wegen Geheimnishehlerei); Umleitung von Daten, die Betriebsgeheimnisse enthielten, seitens eines Firmen-Verkaufsleiters durch Manipulation des E-Mail-Programms der Geschäftsleitung mit nach Kündigung erfolgter Vermittlung an Geschäftsführer einer Konkurrenzfirma, die dann Angebote an Kunden des Geheimnisinhabers richtete; Schaden ca. 20 000 DM, BKA-Bericht (Fn. 10), S. 153.
[96] BAGE 41, 21 = NJW 1983, 134.

15. Kapitel. Schutz von Geschäfts- und Betriebsgeheimnissen

- heimlicher Bau einer Maschine während Bestehens des Arbeitsverhältnisses;[97] späterer (auch nur modifizierter) Nachbau anhand von Konstruktionsunterlagen;[98]
- Abschreiben von Vorschriften zur Herstellung von Nitrolacken aus dem Notizbuch eines Arbeitskollegen;
- Abschreiben von Geheimrezepten oder des Verzeichnisses deutscher Lieferanten für Spezialapparate einer chemischen Industrie in einem chemischen Unternehmen;
- Abschreiben von Rabattkundenlisten und eigenmächtige Mitnahme eines Vertreterregisters;
- Übertragung von bestimmten Zeichnungen in eigenes Skizzenbuch;
- systematisches Sammeln von betriebsgeheimen Unterlagen;[99] Zurückgreifen auf während der Beschäftigungszeit gefertigte Unterlagen;[100]
- systematisches Auswendiglernen einer komplizierten chemischen Formel; Sicheinprägen von Konstruktionsunterlagen durch eine nicht im Rahmen seiner Tätigkeit liegende nähere Beschäftigung mit diesen;[101]
- Sich Verschaffen eines Computerprogramms und des aktuellen Stands des Programms eines Geldspielgerätes;[102]
- bestimmungswidrige Zerlegung und Zergliederung („reverse engineering") der geheimen inneren Strukturen eines EDV-Programms, z. B. eines Geldspielautomaten, auch wenn käuflich erworben; auch Weiterentwicklung eines durch „reverse engineering" zur Kenntnis gelangten EDV-Programms;[103]
- Einsatz von mobilen IT-Endgeräten (wie Funkkameras mit Audiofunktionen (Kamera), Handys);
- unbefugtes Erlangen von Insiderwissen i. S. des WpHG.

28 Die durch § 17 Abs. 2 Nr. 2 UWG bewirkte nachvertragliche Bindung beeinträchtigt in der Regel nicht die freie Entfaltung und Weiterentwicklung im Berufsleben, was die Verwertung langjährig erworbenen beruflichen Erfahrungswissens gestattet.[104] Es geht hier strafrechtlich um die unbefugte Verwertung von unbefugt, nicht von befugt erlangten Geheimnissen.

29 bb) Ein „unbefugtes" **Mitteilen** oder **Verwerten** liegt vor, wenn der Täter weder zu einer solchen Handlung verpflichtet noch berechtigt ist (s. o. zu Rn. 27 und zu § 17 Abs. 1), wobei sich die Berechtigung vor allem aus dem (mutmaßlichen) Willen des über das Geheimnis Verfügungsberechtigten ergeben kann.

4. Sanktionen (auch bei besonders schweren Fällen) und sonstige Rechtsfolgen

30 In allen Fällen des Geheimnisverrats, des Ausspähens und der Geheimnishehlerei kann Geldstrafe oder Freiheitsstrafe bis zu drei, in besonders schweren Fällen bis zu fünf Jahren Freiheitsstrafe (vgl. § 17 Abs. 4 Satz 1) verhängt werden. Nach § 17 Abs. 4 Satz 2 Nr. 2 und 3 liegt ein besonders schwerer Fall in der Regel vor, wenn der Täter bei der Mitteilung (nach Absatz 1 oder 2 Nr. 2) **weiß, dass das Geheimnis im Ausland verwertet werden soll, oder wenn er es selbst im Ausland**[105] **verwertet.** Zu der zweiten Alternative wird auch der

---

[97] BGH NJW 1984, 239.
[98] BGH GRUR 2002, 91,93 = WRP 2001, 1174; NJW 1960, 1999 (Maschinennachbau); 1977, 1062 (Prozessrechner); zum Verlust des Geheimnischarakters bei leichter Zerlegbarkeit, s. OLG Düsseldorf und Hamburg in Fn. 42, *Dittrich*, § 33 Rn. 75.
[99] Vgl. BAGE 41, 21= NJW 1983, 134 (Systematisches Ausspähen und Zusammentragen; vgl. auch BGHSt 13, 333, 336; BGH NJW 1984, 239, heimliche Aufzeichnungen).
[100] BGH GRUR 2012, 1048 (Entnehmen eines Betriebsgeheimnisses aus befugt gefertigten Unterlagen); NJW 2009, 1420 = GRUR 2009, 603; NJW 2006, 3424f. = wistra 2007, 147f. = GRUR 2006, 1044f.; NJW-RR 2003, 833 = GRUR 2003, 453f; gegen diese Ausweitung *Föbus*, S. 171.
[101] BGHZ 38, 391 = NJW 1963, 856 (Industrieböden); BAGE 41, 21 = NJW 1983, 134; BGH NJW 1984, 239 (Festigung beruflich erlangter Kenntnisse durch technische Mittel).
[102] BayObLG NStZ 1994, 287 = wistra 1994, 149.
[103] G/J/W-*Hammer*, § 17 Rn. 49.
[104] BAGE 73, 229 = BB 1994, 1078; näher dazu unten Rn. 51.
[105] Das EG-rechtliche Diskriminierungsverbot zwingt nicht zu einer einschränkenden Auslegung dieser strafrechtlichen Regelung („Ausland" = EG-Ausland, so *Otto* § 17 Rn. 113; i. Ergebnis auch *Többens*, NStZ 2000, 505, 509; WRP 2005, 552, 558; *Wawrzinek*, S. 249f.), wie hier OLG Düsseldorf BeckRS

II. Schutz im Gesetz gegen den unlauteren Wettbewerb

Fall gerechnet, dass ein Beschäftigter ein Geheimnis im Ausland – ohne Einschaltung eines Mitteilungsempfängers – selbst verwertet. 2004 wurde als **Nr. 1** auch **gewerbsmäßiges Handeln** als Regelbeispiel aufgenommen Der Täter muss den Vorsatz haben, sich aus wiederholter Tatbegehung eine nicht nur vorübergehende Einnahmequelle von einiger Dauer und einigem Umfang zu verschaffen; eine erste Tat mit dieser subjektiven Zielsetzung kann ausreichen. Ein – **nicht benannter – besonders schwerer Fall** ist anzunehmen, wenn besonders schwere, wie existenzgefährdende oder volkswirtschaftlich bedeutsame Schäden vorliegen oder auch nur drohen. Auch auftragsgemäß betriebsübergreifende Industriespionage wird hinzugerechnet.[106]

Tatmittel können unter den Voraussetzungen der §§ 74 ff. StGB eingezogen werden. Die Abschöpfung des Gewinns nach § 73 Abs. 1, 2 StGB wird zumeist nicht möglich sein, weil regelmäßig dem Inhaber des Geheimnisses als Verletztem ein Anspruch gegen den Täter zustehen wird (vgl. § 73 Abs. 1 Satz 2 StGB).[107]

5. Verwertung von Vorlagen (§ 18 UWG)

§ 17 UWG schützt ein Unternehmen nicht vor Geheimnisverrat durch Geschäftspartner, denen es vertrauliche Arbeitsergebnisse und -unterlagen zur Weiterverarbeitung überlassen hat. Insbesondere auf Drängen des Stickerei- und Spitzengewerbes, das seinerzeit unter dem Missbrauch von Schablonen zu leiden hatte, die Zwischenbetrieben zur Herstellung im Wege des Lohnauftrages überlassen worden waren, ist 1909 als § 18 eine weitere Strafvorschrift in das UWG aufgenommen worden. Danach macht sich strafbar, **wer vorsätzlich die ihm im geschäftlichen Verkehr anvertrauten Vorlagen oder Vorschriften technischer Art, insbesondere Zeichnungen, Modelle, Schablonen, Schnitte, Rezepte, zu Zwecken des Wettbewerbs oder aus Eigennutz unbefugt verwertet oder an jemand mitteilt.** Die Vorschrift dient dem Schutz der Geheimsphäre des anvertrauenden Unternehmens, insbesondere seines betrieblichen Know-hows, gegen Vertrauens-Missbräuche durch Vertragspartner.[108]

a) Täterkreis

Täter kann jedermann sein (nicht jedoch Angehöriger des an der Geheimhaltung interessierten Unternehmens[109]). In Literatur und Rechtsprechung[110] wird zwar aus der Entstehungsgeschichte und dem Merkmal „im geschäftlichen Verkehr" hergeleitet, dass beide Vertragspartner, also auch der Täter, Geschäftsleute sein müssen. Zwingend ergibt sich dies aus dem Text jedoch nicht, so dass § 18 UWG auch anwendbar sein kann, wenn nur der Anvertrauende im Rahmen seines Geschäftsbetriebes handelt.[111] Der Tatbestand erfasst damit sowohl Täter, die einem Unternehmen angehören, denen die genannten Unterlagen anvertraut worden sind, wie z. B. Beschäftigte von Zuliefer- und Lohnarbeitsbetrieben, von Zwischenmeistern, sog.

2008, 05432 (geplante Verwertung in Frankreich und in den USA); MK-*Janssen/Maluga*, Rn. 116; *Köhler*/Bornkamm, Rn. 66, *Harte-Bavendamm*, Rn. 69; *Niedostadek*, Rn. 58; *Böttger/Dann*, Rn. 91; *Piper/Ohly*, Rn. 4.

[106] MK-*Brammsen*. Rn. 132; G/J/W-*Hammer*, Rn. 82.

[107] Das am 1.1.2007 in Kraft getretene „Gesetz zur Stärkung der Rückgewinnungshilfe und der Vermögensabschöpfung bei Straftaten" v. 24.10.2006 (BGBl. I 2350) enthält jedoch eine prozessuale Lösung, die sicherstellen soll, dass künftig der kriminelle Gewinn nicht dem Täter verbleibt und der Schutz von Opfern gestärkt wird (vgl. den Überblick von *Möhrenschlager*, wistra 2006 H. 12 S. V).

[108] Vgl. BGHZ 82, 369, 372 = NJW 1982, 937 = GRUR 1982, 225f.; *Rengier*, Rn. 3; *Köhler*/Bornkamm, Rn. 2; *Diemer*, Rn. 2; a. A. – wie bei § 17 UWG MK-*Brammsen*, Rn. 6; wistra 2006, 201, 202f. (Schutz des Vermögens).

[109] Überlassungen im innerbetrieblichen Bereich an eigene Mitarbeiter werden nicht erfasst, RGSt 44, 152 f.; 48, 12 f. (keine Anwendung auf Angestellte, auch wenn ausgeschieden); *Beater*, 2011, Rn. 1887.

[110] RGSt 44, 152, 157; 48, 12 f., 76, 77 f.; OLG Karlsruhe WRP 1986, 623, 625; *Diemer*, Rn. 5a; *Böttger/Dann*, Kap 8 Rn. 104.

[111] OLG Köln GRUR 1958, 300; MK-*Brammsen*, Rn. 10 f.; *Rengier*, Rn. 8; *Köhler*/Bornkamm, Rn. 12; *Harte-Bavendamm*, Rn. 8; G/J/W-*Hammer*, Rn. 6; M-G/B-*Dittrich*, Rn. 85..

Lohnveredlern, Lizenznehmer,[112] Angehörige freier Berufe wie Rechts- und Patentanwälte, Wirtschaftsprüfer und Steuerberater, Therapeuten, (beratende) Ingenieure, freie Programmierer, Inhaber von Werbeagenturen und Redaktionen, aber auch einen privaten Abnehmer bzw. Kunden, dem z. B. als Kaufinteressent eines Möbelhändlers oder Architekten oder als Auftragnehmer eines Designers Zeichnungen anvertraut wurden, die dieser dann aber selber verwertete (durch eigene Verwendung oder zur billigeren Herstellung durch einen Dritten).[113] Auch Angehörige von Behörden oder Unternehmen der öffentlichen Hand können Täter sein[114], was im Hinblick auf das Erfordernis der Übergabe im geschäftlichen Verkehrs regelmäßig ein Handeln im Rahmen erwerbswirtschaftlicher Tätigkeit voraussetzen wird.

b) Tatobjekt und Tathandlung

33 § 18 schützt Vorlagen und „Vorschriften" technischer Art. **Vorlagen** sind körperliche oder elektronisch entwickelte Gegenstände, die bei der Anfertigung neuer Sachen (Produkte, Waren) oder der Entwicklung neuer Dienstleistungen als Vorbild dienen. Auf die Verkörperung eines technisch oder wirtschaftlich wertvollen Gedankens und die Eignung zur Verschaffung eines wirtschaftlichen Vorsprungs kommt es nicht an. **Technische Vorschriften** sind Anweisungen oder Lehren über technische Vorgänge (Arbeitsschritte, Verfahrensbeschreibungen).[115] Die genannten Beispiele können unter beide Begriffe fallen. Diese Tatobjekte müssen dem Geschäftspartner **„anvertraut"** worden sein (z. B. durch Lizenzvertrag). Der Anvertrauende muss also bei der Übergabe zum Ausdruck gebracht haben, dass eine vertrauliche Behandlung in seinem Interesse wünscht, sofern sich dies nicht schon aus den Umständen ergibt.[116] Nach h. M. braucht die anvertraute Vorlage bzw. Vorschrift nicht ein Geschäfts- oder Betriebsgeheimnis zu sein.[117] Sie darf dem Täter allerdings nicht schon sonst bekannt oder offenkundig sein; dass der Täter durch eigene Arbeit ähnliche Vorlagen hätte herstellen und damit ohne die Vorlage hätte tätig werden können, lässt den Strafrechtsschutz noch nicht entfallen.[118]

34 Die Tathandlungen „Verwerten" und „Mitteilen" sind entsprechend § 17 UWG auszulegen. Bei der Verwertung reicht aus, dass der von dem Täter tatsächlich benutzte Gedanke von dem in der Vorlage verkörperten technischen Gedanken Gebrauch macht, auch wenn er mit Abweichungen weiterentwickelt wird (sog. Teilverwertung).[119] Zur subjektiven Seite wird auf die Auslegung zu § 17 UWG verwiesen.

6. Versuch und Vorbereitungshandlungen

35 Das 2. WiKG hat für alle Fälle des § 17 UWG generell die **Versuchsstrafbarkeit** (vorher war nur der untaugliche Versuch erfasst) eingeführt **(§ 17 Abs. 3),** was insbesondere wegen

---

[112] BGHZ 17, 41 = NJW 1955, 829 (Mitteilung von auf Betriebsgeheimnissen beruhende Verfahrensvorschriften an Lizenznehmer im Rahmen der Fertigungsberatung).
[113] OLG Köln GRUR 1958, 300 (Entwurf für Leuchtröhrenanlage); OLG Hamm NJW-RR 1990, 1380 (vom Designer überlassene Modellkostüme). KG GRUR 1988, 702 f. (Werbeagentur; schriftliche Fixierung eines Webeslogans für die Herstellung von Werbemitteln); OLG München GRUR 1990, 674 f. (Redaktionen).Zusätzlich, insbesondere, wenn die Voraussetzungen des § 18 UWG nicht vorliegen, ist das Vorliegen einer Straftat nach § 266 StGB bei Verrat durch Freiberufliche usw. zu prüfen, vgl. *Müller/Wabnitz/ Janovsky*, S. 229.
[114] Vgl. BGHZ 82, 369 f. = NJW 1982, 937 f. = GRUR 1982, 225 f; Böttger/*Dann*, Kap 8 Rn. 102.
[115] Rspr-N. bei *Brammsen*, Rn. 15 f.; MK-*Janssen/Maluga*, Rn. 15 ff.; *Rengier*, Rn. 11 ff.; G/J/W-*Hammer*, Rn. 7 f.; *Diemer*, Rn. 7 f.(Beispiele u. a. Konstruktions- und Architektenpläne, Fabrikationsmuster, Computerprogramme, Entwürfe für [Bühnen-]Bauten, Möbelzeichnungen, Drehbücher, Testbeschreibungen); *Otto* § 18 Rn. 11.
[116] Vgl. OLG Hamm WPR 1993, 36 (Tierohrmarken).
[117] RGZ 83, 384, 386 (Probezeichnungen für Gitterverzierungen und -spitzen); BGHZ 82, 369, 372 f. = NJW 1982, 937 (Straßendecke II).
[118] BGH NJW 1958, 671 = GRUR 1958, 297 (Werkzeugzeichnungen); GRUR 1960, 554, 556 = NJW 1960, 2000 (Handstrickverfahren); Hans OLG(Z) GRUR 2001, 137.
[119] BGH NJW 1960, 2000 = GRUR 1960, 554; dazu *Rengier*, Rn. 23 ff.

II. Schutz im Gesetz gegen den unlauteren Wettbewerb

der im Vorfeld noch weitergehenden Strafbarkeit nach § 20 UWG a. F. konsequent war. Folgerichtig hat der Gesetzgeber 2004 auch in § 18 UWG (Abs. 2) den Versuch mit Strafe bedroht.

§ 19 **UWG** stellt in Anlehnung an § 30 StGB vier verschiedene **Vorbereitungshandlungen** unter Strafe; praktische Bedeutung hat die reformbedürftige Vorschrift heutzutage nicht: Bestraft wird, **wer zu Zwecken des Wettbewerbs oder aus Eigennutz**
- jemanden zu bestimmen versucht, eine Straftat nach § 17 oder § 18 zu begehen oder zu einer solchen Tat anzustiften (sog. **„Verleiten"; s. Überschrift der Vorschrift**),
- sich bereit erklärt, eine Straftat nach § 17 oder § 18 zu begehen oder zu ihr anzustiften, das Erbieten eines anderen annimmt, eine Straftat nach § 17 oder § 18 zu begehen oder zu ihr anzustiften, oder
- mit einem anderen verabredet, eine Straftat nach § 17 oder § 18 zu begehen oder zu ihr anzustiften.[120]

Strafbar ist also zum einen **die versuchte (Ketten-)Anstiftung** zu einer Tat nach §§ 17 oder 18 (§ 19 I). Die erfolgreiche Bestimmung ist eine nach § 26 StGB strafbare Anstiftung. Bestimmen bedeutet, erkennbar den Willen bzw. Entschluss zu bestimmten, d. h. zumindest grob umschriebenen nach § 17 oder § 18 UWG schuldhaft strafbaren Verstößen durch gleich welche subjektiv geeignete Mittel (auch durch Bestechung, Drohung oder Täuschung und durch Einschaltung von Mittelsmännern) hervorzurufen. Gleichgültig ist der Grund des Scheiterns (nach § 17 Abs. 1 zu Verleitender ist nicht Angestellter des ausgeforschten Betriebes; es liegt kein Geheimnis oder kein Anvertrautsein vor; der zu Verleitende war schon zuvor zur Tat entschlossen; das Vorgehen des Täters erreicht nicht den zu Verleitenden; der zu Verleitende weist das Ansinnen zurück). Zusätzlich müssen die genannten subjektiven Zielsetzungen vorliegen.

Das „**Sichbereiterklären**" in der 2. Alternative **(§ 19 II 1. Alt.)** ersetzt in Anlehnung an § 30 StGB das bisherige „Sicherbieten" und das bisherige „Sichbereiterklären auf das Ansinnen eines anderen". Der Erbietende macht sich strafbar, wenn das von ihm erklärte – wenn auch nicht notwendigerweise zugegangene (str.) – Angebot ernst gemeint war. Strafbar macht sich auch, wer auf das von ihm als ernsthaft aufgefasste Ansinnen eines anderen sich zu einer Tat nach den §§ 17 oder 18 UWG nach außen hin ernstlich bereit erklärt.

Die 3. Alternative betrifft das „**Annehmen eines Erbietens**" **(§ 19 II 2. Alt.)**. Strafbar macht sich danach auch, wer ein (auf freiem Willen) beruhendes Angebot zur Tatbegehung als ernst gemeint annimmt, selbst wenn dieses nicht ernst gemeint war. Auch hier braucht die Annahmeerklärung nicht zuzugehen (str.).

Aus § 30 StGB wurde die Alternative der „**Verabredung**" **(§ 19 II 3. Alt.)** übernommen. Das 2. WiKG hatte in dem früheren § 20 (jetzt § 19) Abs. 3 UWG § 31 StGB (Rücktritt vom Versuch der Beteiligung) für entsprechend **anwendbar** erklärt, da § 20 (jetzt § 19) Abs. 1, 2 ihrem Wesen nach jedenfalls teilweise Tatbestände der versuchten Teilnahme enthalten.

7. Voraussetzungen der Verfolgung von auslandsbezogenen Verstößen

Wie weit auch **Auslandstaten** strafbar sind und verfolgt werden können, richtet sich zunächst einmal danach, inwieweit der Tatbestand als solcher auf im Ausland begangene Taten überhaupt angewandt werden kann. Aus dem Text von § 17 Abs. 2, 3 UWG ergibt sich zunächst nicht, ob diese Strafvorschriften auch auf Fälle angewandt werden können, in denen etwa ein Deutscher im Ausland ausländische Betriebs- bzw. Geschäftsgeheimnisse verletzt. Die Frage wird neuerdings im Zusammenhang mit dem Erwerb von steuerlich relevanten Kontendaten aus der Schweiz und aus Liechtenstein diskutiert. Der unternehmensbezogene individualrechtliche Schutzbezug von § 17 UWG könnte eine Auslandserstreckung rechtfer-

---

[120] Besonders ausführliche Kommentierung bei *Brammsen* (2006/2007); weiter *Aldoney Ramirez*, S. 132 ff.; *Koehler/Hasselblatt*, Rn. 5 ff.; vgl. kritisch und zur Reformbedürftigkeit auch *Mitsch*, wistra 2004, 161; GRUR 2004, 824; *Rengier*, Rn. 7 ff., 13; MK-*Brammsen*, Rn. 11 f.; MK-*Janssen/Maluga*, Rn. 3; *Wawrzinek*, S. 277 f.

tigen. Dagegen spricht jedoch die begrenzte auslandsbezogene Regelung in § 5 Nr. 7 StGB i. V. m. § 17 VI UWG und die Einbettung des § 17 in das UWG, das bisher prinzipiell nur den Schutz des lauteren Wettbewerbs in Deutschland bzw. der deutschen Volkswirtschaft zum Ziele hatte.[121] Aus Letzterem folgt allerdings auch, dass ausländische Unternehmen im Inland auch den Schutz der §§ 17 ff UWG genießen.[122] Rechtspolitisch wäre es allerdings angebracht, heutzutage den Schutz dieser Vorschriften zumindest für den Bereich der Europäischen Union und darüber hinaus des EWR auch auf ausländische Betriebe und Unternehmen auszudehnen.[123]

39 Nach § 5 Nr. 7 StGB ist die Verletzung eines Betriebs- oder Geschäftsgeheimnisses, die ein Deutscher oder ein Ausländer im Ausland begeht, strafbar, wenn:
– der Betrieb (= Produktions- und Geschäftstätigkeit) im Inland liegt (Briefkastenfirma nicht ausreichend);
– das Unternehmen seinen (Firmen-, Geschäfts-)Sitz im Inland hat, auch wenn es sich in ausländischen Händen befindet;
– das Unternehmen zwar seinen Sitz im Ausland hat, aber von einem Unternehmen mit Sitz im Inland abhängig ist und mit diesem einen (einheitlichen) Konzern (i. S. von § 18 Abs. 1 AktG) bildet.

40 § 5 Nr. 7 StGB gilt nach § 18 IV und § 19 V UWG entsprechend für die Straftat der Verwertung von Vorlagen und für Vorbereitungshandlungen.[124] Dasselbe gilt für die strafbare Verletzung von Betriebs- und Geschäftsgeheimnissen in anderen Gesetzen (Rn. 44).

8. Strafverfolgungsvoraussetzungen (§ 17 Abs. 5, § 18 Abs. 3, § 19 Abs. 4 UWG)

a) Verfolgung aufgrund eines Strafantrags

41 Grundsätzlich ist zur Strafverfolgung zunächst ein Strafantrag nach § 77 StGB in der Drei-Monats-Frist des § 77b StGB erforderlich. Als „Verletzter" ist in den Fällen des § 17 (ein-

---

[121] *Bruch*, NStZ 1986, 259 f.; *Samson/Langrock*, wistra 2010, 201, 203; i. Erg. ebenso *Oehler*, in: Jahrbuch 1969 des NRW-Landesamts für Forschung S. 383, 393 f.; a. A. *Böttger/Dann*, Rn. 99 f.; *Heine*, Festschrift Roxin, 2011, 1087, 1091 (die Einbeziehung auch ausländischer Wirtschaftsgeheimnisse im TRIPS-Abkommen ist kein zwingendes Gegenargument, da ein strafrechtlicher Schutz nur fakultativ vorgesehen ist); *Sieber*, NJW 2008, 880 f. (geschützt sind auch Geschäftsgeheimnisse einer ausländischen Bank), ebenso *Schünemann*, NStZ 2008, 305, 308; *Trüg/Habetha*, NStZ 2008, 481, 489; *Spernath*, NStZ 2010, 307 f.; *Ignor/Jahn*, JuS 2010, 390 f.; davon gehen wohl auch *Gössel*, Festschrift Puppe, 2011, S. 1377 und *Erb*, Festschrift Roxin, 2011, S. 1103 aus, der jedoch die Mitteilung eines illegalen Geheimnisses an die zuständigen staatlichen Behörden als befugt ansieht.
[122] Ebenso LK-*Werle/Jeßberger*, § 5 Rn. 118 ff..; *Ebert-Weidenfeller* Kap III 3 Rn. 80; *Diemer*, § 17 Rn. 6; *Rengier*, Rn. 81; MK-*Brammsen*, § 17 Rn. 159; *Otto*, § 20a Rn. 7; *Böttger/Dann*, Kap 8 Rn. 100; a. A. *Bruch*, NStZ 1986, 259; *Oehler*, S. 393.
[123] In dieser Richtung auch *Oehler*, S. 394; der Entwurf eines Modellgesetzes zum Schutz von Fabrikations- und Handelsgeheimnissen der Beratenden Versammlung des Europarates von 1974 (Entschließung 571/1974) ist Geschichte geblieben (kritisch zum Inhalt *Kragler* (1991) S. 60 ff.). Das Trips-Abkommen enthält zwar in Art. 39 eine Regelung über den Schutz von „trade secrets" (s. Fn. 7, 8), sieht jedoch in Art. 61 keine Verpflichtung zu „criminal procedures" in „cases of infringements" vor wie in Fällen von „counterfeiting" und „copyright piracy", sondern überlässt dies dem freien Willen der Vertragsstaaten. – In die Leitlinien für den nationalen Gesetzgeber hat der Strafrechtsausschuss des Europarates 1989 immerhin als fakultative Regelung auch einen Straftatbestand über die vorsätzliche Erlangung mittels unlauterer Mittel bzw. die vorsätzlich rechtswidrige Offenbarung, Mitteilung und Verwertung eines Handelsbzw. Geschäftsgeheimnisses in der Absicht, dem Geheimnisinhaber Schaden zuzufügen oder sich oder einen anderen zu bereichern, aufgenommen (Council of Europe, European Committee on Crime Problems, Computer-Related Crime, Strasbourg, 1990, S. 61 ff., 106). – Zum Kommissionsvorschlag s. Fn. 2.
[124] § 5 Nr. 7 StGB gilt darüber hinaus auch für allgemeine Straftaten, soweit sie der Beschaffung von Geheimnissen dienen (vgl. z. B. LK (Fn. 122), § 5 Rn. 116; MK-*Ambos*, § 5 Rn. 25; Lackner/*Kühl*, § 5 Rn. 3; G/J/W-*Rotsch*, § 5 Rn. 16; *U. Weber*, ZStW 96, 376, 384 (1984); einschränkend NK-*Böse*, § 5 Rn. 23; AnwK-*Zöller*, § 5 Rn. 11 [nicht §§ 242, 246, 266]).

III. Schutz durch andere strafrechtliche Regelungen **15**

schließlich des § 19, s. Abs. 4) UWG der Inhaber des Betriebs- oder Geschäftsgeheimnisses und in den Fällen des § 18 (einschließlich des § 19, s. Abs. 4) UWG der über die Vorlagen bzw. die Vorschriften Verfügungsberechtigte antragsberechtigt, was jeweils auch eine juristische Person (durch ihre gesetzlichen Vertreter oder von diesen Beauftragte) sein kann. Darüber hinaus muss ein öffentliches Interesse an der Strafverfolgung vorliegen, wenn bei Vorliegen eines Strafantrags die Staatsanwaltschaft die Strafverfolgung betreiben soll, da die §§ 17, 18 und 20 UWG Privatklagedelikte sind (§ 374 Abs. 1 Nr. 7, § 376 StPO). Wird ein solches Interesse von der Staatsanwaltschaft bejaht (vgl. die Hinweise dazu in Nr. 86 Abs. 2, Nr. 260 RiStBV – nicht nur geringfügige Rechtsverletzung –), kann der Verletzte sich dem Verfahren als Nebenkläger anschließen (§ 395 Abs. 1 Nr. 6 StPO). Ist dies nicht der Fall, obliegt dem Verletzten die Strafverfolgung.

b) Verfolgung von Amts wegen; Verjährung

Aufgrund des 2. WiKG ist seit 1986 die Verfolgung einer Tat nach den §§ 17, 18 und 19 UWG auch ohne Vorliegen eines Strafantrags möglich. Dies setzt voraus, dass die Staatsanwaltschaft ein besonderes öffentliches Interesse bejaht. Nach Nr. 260a RiStBV wird dieses insbesondere anzunehmen sein, wenn der Täter wirtschaftsrechtlich vorbestraft ist, ein erheblicher Schaden droht oder eingetreten ist, die Tat Teil eines gegen mehrere Unternehmen gerichteten Plans zur Ausspähung von Geschäftsgeheimnissen ist oder diese Tat den Verletzten in seiner wirtschaftlichen Existenz bedroht.[125] In besonders schweren Fällen des § 17 IV UWG kann das öffentliche Interesse nur ausnahmsweise verneint werden. Dies soll auch für § 18 UWG in § 17 Abs. 4 Satz 2 UWG entsprechenden Situationen gelten. – Zur notwendigen Zusammenarbeit zwischen Unternehmen, Anwälten und Strafverfolgungsbehörden bei der Aufklärung, Verfolgung und der Durchführung des Strafverfahrens wird auf die einschlägige Literatur verwiesen.[126]

Die Verjährungsfrist beträgt fünf Jahre (§ 78 Abs. 3 Nr. 4 StGB). **42**

III. Schutz durch andere strafrechtliche Regelungen[127]

Das Interesse am Schutz von Betriebs- und Geschäftsgeheimnissen beschränkt sich nicht auf den Schutz vor unlauteren wettbewerbsbezogenen Handlungen. In unserer komplexen Gesellschaft ergibt sich vielfach die Notwendigkeit, andere an Informationen teilhaben zu lassen.[128] Dies beginnt schon auf betrieblicher Ebene gegenüber verschiedenen Organen, die an Entscheidungen und Kontrollmaßnahmen im Unternehmen beteiligt sind, und setzt sich fort bei bestimmten Berufsträgern (wie Steuerberatern, Rechtsanwälten, Unternehmensberatern, Wirtschaftsprüfern, Angehörigen von Banken), denen im Interesse der Erledigung betrieblicher Aufgaben bestimmte Informationen überlassen werden. Deutlich gestiegen ist im letzten Jahrhundert aber vor allem der Informationsbedarf der öffentlichen Verwaltung. Das Funktionieren der Wirtschaft baut auf gewissen staatlichen bzw. europäischen Rahmenbedingungen, Aufsichts- und Kontrollmaßnahmen auf, mit denen nicht zuletzt auch bestimmten

---

[125] MK-*Brammsen*, Rn. 147 nennt als weitere Beispiele: Angriffe auf Hochleistungstechnologien, Eingriffe in aggregierte Datenbestände oder kenntnismultiplizierende Netzwerksysteme, geschäfts- und gewerbsmäßiges Vorgehen, auftragsmäßige Industrie- bzw. Branchenspionage, nachrichtendienstliche Verstrickungen, geplante Auslandsverwertungen, gesamtwirtschaftlich relevante Drittschädigungen; G/J/W-*Hammer*, Rn. 85 nennt als besonders sensible Tatobjekte solche in der Atom-, Luft- und Raumfahrt, sowie in der Rüstungsindustrie und in der Bio- und Medizintechnik. – Rechtspolitisch weitergehend *Waurzinek*, S. 286 ff. (Strafverfolgung immer von Amts wegen = Offizialdelikt; Verzicht auf Strafantrag als Verfolgungsvoraussetzung).

[126] *Müller/Wabnitz/Janovsky*, S. 231 f.; *Böttger/Dann*, Kap 8 Rn. 114 ff.; *Kragler* (1987), S. 60 ff.; (1991), S. 53 ff.; wistra 1983, 1.

[127] Vgl. auch die Übersicht bei *Brammsen*, S. 99 ff.; M-G/B-*Dittrich* § 33 Rn. 99 ff.; *Volk-Witting* § 23 Rn. 123 ff.; *Arians*, S. 378 ff.; Achenbach/*Ransiek*, Teil 8–2; zur Anwendbarkeit der §§ 242 ff., 266 StGB z. B. *Dannecker*, BB 1987, 1614, 1618.

[128] Zum Folgenden insbes. *Taeger* und *Kim, Hyung Cul*, passim; *Beyerbach*, S. 8 ff.

Missbräuchen und Gefahren (z. B. für die Umwelt) vorbeugend begegnet werden soll. Zur Vorbereitung und Durchführung staatlicher Maßnahmen ist die Verwaltung (z. B. die Gewerbeaufsicht, die Finanz(markt)aufsicht wie von BaFin [vgl. § 6 KWG], Kontrollen im Bereich der Telekommunikation[129], des Postwesens, der Energiewirtschaft, des Kartellwesens, der Umweltverwaltung) vielfach auf Auskünfte und Mitteilungen, Vorlage von betrieblichen Unterlagen, Werksbesichtigungen und die Vornahme eigener Untersuchungen angewiesen. Auch wenn Betriebs- und Geschäftsgeheimnissen grundsätzlich ein Grundrechtsschutz (insbes. nach Art. 12 und nach h. M. auch nach Art. 14 GG) zuerkannt wird, ergibt sich im Wege der zumeist schon vom Gesetz- oder Verordnungsgeber vorgenommenen Interessenabwägung aus diesen staatlichen Notwendigkeiten vielfach eine Pflicht zur Offenbarung auch dieser Geheimnisse. Dies ist natürlich erst recht der Fall, wenn dies zur Bearbeitung eines Antrags (etwa einer Genehmigung im Umweltbereich, bei der Zulassung von Arznei- und Pflanzenschutzmitteln sowie von Chemikalien) notwendig ist. Zur Wahrung des Schutzes der Geheimnisse entstehen dann auf der Empfängerseite Verschwiegenheitspflichten (relativer Geheimnisschutz), wie dies allgemein in § 30 Verwaltungsverfahrensgesetz anerkannt ist. Sonderregelungen bestehen in verschiedenen Rechtsbereichen;[130] auch im Rahmen von Regelungen über den Zugang von Bürgern zu Informationen der Verwaltung finden sie Berücksichtigung.[131] Offenbarung z. B. gegenüber anderen Behörden ist in den Grenzen einer gesetzlich zulässigen oder gebotenen Amtshilfe möglich. In der Regel werden die Betriebs- und Geschäftsgeheimnisse gegen unbefugte Offenbarungen dann auch strafrechtlich durch besondere Normen geschützt.

1. Gesellschafts-, wirtschafts- und arbeitsrechtliche Strafvorschriften

43 Zur Wahrung des Geheimnisschutzes in Unternehmen bestehen auch im Wirtschaftsrecht, insbesondere im Gesellschaftsrecht, ausdrückliche gesetzliche Regelungen (z. B. §§ 93, 116 AktG, § 90 HGB, § 34 GenG, § 5 EWIV-Ausführungsgesetz, §§ 57b, 62 Wirtschaftsprüferordnung, § 79 BetrVerfG, § 35 Europäisches Betriebsrätegesetz (EBRG); § 13 Satz 2 Nr. 6 BBiG; § 96 VII 1 Nr. 2, § 130 I Nr. 2 SGB IX).[132] Die teilweise korrespondierenden, teilweise einen spezifischen Schutz begründenden Strafvorschriften zum Schutz von Betriebs- und Geschäftsgeheimnissen (§ 404 AktG; § 85 GmbHG; § 333, auch i. V. mit §§ 340m, 341m, § 353b HGB (betr. Prüfbereich); § 47 D-MarkbilanzG (Anwendung von § 333 HGB); § 53 G zur Ausführung der EG-VO ... über das Statut der Europäischen Gesellschaft (SEAG, 2004; Anwendung von § 333 HGB, § 404 AktG, § 315 Umwandlungsgesetz); § 151

---

[129] Dazu u. a. *Spindler*, Informationsfreiheit und Finanzmarktaufsicht, 2012; *Linßen*, Informationsprobleme und Schutz von Unternehmensgeheimnissen im Telekommunikationsregulierungsrecht, 2011; jüngeres Beispiel zur Verschwiegenheitspflicht § 7 des Gesetzes zur Stärkung der Finanzstabilität v. 28.11.2012, BGBl. I 2369.

[130] Beispiele für Sonderregelungen und Übermittlungspflichten bei *Taeger*, S. 221 ff., 232 ff. (z. B. in Umweltschutzgesetzen; in §§ 10 ff. KrWG, § 30 II Nr. 2, IV AO); *Kloepfer*, IFG, S. 52 ff., *Kim*, S. 61 ff., 91 ff. (§§ 8, 9 Umweltinformationsgesetz, UIG); zu den Umweltinformationsgesetzen auch *Louis*, NuR 2013, 77, 87; beschränkter Schutz im Gentechnikrecht, vgl. § 17a GTG; dazu OVG Münster, NVwZ-RR 2006, 248.

[131] So z. B. der Ausschlusstatbestand in § 3 Satz 4 Nr. 2c VIG und in § 6 InformationsfreiheitsG des Bundes – IFG – v.5.9. 2005, BGBl. I 2722 (dazu *Beyerbach*, S. 327 ff.; *Kloepfer*, IFG, S. 15 ff.; *Rossi*, Kommentar, 2006; krit. m. w. N. *Sokol*, Computer und Recht 2005, 835; für Einführung einer Abwägungsklausel im IFG der Bundesbeauftragte für den Datenschutz und die Informationsfreiheit im Tätigkeitsbericht für 2011 und 2011, BT-Drs. 17/9100, S. 28 f. sowie *Kloepfer*, IFG, S. 75 f. – solche Klauseln gibt es bereits teilweise in den Ländern, dazu BT-Drs. 17/9100 S. 33; *Beyerbach*, S. 317 ff.; *Kloepfer*, IFG, S. 36 ff., 51; vgl. § 8 IFG-NRW v. 27.11.2001; § 11 IFG-SH. Vgl. auch § 9 Umweltinformationsgesetz (UIG) und dazu z. B. *Kloepfer*, IFG, S. 52 ff.; *Schmidt/Hungeling*, NuR 2010, 449; *Kümper/Wittmann*, NuR 2011, 840, 844 ff.; für eine Abwägung zwischen dem Recht auf Zugang zu Umweltinformationen und dem Schutz von Geschäftsgeheimnissen auch EuGH, C-266/09, 16.12.2010, NuR 2011, 201.

[132] Überblick bei *Meincke*, Geheimhaltungspflichten im Wirtschaftsrecht, WM 1998, 749; *Ransiek* (Rn. 127); *Aldoney Ramirez*, S. 174 ff.; Ann/*Loschelder*/Grosch, S. 47 ff.

III. Schutz durch andere strafrechtliche Regelungen   **15**

GenG; § 35 des Gesetzes zur Ausführung der EG-VO ... über das Statut der Europäischen Genossenschaft (SCEAG) v. 14.8.2006 (Anwendung von § 151 GenG, § 333 HGB, § 315 UmwandlungsG); § 14 EWIV-Ausführungsgesetz, § 19 des Gesetzes über die Rechnungslegung von bestimmten Unternehmen und Konzernen (PublG; betr. Prüfer); § 315 Umwandlunggesetz (subsidiäre Regelung); §§ 133 b,c Wirtschaftsprüferordnung (betr. Mitglieder der Abschlussprüferaufsichtskommission); §§ 55a, b KWG (Offenbarung, Verwertung von Angaben über Millionenkredite); § 138 Versicherungsaufsichtsgesetz (teilweise subsidiär gegenüber §§ 333 HGB, 404 AktG); hinsichtlich betrieblicher Mitbestimmung: § 35 Sprecherausschussgesetz (SprAuG, betr. leitende Angestellte); § 120 BetrVerfG; §§ 43, 44 EBRG; § 45 Gesetz über die Beteiligung der Arbeitnehmer in einer Europäischen Gesellschaft (SEBG); § 47 Gesetz über die Beteiligung der Arbeitnehmer in einer Europäischen Genossenschaft (SCEBG); § 34 Gesetz über die Mitbestimmung der Arbeitnehmer bei einer grenzüberschreitenden Verschmelzung (MgVG); § 155 SGB IX) haben bisher in der Praxis keine große Bedeutung erlangt.[133] Ursache dürfte dafür vor allem die Beschränkung des Täterkreises, das Erfordernis eines Strafantrags und der niedrige Strafrahmen sowie die Tatsache sein, dass in praktisch wichtigen Fällen § 17 UWG anwendbar ist, auch wenn die Tatbestände neben einem teilweise weiteren Geheimnisbegriff die zeitlichen und subjektiven Begrenzungen des § 17 UWG nicht enthalten.[134]

In weitem Umfang wird das **Geheimhaltungsinteresse von Unternehmen**, insbesondere von Gesellschaften bzw. von Arbeitgebern geschützt, ob darüber hinaus in § 404 AktG, § 85 GmbHG, § 333 HGB und § 151 GenG auch das von Aktionären bzw. Gesellschaftern und Genossen, ist umstritten. Nicht einbezogen ist dabei der Schutz von Gläubigern und Arbeitnehmern (letztere jedoch einbezogen im Rahmen betrieblicher Mitbestimmung, s. oben). Bei den §§ 55a,b KWG ist das Geheimhaltungsinteresse der Kreditnehmer das geschützte Rechtsgut.[135] Die verschiedenen Regelungen weisen durchweg eine einheitliche Struktur auf. Strafbar ist zum einen die **unbefugte Offenbarung**[136] **von** (Unternehmens) **Geheimnissen** (oft nicht nur von Betriebs- und Geschäftsgeheimnissen i. S. von § 17 UWG)[137] durch

---

[133] Vgl. auch noch die Sonderregelung in Art. 2 § 5 des Gesetzes vom 13.5.1957 zu dem Vertrag zwischen der Bundesrepublik Deutschland und der Schweizerischen Eidgenossenschaft über die Regelung von Fragen, welche die Aufsichtsräte der in der Bundesrepublik Deutschland zum Betrieb von Grenzkraftwerken am Rhein errichteten Aktiengesellschaften betreffen, i. d. F. von Art. 237 EGStGB v. 2.3.1974 (BGBl. I 469, 606). – Allgemein zu „Rechten und Pflichten der Organe einer Aktiengesellschaft bei der Weitergabe vertraulicher Unternehmensinformationen" *Linker/Zinger*, NZG 2002, 497; *Meincke* a. a. O., S. 750 ff.; *Taeger*, S. 129–156; *Hoffmann/Preu*, Der Aufsichtsrat, 5. Auflage 2003, S. 79 ff. (Verschwiegenheitspflicht); vgl. weiter zur Geheimhaltungspflicht nach den §§ 79, 120 BetrVerG (betr. Betriebs- und Geschäftsgeheimnisse) *Thüsing* und *Annuß* im Kommentar von Richardi u. a., 12. Aufl. 2010, und von *Preis* im Kommentar von Wlotzke u. a., 4. Aufl., 2009; *Gercke/Kraft/Richter*, Arbeitsstrafrecht, 2012, Kap 2 N II; M-G/B-*Blessing*, § 35 Rn. 18 ff.; MK-*Jockes*, Rn. 11 ff.; allgemein Achenbach/ *Ransiek*, Teil 8–2; M-G/B-*Dittrich*, § 33 Rn. 99 ff.; zu § 404 AktG *Otto* im Großkommentar, 4. Aufl. 1997; MK-AktG-*Schaal*; MK-StGB-*Kiethe/Hohmann*; G/J/W-*Temming* Nr. 115; Achenbach/*Ransiek*, Teil 8–2 Rn. 10 ff.; zu § 85 GmbHG Erbs-Kohlhaas/*Schaal*; MK-StGB-*Kiethe/Hohmann*; *Tiedemann* im Scholz-Kommentar, 10. Aufl., 2010; Michalski/*Dannecker* (2008); G/J/W-*Otte*; zu § 333 HGB MK-StGB-*Sorgenfrei*; G/J/W-*Olbermann*; und von *Quedenfeld* im Münchener Kommentar, 2001; weiter zur Verletzung von Prüferpflichten, insbesondere nach § 333 HGB Achenbach/*Ransiek* aaO Rn. 33 ff.; M G/B-*Häcker*, § 94 Rn. 5 ff.

[134] Zu den Divergenzen *Aldoney Ramirez*, S. 179; kritisch zu diesen (insbesondere auch zu den niedrigen Strafrahmen) *Wawrzinek*, S. 156 f.

[135] *Beckemper*, Rn. 532.

[136] Abtretung von Vergütungsansprüchen typischerweise keine nach § 85 GmbHG verbotene Offenbarung, zumindet nicht bei Festgehalt, BGH(Z) NJW 2000, 1329; ebenso bei Abtretung erfolgsunabhängiger Tantiemeansprüche, OLG Köln(Z) BB 1999, 2577. Generell zur Offenbarung im Wirtschaftsrecht *Taeger*, S. 144 ff., 156 ff., 164 ff.; zu § 404 AktG Achenbach/*Ransiek*, Teil 8–2 Rn. 19 f. (befugt Weitergabe an Informationen an andere Mitglieder von Vorstand und Aufsichtsrat und an Prüfer, nicht aber allgemein an sonstige Geheimhaltungsverpflichtete, vgl. BGHZ 116, 288); siehe die Liste in § 9 KWG.

[137] Die h. M. setzt zu § 404 AktG, § 85 GmbHG fehlende Offenkundigkeit und ein Geheimhaltungsinteresse sowie überwiegend einen Geheimhaltungswillen voraus, MK-*Kiethe*/Hohmann, § 404 AktG,

15. Kapitel. Schutz von Geschäfts- und Betriebsgeheimnissen

Mitglieder von Organen (Vorstand einer AG, Genossenschaft, eines Versicherungsunternehmens; GmbH-Geschäftsführer[138]; Mitglied eines Vertretungsorgans) oder Aufsichtsräten von (Kapital-)Gesellschaften, einschließlich Abwicklern bzw. Liquidatoren sowie (Abschluss-)Prüfer (und deren Gehilfen), die ihnen in dieser Eigenschaft bekannt geworden sind, zum anderen die unbefugte Verwertung (s. Rn. 44). Nach § 155 SGB IX gehören Vertrauensleute von Schwerbehinderten zum Täterkreis; bei den Regelungen über betriebliche Mitbestimmung beziehen sich die strafrechtlich bewehrten Verbote naturgemäß auf daran beteiligte Personenkreise, z. B. im BetrVerfG auf (Ersatz-)Mitglieder des Betriebsrates, Vertreter von Gewerkschaften bzw. Arbeitgebervereinigungen sowie u. a. auf hinzugezogene Arbeitnehmer, wobei dort für die Strafbarkeit weitgehend gefordert wird, dass das Geheimnis vom Arbeitgeber ausdrücklich als geheimhaltungsbedürftig bezeichnet worden ist (ebenso z. B. § 35 I SprAuG; § 5 GrenzkraftwerkevertragsG); vielfach sind Arbeitnehmergeheimnisse einbezogen. Die Auslegungen zum Geheimnisbegriff und zur unbefugten Offenbarung (und auch zur unbefugten Verwertung, Rn. 44) folgen weitgehend der zu § 17 UWG entwickelten Linie. Auch hier sollte – wie bei § 17 UWG (Rn. 10) strafbaren und nicht ganz unerheblichen gesetz- bzw. ggf. sogar sittenwidrigen Geheimnissen ein berechtigtes Geheimhaltungsinteresse nicht zuerkannt werden, insbesondere wenn unternehmensintern vorgetragene Beschwerden und Einwände erfolg- oder sinnlos sind. Die h. L. räumt jedoch durchweg auch illegalen Geheimnissen den Schutz der Geheimhaltungsvorschriften ein, auch wenn dann teilweise eine Befugnis zur Offenbarung unter Vornahme von Abwägungen widerstreitender Interessen bzw. Pflichten zugestanden wird.[139] – Was Auslandstaten angeht, so gilt hier neben §§ 3, 4, 7 und 9 auch die Sonderregelung in § 5 Nr. 7 StGB hinsichtlich der o. g. strafrechtlichen Regelungen, soweit es sich um den Schutz von Betriebs- und Geschäftsgeheimnissen handelt.[140]

44 **Voraussetzung für die Verfolgung ist ein Strafantrag der Gesellschaft** usw. oder (so in den zuletzt genannten Gesetzen) des Verletzten (u. U. nach dessen Tod auch von einem Angehörigen oder einem Erben), also bei Verrat von Betriebs- und Geschäftsgeheimnissen in der Regel des Arbeitgebers als Verfügungsberechtigtem. Im Hinblick darauf, dass Täter leitende Personen sein können, enthalten die verschiedenen Gesetze besondere Regelungen über die Antragsberechtigung.- Zu den internen Untersuchungen gehört eine Festlegung der Ziele (wie der Vorbereitung eines Antrags, der Erhebung eines Schadensersatzanspruchs und einer fristlosen Kündigung), insbesondere die Ermittlung von Anhaltspunkten für einen Geheimnisverrat[141]

Im Normalfall kann bei der unbefugten Offenbarung nur Geldstrafe oder Freiheitsstrafe bis zu einem Jahr verhängt werden. Dieser Rahmen erhöht sich auf zwei Jahre, wenn der Täter **gegen Entgelt oder in der Absicht, sich oder einen anderen zu bereichern oder zu schädigen, gehandelt hat**. Die gleiche Strafe trifft darüber hinaus jeden, der ein Betriebs- oder Geschäftsgeheimnis, das ihm in der dort genannten Eigenschaft bekannt geworden ist, **unbefugt verwertet**. Durch das Transparenz- und Publizitätsgesetz vom 19.7.2002[142] wurde die Systemtreue allerdings aufgegeben. Die Strafrahmen in § 404 I und II AktG wurden, beschränkt auf börsennotierte Gesellschaften, jeweils um ein Jahr angehoben. Die Begründung

---

Rn. 24 ff.; § 85 GmbHG. Rn. 22 ff.; MK-*Sorgenfrei*, § 333 HGB, Rn. 19 ff.; Achenbach/*Ransiek*, Teil 8–2 Rn. 13 ff., G/J/W-*Otte*, § 85 GmbHG, Rn. 8 ff.; *Dann* (2013) Rn. 49 ff. – Schutzobjekt i. S. von § 85 ist nach BGH NJW 1996, 2576 f. jedes Geheimnis, nicht nur ein Betriebs- oder Geschäftsgeheimnis, gleich, ob es einen materiellen oder immateriellen Wert hat (im Letzteren liegt eine Erweiterung).

[138] Auch faktische Geschäftsführer, BGHSt 46, 62 = NJW 2000, 2285 = wistra 2000, 307 (zu § 82); näher zur Auslegung von § 85 GmbHG jüngst *Dann* (2013) m. w. N.

[139] Gegenteiliger Auffassung sind nur wenige wie z. B. G/J/W-*Temming*, § 404 AktG, Rn. 10, 20 m. w. N.; *Krekeler*, Verteidigung in Wirtschaftsstrafsachen, 2002, S. 36 (zu § 333 HGB) – teilweise wird eine Befugnis zur Erstattung einer Strafanzeige bejaht, z. B. zu § 85 GmbHG von Erbs-Kohlhaas-*Schaal*, Rn. 9; G/J/W-*Otte*, Rn. 31; Scholz/*Tiedemann*, Rn. 26; Michalski/*Dannecker*, Rn. 42, 76 (anders nur bei Bagatellfällen); Baumbach/ Hueck/*Haas*, Rn. 24 (bei schwerwiegenden Straftaten); abl. *Dann* (2013) Kap 25 Rn. 55.

[140] *Kiethe-Hohmann*, § 404 AktG, Rn. 94; § 85 GmbHG, Rn. 91.

[141] Dazu z. B. *Knierim/Rübenstahl/Tsambikakis/Dann*, Internal Investigations, Kap. 25.

[142] BGBl. I S. 2681.

III. Schutz durch andere strafrechtliche Regelungen   **15**

des RegE[143] (große wirtschaftliche Tragweite eines solchen Vergehens bei einer börsennotierten Gesellschaft; Gefährdung des Corporate Governance-Systems) für diese Verschärfung überzeugt nicht bei einem Vergleich mit dem Strafrahmen anderer o. g. Strafvorschriften, die allerdings generell als zu niedrig anzusehen sind.

2. Strafvorschriften zum Schutze von Privat- und Dienstgeheimnissen

Weitergehend als die §§ 17 ff. UWG gewähren auch Strafvorschriften der §§ 201 ff., 353b **45** und 355 StGB einen zusätzlichen Strafschutz für Betriebs- und Geschäftsgeheimnisse. Dies gilt insbesondere im staatlichen Bereich.

Durch § 201 StGB (Verletzung der Vertraulichkeit des Wortes) und § 202 StGB (Verletzung des Briefgeheimnisses) werden Geheimnisse geschützt, wenn das „nichtöffentlich gesprochene Wort" bzw. ein verschlossener Brief (gleichgestellt Schriftstück, Abbildung) als Tatobjekt des Abhörens mit einem Tongerät usw. bzw. des Öffnens oder der Kenntnisverschaffung ein solches Geheimnis enthält. Nach § 202a StGB (Ausspähen von Daten) macht sich strafbar, wer unbefugt gegen unberechtigten Zugang besonders gesicherte nicht unmittelbar wahrnehmbar gespeicherte oder sich in Übermittlung befindliche Daten sich oder einem anderen verschafft. Dazu können auch geheime Betriebs- und Geschäftsdaten gehören (näher zu dem Tatbestand bei *Bär*, Kapitel 14). Durch Art. 1 Nr. 3 des 41. StRÄndG v. 7.8.2007 (BGBl. I 1786) wurden ein neuer § 202b über das unbefugte „Abfangen von Daten" als elektronisches Pendant zu dem Abhören und Aufzeichnen von Telefongesprächen und § 202c (Vorbereiten des Ausspähens und Abfangens von Daten) zur Erfassung insbesondere von sog. „Hacker-Tools" in Ergänzung zu §§ 201, 202a in das StGB aufgenommen. Die **§§ 203 und 204 StGB (Verletzung von Privatgeheimnissen)** rechnen zu den bestimmten Berufsträgern und auch der öffentlichen Hand (Amtsträger usw.) anvertrauten geschützten fremden Geheimnissen ausdrücklich auch Betriebs- und Geschäftsgeheimnisse. Sie werden dort gegen Offenbarung und Verwertung auch ohne das Vorliegen der subjektiven Voraussetzungen des § 17 UWG geschützt. Die Einführung dieser Tatbestände im Strafgesetzbuch hat viele nebenstrafrechtliche Sonderregelungen überflüssig gemacht. Ergänzend ist auf die mit höheren Strafen verbundene Straftat des § 353b (Verletzung des Dienstgeheimnisses und einer besonderen Geheimhaltungspflicht) hinzuweisen, die allerdings zusätzlich eine Gefährdung öffentlicher Interessen durch die unbefugte Offenbarung anvertrauter bzw. bekannt gewordener Geheimnisse voraussetzt[144]. Zu diesen können auch Privatgeheimnisse unter Einschluss von Betriebs- und Geschäftsgeheimnissen gehören (die z. B. im Rahmen von Genehmigungsverfahren von Unternehmen mitgeteilt werden). Bei der unternehmensbezogenen[145] **Verletzung des Post- oder Fernmeldegeheimnisses** (§ 206 I, II StGB; früher § 354 StGB) können ebenfalls Betriebs- und Geschäftsgeheimnisse betroffen sein. Die Strafvorschrift über die **Verletzung des Steuergeheimnisses (§ 355 StGB)** bezieht sich ausdrücklich auch auf die unbefugte Offenbarung bzw. Verwertung von fremden Betriebs- und Geschäftsgeheimnissen (Abs. 1 Nr. 2) durch Amtsträger (und gleichgestellte Personen) insbesondere in (Straf-, Bußgeld-)Verfahren in Steuersachen.

Mehr am Rande stehen bisher die Strafvorschriften zum Schutze vor Eingriffen in die Privatsphäre im **Bundesdatenschutzgesetz (BDSG)** und den **Datenschutzgesetzen der Länder.** Die Novelle zum BDSG vom 18.5.2001[146] war mit einer Reform der Bußgeld-

---

[143] BT-Drucks. 14/8769 S. 61. Kritisch dazu *Niewerth*, Die strafrechtliche Verantwortlichkeit des Wirtschaftsprüfers, 2003, S. 40 (rechtspolitisch bedenklich, dass Strafrahmen bei Verstößen bezüglich Jahresabschlussprüfung – häufigste Prüfungsart – geringer; Vereinheitlichung notwendig).

[144] Vgl. generell neuerdings BGH NStZ-RR 2013, 110 = NJW 2013, 549.

[145] Der Begriff des Unternehmens ist weit auszulegen, OLG Karlsruhe K&R 2005, 181 = MMR 2005, 178 f. (zu § 206 II 2 StGB; auch Hochschule, die TK-Einrichtungen zur Versendung und Empfang von E-Mails auch für private und wirtschaftliche Zwecke zur Verfügung stellt); MK-*Altenhain*, Rn. 13 und NK-*Kargl*, Rn. 7; a. A. *Fischer*, Rn. 2.

[146] BGBl. I 904; Neufassung des BDSG vom 14.1.2003 in BGBl. I S. 66 v. 24.1.2003, zuletzt geändert durch Gesetz v. 14.8.2009, BGBl. I 2814. Zur Auslegung der Bußgeld- und Strafvorschriften vgl. z. B.

und Strafvorschriften verbunden. Die Regelungen in **§§ 43, 44 BDSG** beziehen sich primär auf den Datenschutz in Bundesbehörden (§ 1 Abs. 2 Nr. 1; § 12 Abs. 1 BDSG) und des Wirtschaftslebens (§ 1 Abs. 2 Nr. 3, § 27); das Landesdatenschutzstrafrecht, das teilweise parallele Regelungen enthält, teilweise aber auch weiter ist, schützt Daten in Landesbehörden. Diese Regelungen dienen unter anderem auch dazu, natürliche Personen in ihren Persönlichkeitsrechten gegen das Ausspionieren sie betreffender personenbezogener Daten (Abrufen, Verschaffen aus Dateien; Erschleichen der Übermittlung durch unrichtige Angaben) und gegen andere unbefugte Handlungen beim Umgang und der Verarbeitung mit diesen Daten (z. B. zweckwidrige Weitergabe) gegen vorsätzliche und fahrlässige Verstöße zu schützen. Wie schon teilweise zuvor und heutzutage generell im Landesrecht (außer in Berlin) beschränkt sich seit 2002 der **strafrechtliche Schutz in § 44 BDSG** (im Gegensatz zu § 43 BDSG a. F.) auf Fälle, in denen der Täter bei einem Verstoß gegen eine Ordnungswidrigkeit nach § 43 Abs. 2 BDSG gegen Entgelt oder in der Absicht handelt, sich oder einen Dritten zu bereichern oder zu schädigen. Da personenbezogene Daten Einzelangaben über persönliche oder sachliche Verhältnisse einer bestimmten oder bestimmbaren natürlichen Person (§ 3 Abs. 1 BDSG), einschließlich IP-Adressen und Zugangsdaten[147], sind, sind solche einer juristischen Person oder einer Personengesellschaft bisher nicht einbezogen. Daraus ergibt sich eine erhebliche Einschränkung zum Schutze von Betriebs- und Geschäftsgeheimnissen. Ist Inhaber solcher Geheimnisse jedoch nicht eine juristische, sondern eine natürliche Person, sind diese Vorschriften anwendbar, da diese sich nicht auf den Schutz des Intimbereichs beschränken, sondern auch den geschäftlicher Bereiche bzw. der Teilnahme am Wirtschaftsverkehr mit einschließen

45a Eine Sonderregelung enthält § 37 Sicherheitsüberprüfungsgesetz[148] hinsichtlich der durch dieses Gesetz geschützten personenbezogenen Daten, die zur Sicherung des Geheimhaltungsinteresses des Staates bei Sicherheitsüberprüfungen für nicht-öffentliche Stellen (vgl. §§ 24 ff.[149]), also in der Wirtschaft, und dort vornehmlich in der Rüstungswirtschaft, anfallen können. Die Strafbarkeit entspricht der zu § 43 BDSG a. F., reicht also weiter als der geltende § 44 BDSG; dessen zu einer Einschränkung führende Reform wurde in dieses Gesetz nicht übernommen. Die Strafverfolgung setzt einen Strafantrag voraus (§ 37 Abs. 4). Ergänzend bestehen Sicherheitsüberprüfungsgesetze in den Ländern.

3. Staatsschutzstrafrecht

46 Der (bloßen, nach § 17 UWG strafbaren) Ausspähung von Betriebs- und Geschäftsgeheimnissen wird vielfach als gefährlichere und gesamtwirtschaftlich schädlichere Form die staatlich gelenkte oder gestützte, von fremden Nachrichtendiensten ausgehende Aufklärung bzw. Ausspähung von Wirtschaftsunternehmen und -betrieben gegenübergestellt. Im engen Zusammenhang steht auch die Beschaffung von Erkenntnissen aus Forschungsinstituten, die Grundlagenforschung betreiben. Berichte der Ämter für Verfassungsschutz zeigen, welche Gefahren auch nach den Veränderungen in Osteuropa weiterhin in dieser Richtung etwa von Russland

---

Dammann, in: *Simitis* (Hrsg.), Kommentar zum Bundesdatenschutzgesetz, 7. Aufl. 2011; Erbs/Kohlhaas/ *Ambs* [Stand: 10.1.2011]; Gola/*Schomerus,* 10. Aufl., 2010; G/J/W-*Glaser;* Nr. 195, 2011; Böttger/*Mahn,* WiPra, Kap 10, Rn. 163 ff.; *Aldoney Ramirez,* S. 215 ff.

[147] AG Wuppertal NStZ 2008, 161 (Einloggen in ein unverschlüsseltes und per Flatrate betriebenes WLAN-Netz, um im Internet zu surfen); zum Problem des Personenbezugs bei sog. Cookies s. *Hilgendorf/Valerius,* Computer- und Internetstrafrecht, 2. Aufl., 2012, Rn. 737 f.

[148] V. 20.4.1994 (BGBl. I 867), zuletzt geändert durch Gesetz vom 7.12.2011 (BGBl. I S. 2576).

[149] Dazu die Allgemeine Verwaltungsvorschriften des Bundesministeriums des Innern zur Ausführung des Gesetzes über die Voraussetzungen und das Verfahren von Sicherheitsüberprüfungen des Bundes (Sicherheitsüberprüfungsgesetz – SÜG) und des Bundesministeriums für Wirtschaft zur Ausführung des Fünften Abschnitts (§§ 24 bis 31) des Sicherheitsüberprüfungsgesetzes – SÜG – vom 29.4.1994 (GMBl. 1994 S. 550, 552, 571, 624 ff., 674, 684) mit Änderungen des BMI idF. des Rundschreibens v. 31.1.2006 und des BMWi v. 15.6.1998 sowie die Allgemeine Verwaltungsvorschrift des Bundesministeriums des Innern zum materiellen und organisatorischen Schutz von Verschlusssachen (VS-Anweisung – VSA) v. 31.3.2006.

IV. Hinweise zu präventiven Maßnahmen

und darüber hinaus etwa von China, dem Iran[150] und von Nordkorea ausgehen. Experten gehen davon aus, dass auch westliche Staaten Wirtschaftsspionage betreiben. Klassisch war und ist die Ausspähung von wirtschaftlichen Staatsgeheimnissen aus der Rüstungswirtschaft. Neben der Erlangung von Ergebnissen zukunftsorientierter Forschung und Technik ist ein Schwerpunkt auch die Ausspähung moderner Informations- und Kommunikationstechnik.

a) Verfolgung wegen Verletzung eines Staatsschutzgeheimnisses[151]

Die Strafvorschriften zum Schutze von Staatsgeheimnissen (§ 94 – Landesverrat –; § 95 – Offenbaren von Staatsgeheimnissen –; § 96 – Landesverräterische Ausspähung; Auskundschaften von Staatsgeheimnissen –; § 97 – Preisgabe von Staatsgeheimnissen –; § 98 StGB – Landesverräterische Agententätigkeit –) setzen jeweils voraus, dass Gegenstand der Tat ein Staatsgeheimnis i. S. von § 93 I StGB ist. Nach der Reform des Staatsschutzstrafrechts im Jahre 1968 sind wirtschaftliche Geheimnisse nur noch dann Staatsgeheimnisse, wenn ihr Verrat zugleich schwerwiegende Auswirkungen („Nachteil") für die äußere Sicherheit Deutschlands hätte. § 97a – Verrat illegaler Geheimnisse – und § 97b – Verrat in irriger Annahme eines illegalen Geheimnisses – dehnen den Schutz auch auf solche Geheimnisse aus, die gemäß § 93 Abs. 2 StGB keine Staatsgeheimnisse sind. – Ergänzt wird der Schutz gegen Geheimnisverrat durch subsidiäre Sondertatbestände bei Patent-, Gebrauchsmuster- und Topografieanmeldungen, die ein Staatsgeheimnis enthalten, in § 52 PatG, § 9 GebrauchsmusterG, Art. 14 II IntPatÜG und § 4 IV 3 HalbleiterschutzG.[152]

47

b) Verfolgung wegen geheimdienstlicher Agententätigkeit

Einen umfassenderen strafrechtlichen Schutz bietet § 99 StGB, sofern der Nachweis gelingt, dass jemand für den Geheimdienst einer fremden Macht tätig ist. Diese geheimdienstliche Tätigkeit muss gegen Deutschland gerichtet sein, wobei es dann ausreicht, dass sie auf die „Mitteilung oder Lieferung von Tatsachen, Gegenständen oder Erkenntnissen" abzielt[153] und deshalb gegebenenfalls auch Betriebs- und Geschäftsgeheimnisse und darüber hinaus auch wirtschaftliche und wissenschaftliche Tatsachen umfassen kann, die gar keine Geheimnisse darstellen. Strafbar ist auch bereits die Bereiterklärung.

48

Weitergehend als durch § 5 Nr. 7 StGB sind nach § 5 Nr. 4 StGB auch Auslandstaten von Deutschen und Ausländern strafbar.

IV. Hinweise zu präventiven Maßnahmen

Bedeutender als der strafrechtliche Schutz sind in der Praxis **vorbeugende Maßnahmen**. Der Schutz vor Wirtschaftsspionage („Know-how-Schutz") muss in erster Linie im Betrieb seinen Anfang nehmen. Gegenmaßnahmen sehen natürlich bei einem kleinen Unternehmen anders aus als bei Großunternehmen.[154] Diese setzen zunächst eine **Ermittlung der Schutzbedürftigkeit,** insbesondere die Erfassung der Know-how-Bereiche (auch nach Wichtigkeit), eine Analyse der Bedrohungssituation (gegenüber „Angriffen" von innen oder/und von außen, je nach Branchenart) und der Schwachstellen des Unternehmens voraus. Welche

49

---

[150] Vgl. als Beispiel die Hinweise des BGH in NStZ-RR 2007, 117.
[151] Vgl. generell insbesondere zum Verhältnis der §§ 17 ff. zum Staatsschutzstrafrecht *Tiffner*.
[152] Dazu LK-*Schmidt*, Rn. 4 f. vor § 93; NK-*Paeffgen*, Rn. 10 vor § 93.
[153] Berühmter Beispielsfall der KGB-Hacking-Fall, OLG Celle, 4 StE 1/89, 15.2.1990 (erörtert von *Bär*, Der Zugriff auf Computerdaten im Strafverfahren, 1992, S. 37 f.; *Fecht u. a.* (Fn. 12), S. 4 ff.; Hacker überwanden Zugangssperren zu internationalen Datennetzen und brachen u. a. in EDV-Systeme und Datenbanken in den USA ein; sie verkauften Teil ihres Wissens an den KGB über die sowjetische Handelsmission in Berlin. Die Täter wurden zu Freiheitsstrafen von bis zu zwei Jahren verurteilt).
[154] Zum Folgenden z. B. die Hinweise in den in Anm. 22 zitierten Werken, weiter etwa Ann/Loschelder/Grosch-*Huber,* S. 66 ff., 595 ff.; *Knierim/Rübenstahl/Tsambikakis,* Internal Investigations, z. B. S. 60 ff., 181 ff., 325 ff., 919 ff.; *Kragler* (1982) (1987), S. 44 ff.; (1991), S. 27 ff.; zum EDV-Bereich vgl. auch *Möhrenschlager,* wistra 1991, 321, 330 f.; *Dannecker,* BB 1987, 1614, 1619 f.; *Binder,* S. 51 ff.; *Eiding,* S. 49 ff.; *Schulze-Heiming,* S. 66 ff.

Informationen sind für Wettbewerber und eventuell sogar für ausländische Nachrichtendienste interessant? Die sich anschließende **Risikobewertung** ist dann die Grundlage für die Entwicklung eines **Informationsschutz- und Sicherheitskonzepts**. In sogenannten geheimgeschützten Unternehmen aus dem Bereich der Verteidigungsindustrie liegen solche Sicherheitskonzepte aufgrund der mit staatlichen Aufträgen verbundenen Verträge vor. Bei kleinen und mittleren Betrieben kann es an entsprechenden Schutzmaßnahmen fehlen, obwohl dort geleistete innovative Forschungs- und Entwicklungsarbeiten für Konkurrenten und ggf. auch für fremde Nachrichtendienste ebenfalls einen Anreiz darstellen können. Aufbauend auf der Idee einer integrierten globalen Unternehmenssicherheit hat jedes Unternehmen unter Berücksichtigung seiner Struktur, seiner Produkte, seiner Finanzlage und möglicher Gefährdungen seine Vorstellungen von Sicherheit und Sicherheitsmaßnahmen zu entwickeln. Sicherheitsüberlegungen müssen frühzeitig bei Entscheidungsprozessen und betrieblichen Abläufen in einer den unterschiedlichen betrieblichen Einheiten gerecht werdenden Weise berücksichtigt und der Belegschaft vermittelt werden. Dazu kann es notwendig werden zunächst einmal eine strategische Sicherheitskonzeption im Betrieb zu entwickeln. Sie ist dann die Grundlage für eine Kombination von rechtlichen Maßnahmen gegenüber Angehörigen des Unternehmens und gegenüber Geschäftspartnern (etwa durch gesonderte Geheimhaltungsvereinbarungen in Verbindung mit der Festlegung von Nutzungsbefugnissen, auch bei Veräußerung und in Verträgen zum Technologietransfer, wie etwa der Lizenzierung von Know-how[155]) sowie von personellen, organisatorischen und technischen Maßnahmen.

Aufgrund einer 1994 vom Bundesministerium des Innern geschaffenen und 2008 aktualisierten „Rahmenregelung für die Zusammenarbeit mit der gewerblichen Wirtschaft auf Bundesebene in Sicherheitsfragen" werden der „Arbeitsgemeinschaft für Sicherheit in der Wirtschaft e. V." (ASW)[156] für die Wirtschaft bedeutsame staatliche Sicherheitserkenntnisse zugeleitet, die diese an die in ihr zusammengeschlossenen Wirtschaftsverbände weiterleitet, die ihrerseits dann ihre Mitgliedsunternehmen unterrichten. Die ASW ihrerseits leitet ihr bekannt gewordene Erfahrungen der Wirtschaft zuständigen staatlichen Stellen zu.[157] Die ASW ist eine 1993 gegründete Zentralorganisation der Wirtschaft in Sicherheitsfragen. Sie wurde von den Spitzenverbänden der Wirtschaft und von den Landesverbänden für Sicherheit in der Wirtschaft gegründet. Mitglied werden kann jeder Verband der gewerblichen Wirtschaft auf Bundesebene. Hinzu kommen noch Organisationen auf Landesebene, so z. B. das 1999 ins Leben gerufene Sicherheitsforum Baden-Württemberg. In Niedersachsen und in Nordrhein-Westfalen wurden im November 2000 bzw. Oktober 2001 zwischen der jeweiligen Landes-IHK-Vereinigung, dem Landes-Verband für die Sicherheit der Wirtschaft und dem Innenministerium und in NRW auch dem Wirtschaftsministerium eine „Sicherheitspartnerschaft" vereinbart (Ziele u. a. Informations- und Erfahrungsaustausch, Beratung, Sensibilisierung der Wirtschaft über Gefahrenpotentiale). Für Bayern ist auf das Kompetenzzentrum für Sicherheit in München zu verweisen. Andere Länder sind gefolgt. Für geheimschutzbetreute Unternehmen hat das Bundesministerium für Wirtschaft und Technologie ein Handbuch für den Geheimschutz in der Wirtschaft (**Geheimschutzhandbuch**, GHB)[158] als verbindliches Regelwerk zum Umgang mit staatlichen **Verschlusssachen** entwickelt. Das BMWi betreut und kontrolliert die Unternehmen, die von Bundesbehörden, von ausländischen amtlichen Stellen oder von zwischenstaatlichen Organisationen (z. B. NATO, OCCAR[159]) VS-Aufträge erhalten, in allen Geheimschutzfragen und bei

---

[155] Vgl. dazu *Ann/Loschelder/Grosch*, S. 182 ff., 241 ff., 254 ff., 269, 284 ff., 605 ff.; *Wurzer/Kaiser*, S. 257 ff., 329 ff., 454 ff., 479 ff.
[156] Sitz in Internetadresse: www.asw.-online.de.
[157] Vgl. BT-Drucks. 13/8366 S. 5 f. (s. Literaturverzeichnis a. E.).
[158] S. Ausgabe vom Bundesministerium für Wirtschaft und Technologie, September 2004 (abrufbar unter bmwi-sicherheitsforum.de, Stand: 20.12.2013); es enthält 70 Anlagen.
[159] Grundlage: Übereinkommen zur Gründung der Gemeinsamen Organisation für Rüstungskooperation v. 9.9.1998, Gesetz v. 6.3.2000, BGBl. II 414 (in Kraft 28.1.2001, BGBl. II 501); weiter das OCCAR-Geheimschutzabkommen v. 24.9.2004, Gesetz v. 12.8.2005, BGBl. II 778 (in Kraft am 17.5.2006, BGBl. 2007 792).

IV. Hinweise zu präventiven Maßnahmen

den erforderlichen Geheimschutzmaßnahmen. Für die Länderebene kann z. B. auf den „Leitfaden zur Spionagebekämpfung" in Baden-Württemberg hingewiesen werden.[160]

1. Personelle und rechtliche Schutzmaßnahmen

Sicherheitsaspekten sind schon bei der Personalauswahl, d. h. also bereits vor der Einstellung, zu beachten. Sie beginnen mit der Sammlung von Informationen („Durchleuchtung") über einen Bewerber (etwa durch Vorlage von Unterlagen z. B. über Werdegang, frühere Beschäftigungen, Zeugnisse, Referenzen; Befragungen im Vorstellungsgespräch; Einholung von Auskünften von früheren Arbeitgebern, was ggf. bereits Anhaltspunkte für einen Verdacht der Einschleusung zum Zwecke des Ausspionierens geben könnte) und deren Bewertung („Personaldiagnostik"). Besondere Sorgfalt ist bei der Auswahl von Mitarbeitern angebracht, die aufgrund ihrer Tätigkeit Zugang zu sicherheitsrelevanten Informationen erhalten werden. Neue Mitarbeiter sollen gegebenenfalls über mögliche Interessenkonflikte befragt werden.

Allgemein anerkannt ist, dass während des Bestehens eines Arbeitsverhältnisses eine Verschwiegenheitspflicht auch unabhängig von einer ausdrücklichen Vereinbarung als arbeitsvertragliche Nebenpflicht besteht. Gleichwohl sollten Hinweise auf den Geheimnisschutz, wenn dies im Hinblick auf Struktur und Tätigkeit des Unternehmens und im Hinblick auf die Art der klar zu beschreibenden Tätigkeit des neuen Mitarbeiters geboten ist, bei Vertragsabschluss und ggf. auch noch einmal bei Arbeitsaufnahme ausdrücklich gegeben werden; eine besondere Verpflichtung zur Wahrung des Schutzes von Geheimnissen unter Bezugnahme auf die relevanten Schutzgegenstände kann geboten sein. Wichtig ist dabei die genaue Festlegung von Verantwortlichkeiten im Betrieb. Auskunftspflichten, z. B. über unternehmensrelevante Nebentätigkeiten, ggf. in Grenzen sogar ein Erlaubnisvorbehalt, können auch in den Arbeitsvertrag aufgenommen werden. Einer verstärkten Sensibilisierung nicht nur von Betriebsangehörigen, sondern auch von Geschäftspartnern (Lieferanten, Zulieferer, Abnehmer, Subunternehmer), über geheimhaltungsbedürftige Tatsachen und das geheime Know-how des Unternehmens dienen in Ergänzung zur gesetzlichen Pflicht zur Geheimhaltung nach den §§ 17, 18 UWG eine Belehrung darüber, deren schriftliche Dokumentation oder weitergehend auch eine besondere Geheimhaltungsvereinbarung sowie zusätzliche Schulungen. In Belehrungen (insbesondere auch in der Probezeit) und Verlautbarungen (Handbüchern, [periodischen] Rundschreiben usw.) für die Mitarbeiter in einem (größeren) Unternehmen sollte immer wieder auf die Wichtigkeit des Geheimnisschutzes hingewiesen und die Sensibilität beim sachgerechten Umgang mit Unternehmensinterna gefördert werden. Bei Änderungen der innerbetrieblichen Verwendung, ja auch bei Entsendungen zu Firmenpartnern bzw. allgemein der Zusammenarbeit mit Fremdfirmen, etwa bei gemeinsamer Forschung und Entwicklung oder beim sog. „Outsourcing", ist jeweils zu prüfen, ob diese zu Tätigkeiten mit höherer „Geheimhaltungsstufe" oder zu erhöhten Gefahren („Anreizen") bezüglich der Herausgabe von schutzwürdigen Unternehmensdaten führt und deshalb Anlass zu zusätzlichen Vereinbarungen und ggf. auch zu erneuten Sicherheitsüberprüfungen von Personen geben kann. Sensible Daten sollten nur an solche Personen weitergegeben werden, für die deren Wissen wirklich notwendig ist („need to know" – Kenntnis, nur wenn nötig bzw. unverzichtbar – Prinzip der Selektion). Um Annäherungsversuchen (etwa in Form von nicht nur geringfügigen Bestechungen) entgegenzuwirken, kann auch die Entwicklung von Ethikrichtlinien („Integrity Guidelines") hilfreich sein.

Zu den rechtlichen Schutzmaßnahmen gehört vor allem die Kündigung. Der gegen eine Führungskraft sprechende dringende Verdacht, sich unbefugt Betriebsgeheimnisse durch Herstellung und Speicherung einer privaten Datenkopie verschafft und dabei zu Zwecken des Wettbewerbs gehandelt zu haben, kann ein wichtiger Grund für eine fristlose Kündigung ohne Abmahnung sein.[161] In der Phase der Kündigung kann es notwendig werden, die Kon-

---

[160] Z. B. über www.vsw-bw.com.
[161] LArbG Köln MDR 2002, 590; vgl. auch LAG Baden-Württemberg DB 1968, 358f.; generell *Lembke*, RdA 2013, 82.

trolle über den Zugriff auf sicherheitsrelevante Informationen zu verstärken oder diesen sogar zu beschränken. Bei Ausscheiden sind Zutritts- und Zugangsbefugnisse zum Erlöschen zu bringen. Bedeutsam ist die Klärung der Frage, inwieweit Geheimhaltungspflichten auch nach Beendigung des Arbeitsvertrages bestehen, da in der Zeit danach die Gefahr der Ausnutzung von Unternehmensgeheimnissen zum Vorteil des Ausscheidenden und zum Nachteil des Unternehmens am größten ist.

Auch ohne eine besondere Abrede bejaht das Bundesarbeitsgericht[162] grundsätzlich in begrenztem Umfang eine nachwirkende Treuepflicht zur Geheimhaltung von Betriebs- und Geschäftsgeheimnissen, deren Verletzung im Rahmen des § 17 Abs. 1 UWG allerdings nicht strafrechtlich sanktioniert ist und regelmäßig auch keinen Anspruch des Arbeitgebers gegen einen früheren Arbeitnehmer auf Unterlassung von Wettbewerb begründet. Letzteres ist nur der Fall, wenn ein bezahltes (sog. „Karenzentschädigung") und auf höchstens zwei Jahre befristetes Wettbewerbsverbot nach den §§ 110 GewO, 74 ff. HGB (unbefristet für Handelsvertreter nach § 90 HGB) vereinbart wurde oder sonst ein Verstoß gegen § 3, auch i. V. m. § 4 Nr. 9c (Produktnachahmung), 10, 11 UWG, §§ 823 (zumeist Absatz 2), 826 BGB[163] vorliegt. Verboten ist es, Betriebs- und Geschäftsgeheimnisse zu veräußern und für sich zu verwerten: Einem Arbeitnehmer kann es untersagt werden, rechtswidrig beschaffte oder beim Ausscheiden zurückgehaltene Listen oder sonstige Informationsträger, in denen Betriebsgeheimnisse verkörpert sind, zu deren Herausgabe er wie hinsichtlich bei der Arbeit gefertigten Arbeitsergebnissen und Geschäftsunterlagen verpflichtet ist, auch nicht zu verwenden; dies setzt aber eine tatsächliche Benutzung voraus. In der sonstigen Verwendung seiner beruflichen Kenntnisse und seines erworbenen Erfahrungswissens ist der ehemalige Betriebsangehörige allerdings frei; er darf auch Kunden des früheren Arbeitgebers umwerben,[164] soweit er dazu nicht dessen Kundenlisten verwendet. Weniger eng als ursprünglich das BAG ist die Auffassung des Bundesgerichtshofs,[165] wonach ein Arbeitnehmer nach dem Ausscheiden aus einem Beschäftigungsverhältnis in der Weitergabe der dort redlich erworbenen Betriebsgeheimnisse grundsätzlich frei ist und nur unter besonderen Umständen ein Verstoß gegen § 3 angenommen werden kann. Dessen Feststellung erfordert die Prüfung des Gesamtverhaltens nach konkretem Anlass, Zweck, Mittel, Begleitumständen und Auswirkungen. Im konkreten Fall ist daher grundsätzlich in eine einzelfallbezogene Gesamtabwägung der Interessen des früheren Arbeitnehmers an der Fortentwicklung im Berufsleben und des Unternehmens an einer Geheimhaltung (Gefahr des „Know-how-Verlusts") einzutreten[166].

---

[162] BArbGE 41, 21 = NJW 1983, 134 f.; 57, 159 = NJW 1988, 1686 f.; BB 1999, 212 = NJW 1999, 2062 (Aufhebungsvertrag mit Verpflichtung, über alle während der Dienstzeit bekannt gewordenen Geschäftsvorgänge, insbesondere technische Verfahrensabläufe, Rezepturen, Werkzeugkonzeptionen, Kunden, Preise und Produkte, bezogen auf die Produktion von Kantenbändern, Stillschweigen zu bewahren). Zum Folgenden insbesondere die Darstellungen von Ann/Loschelder/Grosch-*Brock*, S. 128 ff.; *Harte-Bavendamm* in Loschelder/Erdmann, § 77 Rn. 35 ff.; *Köhler*/Bornkamm, Rn. 59 (insbesondere zur Interessenabwägung); die kritische Kommentierung von *Schöttler*, S. 179 ff., 193 ff. und von *Bartenbach*, S. 113, 122 ff. sowie von *Thüsing* in Henssler/Willemsen/Kalb, Arbeitsrechtskommentar, 5. Aufl., 2012, § 611 BGB Rn. 351; allgemein zum nachvertraglichen Wettbewerbsverbot BVerfGE 99, 202 = NJW 1999, 935.

[163] Zu Verstößen gegen § 3 (durch Beschäftigte, Gesellschafter, Absatzmittler, sonstige Dritte wie Vertragsbrüchige), § 4 Nr. 9c *Köhler*/Hasselblatt, Rn. 82 ff.; Rn. 103 zu Ansprüchen nach §§ 823, 826 BGB; vgl. auch *Zech* S. 232 ff. – Verschiedene zivilrechtliche Schutzmaßnahmen enthält der Kommissionsvorschlag (Fn. 9) in Art. 9 ff.

[164] BArbG a. a. O.; BAGE 57, 159 = NJW 1988, 1686; 73, 229 = BB 1994, 1078; 112, 376 = NJW 2005, 2732; 117, 218 = NZA 2006, 854; NJW 2006, 3609 (Vereinbarung durch Verweis auf §§ 74 ff. HGB); einschränkend hinsichtlich eines zu weit gefassten Wettbewerbsverbots BAGE 134, 147 = NJW 2010, 1323; die Strenge früherer BAG-Entscheidungen (s. Fn. 165) ist inzwischen gemildert.

[165] BGHZ 38, 391, 395 f. = GRUR 1963, 367, 369 (Industrieböden); weiter BGH WM 2001, 1824 = GRUR 2002, 91 f. (Spritzgießwerkzeuge) m. N. sowie BGH NJW-RR 2003, 833 f. (Weinberater; ggf. Haftung aus § 1 a. F. i. V. m. § 17 II UWG); zu einem unredlichen Fall BGH NJW 1984, 239; generell dazu *Bartenbach* S. 123, 126 ff.; zur Einschränkung der Kündigungsmöglichkeit bei Verstoß BGH NJW 2011, 608.

[166] Näher *Köhler*/Hasselblatt, Rn. 85 f.

IV. Hinweise zu präventiven Maßnahmen

Darüber hinaus – und damit auch über den beschränkten Anwendungsbereich der strafrechtlichen Regelung in § 17 Abs. 1 UWG hinaus – kann in engen Grenzen zwischen Arbeitgeber und Arbeitnehmer vertraglich allerdings in Schriftform zusätzlich vereinbart werden, dass eine – entschädigungslose – Geheimhaltungsverpflichtung in Bezug auf einzelne, konkret umschriebene Vorgänge auch nach dem Ausscheiden aus dem Unternehmen fortbesteht. Diese darf allerdings nicht so weit reichen, dass der Arbeitnehmer in der korrekten Ausübung seines angestammten und erlernten Berufs unangemessen beschränkt wird; sie muss sich also konkret auf wichtige Unternehmensgeheimnisse beziehen, auf deren Verwertung der Arbeitnehmer bei der Berufsausübung billigerweise nicht angewiesen ist. Eine nachvertragliche Schweigepflicht, die sich unterschiedslos auf alle Geschäftsvorgänge bezieht (sog. „Allklausel"), würde demgemäß zu weit gehen. Diese kann allerdings im Rahmen eines entschädigungspflichtigen Wettbewerbsverbotes (s. o.) verabredet werden.

Besonderheiten gelten für den (amtlichen) **Geheimschutz (i. e. S.) in der Wirtschaft.** Rechtsgrundlagen dazu finden sich in dem **Gesetz über die Voraussetzungen und das Verfahren von Sicherheitsüberprüfungen des Bundes (Sicherheitsüberprüfungsgesetz – SÜG) vom 20.4.1994**, insbesondere in dem **Fünften Abschnitt – Sonderregelungen bei Sicherheitsüberprüfungen für nicht-öffentliche Stellen –** (§§ 24–31) sowie der dazu ergangenen **Allgemeinen Verwaltungsvorschrift des Bundesministeriums für Wirtschaft vom 29.4.1994** (Rn. 45a). Soweit Unternehmen im Rahmen eines amtlichen Auftrages, etwa auf dem Gebiet der Wehrtechnik, im öffentlichen Interesse geheimhaltungsbedürftige Tatsachen, Gegenstände oder Erkenntnisse (= Verschlusssachen [VS]) überlassen werden, enthalten die Verträge auch Verpflichtungen zum Schutz von solchen Informationen. Die Auftragnehmer werden insbesondere verpflichtet, die Vorschriften des BMWi im Geheimschutzhandbuch (GHB) in einem öffentlich-rechtlichen Vertrag anzuerkennen[167] Verträge über VS-Lieferungen und -Leistungen müssen eine Geheimschutzklausel enthalten, durch die die Regeln des GHB Vertragsinhalt werden. (Z. 1.3 (1)(3), 2.2 GHB; vgl. auch Z. 4 des Mustervertrages). Das GHB gilt nicht für Unternehmensgeheimnisse (i. e. S.), Z. 1.8.1 (4) GHB.[168] Die gegenüber dem Unternehmen festgelegten Schutzvorkehrungen umfassen auch personenbezogene Sicherheitsüberprüfungen, einschließlich von Sicherheitsvorkehrungen im sog. Besuchskontrollverfahren (dazu im Einzelnen Z. 4 und 5 GHB; zu Aufgaben des Sicherheitsbevollmächtigten und eines VS-Verwalters eines Unternehmens s. näher Z. 3.3.3, 6.6.3 GHB).

2. Organisatorische und technische Sicherungsmaßnahmen

Jedenfalls in größeren Unternehmen empfiehlt sich als organisatorische Vorkehrung die Bestellung eines Sicherheitsbeauftragten, der auch an Sicherheitsanweisungen für die Mitarbeiter mitwirkt, die im Einzelnen über Schutzmaßnahmen und Einzelpflichten Auskunft geben. In VS-Angelegenheiten ist das betroffene Unternehmen verpflichtet, einen Sicherheitsbevollmächtigten (Zustimmung des BMWi erforderlich) zu bestellen (Z. 2.2., Z. 3 GHB mit Beschreibung von Stellung, Befugnissen, Aufgaben und Pflichten), dessen Aufgaben sich nicht nur auf den personellen Geheim- (s. o.), sondern auch auf den sog. materiellen Geheimschutz beziehen (Z. 3.3.4 GHB).

Von großer Bedeutung ist eine sachgemäße Begrenzung der Zugangsbefugnis zu geheimhaltungsbedürftigen Tatsachen, einschließlich einer auch dokumentierten Zugangskontrolle, sowie eine umfassende, Registrierung, Dokumentation, eine eventuell besondere Kennzeichnung, eine Sicherung von Schlüssel und Zahlungskombinationen und gesicherte Aufbewah-

---

[167] Grundsätzlich ist nach § 25 SÜG das BMWi zuständig, in Sonderfällen auch andere Bundesministerien (VerwVorschrift zu § 25 I). – Der Text eines öffentlich-rechtlichen (Muster-)Vertrages zwischen der Bundesrepublik Deutschland, vertreten durch das BMWi, und einem betroffenen Unternehmen ist in Anlage 1 zum GHB abgedruckt.

[168] Selbstverständlich können VS-Sachen auch Betriebs- und Geschäftsgeheimnisse i. S. des § 17 UWG sein, andernfalls wäre § 17 UWG gar nicht anwendbar, obwohl der Gesetzgeber des 2. WiKG gerade auch bei Handlungen zugunsten eines Dritten die Vorschrift anwenden wollte.

rung von Unternehmensgeheimnissen, insbesondere bei deren Speicherung in EDV-Anlagen und auf Datenträgern (vgl. für VS-Sachen Z. 6.2, 4, 6, 9, 11, 12 GHB). Der Bestand solcher Geheimnisse sollte kontinuierlich überprüft werden, was z. B. auch im Zusammenhang eines analytischen Vergleichs der eigenen Produkte mit denen der Konkurrenz geschehen kann. Dies setzt – jedenfalls bei größeren Unternehmen bzw. bei Unternehmen, die besonders wertvolle (Daten-)Geheimnisse zu schützen haben – eine bewertende Analyse über die Risiken von Wirtschaftsspionage voraus, an der Mitarbeiter aller Fachabteilungen, die mit schutzbedürftigen Geheimnissen umzugehen haben, beteiligt werden sollten. Sicherheit und Betrieb sollten (bei größeren Unternehmen) voneinander getrennt werden (vgl. im VS-Bereich die Einrichtung von VS-Kontroll/Sperrzonen, Z. 6.3, 6.8.3 GHB). Der Gefahr des Ausspionierens (etwa durch Photographieren) bei Betriebsbesichtigungen könnte etwa durch Festlegung bestimmter Wege im Unternehmen oder z. B. durch Sichtblenden in bestimmten sensiblen Bereichen begegnet werden; auch bauliche, mechanische und elektronische Absicherungen des Werkes bzw. einzelner Teile können, sachgemäß entwickelt, bedient und kontrolliert, vorbeugend wirken (vgl. für den VS-Bereich Z. 3.3.4 (betr. den Sicherheitsbevollmächtigten).

52 Ein spezieller Bereich ist der **Schutz von EDV-Anlagen, EDV-Daten- und -komponenten gegen Spionage (sog. Computerspionage).** Der präventiven Sicherung der Informationstechnik, d. h. von Hardware, Software und Daten gegen Verlust, gegen Missbräuche, wie z. B. unbefugte Nutzung, und insbesondere auch gegen Spionage, d. h. das unerlaubte Beschaffen von Informationen (etwa über betriebsbezogenes Know-how, über personenbezogene Daten wie Teilnehmeridentitäten und Passwörter und über Eigenheiten von Datenflüssen; sog. Spyware-Programme) aufgrund organisatorischer und technischer Mängel und Fehlbedienungen von Benutzern, aber auch durch strafbaren Handlunge dienen die Entwicklung von IT-Sicherheitskonzepten und konkreten Maßnahmen zur Sicherung dieser Anlagen und Objekte. Zum Schutz gegen den Verlust von „Vertraulichkeit" („confidentiality") stehen Maßnahmen der Datensicherung und Datenschutz im Vordergrund. Verwiesen werden kann in diesem Zusammenhang auf europäische Initiativen[169] und bestehende rechtliche Regelungen und Grundsätze zur Datensicherung und zum Datenschutz im Bund (vgl. z. B. die Aufgaben des Bundesamtes für Sicherheit in der Informationstechnik [BSI] nach dem BSIG v. 14.8.2009, BGBl. I 2821) und den Ländern i. V. mit IT-Richtlinien und auf die in der Wirtschaft eingeführten Regelungen und Praktiken. Erkenntnisse ergeben sich aus den vom Bundesamt für Sicherheit in der Informationstechnik (BSI) herausgegebenen Handbüchern, Lageberichten, Anleitungen und Empfehlungen[170] und generell aus der einschlägigen Fachliteratur. Zur Unterstützung von kleinen und mittelständischen Unternehmen hat das BMWi eine Task-Force IT-Sicherheit in der Wirtschaft eingerichtet.

---

[169] Vgl. z. B. die Kommissionsmitteilung über den Schutz kritischer Informationsinfrastrukturen v. 30.3.2009.

[170] Z. B. Informationssicherheit und IT-Grundschutz, 2. Aufl., 2008; Leitfaden Informationssicherheit, 2012; IT-Grundschutz-Kataloge (Loseblatt), Grundschutz-Standards und Broschüren zu Einzelbereichen; Studie zur IT-Sicherheit in kleinen und mittleren Unternehmen, 2011(mit Bewertungen zum bisher erreichten, aber verbesserungsbedürftigen Sicherheitsstandard). – Heranzuziehen ist auch der Leitfaden des BMI für Unternehmen und Behörden über den „Schutz kritischer Infrastrukturen – Risiko- und Krisenmanagement" [Stand: Dezember 2007], der sich auch auf den Bereich der Informationstechnologie bezieht, und die BKA Cybercrime-Studie 2010. – Über neuartige Gefährdungen, über Schwachstellen und über Gegenmaßnahmen unterrichten laufend die Zeitschrift kes, die Zeitschrift für Sicherheit in der Wirtschaft (WIK) und der Sicherheitsberater. – Sicherheitslösungen werden jeweils auf Security-Messen vorgestellt.

16. Kapitel. Strafbare Werbung

Literatur: Kommentare und Monographien: *Köhler/Bornkamm*, UWG, 31. Auflage, 2013. **Aufsätze:** *Endriß*, Strafbare Werbung beim Vertrieb von Zeitschriften, wistra 1989, 90 ff.; *ders.*, Nochmals – Strafbare Werbung beim Vertrieb von Zeitschriften, wistra 1990, 335 ff.; *Garbe*, Rechnungsähnliche Vertragsofferten als strafbarer Betrug, NJW 1999, 2868 ff.; *Leible*, Multi-Level-Marketing ist nicht wettbewerbswidrig!, WRP 1998, 18 ff.; *Mähnkopf/Sonnberg*, Betrug durch Versenden eines optisch als Rechnung aufgemachten Angebots?, NStZ 1997, 187 f.; *Otto*, Die Reform des strafrechtlichen Schutzes vor unwahrer Werbung – Dargestellt am Problem der Bekämpfung unwahrer Werbung für Adressbücher u. ä. Verzeichnisse, GRUR 1979, 90 ff.; *ders.*, Zur Strafbarkeit der progressiven Kundenwerbung nach § 6c UWG, wistra 1998, 227 ff.; *Rose*, Zusendung rechnungsähnlicher Vertragsofferten als (versuchter) Betrug: Zur strafrechtlichen Risikoverteilung im Geschäftsverkehr, wistra 2002, 13 ff.; *Solf*, Adressbuchschwindel – Neue Entwicklungen zu einer alten Masche, WRP 2000, 325 ff.; *Thume*, Multi-Level-Marketing, ein stets sittenwidriges Vertriebssystem?, WRP 1999, 280 ff.

Inhaltsübersicht

	Rn.
I. Werbung als Instrument der Wirtschaftskriminalität	1–5
II. Schwindel mit Arbeitsplätzen und Nebenverdienst	6–12
1. Vorgetäuschtes Anstellungsverhältnis	6, 7
2. Heimarbeitsschwindel	8–10
3. Attraktive Auslandsjobs	11
4. Bauernfängerei mit Servicenummern	12
III. Dubiose Chiffreanzeigen	13–15
IV. Kredite für jedermann	16–18
V. Sammlungen zu angeblich sozialen Zwecken	19–22
VI. Missstände bei der Haustürwerbung	23–32
1. Kein generelles Verbot	23
2. Schwindel beim Zeitschriftenvertrieb	24–26
3. Strafbarkeitsvoraussetzungen	27–29
4. Erforderliche Sachverhaltsfeststellungen	30, 31
5. Selbsthilfemaßnahmen der Wirtschaft	32
VII. Bauernfängerei mit Kaffeefahrten	33–39
1. Als Ausflug getarnte Verkaufsveranstaltungen	33, 34
2. Rechtliche Beurteilung	35–37
3. Widerrufsrecht auch bei Fahrten über die Grenze	38
4. Vergleichbare Missstände bei anderen Verkaufsveranstaltungen	39
VIII. Werbung mit Mondpreisen	40–46
1. Vorgetäuschte Preisreduzierungen	40–42
2. Beweisprobleme bei der Rechtsverfolgung	43–46
IX. Manipulierte Räumungsverkäufe	47–53
1. Beliebtes Lockmittel zur Umsatzsteigerung	47–49
2. Organisierter Schwindel durch professionelle Täter	50–52
3. Defizite bei der Strafverfolgung	53
X. Orientteppichschwindel	54–65
1. Der Zwangsvollstreckungstrick	55–57
2. Verwertung sicherungsübereigneter oder verpfändeter Teppiche	58–60
3. Schwindel mit Wanderlagern	61, 62
4. Missstände bei Räumungsverkäufen	63–65
XI. Heil- und Arzneimittelschwindel	66–69
1. Straftaten im Reisegewerbe	66, 67
2. Publikumswerbung	68, 69
XII. Progressive Kundenwerbung	70–72
XIII. Kettenbriefe und Pyramidenspiele	73–80
1. Kettenbriefaktionen	74–76
2. Pyramidenspiele	77–80
XIV. Anzeigen- und Adressbuchschwindel	81–93
1. Versand fingierter Rechnungen	82–84
2. Sonstige Schwindelmethoden	85, 86
3. Möglichkeiten des Zivilrechts	87–89
4. Gegenmaßnahmen der Wirtschaft	90
5. Strafrechtliche Beurteilung	91–93
XV. Geldmacherei mit Abmahnungen	94–104
1. Viel Ertrag mit wenig Aufwand	94, 95
2. Abmahnvereine	96–98
3. Abmahnungen durch Pseudo-Wettbewerber	99–101
4. Strafrechtliche Beurteilung	102–104
XVI. Pressespezifische Besonderheiten	105, 106
1. Strafprozessuale Aspekte	105
2. Verjährung	106

16. Kapitel. Strafbare Werbung

I. Werbung als Instrument der Wirtschaftskriminalität

1   Den Luxus, nicht zu werben, kann sich heute kaum noch ein Unternehmen leisten. Das hat sich auch bei Wirtschaftskriminellen herumgesprochen. Obwohl sie ihren Geschäften sonst lieber im Verborgenen nachgehen, wissen sie den **Multiplikatoreneffekt** öffentlicher Werbung zu schätzen. Wer schnell und einfach ein möglichst breites Publikum erreichen will, greift zum Mittel der Werbung. Dabei ist der zu kriminellen Zwecken eingesetzten Werbung ihre Köderfunktion meist entweder gar nicht oder nur bei einem gewissen Maß an Skepsis anzusehen. Gerade geschäftlich unerfahrene Menschen fallen deshalb häufig auf Anzeigen herein, in denen etwa für lukrative Nebentätigkeiten, für billige Kredite ohne Bonitätsprüfung oder für angebliche Qualitätsware zu drastisch herabgesetzten Preisen geworben wird. Auch Kleingewerbetreibende und Existenzgründer sind ein beliebtes Opfer von speziellen Bauernfängermethoden im gewerblichen Bereich.

2   Bei der Überprüfung von Werbemaßnahmen unter strafrechtlichen Aspekten ist zunächst der im Nebenstrafrecht versteckte Tatbestand der **strafbaren Werbung im Sinne von § 16 Abs. 1 UWG** zu beachten. Danach macht sich strafbar, wer in der Absicht, den Anschein eines besonders günstigen Angebots hervorzurufen, in öffentlichen Bekanntmachungen oder in Mitteilungen, die für einen größeren Kreis von Personen bestimmt sind, durch unwahre Angaben irreführend wirbt. Der Begriff der Werbung ist nicht identisch mit demjenigen der geschäftlichen Handlung im Sinne von § 2 Abs. 1 Nr. 1 UWG, sondern stellt vielmehr einen Unterfall derselben dar. Eine Definition sieht das UWG nicht vor. Deshalb ist auf Art. 2 Nr. 1 der Werberichtlinie 2006/114/EG zurückzugreifen, wonach Werbung „jede Äußerung bei der Ausübung eines Handels, Gewerbes, Handwerks oder freien Berufs mit dem Ziel ist, den Absatz von Waren oder die Erbringung von Dienstleistungen, einschließlich unbeweglicher Sachen, Rechte und Verpflichtungen zu fördern". Werbung kann darüber hinaus den Tatbestand des – zumindest versuchten – **Betrugs** (§§ 263, 23 StGB) erfüllen. Simples Beispiel: Es wird für den Versand gar nicht vorhandener Produkte gegen Vorkasse geworben. Je nach Sachlage kann es aber schwierig zu beurteilen sein, ob die Verbreitung einer Werbung in böser Absicht bereits für sich betrachtet als Betrugsversuch oder bloß als straflose Vorbereitungshandlung zu werten ist. Tateinheit zwischen § 263 StGB und § 16 Abs. 1 UWG ist möglich, aber nicht die Regel. Während nämlich der Betrugstatbestand keine für einen größeren Personenkreis bestimmte Erklärung fordert und auch nicht voraussetzt, dass der Anschein besonderer Günstigkeit erweckt wird, ist umgekehrt das Betrugsmerkmal der Vermögensschädigung nicht Voraussetzung für § 16 Abs. 1 UWG. Darüber hinaus können je nach Sachverhalt weitere Straftatbestände verwirklicht sein. Auf sie wird nachfolgend jeweils im konkreten Zusammenhang verwiesen.

3   Nicht nur die rechtliche Würdigung, sondern auch und vor allem die tatsächliche Verfolgung strafbarer Werbung bereitet oft Probleme. Reisende Täter, Strohleute, Briefkastenadressen und sich im Ausland verlierende Spuren machen den Verfolgungsbehörden das Leben schwer. Mit der wachsenden Nutzung des Internets durch Täter und Opfer werden sich diese Probleme noch vergrößern. Allerdings scheint auch vielen Staatsanwälten der Tatbestand des § 16 Abs. 1 UWG nicht recht geheuer zu sein. Es mag gelegentlich die Ansicht bestehen, hier handele es sich eigentlich gar nicht um eine „richtige" Straftat. Diese Ansicht wäre grundfalsch. Massenweiser Nepp durch ausgeklügelte – oder auch plumpe – Schwindelwerbung zeugt von einer erheblich größeren kriminellen Energie als viele bereitwillig verfolgte Allerweltsdelikte. Da im übrigen § 16 Abs. 1 UWG keine Vermögensschädigung voraussetzt, wird sich ein Anfangsverdacht nach dieser Vorschrift oftmals früher bejahen lassen als nach § 263 StGB. Damit lässt sich entscheidende Zeit gewinnen. Außerdem üben Ermittlungen nach § 16 Abs. 1 UWG eine **wichtige Türöffnerfunktion** aus, weil sie Hinweise auf sonst unerkannte weitere Wirtschaftsstraftaten liefern können.

4   Die Verfolgung einer Straftat nach § 16 Abs. 1 UWG durch die Staatsanwaltschaft geschieht von Amts wegen. Zwar handelt es sich um ein Privatklagedelikt (§ 374 Abs. 1 Nr. 7 StPO); das für die öffentliche Klage nach § 376 StPO erforderliche öffentliche Interesse an der Strafverfolgung soll aber gemäß Nr. 260 RiStBV schon angesichts der typischerweise vorliegenden Breitenwirkung strafbarer Werbung in der Regel bejaht werden („wenn eine nicht

nur geringfügige Rechtsverletzung vorliegt"). Man darf sich insbesondere nicht damit zufrieden geben, dass das zivile Wettbewerbsrecht für die Verfolgung irreführender oder sonst unlauterer Werbung eine gut geölte Maschinerie bereitstellt. Dabei ist zu berücksichtigen, dass sich entschlossene Täter durch zivilrechtliche Maßnahmen nicht beeindrucken lassen. Selbst Ordnungsgelder wegen Zuwiderhandlungen gegen gerichtliche Verbote werden nicht selten von vornherein einkalkuliert und aus dem Erlös der Schwindelaktionen mit Leichtigkeit bezahlt. Wirkung zeigt bei solchen Tätern allein ein Strafverfahren, zumal dann, wenn eine Freiheitsstrafe droht. Größerer **strafrechtlicher Verfolgungsdruck** wäre deshalb die wirksamste Waffe im Kampf gegen Schwindelwerbung.

Als Ansprechpartner bei der Verfolgung strafbarer Werbung stehen den Ermittlungsbehörden vor allem die Industrie- und Handelskammern zur Verfügung. Die Bekämpfung derartiger Missstände zählt zu den gesetzlichen Aufgaben der Kammern. Sie können oft mit näheren Informationen zu Tätern, deren Vorgehensweise und den wirtschaftlichen Hintergründen bestimmter Schwindelmethoden weiterhelfen. Solche Informationen sammelt auf überregionaler Ebene als Spitzenorganisation der Industrie- und Handelskammern auch der Deutsche Industrie- und Handelskammertag (DIHK), Breite Straße 29, 10178 Berlin, Tel. 0 30/ 2 03 08–0, Fax 10 00. Mit dem DIHK organisatorisch verbunden ist die Arbeitsgemeinschaft für Sicherheit der Wirtschaft e. V. (ASW), Rosenstraße 2, 10 178 Berlin, Tel. 0 30/ 2 00 77 200, Fax 20077056. Der Deutsche Schutzverband gegen Wirtschaftskriminalität e. V., Landgrafenstr. 24 B, 61 348 Bad Homburg, Tel. 0 61 72/ 1 21 50, Fax 8 44 22, der eng mit den Industrie- und Handelskammern und dem DIHK zusammenarbeitet, ist den Ermittlungsbehörden ebenfalls gern mit Auskünften behilflich.

II. Schwindel mit Arbeitsplätzen und Nebenverdienst

1. Vorgetäuschtes Anstellungsverhältnis

In Zeiten hoher Arbeitslosigkeit haben Betrüger, die ihren Opfern die Chance auf einen Arbeitsplatz vorgaukeln, oft leichtes Spiel. Besonders in den neuen Bundesländern nutzen Straftäter die Hoffnung vieler Arbeitsuchender auf eine neue Beschäftigung skrupellos aus. So inseriert dort eine in Wirklichkeit gar nicht existierende GmbH in Zeitungsanzeigen wie folgt:

„xy-GmbH stellt ein: Wirtschaftsberater im Außendienst, Festgehalt € 2500,– zuzügl. Provision und KM-Geld; Regionalschulungsleiter, Festgehalt € 4000,– zuzügl. Spesen und KM-Geld; auch für Neueinsteiger – Sie werden von einer international tätigen Schulungsakademie ausgebildet. Tel. Terminvereinb…"

Etwa 80 Interessenten aus den neuen Bundesländern, die sich daraufhin telefonisch meldeten, wurden zu einer Informationsveranstaltung eingeladen. Dort war plötzlich von der versprochenen Festanstellung keine Rede mehr. Vielmehr wurden vorformulierte Franchiseverträge mit dem Hinweis verteilt, für die Unterzeichnung räume man eine Überlegungsfrist von drei Tagen ein. Gleichzeitig wurden den Erschienenen aber bereits Bestellungen für Schulungsunterlagen und Seminare entlockt. Von der Zusage, die Bestellungen stünden natürlich unter dem Vorbehalt, dass der Franchisevertrag zustande komme, fand sich später in den Formularen nichts wieder. Statt die erhoffte Anstellung zu erreichen, wurden die Arbeitsuchenden so mit ganz erheblichen Forderungen konfrontiert.

Durch die **Vorspiegelung der Festanstellung** zu attraktiven Konditionen wurde hier mittels unwahrer Angaben gezielt der Anschein eines besonders günstigen Angebots im Sinne von § 16 Abs. 1 UWG geweckt. Eine unmittelbare Beschäftigung durch den Werbenden selbst übt nämlich auf Arbeitsuchende höhere Anziehungskraft aus als die bloße Vermittlung einer Beschäftigung oder – wie hier – der Abschluss eines Franchisevertrags.[1] Das von falschen Zusagen begleitete Unterschieben von Schulungsverträgen erfüllt zudem den **Betrugstatbestand**. Selbst wenn in solchen Fällen die Seminare tatsächlich stattfinden und die Schulungs-

---

[1] Vgl. BayObLG wistra 1989, 118.

unterlagen ausgehändigt werden sollten, könnten die Geprellten doch regelmäßig gar nichts damit anfangen. Das Betrugsmerkmal des Vermögensschadens dürfte deshalb jedenfalls unter dem Gesichtspunkt des persönlichen Schadenseinschlags erfüllt sein.

2. Heimarbeitsschwindel

8 Auch Heimarbeitsschwindler kassieren gerne angebliche „Schulungsgebühren" ab. So suchte etwa ein belgisches Unternehmen in deutschen Zeitungen bundesweit nach Heimarbeitern für die haupt- oder nebenberufliche Computererfassung von Adressen mit einem versprochenen Einkommen von „garantiert € 1200,–, € 2400,– und mehr". Anfragende Interessenten bekamen einen Vertragsentwurf übersandt, wonach für jede in den Computer eingegebene Adresse eine Vergütung von € 0,10 geleistet werde. Zunächst müsse der Interessent indessen eine Schulung absolvieren und hierfür € 199,– **im Voraus bezahlen**. Dieser Betrag werde dann später bei erfolgreicher Mitarbeit rückvergütet. Gutgläubig Zahlende hörten anschließend nie wieder etwas von dem Unternehmen. Die belgischen Geschäftsräume wurden von der dortigen Polizei verlassen aufgefunden, der mit gefälschten Papieren ausgestattete Geschäftsführer hatte sich seiner Festnahme durch Flucht entzogen.

9 Noch schlimmer trifft es die Opfer einer im Heimarbeitsbereich ebenfalls recht verbreiteten Schwindelmethode. Dabei wird den an Heimarbeit Interessierten per Zeitungsanzeige eine attraktive Erwerbsmöglichkeit vorgegaukelt. In Wirklichkeit geht es den Tätern von Anfang an um etwas ganz anderes. Ein typischer Kleinanzeigentext lautet etwa so:
„Wir suchen Heimstrickerinnen (auch Anfängerinnen) für masch. Strickwarenherstellung. Garantierte mehrjährige Beschäftigung, gesetzl. geregelte Bezahlung einschließl. Urlaubsgeld. Falls Maschine vorhanden, bitte Prüfung unserer Dienstleistungsprogramme, wenn nicht vorhanden, Maschine durch uns erhältlich. Zunächst schriftliche Angebote anfordern. Einweisung erfolgt in Ihrer Wohnung. Schreiben Sie sofort an:… Postfach."
Wer darauf antwortet, erhält kurze Zeit später Besuch von einem gewandt auftretenden Außendienstmitarbeiter des werbenden Unternehmens. Dieser eröffnet, Voraussetzung für die Ausübung der Tätigkeit sei der **Erwerb einer Strickmaschine** (oder eines Computers etc.) für z. B. € 2000,–. Bei Leistung einer Anzahlung könne mit dem Lieferanten ein günstiger Restkaufpreis vereinbart werden, der sich aus dem künftigen Verdienst problemlos tilgen lasse. Geht das Opfer darauf ein, werden zunächst Probearbeiten mit gleichfalls zu erwerbendem Material auf der gelieferten Maschine angefordert. Diese Probearbeiten werden in ausgeklügelter Weise immer wieder beanstandet, bis das Opfer entnervt aufgibt. Sodann meldet sich der Lieferant der Maschine – in Wirklichkeit ein Strohmann des werbenden Unternehmens – und verlangt den Restkaufpreis. Das Opfer ist verzweifelt, weil es das Geld für die nun nutzlose Maschine ohne den erhofften Zusatzverdienst weder aufbringen kann noch will. In dieser Situation klingeln Beauftragte des Lieferanten an der Wohnungstür. Sie stellen dem verzweifelten Opfer in scheinbarer Aufwallung von Großzügigkeit die Entlassung aus dem Kaufvertrag für den Fall in Aussicht, dass die Maschine sofort zurückgegeben und über die bereits erfolgte Anzahlung hinaus noch eine **beträchtliche Abstandssumme** geleistet werde. Das Opfer durchschaut das abgekartete Spiel nicht, leiht sich Geld bei Freunden oder nimmt einen Kleinkredit auf und zahlt in dem Glauben, noch einmal mit einem blauen Auge davongekommen zu sein. Die Täter aber haben bereits das nächste Opfer an der Angel, dem sie die zurück erhaltene Maschine erneut verkaufen. Damit beginnt das Spiel von vorn.

10 Es kommt in solchen Fällen entscheidend auf den Nachweis an, dass **von vornherein keine Heimarbeit vergeben**, sondern lediglich die Abstandssumme kassiert werden sollte. Dann liegt der Betrug auf der Hand. Bei den Ermittlungen ist zu beachten, dass Heimarbeiter als nichtselbständige Beschäftigte (§ 12 Abs. 2 i. V. m. § 7 Abs. 1 SGB IV) binnen 14 Tagen bei den für ihren Wohnsitz zuständigen Allgemeinen Ortskrankenkassen anzumelden sind. Sind diese Anmeldungen unterblieben und sind auch keine Registrierungen bei dem für den Firmensitz des Unternehmens zuständigen Sozialversicherungsträger erfolgt, spricht dies für die Betrugsabsicht. Es müssen dann die Wohn- und Geschäftsräume der Verdächtigen durchsucht, alle Werbe- und Verkaufsunterlagen sichergestellt und gegebenenfalls auch die

II. Schwindel mit Arbeitsplätzen und Nebenverdienst   **16**

Bankunterlagen ausgewertet werden. Achtung: Die Heimarbeitsschwindler beschäftigen oft einige **Vorzeigemitarbeiter**, um Gesetzestreue vorzutäuschen. Außerdem reagieren sie auf Ermittlungen häufig mit der Androhung von Schadensersatzansprüchen und der Vorlage von zivilrechtlichen Zahlungsurteilen, die sie bei – über die wahren Hintergründe nicht informierten – Amtsgerichten gegen ihre Opfer erwirkt haben.

3. Attraktive Auslandsjobs

Vergleichsweise plump wirkt dagegen eine andere Masche, bei der die Verschaffung von **Vollzeit-Arbeitsplätzen im Ausland** vorgegaukelt wird. So suchte etwa ein Unternehmen von Luxemburg aus in deutschen Tageszeitungen per Anzeige Mitarbeiter für die Ölförderung, den Pipelinebau und sonstige Bauprojekte in verschiedenen Ländern. Wer sich als Interessent meldete, erhielt per Post sogleich einen bereits einseitig unterzeichneten Arbeitsvertrag. So wurden für einen Einsatz in Australien folgende Konditionen geboten: 11

Bruttomonatslohn 4928,– US-Dollar zuzüglich einer Auslösung von 38 US-Dollar pro Tag, zwei freie Tage pro Woche, sechs freie Heimflüge und 60 Tage Urlaub pro Jahr, Lohnfortzahlung im Krankheitsfall, Kost und Logis im Drei-Sterne-Hotel mit Schwimmbad, Sauna und Tennisanlage gratis.

Die Sache hatte nur einen Haken: Dem gegengezeichneten Arbeitsvertrag sollte der neue Mitarbeiter einen Scheck über € 440,– beifügen, und zwar „zur Sicherstellung der Stornokosten" für den Fall, dass die Arbeit ohne wichtigen Grund nicht angetreten werde. Der Betrag werde dann später zurückerstattet. Tatsächlich fiel eine beträchtliche Anzahl von Interessenten auf diesen Schwindel herein und glaubte allen Ernstes daran, dass ein Arbeitgeber solche Jobs blindlings ohne Ansehen der Person vergebe. Kein Opfer hat von den € 440,– etwas wieder gesehen.

4. Bauernfängerei mit Servicenummern

Beliebt ist schließlich auch die Werbung für angebliche Verdienstmöglichkeiten (und für vieles andere) unter Angabe **von Mehrwertdiensterufnummern** (z. B. 0900). Hier werden die dem Anrufer belasteten hohen Gesprächsgebühren zum Teil an den Anschlussinhaber weitergeleitet. Darauf haben es Schwindler abgesehen und treiben durch lange und langsam gesprochene Ansagetexte die Kosten des Anrufers in die Höhe. Kommt es dem Anschlussinhaber lediglich auf das Abkassieren seines Gebührenanteils an, ohne dass den Anrufern die beworbenen Verdienstmöglichkeiten (oder die sonst versprochenen Leistungen) verschafft werden können, ist der Betrugstatbestand erfüllt. Erfährt das jeweilige Telekommunikationsunternehmen von einem solchen Missbrauch einer seiner Servicenummern und unternimmt nichts, können die Verantwortlichen unter Umständen als Gehilfen zur Verantwortung gezogen werden. Die Telekom und andere Diensteanbieter haben Maßnahmen zur Bekämpfung derartigen Schwindels ergriffen und sich insoweit einer freiwilligen Selbstkontrolle unterworfen. Allerdings halten sich nur die Mitglieder solcher Selbstkontrolleinrichtungen an die jeweiligen Kodices. Darüber hinaus hat die Deutsche Telekom alle über sie selbst betriebenen 0900-Nummern zum 31. Oktober 2011 gekündigt. Die restlichen Anbieter agieren quasi im rechtsfreien Raum. Gleiches gilt für den Bereich des sog. Spams, dem massenhaften Zusenden von unerwünschter Werbung per Fax, E-Mail oder SMS auf Mobiltelefone. Gemeinsames Merkmal dieser „Werbebotschaften" ist einerseits eine fehlende Absenderkennung, andererseits die Angabe einer gebührenpflichtigen Kontaktnummer. Beim Adressaten wird durch die Quantität der Aussendungen eine Reaktion dergestalt bewirkt, dass er sich durch das Anwählen der Gebührennummer die weitere Zusendung der Werbung verbitten will. Der gegenteilige Effekt tritt ein: Der Anschluss des Empfängers wird für weitere Zusendungen bestätigt und der Versender profitiert von den bei der Rücksendung anfallenden Gebühren. Bereits die Feststellung des Versenders bereitet erhebliche Mühe. Die von der Bundesnetzagentur vergebenen Gebührennummern werden von den jeweiligen Betreibern immer weiter untervermietet. Der Endkunde, also originärer Nutzer der Gebührennummer, sitzt in aller 12

Regel im Ausland, so dass die Durchsetzung von Abwehransprüchen oder wettbewerbsrechtlichen Unterlassungsansprüchen im Endeffekt mangels geeigneter Vollstreckungsmöglichkeiten scheitert.

Immerhin besteht inzwischen für den Betroffenen die Möglichkeit, per Online-Abfrage die Inhaber von Mehrwertdiensterufnummern ansatzweise festzustellen (*www.bundesnetzagentur.de*).

Vorsicht ist bei der Aufnahme in – meist ebenfalls gebührenpflichtige – Robinson-Listen angezeigt. Derartige Sperrlisten können schon begrifflich keinen Effekt haben, denn wer sich über das in § 7 Abs. 2 Nr. 2 UWG geregelte Verbot der Telefonwerbung hinwegsetzt, wird sich kaum die Mühe machen, auf Freiwilligkeit beruhende Werbesperrlisten zu beachten.

III. Dubiose Chiffreanzeigen

13 Wer per Chiffreanzeige inseriert, will seine Identität nicht preisgeben. Das hat regelmäßig seine Gründe, die allerdings gelegentlich wenig ehrenwert sind. Insbesondere **Hehler und Steuerhinterzieher** inserieren aus auf der Hand liegenden Motiven gerne unter Chiffre. So werden beispielsweise bei Einbrüchen in Deutschland jährlich Schmuck, Antiquitäten und Orientteppiche in Millionenwerten gestohlen und unentdeckt weiterveräußert, wobei chiffrierte Anzeigen eine wichtige Rolle spielen. In ihnen täuscht der Hehler typischerweise einen Privatverkauf aus frei erfundenem Anlass vor. Eine solche Anzeige könnte etwa wie folgt lauten:

„Sehr gut erhaltener Keschan, 4,66m, 19. Jhd., und eine Brücke wegen Kleinwohnung preisgünstig abzugeben... Chiffre."

Chiffreanzeigen dieser Art sind zahlreich und können natürlich auch einen ganz seriösen Hintergrund haben. Es bedarf deshalb eines besonderen Gespürs dafür, wo sich ein Nachfassen lohnen könnte. Namentlich im Orientteppichbereich kommt bei den Ermittlungen erschwerend hinzu, dass inserierende Hehler oftmals ganz offiziell den Teppichhandel im stehenden oder reisenden Gewerbe ausüben und dann stets über Ware verfügen, deren ordnungsgemäße Herkunft sie dokumentieren können. Außerdem lassen sich gestohlene Orientteppiche durchaus „umfrisieren", so dass sie kaum noch als Diebesgut zu identifizieren sind.

14 Dessenungeachtet wird sich aber in solchen Fällen zumindest das Vorliegen einer Straftat nach § 16 Abs. 1 UWG begründen lassen. Eine unwahre Angabe im Sinne dieser Vorschrift liegt darin, dass der Inserent einen **Privatverkauf vorspiegelt** und das Publikum damit über den gewerblichen Charakter des Angebots täuscht. Darüber hinaus wird durch die Ankündigung einer preisgünstigen Kaufgelegenheit aus privater Hand auch der Anschein eines besonders günstigen Angebots im Sinne von § 16 Abs. 1 UWG hervorgerufen.[2] In diesem Zusammenhang ist wieder an die „Türöffnerfunktion" von § 16 Abs. 1 UWG zu erinnern, da die zunächst allein auf den Verdacht strafbarer Werbung gestützten Ermittlungen zur Aufdeckung weiterer Straftaten bis in den Bereich der organisierten Kriminalität hinein führen können.

Auch der Verdacht der Steuerhinterziehung dürfte sich bei derart inserierenden Händlern regelmäßig bewahrheiten. So hatte beispielsweise der Anbieter des oben erwähnten Keschan-Teppichs ausweislich der bei ihm sichergestellten Geschäftsunterlagen immense Umsätze erzielt, jedoch beim Finanzamt weder Umsatz- noch Einkommensteuererklärungen abgegeben.

15 Die Begleitumstände des Absatzes per Chiffreanzeige beworbener Ware sind gelegentlich dergestalt, dass auch der Käufer sich unangenehme Fragen stellen lassen müsste – und es deshalb tunlichst unterlässt, die Ermittlungsbehörden einzuschalten. Wer sich etwa mit einem anonym bleibenden Verkäufer auf einem Parkplatz trifft und dort Bargeld gegen Teppich tauscht, läuft Gefahr, selbst als Hehler belangt zu werden.

---

[2] BayObLG RReg. 4 St 55/71, bestätigt durch RReg. 4 St 164/83.

IV. Kredite für jedermann

Einen Kredit, so wird gelegentlich überspitzt formuliert, bekommt nur, wer nachweist, dass er gar keinen braucht. Gleichwohl gelingt es dubiosen Kreditvermittlern immer wieder, einem ebenso leichtgläubigen wie finanzschwachen Adressatenkreis durch Werbeanzeigen weiszumachen, jeder könne sofort zu günstigen Konditionen ohne Sicherheiten und lästige Fragen Bargeld in die Hand bekommen. Auch **verschweigen die Inserenten häufig ihre Vermittlereigenschaft** und erwecken den Eindruck, die Kredite würden von ihnen selbst vergeben. All dies dient dazu, Kreditsuchende erst einmal an die Angel zu bekommen und darauf zu setzen, dass diese dann angesichts des lockenden Geldes alle mit der Kreditvergabe verbundenen Konditionen kritiklos akzeptieren. Nachfolgend drei insoweit typische Werbeanzeigen:

Geld
Auszahlung nur per Post, Monatsrate für je € 500 Blitzkredit € 18, Versicherungskredit € 9, Immobilien KG..., Telefonkredit: Ruf... Wählen auch Sie diesen Weg – ohne peinliche Fragen – einfach, bequem, schnell, diskret

Geldmarkt
Sofort Bargeld, Blitzkredit, € 1500, € 2500, € 3500, mtl. Raten € 50, € 80, € 110, einschl. Zins u. Geb. in 47 Mon., Versicherungskredit z. B. € 5000 mtl. Bel. € 60 f. Beamte a. L. – f. Led., getr. Lb., Gesch., Verw., Verheiratete – auch in schwierigen Fällen – auch zu besteh. Darlehen

Sofort Bargeld per Post
Blitzkredit, € 1500, € 2500, € 3500, mtl. Rate € 50, € 80, € 110
Name:
Wohnort:
Kredithöhe €:

Alle drei Anzeigen stammten von einem Kreditvermittler, was aus dem Text jeweils nicht hervorging. Wer sich auf eine der Anzeigen meldete, musste dem Vermittler zunächst jeweils formularmäßig einen „Darlehensbeschaffungsauftrag" erteilen, sich zur Zahlung einer Erfolgsprovision verpflichten sowie Fragen zu den persönlichen und wirtschaftlichen Verhältnissen einschließlich bestehender finanzieller Verpflichtungen beantworten. Zusätzlich wurde eine Auskunftei mit Bonitätsrecherchen beauftragt. Schließlich ließ sich der Vermittler zur Entgegennahme des Kredits und zum Einbehalt der Erfolgsprovision ermächtigen.

Das Bayerische Oberste Landesgericht hat durch Urteil vom 22. November 1974[3] und zwei Verwerfungsbeschlüsse vom 18. Februar 1975[4] und vom 15. Mai 1975[5] in diesen und ähnlichen Fällen ein Vergehen nach § 4 UWG a. F., jetzt § 16 Abs. 1 UWG bejaht. Als unwahr und zur Irreführung geeignet wurden die Anzeigen schon insoweit angesehen, als der Werbende jeweils seine **Vermittlereigenschaft verschwiegen** hatte.[6] Außerdem wurde vor allem in den ersten beiden Anzeigen gezielt der falsche Eindruck erweckt, die Kreditwürdigkeit spiele keine Rolle. Damit verbunden war ersichtlich auch die Absicht, den Anschein eines besonders günstigen Angebots im Sinne von § 16 Abs. 1 UWG hervorzurufen; denn insbesondere durch Betonung der scheinbar problemlosen Krediterlangung wollte der Inserent sein Angebot beim Publikum als besonders vorteilhaft erscheinen lassen.

Als strafbare Werbung angesehen wurde auch eine Zeitungsanzeige, in der ein Kreditvermittler für Teilzahlungskredite zu einem effektiven Jahreszins von 6,53 % warb, dabei aber verschwieg, dass solche Kredite allenfalls bei hohen Darlehen über lange Laufzeiten in Verbindung mit einer als Sicherheit abgeschlossenen Lebensversicherung gewährt werden können.[7]

---

[3] RReg 4 St 62/74.
[4] RReg 6 St 36/75.
[5] RReg 4 St 39/75.
[6] So unter Verweis auf die anfallende Vermittlungsprovision auch AG München WRP 1980, 53.
[7] AG München ZIP 1981, 276.

18 Ermittlungen im Hinblick auf § 16 Abs. 1 UWG können auch hier zur Aufdeckung weiterer Straftaten führen. Außerdem ist zu beachten, dass im Reisegewerbe zwar der Abschluss von Darlehensverträgen, nicht aber die für den Darlehensnehmer kostenpflichtige Vermittlung solcher Verträge zulässig ist, § 56 Abs. 1 Nr. 6 GewO. Kreditvermittler, die Verstöße gegen dieses Verbot beharrlich wiederholen, machen sich gemäß § 148 Nr. 1 in Verbindung mit § 145 Abs. 2 Nr. 6 GewO gleichfalls strafbar.

V. Sammlungen zu angeblich sozialen Zwecken

19 Appelle an die Hilfsbereitschaft unter besonderer Herausstellung eines gemeinnützigen Zwecks sind häufig zu beobachten. Meist geht es dabei zwar durchaus mit rechten Dingen zu, manchmal aber auch nicht. Angesichts der nach wie vor ausgeprägten Spendenwilligkeit der Bevölkerung und der verbreiteten Arglosigkeit gegenüber vermeintlich uneigennützig handelnden Organisationen tun sich hier ergiebige Pfründe für Straftäter auf.

Teilweise wird dabei – dann regelmäßig über einen eigens gegründeten, vermeintlich gemeinnützigen Verein – unter **Vorspiegelung eines karitativen Zwecks** zu Sach- oder Geldspenden aufgerufen. Der Erlös solcher Aktionen wandert in die Taschen der Täter. Dies erfüllt den Betrugstatbestand, wobei trotz bewusster Vermögenseinbuße der nach § 263 StGB erforderliche Vermögensschaden nach den Grundsätzen der Zweckverfehlung zu bejahen ist. Bei Aufrufen gegenüber einem größeren Personenkreis wird daneben auch der Tatbestand der strafbaren Werbung gemäß § 16 Abs. 1 UWG erfüllt sein. Der hiernach erforderliche **Anschein eines besonders günstigen Angebots**, auf den es der Täter abgesehen haben muss, braucht sich nämlich nicht unbedingt auf materielle Kriterien zu stützen, sondern kann – wie beim vermeintlich karitativen Zweck – **auch geistiger oder ideeller Natur** sein.[8] Schließlich liegt schon angesichts der steuerlichen Privilegierung, die sich solche vermeintlich gemeinnützigen Vereine erschlichen haben, auch regelmäßig Steuerhinterziehung vor.

20 Schwieriger zu beurteilen ist die Rechtslage, wenn karitative Organisationen bei der Mitgliederwerbung oder bei Sammlungen **mit gewerblichen Unternehmen zusammenarbeiten**. So verneinte der BGH[9] etwa den Betrugstatbestand in einem Fall, in dem ein gemeinnütziger Verein neue Mitglieder durch bezahlte Werber akquirieren ließ und die Werber dafür vom ersten Jahresbeitrag jeweils 80 % und von den Folgebeiträgen jeweils 20 % als Provision in die eigene Tasche steckten. Hier, so der BGH, fehle es bereits an einer Täuschungshandlung, da über die Verwendung der Beiträge gegenüber den geworbenen Mitgliedern keine Erklärungen abgegeben worden seien und eine besondere Aufklärungspflicht nicht bestanden habe.

21 Anders liegt der Fall dagegen dann, wenn sich geschäftstüchtige Unternehmen von gemeinnützigen – und rechtlich oftmals unbedarften – Organisationen gegen Entgelt **ermächtigen lassen, in deren Namen Sammlungen durchzuführen**. Missstände bestehen dabei insbesondere auf dem Gebiet der Altkleidersammlungen, die den durchführenden Unternehmen durchaus Jahresumsätze von 7 bis 10 Mio. € einbringen können. Aufrufe zu entsprechenden Sachspenden erfolgen typischerweise auf Handzetteln mit Namen, Emblem und Tätigkeitsspektrum angesehener Wohlfahrtsorganisationen, so dass die Werbungsadressaten den Eindruck gewinnen, ihre Kleiderspende diene einem guten Zweck. Tatsächlich zahlt das gewerbliche Unternehmen der Wohlfahrtsorganisation aber häufig nur ein eher symbolisches Pauschalentgelt oder einen geringfügigen Anteil von dem – bereits um die großzügig bemessenen Kosten gekürzten – Nettoerlös der Sammelaktion. Von dieser Einnahmenverteilung ist auf den Werbezetteln regelmäßig mit keinem Wort die Rede. Allenfalls findet sich an unauffälliger Stelle der klein gedruckte Hinweis, dass vom Erlös nur noch die Unkosten abgingen und/oder dass mit der Durchführung der Sammlung ein gewerbliches Unternehmen beauftragt sei.

---

[8] BGHSt 4, 44; BayObLG RReg 4 St 251/84.
[9] NJW 1995, 539.

VI. Missstände bei der Haustürwerbung

Bei einem solchen Sachverhalt liegt anders als in dem oben geschilderten, vom BGH entschiedenen Fall der **Betrug** auf der Hand, da hier den Spendenwilligen gezielt suggeriert wird, ihre Leistung komme einem gemeinnützigen Zweck zugute. Auch der Tatbestand der strafbaren Werbung ist hier nach den eingangs dargelegten Grundsätzen zu bejahen.[10] Interessant ist in diesem Zusammenhang auch eine Entscheidung des OLG Hamm,[11] wonach die Vereinbarung, durch die sich ein gewerblicher Altkleidersammler gegenüber einer gemeinnützigen Organisation 90 % des Erlöses einer solchen Sammelaktion ausbedingt, nach § 2 Abs. 3 des nordrhein-westfälischen Sammlungsgesetzes nichtig ist.

Die Gefahr strafrechtlicher Verfolgung trifft in den zuletzt geschilderten Fällen nicht nur die gewerblichen Altkleidersammler, sondern auch die Verantwortlichen der mit den gewerblichen Sammlern kooperierenden gemeinnützigen Organisationen. Wenn sie es zulassen oder gar unterstützen, dass im Namen ihrer Organisationen Sammelaktionen stattfinden, deren Erlös sich ganz oder zum weit überwiegenden Teil Gewerbetreibende in die Tasche stecken, liegt der Verdacht der – mindestens bedingt vorsätzlichen – Teilnahme auf der Hand. Außerdem kann solchen Organisationen unter Umständen die Gemeinnützigkeit aberkannt werden.

VI. Missstände bei der Haustürwerbung

1. Kein generelles Verbot

Es gehört zu den Merkwürdigkeiten des deutschen Wettbewerbsrechts, dass die unaufgeforderte Werbung für Waren und Dienstleistungen an der Haustür höchstrichterlich als **generell zulässig** angesehen wird.[12] Dabei muss man wissen, dass beispielsweise Telefonwerbung gegenüber Verbrauchern wegen der damit verbundenen Belästigung des Angerufenen von den Gerichten einhellig als unlauter und damit als Verstoß gegen § 7 Abs. 2 Nr. 2 UWG verboten wird. Das Gleiche gilt für Werbung per Telefax und per E-Mail (§ 7 Abs. 2 Nr. 3 UWG). Es wird aber niemand ernsthaft behaupten können, dass die Belästigung etwa durch ein Telefonat, das man durch Auflegen beenden kann, größer sei als diejenige durch einen unerbetenen Vertreter an der Haustür, dem man Auge in Auge gegenübersteht und den man oft kaum wieder loswird. Dass etwa das Haustürwiderrufsgesetz, nunmehr geregelt in §§ 312 f. BGB, Regeln für Haustürgeschäfte aufstellt und sie damit implizit als zulässig ansieht, hindert die Wettbewerbsgerichte nicht im Mindesten daran, im Rahmen von § 7 Abs. 1 UWG auch bei Vertreterbesuchen – wie schon seit langem bei der Telefonwerbung – die vorherige Einholung des Einverständnisses der Umworbenen zu verlangen. Solange in dieser Hinsicht nichts geschieht, wird man der Missstände beim Geschäft zwischen Tür und Angel nicht Herr werden, sondern lediglich die Auswüchse bekämpfen können.

2. Schwindel beim Zeitschriftenvertrieb

Zeitschriftenabonnements werden häufig von sog. **Drückern** an der Haustür vertrieben. Dabei ist organisierter Schwindel an der Tagesordnung. Drückerkolonnen bestehen aus 4 bis 7 Personen (einer Kleinbusbesatzung), die von einem Kolonnenführer straff geführt werden. Ihm übergeordnet ist in der Regel ein Organisationsleiter, der den Kontakt zum Verlag oder zu einem zwischengeschalteten Abonnement-Verwaltungsunternehmen hält. Die Drücker stammen meist aus gefährdetem Milieu. Ihre Anwerbung durch Kolonnenführer oder Organisationsleiter erfolgt typischerweise über Zeitungsanzeigen, denen nicht anzusehen ist, um welche Tätigkeit es wirklich geht. Der Tatbestand der strafbaren Werbung wird häufig erfüllt sein.[13]

---

[10] So auch BayObLG RReg 4 St 251/84.
[11] NJW-RR 1995, 1010.
[12] Kritisch etwa Köhler/Bornkamm/*Köhler* § 7 UWG, Rn. 46 ff.
[13] Vgl. dazu oben Rn. 4 ff.

Zwar müssen die Drücker regelmäßig unterschreiben, dass sie über die für sie maßgeblichen gesetzlichen Vorschriften und die Grundsätze des lauteren Wettbewerbs belehrt und zu deren Beachtung angehalten wurden. Tatsächlich werden sie aber vom Kolonnenführer oder den anderen Mitgliedern der Kolonne sofort mit allen Tricks und Schlichen des Geschäfts an der Haustür vertraut gemacht.

25 Besonders beliebt ist dabei die **Mitleidsmasche**, nach der sich der Drücker als armer Student, entlassener Strafgefangener, Betreuer eines Alten- oder Kinderheims, ehemaliger Alkoholiker oder Drogensüchtiger, Schwerkranker etc. ausgibt. Ausgebuffte Drücker spielen beispielsweise absolut überzeugend die folgende Rolle:

Der Zeitschriftenwerber gibt sich an der Haustür als ein auf Bewährung entlassener Drogentäter aus, der – nunmehr geläutert und clean – sein verpfuschtes Leben zum Besseren wenden will. Sein einziges Problem sei die Bewährungsauflage, bis morgen einen festen Wohnsitz nachzuweisen. Sonst müsse er wieder ins Gefängnis. Zwar habe er eine kleine, bescheidene Wohnung an der Hand, die aber anderweitig vergeben werde, wenn er nicht bis heute um 17.00 Uhr eine Kaution leiste. Die Summe habe er fast zusammen, es fehle nur noch ein Betrag in Höhe der Provision für ein einziges Abonnement, und jetzt sei es schon 16.30 Uhr...

Daneben oder stattdessen wird auch gerne vorgetäuscht, das Unternehmen, für das man Abonnenten werbe, unterstütze aus dem erzielten Erlös gemeinnützige Organisationen oder **spende für wohltätige Zwecke**. Gerade alte und geschäftlich unerfahrene Menschen fallen auf so etwas oft herein.

Allerdings ist zunehmen zu beobachten, daß für Zeitschriftenabonnements inzwischen zunehmend telefonisch – dann unter Einschaltung von Call-Centern, die teilweise im Ausland sitzen – geworben wird. Mangels eindeutiger Feststellbarkeit des Anrufers bleibt dem Kunden nur die Möglichkeit, die Abonnements-Rechnung abzuwarten, wenn er sich beim telefonischen Vertragsabschluß getäuscht fühlen sollte.

26 Auch außerhalb der Zeitschriftenwerberszene gibt es Schwindel an der Haustür. So werden industriell gefertigte Besen, Bürsten und andere Haushaltswaren als angebliche **Blindenwaren** von reisenden Vertretern zu überhöhten Preisen feilgeboten. Behindertenwerkstätten werden gleichfalls gerne als angebliche Produktionsstätten genannt. In diesen Fällen ist es jeweils allein der Mitleidsbonus, mit dessen Hilfe die Täter den ansonsten kaum verkäuflichen Produkten zum Absatz verhelfen.

Darüber hinaus sind natürlich auch bei Haustürgeschäften die gewöhnlichen Betrügereien zu beobachten, bei denen billiger Ramsch als vermeintliches Qualitätsprodukt oder Hehlerware als Notverkauf zum Schnäppchenpreis angeboten werden.

3. Strafbarkeitsvoraussetzungen

27 Bei der strafrechtlichen Beurteilung der geschilderten Fälle bereitet insbesondere der Tatbestand der strafbaren Werbung gemäß § 16 Abs. 1 UWG häufig Probleme. Diese Vorschrift setzt nämlich unter anderem eine öffentliche Bekanntmachung oder eine für einen größeren Kreis von Personen bestimmte Mitteilung voraus. Für Haustürverkäufe wird aber typischerweise nicht in Zeitungsanzeigen, Wurfsendungen etc. geworben. Jedoch können auch mündliche Erklärungen, die **nacheinander einer größeren Zahl von Personen gegenüber** abgegeben wurden, den Anforderungen von § 16 Abs. 1 UWG genügen, wenn sie nach Sinn und Inhalt miteinander übereinstimmen.[14] Es kommt also darauf an, ob z. B. ein Zeitschriftenwerber einer größeren Anzahl von Anwohnern nacheinander dieselbe Lügengeschichte aufgetischt hat.

Das nach § 4 UWG a. F. bestehende Tatbestandserfordernis unwahrer und zur Irreführung geeigneter Angaben über geschäftliche Verhältnisse ist durch die Neuregelung in § 16 Abs. 1 UWG inzwischen entfallen.

---

[14] BGHSt 24, 272.

VI. Missstände bei der Haustürwerbung **16**

Daneben ist in diesen Fällen auch der **Betrugstatbestand** zu prüfen. So hat das OLG 28 Düsseldorf[15] die Verurteilung eines Zeitschriftenwerbers wegen Betrugs nach den Grundsätzen der **Zweckverfehlung** darauf gestützt, dass der Werber wahrheitswidrig behauptet hatte, die Provisionen aus der Abonnementwerbung kämen einer von ihm gegründeten karitativen Organisation zugute, und dass gerade dies der Hauptbeweggrund des Opfers für die Abonnierung der Zeitschrift gewesen sei. Nach anderer Ansicht scheidet jedoch auch bei Vortäuschung eines sozialen Zwecks ein Betrug aus, wenn die Zeitschrift nicht mehr kostet als sonst und nicht nutzlos für den Getäuschten ist, weil es dann an einem Vermögensschaden fehle.[16] Dem Vorliegen eines Vermögensschadens nicht entgegen steht jedenfalls die Widerrufsmöglichkeit nach § 495 BGB, ebenso wenig die Akzeptierung jedes Widerrufs durch den – mit unlauteren Methoden der Werber rechnenden – Zeitschriftenverlag; denn gerade der erfolgreich Getäuschte wird ja in aller Regel gar nicht auf die Idee kommen, von seinem Recht zum Widerruf Gebrauch zu machen.

Gerade bei der Zeitschriftenwerbung kommt es zudem häufig zu **weiteren Straftaten** wie 29 z. B. Urkundenfälschung (durch fingierte Bestellungen), Hausfriedensbruch, Beleidigung, Körperverletzung oder Nötigung (durch gewaltsames Aufdrücken der Haus- oder Wohnungstür). Außerdem melden sich Kolonnenführer und Werber nicht selten arbeitslos und kassieren dann zusätzlich zu ihren oft beträchtlichen Provisionseinnahmen in betrügerischer Weise auch Arbeitslosenunterstützung. Ferner werden die Werber trotz ihres typischerweise eindeutigen Arbeitnehmerstatus von Kolonnenführern oder Organisationsleitern häufig als freie Handelsvertreter geführt, so dass **Sozialabgaben und Lohnsteuer hinterzogen** werden. Schließlich sind die Werber oft nicht im Besitz der nach § 55 der Gewerbeordnung erforderlichen Reisegewerbekarte, was nach § 145 Abs. 1 Nr. 1 der Gewerbeordnung eine Ordnungswidrigkeit und bei beharrlicher Wiederholung gemäß § 148 Nr. 1 der Gewerbeordnung eine Straftat darstellt.

4. Erforderliche Sachverhaltsfeststellungen

Schon im Zuge der Ermittlungen ist gerade auf dem Gebiet der Zeitschriftenwerbung den 30 oben geschilderten Problemen bei der strafrechtlichen Beurteilung Rechnung zu tragen. Was hier versäumt wird, lässt sich kaum noch nachholen. So dürfen es die ermittelnden Beamten nicht bei der Vernehmung von ein oder zwei Zeugen bewenden lassen, sondern sie müssen ihrerseits von Tür zu Tür ziehen, um herauszufinden, ob der Werber **gegenüber einem größeren Personenkreis** im Sinne von § 16 Abs. 1 UWG gleichartige unwahre Angaben gemacht hat. Getäuschte, deren Adressen etwa sichergestellten Bestellunterlagen entnommen wurden, sind zudem im Hinblick auf die oben unter Rn. 28 erwähnte Rechtsprechung zu § 263 StGB danach zu befragen, ob gerade die täuschenden Angaben Anlass für die Bestellung gaben und ob die betreffende Zeitschrift möglicherweise völlig nutzlos für den Abonnenten ist.

Um der unberechtigten Inanspruchnahme von Arbeitslosenunterstützung und der Hinterziehung von Sozialabgaben und Lohnsteuer auf die Spur zu kommen, sind schließlich generell auch die Sozialversicherungsträger und die Finanzbehörden in die Ermittlungsarbeit mit einzubeziehen.

Erschwerend bei Ermittlungen gerade im Zeitschriftenwerbermilieu wirkt sich aus, dass 31 die Täter oftmals alles tun, um ihre Identität und ihren Aufenthaltsort zu verschleiern. So werden Bestellscheine ausgetauscht, Mitglieder verschiedener Werbekolonnen gegeneinander ausgewechselt, auf Geheiß der Kolonnenführer Pensionen als angebliche neue Wohnsitze angemeldet und bei Vernehmungen falsche oder längst wieder aufgegebene Wohnadressen angegeben. Spätere Vorladungen oder Zustellungen gehen dann ins Leere. Deshalb sollte nach Möglichkeit schon bei der ersten Beschuldigtenvernehmung eine **Wohnsitzüberprüfung**

---

[15] NJW 1990, 2397.
[16] OLG Köln NJW 1979, 1419; ähnlich OLG Hamm NJW 1969, 1778; kritisch auch *Endriß*, wistra 1989, 90 u. wistra 1990, 335.

durchgeführt werden, um Falschangaben sofort auf die Schliche zu kommen. Ist bei dringendem Verdacht der strafbaren Werbung, des (versuchten) Betrugs oder einer anderen Straftat abzusehen, dass der Beschuldigte nach seiner Vernehmung sofort ins Milieu abtauchen und sich so der Strafverfolgung entziehen wird, ist in letzter Konsequenz sogar an die Beantragung eines – ggf. gegen Sicherheitsleistung außer Vollzug zu setzenden – Haftbefehls zu denken.

5. Selbsthilfemaßnahmen der Wirtschaft

32 Seriöse Verlags- und Abonnementverwaltungs-Unternehmen haben selbst ein Interesse an der Bekämpfung der geschilderten Missstände. Die Arbeitsgemeinschaft Abonnentenwerbung e. V. und der Bundesverband des werbenden Buch- und Zeitschriftenhandels e. V. haben deshalb ein Informationssystem zur Erfassung und Verhinderung gesetzwidriger Werbepraktiken und zur Ausschaltung von Wiederholungstätern aufgebaut.[17] Den Ermittlungsbehörden wird von dort bereitwillig Auskunft über besondere Praktiken einzelner Werber, bestimmter Werbegruppen und über bekannt gewordene Ermittlungsergebnisse erteilt.

VII. Bauernfängerei mit Kaffeefahrten

1. Als Ausflug getarnte Verkaufsveranstaltungen

33 Der Begriff „Kaffeefahrten", der sich für Veranstaltungen der nachfolgend beschriebenen Art eingebürgert hat, ist **gefährlich verharmlosend**, weil er genau das verkörpert, was den meist älteren und geschäftlich unerfahrenen Teilnehmern solcher Veranstaltungen fälschlich suggeriert werden soll: einen gemütlichen Ausflug mit Kaffee und Kuchen in eine reizvolle Gegend und in netter Gesellschaft. Einer der beliebtesten Begriffe, mit denen für solche Omnibusfahrten zumeist per Post- oder Hauswurfsendung, aber auch in anderer Weise geworben wird, ist das Adjektiv „unvergesslich". Dies trifft auch häufig zu, dann allerdings regelmäßig in einem etwas anderen als dem von den Teilnehmern erhofften Sinn.

Zweck solcher Ausflugsfahrten ist praktisch immer, **den Teilnehmern etwas zu verkaufen**. Das ist im Prinzip nicht verwerflich, und es mag durchaus Kaffeefahrten geben, bei denen – nicht nur strafrechtlich, sondern auch wettbewerbsrechtlich – alles mit rechten Dingen zugeht. Die Regel ist das leider nicht. Wurde früher nicht selten – mit der Folge zahlreicher Ermittlungsverfahren wegen strafbarer Werbung – die geplante Verkaufsveranstaltung völlig verschwiegen, so offenbaren die Werbeankündigungen dies inzwischen in der Regel mehr oder weniger diskret. Beliebt sind etwa Hinweise wie „Teilnahmemöglichkeit an einer Verkaufsshow mit vielen interessanten Produkten" oder schlichter „Freiwillige Teilnahme an einer Werbeverkaufsveranstaltung". Nähere Angaben über die angebotenen Produkte unterbleiben stets, da die Teilnehmer sich sonst vorab anderweitig informieren könnten. Angelockt werden die Interessenten typischerweise durch eine schwärmerische Beschreibung des Ausflugs, kombiniert mit dem Versprechen, jeder Teilnehmer erhalte beispielsweise ein „deftiges Mittagessen" und/oder Kaffee und Kuchen, oft auch weitere Zuwendungen wie z. B. sechs frische Landeier, ein halbes Pfund „gute Butter" etc. Das Ganze wird beworben zu einem ausgesprochen günstig erscheinenden Preis, der die Kosten des Veranstalters zumeist gleichwohl gerade deckt. In der Praxis kann das so aussehen:

An einer Fahrt nehmen 48 Personen teil, die je € 7,– einschließlich Mittagessen, Kaffee und Kuchen bezahlen, also insgesamt € 336,–. Davon sind dem Busunternehmer € 160,– und dem Gastwirt am Zielort € 156,– zu bezahlen, womit beide angesichts der umsatzschwachen Zeit (typischerweise tagsüber an einem Werktag) zufrieden sind. Der Veranstalter erzielt also sogar einen Überschuss von € 20,–. Darüber hinaus verkauft er den zumeist betagten Fahrtteilnehmern Rheumadecken und als „technische Messeneuheit" angeblich energiesparende Heizgeräte für insgesamt € 7430,–, wobei einzelne Rentner für über € 500,– bestellen.

---

[17] Die Anschrift beider Organisationen lautet: Brahmsweg 3, 50 169 Kerpen.

VII. Bauernfängerei mit Kaffeefahrten **16**

Im normalen Fachhandel hätten die Artikel weniger als die Hälfte gekostet, das Heizgerät etwa statt € 193,– nur € 89,–.

Mit Verkaufsveranstaltungen nach diesem Muster werden Jahresumsätze von insgesamt **34** mehr als einer halben Milliarde Euro erzielt. Zu manchen Aktionen karren die Veranstalter über Wochen hinweg insgesamt mehrere tausend Teilnehmer aus der näheren und weiteren Umgebung herbei. Ihre enormen Verkaufserfolge verdanken die Veranstalter in erster Linie der **gezielten Ausnutzung von Unerfahrenheit und Leichtgläubigkeit** der sich überwiegend im Rentenalter befindlichen Teilnehmer. In abgelegenen Gasthöfen, deren Umgebung keinerlei Anreiz bietet, sich der „freiwilligen" Verkaufsprozedur zu entziehen, werden die Teilnehmer von rhetorisch und psychologisch geschulten Verkäufern in die Mangel genommen. Dabei wird zum einen das Gefühl geschürt, die Teilnehmer müssten sich für diesen schönen, preisgünstigen Ausflug durch einen Kauf erkenntlich zeigen. Zum anderen werden die zielgruppenspezifisch ausgewählten Produkte – Gesundheitsdecken, Lebenselixiere, Heizgeräte, aber auch Schnellkochtöpfe etc. – in den höchsten Tönen als neuartig, besonders hochwertig und – nur jetzt – extrem preisgünstig gepriesen, weshalb man sofort zugreifen müsse. Dies verfehlt seine Wirkung nicht.

2. Rechtliche Beurteilung

Wettbewerbsrechtlich sind die geschilderten Praktiken unter verschiedenen Gesichtspunk- **35** ten **eindeutig unzulässig.** Konkurrenten der Veranstalter und klagebefugte Vereine können deswegen die Zivilgerichte anrufen. Strafrechtlich liegen die Dinge häufig weniger klar. So wird der Tatbestand des § 16 Abs. 1 UWG bei der Gestaltung der Werbeunterlagen meist umkurvt, indem dort vielleicht irreführende, aber nicht objektiv unwahre Aussagen getroffen werden. Insbesondere findet sich fast immer – wenn auch unauffällig und wenig aussagekräftig – ein Hinweis auf die geplante Verkaufsveranstaltung.

Bei der Durchführung der Veranstaltungen kommt es dagegen häufiger zu Straftaten, für deren Nachweis die **Zeugenaussagen der Mitfahrer von zentraler Bedeutung** sind. So ist es zwar nicht schlechthin strafbar, im Zusammenhang mit solchen Fahrten Waren zu Preisen zu verkaufen, die über dem Fachhandelsniveau liegen. Es kann aber der Betrugstatbestand erfüllt sein, wenn überteuerte Waren gerade als besonders preisgünstig angepriesen wurden und/oder den Käufern Eigenschaften oder Wirkungen vorgespiegelt wurden, welche die Produkte tatsächlich gar nicht haben.

Auch wenn es zu keiner – versuchten oder vollendeten – Vermögensschädigung gekom- **36** men ist, muss ferner stets § 16 Abs. 1 UWG beachtet werden. Allerdings müssen die in Frage kommenden Werbebehauptungen dann zumindest „für einen größeren Kreis von Personen bestimmt" sein. Dies ist bei einmaligen Erklärungen gegenüber dem geschlossenen Kreis von Teilnehmern an einer Kaffeefahrt grundsätzlich nicht der Fall.[18] Vielmehr muss darüber hinaus – ähnlich wie bei Erklärungen von Zeitschriftenwerbern[19] – nachgewiesen werden, dass gleich lautende Angaben nach und nach gegenüber einer Vielzahl weiterer Personen gemacht wurden.[20] Dies wird die **Befragung von Teilnehmern anderer Kaffeefahrten desselben Veranstalters** unausweichlich machen. Die übrigen Tatbestandsmerkmale von § 16 Abs. 1 UWG – unwahre und irreführende Angaben in der Absicht, den Anschein eines besonders günstigen Angebots hervorzurufen – werden dann je nach Sachlage häufig erfüllt sein. So hat der Bundesgerichtshof unzutreffende Angaben über den Umfang des im Fahrpreis enthaltenen Mittagessens (statt des „leckeren, reichhaltigen Mittagsmenüs" eine Konservendose Erbsensuppe) als strafbare Angabe im Sinne von seinerzeit § 4 Abs. 1 UWG, jetzt § 16 Abs. 1 UWG gewertet.[21] Achtung: Bei **Arzneimitteln** und anderen Mitteln im Sinne von § 1 des Heilmittelwerbegesetzes sind gemäß § 14 HWG i. V. m. § 3 HWG bereits **vorsätzlich irre-**

---

[18] Vgl. Köhler/Bornkamm/*Bornkamm*, § 16 UWG, Rn. 14.
[19] Oben Rn. 27.
[20] BGHSt 24, 272.
[21] BGH, NJW 2002, 3415.

führende Angaben strafbar**, ohne dass es auf die zusätzlichen Kriterien von § 16 Abs. 1 UWG noch ankommt.

37 Gewerberechtlich handelt es sich bei den Werbeverkaufsveranstaltungen um **Wanderlager**, die gemäß § 56a der Gewerbeordnung zwei Wochen vor Beginn unter Beifügung der beabsichtigten Werbung bei der zuständigen Behörde angezeigt werden müssen. Diese **Anzeigepflicht** wird häufig in ordnungswidriger Weise missachtet oder dadurch zu umgehen versucht, dass die Veranstalter ein stationäres Gewerbe mit dem jeweiligen Gasthof als Betriebsstätte anmelden oder die Fahrtteilnehmer als „Clubmitglieder" verdingen, um eine geschlossene Veranstaltung vorzutäuschen. Ferner benötigen die Werbeverkäufer eine Reisegewerbekarte gemäß § 55 GewO. Auch hier stellen Verstöße normalerweise lediglich eine Ordnungswidrigkeit dar; jedoch machen sich die Täter bei beharrlicher Wiederholung gemäß § 148 Nr. 1 GewO strafbar.

3. Widerrufsrecht auch bei Fahrten über die Grenze

38 Verträge, die auf Kaffeefahrten oder ähnlichen Freizeitveranstaltungen geschlossen wurden, unterliegen gemäß § 312 Abs. 1 Ziff. 2 BGB einem zweiwöchigen Widerrufsrecht. Zur Umgehung wird gelegentlich – insbesondere im grenznahen Bereich – der Zielort der Fahrt ins Ausland verlegt und die Verkaufsveranstaltung dort durchgeführt. Durch solche Manipulationen lässt sich aber gemäß Art. 29 Abs. 1 Nr. 3 des Einführungsgesetzes zum Bürgerlichen Gesetzbuch der **zwingende Verbraucherschutz**, den u. a. das Haustürwiderrufsgesetz, jetzt § 312 BGB gewährt, nicht umgehen, und zwar unabhängig davon, ob die abgeschlossenen Verträge im Übrigen deutschem oder ausländischem Recht unterliegen. Wenn ein Veranstalter gleichwohl unter Verweis auf den Vertragsschluss im Ausland Fahrtteilnehmer, die den Kauf bereuen, über das Bestehen des Widerrufsrechts täuscht, kann dies den Betrugstatbestand erfüllen. Bei Tatbegehung im Ausland ist § 7 StGB zu beachten.

Ob die Aktivitäten deutscher Veranstalter im Ausland auch den deutschen Zivilvorschriften des Rechts gegen den unlauteren Wettbewerbs unterliegen, ist gesondert unter Anknüpfung an den sog. Ort der wettbewerblichen Interessenkollision zu prüfen.[22] Mit der oben erörterten Frage nach der Anwendbarkeit der deutschen Bestimmungen über das Widerrufsrecht hat das nichts zu tun.

4. Vergleichbare Missstände bei anderen Verkaufsveranstaltungen

39 Die rechtlichen Ausführungen zu den Begleitumständen von Kaffeefahrten lassen sich jedenfalls im Prinzip auch übertragen auf sonstige Werbeverkaufsveranstaltungen. Bei der Werbung für Letztere werden lediglich anstelle der gemeinsamen Ausflugsfahrt andere Lockmittel eingesetzt, so z. B. großzügige Bewirtung, Tanz und Unterhaltung, eine Gratisverlosung etc. Die Schwindelpraktiken, die hier wie dort häufig zu beobachten sind, unterscheiden sich kaum voneinander. Wiederum sind bevorzugte Opfer geschäftlich unerfahrene, meist ältere Menschen.

VIII. Werbung mit Mondpreisen

1. Vorgetäuschte Preisreduzierungen

40 Für überhöhte, nicht kaufmännisch kalkulierte, sondern willkürlich festgesetzte Preise hat sich im Wettbewerbsrecht der Begriff „Mondpreise" eingebürgert. Natürlich wirbt niemand damit, solche Preise aktuell zu fordern. Mondpreise werden in der Werbung vielmehr verbreitet als Vergleichsgröße genannt, um die eigenen Preise besonders niedrig erscheinen zu lassen. Bei der mit Abstand beliebtesten Variante der Mondpreiswerbung täuscht der Wer-

---

[22] Vgl. Köhler/Bornkamm/*Köhler*, Einl. UWG, Rn. 5.1 ff.; BGH NJW 1991, 1054.

VIII. Werbung mit Mondpreisen **16**

bende vor, seinen **eigenen Preis drastisch reduziert zu haben**. Kaum etwas übt nämlich auf das Publikum einen vergleichbar starken Lockreiz aus. Der zu zahlende Preis als solcher, obwohl für nüchterne Rechner an sich das viel wichtigere Kriterium, tritt dagegen beim Kaufentschluss oft in den Hintergrund.

Die Werbung mit Eigenpreisvergleichen war bis Juli 1994 gemäß § 6e UWG weitgehend 41 unzulässig. Die erst Anfang 1987 in Kraft getretene Vorschrift wurde unter anderem deshalb wieder aufgehoben, weil sie auch wahre Angaben verbot und aus diesem Grund vom Europäischen Gerichtshof für unvereinbar mit dem Gemeinschaftsrecht erklärt worden war. Nach Wegfall dieses bereits im Vorfeld der Irreführung greifenden Verbots hat die Werbung mit Mondpreisen wieder zugenommen. Eine entsprechende Werbeanzeige könnte etwa wie folgt lauten:

„Wahnsinn! Luxuskomfort jetzt zum Spottpreis: Couchgarnitur im Landhausstil für den gehobenen Geschmack, massiv Eiche, Polster aus echtem Leder, Dreisitzer und zwei Sessel, früher € 1998,–, jetzt nur noch € 798,–!!!"

Hinter dieser Werbung kann dreierlei stecken. Erstens: Der Händler hat für diese Couchgarnitur tatsächlich eine angemessene Zeit lang ernsthaft € 1998,– verlangt und diesen Preis dann aus irgendwelchen Gründen – vielleicht mangels Verkaufserfolgs – um mehr als die Hälfte herabgesetzt. Zweitens: Der höhere Preis wurde nur zum Schein und in der Gewissheit, dass ihn niemand bezahlen würde, kurzzeitig verlangt, um dann publikumswirksam reduziert werden zu können. Wiederholt der Händler dieses Wechselspiel von höherem Scheinpreis und niedrigerem Werbepreis systematisch, spricht man von „Preisschaukelei". Drittens: Die Garnitur hat nie € 1998,– gekostet; der Preis ist frei erfunden.

Im zweiten und dritten Fall liegt Mondpreisschwindel vor, und zwar einmal in der subtileren, einmal in der noch dreisteren Form. Die Ware ist jeweils von vornherein mit einem Verkaufspreis von € 798,– kalkuliert und damit wahrscheinlich nicht einmal besonders günstig. Ohne den Werbehinweis auf die angebliche Preisreduzierung hätte sich kaum jemand für das Angebot interessiert.

Auch **unverbindliche Preisempfehlungen** des Herstellers, auf die in der Werbung für 42 Markenware gern als Vergleichsgröße Bezug genommen wird, können sich als Mondpreise entpuppen. Dies ist zum einen dann der Fall, wenn der empfohlene Preis die auf dem Markt tatsächlich geforderten Preise erheblich übersteigt. Zum anderen sind auch Werbehinweise auf längst aufgehobene unverbindliche Preisempfehlungen – etwa bei Auslaufmodellen – als Mondpreiswerbung anzusehen.

2. Beweisprobleme bei der Rechtsverfolgung

Zivilrechtlich betrachtet stellt sich die Werbung mit Mondpreisen im oben erläuterten Sinn 43 als eindeutiger Verstoß gegen das Irreführungsverbot des § 5 UWG, insbesondere Abs. 5 dar. Die im Rahmen des alten § 3 UWG (irreführende Werbung) bestehenden Beweisprobleme wurden durch die UWG-Reform 2004 erleichtert. Der neu geschaffene § 5 Abs. 5 UWG sieht eine Beweislastumkehr zugunsten des (klagenden) Mitbewerbers vor. Wenn streitig ist, ob und in welchem Zeitraum der ursprünglich geforderte Preis verlangt wurde, trifft die Beweislast denjenigen, der mit der Preisreduzierung geworben hat. Da die Norm aber keinen zusätzlichen vorprozessualen Auskunftsanspruch beinhaltet, muss der Mitbewerber zunächst Klage einreichen. Stellt sich dann heraus, dass der vorgebliche Mondpreis vorher doch verlangt wurde, bleibt dem Kläger nichts anderes übrig, als die Klage auf eigene Kosten zurückzunehmen. Beweisprobleme stellen sich auch und erst recht beim Straftatbestand des § 16 Abs. 1 UWG. Ob ein Händler den in der Werbung genannten höheren Preis in der Vergangenheit wirklich nicht oder nicht ernsthaft gefordert hat, ist oft kaum noch festzustellen. Selbst wenn sichergestellte Geschäftsunterlagen keinen Verkauf zu dem höheren Preis ausweisen, schließt dies ja noch nicht aus, dass der Händler sich zumindest um einen solchen Verkauf bemüht und den Preis erst nach Einsicht in die Erfolglosigkeit dieses Bemühens reduziert hat. Besser ist die Beweissituation, wenn ein Konkurrent oder ein Wettbewerbsverein über längere Zeit hinweg **systematisch Material gesammelt** hat und dann, oftmals parallel zur Erhebung einer zivilrechtlichen Unterlassungsklage, Strafanzeige erstattet. Lässt sich durch Prospekte, Fotos, Zeugenaussagen oder andere Beweismittel eindeutig nachweisen, dass der angeblich geforderte höhere Preis in Wirklichkeit nie verlangt wurde, dürfte einer Verurteilung nach § 16 Abs. 1 UWG in der Regel nichts im Wege stehen.

44 Schwieriger wird es, wenn der höhere Preis zumindest für kurze Zeit tatsächlich verlangt wurde. Ob der Händler dies ernsthaft oder nur zum Schein tat, hängt letztlich von seiner **inneren Willensrichtung** ab. Dies wirft die mit dem Beweis subjektiver Tatsachen typischerweise verbundenen Probleme auf. Immerhin dürfte die Dauer, während der die Ware zum höheren Preis angeboten wurde, ein maßgebliches Indiz für oder gegen die Ernsthaftigkeit der Preisgestaltung sein. So sah das OLG Stuttgart[23] in einem Fall, in dem ein Möbelhändler innerhalb von 13 Tagen diverse Artikel erst im Preis erhöht, dann wieder reduziert und sie dann mit der Preisherabsetzung beworben hatte, den Vorwurf der Preisschaukelei als erwiesen an. Die Verurteilung erfolgte allerdings nach § 3 UWG a. F. (irreführende Werbung), nicht nach § 4 UWG a. F., jetzt § 16 Abs. 1 UWG.

Auch ihre Höhe als solche kann die angeblich früher verlangten Preise als Mondpreise entlarven. So hatte ein Orientteppichhändler im Rahmen eines Räumungsverkaufs mit Preis$shy;herabsetzungen von bis zu 65 % geworben. Die Ausgangspreise, von denen herab diese beachtlichen Reduzierungen erfolgten, waren aber mit **Handelsspannen von teilweise über 500 %**, in einem Fall sogar von fast 800 %, gepolstert. Das Berliner Kammergericht[24] sah deshalb die Ausgangspreise zu Recht als völlig überzogene Mondpreise an. Zwar handelte es sich wiederum um ein zivilrechtliches Wettbewerbsverfahren; es dürfte aber auch der dort nicht geprüfte Tatbestand strafbarer Werbung erfüllt gewesen sein.

45 Sollten sich in einem solchen Fall selbst die niedrigeren aktuellen Preise, gemessen am handelsüblichen Preis vergleichbarer Ware, als überteuert erweisen, kommt neben § 16 Abs. 1 UWG auch eine Strafbarkeit wegen **Betrugs** in Betracht. Drastisches Beispiel hierfür ist etwa eine Zeitungsanzeige, in der für einen eintägigen Wanderlager-Verkauf von u. a. Kochtopfsets und Bestecken „bekannter Marken und Superqualität" geworben wurde. Den angegebenen Verkaufspreisen – jeweils zwischen € 100,– und € 200,– – wurden absurde, über zehnmal so hohe „Ladenpreise" gegenübergestellt, die für diese Waren sonst zu bezahlen seien. Die Überprüfung vor Ort ergab dann, dass statt der angeblichen Markenware anonyme Fernost-Billigprodukte verkauft wurden, die selbst den als einmalig beworbenen Niedrigpreis nicht annähernd wert waren.

46 Zusätzliche Probleme bei der strafrechtlichen Verfolgung ergeben sich, wenn Mondpreiswerbung zentral gesteuert und gleichlautend für eine ganze Reihe von Filialen oder verbundene Unternehmen veröffentlicht wird. Hier schiebt der Händler vor Ort die Schuld auf die Unternehmens- oder Verbundzentrale, diese verweist auf die Werbeagentur, und am Ende will keiner gewusst haben, dass es sich um unwahre Angaben handelte. In solchen Fällen kann nur die Sicherstellung der Geschäftsunterlagen in Zentrale und Filialen einschließlich der Korrespondenz mit Werbeagentur oder Druckerei zum Erfolg führen, gegebenenfalls ergänzt durch eine Vernehmung des Verkaufspersonals.

IX. Manipulierte Räumungsverkäufe

1. Beliebtes Lockmittel zur Umsatzsteigerung

47 Die Ankündigung eines Räumungsverkaufs übt auf große Teile des Publikums nach wie vor magische Anziehungskraft aus. In der Hoffnung auf eine günstige Kaufgelegenheit strömen dann Menschen herbei, die am selben Geschäft sonst achtlos vorbeigehen würden. Wegen dieser enormen Lockwirkung waren Räumungsverkäufe im Einzelhandel vor der UWG-Reform 2004 nur unter bestimmten Voraussetzungen zulässig, z. B. bei **Aufgabe des gesamten Geschäftsbetriebs** oder dann, wenn die Räumung des Warenbestands wegen eines **Scha-**

---

[23] WRP 1996, 469.
[24] WRP 1993, 293 u. 364.

denseignisses (z. B. durch Feuer, Wasser oder Sturm) oder eines baugenehmigungspflichtigen **Umbaus** unvermeidlich war. Außerdem musste jeder Räumungsverkauf zuvor bei der örtlichen Industrie- und Handelskammer **angezeigt** werden.

Die entsprechende Norm, § 8 UWG a. F., wurde vom Gesetzgeber vor dem Hintergrund der Liberalisierung des sog. Sonderveranstaltungsrechts ersatzlos gestrichen. Dies hat insbesondere zur Folge, dass die seinerzeit gesetzlichen Nachprüfungsrechte der Industrie- und Handelskammern nicht mehr bestehen. Der Wegfall der Notwendigkeit eines Anmeldeverfahrens bedeutet aber nicht gleichzeitig, dass der Missbrauch von Räumungsverkäufen entfallen wäre. Im Gegenteil: Die Anlässe für Räumungsverkäufe werden willkürlich angegeben, ohne dass dies für den Verbraucher nachprüfbar wäre. Gleichzeitig macht die Aussicht, in kurzer Zeit hohe Umsätze zu erzielen, Räumungsverkäufe für unseriöse Geschäftemacher außerordentlich attraktiv. Betrachtet man die Missstände nach Branchen, so rangiert der **Orientteppichhandel**, dem unten ein eigener Abschnitt gewidmet ist, einsam an der Spitze. Aber auch bei Uhren und Schmuck, Möbeln, Pelzen und Leder sowie manchen anderen Warengattungen steht der Schwindel mit Räumungsverkäufen hoch im Kurs.

Die Bandbreite der Methoden, mit denen bei Räumungsverkäufen Verstöße gegen die gesetzlichen Vorschriften getarnt werden, reicht von rustikal bis raffiniert. So wird oft der **Grund für den Räumungsverkauf vorgetäuscht**, obwohl von vornherein geplant ist, den Geschäftsbetrieb – häufig durch einen Strohmann im selben Ladenlokal – fortzuführen. Dies ist im Vorfeld des Räumungsverkaufs schwer zu erkennen und noch schwerer zu beweisen. Zuweilen werden Geschäfte auch schon **kurz nach ihrer Eröffnung wieder geschlossen** – natürlich nicht, ohne dass zuvor ein lukrativer Räumungsverkauf beworben und durchgeführt wurde. Selbst wenn in solchen Fällen am Räumungsverkaufsgrund der Geschäftsaufgabe als solchem nicht zu rütteln ist, liegt doch der Verdacht nahe, dass Zweck des Geschäftsbetriebs von vornherein ausschließlich der möglichst baldige Räumungsverkauf war. Aus wettbewerbsrechtlicher Sicht ist der Hinweis auf den Räumungsverkauf dann irreführend über Betriebsverhältnisse während die Preisreduzierung einen **Mondpreis** darstellt.

So werden Preise willkürlich hochgezeichnet, wieder herabgesetzt und dann als drastisch reduziert beworben. Der Verbraucher wird von der Werbung angelockt, sieht im Geschäft die Schilder und Etiketten mit den durchgestrichenen Preisen und freut sich über die einmalige Kaufgelegenheit. In Wirklichkeit bezahlt er bestenfalls ganz normale Einzelhandelspreise.

Auch beim Warenbestand wird oft manipuliert. Beliebt ist zum einen das so genannte **Vorschieben** von Ware, also das Aufblähen des Lagers speziell im Hinblick auf den bevorstehenden Räumungsverkauf, zum anderen das als **Nachschieben** bezeichnete Heranschaffen neuer Ware während der Dauer des Räumungsverkaufs. Während beides nach § 8 Abs. 5 Nr. 2 UWG a. F. verboten war, so ist durch den Wegfall der Nachprüfungsrechte die Beweismöglichkeit für den Mitbewerber inzwischen so gut wie abgeschnitten. Gleiches gilt für das Einbringen von Kommissionsware – also von fremder Ware – in den Räumungsverkauf

2. Organisierter Schwindel durch professionelle Täter

Eine bestimmte Spezies hat die Organisation und Durchführung gesetzwidriger Räumungsverkäufe sogar zum Hauptberuf gemacht. Die so genannten **Räumungsverkaufsprofis** tummeln sich besonders gern in den bereits genannten Branchen Orientteppiche, Möbel, Uhren und Schmuck. Sie suchen gezielt nach finanzschwachen, einen Käufer für ihr Geschäft suchenden oder aus sonstigen Gründen aufgabewilligen Einzelhändlern, um diese zu einem Räumungsverkauf wegen Geschäftsaufgabe zu bewegen. Manchmal werben sie auch selbst mehr oder weniger unverblümt für ihre Dienste als „Berater" bei ohnehin geplanten Räumungsverkäufen. Die Zusammenarbeit sieht dann so aus, dass nach außen hin der Händler als Veranstalter des Räumungsverkaufs auftritt, der Räumungsverkaufsprofi jedoch ab sofort das Kommando übernimmt. Er kümmert sich um die Formalitäten und die Werbung, stellt Verkaufspersonal, frisiert die Preise nach bereits oben beschriebener Methode, schafft zusätzliche Ware zum Einschleusen in den Räumungsverkauf heran und besorgt im Streitfall einen Rechtsanwalt.

51 In einem entsprechenden Vertragsentwurf, der von Orientteppichprofis stammt, heißt es beispielsweise bezeichnenderweise wie folgt:

„Die Unterzeichnenden kommen überein, dass die Herren XY (Anm.: die Räumungsverkaufsprofis) das Ladengeschäft der Firma Z in… zum… zu 99 % übernehmen. Die Übernahme erfolgt im Innenverhältnis, im Außenverhältnis bleibt Herr Z der alleinige Inhaber und Eigentümer. Der Vertrag wird notariell beurkundet.

Die Herren XY verpflichten sich, bei einem von behördlicher Seite störungsfreien Sonderverkauf das Warenlager mit ca. 1 Mio. Ware zu übernehmen. Der genaue Wert wird durch eine gemeinsame Inventur und Bewertung ermittelt.

Ab dem Übernahmezeitpunkt gehen sämtliche anfallenden Kosten zu Lasten der Herren XY. Die Herren XY werden Ware an die Firma Z liefern, die ordnungsgemäß verbucht wird und in die Bilanz einfließt. Für diese Waren erhält die Firma Z Gutschriften und einen Kommissionsschein, so dass sie von der Abnahmeverpflichtung befreit ist.

Die Kasse wird von beiden Parteien geführt und abgerechnet.

Herr Z erhält ab dem Übernahmezeitpunkt auf alle übernommenen Teppiche 50 % vom Verkaufserlös, auf alle neu in das Ladengeschäft eingebrachten 5 %. In der ersten Sonderverkaufswoche sollte dann, je nach Höhe des Restbestandes und des Umsatzes, der Rest bezahlt werden. Ist dies nicht möglich, dann in den beiden darauf folgenden Wochen."

Aus dieser Vereinbarung geht eindeutig hervor, dass **der Geschäftsinhaber nur noch als Strohmann** fungiert und dass von außen herbeigeschaffte Teppiche als vermeintliche Räumungsverkaufsware abgesetzt werden sollen. Ein Händler, der sich auf so etwas einlässt, macht sich zum Komplizen der Räumungsverkaufsprofis. Zu Opfern werden dagegen die arglosen Kunden und die gesetzestreuen Mitbewerber.

52 In einem anderen Vertrag, der von Räumungsverkaufsprofis aus der Möbelbranche verwendet wurde, heißt es unverblümt:

„Der Auftragnehmer (Anm.: der Räumungsverkaufsprofi) wird in Absprache mit dem Auftraggeber ausreichend Warenbestand auf Kommissionsbasis zur Verfügung stellen und garantiert, dass die von ihm eingebrachte Ware zumindest eine 80 %ige Kalkulation auf den berechneten EK-Wert erreicht."

Weiter hinten im selben Vertrag ist dann die Rede von der „Errichtung einer klassischen Orientteppichabteilung im Untermietungsverhältnis" durch den Räumungsverkaufsprofi. Dieser nistet sich also in den Geschäftsräumen des Möbelhändlers mit neu herangeschafften Teppichen ein, wobei gegenüber dem Publikum gezielt der Eindruck erweckt wird, als handele es sich auch insoweit um Räumungsverkaufsware. Dieser **„Shop in the shop"-Trick** gehört gleichfalls zum gängigen Repertoire der Schwindler. Dass die Masche beim Publikum zieht, zeigen die Dankschreiben von Händlern, mit denen der Verwender des zuletzt zitierten Vertrags wirbt. So heißt es in einem dieser Schreiben:

„Sie und Ihr Team haben Unmögliches möglich gemacht, allein die von Ihnen eingebrachte Ware führte zu einem Umsatz von 1,3 Mio. €, und das bei einer Durchschnittskalkulation von 104 %."

Die Räumungsverkaufsprofis treten gegenüber Industrie- und Handelskammern und Behörden in der Regel ausgesprochen selbstbewusst auf. Unter der Hand lassen sie auch schon einmal verlauten, dass sie nicht die Absicht haben, sich bei ihren Geschäften von Leuten stören zu lassen, die im Monat höchstens so viel verdienen wie sie selbst an einem Tag.

3. Defizite bei der Strafverfolgung

53 Strafrechtlich wird der Räumungsverkaufsschwindel nur selten verfolgt, obwohl der **Tatbestand der strafbaren Werbung oft genug eindeutig erfüllt** ist. So liegen bei der Werbung mit Mondpreisen, mit vorgetäuschtem Räumungsverkaufsgrund oder mit Aussagen, die über das Nachschieben von Ware hinwegtäuschen, jeweils unwahre Angaben.

Dass die Täter die Unwahrheit dieser Angaben kennen, also vorsätzlich handeln, liegt in den meisten Fällen auf der Hand. Auch kommt es ihnen stets darauf an, den Anschein eines besonders günstigen Angebots im Sinne von § 16 Abs. 1 UWG hervorzurufen. **Ob das An-**

X. Orientteppichschwindel

gebot wirklich oder – wie meist – nur scheinbar günstig ist, spielt keine Rolle. Andernfalls würde man § 16 Abs. 1 UWG zu sehr in die Nähe des Betrugstatbestands rücken. So wurde ein Räumungsverkaufsprofi, der die Werbetrommel für einen von ihm organisierten Uhren- und Schmuck-Räumungsverkauf mit nachgeschobenen Armbanduhren gerührt hatte, wegen strafbarer Werbung verurteilt, ohne dass es auf die Preisgünstigkeit der nachgeschobenen Ware angekommen wäre.[25] Sollte sich in einem solchen Fall die vermeintlich günstige Ware auch noch als übertauert erweisen, wäre zusätzlich der Betrugstatbestand zu prüfen.

Ebenfalls nach § 4 UWG a. F., jetzt § 16 Abs. 1 UWG verurteilt wurde ein Orientteppichhändler, der wahrheitswidrig einen Räumungsverkauf wegen Aufgabe des gesamten Geschäftsbetriebs angekündigt hatte, während in Wirklichkeit lediglich eine unselbständige Filiale des Unternehmens geschlossen wurde.[26]

X. Orientteppichschwindel

Es gibt keine andere Einzelhandelsbranche, in der unseriöse Absatzmethoden auch nur annähernd so verbreitet sind wie im Orientteppichhandel. Gewinnspannen von 500 % und mehr sind hier durchaus keine Seltenheit. Da die meisten Verbraucher nicht über die erforderlichen Kenntnisse verfügen, Beschaffenheit und Wert eines Orientteppichs zu beurteilen, haben die Schwindler mit ihren großspurigen Ankündigungen vermeintlich sensationeller Angebote nach wie vor enormen Erfolg. **Die Werbung wird oft zentral gestaltet**; bestimmte Elemente typischer Werbeanzeigen, Prospekte und Wurfsendungen tauchen als Versatzstücke bundesweit immer wieder auf. So ist stets von gewaltigen Preisreduzierungen die Rede, wobei sich merkwürdigerweise eine angebliche Herabsetzung um 68 % besonderer Beliebtheit erfreut. Gleichzeitig wird der regelmäßig **frei erfundene Anlass für den Sonderverkauf** – z. B. drängende Gläubiger, kaufmännische Fehlkalkulation, Krankheit – näher erläutert, um der Werbung größere Glaubwürdigkeit zu verleihen. Schließlich fehlen im Falle der Geschäftsaufgabe nur selten Abschiedsworte des Inhabers, der seiner treuen Kundschaft für das gezeigte Vertrauen dankt und mit dem „unabänderlichen Beschluss" oder der „endgültigen Entscheidung" schweren Herzens die Aufgabe seines Lebenswerks verkündet. Dabei wird als Krönung ab und zu die angebliche akademische Bildung des Inhabers erwähnt – offenbar in der Erwartung, dass Akademiker per se als besonders ehrenwert angesehen werden. Darüber hinaus lässt sich beim Orientteppichschwindel je nach den näheren Begleitumständen zwischen **verschiedenen Fallgruppen** unterscheiden:

1. Der Zwangsvollstreckungstrick

Bei der Ausführung dieses Tricks arbeitet ein Teppichhändler mit einem Komplizen zusammen. Der Komplize erwirkt gegen den Teppichhändler zunächst einen vollstreckbaren Zahlungstitel, typischerweise in Form eines Versäumnisurteils, eines Vollstreckungsbescheids oder einer notariellen Urkunde. Obwohl der Titel sich auf einen **frei erfundenen Anspruch** – z. B. € 250 000,– Kaufpreis aus einer Teppichlieferung – stützt, verteidigt sich der Teppichhändler nicht. Sodann vollstreckt der Komplize aus seinem Titel, indem er einen Gerichtsvollzieher beauftragt und in Absprache mit dem Teppichhändler bei jenem einen größeren Posten Orientteppiche – oft dubioser Herkunft – pfänden lässt. Schließlich werden die gepfändeten Teppiche vom Gerichtsvollzieher nach vorheriger öffentlicher Ankündigung **zwangsversteigert** (§§ 814, 816 Abs. 3 ZPO). Der Erlös wandert in die Taschen der Täter.

Solche Veranstaltungen haben großen Zulauf, weil Interessenten als selbstverständlich davon ausgehen, dass man bei einer zwangsweisen Versteigerung günstiger an einen Orientteppich kommt als im normalen Handel. Gerade das ist hier aber nicht der Fall. Der Teppichhändler hat nämlich **Gefälligkeitsgutachten mit völlig übersetzten Schätzwerten** beigebracht, auf deren Basis die Mindestgebote für die Versteigerung festgelegt wurden. Als

---

[25] OLG Celle a. a. O.
[26] AG Koblenz WRP 1992, 750.

Folge übersteigen bereits die Mindestgebote, die sich nach § 817a Abs. 1 ZPO auf wenigstens 50 % des (vermeintlichen) gewöhnlichen Verkaufswerts belaufen müssen, zum Teil deutlich die wahren Verkehrswerte. Daneben beruht die besondere Zugkraft solcher Zwangsversteigerungen sicher auch darauf, dass die Mitwirkung des Gerichtsvollziehers, also eines staatlichen Vollstreckungsorgans, dem Publikum signalisiert, es gehe alles mit rechten Dingen zu. Dass der Gerichtsvollzieher lediglich als Instrument missbraucht wird, erkennen nur Eingeweihte.

56 Bei einer abgewandelten Variante des Zwangsvollstreckungstricks ergeht es anderen staatlichen Institutionen ähnlich. In einem solchen Fall lassen die Täter **gezielt Zoll- oder Steuerschulden auflaufen**, um dann unter Hinweis auf diese Schulden wiederum eine zwangsweise Verwertung der Teppiche und damit eine günstige Kaufgelegenheit zu suggerieren. Oft wird, ohne dass die zuständige Behörde Vollstreckungsmaßnahmen eingeleitet hätte, in marktschreierischer Weise z. B. ein „großer Verwertungsverkauf zur Befriedigung von Abgabenschulden beim Hauptzollamt XY" mit angeblich dramatischen Preisvorteilen beworben. Tatsächlich ist die Ware wiederum weit überteuert.

57 Wettbewerbsrechtlich liegt in allen genannten Fällen ein eindeutiger Verstoß gegen das Irreführungsverbot des § 5 UWG vor. Es kam allerdings schon vor, dass die Verfolgung erschwert wurde, weil das von den Tätern missbräuchlich für Werbezwecke eingespannte Hauptzollamt unter Berufung auf das Steuergeheimnis seine Kooperation verweigerte.

Strafrechtlich erfordert § 16 Abs. 1 UWG **objektiv unwahre Angaben**. Ob solche vorliegen, wenn in der Werbung etwa auf einen tatsächlich bestehenden, wenn auch von den Parteien **konspirativ herbeigeführten Vollstreckungstitel** Bezug genommen wird, mag auf den ersten Blick zweifelhaft erscheinen. Nach zutreffender Ansicht wird man die Frage aber bejahen müssen, denn mit der Ankündigung einer Zwangsversteigerung untrennbar verbunden – und hier sogar beabsichtigt – ist jedenfalls die Behauptung einer **Zwangslage**, an der es jedoch bei einem zwischen den Parteien abgesprochenen Vorgehen gerade fehlt.[27] Es ist auch unschädlich, wenn in solchen Fällen die öffentliche Ankündigung der Zwangsversteigerung lediglich durch den Gerichtsvollzieher erfolgt, nicht jedoch durch den Händler und seinen vermeintlichen Gläubiger. Der Gerichtsvollzieher muss die Versteigerung nämlich kraft Gesetzes (§ 816 Abs. 3 ZPO) öffentlich ankündigen und fungiert insoweit lediglich als Werkzeug der hinter ihm stehenden – mittelbaren – Täter.[28]

Darüber hinaus wird häufig auch der **Betrugstatbestand** erfüllt sein. Zwar erwirbt der Ersteigerer vom Gerichtsvollzieher kraft hoheitlichen Akts in jedem Falle Eigentum am Teppich, also auch dann, wenn es sich um Diebesgut handeln sollte. Haben die Täter jedoch mit falschen Wertgutachten die Mindestgebote nach oben getrieben mit der Folge, dass die Ersteigerer statt der angekündigten günstigen Gelegenheiten völlig überteuerte Teppiche erstehen, die ihr Geld nicht wert sind, so liegt die beim Betrug erforderliche Vermögensschädigung vor. Schließlich dürften die Täter ihre Gewinne in den seltensten Fällen ordnungsgemäß versteuern, so dass regelmäßig auch Steuerhinterziehung vorliegt.

2. Verwertung sicherungsübereigneter oder verpfändeter Teppiche

58 Eine weitere beliebte Masche besteht darin, dass die Täter bei einem Kreditinstitut ein in Wirklichkeit **gar nicht benötigtes Darlehen** aufnehmen. Dieses Darlehen wird umfangreich gesichert, unter anderem durch die Übereignung von Orientteppichen. In der Folge kommen die Täter ihren Rückzahlungsverpflichtungen bewusst nicht nach und stellen der auf Zahlung drängenden Bank schließlich anheim, sie möge sich durch Verwertung der sicherungsübereigneten Teppiche befriedigen. Gleichzeitig wird der Bank ein Auktionator benannt, der dann regelmäßig den Verwertungsauftrag erhält und der in Ausführung dieses Auftrags den Verkauf oder die **Versteigerung des Sicherungsguts** anmeldet, öffentlich ankündigt und schließlich durchführt. Wiederum glaubt das Publikum daran, bei einer solchen „großen Versteigerung von sicherungsübereigneten Orientteppichen im Auftrag der

---

[27] Im Ergebnis ebenso LG Essen WRP 1963, 373; OLG Köln NJW 1976, 1547.
[28] So im Ergebnis auch LG Essen a. a. O.

X. Orientteppichschwindel

darlehensgewährenden Bank" günstig einen Teppich erstehen zu können. In Wirklichkeit wurden aber auch hier mit Hilfe von Gefälligkeitsgutachten angebliche Verkehrswerte und **Mindestgebote künstlich hochgesetzt**, so dass von Preisvorteilen gegenüber dem normalen Einzelhandel keine Rede sein kann. Der Auktionator ist zumeist in die Hintergründe eingeweiht; bei den Gläubigerbanken scheinen die Verantwortlichen gelegentlich zumindest die Augen vor der Realität zu verschließen.

Bei einer anderen Spielart der gerade geschilderten Methode werden die Teppiche vom Händler nicht sicherungsübereignet, sondern **an einen Pfandleiher verpfändet**. Die Wiederauslösung unterbleibt in beiderseitigem Einverständnis. Stattdessen wird wiederum ein Auktionator eingeschaltet und mit der Versteigerung oder dem freien Verkauf der verpfändeten Orientteppiche beauftragt. Der Rest läuft ab wie oben beschrieben, wobei den Teppichen auch hier durch bestellte Gutachten weit übersetzte Werte bescheinigt werden.

Aus strafrechtlicher Sicht ist die missbräuchlich herbeigeführte Verwertung von Pfand- oder Sicherungsgut im Hinblick auf § 16 Abs. 1 UWG vom Prinzip her ebenso zu behandeln wie das konspirative Zusammenwirken von Teppichhändler und Vollstreckungsgläubiger. Das gilt jedenfalls für all diejenigen Fälle, in denen der Teppichhändler mit dem Sicherungsnehmer bzw. Pfandgläubiger wie dort im heimlichen Einvernehmen handelt. Dagegen wird man in der bloßen Ankündigung von Verwertungsmaßnahmen durch eine Bank, die nicht in Komplizenschaft mit dem Teppichhändler agiert, wohl noch keine unwahre Angabe über geschäftliche Verhältnisse im Sinne von § 16 Abs. 1 UWG sehen können. In einem solchen Fall – wie auch sonst – kann aber je nach den weiteren Umständen durchaus der Tatbestand des Betrugs erfüllt sein, ebenso derjenige der Steuerhinterziehung.

3. Schwindel mit Wanderlagern

Wanderlager sind zeitlich begrenzte Verkaufsveranstaltungen im Reisegewerbe. Im Orientteppichhandel erfreuen sie sich außerordentlicher Beliebtheit. Die Wanderlager finden statt in leer stehenden Hallen oder Ladenlokalen, die von den Veranstaltern für kurze Zeit angemietet werden, manchmal auch in Gasthäusern oder Hotels. Solche Verkäufe müssen, wenn – wie stets – eine öffentliche Ankündigung erfolgen soll, nach näherer Maßgabe von § 56a GewO zwei Wochen vor der ersten Werbeankündigung **bei der zuständigen Behörde angezeigt** werden. Um diese Anzeigepflicht zu umgehen, melden unseriöse Veranstalter am Ort des geplanten Verkaufs **zum Schein ein stehendes Gewerbe** an. Die Anmeldung erfolgt meist durch Strohleute. An einem Samstagmorgen, wenn weder Behörden noch Gerichte besetzt sind, wird dann per Anzeige oder Hauswurf marktschreierisch mit angeblich sensationellen Preisvorteilen für das Wanderlager geworben. Der Verkauf beginnt sofort, wird unter Verletzung des Ladenschlussgesetzes über den Sonntag hinweg fortgeführt und am Montag beendet. Behördliche Untersagungsverfügungen oder gerichtliche Verbote kommen damit fast immer zu spät.

In anderen Fällen werden Orientteppich-Wanderlager zwar gemäß § 56a GewO angezeigt. Auch dann schieben die Veranstalter aber häufig Strohleute vor. Außerdem wird der zuständigen Behörde bei der Anzeige oft ein auffallend harmloser Ankündigungstext übergeben, der zu keinerlei Beanstandungen Anlass gibt. Die später tatsächlich veröffentlichte Werbeankündigung strotzt dann dagegen vor irreführenden und sonst unzulässigen Angaben. Wiederum erfolgen Werbung und Durchführung regelmäßig am Wochenende, so dass sofortiges Einschreiten kaum möglich ist.

Die geschilderten Verstöße gegen die gewerberechtliche Anzeigepflicht und gegen das Ladenschlussgesetz stellen lediglich Ordnungswidrigkeiten dar, deren Ahndung die Täter selten sonderlich beeindruckt. Umso wichtiger ist es deshalb, gesetzwidrige Wanderlagerveranstaltungen von vornherein zu unterbinden oder zumindest so schnell wie möglich abzubrechen, auch wenn die Täter dies auf den beschriebenen Wegen geschickt zu verhindern suchen. Die strafrechtliche Beurteilung richtet sich nach dem Inhalt der Ankündigung und den Begleitumständen des Wanderlagerverkaufs. Wird z. B. unter Hinweis auf einen frei erfundenen Anlass („zwangsweise Liquidierung eines Großlagers") besondere Preisgünstigkeit suggeriert, so liegt in der Regel ein Vergehen nach § 16 Abs. 1 UWG vor. Bringen die Veranstalter mit Hilfe von bestellten Gutachten und Mondpreisangaben Teppiche zu überhöhten Preisen an den Mann, handelt es sich (auch) um Betrug.

4. Missstände bei Räumungsverkäufen

63 Die oben unter Randnummern 47 ff. geschilderten Schwindelmethoden bei Räumungsverkäufen sind auch und in besonderem Maße im Orientteppichhandel zu beobachten. Gerade hier werden Räumungsverkäufe als willkommene Möglichkeit betrachtet, von Ort zu Ort vagabundierende Überbestände an Ware in den Markt zu drücken. Zu diesem Zweck werden Geschäftsbetriebe ausschließlich in der Absicht errichtet, sie zur Ermöglichung eines Räumungsverkaufs wegen Geschäftsaufgabe möglichst bald wieder zu schließen. Um die Missbräuchlichkeit dieses Vorgehens zu verschleiern, werden ständig neue **Strohleute** als Geschäftsinhaber vorgeschoben. Ihre angebliche Erfolgslosigkeit dient dann häufig als Begründung dafür, warum das Geschäft so rasch wieder geschlossen werden müsse. Sogar vermeintliche **Bürgen**, die nach eigenem Bekunden für die Verbindlichkeiten von Teppichhändlern in Anspruch genommen wurden und dafür angeblich deren Teppichbestände übereignet erhielten, eröffnen gelegentlich Orientteppichgeschäfte. Nach kurzer Zeit stellt sich stets heraus, dass der geschäftlich unerfahrene Bürge dieser Aufgabe nicht gewachsen ist und das Geschäft wieder schließen muss – natürlich erst nach vorherigem Räumungsverkauf.

Das Vor- und Nachschieben großer Mengen von Teppichen – oftmals unverzollt oder Hehlerware – ist in den genannten Fällen die Regel. Fehlende oder manipulierte Herkunftsbelege erschweren häufig die Identifizierung der Teppiche. Ferner ist auch hier **Mondpreisschwindel** an der Tagesordnung. In Wirklichkeit sind die Teppiche selbst die angeblich dramatisch reduzierten Preise oft nicht einmal annähernd wert.

64 Räumungsverkäufe wegen Geschäftsaufgabe enden speziell im Orientteppichhandel häufig mit **Versteigerungen**. Jedoch wird auch bei Versteigerungen im Rahmen von Räumungsverkäufen häufig mit bestellten Sachverständigengutachten gearbeitet, die den Teppichen **weit übersetzte Schätzwerte** bescheinigen, so dass auch die deutlich unter diesen Werten angesiedelten Mindestgebote in Wirklichkeit alles andere als günstig sind.

65 Strafrechtlich sind die hier geschilderten Machenschaften nach den bereits unter Randnummer 53 erläuterten Grundsätzen zu beurteilen. Es ist insbesondere darauf hinzuweisen, dass bei Mondpreisangaben, vorgetäuschtem Räumungsverkaufsgrund und beim Nachschieben von Ware **fast immer der Straftatbestand des § 16 Abs. 1 UWG** erfüllt ist, zumal es nach zutreffender Ansicht nicht darauf ankommt, ob der von den Tätern erweckte Anschein eines besonders günstigen Angebots trügerisch ist oder nicht.

XI. Heil- und Arzneimittelschwindel

1. Straftaten im Reisegewerbe

66 Der Schwindel mit obskuren Gesundheitspräparaten, lebensverlängernden Elixieren und Wundermedizin gegen nahezu jede Krankheit ist wahrscheinlich nur unwesentlich jünger als die Menschheit. Je stärker jemand unter – wirklichen oder eingebildeten – Krankheiten leidet oder sich vor ihnen fürchtet, desto geringer ist erfahrungsgemäß seine Skepsis gegenüber solchen Mitteln. Deshalb sind **alte und kranke Menschen** die bevorzugte Zielgruppe von Heil- und Arzneimittelschwindlern. Die Geschäfte werden vor allem an der Haustür gemacht. Dort können die gewandt und vertrauenerweckend auftretenden Täter ihre Opfer persönlich ansprechen, sich mitfühlend von deren Krankheiten berichten lassen und sogleich das jeweils geeignete Mittel präsentieren. Potenzielle Opfer werden durch Herumfragen in der Nachbarschaft ausfindig gemacht, aber auch durch Adressenaustausch mit anderen reisenden Tätern und sonstigen Vertreibern von „Wundermitteln".

XI. Heil-und Arzneimittelschwindel   16

Die Vielfalt der auf diesem Wege vertriebenen Präparate ist beeindruckend. Insbesondere gegen typische Altersleiden wie Rheuma, Krampfadern, Durchblutungsstörungen, Schwindelgefühle, Herz- und Kreislaufprobleme, aber auch gegen Migräne, Magenleiden und sonstige Beschwerden wird eine Fülle von Heilmitteln feilgeboten. Sie alle haben eines gemeinsam: ihre weitgehende **Wirkungslosigkeit**, kaschiert lediglich von gelegentlichen Plazebo-Effekten. Was die angeblich lebensverlängernden Elixiere betrifft, so kann man ihnen bestenfalls bescheinigen, dass sie das Ableben nicht nennenswert beschleunigen. Von Nutzen sind sie lediglich für die Täter. So wurden für enorme Summen „Kuren" verkauft, die im Wesentlichen aus Traubensaft bestanden. Ein reisender Täter erleichterte über 70 Rentnerinnen und Rentner um jeweils € 1500,– bis € 2500,– für ein lebensspendendes Wundermittel, wobei er so dreist vorging, seine Opfer zur Bank zu begleiten und sich dort ihre Ersparnisse aushändigen zu lassen. Regelmäßig dichten die Täter nicht nur den angebotenen Präparaten wundersame Wirkungen an, sondern auch sich selbst Kenntnisse in Arzneimittel- und Heilkunde. So werden aufkeimende Zweifel der zumeist betagten Opfer durch ein paar fachmännisch klingende Erläuterungen schnell zerstreut.

Strafrechtlich ist in den geschilderten Fällen der **Betrugstatbestand** regelmäßig erfüllt. 67 Ob auch ein Vergehen der strafbaren Werbung gemäß § 16 Abs. 1 UWG vorliegt, hängt vor allem davon ab, ob unwahre Angaben gegenüber einem größeren Personenkreis gemacht wurden. Bei reisenden Tätern kommt es also darauf an, ob sie in einer Vielzahl von Fällen gleichlautende Erklärungen gegenüber ihren Opfern abgegeben haben. Allerdings ist bei der Werbung für Heil- und Arzneimittel zusätzlich der Straftatbestand des § 14 Heilmittelwerbegesetz (HWG) zu beachten, der bereits die (vorsätzliche) irreführende Werbung im Sinne von § 3 HWG unter Strafe stellt, ohne dass es auf die in § 16 Abs. 1 UWG geforderten weiteren Voraussetzungen ankäme. Daneben kann auch der Tatbestand des unerlaubten Ausübens der Heilkunde (§ 5 Heilpraktikergesetz) erfüllt sein.

Erschwerend bei den Ermittlungen wirkt sich aus, dass die Opfer häufig altersbedingt nicht nur körperlich abbauen, sondern auch im Erinnerungsvermögen nachlassen. Bei erkennbarer Gebrechlichkeit und voraussichtlich noch länger andauernden Ermittlungen sollte deshalb die möglichst rasche richterliche Vernehmung veranlasst werden. Um den Umfang der verfolgten Straftaten und die Anzahl der Geschädigten zu ermitteln, empfiehlt sich zudem die **Einschaltung der Presse** unter Angabe einer zentral zuständigen Dienststelle. Im Übrigen kann die Presse auch unter wettbewerbsrechtlichen Aspekten haftbar sein.[29] Schließlich sollten in die Ermittlungen – soweit ausfindig zu machen – auch die Hersteller der vertriebenen Präparate und Elixiere einbezogen werden. Wenn sie nicht mit den Tätern unter einer Decke stecken, so können sie doch zumindest Angaben über die Abnehmer, über die Zusammensetzung der Mittel und deren Abgabepreis machen, was die Verfolgung der Täter erleichtert.

2. Publikumswerbung

Auch in den Massenmedien – vorzugsweise in Publikationen mit einem hohen Anteil intel- 68 lektuell genügsamer Leser – wird für alle möglichen Wundermittel geworben. Solche Publikumswerbung verspricht nur verhältnismäßig selten die Erkennung, Beseitigung oder Linderung gravierender körperlicher Krankheiten oder Leiden, weil dann ein Verstoß gegen § 12 HWG (die Vorschrift verweist auf eine Anlage mit einer abschließenden Liste von Krankheiten und Leiden) offenkundig wäre. Derartige Verstöße werden meistens sofort von Mitbewerbern oder Verbänden verfolgt und gegebenenfalls per einstweiliger Verfügung unterbunden. Stattdessen konzentrieren sich die Schwindler zum einen auf die Werbung für Mittel, die angeblich zu einer drastischen Steigerung von Vitalität, Leistungsfähigkeit oder Manneskraft führen. Zum anderen wird Personen, die an **kosmetischen Defiziten** wie z. B. Fettpolstern, Orangenhaut, Glatzköpfigkeit etc. leiden, wirksame Abhilfe versprochen. Dass derartige Mittel zumeist wirkungslos und vereinzelt sogar schädlich sind, hat sich inzwischen in

---

[29] LG Regensburg, Urteil v. 11.1.2001, AZ 1 HK O 2332/00, WRP 2001, 842.

weiten Kreisen herumgesprochen. Dennoch wird der auf diesem Gebiet angerichtete Schaden auf über €50Mio. jährlich geschätzt.

69 Neben den auch hier stets zu prüfenden Tatbeständen des Betrugs und der strafbaren Werbung ist wiederum § 14 i. V. m. § 3 HWG besonders zu beachten. Danach macht sich unter anderem derjenige strafbar, der einem Mittel eine therapeutische Wirkung beilegt, die dieses nicht hat, oder der fälschlich den Eindruck erweckt, ein Erfolg könne mit Sicherheit erwartet werden. Weitere Strafbarkeitsvoraussetzungen bestehen nicht; insbesondere bedarf es keiner Schädigung eines Dritten oder des Anscheins besonderer Günstigkeit. Wenn die strafrechtliche Ahndung von Gesetzesverstößen auf diesem Gebiet gleichwohl eher die Ausnahme darstellt, liegt das sicher auch an der **nur 6 Monate betragenden Verjährungsfrist** bei der Werbung in Presseorganen.[30] Diese kurze Frist führt dazu, dass oftmals bereits Verjährung eingetreten ist, noch bevor getäuschte Verbraucher die Unwirksamkeit oder gar Schädlichkeit des Mittels bemerkt und sich zur Strafanzeige entschlossen haben. Unabhängig von der rein strafrechtlichen Relevanz können auch Verstöße gegen § 3 HWG in Verbindung mit § 4 Nr. 11 UWG wettbewerbsrechtliche Unterlassungsansprüche von Mitbewerbern und Verbänden auslösen, wobei das Irreführungsverbot des § 3 HWG auch gegenüber Fachkreisen, nicht nur dem Endverbraucher gilt.[31]

XII. Progressive Kundenwerbung

70 Die sog. progressive Kundenwerbung wurde durch den im Rahmen des 2. WiKG von 1986 neu geschaffenen § 6c UWG a. F. unter Strafe gestellt. Charakteristisches Wesensmerkmal der progressiven Kundenwerbung ist es, **Verbraucher** dadurch als Kunden anzulocken, dass ihnen vermögenswerte Vorteile (z. B. Provisionen, Preisnachlässe) dafür versprochen werden, ihrerseits neue Kunden zu gewinnen, die wiederum mit entsprechenden Anreizen zur weiteren Kundenwerbung veranlasst werden sollen, und so fort. Alle Kunden werden so unweigerlich in die Vertriebsorganisation des werbenden Unternehmens eingespannt. Profitstreben wird zum Motor des Handelns, während Güte und Preiswürdigkeit des vertriebenen Produkts völlig in den Hintergrund treten.

Durch das Gesetz zur vergleichenden Werbung und zur Änderung wettbewerbsrechtlicher Vorschriften vom 1.9.2000 (BGBl I 1374) wurde § 6c UWG a. F. weiter geändert. Die in Aussicht gestellten Vorteile mussten nicht mehr notwendig vom Veranstalter gewährt werden, sondern es reichte aus, wenn die Vorteile durch die neu geworbenen Teilnehmer erlangt wurden. Die Norm wurde im Rahmen der **UWG-Reform 2004** redaktionell angeglichen: Der geschützte Personenkreis, früher Nichtkaufleute, wurde auf Verbraucher beschränkt.

Der Tatbestand Progressiver Kundenwerbung ergibt sich jetzt aus § 16 Abs. 2 UWG.

Bei der organisatorischen Ausgestaltung unterscheidet man gemeinhin zwischen dem sog. **Schneeballsystem**, bei dem das werbende Unternehmen auch die Verträge mit Zweitkunden, Drittkunden etc. selbst abschließt, und dem sog. **Pyramidensystem**, bei dem die Erstkunden mit den Zweitkunden kontrahieren, die Zweit- mit den Drittkunden etc. Da beide Systeme auf dem Prinzip basieren, dass jeder Kunde möglichst viele weitere Kunden gewinnt und diese ihrerseits gleiches tun, stellt sich ein Potenzierungseffekt ein, der binnen kürzester Zeit zur Marktverengung bis hin zur völligen **Marktverstopfung** führt. Das ist vor allem verhängnisvoll für denjenigen Käufer, der sich innerhalb eines Pyramidensystems in der Hoffnung auf Weiterveräußerungsprovisionen und Aufstieg in der Vertriebshierarchie mit großen Warenmengen eingedeckt hat und nun z. B. auf einem ganzen Keller voller Waschmittel sitzt, das niemand mehr haben will.

71 Da § 16 Abs. 2 UWG nach seinem Wortlaut („Wer es unternimmt…") ein sog. Unternehmensdelikt ist, wird bereits der **Versuch als vollendete Tat** bestraft. Ob tatsächlich Kunden gewonnen wurden oder nicht, spielt also keine Rolle. Auch ist es unbeachtlich, ob Warenabnehmern innerhalb eines Pyramidensystems – jedenfalls auf dem Papier – ein Rückgabe-

---

[30] Dazu näher unten Rn. 106.
[31] OLG Saarland, Urteil v. 6.10.1999, AZ 1 U 138/99-27, WRP 2000, 138.

XIII. Kettenbriefe und Pyramidenspiele **16**

recht für nicht abgesetzte Ware eingeräumt wird. Die Strafbarkeit nach § 16 Abs. 2 UWG lässt sich so nicht vermeiden, zumal die Durchsetzbarkeit der Rückabwicklung über verschiedene Vertriebsebenen hinweg – gerade bei zunehmender Marktverengung, wenn alle ihre Ware wieder loswerden wollen – äußerst fraglich sein dürfte.

Neben § 16 Abs. 2 UWG können bei progressiver Kundenwerbung je nach Sachverhalt auch die Straftatbestände der §§ 16 Abs. 1 UWG und 263 StGB verwirklicht sein. Oft wird dies jedoch nicht der Fall sein, da § 16 Abs. 2 UWG gerade für Sachverhalte geschaffen wurde, die von anderen Straftatbeständen nicht hinreichend erfasst wurden. Täter ist, wer vorsätzlich die in § 16 Abs. 2 UWG beschriebene Vertriebsmethode anwendet. Das kann auch derjenige sein, der – zunächst nur als Opfer angelockt und damit straflos (notwendige Teilnahme) – später innerhalb der Vertriebshierarchie selbst eine aktive Rolle übernimmt. Die Verfolgung setzt **keinen Strafantrag** voraus.

Nicht ganz unproblematisch ist die rechtliche Beurteilung des sog. **Multi-Level-Marke-** 72 **ting**, das man auch schlicht als Strukturvertrieb mit zumindest bedenklichen Anklängen an das von § 16 Abs. 2 UWG umrissene Absatzsystem bezeichnen könnte. In einem Fall, in dem es um den Vertrieb von Kosmetika und diätetischen Lebensmitteln amerikanischer Herkunft ging, verneinte das LG Offenburg[32] in einem Zivilverfahren einen Verstoß gegen § 6c UWG a. F., obwohl der Absatz über ein hierarchisch strukturiertes, den Endverbraucher durch Provisionsversprechen in den Vertrieb einspannendes System erfolgte. Das Gericht begründete seine Entscheidung im Wesentlichen damit, dass angesichts der konkreten Umstände des zu beurteilenden Falls zunächst Güte und Preiswürdigkeit des Produkts den Absatz diktierten und erst im Wege der „Nachbetreuung" versucht werde, die Kunden auch als Vertriebspartner zu gewinnen. Auch würden anders als bei (sonstigen) Pyramidensystemen die Abnehmer **nicht zur Vorratshaltung veranlasst**.[33] Man wird der Entscheidung zumindest in strafrechtlicher Hinsicht vom Ergebnis her beipflichten können. Jedenfalls ist das offensichtliche Unbehagen des Gerichts gegenüber einer Qualifizierung des geschilderten Sachverhalts als strafbares Unrecht nachvollziehbar. Aus möglicherweise ähnlichen Motiven ließ das OLG München[34] bei einem vergleichbaren Sachverhalt die Frage eines Verstoßes gegen § 6c UWG a. F. ausdrücklich offen, erkannte aber – anders als das LG Offenburg – eine Verletzung von § 1 UWG a. F. Unter rein wettbewerbsrechtlichen Gesichtspunkten können sämtliche Formen progressiver Kundenwerbung – unabhängig von einer möglichen Strafbarkeit gemäß § 16 Abs. 2 UWG – von Wettbewerbsverbänden verfolgt werden. Unterlassungsansprüche ergeben sich direkt aus § 3 in Verbindung mit § 4 Nr. 11 UWG aber auch aus § 3 in Verbindung mit § 5 Abs. 2 Nr. 1 UWG (Irreführung über die zu erwartenden Gewinnchancen). Darüber hinaus regelt Nr. 14, Anhang zu § 3 Abs. 3 UWG – der sog. UGP-Richtlinie (Richtlinie 2005/29/EG) folgend – nochmals ausdrücklich den Tatbestand der progressiven Kundenwerbung. Danach sind „die Einführung, der Betrieb oder die Förderung eines Systems zur Verkaufsförderung, das den Eindruck vermittelt, allein oder hauptsächlich durch die Einführung weiterer Teilnehmer in das System könne eine Vergütung erlangt werden (Schneeball- oder Pyramidensystem)", stets unzulässige geschäftliche Handlungen.

XIII. Kettenbriefe und Pyramidenspiele

Während bei der klassischen progressiven Kundenwerbung der Kunde zum willfährigen 73 Werkzeug beim Absatz von Waren oder Dienstleistungen gemacht wird, wollen die Initiatoren von Kettenbriefaktionen oder Pyramidenspielen nichts verkaufen, sondern **schlicht Geld einsammeln**. Das geschieht auf unterschiedliche Weise:

---

[32] WRP 1998, 85, so auch das OLG Frankfurt, Urteil vom 12.5.2011, 6 U 29/11 in GRUR-RR 2012, 77.
[33] Unter anderem deshalb zustimmend *Leible*, WRP 1998, 18; vgl. auch *Thume*, WRP 1999, 280.
[34] WRP 1996, 42.

1. Kettenbriefaktionen

74 Harmlose Spielarten von Kettenbriefaktionen, bei denen es nicht um Geld, sondern beispielsweise um das Versenden von Postkarten (und den versprochenen Erhalt einer vielfachen Menge hiervon) geht, kennt fast jeder aus eigener, teilweise noch kindlicher Erfahrung. Schon etwas weniger harmlos, aber rechtlich in der Regel gleichfalls irrelevant sind Appelle an Furcht oder Aberglauben, mit denen die Weiterversendung inhaltlich belangloser Kettenbriefe erzwungen werden soll („Wer die Kette abreißen lässt, dem wird großes Unglück widerfahren"). Im Folgenden ist indessen allein die Rede von Kettenbriefen, deren Empfänger **Geldzahlungen** leisten sollen. Das funktioniert in der Regel so, dass Listen mit z. B. zehn untereinander aufgeführten Personen versandt werden. Aufgrund des hohen Potenzierungseffekts geschieht dies inzwischen hauptsächlich per E-Mail. Die Adressaten einer solchen Liste werden aufgefordert, der an oberster Stelle genannten Person einen Betrag von z. B. € 50,- zu überweisen, sodann den Namen dieser Person zu streichen, dafür den eigenen Namen an unterster Stelle neu einzufügen, die so modifizierte Liste an zehn weitere Adressaten eigener Wahl zu senden und jene aufzufordern, entsprechend zu verfahren. Sobald man selbst an oberster Stelle stehe, so die Verheißung, breche gewaltiger Geldsegen über einen herein.

Dieses System der wundersamen Geldvermehrung, bei dem angeblich jeder Mitspieler Gewinn macht, obwohl der Geldfluss doch ausschließlich von Mitspielern gespeist wird, kann aus auf der Hand liegenden Gründen nicht funktionieren. Eine simple Zehnerpotenzrechnung zeigt, dass bei idealem Verlauf der oben beispielhaft geschilderten Kettenbriefaktion (niemand lässt die Kette abreißen, jeder Adressat wird nur einmal angeschrieben) bereits auf der zehnten Stufe Extraterrestrier mitspielen müssten, weil die Erdbevölkerung nicht ausreiche. In der Praxis verebben solche Aktionen mangels neuer Mitspieler natürlich viel früher. **Profit machen lediglich die Initiatoren** und vielleicht einige wenige Mitspieler nach ihnen; die übrigen sehen ihr Geld nicht wieder, von einem Gewinn ganz zu schweigen.

75 Gleichwohl bewegen sich die Versender solcher Kettenbriefe aus strafrechtlicher Sicht je nach konkreter Gestaltung des Ablaufs auf relativ gefahrlosem Terrain. In seiner bekannten „Goldkreis"-Entscheidung[35] stellte der BGH fest, dass es sich bei derartigen Kettenbriefaktionen **nicht um Glücksspiele** im Sinne von § 284 StGB und ebenso wenig um Lotterien im Sinne von – damals – § 286 StGB handele. Dafür sei nämlich jeweils erforderlich, dass der Mitspieler einen Einsatz leiste. Die – auf jeden Fall verlorene – Geldzahlung an einen anderen Mitspieler könne nicht als ein solcher Einsatz angesehen werden. Ein Verstoß gegen § 6c UWG a. F. scheide schon deshalb aus, weil diese Vorschrift ein Handeln „im geschäftlichen Verkehr" voraussetze. Die durch eine Kettenbriefaktion begründeten Rechtsbeziehungen seien aber rein privater Natur.[36] Dies gilt allerdings lediglich für sog. **„Selbstläufer"-Aktionen**, die von den Initiatoren nur in Gang gesetzt und dann in ihrem weiteren Verlauf sich selbst überlassen werden.

76 Bei den sog. **„verwalteten" Kettenbriefaktionen**, deren Veranstalter den Ablauf in gewissem Umfang kontrollieren und typischerweise von neuen Mitspielern Gebühren verlangen, ist das Tatbestandsmerkmal des Handelns im geschäftlichen Verkehr dagegen erfüllt.[37] Deshalb ist in solchen Fällen seit jeher zumindest die zivilrechtliche Verfolgung wegen Verstoßes gegen § 3 in Verbindung mit § 5 UWG möglich. Dagegen wurde auch bei derart „verwalteten" Kettenbriefaktionen ein Vergehen nach § 6c UWG a. F. zunächst verneint, weil die dem neuen Mitspieler versprochenen finanziellen Vorteile nicht vom Veranstalter selbst, sondern von den nachfolgenden Spielteilnehmern gewährt würden. Dies reiche im Rahmen von § 6c UWG a. F. nicht aus.[38] Diese Ansicht ist überholt. Der BGH hat inzwischen im Rahmen der strafrechtlichen Beurteilung eines Pyramidenspiels[39] ausdrücklich entschieden, dass der besondere Vorteil im Sinne von § 6c UWG a. F. weder aus dem Vermögen

---

[35] NJW 1987, 851.
[36] Ähnlich BGH wistra 1994, 24.
[37] BayObLG NJW 1990, 1862.
[38] BayObLG a. a. O.
[39] Dazu näher unten Rn. 79.

des Veranstalters stammen noch vom Täter selbst gewährt werden muss.[40] Wenn man zudem – zutreffend – im Erwerb der Spielberechtigung durch Zahlung der Gebühren an den Veranstalter die Erlangung eines „Rechts" im Sinne von § 16 Abs. 2 UWG sieht,[41] muss man „verwaltete" Kettenbriefaktionen nunmehr grundsätzlich als **strafbar nach § 16 Abs. 2 UWG** ansehen.

2. Pyramidenspiele

Diese Geldspiele, die von den Initiatoren beschönigend „Unternehmerspiele" oder „Marketingspiele" genannt werden, verdanken ihre Bezeichnung der **pyramidenförmig aufgebauten Hierarchie** unter den Beteiligten. Spielsysteme solcher Art sind international verbreitet; das Internet als Plattform wird zunehmend beliebter. Die amerikanische *Federal Trade Commission* machte dagegen bereits vor einigen Jahren mobil. Der Ablauf der Spiele gestaltet sich teilweise ähnlich wie bei den „verwalteten" Kettenbriefaktionen; jedoch sind die klassischen Pyramidenspiele straffer durchorganisiert und erfordern in der Regel ein sehr viel höheres finanzielles Engagement. Für den Erwerb der Teilnahmeberechtigung – teilweise als „Mitgliedschaftsrecht" bezeichnet – ist zunächst ein Betrag von oftmals **€ 2500,– oder mehr zu entrichten**. Um auch nur diesen Betrag wieder hereinzuholen (geschweige denn die versprochenen phantastischen Gewinne zu erzielen), muss man weitere Teilnehmer anwerben, die dann ihrerseits Gleiches zu tun haben. Wer beim Anwerben erfolgreich ist, rückt in der Hierarchie nach oben und kassiert für die Aktivitäten untergeordneter Teilnehmer mit. Dies ist in etwa das gemeinsame Prinzip solcher Spiele. Die Ränge innerhalb der Pyramide können mit „Bauer", „Bube", „König" und „Joker", aber auch mit „Einzelhändler", „Großhändler", „Marketingmanager" und „Marketingdirektor" oder anderen Phantasiebegriffen bezeichnet sein. Die Spielregeln sind im Einzelnen meist äußerst kompliziert und undurchschaubar ausgestaltet. Sie zielen stets darauf ab, dass möglichst viel Geld in die Taschen der Veranstalter fließt.

Die Methoden, mit denen neue Teilnehmer angeworben werden, muten teilweise geradezu grotesk an, verfehlen aber ihre Wirkung nicht. So locken Werber die von ihnen angesprochenen Kandidaten mit dem Versprechen schnellen Reichtums häufig unter dem Siegel der Vertraulichkeit zu Veranstaltungen, die in eigens angemieteten Sälen stattfinden. Dort beschreiben die rhetorisch und psychologisch geschulten Veranstalter der Spiele schwärmerisch die angeblichen Verdienstmöglichkeiten jedes Teilnehmers und heizen die Stimmung mit in die Menge gebrüllten Suggestivfragen wie „Wollt ihr alle reich werden?" an. Als Antwort brüllt die Menge prompt ein begeistertes „Ja!" zurück. So wird mit kühler Berechnung und bestellten Claqueuren eine **Atmosphäre kollektiver Euphorie** geschürt, aus der heraus reihenweise Verpflichtungserklärungen unterschrieben werden. Dass dem Spiel aus den bereits oben unter Rn. 74 erläuterten Gründen mit mathematischer Gewissheit sehr bald die Teilnehmer ausgehen und deshalb nur einige wenige reich werden können, dämmert den meisten erst viel später. In dem verzweifelten Versuch, wenigstens das eingesetzte Geld zurückzubekommen, werben manche dann, obwohl sie das Spiel durchschaut haben, mit falschen Versprechungen noch Nachbarn, Freunde und Bekannte an. Auf diese Weise entstehen lebenslange Feindschaften.

Die Veranstaltung solcher Pyramidenspiele ist als **progressive Kundenwerbung im Sinne von § 16 Abs. 2 UWG** anzusehen. Dies hat der BGH in einem Verfahren, in dem es um das „Unternehmer-Spiel Live" ging, ausdrücklich entschieden.[42] Zum gleichen Ergebnis war das LG Hamburg bereits bei der Beurteilung des berüchtigten Pyramidspiels „Titan" gekommen.[43] Dabei ist die durch die Einstandszahlung erkaufte Teilnahmeberechtigung

---

[40] NJW 1998, 390.
[41] Vgl. unten Rn. 79.
[42] NJW 1998, 390; so schon zuvor OLG Bamberg wistra 1997, 114.
[43] NStZ-RR 1997, 57; jetzt auch LG Rostock wistra 2002, 75.

als „Recht" im Sinne von § 16 Abs. 2 UWG anzusehen.[44] Auch der Ansicht des BGH, dass es sich bei dem in Aussicht gestellten Provisionsanspruch um einen besonderen Vorteil im Sinne von § 6c UWG a. F. handele und dieser Vorteil nicht vom Veranstalter selbst gewährt werden müsse, ist beizupflichten,[45] wobei diese Ansicht durch die Neufassung des § 6c UWG a. F. bzw. jetzt in § 16 Abs. 2 UWG ihren gesetzlichen Niederschlag gefunden hat.

80 Darüber hinaus kann die Veranstaltung von Pyramidenspielen je nach den konkreten Umständen des Einzelfalls auch den **Betrugstatbestand** erfüllen. Dies ist dann der Fall, wenn die Veranstalter für sich nicht nur den Anteil an den Zahlungen abzweigen, den sie sich für die Organisation und Verwaltung des Spiels ausbedungen haben, sondern – über Strohleute oder fingierte Namen – auch **die oberen Ränge der Pyramide selbst besetzen**. In einem solchen Fall hat sogar derjenige Teilnehmer, der in einem sehr frühen Stadium in das Spiel einsteigt, die ihm vorgegaukelte Gewinnchance nicht mehr. Ferner kommt stets eine Veruntreuung der zu verwaltenden Gelder durch die Veranstalter in Betracht. Geschieht dies unter Einsatz manipulierter Softwareprogramme, ist zusätzlich der Tatbestand des Computerbetrugs, § 263a StGB, zu prüfen. Zur Spielverwaltung eingesetzte EDV-Anlagen sollten deshalb generell sichergestellt und – über die Suche nach Spielerlisten, geflossenen Geldern etc. hinaus – auf solche Manipulationen hin überprüft werden.

XIV. Anzeigen- und Adressbuchschwindel

81 Diese Art des Schwindels hat eine jahrzehntelange Tradition. Opfer sind typischerweise Gewerbetreibende. Sie werden von den Tätern durch die nachfolgend beschriebenen Täuschungsmanöver dazu veranlasst, Geld für die Veröffentlichung von **Firmendaten oder Firmenwerbung in völlig nutzlosen Publikationen** zu bezahlen. Auch die große Zahl seriöser Wirtschaftsverlage gerät hierdurch oftmals zu Unrecht in Misskredit. Der verursachte Schaden wird vom Deutschen Schutzverband gegen Wirtschaftskriminalität auf über € 700 Mio. pro Jahr geschätzt, und zwar mit steigender Tendenz. Seit Jahrzehnten lassen sich folgende Vorgehensweisen beobachten:

1. Versand fingierter Rechnungen

82 Dies ist die klassische Masche der sog. Adressbuchschwindler. Getarnt als scheinbar seriöse Verlagsunternehmen, versenden sie massenweise Formulare, die **aussehen wie Rechnungen** für die Veröffentlichung von Daten des jeweils angeschriebenen Unternehmens in einem „Branchenbuch", einem „Firmenverzeichnis" oder einem ähnlichen Druckwerk. Die angeforderten Beträge belaufen sich typischerweise auf mehrere hundert Euro, gelegentlich auch auf höhere Beträge. Der Rechnungscharakter wird unterstrichen durch Angabe von Geschäftszeichen und Kundennummern, durch Zahlungshinweise („Zahlbar netto binnen 10 Tagen") und durch beigefügte, bereits teilweise ausgefüllte Überweisungsträger. Erst bei genauerem Hinsehen entdeckt der aufmerksame Leser einen klein gedruckten Hinweis darauf, dass mit dem Formular lediglich das **Angebot** – oder besonders beliebt: die „Offerte" – zur Veröffentlichung der Firmendaten unterbreitet werde; die Annahme dieses Angebots erfolge durch Überweisung des jeweils bezifferten Betrags. In besonders krassen Fällen unterbleibt sogar jeder Hinweis auf den bloßen Angebotscharakter.

Eine Spielart des Schwindels mit fingierten Rechnungen besteht darin, dass die Täter zunächst gezielt die öffentlichen Bekanntmachungen über **Handelsregistereintragungen** durchforsten. Den derart ermittelten Unternehmen werden sodann – zeitnah, also vor den offiziellen Abrechnungen – Scheinrechnungen übersandt, die durch ihre täuschende Gestaltung den Eindruck erwecken, als stammten sie vom zuständigen Registergericht. Um diesen Eindruck zu unterstreichen, treten solche Versender unter Namen wie „Daten-Handelsregisterverlag", „Register-Handelsverwaltung" oder „Datenzentralverwaltung" auf. Auch werden

---

[44] BGH a. a. O.; ablehnend OLG Rostock wistra 1998, 234.
[45] Kritisch *Otto*, wistra 1998, 227.

fingierte Rechnungen oft so gestaltet, als stammten sie vom Bundesanzeiger-Verlag. Die Veröffentlichungen in den Hinterlegungsbekanntmachungen des Bundesanzeigers rechnet dieser direkt mit den Betroffenen ab, allerdings am Tag der Bekanntmachung, so dass insofern die Gefahr des Zuvorkommens minimiert wird.

Bei den genannten Vorgehensweisen haben es die Täter jeweils darauf abgesehen, dass die versandten Formulare – ihrem Anschein entsprechend – von den Adressaten fälschlich als Rechnungen für bereits erbrachte Leistungen angesehen und die darin angegebenen Beträge ohne weiteres überwiesen werden. Gerade bei etwas größeren Unternehmen, in denen solche Angelegenheiten nicht vom Chef persönlich, sondern routinemäßig von der Buchhaltung erledigt werden, führt die Masche häufig zum Erfolg. Jedoch finden sich auch erstaunlich viele Freiberufler unter den Opfern. Da die Täter in ihren an diskreter Stelle abgedruckten Allgemeinen Geschäftsbedingungen oft vorsehen, dass sich der durch die Zahlung erteilte Auftrag mangels Kündigung **von Jahr zu Jahr verlängert**, werden viele Opfer nach 12 Monaten erneut zur Kasse gebeten. Dann erst dämmert es manchen, dass sie Schwindlern aufgesessen sind. Makabres Aperçu am Rande: Besonders unverfroren agierende Verlage durchkämmten Sterbeanzeigen und sandten den Trauernden Scheinrechnungen, die auf den ersten Blick aussahen, als bezögen sie sich auf die bereits veröffentlichte Anzeige.[46]

Beliebt bei Adressbuchschwindlern ist auch die Masche, Unternehmen einen vermeintlichen **„Korrekturabzug"** mit der Bitte zu übermitteln, die dort angegebenen Firmendaten auf ihre Richtigkeit zu überprüfen und das Formular gegengezeichnet zurückzusenden. Dabei wird üblicherweise unübersehbar auf die Kostenlosigkeit etwaiger Korrekturen hingewiesen. Dass im Gegensatz hierzu die Veröffentlichung der Daten sehr wohl Kosten auslöst und ein entsprechender Auftrag durch die Unterzeichnung des „Korrekturabzugs" erteilt wird, ergibt sich dagegen – wie bei den fingierten Rechnungen – erst aus einem versteckt angebrachten Hinweis auf dem Formular. Diese Masche ist deshalb besonders erfolgreich, weil Korrekturbögen durchaus auch von seriösen Wirtschaftsverlagen zur Aktualisierung der Daten für ihre Nachschlagewerke versandt werden. Aus diesem Grund schöpfen viele Adressaten beim Erhalt eines solchen Formulars keinen Verdacht.

2. Sonstige Schwindelmethoden

Auch die sog. **„Kölner Masche"** ist dauerhaft zu beobachten. Danach rufen die Täter zunächst bei einem Unternehmen an und erklären beispielsweise, ein angeblich bereits mit dem Unternehmen geschlossener, versehentlich auf zwei oder drei Auflagen eines Nachschlagewerks erstreckter Insertionsvertrag solle – wie von vornherein beabsichtigt – auf eine Auflage beschränkt werden. Dies sei ja auch im Sinne des angerufenen Unternehmens, das hierzu der Ordnung halber sein Einverständnis erklären müsse. Man übersende deshalb im Anschluss an das Telefonat per Telefax ein Formular, das der Angerufene **sofort gegengezeichnet zurückfaxen** möge. Es handle sich um eine reine Formsache. Im Vertrauen auf diese Ankündigung überfliegen viele Adressaten das kurz darauf eintreffende Faxformular nur flüchtig, verfahren wie von den Tätern vorgegeben und übersehen dabei, dass der kostenpflichtige Insertionsauftrag erst durch die angeforderte Unterschrift überhaupt erteilt wird. Mit dieser Masche wurden zum Teil Gewinne in siebenstelliger Höhe eingefahren.[47] Bei Varianten der Masche werden die Kaltanrufe ersetzt durch Besuche von Vertretern. Diese suchen insbesondere Kleingewerbetreibende zu solchen Geschäftszeiten „heim", wenn dort der meiste Andrang herrscht und aufgrund der Publikumssituation keine Zeit für Nachfragen bleibt.

Ein Klassiker auf dem Gebiet des Anzeigenschwindels ist schließlich die sog. **„Polizei-Masche"**. Auch hierbei rufen die Täter typischerweise zunächst bei Unternehmen an und erkundigen sich, ob der Angerufene nicht durch Erteilung eines Anzeigenauftrags die örtliche Polizei unterstützen möchte. Erläuternd wird ausgeführt, man gebe im Auftrag der Polizei oder zumindest in Zusammenarbeit mit dieser eine Zeitschrift heraus, die sich für polizeiliche

---

[46] Vgl. LG Berlin WRP 1998, 453; BGH wistra 2001, 255.
[47] Vgl. dazu anschaulich LG Köln WRP 1997, 883.

Belange einsetze. Zur Finanzierung suche man noch einige Anzeigenkunden. Da es sich die wenigsten Gewerbetreibenden mit der örtlichen Polizei verscherzen wollen, ist die Resonanz auf solche Anrufe oft positiv. Die weitere Vorgehensweise der Täter ähnelt dann derjenigen bei der „Kölner Masche": Die Angerufenen werden durch **künstlichen Zeitdruck** oder sonstige Täuschungsmanöver dazu gebracht, sogleich ein Auftragsformular zu unterschreiben. Dass sich der hierdurch erteilte Anzeigenauftrag nicht nur auf eine, sondern – so häufig – gleich auf mehrere Ausgaben der Zeitschrift erstreckt, bleibt im Kleingedruckten verborgen und wird durch die blickfangmäßige Herausstellung des Anzeigenpreises für die bloß einmalige Veröffentlichung gezielt verschleiert. So hat ein „Polizei-Verlag" beispielsweise gutgläubigen Inserenten auf diese Weise Aufträge über 12 aufeinander folgende Anzeigen zu einem Gesamtpreis von € 2000,– bis € 3000,– untergeschoben. Fast überflüssig zu erwähnen, dass solche Schwindler ungeachtet irreführender Zeitschriftentitel wie „Polizei und Bürger" **mit der Polizei absolut nichts zu tun haben**. Die Polizei verwahrt sich mit Nachdruck gegen derartige Vereinnahmungsversuche.

3. Möglichkeiten des Zivilrechts

87 Es liegt auf der Hand, dass die gezielt auf Täuschung angelegten Akquisitionsmethoden der Anzeigen- und Adressbuchschwindler gegen das **Irreführungsverbot des § 3 in Verbindung mit § 5 UWG** verstoßen. Im Hinblick auf die enorme kriminelle Energie muss diese Irreführung als Täuschung gewertet werden. Mitbewerber und Verbände sind zwar zur zivilrechtlichen Verfolgung solcher Verstöße berechtigt und machen – allen voran der Deutsche Schutzverband gegen Wirtschaftskriminalität – von diesem Recht auch Gebrauch. Das beeindruckt die Schwindelunternehmen aber wenig. Wenn sie ertappt und abgemahnt werden, haben sie in der Regel bereits große Mengen fingierter Rechnungen oder sonst irreführend gestalteter Unterlagen versandt – oftmals Tausende oder gar zigtausend in einem Schwung. Die mit Abmahnungen oder einstweiligen Verfügungen verbundenen Kosten zahlen die Unternehmen dann aus der Westentasche. **Gerichtliche Verbote oder abgegebene Unterlassungserklärungen werden umgangen**, indem bei der nächsten Aussendung abgewandelte, natürlich gleichfalls täuschend gestaltete Formulare Verwendung finden. Das Spiel beginnt dann von vorn. Häufig werden auch **kurzerhand neue Unternehmen gegründet**, unter deren Deckmantel die alten Schwindelmethoden weiter praktiziert werden. So wird die Rechtsverfolgung zur Sisyphusarbeit.

88 Ein wenig schwerer wird den Schwindlern die Arbeit zwar dadurch gemacht, dass nach der Rechtsprechung des BGH nicht nur das oben beschriebene Erschleichen von Aufträgen, sondern auch die **Geltendmachung von Folgeansprüchen aus derart erschlichenen Aufträgen wettbewerbswidrig** ist.[48] Wer also beispielsweise seine Opfer nach Ablauf eines Jahres unter Berufung auf eine vertragliche Verlängerungsklausel neuerlich zur Kasse bittet, begeht allein hierdurch (erneut) einen Wettbewerbsverstoß. Dieser kann dann wiederum von Mitbewerbern oder Verbänden – nicht dagegen vom Opfer – wettbewerbsrechtlich verfolgt werden. Eine spürbare Eindämmung der Aktivitäten von Anzeigen- und Adressbuchschwindlern hat sich dadurch aber nicht erreichen lassen.

89 Des Weiteren helfen die Amtsgerichte vereinzelt den Geschädigten bei **Rückzahlungsklagen** gegen die Schwindelunternehmen auf verschiedene Weise: Entweder wird argumentiert, es fehle bereits an einer vertraglichen Grundlage für die Zahlung, weil die durch Täuschung provozierte Begleichung einer fingierten Rechnung nicht als (stillschweigende) Annahme eines Vertragsangebots angesehen werden könne.[49] Oder es wird zumindest die Anfechtung des Vertrags wegen arglistiger Täuschung anerkannt.[50]

---

[48] BGH NJW 1993, 3329; NJW 1995, 1361.
[49] So AG Hannover WRP 1996, 165; AG Bremen-Blumenthal WRP 1996, 165, 166.
[50] So die AGe Hannover und Burgwedel, beide WRP 1996, 166; a. A. BGH WRP 2005, 749 zu einer bestimmten Formularaussendung.

XIV. Anzeigen-und Adressbuchschwindel

4. Gegenmaßnahmen der Wirtschaft

Die Industrie- und Handelskammern sammeln systematisch Unterlagen und Informationen über Anzeigen- und Adressbuchschwindler und warnen ihre Mitgliedsunternehmen regelmäßig. Sie arbeiten bei der Rechtsverfolgung eng zusammen mit ihrer Spitzenorganisation, dem Deutschen Industrie- und Handelskammertag (DIHK), sowie mit dem Deutschen Schutzverband gegen Wirtschaftskriminalität.[51] Der Schutzverband mahnt die Schwindelunternehmen ab, leitet gegebenenfalls gerichtliche Schritte gegen sie ein und erstattet Strafanzeigen. Außerdem macht der Schutzverband von dem im Rahmen der UWG-Novelle 2004 neu geschaffenen Gewinnabschöpfungsanspruch nach § 10 UWG Gebrauch.[52] Auch der organisatorisch beim DIHK angesiedelte Adressbuchausschuss der Deutschen Wirtschaft, zu dem sich eine Reihe von Wirtschaftsverbänden zusammengeschlossen haben, widmet sich der Bekämpfung des Anzeigen- und Adressbuchschwindels. Zu den Mitgliedern des Ausschusses zählt unter anderem der Verband Deutscher Auskunfts- und Verzeichnismedien e. V.,[53] dem der Kampf gegen die Schwindelunternehmen im Interesse seiner seriösen Mitglieder ein besonderes Anliegen ist.

Die genannten Wirtschaftsorganisationen unterhalten nicht nur ein System der gegenseitigen Unterrichtung, der Warnung von Mitgliedsunternehmen und der gebündelten Rechtsverfolgung. Sie bemühen sich auch auf andere Weise nach Kräften, den Schwindelunternehmen das Handwerk zumindest zu erschweren. So wirkt der Schutzverband darauf hin, dass Kreditinstitute den Schwindlern die **Konten sperren** und so verhindern, dass die Täter sich mit der Beute davon machen. Nahezu durchgehend wird dies von Kreditinstituten tatsächlich praktiziert und ist auch gerichtlich als rechtmäßig anerkannt.[54] Dies hat zur Folge, dass die eingegangen – naturgemäß immer gleich hohen Beträge – an die Betroffenen auch zurücküberwiesen werden können. Die Justiz leistet ebenfalls ihren Beitrag zur Vorbeugung gegen den Schwindel. So versendet eine wachsende Anzahl von **Amtsgerichten** an Unternehmen, die eine Eintragung im Handelsregister veranlasst haben, vorformulierte Standardschreiben mit **Warnungen vor fingierten Rechnungen** privater Unternehmen. Entsprechend verfährt inzwischen auch der Bundesanzeiger-Verlag gegenüber seinen Inserenten.

5. Strafrechtliche Beurteilung

Alle geschilderten Bemühungen, die Wachsamkeit potenzieller Opfer zu schärfen und den Schwindlern Knüppel zwischen die Beine zu werfen, sind nur von sehr begrenztem Erfolg. Das Kalkül der Täter mit der Gutgläubigkeit und Unaufmerksamkeit ihrer Opfer geht trotz allem immer wieder auf. Gegen die geschilderten Missstände ist deshalb letztlich **nur mit Mitteln des Strafrechts** anzukommen.[55] Dies ist die Überzeugung aller mit der Bekämpfung dieser Missstände befassten Organisationen der Wirtschaft. In der Vergangenheit war eine Anklage wegen Betrugs nur solchen Schwindlern sicher, die gegenüber ihren Opfern mit massiven Falschbehauptungen auftreten und von vornherein nachweislich keinerlei Gegenleistung für das ergaunerte Geld erbringen wollen. So wurde etwa ein nach der „Kölner Masche"[56] vorgehender Täter vom LG Köln[57] für zwei Jahre und acht Monate hinter Gitter geschickt.

Dagegen wurden die Ermittlungen gegen Adressbuchschwindler, die fingierte Rechnungen mit versteckten Hinweisen auf den bloßen Angebotscharakter des Schreibens versenden, häufig mit der Begründung eingestellt, es fehle bereits an der für einen Betrug erforderlichen

---

[51] Anschriften oben Rn. 5.
[52] Zur Vorgehensweise des DSW vgl. *Solf,* WRP 2000, 325 ff.
[53] Heerdter Sandberg 30, 40 549 Düsseldorf, Tel. 02 11/57 79 95–0, Fax 57 79 95–44.
[54] Vgl. OLG Karlsruhe 18.6.1997 – Az. 6 W 31/97 sowie LG Fulda in WRP 2000, 327.
[55] Ausführlich zur strafrechtlichen Beurteilung *Otto,* GRUR 1979, 90; *Garbe,* NJW 1999, 2868; *Rose,* wistra 2002, 13.
[56] Oben Rn. 86.
[57] WRP 1997, 883.

Täuschungshandlung. Wer das Formular aufmerksam durchlese, erkenne schließlich, dass er zur Zahlung nicht verpflichtet sei. Diese These fand sogar zunächst höchstrichterliche Unterstützung. So hielt der BGH[58] die Versendung fingierter Rechnungen „nicht ohne weiteres" für eine Täuschungshandlung, obwohl erwiesenermaßen eine ganze Reihe von Adressaten entsprechend dem Plan des Täters auf diese Scheinrechnungen hereingefallen waren. In einem ähnlichen Fall ließ das OLG Frankfurt a. M.[59] die Verurteilung wegen versuchten Betrugs daran scheitern, dass auf der Rückseite der versandten Scheinrechnungen Geschäftsbedingungen mit Hinweis auf den bloßen Angebotscharakter abgedruckt waren.

Diese Entscheidungen sind auf **berechtigte Kritik** gestoßen.[60] Regelrecht lebensfremd mutete etwa der Hinweis des BGH an, bei den „im Geschäftsleben erfahrenen" Lesern solcher Scheinrechnungen sei die Gefahr einer Verwechslung „fern liegend". Bei unverblendeter Betrachtungsweise drängt es sich demgegenüber geradezu auf, die Übersendung eines Auftragsformulars, das bis in subtilste Details hinein wie eine Rechnung gestaltet ist, als (vorsätzliche) Täuschungshandlung anzusehen. Gleiches gilt sinngemäß für Auftragsformulare in der Gestalt bloßer „Korrekturabzüge".[61] Durch versteckte und kryptisch formulierte Hinweise auf den bloßen Angebotscharakter werden diese Täuschungshandlungen nicht ungeschehen gemacht – und sollen es nach dem Plan der Täter ja auch gerade nicht. Vielmehr wird durch die detaillierte Eingabe der Daten des angeschriebenen Unternehmers der Blick vom „Kleingedruckten" bewußt abgelenkt. Die Tatsache, daß hierbei teilweise veraltete oder entstellte Daten verwendet werden, steigert die Täuschungsgefahr nochmals. Für den Betroffenen steht damit die Korrektur dieser Daten im Vordergrund. Die Vielzahl der Irregeführten zeigt, dass dieser Plan aufgeht. Den leicht zu überlesenden Alibihinweisen auf den Formularen ist lediglich eine strafrechtlich irrelevante **Feigenblattfunktion** beizumessen. Diese Ansicht scheint inzwischen auch bei den Strafgerichten Befürworter zu finden. So verurteilte das Amtsgericht Nürnberg[62] einen nach der beschriebenen Masche vorgegangenen Branchenbuchschwindler wegen Betrugs zu Recht zu einer Freiheitsstrafe von einem Jahr auf Bewährung. Das Landgericht Deggendorf[63] verhängte in einem Fall, in dem eine Mutter und zwei Söhne in großem Umfang Scheinrechnungen für Registereintragungen versandt hatten, ebenfalls wegen Betrugs Freiheitsstrafen zwischen 1 Jahr und 1 Jahr 10 Monaten auf Bewährung. Eine ähnlich hohe Freiheitsstrafe verhängte das Landgericht Hildesheim.[64] Seitens des Landgerichts Bochum[65] wurden in einem Fall Freiheitsstrafen von bis zu 2 Jahren 3 Monaten verhängt. In einem weiteren Fall des Landgerichts Bochum[66] lautete die Verurteilung auf 3 Jahre 3 Monate. Die Revisionseinlegung des Angeklagten gegen letztere Entscheidung führte dazu, dass sich der Bundesgerichtshof erneut mit dieser Problematik auseinander zu setzen hatte. Mit Urteil vom 26.4.2001[67] wurde die Bochumer Entscheidung bestätigt. Insbesondere zur Frage, ob bei den Betroffenen ein irrtumsbedingter Vermögensschaden eintritt – die Verneinung dieses Tatbestandsmerkmals führte in der Vergangenheit leider immer wieder zu einer Einstellung der Verfahren –, äußerte sich der BGH nunmehr sehr explizit: Entscheidend sei allein der nach wirtschaftlichen Gesichtspunkten zu bestimmende Wertvergleich von Leistung und Gegenleistung. Zumindest für den Bereich der Todesanzeigen im Internet sei deren Wertlosigkeit offensichtlich. Das Landgericht Bochum war in seiner ersten Entscheidung diesbezüglich weiter gegangen: Der Vermögensschaden wurde schon deshalb bejaht, weil wegen täuschungsbedingten Nichtzustandekommens des Vertrags die Geschädigten auf eine nur ver-

---

[58] Urteil vom 27.2.1979, NStZ 1997, 186.
[59] NStZ 1997, 187.
[60] *Mahnkopf/Sonnberg*, NStZ 1997, 187 sowie *Garbe* a. a. O.
[61] So auch *Otto*, GRUR 1979, 90, 102.
[62] Urteil vom 25.11.1993, Az. 48 Ls 154 Js 1345/92.
[63] Urteil vom 23.2.1998, 1 KLs 13 Js 7690/96.
[64] Urteil vom 30.9.1999, 26 KLs 17 Js 7961/98.
[65] Urteil vom 23.3.1999, 10 KLs 35 Js 354/98, WRP 2000, 330.
[66] Urteil vom 17.5.2000, 6 KLs 35 Js 238/99.
[67] Urteil vom 26.4.2001, 4 StR 439/00, NJW 2001, 2187 sowie wistra 2001, 255.

XV. Geldmacherei mit Abmahnungen

meintliche Zahlungspflicht zahlten.[68] Dieser Auffassung ist letztendlich zuzustimmen, insbesondere vor dem Hintergrund der Tatsache, dass es sich bei der fingierten Abrechnung von Todesanzeigen um die gleiche Masche handelt wie bei der Abrechnung von Leistungen im Zusammenhang mit einer Handelsregistereintragung oder einem Eintrag in Branchen- bzw. Internetverzeichnissen. Die Täter agieren in allen Fällen quasi als Trittbrettfahrer derjenigen, die zum Zeitpunkt der Fälligkeit einer erbrachten oder zu erbringenden Leistung hierzu auch tatsächlich berechtigt sind. Die Betroffenen wollen einer bestimmten Zahlungspflicht nachkommen, richten die Zahlung jedoch nicht an den Berechtigten, sondern einen Dritten, der ihnen jedoch bis dato überhaupt nicht bekannt war. Hinzu kommt, dass der Betroffene niemals einen auch nur annähernd adäquaten Gegenwert für die seinerseits erbrachte Zahlung erhält. Die Verzeichnisse, sollten sie überhaupt erscheinen, stellen lediglich eine rudimentäre Auflistung solcher Unternehmen dar, die eben auf eine solche Vorgehensweise „hereingefallen" sind. Aufgrund der Lückenhaftigkeit der Verzeichnisse kann auch nicht annähernd von einer Werbewirksamkeit ausgegangen werden. Genau diese würde jedoch der Intention eines wirtschaftlich verständigen Kaufmanns entsprechen. Selbst wenn man von einer „Leistung" seitens des Formularversenders ausgeht, ist diese Leistung allenfalls aufgedrängt, jedenfalls nicht diejenige, die aus Sicht des betroffenen Unternehmers gewollt ist.

Ob neben § 263 StGB auch der **Straftatbestand des § 16 Abs. 1 UWG** erfüllt ist, hängt 93 von den Umständen des Einzelfalls ab. Die in der Übersendung einer Scheinrechnung liegende Behauptung, es bestehe bereits eine Geschäftsverbindung zum Absender, aus der heraus der Adressat zur Zahlung verpflichtet sei, dürfte stets als unwahre Angabe im Sinne von § 16 Abs. 1 UWG anzusehen sein. Gleiches gilt für die Übersendung eines „Korrekturabzugs" zur vermeintlich kostenlosen Datenaktualisierung, wenn der Adressat durch die erbetene Gegenzeichnung in Wirklichkeit einen kostenpflichtigen Anzeigenauftrag erteilt. In letzterem Fall liegt es auch auf der Hand, dass der Adressat den Anschein eines besonders günstigen (nämlich kostenlosen) Angebots im Sinne von § 16 Abs. 1 UWG hervorrufen will. Bei der Versendung fingierter Rechnungen wird es daran hingegen fehlen: In solchen Fällen versucht der Absender ja gerade zu verschleiern, dass er überhaupt ein Angebot unterbreitet.[69]

Im Übrigen sollten bei Ermittlungen gegen Anzeigen- und Adressbuchschwindler stets so schnell wie möglich die **Bankguthaben beschlagnahmt** und sämtliche Kontenbewegungen überprüft werden, um das Ausmaß des Schadens festzustellen und zu verhindern, dass Gelder zum Nachteil der Geschädigten verschwinden. Außerdem empfiehlt sich die Einschaltung der Finanzbehörden im Hinblick auf mögliche Steuerdelikte.

Auch die Einschaltung der Gewerbeämter dürfte inzwischen Erfolg zeigen, nachdem erstmals per verwaltungsgerichtlicher Entscheidung einem Adressbuchverlag die Fortführung des Gewerbes untersagt wurde.[70] Begründet wurde dies unter Hinweis auf die gewerberechtliche Unzuverlässigkeit im Sinne von § 35 GewO.

XV. Geldmacherei mit Abmahnungen

1. Viel Ertrag mit wenig Aufwand

Die Machenschaften der sog. Abmahner unterscheiden sich in einem wesentlichen Punkt von 94 den Aktivitäten der übrigen in diesem Kapitel behandelten Tätergruppen: Abmahner werben nicht selbst, sie stürzen sich vielmehr auf fremde Werbung, insbesondere auf solche in Kleinanzeigen und neuerdings auch zunehmend im Internet. Dort suchen sie gezielt nach – wirklichen oder vermeintlichen – Zuwiderhandlungen gegen das Wettbewerbsrecht. Dabei gilt ihre Vorliebe den massenhaft anzutreffenden und deshalb einfach zu verfolgenden **Bagatellverstößen** wie z. B. (angeblich) unzureichenden Abkürzungen oder Preisangaben in Immo-

---

[68] LG Bochum, Urteil vom 17.5.2000, 6 KLs 35 Js 238/99, S. 94, 95.
[69] So auch *Otto*, GRUR 1979, 90, 101.
[70] Verwaltungsgericht Arnsberg, Urteil vom 6.11.2002, 1 K 5028/01, WRP 2003, 292.

bilienanzeigen, (angeblich) nicht eindeutiger Kennzeichnung des gewerblichen Charakters einer Kleinanzeige oder fehlendes Impressum auf einer Homepage. Die Werbungtreibenden werden dann **per Serienbrief flächendeckend abgemahnt**, d. h. unter Androhung gerichtlicher Schritte zur Abgabe einer strafbewehrten Unterlassungserklärung aufgefordert. Gleichzeitig – und darum geht es in erster Linie – stellen die Täter die durch die Abmahnung angeblich entstandenen Kosten in Rechnung. Es liegt auf der Hand, dass das Verhältnis von Aufwand und Ertrag sich vor diesem Hintergrund für die Abmahner außerordentlich erfreulich gestaltet.

95 Das Hauptproblem in solchen Fällen ist folgendes: Bei berechtigten Abmahnungen gewähren Gesetz und Rechtsprechung tatsächlich einen Anspruch auf Erstattung der Abmahnkosten. Das setzt aber erstens voraus, dass der Abmahnende überhaupt – entweder nach § 8 Abs. 3 Nr. 1 UWG (Mitbewerber) oder nach § 8 Abs. 3 Nr. 2–4 UWG (Verbände und qualifizierte Einrichtungen) – anspruchsberechtigt ist. Zweitens darf die Geltendmachung des Anspruchs nicht missbräuchlich im Sinne von § 8 Abs. 4 UWG sein. Um diese Kriterien herum ranken sich viele Streitfragen, die hier allerdings weitgehend außer Betracht bleiben können. Abmahnungen, die wettbewerbsrechtlich fragwürdig erscheinen, gibt es zwar zuhauf. Vorliegend geht es indessen nur um strafrechtlich relevante, also um solche Fälle, in denen die Abmahner **das Bestehen eindeutig nicht existierender Ansprüche vortäuschen**. Dabei ist zweckmäßigerweise nach Abmahnergruppen zu unterscheiden:

2. Abmahnvereine

96 Seriöse Wettbewerbshüter wie insbesondere die Zentrale zur Bekämpfung unlauteren Wettbewerbs in Bad Homburg sind als sog. Verbände zur Förderung gewerblicher Interessen gemäß § 8 Abs. 3 Nr. 2 UWG zur Verfolgung von Wettbewerbsverstößen befugt. Getarnt als solche Verbände, trieben früher aber auch viele unseriöse, allein zu Abmahnzwecken gegründete Vereine, denen nichts weniger am Herzen lag als der lautere Wettbewerb, ihr Unwesen. Die Zahl derartiger Vereinigungen nahm jedoch deutlich ab, nachdem der Gesetzgeber zur Bekämpfung dieser Heuschreckenplage im Rahmen der UWG-Novelle von 1994 die Voraussetzungen der Abmahnbefugnis deutlich verschärft hatte.

97 Seither flüchten unseriöse Abmahnvereine zunehmend unter das Tarnkleid des Verbraucherschutzes. Sie mahnen jetzt **als angebliche Verbraucherschutzverbände** im Sinne von § 8 Abs. 3 Nr. 2 oder 3 UWG in altbekannter Weise weiterhin Bagatellverstöße ab. Derartige Vereinigungen sind unter verschiedenen Gesichtspunkten unter die Lupe zu nehmen: Erste Voraussetzung der Abmahnberechtigung ist, dass solche Verbände rechtsfähig, d. h. **ins Vereinsregister eingetragen** sind. Bereits daran fehlt es häufig, was durch den verschämten Zusatz „i. G." sogar gelegentlich signalisiert wird. Ferner muss die **Aufklärung und Beratung von Verbrauchern** nicht nur zu den satzungsgemäßen Aufgaben eines solchen Verbands zählen, sondern auch tatsächlich praktiziert werden. Die Herausgabe einer belanglosen Informationsschrift mit willkürlich zusammengewürfeltem Inhalt reicht hierfür bei weitem nicht. Schließlich müssen durch die abgemahnten Verstöße **wesentliche Verbraucherbelange berührt** werden.

98 Selbst wenn die Anspruchsberechtigung nach den oben aufgeführten Kriterien an sich gegeben sein sollte, dürfte das Vorgehen nicht **vorwiegend auf Einnahmeerzielung gerichtet** und damit missbräuchlich im Sinne von § 8 Abs. 4 UWG sein. Maßgebliches Indiz für den Missbrauch ist, dass immer dieselben, häufig und leicht aufzufindenden Bagatellen verfolgt und die Abgemahnten hierfür zur Kasse gebeten werden. Ein damit meistens einhergehendes weiteres Missbrauchsindiz besteht darin, dass nach fruchtlosen Abmahnungen **keine gerichtlichen Schritte eingeleitet** werden; denn dies spricht dafür, dass der Verein nur am mühelosen Abkassieren, nicht aber an der Abstellung des angeblichen Wettbewerbsverstoßes interessiert ist. Schließlich ist auch ein Blick auf die Höhe der geltend gemachten Abmahnkosten zu werfen. In Anlehnung an die Sätze seriöser Vereine werden verbreitet **Beträge um 150,– pro Abmahnung** verlangt. Dem müssen aber entsprechend hohe Personal- und Sachkosten des Vereins gegenüberstehen, die sich meist nicht belegen lassen. Verräterisch

XV. Geldmacherei mit Abmahnungen

ist es, wenn einfach der von der Zentrale zur Bekämpfung unlauteren Wettbewerbs verlangte Betrag von derzeit € 205,- zzgl. 7 % MWSt. übernommen wird, zumal der ermäßigte Mehrwertsteuersatz die Anerkennung des Vereins als gemeinnützig voraussetzt.

3. Abmahnungen durch Pseudo-Wettbewerber

Zu Abmahnung und ggf. gerichtlicher Verfolgung von Wettbewerbsverstößen sind neben den genannten Verbänden natürlich auch und in erster Linie die **Konkurrenten** der Wettbewerbsstörer berechtigt. Die Voraussetzungen ihrer Verfolgungsbefugnis gemäß § 13 Abs. 2 Nr. 1 UWG a. F., jetzt § 8 Abs. 3 Nr. 1 UWG wurden durch die UWG-Novelle von 1994 gleichfalls verschärft. Anders als bei den gewerblichen Verbänden ließen sich Missstände im Abmahnwesen hier aber nicht wesentlich eindämmen. Nach wie vor treten als Abmahner sog. Pseudo-Wettbewerber in Erscheinung, die mit dem Abgemahnten nur scheinbar konkurrieren und denen der mit der Abmahnung beanstandete angebliche Wettbewerbsverstoß als solcher völlig gleichgültig ist. Stattdessen geht es auch hier allein ums Geld.

Die Begleitumstände (Bagatellverstöße, flächendeckende Verfolgung etc.) sind im Wesentlichen die gleichen wie bei den unseriösen Vereinen. Allerdings **treten für Pseudo-Wettbewerber typischerweise Rechtsanwälte auf**, die dem Abmahnungsempfänger ihre vollen Anwaltsgebühren in Rechnung stellen. Diese Gebühren sind wesentlich höher als die üblichen Abmahnpauschalen der Verbände und können sich je nach Streitwert auf über € 500,- belaufen. Treibende Kraft bei solchen Abmahnungen ist in aller Regel der Anwalt. Er schiebt den Pseudo-Wettbewerber – das ist häufig jemand aus dem Bekanntenkreis – lediglich als Mandanten vor, um sich so eine bequeme Einnahmequelle zu verschaffen. Gelegentlich hat dieser Mandant **nur zum Schein ein Gewerbe angemeldet**, um so seinen Wettbewerberstatus vorzutäuschen. Es kommt auch vor, dass Anwälte Massenabmahnungen im Namen von Unternehmen versenden, die sie zuvor selbst gegründet haben oder an denen sie maßgeblich beteiligt sind. Ein süddeutscher Anwalt mandatiert sich sogar regelmäßig selbst, mahnt wegen reiner Lappalien bundesweit Immobilienunternehmen ab und behauptet, er stünde mit ihnen über seinen „Zweitberuf" als Altbausanierer im Wettbewerb. Kuriosität am Rande: Ein ausnahmsweise nicht anwaltlich vertretener Abmahner beanstandete, ohne seinen Wettbewerberstatus näher zu erläutern, die Werbung von Immobilienunternehmen und verlangte hierfür eine „Abmahngebühr" von € 2000,-, später sogar von € 3000,- (!). Die Überprüfung seiner Anschrift führte zu einem überraschenden Ergebnis – es handelte sich um eine sächsische Justizvollzugsanstalt.

Ob ein angeblicher Wettbewerber aus zivilrechtlicher Sicht abmahnbefugt ist, richtet sich danach, ob er als Mitbewerber im Sinne von § 8 Abs. 3 Nr. 1 UWG anzusehen ist. Nach der Legaldefinition des § 2 Abs. 1 Nr. 3 UWG ist Mitbewerber jeder Unternehmer, der mit einem oder mehreren Unternehmen als Anbieter oder Nachfrager von Waren oder Dienstleistungen in einem konkreten Wettbewerbsverhältnis steht. Ist er also in einer ganz anderen Branche bzw. auf einem anderen Markt tätig als der Abgemahnte oder so weit entfernt von jenem ansässig, dass sich beide gar nicht ins Gehege kommen können, ist eine Abmahnung von vornherein unberechtigt – völlig unabhängig davon, ob das beanstandete Verhalten einen Wettbewerbsverstoß darstellt oder nicht. Erst recht fehlt es natürlich an der Abmahnbefugnis, wenn ein Gewerbe nur zum Schein angemeldet wurde. Schließlich darf die Abmahntätigkeit wiederum nicht missbräuchlich sein (§ 8 Abs. 4 UWG). Hierzu gelten sinngemäß die im Zusammenhang mit den Verbandsabmahnungen aufgeführten Kriterien.[71]

4. Strafrechtliche Beurteilung

Wer aus Gewinnstreben eine Abmahnung versendet, von der er weiß, dass sie unberechtigt ist, begeht einen – zumindest versuchten – **Betrug**, §§ 263, 23 StGB. Dies übrigens nicht nur im Hinblick auf die geltend gemachten Kosten der Abmahnung, sondern auch wegen

---

[71] Vgl. oben Rn. 96 ff.

des mit der Abmahnung regelmäßig verlangten Vertragsstrafeversprechens für den Fall eines weiteren Verstoßes. Mahnt also ein angeblicher Verbraucherschutzverein ab, der in Wirklichkeit gar nicht besteht oder zwar eingetragen ist, aber als einzige Aktivität das Abmahngeschäft betreibt, machen sich die Verantwortlichen wegen Betrugs strafbar. Vorsatz dürfte in solchen Fällen stets gegeben sein. Das Gleiche gilt für Rechtsanwälte, die bei Abmahnungen bloße Pseudo-Wettbewerber als Mandanten vorschieben, um auf diese Weise Einnahmen zu erzielen. Sind die Mandanten eingeweiht, machen sie sich ebenfalls strafbar, und zwar je nach Sachlage als Mittäter oder Gehilfen. Schließlich sind Abmahnungen auch dann betrügerisch, wenn mit ihnen vorsätzlich ein nach einhelliger Ansicht rechtmäßiges Verhalten beanstandet wird. Das kommt allerdings selten vor und ist in subjektiver Hinsicht noch seltener nachzuweisen.

103 Probleme bestehen hingegen dann, wenn die Abmahnberechtigung zwar eigentlich nicht gegeben ist, aber schon einmal von einem Zivilgericht – vielleicht in Unkenntnis der wahren Verhältnisse – bejaht wurde. Zumindest der Nachweis des Betrugsvorsatzes wird dann äußerst schwer fallen. Ähnliches gilt, wenn nicht die Anspruchsberechtigung als solche in Zweifel gezogen, sondern lediglich der Missbrauchsvorwurf (§ 8 Abs. 4 UWG) wegen massenweiser Verfolgung von Allerweltsverstößen erhoben wird. Selbst wenn ein solcher Missbrauch objektiv vorliegen und somit ein Anspruch des Abmahnenden nicht bestehen sollte, wird sich der Betrugsvorsatz oft nur bei Hinzutreten weiterer Tatumstände beweisen lassen. Dies ist etwa dann der Fall, wenn bei Anwaltsabmahnungen die Gebühren durch **Angabe völlig überhöhter Streitwerte** heraufgeschraubt werden.

104 Bei Ermittlungen gegen unseriöse Abmahner sollten tunlichst die **Industrie- und Handelskammern** konsultiert werden. Sie kennen die Aktivitäten vieler Täter und werden über den Deutschen Industrie- und Handelskammertag ständig über neue überregionale Entwicklungen informiert. Auch der Deutsche Schutzverband gegen Wirtschaftskriminalität verfügt über zahlreiche Informationen auf diesem Gebiet.[72]

XVI. Pressespezifische Besonderheiten

1. Strafprozessuale Aspekte

105 Strafbare Werbung erscheint häufig als Anzeige in einer periodischen Druckschrift. Da das Zeugnisverweigerungsrecht des § 53 Abs. 1 Nr. 5 StPO nur Personen zusteht, die mit dem redaktionellen Teil einer solchen Druckschrift befasst sind, können der **Anzeigenleiter und seine Mitarbeiter als Zeugen vernommen** werden. Sie müssen insbesondere Auskunft über die Identität von Chiffre-Inserenten erteilen, aber auch über alle anderen Umstände, die im Zusammenhang mit der betreffenden Werbung von Bedeutung für die Ermittlungen sind. Bei Rundfunk und Fernsehen erstreckt sich das Zeugnisverweigerungsrecht ebenfalls nur auf die redaktionelle Berichterstattung. Laufen die Zeugen allerdings Gefahr, selbst strafrechtlich verfolgt zu werden, steht ihnen nach näherer Maßgabe von § 55 StPO ein Auskunftsverweigerungsrecht zu, über das sie zu belehren sind. Dies kann insbesondere dann von Bedeutung werden, wenn sich die Strafbarkeit des Inhalts der betreffenden Werbung auch dem Anzeigenredakteur als Nichtjuristen aufdrängen musste.[73] Auch die **Beschlagnahme von Beweismitteln im Verlag ist zulässig**, da das Beschlagnahmeverbot gemäß § 97 Abs. 5 StPO wie das Zeugnisverweigerungsrecht auf den redaktionellen Bereich beschränkt ist.

---

[72] Adressen oben Rn. 5.
[73] Zur zivilrechtlichen Verantwortlichkeit des Verlagspersonals vgl. BGH NJW 1995, 870.

XVI. Pressespezifische Besonderheiten

2. Verjährung

Nach den Landespressegesetzen verjähren Vergehen, die durch die Veröffentlichung oder Verbreitung von Druckwerken mit strafbarem Inhalt begangen werden, schon **nach Ablauf von 6 Monaten**. Die Frist beginnt bereits mit dem ersten Verbreitungsakt zu laufen.[74] Dies wird üblicherweise mit dem Argument gerechtfertigt, dass der Verstoß mit Erscheinen des Druckwerks offen zutage trete und die Strafverfolgungsbehörden deshalb unverzüglich eingreifen könnten.[75] Die Unwahrheit einer Angabe als wichtigstes Charakteristikum strafbarer Werbung ergibt sich aber typischerweise gerade nicht bereits aus dem gedruckten Text. Auf eine so töricht gestaltete Werbung würde schließlich kaum jemand hereinfallen. Vielmehr wird das Erscheinen der Werbung zunächst in der Regel allenfalls einen Anfangsverdacht begründen, der langwierige Ermittlungen nach sich ziehen kann. Gleichwohl gilt die sechsmonatige presserechtliche Verjährung auch in solchen Fällen. Dies ist zwar ausgesprochen **praxisfeindlich** und zudem wenig plausibel, weil gerade strafbare Printwerbung mit einem typischerweise besonders großen Kreis von Getäuschten verjährungsrechtlich gegenüber anderen Formen strafbarer Werbung privilegiert wird. Pläne zur Einführung einer eigenen Verjährungsregelung in § 16 Abs. 1 UWG wurden aber wieder aufgegeben. So wird es weiterhin vorkommen, dass Fälle strafbarer Werbung wegen der kurzen presserechtlichen Verjährung ungeahndet bleiben.

---

[74] BGH NJW 1986, 331.
[75] BGH a. a. O.

17. Kapitel. Produkt- und Markenpiraterie

Inhaltsübersicht

	Rn.
I. Einleitung	1
II. Die Definition von Produkt- und Markenpiraterie	2–12
1. Statistisches Datenmaterial	4–9
2. Tätergruppen und Vertriebswege	10–12
III. Gesetzeslage	13–33
1. Produktpirateriegesetz	13–15
2. Kurzübersicht und -definition der gewerblichen Schutzrechte	16, 17
3. Markenrechtliche Straftatbestände	18–26
4. Strafrechtliche Einziehung/ Adhäsionsverfahren § 143 Abs. 5 MarkenG	27–29
5. Weitere mögliche Straftatbestände	30–33
a) Steuerhinterziehung	30
b) Betrug	31
c) Urkundendelikte	32, 33
IV. Ermittlungsprobleme bzw. typische Problemstellungen der strafrechtlichen Verfolgung	34–46

	Rn.
1. Supranationale und bundesdeutsche Sicherstellungsregelungen	34–37
2. Staatsanwaltschaft	38–45
a) Ermittlungsauftrag der Zollfahndung	38–40
b) Ermittlungswege des Staatsanwalts	41–45
3. Verwertung sichergestellter Fälschungsware	46
V. Spezifische Urheberrechtsprobleme	47–53
VI. Die privatrechtliche Situation bei Produkt- und Markenpiraterieverletzungen	54, 55
VII. Präventionsmöglichkeiten	56
VIII. Gegenmaßnahmen der deutschen Wirtschaft	57
IX. Wichtige Kontaktadressen	58
X. Schutzrechte im Überblick	59

I. Einleitung

Auf Produkt- und Markenpiraterie entfällt ein beachtlicher Anteil der Wirtschaftskriminalität. Allein seit 1998 ist die Zahl der beschlagnahmten Waren an den Außengrenzen der EU um nahezu 1000% gestiegen. Bei den Strafverfolgungsbehörden besteht nach wie vor die Tendenz, die Straftatbestände in diesem Bereich als „Kavaliersdelikte" und damit als von geringem öffentlichen Interesse zu bewerten. Viel zu häufig werden die Verfahren eingestellt oder allenfalls mit niedrigen Geldstrafen geahndet. In der Auflistung des Statistischen Bundesamtes[1] erscheinen nur Verurteilungen aus dem Urheber- und Markengesetz. Von den dort verzeichneten 106 Verurteilungen zum Markengesetz bundesweit wurden nur 7 mit Freiheitsstrafe geahndet, die dann noch zur Bewährung ausgesetzt wurden. In der aktuellen Statistik 2010[2] werden unter § 74c GVG 8.153 Fälle aufgelistet, allerdings keine Aufschlüsselungen nach Delikten und deren Erledigung mehr vorgenommen. Darüber, wie diese Fälle beurteilt wurden, gibt die Statistik keine Auskunft. Hierbei mag eine Rolle spielen, dass die hauptsächlich strafrechtlich relevanten Vorschriften in den Regelungen zu den gewerblichen Schutzrechten aufgeführt sind (§ 142 PatG, § 25 GebrMG, § 51 GeschmMG, § 143 MarkenG, §§ 106–108b UrhG) und damit in strafrechtlichen Nebengesetzen. 1

II. Die Definition von Produkt- und Markenpiraterie

Zum besseren Verständnis von Marken- und Produktpiraterie könnte eine allgemein akzeptierte Definition beitragen. Eine solche fehlt bisher. Im Grünbuch „zur Bekämpfung von Nachahmungen und Produkt- und Dienstleistungspiraterie im Binnenmarkt"[3] beschäftigte 2

---

[1] Fachserie 10 R3, 2003.
[2] Fachserie 10 R 2.6, 2010.
[3] KOM (98)569 endg.

sich die Kommission der Europäischen Union deshalb u. a. auch damit, eine geeignete Definition für die Begriffe Produkt- und Marken- bzw. Dienstleistungspiraterie zu finden.

Das Grünbuch bezieht die Begriffe „Nachahmungen und Produkt- und Dienstleistungspiraterie" auf alle Erzeugnisse, Verfahren und Dienstleistungen, die Gegenstand oder Ergebnis der Verletzung eines Rechts des geistigen Eigentums sind. Dies betrifft also Verletzungen gewerblicher Schutzrechte (Fabrik- oder Handelsmarke, Patent, Geschmacks- oder Gebrauchsmuster, Sortenschutz geographische Herkunftsangaben), von Urheberrechten bzw. sonstiger Leistungsschutzrechten (Schutz der ausübenden Künstler, Schutz der Hersteller von Tonträgern, Schutz der Hersteller von Filmerstaufzeichnungen, Schutz von Sendeunternehmen) oder die Rechte **sui generis** des Herstellers einer Datenbank.[4]

Dieser Begriffsbestimmung kann zugestimmt werden.

3   Kennzeichnend für den hier relevanten Bereich der Wirtschaftskriminalität ist die Verletzung von Rechten des geistigen Eigentums, wobei auch das Überschreiten des vom Rechtsinhaber genehmigten Produktionsvolumens mit umfasst wird.

Selbst wenn im allgemeinen Sprachgebrauch den Begriffen Produkt- und Markenpiraterie auch die Fälle des schmarotzerischen Nachahmungsverhaltens zugeordnet werden, unterliegen Letztere dem unlauteren Wettbewerbsrecht (so auch Grünbuch) und werden daher in der folgenden Betrachtung nicht berücksichtigt. Für derartige Fallkonstellationen aus dem UWG-Bereich gibt es im Übrigen bisher keine Straftatbestände.

1. Statistisches Datenmaterial

4   Aussagekräftiges statistisches Datenmaterial zum Ausmaß und zu den Folgen von Produkt- und Markenpiraterie kommt in erster Linie vom Zoll. Eindrucksvoll sind die Beschlagnahmezahlen des deutschen Zolls. Obwohl die Zollverwaltung nur bei 2–5 % der Einfuhren eine wirkliche „Beschau" vornehmen kann, stiegen die Beschlagnahmungen im Schnitt seit 1995 (506 Fälle) jedes Jahr kontinuierlich und weisen 2011 rund 24.000 Beschlagnahmefälle aus. Dabei handelt es sich nur um die Spitze des Eisberges. Nach Angaben der Oberfinanzdirektion Nürnberg, Zentralstelle Gewerblicher Rechtsschutz mit Sitz in München, lag der beschlagnahmte Warenwert 2011 in Deutschland[5] bei rund 90 Mio. EURO, in der EU bei 1,3 Mrd. EURO[6]. Bei der Beförderung gefälschter Waren liegt heute der Schiffsverkehr für die Masse der gefälschten Güter an der Spitze, gefolgt von Air Cargo. Das Schlusslicht bildet der Transport per LKW oder Zug. Wegen des starken Anwachsens des Vertriebs gefälschter Waren im Internet hat mittlerweile der Postversand bei den Kleinmengen deutlich zugelegt. Dort stiegen laut aktueller Zollstatistik[7] von 2009 auf 2011 die Aufgriffe um ca. 180 %.

Da der Zoll nur die Außengrenzen zur Europäischen Union kontrollieren kann, gibt es keine Zolldaten über das Ausmaß des Delikts aufgrund Produktion oder Handel im europäischen Binnenmarkt. Selbstverständlich findet aber auch innerhalb der Gemeinschaft Produkt- und Markenpiraterie statt. Die offenen Grenzen erschweren dabei die Verfolgung.

5   Außerhalb dieser Erkenntnisse wird auf Schätzungen zurückgegriffen, die einzelne Branchen gewonnen haben.

Ein Bericht des Ausschusses für Außenwirtschaftsbeziehungen des Europäischen Parlaments vom 9. Oktober 1985[8], der auf einer Untersuchung des Büros für geistiges Eigentum der internationalen Handelskammer in London beruhte, schätzt damals bereits den weltwirtschaftlichen Schaden durch Produkt- und Markenpiraterie auf 500 Mrd. US$. Bedenkt man, dass Deutschland mit etwa 11,5 % am Welthandel beteiligt ist, wäre bereits 1985 ein Schadensvolumen von 28 Mrd. EURO allein auf Deutschland entfallen. In dem zitierten Dokument wurden ferner die Verluste an Arbeitsplätzen aufgrund dieser Form der Wirtschaftskriminalität auf 100 000 für die damals 10 Mitgliedsländer der EG geschätzt, wovon allein rund

---

[4] A. a. O. S. 7.
[5] Zentralstelle Gewerblicher Rechtsschutz, Statistik 2010.
[6] Vgl. Zollstatistik der EU 2010.
[7] Zentralstelle Gewerblicher Rechtsschutz, Statistik 2010.
[8] Dok. A 2–115/85.

II. Die Definition von Produkt- und Markenpiraterie

50 000 auf Deutschland entfallen sollten. Da die Erhebung mittlerweile mehr als 20 Jahre zurückliegt, dürfte die Annahme gerechtfertigt sein, dass die Bundesrepublik heute 70 000 bis 80 000 Arbeitsplätze mehr hätte, falls es diese Form der Wirtschaftskriminalität nicht gäbe.

Ein Forschungsbericht des Bundesministeriums für Wirtschaft und Technologie aus dem Jahr 2009 schätzt den Schaden für deutsche Unternehmen auf damals auf 50 Mrd. EURO. Der Verband deutscher Maschinen- und Anlagebau (VDMA) ermittelt bei einer Befragung seiner Mitglieder in 2012 allein in dieser Branche eine Schadenssumme von rd. 8 Mrd. EURO. Das entspricht einer Steigerung von 24 % gegenüber dem Umfrageergebnis von 2010. Ein Umsatz in Höhe der Schadenssumme hätte dem VDMA zufolge 37.000 Arbeitsplätze sichern können.

Die finanziellen Verluste der Rechtsinhaber sowie die Arbeitsplatzverluste gehen einher **6** mit Einnahmeverlusten auf Seiten des Staates, da die Waren meist ohne Entrichtung von Abgaben oder unter falscher Deklaration eingeführt bzw. verkauft werden. Darüber hinaus kann der Kauf schutzrechtsverletzender Waren erhebliche Verbraucherschädigungen nach sich ziehen. So machte sicherheitsgefährdendes Spielzeug aus China, nämlich leicht entflammbare Teddybären, Schlagzeilen. Ferner sind die Fälle untauglicher Bremsbeläge bekannt, die zu schweren Unfällen führten, oder von falschen Pharmaprodukten, die entweder keine der vorgegebenen Inhaltsstoffe enthielten (so genannte Placebos) oder nur unzureichende, eventuell sogar ihrerseits gesundheitsgefährdende Substanzen aufwiesen. Textilien werden oft mit toxischen Färbemitteln bearbeitet. Gefälschte Zigaretten mit erheblich über dem zulässigen Wert liegenden Nikotinanteil und erheblichen weiteren Schadstoffen sind ebenso „Dauerbrenner" wie nachgeahmte Spirituosen mit gesundheitsschädlichem Inhalt. Die Kriminellen kümmern sicherheits- oder gesundheitsrelevante Aspekte wenig. Gerade der Anstieg gefälschter Medikamente ist besorgniserregend. TÜV und CE-Kennzeichen werden im Übrigen gleich mit gefälscht.

Allein der Kfz-Ersatzteilmarkt schätzt schon 2006[9], dass weltweit etwa 8 bis 10 % des Han- **7** dels mit Ersatzteilen auf illegale Nachahmungen entfallen, die meist nicht den erforderlichen Sicherheitsstandard aufweisen. Im Textilbereich liegen die Angaben bei etwa 10 %.

Aus Übersichten, die die Internationale Handelskammer durch ihr Londoner Counterfei- **8** ting Intelligence Bureau zusammenstellen ließ, gehen folgende Schätzungen hervor: 5 % des weltweiten Umsatzes von Uhren, 7 % des Umsatzes medizinischer Produkte, 7 % des Umsatzes von Parfüms, 10 % des Umsatzes mit Flugzeugersatzteilen, 12 % des Umsatzes von Spielzeug, 33 % des Umsatzes von Musik-CDs und -Kassetten, 50 % des Umsatzes mit Video-Kassetten und 40 % des Umsatzes mit Software sollen bereits auf illegale Nachahmungen im Sinne der Piraterie-Definition entfallen. Im Software-Bereich wird allein der illegale Software-Einsatz in den GUS-Staaten auf 87 % geschätzt. Diese Schätzungen – selbst wenn sie im Einzelfall überhöht angesetzt sein sollten – unterstreichen dennoch nur allzu deutlich die Brisanz des Problems.

Der Deutsche Industrie- und Handelskammertag (DIHK) hat Mitte 1997 zusammen mit dem Markenverband und dem Bundesverband der Deutschen Industrie eine Umfrage zur Betroffenheit der Unternehmen mit Marken- und Produktpiraterie durchgeführt. Die Auswertung zeigte, dass Verletzer zwar häufig in Drittländern und damit oft außerhalb der Europäischen Union, namentlich in China, der Türkei, Osteuropa und Asien zu finden sind; die Produkte erreichen dennoch über die verschiedensten Vertriebswege – mittlerweile an erster Stelle über Internetverkäufe – den europäischen Markt. Dass dieses Ergebnis noch heute aktuell ist, unterstreicht die Aufschlüsselung der EU-Zollstatistik nach Herkunftsländern[10].

Beunruhigend ist, dass verstärkt Produkte des täglichen Gebrauchs sowie Nahrungsmittel und Medikamente, die eine potenzielle Gefahr für die Sicherheit und Gesundheit der Verbraucher darstellen, nachgeahmt werden. Ein Viertel der 2011 EU-weit vom Zoll sichergestellten Artikel zählte zu dieser Kategorie. Wurden früher rund 50 % aufgedeckter Textilfälle registriert, so macht dieser Bereich nur noch 3,5 % der abgefangenen beschlagnahmten Waren in der EU-Zollstatistik 2011 aus. Dies hat aber seinen Grund u. a. auch darin, dass immer

---

[9] N-tv vom 16.9.2006 „Auto-Ersatzteile oft gefälscht, „Teure Schnäppchen".
[10] EU-Zollstatistik 2010.

mehr Unternehmen aus den verschiedensten betroffenen Branchen von den Möglichkeiten, einen Grenzbeschlagnahmeantrag zu stellen, Gebrauch machen.[11]

3. Tätergruppen und Vertriebswege

10 Marken- und Produktpirateriefälle im Sinne der Eingangsdefinition können in jeder Produktions- und Handelsstufe angetroffen werden. So hat beispielsweise der Aktionskreis gegen Produkt- und Markenpiraterie (APM) e. V. im Jahre 1998 eine ganze Reihe deutscher Hersteller von Autofußmatten abgemahnt, die diese illegal mit Markenemblemen kennzeichneten. Der Vertrieb gefälschter Textilien kann sowohl im Großhandel als auch im Einzelhandel festgestellt werden. Dabei sind die dort vertriebenen Qualitäten teilweise recht gut, so dass die Preise knapp unter dem Originalpreis liegen oder mit diesem übereinstimmen. Beliebt ist der Vertrieb gefälschter Uhren, Textilien, Accessoires etc. über Flohmärkte. Die dort gefundene Ware ist meist qualitativ minderwertiger als die im Groß- oder Einzelhandel erhältliche. Sie hat dennoch ihren Preis! Der Käufer wird beim Kauf auf Flohmärkten häufig davon ausgehen, dass er keine Originalware erwirbt, so dass bei dieser Vertriebsschiene ein Betrugsdelikt mangels Täuschung des Verbrauchers zuweilen ausscheiden wird.

Anders beim Vertrieb der Ware via Internet-Auktionshäuser. Die eingestellten Bilder der Ware lassen den Käufer nicht erkennen, was er erwirbt. Auch seriöse Händler nutzen mehr und mehr diese Vertriebsschiene. Unzählige geprellte Verkäufer versuchen oft vergeblich, von den gut verdienenden Anbietern ihr Geld zurückzuerhalten (Fallbeispiel Joop). Viele Anbieter nutzen die Auktionen zu ersten Kontaktaufnahmen mit potenziellen Abnehmern. Sie erhalten auf diese Weise Adressdaten und können im Anschluss auch ohne Auktionshausofferte direkt an diese herantreten. Dieser Verkaufsweg hat alle anderen Vertriebswege deutlich in den Schatten gestellt. Eine konkrete Prüfung der Waren ist über die Bilddokumentation – die oft sogar aus der Werbung der Originalanbieter übernommen wird – erst gar nicht möglich.

Besonders in der Parfümbranche ist der Handel mit bekannten Markendüften nach so genannten Konkordanz-Listen geläufig. Dort werden Parfüms à la Chanel Nr. 5 bzw. nach den einschlägigen Düften von Dior etc. angeboten und oft über Kollegen am Arbeitsplatz vertrieben. Neuerdings scheint auch das ziellose Durchfahren von Wohngebieten Furore zu machen, indem dort Personen auf der Straße von Autofahrern angesprochen werden, die angeblich hochwertige Waren von Messen, z. B. Kochtöpfe oder andere Gegenstände, vertreiben wollen, mit der Behauptung, dass sie diese nicht mehr mit nach Hause nehmen möchten. Es ist davon auszugehen, dass die so vertriebene Ware keine Originalware darstellt.

11 Häufig tritt der Fall auf, dass gerade im Textilbereich die Ware, z. B. T-Shirts, und die entsprechenden Markenlogos separat eingeführt werden und dann vor Ort auf Abruf kurz vor dem Verkauf aufgenäht werden. Dadurch vermeiden die Täter, dass größere Warenbestände mit den entsprechenden Markenverletzungen bei ihnen sichergestellt werden können. Damit bleibt der Nachschub, selbst beim Auffinder größerer Partien, für die Täter gesichert.

Vermutungen liegen nahe, dass im Bereich der Verletzung gewerblicher Schutzrechte verstärkt die organisierte Kriminalität Fuß gefasst hat. Insbesondere in Polen und in der Türkei berichteten dortige Polizei und Zollbehörden im Automobilbereich über gut organisierte Hintermänner, die die Geschäfte lenken und zum Teil damit auch Geldwäsche betreiben. In Italien hat das bereits erwähnte Counterfeiting Intelligence Bureau der Internationalen Handelskammer beim Auffinden illegaler CDs die Einbindung der Mafia in dieses Geschäft u. a. zur Geldwäsche feststellen können. Der Präsident des Bundeskriminalamtes (BKA)[12] sieht „die Produktion gefälschter Markenware eng mit dem illegalen Drogen- und Waffengeschäft sowie dem Menschenhandel verknüpft. Analysen des BKA zusammen mit Europol und Interpol zeigen, dass hinter der Produktpiraterie „organisierte Strukturen" stehen. Produkt- und Markenpiraterie sei „Kerngeschäft der italienischen Mafia". Sie drucke die Marken auf gefälschte Produkte und kontrolliere den Vertrieb".

---

[11] Siehe Teil IV.
[12] Rede zum Tag des Geistigen Eigentums am 24.4.2009 (s. Heise-Online vom 25.4.2009).

III. Gesetzeslage **17**

Umfangreiche Ermittlungen der deutschen und italienischen Strafverfolgungsbehörden haben dies jüngst wieder bestätigt. Produktpiraterie ist ein Kerngeschäft der Camorra geworden. So wurden durch Mitglieder der Mafia europaweit systematisch und großer Stückzahl gefälschte Stromgeneratoren und Kettensägen vertrieben, die auf Fernost über den Hafen Neapel in die EU eingeführt wurden[13]. Auch die Zollgeneraldirektion TAXUD in der EU lässt verlauten, dass mehrere von den Zollbehörden eingeleitete Verfahren unterstreichen, dass es Verbindungen zwischen Aktivitäten im Bereich der Produktpiraterie und der Nachahmung und bestimmten Terroristennetzen gibt.[14]

Der Profitgier der Fälscher kommt in vielen Branchen zugute, dass die Reproduktionstechniken stetig einfacher und billiger geworden sind. Der Erwerb eines CD-Brenners ist nicht mehr mit allzu hohen Kosten verbunden. Die Absatzmöglichkeiten via Internet oder Internet-Auktionshäuser (eBay, ricardo, alibaba etc.) können immer anonymer gestaltet werden. Häufig empfinden die Täter dadurch kaum noch Unrechtsbewusstsein. Dies trifft sowohl auf die Hersteller als auch die Händler zu. Die einfachen Reproduktionstechniken vermitteln dem Täter nicht mehr das Bewusstsein, tatsächlich einen Diebstahl zu begehen. Für den Käufer selbst zählt in Zeiten sinkender Reallohneinkommen meist nur der Preis, für den er die vermeintliche Originalware bekommt. Die Fälscher dagegen profitieren vom Erfolg der Originalhersteller. Im Gegensatz zu den Wirtschaftsunternehmen entfallen für den Fälscher z. B. die Kosten für Lagerung, Produktentwicklung, Sozialversicherungsleistung, Werbung, Marketing sowie für die Anmeldung von Schutzrechten. Die Gewinnspannen der Fälscher sind höher als im Drogenhandel mit vergleichsweise geringem Entdeckungs- und Strafrisiko. **12**

Der Aufgriff beim Händler ist oft der einzige Anhaltspunkt, um den Weg der Ware zurückzuverfolgen. Die im Inland aufgegriffenen Fälle stammen vielfach aus ausländischer Produktion. Die eigentlichen Drahtzieher des Geschäfts sitzen allerdings häufig nicht im Inland. Dennoch brauchen die Täter dort Kontakt- und Verteilerpersonen. Einige spektakuläre Fälle wiesen beispielsweise bei Textilien, die ihren Herstellungsort in China hatten, Drahtzieher in Taiwan aus. Gerade bei gesundheitsgefährdenden Plagiaten dürfte mit den Möglichkeiten der nationalen Strafverfolgungsbehörden allein keine Aufklärung zu erzielen sein. Eine Zusammenarbeit mit dem Bundeskriminalamt (BKA), ggf. auch Interpol erscheint ratsam.

Andererseits dürften sich auch die professionellen Händler auf Flohmärkten oder in Im- und Exportgeschäften sowie die Powerseller im Internet kaum damit herausreden können, dass sie die Gesetzeslage nicht gekannt hätten. Fragt ein potenzieller Käufer nämlich nach, bekommt er meist zur Antwort, dass man natürlich das Original verkaufen würde.

Gerade die innovativen mittelständischen Betriebe, deren Markterfolg in neu entwickelten Produkten liegt, aber auch Großunternehmen sehen sich zunehmenden Belastungen durch Produkt- und Markenpiraten ausgesetzt. Besonders stark betroffene Unternehmen haben eigene interne Ermittler, um das Problem besser in den Griff zu bekommen. Die Kosten für den Einsatz von Ermittlern und der anschließenden Rechtsverfolgung gehen in die Millionen und sind oft, gerade von den Klein- und mittelständischen Betrieben, kaum zu finanzieren bzw. logistisch zu bewältigen. Dies betrifft auch die Überwachung des Vertriebs gefälschter Waren im Internet.[15]

III. Gesetzeslage

1. Produktpirateriegesetz

Vor 1990 war Produkt- und Markenpiraterie in vielen Bereichen nur zivilrechtlich verfolgbar. Erst durch das Gesetz zur Stärkung des Schutzes des geistigen Eigentums und zur Bekämpfung der Produktpiraterie (PrPG) vom 7. März 1990[16] wurden ein Großteil der durch die **13**

---

[13] Supper/Hagen, Der Kriminalist 5/2012, S. 2.
[14] Vgl. IP 02/1163 v. 26.7.2002.
[15] Siehe APM-Pressestatement vom 30.4.2002.
[16] BGBl. I S. 422.

Ermittlungsbehörden und die Wirtschaftsverbände aufgezeigten Lücken geschlossen und die Aufklärungsmöglichkeiten verbessert. Bei dem Gesetz handelte es sich um ein so genanntes Artikelgesetz, mit dem einheitliche Vorschriften in die verschiedensten Gesetze zum Schutz des geistigen Eigentums eingeführt wurden.

14 Für die Strafverfolgungsbehörden sind folgende Regelungen von Relevanz:
– Gemäß § 74c Abs. 1 Nr. 1 GVG ist die Verletzung geistigen Eigentums unter Benennung der einzelnen Gesetze als Wirtschaftsstraftat eingestuft.
– Die Strafdrohung der Schutzgesetze für geistiges Eigentum (§§ 143, 143a, 144 MarkenG; §§ 106, 107, 108–108b UrhG; § 51 GeschmMG; § 142 PatG; § 25 GebrMG; § 10 Halbleiterschutz G; § 39 SortenschutzG) ist auf 3 Jahre für den Normalfall und bei gewerbsmäßigem Handeln auf 5 Jahre festgelegt worden.
– In allen Schutzgesetzen ist auch der Versuch strafbar.
– Eine Strafantragstellung ist nur im Falle der nicht gewerbsmäßigen Handlung des Täters erforderlich. Bei Bejahung des besonderen öffentlichen Interesses an der Strafverfolgung ist ein Einschreiten von Amts wegen möglich (vgl. z. B. § 143 Abs. 4 MarkenG). Die qualifizierte Schutzrechtsverletzung, also das gewerbsmäßige Handeln, ist Offizialdelikt. Diese Voraussetzungen werden bei organisierter Kriminalität immer zu bejahen sein.
– Piratenwaren und Vorrichtungen, z. B. Maschinen zu ihrer Herstellung, können im Strafverfahren eingezogen werden. Die Einziehung von nicht im Eigentum des Täters stehenden Gegenständen wird durch Verweisung auf die Vorschriften der erweiterten Einziehung, § 74a StGB, erleichtert (vgl. z. B. § 143 Abs. 5 Satz 2 MarkenG).
– Der nach § 18 MarkenG gegebene Vernichtungsanspruch des Inhabers einer Marke ist aber gegenüber der strafrechtlichen Einziehung vorrangig (vgl. § 143 Abs. 5 MarkenG).
– In manchen Fällen besteht schließlich die Möglichkeit der öffentlichen Bekanntmachung des Verstoßes gegen das Markengesetz.

15 Dennoch zeigen die eingangs zitierten Zahlen und Fakten, dass nach wie vor ein Verfolgungsdefizit besteht. Es fehlt das Problembewusstsein für diese Delikte bei den Strafverfolgungsbehörden, die Ermittlungen in diesen Fällen oft hinten anstellen und sich vom Rechtsinhaber für dessen Zwecke „missbraucht" fühlen. Negiert werden der volkswirtschaftliche Schaden, die Verbraucherschädigung und die Tatsache, dass es um die Ahndung eines Eigentumsdeliktes, nämlich den Diebstahl von geistigem Eigentum geht. Die geschädigten Unternehmen haben die Strafverfolgungsbehörden allerdings nach Kräften bei deren Arbeit zu unterstützen. Hierbei kann u. U. auch APM e. V. (Adresse siehe am Ende) weiterhelfen.

Neuere EU-Gesetzgebung
Die Europäische Gemeinschaft hat mittlerweile die Bekämpfung von Marken- und Produktpiraterie verstärkt im Visier. Die Unternehmen in allen EU-Staaten sind von Produkt- und Markenpiraterie besonders betroffen. Nicht nur an den Außengrenzen der Gemeinschaft sollen daher Unternehmen durch Grenzbeschlagnahmen die Chance haben, die Einfuhr gefälschter Waren zu verhindern. Das Augenmerk der Kommission hat sich auch nach innen gewandt. Die EU-Richtlinie zur Durchsetzung der Rechte des geistigen Eigentums (ABl. L 157, S. 45 ff.) sieht die Harmonisierung der zivilrechtlichen Durchsetzungsmaßnahmen vor. Diese beinhalten Regelungen zur Schadensersatzforderung, Rückrufansprüche, Auskunftsansprüche auch gegenüber Dritten sowie Sanktionen bei Falschauskünften. Die Richtlinie ist mittlerweile in allen EU-Staaten umgesetzt worden. Dagegen dürfte die Richtlinie über strafrechtliche Maßnahmen zur Durchsetzung der Rechte des geistigen Eigentums (KOM 2005/0127 (COD)) noch auf sich warten lassen. Dort geht es um die Einführung strafrechtlicher Sanktionen in allen Mitgliedstaaten im Zusammenhang mit Produkt- und Markenpiraterienfällen. Während die zivilrechtliche Harmonisierung voranschreitet, ist die Richtlinie zur Einführung europaweiter Strafrechtsbestimmungen wegen des möglichen Eingriffs in die Hoheitsrechte der Mitgliedstaaten heftig umstritten. Einigkeit besteht aber dahin gehend, dass die strafrechtliche Verfolgung dieser Delikte absolut notwendig ist.

III. Gesetzeslage

2. Kurzübersicht und -definition der gewerblichen Schutzrechte

Die gewerblichen Schutzrechte, Marke, Patent, Gebrauchsmuster und Geschmacksmuster (künftiger Sprachgebrauch: Designrecht), gewähren zivilrechtliche Exklusivrechte. Sie stehen einem genau bestimmten Berechtigten zu. Eng mit den gewerblichen Schutzrechten verbunden ist auch das Urheberrecht. Die Schutzgegenstände und die Reichweite der einzelnen Schutzrechte sind jedoch unterschiedlich.[17]

Die Schutzrechte stehen unabhängig nebeneinander. Dies bedeutet, dass für ein und dasselbe Produkt mehrere Schutzrechte eingreifen können.

So kann beispielsweise eine bestimmte technische Vorrichtung an einem Werkzeug durch Patent oder Gebrauchsmuster geschützt sein, gleichzeitig kann das Werkzeug selbst mit einer Marke versehen sein, die äußere Formgestaltung, das Design kann durch Geschmacksmuster geschützt sein. Es könnten also aus vier Schutzrechten Ansprüche hergeleitet werden.

Die folgenden Kurzdefinitionen sollen die Inhalte der angesprochenen Rechte verdeutlichen:

Marke: Marken geben Produkten oder Dienstleistungen Namen, um sie wiedererkennbar zu machen. Der Kunde kann damit das Produkt von denjenigen anderer Anbieter unterscheiden. Damit kann der Markeninhaber seine Investition in die Produktentwicklung, in deren Qualitätsverbesserung und -erhaltung schützen. Der Einsatz des Markenanbieters wird durch eine enge Kundenbindung im Wettbewerb honoriert. Eine Marke kann durch Eintragung beim Deutschen Patent- und Markenamt (DPMA) oder kraft Benutzung (Verkehrsgeltung) erworben werden. Marken für die gesamte Europäische Union (Gemeinschaftsmarken) sind grundsätzlich beim Harmonisierungsamt für den Binnenmarkt in Alicante (Spanien) eingetragen.

Geschmacksmuster: Geschmacksmuster schützen das äußere Erscheinungsbild von Erzeugnissen, das Design. Nachbildungen von Konkurrenten können unter der Voraussetzung der Neuheit und Eigenart der Formgestaltung verhindert werden. Sie werden durch Eintragung beim DPMA oder kraft Benutzung erworben. Beim Gemeinschaftsgeschmacksmuster erfolgen Registrierungen beim oben genannten Harmonisierungsamt in Alicante.

Urheberrecht: Es schützt die persönliche, geistige Schöpfung einer Person. Dafür muss die Schöpfung neu sein. Das Urheberrecht entsteht mit der Schaffung des Werkes.

Gebrauchsmuster (Designrecht): Es schützt technische Erfindungen aller Art mit Ausnahme von Verfahrenserfindungen. Sie müssen neu sein, gewerblich verwertbar und auf einem erfinderischen Schritt beruhen. Im Gegensatz zum Patent findet keine materiellrechtliche Prüfung bei der Eintragung statt. Die Entstehung setzt die Eintragung beim DPMA voraus.

Patent: Das Patent steht für alle technischen Erfindungen zur Verfügung. Der Forschungs- und Entwicklungsaufwand des Erfinders wird durch die Erteilung dieses geprüften Schutzrechtes z. B. durch das DPMA oder als Europäisches Patent für bestimmte Länder durch das Europäische Patentamt belohnt. Der europäische Abstimmungsprozess zur Schaffung eines Patents mit europaweiter Erstreckung (früher als Gemeinschaftspatent bezeichnet) ist im Rahmen eines „Patentpakets" im Dezember 2012 vom Europäischen Parlament gebilligt worden. Erste Patente nach diesem Verfahren dürften allerdings frühestens 2015 angemeldet werden können.

Für die gewerblichen Schutzrechte bestehen gleich lautende Straf- und Ordnungswidrigkeitstatbestände in den einschlägigen Gesetzen.[18] Die strafrechtlichen Tatbestände sollen exemplarisch am Beispiel des Markenrechts, das in der Praxis neben dem Urheberrecht am relevantesten ist, erläutert werden.

Im Hinblick auf die Probleme der widerrechtlichen Nutzung von Schutzrechten sind die folgenden Aussagen auch auf die Gemeinschaftsmarke (§ 143a MarkenG), Gebrauchsmuster, Geschmacksmuster und Patente sowie auf Urheberrechtsverletzungen übertragbar. Immer steht nur demjenigen das Recht aus dem Schutzrecht zu, der sich durch Eintragungsurkunde

---

[17] Vgl. Übersichtstabelle Rn. 59.
[18] Vgl. Rn. 1.

z. B. des Deutschen Patent- und Markenamtes oder durch tatsächliche Benutzung als Rechtsinhaber ausweisen kann. Dritte müssen den Nachweis erbringen, dass sie für ihre – wie auch immer geartete – Nutzung oder den Vertrieb eine Lizenz des Berechtigten haben.

3. Markenrechtliche Straftatbestände

18 Die Strafverfolgungsbehörden werden am häufigsten mit der Verletzung von Markenrechten, der so genannten Markenpiraterie konfrontiert. Markenpiraten eignen sich die Marke eines anderen Unternehmens an und geben damit vor, selbst Markeninhaber zu sein. Die Unterscheidungs- und Herkunftsfunktion, die Garantiefunktion sowie die hohe Werbefunktion, die der Marke zugunsten des Markeninhabers zukommt, werden dadurch ausgehöhlt.

Das MarkenG enthält in den §§ 143 bis 145 die relevanten Straf- und Ordnungswidrigkeitstatbestände. Allerdings sind diese Tatbestände von zivilrechtlichen Vorfragen abhängig. Allein der Markeninhaber hat das Recht, das Zeichen zu führen. Er kann seine Waren oder Dienstleistungen, für die er das Zeichen erworben hat, ihre Verpackung, Umhüllung oder Aufmachung mit der Marke versehen. Nur ihm steht es zu, die Ware bzw. Dienstleistung unter dem Zeichen zu vertreiben sowie auf Ankündigungen, Etiketten, Preislisten und Geschäftspapieren das Zeichen anzubringen. Ein Dritter darf dies nur mit Erlaubnis des Rechtsinhabers.

Der Straftatbestand setzt die widerrechtliche Benutzung der Marke und Handeln im geschäftlichen Verkehr, also außerhalb des privaten Bereiches voraus.

Handeln im geschäftlichen Verkehr ist jede wirtschaftliche Tätigkeit auf dem Markt, die der Förderung eines eigenen oder fremden Geschäftszwecks zu dienen bestimmt ist, mithin jede selbstständige, wirtschaftliche Zwecke verfolgende Tätigkeit, die durch die Teilnahme am Erwerbsleben zum Ausdruck kommt. So stellt das Anbieten einer gefälschten Rolex-Uhr auf einem Flohmarkt Handeln im geschäftlichen Verkehr dar, während der Besitz zweier gefälschter Rolex-Uhren in der Privatwohnung in der Regel nicht geahndet werden kann.

In einer Reihe von Urteilen (OLG Frankfurt/Main, Beschluss vom 27. Juli 2004, Az: 6 W 54/04; LG Stuttgart vom 22. Februar 2006, Az: 41 O 237/05 KfH) wird z. B. beim Internet-Handel über eBay „Handeln im geschäftlichen Verkehr" zu Recht bejaht, wenn der „Händler" dort regelmäßig in größerem Umfang als Verkäufer auftritt. Ausreichend ist, wenn der Anbieter in den ein bis zwei Monaten, die dem verletzenden Angebot vorausgingen, etwa 10 weitere Verkäufe über die Plattform abwickelt. Der EuGH bestätigt diese Wertung ebenfalls im Urteil L'Oréal ./. Ebay[19]. Er bejaht dort ein „Handeln im geschäftlichen Verkehr", wenn in Bezug auf den Umfang und die Häufigkeit der eingestellten Angebote diese über eine private Aktivität hinausgehen. Auch ein Blick auf die Zahl der Bewertungen kann Indizien über das Verhalten des Verletzers geben.

19 Die Benutzung einer Marke oder geschäftlichen Bezeichnung (Firma, Etablissementbezeichnung) ist dann widerrechtlich, wenn
– der Benutzer nicht Rechtsinhaber ist und für seine Benutzung keine Lizenz vom Berechtigten nachweisen kann,
– er zwar eine solche Lizenz im Einzelfall nachweisen kann, er jedoch die in der Lizenz erlaubte Produktionsmenge überschreitet und die so genannte Überschussproduktion selbst vermarktet,
– keine Widerrechtlichkeit liegt allerdings vor, wenn die Benutzung der Kennzeichnung nach den §§ 20–25 MarkenG erlaubt ist, z. B. wegen der so genannten markenrechtlichen Erschöpfung (§ 24 MarkenG). Das Recht aus der Marke ist dann erschöpft, wenn nachgewiesen werden kann, dass der Markeninhaber die gekennzeichneten Produkte mit Wissen und Wollen im Europäischen Wirtschaftsraum auf den Markt gebracht hat. Gleiches gilt bei Löschungsreife der Marke. Im Strafverfahren ist dies von Amts wegen zu prüfen. Die Staatsanwaltschaft kann nach § 154d StPO, das Strafgericht nach § 262 StPO verfahren.[20]

---

[19] EuGH, C-324/09 vom 12.7.2011.
[20] Vgl. *Ströbele/Hacker*, MarkenG, 8. Auflage, § 143 Anm. 17.

III. Gesetzeslage

§ 143 MarkenG verweist weiter auf die Tatbestände in §§ 14 und 15 MarkenG. Dabei betreffen diese in
- § 143 I Nr. 1 i. V. m. § 14 II Nr. 1 den Identitätsschutz, nämlich Vorliegen eines identischen Zeichens und der identischen Warenklasse.
- § 143 I Nr. 1 i. V. m. § 14 II Nr. 2 betrifft den Verwechslungsschutz, nämlich
  - identisches Zeichen und ähnliche Warenklasse bzw.
  - ähnliches Zeichen und identische Warenklasse sowie
  - ähnliches Zeichen und ähnliche Warenklasse.
- § 143 I Nr. 2 i. V. m. § 14 II Nr. 3 regelt den Bekanntheitsschutz.
- Die Sanktionierung von Vorbereitungshandlungen ist in § 143 I Nr. 3 enthalten. Erfasst werden dort nämlich durch die Verweisung auf § 14 Abs. 4 Nr. 1–3 MarkenG auch isolierte Verletzungshandlungen in Bezug auf Verpackungen, Etiketten und dergleichen.

Erfolgt die Benutzung des Schutzrechts im geschäftlichen Verkehr und kann der Dritte für sein Tun keinen Nachweis erbringen, hierfür die Erlaubnis des Rechtsinhabers zu haben, ist er neben den strafrechtlichen Sanktionen auch zivilrechtlichen Schadensersatz- und Unterlassungsansprüchen ausgesetzt.

Bekannte Marken genießen, selbst über den Ähnlichkeitsbereich hinaus, einen hohen Schutz ihrer Unterscheidungskraft und Wertschätzung, der beeinträchtigt werden kann, sofern die Benutzung der Marke durch einen Dritten unlauter ist.

§ 143 Abs. 1 Ziffer 4 und 5 gewährt auch geschäftlichen Bezeichnungen (Firma, Etablissementbezeichnung) nach §§ 5, 15 MarkenG den strafrechtlichen Schutz.

Die Strafbarkeit der Handlung setzt weiter vorsätzliches Handeln (§ 15 StGB) voraus. Auch der bedingte Vorsatz wird erfasst. Es reicht, wenn der Täter den als möglich erkannten Erfolg billigend in Kauf nimmt. **Eine Täuschung des Verkehrs,** insbesondere des Käufers über die Echtheit der Waren **ist** bei den Straftatbeständen der gewerblichen Schutzrechte **nicht erforderlich.** Dies wird häufig verkannt! Lediglich beim Tatbestand des § 143 Abs. 1 Ziff. 3b wird die Absicht einer Rufausbeutung bzw. Rufbeeinträchtigung vorausgesetzt.

Die von § 143 Abs. 1 MarkenG erfasste strafbare Kennzeichenverletzung wird mit Freiheitsstrafe bis zu 3 Jahren oder mit Geldstrafe geahndet. Auch die Verletzung der Gemeinschaftsmarke wird durch § 143a Abs. 1 unter Strafe gestellt. Die Gemeinschaftsmarke unterliegt europäischem Recht.[21] Sie gilt in allen Ländern der Europäischen Union gleichermaßen und wird beim Harmonisierungsamt für den Binnenmarkt in Alicante/Spanien registriert.[22]

Von der Möglichkeit, Freiheitsstrafen zu verhängen, wird kaum Gebrauch gemacht. Dem Aktionskreis gegen Produkt- und Markenpiraterie e. V. (APM) sind nur wenige Fälle bekannt, allerdings mit langsam steigender Tendenz. Bei der Verhängung von Geldstrafen besteht das Dilemma, dass sich die Geldstrafenbemessung nach den wirtschaftlichen Gegebenheiten des Täters richten muss. So können z. B. bei der Tätergruppe der Flohmarkthändler oft die Tagessätze (§ 40 StGB) bei einer Geldstrafe nicht so hoch angesetzt werden, dass sie tatsächlich auch präventiv wirken. Die einschneidendere Gewinnabschöpfung kommt hier ebenfalls nicht zum Tragen. Es ist ferner davon auszugehen, dass im Endeffekt die Hintermänner die Zahlung leisten, so dass damit keinerlei Abschreckungspotential verbunden ist. Allgemein bewerten die Rechteinhaber die verhängten Geldstrafen als zu niedrig.

Bei der einfachen Schutzrechtsverletzung setzen § 143 Abs. 1 und Abs. 1a MarkenG für die strafrechtliche Verfolgung grundsätzlich eine Strafantragstellung voraus. Das öffentliche Interesse an der Strafverfolgung wird in diesen Fällen selten bejaht. Häufig werden die Verfahren eingestellt und auf den Privatklageweg verwiesen. Diese Möglichkeit, nach § 374 Abs. 1 Nr. 8 StPO zu verfahren und damit Marken- und Produktpiraterie doch als „leichtes Vergehen" einzuordnen, begünstigt die Neigung zu Einstellungsverfügungen.

Dies wird leider auch bei der praktischen Handhabung von § 143 Abs. 2 MarkenG deutlich. Die gewerbsmäßige Markenverletzung ist mit Freiheitsstrafe bis zu 5 Jahren oder Geldstrafe sanktioniert. Ein Strafantrag muss nicht gestellt werden. Der Qualifikationstatbestand

---

[21] VO EG Nr. 40/94 des Rates vom 20.12.1993, ABl. EG 1994, Nr. L 11 S. 1.
[22] Adresse siehe Rn. 58.

zielt auf die Verhinderung gewerbsmäßiger Produktpiraterie ab, die regelmäßig erhebliche Schäden für die Volkswirtschaft mit sich bringt.

Nach ständiger Rechtsprechung des BGH[23] handelt derjenige gewerbsmäßig, der sich durch *wiederholte* Begehung einer Straftat aus deren Vorteilen eine *fortlaufende* Einnahmequelle von einigem Umfang und einiger Dauer verschafft. Hier hat man den Wiederholungstäter im Visier, wobei jedoch eine erste, in Wiederholungsabsicht begangene Tat ausreicht.[24]

Eine nur gelegentlich der Ausübung eines Gewerbebetriebes vorgenommene Kennzeichenverletzung ohne Wiederholungsabsicht ist im strafrechtlichen Sinne also noch nicht gewerbsmäßig. Diese auch in der oben zitierten Begründung dargelegte Definition führt leider häufig dazu, dass das Offizialdelikt schnell verneint und eine Strafantragstellung auch in diesen Fällen gefordert wird. Vorgegangen wird dann nur nach dem Tatbestand der einfachen Schutzrechtsverletzung. Auch bei Sicherstellung von mehreren hundert T-Shirts oder gefälschter Kfz-Teile wird die gewerbsmäßige Begehung oft verneint. Hier stellt sich indessen die Frage, ob nicht bei solchen Mengen, selbst wenn der Täter erstmals auffällt, zumindest die Wiederholungsabsicht bejaht werden muss. Es ist kaum anzunehmen, dass der Täter diese Menge in einem „Schwung" absetzen wird. Es müsste daher vom Offizialdelikt ausgegangen werden. Eine gelegentlich der Ausübung des Gewerbebetriebes vorgenommene Kennzeichenverletzung ohne Wiederholungsabsicht dürfte in solchen Fällen schwerlich bejaht werden können.

Für Angebote über Internetauktionsplattformen kann oft nicht nur auf die Menge der Angebote, sondern auch auf die Bewertungen der Käufer zurückgegriffen werden, um die Aussage eines erstmaligen Angebots zu entkräften. Viele Anbieter wechseln allerdings auch ihre Accountnamen laufend, um diese Nachweise zu erschweren.

24 Die Praxis zeigt, dass gerade bei Mischung des Warenbestandes mit Original- und Fälschungsware gewerbsmäßiges Handeln vorliegt und das „Nichtwissen" eine reine Schutzbehauptung darstellt. Leider wird auch in diesen Fällen ein Einschreiten von Amts wegen oft zu Unrecht abgelehnt und selbst, wenn große Mengen von Pirateriewaren aufgefunden werden, die Strafantragstellung gefordert.

Bei der Bedeutung, die Produkt- und Markenpiraterie im Rahmen der Wirtschaftskriminalität einnimmt, wird den Wirtschaftskriminellen bei dieser Wertung geradezu ein Freibrief erteilt. Sie müssen die Strafdrohung des Gesetzes kaum fürchten.

25 Dabei wird üblicherweise nicht nur ein Schutzrechtsinhaber verletzt, sondern in der Regel mehrere. Beim Aufgriff von Jeans, Gürteln, Taschen, Parfüms etc. findet sich eine Mixtur bekannter Marken. Der Produktpirat konzentriert sich nicht nur auf eine Marke, so dass auch dies ein Indiz für gewerbsmäßiges Handeln darstellt. Da die Markeninhaber bisher kaum gemeinsam gegen Markenpiraten vorgehen, kann es vorkommen, dass Erkenntnisse über denselben Verletzer bei verschiedenen Rechtsinhabern bestehen, ohne dass diese voneinander wissen, geschweige denn solches bekannt ist. Mangels entsprechender Informationen und vor dem Hintergrund anderweitiger Arbeitsbelastung der Staatsanwaltschaften kommt darum das Offizialdelikt nicht zum Tragen. Hier sollten über die einschlägigen Verbände, z. B. den Aktionskreis gegen Produkt- und Markenpiraterie,[25] weitere Erkenntnisse abgefragt werden. Dies wird manche Fälle in einem ganz anderen Licht erscheinen lassen.

26 § 143 Abs. 3 MarkenG regelt auch die Strafbarkeit des Versuchs. Wegen der umfassenden Formulierung des zivilrechtlichen Verbotstatbestands, der auch Vorbereitungshandlungen zum Vertrieb widerrechtlich gekennzeichneter Waren dem Ausschließlichkeitsrecht des Markeninhabers unterstellt,[26] dürfte die praktische Relevanz dieser Vorschrift relativ gering sein.

---

[23] Vgl. Nachweise bei *Fischer*, vor § 52 StGB Rn. 43.
[24] Vgl. Begründung Produktpirateriegesetz-Regierungsentwurf vom Juni 1989, Drucksache 11/4792, B I 1 c.
[25] Vgl. Rn. 58.
[26] Vgl. § 14 Abs. 4 MarkenG.

III. Gesetzeslage

4. Strafrechtliche Einziehung/Adhäsionsverfahren, § 143 Abs. 5 MarkenG

§ 143 Abs. 5 MarkenG regelt, dass Gegenstände, auf die sich die Straftat bezieht, im strafrechtlichen Verfahren gemäß § 74a StGB eingezogen werden können; diese Möglichkeit wird aber äußerst ungern im Strafverfahren aufgegriffen. Die rechtswidrig gekennzeichneten Waren können damit vernichtet werden. Auch die Kennzeichnungsmittel (Etiketten, Anhänger, Aufnäher und Ähnliches) sind eingeschlossen.[27] Die Einziehung nach § 143 steht im pflichtgemäßen Ermessen des Richters.

Die Anwendung des § 74a StGB ermöglicht ferner die Einziehung von Gegenständen, die nicht Eigentum des Täters sind, beispielsweise bei ungeklärten Eigentumsverhältnissen der schutzrechtsverletzenden Waren. Unter der Voraussetzung des § 74a StGB dürfte sich die strafrechtliche Einziehungsmöglichkeit auch auf die zur Herstellung der schutzrechtsverletzenden Waren dienenden Maschinen und sonstiger Gegenstände beziehen.[28]

Für die Praxis wichtig ist insbesondere die Möglichkeit der Sicherstellung von Beweismitteln nach § 94 StPO. Oft kann nur dadurch der Schadensumfang wirklich auf gesicherter Grundlage ermittelt werden. Bei Gefahr in Verzug kann gemäß §§ 111b ff. StPO i. V. m. §§ 74 ff. StGB durch die Staatsanwaltschaft die Sicherstellung angefordert werden. Bei beweglichen Sachen können dies auch die Hilfsbeamten der Staatsanwaltschaft, also die Polizei.

Der zivilrechtliche Vernichtungsanspruch nach § 18 MarkenG, der dem Inhaber der Marke das Recht gibt, bei Markenverletzungen die im Besitz oder Eigentum des Verletzers befindlichen Gegenstände und die zur Herstellung dieser Gegenstände dienenden Maschinen zu vernichten, geht, sofern ihm im so genannten Adhäsionsverfahren (§ 403 bis § 406c StPO) stattgegeben wird, vor. In diesem Fall tritt die strafrechtliche Einziehung zurück.[29] Die Möglichkeit, vermögensrechtliche Ansprüche des Verletzten im Wege des Adhäsionsverfahrens geltend zu machen, spielt insbesondere wegen § 405 StPO eine stark untergeordnete Rolle. Daher gibt es leider kaum eine nennenswerte Anzahl von Fällen, in denen davon Gebrauch gemacht wird. Laut Statistischem Bundesamt[30] werden 343 Endurteile deutschlandweit, 52 Grundurteile und 168 gerichtlich protokollierte Vergleiche im Adhäsionsverfahren dokumentiert. Außerdem besteht offenbar bei Strafrichtern Zurückhaltung, zivilrechtliche Fragestellungen mit einzubeziehen. Selbst in Fällen, in denen bezüglich der Schutzrechtsverletzung Geständnisse vorliegen, zeigen Erfahrungen aus der Praxis eine gewisse Unwilligkeit. Dennoch der Appell, sich dieser Konstellation gegenüber offener zu zeigen und Argumente wie „Verfahrensverzögerungen" oder „Ungeeignetheit" nicht gewohnheitsmäßig einzuwenden.

Der Vernichtungsanspruch nach § 18 Abs. 1 MarkenG hat – obwohl zivilrechtlich – auch Sanktionscharakter. Der BGH[31] kommt zu der Auffassung, dass nach dem Wortlaut und der Entstehungsgeschichte des Markengesetzes der Anspruch auf Vernichtung der schutzrechtsverletzenden Ware die Regel und nur ausnahmsweise andere Maßnahmen in Betracht kommen sollen. Insbesondere auch deshalb, weil die Verletzung von Schutzrechten in einigen Bereichen des geistigen Eigentums ein Massendelikt sei und daher auch wirksame zivilrechtliche Gegenmaßnahmen erforderlich seien.[32] Diese Wertung sollte auch im strafrechtlichen Verfahren prägend sein.

5. Weitere mögliche Straftatbestände

a) Steuerhinterziehung

Bei der Einfuhr von Piratenware kann der Tatbestand der Steuerhinterziehung erfüllt werden. Eine Steuerstraftat ist nur dann zu bejahen, wenn die einzuführende Ware nicht ordnungsgemäß angemeldet wurde und somit der Anfangsverdacht einer Steuerhinterziehung nach

---

[27] Vgl. § 14 Abs. 4 Nr. 1 MarkenG.
[28] Vgl. § 18 Abs. 2 MarkenG.
[29] Vgl. § 143 Abs. 5 Satz 2 MarkenG.
[30] Fachserie 10 R 2.3, 2010 (S. 62).
[31] Vgl. Urteil des BGH vom 10.4.1997, BB 1997, 2126 ff.
[32] BGH a. a. O. S. 2127.

§§ 370ff. AO besteht. Wird die Ware ordnungsgemäß angemeldet, so liegt kein Bannbruch vor, da es sich bei § 146 MarkenG nur um einen Überwachungstatbestand, nicht aber um ein Einfuhrverbot handelt.

Nur im ersteren Fall besteht somit eine Ermittlungskompetenz der Zollfahndung. Bei Pirateriewaren, die im Inland aufgefunden werden, zeigt sich, dass diese im Regelfall nicht in Deutschland, sondern in den Niedriglohnländern hergestellt und meist ohne ordnungsgemäße Anmeldung eingeführt wurden.[33]

Der Tatbestand der Steuerhinterziehung wird durch die Zunahme des Internet-Vertriebs auch dann relevant, wenn der Verkauf gefälschter Produkte nicht mehr als rein privat angesehen werden kann. Häufig liegt bei den Verkäufern tatsächlich ein Gewerbe vor, das weder angemeldet ist, noch werden im Rahmen der Steuererklärungen die erzielten Einkünfte deklariert. Der Zoll hat daher mittlerweile in Frankfurt/Oder eine Internet-Recherche-Einheit etabliert, die entsprechende Überprüfungen vornimmt.

b) Betrug

31 Neben den strafrechtlichen Vorschriften in den einschlägigen Gesetzen zu den gewerblichen Schutzrechten kann in Tateinheit hiermit ein Betrugsdelikt zulasten eines potenziellen Kunden vorliegen. Derjenige, der gefälschte Waren vertreibt, will sich regelmäßig einen rechtswidrigen Vermögensvorteil verschaffen. Rechtswidrig ist der Vermögensvorteil, da der Händler nicht vom Schutzrechtsinhaber oder dessen Vertreter zum Verkauf legitimiert ist. Die Täuschungshandlung kann zum einen durch Vorspiegelung, es handele sich um Originalwaren, oder durch Vorlage von Papieren, die angeblich die Berechtigung zum Verkauf ausweisen, geschehen.

Problematisch kann sich die Irrtumserregung gestalten. Bei Flohmarktware geht der Käufer nicht immer davon aus, tatsächlich Originalware zu erwerben. Der Irrtum ist aber auch dann gegeben, wenn der Getäuschte trotz gewisser Zweifel die Verfügung trifft, weil er die Möglichkeit der Unwahrheit geringer einschätzt.[34] **Für die Straftatbestände in den gewerblichen Schutzrechten kommt es dagegen – wie schon oben ausgeführt (s. Rz. 21) – weder auf eine Täuschungshandlung noch auf eine Irrtumserregung an!**

Je mehr der Verkaufspreis der Ware sich dem des Originalprodukts angleicht, desto eher dürfte allerdings die Bejahung der Voraussetzung des Betrugtatbestandes möglich sein und damit der Voraussetzung von Täuschungshandlung (Gerieren als Berechtigter) und Irrtumserregung beim Käufer – Originalware zu erhalten und dafür den Kaufpreis zu zahlen. Der Vermögensschaden besteht in der Zahlung des überhöhten Kaufpreises, ohne Originalware zu erwerben. Bei gewerbsmäßigem Handeln des Täters kann auch § 263 Abs. 3 Zi. 1 StGB, nämlich ein besonders schwerer Fall vorliegen. Im Einzelfall ist auch § 263 Abs. 3 Nr. 2 StGB prüfungsrelevant.

c) Urkundendelikte

Urkundenfälschung: § 267 StGB/Urkundenunterdrückung: § 274 StGB

32 Im Zusammenhang mit Produkt- und Markenpiraterifällen können auch Urkundendelikte relevant werden. Einige Unternehmen sind dazu übergegangen, ihre Produkte mit besonderen Etikettierungen (Hologrammen), Sicherheitsfäden etc. zu markieren, um Originalprodukte besser von Fälschungen unterscheiden zu können. Diese Präventivmaßnahmen führen häufig dazu, dass die Fälscher auf andere Produkte ausweichen, oder aber auch diese Kennzeichen mit fälschen. Die verwendeten Sicherheitsmaßnahmen erfüllen häufig den Begriff der Urkunde: Sie stellen eine mit der Ware (z. B. Textil oder Verpackung) fest verbundene und allgemein (wenn durch Werbung bekannt gemacht) oder für Eingeweihte verständliche, menschliche Gedankenerklärung dar, die geeignet und bestimmt ist, im Rechtsverkehr Beweis zu erbringen und ihren Aussteller (Rechtsinhaber) erkennen lässt.[35] Die Beweiserbringung

---
[33] Siehe Fn. 15 a. a. O. S. 150.
[34] Vgl. *Fischer*, StGB, 58. Auflage § 263 Rn. 55.
[35] Vgl. *Fischer*, StGB, 58. Auflage, § 267 Rn. 2.

liegt in dem Nachweis, dass nur Originale eine bestimmte Kennung besitzen, was sowohl im zivil- als auch strafrechtlichen Verfahren beweisrelevant ist.

In der Kosmetikindustrie ist die Codierung der Waren beim Produktionsvorgang üblich. Bei Entfernung oder Veränderung des angebrachten Codes ist daher an § 267 StGB bzw. § 274 (Urkundenunterdrückung) zu denken. Diese kundenbezogenen Kontrollnummern sind als Beweiszeichen und damit als Urkunden qualifizierbar.[36] Werden diese verändert, sind darauf gestützte Unterlassungs-, Schadensersatz- und Auskunftsansprüche anerkannt worden.[37]

Der BGH hat bereits früher für Fahrgestellnummern von Kraftfahrzeugen aufgrund deren Beweisbedeutung für die öffentliche Sicherheit zur Identifizierung von Kfz diese als Urkunde anerkannt.[38] Für den Kosmetikbereich sieht § 4 Abs. 1 KosmetikVO vor, dass Kosmetikerzeugnisse nur in den Verkehr gebracht werden dürfen, wenn auf ihren Behältnissen und Verpackungen die Nummer des Herstellungspostens oder ein anderes Kennzeichen angebracht ist, das die Identifizierung der Herstellung erlaubt. Diese Aufgaben sind im öffentlichen Interesse eines effektiven Gesundheitsschutzes normiert worden. Bei fehlerhaften Chargen sollen so schnelle Rückrufaktionen möglich sein. Die Nummern sind daher auch bei Weitergabe an Dritte in ihrem Bestand geschützt. Sogenannte „Graumarkteinkäufer" gelangen daher nur an Waren aus diesen anerkannten selektiven Vertriebssystemen, indem sie den Depositären die hinreichende Decodierung zusichern. Dabei werden z. B. die Kontrollnummern herausgeschnitten und/oder durch eine andere Ziffernfolge ersetzt.

In der Entscheidung des BGH vom 15. Juli 1999[39] hat der BGH den Kontrollnummern **33** nach der KosmetikVO eine gesetzlich angeordnete Beweisbedeutung – wie bei Fahrgestellnummern – beigemessen. Kontrollnummern sind zum Beweis geeignete und bestimmte Beweiszeichen. Das Beweisinteresse des Herstellers zum Schutz seines Vertriebssystems ist darüber hinaus nochmals durch die BGH-Entscheidung vom 1. Dezember 1999[40] bestätigt worden. Da zudem der Aussteller durch die Herstellerangaben auf der Verpackung/Ware erkennbar ist, ist die Kontrollnummer als Urkunde anzuerkennen.

Eine der Handlungsalternativen der Vernichtung/Beschädigung oder Unterdrückung der Urkunde nach § 274 Abs. 1 Nr. 1 StGB wird regelmäßig durch das Herausschneiden erfüllt sein. In jedem Falle wird man immer die Beschädigungsvariante bejahen können. Durch die vorgenommenen Veränderungen wird zudem das Beweisführungsrecht des Herstellers verletzt.[41] Selbst wenn derjenige, der die Decodierung vorgenommen hat, Eigentümer der Ware geworden ist, muss er die rechtlich geschützten Beweisführungsinteressen Dritter unangetastet lassen. Die Decodierung der Kontrollnummern im Kosmetikbereich erfüllt daher den Tatbestand des § 274 StGB.

IV. Ermittlungsprobleme bzw. typische Problemstellungen der strafrechtlichen Verfolgung

1. Supranationale und bundesdeutsche Sicherstellungsregelungen

Da schutzrechtsverletzende Waren meist im grenzüberschreitenden Verkehr auffallen, sind die **34** Zollbehörden oft als Erste in der Lage, Überprüfungen durchzuführen. Seit der Realisierung des Binnenmarktes am 1. Januar 1993 erfolgt die Einfuhr von Nichtgemeinschaftswaren über die Zollämter der Gemeinschaftsaußengrenzen. Die deutsche Zollverwaltung ist daher vor allem an den zurzeit noch bestehenden Grenzen zur Schweiz sowie den See- und Flughäfen aktiv.

---

[36] Vgl. *Tiedemann*, Markenartikel 87, S. 413.
[37] Vgl. OLG Frankfurt/Main GRUR 2001, S. 532 ff.; OLG Köln NJW-RR 2001, S. 690 ff.
[38] Vgl. BGHSt. 10, 94/95.
[39] BGH I ZR 14/97, S. 8.
[40] BGH I ZR 130/98 S. 18.
[41] Vgl. *Fischer*, StGB, 58. Auflage, § 274 Rn. 5.

17. Kapitel. Produkt- und Markenpiraterie

Bereits im Madrider Abkommen, dem das Deutsche Reich mit Gesetz vom 21. März 1925 beigetreten war,[42] wurde bestimmt, dass die durch Marken und anderes verfälschten Waren bei der Einfuhr oder Ausfuhr zum Zwecke der Beseitigung der unrichtigen Angaben durch die Zollbehörden zu beschlagnahmen sind.

Durch die §§ 107 ff. MarkenG wurden die Schutzbestimmungen des Markengesetzes auf die nach dem Madrider Abkommen international registrierten Marken ausgeweitet. Die Marken sind beim Deutschen Patent- und Markenamt eingetragen.[43] Bei der internationalen Registrierung von Marken werden ausländische Marken auf das Gebiet von Deutschland erstreckt mit der Wirkung, dass diese wie eine in Deutschland eingetragene und geführte Marke wirken. Gesprochen wird von so genannten IR-Marken.

35 Für die Europäische Union regelt die Verordnung (EG) Nr. 1383/2003 der Kommission vom 22. Juni 2003 die Möglichkeiten des Grenzbeschlagnahmeantrages innerhalb der Europäischen Gemeinschaft. Dieser kann für alle Schutzrechte, insbesondere für Marken, Gemeinschaftsmarken, Patente, Geschmacksmuster, Gemeinschaftsgeschmacksmuster, Urheberrechte und Sortenschutzrechte gestellt werden. Auch geografische Herkunftsangaben sind mit umfasst[44]. Aufgrund dieser Bestimmungen versucht die EU, sich gegen die Einfuhr schutzrechtsverletzender Waren dadurch zu wehren, dass Fälschungen, die diese Rechte verletzen, durch die Zollbehörden festgehalten werden. Allerdings kann der Zoll – selbst bei bestehendem Beschlagnahmeantrag – nur einen Bruchteil der Waren, die die Außengrenzen passieren, auch tatsächlich kontrollieren und festhalten. In Deutschland beispielsweise allenfalls 2–5% der Einfuhren „beschauen". Ein Großteil hat daher beste Chancen unerkannt in die Europäische Gemeinschaft zu gelangen.

Die EU-Vorschriften beziehen sich auf Drittlandsware und beinhalteten ursprünglich (1994) nur Möglichkeiten der Zollbehörden bei der Verletzung von Marken. Aufgrund der dortigen positiven Erfahrungen und der dramatischen Zunahme der Fälschungsproblematik wurde die Ausdehnung schrittweise auch auf die anderen o. g. Schutzrechte beschlossen.

36 Im nationalen Bereich sind für die Zollbehörden die Rechte zur Beschlagnahme von „Piratenware" in den §§ 146 ff. MarkenG, § 111 UrhG, § 55 ff. GeschmMG, § 142a PatG, § 25a GebrMG, § 9 HalbleiterschutzG, § 40a SortenschutzG festgelegt.

37 Die Grenzbeschlagnahme durch den Zoll setzt üblicherweise einen Antrag des Rechtsinhabers voraus. Da über den Antrag hinaus in der Regel auch eine Meldung an die Zollfahndungsämter ergeht, kann der Zoll auch innerhalb Deutschlands und nicht nur an der Grenze tätig werden.

Für das Ermittlungs- und Strafverfahren hingegen gelten die Vorschriften über die Beschlagnahme von Beweismitteln nach den §§ 94, 98 StPO und für die Einziehung gemäß den §§ 74 ff. StGB die Bestimmungen der §§ 111b ff. StPO.

2. Staatsanwaltschaft

a) Ermittlungsauftrag der Zollfahndung

38 Der Staatsanwaltschaft werden Fälle von Marken- und Produktpiraterie in der Regel durch Strafanzeige des Rechtsinhabers oder seines Beauftragten, eines anonymen Insiders und Konkurrenten oder durch die Zollbehörden bekannt. Obwohl die meisten schutzrechtsverletzenden Waren eingeführt werden und der Zoll oft entscheidende Kenntnisse besitzt, werden diese Kenntnisse unter Berufung auf das Steuergeheimnis oder wegen enger Auslegung der Beschlagnahmevorschriften nicht an die Strafverfolgungsbehörden weitergeleitet. Durch diese Handhabung wird eine wirksame Bekämpfung der Produkt- und Markenpiraterie unterlaufen und verhindert. Diese Auslegung ist nach dem Urteil des EuGH vom 14. Oktober 1999[45] möglicherweise bedenklich. Danach entschied der EuGH, dass die EU-Zollverordnung zur Grenzbeschlagnahme (VO Nr. 395/94) nationalen Vorschriften entgegensteht, nach denen

---

[42] RGBl. 1925 II S. 115, BGBl. 1975 I S. 953.
[43] Vgl. § 108 Abs. 1 MarkenG.
[44] Die Neufassung der EU-GrenzbeschlagnahmeVO ist derzeit in der Diskussion (COM(2011) 285).
[45] EuGH, WRP 1999, S. 1269 ff.

IV. Ermittlungsprobleme bzw. typische Problemstellungen der strafrechtl. Verfolgung

die Identität des Anmelders oder des Empfängers eingeführter Waren dem Markeninhaber nicht bekannt gegeben werden darf, nachdem dieser festgestellt hat, dass es sich um nachgeahmte Waren handelt. Durch solche Vorschriften werde die wirkungsvolle Anwendung der GrenzbeschlagnahmeVO verhindert. Zugegebenermaßen ist damit keine Aussage in Bezug auf Auskünfte der Behörden untereinander getroffen. Die Tendenz geht allerdings eindeutig in Richtung Beauskunftung. Die Neuregelung der EU-Verordnung sieht zwar nunmehr in Art. 9 Abs. 3 vor, dass dem Antragsteller Name und Anschrift des Empfängers sowie des Versenders der schutzrechtsverletzenden Waren oder des Besitzers der Waren sowie der Ursprung und die Herkunft der Waren mitgeteilt werden. Wegen der Regelung in Art. 12 der VO wird die Verwendung dieser Angaben im Strafverfahren von den Zollstellen teilweise – m. E. zu Unrecht – kritisch gesehen.

Bei einem Großteil der Fälle von Produkt- und Markenpiraterie verfügen die Verletzer über gut organisierte Informations- und Kommunikationsstrukturen. Dies zeigt sich auch darin, dass gefälschte Konsumprodukte nur in den seltensten Fällen langfristig auf dem Markt vertreten sind. Bei erhöhtem Verfolgungsdruck verschwinden sie schnell und tauchen oft im angrenzenden Bundesland oder auch Nachbarstaat wieder auf. Polizei und Zollfahndungsämter arbeiten dagegen nur einzelfallbezogen zusammen.[46]

Eine bessere Zusammenarbeit zwischen Staatsanwaltschaft und den Zollbehörden könnte die Bekämpfung von Produkt- und Markenpiraterie effizienter gestalten, insbesondere sollte von Seiten des Zolls der Anwendungsbereich des § 30 Abs. 4 AO ausgeschöpft und genutzt werden. Häufig ließe sich das zwingende öffentliche Interesse bejahen, insbesondere bei umfangreichen Sicherstellungen. Hier geht es um Schutzinteressen der Allgemeinheit (Staat und Verbraucher) und des betroffenen Unternehmens. Ein engerer Kontakt oder ein systematischer Erfahrungsaustausch der Behörden untereinander erscheint notwendig. Die Eingangszollbehörde sollte bei der Feststellung bedeutender Schutzrechtsverletzungen von sich aus die Staatsanwaltschaft unterrichten.

Die gesetzlichen Regelungen, z. B. § 146 Abs. 2 MarkenG, sehen leider lediglich die Unterrichtung des Verfügungsberechtigten sowie des Antragstellers, also des Rechtsinhabers, bei Beschlagnahmemaßnahmen des Zolls vor. Eine Information der Staatsanwaltschaft ist gesetzlich nicht festgelegt. Obwohl in der Vorschrift des § 146 Abs. 2 MarkenG schon eine partielle Durchbrechung des Steuergeheimnisses gesehen werden kann, kommt diese nur einem kleinen Bruchteil der Geschädigten zugute. Verständigt werden grundsätzlich nur jene Rechtsinhaber, die ausdrücklich bei der zentral zuständigen Oberfinanzdirektion Nürnberg einen Grenzbeschlagnahmeantrag gestellt haben. Die Zahl der Firmen, die von diesem Recht Gebrauch machen, ist zwar kontinuierlich gestiegen (letzter Stand 2012: ca. 1137 Anträge (Bundeszollverwaltung, Jahresstatistik 2012)), eine Vielzahl kleinerer und mittlerer Unternehmen nutzt jedoch diese Möglichkeit nicht. Die Mitteilung an den Verletzten nach § 146 MarkenG wahrt nach Auffassung des Gesetzgebers das Brief-, Post- sowie das Steuergeheimnis, da es dem Verletzten obliegt, den Verstoß bei der Staatsanwaltschaft anzuzeigen. Manche Firmen haben zur Sicherstellung der Strafverfolgung bereits in ihrem Beschlagnahmebegehren vorsorglich Strafantrag gestellt. Hierdurch geben die Verletzten zu erkennen, dass sie die Einfuhr der Ware und die mutmaßliche Verletzung ihrer Schutzrechte durch Strafgerichte geahndet wissen wollen. Die Zollbehörden haben daher in diesen Fällen die Akten unverzüglich der Staatsanwaltschaft zuzuleiten.

b) Ermittlungswege des Staatsanwalts

Kriminalpolizei und Zollbehörden sollten beim Aufgriff schutzrechtsverletzender Waren grundsätzlich die Staatsanwaltschaft verständigen. Der Rechtsinhaber oder dessen inländischer Vertreter ist in die Ermittlungen einzubinden. Diese Personen haben oft schon über eigene Privatdetektive und Kunden Informationen über bestimmte Verkaufsorte und über den Warenfluss ihrer Produkte, die für die Ermittlungen hilfreich sein können. Vertrauliche Mitteilungen sind in diesem Bereich an der Tagesordnung. Manchmal können falsch deklarierte Waren auf diese Weise noch im Zolllager aufgespürt werden. Der Verletzte wird den Staats-

---

[46] Siehe Fn. 15 a. a. O. S. 149.

anwalt auch auf die Mitwirkungsmöglichkeit der bestehenden Fachverbände hinweisen oder diese seinerseits einschalten können.

42 Ferner ist auf den sachgerechten Einsatz der Kriminalpolizei und der Zollfahndung zu achten. Selbst wenn nämlich die Ware aus der EU oder Drittländern geliefert wurde, sind die Auftraggeber und Initiatoren solcher Geschäfte oft im Inland zu suchen. Die Durchsuchungsanordnung beim Verletzer ist grundsätzlich als erste Ermittlungsmaßnahme zügig einzuleiten und durchzuführen. Meist ist Gefahr im Verzug zu bejahen, sonst sind die Lager leer. Dies gilt umso mehr bei Saisonware, die über Flohmärkte angeboten wird. Zur Beurteilung der Dimension/Umfang der Tätigkeit des Verletzers ist auch die Beschlagnahme von Papieren/Akten/Verkaufsbelegen/Computern und Disketten notwendig und erforderlich. Nur dadurch können die entscheidenden Hintermänner und Drahtzieher gefasst werden.

Ermittlungspannen sind vorprogrammiert, wenn vor der Durchsuchungsmaßnahme die Vernehmung des Beschuldigten angeordnet wird. Häufig wird dieser – gut geschult – das Delikt abstreiten bzw. seinen Vorsatz leugnen: z. B. durch die Behauptung, er wisse gar nicht, dass es sich um geschützte Marken handelt. In jedem Fall wird er aber so schnell wie möglich anschließend alle Beweise vernichten bzw. verschleiern, da er mit einer Durchsuchung rechnen muss. Solche Fälle sind leider schon aktenkundig.

Die Durchsuchungsanordnung muss schnellstmöglich erfolgen, da im Vergleich zu anderen Delikten insbesondere bei den Händlern als Kopfstelle und Ausgangspunkt der Ermittlungen ein permanenter und schneller Wechsel der Produktpalette feststellbar ist. Oft fehlt es auch an ordnungsgemäßer Buch- und Rechnungsführung bzw. diese lassen – da völlig allgemein gehalten – keine Rückschlüsse auf Fälschungsware zu.

Bei der Durchsuchung empfiehlt es sich einen Vertreter des Rechtsinhabers hinzuziehen. Oft verfügt auch der private Ermittler (Detektiv) über die nötige Sachkunde im Hinblick auf die Unterscheidung der Fälschung vom Original. Diese Unterstützung durch „sachverständige Zeugen" ist umso mehr von Nöten, als Fälschungen rein äußerlich oftmals nur schwer vom Original zu unterscheiden sind. Daher bedarf es Personen, die über diese besondere Produktkenntnis verfügen, um die Razzien erfolgreich abzuschließen.

43 Mit der Polizei, die die Aktion durchführt, sollte auch abgesprochen werden, wie bei Zufallsfunden verfahren werden soll. Häufig werden nämlich weitere Produkte, deren Rechte nicht der ursprünglich Verletzte bzw. derjenige, der den Strafantrag gestellt hat, entdeckt. Es liegt indessen nahe, dass – falls z. B. eine Menge verschiedener Markenwaren aufgefunden wird – auch diese Produkte gefälscht sind. Leider wird hier oft mit der Begründung, es läge kein Strafantrag der anderen Rechtsinhaber vor, von einer Beschlagnahme dieser Waren abgesehen. Die rechtzeitige Einplanung solcher Situationen und Absprachen könnten derartige Fehler vermeiden. In der Regel handelt es sich bei den weiteren Waren um Konkurrenzprodukte. Der sachverständige Zeuge oder auch Mitarbeiter vom APM können in der Regel schnell den Kontakt zu den anderen betroffenen Rechtsinhabern vermitteln.

Zu klären gilt auch die Frage, was geschieht, wenn sich der Betroffene bei der Razzia kooperativ zeigt und freiwillig Hinweise auf den Vorlieferanten gibt. Hier müssen Anschlussmaßnahmen gegen die Hintermänner erfolgen. Je größer der Zeitablauf zwischen der ersten Razzia und den Folgemaßnahmen, desto größer ist auch die Wahrscheinlichkeit, dass der Vorlieferant vorgewarnt und die Beweismittel beiseite geschafft werden. In solchen Fällen ist daher „Gefahr in Verzug" und möglichst sofort gegen die Hintermänner vorzugehen, um den Überraschungseffekt zu wahren. Nur so kann das Ziel, die Verteilerzentralen, die (Groß-)Importeure zu erwischen, erreicht werden. Auch diesbezüglich empfiehlt es sich, rechtzeitige Absprachen mit dem Rechtsinhaber zu treffen, um seine Unterstützung für die Warenprüfung zu gewährleisten.

44 Von besonderer Bedeutung ist die in die verschiedenen Schutzgesetze eingefügte Bestimmung, dass jeder Verletzer eines Schutzrechtes in gesetzlich genau festgelegtem Umfang dem Verletzten Auskunft über die Herkunft und den Vertriebsweg der schutzrechtsverletzenden Ware geben muss (vgl. § 19 MarkenG). Die Angaben des Auskunftspflichtigen dürfen aber ohne seine Zustimmung in Strafverfahren nicht verwertet werden. Diese Kollisionsregelung ist aber gegenstandslos, wenn der Auskunftspflichtige ausdrücklich der Verwertung seiner Auskunft für das Strafverfahren zugestimmt hat. Dies ist oft der Fall, wenn es sich bei ihm

V. Spezifische Urheberrechtsprobleme

nur um ein „kleines Rädchen in einem großen Laufwerk" handelt. Hier kann erfahrungsgemäß die Gesetzeswohltat des § 153a StPO gewährt werden. Auch Auskünfte, die verschiedenen Verletzten gegenüber abgegeben wurden, können wertvolle Mosaiksteinchen für Erkenntnisse der Verfolgungsbehörden werden. Es sollte ferner nicht gescheut werden, die Erfahrungen der einschlägigen Verbände in die Ermittlungen mit einzubeziehen. Dabei können ebenfalls neue Ermittlungsansätze gefunden werden. Wichtig ist in jedem Fall die rechtzeitige Kontaktaufnahme.

Auf internationaler Ebene ist man bemüht, Kontrolleinrichtungen in verschiedenen Herkunftsländern zu schaffen, die bessere Abwehrmöglichkeiten und Ermittlungsmaßnahmen gegen solche Wirtschaftskriminellen ermöglichen. Der Staatsanwalt muss bei internationaler Verflechtung sofort Verbindungen mit dem Zollkriminalamt, dem Bundeskriminalamt, dem Bundesamt für Wirtschaft und nötigenfalls EU-Behörden, z. B. der OLAF,[47] aufnehmen. Eine Kontaktaufnahme mit den einschlägigen Verbänden, wie z. B. dem Aktionskreis gegen Produkt- und Markenpiraterie, kann hilfreiche Kontakte und weitere Erkenntnisse fördern. Diese schwierigen, nicht immer vom Erfolg gekrönten Ermittlungsarbeiten sollten aber nicht gescheut werden.

3. Verwertung sichergestellter Fälschungsware

Für die Verwertung von sichergestellter Ware im Strafverfahren kann der im Zivilverfahren geltende § 18 MarkenG als Richtschnur genommen werden. Der Gesetzgeber geht von der Regel aus, dass die widerrechtlich gekennzeichneten Gegenstände vernichtet werden, es sei denn, der schutzrechtsverletzende Zustand kann anderweitig beseitigt werden und die Vernichtung ist für den Verletzer oder den Eigentümer im Einzelfall unverhältnismäßig, d. h. beide Voraussetzungen müssen kumulativ zusammenkommen. In der bereits zitierten Entscheidung des BGH zum Vernichtungsanspruch[48] hat der BGH darauf hingewiesen, dass Sinn und Zweck der Regelung des § 18 MarkenG unter generalpräventiven Erwägungen die umfassende Abwägung des Vernichtungsinteresses des Verletzten und der Öffentlichkeit gegenüber dem Erhaltungsinteresse des Verletzers sei. Der Gesetzgeber wollte, so der BGH, mit der Anordnung der Vernichtung, soweit sie über die bloße Folgenbeseitigung hinausgeht, auch eine Art Sanktionscharakter erreichen und mit den Maßnahmen zur Bekämpfung der Produktpiraterie im Gleichklang mit der internationalen Entwicklung einen generalpräventiven Effekt erzielen. Die Frage des Bestehens einer Beseitigungsalternative ist im Gesetz daher nur als eine, für sich allein nicht ausreichende, Voraussetzung für das Vorliegen einer Ausnahme vom Regelfall vorgesehen. Als Regelfall sieht der BGH die Vernichtung an, um den Sanktionscharakter der Maßnahme herauszustellen.

Von diesen Erwägungen sollten sich auch Staatsanwaltschaft und Gericht leiten lassen. Die Vergabe der Gegenstände an karitative Verbände etc. selbst beim Entfernen beispielsweise von Etiketten lässt das Delikt wieder als „Kavaliersdelikt" erscheinen und führt oft dazu, dass die Ware in den wirtschaftlichen Verkehr zurückgeführt wird. Zu bedenken ist ferner, dass die infrage stehenden Waren oft nicht den technischen oder gesundheitlichen Anforderungen entsprechen. Daher sollten auch diese Überlegungen dazu führen, derartige Pirateriewaren zu vernichten.

V. Spezifische Urheberrechtsprobleme

Neben den Markenverletzungen erlangen die Fälle der Urheberrechtspiraterie einen besonderen Stellenwert. Durch die immer einfacheren technischen Möglichkeiten sind Raubkopien, Raubkassetten, Film- und Videokopien, der Diebstahl von Computerprogrammen mittlerweile ein leichtes Unterfangen. Hinzu kommt eine neue Dimension durch die Kommunikation über Internet, die es ermöglicht, direkt vom Internet beispielsweise Musiktitel

---

[47] Europäisches Amt für Betrugsbekämpfung.
[48] Vgl. Rn. 29.

und PC-Spiele auf den eigenen Computer herunterzuladen sowie Filme auf DVDs zu brennen. Durch diese Form der Produktpiraterie werden den betroffenen Unternehmen Schäden in Milliardenhöhe zugefügt und auch das Unrechtsbewusstsein innerhalb der Gesellschaft tief greifend berührt.

Einer Befragung der Gesellschaft für Konsumforschung (GfK) zufolge[49], wurde allein im Jahr 2011 von 17,1 Mio. Personen Musik auf 182 Mio. CD-Rohlinge kopiert. Knapp 5 Mio. Personen luden 492 Mio. Musikstücke von meist illegalen Angeboten aus dem Internet. Dies entspräche einem Umsatzwert von 3,2 Mrd. EURO. Tätergruppen sind überwiegend Jugendliche und Erwachsene unter 25 Jahren.

48 Von Urheberrechtsverletzungen besonders betroffen ist auch die Spielzeugindustrie, was der mittlerweile eingeführte Negativpreis „Plagiarius-Toys", der von der „Aktion Plagiarius e. V." verliehen wird, unterstreicht.[50] Das Urheberrechtsgesetz schützt die Urheber von Werken der Literatur, Wissenschaft und der Kunst in vielfacher Art. Die geschützten Werke sind in § 2 des UrhG aufgeführt:
1. Sprachwerke, wie Schriftwerke, Reden und Computerprogramme; Werke der Musik;
2. pantomimische Werke, einschließlich der Werke der Tanzkunst;
3. Werke der bildenden Künste, einschließlich der Werke der Baukunst und der angewandten Kunst und Entwürfe solcher Werke;
4. Lichtbildwerke, einschließlich der Werke, die ähnlich wie Lichtbildwerke geschaffen werden;
5. Filmwerke, einschließlich der Werke, die ähnlich wie Filmwerke geschaffen werden;
6. Darstellungen wissenschaftlicher oder technischer Art, wie Zeichnungen, Pläne, Karten, Skizzen, Tabellen und plastische Darstellungen.

Nach § 4 UrhG wird der Schutz mittlerweile auch auf Sammelwerke und Datenbanken erstreckt.

49 Voraussetzung für den Schutz ist in aller Regel eine persönliche geistige Schöpfung des Urhebers (vgl. § 2 Abs. 2 UrhG). Dies ist bei den in § 2 aufgeführten Werken dann der Fall, wenn das Werk ein gewisses Maß an Individualität und Originalität aufweist, das aus der persönlichen Vorstellungskraft eines Menschen erwachsen ist. Allerweltsprodukte sind urheberrechtlich nicht geschützt.

50 Für Computerprogramme[51] bestimmt § 69a Abs. 3 UrhG, dass diese dem Urheberrechtsschutz unterliegen, wenn sie individuelle Werke in dem Sinne darstellen, dass sie das Ergebnis der eigenen geistigen Schöpfung ihres Urhebers sind. Zur Bestimmung ihrer Schutzfähigkeit sind keine anderen Kriterien, insbesondere nicht qualitative oder ästhetische, anzuwenden. Der Schutz von Computerprogrammen ist damit schon auf relativ niedrigem Schöpfungsniveau gegeben. Nach der jüngsten „Piracy Study" der BSA aus dem Jahr 2012 beträgt die Raubkopierate in Deutschland 26 %, der entgangene Umsatz in Deutschland belief sich auf 2,26 Mrd. US$. Weltweit entgehen den Herstellern 63,4 Milliarden US$ Umsatz – Geld, das für neue Arbeitsplätze sowie für Forschung und Entwicklung nicht mehr zur Verfügung steht. Für kleine Software-Häuser können diese Urheberrechtsverletzungen existenzgefährdend sein.

51 Schwerpunktbereich für die Ermittlungsbehörden ist im Urheberschutzbereich ferner die Musik- und Tonträgerindustrie: Bei der Tonträgerpiraterie am weitesten verbreitet ist die Raubkopie, bei der Original-CDs unerlaubt vervielfältigt werden. Teilweise werden beim „Raub-Mix" aus verschiedenen Originaltonträgern einzelne Stücke zu einer neuen CD zusammengefügt. Bei der „Ident-Fälschung" wird nicht nur der geschützte Ton, sondern auch das äußere Erscheinungsbild des Tonträgers nachgeahmt. Beim „Bootleg" wird bei einem Originalauftritt der Künstler deren Darbietung unerlaubt mitgeschnitten und dann auf Tonträger verbreitet. Die Film- und Videobranche hat sich im Hinblick auf die Bedrohung in diesem Bereich in der Gesellschaft zur Verfolgung von Urheberrechtsverletzungen e. V. (GVU)[52] mit Sitz in Berlin zusammengeschlossen. Soweit für Filmtitel noch keine Video-

---

[49] Studie zur digitalen Content-Nutzung (DCN-Studie) 2011.
[50] Erstmals vergeben anlässlich der Nürnberger Spielwarenmesse März 1999.
[51] Vgl. Kapitel 14 – Computer- und Internetkriminalität.
[52] Vgl. Rn. 58.

VI. Die privatrechtliche Situation bei Produkt-und Markenpiraterieverletzungen

rechte vergeben wurden, übt die Schutzrechte der Verband der Filmverleiher in Wiesbaden aus. In diese Zusammenarbeit ist die GEMA in München mit einbezogen. Die GVU hat eine eigene Abteilung zur Ermittlung von Urheberrechtsverletzungen für solche Fälle.

In den letzten zehn Jahren hat sich die Verletzung von Urheberrechten im Internet zu einem massiven Problem entwickelt. Nichtlizenzierte Filme und Musikstücke werden zum einen über sogenannte Peer-to-Peer-Netzwerke und zum anderen über Hosting-Angebote, wie z. B. Cyberlocker, Streaming Sites und Stream-Ripping-Software vertrieben. Nach Angaben der International Federation of the Phonographic Industry (IFPI) betrug 2011 der Anteil an Internetnutzern, die mindestens einmal pro Monat ein unlizenziertes Angebot im Internet aufrufen weltweit 28%. In Europa liegt der Wert bei 27 %, in Brasilien bei 44%. In China geht die IFPI von einer Piraterierate i. H. v. 99% aus.

Der Raubdruck von Büchern hat infolge der Dominanz von DVDs, CD-Kopien und Computer-Spielen an Bedeutung eingebüßt. Da die Tatbegehungen vielgestaltig sind und in den einzelnen Verbänden ein großes Know-how bezüglich der Tatbegehung besteht, sollte der Staatsanwalt oder Kriminalbeamte bereits bei vertraulichsten Hinweisen von Amts wegen die Ermittlungen aufnehmen und mit den einschlägigen Schutzverbänden in Kontakt treten.

Der strafrechtliche Schutz der Urheberrechte ist in den §§ 106 ff. des UrhG geregelt. § 106 UrhG als Grundtatbestand schützt den Urheber vor unerlaubten Vervielfältigungen, Verbreiten oder öffentlicher Wiedergabe seines Werkes. Die Strafdrohung beträgt bis zu drei Jahren bzw. Geldstrafe. Der Versuch ist ebenfalls unter Strafe gestellt. § 107 UrhG stellt die unzulässige Signierung eines Werkes der bildenden Künste bzw. die irreführende Signierung als Scheinoriginal unter Strafe. Meist liegt hier eine Urkundenfälschung oder ein Betrugsdelikt vor, so dass die Subsidiaritätsklausel des § 107 Abs. 1 UrhG zum Tragen kommt. § 108 UrhG stellt unerlaubte Eingriffe in verwandte Schutzrechte unter Strafe. Diese sind in § 108 UrhG im Einzelnen aufgeführt. Leider werden in der Praxis die in den §§ 106 bis 108b UrhG geregelten Straftatbestände nur bei Stellung eines Strafantrages verfolgt, es sei denn, das besondere öffentliche Interesse an der Strafverfolgung wird bejaht.

Werden die vorgenannten Straftaten gewerbsmäßig verübt, erhöht sich der Strafrahmen nach § 108 UrhG auf Freiheitsstrafe bis zu fünf Jahren oder Geldstrafe. Im Hinblick auf die Anmerkungen zur gewerbsmäßigen Handlung sei auf die Erläuterungen zum Markengesetz verwiesen.[53] Die Regelungen zur Einziehung und auch zur Bekanntgabe der Verurteilung entsprechen den im Markengesetz ausführlich dargelegten Erläuterungen.

VI. Die privatrechtliche Situation bei Produkt- und Markenpiraterieverletzungen

Sofern von den strafrechtlichen Möglichkeiten kein Gebrauch gemacht wird, verlangen die Rechtsinhaber bei Verletzungstatbeständen von dem Verletzer die Abgabe einer strafbewehrten Unterlassungserklärung gemäß den §§ 139 PatG, 24 GebrMG, 42 Geschm-MG, 14 MarkenG. Im Rahmen dieser Unterlassungserklärung fordern sie den Verletzer auf, auch Auskunft über die Herkunft der Ware und Angaben zu dem Lieferanten der schutzrechtsverletzenden Ware zu geben. Leider muss festgestellt werden, dass solche Auskünfte meist unvollständig erteilt werden und keine Kontrolle darüber besteht, wie viel Ware tatsächlich in den Wirtschaftskreislauf eingeführt worden ist. Eine Möglichkeit, auf Geschäftspapiere zurückzugreifen, um die Richtigkeit der Auskunft zu überprüfen, besteht beispielsweise über § 19a MarkenG. Dennoch hat das strafrechtliche Vorgehen deutliche Vorteile.

An die Auskunft schließt sich das Schadensersatzverlangen an, das, wie bereits aufgeführt, mit dem Manko behaftet ist, dass sich der Schadensersatz auf die Angaben des Auskunftsverpflichteten stützen muss und oftmals in Lizenzanalogie gefunden wird. Eine tatsächliche Gewinnabschöpfung kommt mangels anderer Anhaltspunkte häufig nicht zum Tragen. In einem zivilrechtlichen Verfahren kann ferner auch die Vernichtung der schutzrechtsverletzenden

---

[53] Vgl. Rn. 23.

Ware bzw. der Produktionsmittel, mit denen diese Waren hergestellt worden sind, bei entsprechendem Antrag, z. B. § 18 MarkenG, angeordnet werden.

VII. Präventionsmöglichkeiten

56 Ein 10-Punkte-Check sollte Unternehmen helfen, zur Bekämpfung der Produkt- und Markenpiraterie besser gerüstet zu sein.
1. Alle Anstrengungen zur Bekämpfung der Produkt- und Markenpiraterie nutzen nichts, wenn die Unternehmen keine Schutzrechtsanmeldungen für ihre Produkte vornehmen.
2. Mit den Schutzrechtsanmeldungen sollte ein Schutzrechtswall aufgebaut werden, der einen potenziellen Verletzer von rechtlichen Auseinandersetzungen abschreckt.
3. Notwendig ist dann aber auch, dass die Unternehmen sich mit einer entsprechenden Dokumentation wappnen, mit der sie die Gerichte überzeugen können.
4. Die Unternehmensorganisation ist so zu gestalten, dass beim Auffinden von Pirateriewaren eine schnelle Unterstützung der Ermittlungsbehörden erfolgen kann.
5. Es sollte daher auch einen Ansprechpartner im Unternehmen für die Strafverfolgungsbehörden und die Ermittlungsbehörden für Fälle von Marken- und Produktpiraterie geben.
6. Zur Feststellung von Schutzrechtsverletzungen kann ein Informationsnetz insbesondere mithilfe der Außendienstmitarbeiter beitragen.
7. Auch die Möglichkeit der Produktesicherung ist zu überprüfen, um es den Ermittlungsbehörden leichter zu machen, Original und Fälschung schnell voneinander zu unterscheiden.
8. Daneben sollte die gezielte Öffentlichkeitsarbeit für betroffene Unternehmen ein Muss sein.
9. Neben der Auswahl seriöser Geschäftspartner insbesondere in Drittländern gilt es mit Vertriebsmaßnahmen, ggf. Sonderaktionen, auf das Vorkommen von Fälschungen zu reagieren und
10. ganz besonders auch die Grenzbeschlagnahmemöglichkeiten über den Zoll zu nutzen.

VIII. Gegenmaßnahmen der deutschen Wirtschaft

57 Im Oktober 1997 hat die deutsche Wirtschaft aufgrund der maßgeblichen Initiative des DIHK, zusammen mit dem Markenverband und dem BDI den Aktionskreis gegen Produkt- und Markenpiraterie e. V. (APM) gegründet. Der Aktionskreis ist ein Verein, dessen Mitglieder betroffene Unternehmen sind. Der Verein fördert den Informationsaustausch der Unternehmen untereinander durch Branchengespräche und branchenübergreifenden Erfahrungsaustausch zu Produkt- und Markenpiraterie und wirkt im Rahmen der Öffentlichkeitsarbeit darauf hin, über dieses Wirtschaftsdelikt aufzuklären. Ferner ist er in die nationale und europäische Gesetzgebungsarbeit mit eingebunden. APM ist zudem ein wichtiger Ansprechpartner für die Ermittlungsbehörden geworden. So können im Einzelfall Kontakte zu den Rechtsinhabern hergestellt bzw. auch Informationen über bereits erfolgte Verletzungen gegeben werden. APM gibt u. a. einen Leitfaden für Ermittlungen im Bereich der Produktpiraterie für Polizei und Staatsanwaltschaften heraus, der über APM bezogen werden kann. Der Aktionskreis ist darüber hinaus in ein Netzwerk vergleichbarer Organisationen z. B. in den Niederlanden, Belgien, Italien, Frankreich, Spanien und Großbritannien eingebunden. Er ist Mitglied der Global Anti-Counterfeiting Group (GACG), in welcher europäische und internationale Partnerorganisationen die globalen Entwicklungen beobachten und gemeinsame Bekämpfungsstrategien entwickeln.

IX. Wichtige Kontaktadressen

Verbände:

Aktionskreis gegen Produkt- und
Markenpiraterie e. V. (APM)
Breite Straße 29
10178 Berlin
Tel.-Nr.: 030/2 03 08–27 19
Fax-Nr.: 030/2 03 08–27 18
Internet: http://www.markenpiraterie-apm.de

Gesellschaft zur Verfolgung von
Urheberrechtsverletzungen e. V. (GVU)
Alt-Moabit 59–61
10555 Berlin
Tel.-Nr.: 030/311 61 69–0
Fax-Nr.: 030/311 61 69 40
Internet: http://www.gvu.de

Business Software Alliance
Niederlassung Deutschland
Wilhelmstraße 21
80801 München
Tel.-Nr.: 089/321 519 87
Internet: http://www.bsa.org
(falls Software betroffen: deutschlandinfor@bsa.org)

Bundesverband Musikindustrie e. V.
Reinhardtstraße 29
10117 Berlin
Tel.: 030/59 00 38–0
Fax: 030/59 00 38–38
Internet: http://www.musikindustrie.de

Aktion „Plagiarius"
Nersingerstr. 18
89275 Elchingen
Tel.-Nr.: 073 08/922–422
Fax-Nr.: 073 08/922–423
Internet: http://www.plagiarius.com

Staatliche Stellen und Behörden:

Deutsches Patent- und Markenamt
80297 München
Tel.-Nr.: 089/8 21 95–0
Fax-Nr.: 089/21 95/22 21
Internet: http://www.dpma.de

Europäisches Patentamt
80298 München
Tel.-Nr.: 089/23 99–0
Fax-Nr.: 089/23 99–45 60 (Verwaltung)
45 65 (Patente)
Internet: http://www.epo.org

17 17. Kapitel. Produkt-und Markenpiraterie

Harmonisierungsamt für den Binnenmarkt
(Marken, Muster und Modelle)
Avenida de Europa, 4
E-03008 Alicante
SPANIEN
Tel.-Nr.: (0034) 9 65 13 91 00
Fax-Nr.: (0034) 96 513 13 44
Internet: http://oami.europa.eu

Bundesfinanzdirektion Südost
Zentralstelle Gewerblicher Rechtsschutz
Sophienstraße 6
80333 München
Tel.-Nr.: 089/5995–2349
Fax-Nr.: 089/5995–2317

Zollkriminalamt (ZKA)
Bergisch Gladbacher Straße 837
51069 Köln,
Tel.-Nr.: 0221/672–0
Fax-Nr.: 0221 672–4500
Internet: http://www.zoll.de

Bundeskriminalamt (BKA)
65173 Wiesbaden
Tel.-Nr.: 0611/55–0
Fax-Nr.: 0611/55–12141
Internet: http://www.bka.de

European Anti-Fraud Office (OLAF)
European Commission
rue Joseph II, 30
1000 Bruxelles
Belgique
Tel.-Nr.: +32–2-296 46 90
Fax-Nr.: +32–2-296 08 53
Internet: http://ec.europa.eu/anti_fraud/index_de.html

X. Schutzrechte im Überblick

59

	Patent	Gebrauchsmuster	Urheberrecht
Schutzgegenstand	technische Erfindungen, die neu sind, auf einer erfinderischen Tätigkeit beruhen und gewerblich anwendbar sind (techn. Lehre)	technische Erfindungen, die neu sind; ausgenommen Verfahrenserfindungen	individuelle geistige Leistung, die sich in einem Werk der Literatur, Wissenschaft und Kunst widerspiegelt – Art und Weise der individuellen Darstellung – Computerprogramme – Sammelwerke/Datenbanken
Formale Entstehungsvoraussetzungen	Anmeldung und Eintragung beim Deutschen Patent- und Markenamt München	Anmeldung und Eintragung beim Deutschen Patent- und Markenamt München	keine; Entstehung von selbst mit Schöpfung des Werkes

X. Schutzrechte im Überblick

	Patent	Gebrauchsmuster	Urheberrecht
Materielle (= inhaltl.) Voraussetzungen	Weltneuheit und Erfindungshöhe **Neu** = Erfindung darf vor Anmeldetag nicht der Öffentlichkeit bekannt geworden sein **Erfindungshöhe:** Richtet sich nach dem Stand der Technik	Erfinderischer Schritt (= Erfindungshöhe ist geringer als beim Patent anzusetzen) und Neuheit **Neu** = noch keine druckschriftliche Veröffentlichung	persönlich geistige Schöpfung mit individueller Eigenart/Prägung
Schutzdauer	20 Jahre maximal	10 Jahre maximal	bis 70 Jahre nach Tod des Urhebers
maßgebliche zivilrechtliche Ansprüche	§ 139 PatG: auf Unterlassung und Schadensersatz, § 104a PatG auf Vernichtung, § 104b PatG Auskunftsanspruch hinsichtlich Dritter	§ 24 GebrMG: auf Unterlassung und Schadensersatz, § 24 GebrMG auf Vernichtung, § 24b auf Auskunft hinsichtlich Dritter	§ 97 UrhG: auf Unterlassung und Schadensersatz, §§ 98 und 99 UrhG: auf Überlassung oder Vernichtung, § 101a auf Auskunft hinsichtlich Dritter
strafrechtliche Vorschriften	§ 142 PatG	§ 25 GebrMG	§§ 106, 107, 108 UrhG

	Geschmacksmuster/Design	Marke/Gemeinschaftsmarke	UWG
Schutzgegenstand	Muster und Modelle mit ästhetischem Zweck bzw. Wirkung für die Herstellung gewerblicher Erzeugnisse (Design) - Schutz der ästhetischen Formgestaltung, des Designs	Schutz der Kennzeichnungsmittel, mit deren Hilfe Waren und Dienstleistungen mehrerer Wettbewerber voneinander unterscheidbar sind	eigenartige Erzeugnisse, die geeignet sind, Herkunfts- und Gütervorstellungen hervorzurufen – lauteres Verhalten im Wettbewerb
Formale Entstehungsvoraussetzungen	Anmeldung und Eintragung beim Deutschen Patent- und Markenamt Dienststelle Berlin	eingetragene Marke: Anmeldung und Eintragung beim Deutschen Patent- und Markenamt München bei Gemeinschaftsmarke: Anmeldung und Eintragung beim Harmonisierungsamt für den Binnenmarkt nicht eingetragene Marke/Gemeinschaftsmarke: keine; Entstehung durch Benutzung	

	Geschmacks-muster/Design	**Marke/Gemein-schaftsmarke**	**UWG**
Materielle (= in-haltl.) Vorausset-zungen	Neuheit und Eigenart **Neu** = wenn die die Eigenart begründenden Gestaltungselemente im Anmeldezeitpunkt den inländischen Fachkreisen nicht bekannt waren und bekannt sein konnten **Eigenart** = Werk muss von der Persönlichkeit des Gestalters geprägt sein und über das Landläufige, Alltägliche hinausgehen. Der schöpferische Gehalt bestimmt sich anhand der vorhandenen Formelemente	Verwendung eines graphisch darstellbaren Zeichens zur Kennzeichnung von Waren oder Dienstleistungen mit Unterscheidungskraft (Herkunftsfunktion)	Eigenart: bestimmt sich nach wettbewerbsrechtlichen Gesichtspunkten, nicht nach dem Grad der schöpferischen Leistung. Entscheidend ist die Art und Weise, wie der Wettbewerber die Leistung eines Mitbewerbers für sich ausnutzt: Gesamtverhalten!
Strafrechtliche Vorschriften	§ 51 GeschmacksmusterG	§ 143 MarkenG § 143a MarkenG für die Gemeinschaftsmarke	§ 16 UWG

18. Kapitel. Kartellstraf- und -ordnungswidrigkeitenrecht

Literatur: *Achenbach, Hans,* Aus der 1991/1992 veröffentlichten Rechtsprechung zum Wirtschaftsrecht – Teil 1, NStZ 1993, S. 427 ff.; *ders.,* Bußgeldverhängung bei Kartellordnungswidrigkeiten nach dem Ende der fortgesetzten Handlung, WuW 1997, S. 393 ff.; *ders.,* Pönalisierung von Ausschreibungsabsprachen und Verselbstständigung der Unternehmensgeldbuße durch das Korruptionsbekämpfungsgesetz 1997, WuW 1997, S. 958 ff.; *ders.,* Die Verselbständigung der Unternehmensgeldbuße bei strafbaren Submissionsabsprachen – ein Papiertiger?, wistra 1998, S. 168 ff.; *ders.,* Das neue Recht der Kartellordnungswidrigkeiten, wistra 1999, S. 241 ff.; *ders.,* Die steuerliche Absetzbarkeit mehrerlösbezogener Kartellgeldbußen, BB 2000, S. 1116 ff.; *ders.,* Bonusregelung bei Kartellstraftaten?, NJW 2001, S. 2232 ff.; *ders.,* Verfassungswidrigkeit variabler Obergrenzen der Geldbußenzumessung bei Kartellrechtsverstößen?, WuW 2002, S. 1154 ff.; *ders.,* Neuigkeiten im Recht der Kartellordnungswidrigkeiten, wistra 2006, S. 2 ff.; *ders.,* Die Kappungsgrenze und die Folgen – Zweifelsfragen des § 81 Abs. 4 GWB, ZWeR 01/2009, S. 3 ff.; *ders.,* Die Vorteilsabschöpfung durch die Geldbuße und die 10 %-Umsatzgrenze nach § 81 Abs. 4 Satz 2 GWB, ZWeR 03/2010, S. 237 ff.; *ders.,* Verbotene Kartellbildung und abgestimmtes Verhalten nach deutschem und europäischem Recht als deutscher Bußgeldtatbestand und das Gesetzlichkeitsprinzip des Art. 103 Abs. 2 GG, WuW 2011, 810–820; *ders./Wegner, Carsten,* Probleme der „reinen Ahndungsgeldbuße" im Kartellrecht (§ 81 Abs. 5 GWB), ZWeR 2006, S. 49 ff.; *Ackermann, Thomas,* Prävention als Paradigma: Zur Verteidigung eines effektiven kartellrechtlichen Sanktionensystems, ZWeR 04/2010, S. 329 ff.; *Albrecht, Stephan,* Die Anwendung von Kronzeugenregelungen bei der Bekämpfung internationaler Kartelle, 2008; *Antunes, P.,* Just another brick in the wall: Communications with in-house lawyers remain unprotected by legal privilege at the European Union level, Journal of European Law & Practice, Vol. 2, No. 1/2011, S. 3 ff.; *Arhold, Christoph,* Das Geldbußenregime nach der Kartell-Verordnung, EuZW 1999, S. 165 ff.; *Arzt, Gunther/Baumann, Jürgen,* Kartellrecht und allgemeines Strafrecht, ZHR 134 (1970), S. 24 ff.; *Bangard, Annette,* Aktuelle Probleme der Sanktionierung von Kartellabsprachen, wistra 1997, S. 161 ff.; *Bannenberg, Britta,* Korruption in Deutschland und ihre strafrechtliche Kontrolle. Eine kriminologisch-strafrechtliche Analyse, 2002; *Barbier de La Serre, Eric/Winckler, Charlotte,* Legal issues regarding fines imposed in EU competition proceedings, Journal of European Competition Law & Practice 2010, S. 327 ff.; *Barth, Christoph/Budde, Stefanie,* Ausgewählte Probleme der Ahnung von Verstößen gegen das Kartellverbot nach deutschem Recht, wrp 2009/01, S. 1357 ff.; *dies.,* Die Implementierung des SIEC-Tests im GWB und ihre Folgen für die nationale Fusionskontrolle – Teil 1, BB 2011, 1859 ff.; *Bartmann, Gunnar Ch.,* Der Submissionsbetrug, 1999; *Bartsch, Marco,* Die kartellrechtlichen Empfehlungsverbote, 1999; *Bartling, Hartwig,* Leitbilder der Wettbewerbspolitik, 1980; *Bartosch, Andreas,* Von der Freistellung zur Legalausnahme: Der Vorschlag der EG-Kommission für eine „neue Verordnung Nr. 17", EuZW 2001, S. 101 ff.; *ders./Nollau, Anne-Kathrin,* Die zweite Generalüberholung des Grünbuchs der europäischen Fusionskontrolle – das Grünbuch der Kommission vom 11.12.2001, EuZW 2002, S. 197 ff.; *Baudisch, Ilja,* Die Rechtsstellung des Unternehmens im grenzüberschreitenden Kartellverfahren, 2009; *Bauer, Günter/Annweiler, Jochen,* EuG: Verneinung der Haftung einer Muttergesellschaft für Kartellrechtsverletzungen ihrer 100 %igen Tochtergesellschaft, ÖZK 2011, 71 ff.; *Baums, Theodor,* GWB – Novelle und Kartellverbot, ZIP 1998, S. 233 ff.; *Baumann, Jürgen,* Zum Ärgernis Submissionsbetrug, in: Festschrift für Dietrich Oehler, 1985, S. 291 ff.; *ders.,* Die strafrechtliche Bekämpfung des Subventionsbetruges, NJW 1992, S. 1661 ff.; *Baur, Jürgen F.,* Anwendungsprobleme der Missbrauchsaufsicht über marktbeherrschende Unternehmen, JA 1987, S. 118 ff.; *ders.,* Der Missbrauch im deutschen Kartellrecht, 1972; *Bechtold, Rainer,* Die Grundzüge der neuen EWG-Fusionskontrolle, RIW 1990, S. 253 ff.; *ders.,* Die Entwicklung des deutschen Kartellrechts 1993 bis 1995, NJW 1995, S. 1936 ff.; *ders.,* Gesetz gegen Wettbewerbsbeschränkungen. Kommentar, 6. Aufl. 2010; *ders.,* Modernisierung des EG-Wettbewerbsrechts: Der Verordnungsentwurf der Kommission zur Umsetzung des Weißbuchs, BB 2000, S. 2425 ff.; *ders.,* EG-Gruppenfreistellungsverordnungen – eine Zwischenbilanz, EWS 2001, S. 49 ff.; *ders.,* Die Entwicklung des deutschen Kartellrechts 1999 bis 2001, NJW 2001, S. 3159 ff.; *ders./Uhlig, Torsten,* Die Entwicklung des deutschen Kartellrechts 1997–99, NJW 1999, S. 3526 ff.; *ders.,* Die Entwicklung des deutschen Kartellrechts, NJW 2007, 3761 ff.; *ders.,* Die Entwicklung des deutschen Kartellrechts, NJW 2009, 3699 ff.; *ders./Bosch, Wolfgang,* Die Entwicklung des deutschen Kartellrechts, NJW 2011, 3484 ff.; *ders./Bosch, Wolfgang,* Der Zweck heiligt nicht alle Mittel, ZWeR 2011, 160 ff.; *ders.,* Rechtsstaatliche Defizite im europäischen und deutschen Kartell-Bußgeldverfahren, in: Möschel, 50 Jahre Wettbewerbsgesetz in Deutschland und in Europa, 2010, S. 61 ff.; *ders.,* Faktische Rechtsansätze in Brüssel – Zur Bedeutung von Bekanntmachungen, Leitlinien und Mitteilungen der Kommission für die Auslegung europäischen und deutschen Kartellrechts – in: Schwarze (Hrsg.), Verfahren und Rechtschutz im europäischen Wirtschaftsrecht, 2010, S. 223 ff.; *ders.,* Der Referentenentwurf der 8. GWB-Novelle im Überblick, BB 2011, 3075 ff.; *ders.,* Grundlegende Umgestaltung des Kartellrechts: Zum Referentenentwurf der 7. GWB-Novelle, DB 2004, 235; *Bellamy, Christopher/Child, Graham D./Rose, Vivian* (Hrsg.), Common Market Law of Competition, 4. Aufl. 1993; *Bender, Johannes,* Sonderstraftatbestände gegen Submissionsabsprachen, 2005; *Best, Dominik,* Betrug durch Kartellabsprachen bei freihändiger Vergabe. Besprechung von BGH, Urteil vom 11.7.2001, GA 2003, S. 157 ff.; *Bien, Florian/Rummel, Per,* Ende des More Economic Approach bei der Beurteilung von Rabattsystemen?, EuZW 2012, 373 ff.; *Biermann, Jörg,* Neubestimmung des deutschen und europäischen Kartellsanktionenrechts: Reformüberlegungen einer Kriminalisierung von Verstößen gegen das Kartellrecht, ZWeR 2007, S. 1 ff.; *Bischke, Alf-Henrik/Brack, Sebastian,* 8. GWB-Novelle – Neue Regelungen zur Rechtsnachfolge in Kartellbußgeldhaftung, NZG 2012, 1140 ff.; *Blattmann, Andreas,* Der Informationsaustausch zwischen Wettbewerbern, 2012; *Bloy, Rene,* Anmerkung zu OLG Stuttgart, Urteil vom 7.9.1981 – 3 Ss 472/81, JR 1982, S. 470 ff.; *Böni, Franz,* Der Wiederholungstäter im europäischen Kartellsanktionenrecht, WuW 04/2011, S. 360 ff.; *Bohnert, Joachim,* Kommentar zum Ordnungswidrigkeitengesetz, 3. Aufl. 2010; *Bosch, W.,* Statement: Verfahren bei Kartellordnungswidrigkeiten, in: Schwarze (Hrsg.), Verfahren und Rechtschutz im europäischen Wirtschaftsrecht, 2010, S. 100 ff.; *ders.,* Irrtum bei rein mechanischen Tätigkeiten, Besprechung von BGH, Beschluss vom 21.6.2006 – 2 StR 57/06 (LG Koblenz), JA 2007, 70; *ders./Colbus, Birgit/Harbusch, Antonia,* Berücksichtigung von Compliance-Programmen in Kartellbußgeldverfahren, WuW 2009, 740 ff.; *Boujong, Karlheinz* (Hrsg.), Karlsruher Kommentar zum Gesetz über Ordnungswidrigkeiten, 3. Aufl. 2006; *Brankin, Sean-Paul,* The first cases under the Commission's cartel-settlement procedure: problems solved?, ECLR 2011, 165 ff.; *Broß, Siegfried,* Ausgewählte Probleme des Vergabewesens der öffentlichen Hand, VewArch. 84 (1993), S. 395 ff.; *ders./Thode, Reinhold,* Untreue und Betrug am Bau – und deren Bewältigung durch Teile der Justiz, NStZ 1993, S. 369 ff.; *Brenner, Tobias,* „Settlements" in Kartellverfahren das Bundeskartellamts – Perspektiven und Grenzen, WuW 06/2011, S. 590 ff.; *Brettel/Thomas,* Unternehmensbußgeld, Bestimmtheitsgrundsatz und Schuldprinzip im novellierten deutschen Kartellrecht, ZWeR 01/2009, 25 ff.; *Brinker, Ingo,* Zuständigkeitsverteilung zwischen Wettbewerbsbehörden in Kartell- und Fusionskontrollverfahren, in: Schwarze (Hrsg.), Verfahren und Rechtschutz im europäischen Wirtschaftsrecht, 2010, S. 42 ff.; *Bruns, Hans Jürgen,* Können ordnungswidrige Preisabsprachen bei öffentlichen Ausschreibungen nach geltendem Recht auch als Betrug mit Kriminalstrafe geahndet werden?, NStZ 1983, S. 385 ff.; *Buchner, Herbert,* Das Wirtschaftsrecht im Nationalsozialismus, in: Rottleuthner, Norbert (Hrsg.), Recht, Rechtsphilosophie und Nationalsozialismus, ARSP Beiheft Nr. 18, 1983, S. 92 ff.; *Bürger, Christian,* Die Haftung der Konzernmutter für Kartellverstöße ihrer Tochter nach deutschem Recht, WuW 2011, 130 ff.; *Bunte, Hermann-Josef,* Das Verhältnis von deutschem zu europäischem Kartellrecht, WuW 1989, S. 7 ff.; *Buntschek, Martin,* § 81 Abs. 4 GWB n. F. – die geänderte Obergrenze für Unternehmensgeldbußen, WuW 2008, 941 ff.; *Burchardi, Wolrad,* Einstieg in die Kriminalisierung des Kartellrechts, in: Forschungsinstitut für Wirtschaftsverfassung und Wettbewerb e. V. (Hrsg.), Schwerpunkte des Kartellrechts 1996, 1997, S. 43 ff.; *Burnley, Richard,* Group Liability for Antitrust Infringements: Responsibility and Accountability, World Competition 33, no. 4 (2010): 595–614; *Busch, Jürgen/Sellin, Katharina,* Vertrauen in die Vertraulichkeit – Kronzeugenverfahren in Europa auf der Probe, BB 19/2012, 1167; *Callies, Christian/Ruffert, Matthias,* Kommentar zum EU-Vertrag und zum EG-Vertrag, 4. Aufl. 2011; *Callmann, Rudolf,* Das deutsche Kartellrecht, 1934; *Canenbley, Cornelis/Steinvorth, Till,* Kartellbußgeldverfahren, Kronzeugenregelungen und Schadensersatz – Liegt die Lösung des Konflikts „de lege ferenda" in einem einheitlichen Verfahren?, FS 50 Jahre FIW: 1960–2010, S. 143–160; *Castillo de la Torre, Fernando,* The 2006 Guidelines on Fines: Reflections on the Commission's Practice, 33 World Competition (2010); *Cherkeh, Rainer T./Momsen, Carsten,* Doping als Wettbewerbsverzerrung?, NJW 2001, S. 1745 ff.; *Claussen, Hans Rudolf,* Korruption im öffentlichen Dienst, 1995; *Cramer, Peter,* Anmerkung zu BGH, Urteil vom 8.1.1992 – 2 StR 102/91, NStZ 1993, S. 42 ff.; *ders.,* Zur Strafbarkeit von Preisabsprachen in der Bauwirtschaft, 1995; *ders.,* Strafbare Kartelle? Zur strafrechtlichen Beurteilung des so genannten Submissionsbetrugs, in: Dahs, Hans (Hrsg.), Kriminelle Kartelle?, 1998, S. 27 ff.; *Creutzig, Jürgen,* Zum Fortbestand des selektiven und exklusiven Vertriebssystems der VW AG nach der Kartellentscheidung der Kommission, EuZW 1998, S. 293 ff.; *Christ, Benedict F.,* Die Submissionsabsprache, 1999; *Dannecker, Gerhard,* Die neuere Rechtsprechung des Bundesgerichtshofs zur Bedeutung der Grundsätze „nullum crimen sine lege" und „ne bis in idem" für das Wirtschaftsstraf- und Wirtschaftsordnungswidrigkeitenrecht, Rivista Trimestale di Diritto Penale dell'Economia 1990, S. 490 ff.; *ders.,* Die Verhängung von Geldbußen gegen Unternehmen als Mittel zur Durchsetzung des europäischen Wettbewerbsrechts, MschrKrim 1991, S. 268 ff.; *ders.,* Das intertemporale Strafrecht, 1992; *ders.,* Sanktionen und Grundsätze des Allgemeinen Teils im Wettbewerbsrecht der Europäischen Gemeinschaft, in: Schünemann, Bernd/SuÁrez GonzÁles, Carlos (Hrsg.), Bausteine des Europäischen Wirtschaftsstrafrechts, 1994, S. 331 ff.; *ders.,* Strafrecht der Europäischen Gemeinschaft, Strafrechtsentwicklung in Europa 4.3, 1995; *ders.*, Beweiserhebung, Verfahrensgarantien und Verteidigungsrechte im europäischen Kartellordnungswidrigkeitenverfahren als Vorbild für ein europäisches Sanktionsverfahren, ZStW 111 (1999), S. 256 ff.; *ders.*, Leitlinien der Europäischen Kommission zur Bußgeldbemessung in Kartellverfahren, Festschrift für Roger Zäch, 1999, S. 661 ff.; *ders.*, Community Fines and non-Member State Sanctions: the Effect of the Principle „ne bis in idem", in: Eser, Albin/Rabenstein, Christiane (eds.), Neighbours in Law Moving Closer Together, 2001, S. 153 ff.; *ders.*, Die Verschärfung der strafrechtlichen und steuerrechtlichen Maßnahmen zur Bekämpfung der Korruption in Deutschland, in: ders./Leitner, Roman (Hrsg.), Schmiergelder. Strafbarkeit und steuerliche Abzugsverbote in Österreich und Deutschland, 2002, S. 111 ff.; *ders.*, Strafgerichtsbarkeit, in: Rengeling, Hans-Werner/Middeke, Andreas/Gellermann, Martin (Hrsg.), Handbuch des Rechtsschutzes in der Europäischen Union, 2. Aufl. 2003, § 38; *ders.*, Die Garantie des Grundsatzes „ne bis in idem" in Europa, in: Festschrift für Günter Kohlmann, 2003, S. 593 ff.; *ders.*, Die Sanktionierung von Verstößen gegen das gemeinschaftsrechtliche Kartellrecht nach der VO (EG) Nr. 1/2003, wistra 2004, S. 361 ff.; *ders.*, Der Grundsatz „ne bis in idem" im deutschen und europäischen Kartellrecht, in: Weiß (Hrsg.), Die Rechtsstellung des Betroffenen im modernisierten EU-Kartellverfahren, 2010; *ders./Fischer-Fritsch, Jutta,* Das EG-Kartellrecht in der Bußgeldpraxis, 1989; *ders.*, Der strafrechtliche Schutz des Wettbewerbs: Notwendigkeit und Grenzen einer Kriminalisierung von Kartellrechtsverstößen, in: Festschrift für Klaus Tiedemann, Strafrecht und Wirtschaftsstrafrecht, 2008, S. 805–831; *ders.*, Anmerkung zu BGH, Urteil vom 22.6.2004 – StR 428/03, JZ 2005, 49; *Dauses, Manfred A.*, Handbuch des EU-Wirtschaftsstrafrecht, 31. EL 2012; *de Bronett, Georg-Klaus*, Die neuen Ermittlungsbefugnisse der Kommission, EWS 1–2/2011, S. 8 ff.; *Dekeyser, Kris/Roques, Christian*, The European Commission's settlement procedure in cartel cases, The Antitrust Bulletin: Vol. 55, No. 4/2010, 819 ff.; *Deringer, Arved D.*, Stellungnahme zum Weißbuch der Europäischen Kommission über die Modernisierung der Vorschriften zur Anwendung der Art. 85 und 86 EG-Vertrag (Art. 81 und 82 EG), EuZW 2000, S. 5 ff.; *Diehl, Heinz*, Die Strafbarkeit von Baupreisabsprachen im Vergabeverfahren, BauR 1993, S. 1 ff.; *Dittert, Daniel*, Missbrauch einer marktbeherrschenden Stellung: auf dem Weg zu einem „more economic approach" in der Rechtsprechung des EuGH?, EuR 2012, 570 ff.; *ders.*, Die Verantwortlichkeit von Muttergesellschaften für Kartellvergehen ihrer Tochtergesellschaften im Lichte der Rechtsprechung der Unionsgerichte, WuW 07/2012, 670 ff.; *Ditz, Valerie*, EuGH: Über Verteidigungsrechte und Prüfungsvoraussetzungen zum Nachweis einer wirtschaftlichen Einheit, ÖZK 2010, 195 ff.; *Dölling, Dieter*, Empfehlen sich Änderungen des Straf- und Strafprozessrechts, um der Gefahr von Korruption in Staat, Wirtschaft und Gesellschaft wirksam zu begegnen? – Gutachten C zum 61. Deutschen Juristen Tag, Band I: Gutachten, 1996; *ders.*, Die Neuregelung der Strafvorschriften gegen Korruption, ZStW 112 (2000), S. 334 ff.; *Dohrn, Daniel*, Deutsche Fusionskontrolle: Auswirkungen der zweiten Inlandsumsatzschwelle auf mehrere Erwerbsvorgänge umfassende Transaktionen, WuW 01/2011, 17 ff.; *Drauz, Götz*, Vorstellungen der EU-Kommission zur Reform der europäischen Fusionskontrolle, in: Schwarze, Jürgen (Hrsg.), Instrumente zur Durchsetzung des europäischen Wettbewerbsrechts, 2002, S. 47 ff.; *ders.*, Reform der Fusionskontrollverordnung – Die Kernpunkte des Grünbuchs der Europäischen Kommission –, WuW 2002, S. 444 ff.; *Dreher, Meinrad*, Kartellrechtliche Kronzeugenprogramme und Gesellschaftsrecht, ZWeR 2009, 397 ff.; *ders.*, Wider die Kriminalisierung des Kartellrechts, WuW 03/2011, S. 232 ff.; *Eckard, Fabian*, Anwendung und Durchsetzung des Kartellverbots im dezentralen Legalausnahmesystem, 2011; *Ekey, Friedrich L.*, Grundriss des Wettbewerbs- und Kartellrecht, 2. Aufl. 2008; *Emmerich, Volker*, Anmerkung zu BGH, Urteil vom 29.1.1974, NJW 1975, S. 1599 f.; *ders.*, Kartellrecht, 12. Aufl. 2012; *Endriß, Rainer/Kinzig, Jörg*, Eine Straftat – zwei Strafen, Nachdenken über ein erweitertes „ne bis in idem", StV 1997, S. 666 ff.; *Ensthaler, Jürgen/Stopper, Martin*, Geldbuße gegen VW wegen Verstoßes gegen europäische Wettbewerbsregeln – Kritik und Rechtsfolgen, RIW 2000, S. 729 ff.; *Feddersen, Christoph*, Anmerkung zu EuGH, Urt. v. 22.10.2002, Rs. C-94/00, EuZW 2003, S. 22 f.; *Federmann, Bernd*, Kriminalstrafen im Kartellrecht. Eine rechtsvergleichende Untersuchung zur Frage der Kriminalisierung von Hardcore-Kartellen, 2006; *Fichert, Frank/Kessler, Margarete*, Untereinstandspreisverkäufe im Lebensmitteleinzelhandel. Unzulänglichkeiten der Verbotsregelung im GWB und Alternativen aus wettbewerbspolitischer Sicht, WuW 2002, S. 1173 ff.; *Fiebig, Helmut/Junker, Heinrich*, Korruption und Untreue im öffentlichen Dienst. Erkennen – Bekämpfen – Vorbeugen, 2000; *Fikentscher, Wolfgang E.*, Das Unrecht einer Wettbewerbsbeschränkung. Kritik an Weißbuch und VO-Entwurf zu Art. 81, 82 EG-Vertrag, WuW 2001, S. 446 ff.; *Fischer, Thomas*, Strafgesetzbuch und Nebengesetze, 60. Aufl. 2013; *Fischer-Fritsch, Jutta*, Ahndung supranationaler Wirtschaftsdelikte auf der Ebene der Europäischen Gemeinschaften, in: Albrecht, Hansjörg/Sieber, Ulrich (Hrsg.), Zwanzig Jahre Südwestdeutsche Kriminologische Kolloquien, 1984, S. 109 ff.; *Fischötter, Werner/Wrage-Molkethin, Heidi*, Brauchen wir eine Kronzeugenregelung im deutschen Kartellrecht?, in: Festschrift für Otfried Liebermann 1997, S. 321 ff.; *Fleischer, Holger*, Behinderungsmissbrauch durch Produktinnovation, 1997; *ders.*, Missbräuchliche Produktvorankündigungen im Monopolrecht, WuW 1997,

S. 203 ff.; *Frankfurter Kommentar*, Kommentar zum Kartellrecht, hrsg. v. *Jaeger, W./Pohlmann, P./Schroeder, D.*, Stand: März 2012; *Franzen, Karlheinz*, Die Strafbarkeit und Strafwürdigkeit von Bietungsabkommen, 1970; *Frese, Michael*, The development of general principles for EU competition law enforcement – the protection of legal professional privilege, ECLR 2011, 196 ff., *Frenz, Walter*, Handbuch Europarecht, Band 2, Europäisches Kartellrecht, 2006; *Freund, Heinz-Joachim*, Verteidigungsrechte im kartellrechtlichen Bußgeldverfahren – Zu den Urteilen ADM. BollorÅ und Akzo Nobel, EuZW 2009, S. 839 ff.; *ders.*, Kontakt als Druck?, WuW 01/2011, 29 ff.; *Gaßner*, Aufruf zum „Systemumstieg", NZS 2011, 718 ff.; *Geerds, Detlev*, Anmerkung zu BGH, Urt. v. 8.1.1992 – 2 StR 102/91, DWiR 1992, S. 120 ff.; *Gehring/Mäger*, Kartellrechtliche Grenzen von Kooperationen zwischen Wettbewerbern – Neue Leitlinien der EU-Kommission, BB 07/2011, 398 ff.; *Geiger, Andreas G.*, Das Weißbuch der EG-Kommission – eine Reform, besser als ihr Ruf, EuZW 2000, S. 165 ff.; *Gillmeister, Ferdinand*, Ermittlungsrechte im deutschen und europäischen Kartellordnungswidrigkeitenverfahren, 1985; *Girkens, Hans-Peter/Moosmayer, Klaus*, Die Bestrafung wettbewerbsbeschränkender Absprachen nach dem Gesetz zur Bekämpfung der Korruption, ZfBR 1998, S. 224 ff.; *Goldmann, Berthold/Lyon-Caen, Antoine/Vogel, Louis*, Droit commercial europÅen, 5. Aufl. 1994; *Göhler, Erich*, Ordnungswidrigkeitengesetz. Kommentar, 16. Aufl. 2012; *Graf/Jäger/Wittig*, Wirtschafts- und Steuerstrafrecht, 2011; *Gröben, Hans, v. d./Thiesing, Jochen/Ehlermann Claus-Dieter* (Hrsg.), Kommentar zum EU-/EG-Vertrag, Band 2/I, 6. Aufl. 2003; *Gronemeyer, Achim/Slobodenjuk, Dimitri*, Referentenentwurf zur 8. GWB-Novelle: Risiken und Nebenwirkungen, WRP 2012, S. 290 ff., *Grüner, Gerhard*, Der praktische Fall – Strafrecht: Die fehlgeschlagene Ausschreibung, JuS 2001, S. 882 ff.; *Grützner, Winfried/Reimann, Thomas/Wissel, Holger*, Richtiges Verhalten bei Kartellamtsermittlungen im Unternehmen, 3. Aufl. 1993; *Gussone, Peter/Michalczyk, Roman*, Der Austausch von Informationen im ECN – wer bekommt was wann zu sehen?, EuZW 2011, 130 ff.; *Gutmann, Alexander*, Der Vermögensschaden beim Betrug im Licht der neueren höchstrichterlichen Rechtsprechung (1), MDR 1963, S. 3 ff.; *Gyselen, Luc*, Die Bemessung von Geldbußen im EG-Kartellrecht, WuW 1993, S. 561 ff.; *Haager, Bernd Christian*, Die Entwicklung des Franchiserechts in den Jahren 1999, 2000 und 2001, NJW 2002, S. 1463 ff.; *Hackel, Stefan*, Konzerndimensionales Kartellrecht, 2012; *Häring, Hans*, Das Wettbewerbs- und Kartellrecht in der Bauwirtschaft, 1973; *Haft, Fritjof*, Absprachen bei öffentlichen Bauten und das Strafrecht, NJW 1996, S. 238 ff.; *Hamann, Hartmut*, Das Unternehmen als Täter im europäischen Wettbewerbsrecht, 1992; *Harding, Christopher*, The use of fines as a sanction in E. E. C. competition law, CMLR vol. 16 (1979), S. 591 ff.; *Hederström, Josefine*, The Comission's legislative package on settlement procedures in cartel cases, in: Weiß (Hrsg.), Die Rechtstellung Betroffener im modernisierten EU-Kartellverfahren, 2010, S. 9 ff.; *Hefendehl, Roland*, Die Submissionsabsprache als Betrug: Ein Irrweg! – BGHSt 38, 186, JuS 1993, S. 805 ff.; *ders.*, Fallen die Submissionsabsprachen doch unter den Betrugstatbestand?, ZfBR 1993, S. 164 ff.; *Heinichen, Christian*, Rechtsnachfolge im europäischen Kartellordnungswidrigkeitenrecht, WRP 2012, 159–166; *Hellmann, Hans-Joachim*, Die neue Bußgeldpraxis der Kommission, WuW 1999, S. 333 ff.; *ders.*, Die Bonusregelung des BKartA im Lichte der Kommissionspraxis zur Kronzeugenmitteilung, EuZW 2000, S. 741 ff.; *ders.*, Vereinbarkeit der Leitlinien der Kommission zur Berechnung von Bußgeldern mit höherrangigem Gemeinschaftsrecht, WuW 2002, S. 944 ff.; *Herdzina, Klaus*, Wettbewerbspolitik, 5. Aufl. 1999; *Heyers, Johannes*, Kartellrechtliche Risiken des Informationsaustauschs, ZWH 7/2012, 269 ff.; *Hirsbrunner, Simon*, Neue Durchführungsbestimmungen und Mitteilungen zur EG-Fusionskontrolle, EuZW 1998, S. 613 ff.; *ders.*, Neue Entwicklungen der Europäischen Fusionskontrolle in den Jahren 1999 und 2000, EuZW 2001, S. 197 ff.; *ders.*, Settlements in EU-Kartellverfahren – Kritische Anmerkungen nach den ersten Anwendungsfällen, EuZW 2011, S. 12 ff.; *ders.*, Die Entwicklung der europäischen Fusionskontrolle im Jahr 2011; *Hirsch, Günter*, Die Kooperation von nationalen und europäischen Gerichten bei der Durchsetzung des europäischen Wettbewerbsrechts, in: Schwarze, Jürgen (Hrsg.), Instrumente zur Durchsetzung des europäischen Wettbewerbsrechts, 2002, S. 135 ff.; *Hirsbrunner, Simon/v. Köckritz, Christian*, Da capo senza fine – Das Sony/BMG-Urteil des EuGH, EuZW 2008, 591 ff.; *Hohmann, Hans-Joachim*, Die strafrechtliche Beurteilung von Submissionsabsprachen, NStZ 2001, S. 566 ff.; *Hooghoff, Kai*, Aktuelle Entscheidungen des Bundeskartellamtes 2009/2010, in: Schwerpunkte des Kartellrechts 2009/2010, S. 97 ff.; *Hossenfelder, Silke/Lutz, Martin*, Die neue Durchführungsverordnung zu den Artikeln 81 und 82 EG-Vertrag, WuW 2003, S. 118 ff.; *Huhn, Sascha/Peter, Michael*, Die strafrechtliche Problematik des Submissionsbetruges unter besonderer Berücksichtigung der neueren Rechtsprechung, 1996; *Hummer, Christina*, Kartellrechtliche Haftung von Muttergesellschaften, ecolex 2010, S. 64 ff.; *Immenga, Frank/Lang, Knut*, Entwicklungen des europäischen Kartellrechts im Jahr 2003, RIW 2003, S. 889 ff.; *Immenga, Ulrich*, Bietergemeinschaften im Kartellrecht – ein Problem potentiellen Wettbewerbs, DB 1984, S. 385 ff.; *ders.*, Die Sicherung unverfälschten Wettbewerbs durch Europäische Fusionskontrolle, WuW 1990, S. 371 ff.; *ders./Mestmäcker, Ernst-Joachim* (Hrsg.), EU-Wettbewerbsrecht, Bd. 1, 5. Aufl. 2012; *dies.*, Gesetz gegen Wettbewerbsbeschränkungen, Kommentar, 3. Aufl. 2001; *Jaath, Karl-Ernst*, Empfiehlt sich die Schaffung eines strafrechtlichen Sondertatbestandes zum Ausschreibungsbetrug?, in: Festschrift für Karl Schäfer, 1980, S. 89 ff.; *Jaeschke, Lars,* Der Submissionsbetrug. Ein aktuelles Dauerphänomen, 1999; *Jakob-Siebert, Thinam,* Der Europäische Wirtschaftsraum: Wettbewerbspolitik in einer neuen Dimension, WBl 1992, S. 118 ff.; *Janicki, Thomas,* EG-Fusionskontrolle auf dem Weg zur praktischen Umsetzung, WuW 1990, S. 194 ff.; *Joecks, Wolfgang,* Zur Schadensfeststellung beim Submissionsbetrug, wistra 1992, S. 247 ff.; *Joshua, Julian Mathic,* The Element of Surprise: EEC Competition Investigations under Article 14 (3) of Regulation 17, ELR 1983, S. 3 ff.; *Kahlenberg, Harald,* Novelliertes deutsches Kartellrecht, BB 1998, S. 1593 ff.; *Kallmayer, Axel/Haupt, Heiko,* Die Urteile des EuG zum Fernwärmekartell. Die Bußgeldleitlinien der Kommission auf dem Prüfstand, EuZW 2002, S. 677 ff.; *Kamburoglou, Pangiotis/Pirnvitz, Björn J.,* Reichweite und Vollstreckung von Nachprüfungsentscheidungen der EG-Kommission, RIW 1990, S. 268 ff.; *Kanski, Maria,* Zur Strafbarkeit von Submissionsabsprachen, 1996; *Kerner, Hans-Jürgen/Rixen, Stefan,* Ist Korruption ein Strafrechtsproblem?, GA 1996, S. 355 ff.; *Kindhäuser, Urs,* Anmerkung zu BGH, Urt. v. 19.12.1995 – KRB 33/95 (OLG Frankfurt/Main), JZ 1997, S. 98 ff.; *Kirchhoff, Wolfgang,* Die aktuelle kartellrechtliche Rechtsprechung des BGH zu Missbrauchskontrolle und Marktabgrenzung, WuW 12/2011, 1174 ff.; *Klaue, Siegfried,* Zur Rezeption der amerikanischen „essential-facility-doctrine" in das europäische und deutsche Kartellrecht, RdE 1996, S. 51 ff.; *Klees, Andreas,* Zu viel Rechtssicherheit für Unternehmen durch die neue Kronzeugenmitteilung in europäischen Kartellverfahren?, WuW 2002, S. 1056 ff.; *ders.,* Der Vorschlag für eine neue EG-Fusionskontrollverordnung, EuZW 2003, S. 197 ff.; *Kleinmann, Werner/Berg, Werner,* Änderungen des Kartellrechts durch das „Gesetz zur Bekämpfung der Korruption" vom 13.8.1997, BB 1998, S. 277 ff.; *Kling, Michael,* Die Haftung der Konzernmutter für Kartellverstöße ihrer Tochterunternehmen, wrp 2010/04, S. 506 ff.; *Klimisch, Annette/Lange, Markus,* Zugang zu Netzen und anderen wesentlichen Einrichtungen als Bestandteil der kartellrechtlichen Missbrauchsaufsicht, WuW 1998, S. 15 ff.; *Klocker, Peter,* Die Befugnisse des Bundeskartellamts im europäischen Recht, WuW 1990, S. 109 ff.; *Koch, Norbert,* Die neuen Befugnisse der EG zur Kontrolle von Unternehmenszusammenschlüssen, EWS 1990, S. 65 ff.; *Koch, Jens,* Die Konzernobergesellschaft als Unternehmensinhaber i. S. d. § 130 OWiG, AG 2009, S. 564 ff.; *ders.,* Kartellgehilfen als Sanktionsadressaten, ZWeR 2009, 370 ff.; *Koenigs, Folkmar,* Die neue VO 1/2003: Wende im EG-Kartellrecht, DB 2003, S. 755 ff.; *Köhler, Helmut,* EU-Kartellgeldbußen gegen Mutter und Tochtergesellschaft: Gesamtschuldnerische Haftung und Ausgleich im Innenverhältnis, wrp 2011/03, S. 277 ff.; *König, Peter,* Neues Strafrecht gegen die Korruption, JR 1997, S. 397 ff.; *Korte, Matthias,* Bekämpfung der Korruption und Schutz des freien Wettbewerbs mit den Mitteln des Strafrechts, NStZ 1997, S. 513 ff.; *ders.,* Gesetzgeberische Überlegungen zu einem neuen Straftatbestand gegen wettbewerbsbeschränkende Absprachen bei Ausschreibungen, in: Dahs, Hans (Hrsg.), Kriminelle Kartelle?, 1998, S. 243 ff.; *Korthals, Claudia/Barngard, Annette,* Die neuen Leitlinien der Kommission zur Bußgeldbemessung – eine Kritik, BB 1998, S. 1013 ff.; *Kramm, Dieter,* Anmerkung zu BGH, Urt. v. 8.1.1992 – 2 StR 102/91 (BGHSt 38, 186 ff.), JZ 1993, S. 422 ff.; *Krebs, Peter/Eufinger, Alexander/Jung, Stefanie,* Bußgeldmilderung durch Compliance-Programme im deutschen Kartellbußgeldverfahren?, CCZ 6/2011, S. 213 ff.; *Kreis, Helmut W.,* Ermittlungsverfahren der EG-Kommission in Kartellsachen, RIW 1981, S. 281 ff.; *Krispenz, Sabina,* Das Merkmal der wirtschaftlichen Tätigkeit im Unternehmensbegriff des Europäischen Kartellrechts, 2011; *Krohs/Timmerbeil,* Die Durchsetzung von Kartellgeldbußen gegen Rechtsnachfolger, BB 2012, 2447; *Krüger, Matthias,* Die Entmaterialisierungstendenz beim Rechtsgutbegriff, 2000; *Kube, Edwin/Vahlenkamp, Werner,* Korruption – hinnehmen oder handeln?, VerwArch. 85 (1994), S. 432 ff.; *Kuck, Tobias,* Die Anerkennung des Grundsatzes ne bis in idem im europäischen Kartellrecht und seine Anwendung in internationalen Kartellverfahren, WuW 2002, S. 689 ff.; *Lackner, Karl/Kühl, Kristian,* Strafgesetzbuch mit Erläuterungen. Kommentar, 27. Aufl. 2011; *Lammel, Siegbert,* Das Verbot der Kartelle durch § 138 BGB – eine verpasste Gelegenheit?, Zeitschrift für neue Rechtsgeschichte 1987, S. 51 ff.; *Lampert, Thomas,* Kompetenzabgrenzung zwischen nationaler und europäischer Fusionskontrolle. Die Kriterien des Grünbuchs – Gibt es andere (bessere?) Lösungsansätze?, WuW 2002, S. 449 ff.; *ders./Götting, Susanne,* Startschuss für eine Kriminalisierung des Kartellrechts? – Anmerkungen zu dem Urteil des BGH vom 11.7.2001 „Flughafen München" –, WuW 2002, S. 1069 f.; *ders./Niejahr, Nina/Kübler, Johanna/Weidenbach, Georg,* Kommentar zur EU-Kartell-Verfahrensordnung, 2004; *Langen, Eugen/Bunte, Hermann-Josef* (Hrsg.), Kommentar zum deutschen und europäischen Kartellrecht, Bd. 2, 11. Aufl. 2010; *Leber, Marius,* Deutschland – BMWi veröffentlicht Referentenentwurf der achten GWB-Novelle, GRURInt 2012, 106 ff.; *Leipziger Kommentar,* Großkommentar, hrsg. v. Jähnke, Burkhard/Laufhütte, Heinrich W./Odersky, Walter, 12. Aufl. 2008; *Lenckner, Theodor,* Vertragswert und Vermögensschaden beim Betrug des Verkäufers, MDR 1961, S. 652 ff.; *ders.,* Anmerkung zu BGH, Urteil vom 18.7.1961 – 1 StR 606/60 (OLG Stuttgart), NJW 1962, S. 59 f.; *Liebau, Tobias,* „Ne bis in idem" in Europa, 2005; *Lieberknecht, Otfried,* Das Verhältnis der EWG-Gruppenfreistellungsverordnungen zum deutschen Kartellrecht, in: Festschrift für Gerd Pfeiffer, 1988, S. 589 ff.; *Lillich, Kurt,* Das Doppelstrafverbot bei Kartelldelikten im deutschen Recht und im Recht der Europäischen Gemeinschaften, 1978;

Linsmeier/Balssen, Die Kommission macht Ernst: Erstmals Durchsuchungen wegen Gun Jumping, BB 2008, 741–748; *Lipowsky, Ursula,* Die Zurechnung von Wettbewerbsverstößen zwischen verbundenen Unternehmen im EWG-Wettbewerbsrecht, 1987; *Loewenheim, Ulrich/Meesen, Karl/Riesenkampff, Alexander* (Hrsg.), Kartellrecht, 2009; *Löwisch, Manfred/von Langsdorff, G.-H.*, Gesetzgebung und Rechtsprechung zum Wirtschafts-, Unternehmens und Arbeitsrecht seit der Gewerbeordnung für den Norddeutschen Bund, JuS 1973, S. 9 ff.; *Lotze,* Reichweite des legal privilege im Prinzip der Legalausnahme – Stellung der Syndikusanwälte, Schwerpunkte des Kartellrechts 2006, in: FIW-Schriftenreihe, Heft 26, 2008, S. 33 ff.; *Louis, Frédéric/Accardo, Gabriele,* Ne Bis in Idem, Part 'Bis', World Competition 34, no. 1 (2011): S. 97–112; *Lüderssen, Klaus,* Submissionsabsprachen sind nicht eo ipso Betrug, wistra 1995, S. 243 ff.; *ders.,* Sollen Submissionsabsprachen zu strafrechtlichem Unrecht werden?, BB 1996, Beilage Nr. 11; *ders.,* Strafrechtliche Interventionen im System des Wettbewerbs – kritische Betrachtungen de lege ferenda, in: Dahs, Hans (Hrsg.), Kriminelle Kartelle?, 1998, S. 53 ff.; *Mäsch, Gerald,* Praxiskommentar zum deutschen und europäischen Kartellrecht, 2010; *Lutz, Martin,* Amnestie für aufklärungsbereite Kartellanten?, BB 2000, S. 677 ff.; *Mansdörfer, Marco/Timmerbeil, Sven,* Die Behandlung kartellrechtlicher Bußgeldrisiken im Rahmen von M&A-Transaktionen, BB 2011, S. 323 ff; *Meinhold, Wilko,* Diversifikation, konglomerate Unternehmen und GWB, 1977; *Mestmäcker, Ernst-Joachim,* Über die normative Kraft privatrechtlicher Verträge, JZ 1964, S. 441 ff.; *ders.,* Über das Verhältnis des Rechts der Wettbewerbsbeschränkungen zum Privatrecht, AcP 168 (1968), S. 235 ff.; *ders.,* Europäisches Wettbewerbsrecht, 1974; *ders.,* Versuch einer kartellpolitischen Wende in der EU. Zum Weißbuch der Kommission über die Modernisierung der Vorschriften zur Anwendung der Art. 85 und 86 EGV a. F. (Art. 81 und 82 EGV n. F.), EuZW 1999, S. 523 ff.; *Meuer, Ingetraut,* Die Abschöpfung des wirtschaftlichen Vorteils durch die Geldbuße, BB 1998, S. 1236 ff.; *Meyring, Bernd,* Uferlose Haftung im Bußgeldverfahren?, WuW 02/2010, S. 157 ff.; *Miersch, Michael,* Kommentar zur EG-Verordnung Nr. 4064/89 über die Kontrolle von Unternehmenszusammenschlüssen, 1991; *Mitsch, Wolfgang,* Rechtsprechung zum Wirtschaftsstrafrecht nach dem 2. WiKG, JZ 1994, S. 877 ff.; *Möhlenkamp, Andreas,* Die europäische Bußgeldpraxis aus Unternehmenssicht, in: Schwarze, Jürgen (Hrsg.), Instrumente zur Durchsetzung des europäischen Wettbewerbsrechts, 2002, S. 121 ff.; *ders.,* Informationsaustausch als Wettbewerbsbeschränkung – Kriterien und Beweislast, in: FS Wettbewerbspolitik und Kartellrecht in der Marktwirtschaft. 50 Jahre FIW: 1960 bis 2010, S. 209–228; *Monopolkommission,* Folgeprobleme der europäischen Kartellverfahrensreform: Sondergutachten der Monopolkommission gemäß § 44 Abs. 1 Satz 4 GWB, 2002; Monopolkommission Sondergutachten 63, Die 8. GWB-Novelle aus wettbewerbspolitischer Sicht, Sondergutachten gem. § 44 Abs. 1 Satz 4 GWB, 2012; *Moosäcker, Karheinz,* Die Beurteilung von Submissionsabsprachen nach § 263 StGB, in: Festschrift für Otfried Lieberknecht, 1997, S. 407 ff.; *Morris, Virgina,* The Fines Imposed in EEC Competition Cases in Light of the Pioneer Hi-Fi Decision, California Western International Law Journal vol. 14 (1984), S. 425 ff.; *Möschel, Wernhard,* Siebzig Jahre deutsche Kartellpolitik, 1972; *ders.,* Pressekonzentration und Wettbewerbsgesetz, 1978; *ders.,* Zur Problematik einer Kriminalisierung von Submissionsabsprachen, 1980; *ders.,* Recht der Wettbewerbsbeschränkungen, 1983; *ders.,* Geldbußen im europäischen Kartellrecht, Der Betrieb 2010, S. 2377 ff.; *ders.,* Kartellbußen und Artikel 92 Grundgesetz, WuW 09/2010, S. 869 ff.; *Müller-Gugenberger, Christian/Bieneck, Klaus* (Hrsg.), Wirtschaftsstrafrecht, 5. Aufl. 2011; *Müther, Peter-Hendrik,* Die Vorteilsabschöpfung im Ordnungswidrigkeitenrecht in § 17 Absatz 4 OWiG unter Berücksichtigung des deutschen und europäischen Kartellrechts, 1999; *Mundt, Andreas,* Verfahren ohne Sanktionen – Sanktionen ohne Verfahren? Alternative Instrumente der Kartellbehörden, in: FIW, Heft 237, Sanktionen im Kartellrecht, 2011, S. 17 ff.; *Niebling, Jürgen,* VW-Neufahrzeuge jetzt auch im freien Handel?, BB 1998, S. 335 ff.; *Nolte, Steffen,* Reform des EG-Kartellrechts für Vertriebs- und Zulieferverträge, BB 1998, S. 2429 ff.; *Nomos Kommentar zum Strafgesetzbuch,* hrsg. v. Neumann, Ulfrid/Puppe, Ingeborg/Schild Wolfgang, 4. Aufl. 2013; *Oldigs, Dirk,* Möglichkeiten und Grenzen der strafrechtlichen Bekämpfung von Submissionsabsprachen, 1998; *ders.,* Die Strafbarkeit von Submissionsabsprachen nach dem neuen § 298 StGB, wistra 1998, S. 291 ff.; *Ortega Gonzalez, Angela,* The cartel settlement procedure in practice, ECLR 2011, 170 ff.; *Ortiz Blanco, Luis,* European Community Competition Procedure, 1996; *Ost, Konrad,* in: Schwarze, Jürgen (Hrsg.), Rechtsschutz und Wettbewerb in der neueren europäischen Rechtsentwicklung, 2010, S. 33–105; *Otto, Harro,* Buchbesprechung zu K. Tiedemann „Kartellrechtsverstöße und Strafrecht", GA 1978, S. 218 f.; *ders.,* Die neuere Rechtsprechung zu den Vermögensdelikten – Teil 2, JZ 1993, S. 652 ff.; *ders.,* Submissionsbetrug und Vermögensschaden, ZRP 1996, S. 300 ff.; *ders.,* Wettbewerbsbeschränkende Absprachen bei Ausschreibungen, § 298 StGB, wistra 1999, S. 41 ff.; *Pache, Eckhardt,* Anmerkung zum Urteil des EuG vom 20.2.2001 – Rs T-112/98 (Mannesmannröhrenwerke AG), EuZW 2001, S. 351 f.; *Palzer, Christoph,* Kartellbußen als Insolvenzauslöser – Oder: Was tun, wenn's brennt?, NZI 2012, 67 ff.; *Panizza, Edgar,* Ausgewählte Probleme der Bonusregelung des Bundeskartellamts vom 7. März 2006, ZWeR 2008, 58 ff.; *Papakiriakou, Theodoros,* Das europäische Unternehmensstrafrecht in Kartellsachen, 2002; *Pascu, Octavian Gabriel,* Straf-

Literatur

rechtliche Fundamentalprinzipien im Gemeinschaftsrecht. Unter besonderer Berücksichtigung des Kartellordnungswidrigkeitenrechts, 2009; *Pasewaldt, David*, Zehn Jahre Strafbarkeit wettbewerbsbeschränkender Absprachen bei Ausschreibungen gemäß § 298 StGB, ZIS 2/2008, S. 84 ff.; *Pischel, Gerhard*, Rechtfertigung marktmächtigen Verhaltens. Zum Einfluss von Art. 101 AEUV und Gruppenfreistellungsverordnungen auf § 20 II GWB, GRUR 2011, 685 ff.; *Polley, Romina/Heinz, Silke*, Settlements bei der Europäischen Kommission und beim Bundeskartellamt – ein Praxisvergleich, WuW 01/2012, 14 ff.; *Polley, Romina/Seeliger, Daniela*, Die neue Mitteilung der Europäischen Kommission über den Erlass und die Ermäßigung von Geldbußen in EG-Kartellsachen, EuZW 2002, S. 397 ff.; *Polzin, Monika*, Die Erhöhung von Kartellbußgeldern durch den Unionsrichter, WuW 05/2011, S. 454 ff.; *Prieß, Hans-Joachim*, Das öffentliche Auftragswesen in den Jahren 1997 und 1998, EuZW 1999, S. 196 ff.; *Quack, Friedrich*, Anmerkung zu BGH, Urteil vom 8.1.1992 – 2 StR 102/91 (LG Frankfurt/Main), BauR 1992, S. 387 f.; *Queck, Nadine*, Die Geltung des nemo-tenetur-Grundsatzes zugunsten von Unternehmen, 2005; *Ranft, Otfried*, Grundprobleme des Betrugstatbestandes, Jura 1992, S. 66 ff.; *ders.*, Anmerkung zu OLG Düsseldorf, Urteil vom 17.3.1993, JR 1994, S. 523 ff.; *ders.*, Betrug durch Verheimlichung von Submissionsabsprachen – eine Stellungnahme zu BGHSt 38, 186, wistra 1994, S. 41 ff.; *Ransiek, Andreas*, Strafrecht und Korruption, StV 1996, S. 446 ff.; *ders.*, Unternehmensstrafrecht, 1996; *Raum, Rolf*, Vorteilsabschöpfung im Kartellrecht – Viele Wege zu einem Ziel, in: Festschrift für Günter Hirsch, 2008, S. 301 ff.; *Regge, Jürgen/Rose, Gabriele/Steffens, Rainer*, Der praktische Fall – Strafrecht: Ein teures Rathaus, JuS 1999, S. 159 ff.; *Rehbinder, Eckard*, Der Vorrang des EG-Kartellrechts vor nationalem Kartellrecht bei Freistellungen: Dogmatische Konstruktion, Sachargumente und politische Interessen, in: Festschrift für Ernst-Joachim Mestmäcker, 1996, S. 711 ff.; *Reiff, Peter/Caspary, Tobias*, Kurzkommentar zu OLG Düsseldorf, Beschl. v. 19.12.2001 – Kart. 21/00 (V), EWiR 2002, S. 213 f.; *Rengier, Rudolf*, Strafrecht. Besonderer Teil I, Vermögensdelikte, 14. Aufl. 2013; *Ress, Georg/Ukrow, Jörg*, Neue Aspekte des Grundrechtsschutzes in der Europäischen Gemeinschaft, EuZW 1990, S. 499 ff.; *Richter, Burghard*, Der Vertrag zugunsten Dritter und sein Verhältnis zu § 15 GWB, in: Festschrift für Otfried Lieberknecht, 1997, S. 475 ff.; *Riesenkampff, Alexander*, Haftung der Muttergesellschaft für kartellwidriges Verhalten der Tochtergesellschaft. Anmerkung zum Urteil des Europäischen Gerichtshofes vom 16.11.2000 (Rechtssache C-286/98 P), WuW 2001, S. 357 ff.; *ders.*, Die Haftung im Konzern für Verstöße gegen europäisches Kartellrecht, in: FS Loewenheim, Geistiges Eigentum und Wettbewerb, 2009, S. 529–543; *Ritter, Lennart/Braun, W. David/Rawlinson, Francis*, EEC Competition Law. A Practioner's Guide, 1991; *Rittner, Fritz/Kulka, Michael* Wettbewerbs- und Kartellrecht, 7. neubearb. Aufl. 2008; *Rizvi, Salim*, Entfesselte Bussenpraxis im Wettbewerbsrecht? „Quis custodiet ipsos custodes?", AJP/PJA 2010, 452 ff.; *Roberto, Vito*, Zur wettbewerbspolitischen Beurteilung vertikaler Zusammenschlüsse, WuW 1992, S. 803 ff.; *Rodi, Michael*, Die Subventionsrechtsordnung, 1999; *Rose, Frank*, Anmerkung zu BGH, Urteil v. 11.7.2001 – 1 StR 576/00, NStZ 2002, 41 f.; *Roth, Wulf-Henning*, Zum Unternehmensbegriff im deutschen Kartellrecht, in: FS Loewenheim, Geistiges Eigentum und Wettbewerb, 2009, S. 545 ff.; *Rönnau, Thomas*, Täuschung, Irrtum und Vermögensschaden beim Submissionsbetrug – BGH NJW 2001, 3718, JuS 2002, S. 545 ff.; *Rössner, Dieter/Guhra, Emanuel*, Eine Gemeinde geht baden: Der bestechliche Bürgermeister, Jura 2001, S. 403 ff.; *Rust, Ursula*, GWB-Vergaberecht und seine Standards, EuZW 1999, S. 453 ff.; *Rütsch, Claus-Jörg*, Strafrechtlicher Durchgriff auf verbundene Unternehmen?, 1987; *Sack, Jörn*, Zur künftigen europäischen Gerichtsbarkeit nach Nizza, EuZW 2001, S. 77 ff.; *Satzger, Helmut*, Der Submissionsbetrug, 1994; *ders.*, Anmerkung zu BGH, Urt. v. 11.7.2001, JR 2001, S. 391 ff.; *Schäfer, Peter W.*, Grundzüge des öffentlichen Auftragswesens, BB 1996, Beilage 12; *Schaller, Hans*, Neue Vorschriften zur Korruptionsbekämpfung, RiA 1998, S. 9 ff.; *Schaupensteiner, Wolfgang J.*, Submissionsabsprachen und Korruption im öffentlichen Bauwesen, ZRP 1993, S. 250 ff.; *ders.*, Gesamtkonzept zur Eindämmung der Korruption, NStZ 1996, S. 409 ff.; *Scheidtmann, André*, Schadensersatzansprüche gegen eine Muttergesellschaft wegen Verstößen einer Tochtergesellschaft gegen Europäisches Kartellrecht?, wrp 2010/04, S. 499 ff.; *Schmid, Reinhard*, Der Ausschreibungsbetrug als ein Problem der Strafgesetzgebung, 1982; *Schmidt, Ingo*, Wettbewerbspolitik und Kartellrecht, 9. Aufl. 2012; *Schmidt, Jens Peter/Koyuncu, Adem*, Kartellrechtliche Compliance-Anforderungen an den Informationsaustausch zwischen Wettbewerbern, BB 2009, 2251 ff.; *Schnichels, Dominik/Resch, Thorsten*, Das Anwaltsprivileg im Europäischen Kontext, EuZW 2011, 47 ff.; *Scholz, Rupert*, Grundrechtsprobleme im europäischen Kartellrecht – zur Hoechst-Entscheidung des EuGH, WuW 1990, S. 99 ff.; *Scholz, Ulrich/Haus, Florian C.*, Geldbußen im EG-Kartellrecht und Einkommensteuerrecht, EuZW 2002, S. 682 ff.; *Schönke, Adolf/Schröder, Horst*, Strafgesetzbuch. Kommentar, 28. Aufl. 2010; *Schriefers, Marcus*, Die Ermittlungsbefugnisse der EG-Kommission in Kartellverfahren, WuW 1993, S. 98 ff.; *Schröder, Dirk*, Informationsaustausch zwischen Wettbewerbern, WuW 2009, 718 ff.; *Schröder, Rainer*, Entwicklung des Kartellrechts und des kollektiven Arbeitsrechts durch die Rechtsprechung des Reichsgerichts vor 1914, 1988; *Schroth, Hans-Jürgen*, Economic offences in EEC Law with special reference to english and german Law, 1983; *Schroth, Ulrich*, Strafrecht, Besonderer Teil, 5. Aufl.

2010; *Schütz, Jörg*, Interne Willensbildung und Kartellrecht, WuW 1998, S. 335 ff.; *Schütze, Joachim* in: Peacefull Settlements and Procedural Rights of Defense – A Lawyer's View, Weiß (Hrsg.), Die Rechtsstellung Betroffener im modernisierten EU-Kartellverfahren, 2010, S. 23 ff.; *Schubert*, Legal privilege und Nemo tenetur im reformierten Europäischen Kartellermittlungsverfahren der VO 1/2003, 2009; *Schulte, Josef*, Handbuch Fusionskontrolle, 2. Aufl. 2010: *ders./Just*, Kartellrecht, 1. Aufl. 2012; *Schultze, Jörg-Martin/Pautke, Stephanie/Wagener, Dominique S.*, Vertikal-GVO, Praxiskommentar, 3. Aufl. 2011; *Schumann, Christoph*, Empfehlungen im deutschen und EG-Kartellrecht, 1998; *Schwalbe, Ulrich/Zimmer, Daniel*, 8. GWB-Novelle – die Chance zur Modernisierung der deutschen Fusionskontrolle, BB 2011, Nr. 32, S. 1; *Schwarze, Jürgen*, Rechtsstaatliche Grenzen der gesetzlichen und richterlichen Qualifikation von Verwaltungssanktionen im europäischen Gemeinschaftsrecht, EuZW 2003, S. 261 ff.; *ders.*, Rechtsstaatliche Defizite des europäischen Kartellbußgeldverfahrens, WuW 01/2009, S. 6 ff.; *ders.*, Europäische Kartellgeldbußen im Lichte übergeordneter Vertrags- und Verfassungsgrundsätze, EuR 2009, S. 171 ff.; *Seelmann, Kurt*, Anmerkung zu BGH, Urteil vom 23.1.1985 – 1 StR 691/84, JR 1986, S. 346 ff.; *Seifert, Thomas*, Das „Wasserbau"-Verfahren aus damaliger und heutiger Sicht, in: Dahs, Hans (Hrsg.), Kriminelle Kartelle?, 1998, S. 17 ff.; *Seitz, Claudia*, Grundsätze der ordnungsgemäßen Verwaltung und der Gleichbehandlung – Sanktionsreduzierung wegen Nichtbeachtung der im Gemeinschaftsrecht geltenden Verfahrensgarantien durch die Europäische Union, EuZW 2008, 525 ff.; *dies.*, Ein Schritt vor und zwei zurück? – Zum letzten Stand des Anwaltsgeheimnisses für Unternehmensanwälte im Europäischen Kartellverfahren – Kurzbesprechung der Schlussanträge der Generalanwältin Juliane Kokott vom 29.4.2010 – C 550/07 P (Akzo/Nobel Kommission), EuZW 2010, 524 ff.; *dies.* Ursprung – Geltung und Umfang des Anwaltsgeheimnisses im Europäischen Wettbewerbsrecht – Zum derzeitigen Stand des legal professional privilege im Lichte des Grundrechtsschutzes im Europäischen Kartellverfahren, in: Weiß (Hrsg.), Rechtstellung der Betroffenen im modernisierten EU-Kartellverfahren, 2010, S. 93 ff.; *Semler, Franz-Jörg/Bauer, Michael*, Die neue EU-Gruppenfreistellungsverordnung für vertikale Wettbewerbsbeschränkungen – Folgen für die Rechtspraxis, DB 2000, S. 193 ff.; *Sieme, Stefan*, Der Gewinnabschöpfungsanspruch nach § 10 UWG und die Vorteilsabschöpfung gem. §§ 34, 34a GWB, 2009; *Siohl, Ulrich*, Die Schuldfeststellung bei Unternehmen oder Unternehmensvereinigungen im Rahmen des Art. 15 VO 17 zum EWG-Vertrag, 1986; *Soltész, Ulrich*, Bußgeldreduzierung bei Zusammenarbeit mit der Kommission in Kartellsachen – „Kronzeugenmitteilung", EWS 2000, S. 240 ff.; *ders.*, Belohnung für geständige Kartellsünder – Erste Settlements im Europäischen Kartellrecht, BB 2010, S. 2123 ff.; *ders./Steinle, Christian/Bielesz, Holger*, Rekordgeldbußen versus Bestimmtheitsgebot. Die Kartellverordnung auf dem Prüfstein höherrangigen Gemeinschaftsrechts, EuZW 2003, S. 202 ff.; *Stächelin, Gregor*, Strafgesetzgebung im Verfassungsstaat, 1998; *Stockmann, Kurt*, Sanktionen als Instrument zur Durchsetzung des Kartellrechts – Zur Bonusregelung des Bundeskartellamts –, in: Schwarze, Jürgen (Hrsg.), Instrumente zur Durchsetzung des europäischen Wettbewerbsrechts, 2002, S. 93 ff.; *Stöcker, Matthias*, Zufallsfunde im Kartellverfahren, BB 19/2012, 1172 ff.; *Stopper, Martin*, Leitlinien für Horizontalvereinbarungen: Ende des Regel-Ausnahme-Prinzips von Art. 81 EG?, EuZW 2001, S. 426 ff.; *Suurnäkki, Sari/Tierno Centella, Maria Luisa*, Commission adopts revised Leniency Notice to reward companies that report hardcore-cartels, Competition Policy Newsletter, 1/2007, 7 ff.; *Systematischer Kommentar zum Strafgesetzbuch,* hrsg. von Rudolphi, Hans-Joachim et al., Stand: Juli 2012; *Theile, Hans/Mundt, Ole*, Strafbarkeitsrisiken bei horizontalen Absprachen, NZBau 2011, 715 ff.; *Thomas, Stephan*, Grundsätze zur Beurteilung vertikaler Wettbewerbsverbote – Die Neubestimmung durch das Subunternehmer II-Urteil des BGH, WuW 2010, 177 ff.; *ders.*, Die wirtschaftliche Einheit im EU-Kartellbußgeldrecht, KSzW 01.2011, S. 10 ff.; *Tiedemann, Klaus*, Tatbestandsfunktionen im Nebenstrafrecht, 1969; *ders.*, Welche strafrechtlichen Mittel empfehlen sich für eine wirksame Bekämpfung der Wirtschaftskriminalität?, Gutachten C zum 49. Deutschen Juristentag, 1972, Bd. I: Gutachten; *ders.*, Kartellrechtsverstöße und Strafrecht, 1976; *ders.*, Wirtschaftsstrafrecht und Wirtschaftskriminalität, Bd. 2, 1976; *ders.*, Strafrechtliche Grundprobleme im Kartellrecht, NJW 1979, S. 1849 ff.; *ders.*, Literaturbericht: Nebenstrafrecht und Ordnungswidrigkeiten, ZStW 94 (1982), S. 299 ff.; *ders.*, Der Allgemeine Teil des europäischen supranationalen Strafrechts, in: Festschrift für Hans-Heinrich Jescheck, 1985, S. 1411 ff.; *ders.*, Die Bekämpfung der Wirtschaftskriminalität durch den Gesetzgeber, JZ 1986, S. 865 ff.; *ders.*, Submissionskartell als Betrug?, ZRP 1992, S. 149 ff.; *ders.*, Wirtschaftsstrafrecht Besonderer Teil mit wichtigen Rechtstexten, 3. Aufl. 2011; *ders./Otto, Harro*, Literaturbericht: Wirtschaftsstrafrecht (Teil 1), ZStW 102 (1990), S. 94 ff.; *Tierno Centella, Maria Luisa*, The new settlement procedure in selected cartel cases, Competition Policy Newsletter 3/2008, S. 30 ff.; *Töllner, Wilko*, Die Ermittlungsbefugnisse der Kartellbehörden in Deutschland, EWS 1–2/2011, S. 21 ff.; *Toepel, Friedrich*, Strict liability im europäischen Bußgeldrecht? Eine Untersuchung am Beispiel des Art. 15 II lit. a VO 17/62, GA 2002, S. 685 ff.; *Tsambikakis, Michael*, Aktuelles zum Strafrecht bei GmbH & Co., GmbHG 2005, 331 ff.; *Tsolka, Olga*, Der Allgemeine Teil des europäischen supranationalen Strafrechts, 1995; *Ulmer, Peter*, Kartellrechtliche Schranken der Preisunterbietung nach § 26

Abs. 4 GWB, in: Festschrift für Otto-Friedrich Freiherr von Gamm, 1990, S. 677 ff.; *Velte, Rainer*, Verbot des Vertriebs von Produkten über das Internet als Wettbewerbsbeschränkung, EuZW 2012, S. 19 ff.; *Vocke, Christian*, Die Ermittlungsbefugnisse der EG-Kommission im kartellrechtlichen Voruntersuchungsverfahren. Eine Untersuchung zur Auslegung der Ermittlungsrechte im Spannungsfeld zwischen öffentlichen und Individualinteressen, 2006; *Voet van Vormizeele, Philipp*, Die EG-kartellrechtliche Haftungszurechnung im Konzern im Widerstreit zu den nationalen Gesellschaftrechtsordnungen, WuW 10/2010, S. 1008 ff.; *Vollmer, Christof*, Erfahrungen mit Settlements in Kartellbußgeldverfahren aus Sicht eines Kartellbeamten, in: Schwerpunkte des Kartellrechts 2009/2010, S. 135 ff.; *Wagemann, Markus*, Rechtfertigungs- und Entschuldigungsgründe im Bußgeldrecht der Europäischen Gemeinschaften, 1992; *ders.* Verfahren bei Kartellordnungswidrigkeiten aus der Sicht des Bundeskartellamts, in: Schwarze, Jürgen (Hrsg.), Verfahren und Rechtsschutz im europäischen Wirtschaftsrecht, 2010, S. 82 ff.; *Wagner-von Papp, Florian*, Kriminalisierung von Kartellen, WuW 03/2010, S. 268 ff.; *ders.*, Kartellstrafrecht in den USA, dem Vereinigten Königreich und Deutschland, WuW 12/2009, S. 1236 ff.; *ders.*, Best and even better practices in commitment procedures after Alrosa: The danger of abandoning the „struggle for competition law", Common Market Law Review 49: 2012, S. 929 ff.; *Walter, Tonio*, § 298 StGB und die Lehre von den Deliktstypen, GA 2001, S. 131 ff.; *ders.*, Anmerkung zu BGH, Urteil v. 11.7.2001 – 1 StR 576/00, JZ 2002, S. 254 ff.; *Wegner, Carsten*, Die Systematik der Zumessung unternehmensbezogener Geldbußen, 2000; *ders.*, Die Auswirkungen fehlerhafter Organisationsstrukturen auf die Zumessung der Unternehmensgeldbuße, wistra 2000, S. 361 ff.; *ders.*, EuG setzt Geldbuße im Verfahren Volkswagen AG/Kommission herab, EWS 2001, S. 65 ff.; *ders.*, Keine umfassende Begründungspflicht der Kommission für Geldbußen in Millionenhöhe?, WuW 2001, S. 469 ff.; *Weinmann, Günther*, Gesetzgeberische Maßnahmen zur Bekämpfung der Wirtschaftskriminalität: Besteht nach dem 1. und 2. WiKG ein weiterer Regelungsbedarf?, in: Festschrift für Gerd Pfeiffer, 1988, S. 87 ff.; *Weiß, Wolfgang*, Die Verteidigungsrechte im EG-Kartellverfahren, 1996; *Weitbrecht, Andreas*, Drei Jahre europäische Fusionskontrolle – eine Zwischenbilanz, EuZW 1993, S. 687 ff.; *ders.*, Die Kronzeugenmitteilung in EG-Kartellsachen, EuZW 1997, S. 555 ff.; *ders.*, Die Entwicklung des Europäischen Kartellrechts im Jahr 1997, EuZW 1998, S. 677 ff.; *ders.*, Die Entwicklung des Europäischen Kartellrechts in den Jahren 1998 und 1999, EuZW 2000, S. 496 ff.; *ders.*, Europäisches Kartellrecht 2000/2001, EuZW 2002, S. 581 ff.; *ders.*, Das neue EG-Kartellverfahrensrecht, EuZW 2003, S. 69 ff.; *ders./Tepe, Gudrun*, Erste Erfahrungen mit den neuen Bußgeldleitlinien der Europäischen Kommission, EWS 2001, S. 220 ff.; *ders./Baudenbach, Laura Melasine*, Geldbuße wegen Beihilfe zu einem Kartell? Zum Urteil des EuG vom 8. Juli 2008 (Rs. T-99/2004 – AC Treuhand), EuR 2010, 230 ff.; *ders./Mühle, Jan*, Die Entwicklung des Europäischen Kartellrechts im Jahr 2011, EuZW 08/2012, 290 ff.; *ders./Weidenbach, Georg*, Achtung! Dawn Raid – Die Rolle des Anwalts bei Durchsuchungen, NJW 2010, S. 2328 ff.; *Werden, Georg*, Sanctioning Cartel Activity: Let the Punishment fit the Crime, European Competition Journal, April 2009, S. 19 ff.; *Werner, Stefan*, Wirtschaftsordnung und Wirtschaftsstrafrecht im Nationalsozialismus, 1991; *Werner, Matthias*, Wettbewerbsrecht und Boykott, 2008; *Wesseling, Rein*, The draft regulation modernising the competition rules: the Commission is married to one idea, ELR 26 (2001), S. 357 ff.; *Westermann, Kathrin/Nörr, Rudolf/Stiefenhofer, Alfred/ Lutz Ulrich*, Neue Ratsverordnung zur Durchführung der in Art. 81, 82 EG niedergelegten Wettbewerbsregeln, AG 2003, R 44 f.; *Weyer, Hartmut*, Nach der Reform: Gestaltung der Wettbewerbspolitik durch die Kommission?, ZHR 164 (2000), S. 611 ff.; *Wiedemann, Gerhard* (Hrsg.), Handbuch des Kartellrechts, 2. Aufl. 2008; *Wils, Wouter P. J.*, Selfincrimination in EC antitrust enforcement: A legal and economic analysis, in: World Competition, Vol. 26, Iss. 4; *ders.*, The Use of Settlements in Public Antitrust Enforcement: Objekts and Principles, World Competition 31 (2008), 335 ff; *ders.*, The Increased Level of EU Antitrust Fines, Judicial Review and the ECHR, World Competition 33, no. 1 (2010): 5–29; *Winkler, Rolf*, Anrechnung amerikanischer Kartellstrafen auf EWG-Kartellbußen?, AWD/RIW 1972, S. 565 ff.; *Winterfeld, Achim von*, Ermittlungsbefugnisse der EG-Kommission gegenüber Unternehmen am Beispiel des Kartellrechts, RIW 1992, S. 524 ff.; *Wirtz, Markus M.*, Die Aufsichtspflichten des Vorstandes nach OWiG und KonTraG, WuW 2001, S. 342 ff.; *Wolf, Dieter/Buchardi, Wolrad*, Zuständigkeitsprobleme bei der Verfolgung von Submissionsabsprachen, in: Festschrift für Otfried Lieberknecht, 1997, S. 645 ff.; *Wolters, Gereon*, Die Änderungen des StGB durch das Gesetz zur Bekämpfung der Korruption, JuS 1998, S. 1100 ff.; *Wunderlich, Claudia*, Die Akzessorietät des § 298 StGB, 2009; *Zinsmeister, Ute/Lienemeyer, Max*, Die verfahrensrechtlichen Probleme bei der dezentralen Anwendung des europäischen Kartellrechts, WuW 2002, S. 331 ff.

# 18. Kapitel. Kartellstraf- und Ordnungswidrigkeitenrecht

Inhaltsübersicht

	Rn.
A. Schutz des freien Wettbewerbs durch straf- und bußgeldrechtliche Sanktionsvorschriften	1–7
I. Schutz des Wettbewerbs	1, 2
II. Überblick über die Wettbewerbs- und Sanktionsvorschriften	3–7
1. Wettbewerbsvorschriften	3–6
a) Wettbewerbsregel des GWB	4
b) Europäische Wettbewerbsregeln	5
c) Verhältnis der nationalen zu den europäischen Wettbewerbsregeln	6
2. Sanktionsvorschriften	7
B. Strafbare Submissionsabsprachen	8–55
I. Die durch Submissionsabsprachen verursachten Schäden	10–12
II. Erscheinungsformen der Submissionsabsprachen	13–16
1. Absprachen zwischen Marktteilnehmern auf überschaubaren Märkten	14
2. Submissionsabsprachen und Korruption	15
3. Nutzung des Nachverhandlungsverbots und Erteilung von Komplettaufträgen	16
III. Strafbarkeit von Submissionsabsprachen als Betrug	17–30
1. Rechtsprechung des Reichsgerichts und des Bundesgerichtshofs bis zum Jahre 1992	17
2. Änderung der Rechtsprechung des Bundesgerichtshofs in den „Rheinausbau"-Entscheidungen	18–30
a) Täuschungshandlung, Irrtumserregung und Vermögensverfügung	19
b) Vermögensschaden	20–30
aa) Eingehungsbetrug	21–29
bb) Erfüllungsbetrug	30
IV. Wettbewerbsbeschränkende Absprachen bei Ausschreibungen (§ 298 StGB)	31–51
1. Geschütztes Rechtsgut und Ausgestaltung des § 298 StGB als abstraktes Gefährdungsdelikt	32, 33
2. Ausschreibungen über Waren oder gewerbliche Leistungen	34–36
3. Abgabe eines Angebots	37
4. Angaben über Waren oder gewerbliche Leistungen	38
5. Rechtswidrige Absprache	39–42
6. Veranlassen eines bestimmten Angebots als Ziel der Absprache	43, 44
7. Vorsatz	45
8. Steuerliche Abzugsfähigkeit	46
9. Tätige Reue	47
10. Verjährung	48
11. Konkurrenzen	49–51
V. Submissionsabsprachen als Kartellordnungswidrigkeiten	52

	Rn.
VI. Verfahrensrecht	53–55
1. Zuständigkeit der Staatsanwaltschaft und der Wirtschaftsstrafkammer	53
2. Zuständigkeit für die Verhängung von Unternehmenssanktionen	54, 55
C. Nationales Kartellordnungswidrigkeitenrecht	56–169
I. Neuregelung durch die siebente Kartellrechtsnovelle	56
II. Neuregelung durch die Preismissbrauchsnovelle	57
III. Neuregelung durch das Gesetz zur Errichtung einer Markttransparenzstelle für den Großhandel mit Strom und Gas	58
IV. Neuregelungen durch die achte Kartellrechtsnovelle	59–63
V. Regelungen und Systematik des GWB	64–72
1. Normadressaten	64
2. Materiellrechtliche Regelungen über Wettbewerbsbeschränkungen	65–68
a) Verbot wettbewerbsbeschränkender Vereinbarungen	66
b) Umgehungsverbote	67
c) Missbrauch einer marktbeherrschenden oder marktstarken Stellung	68
3. Zivil- und verwaltungsrechtliche Sanktionen	69
4. Fusionskontrolle	70
5. Markttransparenzstellen für den Großhandel mit Strom und Gas und für Kraftstoffe	71
6. Kartellbehörden und Verfahrensvorschriften einschließlich Bußgeldvorschriften	72
VI. Bußgeldrecht und Systematik der Kartellordnungswidrigkeiten	73–90
1. Neuerungen durch die siebente GWB-Novelle	73
2. Neuerungen durch die achte GWB-Novelle	74–76
3. Blankettgesetzcharakter: Erfordernis des Zusammenlesens von verweisendem und ausfüllendem Gesetz	77
4. Struktur der Bußgeldnormen	78–80
5. Schwerwiegende Zuwiderhandlungen gegen die materiellen Wettbewerbsverbote	81–85
a) Zuwiderhandlungen gegen gesetzliche Verbote	81–83
b) Zuwiderhandlungen gegen Verwaltungsverordnungen	84, 85
6. Leichtere Zuwiderhandlungen	86–90
a) Zuwiderhandlungen gegen gesetzliche Verbote	87, 88
b) Zuwiderhandlungen gegen Verwaltungsanordnungen	89, 90

Inhaltsübersicht

	Rn.
VII. Bußgeldrechtliche Besonderheiten der Wettbewerbsverbote	91–123
1. Verbot wettbewerbsbeschränkender Vereinbarungen nach Art. 101 AEUV und des Missbrauchs marktbeherrschender Stellungen nach Art. 102 AEUV	91, 92
2. Verbot wettbewerbsbeschränkender Vereinbarungen nach § 1 GWB	93–101
a) Regelungsgehalt des § 1 GWB	93–97
b) Erscheinungsformen	98–101
3. Umgehungsverbote	102–104
a) Druckausübungsverbot	102, 103
b) Sonstige Fälle	104
4. Verbot des Missbrauchs einer marktbeherrschenden oder marktstarken Stellung	105–114
a) Marktbeherrschende Stellung	106
b) Begriff des Missbrauchs	107
c) Behinderungsmissbrauch	108–110
d) Ausbeutungsmissbrauch: Preis- und Konditionenmissbrauch sowie Preis- und Konditionenspaltung	111
e) Verweigerung des Zugangs zu wesentlichen Einrichtungen	112
f) Aufforderung zu Gewährung sachlich nicht gerechtfertigter Vorteile	113
g) Sonstige Fälle	114
5. Verbotenes Verhalten für Unternehmen mit relativer oder überlegener Marktmacht	115–121
6. Boykottverbot	122
7. Aufnahmezwang	123
VIII. Zusammenschlusskontrolle (Fusionskontrolle)	124–138
1. Ziel der Zusammenschlusskontrolle	124
2. Anwendungsbereich der Zusammenschlusskontrolle	125–129
3. Anmeldepflicht von Zusammenschlüssen	130
4. Fusionskontrollverfahren	131–133
5. Bußgeldtatbestände	134–138
a) Schwerwiegende Zuwiderhandlungen	134–137
b) Leichtere Zuwiderhandlungen	138
IX. Normadressaten der Bußgeldvorschriften und Ahndung juristischer Personen	139–144
1. Ahndbarkeit natürlicher Personen über die Zurechnung gemäß § 9 OWiG	139
2. Ahndbarkeit natürlicher Personen wegen Aufsichtspflichtverletzung gemäß § 130 OWiG	140
3. Ahndbarkeit juristischer Personen und Personenvereinigungen gemäß § 30 OWiG	141–144

	Rn.
X. Bußgeldbemessung und Eintragung in das Gewerbezentralregister	145–169
1. Höchstmaß der Geldbuße	145
2. Vorteilsabschöpfung	146, 147
3. Bußgeldbemessung bei natürlichen Personen	148–153
a) Bedeutung des Bußgeldrahmens	148
b) Kriterien der Bußgeldbemessung	149–153
4. Bußgeldbemessung bei juristischen Personen und Personenvereinigungen	154–156
a) Bedeutung des Bußgeldrahmens	154, 155
b) Kriterien der Bußgeldbemessung	156
5. Bonusregelung des Bundeskartellamts	157–168
a) Grundlagen der Regelung	157
b) Beweiswert der Aussagen der Unternehmen	158
c) Inhalt und Geltung der Richtlinien	159–163
d) Verfahren	164
e) Zivil- und strafrechtliche Folgen	165
f) Verhältnis der nationalen zur europäischen Bonusregelung	166
g) Erfahrungen mit der Bonusregelung des Bundeskartellamts	167
h) Settlementverfahren des Bundeskartellamts	168
6. Eintragung in das Gewerbezentralregister	169
D. Europäisches Kartellordnungswidrigkeitenrecht	170–303
I. Rechtsgrundlagen und Entstehungsgeschichte der wettbewerbsrechtlichen Bußgeldvorschriften	170–176
II. Kartellrechtliche Verbotsnormen	177–192
1. Verbot horizontaler und vertikaler Vereinbarungen und abgestimmter Verhaltensweisen (Art. 101 Abs. 1 AEUV)	177–188
a) Koordiniertes Verhalten zwischen Unternehmen	179–182
b) Spürbarkeit der Wettbewerbsbeschränkung	183
c) Bezwecken oder Bewirken der Wettbewerbsbeeinträchtigung	184
d) Eignung zur Beeinträchtigung des zwischenstaatlichen Handels	185
e) Freistellungen gemäß Art. 101 Abs. 3 AEUV	186–188
2. Missbrauch einer marktbeherrschenden Stellung (Art. 102 AEUV)	189–192
a) Marktbeherrschende Stellung	191
b) Regelbeispiele missbräuchlichen Verhaltens	192

	Rn.		Rn.
III. Dogmatische Einordnung und Ausgestaltung der Bußgeldtatbestände	193–204	c) Entscheidungsphase	260–269
1. Sonderdeliktscharakter und Ausgestaltung als Blankettgesetze	193, 194	aa) Geltung des Opportunitätsprinzips	260–264
2. Sanktionierung von Verfahrensverstößen und Verletzungen des materiellen Kartellrechts	195–204	bb) Grundsatz „ne bis in idem"	265–269
a) Verfahrensverstöße (Art. 23 Abs. 1 VO 1/2003)	196–201	VII. Rechtskontrolle durch den Europäischen Gerichtshof	270–276
b) Verstöße gegen das materielle Kartellrecht und gegen Entscheidungen nach Art. 8 und 9 VO 1/2003 (Art. 23 Abs. 2 VO 1/2003)	202–204	1. Grundsätzliche Klagemöglichkeiten	270–273
		2. Erweiterung der Nachprüfungsmöglichkeit durch Art. 261 AEUV	274–276
IV. Allgemeiner Teil des Kartellordnungswidrigkeitenrechts	205–217	VIII. Bußgeldtatbestände der Fusionskontroll-Verordnung	277–302
1. Adressaten der Bußgeldvorschriften	205	1. Rechtsgrundlagen der Fusionskontrolle	277
a) Begriff des Unternehmens	206–212	2. Anwendungsbereich der Fusionskontroll-Verordnung	278
b) Begriff der Unternehmensvereinigung	213	3. Fusionskontrollverfahren	279–291
2. Zurechnung des Verhaltens natürlicher Personen	214, 215	a) Anmeldung von Zusammenschlüssen	280
3. Vorsatz und Fahrlässigkeit	216	b) Aufschub des Vollzugs von Zusammenschlüssen	281
4. Geltung strafrechtlicher Fundamentalgarantien	217	c) Prüfung der Anmeldung und Einleitung des Verfahrens	282–284
V. Bußgeldbemessung	218–237	d) Ermittlungsbefugnisse der Kommission	285–288
1. Entwicklung der Sanktionspolitik bis zur Einführung der Leitlinien zur Bußgeldbemessung	218	aa) Auskunftsrecht nach Art. 11 VO 139/2004	286
2. Leitlinien zur Bußgeldbemessung in Kartellverfahren aus dem Jahr 1998	219, 220	bb) Nachprüfungsrecht nach Art. 12 und 13 VO 139/2004	287, 288
3. Leitlinien zur Bußgeldbemessung in Kartellverfahren aus dem Jahr 2006	221, 222	e) Entscheidungsbefugnisse der Kommission	289, 290
4. Mitteilung vom 14. Februar 2002 über den Erlass und die Ermäßigung von Geldbußen – „Kronzeugenregelung"	223–233	f) Veröffentlichung nach Art. 20 VO 139/2004	291
		4. Bußgeldvorschriften der Fusionskontroll-Verordnung	292–302
a) Ziel der Kronzeugenregelung	223, 224	a) Zuwiderhandlungen verfahrensrechtlicher Art (Art. 14 Abs. 1 VO 139/2004)	292–296
b) Erlass der Geldbuße	225–229	aa) Unrichtige und irreführende Angaben bei Anträgen und Anmeldungen (Art. 14 Abs. 1 lit. a VO 139/2004)	293
c) Ermäßigung der Geldbuße	230–233		
5. Vergleichsverfahren (Settlement)	234–237		
VI. Kartellverfahren auf Unionsebene	238–269		
1. Rechtsnatur und Rechtsgrundlagen des Verfahrens	238, 239		
2. Einleitung und Ablauf des Verfahrens	240–269	bb) Unrichtige und irreführende Angaben bei Auskunftsverlangen (Art. 14 Abs. 1 lit. b und c VO 139/2004)	294
a) Mitwirkungs- und Duldungspflichten	241–253		
aa) Auskunftsverlangen nach Art. 18 VO 1/2003	241–245		
bb) Nachprüfungsbefugnisse nach Art. 20 und 21 VO 1/2003	246–252	cc) Verletzung der Vorlage- oder Duldungspflicht bei Nachprüfungen (Art. 14 Abs. 1 lit. d VO 139/2004)	295
cc) Ermittlungsbefugnisse nach Art. 19 VO 1/2003	253		
b) Ermittlungsphase	254–259	dd) Unrichtige und unvollständige Angaben von Vertretern oder Beschäftigten des Unternehmens; Siegelbruch (Art. 14 Abs. 1 lit. e und lit. f VO 139/2004)	296
aa) Ablauf	254		
bb) Verfahrensgarantien und Verteidigungsrechte der Unternehmen	255–259		

	Rn.		Rn.
b) Zuwiderhandlungen materiellrechtlicher Art (Art. 14 Abs. 2 VO 139/2004)	297–301	cc) Vollzug eines untersagten Zusammenschlusses und Verstöße gegen Entflechtungsanordnungen und einstweilige Maßnahmen (Art. 14 Abs. 2 lit. c VO 139/2004) . . .	300
aa) Unterlassen der Anmeldung des Zusammenschlusses vor seinem Vollzug (Art. 14 Abs. 2 lit. a VO 139/2004) . . .	298	dd) Zuwiderhandlung gegen Bedingungen und Auflagen (Art. 14 Abs. 2 lit. d VO 139/2004) . . .	301
bb) Vollzug des Zusammenschlusses vor Anmeldung (Art. 14 Abs. 2 lit. b VO 139/2004) . . .	299	c) Bußgeldbemessung (Art. 14 Abs. 3 VO 139/2004)	302
		5. Rechtsmittel bei Bußgeldentscheidungen	303

A. Schutz des freien Wettbewerbs durch straf- und bußgeldrechtliche Sanktionsvorschriften

I. Schutz des Wettbewerbs

Das Kartellstraf- und -ordnungswidrigkeitenrecht dient dem **Schutz des freien Wettbewerbs**, der als grundlegendes Steuerungsprinzip der Marktwirtschaft gilt[1], bei dem es um das Streben nach Vorteilen in einer auf persönliches Eigentum gegründeten, vertragsrechtlich formalisierten und rationalisierten Tauschwirtschaft geht. Der in marktwirtschaftlichen Systemen entstehende Wettbewerb lässt sich kennzeichnen als „jenes komplexe System von Marktprozessen, das aufgrund der Freiheit, an Marktprozessen teilzunehmen und innerhalb dieser nach eigenem Plan tätig sein zu können, herauswächst"[2]. Wesentliches Merkmal des freien Wettbewerbs ist die Konkurrenz, die nur funktioniert, wenn sich das überlegene wirtschaftliche Kalkül, die besseren Waren und Dienstleistungen durchsetzen, wenn das günstigste Angebot, das optimale Know-how für Produktion und Vertrieb über den Erfolg entscheiden. Der freie Wettbewerb gilt als Motor höchster ökonomischer Leistungsfähigkeit bei größtmöglicher Freiheitssicherung[3]. Ihm werden vor allem **wirtschaftspolitische**,[4] daneben aber auch gesellschaftspolitische **Funktionen**[5] zugeschrieben.

Wenn man die **Institution des wirtschaftlichen Wettbewerbs** in das Bild der modernen Gesellschaft einpasst, in der die Entfaltung des Menschen zur Persönlichkeit (Art. 2 Abs. 1 GG) im Vordergrund steht, wird deutlich, dass sich die Gesellschaft so organisieren muss, dass Individualität möglich wird. Dies erfordert nicht nur die Einhaltung der Grundrechte, sondern u. a. auch die Schaffung eines Marktes, auf dem Wettbewerb herrscht. Der Wettbewerb fördert die **grundrechtlichen Gewährleistungen**, in deren Zentrum für das Wirtschaftsleben die Berufs- und Gewerbefreiheit, das Eigentum, die Vereinigungs- und die Koalitionsfreiheit stehen, die in der Summe den korrespondierenden Individualrechten des Grundsatzes der Wettbewerbsfreiheit entsprechen. Damit ist es Aufgabe des Staates, den freien Wettbewerb zu schützen. Denn in einem Markt, in dem Kartellbildung und Preisabsprachen den Marktzutritt für neue Unternehmen erschweren oder unmöglich machen, kann sich die Rationalität des Wettbewerbs nicht entfalten. Aus diesem Grund bedarf es des staatlichen Schutzes, um die Bedingungen der Freiheit zu schaffen und zu garantieren.

---

[1] *J.M. Clark*, American Economic Review 30 (1940), 241 ff.; *v. Hayek*, Der Wettbewerb als Entdeckungsverfahren, in: ders. Freiburger Studien, 1969, S. 249 ff.; *Hoppmann*, Das Konzept der optimalen Wettbewerbsintensität, Neue Jahrbücher zur Nationalökonomie und Statistik 179 (1966), 286 ff.

[2] *Hoppmann*, Fusionskontrolle, 1972, S. 11; *ders.*, Wirtschaftsordnung und Wettbewerb, 1988, S. 298.

[3] Näher dazu *Hoppmann*, JbNSt 179 (1966), 286, 289, 300.

[4] Zu den wirtschaftspolitischen Funktionen des Wettbewerbs *Emmerich*, Kartellrecht, 12. Aufl. 2012, S. 3.

[5] *Mestmäcker*, JZ 1964, 441; *ders.*, AcP 168 (1968), 235; *I. Schmidt*, Wettbewerbspolitik und Kartellrecht, 9. Aufl. 2012, S. 35 ff.

Bei der Bestimmung der **Schutzwürdigkeit des Wettbewerbs** ist vom gegenwärtigen Entwicklungsstand des Wettbewerbsregimes auszugehen. Für die Europäische Union und ihre Mitgliedstaaten ist die europäische Rechtslage maßgebend. Diese ist durch einen Übergang vom Organisationsrecht der Kartelle in den Mitgliedstaaten zum Grundsatz einer offenen Marktwirtschaft mit freiem Wettbewerb in der Europäischen Union gekennzeichnet, zu dem sich die europäische Wirtschaftsverfassung in Art. 4 Abs. 1 EG bekennt. Daher steht außer Frage, dass Wettbewerbsbeschränkungen zu bekämpfen sind[6], und dies ist Aufgabe des Straf- und Ordnungswidrigkeitenrechts.

2 Der Gesetzgeber hat aus der Tatsache, dass es sich bei dem freien Wettbewerb in einer Marktwirtschaft um ein überragendes Rechtsgut handelt, nicht die Konsequenz gezogen, den Wettbewerb umfassend als kriminalstrafrechtlich zu schützenden Wert anzuerkennen, sondern sich weitgehend darauf beschränkt, **Ordnungswidrigkeitentatbestände** zu schaffen, obwohl sich in der Öffentlichkeit und in den beteiligten Wirtschaftskreisen eine positive Haltung zum Wettbewerb als Wirtschaftsprinzip durchgesetzt hat.[7] Lediglich Submissionsabsprachen sind nunmehr nach § 298 StGB strafbar.[8] Nachdem sich in Europa in Anknüpfung an die Entwicklung in den Vereinigten Staaten die Überzeugung durchgesetzt hat, dass der Markt gegen private Wettbewerbsbeschränkungen zu schützen ist und Kartelle, selbst wenn sie „Kinder der Not" sind, nicht geeignet sind, die den Krisen zu Grunde liegenden Anpassungsprobleme zu lösen, wird die Forderung erhoben, die bestehenden Straftatbestände, die sich gegen den unlauteren Wettbewerb, die Angestelltenbestechung im privaten Bereich und gegen Submissionsabsprachen richten, um Straftatbestände zu ergänzen, die schwerwiegende horizontale Kartellrechtsverstöße und den Missbrauch einer marktbeherrschenden Stellung sanktionieren.[9]

II. Überblick über die Wettbewerbs- und Sanktionsvorschriften

1. Wettbewerbsvorschriften

3 Das Recht gegen Wettbewerbsbeschränkungen ist unter anderem in dem Gesetz gegen den unlauteren Wettbewerb (UWG)[10] sowie im **Strafgesetzbuch** (Wettbewerbsbeschränkende Absprachen bei Ausschreibungen, Bestechung und Bestechlichkeit im geschäftlichen Verkehr; §§ 298, 299 StGB) und vor allem im **Gesetz gegen Wettbewerbsbeschränkungen (GWB)** sowie im **europäischen Wettbewerbsrecht** geregelt.

a) Wettbewerbsregeln des GWB

4 Das GWB verbietet, um die Funktionsfähigkeit des Wettbewerbs sicherzustellen, **wettbewerbsbeschränkende Vereinbarungen** sowie vergleichbare Kontakte zwischen Wettbewerbern und unterwirft die auf sonstige Weise entstandene Marktmacht von Unternehmen einer **Missbrauchsaufsicht**. Durch die 2. GWB-Novelle wurde im Jahre 1973 eine **Fusionskontrolle** eingeführt, um das Entstehen einer „übermäßigen" Unternehmenskonzentration zu verhindern. Daraus wird deutlich, dass bereits einer Gefährdung des Wettbewerbs begegnet werden soll, die sich aus einer Veränderung der Marktstruktur in Folge des Zusammenschlusses ergeben kann, ohne dass es auf das aktuelle oder zukünftige Verhalten der be-

---

[6] Vgl. *Emmerich*, Kartellrecht, S. 2; *Tiedemann*, Kartellrechtsverstöße und Strafrecht, 1976, S. 95 ff.; EuGH Rs. C-8/08, Slg. 2009, S. I-4529 Rn. 38 (*T-Mobile Netherlands*).
[7] Vgl. dazu *Tiedemann*, Wirtschaftsstrafrecht und Wirtschaftskriminalität, Bd. 2, 1976, S. 18 f.; gegen eine Kriminalisierung des Kartellrechts *Dreher*, WuW 03/2011, S. 232 ff.; für eine Kriminalisierung dagegen *Wagner-von Papp*, WuW 03/2010, S. 268 ff. und *ders.* WuW 12/2009, S. 1236 ff.; *Möschel*, WuW 09/2010, S. 869 ff.; *Federmann*, S. 27 ff.
[8] Siehe dazu *Dannecker*, in: FS Tiedemann, S. 805 ff.
[9] Näher dazu *Dannecker*, in: FS Tiedemann, S. 789, 810 m. w. N.
[10] Näher dazu 1. Kapitel – Die Entwicklung des Wirtschaftsstrafrechts in der Bundesrepublik Deutschland.

A. Schutz durch straf- und bußgeldrechtliche Sanktionsvorschriften **18**

teiligten Unternehmen ankommt. Durch die Fusionskontrolle sollen die Märkte offen gehalten werden.

Das Recht gegen Wettbewerbsbeschränkungen hat seit dem Jahre 1945 erhebliche praktische Bedeutung erlangt, was sich nicht zuletzt darin niederschlägt, dass das GWB durch zahlreiche Novellen, inzwischen acht, fortentwickelt wurde.[11] Dabei diente die 7. GWB-Novelle vom 15.7.2005[12] insbesondere der Anpassung an das europäische Kartellrecht.[13] Die 8. GWB-Novelle zielt neben einer weiteren Harmonisierung mit den europäischen Vorgaben auf eine Verbesserung der wettbewerblichen Rahmenbedingungen sowie auf eine effizientere Durchsetzung des GWB ab.[14]

b) Europäische Wettbewerbsregeln

Zum nationalen Wettbewerbsrecht tritt das **europäische Wettbewerbsrecht** auf der Grundlage der Römischen Verträge. Ziel der Europäischen Union ist nach Art. 1 Abs. 2 AEUV i. V. m. Art. 2 EG die Errichtung eines Gemeinsamen Marktes sowie einer Wirtschafts- und Währungsunion, beruhend auf den verschiedenen gemeinsamen Politiken, die im Einzelnen in den Art. 3 und 4 EG aufgezählt sind. Dieser Gemeinsame Markt soll nach Art. 26 Abs. 2 AEUV (vormals Art. 14 Abs. 2 EG) marktwirtschaftlich geprägt sein, das heißt, primär über den Wettbewerb gesteuert werden. Art. 101 AEUV (zuvor: Art. 81 EG) enthält ein **Verbot wettbewerbsbeschränkender Absprachen und abgestimmter Verhaltensweisen**; Art. 102 AEUV (ehemals Art. 82 EG) verbietet den **Missbrauch einer marktbeherrschenden Stellung**. Im Jahre 1989 hat der Rat der EG eine europäische **Fusionskontroll-Verordnung**[15] erlassen, die am 21.9.1990 in Kraft getreten ist und durch eine Neufassung[16] im Jahr 2004 ersetzt worden ist (Rn. 277).

5

c) Verhältnis der nationalen zu den europäischen Wettbewerbsregeln

Auf Kartellverstöße, die nur innerstaatliche Auswirkungen haben bzw. denen keine gemeinschaftsweite Bedeutung zukommt, ist allein das deutsche Recht anwendbar, da das EU-Recht nur Sachverhalte mit zwischenstaatlicher Bedeutung erfasst. Auch im Kartellrecht gilt bei zwischenstaatlichen Sachverhalten der Anwendungsvorrang des Unions- bzw. Gemeinschaftsrechts, so dass Letzteres im Konfliktfall das nationale Recht in der Anwendung verdrängt. Dies bedeutet jedoch nicht, dass auf denselben Sachverhalt europäisches und deutsches Kartellrecht nicht nebeneinander angewandt werden können.[17] Diese Möglichkeit sieht Art. 3 VO 1/2003 sogar ausdrücklich vor.[18] Wenn es allerdings zu einer rechtskräftigen Sanktionierung gekommen ist, greift der Grundsatz „ne bis in idem" ein (Rn. 267 ff.).

6

Im Einzelnen bestimmt sich im Rahmen der Wettbewerbsbeschränkungen das Verhältnis des nationalen zum europäischen Recht wie folgt:[19]

---

[11] 1. Novelle: Gesetz vom 15.9.1965, BGBl. I S. 1363; 2. Novelle: Gesetz vom 3.8.1973, BGBl. I S. 917; 3. Novelle: Gesetz vom 28.6.1976, BGBl. I S. 1697; 4. Novelle: Gesetz vom 26.4.1980, BGBl. I S. 458; 5. Novelle: Gesetz vom 22.12.1989, BGBl. I S. 2486; 6. Novelle: Gesetz vom 26.8.1998, BGBl. I S. 2521, 7. Novelle: Gesetz vom 7.7.2005, BGBl. I S. 1954.

[12] BGBl. I S. 2114.

[13] Eingehend dazu *Dannecker*, wistra 2004, 361 ff.; *Achenbach*, wistra 2006, 2 ff.; *Bechtold*, NJW 2007, 3761 ff.; *Wagemann*, in: *Schwarze* (Hrsg.), Verfahren und Rechtsschutz im europäischen Wirtschaftsrecht, 2010, S. 82, 85 ff.

[14] Siehe nur Eckpunktepapier des BMWi v. 1.8.2011 und Referentenentwurf des BMWi v. 10.11.2011, zu finden unter www.bmwi.de; siehe auch *Gronemeyer/Slobodenjuk*, WRP 2012, 290, 291; *Bechtold*, BB 2011, 3075 ff.; *Leber*, GRURInt 2012, 106 ff.

[15] EG 4046/89 ABl. L 395 vom 30.12.1989, S. 1.

[16] EG 139/04 ABl. L 24 vom 29.1.2004, S. 1.

[17] So bereits BGH NJW 1993, 2445 ff.

[18] § 22 GWB hat insoweit nur deklaratorische Bedeutung; siehe *Staebe* in *Schulte/Just*, Kartellrecht, § 22 GWB, Rn. 2.

[19] Näher dazu *Dannecker*, wistra 2004, 361, 362; *F. Immenga/Lange*, RIW 2003, 889, 890.

Wettbewerbsbeschränkende Absprachen können auch nach den Regeln des nationalen Rechts beurteilt werden, die aber nicht anders ausgelegt und angewandt werden dürfen als Art. 101 Abs. 1, 3 AEUV (Art. 3 Abs. 1 S. 1, Abs. 2 S. 1 VO 1/2003; § 22 Abs. 1, 2 GWB).

Im Bereich der **Missbrauchskontrolle** besteht ebenfalls die Möglichkeit, nationales und europäisches Recht parallel anzuwenden. Die Mitgliedstaaten dürfen in diesem Bereich auch strengere Vorschriften als das EU-Recht erlassen und anwenden (Art. 3 Abs. 1 S. 2, Abs. 2 S. 2 VO 1/2003, § 22 Abs. 2 S. 2, Abs. 3 GWB). Bei einseitigen Maßnahmen mit zwischenstaatlichen Auswirkungen darf deshalb auf die §§ 19, 20 und 21 GWB (§§ 20 und 21 GWB a. F.) zurückgegriffen werden.[20]

Diese Vorgaben zum Verhältnis von nationalem und EU-Recht wirken sich auch auf das **Sanktionsrecht** aus: Rechtsverstöße gegen Art. 101 und 102 AEUV können in Tateinheit zu den Verletzungen nationaler Kartellrechtsvorschriften stehen. Verhaltensweisen, die den zwischenstaatlichen Handel zu beeinträchtigen geeignet sind, jedoch nicht unter Art. 101 AEUV fallen, sind auch nach nationalem Recht nicht ahnd- oder strafbar. Allerdings kann das nationale Sanktionsrecht nur von Deutschland, nicht auch von der EU-Kommission angewendet werden. Hingegen können die Mitgliedstaaten strengere Sanktionsvorschriften als das Unionsrecht zur Bekämpfung des Missbrauchs einer marktbeherrschenden Stellung vorsehen.[21]

Für das **Verhältnis zwischen nationaler und europäischer Fusionskontrolle** ist Art. 21 der Fusionskontrollverordnung 139/2004[22] maßgeblich. Danach ist für Unternehmenszusammenschlüsse mit gemeinschaftsweiter Bedeutung ausschließlich die Kommission zuständig und das GWB deshalb nicht anwendbar.[23]

2. Sanktionsvorschriften

7 Um wettbewerbsbeschränkende Absprachen und den Missbrauch einer marktbeherrschenden Stellung zu verhindern und die Durchführung der Fusionskontrolle sicherzustellen, sehen sowohl das nationale Recht als auch das Gemeinschaftsrecht grundsätzlich nur die Verhängung von Geldbußen vor. Im nationalen Recht können Geldbußen gegen **natürliche Personen und gegen Personenverbände**, im europäischen Recht gegen **Unternehmen und Unternehmensvereinigungen** verhängt werden. Die weitgehende **Beschränkung der Sanktionsvorschriften** im Kartellrecht durch den deutschen Gesetzgeber **auf Bußgeldtatbestände** ist seit den Beratungen der Großen Strafrechtskommission zur Reform des Wirtschaftsstrafrechts im strafrechtlichen Schrifttum immer wieder kritisiert worden, während den meisten wirtschaftsrechtlichen, wirtschaftsverwaltungsrechtlichen und wirtschaftspolitischen Fachleuten die Ausgestaltung als Ordnungswidrigkeit durchaus willkommen ist, weil sie es ermöglicht, einen Kompromiss zwischen Betroffenen und Ahndungsinstanz nach Gesichtspunkten wirtschaftspolitischer Opportunität zu finden.[24] Der Gesetzgeber hat die Empfehlungen der Sachverständigenkommission zur Kriminalisierung und die Kritik im strafrechtlichen Schrifttum an der gegenwärtigen Rechtslage[25] bislang nicht aufgegriffen und lediglich **wettbewerbswidrige Absprachen bei Ausschreibungen** durch § 298 StGB mit Kriminalstrafe bedroht.[26]

---

[20] Siehe dazu *Pischel*, GRUR 2011, 685 ff.
[21] *Dannecker*, wistra 2004, 361, 362 f.
[22] ABl. 04/L24/1.
[23] *Brinker*, in: *Schwarze* (Hrsg.), Verfahren und Rechtsschutz im europäischen Wirtschaftsrecht, 2010, S. 42, 48.
[24] Siehe nur *Dannecker/Biermann*, in: *Immenga/Mestmäcker* (Hrsg.), EU-Wettbewerbsrecht, Bd. I Teil 2, Art. 23 VO 1/2003 Rn. 328 ff.
[25] Eingehend dazu *Dannecker*, in: FS Tiedemann; siehe auch *Biermann*, ZWeR 2007, 1 ff.
[26] Näher dazu unten Rn. 31 ff.

B. Wettbewerbsbeschränkende Absprachen bei Ausschreibungen

Absprachen zwischen Anbietern bei Ausschreibungen der öffentlichen Hand und von privaten Auftraggebern mit dem Ziel, dass die Konkurrenten überhöhte Angebote abgeben und so reihum bei weiteren Ausschreibungen jeweils ein Unternehmen mit seinem dann niedrigsten Angebot den Zuschlag als „Billigster" erlangt, sind seit Jahrzehnten eine verbreitete Erscheinung wettbewerbsbeschränkender Absprachen[27] und bilden deshalb einen Schwerpunkt bei der Ahndung von Kartellrechtsverstößen. Die Entstehung solcher Submissionskartelle wird begünstigt, wenn auf der Anbieterseite ein oligopolistisch strukturierter Markt besteht. Unternehmen, die solche Absprachen treffen, berufen sich zur Rechtfertigung ihres Verhaltens in der Regel darauf, dass in ihrer Branche Abwehrmaßnahmen zur Verhinderung eines ruinösen Wettbewerbs unabdingbar seien.[28] Gleichwohl sind solche Absprachen rechtswidrig und können grundsätzlich gemäß § 298 StGB bestraft werden.[29]

Von den verbotenen Submissionsabsprachen sind **legale Bietergemeinschaften** zu unterscheiden, die vorliegen, wenn mehrere Unternehmen gemeinsam ein Angebot abgeben, das sie wegen der Größe oder Komplexität des Projekts allein nicht abgeben könnten und mit dem sie in offene Konkurrenz zu anderen Bietern treten.[30] Solche Bietergemeinschaften unterfallen weder dem GWB, noch erfüllen sie einen Straftatbestand.

Submissionsabsprachen unterscheiden sich von den sonstigen Wettbewerbsverstößen dadurch, dass die Ausschreibenden über die Marktlage getäuscht werden und der Empfänger des Zuschlags unter Umständen einen unberechtigt hohen Preis zulasten des Auftraggebers erlangt. Der BGH hat in den „*Rheinausbau*"-Entscheidungen – unter Aufgabe seiner früheren Rechtsprechung[31] – **Submissionskartelle als strafbaren Betrug** angesehen.[32] Die dadurch in der Literatur ausgelösten heftigen Diskussionen über die Schadensproblematik haben den Gesetzgeber schließlich dazu veranlasst, durch das Gesetz zur Bekämpfung der Korruption vom 13.8.1997[33] den Straftatbestand „Wettbewerbsbeschränkende Absprachen bei Ausschreibungen" (§ 298 StGB) einzuführen (Rn. 31 ff.).[34] Daneben finden grundsätzlich die Bußgeldvorschriften des GWB Anwendung (Rn. 52 ff.) und ermöglichen insbesondere die Verhängung von Geldbußen gegen juristische Personen und Personenvereinigungen (Rn. 54).

I. Die durch Submissionsabsprachen verursachten Schäden

Ausschreibungen von Waren und gewerblichen Leistungen haben heute im Wirtschaftsleben eine **erhebliche Bedeutung**.[35] Dies gilt zum einen für die Auftragsvergabe durch die öffentliche Hand, zunehmend aber auch für privatwirtschaftliche Aufträge, so z. B. im Bereich der Wasser- und Energieversorgung, des Verkehrswesens und der Telekommunikation.[36] Die Ausschreibungen werden in der Regel in einem förmlichen Verfahren durchgeführt. Für Bauleistungen gelten die VOB/A[37] und für sonstige Leistungen die VOL/A. Größere Pro-

---

[27] Einen Überblick über die historische Entwicklung gibt *Oldigs*, Möglichkeiten und Grenzen der strafrechtlichen Bekämpfung von Submissionsabsprachen, S. 2 f.
[28] *Diehl*, BauR 1993, 1; *Möschel*, Zur Problematik einer Kriminalisierung von Submissionsabsprachen, 1980, S. 36 ff.; *Schaupensteiner*, NStZ 1996, 410; vgl. auch *Tiedemann*, ZStW 94 (1982), 338 ff.; *ders.*, Kartellrechtsverstöße und Strafrecht, S. 82.
[29] BGH WuW/E Verg. 486 ff., NJW 2001, 3718 ff. (*Flughafen München*).
[30] Näher dazu *Immenga*, DB 1984, 385.
[31] BGHSt 16, 367.
[32] BGHSt 38, 186; BGH NJW 1995, 737 („*Rheinausbau*"-Entscheidungen).
[33] BGBl. 1997 I S. 2038.
[34] Zur Entstehungsgeschichte vgl. *Korte*, in: *Dahs* (Hrsg.), Kriminelle Kartelle?, 1998, S. 43 ff.
[35] *Schäfer*, Beilage 12 zu BB 1996, 3; *Oldigs*, Möglichkeiten und Grenzen der strafrechtlichen Bekämpfung von Submissionsabsprachen, S. 4 m. weit. Nachw.
[36] *Fischer*, Strafgesetzbuch, 60. Aufl. 2013, § 298 Rn. 2.
[37] Eingehend dazu *Franzen*, Die Strafbarkeit und Strafwürdigkeit von Bietungsabkommen, 1970, S. 8 ff.

jekte werden zunehmend grenzüberschreitend ausgeschrieben; hierbei sind die europarechtlichen Vorgaben zu berücksichtigen.[38] Dabei stehen Absprachen über Ausschreibungen in der Bauindustrie im Hinblick auf die Vergabe öffentlicher Aufträge im Mittelpunkt der strafrechtlichen Verfolgung und Ahndung.[39] Daneben sind traditionellerweise auch andere Wirtschaftsbereiche in einem gewissen Umfang von Submissionsabsprachen betroffen.[40]

11 Der Umfang des Schadens, der den Auftraggebern durch Submissionsabsprachen zugefügt wird, ist nicht bekannt. Nach Schätzungen beläuft sich der **Vermögensschaden**, der der öffentlichen Hand allein in der Bauwirtschaft durch Submissionsabsprachen jährlich entsteht, auf ca. 5 Milliarden Euro.[41] Wenn Anbieter Absprachen bei öffentlichen oder privaten Ausschreibungen treffen, wird nicht nur die Gefahr begründet, dass dem Ausschreibenden durch überhöhte Preise ein Schaden entsteht,[42] vielmehr wird das **Ausschreibungsverfahren selbst** letztlich **ad absurdum** geführt. Beide Aspekte zusammen begründen die Sozialschädlichkeit von Submissionsabsprachen.[43]

12 Die **gesamtwirtschaftliche Gefahr** von Submissionskartellen wird darin gesehen, dass die Gefährlichkeit in dem Maße zunimmt, wie die fortschreitende Spezialisierung zur Verstärkung oligopolartiger Strukturen auf der Anbieterseite führt, mit der Folge, dass durch die Absprachen alle potenziellen Anbieter umfasst sind und deshalb nahezu beliebige Preiserhöhungen durchgesetzt werden können.[44] Dadurch wird die Preisgestaltung dahingehend beeinflusst, dass auch völlig unrentabel produzierende Unternehmen einträgliche Aufträge erhalten[45] und innovative Unternehmen, die sich nicht an den Kartellabsprachen beteiligen, „bestraft" werden. Diese Schäden werden dadurch potenziert, dass die am Markt Beteiligten – von den Bauunternehmern über die Bauherren bis hin zu den Bauschätzern – die bei öffentlichen Ausschreibungen erzielten Preise als Bemessungsgrundlage für weitere Projekte heranziehen.[46] Von den überhöhten Baupreisen und den daraus resultierenden Mieterhöhungen werden letztlich alle Bürger geschädigt.[47]

II. Erscheinungsformen der Wettbewerbsbeschränkenden Absprachen bei Ausschreibungen

13 Wettbewerbsbeschränkende Absprachen bei Ausschreibungen betreffen vor allem den **Preis der Leistung**, können sich aber auch auf sonstige Aktionsparameter beziehen. Die Unternehmen vereinbaren in der Regel zunächst, wer von ihnen aufgrund des vorgeblich günstigsten Angebots den Zuschlag erhalten soll. Ein differenziertes Punktesystem ermöglicht es, dass alle an der Absprache beteiligten Unternehmen zu einem bestimmten Zeitpunkt und zu einer bestimmten Gelegenheit zum Zuge kommen und den Zuschlag als günstigster Anbieter erhalten.

---

[38] Eingehend dazu *Rust*, EuZW 1999, 453 ff. m. weit. Nachw.
[39] *Otto*, ZRP 1996, 300; *Tiedemann*, Kartellrechtsverstöße und Strafrecht, S. 81; zu den Besonderheiten des Baumarkts vgl. *Oldigs*, Möglichkeiten und Grenzen der strafrechtlichen Bekämpfung von Submissionsabsprachen, S. 9 f.
[40] *Jaath*, FS K. Schäfer 1980, S. 90 ff.; *R. Schmid*, Der Ausschreibungsbetrug als ein Problem der Strafgesetzgebung, 1982, S. 16 ff., 41 ff.; *Tiedemann*, Kartellrechtsverstöße und Strafrecht, S. 80 ff.
[41] Vgl. dazu *Huhn*, Die strafrechtliche Problematik des Submissionsbetruges unter besonderer Berücksichtigung der neueren Rechtsprechung, 1996, S. 15 f.; *Schaupensteiner*, ZRP 1993, 251; *Tiedemann*, ZRP 1992, 151; vgl. auch *Broß*, VerwArch. 84 (1993), 413. Zur Sozialschädlichkeit des Submissionsbetrugs vgl. *Dannecker*, in: Nomos Kommentar zum Strafgesetzbuch, 4. Aufl. 2013, § 298 Rn. 7.
[42] *Broß/Thode* NStZ 1993, 370; *Dölling*, in: Verhandlungen des 61. Deutschen Juristentages 1996, Bd. I (Gutachten), C 95.
[43] *Fischer*, StGB, 60. Aufl. 2013, § 298 Rn. 2.
[44] So *Müller-Gugenberger*, in: *ders./Bieneck* (Hrsg.), Wirtschaftsstrafrecht, 2. Aufl. 1987, § 47 Rn. 1 m. weit. Nachw.; vgl. auch *Gruhl*, in: *Müller/Gugenberger* (Hrsg.), Wirtschaftsstrafrecht, 4. Aufl. 2006, § 58.
[45] *R. Schmid*, Der Ausschreibungsbetrug als Problem der Strafgesetzgebung, S. 57.
[46] *Häring*, Das Wettbewerbs- und Kartellrecht in der Bauwirtschaft, 1973, S. 58; vgl. auch *Oldigs*, Möglichkeiten und Grenzen der strafrechtlichen Bekämpfung von Submissionsabsprachen, S. 16.
[47] So *Oldigs*, Möglichkeiten und Grenzen der strafrechtlichen Bekämpfung von Submissionsabsprachen, S. 16.

B. Wettbewerbsbeschränkende Absprachen bei Ausschreibungen

1. Absprachen zwischen Marktteilnehmern auf überschaubaren Märkten

Voraussetzung für die Entstehung von Submissionskartellen[48] ist in der Regel, dass die Unternehmen eine ungefähre Vorstellung davon haben, wer sich an der Ausschreibung beteiligen wird, um auf dieser Grundlage den **Kreis der möglichen Kartellteilnehmer** zu bestimmen.[49] Diese Unternehmen können sich dann abstimmen, um dadurch den Wettbewerb auszuschließen und so einen für sie günstigen Preis zu erzielen. Das verbleibende Wettbewerbsrisiko liegt dann allein darin, dass sich noch unbekannte Wettbewerber an der Ausschreibung beteiligen.

14

2. Submissionsabsprachen und Korruption

In der Praxis wird nicht selten der Versuch unternommen, Mitarbeiter (privater oder öffentlicher) Auftraggeber zu **bestechen**, damit diese bei einer beschränkten Ausschreibung die anderen Wettbewerber preisgeben oder offen legen, welche Unternehmen bei einer offenen Ausschreibung die Ausschreibungsunterlagen angefordert haben. Anschließend setzt man sich auch mit den **Außenseitern** in Verbindung, um sie zu bedrängen, sich dem **Kartell anzuschließen**. Daher stehen Submissionsabsprachen nicht selten im Zusammenhang mit **korruptiven Vorgehensweisen**.[50]

15

Weiterhin besteht die Möglichkeit, auf die entscheidenden Personen bei den vergebenden Stellen oder Unternehmen Einfluss zu nehmen. Neben Fällen offensichtlicher Korruption[51] ist die Methode verbreitet, die bestochenen Mitarbeiter des Auftraggebers anzuhalten, „Luftpost" in Ausschreibungsunterlagen einzuarbeiten, die bei den Außenseitern unnötige Zusatzkosten in der Kalkulation hervorruft. In ähnlicher Weise kann mit den **Mitarbeitern des Auftraggebers** vereinbart werden, dass qualitativ minderwertige Ausführungen der Kartellmitglieder später nicht gerügt werden, also de facto ein Verzicht auf Gewährleistungsansprüche vereinbart wird, was die Kartellmitglieder von vornherein mit Kosten senkender Wirkung in ihre Kalkulation einbeziehen können. Auch auf diese Weise kann erreicht werden, dass ahnungslose Kartellaußenseiter ein weniger günstiges Angebot einreichen und deshalb den Zuschlag nicht erhalten.[52]

3. Nutzung des Nachverhandlungsverbots und Erteilung von Komplettaufträgen

Im Bereich des öffentlichen Vergaberechts fördert insbesondere das **Nachverhandlungsverbot**[53] die Entstehung von Submissionskartellen. Gerade weil die Anbieter der Leistungen wissen, dass die Vertragsbedingungen für alle identisch sind und nur das wirtschaftlichste Angebot den Zuschlag erhalten darf, werden sie in die Lage versetzt, sich über die Preise abzusprechen.

16

---

[48] Allgemein zu den Erscheinungsformen der Submissionsabsprachen *Jaath*, FS K. Schäfer, S. 89, 90 ff.; *R. Schmid*, Der Ausschreibungsbetrug als ein Problem der Strafgesetzgebung, S. 4 ff.

[49] *Bangard*, wistra 1997, 161.

[50] Vgl. auch *Tiedemann*, in: Leipziger Kommentar zum Strafgesetzbuch, § 298 Rn. 4; *Oldigs*, Möglichkeiten und Grenzen der strafrechtlichen Bekämpfung von Submissionsabsprachen, S. 47 ff.; zur Notwendigkeit, Korruption und Submissionsabsprachen analytisch zu trennen, vgl. *Lüderssen*, in: *Dahs* (Hrsg.), Kriminelle Kartelle?, S. 58; zu Indikatoren für das Vorliegen von Korruption vgl. *Fiebig/Junker*, Korruption und Untreue im öffentlichen Dienst, 2000, S. 104 ff. Empirische Ergebnisse zur Korruption in Zusammenhang mit Kartellen bei *Bannenberg*, Korruption in Deutschland und ihre strafrechtliche Kontrolle, 2002, S. 114 ff.; siehe auch 1. Kapitel – Die Entwicklung des Wirtschaftsstrafrechts in der Bundesrepublik Deutschland, Rn. 103 f.; *Fischer*, StGB, 60. Aufl. 2013, § 298 Rn. 2.

[51] S. dazu *Claussen*, Korruption im öffentlichen Dienst, 1995, S. 6 ff.

[52] Vgl. *Bangard*, wistra 1997, 161.

[53] Vgl. § 24 Verdingungsordnung für Leistungen. Die Ausschreibungspflicht des Europäischen Vergaberechts beginnt bei öffentlichen Lieferaufträgen über 200 000 Euro bzw. öffentlichen Bauaufträgen über 5 Mio. Euro; vgl. im Einzelnen *Dreher*, in: *Immenga/Mestmäcker* (Hrsg.), GWB, § 100 Rn. 6.

Wenn Nachverhandlungen des Auftraggebers zulässig wären, könnte dadurch das Kartell gesprengt werden, weil dann unklar wäre, zu welchen Zugeständnissen der Auftraggeber die Kartellmitglieder in Einzelverhandlungen drängen würde. Diese Ungewissheit wird durch das Nachverhandlungsverbot ausgeschlossen.

Schließlich wird die Bildung von Submissionskartellen dadurch gefördert, dass die Auftraggeber aus Gründen der Ersparnis eigener Verwaltungskosten dazu neigen, **Komplettaufträge** zu erteilen.

III. Strafbarkeit von Submissionsabsprachen als Betrug

1. Rechtsprechung des Reichsgerichts und des Bundesgerichtshofs bis zum Jahre 1992

17 Während das RG in der Ausschaltung des Wettbewerbs durch die Anbieter einen Vermögensschaden sah,[54] hat der BGH im Jahre 1961 die gegenteilige Position vertreten und dargelegt, dass die Verhinderung der Abgabe günstigerer Angebote noch **keinen Vermögensschaden** begründe. Vielmehr sei Voraussetzung eines Schadens, dass die aufgrund des manipulierten Angebots erbrachte Leistung weniger wert sei als die Gegenleistung des Auftraggebers.[55] Dieser Nachweis konnte aber in der Praxis kaum geführt werden, da die Einlassung, man habe den Preis so knapp wie möglich kalkuliert, ausreichte, um einen Vermögensschaden bei dem Auftraggeber zu verneinen.[56] Deshalb führte unredliches Bieterverhalten bei Ausschreibungen nur unter dem Gesichtspunkt der Schädigung von Mitbewerbern zur Betrugsstrafbarkeit.[57]

2. Änderung der Rechtsprechung des Bundesgerichtshofs in den „Rheinausbau"-Entscheidungen

18 Im Hinblick auf die Anwendbarkeit des Betrugstatbestands auf Submissionsabsprachen brachten die beiden „*Rheinausbau*"-Entscheidungen des BGH,[58] in denen der Betrugstatbestand auf Submissionsabsprachen grundsätzlich für anwendbar erklärt wurde, eine Änderung der Rechtslage.[59] Diese Entscheidungen betrafen den Zusammenschluss von Unternehmen bei der Ausschreibung eines Bauvorhabens durch die öffentliche Hand zu einem **Submissionskartell**. Die Schwierigkeiten bei der strafrechtlichen Bewertung lagen darin begründet, dass nach der Feststellung eines Sachverständigen zwischen der Bauleistung des vom Kartell herausgestellten Anbieters und der vom öffentlichen Auftraggeber geleisteten Bezahlung kein Missverhältnis bestand, so dass nach herkömmlicher Rechtsauffassung ein Betrug nicht in Betracht kam. Gleichwohl bejahte der BGH einen **Schaden im Sinne des Betrugstatbestands**, weil der mit dem Anbieter vereinbarte Preis „höher als der erzielbare Wettbewerbspreis" gewesen sei. Der erzielbare Wettbewerbspreis wurde also an die Stelle des klassischen Äquivalenzverhältnisses von Leistung und Gegenleistung gesetzt. Diese Rechtsprechung blieb weiterhin von Bedeutung für Fälle, in denen § 298 StGB nicht eingreift, weil die Submissionsabsprache zwischen nur einem Bieter und einem Angestellten des Ausschreibenden abgesprochen ist. Denn in solchen Fällen griff nach Auffassung des BGH[60] der Straftatbestand der Wettbewerbsbeschränkenden Absprachen bei Ausschreibungen nicht ein (Rn. 31).

---

[54] RGSt 63, 188; ähnlich OLG Hamm NJW 1958, 1151.
[55] BGHSt 16, 367 ff.; zustimmend *Gutmann*, MDR 1963, 3, 6; vgl. zu dieser Entscheidung auch *Oldigs*, Möglichkeiten und Grenzen der strafrechtlichen Bekämpfung von Submissionsabsprachen, S. 41 f.
[56] *Bruns*, NStZ 1983, 385, 387; *Jaath*, FS K. Schäfer, S. 89, 111; vgl. auch *Moosecker*, FS Lieberknecht 1997, S. 408 f.
[57] BGHSt 34, 379, 391; vgl. *Baumann*, NJW 1992, 1664.
[58] Zum Sachverhalt vgl. *Ranft*, wistra 1994, 41 f.; *Seifert*, in: *Dahs* (Hrsg.), Kriminelle Kartelle?, S. 18 ff.
[59] BGHSt 38, 186; BGH NJW 1995, 737 („*Rheinausbau*"-Entscheidungen).
[60] BGH, JZ 2005, 49 ff. mit Anm. *Dannecker*.

B. Wettbewerbsbeschränkende Absprachen bei Ausschreibungen

a) Täuschungshandlung, Irrtumserregung und Vermögensverfügung

Wettbewerbsbeschränkende Absprachen bei Ausschreibungen erfüllen regelmäßig die Voraussetzungen der Täuschung, der Irrtumserregung und der Vermögensverfügung des Getäuschten: Durch die Abgabe eines Angebots im Zusammenhang mit dem Umstand, dass es sich um eine Ausschreibung handelt, wird dem Angebotsempfänger gegenüber zumindest konkludent erklärt, dass der Anbietende keine Preisabsprachen mit Wettbewerbern getroffen hat und die angebotenen Preise deshalb das Ergebnis einer aufgrund der Konkurrenzsituation möglichst knappen Kalkulation sind, während der Wettbewerb tatsächlich durch die Vereinbarung ausgeschlossen ist. Hierin liegt eine **Täuschungshandlung**.[61] Dies gilt nach der neueren Rechtsprechung des BGH auch bei einer freihändigen Vergabe mit Angebotsanfrage durch öffentliche oder private Auftraggeber an zumindest zwei Unternehmer, denn auch bei dieser Konstellation finde ein Wettbewerb statt. Zudem verbiete § 1 GWB derartige Absprachen.[62]

Beim Auftraggeber wird ein entsprechender **Irrtum** erregt, sofern er keine Kenntnis von der Absprache hat. Selbst wenn er Zweifel hat, ob keine Absprache getroffen worden ist, schließt das einen Irrtum nicht aus.[63]

Die **Vermögensverfügung** liegt in der Annahme des Angebots, da es sich hierbei um eine das Vermögen belastende Verfügung handelt.[64]

b) Vermögensschaden

Während die Tatbestandsmerkmale der Täuschung, Irrtumserregung und Vermögensverfügung in der Regel unproblematisch bejaht werden können, erweist sich die Feststellung eines Vermögensschadens häufig als problematisch. Bei dem **wirtschaftlichen Vermögensschaden**[65] kommt es auf die Wertminderung des Vermögens in seinem funktionalen Gesamtbestand, also auf die Beeinträchtigung der geldwerten Güter einer Person, an. Um beim Submissionsbetrug einen Schaden bejahen zu können, muss der vom Auftraggeber letztlich bezahlte Preis höher als derjenige sein, der ohne die zu Grunde liegende Absprache und Täuschung zu zahlen gewesen wäre.

Beim **Submissionsbetrug** muss zwischen dem **Eingehungsbetrug** (Rn. 21 ff.) und dem **Erfüllungsbetrug** (Rn. 30 ff.) **unterschieden** werden; der auf einer Täuschung beruhende Eingehungsbetrug stellt im Falle der Erfüllung des Vertrags ein notwendiges Durchgangsstadium zum Erfüllungsbetrug dar.

aa) Eingehungsbetrug

Ein Eingehungsbetrug liegt vor, wenn beim Abschluss eines Vertrages der Vergleich der **Vermögenslage vor und nach dem Eingehen der schuldrechtlichen Verbindlichkeit** ergibt, dass der Betroffene wirtschaftlich schlechter gestellt ist als zuvor.[66] Verspricht der Auftraggeber infolge der Täuschung ein Entgelt, das nicht mehr angemessen ist, so liegt unstreitig ein Schaden vor.

Darüber hinaus bejahte der **BGH bei Submissionsabsprachen** in der ersten „Rheinausbau"-Entscheidung einen Schaden, wenn infolge der Ausschaltung des Wettbewerbs ein höherer Preis vereinbart wird, als nach den Verhältnissen des Marktes erforderlich ist, auch wenn der Preis nicht unangemessen ist. Der BGH stellt nämlich darauf ab, ob der tatsächliche An-

---

[61] *Cramer/Perron*, in *Schönke/Schröder*, Strafgesetzbuch, 28. Aufl. 2010, § 263 Rn. 16 f.; *Gruhl*, in: Müller-Gugenberger/Bieneck (Hrsg.), Wirtschaftsstrafrecht, § 58 Rn. 22; *Kanski*, Zur Strafbarkeit von Submissionsabsprachen, 1996, S. 99; *Ranft*, wistra 1994, 41, 42.
[62] BGHSt 47, 83 f.; kritisch dazu *Rönnau*, JuS 2002, 545 f.; zust. *Rose*, NStZ 2002, 41; *Satzger*, JR 2002, 392; *Walter*, JZ 2002, 254; vgl. § 298 StGB unten Rn. 40.
[63] *Oldigs*, Möglichkeiten und Grenzen der strafrechtlichen Bekämpfung von Submissionsabsprachen, S. 61 f.; vgl. *Walter*, JZ 2002, 254 f.; kritisch *Rönnau*, JuS 2002, 545, 546.
[64] *Ranft*, wistra 1994, 41, 42; vgl. *Grüner*, JuS 2002, 882 f.
[65] BGHSt 3, 102; 15, 83; 16, 221; *Fischer*, StGB, 60. Aufl. 2013, § 263 Rn. 88 ff.
[66] BGHSt 3, 99; 15, 24; 16, 220; 16, 321; 16, 367; 22, 88; 23, 300; 30, 389; BGH NJW 1985, 1563 mit Anm. *Seelmann*, JR 1986, 346 f. und *Ranft*, Jura 1992, 75 f.; BGH NJW 1991, 2573; vgl. auch *Ranft*, JR 1994, 523.

gebotspreis über dem „Wettbewerbspreis" liegt.[67] Dabei kann der über Angebot und Nachfrage gebildete Marktpreis (Wettbewerbspreis) – so der BGH – nach den Umständen des Einzelfalles hinsichtlich derselben Ware und der Dienstleistung unterschiedlich sein.[68] Dieser bei Submissionsabsprachen vom BGH zu Grunde gelegte **„hypothetische Wettbewerbspreis"** entspricht dem Preis, der sich bei ordnungsgemäßer Durchführung des Ausschreibungsverfahrens gebildet hätte, sich also aus dem günstigsten Angebot ergeben hätte.[69] Der Schaden liegt zwischen dem Zuschlag und dem hypothetischen – durch keine Submissionsabsprache verfälschten – Wettbewerbspreis.

Die Schadensfeststellung stellt hauptsächlich ein **Beweisproblem** dar. Deshalb nennt der BGH mehrere Indizien dafür, dass der Auftraggeber bei funktionierendem Wettbewerb mit hoher Wahrscheinlichkeit tatsächlich ein geringeres Entgelt hätte versprechen und zahlen müssen. Es handelt sich um folgende **drei Kriterien**:
- die Tatsache, dass es zu einer Kartellabsprache gekommen ist;
- die nahe liegende Beeinflussung des Preises durch den Wegfall des Geheimwettbewerbs;
- die Zahlung von Präferenzen an Kartellmitglieder bzw. die Vornahme von Ausgleichszahlungen an Kartellaußenseiter.

Zu der im Einzelfall vom Tatrichter vorzunehmenden Würdigung und zu dem erforderlichen **Grad der richterlichen Überzeugung** hinsichtlich des Schadens führt der BGH aus, dass Voraussetzung einer Verurteilung nach § 263 StGB die auf der Grundlage von Indizien erlangte Überzeugung des Tatrichters ist, dass der Auftraggeber mit hoher Wahrscheinlichkeit ein nur geringeres Entgelt hätte versprechen müssen, sofern die Absprache nicht vorgelegen hätte. Wenn der Tatrichter in diesem Sinne vom grundsätzlichen Vorliegen eines Schadens überzeugt sei, solle er dessen Höhe unter Beachtung des Zweifelsatzes schätzen dürfen, wenn eine genaue Ermittlung nicht möglich sei.[70]

23 In der Entscheidung „*Rheinausbau II*" hat der BGH diese Grundsätze bestätigt und weiter vertieft. Insbesondere hebt er hervor, dass **Ausgleichszahlungen** nicht nur „ein sehr gewichtiges Indiz" für das Vorliegen eines überhöhten Preises sind,[71] sondern sich dieser „nahezu zwingend" aus dem Vorliegen von Ausgleichszahlungen ergebe.[72] In den Folgeentscheidungen wurden dann Ausgleichs- bzw. Schmiergeldzahlungen als Grundlage für die Bewertung des Mindestbetrugsschadens herangezogen.[73] Wenn man diese Kriterien als ausreichend ansieht, um einen Eingehungsbetrug zu begründen, und diese Indizien großzügig – wie der BGH – handhabt, ist dem **Tatrichter ein weiter Spielraum** für die Schadensfeststellung und dessen Schätzung eröffnet,[74] so dass ein erheblicher Teil der Kartellordnungswidrigkeiten nunmehr unter den Straftatbestand des § 263 StGB subsumiert werden kann.

24 Bei einer **freihändigen Vergabe** mit Angebotsanfragen umfasst der Vermögensschaden die absprachebedingten Preisaufschläge.[75] In diesen Fällen ist ein Schaden mindestens in Höhe der Schmiergeldbeträge und Ausgleichszahlungen entstanden, denn bei einer wettbe-

---

[67] BGHSt 38, 186 ff. mit Anm. *Baumann*, NJW 1992, 1661 ff.; *Cramer*, NStZ 1993, 40 ff.; *Joecks*, wistra 1992, 247 ff.; *Kramm*, JZ 1993, 422 ff.; vgl. auch *Achenbach*, NStZ 1993, 427, 428; *Broß/Thode*, NStZ 1993, 370; *Hefendehl*, ZfBR 1993, 164; *Kerner/Rixen*, GA 1996, 387; *Mitsch*, JZ 1994, 889; *Otto*, JZ 1993, 656; *ders.*, ZRP 1996, 300; *Quack*, BauR 1992, 387 f.; *Ransiek*, StV 1996, 452; *Seifert*, in: *Dahs* (Hrsg.), Kriminelle Kartelle?, S. 22 ff.; vgl. auch *Grüner*, JuS 2001, 882, 883 ff.; *Ranft*, wistra 1994, 41; *Rönnau*, JuS 2002, 545, 547.

[68] A. A. die Vorinstanz LG Frankfurt NStZ 1991, 86.

[69] BGHSt 38, 196; BGH NJW 1995, 738; siehe *Pasewaldt*, ZIS 2/2008, S. 84, 90 f.

[70] BGHSt 38, 193 unter Berufung auf BGHSt 36, 328.

[71] BGH NJW 1995, 738; vgl. zur entsprechenden Argumentation bei Schmiergeldzahlungen BGH wistra 1997, 337.

[72] Zu Ausgleichszahlungen und zum Vermögensschaden siehe BGHSt 38, 195; BGH NJW 1995, 738; BGH NJW 1997, 3038; BGHSt 47, 88 f.; *Theile/Mundt*, NZBau, 2011, 715, 717 f.

[73] BGH NJW 1997, 3038 (*Schmiergeldzahlungen*); BGHSt 47, 88 f. (*Flughafen München*); zustimmend *Walter*, JZ 2002, 254, 255.

[74] *Tiedemann*, ZRP 1992, 150.

[75] BGHSt 47, 88; vgl. dazu *Best*, GA 2003, 166 ff.; *Rönnau*, JuS 2002, 545, 546 ff.; *Rose*, NStZ 2002, 41 ff.; *Satzger*, JR 2002, 392 ff.; *Walter*, JZ 2002, 255 f.

B. Wettbewerbsbeschränkende Absprachen bei Ausschreibungen

werbskonformen Preisbestimmung wären solche sachfremden Rechnungsposten nicht in die Angebotssumme eingeflossen.[76] Dies stellt im Rahmen der Rechtsprechung des BGH eine Neuerung dar, welche die Nachweispflicht erheblich erleichtert und der internationalen Tendenz entspricht, Kartellrechtsverstöße strafrechtlich zu verfolgen.[77] Zuvor bestand der Vermögensschaden in der Differenz zwischen dem aufgrund der Vereinbarung erzielten Preis und demjenigen Preis, der unter Beachtung der im Vergabeverfahren geltenden Vorschriften hypothetisch erzielbar gewesen wäre,[78] was in der Praxis meist nicht mehr rekonstruiert werden konnte.

In der Literatur ist an den „*Rheinausbau*"-Entscheidungen teilweise erhebliche **Kritik** geübt worden.[79] Bedenken wurden zum einen im Hinblick auf die Möglichkeit, den hypothetischen **Wettbewerbspreis mit an Sicherheit grenzender Wahrscheinlichkeit festzustellen**, erhoben.[80] Wenn ein funktionsfähiger Wettbewerb wegen der Submissionsabsprache nicht stattfinden könne, könne auch nicht angenommen werden, dass ohne die Absprache ein niedrigerer Preis erzielbar gewesen wäre. Zum anderen sei der hypothetische Marktpreis als Basis einer Schadensberechnung unbrauchbar, weil bei der Ausschreibung von Bauleistungen wegen ihrer Einmaligkeit der Preis für die zu erbringende Leistung nicht der einzige Parameter einer Ausschreibung sei. Eine Ausschreibung beruhe stets auf einer Kombination zwischen Leistungs-, Qualitäts- und Preiswettbewerb. Deshalb müssten bei der Berechnung des hypothetischen Wettbewerbspreises alle in Betracht kommenden Parameter zueinander in Beziehung gesetzt werden.[81]

Selbst wenn sich ein hypothetischer Marktpreis feststellen lässt, bleibt die Frage offen, in wieweit in der **Chance auf einen günstigeren Vertragsabschluss** ein strafrechtlich geschützter Vermögensbestandteil gesehen werden kann. Im Hinblick darauf, dass das durch § 263 StGB geschützte Vermögen auch tatsächliche Erwerbsaussichten umfasst, wenn diese nur hinreichend konkretisiert sind und ihnen im Wirtschaftsverkehr ein eigener Wert zugemessen wird, kann die Chance des Ausschreibenden, einen Vertrag zu einem günstigen Preis abzuschließen, bereits als Vermögensbestandteil angesehen werden. Voraussetzung hierfür ist allerdings, dass durch die Submissionsabsprache ein dem Ausschreibenden vorliegendes Angebot, das dieser nur anzunehmen braucht, vernichtet wird. Hieran fehlt es aber bei Submissionsabsprachen in aller Regel, weil der Anbieter einem Kartell gegenübersteht, das von vornherein nicht bereit ist, eigenständig kalkulierte Angebote abzugeben. Damit kann in den meisten Fällen weder davon gesprochen werden, dass sich eine solche abstrakte Chance nach dem gewöhnlichen Verlauf der Dinge zu dem erhofften Vermögenszuwachs weiter entwickeln wird, noch dass eine solche Aussicht schon insoweit konkretisiert ist, dass die Realisierung der Chance auch nur wahrscheinlich ist. Es fehlt daher an einer schützenswerten Exspektanz.[82]

Die vom BGH aufgestellten Kriterien für die Schadensfeststellung werden in der Literatur teilweise als geeignet angesehen, eine hinreichende Grundlage für die richterliche Überzeugungsbildung hinsichtlich des Vorliegens eines Vermögensschadens zu vermitteln.[83] Zum Teil werden jedoch auch **Bedenken gegen die Tragfähigkeit der** vom BGH genannten **Indizien** erhoben:[84] Als erstes Indiz für die Annahme eines Vermögensschadens führt der BGH an, dass eine **Submissionsabsprache getroffen** worden ist. Submissionskartelle würden –

---

[76] BGH NJW 1997, 3038.
[77] *Lampert/Götting*, WuW 2002, 1069, 1070; *Federmann*, S. 27 ff.
[78] Vgl. zu dieser Rechtsprechung BGHSt 38, 192 ff.
[79] *Geerds*, DWiR 1992, 120 ff.; *Joecks* wistra 1992, 247; *Moosecker*, FS Lieberknecht 1997, S. 417 ff.
[80] *Lüderssen*, wistra 1995, 247; *Moosecker*, FS Lieberknecht 1997, S. 417, 426; *Pasewaldt*, ZIS 2/2008, S. 84, 90 f. m. weit. Nachw.
[81] *Cramer*, Zur Strafbarkeit von Preisabsprachen in der Bauwirtschaft, 1995, S. 15; *ders.*, in: *Dahs* (Hrsg.), Kriminelle Kartelle?, S. 29 ff.; zur Notwendigkeit, auf die konkreten Umstände des Einzelfalles abzustellen, vgl. auch *Satzger*, Der Submissionsbetrug, 1994, S. 133 ff.
[82] *Ranft*, wistra 1994, 41, 43; *Rönnau*, JuS 2002, 545, 547 f.; vgl. auch *Grüner*, JuS 2001, 882, 885; *Hohmann*, NStZ 2001, 570.
[83] So z. B. *Satzger*, Der Submissionsbetrug, 1994, S. 125 ff.
[84] So insbesondere von *Cramer*, in: *Dahs* (Hrsg.), Kriminelle Kartelle?, S. 37 ff.

so der BGH – nicht gebildet und am Leben erhalten, wenn sie ihren Mitgliedern keine höheren als die sonst erzielbaren Marktpreise brächten. Der Zweck einer Kartellabsprache kann jedoch ausnahmsweise auch in der Existenzsicherung eines Unternehmens liegen, ohne die wiederum eine Wettbewerbssituation nicht denkbar ist. Insbesondere zielen nicht alle Kartellabsprachen auf einen Vermögensschaden des Ausschreibenden durch Verhinderung eines leistungsgerechten Wettbewerbs ab. Es kann daher nicht generell unterstellt werden, dass Preisabsprachen stets auf höhere als die unter Wettbewerbsbedingungen möglichen Marktpreise abzielen.[85]

27 Als zweites Indiz nennt der BGH die **Preisbildung ohne Wettbewerbsdruck**. Es liege nahe – so der BGH –, dass unter dem Druck des Wettbewerbs und in Unkenntnis der Angebote anderer die am Auftrag interessierten Unternehmen schärfer kalkulieren und ihre Leistungen zu niedrigeren Preisen anbieten als Unternehmen, die mit keinen Konkurrenzangeboten zu rechnen haben. Hiergegen wendet sich *Cramer* mit der Begründung, dass im Wege einer Hochrechnung aus dem üblichen Verhalten von Unternehmen auf ein Verhalten im Einzelfall geschlossen werde. Es sei jedoch für den jeweiligen Einzelfall festzustellen, in welchem Maße es zu einer Beschränkung des Wettbewerbs zum Zwecke der Erzielung höherer Preise gekommen sei. Wenn der „Nullpreis" von den Kartellmitgliedern als Angebotspreis ausgehandelt worden sei, komme dieser ebenfalls aufgrund eines Wettbewerbs zustande, weil die einzelnen Mitglieder dafür sorgten, dass der „Nullpreis" nicht so hoch angesetzt wird, dass der den Zuschlag Erhaltende überdurchschnittliche Gewinne macht. Insbesondere in Fällen knapper Auftragslage liege die Vermutung nahe, dass kein überhöhter Preis, sondern ein solcher Preis, der den Fortbestand des Unternehmens sichere, gebildet und dem Angebot zu Grunde gelegt werde.[86]

28 Das wichtigste Indiz ist nach Auffassung des BGH die **Leistung von Präferenzen** an mitbietende oder nichtbietende Kartellmitglieder und **von Ausgleichszahlungen** an Kartellaußenseiter. Solche Leistungen würden nur vorgesehen und auch geleistet, wenn der Angebotspreis über dem „hypothetischen Wettbewerbspreis" liege. Dies ist zwar dann der Fall, wenn die Ausgleichszahlung dazu dient, bei der Vergabe nicht berücksichtigte Unternehmen ohne Leistung am Gewinn zu beteiligen, nicht hingegen bei Notkartellen, durch die sichergestellt werden soll, dass jedes Unternehmen einmal mit öffentlichen Aufträgen bedacht wird. Diesbezüglich hebt *Cramer*[87] hervor, dass die Erreichung dieses Ziels davon abhänge, dass in absehbarer Zeit neue Ausschreibungen erfolgen, an denen sich die zunächst nicht berücksichtigten Unternehmen nun mit Erfolg beteiligen können. Da man jedoch nicht wisse, wann ein neues Projekt ausgeschrieben werde, müssten Wege gefunden werden, um in der Zwischenzeit die Existenz der zunächst nicht berücksichtigten Unternehmen zu sichern. Soweit durch eine kontinuierliche Auslastung der Kapazitäten die Vorhaltekosten gesenkt werden, könnten Absprachen letztlich auch zu Preisreduzierungen für den öffentlichen Auftraggeber führen, da der darin liegende Vorteil in aller Regel zumindest teilweise auch an diesen weitergegeben werde. Das vom BGH genannte Kriterium der Zahlung von Präferenzen und Ausgleichszahlungen ist als Indiz für einen hypothetischen Wettbewerbspreis unterhalb des tatsächlichen Angebotspreises unter Umständen schwach. Denn wie sich ein Anbieter in einer unverfälschten Wettbewerbssituation verhalten hätte, hängt von zahlreichen Umständen, insbesondere von der tatsächlichen Auftragslage ab.[88]

29 Der gegen die Ausführungen des BGH erhobene Einwand, **Ausgleichszahlungen** seien ohne jeden **Aussagewert** für den hypothetischen Wettbewerbspreis, weil diese Ausgleichszahlungen lediglich den Gewinn des Zahlenden schmälern, nicht aber auf den Angebotspreis aufgeschlagen würden, dürfte gleichwohl in der Regel zu widerlegen sein, wie das „*Rheinaus-*

---

[85] *Cramer*, in: *Dahs* (Hrsg.), Kriminelle Kartelle?, S. 38; *Ranft*, wistra 1994, 41, 43; *Lüderssen*, wistra 1995, 243; *Moosecker*, FS Lieberknecht 1997, S. 418 f.
[86] *Cramer*, in: *Dahs* (Hrsg.), Kriminelle Kartelle?, S. 38 f.; vgl. auch *Moosecker*, FS Lieberknecht 1997, S. 419 f.
[87] *Cramer*, in: *Dahs* (Hrsg.), Kriminelle Kartelle?, S. 40 f.
[88] *Ranft*, wistra 1994, 41, 43 f.; vgl. auch *Joecks*, wistra 1992, 251.

B. Wettbewerbsbeschränkende Absprachen bei Ausschreibungen

bau"-Verfahren[89] zeigt:[90] Der Ermittlung des sog. Nullpreises für das zu schützende Angebot lagen ursprünglich Preisangaben der neuen Kartellmitglieder zwischen 10 Mio. und 16,85 Mio. DM zugrunde. Der sog. Nullpreis wurde auf einer Ausgangsbasis von 15 Mio. DM wegen der Ausgleichszahlungen auf 18,9 Mio. DM festgelegt. An Ausgleichs- und Präferenzzahlungen waren in diesem Preis 5,15 Mio. DM eingeschlossen.[91]

bb) Erfüllungsbetrug

Weiterhin zieht der BGH das Vorliegen eines Erfüllungsbetrugs in Betracht, obwohl er einen Eingehungsbetrug bejaht hat.[92] Beim Erfüllungsbetrug ist der Schaden mittels eines **Vergleichs des vertraglichen Anspruchs**, den der Verletzte vor der Täuschung hatte, mit dem, was er tatsächlich **durch die Erfüllung erlangt** hat, zu ermitteln.[93] Ob die vertragsgemäße Ausführung ein „gutes" oder ein „schlechtes" Geschäft ist, ist irrelevant, da § 263 StGB keine ausgewogenen Vertragsverhältnisse, sondern den Schutz gegen vermögensschädigende Täuschungen gewährleisten soll.[94]

30

Der BGH hat einen Erfüllungsbetrug bei Submissionsabsprachen in der „*Rheinausbau I*"-Entscheidung[95] unter Rückgriff auf die § 5 Abs. 3, § 7 und § 9 der Verordnung PR Nr. 1/72 über die Preise für Bauleistungen bei öffentlichen oder mit öffentlichen Mitteln finanzierten Aufträgen vom 6. März 1972[96] bejaht, falls nicht schon ein Eingehungsbetrug vorliegen sollte. Nach diesen Vorschriften hat eine unzulässige Beschränkung des Wettbewerbs durch Preisabsprachen zur Folge, dass der vereinbarte Preis automatisch auf den Selbstkostenfestpreis beschränkt wird. Wenn die Unternehmen – so der BGH – dieser Konsequenz entgehen wollen, könne dies unter dem Gesichtspunkt des Erfüllungsbetrugs Bedeutung erlangen.[97] Der Schadensnachweis aufgrund der **Selbstkostenfestpreis-Regelung** setzt dabei die Feststellung voraus, dass der Selbstkostenfestpreis niedriger ist als der vertraglich ausbedungene Preis.[98] Zu demselben Ergebnis kommt die unter wettbewerbsrechtlichen Aspekten konsequente Argumentation von *Tiedemann*, der vorschlägt, den Vermögensschaden im Rahmen von Submissionsabsprachen zu normativieren und stets dann zu bejahen, wenn festgestellt wird, dass das von dem Ausschreibenden angenommene Angebot kein echtes Wettbewerbsangebot war, sondern auf einem durch eine Submissionsabsprache verfälschten Wettbewerb beruhte.[99]

Weiterhin stützt der BGH den Erfüllungsbetrug darauf, dass der getäuschte Auftraggeber mindestens zeitweilig an der **Geltendmachung ihm zustehender Schadensersatzansprüche** gegenüber absprachebeteiligten Dritten **gehindert** werde.

IV. Wettbewerbsbeschränkende Absprachen bei Ausschreibungen (§ 298 StGB)

Nachdem trotz der „*Rheinausbau*"-Entscheidungen des BGH keine grundlegenden Änderungen der Verhältnisse auf dem Baumarkt eingetreten sind,[100] hat der Gesetzgeber die Effektivität der durch den BGH eröffneten Möglichkeit, Submissionsabsprachen durch die Bestrafung

31

---

[89] BGHSt 38, 194.
[90] *Otto*, wistra 1999, 44,
[91] Vgl. auch *Huhn*, Die strafrechtliche Problematik des Submissionsbetruges, S. 234.
[92] Kritisch dazu *Ranft*, wistra 1994, 41, 44.
[93] RGSt 16, 10; 40, 27; BGHSt 16, 220 ff.; *Lenckner*, MDR 1961, 652; *ders.*, NJW 1962, 59.
[94] OLG Stuttgart NStZ 1981, 481 mit Anm. *Bloy*, JR 1982, 471.
[95] BGH NJW 1992, 923 (in BGHSt 38, 186 ff. nicht abgedruckt).
[96] Diese Verordnung wurde mit Wirkung vom 1.7.1999 ersatzlos aufgehoben, Verordnung vom 16.6.1999, BGBl. I S. 1419.
[97] Zustimmend *Geerds*, DWiR 1992, 122; a. A. *Hefendehl*, JuS 1993, 806 ff.; *Grüner*, JuS 2001, 887.
[98] Näher dazu *Oldigs*, Möglichkeiten und Grenzen der strafrechtlichen Bekämpfung von Submissionsabsprachen, S. 81 ff.
[99] *Tiedemann*, Wettbewerb und Strafrecht, S. 18.
[100] *Otto*, wistra 1999, 46.

als Betrug zu bekämpfen, als gering eingeschätzt[101] und deshalb mit § 298 StGB den Straftatbestand der „Wettbewerbsbeschränkenden Absprachen bei Ausschreibungen" eingeführt. Die Neuregelung erfolgte im Rahmen des am 20.8.1997 in Kraft getretenen **Gesetzes zur Bekämpfung der Korruption**,[102] mit dem unter anderem das Ziel verfolgt wird, im Strafgesetzbuch die Straftatbestände wegen besonders strafwürdiger Verhaltensweisen, die dem Prinzip des freien Wettbewerbs zuwiderlaufen, zusammenzufassen und dadurch dem Umstand Rechnung zu tragen, dass sich das Strafrecht nicht mehr auf den Schutz der traditionellen Rechtsgüter wie Leben, Leib, Freiheit, Ehre, Eigentum und Vermögen beschränken dürfe, sondern auch den Schutz überindividueller Interessen mit einbeziehen müsse.[103] Durch den Straftatbestand des § 298 StGB[104] wird ein Teilbereich der bisherigen Ordnungswidrigkeiten wegen ihres „qualifizierten Unrechtsgehalts" zu einer Straftat hoch gestuft.[105] Damit hat die jahrzehntelang geführte Diskussion über die Strafbarkeit des Submissionsbetrugs[106] einen vorläufigen Abschluss gefunden.

1. Geschütztes Rechtsgut und Ausgestaltung des § 298 StGB als abstraktes Gefährdungsdelikt

32 Die Vorschrift des § 298 StGB schützt den **freien Wettbewerb**.[107] Im Vordergrund steht hier die Freiheit der Marktkonkurrenz von unlauteren, nicht offenbarten Einflüssen, die das Austauschverhältnis von Waren und Leistungen einseitig zugunsten eines Beteiligten verzerren.[108] Dadurch soll das Funktionieren des auf dem Leistungsprinzip beruhenden Wettbewerbs sichergestellt werden.[109] Hierbei handelt es sich um ein in hohem Maße von gesetzlichen Vorgaben bestimmtes und vielfältigen Wandlungen unterworfenes Rechtsgut. Das Vermögen der (möglichen) Mitbewerber gilt lediglich als mitgeschützt.[110] Hingegen ist das Vermögen des Veranstalters unmittelbar geschützt, denn durch die Veranstaltung der Ausschreibung soll ein möglichst günstiger Preis für das Ausschreibungsobjekt erzielt werden.[111] § 298 StGB ist Schutzgesetz i. S. d. § 823 Abs. 2 BGB.[112] Der Schutzbereich ist dabei nicht auf den deutschen Vergabewettbewerb begrenzt; vielmehr sind Ausschreibungen der EU selbst wie auch andere Ausschreibungen, die in den Anwendungsbereich des EU-Rechts fallen, ebenfalls einbezogen. Ausschreibungen außerhalb der EU fallen jedoch nicht in den Schutzbereich des § 298 StGB.[113]

---

[101] BGHSt 38, 186 ff.; BGH NJW 1995, 737 ff.
[102] Gesetz vom 13.8.1997, BGBl. I S. 2038.
[103] Kritisch dazu *Krüger*, Die Entmaterialisierungstendenz beim Rechtsgutsbegriff, 2000, S. 119 ff. Sehr weitgehend erscheint die Forderung nach der Schaffung eines an § 298 StGB orientierten Dopingstraftatbestands zum Schutz des Sportethos, vgl. *Cherkeh/Momsen*, NJW 2001, 1751.
[104] Zu gemeinschaftsrechtlichen und internationalen Vorgaben vgl. *Dannecker*, in: NK, Vorbem. § 298 Rn. 7; *Tiedemann*, in: LK, § 298 Rn. 52 f.
[105] BT-Drucks. 13/5584, S. 9, 13; vgl. auch *König*, JR 1997, 402; *Korte*, NStZ 1997, 516; *Wolters*, JuS 1998, 1101; kritisch dazu *Lüderssen*, BB 1996, Beilage Nr. 11.
[106] Vgl. den Überblick bei *Baumann*, NJW 1992, 1661 ff.; vgl. auch *Tiedemann*, in: LK, § 298 Rn. 1 ff.
[107] Ausführlich dazu *Tiedemann*, in: FS Müller-Dietz, S. 905 ff.
[108] BT-Drucks. 13/5584, S. 13; *Achenbach*, WuW 1997, 959; *Korte*, NStZ 1997, 516; *Otto*, wistra 1999, 42; *Fischer*, StGB, Vor § 298 Rn. 6; kritisch dazu *Oldigs*, Möglichkeiten und Grenzen der strafrechtlichen Bekämpfung von Submissionsabsprachen, S. 119; *ders.*, wistra 1998, 293; *Stächelin*, Strafgesetzgebung im Verfassungsstaat, 1998, S. 309.
[109] Eingehend dazu *Dannecker*, in: NK, Vorbem. § 298 Rn. 11 und § 298 Rn. 11 f.; *Tiedemann*, Wirtschaftsstrafrecht und Wirtschaftskriminalität, Bd. 3, S. 19 ff.; *ders.*, in: LK, Vor § 298 Rn. 4.
[110] BT-Drucks. 13/5584, S. 13; *Achenbach*, WuW 1997, 959; *Dannecker*, in: NK, § 298 Rn. 13 f.; *Heine*, in: Schönke/Schröder, Vor § 298 Rn. 3; *Kleinmann/Berg*, BB 1998, 279; *Otto*, wistra 1999, 42; *Fischer*, StGB, § 298 Rn. 2.
[111] *Dannecker*, in: NK, § 298 Rn. 14 m. w. N.
[112] Näher dazu *Dannecker*, in: NK, § 298 Rn. 15 m. w. N.
[113] *Heine*, in: Schönke/Schröder, § 298 Rn. 1; siehe auch *Tiedemann*, Wirtschaftsstrafrecht BT, § 5 Rn. 193 f.

B. Wettbewerbsbeschränkende Absprachen bei Ausschreibungen   **18**

Der Straftatbestand des § 298 StGB stellt die Abgabe von auf Absprachen beruhenden Angeboten auf eine Ausschreibung unter Strafandrohung.[114] Hierbei handelt es sich um ein Allgemeindelikt, das grundsätzlich von jedermann begangen werden kann.[115] Der Gesetzgeber hat bewusst auf das Erfordernis der Täuschung und des Vermögensschadens verzichtet und so der Schutz des freien Wettbewerbs durch ein **abstraktes Gefährdungsdelikt** gewährleistet.[116]   33

2. Ausschreibungen über Waren oder gewerbliche Leistungen

Eine **Ausschreibung** im Sinne des § 298 Abs. 1 StGB ist ein Verfahren, mit dem ein Veranstalter Angebote einer unbestimmten Vielzahl von Anbietern für die Lieferung bestimmter Waren oder das Erbringen bestimmter Leistungen einholt.[117] Sie kann als **Öffentliche Ausschreibung** (VOB/A Abschn. 1 § 3 Nr. 1 Abs. 1, VOL/A Abschn. 1 § 3 Nr. 1 Abs. 1), der im Anwendungsbereich von EG-Koordinierungsrichtlinien das Offene Verfahren (VOB/A, VOL/A Abschn. 2 § 3a Nr. 1 a) entspricht, oder als **Beschränkte Ausschreibung** (VOB/A, VOL/A Abschn. 1 § 3 Nr. 1 Abs. 2) oder im **Nichtoffenen Verfahren** (VOB/A, VOL/A Abschn. 2 § 3a Nr. 1 b) erfolgen.[118]   34

§ 298 Abs. 2 StGB stellt der Ausschreibung im Sinne des Absatzes 1 die **freihändige Vergabe** eines Auftrages nach vorangegangenem Teilnahmewettbewerb gleich. Sonstige Vergabearten, insbesondere wenn kein Teilnahmewettbewerb vorausgegangen ist, werden nicht von § 298 StGB erfasst und damit nur durch den Bußgeldtatbestand des § 81 Abs. 1 Nr. 1 GWB geschützt.[119]   35

Der Anwendungsbereich der § 298 Abs. 1 und 2 StGB ist nicht auf Vergabeverfahren der öffentlichen Hand beschränkt. Vielmehr erstrecken sich diese Regelungen auch auf Ausschreibungen und freihändige Vergaben **durch private Unternehmen**, die nicht an die VOB/A, VOL/A und VOF gebunden sind, soweit die privaten Vergabeverfahren gleich oder ähnlich ausgestaltet sind.[120] Ausgangspunkt für die Bestimmung der Ähnlichkeit müssen Sinn und Zweck des Vergabeverfahrens sein: Das Vergabeverfahren dient dem Erfordernis sparsamer Haushaltsführung sowie dem Schutz des Bieters, der sich darauf verlassen darf, dass der Bewertung des Angebots bestimmte offengelegte Bewertungskriterien zu Grunde gelegt werden. Umstritten ist, ob der private Bieter dieselben Rechte wie bei einer öffentlichen Auftragsvergabe haben muss, insbesondere ob der private Auftraggeber verpflichtet sein muss, das wirtschaftlichste Angebot anzunehmen (§ 97 Abs. 5 GWB) oder die Interessen des Mittelstands zu berücksichtigen (§ 97 Abs. 3 GWB).[121] Hier ist eine **Gesamtabwägung**   36

---

[114] Eingehend dazu *Wolters*, JuS 1998, 1101 f.; vgl. auch *Regge/Rose/Steffens*, JuS 1999, 159 ff.
[115] *Dannecker*, in: NK, § 298 Rn. 19 m. w. N.
[116] *Dannecker*, in: NK, § 298 Rn. 16; *Dannecker/Biermann*, in: *Immenga/Mestmäcker* (Hrsg.), GWB, § 81 Rn. 104; *Heine*, in: *Schönke/Schröder*, § 298 Rn. 2; *Jaeschke*, Der Submissionsbetrug, 1999, S. 50; *König*, JR 1997, 402; *Rogalli*, in: SK, § 298 Rn. 5; *Fischer*, StGB, § 298 Rn. 3a; a. A. *Tiedemann*, in: LK, § 298 Rn. 8 ff.; vgl. auch *Walter*, GA 2001, 131 ff. (Erfolgsdelikt). Zur Einordnung als abstraktes Gefährdungsdelikt und zum Einwand mangelnder Gefährdung vgl. *Dannecker*, in: NK, § 298 Rn. 16 ff.; siehe auch *Tiedemann*, Wirtschaftsstrafrecht BT, § 5 Rn. 187.
[117] *Dannecker*, in: NK, § 298 Rn. 22 ff.; *ders./Biermann*, in: *Immenga/Mestmäcker* (Hrsg.), GWB, § 81 Rn. 105; *Heine*, in: *Schönke/Schröder*, § 298 Rn. 4; *Fischer*, StGB, § 298 Rn. 4; a. A. *Tiedemann*, in: LK, § 298 Rn. 19 f.: Mehrzahl von Anbietern ausreichend.
[118] Näher dazu *Dannecker*, in: NK, § 298 Rn. 27 ff. und *Rust*, EuZW 1999, 453 ff. m. weit. Nachw.; OLG Celle, Beschluss v. 29.03.2012 – 2 Ws 81/12, BeckRS 2012, 11986.
[119] *Tiedemann*, in: LK, § 298 Rn. 21 f.; vgl. auch *Walter*, JZ 2002, 256; LG München II, Urt. v. 03.05.2006, W5 KLs 567 Js 30966/04, BeckRS 2008, 00736.
[120] BGH wistra 2003, 146 f.; *Heine*, in: *Schönke/Schröder*, § 298 Rn. 4; *Lackner/Kühl*, Strafgesetzbuch, 27. Aufl. 2011, § 298 Rn. 2; *Fischer*, StGB, § 298 Rn. 6; *Theile/Mundt*, NZBau 2011, 715, 719; LG München II, Urt. v. 3.5.2006 – W5 KLs 567 Js 30966/04, BeckRS 2008, 00736.
[121] Dazu *Dannecker*, in: NK, § 298 Rn. 30; *Tiedemann*, in: LK, § 298 Rn. 20; *Wiesmann*, Die Strafbarkeit gemäß § 228 StGB, S. 104 f.; a. A. *Hohmann*, in: MüKo, § 298 Rn. 53; *Greeve*, NStZ 2002, 507.

erforderlich, bei der auch die Rechte des Bieters zu berücksichtigen sind. Nur wenn diesem Rechtsschutz eingeräumt ist, so dass er Zugriff auf das Vermögen des Bieters hat, sind der Veranstalter und die von ihm veranstaltete Ausschreibung schutzwürdig. Ansonsten ist das Vermögen des Ausschreibenden nicht gefährdet. Dies ist aber Voraussetzung des § 298 StGB.[122] Die durch den Straftatbestand nicht erfassten Fälle werden nur durch die Bußgeldvorschriften des GWB erfasst.

3. Abgabe eines Angebots

37   **Tathandlung** des § 298 StGB ist die Abgabe eines Angebots, das auf einer rechtswidrigen Absprache beruht. Informelle Bemühungen um eine Auftragserlangung, die noch kein Angebot innerhalb des geregelten Verfahrens darstellen, sind nicht nach § 298 StGB strafbar, können aber die Voraussetzungen eines Betrugsversuchs erfüllen. Jedoch wird ein Angebot nicht dadurch unbeachtlich, dass es nach den Vorgaben der VOB/A der Ausschließung unterliegt. Ansonsten liefe die Vorschrift des § 298 Abs. 1 StGB in einem wesentlichen Bereich leer, da jedes Angebot, das auf einer wettbewerbswidrigen Preisabsprache beruht, auszuschließen wäre.[123]

Ein Angebot ist abgegeben und die Tat damit **vollendet,** wenn es dem Veranstalter so zugeht, dass es bei ordnungsgemäßem Ablauf im Ausschreibungsverfahren berücksichtigt werden kann. Wenn der Anbieter und ein Mitarbeiter des Veranstalters kollusiv zusammenwirken, indem z. B. ein zurückdatiertes Angebot nachgereicht wird, ist die Tat erst vollendet, wenn das Angebot in den ordnungsgemäßen Geschäftsgang des Veranstalters gelangt.[124] Die Annahme des Angebots und die Leistungserbringung gehören nicht mehr zum Tatbestand, auch nicht als dessen Beendigungsphase.[125] Dies hat zur Folge, dass eine Beteiligung nach der Vollendung nicht mehr möglich ist.[126]

4. Angaben über Waren oder gewerbliche Leistungen

38   Die Ausschreibung muss sich auf **Waren oder gewerbliche Leistungen** beziehen. Hierzu gehören alle entgeltlichen Leistungen im Geschäftsverkehr einschließlich der Leistungen der freien Berufe, da der Begriff der Gewerblichkeit – entsprechend den Begriffen in den kartellrechtlichen Bestimmungen – extensiv auszulegen ist.[127]

5. Rechtswidrige Absprache

39   Das Angebot muss auf einer rechtswidrigen Absprache beruhen. Als **Absprache** ist ein Übereinkommen unter den potenziellen Anbietern und Veranstaltern über das Verhalten im Ausschreibungsverfahren bzw. bei der freihändigen Vergabe zu qualifizieren. Eine Absprache kann zwischen mehreren Anbietern oder zwischen mindestens einem Anbieter und Personen auf der Seite des Veranstalters darüber getroffen werden, dass ein oder mehrere bestimmte

---

[122] *Dannecker,* in: NK, § 298 Rn. 31.
[123] BVerfG Beschluss vom 02.04.2009 – 2 BvR 1468/08, wistra 2009, 269, 270; siehe auch BGH, Beschluss vom 19. Dezember 2002 – 1 StR 366/02 –, NStZ 2003, S. 548.
[124] *Dannecker,* in: NK, § 298 Rn. 54; *Jaeschke,* Der Submissionsbetrug, S. 51; *Tiedemann,* in: LK, § 298 Rn. 29 f.; *Fischer,* StGB, § 298 Rn. 15.
[125] *Lackner/Kühl,* StGB, § 298 Rn. 7; a. A. *König,* JR 1997, 402; *Gruhl,* in: *Müller-Gugenberger/Bieneck* (Hrsg.), Wirtschaftsstrafrecht, § 58 Rn. 17; eingehend dazu auch *Dannecker/Biermann,* in: *Immenga/Mestmäcker* (Hrsg.), GWB, Vor § 81 Rn. 113. Zur Beendigung vgl. *Dannecker,* in: NK, § 298 Rn. 101 ff.
[126] *Lackner/Kühl,* StGB, § 298 Rn. 7. Zu Täterschaft und Teilnahme vgl. *Dannecker,* in: NK, § 298 Rn. 101.
[127] *Dannecker,* in: NK, § 298 Rn. 45 ff.; *Heine,* in: *Schönke/Schröder,* § 298 Rn. 5; *Kleinmann/Berg,* BB 1998, 229; *Klusmann,* in: *Wiedemann* (Hrsg.), Handbuch des Kartellrechts, § 56 Rn. 15; *Lackner/Kühl,* StGB, § 298 Rn. 2; *Otto,* wistra 1999, 41; *Tiedemann,* in: LK, § 298 Rn. 23 ff.; *Fischer,* StGB, § 298 Rn. 8.

B. Wettbewerbsbeschränkende Absprachen bei Ausschreibungen **18**

Angebote abgegeben werden.[128] Bloße Kontakte und Gespräche darüber, wer an der Vergabe interessiert ist und ein Angebot abgeben will, reichen nicht aus.[129]

Das Tatbestandsmerkmal der Absprache setzt kein Zustandekommen eines Vertrags voraus. Problematisch ist, ob auch „**abgestimmte Verhaltensweisen**" erfasst werden. Teilweise wird hierin ein Verstoß gegen das Analogieverbot,[130] teilweise eine extensive Auslegung gesehen, die für zulässig gehalten wird.[131] Jedenfalls dann, wenn die Koordination der Unternehmen durch wechselseitige Informationen oder zukünftiges Marktverhalten erfolgt, sind die Voraussetzungen einer Absprache erfüllt.[132]

Die Absprache muss **rechtswidrig** sein.[133] Dies ist der Fall, wenn sie sich als ein nach § 1 **40** GWB unwirksamer Vertrag oder als eine verbotene abgestimmte Verhaltensweise darstellt.[134] Hingegen sind nach § 3 GWB legalisierte Kartelle (**Mittelstandskartelle**) nicht rechtswidrig und deshalb nicht tatbestandsmäßig, da es sich bei der Rechtswidrigkeit der Absprache um ein Tatbestandsmerkmal handelt.[135]

Die Frage, ob § 298 StGB neben **horizontalen Absprachen** zwischen Konkurrenten auf **41** derselben Wettbewerbsstufe auch **vertikale Absprachen,** also solche zwischen einem Bieter und dem Veranstalter (bzw. dessen Vertreter), erfasst, war schon vor der 7. GWB-Novelle sehr umstritten.[136] Die Beantwortung dieser zentralen Frage des Wettbewerbsstrafrechts[137] hängt dabei maßgeblich von der Auslegung des Tatbestandsmerkmals der rechtswidrigen Absprache in § 298 Abs. 1 StGB ab.

Im Jahr 2004 hatte der BGH[138] unter Geltung des § 1 GWB a. F. die Streitfrage zunächst dahingehend entschieden, dass er unter § 298 StGB nur horizontale, nicht aber vertikale Absprachen subsumierte.[139] In seiner Entscheidung stellte der BGH – wie in der Begründung des Gesetzentwurfs vorgesehen[140] – auf den durch den Begriff der rechtswidrigen Absprache in § 298 Abs. 1 StGB in Bezug genommenen § 1 GWB a. F. ab,[141] der eine wettbewerbsbeschränkende Vereinbarung zwischen miteinander im Wettbewerb stehenden Unternehmen verlangte. Daraus leitete er ab, dass eine rechtswidrige Absprache iSd § 298 Abs. 1 StGB nur dann vorläge, wenn eine kartellrechtswidrige Absprache zwischen miteinander im Wettbewerb stehenden Unternehmen, also eine horizontale Absprache, gegeben sei.[142]

Seit der **Neufassung des § 1 GWB** im Rahmen der 7. GWB-Novelle sind alle Vereinbarungen und abgestimmte Verhaltensweisen zwischen Unternehmen untersagt, die eine Ver-

---

[128] *Heine,* in: *Schönke/Schröder,* § 298 Rn. 11; *Fischer,* StGB, § 298 Rn. 9 ff.; siehe BGH NJW 2012, 3318 f., BGH, Beschl. v. 25.7.2012 – 2 StR 154/12, BeckRS 2012, 20033

[129] BT-Drucks. 13/5584, S. 13; *Dannecker,* in: NK, § 298 Rn. 58; *König,* JR 1997, 402; *Tiedemann,* in: LK, § 298 Rn. 32 ff.; *Theile/Mundt,* NZBau 2011, 715, 719.

[130] *Klusmann,* in: *Wiedemann* (Hrsg.), Handbuch des Kartellrechts, § 56 Rn. 16.

[131] *Achenbach,* WuW 1997, 959; *Dannecker,* in: NK, § 298 Rn. 56 f.; kritisch *Kleinmann/Berg,* BB 1998, 279.

[132] So *Korte,* NStZ 1997, 516; vgl. auch *Christ,* Die Submissionsabsprache, 1999, Rn. 175 ff.; *Tiedemann,* in: LK, § 298 Rn. 32 ff.; *Blattmann,* S. 280 ff.; siehe dazu auch EuGH v. 4.6.2009, C-8/08, Slg. 2009, I-4529; *Schmidt/Koyuncu,* BB 2009, 2251, 2252 f.; eingehend dazu *Heyers,* ZWH 7/2012, 269 ff.

[133] Ausführlich hierzu *Dannecker,* in: NK, § 298 Rn. 59 ff.

[134] BT-Drucks. 13/5584, S. 14; *Achenbach,* WuW 1997, 959; *König,* JR 1997, 402; *Fischer,* StGB, § 298 Rn. 9 ff.

[135] *Dannecker,* in: NK, § 298 Rn. 59; *Lackner/Kühl,* StGB, § 298 Rn. 3; *Tiedemann,* in: LK, § 298 Rn. 36; *Schroth,* Besonderer Teil des Strafrechts, S. 300; *Fischer,* StGB, § 298 Rn. 12 f.; a. A. *Rogall,* in: Systematischer Kommentar zum Strafgesetzbuch, Stand: Juli 2012, § 298 Rn. 25; *Heine,* in: *Schönke/Schröder,* § 298 Rn. 13.

[136] Vgl. dazu *Tiedemann,* in: LK, § 298 Rn. 13 ff. m. weit. Nachw.

[137] *Dannecker,* JZ 2005, 49.

[138] BGHSt 49, 201 ff = BGH JZ 2005, 47 ff. mit zust. Anm. *Dannecker,* JZ 2005, 49 ff.; krit. dagegen *Meyer/Kuhn,* EWiR, § 298 StGB 1/05; siehe dazu auch *Tsambikakis,* GmbHG 2005, 331, 337.

[139] BGH JZ 2005, 47, 48 f.; ebenso BGH wistra 2005, 29; BGH NStZ 2006, 687 mit Bespr. *Bosch,* JA 2007, 70 ff.

[140] BT-Drucks. 13/5584, S. 14.

[141] BGH JZ 2005, 47, 48.

[142] BGH JZ 2005, 47, 48.

hinderung, Einschränkung oder Verfälschung des Wettbewerbs bezwecken oder bewirken. Die Unternehmen müssen also nicht mehr miteinander im Wettbewerb stehen. Damit erfasst § 1 GWB nun auch wettbewerbsbeschränkende Vertikalabsprachen[143], weshalb in der Literatur vermehrt die Ansicht vertreten wird, dass der Tatbestand des § 298 Abs. 1 aufgrund seiner Kartellrechtsakzessorietät auch wettbewerbsbeschränkende Vertikalabsprachen erfasse und deshalb auch die kartellrechtswidrige Absprache zwischen einem Anbieter und dem Veranstalter bzw. dessen Mitarbeiter dem Tatbestand des § 298 Abs. 1 StGB unterfalle.[144]

Eine **Einbeziehung vertikaler Absprachen** in den Straftatbestand des § 298 StGB ist allerdings auch vor dem Hintergrund der Änderung des § 1 GWB im Jahr 2005 **abzulehnen**; vertikale Absprachen stellen nach wie vor keine rechtswidrige Absprache iSd § 298 Abs. 1 dar.[145] Allein aus der Erweiterung des § 1 GWB auf vertikale Wettbewerbsbeschränkungen folgt keine Änderung der strafrechtlichen Rechtslage. Zwar lässt der Wortlaut der Strafnorm in § 298 Abs. 1 StGB auch eine dahingehende Auslegung zu, dass vertikale Absprachen zwischen einem Bieter und dem Veranstalter der Ausschreibung erfasst sind.[146] Die besseren Argumente sprechen allerdings für eine restriktive Auslegung des Begriffs der rechtswidrigen Absprache in § 298 Abs. 1 StGB. Der Gesetzgeber hat mit Schaffung des § 298 StGB einen Teilbereich der GWB-Ordnungswidrigkeiten in einen Straftatbestand überführt. Die Gesetzesbegründung dazu macht deutlich, dass der Wille des Gesetzgebers jedoch dahin ging, lediglich horizontale Absprachen über den Tatbestand des § 298 zu erfassen: In der Entwurfsbegründung ist etwa von der „Absprache zwischen Wettbewerbern" die Rede.[147] Zudem wird darin für das Tatbestandsmerkmal der rechtswidrigen Absprache auf §§ 1, 25 GWB in der Fassung vor 2005 Bezug genommen.[148] Diesen Vorschriften unterfielen in ihrer zu diesem Zeitpunkt bestehenden Fassung jedoch gerade keine vertikalen Absprachen.[149] Zudem spricht gegen die hier vertretene Auslegung auch nicht der Hinweis in der Entwurfsbegründung auf die besondere Strafwürdigkeit der Fälle, in denen der Bieter kollusiv mit einem Mitarbeiter des Veranstalters zusammenarbeitet.[150] Denn kurz zuvor wird darauf hingewiesen, dass die rechtswidrige Absprache gegenüber dem Veranstalter nicht verheimlicht werden muss;[151] in den Ausführungen wird also für diesen Fall eine rechtswidrige Absprache zwischen Bietern bereits vorausgesetzt[152], was wiederum sogar für den Willen des Gesetzgebers spricht, über § 298 StGB lediglich horizontale Absprachen zu erfassen.[153]

Außerdem wohnt vertikalen Absprachen im Gegensatz zu horizontale Absprachen (etwa in Form der sog. Ringabsprachen) keine typische und wirtschaftspolitisch gefährliche Tendenz zur Wiederholung der Absprache inne[154], der der Gesetzgeber mit § 298 StGB entgegentreten wollte.[155] Nur horizontale Absprachen beruhen auf einer Gegenseitigkeitserwartung für zukünftige Ausschreibungen, um auf diese Weise allen an der Absprache beteiligten Bietern

---

[143] BT-Drucks. 15/3640, S. 44; *Bechtold*, DB 2004, 235, 237.
[144] *Heine*, in: *Schönke/Schröder*, § 298 Rn. 11; *Hohmann*, in: MüKo, § 298 Rn. 84; *Momsen*, in: BeckOK, § 298 Rn. 21; *Tiedemann*, in: LK, § 298 Rn. 14; *Lackner/Kühl*, StGB, § 298 Rn. 3; *Wunderlich*, Die Akzessorietät des § 298, S. 227.
[145] So auch *Gruhl*, in: Müller-Gugenberger/Bieneck, § 58 Rn. 12; *Theile/Mundt*, NZBau 2011, 715, 719.
[146] BGH JZ 2005, 47, 48; *Dannecker*, JZ 2005, 49, 50; *Dannecker* in: NK, StGB, 4. Aufl. 2013, § 298 Rn. 63 ff.
[147] BT-Drucks. 13/5584, S. 14.
[148] BT-Drucks. 13/5584, S. 14.
[149] *Dannecker*, JZ 2005, 49, 51.
[150] BT-Drucks. 13/5584, S 14; siehe dazu *Bender*, Sonderstraftatbestände gegen Submissionsabsprachen, 152 f.
[151] BT-Drucks. 13/5584, S. 14.
[152] BGH JZ 2005, 47, 48.
[153] *Dannecker* in: NK, StGB, 4. Aufl. 2013, § 298 Rn. 65.
[154] BGH JZ 2005, 47, 49; *Theile/Mundt*, NZBau 2011, 715, 719; siehe auch BR-Drucks. 441/04, S. 40: grundsätzlich geringere wettbewerbspolitische Schädlichkeit vertikaler Wettbewerbsbeschränkungen; vgl. zur Wiederholungstendenz auch *Schaller*, RiA 1998, 9, 10.
[155] BT-Drucks. 13/5584, S. 13.

Aufträge zu verschaffen.[156] Die Wiederholungsgefahr horizontaler Absprachen lässt sich mit dem Hinweis auf die Möglichkeit von Ausgleichzahlungen nicht beseitigen.[157] Zwar können auch vertikale Absprachen auf Wiederholung angelegt sein.[158] Sie sind gegenüber horizontalen Absprachen aber häufig auf den Einzelfall beschränkt[159] und weisen deshalb eine deutlich geringere Gefährlichkeit als horizontale Absprachen auf.[160] Überdies können vertikale im Gegensatz zu horizontalen Absprachen mit § 299 StGB angemessen geahndet werden.[161] Es ist durchaus vorstellbar, dass der Gesetzgeber Sachverhalte, die vertikale Absprachen zwischen einem Bieter und dem Veranstalter betreffen, allein über § 299 StGB und nicht auch über § 298 StGB erfassen wollte,[162] da vertikale Absprachen regelmäßig mit Bestechungen einhergehen.

Überdies wollte der Gesetzgeber durch die Erweiterung des § 1 GWB um vertikale Absprachen keine Neubewertung ihrer Sozialschädlichkeit vornehmen, denn vertikale Absprachen unterfielen auch schon vor der 7. GWB-Novelle anderen GWB-Verbotsnormen (z. B. § 14 GWB in der Fassung vor der 7. GWB-Novelle). Diese wurden aber bei Schaffung des § 298 StGB im Gegensatz zu den von § 1 GWB in der Fassung vor der 7. GWB-Novelle erfassten horizontalen Absprachen nicht vom Tatbestandsmerkmal der rechtswidrigen Absprache in Bezug genommen. Die sachlichen Gründe für die alleinige Einbeziehung horizontaler Absprachen in den Straftatbestand des § 298 bestehen somit fort. Vertikale Absprachen zwischen einem Bieter und dem Veranstalter werden daher auch nach heutiger Rechtslage nicht vom Tatbestand des § 298 Abs. 1 erfasst.[163]

Jedoch ergreift der **Zweite Strafsenat des BGH** in seinem Beschluss vom 25.7.2012[164] ohne ausführlichere Begründung Partei für die hier abgelehnte Ansicht, die davon ausgeht, dass eine dem § 1 GWB unterfallende kartellrechtswidrige Vertikalabsprache zwischen einem Anbieter und dem Veranstalter eine rechtswidrige Absprache iSd § 298 Abs. 1 StGB darstelle.[165] Auch wenn die Entscheidung im Ergebnis substanzlos und damit enttäuschend bezeichnet werden muss, dürfte für die Praxis die streitige Frage zunächst geklärt sein: Laut BGH stellt eine zwischen einem Bieter und einem Veranstalter getroffene kartellrechtswidrige vertikale Absprache eine rechtswidrige Absprache iSd § 298 Abs. 1 StGB dar. Damit macht sich nach der aktuellen BGH-Rechtsprechung der an dieser Absprache beteiligte Bieter strafbar, wenn er auf Grundlage der Absprache ein Angebot bei einer Ausschreibung abgibt.[166]

6. Veranlassen eines bestimmten Angebots als Ziel der Absprache

Ziel der Absprache muss es sein, den Veranstalter zur Annahme eines bestimmten Angebots zu **veranlassen**. Dabei kommt es nicht darauf an, dass die Vereinbarung auf die Annahme des Angebots eines ganz bestimmten Anbieters gerichtet ist. Es genügt, wenn die Absprache auf die **Festlegung eines bestimmten Inhalts** des Angebots beschränkt ist, auch wenn es den Anbietern freigestellt ist, ob sie ein Angebot mit dem abgesprochenen Inhalt unterbreiten.

Auf das **Verheimlichen der Kartellabsprache** vor dem Veranstalter kommt es **nicht** an.[167] Der Gesetzgeber hat auf diese Einschränkung verzichtet, um auch diejenigen Fälle zu

---

[156] *Dannecker* in: NK, StGB, 4. Aufl. 2013, § 298 Rn. 66.
[157] *Graf/Jäger/Wittig-Böse*, Rn. 24; insoweit einschränkend *Wunderlich*, Die Akzessorietät des § 298, S. 219.
[158] *Wunderlich*, Die Akzessorietät des § 298, S. 219.
[159] *Dannecker*, JZ 2005, 49, 51.
[160] *Fuchs*, in: Immenga/Mestmäcker § 2 Rn. 19 m. weit. Nachw.
[161] *Graf/Jäger/Wittig-Böse*, Rn. 24.
[162] Vgl. BGH JZ 2005, 47, 48.
[163] Eingehend dazu *Dannecker*, in: NK § 298 Rn. 61 ff.
[164] BGH, Beschl. v. 25.7.2012 – 2 StR 154/12. BeckRS 2012, 20033.
[165] BGH BeckRS 2012, 20033, Rn. 4.
[166] *Dannecker*, in: NK § 298 Rn. 61 ff.
[167] *Dannecker/Biermann*, in: *Immenga/Mestmäcker* (Hrsg.), GWB, Vor § 81 Rn. 110; *Lackner/Kühl*, StGB, § 298 Rn. 3.

erfassen, in denen der Bieter kollusiv mit dem Veranstalter oder einem Mitarbeiter des Veranstalters zusammen arbeitet.[168]

7. Vorsatz

45　Im subjektiven Bereich ist Vorsatz bezüglich aller Tatbestandsmerkmale – Ausschreibung, Absprache und deren Rechtswidrigkeit, Angebotsabgabe, Kausalbeziehung zwischen Absprache und Angebot – erforderlich. Hierfür reicht **bedingter Vorsatz** aus.[169] Darüber hinaus muss sich der Vorsatz auf das Ziel der Absprache, die Annahme eines bestimmten Angebots zu veranlassen, beziehen.[170] Absicht ist dabei nicht erforderlich.

8. Steuerliche Abzugsfähigkeit

46　Liegen alle Voraussetzungen des § 298 StGB – ausgenommen die Schuld des Täters – vor, so stellt sich die Frage, ob die steuerliche Abzugsfähigkeit nach § 4 Abs. 5 S. 1 Nr. 10 EStG ausgeschlossen ist. **Gegen die Anwendung des steuerlichen Abzugsverbots** spricht jedoch, dass der Gesetzgeber die steuerliche Abzugsfähigkeit vor allem als Mittel zur Korruptionsbekämpfung eingeführt hat. Außerdem besteht die Tathandlung bei § 298 StGB in der unzulässigen Vereinbarung über die Abgabe von Angeboten, nicht aber in der Leistung des versprochenen Vorteils.[171]

9. Tätige Reue

47　§ **298 Abs. 3 StGB**[172] enthält in Anlehnung an die §§ 264 Abs. 5, 264a Abs. 3 und 265b Abs. 2 StGB eine Regelung für die tätige Reue, nach der straflos bleibt, wer freiwillig die Angebotsannahme oder spätere Leistungserbringung durch den Auftraggeber verhindert bzw. sich bei Ausbleiben der Angebotsannahme oder bei ausbleibender Erbringung der Leistung aus anderen Gründen freiwillig und ernsthaft bemüht, die Annahme des Angebots oder das Erbringen der Leistung zu verhindern. Dadurch wird es dem Täter ermöglicht, von einem wettbewerbswidrigen Angebot wieder Abstand zu nehmen, ehe es zur Angebotsannahme oder zur Leistungserbringung gekommen ist.[173]

10. Verjährung

48　Die Verjährungsfrist beträgt gemäß § 78 Abs. 3 Nr. 4 StGB fünf Jahre und beginnt gemäß § 78a StGB mit der Beendigung der Tat. Mit der Abgabe des abgesprochenen Angebots tritt bereits Vollendung der Tat ein.[174] Strittig ist, wann die **Tathandlung beendet** ist. Hier sind die Abgabe des Angebots,[175] die Annahme des Angebots[176] oder die Leistung des Auftragge-

---

[168] BT-Drucks. 13/5584, S. 14; *Girkens/Moosmayer*, ZfBR 1998, 224; *Tiedemann*, in: LK, § 298 Rn. 38; krit. *Bartmann*, Der Submissionsbetrug, 1999, S. 196.
[169] *Dannecker*, in: NK, § 298 Rn. 81 ff.; *Hohmann*, NStZ 2001, 571; *Klusmann*, in: Wiedemann (Hrsg.), Handbuch des Kartellrechts, § 56 Rn. 21; *Lackner/Kühl*, StGB, § 298 Rn. 5; *Otto*, wistra 1999, 41; *Tiedemann*, in: LK, § 298 Rn. 40 ff.; *Fischer*, StGB, § 298 Rn. 18.
[170] *Heine*, in: *Schönke/Schröder*, § 298 Rn. 16; *Fischer*, StGB, § 298 Rn. 18; jetzt auch *Lackner/Kühl*, StGB, § 298 Rn. 5.
[171] Vgl. *Dannecker*, in: NK Vor § 298 Rn. 24 ff.; *Dannecker*, in: Dannecker/Leitner (Hrsg.), Schmiergelder, 2002, S. 133.
[172] Ausführlich zu § 298 Abs. 3 StGB *Dannecker*, in: NK, § 298 Rn. 85 ff.
[173] BT-Drucks. 13/5584, S. 14 f.; eingehend dazu *Tiedemann*, in: LK, § 298 Rn. 44 f.; *Theile/Mundt*, NZBau 2011, 715, 720; *Albrecht*, S. 123.
[174] Siehe oben Rn. 37.
[175] *Lackner/Kühl*, StGB, § 298 Rn. 7; *Fischer*, § 298 Rn. 15b.
[176] *Tiedemann*, in: LK, § 298 Rn. 57; vgl. auch *Dannecker*, NStZ 1985, 51.

B. Wettbewerbsbeschränkende Absprachen bei Ausschreibungen **18**

bers, der die Ausschreibung veranstaltet hat,[177] denkbare Zeitpunkte. Die letztgenannte Auffassung kann jedoch dazu führen, dass die Verfolgungsverjährung erst geraume Zeit nach der Angebotsabgabe eintritt; sie ist daher nicht mit Art. 103 Abs. 2 GG vereinbar.[178] Im Hinblick darauf, dass der endgültige Schaden, die Beeinträchtigung des Wettbewerbs, mit der Annahme des Angebots abgeschlossen ist, erscheint es vorzugswürdig, für die Beendigung der Ausführungshandlung auf die Angebotsannahme durch den Ausschreibenden abzustellen.[179]

11. Konkurrenzen

Wenn **mehrere Handlungen** die Abgabe eines einzigen Angebots zum Ziel haben, liegt 49 eine rechtliche Bewertungseinheit vor.[180] Die Annahme einer fortgesetzten Handlung kommt nicht mehr in Betracht, nachdem der BGH dieses Rechtsinstitut aufgegeben hat.[181]

Das Verhältnis des Tatbestands der wettbewerbsbeschränkenden Absprachen bei Ausschrei- 50 bungen gemäß § 298 StGB zum **Betrug** gemäß § 263 StGB ist problematisch. Im Hinblick darauf, dass beide Gesetze unterschiedliche Rechtsgüter schützen – § 298 StGB schützt den freien Wettbewerb, § 263 StGB das Vermögen –, ist § 298 StGB nicht lex specialis zu § 263 StGB,[182] so dass beide Straftatbestände nebeneinander anwendbar sind[183] und in Tateinheit stehen können.[184] Allerdings wird angesichts des gleichen Strafrahmens beider Vorschriften im Grundtatbestand ein Rückgriff auf den schwer nachweisbaren Tatbestand des Betrugs nur dann erforderlich sein, wenn ein besonders schwerer Fall vorliegt und deshalb die Strafzumessungsregelung in § 263 Abs. 3 StGB zur Anwendung kommen soll oder die Straftat im Sinne des § 298 StGB bereits verjährt ist.[185] Bei kollusiven Zusammenarbeiten mit Mitarbeitern des Veranstalters kommen daneben der Tatbestand der „**Bestechlichkeit und Bestechung im öffentlichen Verkehr**" gemäß § 299 StGB und **die Vorteilsannahme und Bestechlichkeit** bzw. **Vorteilsgewährung und Bestechung** gemäß §§ 331 ff. StGB in Betracht, die regelmäßig in Tateinheit zu § 298 StGB stehen werden.[186]

Weiterhin kann § 266 StGB (**Untreue**) zur Anwendung kommen, wenn z. B. Planungsbe- 51 auftragte eingeschaltet sind, die vom Bauherrn mit der Vorbereitung der Vergabe betraut wurden und dennoch Kartellabsprachen der Auftragnehmer fördern. Werden geheime Bieterunterlagen durch den Vergebenden zur Verfügung gestellt, so kann daneben ein **Geheimnisverrat** vorliegen. Diese Tatbestände stehen in Tateinheit zu § 298 StGB.

V. Submissionsabsprachen als Kartellordnungswidrigkeiten

Submissionsabsprachen sind gemäß § 1 GWB i. V. m. § 81 Abs. 2 Nr. 1 GWB als Ordnungs- 52 widrigkeiten ahndbar. Das Bundeskartellamt hat in den vergangenen Jahren auch mehrfach Sanktionen gegen Unternehmen wegen Submissionsabsprachen in vielfacher Millionenhöhe

---

[177] *Gruhl*, in: *Müller-Gugenberger/Bieneck* (Hrsg.), Wirtschaftsstrafrecht, § 58 Rn. 17; vgl. auch *König*, JR 1997, 402; *Heine*, in: *Schönke/Schröder*, § 298 Rn. 19.
[178] *Dannecker*, in: NK, § 298 Rn. 116; *ders./Biermann*, in: *Immenga/Mestmäcker* (Hrsg.), GWB, Vor § 81 Rn. 113.
[179] *Dannecker/Biermann*, in: *Immenga/Mestmäcker* (Hrsg.), GWB, Vor § 81 Rn. 113.
[180] BGH JZ 1997, 98 mit Anm. *Kindhäuser*.
[181] BGHSt 40, 138.
[182] So aber *Wolters*, JuS 1998, 1102; *Schroth*, Strafrecht, Besonderer Teil, 5. Aufl. 2010, S. 300; *Walter*, JZ 2002, 256.
[183] *Achenbach*, WuW 1997, 959; *Bangard*, wistra 1997, 168; *Dannecker*, in: NK, § 298 Rn. 103; *Kleinmann/Berg*, BB 1998, 281; *Klusmann*, in: *Wiedemann* (Hrsg.), Handbuch des Kartellrechts, § 56 Rn. 1; *Oldigs*, wistra 1998, 296; *Albrecht*, S. 103.
[184] *König*, JR 1997, 401 f.; *Korte*, NStZ 1997, 516 f.; *Rengier*, Strafrecht. Besonderer Teil Bd. I, Vermögensdelikte, 13. Aufl. 2011, § 13 Rn. 234; *Rössner/Guhra*, Jura 2001, 411; *Tiedemann*, in: LK, § 298 Rn. 50 m. weit. Nachw.
[185] *Dannecker*, in: NK, § 298 Rn. 103.
[186] *Fischer*, StGB, § 298 Rn. 22.

verhängt.[187] Durch die Einführung des § 298 StGB wurde es erforderlich, § 30 OWiG, der die Ahndbarkeit juristischer Personen und Personenvereinigungen regelt, zu ergänzen. § 30 Abs. 2 S. 4 OWiG (§ Abs. 2 S. 3 OWiG a. F.) sieht daher vor, dass der Bußgeldrahmen bei Geldbußen gegen Unternehmen wegen Straftaten und Aufsichtspflichtverletzungen, bei denen die Pflichtverletzung mit Strafe bedroht ist, der subsidiären Ordnungswidrigkeit zu entnehmen ist, soweit dieser Bußgeldrahmen den für die Straftat als Anknüpfungstat vorgesehenen Bußgeldrahmen übersteigt. Durch die siebente GWB-Novelle wurde die in der sechsten Novelle begonnene Harmonisierung des deutschen Rechts mit dem europäischen Recht insoweit fortgesetzt, dass praktisch eine vollkommene Angleichung des GWB an das europäische Recht im Bereich des Kartellverbots des Art. 81 EG (heute § 101 AEUV) erfolgte. Auch sind nunmehr gemäß § 81 Abs. 1 GWB Verstöße gegen Art. 101 und 102 AEUV (zuvor Art. 81, 82 EG) unmittelbar bußgeldbewehrt.

VI. Verfahrensrecht

1. Zuständigkeit der Staatsanwaltschaft und der Wirtschaftsstrafkammer

53 Für die Ermittlung in Fällen wettbewerbsbeschränkender Absprachen bei Ausschreibungen ist die Schwerpunktstaatsanwaltschaft für Wirtschaftsstrafsachen und für das gerichtliche Verfahren gemäß § 74c Abs. 1 Nr. 5a GVG die Wirtschaftsstrafkammer zuständig. Die Anklage wird beim Amtsgericht erhoben, bei besonderer Bedeutung des Falles besteht gemäß § 24 Abs. 1 Nr. 3 GVG die Möglichkeit zur Anklage bei der Wirtschaftsstrafkammer des Landgerichts. Für die Bußgeldverhängung im Zusammenhang mit Submissionsabsprachen sind hingegen die Kartellbehörden zuständig. Die **Zusammenarbeit zwischen Staatsanwaltschaft und Kartellbehörde** bestimmt sich nach § 41 Abs. 1 OWiG. Dieser Vorschrift zufolge muss die Kartellbehörde die Sache an die Staatsanwaltschaft abgeben, wenn der Verdacht einer Straftat vorliegt.

Nachdem der BGH den Betrugstatbestand auf Submissionsabsprachen für grundsätzlich anwendbar erklärt hatte, bestand bei jeder rechtswidrigen Absprache der Verdacht eines Betrugs, weshalb die Kartellbehörden das Verfahren gemäß § 41 Abs. 1 OWiG an die Staatsanwaltschaft abgeben mussten.[188] Hieraus resultierte die Gefahr, dass ein Verfahren nach Prüfung durch die Staatsanwaltschaft wieder an die Kartellbehörde zurückgegeben werden musste, wodurch im Ergebnis eine unnötige Verfahrensverzögerung entstehen konnte. In der Kommentarliteratur wurde deshalb die Auffassung vertreten, dass die Kartellbehörden nicht schon dann verpflichtet sein sollten, das Verfahren an die Staatsanwaltschaft abzugeben, wenn lediglich Anhaltspunkte für das Vorliegen einer Straftat erkennbar wurden. Die Kartellbehörde sollte die Ermittlungen unter dem Gesichtspunkt der Ordnungswidrigkeit weiterführen dürfen, wenn damit zu rechnen war, dass die Anhaltspunkte für eine Straftat im weiteren Ermittlungsverfahren entfallen könnten.[189] Diese Auffassung, dass die Kartellbehörde nicht zu einer unverzüglichen Abgabe an die Staatsanwaltschaft verpflichtet sei, sondern zunächst allein weiter ermitteln dürfe, weil die Anhaltspunkte für eine Straftat wieder entfallen könnten,[190] hat sich durch die Einfügung des § 298 StGB erübrigt: Soweit die Kartellbehörde Anhaltspunkte dafür hat, dass ein Angebot auf der Grundlage einer rechtswidrigen Submissionsabsprache abgegeben wurde, liegen Anhaltspunkte für eine Straftat vor, weshalb die Sache nach § 41 Abs. 1 OWiG **an die Staatsanwaltschaft abzugeben** ist.[191]

---

[187] So z. B. im sog. „*Kabelfall*" insgesamt 265 Millionen DM; vgl. Presseinformation Bundeskartellamt vom 2.6.1997.
[188] Vgl. dazu BGHSt 39, 302.
[189] *Gürtler*, in: *Göhler*, OWiG, § 41 Rn. 4; ähnlich *Lampe*, in: *Boujong* (Hrsg.), Karlsruher Kommentar zum Gesetz über Ordnungswidrigkeiten, § 41 Rn. 5.
[190] So *Wolf/Burchardi*, FS Lieberknecht 1997, S. 654 f.; vgl. auch *Bangard,* wistra 1997, 163.
[191] *Dannecker*, in: NK, § 298 Rn. 111 ff.

B. Wettbewerbsbeschränkende Absprachen bei Ausschreibungen   **18**

Die Nichtbeachtung der sich aus § 41 OWiG ergebenden Pflicht stellt kein strafbares Verhalten dar.[192]

2. Zuständigkeit für die Verhängung von Unternehmenssanktionen

Grundsätzlich ist im Verfahren zur Verhängung einer **Geldbuße gegen juristische Personen** und Personenvereinigungen nach § 30 OWiG **wegen einer Straftat** zunächst die Staatsanwaltschaft im Ermittlungsverfahren und sodann das Strafgericht für die Festsetzung der Geldbuße zuständig.[193] Mit der Hochstufung der Submissionsabsprachen zu Straftaten wären anstelle der bisher zuständigen Kartellbehörden die Staatsanwaltschaften und die Strafgerichte auch für die Bußgeldverhängung gegen Unternehmen zuständig. Hieran hat das Bundeskartellamt erhebliche Kritik geübt,[194] die letztlich dazu geführt hat, dass mit § 81a GWB in der Fassung vor der 7. GWB-Novelle – nunmehr § 82 GWB – eine Sonderregelung eingeführt wurde, nach der die Zuständigkeit zur Verhängung einer Geldbuße gemäß § 30 OWiG den **Kartellbehörden** auch in Fällen zugewiesen ist, in denen der zum Leitungsbereich der juristischen Person gehörende Unternehmensangehörige eine entsprechende Straftat begangen hat.[195]   54

§ 82 S. 1 Nr. 2 GWB dehnt diese **ausschließliche Zuständigkeit der Kartellbehörde** auf die Festsetzung einer Unternehmensgeldbuße als Folge einer **Aufsichtspflichtverletzung einer Leitungsperson** gemäß § 130 OWiG aus. Anknüpfungspunkt für die Aufsichtspflichtverletzung ist ein Verhalten eines Unternehmensmitarbeiters, das seinerseits den Tatbestand eines Strafgesetzes und zugleich den des § 81 Abs. 2 Nr. 1 GWB verwirklicht.[196] Die Zuständigkeit der Kartellbehörde endet, wenn das Verfahren zur Festsetzung einer Unternehmensgeldbuße an die Staatsanwaltschaft abgegeben wird (§ 82 S. 2 GWB).

In der praktischen Ermittlungsarbeit kann die **Aufspaltung der Ermittlungs- und Sanktionsbefugnisse** zu Problemen führen, weil auch für die Unternehmensgeldbuße eine Anknüpfungstat ermittelt werden muss.[197] Teilweise wird von der Unzulässigkeit des gespaltenen Verfahrens ausgegangen, wenn die Kartellbehörde parallel zu den Ermittlungen, Verhandlungen und Entscheidungen der Strafjustiz wegen strafbarer Beteiligung natürlicher Personen an Submissionsabsprachen die Voraussetzungen einer daran anknüpfenden Unternehmensgeldbuße ermittelt und diese selbstständig festsetzt.[198] Diesbezüglich stellt sich die praktische Frage, bei welcher Behörde welche Akten geführt werden sollen. Hinzu kommt, dass sich widersprechende Entscheidungen zu vermeiden sind. Dies erfordert, dass Kartellbehörde und Staatsanwaltschaft frühzeitig und eng zusammenarbeiten[199] und Kompetenzkonflikte vermeiden. Die Richtlinien für das Strafverfahren und das Bußgeldverfahren (RiStBV) enthalten deshalb eine entsprechende Regelung über die Zusammenarbeit beider Behörden.[200]   55

---

[192] *Dannecker*, in: NK, § 298 Rn. 115, mit Ausführungen zu der Frage, ob das Unterlassen einer Anzeige durch Vergabestellen bzw. den Rechnungshof strafbar ist.

[193] *Gürtler*, in: *Göhler*, OWiG, § 30 Rn. 43.

[194] Bundeskartellamt, Tätigkeitsbericht 1995/96 (= BT-Drucks. 13/7900 S. 33 f.); *Bangard*, wistra 1997, 168 ff.; *ders.*, WuW 1996, 981 f.

[195] Vgl. *Dannecker/Biermann*, in: *Immenga/Mestmäcker* (Hrsg.), GWB, § 82 Rn. 1 ff.

[196] Näher dazu *Achenbach*, WuW 1997, 960 f.; *ders.*, wistra 1998, 168 ff.; *Dölling*, ZStW 112 (2000), 349 f.

[197] Zu weitreichenden Überlegungen des Bundeskartellamts, bei der Unternehmensgeldbuße nach dem Vorbild des EG-Kartellrechts auf eine Unternehmensschuld abzustellen, vgl. *Bangard*, wistra 1997, 170 ff.

[198] *Achenbach*, in: Frankfurter Kommentar, Stand Oktober 2006, § 82 Tz. 8 ff.; *Achenbach*, NJW 2001, 2233; eingehend dazu *Dannecker*, in: NK, § 298 Rn. 111 ff.; *ders./Biermann*, in: *Immenga/Mestmäcker* (Hrsg.), GWB, § 82 Rn. 8 ff.

[199] Vgl. *Burchardi*, in: FJW (Hrsg.), Schwerpunkte des Kartellrechts 1996, 1997, S. 48, vgl. *Bechtold/Uhlig*, NJW 1999, 3533; *Dannecker/Biermann*, in: *Immenga/Mestmäcker*, GWB, § 82 Rn. 14.

[200] Nr. 242 RiStBV, abgedruckt bei *Dannecker/Biermann*, in: *Immenga/Mestmäcker* (Hrsg.), GWB, § 82 Rn. 14 (in Fußnote 37).

C. Nationales Kartellordnungswidrigkeitenrecht
I. Neuregelungen der siebenten Kartellrechtsnovelle[201]

56 Am 1.5.2004 trat die neue europäische **Kartellverordnung 1/2003** in Kraft,[202] die bei der Anwendung des europäischen Wettbewerbsrechts zu einem Systemwechsel geführt und zugleich den Vorrang des Gemeinschaftsrechts erheblich ausgeweitet hat. Da die meisten Unternehmensabsprachen Auswirkungen auf den zwischenstaatlichen Handel haben und aus diesem Grund das Gemeinschaftsrecht anwendbar ist und der neuen Verordnung zufolge in diesen Fällen keine vom Gemeinschaftsrecht abweichende rechtliche Bewertung durch das nationale Wettbewerbsrecht vorgenommen werden darf, sollte eine Harmonisierung zwischen dem Gemeinschaftsrecht und dem nationalen Recht erreicht werden.[203] Außerdem wurde bezweckt, Unternehmensvereinbarungen ohne grenzüberschreitende Auswirkungen ebenso zu behandeln wie solche mit einer derartigen Auswirkung.

Die siebente Novelle brachte insbesondere in folgenden Bereichen Änderungen mit sich: Bei wettbewerbsbeschränkenden Vereinbarungen wurde die Anmeldepflicht und das Genehmigungserfordernis abgeschafft und durch eine **Legalausnahmesystem** ersetzt. Spezielle Freistellungstatbestände wurden durch die Einführung einer **Generalklausel** ersetzt, wodurch sich die Eigenverantwortlichkeit der Unternehmen erhöhte.[204] **Horizontale und vertikale Wettbewerbsbeschränkungen** wurden damit gemäß dem europäischen Vorbild grundsätzlich gleich behandelt. Verstöße gegen das EU-Kartellrecht sind seitdem auch nach nationalem Recht mit einer nationalen Geldbuße bewehrt (Rn. 73). Schließlich sind **Sonderregelungen zur Anwendung des GWB** – mit Ausnahme des Bereichs der Landwirtschaft und der Preisbindung bei Zeitungen und Zeitschriften (Rn. 66) – entfallen.

II. Neuregelungen der Preismissbrauchsnovelle[205]

57 Art. 1 des Gesetzes zur Bekämpfung von Preismissbrauch im Bereich der Energieversorgung und des Lebensmittelhandels vom 18.12.2007 hat zu einer Änderung des Wortlauts von § 81 Abs. 4 Satz 2 GWB geführt. Außerdem wurde in diesem Zusammenhang ein zusätzlicher Satz 3 eingefügt, nach dem „bei der Ermittlung des Gesamtumsatzes der weltweite Umsatz aller natürlichen und juristischen Personen zu Grunde zu legen ist, die als wirtschaftliche Einheit operieren". Nach einem neuen Satz 4 kann die Höhe des Gesamtumsatzes geschätzt werden. Überdies wurde im Rahmen der Preismissbrauchsnovelle die Bußgeldregelung des § 81 GWB aus Gründen der Rechtssicherheit in ihrem vollen Wortlaut nochmals bekanntgemacht.[206]

III. Neuregelungen des Gesetzes zur Errichtung einer Markttransparenzstelle für den Großhandel mit Strom und Gas

58 Am 12.12.2012 trat das Gesetz zur Errichtung einer Markttransparenzstelle für den Großhandel mit Strom und Gas in Kraft[207], das für mehr Preistransparenz auf dem Strom-, Gas- und

---

[201] Ausführlich zur Entstehungsgeschichte vgl. Vorauflage 16. Kapitel Rn. 8 ff.
[202] Zum Inhalt der Verordnung siehe unten Rn. 217 ff.
[203] Siehe hierzu *Bechtold/Buntscheck*, NJW 2005, 2966 ff.; *Fuchs*, WRP 2005, 1384 ff.; *Kahlenberg/Haellnigk*, BB 2005, 1509 ff.; *Karl/Reichelt*, DB 2005, 1436 ff.; *Lutz*, WuW 2005,718 ff.; *Weitbrecht*, EuZW 2003, 73.
[204] Siehe *Schultze/Pautke/Wagener*, Vertikal-GVO, Einl. Rn. 16 ff.; *Eckard*, S. 141 ff.
[205] Preismissbrauchsnovelle vom 18.12.2007, BGBl I 2966.
[206] Preismissbrauchsnovelle vom 18.12.2007, BGBl I 2966; danach trat der neugefasste § 81 Abs. 4 Satz 2 GWB am 22.12.2007 in Kraft.
[207] Gesetz zur Errichtung einer Markttransparenzstelle für den Großhandel mit Strom und Gas, BGBl. Jg. 2012, Teil I Nr. 57, 11.12.2012.

C. Nationales Kartellordnungswidrigkeitenrecht **18**

Kraftstoffmarkt, für eine verbesserte Aufsicht über die Preisbildung auf den Großmärkten für Elektrizität und Gas sowie für einen besseren Überblick über die Entwicklung der Kraftstoffpreise an den Tankstellen sorgen soll. Dazu wurde in das GWB eigens ein 9. Abschnitt mit dem Titel „**Markttransparenzstellen für den Großhandel im Bereich Strom und Gas und für Kraftstoffe**" eingefügt, in dessen Rahmen durch die §§ 47a-l GWB die entsprechenden gesetzlichen Vorgaben geschaffen wurden. § 81 Abs. 2 Nr. 2 GWB erfuhr dadurch redaktionelle Änderungen sowie inhaltliche Änderungen dahingehend, dass in einem neuen § 81 Abs. 2 Nr. 2c und d GWB auf die Befugnisse der Markttransparenzstelle nach § 47d GWB verwiesen wird. Überdies wurden in § 81 Abs. 2 GWB die Nummern 5a und 5b neu eingefügt, die Verstöße gegen eine auf der Basis von § 47f GWB erlassenen Rechtsverordnung bzw. darauf beruhenden Rechtsakten sanktionieren. Zudem wird § 81 Abs. 10 GWB durch die Anfügung der Nummern 1, 2 und 3 dahingehend erweitert, dass die neu geschaffenen Markttransparenzstellen ebenfalls als Verwaltungsbehörde im Sinne des § 36 Abs. 1 Nr. 1 OWiG zu qualifizieren sind.

IV. Neuregelungen der achten Kartellrechtsnovelle

Bereits zum 01.01.2013 sollte die achte GWB-Novelle, die eine weitere Modernisierung und **59** Optimierung des GWB zum Ziel hat, in Kraft treten. Da der Bundestag und der Bundesrat in einigen Eckpunkten – vor allem bezüglich des Fusionsrechts der Krankenkassen – keine Einigung erzielen konnten, rief der Bundesrat am 23.11.2012 den Vermittlungsausschuss an. Nachdem dort erst am 05.06.2013 eine Einigung erzielt werden konnte, ist die 8. GWB-Novelle im Sommer 2013 in Kraft getreten.[208]

Im Rahmen der 8. GWB-Novelle soll vor allem die **Fusionskontrolle** weiter an das eu- **60** ropäische Recht angeglichen werden, indem das Merkmal der „**erheblichen Behinderung wirksamen Wettbewerbs**" („significant impediment to effective competition", kurz: SIEC) zum maßgeblichen Untersagungskriterium wird.[209] Zudem wird mit § 35 Abs. 2 S. 1 GWB eine **Bagatellmarktklausel** eingefügt, nach der die Fusionskontrolle nicht für ein fusionierendes und gemäß § 36 Abs. 2 GWB unabhängiges Unternehmen gilt, das weltweit im vergangenen Geschäftsjahr weniger als 10 Mio. Euro Umsatzerlöse erzielt hat. § 38 Abs. 5 GWB enthält nun außerdem eine **Zusammenrechnungsklausel für mehrere Erwerbsvorgänge innerhalb von zwei Jahren**, die eine Umgehung der Fusionskontrolle verhindern soll.[210] Auch die Neufassung des § 41 GWB dient einer weiteren Harmonisierung mit den Regelungen zur europäischen Fusionskontrolle, indem die nach Art. 7 Abs. 2 FKVO geltende **Ausnahme vom Vollzugsverbot für öffentliche Übernahmeangebote und andere sukzessive Erwerbsvorgänge über die Börse** (bei Beteiligung mehrerer Veräußerer) übernommen wird.[211]

Des Weiteren wird im Rahmen der 8. GWB-Novelle die **Systematik der Missbrauchs-** **61** **aufsicht** optimiert, indem ein neuer § 18 GWB vorangestellt wird, der den Begriff der Marktbeherrschung definiert und die diesbezüglichen gesetzlichen Vermutungen auflistet. Die Einzelmarktbeherrschungsvermutung (§ 19 Abs. 3 S. 1 GWB a. F., jetzt in § 18 Abs. 4 GWB) wurde dabei auf 40% angehoben. § 19 GWB regelt das verbotene Verhalten von marktbeherrschenden Unternehmen, § 20 GWB verbotenes Verhalten von marktstarken Unternehmen.[212]

Zudem erweitert die Novelle den Handlungsspielraum **kleinerer und mittlerer Presse-** **62** **unternehmen** und modifiziert die **Missbrauchsaufsicht in der Wasserwirtschaft**.

---

[208] Siehe BT-Drucks. 17/13720 v. 5.6.2013; BR-Drucks. 17/13720 v. 6.6.2013; BR-Beschluss. 475/13 v. 7.6.2013.
[209] Siehe dazu *Barth/Budde*, BB 2011, 1859 ff.
[210] *Leber*, GRuRInt 2012, 106; *Gronemeyer/Slobodenjuk*, WRP 2012, 290, 291 ff.
[211] BT-Drucks. 17/9852, S. 30 f.
[212] *Leber*, GRuRInt 2012, 106; *Bechtold*, BB 2011, 3075, 3076; *Gronemeyer/Slobodenjuk*, WRP 2012, 290, 293 f.

63 Auch das **kartellrechtliche Verfahrens- und Ordnungswidrigkeitenrecht** wurde geändert. So soll die Position qualifizierter Einrichtungen, also insbesondere der **Verbraucherverbände**, nach § 33 Abs. 2 GWB dadurch gestärkt werden, dass diese nach § 33 Abs. 1 GWB einen Unterlassungsanspruch geltend machen können. Überdies soll das Kartellbußgeldrecht effizienter werden, indem durch die Neufassung des § 30 Abs. 2a OWiG die **Bußgeldhaftung** auch auf den **Gesamtrechtsnachfolger** bzw. den durch Aufspaltung partiellen **Gesamtrechtsnachfolger** nach § 123 Abs. 1 UmwG erstreckt wird (Rn. 144). Außerdem wird im neu eingeführten § 81a GWB eine **Auskunftspflicht für juristische Personen und Personenvereinigungen** normiert, die den Verwaltungsbehörden und Gerichten die Ermittlung des bußgeldrelevanten Umsatzes nach § 81 Abs. 4 GWB erleichtern soll.[213] Letztlich brachte das Inkrafttreten des AEUV die Notwendigkeit zahlreicher redaktioneller Änderungen mit sich, die im Rahmen der 8. GWB-Novelle umgesetzt wurden.[214]

Die **Beschränkung des Akteneinsichtsrechts in Kronzeugenverfahren**, welche im Referentenentwurf noch vorgesehen war, wurde mit der 8. GWB-Novelle nicht umgesetzt. Die diesbezüglich bestehende Rechtsunsicherheit wurde damit bewusst nicht beseitigt.

V. Regelungen und Systematik des GWB

1. Normadressaten

64 Die Vorschriften des GWB richten sich ganz überwiegend an **Unternehmen und Unternehmensvereinigungen** als Normadressaten. Der Begriff des Unternehmens wird extensiv ausgelegt: Es reicht jede selbstständige, nicht rein private Tätigkeit einer Person in der Erzeugung oder Verteilung von Waren oder gewerblichen Leistungen aus.[215] Die Rechtsform und die Gewinnerzielungsabsicht sind unerheblich.[216] Auch die freien Berufe unterfallen dem Unternehmensbegriff.[217] Durch die Begriffsbestimmung werden sowohl die Sphäre des privaten Verbrauchers als auch die der hoheitlichen Tätigkeit des Staatswesens aus dem Anwendungsbereich des GWB ausgeschlossen.

2. Materiellrechtliche Regelungen über Wettbewerbsbeschränkungen

65 Die materiellrechtlichen Regelungen über die Wettbewerbsbeschränkungen lassen sich in drei Gruppen fassen: das **Verbot wettbewerbsbeschränkender Vereinbarungen** (Rn. 66, 93 ff.), **Umgehungsverbote** (Rn. 67, 102 ff.) und den **Missbrauch einer marktbeherrschenden oder marktstarken Stellung** (Rn. 68, 105 ff.).

a) Verbot wettbewerbsbeschränkender Vereinbarungen

66 § 1 GWB enthält im Gleichklang mit Art. 101 Abs. 1 AEUV (zuvor: 81 Abs. 1 EG) ein **generelles Verbot wettbewerbsbeschränkender Vereinbarungen** (Rn. 93 ff.). Dieses Verbot erfasst sowohl horizontale Kartelle, d. h. Vereinbarungen zwischen Unternehmen der gleichen Wirtschaftsstufe (Rn. 99 f.), als auch Vereinbarungen zwischen Unternehmen auf verschiedenen Wirtschaftsstufen (sog. vertikale Vereinbarungen; Rn. 101).

In Anlehnung an Art. 101 Abs. 3 AEUV (früher: Art. 81 Abs. 3 EG) enthält § 2 Abs. 1 GWB eine Generalklausel für die **Ausnahmen vom Verbot wettbewerbsbeschränkender Vereinbarungen** (Rn. 97). Durch eine dynamische Verweisung in § 2 Abs. 2 GWB auf

---
[213] *Bechtold*, BB 2011, 3075, 3079.
[214] Monopolkommission Sondergutachten 63, Die 8. GWB-Novelle aus wettbewerbspolitischer Sicht, S. 9 f.
[215] BGHZ 19, 79 f.; 36, 102 ff.; BGH DE-R 839 ff., 841 (*Privater Pflegedienst*); BGHZ 36, 91 ff., 103 (*Gummistrümpfe*); BGH WuW/E 2813 ff., 2818 (*Selbstzahler*); *Roth*, in: FS Loewenheim, 2009, S. 545 ff.
[216] Grundlegend BGHZ 137, 311 f.
[217] OLG München WuW/E 3395 ff. (*Orthopäden*); BGH WuW/E 2497 ff., 2502 (*GEMA Verwertungsverfahren*); BGH WuW/E 1253 ff, 1275 (*Nahtverlegung*).

C. Nationales Kartellordnungswidrigkeitenrecht **18**

Gruppenfreistellungsverordnungen der Europäischen Union (Rn. 173) wird deren Regelungsinhalt in das deutsche Recht übernommen.

Eine Ausnahme für so genannte **Mittelstandskartelle** enthält § 3 GWB (Rn. 40, 97). Dabei legt § 3 GWB fest, dass die allgemeinen Freistellungsvoraussetzungen des § 2 Abs. 1 GWB vorliegen, wenn dadurch der Wettbewerb auf dem Markt nicht wesentlich beeinträchtigt wird und die Vereinbarung oder der Beschluss dazu dient, die Wettbewerbsfähigkeit kleiner oder mittlerer Unternehmen zu verbessern.

Des Weiteren bestehen noch **Bereichsausnahmen** für die Landwirtschaft (§ 28 GWB) und für Preisbindungen bei Zeitungen und Zeitschriften (§ 30 GWB). Mit Inkrafttreten der 8. GBW-Novelle ist nunmehr auch gesetzlich geregelt, dass die §§ 19, 20 und 31b Abs. 5 GWB keine Anwendung auf öffentlich-rechtliche Gebühren und Beiträge finden (§ 130 Abs. 1 S. 2 GWB). Außerdem finden die Vorschriften des Ersten bis Dritten Teils des GWB keine Anwendung auf die Deutsche Bundesbank und die Kreditanstalt für Wiederaufbau (§ 130 Abs. 1 S. 3 GWB).

b) Umgehungsverbote

Im Hinblick darauf, dass das Verbot des § 1 GWB leicht umgangen werden kann, indem **67** Unternehmen dieselben Wirkungen auch ohne Vereinbarung oder Verhaltensabstimmung erreichen können, hat der Gesetzgeber Umgehungsverbote statuiert, die ebenso wie die verbotene Vereinbarung behandelt werden. Zu nennen ist insbesondere das **Druckausübungsverbot** des § 21 Abs. 2 GWB (Rn. 102 f.).

c) Missbrauch einer marktbeherrschenden oder marktstarken Stellung

§ 19 GWB regelt den **Missbrauch einer marktbeherrschenden Stellung** (Rn. 105 ff.). **68**
§ 20 GWB regelt den **Missbrauch einer marktstarken Stellung** (Rn. 115 ff.).

3. Zivil- und verwaltungsrechtliche Sanktionen

Die §§ 32 bis 34a GWB enthalten Regelungen über **verwaltungs- und zivilrechtlichen** **69** **Sanktionen**, die zwar deutlich getrennt von den Bußgeldtatbeständen, jedoch – sachwidrig[218] – in § 81 GWB und damit in den Abschnitt über das Bußgeldverfahren aufgenommen worden sind. In § 33 GWB sind die Voraussetzungen für einen Unterlassungsanspruch und die Schadensersatzpflicht spezialgesetzlich geregelt; hierbei gelten gewisse Erleichterungen gegenüber dem allgemeinen zivilrechtlichen Ansprüchen. § 34 GWB regelt die Vorteilsabschöpfung durch die Kartellbehörde und § 34a GWB Vorteilsabschöpfung durch Verbände und Einrichtungen.

Vereinbarungen, Beschlüsse und Verhaltensabstimmungen, die gegen **§ 1 GWB** verstoßen, sind gemäß **§ 134 BGB nichtig**.[219] Die Nichtigkeitsfolge erfasst bei einem Verstoß gegen § 1 GWB nicht nur den eigentlichen Kartellvertrag[220], sondern auch die so genannten Ausführungsverträge, d. h. die Verträge zwischen den Kartellmitgliedern oder der Kartellmitglieder mit Dritten, die der Durchführung, Verstärkung oder Ausdehnung der verbotenen Wettbewerbsbeschränkung dienen.

4. Fusionskontrolle

In den §§ 35 bis 43 GWB ist die Fusionskontrolle (Rn. 124 ff.) geregelt, gefolgt von den Vor- **70** schriften über die Monopolkommission in §§ 44 bis 47 GWB.

---

[218] *Achenbach*, wistra 1999, 242.
[219] Für AGB geht § 306 BGB vor, siehe BGH BB 2007, 1583 ff. (*BMW-Vertragshändler*).
[220] Die Frage der Gesamt- oder Teilnichtigkeit richtet sich grundsätzlich nach § 139 BGB; Gesamtnichtigkeit ist vor allem dann anzunehmen, wenn es der Regelungszweck der Norm verlangt oder der Vertrag gerade die wettbewerbsrechtliche Vorgabe umgehen will; von einer geltungserhaltenden Reduktion ist insbesondere bei langen zeitlichen Bindungen auszugehen, siehe nur *Thomas* WuW 2010, 177 ff.

5. Markttransparenzstellen für den Großhandel mit Strom und Gas und für Kraftstoffe

71 Die im Rahmen der 8. GWB-Novelle neu eingefügten §§ 47a – 47j GWB befassen sich im Wesentlichen mit der Einrichtung der **Markttransparenzstellen** für den Bereich Strom und Gas, mit deren Aufgaben (§ 47b GWB), Befugnissen (§ 47d GWB) und mit den Mitteilungspflichten (§ 47e GWB). § 47k GWB regelt bezüglich der Markttransparenzstelle für Kraftstoffe die Marktbeobachtung, während § 47l GWB Vorgaben zur Evaluierung der Markttransparenzstellen enthält.

6. Kartellbehörden und Verfahrensvorschriften einschließlich Bußgeldvorschriften

72 Für die Durchsetzung der Wettbewerbsverbote und der Aufsichtsrechte sowie für die Genehmigungen sind die **Kartellbehörden** (§§ 48 bis 53 GWB) im kartellrechtlichen Verwaltungsverfahren (§§ 54 bis 95 GWB) zuständig. Ihnen stehen Auskunftsrechte (§ 59 GWB), Durchsuchungs- und Beschlagnahmerechte (§ 58 GWB) sowie die Beweiserhebung durch Einvernahme von Zeugen und Sachverständigen (§ 57 GWB) zu.[221]

Wenn der Verdacht einer Kartellordnungswidrigkeit vorliegt, müssen die Kartellbehörden ihre Ermittlungen aufnehmen. Das **Ordnungswidrigkeitenverfahren**, das sich nach dem Ordnungswidrigkeitengesetz (OWiG) richtet, ist vom kartellrechtlichen Verwaltungsverfahren strikt zu trennen.[222] Das Ordnungswidrigkeitenverfahren weist vor allem insoweit eine Besonderheit auf, als der Einspruch gegen einen Bußgeldbescheid nicht zum Amtsgericht, sondern zum Oberlandesgericht (§ 83 Abs. 1 GWB) führt, das in einem strafrechtlichen Verfahren entscheidet.

VI. Bußgeldrecht und Systematik der Kartellordnungswidrigkeiten

1. Neuerungen durch die siebente GWB-Novelle

73 Durch die siebte GWB-Novelle wurden erstmals **Verstöße gegen das europäische Wettbewerbsrecht** unmittelbar bußgeldbewehrt (§ 81 Abs. 1 GWB). Zuvor galt dies nur für Verstöße gegen vollziehbare Anordnungen des Bundeskartellamts, die auf Art. 81 und 82 EG gestützt waren (heute: Art. 101 und 102 AEUV).[223] Des Weiteren wurde bei schweren Verstößen der Bußgeldrahmen auf 1 Mio. Euro erhöht (§ 81 Abs. 4 S. 1 GWB) und der variable Bußgeldrahmen dem europäischen Recht[224] angepasst, so dass nunmehr gegen Unternehmen und Unternehmensvereinigungen **Geldbußen bis zu 10 %** des im vorausgegangenen Geschäftsjahr erzielten **Gesamtumsatzes** verhängt werden können (§ 81 Abs. 4 S. 2 GWB). Für die **leichteren Verstöße** wurde der Bußgeldrahmen von 25 000 Euro auf **100 000 Euro** heraufgesetzt. Neu eingeführt wurde ebenfalls die Möglichkeit, bei der Bußgeldverhängung auf die **Abschöpfung des wirtschaftlichen Vorteils zu verzichten** (§ 81 Abs. 5 S. 1 GWB, Rn. 147).

Darüber hinaus wurde in § 81 Abs. 7 GWB ausdrücklich klargestellt, dass das Bundeskartellamt zur Festlegung allgemeiner Verwaltungsgrundsätze hinsichtlich der Ausübung seines Ermessens bei der Bemessung der Geldbuße befugt ist. Damit wurden die „**Bonusregelungen**" (Rn. 157 ff.) vom Gesetzgeber auf eine klare **Ermächtigungsnorm** gestellt.

---

[221] Siehe dazu *Töllner*, EWS 1–2/2011, S. 21 ff.
[222] Näher zum Ordnungswidrigkeitenverfahren unten Rn. 161 ff.
[223] § 81 Abs. 1 Nr. 6a GWB a. F.
[224] Art. 23 Abs. 2 S. 2 VO 1/2003.

C. Nationales Kartellordnungswidrigkeitenrecht

2. Neuerungen durch die achte GWB-Novelle

An der Konzeption des GWB wurde durch die 8. GWB-Novelle nichts grundlegend geändert. Vielmehr wurden im Bereich der **Fusionskontrolle** die Unterschiede zwischen der deutschen und der europäischen Fusionskontrolle weiter verringert (Rn. 125), um eine weitgehend gleichlaufende Beurteilung von Fusionsvorhaben auf deutscher und europäischer Ebene zu ermöglichen (siehe insbesondere §§ 36, 40 und 41 GWB).

Zugleich wurde durch die 8. GWB-Novelle der Handlungsspielraum kleiner und mittlerer Presseunternehmen durch die **Anhebung der Bagatellmarktschwelle** in § 36 Abs. 1 S. 2 GWB erweitert (Rn. 127). Überdies wurden die **Missbrauchsvorschriften** (§§ 18 ff. GWB) verständlicher und anwenderfreundlicher gestaltet (Rn. 61, 105). Die **Stellung der Verbraucherverbände** wurde durch eine angemessene Beteiligung an der privaten Kartellrechtsdurchsetzung verbessert (§ 33 Abs. 2 Nr. 2 GWB). Schließlich wurden das kartellrechtliche Bußgeldregime durch die **bußgeldrechtliche Haftungserstreckung auf Gesamtrechtsnachfolger** im Rahmen der Neufassung des § 30 Abs. 2a OWiG (Rn. 144) sowie durch die Etablierung einer **Auskunftspflicht von juristischen Personen und Personenvereinigungen** hinsichtlich ihres bußgeldrelevanten Umsatzes nach § 81a GWB effizienter gestaltet (Rn. 63).

Daneben kam es im Rahmen der 8. GWB-Novelle zu zahlreichen **redaktionellen Änderungen**, die sich durch den im Dezember 2009 in Kraft getretenen Vertrag über die Arbeitsweise der Europäischen Union (AEUV) ergeben haben.[225]

3. Blankettgesetzcharakter: Erfordernis des Zusammenlesens von verweisendem und ausfüllendem Gesetz

Bei den Sanktionsnormen des § 81 Abs. 1 bis 3 GWB handelt es sich um Blankettvorschriften, weil auf die Verbotsvorschriften der Art. 81 Abs. 1 und 82 S. 2 EG (bzw. heute auf die Art. 101 Abs. 1 und 102 AEUV) sowie auf Verbots- und Gebotsvorschriften des GWB verwiesen wird, die zur Ausfüllung des Tatbestandes heranzuziehen sind. Um den Inhalt der Bußgeldtatbestände zu bestimmen, bedarf es des Zusammenlesens von verweisendem Strafgesetz und ausfüllender Regelung. Erst auf diesem Wege kann der **vollständige Tatbestand** gebildet werden. Die durch § 81 Abs. 1 bis 3 GWB in Bezug genommenen außerstrafrechtlichen Normen erlangen durch das Zusammenlesen zwar nicht die Rechtsqualität einer Bußgeldnorm.[226] Soweit diese Vorschriften jedoch herangezogen werden, um eine bußgeldrechtliche Verantwortung zu begründen, nehmen sie an der Rechtsnatur der verweisenden (Bußgeld-)Norm teil und müssen an den strafrechtlichen Maßstäben der **Auslegung** und des **Analogieverbots** (Art. 103 Abs. 2 GG) gemessen werden. Die Berücksichtigung strafrechtlicher Besonderheiten bei der Auslegung im Bußgeldrecht hat zur Folge, dass in außerstrafrechtlichen Entscheidungen höhere Anforderungen an das Wettbewerbsverhalten der Unternehmen gestellt werden können als in Bußgeldentscheidungen. Dies kann zu einer Normspaltung führen, bei der im Sanktionsrecht eine restriktivere Auslegung als im kartellrechtlichen Bereich geboten sein kann. Allerdings sollte im Interesse der Rechtssicherheit und Rechtseinheit im Wettbewerbs- und Bußgeldrecht eine einheitliche (restriktive) Auslegung angestrebt werden.[227]

4. Struktur der Bußgeldnormen

Was die Struktur der Bußgeldnormen anbetrifft, haben bereits *Arzt* und *Baumann* bezüglich der Bußgeldtatbestände der §§ 38 und 39 GWB in der Fassung vor der 7. GWB-Novelle ge-

---

[225] Gesetzesentwurf der Bundesregierung vom 31.5.2012, Drucks. 17/9852, S. 1.
[226] Vgl. nur *Dannecker*, Das intertemporale Strafrecht, 1992, S. 476 f. m. weit. Nachw.
[227] *Hamann*, Das Unternehmen als Täter im europäischen Wettbewerbsrecht, 1992, S. 25 f. m. weit. Nachw.

rügt, dass die Kartellordnungswidrigkeiten ein **verwirrendes und unsystematisches Bild** bieten.[228] In Bezug auf § 81 GWB in der Fassung vor der 7. GWB-Novelle sprach *Achenbach* sogar von einer „chaotischen Struktur der neuen einheitlichen Bußgeldnorm", die eine „wirkliche legislatorische Fehlleistung" darstelle, weil die bisherige klare Trennung in schwere und leichtere Kartellrechtsverstöße aufgegeben worden sei und „die gewichtigen materiellen Bußgeldtatbestände und die weniger gewichtigen eher formalen Zuwiderhandlungen – nach dem aus anderen Gesetzen sattsam bekannten Modell des Ordnungswidrigkeitensalats? – völlig durcheinander" gingen.[229] Die strukturellen Schwächen in der Regelung der Kartellordnungswidrigkeiten, die in der Abtrennung der Kartellordnungswidrigkeiten von den sonstigen Sanktionen für Kartellrechtsverstöße, in der Einordnung der materiellen Bußgeldtatbestände in den Abschnitt über das Bußgeldverfahren und in der Vermengung materieller und verfahrensrechtlicher Inhalte in der Norm über „Bußgeldvorschriften" (§ 81 GWB) sowie im Verzicht auf jegliche Systematik bei leichteren und schweren Kartellordnungswidrigkeiten liegen, wurden auch durch die siebente Kartellrechtsnovelle nicht beseitigt.[230] Die achte GWB-Novelle hat an dieser Situation nichts Grundlegendes geändert.[231]

79 Der Gesetzgeber hat hinsichtlich der Struktur des § 81 GWB eine Dreiteilung vorgenommen: **Verstöße gegen das europäische Recht** (Abs. 1), **Verstöße gegen das deutsche Recht**, die **vorsätzlich und fahrlässig** begangen werden können (Abs. 2), und **Verstöße gegen das deutsche Recht**, die nur **vorsätzlich** begangen werden können (Abs. 3).[232]

Im Hinblick auf die **angedrohten Sanktionsrahmen** bietet sich eine Einteilung in zwei Gruppen an: Eine erste Gruppe betrifft **schwerwiegende Zuwiderhandlungen gegen das materielle Kartellrecht**, die mit Geldbuße bis zu 1 Mio. Euro und, wenn die Geldbuße gegen ein Unternehmen oder eine Unternehmensvereinigung verhängt wird, darüber hinaus mit bis zu 10 % des im vorausgegangenen Geschäftsjahr erzielten Gesamtumsatzes pro Beteiligten geahndet werden können. Innerhalb dieser Gruppe kann zwischen Zuwiderhandlungen gegen ein gesetzliches Verbot, ohne dass es eines kartellbehördlichen Aktes bedarf, und verwaltungsakzessorischen Kartellordnungswidrigkeiten, die Zuwiderhandlungen gegen konstitutive Verfügungen der Kartellbehörden betreffen, unterschieden werden.

80 Die zweite Gruppe betrifft **leichtere Kartellrechtsverstöße**, z. B. Verstöße gegen Auskunftsrechte der Behörden und gegen Anmeldepflichten, die als Ungehorsamstatbestände eingestuft werden können.[233] § 81 Abs. 4 S. 5 GWB droht für diese Verstöße Geldbußen bis zu 100 000 Euro an. Im Rahmen des § 81 Abs. 1 und 2 GWB können nicht nur die schwerwiegenden, sondern auch die leichteren Kartellverstöße sowohl bei vorsätzlichem als auch bei fahrlässigem Verhalten mit Geldbuße geahndet werden. Weshalb in den in Abs. 3 geregelten Fällen nur vorsätzliche Verstöße ahndbar sind, bleibt offen.[234]

5. Schwerwiegende Zuwiderhandlungen gegen die materiellen Wettbewerbsverbote

a) Zuwiderhandlungen gegen gesetzliche Verbote

81 Im Vordergrund der Kartellgeldbußen stehen Zuwiderhandlungen gegen gesetzliche Verbote. Zunächst verweist die Bußgeldvorschrift des § 81 Abs. 1 Nr. 1 und 2 GWB auf die **materiellen Wettbewerbsverbote des europäischen Rechts** und nimmt in Nr. 1 das Verbot wettbewerbsbeschränkender Vereinbarungen in Art. 101 Abs. 1 AEUV (vormals Art. 81 Abs. 1

---

[228] *Arzt/Baumann*, ZHR 134 (1970), 33.
[229] *Achenbach*, wistra 1999, 242.
[230] *Achenbach*, wistra 2006, 2, 3.
[231] Gesetzesentwurf der Bundesregierung vom 31.5.2012, Drucks. 17/9852, S. 14.
[232] Vgl. hierzu auch den Überblick von *Achenbach*, wistra 2006, 2 ff.
[233] Zu dieser Systematik, die sowohl den §§ 38, 39 GWB a. F. als auch § 81 GWB n. F. zu Grunde liegt, *Achenbach*, wistra 1999, 243; vgl. auch *Tiedemann*, Wirtschaftsstrafrecht und Wirtschaftskriminalität, Bd. 2, S. 21; siehe auch den Überblick bei *Seitz*, in: Mäsch, § 81 Rn. 45.
[234] BT-Drucks. 15/3640, S. 66; kritisch dazu *Achenbach*, wistra 2006, 2, 3; siehe auch *Tiedemann*, Wirtschaftsstrafrecht BT, § 5 Rn. 169.

C. Nationales Kartellordnungswidrigkeitenrecht

EG) und in Nr. 2 das Verbot des Missbrauchs marktbeherrschender Stellungen in Art. 102 AEUV in Bezug.

§ 81 Abs. 2 Nr. 1 GBW verweist auf die **materiellen Wettbewerbsverbote**, die wettbewerbsbeschränkende Vereinbarungen sowie den Missbrauch einer marktbeherrschenden Stellung betreffen, sowie auf die **materiellrechtlichen Vorschriften der Fusionskontrolle des deutschen Rechts**. Im Einzelnen werden unter Bußgeldandrohung gestellt:
- die missbräuchliche Ausnutzung einer **marktbeherrschenden oder marktstarken Stellung** (§§ 19 Abs. 1, 20 Abs. 1 und 29 S. 1 GWB),
- der Zwang zu illegalem Wettbewerbsverhalten (§ 21 Abs. 3 GWB),
- die wirtschaftliche Nachteilszufügung als Vergeltung für eine Anrufung der Kartellbehörde (§ 21 Abs. 4 GWB),
- der Vollzug oder die Mitwirkung am Vollzug eines vom Bundeskartellamt **nicht freigegebenen Zusammenschlusses** (§ 41 Abs. 1 S. 1 GWB).

§ 81 Abs. 3 Nr. 1 GWB stellt die Aufforderung zum **Boykott** (§ 21 Abs. 1 GWB) unter Bußgeldandrohung. § 81 Abs. 3 Nr. 2 GWB verweist auf das **Verbot von Druck- und Lockmitteln** (§ 21 Abs. 2 GWB) und stellt diese unter Bußgeldandrohung. § 81 Abs. 3 Nr. 3 GWB verweist schließlich auf Normen, die **unrichtige Angaben verbieten**, so auf § 24 Abs. 4 S. 3 GWB, der unrichtige Angaben von Wirtschafts- und Berufsvereinigungen bei der Stellung eines Antrags auf Anerkennung von Wettbewerbsregeln untersagt, und auf § 39 Abs. 3 S. 5 GWB, der unrichtige Angaben im Zusammenhang mit der Anmeldung eines Unternehmenszusammenschlusses verbietet.

b) Zuwiderhandlungen gegen vollziehbare Verwaltungsakte der Kartellbehörde

Gemäß § 81 Abs. 2 Nr. 5 GWB kann mit Geldbuße geahndet werden, wer einer vollziehbaren Auflage, die im Zusammenhang mit der **Freigabe eines Zusammenschlusses** gemäß § 40 Abs. 3 S. 1 GWB oder § 42 Abs. 2 S. 1 GWB gemacht worden ist, zuwider handelt.

§ 81 Abs. 2 Nr. 2 lit. a GWB kann mit Geldbuße geahndet werden, wer einer **einstweiligen Anordnung** gemäß § 60 GWB zuwiderhandelt. Umfasst sind weiterhin Anordnungen des Bundeskartellamts nach § 30 Abs. 3 GWB, die sich auf Zeitungen und Zeitschriften beziehen, sowie Verpflichtungen und Erklärungen nach § 31b Abs. 3 Nrn. 1 und 3 GWB. Sodann sind Zuwiderhandlungen gegen vollziehbare Untersagungen nach § 32 GWB, wobei auch einstweilige Maßnahmen gemäß § 32a GWB mit einbezogen sind, ahndbar. Dem wird auch die Nichteinhaltung von Verpflichtungszusagen der Unternehmen nach § 32b GWB gleichgestellt. Des Weiteren ist ein Zuwiderhandeln gegen die Untersagung oder Einschränkung der **Ausübung des Stimmrechts bei Zusammenschlüssen** gemäß § 41 Abs. 4 Nr. 2 GWB ahndbar.

6. Leichtere Zuwiderhandlungen

Die leichteren Zuwiderhandlungen sind dadurch charakterisiert, dass sie nach § 81 Abs. 4 S. 5 GWB nur mit **Geldbuße bis zu 100 000 Euro** geahndet werden können.

a) Zuwiderhandlungen gegen gesetzliche Verbote

Nach § 81 Abs. 2 Nr. 3 GWB kann mit Geldbuße geahndet werden, wer entgegen § 39 Abs. 1 GWB **Zusammenschlüsse vor dem Vollzug** beim Bundeskartellamt **nicht**, nicht richtig, nicht vollständig oder nicht rechtzeitig **anmeldet**.

Die Bußgeldnorm des § 81 Abs. 2 Nr. 4 GWB verweist auf § 39 Abs. 6 GWB. Hiernach müssen die an einem Zusammenschluss beteiligten Unternehmen den **Vollzug des Zusammenschlusses** dem Bundeskartellamt unverzüglich **anzeigen**.

b) Zuwiderhandeln gegen Verwaltungsanordnungen

Gemäß § 81 Abs. 2 Nr. 2 lit. b GWB kann mit Geldbuße geahndet werden, wer einem **Auskunftsverlangen der Kartellbehörde** im Rahmen der Zusammenschlusskontrolle nach § 39 Abs. 5 GWB nicht nachkommt. Nach letzterer Vorschrift kann das Bundeskartellamt Auskunft über Marktanteile einschließlich der Grundlagen für die Berechnung oder Schätzung sowie über den Umsatzerlös bei einer bestimmten Art von Waren oder gewerblichen Leistungen verlangen, den das Unternehmen im letzten Geschäftsjahr vor dem Zusammenschluss erzielt hat.

90 **§ 81 Abs. 2 Nr. 6 GWB** flankiert die Kompetenz der Kartellbehörden, im Rahmen des Verwaltungsverfahrens Auskunftsverlangen (auch in Verbindung mit § 47d Abs. 1 S. 1 und § 47k Abs. 7 GWB) zu stellen (§ 59 Abs. 2 GWB), um die Durchsetzbarkeit des Kartellrechts zu erhöhen. Insoweit hat diese Sanktionsnorm teilweise den Charakter eines Zwangsgelds.

VII. Bußgeldrechtliche Besonderheiten der Wettbewerbsverbote

1. Verbot wettbewerbsbeschränkender Vereinbarungen nach Art. 101 AEUV und des Missbrauchs marktbeherrschender Stellungen nach Art. 102 AEUV

91 Abweichend vom bisherigen Recht bedroht § 81 Abs. 1 GWB jetzt vorsätzliche und fahrlässige Verstöße gegen das Kartellverbot des Art. 101 AEUV (Rn. 177 ff.) und das Verbot der missbräuchlichen Ausnutzung einer marktbeherrschenden Stellung nach Art. 102 AEUV (Rn. 189 ff.) als schwere Kartellordnungswidrigkeit mit Geldbuße nach dem Ordnungswidrigkeitengesetz. Während jedoch Art. 101 Abs. 1 AEUV und Art. 3 Abs. 1 und 2 VO 1/2003 ebenso wie §§ 1, 22 Abs. 1 und 2 GWB „aufeinander abgestimmte Verhaltensweisen" verbieten, bedroht Art. 81 Abs. 1 Nr. 1 GWB denjenigen mit Geldbuße, der „Verhaltensweisen aufeinander abstimmt". Die Abstimmung selbst liegt aber vor der Durchführung der abgestimmten Verhaltensweisen. Damit sind nach dem Gesetzeswortlaut Verstöße gegen das Unionsrecht bereits früher als solche gegen § 1 GWB ahndbar.[235] Hierbei dürfte es sich um ein Versehen des Gesetzgebers handeln, weshalb eine folgenlos bleibende Abstimmung im Wege einer restriktiven Auslegung sanktionsfrei bleiben sollte.[236]

92 Adressaten des Verbots sind nach Art. 101 AEUV sind Unternehmen und Unternehmensvereinigungen, nach Art. 102 AEUV Unternehmen.[237] Wenn jedoch eine Geldbuße nach nationalem Recht verhängt werden soll, trifft die Sanktion primär die **natürliche Person** (§ 9 OWiG) und kann gemäß § 30 OWiG auch gegen die **juristische Person** verhängt werden.[238] Soweit die mitgliedstaatlichen Wettbewerbsbehörden Sanktionen wegen Verstößen gegen Art. 101 und 102 AEUV verhängen, wenden sie das jeweilige nationale Sanktionenrecht an, mit der Folge, dass auch der nationale Allgemeinen Teil sowie das nationale Verfahrensrecht zur Anwendung kommen.[239]

2. Verbot wettbewerbsbeschränkender Vereinbarungen nach § 1 GWB

a) Regelungsgehalt des § 1 GWB

93 **Gegenstand des Kartellverbots** gemäß § 1 GWB sind Vereinbarungen, Beschlüsse von Unternehmensvereinigungen, aber auch abgestimmtes Verhalten zwischen Unternehmen. Nach der Neufassung wird kein Unterschied zwischen horizontalen und vertikalen Wettbewerbsbeschränkungen mehr gemacht. Somit haben sich auch die damit verbundenen Abgrenzungsprobleme erledigt.[240]

94 **Vereinbarungen** sind dabei nicht nur Verträge, sondern auch die so genannten *gentlemen's agreements*, durch die eine bloß moralische, wirtschaftliche oder gesellschaftliche Bindung be-

---

[235] Siehe dazu EuGH v. 4.6.2009, C-8/08, Slg. 2009, I-4529; *Schmidt/Koyuncu*, BB 2009, 2251, 2252 f.; siehe auch *Achenbach*, WuW 2011, 810 ff.

[236] Im Ergebnis ebenso *Achenbach*, wistra 2006, 2, 4.

[237] Eingehend dazu *Dannecker/Biermann*, in: *Immenga/Mestmäcker* (Hrsg.), EU-Wettbewerbsrecht, Bd. I Teil 2, Art. 23 VO 1/2003 Rn. 75 ff. m. weit. Nachw.

[238] Zum Verhältnis des GWB zu den Vorschriften des OWiR siehe *Peter*, in: *Schulte/Just*, Kartellrecht, Vor § 81 GWB Rn. 3 ff.; *Queck*, S. 28 ff.

[239] *Lampert/Niejahr/Kübler/Weidenbach*, Kommentar zur EU-Kartell-Verfahrensordnung, 2004, Art. 23 Rn. 426.

[240] Vgl. hierzu noch die Vorauflage Kap. 16 Rn. 46; siehe auch *Lober*, in: *Schulte/Just*, Kartellrecht, § 1 Rn. 58 ff.

C. Nationales Kartellordnungswidrigkeitenrecht

gründet wird, weiterhin Musterverträge[241] sowie Allgemeine Geschäftsbedingungen[242]. Vom Verbot des **abgestimmten Verhaltens** werden alle Formen der bewussten Koordinierung des Verhaltens von Unternehmen erfasst, durch deren Art die Risiken des Wettbewerbs ausgeschaltet werden sollen.[243] **Beschlüsse von Unternehmensvereinigungen** sind alle Rechtsakte, durch welche diese ihren Willen bilden und auf die wirtschaftliche Betätigung der angeschlossenen Unternehmen einwirken; auch diese werden von § 1 GWB erfasst.[244]

Vereinbarungen, Beschlüsse und aufeinander abgestimmte Verhaltensweisen sind jedoch nur dann verboten, wenn sie eine Verhinderung, Einschränkung oder Verfälschung des Wettbewerbs (**Wettbewerbsbeschränkung**[245]) **bezwecken** oder **bewirken**.[246] Die Wettbewerbsbeschränkung muss nicht Inhalt oder Gegenstand des Vertrages sein; vielmehr reicht die wettbewerbsbeschränkende Zielrichtung der Parteien aus, ohne dass es auf die wettbewerbsbeschränkenden Auswirkungen der Vereinbarung auf die Beteiligten oder Dritte ankommt.[247]

Ebenso wie in Art. 101 und 102 AEUV muss das insbesondere im Hinblick auf die **Spürbarkeit** notwendige Tatbestandsmerkmal der **Außenwirkung oder Beeinflussung der Marktverhältnisse** in § 1 GWB hineininterpretiert werden.[248] Unter der Spürbarkeit der Wettbewerbsbeschränkung versteht man, dass von ihr konkret feststellbare Veränderungen der relevanten Produktions- oder Marktfaktoren zum Nachteil Dritter ausgehen, wobei in erster Linie an die Verringerung der Alternativen der Marktgegenseite zu denken ist.[249] Besonders strenge Maßstäbe werden angelegt, wenn die Wettbewerbsbeschränkung von den Beteiligten geradezu bezweckt ist sowie wenn es sich um Kartelle handelt, die wegen ihrer großen Verbreitung (wie z. B. Submissionskartelle) besonders schädlich sind. In derartigen Fällen sieht die Rechtsprechung bereits marginale Auswirkungen als ausreichend an, um § 1 GWB anzuwenden.[250]

Bei strikter Anwendung des Kartellverbots würden aufgrund der Weite der Regelung auch Sachverhalte erfasst, bei denen ein Verbot nicht zu rechtfertigen ist. Aus diesem Grund ist der Wortlaut des § 1 GWB für bestimmte Fallgestaltungen über die gesetzlichen Ausnahmen hinaus einzuschränken. Dies betrifft insbesondere **Austauschverträge**,[251] aber auch Sachverhalte, bei denen sich die Zulässigkeit von Wettbewerbsbeschränkungen ohne weiteres aus gesetzlichen Vorschriften oder aus den von der Rechtsordnung anerkannten institutionellen Gegebenheiten bestimmter Vertragstypen ergibt.[252]

---

[241] EuGH Rs. C-48/72, Slg. 1973, 77, 88 f. (*Brasserie de Haecht*).
[242] EuGH Rs. C-277/87, Slg. 1990, I-45 (*Sandoz*); C-215 u. 216/96, Slg. 1999, I-135 (*Bagnasco/BPN*).
[243] *Bechtold* NJW 2009, 3699, 3700.
[244] Vgl. *Nordemann*, in: *Loewenheim/Meesen/Riesenkampff* (Hrsg.), Kartellrecht, 2009, § 1 Rn. 40 ff.; BKartA v. 21.12.2007, B3–6/05.
[245] Zu den Einzelheiten des Begriffes vgl. nur *Nordemann*, in: *Loewenheim/Meesen/Riesenkampff* (Hrsg.), Kartellrecht, 2009, § 1 Rn. 78 ff. m. w. Nachw.; EuGH Rs. C-501/06 P ff., Slg. 2009, I-9291, Rn. 64 (*GlaxoSmithKline Service*); BGH WuW/E 2313 ff., 2317 (*Baumarkt-Statistik*); WuW/E 451 ff. (*Exporte ohne WBS*); WuW/E 2688 ff., 2690 f. (*Warenproben in Apotheken*); OLG München WuW/E 5855 ff. (*Gewerbliche Lotto-Spielgemeinschaft*); KG WuW/E 2961 ff., 2963 ff. (*REWE*); *Schröder* WuW 2009, 718, 727; Tätigkeitsbericht des Bundeskartellamts 2007/2008, BT-Drucks. 16/13500, S. 34.
[246] EuGH Rs. C-8/08, Slg. I-4529, Rn. 31 (*T-Mobile Netherlands/NMa*); *Gehring/Mäger*, BB 07/2011, 398 ff.
[247] BGHZ 65, 38 f. (*ZVN*); BGH NJW 1987, 1821 (*Baumarkt-Statistik*); vgl. auch BGHSt 26, 56 mit Anm. *Emmerich*, NJW 1975, 1599; *Bechtold* NJW 2009, 3699, 3700; *Schulte/Just-Lober*, Kartellrecht, § 1 Rn. 26 ff.
[248] Vgl. nur *Emmerich*, Kartellrecht, S. 72 ff.; *Ekey*, Grundriss des Wettbewerbs- und Kartellrecht, S. 143 f.
[249] BGH WuW/E DE-R 1101 ff., 1105 (*1 Riegel extra*); Siehe OLG Düsseldorf, Urt. v. 28.09.2011, WuW/E DE-R 3421–3430 Rn. 38 ff.
[250] BGH WuW/E BGH 2002; KG WuW/E OLG 2789; 4891; OLG Celle WuW/E OLG 3330; *Lober* in: *Schulte/Just*, Kartellrecht, § 1 Rn. 93 ff.; OLG Stuttgart WuW/E 4118 ff., 4120 (*Wasseraufbereitung*).
[251] BGH NJW 1997, 2324 ff.; BGH NJW-RR 1998, 1508 f.
[252] *Bechtold*, Kartellgesetz, 3. Aufl. 2002, § 1 Rn. 42; vgl. auch BGH NJW 1999, 2671 ff.

Zur Konkretisierung der Frage, wann das Bundeskartellamt von der Einleitung eines Verfahrens wegen **Geringfügigkeit** absieht, wurde am 13.3.2007 die sog. **Bagatellbekanntmachung** vom Bundeskartellamt erlassen, welche die diesbezüglichen Ermessensgrundsätze festlegt. Hiernach geht das Bundeskartellamt davon aus, dass ein behördliches Einschreiten wegen der nur geringfügigen Auswirkungen wettbewerbswidriger Vereinbarungen bzw. abgestimmter Verhaltensweisen nicht erforderlich ist, wenn „*der von den an einer horizontalen Vereinbarung beteiligten Unternehmen insgesamt gehaltene Marktanteil auf keinem der betroffenen Märkte 10 % überschreitet*" bzw. wenn „*der von jedem an einer nicht-horizontalen Vereinbarung beteiligten Unternehmen gehaltene Marktanteil auf keinem der betroffenen Märkte 15 % überschreitet*". Besteht auf einem betroffenen Markt durch Vereinbarungen der Verdacht eines kumulativen Abschottungseffekts (bei Abdeckung von mindestens 30 % des betroffenen Marktes), so beträgt die Marktanteilsschwelle grundsätzlich jeweils 5 %. Die Bekanntmachung gilt nicht für Vereinbarungen, die auf Preisfestsetzungen, Beeinträchtigungen von Produktion, Absatz oder Bezug von Waren bzw. Dienstleistungen sowie auf Marktaufteilungen gerichtet sind.[253]

97 **Ausnahmen vom Kartellverbot** werden nunmehr in § 2 Abs. 1 GWB in Anlehnung an Art. 101 Abs. 3 AEUV (zuvor: Art. 81 Abs. 3 EG) weitestgehend in einer Generalklausel umschrieben. Diese Ausnahmen liegen von Gesetzes wegen vor, ohne dass es eines Beschlusses der Wettbewerbsbehörde bedarf, wenn die Vereinbarungen kumulativ die folgenden beiden positiven und die beiden negativen materiellen Voraussetzungen erfüllen: In positiver Hinsicht muss zum einen ein Beitrag zur Verbesserung der Warenerzeugung oder -verteilung oder zur Förderung des technischen oder wirtschaftlichen Fortschritts geleistet werden (**Effizienzgewinn**), und zum anderen müssen die daraus resultierenden **Gewinne** in einem angemessenen Umfang **an die Verbraucher weitergegeben** werden. In negativer Hinsicht muss die damit einhergehende **Wettbewerbsbeschränkung unerlässlich** sein; außerdem darf die Vereinbarung nicht dazu führen, dass **für einen wesentlichen Teil** der betreffenden Waren der **Wettbewerb ausgeschaltet** wird.[254]

Für **Mittelstandskartelle** im Sinne des § 3 GWB wird fingiert, dass diese die Voraussetzungen des § 2 GWB erfüllen (Rn. 40, 66).[255]

b) Erscheinungsformen der Kartellrechtsverstöße

98 In der kartellrechtlichen Praxis spielen Verstöße gegen das Kartellverbot des § 1 GWB eine zentrale Rolle. 80 % der mit einer **Bußgeldverhängung** beendeten Verfahren betreffen solche Verstöße.[256]

99 Klassische **Beispiele für horizontale Kartelle**[257] sind **Absprachen von Unternehmen über den Preis**, den sie zukünftig gemeinsam fordern wollen, **über Rabatte und Preiszuschläge**, einschließlich so genannter **Marktinformationsverfahren**, die von Angebotsmeldeverfahren bis zu Verbandsstatistiken über die unterschiedlichsten Wirtschaftsdaten reichen. Besonders problematisch sind die identifizierenden Open-Price-Systeme, bei denen die Mitglieder vor oder nach einem Angebot oder einem Vertragsabschluss die Konditionen des Geschäfts unter Nennung des Kunden den Konkurrenten melden müssen, so dass auf überschaubaren Märkten mit homogenen Gütern heimliche Preiszugeständnisse und Rabatte ausgeschlossen werden.[258]

Weiterhin stellen **Absprachen über die Menge**, die jedes Unternehmen anbieten darf, einschließlich Kapazitäts- und Investitionsbeschränkungen, sowie **Vereinbarungen über Kundengruppen oder über das Gebiet**, das jedem der beteiligten Unternehmen zugewiesen werden soll, Beispiele für horizontale Kartelle dar. Durch solche Verhaltensweisen wird

---

[253] Bekanntmachung Nr. 18/2007 des Bundeskartellamts über die Nichtverfolgung von Kooperationsabreden mit geringer wettbewerbsbeschränkender Bedeutung (Bagatellbekanntmachung) v. 13.3.2007.
[254] Zu den Einzelheiten vgl. nur *Nordemann*, in: Loewenheim/Meesen/Riesenkampff (Hrsg.), Kartellrecht, 2009, § 2 Rn. 15 ff. m. w. Nachw.; *Lober* in: Schulte/Just, Kartellrecht, § 2 Rn. 8 ff. mit weit. Nachw.
[255] *Ekey*, Grundriss des Wettbewerbs- und Kartellrecht, S. 153.
[256] *Klusmann*, in: Wiedemann (Hrsg.), Handbuch des Kartellrechts, § 55 Rn. 1.
[257] Näher dazu *Tiedemann*, Kartellrechtsverstöße und Strafrecht, S. 60 ff.
[258] Grundlegend dazu BGHSt 26, 56.

C. Nationales Kartellordnungswidrigkeitenrecht

die Position der Konkurrenten auf dem Markt verschlechtert. Derartige Absprachen werden auch heute in immer wieder neuen Branchen durch das Bundeskartellamt aufgedeckt.[259]

Von den vom Bundeskartellamt in der Mitte der 1990er Jahre geführten **Großverfahren** waren die Flachglasherstellung, der Heizungs-, Klima- und Sanitärbereich, Straßenmarkierungsarbeiten, Feuerwehrschläuche und Feuerwehraufbauten sowie die Kabelindustrie betroffen.[260] Ende der 1990er Jahre betrafen die Großverfahren des Bundeskartellamts vor allem die Bereiche Fahrbahnmarkierungsfarben und Starkstromkabel sowie die Hersteller von Verkehrs- und Verkehrsleitzeichen.[261] In den vergangenen Jahren wurden Großverfahren in den Bereichen Tief- und Rohleitungsbau, in der Transportbeton- und Betonpumpenbranche sowie in der Schuhindustrie durchgeführt.[262] In den Jahren 2008 und 2009 hat das Bundeskartellamt gegen neun Unternehmen aus der Tondachziegelbranche und gegen zwölf Personen wegen Beteiligung an wettbewerbsbeschränkenden Absprachen Geldbußen von insgesamt 188 Mio. Euro verhängt.[263] Ende 2009 erließ das Bundeskartellamt in einem Verfahren gegen drei Kaffeeröster wegen Preisabsprachen eine Geldbuße von insgesamt 159,5 Mio. Euro[264], im Jahr 2010 wurden bei einem vergleichbaren Verfahren gegen acht Kaffeeröster und den Deutschen Kaffeeverband e. V. Geldbußen in Höhe von 30 Mio. Euro festgesetzt.[265] In einem Verfahren in den Jahren 2007 bis 2009 gegen 9 Personen und 11 Unternehmen aus der Flüssiggasbranche verhängte das Bundeskartellamt eine Geldbuße von insgesamt 250 Mio. Euro[266], während im Jahr 2011 wegen Kundenzuteilungs-, Quoten- und Preisabsprachen in einem Verfahren gegen Hersteller von Großdampferzeugnissen eine Geldbuße in Höhe von 42 Mio. Euro festgesetzt wurde.[267] In einem weiteren Großverfahren gegen fünf Brillenglashersteller, sieben verantwortliche Mitarbeiter sowie den Zentralverband der Augenoptiker (ZVA) wurden am 28.5.2010 Geldbußen in Höhe von rd. 115 Mio. Euro erlassen.[268] Im Jahr 2012 verhängte das Bundeskartellamt gegen vier Mitglieder des sog. Schienenkartells wegen wettbewerbswidriger Absprachen eine Geldbuße in Höhe von 124,5 Mio. Euro, davon entfiel allein auf ThyssenKrupp Gleistechnik eine Geldbuße in Höhe von 103 Mio. Euro. Im Jahr 2013 verhängte das Amt gegen das Unternehmen Nestlé wegen des unzulässigen Austauschs wettbewerbsrelevanter Informationen eine Geldbuße in Höhe von 20 Mio. Euro. Bereits im Jahr 2011 waren gegen weitere Konsumgüterhersteller Geldbußen in Höhe von 38 Mio. Euro verhängt worden.[269] Ebenfalls im Jahr 2013 setzte das Bundeskartellamt gegen sechs Hersteller von Marken-Drogerieartikeln sowie dem Markenverband e. V. Geldbußen in Höhe von 39 Mio. Euro fest, wobei in diesem Verfahren bereits zuvor gegen neun weitere Unternehmen Geldbußen in Höhe von rund 24 Mio. Euro verhängt worden waren.[270]

Bei den vertikalen Vereinbarungen spielen insbesondere Verstöße gegen das Verbot von Preis- und Konditionenbindungen in der **Bußgeldpraxis** eine Rolle.[271]

---

[259] *Bundeskartellamt*, WuW/E BKartA 2892; *Bundeskartellamt*, Tätigkeitsberichte 2009/2010, S. 39 ff. (= BT-Drucks. 17/6640); 1995/96, S. 29 ff. (= BT-Drucks. 13/7900); 2007/2008, S. 20 ff.; siehe auch *Tiedemann*, Wirtschaftsstrafrecht BT, § 5 Rn. 173 f. m. weit. Nachw.
[260] *Bundeskartellamt*, Tätigkeitsbericht 1995/96, S. 29 ff. (= BT-Drucks. 13/7900).
[261] *Bundeskartellamt*, Tätigkeitsbericht 1997/98, S. 42 ff. (= BT-Drucks. 14/1139); siehe auch *Bundeskartellamt*, Fallbericht v. 2.2.2010, Az. B1–241/04, Dezember 2008.
[262] *Bundeskartellamt*, Tätigkeitsbericht 1999/2000, S. 42 f. (= BT-Drucks. 14/6300).
[263] *Bundeskartellamt*, Fallbericht, Az. B1–200/06, Entscheidungsdatum 15.12.2008 (Kartellabsprache) sowie 9.2.2009 (Aufsichtspflichtverletzung).
[264] *Bundeskartellamt*, Fallbericht, Az. B11–18/08, Entscheidungsdatum 18.12.2009.
[265] *Bundeskartellamt*, Fallbericht, Az. B11–19/08, Entscheidungsdatum 8.6.2010.
[266] *Bundeskartellamt*, Fallbericht, Az. B11–20/05, Entscheidungsdatum 14.12.2007, 26.2.2008, 12.2.2009, 9.4.2009.
[267] *Bundeskartellamt*, Fallbericht, Az. B11–26/05, Entscheidungsdatum 20.10.2011.
[268] *Bundeskartellamt*, Fallbericht, Az. B12–11/08, Entscheidungsdatum 28.5.2010.
[269] Pressemitteilung des Bundeskartellamts vom 27.03.2013.
[270] Pressemitteilung des Bundeskartellamts vom 18.03.2013.
[271] *Tiedemann*, Wirtschaftsstrafrecht BT, § 5 Rn. 174 f.; OLG Düsseldorf, Urt. v. 27.03.2006 – Kart 3/05 OWi, BeckRS 2006, 07156 (*Papierkartell*).

3. Umgehungsverbote

a) Druckausübungsverbot

102 § 21 Abs. 2 GWB wendet sich gegen die **Einflussnahme auf die unternehmerische Handlungsfreiheit Dritter** und flankiert hiermit das Verbot der wettbewerbsbeschränkenden Absprachen.[272] Wenn ein Unternehmen durch Lockung oder Drohung versucht, ein anderes Unternehmen zu einem Verhalten zu zwingen, das nicht zum Gegenstand einer vertraglichen Bindung nach dem GWB, Art. 101 oder 102 AEUV oder nach einer Verfügung der Europäischen Union oder einer Kartellbehörde aufgrund der Art. 101 oder 102 AEUV gemacht werden darf, ist ein solches Verhalten verboten und kann mit Geldbuße geahndet werden.

103 Verstöße gegen das Druckausübungsverbot führten bislang nur selten zur Verhängung von Geldbußen. Dies liegt nicht zuletzt darin begründet, dass in der Praxis zahlreiche **Abgrenzungsprobleme** im Hinblick auf die fließende Grenze zwischen erlaubtem Wettbewerbshandeln und verbotener Druckausübung auftreten.[273] Sofern keine Repressalien, sondern **Vorteile in Aussicht gestellt** werden, stellt sich die Frage, ob dadurch der Bußgeldtatbestand erfüllt werden kann. Zwar richtet sich § 21 Abs. 2 GWB auch gegen das Versprechen oder Gewähren von Vorteilen. Ein Verstoß gegen das Druckausübungsverbot liegt jedoch nur dann vor, wenn die jeweils gewährten Vorteile über die ansonsten in der entsprechenden Situation als Ausgleich für die Leistung zu erwartenden Gegenleistungen deutlich hinausgehen.[274] Dies könnte sich jedoch ändern, wenn man sich vor Augen hält, dass das BKartA neuerdings bereits die bloße Kontaktaufnahme als Druckausübung qualifiziert.[275]

Als **Mittel zur Druckausübung** werden in der Praxis insbesondere die Androhung von Liefersperren, ein Abschneiden von Lieferquellen sowie systematische Preisunterbietungen eingesetzt.[276] In solchen Fällen wurden auch **Geldbußen** verhängt.

b) Sonstige Fälle

104 § 21 Abs. 3 GWB verbietet es schließlich, Unternehmen zu zwingen, einer Vereinbarung oder einem Beschluss im Sinne der §§ 2, 3, 28 Abs. 1 GWB beizutreten (Nr. 1) oder sich mit anderen Unternehmen im Sinne des § 37 GWB zusammenzuschließen (Nr. 2) oder in der Absicht, den Wettbewerb zu beschränken, sich im Markt gleichförmig zu verhalten (Nr. 3).

§ 21 Abs. 3 Nr. 1 GWB verbietet jede Form des **Organisationszwangs erlaubter Kartelle**. Allerdings fordert die Rechtsprechung eine qualifizierte Form der Willensbeeinflussung, die so intensiv sein muss, dass dem Außenseiter nur formal ein alternatives Verhalten gegenüber dem geforderten Verhalten verbleibt.[277] Dadurch wird der Anwendungsbereich des § 21 Abs. 3 GWB maßgeblich eingeschränkt.[278] Bei § 81 Abs. 2 Nr. 1 GWB i. V. m. § 21 Abs. 3 GWB handelt es sich um ein Erfolgsdelikt.[279]

---

[272] BGH WuW/E 1474, 1478 (*Architektenkammer*); BGH WuW/E 690, 693 (*Brotkrieg II*); OLG Düsseldorf WuW/E DE-R 1453, 1458 (*PPK-Entsorgung*).
[273] Näher dazu *Dannecker/Biermann*, in: Immenga/Mestmäcker (Hrsg.), GWB, § 81 Rn. 129 ff. m. weit. Nachw.; siehe auch *Freund*, WuW 01/2011, 29 ff.
[274] BGH WuW/E BGH 2377, 2379 (*Abwasserbauvorhaben Oberes Aartal*); KG WuW/E OLG 4398; *Deister* in: Schulte/Just, Kartellrecht, § 21 Rn. 37 ff.
[275] BKartA v. 25.9.2009 WuW DE-V 1813; siehe auch *Freund*, WuW 01/2011, 29.
[276] Vgl. auch *Emmerich*, Kartellrecht, S. 419 ff.; siehe *Freund*, WuW 01/2011, 29 zum bloßen Kontakt als Form der Druckausübung in der Entscheidung des BKartA v. 25.9.2009 WuW DE-V 1813.
[277] BGHZ 78, 200 f. (*Rote Liste*); *Deister* in: Schulte/Just, Kartellrecht, § 21 Rn. 62.
[278] *Deister* in: Schulte/Just, Kartellrecht, § 21 Rn. 59.
[279] *Achenbach*, in: Frankfurter Kommentar zum Kartellrecht, Stand Oktober 2006, § 81 GWB Tz. 106 f.; *Dannecker/Biermann*, in: Immenga/Mestmäcker (Hrsg.), GWB, § 81 Rn. 142.

C. Nationales Kartellordnungswidrigkeitenrecht

4. Verbot des Missbrauchs einer marktbeherrschenden oder marktstarken Stellung

Im Gegensatz zum europäischen Recht umfasst die Missbrauchsaufsicht im GWB neben marktbeherrschenden auch marktstarke Unternehmen (relative Marktmacht). Die Regelungen über das Verbot missbräuchlichen Verhaltens gegenüber wirtschaftlich abhängigen kleineren und mittleren Unternehmen erfüllten bislang eine wichtige wettbewerbs- und mittelstandspolitische Funktion, weshalb sie auch im Rahmen der achten GWB-Novelle beibehalten wurden. Allerdings erfahren sie durch die Neufassung der **§§ 18 bis 20 GWB** eine anwenderfreundlichere und einfachere Gestaltung, wobei der materielle Gehalt der bisherigen Regelungen unberührt geblieben ist. Die Definition der Marktbeherrschung, die Marktbeherrschungsvermutung des § 19 Abs. 2 GWB sowie die gesetzlichen Vermutungsregelungen des § 19 Abs. 3 GWB werden in diesem Zusammenhang in § 18 GWB überführt, während § 19 GWB das Verbot der Missbrauchs einer marktbeherrschenden Stellung festlegt und § 20 GWB die entsprechenden Vorgaben für Unternehmen mit relativer oder überlegener Marktmacht zusammenfasst.[280]

105

a) Marktbeherrschende Stellung

In § 18 Abs. 1 GWB (§ 19 Abs. 2 GWB a. F.) wird der **Begriff der Marktbeherrschung** definiert: Sie setzt eine Monopolstellung oder eine Einzelmarktbeherrschung aufgrund fehlenden wesentlichen Wettbewerbs oder aufgrund überragender Marktstellung oder aber eine Oligopol-Marktbeherrschung[281] voraus. Die wirtschaftliche Macht muss sich nur auf nach ihrer sachlichen und räumlichen Relevanz abgegrenzte Märkte beziehen (**Marktmachtkonzept**). Dabei wird durch § 18 Abs. 1 GWB (§ 19 Abs. 2 GWB a. F.) ausdrücklich klargestellt, dass sich der räumlich relevante Markt nicht auf das Inland beschränkt. Vielmehr ist der ökonomisch relevante Markt zu Grunde zu legen.[282] Hieraus folgt, dass zunächst in einem ersten Schritt der relevante Markt[283] und sodann in einem zweiten Schritt der Beherrschungsgrad auf diesem Markt bestimmt werden muss.

106

§ 18 Abs. 4 GWB (§ 19 Abs. 3 S. 1 GWB a. F.) enthält eine **Monopolvermutung**, wenn ein Unternehmen einen Marktanteil von mindestens 40 % hat (§ 19 Abs. 3 S. 1 GWB a. F. knüpfte diese Vermutung an einen Marktanteil von mindestens einem Drittel). § 18 Abs. 5 GWB legt nunmehr außerdem fest, dass **zwei oder mehrere Unternehmen** marktbeherrschend sind, soweit zwischen ihnen für eine bestimmte Art von Waren oder gewerblichen Leistungen ein wesentlicher Wettbewerb nicht besteht (Nr. 1) oder sie in ihrer Gesamtheit die Voraussetzungen des Absatzes 1 erfüllen (Nr. 2). § 18 Abs. 6 GWB (§ 19 Abs. 3 S. 2 GWB a. F.) enthält eine **Oligopol-Marktbeherrschungsvermutung**. Diese Vermutungen können im Ordnungswidrigkeitenrecht wegen der Geltung des Grundsatzes „in dubio pro reo" keine Anwendung finden.

b) Begriff des Missbrauchs

Eine Präzisierung des Missbrauchsbegriffs findet sich in § 19 Abs. 2 GWB (§ 19 Abs. 4 GWB a. F.), der **einzelne Beispiele missbräuchlichen Verhaltens** marktbeherrschender Unternehmen hervorhebt. Die Schwierigkeiten bei der Konkretisierung des Missbrauchsbegriffs liegen darin begründet, dass Kriterien entwickelt werden müssen, um feststellen zu können, von welchem Punkt ab der grundsätzlich erlaubte Einsatz eines Aktionsparameters im Wettbewerb bei marktbeherrschenden Unternehmen wegen der nachteiligen Auswirkungen ausnahmsweise verboten ist. Hierbei kommt es in erster Linie darauf an, die wirtschaftliche Bewegungsfreiheit Dritter im Einflussbereich marktbeherrschender Unternehmen zu schützen, um Raum für die Entfaltung kompetitiver Prozesse zu schaffen und schon beherrschte

107

---

[280] Siehe BT-Drucks. 17/9852 v. 31.5.2012, S. 20 f.
[281] Siehe BGH, Beschluss v. 11.11.2008 – KVR 60/07, BeckRS 2008, 13190, NJW 2009, 670 ff.
[282] Lutz, WuW 2005, 718, 723; siehe dazu Schulte/Just-*Deister*, Kartellrecht, § 19 Rn. 17 ff.
[283] Näher dazu *Emmerich*, Kartellrecht, S. 80 ff.

Märkte offen zu halten.²⁸⁴ Außerdem sollen Unternehmen vor- und nachgeordneter Wirtschaftsstufen gegen Ausplünderung und Fesselung an das marktbeherrschende Unternehmen geschützt werden.²⁸⁵

c) Behinderungsmissbrauch

108 Nach § 19 Abs. 4 Nr. 1 GWB²⁸⁶ a. F. lag ein Behinderungsmissbrauch vor, wenn ein marktbeherrschendes Unternehmen als Anbieter oder Nachfrager die Wettbewerbsmöglichkeiten anderer Unternehmen in einer für den Wettbewerb auf dem Markt erheblichen Weise ohne sachlich gerechtfertigten Grund beeinträchtigte. Nunmehr liegt nach **§ 19 Abs. 4 Nr. 1 GWB** ein Behinderungsmissbrauch vor, wenn ein marktbeherrschendes Unternehmen als Anbieter oder Nachfrager einer bestimmten Art von Waren oder gewerblichen Leistungen ein anderes Unternehmen unmittelbar oder mittelbar unbillig behindert²⁸⁷ oder ohne sachlich gerechtfertigten Grund unmittelbar oder mittelbar anders behandelt als gleichartige Unternehmen.²⁸⁸ Hiervon werden nicht nur Eingriffe in die Bewegungsfreiheit Dritter auf dem beherrschten Markt, sondern auch auf Drittmärkten erfasst.²⁸⁹ Einer rückwirkenden Anwendung der Neuregelung, soweit diese weiter als die Vorgängerregelung reicht, steht im Ordnungswidrigkeitenrecht das verfassungsrechtliche Rückwirkungsverbot (Art. 103 Abs. 2 GG) entgegen.

109 Einen wichtigen Anwendungsbereich des Behinderungsmissbrauchs bilden **Preisunterbietungen**. Verboten sind insbesondere **Kampfpreisunterbietungen in Vernichtungs- oder Verdrängungsabsicht**²⁹⁰, bei denen marktbeherrschende Unternehmen mittels gezielter Preisunterbietungen versuchen, bestimmte Konkurrenten vom Markt zu verdrängen. Von praktischer Relevanz ist vor allem der **systematische Verkauf unter Einstandspreisen**, weil hierin eine erhebliche Gefährdung des funktionierenden Wettbewerbs auf den betroffenen Märkten liegt. Während die frühere Rechtsprechung den systematischen Verkauf unter Einstandspreisen als grundsätzlich erlaubt ansah und die nachhaltige Beeinträchtigung der strukturellen Voraussetzungen für einen wirksamen Wettbewerb als ungeschriebenes Tatbestandsmerkmal forderte,²⁹¹ hat der Gesetzgeber in § 20 Abs. 3 S. 2 GWB (§ 20 Abs. 4 S. 2 GWB a. F.) das Verbot des sachlich nicht gerechtfertigten „systematischen" Verkaufs unter Einstandspreis für marktstarke Unternehmen explizit zum Ausdruck gebracht.²⁹² Wenn aber schon marktstarken Unternehmen der systematische Verkauf unter Einstandspreis grundsätzlich verboten ist, muss dies erst recht für marktbeherrschende Unternehmen nach § 19 Abs. 2 GWB (§ 19 Abs. 4 GWB a. F.) gelten. Diese Reglementierung der Preisbildung marktbeherrschender und marktstarker Unternehmen erlangt dadurch besondere Schlagkraft, dass nach den §§ 18 Abs. 6, 20 Abs. 4 GWB (§§ 19 Abs. 3 S. 2 und 20 Abs. 5 GWB) eine gesetzliche Beweislastumkehr besteht. Diese Beweislastumkehr darf allerdings im Ordnungswidrigkeitenrecht wegen der Geltung des Grundsatzes „in dubio pro reo" nicht angewandt werden.

---

²⁸⁴ *Emmerich*, Kartellrecht, S. 164.
²⁸⁵ Gutachten des Wissenschaftlichen Beirats von 1962, BT-Drucks. IV/617, Anhang Nr. 46, S. 96.
²⁸⁶ Dazu Voraufl., 16. Kap. Rn. 85 ff.
²⁸⁷ Eingehend dazu *Dannecker/Biermann*, in: Immenga/Mestmäcker (Hrsg.), GWB, § 81 Rn. 84; siehe auch *Ekey*, Grundriss des Wettbewerbs- und Kartellrecht, S. 157 ff.; BGH WuW/E BGH 502, 507 (*Treuhandbüro*); WuW/E BGH 1069, 1072 (*Tonbandgeräte*); KG WuW/E OLG 317, 320 (*Tapeten*).
²⁸⁸ Eingehend dazu *Dannecker/Biermann*, in: Immenga/Mestmäcker (Hrsg.), GWB, § 81 Rn. 84; siehe auch *Ekey*, Grundriss des Wettbewerbs- und Kartellrecht, S. 157 ff.; BGH WuW/E BGH 502, 507 (*Treuhandbüro*); WuW/E BGH 1069, 1072 (*Tonbandgeräte*); KG WuW/E OLG 317, 320 (*Tapeten*); OLG Düsseldorf, BeckRS 2009, 29751 = WuW/E DE-R 2806 (*Trassennutzungsänderung*); OLG Düsseldorf, BeckRS 2010, 11863 = WuW/E DE-R 2897 (*Infodental Düsseldorf*).
²⁸⁹ *Emmerich*, Kartellrecht, S. 396 ff.; *Deister* in: Schulte/Just, Kartellrecht, § 19 Rn. 101 ff.
²⁹⁰ BGH WuW/E 3009, 3013 (*Stadtgaspreise Potsdam*); WuW/E BGH 2195 (*Abwehrblatt II*); WuW/E 2547, 2549 (*Preiskampf*).
²⁹¹ Grundlegend BGHZ 129, 211 ff. (*Hitlisten-Urteil*); kritisch dazu *Ulmer*, FS v. Gamm 1990, S. 691 ff.
²⁹² Da die Regelung zeitlich begrenzt ist und – mangels rechtzeitigen Inkrafttreten der 8. GWB-Novelle – zum 1.1.2013 außer Kraft tritt, dürfen Lebensmittel ab diesem Zeitpunkt wohl gelegentlich wieder unter Einstandspreis verkauft werden.

C. Nationales Kartellordnungswidrigkeitenrecht

Verboten sind weiterhin **Koppelungspraktiken**. Solche Geschäfte sind marktbeherrschenden Unternehmen untersagt, weil dadurch die Macht aus einem bereits beherrschten Markt auf noch umkämpfte Märkte übertragen werden kann.[293] Auch **Ausschließlichkeitsbindungen** und **Treuerabatte** sind marktbeherrschenden Unternehmen als geradezu „klassische" Missbrauchsfälle verboten.[294]

d) Ausbeutungsmissbrauch: Preis- und Konditionenmissbrauch sowie Preis- und Konditionenspaltung

In § 19 Abs. 2 Nr. 2 und 3 GWB (§ 19 Abs. 4 Nr. 2 und 3 GWB a. F.) werden als weitere Beispiele des Missbrauchs einer marktbeherrschenden Stellung verschiedene Formen des Preis- und Konditionenmissbrauchs **genannt**.[295] Nach § 19 Abs. 2 Nr. 2 GWB (§ 19 Abs. 4 Nr. 2 GWB a. F.) liegt ein Missbrauch vor, wenn ein marktbeherrschendes Unternehmen Entgelte oder sonstige Geschäftsbedingungen fordert, die von denjenigen abweichen, die sich bei wirksamem Wettbewerb mit hoher Wahrscheinlichkeit ergeben würden. Nach § 19 Abs. 2 Nr. 3 GWB (§ 19 Abs. 4 Nr. 3 GWB a. F.) ist die Forderung ungünstigerer Entgelte oder sonstiger Geschäftsbedingungen durch marktbeherrschende Unternehmen, als diese Unternehmen selbst auf vergleichbaren Märkten von gleichartigen Abnehmern fordern, verboten, sofern der Unterschied nicht sachlich gerechtfertigt ist.[296]

Von Interesse ist insbesondere der **Preismissbrauch**, der seit den 1970er Jahren vom Bundeskartellamt bekämpft wird. Allerdings ist die Überprüfung der Preise marktbeherrschender Unternehmen anhand des hypothetischen Wettbewerbspreises und der zusätzlich erforderlichen Interessenabwägung mit so erheblichen Schwierigkeiten verbunden, dass das Merkmal der Kontrolle der Preise nur ausnahmsweise zur Anwendung kommt.[297] Ein Preismissbrauch kann nur angenommen werden, wenn zwischen den verglichenen Preisen – unabhängig von einem „mit Rücksicht auf die Unwägbarkeiten der Feststellung der maßgeblichen Tatsachen festzusetzenden Sicherheitszuschlag" – ein deutlicher Abstand besteht.[298]

e) Verweigerung des Zugangs zu wesentlichen Einrichtungen

§ 19 Abs. 2 Nr. 4 GWB (§ 19 Abs. 4 Nr. 4 GWB a. F.) erfasst die **Zugangsverweigerung zu Netzen oder Infrastruktureinrichtungen**,[299] deren Mitbenutzung erforderlich ist, um auf einem vor- oder nachgelagerten Markt als Wettbewerber des marktbeherrschenden Unternehmens tätig zu werden. Marktbeherrschung ist nach der vorherrschenden Auffassung auf dem Markt der Durchleitung von Strom und Gas, nicht jedoch auf dem nachgelagerten Versorgungsmarkt, erforderlich.[300] Diese gesetzliche Ausgestaltung der Essential-Facility-Doctrine[301] kann nur wettbewerbspolitisch gerechtfertigt werden. Tatbestandsmerkmale wie

---

[293] *Baur*, Der Missbrauch im deutschen Kartellrecht, 1972, S. 198 ff.; *Möschel*, Pressekonzentration und Wettbewerbsgesetz, 1978, S. 115 ff.
[294] *Emmerich*, Kartellrecht, S. 400 f.; KOMM v. 13.05.2009, COMP/37.990, Rn. 990 ff. (*Intel*); EuGH, Urt. v. 19.4.2012, C-549/10P, EuZW 2012, 741 (*Tomra u. a./Kommission*), siehe auch EuGH: Schlussantrag des Generalanwalts vom 02.02.2012 – C-549–10 P, BeckRS 2012, 80577 (*Tomra*), *Bien/Rummel*, EuZW 2012, 373 ff.; EuGH, Urt. v. 27.3.2012, C-209/10 (*Post Danmark*) BeckRS 2012, 80664, siehe auch *Dittert*, EuR 2012, 570 ff.
[295] *Dannecker/Biermann*, in: Immenga/Mestmäcker (Hrsg.), GWB, § 81 Rn. 75; *Deister* in: *Schulte/Just*, Kartellrecht, § 19 Rn. 111 ff.; KG WuW/E DE-R 124 (*Flugpreis Berlin-Frankfurt/M.*).
[296] *Deister* in: *Schulte/Just*, Kartellrecht, § 19 Rn. 139 ff.; siehe BGH NJW-RR 2011, 774 = WuW/E DE-R 3145 (*Entega II*); OLG Frankfurt aM, BeckRS 2008, 23906 = WuW/E DE-R 3163 (*Arzneimittelpreise*); BGH NJW 20110 2573 = WuW/E DE-R 2841 (*Wasserpreise Wetzlar*); *Bechtold/Bosch*, NJW 2011, S. 3484, 3485.
[297] Näher dazu *Emmerich*, Kartellrecht, S. 403 f.; *Möschel*, in: Immenga/Mestmäcker (Hrsg.), GWB, § 19 Rn. 149 ff.; *Deister* in: *Schulte/Just*, Kartellrecht, § 19 Rn. 141.
[298] BGHZ 142, 239; KG WuW/E DE-R 124 (*Flugpreis Berlin-Frankfurt/M.*).
[299] *Klimisch/Lange*, WuW 1995, 15; *Deister* in: *Schulte/Just*, Kartellrecht, § 19 Rn. 151.
[300] LG Dortmund Zeitschrift für Neues Energierecht (ZNER) 2001, 102; LG Nürnberg-Fürth ZNER 2001, 99; krit. hierzu *Bechtold*, GWB, § 19 Rn. 42.
[301] Näher dazu *Klaue*, RdE 1996, 51; *Klimisch/Lange*, WuW 1998, 18 ff.

"Netze", "Infrastruktureinrichtungen" und "Unmöglichkeit des Tätigwerdens auf vor- oder nachgelagerten Märkten" bereiten eine Fülle von Auslegungsproblemen. Bisher hat diese Klausel nur ausnahmsweise bußgeldrechtliche Relevanz erlangt.[302]

f) Aufforderung zur Gewährung sachlich nicht gerechtfertigter Vorteile

113 Nach § 19 Abs. 2 Nr. 5 GWB handelt auch derjenige missbräuchlich, der seine Marktstellung dazu ausnutzt, andere Unternehmen dazu aufzufordern oder zu veranlassen, ihm ohne sachlich gerechtfertigten Grund Vorteile zu gewähren.

g) Sonstige Fälle

114 Neben den in § 19 Abs. 2 GWB (§ 19 Abs. 4 GWB a. F.) genannten Beispielen kann auf die **Generalklausel des § 19 Abs. 1 GWB** zurückgegriffen werden, um sonstige Missbrauchsfälle zu erfassen. Von praktischer Bedeutung sind insbesondere Fälle des **Strukturmissbrauchs** wegen ihrer langfristigen wettbewerbsfeindlichen Auswirkungen auf die Marktstrukturen.[303] Als Beispiele können Investitionen und Produktinnovationen mit dem Ziel der endgültigen Marktschließung, Zusammenschlussaktivitäten mit dem Zweck der Beseitigung der letzten Konkurrenten, die vorzeitige Ankündigung von Produktinnovationen zur Behinderung kleinerer Konkurrenten und die Einschränkung der Erzeugung zum Schaden der Verbraucher, insbesondere die Einstellung der Produktion von Ersatzteilen, genannt werden.[304]

5. Verbotenes Verhalten von Unternehmen mit relativer oder überlegener Marktmacht

115 § 20 GWB stellt klar, dass die Vorgaben des § 19 GWB für marktbeherrschende Unternehmen im Wesentlichen auch für Unternehmen mit relativer oder überlegener Marktmacht gelten.

116 **§ 20 Abs. 1 GWB** (zuvor § 20 Abs. 2 GWB a. F.) verbietet Unternehmen mit relativer Marktmacht, also Unternehmen und Vereinigungen von Unternehmen, von denen kleine und mittlere Unternehmen als Anbieter oder Nachfrager einer bestimmten Art von Waren und gewerblichen Leistungen in der Weise abhängig sind, dass ausreichende und zumutbare Möglichkeiten, auf andere Unternehmen auszuweichen, nicht bestehen, die missbräuchliche Ausnutzung ihrer Stellung durch unbillige Behinderung bzw. sachlich ungerechtfertigte Ungleichbehandlung nach § 19 Abs. 1 i. V. m. Abs. 2 Nr. 1 GWB.

117 Eine Behinderung im Sinne des § 20 Abs. 2 GWB liegt vor, wenn Unternehmen und Vereinigungen von Unternehmen im Verhältnis zu den von ihnen abhängigen Unternehmen nach § 19 Abs. 1 i. V. m. Abs. 5 Nr. 5 GWB ihre Marktstellung missbräuchlich dazu ausnutzen, andere Unternehmen dazu aufzufordern oder zu veranlassen, ihnen ohne sachlich gerechtfertigten Grund Vorteile zu gewähren.

118 **§ 20 Abs. 3 S. 1 GWB** verbietet marktbeherrschenden Unternehmen, ihre Marktmacht gegenüber kleinen und mittleren Wettbewerbern dadurch auszunutzen, dass solche Wettbewerber unmittelbar oder mittelbar unbillig behindert werden. Nach den Regelbeispielen des Satzes 2 liegt eine unbillige Behinderung insbesondere dann vor, wenn ein Unternehmen Lebensmittel im Sinne des § 2 Absatzes 2 des Lebensmittel- und Futtermittelgesetzbuches unter Einstandspreis (Nr. 1) oder andere Waren oder gewerbliche Leistungen nicht nur gelegentlich unter Einstandspreis anbietet (Nr. 2) oder von kleinen oder mittleren Unternehmen, mit denen es auf dem nachgelagerten Markt beim Vertrieb von Waren oder gewerblichen Leistungen im Wettbewerb steht, für deren Lieferung einen höheren Preis fordert, als es selbst auf diesem Markt anbietet (Nr. 3), es sei denn, dies ist sachlich gerechtfertigt.

---

[302] BKartA WuW/E DE-V 253 (*Puttgarden*); OLG Düsseldorf WuW/E DE-R 569 (*Puttgarden II*); BKartA WuW/E DE-V 149 (*RWE/BEWAG*).

[303] Näher dazu *Fleischer*, Behinderungsmissbrauch durch Produktinnovation, 1997; *ders.*, WuW 1997, 203; *Meinhold*, Diversifikation, konglomerate Unternehmen und GWB, 1977, S. 123 ff.

[304] Vgl. *Emmerich*, Kartellrecht, S. 415 f. m. weit. Nachw.

C. Nationales Kartellordnungswidrigkeitenrecht   18

Dabei gilt nach **§ 20 Abs. 3 S. 2 GWB**, dass das Anbieten von Lebensmitteln unter dem   119
Einstandspreis dann sachlich gerechtfertigt ist, wenn es geeignet ist, den Verderb oder die drohende Unverkäuflichkeit der Waren beim Händler durch rechtzeitigen Verkauf zu verhindern, sowie in vergleichbar schwerwiegenden Fällen. Werden Lebensmittel an gemeinnützige Einrichtungen zur Verwendung im Rahmen ihrer Aufgaben abgegeben, liegt keine unbillige Behinderung vor.

Nach **§ 20 Abs. 4 GWB** (§ 20 Abs. 5 GWB a. F.) wird vermutet, dass die Voraussetzungen   120
des § 20 Abs. 4 GWB vorliegen, wenn sich „aufgrund bestimmter Tatsachen nach allgemeiner Erfahrung der Anschein" einer unbilligen Behinderung ergibt. Es obliegt dann dem marktstarken Unternehmen, diesen Anschein zu widerlegen. Diese **Vermutung** kann im Ordnungswidrigkeitenrecht keine Anwendung finden.[305]

In der Praxis werden die Verbote der §§ 19 und 20 GWB als ein **umfassendes Diskriminierungsverbot**   121
verstanden,[306] das insbesondere auf Liefersperren, selektive Vertriebssysteme, Diskriminierungen bei Preisen und Konditionen, Bezugssperren sowie auf Rabatt- und Konditionenspreizungen Anwendung findet.[307]

6. Boykottverbot

§ 21 Abs. 1 i. V. m. § 81 Abs. 3 Nr. 1 GWB enthält ein bußgeldbewehrtes Boykottverbot.   122
Ein Boykott liegt vor, wenn ein Unternehmen oder eine Unternehmensvereinigung ein anderes Unternehmen in der Absicht, bestimmte Unternehmen unbillig zu beeinträchtigen, zu **Liefer- oder Bezugssperren**[308] auffordert. Hierbei reicht die Aufforderung zum Boykott aus. Es muss nicht zur Durchführung der Maßnahme gekommen sein. Zusätzlich ist die Absicht des Verrufers, wettbewerbsfeindlich zu handeln, erforderlich.[309] Nicht als Boykott ist die bloße Warnung vor einem wettbewerbswidrigen Verhalten anderer Unternehmen anzusehen.[310]

Der Unterschied des Boykotts zur Druckausübung liegt darin, dass bei einem Boykottaufruf im Sinne des § 21 Abs. 1 GWB ein **Drei-Personen-Verhältnis** vorliegen muss, das zwischen dem aufrufenden Täter, dem Adressaten des Aufrufs und dem Verrufenen besteht. Dabei handelt der Aufforderungsadressat als notwendiger Teilnehmer selbst nicht ordnungswidrig.[311] Es handelt sich um ein **abstraktes Gefährdungsdelikt**, bei dem der mit dem Aufruf beabsichtigte Erfolg nicht eintreten muss.[312] Täter des Sonderdelikts des Boykotts können lediglich Unternehmen und Unternehmensverbände sein, so dass handelnde Personen nur die in § 9 OWiG genannten sein können.

---

[305] Siehe oben Rn. 83.
[306] *Emmerich*, Kartellrecht, S. 422 f.
[307] Siehe BGH, Urt. v. 29.6.2010, KZR 31/08, WM 2010, 1950, GRUR Int 2011, 165 (*GSM Wandler*); BGH, Urt. v. 30.3.2011, KZR 6/09, WuW/E DE-R 3303 (*MAN-Vertragswerkstatt*); BGH, Urt. v. 3.3.2009, KZR 82/07, WuW/E DE R 2708 (*Reisestellenkarte*); *Kirchhoff*, WuW 12/2011, 1174 ff.
[308] BGH WuW/E BGH 3006, 3008 (*Handelsvertretersperre*); im Jahr 2008 hat das Bundeskartellamt förmlich festgestellt, dass der Bundesverband deutscher Milchviehhalter (BDM) gegen § 21 Abs. 1 GWB verstoßen hat, siehe *Bundeskartellamt*, Tätigkeitsbericht 2007/2008, S. 65 und 2009/2010, S. 64; ausführlich zum Boykott *Werner*, Wettbewerbsrecht und Boykott, passim; *Gaßner*, NZS 2011, 718 ff.
[309] Eingehend dazu *Dannecker/Biermann*, in: Immenga/Mestmäcker (Hrsg.), GWB, § 81 Rn. 122 ff.; a. A. *Werner*, Wettbewerbsrecht und Boykott, S. 137 f.
[310] OLG Düsseldorf WuW/E OLG 2402 (*Telex-Verlage*); *Deister* in: *Schulte/Just*, Kartellrecht, § 21 Rn. 55 ff.
[311] *Dannecker/Biermann*, in: Immenga/Mestmäcker (Hrsg.), GWB, § 81 Rn. 121; *Tiedemann*, Wirtschaftsstrafrecht BT, § 5 Rn. 183 f.
[312] KG WuW/E OLG 3199, 3206 (*Sportartikelhandel*); *Dannecker/Biermann*, in: Immenga/Mestmäcker (Hrsg.), GWB, § 81 Rn. 118 m.weit. Nachw.

7. Aufnahmezwang

123 Nach § 20 Abs. 5 GWB (§ 20 Abs. 6 GWB a. F.) dürfen **Wirtschafts- und Berufsvereinigungen** sowie **Gütezeichengemeinschaften** die Aufnahme eines Unternehmens nicht ablehnen, wenn die Ablehnung eine sachlich nicht gerechtfertigte ungleiche Behandlung darstellt und zu einer unbilligen Benachteiligung des Unternehmens im Wettbewerb führt. Auch hier bedarf es einer Interessenabwägung, um über die Grundlosigkeit der Aufnahmeverweigerung zu entscheiden.[313]

VIII. Zusammenschlusskontrolle (Fusionskontrolle)

1. Ziel der Zusammenschlusskontrolle

124 Die Fusionskontrolle richtet sich nicht gegen das aktuelle oder zukünftige Verhalten der beteiligten Unternehmen, sondern gegen die Veränderung der Marktstruktur. Ziel der Fusionskontrolle ist es, eine „übermäßige" Unternehmenskonzentration zu verhindern und „angemessene" Marktstrukturen zu schaffen.

Die **Gefahren**, die der Wettbewerbsordnung **durch Unternehmenszusammenschlüsse** drohen, beruhen bei horizontalen Fusionen, die im Vordergrund der Fusionskontrolle stehen, darauf, dass die Zahl der selbstständigen Wettbewerber auf dem Markt verringert wird. Problematischer ist die Bestimmung der von vertikalen Fusionen ausgehenden wettbewerbsbeeinträchtigenden Wirkungen. Diese werden darin gesehen, dass durch die Verbesserung des Zugangs der beteiligten Unternehmen zum Markt diesen ein Vorsprung gegenüber den einstufigen Konkurrenten erwächst.[314] Gleiches gilt für Marktverkettungsfusionen, die dadurch gekennzeichnet sind, dass sie eine Marktstufe überspringen. Von konglomeraten Zusammenschlüssen zwischen Unternehmen aus verschiedenen Märkten gehen dieselben Gefahren aus, die Großunternehmen für ihre Konkurrenten mit sich bringen: Sie sind zum einen in der Lage, die Verdrängung ihrer Konkurrenten durch Kampfstrategien über einen längeren Zeitraum hinweg durchzuhalten; zum anderen können die Verluste auf einzelnen Märkten intern ausgeglichen werden. Schließlich wird der Marktzugang für neue Wettbewerber erschwert.[315] Deshalb wird durch die Fusionskontrolle auch das Ziel verfolgt, die Märkte offen zu halten.

2. Anwendungsbereich der Zusammenschlusskontrolle

125 Zentrale Vorschrift der Fusionskontrolle ist § 36 GWB, der ein **grundsätzliches Verbot von Unternehmenszusammenschlüssen** enthält, durch die wirksamer Wettbewerb erheblich behindert wird und von denen insbesondere zu erwarten ist, dass sie zur Entstehung oder Verstärkung einer marktbeherrschenden Stellung führen werden. Mit der **Neufassung des § 36 Abs. 1 S. 1 GWB** durch die 8. GWB-Novelle wird das bisher maßgebende Marktbeherrschungskriterium zum Regelbeispiel und der Tatbestand des § 36 Abs. 1 S. 1 GWB um den sog. SIEC-Test (significant impediment to effective competition) ergänzt, der im europäischen Fusionskontrollverfahren seit 2004 den materiellen Entscheidungsmaßstab bildet. Damit wird eine weitere Harmonisierung mit dem europäischen Kartellrecht geschaffen.[316]

126 Der **Anwendungsbereich der Fusionskontrolle** ist eröffnet, wenn die beteiligten Unternehmen insgesamt weltweit Umsatzerlöse von mehr als 500 Mio. Euro (§ 35 Abs. 1 Nr. 1 GWB) und mindestens ein beteiligtes Unternehmen im Inland Umsatzerlöse von mehr als 25 Mio. Euro und ein anderes beteiligtes Unternehmen Umsatzerlöse von mehr als 5 Mio. Euro

---

[313] Eingehend dazu *Bechtold*, GWB, § 20 Rn. 108 ff.; *Dannecker/Biermann*, in: *Immenga/Mestmäcker* (Hrsg.), GWB, § 81 Rn. 109 ff.
[314] *Roberto*, WuW 1992, 252.
[315] *Emmerich*, Kartellrecht, S. 466.
[316] *Schwalbe/Zimmer*, BB 2011, Nr. 32, S. 1; eingehend dazu *Barth/Budde*, BB 2011, 1859.

C. Nationales Kartellordnungswidrigkeitenrecht **18**

(§ 35 Abs. 1 Nr. 2 GWB) erzielt haben. Maßgeblich ist das Geschäftsjahr vor dem Zusammenschluss. Mit dem Dritten Mittelstandsentlastungsgesetz (MEG III) vom 24.03.2009 änderte Art. 8 MEG III den § 35 Abs. 1 Nr. 2 GWB dahingehend, dass er eine längst überfällige zweite Inlandsumsatzschwelle einführte.[317] Diese zweite Inlandsumsatzschwelle sowie die Wirtschafts- und Finanzkrise haben bereits zu einem deutlichen Rückgang der Anmeldungen und damit zur Entlastung der Beschlussabteilungen des Bundeskartellamtes geführt. So wurden in den Jahren 2009 und 2010 rund 40% weniger Anmeldungen vorgenommen als noch im Jahre 2008.[318]

Mit der Novellierung durch die **8. GWB-Novelle** werden nach § 36 Abs. 1 S. 2 GWB **127** vom Zusammenschlussverbot des § 36 Abs. 1 S. 1 GWB **drei Fallgruppen ausgenommen**: die erste Fallgruppe, bei der beteiligte Unternehmen nachweisen, dass durch die Fusion Verbesserungen der Wettbewerbsbedingungen eintreten, die deren Nachteile überwiegen (§ 36 Abs. 1 S. 1 Nr. 1 GWB), die zweite Fallgruppe, bei der die Untersagungsvoraussetzungen des § 36 Abs. 1 S. 1 GWB auf einem Markt vorliegen, auf dem seit mindestens fünf Jahren Waren oder gewerbliche Leistungen angeboten werden und auf dem im vergangenen Kalenderjahr weniger als 15 Mio. Euro umgesetzt wurden (§ 36 Abs. 1 S. 1 Nr. 2 GWB), sowie die dritte Fallgruppe, in der ein kleiner oder mittlerer Zeitschriftenverlag von einem marktbeherrschenden Konkurrenten übernommen wird und nachgewiesen wird, dass der übernommene Verlag in den letzten drei Jahren einen erheblichen Jahresfehlbetrag hatte, ohne die Übernahme eine Existenzgefährdung vorlegen hätte und kein anderer Erwerber gefunden wurde, der eine wettbewerbskonformere Lösung gewährleistet hätte (§ 36 Abs. 1 S. 1 Nr. 3 GWB).

Unter welchen Voraussetzungen ein Zusammenschluss vorliegt, bestimmt sich nach **§ 37** **128** **GWB**, der in Abs. 1 Nr. 2 den **Kontrollerwerb** als besonderen Zusammenschlusstatbestand übernommen hat. Neben dem Kontrollerwerb gibt es die Zusammenschlusstatbestände des **Vermögenserwerbs** (§ 37 Abs. 1 Nr. 1 GWB), der **Beteiligung von 50% und 25%**[319] (§ 37 Abs. 1 Nr. 3a und b GWB) und der Verbindung mit wettbewerblich erheblichem Einfluss (§ 37 Abs. 1 Nr. 4 GWB). Im Zusammenhang mit dem Kontrollerwerb können nunmehr auch **Beteiligungsaufstockungen** fusionskontrollpflichtig werden, wenn sie sich unterhalb oder zwischen den Stufen des Beteiligungserwerbs bewegen (§ 37 Abs. 2 GWB).[320]

Nach der **„Anschlussklausel"** in § 35 Abs. 2 GWB ist jeder Erwerb eines Unternehmens **129** mit weniger als 10 Mio. Euro Umsatz **fusionskontrollfrei**. Die Fusionskontrolle findet in einem solchen Fall insgesamt keine Anwendung.[321]

3. Anmeldepflicht von Zusammenschlüssen

Abweichend von früheren Regelungen gibt es keine Fälle mehr, die zwar fusionskontroll- **130** pflichtig sind, aber erst nachträglich angezeigt werden müssen. Gemäß § 39 Abs. 1 GWB sind alle Zusammenschlüsse, die einen der Zusammenschlusstatbestände des § 37 GWB erfüllen und die Umsatzschwellen des § 35 GWB erreichen, **vor ihrem Vollzug** beim Bundeskartellamt **anzumelden**. Die Anmeldung kann nach § 39 Abs. 1 S. 2 GWB nunmehr auch in elektronischer Form erfolgen.

---

[317] Siehe dazu *Schulte* in: *Schulte/Just*, Kartellrecht, § 35 Rn. 11 ff.; zu den Auswirkungen siehe *Dohrn*, WuW 01/2011, 17 ff.

[318] *Hooghoff*, in: Schwerpunkte des Kartellrechts 2009/2010, S. 97, 98.

[319] Minderheitsbeteiligungen von weniger als 25% können ebenfalls von § 37 Abs. 1 Nr. 4 GWB erfasst sein, wenn sie einem Anteilserwerb von 25% oder mehr gleichwertig sind, siehe nur OLG Düsseldorf, 6.7.2005, WuW/E DE-R 1581, 1583 (*Bonner Zeitungsdruckerei*); OLG Düsseldorf, 12.11.2008, WuW/E DE-R 2462 ff. (*A-TEC*).

[320] *Peter*, in: Schulte (Hrsg.), Handbuch Fusionskontrolle, S. 33 ff.

[321] Ausgenommen von der Fusionskontrolle sind nach § 130 Abs. 1 S. 2 GWB Handlungen der Deutschen Bundesbank und der Kreditanstalt für Wiederaufbau sowie nach § 17 des FMStBG v. 17.10.2008 Beteiligungen des Staates an Kreditinstituten, etwa in Gestalt der SOFFIN; der BGH hat dabei auf den Inlandsumsatz abgestellt, siehe nur Beschluss v. 25.9.2007 – KVR 19/07, siehe BB 2008, 185–189.

4. Fusionskontrollverfahren

131 Von zentraler Bedeutung ist § 40 GWB, der das Fusionskontrollverfahren nach der Anmeldung regelt.[322] Diese Vorschrift sieht für die Anmeldefälle eine schärfere **Trennung** zwischen **von vornherein unbedenklichen Fällen** und solchen, die einer **vertieften Prüfung** bedürfen, vor. Unbedenkliche Fälle sollen binnen eines Monats abgeschlossen werden. Die Freigabe erfolgt dann durch Ablauf der Monatsfrist, in der Praxis durch eine formlose Mitteilung mit dem Inhalt, dass die Untersagungsvoraussetzungen des § 36 Abs. 1 GWB nicht erfüllt sind. Das Bundeskartellamt kann sich die Prüfungsbefugnis für insgesamt vier Monate erhalten, wenn es innerhalb der Monatsfrist mitteilt, dass es in das Hauptprüfverfahren eingetreten ist. Überdies soll künftig durch die Neufassung des § 40 Abs. 2 GWB im Rahmen der 8. GWB-Novelle die Frist gehemmt werden, wenn das Bundeskartellamt von einem beteiligten Unternehmen eine Auskunft nach § 59 GWB erneut anfordern muss, weil dieses Unternehmen ein vorheriges Auskunftsersuchen nicht rechtzeitig oder vollständig beantwortet hat (§ 40 Abs. 2 S. 5 GWB); die Hemmung endet dann mit der vollständigen Übermittlung der Auskunft an das Bundeskartellamt (§ 40 Abs. 2 S. 6 GWB). Die Frist des § 40 Abs. 2 S. 2 GWB verlängert sich außerdem um einen Monat, wenn ein anmeldendes Unternehmen in einem Verfahren dem Bundeskartellamt erstmals Vorschläge für Bedingungen oder Auflagen unterbreitet (§ 40 Abs. 2 S. 7 GWB). Das Hauptprüfverfahren endet stets mit einer anfechtbaren Verfügung. Dies kann eine Freigabeverfügung sein, die mit Bedingungen und Auflagen verbunden werden kann.[323] Nach der geplanten Neufassung soll die Verfügung jedoch widerrufen oder geändert werden können, wenn sie auf unrichtigen Angaben beruht, arglistig herbeigeführt wurde oder die beteiligten Unternehmen einer mit ihr verbundenen Auflage zuwiderhandeln (§ 40 Abs. 3a GWB). Darüber hinaus kann das Verfahren – wie bereits zuvor – auch mit einer Untersagung enden.[324] Vor einer Untersagung ist jedoch den zuständigen oberen Landesbehörden Gelegenheit zur Stellungnahme zu geben (§ 40 Abs. 4 GWB).

Nach § 41 Abs. 1 GWB dürfen die Unternehmen einen Zusammenschluss, der vom Bundeskartellamt noch nicht freigegeben wurde, nicht vor **Ablauf bestimmter Fristen** (§ 40 Abs. 1 S. 1 und Abs. 2 S. 2 GWB) vollziehen und nicht am Vollzug dieses Zusammenschlusses mitwirken. Das Bundeskartellamt kann von diesem Vollzugsverbot jedoch im Einzelfall eine Befreiung erteilen (§ 41 Abs. 2 GWB).[325]

132 Im Fall eines vollzogenen, **nicht angemeldeten Zusammenschlusses** sind die damit zusammenhängenden Rechtsgeschäfte zivilrechtlich **unwirksam**. Seit Inkrafttreten der 7. GWB-Novelle waren solche Zusammenschlüsse nur noch in einem Entflechtungsverfahren zu prüfen. Wegen des Verstoßes gegen das Vollzugsverbot zivilrechtlich unwirksame Rechtsgeschäfte konnten früher mit der nachträglichen Freigabeentscheidung des Bundeskartellamtes rückwirkend geheilt werden. Die Heilungswirkung einer (formlosen) Einstellung des Entflechtungsverfahrens war jedoch fraglich. Diese Rechtsunsicherheit soll durch die Novellierung des **§ 41 Abs. 1 S. 3 GWB** im Rahmen der 8. GWB-Novelle beseitigt werden, der die **Ausnahmen von der zivilrechtlichen Unwirksamkeit** aufzählt.[326]

133 Durch den ebenfalls im Rahmen der 8. GWB-Novelle neu eingefügten **§ 41 Abs. 1a GWB** soll die nach Art. 7 Abs. 2 FKVO geltende **Ausnahme vom Vollzugsverbot für öffentliche Übernahmeangebote und andere sukzessive Erwerbsvorgänge über die Börse** (bei Beteiligung mehrerer Veräußerer) übernommen werden. Eine automatische Ausnahme vom Vollzugsverbot soll danach dann gelten, wenn der Erwerb unverzüglich beim Bundeskartellamt angemeldet wird und die mit den Anteilen verbundenen Stimmrechte nicht ausgeübt werden. Das Vollzugsverbot wird insoweit auf ein Verbot der Stimmrechtsaus-

---

[322] Eingehend dazu *Peter*, in: Schulte (Hrsg.), Handbuch Fusionskontrolle, S. 81 ff.
[323] Siehe nur BKartA, Beschluss v. 28.10.2010, B2–52/10 (*EDEKA/trinkgut-Märkte*); Beschluss v. 30.06.2008, B2–333/07 (*EDEKA/Tengelmann-Verfahren*).
[324] Siehe nur BKartA, Beschluss v. 21.5.2010, B9–13/10 (*Magna/Karmann*).
[325] *Rittner/Kulka*, Kartellrecht, S. 406 ff.; OLG Düsseldorf, Beschl. V. 20.07.2010 – IV-Kart 6/10 (V) (*Magna/Karmann*).
[326] BT-Drucks. 17/9852, S. 20.

C. Nationales Kartellordnungswidrigkeitenrecht **18**

übung abgemildert. Die Ausnahme soll Unklarheiten vermeiden, die sich aus der schwebenden Unwirksamkeit für Massengeschäfte an der Börse ergeben können, und erleichtert Transaktionen für börsennotierte Unternehmen. Die Harmonisierung mit dem europäischen Recht soll damit die Rechtsunsicherheiten beseitigen, die entstehen, wenn Fälle nicht eindeutig der europäischen oder die nationalen Fusionskontrolle unterfallen, bzw. wenn Übernahmeangebote zunächst bei der Kommission angemeldet, später aber von dort an das Bundeskartellamt verwiesen werden. Auf Antrag soll außerdem eine Befreiung vom Vollzugsverbot gewährt werden können, wenn die Stimmrechte nur ausgeübt werden, um den vollen Wert der Investition zu erhalten.[327]

5. Bußgeldtatbestände

a) Schwerwiegende Zuwiderhandlungen

Folgende Rechtsverstöße können mit **Geldbuße bis zu 1 Mio. Euro** und darüber hinaus mit bis zu 10 % des im vorausgegangenen Geschäftsjahr erzielten Gesamtumsatzes pro beteiligtem Unternehmen geahndet werden: 134

Gemäß § 81 Abs. 2 Nr. 1 GWB können Verstöße gegen das **Vollzugsverbot in § 41 Abs. 1 S. 1 GWB** geahndet werden. Die Tathandlung ist die Umsetzung der in § 37 Abs. 1 GWB aufgeführten Handlungen, die den fusionskontrollrechtlichen Zusammenschlussbegriff definieren. Angesichts der sehr weiten Formulierungen in den Zusammenschlusstatbeständen der §§ 37 Abs. 1 Nr. 2 und 4 GWB ist die Ahndung wegen des Bestimmtheitsgebotes auf eindeutige Fälle zu beschränken.[328] 135

Nach § 81 Abs. 2 Nr. 5 GWB kann mit Geldbuße geahndet werden, wer einer **vollziehbaren Auflage** nach § 40 Abs. 3 S. 1 oder nach § 42 Abs. 2 GWB, die im Zusammenhang mit der Freigabe eines Zusammenschlusses gemacht worden ist, zuwiderhandelt.[329] 136

Nach § 81 Abs. 2 Nr. 2 lit. a GWB kann geahndet werden, wer einer vollziehbaren Anordnung gemäß § 41 Abs. 4 Nr. 2 GWB, in der die **Ausübung des Stimmrechts** aus Anteilen an einem beteiligten Unternehmen untersagt oder eingeschränkt wird, oder vollziehbaren Anordnungen nach den §§ 30 Abs. 3, 31b Abs. 3 Nr. 1 und 3, 32 Abs. 1, 32a Abs. 1, 32b Abs. 1 S. 1, 42 Abs. 2 S. 2 oder 60 GWB zuwiderhandelt.[330] 137

b) Leichtere Zuwiderhandlungen

Mit **Geldbuße bis zu 100 000 Euro** können folgende Verstöße geahndet werden: 138

Gemäß § 81 Abs. 2 Nr. 4 GWB kann geahndet werden, wer die **unverzügliche Anzeige des Vollzugs** eines beim Bundeskartellamt angemeldeten Zusammenschlusses nach § 39 Abs. 6 GWB nicht, nicht richtig, nicht vollständig oder nicht rechtzeitig erstattet.

Nach **§ 81 Abs. 2 Nr. 2 lit. b GWB** wird mit Geldbuße bedroht, wer einer vollziehbaren Anordnung des Bundeskartellamts zuwiderhandelt, in der nach § 39 Abs. 5 GWB von einem an einem Zusammenschluss beteiligten Unternehmen **Auskunft über Marktanteile** einschließlich der Grundlagen für die Berechnung oder Schätzung sowie über den Umsatzerlös einer bestimmten Art von Waren oder gewerblichen Leistungen, den das Unternehmen im letzten Geschäftsjahr erzielt hat, verlangt wird. Gleiches gilt für Zuwiderhandlungen gegen vollziehbare Anordnungen nach § 47d Abs. 1 S. 2 i. V. m. einer Rechtsordnung nach § 47 f Nr. 1 GWB oder nach § 47d Abs. 1 S. 5 erster Halbsatz GWB i. V. m. einer Rechtsordnung nach § 47 f Nr. 2 GWB.

Gleichermaßen kann gemäß **§ 81 Abs. 2 Nr. 3 GWB** geahndet werden, wer entgegen § 39 Abs. 1 GWB Zusammenschlüsse nicht, nicht richtig, nicht vollständig oder nicht rechtzeitig anmeldet. Die Anforderungen an den Inhalt der **Anmeldung** bestimmen sich nach

---

[327] BT-Drucks. 17/9852, S. 31.
[328] *Dannecker/Biermann*, in: *Immenga/Mestmäcker* (Hrsg.), GWB, § 81 Rn. 187 ff.
[329] Näher zur Vollziehbarkeit: *Dannecker/Biermann*, in: *Immenga/Mestmäcker* (Hrsg.), GWB, § 81 Rn. 243 ff. m. weit. Nachw.
[330] Eingehend dazu *Dannecker/Biermann*, in: *Immenga/Mestmäcker* (Hrsg.), GWB, § 81 Rn. 250 ff.

§ 39 Abs. 3 GWB. Wenn ein Vorhaben ohne Anmeldung vollzogen wird, ist der Tatbestand des § 81 Abs. 2 Nr. 1 GWB erfüllt.[331] Da kein Grund dafür besteht, das Unterlassen der Anmeldung zu ahnden, wenn kein Vollzug erfolgt, kommt der Tatbestandsalternative der Nichtanmeldung kein selbstständiger Anwendungsbereich zu.[332]

Nach **§ 81 Abs. 2 Nr. 7 GWB** handelt ordnungswidrig, wer entgegen dem neu eingefügten § 81a Abs. 1 S. 1 GWB eine Auskunft nicht, nicht richtig, nicht vollständig oder rechtzeitig erteilt bzw. geschäftliche Unterlagen nicht, nicht vollständig oder nicht rechtzeitig herausgibt. § 81a GWB betrifft dabei den Fall, dass eine juristische Person oder Personenvereinigung, deren Gesamtumsatz im Rahmen eines kartellrechtlichen bzw. ordnungswidrigkeitenrechtlichen Verfahrens ermittelt werden soll, gegenüber der Verwaltungsbehörde (§ 81a Abs. 1 GWB) oder dem Gericht (§ 81a Abs. 2 GWB) Auskunft erteilen muss über ihren Gesamtumsatz, der im Jahr der Behördenentscheidung maßgeblich ist bzw. war, sowie die vorhergehenden fünf Geschäftsjahre (§ 81a Abs. 1 Nr. 1 GWB) bzw. ihre Umsätze, die mit allen, mit bestimmten oder nach abstrakten Merkmalen bestimmbaren Kunden oder Produkten innerhalb eines bestimmten oder bestimmbaren Zeitraums erzielt wurden (§ 81a Abs. 1 Nr. 2 GWB). Für natürliche Personen, die für das Unternehmen oder die Unternehmensvereinigung handeln, gelten die §§ 52 Abs. 1, 56 StPO entsprechend (§ 81a Abs. 3 GWB).[333]

IX. Normadressaten der Bußgeldvorschriften und Ahndung juristischer Personen

1. Ahndbarkeit natürlicher Personen über die Zurechnung gemäß § 9 OWiG

139 Die meisten Tatbestände des GWB richten sich an Unternehmen. Wenn beispielsweise eine Geldbuße wegen eines Verstoßes gegen das Kartellverbot in § 1 GWB verhängt werden soll, sind unmittelbar allein juristische Personen **Normadressaten**. Nur sie können die Tatbestandsvoraussetzungen des § 1 GWB erfüllen. Die ahndbaren Tathandlungen können jedoch lediglich von natürlichen Personen ausgeführt werden. Natürliche Personen sind nur dann Adressat der Bußgeldnorm, wenn eine gesetzliche Vorschrift die an das Unternehmen gerichtete Verbotsnorm auf natürliche Personen für anwendbar erklärt. Eine solche Zurechnungsnorm enthält § 9 Abs. 1 OWiG. Hiernach ist es nicht erforderlich, dass ein zum Tatbestand gehörendes besonderes persönliches Merkmal bei der unmittelbar handelnden natürlichen Person vorliegt. Vielmehr reicht es aus, dass der Handelnde als vertretungsberechtigtes Organ einer juristischen Person, als vertretungsberechtigter Gesellschafter einer rechtsfähigen Personengesellschaft[334] oder als gesetzlicher Vertreter eines anderen handelt. Diese Zurechnungsregelung wird in § 9 Abs. 2 OWiG auf sog. gewillkürte Vertreter erweitert.[335]

2. Ahndbarkeit natürlicher Personen wegen Aufsichtspflichtverletzung gemäß § 130 OWiG

140 Im Kartellrecht kommt auch dem Ordnungswidrigkeitentatbestand der **Aufsichtspflichtverletzung** gemäß § 130 OWiG eine große praktische Bedeutung zu.[336] § 130 OWiG setzt

---
[331] *Bechtold*, GWB, § 81 Rn. 17 f.
[332] *Bechtold*, GWB, § 81 Rn. 17 f.; *Dannecker/Biermann*, in: *Immenga/Mestmäcker* (Hrsg.), GWB, § 81 Rn. 280 m. weit. Nachw.
[333] BT-Drucks. 17/9852, S. 7, 34 f.
[334] Seit dem 30.8.2002 genügt es, dass es sich um eine rechtsfähige Personengesellschaft handelt, für zuvor begangene Taten muss eine Personenhandelsgesellschaft vorgelegen haben. Siehe dazu 1. Kapitel – Die Entwicklung des Wirtschaftsstrafrechts in der Bundesrepublik Deutschland, Rn. 69.
[335] *Bohnert*, OWiG, 3. Aufl. 2010, § 9 Rn. 17; *Hackel*, S. 192 ff.
[336] Zu § 130 OWiG siehe oben 1. Kapitel – Die Entwicklung des Wirtschaftsstrafrechts in der Bundesrepublik Deutschland, Rn. 69 ff.; siehe auch *Bohnert*, OWiG, 3. Aufl. 2010, § 130 Rn. 16 ff.

C. Nationales Kartellordnungswidrigkeitenrecht

unter anderem die schuldhafte Verletzung betriebsbezogener Pflichten eines Unternehmensangehörigen als Anknüpfungstat voraus. Sofern die Pflicht das Unternehmen trifft, kann diese gemäß § 9 OWiG auf die Leitungspersonen überwälzt werden. Täter einer Aufsichtspflichtverletzung kann daher nicht nur der Inhaber des Unternehmens, sondern gemäß § 9 Abs. 2 OWiG auch der für den Inhaber des Betriebs mit der Aufsicht Beauftragte sein.[337] Aufgrund von § 130 OWiG sollen deshalb die fraglichen Personen, z. B. auch der Vorstand einer Aktiengesellschaft, dazu angehalten werden, durch Aufsichtsmaßnahmen Kartellrechtsverstöße innerhalb des Unternehmens zu unterbinden. Im Rahmen des § 130 OWiG stellen sich vielfältige Fragen, so ob bei mehreren zur Leitung eines Unternehmens berufenen Personen eine Kollegialverantwortung gegeben ist, wie das Verhältnis zwischen der Verantwortlichkeit des Betriebsleiters einer rechtlich unselbstständigen Niederlassung zu der der zentralen Unternehmensleitung zu bestimmen ist und ob den Vertretungsberechtigten der Konzernobergesellschaft eine Aufsichtspflicht für die verbundenen Unternehmen obliegt.[338]

3. Ahndbarkeit juristischer Personen und Personenvereinigungen gemäß § 30 OWiG

141 Geldbußen können neben den unmittelbar handelnden **natürlichen Personen** auch gegen die beteiligten **juristischen Personen und Personenvereinigungen** festgesetzt werden. Voraussetzung für die Festsetzung einer Geldbuße nach § 30 OWiG ist, dass ein Organmitglied, ein Generalbevollmächtigter, ein in leitender Stellung tätiger Prokurist, ein Handlungsbevollmächtigter oder eine sonstige Personen, die für die Leitung des Betriebs oder Unternehmens einer juristischen Person, eines nicht rechtsfähigen Vereins oder einer rechtsfähigen Personengesellschaft verantwortlich handeln, eine Straftat oder Ordnungswidrigkeit begangen hat, durch die betriebsbezogene Pflichten verletzt worden sind.[339]

142 Wenn **nicht nachgewiesen** werden kann, dass **eine dieser Personen** aus der Unternehmensleitung sich an dem straf- oder ahndbaren Wettbewerbsverstoß **beteiligt** hat, kann eine Geldbuße gegen die juristische Person gleichwohl verhängt werden, sofern eine der Leitungspersonen eine Aufsichtspflichtverletzung gemäß § 130 OWiG begangen hat.[340] Im Hinblick darauf, dass die Aufsichts- und Organisationspflicht im Sinne des § 130 OWiG allen Organen obliegt, kann im Falle einer unübersichtlichen Organisation im Rahmen des § 30 OWiG offen bleiben, welches Organ seiner Aufsichtspflicht nicht nachgekommen ist.[341] Wird das gegen den Täter gerichtete Bußgeldverfahren eingestellt, so kann das Bußgeldverfahren gegen die juristische Person ausnahmsweise als „objektives Verfahren" abgekoppelt und weitergeführt werden.[342] Nur wenn das Organ oder eine der oben genannten Leitungspersonen eines Unternehmens aus materiellrechtlichen Gründen nicht verfolgt werden kann, entfällt auch die Bebußung des Unternehmens.[343]

143 Von der Möglichkeit, Geldbußen gegen juristische Personen zu verhängen, wird im Kartellrecht **reger Gebrauch** gemacht,[344] um zu verhindern, dass Unternehmen als Nutznießer des kartellrechtswidrigen Verhaltens den Vorteil aus den rechtswidrigen Taten erhalten, ohne selbst eine Sanktion befürchten zu müssen.

---

[337] *Bechtold*, NJW 1995, 1940; *Bohnert*, OWiG, 3. Aufl. 2010, § 130 Rn. 8 ff.
[338] Vgl. hierzu m. weit. Nachw. und allgemein zum Inhalt der Aufsichtspflicht nach § 130 OWiG im Bereich des Kartellrechts *Wirtz*, WuW 2001, 342 ff.; vgl. auch *Cramer/Pananis*, in: *Loewenheim/Meesen/Riesenkampff* (Hrsg.), Kartellrecht, § 81 Rn. 25 ff.; siehe dazu auch *Koch*, AG 2009, S. 564 ff.
[339] Näher dazu oben 1. Kapitel – Die Entwicklung des Wirtschaftsstrafrechts in der Bundesrepublik Deutschland, Rn. 120; *Bohnert*, OWiG, 3. Aufl. 2010, § 30 Rn. 11 ff.; *Hackel*, S. 198 ff.
[340] *Bürger*, WuW 2011, S. 130 ff.
[341] *Gürtler*, in: *Göhler*, Ordnungswidrigkeitengesetz. Kommentar, 16. Aufl. 2012, § 130 Rn. 20.
[342] § 30 Abs. 4 Satz 1 OWiG; siehe *Bohnert*, OWiG, 3. Aufl. 2010, § 30 Rn. 47 ff.
[343] Vgl. *Rogall*, in: *Boujong* (Hrsg.), Karlsruher Kommentar zum Gesetz über Ordnungswidrigkeiten, 3. Aufl. 2006, § 30 Rn. 169 m. weit. Nachw.
[344] Vgl. nur *Klusmann*, in: *Wiedemann* (Hrsg.), Handbuch des Kartellrechts, § 55 Rn. 43, sowie *Müller-Gugenberger*, in: *ders./Bieneck* (Hrsg.), Wirtschaftsstrafrecht, 4. Aufl. 2006, § 57 Rn. 76.

144 Mit der achten GWB-Novelle besteht nunmehr auch die Möglichkeit einer Bebußung des **Rechtsnachfolgers** nach dem neu gefassten **§ 30 Abs. 2a OWiG**. Hintergrund für die Einführung dieser Regelung ist, dass nach den Erfahrungen der Kartellbehörden in diesem Zusammenhang in der Praxis der Kartellahndung eine Reihe von Problemen auftraten, die die Wirksamkeit der Rechtsdurchsetzung insgesamt gefährdeten.[345]

Voraussetzung für die Verhängung eines Bußgelds nach deutschem Ordnungswidrigkeitenrecht war bisher – wie dargestellt – das Handeln einer natürlicher Personen nach § 9 OWiG bzw. eines für eine juristische Person oder Personenvereinigung handelnden Organs, das einen Kartellverstoß zum Gegenstand hatte (Rechtsträgerprinzip).[346] Ausdrückliche Regelungen über die Rechtsnachfolge – sei es in Form der Gesamtrechtsnachfolge oder der Einzelrechtsnachfolge – enthielt das Gesetz bislang nicht.[347]

Die **Rechtsprechung** hielt die Gesamtrechtsnachfolge unter restriktiven Voraussetzungen für gegeben.[348] Der BGH bejahte demnach eine Rechtsnachfolge in die Bußgeldhaftung über § 30 OWiG a. F., wenn zwischen der früheren und der neuen Vermögensverbindung nach wirtschaftlicher Betrachtungsweise nahezu Identität bestand.[349] Von einer wirtschaftlichen Identität in diesem Sinne sei auszugehen, wenn das Vermögen in gleicher oder ähnlicher Weise wie bisher eingesetzt werde und in der neuen juristischen Person einen wesentlichen Teil des Gesamtvermögens ausmache. Dabei kamen sowohl das OLG Düsseldorf als auch der BGH zu dem Ergebnis, dass eine extensive Auslegung des § 30 OWiG a. F. wegen des Analogieverbots gemäß Art. 103 Abs. 2 GG und § 3 OWiG nicht in Betracht komme. Diese Rechtslage erachteten beide Gerichte als unbefriedigend und verwiesen insofern auf die Verantwortung des Gesetzgebers, der die Erstreckung der bußgeldrechtlichen Haftung wie auch ihre Grenzen festzulegen habe.[350]

Da vom Vorliegen einer wirtschaftlichen Identität nur dann auszugehen ist, wenn das übernommene Vermögen (nahezu) das gesamte Vermögen des neuen Unternehmens bildet oder die übernommene Vermögensmasse quantitativ und qualitativ das Vermögen der übernehmenden juristischen Person derart prägt, dass man darin das übernommene Vermögen wiedererkennt, wird deutlich, dass kartellbeteiligte Unternehmen sich auf relativ einfache Weise und in nahezu allen Fällen einer gegen sie verhängten Kartellbuße entziehen konnten. Sie mussten lediglich eine geeignete Form der Umstrukturierung oder Veräußerung wählen. So reichten etwa die bloße Aufnahme in ein erweitertes Unternehmen oder aber eine wirtschaftliche Fortführung von wesentlichen Teilen des übernommenen Unternehmens für die Annahme einer Rechtsnachfolge nicht aus. Ebenso fehlte es an der wirtschaftlichen Identität, wenn zwei Unternehmen mit annähernd gleicher Größe und fast identischen Marktanteilen fusionierten und deren Geschäftsbereiche zusammengeführt wurden. Überdies kam eine Zurechnung des Vermögens von einzelnen konzernabhängigen Schwestergesellschaften im Verhältnis zueinander nicht in Betracht.[351] Die lange Dauer der Kartellordnungswidrigkeitenverfahren und die Höhe der verhängten Geldbußen boten dabei ausreichend Zeit und Anreiz, Umgehungsmaßnahmen zu ergreifen und umzusetzen.[352]

Die bisher geltende Rechtslage verhinderte somit eine wirksame Kartellahndung – auch vor dem Hintergrund, dass das europäische Kartellrecht eine effektive Durchsetzung seitens

---

[345] BT-Drucks. 17/8541 v. 1.2.2012, S. 32 f.
[346] *Heinichen*, WRP 2012, 159, 161; *Krohs/Timmerbeil*, BB 2012, 2447.
[347] BT-Drucks. 17/11053, S. 26.
[348] BGH, Beschl. vom 11. März 1986, KRB 10/85, WuW/E 2267 (*Angebotsliste*); BGH, Beschluss vom 10. August 2011, KRB 55/10 (*Versicherungsfusion*); OLG Düsseldorf, Urteil vom 13. Januar 2010, VI-Kart 55/06 (Owi); *Heinichen*, WRP 2012, 159, 160.
[349] BGH, Beschl. vom 11. März 1986, KRB 10/85, NJW 2012, 164 ff.
[350] BGH, Beschl. v. 10.8.2011 – KRB 55/10 (OLG Düsseldorf), m. Anm. *Heinichen*; BT-Drucks. 17/8541 v. 1.2.2012, S. 32 f.; BGH NJW 2012, S. 164 ff.; so bereits BGH WuW/E 2265; BGH NJW 2005, 1381; BGHSt 52, 58; *Gürtler*, in: Göhler, Ordnungswidrigkeitengesetz. Kommentar. 16. Aufl. 2012, § 30 Rn. 38c; *Bischke/Brack*, NZG 2012, 1140, 1141; BT-Drucks. 17/11053, S. 26; kritisch zur Rspr. des BGH *Heinichen*, WRP 2012, 159 ff.; *Krohs/Timmerbeil*, BB 2012, 2447.
[351] BT-Drucks. 17/8541 v. 1.2.2012, S. 32 f.
[352] BT-Drucks. 17/11053, S. 26.

C. Nationales Kartellordnungswidrigkeitenrecht

der Mitgliedstaaten fordert. Schließlich war die Kartellverfolgung durch die nationalen Wettbewerbsbehörden in ein europäisches Behördennetz mit parallelen Zuständigkeiten eingebettet und es stand zu befürchten, dass sich die mangelnde Wirksamkeit der Kartellverfolgung in Deutschland bei der Zuständigkeitsverteilung zulasten der nationalen Wettbewerbsbehörden auswirken könnte.[353]

In Anbetracht dieser Sachlage hat der Gesetzgeber § 30 OWiG im Rahmen der achten GWB-Novelle neu gefasst. Im neugefassten **§ 30 Abs. 2a OWiG** heißt es entsprechend, dass – unabhängig von der wirtschaftlichen Identität – im Falle einer Gesamtrechtsnachfolge oder partiellen Gesamtrechtsnachfolge nach § 123 Abs. 1 UmwG die Geldbuße auch gegen den oder die Rechtsnachfolger festgesetzt werden kann. Die Geldbuße darf in einem solchen Fall den Wert des übernommenen Vermögens sowie die Höhe gegenüber dem Rechtsvorgänger angemessenen Geldbuße nicht übersteigen. Der oder die Rechtsnachfolger treten im Bußgeldverfahren in die Verfahrensstellung ein, in der sich der Rechtsvorgänger zum Zeitpunkt des Wirksamwerdens der Rechtsnachfolge befunden hat.

Bereits im Gesetzgebungsverfahren hat das Bundeskartellamt diese Regelung jedoch kritisiert, weil sie weiterhin **offensichtliche Umgehungsmöglichkeiten** zulasse.[354] Die Regelung erfasse weder alle Fälle der Gesamtrechtsnachfolge noch die Einzelnachfolge (etwa in Form des asset deals) im Ganzen[355], was insbesondere im Widerspruch mit dem europäischen Recht und der europäischen Rechtsprechung stünde (effet utile, Art. 197 AEUV). Dort haften beispielsweise rechtlich, aber nicht mehr wirtschaftlich bestehende Rechtsvorgänger ebenso weiter wie ausgegliederte oder abgespaltene Unternehmensteile und konzerninterne Vermögensverschiebungen würden über die gesamtschuldnerische Konzernhaftung (wirtschaftliche Einheit) ohne Weiteres erfasst.[356]

Trotz der vom Bundeskartellamt angeführten Kritik bezüglich der Umgehungsgefahr der Neuregelung sah die Bundesregierung keinen weiteren gesetzgeberischen Handlungsbedarf[357], so dass es nicht mehr zu einer entsprechenden Modifizierung der Regelung kam.[358]

X. Bußgeldbemessung und Eintragung in das Gewerbezentralregister

1. Höchstmaß der Geldbuße

Die in § 81 Abs. 1 bis 3 geregelten Tatbestände sehen als einzige Rechtsfolge eine Geldbuße vor. Bei den **schwerwiegenden Verstößen** ist das Regel-Höchstmaß nunmehr auf 1 Mio. Euro angehoben worden. Daneben ist für die schwerwiegenden Verstöße in Anlehnung an das Gemeinschaftsrecht ein Sonder-Bußgeldrahmen von bis zu 10 % des von jedem betroffenen Unternehmen oder jeder beteiligten Unternehmensvereinigung im vorausgegangenen Geschäftsjahr erzielten Gesamtumsatzes (§ 81 Abs. 4 S. 2 GWB) vorgesehen. Für die **leichteren Verstöße** ist das Regel-Höchstmaß 100 000 Euro.

2. Vorteilsabschöpfung

Für die Bußgeldbemessung nach dem GWB gilt gemäß § 2 OWiG die allgemeine Regelung des § 17 OWiG. Besondere Bedeutung kommt § 17 Abs. 4 OWiG zu, demzufolge die Geldbuße den wirtschaftlichen Vorteil, den der Täter aus der Ordnungswidrigkeit gezogen hat,

---

[353] BT-Drucks. 17/8541 v. 1.2.2012, S. 32 f.
[354] Siehe Stellungnahme des BKartA zum Regierungsentwurf zur 8. GWB-Novelle, Bonn, 22.6.2012; *Bischke/Brack*, NZG 2012, 1140, 1142.
[355] Siehe dazu auch *Heinichen*, WRP 2012, 159, 165 f.
[356] *Bischke/Brack*, NZG 2012, 1140, 1141 f.; krit. zur Vorgehensweise der Unionsorgane, *Heinichen*, WRP 2012, 159, 165; zur geplanten Vorgehensweise des BKartA, in Fällen von EU-Kartellrechtsverstößen, zur Schließung dieser Ahndungslücken an die Kommission zu verweisen, krit. *Krohs/Timmerbeil*, BB 2012, 2447 ff.
[357] BT-Drucks. 17/11053, S. 26, 31.
[358] BT-Drucks. 17/8541 v. 1.2.2012, S. 32 f.; *Bischke/Brack*, NZG 2012, 1140, 1142.

übersteigen soll. Insoweit kommt der Geldbuße **Abschöpfungsfunktion** zu. Dies gilt gemäß § 30 OWiG auch für die Unternehmensgeldbuße.

Der Begriff des wirtschaftlichen Vorteils im Sinne des **§ 17 Abs. 4 OWiG** ist so zu verstehen, dass nur der **wirtschaftliche Nettovorteil**, der dem Täter im Ergebnis verbleibt, erfasst wird. Neben zusätzlich erzielten Einnahmen sind auch sonstige Vermögensvorteile wie die Verbesserung der Marktposition, die Einsparung sonstiger notwendiger Kosten sowie weitere Verbesserungen der wirtschaftlichen Gesamtsituation des Täters oder Unternehmens zu berücksichtigen. Von den erzielten wirtschaftlichen Vorteilen sind alle Aufwendungen abzuziehen.[359]

147 **§ 81 Abs. 5 S. 1 GWB** weicht insoweit von § 17 Abs. 4 OWiG ab, als „der wirtschaftliche Vorteil, der aus der Ordnungswidrigkeit gezogen wurde, abgeschöpft werden kann", nicht hingegen abgeschöpft werden soll. Dadurch, dass die Entscheidung über die Vorteilsabschöpfung ins Ermessen des Rechtsanwenders gestellt wird, kann die Geldbuße auch als reine **Ahndungsgeldbuße** verhängt werden.[360] Diese Neuerung im Rahmen der 7. GWB-Novelle stand im Zusammenhang mit der Regelung des § 34 GWB, der die Kartellbehörde ermächtigt, den durch einen Wettbewerbsverstoß erlangten wirtschaftlichen Vorteil abzuschöpfen.[361] Außerdem sollte eine weitgehende Annäherung an die von der europäischen Kommission festgesetzten Geldbußen erreicht und Folgeprobleme, welche aus dem vorherigen Doppelcharakter resultierten, abgebaut werden.[362] Die Kartellbehörde hat somit die Möglichkeit, (1.) wie bisher eine Geldbuße festzusetzen, in der das Maß der Geldbuße um den daraus gezogenen wirtschaftlichen Vorteil nach § 17 Abs. 4, § 30 Abs. 3 OWiG erhöht wird, (2.) eine „reine Ahndungsgeldbuße" mit der Vorteilsabschöpfung als Verwaltungsmaßnahme nach § 34 GWB zu kombinieren oder (3.) auf die Vorteilsabschöpfung zu verzichten und dies bei der Bußgeldbemessung zu berücksichtigen.[363]

3. Bußgeldbemessung bei natürlichen Personen

a) Bedeutung des Bußgeldrahmens

148 Mit der Bußgeldbemessung soll das Unrecht der Handlung unter Berücksichtigung der täterbezogenen Umstände und Gesichtspunkte ausgeglichen werden. Dabei muss sich die Sanktion im Rahmen des **gesetzlich geregelten Bußgeldrahmens** bewegen, der die Unter- und Obergrenze der verhängbaren Geldbuße bildet.[364] Das Höchstmaß der zu verhängenden Geldbuße ist für die denkbar schwersten Fälle vorgesehen, während für durchschnittlich schwere Fälle der Mittelwert gedacht ist.[365] Für die Praxis bedeutet das, dass der gesetzliche Bußgeldrahmen in durchschnittlichen Fällen nicht ausgeschöpft werden darf.[366]

b) Kriterien der Bußgeldbemessung

149 Bei der Festsetzung der Höhe der Geldbuße sind nach § 81 Abs. 4 S. 6 GWB **Schwere und Dauer der Zuwiderhandlung** zu berücksichtigen. Bezüglich der Zumessungskriterien im

---

[359] Eingehend dazu *Meuer*, BB 1998, 1236 ff.; *Dannecker/Biermann*, in: *Immenga/Mestmäcker* (Hrsg.), GWB, § 81 Rn. 331 ff. m. weit. Nachw.; vgl. zu den steuerrechtlichen Aspekten *Achenbach*, BB 2000, 1116 ff.; *Bohnert*, OWiG, 3. Aufl. 2010, § 17 Rn. 26; *Tiedemann*, Wirtschaftsstrafrecht BT, § 5 Rn. 162.
[360] Entwurf der Bundesregierung für eine 7. GWB-Novelle, BT-Drucks. 15/3640, S. 42, 67.
[361] Kritisch dazu *Achenbach*, wistra 2006, 2, 5; *ders.*, ZWeR 2006, 49, 51 ff.; *Sieme*, S. 187 ff.; *Raum*, in: Schwarze (Hrsg.), Verfahren und Rechtsschutz im europäischen Wirtschaftsrecht, 2010, S. 301 ff.
[362] Vgl. RegE GWB, BT-Drs. 15/3640 S. 42, 67.
[363] *Achenbach*, ZWeR 2006, 49, 55 ff.; da im Rahmen einer Vorteilsabschöpfung nach § 81 Abs. 5 GWB i. V. m. 17 Abs. 4 OWiG der Abschöpfungsanteil, nicht aber der Ahndungsanteil steuerlich absetzbar ist, muss das Bundeskartellamt in seiner Entscheidung darlegen, welcher Teil der Geldbuße der Ahndung und welcher der Abschöpfung dient, BGH WuW/E DE-R 1487, 1488 (*Steuerfreie Mehrerlösabschöpfung*).
[364] Siehe dazu *Barth/Budde*, wrp 2010/06, S. 712 ff.; siehe dazu *Ackermann*, ZWeR 04/2010, S. 329, 337 ff.; *Achenbach*, ZWeR 03/2010, S. 237 ff.; *ders.*, ZWeR 01/2009, S. 3 ff.
[365] *Gürtler*, in: Göhler, OWiG, § 17 Rn. 25 m. weit. Nachw.; *Barth/Budde*, wrp 2009/01, S. 1357 ff.
[366] *Achenbach*, WuW 1997, 398.

Einzelnen wird dabei zwischen tatbezogenen, täterbezogenen und die wirtschaftliche Leistungsfähigkeit des Betroffenen betreffende Umstände differenziert.

Zu den **tatbezogenen Zumessungskriterien** gehören insbesondere negative Tatauswirkungen wie eine nachhaltige Strukturverschlechterung durch die Erstreckung unzulässiger Absprachen auf große Teile oder die Gesamtheit des relevanten Marktes, die besondere Bedeutung der betroffenen Produkte für die Marktgegenseite, eine Verknappung des Warenangebots, drastische Erhöhungen der Abgabepreise der betroffenen Produkte oder Dienstleistungen sowie das Ausmaß des bei Dritten eintretenden Schadens. Weiterhin werden Umstände der Tatbegehung wie die Aufwendung besonderer krimineller Energie, besondere Geheimhaltungsmaßnahmen sowie Dauer, Organisationsgrad und Häufigkeit der Verstöße berücksichtigt. **Bußgeldmindernd** wirken sich die geringen wirtschaftlichen und sonstigen Folgen der Tat, rechtliche Zweifelsfragen und die besonders lange Dauer des Bußgeldverfahrens aus.[367] 150

Die **schuldbezogenen Zumessungskriterien** beziehen sich auf das Ausmaß des Vorwurfs, der den Täter trifft, also seine individuelle Schuld. **Bußgelderhöhend** werden berücksichtigt: besonders verwerfliche Motive des Täters, insbesondere rücksichtsloses Gewinnstreben, der Grad des Vorsatzes, einschlägige Vortaten des Täters, soweit diese sanktioniert worden sind, eine häufig wiederholte Tatbegehung über einen langen Zeitraum hinweg, die mangelnde Einsicht des Täters in das Unrecht der begangenen Zuwiderhandlung usw.[368] 151

Bußgeldmindernd werden berücksichtigt: ein Handeln zur Existenzsicherung oder Abwendung des Verlustes von Arbeitsplätzen, sonstige wirtschaftliche Schwierigkeiten, eine eher passive Tatbeteiligung, eine Tatbeteiligung, die erst aufgrund der Druckausübung anderer zustande gekommen ist, rechtliche Zweifel des Täters im Hinblick auf das Verbotensein seines Handelns, das Vorliegen eines Verbotsirrtums, das Handeln auf Anweisung von Vorgesetzten, kooperatives Verhalten nach der Tat, die behördliche Duldung des Verstoßes, ein die Tatverwirklichung besonders erleichterndes Verhalten der Marktgegenseite und das Bemühen, durch Compliance-Programme Gesetzesverstöße auszuschließen, usw.[369] 152

Weiterhin ist die **wirtschaftliche Leistungsfähigkeit des Täters** gemäß § 17 Abs. 3 OWiG zu berücksichtigen. Im Ergebnis sind nur solche Geldbußen festzusetzen, die den Täter **nicht** über Gebühr und damit **nicht unverhältnismäßig** empfindlich treffen. Insbesondere darf die Bußgeldfestsetzung nicht dazu führen, dass der Täter über einen längeren Zeitraum hinweg ohne Einkommen gestellt oder in den Konkurs getrieben wird.[370] 153

4. Bußgeldbemessung bei juristischen Personen und Personenvereinigungen

a) Bedeutung des Bußgeldrahmens

Gemäß § 30 Abs. 2 S. 1 OWiG a. F. betrug die Geldbuße für Taten ab dem 30.8.2002 im Falle einer vorsätzlichen Straftat bis zu 1 Mio. Euro (Nr. 1), im Falle einer fahrlässigen Straftat bis zu 500 000 Euro (Nr. 2). Ab dem Inkrafttreten der 8. GWB-Novelle werden nunmehr die Geldbußen bei **vorsätzlichen Straftaten bis zu 10 Mio. Euro** bzw. bei **fahrlässigen** 154

---

[367] Eingehend dazu *Klusmann*, in: *Wiedemann* (Hrsg.), Handbuch des Kartellrechts, § 57 Rn. 82 f.; vgl. auch *Dannecker/Biermann*, in: *Immenga/Mestmäcker* (Hrsg.), GWB, § 81 Rn. 347 ff. mit zahlreichen Rechtsprechungsnachweisen.

[368] Vgl. *Dannecker/Biermann*, in: *Immenga/Mestmäcker* (Hrsg.), GWB, § 81 Rn. 354 ff.; *Böni*, WuW 04/2011, S. 360 ff.

[369] *Klusmann*, in: *Wiedemann* (Hrsg.), Handbuch des Kartellrechts, § 57 Rn. 85 f.; siehe dazu *Mäsch*, § 81 GWB Rn. 11: anders als im europäischen Recht (siehe nur EuG BeckRS 2011, 562295 Rn. 83 – IBP Ltd.) ist die bußgeldmildernde Berücksichtigung von Compliance-Programmen noch nicht eindeutig geklärt, siehe nur *Krebs/Eufinger/Jung*, CCZ 6/2011, S. 213 ff.; *Bosch/Colbus/Harbusch*, WuW 2009, 740 ff.; *Bosch*, in: Schwarze (Hrsg.), Verfahren und Rechtsschutz im europäischen Wirtschaftsrecht, 2010, S. 100, 104 ff.; siehe aber BT-Drucks. 17/11053, S. 28, welche die Tendenz einer bußgeldmindernden Berücksichtigung von Compliance-Programmen erkennen lässt.

[370] Näher dazu *Dannecker/Biermann*, in: *Immenga/Mestmäcker* (Hrsg.), GWB, § 81 Rn. 361 ff.

Straftaten bis zu 5 Mio. Euro betragen – also erheblich mehr. Im Falle einer **Ordnungswidrigkeit** bestimmt sich das Höchstmaß der Geldbuße nach dem für die Ordnungswidrigkeit angedrohten Höchstmaß der Geldbuße (§ 30 Abs. 2 S. 2 OWiG).[371] Hierdurch wird der Sonderbußgeldrahmen des § 81 Abs. 4 S. 2 GWB eröffnet, wonach Geldbußen bis zu 10 % des im vorausgegangenen Geschäftsjahr erzielten Gesamtumsatzes pro beteiligtem Unternehmen möglich werden.[372] § 30 Abs. 2 S. 4 OWiG (§ 30 Abs. 2 S. 3 OWiG a. F.) gilt auch bei einer Tat, die gleichzeitig Straftat und Ordnungswidrigkeit ist, wenn das für die Ordnungswidrigkeit angedrohte Höchstmaß der Geldbuße das Höchstmaß nach § 30 Abs. 2 S. 1 OWiG übersteigt. Diese Regelung wurde im Zusammenhang mit der Hochstufung der Submissionsabsprachen zu Straftaten eingeführt. Die Europäische Kommission (unter Zustimmung des EuGH) wie auch das Bundeskartellamt und eine überwiegende Ansicht im Schrifttum verstehen § 81 Abs. 4 S. 2 GWB als Kappungsgrenze.[373] Auch die Begründung des Regierungsentwurfs zur 8. GWB-Novelle verdeutlicht, dass der Gesetzgeber § 81 Abs. 4 S. 2 GWB als Kappungsgrenze versteht.[374] Diese Auffassung kann jedoch nicht überzeugen, weil durch den Bußgeldrahmen zugleich zum Ausdruck gebracht, für wie schwerwiegend der Gesetzgeber Kartellrechtsverstöße hält. Daher ist davon auszugehen, dass die Obergrenze von 10 % nur in einem der denkbar schwersten Fälle erreicht werden darf. So geht auch das **OLG Düsseldorf** davon aus, dass der Umsatz des beteiligten Unternehmens der Bemessungsmaßstab für die Geldbuße ist und es sich bei der 10 %-Schwelle um eine Bußgeldobergrenze handelt, innerhalb derer die Geldbuße selbstständig zu bestimmen ist. Gegen eine Kappungsgrenze spricht nach Ansicht des OLG Düsseldorf, dass unterschiedlich schwere Verstöße ohne Bußgeldobergrenze nicht differenziert geahndet werden könnten, wenn die Kappungsgrenze bereits bei verhältnismäßig leichten Verstößen erreicht sei.[375]

155 Dies hat der **Bundesgerichtshof** in seinem Beschluss vom 26.2.2013 in Sachen **Grauzementkartell** bestätigt, in dem er zu dem Ergebnis kommt, dass § 81 Abs. 4 S. 2 GWB verfassungskonform als **Obergrenze** und nicht als Kappungsgrenze ausgelegt werden könne und müsse.[376] Er geht dabei davon aus, dass die Festlegung einer Unter- und Obergrenze des Sanktionsrahmens Fixpunkte schafft, weshalb § 81 Abs. 4 Satz 2 GWB nur als umsatzabhängige Obergrenze verstanden werden könne. Eine umsatzabhängige Obergrenze genüge dabei dem Bestimmtheitsgebot, so dass der Richter die Sanktion selbstständig sowie unter Berücksichtigung schärfender und mildernder Faktoren anhand der Bemessungskriterien des § 17 Abs. 3 OWiG festsetzen könne.[377] Der Bundesgerichtshof geht davon aus, dass die Annahme einer umsatzabhängigen Obergrenze nicht den Grundsätzen widerspricht, die das Bundesverfassungsgericht zur Vermögensstrafe nach § 43a StGB aufgestellt hat. Die Ausführungen des Bundesverfassungsgerichts ließen sich wegen der Unterschiedlichkeit der Rechtsinstitute nicht ohne weiteres auf die Geldbuße gegen Unternehmen übertragen. Während die Vermögensstrafe als zusätzliche Sanktionsform neben das tradierte System der (Haupt-)Strafen treten solle, sei die Verhängung von Bußgeldern die zentrale Sanktion bei Ordnungswidrigkeiten. Im Gegensatz zur Vermögensstrafe bedürfe es bei Kartellordnungswidrigkeiten eines weiten Bußgeldrahmens, um die wirtschaftlichen Vorteile, die gerade bei großen, sich kartellrechtswidrig verhaltenden Unternehmen einträten und die große volkswirtschaftliche Schäden verursachen können, empfindlich ahnden zu können.[378] Das Gericht stellt weiter fest, dass der weite Rahmen des umsatzabhängigen § 81 Abs. 4 Satz 2 GWB als Ausgangs-

---

[371] Mit der 8. GWB-Novelle wurde in § 30 Abs. 2 OWiG-E ein neuer S. 3 eingefügt, der klarstellt, dass dann, wenn das Gesetz auf diese Vorschrift verweist, sich das Höchstmaß der Geldbuße nach S. 2 für die im Gesetz bezeichneten Tatbestände verzehnfacht.
[372] Zu den verfassungsrechtlichen Bedenken gegen diese Regelung s. *Achenbach*, WuW 2002, 1154; *Meesen*, WuW 2004, 733, 740 ff.
[373] Siehe nur *Hooghoff*, in: Schwerpunkte des Kartellrechts 2009/2010, S. 97, 102.
[374] BT-Drucks. 17/9852, S. 34.
[375] OLG Düsseldorf, Urt. V. 26.6.2009, VI-2a Kart 2- 6/08.
[376] BGH, Beschl. v. 26.2.2013, KRB 20/12, Rn. 55 (*Grauzementkartell*).
[377] BGH, Beschl. v. 26.2.2013, KRB 20/12, Rn. 56 ff. (*Grauzementkartell*).
[378] BGH, Beschl. v. 26.2.2013, KRB 20/12, Rn. 60 (*Grauzementkartell*).

C. Nationales Kartellordnungswidrigkeitenrecht

punkt notwendig sei, um große Unternehmen entsprechend ahnden zu können. Dabei komme der Anknüpfung an den Umsatz besondere Bedeutung zu, da über dieses Kriterium sichergestellt werden könne, dass auf die wirtschaftliche Leistungsfähigkeit des Unternehmens abgestellt werde und damit den verfassungsmäßigen Geboten des angemessenen Sanktionierens und der Wahrung der Einzelfallgerechtigkeit Genüge getan werde.[379] Da Umsatzzahlen transparent seien (etwa weil auch die dem Jahresabschluss hinzuzufügende Gewinn- und Verlustrechnung auf Umsatzerlösen aufbaut, §§ 264, 275 HGB), sei die Geldbuße nicht nur leichter zu ermitteln, sondern für die Betroffenen auch in höherem Umfang vorhersehbar als der Mehrerlös. Sofern ein Konzern bebußt und dabei ein Gesamtumsatz im Rahmen einer rechnerischen Zusammenfassung der nach § 36 Abs. 2 GWB verbundenen Unternehmen vorgenommen werde, sprächen dafür nicht nur die Intention des Gesetzgebers, eine Harmonisierung mit den europäischen Wettbewerbsvorgaben herbeizuführen, sondern auch die sich aus dieser Zusammenrechnung ergebende Ahndungsempfindlichkeit, die effektiv Vermögensverschiebungen innerhalb des Gesamtkonzerns begegnet.[380] Auf der Grundlage dieser Entscheidung besteht nunmehr die Notwendigkeit, die noch geltende Bonusregelung (Rn. 157 ff.) neu zu gestalten und den Vorgaben der Rechtsprechung anzupassen.

b) Kriterien der Bußgeldbemessung

Für die Bußgeldbemessung gegenüber juristischen Personen und Personenvereinigungen gelten die **gleichen Grundsätze wie für natürliche Personen**. Diese Grundsätze sind auf das Unternehmen oder den Verband zu beziehen. Zentrales Kriterium der Bußgeldbemessung ist neben der **Schwere der Handlung** auch bei Unternehmensgeldbußen die **wirtschaftliche Lage** des Unternehmens zum Zeitpunkt der Bußgeldentscheidung.[381] Insbesondere ist zu beachten, dass die Existenz- und die Wettbewerbsfähigkeit durch die Bußgeldverhängung nicht nachhaltig gefährdet werden. Außerdem dürfen Arbeitsplätze nicht bedroht werden. Insbesondere in der letzten Zeit ist es bei den Unternehmensgeldbußen zu einer erheblichen Verschärfung des absoluten Bußgeldniveaus gekommen. Deshalb kommt dem Verhältnismäßigkeitsgrundsatz zunehmend Bedeutung zu.[382]

156

5. Bonusregelung des Bundeskartellamts

a) Grundlagen der Regelung

§ 81 Abs. 7 GWB ermächtigt das Bundeskartellamt, allgemeine Verwaltungsgrundsätze über die Ausübung des Ermessens bei der Bemessung der Geldbuße festzulegen. Auf dieser Ermächtigung fußt die Bekanntmachung Nr. 9/2006[383] über den Erlass und die Reduktion von Geldbußen in Kartellsachen. Ziel dieser „Bonusregelung" ist es, die Aufklärung und Verfolgung von Kartellen zu verbessern, indem den Beteiligten ein Anreiz gegeben wird, aus dem Kartell auszusteigen. Die Richtlinien sollen zu einer **höheren Transparenz** führen und so die Kooperation der Beteiligten mit dem Bundeskartellamt fördern. Sie führen zu einer **Selbstbindung des Ermessens** des Bundeskartellamts. Bußgeldentscheidungen, die auf der Grundlage dieser Richtlinien getroffen wurden, bleiben durch die Gerichte nach den allgemeinen Regeln überprüfbar.[384]

157

---

[379] BGH, Beschl. v. 26.2.2013, KRB 20/12, Rn. 56 ff. (*Grauzementkartell*).
[380] BGH, Beschl. v. 26.2.2013, KRB 20/12, Rn. 66 ff. (*Grauzementkartell*).
[381] Ausführlich dazu *Wegner*, wistra 2000, 361 ff.; *ders.*, Die Systematik der Zumessung unternehmensbezogener Geldbußen, 2000; zur Geldbuße als Insolvenzauslöser siehe *Palzer*, NZI 2012, 67 ff.
[382] Vgl. *Achenbach*, WuW 1997, 397; *Dannecker/Biermann*, in: *Immenga/Mestmäcker* (Hrsg.), GWB, § 81 Rn. 377; EuGH Rs. C-441/07 P, Urt. v. 29.06.2010, Slg. 2010, I-5945, Rn. 36 ff. (*Alrosa*).
[383] Die Bekanntmachung Nr. 9/2006 über den Erlass und die Reduktion von Geldbußen in Kartellsachen – Bonusregelung – vom 7.3.2006, veröffentlicht am 15.3.2006 ersetzt die bisherige Regelung aus dem Jahr 2000.
[384] *Dannecker/Biermann*, in: *Immenga/Mestmäcker* (Hrsg.), GWB, § 81 Rn. 380; *Panizza*, ZWeR 01/2008, S. 58 ff.; *Albrecht*, S. 238 f.

b) Beweiswert der Aussagen der Unternehmen

158 Generelle **Bedenken** bestehen gegen eine Kronzeugenregelung im Hinblick auf den **Beweiswert** der Aussagen der Unternehmen, die von dieser Regelung Gebrauch machen. Daher geht das Bundeskartellamt davon aus, dass die Aussage eines Kartellmitglieds, das als Folge seiner Zusammenarbeit eine erhebliche Reduktion der Geldbuße erwartet, mit Vorsicht zu würdigen ist und grundsätzlich von anderen Beweisen gestützt werden muss, bevor sie als Grundlage für den Nachweis eines Kartells und die Gewichtung der Tatbeiträge der Mitglieder dienen könne.[385] Grundsätzlich ist zu beachten, dass auch bei einer Kooperation mit dem Bundeskartellamt an die Ausübung von Verteidigungs- und sonstigen Rechten keine negativen Folgen geknüpft und insbesondere die Aussageverweigerungsrechte nicht unterlaufen werden dürfen.[386] Allerdings können einem Unternehmen, das sich der Kronzeugenregelung bedient, mittelbar dadurch Nachteile entstehen, dass ein durch den Wettbewerbsverstoß Geschädigter sich im Zivilprozess die im Kronzeugenverfahren gewährte Akteneinsicht zunutze macht. Die Beseitigung dieser Unsicherheiten im Rahmen der 8. GWB-Novelle durch eine entsprechende Regelung im Referentenentwurf konnte leider in den aktuellen Gesetzesentwurf keinen Eingang finden.[387] Eine im Voraus erteilte Bonuszusage ist ausgeschlossen, denn zu diesem Zeitpunkt ist unter anderem nicht sichergestellt, dass der Informant während der gesamten Dauer des Verfahrens kooperiert.[388]

c) Inhalt und Geltung der Richtlinien

159 Die Bekanntmachung sieht **drei abgestufte Fallgruppen** von Vergünstigungen vor, deren Gewährung im Wesentlichen vom Zeitpunkt und vom Nutzen der Aufklärungsbeiträge abhängt. Es handelt sich um einen automatischen Geldbußerlass, einen Erlass der Geldbuße im Regelfall und die Reduktion der Geldbuße.

160 Ein Kartellteilnehmer, der als erster mit dem Bundeskartellamt kooperiert und dieses in die Lage versetzt, einen Durchsuchungsbeschluss gegen die anderen Kartellmitglieder zu erwirken, bekommt **automatisch einen Bußgelderlass**, der ihm auch schriftlich zugesichert wird, wenn er darüber hinaus ununterbrochen und uneingeschränkt mit dem Bundeskartellamt zusammenarbeitet und er nicht alleiniger Anführer des Kartells war oder andere zur Teilnahme an dem Kartell gezwungen hat (Rn. 3 und 4 der Bonusregelung).[389]

161 Nach dem Zeitpunkt, zu welchem das Bundeskartellamt bereits in der Lage, ist einen Durchsuchungsbeschluss zu erwirken, erlangt der Kartellbeteiligte, der das Bundeskartellamt als erster durch Informationen in die Lage versetzt, den Kartellverstoß nachzuweisen, **im Regelfall einen Erlass der Geldbuße**.[390] Allerdings darf das Bundeskartellamt nicht bereits über ausreichende Beweismittel verfügen, um die Tat nachzuweisen. Auch darf noch keinem Kartellbeteiligten ein Erlass nach Rn. 3 der Bonusregelung gewährt worden sein und es sich bei dem Antragsteller nicht um einen Rädelsführer handeln.

162 Liegen die Voraussetzungen eines Erlasses nicht vor, kann das Bundeskartellamt gleichwohl die **Geldbuße um bis zu 50 % reduzieren**, soweit der Kartellbeteiligte Informationen liefert, die **wesentlich** dazu beitragen, die Tat nachzuweisen, und er ununterbrochen und uneingeschränkt mit dem Bundeskartellamt zusammenarbeitet.[391] Damit können sogar die für

---

[385] Siehe EuG, Urt. v. 16.6.2011, T-186/06, BeckRS 2011, 80992 (*Solvay*).

[386] *Dannecker/Biermann*, in: Immenga/Mestmäcker (Hrsg.), GWB, § 81 Rn. 388.

[387] Allerdings hat das AG Bonn mit Urteil vom 18.2.2012, 51 GS 53/09 (*Pfleiderer*), NJW 2012, 947 ff. die Klage eines Kartellgeschädigten auf Einsicht in die Kronzeugenunterlagen abgelehnt; dies wurde per Beschluss vom 22.8.2012 (Az. V 4 Kart 5+6/11 (OWi)) durch das OLG Düsseldorf bestätigt; siehe auch *Busch/Sellin*, BB 19/2012, 1167 ff.; dagegen stellte der EuGH auf Vorlage dieser Frage fest, dass unionskartellrechtlich eine Akteneinsicht nicht ausgeschlossen sei. Maßgebend sei eine Abwägungsentscheidung im Einzelfall, siehe *Weitbrecht/Mühle*, EuZW 08/2012, 290, 295.

[388] Vgl. auch *Stockmann*, in: *Schwarze* (Hrsg.), Instrumente zur Durchsetzung des europäischen Wettbewerbsrechts, 2002, S. 99.

[389] *Panizza*, ZWeR 01/2008, S. 58, 64 ff.

[390] Zur Verwertung von Zufallsfunden in diesem Zusammenhang, *Stöcker*, BB 19/2012, 1172 ff.

[391] *Panizza*, ZWeR 01/2008, S. 58, 67.

C. Nationales Kartellordnungswidrigkeitenrecht

das Kartell **Hauptverantwortlichen** in den Genuss einer Bußgeldminderung kommen, wenn sie wesentlich zur Aufdeckung des Kartells beitragen. Sofern die sonstigen Voraussetzungen des Abschnitts A erfüllt sind, müssen sie bei der Entscheidung über die Höhe der Geldbuße berücksichtigt werden. Das Bundeskartellamt besitzt daher in diesem Bereich einen **weiten Ermessensspielraum**, insbesondere hinsichtlich der Frage, ob überhaupt eine Milderung gewährt wird.[392]

Die Bonusregelung gilt gemäß Rn. 1 gleichermaßen für **natürliche Personen, Unternehmen und Unternehmensvereinigungen**. Der Antrag ist bei Unternehmen durch eine vertretungsberechtigte Person in deren Namen zu stellen. Wird der Aufklärungsbeitrag nicht im Namen des Unternehmens geleistet, so findet die Bekanntmachung nur zugunsten des Mitarbeiters des Unternehmens persönlich Anwendung. Dagegen gilt gemäß Rn. 17 der Bonusregelung ein Antrag für ein Unternehmen grundsätzlich auch als ein Antrag für die im Unternehmen gegenwärtig und früher beschäftigten Mitarbeiter, sofern sich aus dem Antrag und dem Verhalten des Unternehmens nichts anderes ergibt.

d) Verfahren

Das Bundeskartellamt praktiziert ein so genanntes „**Markersystem**". Bereits durch die Erklärung der Bereitschaft zur Zusammenarbeit (Marker), welche einige Mindestangaben über das Kartell enthält, kann der Antragsteller sich seinen Rang beim Wettlauf der Kartellbeteiligten um den Erlass der Geldbuße sichern, wenn er den Marker im Verlauf von acht Wochen vervollständigt (Rn. 11 ff. der Bonusregelung).[393]

e) Zivil- und strafrechtliche Folgen

In Rn. 4 der Bonusregelung wird klargestellt, dass die Bekanntmachung **keine Auswirkung auf zivilrechtliche Folgen** des Kartells hat[394] und das Bundeskartellamt nach § 41 OWiG verpflichtet ist, Verfahren gegen natürliche Personen an die **Staatsanwaltschaft abzugeben**, wenn es sich bei der Handlung um eine Straftat – insbesondere nach § 298 StGB, Submissionsbetrug – handelt. In diesen Fällen findet die Bonusregelung keine Anwendung.[395] Findet jedoch bei Verfahren gegen Unternehmen gleichzeitig eine strafrechtliche Verfolgung gegen eine natürliche Person statt, so bleibt die Bonusregelung auf das Unternehmen anwendbar. Dies ergibt sich aus § 82 GWB, der die Sanktionierung der Unternehmen von der der natürlichen Person abkoppelt und die Verfolgung – auch die für die Sanktionierung erforderliche Ermessensausübung – bei den Kartellbehörden belässt.[396]

f) Verhältnis der nationalen zur europäischen Bonusregelung

Verstößt ein Verhalten sowohl gegen das nationale als auch gegen das europäische Wettbewerbsrecht, so kann es seitens des Bundeskartellamts und seitens der Kommission verfolgt werden.[397] Damit stellt sich die Frage, wie sich eine **Selbstanzeige** bei der Kommission bzw. der nationalen Kartellbehörde auf das **jeweils andere Verfahren auswirkt**, sofern in diesem keine Selbstanzeige vorgenommen wird. Erfolgt eine Weiterleitung der Information im Wege der Amtshilfe und wird ein entsprechendes Verfahren eingeleitet, so könnten die

---

[392] Siehe dazu *Albrecht*, S. 240 ff.

[393] *Peter* in: *Schulte/Just*, Kartellrecht 1. Aufl. 2012, § 81 Rn. 16; *Albrecht*, S. 247.

[394] So das AG Bonn, welches mit Urteil vom 18.2.2012, 51 GS 53/09 (*Pfleiderer*), NJW 2012, 947 ff. die Klage eines Kartellgeschädigten auf Einsicht in die Kronzeugenunterlagen abgelehnt hat; dies wurde per Beschluss vom 22.8.2012 (Az. V 4 Kart 5+6/11 (OWi)) durch das OLG Düsseldorf bestätigt; siehe auch *Busch/Sellin*, BB 19/2012, 1167 ff.; dagegen stellte der EuGH auf Vorlage dieser Frage fest, dass unionskartellrechtlich eine Akteneinsicht nicht ausgeschlossen sei. Maßgebend sei eine Abwägungsentscheidung im Einzelfall, siehe *Weitbrecht/Mühle*, EuZW 08/2012, 290, 295.

[395] Näher dazu *Achenbach*, NJW 2001, 2232 ff. zur Vorgängerregelung. Dies stellt nach *Hellmann*, EuZW 2000, 744, einen Grund für die Zurückhaltung der Unternehmen im Hinblick auf die Bonusregelung dar.

[396] *Stockmann*, in: *Schwarze* (Hrsg.), Instrumente zur Durchsetzung des europäischen Wettbewerbsrechts, S. 101.

[397] Vgl. oben Rn. 6 und unten Rn. 240.

ersten beiden Voraussetzungen für die Nichtfestsetzung einer Geldbuße – Anzeige vor Einleitung eines Ermittlungsverfahrens und Offenbarung der Angaben als erste Person – nicht gegeben sein. Dass sich die nur bei einer der beiden Behörden erstattete Selbstanzeige auch in dem bei der jeweils anderen Behörde durchgeführten Verfahren auswirken soll, wird in der Literatur zum Teil abgelehnt, weil die infolge der Weiterleitung erlangte Information nicht die gleiche Qualität wie die aufgrund einer Selbstanzeige gewonnene Information besitzen soll. Außerdem sehen die Vertreter dieser Auffassung das Gleichgewicht zwischen dem Sanktionsanspruch einerseits und der Notwendigkeit andererseits, Kartellrechtsverstöße möglichst schnell zu beenden, gestört.[398] Gegen diese Meinung spricht jedoch, dass auch im Fall der Selbstanzeige bei nur einer Behörde das kartellrechtswidrige Verhalten eingestellt werden muss. Außerdem entstand nach der am 1.5.2004 in Kraft getretenen VO 1/2003 ein Netzwerk von europäischen Wettbewerbsbehörden, das zu einer engeren Zusammenarbeit der nationalen Behörden mit der Kommission führte. Nach dem Sinn und Zweck der Kronzeugenregelung ist daher von der Anwendbarkeit der Vergünstigung nicht abzusehen, da der Betroffene letztlich maßgeblich zur Aufdeckung des Kartellverstoßes beigetragen hat.[399]

g) Erfahrungen mit der Bonusregelung des Bundeskartellamts

167 Aus Sicht des Bundeskartellamts hat sich die Bonusregelung in den vergangenen Jahren auf nationaler Ebene bewährt und ist zu einem wichtigen Instrument bei der Bekämpfung verbotener Absprachen zwischen Wettbewerbern über Preise, Absatzquoten und Marktaufteilungen geworden.[400] So hat sich seit der Einführung der Bonusregelung im Jahr 2000 die Zahl der aufgedeckten Kartelle gegenüber den 1990er Jahren etwa verdreifacht; in den Jahren 2009 und 2010 haben Kartellanten im Durchschnitt bei mehr als 20 % der Kartellverfahren Bonusanträge gestellt.[401] Die nunmehr in § 81 Abs. 7 GWB ausdrücklich geregelte Befugnis zur Festlegung allgemeiner Verwaltungsgrundsätze, welche auch die Zusammenarbeit mit ausländischen Wettbewerbsbehörden regeln, werden die Effektivität der einzelstaatlichen Bonusregelungen in Zusammenwirken mit anderen europäischen Wettbewerbsbehörden bzw. der Kommission weiter erhöhen, da hierdurch den Kartellbeteiligten mehr Rechtssicherheit gerade bei grenzüberschreitenden Sachverhalten gegeben wird.

h) Settlementverfahren des Bundeskartellamts

168 Neben der Bonusregelung setzt das Bundeskartellamt in neuerer Zeit entsprechend der Kommissionspraxis verstärkt das sog. Settlementverfahren zur einvernehmlichen Verfahrensbeendigung ein. Dabei gibt ein Unternehmen, das einen Kartellverstoß begangen hat, im Rahmen eines umfassenden Geständnisses bzw. einer Settlementerklärung über den Kartellverstoß sämtliche für die Bußgeldbemessung erheblichen Umstände an. Im Gegenzug ermäßigt das Bundeskartellamt die Geldbuße um bis zu 10 % (abhängig vom Zeitpunkt der Einigung).[402]

---

[398] *Stockmann*, in: *Schwarze* (Hrsg.), Instrumente zur Durchsetzung des europäischen Wettbewerbsrechts, S. 105.

[399] So auch *Dannecker/Biermann*, in: *Immenga/Mestmäcker* (Hrsg.), GWB, § 81 Rn. 389; *Dannecker/Biermann*, in: *Immenga/Mestmäcker* (Hrsg.), EU-Wettbewerbsrecht, Art. 23 VO 1/2003 Rn. 282; vgl. auch *Weitbrecht*, EuZW 1997, 155 ff.

[400] Vgl. Pressemeldung des Bundeskartellamts vom 15.3.2006.

[401] *Busch/Sellin*, BB 19/2012, 1167; BKartA, Tätigkeitsbericht 2009/2010, BT-Drucks. 17/6640, S. 16, 38.

[402] Im Einzelnen dazu siehe *Brenner*, WuW 06/2011, S. 590 ff., ebenfalls eingehend *Vollmer*, in: Schwerpunkte des Kartellrechts 2009/2010, S. 135 ff.; siehe auch *Polley/Heinz*, WuW 01/2012, 14 ff. zum Unterschied zwischen dem Settlementverfahren beim BKartA und der Kommission; *Mundt*, in: FIW, Heft 237, Sanktionen im Kartellrecht, S. 17, 26; siehe etwa B3-123/08, Beschluss v. 25.9.2009 (*Ciba Vision*); B3-69/08, Beschluss v. 14.10.2009 (*Phonak*); B5-100/09, Beschluss v. 18.6.2010 (*Outdoor-Navigationsgeräte*); siehe Rn. 183a.

6. Eintragung in das Gewerbezentralregister

Rechtskräftige Bußgeldentscheidungen der Kartellbehörden oder Gerichte werden gemäß 169
§ 153a GewO beim Bundeszentralregister in Berlin geführten **Gewerbezentralregister** zur Eintragung mitgeteilt. Eintragungspflichtig sind gemäß § 149 Abs. 2 Nr. 3 GewO entsprechende Bußgeldentscheidungen, die bei oder im Zusammenhang mit der Ausübung eines Gewerbes oder des Betriebs einer sonstigen wirtschaftlichen Unternehmung stehen. Dies ist bei Kartellordnungswidrigkeiten regelmäßig der Fall.

Vorhandene Eintragungen werden für Geldbußen bis zu 300 Euro nach **drei Jahren** (§ 153 Abs. 1 Nr. 1 GewO) und für höhere Geldbußen nach **fünf Jahren** (§ 153 Abs. 1 Nr. 2 GewO), gerechnet vom Eintritt der Rechtskraft der Entscheidung (§ 153 Abs. 3 S. 1 GewO) an, **getilgt**. Wenn das Register mehrere Eintragungen enthält, so werden auch einzelne Eintragungen erst getilgt, wenn für alle Eintragungen die vorgenannten Fristen abgelaufen sind (§ 153 Abs. 4 GewO).

D. Europäisches Kartellordnungswidrigkeitenrecht

I. Rechtsgrundlagen und Entstehungsgeschichte der wettbewerbsrechtlichen Bußgeldvorschriften[403]

Der EG-Vertrag enthielt in Art. 3 und 4 EG als Zielvorgabe die **Schaffung eines unver-** 170
fälschten Wettbewerbs. Der Vertrag über die **EU-Arbeitsweise (AEUV)** nimmt diese Zielsetzung auf (Art. 1 Abs. 2 AEUV) und enthält in den Art. 101 bis 105 AEUV (zuvor geregelt in Art. 81 bis 85 EG) materiellrechtliche sowie verfahrensrechtliche Bestimmungen gegen Beeinträchtigungen des europäischen Wettbewerbs. Die Verbotsvorschriften der Art. 101 und 102 AEUV (vormals Art. 81 und 82 EG) beinhalten das Verbot wettbewerbsbeschränkender Vereinbarungen und Verhaltensweisen sowie das Verbot des Missbrauchs einer marktbeherrschenden Stellung. Diese Verbotsnormen sind sowohl von der Europäischen Kommission als auch von den nationalen Behörden und Gerichten anzuwenden. Außerdem enthielt das Primärrecht in Art. 83 EG (wie auch jetzt Art. 103 AEUV) eine Ermächtigungsgrundlage zur Einführung von gemeinschaftsrechtlichen Bußgeldvorschriften, von der der Rat durch die Verordnung Nr. 1/2003[404] Gebrauch gemacht hat.

Demgegenüber enthielt der EG-Vertrag (ebenso wie der AEUV) **keine ausdrücklichen** 171
Bestimmungen über die Kontrolle von Unternehmenszusammenschlüssen. Auf der Grundlage von Art. 83 und 308 EG (heute Art. 103 und 352 AEUV) wurde die am 20.1.2004 in Kraft getretene Verordnung Nr. 139/2004 (EG-Fusionskontrollverordnung)[405] erlassen (Rn. 277). Auch in diesem Bereich können etwaige Verstöße mit Geldbußen geahndet werden (Rn. 292 ff.).

Für den Bereich der Art. 85 und 86 EWGV (heute Art. 101 und 102 AEUV) ermächtigte 172
die vom Rat beschlossene **Verordnung 17/62** in Art. 15 Abs. 1 die Kommission, bei Verstößen gegen Art. 81 Abs. 1 und 82 EG oder bei Zuwiderhandlungen gegen eine mit einer Freistellung verbundene Auflage unmittelbar Geldbußen gegen Unternehmen und Unternehmensvereinigungen festzusetzen. Art. 15 Abs. 2 der VO 17/62 enthielt Bußgeldtatbestände für Verfahrensverstöße der an einem Kartellverfahren beteiligten Unternehmen und Unternehmensvereinigungen. Nach Art. 16 VO 17/62 konnte die Kommission Zwangsgelder gegen Unternehmen und Unternehmensvereinigungen zur Durchsetzung von Duldungs-, Mitwirkungs- und Unterlassungspflichten festsetzen. Die VO 17/62 wurde mit Wirkung vom 1.5.2004 durch die neue Kartellverfahrensverordnung Nr. 1/2003 ersetzt.

---

[403] Ausführlich hierzu *Dannecker* in: *Wabnitz/Janovsky*, 2. Auflage, Kap. 16; Rn. 166 ff.
[404] ABl. L 1 vom 4.1.2003, S. 1; zur Vorläuferverordnung Nr. 17/62 siehe *Dannecker* in: *Wabnitz/Janovsky*, 2. Auflage, Kap. 16; Rn. 164 ff.
[405] ABl. L 24 vom 29.1.2004, S. 1 ff.

173 Nunmehr gilt die **Verordnung Nr. 1/2003**,[406] die umfassende Änderungen des europäischen Wettbewerbsrechts mit sich gebracht hat.[407] Kennzeichnend sind vor allem folgende drei Punkte:

Erstens wurde das zentralisierte Genehmigungssystem abgeschafft und in Art. 1 VO 1/2003 ein **Legalausnahmesystem** eingeführt.[408] Zuvor waren nur das Kartellverbot des Art. 81 Abs. 1 und 2 EG sowie das Missbrauchsverbot des Art. 82 EG unmittelbar anwendbar (heute Art. 101 Abs. 1 und 2 sowie Art. 102 AEUV). Kam jedoch eine Freistellung vom Kartellverbot gemäß Art. 81 Abs. 3 EG in Betracht, so war ein Freistellungsakt erforderlich, für dessen Erteilung gemäß Art. 9 Abs. 1 VO 17/62 eine ausschließliche Zuständigkeit der Kommission bestand. Die Einführung des Prinzips der Legalausnahme hatte zur Folge, dass zunächst auch Art. 81 Abs. 3 EG sowie nunmehr Art. 101 Abs. 3 AEUV unmittelbar anwendbar ist und es daher nach Art. 1 Abs. 2 VO 1/2003 keines gesonderten Freistellungsaktes mehr seitens der Kommission bedarf. Folglich müssen Unternehmen jetzt in eigener Verantwortung prüfen, ob eine Verhaltensweise im Sinne von Art. 101 Abs. 3 AEUV (ehemals Art. 81 Abs. 1 EG) wettbewerbsbeschränkend ist und ob die Voraussetzungen des Art. 101 Abs. 3 AEUV gegeben sind, wodurch sich die Eigenverantwortung der Unternehmen erhöht. Die Beweislast für das Vorliegen der Voraussetzungen des Art. 101 Abs. 3 AEUV obliegt dabei gemäß Art. 2 S. 2 VO 1/2003 den Unternehmen. Dies gilt nach Auffassung der Kommission auch im Rahmen von nationalen Bußgeld- und Strafverfahren. Dies steht jedoch im Widerspruch zur deutschen Unschuldsvermutung. Aus diesem Grund hat die deutsche Bundesregierung eine Protokollerklärung abgegeben, nach der Art. 103 AEUV (vormals Art. 83 EG) keine ausreichende Rechtsgrundlage für derartige Eingriffe in das nationale Strafrechtssystem darstelle. Unabhängig von dem Legalausnahmesystem können weiterhin **Gruppenfreistellungsverordnungen** erlassen werden.[409]

174 Zweitens führte die neue Kartellverfahrensverordnung zu einer **Dezentralisierung der Kartellrechtsanwendung**, indem auch die nationalen Wettbewerbsbehörden Art. 101 und 102 AEUV (ehemals Art. 81 und 82 EG) selbst anwenden und durchsetzen müssen.[410] Eine Harmonisierung des Verfahrens-[411] und des Sanktionenrechts[412] ist weder beabsichtigt, noch

---

[406] *Verordnung (EG) Nr. 1/2003 des Rates vom 16. Dezember 2002 zur Durchführung der in den Artikeln 81 und 82 des Vertrages niedergelegten Wettbewerbsregeln, ABl. EG 2003, Nr. L 1 vom 4.1.2003, S. 1 ff. Vgl. u.a. Bartosch, EuZW 2001, 101 ff.; Bechtold, BB 2000, 2425 ff.; Fikentscher, WuW 2001, 446 ff.; Monopolkommission, Folgeprobleme der europäischen Kartellverfahrensreform, Sondergutachten, 2002 (http:// www.monopolkommission.de/sg_32/text_s 32_d.pdf); Wesseling, ELR 26 (2001), 357 ff.; Weyer, ZHR 164 (2000), 611 ff. Mit der Vorlage ihres Verordnungsvorschlages am 27. September 2000 leitete die Europäische Kommission den Reformprozess des europäischen Wettbewerbsrechts ein: Vorschlag für eine Verordnung des Rates zur Durchführung der in den Artikeln 81 und 82 EG-Vertrag niedergelegten Wettbewerbsregeln und zur Änderung der Verordnung (EWG) Nr. 1017/68, (EWG) Nr. 2988/74, (EWG) Nr. 4056/86 und (EWG) Nr. 3975/87 („Durchführungsverordnung zu den Artikeln 81 und 82 EG-Vertrag"); ABl. 2000, Nr. C 365 E vom 19.12.2000, S. 284 ff. Vgl. zum ersten Entwurf der EG-Kommission Bartosch, EuZW 2001, 101 ff. Diesem Verordnungsvorschlag folgte das Weißbuch über die Modernisierung der Vorschriften zur Anwendung der Artikel 85 und 86 EG-Vertrag, das die Kommission am 28.4.1999 vorlegte; ABl. 1999, Nr. C 132 vom 12.5.1999, S. 1. Vgl. zum Weißbuch u.a. Mestmäcker, EuZW 1999, 523 ff.; Deringer, EuZW 2000, 5 ff.; Geiger, EuZW 2000, 165 ff.*

[407] Einen Überblick über die Änderungen geben *Koenigs*, DB 2003, 755 ff.; *Hossenfelder/Lutz*, WuW 2003, 118 ff.; *Weitbrecht*, EuZW 2003, 69 ff.; *Westermann/Stiefenhofer/Lutz*, AG 2003, R 44 f.; *Wils*, in: World Competition, Vol. 26, Iss. 4.

[408] Näher dazu zu *Hossenfelder/Lutz*, WuW 2003, 118, 119; *Jaeger*, WuW 2000, 1062, 1066; *Koenigs*, DB 2003, 755; *Weitbrecht*, EuZW 2003, 69, 70.

[409] Näher dazu *Dannecker/Biermann*, in: Immenga/Mestmäcker (Hrsg.), EU-Wettbewerbsrecht, Bd. I Teil 2, Vorbem. Art. 23 VO 1/2003 Rn. 153 ff.; Art. 23 Rn. 61 f.; *Schultze/Pautke/Wagener*, Vertikal-GVO, Einl. Rn. 16 ff.; *Eckard*, S. 90 ff.

[410] *Dannecker/Biermann*, in: Immenga/Mestmäcker (Hrsg.), EU-Wettbewerbsrecht, Bd. I Teil 2, Vorbem. Art. 23 VO 1/2003 Rn. 9 f.; *Eckard*, S. 156 ff.

[411] Vgl. zu den verfahrensrechtlichen Problemen bei dezentraler Anwendung des Gemeinschaftsrechts *Zinsmeister/Lienemeyer*, WuW 2002, 331 ff.

[412] Vgl. Begründung zu Art. 5 des Verordnungsvorschlags der Kommission.

D. Europäisches Kartellordnungswidrigkeitenrecht

wurde dies für erforderlich gehalten. Die nationalen Wettbewerbsbehörden und die nationalen Gerichte müssen daher sowohl bei der Ermittlung als auch bei der Ahndung von Verstößen gegen die europäischen Wettbewerbsregeln nationales Verfahrens- und Sanktionenrecht anwenden. Durch die Kommission und die Wettbewerbsbehörden der Mitgliedstaaten wurde in diesem Zusammenhang das European Competition Network (ECN) als einzigartige Form der Zusammenarbeit bei der grenzüberschreitenden Kartell- und Missbrauchsbekämpfung eingerichtet. Dieses ermöglicht einen weitgehenden Austausch selbst vertraulichster Informationen und soll für eine möglichst effektive Durchsetzung des Kartellrechts sorgen (siehe auch Netzwerkbekanntmachungen).[413]

Außerdem setzt das unionsrechtliche Kartellrecht Grenzen für die nationalen Verbotsregelungen. Nur wenn eine **Vereinbarung, die geeignet ist, den Handel zwischen den Mitgliedstaaten zu beeinträchtigen,** nach Art. 101 AEUV (vorher Art. 81 EG) **verboten** ist, darf sie auch nach nationalem Recht verboten und geahndet werden (Rn. 91). 175

Der **Grund für die Reform** lag darin, dass bei der Einführung der Verordnung 17/62 nur eine geringe Erfahrung mit der Anwendung von Kartellrechtsbestimmungen auf Unternehmensvereinbarungen vorhanden war. Da sich jedoch in den vergangenen Jahrzehnten eine umfangreiche Entscheidungspraxis der Kommission herausgebildet hat, müssen zur Gewährleistung einer einheitlichen Anwendung von Art. 101 Abs. 3 AEUV (zuvor Art. 81 Abs. 3 EG) Einzelfreistellungen nicht mehr durch die Kommission erteilt werden (Rn. 173). Zudem wäre die bisherige Regelung vor dem Hintergrund der Osterweiterung der Europäischen Union nicht mehr praktikabel gewesen.[414] 176

II. Kartellrechtliche Verbotsnormen

1. Verbot horizontaler und vertikaler Vereinbarungen und abgestimmter Verhaltensweisen (Art. 101 Abs. 1 AEUV)

Die materiellrechtlichen Wettbewerbsverbote sind in Art. 101 und 102 AEUV (vormals Art. 81 und 82 EG) geregelt. Nach **Art. 101 Abs. 1 AEUV** sind alle Vereinbarungen zwischen Unternehmen, Beschlüsse von Unternehmensvereinigungen und aufeinander abgestimmte Verhaltensweisen verboten, welche den Handel zwischen den Mitgliedstaaten zu beeinträchtigen geeignet sind und eine Verhinderung, Einschränkung oder Verfälschung des Wettbewerbs bezwecken oder bewirken. Damit geht das europäische Wettbewerbsrecht vom **Verbotsprinzip** gegenüber horizontalen[415] und vertikalen Wettbewerbsbeschränkungen,[416] d. h. einer Koordinierung des Wettbewerbsverhaltens zwischen Unternehmen derselben und unterschiedlicher Wirtschaftsstufen, aus. 177

Der nicht abschließende **Beispielskatalog des Art. 101 Abs. 1 AEUV** nennt als typische Einschränkungen und Verfälschungen des Wettbewerbs: Preis- und Konditionenabsprachen, Kontrollvereinbarungen, Marktaufteilungen, die Diskriminierung von Handelspartnern sowie Kopplungsgeschäfte. Diese Beispiele stellen gleichzeitig die Haupterscheinungsformen 178

---

[413] Siehe die Bekanntmachung der Kommission über die Zusammenarbeit zwischen der Kommission und den Gerichten der EU-Mitgliedstaaten bei der Anwendung der Artikel 81 und 82 des Vertrags, ABl. 2004 Nr. C 101/54 sowie die Bekanntmachung der Kommission über die Zusammenarbeit innerhalb des Netzes der Wettbewerbsbehörden, ABl. 2004 Nr. C 101/43; in diesem Zusammenhang ist auch auf EuGH, 14.12.2000, Slg. 2000, I-11 369 (*Masterfoods/HB Ice Cream*) hinzuweisen, nach der eine nationale Instanz ein Verfahren aussetzen muss, wenn und solange die Gefahr einer widersprüchlichen Entscheidung auf Gemeinschaftsebene besteht; siehe auch Art. 16 VO 1/2003; *Gussone/Michalczyk*, EuZW 2011, 130 ff.; *Albrecht*, S. 362, 380 ff.; *Ost*, in: Schwarze (Hrsg.), Rechtsschutz und Wettbewerb in der neueren europäischen Rechtsentwicklung, 2010, S. 33–105.

[414] KOMM, Pressemitteilung vom 26.11.2002, IP/02/1739.

[415] Leitlinien zur Anwendbarkeit von Art. 81 EG auf Vereinbarungen über horizontale Zusammenarbeit, ABl. 2001, Nr. C 3 vom 6.1.2001, S. 2 ff.; siehe hierzu *Stopper*, EuZW 2001, 426.

[416] KOMM, *Mitteilung über Leitlinien für vertikale Beschränkungen*, ABl. 2000, Nr. C 291 vom 13.10.2000, S. 1 ff.

der europäischen Kartellrechtsdelinquenz dar und werden von der Kommission als besonders schwerwiegende Verstöße gegen die Wettbewerbsvorschriften eingestuft, die in der Regel mit Geldbußen geahndet werden. Der Tatbestand des Art. 101 Abs. 1 AEUV unterscheidet dabei nicht ausdrücklich zwischen horizontalen und vertikalen Absprachen.

a) Koordiniertes Verhalten zwischen Unternehmen

179 Art. 101 AEUV setzt zunächst ein **koordiniertes Verhalten zwischen Unternehmen** und Unternehmensvereinigungen voraus, das geeignet ist, den Handel zwischen den Mitgliedstaaten zu beeinträchtigen. Die erste Form wettbewerbsbeschränkender Maßnahmen sind Vereinbarungen von Unternehmen und Beschlüsse von Unternehmensvereinigungen. Unter einem Unternehmen im europäischen Sinne versteht man dabei jede Einheit, die eine wirtschaftliche Tätigkeit ausübt, unabhängig von ihrer Rechtsform[417] und der Art ihrer Finanzierung.[418] Eine wirtschaftliche Tätigkeit ist jede Tätigkeit, die im Anbieten von Gütern oder Dienstleistungen auf einem bestimmten Markt besteht.[419] Die Beantwortung der Frage, ob einzelne Mitglieder einer Gruppe als wirtschaftliche Einheit zu bewerten sind, hängt entscheidend davon ab, ob sie ihr Verhalten auf dem Markt autonom bestimmen oder die Weisungen einer Muttergesellschaft bzw. eines anderen Entscheidungsgremium befolgen.[420]

180 Der Begriff der **Vereinbarung** wird im Wettbewerbsrecht weit ausgelegt: Nach Ansicht der Kommission wie auch des Gerichtshofs reicht jede Verständigung von Unternehmen und Unternehmensvereinigungen über ein wettbewerbsbeschränkendes Verhalten aus.[421] Diese Verständigung muss zumindest eine faktische Bindungswirkung entfalten; ansonsten liegt ein abgestimmtes Verhalten vor, welches jedoch gleichermaßen von Art. 101 Abs. 1 AEUV erfasst wird.[422] Diese extensive Auslegung des Begriffs der Vereinbarung wird von der Kommission und dem Gerichtshof auch in Bußgeldverfahren zu Grunde gelegt.[423]

181 Ein **Beschluss** unterscheidet sich von einer Vereinbarung dadurch, dass er auf der Grundlage eines schon bestehenden Gesamtrechtsaktes – Vereinssatzung, Gesellschaftsvertrag, Geschäftsordnung etc. – ergeht. Nach h. M. setzt ein Beschluss ebenso wie eine Vereinbarung eine zumindest faktische Verbindlichkeit voraus. Hierfür lassen es die Kommission und der Gerichtshof genügen, wenn sich die Mitglieder tatsächlich überwiegend an den Beschluss halten.[424]

---

[417] EuGH Rs. C-35/96, Slg. 1998, I-3851, Rn. 37 (*Italien*); C-519/04 P, Slg. 2006, I-6991 (*Meca-Medina u. Majcen*).
[418] EuGH, Urt. v. 11.12.2007 – C-280/06, Slg. 2007, I-10893, Rn. 38 = WuW/E EU-R 1353 (*ETI u. a.*); EuGH, Urt. v. 3.3.2011 – C-437/09, WuW/E EU-R 1929, Rn. 41 (*AG2R Prévoyance*).
[419] EuGH Rs. C-97/08 P, Slg. 2009, I-8237, Rn. 54 f. (*Akzo Nobel*); C-407/08 P, Slg. 2012, I-0000, Rn. 64 (*Knauf Gips*); *Krispenz*, S. 31 ff.; EuGH, Urt. v. 11.7.2006 – C-205/03 P, Slg. 2006, I-6295, Rn. 25 = WuW/E EU-R 1213 (*FENIN/Kommission*); EuGH, Urt. v. 3.3.2011 – C-437/09, WuW/E EU-R 1929, Rn. 42 (*AG2R Prévoyance*); BGH, Beschluss v. 18.1.2012 – I ZR 170/10 (*Betriebskrankenkasse*), GRURInt 2012, S. 372 ff.
[420] EuGH Rs. C-201/09 P und C-216/09 P, Slg. 2011, I-0000, Rn. 95 (*Acelor Mittal Luxembourg u.a.*); ausführlich *Dannecker/Biermann* in: *Immenga/Mestmäcker*, EU-Wettbewerbsrecht, Bd. I Teil 2, 5. Aufl. 2012, Art. 23 VO 1/2003 Rn. 82 ff. m. weit. Nachw.; *Emmerich* in: *Immenga/Mestmäcker*, EU-Wettbewerbsrecht, Bd. I Teil 1, 5. Aufl. 2012, Art. 101 Abs. 1 AEUV Rn. 6 ff.; *Hummer*, ecolex 2010, S. 64 ff.; siehe dazu auch Rn. 162 ff.; *Hackel*, S. 140 ff.
[421] *Emmerich*, in: *Immenga/Mestmäcker* (Hrsg.), EU-Wettbewerbsrecht, Bd. I Teil 1, Art. 101 Abs. 1 AEUV Rn. 55 ff. m. weit. Nachw.; EuG Urt. v. 8.7.2009, WuW/E EU-V 1457 Rn. 168 ff. (*E.ON/GDF*); EuG Urt. v. 8.7.2008, Slg. 2008, II-1353, 1379 f. (*BPB*).
[422] *Emmerich*, in: *Immenga/Mestmäcker* (Hrsg.), EU-Wettbewerbsrecht, Bd. I Teil 1, Art. 101 Abs. 1 AEUV Rn. 83 ff.; siehe auch EuGH v. 4.6.2009, C-8/08, Slg. 2009, I-4529; *Schmidt/Koyuncu*, BB 2009, 2251, 2252 f.
[423] Vgl. nur KOMM, 10.7.1987, ABl. 1987, Nr. L 222 vom 10.8.1987, S. 12 (*Tipp-Ex*); 13.7.1987, ABl. 1987, Nr. L 222 vom 10.8.1987, S. 28 (*Sandoz Italia*); vgl. auch *Dannecker/Biermann*, in: *Immenga/Mestmäcker* (Hrsg.), EU-Wettbewerbsrecht, Bd. I Teil 2, Art. 23 VO 1/2003 Rn. 71 f.
[424] EuG, 8.7.2004, Slg. 2004, II-2223 Rn. 278 (*Mannesmannröhren-Werke*); BKartA 21.12.2007, WuW/E DE-V 1539 Rn. 26; näher dazu *Emmerich*, in: *Immenga/Mestmäcker* (Hrsg.), EU-Wettbewerbsrecht, Bd. I Teil 1, Art. 101 Abs. 1 AEUV Rn. 74 ff.

D. Europäisches Kartellordnungswidrigkeitenrecht **18**

Die zweite Form der verbotenen wettbewerbsbeschränkenden Maßnahmen sind **auf-** **182** **einander abgestimmte Verhaltensweisen** von Unternehmen und Unternehmensvereinigungen.[425] Hierunter fällt jede Form der willentlichen Koordinierung unternehmerischen Verhaltens am Markt ohne faktische oder rechtliche Bindungskraft. Dabei reicht es aus, wenn der Zweck der Abrede darin besteht, das Verhalten eines Unternehmens auf das eines anderen auszurichten.[426] Durch das Verbot der abgestimmten Verhaltensweisen wird der Anwendungsbereich des Art. 101 Abs. 1 AEUV über den Bereich der Vereinbarungen und Beschlüsse hinaus auf sämtliche Formen der Koordinierung von Unternehmen im Wettbewerb ausgedehnt. Typische Mittel zur Verhaltensabstimmung sind der gegenseitige Informationsaustausch der Unternehmen über ihr zukünftiges Verhalten am Markt sowie jede bewusste praktische Zusammenarbeit.[427] Dabei kann die Koordinierung auch durch Einschaltung von Verbänden oder Treuhändern erfolgen, denen der Informationsaustausch oder die Überwachung der Einhaltung des gemeinsamen Plans übertragen wird. Die beiden Voraussetzungen der abgestimmten Verhaltensweise, nämlich Fühlungnahme zwischen den Unternehmen und die darauf beruhende Abstimmung des entsprechenden Marktverhaltens, wurden durch die jüngsten EuGH-Entscheidungen insoweit relativiert, als nach Auffassung des EuGH vermutet werden könne, dass die an der Abstimmung beteiligten Unternehmen die dabei erlangte Information berücksichtigen würden. Dies sei auch im Rahmen nationaler Bußgeldverfahren zu berücksichtigen, soweit Art. 101 AEUV angewendet werde. Dies erscheint jedoch mit der Beweislastverteilung im deutschen Ordnungswidrigkeiten- und Strafverfahren als unvereinbar.[428]

b) Spürbarkeit der Wettbewerbsbeschränkung

Die in Art. 101 Abs. 1 AEUV genannten Maßnahmen sind verboten, sofern sie zu einer spür- **183** baren **Beschränkung des Wettbewerbs innerhalb des Gemeinsamen Marktes** führen oder den Handel zwischen den Mitgliedstaaten beeinträchtigen. Nach ständiger Rechtspraxis muss die Wettbewerbsbeschränkung spürbare Auswirkungen auf Dritte im Sinne der Beeinträchtigung der ihnen bei vorhandenem Wettbewerb offen stehenden Handlungsalternativen haben.[429] Die derzeit bestimmenden Grundsätze für die Beurteilung der Spürbarkeit von Wettbewerbsbeschränkungen legt die „de-minimis-Bekanntmachung" der Kommission aus dem Jahr 2001[430] fest.

c) Bezwecken oder Bewirken der Wettbewerbsbeeinträchtigung

Hinzukommen muss, dass die Wettbewerbsbeeinträchtigung innerhalb des Gemeinsamen **184** Marktes bezweckt oder bewirkt ist. Der **Zweck der Wettbewerbsbeeinträchtigung** ist nicht subjektiv im Sinne einer beabsichtigten Wettbewerbsbeeinträchtigung, sondern objektiv

---

[425] Siehe dazu EuGH v. 4.6.2009, C-8/08, Slg. 2009, I-4529; *Schmidt/Koyuncu*, BB 2009, 2251, 2252 f.
[426] *Emmerich*, in: *Immenga/Mestmäcker* (Hrsg.), EU-Wettbewerbsrecht, Bd. I Teil 1, Art. 101 Abs. 1 AEUV Rn. 87; EuGH WuW/E EU-R 1589 Rn. 23 (*T-Mobile Netherlands*); daher ebenso BGH WuW/E DE-R 2408, 2415 f.; EuG Urt. v. 8.7.2008, Slg. 2008, II-1353, 1398 (*BPB*); EuG Urt. v. 15.12.2010, WuW/E EuR 1835, 1839 ff. (*E.ON. Energie*); *Gehring/Mäger*, BB 07/2011, 398, 401.
[427] Siehe EuGH v. 4.6.2009, Rs. C-8/08, Slg. 2009, I-0000 (*T-Mobile Niederlande BV u. a./NMa*); *Dannecker/Biermann* in: *Immenga/Mestmäcker*, EU-Wettbewerbsrecht, Bd. I Teil 2, 5. Aufl. 2012, Art. 23 VO 1/2003 Rn. 70; *Blattmann*, S. 280 ff.; *Möhlenkamp*, in: FS Wettbewerbspolitik und Kartellrecht in der Marktwirtschaft. 50 Jahre FIW: 1960 bis 2010, S. 209–228; LG Köln, Urt. v. 14.2.2012 – 88 O (Kart) 17/11, GRUR-RR 2012, 171, 173; siehe auch *Heyers*, ZWH 7/2012, 269 ff.
[428] *Gehring/Mäger*, BB 07/2011, 398, 401; EuGH v. 6.10.2009, verb. Rs. C_8/08 P, Rn. 59 (*GlaxoSmithKline*); EuGH v. 8.7.1999, Rs. C-49/92, Rn. 118 ff. (*Anic Partecipazioni*); EuGH v. 4.6.2009, Rs. C-8/08 P, Rn. 53 (*T-Mobile Netherlands*).
[429] Vgl. *Emmerich*, Kartellrecht, S. 72 f m. weit. Nachw.; *Eckard*, S. 268 ff.
[430] Bekanntmachung der Kommission über die Vereinbarungen von geringer Bedeutung, die den Wettbewerb gemäß Art. 81 Abs. 1 des Vertrags zur Gründung der Europäischen Gemeinschaft nicht spürbar beschränken (de-minimis), Abl. 2001, Nr. C 368 vom 22.12.2001, S. 13.

nach der der Maßnahme innewohnenden Tendenz zu bestimmen.[431] Eine Wettbewerbsbeschränkung ist lediglich bezweckt, wenn z. B. die Beteiligten die Vereinbarung nicht befolgen, ihr Marktverhalten also weiterhin autonom bestimmen, so dass die Marktstellung Dritter unberührt bleibt. Diese Zweckbestimmung charakterisiert das tatbestandsmäßige Verhalten und erfordert keinen durch den Handlungsvollzug bedingten Erfolgseintritt.[432]

Sofern keine wettbewerbsbeeinträchtigende Zwecksetzung vorliegt, ist der Tatbestand des Art. 101 Abs. 1 AEUV auch dann erfüllt, wenn ein **Bewirken der Wettbewerbsbeeinträchtigung**, das in erster Linie in der Einschränkung der wirtschaftlichen Betätigungsfreiheit der an der Maßnahme Beteiligten gesehen wird, gegeben ist. Wettbewerbsbeschränkende Vereinbarungen oder Verhaltensabstimmungen haben regelmäßig sowohl den Zweck als auch die Wirkung, die Handlungsfreiheit der am Wettbewerb Beteiligten einzuschränken. Sofern sich die bezweckte und die bewirkte Wettbewerbsbeeinträchtigung entsprechen, liegt der Schwerpunkt des Unrechts auf dem Bewirken.[433]

d) Eignung zur Beeinträchtigung des zwischenstaatlichen Handels

185 Dieses Merkmal dient der Aussonderung derjenigen Verhaltensweisen, welche lediglich eine nationale Relevanz besitzen. Hierdurch kommt ihm die Funktion zu, den Anwendungsbereich des gemeinschaftlichen Kartellrechts zu bestimmen.[434] Die zur Auslegung des Begriffs entwickelten Grundsätze hat die Kommission in einer Bekanntmachung veröffentlicht.[435]

e) Freistellungen gemäß Art. 101 Abs. 3 AEUV

186 Von den Verboten des Art. 101 Abs. 1 AEUV kann gemäß Art. 101 Abs. 3 AEUV eine Freistellung entweder individuell oder generell mittels einer Gruppenfreistellungsverordnung erteilt werden (Art. 288 S. 2 AEUV). Inzwischen sind von der Kommission mehrere **Gruppenfreistellungsverordnungen** erlassen worden, welche die Freistellungsvoraussetzungen des Art. 101 Abs. 3 AEUV konkretisieren.[436] Diese Verordnungen nach Art. 288 S. 2 AEUV erfassen Wirtschaftsbereiche oder bestimmte Arten von Vereinbarungen und gelten in allen Mitgliedstaaten unmittelbar, sind verbindlich und besitzen allgemeine Geltung. Vereinbarungen, die gegen die wesentlichen Grundgedanken des Kartellrechts und damit auch Art. 101 Abs. 3 AEUV verstoßen (Kernbeschränkungen), können nicht freigestellt werden.[437] Von

---

[431] KOMM, 13.12.1989, ABl. 1990, Nr. L 21 vom 26.1.1990, S. 76 (*Bay-o-nox*); *Goldmann/Lyon-Caen/Vogel*, Droit commercial européen, 5. Aufl. 1994, Rn. 510; *Bunte*, in: *Langen/Bunte* (Hrsg.), Kommentar zum deutschen und europäischen Kartellrecht, Bd. 2, 10. Aufl. 2006, Art. 81 Rn. 97 ff.; *Schröter*, in: *Groeben/Thiesing/Ehlermann*, EWG-Vertrag, Artikel 85 Absatz 1 Rn. 111; EuGH Urt. v. 20.11.2008, WuW/E EU-R 1509, Rn. 15 (*BIDS*); Urt. v. 6.10.2009, WuW/E EU-R 1641, Rn. 58 (*GSK Services*); Urt. v. 4.6.2009, Slg. 2009, I-4562 (*T-Mobile Netherlands*); Urt. v. 13.10.2011, GRUR-Int 2011, 1077 Rn. 34 ff.

[432] EuGH, 25.10.1983, Slg. 1983, 3151, 3201 (*AEG-Telefunken*).

[433] EuG Urt. v. 8.7.2009, WuW/E EU-V 1457, 1465 Rn. 219 (*E.ON/GDF*); EuGH Urt. v. 4.6.2009, Slg. 2009, I-4562 (*T-Mobile Netherlands*).

[434] *Frenz*, Handbuch Europarecht Bd. 2, Rn. 641.

[435] Bekanntmachung der Kommission – Leitlinien über den Begriff der Beeinträchtigung des zwischenstaatlichen Handels in den Art. 81 und 82 des Vertrags, ABl. 2004, Nr. C 101 vom 27.4.2004, S. 81 (Rn. 9); siehe dazu auch *Bechtold*, in: Schwarze (Hrsg.), Verfahren und Rechtsschutz im europäischen Wirtschaftsrecht, 2010, S. 223 ff.

[436] VO (EU) Nr. 330/2010 v. 22.12.1999 zu vertikalen Vereinbarungen und abgestimmten Verhaltensweisen, ABl. EU 2010 Nr. L 102/1; VO (EU) Nr. 1218/2010 v. 14.12.2010 zu Spezialisierungsvereinbarungen, ABl. EU 2010 Nr. L 335/43; VO (EU) Nr. 1217/2010 v. 14.12.2010 zu Forschung und Entwicklung, ABl. EU 2010 Nr. L 335/36; VO (EU) Nr. 461/2010 v. 27.5.2010 zu vertikalen Vereinbarungen und abgestimmten Verhaltensweisen im Kraftfahrzeugsektor, ABl. EU 2010 Nr. L 129/52; VO (EU) Nr. 267/2010 v. 24.3.2010 zu Technologie-Vereinbarungen, ABL. EU 2004 Nr. L 123/11; *Eckard*, S. 450 ff.

[437] *Schultze/Pautke/Wagener*, Vertikal-GVO, Einl. Rn. 23; in diesem Zusammenhang hat die Kommission auf der Basis der Ratsverordnung 19/1965 am 20.4.2010 die allgemeine Gruppenfreistellungsverordnung 330/2010 über die Anwendung von Art. 101 Abs. 3 AEUV auf Gruppen von vertikalen Vereinbarungen und aufeinander abgestimmte Verhaltensweisen verabschiedet (ABl. EU Nr. L 102 vom 23.4.2010,

D. Europäisches Kartellordnungswidrigkeitenrecht

großer Bedeutung für die Auslegung des Art. 101 Abs. 3 AEUV sind außerdem die Leitlinien, welche die Kommission erlassen hat. Diese sind grundsätzlich als Auslegungshilfen zu qualifizieren und für die Unionsgerichte nicht bindend; allerdings kann die Kommission im Wege der Selbstbindung der Verwaltung daran gebunden sein. Die wichtigsten Leitlinien zur Konkretisierung des Art. 101 Abs. 3 AEUV sind dabei die „Leitlinien zur Anwendung von Art. 81 Abs. 3 EG"[438], die „Leitlinien für vertikale Beschränkungen"[439] und die „Leitlinien zur Anwendung von Art. 101 AEUV auf horizontale Vereinbarungen"[440] sowie die „Leitlinien von Art. 101 AEUV für Technologietransfer-Vereinbarungen"[441], die „Leitlinien zur Anwendung von Art. 101 Abs. 3 des Vertrages über die Arbeitsweise der Europäischen Union auf bestimmte Gruppen von Spezialisierungsvereinbarungen"[442] sowie die „Leitlinien zur Anwendung von Art. 101 Abs. 3 des Vertrages über die Arbeitsweise der Europäischen Union auf bestimmte Gruppen von Vereinbarungen über Forschung und Entwicklung"[443]. Das System der Legalausnahme verlagert das Problem der Anwendung der unbestimmten Freistellungsvoraussetzungen auf die Unternehmen. Die Kommission geht jedoch davon aus, dass diese zu einer Selbstbeurteilung mittels der Entscheidungen der Gemeinschaftsgerichte, der Verwaltungspraxis, allgemeiner Rechtstexte, Gruppenfreistellungsverordnungen, Leitlinien und sonstiger Bekanntmachungen der Kommission in der Lage sind.[444]

Die sog. comfort letters gemäß Art. 2 VO 17/62 sind unter der neuen Systematik der VO 1/2003 grundsätzlich entfallen. Die Unternehmen können sich jedoch bei neuartigen Fragen mit der Bitte an die Kommission wenden, ein Beratungsschreiben zu erhalten.[445] Auch wenn diese **Beratungsschreiben** einem späteren formellen Verfahren nicht entgegenstehen (Rn. 24 der Bekanntmachung), entfalten sie einen Vertrauensschutz, so dass in einem solchen Fall keine Geldbuße verhängt werden darf.[446]

Im Oktober 2011 wurde das **Best Practices-Paket** von der Kommission verabschiedet, das Anhaltspunkte über bewährte Vorgehensweisen bei Verstößen gegen Art. 101 und 102 AEUV bieten soll.[447]

S. 1), die am 1.6.2010 in Kraft trat; zu weiteren Gruppenfreistellungsverordnungen siehe BT-Drucks. 17/6640, S. 65 f.

[438] KOMM., Leitlinien zur Anwendung von Art. 81 Abs. 3 EG-Vertrag (2004/C 101/08), ABl. EG Nr. C 101/97 ff.

[439] ABl. 2000, Nr. C 291 vom 13.10.2000, S. 1 ff.; *Schultze/Pautke/Wagener*, Vertikal-GVO.

[440] KOMM., Leitlinien zur Anwendbarkeit von Art. 101 des Vertrags über die Arbeitsweise der Europäischen Union auf Vereinbarungen über horizontale Zusammenarbeit (2011/C 11/01), ABl. EU 2011 Nr. C 11/1 ff.; siehe dazu eingehend *Gehring/Mäger*, BB 07/2011, 398 ff.

[441] KOMM., Leitlinien zur Anwendung von Art. 81 EG-Vertrag auf Technologietransfer-Vereinbarungen (2004/C 101/02), ABl. EG 2004 Nr. C 101/2 ff.

[442] Verordnung (EU) Nr. 1218/2010 der Kommission vom 14.12.2010, ABl. 2010 L 335/43; *Gehring/Mäger*, BB 07/2011, 398 ff.

[443] Verordnung (EU) Nr. 1217/2010 der Kommission vom 14.12.2010, ABl. 2010 L 335/36; *Gehring/Mäger*, BB 07/2011, 398 ff.

[444] KOMM., Weißbuch Modernisierung, Rn. 51; *Ellger* in: *Immenga/Mestmäcker*, EU-Wettbewerbsrecht, Bd. I Teil 1, Art. 101 Abs. 3 AEUV Rn. 72 ff.; *Schultze/Pautke/Wagener*, Vertikal-GVO, Einl. Rn. 128 ff.; siehe auch *Bechtold*, in: Schwarze (Hrsg.), Verfahren und Rechtsschutz im europäischen Wirtschaftsrecht, 2010, S. 223 ff.

[445] Zu den Einzelheiten: Bekanntmachung der Kommission über informelle Beratung bei neuartigen Fragen zu den Art. 81 und 82 des Vertrags, die in Einzelfällen auftreten, ABl. 2004, Nr. C 101 vom 27.4.2004, S. 78 ff.

[446] Vgl. *Dannecker/Biermann*, in: *Immenga/Mestmäcker* (Hrsg.), EU-Wettbewerbsrecht, Bd. I Teil 2, Vorbem. Art. 23 VO 1/2003 Rn. 149 ff.; im Einzelnen dazu *Ellger* in: *Immenga/Mestmäcker*, EU-Wettbewerbsrecht, Bd. I Teil 1, Art. 101 Abs. 3 AEUV Rn. 92 ff

[447] Bekanntmachung der Kommission über bewährte Vorgehensweisen in Verfahren nach Art. 101 und 102 AEUV, ABlEU Nr. C 308 v. 20.10.2011, S. 6; *Weitbrecht/Mühle*, EuZW 08/2012, 290, 294.

2. Missbrauch einer marktbeherrschenden Stellung (Art. 102 AEUV)

189 Art. 102 AEUV verbietet „die missbräuchliche Ausnutzung einer beherrschenden Stellung auf dem Gemeinsamen Markt oder einem wesentlichen Teil desselben durch ein oder mehrere Unternehmen, soweit dies dazu führen kann, den Handel zwischen Mitgliedstaaten zu beeinträchtigen".[448] Dabei können in diesem Bereich im nationalen Recht höhere Anforderungen an das Verhalten marktbeherrschender Unternehmen gestellt werden, als dies nach dem Unionsrecht der Fall ist.

190 Der Tatbestand des Art. 102 S. 1 AEUV hat folgende drei Voraussetzungen: das Bestehen einer **marktbeherrschenden Stellung**, ihre **missbräuchliche Ausnutzung** und die Möglichkeit einer **Beeinträchtigung des Handels zwischen den Mitgliedstaaten**. Das Missbrauchsverbot erfasst sowohl Diskriminierungen[449] und den Ausbeutungsmissbrauch gegenüber vor- und nachgelagerten Wirtschaftsstufen (vertikal)[450] als auch den Behinderungsmissbrauch gegenüber anderen Unternehmen auf derselben Wirtschaftsstufe (horizontal)[451], wobei der Behinderungsmissbrauch als das ernstere Problem des Monopolmissbrauchs anzusehen ist.[452]

a) Marktbeherrschende Stellung

191 Die Innehabung einer **marktbeherrschenden Stellung** oder auch die schlichte Erlangung einer solchen erfüllt noch nicht den Tatbestand des Art. 102 AEUV. Allerdings hat der EuGH die Verstärkung der Machtstellung als missbräuchliches Verhalten angesehen, weil der damit erreichte Beherrschungsgrad die restlichen Wettbewerber in wirtschaftliche Abhängigkeit brachte.[453] In einer ausführlichen Bekanntmachung[454] hat die Kommission dargelegt, wie sie bei der Abgrenzung des sachlich und räumlich relevanten Marktes vorgeht.[455] Die Grundsätze dieser Bekanntmachung gelten ausdrücklich auch für die europäische Fusionskontrolle und für die Beurteilung des Vorliegens einer spürbaren Wettbewerbsbeschränkung nach Art. 101 Abs. 1 AEUV sowie für Art. 101 Abs. 3 AEUV. Maßgebliches Kriterium ist für die Kommission auch weiterhin die Austauschbarkeit der Produkte aus der Sicht der Nachfrageseite (Bedarfsmarktkonzept); hinzu kommt unter bestimmten Voraussetzungen die Umstellungsflexibilität auf der Angebotsseite. Potenzieller Wettbewerb wird nach wie vor nicht zum relevanten Markt gerechnet, sondern bei der Gesamtwürdigung der Wettbewerbsverhältnisse und der Frage der Marktbeherrschung in die Betrachtung mit einbezogen.[456]

---

[448] Einen kurzen Überblick über die Entscheidungspraxis der Kommission und des EuGH in den vergangenen Jahren gibt *Weitbrecht*, EuZW 2002, 585 f.; EuGH Rs. C-413/06 P, Slg. 2008, I-4951, Rn. 120 (*Sony BMG*); EuG Rs. T-201/04, Slg. 2007, II-3601, Rn. 229 (*Microsoft*).
[449] EuG Rs. T-201/04, Slg. 2007, II-3601, Rn. 319 (*Microsoft*).
[450] EuG, Rs. T-151/01, Slg. 2007, II-1607 Rn. 121 (*Duales System*); KOMM v. 15.11.2011, COMP/ 39 592, ABlEU Nr. C 31 v. 4.2.2012, S. 8 (*Standard & Poors*).
[451] EuG Rs. T-151/01, Slg. 2007, II-1607, Rn. 151 (*DSD*); Rs. T-155/06, Urt. v. 9.9.2010, Rn. 93 (*Tomra*).
[452] Vgl. dazu *Dannecker/Fischer-Fritsch*, Das EG-Kartellrecht in der Bußgeldpraxis, S. 20 f.; EuGH Rs. C-95/04 P, Slg. 2007, I-2331, Rn. 57 (*British Airways*); EuGH Rs. C-280/08, Urt. v. 14.10.2010, Slg. 2010, I-9555. Rn. 173 (*Deutsche Telekom*); EuGH Rs. C-202/07 P, Slg. 2009, I-2369 Rn. 41 ff. (*France Télécom*).
[453] EuGH, 21.2.1973, Slg. 1973, 215 ff. (*Continental Can*).
[454] Bekanntmachung der Kommission über die Definition des relevanten Marktes im Sinne des Wettbewerbsrechts der Gemeinschaft, ABl. 1997, Nr. C 372 vom 9.12.1997, S. 5.
[455] Die Frage der Marktabgrenzung ist eine normativ geprägte Tatsachenfrage, siehe BGH Urt. v. 16.1.2008: BGH, Urt. v. 4.3.2008, KVR 21/07 (*Soda Club II*).
[456] Eingehend dazu *O. Weber* in: *Schulte/Just*, Kartellrecht, Art. 102 AEUV Rn. 11 ff.; siehe auch OLG Düsseldorf, BeckRS 2011, 01213 = WuW/E DE-R 3173 (*Anzeigengemeinschaft*); EuG, Urt. v. 29.03.2012 – T-336/07 Tz. 148 ff. (*Telefonica*), BeckRS 2012, 80670; EuG, Urt. v. 14.4.2011, T-461/ 07, BeckRS 2011, 80472 (*Visa*); EuGH, Urt. v. 4.6.2009, C-8/08, Slg. 2009, I-4562 = EuZW 2009, 505 (*T-Mobile Niederlande*).

D. Europäisches Kartellordnungswidrigkeitenrecht **18**

b) Regelbeispiele missbräuchlichen Verhaltens

Art. 102 S. 2 AEUV nennt folgende Regelbeispiele für den Missbrauch einer marktbeherr- 192
schenden Stellung:[457] unmittelbare oder mittelbare Erzwingung von unangemessenen Einkaufs- oder Verkaufspreisen oder sonstigen Geschäftsbedingungen; Einschränkung der Erzeugung, des Absatzes oder der technischen Entwicklung zum Schaden der Verbraucher; Anwendung unterschiedlicher Bedingungen bei gleichwertigen Leistungen gegenüber Handelspartnern, wodurch diese im Wettbewerb benachteiligt werden; die an den Abschluss von Verträgen geknüpfte Bedingung, dass die Vertragspartner zusätzliche Leistungen annehmen, die weder sachlich noch nach Handelsbrauch in Beziehung zum Vertragsgegenstand stehen. Ein solcher Missbrauch liegt nach Ansicht der Kommission und des Gerichtshofs insbesondere dann vor, wenn Wettbewerber oder Verbraucher Zwangslagen ausgesetzt sind, die nicht von der Wechselwirkung von Angebot und Nachfrage herrühren, sondern aufgrund der marktbeherrschenden Stellung durch positives Tun oder Unterlassen des marktbeherrschenden Unternehmens herbeigeführt werden.[458]

III. Dogmatische Einordnung und Ausgestaltung der Bußgeldtatbestände

1. Sonderdeliktscharakter und Ausgestaltung als Blankettgesetze

Die Kommission ist nicht ermächtigt, natürliche Personen, die für ein Unternehmen han- 193
deln, mit Geldbußen zu belegen.[459] Art. 101 und 102 AEUV sowie Art. 23 Abs. 1 und 2 VO 1/2003 richten sich nur an **Unternehmen und Unternehmensvereinigungen**.[460] Im Hinblick darauf, dass nur Unternehmen und Unternehmensvereinigungen Zuwiderhandlungen gegen das Gemeinschaftsrecht begehen können, handelt es sich bei den Bußgeldtatbeständen um **Sonderdelikte**.[461] Da die Kommission jedoch einem einheitlichen Täterbegriff zuneigt, besteht ohne Weiteres die Möglichkeit, auch Kartellgehilfen zu bebußen.[462]

Der Bußgeldtatbestand des Art. 23 Abs. 2 S. 1 lit. a VO 1/2003 verweist auf in anderen Ge- 194
setzen geregelte Verhaltensnormen. Es handelt sich daher um ein **Blankettgesetz**, dessen vollständiger Tatbestand erst durch das Zusammenlesen von verweisendem und ausfüllendem Gesetz gebildet werden kann.[463]

2. Sanktionierung von Verfahrensverstößen und Verletzungen des materiellen Kartellrechts

Art. 23 VO 1/2003 unterscheidet zwischen **leichten und schweren Kartellordnungswid-** 195
rigkeiten: In Art. 23 Abs. 1 VO 1/2003 werden für Verfahrensverstöße Geldbußen von bis zu 1 % des im vorausgegangenen Geschäftsjahr erzielten Gesamtgewinns angedroht, in Abs. 2 sind für Verletzungen des materiellen Kartellrechts und Verstöße gegen Entscheidungen nach

---

[457] Näher dazu *Fuchs/Möschel* in: *Immenga/Mestmäcker* (Hrsg.), EU-Wettbewerbsrecht, Bd. I Teil 1, Art. 102 AEUV Rn. 132 ff.

[458] Vgl. nur *Schröter*, in: *Groeben/Thiesing/Ehlermann*, EWG-Vertrag, Artikel 86 Rn. 146; eingehend dazu *Fuchs/Möschel* in: *Immenga/Mestmäcker* (Hrsg.), EU-Wettbewerbsrecht, Bd. I Teil 1, Art. 102 AEUV Rn. 168 ff.

[459] Siehe im Gegensatz dazu das deutsche Recht Rn. 139.

[460] Vgl. nur *Dannecker/Biermann*, in: *Immenga/Mestmäcker* (Hrsg.), EU-Wettbewerbsrecht, Bd. I Teil 2, Vorbem. Art. 23 VO 1/2003 Rn. 74 ff.

[461] *Dannecker/Fischer-Fritsch*, Das EG-Kartellrecht in der Bußgeldpraxis, S. 253; *Tiedemann*, FS Jescheck 1985, S. 1419.

[462] Siehe EuG, Urt. v. 08.07.2008, Rs. T-99/2004 (*AC Treuhand*); *Weitbrecht/Baudenbach*, EuR 2010, 230, 235 ff.; siehe eingehend *Koch*, ZWeR 2009, 370 ff.

[463] Eingehend dazu *Dannecker/Biermann*, in: *Immenga/Mestmäcker* (Hrsg.), EU-Wettbewerbsrecht, Bd. I Teil 2, Art. 23 VO 1/2003 Rn. 56 f.

Art. 8 und 9 VO 1/2003 Geldbußen von bis zu 10% des von dem einzelnen an der Zuwiderhandlung beteiligten Unternehmen im letzten Geschäftsjahr erzielten Gesamtumsatzes vorgesehen. Sanktionen gegen natürliche Personen sind hingegen nicht möglich.

a) Verfahrensverstöße (Art. 23 Abs. 1 VO 1/2003)

196 Art. 23 Abs. 1 VO 1/2003 stellt **vorsätzliche und fahrlässige Verfahrensverstöße** bei Auskunftsverlangen und Nachprüfungen unter Bußgeldandrohung.

197 Pflichtverstöße bei der Informationsgewinnung im Rahmen von Auskunftsverlangen gemäß Art. 18 (auch in Verbindung mit Art. 17) VO 1/2003 werden durch Art 23 Abs. 1 lit. a und b VO 1/2003 sanktioniert. Im Rahmen eines **einfachen Auskunftsverlangens** besteht zwar keine durchsetzbare Pflicht, diese zu beantworten, soweit jedoch Angaben gemacht werden, dürfen diese gemäß Art. 23 Abs. 1 lit. a VO 1/2003 **nicht unrichtig oder irreführend** sein. Unvollständige Angaben sind hingegen hiervon nicht erfasst, weshalb der Abgrenzung zwischen Unrichtigkeit und Unvollständigkeit eine zentrale Bedeutung zukommt.[464] Dagegen verpflichtet ein **qualifiziertes Auskunftsverlangen** zur Auskunftserteilung. Zusätzlich zu unrichtigen und irreführenden Angaben sind hier auch unvollständige und verspätete Angaben gemäß Art 23 Abs. 1 lit. b VO 1/2003 bußgeldbewehrt.[465]

198 Gemäß Art. 23 Abs. 1 lit. c bis e VO 1/2003 werden Pflichtverstöße bei **Nachprüfungen** gemäß Art. 20 VO 1/2003 geahndet. Parallel zur Regelung im Auskunftsverfahren besteht beim **einfachen schriftlichen Prüfungsauftrag** keine durchsetzbare Pflicht die Geschäftsunterlagen vorzulegen. Geschieht dies dennoch, besteht allerdings gemäß Art. 23 Abs. 1 lit. c 1. Alt. VO 1/2003 eine Pflicht zur **Vollständigkeit**. Bei Nachprüfungen, welche auf einer **Entscheidung gemäß Art. 20 Abs. 4 VO 1/2003** beruhen, besteht allerdings darüber hinaus unter Art. 23 Abs. 1 lit. c 2. Alt. sanktionierte **Duldungspflicht**.[466]

199 Die fehlerhafte Beantwortung von Fragen nach Art 20 Abs. 1 lit. e VO 1/2003 ist durch Art. 23 Abs. 1 lit. d VO 1/2003 in drei verschiedenen Ausprägungen bußgeldbewehrt. Unabhängig von der Art des Auskunftsverlangens sind **unrichtige und irreführende Angaben** des Unternehmens und der Unternehmensvereinigung stets durch Bußgeldandrohung sanktioniert. Aus Art. 23 Abs. 1 lit. d 2. Spiegelstrich VO 1/2003 ergibt sich weiterhin, dass die Adressaten einer Nachprüfungsentscheidung verpflichtet sind, die Richtigkeit der von Mitgliedern der Belegschaft erteilten **Antworten** innerhalb einer von der Kommission gesetzten Frist zu überprüfen und gegebenenfalls zu **berichtigen**.

200 Die **Verweigerung einer (vollständigen) Antwort** und eine **unvollständige Auskunftserteilung** ist dagegen nur bei förmlichen Auskunftsentscheidungen nach Art. 20 Abs. 4 VO 1/2003 bußgeldbewehrt.

201 In Art. 23 Abs. 1 lit. e VO 1/2003 wird das **Erbrechen von im Rahmen einer Nachprüfung angebrachten Siegeln** unter Bußgeldandrohung gestellt. Ein Siegelbruch sind solche Handlungen, die darauf abzielen, den Zweck der Versiegelung zu gefährden, die Nachprüfung an einem anderen Tag fortsetzen zu können, ohne dass zwischenzeitlich Beweismittel manipuliert werden.[467] Zu einer Manipulation selbst muss es nicht kommen.

b) Verstöße gegen das materielle Kartellrecht und gegen Entscheidungen nach Art. 8 und 9 VO 1/2003 (Art. 23 Abs. 2 VO 1/2003)

202 Von den Verfahrensverstößen sind die schweren, in Art. 23 Abs. 2 S. 1 lit. a VO 1/2003 bußgeldbewehrten Verstöße gegen Art. 101 und 102 AEUV (zuvor: Art. 81 und 82 EG) zu trennen. Die gemeinschaftsrechtlichen Wettbewerbsregeln dienen der **Sicherung der indivi-**

---

[464] Eingehend dazu *Dannecker/Biermann*, in: *Immenga/Mestmäcker* (Hrsg.), EU-Wettbewerbsrecht, Bd. I Teil 2, Art. 23 VO 1/2003 Rn. 24.

[465] Eingehend dazu *Dannecker/Biermann*, in: *Immenga/Mestmäcker* (Hrsg.), EU-Wettbewerbsrecht, Bd. I Teil 2, Art. 23 VO 1/2003 Rn. 24.

[466] Im Einzelnen hierzu *Dannecker/Biermann*, in: *Immenga/Mestmäcker* (Hrsg.), EU-Wettbewerbsrecht, Bd. I Teil 2, Art. 23 VO 1/2003 Rn. 36 ff.

[467] *Sura*, in: *Langen/Bunte* (Hrsg.), Kommentar zum deutschen und europäischen Kartellrecht, Bd. 2, Art. 23 VO 1/2003 Rn. 29.

D. Europäisches Kartellordnungswidrigkeitenrecht

duellen wirtschaftlichen Freiheit, sollen aber auch den **Wettbewerb als Institution** garantieren, um dadurch zur Verwirklichung der allgemeinen Vertragsziele beizutragen.[468] So soll im Interesse der Allgemeinheit und insbesondere der Verbraucher eine optimale Nutzung der Produktionsfaktoren bewirkt sowie wirtschaftlicher und technischer Fortschritt ermöglicht werden.

Als ebenso schwerwiegend sind **Zuwiderhandlungen gegen Entscheidungen über einstweilige Maßnahmen** nach Art. 8 VO 1/2003 eingestuft worden (Art. 23 Abs. 2 S. 1 lit. b VO 1/2003), da diese auf einem prima facie angenommenen Verstoß gegen das europäische Kartellrecht beruhen. Hierdurch erfolgt eine Vorverlagerung des bußgeldrechtlichen Schutzes.

Auch die **Nichteinhaltung von für bindend erklärten Verpflichtungszusagen** nach Art. 9 VO 1/2003 stellt gemäß Art. 23 Abs. 2 S. 1 lit. c VO 1/2003 einen vergleichbar schweren Verstoß dar.[469]

IV. Allgemeiner Teil des Kartellordnungswidrigkeitenrechts

1. Adressaten der Bußgeldvorschriften

Adressaten der wettbewerbsrechtlichen Verbote der Art. 101 und 102 AEUV sind nur an **Unternehmen, Unternehmensvereinigungen** sowie **Vereinigungen von Unternehmensvereinigungen**.[470] Die auf diese Artikel verweisenden Bußgeldvorschriften des Art. 23 VO 1/2003 richten sich gleichermaßen allein an Unternehmen und Unternehmensvereinigungen, nicht hingegen an die für das Unternehmen handelnden natürlichen Personen. Damit kommt im europäischen Kartellrecht dem Begriff des Unternehmens und der Unternehmensvereinigung zentrale Bedeutung zu.[471]

a) Begriff des Unternehmens

Eine Definition des Unternehmens findet sich weder im EG-Vertrag oder AEUV, noch in der Verordnung 1/2003, noch im EGKS-Vertrag. Jedoch enthält Art. 1 des Protokolls 22 zum EWR-Abkommen folgende Unternehmensdefinition: „Als Unternehmen (gilt) jedes Rechtssubjekt[472], das eine kommerzielle oder wirtschaftliche Tätigkeit ausübt." Im Hinblick darauf, dass diese Definition die Abgrenzung der Zuständigkeit der Kommission und der EFTA-Überwachungsbehörde für Kartelle regelt, kann sie auch für die Interpretation des Unternehmensbegriffs des Art. 101 Abs. 1 AEUV (vormals Art. 81 Abs. 1 EG) herangezogen werden.[473] Die Kommission ging bereits zuvor bei der Bestimmung des für die Tat verantwortlichen Unternehmens von einem **wirtschaftlichen Unternehmensbegriff** aus und forderte hierfür lediglich die Teilnahme am Wirtschaftsleben,[474] ohne dass es auf die Rechtspersönlichkeit und die Art der Finanzierung des Unternehmens ankommt.[475] Ob eine Ge-

---

[468] Vgl. *Dirksen*, in: *Langen/Bunte* (Hrsg.), Kommentar zum deutschen und europäischen Kartellrecht, Bd. 2, Art. 82 Rn. 75.
[469] Zur Kritik hieran vgl. *Dannecker/Biermann*, in: *Immenga/Mestmäcker* (Hrsg.), EU-Wettbewerbsrecht, Bd. I Teil 2, Art. 23 VO 1/2003 Rn. 93 ff.
[470] *Tiedemann*, ZStW 102 (1990), 101;.
[471] Siehe hierzu *Wils*, E.L.Rev. 25 (2000), 99 ff.; *Tiedemann*, ZStW 102 (1990), 101.
[472] EuG Rs. T-24/05, Slg. 2010, II-0000, Rn. 125 (*Alliance One International*).
[473] EuGH, 28.6.2005, Slg. 2005, I-5425, Rn. 114 f. (*Dansk Rørindustri*); *Emmerich*, in: *Immenga/Mestmäcker* (Hrsg.), EU-Wettbewerbsrecht, Bd. I Teil 1, Art. 101 Abs. 1 AEUV Rn. 6 ff.; a. A. *Orlikowski-Wolf*, Rechtsnachfolge von Unternehmen im europäischen Kartellrecht, S. 52.
[474] Eingehend dazu *Dannecker/Fischer-Fritsch*, Das EG-Kartellrecht in der Bußgeldpraxis, S. 254 ff., 260 ff.; *Hamann*, Das Unternehmen als Täter im europäischen Wettbewerbsrecht, S. 13 ff.; *Lipowsky*, Die Zurechnung von Wettbewerbsverstößen zwischen verbundenen Unternehmen im EWG-Wettbewerbsrecht, 1987, S. 65 ff.
[475] EuGH, Urt. v. 28.6.2005, C-189/02 P, C-202/02 P, C-205/02 P bis C-208/02 P und C-213/02 P, Slg. 2005, I-5425, Rn. 112 (*Dansk Rørindustri u. a./Kommission*); EuG, Urt. v. 12.10.2011, T-38/05, Rn. 99 (*Agroexpansion SA/Kommission*).

winnerzielungsabsicht besteht, ist hierfür irrelevant.[476] Dadurch, dass die Kommission die selbstständige Ausübung einer wirtschaftlichen Tätigkeit als maßgebliche Voraussetzung für die Bejahung der Unternehmenseigenschaft ansieht, kommt es auf die tatsächliche Möglichkeit der Beeinflussung der Wettbewerbsbedingungen am Markt an. Diese Auffassung der Kommission wird inzwischen auch vom Gerichtshof geteilt.[477] Die Rechtsprechung geht mittlerweile davon aus, dass in diesem Zusammenhang unter dem Begriff des Unternehmens eine wirtschaftliche Einheit zu verstehen ist, selbst wenn diese wirtschaftliche Einheit rechtlich aus mehreren natürlichen oder juristischen Personen gebildet wird.[478] Verstößt eine solche wirtschaftliche Einheit gegen die Wettbewerbsregeln, hat sie nach dem Grundsatz der persönlichen Verantwortlichkeit für diese Zuwiderhandlung einzustehen.[479]

207 Praktische Relevanz hat der wirtschaftliche Unternehmensbegriff vor allem bei der Ahndung von Verstößen eines **Konzerns** erlangt.[480] Wenn konzernmäßig verbundene Unternehmen gegen Art. 101 und 102 AEUV verstoßen, ist neben oder anstelle der Verantwortung des unmittelbar handelnden Unternehmens auch die Verantwortung eines anderen, in der Regel übergeordneten Konzernunternehmens denkbar.[481] Allerdings ist nicht abschließend geklärt, unter welchen Voraussetzungen das **Vorliegen einer wirtschaftlichen Einheit** näher überprüft werden muss.[482] Ausgehend von der Frage, ob ein Mitglied einer Unternehmensgruppe eigenständig und autonom auf dem Markt besteht, ist dazu eine Gesamtbetrachtung verschiedener Umstände vorzunehmen.[483] Erstes Indiz hierfür ist, dass nicht ausschließlich die Muttergesellschaft gehandelt hat, denn in diesem Fall bestünde keine Notwendigkeit, auch die Tochterunternehmen bzw. den Gesamtkonzern in die Ahndung mit einzubeziehen. Sodann überprüft die Kommission, ob eine kapitalmäßige Verflechtung zwischen den Gesellschaften besteht. Weitere Kriterien für eine Überprüfung, ob eine wirtschaftliche Einheit vorliegt,

---

[476] KOMM, 15.9.1989, ABl. 1989, Nr. L 284 vom 3.10.1989, S. 41 (*Filmeinkauf deutscher Fernsehanstalten*); EuGH Rs. C-90/09, Urt. v. 20.01.2011, wrp 2011/03, S. 335 ff. (*General Quimíma*); *Kling*, wrp 2010/04, S. 506 ff.

[477] KOMM, 23.4.1986, ABl. 1986, Nr. L 230 vom 18.8.1986, S. 33 (*Polypropylen*); 21.12.1988, ABl. 1989, Nr. L 74 vom 17.3.1989, S. 11 (*PVC*); 21.12.1989, ABl. 1989, Nr. L 74 vom 17.3.1989, S. 14 (*LDPE*); 27.7.1994, ABl. 1994, Nr. L 239 vom 14.9.1994, S. 28 (*PVC*); vgl. auch EuGH, 24.10.1996, Slg. 1996 I, 5457 ff. = DB 1995, 313, 314 (*Viho Europe*); EuGH, 21.9.1999, Slg. 1999 I, 5751 (*Albany International BV*); *Dittert*, WuW 07/2012, 670, 672.

[478] EuGH, Urt. v. 14.12.2006, C-217/05, Slg. 2006, I-11987, Rn. 40 (*Confederacion Española de Empresarios de Estaciones de Servicio*), und v. 15.9.2005, T-325/01, Slg. 2005, II-3319, Rn. 85 (*DaimlerChrysler/Kommission*); EuG, Urt. v. 12.10.2011, T-38/05, Rn. 99 (*Agroexpansion SA/Kommission*).

[479] EuGH, Urt. v. 8.7.1999, C-49/92 P, Slg. 1999, I-4125, Rn. 145 (*Kommission/Anic Partecipazioni*), EuGH v. 16.11.2000, C-279/98 P, Slg. 2000, I-9693, Rn. 78 (*Cascades/Kommission*), und vom 11.12.2007, C-280/06, Slg. 2007, I-10893, Rn. 39 (*ETI u. a.*).

[480] Vgl. den Überblick bei *Dannecker/Biermann*, in: *Immenga/Mestmäcker* (Hrsg.), EU-Wettbewerbsrecht, Bd. I Teil 2, Vorbem. Art. 23 VO 1/2003 Rn. 82 ff.; *Dannecker/Fischer-Fritsch*, Das EG-Kartellrecht in der Bußgeldpraxis, S. 260 ff.; *Hamann*, Das Unternehmen als Täter im europäischen Wettbewerbsrecht, S. 32 ff.; *Lipowsky*, Die Zurechnung von Wettbewerbsverstößen zwischen verbundenen Unternehmen im EWG-Wettbewerbsrecht, S. 15 ff.; *Ransiek*, Unternehmensstrafrecht, 1996, S. 331 ff.; *Ritter/Braun/Rawlinson*, EEC Competition Law. A Practioner's Guide, 1991, S. 678 ff.; *Rütsch*, Strafrechtlicher Durchgriff auf verbundene Unternehmen?, 1987, S. 27 ff.

[481] Krit. dazu *Meyring*, WuW 02/2010, S. 157 ff.

[482] EuGH Rs. C-97/08 P, Slg. 2009, I-8237, Rn. 54 f. (*Akzo Nobel*); C-407/08 P, Slg. 2012, I-0000, Rn. 64 (*Knauf Gips*); EuGH Rs. C-201/09 P und C-216/09 P, Slg. 2011, I-0000, Rn. 95 (*Acelor Mittal Luxembourg u. a.*); Urt. v. 24.9.2009, Slg. 2009, I-1843, Rn. 78 (*Erste Bank Group*); Urt. v. 20.1.2011, Rs. C-90/09 P, www.curia.eu, Rn. 34 ff. (*General Química*); EuG Urt. v. 24.3.2011, Rs. T-386/06, www.curia.eu, Rn. 132 f. (*Pegler*); ausführlich *Dannecker/Biermann* in: *Immenga/Mestmäcker*, EU-Wettbewerbsrecht, Bd. I Teil 2, 5. Aufl. 2012, Art. 23 VO 1/2003 Rn. 82 ff. m. weit. Nachw.; siehe dazu *Hackel*, S. 140 ff.; *Burnley*, World Competition 33, no. 4 (2010): 595–614; *Riesenkampff*, in: FS Loewenheim, 2009, S. 529 ff.

[483] EuGH Rs. C-97/08 P, Slg. 2009, I-8237, Rn. 54 f. (*Akzo Nobel*); C-407/08 P, Slg. 2012, I-0000, Rn. 64 (*Knauf Gips*); EuGH Urt. v. 1.7.2010, Rs. C-407/08 P, www.curia.eu (*Knauf Gips*); *Ditz*, ÖZK 2010, S. 195 ff.; *Bauer/Annweiler*, ÖZK 2011, S. 71 ff.; *Brettel/Thomas*, ZWeR 01/2009, 25, 59 ff.

D. Europäisches Kartellordnungswidrigkeitenrecht

sind die Leitung oder Kontrolle der Obergesellschaft gegenüber abhängigen Gesellschaften, vor allem die Erteilung von Weisungen, sowie die Besetzung der Organe der Tochtergesellschaften mit leitenden Mitarbeitern der Muttergesellschaft.[484] So ist vom Vorliegen einer wirtschaftlichen Einheit immer dann auszugehen, wenn die Tochtergesellschaft unter dem bestimmenden Einfluss der Muttergesellschaft steht (Konzept des bestimmenden Einflusses).[485]

Eine **Haftung der Muttergesellschaft** für ein kartellrechtswidriges Verhalten der Tochtergesellschaft kann nicht allein aus einer 100% Beteiligung der Muttergesellschaft an der Tochtergesellschaft abgeleitet werden. In einem solchen Fall besteht jedoch die dahingehende widerlegbare[486] Vermutung, dass die Tochtergesellschaft ihr Verhalten nicht autonom bestimmt[487], was insbesondere dann anzunehmen ist, wenn sonstige Umstände für eine Involvierung der Muttergesellschaft vorliegen, so z. B. das Auftreten als Sprachrohr im Ermittlungsverfahren der Kommission. In Konstellationen dieser Art müssen – dieser Schluss ist aus den Ausführungen des EuGH in einer neueren Entscheidung[488] zu ziehen – die Betroffenen darlegen und beweisen, dass die Muttergesellschaft keinen Einfluss auf die Geschäftspolitik der Tochtergesellschaft genommen hat und die Tochtergesellschaft eigenständig im Markt agiert.[489] Da es sich hierbei um einen negativen Beweis handelt, ist eine derartige Beweisführung mit Schwierigkeiten verbunden. Sind die Voraussetzungen für die Anwendung der Vermutung nicht erfüllt, obliegt es der Kommission zu beweisen, dass die Muttergesellschaft tatsächlich einen bestimmenden Einfluss auf die wirtschaftliche Tätigkeit der Tochtergesellschaft ausgeübt hat.[490]

---

[484] *Dannecker/Biermann*, in: *Immenga/Mestmäcker* (Hrsg.), EU-Wettbewerbsrecht, Bd. I Teil 2, Vorbem. Art. 23 VO 1/2003 Rn. 87 ff.; vgl. auch *Dannecker/Fischer-Fritsch,* Das EG-Kartellrecht in der Bußgeldpraxis, S. 274 ff. sowie *Papakiriakou,* Das europäische Unternehmensstrafrecht in Kartellsachen, 2002, S. 174 ff.; zur Beurteilung von Gemeinschaftsunternehmen *Thomas,* ZWeR 2005, 236, 248 ff.; *Hummer,* ecolex 2010, S. 64; EuG Rs. T-24/05, Slg. 2010, II-0000, Rn. 126, 172 *(Alliance One International)*; EuGH Rs. C-216/09 P, Slg. 2011, I-0000, Rn. 96 *(Acelor Mittal Luxembourg u. a.)*; C-97/08 P, Slg. 2009, I-8237, Rn. 58 *(Akzo Nobel)*: *Ditz,* ÖZK 2010, 195 ff.; *Bauer/Annweiler,* ÖZK 2011, S. 71 ff.; EuG, Urteil v. 25.10.2011 – T-349/08, BeckRS 2012, 81020; OLG München, Urt. v. 9.2.2012, U 3283/11 Kart, Tz. 26 *(Caliumcarbid)*; EuG, Urt. v. 15.9.2011, T-234/07, Tz. 80 ff. *(Koninklijke Grolsch NV/Kommission)*; *Dittert,* WuW 07/2012, 670, 672 ff.

[485] EuGH, Urt. v. 14.7.1972, Rs. 48/69, Slg. 1972, 619, Rn. 132–141 *(Imperial Chemical Industries/Kommission)*; EuGH, Urt. v. 10.09.2009, Rs. C-97/08 P, Rn. 58 ff. *(AKZO Nobel)*; EuGH Rs. C-90/09, Urt. v. 20.01.2011, Rn. 39 f. *(General Quimímica)*; EuGH Rs. C-216/09 P, Slg. 2011, I-0000, Rn. 96 *(Acelor Mittal Luxembourg u. a.)*; EuGH, Urt. v. 29.9.2011, Rs. C-520/09 P, Rn. 38 ff. *(Arkema/Kommission)*; EuGH, Urt. v. 29.9.2011, Rs. C-521/09 P, Rn. 54 ff. *(Elf Aquitaine/Kommission)*.

[486] EuG Rs. T-24/05, Slg. 2010, II-0000, Rn. 125 *(Alliance One International)*; EuGH Rs. C-216/09 P, Slg. 2011, I-0000, Rn. 97 *(Acelor Mittal Luxembourg u. a.)*; siehe dazu auch *Timmerbeil/Mansdörfer,* BB 2011, S. 323 ff.; krit. dazu *Thomas,* KSzW 01.2011, 10, 11; EuGH Rs. C-90/09, Urt. v. 20.01.2011, wrp 2011/03, S. 335 ff. *(General Quimímica)*; *Bauer/Annweiler,* ÖZK 2011, S. 71, 76 f.; siehe auch *Ackermann,* ZWeR 04/2010, S. 329, 344 ff. *Riesenkampff,* in: FS Loewenheim, 2009, S. 529, 535; so auch neuerdings EuGH, Urt. v. 29.9.2011, C-521/09P (EuG); C-520/09P (EuG), CCZ 2012, 39 ff.; *Dittert,* WuW 07/2012, 670, 676 ff.

[487] EuGH Rs. C-216/09 P, Slg. 2011, I-0000, Rn. 95 *(Acelor Mittal Luxembourg u. a.)*; Urt. v. 29.9.2011, Rs. C-521/09 P, www.curia.eu, Rn. 51 ff. *(Elf Aquitaine)*, Rs. C-97/08 P, Slg. 2009, I-8237, Rn. 97 *(Akzo Nobel)*.

[488] EuGH, 16.11.2000, Slg. 2000 I, 9925; mit Anmerkung *Riesenkampff,* WuW 2001, 357 f.

[489] Der EuGH geht in seiner Entscheidung davon aus, dass dem betroffenen Unternehmen die Beweislast für die Unabhängigkeit der Tochtergesellschaft auferlegt ist. Hierin liegt kein Verstoß gegen die in der EMRK garantierten Unschuldsvermutung; siehe EuGH Rs. C-97/08 P, Slg. 2009, I-8237, Rn. 54 ff. *(Akzo Nobel)*; EuG Rs. T-236/01 usw., Slg. 2004, II-1181, Rn. 279 f. *(Tokai Carbon u. a.)*; Urt. v. 26.4.2007, Slg. 2007, II-947, Rn. 201 *(Bolloré)*; *Hummer,* ecolex 2010, S. 64 ff.; *Kling,* wrp 2010/04, S. 506 ff.

[490] EuG Rs. T-24/05, Slg. 2010, II-0000, Rn. 195 f., 218 *(Alliance One International)*; EuGH, Urt. v. 10.9.2009, Rs. C-97/08 P, EuZW 2009, Rn. 54 ff., 72 ff., 816 *(AKZO Nobel)*; *Köhler,* wrp 2011/03, S. 277 ff.; eingehend dazu *Kling,* wrp 2010/04, S. 506 ff.; krit. dazu *Voet van Vormizeele,* WuW 10/2010, S. 1008 ff.; *Hackel,* S. 140 ff.

209 Fehlende Autonomie der Tochtergesellschaft im Falle starker Abhängigkeit und Weisungsgebundenheit[491] von bzw. gegenüber der Muttergesellschaft führt zur Bejahung einer wirtschaftlichen Einheit.[492] Selbst wenn die Tochtergesellschaften autonome Entscheidungen treffen können, nimmt die Kommission eine wirtschaftliche Einheit an, sofern der Konzern unter einer **einheitlichen Leitung** steht. Dies wird insbesondere bei Personenidentität der Unternehmensleitung bejaht.[493] Ausgeschlossen ist der Entscheidung des EuGH zufolge die Haftung der Muttergesellschaft für die Tochtergesellschaft für die Zeit vor deren Erwerb, denn für eine Zuwiderhandlung muss diejenige Person einstehen, die das Unternehmen zum Zeitpunkt der Zuwiderhandlung geleitet hat. Ebenso ausgeschlossen ist eine Haftung, wenn die Muttergesellschaft gegenüber der Tochtergesellschaft als Treuhänderin ohne unmittelbare eigene geschäftliche Interessen auftritt.[494]

210 Unter einem **Gemeinschaftsunternehmen** versteht man eine wirtschaftliche Einheit, die zwei oder mehrere Muttergesellschaften umfasst, die gemeinsam den bestimmenden Einfluss und die Kontrolle über das Gemeinschaftsunternehmen ausüben.[495] Dieses bildet mit jeweils einer Muttergesellschaft ein Unternehmen im Sinne des europäischen Kartellrechts[496], so dass dessen Anwendungsbereich Vereinbarungen zwischen der jeweiligen Muttergesellschaft und dem Gemeinschaftsunternehmen nicht erfasst; Vereinbarungen zwischen den Muttergesellschaften sind jedoch nach Art. 101 AEUV überprüfbar.[497]

211 Wenn eine Muttergesellschaft und ein Tochterunternehmen an der zu ahndenden Zuwiderhandlung beteiligt sind, erfolgt in neuerer Zeit wieder eine Verhängung **gesamtschuldnerischer Geldbußen** gegen beide Konzerngesellschaften.[498]

212 Weiterhin wird eine wirtschaftliche Einheit in Fällen der **Rechtsnachfolge** angenommen, d. h. in Fällen, in denen ein Unternehmen in ein anderes umgewandelt oder in ein bestehendes eingegliedert wurde.[499] Dadurch wird verhindert, dass sich ein Unternehmen der Verhängung einer Geldbuße durch Fusion[500] oder Umwandlung[501] entziehen kann, obwohl die Ge-

---

[491] In bestimmten Fällen kann wirtschaftliche Tätigkeit autonom oder weisungsgebunden ausgeübt werden, etwa bei Handelsvertretern; zur diesbezüglichen Differenzierung siehe Rn. 12 ff. und 21 ff. der Mitteilung der Kommission – Leitlinien für vertikale Beschränkungen, ABl. 2010 Nr. C 130 S. 1.
[492] Näher dazu *Dannecker/Biermann*, in: Immenga/Mestmäcker (Hrsg.), EU-Wettbewerbsrecht, Bd. I Teil 2, Vorbem. Art. 23 VO 1/2003 Rn. 84 ff. m. weit. Nachw.; *Ditz*, ÖZK 2010, 195 ff.
[493] Näher dazu *Dannecker/Biermann*, in: Immenga/Mestmäcker (Hrsg.), EU-Wettbewerbsrecht, Bd. I Teil 2, Vorbem. Art. 23 VO 1/2003 Rn. 94 m. weit. Nachw.; EuGH Rs. C-407/08 P, Slg. 2012, I-0000, Rn. 64 ff. (*Knauf Gips*).
[494] EuG, Urt. v. 16.6.2011, Rs. T-208/08, Rn. 51 ff. (*Gosselin Group u. a./Kommission*); *Dittert*, WuW 07/2012, 670, 678.
[495] EuG Rs. T-314/01, Slg. 2006, II-3085, Rn. 138 f. (*Avebe*); *Scheidtmann*, wrp 2010/04, S. 499, 500
[496] EuG Rs. T-24/05, Slg. 2010, II-0000, Rn. 165 (*Alliance One International*).
[497] Im Zusammenhang mit Gemeinschaftsunternehmen ist zwischen Vollfunktionsunternehmen, die als Unternehmenszusammenschluss gelten und deren Vereinbarkeit mit Art. 101 AEUV auf der Basis der VO Nr. 139/2004 überprüft wird und Nichtvollfunktionsgemeinschaftsunternehmen zu differenzieren, die der Kontrolle nach der VO 1/2003 unterliegen; *de Bronett* in: *Schulte/Just*, Kartellrecht Art. 101 AEUV Rn. 21; siehe auch *Montag/Kacholdt* in: *Dauses*, EU-Wirtschaftsrecht, § 4 Rn. 27 ff. m. weit. Nachw.
[498] KOMM, 20.9.2000. ABl. 2001, Nr. L 59 vom 28.2.2001, S. 1 ff. (*Opel*); näher dazu *Dannecker/Biermann*, in: Immenga/Mestmäcker (Hrsg.), EU-Wettbewerbsrecht, Bd. I Teil 2, Vorbem. Art. 23 VO 1/2003 Rn. 103 ff.; *Köhler*, wrp 2011/03, S. 277 ff.; *Buntschek*, WuW 2008, 941, 947 f.; *Bauer/Annweiler*, ÖZK 2011, S. 71, 75 f.
[499] Zu den Erscheinungsformen vgl. *Hamann*, Das Unternehmen als Täter im europäischen Wettbewerbsrecht, S. 89 ff.; vgl. auch *Dannecker/Biermann*, in: Immenga/Mestmäcker (Hrsg.), EU-Wettbewerbsrecht, Bd. I Teil 2, Vorbem. Art. 23 VO 1/2003 Rn. 108 ff.; *ders./Fischer-Fritsch*, Das EG-Kartellrecht in der Bußgeldpraxis, S. 254; *Tsolka*, Der Allgemeine Teil des europäischen supranationalen Strafrechts, 1995, S. 305 ff.; EuG, Rs. T-122/07 usw., Slg. 2011, II-0000, Rn. 150 ff. (*Siemens u. a.*); EuGH Urt. v. 11.12.2007, Slg. 2007, I-10893, Rn. 39 ff. (*ETI*); *Dittert*, WuW 07/2012, 670, 681.
[500] Siehe dazu *Dannecker/Biermann*, in: Immenga/Mestmäcker (Hrsg.), EU-Wettbewerbsrecht, Bd. I Teil 2, Vorbem. Art. 23 VO 1/2003 Rn. 108 ff., 115; *Dyejaer-Hansen/Hoegh*, ECLR 2003, 203 ff.; *Hoegh*, ECLR 2004, 534 ff.; *Lessenich*, Unternehmensbegriff und Zurechnung, S. 105 ff.; *Orlikowski-Wolf*, Rechtsnachfolge von Unternehmen im europäischen Kartellrecht, S. 19 ff.; *Pohlmann*, Der Unterneh-

D. Europäisches Kartellordnungswidrigkeitenrecht **18**

schäftstätigkeit in gleicher oder ähnlicher Weise unter einem neuen Unternehmensträger fortgesetzt wird. Das erwerbende Unternehmen braucht das gesetzwidrige Verhalten nicht gebilligt, übernommen oder fortgesetzt zu haben. Auch im Falle der Liquidation[502] wird von der Kommission auf den wirtschaftlichen Unternehmensbegriff zurückgegriffen, um die Ahndung von Wettbewerbsverstößen sicherzustellen.

b) Begriff der Unternehmensvereinigung

Bei einer Unternehmensvereinigung handelt es sich um einen **Zusammenschluss mehrerer Unternehmen**, deren Zweck darin besteht, die Interessen ihrer Mitglieder wahrzunehmen, wobei es nicht erforderlich ist, dass der Zusammenschluss eigene Rechtspersönlichkeit aufweist.[503] Ebenso wenig spielen hierfür Zweck und Organisation der Vereinigung eine Rolle. Die eigenständige Nennung von Unternehmensvereinigungen in der Verordnung soll Gesetzesumgehungen vorbeugen.[504] Von dem Begriff der Unternehmensvereinigung werden neben privatrechtlichen auch öffentlich-rechtlichen Verbände erfasst,[505] es ist daher nicht erforderlich, dass alle Mitglieder „Unternehmen" sind.[506] Was die Tathandlung anbetrifft, legt der Wortlaut des Art. 101 Abs. 1 AEUV nahe, dass lediglich Vereinbarungen von Unternehmen als tatbestandsmäßiges Verhalten anzusehen sind. Es besteht jedoch Einigkeit darüber, dass auch wettbewerbsbeschränkende Vereinbarungen von Unternehmensvereinigungen und von Zusammenschlüssen derartiger Vereinigungen Art. 101 Abs. 1 AEUV unterfallen und mit Geldbuße geahndet werden können.[507]

213

2. Zurechnung des Verhaltens natürlicher Personen

Normadressaten der Wettbewerbs- und der Bußgeldvorschriften sind Unternehmen und Unternehmensvereinigungen. Diese Normadressaten können jedoch die tatbestandsmäßigen Verhaltensweisen nicht eigenhändig verwirklichen. Daher ist es erforderlich, auf das Verhalten der für sie handelnden natürlichen Personen abzustellen. Auch können Unternehmen die weitere Voraussetzung der Bußgeldtatbestände, das vorsätzliche oder fahrlässige Verhalten, nicht selbst erfüllen. Aus diesem Grunde bedarf es der **Zurechnung schuldhafter Handlungen von natürlichen Personen**.[508] Damit stellt sich die Frage, welche Voraussetzungen hierfür erfüllt sein müssen.

214

---

mensverbund im Europäischen Kartellrecht, S. 46 ff., *Tsolka,* Der Allgemeine Teil des europäischen supranationalen Strafrechts, S. 305 ff.
[501] EuGH, 16.11.2000, Slg. 2000, I-10 101 Rn. 28 (*SCA Holding*); *Dannecker/Biermann,* in: *Immenga/Mestmäcker* (Hrsg.), EU-Wettbewerbsrecht, Bd. I Teil 2, Vorbem. Art. 23 VO 1/2003 Rn. 117.
[502] *Dannecker/Biermann,* in: *Immenga/Mestmäcker* (Hrsg.), EG-Wettbewerbsrecht, Bd. I Teil 2, Vorbem. Art. 23 VO 1/2003 Rn. 116; EuGH, Urt. v. 11.12.2007, Slg. 2007, I-10893 Rn. 39 ff. (*Tabak*).
[503] KOMM, 7.12.1984, ABl. 1985, Nr. L 35 vom 7.2.1985, S. 39 (*Milchförderungsfonds*); vgl. auch *Emmerich,* in: *Immenga/Mestmäcker* (Hrsg.), EU-Wettbewerbsrecht, Bd. I Teil, Art. 101 Abs. 1 AEUV Rn. 37 ff.; EuG Rs. T-24/05, Slg. 2010, II-0000, Rn. 125 (*Alliance One International*).
[504] Vgl. nur *Siohl,* Die Schuldfeststellung bei Unternehmen oder Unternehmensvereinigungen im Rahmen des Art. 15 VO 17 zum EWG-Vertrag, S. 107.
[505] Näher dazu *Emmerich,* in: *Immenga/Mestmäcker* (Hrsg.), EU-Wettbewerbsrecht, Bd. I Teil 1, Art. 101 Abs. 1 AEUV Rn. 37 ff.; Richtlinie 2006/111/EG v. 16.11.2006 über die Transparenz der finanziellen Beziehungen zwischen den Mitgliedstaaten und den öffentlichen Unternehmen sowie über die finanzielle Transparenz innerhalb bestimmter Unternehmen (kod. Fassung, ABl. 2006 Nr. L 318 S. 17); siehe dazu auch EuGH Rs. C-350/07, Slg. 2009, I-1513 Rn. 37 ff. (*Kattner Stahlbau/Berufsgenossenschaft*); Rs. C-437/09, Slg. 2011, I-0000, Rn. 44 ff. (*AG2R Prévoyance/Beaudout*); Rs. C-113/07 P, Slg. 2009, I-2207, Rn. 70 ff. (*Selex*).
[506] EuG Rs. T-193/02, Slg. 2005, II-209, Rn. 70 (*Piau*); Rs. T-217/03, Slg. 2006, II-4987, Rn. 55 (*FNCBV und FNSEA*); Rs. T-23/09, Slg. 2010, II-0000, Rn. 74 (*CNOP und CCG*).
[507] Vgl. nur KOMM, 17.12.1981, ABl. 1982, Nr. L 167 vom 15.6.1982, S. 39 (*NAVEWA-ANSEAU*); 7.12.1984, ABl. 1985, Nr. L 35 vom 7.2.1985, S. 39 (*Milchförderungsfonds*); 10.7.1986, ABl. 1986, Nr. L 232 vom 19.8.1986, S. 31 (*Dach- und Dichtungsbahnen*); *Schröter,* in: *Groeben/Thiesing/Ehlermann,* Kommentar zum EWG-Vertrag, 6. Aufl. 2003, Bd. 2/I, Artikel 85 Abs. 1 Rn. 45.
[508] EuG Rs. T-25/95 usw., Slg. 2000, II-495, Rn. 1318, 1351, 1360 (*Cimenteries CBR*).

215 Die Kommission hat im Fall „*Pioneer*" dargelegt, dass jede natürliche Person, die für das Unternehmen befugterweise tätig wird, unabhängig von ihrer Stellung in der Unternehmenshierarchie, die Verhängung einer Geldbuße auslösen kann.[509] Es kommt hiernach für die Zurechnung nicht darauf an, dass der Unternehmensinhaber oder Geschäftsinhaber selbst gehandelt hat oder dass er Kenntnis von dem Verstoß seines Mitarbeiters oder Beauftragten hatte. Der **Personenkreis**, dessen Verhalten dem Unternehmen zuzurechnen ist, wird sehr weit gezogen. Selbst das Verhalten von Beauftragten und Bevollmächtigten eines Unternehmens wird diesem zugerechnet.[510] So führte die Kommission in der Entscheidung „*NAVEWA-ANSEAU*"[511] aus, dass die Verantwortlichkeit der mit Geldbußen belegten Unternehmen auch auf ihrer Eigenschaft als Mitglied des Verbandes, der bei der Ausarbeitung und Anwendung des Übereinkommens eine aktive Rolle gespielt habe, beruhe. Es wird also das Verhalten eines Verbandes den Mitgliedern, für die er tätig geworden ist, zugerechnet.[512] Die mangelnde Berechtigung der handelnden natürlichen Person zu einer wettbewerbswidrigen Vereinbarung schließt eine Zurechnung des Verhaltens zu dem Unternehmen nicht aus.[513] Erst wenn die handelnde Person den Rahmen des ihr übertragenen Aufgabenbereichs eindeutig überschreitet, wird eine Zurechnung verneint.[514]

3. Vorsatz und Fahrlässigkeit

216 Gemäß Art. 23 Abs. 2 VO 1/2003 muss der Verstoß jeweils **vorsätzlich** oder **fahrlässig** erfolgen. Insbesondere die Art. 101 Abs. 1 und 102 AEUV beinhalten jedoch überwiegend normative Tatbestandsmerkmale; zur Bejahung des Vorsatzes ist daher nach Auffassung der Kommission Bedeutungskenntnis erforderlich. Daraus folgt, dass zur Kenntnis der Tatsachen, die dem Rechtsbegriff zu Grunde liegen, die **Kenntnis des rechtlichen Bewertungsergebnisses** hinzukommen muss.[515] Nicht erforderlich ist hingegen – nach der Auffassung der Kommission – die Kenntnis des generellen Verbotenseins der Handlung, so dass nicht jede Rechtsfahrlässigkeit zur Verneinung des Vorsatzes führt. Auch ist ein Irrtum über das Verbotensein der Handlung grundsätzlich unbeachtlich. Eine vorsatzausschließende Wirkung eines derartigen Irrtums kommt nur in Betracht, wenn der Irrtum über das Verbotensein auf missverständlichen Äußerungen der Kommission beruht, wobei hierfür ein objektiver Maßstab[516] angewandt wird.[517]

4. Geltung strafrechtlicher Fundamentalgarantien

217 Zwar handelt es sich bei den Bußgeldentscheidungen gemäß Art. 23 Abs. 5 VO 1/2003 um Entscheidungen nicht strafrechtlicher Art, doch sind auch diese Geldbußen dem Strafrecht im weiteren Sinne zuzuordnen.[518] Denn die Geldbußen besitzen auch eine repressive Funk-

---

[509] *Dannecker/Fischer-Fritsch*, Das EG-Kartellrecht in der Bußgeldpraxis, S. 258 f.; *Tiedemann*, FS Jescheck 1985, S. 1419 f.
[510] EuG, Urt. v. 15.12.2010, Rs. T-141/08, www.curia.eu, Rn. 258 (*E.ON Energie*).
[511] KOMM, 17.12.1982, ABl. 1982, Nr. L 167 vom 15.6.1982, S. 49.
[512] Vgl. auch KOMM, 15.7.1982, ABl. 1982, Nr. L 232 vom 6.8.1982, S. 37 f. (*SSI*).
[513] EuG Rs. T-9/99, Slg. 2002, II-1487, Rn. 275 (*HFB Holding*); EuG Rs. T-236/01 usw., Slg. 2004, II-1181, Rn. 279 f. (*Tokai Carbon u. a.*).
[514] *Dannecker/Fischer-Fritsch*, Das EG-Kartellrecht in der Bußgeldpraxis, S. 259.
[515] *Dannecker/Fischer-Fritsch*, Das EG-Kartellrecht in der Bußgeldpraxis, S. 280 f.; *Tiedemann*, FS Jescheck 1985, S. 1438.
[516] EuGH, 13.2.1979, Slg. 1979, 553 (*Hoffmann-La Roche*).
[517] Zum Vorsatz und Irrtum siehe *Dannecker/Biermann*, in: *Immenga/Mestmäcker* (Hrsg.), EU-Wettbewerbsrecht, Bd. I Teil 2, Art. Vorbem. Art. 23 VO 1/2003 Rn. 186 ff.; *Mäsch*, § 81 GWB Rn. 23 f.
[518] Vgl. *Dannecker/Biermann*, in: *Immenga/Mestmäcker* (Hrsg.), EU-Wettbewerbsrecht, Bd. I Teil 2, Vorbem. Art. VO 1/2003 Rn. 39 m. weit. Nachw.; vgl. auch *Schwarze*, EuZW 2003, 261 ff.; siehe auch *Dannecker*, in: Sieber/Dannecker/Kindhäuser/Vogel/Walter (Hrsg.), FS Tiedemann, S. 805 ff.; *Bechtold/Bosch*, ZWeR 2011, 160, 161 f.; *Möschel*, Der Betrieb 2010, S. 2377 ff.; krit. dazu *Werden*, European Competition Journal, April 2009, S. 19 ff.; *Wils*, World Competition 33, no. 1 (2010): 5–29.

D. Europäisches Kartellordnungswidrigkeitenrecht

tion,[519] da die Verhängung gemäß Art. 23 Abs. 5 VO 1/2003 von vorsätzlichem bzw. fahrlässigem Verhalten abhängig ist, weshalb die Geldbuße eine Reaktion auf ein vergangenes Verhalten darstellt. Auf strafähnlich wirkende Maßnahmen, die repressive Zwecke verfolgen, sind die **strafrechtlichen Garantien** anzuwenden.[520] Durch die repressive Funktion unterscheidet sich die Geldbuße vom präventiven Zwangsgeld im Sinne des Art. 24 VO 1/2003. Auch die Schwere der angedrohten Sanktion stellt ein Indiz für den strafrechtlichen Charakter der EG-Geldbuße dar.[521] Die Kommission beachtet nach dem Erwägungsgrund 37 in ihrem Verfahren die Grundrechte und insbesondere die Prinzipien, die in der Charta der Grundrechte der Europäischen Union niedergelegt sind, sich aber auch aus der EMRK und den mitgliedsstaatlichen Verfassungstraditionen ableiten lassen.[522] Als strafrechtliche Garantien, die gewahrt werden müssen, kommen insbesondere in Betracht: das Gesetzlichkeitsprinzip, das den Bestimmtheitsgrundsatz, das Rückwirkungsverbot und das Analogieverbot enthält, der Schuldgrundsatz sowie der Grundsatz „in dubio pro reo".[523] Aus dem **Bestimmtheitsgrundsatz**, der einen allgemeinen Rechtsgrundsatz darstellt,[524] folgt, dass der Normadressat aufgrund des Gesetzes wissen muss, welches Verhalten unter Bußgeldandrohung verboten ist und welche Sanktion ihm bei einem Verstoß gegen das Verbot droht.[525] Große Bedeutung erlangt der Bestimmtheitsgrundsatz bei den Tatbestandsmerkmalen der Art. 101 und 102 AEUV, die auf Rechtsfortbildung angelegt sind.[526] Ebenso besitzt das **Rückwirkungsverbot** Geltung.[527] Deshalb ist das Kartellordnungswidrigkeitenrecht erst ab dem Zeitpunkt des Beitritts eines Mitgliedstaats auf Praktiken eines Unternehmens anzuwenden.[528] Das **Analogieverbot** besitzt im Bereich des Kartellordnungswidrigkeitenrechts nur geringe praktische Relevanz, da die Tatbestandsmerkmale der Kommission einen erheblichen Auslegungsspielraum gewähren.[529] Der **Schuldgrundsatz** besagt, dass eine Geldbuße im Sinn von Art. 23 Abs. 1,

---

[519] Zu den Funktionen der Geldbuße siehe *Dannecker/Biermann*, in: *Immenga/Mestmäcker* (Hrsg.), EU-Wettbewerbsrecht, Bd. II, Vorbem. Art. 23 VO 1/2003 Rn. 22 ff.

[520] EuGH, 8.7.1999, Slg. 1999 I, 4384 (*Hüls*); 8.7.1999, Slg. 1999 I, 4631 (*Montecatini*); *Rizvi*, AJP/PJA 2010, 452, 457 f.; *Federmann*, S. 92.

[521] *Dannecker/Fischer-Fritsch*, Das EG-Kartellrecht in der Bußgeldpraxis, S. 352; *Möhlenkamp*, in: *Schwarze* (Hrsg.), Instrumente zur Durchsetzung des europäischen Wettbewerbsrechts, 2002, S. 125; *Wegner*, WuW 2001, 476.

[522] Siehe Charta der Europäischen Union v. 7.12.2000 in der am 12.12.2007 angepassten Fassung (ABl. C 83 v. 30.3.2010, S. 389 ff.); EuG Rs. T-43/02, Slg. 2006, II-3435, Rn. 74 (*Jungbunzlauer*); EuG Rs. T-99/04, Slg. 2008, II-1501, Rn. 45 (*AC Treuhand*); *Sauer*, in: *Schulte/Just*, Kartellrecht, Art. 23 VO 1/2003 Rn. 40 ff.

[523] *Dannecker/Biermann*, in: *Immenga/Mestmäcker* (Hrsg.), EU-Wettbewerbsrecht, Bd. I Teil 2, Vorbem. Art. 23 VO 1/2003 Rn. 62; siehe auch EuGH Rs. C-266/06 P, Urt. v. 22.05.2008, Slg. I-81, Rn. 38 ff. (*Evonik Degussa*); EuG, Urt. v. 24.03.2011 – T-377/06, BeckRS 2011, 80298 Rn. 56 ff. (*Kupferfittingkartell*).

[524] EuGH, 9.7.1980, Slg. 1981, 1942 (*Gondrand Frères*); EuGH, 17.11.1992, 1992 I, 5833 (*Spanien/Kommission*).

[525] Siehe dazu *Bechtold*, in: *Möschel*, 50 Jahre Wettbewerbsgesetz in Deutschland und in Europa, 1. Aufl. 2010, S. 61 ff.

[526] Weitere Ausführungen hierzu bei *Dannecker/Biermann*, in: *Immenga/Mestmäcker* (Hrsg.), EU-Wettbewerbsrecht, Bd. I Teil 2, Vorbem. Art. 23 VO 1/2003 Rn. 45 ff. Zum Bestimmtheitsgebot siehe auch *Soltész/Steinle/Bielesz*, EuZW 2003, 205 ff.; zu den Voraussetzungen siehe EuGH Rs. C-266/06 P, Slg. 2008, I-81, Rn. 38 ff. (*Evonik Degussa*); Urt. v. 17.6.2010, Rs. C-413/08 P, www.curia.eu, Rn. 94 (*Lafarge*); EuG Rs. T-99/04, Slg. 2008, II-1501, Rn. 113 (*AC Treuhand*); EuG Rs. T-43/02, Slg. 2006, II-3435, Rn. 79 f. (*Jungbunzlauer*); EuG Rs. T-446/05, Urt. V. 28.4.2010, Rn. 124 ff. (*Amann & Söhne*); Castillo de la Torre, 33 World Competition (2010) Fn. 256 zur EGMR-Rspr.

[527] EuGH, 6.4.1962, Slg. 1962, 97 ff. (*Bosch*); EuGH Rs. C-266/06 P, Slg. 2008, I-81, Rn. 38 ff. (*Evonik Degussa*).

[528] EuGH, 30.6.1978, Slg. 1978, 1415 (*Tepeal BV*).

[529] Siehe hierzu und zur Anwendbarkeit des Analogieverbots *Dannecker/Biermann*, in: *Immenga/Mestmäcker* (Hrsg.), EU-Wettbewerbsrecht, Bd. I Teil 2, Vorbem. Art. 23 VO 1/2003 Rn. 56 ff ff.; siehe auch EuGH v. 29.3.2011, Rs. C-352/09, Rn. 80 ff. (*ThyssenKrupp Nirosta GmbH*); EuG Rs. T-99/04, Slg. 2008, II-1501, Rn. 140 (*AC Treuhand*).

2 VO 1/2003 nur verhängt werden kann, wenn ein vorsätzliches oder fahrlässiges Verhalten einer natürlichen Person vorliegt, das dem Unternehmen zugerechnet wird.[530] Den Grundsatz **„in dubio pro reo"**[531] wenden Kommission und Gerichtshof auf das tatbestandsmäßige Verhalten an, wobei jedoch die Unternehmen der Rechtsprechung des EuGH zufolge verpflichtet sind, die entlastenden Umstände, d. h. insbesondere die Voraussetzungen der Rechtfertigungsgründe, nachzuweisen.[532] Dies ist aber als Verstoß gegen den Grundsatz „in dubio pro reo" anzusehen.[533]

V. Bußgeldbemessung

1. Entwicklung der Sanktionspolitik bis zur Einführung der Leitlinien zur Bußgeldbemessung

218 In den ersten Jahren nach Inkrafttreten der VO 17/62 verhängte die Kommission bei leichteren Wettbewerbsverstößen Geldbußen von 20 000 bis 500 000 Ecu. Erst mit der *„Pioneer"*-Entscheidung[534] leitete die Kommission dann Ende 1979 eine **Politik strenger finanzieller Sanktionen für gravierende Wettbewerbsverstöße** ein.[535] Diese strenge Ahndung mit hohen Geldbußen wurde in der Folgezeit fortgesetzt und führte dazu, dass regelmäßig **Sanktionen in Millionenhöhe** verhängt wurden.[536]

2. Leitlinien zur Bußgeldbemessung in Kartellverfahren aus dem Jahr 1998[537]

219 Im Januar 1998 hat die Kommission Leitlinien für das Verfahren zur Festsetzung von Geldbußen nach Art. 15 VO 17/62[538] erlassen. Durch die in diesen Leitlinien niedergelegten Grundsätze sollen die **Transparenz** und die **Objektivität der Entscheidungen** der Kommission im Bereich der Geldbußen sowohl gegenüber dem Unternehmen als auch gegenüber dem Gerichtshof erhöht werden. Ein nicht in den Leitlinien erwähntes Ziel war es auch, das Bußgeldniveau substanziell anzuheben.[539] Gleichzeitig sollen diese Leitlinien das Bestehen eines Ermessensspielraums bei der Bußgeldbemessung verdeutlichen, den der Gesetzgeber der Kommission innerhalb der Obergrenze von 10 % des Gesamtumsatzes des zu ahndenden Unternehmens eingeräumt hat.

220 Durch die Leitlinien wurde die Bußgeldbemessung auf eine völlig neue Grundlage gestellt.[540] Die Leitlinien sehen statt einer umsatzproportionalen eine pauschale Bebußung vor.

---

[530] Vgl. dazu *Toepel*, GA 2003, 685 ff.
[531] EuG Urt. v. 5.4.2006, Slg. 2006, II-897, Rn. 115 (*Degussa*); Urt. v. 27.9.2006, Slg. 2006, II-3567, Rn. 60, (*Dresdner Bank*); Urt. v. 12.10.2007, Slg. 2007; II-4225, Rn. 75 ff. (*Pergan*); Urt. v. 15.12.2010, Rs. T-141/08, www.curia.eu, Rn. 52 (*E.ON Energie*); Urt. v. 3.3.2011, Rs. T-110/07, www.curia.eu, Rn. 45 (*Siemens*).
[532] EuGH, 18.3.1980, Slg. 1980, 1023 (*Valsabbia I*); 11.12.1980, Slg. 1980, 3764 (*Ferrière Luccini*); 7.6.1983, Slg. 1983, 1901 f. (*MDF Pioneer*).
[533] Weiterführende Literaturhinweise bei *Dannecker/Biermann*, in: *Immenga/Mestmäcker* (Hrsg.), EU-Wettbewerbsrecht, Bd. I Teil 2, Vorbem. Art 23. VO 1/2003 Rn. 65 ff.; zu diesbezüglichen rechtsstaatlichen Defiziten des europäischen Kartellrechts siehe *Schwarze*, EuR 2009, S. 171, 175 ff.
[534] KOMM, 14.12.1979, ABl. 1980, Nr. L 60 vom 5.3.1980, S. 21 ff. (*Pioneer*).
[535] *Dannecker/Fischer-Fritsch*, Das EG-Kartellrecht in der Bußgeldpraxis, S. 100.
[536] *Dannecker/Biermann*, in: *Immenga/Mestmäcker* (Hrsg.), EU-Kartellrecht, Bd. I Teil 2, Art. 23 VO 1/2003 Rn. 103 ff.
[537] Die Kommission beabsichtigt in nächster Zukunft neue Leitlinien zu veröffentlichen, die bereits auf den Internetseiten der Kommission unter folgender Adresse abrufbar sind: http://ec.europa.eu/comm/competition/antitrust/legislation/fines_de.pdf (Stand: 11.7.2006).
[538] Nunmehr Art. 23 VO 1/2003.
[539] Vgl. EU-Nachrichten in EuZW 1998, 67.
[540] *Weitbrecht/Tepe*, EWS 2001, 221.

D. Europäisches Kartellordnungswidrigkeitenrecht **18**

Die **Berechnung der Geldbußen**[541] beruht auf folgendem Schema: Zunächst wird in einem ersten Schritt ein Grundbetrag errechnet. Sodann werden erschwerende Umstände und mildernde Gesichtspunkte berücksichtigt, wobei sich die daraus ergebende Bußgeldsumme innerhalb des Bußgeldrahmens gemäß Art. 23 VO 1/2003 halten muss. Nach Durchführung der Berechnungen soll die Geldbuße an die Einzelumstände angepasst werden, indem objektive Faktoren wie z. B. ein besonderer wirtschaftlicher Zusammenhang, der von den Beteiligten erzielte wirtschaftliche oder finanzielle Vorteil oder besondere Merkmale der betreffenden Unternehmen berücksichtigt werden sollen.[542]

3. Leitlinien zur Bußgeldbemessung in Kartellverfahren aus dem Jahr 2006[543]

Zum 1.9.2006 wurden die Bußgeldleitlinien von 1998 durch die Leitlinien aus dem Jahr 2006 ersetzt. Diese kommen in allen Verfahren zur Anwendung, in denen nach dem 1.9.2006 Beschwerdepunkte ergangen sind (Ziff. 38 Leitlinien 2006) und dienen der Fortentwicklung und Verfeinerung der Bußgeldpolitik der Kommission (Ziff. 3 Leitlinien 2006). Die Bußgeldleitlinien 2006 sehen einige systematische Verbesserungen im Gegensatz zu den Leitlinien 1998 vor: So richtet sich nunmehr der Grundbetrag der Geldbuße nach Schwere[544] und Dauer der Zuwiderhandlung (Ziff. 5, 6, 1 bis 26). Bezugsgröße ist dabei der Umsatz, der mit der Zuwiderhandlung in einem direkten oder indirekten Zusammenhang steht (**tatbezogener Umsatz**).[545] Der Grundbetrag hat zwei Bestandteile: einen variablen Betrag, der sich aus der Anwendung eines Prozentsatzes von bis zu 30 % auf den tatbezogenen Umsatz sowie der Multiplikation mit der Dauer der eigenen Tatbeteiligung errechnet (Ziff. 19 bis 24), sowie einem davon unabhängigen Betrag von bis zu 25 % des tatbezogenen Umsatzes, der auch bei ganz kurzen Zuwiderhandlungen zur Anwendung kommt und als sog. Eintrittsgebühr bezeichnet wird (Ziff. 7).[546] Bei horizontalen Vereinbarungen wird dabei die Eintrittsgebühr immer hinzugerechnet, bei anderen Wettbewerbsverstößen besteht nur die Möglichkeit ihrer Anwendung. Bezüglich der Dauer wird ein Faktor in Höhe von 100 % pro Jahr angenommen (im Gegensatz zu 10 % nach den Leitlinien 1998), wobei jedoch zeitliche Abstufungen vorgenommen werden. In einem zweiten Schritt wird der so ermittelte Grund-

221

---

[541] Vgl. nur *Dannecker/Biermann*, in: *Immenga/Mestmäcker* (Hrsg.), EU-Kartellrecht, Bd. I Teil 2, Art. 23 VO 1/2003 Rn. 100 ff. m. weit. Nachw.

[542] Beispiele zur Anwendung der Leitlinien der Kommission in der Praxis bei *Weitbrecht/Tepe*, EWS 2001, 221 ff.; siehe auch EuGH, Urt. v. 8.12.2011, C-389/10 P, Rn. 58 ff. (*KME/Kommission*).

[543] Leitlinien für das Verfahren zur Festsetzung von Geldbußen gemäß Art. 23 Abs. 2 lit. a der Verordnung (EG) Nr. 1/2003, ABl. C 210 v. 1.9.2006, S. 2 ff.; siehe eingehend dazu *Castillo de la Torre*, World Competition 33, no. 3 (2010): 359–416.

[544] Zu den denkbaren Bewertungskriterien siehe EuG Rs. T-66/01, Urt. v. 25.6.2010, Rn. 372 (*ICI*); EuG Rs. T-59/07, Urt. v. 12.7.2011, Rn. 220, 229, 231 (*Polimeri Europa*); EuG Rs. T-30/05, Slg. 2007, II-107, Rn. 191 (*Prym*); EuG Rs. T-446/05, Urt. v. 28.4.2010, Rn. 171 (*Amann & Söhne*); EuGH Rs. C-510/06 P, Slg. 2009, I-1843 (*ADM*); EuG Rs. T-73/04, Slg. 2008, II-2661, Rn. 47 ff. (*Carbone Lorraine*); T-54/03, Slg. 2008, II-120, Rn. 639 (*Lafarge*); KOMM Entsch. v. 23.6.2010, COMP/39.092, Rn. 1199, 1208 (*Badezimmerausstattungen*); EuG Rs. T-18/05, Urt. v. 19.5.2010, Rn. 156 ff. (*IMI*); EuG Rs. T-109/02 u. a., Slg. 2007, II-947, Rn. 4177 ff. (*Bolloré*); KOMM Entsch. v. 1.10.2008, COMP/39.181, Rn. 653, 660 f. (*Kerzenwachse*); EuG Rs. T-208/08 und T-209/08, Urt. v. 16.6.2011, Rn. 143 ff., 183 (*Gosselin*).

[545] EuG Rs. T-127/04, Slg. 2009, II-1167, Rn. 93 (*KME Germany*); T-448/05, Urt. v. 28.4.2010, Rn. 66, 68 (*Oxley Threads*); T-211/08, Urt. v. 16.6.2011, Rn. 58 ff. (*Putters International*); T-212/08, Urt. v. 16.6.2011, Rn. 63 ff. (*Team Relocations*); T-122/04, Slg. 2009, II-1135, Rn. 82 (*Outokumpu*); T-11/05, Urt. v. 19.5.2010, Rn. 161 (*Wieland-Werke*); KOMM, Entsch. v. 11.3.2008, COMP/38.543, Rn. 532 ff. (*Auslandsumzüge*); KOMM Entsch. v. 15.10.2008, COMP/39.188, Rn. 452 (*Bananen*); KOMM Entsch. v. 8.12.2010, COMP/39.309, Rn. 382 (*LCD*).

[546] *Sauer* in: *Schulte/Just*, Kartellrecht, Art. 23 VO 1/2003 Rn. 105; T-204/08, Urt. v. 16.6.2011, www.curia.eu, Rn. 109 (*Team Relocations*).

betrag bei Vorliegen erschwerender oder mildernder Umstände angepasst.[547] Allerdings ist hierbei die 10%-Obergrenze nach Art. 23 Abs. 2 VO 1/2003 zu beachten, nach der eine zu verhängende Geldbuße gekappt werden kann (Ziff. 32, 33).[548]

222 Auch diese Leitlinien enthalten jedoch **Öffnungsklauseln**, durch die es sich die Kommission vorbehält, beispielsweise von dem eigentlich aufgestellten Rahmen des für die Berechnung der Geldbuße maßgeblichen Ausgangsbetrags von 30% des mit dem von der Zuwiderhandlung betroffenen Produkts erzielten Umsatzes abzuweichen oder die Geldbuße um einen sog. „Abschreckungsaufschlag" zu erhöhen.[549] Nichtsdestotrotz enthalten die Leitlinien eine Selbstbeschränkung des Ermessens der Kommission, die im Regelfall die darin aufgeführten Kriterien beachten muss. Insofern erfordern Abweichungen im Einzelfall eine besondere Begründung, die dem Gleichbehandlungsgrundsatz Rechnung trägt.[550] Aufgrund der vielen offenen Bewertungsfaktoren der Leitlinien 2006 kommt der Kommission bei der Bußgeldbemessung weiterhin ein erheblicher Ermessensspielraum[551] zu, so dass die Leitlinien kein berechtigtes Vertrauen bezüglich der Höhe des Grundbetrags, der Aufschläge und der Endbeträge schaffen.[552] Das Recht des Unionsrichters zu uneingeschränkten Ermessensprüfung bleibt jedoch unberührt.[553]

4. Mitteilung über den Erlass und die Ermäßigung von Geldbußen – „Kronzeugenregelung"

a) Ziel der Kronzeugenregelung

223 Wenn die Höhe einer Geldbuße anhand der Leitlinien 2006 ermittelt wurde, ist noch eine Milderung der Geldbuße aufgrund der Kronzeugenmitteilung 2006[554] möglich (Ziff. 34 Bußgeldleitlinien 2006).

224 Die Mitteilung der Kommission vom 8.12.2006 ersetzt dabei die Mitteilung der Kommission vom 14.2.2002[555], die bereits die bis dahin geltende Mitteilung der Kommission über die Nichtfestsetzung oder die niedrigere Festsetzung von Geldbußen vom 18.7.1996 obsolet werden ließ.[556] Vorbild für die europäische Bonusregelung ist die „Leniency Policy" des US-Justizministeriums.[557] **Anwendung** findet die Mitteilung in ihrer aktuellen Fassung **ab dem 8.12.2006** auf alle Fälle, in denen sich Unternehmen noch nicht mit der Kommission in Verbindung gesetzt haben, um die Vorteile aus der alten Mitteilung zu beanspruchen.

Durch die Mitteilung sollten größere **Anreize für die Aufdeckung von Kartellen** geschaffen und gleichzeitig die präventive Wirkung erhöht werden, weil Unternehmen auf-

---

[547] *Dannecker/Biermann*, in: *Immenga/Mestmäcker* (Hrsg.), EU-Kartellrecht, Bd. I Teil 2, Art. 23 VO 1/2003 Rn. 94 ff.; EuG Rs. T-452/05, Urt. v. 28.4.2010, Rn. 46 ff. (*Belgian Sewing Thread*).

[548] *Dannecker/Biermann*, in: *Immenga/Mestmäcker* (Hrsg.), EU-Kartellrecht, Bd. I Teil 2, Art. 23 VO 1/2003 Rn. 151 ff.

[549] Eingehend dazu *Dannecker/Biermann*, in: *Immenga/Mestmäcker* (Hrsg.), EU-Kartellrecht, Bd. I Teil 2, Art. 23 VO 1/2003 Rn. 220 ff. m. weit. Nachw.; EuG, Urt. v. 19.5.2010, Rs. T-18/05, www.curia.eu, Rn. 180 ff. (*IMI*).

[550] EuGH Rs. C-189/02 P u. a., Slg. 2005, I-5425, Rn. 209 ff. (*Dansk Rørindustri*).

[551] EuG Rs. T-259/02 u. a., Slg. 2006, II-5169, Rn. 224 (*Raiffeisen Zentralbank*); EuG Rs. T-240/07, Urt. v. 16.6.2011, Rn. 388 (*Heineken*); EuGH, Urt. v. 8.12.2011, C-389/10 P, Rn. 118 ff. (*KME/Kommission*).

[552] EuG Rs. T-15/02, Slg. 2006, II-497, Rn. 252 (*BASF*); siehe dazu auch *Wagner-Von Papp*, Common Market Law Review 49: 2012, 929.

[553] EuG Rs. T-50/00, Slg. 2004, II-2395, Rn. 261 (*Dalmine*); *Dannecker/Biermann*, in: *Immenga/Mestmäcker* (Hrsg.), EU-Kartellrecht, Bd. I Teil 2, Art. 23 VO 1/2003 Rn. 161 ff. m. weit. Nachw.

[554] Mitteilung der Kommission über den Erlass und die Ermäßigung von Geldbußen in Kartellsachen, ABl. C 298 v. 8.12.2006, S. 17 ff.

[555] ABl. 2002, Nr. C 45 vom 19.2.2002, S. 3 ff.

[556] ABl. 1996, Nr. C 207 vom 18.7.1996, S. 4 ff. Zur Kommissionspraxis bezüglich der alten Kronzeugenregelung vgl. *Hellmann*, EuZW 2000, 743.

[557] Vgl. hierzu *Lutz*, BB 2000, 677 f.

D. Europäisches Kartellordnungswidrigkeitenrecht

grund der Gefahr eines „Kartellverrates" von vornherein von der Beteiligung an einem Kartell zurückschrecken.[558] Somit handelt es sich bei der Kronzeugenmitteilung in erster Linie um ein an der wirksamen Aufdeckung und Verfolgung von Kartellen orientiertes Anreizsystem (Ziff. 4 der Kronzeugenmitteilung 2006).[559] Angesichts erheblicher Kartellsanktionen ist diese Anreizwirkung nicht zu verachten, was jedoch nicht über die Freiwilligkeit der Kooperationsbereitschaft hinwegtäuschen darf.[560] Das Gericht hat die Ermäßigung der Kartellsanktion durch die Kronzeugenmitteilung daher insgesamt für zulässig erachtet.[561] Außerdem wollte die Kommission durch die Neuregelung die **Bedingungen** für den Erlass und die Ermäßigung einer Geldbuße **transparenter** gestalten, wodurch auch größere Anreize zur Aufdeckung eines Kartells geschaffen werden sollten. In ihrem 25. Bericht über die Wettbewerbspolitik legte die Kommission dar, dass während der sechs Jahre, welche die erste Kronzeugenregelung in Kraft war, mehr als 80 Anträge gestellt worden sind. Die Zahl der Anträge gemäß der Mitteilung über die Kronzeugenregelung aus dem Jahre 2002 habe sich in weniger als vier Jahren auf 165 Anträge, im Durchschnitt ca. drei pro Monat, belaufen. Hierbei habe es sich in 86 Fällen um Anträge auf Erlass und in 79 Fällen um Anträge auf Ermäßigung von Geldbußen gehandelt. Daher bleibe die Kronzeugenregelung ein sehr wichtiges Instrument zur Bekämpfung von Kartellen.[562] Auch in den Jahren 2009 und 2010 bewegte sich die Zahl der Kronzeugenanträge weiterhin auf einem hohen Niveau. So nahm das Bundeskartellamt im Jahr 2009 insgesamt 24 und im Jahr 2010 insgesamt 54 Bonusanträge entgegen.[563]

b) Erlass der Geldbuße

Für einen Erlass der Geldbuße[564] muss das Unternehmen folgende **Voraussetzungen** erfüllen: Es muss als erstes Informationen und Beweismittel vorlegen, die es der Kommission ihrer Ansicht nach bei einer ex ante-Betrachtung ermöglichen, gezielte Nachprüfungen im Zusammenhang mit dem mutmaßlichen Kartell durchzuführen (Ziff. 8 lit. a) oder im Zusammenhang mit dem mutmaßlichen Kartell eine Zuwiderhandlung festzustellen (Ziff. 8 lit. b).[565] Weiter muss das Unternehmen seine Teilnahme an dem Kartell spätestens zu dem Zeitpunkt einstellen, zu dem es die Beweismittel für das mutmaßliche Kartell vorlegt.[566] Auch ist es für beide Alternativen des Bußgelderlasses erforderlich, dass das Unternehmen während des gesamten Verwaltungsverfahrens mit der Kommission zusammenarbeitet[567] und alle in seinem Besitz befindlichen oder ihm verfügbaren Beweismittel vorlegt (Ziff. 12).[568] Zudem darf das Unternehmen andere Unternehmen nicht durch die Ausübung wirtschaftlichen Drucks zur Teilnahme an dem Kartell gezwungen haben (Ziff. 13). Ein Bußgelderlass scheidet aus, wenn das Unternehmen Beweise vernichtet, verfälscht oder unterdrückt, nachdem es eine Antragstellung in Betracht gezogen hatte, ebenso, wenn das Unternehmen den

---

[558] KOMM, Pressemitteilung zur Kronzeugenregelung, IP/02/274 vom 13.2.2002, S. 3.
[559] Schlussanträge GA MazÁk v. 16.12.2010 in C-360/09, Rn. 31 (*Pfleiderer*); EuG Rs. T-12/06, Urt. v. 9.9.2011, Rn. 105 ff., 110 (*Deltafina*).
[560] Schlussanträge GA MazÁk v. 16.12.2010 in C-360/09, Rn. 58 (*Pfleiderer*).; krit. dazu *Schwarze*, WuW 01/2009, S. 6 ff.
[561] EuG Rs. T 138/07, Urt. v. 13.7.2011, Rn. 148 ff., 175 (*Schindler*).
[562] Kommission, 25. Bericht über die Wettbewerbspolitik, S. 64.
[563] Tätigkeitsbericht des Bundeskartellamts für 2009/2010, S. 37.
[564] Nähere Ausführungen zum Antrag auf Erlass und zum bedingten Erlass bei *Klees,* WuW 2002, 1062 f. und bei *Polley/Seeliger,* EuZW 2002, 400; EuG, Urt. v. 3.3.2011, Rs. T-110/07, www.curia.eu, Rn. 375 (*Siemens*).
[565] Siehe *Suurnäki/Tierno Centella*, Competition Policy Newsletter, 1/2007, 7, 8.
[566] *Sauer* in: *Schulte/Just*, Kartellrecht, Art. 23 VO 1/2003, Rn. 193.
[567] EuG Rs. T-12/06, Urt. v. 9.9.2011, Rn. 126 ff. (*Deltafina*); *Suurnäki/Tierno Centella*, Competition Policy Newsletter, 1/2007, 7, 8; siehe EuG, Urteil v. 09.09.2011 – T-12/06, BeckRS 2011, 81503.
[568] Kritisch zu den Verteidigungsmöglichkeiten des kooperierenden Unternehmens *SoltÁsz*, EWS 2000, 241; *Weitbrecht*, EuZW 1997, 557 f.; EuG Rs. T-12/06, Urt. v. 9.9.2011, Rn. 131 m. weit. Nachw., 132 (*Deltafina*).

Leniency-Antrag (bewusst) vorzeitig offen legt bzw. die Kommission nicht über (eine auch ungewollte) Offenlegung informiert.[569]

226 Soll ein **vollständiger Erlass** im Falle eines bekannten Kartells[570] gewährt werden, so muss das Unternehmen als erstes Beweismittel vorlegen, durch die es der Kommission ermöglicht wird, eine Nachprüfung im Zusammenhang mit dem mutmaßlichen Kartell durchzuführen und einen Verstoß nach Art. 101 Abs. 1 AEUV festzustellen.[571] Zu einer Nachprüfung darf es bis dahin nicht gekommen sein. Hatte die Kommission demnach schon aufgrund vorliegender Hinweise einen Anfangsverdacht für den vom Antragsteller vorgetragenen Wettbewerbsverstoß, scheidet ein Bußgelderlass nach Ziff. 8 lit. a aus.[572]

227 Ein **Erlass** des Bußgeldes ist auch **möglich,** wenn das fragliche Unternehmen andere zur **Teilnahme** an der rechtswidrigen Handlung „**angestiftet**" oder bei der **Durchführung** des Kartells eine **entscheidende Rolle** gespielt hat.[573] Ein Erlass der Geldbuße scheidet in derartigen Fallgestaltungen nur aus, wenn das Unternehmen andere zur Teilnahme an dem Kartell gezwungen hat. Die Kommission besitzt bei Vorliegen der Voraussetzungen für einen Bußgelderlass **kein Ermessen**: Die Geldbuße muss vollständig erlassen werden. Für die Unternehmen besteht zudem die Möglichkeit einer Voranfrage, wobei jedoch nicht vorgesehen ist, dass das jeweilige Unternehmen anonym bleibt. Daher ist fraglich, ob die Unternehmen von der Möglichkeit einer Voranfrage Gebrauch machen werden, denn es ist bereits aufgrund der Voranfrage die Gefahr gegeben, dass die Kommission Rückschlüsse auf ein bestimmtes Kartell zieht.[574]

228 Neu ist zudem das sog. **marker-System**, das in ähnlicher Form bereits in der Kronzeugenregelung des Bundeskartellamts vom 7.3.2006 vorgesehen ist. Dieses System ermöglicht es den Unternehmen, frühzeitig einen Antrag auf Kronzeugenbehandlung zu stellen und erst anschließend innerhalb einer bestimmten Frist interne Ermittlungen zur Beweisbeschaffung für die Kommission durchzuführen. Innerhalb dieser Frist hat das Unternehmen somit einen rangwahrenden Marker platziert, der verhindert, dass ein anderer Kartellbeteiligter ihm durch die Vorlage von Beweismitteln zuvorkommt. Dies gilt jedoch nur für den Antrag auf vollständigen Erlass der Geldbuße, für eine Ermäßigung der Geldbuße gilt weiterhin, dass ein förmlicher Antrag gestellt werden muss.[575]

Mit dem Setzen des Markers muss der Antragsteller seinen Namen und seine Anschrift sowie den Namen der mutmaßlichen Kartellbeteiligten sowie Informationen über die betroffenen Bereiche und Art bzw. Dauer des Kartells angeben. Im Rahmen der ihm vorgegebenen Frist muss das Unternehmen dann Informationen und Beweismittel an die Kommission herausgeben, die den Mindestanforderungen für den Erlass der Geldbuße entsprechen und in der Kronzeugenmitteilung konkret vorgegeben sind.

229 Es erfolgte auch eine **Stärkung** der Position der Unternehmen in **verfahrensrechtlicher Hinsicht**. Hat ein Unternehmen einen Antrag auf Erlass der Geldbuße gestellt, erfüllt es aber nicht die hierfür erforderlichen Voraussetzungen, so wird es davon in Kenntnis gesetzt.[576] Das

---

[569] KOMM Entsch. v. 20.10.2005, COMP/38.281, Rn. 408–460 (*Rohtabak Italien*); EuG Rs. T-12/06, Urt. v. 9.9.2011, Rn. 124 ff. (*Deltafina*).

[570] Für das Eingreifen der 2. Alternative ist es nicht erforderlich, dass bereits eine Nachprüfung durch die Kommission durchgeführt worden ist; es genügt, wenn sie das erforderliche Material besitzt, um eine Nachprüfung anordnen zu können, gleichzeitig aber das Kartell selbst nicht beweisen kann; vgl. Klees, WuW 2002, 1059.

[571] Ausführlich zu den Beweisanforderungen *Klees*, WuW 2002, 1059 f.; 1062 f.: Es ist bei einem Antrag auf Erlass der Geldbuße auch eine hypothetische Vorlage von Beweisen möglich.

[572] *Sauer* in: *Schulte/Just*, Kartellrecht, Art. 23 VO 1/2003 Rn. 189.

[573] *Panizza*, ZWeR 01/2008, S. 58, 84.

[574] *Polley/Seeliger*, EuZW 2002, 399 f.

[575] Eingehend dazu *Dreher*, ZWeR 2009, 397 ff.; *Panizza* ZWeR 2008, 58, 85; *Seitz*, EUZW 2008, 525, 528; *Panizza*, ZWeR 01/2008, S. 58, 85.

[576] Bisher wurden die Unternehmen bis zur endgültigen Entscheidung im Unklaren gelassen, vgl. ABl. 1996, Nr. C 207 vom 18.7.1996, S. 5.

D. Europäisches Kartellordnungswidrigkeitenrecht **18**

Unternehmen kann dann – theoretisch[577] – das der Kommission vorgelegte Beweismaterial zurückfordern oder einen Antrag auf Ermäßigung der Geldbuße stellen.

c) Ermäßigung der Geldbuße

Eine Ermäßigung der Geldbuße kommt unter folgenden **Voraussetzungen** in Betracht: Die durch das Unternehmen vorgelegten Beweismittel müssen einen erheblichen Mehrwert gegenüber den bereits im Besitz der Kommission befindlichen Beweismitteln darstellen. Außerdem muss das Unternehmen seine Beteiligung an der mutmaßlichen Zuwiderhandlung spätestens zum Zeitpunkt der Beweismittelvorlage einstellen (Ziff. 12). 230

Die Kronzeugenmitteilung sieht dabei eine **strikte Prioritätsregel** vor, wonach Unternehmen entsprechend der zeitlichen Reihenfolge, in der sie einen erheblichen Mehrwert liefern, eine Ermäßigung nur in einem bestimmten Rahmen erhalten können. So sieht Mitteilung vor, dass das Unternehmen, welches erste Beweismittel vorlegt, eine Ermäßigung von 30 bis 50 % erhält, die Geldbuße des zweiten Beweismittel vorlegenden Unternehmen 20 bis 30 % ermäßigt wird und das dritte Unternehmen, welches der Kommission Beweismittel übergibt, einen Nachlass von bis zu 20 % erhält. 231

Die vorgelegten Beweismittel müssen dabei einen **erheblichen Mehrwert** darstellen. Unter Mehrwert versteht die Kommission das Maß, in dem die vorgelegten Beweismittel der Kommission aufgrund ihrer Eigenschaft oder/und ihrer Ausführlichkeit dazu verhelfen, den betreffenden Sachverhalt nachzuweisen.[578] Von einem solchen Mehrwert ist nicht auszugehen, wenn die Mitarbeit des Unternehmens nicht über das Maß hinausgeht, was ihm von der Kronzeugenmitteilung ohnehin abverlangt wird.[579] Der Gerichtshof verlangt vielmehr, dass die Kooperation des Unternehmens und die von ihm übergebenen Informationen als „Zeichen eines echten Geistes der Zusammenarbeit" gewertet werden können.[580] Bei einer bloßen **Ermäßigung der Geldbuße** besitzt die Kommission weiterhin **Ermessen** bezüglich der Höhe der Geldbuße; sie muss dabei jedoch den Gleichheitsgrundsatz beachten.[581] Ob die durch das Unternehmen vorgelegten Beweismittel tatsächlich einen Mehrwert darstellen und inwieweit die zu verhängende Geldbuße ermäßigt wird, entscheidet die Kommission endgültig erst am Ende des Verwaltungsverfahrens. Der Gerichtshof besitzt nach Art. 31 VO 1/2003 ein umfassendes Überprüfungsrecht, welches die richtige Anwendung der Kronzeugenregelung ebenso einschließt wie die rechtmäßige Ausübung des Ermessens.[582] 232

Bei der **endgültigen Festsetzung** der zu gewährenden Ermäßigungen innerhalb der normierten Bandbreiten hat die Kommission den Zeitpunkt zu berücksichtigen, zu dem die Beweismittel vorgelegt wurden, sowie den Umfang des Mehrwertes, der diesen Beweismitteln zukommt, sowie die Tatsache, ob das Unternehmen während des Verwaltungsverfahrens kontinuierlich mit der Kommission zusammengearbeitet hat. Im Gegensatz zum Erlass der Geldbuße ist es daher bei der bloßen Ermäßigung keine Voraussetzung, dass das Unternehmen seit der Vorlage des Beweismittels kontinuierlich mit der Kommission zusammengearbeitet 233

---

[577] Das vorgelegte Beweismaterial kann nur theoretisch zurückgezogen werden, da die Kommission in einem solchen Fall von ihren eigenen Ermittlungsbefugnissen Gebrauch machen wird; vgl. *Klees*, WuW 2002, 1062.

[578] ABl. 2002, Nr. C 45 vom 19.2.2002, S. 3; EuG, Urt. v. 3.3.2011, Rs. T-110/07, www.curia.eu, Rn. 376 (*Siemens*).

[579] EuG Rs. T-38/02, Slg. 2005, II-4407, Rn. 451 (*Groupe Danone*); *Frese*, ECLR 2011, 196 ff., *Lotze* in: FIW-Schriftenreihe, Heft 26, 2008, S. 33 ff.; *Schnichels/Resch* EUZW 2011, 47 ff.; *Seitz* EuZW 2010, 524 ff.; *Seitz* in: *Weiß*, Rechtstellung der Betroffenen, S. 93 ff.; *Weitbrecht/Weidenbach*, NJW 2010, 2328 ff.; *Antunes*, Journal of European Law & Practice, Vol. 2, No. 1/2011, S. 3 ff.; *Vocke*, S. 114 ff.; *Schubert*, S. 172 ff.

[580] EuGH Rs. C-189/02 P u. a., Slg. 2005, I-5425, Rn. 395 (*Dansk Rørindustri*); C-301/04 P, Slg. 2006, I-5915, Rn. 68 (*SGL Carbon AG u. a.*); EuG Rs. T-259/02 u. a., Slg. 2006, II-51–69, Rn. 530 (*Raiffeisen Zentralbank Österreich AG u. a.*); T-101/05, Slg. 2007, II-4949, Rn. 92 (*BASF AG u. a.*).

[581] EuG Rs. T-343/08, Urt. v. 17.5.2011, Rn. 81, 134 ff. (*Arkema*); T-186/06, Urt. v. 16.6.2011, Rn. 394 f. (*Solvay*); T-144/07 u. a., Urt. v. 13.7.2011, Rn. 333 ff. (*ThyssenKrupp*); EuG, Urt. v. 18.6.2008, Slg. 2008, II-881 (*Höchst*).

[582] *Rizvi*, AJP/PJA 2010, 452, 456; *Bechtold* WuW 2009, 1115.

hat.⁵⁸³ Liefert das betroffene Unternehmen neue Beweismittel, die die Schwere und Dauer des Kartells unmittelbar beeinflussen und die sich deshalb negativ auf die Höhe der festzusetzenden Geldbuße auswirken müssten, so sind diese neuen Beweismittel nach der Mitteilung der Kommission bei dem fraglichen Unternehmen nicht zu berücksichtigen (Ziff. 30 i. V. m. 26). Dadurch wird das Unternehmen in doppelter Weise privilegiert: Die Geldbuße reduziert sich nicht nur infolge der prozentualen Ermäßigung auf der Grundlage der Kronzeugenmitteilung, sondern auch durch die Festsetzung eines niedrigeren Grundbetrages.⁵⁸⁴

5. Vergleichsverfahren (Settlement)

234 Die Kommission hat zum 30.6.2008 das Vergleichsverfahren (Settlement) eingeführt, das als weiteres Kooperationsinstrument neben die Kronzeugenmitteilung tritt.⁵⁸⁵ Die Kartellbeteiligten haben nach diesem (vereinfachten) Verfahren die Möglichkeit, nach einer summarischen Mitteilung der Bedenken durch die Kommission und einer gegebenenfalls nur beschränkten Akteneinsicht ihre **Kartellbeteiligung zu gestehen** und dafür die Verantwortung zu übernehmen. Dafür wird die ansonsten zu verhängende Geldbuße durch die Kommission um 10% reduziert.⁵⁸⁶ Über die Angemessenheit eines Vergleichsverfahrens entscheidet die Kommission jedoch nach eigenem **Ermessen**.⁵⁸⁷ Ziel des Vergleichsverfahrens ist dabei die Vereinfachung und Beschleunigung des Verwaltungsverfahrens (im Gegensatz zur Aufdeckung und Feststellung von Kartellen im Rahmen der Kronzeugenregelung).⁵⁸⁸ Die rechtlichen Grundlagen des Vergleichsverfahrens finden sich in der **Verordnung (EG) Nr. 622/2008**⁵⁸⁹, die die VO 773/2004 änderte. Zudem hat die Kommission eine **Vergleichsmitteilung** veröffentlicht, die neben den konkreten Verfahrensvoraussetzungen auch eine Regelung zur Bußgeldermäßigung enthält.⁵⁹⁰

235 Das **Settlementverfahren** beginnt mit einer schriftlichen Anfrage an die Beteiligten, ob Interesse an Vergleichsgesprächen besteht, welche die Parteien gegebenenfalls innerhalb einer Frist von zwei Wochen signalisieren müssen. Falls dies geschieht, leitet die Kommission das Verfahren ein. Spätestens jetzt müssen parallele Maßnahmen der nationalen Wettbewerbsbehörden im EWR eingestellt werden. Danach finden drei förmliche Treffen statt. Das erste Treffen umfasst eine separate Besprechung mit jedem beteiligten Unternehmen, in welchem die Kommission über den wettbewerbswidrigen Sachverhalt informiert und in dessen Anschluss die Unternehmen Akteneinsicht erhalten. Im Rahmen der zweiten Besprechung entwerfen sie Vergleichsausführungen (Settlement-Erklärung) und im dritten Treffen müssen die Unternehmen ihre Settlement-Erklärung fertigstellen und unterzeichnen.⁵⁹¹ Die Settlement-

---

⁵⁸³ Vgl. *Klees*, WuW 2002, 1064; EuGH Rs. C-189/02 P u. a., Slg. 2005, I-5425, Rn. 395 (*Dansk Rørindustri*); C-301/04 P, Slg. 2006, I-5915, Rn. 68 (*SGL Carbon AG u. a.*); Urt. v. 24.9.2009, Slg. 2009, I-1843, Rn. 91 (*Erste Group Bank*).
⁵⁸⁴ Vgl. *Klees*, WuW 2002, 1064 f.
⁵⁸⁵ *Barbier de La Serre/Winckler*, Journal of European Competition Law & Practice 2010, S. 327, 341 f.; *Canenbley/Steinvorth*, FS 50 Jahre FIW: 1960–2010, 143, 146; *Dekeyser/Roques*, The Antitrust Bulletin: Vol. 55, No. 4/2010, 819 ff.; *Hederström* in: Weiß, Die Rechtsstellung Betroffener, S. 9 f.; *Ortega Gonzales*, ECLR 2011, 170; *Wagemann* in: *Schwarze*, Verfahren und Rechtsschutz im europäischen Wirtschaftsrecht, S. 82, 97 f.; *Tierno Centella*, Competition Policy Newsletter 3/2008, S. 30, 32;
⁵⁸⁶ *Ortega Gonzales*, ECLR 2011, 170, 172; *Tierno Centella*, Competition Policy Newsletter 3/2008, S. 30, 35.
⁵⁸⁷ *Sauer* in: *Schulte/Just*, Kartellrecht, Art. 23 VO 1/2003 Rn. 218; EuG Rs. T-343/08, Urt. v. 17.5.2011, Rn. 191 (*Arkema*).
⁵⁸⁸ Pressemitteilung IP/08/1056 v. 30.6.2008.
⁵⁸⁹ Verordnung (EG) Nr. 622/2008 der Kommission vom 30.6.2008 zur Änderung der Verordnung (EG) 773/2004 hinsichtlich der Durchführung von Vergleichsverfahren in Kartellfällen, ABl. L 171 v. 1.7.2008, S. 3 ff.
⁵⁹⁰ Mitteilung der Kommission über die Durchführung von Vergleichsverfahren bei dem Erlass von Entscheidungen nach Art. 7 und 23 der Verordnung (EG) Nr. 1/2003 des Rates in Kartellfällen, ABl. C 167 v. 2.7.2008, S. 1 ff.
⁵⁹¹ Rn. 17 der Settlement-Mitteilung, ABlEU Nr. C 167 v. 2.7.2008.

D. Europäisches Kartellordnungswidrigkeitenrecht

Erklärung muss dabei das Eingeständnis der Zuwiderhandlung, die Angabe eines Höchstbetrags der Geldbuße, die Bestätigung, über die Beschwerdepunkte der Kommission informiert zu sein und Gelegenheit zur Stellungnahme gehabt zu haben, Verzicht auf eine (erneute) Akteneinsicht bzw. mündliche Anhörung sowie die Zustimmung erhalten, dass die Mitteilung der Beschwerdepunkte und der endgültigen Entscheidung in einer bestimmten Amtssprache zugestellt wird.[592]

Die Unternehmen dürfen ihre Settlement-Erklärung nicht einseitig widerrufen.[593] Nach dem Abschluss der Treffen versendet die Kommission eine Mitteilung der Beschwerdepunkte entsprechend dem Inhalt der Settlement-Erklärung und setzt eine **Frist von zwei Wochen**, innerhalb derer die Unternehmen erklären müssen, dass die Beschwerdepunkte dem Inhalt der Settlement-Erklärung entsprechen und sie unwiderruflich (und unabhängig vom etwaigen Ausscheiden eines anderen Unternehmens) am Vergleichsverfahren teilnehmen.[594] So hat letztlich nur die Kommission die Möglichkeit, das Verfahren zu beenden. Einen Rechtsmittelverzicht sieht das Settlementverfahren nicht vor.[595]

Das Vergleichsverfahren ist für Unternehmen dabei nicht nur vorteilhaft. So stellte die Kommission von vornherein klar, dass das Verfahren keinen Raum lässt für Verhandlungen über den Tatvorwurf oder die Bußgeldhöhe. Da die Kommission eine Zusammenfassung der Entscheidung im ABlEU bzw. auf der Website der Generaldirektion Wettbewerb veröffentlicht, kann es zu einer Verschlechterung der Position des Unternehmens in einem anschließenden **Schadensersatzprozess** kommen.[596] Die ersten Verfahren, die nach dem Settlementverfahren abgewickelt wurden[597], haben gezeigt, dass es auch sog. Hybridverfahren[598] gibt, in deren Rahmen betroffene Unternehmen aus dem bereits begonnenen Vergleichsverfahren ausscheiden, was den erhofften Effizienzgewinn des Vergleichsverfahrens schmälert. Es wird sich daher zeigen müssen, wie sich das Settlementverfahren weiterentwickelt und wie sein Verhältnis zur Kronzeugenmitteilung aussehen wird.[599] Die **Befugnis des Gerichtshofs zur uneingeschränkten Ermessensnachprüfung** wird durch das Vergleichsverfahren nicht eingeschränkt.[600] Im Jahr 2011 ergingen bereits bis auf eine einzige Ausnahme[601] sämtliche Bußgeldentscheidungen[602] im Wege des Settlementverfahrens, welches sich nach anfänglichen Schwierigkeiten mehr und mehr durchsetzt.[603]

---

[592] Rn. 20 der Settlement-Mitteilung, ABlEU Nr. C 167 v. 2.7.2008.

[593] Rn. 22 der Settlement-Mitteilung, ABlEU Nr. C 167 v. 2.7.2008.

[594] Rn. 26 der Settlement-Mitteilung, ABlEU Nr. C 167 v. 2.7.2008; *Soltész*, BB 2010, 2123 ff.

[595] Da die Unternehmen im Vergleichsverfahren ihre Haftbarkeit jedoch anerkennen müssen, wird ihnen faktisch ein Großteil ihrer Verteidigungsrechte abgeschnitten, siehe T-236/01 u. a., Slg. 2004, II-1181, Rn. 108 (*Tokai Carbon*); T-69/04, Slg. 2008, II-2567, Rn. 84 ff. 107 (*Schunk*); *Sauer* in: *Schulte/Just*, Kartellrecht, Art. 23 VO 1/2003 Rn. 242.; *Dekeyser/Roques*, The Antitrust Bulletin: Vol. 55, No. 4/2010, 819, 833 ff.; *Hirsbrunner*, EuZW 2011, 12, 13.

[596] *Dannecker/Biermann*, in: *Immenga/Mestmäcker* (Hrsg.), EU-Kartellrecht, Bd. I Teil 2, Art. 23 VO 1/2003 Rn. 291; *Sauer* in: *Schulte/Just*, Kartellrecht, Art. 23 VO 1/2003 Rn. 223; *Soltész*, BB 2010, 2123, 2127.

[597] KOMM COMP/38.511 IP/10/586 (*DRAMs*); COMP 38.866 IP/10/985 (*Tierfutter*); COMP/39.579 IP/11/473 (*Waschpulver*).

[598] KOMM Pressemitteilung IP10/985 v. 20.7.2010 (*Tierfutter*).

[599] Eingehend *Dannecker/Biermann*, in: *Immenga/Mestmäcker* (Hrsg.), EU-Kartellrecht, Bd. I Teil 2, Art. 23 VO 1/2003 Rn. 287 ff. m. weit. Nachw.; *Brankin* ECLR 2011, 165, 169; *Ortega Gonzales*, ECLR 2011, 170, 175, 177; *Schütze* in: *Weiß*, Die Rechtsstellung Betroffener, S. 23 ff.; *Wils*, World Competition 31 (2008), 335 ff.; KOMM, 13.4.2011, COMP/39.579, ABl. 2011 Nr. C193/14 (*Wasch- und Reinigungsmittel im Haushalt*).

[600] EuGH, Urt. v. 1.7.2010, C-407/08 P, www.curia.eu, Rn. 90 (*Knauf Gips*) und 29.3.2011, Rs. C-352/09 P, www.curia.eu, Rn. 155 (*ThyssenKrupp Nirosta*).

[601] KOMM v. 12.10.2011, COMP/39 482 (*Bananen*), Pressemitteilung der Kommission IP/11/1186.

[602] KOMM v. 13.05.2011, COMP/39 579, ABlEU Nr. C 193 v. 2.7.2011, S. 14 (*Waschmittel*); v. 19.10.2011, COMP/39 605, ABlEU Nr. C 48 v. 18.2.2012, S. 18 (*CRT-Glas*); v. 7.12.2011, COMP/39 600 (*Kompressoren*), Pressemitteilung der Kommission IP/11/1511.

[603] *Weitbrecht/Mühle*, EuZW 08/2012, 290.

VI. Kartellverfahren auf Unionsebene

1. Rechtsnatur und Rechtsgrundlagen des Verfahrens

238 Für das Verfahren unterscheidet die Verordnung 1/2003 nicht zwischen Verwaltungs- und Bußgeldsachen: Für alle verfahrensabschließenden Entscheidungen, Feststellung eines Verstoßes, Untersagung eines bestimmten Verhaltens, Feststellung der Nichtanwendbarkeit, Verhängung einer Geldbuße – ist das gleiche Verfahren vorgesehen. Hierbei handelt es sich nach ständiger Rechtsprechung des Gerichtshofs nicht um ein Gerichts-, sondern um ein **Verwaltungsverfahren**, selbst wenn Geldbußen verhängt werden.[604] Allerdings muss das Verfahren zu Verhängung von Geldbußen aufgrund des Charakters der Geldbußen grundsätzlich strafverfahrensrechtlichen Anforderungen genügen.

239 Einzelheiten zum Ablauf des Verfahrens sind in der **Verordnung Nr. 773/2004** der Kommission über die Durchführung von Verfahren auf der Grundlage der Art. 101 und 102 AEUV (zuvor Art. 81 und 82 EG) geregelt.[605] Ferner ist bezüglich der Zusammenarbeit der Kommission mit den Kartellbehörden und Gerichten der Mitgliedstaaten auf die **Netzwerkbekanntmachung** der Kommission zur Zusammenarbeit mit den mitgliedstaatlichen Wettbewerbsbehörden hinzuweisen.[606]

2. Einleitung und Ablauf des Verfahrens

240 Das Kartellverfahren, das von der Kommission durchgeführt wird, kann durch Beschwerden anderer Unternehmen (Art. 7 Abs. 1 und 2 VO 1/2003), denen in der Praxis große Bedeutung zukommt,[607] oder von Amts wegen, wenn der Verdacht für das Vorliegen von Wettbewerbsbeschränkungen gegeben ist (Art. 7 Abs. 1 VO 1/2003), begonnen werden. Dabei kann die Kommission schon vor der förmlichen Einleitung des Verfahrens von den Ermittlungsbefugnissen nach Kapitel V der VO 1/2003 Gebrauch machen (Art. 2 Abs. 3 VO 773/2004). Ihr stehen verschiedene **Ermittlungs- bzw. Auskunftsbefugnisse** zu, die sie selbst oder durch Behörden der Mitgliedstaaten ausüben kann (Rn. 241 ff.). Außerdem kann die Kommission gemäß Art. 17 VO 1/2003 **Untersuchungen in einem Wirtschaftszweig** anordnen, wenn die Vermutung besteht, dass der Wettbewerb innerhalb des Gemeinsamen Markts in dem betreffenden Wirtschaftszweig eingeschränkt oder verfälscht ist.[608] Wenn sich die Kommission entschließt, ein Verfahren einzuleiten, erfolgt dies durch Beschluss der Kommission (Art. 2 Abs. 1 VO 773/2004[609]). Das Verfahren befindet sich dann zunächst in der **Ermittlungsphase** (Rn. 254 ff.),[610] der eine **Entscheidungsphase** nachfolgt (Rn. 260 ff.).

a) Mitwirkungs- und Duldungspflichten

aa) Auskunftsverlangen nach Art. 18 VO 1/2003

241 Die Kommission kann alle zur Durchsetzung der Wettbewerbsregeln der Art. 101 und 102 AEUV erforderlichen Auskünfte einholen (Art. 18 Abs. 1 VO 1/2003). **Adressaten der**

---

[604] EuGH, 13.7.1966, Slg. 1966, 299, 321, 385 f. (*Grundig*); 15.7.1970, Slg. 1970, 733, 756 (*Buchler*); 18.5.1982, Slg. 1982, 1575, 1611 (*AM&S*); jeweils noch zur VO 17/62.
[605] ABl. 2004 Nr. L 123/18.
[606] Bekanntmachung der Kommission über die Zusammenarbeit innerhalb des Netzes der Wettbewerbsbehörden, ABl. 2004 Nr. C 101/43.
[607] Vgl. dazu *Dannecker/Fischer-Fritsch*, Das EG-Kartellrecht in der Bußgeldpraxis, S. 41 ff.; vgl. auch *Kreis*, RIW/AWD 1981, 281.
[608] Zur Aufdeckung von Wettbewerbsverstößen durch Marktuntersuchungen vgl. *Kreis* RIW/RWD 1981, 281.
[609] VO 773/2004 der Kommission vom 7.4.2004 über die Durchführung von Verfahren auf Grundlage der Art. 81 und 82 EG-Vertrag durch die Kommission; ABl. 2004, Nr. L 123 vom 27.4.2004, S. 18 ff.
[610] EuGH, 15.10.2002, Slg. 2002, I-8375 Rn. 181 ff. (*Limburgse Vinyl Maatschappij*).

D. Europäisches Kartellordnungswidrigkeitenrecht

Auskunftspflicht können Unternehmen und Unternehmensvereinigungen sein, die eines Kartellverstoßes verdächtig sind, sowie dritte Unternehmen, die zu den Verstößen Angaben machen können.[611] Art. 18 Abs. 5 VO 1/2003 nennt als Adressaten weiterhin Regierungen und Wettbewerbsbehörden der Mitgliedstaaten, die bei den Auskunftsverlangen aber nur eine untergeordnete praktische Rolle spielen. Hingegen sind natürliche Personen nicht zur Auskunft gegenüber der Kommission verpflichtet.

Art. 18 Abs. 1 VO 1/2003 gewährt der Kommission ein Wahlrecht, Auskünfte von Unternehmen und Unternehmensvereinigungen entweder durch ein **einfaches Auskunftsverlangen** oder durch eine **Entscheidung** (sog. qualifiziertes Auskunftsverlangen) anzufordern. Eine Zweistufigkeit des Verfahrens ist nicht mehr vorgesehen.[612] In beiden Fällen hat die Kommission in ihrem Verlangen die Rechtsgrundlage, den Zweck des Auskunftsverlangens und der benötigten Auskünfte sowie eine Frist zur Übermittlung der angeforderten Auskünfte mitzuteilen. Des Weiteren enthält das einfache Auskunftsverlangen den Hinweis auf die für den Fall einer unrichtigen und irreführenden Auskunft vorgesehenen Sanktionen gemäß Art. 23 Abs. 1a VO 1/2003.

242

Das **qualifizierte Auskunftsverlangen** enthält darüber hinaus entweder den Hinweis auf ein Zwangsgeld für jeden Tag, den der Adressat sich mit der vollständigen und genauen Auskunftserteilung im Verzug von dem in der Entscheidung festgelegten Zeitpunkt befindet oder bereits die Auferlegung eines solchen. Ferner müssen ein Hinweis auf die gemäß Art. 23 Abs. 1b VO 1/2003 als Sanktion für unrichtige, unvollständige, irreführende oder nicht rechtzeitige Angaben vorgesehene Geldbuße sowie eine Rechtsbehelfsbelehrung enthalten sein. Die Kommission muss auf das Recht hinweisen, vor dem Gerichtshof gegen die Entscheidung Klage zu erheben.

243

Dem **einfachen Auskunftsverlangen** müssen die Unternehmen nicht zwingend nachkommen, da dort ein Verstreichenlassen der Frist nicht sanktioniert ist. In einem solchen Fall käme es faktisch wieder zu einer Zweistufigkeit, so dass davon auszugehen ist, dass die Kommission immer den Weg der qualifizierten Auskunft beschreiten wird. Dennoch kann auch schon ein einfaches Auskunftsverlangen in die Rechte des Adressaten eingreifen. Vor diesem Hintergrund erscheint es bedenklich, dass gegen ein solches Auskunftsverlangen kein Rechtsschutz möglich ist. In einem solchen Fall müsste zwingend eine Entscheidung ergehen, um die Rechte des Adressaten zu sichern. In Betracht käme dann allenfalls eine Nichtigkeitsklage gegen die verfahrensabschließende Entscheidung der Kommission.[613]

244

Durch Art. 18 Abs. 4 S. 2 und 3 VO 1/2003 wird klargestellt, dass – entsprechend der bereits jetzt in der Praxis üblichen Vorgehensweise – auch **ordnungsgemäß bevollmächtigte Rechtsanwälte** im Namen ihrer Mandanten **Auskünfte erteilen** können. Die vertretenen Unternehmen bleiben aber weiterhin für die Richtigkeit der Auskünfte verantwortlich, d. h. die Angaben müssen sachlich richtig, vollständig und nicht irreführend sein.[614]

245

bb) Nachprüfungsbefugnisse nach Art. 20 und 21 VO 1/2003

Nach **Art. 20 Abs. 1 und 2 VO 1/2003** kann die Kommission durch ihre Bediensteten alle zur Durchführung der Wettbewerbsregeln der Art. 101 und 102 AEUV erforderlichen Nachprüfungen in Räumlichkeiten, auf Grundstücken und in Transportmitteln von Unternehmen und Unternehmensvereinigungen vornehmen. Sie kann jedoch nach Art. 22 Abs. 2 VO 1/2003 auch die zuständigen Kartellbehörden der Mitgliedstaaten mit der Nachprüfung vor Ort beauftragen. Von dieser Delegationsmöglichkeit der Nachprüfungsbefugnisse wird in der Praxis in neuerer Zeit gelegentlich Gebrauch gemacht; zumeist ist dann aber ebenfalls ein Bediensteter der Kommission anwesend.

246

---

[611] *Sura*, in: *Langen/Bunte* (Hrsg.), Kommentar zum deutschen und europäischen Kartellrecht, Bd. 2, Art. 18 VO 1/2003 Rn. 7; *de Bronett*, EWS 2011, 8, 9; *Schubert*, S. 105 ff.; *Vocke*, S. 177 ff.; *Pascu*, S. 277 f.

[612] Kritisch hierzu *Schwarze/Weitbrecht*, Grundzüge des europäischen Kartellverfahrensrechts, 2004, § 4 Rn. 8 ff.

[613] *Burrichter/Hennig* in: *Immenga/Mestmäcker* (Hrsg.), EU-Kartellrecht, Bd. I Teil 2, Art. 18 VO 1/2003 Rn. 77.

[614] Vgl. auch *Frenz*, Handbuch Europarecht, Band 2, Rn. 1481 a. E.

247 Bei den Nachprüfungsentscheidungen muss zwischen dem einfachen Prüfungsauftrag und der förmlichen Nachprüfungsentscheidung unterschieden werden. Im Falle eines **einfachen schriftlichen Prüfungsauftrags** gemäß Art. 20 Abs. 1 VO 1/2003 sind die Unternehmen nicht verpflichtet, die Nachprüfung zu dulden. Wenn sie aber freiwillig Unterlagen vorlegen, müssen diese vollständig sein; anderenfalls kann die Kommission nach Art. 23 Abs. 1 lit. c VO 1/2003 Bußgelder verhängen.

248 Eine durch **förmliche Entscheidung** nach Art. 20 Abs. 4 VO 1/2003 angeordnete Nachprüfung ist für die Unternehmen hingegen verpflichtend; insoweit besteht eine Pflicht zur Duldung der Nachprüfungen. Im Falle einer Verweigerung der Nachprüfungsrechte seitens der Unternehmen kann die Kommission Zwangsgelder nach Art. 24 Abs. 1e VO 1/2003 oder Bußgelder nach Art. 23 Abs. 1 lit. c VO 1/2003 verhängen und sich nach Art. 20 Abs. 5 VO 1/2003 bei der Nachprüfung durch die nationalen Behörden unterstützen lassen. Einer vorherigen Ankündigung eines an ein Unternehmen gerichteten Auskunftsverlangens bedarf es nach Auffassung des EuGH nicht, weil die der Kommission im Kartellbereich übertragenen Befugnisse zur Durchführung von Überprüfungen der Aufrechterhaltung der Wettbewerbsordnung dienen und nicht die Grundrechte der Unternehmen verletzen.[615]

249 Wie beim Auskunftsverlangen nach Art. 18 VO 1/2003 ist für die Nachprüfungsbefugnisse eine **einstufige Vorgehensweise** vorgeschrieben. Die Kommission wird daher ohne vorherige Ankündigung sofort mittels verpflichtender Nachprüfungsentscheidung vorgehen, falls mit einer Weigerung des Unternehmens zu rechnen ist.[616] Der sofortige Erlass einer Prüfungsentscheidung kommt auch dann in Betracht, wenn ein Unternehmen besonders schwerwiegender Zuwiderhandlungen verdächtigt wird und deshalb eine Verdunkelungsgefahr besteht oder wenn das Unternehmen bereits in der Vergangenheit nicht zur Zusammenarbeit mit der Kommission bereit war.[617]

250 Was den Umfang des Nachprüfungsrechts anbetrifft, so besitzen die Kommissionsbediensteten im Rahmen der Nachprüfungen gemäß Art. 20 Abs. 2 lit a bis e VO 1/2003 die Befugnis, alle Räumlichkeiten, Grundstücke und Transportmittel der Unternehmen zu betreten, die Bücher und sonstigen Geschäftsunterlagen zu prüfen, Kopien oder Auszüge daraus anzufertigen, Räume und Bücher im erforderlichen Umfang zu versiegeln, mündliche Erklärungen an Ort und Stelle anzufordern sowie alle Räumlichkeiten, Grundstücke und Transportmittel der Unternehmen zu betreten. Dabei haben die Unternehmen eine **umfassende Mitwirkungspflicht**,[618] so dass sie nicht nur die Nachprüfung dulden müssen, indem sie Zugang zu den Akten gewähren, sondern darüber hinaus den Kommissionsbediensteten auch konkrete Hinweise geben müssen, wo solche Vorgänge zu finden sind, die für die Kartellbehörde von Interesse sind.[619] Zum Umfang des Nachprüfungsrechts der Kommission hat sich der EuGH maßgeblich in der „*Hoechst*"-Entscheidung aus dem Jahre 1989 geäußert[620] und dargelegt, dass sich ein Unternehmen im Gemeinschaftsrecht nicht auf das Grundrecht der Unverletzlichkeit der Wohnung auch für Geschäftsräume berufen könne.[621]

251 Eine förmliche **Nachprüfungsentscheidung** der Kommission nach Art. 20 Abs. 4 VO 1/2003 kann gemäß Art. 20 Abs. 6 VO 1/2003 auch **zwangsweise** unter Zuhilfenahme nationaler Behörden **durchgesetzt** werden. Ein nationales Gericht, das für die Genehmigung von

---

[615] Vgl. zur Vorgängervorschrift EuGH, 26.6.1980, Slg. 1980, 2033, 2056 ff. (*National Panasonic*).
[616] *Kreis*, RIW/AWD 1981, 292.
[617] *Burrichter/Hennig* in: *Immenga/Mestmäcker* (Hrsg.), EU-Kartellrecht, Bd. I Teil 2, Art. 20 VO 1/2003 Rn. 7 ff.
[618] EuGH, 21.9.1989, Slg. 1989, 2859, 2927 (*Hoechst*); *Sura*, in *Langen/Bunte* (Hrsg.), Kommentar zum deutschen und europäischen Kartellrecht, Bd. 2, Art. 20 VO 1/2003 Rn. 3, 11 ff.; *Mestmäcker*, Europäisches Wettbewerbsrecht, 1974, S. 607.
[619] *Kamburoglou/Pirrwitz*, RIW 1990, 268.
[620] EuGH, 21.9.1989, Slg. 1989, 2589 ff. (*Hoechst*); siehe *Burrichter/Hennig* in: *Immenga/Mestmäcker* (Hrsg.), EU-Kartellrecht, Bd. I Teil 2, Art. 20 VO 1/2003 Rn. 6.
[621] EuGH, 21.9.1989, Slg. 1989, 2929 ff. (*Hoechst*); zustimmend *Schriefers*, WuW 1993, 105; *Kamburoglou/Pirrwitz*, RIW 1990, 270; *v. Winterfeld*, RIW 1992, 526; kritisch zu diesem Urteil des EuGH *Moosecker*, in: FIW (Hrsg.), Schwerpunkte des Kartellrechts 1988/89, 1990, S. 90; *Ress/Ukrow*, EuZW 1990, 503; *Scholz*, WuW 1990, 107; vgl. auch *Klocker*, WuW 1990, 109 ff.

D. Europäisches Kartellordnungswidrigkeitenrecht

Durchsuchungen und Beschlagnahmen nach nationalem Recht zuständig ist, besitzt gemäß Art. 20 Abs. 8 und Art. 21 Abs. 3 VO 1/2003 Kontrollbefugnisse nur im Hinblick auf die etwaige Willkür und Verhältnismäßigkeit der beantragten Zwangsmaßnahme. Außerdem kann das nationale Gericht nicht die Übermittlung der in den Akten der Kommission enthaltenen Informationen und Indizien verlangen, auf denen der Verdacht der Kommission beruht. Vielmehr sind Erläuterungen der Kommission ausreichend, die unter anderem Angaben über die Art des wettbewerbsbeschränkenden Verhaltens, die Schwere des relevanten Tatbeitrages enthalten. Genügen nach Ansicht des nationalen Gerichts die Informationen diesen Anforderungen nicht, so darf der Antrag nicht sogleich zurückgewiesen werden, sondern es müssen bei der Kommission – oder falls eine Anweisung durch eine nationale Behörde erteilt wurde – Klarstellungen angefordert werden; andernfalls würde das Gericht gegen Art. 20 Abs. 6 VO 1/2003 und gegen Art. 2 AEUV (zuvor Art. 5 EG) verstoßen.[622] Die Überprüfung der Rechtmäßigkeit der Entscheidung zur Nachprüfung (Art. 263 AEUV) bleibt allein dem EuG[623] vorbehalten. Ob durch eine Entscheidung des nationalen Gerichts anhand der Unterlagen der Kommission dem betroffenen Unternehmen tatsächlich ein größeres Maß an Rechtsschutz gewährt werden würde, darf bezweifelt werden.[624]

Für den Fall, dass der **begründete Verdacht** besteht, dass Bücher oder sonstige Geschäftsunterlagen, die sich auf den Gegenstand der Nachprüfung beziehen und als Beweismittel für einen **schweren Wettbewerbsverstoß** von Bedeutung sein könnten, hat die Kommission gemäß Art. 21 VO 1/2003 die Befugnis, auch in anderen Räumlichkeiten, Grundstücken sowie Transportmitteln als denjenigen des Unternehmens oder der Unternehmensvereinigung Nachprüfungen vorzunehmen. Dies betrifft insbesondere auch Privatwohnungen von Mitarbeitern. Eine solche Nachprüfung kann jedoch nur aufgrund einer **förmlichen Entscheidung** vorgenommen werden. Neben dem Betreten der anderen Räumlichkeiten ermächtigt Art. 21 Abs. 4 VO 1/2003 die Bediensteten der Kommission zur Prüfung von Büchern und Unterlagen sowie zur Anfertigung und Erlangung von Kopien und Auszügen. In beiden Fällen kann die Entscheidung zur Anordnung einer Nachprüfung erst nach **Anhörung der zuständigen nationalen Wettbewerbsbehörde** ergehen (Art. 20 Abs. 4 S. 3 und Art. 21 Abs. 2 S. 2 VO 1/2003).[625] 252

cc) Ermittlungsbefugnisse nach Art. 19 VO 1/2003

Art. 19 VO 1/2003 eröffnet die Möglichkeit, **Zeugen** auch **außerhalb von Nachprüfungen** zu vernehmen und deren Aussage als Beweismittel zu verwerten. 253

b) Ermittlungsphase

aa) Ablauf

Wenn sich die Kommission dafür entscheidet, nach der Untersuchungsphase ein förmliches Verfahren einzuleiten, fasst sie gemäß Art. 2 Abs. 1 VO 773/2004 einen entsprechenden Beschluss und übermittelt den betroffenen Unternehmen und Unternehmensvereinigungen ihre **Beschwerdepunkte**, um den Betroffenen Gelegenheit zur Stellungnahme zu geben. Nach Art. 27 Abs. 1 S. 2 VO 1/2003 kann die Kommission ihre abschließende Entscheidung nur auf solche Beschwerdepunkte stützen, zu denen sich die Parteien äußern konnten.[626] Dadurch wird die Einräumung rechtlichen Gehörs gewährleistet. Spätestens nach Mitteilung der Beschwerpunkte ist den Betroffenen ferner gemäß Art. 27 Abs. 2 **Akteneinsicht** zu gewähren.[627] 254

---

[622] Vgl. EuGH, 22.10.2002, EuZW 2003, 18 ff. (*Roquette Frères SA/Directeur général de la concurrence, de la consommation et de la répression des fraudes*).

[623] Art. 3 Abs. 1 lit. c, Beschluss des Rates zur Errichtung eines Gerichts erster Instanz der Europäischen Gemeinschaften v. 24.10.1988, ABl. 1988, L 319 u. ABl. 1989 L 241.

[624] Vgl. *Feddersen*, EuZW 2003, 22 f.; *Burrichter/Hennig* in: *Immenga/Mestmäcker* (Hrsg.), EU-Kartellrecht, Bd. I Teil 2, Art. 18 VO 1/2003 Rn. 105.

[625] *Burrichter/Hennig* in: *Immenga/Mestmäcker* (Hrsg.), EU-Kartellrecht, Bd. I Teil 2, Art. 21 VO 1/2003 Rn. 5 ff., 51; *de Bronett*, EWS 1–2/2011, S. 8, 10 ff.

[626] *Freund*, EuZW 2009, 839.

[627] Näher dazu *Lubig*, S. 99 ff.

Nach der Mitteilung der Beschwerdepunkte haben die betroffenen Unternehmen die Möglichkeit zur **schriftlichen Stellungnahme**. Hierfür setzt die Kommission bei der Zustellung der Beschwerdepunkte nach Art. 10 Abs. 2 VO 773/2004 eine Frist. Nach Art. 12 VO 773/2004 haben die Parteien schließlich das Recht, ihre Punkte im Rahmen einer **Anhörung** vorzutragen, soweit sie dies zuvor in ihrer schriftlichen Stellungnahme beantragt haben. Die Anhörung wird durch den Anhörungsbeauftragten der Kommission geleitet.[628] Schließlich ist gemäß Art. 14 Abs. 1 vor Erlass einer Bußgeldentscheidung nach Art. 23 und einer endgültigen Festsetzung eines Zwangsgeldes nach Art. 24 Abs. 2 der **Beratende Ausschuss für Kartell- und Monopolfragen** anzuhören. Bei dieser Anhörung handelt es sich um ein zwingendes Formerfordernis, dessen Nichtbeachtung zur Rechtswidrigkeit der Entscheidung führt.[629] Das Gleiche gilt, wenn dem Ausschuss wesentliche Unterlagen nicht vorgelegt worden sind.[630]

bb) Verfahrensgarantien und Verteidigungsrechte der Unternehmen

255 Art. 18 VO 139/2004 garantiert den Beteiligten **rechtliches Gehör** in allen Abschnitten des Verfahrens. Die Kommission darf ihre Entscheidung gemäß Art. 18 Abs. 3 S. 1 VO 139/2004 nur auf Einwände stützen, zu denen sich die Beteiligten zuvor äußern konnten. Ausgenommen sind hiervon aber Entscheidungen über den weiteren Aufschub des Vollzugs oder über einstweilige Maßnahmen zur Sicherung des wirksamen Wettbewerbs nach Art. 8 Abs. 5 VO 139/2004, die wegen ihrer Eilbedürftigkeit vorläufig erlassen werden können. Die Anhörung ist allerdings unverzüglich nachzuholen (Art. 18 Abs. 2 VO 139/2004). Wenn das Recht auf rechtliches Gehör von der Kommission verletzt wird, liegt hierin ein wesentlicher Verfahrensmangel, der jedoch durch Nachholung geheilt werden kann.

256 Art. 18 Abs. 3 S. 2 VO 139/2004 gewährleistet das **Recht** der Betroffenen **auf Verteidigung** während des Verfahrens. Zwar enthält die VO 139/2004 kein ausdrückliches Auskunftsverweigerungsrecht. Diesbezüglich kann jedoch auf die Rechtslage im EG-Kartellverfahren verwiesen werden,[631] so dass ausnahmsweise selbstbelastende Auskünfte verweigert werden dürfen, wenn die Erfüllung eines Auskunftsverlangens zu einem Geständnis über die Beteiligung an einer Zuwiderhandlung führen würde.

257 Art. 18 Abs. 3 S. 3 VO gewährt den unmittelbar Betroffenen ein **Recht auf Akteneinsicht**, das aber durch die Interessen der Unternehmen an der Wahrung ihrer Geschäftsgeheimnisse begrenzt wird.

258 Während des gesamten Ermittlungsverfahrens und auch bei der Anhörung Beteiligter oder Dritter wird das **Berufsgeheimnis** durch Art. 17 VO 139/2004 geschützt. Diese Vorschrift sieht ein Verwertungsverbot für alle im fusionskontrollrechtlichen Verfahren erlangten Daten für andere als mit der Verordnung verfolgte Zwecke vor. Das Berufsgeheimnis umfasst auch die Geheimhaltungspflicht der beratenden Berufe. Hieraus folgt die Befugnis des Anwalts, alle Auskünfte zu verweigern und die Herausgabe aller Unterlagen abzulehnen, die er im Zusammenhang mit einem Mandatsverhältnis erhalten hat.

259 **Zweifel** im Hinblick auf die **Garantie eines fairen Verfahrens** bestehen hauptsächlich insoweit, als dieselbe Behörde die Entscheidungen über Fusionen trifft, die auch die Sachverhaltsaufklärung betreibt. Hierdurch wird das System der Fusionskontrolle zum Teil nicht mehr als unparteilich und objektiv wahrgenommen.[632]

---

[628] Siehe hierzu das Mandat des Anhörungsbeauftragten der Kommission, ABl. 2001 Nr. L 162/21: siehe auch Leitfaden zur Anhörung unter http://ec.europa.eu/competition/consultations/2010_best_practices/hearing_officers.pdf (Anhörungsbeauftragte).
[629] EuG, 15.3.2000, Slg. 2000, II-491 Rn. 742 (*Cimenteries CBR*).
[630] EuG, 15.3.2000, Slg. 2000, II-491 Rn. 742 (*Cimenteries CBR*).
[631] Allgemein zu den Verfahrensgarantien *Dannecker*, ZStW 111 (1999), 256 ff.
[632] Vgl. *Drauz*, in: *Schwarze* (Hrsg.), Instrumente zur Durchsetzung des europäischen Wettbewerbsrechts, S. 56.

D. Europäisches Kartellordnungswidrigkeitenrecht

c) Entscheidungsphase

aa) Geltung des Opportunitätsprinzips

Für alle in der Kartellverordnung vorgesehenen Entscheidungsarten mit belastender Rechts- 260
wirkung gilt das Opportunitätsprinzip. Danach besteht ein **Entschließungs- und Auswahlermessen der Kommission**. Die Kommission „kann" eine Abstellungsverfügung oder
einstweilige Anordnung erlassen und Zwangsgelder oder Geldbußen verhängen; sie kann
aber auch von einem Einschreiten absehen.[633] Die Nichtausübung der Ahndungsgewalt durch
die Kommission gibt den Adressaten von Bußgeldentscheidungen keinen aus dem Gleichheitsgrundsatz fließenden Anspruch auf Bußgeldfreiheit, wenn in vergleichbaren Fällen keine
Sanktionen verhängt worden sind.[634] Sofern die Kommission jedoch von ihrer Ahndungsbefugnis Gebrauch macht, muss sie das Gleichbehandlungsgebot beachten.

Bezüglich der Entscheidung der Kommission, ob Geldbußen verhängt werden, ist festzu- 261
stellen, dass sowohl **horizontale** als auch **vertikale Kartelle**, soweit es sich um klassische
und klare Wettbewerbsverstöße handelt – hierzu gehören insbesondere Export- und Import-
beschränkungen sowie Preis-, Quoten- und Marktaufteilungsabsprachen[635] –, in der Regel
geahndet werden.[636] Im Vordergrund des tatbestandsmäßigen Verhaltens stehen Export- und
Importverbote, durch die Parallelimporte verhindert werden sollen, sowie unmittelbare und
mittelbare Preisabsprachen zwischen Konkurrenzunternehmen, deren Gegenstand die Einschränkung der Preisautonomie zwischen Konkurrenten ist. Auch Produktionsbeschränkun-
gen sowie Vereinbarungen über die gegenseitige Respektierung der Heimatmärkte führen
häufig zu Geldbußen.[637]

Einen ersten Schwerpunkt bei der Ahndung mit Geldbußen bilden **horizontale Kar-** 262
telle, bei denen das Wettbewerbsverhalten zwischen Unternehmen derselben Wirtschaftsstufe koordiniert wird, sofern sich die Vereinbarungen auf **klassische Wettbewerbsverstöße** beziehen.[638] Solche Verstöße werden grundsätzlich geahndet und führen zur
Verhängung empfindlicher Geldbußen.[639] Wenn hingegen Wettbewerbsbehinderungen vorliegen, die zwar nicht zu den klassischen, gleichwohl aber zu den **eindeutig wettbewerbswidrigen** gezählt werden können, wie Informationsaustauschsysteme, Konkurrenzverbote
im Zusammenhang mit einer Unternehmensübertragung oder der Gründung eines Gemeinschaftsunternehmens, werden diese nur mit Geldbuße geahndet, falls zuvor in einem
anderen Verfahren deren Rechtswidrigkeit festgestellt worden ist.[640] Soweit solche wettbewerbswidrige Verhaltensweisen wie z. B. Informationsaustauschsysteme über vertrauliche
und sensible individuelle Geschäftsinformationen zur Überwachung der Marktentwicklung
in Verbindung mit klassischen Wettbewerbsverstößen begangen werden, werden diese, auch
wenn sie nicht unmittelbar die Festsetzung von Preisen oder die Aufteilung von Märkten
beinhalten, mit den klassischen Verstößen zusammengefasst und im Hinblick auf das Ge-
samtziel der Kartelle gewürdigt.[641]

Neben horizontalen Wettbewerbsabsprachen bilden **vertikale Wettbewerbsbeschrän-** 263
kungen einen weiteren Schwerpunkt bei der Ahndung von Kartellrechtsverstößen. Die

---

[633] KOMM., 19.12.1984, ABl. 1985 Nr. L 92/1 ff. (Aluminiumeinfuhren aus Osteuropa); EuG, 31.3.1993, Slg. 1993, I-1307 Rn. 145 f. *(Ahlström)*; siehe auch *Dannecker/Fischer-Fritsch*, Das EG-Kartellrecht in der Bußgeldpraxis, S. 222 ff.
[634] EuGH, 12.6.1979, Slg. 1979, 2435, 2482 *(BMW)*; EuG, 31.3.1993, Slg. 1993, I-1307 Rn. 145 f. *(Ahlström)*.
[635] Vgl. 14. Wettbewerbsbericht 1984, S. 60; KOMM v. 08.07.2009, WuW/E EU-V 1457 *(E.ON Ruhrgas* und *GDF Suez)*; siehe *Hooghoff*, in: Schwerpunkte des Kartellrechts 2009/2010, S. 97, 103 f.
[636] Zur Zulässigkeit der unterschiedlichen Behandlung der verschiedenen Arten von Vereinbarungen EuGH, 10.12.1985, Slg. 1985, 3801, 3881 *(SSI)*.
[637] *De Bronett* in *Schulte/Just*, Kartellrecht, Art. 101 AEUV Rn. 81 ff.
[638] *Dannecker/Fischer-Fritsch,* Das EG-Kartellrecht in der Bußgeldpraxis, S. 175 ff., 292 ff.
[639] 24. Wettbewerbsbericht 1994, S. 100 ff.; *De Bronett* in *Schulte/Just*, Kartellrecht, Art. 101 AEUV Rn. 83.
[640] *Dannecker/Fischer-Fritsch,* Das EG-Kartellrecht in der Bußgeldpraxis, S. 314.
[641] 24. Wettbewerbsbericht 1994, S. 104; siehe auch *Heyers*, ZWH 7/2012, 269 ff.

Kommission ging gegen diese Art der Wettbewerbsbeschränkungen konsequent vor, weil die Wettbewerbssituation in der EG dadurch gekennzeichnet war, dass die nationalen Märkte weitgehend abgeschottet waren.[642] Die Kommission schreitet insbesondere gegen **Alleinvertriebs- und Alleinbezugsverträge**[643] sowie gegen **selektive Vertriebssysteme**[644], durch die die Hersteller von Markenartikeln den Weg ihrer Produkte bis zum Endverbraucher verfolgen, ein und verhängt Geldbußen.[645]

264 Im Vordergrund der Ahndung des Missbrauchs einer marktbeherrschenden Stellung[646] stehen Fälle der **Erzwingung unangemessener Preise und Bedingungen**[647] sowie **Diskriminierungen**[648] und **Behinderungen** anderer Marktteilnehmer,[649] insbesondere in Form des Boykotts, der Liefersperre[650] und der Verkaufsverweigerung[651] sowie der Gewährung von Treuerabatten.[652]

bb) Grundsatz „ne bis in idem"

265 Bevor ein Bußgeldbescheid ergehen kann, stellt sich angesichts der nunmehr bestehenden Möglichkeit, dass auch die Mitgliedstaaten Rechtsverstöße gegen Art. 101 und 102 AEUV ahnden können, in verstärktem Umfang die Frage, ob infrage stehende Zuwiderhandlungen bereits sanktioniert worden sind. Einer erneuten Sanktionierung kann dann der Grundsatz ne bis in idem entgegenstehen. Dieser Grundsatz, der im Europarecht bereits bisher als allgemeiner Rechtsgrundsatz anerkannt war,[653] wurde durch den **Vertrag von Amsterdam** mit der Übernahme des Schengen-Besitzstandes (Art. 54 des Schengener Durchführungsübereinkommens [SDÜ]) in das Gemeinschaftsrecht überführt.[654] Spätestens nach dem Inkrafttreten

---

[642] *Dannecker/Fischer-Fritsch*, Das EG-Kartellrecht in der Bußgeldpraxis, S. 137 ff., 293 ff.

[643] KOMM, 1.12.1976, ABl. 1976, Nr. L 357 vom 29.12.1976, S. 40 ff. (*Miller International Schallplatten*).

[644] EuGH, Rs. C-439/09, Slg. 2011, I-0000, GA MazÄk, Rn. 57 (*Pierre Fabre Dermo-Cosmétique*), siehe auch GRURInt 2011, 1077 ff. und *Velte*, EuZW 2012, 19 ff.; EuGH, Urt. V. 14.6.2012 – C-158/11 (*Auto 24 SARL/Jaguar Land Rover France SAS*), EuZW 2012, S. 628 ff.

[645] KOMM, 6.1.1982, ABl. 1982, Nr. L 117 vom 30.4.1982, S. 15 ff. (*AEG-Telefunken*); De Bronett in *Schulte/Just*, Kartellrecht, Art. 101 AEUV Rn. 86.

[646] Vgl. den Überblick bei *Dannecker/Fischer-Fritsch*, Das EG-Kartellrecht in der Bußgeldpraxis, S. 234 ff., 299 ff.

[647] KOMM, 2.1.1973, ABl. 1973, Nr. L 140 vom 26.5.1973, S. 17 (*Zucker*); 19.12.1974, ABl. 1975, Nr. L 29 vom 3.2.1975, S. 14 (*General Motors*); EuGH Rs. C-202/07 P, Slg. 2009, I-2369, Rn. 110, 32 ff. (*France Télekom*); C-280/08, Slg. 2010, I-9555. Rn. 186 ff. sowie EuG Rs. T-271/03, Slg. 2006, II-1747, Rn. 169 ff. (*Deutsche Telekom*).

[648] KOMM, 11.7.1988, ABl. 1988, Nr. L 233 vom 23.8.1988, S. 15 (*British Dental Trade Ass.*).

[649] KOMM, 14.12.1985, ABl. 1985, Nr. L 374 vom 31.12.1985, S. 1 (*ECS/AKZO*); 22.12.1987, ABl. 1988, Nr. L 65 vom 11.3.1988, S. 19 (*Eurofix-Bauco/Hilti*); 4.11.1988, ABl. 1988, Nr. L 317 vom 24.11.1988, S. 47 (*Sabena*), EuG Rs. T-151/01, Slg. 2007, II-1607, Rn. 151 (*DSD*).

[650] KOMM, 8.12.1977, ABl. 1978, Nr. L 22 vom 27.1.1978, S. 23 (*Hugin Liptons*).

[651] KOMM, 14.12.1972, ABl. 1972, Nr. L 299 vom 31.12.1972, S. 51 (*ZOJA/CSC-ICI*); 9.6.1976, ABl. 1976, Nr. L 223 vom 16.8.1976, S. 27 (*Hoffmann-La Roche*); 5.12.1988, ABl. 1989, Nr. L 10 vom 13.1.1989, S. 50 (*British Industries PLC*).

[652] Vgl. dazu *Dannecker/Fischer-Fritsch*, Das EG-Kartellrecht in der Bußgeldpraxis, S. 22 f.; eingehend dazu De Bronett in *Schulte/Just*, Kartellrecht, Art. 101¨2 AEUV Rn. 10 f.

[653] *Dannecker/Biermann*, in: *Immenga/Mestmäcker* (Hrsg.), EU-Wettbewerbsrecht, Bd. I Teil 2, Vorbem. Art. 23 VO 1/2003 Rn. 242 ff.; allgemein zu diesem Grundsatz im EU-Recht vgl. *Liebau*, „Ne bis in idem`` in Europa, S. 87 ff.

[654] Protokoll zur Einbeziehung des Schengen-Besitzstandes in den Rahmen der Europäischen Union, ABl. Nr. C 340 vom 10.11.1997, S. 93 ff. Obwohl das Vereinigte Königreich und Nordirland nicht Vertragspartei des Schengen-Übereinkommens waren, gilt auch für diese Art. 54 SDÜ aufgrund von Art. 1 lit. a des Beschlusses des Rates vom 29.5.2000, ABl. 2000, Nr. L 131 vom 1.6.2000, S. 43 ff. Keine Vertragspartei des Schengen-Übereinkommens ist Irland. Außerdem ist der Grundsatz ne bis in idem in Art. 4 Abs. 1 des Protokolls Nr. 7 zur EMRK verankert; die EMRK zählt zu den Rechterkenntnisquellen des Gemeinschaftsrechts. Zudem besteht eine Bindung an die EMRK aufgrund von Art. 6 Abs. 2 EUV.

D. Europäisches Kartellordnungswidrigkeitenrecht

des **Vertrags von Lissabon** ist von einem vollständigen Doppelbestrafungs- und Doppelahndungsverbot auszugehen.[655]

Der Grundsatz „ne bis in idem" bedeutet für das europäische Kartellordnungswidrigkeitenrecht, dass die Kommission „gegen ein Unternehmen wegen eines Verhaltens, zu dem das Gericht oder der Gerichtshof festgestellt hat, dass die Kommission dessen Wettbewerbswidrigkeit bereits nachgewiesen oder nicht nachgewiesen hat, keine Ermittlungen nach der Verordnung 1/2003 wegen Verstoßes gegen die Wettbewerbsregeln der Gemeinschaft führen oder eine Geldbuße verhängen darf".[656] Die Kommission darf auch dann keine weitere Geldbuße verhängen, wenn später Tatumstände bekannt werden, die bei der Festsetzung der ersten Geldbuße unberücksichtigt geblieben sind.[657] Wurde jedoch eine erste Entscheidung aus formalen Gründen ohne materielle Beurteilung des fraglichen Sachverhaltes für nichtig erklärt, so ist die erneute Verhängung einer Sanktion möglich. Denn die Nichtigerklärung stellt keinen Freispruch im strafrechtlichen Sinne dar. Es wird in einem solchen Fall nicht ein zweites Kartellverfahren eröffnet, sondern lediglich das erste fortgeführt.[658]

Im Fall der **kumulativen Verhängung** eines **Buß- und eines Zwangsgeldes** in ein und derselben Entscheidung liegt kein ne bis in idem-Problem vor, da es an einer ersten, formell rechtskräftigen Entscheidung fehlt.[659] Nicht als zulässig anzusehen wäre jedoch die Verhängung eines Bußgeldes, nachdem ein Zwangsgeld mit der Wirkung einer Strafmaßnahme festgesetzt worden ist.[660]

Nach Inkrafttreten der VO 1/2003 gilt der Grundsatz „ne bis in idem" auch im Verhältnis von **Entscheidungen der Kommission zu Entscheidungen mitgliedstaatlicher Behörden** mit der Folge eins Doppelverfolgungs- und Sanktionsverbots.[661]

Im **Verhältnis zu Drittstaaten** wird die Anwendung des Grundsatzes „ne bis in idem" von der h. M. abgelehnt.[662] Eine Anrechnungspflicht wurde durch die Gemeinschaftsrichter verneint, weil die von der Kommission und den Drittstaaten betriebenen Verfahren und verhängten Sanktionen nicht den gleichen Zielen bzw. demselben Rechtsgut dienten.[663] In der Literatur wird jedoch sowohl eine Anwendung des Grundsatzes „ne bis in idem" gefordert[664] als auch eine Anrechnung für möglich gehalten.[665] Entscheidend für eine Anrechnung ist, ob

---

[655] Vertrag über die Europäische Union i. d. F. des Vertrags von Lissabon v. 13.12.2007, in Kraft seit 1.12.2009, ABl. Nr. C 306 S. 1, ber. ABl. 2008 Nr. C 111 S. 56, ABl. 2009 Nr. C 290 S. 1, ABl. 2011 Nr. C 378 S. 3; siehe auch *Dannecker* in: *Weiß*, Die Rechtstellung des Betroffenen im modernisierten EU-Kartellverfahren, S. 115, 130; EuGH Rs. C-308/04, Slg. 2006, I-5977, Rn. 26 (*SGL Carbon*); GA Kokott, Schlussanträge v. 8.9.2011 in Rs. C-17/10, Rn. 99 m. weit. Nachw. (*Toshiba*); Baudisch, S. 163 ff.

[656] Vgl. EuG, 20.4.1999, Slg. 1999 II, 975 (*LVM/Kommission*).

[657] *Dannecker/Biermann*, in: *Immenga/Mestmäcker* (Hrsg.), EU-Wettbewerbsrecht, Bd. I Teil 2, Vorbem. Art. 23 VO 1/2003 Rn. 243 f.

[658] EuGH, 15.10.2002, WuW 2002, 1259 (*P-PVC*).

[659] *Dannecker/Biermann*, in: *Immenga/Mestmäcker* (Hrsg.), EU-Wettbewerbsrecht, Bd. I Teil 2, Art. 24 VO 1/2003 Rn. 48; Baudisch, S. 198 f.

[660] *Kuck*, WuW 2002, 691.

[661] Vgl. hierzu eingehend *Dannecker/Biermann*, in: *Immenga/Mestmäcker* (Hrsg.), EU-Wettbewerbsrecht, Bd. I Teil 2, Vorbem. Art. 23 VO 1/2003 Rn. 249 ff.; *Dannecker* in: *Weiß*, Die Rechtstellung des Betroffenen im modernisierten EU-Kartellverfahren, S. 115, 130; siehe auch *Albrecht*, S. 373 ff.; *Louis/Accardo*, World Competition 34, no. 1 (2011): 97–112.

[662] Inzident durch den EuGH, 14.12.1972, Slg. 1972, 1290 (*Boehringer Mannheim II*); eingehend *Dannecker/Biermann*, in: *Immenga/Mestmäcker* (Hrsg.), EU-Wettbewerbsrecht, Bd. I Teil 2, Vorbem. Art. 23 VO 1/2003 Rn. 259 ff.; GA Kokott, Schlussanträge v. 8.9.2011 in Rs. C-17/10, Rn. 129 ff. (*Toshiba*).

[663] EuG, 9.7.2003, Rs. T-223/00 Rn. 90 ff. (*Kyowa Hakko Kogyo*); EuGH Rs. C-397/03 P, Slg. 2006, I-4429 Rn. 69 (*ADM*); C-289/04 P, Slg. 2006, I-5859, Rn. 55 (*Showa Denko*); EuG Rs. T-43/02, Slg. 2006, II-3435, Rn. 287 (*Jungbunzlauer*); T-69/04, Slg. 2008, II-2567, Rn. 210 (*Schunk*); Baudisch, S. 207 ff.

[664] Nach *Kuck*, WuW 2002, 694 f. sollte ein zwischenstaatliches ne bis in idem anerkannt werden, denn das Auswirkungsprinzip führe zu einer Ausdehnung des Strafgewalt im Vergleich zum Territorialitätsgrundsatz; so auch *Endriß/Kinzig*, StV 1997, 666.

[665] Für eine Anrechnung: *Dannecker/Bermann*, in: *Immenga/Mestmäcker* (Hrsg.), EU-Wettbewerbsrecht, Bd. I Teil 2, Vorbem. Art. 23 VO 1/2003 Rn. 261; *Klusmann*, WuW 2001, 820; *Kuck*, WuW 2002, 695 f.

die Sanktion für die gleiche oder eine andere Tat verhängt worden ist. Die gleiche Tat kann nicht nur im Verhältnis zu Mitgliedstaaten der Europäischen Union, sondern auch im Verhältnis zu Drittstaaten vorliegen.[666] Hierbei ist auf das Vorliegen desselben Sachverhalts abzustellen.

VII. Rechtskontrolle durch den Europäischen Gerichtshof

1. Grundsätzliche Klagemöglichkeiten

270 Aufgrund des Beschlusses 88/591/EWG, Euratom vom 24.10.1988,[667] wurde das **Europäische Gericht erster Instanz** (EuG) errichtet, dem unter anderem die frühere Zuständigkeit des **Europäische Gerichtshofs** (EuGH) für Klagen von natürlichen oder juristischen Personen gegen ein Organ der Europäischen Gemeinschaft durch Art. 3 des Beschlusses des Rates vom 8.6.1993[668] übertragen worden ist.[669] EuG und EuGH können im Wege einer Direktklage, aber auch durch ein Vorabentscheidungsverfahren mit dem europäischen Wettbewerbsrecht befasst werden.

271 Als Klagegegenstand kommen bei einer Nichtigkeitsklage gemäß Art. 263 AEUV (zuvor Art. 230 EG), die eine **Direktklage** darstellt, sowohl Einzelentscheidungen der Kommission, z. B. die Festsetzung einer Geldbuße, als auch Rechtsetzungsakte, z. B. Gruppenfreistellungsverordnungen, in Betracht.

272 Klageberechtigt sind beispielsweise die betroffenen Unternehmen und abgewiesene Beschwerdeführer. Voraussetzung der **Klagebefugnis** ist stets eine unmittelbare und individuelle Betroffenheit des klagenden Unternehmens, die über eine bloße Interessenbeeinträchtigung hinausgehen muss. Diese Voraussetzungen liegen bereits vor, wenn ein Unternehmen durch seine Beschwerdeführung an der Durchführung und Entscheidung des Kartellverfahrens beteiligt war. Gegen die Einleitung eines Kartellverfahrens und gegen die Mitteilung der Beschwerdepunkte besteht keine Klagebefugnis.[670] Jedoch kann gegen die Verhängung von Geldbußen nach Art. 23 Abs. 1 und 2 VO 1/2003 Klage erhoben werden.[671]

273 Wird die Nichtigkeitsklage durch eine natürliche oder eine juristische Person erhoben, so ist die Zuständigkeit des **EuG** eröffnet. Es können in diesem Zusammenhang nicht nur Rechtsverletzungen, sondern auch unrichtige Tatsachenermittlungen gerügt werden.[672] Gegen dessen Entscheidung kann der **EuGH** im Rechtsmittelweg befasst werden, der nur über Rechtsfragen entscheidet (Art. 58. Abs. 1 S. 1 Satzung des Gerichtshofs) und gegebenenfalls das Verfahren an das EuG zurückverweist (Art. 61 Abs. 1 S. 2 Satzung des Gerichtshofs).

(unter Herleitung aus dem Verhältnismäßigkeitsgrundsatz); *Lillich,* Das Doppelstrafverbot bei Kartelldelikten, 1978, S. 70; gegen eine Anrechnung: KOMM, 7.6.2000, ABl. 2001, Nr. L 152 vom 7.6.2001, S. 24 ff. *(Aminosäuren); Winkler,* AWD/RIW 1972, 570; *Albrecht,* S. 377 ff.
  [666] *Dannecker/Biermann,* in: *Immenga/Mestmäcker* (Hrsg.), EU-Wettbewerbsrecht, Bd. I Teil 2, Vorbem. Art. 23 VO 1/2003 Rn. 261; *Kuck,* WuW 2002, 695 ff.
  [667] ABl. 1988, Nr. L 319 vom 25.11.1988, S. 1; Berichtigung in ABl. 1989, Nr. L 241 vom 17.8.1989, S. 4.
  [668] ABl. 1993, Nr. L 144 vom 16.7.1993, S. 21.
  [669] Siehe hierzu *Dannecker,* in: *Rengeling/Middeke/Gellermann* (Hrsg.), Handbuch des Rechtsschutzes in der Europäischen Union, § 38 Rn. 106 ff.
  [670] EuGH, 11.11.1981, Slg. 1981, 2639 *(IBM-Großcomputer).*
  [671] Eingehend dazu *Dannecker/Biermann,* in: *Immenga/Mestmäcker* (Hrsg.), EU-Wettbewerbsrecht, Bd. I Teil 2, Vorbem. Art. 23 VO 1/2003 Rn. 264.
  [672] *Dannecker/Biermann,* in: *Immenga/Mestmäcker* (Hrsg.), EU-Wettbewerbsrecht, Bd. I Teil, Art. 31 VO 1/2003 Rn. 5.

D. Europäisches Kartellordnungswidrigkeitenrecht

2. Erweiterung der Nachprüfungsmöglichkeit durch Art. 261 AEUV (zuvor Art. 229 EG)

Bei einer Nichtigkeitsklage im Sinne von **Art. 263 AEUV** (vormals Art. 230 EG) ist eine Überprüfung des Klagegegenstandes nur wegen Unzuständigkeit, Verletzung wesentlicher Formvorschriften, Verletzung des AEUV oder einer bei seiner Durchführung anzuwendenden Rechtsnorm oder wegen Ermessensmissbrauchs möglich. Dagegen besteht aufgrund von **Art. 261 AEUV (ehemals Art. 229 EG)**[673] die Möglichkeit, die Befugnisse des Gerichtshofs bei der Überprüfung von Buß- und Zwangsgeldentscheidungen aufgrund einer Verordnung zu erweitern, so dass er zur unbeschränkten Nachprüfung sowie zur Ersetzung der Kommissionsentscheidung durch eine eigene Entscheidung ermächtigt ist. Von der Möglichkeit des Art. 261 AEUV bzw. Art. 229 EG wurde im Bereich des Wettbewerbsrechts durch **Art. 31 VO 1/2003** Gebrauch gemacht. Voraussetzung ist aber auch bei Art. 261 AEUV bzw. Art. 229 EG die Statthaftigkeit der Nichtigkeitsklage gegen die Entscheidung über die Verhängung von Zwangsmaßnahmen.[674]

Der **Gerichtshof** ist aufgrund von Art. 31 VO 1/2003 befugt, eine von der Kommission verhängte **Geldbuße aufzuheben, herabzusetzen**[675] **oder zu erhöhen**[676]. Bußgeldentscheidungen werden häufig neu festgesetzt, insbesondere erfolgt dabei eine Überprüfung der Angemessenheit der Geldbuße. Eine Nachprüfung findet vor allem im Hinblick auf die Schwere und Dauer des vorgeworfenen Verhaltens, seine wirtschaftlichen Auswirkungen, das schuldhafte Verhalten, das Vorliegen von Schuldausschließungsgründen, die Leistungsfähigkeit und Größe des Unternehmens sowie bezüglich allgemeiner Gesichtspunkte der Billigkeit statt. Die Zwangsmaßnahme unterliegt in tatsächlicher und in rechtlicher Hinsicht in vollem Umfang der gerichtlichen Überprüfung.[677] Eine Änderung bzw. Aufhebung der Zwangsmaßnahme ist auch ohne eine unzutreffende Tatsachenwürdigung oder ohne einen Rechtsfehler möglich, wenn die Verhängung der Zwangsmaßnahme dem Gericht unangemessen erscheint.[678]

Die Möglichkeit zur Erhöhung der durch die Kommission festgesetzten Geldbuße ist besonders dann relevant, wenn während des gerichtlichen Verfahrens offenbar wird, dass die Kommission durch das Unternehmen im Vorverfahren getäuscht worden ist und dieser Irrtum für die Verhängung einer niedrigeren Geldbuße kausal war. Der Gerichtshof ist nicht befugt, in einem laufenden Verfahren erstmalig eine Geldbuße zu verhängen, da die VO 1/2003 keine Ermächtigung der Gerichte enthält, Bußgelder oder Zwangsmaßnahmen zu verhängen, wenn die Kommission darauf verzichtet hat.[679]

---

[673] Ausführlich zu Art. 229 EG *Dannecker,* in: *Rengeling/Middeke/Gellermann* (Hrsg.), Handbuch des Rechtsschutzes in der Europäischen Union, 2. Aufl. 2003, § 38 Rn. 96 ff.

[674] Dies gilt unabhängig davon, ob man Art. 229 EG als ein eigenes Verfahren ansieht, vgl. *Cremer,* in: *Calliess/Ruffert* (Hrsg.), Kommentar zu EU-Vertrag und zu EG-Vertrag, 4. Aufl. 2011, Art. 261 AEUV Rn. 1.

[675] Eine Herabsetzung des Bußgeldes um die Hälfte wurde z. B. durch das EuG in Sachen *Zement* vorgenommen; EuG, 15.3.2000, Slg. 2000 II, 491.

[676] EuG, Urt. v. 12.12.2007, verb. Rs. T-101/05 und T-111/05, Slg. 2007, II-04949 = WuW/E EU-R, 1362 (*BASF/Kommission*); *Polzin,* WuW 05/2011, S. 454 ff.

[677] EuG Rs. T-101/05 u. T-111/05, Slg. 2007, II-4949, Rn. 213 (*BASF und UCP*); T-343/08, Urt. v. 17.5.2011, Rn. 203 ff. (*Arkema*); EuGH Rs. C-3/06 P, Slg. 2007, I-1331, Rn. 61 (*Groupe Danone*).

[678] EuGH Rs. C-386/10 P, Urt. v. 8.12.2011, www.curia.eu Rn. 64 ff. (*Chalkor*).

[679] *Dannecker,* in: *Rengeling/Middeke/Gellermann* (Hrsg.), Handbuch des Rechtsschutzes in der Europäischen Union, § 38 Rn. 105; *Dannecker/Biermann,* in: *Immenga/Mestmäcker* (Hrsg.), EU-Wettbewerbsrecht, Bd. I Teil 2, Art. 31 VO 1/2003 Rn. 23, 29.

VIII. Bußgeldtatbestände der Fusionskontroll-Verordnung

1. Rechtsgrundlagen der Fusionskontrolle

277 Der EG-Vertrag enthält keine Bestimmungen über die Kontrolle von Unternehmenszusammenschlüssen. Der Rat verabschiedete am 21.12.1989 die **Verordnung 4064/89 über die Kontrolle von Unternehmenszusammenschlüssen** (Fusionskontroll-Verordnung – FKVO),[680] die am 21.9.1990 in Kraft getreten ist.[681] Diese Verordnung wurde durch die Verordnung (EG) Nr. 1310/97 des Rates vom 30.6.1997 erstmals geändert.[682] Seit dem 1.5.2004 ist nunmehr die EG-Fusionskontrollverordnung VO 139/2004[683] in Kraft getreten.[684] Die VO 139/2004 zeichnet sich durch flexiblere Prüfungsfristen aus und stärkt den Grundsatz der Einmalanmeldung von Fusionen mit gemeinschaftsweiter Bedeutung zur Vermeidung von Mehrfachanmeldungen.[685] Daneben wurde auch das materielle Prüfkriterium zur Beurteilung von Zusammenschlussvorhaben umgestaltet. Früher dominierte der sog. Marktbeherrschungstest. Danach war ein Zusammenschluss nur dann zu untersagen, wenn er eine beherrschende Stellung begründet oder verstärkt, durch die wirksamer Wettbewerb im Gemeinsamen Markt oder in einem wesentlichen Teil desselben erheblich behindert wird. Nach der Neufassung der Fusionskontrolle kommt es bei Zusammenschlüssen entscheidend darauf an, ob sie einen wirksamen Wettbewerb im Gemeinsamen Markt oder in einem wesentlichen Teil desselben erheblich behindern würden. Das Marktbeherrschungskriterium ist zu einem Regelfallbeispiel für eine derartige Wettbewerbsbehinderung herabgestuft worden.[686] Aufgrund der Ermächtigungsgrundlage des Art. 23 VO 139/2004 wurde außerdem eine neue Durchführungsverordnung[687] hinsichtlich der Einzelheiten des Verfahrens erlassen. Die Fusionskontrolle ist primär auf den **Schutz des freien Wettbewerbs** ausgerichtet. Sie hat grundsätzlich Vorrang vor der nationalen Fusionskontrolle und vor der Fusionskontrolle aufgrund der Art. 101 und 102 AEUV.[688]

2. Anwendungsbereich der Fusionskontroll-Verordnung

278 Die Fusionskontrollverordnung findet mit Ausnahme der in Art. 4 Abs. 5 und Art. 22 VO 139/2004 genannten Fälle Anwendung auf alle **Zusammenschlüsse von gemeinschaftsweiter Bedeutung** (Art. 1 Abs. 1 VO 139/2004). Gemäß der Legaldefinition in Art. 3 I VO

---

[680] ABl. 1989, Nr. L 395 vom 30.12.1989, S. 1 ff.; berichtigte Fassung in ABl. 1990, Nr. L 257 vom 21.9.1990, S. 13.

[681] Zur Entstehungsgeschichte dieser VO vgl. *Miersch*, Kommentar zur EG-Verordnung Nr. 4064/89 über die Kontrolle von Unternehmenszusammenschlüssen, 1991, S. 2 ff. und zu deren Anwendung vgl. 22. Wettbewerbsbericht 1992, S. 221 f.

[682] ABl. 1997, Nr. L 180 vom 9.7.1997, S. 1 ff.; berichtigte Fassung ABl. 1998, Nr. L 3 vom 7.1.1998, S. 16.

[683] Verordnung (EG) Nr. 139/2004 des Rates vom 20.1.2004 über die Kontrolle von Unternehmenszusammenschlüssen, ABl. 2004, Nr. L 24 vom 29.1.2004, S. 1 ff.

[684] Grundlegend zu den Änderungen vgl. *Berg*, BB 2004, 561 ff.; *Montag/Kacholdt* in: *Dauses*, EU-Wirtschaftsrecht, § 4 Rn. 1 ff.

[685] Vgl. Pressemitteilung der EG-Kommission vom 20.1.2004 in: EuZW 2004, 66; *Wägenbaur*, ZRP 2003, 71; siehe auch EuGHE, 2007, II/12129, Tz. 41 ff. (*Cementbouw/Kommission*); tatsächlich ist das Verfahren vor der Kommission jedoch sehr aufwändig, siehe *Hirsbrunner*, EuZW 17/2012, 646.

[686] Vgl. *Bergmann/Burholt*, EuZW 2004, 161; *Staebe/Denzel*, EWS 2004, 194, 199 ff.; umfassend zu den Änderungen *Berg*, BB 2004, 561 ff.; zu den Kriterien einer Marktbeherrschung siehe *Hirsbrunner/v. Köckritz*, EuZW 2008, 591 ff.; EuGH, Urt. v. 10.7.2008, C-413/06 P, BeckRS 2008, 70755 (*Bertelmann AG and Sony Corporation of America/Impala*).

[687] Verordnung (EG) Nr. 802/2004 der Kommission vom 7. April 2004 zur Durchführung der Verordnung (EG) Nr. 139/2004 des Rates über die Kontrolle von Unternehmenszusammenschlüssen, Abl. 2004, Nr. L 133 vom 30.4.2004, S. 1 ff.

[688] *Peter*, in: Schulte (Hrsg.), Handbuch Fusionskontrolle, S. 27 ff.

D. Europäisches Kartellordnungswidrigkeitenrecht   **18**

139/2004 ist vom Begriff des Zusammenschlusses neben der klassischen Verschmelzung bislang unabhängiger Unternehmen auch unter Umständen der Erwerb von Anteilsrechten und Vermögensrechten (sog. Kontrollerwerb) umfasst, sofern hierdurch jeweils eine dauerhafte Veränderung der Kontrolle stattfindet.[689] Einen Zusammenschluss stellt weiterhin die Begründung eines Gemeinschaftsunternehmens dar, das auf Dauer alle Funktionen einer selbstständigen wirtschaftlichen Einheit erfüllt (Art. 3 Abs. 4 VO 139/2004). Hinsichtlich des Merkmals der **gemeinschaftsweite Bedeutung** enthalten Art. 1 Abs. 2 und 3 VO 139/2004 verschiedene Schwellenwerte bezogen auf unterschiedliche Umsatzkonstellationen. Unternehmen, deren beabsichtigter Zusammenschluss diese Schwellenwerte überschreitet, ist eine bußgeldbewehrte Anmeldeverpflichtung vor Durchführung des Zusammenschlusses auferlegt (Art. 4 i. V. m. Art. 14 Abs. 1 lit. a VO 139/2004).[690] Die Kommission hat dann zu prüfen, ob der Zusammenschluss mit dem Gemeinsamen Markt vereinbar ist. Dies ist zu verneinen, wenn durch den Zusammenschluss der wirksame Wettbewerb im Gemeinsamen Markt oder in einem wesentlichen Teil desselben erheblich behindert würde, insbesondere durch Begründung oder Verstärkung einer marktbeherrschenden Stellung.[691] Die Fusionskontroll-Verordnung ist außerdem auf Unternehmen aus Drittstaaten anwendbar, und zwar unabhängig davon, wo der Zusammenschluss vollzogen werden soll, sofern sich der Zusammenschluss in der Gemeinschaft auswirkt.[692]

Die Unternehmen müssen gegebenenfalls nur noch **ein Verfahren vor der Kommission** betreiben, das alle Verfahren ersetzt, die vor Inkrafttreten dieser Verordnung bei verschiedenen nationalen Behörden durchgeführt werden mussten.

3. Fusionskontrollverfahren

Das Fusionskontrollverfahren ist in der **Fusionskontroll-Verordnung** geregelt. Weitere Vorschriften über die Anmeldungen nach Art. 4 FKVO, über Form, Inhalt und andere Einzelheiten der Anmeldungen, über die Fristen sowie über die Anhörung, die die Verfahrensausgestaltung im Einzelnen betreffen, sind in der Verordnung 802/2004 geregelt. In offensichtlich unproblematischen Fällen findet ein vereinfachtes Verfahren Anwendung.[693]   **279**

a) Anmeldung von Zusammenschlüssen

Nach **Art. 4 Abs. 1 VO 139/2004** ist jeder Zusammenschluss von gemeinschaftsweiter Bedeutung vor seinem Vollzug bei der Kommission die starren Fristen der Vorgängerregelung sind damit weggefallen. Gemäß Art. 4 Abs. 1 Unterabs. 2 VO 139/2004 ist nunmehr sogar eine Anmeldung auch dann schon möglich, wenn die Beteiligten Unternehmen der Kommission glaubhaft machen, dass ein solcher Zusammenschluss beabsichtigt ist.[694]   **280**

b) Aufschub des Vollzugs von Zusammenschlüssen

Die förmliche Anmeldung löst gemäß Art. 7 Abs. 1 VO 139/2004 für die Erfüllungsgeschäfte ein **Vollzugsverbot** aus, bis der Zusammenschluss gemäß Art. 6 Abs. 1 lit. b oder 8 Abs. 1 oder 2 bzw. aufgrund einer Vermutung nach Art. 10 Abs. 6 VO 139/2004 durch die Kom-   **281**

---

[689] Der Erwerb einer Minderheitsbeteiligung genügt dafür nicht, siehe EuGH, Urt. v. 6.7.2010, Rs. T 411/07 (*Aer Lingus Group plc/Kommission*); eine Beteiligung von 25 % reicht dagegen aus, KOMM, Entsch. V. 9.6.2011, ABl. 2011, C 223/2 (*Indorama/Sinterama/Tevira*); siehe auch KOMM, Entsch. v. 6.2.2009, ABl. 2009, C 47/1 (*Kühne/HVG/TUI/Hapag-Lloyd*).
[690] Siehe auch LG Köln, BeckRS 2010, 00557 = WuW/DE-R 2868 (*EPG*); *Montag/Kacholdt* in: *Dauses*, EU-Wirtschaftsrecht, § 4 Rn. 35 ff. m. weit. Nachw.
[691] Näher dazu *Frenz*, Handbuch Europarecht, Band 2, Rn. 1756 ff.
[692] *Bechtold*, RIW 1990, 260 f.; *Koch*, EWS 1990, 67; *Ekey*, Grundriss des Wettbewerbs- und Kartellrecht, S. 139.
[693] Bekanntmachung der Kommission über ein vereinfachtes Verfahren für bestimmte Zusammenschlüsse gemäß der Verordnung (EG) Nr. 139/04 des Rates, ABl. 2005, Nr. C 56 vom 5.3.2005, S. 32 ff.
[694] *Von Rosenberg* in: *Schulte/Just*, Kartellrecht, Art. 4 FKVO Rn. 17; *Brinker*, in: Schwarze (Hrsg.), Verfahren und Rechtsschutz im europäischen Wirtschaftsrecht, 2010, S. 42, 47 f.

mission freigegeben wird.[695] Nach Art. 7 Abs. 3 VO 139/2004 kann die Kommission auf Antrag eine Befreiung von dem Vollzugsverbot erteilen. Gegen das Verbot verstoßende Rechtsgeschäfte sind schwebend unwirksam. Es besteht die Möglichkeit, eine solche Befreiung mit Bedingungen und Auflagen zu verbinden.

c) Prüfung der Anmeldung und Einleitung des Verfahrens

282 Gemäß Art. 6 Abs. 1 VO 139/2004 beginnt die Kommission unmittelbar nach Eingang der Anmeldung mit deren Prüfung. Innerhalb von höchstens 25 Arbeitstagen muss die Kommission förmlich über die **Eröffnung des Verfahrens** entscheiden (Art. 10 Abs. 1 VO 139/2004). Wenn der Kommission eine Mitteilung eines Mitgliedstaates nach Art. 9 Abs. 2 VO 139/2004 zugeht, in der Bedenken gegen den Zusammenschluss erhoben werden können bzw. die beteiligten Unternehmen nach Art. 6 Abs. 2 VO 139/2004 anbieten, Verpflichtungen einzugehen, um die Vereinbarkeit des Zusammenschlusses mit dem Gemeinsamen Markt sicherzustellen, verlängert sich diese Frist um 10 Arbeitstage (Art. 10 Abs. 1 Unterabs. 2 VO 139/2004).

283 Unter der Voraussetzung, dass kein Zusammenschluss im Sinne der Fusionskontroll-Verordnung vorliegt oder dass das Vorhaben keine gemeinschaftsweite Bedeutung hat, wird die **Unanwendbarkeit der Verordnung gemäß Art. 6 Abs. 1 lit. a VO 139/2004** festgestellt.
Wenn der Zusammenschluss nach Ansicht der Kommission in den Anwendungsbereich der Fusionskontroll-Verordnung fällt, jedoch kein Anlass zu ernsthaften Bedenken hinsichtlich seiner Vereinbarkeit mit dem Gemeinsamen Markt besteht, trifft die Kommission die **Entscheidung, keine Einwände zu erheben**, und erklärt den Zusammenschluss für vereinbar mit dem Gemeinsamen Markt (Art. 6 Abs. 1 lit. b VO 139/2004).

284 Stellt die Kommission fest, dass der angemeldete Zusammenschluss unter die VO 139/2004 fällt und Anlass zu ernsthaften Bedenken hinsichtlich der Vereinbarkeit mit dem Gemeinsamen Markt gibt, **leitet** die Kommission das **Verfahren ein** (Art. 6 Abs. 1 lit. c VO 139/2004).

d) Ermittlungsbefugnisse der Kommission

285 Wenn die Kommission zu dem Ergebnis kommt, dass sie zur Erfüllung der ihr übertragenen Aufgaben Informationen über ein Zusammenschlussvorhaben benötigt, die in der Anmeldung nicht enthalten sind, oder wenn sie vorhandene Daten auf ihre Richtigkeit hin überprüfen will, sehen Art. 11 ff. VO 139/2004 die Möglichkeit des **Auskunftsverlangens** sowie des Rechts auf **Nachprüfungen** durch Behörden der Mitgliedstaaten und durch die Kommission selbst vor. Wie bereits bei der Vorgängerverordnung sind diese Ermittlungsbefugnisse weitgehend denen der Kartellverordnung nachgebildet.

aa) Auskunftsrecht nach Art. 11 VO 139/2004

286 Adressaten des Auskunftsrechts sind neben den Regierungen und den zuständigen Behörden der Mitgliedstaaten (Art. 11 Abs. 6 VO 139/2004) sowohl die Unternehmen und Unternehmensvereinigungen, die an der Fusion beteiligt sind, als auch natürliche Personen, welche im Rahmen eines Kontrollerwerbs nach Art. 3 Abs. 1 lit. b VO 139/2004 tätig werden (Art. 11 Abs. 1 VO 139/2004). Die Kommission hat ebenso wie in der VO 1/2003 ein Wahlrecht zwischen einem **einfachen** und einem **qualifizierten Auskunftsverlangen**, deren jeweilige Folgen denen in der VO 1/2003 entsprechen.[696] unterscheiden.

bb) Nachprüfungsrecht nach Art. 12 und 13 VO 139/2004

287 Wenn bereits Fakten bekannt sind, deren Richtigkeit überprüft werden soll, kann die Kommission gemäß **Art. 12 VO 139/2004** die Nachprüfung durch Behörden der Mitgliedstaaten anordnen.

---

[695] Siehe *Linsmeier/Balssen*, BB 2008, 741 ff.; Kommission, Mitteilung v. 13.12.2007, MEMO/07/573: Mergers – Commission has carried out inspections in the S PVC sector.
[696] Siehe hierzu Rn. 241 ff.

D. Europäisches Kartellordnungswidrigkeitenrecht **18**

Nach **Art. 13 VO 139/2004** hat die Kommission auch die Möglichkeit, unmittelbar und 288
ohne Einschaltung der nationalen Behörden Nachprüfungen bei den Unternehmen durchzuführen.[697] Art. 13 VO 139/2004 unterscheidet ebenso wie Art. 20 VO 1/2003 zwischen einer **einfachen Nachprüfung** und einer **verbindlichen Nachprüfungsanordnung**. Die in Abs. 1 lit. a–e geregelten Einzelbefugnisse entsprechen denen des Art. 20 VO 1/2003, weshalb die dortigen Ausführungen[698] auch hier gelten.

e) Entscheidungsbefugnisse der Kommission

Kommt die Kommission zu dem Ergebnis, dass der angemeldete Zusammenschluss genehmi- 289
gungsfähig ist, so erklärt sie den Zusammenschluss für vereinbar mit dem Gemeinsamen Markt. Diese Entscheidung kann mit Bedingungen und Auflagen verbunden werden (**Art. 8 Abs. 2 Unterabs. 2 VO 139/2004**).

Wenn ein Zusammenschluss die Voraussetzungen für eine Genehmigung nicht erfüllt, wird 290
er für unvereinbar mit dem Gemeinsamen Markt erklärt (**Art. 8 Abs. 3 VO 139/2004**). Sofern der Zusammenschluss bereits vollzogen ist oder unter Verstoß einer Bedingung vollzogen worden ist, kann die Kommission in einer Entscheidung nach Art. 8 Abs. 3 VO oder in einer gesonderten Entscheidung die Trennung der zusammengefassten Unternehmen oder Vermögenswerte, die Beendigung der gemeinsamen Kontrolle oder andere Maßnahmen anordnen, um den wirksamen Wettbewerb wieder herzustellen (**Art. 8 Abs. 4 VO 139/2004**).

f) Veröffentlichung nach Art. 20 VO 139/2004

Die Kommission veröffentlicht die nach Art. 8 Abs. 1 bis 6 sowie Art. 14 und 15 VO 139/ 291
2004 erlassenen Entscheidungen im Amtsblatt der Europäischen Gemeinschaft unter Angabe der Beteiligten und des wesentlichen Inhalts der Entscheidung. Hierbei ist den Interessen der Unternehmen an der **Wahrung ihrer Geschäftsgeheimnisse** Rechnung zu tragen. Ausgenommen von der Veröffentlichung sind jedoch vorläufige Entscheidungen nach Art. 18 Abs. 2 VO 139/2004.

4. Bußgeldvorschriften der Fusionskontroll-Verordnung

a) Zuwiderhandlungen verfahrensrechtlicher Art (Art. 14 Abs. 1 VO 139/2004)

Nach Art. 14 Abs. 1 VO 139/2004 kann die Kommission bei bestimmten Falschangaben bei 292
der Anmeldung sowie bei Verstößen gegen Auskunfts-, Mitwirkungs- und Duldungspflichten im Verfahren Geldbußen bis zu einem **Höchstbetrag von 1 % des Gesamtumsatzes** belegen.

aa) Unrichtige und irreführende Angaben bei Anträgen und Anmeldungen (Art. 14 Abs. 1 lit. a VO 139/2004)

Nach **Art. 14 Abs. 1 lit. a VO 139/2004** kann die Kommission eine Geldbuße verhängen, 293
wenn vorsätzlich oder fahrlässig in einem Antrag, einer Bestätigung, einer Anmeldung oder Anmeldungsergänzung nach Art. 4, Art. 10 Abs. 5 oder Art. 22 Abs. 3 VO 139/2004 unrichtige oder irreführende Angaben gemacht werden. Dieser Tatbestand ersetzt Art. 14 Abs. 1 lit. b) VO 4064/89, der ausschließlich unrichtige oder entstellte Angaben im Rahmen einer Anmeldung nach Art. 4 VO 4064/89 sanktionierte.

bb) Unrichtige und irreführende Angaben bei Auskunftsverlangen (Art 14 Abs. 1 lit. b und c VO 139/2004)

Auswirkung auf Art. 14 Abs. 1 VO 4064/89 hatte auch die unter dem Einfluss der novellier- 294
ten Kartellrechtsverordnung vorgenommene Unterscheidung zwischen einfachen Auskunftsverlangen (Art. 11 Abs. 2 VO 139/2004) und Auskunftsverlangen durch Entscheidung (Art. 11 Abs. 3 VO 139/2004). Diese Differenzierung wurde auch im Bußgeldtatbestand übernommen, indem Art. 14 Abs. 1 lit. b VO 4064/89, der ursprünglich unrichtige oder ir-

---

[697] Siehe *Linsmeier/Balssen*, BB 2008, 741, 743.
[698] Siehe Rn. 246 ff.

reführende Angaben in Rahmen einer Auskunft sanktionierte, durch **Art 14 Abs. 1 lit. b VO 139/2004**, der sich auf **einfache Auskunftsverlangen** bezieht, einerseits und **Art. 14 Abs. 1 lit. c VO 139/2004**, der sich auf **Auskunftsverlangen durch Entscheidung** bezieht, andererseits ersetzt wurde. Dadurch erfolgte eine Angleichung an die Rechtslage des Art. 23 Abs. 1 lit. b und lit. c VO 1/2003, auf die in diesem Zusammenhang verwiesen werden kann.

cc) Verletzung der Vorlage- oder Duldungspflicht bei Nachprüfungen (Art. 14 Abs. 1 lit. d VO 139/2004)

295 Art. 14 Abs. 1 lit. d VO 4069/89 wurde inhaltlich nahezu unverändert in **Art. 14 Abs. 1 lit. d VO 139/2004** übernommen. Danach kann eine Geldbuße verhängt werden, wenn vorsätzlich oder fahrlässig bei Nachprüfungen die angeforderten Bücher oder sonstigen Geschäftsunterlagen nicht vollständig vorgelegt werden oder eine von der Kommission angeordnete Nachprüfung nicht geduldet wird.

dd) Unrichtige und unvollständige Angaben von Vertretern oder Beschäftigten des Unternehmens; Siegelbruch (Art. 14 Abs. 1 lit. e und lit. f VO 139/2004)

296 Die neu eingeführten Art. 14 Abs. 1 lit. e und lit. f VO 139/2004 entsprechen den Tatbeständen des Art. 23 Abs. 1 lit. d und lit. e VO 1/2003. Dies beruht darauf, dass bei der Neufassung Fusionskontroll-Verordnung ebenso wie in der Kartellrechtsverordnung die Ermittlungsbefugnisse der Kommission und der von ihr ermächtigten Begleitpersonen ausgeweitet wurden. Zum einen können Vertreter oder Beschäftigte des Unternehmens Erläuterungen zu Sachverhalten oder Unterlagen verlangt werden, die mit Gegenstand und Zweck der Nachprüfung in Zusammenhang stehen (Art. 13 Abs. 2 lit. e VO 139/2004). Zum anderen können gemäß Art. 13 Abs. 2 lit. alle Geschäftsräume und Unterlagen für die Dauer der Nachprüfung versiegelt werden. Art. 14 Abs. 1 lit. e und lit. f VO 139/2004 sichern diese Befugnisse durch entsprechende Bußgeldtatbestände ab, so dass auf die Ausführungen zu Art. 23 Abs. 1 VO 1/2003 verwiesen werden kann.[699]

b) Zuwiderhandlungen materiellrechtlicher Art (Art. 14 Abs. 2 VO 139/2004)

297 Nach **Art. 14 Abs. 2 VO 139/2004** kann die Kommission bei der Verletzung der Anmeldepflicht und des Vollzugsverbots sowie bei Zuwiderhandlungen gegen fusionskontrollrechtliche Kommissionsentscheidungen Geldbußen bis zu einem Höchstbetrag von **10 % des Gesamtumsatzes** belegen.

aa) Unterlassen der Anmeldung des Zusammenschlusses vor seinem Vollzug (Art. 14 Abs. 2 lit. a VO 139/2004)

298 Nach **Art. 14 Abs. 2 lit. a VO 139/2004**, der den Art. 14 Abs. 1 lit. a VO 4069/89 inhaltlich modifiziert übernommen hat, kann eine Geldbuße verhängt werden, wenn vorsätzlich oder fahrlässig ein anmeldepflichtiger Zusammenschluss vor seinem Vollzug nicht angemeldet wird, es sei denn, dass dies nach Art. 7 Abs. 2 oder Abs. 3 VO 139/2004 zulässig ist. Neu ist in diesem Zusammenhang insbesondere die bereits vor Vollzug des Zusammenschlusses bestehende Anmeldepflicht.

bb) Vollzug des Zusammenschlusses vor Anmeldung (Art. 14 Abs. 2 lit. b VO 139/2004)

299 Nach **Art. 14 Abs. 2 lit. b VO 139/2004** kann eine Geldbuße verhängt werden, wenn vorsätzlich oder fahrlässig ein Zusammenschluss unter Verstoß gegen Art. 7 vollzogen wird.

---

[699] Siehe Rn. 156 ff.; Ende 2010 hat das EuG die erste Geldbuße wegen Siegelbruch bestätigt, siehe EuG, Urt. v. 15.12.2010, T-141/08. EuZW 2011, 230 m. Anm. *Soltész* (*E.ON Energie AG/Kommission*); im Mai 2011 wurde von der Kommission in einem weiteren Fall eine Geldbuße verhängt, siehe KOMM v. 24.5.2011, COMP/39 796, ABlEU Nr. C 251 v. 27.8.2011, S. 4 (*Suez Environnement Siegelbruch*).

D. Europäisches Kartellordnungswidrigkeitenrecht **18**

**cc) Vollzug eines untersagten Zusammenschlusses und Verstöße
gegen Entflechtungsanordnungen und einstweilige Maßnahmen
(Art. 14 Abs. 2 lit. c VO 139/2004)**

Nach **Art. 14 Abs. 2 lit. c VO 139/2004** kann eine Geldbuße verhängt werden, wenn ein 300
durch Entscheidung mit dem Markt für unvereinbar erklärten Zusammenschluss vollzogen
oder den in einer Entflechtungsanordnung nach Art. 8 Abs. 4 VO 139/2004 oder in einer
einstweiligen Maßnahme nach Art. 8 Abs. 5 VO 1239/2004 angeordneten Maßnahmen nicht
nachgekommen wird.

**dd) Zuwiderhandlung gegen Bedingungen und Auflagen
(Art. 14 Abs. 2 lit. d VO 139/2004)**

Die frühere Regelung des Art. 14 Abs. 2 lit. a VO 4069/89 wurde ans Ende des Absatzes ver- 301
lagert und findet sich nun in **Art. 14 Abs. 2 lit. d VO 139/2004** wieder. Hiernach kann
eine Geldbuße verhängt werden, wenn vorsätzlich oder fahrlässig einer durch Entscheidung
im Fusionskontrollverfahren auferlegten Bedingung oder Auflage zuwidergehandelt wird.

c) Bußgeldbemessung (Art. 14 Abs. 3 VO 139/2004)

Nach Art. 14 Abs. 3 VO 139/2004 sind die **Art und Schwere des Verstoßes** bei der Fest- 302
setzung der Höhe der Geldbuße zu berücksichtigen. Als Kriterien hierfür sieht die Kommission an: Vorsätzlichkeit oder Fahrlässigkeit des Verstoßes, insbesondere Täuschungsabsicht;
Ausmaß der materiellen Wettbewerbsverletzung; wettbewerbliche Bedeutung des Falles;
Maß der Eindeutigkeit, mit der das Vorhaben als anmeldepflichtiger Zusammenschluss nach
der VO eingestuft werden konnte. Die freiwillige Aufdeckung eines Verstoßes sowie die
kooperative Haltung des Unternehmens im Verfahren werden als mildernde Umstände anerkannt, erzwingen aber kein Absehen von der Bußgeldverhängung; eine analoge Anwendung
der Mitteilung über die Nichtfestsetzung oder niedrigere Festsetzung von Geldbußen in Kartellsachen lehnt die Kommission ab.[700]

5. Rechtsmittel bei Bußgeldentscheidungen

Gegen die Entscheidungen der Kommission kann Klage beim EuG erhoben werden. Gemäß 303
Art. 16 VO 139/2004 hat der Gerichtshof die Befugnis zur unbeschränkten Ermessensnachprüfung der Entscheidung i. S. v. Art. 229 EG. Er kann die Geldbuße aufheben, herabsetzen
oder erhöhen. Diese Vorschrift entspricht der Regelung in Art. 31 VO 1/2003.[701]

---

[700] *Hecker* in: *Loewenheim/Meessen/Riesenkampff*, Kartellrecht, Art. 14 FKVO Rn. 3 m. weit. Nachw.
[701] Vgl. Rn. 275.

19. Kapitel. Schwarzarbeit und illegale Beschäftigung

Literatur: *Apitz,* Steuerabzug für Bauleistungen, FR 2002, 10; Beck´scher Online-Kommentar Arbeitsrecht, Stand 1.12.2012, Edition 26; *Boemke,* Wann ist eine Arbeitnehmerüberlassung vorübergehend? jurisPR-ArbR 27/2012, Anm. 2; *Böttger* (Hrsg.), Wirtschaftsstrafrecht in der Praxis, 2011; *Büttner,* Unzulässige Ermittlungen der Zolldienststellen „Finanzkontrolle Schwarzarbeit" in Fällen des Sozialabgabenbetruges, wistra 2006, 251; *Drüen,* Inanspruchnahme Dritter für den Steuervollzug, DStJG 31, S. 167 ff.; *Ebling,* Das neue BMF-Schreiben vom 27.12.2002 zum Steuerabzug von Vergütungen für im Inland erbrachte Bauleistungen, DStR 2003, 402; *Erbs/Kohlhaas,* Strafrechtliche Nebengesetze, Loseblatt, Stand: 192. ErgLfg. November 2012; Erfurter Kommentar zum Arbeitsrecht, 13. Auflage 2013; *Fehn* (Hrsg.), Schwarzarbeitsbekämpfungsgesetz, Handkommentar, 2006; *Fischer,* Strafgesetzbuch und Nebengesetze, 60. Auflage 2013; *Gast-de Haan,* Lohnsteuerschuld und Arbeitgeberhaftung, DStJG 9, S. 141 ff.; *Giesler,* Illegale Beschäftigung und Sozialversicherung, BB 1985, 1798; *Graf/Jäger/Wittig* (Hrsg.), Wirtschafts- und Steuerstrafrecht, Kommentar, 2011; *Hailbronner* (Hrsg.), Ausländerrecht, Kommentar, Loseblatt, Stand: 79. Aktualisierung November 2012; *Hörich/Bergmann,* Das Ende der Strafbarkeit des illegalen Aufenthalts? NJW 2012, 3339; *Ignor/Rixen* (Hrsg.), Handbuch Arbeitsstrafrecht, 2. Auflage 2008; Kasseler Kommentar zum Sozialversicherungsrecht, Stand: 75. ErgLfg. Oktober 2012; *Klein* (Begr.), Abgabenordnung, 11. Auflage 2012; *Küttner,* Personalbuch, 19. Auflage 2012; *Lembke,* Die geplanten Änderungen im Recht der Arbeitnehmerüberlassung, DB 2011, 414; *Mössmer/Moosburger,* Gesetzliche oder gefühlte Ermittlungskompetenz der FKS-Dienststellen in Steuerstrafsachen? wistra 2007, 55; *Müller-Gugenberger/Bieneck* (Hrsg.), Wirtschaftsstrafrecht, 5. Auflage 2011; *Renner,* Ausländerrecht, Kommentar, 9. Auflage 2011; *Rieble/Vielmeier,* Umsetzungsdefizite der Leiharbeitsrichtlinie, EuZA 2011, 474; *Rübenstahl/Zinser,* Die „Schwarzlohnabrede" – Lohnsteuerhinterziehung, Strafzumessungsrecht und obiter dicta, NJW 2011, 2481; *Schmidt* (Begr.), Einkommensteuergesetz, 31. Auflage 2012; *Schnabel,* Folgen der neuesten Rechtsprechung des Bundesgerichtshofs zum Ausländergesetz bzw. Aufenthaltsgesetz, wistra 2005, 446; *Schönke/Schröder,* Strafgesetzbuch, Kommentar, 28. Auflage 2010; *Spatscheck/Fraedrich,* Schwarzarbeit auf dem Bau, NZBau 2007, 673; *Thüsing/Stiebert,* Zum Begriff „vorübergehend" in § 1 Abs. 1 Satz 2 AÜG, DB 2012, 632; *Thüsing/Thieken,* Der Begriff der „wirtschaftlichen Tätigkeit" im neuen AÜG, DB 2012, 347; *Trüg,* Die Schwarzlohnabrede – Faktizität und Geltung, DStR 2011, 727; *Tiedemann,* Bestimmung des anwendbaren Sozialversicherungsrechts bei Entsendung in der EU – Regelung nach Inkrafttreten der VO (EG) 883/04 und VO (EG) 987/09, NZS 2011, 41; *Ulber, Jürgen* (Hrsg.), AÜG – Arbeitnehmerüberlassungsgesetz, Kommentar, 4. Auflage 2011; *Westphal/Stoppa,* Straftaten im Zusammenhang mit der unerlaubten Einreise und dem unerlaubten Aufenthalt von Ausländern nach dem Ausländergesetz, NJW 1999, 2137; *Widmann,* Vollzugsdefizite und Vollzugslasten im Umsatzsteuerrecht, DStJG 32, S. 103 ff.; *Wittig,* Zur Auslegung eines missglückten Tatbestands – Die neue Rechtsprechung des BGH zu § 266a Abs. 2 StGB und deren Folgen für § 266a Abs. 1 StGB, HRRS 2012, 63.

Inhaltsübersicht

	Rn.
A. Das Schwarzarbeitsbekämpfungsgesetz	1–42
I. Einführung	1, 2
1. Entstehungsgeschichte und Bedeutung	1
2. Begriffsbestimmung	2
II. Organisation der Bekämpfung der Schwarzarbeit und illegalen Beschäftigung	3–18
1. Prüf- und Ermittlungsbehörden	3, 4
a) Finanzkontrolle Schwarzarbeit der Zollverwaltung (FKS)	3
b) Landesbehörden	4
2. Prüfungsaufgaben	5–7
3. Das Prüfungsverfahren der Zollverwaltung	8–11
4. Ermittlungen der Zollverwaltung	12–16
a) Umfang des Ermittlungsauftrags	12–15
b) Ermittlungsbefugnisse	16
5. Zusammenarbeit mit anderen Behörden und Datenverarbeitung	17, 18
III. Ordnungswidrigkeiten im SchwarzArbG	19–23
1. Die Bußgeldtatbestände des § 8 Abs. 1 SchwarzArbG	20, 21
a) Anwendungsbereich	20
b) Tatbestände und Rechtsfolgen	21
2. Die Bußgeldtatbestände des § 8 Abs. 2 SchwarzArbG	22
3. Zuständige Verwaltungsbehörde	23
IV. Straftatbestände im SchwarzArbG	24–39

19. Kapitel. Schwarzarbeit und illegale Beschäftigung

		Rn.
1.	Erschleichen von Sozialleistungen im Zusammenhang mit der Erbringung von Dienst- und Werkleistungen – § 9 SchwarzArbG	24
2.	Beschäftigung von Ausländern ohne Genehmigung oder ohne Aufenthaltstitel und zu ungünstigen Arbeitsbedingungen – § 10 SchwarzArbG	25–35
	a) Allgemeines	25
	b) Täter	26
	c) Handlung im Sinne des § 404 Abs. 2 Nr. 3 SGB III	27–29
	d) Ungünstige Arbeitsbedingungen	30–32
	e) Subjektiver Tatbestand	33
	f) Der besonders schwere Fall des § 10 Abs. 2 SchwarzArbG	34
	g) Konkurrenzen	35
3.	Beschäftigung von Ausländern ohne Aufenthaltstitel, die Opfer von Menschenhandel sind – § 10a SchwarzArbG	36
4.	Erwerbstätigkeit von Ausländern ohne Genehmigung oder ohne Aufenthaltstitel in größerem Umfang oder von minderjährigen Ausländern – § 11 SchwarzArbG	37–39
	a) Allgemeines	37
	b) Taten des Arbeitgebers bzw. des Auftraggebers	38
	c) Taten des Arbeitnehmers bzw. des selbstständig Erwerbstätigen	39
V.	Ausschluss von öffentlichen Aufträgen und von Subventionen	40–42

B. Hinterziehung von Sozialversicherungsbeiträgen ... 43–83

I.	Begehungsweisen	43–46
1.	„Klassische" Schwarzarbeit	43, 44
2.	Beschäftigung von Scheinselbstständigen	45
3.	Mindestlohnverstöße	46
II.	Vorenthalten und Veruntreuen von Arbeitsentgelt – § 266a StGB	47–83
1.	Grundlagen	47
2.	Anzuwendendes Recht – Entsendung nach Deutschland	48–52
	a) Entsendung	48–51
	aa) Arbeitnehmerentsendung nach EU-Recht	50
	bb) Vorübergehende Auslandstätigkeit Selbstständiger nach EU-Recht	51
	b) Entsendebescheinigung	52
3.	Tathandlung bei illegaler Beschäftigung	53–60
	a) Handlungspflichten	54–58
	aa) Meldungen	55, 56
	bb) Beitragsnachweis	57
	cc) Besonderheiten bei der gesetzlichen Unfallversicherung	58

		Rn.
	b) Vorenthalten der Beiträge	59, 60
4.	Sozialversicherungsrechtliche Beschäftigungsarten	61–68
	a) Sozialversicherungspflichtige Beschäftigung	61–63
	b) Geringfügige Beschäftigung – §§ 8, 8a SGB IV	64–68
	aa) Geringfügig entlohnte Beschäftigung – § 8 Abs. 1 Nr. 1 SGB IV	65, 66
	bb) Kurzfristige geringfügige Beschäftigung – § 8 Abs. 1 Nr. 2 SGB IV	67
	cc) Geringfügige Beschäftigung in Privathaushalten – § 8a SGB IV	68
5.	Beitragsbemessung	69–73
	a) Grundlagen	69
	b) Nettolohnvereinbarung, Nettolohnfiktion und Hochrechnung auf den Bruttolohn	70
	c) Besonderheiten der Hochrechnung bei einzelnen Fallgruppen	71–73
6.	Feststellung der Bemessungsgrundlagen	74–77
7.	Tatbeendigung/Verjährung	78
8.	Konkurrenzen	79
9.	Rechtsfolgen	80, 81
	a) Strafzumessung	80
	b) Sonstige Folgen	81
10.	Anforderungen an Anklage und Urteil	82
11.	Generalunternehmerhaftung	83

C. Schwarzarbeit durch Empfänger von Sozialleistungen wegen Verletzung von Mitteilungspflichten gegenüber den Sozialleistungsträgern ... 84–95

I.	Pflichten des Empfängers von Sozialleistungen gegenüber dem Sozialleistungsträger	84
II.	Häufig erschlichene Leistungen	85–87
1.	Arbeitslosengeld I – §§ 136 ff. SGB III	86
2.	Arbeitslosengeld II – §§ 7 ff., 19 ff. SGB II	87
III.	Begehungsweisen	88, 89
1.	Verletzung von Mitteilungspflichten durch den Leistungsbezieher	88
2.	Kollusives Zusammenwirken von Arbeitgeber und Leistungsbezieher	89
IV.	Verwirklichte Straftaten und Ordnungswidrigkeiten	90–95
1.	Straftaten	90, 91
	a) durch den Leistungsbezieher	90
	b) durch den Arbeitgeber	91
2.	Ordnungswidrigkeiten	92, 93
	a) im SchwarzArbG	92
	b) im SGB II und SGB III	93
3.	Aufdeckungsmethoden	94, 95
	a) Betriebsprüfungen – §§ 2 ff. SchwarzArbG	94
	b) Datenabgleichsverfahren	95

Inhaltsübersicht

	Rn.
D. Illegale Ausländerbeschäftigung	96–123
I. Aufenthaltsrecht und Zugang zum deutschen Arbeitsmarkt	96–103
1. Unionsbürger und Gleichgestellte	97–100
a) Aufenthaltsrechtlicher Status	97
b) Zulassung zum Arbeitsmarkt	98–100
aa) Allgemeines	98
bb) Staatsangehörige der osteuropäischen Beitrittsstaaten	99, 100
2. Drittstaatsangehörige	101, 102
a) Aufenthaltsrechtlicher Status	101
b) Zulassung zum Arbeitsmarkt	102
3. Asylbewerber und geduldete Ausländer	103
II. Ausländerrechtliche Verstöße durch Aufnahme einer unerlaubten Beschäftigung	104–115
1. Die Grundtatbestände des § 95 Abs. 1 AufenthG	104–112
a) Grundlagen	104–106
b) Fallbeispiele zur Strafbarkeit des Ausländers	107–111
c) Anstiftung und Beihilfe	112
2. „Erschleichen" von Aufenthaltstiteln – § 95 Abs. 2 Nr. 2 AufenthG	113, 114
3. Einschleusen von Ausländern – § 96 AufenthG	115
III. Verstöße gegen das Arbeitsgenehmigungsrecht	116–118
1. Allgemeines	116
2. Straftaten im SchwarzArbG	117
3. Ordnungswidrigkeiten im SGB III	118
IV. Scheinselbstständigkeit von Staatsangehörigen der neuen EU-Mitgliedstaaten	119–123
1. Niederlassungsfreiheit	119
2. Abgrenzung selbstständige Tätigkeit – abhängige Beschäftigung	120
3. Erscheinungsformen der Scheinselbstständigkeit	121, 122
4. Straf- und bußgeldrechtliche Folgen der Scheinselbstständigkeit	123
E. Illegale Beschäftigung im Zusammenhang mit Arbeitnehmerüberlassung	124–166
I. Arbeitnehmerüberlassung und andere Formen drittbezogenen Personaleinsatzes	124–137
1. Arbeitnehmerüberlassung	124
2. Abgrenzung zu anderen Formen drittbezogenen Personaleinsatzes	125, 126
a) Bedeutung der Abgrenzung	125
b) Abgrenzungsmaßstab	126
3. Werkvertrag und Arbeitnehmerüberlassung	127–134
a) Werkvertragstaugliche Leistung	128
b) Werkvertragsfähiges Unternehmen	129
c) Werkvertragstypische unternehmerische Dispositionsfreiheit gegenüber dem Besteller	130
d) Keine arbeitsvertraglichen Weisungen des Bestellers	131
e) Keine organisatorische Eingliederung in den Betrieb des Bestellers	132
f) Werkvertragliches Unternehmerrisiko	133
g) Werkvertragstypische Abrechnung	134
4. Selbstständiger Dienstvertrag	135
5. Dienstverschaffungsvertrag	136
6. Abgrenzung zur Arbeitsvermittlung	137
II. Das Arbeitnehmerüberlassungsgesetz	138–154
1. Zielsetzung	138
2. Anwendungsbereich	139–144
a) Allgemeines	139–142
b) Ausnahmen und Privilegierungen	143, 144
aa) Abordnung zu einer Arbeitsgemeinschaft – § 1 Abs. 1 Satz 3 und 4 AÜG	143
bb) Privilegierte Formen der Arbeitnehmerüberlassung – § 1 Abs. 3 AÜG	144
3. Erlaubnispflicht	145–147
a) Grundlagen	145
b) Erlaubnisfreie anzeigepflichtige Arbeitnehmerüberlassung – § 1a AÜG	146
c) Spezialgesetzliche Regelungen	147
4. Verbot der Arbeitnehmerüberlassung in Betriebe des Baugewerbes	148, 149
5. Fehlen der erforderlichen Erlaubnis – Unwirksamkeit der Vertragsverhältnisse (§ 9 Nr. 1 AÜG), Arbeitgeberfiktion (§ 10 AÜG)	150
6. Strafrechtliche Folgen der Arbeitgeberfiktion	151–154
a) Vorenthalten und Veruntreuen von Arbeitsentgelt – § 266a StGB	151–153
b) Arbeitsgenehmigungsrechtliche Verstöße – § 404 Abs. 2 Nr. 3 SGB III, §§ 10 – 11 SchwarzArbG	154
III. Straftatbestände und Ordnungswidrigkeiten im AÜG	155–166
1. Straftatbestände	155–159
a) Unerlaubter Verleih ausländischer Arbeitnehmer – § 15 AÜG	156
b) Entleih ausländischer Arbeitnehmer ohne Arbeitsgenehmigung – § 15a AÜG	157–159
aa) Einsatz zu ungünstigen Arbeitsbedingungen – § 15a Abs. 1 AÜG	158

		Rn.
bb) Einsatz in größerem Umfang – § 15a Abs. 2 AÜG		159
2. Ordnungswidrigkeiten		160–166
a) § 16 Abs. 1 Nr. 1, Nr. 1a AÜG – Verleih ohne Erlaubnis, Entleih von einem Verleiher ohne Erlaubnis		161
b) § 16 Abs. 1 Nr. 1b AÜG – Arbeitnehmerüberlassung in das Baugewerbe		162
c) § 16 Abs. 1 Nr. 2 AÜG – Entleih von Ausländern ohne Arbeitsgenehmigung		163
d) § 16 Abs. 1 Nr. 2a AÜG – Anzeigepflichtverletzung nach § 1a AÜG		164
e) § 16 Abs. 1 Nr. 7b AÜG – Nichtzahlung des Mindeststundenentgelts		165
f) § 16 Abs. 1 Nr. 11 bis 18 AÜG – Verstöße gegen Melde- und Aufzeichnungspflichten		166

F. **Das Arbeitnehmer-Entsendegesetz** ... 167–186
  I. Grundlagen ... 167–175
    1. Entwicklung und Zielsetzung ... 167
    2. Allgemeine Arbeitsbedingungen . 168
    3. Tarifvertragliche Arbeitsbedingungen ... 169–174
      a) Allgemeines ... 169
      b) Einbezogene Branchen ... 170–174
    4. Arbeitsbedingungen in der Pflegebranche ... 175
  II. Pflichten und Rechtsfolgen ... 176–186
    1. Meldepflichten ... 176
    2. Gewährung von Mindestarbeitsbedingungen ... 177, 178
      a) Mindestlohn ... 177
      b) Ordnungswidrigkeiten und Straftaten im Zusammenhang mit Mindestlohnverstößen ... 178
    3. Abführung von Beiträgen an gemeinsame Einrichtungen der Tarifvertragsparteien ... 179–182
      a) Urlaubskassenverfahren im Baugewerbe ... 179, 180
      b) Ordnungswidrigkeiten und Betrug gegenüber der ULAK (SOKA-Bau) ... 181, 182
    4. Aufzeichnungs-, Duldungs- und Mitwirkungspflichten ... 183
    5. Haftung und Ordnungswidrigkeiten des Generalunternehmers ... 184, 185
      a) Haftung – § 14 AEntG ... 184
      b) Ordnungswidrigkeiten – § 23 Abs. 2 AEntG ... 185
    6. Ausschluss von öffentlichen Aufträgen – § 21 AEntG ... 186

G. **Entsendekriminalität am Beispiel des Werkvertragsverfahrens** ... 187–198
  I. Grundlagen der Entsendung im Werkvertragsverfahren ... 187
  II. Missbräuchliche Entsendung – Interessenlage der Beteiligten ... 188
  III. Das Zulassungsverfahren ... 189
  IV. Straftaten und Ordnungswidrigkeiten bei Entsendekriminalität ... 190–198
    1. Erschleichen von Aufenthaltstiteln – § 95 Abs. 2 Nr. 2 AufenthG ... 190
    2. Illegale Arbeitnehmerüberlassung . 191
    3. Lohnwucher – § 291 StGB, Mindestlohnunterschreitung – § 23 Abs. 1 Nr. 1 AEntG ... 192–194
    4. Menschenhandel zum Zwecke der Ausbeutung der Arbeitskraft – § 233 StGB ... 195, 196
    5. Betrug zum Nachteil der Urlaubskasse (ULAK) ... 197
    6. Vorenthalten und Veruntreuen von Arbeitsentgelt – § 266a StGB ... 198

H. **Steuerliche Aspekte** ... 199–256
  I. Allgemeines ... 199–201
    1. Wertneutralität und Tatbestandsmäßigkeit der Besteuerung ... 199
    2. Eigenständigkeit des Steuerrechts . 200
    3. Steuerstrafrecht ... 201
  II. Schwarzlohnabreden ... 202–219
    1. Fallkonstellationen ... 202–203
    2. Steuerliche Bedeutung ... 204–215
      a) Allgemeines ... 204
      b) Lohnsteuerhaftung ... 205–209
      c) Bauabzugsteuer ... 210–212
      d) Abdeckrechnungen ... 213–214
      e) Steuerverfahrensrecht ... 215
    3. Steuerstrafrechtliche Folgen ... 216–219
  III. Scheinselbstständigkeit ... 220–230
    1. Fallkonstellationen ... 220
    2. Steuerliche Bedeutung ... 221–226
      a) Einkommensteuer ... 221
      b) Gewerbesteuer ... 222
      c) Lohnsteuer ... 223
      d) Umsatzsteuer ... 224–226
    3. Steuerstrafrechtliche Folgen ... 227–230
  IV. Werkverträge mit ausländischen Unternehmern ... 231–243
    1. Fallkonstellationen ... 231
    2. Steuerliche Bedeutung ... 232–241
      a) Ausländische Arbeitnehmer . 232–234
      b) Ausländische Werkunternehmer ... 235–237
      c) Umsatzsteuer ... 238–240
      d) Bauabzugsteuer ... 241
    3. Steuerstrafrechtliche Folgen ... 242–243
  V. Illegale Arbeitnehmerüberlassung ... 244–251
    1. Fallkonstellationen ... 244
    2. Steuerliche Bedeutung ... 245–249
    3. Steuerstrafrechtliche Folgen ... 250–251
  VI. Verfahren ... 252–256

A. Das Schwarzarbeitsbekämpfungsgesetz

I. Einführung

1. Entstehungsgeschichte und Bedeutung

Das Gesetz zur Bekämpfung der Schwarzarbeit und illegalen Beschäftigung (Schwarzarbeitsbekämpfungsgesetz – SchwarzArbG) ist am 1.8.2004 als Teil eines mit dem Gesetz zur Intensivierung der Bekämpfung der Schwarzarbeit und damit zusammenhängender Steuerhinterziehung vom 23.7.2004[1] verabschiedeten umfangreichen Maßnahmenpakets in Kraft getreten. Durch das SchwarzArbG sollte die Bekämpfung der Schattenwirtschaft auf eine neue, verbesserte gesetzliche Grundlage gestellt und intensiviert werden. Dazu wurden in verschiedenen Gesetzen, insbesondere im SGB III und in dem früheren Gesetz zur Bekämpfung der Schwarzarbeit (SAG), enthaltene Regelungen zur Schwarzarbeitsbekämpfung in einem „Stammgesetz"[2] zusammengefasst. Der Begriff der Schwarzarbeit wurde erstmals definiert. Die bestehenden Bußgeld- und Straftatbestände wurden ergänzt und die Prüfungs- und Ermittlungsbefugnisse der Zollverwaltung erweitert.

Anlass für die gesetzgeberischen Aktivitäten war eine ausufernde Schattenwirtschaft mit einem nach – nicht unumstrittenen Schätzungen – im Jahr 2003 erreichten Höchststand von 17,1 % in Relation zum offiziellen Bruttoinlandsprodukt.[3] Gesetzgeberische Maßnahmen zur Reform der sozialen Sicherungssysteme und zur Flexibilisierung des Arbeitsmarktes, eine – im Vergleich zu den meisten südeuropäischen Krisenstaaten – zurückhaltende Lohnentwicklung, eine positive Konjunktur, die starke Exportausrichtung der deutschen Wirtschaft, ein aufgrund der Altersstruktur in Deutschland geringer werdendes Angebot an Arbeitskräften und nicht zuletzt eine erheblich ausgeweitete Kontroll- und Ermittlungstätigkeit der Behörden der Zollverwaltung und anderer Stellen haben dazu beigetragen, dass der Anteil der Schattenwirtschaft seither kontinuierlich gesunken ist.[4]

Gleichwohl ist der Umfang nach wie vor beträchtlich. Anfällig für Schwarzarbeit sind vor allem Gewerbebetriebe, die eine hohe Fluktuation aufweisen, Personal ohne besondere berufliche Qualifikation beschäftigen und unter hohem Preis- und Wettbewerbsdruck stehen. Besonders betroffen sind unter anderem die Bauwirtschaft, das Gebäudereinigergewerbe und die Gastronomie. Schwarzarbeit, vielfach noch als Kavaliersdelikt bewertet, schädigt nicht nur die Sozialkassen und den Fiskus und damit letztlich den ehrlichen Beitrags- und Steuerzahler. Sie führt zu Wettbewerbsnachteilen von gesetzestreu arbeitenden Unternehmen und vernichtet dadurch Arbeitsplätze. Hinzu kommt, dass Schwarzarbeit in einer Vielzahl von Fällen von Leistungsbeziehern erbracht wird. Bei systematisch organisierter, gewerblicher Schwarzarbeit handelt es sich um schwerwiegende, gemeinschaftsschädigende Wirtschaftskriminalität, die auch mithilfe des SchwarzArbG bekämpft werden soll.

Praktische Bedeutung entfaltet das SchwarzArbG vor allem als rechtlicher Rahmen für die Arbeit der Behörden der Zollverwaltung bei der Bekämpfung der illegalen Beschäftigung und der Schwarzarbeit und für die Zusammenarbeit mit anderen Behörden. Es wird dabei durch spezialgesetzliche Regelungen, etwa im Arbeitnehmerentsendegesetz und Arbeitnehmerüberlassungsgesetz, ergänzt. Dagegen spielen die Straftatbestände des SchwarzArbG gegenüber denen des Kernstrafrechts (Vorenthalten und Veruntreuen von Arbeitsentgelt – § 266a StGB, Betrug – § 263 StGB) und des Steuerstrafrechts (Steuerhinterziehung – § 370 AO), aber auch die Bußgeldtatbestände gegenüber solchen in Spezialgesetzen, etwa § 23 AEntG, nur eine untergeordnete Rolle.

---

[1] BGBl. 2004 I S. 1842.
[2] BT-Drs. 15/2573, S. 1.
[3] IAW – Institut für angewandte Wirtschaftsforschung e. V. Tübingen; siehe auch *Fehn*, in Fehn, HK-SchwarzArbG, § 1 Rn. 1.
[4] IAW/Universität Linz, Pressemitteilung vom 6.2.2013 (Prognose für 2013: 340,3 Mrd. Euro, 13,2 % des offiziellen BIP).

2. Begriffsbestimmung

2 Der Gesetzgeber hat den konturlosen Begriff der Schwarzarbeit in § 1 Abs. 2 SchwarzArbG ausgeformt. Die Brandmarkung von bestimmten Verhaltensweisen als „Schwarzarbeit" soll das Unrechtsbewusstsein in der Bevölkerung stärken und damit Schwarzarbeit vorbeugen.[5] Der ursprüngliche Gesetzentwurf hatte als Schwarzarbeit die im Zusammenhang mit der Erbringung von Dienst- oder Werkleistungen stehende Verletzung von Melde-, Aufzeichnungs- und Zahlungspflichten nach Steuerrecht und Sozialgesetzbuch angesehen, was sich in Nr. 1 bis 3 des § 1 Abs. 2 SchwarzArbG niedergeschlagen hat. Während des Gesetzgebungsverfahrens wurden zusätzlich Verstöße gegen gewerbe- und handwerksrechtliche Anzeige- und Eintragungspflichten aufgenommen.

§ 1 Abs. 3 SchwarzArbG[6] stellt klar, dass Hilfeleistungen durch Angehörige, Nachbarschaftshilfe und Gefälligkeiten keine Schwarzarbeit sind, wenn sie nicht nachhaltig auf Gewinnerzielung ausgerichtet sind.

Wie bereits der ausführliche Gesetzestitel zeigt, beschäftigt sich das SchwarzArbG auch mit illegaler Beschäftigung. Dies wird insbesondere in den Prüfaufgaben nach § 2 Abs. 1 Nr. 4, 5 SchwarzArbG und in den Straftatbeständen der §§ 10, 10a und 11 SchwarzArbG sichtbar. Diese betreffen Sachverhalte, die § 16 Abs. 2 SchwarzArbG neben weiteren Formen der Beschäftigung bzw. dem Entleih oder Verleih ausländischer Arbeitnehmer ohne die erforderliche Arbeitsgenehmigung oder ohne den erforderlichen Aufenthaltstitel sowie Fällen der Nichtgewährung von Mindestarbeitsbedingungen dem Begriff der „illegalen Beschäftigung" zuordnet. Während das SchwarzArbG in § 16 Abs. 2 eine trennscharfe Abgrenzung zwischen den beiden Begriffen suggeriert, wird bei Blick in andere Gesetze, etwa § 14 Abs. 2 Satz 2 SGB IV (Fiktion einer Nettolohnvereinbarung, wenn bei illegalen Beschäftigungsverhältnissen Steuern und Sozialversicherungsbeiträge nicht gezahlt wurden), deutlich, dass unter den Sammelbegriff der illegalen Beschäftigung auch – insbesondere arbeitgeberbezogene – Verhaltensweisen fallen können, die das SchwarzArbG in § 1 Abs. 2 als Schwarzarbeit begreift.[7]

II. Organisation der Bekämpfung der Schwarzarbeit und illegalen Beschäftigung

1. Prüf- und Ermittlungsbehörden

a) Finanzkontrolle Schwarzarbeit der Zollverwaltung (FKS)

3 Durch das Dritte Gesetz für moderne Dienstleistungen am Arbeitsmarkt[8] wurde die Verfolgungszuständigkeit für Schwarzarbeit und illegale Beschäftigung auf Bundesebene zum 1.1.2004 organisatorisch bei den Behörden der Zollverwaltung konzentriert. Kernaufgaben der in diesem Zusammenhang neu geschaffenen **Finanzkontrolle Schwarzarbeit** der Zollverwaltung **(FKS)** sind die dem Sicherheitsrecht zuzuordnenden Prüfungsaufgaben gemäß § 2 Abs. 1 Satz 1 SchwarzArbG[9] und der Auftrag zur Ermittlung und Verfolgung von Straftaten und Ordnungswidrigkeiten[10] nach § 14 Abs. 1 SchwarzArbG. Innerhalb der **Hauptzollämter** sind die Aufgaben der FKS seit einer im Jahr 2009 umgesetzten Strukturreform verschiedenen Sachgebieten zugeordnet.

Zu den Aufgaben des *Sachgebiets C* gehört die präventive Bekämpfung der Schwarzarbeit und der illegalen Beschäftigung (Kontrolleinheit Prävention Finanzkontrolle Schwarzarbeit). Das Sachgebiet C führt Prüfungen von Personen und einfache Prüfungen von Geschäftsunterlagen durch. Es unterstützt die Tä-

---

[5] BT-Drs. 15/2573, S. 18.
[6] Eine inhaltsgleiche Regelung enthält die Bußgeldvorschrift des § 8 Abs. 4 SchwarzArbG.
[7] Siehe auch BT-Drs. 14/8221, S. 11.
[8] BGBl. 2003 I S. 2848.
[9] Statistik 2012: 65.955 Prüfungen von Arbeitgebern, 543.120 Personenbefragungen (www.zoll.de).
[10] Statistik 2012: 105.680 abgeschlossene Ermittlungsverfahren wegen Straftaten und 62.175 abgeschlossene Ermittlungsverfahren wegen Ordnungswidrigkeiten (www.zoll.de).

A. Das Schwarzarbeitsbekämpfungsgesetz

tigkeit des Sachgebiets E. Unaufschiebbare Maßnahmen vor Ort trifft das Sachgebiet C selbst. Rechtlich und tatsächlich einfach gelagerte Fälle von Ordnungswidrigkeiten, die durch Verwarnung abgeschlossen werden, bearbeitet das Sachgebiet C abschließend. Im Übrigen sollen die Verfahren zur Weiterbearbeitung an die Sachgebiete E bzw. F abgegeben werden. Größter und für die Zusammenarbeit mit den Staatsanwaltschaften bedeutsamster Bereich der Finanzkontrolle Schwarzarbeit ist das *Sachgebiet E (Prüfungen und Ermittlungen Finanzkontrolle Schwarzarbeit)*. Diesem obliegen Prüfungen von Personen und Geschäftsunterlagen sowie Ermittlungen von Straftaten und Ordnungswidrigkeiten im Zusammenhang mit illegaler Beschäftigung und Schwarzarbeit. Das Sachgebiet E ist regelmäßig untergliedert in einen Arbeitsbereich „Standardmäßige Verfahren" und einen Arbeitsbereich „Komplexe Verfahren". Bei Bedarf können noch weitere Arbeitsbereiche, etwa im Zusammenhang mit Sonderzuständigkeiten, eingerichtet werden. Das *Sachgebiet F (Ahndung)* ist zuständig für die Verfolgung von Ordnungswidrigkeiten wegen Schwarzarbeit und illegaler Beschäftigung, für die das Hauptzollamt Verwaltungsbehörde ist. Ihm obliegt zudem die Durchführung strafrechtlicher Ermittlungsverfahren in Fällen unberechtigten Leistungsbezugs und sonstiger einfacher strafrechtlicher Ermittlungsverfahren, sofern hierfür keine Ermittlungen im Außendienst erforderlich sind.

Bei der Bundesfinanzdirektion West ist die „Zentrale Facheinheit Bekämpfung von Schwarzarbeit und illegaler Beschäftigung" eingerichtet, welche die strategischen Vorgaben des Bundesministeriums der Finanzen fachlich umsetzen und Standards für die Aufgabenerledigung der örtlichen Dienststellen erarbeiten soll.

b) Landesbehörden

Kompetenzen bei der Prüfung der steuerlichen Aspekte der Schwarzarbeit weist das Gesetz 4
primar den Landesfinanzbehörden (§ 1 Abs. 1 Satz 2 SchwarzArbG) und hinsichtlich der Einhaltung gewerbe- und handwerksrechtlicher Vorgaben den nach Landesrecht zuständigen Ordnungsbehörden (§§ 2 Abs. 1a, 12 Abs. 1 Nr. 2 SchwarzArbG) zu.

Die Landespolizei hat sich seit Einrichtung der FKS von der Verfolgung von Straftaten im Zusammenhang mit illegaler Beschäftigung und Schwarzarbeit weitgehend zurückgezogen. Dies liegt nicht zuletzt daran, dass insbesondere die Bearbeitung von Verfahren gegen Arbeitgeber neben einer genauen Kenntnis der komplexen, sich ständig im Wandel befindlichen Rechtsmaterie einen personalintensiven Zugriff erforderlich macht. Durchsuchungen von größeren Objekten oder Baustellen, Sicherstellungen der gesamten Buchhaltung und zeitaufwändige Auswertungstätigkeiten sind die Regel. Die Polizei beschränkt sich daher meist auf die Anzeige von Schwarzarbeitssachverhalten, die im Rahmen des Erstzugriffs aufgedeckt werden; die weitere Sachbearbeitung wird die Staatsanwaltschaft bei komplexeren Sachverhalten durch Weisung zweckmäßigerweise der FKS übertragen.

2. Prüfungsaufgaben

Prüfungen nach § 2 SchwarzArbG dienen neben der Aufdeckung von Gesetzesverstößen 5
auch der Vorbeugung von Schwarzarbeit und illegaler Beschäftigung. Ist jederzeit mit – unangekündigten – Prüfungen zu rechnen, kann dies auf die Betroffenen einen Druck aufbauen, der sie dazu veranlasst, sich gesetzestreu zu verhalten.

§ 2 Abs. 1 Satz 1 SchwarzArbG weist den **Zollbehörden** die Prüfung zu, ob
- der Arbeitgeber seinen sozialversicherungsrechtlichen Meldepflichten nach § 28a SGB IV nachgekommen ist (Nr. 1),
- Leistungsempfänger nach dem SGB II und SGB III, die neben dem Leistungsbezug einer Erwerbstätigkeit nachgehen, die Leistungen zu Recht beziehen (Nr. 2),
- die für den Bezug von Sozialleistungen nach dem SGB III erheblichen Angaben des Arbeitgebers, insbesondere die Arbeitszeiten und das Arbeitsentgelt, zutreffend bescheinigt (§§ 312 ff. SGB III) wurden (Nr. 3),
- Ausländer nicht ohne eine zur Ausübung einer Beschäftigung gemäß § 284 Abs. 1 SGB III erforderliche Arbeitsgenehmigung-EU oder einen dafür gemäß § 4 Abs. 3 Satz 1 und 2 AufenthG erforderlichen Aufenthaltstitel und nicht zu ungünstigeren Bedingungen als vergleichbare deutsche Arbeitnehmer beschäftigt werden (Nr. 4 a) bzw. nicht mit entgeltlichen Dienst- oder Werkleistungen beauftragt werden, ohne über einen hierfür erforderlichen Aufenthaltstitel zu verfügen (Nr. 4 b),

— Arbeitsbedingungen nach Maßgabe des AEntG, des MiArbG und des § 10 Abs. 5 AÜG eingehalten werden oder wurden (Nr. 5).

6   Die Prüfung der Erfüllung der sich auf Grund von Dienst- und Werkleistungen ergebenden steuerlichen Pflichten (§ 1 Abs. 2 Nr. 2 SchwarzArbG) ist Aufgabe der **Landesfinanzbehörden** (§ 2 Abs. 1 Satz 2 SchwarzArbG). Die Behörden der Zollverwaltung sind zur Erfüllung ihrer Mitteilungspflichten an die Steuerverwaltung (§ 6 Abs. 1 Satz 1, Abs. 3 Satz 1 Nr. 4 SchwarzArbG) berechtigt und gehalten zu prüfen, ob Hinweise („Anhaltspunkte") für eine Verletzung dieser steuerlichen Pflichten bestehen (§ 2 Abs. 1 Satz 4 SchwarzArbG).[11] Zur Erzielung von Synergieeffekten und einer Erhöhung der Kontrolldichte sollen sie auch die Belange der Steuerverwaltung beachten, sind im Ausmaß dieser Prüfung allerdings auf das für die Erfüllung der Mitteilungspflichten Erforderliche beschränkt.[12] Welche Hinweise, Auffälligkeiten und Feststellungen regelmäßig eine Mitteilungspflicht auslösen, ist in einem Typologiepapier über den Austausch von Informationen[13] als Anlage zur dienstinternen Regelung über die Grundsätze der Zusammenarbeit zwischen der FKS und den Landesfinanzbehörden gemäß § 2 Abs. 1 Satz 5 SchwarzArbG (Zusammenarbeitsregelung Schwarzarbeit) niedergelegt.

7   Die nach Landesrecht zuständigen Behörden – in der Regel die **Ordnungsämter** der Kreise und kreisfreien Städte – überprüfen, ob der Betrieb eines stehenden Gewerbes nach § 14 GewO angezeigt, eine erforderliche Reisegewebekarte nach § 55 GewO erworben bzw. der selbstständige Betrieb eines zulassungspflichtigen Handwerks als stehendes Gewerbe gemäß § 1 HwO in die Handwerksrolle eingetragen wurde (§ 2 Abs. 1a SchwarzArbG). Mit dieser Prüfaufgabe korrespondiert die Ermittlungs- und Ahndungsbefugnis nach § 12 Abs. 1 Nr. 2 SchwarzArbG. Die Zollbehörden haben insoweit weder eine Prüf- und Ermittlungszuständigkeit noch ein Ahndungsrecht, sind aber bei Kenntniserlangung von Hinweisen auf entsprechende Verstöße zur Unterrichtung der zuständigen Stellen verpflichtet (§ 6 Abs. 3 SchwarzArbG).

3. Das Prüfungsverfahren der Zollverwaltung

8   Den Behörden der Zollverwaltung stehen bei der Wahrnehmung ihrer Prüfaufgaben umfangreiche **Befugnisse** zu (§§ 3, 4 SchwarzArbG). Die FKS und die sie bei der Durchführung gemeinsamer Prüfungen unter Federführung der FKS nach § 2 Abs. 2 SchwarzArbG unterstützenden Behörden dürfen z. B. zur Kontrolle von Arbeitnehmern und selbstständig tätigen Personen Geschäftsräume und Grundstücke des Arbeitgebers, Auftraggebers, Entleihers und bestimmter Dritter betreten und von den dort tätigen Personen Auskünfte über ihre Beschäftigungsverhältnisse und Tätigkeiten einholen sowie Einsicht in von diesen mitgeführte – möglicherweise prüfrelevante – Unterlagen nehmen. Die Personalien der zu überprüfenden Personen dürfen festgestellt werden; mitgeführte Ausweisdokumente sind zur Prüfung auszuhändigen (§ 3 SchwarzArbG). Zur Erleichterung der Identifizierung sind Personen, die in für Schwarzarbeit und illegale Beschäftigung besonders anfälligen Branchen tätig sind, verpflichtet, einen Personalausweis, Pass, Passersatz oder Ausweisersatz mitzuführen (§ 2a SchwarzArbG). Zur Geschäftsunterlagenprüfung beim Arbeitgeber, Auftraggeber oder Entleiher stehen der FKS und den sie dabei unterstützenden Stellen entsprechende Betretungsrechte sowie das Recht zur Einsichtnahme in Lohn- und Meldeunterlagen sowie in sonstige Unterlagen, aus denen Art, Umfang und Dauer von Beschäftigungsverhältnissen hervorgehen oder abgeleitet werden können, zu (§ 4 Abs. 1 SchwarzArbG). Die Einsichtnahme in Unterlagen über die Vergütung der Dienst- und Werkleistungen, etwa beim Hauptauftraggeber zur

---

[11] Dazu näher Kap. 20.
[12] Die im Vermittlungsausschuss (BT-Drs. 15/3497) erzielte Endfassung von § 2 Abs. 1 Satz 2 bis Satz 5 SchwarzArbG hebt die unberührt bleibende Verwaltungszuständigkeit der Länder und die bloße Unterstützungsfunktion der Zollbehörden gegenüber dem ursprünglichen Gesetzesentwurf (BT-Drs. 15/2573) stärker hervor.
[13] Betrifft auch die Informationsübermittlung an die FKS nach § 6 Abs. 1 Satz 1 SchwarzArbG, § 31a AO.

A. Das Schwarzarbeitsbekämpfungsgesetz **19**

Überprüfung der Rechnungslegung des Subunternehmers, ist auf der Basis des SchwarzArbG nur der FKS gestattet. Gleiches gilt für die Einsichtnahme in Rechnungen oder Zahlungsbelege über Leistungen im Zusammenhang mit einem Grundstück[14] bei einem privaten Auftraggeber (§ 4 Abs. 2 und 3 SchwarzArbG). Das Betreten von Wohnungen ohne Zustimmung des Wohnungsinhabers ist nicht gestattet. Eine Durchsuchung der Geschäftsräume ist im Prüfungsverfahren nicht zulässig.

Mit den Betretungs- und Einsichtnahmerechten korrespondiert die Pflicht der Betroffenen, die Prüfung zu dulden und daran mitzuwirken, insbesondere die für die Prüfung erheblichen Auskünfte zu erteilen und die vom Einsichtnahmerecht umfassten Unterlagen vorzulegen bzw. entsprechende Daten oder Datenlisten zu übermitteln (§ 5 SchwarzArbG). Die **Duldungs- und Mitwirkungspflichten** nach § 5 Abs. 1 bis 3 und § 2a SchwarzArbG können mit Zwangsmitteln (Zwangsgeld, Ersatzvornahme, unmittelbarer Zwang) durchgesetzt werden (§ 22 SchwarzArbG i. V. m. §§ 328 ff. AO). Ihre Verletzung ist in § 8 Abs. 2, 3 SchwarzArbG als Ordnungswidrigkeit mit Geldbuße bedroht. 9

§ 5 Abs. 1 Satz 3 SchwarzArbG sieht ein **Auskunftsverweigerungsrecht** für die verpflichtete Person vor, wenn sich diese oder eine ihr nahe stehende Person (§ 383 Abs. 1 Nr. 1 bis 3 ZPO) der Gefahr der Verfolgung wegen einer Ordnungswidrigkeit oder Straftat aussetzen müsste. Eine generelle Belehrungspflicht besteht im Prüfverfahren nicht.[15] Drängt sich die Vermutung einer Straftat oder Ordnungswidrigkeit auf, wird eine Belehrung naheliegen.

Innerhalb des von §§ 2 ff. SchwarzArbG gesetzlich vorgegebenen Rahmens steht es grundsätzlich im Ermessen der Zollbehörden, in welcher Weise sie ihre gesetzlichen Aufgaben nach § 2 Abs. 1 SchwarzArbG erfüllen, insbesondere ob, wann und in welcher Form Prüfungen vorgenommen werden. Einen konkreten Anlass oder einen besonderen Grad an Verdachtsmomenten für Unregelmäßigkeiten setzen die Anordnung und Durchführung der Prüfung nicht voraus.[16] Im Hinblick auf den mit dem SchwarzArbG verfolgten Zweck der Intensivierung der Bekämpfung der Schwarzarbeit (§ 1 Abs. 1 SchwarzArbG) bedarf es nicht der Einhaltung einer (angemessenen) Frist zwischen Bekanntgabe der Anordnung und Beginn der Prüfung.[17] Maßnahmen zur Feststellung von Schwarzarbeit wären vielfach aussichtslos, würden sie vorher angekündigt. Wer Schwarzarbeiter beschäftigt, wird sich auf die bevorstehende Prüfung einstellen, Unterlagen „frisieren" und auf den Einsatz von illegal Beschäftigten im Prüfungszeitraum verzichten. Die **Prüfungsanordnung** bedarf weder der Schriftform, noch muss sie mit einer Rechtsbehelfsbelehrung versehen werden. Die Vorschriften der Abgabenordnung über die steuerliche Außenprüfung (§ 196 ff. AO) oder Nachschau (§ 210 ff. AO) finden auf Prüfungen nach dem SchwarzArbG keine Anwendung.[18] 10

In der Praxis kündigt die FKS anlasslose Geschäftsunterlagenprüfungen unter Beifügung einer Rechtsbehelfsbelehrung und eines Hinweisblattes zum Prüfverfahren häufig schriftlich vorher an und führt auf, welche Unterlagen bereitzustellen sind. Insbesondere bei kleinen Unternehmen soll so gewährleistet werden, dass am Prüfungstag überhaupt eine Einsichtnahme in die relevanten Unterlagen in Anwesenheit einer auskunftsfähigen Person vorgenommen werden kann. Unabhängig vom Zeitpunkt ihrer Bekanntgabe dient eine schriftliche Prüfungsanordnung der Rechtssicherheit, indem sie den Prüfungsadressaten, Prüfungszeitraum und Prüfungsgegenstand benennt.

---

[14] Nach § 14 Abs. 2 Satz 1 Nr. 1 UStG hat ein Unternehmer, der Werklieferungen oder sonstige Leistungen im Zusammenhang mit einem Grundstück erbringt, binnen 6 Monaten eine Rechnung auszustellen. Der nicht unternehmerische Leistungsempfänger ist gem. § 14b Abs. 1 Satz 5 UStG verpflichtet, die Rechnung und den Zahlungsbeleg zwei Jahre aufzubewahren. Einvernehmliche Schwarzarbeit zwischen Handwerkern und privaten Auftraggebern soll dadurch erschwert werden.
[15] *Ambs*, in Erbs/Kohlhaas, Stand Okt. 2011, § 5 SchwarzArbG Rn. 5 m. w. N.
[16] FG Berlin-Brandenburg, Urt. v. 4.11.2009 – 7 K 7024/07, PStR 2010, 86.
[17] BFH, Urt. v. 23.10.2012 – VII R 41/10, BFH/NV 2013, 282.
[18] BFH, Urt. v. 23.10.2012 – VII R 41/10, BFH/NV 2013, 282; FG Berlin-Brandenburg, Urt. v. 4.11.2009 – 7 K 7024/07, PStR 2010, 86; FG Hamburg, Urt. v. 20.10.2010 – 4 K 34/10, PStR 2011, 113.

11 Bei Hinweisen auf Unregelmäßigkeiten stellt sich oft schon im Vorfeld von Prüfungen die Frage, ob bereits ein Anfangsverdacht für Straftaten oder Ordnungswidrigkeiten gegeben ist und daher nicht mehr nach den Vorschriften des SchwarzArbG geprüft werden darf, sondern Ermittlungen nach Maßgabe der StPO bzw. des OWiG zu führen sind. Ergibt sich (erst) im Rahmen der Prüfung ein entsprechender Anfangsverdacht für Straftaten oder Ordnungswidrigkeiten, so ist die **Prüfung zu beenden** und in ein Straf- oder Bußgeldverfahren überzuleiten. Bei Bedarf kann – in Strafsachen über die Staatsanwaltschaft – sogleich bei Gericht eine Durchsuchungsanordnung beantragt werden, die aufgrund der Eilbedürftigkeit auch mündlich erlassen werden kann. Sämtliche Mitwirkungspflichten des Geprüften entfallen. Er ist als Beschuldigter oder Betroffener spätestens vor einem weiteren Auskunftsverlangen gemäß § 136 StPO, §§ 46 Abs. 2, 55 OWiG zu belehren.

Die Beurteilung, ob ein Anfangsverdacht vorliegt, kann im Einzelfall – auch für Juristen – schwierig sein. Nicht jede rechtsirrige Verkennung eines strafprozessualen Anfangsverdachts führt zu einer Unverwertbarkeit der im Rahmen einer solchen Prüfung erlangten Beweismittel.[19] Ein Beweisverwertungsverbot ist aber insbesondere bei Willkür und bewusstem Missbrauch des Prüfverfahrens zur Erlangung von Beweismitteln unter Umgehung von den Betroffenen schützenden Regelungen des Strafprozessrechts anzunehmen.

4. Ermittlungen der Zollverwaltung

a) Umfang des Ermittlungsauftrags

12 § 14 Abs. 1 SchwarzArbG verpflichtet und ermächtigt die Behörden der Zollverwaltung zur Verfolgung von Straftaten und Ordnungswidrigkeiten, die mit einem der in § 2 Abs. 1 SchwarzArbG genannten Prüfgegenstände in **unmittelbarem Zusammenhang** stehen.

Daraus ergibt sich eine Zuständigkeit für die Verfolgung von Straftaten insbesondere nach:
- **§ 266a StGB** bei Nicht- oder Falschanmeldung von Beschäftigten zur Sozialversicherung[20] (§ 2 Abs. 1 Nr. 1 SchwarzArbG) – keine Zuständigkeit besteht bei bloßem Nichtabführen von Arbeitnehmeranteilen nach § 266a Abs. 1 StGB;
- **§ 263 StGB:** Betrug zum Nachteil der Bundesagentur für Arbeit bzw. des Jobcenters durch Leistungsmissbrauch infolge von Verstößen gegen § 60 Abs. 1 Nr. 1 und 2 SGB I im Zusammenhang mit der Erbringung von Dienst- oder Werkleistungen (§ 2 Abs. 1 Nr. 2 SchwarzArbG), Beihilfe des Arbeitgebers durch Ausstellung falscher Nebeneinkommensbescheinigungen (§ 2 Abs. 1 Nr. 3 SchwarzArbG), Betrug zum Nachteil der Urlaubs- und Lohnausgleichskasse im Baugewerbe durch Meldung falscher Lohnsummen und betrügerische Abrechnung von Urlaubsgeld im Anwendungsbereich des AEntG (§ 2 Abs. 1 Nr. 5 SchwarzArbG);
- **§§ 9, 10, 10a, 11 SchwarzArbG** (§ 2 Abs. 1 Nr. 2, Nr. 4 SchwarzArbG);
- **§§ 15, 15a AÜG** (§ 2 Abs. 1 Nr. 4 SchwarzArbG);
- **§§ 95 ff. AufenthG:** Illegaler Aufenthalt durch unerlaubte Beschäftigungsaufnahme, Beihilfe zum illegalen Aufenthalt durch Beschäftigung von Arbeitnehmern ohne Aufenthaltstitel, Einschleusen von Ausländern und Erschleichen von Aufenthaltstiteln zum Zwecke der Beschäftigung von Ausländern in Deutschland (§ 2 Abs. 1 Nr. 4 SchwarzArbG);
- **§ 291 StGB (Lohnwucher)** und **§ 233 StGB (Menschenhandel zum Zwecke der Ausbeutung der Arbeitskraft)** bei illegaler Ausländerbeschäftigung sowie bei Verstoß gegen Mindestarbeitsbedingungen (§ 2 Abs. 1 Nr. 4 und 5 SchwarzArbG).

13 Ein unmittelbarer Zusammenhang kann auch angenommen werden, wenn es sich um Delikte handelt, die zur Ermöglichung oder Verschleierung von Schwarzarbeit begangen wurden oder sonst einen engen Bezug zu den Prüfgegenständen haben. Zu denken ist etwa an Urkundenfälschung (§ 267 StGB) oder Missbrauch von Ausweispapieren (§ 281 StGB). Eine

---

[19] A. A. *Henzler/Thul*, in Müller-Gugenberger/Bieneck, Wirtschaftsstrafrecht, § 36 Rn. 44.
[20] Mehrere der Meldetatbestände des § 28a Abs. 1 bis 3 SGB IV enthalten Angaben über sozialversicherungsrechtlich erhebliche Tatsachen im Sinne von § 266a Abs. 2 StGB und sind daher unmittelbar tathandlungsrelevant, z. B. die Meldung über Beginn und Ende des Beschäftigungsverhältnisses sowie die Mitteilung über das beitragspflichtige Arbeitsentgelt in der Jahresmeldung; a. A. *Büttner*, wistra 2006, 251.

A. Das Schwarzarbeitsbekämpfungsgesetz

Zuständigkeit besteht ferner für tateinheitlich begangene Delikte der Allgemeinkriminalität.[21] Darüber hinaus ist es eine Frage des Einzelfalls. Der Staatsanwaltschaft muss in Grenzfällen ein **Beurteilungsspielraum** bei der Entscheidung der Frage, ob noch ein unmittelbarer Zusammenhang der zu ermittelnden Straftat mit dem Katalog des § 2 Abs. 1 SchwarzArbG besteht, zugestanden werden.

Die Diskussion, ob und in welchem Umfang aus der (beschränkten) Prüfbefugnis für steuerliche Aspekte der Schwarzarbeit eine **Ermittlungszuständigkeit der FKS für Steuerstraftaten** folgt, ist nur noch theoretischer Natur. Die FKS ist u. a. aus Zweckmäßigkeitsgesichtspunkten grundsätzlich angehalten, Steuerstrafverfahren nicht mehr eigenständig einzuleiten, sondern dies den zu informierenden Finanzämtern bzw. Staatsanwaltschaften zu überlassen. Ausnahmen können sich bei unaufschiebbaren Erstzugriffsmaßnahmen oder im Rahmen von gemeinsamen Ermittlungsgruppen (§ 14 Abs. 2 SchwarzArbG) mit den Steuerbehörden ergeben. 14

Kein unmittelbarer Zusammenhang mit den Gegenständen des § 2 Abs. 1 SchwarzArbG liegt vor, wenn nur **anlässlich** der Ermittlungen wegen Schwarzarbeit und illegaler Beschäftigung weitere strafbare Handlungen des Beschuldigten erkennbar werden, die keinerlei Bezug zum Katalog des § 2 Abs. 1 SchwarzArbG aufweisen. 15

Beispiele: Auf dem PC des Beschuldigten befinden sich nicht nur Lohnabrechnungsdateien, sondern auch kinderpornographische Schriften. Der Fahrer eines von Ermittlungsmaßnahmen betroffenen Beförderungsunternehmens verfügt nicht über die erforderliche Fahrerlaubnis.

Ermittlungsersuchen der Staatsanwaltschaft an die FKS sind in solchen Fällen unzulässig und können auch nicht durch prozessökonomische Erwägungen gerechtfertigt werden. Strafprozessuale Zwangsmaßnahmen durch die unzuständige Behörde wären jedenfalls rechtswidrig.

b) Ermittlungsbefugnisse

Zur Verfolgung von Straftaten und Ordnungswidrigkeiten, die mit einem der Prüfgegenstände des § 2 Abs. 1 SchwarzArbG unmittelbar zusammenhängen, haben die Behörden der Zollverwaltung die gleichen Befugnisse wie die Polizeivollzugsbehörden nach der StPO und dem OWiG. Ihre Beamten und die nach § 14 Abs. 1 Satz 3 SchwarzArbG in den Dienst der Zollverwaltung übergeleiteten Angestellten[22] sind insoweit Ermittlungspersonen der Staatsanwaltschaft. Als Herrin des Ermittlungsverfahrens steht der Staatsanwaltschaft das fachliche Weisungsrecht nach § 152 Abs. 1 GVG zu. 16

§ 14 Abs. 2 SchwarzArbG regt zur effektiven Schwarzarbeitsbekämpfung ausdrücklich die Bildung von **gemeinsamen Ermittlungsgruppen** zwischen den Zollbehörden und den Landesfinanzbehörden an. Von diesem Gesetzesauftrag sollte in allen umfangreicheren Ermittlungsverfahren Gebrauch gemacht werden, weil Schwarzarbeit in vielen Fällen mit der Hinterziehung sowohl von Steuern als auch von Sozialabgaben einhergeht. Die Grundlagen für die Schadensberechnung sind weitestgehend identisch. Ein gemeinschaftliches und zeitgleiches Vorgehen von Zollbehörden und Steuerfahndung verkürzt die Ermittlungsdauer und verhindert eine unterschiedliche Beweiswürdigung. Die gemeinsamen Ermittlungsgruppen sind in Abstimmung mit der Staatsanwaltschaft einzurichten.

Die Hinzuziehung der Landespolizei ist geboten, wenn im Rahmen einer Durchsuchung umfangreichere ausländerrechtliche Verstöße oder allgemeine Straftaten im Raum stehen, die im Zuge eines einheitlichen Zugriffes aufgeklärt werden können, oder wenn gewalttätiges Verhalten des Täterkreises zu erwarten ist.

5. Zusammenarbeit mit anderen Behörden und Datenverarbeitung

Eine wirksame Bekämpfung der Schwarzarbeit ist nur möglich, wenn alle Behörden/Stellen, deren Belange durch Schwarzarbeit oder illegale Beschäftigung beeinträchtigt werden, ver- 17

---

[21] Siehe *Wamers*, in Fehn, HK-SchwarzArbG, § 14 Rn. 9.
[22] Drittes Gesetz für moderne Dienstleistungen am Arbeitsmarkt vom 23.12.2003 (BGBl. I S. 2848).

trauensvoll zusammenarbeiten. § 2 Abs. 2 Nr. 1 bis 11 SchwarzArbG listet die **Zusammenarbeitsbehörden** der Zollverwaltung auf, darunter die Finanzbehörden, die Träger der Sozialversicherungen, die Ausländerbehörden, die Bundesagentur für Arbeit, die Landesbehörden, die zur Verfolgung von Ordnungswidrigkeiten nach dem SchwarzArbG zuständig sind, sowie die Polizeivollzugsbehörden der Länder auf Ersuchen im Einzelfall.

§ 6 SchwarzArbG regelt u. a. die gegenseitige Information der Zusammenarbeitsbehörden zu Prüfzwecken und über die Ergebnisse von Prüfungen. Die **Übermittlung personenbezogener Daten** an **Strafverfolgungsbehörden und Polizeivollzugsbehörden** ist nur zulässig, sofern tatsächliche Anhaltspunkte dafür vorliegen, dass die Daten für die Verhütung und Verfolgung von Straftaten und Ordnungswidrigkeiten, die in Zusammenhang mit einem der Prüfgegenstände des § 2 Abs. 1 SchwarzArbG stehen, erforderlich sind (§ 6 Abs. 1 Satz 3 SchwarzArbG). § 13 SchwarzArbG ergänzt diese Zusammenarbeitsregelungen für Zwecke des Bußgeldverfahrens.

§ 31a AO erlaubt die **Offenbarung steuerlich geschützter Verhältnisse** und verpflichtet die Finanzbehörden zur Mitteilung an die zuständige Stelle unter anderem, wenn und insoweit dies zur Durchführung eines Strafverfahrens oder eines Bußgeldverfahrens mit dem Ziel der Bekämpfung der illegalen Beschäftigung oder Schwarzarbeit erforderlich ist.

18   In einer bundesweiten **zentralen Prüf- und Ermittlungsdatenbank der FKS** werden bei Vorliegen tatsächlicher Anhaltspunkte für Schwarzarbeit oder illegale Beschäftigung Personen- bzw. Unternehmensstammdaten, die betreffenden tatsächlichen Anhaltspunkte und die wesentlichen Verfahrensdaten gespeichert (§ 16 SchwarzArbG). Nur eine bundesweite Vernetzung und Verfügbarkeit der relevanten Informationen ermöglicht eine effektive und umfassende Aufklärung von Verstößen.

III. Ordnungswidrigkeiten im SchwarzArbG

19   Das SchwarzArbG enthält zwei Gruppen von Ordnungswidrigkeiten. § 8 Abs. 1 befasst sich mit Anzeige- und Mitteilungspflichtverletzungen von Leistungsbeziehern sowie mit Verstößen gegen gewerbe- und handwerksrechtliche Anzeige- und Eintragungspflichten. § 8 Abs. 2 sanktioniert Verstöße gegen die das Prüfungsverfahren nach § 2 ff. SchwarzArbG sichernden Duldungs-, Aufbewahrungs- und Mitwirkungspflichten.

1. Die Bußgeldtatbestände des § 8 Abs. 1 SchwarzArbG

a) Anwendungsbereich

20   **Voraussetzung aller Bußgeldtatbestände** des Abs. 1 ist, dass **Dienst- oder Werkleistungen in erheblichem Umfang** erbracht werden. Die Erheblichkeit des Umfangs ist nach objektiven Maßstäben unter Berücksichtigung aller Umstände des Einzelfalls zu beurteilen. Bei Dienstleistungen ist maßgebend, ob die Arbeitskraft des Betroffenen für eine nicht zu kurze Zeit voll, überwiegend oder laufend in Anspruch genommen wird. Von Bedeutung sind insoweit also insbesondere Dauer, Häufigkeit, Regelmäßigkeit und Intensität der Leistungen sowie der Grad der für ihre Ausführung erforderlichen Ausbildung.[23] Bei Werkleistungen ist vorrangig auf den Umfang des erstellten Werkes abzustellen.[24] In Anlehnung an die Wertungen des § 138 Abs. 3 SGB III und § 8 Abs. 1, 3 SGB IV kann bereits dann von Dienst- oder Werkleistungen in erheblichem Umfang ausgegangen werden, wenn die Entgeltgrenze (450 Euro im Monat) und Zeitgrenze (2 Monate) einer (kurzfristigen) geringfügigen Beschäftigung bzw. selbstständigen Tätigkeit (§ 8 Abs. 1, 3 SGB IV) überschritten werden und der Erbringer dabei mindestens 15 Wochenstunden tätig ist.[25]

---

[23] *Ambs*, in Erbs/Kohlhaas, Stand Okt. 2011, § 8 SchwarzArbG Rn. 21, 23; OLG Hamm, Beschl. v. 1.4.2008 – 3 Ss OWi 167/08, PStR 2008, 130.

[24] OLG Düsseldorf, Beschl. v. 2.9.1999 – 5 Ss (OWi) 145/98, NStZ-RR 2000, 54.

[25] Ähnlich *Mosbacher*, in Graf/Jäger/Wittig, § 8 SchwarzArbG Rn. 6 m. w. N.; zum Ganzen auch *Fehn*, in Fehn, HK- SchwarzArbG, §§ 8, 9 Rn. 10.

A. Das Schwarzarbeitsbekämpfungsgesetz

In allen Fällen des § 8 Abs. 1 SchwarzArbG sind weiterhin die **Ausschlussgründe des § 8 Abs. 4 SchwarzArbG** zu beachten.

b) Tatbestände und Rechtsfolgen

§ 8 Abs. 1 Nr. 1 Buchst. a bis c SchwarzArbG regelt **vorsätzliche Verstöße des Leistungsbeziehers**[26] gegen die Anzeige– und Mitteilungspflichten aus § 60 Abs. 1 Satz 1 Nr. 1, 2 SGB I, § 8a AsylbLG, wenn dieser zugleich Dienst- oder Werkleistungen in erheblichem Umfang erbringt.

§ 8 Abs. 1 Nr. 1 Buchst. d bis e SchwarzArbG richtet sich an **Gewerbetreibende**, die ihren Pflichten zur Anzeige eines stehenden Gewerbes nicht nachgekommen sind (§ 14 GewO), eine erforderliche Reisegewerbekarte nicht erworben haben (§ 55 GewO) oder ein **zulassungspflichtiges Handwerk** als stehendes Gewerbe selbstständig betreiben, ohne in die Handwerksrolle eingetragen zu sein (§ 1 HwO) und Dienst- oder Werkleistungen in erheblichem Umfang erbringen.

§ 8 Abs. 1 Nr. 2 SchwarzArbG bedroht mit Geldbuße, wer **vorsätzlich Dienst- oder Werkleistungen in erheblichem Umfang ausführen lässt, in dem er eine oder mehrere Personen beauftragt, die ihrerseits die Dienst- oder Werkleistungen unter vorsätzlichem Verstoß gegen § 8 Abs. 1 SchwarzArbG erbringen** (Beauftragung von Leistungsbeziehern, die ihren Meldepflichten nach § 60 Abs. 1 Satz 1 Nr. 1 und 2 SGB I nicht nachkommen sind oder von Selbstständigen, die ihre Verpflichtungen nach §§ 14, 15 GewO, § 1 HwO nicht erfüllt haben).

Für Verstöße gegen § 8 Abs. 1 Nr. 1 Buchst. a bis c SchwarzArbG und § 8 Abs. 1 Nr. 2 i. V. m. Nr. 1 Buchst. a bis c SchwarzArbG ist Geldbuße bis zu 300.000 Euro angedroht. Verstöße gegen § 8 Abs. 1 Nr. 1 Buchst. d und e SchwarzArbG, § 8 Abs. 1 Nr. 2 i. V. m. Nr. 1 Buchst. d und e SchwarzArbG (gewerbe- und handwerksrechtliche Verpflichtungen) sind mit Geldbuße bis zu 50.000 Euro bedroht.

2. Die Bußgeldtatbestände des § 8 Abs. 2 SchwarzArbG

Die Bußgeldtatbestände des § 8 Abs. 2 SchwarzArbG haben verfahrenssichernde Funktion. Sie sanktionieren vorsätzliche oder fahrlässige **Verstöße gegen** die sich aus § 2a und § 5 SchwarzArbG ergebenden **Aufbewahrungs-, Duldungs-, Mitführ- und Mitwirkungspflichten bei Personen- und Geschäftsunterlagenprüfungen der Behörden der Zollverwaltung** nach § 2ff. SchwarzArbG. Gegen Duldungspflichten verstößt, wer Widerstand gegen Prüfungshandlungen der FKS leistet, sie aktiv stört, verzögert oder hindert.[27] Ordnungswidrig handelt auch, wer einem im Rahmen der Befugnisse der Zollbehörde liegenden konkreten Mitwirkungsverlangen nicht nachkommt. Die Bußgeldrahmen der einzelnen Tatbestände haben bei vorsätzlicher Begehung Obergrenzen von 1.000, 5.000 bzw. 30.000 Euro, bei Fahrlässigkeit jeweils die Hälfte (§ 8 Abs. 3 SchwarzArbG, § 17 Abs. 2 OWiG).

3. Zuständige Verwaltungsbehörde

Gemäß **§ 12 SchwarzArbG** sind zuständige Verwaltungsbehörden i. S. d. § 36 OWiG bei den die Leistungsbezieher und deren Auftraggeber betreffenden Ordnungswidrigkeiten (§ 8 Abs. 1 Nr. 1 Buchst. a bis c und Nr. 2 i. V. m. Nr. 1 Buchst. a bis c SchwarzArbG) die **Hauptzollämter** und die zuständigen **Leistungsträger** jeweils für ihren Geschäftsbereich. Die Verfolgung und Ahndung der sich gegen ihre Prüfungshandlungen richtenden Pflichtverletzungen (§ 8 Abs. 2 SchwarzArbG) obliegt allein den Hauptzollämtern. Verstöße gegen gewerbe- und handwerksrechtliche Vorschriften (§ 8 Abs. 1 Nr. 1 Buchst. d und e und Nr. 2 i. V. m. Nr. 1 Buchst. d und e SchwarzArbG) ahnden die nach **Landesrecht** zuständigen Behörden, in der Regel die **Ordnungsämter** der Landkreise und kreisfreien Städte.

---

[26] Dazu näher Rn. 84 ff.
[27] *Mosbacher*, in Graf/Jäger/Wittig, § 8 SchwarzArbG Rn. 29.

IV. Straftatbestände im SchwarzArbG

1. Erschleichen von Sozialleistungen im Zusammenhang mit der Erbringung von Dienst- und Werkleistungen – § 9 SchwarzArbG

24 Wer als Empfänger von Sozialleistungen nach dem SGB oder nach dem AsylbLG Dienst- oder Werkleistungen in erheblichem Umfang erbringt[28], seine Anzeige- und Mitteilungspflicht aus § 60 Abs. 1 Satz 1 Nr. 1, 2 SGB I bzw. seine Meldepflicht aus § 8a AsylbLG vorsätzlich verletzt (Tathandlung nach § 8 Abs. 1 Nr. 1 Buchst. a bis c SchwarzArbG) und dadurch bewirkt, dass ihm zu Unrecht eine Leistung aus einem der genannten Gesetze gewährt wird, macht sich nach § 9 SchwarzArbG strafbar, wenn die Tat nicht als Betrug nach § 263 StGB mit Strafe bedroht ist. Der Strafrahmen reicht von Geldstrafe bis zu Freiheitsstrafe von bis zu 3 Jahren.

Der gegenüber dem Betrugstatbestand nach § 263 StGB subsidiäre § 9 SchwarzArbG soll Nachweisschwierigkeiten hinsichtlich einzelner Tatbestandsmerkmale des Betrugs, insbesondere der Bereicherungsabsicht, begegnen. Tatsächlich hat die Norm nur geringe praktische Bedeutung. Für die Bereicherungsabsicht beim Betrug reicht es aus, dass es dem Beschuldigten auf den Vermögensvorteil als sichere und erwünschte Folge seines Handelns ankommt, mag der Vorteil von ihm auch nur als Mittel zu einem anderweitigen Zweck erstrebt werden. Der Vermögensvorteil braucht weder die eigentliche Triebfeder noch das in erster Linie erstrebte Ziel des Handelns sein.[29] Die Absicht muss sich nicht auf die Rechtswidrigkeit des Vermögensvorteils beziehen; insoweit genügt bedingter Vorsatz. In subjektiver Hinsicht unterscheiden sich § 9 SchwarzArbG und § 263 StGB daher im Wesentlichen im Grad des auf die Leistung/den Vermögensvorteil gerichteten Vorsatzes. In Schwarzarbeitsfällen wird die Annahme, dass es dem Täter auf den Vermögensvorteil angekommen ist, aber die Regel sein.

Die Bereicherungsabsicht kann fehlen oder nicht nachweisbar sein und § 9 SchwarzArbG damit zum Tragen kommen, wenn leistungsrelevante Umstände verspätet, im Übrigen aber inhaltlich richtig angezeigt werden (§ 8 Abs. 1 Nr. 1 Buchst. b 4. Alt. SchwarzArbG).

2. Beschäftigung von Ausländern ohne Genehmigung oder ohne Aufenthaltstitel und zu ungünstigen Arbeitsbedingungen – § 10 SchwarzArbG

a) Allgemeines

25 § 10 Abs. 1 SchwarzArbG bedroht die vorsätzliche Beschäftigung eines ausländischen Arbeitnehmers ohne die nach § 284 Abs. 1 SGB III erforderliche Arbeitsgenehmigung-EU oder den nach § 4 Abs. 3 Satz 2 AufenthG erforderlichen Aufenthaltstitel, also die vorsätzliche Begehung einer Ordnungswidrigkeit nach § 404 Abs. 2 Nr. 3 SGB III, mit Freiheitsstrafe bis zu 3 Jahren oder mit Geldstrafe, wenn der Ausländer zu Arbeitsbedingungen beschäftigt wird, die in einem auffälligen Missverhältnis zu den Arbeitsbedingungen deutscher Arbeitnehmer stehen, die eine gleiche oder vergleichbare Tätigkeit ausüben. Die Norm soll den deutschen Arbeitsmarkt vor unkontrolliertem Zugang und den negativen Auswirkungen Lohn- und Sozialdumpings schützen. Zugleich hat die Vorschrift den Schutz des ausländischen Arbeitnehmers vor Ausbeutung und Ausnutzung im Blick.

Für **Altfälle** ist zu beachten, dass die illegale Beschäftigung von **Drittstaatlern**, bei denen die Strafbarkeit nicht an das Fehlen einer Arbeitsgenehmigung-EU nach § 284 Abs. 1 SGB III, sondern an das Fehlen des nach § 4 Abs. 3 AufenthG erforderlichen Aufenthaltstitel anknüpft, aufgrund einer unzureichenden gesetzgeberischen Koordination des Zuwanderungsgesetzes mit dem bereits seit 1.8.2004 geltenden SchwarzArbG in der Zeit vom 1. 1. bis 14.3.2005 nicht von §§ 10, 11 SchwarzArbG erfasst war. Dies

---

[28] Siehe Rn. 20.
[29] BGH, Urt. v. 23.2.1961 – 4 StR 7/61, BGHSt 16, 1.

A. Das Schwarzarbeitsbekämpfungsgesetz

führte wegen § 2 Abs. 3 StGB (sog. Meistbegünstigungsprinzip) zur Straflosigkeit aller Fälle, in denen die Beschäftigung von Drittstaatlern vor dem 15.3.2005 beendet wurde.[30]

b) Täter

Täter des Sonderdelikts kann nur der Arbeitgeber oder eine ihm nach § 14 Abs. 1 oder Abs. 2 StGB gleichgestellte Person sein. Für die Bestimmung der Arbeitgebereigenschaft gelten die allgemeinen Maßgaben. Ein faktisches Arbeitsverhältnis ist ausreichend.

Bei **Arbeitnehmerüberlassung ohne die nach § 1 AÜG erforderliche Erlaubnis** ist zu beachten, dass § 9 Nr. 1 AÜG die Unwirksamkeit des Arbeitsvertrages zwischen Verleiher und Leiharbeitnehmer normiert, weshalb der Verleiher in diesem Fall nicht Arbeitgeber i. S. d. § 10 SchwarzArbG ist. Auf den Verleiher findet bei unerlaubter Arbeitnehmerüberlassung vielmehr die Parallelvorschrift des § 15 AÜG Anwendung. Dagegen fingiert § 10 Abs. 1 AÜG die Arbeitgeberstellung des Entleihers, der somit dem § 10 SchwarzArbG unterfällt, nicht aber dem § 15a AÜG, welcher nur Fälle der „legalen" Arbeitnehmerüberlassung erfasst.

c) Handlung im Sinne des § 404 Abs. 2 Nr. 3 SGB III

Der Tatbestand des § 10 Abs. 1 SchwarzArbG setzt zunächst eine vorsätzliche Handlung nach § 404 Abs. 2 Nr. 3 SGB III, also eine Beschäftigung eines Ausländers entgegen § 284 Abs. 1 SGB III oder § 4 Abs. 3 Satz 2 AufenthG, voraus. Zu untersuchen ist, ob eine Beschäftigung gegeben ist, ob der betreffende Ausländer während der Zeit der Ausübung der Beschäftigung dem persönlichen Anwendungsbereich von § 284 SGB III bzw. § 4 Abs. 3 AufenthG unterfiel oder für ihn ggf. (vollständige) Arbeitnehmerfreizügigkeit bestand, ob die konkrete Beschäftigung genehmigungspflichtig oder ausnahmsweise genehmigungsfrei ist[31], ob eine formell wirksame Arbeitsgenehmigung-EU bzw. ein formell wirksamer, zur Ausübung einer Beschäftigung berechtigender Aufenthaltstitel vorliegt und ob die konkret ausgeübte Beschäftigung tatsächlich vom (materiellen) Inhalt der Arbeitsgenehmigung-EU bzw. des Aufenthaltstitels abgedeckt ist.

Beschäftigung ist nach der Definition des § 7 Abs. 1 Satz 1 SGB IV[32] die nichtselbstständige Arbeit, insbesondere in einem Arbeitsverhältnis. In der strafrechtlichen Praxis kommt dabei vor allem der Abgrenzung zur selbstständigen Tätigkeit Bedeutung zu.[33] Ein Beschäftigungsverhältnis setzt in der Regel eine tatsächliche Arbeitsleistung als Vollzug der Beschäftigung voraus. Der bloße Abschluss eines Arbeitsvertrages genügt nicht. Unterbrechungen in der tatsächlichen Ausübung von begrenzter Dauer sind unschädlich, solange Arbeitgeber und Arbeitnehmer den Willen haben, das Beschäftigungsverhältnis fortzusetzen.[34]

Nach § 7 Abs. 4 SGB IV wird in Fällen der unerlaubten Ausländerbeschäftigung widerlegbar vermutet, dass ein Beschäftigungsverhältnis gegen Arbeitsentgelt für den Zeitraum von drei Monaten bestanden hat. Die Vorschrift soll das Verwaltungsverfahren der Sozialversicherungsträger vereinfachen und die Nacherhebung der Sozialversicherungsbeiträge erleichtern. Die gesetzliche Vermutung kann im Bußgeld- und Strafverfahren nicht zu Grunde gelegt werden. Dauer und Umstände der Beschäftigung sind stets konkret festzustellen.

Auch eine rechtswidrige, etwa durch Täuschung, Bedrohung oder Bestechung erlangte Genehmigung ist nach allgemeinen verwaltungsrechtlichen Grundsätzen (§ 43 Abs. 2 und 3 VwVfG, § 39 Abs. 2 und 3 SGB X) wirksam, solange sie nicht zurückgenommen wurde oder ein Nichtigkeitsgrund vorliegt. Eine formell wirksam erteilte Genehmigung entfaltet für die verwaltungsakzessorische Vorschrift des § 404 Abs. 2 Nr. 3 SGB III Tatbestandswirkung. Ob die Genehmigung dagegen inhaltlich mit materiellem Recht übereinstimmt, ist unter Berücksichtigung des Bestimmtheitsgebots des Art. 103 Abs. 2 GG nicht entscheidend.[35] Anders als § 95 Abs. 6 AufenthG, § 330d Nr. 5 StGB oder § 34 Außenwirtschaftsge-

---

[30] Ausführlich *Boxleitner* in der Vorauflage zu Kap. 17 Rn. 29.
[31] Zum persönlichen und sachlichen Anwendungsbereich siehe Rn. 98 ff., 102.
[32] Zur Anwendbarkeit siehe § 1 Abs. 1 Satz 2 SGB IV und § 2 Abs. 2 AufenthG.
[33] Siehe dazu Rn. 120.
[34] Dazu näher ErfK/*Rolfs*, § 7 SGB IV Rn. 29.
[35] BGH, Urt. v. 27.4.2005 – 2 StR 457/04, BGHSt 50, 105 = NJW 2005, 2095.

setz (AWG) enthalten die Bußgeld- und Straftatbestände des Arbeitsgenehmigungsrechts keine Regelung, wonach ein Handeln aufgrund einer durch Drohung, Bestechung oder Kollusion erwirkten oder durch unrichtige oder unvollständige Angaben erschlichenen Genehmigung einem Handeln ohne Genehmigung gleichsteht. Diese formelle Betrachtungsweise führt aber nicht dazu, dass der Besitz irgendeiner Arbeitsgenehmigung oder irgendeines zu einer Beschäftigung berechtigenden Aufenthaltstitels ausreichen würde. Der Tatbestand ist nur ausgeschlossen, wenn die **konkret ausgeübte Beschäftigung vom Inhalt der erteilten Genehmigung abgedeckt** ist. Die Zustimmung der Bundesagentur für Arbeit zur Ausländerbeschäftigung kann nach § 39 Abs. 4 AufenthG die Art und Dauer der Tätigkeit festlegen sowie die Beschäftigung auf bestimmte Betriebe oder Bezirke beschränken. Entsprechendes gilt für die Arbeitserlaubnis-EU nach § 284 Abs. 3 SGB III i. V. m. § 39 Abs. 4 AufenthG. Solche Beschränkungen bestimmen den Inhalt der Genehmigung und damit zugleich den Umfang ihrer Tatbestandswirkung. Der Arbeitgeber, der einen Arbeitnehmer mit einer nicht gestatteten Tätigkeit, in einem nicht erfassten Betrieb oder außerhalb des zeitlichen und räumlichen Geltungsbereichs der Genehmigung beschäftigt, erfüllt daher den Tatbestand des § 404 Abs. 2 Nr. 3 SGB III.[36]

d) Ungünstige Arbeitsbedingungen

30 Die Arbeitsbedingungen, zu denen der Ausländer beschäftigt wird, müssen in einem **auffälligen Missverhältnis** zu den Arbeitsbedingungen deutscher Arbeitnehmer stehen, die die gleiche oder eine vergleichbare Tätigkeit ausüben. Maßgeblich sind die Arbeitsbedingungen, die das konkrete Arbeitsverhältnis des Ausländers und der deutschen Arbeitnehmer der Vergleichsgruppe ausgestalten. Dazu gehören das gezahlte Arbeitsentgelt, erstattete Fahrtkosten, Sachbezüge (Unterkunft, Verpflegung), Arbeitszeit, Urlaub und Lohnfortzahlung im Krankheitsfall, aber auch die Meldung zur Sozialversicherung und die Einhaltung von Arbeitsschutzvorschriften. Ob ein auffälliges Missverhältnis vorliegt, ist anhand einer **Gesamtbetrachtung** aller Arbeitsbedingungen festzustellen. Das Missverhältnis ist auffällig, wenn es einem Kundigen, sei es auch erst nach Aufklärung des Sachverhalts, ohne Weiteres ins Auge springt.[37] Dies kann nur bei **schwerwiegenden Ungleichbehandlungen** angenommen werden.[38]

31 In Anlehnung an die Auslegung zu Lohnwucherfällen ist ein auffälliges Missverhältnis vorbehaltlich besonderer Umstände des Einzelfalls gegeben, wenn die Vergütung weniger[39], zumindest aber nicht mehr[40] als zwei Drittel eines in dem betreffenden Wirtschaftszweig und Wirtschaftsgebiet üblichen Tariflohnes bzw. der verkehrsüblichen Vergütung beträgt. Sind die übrigen Arbeitsbedingungen vergleichbar, so ist der Tatbestand des § 10 SchwarzArbG bei entsprechender Lohnunterschreitung erfüllt. Soweit von Teilen der Literatur[41] bereits geringere Lohnunterschiede (mehr als 20%) allein für die Annahme eines auffälligen Missverhältnisses als ausreichend angesehen werden, erscheint dies auch vor dem Hintergrund regionaler und individueller Lohnunterschiede innerhalb Deutschlands zweifelhaft.[42] Die Abweichung muss so erheblich sein, dass sie nicht mehr tolerierbar ist. Möglich ist aber, dass

---

[36] *Henzler*, in Müller-Gugenberger/Bienek, § 37 Rn. 62 f.; *Mosbacher*, in Graf/Jäger/Wittig, § 404 SGB III Rn. 33 f.; i. E. auch LG Oldenburg, Urt. v. 8.7.2004 – 2 KLs 65/04, wistra 2005, 117 (118); nicht eindeutig: *Schnabel* wistra 2005, 446 (448).
[37] BGH, Urt. v. 20.4.1997 – 1 StR 701/96, BGHSt 43, 53 (60) = NJW 1997, 2689.
[38] OLG Frankfurt, Beschl. vom 22.5.2005 – 1 Ss 9/04, NStZ-RR 2005, 184 (noch zu § 406 SGB III).
[39] BAG, Urt. v. 22.4.2009 – 5 AZR 436/08, BAGE 130, 338 = DB 2009, 1599 (st. Rspr.).
[40] Der BGH, Urt. v. 20.4.1997 – 1 StR 701/96, BGHSt 43, 53 (60) = NJW 1997, 2689, hat in einer Einzelfallentscheidung die tatrichterliche Annahme eines auffälligen Missverhältnisses bei einem Lohn der – zufällig – exakt zwei Drittel des Tariflohns entsprach, revisionsrechtlich nicht beanstandet, ohne sich dabei grundlegend zur Auslegung des Tatbestandsmerkmals zu äußern.
[41] *Ambs*, in Erbs/Kohlhaas, Stand Juni 2008, § 10 SchwarzArbG Rn. 8; ErfK/*Wank*, § 15a AÜG Rn. 4.
[42] Siehe etwa die erheblichen Abweichungen beim Baumindestlohn zwischen dem Tarifgebiet Ost und West bzw. Berlin bei Verrichtung von Fachwerkertätigkeiten seit Abschaffung der Lohngruppe 2 im Tarifgebiet Ost.

A. Das Schwarzarbeitsbekämpfungsgesetz

geringere Lohnabweichungen zusammen mit anderen erheblich nachteiligen Arbeitsbedingungen ein Maß erreichen, welches bei wertender Betrachtung einer negativen Lohnabweichung von (mehr als) einem Drittel gleichsteht.[43]

Zunehmend ist zu beobachten, dass illegal beschäftigte ausländische Arbeitnehmer einen Barlohn erhalten, der dem Nettolohn deutscher Arbeitnehmer nicht wesentlich nachsteht. Der primäre wirtschaftliche Vorteil des Arbeitgebers liegt häufig in der Nichtabführung von Sozialversicherungsbeiträgen und ggf. Lohnsteuern. Ob die Nichtmeldung zur Sozialversicherung und das damit verbundene Nichtabführen von Sozialversicherungsbeiträgen allein geeignet ist, ein auffälliges Missverhältnis zu begründen, ist höchstrichterlich bisher nicht entschieden. Von Teilen der Rechtsprechung und den überwiegenden Stimmen der Literatur wird darin ein entscheidendes, allein genügendes Merkmal für den Sprung von der Ordnungswidrigkeit zur Straftat gesehen.[44] Zwar ist auch der illegal Beschäftigte kraft Gesetzes versichert. Er ist aber insofern schlechter gestellt, als er seine Ansprüche ohne Aufdeckung des Schwarzarbeitsverhältnisses und damit ohne Selbstbelastung (Ordnungswidrigkeit nach § 404 Abs. 2 Nr. 4 SGB III, ggf. Straftat nach § 11 Abs. 1 Nr. 2 Buchst. b SchwarzArbG oder § 95 AufenthG) nicht geltend machen und im Übrigen gegenüber den Sozialversicherungsträgern mangels zureichender Dokumentation auch nur schwer nachweisen kann.

Nach Ansicht des OLG Frankfurt[45] kann ein auffälliges Missverhältnis bei Nichtanmeldung illegal beschäftigter Ausländer zur Sozialversicherung gegeben sein, „wenn der Arbeitgeber dadurch im Vergleich zur Beschäftigung deutscher Arbeitnehmer beträchtliche Gewinne erzielt."[46] Allein der Verweis auf die Nichtanmeldung zur Sozialversicherung, die bei der illegalen Beschäftigung eines Ausländers die Regel sei, soll nicht ausreichend sein, um ein auffälliges Missverhältnis zu den Arbeitsbedingungen vergleichbarer deutscher Arbeitnehmer zu begründen.[47]

e) Subjektiver Tatbestand

Der Vorsatz muss neben der Ausländereigenschaft und den die Beschäftigung begründenden Tatsachen auch das Fehlen einer erforderlichen Genehmigung bzw. eines erforderlichen Aufenthaltstitels umfassen. Lässt sich der Arbeitgeber keine Ausweis-, Aufenthalts- bzw. Arbeitspapiere vorlegen, kann dies auf Eventualvorsatz hindeuten.[48] Hinsichtlich des Tatbestandsmerkmals des auffälligen Missverhältnisses ist erforderlich, dass der Arbeitgeber zumindest in allgemeiner Form für möglich hält und laienhaft zutreffend bewertet, dass deutsche Arbeitnehmer eine vergleichbare Arbeit unter wesentlich besseren Arbeitsbedingungen ausüben.

f) Der besonders schwere Fall des § 10 Abs. 2 SchwarzArbG

Ein besonders schwerer Fall liegt in der Regel vor, wenn der Täter gewerbsmäßig oder aus grobem Eigennutz handelt. Das Gesetz droht hierfür Freiheitsstrafe von 6 Monaten bis zu 5 Jahren an. **Gewerbsmäßig** handelt ein Täter, wenn er die Absicht hat, sich durch wieder-

---

[43] *Mosbacher*, in Ignor/Rixen, § 4 Rn. 142, schlägt eine Wertbestimmung der Einzelabweichungen vor.

[44] AG Kehl, Urt. v. 13.7.1987 – 2 Ds 21/87, NStZ 1988, 79 (80); *Giesler* BB 1985, 1798 m. w. N. zu nicht veröffentl. Entscheidungen des AG und LG Hamburg zu § 227a AFG; *Henzler*, in Müller-Gugenberger/Bienek, § 37 Rn. 117; *Ambs*, in Erbs/Kohlhaas, Stand Nov. 2012, § 10 SchwarzArbG Rn. 8; *Fehn*, in Fehn, HK- SchwarzArbG zu §§ 10,11 SchwarzArbG Rn. 4; *Böttger/Gercke*, WiPra, Kap. 11 Rn. 101.

[45] OLG Frankfurt, Beschl. vom 22.5.2005 – 1 Ss 9/04, NStZ-RR 2005, 184.

[46] Die im Urt. zitierte Fundstelle bei *Ambs*, in Erbs/Kohlhaas, § 10 SchwarzArbG Rn. 8, dürfte wohl anders gemeint sein. Der Arbeitgeber erzielt durch das Nichtführen von Sozialabgaben immer einen „Gewinn" im Sinne einer Besserstellung seiner Vermögenslage. Im Übrigen kommt es auf den Umfang des durch den Arbeitgeber aus der illegalen Beschäftigung erlangten Vorteils im Rahmen des Grundtatbestandes nicht an.

[47] In diese Richtung auch *Mosbacher*, in Ignor/Rixen, § 4 Rn. 143: Die Nichtmeldung zur Sozialversicherung sei in diesen Fällen derart selbstverständlich, dass der Gesetzgeber dies eigentlich mitbedacht haben müsste, zumal § 266a StGB eine gesonderte Ahndung ermögliche.

[48] Zu den Prüf- und Aufbewahrungspflichten des Arbeitgebers siehe § 4 Abs. 3 Satz 3 und 4 AufenthG.

holte Tatbegehung eine nicht nur vorübergehende Einnahmequelle von einigem Umfang zu verschaffen, ohne dass er daraus ein „kriminelles Gewerbe" zu machen braucht.[49] **Grober Eigennutz** ist anzunehmen, wenn sich der Täter von seinem Streben nach eigenem Vorteil in einem besonders anstößigen Maße leiten lässt.[50] Sein Streben muss das übliche Gewinnstreben, das bei Vermögensstraftätern immer vorhanden ist, deutlich übersteigen. Von Bedeutung sind dabei Art und Häufigkeit der Begehung (die kriminelle Energie) und der Grad der zu Tage tretenden Gewinnsucht (inwieweit wurde der Umstand, dass sich die illegalen Ausländer gegen die ungünstigen Arbeitsbedingungen nicht zu Wehr setzen können, zur Gewinnmaximierung ausgenutzt).

g) Konkurrenzen

35 Mit Lohnwucher (291 StGB) und einer durch die Beschäftigung verwirklichten Beihilfe zum unerlaubten Aufenthalt (§ 95 AufenthG, § 27 StGB) bzw. einem Einschleusen von Ausländern (§ 96 AufenthG) besteht Tateinheit. Gegenüber Vorenthalten und Veruntreuen von Arbeitsentgelt (§ 266a StGB) und (Lohn)Steuerhinterziehung (§ 370 AO) handelt es sich dagegen um eine materiell und prozessual verschiedene Tat.

3. Beschäftigung von Ausländern ohne Aufenthaltstitel, die Opfer von Menschenhandel sind – § 10a SchwarzArbG

36 § 10a SchwarzArbG wurde mit Wirkung zum 26.11.2011 in Umsetzung der EU-Sanktionsrichtlinie[51] eingefügt.[52] Voraussetzung ist ein **Beschäftigungsverhältnis**, zu dessen Ausübung der Ausländer nicht über den nach § 4 Abs. 3 Satz 2 AufenthG erforderlichen Aufenthaltstitel verfügt. Der **Arbeitgeber** als Täter dieses Sonderdelikts muss bei der Beschäftigung eine **Lage ausnutzen**, in der sich der Ausländer durch eine gegen ihn gerichtete **Tat eines Dritten nach § 232 oder § 233 StGB** befindet. In den Schutzbereich der Norm werden daher sowohl Opfer des Menschenhandels zum Zweck der sexuellen Ausbeutung als auch zum Zweck der Ausbeutung der Arbeitskraft einbezogen. Nach der Gesetzesbegründung soll insbesondere derjenige Arbeitgeber als Täter bestraft werden, der in § 233 Abs. 1 Satz 1 StGB (Menschenhandel zum Zwecke der Ausbeutung der Arbeitskraft) als Dritter bezeichnet werde und nach dieser Vorschrift in seiner Eigenschaft als Arbeitgeber, der ein Opfer von Menschenhandel beschäftigt, keiner Strafbarkeit unterliege.[53]

Aus der alleinigen Bezugnahme auf das AufenthG ergibt sich, dass die Norm Unionsbürger nicht schützt. Warum das Ausnutzen einer entsprechenden Zwangslage von – meist – jungen oder minderjährigen Mädchen aus Rumänien oder Bulgarien, beides Hauptherkunftsländer von Opfern von Menschenhandel, weniger strafwürdig sein soll, als bei Drittstaatlern, ist schwer nachvollziehbar. Im Übrigen erscheint das Anknüpfen an das Fehlen eines für die Ausübung einer Beschäftigung erforderlichen Aufenthaltstitels und die Beschränkung auf eine bestimmte Personengruppe generell zweifelhaft. Die §§ 232, 233 StGB haben keinen spezifisch arbeitsgenehmigungsrechtlichen Gehalt, sondern wirken universell.

---

[49] *Fischer*, Strafgesetzbuch, vor § 52 Rn. 61 m. w. N.
[50] BGH, Urt. v. 20.11.1990 – 1 StR 548/90, wistra 1991, 106.
[51] Richtlinie 2009/52/EG des Europäischen Parlaments und des Rates vom 18.6.2009 über Mindeststandards für Sanktionen und Maßnahmen gegen Arbeitgeber, die Drittstaatsangehörige ohne rechtmäßigen Aufenthalt beschäftigen (ABl. L 168 v. 30.6.2009, S. 24).
[52] Gesetz zur Umsetzung aufenthaltsrechtlicher Richtlinien der Europäischen Union und zur Anpassung nationaler Rechtsvorschriften an den EU-Visakodex vom 22.11.2011 (BGBl. I S. 2258).
[53] BT-Drs. 17/5470, S. 32.

A. Das Schwarzarbeitsbekämpfungsgesetz **19**

4. Erwerbstätigkeit von Ausländern ohne Genehmigung oder ohne Aufenthaltstitel in größerem Umfang oder von minderjährigen Ausländern – § 11 SchwarzArbG

a) Allgemeines

§ 11 SchwarzArbG qualifiziert die von den Bußgeldtatbeständen nach § 404 Abs. 2 Nr. 3 und 4 SGB III sowie §§ 98 Abs. 2a, 98 Abs. 3 Nr. 1 AufenthG erfassten vorsätzlichen Handlungen unter bestimmten erschwerenden Voraussetzungen zu Straftaten. Die Vorschrift dient primär dem Schutz des inländischen Arbeitsmarktes vor unkontrolliertem Zugang. Soweit Drittstaatsangehörige betroffen sind, sollen zudem die mit einer (unbeschränkten) Erwerbstätigkeit verbundenen Anreize für eine (ungesteuerte) Zuwanderung verhindert werden. Die Norm wurde mit Wirkung zum 28.8.2007 erheblich erweitert[54]: § 11 Abs. 1 Nr. 1 SchwarzArbG wurde um die Beauftragung mit Dienst- oder Werkleistungen ergänzt; die Straftatbestände in § 11 Abs. 1 Nr. 2 Buchst. c und d SchwarzArbG sind neu hinzugekommen. In Umsetzung der EU-Sanktionsrichtlinie wurde mit Wirkung zum 26.11.2011 § 11 Abs. 1 Nr. 3 SchwarzArbG eingefügt[55], der die Beschäftigung eines minderjährigen Drittstaatsangehörigen ohne den erforderlichen Aufenthaltstitel unter Strafe stellt.

37

b) Taten des Arbeitgebers bzw. des Auftraggebers

Als Arbeitgeber bzw. Auftraggeber macht sich strafbar, wer
- **gleichzeitig mehr als fünf Ausländer** ohne die nach § 284 Abs. 1 SGB III erforderliche Arbeitsgenehmigung-EU beschäftigt oder ohne den nach § 4 Abs. 3 Satz 2 AufenthG erforderlichen Aufenthaltstitel beschäftigt oder mit Dienst- oder Werkleistungen beauftragt (**§ 11 Abs. 1 Nr. 1 SchwarzArbG**; hinsichtlich der Beauftragung mit Dienst- oder Werkleistungen in Kraft seit 28.8.2007; im Übrigen in dieser Fassung seit 18.3.2005);
- die **vorsätzliche Beschäftigung** eines Ausländers ohne die nach § 284 Abs. 1 SGB III erforderliche Arbeitsgenehmigung-EU oder ohne den nach § 4 Abs. 3 Satz 2 AufenthG erforderlichen Aufenthaltstitel (vorsätzliche Handlung nach § 404 Abs. 2 Nr. 3 SGB III) **beharrlich wiederholt** (**§ 11 Abs. 1 Nr. 2 Buchst. a SchwarzArbG,** in dieser Fassung in Kraft seit 18.3.2005).

38

Beharrliches Wiederholen meint ein wiederkehrendes vorsätzliches Übertreten des Verbots aus erhöhter Missachtung oder gesteigerter Gleichgültigkeit.[56] Voraussetzung ist ein besonders hartnäckiges Verhalten, durch das die rechtsfeindliche Einstellung des Täters gegenüber den betreffenden gesetzlichen Normen deutlich wird.[57] Zur Beurteilung der Gesinnung des Täters ist eine Gesamtwürdigung der Umstände des Einzelfalls erforderlich. Die Annahme von Beharrlichkeit wird naheliegen, wenn der Täter wegen einer vorangegangenen vorsätzlichen Zuwiderhandlung im Sinne einer „Abmahnung" nachdrücklich behördlich auf sein Fehlverhalten hingewiesen worden war und sein verbotenes Verhalten anschließend zeitnah unbeeindruckt fortsetzt.[58] Eine staatliche Reaktion auf den Erstverstoß ist freilich nicht zwingend erforderlich.[59] Sie stellt im Rahmen der erforderlichen Gesamtwürdigung gleichwohl ein gewichtiges Indiz für die subjektive Komponente der Beharrlichkeit dar.[60]

---

[54] Gesetz zur Umsetzung aufenthalts- und asylrechtlicher Richtlinien der Europäischen Union v. 19.8.2008 (BGBl. I S. 1970).

[55] Gesetz zur Umsetzung aufenthaltsrechtlicher Richtlinien der Europäischen Union und zur Anpassung nationaler Rechtsvorschriften an den EU-Visakodex vom 22.11.2011 (BGBl. I S. 2258).

[56] BayObLG, Beschl. v. 16.3.1988 – RReg 2 St 467/87, NStE Nr 2 zu § 184a StGB.

[57] BGH, Urt. v. 25.2.1992 – 5 StR 528/91, NStZ 1992, 594 = wistra 1992, 184.

[58] BGH, Urt. v. 25.2.1992 – 5 StR 528/91, a. a. O., hat noch offen gelassen, ob unabhängig von behördlichen Maßnahmen eine Gesamtwürdigung des rechtswidrigen Verhaltens ausreichen kann.

[59] BGH, Urt. v. 5.7.2011 – 3 StR 87/11, NJW 2011, 3174; Schönke/Schröder/*Perron/Eisele*, § 184e StGB Rn. 5.

[60] Die Gesetzesbegründung zu § 227a Abs. 2 Nr. 2 AFG a. F. (BR-Drs. 393/84, S. 33) beschreibt als beharrlich wiederholend ein Festhalten an der Beschäftigung trotz Abmahnung, Ahndung oder sonst hemmender wirkender Erfahrungen oder Erkenntnisse.

– die **vorsätzliche Beauftragung** eines nicht über den nach § 4 Abs. 3 Satz 2 AufenthG erforderlichen Aufenthaltstitel verfügenden Ausländers zu einer nachhaltigen entgeltlichen Dienst- oder Werkleistung, die der Ausländer auf Gewinnerzielung gerichtet ausübt, (vorsätzliche Handlung nach § 98 Abs. 2a AufenthG) **beharrlich wiederholt (§ 11 Abs. 1 Nr. 2 Buchst. c SchwarzArbG).** Die Strafnorm und der zu Grunde liegende Bußgeldtatbestand sind am 28.8.2007 in Kraft getreten.
– **einen Ausländer unter 18 Jahren** ohne den nach § 4 Abs. 3 Satz 2 AufenthG erforderlichen Aufenthaltstitel **beschäftigt (§ 11 Abs. 1 Nr. 3 SchwarzArbG**, in Kraft seit 26.11.2011).

Angedroht ist jeweils Freiheitsstrafe bis zu einem Jahr oder Geldstrafe. Der Qualifikationstatbestand des § 11 Abs. 2 SchwarzArbG sieht Freiheitsstrafe bis zu drei Jahren oder Geldstrafe vor, wenn der Täter aus grobem Eigennutz[61] handelt.

c) Taten des Arbeitnehmers bzw. des selbstständig Erwerbstätigen

39 Mit Freiheitsstrafe bis zu einem Jahr oder mit Geldstrafe wird der Ausländer bestraft, der
– die **vorsätzliche Ausübung einer Beschäftigung** ohne die nach § 284 Abs. 1 SGB III erforderliche Arbeitsgenehmigung-EU oder ohne den nach § 4 Abs. 3 Satz 1 AufenthG erforderlichen Aufenthaltstitel (vorsätzliche Handlung nach § 404 Abs. 2 Nr. 4 SGB III) **beharrlich wiederholt (§ 11 Abs. 1 Nr. 2 Buchst. b SchwarzArbG,** in Kraft seit 4.3.2005);
– die **vorsätzliche Ausübung einer selbstständigen Tätigkeit** ohne den hierfür nach § 4 Abs. 3 Satz 1 AufenthG erforderlichen Aufenthaltstitel (vorsätzliche Handlung nach § 98 Abs. 3 Nr. 1 AufenthG) **beharrlich wiederholt (§ 11 Abs. 1 Nr. 2 Buchst. d SchwarzArbG).** Sowohl die Strafnorm als auch der zu Grunde liegende Bußgeldtatbestand sind am 28.8.2007 in Kraft getreten.

V. Ausschluss von öffentlichen Aufträgen und von Subventionen

40 Nach § 21 SchwarzArbG sollen von der Teilnahme an einem Wettbewerb um einen **Bauauftrag** der in § 98 Nr. 1 bis 3 und 5 GWB genannten Auftraggeber für bis zu 3 Jahre Bewerber ausgeschlossen werden, die wegen der dort abschließend aufgeführten Taten (§ 8 Abs. 1 Nr. 2, §§ 9 bis 11 SchwarzArbG; § 404 Abs. 1 oder 2 Nr. 3 SGB III; §§ 15, 15a, 16 Abs. 1 Nr. 1, 1b oder 2 AÜG; § 266a StGB) zu Freiheitsstrafe von mehr als drei Monaten oder zu Geldstrafe von mehr als 90 Tagessätzen verurteilt oder mit Geldbuße von mindestens 2.500 Euro belegt worden sind. Schon vor Verhängung einer entsprechenden Strafe oder eines Bußgeldes soll der Ausschluss vorgenommen werden, wenn im Einzelfall angesichts der Beweislage kein vernünftiger Zweifel an einer schwerwiegenden Verfehlung im vorgenannten Sinne besteht. Die zur Verfolgung oder Ahndung der Taten zuständigen Behörden dürfen den Vergabestellen auf Verlangen die erforderlichen Auskünfte geben. **§ 21 AEntG** enthält für Ordnungswidrigkeiten nach § 23 AEntG eine ähnliche Regelung, erfasst allerdings den Wettbewerb um Liefer-, Bau- und Dienstleistungsaufträge.

41 Mit Wirkung zum 26.11.2011[62] wurde in **§ 98c AufenthG** die Möglichkeit zum Ausschluss vom Vergabewettbewerb öffentlicher Auftraggeber um Liefer-, Bau- oder Dienstleistungsaufträge eingeführt. Die Ermessensnorm knüpft an eine rechtskräftige Verurteilung wegen einer Straftat nach §§ 10, 10a oder 11 SchwarzArbG zu Freiheitsstrafe von mehr als drei Monaten oder zu Geldstrafe von mehr als 90 Tagessätzen bzw. an eine Auferlegung eines Bußgeldes von wenigstens 2.500 Euro für eine Ordnungswidrigkeit nach § 404 Abs. 2 Nr. 3 SGB III an. Die der Umsetzung der EU-Sanktionsrichtlinie[63] dienende Vorschrift erfasst im Gegensatz zu § 21 SchwarzArbG und § 21 AEntG nur die **Beschäftigung von Drittstaatsangehörigen**, nicht aber von Unionsbürgern (§ 98c Abs. 2 AufenthG). Hinzuweisen ist in diesem Zusammenhang noch auf den ebenfalls zum 26.11.2011 in Kraft getretenen **§ 98b**

---

[61] Siehe Rn. 34.
[62] BGBl. 2011 I S. 2258.
[63] ABl. L 168 v. 30.6.2009, S. 24.

AufenthG, der unter den gleichen Voraussetzungen den **Ausschluss von Subventionen** ermöglicht.

In einzelnen Bundesländern bestehen **landesrechtliche Regelungen** über die Einrichtung und Führung von **Vergaberegistern**, welche Eintragungen von Straftaten und Ordnungswidrigkeiten wegen illegaler Beschäftigung bereits bei geringeren Sanktionierungen zulassen, darunter auch Einstellungen nach § 153a StPO.[64]

B. Hinterziehung von Sozialversicherungsbeiträgen

I. Begehungsweisen

1. „Klassische" Schwarzarbeit

Schwarzarbeit im klassischen Wortsinn erfolgt auf Basis einer Übereinkunft zwischen Arbeitgeber und Arbeitnehmer über die Auszahlung eines „Schwarzlohnes", für den weder Sozialabgaben noch Lohnsteuern abgeführt werden. Da für Arbeitnehmer mit Lebensmittelpunkt in Deutschland der Anschluss an das System der sozialen Sicherheit unerlässlich ist, wird Schwarzarbeit häufig neben einer gemeldeten beitragspflichtigen Tätigkeit oder während des Bezuges von Arbeitslosengeld ausgeübt. Arbeitgeber und Arbeitnehmer bilden zum Zwecke der Schwarzarbeit eine Interessensgemeinschaft. Beide Beteiligten ziehen hieraus Vorteile zulasten der Allgemeinheit, der Arbeitgeber verfügt über billige Arbeitskräfte, der Arbeitnehmer erzielt durch den Schwarzlohn, der häufig durch den ungerechtfertigten Sozialleistungsbezug „aufgestockt" wird, ein höheres Nettoeinkommen.

Beschäftigt ein Arbeitgeber Schwarzarbeiter, so kommt er seinen Pflichten zur Meldung von sozialversicherungsrechtlich relevanten Tatsachen und zum Nachweis und Abführen der Sozialversicherungsbeiträge nicht oder nicht in vollem Umfang nach. Folgende Verstöße sind in der Praxis häufig vorzufinden:
1. Arbeitnehmer werden überhaupt nicht oder verspätet zur Sozialversicherung gemeldet.
2. Das Beschäftigungsverhältnis wird geleugnet; es wird eine unentgeltliche Beschäftigung im Rahmen von angeblichen Praktika, Mithilfe im Rahmen von Gefälligkeiten, Freundschaftsdiensten, Nachbarschafts- oder Verwandtenhilfe behauptet.
3. Vollzeitbeschäftigte werden nur als geringfügig Beschäftigte gemeldet und mit Lohnsummen abgerechnet, die für den Bezug von Sozialleistungen unschädlich sind; Vollzeitbeschäftigte werden im sog. Gleitzonenbereich (§ 20 Abs. 2 SGB IV) für Löhne zwischen 450,01 und 850 Euro abgerechnet, damit die Arbeitnehmer – anders als geringfügig Beschäftigte – Anspruch auf Arbeitslosengeld erwerben; die Auszahlung des Restlohnes erfolgt schwarz.
4. Der Lohn eines Vollzeitbeschäftigten wird einvernehmlich gesplittet und auf weitere, tatsächlich nicht beschäftigte Personen verteilt; alle sind als geringfügig Beschäftigte gemeldet.

Die „Falschmeldung" (Ziffer 3, seltener Ziffer 4) wird aufgrund des geringeren Aufdeckungsrisikos vorzugsweise praktiziert. Der Arbeitgeber gibt sich durch die Anmeldung des Arbeitnehmers nach außen hin den Anschein der Legalität. Bei der Betriebsprüfung ist ein gemeldeter Arbeitnehmer für die FKS zunächst unauffällig.

Die Feststellung des tatsächlichen Beschäftigungsumfangs ist für die Ermittlungsbehörden schwierig. Über Schwarzarbeit werden von den Beteiligten nur selten – vollständige – Aufzeichnungen geführt; erst Recht werden diese Aufzeichnungen nicht über einen längeren Zeitraum aufbewahrt. Betroffene Arbeitnehmer stehen ggf. im Leistungsbezug und berufen sich auf ein Aussageverweigerungsrecht. Sonstige Arbeitnehmer zeigen sich aus Sorge um ihren Arbeitsplatz, aus Verbundenheit zu den betroffenen Personen und manchmal auch aus Angst vor Übergriffen häufig wenig kooperativ.

Unternehmen, die in größerem Umfang Schwarzarbeiter beschäftigen, arbeiten vielfach mit sogenannten **Abdeck- bzw. Scheinrechnungen**. Da Schwarzlohnzahlungen in der Buchhaltung als solche nicht erkennbar sein dürfen, werden Umsätze, die durch den Einsatz

---

[64] § 5 Korruptionsbekämpfungsgesetz NRW, § 3 Korruptionsregistergesetz Berlin.

von Schwarzarbeitern erzielt wurden, durch Ausgaben für vorgetäuschte Subunternehmerleistungen verschleiert. Die von den angeblichen Subunternehmern für tatsächlich nicht erbrachte Leistungen gestellten Rechnungen werden als Betriebsausgaben für Fremdleistungen verbucht, gegebenenfalls in den Rechnungen ausgewiesene Umsatzsteuer als bezahlte Vorsteuer geltend gemacht. Die Begleichung dieser Rechnungen wird ebenfalls vorgetäuscht, sei es durch die Ausstellung von Quittungen über angebliche Barzahlungen oder von Barschecks für die angeblichen Subunternehmer. Es kommt auch vor, dass Scheinrechnungssteller überwiesenes Geld abzüglich des Kaufpreises für die Scheinrechnungen an den Käufer in bar zurückerstatten. Der Kaufpreis liegt üblicherweise bei ca. 7 – 15% der Rechnungssumme. Bei den Scheinrechnungstellern werden als gemeldete Gewerbetreibende oder eingetragene Geschäftsführer meist Strohmänner eingesetzt.

Oft treten Unternehmen, die in größerem Umfang Schwarzarbeiter beschäftigen, nur einen begrenzten Zeitraum auf dem Markt auf. Es handelt sich meist um eine GmbH, deren Gesellschafter und Geschäftsführer wiederholt ausgetauscht werden. Die tatsächliche Geschäftsleitung hat vielfach ein faktischer Geschäftsführer inne. Nach nur kurzzeitiger Teilnahme am Markt gründen die Hintermänner eine neue Gesellschaft, die unter einer ähnlichen Bezeichnung auftritt und stillschweigend das Personal und die bestehenden Aufträge übernimmt. Das zurückgebliebene, ausgehöhlte Vorgängerunternehmen wird an einen Dritten veräußert.

2. Beschäftigung von Scheinselbstständigen

45 Die Beschäftigung sogenannter Scheinselbstständiger „konkurriert" zunehmend mit den klassischen Erscheinungsformen der Schwarzarbeit. Nicht nur ausländische, vor allem osteuropäische Arbeitskräfte, die in ihrer Arbeitnehmerfreizügigkeit in den ersten sieben Jahren nach dem EU-Beitritt beschränkt waren, haben sich auf eine – angebliche – Selbstständigkeit verlegt. Auch deutsche Arbeitskräfte haben sich verstärkt „selbstständig" gemacht. Die Beweggründe hierfür sind vielfältig. Mancher Auftraggeber wirbt gezielt Arbeitskräfte mit der Aufforderung an, als „Selbstständige" tätig zu werden. Ob der Einsatz von Subunternehmern im Rahmen des konkreten Vertragsverhältnisses nach den tatsächlichen Verhältnissen als abhängige Beschäftigung in einem Arbeitsverhältnis mit ihren beitragsrechtlichen Folgen oder als selbstständige Tätigkeit anzusehen ist, ist Frage des Einzelfalls.[65]

3. Mindestlohnverstöße

46 Die Ausweitung des Arbeitnehmer-Entsendegesetzes über das Baugewerbe hinaus auf weitere Branchen, die Einführung einer verbindlichen Lohnuntergrenze für die Arbeitnehmerüberlassung und verstärkte Kontrollen des Zolls haben zu einer Zunahme der Ermittlungsverfahren wegen Beitragsvorenthaltung im Zusammenhang mit Mindestlohnverstößen geführt.[66] Die Bearbeitung solcher Verfahren bindet bei den Zollbehörden und Staatsanwaltschaften inzwischen erhebliche Kapazitäten.

II. Vorenthalten und Veruntreuen von Arbeitsentgelt – § 266a StGB

1. Grundlagen

47 § 266a StGB nimmt bei der Bekämpfung von illegaler Beschäftigung und Schwarzarbeit eine zentrale Stellung ein. Schutzgut ist die Sicherstellung des Beitragsaufkommens zur gesetzlichen Sozialversicherung in Deutschland. Verletzter (§ 172 StPO) ist die zuständige Einzugsstelle, nicht dagegen der einzelne Arbeitnehmer.[67] Die Norm ist Schutzgesetz i. S. v. § 823

---

[65] Ausführlich Rn. 119ff.
[66] Zu Mindestlohnverstößen und ihren Folgen siehe auch Rn. 177f., 165.
[67] OLG Köln, Beschl. v. 28.3.2003 – 1 Zs 120/03 – 19/03, NStZ-RR 2003, 212.

B. Hinterziehung von Sozialversicherungsbeiträgen

Abs. 2 BGB. Neben der strafrechtlichen Sanktionierung kommt der zivilrechtlichen Haftung, insbesondere der Geschäftsführer von Kapitalgesellschaften, erhebliche Bedeutung zu.

Voraussetzung für die Anwendung des **sozialrechtsakzessorischen** § 266a StGB ist ein **sozialversicherungsrechtliches Beschäftigungsverhältnis**. § 7 Abs. 1 SGB IV definiert Beschäftigung als nichtselbstständige Arbeit, insbesondere in einem Arbeitsverhältnis.[68] Täter **des Sonderdelikts** kann nur der **Arbeitgeber** sein. Die Arbeitgebereigenschaft ist ein strafbegründendes besonderes persönliches Merkmal i. S. v. § 14 StGB[69].

§ 266a **Abs. 1** StGB – ein echtes Unterlassungsdelikt – stellt das Vorenthalten – also **Nichtzahlen** – von fälligen **Pflichtbeiträgen des Arbeitnehmers** zur Sozialversicherung an die zuständige Einzugsstelle unter Strafe. Erfasst werden die Arbeitnehmeranteile am Gesamtsozialversicherungsbeitrag (§ 28d SGB IV: Beiträge zur gesetzlichen Renten-, Kranken-, Pflege- und Arbeitslosenversicherung).

Der seit 1.8.2004 geltende § 266a **Abs. 2** StGB sanktioniert **betrugsähnliche** Begehungsweisen. § 266a **Abs. 2 Nr. 1** StGB – ein Erfolgsdelikt, das an ein aktives Tun anknüpft – setzt unrichtige oder unvollständige Angaben über sozialversicherungsrechtlich erhebliche Tatsachen gegenüber der zuständigen Einzugsstelle voraus. § 266a **Abs. 2 Nr. 2** StGB – ein echtes Unterlassungsdelikt – verlangt ein pflichtwidriges In-Unkenntnis-lassen der zuständigen Einzugsstelle über sozialversicherungsrechtlich erhebliche Tatsachen. Folge der in Abs. 2 Nr. 1 und Nr. 2 genannten Tathandlungen muss das Vorenthalten der **Pflichtbeiträge des Arbeitgebers** zur Sozialversicherung gegenüber der zuständigen Einzugsstelle sein. Neben den Arbeitgeberanteilen am Gesamtsozialversicherungsbeitrag fallen darunter auch solche Sozialversicherungsbeiträge, für die der Arbeitgeber allein aufzukommen hat, insbesondere die Beiträge zur gesetzlichen Unfallversicherung (§ 150 ff. SGB VII), verschiedene Umlagen und die Beiträge zur Rentenversicherung (§ 172 Abs. 3 SGB VI) und Krankenversicherung (§ 249b SGB V) bei einer geringfügigen Beschäftigung nach § 8 Abs. 1 Nr. 1 SGB IV.

Nicht von § 266a StGB erfasst werden Beiträge, die nicht einem der Bücher des SGB unterfallen. Relevant ist dies vor allem für Sozial- und Urlaubskassenbeiträge, die an Einrichtungen der Tarifvertragsparteien, etwa die SOKA-Bau, aufgrund tarifvertraglicher Regelungen zu entrichten sind. Verstöße sind insoweit an § 263 StGB zu messen.[70]

Der **bedingte Vorsatz** muss die tatsächlichen Umstände erfassen, welche die sozialversicherungsrechtlichen Pflichten begründen. Hinsichtlich der normativen Elemente des Tatbestands genügt eine Parallelwertung in der Laiensphäre.

Zu den **Grundzügen der Norm** wird im Übrigen auf die **Darstellung im 9. Kapitel** (Rn. 259 ff.) verwiesen. Im Folgenden werden nur die für die Anwendung der Vorschrift in Fällen illegaler Beschäftigung relevanten Umstände und Besonderheiten behandelt.

2. Anzuwendendes Recht – Entsendung nach Deutschland

a) Entsendung

Eine Strafbarkeit nach § 266a StGB kommt nur in Betracht, wenn für die konkrete Beschäftigung Sozialversicherungsbeiträge in Deutschland abzuführen sind.

Nach deutschem Sozialversicherungsrecht gelten die Vorschriften über die Versicherungspflicht grundsätzlich für alle Personen, die **in Deutschland beschäftigt** sind (§ 3 Nr. 1 SGB IV, Beschäftigungsortprinzip). Sie finden dagegen keine Anwendung, wenn ein Arbeitnehmer im Rahmen eines außerhalb Deutschlands bestehenden Beschäftigungsverhältnisses nach Deutschland entsandt wird, falls die **Entsendung** infolge der Eigenart der Beschäftigung oder vertraglich im Voraus zeitlich begrenzt ist (Einstrahlung, § 5 SGB IV). Die EU-Osterweiterung hat dazu geführt, dass inzwischen in der Mehrzahl der Strafverfahren zu Entsendefällen vorrangiges, unmittelbar geltendes EU-Recht zu prüfen ist (§ 6 SGB VI).

---

[68] Zur **Abgrenzung von abhängiger Beschäftigung und selbstständiger Tätigkeit** siehe Rn. 120.
[69] Zu den Anforderungen an eine ausdrückliche Beauftragung i. S. v. § 14 Abs. 2 Nr. 2 StGB siehe BGH, Beschl. v. 12.9.2012 – 5 StR 363/12, NJW 2012, 3385 = wistra 2012, 468.
[70] Im Einzelnen Rn. 179 ff.

49 Seit 1.5.2010 sind für die **Beurteilung kollidierenden Sozialversicherungsrechts bei grenzüberschreitenden Sachverhalten innerhalb der EU** primär die Verordnung (EG) Nr. 883/2004 vom 29.4.2004 zur Koordinierung der Systeme der sozialen Sicherheit[71] und die Verordnung (EG) Nr. 987/2009 vom 16.9.2009 zur Festlegung der Modalitäten für die Durchführung der Verordnung (EG) Nr. 883/2004[72] maßgeblich[73]. Diese haben die Verordnungen (EWG) Nr. 1408/71 („Wanderarbeiterverordnung") und Nr. 574/72 ersetzt[74].

aa) Arbeitnehmerentsendung nach EU-Recht

50 Nach Art. 11 Abs. 3a VO (EG) Nr. 883/2004 unterliegt eine Person grundsätzlich den Rechtsvorschriften des Mitgliedstaates, in dem sie eine Beschäftigung oder selbstständige Erwerbstätigkeit tatsächlich ausübt. Abweichend hiervon sieht Art. 12 Abs. 1 VO (EG) Nr. 883/2004 die Fortgeltung des Rechts des Entsendestaates vor, wenn eine Person, die in einem Mitgliedstaat für Rechnung eines Arbeitgebers, der gewöhnlich dort tätig ist, eine **Beschäftigung** ausübt, von diesem Arbeitgeber in einen anderen Mitgliedstaat **entsandt** wird, um dort eine Arbeit für dessen Rechnung auszuführen, sofern die voraussichtliche Dauer dieser Arbeit 24 Monate nicht übersteigt und diese Person nicht eine andere Person ablöst.

Zur Konkretisierung und Auslegung der Entsenderegelung des Art. 12 Abs. 1 VO (EG) Nr. 883/2004 sind neben der Rechtsprechung des EuGH vor allem Art. 14 VO (EG) Nr. 987/2009 und der Beschluss Nr. A2 der Verwaltungskommission für die Koordinierung der Systeme der sozialen Sicherheit vom 12.6.2009[75] heranzuziehen.

Art. 12 Abs. 1 VO (EG) Nr. 883/2004 setzt zunächst voraus, dass zwischen einem Arbeitnehmer und einem im Entsendestaat gewöhnlich tätigen Arbeitgeber ein **Beschäftigungsverhältnis** besteht. Erfasst wird nach Art. 14 Abs. 1 VO (EG) Nr. 987/2009 auch ein Arbeitnehmer, der im Hinblick auf die Entsendung in einen anderen Mitgliedstaat eingestellt wird, vorausgesetzt er unterliegt unmittelbar vor Beginn seiner Beschäftigung bereits den Rechtsvorschriften des Mitgliedstaates, in dem der Arbeitgeber seinen Sitz hat.[76]

Der Arbeitgeber muss **gewöhnlich** im Entsendestaat tätig sein. Dies ist nach Art. 14 Abs. 2 VO (EG) Nr. 987/2009 der Fall, wenn er dort gewöhnlich **andere nennenswerte Tätigkeiten als rein interne Verwaltungstätigkeiten** ausübt. Dabei sind alle Kriterien, die die Tätigkeit des Unternehmens kennzeichnen, unter Beachtung der Besonderheiten des Arbeitgebers und der Eigenart der ausgeübten Tätigkeiten in Gesamtschau zu würdigen. Nach Ziffer 1 Abs. 5 des Beschlusses Nr. A2 der Verwaltungskommission sind unter anderem der Ort, an dem das Unternehmen seinen Sitz und seine Verwaltung hat, die Zahl der im Mitgliedstaat seiner Betriebsstätte bzw. in dem anderen Mitgliedstaat in der Verwaltung Beschäftigten, der Ort, an dem die entsandten Arbeitnehmer eingestellt werden, der Ort an dem der Großteil der Verträge mit den Kunden geschlossen wird, das Recht, dem die Verträge mit Arbeitnehmern bzw. Kunden unterliegen, eines hinreichend charakteristischen Zeitraums im jeweiligen Mitgliedstaat erzielte Umsatz sowie die Zahl der im entsendenden Staat geschlossenen Verträge zu berücksichtigen. Diese Regelungen greifen die zum früheren Recht ergangene Rechtsprechung des EuGH[77] auf.

Der Arbeitnehmer muss tatsächlich in einen anderen Mitgliedstaat entsandt werden. Eine **Entsendung** liegt vor, wenn sich ein Beschäftigter auf Weisung seines Arbeitgebers vom Heimatstaat (Entsendestaat) ins Ausland begibt, setzt also eine Ortsveränderung voraus.[78]

Die Arbeit muss für den Arbeitgeber im Entsendestaat ausgeführt werden; die **arbeitsrechtliche Bindung** zum Arbeitgeber, der den Arbeitnehmer entsandt hat, **muss** während der Entsendung **fortbeste-**

---

[71] ABl. L 166 v. 30.4.2004, S. 1.
[72] ABl. L 184 v. 30.10.2009, S. 1.
[73] Zum Ganzen *Tiedemann*, NZS 2011, 41.
[74] Für grenzüberschreitende Sachverhalte mit Bezug zur Schweiz gelten die neuen Verordnungen seit 1.4.2012, für Sachverhalte mit den EWR-Staaten Island, Liechtenstein und Norwegen seit 1.6.2012.
[75] ABl. C 106 v. 24.4.2010, S. 5.
[76] Nach Beschluss Nr. A2 genügt es, wenn die Person seit mindestens einem Monat unter die Rechtsvorschriften des Mitgliedstaates fällt; bei kürzeren Zeiträumen ist eine Einzelfallbetrachtung vorzunehmen.
[77] EuGH, Urt. v. 10.2.2000 – C-202/97, ZIP 2000, 468; Urt. v. 9.11.2000 – C-404/98, ZIP 2000, 2175.
[78] *KassKomm-Seewald*, § 4 SGB IV Rn. 8.

B. Hinterziehung von Sozialversicherungsbeiträgen

hen. In die Beurteilung sind insbesondere die Verantwortung für Anwerbung, Arbeitsvertrag, Entlohnung, Entlassung sowie die Entscheidungsgewalt über die Art der Arbeit einzubeziehen (Beschluss Nr. A2).

Schließlich muss die Entsendung im Voraus auf längstens 24 Monate **befristet** sein. Nach der vor dem 1.5.2010 maßgeblichen Rechtslage galt eine Maximaldauer von 1 Jahr mit einer genehmigungspflichtigen Verlängerungsmöglichkeit um ein weiteres Jahr. In der Übergangsphase waren nach altem Recht absolvierte Entsendezeiten mit der Maßgabe zu berücksichtigen, dass die Gesamtdauer der nach altem und neuem Recht ununterbrochen absolvierten Entsendezeiten nicht mehr als 24 Monate betragen durfte. Eine **Kettenentsendung** ist **unzulässig**.

bb) Vorübergehende Auslandstätigkeit Selbstständiger nach EU-Recht

Art. 12 Abs. 2 VO (EG) Nr. 883/2004 enthält eine Sonderregelung für die vorübergehende Auslandstätigkeit von Personen, die gewöhnlich in einem Mitgliedstaat eine **selbstständige Tätigkeit** ausüben. Diese unterliegen weiterhin den Rechtsvorschriften dieses Mitgliedstaates, wenn sie in einem anderen Mitgliedstaat eine ähnliche Tätigkeit ausüben, sofern die voraussichtliche Dauer dieser Tätigkeit 24 Monate nicht überschreitet.

Der Selbstständige muss bereits vor Aufnahme der Auslandstätigkeit einige Zeit, in der Regel **mindestens zwei Monate**, **nennenswerte selbstständige Tätigkeiten** in dem Mitgliedstaat, in dem er ansässig ist, ausgeübt haben. Er muss während der vorübergehenden Auslandstätigkeit die „Strukturen" aufrechterhalten, die es ihm jederzeit gestatten, die selbstständige Tätigkeit nach seiner Rückkehr fortzusetzen (Art. 14 Abs. 3 VO (EG) Nr. 987/2009). Dazu zählen z. B. das Unterhalten von Büroräumen, die Entrichtung von Sozialversicherungsbeiträgen und Steuern, das Vorhandensein eines Gewerbeausweises und einer Umsatzsteuernummer und der Eintrag bei der Handelskammer oder in einem Berufsverband (Beschluss Nr. A2).

Für die Feststellung, ob die Erwerbstätigkeit, die ein Selbstständiger in einem anderen Mitgliedstaat ausübt, eine **„ähnliche" Tätigkeit** wie die gewöhnlich ausgeübte selbstständige Erwerbstätigkeit ist, kommt es auf die tatsächliche Eigenart der Tätigkeit und **nicht darauf an, ob der andere Mitgliedstaat diese Tätigkeit als Beschäftigung oder selbstständige Erwerbstätigkeit qualifiziert** (Art. 14 Abs. 4 VO (EG) Nr. 987/2009). Als Faustregel kann man annehmen, dass es sich um die gleiche Branche handeln muss.

b) Entsendebescheinigung

Auf die materiell-rechtlichen Voraussetzungen einer Entsendung kommt es nicht an, wenn für die betreffende Entsendung eine – echte – Bescheinigung A1 (ehemals E 101) ausgestellt wurde. Darin bescheinigt der zuständige Sozialversicherungsträger eines Mitgliedstaats, dass und wie lange und unter welchen Umständen seine Rechtsvorschriften anzuwenden sind (Art. 19 Abs. 2 VO (EG) Nr. 987/2009). Die Entsendebescheinigung ist für die Sozialversicherungsträger der anderen Mitgliedstaaten so lange verbindlich, wie sie nicht von dem Mitgliedstaat, in dem sie ausgestellt wurde, widerrufen oder für ungültig erklärt wird (Art. 5 Abs. 1 VO (EG) Nr. 987/2009). **Die Bescheinigung A1 (ehemals E 101) bindet in gleicher Weise die Ermittlungsbehörden und Strafgerichte.**[79] Dass eine Bescheinigung inhaltlich offensichtlich unrichtig ist und durch falsche Angaben erschlichen wurde, ist unerheblich.

Art. 5 Abs. 2 bis 4 VO (EG) Nr. 987/2009 regelt das Verfahren über die Beanstandung der Bescheinigung A1. Dazu muss sich der deutsche Sozialversicherungsträger an den ausstellenden Träger des Entsendestaates wenden und auf einen Widerruf hinwirken. Kommt es zu keiner Einigung, kann die EU-Verwaltungskommission für die Koordinierung der Systeme der sozialen Sicherheit angerufen werden. Die Erfolgschancen und der zeitliche Rahmen eines solchen Beanstandungsverfahrens hängen stark davon ab, um welchen Mitgliedstaat es sich handelt.

Entsendebescheinigungen, die im Rahmen von bilateralen Sozialversicherungsabkommen mit Drittstaaten ausgestellt wurden, kommt allenfalls eine beschränkte Bindungswirkung zu, die jedenfalls bei offensichtlicher Unrichtigkeit der Bescheinigungen nicht greift.[80]

---

[79] BGH, Urt. v. 24.10.2006 – 1 StR 44/06, NJW 2007, 233.
[80] Siehe dazu Rn. 198; BGH, Urt. v. 24.10.2007 – 1 StR 160/07, NJW 2008, 595.

Die ausstellenden Behörden sind verpflichtet, Abdrucke der Entsendebescheinigungen an den zuständigen Träger des Staates, in dem die Tätigkeit ausgeübt werden soll, zu übermitteln. In Deutschland ist als zentrale Stelle die Deutsche Rentenversicherung Bund festgelegt. Diese speichert die Daten der Entsendebescheinigungen in einer Datenbank, zu der die Zollbehörden einen Online-Zugriff haben.

3. Tathandlung bei illegaler Beschäftigung

53 Während § 266a Abs. 1 StGB kein weiteres Unrechtselement, als die schlichte Nichtzahlung beinhaltet[81], bedarf es bei § 266a Abs. 2 StGB der Verletzung einer sozialversicherungsrechtlichen Erklärungspflicht. Die unwahren, unvollständigen oder unterlassenen Angaben des Arbeitgebers müssen sich dabei auf **sozialversicherungsrechtlich erhebliche Tatsachen** beziehen, also auf solche, die den Grund und die Höhe der Beitragszahlungspflicht betreffen. Dazu zählen das Bestehen und die Dauer des Arbeitsverhältnisses, die Höhe der entstandenen Beiträge, die Höhe des geschuldeten Entgeltes und sonstige für die Berechnung der Beiträge maßgebliche Umstände.[82] Die Erregung eines Irrtums bei der zuständigen Einzugsstelle ist nicht erforderlich.

a) Handlungspflichten

54 Anknüpfungspunkt für Tathandlungen nach § 266a Abs. 2 StGB kann die **Verletzung von Melde- oder Beitragsnachweisungspflichten** sein.

aa) Meldungen

55 Der Arbeitgeber muss den Beschäftigten mit der ersten Lohn- und Gehaltsabrechnung, spätestens **innerhalb von sechs Wochen** nach Beginn der Beschäftigung bei der zuständigen Einzugsstelle (Krankenkasse, Minijobzentrale) **anmelden** (§§ 28a Abs. 1 Nr. 1, 28c SGB IV, § 6 Datenerfassungs- und -übermittlungsverordnung – DEÜV). Ferner ist er verpflichtet, der Einzugsstelle eine Jahresmeldung (§ 28a Abs. 2 SGB IV) zu erstatten und das Ende der Beschäftigung mitzuteilen (§ 28a Abs. 1 Nr. 2 SGB IV). Von praktisch nicht bedeutsamen Sonderfällen abgesehen, enthalten nur die Jahresmeldung und die Abmeldung Angaben zum beitragspflichtigen Arbeitsentgelt (§ 28a Abs. 3 Satz 2 Nr. 2 SGB IV). Für die Ermittlungen können aus diesen nicht auf die einzelnen Beschäftigungsmonate aufgeschlüsselten Entgeltmeldungen unmittelbare Rückschlüsse nur hinsichtlich des Jahresbeitrags zur gesetzlichen Unfallversicherung gezogen werden. Für die monatlich geschuldeten Gesamtsozialversicherungsbeiträge (§ 28d SGB IV) dienen sie lediglich zur Plausibilitätsprüfung. Die seit 1.1.2009 in der Jahresmeldung gemäß § 28a Abs. 3 Satz 2 Nr. 2 Buchst. c SGB IV zu machenden Angaben über das in der Unfallversicherung beitragspflichtige Arbeitsentgelt und die geleisteten Arbeitsstunden werden erst ab 1.1.2016 den Lohnnachweis gegenüber dem Unfallversicherungsträger nach § 165 SGB VII ersetzen.[83] Die Jahresmeldung hat ab diesem Zeitpunkt insoweit unmittelbare und alleinige Tathandlungsrelevanz.

56 Im Übrigen stellen Falschangaben in Meldungen zunächst nur – gewichtige – Indizien für die Erfüllung des Tatbestands des § 266a Abs. 2 StGB dar.[84] Nicht jede Meldepflichtverletzung muss zwingend eine Beitragsvorenthaltung zur Folge haben. So kann es in Einzelfällen vorkommen, dass der Arbeitgeber einen Beschäftigten verspätet angemeldet, dessen Arbeitsentgelt in fristgerecht eingereichten Beitragsnachweisen aber berücksichtigt hat. Führte der Arbeitgeber den Gesamtsozialversicherungsbeitrag dann nicht zum Fälligkeitstermin ab, so wäre lediglich § 266a Abs. 1 StGB, nicht aber Abs. 2 erfüllt, weil sich die Meldepflichtverlet-

---

[81] BGH, Beschl. v. 7.10.2010 – 1 StR 424/10, wistra 2011, 69; *Fischer*, Strafgesetzbuch, § 266a Rn. 11.
[82] *Fischer*, Strafgesetzbuch, § 266a Rn. 20.
[83] Art. 1 Nr. 21a, Art. 13 Abs. 6a UnfallversicherungsmodernisierungG v. 30.10.2008 (BGBl. I S. 2130), geändert durch Art. 2 Zweites Gesetz zur Änderung des Siebten Buches Sozialgesetzbuch (BT-Drs. 17/10750).
[84] *Thul*, in Müller-Gugenberger/Bieneck, § 36 Rn. 209, 215 ff.

B. Hinterziehung von Sozialversicherungsbeiträgen

zung nicht mehr ausgewirkt hat. Solche Versehen resultieren jedoch zumeist aus einer unordentlichen Buchhaltung.

In Fällen klassischer Schwarzarbeit gehen die Verletzung von Melde- und Beitragsnachweisungspflichten in der Regel einher. Das Unterlassung der Meldung der Beschäftigung oder falsche Angaben in Meldungen, die sich auf die Beitragspflicht und die Höhe der geschuldeten Beiträge auswirken können, werden daher regelmäßig zur Annahme eines Anfangsverdachts führen. Die Klärung des Meldestatus stellt demgemäß eine der wichtigsten Prüfaufgaben der Zollbehörden dar. Diese können dazu online auf die von der Deutschen Rentenversicherung Bund verwaltete Basisdatei zugreifen (§ 28p Abs. 8 SGB IV, §§ 145, 150 Abs. 5 SGB VI). Für das Verständnis der in der Datei gespeicherten Meldegründe sind insbesondere folgende Schlüsselzahlen von Bedeutung: 10 (Beginn der Beschäftigung), 30 (Ende der Beschäftigung), 40 (gleichzeitige An- und Abmeldung wegen des Endes der Beschäftigung), 50 (Jahresmeldung). Die wichtigsten Personengruppenschlüssel sind 101 (sozialversicherungspflichtig Beschäftigte ohne besondere Merkmale), 109 (geringfügig entlohnte Beschäftigte) und 110 (kurzfristig Beschäftigte).

bb) Beitragsnachweis

Das Abrechnungsverfahren für den Gesamtsozialversicherungsbeitrag und die Arbeitgeberbeiträge für die Minijobzentrale beruht auf einer Selbstberechnung der Beiträge durch den Arbeitgeber. Er muss eigenständig prüfen, ob und in welcher Höhe für einen Beschäftigten an welche Einzugsstelle Beiträge zur Sozialversicherung zu entrichten sind. Er hat bei der Einzugsstelle hierüber **zwei Tage vor Fälligkeit der Beiträge** einen **Beitragsnachweis** durch Datenübertragung einzureichen (§ 28f Abs. 3 Satz 1 SGB IV). Der Beitragsnachweis gilt als Leistungsbescheid für die Vollstreckung der Beiträge (§ 28f Abs. 3 Satz 3 SGB IV).

Der monatliche Beitragsnachweis enthält regelmäßig keine Angaben zum Lohn der einzelnen Arbeitnehmer, sondern nur die jeweilige Summe der Beiträge zu den einzelnen Versicherungszweigen (KV, RV, AV, PV). Eine Aufteilung erfolgt i. d. R. nur nach Beitragsgruppen, nicht nach Beschäftigten. Die Richtigkeit der Beitragsabrechnung soll durch den Prüfdienst des Rentenversicherungsträgers kontrolliert werden (vgl. § 7 ff. Beitragsverfahrensverordnung – BVV). Dazu hat der Arbeitgeber umfangreiche Aufzeichnungs- und Aufbewahrungspflichten (§ 28f Abs. 1, 1a SGB IV, § 8 ff. BVV).

Weil der Arbeitgeber mit der Übermittlung des Beitragsnachweises unmittelbar Angaben über die Höhe des für den betroffenen Beschäftigungsmonat gegenüber der jeweiligen Einzugsstelle geschuldeten Gesamtsozialversicherungsbeitrags macht, stellen falsche Erklärungen insoweit den wichtigsten Fall unrichtiger Angaben im Sinne von § 266a Abs. 2 Nr. 1 StGB dar.[85]

Arbeitgeberbeiträge können nach § 266a Abs. 2 StGB maximal in Höhe der Differenz zwischen den tatsächlich geschuldeten, kraft Gesetzes entstandenen Beiträgen und den mit dem Beitragsnachweis gemeldeten Beiträgen vorenthalten werden. Es ist daher in Fällen der Manipulation der Lohnabrechnung und Beitragsnachweisung ratsam, im Ermittlungsverfahren Ausdrucke der elektronischen Beitragsnachweise zu beschaffen. Auch wenn diese bei mehreren bei einer Krankenkasse versicherten Arbeitnehmern keine unmittelbaren Rückschlüsse auf den einzelnen Arbeitnehmer erlauben, dienen sie der Überprüfung der in der Praxis regelmäßig in Folge eines Lohnsummenvergleichs zwischen den ermittelten tatsächlichen Bruttolöhnen und der „offiziellen" Lohnabrechnung vorgenommenen Berechnung der vorenthaltenen Sozialversicherungsbeiträge.

cc) Besonderheiten bei der gesetzlichen Unfallversicherung

Für die gesetzliche Unfallversicherung hat der Arbeitgeber der für ihn zuständigen Berufsgenossenschaft binnen sechs Wochen nach Ablauf eines Kalenderjahres die Arbeitsentgelte der Versicherten und die geleisteten Arbeitsstunden zu melden (§ 165 Abs. 1 SGB VII). Dieser Lohnnachweis soll ab 1.1.2016 durch die Jahresmeldung nach § 28a Abs. 3 Satz 2 Nr. 2

---

[85] Thul, in Müller-Gugenberger/Bieneck, § 38 Rn. 199 ff.

Buchst. c SGB IV ersetzt werden. In Regelfall berechnet der Unfallversicherungsträger die Beiträge und teilt diese dem Unternehmer in einem Bescheid mit (§ 168 SGB VII).

b) Vorenthalten der Beiträge

59 „Vorenthalten" sind Beiträge, wenn sie bei **Fälligkeit** nicht oder nicht vollständig gezahlt werden. Gesamtsozialversicherungsbeiträge, die nach dem Arbeitsentgelt zu bemessen sind, sind in Höhe der voraussichtlichen Beitragsschuld am drittletzten Bankarbeitstag des Monats, in dem die Beschäftigung, mit der das Arbeitsentgelt erzielt wird, ausgeübt wurde, fällig (§ 23 Abs. 1 SGB IV in der seit 1.1.2006 geltenden Fassung). Beiträge zur gesetzlichen Unfallversicherung werden – im Normalfall jährlich – gemäß § 23 Abs. 3 Satz 1 SGB IV am 15. des Monats fällig, der dem Monat folgt, in dem der Beitragsbescheid dem Zahlungspflichtigen bekannt gegeben worden ist. Werden die geschuldeten Sozialversicherungsbeiträge spätestens zum Fälligkeitstermin in voller Höhe gezahlt, macht sich der Arbeitgeber nicht strafbar, auch wenn er zuvor im Beitragsnachweis zu niedrige Beiträge angegeben hatte. Dies gilt jedoch nur, wenn die gezahlten Beiträge die laufende Beitragsschuld tilgen und nicht auf früher fällige Forderungen anzurechnen sind (vgl. § 4 BVV).

60 Die **Möglichkeit und Zumutbarkeit der Beitragsabführung** ist nach der Rechtsprechung des BGH in Fällen des § 266a StGB **bei illegaler Beschäftigung keine Tatbestandsvoraussetzung**.[86] Bei § 266a Abs. 2 StGB sei das „Vorenthalten" nicht Teil, sondern nur – funktional verknüpfte – Folge der in Nr. 1 und 2 genannten Tathandlungen. § 266a Abs. 2 Nr. 1 StGB sei ein Erfolgsdelikt, das an aktives Tun anknüpfe. Die für echte Unterlassungsdelikte geltenden allgemeinen Grundsätze könnten daher insoweit von vornherein keine Anwendung finden. § 266a Abs. 2 Nr. 2 StGB stelle zwar ein echtes Unterlassungsdelikt dar. Möglich und zumutbar müsse allerdings nur die Erfüllung der Handlungspflichten sein, deren Verletzung der Tatbestand voraussetze. Dies seien die sozialversicherungsrechtlichen Melde- und Beitragsnachweisungspflichten. Bei Mitverwirklichung des § 266a Abs. 1 StGB durch betrugsähnliche, in § 266a Abs. 2 StGB beschriebene Handlungen sollen die für echte Unterlassungsdelikte geltenden allgemeinen Grundsätze ebenfalls nicht zur Anwendung kommen. Der Gesetzgeber habe eine einheitliche Anwendung beider Absätze in der Praxis beabsichtigt.

Auch wenn man der Auffassung des 1. Strafsenats nicht folgte, würde in Fällen dieser Art die Unmöglichkeit der Zahlung der Beiträge zum Fälligkeitstermin regelmäßig nach den Regeln der omissio libera in causa nicht zum Tatbestandsausschluss führen.[87]

4. Sozialversicherungsrechtliche Beschäftigungsarten

a) Sozialversicherungspflichtige Beschäftigung

61 Versicherungspflicht kraft Gesetzes in allen Zweigen der Sozialversicherung ist der Regelfall. Darunter fallen insbesondere Arbeiter, Angestellte und Auszubildende, die gegen Arbeitsentgelt beschäftigt werden (§§ 25 Abs. 1 SGB III, 5 Abs. 1 Nr. 1 SGB V, 1 Satz 1 Nr. 1 SGB VI, 2 Abs. 1 Nr. 1 SGB VII, 20 Abs. 1 Satz 1, Satz 2 Nr. 1 SGB XI).

Den in Ermittlungsverfahren wichtigsten Fall der Versicherungsfreiheit in der gesetzlichen Kranken-, Pflege- und Arbeitslosenversicherung stellt die geringfügige Beschäftigung nach § 8 SGB IV dar (§§ 27 Abs. 2 SGB III, 7 SGB V). Hinsichtlich der Frage der Versicherungspflicht in der gesetzlichen Rentenversicherung ist zwischen den verschiedenen Arten der geringfügigen Beschäftigung und für Zeiten vor und ab dem 1.1.2013 zu differenzieren (§ 5 Abs. 2 Satz 1 Nr. 1, § 6 Abs. 1b SGB VI). Auch bei – versicherungsfrei – geringfügiger Beschäftigung sind unter bestimmten Voraussetzungen gleichwohl Arbeitgeberbeiträge zur Renten-, Kranken- und Unfallversicherung abzuführen. Als „Faustregel" zur Linienziehung zwischen geringfügiger Beschäftigung und regulärer sozialversicherungspflichtiger Beschäftigung kann die Obergrenze für das regelmäßige Entgelt in der geringfügigen Beschäftigung von 450 Euro *(bis*

---

[86] BGH, Beschl. v. 11.8.2011 – 1 StR 295/11, NJW 2011, 3047; a. A. *Wittig*, HRRS 2012, 63, m. w. N.
[87] Siehe Kap. 9, Rn. 279 ff.

B. Hinterziehung von Sozialversicherungsbeiträgen   **19**

31.12.2012: 400 Euro)[88] herangezogen werden. Die nähere Abgrenzung und die Besonderheiten geringfügiger Beschäftigungsverhältnisse werden nachfolgend unter Buchstabe b) erläutert.

In der gesetzlichen **Kranken- und Pflegeversicherung** tritt mit Ablauf des Kalenderjahres **Versicherungsfreiheit** ein, wenn das regelmäßige Jahresarbeitsentgelt die Jahresarbeitsentgeltgrenze („Versicherungsfreigrenze") des laufenden Kalenderjahres und die ab Beginn des folgenden Kalenderjahres geltende Jahresarbeitsentgeltgrenze überschreitet (§ 6 Abs. 1 Nr. 1, Abs. 4, 6 bis 8 SGB V). Die vom 2.2.2007 bis 31.12.2010 geltende dreijährige „Wartezeit" zur Erschwerung des Wechsels in die Private Krankenversicherung ist zum 1.1.2011 entfallen. Bei Aufnahme einer neuen Beschäftigung und bei Berufsanfängern besteht sofort Versicherungsfreiheit, wenn das zu erwartende regelmäßige Jahresarbeitsentgelt die Jahresarbeitsentgeltgrenze übersteigt.

Die Pflichtversicherungsbeiträge sind durch **Beitragsbemessungsgrenzen** „gedeckelt" (§§ 341 Abs. 4 SGB III, 223 Abs. 3 SGB V, 159 f. SGB VI, § 55 Abs. 2 SGB XI).

Bei versicherungspflichtig Beschäftigten werden die Beiträge zur gesetzlichen Arbeitslosen-, **62** Renten- und Pflegeversicherung grundsätzlich vom Arbeitgeber und Arbeitnehmer jeweils zur Hälfte getragen. Hiervon wird in der Pflegeversicherung beim Kinderlosenzuschlag für Arbeitnehmer über 23 Jahre, den diese selbst tragen, abgewichen. In Sachsen hat der Arbeitgeber nur einen Pflegeversicherungsbeitrag in Höhe des um 0,5 verminderten halben allgemeinen Beitragssatzes zu zahlen. Den Rest tragen die Arbeitnehmer selbst. In der gesetzlichen Krankenversicherung obliegt seit 1.7.2005 dem Arbeitgeber grundsätzlich die Hälfte des Beitrags aus dem um 0,9 verminderten allgemeinen Beitragssatz; der Rest entfällt auf den Arbeitnehmer (§§ 249 Abs. 1, 241 SGB V).

Besonderheiten bei der Beitragsberechnung gelten, wenn das regelmäßig erzielte Bruttoarbeitsentgelt in der sogenannten **Gleitzone** (sog. Midijobs) von 450,01 Euro, also über der Entgeltgrenze für geringfügige Beschäftigung, bis 850 Euro *(bis 31.12.2012: 400,01 bis 800 Euro)* liegt (§ 20 Abs. 2 SGB IV)[89]. Die Arbeitnehmeranteile sind hier niedriger als die Arbeitgeberanteile. Die Berechnung ist kompliziert und sollte dem Rentenversicherungsträger übertragen werden.

Zuständige Einzugsstelle für den Gesamtsozialversicherungsbeitrag ist gemäß § 28i **63** SGB IV grundsätzlich die Krankenkasse, von der die Krankenversicherung durchgeführt wird, also bei der der Arbeitnehmer im Zeitpunkt der Beschäftigung in Ausübung seines – nach § 175 SGB V begrenzten – Wahlrechts versichert ist. Der versicherungspflichtige Arbeitnehmer hat dem Arbeitgeber unverzüglich eine Mitgliedsbescheinigung vorzulegen. Wird die Mitgliedsbescheinigung nicht spätestens zwei Wochen nach Aufnahme der sozialversicherungspflichtigen Beschäftigung vorgelegt, hat der Arbeitgeber den Versicherungspflichtigen gemäß § 175 Abs. 3 Satz 2 SGB V bei der Krankenkasse anzumelden, bei der zuletzt eine Versicherung bestand; bestand keine Versicherung, hat der Arbeitgeber den Arbeitnehmer bei einer nach § 173 SGB V wählbaren Krankenkasse anzumelden. Kann eine gewählte oder „letzte" Krankenkasse des Arbeitnehmers nicht ermittelt werden, so bestimmt sich die

---

[88] Für die aufgrund des Gesetzes zu Änderungen im Bereich der geringfügigen Beschäftigung vom 25.10.2012 (BT-Drs. 17/10773) seit 1.1.2013 geringfügig Beschäftigten, die am 31.12.2012 in der Gleitzone über 400 bis 450 Euro beschäftigt waren, gelten Übergangsregelungen: Sie bleiben in dieser Beschäftigung bis längstens 31.12.2014 kranken- und pflegeversicherungspflichtig, sofern sie keinen Anspruch auf Familienversicherung haben und solange das Entgelt weiterhin über 400 Euro (bis 450 Euro) liegt und sie sich nicht von der Versicherungspflicht befreien lassen (§ 7 Abs. 3 SGB V). Geringfügig entlohnte Beschäftigte bleiben bis 31.12.2014 auch in der Arbeitslosenversicherung versicherungspflichtig, sofern sie sich nicht befreien lassen (§ 444 Abs. 1 SGB III). Nach neuem Recht geringfügig entlohnte Beschäftigte (§ 8 Abs. 1 Nr. 1 SGB IV) können sich erst ab 1.1.2015 von der für sie über den 31.12.2012 hinaus fortgeltenden Rentenversicherungspflicht befreien lassen (§ 231 Abs. 9 SGB VI). Kurzfristig Beschäftigte sind dagegen rentenversicherungsfrei.
[89] Für Arbeitnehmer, die zum 31.12.2012 oberhalb der damaligen Gleitzone in einem Bereich von über 800 bis 850 Euro beschäftigt waren, verbleibt es bei der früheren Rechtslage. Sie können sich jedoch durch Erklärung gegenüber dem Arbeitgeber bis zum 31.12.2014 mit Wirkung für die Zukunft für die Anwendung der neuen Gleitzonenregelung entscheiden (§ 276b Abs. 2 SGB VI).

zuständige Krankenkasse gemäß § 175 Abs. 3 Satz 3 SGB V nach der durch den Spitzenverband Bund der Krankenkassen festgelegten Zuständigkeitsregelung. Danach bemisst sich die Zuordnung zu einer Krankenkasse nach der zweistelligen Endziffer der Betriebsnummer des Arbeitgebers. Diese Zuständigkeitsregelung findet gemäß § 28i Satz 3 SGB IV hilfsweise auch in Fällen Anwendung, in denen Beiträge nach § 28f Absatz 2 SGB IV aus der Summe der (geschätzten) Entgelte erhoben werden dürfen, weil sie aufgrund nicht ordnungsgemäß erfüllter Aufzeichnungspflichten nicht mehr personenbezogen berechnet werden können (sog. Summenbeitragsbescheid).

Im Rahmen von Strafverfahren darf nicht voreilig auf die **„Betriebsnummernkrankenkasse"** zurückgegriffen werden. Nur wenn und soweit im Ergebnis der Ermittlungen nach Ausschöpfung verhältnismäßiger Ermittlungsansätze Schwarzlohnsummen nicht einzelnen identifizierbaren Personen zugeordnet werden können oder aber für betroffene Schwarzbeschäftigte keine aktuelle oder „letzte" Krankenversicherung festgestellt werden kann, etwa weil sie in Deutschland noch nie gesetzlich versichert waren, kommt diese Auffangzuständigkeit zum Tragen. Seit Vereinheitlichung des allgemeinen Beitragssatzes zur gesetzlichen Krankenversicherung ab 1.1.2009 wirkt sich die Zuständigkeit der Krankenkasse zwar nicht mehr auf die Höhe des Gesamtschadens aus. Die Frage, welcher Einzugsstelle gegenüber die Tat begangen wurde, ist aber zur Umgrenzung der Anklage essentiell. Im Übrigen können sich fehlerhafte Feststellungen auf die Zahl der Taten auswirken. Dies gilt insbesondere dann, wenn die Auffangzuständigkeit auf eine Krankenkasse entfällt, die im Übrigen in dem Ermittlungsverfahren nicht betroffen ist.

Die Einziehung der Beiträge zur gesetzlichen Unfallversicherung obliegt der für den Arbeitgeber zuständigen Berufsgenossenschaft. Zuordnungsprobleme ergeben sich insoweit selten, können aber beispielsweise in Fällen auftreten, in denen der Arbeitgeber vor dem Hintergrund von Mindestlohnzahlungspflichten versucht hat, die Zugehörigkeit zu einer bestimmten Branche bzw. die Art der arbeitszeitlich überwiegend ausgeübten Tätigkeiten zu verschleiern.

b) Geringfügige Beschäftigung – §§ 8, 8a SGB IV

64 Die Besonderheiten geringfügiger Beschäftigungsverhältnisse können hier nur in ihren Grundzügen dargestellt werden. Die Abgrenzung gegenüber versicherungspflichtiger Beschäftigung, aber auch innerhalb der verschiedenen Formen der geringfügigen Beschäftigung weist eine Vielzahl von Detailproblemen auf. Diese Fragestellungen werden umfassend in den Richtlinien für die versicherungsrechtliche Beurteilung von geringfügigen Beschäftigungen (**Geringfügigkeitsrichtlinien**)[90] der Sozialversicherungsträger erörtert.

aa) Geringfügig entlohnte Beschäftigung – § 8 Abs. 1 Nr. 1 SGB IV

65 Eine geringfügig entlohnte Beschäftigung gemäß § 8 Abs. 1 Nr. 1 SGB IV (Entgeltgeringfügigkeit, Personengruppenschlüssel 109) liegt vor, wenn das **Arbeitsentgelt** aus dieser Beschäftigung **regelmäßig im Monat 450 Euro** *(bis 31.12.2012: 400 Euro)* nicht übersteigt. Mehrere geringfügige Beschäftigungen sind zusammenzurechnen. Neben einer nicht geringfügigen Beschäftigung darf eine geringfügige Beschäftigung ohne Zusammenrechnung ausgeübt werden (§ 8 Abs. 2 SGB IV).

Der Arbeitgeber hat **Arbeitgeberbeiträge zur gesetzlichen Krankenversicherung** (§ 249b SGB V) in Höhe von 13% (seit 1.7.2006, vorher 11%) **und zur gesetzlichen Rentenversicherung** (§ 168 Abs. 1 Nr. 1b, § 172 Abs. 3 SGB VI) in Höhe von 15% (seit 1.7.2006, vorher 12%) sowie pauschale Lohnsteuer in Höhe von 2% (§ 40a Abs. 2 EStG, unterfällt nicht § 266a StGB) zu entrichten. Bei Personen, die nicht wegen eines zum 31.12.2012 bestehenden geringfügigen Beschäftigungsverhältnisses in der Rentenversicherung aufgrund Bestandsschutzes versicherungsfrei sind und hierauf auch nicht verzichtet haben (§ 230 Abs. 8 SGB VI) oder die sich im Falle eines ab dem 1.1.2013 begründeten geringfügig entlohnten Beschäftigungsverhältnisses nicht von der Rentenversicherungspflicht haben befreien lassen (§ 6 Abs. 1b, 3 und 4 SGB VI), hat der Arbeitgeber für Beschäftigungszeiten ab

---

[90] Abrufbar unter www.deutsche-rentenversicherung.de (Publikationen).

B. Hinterziehung von Sozialversicherungsbeiträgen

dem 1.1.2013 ferner **Arbeitnehmerbeiträge zur gesetzlichen Rentenversicherung** in Höhe der Differenz zwischen dem allgemeinen Rentenversicherungsbeitrag und dem vom Arbeitgeber zu tragenden Anteil einzubehalten und abzuführen (§ 168 Abs. 1 Nr. 1b SGB VI). **Einzugsstelle** ist die Deutsche Rentenversicherung Knappschaft-Bahn-See (Minijobzentrale) (§ 28i Satz 5 SGB IV). Bei den Fälligkeitsterminen bestehen keine Besonderheiten. Darüber hinaus muss der Arbeitgeber den geringfügig Beschäftigten bei der zuständigen Berufsgenossenschaft zur gesetzlichen Unfallversicherung anmelden und Beiträge entrichten.

Gegenüber der **Minijobzentrale** kommt für Beschäftigungszeiten **bis 31.12.2012** im Regelfall nur eine Strafbarkeit nach **§ 266a Abs. 2 StGB** in Betracht, weil – abgesehen von den praktisch nicht relevanten Fällen des Verzichts des Arbeitnehmers auf die Rentenversicherungsfreiheit – an diese keine Arbeitnehmerbeiträge abzuführen waren.[91] Durch die Einführung einer grundsätzlichen Rentenversicherungspflicht für geringfügig entlohnte Beschäftigte **ab dem 1.1.2013** kann für Beschäftigungszeiten ab diesem Termin **auch** die bloße Nichtabführung von Arbeitnehmerbeiträgen zur gesetzlichen Rentenversicherung nach **§ 266a Abs. 1 StGB** praktische Bedeutung erlangen, falls sich die Beschäftigten gegenüber dem gesetzgeberischen Anliegen[92] der Verbesserung ihrer Altersversorgung aufgeschlossen zeigen und sich nicht von der Rentenversicherungspflicht befreien lassen (sogenanntes Opt-out). 66

Die Verletzung sozialversicherungsrechtlicher Pflichten gegenüber der zuständigen Berufsgenossenschaft als Unfallversicherungsträger kann zwar dem § 266a Abs. 2 StGB unterfallen. Die Beitragshöhe ist aber gering, so dass zusätzliche Ermittlungen insoweit unter verfahrensökonomischen Gesichtspunkten in der Regel nicht veranlasst sind.

bb) Kurzfristige geringfügige Beschäftigung – § 8 Abs. 1 Nr. 2 SGB IV

Eine kurzfristige Beschäftigung i. S. v. § 8 Abs. 1 Nr. 2 SGB IV (Zeitgeringfügigkeit, Personengruppenschlüssel 110) liegt vor, wenn die Beschäftigung innerhalb eines Kalenderjahres auf **längstens zwei Monate** oder **50 Arbeitstage** nach ihrer Eigenart begrenzt zu sein pflegt oder im Voraus vertraglich begrenzt ist, **es sei denn**, dass sie **berufsmäßig** ausgeübt wird **und** ihr **Entgelt 450 Euro *(bis 31.12.2012: 400 Euro)* im Monat**[93] **übersteigt**. Berufsmäßig arbeitet jeder, der im Arbeitsleben steht, mit einer gewissen Regelmäßigkeit arbeitet und für den die Beschäftigung nicht von nur untergeordneter wirtschaftlicher Bedeutung ist.[94] Dazu zählen auch Personen, die arbeitslos gemeldet sind bzw. Arbeit suchen. Nicht darunter fallen regelmäßig Schüler. Bei Studenten und Rentnern muss im Einzelfall geprüft werden, weil bei diesen Gruppen die Erwerbstätigkeit durchaus auch die Schwelle zur Berufsmäßigkeit überschreiten kann. 67

Auch eine kurzfristige Beschäftigung muss bei der Minijobzentrale gemeldet werden. Der Meldeverstoß ist eine Ordnungswidrigkeit nach § 111 Abs. 1 Satz 1 Nr. 2 SGB IV. § 266a StGB hat dagegen bei kurzfristiger Beschäftigung keine praktische Bedeutung. An die Minijobzentrale sind lediglich minimale Umlagen zum Ausgleichsverfahren bei Mutterschaft bzw. bei Beschäftigungsdauer von über vier Wochen zur Entgeltfortzahlung im Krankheitsfall, jedoch – anders als in den Fällen des § 8 Abs. 1 Nr. 1 SGB IV – keine Beiträge zur gesetzlichen Renten- und Krankenversicherung zu zahlen. Die an den Unfallversicherungsträger zu entrichtende Umlage ist ebenfalls gering. An das zuständige Finanzamt ist eine pauschale Lohnsteuer von 25 % abzuführen (§ 40a Abs. 1 EStG); bei Verstößen gegen Lohnsteueranmeldepflichten kommt § 370 AO in Betracht.

---

[91] Geringfügig entlohnte Beschäftigte (§ 8 Abs. 1 Nr. 1 SGB IV) konnten nach dem bis 31.12.2012 gültigen Recht auf die bis dahin geltende Rentenversicherungsfreiheit verzichten (sog. Opt-in). Von dieser Möglichkeit machten nur ca. 5% der Beschäftigten Gebrauch.
[92] Gesetz zu Änderungen im Bereich der geringfügigen Beschäftigung vom 25.10.2012 (BT-Drs. 17/10773).
[93] Gegen eine anteilige Entgeltgrenze bei kürzerem Zeitraum: SG Gießen, Urt. v. 18.10.2011 – S 15 KR 136/10.
[94] BSG, Urt. v. 28.10.1960 – 3 RK 31/56, SozR Nr. 1 zu § 166 RVO.

cc) Geringfügige Beschäftigung in Privathaushalten – § 8a SGB IV

68 Bei geringfügiger Beschäftigung in Privathaushalten (§ 8a SGB IV) findet § 266a Abs. 2 StGB keine Anwendung (§ 111 Abs. 1 Satz 2 SGB IV). Verstöße gegen Meldepflichten sind nur Ordnungswidrigkeiten (§ 111 Abs. 1 Satz 1 Nr. 2a SGB IV). Gleiches gilt in steuerlicher Hinsicht (§ 50e Abs. 2 EStG, § 377 ff. AO). Eine Beschäftigung in Privathaushalten liegt vor, wenn diese durch einen privaten Haushalt begründet ist und die Tätigkeit sonst gewöhnlich durch Mitglieder des privaten Haushalts erledigt wird. Für diese gilt auch § 8 SGB IV. Allerdings sind das Melde- und Beitragseinzugsverfahren (§ 28a Abs. 7 SGB IV, Haushaltsschecks), die Beitragsfälligkeit (§ 23 Abs. 2a SGB IV) und die Beitragshöhe (§ 249b Satz 2 SGB V, §§ 168 Abs. 1 Nr. 1c, 172 Abs. 3a SGB VI) abweichend geregelt.

5. Beitragsbemessung

a) Grundlagen

69 § 266a StGB ist **sozialrechtsakzessorisch**. Vorenthalten werden können nur Beiträge, die sozialversicherungsrechtlich geschuldet sind. Das Sozialversicherungsrecht wird vom sogenannten **Anspruchs- bzw. Entstehungsprinzip** beherrscht. Beiträge sind auch für geschuldetes, bei Fälligkeit aber nicht gezahltes Arbeitsentgelt zu entrichten.[95] Das Arbeitsentgelt bestimmt sich grundsätzlich nach der arbeitsvertraglichen Vereinbarung. Sieht ein auf das Arbeitsverhältnis aufgrund beiderseitiger Tarifbindung oder wegen Allgemeinverbindlichkeit anzuwendender Tarifvertrag einen höheren Lohnanspruch vor, von dem im konkreten Fall, etwa mangels Öffnungsklausel, auch nicht wirksam abgewichen wurde, so bemessen sich die Beiträge danach. Auf den vereinbarten oder ausbezahlten niedrigeren Lohn kommt es bei Tariflohnunterschreitungen nicht an.[96] Gleiches gilt bei gesetzlich festgelegten Mindestentgelten.

Regelmäßige Beitragsbemessungsgrundlage ist das **(Brutto-)Arbeitsentgelt**. Dazu zählen alle laufenden oder einmaligen Einnahmen aus einer Beschäftigung, gleichgültig, ob ein Rechtsanspruch auf die Einnahmen besteht, unter welcher Bezeichnung oder in welcher Form sie geleistet werden oder ob sie unmittelbar aus der Beschäftigung oder im Zusammenhang mit ihr erzielt werden (§ 14 Abs. 1 Satz 1 SGB IV). Neben § 14 SGB IV sind zur Bestimmung des Arbeitsentgelts die Vorschriften der SozialversicherungsentgeltVO (SvEV) und des EStG heranzuziehen.

In strafrechtlicher Hinsicht missbrauchsanfällig sind die sowohl im Lohnsteuer- als auch im Sozialversicherungsrecht vorgesehenen Befreiungstatbestände für Zulagen.

Beispiel: Zahlungen werden als „Auslösen" oder „Zahlungen für Verpflegungsmehraufwand" deklariert, obgleich sie nicht zusätzlich, sondern als Gegenleistung für geleistete Arbeiten erbracht werden.

b) Nettolohnvereinbarung, Nettolohnfiktion und Hochrechnung auf den Bruttolohn

70 Wurde eine **Nettolohnvereinbarung** getroffen, gelten gemäß § 14 Abs. 2 Satz 1 SGB IV als Arbeitsentgelt die Einnahmen des Beschäftigten einschließlich der darauf entfallenden Steuern und der seinem gesetzlichen Anteil entsprechenden Beiträge zur Sozialversicherung und zur Arbeitsförderung. Zur Ermittlung der maßgeblichen Bemessungsgrundlage ist dabei von dem vereinbarten Nettolohn auf einen Bruttolohn hochzurechnen.

Die **Hochrechnung** ist für die Berechnung der vorenthaltenen Sozialversicherungsbeiträge in Fällen illegaler Beschäftigung und Schwarzarbeit von erheblicher praktischer Bedeutung. Nach **§ 14 Abs. 2 Satz 2 SGB IV** gilt ein Nettoarbeitsentgelt im Sinne von § 14 Abs. 2 Satz 1 SGB IV als vereinbart, wenn bei illegalen Beschäftigungsverhältnissen Steuern und Beiträge zur Sozialversicherung nicht gezahlt worden sind. Diese **Nettolohnfiktion** ist auch im Rahmen des § 266a StGB zwingend zu beachten.[97] § 14 Abs. 2 SGB IV findet nur

---

[95] BSGE 41, 6; 54, 134; 59, 183; 75, 61.
[96] BGH, Beschl. v. 12.9.2012 – 5 StR 363/12, NJW 2012, 3385; OLG Naumburg, Beschl. v. 1.12.2010 – 2 Ss 141/10, juris.
[97] BGH, Urt. v. 2.12.2008 – 1 StR 416/08, NJW 2009, 528 = wistra 2009, 107.

B. Hinterziehung von Sozialversicherungsbeiträgen

Anwendung auf Beiträge, die nach § 1 Abs. 1 SGB IV dem sachlichen Geltungsbereich dieses Gesetzes unterfallen, also auf die – auch von § 266a StGB erfassten – Beiträge zur gesetzlichen Renten-, Kranken-, Pflege-, Arbeitslosen- und Unfallversicherung. Die Norm kann dagegen nicht bei der Betrugsschadensermittlung zur Bestimmung der Bemessungsgrundlage für tarifvertragliche Sozial- und Urlaubskassenbeiträge, etwa an die Urlaubs- und Lohnausgleichskasse der Bauwirtschaft, herangezogen werden.[98] Eine Hochrechnung kommt auch **nicht zur Ermittlung von hinterzogener Lohnsteuer** in Betracht. Im Steuerrecht gilt das Zuflussprinzip; maßgeblich ist der tatsächlich gezahlte (Schwarz-)Lohn.

Für die Hochrechnung vom Netto-/Schwarzlohn auf den Bruttolohn bedarf es der Feststellung der konkreten Beitragssätze der Arbeitnehmeranteile und des Lohnsteuersatzes.

Formel: 100 / (100 – (Lohnsteuersatz + AN-Anteilssätze RV, KV, PV, AV)).
Beispiel (Jahr 2012, Lohnsteuer individuell, PV allgemein, außerhalb Sachsens):
100 / (100 – (15,0 Lst. + 9,8 RV + 8,2 KV + 0,975 PV + 1,5 AV)) = 1,5498 (Hochrechnungsfaktor).

c) Besonderheiten der Hochrechnung bei einzelnen Fallgruppen

Grundfall – nur Schwarzlohnzahlungen (ohne geringfügig Beschäftigte): 71

Bei der Hochrechnung kann i. d. R. Lohnsteuerklasse VI angewandt werden. Diese Steuerklasse ist nach § 39c EStG zu Grunde zu legen, wenn und solange der Arbeitnehmer dem Arbeitgeber die Lohnsteuerkarte schuldhaft, also zumindest fahrlässig, nicht vorlegt bzw. ab Einführung der sogenannten elektronischen Lohnsteuerkarte (Verfahren der elektronischen Lohnsteuerabzugsmerkmale – ELStAM) im Jahr 2013 die ihm zugeteilte Identifikationsnummer sowie den Tag der Geburt schuldhaft nicht mitteilt. Bei illegalen Beschäftigungsverhältnissen besteht regelmäßig kein Grund zu der Annahme, dass der Arbeitnehmer dem Arbeitgeber seine Lohnsteuerkarte vorgelegt hat.[99]

Teilschwarzlohnzahlungen (ohne geringfügig Beschäftigte): 72

§ 14 Abs. 2 Satz 2 SGB IV findet auch Anwendung, wenn
- Schwarzlöhne nur an nicht gemeldete Arbeitnehmer gezahlt werden, während bei gemeldeten Arbeitnehmern die Beitragsabführung ordnungsgemäß ist. Die Löhne der gemeldeten Arbeitnehmer, für die Sozialversicherungsbeiträge und Lohnsteuer, nachgewiesen wurden, sind vor Hochrechnung vom – ggf. geschätzten – Gesamtlohn abzuziehen.[100] Der verbleibende Schwarzlohn kann i. d. R. mit Lohnsteuerklasse VI hochgerechnet werden, weil der Sachverhalt insoweit dem Grundfall gleichsteht.
- gemeldeten Arbeitnehmern ein Teil der Lohns schwarz ausgezahlt wird. Die Hochrechnung ist nicht mit Lohnsteuerklasse VI, sondern auf Grundlage der tatsächlichen lohnsteuerlichen Stammdaten vorzunehmen, weil eine Lohnsteuerkarte bei bloßer Teilschwarzlohnzahlung an ein und denselben Arbeitnehmer notwendigerweise vorgelegen haben muss und daher die Voraussetzungen des § 39c EStG nicht gegeben sind.[101]

Wenn neben dem Verdacht von Schwarzlohnzahlungen an nicht gemeldete Arbeitnehmer auch konkrete Anhaltspunkte auf Teilschwarzlohnzahlungen an gemeldete Arbeitnehmer bestehen, die Schwarzlohnsummen aber nicht konkret zugeordnet werden können, dann kann man versuchen, die Lohnsummen im Wege der Schätzung nach Gruppen aufzuteilen und teilweise mit Lohnsteuerklasse VI, teilweise mit niedrigeren Durchschnittssteuersätzen hochzurechnen, ansonsten im Zweifel mit Letzteren.

Schwarzlohnzahlungen an geringfügig entlohnt gemeldete Beschäftigte: 73

Enthält der als geringfügig entlohnt (§ 8 Abs. 1 Nr. 1 SGB IV) gemeldete Arbeitnehmer Lohnzahlungen, die die Geringfügigkeitsgrenze übersteigen, so handelt es sich um eine Form der illegalen Beschäftigung, bei der ein in vollem Umfang sozialversicherungspflichtiges Arbeitsverhältnis gegeben ist. Sozialversicherungsbeiträge wurden nicht vollständig und zudem gegenüber der unzuständigen Einzugsstelle nachgewiesen; Lohnsteuer wurde nicht zutreffend gemeldet. § 266a Abs. 1 und 2 StGB und § 370 AO sind tatbestandsmäßig erfüllt.

---
[98] BGH, Urt. v. 29.10.2009 – 1 StR 431/09, juris.
[99] BGH, Urt. v. 2.12.2008 – 1 StR 416/08, NJW 2009, 528 = wistra 2009, 107.
[100] BGH, Beschl. v. 10.11.2009 – 1 StR 283/09, NStZ 2010, 635 = wistra 2010, 148.
[101] BGH, Beschl. v. 7.10.2009 – 1 StR 320/09, NStZ 2010, 337 = wistra 2010, 29.

Diese Konstellation unterfällt § 14 Abs. 2 Satz 2 SGB IV als besondere Form der Teilschwarzlohnzahlung, so dass ebenfalls hochzurechnen ist. Die Frage ist, wie? Als „täterfreundliche" Lösung kommt eine Hochrechnung nur des Lohnteils in Betracht, für den keine pauschalen Arbeitgeberbeiträge für geringfügig Beschäftigte nachgewiesen wurden (Schwarzlohn). Der so errechnete Teilbruttolohn wird mit dem Bruttolohnteil, für den pauschale Arbeitgeberbeiträge nachgewiesen wurden, addiert und diese Summe der Berechnung der Sozialversicherungsbeiträge zu Grunde gelegt. Die an die Minijobzentrale als unzuständige Einzugsstelle gezahlten Arbeitgeberbeiträge wären bei der Strafzumessung zu berücksichtigen.

§ 14 Abs. 2 Satz 2 SGB IV findet dagegen für die Bestimmung des strafrechtlich relevanten Beitragsschadens bei **tatsächlich** nur geringfügig entlohnten Beschäftigungsverhältnissen keine Anwendung, es sei denn, der Arbeitgeber müsste auch bei rechtmäßigem Verhalten nicht nur die Pauschalbeiträge und -steuern tragen, sondern auch Arbeitnehmerbeiträge zur Rentenversicherung abführen.[102]

6. Feststellung der Bemessungsgrundlagen

74 Für die Berechnung der Sozialversicherungsbeiträge sind regelmäßig die Beschäftigungszeiten, die Höhe der monatlichen Entgeltzahlungen, die zuständige Krankenkasse und bei Teilschwarzlohnzahlungen zu Zwecken der Hochrechnung sowie zur Berechnung der Lohnsteuer die Besteuerungsmerkmale der einzelnen Arbeitnehmer festzustellen.

Die **Bemessungsgrundlagen sind vorrangig konkret und tatsachenfundiert** entsprechend der tatsächlichen Verhältnisse des Einzelfalls **zu bestimmen**. Steht zur Überzeugung des Tatrichters ein strafbares Verhalten des Täters fest, ist eine **Schätzung** der Bemessungsgrundlage zur Bestimmung des Schuldumfangs zulässig, wenn und soweit eine annähernd genaue Berechnung der Bemessungsgrundlage mangels aussagekräftiger Beweismittel, namentlich Belege und Aufzeichnungen, nicht möglich ist. Auch bei manipulierter Buchhaltung ist zu prüfen, welche Unterlagen herangezogen werden können, um im Einzelfall ein möglichst wirklichkeitsgetreues Ergebnis zu erzielen. Eine Schätzung kann auch aus verfahrensökonomischen Gründen in Betracht kommen, wenn eine exakte Berechnung einen unangemessenen Aufklärungsaufwand erfordert und bei exakter Berechnung für den Schuldumfang nur vernachlässigbare Abweichungen zu erwarten sind.[103] Hinsichtlich der Annahme eines unangemessenen Aufwands sollte im Ermittlungsverfahren zurückhaltend agiert werden. Unterbliebene Aufklärungsmaßnahmen lassen sich später häufig nicht oder nur mit noch größerem Aufwand nachholen. Insbesondere kann nicht von vornherein auf den Versuch der Einvernahme – ggf. auch einer Vielzahl – von Arbeitnehmern als Zeugen verzichtet werden, nur weil diesen aufgrund Leistungsbezugs ein Auskunftsverweigerungsrecht zusteht oder gemutmaßt wird, dass sie ihren Arbeitgeber nicht belasten werden oder sich wegen Zeitablaufs an die konkreten Umstände nicht mehr erinnern könnten. Auch bruchstückhafte Angaben können in Gesamtschau aller Erkenntnisse dazu beitragen, ein zutreffendes Bild über die tatsächlichen Gegebenheiten zu erlangen. Die Schätzgrundlagen müssen tragfähig sein, die angewandte Schätzmethode anerkannt. Das Ergebnis der Schätzung muss wirtschaftlich vernünftig und möglich sein. Im Rahmen der Gesamtwürdigung des Schätzergebnisses ist der Zweifelssatz zu beachten. Dies gilt auch für die Feststellung der Zahl der Einzelakte und die Verteilung des Gesamtschadens auf diese.[104]

75 Die Auswahl der **Berechnungs- oder Schätzmethode** ist anhand des konkreten Einzelfalls zu treffen. Unter Umständen kann eine – zumindest überschlägige – Überprüfung des gewonnenen Ergebnisses mittels einer weiteren Methode geboten sein. Zur Bestimmung des Bruttolohns haben sich unter anderem folgende Berechnungs- und Schätzansätze etabliert:

---

[102] BGH, Urt. v. 11.8.2010 – 1 StR 199/10, NStZ-RR 2010, 376 = StV 2011, 347.
[103] BGH, Beschl. v. 10.11.2009 – 1 StR 283/09, NStZ 2010, 635 = wistra 2010, 148.
[104] BGH, Beschl. v. 5.3.2002 – 3 StR 491/01, NJW 2002, 1810.

B. Hinterziehung von Sozialversicherungsbeiträgen

Liegen vollständige Ausgangsrechnungen vor, können möglicherweise anhand der abgerechneten Leistungen die tatsächlich erbrachten Arbeitsstunden ermittelt werden (**Personenstundenansatz**). Hiervon wird insbesondere bei Stahlarmierungsarbeiten („Eisenflechter") Gebrauch gemacht. Dazu werden anhand der Ausgangsrechnungen die verlegten Stahlarten (Matten, Rundstahl), getrennt nach Gewicht und Größe bzw. Durchmesser, sowie die jeweiligen Mengen erfasst und die Verlegeleistung so genau wie möglich bestimmten Kalendermonaten zugeordnet. Anhand von Richtsatzsammlungen kann die für die Verlegung notwendige Arbeitszeit ermittelt werden. Dabei sind die Umstände des Falls, insbesondere Normalfallabweichungen des Bauwerks, die Art und Weise des Transports auf der Baustelle und der Einsatz von Hilfsmitteln (Kran), zu berücksichtigen. Bei Ungewissheiten kann es geboten sein, zu Gunsten des Beschuldigten niedrigere als die durchschnittlichen Verlegezeiten anzusetzen. Soll ein Sachverständiger eingeschaltet werden, was im Ermittlungsstadium selten praktiziert wird, sind diesem neben den Ausgangsrechnungen auch die Verträge, Baustelleneinrichtungspläne und Bewehrungspläne sowie die Erkenntnisse zum Hilfsmitteleinsatz zur Verfügung zu stellen, worauf bei der Erhebung der Unterlagen im Rahmen von Durchsuchungen zu achten ist. Die ermittelten Arbeitsstunden können mit dem Mindestlohn multipliziert werden, um die monatlichen Gesamtbruttolohnsummen zu errechnen. Unter Berücksichtigung der bereits verbeitragten Bruttolöhne können die vorenthaltenen Sozialversicherungsbeiträge bestimmt werden. Diese Ermittlungsmethode wird zwar der Forderung der höchstrichterlichen Rechtsprechung zur vorrangigen tatsachenfundierten Bestimmung der Bemessungsgrundlagen grundsätzlich gerecht, ist aber mit Unschärfen behaftet und wird von den Beschuldigten gern mit der Behauptung angegriffen, deren Arbeiter seien schneller und besser als der Durchschnitt oder das Bauwerk sei besonders einfach gewesen. Manche Einwendungen lassen sich leicht entkräften, andere nur mit erheblichem Aufwand. Erfahrungsgemäß schwindet die Streitlust und wird ein kostenintensives Gutachten entbehrlich, wenn die gewonnenen Ergebnisse durch andere Erkenntnisse bestätigt werden. Manchmal stehen für einzelne Bauwerke, insbesondere Großbauvorhaben, Zugangskontrolldaten zur Verfügung, die unter Berücksichtigung von Pausenzeiten Rückschlüsse auf den Arbeitszeitaufwand zulassen. Gegebenenfalls kann sich eine Kontrollrechnung anhand eines anderen Ansatzes, etwa einer Schätzung nach der sogenannten Zwei-Drittel-Methode (dazu nachfolgend), anbieten.

76 Kann festgestellt werden, dass **Abdeckrechnungen** in die Buchhaltung eingebracht wurden, kommt eine Bestimmung der gezahlten Netto-Schwarzlöhne anhand derer in Betracht. Wenngleich Abdeckrechnungen erfahrungsgemäß vornehmlich der Verschleierung von Bargeldentnahmen zur Auszahlung von Schwarzlöhnen dienen, kann die Möglichkeit der Einbringung zur Generierung von Scheinbetriebsausgaben zwecks Gewinnminderung nicht generell von vornherein ausgeschlossen werden. Die tatsächlichen Umstände des Einzelfalls sind so genau wie möglich aufzuklären. Dies gilt natürlich auch für die Frage, ob es sich überhaupt um Scheinrechnungen handelt. Die Ermittlungen sind insoweit erschwert, weil aus Gründen der Verschleierung zunehmend Scheinrechnungssteller auftreten, die in kleinerem Umfang tatsächlich entsprechende Leistungen ausführen. Um festzustellen, ob ein bestimmter Subunternehmer auf einem bestimmten Bauvorhaben tatsächlich und in dem ausgewiesenen Umfang tätig war, sind regelmäßig Zeugenvernehmungen von Bauleitern des Hauptauftraggebers, von Arbeitnehmern des Beschuldigten und – soweit feststellbar – des Subunternehmers notwendig. Darüber hinaus sind die sozialversicherungsrechtlichen Meldungen und die Umsatzdaten des Subunternehmers zu analysieren. Bestehen Hinweise, dass dieser seinerseits Schwarzarbeiter beschäftigt oder Umsätze nicht vollständig erklärt bzw. wiederum Abdeckrechnungen Dritter verwendet, werden Durchsuchungen beim fraglichen Subunternehmer und dessen verantwortlich handelnden Personen notwendig werden.

77 Lässt sich eine konkrete tatsachenbasierende Berechnung nicht oder nur mit unverhältnismäßigem Aufwand vornehmen, ist die **Schätzung** der Lohnsumme unter Anwendung eines Prozentsatzes auf den Nettoumsatz des Unternehmens zulässig. Kann eine betriebsinterne Lohnquote, etwa durch Übertrag von gesicherten Werten aus Vorjahren, nicht festgestellt werden, darf eine branchenübliche **Lohnquote** des jeweils verfahrensgegenständlichen Gewerbes ermittelt und als Schätzgrundlage der weiteren Berechnung zu Grunde gelegt werden. Im Bereich des lohnintensiven Baugewerbes können bei Schwarzbeschäftigung grundsätzlich zwei Drittel des Nettoumsatzes als **Nettolohn**summe angesetzt werden.[105] Anhand der Ausgangsrechnungen sind die monatlichen Nettoeigenumsätze unter Abzug der nach Prüfung auf Scheinrechnungen anzuerkennenden Fremdleistungen und etwaiger (nennenswerter) Materialumsätze festzustellen. Darauf wird die Lohnquote, z. B. zwei Drittel, angewandt und der monatliche Gesamtnettolohn errechnet. Hiervon sind die Löhne, für die bereits Beiträge gegenüber der Einzugsstelle nachgewiesen wurden, abzuziehen. In der Praxis werden zur Vereinfachung regelmäßig die für den jeweiligen Monat offiziell abgerechneten Bruttolöhne abgezogen, was sich zugunsten des Beschuldigten auswirkt, weil bei einer Nettolohnquote eigentlich nur Nettolöhne zu berücksichtigen wären.[106] Ist in den abgezogenen Löhnen ein Lohnanteil für eine arbeitnehmergleiche Mitarbeit des Unternehmensinhabers oder Gesellschaftergeschäftsführers auf der Baustelle nicht enthalten, sollte an dieser Stelle ein Abzug entsprechend der Entlohnung eines durch die Eigenarbeit ersetzten Arbeitnehmers vorgenommen werden. Die so ermittelte Lohndifferenz ist der Netto-Schwarzlohn. Für die Ermittlung der Sozialversicherungsbeiträge – und nur insoweit – ist dieser gemäß § 14 Abs. 2 Satz 2 SGB IV auf den Bruttolohn hochzurechnen.

Zoll und Steuerfahndung sollten sich frühzeitig abstimmen und die Ermittlung der Nettolohnsumme möglichst an den gleichen Anknüpfungstatsachen ausrichten.

7. Tatbeendigung/Verjährung

78 Taten nach § 266a Abs. 1 StGB und – unter den weiteren Tatbestandsvoraussetzungen – nach § 266a Abs. 2 sind **vollendet**, wenn die Beiträge zum Fälligkeitstermin nicht in der geschuldeten Höhe bei der zuständigen Einzugsstelle eingezahlt werden.

Beendet sind die echten Unterlassungsdelikte nach § 266a Abs. 1 StGB und § 266a Abs. 2 Nr. 2 StGB erst, wenn die Pflicht zum Tätigwerden entfällt. Dies ist der Fall bei Erlöschen der Beitragspflicht[107] durch Erfüllung, Niederschlagung oder sozialversicherungsrechtliche Verjährung der Beitragsschuld sowie Wegfall des Beitragsschuldners, darüber hinaus aber auch bei Ausscheiden des Täters aus seiner Vertreterstellung (§ 14 StGB) oder wenn die Verwaltungs- und Verfügungsbefugnis mit Eröffnung des Insolvenzverfahrens auf den Insolvenzverwalter übergegangen ist (§ 80 Abs. 2 InsO).[108] Ein früherer Zeitpunkt kommt auch beim Erfolgsdelikt des § 266a Abs. 2 Nr. 1 StGB nicht in Betracht. Beendigung ist insoweit erst mit dem vollständigen Eintritt des angestrebten Erfolges gegeben.[109]

Die regelmäßig späte Beendigung der Taten nach § 266a StGB hat nicht nur Auswirkungen auf den entsprechend späten Beginn der fünfjährigen Verjährungsfrist (§ 78a StGB), sondern auch auf die nachträgliche Gesamtstrafenbildung. Begangen im Sinne von § 55 Abs. 1 Satz 1 StGB ist eine Tat erst mit ihrer Beendigung.[110]

8. Konkurrenzen

79 Jede gegenüber einer bestimmten Einzugsstelle begangene, einen bestimmten Fälligkeitstermin betreffende Tat nach § 266a StGB ist materiell-rechtlich und prozessual selbstständig und von Taten, die andere Fälligkeitstermine oder andere Einzugsstellen betreffen, verschieden. Nachdem sich die Verpflichtung des Arbeitgebers zur Einreichung eines Beitragsnachweises und zur Abführung der Sozialversicherungsbeiträge zum jeweiligen Fälligkeitstermin auf alle Arbeitnehmer bezieht, für die die betreffende Einzugsstelle zuständig ist, wird für die Bestimmung der Tat und die Frage des Strafklageverbrauchs nicht zwischen einzelnen Ar-

---

[105] BGH, Beschl. v. 10.11.2009 – 1 StR 283/09, NStZ 2010, 635 = wistra 2010, 148.
[106] BGH, Beschl. v. 10.11.2009 – 1 StR 283/09, NStZ 2010, 635 = wistra 2010, 148.
[107] BGH, Beschl. v. 7.3.2012 – 1 StR 662/11, NStZ 2012, 510 = wistra 2012, 235.
[108] OLG Dresden, Beschl. v. 18.1.2010 – 3 Ss 603/09, NStZ 2011, 163 = wistra 2010, 196.
[109] BGH, Beschl. v. 18.5.2010 – 1 StR 111/10, wistra 2010, 408.
[110] BGH, Beschl. v. 18.5.2010 – 1 StR 111/10, wistra 2010, 408.

B. Hinterziehung von Sozialversicherungsbeiträgen

beitnehmern einer zuständigen Einzugsstelle unterschieden. Sind sowohl Abs. 1 als auch Abs. 2 verwirklicht, ändert dies nichts an der Einheitlichkeit der jeweiligen Tat. Eine Tenorierung „in Tateinheit" ist nicht statthaft.[111]

Taten nach § 266a StGB sind gegenüber Taten wegen Lohnsteuerhinterziehung[112], Betrugs zum Nachteil der Urlaubs- und Lohnausgleichskassen der Tarifvertragsparteien, etwa der SOKA-Bau, sowie Ordnungswidrigkeiten wegen Mindestlohnunterschreitung nach § 23 Abs. 1 Nr. 1 AEntG[113] materiell und prozessual selbstständig. Dies gilt auch gegenüber Taten nach §§ 10 bis 11 SchwarzArbG, §§ 15, 15a AÜG und §§ 95, 96 AufenthG.

9. Rechtsfolgen

a) Strafzumessung

§ 266a StGB sieht Freiheitsstrafe bis zu fünf Jahren oder Geldstrafe, in besonders schweren Fällen Freiheitsstrafe von 6 Monaten bis zu 10 Jahren vor. 80

Eine bewusste und nachhaltige Manipulation von Lohnunterlagen – unter Verstoß gegen gesetzliche Aufzeichnungspflichten – zum Zwecke der Verschleierung von Schwarzarbeit wirkt sich strafschärfend aus. Dies kann bereits bei der Strafrahmenwahl Berücksichtigung finden. Zwar wird das benannte Regelbeispiel der fortgesetzten Beitragsvorenthaltung unter Verwendung nachgemachter oder verfälschter Belege nach § 266a Abs. 4 Satz 2 Nr. 2 StGB meist nicht erfüllt sein, jedoch liegt in solchen Fällen bei namhaften Hinterziehungsbeträgen die Annahme eines unbenannten Regelbeispiels des besonders schweren Falles nahe.[114]

Das Regelbeispiel des § 266a Abs. 4 Satz 2 Nr. 1 StGB setzt voraus, dass der Täter aus grobem Eigennutz in großem Ausmaß Beiträge vorenthält. **Grober Eigennutz** ist anzunehmen, wenn sich der Täter von seinem Streben nach eigenem Vorteil in einem besonders anstößigen Maße leiten lässt.[115] Sein Streben muss das übliche Gewinnstreben, das bei Vermögensstraftätern immer vorhanden ist, deutlich übersteigen. Die Wertgrenze für eine Beitragshinterziehung in **großem Ausmaß** ist in Anlehnung an die zu Fällen der Steuerhinterziehung aufgestellten Maßgaben festzustellen.[116] Erschöpft sich das Verhalten des Täters und die Gefährdung des Beitragsaufkommens in einem bloßen Verschweigen beitragsrelevanter Umstände, sei es auch im Rahmen unrichtiger Beitragsnachweise, so soll die Grenze nicht schon bei 50.000 Euro, sondern bei 100.000 Euro liegen. Abzustellen ist dabei auf die einzelne Tat, nicht auf den Gesamtschaden.

Gewerbsmäßigem Handeln kommt als tatbestandsimmanentem Merkmal i. d. R. keine strafschärfende Bedeutung zu und genügt nicht zur Annahme eines besonders schweren Falles.

b) Sonstige Folgen

Als Folgen einer Verurteilung kommen insbesondere eine Gewerbeuntersagung wegen Unzuverlässigkeit nach § 35 GewO, ein Ausschluss von der Teilnahme an einem Wettbewerb um einen öffentlichen Bauauftrag unter den Voraussetzungen des § 21 SchwarzArbG und die Anordnung eines Berufsverbots nach § 70 StGB in Betracht. Wer zu einer Freiheitsstrafe von mindestens einem Jahr verurteilt wurde, kann für die Dauer von fünf Jahren seit Rechtskraft des Urteils nicht Geschäftsführer einer GmbH sein (§ 6 Abs. 2 Satz 2 Nr. 3 Buchst. e GmbHG). 81

---

[111] BGH, Beschl. v. 18.5.2010 – 1 StR 111/10, wistra 2010, 408.
[112] BGH, Beschl. v. 24.7.1987 – 3 StR 36/87, NJW 1988, 1800; v. 21.9.2005 – 5 StR 263/05, wistra 2005, 458.
[113] BGH, Urt. v. 15.3.2012 – 5 StR 288/11, NJW 2012, 2051 = wistra 2012, 307.
[114] BGH, Beschl. v. 10.11.2009 – 1 StR 283/09, wistra 2010, 148 (152).
[115] BGH, Urt. v. 20.11.1990 – 1 StR 548/90, wistra 1991, 106.
[116] Siehe dazu BGH, Beschl. v. 15.12.2011 – 1 StR 579/11, NJW 2012, 1015.

10. Anforderungen an Anklage und Urteil

82 Bei einer Verurteilung wegen § 266a StGB in Fällen illegaler Beschäftigung muss der Tatrichter die Tatsachen darlegen, aus denen sich die Arbeitgeberstellung des Täters ergibt. Weiterhin hat er die für die Bemessung der vorenthaltenen Beiträge im jeweiligen Monat maßgeblichen Löhne festzustellen. Schließlich sind für jeden Fälligkeitszeitpunkt die Anzahl der Arbeitnehmer und die anzuwendenden Beitragssätze, soweit sich diese nicht allein anhand des Gesetzes bestimmen lassen, anzugeben. Jedenfalls für Tatzeiten vor der Vereinheitlichung des allgemeinen Beitragssatzes zur gesetzlichen Krankenversicherung zum 1.1.2009 sind die Beitragssätze zur Krankenversicherung der zuständigen Einzugsstellen aufzuführen.[117] Wegen des Kinderlosenzuschlags für Arbeitnehmer über 23 Jahre in der Pflegeversicherung müssen grundsätzlich auch insoweit Feststellungen getroffen werden, wobei das Urteil wegen der geringen beitragsrechtlichen Auswirkungen regelmäßig nicht auf einem Unterlassen entsprechender Feststellungen beruhen wird. In Fällen der Hochrechnung nach § 14 Abs. 2 Satz 2 SGB IV sollten ferner Angaben zu dem angewandten Lohnsteuersatz bzw. den zu Grunde liegenden tatsächlichen Feststellungen gemacht werden. Die Darstellung des Berechnungsvorgangs selbst ist nicht erforderlich, zur Nachvollziehbarkeit aber empfehlenswert. Auch bei einem geständigen Angeklagten ist die Nennung der Höhe der gezahlten Löhne und Gehälter sowie – für Altfälle – der Beitragssätze der zuständigen Krankenkasse regelmäßig unverzichtbar.[118] Die Beweiswürdigung kann dann jedoch knapp gefasst werden, weil diese Umstände einem glaubhaften Geständnis zugänglich sind.

Die für Urteile geltenden Maßstäbe können nicht auf Anklageschriften übertragen werden. Für eine wirksame Anklage ist es ausreichend, wenn diese die Taten individualisiert und umgrenzt. Dazu bedarf es zumindest der Angabe des Arbeitgebers, der betroffenen Einzugsstellen, der Beschäftigungsmonate bzw. Fälligkeitszeitpunkte und der jeweils vorenthaltenen Beiträge. Mängel in der Informationsfunktion führen nicht zur Unwirksamkeit der Anklage.[119]

11. Generalunternehmerhaftung

83 § 28e Abs. 3a bis 3f SGB IV sieht hinsichtlich des Gesamtsozialversicherungsbeitrags eine selbstschuldnerische **Bürgenhaftung des Hauptunternehmers im Baugewerbe** bei Vergabe von Bauleistungen im geschätzten Gesamtwert ab 275.000 Euro vor. § 28a Abs. 3b, 3f SGB IV eröffnet dem Unternehmer allerdings die Exkulpation. Er muss nachweisen, dass er ohne eigenes Verschulden davon ausgehen konnte, dass der Nachunternehmer seine Zahlungspflichten erfüllt. An diesen Nachweis sind strenge Anforderungen zu stellen. Das Verschulden des Hauptunternehmers ist ausgeschlossen, soweit und solange er Fachkunde, Zuverlässigkeit und Leistungsfähigkeit des Nachunternehmers durch eine Präqualifikation nach VOB/A oder durch Vorlage einer Unbedenklichkeitsbescheinigung der zuständigen Einzugsstelle nachweist. Zudem haftet der Hauptunternehmer im Baugewerbe für den Beitrag zur gesetzlichen Unfallversicherung (§ 150 Abs. 3 SGB VII i. V. m. § 28e Abs. 3a bis 3f SGB IV). Die Haftungsregelungen sollen den Hauptunternehmer zur sorgfältigen Auswahl und Überwachung, aber auch zur vertragsgemäßen Bezahlung seiner Subunternehmer anhalten. Bei Ermittlungen gegen Subunternehmer wird häufig festgestellt, dass diesen Unbedenklichkeitsbescheinigungen der Einzugsstellen ausgestellt wurden, die ihre Hauptauftraggeber aus der Haftung nehmen.

---

[117] BGH, Urt. v. 11.8.2010 – 1 StR 199/10, NStZ-RR 2010, 376.
[118] BGH, Urt. v. 11.8.2010 – 1 StR 199/10, NStZ-RR 2010, 376.
[119] BGH, Beschl. v. 8.8.2012 – 1 StR 296/12, wistra 2012, 489.

C. Schwarzarbeit durch Empfänger von Sozialleistungen wegen Verletzung von Mitteilungspflichten gegenüber den Sozialleistungsträgern

I. Pflichten des Empfängers von Sozialleistungen gegenüber dem Sozialleistungsträger

Gemäß § 1 Abs. 2 Nr. 3 SchwarzArbG leistet Schwarzarbeit, wer Dienst- oder Werkleistungen erbringt und dabei als Empfänger von Sozialleistungen seine sich aufgrund der Dienst- oder Werkleistungen ergebenden Mitteilungspflichten gegenüber dem Sozialleistungsträger nicht erfüllt. 84

Wer Sozialleistungen (siehe §§ 11, 18 ff. SGB I) beantragt, hat nach § 60 Abs. 1 Satz 1 Nr. 1 SGB I alle Tatsachen anzugeben, die für die Leistung erheblich sind. Leistungsempfänger sind gemäß § 60 Abs. 1 Satz 1 Nr. 2 SGB I ferner verpflichtet, dem Leistungsträger Änderungen in den Verhältnissen, die für die Leistung erheblich sind oder über die im Zusammenhang mit der Leistung Erklärungen abgegeben worden sind, unverzüglich mitzuteilen. Über diese Pflichten werden die Leistungsempfänger durch entsprechende Merkblätter informiert.

II. Häufig erschlichene Leistungen

Leistungsmissbrauch im Zusammenhang mit Schwarzarbeit kommt insbesondere beim Bezug von Arbeitslosengeld I (§ 136 ff. SGB III) und von Arbeitslosengeld II (§ 19 ff. SGB II) praktische Bedeutung zu. Dagegen sind Fälle der Schwarzarbeit von Beziehern von Sozialhilfe nach dem SGB XII ausgesprochen selten. Sozialhilfe ist subsidiär. Personen, die nach dem SGB II als Erwerbsfähige oder als Angehörige dem Grunde nach leistungsberechtigt sind, erhalten nach § 21 SGB XII keine Leistungen für den Lebensunterhalt nach dem Sozialhilferecht (siehe auch § 5 Abs. 2 SGB II). Verbleibender Hauptanwendungsfall des Sozialhilferechts ist demnach die Grundsicherung für hilfsbedürftige dauerhaft voll erwerbsgeminderte Personen und für Personen, die die Altersgrenze des § 7a SGB II bzw. § 41 Abs. 2 SGB XII erreicht haben. Diese Personengruppe hat für den Arbeitsmarkt keine oder im Falle der Grundsicherung im Alter allenfalls geringe Bedeutung. 85

1. Arbeitslosengeld I – §§ 136 ff. SGB III

Anspruch auf Arbeitslosengeld als Entgeltersatzleistung bei Arbeitslosigkeit hat nach § 137 Abs. 1 SGB III, wer arbeitslos ist (§ 138 SGB III), sich bei der Arbeitsagentur persönlich arbeitslos gemeldet (§ 141 SGB III) und innerhalb von zwei Jahren vor dem Tag der Erfüllung aller sonstigen Voraussetzungen für den Anspruch auf Arbeitslosengeld (Rahmenfrist, § 143 SGB III) mindestens 12 Monate in einem Versicherungspflichtverhältnis gestanden hat (Regelanwartschaftszeit, § 142 Abs. 1 SGB III). 86

Arbeitslosigkeit liegt vor, wenn der Arbeitnehmer beschäftigungslos ist, sich bemüht, seine Beschäftigungslosigkeit zu beenden (Eigenbemühungen) und den Vermittlungsbemühungen der Agentur für Arbeit zur Verfügung steht. Die Ausübung einer Erwerbstätigkeit von weniger als 15 Stunden in der Woche schließt Arbeitslosigkeit nicht aus (§ 138 Abs. 3 SGB III).

Die Höhe des Arbeitslosengeldes richtet sich nach dem zuletzt erzielten pauschalierten Nettoentgelt (67 % bzw. 60 % für Kinderlose, § 149 SGB III). Die Anspruchsdauer ist abhängig von der Beschäftigungszeit und vom Alter. Sie beträgt zwischen 6 und 24 Monaten (§ 147 SGB III). Gemäß § 155 Abs. 1 SGB III darf ein Arbeitslosengeldempfänger anrechnungsfrei 165 Euro netto monatlich hinzuverdienen, solange die Beschäftigung weniger als 15 Stunden wöchentlich umfasst, also dadurch die Arbeitslosigkeit und damit der Anspruch auf Arbeitslosengeld nicht vollständig entfällt (§ 138 Abs. 3 SGB III).

2. Arbeitslosengeld II – §§ 7 ff., 19 ff. SGB II

87 Durch die „Hartz IV"-Gesetzgebung[120] wurde eine einheitliche Grundsicherung für Arbeitssuchende, die das 15. Lebensjahr vollendet und die in § 7a SGB II normierte Altersgrenze von mindestens 65 Jahren noch nicht erreicht haben, erwerbsfähig und hilfsbedürftig sind und ihren gewöhnlichen Aufenthalt in Deutschland haben (erwerbsfähige Leistungsberechtigte, § 7 Abs. 1 Satz 1 SGB II), eingeführt. Arbeitslosenhilfe und Sozialhilfe wurden für den genannten Personenkreis zur neuen Leistung Arbeitslosengeld II (§ 19 SGB II) zusammengeführt. Leistungen erhalten gemäß § 7 Abs. 2 und 3 SGB II auch Personen, die mit erwerbsfähigen Leistungsberechtigten in einer Bedarfsgemeinschaft leben.

Erwerbsfähig ist, wer nicht wegen Krankheit oder Behinderung auf absehbare Zeit außerstande ist, unter den üblichen Bedingungen des allgemeinen Arbeitsmarktes mindestens drei Stunden täglich zu arbeiten (§ 8 Abs. 1 SGB II). **Hilfsbedürftig** ist gemäß § 9 Abs. 1 SGB II, wer seinen Lebensunterhalt nicht oder nicht ausreichend aus dem zu berücksichtigenden Einkommen oder Vermögen sichern kann und die erforderliche Hilfe nicht von anderen, insbesondere von Angehörigen oder von Trägern anderer Sozialleistungen, erhält. Ist in einer Bedarfsgemeinschaft nicht der gesamte Bedarf aus eigenen Kräften und Mitteln gedeckt, gilt jede Person der Bedarfsgemeinschaft im Verhältnis des eigenen Bedarfs zum Gesamtbedarf als hilfsbedürftig (§ 9 Abs. 2 Satz 3 SGB II).

Dem erwerbsfähigen Hilfsbedürftigen ist grundsätzlich jede Arbeit zumutbar (§ 10 SGB II). Zu berücksichtigendes Einkommen und Vermögen müssen vorrangig zur Sicherung des Lebensunterhalts verwendet werden (§§ 11 ff. SGB II). Bei Erwerbseinkommen sind nach Maßgabe von § 11b Abs. 2 und 3 SGB II bestimmte Beträge, mindestens aber ein Grundfreibetrag von 100 Euro abzusetzen. Eine zeitliche Begrenzung des zulässigen Beschäftigungsumfangs gibt es – anders als beim Arbeitslosengeld I – nicht.

Die Leistungen umfassen gemäß § 19 Abs. 1 Satz 3 SGB II den Regelbedarf (§ 20 SGB II), Mehrbedarf für Alleinerziehende, Schwangere, Behinderte oder bei kostenaufwändiger Ernährung (§ 21 SGB II) sowie die angemessenen Aufwendungen für Unterkunft und Heizung (§ 22 SGB II). Der Regelbedarf[121] wird – soweit keine Neuermittlung[122] erfolgt – jeweils zum 1. Januar eines Jahres aufgrund der bundesdurchschnittlichen Entwicklung der Preise für regelbedarfsrelevante Güter und Dienstleistungen sowie der Entwicklung der Nettolöhne angepasst (§ 20 Abs. 5 Satz 1 SGB II i. V. m. § 28a SGB XII).

Zuständig sind die gemeinsamen Einrichtungen der Bundesagentur für Arbeit und der kreisfreien Städte und Kreise nach § 44b SGB II oder die zugelassenen kommunalen Träger nach § 6a SGB II (sogenannte Optionskommunen). Die Stellen führen in beiden Fällen die Bezeichnung Jobcenter (§ 6d SGB II).

III. Begehungsweisen

1. Verletzung von Mitteilungspflichten durch den Leistungsbezieher

88 Neben dem gänzlichen Verschweigen einer leistungserheblichen Beschäftigung oder der Angabe eines späteren Beschäftigungsbeginns stellen unrichtige Angaben des Leistungsbeziehers über die Höhe des Hinzuverdienstes und den zeitlichen Umfang der Tätigkeit die praktisch bedeutsamsten Missbrauchsvarianten im Zusammenhang mit Schwarzarbeit dar.

---

[120] Viertes Gesetz für moderne Dienstleistungen am Arbeitsmarkt vom 24.12.2003 (BGBl. I S. 2954).
[121] Stand 1.1.2013: Alleinlebende 382 Euro; Paare/Bedarfsgemeinschaften 345 Euro.
[122] Siehe §§ 20 Abs. 5 Satz 2 SGB II, 28 SGB XII i. V. m. dem Regelbedarfs-Ermittlungsgesetz vom 24.3.2011 (BGBl. I S. 453) als Reaktion des Gesetzgebers auf den Auftrag des BVerfG (Urt. v. 9.2.2010 – 1 BvL 1/09) zur verfassungskonformen Neubemessung der Regelleistungen.

C. Schwarzarbeit durch Empfänger von Sozialleistungen

2. Kollusives Zusammenwirken von Arbeitgeber und Leistungsbezieher

Häufig ist ein kollusives Zusammenwirken zwischen Arbeitgeber und Leistungsbezieher festzustellen. Der Leistungsempfänger wird überhaupt nicht oder nur als geringfügig Beschäftigter zur Sozialversicherung angemeldet. Lohn wird nur im Umfang der Anmeldung ordnungsgemäß abgerechnet. Der verbleibende Lohn wird schwarz ausgezahlt. Die zu Dokumentationszwecken oder zur Erfüllung von Aufzeichnungspflichten erstellten Stundenlisten werden manipuliert und weisen weniger als die tatsächlich geleisteten Arbeitsstunden, bei Beziehern von Arbeitslosengeld I weniger als 15 Arbeitsstunden pro Woche aus. Zudem stellt der Arbeitgeber dem Arbeitnehmer eine unrichtige Nebeneinkommensbescheinigung (§ 313 SGB III, § 58 SGB II) aus, in der ein zu geringes oder anrechnungsfreies Nebeneinkommen und gegebenenfalls Arbeitszeiten bescheinigt werden, die dem Arbeitnehmer weiterhin den Bezug von Sozialleistungen ermöglichen. 89

IV. Verwirklichte Straftaten und Ordnungswidrigkeiten

1. Straftaten

a) durch den Leistungsbezieher

Wer bei der Beantragung von Sozialleistungen vorsätzlich falsche Angaben über leistungserhebliche Umstände macht oder während des Bezugs relevante Änderungen nicht mitteilt und deshalb Sozialleistungen zu Unrecht erhält, macht sich regelmäßig wegen Betrugs nach § 263 StGB strafbar. Subsidiär ist eine Strafbarkeit nach § 9 SchwarzArbG zu prüfen.[123] 90

Die Pflicht zur unverzüglichen Mitteilung von Änderungen der leistungserheblichen Verhältnisse nach § 60 Abs. 1 Satz 1 Nr. 2 SGB I ist erst erfüllt, wenn die Mitteilung den für die Leistungsbewilligung zuständigen Sachbearbeiter des Leistungsträgers erreicht hat.[124] Davon kann der Leistungsbezieher trotz Mitteilung der Veränderung nicht mehr ausgehen, wenn ihm nach der Mitteilung unverändert Leistungen angewiesen werden. Wiederholt er in diesem Fall die Mitteilung nicht in geeigneter Form, um auf diese Weise zu gewährleisten, dass der zuständige Bedienstete von den veränderten Umständen unverzüglich Kenntnis erhält, so macht er sich wegen Betrugs durch Unterlassen strafbar.[125]

Die kausal zu einer bestimmten unrechtmäßigen Leistungsbewilligung und entsprechenden Auszahlung für einen bestimmten Zeitraum führenden falschen Angaben bilden eine prozessuale Tat. Davon abzugrenzen sind falsche Angaben in Folgeanträgen und die hierdurch aufgrund Leistungsbewilligung in Folgebescheiden verursachten Schäden, die ihrerseits selbstständige prozessuale Taten darstellen. Entsprechendes gilt für das Unterlassen der Mitteilung der leistungsrelevanten Änderung in den Verhältnissen.

b) durch den Arbeitgeber

Ein Arbeitgeber, der seinem Arbeitnehmer in Kenntnis des Leistungsbezuges eine **unrichtige Nebentätigkeitsbescheinigung** (§ 313 SGB III, § 58 SGB II) ausstellt oder sonst leistungsrelevante unrichtige Auskünfte gegenüber dem Leistungsträger erteilt, um dem Schwarzarbeiter ungerechtfertigte Sozialleistungen zu sichern, macht sich wegen **Betrugs** (Drittbereicherungsabsicht) oder wegen **Beihilfe zum Betrug** strafbar. Ob Mittäterschaft oder Teilnahme des Arbeitgebers vorliegt, ist anhand der Tatherrschaft und dem Tatinteresse des Arbeitgebers festzustellen. In Fällen, in denen sich Arbeitgeber und Leistungsbezieher zu einer auf längere Zeit angelegten Interessengemeinschaft zur Erbringung von Schwarzarbeit in beiderseitigem Nutzen zusammengeschlossen haben, kann von Mittäterschaft des Arbeitgebers auszugehen sein. 91

---
[123] Siehe Rn. 24.
[124] HansOLG Hamburg, Beschl. v. 11.11.2003 – II-104/03, wistra 2004, 151.
[125] OLG Köln NStZ 2003, 374; OLG München, Urt. v. 31.10.2007 – 4 St RR 159/07, NStZ 2009, 156.

Die bloße Anstellung und Beschäftigung eines im Leistungsbezug stehenden Arbeitnehmers stellt dagegen keine strafrechtlich relevante Beihilfehandlung des Arbeitgebers zum Betrug des Leistungsbeziehers zum Nachteil des Leistungsträgers dar. Der Arbeitgeber fördert die Tat des Leistungsbeziehers dadurch nicht. Die Aufnahme einer Beschäftigung durch den Leistungsbezieher ist erwünscht, weil der Arbeitnehmer dadurch nicht mehr auf Sozialleistungen angewiesen ist. Strafbewehrt ist allein die Verletzung der daraus resultierenden Meldepflichten. Der Arbeitgeber muss für die Erfüllung der Mitteilungspflicht des Leistungsbeziehers nach § 60 Abs. 1 Satz 1 Nr. 2 SGB I nicht einstehen. Er hat keine Garantenstellung für das Vermögen des Leistungsträgers. Eine Beihilfe durch Unterlassen (§ 13 StGB) scheidet daher aus.

2. Ordnungswidrigkeiten

a) im SchwarzArbG

92 Der **Leistungsbezieher**, der **vorsätzlich** seinen Mitteilungspflichten aus § 60 Abs. 1 Satz 1 Nr. 1, 2 SGB I oder § 8a AsylbLG nicht nachkommt und während des Leistungsbezuges Dienst- oder Werkleistungen **in erheblichem Umfang**[126] erbringt, kann wegen einer Ordnungswidrigkeit nach § 8 Abs. 1 Nr. 1 Buchst. a bis c SchwarzArbG geahndet werden.[127] Ein **Arbeit- oder Auftraggeber**, der Dienst- oder Werkleistungen in erheblichem Umfang ausführen lässt, indem er vorsätzlich Personen beauftragt, die diese Leistungen unter vorsätzlichem Verstoß gegen § 8 Abs. 1 SchwarzArbG erbringen (Beauftragung von Leistungsbeziehern, die ihren Meldepflichten nicht nachkommen), begeht eine Ordnungswidrigkeit nach § 8 Abs. 1 Nr. 2 SchwarzArbG. Der Bußgeldrahmen reicht bis 300.000 Euro. Zuständige Verwaltungsbehörden i. S. d. § 36 Abs. 1 Nr. 1 OWiG sind die Behörden der Zollverwaltung (Hauptzollämter) und die jeweiligen Leistungsträger.

b) im SGB II und SGB III

93 Bußgeldvorschriften wegen vorsätzlicher oder fahrlässiger Verletzung der Pflichten des **Antragstellers/Leistungsbeziehers** aus § 60 Abs. 1 Satz 1 Nr. 1 und 2 SGB I finden sich in § 404 Abs. 2 Nr. 26 und 27 SGB III. Bei Leistungen nach dem SGB II wird durch § 63 Abs. 1 Nr. 6 SGB II nur die Verletzung der Pflicht zur Mitteilung von leistungserheblichen Änderungen der Verhältnisse nach § 60 Abs. 1 Satz 1 Nr. 2 SGB I sanktioniert, nicht aber eine Mitteilungspflichtverletzung bei der Antragstellung nach § 60 Abs. 1 Satz 1 Nr. 1 SGB I. Es sind jeweils Geldbußen bis zu 5.000 Euro angedroht.

Der **Arbeitgeber** handelt nach § 404 Abs. 2 Nr. 23 SGB III bzw. § 63 Abs. 1 Nr. 1 SGB II ordnungswidrig, wenn er vorsätzlich oder fahrlässig entgegen § 315 SGB III bzw. § 57 Satz 1 SGB II eine von der Agentur für Arbeit verlangte Auskunft über möglicherweise leistungserhebliche Umstände nicht, nicht richtig, nicht vollständig oder nicht rechtzeitig erteilt. Eine Ordnungswidrigkeit nach § 404 Abs. 2 Nr. 20 SGB III bzw. § 63 Abs. 1 Nr. 2 SGB II begeht er, wenn er vorsätzlich oder fahrlässig entgegen § 313 SGB III bzw. § 58 SGB II Art oder Dauer der Erwerbstätigkeit oder die Höhe des Arbeitsentgelts oder der Vergütung nicht, nicht richtig, nicht vollständig oder nicht rechtzeitig bescheinigt oder eine Bescheinigung nicht oder nicht rechtzeitig aushändigt. Der Bußgeldrahmen reicht bei Vorsatz bis 2.000 Euro.

Beim Arbeitslosengeld I ist die Bundesagentur für Arbeit (§ 405 Abs. 1 Nr. 3 SGB III), beim Arbeitslosengeld II das Jobcenter als gemeinsame Einrichtung oder der zugelassene kommunale Träger (§ 64 Abs. 2 Nr. 2 Buchst. a SGB II) zuständige Verwaltungsbehörde i. S. d. § 36 Abs. 1 Nr. 1 OWiG. Soweit die Verstöße in unmittelbarem Zusammenhang mit der Erbringung von Dienst- und Werkleistungen stehen (§ 2 Abs. 1 Nr. 2, § 14 Abs. 1 SchwarzArbG), sind die Zollbehörden (Hauptzollämter) neben den Leistungsträgern zur Verfolgung und Ahndung befugt (§ 405 Abs. 1 Nr. 3 SGB III, § 64 Abs. 2 Nr. 2 Buchst. b SGB II).

---

[126] Siehe Rn. 20.
[127] In der Regel wird eine Straftat nach § 263 StGB oder § 9 SchwarzArbG vorliegen und die Ordnungswidrigkeit verdrängen, § 21 Abs. 1 OWiG.

D. Illegale Ausländerbeschäftigung

3. Aufdeckungsmethoden

a) Betriebsprüfungen – §§ 2 ff. SchwarzArbG

Durch eine Betriebsprüfung nach dem SchwarzArbG[128] wird sich häufig klären lassen, ob in dem geprüften Unternehmen Anhaltspunkte für die Beschäftigung von Schwarzarbeitern vorliegen. Die Angaben der angetroffenen Arbeitnehmer können dabei durch Online-Abfragen der Zollbehörden, die zu diesem Zweck unmittelbaren Zugriff auf Dateien der Bundesagentur für Arbeit (ALG I, Leistungsbezieher/Bezugszeiträume) sowie zum Ausländerzentralregister (AZR) und zum Meldedatenbestand der Datenstelle der Rentenversicherungsträger (§§ 145, 150 Abs. 5 SGB VI) haben, an Ort und Stelle auf ihre Richtigkeit hin überprüft werden. Zum Bezug von Arbeitslosengeld II verfügen die Zollbehörden nicht über einen Online-Datenzugriff. Über zentrale Rufnummern kann aber erfragt werden, ob eine Person im Leistungsbezug steht und welche Stelle örtlich zuständig ist, die dann um weitere Auskünfte ersucht werden muss. In geeigneten Fällen soll von der Möglichkeit der Hinzuziehung der Unterstützungsbehörden des § 2 Abs. 2 SchwarzArbG Gebrauch gemacht werden. Liegt bereits ein **Anfangsverdacht** (§ 152 Abs. 2 StPO) vor, ist eine Prüfung nach § 2 ff. SchwarzArbG nicht mehr zulässig.

94

b) Datenabgleichsverfahren

Eine wichtige Erkenntnisquelle für die Feststellung von Missbrauch von **Leistungen nach dem SGB III**, etwa beim Arbeitslosengeld I, ist das sog. **DALEB-Verfahren** (Datenabgleich Leistungsempfängerdatei – Beschäftigtendatei) nach § 397 SGB III, ein automatisierter Datenabgleich der Bundesagentur für Arbeit zwischen Zeiten des Bezugs solcher Leistungen und den von den Arbeitgebern an die Einzugsstellen gemeldeten Beschäftigungszeiten, die von der Datenstelle der Rentenversicherungsträger erfasst und übermittelt werden. Mit dem Datenabgleichsverfahren können Fälle nicht angezeigten Nebeneinkommens erkannt werden, soweit die Arbeitgeber ihren Meldepflichten nach § 28a SGB IV nachkommen.

95

Bei **Leistungen nach dem SGB II** oder dem SGB XII geben § 52 SGB II bzw. § 118 SGB XII den Leistungsträgern weitreichende Befugnisse zum automatisierten Datenabgleich u. a. mit dem Bundeszentralamt für Steuern, etwa zu den nach § 45d Abs. 1 EStG erhobenen Daten zu aufgrund eines Freistellungsauftrages oder einer Nichtveranlagungsbescheinigung tatsächlich steuerfrei belassenen Kapitalerträgen einschließlich der Namen und Anschriften der maßgeblichen Kreditinstitute, sowie mit der Datenstelle der Rentenversicherungsträger zu gemeldeten Beschäftigungszeiten.

D. Illegale Ausländerbeschäftigung

I. Aufenthaltsrecht und Zugang zum deutschen Arbeitsmarkt

Ausländer bedürfen für die Einreise und den Aufenthalt im Bundesgebiet eines Aufenthaltstitels, sofern sie nicht als Bürger eines EU-/EWR-Staates oder der Schweiz Freizügigkeit genießen oder sonst durch Recht der Europäischen Union, etwa die EU-Visa-Verordnung[129], oder nationales Recht, insbesondere die Aufenthaltsverordnung, etwas anderes bestimmt ist oder auf Grund des Assoziationsabkommens EWG/Türkei[130] ein Aufenthaltsrecht besteht (§ 4 Abs. 1 Satz 1 AufenthG). Die Staatsangehörigkeit des Ausländers ist auch ein maßgeblicher Faktor für die Frage, ob und unter welchen Voraussetzungen ein Ausländer in Deutschland einer Erwerbstätigkeit nachgehen darf.

96

---

[128] Siehe Rn. 8 ff.
[129] Verordnung (EG) Nr. 539/2001 vom 15.3.2001 (ABl. L 081 v. 21.3.2001, S. 1).
[130] Abkommen vom 12.9.1963 zur Gründung einer Assoziation zwischen der Europäischen Wirtschaftsgemeinschaft und der Türkei (BGBl. 1964 II S. 509).

1. Unionsbürger und Gleichgestellte

a) Aufenthaltsrechtlicher Status

97 **Staatsangehörige eines Mitgliedstaates der Europäischen Union** (Unionsbürger, Art. 20 Abs. 1 AEUV[131]) haben grundsätzlich das Recht, sich im Hoheitsgebiet der Mitgliedstaaten frei zu bewegen und aufzuhalten (Art. 21 Abs. 1 AEUV). Die unionsrechtliche Gewährleistung des Rechts auf **freie Einreise und freien Aufenthalt** für Unionsbürger und – unter bestimmten Voraussetzungen – für ihre drittstaatsangehörigen Familienmitglieder wird durch das Gesetz über die allgemeine Freizügigkeit von Unionsbürgern (FreizügG/EU) ausgeformt. Das FreizügG/EU konkretisiert zugleich Bedingungen, die in bestimmten Fällen an die Gewährung von aufenthaltsrechtlicher Freizügigkeit geknüpft sind, und enthält Einschränkungen der Rechtsgewährleistung in Sonderfällen.

Unionsbürger bedürfen für die Einreise keines Visums und für den Aufenthalt keines Aufenthaltstitels (§ 2 Abs. 4 Satz 1 FreizügG/EU). Familienangehörige, die nicht Unionsbürger sind, benötigen dagegen nach § 2 Abs. 4 Satz 2 FreizügG/EU, abgesehen von den in Satz 3 genannten Ausnahmen, für die Einreise grundsätzlich ein Visum nach den Bestimmungen für Ausländer, für die das AufenthG gilt. Ein Verstoß gegen die Visumspflicht ist allerdings für den Familienangehörigen strafrechtlich folgenlos. Das FreizügG/EU geht von einer **Freizügigkeitsvermutung** für Unionsbürger und ihre Familienangehörigen (§ 3 Abs. 2 FreizügG/EU) aus, die solange gilt, bis das Nichtbestehen oder der Verlust des Rechts auf Einreise und Aufenthalt durch die Ausländerbehörde nach §§ 2 Abs. 7, 5 Abs. 4 oder 6 Abs. 1 FreizügG/EU festgestellt wurde.[132] Die Vorschriften des AufenthG sind auf Unionsbürger und deren Familienangehörige daher grundsätzlich nur anwendbar, soweit auf sie ausdrücklich verwiesen wird (§ 11 Abs. 1 Satz 1, Abs. 2, § 3 Abs. 3 und 5 FreizügG/EU) oder sie eine günstigere Rechtsstellung vermitteln als das FreizügG/EU (§ 11 Abs. 1 Satz 10 FreizügG/EU). Die an unerlaubte Einreise oder unerlaubten Aufenthalt anknüpfenden Straftatbestände des § 95 Abs. 1 Nr. 1 bis 3, Abs. 1a und Abs. 2 Nr. 1 AufenthG sind in § 11 Abs. 1 Satz 1 FreizügG/EU nicht aufgeführt. Hat die Ausländerbehörde das Nichtbestehen oder den Verlust des Rechts nach § 2 Abs. 1 FreizügG/EU festgestellt, findet das AufenthG umfassend Anwendung, sofern das FreizügG/EU keine besonderen Regelungen trifft (§ 11 Abs. 2 FreizügG/EU). Eine solche Sonderregelung enthält der Straftatbestand des § 9 FreizügG/EU, der Einreise und Aufenthalt entgegen einem Wiedereinreiseverbot nach § 7 Abs. 2 Satz 1 FreizügG/EU sanktioniert.

Aufenthaltsrechtlich gelten für **Staatsangehörige der neuen EU-Mitgliedstaaten** keine praxisrelevanten Besonderheiten.[133] Auch sie bedürfen für Einreise und Aufenthalt in Deutschland keines Aufenthaltstitels. Freizügigkeit nach Maßgabe des FreizügG/EU genießen auch **Staatsangehörige der** – sonstigen - **EWR-Staaten**[134] und ihre Familienangehörigen (§ 12 FreizügG/EU). Personenfreizügigkeit gilt nach dem „Freizügigkeitsabkommen EU-Schweiz" auch für Bürger der **Schweiz**.

b) Zulassung zum Arbeitsmarkt

aa) Allgemeines

98 Staatsangehörige der alten EU-Mitgliedstaaten (EU-15), Maltas und Zyperns, der Schweiz sowie der EWR-Staaten Island, Lichtenstein und Norwegen haben freien Zugang zum deutschen Arbeitsmarkt. Türkische Staatsangehörige mit Aufenthaltsrecht in Deutschland nehmen als unselbständige Erwerbstätige in eingeschränkter Weise an der Arbeitnehmerfreizügigkeit teil.[135]

---

[131] Vertrag über die Arbeitsweise der Europäischen Union (ABl. C 83 v. 30.3.2010, S. 47).
[132] *Renner*, Ausländerrecht, § 11 FreizügG/EU Rn. 7 ff.
[133] § 13 FreizügG/EU wirkte sich im Wesentlichen nur so aus, dass in die Freizügigkeitsbescheinigung nach § 5 Abs. 1 FreizügG/EU a. F. ein Hinweis auf ein Arbeitsgenehmigungserfordernis nach § 284 SGB III aufgenommen wurde. Die Freizügigkeitsbescheinigung wurde zum 29.1.2013 abgeschafft.
[134] Island, Lichtenstein, Norwegen.
[135] Beschluss Nr. 1/80 des Assoziationsrates EWG/Türkei über die Entwicklung der Assoziation v. 19.9.1980.

D. Illegale Ausländerbeschäftigung

bb) Staatsangehörige der osteuropäischen Beitrittsstaaten

Auf der Grundlage der Beitrittsverträge[136] hat die Bundesrepublik Deutschland bei Staatsangehörigen der zum 1.5.2004 bzw. 1.1.2007 beigetretenen EU-Mitgliedstaaten (außer Malta und Zypern) hinsichtlich der **Arbeitnehmerfreizügigkeit** und der **Dienstleistungsfreiheit** von einer siebenjährigen Übergangsregelung (2+3+2 Regelung) Gebrauch gemacht.

Angehörige der EU-8-Beitrittsstaaten[137] benötigten bis 30.4.2011, rumänische und bulgarische Staatsangehörige benötigen noch bis 31.12.2013 zur Beschäftigungsaufnahme grundsätzlich eine **Arbeitsgenehmigung-EU** nach § 284 SGB III. § 9 Arbeitsgenehmigungsverordnung (ArGV) enthält einen Katalog genehmigungsfreier Tätigkeiten. Für Fachkräfte mit Hochschulabschluss bei entsprechend qualifizierter Beschäftigung, die Aufnahme betrieblicher Ausbildungen und für Saisonbeschäftigungen nach § 18 Beschäftigungsverordnung (BeschV) ist das Erfordernis einer Arbeitsgenehmigung-EU seit 1.1.2012 entfallen (§ 12b, c,e ArGV). Nach dem Günstigkeitsprinzip des § 284 Abs. 6 SGB III bedarf es auch dann keiner Arbeitsgenehmigung-EU, wenn nach den zum AufenthG ergangenen Verordnungen – Beschäftigungsverordnung und Beschäftigungsverfahrensverordnung – eine Tätigkeit nicht als Beschäftigung gilt oder zustimmungsfrei ist.

Die Arbeitsgenehmigung-EU wird als befristete Arbeitserlaubnis-EU erteilt, falls nicht Anspruch auf eine unbefristete Erteilung als Arbeitsberechtigung-EU besteht. Ob eine **Arbeitserlaubnis-EU** im Einzelfall erteilt werden kann, richtet sich nach § 39 Abs. 2 bis 4 und 6 AufenthG und der ArGV (§ 284 Abs. 3 und 4 SGB III). Auch insoweit sind günstigere Regelungen für Drittstaatsangehörige nach der BeschV bzw. der BeschVerfV zu beachten. Die Arbeitserlaubnis kann auf bestimmte Betriebe, Betriebsgruppen, Wirtschaftszweige oder Bezirke beschränkt werden. Arbeitnehmer, die – außerhalb einer Entsendung – ununterbrochen für einen Zeitraum von 12 Monaten im Besitz einer Arbeitserlaubnis oder arbeitsgenehmigungsfrei erwerbstätig waren, haben einen Anspruch auf eine **Arbeitsberechtigung-EU**, die unbefristet erteilt wird (§ 284 Abs. 5 SGB III i. V. m. § 12a ArGV).

Parallel zur Einschränkung der Freizügigkeit von Arbeitnehmern aus den Beitrittsstaaten hat die Bundesrepublik Deutschland von der Befugnis Gebrauch gemacht, von Art. 56 AEUV (ehemals Art. 49 EGV) abzuweichen, um im Bereich der **Erbringung von Dienstleistungen durch in den Beitrittsstaaten niedergelassene Unternehmen** die zeitweilige grenzüberschreitende Beschäftigung von Arbeitnehmern einzuschränken, deren Recht, in Deutschland eine Arbeit aufzunehmen, nationalen Regelungen unterliegt. Danach konnten in den EU-8-Beitrittsstaaten niedergelassene Unternehmen bis 30.4.2011 bzw. können in Bulgarien und Rumänien niedergelassene Unternehmen bis 31.12.2013 ihre Mitarbeiter in den Sektoren **Baugewerbe**, einschließlich verwandter Wirtschaftszweige,[138] **Reinigung von Gebäuden, Inventar und Verkehrsmitteln** sowie **Innendekoration** nur im Rahmen des deutschen Arbeitsgenehmigungsrechts und der bilateralen Regierungsvereinbarungen, insbesondere der Werkvertragsarbeitnehmerabkommen, einsetzen. In allen anderen Wirtschaftszweigen konnten bzw. können in den Beitrittsstaaten niedergelassene Unternehmen ihre Mitarbeiter seit dem EU-Beitritt ohne arbeitsgenehmigungsrechtliche Einschränkungen vorübergehend entsenden.

2. Drittstaatsangehörige

a) Aufenthaltsrechtlicher Status

Angehörige anderer Staaten als denen des EWR oder der Schweiz benötigen für Einreise und Aufenthalt in Deutschland einen Aufenthaltstitel, soweit nicht Unionsrecht, etwa die EU-VisaVO, oder nationales Recht, insbesondere §§ 18 ff. AufenthV, Ausnahmen hiervon vorsehen.

---

[136] ABl. L 236 v. 23.9.2003, S. 17; ABl. L 157 v. 21.6.2005, S. 11.
[137] Estland, Lettland, Litauen, Polen, Slowakische Republik, Slowenien, Tschechische Republik und Ungarn.
[138] Siehe Anhang zur Richtline 96/71/EG.

Das AufenthG kennt fünf **Aufenthaltstitel** (§ 4 Abs. 1 Satz 2 AufenthG):

Durch das **Visum (§ 6 AufenthG)** wird über den ersten Zugang zum Bundesgebiet entschieden. Zuständig für die Erteilung sind grundsätzlich die vom Auswärtigen Amt ermächtigten Auslandsvertretungen (§ 71 Abs. 2 AufenthG). Eine Befreiung vom Visumszwang besteht nach Unionsrecht für Kurzaufenthalte bis zu 3 Monaten im Schengengebiet für Staatsangehörige der in Art. 1 Abs. 2 i. V. m. Anhang II der EU-VisaVO genannten Staaten (Positivliste). Die Befreiung vom Erfordernis eines Aufenthaltstitels entfällt aber gemäß Art. 4 Abs. 3 EU-VisaVO i. V. m. § 17 Abs. 1 AufenthV, sobald der Positivstaatler im Bundesgebiet eine selbstständige oder unselbstständige Erwerbstätigkeit aufnimmt, die nicht nach § 17 Abs. 2 AufenthV privilegiert ist. Staatsangehörige aus Ländern, die in Art. 1 Abs. 1 i. V. m. Anhang I der EU-VisaVO genannt sind (Negativliste), sind für einen Kurzaufenthalt nicht von der Visumspflicht befreit. Das Visum kann nach Maßgabe des EU-Visakodex[139] als **Schengen-Visum** für die Durchreise oder für geplante Aufenthalte im Schengengebiet von bis zu drei Monaten innerhalb einer Frist von sechs Monaten von dem Tag der ersten Einreise an erteilt werden (§ 6 Abs. 1 Nr. 1, Abs. 2 AufenthG). Es berechtigt nicht zur Ausübung einer Erwerbstätigkeit in Deutschland. **Das nationale Visum (§ 6 Abs. 3 AufenthG)** dient insbesondere der Einreise zur Ausübung einer Erwerbstätigkeit oder für Aufenthalte über eine Zeitdauer von 3 Monaten hinaus.

Die **Aufenthaltserlaubnis (§ 7 AufenthG)** ist ein befristeter Aufenthaltstitel. Sie wird zu bestimmten Aufenthaltszwecken erteilt. §§ 18 ff. AufenthG enthalten Regelungen über die Aufenthaltserlaubnis zum Zwecke der Erwerbstätigkeit. Daneben kennt das Gesetz u. a. Aufenthaltserlaubnisse zum Zwecke der Ausbildung (§§ 16, 17 AufenthG), aus völkerrechtlichen, humanitären und politischen Gründen (§§ 22 bis 25a AufenthG) und aus familiären Gründen (§§ 28 bis 36 AufenthG). Die zum 1.8.2012 eingeführte **Blaue Karte EU (§ 19a AufenthG)** ist eine besondere Form einer (befristeten) Aufenthaltserlaubnis, die qualifizierten Fachkräften zum Zwecke einer ihrer Qualifikation angemessenen Beschäftigung erteilt werden kann.

Die **Niederlassungserlaubnis (§ 9 AufenthG)** ist ein unbefristeter Aufenthaltstitel. Sie berechtigt von Gesetzes wegen ohne Zustimmung der Bundesagentur für Arbeit oder der Ausländerbehörde zur Ausübung einer Erwerbstätigkeit, ist unbefristet und grundsätzlich nicht beschränkbar. Unter den Voraussetzungen von § 9 Abs. 2, 3 AufenthG und den allgemeinen Vorgaben des § 5 AufenthG besteht ein Rechtsanspruch auf Erteilung der Niederlassungserlaubnis. Das Gesetz sieht erleichterte Anforderungen unter anderem beim Familiennachzug (§ 28 Abs. 2 AufenthG) und bei Ehegatten nach Aufhebung der ehelichen Lebensgemeinschaft (§ 31 Abs. 3 AufenthG) vor, darüber hinaus als Ermessensregelungen z. B. bei Hochqualifizierten (§ 19 AufenthG), Selbstständigen (§ 21 Abs. 4 AufenthG) oder bestimmten Flüchtlingen (§ 26 Abs. 4 AufenthG). Die **Erlaubnis zum Daueraufenthalt-EG (§ 9a AufenthG)** steht der Niederlassungserlaubnis nach § 9 AufenthG im Wesentlichen gleich. Sie ist unbefristet und berechtigt zu jeder Art von Erwerbstätigkeit. Sie wird Drittstaatlern, die sich seit mindestens fünf Jahren mit Aufenthaltstitel in Deutschland aufhalten, ihren Lebensunterhalt sichern können und die weiteren Integrationsanforderungen des Gesetzes erfüllen, erteilt und ermöglicht diesen, auch in einem anderen EU-Mitgliedstaat ein Aufenthaltsrecht unter vereinfachten Voraussetzungen zu erhalten.

b) Zulassung zum Arbeitsmarkt

102 Ausländer dürfen eine Erwerbstätigkeit (selbstständige Tätigkeit und Beschäftigung, vgl. § 2 Abs. 2 AufenthG) grundsätzlich nur ausüben, wenn sie über einen Aufenthaltstitel verfügen, der sie dazu berechtigt (§ 4 Abs. 3 Satz 1 AufenthG). § 16 BeschV benennt Tätigkeiten, die nicht als Beschäftigung i. S. d. AufenthG gelten. Für diese bedarf es keines besonderen Aufenthaltstitels.

Ein Aufenthaltstitel berechtigt gemäß § 4 Abs. 2 Satz 1 AufenthG nur zur Ausübung einer Erwerbstätigkeit, sofern das AufenthG dies bestimmt (z. B. Niederlassungserlaubnis nach § 9 AufenthG) oder der Aufenthaltstitel die Ausübung einer Erwerbstätigkeit ausdrücklich erlaubt. Die Erteilung eines Aufenthaltstitels, der die Ausübung einer **Beschäftigung** erlaubt, bedarf in der Regel der Zustimmung der Bundesagentur für Arbeit (§ 39 AufenthG), die von der Ausländerbehörde eingeholt wird. Die Zustimmung ist entbehrlich, soweit dies durch eine Rechtsverordnung i. S. v. § 42 AufenthG oder durch zwischenstaatliche Vereinbarung bestimmt ist. Maßgebliche Rechtsverordnungen nach § 42 AufenthG sind die Beschäftigungsverfahrensverordnung (BeschVerfV), welche die Zulassung von im Inland lebenden

---

[139] Verordnung (EG) Nr. 810/2009 des Europäischen Parlaments und des Rates vom 13.7.2009 über einen Visakodex der Gemeinschaft (ABl. L 241 v. 15.9.2009, S. 1).

D. Illegale Ausländerbeschäftigung **19**

Ausländern zur Ausübung einer Beschäftigung regelt, und die Beschäftigungsverordnung (BeschV), die sich mit der Zulassung von neueinreisenden Ausländern zur Ausübung einer Beschäftigung befasst.

Zur Aufnahme einer **selbstständigen Erwerbstätigkeit** ist keine Zustimmung der Bundesagentur erforderlich. Über die Zulassung entscheidet allein die Ausländerbehörde.

3. Asylbewerber und geduldete Ausländer

Asylbewerber haben aus Art 16a GG ein Recht auf Zugang zum Bundesgebiet. Ihnen ist der Aufenthalt zur Durchführung des Asylverfahrens gestattet (§ 55 AsylVerfG). Über die Aufenthaltsgestattung wird nach § 63 Abs. 1 AsylVerfG eine Bescheinigung ausgestellt. Einem Asylbewerber kann unter den Voraussetzungen des § 61 Abs. 1 und 2 AsylVerfG (Wartezeit mindestens 1 Jahr) die Ausübung einer unselbstständigen Beschäftigung erlaubt werden. **103**

Bei Ausländern, deren Abschiebung vorübergehend ausgesetzt ist (§ 60a AufenthG, Duldung), richtet sich die Aufnahme einer Beschäftigung nach §§ 10, 11 BeschVerfV (Wartezeit 1 Jahr; kein Vertretenmüssen der Aussetzung der Abschiebung).

II. Ausländerrechtliche Verstöße durch Aufnahme einer unerlaubten Beschäftigung

1. Die Grundtatbestände des § 95 Abs. 1 AufenthG

a) Grundlagen

Nach **§ 95 Abs. 1 Nr. 2 AufenthG** wird bestraft, wer sich ohne **erforderlichen Aufenthaltstitel** nach § 4 Abs. 1 Satz 1 AufenthG im Bundesgebiet aufhält, vollziehbar ausreisepflichtig ist (§ 50 Abs. 1 i. V. m. § 58 Abs. 2 AufenthG), ihm eine Ausreisefrist nicht gewährt oder diese abgelaufen ist (§ 59 Abs. 1 AufenthG) und dessen Abschiebung nicht ausgesetzt ist (Duldung, § 60a AufenthG). **§ 95 Abs. 1 Nr. 3 AufenthG** stellt die Einreise ohne einen nach § 3 Abs. 1 AufenthG erforderlichen Pass oder Passersatz oder ohne den nach § 4 AufenthG erforderlichen Aufenthaltstitel unter Strafe. **104**

Nach der Rechtsprechung des BGH[140] kommt ausländerrechtlichen Erlaubnissen für die verwaltungsakzessorischen Straftatbestände des Aufenthaltsgesetzes Tatbestandswirkung zu. Formell wirksame Einreise- oder Aufenthaltsgenehmigungen schließen daher die Strafbarkeit wegen illegaler Einreise und illegalen Aufenthalts – soweit nicht anders bestimmt – grundsätzlich aus, auch wenn der Aufenthaltstitel inhaltlich falsch ist oder rechtsmissbräuchlich erlangt wurde. **105**

Der Gesetzgeber hat als Reaktion auf die mit dieser Rechtsprechung verbundenen Strafbarkeitslücken § 95 AufenthG mit Wirkung vom 28.8.2007 in zwei wesentlichen Punkten ergänzt:[141]

Nach **§ 95 Abs. 6 AufenthG** steht in den Fällen des § 95 Abs. 1 Nr. 2 und 3 AufenthG einem Handeln ohne erforderlichen Aufenthaltstitel ein Handeln auf Grund eines durch Drohung, Bestechung oder Kollusion erwirkten oder durch unrichtige oder unvollständige Angaben erschlichenen Aufenthaltstitels gleich. Es handelt sich dabei nicht um einen eigenständigen Straftatbestand, sondern um eine Gleichstellungsklausel. Für die Annahme deutscher Strafgewalt ist es daher unerheblich, wenn sich die in Abs. 6 benannten Vorgänge im Ausland, auch ohne Beteiligung deutscher Behörden, abgespielt haben. Die Norm bewirkt, dass in den genannten Fällen nicht nur die Einreise im Sinne von § 95 Abs. 1 Nr. 3 AufenthG, sondern wegen der damit nach § 58 Abs. 2 Nr. 1 AufenthG vollziehbaren Ausreisepflicht auch der Aufenthalt i. S. v. § 95 Abs. 1 Nr. 2 unerlaubt ist. Diese Verstöße können zugleich

---

[140] BGH, Urt. v. 27.4.2005 – 2 StR 457/04, NJW 2005, 2095.
[141] Gesetz zur Umsetzung aufenthalts- und asylrechtlicher Richtlinien der Europäischen Union vom 19.8.2007 (BGBl. I S. 1970, 1988).

Anknüpfungspunkte für §§ 96, 97 AufenthG (Einschleusen) bilden.[142] Die mit § 95 Abs. 6 AufenthG verbundene Lockerung der Verwaltungsrechtsakzessorietät der benannten Straftatbestimmungen ist mit Unionsrecht, insbesondere mit Art. 21 und 34 Visakodex, vereinbar.[143]

Durch den zugleich neu eingefügten Straftatbestand des **§ 95 Abs. 1a AufenthG** wird bestraft, wer vorsätzlich eine Beschäftigung oder selbstständige Tätigkeit ohne einen die entsprechende Erwerbstätigkeit erlaubenden Aufenthaltstitel ausübt, eines Aufenthaltstitels bedarf und als Aufenthaltstitel nur ein **Schengen-Visum** nach § 6 Abs. 1 Nr. 1 AufenthG besitzt.

106 Beim Tatbestandsmerkmal der Nichtaussetzung der Abschiebung (**Duldung**) im Rahmen von § 95 Abs. 1 Nr. 2 AufenthG ist zu prüfen, ob die gesetzlichen Voraussetzungen für die Erteilung einer ausländerrechtlichen Duldung im Tatzeitraum gegeben waren.[144] Die Frage nach einem hypothetischen Duldungsanspruch stellt sich jedoch nicht, wenn sich der Ausländer von vornherein vor den Ausländerbehörden verborgen hält oder untergetaucht ist.[145] Die Möglichkeit der Bestrafung eines Ausländers, der sich durch ein solches Verhalten der Aufsicht der Ausländerbehörde entzieht und sich bewusst außerhalb des Rückführungsverfahrens stellt, entfällt auch nicht durch die Rückführungsrichtlinie 2008/115/EG und die gebotene europarechtskonforme Auslegung von § 95 Abs. 1 Nr. 2 AufenthG.[146]

Die Rückführungsrichtlinie steht auch einer Bestrafung des Ausländers wegen unerlaubten Aufenthalts aufgrund **Passlosigkeit** nach **§ 95 Abs. 1 Nr. 1 AufenthG** nicht entgegen, wenn der Ausländer seiner Verpflichtung zur Beschaffung eines Reisepasses nicht in zumutbarer Weise nachkommt oder die Beschaffung gar verhindert und das Rückführungsverfahren aufgrund des Verhaltens des Ausländers nicht betrieben werden kann.[147]

b) Fallbeispiele zur Strafbarkeit des Ausländers

107 Illegale Arbeitsaufnahme wird häufig in folgenden Konstellationen festgestellt:
(1) Der Drittstaatsangehörige (Negativstaatler) verfügt über ein Schengen-Visum (Touristenvisum) und nimmt während seines Aufenthalts eine Beschäftigung auf.
(2) Ein für Kurzaufenthalte von der Visumspflicht befreiter Drittstaatsangehöriger (Positivstaatler) nimmt während des Kurzaufenthaltes eine Beschäftigung auf.
(3) Der Ausländer verfügt über einen Aufenthaltstitel ausschließlich zum Zweck der Beschäftigungsaufnahme (§ 18 AufenthG). Der Titel konkretisiert die zustimmungspflichtige Beschäftigung nach Art der Tätigkeit und bezeichnet den Arbeitgeber (§ 4 Abs. 2 S. 4 AufenthG). Der Ausländer übt eine Beschäftigung aus, die vom erteilten Aufenthaltstitel nicht gedeckt wird.
(4) Der Ausländer reist illegal ein und übt ohne jeglichen Aufenthaltstitel eine Beschäftigung aus; ein ursprünglich bestehender Titel, der zur Aufnahme einer Erwerbstätigkeit erteilt worden ist, ist wegen des Eintritts einer auflösenden Bedingung oder einer Befristung erloschen – der Ausländer geht weiterhin einer Beschäftigung nach.
(5) Die Bescheinigung über die vorübergehende Aussetzung der Abschiebung (Duldung, § 60a AufenthG) enthält die Nebenbestimmung „Erwerbstätigkeit nicht gestattet"; der Ausländer nimmt gleichwohl eine Beschäftigung auf.
(6) Dem geduldeten Ausländer ist eine Erwerbstätigkeit gestattet, sein Aufenthalt ist aber auf das Bundesland, in dem die Duldung erteilt wurde, beschränkt (§ 61 Abs. 1 Satz 1 AufenthG). Der Ausländer verlässt das Bundesland wiederholt, um im benachbarten Bundesland eine Erwerbstätigkeit auszuüben.

108 Im **Fall 1** hat sich der Negativstaatler für Tatzeiträume ab dem 28.8.2007 nach § 95 Abs. 1a AufenthG strafbar gemacht. Ferner kommt eine Strafbarkeit nach § 95 Abs. 1 Nr. 2, 3 i. V. m.

---

[142] BGH, Urt. v. 24.5.2012 – 5 StR 567/11, NJW 2012, 2210.
[143] EuGH, Urt. v. 10.4.2012 – C-83/12 PPU; BGH, Urt. v. 24.5.2012 – 5 StR 567/11, NJW 2012, 2210.
[144] Siehe BVerfG, Beschl. v. 6.3.2003 – 2 BvR 397/02, NStZ 2003, 488.
[145] BGH, Urt. v. 6.10.2004 – 1 StR 76/04, StV 2005, 24.
[146] OLG Hamburg, Beschl. v. 25.1.2012 – 1 Ss 196/11, juris; KG Berlin, Beschl. v. 26.3.2012 – 1 Ss 393/11, NStZ-RR 2012, 347; a. A. *Hörich/Bergmann*, NJW 2012, 3339, 3340 f.
[147] OLG München, Beschl. v. 21.11.2012 – 4 StRR 133/12, juris.

D. Illegale Ausländerbeschäftigung

Abs. 6 AufenthG in Betracht, wenn er das Schengen-Visum (Touristenvisum) auf unlautere Weise erlangt hat. Für Zeiträume vor dem 28.8.2007 bliebe er dagegen straflos. Der Straftatbestand des § 95 Abs. 2 Nr. 2 AufenthG lief in der Regel leer, weil die unrichtigen Angaben zur Erlangung des Aufenthaltstitels im Ausland gemacht wurden und deutsches Strafrecht insoweit nach § 3 ff. StGB keine Anwendung fand.

Im **Fall 2** kann sich der Positivstaatler nach § 95 Abs. 1 Nr. 2 AufenthG strafbar machen. Mit der Arbeitsaufnahme entfällt die in Art. 1 Abs. 2 i. V. m. Anhang II der EU-VisaVO vorgesehene Befreiung vom Erfordernis eines Aufenthaltstitels (Art. 4 Abs. 3 EU-VisaVO i. V. m. § 17 Abs. 1 AufenthV), sofern es sich nicht um eine nach § 17 Abs. 2 AufenthV privilegierte Tätigkeit handelt.

Im **Fall 3** verfügt der Ausländer über einen wirksamen Aufenthaltstitel. Der Aufenthaltstitel wurde zwar bei Erteilung durch die Zustimmung der Bundesagentur von vornherein auf einen bestimmten Zweck (eine näher bezeichnete Tätigkeit bei einem bestimmten Arbeitgeber) konkretisiert (§ 39 Abs. 4 AufenthG). Die Beschränkung ist Bestandteil des Titels und aus dem Titel erkennbar (§ 18 Abs. 2 Satz 2, § 4 Abs. 2 Satz 4 AufenthG). Trotz der Aufnahme einer nicht erlaubten Beschäftigung besteht der Aufenthaltstitel jedoch formell weiter. Er entfaltet bis zu seinem Wegfall (§ 51 AufenthG) Tatbestandswirkung. Eine Strafbarkeit nach § 95 Abs. 1 Nr. 2, 3 AufenthG kommt daher nur bei Erschleichen des Aufenthaltstitels unter den Voraussetzungen des § 95 Abs. 6 AufenthG oder – bei einer Inlandstat – im Falle des § 95 Abs. 2 Nr. 2 AufenthG in Betracht. Im Übrigen liegt nur eine Ordnungswidrigkeit nach § 404 Abs. 2 Nr. 4 SGB III vor. **109**

Verstöße des Ausländers gegen die in den – regelkonform erlangten – Aufenthaltstitel übernommenen Beschränkungen der Zustimmung der Bundesagentur für Arbeit können nur dann als Straftat nach dem AufenthG verfolgt werden, wenn die Zuwiderhandlung gegen den Inhalt der Zustimmung von der Ausländerbehörde mit einer auflösenden Bedingung (§ 12 Abs. 2 AufenthG) verknüpft wurde. Mit dem Eintritt der auflösenden Bedingung erlischt der Aufenthaltstitel (§ 51 Abs. 1 Nr. 2 AufenthG). Beispiel für eine auflösende Bedingung: „Der Aufenthaltstitel erlischt mit Beendigung der Tätigkeit als Spezialitätenkoch im Lokal X oder mit Aufnahme einer nicht genehmigten Beschäftigung."

In allen Varianten zu **Fall 4** hält sich der Ausländer ohne den erforderlichen Aufenthaltstitel in Deutschland auf.

Im **Fall 5** lässt der Verstoß gegen das Erwerbstätigkeitsverbot die Aussetzung der Abschiebung (Duldung), welche einer Bestrafung nach § 95 Abs. 1 Nr. 2 AufenthG entgegensteht, unberührt. Anders als ehemals § 92 Abs. 1 Nr. 3 AuslG sieht das AufenthG eine Strafbarkeit von Verstößen gegen selbstständig vollziehbare Erwerbstätigkeitsauflagen nicht mehr vor. Diese unterfallen insbesondere nicht § 95 Abs. 1 Nr. 6a AufenthG.[148] Ob es sich bei der in die Duldungsbescheinigung aufgenommenen Formulierung „Erwerbstätigkeit nicht gestattet" überhaupt um eine echte Auflage nach § 61 Abs. 1 Satz 2 AufenthG handelt, deren Verletzung nach § 98 Abs. 3 Nr. 4 AufenthG als Ordnungswidrigkeit geahndet werden kann, erscheint zweifelhaft. Die gesetzliche Konzeption des AufenthG, wonach die Ausübung jeder Beschäftigung einer behördlichen Erlaubnis bedarf, soweit nicht ein Aufenthaltstitel vorliegt, der bereits unmittelbar ohne besonderen Zulassungsakt eine Beschäftigung erlaubt (§§ 4 Abs. 2 Satz 3, 4 Abs. 3 Satz 1, 42 Abs. 2 Nr. 5 AufenthG, §§ 1 Nr. 3, 10, 11 BeschVerfV), spricht dafür, dass es sich lediglich um einen bloßen Hinweis auf das sich bereits aus § 4 Abs. 3 Satz 1 AufenthG ergebende Erwerbstätigkeitsverbot handelt.[149] Im Ergebnis bleibt die unerlaubte Beschäftigung im Fall 5 gleichwohl nicht sanktionslos. Sie ist nach § 404 Abs. 2 Nr. 4 SGB III ordnungswidrig. Im Falle einer selbstständigen Tätigkeit würde § 98 Abs. 3 Nr. 1 AufenthG eingreifen. **110**

Im **Fall 6** macht sich der Ausländer nach **§ 95 Abs. 1 Nr. 7 AufenthG** strafbar. Die Norm ist unter Berücksichtigung der Gesetzessystematik und ihrer Entstehungsgeschichte einschrän- **111**

---

[148] So auch *Mosbacher*, in Ignor/Rixen, § 4 Rn. 289.
[149] VG Stuttgart, Urt. v. 21.5.2007 – 4 K 2086/07, juris; *Hailbronner*, AuslR, § 61 Rn. 37; a. A. OLG Nürnberg, Beschl. v. 18.10.2006 – 2 St OLG Ss 106, StV 2007, 136; *Mosbacher*, in Ignor/Rixen, § 4 Rn. 290.

kend dahin auszulegen, dass nur – wiederholte – Zuwiderhandlungen gegen die gesetzliche räumliche Beschränkung des Aufenthalts auf das Bundesland i. S. v. § 61 Abs. 1 Satz 1 AufenthG erfasst werden. Nicht darunter fallen behördlich angeordnete räumliche Beschränkungen nach § 61 Abs. 1 Satz 2 AufenthG, etwa auf das Gebiet eines Landkreises.[150] Eine wiederholte Zuwiderhandlung setzt im Hinblick auf das verfassungsrechtliche Verbot der Rückwirkung von Strafgesetzen einen nach Inkrafttreten des § 95 Abs. 1 Nr. 7 AufenthG (1.1.2005) begangenen[151] vorsätzlichen Erstverstoß sowie einen vorsätzlichen Zweitverstoß voraus. Einer Ahndung des Erstverstoßes oder einer sonstigen behördlichen Reaktion hierauf, die geeignet ist, dem Ausländer sein Fehlverhalten vor Augen zu führen, bedarf es nicht.[152] Ein Erstverstoß – auch gegen eine weitergehende behördlich angeordnete Beschränkung nach § 61 Abs. 1 Satz 2 AufenthG – kann als Ordnungswidrigkeit geahndet werden (§ 98 Abs. 3 Nr. 2 bzw. Nr. 4 AufenthG).

c) Anstiftung und Beihilfe

112 Teilnahmehandlungen zur unerlaubten Einreise bzw. zum unerlaubten Aufenthalt sind auch das Anwerben für Schwarzarbeit, die Beschaffung einer Arbeitsstelle und die Beschäftigung selbst. Wer als Arbeitgeber einen Ausländer, der nicht über den erforderlichen Aufenthaltstitel verfügt, gegen Entgelt beschäftigt, ermöglicht und erleichtert ihm den Aufenthalt im Bundesgebiet. Der Ausländer benötigt das Erwerbseinkommen, um in Deutschland seinen Lebensunterhalt bestreiten zu können; die Arbeitsaufnahme wird zudem in den meisten Fällen das Motiv für den illegalen Aufenthalt in Deutschland sein und den Entschluss des Ausländers, Deutschland nicht zu verlassen, bestärken.

Der Annahme einer strafbaren Beihilfe des Arbeitgebers durch tätige Hilfe, namentlich entgeltliche Beschäftigung, steht nicht entgegen, dass der Ausländer auch ungeachtet der Hilfeleistung zur Fortsetzung des unerlaubten Aufenthalts fest entschlossen ist. Die Hilfeleistung muss nicht conditio sine qua non für die Fortsetzung des unerlaubten Aufenthalts sein.[153] Eine vom Bundesgerichtshof erwogene Ausnahme für den Fall, dass der Gehilfe dem Ausländer aus humanitären Gründen lediglich eine Unterbringung in menschenunwürdigen Verhältnissen ersparen will[154], spielt in der Praxis illegaler Beschäftigung keine Rolle.

2. „Erschleichen" von Aufenthaltstiteln – § 95 Abs. 2 Nr. 2 AufenthG

113 Nach § 95 Abs. 2 Nr. 2 AufenthG wird bestraft, wer unrichtige oder unvollständige Angaben macht oder benutzt, um für sich oder einen anderen einen Aufenthaltstitel oder eine Duldung zu beschaffen oder eine so beschaffte Urkunde wissentlich zur Täuschung im Rechtsverkehr gebraucht.

Für die Verwirklichung der ersten Alternative des Tatbestands ist unerheblich, ob die Angaben tatsächlich dazu geführt haben, dass ein Aufenthaltstitel oder eine Duldung erteilt wurde. Ausreichend ist, dass es sich um ausländerrechtlich bedeutsame Angaben handelt, die im Allgemeinen zur Erlangung oder Ablehnung des Titels oder der Duldung führen können.[155] Falsche Angaben dieser Art gefährden zumindest abstrakt die Richtigkeit der Rechtsanwendung und damit das von der Norm geschützte Vertrauen des Rechtsverkehrs in die materielle Rechtmäßigkeit eines Aufenthaltstitels. Der Tatbestand ist daher auch dann nicht ausgeschlossen, wenn bei zutreffendem Sachvortrag ein Anspruch auf einen Aufenthaltstitel bestünde.[156]

Im Bereich der illegalen Beschäftigung und Schwarzarbeit hat die Norm vor allem im Rahmen des Zustimmungsverfahrens der Bundesagentur für Arbeit (§ 18 Abs. 2 AufenthG),

---

[150] BGH, Beschl. v. 17.2.2009 – 1 StR 381/08, NStZ 2009, 339.
[151] OLG Hamm, Beschl. v. 21.1.2009 – 3 Ss 476/08, juris.
[152] BGH, Beschl. v. 5.7.2011 – 3 StR 87/11, NJW 2011, 3174.
[153] BGH, Beschl. v. 2.9.2009 – 5 StR 266/09, NJW 2010, 248.
[154] BGH, Urt. v. 12.6.1990 – 5 StR 614/89, NJW 1990, 2207.
[155] OLG Karlsruhe, Beschl. v. 29.7.2004 – 3 Ws 10/04, NStZ-RR 2004, 376, m. w. N.
[156] OLG Stuttgart, Urt. v. 10.8.2009 – 1 Ss 1161/09, NStZ-RR 2009, 387; OLG Karlsruhe (Fn. 155).

D. Illegale Ausländerbeschäftigung

etwa bei unrichtigen Angaben über die Arbeitsbedingungen, insbesondere die Lohnhöhe (§ 39 Abs. 2 Satz 1 AufenthG), oder über die Art und Weise der Beschäftigung der ausländischen Arbeitskräfte Bedeutung. So werden beispielsweise bei Zulassungsverfahren bei Werkverträgen im Rahmen von bilateralen Regierungsabkommen (Entsendung) vielfach die für eine Arbeitnehmerüberlassung sprechenden Umstände verschwiegen und durch die Einreichung von fingierten Werkverträgen vertuscht, weil eine Arbeitnehmerüberlassung aus dem Ausland nicht zustimmungsfähig wäre (§ 40 Abs. 1 Nr. 2 AufenthG).[157]

In derartigen Fällen macht sich ein **Arbeitgeber**, der vorsätzlich unrichtige oder unvollständige Erklärungen abgegeben hat, als Täter des § 95 Abs. 2 Nr. 2 AufenthG strafbar. Die Norm scheidet bei einem alleinig täterschaftlichen Handeln des Arbeitgebers als Anknüpfungspunkt für eine Strafbarkeit wegen Einschleusens von Ausländern aus. Weiß der **Arbeitnehmer**, dass der Titel durch falsche Angaben erlangt wurde und macht er von dem Aufenthaltstitel – etwa durch Vorlage bei deutschen Behörden – zum Nachweis seines Aufenthaltsrechts Gebrauch, kann er sich seinerseits nach § 95 Abs. 2 Nr. 2 AufenthG strafbar machen.

Tätigt der Ausländer gegenüber einer **deutschen Auslandsvertretung** falsche oder unvollständige Angaben, um einen Aufenthaltstitel zu erschleichen, so findet für ihn deutsches Strafrecht keine Anwendung, weil eine Auslandstat vorliegt (§ 9 Abs. 1 StGB). Hat der Arbeitgeber den Ausländer von Deutschland aus angestiftet oder in Deutschland beihilferelevante Unterstützungsleistungen erbracht, so liegt für ihn eine Inlandstat vor (§ 9 Abs. 2 StGB). Er kann sich unter den weiteren Voraussetzungen des § 96 Abs. 1 Nr. 2 AufenthG auch wegen Einschleusens von Ausländern strafbar machen.[158]

Im Hinblick auf die Gleichstellungsklausel des § 95 Abs. 6 AufenthG wird im Falle eines nach § 95 Abs. 2 Nr. 2 AufenthG erschlichenen Aufenthaltstitels häufig auch eine Straftat des Ausländers nach § 95 Abs. 1 Nr. 2, 3 AufenthG gegeben sein, die ihrerseits Anknüpfungspunkt für einen Schleusungstatbestand sein kann.

3. Einschleusen von Ausländern – § 96 AufenthG

§ 96 Abs. 1 AufenthG stuft Anstiftung und Beihilfe zu einzelnen Handlungen nach § 95 AufenthG unter bestimmten Voraussetzungen zur Täterschaft herauf. Das Gesetz unterscheidet dabei in der seit 28.8.2007 geltenden Fassung zwischen Teilnahmen an der unerlaubten Einreise (Nr. 1) und Teilnahmen am unerlaubten Aufenthalt bzw. dem Erschleichen von Aufenthaltstiteln (Nr. 2).

§ 96 Abs. 1 Nr. 1 AufenthG setzt voraus, dass der Schleuser für seine Anstiftung oder Hilfeleistung zur unerlaubten Einreise nach § 95 Abs. 1 Nr. 3 oder Abs. 2 Nr. 1 Buchst. a AufenthG einen Vorteil erhält oder sich versprechen lässt oder dass er wiederholt oder zugunsten von mehreren Ausländern handelt. **Vorteil** ist jede Leistung materieller oder immaterieller Art, die den Täter wirtschaftlich, rechtlich oder auch nur persönlich besser stellt und auf die er keinen rechtlich begründeten Anspruch hat.[159] **Wiederholt** handelt, wer schon zuvor eine derartige Handlung begangen hat. Die Handlung braucht nicht bestraft worden zu sein,[160] muss aber im Strafprozess nachgewiesen werden. **Zugunsten von mehreren** Ausländern meint zugunsten von mindestens zwei.

In den von § 96 Abs. 2 Nr. 2 AufenthG erfassten Fällen muss der Schleuser einen **Vermögensvorteil** erhalten oder sich versprechen lassen. Vermögensvorteil ist jede günstigere Gestaltung der Vermögenslage.[161] Ob eine solche vorliegt, ist nach objektiven wirtschaftlichen Gesichtspunkten durch einen Vermögensvergleich zu ermitteln. Zahlt der Arbeitgeber einen der Arbeitsleistung entsprechenden Lohn, entsteht ihm kein Vermögensvorteil.

---

[157] Siehe auch Rn. 187 ff., 190.
[158] BGH, Urt. v. 11.2.2000 – 3 StR 308/99, NJW 2000, 1732 (1736).
[159] BGH, Urt. v. 10.3.1983 – 4 StR 375/82, NJW 1983, 2509.
[160] BGH, Urt. v. 26.5.1999 – 3 StR 122/99, NJW 1999, 2829.
[161] BGH, Urt. v. 21.2.1989 – 1 StR 631/88, NJW 1989, 1435; *Westphal/Stoppa*, NJW 1999, 2137.

19. Kapitel. Schwarzarbeit und illegale Beschäftigung

Zwischen der Förderung des illegalen Verhaltens des Ausländers und dem Erhalten oder Sichversprechenlassen des (Vermögens-)Vorteils muss ein **kausaler und finaler Zusammenhang** bestehen. Dabei genügt es, dass die Einschleusung des Ausländers als Mittel zur Erlangung des (Vermögens-)Vorteils dienen soll.[162] An dem notwendigen Zusammenhang fehlt es, wenn der (Vermögens-)Vorteil erst durch weitere selbstständige Tathandlungen, etwa solchen wegen Beitragsvorenthaltung nach § 266a StGB oder (Lohn-)Steuerhinterziehung nach § 370 AO, entsteht.[163] Vom wem der Arbeitgeber den (Vermögens-)Vorteil erhalten soll oder erhält, ist gleichgültig.[164]

§ 96 Abs. 2 AufenthG qualifiziert bestimmte Erscheinungsformen, darunter gewerbsmäßiges Handeln.

III. Verstöße gegen das Arbeitsgenehmigungsrecht

1. Allgemeines

116 Die Vorschriften des Arbeitsgenehmigungsrechts betreffen sowohl die Beschäftigung von Staatsangehörigen von osteuropäischen EU-Mitgliedstaaten, deren Arbeitnehmerfreizügigkeit zum Zeitpunkt der Beschäftigung noch eingeschränkt war (§ 284 SGB III), als auch die Erwerbstätigkeit von Drittstaatlern ohne den hierfür erforderlichen Aufenthaltstitel (§ 4 Abs. 2, 3 AufenthG).

Die EU-Erweiterungen zum 1.5.2004 und 1.1.2007 und das damit für die Staatsangehörigen der neuen Mitgliedstaaten verbundene grundsätzliche Recht zur freien Einreise und zum freien Aufenthalt (§ 2 FreizügG/EU) haben für diesen Personenkreis zu einer Verlagerung von Rechtsverstößen infolge illegaler Ausländerbeschäftigung aus dem Anwendungsbereich des AufenthG (siehe § 11 Abs. 1 FreizügG/EU) in das Arbeitsgenehmigungsrecht geführt. Die Herstellung der vollen Arbeitnehmerfreizügigkeit für die Angehörigen der osteuropäischen Beitrittsstaaten – mit Ausnahme Bulgariens und Rumäniens – zum 1.5.2011 hat die praktische Bedeutung dieser Vorschriften geschmälert.

2. Straftaten im SchwarzArbG

117 Die Straftaten im Zusammenhang mit der Beschäftigung von Ausländern ohne erforderliche Arbeitsgenehmigung oder Zustimmung der Bundesagentur sind in §§ 10 bis 11 SchwarzArbG geregelt. Auf die Erläuterungen in Rn. 25 ff. wird verwiesen.

3. Ordnungswidrigkeiten im SGB III

118 Zur Sanktionierung von Verstößen gegen das Arbeitsgenehmigungsrecht sind insbes. die Bußgeldvorschriften § 404 Abs. 2 Nr. 3, 4 sowie § 404 Abs. 1 SGB III von erheblicher praktischer Bedeutung. Die Bußgeldtatbestände knüpfen für noch nicht voll freizügigkeitsberechtigte Bürger aus den neuen Mitgliedstaaten an das Fehlen einer Arbeitsgenehmigung-EU (§ 284 Abs. 1 SGB III) und bei Drittausländern an das Fehlen eines zur Ausübung einer Erwerbstätigkeit berechtigenden Aufenthaltstitels (§ 4 Abs. 3 Satz 1, 2 AufenthG) an. Zuständig für die Verfolgung der genannten Ordnungswidrigkeiten sind die Behörden der Zollverwaltung (§ 405 Abs. 1 Nr. 1 SGB III).

Nach § 404 Abs. 2 Nr. 4 SGB III handelt ein **Ausländer**, der vorsätzlich oder fahrlässig entgegen § 284 Abs. 1 SGB III oder entgegen § 4 Abs. 3 Satz 1 AufenthG eine Beschäftigung ausübt, ordnungswidrig. Die Ordnungswidrigkeit ist mit Geldbuße bis zu 5.000 Euro bedroht (§ 404 Abs. 3 SGB III).

---

[162] BGH, Urt. v. 21.2.1989 – 1 StR 631/88, NJW 1989, 1435.
[163] So auch *Mosbacher*, in Graf/Jäger/Wittig, § 96 AufenthG Rn. 12; a. A. *Westphal/Stoppa*, NJW 1999, 2143; *Boxleitner*, Vorauflage Rn. 99.
[164] BGH, Urt. v. 11.2.2000 – 3 StR 308/99, NJW 2000, 1732.

D. Illegale Ausländerbeschäftigung **19**

Nach § 404 Abs. 2 Nr. 3 SGB III handelt ein **Arbeitgeber**, der vorsätzlich oder fahrlässig einen Ausländer entgegen § 284 Abs. 1 SGB III oder entgegen § 4 Abs. 3 Satz 2 AufenthG beschäftigt, ordnungswidrig.

Daneben handelt der **Hauptunternehmer nach § 404 Abs. 1 Nr. 1 und 2 SGB III** ordnungswidrig, wenn er Dienst- oder Werkleistungen in **erheblichem Umfang**[165] ausführen lässt, indem er einen anderen Unternehmer beauftragt, von dem er weiß oder fahrlässig nicht weiß, dass dieser zur Erfüllung dieses Auftrages einen Ausländer entgegen § 284 Abs. 1 SGB III oder § 4 Abs. 3 Satz 2 AufenthG beschäftigt oder einen Nachunternehmer einsetzt oder zulässt, dass ein Nachunternehmer tätig wird, der einen Ausländer entgegen § 284 Abs. 1 SGB III oder § 4 Abs. 3 Satz 2 AufenthG beschäftigt.

Die Ordnungswidrigkeiten nach § 404 Abs. 1 und Abs. 2 Nr. 3 SGB III sind gemäß § 404 Abs. 3 SGB III mit Geldbuße bis zu 500.000 Euro bedroht.

Da das Gesetz in allen Fällen auch die fahrlässige Unkenntnis vom Fehlen der erforderlichen Arbeitsgenehmigung bzw. des erforderlichen Aufenthaltstitels ausreichen lässt, trifft den Arbeitgeber bzw. Hauptunternehmer eine eingehende Prüfpflicht.[166] Auch der Hauptunternehmer wird sich die Arbeitsgenehmigungen oder Aufenthaltstitel der von den Subunternehmern eingesetzten Arbeitnehmer vorlegen lassen und den tatsächlichen Einsatz in geeigneter Weise, etwa durch die Ausstellung von Baustellenausweisen und Zutrittskontrollen, überprüfen müssen.

§ 4 Abs. 3 Satz 4 AufenthG verpflichtet den Arbeitgeber bzw. den Auftraggeber nachhaltiger entgeltlicher und auf Gewinnerzielung ausgerichteter Dienst- oder Werkleistungen dementsprechend auch ausdrücklich zur Prüfung, ob der Ausländer über einen zur Ausübung einer entsprechenden Erwerbstätigkeit berechtigenden Aufenthaltstitel verfügt. Nach § 4 Abs. 3 Satz 5 AufenthG muss der Arbeitgeber für die Dauer der Beschäftigung eine Kopie des Aufenthaltstitels oder der Bescheinigung über die Aufenthaltsgestattung oder über die Aussetzung der Abschiebung des Ausländers in elektronischer Form oder in Papierform aufbewahren.

IV. Scheinselbstständigkeit von Staatsangehörigen der neuen EU-Mitgliedstaaten

1. Niederlassungsfreiheit

Im Gegensatz zur Arbeitnehmerfreizügigkeit und zur Dienstleistungsfreiheit[167] war das Recht der Staatsangehörigen der neuen osteuropäischen Mitgliedstaaten auf freie Niederlassung bereits seit dem EU-Beitritt nach Maßgabe von Art. 49 ff. AEUV (ehemals Art. 43 ff. EGV) grundsätzlich uneingeschränkt. Die Niederlassungsfreiheit umfasst das Recht zur Aufnahme und Ausübung einer selbstständigen Erwerbstätigkeit oder zur Gründung und Leitung eines Unternehmens durch Angehörige eines Mitgliedstaates im Hoheitsgebiet eines anderen Mitgliedstaates. Eine Niederlassung setzt die tatsächliche Ausübung einer wirtschaftlichen Tätigkeit mittels einer festen Einrichtung in einem anderen Mitgliedstaat auf unbestimmte Zeit voraus. **119**

Der Status eines Selbstständigen war/ist für Bürger der neuen Mitgliedstaaten meist einfacher zu erlangen, als eine Arbeitsgenehmigung-EU. Niedergelassene Selbstständige dürfen darüber hinaus in Wirtschaftszweigen tätig werden, die vorübergehend von der Dienstleistungsfreiheit ausgenommen wurden. Die berufs- und gewerberechtlichen Zulassungsvoraussetzungen, die für Inländer gelten, sind auch von den Ausländern zu erfüllen. Die Beschäftigung von Scheinselbstständigen ist für den Arbeitgeber wirtschaftlich von Vorteil. Die Vergütung ist – abhängig von Herkunftsstaat und Branche – in der Regel niedriger als die

---

[165] Näher: *Ambs*, in Erbs/Kohlhaas, Stand Juli 2012, § 404 SGB III, Rn. 6a, d: Entscheidend ist bei Dienstleistungen grundsätzlich, ob die Arbeitskraft für nicht zu kurze Zeit voll, überwiegend oder laufend in Anspruch genommen wird, bei Werkleistungen vorrangig der Umfang des erstellten Werkes.

[166] So auch *Ambs*, in Erbs/Kohlhaas, Stand Juli 2012, § 404 SGB III Rn. 6 d.

[167] Zu den bis 30.4.2011 bzw. bis 31.12.2013 (Bulgarien, Rumänien) geltenden Einschränkungen: Rn. 99 f.

für (deutsche) Subunternehmer. Sozialversicherungsbeiträge und Lohnsteuern führt der Arbeitgeber nicht ab.

Ermittlungen im Bereich der Scheinselbstständigkeit erfordern einen hohen Personal- und Zeitaufwand. Besonderes Augenmerk haben die Prüf- und Ermittlungsbehörden dabei den Erstfeststellungen zu widmen. Wird es etwa versäumt, bei einer Baustellenkontrolle angetroffene mögliche ausländische Scheinselbstständige ausführlich mit den hierfür in mehreren Sprachen bei der FKS zur Verfügung stehenden Fragebögen dezidiert zu den für die Einstufung als Selbstständiger oder als Arbeitnehmer maßgeblichen Punkten zu befragen, so lassen sich diese Feststellungen häufig nur schwer nachholen. Dies gilt insbesondere dann, wenn die Arbeitskräfte nach der Kontrolle das Land wieder verlassen haben und die „Papierform" so gestaltet wurde, dass sie den Anschein echter Subunternehmerverhältnisse erweckt.

2. Abgrenzung selbstständige Tätigkeit – abhängige Beschäftigung

120 Ob tatsächlich eine selbstständige Tätigkeit oder eine Beschäftigung in einem Arbeitsverhältnis ausgeübt wird, ist anhand einer **Gesamtbewertung aller Umstände des Einzelfalles**[168] festzustellen.[169] Wesentliches Merkmal der **Beschäftigung** (§ 7 Abs. 1 SGB IV) ist die **persönliche Abhängigkeit** vom Arbeitgeber, die sich vornehmlich in der **Eingliederung des Arbeitenden in den Betrieb des Arbeitgebers** und dessen Recht, hinsichtlich der Arbeitszeit, des Arbeitsortes und der Art der Ausführung und Reihenfolge der Arbeit Weisungen zu erteilen, zeigt.[170] Das **Weisungsrecht** kann dabei mehr oder weniger stark eingeschränkt sein. Selbst die ohne oder nahezu ohne besondere Weisung erbrachte Arbeitsleitung ist fremdbestimmt, wenn sie von der Ordnung des jeweiligen Unternehmens bestimmt wird. In diesem Fall verfeinert sich die Weisungsgebundenheit des Beschäftigten zur funktionsgerechten Teilhabe am Arbeitsprozess. Der abhängig Beschäftigte trägt im Gegensatz zum Selbstständigen lediglich ein Beschäftigungs- und Einkommensrisiko.

Selbstständige Tätigkeit hingegen wird durch die Freiheit von arbeitsbezogenen Weisungen, die freie Verfügung über die Arbeitszeit, die Erledigung der Arbeit an einem selbst gewählten Ort, uneingeschränkte Tätigkeit für mehrere Geschäftsherrn, Einsatz eigenen Kapitals und eigener Betriebsmittel sowie das Tragen des Unternehmerrisikos gekennzeichnet. Hierunter ist die Möglichkeit zu sehen, durch den Einsatz eigener finanzieller Mittel einen Gewinn zu erzielen oder die eingesetzten Mittel zu verlieren.[171] Die Erteilung einer Bescheinigung nach § 15 Abs. 1 GewO ist nicht als Indiz für die tatsächliche Ausübung einer selbstständigen Tätigkeit zu werten. Es wird lediglich die Entgegennahme der Gewerbeanzeige dokumentiert.

3. Erscheinungsformen der Scheinselbstständigkeit

121 Einzelgewerbetreibende aus den neuen Beitrittsstaaten haben sind zwischenzeitlich in nahezu allen Branchen „niedergelassen" – vom selbstständigen Bauhandwerker bis hin zur selbstständigen Haushaltshilfe oder Pflegekraft.[172] Vermehrt werden Einzelgewerbetreibende von sogenannten Service-Unternehmen vermittelt und betreut. Das Service-Unternehmen akquiriert für die angeblich selbstständigen Gewerbetreibenden die Aufträge, handelt die Zahlungsmodalitäten aus, stellt im Namen der Gewerbetreibenden die Rechnung und zieht meist auch die Forderungen ein. Zwischen dem Service-Unternehmen und dem Selbstständigen besteht

---

[168] BSG, Urt. v. 9.12.1981 – 12 RK 4/81, SozR 2400 § 2 Nr 19.
[169] Siehe Checklisten bei *Ignor/Rixen*, in Ignor/Rixen, § 2 Rn. 34 ff.
[170] BSG, Urt. v. 30.4.1968 – 3 RK 91/65, juris.
[171] Siehe auch LSG Berlin, Urt. v. 27.10.1993 – L 9 Kr 35/92, DB 1994, 1829.
[172] Zur einzelfallabhängigen Einordnung der Tätigkeit von hauswirtschaftlichen Betreuern und Pflegekräften siehe bspw. LSG NW, Beschl. v. 17.10.2011 – L 8 R 420/11 B ER, juris; LSG NW, Urt. v. 20.7.2011 – L 8 R 532/10 (abhängige Beschäftigung); BSG, Urt. v. 28.9.2011 – B 12 R 17/09 R (selbstständige Tätigkeit), juris.

D. Illegale Ausländerbeschäftigung

ein Betreuungsvertrag. In derartigen Fallkonstellationen ist zu prüfen, ob Arbeitsvermittlung[173] oder illegale Arbeitnehmerüberlassung vorliegt oder aber, ob die Service-Agentur Arbeitgeber des Scheinselbstständigen ist.[174]

Anzutreffen ist auch der Zusammenschluss von Arbeitskräften zu einer GbR und die Erbringung von Werk- und Dienstleistungen in der Eigenschaft als Gesellschafter. Hier ist zunächst zu prüfen, ob die Gründung der Gesellschaft und der Abschluss der Werkverträge lediglich zum Schein vorgenommen wurden und – abweichend von der vertraglichen Gestaltung – nach den tatsächlichen Gegebenheiten zwischen dem inländischen Auftraggeber und den einzelnen „Gesellschaftern" Beschäftigungsverhältnisse zustande gekommen sind.[175]

Ist der Auftraggeber danach nicht als Arbeitgeber anzusehen, ist weiterhin zu prüfen, ob die Mitgesellschafter ihre Leistungen tatsächlich als Gesellschafter erbringen oder ob sie abhängig und weisungsgebunden für einen als „Kopf der Gesellschaft" fungierenden Mitgesellschafter tätig werden. Maßgeblich ist hierbei u. a., ob und in welcher Höhe tatsächlich Einlagen von den einzelnen Gesellschaftern erbracht wurden, ob die Gesellschafter einen gemeinsamen Zweck verfolgen, ob die Gesellschafter die vorgesehenen Gesellschafterbefugnisse kennen und ausüben sowie die Art und Weise der Gewinnbeteiligung. Allein die Funktion als von den Gesellschaftern bestimmter Sprecher und Verhandlungsleiter macht diesen noch nicht zum Arbeitgeber. Möglich sind auch Fälle der (unerlaubten) Arbeitnehmerüberlassung zwischen dem „Kopf der Gesellschaft" und dem inländischen Auftraggeber.[176]

4. Straf- und bußgeldrechtliche Folgen der Scheinselbstständigkeit

Soweit für den Scheinselbstständigen im Zeitraum der Beschäftigung noch keine Arbeitnehmerfreizügigkeit greift, werden regelmäßig Ordnungswidrigkeiten nach § 404 Abs. 2 Nr. 3 SGB III (Arbeitgeber) und § 404 Abs. 2 Nr. 4 SGB III (Scheinselbstständiger) gegeben sein, weil derjenige, der sich auf das Recht auf Niederlassungsfreiheit beruft, über keine Arbeitsgenehmigung-EU verfügen wird. Beim ausländischen Scheinselbstständigen kann die zutreffende Selbsteinordnung als Arbeitnehmer im Wege einer Parallelwertung in der Laiensphäre im Einzelfall vertiefter Prüfung bedürfen. Ferner kommt eine – die Ordnungswidrigkeit verdrängende – Strafbarkeit des Arbeitgebers nach §§ 10, 11 SchwarzArbG in Betracht. Der scheinselbstständige Ausländer macht sich bei beharrlicher Wiederholung nach § 11 Abs. 1 Nr. 2 Buchst. b SchwarzArbG strafbar.

Wer als Arbeitgeber Scheinselbstständige „beauftragt", kann dadurch ein beitragspflichtiges Beschäftigungsverhältnis begründen und sich nach § 266a StGB strafbar machen, wenn er seinen Melde- und Beitragszahlungspflichten nach §§ 28a, f SGB IV nicht nachkommt. Weiß der Auftraggeber um sämtliche Umstände, die seine Stellung als Arbeitgeber begründen, so ist in der Regel davon auszugehen, dass er auch den für die Unrechtsbegründung wesentlichen Bedeutungsgehalt des Tatbestandsmerkmals „Arbeitgeber" i. S. v. § 266a StGB und – daraus folgend – die damit einhergehenden Pflichten erfasst. Ein **Irrtum über die Arbeitgeberstellung** stellt lediglich einen den Vorsatz nicht berührenden Subsumtionsirrtum dar, der allenfalls geeignet wäre, einen – in der Regel durch Einleitung eines Statusfeststellungsverfahrens nach § 7a Abs. 1 Satz 1 SGB IV vermeidbaren – Verbotsirrtum zu erzeugen.[177]

---

[173] Siehe Rn. 137; zur Prüfung der Arbeitgeberstellung bei vermittelten ausländischen Pflegekräften siehe LSG NW, Beschl. v. 17.10.2011 – L 8 R 420/11 B ER, juris.

[174] Eine Arbeitgeberstellung der Agentur gegenüber Mitgliedern einer Handwerker-GbR im Einzelfall verneinend: LG Cottbus, Urt. v. 4.1.2011 – 22 KLs 39/09, juris.

[175] BGH v. 27.9.2011 – 1 StR 399/11, NJW 2012, 471, auch zur Prüfung nach unionsrechtlichen Maßstäben.

[176] Zu den Folgen der Arbeitnehmerüberlassung ohne die erforderliche Erlaubnis siehe Rn. 150 ff.

[177] BGH, Beschl. v. 7.10.2009 – 1 StR 478/09, NStZ 2010, 337 = wistra 2010, 29.

E. Illegale Beschäftigung im Zusammenhang mit Arbeitnehmerüberlassung

I. Arbeitnehmerüberlassung und andere Formen drittbezogenen Personaleinsatzes

1. Arbeitnehmerüberlassung

124 Arbeitnehmerüberlassung liegt vor, wenn ein Verleiher (Arbeitgeber) einem Entleiher aufgrund einer Vereinbarung geeignete, bei ihm angestellte Arbeitskräfte zur Verfügung stellt, die der **Entleiher nach seinen Vorstellungen und Zielen in seinem Betrieb** wie seine eigenen Arbeitnehmer **zur Förderung seiner Betriebszwecke** einsetzt.[178] Der überlassene Arbeitnehmer wird voll **in den Betrieb des Entleihers eingegliedert und unterliegt allein dessen Weisungsrecht**.[179] Das Dreiecksverhältnis der Arbeitnehmerüberlassung ist also wie folgt charakterisiert: Zwischen Verleiher und Arbeitnehmer besteht ein Arbeitsverhältnis. Zwischen Verleiher und Entleiher existiert ein Arbeitnehmerüberlassungsvertrag, welcher den Verleiher (lediglich) verpflichtet, den (geeigneten) Arbeitnehmer auszuwählen und ihn dem Entleiher zur Arbeitsleistung zur Verfügung zu stellen. Es fehlt an einer arbeitsvertraglichen Beziehung zwischen Arbeitnehmer und Entleiher.

2. Abgrenzung zu anderen Formen drittbezogenen Personaleinsatzes

a) Bedeutung der Abgrenzung

125 Die Arbeitnehmerüberlassung ist abzugrenzen vom Einsatz von Arbeitskräften im Rahmen von Werk- oder selbstständigen Dienstverträgen sowie von anderen Formen drittbezogenen Personaleinsatzes. Die Unterscheidung ist von herausgehobener Bedeutung, weil Arbeitnehmerüberlassung unter Verstoß gegen das Arbeitnehmerüberlassungsgesetz gravierende strafrechtliche und beitragsrechtliche Folgen nach sich ziehen kann. Die rechtliche Beurteilung des Personaleinsatzes kann im Einzelfall erhebliche Schwierigkeiten bereiten. Auch gesetzestreue Unternehmer stehen vor dem Problem, die Zusammenarbeit mit dem Auftragnehmer so zu gestalten, dass das unerwünschte Ergebnis, nämlich eine illegale Arbeitnehmerüberlassung, vermieden wird.

b) Abgrenzungsmaßstab

126 Entscheidend für die rechtliche Einordnung eines Vertrages ist der **vom wirklichen** – nach strafprozessualen Grundsätzen festzustellenden – **Willen**[180] **der Vertragsparteien bestimmte Geschäftsinhalt**. Auf eine von den Parteien abweichend vom tatsächlichen Geschäftsinhalt erhoffte Rechtsfolge oder gewählte Bezeichnung kommt es nicht an. Der Geschäftsinhalt ist durch eine Gesamtbetrachtung der (schriftlichen) Vereinbarungen der Vertragspartner und der praktischen Durchführung des Vertrages zu ermitteln. Widersprechen sich beide, so ist die tatsächliche Vertragsdurchführung maßgebend, weil hieraus auf den wirklichen – von dem nur vorgeschobenen Inhalt der schriftlichen Vertragsunterlagen abweichenden – Geschäftswillen der Vertragsparteien geschlossen werden kann. Bei den festgestellten Abweichungen darf es sich allerdings nicht lediglich um „Ausreißer" handeln. Als Ausdruck des wirklichen Willens können nur solche Vorgänge angesehen werden, die beispielhaft für eine durchgehend geübte Vertragspraxis stehen. Ferner muss die abweichende Vertragspraxis von den zum Vertragsschluss berechtigten Personen zumindest geduldet worden sein.[181]

---

[178] *Röller*, in Küttner, Personalbuch, Kap. 34 Rn. 3; BAG, Urt. v. 13.8.2008 – 7 AZR 269/07, EzAÜG § 10 Fiktion Nr. 121.
[179] BAG, Urt. v. 6.8.2003 – 7 AZR 180/03, AP Nr. 6 zu § 9 AÜG; BAG, Urt. v. 13.8.2008, a. a. O.
[180] BGH, Beschl. v. 12.2.2003 – 5 StR 165/02, NJW 2003, 1821.
[181] BAG, Urt. v. 6.8.2003 – 7 AZR 180/03, AP Nr. 6 zu § 9 AÜG.

E. Illegale Beschäftigung im Zusammenhang mit Arbeitnehmerüberlassung

Zur Unterscheidung der verschiedenen Formen drittbezogenen Personaleinsatzes können Abgrenzungskriterien[182] Hilfestellung geben, die allerdings nicht isoliert und nicht ohne Berücksichtigung der Besonderheiten des Einzelfalls angewendet werden dürfen. Hauptprüfungskriterien für die Annahme von Arbeitnehmerüberlassung sind die Eingliederung des Arbeitnehmers in die Betriebsorganisation des Entleihers und die Ausübung arbeitsrechtlicher Weisungsbefugnisse durch diesen. Je nach Fallgruppe und abzugrenzendem Vertragstyp kommen weitere Kriterien hinzu.

3. Werkvertrag und Arbeitnehmerüberlassung

Bei einem Werkvertrag i. S. d. §§ 631 ff. BGB verpflichtet sich der Werkunternehmer, dem Besteller ein dem Werkunternehmer zurechenbares Werkergebnis zu erbringen. 127

a) Werkvertragstaugliche Leistung

Voraussetzung für einen Werkvertrag ist u. a., dass das zu erstellende Werk bereits vorher ausreichend genau beschrieben ist, um es während oder nach der Erstellung dem Werkunternehmer zurechnen zu können. Ausreichend ist es, das Werkergebnis als Ziel klar zu definieren, wenn sich z. B. einzelne Realisierungsschritte erst während der Durchführung ergeben. Dies ist häufig bei der Erstellung von Software oder bei Reparaturarbeiten an Anlagen der Fall. Ein Indiz für Arbeitnehmerüberlassung kann ein unbestimmtes Ziel, etwa die Mitarbeit an einem Projekt, sein. Auch die Atomisierung von Gewerken in Kleinstprojekte oder -aufträge kann ein Hinweis darauf sein, dass nicht ein Werk geschuldet wird, sondern die Arbeitsleistung. Anhaltspunkte ergeben sich i. d. R. aus Angebotsunterlagen und den schriftlichen Vereinbarungen. 128

b) Werkvertragsfähiges Unternehmen

Das Werkvertragsunternehmen muss aufgrund seiner Ausstattung und Organisation in der Lage sein, das geschuldete Werk eigenverantwortlich zu erbringen. Verfügt das Unternehmen z. B. nicht über erforderliche Maschinen oder Werkzeuge, fehlt es an einer üblichen Büroorganisation oder mangelt es an einer fachlich kompetenten Projektleitung, die in der Lage ist, die einzelnen Arbeitsschritte fachgerecht zu planen, zu koordinieren und die Ausführung zu überwachen, so ist dies ein deutliches Indiz für Arbeitnehmerüberlassung. In derartigen Fällen ist der Unternehmer zur eigenständigen Erbringung der werkvertraglich geschuldeten Leistung nicht in der Lage und auf die Organisation und Planung der Arbeitsabläufe durch den Besteller angewiesen. Der Besteller wiederum wird ein derartiges Unternehmen nicht ohne Kontrolle und unter Verzicht auf detaillierte Anweisungen und gebotene Eingriffe in die Arbeitsabläufe tätig werden lassen. Die Werkvertragsfähigkeit fehlt daher häufig bei bloßen Briefkastenfirmen, die im Rahmen einer Entsendung aus dem Ausland im Betrieb des Bestellers tätig werden. Briefkastenfirmen dienen regelmäßig der Beschaffung von günstigen Arbeitskräften aus Billiglohnländern unter dem Deckmantel eines Werkvertrages. Werden Material und eventuell Maschinen und Werkzeuge vom Besteller geliefert, muss deswegen noch keine Arbeitnehmerüberlassung vorliegen. 129

c) Werkvertragstypische unternehmerische Dispositionsfreiheit gegenüber dem Besteller

Bei Werkverträgen organisiert der Unternehmer die zur Erreichung des wirtschaftlichen Erfolges notwendigen Handlungen selbst, wobei er sich Erfüllungsgehilfen bedienen kann. Der Unternehmer wählt das einzusetzende Personal nach Quantität und Qualität selbst aus, ohne dass der Besteller hierauf Einfluss nimmt. Er entscheidet, wie die Werkserstellung im Rahmen seiner betrieblichen Möglichkeiten und Erfordernisse zeitlich organisiert und welche Arbeits- und Betriebsmittel eingesetzt werden. Die Abstimmung der Arbeitsabläufe zwischen Besteller, Unternehmer und ggf. weiteren Subunternehmern (z. B. Einhaltung eines Bauzeitplanes, Koordinierung der Arbeiten zwischen Subunternehmern, die aufeinander aufbauende Gewerke erbringen) ist nicht als Eingriff in die unternehmerische Dispositionsfreiheit zu werten, solange der Unternehmer noch ein eigenständiges Werk erstellt. 130

---

[182] Siehe dazu: Geschäftsanweisung der BA zum AÜG, Stand: Dez. 2011, www.arbeitsagentur.de => Veröffentlichungen => Weisungen => Arbeitgeber; *Paetzold*, in Ignor/Rixen, § 3 Rn. 23 ff.

d) Keine arbeitsvertraglichen Weisungen des Bestellers

131 Das arbeitsvertragliche Weisungsrecht des Unternehmers gegenüber seinen Arbeitnehmern darf nicht auf den Besteller übergehen. Es beinhaltet unter anderem die Festlegung der Arbeits- und Pausenzeiten einschließlich der Durchführung von Arbeitszeitkontrollen, die Anordnung von Überstunden, die Zuweisung konkreter Aufgaben sowie die Bestimmung der Einzelheiten der Arbeitsabläufe und der Durchführung einzelner Arbeitsschritte. Unschädlich sind jedoch Anweisungen des Bestellers, die betriebsspezifisch unvermeidbar sind oder der Einhaltung von Sicherheitsbestimmungen dienen. Kein Indiz für eine Arbeitnehmerüberlassung sind – wie § 645 Abs. 1 Satz 1 BGB zeigt – projektbezogene Anweisungen des Bestellers bezüglich der Ausführung des Werkes an den Werkunternehmer oder dessen Erfüllungsgehilfen. Zur Unterscheidung zwischen arbeitsrechtlichen und werkvertraglichen bzw. objektbezogenen Weisungen ist im Rahmen der Ermittlungen auf den konkreten Inhalt der erteilten Weisungen besonderes Augenmerk zu richten.

e) Keine organisatorische Eingliederung in den Betrieb des Bestellers

132 Die Erbringung der Leistungen im Betrieb des Bestellers lässt nicht unmittelbar auf Arbeitnehmerüberlassung schließen. Werden die Arbeitnehmer des Werkunternehmers jedoch in den Betriebsablauf des Bestellers eingebunden,[183] spricht dies für Arbeitnehmerüberlassung, so bei Montagebändern oder anderen Produktionsabläufen, bei denen einzelne Arbeitsschritte aufeinander abgestimmt sind. Insbesondere eine Vermischung von Arbeitnehmern des Werkvertragsunternehmers und des Bestellers zur gemeinschaftlichen Herstellung eines Werkes im Betrieb des Bestellers indiziert eine Arbeitnehmerüberlassung.[184]

f) Werkvertragliches Unternehmerrisiko

133 Im Vergleich zu einem Verleiher trägt ein Werkunternehmer ein erhöhtes Unternehmerrisiko. Der Verleiher schuldet dem Entleiher die Überlassung der Arbeitskraft seines Arbeitnehmers, wobei der Entleiher den Arbeitnehmer selbst ausgesucht haben kann. Der Werkunternehmer schuldet die erfolgreiche und fristgerechte Erstellung eines Werkes. Er trägt die Vergütungsgefahr bis zur Abnahme und die Gewährleistungspflicht. Das Verschulden seiner Erfüllungsgehilfen, hier der Arbeitnehmer, muss er sich zurechnen lassen. Ein Werkunternehmer, der aufgrund der Komplexität oder des Umfangs des Vorhabens größeren Risiken ausgesetzt ist, wird sich i. d. R. durch Versicherungen oder Rückstellungen dagegen absichern. Bei Werkverträgen üblich ist auch die Vereinbarung von Konventionalstrafen, insbesondere wegen Nichteinhaltung von Fertigstellungsterminen. Vor allem im Baubereich ist es gängige Praxis, bis zur Abnahme des Werkes nur Abschlagszahlungen zu leisten, um etwaige Gewährleistungsansprüche oder Konventionalstrafen realisieren zu können. Werden diese Pflichten vertraglich ausgeschlossen, spricht dies für Arbeitnehmerüberlassung. Zur Umgehung werden aber auch solche Pflichten ausdrücklich vereinbart; Einbehalte werden vorgenommen, jedoch unabhängig von der Abnahme des Werkes oder vor Ablauf der Gewährleistungszeit erstattet. Häufig dienen Sicherheitseinbehalte zum Drücken des Preises für die erbrachten Leistungen. Finanziell schwach gestellte Werkunternehmer können sich gegen ungerechtfertigte Kürzungen des Werklohnes wegen angeblicher Mängel oder Verzögerungen nicht wehren und müssen sie hinnehmen. Sicherheitseinbehalte und Kürzungen des Werklohnes sind daher nur nach eingehender Überprüfung des konkreten Vertragsverhältnisses und der Vertragsabwicklung als Kriterium für eine Abgrenzung zwischen Werkvertrag und Arbeitnehmerüberlassung heranzuziehen.

g) Werkvertragstypische Abrechnung

134 Auch die Bemessungsgrundlage für das Entgelt kann Aufschluss darüber geben, ob Arbeitnehmerüberlassung oder ein Werkvertrag vorliegt. Bei einem Werkvertrag wird die Vergütungsregelung regelmäßig entweder in einer Pauschalsumme für das Gesamtwerk oder einzelne Teilabschnitte oder in einem Einheitspreis nach den vereinbarten Berechnungsmaßstäben bestehen. Eine Abrechnung nach geleisteten Arbeitsstunden ist hingegen unüblich, es sei denn, dies ist im Rahmen bestimmter Regelungswerke (z. B. HOAI) zugelassen. Auch wenn eine Werkleistung ohne den Einsatz eigener Maschinen oder Werkzeuge erfolgt und die Kalkulation sich daher i. d. R. nur an zu leistenden Arbeitsstunden orientieren kann, wird hier üblicherweise ein Pauschalpreis vereinbart. Selbst wenn die Abrechnung nicht auf Stundenbasis, sondern nach Stückzahl, Masse oder Gewicht erfolgt, kann Arbeitnehmerüberlassung vorliegen, da auch einem Leiharbeitnehmer konkrete Werke als Leistungen zugerechnet werden können, z. B. die Erstellung eines Bauabschnittes durch eine Gruppe von überlassenen Leiharbeitern. Werden vom Werk-

---

[183] Eingliederung in den Betrieb wird z. B. bei Lohnschlachtern und Ausbeinern regelmäßig der Fall sein, vgl. BGH, Urt. v. 13.6.2001 – 3 StR 126/01, NStZ 2001, 599 = wistra 2001, 464.
[184] LG Oldenburg, Urt. v. 8.7.2004 – 2 KLs 65/04, wistra 2005, 117 (118).

E. Illegale Beschäftigung im Zusammenhang mit Arbeitnehmerüberlassung

ergebnis unabhängige Abschlagszahlungen oder solche ohne Schlussrechnung vorgenommen, kann dies ebenfalls für Arbeitnehmerüberlassung sprechen. Nicht selten wird eine Abrechnung nach Stundensätzen durch das Erstellen von fingierten Aufmaßblättern verschleiert.

4. Selbstständiger Dienstvertrag

Beim Dienstvertrag (§§ 611 ff. BGB) führt der dienstverpflichtete Unternehmer die geschuldete Tätigkeit selbst oder mittels seiner Erfüllungsgehilfen in eigener Verantwortung und nach eigenem Plan aus. Er entscheidet in eigener unternehmerischer Organisationsgewalt über Zahl und Qualifikation der eingesetzten Mitarbeiter, über die verwendeten Betriebsmittel und die zeitliche Disposition. Er trifft die für ein Arbeitsverhältnis typischen Entscheidungen. Seine Arbeitnehmer führen ihre Tätigkeit frei von arbeitsbezogenen Weisungen des Auftraggebers aus. Abstimmungen mit dem Auftraggeber und eine – auch detaillierte – vertragliche Konkretisierung der Dienstleistungen sollen nach der Rechtsprechung des BAG[185] aber grundsätzlich zulässig sein, solange damit noch keine Eingliederung in die Arbeitsorganisation des Auftraggebers verbunden ist. Im Hinblick auf die Notwendigkeit der Selbstständigkeit der Dienstleistung ist ein drittbezogener Personaleinsatz auf dienstvertraglicher Basis nur in engen Grenzen möglich, ohne dass von Arbeitnehmerüberlassung auszugehen ist.[186] **135**

5. Dienstverschaffungsvertrag

Ein von Arbeitnehmerüberlassung zu unterscheidender Dienstverschaffungsvertrag kann nur angenommen werden, wenn ein Vertragspartner die Verpflichtung übernimmt, dem anderen Vertragspartner nicht die Arbeitsleistung, sondern die selbstständige Dienstleistung eines Dritten zu verschaffen. Der Dritte muss den Dienst in wirtschaftlicher und sozialer Selbstständigkeit und Unabhängigkeit erbringen. Steht er in einer arbeitsvertraglichen Beziehung oder einer gleichstehenden persönlichen Abhängigkeit zu einem der Vertragspartner, ist ein Dienstverschaffungsvertrag ausgeschlossen. Sollen die Dienste in diesem Fall weisungsgebunden im Rahmen eines eigenständigen Vertrages des Dritten mit dem Einsatzunternehmen geleistet werden, kann Arbeitsvermittlung in Betracht kommen.[187] Beschränkt sich die Vertragsbeziehung des Dritten dagegen auf den Dienstverschaffenden, ohne dass der Dritte in unmittelbare arbeitsvertragliche Beziehungen zum Einsatzunternehmen treten soll, spricht dies für Arbeitnehmerüberlassung. **136**

6. Abgrenzung zur Arbeitsvermittlung

Arbeitnehmerüberlassung ist nicht gegeben, wenn Arbeitsvermittlung vorliegt. **Arbeitsvermittlung** umfasst alle Tätigkeiten, die darauf gerichtet sind, Arbeitsuchende mit Arbeitgebern zur Begründung eines Beschäftigungsverhältnisses zusammenzuführen (vgl. § 35 Abs. 1 Satz 2 SGB III). Soweit in § 1 Abs. 2 AÜG widerleglich vermutet wird, dass der Überlassende Arbeitsvermittlung betreibt, wenn Arbeitnehmer Dritten zu Dienstleistungen überlassen werden und der Überlassende nicht die üblichen Arbeitgeberpflichten oder das Arbeitgeberrisiko (§ 3 Abs. 1 Nr. 1 bis 3 AÜG) übernimmt, hat dies im Strafverfahren nur Indizwirkung. Voraussetzung für Arbeitnehmerüberlassung ist stets, dass zwischen Verleiher und Arbeitnehmer ein echtes Arbeitsverhältnis besteht, das während der Zeit der Überlassung und meist auch darüber hinaus bestehen bleibt. Liegt nach der gesamten Gestaltung und Durchführung der Vertragsbeziehungen der Schwerpunkt des Arbeitsverhältnisses im Verhältnis des Arbeitnehmers zum Entleiher, ist von Arbeitsvermittlung auszugehen.[188] **137**

---

[185] BAG, Beschl. v. 5.5.1992 – 1 ABR 78/91, DB 1992, 1936.
[186] BSG, Urt. v. 23.6.1982 – 7 RAr 98/80, SozR 4100 § 13 Nr 6.
[187] Ulber – *J. Ulber*, AÜG, Einl. Rn. 107 f.
[188] BAG, Urt. v. 21.3.1990 – 7 AZR 198/89; *Ambs*, in Erbs/Kohlhaas, Stand Jan. 2012, § 1 AÜG Rn. 23, 26.

II. Das Arbeitnehmerüberlassungsgesetz

1. Zielsetzung

138 Das Arbeitnehmerüberlassungsgesetz (AÜG) dient in erster Linie dem Schutz der verliehenen Arbeitnehmer. Es soll Rahmenbedingung für die Arbeitnehmerüberlassung schaffen, die den Anforderungen des sozialen Rechtsstaates entsprechen, Missbrauch verhindern und illegale Formen der Arbeitnehmerüberlassung bekämpfen, gleichzeitig aber die Flexibilität des Arbeitsmarktes erhalten.[189]

2. Anwendungsbereich

a) Allgemeines

139 Mit der Umsetzung der Leiharbeitsrichtlinie 2008/104/EG[190] durch das Erste Gesetz zur Änderung des Arbeitnehmerüberlassungsgesetzes – Verhinderung von Missbrauch der Arbeitnehmerüberlassung – vom 28.4.2011[191] wurde der Anwendungsbereich des AÜG zum 1.12.2011 erweitert. Die Leiharbeitsrichtlinie gilt „für öffentliche und private Unternehmen, bei denen es sich um Leiharbeitsunternehmen oder entleihende Unternehmen handelt, die eine wirtschaftliche Tätigkeit ausüben, unabhängig davon, ob sie Erwerbszwecke verfolgen oder nicht" (Art. 1 Abs. 2 RL). Dementsprechend knüpft § 1 Abs. 1 Satz 1 AÜG nunmehr an eine Arbeitnehmerüberlassung durch Arbeitgeber/Verleiher „im Rahmen ihrer wirtschaftlichen Tätigkeit" an. Auf eine Gewerbsmäßigkeit der Arbeitnehmerüberlassung im Sinne des Gewerberechts kommt es für Zeiträume ab dem 1.12.2011 nicht mehr an.

Weder die Leiharbeitsrichtlinie noch das AÜG enthalten eine Bestimmung des Begriffs „**wirtschaftliche Tätigkeit**". Die – wettbewerbsrechtliche – Rechtsprechung des EuGH[192] versteht darunter jede Tätigkeit, die darin besteht, Güter oder Dienstleistungen auf einem bestimmten Markt anzubieten. Erforderlich ist, dass das Angebot mit dem von Wirtschaftsteilnehmern konkurriert, die den gleichen Zweck verfolgen. Dabei ist es nicht zwingend geboten, dass das Unternehmen unmittelbar nach außen gerichtet auftritt. Auch konzerninterne Personalservicegesellschaften, die Leiharbeitnehmer – häufig zum Selbstkostenpreis – anderen Konzernunternehmen überlassen, entfalten – mittelbar – eine marktbezogene Tätigkeit, indem sie mit ihrem Angebot – in Absprache mit den anderen Konzernunternehmen – andere Marktteilnehmer verdrängen.[193] Der Zweck der Richtlinie und des AÜG, namentlich Schutz der Arbeitnehmer und Gewährleistung des Funktionierens des Arbeitsmarktes einschließlich der Verhütung eventuellen Missbrauchs, erfordern eine weite Auslegung des Begriffs der „wirtschaftlichen Tätigkeit". Unerheblich ist, ob die Arbeitnehmerüberlassung Haupt- oder Nebenzweck des Betriebs des Verleihers ist. Erfasst wird auch der nur gelegentliche Verleih. Auf eine Gewinnerzielungsabsicht kommt es nicht an. Ausgeschlossen ist aber die Wahrnehmung hoheitlicher Aufgaben.

140 Der Anwendungsbereich der Leiharbeitsrichtlinie umfasst Arbeitnehmer, die mit einem Leiharbeitsunternehmen einen Arbeitsvertrag geschlossen haben oder ein Beschäftigungsverhältnis eingegangen sind und die entleihenden Unternehmen zur Verfügung gestellt werden, um **vorübergehend** unter deren Aufsicht und Leitung zu arbeiten (Art. 1 Abs. 1 RL). Durch den seit 1.12.2011 geltenden **§ 1 Abs. 1 Satz 2 AÜG** („Die Überlassung von Arbeitnehmern an Entleiher erfolgt vorübergehend.") soll nach der Begründung des Gesetzentwurfs der

---
[189] BT-Drs. 6/2303, S. 9; BT-Drs. 17/4804, S. 7.
[190] ABl. L 327 vom 5.12.2008, S. 9.
[191] BGBl. 2011 I S. 642.
[192] EuGH, Urt. v. 10.1.2006 – C-222/04, EuZW 2006, 306.
[193] Ulber – *J. Ulber*, § 1 AÜG Rn. 203 f.; a. A. *Rieble/Vielmeier*, EuZA 2011, 474 (481); a. A. auch *Thüsing/Thieken*, DB 2012, 347 (349 f.), die allerdings die konzerninterne Arbeitnehmerüberlassung mit Rücksicht auf den Willen des Gesetzgebers (BT-Drs. 17/4804, S. 8) durch eine AÜG-spezifische Erweiterung des Begriffs der „wirtschaftlichen Tätigkeit" einbeziehen wollen.

E. Illegale Beschäftigung im Zusammenhang mit Arbeitnehmerüberlassung

Bundesregierung[194] klargestellt werden, dass das deutsche Modell der Arbeitnehmerüberlassung den europarechtlichen Vorgaben entspreche.

Das AÜG regele *„ein auf vorübergehende Überlassung angelegtes Modell der Arbeitnehmerüberlassung, bei dem die Überlassung an den jeweiligen Entleiher im Verhältnis zum Arbeitsvertragsverhältnis zwischen dem Verleiher und dem Leiharbeitnehmer vorübergehend"* sei. Der Begriff „vorübergehend" im Sinne der Leiharbeitsrichtlinie werde dabei *„als flexible Zeitkomponente verstanden"*; insbesondere werde *„auf genau bestimmte Höchstüberlassungsfristen verzichtet"*. Auf eine Anfrage einer Bundestagsabgeordneten zum Verständnis des Begriffs „vorübergehend" und zur Notwendigkeit einer zeitlichen Befristung des Überlassungszeitraums hat die Bundesregierung am 29.2.2012 ergänzend ausgeführt: *„Entsprechend dem Wesen einer Klarstellung ist eine Änderung der bestehenden Rechtslage nicht beabsichtigt. Demnach ist auch weiterhin eine nicht von vornherein zeitlich befristete Überlassung von Zeitarbeitnehmern möglich."*[195]

In der Literatur und in arbeitsgerichtlichen Verfahren ist eine Kontroverse über Auslegung und Folgen von § 1 Abs. 1 Satz 2 AÜG entbrannt. Teilweise wird vertreten, eine dauerhafte Arbeitnehmerüberlassung sei nicht vom Anwendungsbereich der Richtlinie und des AÜG umfasst. Dies bedeute aber nicht, dass eine dauerhafte Arbeitnehmerüberlassung damit ausgeschlossen oder untersagt wäre.[196] Nach anderer Auffassung handelt es sich bei § 1 Abs. 1 Satz 2 AÜG nur um einen Programmsatz ohne Rechtsfolgen. Bei teleologischer Auslegung der Richtlinie sei auch die Dauerüberlassung in deren Anwendungsbereich einzubeziehen. Eine Nichtanwendung der in der Richtlinie geregelten Schutzstandards auf Fälle der dauerhaften Überlassung könne der Gesetzgeber nicht bezweckt haben.[197] Kontrovers diskutiert wird auch, ob in § 1 Abs. 1 Satz 2 AÜG eine unmittelbare gesetzliche Einschränkung bereits erteilter Erlaubnisse gesehen werden kann und dadurch oder in richtlinienkonformer Auslegung eine nicht nur vorübergehende Überlassung gemäß §§ 10 Abs. 1 Satz 1, 9 Nr. 1 AÜG auch dann zu einem Arbeitsverhältnis mit dem Entleiher führt, wenn der Verleiher an sich über eine Verleiherlaubnis verfügt.[198]

Der nationale Gesetzgeber wollte offenbar keine weitere Liberalisierung. Dafür spricht auch die beabsichtigte Einbeziehung der konzerninternen Verleihunternehmen in den Anwendungsbereich des AÜG und die damit in Verbindung stehende Einschränkung des Konzernprivilegs des § 1 Abs. 3 Nr. 2 AÜG. Konzerninterne Personalführungsunternehmen wurden nach der Abschaffung des Synchronisationsverbots und der Vermutung der Arbeitsvermittlung bei Überlassung von mehr als 12 Monaten zum 1.1.2003 vielfach genutzt, um Stammarbeitskräfte dauerhaft durch kostengünstigere Leiharbeitnehmer zu ersetzen. Zu den aus § 1 Abs. 1 Satz 2 AÜG zu ziehenden Konsequenzen wird das Bundesarbeitsgericht, vielleicht auch erst der EuGH das letzte Wort haben.

Bei **Arbeitnehmerüberlassungen bis 30.11.2011** ist das Erfordernis der Gewerbsmäßigkeit zu beachten. **Gewerbsmäßig** im Sinne des § 1 Abs. 1 AÜG a. F. ist jede nicht nur gelegentliche, sondern auf eine gewisse Dauer angelegte und auf die Erzielung unmittelbarer oder mittelbarer wirtschaftlicher Vorteile gerichtete selbständige Tätigkeit.[199] Wichtigstes Kriterium ist die Gewinnerzielungsabsicht, wobei es nicht darauf ankommt, ob tatsächlich ein Gewinn erzielt wird. An einer Gewinnerzielungsabsicht fehlt es etwa, wenn mit der Überlassung von Arbeitnehmern unmittelbar gemeinnützige Zwecke verfolgt werden oder wenn die Überlassung lediglich gegen Erstattung der Personalkosten erfolgen soll und dem Verleiher dadurch auch mittelbar keine wirtschaftlichen Vorteile erwachsen.[200]

Für die Anwendung des AÜG gilt das Territorialitätsprinzip. Seine Bestimmungen gelten auch für **Verleiher mit Sitz im Ausland**, wenn sie Arbeitnehmer nach Deutschland hinein überlassen.

---

[194] BT-Drs. 17/4804, S. 8.
[195] BT-Drs. 17/8829, S. 24 (Antwort vom 29.2.2012 zu Fragen 36 und 37).
[196] *Boemke*, jurisPR-ArbR 27/2012 Anm. 2; *Thüsing/Stiebert*, DB 2012, 632.
[197] *Lembke*, DB 2011, 414 (415); *Rieble/Vielmeier*, EuZA 2011, 474 (489).
[198] Dafür, aber zweifelhaft: LArbG Berlin-Brandenburg, Urt. v. 9.1.2013 – 15 Sa 1635/12, BB 2013, 180; a. A. LArbG Berlin-Brandenburg, Urt. v. 16.10.2012 – 7 Sa 1182/12, BB 2013, 251.
[199] BAG, Urt. v. 21.3.1990 – 7 AZR 198/89, DB 1991, 282.
[200] BAG, Urt. v. 2.6.2010 – 7 AZR 946/08, DB 2011, 479.

b) Ausnahmen und Privilegierungen

aa) Abordnung zu einer Arbeitsgemeinschaft – § 1 Abs. 1 Satz 3 und 4 AÜG

143 Die Abordnung von Arbeitnehmern zu einer zur Herstellung eines Werkes gebildeten Arbeitsgemeinschaft ist kraft gesetzlicher Fiktion nach § 1 Abs. 1 Satz 3 AÜG keine Arbeitnehmerüberlassung i. S. d. AÜG, wenn der Arbeitgeber Mitglied der Arbeitsgemeinschaft ist, für alle Mitglieder der Arbeitsgemeinschaft Tarifverträge desselben Wirtschaftszweiges gelten und alle Mitglieder aufgrund des Arbeitsgemeinschaftsvertrages zur selbstständigen Erbringung von Vertragsleistungen verpflichtet sind. Die Regelung gilt auch für das Baugewerbe. Nach § 1 Abs. 1 Satz 4 AÜG[201] können sich Arbeitgeber mit Geschäftssitz in einem Mitgliedstaat des EWR auch dann an einer Arbeitsgemeinschaft zur Herstellung eines Werkes beteiligen, ohne unter das AÜG zu fallen, wenn für sie deutsche Tarifverträge desselben Wirtschaftszweiges wie für die anderen Mitglieder der Arbeitsgemeinschaft nicht gelten.

bb) Privilegierte Formen der Arbeitnehmerüberlassung – § 1 Abs. 3 AÜG

144 § 1 Abs. 3 AÜG enthält privilegierte Formen der Arbeitnehmerüberlassung, auf die das AÜG mit Ausnahme des – vorbehaltlich eines Gestattungstatbestandes grundsätzlichen – Verbots der Arbeitnehmerüberlassung in Betriebe des Baugewerbes nach § 1b Satz 1 AÜG und der zugehörigen Bußgeldvorschrift des § 16 Abs. 1 Nr. 1b, Abs. 2 bis 5 AÜG keine Anwendung findet.

Gemäß § 1 Abs. 3 **Nr. 1** AÜG gilt dies für die Arbeitnehmerüberlassung zwischen Arbeitgebern desselben Wirtschaftszweiges zur **Vermeidung von Kurzarbeit oder Entlassungen**, wenn ein für den Entleiher und Verleiher geltender **Tarifvertrag** dies vorsieht.

Ausgenommen ist nach § 1 Abs. 3 **Nr. 2** AÜG ferner die Überlassung zwischen Konzernunternehmen i. S. v. § 18 AktG. Zur Einschränkung von Missbrauch erstreckt sich das **Konzernprivileg** seit dem 1.12.2011 ausschließlich auf die Überlassung solcher Arbeitnehmer, die nicht zum Zweck der Überlassung eingestellt und beschäftigt werden. Es soll insbesondere nicht für Personalführungsgesellschaften gelten, deren Zweck allein darin besteht, Personal einzustellen und zu verleihen.[202]

Zum 1.12.2011 wurde in § 1 Abs. 3 **Nr. 2 a** AÜG eine weitere Ausnahme für die Fälle eingeführt, in denen die Überlassung nur **gelegentlich** erfolgt und der Arbeitnehmer nicht zum Zweck der Überlassung eingestellt und beschäftigt wird. Zweck der Vorschrift ist es unter anderem, **ungeplanten kurzfristigen** Sonderbedarf, etwa Auftragsspitzen, **ohne Wiederholungsabsicht** unkompliziert abdecken zu können. Ferner soll nach der Begründung des Gesetzentwurfes vor dem Hintergrund der Ausweitung des Anwendungsbereichs des AÜG auf nicht gewerbsmäßige Handlungsformen auch die gelegentliche Überlassung durch Handwerksbetriebe oder gemeinnützige Organisationen nicht unnötig erschwert werden,[203] ohne dass eine solche Beschränkung auf bestimmte Unternehmens- oder Organisationsformen im Gesetzeswortlaut Andeutung gefunden hat. Das Tatbestandsmerkmal „gelegentlich" ist wegen des Ausnahmecharakters der Norm eng auszulegen. Die fehlende gesetzliche Konkretisierung kann in der Praxis zu Abgrenzungsschwierigkeiten zwischen erlaubnispflichtiger und erlaubnisfreier Arbeitnehmerüberlassung führen.

Schließlich ist nach § 1 Abs. 3 **Nr. 3** AÜG die Arbeitnehmerüberlassung in das Ausland von der Anwendung des AÜG ausgenommen, wenn der Leiharbeitnehmer in ein auf der Grundlage zwischenstaatlicher Vereinbarungen begründetes deutsch-ausländisches Gemeinschaftsunternehmen verliehen wird, an dem der Verleiher beteiligt ist.

---

[201] Die Norm trägt der Dienstleistungsfreiheit Rechnung und ist Folge von EuGH v. 25.10.2001 – C 493/99.
[202] BT-Drs. 17/4804, S. 8.
[203] BT-Drs. 17/4804, S. 8.

E. Illegale Beschäftigung im Zusammenhang mit Arbeitnehmerüberlassung

3. Erlaubnispflicht

a) Grundlagen

Arbeitnehmerüberlassung i. S. v. § 1 AÜG bedarf grundsätzlich einer **Erlaubnis** (§ 1 Abs. 1 Satz 1 AÜG). 145

Für die Erlaubniserteilung ist ein schriftlicher Antrag erforderlich (§ 2 Abs. 1 AÜG). Auf die Erteilung der Erlaubnis besteht ein Anspruch, soweit nicht Versagungsgründe nach § 3 AÜG vorliegen. Die Erlaubnis wird personen- bzw. rechtsträgerbezogen, also einer bestimmten natürlichen oder juristischen Person, Personengesellschaft oder Personengesamtheit erteilt, nicht einem Betrieb. Von der Erlaubnis sind daher alle Betriebsstätten und Niederlassungen des Erlaubnisinhabers erfasst.[204] Eine Erlaubnis kann zunächst nur für ein Jahr befristet erteilt und um jeweils ein weiteres Jahr verlängert werden. Wenn der Verleiher drei aufeinanderfolgende Jahre lang erlaubt tätig war, kann die Erlaubnis unbefristet erteilt werden. Aus Gründen der Rechtssicherheit soll die Erlaubnis nach den Dienstvorschriften der Bundesagentur für Arbeit schriftlich ausgestellt werden; zwingend ist dies nicht. Die Erlaubnis ersetzt nicht eine nach § 14 GewO erforderliche Anzeige.

Die zuvor den Regionaldirektionen der Bundesagentur für Arbeit obliegenden Aufgaben im Zusammenhang mit der Erlaubniserteilung wurden zum 1.7.2012 bei den Agenturen für Arbeit Düsseldorf, Kiel und Nürnberg konzentriert. Diesen sind jeweils mehrere Regionaldirektionsbezirke bzw. Bundesländer sowie EU-Staaten zugeordnet. Die Agentur für Arbeit Düsseldorf ist ferner für Verleiher aus allen Nicht-EU-Staaten zuständig.

Verleiher aus einem EWR-Mitgliedstaat stehen deutschen Verleihern bei der Erlaubniserteilung weitgehend gleich (§ 3 Abs. 1 AÜG). Der Einsatz von Leiharbeitnehmern aus den EU-Mitgliedstaaten Bulgarien und Rumänien ist jedoch noch solange (31.12.2013) beschränkt, als diese im Rahmen der Übergangsregelungen einer Arbeitserlaubnis i. S. v. § 284 Abs. 2 SGB III bedürfen. Nach § 6 Abs. 1 Nr. 2 ArGV ist die Arbeitserlaubnis zu versagen, wenn der Arbeitnehmer als Leiharbeitnehmer tätig werden will.

b) Erlaubnisfreie anzeigepflichtige Arbeitnehmerüberlassung – § 1a AÜG

Gemäß § 1a Abs. 1 AÜG ist die Arbeitnehmerüberlassung nicht erlaubnispflichtig bei Arbeitgebern mit weniger als 50 Beschäftigten, wenn diese zur Vermeidung von Kurzarbeit oder Entlassungen ihre Arbeitnehmer bis zu 12 Monate an andere Arbeitgeber überlassen. Auch diese Vorschrift wurde mit Wirkung zum 1.12.2011 dahingehend ergänzt, dass die überlassenen Arbeitnehmer nicht zum Zweck der Überlassung eingestellt oder beschäftigt werden dürfen. Von der Erlaubnispflicht wird der Arbeitgeber nur entbunden, wenn er bei Vorliegen aller materiellen Voraussetzungen vorher eine schriftliche **Anzeige** bei der Bundesagentur für Arbeit macht. Fehlt es an einer Tatbestandsvoraussetzung des Abs. 1, weil etwa die Beschäftigtenzahl überschritten oder die Anzeige unterblieben oder verspätet ist, so ist die Überlassung ohne Erlaubnis illegal und treten die in §§ 9 Nr. 1, 10 Abs. 1 bis 3 AÜG normierten Folgen[205] ein.[206] 146

Die Formulierung des Bußgeldtatbestands des § 16 Abs. 1 Nr. 2 Buchst. a AÜG und die Gesetzesbegründung[207] hierzu deuten auf einen Willen des Gesetzgebers hin, dass nur eine gänzlich unterlassene Anzeige dazu führe, dass die Arbeitnehmerüberlassung illegal ist und daher die Straf- und Ordnungswidrigkeitenvorschriften für Arbeitnehmerüberlassungen ohne Erlaubnis eingreifen. Ein solcher Wille hat aber im Wortlaut des § 1a Abs. 1 AÜG keine Andeutung gefunden. Im Gegenteil: Die Erlaubnisfreiheit ist konditional („wenn") an eine vorherige schriftliche Anzeige geknüpft. Um einen möglichen Widerspruch zwischen § 16 Abs. 1 Nr. 1 und Nr. 2 Buchst. a AÜG aufzulösen, wird letztere Vorschrift für den Fall der nicht rechtzeitigen Anzeige teilweise als lex specialis angesehen[208], wozu sich aber aus der Gesetzesbegründung nichts herleiten lässt.

---

[204] Ulber – *J. Ulber*, § 2 AÜG Rn. 21.
[205] Siehe Rn. 150.
[206] ErfK/*Wank*, § 1a AÜG Rn. 9; *Mosbacher*, in Graf/Jäger/Wittig, § 15 AÜG Rn. 9; Ulber – *J. Ulber*, § 1a AÜG Rn. 30.
[207] BT-Drs. 11/4952 S. 12, widersprüchlich im allgemeinen Teil der Begründung auf S. 9.
[208] Ulber – *D. Ulber*, § 16 AÜG Rn. 3, 14. *D. Ulber* (§ 15 AÜG Rn. 5) hält § 15 AÜG bei Verstößen gegen § 1a AÜG generell nicht für anwendbar; a. A. *Mosbacher*, in Graf/Jäger/Wittig, § 15 AÜG Rn 9.

Ist die – rechtzeitige – Anzeige lediglich unvollständig, weil einzelne nach § 1a Abs. 2 AÜG erforderliche Angaben fehlen, wird die Arbeitnehmerüberlassung wegen des Verstoßes gegen § 1a Abs. 2 AÜG nicht erlaubnispflichtig, wenn ansonsten alle materiellen Voraussetzungen vorliegen.[209]

c) Spezialgesetzliche Regelungen

147 Bestimmte spezialgesetzlich geregelte Sachverhalte bedürfen keiner gesonderten Erlaubnis nach dem AÜG:[210]
– Beförderung von Gütern mit einem Kraftfahrzeug für einen anderen durch Arbeitnehmer eines Inhabers einer Erlaubnis nach dem Güterkraftverkehrsgesetz (GüKG), auch wenn diese Arbeitnehmer bei der Beförderung den Weisungen des anderen unterliegen (gilt nicht für den Verleih von Kraftfahrzeugführern ohne Kraftfahrzeug),
– Vermietung von Kraftfahrzeugen mit Fahrer durch Inhaber einer Genehmigung nach dem Personenbeförderungsgesetz (gilt nicht für den Verleih von Kraftfahrzeugführern ohne Kraftfahrzeug).

Bei Bewachungsleistungen richtet sich die Abgrenzung zwischen selbstständiger Dienstleistung und Arbeitnehmerüberlassung nach allgemeinen Kriterien. Liegt Arbeitnehmerüberlassung vor, so ersetzt die zum Betrieb eines Bewachungsgewerbes nach § 34a GewO erteilte Erlaubnis nicht die für die Arbeitnehmerüberlassung erforderliche Erlaubnis nach § 1 AÜG.[211]

4. Verbot der Arbeitnehmerüberlassung in Betriebe des Baugewerbes

148 Arbeitnehmerüberlassung nach § 1 AÜG in Betriebe des Baugewerbes für Arbeiten, die üblicherweise von Arbeitern verrichtet werden, ist grundsätzlich unzulässig (§ 1b Satz 1 AÜG). In Anlehnung an § 101 Abs. 2 SGB III (§ 175 Abs. 2 SGB III in der bis 30.3.2012 geltenden Fassung) wird im Arbeits- und Sozialversicherungsrecht unter Betrieb des Baugewerbes üblicherweise ein Betrieb verstanden, dessen gewerbliche Arbeitnehmer arbeitszeitlich überwiegend Bauleistungen auf dem Baumarkt erbringen. Bauleistungen sind alle Leistungen, die der Herstellung, Instandsetzung, Instandhaltung, Änderung oder Beseitigung von Bauwerken dienen. Die Rechtsprechung[212] legt den Begriff „**Betriebe des Baugewerbes**" im Rahmen des § 1b AÜG demgegenüber enger aus. Erfasst sein sollen nur Betriebe, wie Sie in **§ 1 Baubetriebe-Verordnung** aufgeführt sind (Bauhauptgewerbe), nicht hingegen Betriebe im Sinne des Negativkatalogs des § 2 Baubetriebe-Verordnung (Baunebengewerbe).

Die Abordnung von Arbeitnehmern zu einer Arbeitsgemeinschaft gilt in den Fällen des § 1 Abs. 1 Satz 3 und 4 AÜG aufgrund gesetzlicher Fiktion nicht als Arbeitnehmerüberlassung und unterfällt daher von vornherein nicht dem Überlassungsverbot des § 1b Satz 1 AÜG.

Das **Verbot** des Verleihs in Betriebe des Baugewerbes **gilt** nach § 1b Satz 2 AÜG **nicht**
– zwischen Betrieben des Baugewerbes und anderen Betrieben, wenn diese Betriebe erfassende, für allgemeinverbindlich erklärte Tarifverträge die Überlassung erlauben,
– zwischen Betrieben des Baugewerbes, wenn der verleihende Betrieb nachweislich seit mindestens drei Jahren von denselben Rahmen- und Sozialkassentarifverträgen oder von deren Allgemeinverbindlichkeit erfasst wird.

§ 1b Satz 3 AÜG lässt die Arbeitnehmerüberlassung von einem Baubetrieb mit Geschäftssitz in einem anderen Mitgliedstaat des Europäischen Wirtschaftsraums (EWR) an einen Baubetrieb in Deutschland als Folge der europäischen Dienstleistungs- und Niederlassungsfreiheit unter erleichterten Voraussetzungen zu.

149 Eine verbotswidrige Überlassung führt nach § 134 BGB zur Nichtigkeit des Arbeitnehmerüberlassungsvertrages zwischen Verleiher und Entleiher. Verfügt der Verleiher in diesem

---

[209] ErfK/*Wank*, § 1a AÜG Rn. 10 m. w. N.; a. A. Ulber – *J. Ulber*, § 1a AÜG Rn. 31.
[210] Siehe Bundesagentur für Arbeit: Geschäftsanweisung zum AÜG, Stand: Dez. 2011, Ziff. 1.1.4.
[211] BAG, Urt. v. 8.11.1978 – 5 AZR 261/77, NJW 1979, 2636; OLG Hamm, Urt. v. 14.12.1990 – 11 U 153/90; a. A. AG Saarbrücken, Urt. v. 9. 11.1995 – 43 – 283/95, NStZ-RR 1996, 82.
[212] BGH, Urt. v. 17.2.2000 – III ZR 78/99, NJW 2000, 1557; OLG Dresden v. 27.1.2003 – Ss (OWi) 412/02.

E. Illegale Beschäftigung im Zusammenhang mit Arbeitnehmerüberlassung

Fall – losgelöst von der Verbotswidrigkeit der konkreten Überlassung – nicht über die nach § 1 AÜG erforderliche Erlaubnis, so ergibt sich die Unwirksamkeit zugleich aus § 9 Nr. 1 AÜG, der nur an das Fehlen der Erlaubnis anknüpft und dessen Anwendung, wie auch die des § 10 Abs. 1 AÜG, bei Verstoß gegen § 1b AÜG nicht ausgeschlossen ist. Das Fehlen der erforderlichen Erlaubnis führt daher zugleich zur Unwirksamkeit des Arbeitsvertrages zwischen Verleiher und Leiharbeitnehmer (§ 9 Nr. 1 AÜG) sowie zur Begründung eines Arbeitsverhältnisses zwischen Entleiher und Leiharbeitnehmer (§ 10 Abs. 1 Satz 1 AÜG).[213] Verfügt der Verleiher dagegen über eine Erlaubnis nach § 1 AÜG, so hat der Verstoß gegen das Überlassungsverbot des § 1b AÜG zwar nach § 134 BGB die Nichtigkeit des Überlassungsvertrages zur Folge. Die §§ 9 Nr. 1, 10 Abs. 1 AÜG sind dagegen wegen ihres Wortlauts weder unmittelbar, noch sind sie mangels planwidriger Regelungslücke analog anwendbar und führen daher insbesondere nicht zur Fiktion eines Arbeitsverhältnisses zwischen Entleiher und Leiharbeitnehmer.[214]

Die vom Verbot ausgenommenen Sachverhalte unterliegen den allgemeinen Bestimmungen des AÜG, soweit keine Ausnahmevorschrift eingreift.

5. Fehlen der erforderlichen Erlaubnis – Unwirksamkeit der Vertragsverhältnisse (§ 9 Nr. 1 AÜG), Arbeitgeberfiktion (§ 10 AÜG)

Der Vertrag zwischen Verleiher und Entleiher (**Überlassungsvertrag**) sowie der Vertrag zwischen Verleiher und Leiharbeitnehmer (**Arbeitsvertrag**) sind gemäß § 9 Nr. 1 AÜG **unwirksam**, wenn der Verleiher nicht die nach § 1 AÜG erforderliche Erlaubnis hat. Gemäß § 10 Abs. 1 Satz 1 AÜG gilt dann ein **Arbeitsverhältnis zwischen dem Entleiher und dem Leiharbeitnehmer** zu dem zwischen dem Entleiher und dem Verleiher für den Beginn der Tätigkeit vorgesehenen Zeitpunkt als zustande gekommen. Der Entleiher wird also kraft gesetzlicher Fiktion zum Arbeitgeber.

Für den wegen § 266a StGB praktisch bedeutsamen Gesamtsozialversicherungsbeitrag enthält **§ 28e Abs. 2 Satz 3 und 4 SGB IV** eine ergänzende Regelung: **Zahlt der Verleiher das vereinbarte Arbeitsentgelt oder Teile des Arbeitsentgelts an den Leiharbeitnehmer, obwohl der Vertrag nach § 9 Nr. 1 AÜG unwirksam ist, so hat er auch den **hierauf** entfallenden Gesamtsozialversicherungsbeitrag an die Einzugsstelle zu zahlen. Hinsichtlich dieser Zahlungspflicht gilt der Verleiher neben dem Entleiher als Arbeitgeber**; beide haften insoweit als Gesamtschuldner.

§ 28e Abs. 2 Satz 3, 4 SGB IV ist gegenüber § 10 Abs. 3 AÜG, der eine ähnliche Regelung für sonstige Zahlungspflichten enthält, speziell. Aus dem Zusammenspiel mit § 10 Abs. 1 Satz 1 AÜG ergibt sich Folgendes: Hat der Entleiher die Lohnzahlung vollständig übernommen und fungiert er auch nicht nur als Zahlstelle für den (illegalen) Verleiher, so ist er allein für die Abführung des Gesamtsozialversicherungsbeitrages verantwortlich und ist er alleiniger Arbeitgeber. Dies ist in der Praxis der Ausnahmefall. Zahlt der Verleiher dagegen weiterhin den vereinbaren Lohn vollständig aus, so tritt er hinsichtlich der Zahlungspflicht für den kompletten Gesamtsozialversicherungsbeitrag für den ausgezahlten vereinbarten Lohn als Arbeitgeber neben den Entleiher. Kontrovers diskutiert werden die Fälle, in denen der Verleiher nur einen Teil des vereinbarten bzw. geschuldeten Lohns zahlt. Der Wortlaut des § 28e Abs. 2 Satz 3 SGB IV spricht dafür, dass der Verleiher nur in dem Umfang für die Abführung des Gesamtsozialversicherungsbeitrags verantwortlich und im Hinblick auf diese Zahlungspflicht als Arbeitgeber anzusehen ist, als er tatsächlich Lohn zahlt. Eine Teillohnzahlung führt demnach nicht zu einer Pflichtenstellung des Verleihers für den auf den vollen vereinbarten Lohn geschuldeten Gesamtsozialversicherungsbeitrag. § 28e Abs. 2 Satz 3, 4 SGB IV verdrängt im Hinblick auf den Umfang der Arbeitgeberstellung des Verleihers auch das im Sozialversicherungsrecht ansonsten geltende Entstehungsprinzip. Mindestlohnverstöße verän-

---

[213] BAG, Urt. v. 8.7.1998 – 10 AZR 274/97, DB 1999, 386.
[214] BAG, Urt. v. 13.12.2006 – 10 AZR 674/05, BB 2007, 610; a. A. Ulber – *J. Ulber*, § 1b AÜG Rn. 29.

dern daher den Umfang der fingierten sozialversicherungsrechtlichen Pflichtenstellung des Verleihers als Arbeitgeber in Fällen der Arbeitnehmerüberlassung ohne die erforderliche Erlaubnis nicht. Diese Auslegung entspricht der Praxis der Rentenversicherungsträger. Sie begünstigt zwar den sich besonders rechtsuntreu verhaltenden Verleiher. Angesichts des Wortlauts der Norm fällt es aber schwer, eine rechtspolitisch wünschenswertere Vollverantwortung des illegalen Verleihers zu begründen.

6. Strafrechtliche Folgen der Arbeitgeberfiktion

a) Vorenthalten und Veruntreuen von Arbeitsentgelt – § 266a StGB

151 Die vorstehend behandelte Frage der Arbeitgeberstellung von Entleiher und Verleiher **in Fällen der Arbeitnehmerüberlassung ohne die nach § 1 AÜG erforderliche Erlaubnis** ist von zentraler Bedeutung für die Strafbarkeit nach § 266a StGB. Tauglicher Täter dieses Sonderdelikts kann nur der Arbeitgeber bzw. eine nach § 14 StGB oder – insoweit ohne praktische Relevanz – nach § 266a Abs. 5 StGB gleichgestellte Person sein. Der illegale Entleiher ist kraft gesetzlicher Fiktion nach § 10 Abs. 1 Satz 1 AÜG stets tauglicher Täter, der illegale Verleiher nach der hier vertretenen Auffassung nur hinsichtlich der auf den von ihm tatsächlich gezahlten Lohn entfallenden Gesamtsozialversicherungsbeiträge. Beide können sich als Nebentäter strafbar machen. Erfüllt einer von beiden die sozialversicherungsrechtlichen Pflichten als Arbeitgeber wirkt dies auch zugunsten des anderen.

Beispielsfälle:

a) Der Verleiher (V) meldet den Leiharbeitnehmer ordnungsgemäß an und reicht fristgerecht zutreffende Beitragsnachweise ein. Er zahlt den vereinbarten Lohn. Weder er noch der Entleiher (E) führen jedoch den Gesamtsozialversicherungsbeitrag zum Fälligkeitstermin ab. V und – Vorsatz unterstellt – E sind als Nebentäter nach § 266a Abs. 1 StGB strafbar.

b) Abweichend vom Beispiel a) zahlen weder V noch E den Lohn. Die Arbeitgeberstellung des V wird mangels Lohnzahlung nicht fingiert. Er ist damit nicht tauglicher Täter des § 266a StGB, eine Teilnahme wäre aber nicht ausgeschlossen. E ist nach § 10 Abs. 1 Satz 1 AÜG Arbeitgeber und kann sich – nachdem es für die Entstehung der Sozialversicherungsbeiträge auf die Lohnzahlung nicht ankommt – nach § 266a Abs. 1 StGB strafbar machen.

c) Abweichend von Beispiel a) zahlt V statt des sich aus dem vereinbarten Bruttolohn ergebenden Nettolohns von 1.500 Euro nur 1.000 Euro an den Leiharbeitnehmer aus. V führt nur die Hälfte der sich aus dem für den ausgezahlten Betrag maßgeblichen Bruttolohn ergebenden SV-Beiträge ab. E zahlt weder Lohn noch Sozialversicherungsbeiträge. Nach der hier vertretenen Auffassung erstreckt sich die sozialversicherungsrechtliche Pflichtenstellung des V als fingierter Arbeitgeber nur auf die Sozialversicherungsbeiträge, die auf den anteiligen („gezahlten") Bruttolohn entfallen. Führt V insoweit die Arbeitnehmeranteile nicht vollständig ab, macht er sich nach § 266a Abs. 1 StGB strafbar. E wird von seinen Pflichten als Arbeitgeber frei, soweit sie von V erfüllt wurden. Über die Haftung des V hinaus bleibt E aber für die Differenz zwischen den auf den vollen vereinbarten Lohn entfallenden Sozialversicherungsbeiträgen und den von V entrichteten Beiträgen sozialversicherungsrechtlich verantwortlich. Strafrechtlich wäre E – Vorsatz unterstellt – daher Nebentäter des V. Die durch ihn vorenthaltenen Arbeitnehmerbeiträge wären aber höher als die des V.

152 An den Nachweis des subjektiven Tatbestandes beim illegalen Entleiher hat der BGH hohe Anforderungen gestellt. Der Entleiher müsse sowohl den Fiktionstatbestand des § 10 AÜG seinem ungefähren Inhalt nach als auch die daraus resultierenden rechtlichen Folgen – die Verpflichtung zur Abführung von Sozialabgaben – wenigstens annäherungsweise kennen. Bei der Prüfung des Motivs sei zu berücksichtigen, dass derjenige, der die mit einer unzulässigen Arbeitnehmerüberlassung verbundenen Risiken kenne, gerade bestrebt sein werde, diese Risiken nicht eintreten zu lassen, insbesondere wenn sie – etwa durch geringfügige Mo-

E. Illegale Beschäftigung im Zusammenhang mit Arbeitnehmerüberlassung

difikationen des Vertragswerks und der Rahmenbedingungen – wirtschaftlich vermeidbar sind.[215] Die Vorstellung des illegalen Entleihers, der lohnzahlende Verleiher komme seinen Arbeitgeberpflichten nach und führe (in Deutschland) die Sozialversicherungsbeiträge für die verliehenen Arbeitnehmer ab, ist Tatbestandsirrtum (§ 16 Abs. 1 StGB) und schließt den Vorsatz aus.

Arbeitnehmerüberlassung und Entsendung zur Erfüllung eines Werkvertrages/selbstständigen Dienstvertrages schließen sich aus. Kennt der Auftraggeber (Entleiher) die Umstände, die eine Arbeitnehmerüberlassung anstelle eines Werk- oder selbstständigen Dienstvertrages begründen, und hält er es für möglich, dass der ausländische Unternehmer (Verleiher) nicht die erforderliche deutsche Verleiherlaubnis besitzt, so kann in der Regel davon ausgegangen werden, dass ihm auch bewusst ist, dass der ausländische Unternehmer in Deutschland keine Sozialversicherungsbeiträge abführt, weil solche im Falle einer wirksamen Entsendung in Deutschland nicht entstehen würden. Wurden für die unerlaubt überlassenen Arbeitnehmer allerdings Entsendebescheinigungen A1 (ehemals E 101) ausgestellt, so binden diese bis zu ihrer Rücknahme die inländischen Behörden und Gerichte trotz ihrer inhaltlichen Unrichtigkeit mit der Maßgabe, dass deutsches Sozialversicherungsrecht auch im Falle der illegalen Arbeitnehmerüberlassung keine Anwendung findet.[216] Existieren keine Entsendebescheinigungen, wird der Auftraggeber (Entleiher) mit der nicht näher substantiierten Behauptung, er habe geglaubt, dass solche ausgestellt worden wären, regelmäßig nicht durchdringen.

b) Arbeitsgenehmigungsrechtliche Verstöße – § 404 Abs. 2 Nr. 3 SGB III, §§ 10 – 11 SchwarzArbG

Den **illegalen Entleiher**, der durch die Fiktion des 10 Abs. 1 Satz 1 AÜG zum Arbeitgeber wird, treffen die Straf- und Bußgeldvorschriften über arbeitsgenehmigungsrechtswidrige Ausländerbeschäftigung, soweit Arbeitnehmer überlassen wurden, die für eine Beschäftigung in Deutschland einer Arbeitsgenehmigung oder eines Aufenthaltstitels bedürfen. Für eine Tätigkeit als Leiharbeitnehmer dürfen solche Erlaubnisse bzw. Titel nicht ausgestellt werden (§ 6 Abs. 1 Nr. 2 ArGV, § 40 Abs. 1 Nr. 2 AufenthG). Ein für die vermeintliche Beschäftigung beim Verleiher ausgestellter Aufenthaltstitel bzw. eine entsprechende Arbeitserlaubnis werden ihrem Inhalt nach die tatsächlich beim Entleiher ausgeübte Beschäftigung regelmäßig nicht abdecken.

Der illegale Entleiher begeht bei Beschäftigung ausländische Arbeitnehmer ohne erforderliche Arbeitsgenehmigung bzw. ohne den erforderlichen Aufenthaltstitel eine Ordnungswidrigkeit nach § 404 Abs. 2 Nr. 3 SGB III. Werden die ausländischen Leiharbeiter darüber hinaus zu ungünstigen Bedingungen beschäftigt, handelt es sich um Opfer von Menschenhandel oder werden Minderjährige oder mehr als fünf Leiharbeiter gleichzeitig tätig, kann sich der illegale Entleiher als Arbeitgeber nach §§ 10, 10a bzw. 11 SchwarzArbG strafbar machen.[217]

Der **ausländische Arbeitnehmer**, der entgegen seiner Arbeitsgenehmigung oder entgegen der Zustimmung im Aufenthaltstitel als Leiharbeiter eingesetzt wird, kann eine Ordnungswidrigkeit nach § 404 Abs. 2 Nr. 4 SGB III oder ggf. eine Straftat nach § 11 Abs. 1 Nr. 2 Buchst. b SchwarzArbG begehen.

III. Straftatbestände und Ordnungswidrigkeiten im AÜG

1. Straftatbestände

Das AÜG enthält zwei Straftatbestände, die sich ausschließlich mit der Überlassung illegal beschäftigter Ausländer befassen. § 15 AÜG richtete sich an den illegalen Verleiher. § 15a AÜG erfasst den Entleiher, der von einem Verleiher mit Verleiherlaubnis ausländische Arbeitnehmer, die nicht über den erforderlichen Aufenthaltstitel oder die erforderliche Arbeitsgenehmigung verfügen, entliehen hat. Für die Verfolgung der Straftaten nach §§ 15, 15a AÜG ist

---

[215] BGH, Beschl. v. 12.2.2003 – 5 StR 165/02, NJW 2003, 1821.
[216] Siehe Rn. 52.
[217] Siehe Rn. 25 ff.

neben der Landespolizei auch die Zollverwaltung zuständig (§ 2 Abs. 1 Nr. 4 Buchst. a i. V. m. § 14 Abs. 1 SchwarzArbG).

a) Unerlaubter Verleih ausländischer Arbeitnehmer – § 15 AÜG

156 Wer als **Verleiher** einen **Ausländer**, der einen erforderlichen Aufenthaltstitel nach § 4 Abs. 3 AufenthG, eine Aufenthaltsgestattung oder eine Duldung, die zur Ausübung der Beschäftigung berechtigen, oder eine Arbeitsgenehmigung-EU nach § 284 Abs. 1 SGB III nicht besitzt, **entgegen § 1 AÜG ohne Erlaubnis** einem Dritten überlässt, wird mit Freiheitsstrafe bis zu drei Jahren oder mit Geldstrafe bestraft.

Der Tatbestand des § 15 AÜG setzt Arbeitnehmerüberlassung nach § 1 AÜG, Erlaubnispflicht und das Fehlen der erforderlichen Verleiherlaubnis voraus. Der überlassene ausländische Arbeitnehmer darf keine Arbeitsgenehmigung-EU, keinen Aufenthaltstitel, keine Aufenthaltsgestattung oder Duldung haben, die die Beschäftigung als Leiharbeiter erlauben. Der Erteilung einer Arbeitserlaubnis-EU nach § 284 Abs. 3 SGB III für Leiharbeitnehmer und einer nach § 39 AufenthG erforderlichen Zustimmung zu einem Aufenthaltstitel, der zur Ausübung einer Beschäftigung als Leiharbeitnehmer berechtigt, stehen § 6 Abs. 1 Nr. 2 ArGV bzw. § 40 Abs. 1 Nr. 2 AufenthG entgegen. Für eine Beschäftigung als Leiharbeiter sind eine Arbeitserlaubnis oder ein Aufenthaltstitel, die zur Ausübung einer Beschäftigung als Arbeitnehmer des Verleihers berechtigen, nicht ausreichend, weil die tatsächlich ausgeübte Beschäftigung nicht von deren Inhalt abgedeckt ist.[218]

Täter des § 15 AÜG kann nur der illegale Verleiher[219] sein. Der Leiharbeitnehmer und der Entleiher sind notwendige Teilnehmer,[220] soweit sich ihre Mitwirkung auf das vom Tatbestand vorausgesetzte Geschehen beschränkt. Sie können dann weder als Anstifter noch als Gehilfen bestraft werden.

Für **besonders schwere Fälle** droht § 15 Abs. 2 AÜG Freiheitsstrafe von 6 Monate bis zu 5 Jahren an. Als Regelbeispiele benennt das Gesetz **gewerbsmäßiges** Handeln oder ein Handeln aus **grobem Eigennutz**.[221]

b) Entleih ausländischer Arbeitnehmer ohne Arbeitsgenehmigung – § 15a AÜG

157 § 15a AÜG regelt inhaltsgleich die mit einer Beschäftigung verbundenen Sachverhalte der §§ 10, 11 Abs. 1 Nr. 1 und Nr. 2 Buchst. a SchwarzArbG für das Leiharbeitsverhältnis. Er betrifft **nicht** Fälle der **unerlaubten Arbeitnehmerüberlassung**, sondern befasst sich mit **illegaler Ausländerbeschäftigung in einem wirksamen Leiharbeitsverhältnis**.

Täter des § 15a AÜG kann nur ein **Entleiher** sein, der von einem – soweit erlaubnispflichtig – über die erforderliche Verleiherlaubnis verfügenden Verleiher überlassene Arbeitnehmer im Rahmen einer sogenannten **legalen Arbeitnehmerüberlassung** einsetzt.

Hat der Verleiher nicht die zum Verleih nach § 1 AÜG erforderliche Erlaubnis, so ist der Vertrag zwischen Verleiher und Entleiher gemäß § 9 Nr. 1 AÜG unwirksam. Der Entleiher wird durch die Fiktion des § 10 Abs. 1 Satz 1 AÜG zum Arbeitgeber des ausländischen Leiharbeiters und ist somit nicht mehr tauglicher Täter des § 15a AÜG. Er unterfällt als Arbeitgeber dann den §§ 10 – 11 SchwarzArbG.

Auch hier gilt, dass nur die die Beschäftigung als Leiharbeitnehmer abdeckenden Genehmigungen und Aufenthaltstitel Tatbestandswirkung entfalten.

aa) Einsatz zu ungünstigen Arbeitsbedingungen – § 15a Abs. 1 AÜG

158 **15a Abs. 1 AÜG** bedroht einen **Entleiher** mit Freiheitsstrafe bis zu drei Jahren oder Geldstrafe, wenn er einen ihm überlassenen Ausländer, der einen erforderlichen Aufenthaltstitel nach § 4 Abs. 3 AufenthG, eine Aufenthaltsgestattung oder Duldung, die zur Ausübung der Beschäftigung berechtigten, oder eine erforderliche Arbeitsgenehmigung nach § 284 Abs. 1 SGB III nicht besitzt, zu Arbeitsbedingungen tätig werden lässt, die in einem **auffälligen**

---

[218] Zu den Anforderungen an eine Genehmigung siehe Rn. 29.
[219] Es handelt sich um ein besonderes persönliches Merkmal i. S. v. § 28 Abs. 1 StGB.
[220] *Ambs*, in Erbs/Kohlhaas, Stand Jan. 2012, § 15 AÜG Rn. 1.
[221] Siehe Rn. 34.

E. Illegale Beschäftigung im Zusammenhang mit Arbeitnehmerüberlassung

Missverhältnis zu den Arbeitsbedingungen deutscher Leiharbeitnehmer stehen, die die gleiche oder eine vergleichbare Tätigkeit ausüben. In besonders schweren Fällen ist die Strafe Freiheitsstrafe von sechs Monaten bis zu fünf Jahren. Die Ausführungen zu § 10 SchwarzArbG (Rn. 25 ff.) gelten entsprechend.

bb) Einsatz in größerem Umfang – § 15a Abs. 2 AÜG

§ 15a Abs. 2 AÜG bedroht einen **Entleiher**, der 159
1. gleichzeitig **mehr als fünf** Ausländer, die einen erforderlichen Aufenthaltstitel nach § 4 Abs. 3 AufenthG, eine Aufenthaltsgestattung oder eine Duldung, die zur Ausübung der Beschäftigung berechtigen, oder eine Genehmigung nach § 284 Abs. 1 SGB III nicht besitzen, tätig werden lässt
oder
2. eine in § 16 Abs. 1 Nr. 2 AÜG bezeichnete vorsätzliche Zuwiderhandlung (also einen ihm überlassenen Leiharbeitnehmer, der einen erforderlichen Aufenthaltstitel nach § 4 Abs. 3 AufenthG, eine Aufenthaltsgestattung oder eine Duldung, die zur Ausübung der Beschäftigung berechtigen, oder eine Genehmigung nach § 284 Abs. 1 SGB III nicht besitzt, tätig werden lässt) **beharrlich wiederholt**
mit Freiheitsstrafe bis zu 1 Jahr oder Geldstrafe. Handelt der Täter aus **grobem Eigennutz** ist die Strafe Freiheitsstrafe bis zu 3 Jahren oder Geldstrafe. Auf die Erläuterungen zu § 11 SchwarzArbG (Rn. 37 ff.) wird verwiesen.

2. Ordnungswidrigkeiten

§ 16 AÜG enthält die Bußgeldvorschriften des AÜG. Im hiesigen Kontext praktisch bedeutsam sind § 16 Abs. 1 Nr. 1 bis 2a, 7b sowie 11 bis 18. Für die Verfolgung dieser Ordnungswidrigkeiten sind die Hauptzollämter zuständig (§ 16 Abs. 3 AÜG). 160

a) § 16 Abs. 1 Nr. 1, Nr. 1a AÜG – Verleih ohne Erlaubnis, Entleih von einem Verleiher ohne Erlaubnis

Die Arbeitnehmerüberlassung unter Verstoß gegen die Erlaubnispflicht kann gegenüber dem Verleiher bei vorsätzlichem Handeln mit Geldbuße bis zu 30.000 Euro, bei Fahrlässigkeit mit Geldbuße bis zu 15.000 Euro geahndet werden. Ein Entleiher, der einen ihm von einem Verleiher ohne die erforderliche Erlaubnis überlassenen Leiharbeitnehmer tätig werden lässt, wird in gleicher Weise sanktioniert. Der Leiharbeitnehmer begeht als notwendiger Teilnehmer keine Ordnungswidrigkeit, soweit sich seine Mitwirkung auf das vom Tatbestand vorausgesetzte Geschehen beschränkt. 161

b) § 16 Abs. 1 Nr. 1b AÜG – Arbeitnehmerüberlassung in das Baugewerbe

Bußgeldbedroht ist der Verleih durch einen Erlaubnisinhaber unter Verstoß gegen § 1b AÜG in Betriebe des Baugewerbes für Arbeiten, die üblicherweise von Arbeitern verrichtet werden. Das Verbot bezieht sich nur auf die Überlassung in solche Baubetriebe, die in § 1 der Baubetriebe-Verordnung aufgeführt sind. Der Entleiher, der den Arbeitnehmer unter diesen Voraussetzungen tätig werden lässt, handelt ebenfalls ordnungswidrig. Die Ordnungswidrigkeit sowohl des Verleihers als auch des Entleihers kann bei Vorsatz mit Geldbuße bis zu 30.000 Euro, bei Fahrlässigkeit mit Geldbuße bis zu 15.000 Euro geahndet werden. 162

c) § 16 Abs. 1 Nr. 2 AÜG – Entleih von Ausländern ohne Arbeitsgenehmigung

Die Norm betrifft – wie § 15a AÜG – nur Fälle, in denen die Arbeitnehmerüberlassung i. S. d. AÜG entweder nicht erlaubnispflichtig ist oder der Verleiher über die erforderliche Erlaubnis verfügt. Der **Entleiher**, der in diesen Fällen einen Ausländer tätig werden lässt, der einen erforderlichen Aufenthaltstitel nach § 4 Abs. 3 AufenthG, eine Aufenthaltsgestattung oder eine Duldung, die zur Ausübung der Beschäftigung berechtigen, oder eine Arbeitsgenehmigung-EU nach § 284 SGB III nicht besitzt, handelt nach **§ 16 Abs. 1 Nr. 2 AÜG** ordnungswidrig. Der **Verleiher** ist Arbeitgeber des Leiharbeitnehmers; bei einer Beschäfti- 163 gung eines Leiharbeitnehmers ohne Arbeitsgenehmigung liegt für ihn eine Ordnungswidrigkeit i. S. d. § 404 Abs. 2 Nr. 3 SGB III vor.

Verfügt der Verleiher dagegen nicht über eine nach § 1 AÜG erforderliche Verleiherlaubnis, gilt der Entleiher wegen der Fiktion des § 10 Abs. 1 Satz 1 AÜG als Arbeitgeber. Der Entleiher wird dann nach § 16 Abs. 1 Nr. 1 Buchst. a AÜG in Tateinheit mit § 404 Abs. 2 Nr. 3 SGB III mit Bußgeld bedroht, nicht nach § 16 Abs. 1 Nr. 2 AÜG. Der Verleiher wird von § 16 Abs. 1 Nr. 1 AÜG erfasst.

Der Bußgeldrahmen für eine Handlung nach § 16 Abs. 1 Nr. 2 AÜG reicht bis 500.000 Euro bei Vorsatz und bis 250.000 Euro bei Fahrlässigkeit und entspricht damit dem des § 404 Abs. 2 Nr. 3 SGB III. Lässt der Entleiher die Ausländer ohne Arbeitsgenehmigung zu ausbeuterischen Arbeitsbedingungen tätig werden oder liegen andere **qualifizierende** Merkmale i. S. d. § 15a AÜG vor, so verdrängt der Straftatbestand des § 15a AÜG die Ordnungswidrigkeit nach § 16 Abs. 1 Nr. 2 AÜG.

Der Leiharbeitnehmer handelt nach § 404 Abs. 2 Nr. 4 SGB III ordnungswidrig, wenn er vorsätzlich oder fahrlässig ohne erforderliche Arbeitsgenehmigung tätig wird.

d) § 16 Abs. 1 Nr. 2a AÜG – Anzeigepflichtverletzung nach § 1a AÜG

164 Wer eine Anzeige nach § 1a Abs. 2 AÜG vorsätzlich oder fahrlässig nicht richtig, nicht vollständig oder nicht rechtzeitig erstattet, handelt ordnungswidrig. Es muss sich um eine dem § 1 AÜG unterfallende, grundsätzlich erlaubnispflichtige Arbeitnehmerüberlassung handeln, bei der die materiellen Voraussetzungen des § 1a Abs. 1 AÜG vorliegen. Die Ordnungswidrigkeit kann mit einer Geldbuße bis zu 2.500 Euro geahndet werden.

e) § 16 Abs. 1 Nr. 7b AÜG – Nichtzahlung des Mindeststundenentgelts

165 Nach der zum 1.12.2011 eingeführten Norm handelt der Verleiher ordnungswidrig, wenn er vorsätzlich oder fahrlässig entgegen § 10 Abs. 5 AÜG dem Leiharbeitnehmer nicht das Mindeststundenentgelt nach einer gemäß § 3a Abs. 2 AÜG erlassenen Rechtsverordnung zahlt. Die Ordnungswidrigkeit kann mit einer Geldbuße bis zu 500.000 Euro geahndet werden.

Mit der Ersten Verordnung über eine **Lohnuntergrenze in der Arbeitnehmerüberlassung** vom 21.12.2011[222] wurden mit Wirkung **ab 1.1.2012** Mindeststundenentgelte für die Arbeitnehmerüberlassung festgesetzt, die sich in der Höhe in den Gebieten West und Ost (einschließlich Berlin) unterscheiden. Es gilt der Mindestentgeltsatz des Tätigkeitsortes, soweit dieser höher ist. Das Mindestentgelt ist grundsätzlich am 15. Bankarbeitstag des auf den Beschäftigungsmonat folgenden Monats fällig.

Der Bußgeldtatbestand ist der Sanktionierung von Mindestlohnverstößen in § 23 Abs. 1 Nr. 1 AEntG angelehnt. Die Ausführungen dazu (Rn. 178) gelten entsprechend. Der sich aus § 10 Abs. 5 AÜG ergebende Mindestbruttolohnanspruch kann wegen des im Sozialversicherungsrecht geltenden Anspruchs- bzw. Entstehungsprinzips auch für die **Bemessung der Sozialversicherungsbeiträge** von Bedeutung sein. Führt der Arbeitgeber die Beiträge nicht auf der Basis des geschuldeten Entgelts, sondern nach einem niedrigeren Bruttolohn ab, macht er sich nach § 266a Abs. 1 StGB und aufgrund unrichtiger Beitragsnachweise regelmäßig zugleich nach § 266a Abs. 2 StGB strafbar. Ordnungswidrigkeiten nach § 16 Abs. 1 Nr. 7b AÜG und **Straftaten nach § 266a StGB sind materiell und prozessual verschiedene Taten**.

f) § 16 Abs. 1 Nr. 11 bis 18 AÜG – Verstöße gegen Melde- und Aufzeichnungspflichten

166 Zur **Kontrolle der Zahlung des Mindestentgeltes** nach §§ 10 Abs. 5, 3a Abs. 2 AÜG wurden in §§ 17b und c AÜG umfangreiche Melde-, Aufzeichnungs- und Aufbewahrungspflichten eingeführt und die Behörden der Zollverwaltung in § 17a AÜG mit weitgehenden Befugnissen ausgestattet. Die Regelungen lehnen sich an die §§ 17 bis 19 AEntG an. Verstöße sind in § 16 Abs. 1 Nr. 11 bis 18 AÜG mit Geldbuße bis zu 30.000 Euro bedroht.

---

[222] BAnz Nr. 195 v. 28.12.2011, S. 4608; gültig bis 31.10.2013.

F. Das Arbeitnehmer-Entsendegesetz
I. Grundlagen
1. Entwicklung und Zielsetzung

Das Gesetz über zwingende Arbeitsbedingungen für grenzüberschreitend entsandte und für regelmäßig im Inland beschäftigte Arbeitnehmer und Arbeitnehmerinnen (Arbeitnehmer-Entsendegesetz – AEntG) wurde mit Wirkung zum 24.4.2009 neu gefasst. Es dient der Schaffung und Durchsetzung angemessener Mindestarbeitsbedingungen sowohl für grenzüberschreitend entsandte als auch für regelmäßig im Inland beschäftigte Arbeitnehmer sowie der Gewährleistung fairer und funktionierender Wettbewerbsbedingungen. Hierdurch sollen zugleich sozialversicherungspflichtige Beschäftigung erhalten und die Ordnungs- und Befriedungsfunktion der Tarifautonomie gewahrt werden. Getragen von dem Grundgedanken „gleicher Lohn bei gleicher Arbeit am gleichen Ort" im Jahr 1996 ursprünglich als Schutzgesetz für die inländische Bauwirtschaft und deren Arbeitnehmer vor Billigkonkurrenz und Lohndumping aus dem Ausland konzipiert, hat sich der Anwendungsbereich des Gesetzes durch die Aufnahme weiterer Branchen stark erweitert. Zugleich zeigt die Praxis der Ermittlungsbehörden, dass das Gesetz für rein innerstaatliche Sachverhalte erheblich an Bedeutung gewonnen hat. Straf- und bußgeldrechtliche Ermittlungsverfahren im Zusammenhang mit der Anwendung von Vorschriften des AEntG ohne Auslandsbezug überwiegen die Zahl der Verfahren mit grenzüberschreitender Beschäftigung inzwischen deutlich.

167

2. Allgemeine Arbeitsbedingungen

Zur Umsetzung der gesetzlichen Zielsetzung ordnet § 2 AEntG ohne Branchenbeschränkung an, dass bestimmte in Nummern 1 bis 7 einzeln aufgeführte Arbeitsbedingungen, soweit sie in Rechts- oder Verwaltungsvorschriften enthalten sind, auch auf Arbeitsverhältnisse zwischen einem im Ausland ansässigen Arbeitgeber und seinen im Inland beschäftigten Arbeitnehmern zwingend anzuwenden sind. Es handelt sich um eine Sonderregelung und Eingriffsnorm im Sinne von Art. 9 Rom I[223], die nach den Grundsätzen des Internationalen Privatrechts auch dann zu beachten ist, wenn das Arbeitsverhältnis des entsandten Arbeitnehmers im Übrigen dem nach Art. 8 Abs. 1 i. V. m. Art. 3 Rom I gewählten Recht eines anderen Staates oder mangels – zulässiger – Rechtswahl gemäß Art. 8 Abs. 2 Rom I dem Recht des Staates unterliegt, in dem der Arbeitnehmer gewöhnlich seine Arbeit verrichtet.

168

Verwaltungsvorschriften stehen Gesetzen gleich. Tarifverträge werden von § 2 AEntG nicht erfasst. Mindestentgeltsätze i. S. v. § 2 Nr. 1 AEntG können durch eine Rechtsverordnung nach § 4 Abs. 3 Mindestarbeitsbedingungengesetz (MiArbG) festgesetzt werden. Während nach dem Willen des Gesetzgebers[224] in das AEntG in Anlehnung an die Vorschriften über die Allgemeinverbindlichkeitserklärung nach § 5 Abs. 1 Satz 1 Nr. 1 Tarifvertragsgesetz (TVG) nur Wirtschaftszweige aufgenommen werden sollen, in denen die an die entsprechenden Tarifverträge gebundenen Arbeitgeber mindestens 50% der unter ihren Geltungsbereich fallenden Arbeitnehmer beschäftigen, ermöglicht das MiArbG eine Festsetzung von Mindestarbeitsentgelten, wenn die Tarifbindung weniger als 50% beträgt. Die Bundesregierung hat von dieser politisch höchst umstrittenen Möglichkeit bisher (Stand: 1.3.2013) keinen Gebrauch gemacht, so dass derzeit weder die Bußgeldvorschrift des § 18 Abs. 1 Nr. 1 MiArbG noch § 266a StGB in diesem Kontext Bedeutung haben. Regelungen über die weiteren in § 2 AEntG aufgeführten zwingenden Arbeitsbedingungen sind beispielsweise im Bundesurlaubsgesetz, Arbeitszeitgesetz, Arbeitnehmerüberlassungsgesetz, Arbeitsschutzgesetz, Mutterschutzgesetz oder im Jugendarbeitsschutzgesetz enthalten.[225]

---

[223] Verordnung (EG) Nr. 593/2008 des Europäischen Parlaments und des Rates vom 17.6.2008 über das auf vertragliche Schuldverhältnisse anzuwendende Recht (Rom I) (ABl. L 177 v. 4.7.2008, S. 6).
[224] Siehe Gesetzentwurf zum AEntG vom 7.10.2008, BT-Drs. 16/10486, S. 11.
[225] Ausführlich: ErfK/*Schlachter*, § 2 AEntG Rn. 3.

3. Tarifvertragliche Arbeitsbedingungen

a) Allgemeines

169 **§ 3 AEntG** erstreckt die Anwendung bestimmter Arbeitsbedingungen (§ 5), die durch Tarifvertrag in bestimmten Branchen (§ 4) geregelt sind, auf Arbeitsverhältnisse zwischen einem Arbeitgeber mit Sitz im Ausland und seinen im räumlichen Geltungsbereich des Tarifvertrages beschäftigten Arbeitnehmern. Der Tarifvertrag muss entweder nach § 5 TVG für allgemeinverbindlich erklärt oder seine Bestimmungen über Arbeitsbedingungen im Sinne von § 5 Nr. 1 bis 3 AEntG durch eine Rechtsverordnung nach § 7 AEntG für alle unter seinen räumlichen, persönlichen und fachlichen Geltungsbereich fallenden Arbeitgeber und Arbeitnehmer, die bisher nicht an den Tarifvertrag gebunden waren, verbindlich gemacht worden sein.

Von den in § 5 AEntG aufgeführten Arbeitsbedingungen sind insbesondere Mindestentgeltsätze (Nr. 1) sowie die Regelungen über die Einziehung von Beiträgen und die Gewährung von Leistungen im Zusammenhang mit Urlaubsansprüchen durch eine gemeinsame Einrichtung der Tarifvertragsparteien, beispielsweise die Urlaubs- und Lohnausgleichskasse der Bauwirtschaft, (Nr. 3) praktisch bedeutsam.

b) Einbezogene Branchen

170 **§ 4 AEntG** bezieht in Nr. 1 zunächst Tarifverträge des **Bauhauptgewerbes** und des **Baunebengewerbes** im Sinne der §§ 1 und 2 der Baubetriebe-Verordnung ein. Voraussetzung ist – wie sich aus § 6 Abs. 2 AEntG ergibt –, dass der Betrieb (gewerblich) überwiegend Bauleistungen gemäß § 101 Abs. 2 SGB III (ehemals § 175 Abs. 2 SGB III) erbringt. **Bauleistungen** sind danach alle Leistungen, die der Herstellung, Instandsetzung, Instandhaltung, Änderung oder Beseitigung von Bauwerken dienen. Den baugewerblichen Tätigkeiten sind außerdem diejenigen Hilfs- oder Nebenarbeiten zuzuordnen, die zu einer sachgerechten Ausführung der baulichen Leistungen notwendig sind und deshalb mit ihnen im Zusammenhang stehen.[226] Bauleistungen werden überwiegend erbracht, wenn mehr als 50% der Gesamtarbeitszeit der gewerblichen Arbeitnehmer des Betriebs hierfür aufgewandt wird. Auf wirtschaftliche Gesichtspunkte, etwa den Anteil an der Gesamtlohnsumme, am Umsatz oder am erzielten Gewinn, oder auf gewerbe- oder handelsrechtliche Kriterien kommt es dagegen nicht an. Als Beurteilungszeitraum ist grundsätzlich das gesamte betreffende Kalenderjahr heranzuziehen, es sei denn, der Arbeitgeber stellt im Laufe des Kalenderjahres die Erbringung baulicher Leistungen ein; dann ist der Rumpfzeitraum maßgeblich.[227]

Selbstständige Betriebsabteilungen sind Betrieben gleichgestellt (§ 6 Abs. 2 AEntG). Das Gesetz enthält selbst keine Definition dieser Begriffe. Nach allgemeinem arbeitsrechtlichem Sprachgebrauch ist **Betrieb** eine organisatorische Einheit, innerhalb derer ein Arbeitgeber allein oder zusammen mit seinen Arbeitnehmern mithilfe materieller oder immaterieller Betriebsmittel bestimmte arbeitstechnische Zwecke fortgesetzt verfolgt.[228] Unter einer **selbstständigen Betriebsabteilung** ist grundsätzlich ein räumlich, personell und organisatorisch deutlich und nach außen hin erkennbar vom Gesamtbetrieb abgegrenzter Betriebsteil zu verstehen, der mit eigenen technischen Betriebsmitteln einen eigenen Betriebszweck verfolgt.[229] Baustellen eines Bauunternehmens sind keine organisatorisch abgegrenzten Betriebsteile, selbst wenn dort jeweils ein fester Mitarbeiterstamm beschäftigt wird. Dagegen liegt eine selbstständige Betriebsabteilung regelmäßig vor, wenn ein ausländischer Arbeitgeber in Deutschland eine Niederlassung unterhält, von der aus er den Einsatz seiner Arbeitnehmer in Deutschland koordiniert.[230] Aufgrund der in § 6 Abs. 2 AEntG für die Einstufung als

---

[226] BAG, Urt. v. 14.3.2012 – 10 AZR 610/10, juris; Urt. v. 25.1.2005 – 9 AZR 258/04, NZA 2005, 1130.
[227] BAG, Urt. v. 25.1.2005 – 9 AZR 146/04, DB 2005, 1635 = NZA 2006, 171.
[228] BAG, Beschl. v. 25.5.2005 – 7 ABR 38/04; *Ambs*, in Erbs/Kohlhaas, Stand Juli 2010, § 4 AEntG Rn. 5.
[229] BAG, Urt. v. 25.1.2005 – 9 AZR 146/04, DB 2005, 1635 = NZA 2006, 171.
[230] BAG, Urt. v. 25.1.2005 – 9 AZR 44/04, NZA 2005, 1365.

F. Das Arbeitnehmer-Entsendegesetz   **19**

„selbstständige Betriebsabteilung" enthaltenen **Bezugnahme auf die tarifvertraglichen Regelungen** sind darin enthaltene Bestimmungen zu beachten. So wird jeweils in § 1 Abs. 2 Abschnitt VI des Tarifvertrages über das Sozialkassenverfahren im Baugewerbe (VTV) und des Bundesrahmentarifvertrages für das Baugewerbe (BRTV) fingiert, dass als selbstständige Betriebsabteilung auch eine Gesamtheit von Arbeitnehmern gilt, die außerhalb der stationären Betriebsstätte eines Mischbetriebes mit überwiegend baufremden Leistungen baugewerbliche Arbeiten ausführt. Diese tarifvertragliche Fiktion führt nicht dazu, dass jede Baustelle als selbstständige Betriebsabteilung behandelt wird. Wenn aber eine Gruppe von Arbeitnehmern, deren Abteilung von den übrigen mit baufremden Leistungen befassten Abteilungen unterschieden werden kann, baugewerbliche Leistungen erbringt, dann sollen diese Tätigkeiten auch dann erfasst werden, wenn eine Selbstständigkeit der Betriebsabteilung nach der allgemeinen Begriffsdefinition nicht festgestellt werden kann.[231] Liegt eine selbstständige Betriebsabteilung vor, so kommt es für das Überwiegensprinzip nur auf die dort geleistete Arbeitszeit an.

Zu den gemäß § 4 AEntG erfassten Branchen zählt weiterhin die **Gebäudereinigung**. **171** Der Rahmentarifvertrag für die gewerblichen Beschäftigten in der Gebäudereinigung (RTV Gebäudereinigung) enthält eine Aufzählung, welche Tätigkeiten der Gebäudereinigung im Sinne des betrieblichen Geltungsbereichs des Tarifvertrages zuzurechnen sind. Die frühere gesetzliche Beschränkung auf das Gebäudereinigerhandwerk ist entfallen. Allerdings werden die maßgeblichen Tarifverträge vom Bundesinnungsverband des Gebäudereiniger-Handwerks abgeschlossen. Insoweit werden Einschränkungen des Geltungsbereichs der Tarifverträge aufgrund einer limitierten Tarifzuständigkeit des Verbandes diskutiert. Die Tarifzuständigkeit bezieht sich jedenfalls auch auf Gebäudereiniger im Sinne von § 18 Abs. 2 i. V. m. Anlage B Abschnitt 1 Nr. 33 HWO. Darunter fallen auch Betriebe, die Haushalts- oder Hotelzimmerreinigungen „nach Hausfrauenart" erbringen.[232] Das arbeitszeitliche Überwiegensprinzip ist zu beachten (§ 6 Abs. 3 AEntG). Im Bereich der Hotelzimmerreinigung behaupten Arbeitgeber teilweise, reinigungsfremde Servicetätigkeiten würden bei Zimmermädchen und Roomboys einen größeren Zeitumfang einnehmen als Reinigungsarbeiten. Für typische Hotelzimmerkategorien und -arten liegen inzwischen gutachterliche Feststellungen vor, die dies in den untersuchten Fällen widerlegen. Ob derartige Feststellungen übertragen werden können, ist Frage des Einzelfalls und sollte durch zusätzliche Ermittlungen, insbesondere Vernehmung einer repräsentativen Zahl von Arbeitnehmern, unterlegt werden.

Briefdienstleistungen werden nach § 4 Nr. 3 i. V. m. § 6 Abs. 4 AEntG erfasst, wenn der **172** Betrieb oder die selbstständige Betriebsabteilung überwiegend gewerbs- oder geschäftsmäßig Briefsendungen für Dritte befördert. Die Regelungen entfalten derzeit noch keine praktische Bedeutung, weil die hierzu am 28.12.2007 erlassene Verordnung über zwingende Arbeitsbedingungen für die Branche Briefdienstleistungen (BriefArbbV) evident verfahrensfehlerhaft zustande gekommen und daher unwirksam ist.[233]

Der Begriff der **Sicherheitsdienstleistungen** nach § 4 Nr. 4 AEntG ist weiter als der des **173** Bewachungsgewerbes (Bewachen von Leben und Eigentum fremder Personen) im Sinne von § 34a GewO. Die in der Begründung zum Normentwurf[234] enthaltene beispielhafte Aufzählung benennt neben Objekt- und Wachschutz einschließlich Geld- und Wertdiensten, Schutz von kerntechnischen Anlagen, Schutz- und Sicherheitsaufgaben in Verkehrsflughäfen, City-Streifen, Bewachung militärischer Liegenschaften, Überwachung des öffentlichen Personenverkehrs und dem Personenschutz auch Pfortenempfangsdienste und Ordnungsdienste, Revier- und Interventionsdienste, Sicherungsposten bei Gleisarbeiten, Notruf- und Serviceleitstellen und ausgegliederte Werkfeuerwehren. § 6 Abs. 5 AEntG beschreibt das Überwie-

---

[231] BAG, Urt. v. 25.11.2009 – 10 AZR 737/08, NZA 2010, 518; Hess. LAG, Urt. v. 18.5.2011 – 18 Sa 125/10, juris; *Gussen*, in BeckOK ArbR, § 6 AEntG Rn. 2.
[232] SG Dresden, Beschl. v. 19.5.2011 – S 25 KR 214/11 ER m. w. N., juris; SG München, Urt. v. 28.1.2010 – S 30 R 271/09, juris; a. A. SG Schwerin, Urt. v. 28.6.2010 – S 7 R 738/08, juris; offen gelassen durch BGH, Beschl. v. 12.9.2012 – 5 StR 363/12, NJW 2012, 3385.
[233] BVerwG, Urt. v. 28.1.2010 – 8 C 19/09, BVerwGE 136, 54 = NZA 2010, 718.
[234] BT-Drs. 16/11669, S. 23.

174 Zu **Bergbauspezialarbeiten auf Steinkohlebergwerken** (§ 4 Nr. 5 AEntG) zählen im Auftrag eines Bergbauunternehmens ausgeführte Serviceleistungen von Drittfirmen, etwa das Erstellen von Grubenräumen einschließlich Schacht- und Streckenbauarbeiten. § 6 Abs. 6 AEntG konkretisiert, dass es sich um untertägige bergbauliche Spezialarbeiten auf inländischen Steinkohlebergwerken handeln muss, die – arbeitszeitlich – überwiegend erbracht werden müssen. Als weitere Branche einbezogen sind **Wäschereidienstleistungen im Objektkundengeschäft** (§ 4 Nr. 6 AEntG). Nach § 6 Abs. 7 AEntG ist eine Erstreckung des Tarifvertrages dabei aber nur bei Betrieben oder selbstständigen Betriebsabteilungen möglich, die überwiegend für gewerbliche sowie öffentlich-rechtliche oder kirchliche Einrichtungen waschen. Vollständig ausgenommen sind Wäschereidienstleistungen, die von Werkstätten für behinderte Menschen erbracht werden. Welche Leistungen in der Branche **Abfallwirtschaft einschließlich Straßenreinigung und Winterdienst** (§ 4 Nr. 7 AEntG) überwiegend erbracht werden müssen, regelt § 6 Abs. 8 AEntG. Schließlich erfasst § 4 Nr. 8 AEntG die **Aus- und Weiterbildungsdienstleistungen nach dem SGB II oder SBG III** mit den in § 6 Abs. 9 AEntG enthaltenen Einschränkungen.

4. Arbeitsbedingungen in der Pflegebranche

175 Die Mindestarbeitsbedingungen in der Pflegebranche werden nicht auf der Basis von Tarifverträgen, sondern unmittelbar durch Rechtsverordnung nach § 11 AEntG auf Vorschlag einer paritätisch besetzten Kommission (§ 12 AEntG) festgesetzt. Dies trägt dem Umstand Rechnung, dass in dieser Branche zahlreiche kirchliche Träger aktiv sind, bei denen nicht tarifvertragsrechtliche, sondern kirchenrechtliche Regelungen Anwendung finden. Eine Rechtsverordnung nach § 11 AEntG steht hinsichtlich der dem Arbeitgeber auferlegten Pflichten, insbesondere denen zur Gewährung der Mindestarbeitsbedingungen (§ 8 AEntG), und hinsichtlich der sonstigen vom AEntG vorgesehenen Wirkungen und Rechtsfolgen einer Rechtsverordnung nach § 7 AEntG gleich (§ 13 AEntG).

§ 10 Satz 2 AEntG definiert als Pflegebetriebe solche Betriebe und selbstständige Betriebsabteilungen, die überwiegend ambulante, teilstationäre oder stationäre Pflegeleistungen oder ambulante Krankenpflegeleistungen für Pflegebedürftige (§ 10 Satz 3 AEntG) erbringen. Ausgenommen sind die in Satz 4 benannten Krankenhäuser, medizinischen Vorsorge- und Rehabilitationseinrichtungen sowie Einrichtungen, bei denen Leistungen zur Teilhabe am Arbeitsleben oder am Leben in der Gemeinschaft, die schulische Ausbildung oder die Erziehung kranker oder behinderter Menschen im Vordergrund des Zwecks der Einrichtung stehen.

II. Pflichten und Rechtsfolgen

1. Meldepflichten

176 **Arbeitgeber mit Sitz im Ausland** müssen gemäß § 18 Abs. 1 AEntG Arbeitnehmer, die sie im Inland beschäftigen und auf deren Beschäftigung Arbeitsbedingungen nach § 5 Nr. 1 bis 3 AEntG aufgrund eines für allgemeinverbindlich erklärten Tarifvertrages oder einer Rechtsverordnung nach § 7 AEntG in den nach §§ 4 und 6 AEntG einbezogenen Branchen bzw. Arbeitsbedingungen nach § 5 Nr. 1 und 2 AEntG aufgrund einer gleichgestellten Rechtsverordnung nach § 11 AEntG in der Pflegebranche tatsächlich anzuwenden sind, bei der zuständigen Zollbehörde anmelden. Die Anmeldung muss vor Beginn der Werk- oder Dienstleistung in schriftlicher Form vorgelegt werden. Sie muss die von § 18 Abs. 1 AEntG geforderten Angaben enthalten; Änderungen sind unverzüglich mitzuteilen. Der Arbeitgeber hat der An-

F. Das Arbeitnehmer-Entsendegesetz

meldung eine Versicherung beizufügen, dass er seine Verpflichtungen nach § 8 AEntG zur Gewährung der Arbeitsbedingungen und ggf. zur Abführung von Beiträgen an eine gemeinsame Einrichtung der Tarifvertragsparteien einhält. Die Anmeldung soll dem Zoll eine gezielte Überprüfung der Einhaltung dieser Pflichten ermöglichen. Zuständige Zollbehörde für die Entgegennahme der Anmeldung ist die Bundesfinanzdirektion West (§ 1 AEntG-MeldstellV).

§ 18 Abs. 2 AEntG statuiert eine entsprechende Meldepflicht für einen **Entleiher**, dem von einem Verleiher mit Sitz im Ausland Arbeitnehmer zur Arbeitsleistung im Inland überlassen wurden, soweit auf die Beschäftigung dieser Arbeitnehmer die tarifvertraglich nach §§ 4, 5 Nr. 1 bis 3 und § 6 AEntG oder durch Rechtsverordnung nach § 7 oder gleichgestellt nach § 11 AEntG erstreckten Arbeitsbedingungen Anwendung finden. Änderungen sind auch insoweit unverzüglich mitzuteilen. Der Entleiher muss der Anmeldung eine Versicherung des Verleihers beifügen, dass dieser seine Verpflichtungen nach § 8 AEntG einhält.

Die vorsätzliche oder fahrlässige Verletzung der vorgenannten Pflichten ist in § 23 Abs. 1 Nr. 5 bis 7 AEntG mit Geldbuße bewehrt.

2. Gewährung von Mindestarbeitsbedingungen

a) Mindestlohn

Unter straf- und bußgeldrechtlichen Gesichtspunkten kommt von den nach § 8 AEntG durch den Arbeitgeber zu gewährenden Mindestarbeitsbedingungen vor allem der Zahlung von Mindestlöhnen praktische Bedeutung zu. Tarifvertragliche Mindestlohnregelungen, die dem AEntG unterfallen, bestehen in folgenden Branchen (Stand: 1.3.2013): Abfallwirtschaft einschließlich Straßenreinigung und Winterdienst, Aus- und Weiterbildungsdienstleistungen nach dem Zweiten oder Dritten Buch Sozialgesetzbuch, Bau(haupt)gewerbe, Bergbauspezialarbeiten auf Steinkohlebergwerken, Dachdeckerhandwerk, Elektrohandwerk, Gebäudereinigungsleistungen, Maler- und Lackiererhandwerk, Sicherheitsdienstleistungen, Wäschereidienstleistungen im Objektkundengeschäft. Daneben gibt eine Rechtsverordnung nach § 11 AEntG ein Mindestentgelt für die Pflegebranche vor.

Der Mindestlohn ist nach den tarifvertraglichen Regelungen bzw. der Rechtsverordnung nach § 11 AEntG i. d. R. spätestens am 15. des Monats fällig, der auf den Monat folgt, für den er zu zahlen ist. Im Bereich der Abfallwirtschaft ist die Fälligkeit abweichend hiervon auf den letzten Werktag des Folgemonats festgelegt. In allen Branchen wurden Regelungen zur Arbeitszeitflexibilisierung, insbesondere zur Einrichtung von Arbeitszeitkonten, eingeführt, die bei der Prüfung der Entgeltansprüche und deren Fälligkeit zu beachten sind.[235] Die Einhaltung der Anforderungen für die Anwendung dieser Regelungen auf das betreffende Arbeitsverhältnis ist im Einzelfall zu prüfen.

Der Mindestlohn nach dem AEntG ist ein Bruttolohn. Bei der Prüfung der Einhaltung des Mindestlohns dürfen grundsätzlich solche Zuschläge und Zulagen berücksichtigt werden, die im Arbeitsvertrag ausdrücklich als nicht von einer zusätzlichen – von der im Tarifvertrag vorgesehenen Normalleistung abweichenden – Arbeitsleistung abhängiger fester Lohn ausgewiesen sind. Ist der Arbeitgeber aufgrund des Tarifvertrages oder – in der Pflegebranche – aufgrund der Rechtsverordnung zur Zahlung von Überstundenzuschlägen verpflichtet, genügt es, wenn der tatsächlich gezahlte Arbeitslohn zuzüglich der Überstundenzuschläge mindestens der Summe aus dem tariflichen Mindestlohn und den tariflichen Überstundenzuschlägen entspricht. Weihnachtsgeld oder ein zusätzliches Urlaubsgeld dürfen dann als Teil des geschuldeten Mindestlohns gewertet werden, wenn es anteilig zu dem jeweils für den Mindestlohn maßgeblichen Fälligkeitszeitpunkt unwiderruflich ausbezahlt wird.[236]

Bei Arbeitgebern, die im Rahmen von Werkverträgen aufgrund bilateraler Regierungsvereinbarungen in Deutschland tätig sind, werden für die Ermittlung des Mindestlohnes der gezahlte Nettolohn sowie die – ggf. nach Heimatrecht – abgeführten Steuern und Sozialversicherungsbeiträge berücksichtigt.

---

[235] Siehe www.zoll.de (Fachthemen/Arbeit/Mindestarbeitsbedingungen/Mindestlohn).
[236] Siehe näher www.zoll.de (Fachthemen/Arbeit/Mindestarbeitsbedingungen/Mindestlohn).

Ein Verzicht auf den Mindestlohn ist nur durch gerichtlichen Vergleich zulässig. Die Verwirkung des Anspruchs auf den Mindestlohn ist ausgeschlossen. Die nach dem AEntG maßgeblichen Tarifverträge können aber eine Ausschlussfrist für die Geltendmachung des Anspruchs vorsehen, die mindestens sechs Monate betragen muss (§ 9 AEntG).

b) Ordnungswidrigkeiten und Straftaten im Zusammenhang mit Mindestlohnverstößen

178 Zahlt der Arbeitgeber den Mindestlohn zum Fälligkeitstermin vorsätzlich oder fahrlässig nicht oder nicht in der geschuldeten Höhe, so begeht er eine Ordnungswidrigkeit nach § 23 Abs. 1 Nr. 1 AEntG, die mit Geldbuße bis zu 500.000 Euro geahndet werden kann. Im Hinblick auf die inzwischen vielfältigen Informationen über Mindestlöhne kann regelmäßig davon ausgegangen werden, dass einem Arbeitgeber einer der betroffenen Branchen der Umstand, dass ein Mindestlohn zu zahlen ist, bekannt ist. Nachdem der Arbeitgeber gegenüber jedem Arbeitnehmer zu jedem Lohnfälligkeitszeitpunkt eine selbstständige Handlungspflicht hat, erscheint es folgerichtig, **je Arbeitnehmer je Fälligkeitstermin eine Tat im materiellen Sinn** anzunehmen. Dies führt allerdings zu einer „Begünstigung" des Betroffenen, weil eine einzelne Geldbuße die für den Ausschluss von der Vergabe öffentlicher Aufträge nach § 23 AEntG notwendige Höhe von 2.500 Euro so nur selten erreichen wird und es eine Gesamtbußgeldbildung im OWiG nicht gibt. Die **Tat ist beendet**, wenn die Pflicht zur Zahlung des Mindestlohns entfällt, etwa durch Verfall, Verjährung oder nachträgliche Erfüllung des Lohnanspruchs, der Schuldner wegfällt oder die Pflichterfüllung dauerhaft unmöglich wird.

Mindestlohnverstöße gehen in der Praxis häufig mit **Straftaten nach § 266a StGB** einher. Sozialversicherungsbeiträge sind aufgrund des im Sozialversicherungsrecht geltenden Anspruchs- bzw. Entstehungsprinzips auch für geschuldetes, bei Fälligkeit aber nicht gezahltes Arbeitsentgelt zu entrichten.[237] Sieht ein auf das Arbeitsverhältnis anzuwendender Tarifvertrag oder eine gesetzliche Regelung einen höheren als den vereinbarten Lohnanspruch vor, so bemessen sich die Beiträge danach. Auf den vereinbarten oder ausbezahlten niedrigeren Lohn kommt es dann nicht an.[238] Bei vorsätzlichem Mindestlohnverstoß ist – jedenfalls bei nicht gänzlich unerfahrenen Arbeitgebern – zumeist auch Vorsatz hinsichtlich der Beitragsvorenthaltung gegeben. Dass die Höhe der Beiträge von der Höhe des Lohns abhängt, ist dem Arbeitgeber üblicherweise bekannt. Weiß er – wie regelmäßig – auch, dass sich die Beitragshöhe nicht allein deshalb reduziert, weil er entgegen der Vereinbarung mit dem Arbeitnehmer keinen oder nur einen Teil des Lohns auszahlt, so liegt die Annahme nahe, dass er es zumindest für möglich hält, dass sich die Beiträge unabhängig von der Höhe des tatsächlich ausgezahlten Lohns nach dem höheren Mindestlohnanspruch bemessen. Taten nach § 266a StGB sind gegenüber Ordnungswidrigkeiten wegen Mindestlohnunterschreitung nach § 23 Abs. 1 Nr. 1 AEntG **materiell und prozessual selbstständig**.[239]

Mindestlohnverstöße können ferner für die Prüfung des Tatbestandsmerkmals des auffälligen Missverhältnisses bei §§ 233, 291 Abs. 1 Satz 1 Nr. 3 StGB, § 15a Abs. 1 AÜG und § 10 SchwarzArbG von Bedeutung sein.

3. Abführung von Beiträgen an gemeinsame Einrichtungen der Tarifvertragsparteien

a) Urlaubskassenverfahren im Baugewerbe

179 Sieht ein für allgemeinverbindlich erklärter oder durch Rechtsverordnung erstreckter Tarifvertrag die Abführung von Beiträgen an eine gemeinsame Einrichtung der Tarifvertragsparteien vor, so ist jeder in- oder ausländische Arbeitgeber, der unter den Geltungsbereich des Tarifvertrages fällt, verpflichtet, diese Beiträge zu leisten (§§ 8 Abs. 1, 5 Nr. 3 AEntG). Zur

---

[237] BSGE 41, 6; 54, 134; 59, 183; 75, 61.
[238] BGH, Beschl. v. 12.9.2012 – 5 StR 363/12, NJW 2012, 3385; OLG Naumburg, Beschl. v. 1.12.2010 – 2 Ss 141/10, juris.
[239] BGH, Urt. v. 15.3.2012 – 5 StR 288/11, NJW 2012, 2051 = wistra 2012, 307.

F. Das Arbeitnehmer-Entsendegesetz

Vermeidung einer gemeinschaftsrechtswidrigen Doppelbelastung gilt dies für ausländische Arbeitgeber nur, soweit sichergestellt ist, dass diese nicht gleichzeitig zu Beiträgen einer vergleichbaren Einrichtung des Heimatlandes herangezogen werden und das Verfahren eine Anrechnung von bereits erbrachten Urlaubsleistungen vorsieht.

Wichtigster Anwendungsfall ist das Urlaubskassenverfahren im Bau(haupt)gewerbe (§ 8 Nr. 15 Bundesrahmentarifvertrag für das Baugewerbe – BRTV). Die Urlaubs- und Lohnausgleichskasse der Bauwirtschaft (ULAK), die nach außen unter dem Namen SOKA-Bau auftritt, erstattet dem unter den Geltungsbereich des für allgemeinverbindlich erklärten Tarifvertrags über das Sozialkassenverfahren im Baugewerbe (VTV) fallenden Arbeitgeber die an seine Arbeitnehmer ausgezahlte Urlaubsvergütung unabhängig davon, ob der Urlaubsanspruch in dem derzeitigen oder in dem vorherigen Beschäftigungsverhältnis erworben wurde. Hierdurch soll sichergestellt werden, dass auch Bauarbeitnehmer, die ihren Arbeitgeber häufiger wechseln und deshalb jeweils nur einen Urlaubsanspruch von wenigen Tagen erwerben, bezahlten Erholungsurlaub zusammenhängend nehmen können. Der Arbeitgeber kann seinen Arbeitnehmern den für das Urlaubsjahr insgesamt entstandenen Urlaub gewähren, ohne durch die damit verbundene Vergütungspflicht im Vergleich zu vorherigen Arbeitgebern ungerechtfertigt belastet zu werden.

Zur Aufbringung der Mittel für die Erstattungsleistungen sieht der VTV die Pflicht zur Abführung von Beiträgen an die ULAK vor. Der Beitrag für das Urlaubsverfahren bemisst sich auf einen im Tarifvertrag festgelegten Prozentsatz (14,3%, Jahr 2013) vom Gesamtbruttolohn der vom persönlichen Anwendungsbereich des Tarifvertrags erfassten gewerblichen Arbeitnehmer des Betriebs und ist vom Arbeitgeber als Teil des Sozialkassenbeitrags spätestens zum 15. des auf den betreffenden Beschäftigungsmonat folgenden Monats zu zahlen (§§ 18, 21 VTV). Ebenfalls spätestens zum 15. des Folgemonats muss der Arbeitgeber der ULAK unter anderem den beitragspflichtigen Bruttomonatslohn jedes Arbeitnehmers und die diesem zu Grunde liegenden lohnzahlungspflichtigen Stunden mitteilen (§ 6 VTV). Für die Berechnung der Höhe des Urlaubskassenbeitrags ist die vom Arbeitgeber **geschuldete** und nicht eine von ihm tatsächlich gezahlte – niedrigere – Bruttolohnsumme maßgebend. Soweit § 18 Abs. 4 Buchst. a VTV von dem in die Lohnsteuerkarte oder die Lohnsteuerbescheinigung einzutragenden Bruttoarbeitslohn spricht, ist damit der geschuldete Lohn gemeint.[240] Soweit kein höherer Lohn vereinbart ist, richten sich daher der zu meldende beitragspflichtige Bruttolohn und die Beitragsberechnung nach dem Mindestlohnanspruch.[241]

b) Ordnungswidrigkeiten und Betrug gegenüber der ULAK (SOKA-Bau)

Die unterbliebene, unvollständige oder verspätete Abführung der Beiträge zum Urlaubskassenverfahren stellt je betroffenen Monat eine **Ordnungswidrigkeit gemäß § 23 Abs. 1 Nr. 1 AEntG** dar, die bei Vorsatz mit Geldbuße bis zu 500.000 Euro, bei Fahrlässigkeit bis zu 250.000 Euro geahndet werden kann. Die **Tatbeendigung** und damit der Beginn der dreijährigen Verjährungsfrist (§ 31 OWiG) richten sich nach den für Unterlassungsdelikte geltenden Regeln. Die Ordnungswidrigkeit ist zwar mit Ablauf des Fälligkeitstages vollendet, aber erst beendet, wenn die Pflicht zur Beitragsabführung wegfällt (z. B. durch Verfall oder Verjährung der Beitragsansprüche, Wegfall des Beitragsschuldners) oder die Pflichterfüllung dauerhaft unmöglich wird. Ordnungswidrigkeiten wegen Nichtleistung von Beiträgen an die ULAK und Ordnungswidrigkeiten wegen Nichtzahlung des Mindestlohnes an Arbeitnehmer sind **prozessual verschiedene Taten**. Mit dem jeweiligen Unterlassen korrespondieren verschiedene Handlungspflichten gegenüber verschiedenen Zahlungsempfängern.

Erschöpft sich das Verhalten des Arbeitgebers nicht in der bloßen Nichtabführung der vollständigen Beiträge zum Fälligkeitstermin, sondern erfüllt es zugleich den Tatbestand des **Betrugs**, so werden die Ordnungswidrigkeiten gegenüber der ULAK durch die die gleichen Beitragsmonate betreffenden Straftaten nach § 263 StGB konsumiert.

---

[240] BAG, Urt. v. 20.10.1982 – 4 AZR 1211/79, BAGE 40, 262 = ZIP 1983, 475.
[241] BAG, Urt. v. 14.2.2007 – 10 AZR 63/06, NZA-RR 2007, 300; *Gussen,* in BeckOK, § 2 AEntG Rn. 9.

Meldet der Arbeitgeber wahrheitswidrig niedrigere als die tatsächlich **geschuldeten** Bruttolöhne, so liegt darin eine Täuschungshandlung i. S. v. § 263 StGB. Die Täuschung kann im Fall einer Nichtmeldung durch Unterlassen begangen werden, weil § 8 Abs. 1 AEntG dem Arbeitgeber eine gesetzliche Garantenpflicht zur Leistung der der Einrichtung zustehenden Beiträge auferlegt, welche die Pflicht zur aktiven Aufklärung über unmittelbar leistungserhebliche Umstände einschließt. Ein Irrtum kann durch Unterlassen der Meldung bei der ULAK aber nur erregt oder unterhalten werden, wenn dieser zum maßgeblichen Fälligkeitstermin der Arbeitgeber als solcher bekannt war.[242] Nachdem Arbeitgeber im Ergebnis von Betriebsprüfungen häufig rückwirkend für mehrere Jahre zum Urlaubskassenverfahren herangezogen werden, ist der maßgebliche Zeitpunkt in strafrechtlichen Ermittlungsverfahren genau festzustellen. Ein Betrug kann auch dadurch begangen werden, dass tatsächlich nicht bezahlte Urlaubsvergütung gemeldet und von den geschuldeten Beiträgen in Abzug gebracht oder erstattet wird.

Die ULAK (SOKA-Bau) hat nach § 3 VTV, § 8 Nr. 15.1 BRTV einen unmittelbaren Anspruch auf die zur Finanzierung des Urlaubsverfahrens festgesetzten Beiträge. Das von ihr zu verwaltende Vermögen kann daher selbstständig geschädigt werden. Bei der Bestimmung der für die Schadensberechnung maßgeblichen Lohnsummen kann als Untergrenze der jeweilige Mindestlohnanspruch zu Grunde gelegt werden. Eine **Hochrechnung** bei illegalen Beschäftigungsverhältnissen vom Schwarz(netto)lohn auf einen Bruttolohn aufgrund der Nettolohnfiktion des § 14 Abs. 2 Satz 2 SGB IV ist dagegen **nicht zulässig**, weil die Urlaubs- und Sozialkassenbeiträge nicht dem sachlichen Anwendungsbereich des SGB IV unterfallen.[243]

Die an die ULAK abzuführenden Beiträge sind keine Sozialversicherungsbeiträge. § 266a StGB ist daher nicht anwendbar.

Jede falsche Monatsmeldung und der daraus resultierende Schaden bilden eine prozessuale Tat i. S. v. § 264 StPO. Die Betrugstaten bzw. die dahinter zurücktretenden Ordnungswidrigkeiten zulasten der ULAK sind ihrerseits gegenüber Taten nach § 266a StGB zulasten der Einzugsstellen zur Sozialversicherung und gegenüber Taten wegen (Lohn)Steuerhinterziehung nach § 370 AO **prozessual selbstständig**. Eine Verurteilung oder Verfahrenseinstellung nach § 153a StPO im Hinblick auf Taten nach § 266a StGB gegenüber den Einzugsstellen zur Sozialversicherung würde daher eine Verfolgung von Betrugstaten oder Ordnungswidrigkeiten zulasten der ULAK nicht hindern.[244]

4. Aufzeichnungs-, Duldungs- und Mitwirkungspflichten

183 Die Prüfung der Einhaltung der Mindestarbeitsbedingungen und der Abführung von Beiträgen im Zusammenhang mit Urlaubsansprüchen obliegt den Behörden der Zollverwaltung (§ 16 AEntG). Diese haben hierzu die – nach § 17 AEntG erweiterten – Befugnisse nach dem SchwarzArbG. Kontrollen und Prüfungen müssen der Arbeitgeber und die weiteren in § 17 Satz 1 AEntG i. V. m. § 5 SchwarzArbG aufgeführten Personen dulden und daran nach den dort genannten Maßgaben mitwirken. Zur Ermöglichung einer effektiven Prüfung ist jeder Arbeitgeber ferner verpflichtet, bei Arbeitsverhältnissen, auf die nach Maßgabe des AEntG entsprechende Regelungen Anwendung finden, **Beginn, Ende und Dauer der täglichen Arbeitszeit** der Arbeitnehmer **aufzuzeichnen** und diese Aufzeichnungen mindestens zwei Jahre aufzubewahren (§ 19 Abs. 1 AEntG). Entsprechendes gilt für einen Entleiher. Der Arbeitgeber muss gemäß § 19 Abs. 2 AEntG weiterhin die für die Kontrolle der Ein-

---

[242] Vgl. BGH, Urt. v. 18.5.2010 – 1 StR 111/10 m. w. N., wistra 2010, 408.

[243] Im Ergebnis, wenngleich mit anderer Begründung, ebenso: BGH, Urt. v. 29.10.2009 – 1 StR 431/09, juris. Soweit der Senat den zitierten § 18 Abs. 4 VTV mit Verweis auf Rn. 16 des Urt. v. 2.12.2008 – 1 StR 416/08 als Ausfluss des für das Lohnsteuerrecht geltenden Zuflussprinzips verstanden haben sollte, würde dies der Rechtsprechung des BAG, welches auf den geschuldeten Lohn abstellt, entgegenstehen.

[244] Unzutreffend – jedenfalls in der Begründung – insoweit OLG Braunschweig, Beschl. v. 2.5.2012 – Ss (OWi) 72/11, juris (2. Leitsatz und Rn. 43): Das OLG geht scheinbar davon aus, dass es sich bei den von § 23 Abs. 1 Nr. 1 AEntG (§ 5 Abs. 1 Nr. 2 AEntG a. F.) erfassten Beiträgen um Sozialversicherungsbeiträge i. S. v. § 266a StGB handelt, was aber nicht der Fall ist.

haltung der Arbeitsbedingungen erforderlichen Unterlagen – auch über die in Abs. 1 benannten Aufzeichnungen hinaus – im Inland bereithalten.

Vorsätzliche und fahrlässige Verstöße gegen die sich aus §§ 17 und 19 AEntG ergebenden Pflichten begründen Ordnungswidrigkeiten nach § 23 Abs. 1 Nr. 2 bis 4, 8 bzw. 9 AEntG, für deren Verfolgung ebenfalls die Zollbehörden zuständig sind.

5. Haftung und Ordnungswidrigkeiten des Generalunternehmers

a) Haftung – § 14 AEntG

§ 14 AEntG sieht eine verschuldensunabhängige **bürgengleiche Durchgriffshaftung** des Unternehmers, der einen anderen Unternehmer mit der Erbringung von Werk- oder Dienstleistungen beauftragt hat, für die Verpflichtungen dieses Unternehmers, eines Nachunternehmers oder eines von dem Unternehmer oder einem Nachunternehmer beauftragten Verleihers zur Zahlung des Mindestentgelts und von Urlaubskassenbeiträgen vor. Im Hinblick auf das Mindestentgelt ist die Haftung auf den auszuzahlenden Nettobetrag beschränkt. Der Begriff „Unternehmer" ist nach dem Sinn und Zweck der Bürgenhaftung einschränkend auszulegen. Er erfasst neben typischen General- bzw. Hauptunternehmern auch ein Bauträgerunternehmen, nicht aber den Bauherren bzw. Auftraggeber, der lediglich einen Eigenbedarf befriedigt, ohne eine eigene Leistungspflicht zu erfüllen.[245] **184**

b) Ordnungswidrigkeiten – § 23 Abs. 2 AEntG

§ 23 Abs. 2 AEntG droht demjenigen, der Werk- oder Dienstleistungen in erheblichem Umfang[246] ausführen lässt, indem er als Unternehmer einen anderen Unternehmer beauftragt, von dem er weiß oder fahrlässig nicht weiß, dass dieser bei der Erfüllung des Auftrags entgegen § 8 AEntG eine Mindestarbeitsbedingung nicht gewährt oder einen Beitrag nicht leistet oder einen Nachunternehmer einsetzt oder zulässt, dass ein Nachunternehmer tätig wird, der gegen § 8 AEntG verstößt, Geldbuße bis zu 500.000 Euro an. **185**

Es handelt sich dabei um eine der zentralen Bußgeldvorschriften im AEntG. Sie zielt – wie die Bürgenhaftung nach § 14 AEntG – auf den General-/Hauptunternehmer ab, der – wenn er sich bei der Erfüllung eines Auftrags die wirtschaftlichen Vorteile des Einsatzes von Subunternehmern zu Nutze macht – zur sorgfältigen Auswahl, Überwachung und Bezahlung seiner Subunternehmer angehalten werden soll. Fahrlässiges Handeln wird nicht stets schon dadurch ausgeschlossen, dass sich der Unternehmer vom Subunternehmer von dessen Arbeitnehmern unterzeichnete Erklärungen über den Erhalt des Mindestlohns oder von diesen quittierte Lohnabrechnungen vorlegen lässt, vor allem wenn es sich bei den Arbeitnehmern um Ausländer handelt, die der deutschen Sprache nicht mächtig sind. Gegen die inhaltliche Richtigkeit dieser Bescheinigungen oder Quittungen kann die Beauftragung eines Subunternehmers sprechen, dessen Liquidität vom Generalunternehmer nicht überprüft wurde und der zu extrem niedrigen Preisen angeboten hat. Dem Generalunternehmer sind über das Bautagebuch die tatsächlichen Arbeitszeiten, die Ausfallzeiten wegen Baustillstands und die Anzahl der vom Subunternehmer eingesetzten Arbeitnehmer im Wesentlichen bekannt. Er kennt die Höhe der an den Subunternehmer ausbezahlen Werkvertragsvergütung und kann sich daher ausrechnen, ob dieser in der Lage ist, mit dem verdienten Werklohn die Mindestarbeitsbedingungen einzuhalten. Nicht selten wendet sich der Subunternehmer an den Generalunternehmer und bittet um rasche Zahlung und um Vorschüsse. Solchen Auffälligkeiten darf sich der Generalunternehmer nicht verschließen. Er ist in derartigen Fällen zu einer sorgfältigen Überprüfung der Mindestlohnzahlung verpflichtet.

In der Praxis wird von dieser Bußgeldnorm nicht immer konsequent Gebrauch gemacht, wenngleich nicht verkannt werden darf, dass die Ermittlungen aufwendig sind und der Schuldnachweis vielfach nicht einfach zu führen ist.

---

[245] BAG, Urt. v. 16.5.2012 – 10 AZR 190/11, NZA 2012, 980.
[246] Siehe Rn. 20.

6. Ausschluss von öffentlichen Aufträgen – § 21 AEntG

186 Nach § 21 AEntG sollen Bewerber von der Teilnahme an einem Wettbewerb um einen Liefer-, Bau- oder Dienstleistungsauftrag eines öffentlichen Auftraggebers i. S. v. § 98 GWB für angemessene Zeit bis zur nachgewiesenen Wiederherstellung ihrer Zuverlässigkeit ausgeschlossen werden, wenn sie wegen einer Ordnungswidrigkeit nach § 23 AEntG mit einer Geldbuße von wenigstens 2.500 Euro belegt worden sind. Das Gleiche gilt auch schon vor der Durchführung eines Bußgeldverfahrens, wenn im Einzelfall kein vernünftiger Zweifel an einer schwerwiegenden Verfehlung besteht. Der Ausschluss von öffentlichen Aufträgen kann den Unternehmer unter Umständen ungleich härter treffen als ein Bußgeldbescheid.

G. Entsendekriminalität am Beispiel des Werkvertragsverfahrens

I. Grundlagen der Entsendung im Werkvertragsverfahren

187 Arbeitnehmern aus Drittstaaten kann ein Aufenthaltstitel zur Ausübung einer Beschäftigung in Deutschland zur Erfüllung von Werkverträgen zwischen Unternehmen mit Sitz außerhalb des EWR und Auftraggebern mit Sitz in Deutschland oder in einem anderen Mitgliedstaat der EU in der Regel[247] **nur im Rahmen von Regierungsvereinbarungen**[248] zwischen der Bundesrepublik Deutschland und dem Drittstaat erteilt werden. Gleiches gilt noch bis 31.12.2013 für die Erteilung der Arbeitserlaubnis-EU, wenn Unternehmen aus Bulgarien oder Rumänien mit eigenem Personal zur Erfüllung von Werkverträgen in Deutschland in einer Branche tätig werden wollen, für die noch keine Dienstleistungsfreiheit besteht, namentlich das Baugewerbe (mit verwandten Wirtschaftszweigen), die Reinigung von Gebäuden, Inventar und Verkehrsmitteln sowie die Innendekoration. In allen anderen Wirtschaftszweigen können Unternehmen aus diesen beiden EU-Staaten ihre Mitarbeiter im Rahmen der EU-Dienstleistungsfreiheit bereits jetzt arbeitsgenehmigungsfrei vorübergehend entsenden.

Für Unternehmen aus den EU-8-Beitrittsstaaten[249] endete die Beschränkung der Dienstleistungsfreiheit bereits am 30.4.2011. Für Staatsangehörige dieser Länder gilt die Arbeitnehmerfreizügigkeit damit ab dem 1.5.2011 uneingeschränkt. Die Arbeitsgenehmigungspflicht ist ab diesem Zeitpunkt entfallen; die bilateralen Werkvertragsvereinbarungen finden keine Anwendung mehr.

Die Regierungsvereinbarungen regeln, in welchem Umfang Arbeitnehmer aus den betreffenden Staaten in Deutschland zum Einsatz kommen dürfen und unter welchen Voraussetzungen eine Arbeitserlaubnis-EU bzw. die Zustimmung zur Erteilung eines die Beschäftigung erlaubenden Aufenthaltstitels erteilt werden darf. Für die Durchführung der zwischenstaatlichen Vereinbarungen ist in Deutschland die Zentrale Auslands- und Fachvermittlung (ZAV) der Bundesagentur für Arbeit, Standort Stuttgart, zuständig.[250]

II. Missbräuchliche Entsendung – Interessenlagen der Beteiligten

188 Die Entsendung auf Grundlage der Regierungsvereinbarung ist sowohl auf Seiten des ausländischen Subunternehmers als auch auf Seiten des deutschen Auftraggebers in hohem Maße anfällig für einen kriminellen Missbrauch. Da die Bundesagentur für Arbeit nur eine büromäßige Überprüfung der Werkvertragsunterlagen vornimmt, ist das Zulassungsverfahren nicht

---

[247] Zu den ausgenommenen Drittstaaten siehe § 34 BeschV. Schweizer Bürger benötigen keine Erlaubnis.
[248] Zum 1.3.2013 bestanden Regierungsvereinbarungen mit Bosnien und Herzegowina, Kroatien, Mazedonien, Serbien, der Türkei (sog. Drittstaaten) sowie mit Bulgarien und Rumänien. Näheres unter www.zav.de (Suchwort: Regierungsvereinbarungen).
[249] Estland, Lettland, Litauen, Polen, Slowakische Republik, Slowenien, Tschechische Republik, Ungarn.
[250] Weitere Informationen unter www.zav.de (Suchwort: Werkvertragsverfahren), u. a. die Merkblätter 16, 16a.

G. Entsendekriminalität am Beispiel des Werkvertragsverfahrens 19

geeignet, Verträge, die gesetzeswidrig abgewickelt werden sollen, als solche zu erkennen und zurückzuweisen.

Die Betätigungsmöglichkeiten für **Bauunternehmer im Entsendestaat** sind häufig unbefriedigend – eine Verlegung der Tätigkeit nach Deutschland verspricht schnelle Gewinne. Aus diesem Grunde ist auch die Gründung von Unternehmen einzig mit dem Ziel, im Rahmen der Regierungsvereinbarung auf dem deutschen Markt als Subunternehmer tätig zu werden, verlockend. Der Verantwortliche der Werkvertragsfirma ist mitunter nur Kaufmann und in der Baubranche wenig erfahren. Die Firma hat oftmals kaum Eigenkapital; Briefkastenfirmen fehlen häufig schon die Mittel, um die im Zustimmungsverfahren anfallenden Gebühren entrichten zu können – der deutsche Vertragspartner muss in Vorleistung treten. Die zur Bauausführung erforderliche Mannschaft wird nach Abschluss des Werkvertrages für den Auslandseinsatz angeworben. Vielfach fehlt die erforderliche Infrastruktur und das „Know-how", um in Deutschland ein kompliziertes Bauvorhaben eigenständig und auf Augenhöhe mit dem deutschen Partnerunternehmen durchführen zu können. Derartige Werkvertragsfirmen sind ihren deutschen Vertragspartnern, i. d. R. größere mittelständische Unternehmen oder Großunternehmen, ausgeliefert.

Die **entsandten Arbeiter** sind im Heimatstaat oft arbeitslos oder arbeiten dort gegen einen geringen Lohn. Entsendungen nach Deutschland sind daher begehrt, auch wenn die Mindestlöhne nach den Regierungsvereinbarungen und dem AEntG in der Praxis deutlich unterschritten werden. Werkvertragsarbeitnehmer werden in der Regel monatlich in bar auf der Baustelle ausbezahlt, um die Nachvollziehbarkeit der Lohnzahlungen zu vereiteln. Quittierte Lohnabrechnungen der Werkvertragsarbeiter über die Auszahlung des geschuldeten Lohns sind vielfach wertlos, weil die Werkvertragsarbeitnehmer schon bei Einstellung ihr Einverständnis mit Löhnen erklären müssen, die unter dem in Deutschland geschuldeten Lohn liegen, und auf Verlangen ihres Arbeitgebers wahrheitswidrig für den Erhalt des Mindestlohnes quittieren, um die Arbeitsstelle in Deutschland nicht zu gefährden.

Etablierte deutsche Bauunternehmen sind in der Lage, lukrative Aufträge zu akquirieren und die hierfür erforderliche Arbeit mithilfe eines kleinen Stabes von qualifizierten Fachleuten zu organisieren. Sie vermeiden aus Kostengründen weitgehend die Beschäftigung von eigenem Personal. Zur rentablen Ausführung der Bauvorhaben werden billige Facharbeiter benötigt. Solche sind auf dem deutschen Arbeitsmarkt schwer zu finden. Es bietet sich eine Zusammenarbeit mit ausländischen Werkvertragsunternehmen an, da diese im Vergleich zu deutschen Subunternehmen deutlich günstiger anbieten können. Dies liegt zum einen daran, dass – bei echter Entsendung – für die entsandten Arbeitnehmer die niedrigeren Sozialversicherungsbeiträge im Entsendestaat zu entrichten sind. Zum anderen werden den Werkvertragsarbeitnehmern nur selten die nach der Regierungsvereinbarung und ggf. dem AEntG geschuldeten Löhne bezahlt.

Die Qualifikation der Werkvertragsfirma ist für viele **deutsche Hauptunternehmer** nur von nachrangiger Bedeutung, da sie wenig Interesse an der eigenverantwortlichen Erfüllung des Werkvertrages durch den ausländischen Subunternehmer haben. Sie brauchen in erster Linie billige, einsatzwillige Handwerker, die nach den Vorgaben und unter der Regie der deutschen Poliere und Bauleiter das Bauwerk erstellen. Eine Einflussnahme des ausländischen Bauleiters oder der ausländischen Poliere auf den Baustellenablauf ist meist unerwünscht. Die Organisation der Arbeit der Werkvertragsarbeitnehmer wird durch den deutschen Hauptunternehmer vorgegeben. Die Tätigkeit des ausländischen Bauleiters ist auf untergeordnete Koordinierungsarbeiten und die Aufmaßerstellung beschränkt; die ausländischen Poliere fungieren meist nur als Dolmetscher und Weisungsempfänger der deutschen Poliere. Da die ausländische Werkvertragsfirma die Bauleistungen unter der Regie des deutschen Auftraggebers erbringt, eine Abrechnung der Bauleistungen aber nicht nach der Anzahl der erbrachten Stunden, sondern nach Aufmaß erfolgt, wird das Risiko von Bauunterbrechungen, Leerlauf und fehlerhafter Koordination der Baustelle auf die Werkvertragsfirma abgewälzt. Diese muss ihre Arbeitnehmer bezahlen, hat aber ihrerseits keine abrechnungsfähigen Leistungen vorzuweisen. Die tatsächlich erbrachten Leistungen werden zudem vom Hauptunternehmer aufgrund von angeblichen oder tatsächlichen Mängeln teilweise massiv gekürzt. Wurde dem Werkvertragsunternehmer vom deutschen Auftraggeber zudem ein manipuliertes – aufgeblähtes – Leistungsverzeichnis zur Einreichung bei der ZAV aufgezwungen, ist die Baustelle personell überbesetzt. Dies ist für den Hauptunternehmer günstig, da er nur die erbrachte Leistung bezahlt, eine großzügige Besetzung der Baustelle mit Arbeitskräften dem Baufortschritt aber dienlich ist. Die Schlüssigkeitsprüfung der ZAV hinsichtlich der genehmigungsfähigen Personalstärke erweist sich in diesem Fall als obsolet. Die Folge ist, dass Lohnzahlungen an die Werkvertragsarbeiter nur noch zeitlich verzögert erfolgen können und schließlich ganz ausbleiben. In dieser Situation wenden sich die um ihren Lohn gebrachten Bauarbeiter oftmals an die Hauptzollämter und offenbaren die Mindestlohnunterschreitungen.

III. Das Zulassungsverfahren

189 Der ausländische Werkunternehmer beantragt bei der nach der Regierungsvereinbarung zuständigen Behörde seines Heimatstaates die Zuteilung des erforderlichen Kontingents von Werkvertragsarbeitern. An die erteilte Kontingentbescheinigung ist die deutsche Arbeitsverwaltung gebunden.[251] Die Kontingentbescheinigung ist zusammen mit dem Werkvertrag, dem Leistungsverzeichnis und – bei Bauleistungen – einer Selbstauskunft des Auftraggebers bei der ZAV einzureichen. Zudem sind vom ausländischen Nachunternehmer auf dem Vordruck „Erklärung zum Werkvertrag" Angaben zu den Stundenlöhnen brutto/netto, zur durchschnittlichen monatlichen Arbeitszeit und zur Gewährung von Unterkunft und Verpflegung für die zur Entsendung vorgesehenen Arbeitnehmer zu machen. Die ZAV überprüft insbesondere, ob die Lohnbedingungen, die der ausländische Unternehmer seinen Arbeitnehmern für den Zeitraum der Entsendung gewähren will, denjenigen entsprechen, welche die einschlägigen deutschen Tarifverträge für vergleichbare Tätigkeiten vorsehen (Nettolohnvergleich)[252], und im Anwendungsbereich des AEntG zusätzlich, ob der Bruttolohn den Bestimmungen des AEntG entspricht. Daneben werden anhand der Auftragssumme und des Leistungsverzeichnisses die Angaben zur Anzahl der zur Bauausführung erforderlichen Arbeitnehmer auf Plausibilität überprüft.

Die ZAV erlässt nach erfolgter Prüfung bei Unternehmen aus **Drittstaaten** einen Bescheid über die Zusage einer Zustimmung zum Aufenthaltstitel zur Ausübung einer Beschäftigung. Anhand dessen kann im zugelassenen Umfang bei der ZAV die **Zustimmung zum Aufenthaltstitel** für die einzelnen Arbeitnehmer beantragt werden. Die Zustimmung wird in Form der **Werkvertragsarbeitnehmerkarte** erteilt. Für die Einreise und den Aufenthalt im Bundesgebiet benötigen die Werkvertragsarbeiter Visa. Diese werden bei der zuständigen deutschen Auslandsvertretung unter Vorlage der gesiegelten Werkvertragsarbeitnehmerkarten beantragt. Die Konsularabteilung macht sich die Prüfung der Arbeitsverwaltung zu eigen und geht regelmäßig – mangels anderweitiger Erkenntnisse – von der Einhaltung der Bestimmungen der Regierungsvereinbarungen durch die Beteiligten aus. Wenn in der Person des Antragstellers keine Einreisehindernisse bestehen, werden die Einreisvisa für die Werkvertragsarbeiter antragsgemäß für 3 Monate erteilt. Nach Ablauf der Visa sind die weiteren Aufenthaltstitel bei den Ausländerbehörden am Ort der Beschäftigung zu beantragen. Bei den noch bis 31.12.2013 in der Dienstleistungsfreiheit eingeschränkten Unternehmen aus **Bulgarien** und **Rumänien** erlässt die ZAV einen Bescheid über die Zusicherung von **Arbeitserlaubnissen-EU**, auf dessen Basis dann entsprechende Arbeitserlaubnisse bei der ZAV beantragt werden können. Einen Aufenthaltstitel benötigen EU-Bürger nicht.

IV. Straftaten und Ordnungswidrigkeiten bei Entsendekriminalität

1. Erschleichen von Aufenthaltstiteln – § 95 Abs. 2 Nr. 2 AufenthG

190 Das Zustimmungsverfahren nach § 39 AufenthG vor der Bundesagentur für Arbeit (ZAV) ist Teil des Verfahrens zur Erteilung eines Aufenthaltstitels. Die Zustimmung gilt als Ergänzung der Nebenbestimmung i. S. v. § 4 Abs. 2 Satz 4 AufenthG und ist Bestandteil des Aufenthaltstitels.

Sichert der **ausländische Subunternehmer** der ZAV die Einhaltung der Mindestlohnbedingungen zu, obwohl er von vornherein dazu nicht bereit oder in der Lage ist, so macht er unrichtige Angaben i. S. v. § 95 Abs. 2 Nr. 2 AufenthG, um für einen anderen einen Aufenthaltstitel zu beschaffen. Dasselbe gilt, wenn er einen Werkvertrag zur Zustimmung einreicht, der in Wirklichkeit eine illegale Arbeitnehmerüberlassung verschleiern soll, oder ein überzogenes Leistungsverzeichnis beifügt, das mit den tatsächlichen Werten nicht übereinstimmt und nur der Beschaffung von zusätzlichen Aufenthaltstiteln dient. Dass der Aufenthaltstitel zunächst für längstens drei Monate in Form eines Visums durch eine deutsche Auslandsvertretung erteilt wird, ist insofern unbeachtlich. Die für § 95 Abs. 2 Nr. 2 AufenthG maßgebliche unrichtige Erklärung gegenüber der ZAV ist eine Inlandstat.

---

[251] Wird einer sog. Briefkastenfirma ein Kontingent zugeteilt, so muss sich die ZAV mit der ausländischen Kontingentbehörde in Verbindung setzen und die Rücknahme des Kontingents anregen.

[252] Die Gewährung von Lohnbedingungen, die denjenigen von vergleichbaren deutschen Arbeitnehmern entsprechen, ist Bestandteil jeder Regierungsvereinbarung.

Eine **Mittäterschaft des deutschen Hauptunternehmers** beim Erschleichen von Aufenthaltstiteln **oder** eine **Beihilfe** hierzu kann in Betracht kommen, wenn er dem ausländischen Subunternehmer ein überzogenes Leistungsverzeichnis ausgehändigt hat, das nur zur Beschaffung von zusätzlichen Aufenthaltstiteln für Werkvertragsarbeitnehmer durch eine Täuschung der ZAV erstellt wurde, oder wenn der zwischen dem deutschen Unternehmen und dem ausländischen Nachunternehmen geschlossene Werkvertrag in Wirklichkeit eine illegale Arbeitnehmerüberlassung verschleiern soll. Häufig werden der Subunternehmer und der deutsche Hauptunternehmer ein massives Eigeninteresse an der Erteilung der beantragten Aufenthaltstitel haben und das Vorgehen abstimmen. Die Annahme von Mittäterschaft wird vielfach nahe liegen. Als Mittäter des § 95 Abs. 2 Nr. 2 AufenthG kann sich der deutsche Auftraggeber allerdings nicht wegen Einschleusens von Ausländern nach § 96 Abs. 1 Nr. 2 AufenthG strafbar machen. Übergibt der deutsche Hauptunternehmer dem ausländischen Subunternehmer ein überzogenes Leistungsverzeichnis zur Einreichung bei der Arbeitsverwaltung, dessen Unrichtigkeit der Werkvertragsunternehmer zunächst nicht erkennt, um die Besetzung der Baustelle mit einer überhöhten Anzahl von Werkvertragsarbeitnehmern sicher zu stellen, so ist **mittelbare Täterschaft** denkbar.

Die **entsandten Arbeitnehmer** müssen zwar auf dem Antrag auf Zustimmung zum Aufenthaltstitel in Form einer Werkvertragsarbeitnehmerkarte, auf dem auch auf den betreffenden Werkvertrag Bezug genommen wird, unterschreiben. Dass sie Kenntnis von unrichtigen Angaben und Unterlagen, etwa einem fingierten Werkvertrag oder falschen Angaben zur Lohnhöhe hatten, wird regelmäßig nur schwer belegbar, der Nachweis einer Vorsatztat wegen Erschleichens des Aufenthaltstitels nach § 95 Abs. 2 Nr. 2 AufenthG bzw. wegen unerlaubter Einreise und Aufenthalts aufgrund eines erschlichenen Aufenthaltstitels nach § 95 Abs. 1 Nr. 2, 3 i. V. m. Abs. 6 AufenthG mithin vielfach schwer zu führen sein.

2. Illegale Arbeitnehmerüberlassung

Die Entsendung aufgrund von bilateralen Regierungsvereinbarungen wird vielfach zur Verschleierung von illegaler Arbeitnehmerüberlassung genutzt.

Briefkastenfirmen aus Billiglohnländern, die mit der selbstständigen Erstellung eines komplizierten Bauwerkes beauftragt wurden, praktizieren in aller Regel illegale Arbeitnehmerüberlassung. Eine „ad hoc" zum Zwecke der Entsendung zusammengestellte Belegschaft wird kaum in der Lage sein, den hohen Koordinationsaufwand, den die eigenverantwortliche Erstellung eines komplizierten Gewerkes erfordert, zu leisten. Als Vertragspartner wird auf deutscher Seite daher häufig eine Baufirma anzutreffen sein, die mit einer auffallend großen Anzahl von Bauleitern, Architekten und Polieren auf der Baustelle vertreten ist, welche die Baustelle organisieren, leiten und die Tätigkeit der Werkvertragsarbeitnehmer anweisen und überwachen.

Der Nachweis der Arbeitnehmerüberlassung ist trotzdem schwierig, weil die Hauptzollämter bei ihren Kontrollen, die in erster Linie auf die Überprüfung der Einhaltung der Mindestarbeitsbedingungen nach dem AEntG zielen, nur eine Momentaufnahme der Baustelle vorfinden. Die als Leiharbeiter eingesetzten angeblichen Werkvertragsarbeitnehmer sprechen selten deutsch; mit dem Begriff „Arbeitnehmerüberlassung" können sie meist nichts verbinden. Den deutschen Bauleitern und Polieren ist das Risiko, das mit der Aufdeckung einer illegalen Arbeitnehmerüberlassung einhergeht, bekannt. Jegliche Einflussnahme auf den Arbeitsablauf und die Arbeitsplanung des ausländischen Subunternehmers wird daher bei einer Befragung in Abrede gestellt. Eine Aufdeckung der illegalen Arbeitnehmerüberlassung kann nur durch eine sachkundige, generalstabsmäßig vorbereitete Durchsuchung der Baustelle und der Geschäftsräume der Beteiligten, der eine Ermittlung der Firmenverhältnisse des Werkvertragsunternehmens im Ausland vorauszugehen hat, sowie eine sachverständige Überprüfung von Leistungsverzeichnissen/Kalkulation/Bauorganisation/Baustellenablauf (Baustellenablaufgutachten) verbunden mit einer unverzüglichen Vernehmung der Beteiligten (Bauleiter, Poliere, Arbeitnehmer, Werkvertragsunternehmer) gelingen.

Der nicht über die nach § 1 AÜG erforderliche Verleiherlaubnis verfügende ausländische „Subunternehmer" macht sich nach § 15 AÜG strafbar. Der wegen der Fiktion des § 10 Abs. 1 AÜG als Arbeitgeber anzusehende „Entleiher" kann sich nach §§ 10 bis 11 SchwarzArbG strafbar machen; hilfsweise ist auf den Bußgeldtatbestand des § 404 Abs. 2 Nr. 3 SGB

19. Kapitel. Schwarzarbeit und illegale Beschäftigung

III zurückzugreifen. Der erforderliche Aufenthaltstitel bzw. die erforderliche Arbeitserlaubnis-EU liegt nicht vor, weil gegen die Inhaltsbestimmungen der Erlaubnis verstoßen wurde.

3. Lohnwucher – § 291 StGB, Mindestlohnunterschreitung – § 23 Abs. 1 Nr. 1 AEntG

192 Zahlt der Arbeitgeber an seine nach Deutschland entsandten Arbeitnehmer Löhne, die erheblich unter dem Lohn liegen, den vergleichbare deutsche Arbeitnehmer für dieselbe Tätigkeit erhalten, so kommt eine Strafbarkeit wegen Lohnwuchers gemäß § 291 Abs. 1 Satz 1 Nr. 3 StGB in Betracht.

Der Täter muss sich oder einem Dritten Vermögensvorteile versprechen oder gewähren lassen, die in einem auffälligen Missverhältnis zu der Leistung stehen. Ein **auffälliges Missverhältnis** zwischen dem Wert der erbrachten Arbeitsleistung und der Lohnzahlung ist vorbehaltlich besonderer Umstände des Einzelfalls gegeben, wenn die Vergütung weniger[253], zumindest aber nicht mehr[254] als zwei Drittel eines in dem betreffenden Wirtschaftszweig und Wirtschaftsgebiet üblichen Tariflohnes bzw. der verkehrsüblichen Vergütung beträgt. Maßgeblich ist, ob seitens des Täters ein Missverhältnis vorliegt. Dem Täter fließt im Falle des Lohnwuchers der Marktwert der erbrachten Arbeitsleistung zu. Bei einer Entsendung im Anwendungsbereich des AEntG ist dies wenigstens der gesetzliche Mindestlohn. Vorteile, die das Opfer erlangt, z. B. eine höhere Kaufkraft des ausbezahlten Lohnes im Entsendestaat, haben außer Betracht zu bleiben.[255]

Der Täter muss ferner eine **Schwächesituation** des Opfers **ausbeuten**, d. h. bewusst und missbräuchlich zur Erlangung übermäßiger Vermögensvorteile ausnutzen.[256] Praktisch relevante Schwächezustände sind Zwangslagen und Unerfahrenheit. Eine **Zwangslage** liegt vor, wenn sich der Arbeitnehmer in einer ernsten wirtschaftlichen oder persönlichen Bedrängnis befindet. Eine existentielle Bedrohung ist nicht erforderlich; eine schwerwiegende Beeinträchtigung der Entscheidungsfreiheit genügt.[257] **Unerfahrenheit** ist eine auf Mangel an Geschäftskenntnis und Lebenserfahrung beruhende Eigenschaft des Ausgebeuteten, durch die er sich vom Durchschnittsmenschen unterscheidet und die seine Fähigkeit einschränkt, bestimmte Lebenssachverhalte richtig zu beurteilen.[258] Der Mangel muss allgemein oder auf einzelnen Gebieten, etwa in finanziellen Dingen, bestehen. Die bloße Unkenntnis über die Bedeutung und Tragweite des abzuschließenden Geschäfts oder fehlendes Spezialwissen sind nicht ausreichend.[259]

Subjektiv genügt bedingter Vorsatz. Der Täter muss die Umstände kennen, die beim Opfer eine Schwächesituation begründen, die für das auffällige Missverhältnis zwischen Leistung und Gegenleistung maßgeblich sind und die sein Verhalten als ausbeuterisch erscheinen lassen. Fehlerhafte Bewertungen der zutreffend erkannten Umstände stellen in der Regel bloße Subsumtionsirrtümer dar.

193 Bei Entsendungen aus den **neuen EU-Mitgliedstaaten – außer Bulgarien und Rumänien –** wird Wucher nur noch selten festzustellen sein. Die Lebensverhältnisse dort haben sich den Lebensverhältnissen in den alten EU-Staaten angenähert. Es existieren ausreichend leistungsfähige soziale Sicherungssysteme und eine funktionstüchtige Rechtspflege. Lohnunterschreitungen von mehr als 1/3 sind zunehmend eine Ausnahmeerscheinung.

---

[253] BAG, Urt. v. 22.4.2009 – 5 AZR 436/08, BAGE 130, 338 = DB 2009, 1599 (st. Rspr.).
[254] Der BGH, Urt. v. 20.4.1997 – 1 StR 701/96, BGHSt 43, 53 (60) = NJW 1997, 2689, hat in einer Einzelfallentscheidung die tatrichterliche Annahme eines auffälligen Missverhältnisses bei einem Lohn der – zufällig – exakt zwei Drittel des Tariflohns entsprach, revisionsrechtlich nicht beanstandet.
[255] BGH, Urt. v. 20.4.1997 – 1 StR 701/96, BGHSt 43, 53 (60) = NJW 1997, 2689.
[256] BGHSt 11, 182 (187); *Fischer*, Strafgesetzbuch, § 291 Rn. 14.
[257] *Fischer*, Strafgesetzbuch, § 291, Rn. 10 m. w. N.
[258] BGHSt 11, 182 (186); BGH, Urt. v. 20.4.1997 (Fn. 254).
[259] BGH, Urt. v. 4.4.1959 – 2 StR 596/58, NJW 1959, 1787.

G. Entsendekriminalität am Beispiel des Werkvertragsverfahrens 19

Bei Entsendungen aus **Staaten außerhalb des EWR sowie im Falle von Bulgarien und Rumänien** sind erhebliche Mindestlohnunterschreitungen dagegen häufiger festzustellen. Die Situation der Werkvertragsarbeiter stellt sich vielfach wie folgt dar:

Die entsandten Arbeitnehmer sind der deutschen Sprache meist nicht mächtig. Sie arbeiten bis zu 250 Stunden monatlich auf der Baustelle und verfügen i. d. R. über keine sozialen Kontakte in Deutschland. Während der Bauausführung werden sie auf der Baustelle in Wohncontainern untergebracht und leben in weitgehender Abhängigkeit von den Verantwortlichen der Entsendefirma. Mit der deutschen Rechtsordnung, insbesondere mit den deutschen Arbeitsgesetzen, sind die entsandten Arbeiter meist nicht vertraut. Soweit ihnen bekannt ist, dass in Deutschland höhere Löhne üblich sind, haben sie keine realistische Chance, diesen Lohn gegenüber ihrem Arbeitgeber durchzusetzen. Bei der Forderung des Mindestlohnes bei der Anstellung wäre der Arbeitsvertrag erst gar nicht geschlossen worden; bei der Forderung des Mindestlohnes während der Bauausführungsphase in Deutschland wird das Arbeitsverhältnis sofort beendet und der unbotmäßige Arbeitnehmer in den Heimatstaat zurück geschickt. Weder die Lohnhöhe noch die Arbeitsbedingungen werden von den entsendenden Arbeitgebern zur Disposition gestellt. Die vielfach noch schwierige wirtschaftliche Situation im Heimatstaat lässt gleichberechtigte Lohnverhandlungen von vornherein nicht zu und zwingt den entsendewilligen Arbeitnehmer, die – gemessen an deutschen Verhältnissen – ungünstigen Bedingungen zu akzeptieren.

Der ausländische Arbeitgeber weiß zudem, dass die nach Deutschland entsandten Arbeiter aufgrund der konkreten Entsendesituation nicht in der Lage sind, ihre Lohnansprüche vor den deutschen Arbeitsgerichten Erfolg versprechend geltend zu machen. Infolge des befristeten Aufenthaltstitels (bei Nicht-EU-Staatsangehörigen), der unzureichenden deutschen Sprachkenntnisse und Geldmittel, der Quittierung von unrichtigen Lohnabrechnungen und der hohen Anforderungen an die zivilrechtliche Substantiierungs- und Beweislast ist die Durchsetzung der tatsächlichen Lohnansprüche nahezu ausgeschlossen. Mit der Führung eines Zivilverfahrens vor den Arbeitsgerichten sind die ausländischen Werkvertragsarbeitnehmer überfordert. Klagen gegen den Arbeitgeber und gegen den deutschen Hauptunternehmer nach § 14 AEntG (Bürgenhaftung) bleiben meist erfolglos. Diese Situation wird von den entsendenden Arbeitgebern bewusst **ausgenutzt**, um Aufträge akzeptieren zu können, deren Ausführung bei Zahlung der Mindestlöhne nicht möglich wäre, und um sämtliche Betriebsrisiken auf die entsandten Arbeitnehmer als schwächstes Glied in der Kette abzuwälzen.

In derartigen Fällen werden die Tatbestandsmerkmale „Zwangslage" oder „Unerfahrenheit" häufig erfüllt sein.[260]

Der Wuchertatbestand ist hinsichtlich jedes Arbeitnehmers gesondert zu prüfen. Taten zulasten verschiedener Arbeitnehmer stehen zueinander in Tatmehrheit (§ 53 StGB). Ein mit Mindestfreiheitsstrafe von 6 Monaten bedrohter besonders schwerer Fall des gewerbsmäßigen Wuchers (§ 291 Abs. 2 Satz 2 Nr. 2 StGB) kommt insbesondere in Betracht, wenn der Arbeitgeber nicht nur Geschäftsführer, sondern auch Mehrheitsgesellschafter des Werkvertragsunternehmens ist. **194**

Lässt sich im Geltungsbereich eines für allgemeinverbindlich erklärten Tarifvertrages im Anwendungsbereich des AEntG der Wuchertatbestand trotz einer **Mindestlohnunterschreitung** nicht nachweisen, lebt die ansonsten von der Straftat verdrängte **Ordnungswidrigkeit nach § 23 Abs. 1 Nr. 1 AEntG** auf.

Dem **deutschen Hauptunternehmer** wird eine Kenntnis aller den Wuchertatbestand begründenden tatsächlichen Umstände nur selten nachzuweisen sein. Lässt sich der Nachweis der Beihilfe zum Wucher nicht führen, kann bei Mindestlohnunterschreitungen im Anwendungsbereich des AEntG auf die **Ordnungswidrigkeit des § 23 Abs. 2 Nr. 1 AEntG** (Beauftragung eines Subunternehmers, der Mindestlohnverstöße begeht) zurückgegriffen werden.[261]

---

[260] So LG München I, Urt. v. 6.2.2006 – 6 Kls 387 Js 34276/05; AG München 1113 Ls 387 Js 45518/05; AG München 1124 Ls 387 Js 48484/04.
[261] Siehe Rn. 185.

4. Menschenhandel zum Zwecke der Ausbeutung der Arbeitskraft – § 233 StGB

195 In **extremen Fällen** kann § 233 StGB, der Freiheitsstrafen von 6 Monaten bis zu 10 Jahren vorsieht, erfüllt sein. Praktische Relevanz bei einer Ausländerbeschäftigung in Deutschland dürfte die Vorschrift nur insoweit haben, als sie denjenigen mit Strafe bedroht, der eine Person unter Ausnutzung einer **Zwangslage** oder der **Hilflosigkeit, die mit ihrem Aufenthalt in einem fremden Land verbunden ist**, zur Aufnahme oder Fortsetzung einer Beschäftigung bei ihm oder einem Dritten zu Arbeitsbedingungen, die in einem **auffälligen Missverhältnis** zu den Arbeitsbedingungen anderer Arbeitnehmer stehen, welche die gleiche oder eine vergleichbare Tätigkeit ausüben, **bringt**.

§ 233 StGB schützt die Freiheit der Person, über den Einsatz und die Verwertung ihrer Arbeitskraft zu verfügen.[262] Zur Aufnahme oder Fortsetzung einer ausbeuterischen Beschäftigung bringen erfordert, dass der Täter einen bislang nicht vorhandenen Entschluss des Opfers, ein solches Beschäftigungsverhältnis einzugehen, zielgerichtet hervorruft oder das Opfer von seinem Entschluss, die Beschäftigung aufzugeben, abbringt.[263] Er muss dazu eine Zwangslage oder eine „auslandsspezifische Hilflosigkeit" ausnutzen. Letzteres ist jedenfalls dann gegeben, wenn der ausländische Arbeitnehmer der deutschen Sprache nicht mächtig ist, bezüglich Unterkunft und Verpflegung auf den Täter angewiesen ist, über keine Barmittel verfügt und – insoweit nicht zwingend vorausgesetzt – seine Ausweisdokumente einbehalten wurden.[264]

196 Die Beschreibung der ungünstigen Arbeitsbedingungen in § 233 StGB entspricht der Fassung in § 10 SchwarzArbG[265] und § 15a AÜG. Im Hinblick auf den wesentlich geringeren Strafrahmen dieser Tatbestände und des unter Umständen ebenfalls mitverwirklichten Lohnwuchertatbestandes des § 291 Abs. 1 Satz 1 Nr. 3 StGB, namentlich Geldstrafe oder Freiheitsstrafe bis zu drei Jahren, wird vielfach gefordert, dass § 233 StGB in der Variante der ausbeuterischen Beschäftigung dahingehend einschränkend auszulegen ist, dass die Umstände der Beschäftigung den die weiteren Tatbestandsvarianten Sklaverei, Leibeigenschaft und Schuldknechtschaft prägenden Elementen, namentlich erhebliche persönliche und wirtschaftliche Abhängigkeit auf gewisse Dauer, im Unrechtsgehalt entsprechen müssen.[266] Zwar hat die in der Gesetzesbegründung angesprochene Sanktionierung „sklavereiähnlicher Verhältnisse"[267] im Wortlaut der Norm keinen unmittelbaren Anklang gefunden. Der Zweck der Norm und das „in eine Reihe stellen" der in einem auffälligen Missverhältnis stehenden Arbeitsbedingungen mit schwersten Formen der persönlichen und wirtschaftlichen Abhängigkeit und der Beraubung bzw. Einschränkung der Freiheit sprechen gleichwohl eher für eine restriktive Handhabung der Vorschrift und eine Beschränkung auf besonders gravierende Fälle ausbeuterischer Beschäftigung.

Beispiel: Bei Briefkastenfirmen, die Subunternehmerverträge mit deutschen Hauptunternehmern zu ungünstigen Konditionen abgeschlossen haben und zudem vom Hauptunternehmer mit Vergütungskürzungen geknebelt werden, kommt es vor, dass die Bauarbeiter nicht einmal die vereinbarten – in einem auffälligen Missverhältnis zu den Löhnen vergleichbarer deutscher Arbeitnehmer stehenden – Dumpinglöhne erhalten. Wird mit Arbeitsniederlegung oder Abreise gedroht, versucht der Arbeitgeber, dies zu verhindern und den Arbeitnehmer zur Fortsetzung der Tätigkeit zu bewegen. Er droht an, dass ausstehende Löhne bei vorzeitiger Beendigung der Arbeit nicht mehr bezahlt werden oder Sicherheitsleistungen, die im Heimatstaat zur Verhinderung einer vorzeitigen Abreise oder Arbeitsniederlegung von den entsandten Arbeitnehmern erbracht werden mussten, verfallen. Stehen bereits mehrere Monatslöhne aus und/oder wurde eine hohe Sicherheitsleistung – unter Umständen durch die Aufnahme von Krediten –

---

[262] BGH, Beschl. v. 31.1.2010 – 3 StR 507/09, NStZ 2011, 157; *Fischer*, Strafgesetzbuch, § 233 Rn. 2.
[263] BGH, Beschl. v. 31.1.2010 – 3 StR 507/09, NStZ 2011, 157 m. w. N.
[264] BGH, Urt. v. 3.3.1999 – 2 StR 608/98, NStZ 1999, 349.
[265] Siehe Rn. 30 ff.
[266] *Mosbacher*, in Graf/Jäger/Wittig, § 233 StGB Rn. 10 ff.; Schönke/Schröder-*Eisele*, § 233 StGB Rn. 9.
[267] BT-Drs. 15/3045, S. 9.

erbracht, so ist der Arbeitnehmer gezwungen, auf der Baustelle weiterzuarbeiten. Vielfach ist der Arbeitnehmer in solchen Situationen zudem im Hinblick auf Unterkunft und Bestreitung des täglichen Lebensbedarfs vom Arbeitgeber abhängig.

5. Betrug zum Nachteil der Urlaubskasse (ULAK)

Auch Arbeitgeber mit Sitz im Ausland, die gewerbliche Arbeitnehmer aufgrund eines Werkvertrages nach Deutschland entsenden und arbeitszeitlich überwiegend Bauleistungen erbringen und unter den Geltungsbereich von § 1 Abs. 2 BRTV, § 1 VTV fallen, müssen grundsätzlich am Urlaubskassenverfahren der Bauwirtschaft teilnehmen. Zur Vermeidung einer gemeinschaftsrechtswidrigen Doppelbelastung gilt dies für ausländische Arbeitgeber nur, soweit sichergestellt ist, dass diese nicht gleichzeitig zu Beiträgen einer vergleichbaren Einrichtung des Heimatlandes herangezogen werden und das Verfahren eine Anrechnung von bereits erbrachten Urlaubsleistungen vorsieht (§ 5 Nr. 3 AEntG, § 8 Nr. 15.2 BRTV). Beitragspflichtiger Bruttolohn ist bei Arbeitnehmern, die nicht dem deutschen Lohnsteuerrecht unterliegen, der Bruttoarbeitslohn einschließlich der Sachbezüge, der bei Anwendung des deutschen Steuerrechts als Bruttolohn gelten würde (§ 18 Abs. 4 Buchst. b VTV, § 8 Nr. 4.2 BRTV). Dabei kommt es auch hier nicht darauf an, ob der Arbeitgeber die Lohnansprüche des Arbeitnehmers tatsächlich erfüllt hat.[268] 197

Typische Fallkonstellationen sind die mit Aufzeichnungspflichtverletzungen einhergehende Nichtmeldung von geleisteten Überstunden und daraus resultierenden Lohnsummen und die Meldung tatsächlich nicht genommenen Urlaubs und tatsächlich nicht bezahlter Urlaubsvergütung sowie deren – unberechtigter – Abzug von geschuldeten Beiträgen. Zu prüfen sind – ggf. gewerbsmäßiger – Betrug, hilfsweise Ordnungswidrigkeiten gemäß § 23 Abs. 1 Nr. 1 AEntG.[269]

6. Vorenthalten und Veruntreuen von Arbeitsentgelt – § 266a StGB

Bei Entsendungen im Rahmen von Regierungsvereinbarungen mit den – verbleibenden – EU-Mitgliedstaaten Bulgarien und Rumänien richtet sich die Frage des anzuwendenden Sozialversicherungsrechts seit 1.5.2010 nach den Verordnungen (EG) Nr. 883/2004 und Nr. 987/2009, für frühere Zeiträume seit dem EU-Beitritt nach den Verordnungen (EWG) Nr. 1408/71 und Nr. 574/72. Soweit Entsendebescheinigungen A1 bzw. E 101 ausgestellt wurden, binden diese Sozialversicherungsträger und Strafverfolgungsbehörden. Wegen der Einzelheiten wird auf die Darstellung zu § 266a StGB in Rn. 49 ff. Bezug genommen. 198

Mit allen Nicht-EU-Staaten, mit denen Regierungsvereinbarungen zum Werkvertragsverfahren geschlossen wurden, bestehen zugleich **bilaterale Sozialversicherungsabkommen**. Diese enthalten – inhaltlich im Kern an § 5 SGB IV angelehnte – Regelungen für den Entsendefall. So sieht beispielsweise das Sozialversicherungsabkommen mit Kroatien vor, dass bei einem Arbeitnehmer, der in einem Vertragsstaat beschäftigt ist und im Rahmen dieses Beschäftigungsverhältnisses von seinem Arbeitgeber in den anderen Vertragsstaat entsandt wird, um dort eine Arbeit für diesen Arbeitgeber auszuführen, in den ersten 24 Monaten allein die Rechtsvorschriften über die Versicherungspflicht des ersten Vertragsstaates so weitergelten, als wäre er noch in dessen Hoheitsgebiet beschäftigt.

Entsendebescheinigungen im Rahmen solcher **bilateralen Sozialversicherungsabkommen** mit Nicht-EU/EWR-Staaten binden nicht in gleicher Weise wie die unionsrechtliche Entsendebescheinigung A1 (ehemals E 101). Ihnen kann allenfalls eine beschränkte Bindungswirkung insoweit zukommen, als die Beschäftigungsverhältnisse, für die die Bescheinigungen erteilt wurden, noch vom möglichen Wortsinn des Vertragstextes erfasst werden, mag dieser in Deutschland auch anders ausgelegt werden.[270] Sind die Entsendebescheinigungen gemessen an dem Wortlaut des Abkommens dagegen inhaltlich offensichtlich

---

[268] BAG, Urt. v. 20.10.1982 – 4 AZR 1211/79, BAGE 40, 262 = ZIP 1983, 475; siehe Rn. 180.
[269] Siehe im Einzelnen Rn. 181 f.
[270] BGH, Urt. v. 24.10.2007 – 1 StR 160/07, NJW 2008, 595.

unzutreffend, haben die deutschen Behörden und Gerichte die materielle Rechtslage nach den Kollisionsnormen der zwischenstaatlichen Vereinbarungen (§ 6 SGB IV), im Übrigen nach deutschem Recht (§§ 3, 5 SGB IV) zu prüfen. Eine Entsendung durch eine bloße Briefkastenfirma ist keine Entsendung im Sinne der Sozialversicherungsabkommen; dasselbe gilt bei illegaler Arbeitnehmerüberlassung. Die unrichtigen Entsendebescheinigungen binden in derartigen Fällen die deutschen Behörden und Gerichte nicht.

H. Steuerliche Aspekte
I. Allgemeines
1. Wertneutralität und Tatbestandsmäßigkeit der Besteuerung

199 Alle vorstehend geschilderten Formen der illegalen Beschäftigung weisen spezifische steuerliche Relevanz auf. Aufgrund der Wertneutralität des Steuerrechts (§ 40 AO) unterliegt auch gesetz- oder sittenwidriges Handeln der Besteuerung, soweit es im Übrigen einen Besteuerungstatbestand erfüllt. Ob dies der Fall ist, ist aufgrund der Tatbestandsmäßigkeit der Besteuerung (§ 38 AO) rein objektiv zu beurteilen. Die steuerlichen Rechtsfolgen sind zwingend und können zivilvertraglich nicht abbedungen werden. Für die steuerliche Beurteilung vertraglicher Beziehungen kommt es daher ausschließlich auf den Inhalt des Vertrags, nicht auf die von den Beteiligten gewählte Bezeichnung an, diese kann allenfalls Indizfunktion haben.

2. Eigenständigkeit des Steuerrechts

200 Das Steuerrecht ist vom Arbeits- und Sozialrecht grundsätzlich unabhängig, so dass die arbeits- und sozialrechtliche Einordnung von Sachverhalten lediglich indizielle Bedeutung hat. Auch vermeintlich identische Tatbestandsmerkmale können im Steuerrecht und in anderen Rechtsgebieten unterschiedliche Bedeutung haben, so ist z. B. die Nachhaltigkeit einer Tätigkeit im Steuerrecht (vgl. z. B. § 15 Abs. 2 Satz 1 EStG) anders als im Schwarzarbeitsbekämpfungsgesetz (§ 1 Abs. 3 Satz 2 SchwarzArbG)[271] unabhängig von der Höhe des Entgelts. Darüber hinaus unterscheiden sich Verfahrensordnungen und Rechtswege. Bei der milieutypisch unzureichenden Dokumentation bzw. gezielten Verschleierung kann es daher auch zu unterschiedlichen Tatsachenwürdigungen mit dementsprechend unterschiedlichen Rechtsfolgen kommen[272].

3. Steuerstrafrecht

201 Der Gesetzentwurf des Schwarzarbeitsbekämpfungsgesetzes sieht einen „unmittelbaren Sachzusammenhang" zwischen sozialversicherungsrechtlichen Pflichtverstößen und Steuerhinterziehung[273]. Dies liegt zum Teil in der Natur der Sache, da ein „Geschäftsmodell", das auf der Verletzung steuerrechtlicher Pflichten beruht, durch die Verletzung sozialversicherungsrechtlicher Pflichten noch „optimiert" werden kann und umgekehrt. Hinzukommt, dass die Finanzbehörden nach § 31a AO berechtigt und verpflichtet sind, den zur Bekämpfung illegaler Beschäftigung zuständigen Stellen die zur Erfüllung ihrer Aufgaben benötigten Tatsachen, die im Besteuerungsverfahren bekannt geworden sind, mitzuteilen. Die Beteiligten werden auch deswegen entsprechende Sachverhalte den Finanzbehörden gegenüber typischerweise nicht, nicht vollständig oder nur in missverständlicher Weise[274] offen legen, wodurch regelmäßig der Tatbestand der Steuerhinterziehung verwirklicht wird. Damit tritt neben die Schä-

---

[271] Missverständlich insofern *Spatscheck/Fraedrich*, NZBau 2007, 673 (674).
[272] Vgl. FG Berlin-Brandenburg, Urt. v. 20.1.2011 – 9 K 9217/08, juris: unterschiedliche Tatsachenwürdigung durch FG und SG/LSG.
[273] BT-Drs. 15/2573, S. 19.
[274] Vgl. hierzu 20. Kapitel, II.4.a.dd., Rn 50 f.

H. Steuerliche Aspekte

digung der Sozialversicherung und der ehrlichen Mitbewerber auch die Schädigung der Allgemeinheit. Der jährliche Steuerschaden aus der Verschleierung illegaler Beschäftigung dürfte mehrere Milliarden Euro betragen[275].

II. Schwarzlohnabreden

1. Fallkonstellationen

Die Legaldefinition der „Schwarzarbeit" (§ 1 Abs. 2 SchwarzArbG) ist denkbar weit und geht über die Bedeutung des Begriffs im allgemeinen Sprachgebrauch hinaus[276]: Da die Verstöße gegen die „steuerlichen Pflichten" (§ 1 Abs. 2 Nr. 2 SchwarzArbG) nicht näher eingegrenzt sind[277], ist „Schwarzarbeiter" nach dem Wortlaut auch, wer weder arbeitet noch „schwarz" tätig wird, z. B. der Empfänger einer Bauleistung (§ 48 Abs. 1 EStG), der zwar die Bauabzugsteuer ordnungsgemäße anmeldet (§ 48a Abs. 1 Satz 1 EStG), dann aber zur Zahlung außerstande ist, oder der Unternehmer, der eine Werklohnzahlung versehentlich fehlerhaft verbucht. 202

In den meisten Fallgruppen ist Schwarzarbeit allerdings dadurch gekennzeichnet, dass gezielt Erklärungspflichten verletzt werden, und zwar steuer- und sozialrechtlich gleichermaßen: von Arbeitnehmern, die in ihrer Freizeit schwarz arbeiten, über Sozialleistungsempfänger, die illegal hinzuverdienen, und Unternehmer, die dauerhaft nicht gemeldete Arbeitnehmer beschäftigen, bis hin zu den hochkriminellen Organisatoren von Schwarzarbeiterkolonnen. Gemeinsames Merkmal ist insofern die „Schwarzlohnabrede", das Einvernehmen zwischen Arbeit- bzw. Auftraggeber und Arbeit- bzw. Auftragnehmer, dass der Arbeits- bzw. Werklohn unter Missachtung steuer- und sozialversicherungsrechtlicher Abzugspflichten bezahlt und gegenüber Finanzbehörden und Sozialversicherungsträgern verschwiegen wird. Aus steuerrechtlicher Sicht ist eine „Teilschwarzlohnabrede" auch bei Vorspiegelung mehrerer geringfügiger Beschäftigungsverhältnisse mit Strohleuten, die tatsächlich weder Leistungen erbringen noch Entgelt erhalten, zur Verschleierung eines einheitlichen sozialversicherungspflichtigen Beschäftigungsverhältnisses gegeben. 203

2. Steuerliche Bedeutung

a) Allgemeines

Materiell-steuerrechtlich kommt es nach dem eingangs gesagten allein auf den Leistungsaustausch als solchen an. Durch den – häufig einvernehmlichen – Verstoß gegen die Mitwirkungspflichten (insbesondere §§ 138, 139, 149, 150 AO, § 18 UStG), können sich die Beteiligten der materiell-rechtlichen Steuerpflicht nicht entziehen. Einkünfte aus Schwarzarbeit unterliegen nach allgemeinen Grundsätzen der Einkommensteuer, bei selbstständiger Tätigkeit natürlicher Personen und Personengesellschaften (Mitunternehmerschaften) regelmäßig als Einkünfte aus Gewerbebetrieb (§ 15 EStG) beim „schwarz" beschäftigten Arbeitnehmer als Einkünfte aus nichtselbstständiger Arbeit (§ 19 EStG). Der Gewinn einer Körperschaft (AG, GmbH, aber insbesondere auch Limited) unterliegt der Körperschaftsteuer (§ 1 KStG) und gilt ebenfalls als Einkommen aus gewerblicher Tätigkeit. Soweit ein selbstständiger Schwarzarbeiter bzw. eine Körperschaft nicht – was häufig bei „Nebenerwerbsschwarzarbeitern" der Fall sein wird – Kleinunternehmer (§ 19 UStG) ist, fällt zudem Umsatzsteuer an, bei gewerblicher Schwarzarbeit grundsätzlich auch Gewerbesteuer. 204

b) Lohnsteuerhaftung

Arbeitgeber, die nichtselbstständige Schwarzarbeiter beschäftigen, bleiben gleichwohl zum Lohnsteuerabzug (§§ 38 ff. EStG) verpflichtet. Sie haben Lohnsteuer für Rechnung des Ar- 205

---

[275] Ebenso Vorauflage (*Kummer*), 17. Kapitel, Rn 186.
[276] A. A. *Spatscheck/Fraedrich*, NZBau 2007, 673.
[277] Ebenso *Spatscheck/Fraedrich*, NZBau 2007, 673 (674).

beitnehmers als Steuerschuldner (§ 38 Abs. 2, 3 EStG) einzubehalten, anzumelden und abzuführen (§ 41a EStG), die dann auf die Einkommensteuer des Arbeitnehmers angerechnet wird (§ 36 Abs. 2 Nr. 2 EStG).

206 Ob eine Tätigkeit selbstständig oder nichtselbstständig in diesem Sinne ist (vgl. § 1 Abs. 2 LStDV) muss aufgrund einer einzelfallbezogenen Gesamtwürdigung aller maßgeblichen Umstände[278] entschieden werden. Die arbeits- oder sozialrechtliche Qualifikation ist steuerlich nicht bindend[279]. So sind z. B. die Mitglieder von Drückerkolonnen auch in Ermangelung eines festen Lohnanspruchs und sozialer Absicherung aufgrund ihrer persönlichen und wirtschaftlichen Abhängigkeit regelmäßig als nichtselbstständig beschäftigt anzusehen[280].

207 Hat der Arbeitgeber die Einbehaltung und Abführung unterlassen, haftet er grundsätzlich verschuldensunabhängig[281] für die entgangene Steuer (§ 42d Abs. 1 Nr. 1 EStG). Die Haftung des Arbeitgebers umfasst die Lohnsteuer, deren Berechnung der Schwarzlohn als Nettolohn zu Grunde zu legen ist, zuzüglich evtl. Säumnis- und Verspätungszuschläge[282]. Arbeitgeber und Arbeitnehmer sind insoweit Gesamtschuldner (§ 42d Abs. 3 EStG). Die sozialrechtliche Fiktion der Schwarzlohnabrede als Nettolohnabrede (§ 14 Abs. 2 Satz 2 SGB IV) findet dabei wegen der Eigenständigkeit des Steuerrechts keine Anwendung[283]. Nimmt der Arbeitgeber nach der Lohnsteuerhaftung[284] bzw. Nachzahlung von zunächst gezielt vorenthaltenen Sozialversicherungsbeiträgen[285] keinen Regress beim Arbeitnehmer, erhöht sich die Haftungssumme entsprechend, so dass der Arbeitgeber ggf. ein zweites Mal in Haftung genommen werden kann.

208 Liegt der Haftungstatbestand vor, hat das Finanzamt zu entscheiden, ob und gegebenenfalls welcher Haftungsschuldner in Anspruch genommen wird, wobei es sich jeweils um Ermessensentscheidungen handelt (Ausübungs- und Auswahlermessen). Ob das Finanzamt vorrangig den Arbeitnehmer als Steuerschuldner oder den Arbeitgeber als Haftungsschuldner heranzieht, ist grundsätzlich einzelfallabhängig zu entscheiden. Die Inanspruchnahme des Arbeitgebers ist jedoch allgemein zulässig, wenn dieser den Steuerabzug zumindest leichtfertig unterlassen hat und die Realisierung des Steueranspruchs bei den Arbeitnehmern erheblich erschwert oder gänzlich ausgeschlossen ist. Dies gilt insbesondere bei einer „Vielzahl" vergleichbarer Fälle, wenn Name, Anschrift und steuerliche Verhältnisse der Arbeitnehmer wegen Versäumnissen des Arbeitgebers nicht bekannt sind oder wenn sie sich dem Zugriff des deutschen Fiskus entzogen haben[286]. Bei der z. B. im Bau- und Baunebengewerbe anzutreffenden Beschäftigung ganzer Kolonnen häufig ausländischer Schwarzarbeiter ist daher eine Inanspruchnahme des Arbeitgebers regelmäßig unproblematisch möglich.

209 Die Haftungsansprüche bezüglich mehrerer Arbeitnehmer können in einem Bescheid („Sammelhaftungsbescheid") zusammengefasst werden, wobei eine betragsmäßige Aufteilung der Haftungsschuld auf konkrete Arbeitnehmer entbehrlich ist, wenn der zur Haftung führende Sachverhalt anderweitig konkretisiert werden kann, die Arbeitnehmer unbekannt sind

---

[278] Hierzu BFH, Urt. v. 14.6.1985 – VI R 150–152/82, BFHE 144, 225 = BStBl. II 1985, 661, bestätigt durch BFH, Urt. v. 29.5.2008 – VI R 11/07, BFHE 221, 182 = BStBl. II 2008, 933.
[279] BFH, Urt. v. 2.12.1998 – X R 83/96, BFHE 188, 101 = BStBl. II 1999, 534 bestätigt durch Beschl. v. 1.2.2007 – III B 165/05, BFH/NV 2007, 954.
[280] FG Nürnberg, Urt. v. 13.2.2003 – IV 434/98, EFG 2003, 1782; FG München, Beschl. v. 1.4.2010 – 8 V 3819/09, juris.
[281] A. A. *Gast-de Haan*, DStJG 9, S. 141 (152 ff.).
[282] Schmidt – *Krüger*, 31. Auflage 2012, § 42d EStG, Rn 42 f.; *Trüg*, DStR 2011, 727 (728).
[283] BGH, Urt. v. 2.12.2008 – 1 StR 416/08, BGHSt 53, 71 = wistra 2009, 107 = NStZ 2009, 271, unter III.2.b.cc)(4).
[284] BFH, Urt. v. 26.10.1993 – VI R 26/92, BFHE 172, 472 = BStBl. II 1994, 197, bestätigt durch Beschl. v. 5.3.2007 – VI B 41/06, BFH/NV 2007, 1122,
[285] BFH, Urt. v. 13.9.2007 – VI R 54/03, BFHE 219, 49 = BStBl. II 2008, 58.
[286] BFH, Urt. v. 29.5.2008 – VI R 11/07, BFHE 221, 182 = BStBl. II 2008, 933, und Beschl. v. 3.12.1996 – I B 44/96, BFHE 181, 562 = BStBl. II 1997, 306; Schmidt – *Krüger*, 31. Auflage 2012, § 42d EStG, Rn 31, m. w. N.; bei lediglich acht Arbeitnehmern soll der Zugriff auf den Arbeitgeber allein aus Vereinfachungsgründen unzulässig sein, Niedersächs. FG, Urt. v. 20.8.2009 – 11 K 121/08, EFG 2009, 1805.

H. Steuerliche Aspekte

und der Arbeitgeber dies schuldhaft herbeigeführt hat[287]. Die Haftungsschuld kann gegebenenfalls auch geschätzt und dabei ein Durchschnittssteuersatz herangezogen werden. Die Schätzung hat aufgrund umfassender Würdigung des Einzelfalls zu erfolgen, eine Heilung von Schätzungsfehlern durch pauschale Sicherheitsabschläge auf das Schätzungsergebnis ist nicht möglich[288]. Dabei darf wenigstens der Mindestlohnsteuersatz (§ 39b Abs. 2 Satz 7, 2. Halbsatz EStG) zu Grunde gelegt werden, der Arbeitnehmer-Pauschbetrag bleibt bei Unklarheit über die Steuerklasse unberücksichtigt[289].

c) Bauabzugsteuer

Aufgrund des weiten Schwarzarbeitsbegriffs des § 1 Abs. 2 SchwarzArbG ist auch die pflichtwidrige Nichtabführung der Bauabzugsteuer (§ 48 ff. EStG)[290] ein Fall der Schwarzarbeit. Danach haben Unternehmer im Sinne des Umsatzsteuerrechts (mit Ausnahmen, § 48 Abs. 1 Satz 2 EStG) und juristische Personen des öffentlichen Rechts als Empfänger von Bauleistungen 15 % des Rechnungsbetrags einzubehalten und auf Rechnung des Bauunternehmers an das Finanzamt abzuführen (§ 48 Abs. 1 Satz 1 EStG), sofern dieser nicht eine Freistellungsbescheinigung (§ 48 Abs. 2 EStG, § 48b EStG) vorlegt. 210

Ausschlaggebend für die Einführung der Bauabzugsteuer war die Erfahrung, dass gerade im Baugewerbe zahlreiche Unternehmer ihre steuerlichen Pflichten verletzten[291]. Indem der Leistungsempfänger zur Sicherung des Steueranspruchs herangezogen wird, sofern nicht der Leistungserbringer steuerlich erfasst ist, wird die Wettbewerbsposition derjenigen Unternehmer gestärkt, die ihre steuerlichen Pflichten ordnungsgemäß erfüllen und der Verstoß gegen steuerliche Pflichten entsprechend unattraktiv. 211

Von zentraler Bedeutung sind insofern die Freistellungsbescheinigung und die Voraussetzungen, unter denen sie erteilt wird. Eine zu großzügige Erteilung von Freistellungsbescheinigungen läuft dem Grundgedanken der Bauabzugsteuer diametral zuwider[292]. Bei der Erteilung bzw. Nichterteilung sind die Finanzämter nicht nur an die gesetzlichen Vorgaben in § 48b EStG, sondern auch an die hierzu ergangenen Verwaltungsanweisungen gebunden. Wenn die gesetzlichen Voraussetzungen gegeben sind, besteht ein Anspruch auf Erteilung der Bescheinigung (§ 48b Abs. 1 Satz 1 EStG), den Finanzämtern ist diesbezüglich kein Ermessen eingeräumt. Die „Soll"-Vorschrift des § 48b Abs. 2 EStG stellt insofern eine Vermutung zugunsten bestimmter Antragsteller dar, die nach der Verwaltungsauffassung insbesondere auch Existenzgründern zugute kommen soll[293]. Hierfür spricht auch, dass die Freistellungsbescheinigung für die Wettbewerbsfähigkeit eines Bauunternehmens von erheblicher Bedeutung ist. Im Lichte der Berufsfreiheit (Art. 12 GG) dürfen daher die Anforderungen für die Erteilung insbesondere bei Existenzgründern nicht überspannt werden, die naturgemäß noch keine Gelegenheit hatten, ihre Zuverlässigkeit zu beweisen. 212

d) Abdeckrechnungen

Vielfach werden Schwarzlohnzahlungen zumindest in der „offiziellen" Buchführung überhaupt nicht erfasst, sondern erfolgen ihrerseits aus Schwarzgeld, entweder in bar oder aus schwarzen Konten. Sofern Schwarzlohnzahlungen aus deklarierten Einnahmen erfolgen (etwa, weil der Auftraggeber überwiegend weiße Einnahmen hat und nicht über genügend 213

---

[287] BFH, Beschl. v. 3.12.1996 – I B 44/96, BFHE 181, 562 = BStBl II 1997, 306, unter II.2.b), *Schmidt* – *Krüger*, 31. Auflage 2012, § 42d EStG, Rn 46.
[288] BFH, Urt. v. 29.5.2008 – VI R 11/07, BFHE 221, 182 = BStBl. II 2008, 933; Schmidt – *Krüger*, 31. Auflage 2012, § 42d EStG, Rn 49 f.
[289] Vgl. Sächs. FG, Urt. v. 24.2.2010 – 8 K 203/09, juris, in Anlehnung an BFH, Urt. v. 17.3.1994 – VI R 120/92, BFHE 174, 89 = BStBl. II 1994, 536; ebenso FG München, Beschl. v. 1.4.2010 – 8 V 3819/09, juris.
[290] Ausführlich dazu BMF v. 27.12.2002, BStBl. I 2002, 1399, geändert durch BMF v. 4.9.2003, BStBl. I 2003, 431; *Apitz*, FR 2002, 10; *Ebling*, DStR 2003, 402.
[291] BT-Drs. 14/4658, S. 8 f.
[292] Eindringlich Vorauflage (*Kummer*), 17. Kapitel, Rn 194 ff., m. w. N.
[293] BMF v. 27.12.2002, BStBl. I 2002, 1399, Tz. 34; ebenso Schmidt – *Krüger*, 31. Auflage 2012, § 48b EStG, Rn 4; a. A. wohl Vorauflage (*Kummer*), 17. Kapitel, Rn 194.

Schwarzgeld verfügt), werden in die Buchführung häufig Abdeckrechnungen eingeführt, mit denen Strohleute oder fiktive Rechnungsaussteller über tatsächlich nicht erbrachte Leistungen abrechnen.

214 Einkommensteuerrechtlich stellen auch Schwarzlöhne beim Arbeitgeber bzw. Auftraggeber materiellrechtlich Betriebsausgaben (§ 4 Abs. 5 EStG) dar. Umsatzsteuerrechtlich berechtigt nur eine inhaltlich vollständige und richtige (§ 14 Abs. 4 UStG) Rechnung zum Vorsteuerabzug (§ 15 Abs. 1 Satz 1 Nr. 1 UStG), die fälschlich ausgewiesene Umsatzsteuer wird gleichwohl geschuldet (§ 14 Abs. 2 Satz 2 UStG). Der vermeintliche Leistungsempfänger darf daher die in einer Abdeckrechnung ausgewiesene Umsatzsteuer nicht als abzugsfähige Vorsteuer behandeln. Der Aussteller der Abdeckrechnung hat sie – sofern keine Berichtigung (§ 14 Abs. 2 Sätze 3 bis 5 UStG) erfolgt – gleichwohl anzumelden bzw. zu erklären und abzuführen, was regelmäßig unterbleibt. Sowohl bei Abdeckrechnungen von Strohleuten, die den Rechnungsbetrag nie erhalten bzw. sofort an ihren Hintermann weitergeleitet haben und typischerweise (nahezu) vermögenslos sind, als auch bei Abdeckrechnungen fiktiver Rechnungsaussteller ist die fälschlich ausgewiesene Umsatzsteuer faktisch uneinbringlich. Tatsächlich ist dies häufig der Fall, die Abdeckrechnung bewirkt dann nicht nur eine Verschleierung der Schwarzlohnabrede, sondern eine zusätzliche Schädigung des Steueraufkommens[294].

e) Steuerverfahrensrecht

215 Steuerverfahrensrechtlich kann in „Schwarzarbeitsfällen" § 160 AO Bedeutung erlangen, der den Abzug von Betriebsausgaben ausschließt, deren Empfänger nicht benannt wird. Auf diese Weise soll sichergestellt werden, dass die entsprechenden Gelder zumindest einmal versteuert werden, der Ausschluss des Abzugs hat insofern eine haftungsähnliche Funktion[295]. Dies betrifft nicht nur Schwarzlohnzahlungen im Verhältnis Arbeitgeber – Arbeitnehmer, sondern z. B. auch Werklöhne, die ein nicht unter die Bauabzugsteuer fallender Vermieter (§ 48 Abs. 1 Satz 2 EStG) in bar an einen selbstständigen Schwarzarbeiter gezahlt hat, dessen Identität er nicht benennen kann, etwa weil der Schwarzarbeiter eine Quittung unleserlich oder mit einem Phantasienamen unterschrieben hat, oder will, etwa weil der Schwarzarbeiter aus seinem Freundeskreis stammt.

3. Steuerstrafrechtliche Folgen

216 Kommt es aufgrund „Schwarzlohnabreden" zur Verletzung steuerlicher Erklärungspflichten und infolgedessen zu einer Steuerverkürzung, ist insoweit regelmäßig Steuerhinterziehung (§ 370 AO) gegeben. Werden für eine Steuerart und einen Besteuerungszeitraum pflichtwidrig überhaupt keine Steuererklärungen abgegeben und wird daher keine oder im Wege der Schätzung (§ 160 AO) eine zu niedrige Steuer festgesetzt, liegt eine Steuerhinterziehung durch Unterlassen (§ 370 Abs. 1 Nr. 2 AO), werden inhaltlich falsche Steuererklärungen abgegeben und wird deswegen die Steuer (üblicherweise) zu niedrig festgesetzt, eine solche durch aktives Tun (§ 370 Abs. 1 Nr. 1 AO)[296]. Auch am Vorsatz[297] werden selten Zweifel bestehen, da die fragliche Steuererklärungspflicht „dem Grunde nach" allgemein bekannt ist. Bei geringfügiger Beschäftigung in Privathaushalten ist allerdings eine Verfolgung als Straftat ausgeschlossen (§ 50e Abs. 2 EStG). Sofern Abzugsteuern betroffen sind, können auch Pflichtverletzungen, die nicht die Erklärungspflichten betreffen bzw. die lediglich leichtfertig erfolgt sind, eine Ordnungswidrigkeit darstellen (§ 380 AO).

217 Speziell auf Arbeitgeberseite liegt bei Schwarzlohnzahlungen neben der Steuerhinterziehung bezüglich der Lohnsteuer häufig auch eine Steuerhinterziehung bezüglich Betriebseinnahmen vor, da eine ordnungsgemäße Buchführung nur vorgespiegelt werden kann, wenn Gelder, die schwarz ausgegeben werden, entweder durch Abdeckrechnungen belegt oder

---

[294] Dazu auch Rn 238.
[295] BFH, Urt. v. 24.06.1997 – VIII R 9/96, BFHE 183, 358 = BStBl. II 1998, 51.
[296] Zur Unterscheidung zwischen „unrichtigen" und „unvollständigen" Angaben 21. Kapitel, II.4.a.bb., Rn 46.
[297] Dazu ausführlich 20. Kapitel, II.5., Rn 70 ff.

H. Steuerliche Aspekte **19**

von vornherein schwarz vereinnahmt werden. Für Arbeitnehmer kann in atypischen Fällen trotz fehlender Steuererklärung eine Steuerhinterziehung durch Unterlassen (§ 370 Abs. 1 Nr. 2 AO) mangels Pflichtwidrigkeit ausscheiden, wenn der Arbeitgeber die Lohnsteuer zwar abgezogen, aber nicht abgeführt hat und das Einkommen ganz oder überwiegend aus Einkünften aus nichtselbstständiger Arbeit besteht, so dass eine Veranlagung nur auf Antrag durchzuführen ist (vgl. § 46 Abs. 2 EStG). Bei typischen „Schwarzlohnabreden" wird der Arbeitgeber aber im Einvernehmen mit dem Arbeitnehmer bereits den Lohnsteuerabzug unterlassen, so dass die Unterlassung pflichtwidrig und die Pflichtwidrigkeit vom Vorsatz des Arbeitnehmers umfasst ist. Allgemein kann bei abgestimmtem Vorgehen aufgrund einer Schwarzlohnabrede die Steuerhinterziehung eines Beteiligten zugleich Beihilfe zur Steuerhinterziehung eines anderen Beteiligten sein[298].

Sofern in Steuererklärungen Dienst- bzw. Werkleistungen komplett unterschlagen werden, **218** stehen den insofern steuerbegründenden bzw. steuererhöhenden Positionen (v. a. Erträge, §§ 4 ff., § 8 EStG, Ausgangsumsätze, § 1 UStG) üblicherweise auch steuermindernde Positionen (v. a. Betriebsausgaben bzw. Werbungskosten, Vorsteuer, § 15 UStG) gegenüber. Steuerstrafrechtlich stellt sich dann auf Tatbestandsebene die Frage nach dem sog. Kompensationsverbot (§ 370 Abs. 4 Satz 3 AO). Soweit das Kompensationsverbot zur Annahme einer Steuerstraftat führt, sind die steuermindernden Positionen bei der Strafzumessung zugunsten des Täters zu berücksichtigen[299]. Hingegen kommt es bei Lohnsteuerhinterziehung nach einer Schwarzlohnabrede nur auf die verkürzte Lohnsteuer an, weitergehende Feststellungen zu den individuellen steuerlichen Verhältnissen der Arbeitnehmer sind weder für die Verurteilung noch für die Strafzumessung erforderlich[300].

Liegt eine Steuerhinterziehung vor, hat dies auch steuerschuld- bzw. steuerverfahrensrecht- **219** liche Konsequenzen[301]. Insbesondere die Lohnsteuerhaftung (§ 42d EStG) kann von der weitergehenden Haftung wegen Steuerhinterziehung (§ 71 AO) überlagert werden.

III. Scheinselbstständigkeit

1. Fallkonstellationen

In Abgrenzung zu den „klassischen" Schwarzarbeitskonstellationen zielen scheinselbstständige **220** Beschäftigungsverhältnisse üblicherweise vorrangig auf die Vermeidung bestimmter arbeits- oder sozialrechtlicher Konsequenzen, die sich aus der Offenlegung einer abhängigen Beschäftigung ergeben würden. Dabei geht es primär um finanzielle (v. a. Sozialversicherungspflicht, Tarifbindung), daneben auch um organisatorische (z. B. Arbeitszeiten, Mitbestimmung) Aspekte. Die zwischen den Beteiligten geleisteten Zahlungen werden sowohl dem Finanzamt als auch den Sozialversicherungsträgern gegenüber daher regelmäßig vermeintlich vollständig erklärt, dabei aber eine zumindest in Teilbereichen fehlerhafte rechtliche Würdigung zu Grunde gelegt. Dergleichen muss nicht zwingend einseitig zum Vorteil des Auftraggebers sein, auch der Scheinselbstständige mag etwa angesichts der öffentlich erörterten Schwächen der gesetzlichen Rentenversicherung zu der Einschätzung gelangen, dass die private Anlage „ersparter" Sozialversicherungsbeiträge eine verlässlichere und wirtschaftlich vorteilhafte Altersversorgung bietet. Von der Beachtung der allgemeinen Gesetze entheben derartige Überlegungen freilich nicht.

---

[298] *Spatscheck/Fraedrich*, NZBau 2007, 673 (677).
[299] Ausführlich zum Kompensationsverbot und den strafzumessungsrechtlichen Folgen 20. Kapitel, II.3.c., Rn 39 ff., m. w. N.
[300] BGH, Beschl. v. 8.2.2011 – 1 StR 651/10, BGHSt 56, 153 = wistra 2011, 267 = NStZ 2011, 641; dagegen *Rübenstahl/Zinser*, NJW 2011, 2481.
[301] Dazu näher 20. Kapitel, V.3., Rn 334 ff.

2. Steuerliche Bedeutung

a) Einkommensteuer

221 Die Selbstständigkeit bzw. Unselbstständigkeit einer Tätigkeit beurteilt sich steuerlich nach den Maßstäben des jeweiligen Steuergesetzes[302]. Auch die Konsequenzen aus einer Umqualifikation sind bei den verschiedenen Steuerarten von unterschiedlicher Reichweite. So sind z. B. die Folgen für die persönliche Einkommensteuer des Scheinselbstständigen eher gering. Gewerbliche (§ 15 EStG) bzw. selbstständige (§ 18 EStG) und nichtselbstständige (§ 19 EStG) Einkünfte unterliegen gleichermaßen der Einkommensteuerpflicht, Unterschiede ergeben sich nur bei Einzelpositionen, so z. B. hinsichtlich des Werbungskosten-Pauschbetrags (§ 9a Satz 1 Nr. 1 Buchst. a) EStG), der nur bei Einkünften aus nichtselbstständiger Tätigkeit gewährt wird, eines Firmen- bzw. Dienstwagens, der nur bei gewerblicher bzw. selbstständiger Tätigkeit steuerlich abgesetzt werden kann (bei gleichzeitiger Versteuerung der privaten Nutzung, § 6 Abs. 1 Nr. 4 EStG), oder der Inanspruchnahme der Thesaurierungsbesteuerung (§ 34a EStG), die nur bei Gewinneinkünften möglich ist.

b) Gewerbesteuer

222 Inwiefern ein gegenüber dem Scheinselbstständigen ergangener Gewerbesteuer-Messbescheid (§ 14 GewStG, § 184 AO) nach Entdeckung der Scheinselbstständigkeit als solcher aufgehoben werden kann, hängt – sofern der Messbescheid nicht noch unter dem Vorbehalt der Nachprüfung steht (§ 164 AO) – regelmäßig davon ab, ob dem Scheinselbstständigen hinsichtlich des verspäteten Bekanntwerdens des wahren Sachverhalts grobes Verschulden vorzuwerfen ist (§ 184 Abs. 1 Satz 3, § 173 Abs. 1 Nr. 2 AO). Die Aufhebung des Messbescheids zieht ggf. die Aufhebung des Gewerbesteuerbescheids nach sich (§ 1 Abs. 2 Nr. 4 GewStG, § 175 Abs. 1 Satz 1 Nr. 1 AO). Unabhängigkeit von der Aufhebung des Gewerbesteuerbescheids entfällt die Einkommensteuerermäßigung für Einkünfte aus Gewerbebetrieb (§ 35 GewStG) bereits aufgrund der Umqualifikation zu Einkünften aus nichtselbstständiger Tätigkeit.

c) Lohnsteuer

223 Da der Arbeitgeber eines Scheinselbstständigen üblicherweise gerade keine Lohnsteuer abführt, greift auch bei der Beschäftigung Scheinselbstständiger grundsätzlich die Lohnsteuerhaftung[303]. Im Gegensatz zu den Fällen von Schwarzlohnabreden werden in den Fällen der Scheinselbstständigkeit die Arbeitnehmer jedoch regelmäßig steuerlich geführt und sind evtl. für den Haftungszeitraum bereits zur Einkommensteuer veranlagt. Ob dann noch eine Lohnsteuerhaftung besteht und ob diese ggf. betragsmäßig auf die festgesetzte Einkommensteuer beschränkt ist, konnte noch nicht höchstrichterlich geklärt werden[304]. In der Rechtsprechung wird die formale Eigenständigkeit des Lohnsteuerverfahrens betont und der Fortbestand einer nicht durch die Einkommensteuerfestsetzung beschränkten Lohnsteuerhaftung angenommen[305], während das Schrifttum eher auf den materiellen Zusammenhang zwischen Lohn- und Einkommensteuer abstellt und die Lohnsteuerhaftung auf die Einkommensteuer begrenzen will[306]. Jedenfalls mindert die gezahlte Einkommensteuer die Lohnsteuerhaftungsschuld.

d) Umsatzsteuer

224 Weitreichende Folgen können sich insbesondere auch bei der Umsatzsteuer ergeben. Der Scheinselbstständige tritt nach außen hin regelmäßig als Unternehmer (§ 2 UStG) auf, erteilt über seine Leistungen insbesondere auch Rechnungen mit gesondertem Umsatzsteuerausweis (§ 14 UStG), obwohl er in Wirklichkeit gerade kein Unternehmer (§ 2 Abs. 2 Satz 1 Nr. 1

---

[302] Siehe dazu auch Rn 200, 206.
[303] Dazu bereits oben I.2.b., Rn 205 ff.
[304] Vgl. BFH, Beschl. v. 10.10.2006 – VII B 30/06, BFH/NV 2007, 204.
[305] FG Düsseldorf, Urt. v. 21.10.2009 – 7 K 3109/07 H (L), juris.
[306] Schmidt – *Krüger*, 31. Auflage 2012, § 42d EStG, Rn 2, m. w. N.; *Drüen*, DStJG 31, S. 176 (190); ebenso bereits *Gast-de Haan*, DStJG 9, S. 141 (158 f.).

H. Steuerliche Aspekte

UStG, Umkehrschluss aus § 1 Abs. 3 LStDV) und daher zum gesonderten Steuerausweis nicht berechtigt ist (vgl. § 14c Abs. 2 Satz 2 UStG).

Der vermeintliche „Leistungsempfänger", in Wirklichkeit Arbeitgeber, ist daher aus den ihm vom Scheinselbstständigen erteilten Rechnungen nicht zum Vorsteuerabzug berechtigt. Allein die Vorlage einer formal ordnungsgemäßen Rechnung (§ 15 Abs. 1 Satz 1 Nr. 1 Satz 2 UStG) ist hierfür nicht ausreichend, wenn dem keine Leistung eines Unternehmers zu Grunde liegt (§ 15 Abs. 1 Satz 1 Nr. 1 Satz 1 UStG). Die für den Arbeitgeber festgesetzte Umsatzsteuer erhöht sich entsprechend, eine zu Unrecht gewährte Vorsteuervergütung ist zurückzuzahlen. Die erforderliche Änderung der Steuerfestsetzung erfolgt entweder aufgrund des Vorbehalts der Nachprüfung (§ 164 Abs. 2 Satz 1 AO) oder bei endgültiger Steuerfestsetzung nach Eintritt der Bestandskraft wegen neuer Tatsachen (§ 173 Abs. 1 Nr. 1 AO). 225

Der Scheinselbstständige bleibt hingegen Schuldner der von ihm zu Unrecht ausgewiesenen Umsatzsteuer (§ 14c Abs. 2 Sätze 1, 2 UStG), solange nicht ausgeschlossen werden kann, dass aufgrund der von ihm erteilten Rechnung ein Vorsteuerabzug erfolgt bzw. ein bereits erfolgter Vorsteuerabzug rückgängig gemacht ist. Erst wenn die von der Rechnung ausgehende „Gefährdung des Steuerabkommens" ausgeräumt ist, kann eine Berichtigung der zu Unrecht ausgewiesenen Umsatzsteuer erfolgen (§ 14c Abs. 2 Sätze 3 bis 5 UStG). Die Schuldnerschaft für zu Unrecht ausgewiesene Umsatzsteuer ist damit eine Form der Gefährdungshaftung. Soweit der Scheinselbstständige seinerseits Vorsteuern geltend gemacht hat, war er hierzu als Nichtunternehmer nicht berechtigt, so dass etwa gewährte Vorsteuervergütungen auf 0 festzusetzen (§ 164 Abs. 2 Satz 1 AO bzw § 173 Abs. 1 Nr. 1 AO) und zurückzuzahlen sind. 226

3. Steuerstrafrechtliche Folgen

Ebenso wie in den Fällen von Schwarzlohnabreden kommt es auch bei Scheinselbstständigkeit namentlich hinsichtlich der Lohnsteuer und der Umsatzsteuer des Arbeitgebers regelmäßig zu einer Steuerverkürzung, da die festgesetzte hinter der tatsächlich geschuldeten Steuer zurückbleibt. Wenn trotz Arbeitgeberstellung keine Lohnsteuer angemeldet wurde, liegt auch die objektive Pflichtwidrigkeit des Unterlassens (§ 370 Abs. 1 Nr. 2 AO) auf der Hand. Die Möglichkeit zur Korrektur der unrechtmäßig ausgewiesenen Umsatzsteuer schließt aufgrund des Kompensationsverbots (§ 370 Abs. 4 Satz 3 AO) eine Steuerverkürzung nicht aus, sondern ist ggf. erst bei der Strafzumessung zu berücksichtigen[307]. 227

Bei der Steuerhinterziehung durch Handeln (§ 370 Abs. 1 Nr. 1 AO) kann der Nachweis „unrichtiger" bzw. „unvollständiger" Angaben problematisch sein, soweit die Steuererklärungen bereits eine rechtliche Subsumtion voraussetzen, wie dies z. B. auch hinsichtlich des umsatzsteuerlichen Unternehmerbegriffs der Fall ist. Nach der hier vertretenen Auffassung ist für die Auslegung von Steuererklärungen auf den objektiven Erkenntnishorizont der Finanzbehörde abzustellen, nach anderer Auffassung muss die Finanzbehörde jede „vertretbare" Rechtsauffassung in Betracht ziehen[308]. 228

Jedenfalls bedarf in Fällen der Scheinselbstständigkeit insbesondere dann, wenn die Beteiligten sich auf eine vertretbare Rechtsauffassung berufen, der Vorsatz sowohl hinsichtlich der Unrichtigkeit oder Unvollständigkeit bzw. der Pflichtwidrigkeit der Unterlassung der Steuererklärung als auch hinsichtlich der deswegen eingetretenen Steuerverkürzung einer sorgfältigen Prüfung. Scheinselbstständigkeit ist nicht zwingend eine Form gezielter Täuschung, sondern kann auch auf eine grundsätzlich zulässige, aber im Einzelfall fehlgeschlagene Rechtsgestaltung zurückzuführen sein. 229

Auf den Vorsatz als innere Tatsache kann gegebenenfalls aus äußeren Tatsachen geschlossen werden[309]. Dabei sind alle Umstände des Einzelfalls mit einzubeziehen. Gegen eine vorsätz- 230

---

[307] BGH, Urt. v. 11.7.2002 – 5 StR 516/01, wistra 2002, 384 (385).
[308] Dazu ausführlich 20. Kapitel, II.4.a)dd).
[309] BGH, Urt. v. 24.10.2002 – 5 StR 600/01, BGHSt 48, 52 = wistra 2003, 100 = NStZ 2003, 211 und speziell zum Steuerstrafrecht Urt. v. 8.9.2011 – 1 StR 38/11, wistra 2011, 465.

liche Verletzung steuerlicher Mitwirkungspflichten spricht es insbesondere, wenn die Beteiligten ihre sozialrechtlichen Pflichten ordnungsgemäß erfüllt haben, ihnen eventuell sogar Stellungnahmen der Sozialversicherungsträger vorlagen, in denen von einer selbstständigen Tätigkeit ausgegangen wurde. Die (vermeintlichen) arbeits- und sozialrechtlichen Vorteile aus der Scheinselbstständigkeit gegenüber der Offenlegung eines Arbeitsverhältnisses übertreffen bei weitem die steuerlichen, so dass typischerweise kein Interesse an einer spezifisch steuerlichen Scheinselbstständigkeit besteht. Andererseits schließt nach die Berufung auch auf eine vertretbare Rechtsauffassung den Hinterziehungsvorsatz nicht aus, wenn der Steuerpflichtige weiß, dass diese Rechtsauffassung von der höchstrichterlichen Rechtsprechung und der Steuerverwaltung verworfen wurde, und er sie seinem Erklärungsverhalten zu Grunde legt, ohne hierauf hinzuweisen.

IV. Werkverträge mit ausländischen Unternehmern

1. Fallkonstellationen

231 Werkverträge mit ausländischen Unternehmern, wie sie insbesondere im Baugewerbe üblich sind, begegnen vor dem Hintergrund der europarechtlich garantierten Dienstleistungsfreiheit keinen grundsätzlichen rechtlichen Bedenken. Aus der grenzüberschreitenden Inanspruchnahme bzw. Erbringung von Leistungen ergeben sich allerdings besondere steuerliche Folgen, die zum Teil die Beteiligten schlicht überfordern, über die sich die Beteiligten zum Teil aber auch bewusst hinwegsetzen.

2. Steuerliche Bedeutung

a) Ausländische Arbeitnehmer

232 Für die Arbeitnehmer des ausländischen Werkunternehmers stellt sich regelmäßig die Frage, ob ein Wohnsitz (§ 8 AO) oder ständiger Aufenthalt (§ 9 AO) besteht, der die unbeschränkte Einkommensteuerpflicht (§ 1 Abs. 1 Satz 1 EStG) in Deutschland begründet. Gegebenenfalls unterliegen sie mit ihrem „Welteinkommen" der deutschen Einkommensteuerpflicht. Fehlt es an der unbeschränkten Einkommensteuerpflicht, unterliegen die Einkünfte aus in Deutschland ausgeübter nicht selbstständiger Arbeit der beschränkten Steuerpflicht (§ 49 Abs. 1 Nr. 4 Buchst. a EStG)[310], wobei ggf. das Lohnsteuer-Abzugsverfahren durchzuführen ist (vgl. § 50a Abs. 1 Nr. 1, § 39d EStG).

233 Nach Auffassung der Finanzverwaltung ist als Wohnsitz „eine bescheidene Bleibe" ausreichend, die weder eine Küche noch eine separate Waschgelegenheit aufweisen muss[311]. Im Schrifttum wird unter Bezugnahme auf zu anderen Vorschriften ergangene höchstrichterliche Rechtsprechung eine „Gemeinschaftsunterkunft auf einer Baustelle" als Wohnung angesehen, ein Appartement ohne eigene Kochgelegenheit hingegen selbst dann nicht, wenn eine Gemeinschaftsküche mitgenutzt werden kann[312]. Richtigerweise setzt der Begriff des „Innehabens" (§ 8 AO) ein Mindestmaß an eigenverantwortlicher Verfügungsmacht[313] voraus, an dem es bei Gemeinschaftsunterkünften typischerweise fehlt. Die unbeschränkte Einkommensteuerpflicht entsteht spätestens bei mindestens sechs Monaten ununterbrochenem Aufenthalt (§ 9 Satz 2 AO).

234 Die nationalen Vorschriften über die persönliche Einkommensteuerpflicht werden jedoch regelmäßig zumindest teilweise durch bilaterale völkerrechtliche Abkommen zur Vermeidung der Doppelbesteuerung (Doppelbesteuerungsabkommen, DBA) verdrängt (§ 2 Abs. 1 AO). Danach steht typischerweise das Besteuerungsrecht auch hinsichtlich der Einkünfte aus in Deutschland geleisteter nichtselbstständiger Arbeit eines ausländischen Arbeitnehmers aus-

---

[310] Dazu BMF v. 14.9.2006, BStBl. I 2006, 532.
[311] AEAO zu § 8, Tz. 4.
[312] Klein – *Gersch*, 11. Auflage 2012, § 8 AO, Rn 2, m. w. N.
[313] Ebenso Schmidt – *Heinicke*, 31. Auflage 2012, § 1 EStG, Rn 22.

H. Steuerliche Aspekte   **19**

schließlich dem Herkunftsstaat zu, wenn der Aufenthalt bzw. die Tätigkeit in Deutschland weniger als 183 Tage betrug, der Arbeitgeber im Herkunftsstaat ansässig war und in Deutschland keine dauerhafte Niederlassung unterhielt[314]. Gleichwohl einbehaltene Lohnsteuer kann nach erfolgter (Antrags-) Veranlagung erstattet werden (§ 50 Abs. 2 Satz 1 Nr. 4 Buchst. b EStG).

b) Ausländische Werkunternehmer

Der ausländische Werkunternehmer, soweit es sich um eine natürliche Person handelt, unter- **235** liegt nach den gleichen Grundsätzen wie seine Arbeitnehmer der unbeschränkten Einkommensteuerpflicht. Ergibt sich danach keine unbeschränkte Steuerpflicht, besteht beschränkte Steuerpflicht (§ 49 Abs. 1 Nr. 2 EStG) insbesondere bei Unterhaltung einer inländischen Betriebsstätte (§ 12 AO)[315] oder Bestellung eines inländischen Vertreters. Bei Körperschaften besteht nach nationalem Recht unbeschränkte Steuerpflicht bei (formellem) Sitz (§ 11 AO) oder (faktischer) Geschäftsleitung (§ 12 AO) im Inland (§ 1 Abs. 1 KStG), im Übrigen beschränkte Steuerpflicht mit den inländischen Einkünften (§ 2 Abs. 1 Nr. 1 KStG).

Die DBA knüpfen für das Besteuerungsrecht des Tätigkeitsstaates für gewerbliche Ein- **236** künfte typischerweise an das Vorhandensein einer Betriebsstätte oder eines Vertreters an (Art. 7 des OECD-Musterabkommens -MA-). Speziell in der Baubranche liegt eine Betriebsstätte nach nationalem Recht stets vor, wenn Bauausführungen oder Montagen, ggf. auch mehrere aufeinander folgende Maßnahmen zusammen, mehr als sechs Monate dauern (§ 12 Nr. 8 AO). Die DBA enthalten insoweit aber zum Teil abweichende Fristen (z. B. Art. 5 Abs. 3 OECD-MA). Soweit der Betrieb des ausländischen Werkunternehmers von einer inländischen Betriebsstätte ausgeht, unterliegt er zugleich der Gewerbesteuer (§ 2 GewStG).

Ein ausländischer Arbeitgeber ist zum Lohnsteuerabzug verpflichtet, wenn er „im Inland **237** einen Wohnsitz, seinen gewöhnlichen Aufenthalt, seine Geschäftsleitung, seinen Sitz, eine Betriebsstätte oder einen ständigen Vertreter im Sinne der §§ 8 bis 13 der Abgabenordnung hat" (§ 38 Abs. 1 Satz 1 Nr. 1 EStG). Unterlässt er den Lohnsteuerabzug, haftet er nach den oben dargestellten Grundsätzen, bei vorsätzlich-pflichtwidrigem Unterlassen ggf. auch als Steuerhinterzieher[316]. Fehlt es an einem solchen inländischen Bezugspunkt, so besteht eine Lohnsteuerabführungspflicht nur bei Arbeitnehmerüberlassung (§ 38 Abs. 1 Satz 1 Nr. 2 EStG), nicht aber bei „echten" Werkverträgen[317].

c) Umsatzsteuer

Umsatzsteuerlich ist unter bestimmten Voraussetzungen bei Werklieferungen und sonstigen **238** Leistungen eines ausländischen Unternehmers abweichend von den allgemeinen Grundsätzen der Leistungsempfänger Steuerschuldner (§ 13b Abs. 1, 2 Nr. 1 UStG). Grundsätzlich ist die Vorsteuerabzugsberechtigung des Leistungsempfängers unabhängig davon, ob der Leistende die in seinen Rechnungen ausgewiesene Umsatzsteuer angemeldet bzw. erklärt und abgeführt hat. Der Fiskus ist zur Vorsteuervergütung auch dann verpflichtet, wenn der korrespondierende Umsatzsteueranspruch nicht realisiert werden kann, weil der Leistende zahlungsunfähig ist oder sich dem Zugriff der Finanzbehörden entzogen hat. Bei kollusivem Zusammenwirken von Leistendem und Leistungsempfänger kann das Umsatzsteuersystem daher gezielt zur kriminellen „Wertschöpfung" bzw. zur Subventionierung der Leistung missbraucht werden (vgl. § 26c UStG). Die Umkehr der Steuerschuldnerschaft koppelt Steuer- und eventuellen Steuervergütungsanspruch und ist damit eine effektive Methode zur Bekämpfung derartiger Missbräuche, insbesondere auch im Baubereich. Sie kann allerdings faktisch nur bei Leistungen an Unternehmer vollzogen werden und muss daher auf bestimmte Leistungsarten beschränkt bleiben; insbesondere für Massengeschäfte bzw. Bargeschäfte des täglichen Lebens kommt sie nicht in Betracht[318].

---

[314] BMF v. 14.09.2006, BStBl. I 2006, 532, Tz. 28 ff.
[315] Dazu BMF v. 24.12.1999, BStBl. I 1999, 1076 (Betriebsstätten-Verwaltungsgrundsätze).
[316] Siehe II.2.b., II.3., Rn 205 ff., 216.
[317] Schmidt – Krüger, 31. Auflage 2012, § 38 EStG, Rn 5.
[318] Widmann, DStJG 32, S. 103 (107, 119).

239 Speziell für Bauleistungen ausländischer Unternehmer ergibt sich die Umkehr der Steuerschuldnerschaft („Reverse Charge") aus § 13b Abs. 2 Nr. 1 UStG, da Bauleistungen nicht von § 3a Abs. 2 UStG, sondern von § 3a Abs. 3 Nr. 1 UStG erfasst sind, und 13b Abs. 2 Nr. 1 UStG vorrangig vor § 13b Abs. 2 Nr. 4 UStG anzuwenden ist. Anders als bei Bauleistungen inländischer Unternehmer, bei denen eine Umkehr der Steuerschuldnerschaft nur dann eintritt, wenn auch der Leistungsempfänger Bauunternehmer ist (§ 13b Abs. 5 Satz 2, 1. Halbsatz UStG), kommt es beim Bezug von Bauleistungen ausländischen Bauunternehmer durch inländische Unternehmer immer zu einer Umkehr der Steuerschuld (§ 13b Abs. 5 Satz 1, 1. Halbsatz UStG).

240 Wenn der Leistungsempfänger seinerseits vorsteuerabzugsberechtigt ist, stehen sich in seiner Person Steuerschuld und Vorsteuerabzugsberechtigung (§ 15 Abs. 1 Satz 1 Nr. 4 UStG) in gleicher Höhe gegenüber. Eine isolierte Geltendmachung des Vorsteuervergütungsanspruchs zur kriminellen „Wertschöpfung" ist nicht möglich, vielmehr sind Steuer- und Steuervergütungsanspruch gleichzeitig anzumelden bzw. zu erklären, so dass es zu einer vollständigen Saldierung beider Positionen kommt. Gleichwohl bleibt der Steuerpflichtige zur Abgabe von Umsatzsteuer-Voranmeldungen bzw. -Jahreserklärungen verpflichtet. Die Saldierung beider Positionen erfolgt erst im Rahmen der Steuerfestsetzung.

d) Bauabzugsteuer

241 Auch bei Werkverträgen mit ausländischen Unternehmern ist ggf. der Steuerabzug bei Bauleistungen (§ 48 EStG) durchzuführen. Eine Differenzierung nach der Ansässigkeit des (Werk-)Leistenden findet insoweit nicht statt. Wenn der ausländische Unternehmer in Deutschland voraussichtlich weder beschränkt noch unbeschränkt steuerpflichtig wird, „soll" allerdings eine Freistellungsbescheinigung erteilt werden (§ 48b Abs. 2 EStG)[319]. Wird gleichwohl keine Freistellungsbescheinigung vorgelegt, ist der Steuerabzug aus dem Werklohn, d. h. zulasten des Leistenden, regulär durchzuführen und begründet ggf. einen Erstattungsanspruch des Leistenden gegen den Fiskus (§ 48c Abs. 2 Satz 1 EStG).

3. Steuerstrafrechtliche Folgen

242 Soweit im Zusammenhang mit Werkleistungen ausländischer Unternehmer in Deutschland deutsche Steueransprüche bestehen und es aufgrund der Verletzung korrespondierender Erklärungspflichten zu einer Steuerverkürzung kommt, ist der Tatbestand der Steuerhinterziehung erfüllt. Dass die Beteiligten sich im Ausland aufhalten, ist insoweit unerheblich, da der Eingang von Erklärungen bei inländischen Finanzbehörden (§ 370 Abs. 1 Nr. 1 AO) bzw. dessen Fehlen (§ 370 Abs. 1 Nr. 2 AO) jeweils eine Inlandstat begründet (§ 369 AO, §§ 3, 9 StGB). Soweit sich insbesondere ausländische Beteiligte auf unzureichende Kenntnis des deutschen Steuerrechts berufen, ist zwischen zumindest bedingtem Vorsatz und vorsatzausschließendem Tatbestandsirrtum abzugrenzen[320].

243 Eine Steuerhinterziehung ist allerdings ausgeschlossen, wenn aufgrund Umkehr der Steuerschuldnerschaft bei der Umsatzsteuer Steuerschuld und Vorsteuererstattungsanspruch in einer Person zusammenfallen und der Leistungsempfänger in Verkennung der Umkehr der Steuerschuldnerschaft oder Verkennung des Saldierungsverbots keine Steuererklärung abgibt bzw. die betreffenden Umsätze in seiner Steuerhinterziehung nicht erwähnt. Der Vorsteuererstattungsanspruch beruht in diesem Fall nicht auf einem vom steuerbegründenden Ausgangsumsatz verschiedenen Eingangsumsatz, sondern Steuerschuld und Vorsteuererstattungsanspruch ergeben sich aus dem gleichen Umsatz, so dass das Kompensationsverbot nicht eingreift.

---

[319] BMF v. 27.12.2002, BStBl. I 2002, 1399, Tz. 39 f.
[320] Dazu BGH, Urt. v. 8.9.2011 – 1 StR 38/11, wistra 2011, 465.

H. Steuerliche Aspekte

V. Illegale Arbeitnehmerüberlassung

1. Fallkonstellationen

Von „echten" Werkverträgen zwischen Auftraggeber und Generalunternehmer bzw. General- und Subunternehmer zu unterscheiden sind Arbeitnehmerüberlassungsverträge, die zum Teil als Werkverträge deklariert werden, bei denen Vertragsgegenstand aber nicht in der Herstellung des Werkes, sondern lediglich in der Überlassung von Arbeitnehmern besteht, die dann nach unmittelbarer Weisung des Entleihers an der Fertigstellung des Werkes mitwirken. Die Arbeitnehmerüberlassung kann mit anderen in diesem Kapitel beschriebenen Phänomenen zusammen treffen, wenn ausländische Arbeitnehmer von einem ausländischen Verleiher überlassen werden und sich alle Beteiligten einig sind, sämtliche Leistungsbeziehungen „schwarz" abzuwickeln.

244

2. Steuerliche Bedeutung

Ob eine Arbeitnehmerüberlassung vorliegt und ggf. als solche arbeitsrechtlich zulässig ist, hat auf die Einkommensteuer des Arbeitnehmers keine unmittelbaren Auswirkungen. Die Arbeitnehmerüberlassung berührt lediglich die Frage nach dem (lohnsteuerlichen) Arbeitgeber und dessen Pflichten. Insofern ist von zentraler Bedeutung, dass die arbeitsrechtliche Fiktion, wonach bei unzulässiger Arbeitnehmerüberlassung der Entleiher als Arbeitgeber behandelt wird (§ 10 Abs. 1 Satz 1 AÜG), steuerrechtlich keine Wirkung entfaltet, sich aber die Arbeitgeberstellung des Entleihers aus der tatsächlichen Durchführung des Arbeitsverhältnisses ergeben kann[321].

245

Gleichsam als Auffangregelung ist daher lohnsteuerrechtlich der „ausländische Verleiher" – sofern er nach den allgemeinen Grundsätzen als Arbeitgeber anzusehen ist – dem inländischen Arbeitgeber gleichgestellt (§ 38 Abs. 1 Satz 1 Nr. 2 EStG). Er hat daher wie dieser den Lohnsteuerabzug vorzunehmen und Lohnsteueranmeldungen abzugeben.

246

Vor dem Hintergrund der steuerrechtlichen Unwirksamkeit der Fiktion gemäß § 10 Abs. 1 Satz 1 AÜG sind auch die speziell auf die Arbeitnehmerüberlassung bezogenen Vorschriften der Lohnsteuerhaftung (§ 42d Abs. 6 bis 8 EStG) zu verstehen. Eine Lohnsteuerhaftung des Entleihers besteht im Ergebnis nur bei illegaler Arbeitnehmerüberlassung und solange diese andauert, sofern nicht der Entleiher die Arbeitnehmerüberlassung (nicht die Zulässigkeit) unverschuldet verkannte. Die für den Fall der grenzüberschreitenden Arbeitnehmerüberlassung vorgesehenen besonderen Mitwirkungspflichten (§ 51 Abs. 1 Nr. 2 Buchst. d EStG) sind noch nicht konkretisiert. Ist aufgrund der tatsächlichen Durchführung des Arbeitsverhältnisses der Entleiher lohnsteuerrechtlicher Arbeitgeber, haftet der Verleiher (§ 42d Abs. 7 EStG). In beiden Fällen kann der Haftende zu einem Vorabeinbehalt verpflichtet werden (§ 42d Abs. 8 EStG).

247

Die Lohnsteuerhaftung des Entleihers (§ 42d Abs. 6, 8 EStG) greift nicht bei ordnungsgemäßer Anmeldung und Abführung der Bauabzugsteuer (§ 48 Abs. 4 Nr. 2 EStG) bzw. nach Erteilung einer Freistellungsbescheinigung (§ 48b Abs. 5 EStG). Dies gilt nach Auffassung der Finanzverwaltung nur dann, wenn tatsächlich eine Bauleistung erbracht wurde, und nicht, wenn in Wirklichkeit eine Arbeitnehmerüberlassung vorlag und keine Bauabzugsteuer abzuführen war[322]. Gegen dieses Verständnis der Regelung sprechen aber nicht nur die Gesetzesmaterialien[323], sondern auch der Umstand, dass die Verweisung in § 48 Abs. 4 Nr. 2 EStG auf § 42d Abs. 6, 8 EStG bei Beschränkung auf „echte" Werkleistungen keinen Anwendungsbe-

248

---

[321] BFH, Urt. v. 2.4.1982 – VI R 34/79, BFHE 135, 501 = BStBl. II 1982, 502, und v. 24.3.1999 – I R 64/98, BFHE 190, 74 = BStBl. II 2000, 41; a. A. FG Berlin-Brandenburg, Urt. v. 20.1.2011 – 9 K 9217/08, juris.
[322] BMF v. 27.12.2002, BStBl. I 2002, 1399, Tz. 97.
[323] BT-Drs. 14/4658, S. 11.

reich hätte, da die gleiche Leistung nicht zugleich Werkleistung und Arbeitnehmerüberlassung sein kann.

249 Soweit die Inanspruchnahme illegaler Arbeitnehmerüberlassung beim Entleiher durch die Verwendung von Abdeckrechnungen verschleiert werden soll, gilt grundsätzlich das weiter oben[324] gesagte entsprechend. Speziell bei Abdeckrechnungen, die über eine Bauleistung ergehen, kommt es allerdings typischerweise zu einer Umkehr der Steuerschuldnerschaft (§ 13b Abs. 2 Nr. 1, 4 UStG), die derartige Missbräuche ausschließt.

3. Steuerstrafrechtliche Folgen

250 Kommt der Verleiher, insbesondere auch der ausländische Verleiher, seinen Verpflichtungen im Lohnsteuerabzugsverfahren nicht nach, erfüllt dies regelmäßig den objektiven Tatbestand der Steuerhinterziehung. In jedem Fall bleibt auch dann, wenn kein Vorsatz bezüglich der Verletzung von Erklärungspflichten bestand bzw. lediglich die Abführung ordnungsgemäß angemeldeter Lohnsteuer unterblieben ist, eine Gefährdung von Abzugsteuern (§ 380 AO) zu prüfen.

251 Eine Steuerhinterziehung des Entleihers liegt bei illegaler Arbeitnehmerüberlassung regelmäßig dann vor, wenn der Entleiher den Vorsteuerabzug aus einer Abdeckrechnung in Anspruch nimmt. Fraglich kann zudem sein, ob der Entleiher zugleich als Mittäter oder Teilnehmer einer Steuerhinterziehung des Verleihers anzusehen ist. Nach der Rechtsprechung ist allerdings bei einer nicht allein auf Vorbereitung einer Steuerhinterziehung gerichteten Werkleistung das Eingehen des Werkvertrags noch keine Hilfeleistung zu einer späteren Steuerhinterziehung bezüglich des Werklohns[325]. Überträgt man dies auf die Vereinbarung einer Arbeitnehmerüberlassung, fehlt es insoweit objektiv an einer Beihilfehandlung. Da die versuchte Beihilfe nicht strafbar ist, kommt es dann steuerstrafrechtlich auf die Kenntnis des Auftraggebers von den Absichten des Auftragnehmers nicht mehr an. Erst wenn sich der Auftraggeber hinsichtlich der Durchführung des Vertrags, insbesondere der Dokumentation der Leistungsbeziehungen, auf Verschleierungshandlungen einlässt, kann eine strafbare Teilnahmehandlung vorliegen[326].

VI. Verfahren

252 Die Prüfungen zu Aufdeckung und ggf. die Maßnahmen zur Ahndung der Schwarzarbeit (§ 1 Abs. 2 SchwarzArbG) im Sinne des Schwarzarbeitsbekämpfungsgesetzes sind grundsätzlich der Zollverwaltung übertragen (§ 2 Abs. 1 Satz 1, § 12 Abs. 1, § 14 Abs. 1 SchwarzArbG), dort intern der Finanzkontrolle Schwarzarbeit (FKS). Entgegen dem ursprünglichen Gesetzentwurf und in der Sache einer Anregung des Bundesrats[327] folgend, verbleiben die steuerlichen Ermittlungen allerdings „den Landesfinanzbehörden"(§ 2 Abs. 1 Satz 2 SchwarzArbG), d. h. der Steuerverwaltung. Die typischerweise betroffenen Steuerarten werden von den Ländern verwaltet (Art. 108 Abs. 2 GG), die Steuerverwaltung ist daher auch mit Blick auf Fahndungsmaßnahmen im Besteuerungsverfahren (§ 208 AO) bzw. die Zuständigkeit für das Steuerstrafverfahren der Finanzbehörden (§ 387 Abs. 1 AO) sachnäher. Der Vorbehalt zugunsten der Steuerverwaltung ist deswegen nur folgerichtig[328].

253 Das insoweit begründete Nebeneinander von Zuständigkeiten im Bezug auf (teil-) identische Sachverhalte hat in der Vergangenheit zu Abgrenzungsschwierigkeiten geführt[329], zuletzt sind diesbezüglich aber keine Probleme mehr bekannt geworden. Zur Konkretisierung der Vorgaben für die Zusammenarbeit von Zoll- und Steuerverwaltung sind mehrere Verwal-

---

[324] Unter II.2.d., Rn 213 f.
[325] BGH, Urt. v. 23.6.1992 – 5 StR 75/92, wistra 1992, 299, m. w. N.
[326] Vgl. 20. Kapitel, II.2.b.bb., Rn. 23 ff.
[327] BT-Drs. 15/2948, S. 8.
[328] *Mössmer/Moosburger*, wistra 2007, 55 (56).
[329] Vgl. *Mössmer/Moosburger*, wistra 2007, 55.

H. Steuerliche Aspekte

tungsanweisungen ergangen (vgl. Anweisungen für das Straf- und Bußgeldverfahren (Steuer) -AStBV (St)- 2013 Nr. 139 Abs. 1[330]).

Die Steuerverwaltung hat bei der Prüfung möglicher Fälle von Schwarzarbeit in Unterstützung der Zollverwaltung (§ 2 Abs. 2 Nr. 1 SchwarzArbG) die Befugnisse nach den §§ 3, 4 SchwarzArbG. Grundsätzlich ermittelt sie den Sachverhalt auch in den für Schwarzarbeit (§ 1 Abs. 2 SchwarzArbG) „anfälligen" Bereichen zunächst nach den Vorschriften des Besteuerungsverfahrens (§§ 78 ff. AO). Dies schließt ggf. auch Vorfeldermittlungen (§ 208 Abs. 1 Nr. 3 AO; AStBV(St) 2013 Nr. 12) der Steuerfahndung ein; noch unterhalb der Schwelle zum Anfangsverdacht sind auch Vorermittlungen der Steuerfahndung möglich (AStBV (St) 2013 Nr. 13)[331]. Besteht hingegen der Anfangverdacht der Steuerhinterziehung, erfolgt Einleitung des Steuerstrafverfahrens. Besteuerungs- und Steuerstrafverfahren laufen dann grundsätzlich parallel und unabhängig nebeneinander[332]. **254**

Um die Ermittlungsergebnisse der Steuerverwaltung auch für die Prüfung und Verfolgung außersteuerliche Pflichtverstöße nutzbar zu machen und umgekehrt, kann die Zollverwaltung verlangen, an den Ermittlungen der Steuerverwaltung beteiligt zu werden (§ 2 Abs. 1 Satz 3 SchwarzArbG). Es handelt sich insoweit um eine Maßnahme zur Verbesserung des Vollzugs der Steuergesetze (Art. 108 Abs. 4 Satz 1 GG)[333]. Eine eigenständige Prüfungskompetenz der Zollverwaltung bezüglich der steuerlichen Aspekte von Schwarzarbeit (§ 1 Abs. 2 SchwarzArbG) besteht hingegen nur zur Erfüllung der Mitteilungspflichten an die Steuerverwaltung gemäß § 6 SchwarzArbG (§ 2 Abs. 1 Satz 4 SchwarzArbG). Spätestens, wenn „Anhaltspunkte" für die Verletzung steuerlicher Pflichten vorliegen, ist die Steuerverwaltung hinzuzuziehen. Mehr als „Anhaltspunkte" vermag die Zollverwaltung in diesen Fällen ohnehin kaum festzustellen, da ihr der für die Begründung eines steuerstrafrechtlichen Anfangsverdachts regelmäßig erforderliche und zweckmäßige Abgleich mit den Besteuerungsakten[334] nicht möglich ist. Die (strafrechtliche) Ermittlungskompetenz knüpft eng an die (fachlich-rechtliche) Prüfungskompetenz an („unmittelbar zusammenhängen"; § 14 Abs. 1 Satz 1 SchwarzArbG), bei der Zollverwaltung erstreckt sie sich daher gerade nicht auf das Steuerstraf- und -ordnungswidrigkeitenverfahren[335]. **255**

Die Steuerverwaltung unterstützt die Zollverwaltung bei der Bekämpfung der Schwarzarbeit (§ 2 Abs. 2 Nr. 1 SchwarArbG). Korrespondierend mit den Mitteilungspflichten der Zollverwaltung ist sie daher zum gegenseitigen Informationsaustausch verpflichtet (§ 6 SchwarzArbG). Das Steuergeheimnis wird insoweit durchbrochen und die Steuerverwaltung ist auch steuerverfahrensrechtlich zur Mitteilung verpflichtet (§ 31a AO). **256**

---

[330] BStBl. I 2012, 1018.
[331] Zu Vorfeldermittlungen und Vorermittlungen auch 20. Kapitel, IV.3.c., Rn 217 f.
[332] Dazu näher 20. Kapitel, IV.3.c., Rn. 216, 219.
[333] BT-Drs. 15/2948, S. 8; *Mössmer/Moosburger*, wistra 2007, 55 (56).
[334] Dazu näher 20. Kapitel, IV.2.a., Rn 170.
[335] *Mössmer/Moosburger*, wistra 2007, 55 (57).

20. Kapitel. Steuerstrafrecht

Literatur: *Achatz,* Formale Voraussetzungen, materielle Berechtigung und Gutglaubensschutz, DStJG 32, S. 461 ff.; *Alvermann/Franke,* Die Pflicht der Finanzbehörde zur Unterrichtung der Staatsanwaltschaft im steuerstrafrechtlichen Ermittlungsverfahren, Stbg 2009, S. 554 ff.; *Anders,* Kontrollbesuche durch den „Flankenschutzfahnder", DStR 2012, S. 1779 ff.; *Bansemer,* Steuerhinterziehung im Beitreibungsverfahren, wistra 1994, S. 327 ff.; *Beck,* Steuerliche Wahlrechte und Steuerverkürzung nach § 370 Abs. 4 AO, wistra 1998, S. 131 ff.; *Beckemper,* Steuerhinterziehung durch Erschleichen eines unrichtigen Feststellungsbescheids?, NStZ 2002, S. 518 ff.; *dies./Schmitz/Wegner/Wulf,* Zehn Anmerkungen zur Neuregelung der strafbefreienden Selbstanzeige durch das „Schwarzgeldbekämpfungsgesetz", wistra 2011, S. 281 ff.; *Bilsdorfer,* Klarere Strafzumessungsregeln bei Steuerhinterziehung, NJW 2009, S. 476 ff.; *ders.,* Die Entwicklung des Steuerstraf- und Steuerordnungswidrigkeitenrechts, NJW 2012, S. 1413 ff.; *Birk,* Rechtfertigung der Besteuerung des Vermögens aus verfassungsrechtlicher Sicht, DStJG 22, S. 7 ff.; *Bozza-Bodden,* Internationale Zusammenarbeit – Informationsaustausch, DStJG 36, S. 133 ff.; *Brauns,* Zur Anwendbarkeit des § 46a StGB im Steuerstrafrecht, wistra 1996, S. 214 ff.; *Bülte,* Die Strafbarkeit des Amtsträgers wegen Strafvereitelung und Steuerhinterziehung bei Verletzung der Mitwirkungspflicht aus § 116 I 1 AO, NStZ 2009, S. 57 ff.; *Brüning,* Vollendung und Verjährungsbeginn bei unrichtigen Feststellungsbescheiden, in: Recht – Wirtschaft – Strafe, Festschrift für Erich Samson, 2011, S. 537 ff.; *Coen,* Ankauf und Verwertung deliktisch beschaffter Beweismittel in Steuerstrafverfahren aus völkerrechtlicher Sicht, NStZ 2011, S. 433 ff.; *Dannecker,* Die Bedeutung der Pflicht zur Benennung von Gläubigern und Zahlungsempfängern nach § 160 AO im Rahmen der Steuerhinterziehung, wistra 2001, S. 241 ff.; *ders.,* Grundfragen der Steuerhinterziehung durch Unterlassen: Pflichtwidriges In-Unkenntnis-Lassen als blankettverweisendes Jedermannsdelikt oder als abschließend geregeltes Sonderdelikt?, in: Festschrift für Hans Achenbach, 2011, S. 83 ff.; *Danzer,* Die strafrechtliche Verantwortung des steuerlichen Beraters, DStJG 6, S. 67 ff.; *Dürrer,* Beweislastverteilung und Schätzung im Steuerstrafrecht, 2010; *Eisenberg,* Zur Unterrichtungspflicht der Finanzbehörden gegenüber der Staatsanwaltschaft zwecks Ermöglichung der Ausübung des Evokationsrechts, in: Festschrift für Klaus Geppert, 2011, S. 81 ff.; *Erbs/Kohlhaas* (Begr.), Strafrechtliche Nebengesetze, Loseblatt, Stand der 182. Ergänzungslieferung 2012; *Franzen/Gast/Joecks,* Steuerstrafrecht, 7. Auflage 2009; *Gabert,* Die neue EU-Amtshilferichtlinie, IWB 2011, S. 250 ff.; *Gast-de Haan,* Formelle Verfassungswidrigkeit des § 370a AO neuer Fassung, DStR 2003, S. 12 ff.; *Gebhardt,* Anmerkung zu Schwedhelm, Im Visier der Steuerfahndung, FR 2007, 937 ff., FR 2008, S. 24 ff.; *Gehm,* Strafvereitelung im Amt durch Betriebsprüfer, StBp 2006, S. 105 ff.; *ders.,* Steuerliche und steuerstrafrechtliche Aspekte des Umsatzsteuerkarussells, NJW 2012, S. 1257 ff.; *ders.,* Die Aussetzung des Steuerstrafverfahrens gemäß § 396 AO, NZWiSt 2012, S. 244 ff.; *ders.,* Problemfeld Schätzung im Steuer- und Steuerstrafverfahren, NZWiSt 2012, S. 408 ff.; *Geuenich,* Steuerliches Verwertungsverbot analog § 136a StPO bei Amtsantreffen von Außenprüfung und steuerstrafrechtlichen Ermittlungen?, DStZ 2006, S. 295 ff.; *Gotzens,* Grenzüberschreitung im Steuerfahndungsverfahren – Effizienz vor Rechtsstaat, in: Festschrift für Michael Streck, 2011, S 519 ff.; *Graf/Jäger/Wittig* (Hrsg.), Wirtschafts- und Steuerstrafrecht, 2011; *Grötsch,* Persönliche Reichweite der Sperrgründe des § 371 Abs. 2 AO unter besonderer Berücksichtigung von Personen- und Kapitalgesellschaften, 2003; *Habammer,* Die neuen Koordinaten der Selbstanzeige, DStR 2010, S. 2425 ff.; *ders.,* Die Neuregelung der Selbstanzeige nach dem Schwarzgeldbekämpfungsgesetz, StBW 2011, S. 310 ff.; *Hardtke/Westphal,* Die Bedeutung der strafrechtlichen Ermittlungskompetenz der Finanzbehörde für das Steuergeheimnis, wistra 1996, S. 91 ff.; *Harms,* Die Stellung des Finanzbeamten im Steuerstrafverfahren, in: Gedächtnisschrift für Ellen Schlüchter, 2002, S. 451 ff.; *dies.,* § 370a AO – Optimierung des steuerstrafrechtlichen Sanktionensystems oder gesetzgeberischer Fehlgriff?, in: Festschrift für Günter Kohlmann, 2003, S. 413 ff.; *dies.,* Steuerliche Beratung im Dunstkreis des Steuerstrafrechts, Stbg 2005, S. 12 ff.; *dies.,* Die konsensuale Verfahrensbeendigung, auch das Ende des herkömmlichen Strafprozesses?, in: Festschrift für Kay Nehm zum 65. Geburtstag, 2006, S. 289 ff.; *dies./Jäger,* Aus der Rechtsprechung des BGH zum Steuerstrafrecht – 2001/2, NStZ 2002, S. 244 ff.; *Hechtner,* Die strafbefreiende Selbstanzeige nach den Änderungen durch das Schwarzgeldbekämpfungsgesetz – Strafbefreiende Selbstanzeige erster und zweiter Klasse mit Zuschlag, DStZ 2011, S. 265 ff.; *Hellmann,* Das Neben-Strafverfahrensrecht der Abgabenordnung, 1995; *ders.,* Steuerstrafrechtliche Risiken umsatzsteuerfreier innergemeinschaftlicher Lieferungen, wistra 2005, S. 161 ff.; *Herlinghaus,* Zu Möglichkeiten und Grenzen des Rechtsschutzes gegen Maßnahmen des zwischenstaatlichen Informationsaustausches nach den Doppelbesteuerungsabkommen, in: Unternehmensbesteuerung Festschrift für Norbert Herzig zum 65. Geburtstag, 2010, S. 933 ff.; *Hey,* Spezialgesetzgebung und Typologie zum

Gestaltungsmissbrauch, DStJG 33, S. 139 ff.; *Holenstein*, Das Steuerabkommen mit der Schweiz: ein Meilenstein oder roter Teppich für Steuersünder – oder beides?, DStR 2012, S. 153 ff.; *Hübschmann/Hepp/ Spitaler* (Begr.), Abgabenordnung – Finanzgerichtsordnung, Loseblatt, Stand der 216. Ergänzungslieferung 2012; *Hüls*, Bestimmtheitsgebot, § 370 Abs. 1 AO und § 266 StGB, NZWiSt 2012, S. 12 ff.; dies./ *Ransiek*, Zum Eventualvorsatz bei der Steuerhinterziehung, NStZ 2011, S. 678 ff.; *Hüttemann*, Einkünfteermittlung bei Gesellschaften, DStJG 34, S. 291 ff.; *Hunsmann*, Das Absehen von Strafverfolgung nach § 398a AO in der Verfahrenspraxis, BB 2011, S. 2519 ff.; ders., Rechtsschutz im Rahmen des Absehens von Strafverfolgung gemäß § 398a AO, NZWiSt 2012, S. 102 ff.; *Jäger*, Anforderungen an die Sachdarstellung im Urteil bei Steuerhinterziehung, StraFo 2006, S. 477 ff.; *Joecks*, Strafvorschriften im Steuerverkürzungsbekämpfungsgesetz, wistra 2002, S. 201 ff; ders., Bekämpfung der Schwarzarbeit und damit zusammenhängender Steuerhinterziehung, wistra 2004, S. 441 ff.; ders., Das deutsch-schweizerische Steuerabkommen – verfassungsgemäß?, wistra 2011, 441; ders./*Miebach* (Hrsg.) Münchener Kommentar zum Strafgesetzbuch, 1. Auflage, 2003 ff.; *Jope*, Steuerhinterziehung im Feststellungsverfahren, DStZ 2009, S. 247 ff.; dies., Der Anknüpfungspunkt „geringfügiger Abweichungen" bei der Selbstanzeige; materieller Tatbegriff contra Berichtigungsverbund, NZWiSt 2012, S. 59 ff.; *Jungbluth/Stepputat*, Der „Ankauf von Steuerdaten": Rechtsstaatliche Möglichkeiten und Grenzen, DStZ 2010, S. 781 ff.; *Kaligin*, Rechtswidrige Strukturen im finanzbehördlichen Steuerstrafverfahren, Stbg 2010, S. 126 ff.; ders., § 153a StPO – eine Universalnorm zur Beendigung von Steuerstrafverfahren? Stbg 2010, S. 500 ff.; *Kemper*, der neue Sperrtatbestand der Bekanntgabe einer Prüfungsanordnung, NZWiSt 2012, S. 56 ff.; *Keßböhmer/ Schmitz*, Hinterziehung ausländischer Steuern und Steuerhinterziehung im Ausland, wistra 1995, S. 1 ff.; *Kirch-Heim/Samson*, Vermeidung der Strafbarkeit durch Einholung juristischer Gutachten, wistra 2008, S. 81 ff.; *Klawitter*, Der Täter-Opfer-Ausgleich (§ 46a StGB) im Steuerstrafverfahren, DStZ 1996; S. 553 ff.; *Klein* (Begr.), Abgabenordnung, 10. Auflage 2009; *Klein* (Begr.), Abgabenordnung, 11. Auflage 2012; *Kohlmann*, Der Straftatbestand der Steuerhinterziehung – Anspruch und Wirklichkeit, DStJG 6, S. 5 ff.; ders., Strafprozessuale Verwertungsverbote als Schranken für steuerliche und steuerstrafrechtliche Ermittlungen der Fahndungsbehörden, in: Die Steuerrechtsordnung in der Diskussion: Festschrift für Klaus Tipke zum 70. Geburtstag, 1995, S. 487 ff.; *Kratzsch*, Die Schwierigkeiten im Umgang mit der Selbstanzeige, DStJG 6, S. 283 ff.; *Kuckein/Pfister*, Verständigung im Strafverfahren – Bestandsaufnahme und Perspektiven-, in: Festschrift aus Anlass des fünfzigjährigen Bestehens von Bundesgerichtshof, Bundesanwaltschaft und Rechtsanwaltschaft beim Bundesgerichtshof, 2000, S. 641 ff.; *Küchel*, Zur Verwertbarkeit privat-deliktisch beschaffter Bankdaten, NStZ 2008, S. 241 ff.; *Küster*, Das Steuerstrafrecht aus Sicht der Steuerfahndung, DStJG 6, S. 253 ff.; *Lambrecht*, Normative Bindung und Sachverhaltserfassung, DStJG 12, S. 79 ff.; *Lang*, Steuerrecht und Tatbestand der Steuerhinterziehung – Zum 70. Geburtstag von Günter Kohlmann, StuW 2003, S. 289 ff.; *Liebsch/Reifelsberger*, Die Grenzen des Evokationsrechts, wistra 1993, S. 325 ff.; *Löwe/Rosenberg*, Strafprozessrecht, 26. Auflage, 2006 ff.; *Löwe-Krahl*, Verdacht auf Steuerhinterziehung – auch ohne Steuerakten?, in: Recht – Wirtschaft – Strafe, Festschrift für Erich Samson, 2011, S. 557 ff.; *Malms*, Einstellung nach § 153 und § 153a StPO durch die Finanzbehörden, wistra 1994, S. 337 ff.; *Matthes*, Anmerkung zu FG München, Beschl. v. 22.5.2009 – 15 V 182/09, EFG 2009, S. 1808 ff.; ders., Anmerkung zu FG Köln, Beschl. v. 15.12.2010 – 14 V 2484/10, EFG 2011, S. 1216 ff.; *Menke*, Die Bedeutung des sogenannten Kompensationsverbots in § 370 AO, wistra 2005, S. 125 ff.; ders., Folgen unterlassenen Vorsteuerabzugs bei gleichzeitiger Hinterziehung von Umsatzsteuer, wistra 2006, 167 ff.; *Mössmer/Moosburger*, Gesetzliche oder gefühlte Ermittlungskompetenz der FKS-Dienststellen in Steuerstrafsachen?, wistra 2007, S. 55 ff.; *Mückenberger/Iannone*, Steuerliche Selbstanzeige trotz Berichterstattung über den Ankauf von Steuer-CDs, NJW 2012, S. 3481 ff.; *Niehaves/Beil*, Das neue DBA Deutschland – Liechtenstein, DStR 2012, S. 209 ff.; *Nöhren*, Die Hinterziehung von Umsatzsteuer, 2005; *Ossenbühl*, Staatliche Finanzgewalt und Strafgewalt, in: Staat – Wirtschaft – Finanzverfassung, Festschrift für Peter Selmer, 2004, S. 859 ff.; *Ostendorf*, Gekaufte Strafverfolgung, ZIS 2010, S. 301 ff.; *Papier*, Steuerreform als Verfassungsproblem, Stbg 1999, S. 49 ff.; *Peters*, Strafzumessung bei Steuerhinterziehung in Millionenhöhe, NZWiSt 2012, S. 201 ff.; *Pezzer*, Bilanzierungsprinzipien als sachgerechte Maßstäbe der Besteuerung, DStJG 14, S. 3 ff.; *Pflaum*, Kooperative Gesamtbereinigung von Besteuerungs- und Steuerstrafverfahren, 2010; ders., Zu den Voraussetzungen der Haftung des Steuerhinterziehers, § 71 AO; wistra 2010, S. 368 ff.; ders., Voraussetzungen der Durchbrechung des Steuergeheimnisses zur Durchführung von Disziplinarverfahren, wistra 2011, S. 55 ff.; ders., Steuerstrafrechtliche Gesichtspunkte der Begünstigung nicht entnommener Gewinne, § 34a EStG, wistra 2012, S. 205 ff.; ders., Strafverfahren und sachgleiches Disziplinarverfahren, BayVBl. 2012, S. 485 ff.; ders., Selbstanzeige nach Prüfungsanordnung und Auswirkung auf die Mitwirkung während einer Außenprüfung, StBp 2013, S. 217 ff.; *Philipowski*, Steuerstrafrechtliche Probleme bei Bankgeschäften, DStJG 6, S. 131 ff.; *Prinz*, Arten der Einkünfteermittlung – Bestandsaufnahme und Kritik – Betriebsvermögensvergleich, DStJG 34, S. 135 ff.; *Prowatke/ Kelterborn*, Zur Wirksamkeit von Selbstanzeigen bei „geringfügiger Unvollständigkeit", DStR 2012, 640;

Literatur 20

Pump, Die Vermeidung von Einsprüchen und Klagen gegen Steuer- und Haftungsbescheide durch koordinierte Straf- und Besteuerungsverfahren, StW 2007, S. 171 ff.; *Randt*, Der Steuerfahndungsfall, 2004; ders., Verhältnis zwischen Besteuerungs- und Steuerstrafverfahren, DStJG 31, S. 263 ff.; *ders.*, Reichweite und Grenzen der steuerlichen Erklärungspflicht im Steuerstrafrecht, in: Steuerzentrierte Rechtsberatung, Festschrift für Harald Schaumburg, 2009, S. 1255 ff.; *Rau*, Ausgewählte Grundsatzprobleme und Grenzbereiche der Selbstanzeige, in: Festschrift für Michael Streck, 2011, S. 533 ff.; *Reiß*, Steuer gegen Strafe – Tatsächliche Verständigung zur Gesamtbereinigung von Besteuerungs- und Strafverfahren, in: Festschrift für Gerald Grünwald, Baden-Baden, 1999, S. 495 ff.; *ders.*, Vorsteuerabzug – Achillesferse der Mehrwertsteuer?, UR 2002, S. 561 ff.; *ders.*, Zum „Konkurrenzverhältnis" der Umsatzsteuerhinterziehung für Voranmeldungszeiträume und das Kalenderjahr, in: Recht – Wirtschaft – Strafe, Festschrift für Erich Samson, 2011, S. 571 ff.; *Röckl*, Das Steuerstrafrecht im Spannungsfeld des Verfassungs- und Europarechts, 2002; *Rönnau*, Die Verkürzung von Kirchensteuern – ein Betrug ohne Folgen?, wistra 1995, S. 47 ff.; *Rogall*, Das Verwendungsverbot des § 393 II AO, in: Festschrift für Günter Kohlmann, 2003, S. 465 ff.; *Rolletschke*, Die steuerstrafrechtliche Verantwortlichkeit des einen Antrag auf Zusammenveranlagung mitunterzeichnenden Ehegatten, DStZ 1999, S. 216 ff.; *ders.*, Die Steuernachentrichtung nach § 371 Abs. 3 AO und der Rechtsgrund zum Behaltendürfen, wistra 2007, S. 371 ff.; *ders,*, Rechtsprechungsgrundsätze zur Strafzumessung bei Steuerhinterziehung, NZWiSt 2012, S. 18 ff.; *ders./Roth*, Selbstanzeige: Verschärfte Anforderungen durch das Schwarzgeldbekämpfungsgesetz, Stbg 2011, S. 200 ff.; *dies.*, Neujustierung der Steuerhinterziehung „großen Ausmaßes" (§ 370 Abs. 3 S. 2 Nr. 1 AO) aufgrund des Schwarzgeldbekämpfungsgesetzes?, wistra 2012, 216; *Roth*, Der persönliche Anwendungsbereich des § 398a AO bei Selbstanzeige des Teilnehmers, NZWiSt 2012, S. 23 ff.; *ders.*, Die 50.000-Euro-Grenze gem. § 371 Abs. 2 Nr. 3 AO: Nominalbetrag der Steuerhinterziehung oder strafzumessungsrelevanter Schaden?, NZWiSt 2012, S. 175 ff.; *Rübenstahl/Zinser*, Die „Schwarzlohnabrede" – Lohnsteuerhinterziehung, Strafzumessungsrecht und obiter dicta, NJW 2011, S. 2481 ff.; *Rüping/Ende*, Neue Probleme von schweren Fällen der Steuerhinterziehung, DStR 2008, S. 13 ff.; *Rüsken*, Außenprüfung, Nachschau und Steuerfahndung im Rechtsstaat, DStJG 31, 2008, S. 243 ff.; *Sahan*, Korruption als steuerstrafrechtliches Risiko, in: Recht – Wirtschaft – Strafe, Festschrift für Erich Samson, 2011, S. 599 ff.; *ders./Ruhmannseder*, Steuerstrafrechtliche Risiken für Banken und ihre Mitarbeiter bei Kapitaltransfers in die Schweiz, IStR 2009, S. 715 ff.; *Salditt*, Herausforderung – aktuelle politische und andere Erwartungen an das Steuerstrafrecht, in: Steuerzentrierte Rechtsberatung, Festschrift für Harald Schaumburg, 2009, S. 1269 ff.; *Samson*, Irrtumsprobleme im Steuerstrafrecht, DStJG 6, S. 99 ff.; *Samson/Brüning*, Die Verjährung der besonders schweren Fälle der Steuerhinterziehung, wistra 2010, S. 1 ff.; *Samson/Langrock*, „Pecunia non olet?", wistra 2010, S. 201 ff.; *Samson/Wulf*, Steuerstrafrecht und deutsch-schweizerisches Steuerabkommen, wistra 2012, S. 245 ff.; *Schindhelm*, Das Kompensationsverbot im Delikt der Steuerhinterziehung, 2004; *Schleeh*, Steuerhinterziehung nach dem Entwurf einer Abgabenordnung (AO 1974), StuW 1972, S. 310 ff.; *Schmitz*, Der Beginn der Verjährungsfrist nach § 78a StGB bei der Hinterziehung von Einkommensteuer durch Unterlassen, wistra 1993, S. 248 ff.; *ders.*, Versuchsbeginn, Vollendung und Beginn der Verfolgungsverjährung bei ausgebliebener Steuerfestsetzung, in: Festschrift für Günter Kohlmann, 2003, S. 517 ff.; *ders.*, Wie viel Strafe braucht der Steuerstaat, in: Festschrift für Hans Achenbach, 2011, S. 477 ff.; *ders./Wulf*, Erneut: Hinterziehung ausländischer Steuern und Steuerhinterziehung im Ausland, wistra 2001, S. 361 ff.; *Schneider*, Zur Anzeigepflicht nichtsteuerlicher Straftaten durch Finanzbeamte als Hilfsbeamte der Staatsanwaltschaft, wistra 2004, S. 1 ff.; *Schünemann*, Die Liechtensteiner Steueraffäre als Menetekel des Rechtsstaats, NStZ 2008, S. 305 ff.; *Schützeberg,* Die Schätzung im Besteuerungs- und im Steuerstrafverfahren, StBp 2009, S. 33 ff.; *ders.*, Die Anzeige- und Berichtigungspflicht nach § 153 AO gewinnt strafrechtlich an Bedeutung, BB 2009, S. 1906 ff.; *Schulze-Osterloh*, Unbestimmtes Steuerrecht und strafrechtlicher Bestimmtheitsgrundsatz, DStJG 6, S. 43 ff.; *Schwedhelm*, Erben im Visier der Steuerfahndung, FR 2007, S. 937 ff.; *ders.*, Praxiserfahrungen in der Steuerstrafverteidigung, BB 2010, S. 731 ff.; *ders.*, Zum Unwerte der Steuerhinterziehung, in: Festschrift für Michael Streck, 2011, S. 561 ff.; *Seer*, Konsensuale Paketlösungen im Steuerstrafverfahren, in: Festschrift für Günter Kohlmann, 2003, S. 535 ff.; *ders.*, Steuerverfahrensrechtliche Bewältigung grenzüberschreitender Sachverhalte, in: Festschrift für Harald Schaumburg, 2009, S. 151 ff.; *ders./Gabert*, Der internationale Auskunftsverkehr in Steuersachen, StuW 2010, S. 3 ff.; *ders./Krumm*, Die Kriminalisierung der Cum-/Ex-Dividende-Geschäfte als Herausforderung für den Rechtsstaat, DStR 2013, S. 1757 ff., 1814 ff.; *Sorgenfrei*, Steuerhinterziehung in mittelbarer Täterschaft bei Publikumsgesellschaften, wistra 2006, S. 370 ff.; *Spatscheck*, Die Selbstanzeige – von der Wiege bis zum Grab?, in: Festschrift für Michael Streck, 2011 S. 581 ff.; *Spatscheck/Wulf/Fraedrich*, DStR 2005, S. 129 ff.; *Spatscheck/Höll*, Die Neuregelung der Selbstanzeige bei der Steuerhinterziehung und leichtfertiger Steuerverkürzung durch das Schwarzgeldbekämpfungsgesetz, AG 2011, S. 331 ff.; *Streck*, Das Recht des Verhältnisses von Steuer- und Strafverfahren, DStJG 6, S. 217 ff.; *ders.*, Der Rechtsschutz in Steuerstrafsachen, DStJG 18, S. 173 ff.; *Tipke*, Die Steuerrechtsordnung, 1993; *Tully/Merz*, Zur Strafbarkeit der Hinterziehung ausländischer Umsatz- und Verbrauchsteuern, wistra 2011, S. 121 ff.; *Volk,*

Zur Schätzung im Steuerstrafrecht, in: Festschrift für Günter Kohlmann, 2003, S. 579 ff.; *Weidemann*, Zur Anzeige- und Berichtigungspflicht nach § 153 AO, wistra 2010, S. 5 ff.; *Weidemann/Weidemann*, Handeln und Unterlassen im Steuerstrafrecht – warum der Begehungstatbestand der Steuerhinterziehung (§ 370 Abs. 1 Nr. 1 AO) fast leer läuft, wistra 2005, S. 207 ff.; *Weigell*, Überlegungen zum Steuer(straf)recht, in: Festschrift für Michael Streck, 2011, S. 609 ff.; *Wendt*, § 42 AO vor dem Hintergrund der Rechtsprechung, DStJG 33, S. 117 ff.; *Weyand*, Legalitätsprinzip und Praxis des Steuerstrafverfahrens, DStZ 1990, S. 166 ff.; *ders.*, Das Evokationsrecht und die Informationsmöglichkeiten der Staatsanwaltschaft – Theorie und Praxis, wistra 1994, S. 87 ff.; *ders.*, Neuauflage der Anweisungen für das Straf- und Bußgeldverfahren (Steuer), wistra 2008, S. 214 ff.; *v. Witten*, Zur Strafbarkeit der Verletzung der Anzeigepflicht nach § 165e AbgO, NJW 1963, 570; *Wittig*, Die Rechtsprechung zur Steuerhinterziehung durch Erlangen eines unrichtigen Feststellungsbescheides vor dem Hintergrund des Beschlusses des BVerfG vom 23.6.2010 (2 BvR 2559/08), ZIS 2011, S. 660 ff.; *Wulf*, Handeln und Unterlassen im Steuerstrafrecht, 2001; *ders.*, Abschaffung der steuerstrafrechtlichen Selbstanzeige für Großunternehmen? AG 2010, S. 540 ff.; *ders.*, Steuerliche und strafrechtliche Bedeutung von § 153 AO, in: Recht – Wirtschaft – Strafe, Festschrift für Erich Samson, 2011, S. 619 ff.; *ders.*, Reichweite steuerlicher Erklärungspflichten bei unklarer Rechtslage – wo beginnt der Bereich strafbaren Verhaltens?, in: Festschrift für Michael Streck, 2011, S. 627 ff.; *ders.*, Anmerkung zu einer Entscheidung des BGH, Beschluss vom 14.12.2010 (1 StR 275/10; NJW 2011, 1299) – Zur Steuerhinterziehung mit Wissen des Finanzamts, NStZ 2011, 408; *ders.*, Aus dem Kuriositätenkabinett der Steueramnestie, Stbg 2012, S. 71 ff.; *Zanzinger*, Die Einschränkungen der Selbstanzeige durch das Schwarzgeldbekämpfungsgesetz – Klärung erster Zweifelsfragen, DStR 2011, S. 1397 ff.

Inhaltsübersicht

	Rn.
I. Vorbemerkung	1–8
1. Definition und Eingrenzung	1–4
2. Umfang und Erscheinungsformen	5–8
II. Tatbestand der Steuerhinterziehung	9–107
1. Anknüpfung an das Steuerrecht	10–13
2. Geltung des Allgemeinen Teils des StGB	14–28
a) Versuch und Vollendung	15–19
aa) Unmittelbares Ansetzen	16–18
bb) Tatvollendung	19
b) Täterschaft und Teilnahme	20–26
aa) Mittäterschaft und Mittelbare Täterschaft	21–22
bb) Teilnahme	23–26
c) Verjährung	27–28
3. Taterfolg	29–43
a) Steuerverkürzung	30–35
b) Anderer nicht gerechtfertigter Steuervorteil	36–38
c) Kompensationsverbot	39–43
4. Tathandlung	44–69
a) Handlungsalternative	45–53
aa) Angaben	45
bb) Unrichtig oder unvollständig	46–47
cc) Steuerlich erhebliche Tatsachen	48–49
dd) Auslegungsgrundsätze	50–51
ee) Steuerliche Wahlrechte	52
ff) Täuschung des Finanzbeamten?	53
b) Unterlassungsalternative	54–66
aa) Steuererklärungspflicht	55
bb) Berichtigungspflicht	56
cc) Suspendierung der Strafbarkeit	57–58
dd) Besondere Pflichtenstellungen	59–60
ee) Unkenntnis der Finanzbehörde	61–63
ff) Verkürzungsumfang	64–65
gg) § 50e EStG als lex specialis	66
c) Kausalität der Tathandlung für den Erfolg	67–69
5. Subjektiver Tatbestand	70–78
a) Allgemeine Grundsätze	70–71
b) Steuerstrafrechtliche Besonderheiten	72–77
c) Fehlerhafte Beratung	78
6. Besonders schwere Fälle der Steuerhinterziehung	79–92
a) Steuerhinterziehung in großem Ausmaß	80–82
b) Steuerhinterziehung unter Beteiligung eines Amtsträgers	83–85
c) Steuerhinterziehung und Urkundenfälschung	86–88
d) Bandenmäßige Umsatz- oder Verbrauchsteuerhinterziehung	89–92
7. Konkurrenzen	93–107
a) Tateinheit	95–99
b) Tatmehrheit	100–103
c) Beschränkung des Verfahrensstoffs	104
d) Steuerhinterziehung und Geldwäsche	105–107
III. Selbstanzeige	108–161
1. Allgemeines	109–116
a) Bedeutung und Rechtfertigung	109–113
b) Verhältnis zu anderen Rechtsinstituten	114–116

	Rn.
2. Positive Wirksamkeitsvoraussetzungen	117–132
a) Person des Anzeigeerstatters	118
b) Adressatin der Selbstanzeige	119–120
c) Form und Inhalt der Selbstanzeige	121–126
d) Nachzahlung hinterzogener Steuern	127–132
3. Negative Wirksamkeitsvoraussetzungen	133–150
a) Bekanntgabe einer Prüfungsanordnung	134–136
b) Einleitung eines Straf- oder Bußgeldverfahrens	137–138
c) Erscheinen eines Amtsträgers	139–142
d) Tatentdeckung	143–144
e) Tatumfang	145–148
f) Wiederholte Selbstanzeige	149–150
4. Drittanzeige	151–152
5. Spezifische Fragen der Mitunternehmerschaften	153–156
6. Steuer- und Finanzmarktabkommen Deutschland-Schweiz	157–161
IV. Formelles Steuerstrafrecht	**162–322**
1. Allgemeines	163–168
2. Anfangsverdacht	169–188
a) Amtsprüfstelle	171–175
b) Außendienste	176–180
c) Vollstreckung	181–182
d) Mitteilungen Privater	183–184
e) Mitteilungen staatlicher Stellen	185–188
3. Ermittlungsverfahren in Steuerstrafsachen	189–265
a) Einleitung	190–197
aa) Allgemeines	190–191
bb) Rechtsfolgen der Einleitung	192–193
cc) Rechtsfolgen bei unterlassener Einleitung	194–195
dd) Praktische Überlegungen	196–197
b) Bußgeld- und Strafsachenstelle	198–209
aa) Organisation	199–200
bb) Wahrnehmung staatsanwaltschaftlicher Befugnisse	201–204
cc) Abschluss des Ermittlungsverfahrens	205–207
dd) Zusammenarbeit mit der Staatsanwaltschaft	208–209
c) Steuerfahndung	210–224
aa) Stellung im Ermittlungsverfahren	211–215
bb) Abgrenzung der Verfahrensarten	216
cc) Vorfeldermittlungen	217
dd) Vorermittlungen	218
ee) Steuerstrafverfahren	219–224
d) Staatsanwaltschaft	225–249
aa) Allgemeines	225–227
bb) Originäre Ermittlungskompetenz der Staatsanwaltschaft	228–231
cc) Zuständigkeit kraft Ermessen	232–241
dd) Finanzbehörde im Verfahren der Staatsanwaltschaft	242–249
e) Steuergeheimnis und seine Überwindung	250–261
aa) Verfolgung von Nichtsteuerstraftaten im Allgemeinen	252–257
bb) Verfolgung von Nichtsteuerstraftaten in gesetzlich geregelten Sonderfällen	258–259
cc) Informantenschutz	260–261
f) Rechtsschutz	262–265
4. Gerichtliches Verfahren in Steuerstrafsachen	266–276
a) Beteiligung der Finanzbehörde	267–270
b) Anforderungen an die Urteilsbegründung	271–272
c) Verwertbarkeit von „Steuerdaten-CDs"	273–276
5. Verfahren bei Selbstanzeige	277–293
a) Allgemeines	278
b) Eindeutig wirksame Selbstanzeige	279–281
c) Gestufte Selbstanzeige bzw. Teilselbstanzeige	282–283
d) Verhältnis zum Besteuerungsverfahren	284–285
e) Streit über Wirksamkeit der Selbstanzeige	286
f) Verfahrenseinstellung gemäß § 398a AO	287–293
6. Amtshilfe in Steuersachen	294–310
a) Rechtsgrundlagen	295–300
b) Durchführung	301–307
aa) Subsidiarität	302–303
bb) Bankgeheimnis und Geschäftsgeheimnisse	304
cc) Freiheit vom Selbstbelastungszwang	305
dd) Unterrichtung des Steuerpflichtigen	306–307
c) Steuer- und Finanzmarktabkommen Deutschland-Schweiz	308–310
7. Verständigungen	311–322
a) Verständigung im Steuerstrafverfahren	312–315
b) Verständigung im Besteuerungsverfahren	316–319
c) Kooperative Gesamtbereinigung	320–322
V. Rechtsfolgen der Steuerhinterziehung	**323–337**
1. Strafrecht	324–329
2. Berufsrecht	330–333
3. Steuerschuld- bzw. -verfahrensrecht	334–337
VI. Ausblick	**338–344**

I. Vorbemerkung

1. Definition und Eingrenzung

1   Steuerstraftaten im Sinne des Gesetzes sind die in § 369 Abs. 1 AO genannten Taten, neben der Steuerhinterziehung (§ 370 AO) vor allem die Zollstraftaten (§§ 372–374 AO) sowie die Fälschung von Steuerzeichen bzw. deren Vorbereitung (§§ 148, 149 StGB) und die Begünstigung (§ 257 StGB) eines Steuerstraftäters, aber auch die gesondert unter Strafe gestellte Gewerbs- oder Bandenmäßige Schädigung des Umsatzsteueraufkommens (§ 26c UStG). „Steuerstrafrecht" im Sinne dieses Kapitels ist das Recht der Steuerhinterziehung (§ 370 AO) in inländischen Sachverhalten und das damit im Zusammenhang stehende Verfahrensrecht, soweit die Steuerverwaltungen der Länder, das heißt die Finanzämter, zuständig sind. Steuerhinterziehung in Sachverhalten mit Auslandsbezug und Zollstraftaten werden in den folgenden Kapiteln gesondert dargestellt. Auch das Recht der Steuerordnungswidrigkeiten (§§ 377 ff. AO) bleibt grundsätzlich ausgeklammert.

2   Steuerhinterziehung ist allgemein die vorsätzliche Verletzung steuerlicher Erklärungspflichten zur Erlangung von Vermögensvorteilen bzw. Vermeidung von Vermögensnachteilen. Sie ist zu unterscheiden von anderen Verhaltensweisen, die ebenfalls auf Steuerersparnis ausgerichtet sind, allerdings in rechtmäßiger Weise: Die Steuergestaltung nutzt in zulässiger Weise die zivilrechtliche Vertragsfreiheit, um einen bestimmten wirtschaftlichen Erfolg in ein steuerrechtlich vorteilhaftes Gewand zu kleiden[1]. Bei der Steuervermeidung und der Steuerumgehung wird ein wirtschaftlicher Erfolg nicht oder zumindest nicht so verwirklicht, wie ursprünglich beabsichtigt, um der Steuerpflicht zu entgehen. Auch die Steuerflucht im herkömmlichen Sinn, das heißt die Beendigung der inländischen Steuerpflicht durch Wegzug ins Ausland, ist eine seit jeher zwar besonders unerwünschte[2], aber grundsätzlich legale Form der Steuervermeidung bzw. -umgehung.

3   Die Grenze der Steuergestaltung ergibt sich aus dem Missbrauch von rechtlichen Gestaltungsmöglichkeiten (§ 42 AO) und spezialgesetzlichen Missbrauchsklauseln[3]. Klassische Missbrauchskonstellationen sind etwa „vorprogrammierte Rückholverhältnisse" oder „Ringtausch"-Fälle, bei denen die Beteiligten in Wahrheit gerade keine Änderung ihrer wirtschaftlichen Verhältnisse herbeiführen wollen, sondern sich die Sinnhaftigkeit des Handelns nur aus dem angestrebten steuerlichen Vorteil erschließt, oder die Einschaltung von Basisgesellschaften („Briefkastenfirmen") ohne eigene Geschäftstätigkeit und Wertschöpfung, wenn hierfür keine anerkennenswerten Gründe[4] vorliegen. Welche – mitunter recht aufwändige – zivilrechtliche Konstruktion gewählt wird, ist dabei ohne Bedeutung.

4   Eine missbräuchliche Gestaltung ist steuerrechtlich unbeachtlich, zieht allerdings, wenn der Sachverhalt bei der Steuererklärung hinreichend offen gelegt erklärt wird, keine steuerstrafrechtlichen Konsequenzen nach sich. Die Steuerhinterziehung beginnt erst dort, wo der Sachverhalt bewusst unrichtig oder unvollständig oder überhaupt nicht erklärt wird, um die Anwendung einer Missbrauchsklausel zu verhindern[5]. Je gewagter die Gestaltung, umso umfassender sind einerseits die Offenlegungspflichten, umso zurückhaltender andererseits häufig die Erklärungen des Steuerpflichtigen und umso höher damit regelmäßig die Wahrscheinlichkeit, dass die Grenze zur Steuerhinterziehung überschritten wird.

---

[1] Siehe nur BFH, Beschl. v. 29.11.1982 – GrS 1/81, BFHE 137, 433 = BStBl. II 1983, 272, unter C. III.
[2] Vgl. nur die frühere Reichsfluchtsteuer, dazu Franzen/Gast/Joecks – *Joecks*, 7. Auflage 2009, Einleitung, Rn 48.
[3] Hierzu ausführlich *Wendt*, DStJG 33, S. 117 ff. (§ 42 AO) und *Hey*, DStJG 33, S. 139 ff. (spezialgesetzliche Missbrauchsklauseln).
[4] Hierzu näher 21. Kapitel (*Rödl/Grube*), Rn 37 ff.
[5] A. A. *Schulze-Osterloh*, DStJG 6, S. 43 (62 ff.), der in der Anwendung des § 42 AO im Steuerstrafrecht einen Verstoß gegen den strafrechtlichen Bestimmtheitsgrundsatz sieht.

I. Vorbemerkung

2. Umfang und Erscheinungsformen

Wegen der Dunkelziffer unentdeckter Steuerhinterziehungen kann der jährliche Einnahme- 5
ausfall von Bund, Ländern und Gemeinden durch Steuerhinterziehung nur sehr grob geschätzt werden. Der damalige Bundesfinanzminister ging im Mai 2009 im Deutschen Bundestag von jährlichen Einnahmeverlusten von 2 bis 12 Billionen US-Dollar weltweit und „wahrscheinlich weit über 100 Milliarden Euro" in Deutschland aus[6]. Die ganz erhebliche Bandbreite der weltweiten Schätzung belegt die Schwierigkeiten der Prognose auch für den deutschen Anteil. Nach älteren Schätzungen wurde für die Bundesrepublik Deutschland 1980 von jährlich insgesamt zwischen 15 und 25 Milliarden DM ausgegangen[7]. Das Gesamthinterziehungsvolumen hätte sich damit innerhalb von knapp 30 Jahren nominal veracht- bzw. zehnfacht.

Wenn das Steuerstrafrecht in den Blick der allgemeinen Öffentlichkeit gerät, konzentriert 6
sich die Aufmerksamkeit üblicherweise auf einzelne Phänomene, so z. B. ab Ende der 1990er Jahre auf die infolge der Einführung des Europäischen Binnenmarkts aufgekommenen Umsatzsteuerkarusselle[8] oder nach Bekanntwerden der „Liechtenstein-Fälle" ab 2008 auf die Hinterziehung von Einkommensteuer auf Kapitaleinkünfte, § 20 EStG, die dann Anlass für Änderungen des Steuerstrafrechts sind[9]. Tatsächlich entsprechen die Erscheinungsformen der Steuerhinterziehung in ihrer Vielfalt der Ausdifferenzierung des materiellen Steuerrechts, zu den meisten Steuerarten und -tatbeständen gibt es charakteristische Hinterziehungsformen mit einem charakteristischen Täterkreis und zum Teil auch charakteristischen Wechselbeziehungen mit anderen Straftatbeständen. Steuerhinterziehung ist insbesondere kein „Oberklassedelikt", sondern findet sich ebenso bei kleineren Gewerbetreibenden und Arbeitnehmern[10], wobei bei letzteren den geringeren Verkürzungsbeträgen im Einzelfall entsprechend höhere Fallzahlen gegenüberstehen[11]. Das Steuerstrafrecht und damit zusammenhängende Befunde eignen sich daher seriöserweise kaum als Instrument oder Begründung gesellschaftspolitischer Vorstellungen und Forderungen.

Dass nach neueren Umfragen angeblich über 80 % der Deutschen Steuerhinterziehung für 7
ernstzunehmendes kriminelles Unrecht halten, könnte auf einen gewissen Mentalitätswandel hindeuten, nachdem Steuerhinterziehung lange Zeit gemeinhin als „Kavaliersdelikt"[12] galt. Es dürfte aber vielmehr vor dem Hintergrund der öffentlichkeitswirksam aufbereiteten Fälle möglicher Hinterziehung von Einkommensteuer auf die Erträge vermeintlich besonders großer Kapitalvermögen Ausdruck einer gewissen Doppelmoral sein, in der ein (vermeintlich) schwerwiegenderes Fehlverhalten anderer nach außen hin demonstrativ verurteilt, gleichzeitig aber zur Legitimierung eines (vermeintlich) geringfügigen eigenen Fehlverhaltens herangezogen wird[13].

Steuerhinterziehung ist im Grundsatz vergleichbar einem Betrug an der Gesamtheit der 8
ehrlichen Steuerzahler[14] und zwar auch dann, wenn sie „lediglich" darauf gerichtet ist, eigenes Vermögen dem fiskalischen Zugriff zu entziehen, da der staatliche Steueranspruch und das private Eigentum gleichrangige Ausprägungen einer einheitlichen Rechtsordnung sind.

---

[6] Plenarprotokoll Nr. 16/220, S. 23980 f., unter Bezugnahme auf Schätzungen des Internationalen Währungsfonds.
[7] *Küster*, DStJG 6, S. 253 (254 f.).
[8] Zusammenfassend hierzu *Gehm*, NJW 2012, 1257; zuvor *Reiß*, UR 2002, 561 (565 f.); *Hellmann*, wistra 2005, 161 und ausführlich *Nöhren*, Die Hinterziehung von Umsatzsteuer, 2005, *passim*.
[9] „Steuerverkürzungsbekämpfungsgesetze" v. 19.12.2001, BGBl. I 2001, 3922, und v. 29.7.2009, BGBl. I 2009, 2302 und Schwarzgeldbekämpfungsgesetz v. 28.4.2011, BGBl. I 2011, 676, vgl. *Gotzens*, FS Streck, S. 519 (520) und *Schmitz*, FS Achenbach, 2011, S. 477 (483).
[10] Vgl. nur FG Rheinland-Pfalz, Urt. v. 29.3.2011 – 3 K 2635/08, DStRE 2012, 114: Steuerhinterziehung durch Falschangaben bei der Entfernungspauschale.
[11] Vgl. BT-Drs. 17/1755, S. 3.
[12] *Kohlmann*, DStJG 6, S. 5 (10).
[13] Sehr treffend *Weigell*, FS Streck, 2011, S. 609 (612 ff.); ebenso *Bilsdorfer*, NJW 2012, 1413.
[14] *Tipke*, Steuerrechtsordnung, 1. Auflage 1993, Band 3, S. 1412 f.; siehe auch BGH, Urt. v. 28.9.1983 – 3 StR 280/83, BGHSt 32, 95 = wistra 1984, 27.

Die „Steuerhinterziehung als Gewerbe"[15], bei der erschlichene Vorsteuererstattungen zur Einkunftsquelle werden, stellt bereits qualifiziertes Unrecht dar. Die Sozialschädlichkeit einer Steuerhinterziehung ist im Übrigen auch von der Art der Steuer und den Modalitäten der Hinterziehung anhängig. Anders als bei der Hinterziehung von Steuern auf Einkünfte aus privater Vermögensverwaltung tritt bei der Hinterziehung von Steuern auf Gewinneinkünfte, von Lohnsteuer, §§ 38 ff. EStG oder Umsatzsteuer neben die Schädigung der Gesamtheit der ehrlichen Steuerzahler auch das Erschleichen eines Wettbewerbsvorteils gegenüber steuerehrlichen Mitbewerbern[16]. Die Hinterziehung von Betriebssteuern ist damit sozial schädlicher als die Hinterziehung von Steuern auf die Erträge privater Vermögensverwaltung.

II. Tatbestand der Steuerhinterziehung

9   Der Tatbestand des § 370 AO wird wesentlich durch das Steuerrecht geprägt, baut allerdings auf dem allgemeinen Strafrecht auf (§ 369 Abs. 2 AO). Grundsätzlich verlangt er einen bestimmten Tatererfolg, der kausal auf bestimmte Tathandlungen zurückgehen muss. Steuerhinterziehung setzt darüber hinaus vorsätzliches Handeln voraus.

1. Anknüpfung an das Steuerrecht

10   Charakteristisch für den Tatbestand des § 370 AO ist, dass die zentralen Tatbestandsmerkmale der „steuerlich erheblichen Tatsachen", der „Pflichtwidrigkeit" und der „Steuerverkürzung" jeweils auf das in den Einzelsteuergesetzen niedergelegte materielle Steuerrecht und das vor allem in der Abgabenordnung geregelte Steuerschuld- und -verfahrensrecht Bezug nehmen. Steuerstrafverteidigung setzt daher vielfach bei der Erörterung der Steuerrechtslage an[17]. Ob § 370 AO wegen der Bezugnahmen mit der Rechtsprechung des Bundesgerichtshofs[18] als Blankettatbestand zu qualifizieren ist, kann hier dahinstehen. Die Vorschrift ist jedenfalls mit Blick auf den Bestimmtheitsgrundsatz (Art. 103 Abs. 2 GG) nicht zu beanstanden[19]. Für die Praxis entscheidend sind die Folgerungen, die – weitgehend unumstritten – aus der Verweisung für den subjektiven Tatbestand gezogen werden.

11   Aus der Anknüpfung an das Steuerrecht ergibt sich auch, dass § 370 AO das Interesse der Steuergläubiger an der vollständigen und rechtzeitigen Realisierung („Vollertrag") ihres Steueranspruchs gegen Verletzungen der steuerlichen Mitwirkungspflichten schützt, wobei Steueranspruch der materiell-rechtliche Steueranspruch ist. Dass der Tatbestand der Steuerhinterziehung dem Schutz fiskalischer Vermögensinteressen dient[20], folgt aus der Anknüpfung an eine Steuerverkürzung oder einen anderen nicht gerechtfertigten Steuervorteil, die Beschränkung auf Verletzung der steuerlichen Mitwirkungspflichten aus den enumerativ aufgezählten Tathandlungen bzw. -unterlassungen, die insbesondere unrichtige oder unvollständige (§ 370 Abs. 1 Nr. 1 AO, „Handlungsalternative") oder pflichtwidrig unterlassene (§ 370 Abs. 1 Nr. 2 AO, „Unterlassungsalternative") Erklärungen umfassen. Die Verletzung anderweitiger steuerlicher Pflichten, z. B. die bloße Nichtzahlung einer ordnungsgemäß angemeldeten

---

[15] BGH, Urt. v. 28.10.2004 – 5 StR 276/04, wistra 2005, 30 (31); *Joecks*, wistra 2002, 201 (203 f.).
[16] Vgl. BT-Drs. 15/2573, S. 17; Franzen/Gast/Joecks – *Joecks*, 7. Auflage 2009, Einleitung, Rn 11, 18.
[17] *Streck*, DStJG 18, S. 173 (185).
[18] Z. B. BGH, Beschl. v. 9.10.2007 – 5 StR 162/07, wistra 2008, 21, ebenso *Harms*, GS Schlüchter, 2002, S. 451 (453), *Lang*, StuW 2003, 289; a. A. Hübschmann/Hepp/Spitaler – *Hellmann*, § 370 AO, Rn 45 ff.; *Hüls*, NZWiSt 2012, 12 (16 f.) (lediglich normative Tatbestandsmerkmale) und *Seer*, FS Kohlmann, 2003, S. 535 (blankettartig); zum Streitstand MüKo StGB – *Schmitz/Wulf*, § 370 AO, Rn 13.
[19] BVerfG, Beschl. v. 16.6.2011 – 2 BvR 542/09, wistra 2011, 458 = NJW 2011, 3778 = HFR 2011, 1145, unter C.I.1.a); *Hüls*, NZWiSt 2012, 12 (18).
[20] Grundlegend RG, Urt. v. 23.5.1938 – 3 D 257/38, RGSt 72, 184 (186), zu § 396 RAO; ebenso BGH, Urt. v. 19.12.1997 – 5 StR 569/96, BGHSt 43, 381 = wistra 1998, 180, unter C. II. 2. b) bb) (6); *Lang*, StuW 2003, 289 (290).

II. Tatbestand der Steuerhinterziehung **20**

bzw. nach ordnungsgemäßer Erklärung festgesetzten Steuer, erfüllt selbst bei schuldhaftem Verhalten[21] nicht den Tatbestand der Steuerhinterziehung[22].

§ 370 AO schützt grundsätzlich nur die Fiskalinteressen inländischer Gebietskörperschaften, das heißt von Bund, Ländern und Kommunen. Eine Besonderheit stellt insoweit § 370 Abs. 6 AO dar, wonach auch ausländische Steuergläubiger in den Schutzbereich des Tatbestandes mit einbezogen sind. Dies galt seit jeher uneingeschränkt für Einfuhr- und Ausfuhrabgaben, § 370 Abs. 6 Satz 1 AO[23], und gilt seit dem Wegfall der § 370 Abs. 6 Sätze 3 und 4 AO gemäß Art. 9 Nr. 10 des Jahressteuergesetzes 2010[24] auch für Umsatzsteuern und harmonisierte Verbrauchsteuern. Hingegen ist die Kirchensteuer von § 370 AO nicht erfasst[25]. **12**

Aufgrund der Anknüpfung an das Steuerrecht kann auch die steuerverfahrensrechtliche Unterscheidung zwischen Veranlagungs- und Fälligkeitssteuern steuerstrafrechtliche Bedeutung erlangen. Veranlagungssteuern sind die Steuern, die aufgrund einer Steuererklärung vom Finanzamt „veranlagt", d. h. berechnet und festgesetzt (§ 155 AO), werden, insbesondere Einkommen- und Körperschaftsteuer, aber auch z. B. die Erbschaftsteuer. Demgegenüber sind Fälligkeitssteuern die Steuern, in denen der Steuerpflichtige seine Steuern selbst zu berechnen und zu einem bestimmten Zeitpunkt eine Steueranmeldung abzugeben (§ 150 Abs. 3, §§ 167, 168 AO) und die darin ermittelte Steuer abzuführen hat, insbesondere Lohn- (§ 41a EStG) und Umsatzsteuer (§ 18 UStG). **13**

2. Geltung des Allgemeinen Teils des StGB

Die sog. Grundlagen der Strafbarkeit ergeben sich gemäß § 369 Abs. 2 AO auch für das Steuerstrafrecht aus den allgemeinen Bestimmungen der §§ 13 ff. StGB. Die Gleichsetzung von Handeln und Unterlassen, § 13 StGB, hat im Steuerstrafrecht wegen der ausdrücklichen Regelung in § 370 Abs. 1 Nr. 2 AO allerdings nur geringe Bedeutung[26] und § 14 StGB wird, soweit § 370 AO auf steuerliche Pflichten Bezug nimmt, durch §§ 34, 35 AO überlagert[27]. Die Beschränkung der Strafbarkeit auf vorsätzliches Handeln, § 15 StGB, wirft in Verbindung mit den Regelungen über den Irrtum, §§ 16, 17 StGB, charakteristische Probleme im Bereich des subjektiven Tatbestandes auf[28], während sich Fragen der Schuldfähigkeit eher selten stellen. **14**

a) Versuch und Vollendung

Gemäß § 370 Abs. 2 AO ist auch der Versuch der Steuerhinterziehung strafbar. Der Versuch, § 22 StGB, bezeichnet das Stadium ab einschließlich dem endgültigen Tatentschluss und dem unmittelbaren Ansetzen bis unmittelbar vor Vollendung der Tat, das heißt bis zum Eintritt des tatbestandsmäßigen Erfolgs. Der Täter muss aus seiner Sicht alles zur Tatbestandsverwirklichung erforderliche getan haben, um ohne weitere Maßnahmen seinerseits eine räumlich-zeitliche Gefährdung des geschützten Rechtsguts zu bewirken[29], konkret also eine Steuerhinterziehung oder einen anderen nicht gerechtfertigten Steuervorteil. Insofern ist zwischen **15**

---

[21] *Bansemer*, wistra 1994, 327 (328).
[22] BGH, Beschl. v. 15.5.1997 – 5 StR 45/97, wistra 1997, 302 = NStZ-RR 1997, 277 = HFR 1997, 941; für die Umsatzsteuer sind allerdings §§ 26b, 26c UStG zu beachten.
[23] Vgl. hierzu BVerfG, Beschl. v. 19.12.2002 – 2 BvR 666/02, wistra 2002, 255; BGH, Beschl. v. 8.11.2000 – 5 StR 440/00, wistra 2001, 62 = NStZ 2001, 201 und Urt. v. 21.2.2001 – 5 StR 368/00, wistra 2001, 263 = NStZ 2001, 379; *Kebböhmer/Schmitz*, wistra 1995, 1; *Schmitz/Wulf*, wistra 2001, 361.
[24] BGBl. I 2010, 1768; dazu ausführlich *Tully/Merz*, wistra 2011, 121.
[25] Hierzu näher BGH, Beschl. v. 17.4.2008 – 5 StR 547/07, wistra 2008, 310 = NStZ 2009, 157 = HFR 2008, 1075, unter II. 1. b); Franzen/Gast/Joecks – *Joecks*, 7. Auflage 2009, § 370 AO, Rn 23a und *Rönnau*, wistra 1995, 47.
[26] Näher dazu Franzen/Gast/Joecks – *Joecks*, 7. Auflage 2009, § 370 AO, Rn 109 und Hübschmann/Hepp/Spitaler – *Hellmann*, § 370 AO, Rn 70.
[27] Graf/Jäger/Wittig – *Merz*, § 14 StGB, Rn 18; vgl. BGH, Urt. v. 22.9.1982 – 3 StR 287/82, BGHSt 31, 118.
[28] Dazu sogleich unter 5.b.
[29] BGH, Urt. v. 7.11.2007 – 5 StR 371/07, wistra 2008, 105 (106).

Handlungs-, § 370 Abs. 1 Nr. 1 AO, und Unterlassungsalternative, § 370 Abs. 1 Nr. 2 AO zu unterscheiden.

aa) Unmittelbares Ansetzen

16 Unmittelbares Ansetzen ist bei Steuerhinterziehung in der Handlungsalternative mit Eingang der Steuererklärung beim Finanzamt gegeben. Bei Veranlagungssteuern bewirkt erst die Durchführung des Veranlagungsverfahrens den Taterfolg, der Täter ist also auf die Mitwirkung des Finanzamts angewiesen[30], wobei aber der genaue Zeitpunkt der Veranlagung für ihn nicht mehr beeinflussbar ist[31]. Entsprechendes gilt für zustimmungspflichtige (§ 168 Satz 2 AO) Steueranmeldungen. Bei nicht zustimmungspflichtigen Steueranmeldungen bedarf es zwar keiner Mitwirkung des Finanzamts, ihre Wirksamkeit setzt allerdings zumindest den Zugang beim Finanzamt voraus[32].

17 Zur Steuerhinterziehung in der Unterlassungsalternative setzt unmittelbar an, wer die Steuererklärung bzw. Steueranmeldung nicht in der gesetzlichen Frist, gegebenenfalls verlängert um allgemein oder im Einzelfall behördlich gewährte Nachfristen, einreicht[33]. Der allgemeine Abschluss der Veranlagungsarbeiten für den betreffenden Besteuerungsabschnitt wird erst für die Vollendung relevant[34].

18 Vor dem unmittelbaren Ansetzen unternommene Vorbereitungshandlungen sind straflos, können jedoch einen Ordnungswidrigkeitstatbestand darstellen, mit Eintritt des Erfolgs sind die fakultative Strafrahmenmilderung gemäß § 23 Abs. 2 StGB und ein strafbefreiender Rücktritt, § 24 StGB, ausgeschlossen. Im Steuerstrafrecht können vermeintliche Rücktrittshandlungen jedoch häufig als Selbstanzeige, § 371 AO, behandelt werden und unter diesem Gesichtspunkt ebenfalls zur Straffreiheit führen[35]. Die Abgrenzung zwischen Versuch und Vollendung ist dann nur für außerstrafrechtliche Folgen[36] von Bedeutung.

bb) Tatvollendung

19 Eine Steuerhinterziehung durch Handeln ist bei Veranlagungssteuern mit der fehlerhaften Steuerfestsetzung, das heißt der Bekanntgabe des Steuerbescheids an den Steuerpflichtigen, vollendet[37], bei Fälligkeitssteuern dann, wenn eine unrichtige Voranmeldung (§ 168 AO) mit positiver Zahllast beim Finanzamt eingeht[38] bzw. die Finanzbehörde einer Voranmeldung mit negativer Zahllast zustimmt[39]. Die Steuerhinterziehung gemäß § 370 Abs. 1 Nr. 2 AO ist bei Veranlagungssteuern vollendet, wenn von den zuständigen Finanzbehörden der Abschluss der Veranlagungsarbeiten für die betreffende Steuerart und den betreffenden Besteuerungszeitraum verfügt wurde[40] und die letzten demgemäß erfolgten Festsetzungen – unter Berücksichtigung der hypothetischen Bekanntgabefrist gemäß § 122 Abs. 2 AO[41] – wirksam geworden sind, bei Fälligkeitssteuern, wenn der Tag der gesetzlichen Frist verstrichen ist und keine ausdrückliche Fristverlängerung gewährt wurde[42]. Die Berichtigung, Ergänzung oder Nachholung von Angaben nach diesem Zeitpunkt lässt die Strafbarkeit nicht entfallen, sondern kann allenfalls im Rahmen der Strafzumessung berücksichtigt werden[43].

---

[30] Vgl. BGH, Urt. v. 12.8.1997 – 1 StR 234/97, BGHSt 43, 177 („Bayerwaldbärwurz").
[31] A. A. wohl Franzen/Gast/Joecks – *Joecks*, 7. Auflage 2009, § 370 AO, Rn 261a.
[32] Klein – Rüsken, 11. Auflage 2012, § 168 AO, Rn 2.
[33] *Schmitz*, FS Kohlmann, 2003, S. 517 (527 f.); zu den Fristen Gleichlautender Ländererlass v. 23.3.2006, BStBl. I 2006, S. 234.
[34] A. A. Franzen/Gast/Joecks – *Joecks*, 7. Auflage 2009, § 370 AO, Rn 263c.
[35] Dazu sogleich unter III.1.b.
[36] Dazu sogleich unter V.2. und V.3.
[37] Franzen/Gast/Joecks – *Joecks*, 7. Auflage 2009, § 376 AO, Rn 15.
[38] Franzen/Gast/Joecks – *Joecks*, 7. Auflage 2009, § 376 AO, Rn 22.
[39] BGH, Beschl. v. 5.4.2000 – 5 StR 226/99, wistra 2000, 219 (222).
[40] OLG München, Beschl. v. 1.10.2001 – 2 Ws 1070/01, wistra 2002, 34 (35).
[41] *Schmitz*, FS Kohlmann, 2003, S. 517 (519); *Schmitz*, wistra 1993, 248 (250 f.).
[42] BGH, Beschl. v. 19.1.2011 – 1 StR 640/10, m. w. N.
[43] BayObLG, Beschl. v. 9.1.2002 – 4 St RR 132/2001, BayObLGSt 2002, 3 (5); vgl. auch BGH, Urt. v. 7.11.2006 – 5 StR 164/06, wistra 2007, 112.

II. Tatbestand der Steuerhinterziehung

b) Täterschaft und Teilnahme

Auch im Steuerstrafrecht gelten die allgemeinen Grundsätze von Täterschaft und Teilnahme, §§ 25 ff. StGB. Steuerhinterziehung kann daher sowohl in unmittelbarer Alleintäterschaft als auch in Mittäterschaft und mittelbarer Täterschaft begangen werden und Personen, die den Tatentschluss hervorrufen bzw. die Tatausführung unterstützen können sich wegen Anstiftung bzw. Beihilfe strafbar machen.

aa) Mittäterschaft und Mittelbare Täterschaft

Eine Steuerhinterziehung in Mittäterschaft wurde insbesondere für unrichtige oder unvollständige Erklärungen bei der Zusammenveranlagung von Ehegatten in Erwägung gezogen[44]. Insofern ist allerdings zwischenzeitlich geklärt, dass den Ehegatten jeweils nur die Angaben über die von ihnen verwirklichten Besteuerungsgrundlagen zuzurechnen sind, so dass eine Bestrafung allein wegen der (Mit-)Unterzeichnung unter den von dem jeweils anderen Ehegatten gemachten Falschangaben ausscheidet[45]. Im Wirtschaftsleben kann die Rechtsfigur der Mittäterschaft dazu führen, eine von einem vorgeschobenen Strohmann begangene Steuerhinterziehung auch dem lenkenden und leitenden Hintermann als Täter zuzurechnen und ihn nicht nur als Anstifter zu verfolgen.

Die Frage nach einer möglichen Steuerhinterziehung in mittelbarer Täterschaft stellt sich insbesondere in arbeitsteilig und hierarchisch organisierten Unternehmen und in Konzernstrukturen. Sie erlangt Bedeutung zum einen in der Variante der mittelbaren Täterschaft kraft Organisationsherrschaft[46], wenn steuerliche Pflichtverletzungen unterer Hierarchie- oder Konzernebenen von höherer Stelle veranlasst wurden, zum anderen, wenn den steuerlichen Vertretern steuerlich relevante Informationen vorenthalten werden und sie deswegen gutgläubig unrichtige Steuererklärungen abgeben. Letzteres kann u. a. der Fall sein, wenn Mitarbeiter ohne Kenntnis der Geschäftsleitung bzw. der Steuerabteilung Bestechungsgelder zahlen und diese intern als reguläre Beraterhonorare o.ä. abrechnen, so dass nichtabzugsfähige (§ 4 Abs. 5 Nr. 10 EStG) Betriebsausgaben als abzugsfähig behandelt werden, oder im Namen des Unternehmens Geschäfte (z. B. im Gebrauchtwagenhandel) tätigen, durch die das Unternehmen in ein Umsatzsteuerkarussell verstrickt wird, und diesbezüglich unrechtmäßig[47] Vorsteuer geltend gemacht wird.

bb) Teilnahme

Die Teilnahme setzt auch im Steuerstrafrecht eine vorsätzliche und rechtswidrige Haupttat, eine Teilnahmehandlung und den „doppelten Teilnehmervorsatz" voraus, der sich sowohl auf die Haupttat als auch auf die Teilnahme beziehen muss. Dabei ist grundsätzlich bedingter Vorsatz, das heißt die Inkaufnahme eines als nicht fernliegend erkannten Taterfolges, ausreichend. Von besonderer Bedeutung ist in diesem Zusammenhang die Frage nach der Strafbarkeit professionell-adäquater Unterstützungshandlungen als Beihilfe. Diese Frage stellt sich z. B. beim „Rechnungssplitting"[48] und bei Bargeschäften „OR", d. h. „ohne Rechnung" oder anderweitige Dokumentation, ab einer bestimmten Größenordnung. Sie wurde insbesondere im Hinblick auf die mögliche Strafbarkeit von Bankmitarbeitern wegen der Mitwirkung bei der Hinterziehung von Einkommensteuer auf Kapitalerträge durch Ermöglichung

---

[44] *Rolletschke*, DStZ 1999, 216 (218).

[45] BGH, Beschl. v. 17.4.2008 – 5 StR 547/07, wistra 2008, 310 = NStZ 2009, 157 = HFR 2008, 1075, unter II. 2. b) aa); zuvor bereits BFH, Urt. v. 16.4.2002 – IX R 40/00, BFHE 198, 66 = BStBl. II 2002, 501 = wistra 2002, 353.

[46] Grundlegend BGH, Urt. v. 26.7.1994 – 5 StR 98/94, BGHSt 40, 218 = NStZ 1994, 537, unter B. I. 1. b), ausführl. und krit. zur Rspr. Graf/Jäger/Wittig – *Hoffmann-Holland/Singelnstein*, § 25 StGB, Rn 55 ff.

[47] BGH, Beschl. v. 19.2.2009 – 1 StR 633/08, wistra 2009, 238 und v. 8.2.2011 – 1 StR 24/10, wistra 2011, 264 (265); EuGH, Urt. v. 7.12.2010 – C-285/09, DStR 2010, 2572 = HFR 2011, 231; vgl. auch *Gehm*, NJW 2012, S. 1257 (1258 f.).

[48] Vgl. BFH, Urt. v. 8.9.2004 – XI R 1/03, HFR 2005, 293 (294) und v. 7.3.2006 – X R 8/05, BFHE 212, 398 = BStBl. II 2007, 594, unter II. 3.

und Durchführung anonymer Kapitaltransfers ins Ausland über „CpD-Konten" eingehend erörtert und in diesem Zusammenhang auch höchstrichterlich entschieden[49]. Aktuell könnte sie im Zusammenhang mit den sogenannten „Cum-/Ex-Dividende-Geschäften"[50] Bedeutung erlangen.

24 Die Rechtsprechung geht insofern zurecht davon aus, dass es im wirtschaftlichen Verkehr eine Vielzahl objektiv ambivalenter Handlungen gibt, bei denen der Handelnde niemals mit Sicherheit ausschließen kann, dass er durch die Verschaffung eines Gegenstands oder eine sonstige Leistung im Rahmen seiner beruflichen bzw. gewerblichen Tätigkeit einer strafbaren Handlung Vorschub leistet, dass aber die Sozialadäquanz und damit die Straffreiheit endet, sobald der Handelnde „sehenden Auges" eine Straftat unterstützt. Allein die äußerliche Sozialadäquanz beseitigt dabei nicht die objektive Tatbestandsmäßigkeit. Die Rechtsprechung schützt den professionell-adäquat Handelnden dadurch, dass sein Handeln den Tatbestand der Beihilfe erst dann erfüllt, wenn er um den kriminellen Kontext weiß oder ihn für wenigstens „überaus wahrscheinlich" hält, und bedingt vorsätzliches Handeln unterhalb dieser Schwelle abweichend von den allgemeinen Grundsätzen straffrei bleibt. Entscheidend ist damit der subjektive Tatbestand, auf den allerdings gegebenenfalls aus objektiven Umständen geschlossen werden kann[51]. Nicht angesprochen wurde dabei der nahe liegende Gesichtspunkt, ob (im konkreten Fall wegen Verstoßes gegen § 154 AO[52]) rechtswidriges Handeln überhaupt als professionell-adäquat gelten kann. Ein ungewöhnlich hohes Entgelt[53] bzw. eine ungewöhnlich hohe Gewinnmarge oder andere nicht branchenübliche Geschäftsmodalitäten können Indiz für einen entsprechend qualifizierten Vorsatz sein. Das schnelle „Durchhandeln" von Ware bei Zwischenhändlern, für deren Einschaltung kein sinnvoller Grund erkenntlich ist, kann darauf hindeuten, dass Lieferanten und Abnehmer nicht wirklich am Markt agieren, sondern in ein Umsatzsteuerhinterziehungssystem eingebunden sind[54].

25 Nach den Grundsätzen der professionellen Adäquanz kann sich auch ein Steuerberater wegen Beihilfe zur Steuerhinterziehung seines Mandanten strafbar machen, wenn er für seinen Mandanten wahrheitswidrige Steuererklärungen abgibt[55]. Der Steuerberater darf Angaben seines Mandanten daher nicht unkritisch übernehmen, dies widerspräche auch seiner Stellung als Organ der Steuerrechtspflege. Führt die Falschberatung eines Mandanten durch den Steuerberater dazu, dass der Mandant gutgläubig Steuern verkürzt, kann mittelbare Täterschaft des Steuerberaters in Betracht kommen[56].

26 Als Beihilfe zur Steuerhinterziehung können aber auch von Dritten begangene Vorbereitungshandlungen strafrechtlich relevant werden, die für sich genommen lediglich den Ordnungswidrigkeitentatbestand der Steuergefährdung, § 379 AO, erfüllen. Dies betrifft z. B. inhaltlich falsche Belege, die eine Geltendmachung von privaten Lebenshaltungskosten als Betriebsausgaben oder Werbungskosten oder die Anrechnung in Wirklichkeit nicht abgeführter Steuern ermöglichen, oder Scheinrechnungen, durch die unberechtigte Vorsteuererstattungen erlangt werden. Es handelt sich dabei um *per se* ordnungswidriges und damit qualifiziert-rechtswidriges Verhalten, das nicht den Schutz der professionellen Adäquanz beanspruchen kann, so dass bereits schlicht-bedingt vorsätzliches Handeln strafbar ist. Gleichzeitig wird sich in diesen Fällen die strafbare Zielsetzung geradezu aufdrängen, da eine sinnvolle

---

[49] BGH, Urt. v. 1.8.2000 – 5 StR 624/99, BGHSt 46, 107 = BStBl. II 2002, 79 und v. 18.6.2003 – 5 StR 489/02, wistra 2003, 385 = NStZ 2004, 41; hierzu auch *Harms*, GS Schlüchter, 2002, S. 451 (466 f.); aus neuerer Zeit *Sahan/Ruhmannseder*, IStR 2009, 715; ausführlich Vorauflage (*Kummer*), 18. Kapitel, Rn 65 ff. und zuvor *Philipowski*, DStJG 6, S. 131 ff.

[50] Vgl. BT-Drs. 17/13638; vgl. auch Hess. FG, Beschl. v. 8.10.2012 – 4 V 1661/11, DStR 2012, 2381, dagegen *Seer/Krumm*, DStR 2013, 1757, 1814.

[51] BGH, Urt. v. 24.10.2002 – 5 StR 600/01, BGHSt 48, 52 = wistra 2003, 100 = NStZ 2003, 211; MüKo StGB – *Schmitz/Wulf*, § 370 AO, Rn 320; *Pflaum*, wistra 2010, 368 (372).

[52] Hierzu näher *Carl/Klos*, DStZ 1995, 296.

[53] BGH, Beschl. v. 15.3.2005 – 5 StR 592/04, wistra 2005, 227 (228).

[54] Vgl. BGH, Beschl. v. 8.2.2011 – 1 StR 24/10, wistra 2011, 264 (265).

[55] FG Nürnberg, Urt. v. 10.12.2002 – II 536/2000, DStRE 2003, 1251 = Stbg 2004, 569; vgl. auch *Danzer*, DStJG 6, S. 67 (76 ff.).

[56] *Danzer*, DStJG 6, S. 67 (85).

II. Tatbestand der Steuerhinterziehung **20**

legale Verwendung für manipulierte Belege oder Aufzeichnungen nicht ersichtlich ist. Vor dem Hintergrund des nach wie vor verbreiteten Verständnisses der Steuerhinterziehung als „Kavaliersdelikt" oder gar nur Ausdruck einer gleichsam augenzwinkernd hingenommenen besonderen „Gerissenheit" dürfte in diesem Bereich der Beihilfehandlungen eine erhebliche Dunkelziffer bestehen.

c) Verjährung

Die Verjährung beginnt mit der Beendigung der Tat, § 78a StGB, das heißt mit dem Abschluss der letzten tatbestandsmäßigen Handlung. Die Beendigung liegt etwa bei Delikten mit überschießender Innentendenz, z. B. auch § 374 AO, und bei Dauerdelikten zeitlich nach der Vollendung[57], trifft aber bei der Steuerhinterziehung regelmäßig mit ihr zusammen. Lediglich bei Steuerhinterziehung im Zusammenhang mit Umsatzsteuer-Voranmeldungen nahm die Rechtsprechung wegen des vorläufigen Charakters der Voranmeldung Vollendung erst mit Abgabe einer unrichtigen bzw. unterlassener Abgabe einer richtigen Umsatzsteuer-Jahreserklärung an[58]. 27

Die allgemeinen Vorschriften über Dauer, § 78 StGB, und Unterbrechung, § 78c StGB, der Verjährung haben in § 376 AO besondere Maßgaben erfahren. Abweichend von § 78 Abs. 3 Nr. 4, Abs. 4 StGB ist für die Regelfallbeispiele der besonders schweren Steuerhinterziehung[59] in § 376 Abs. 1 AO in der Fassung des Jahressteuergesetzes 2009[60] eine besondere, zehnjährige Verjährungsfrist normiert, die sich an der verlängerten Festsetzungsverjährungsfrist gemäß § 169 Abs. 2 Satz 2 AO orientiert[61]. Für die bei Inkrafttreten der Neuregelung begangenen, aber noch nicht verjährten einschlägigen Taten verlängert sich die Verjährungsfrist entsprechend[62]. Die früher geführte Diskussion, ob und auf welcher Grundlage die Steuerfahndung ermitteln kann, um Erkenntnisse über steuerstrafrechtlich, aber noch nicht besteuerungsrechtlich verjährte Zeiträume zu gewinnen[63], hat für diese Fälle an Bedeutung verloren[64]. Über die allgemeine Regelung des § 78c StGB hinaus wird die Verjährung zudem gemäß § 376 Abs. 2 AO auch durch die Bekanntgabe der Einleitung des Bußgeldverfahrens oder bereits deren Anordnung unterbrochen. 28

3. Taterfolg

Der Tatbestand der Steuerhinterziehung als Erfolgsdelikt setzt zunächst den Eintritt des tatbestandsmäßigen Erfolges, das heißt einer Steuerverkürzung oder eines anderen nicht gerechtfertigten Steuervorteils voraus. Die Steuerhinterziehung ist nach Auffassung der Rechtsprechung Erfolgs- wenn auch nicht zwingend Verletzungsdelikt[65]. Der Erfolg kann vom Täter sowohl in eigener Person als auch zugunsten eines (z. B. nahe stehenden, insbesondere vom Täter steuerlich vertretenen) Dritten verwirklicht werden. Besondere Bedeutung bei der Feststellung des Taterfolgs kommt dem sog. Kompensationsverbot zu. 29

---

[57] Franzen/Gast/Joecks – *Joecks*, 7. Auflage 2009, § 376 AO, Rn 10.
[58] BGH, Urt. v. 10.12.1991 – 5 StR 536/91, BGHSt 38, 165 – wistra 1992, 93 – NStZ 1992, 189, unter 3.c. und Urt. v. 2.12.2008 – 1 StR 344/08, wistra 2009, 189 = HFR 2009, 832; i. E. ebenso *Reiß*, FS Samson, 2011, S. 571 (595).
[59] Dazu sogleich unter 6.
[60] v. 19.12.2008, BGBl. I 2008, S. 2794.
[61] Krit. hierzu *Samson/Brüning*, wistra 2010, 1; *Wulf*, DStR 2009, 459 (463).
[62] BGH, Beschl. v. 13.6.2013 – 1 StR 226/13, unter II.2.
[63] Hierzu *Randt*, Der Steuerfahndungsfall, 2004, Rn. C 15 ff. und *Streck*, DStJG 18, S. 173 (178), jeweils m. w. N.
[64] Mit Beschluss vom 03.05.2013, BR-Drs. 339/13 hat der Bundesrat einen Vorstoß zu einer abermaligen Änderung des § 376 AO beschlossen.
[65] BGH, Beschl. v. 10.12.2008 – 1 StR 322/08, BGHSt 53, 99 = wistra 2009, 114 = NStZ-RR 2009, 344, unter III.; zust. *Klein* – *Jäger*, 11. Auflage 2012, § 370 AO, Rn 85.

a) Steuerverkürzung

30 Die Steuerverkürzung ist regelungstechnisch ein herausgehobener Fall des nicht gerechtfertigten Steuervorteils. Der Begriff ist in § 370 Abs. 4 Satz 1 AO zwar nicht legaldefiniert, aber zumindest durch beispielhafte Nennung der wichtigsten Fallgruppen konkretisiert. Eine Steuerverkürzung liegt danach insbesondere dann vor, wenn Steuern nicht, nicht in voller Höhe oder nicht rechtzeitig festgesetzt wurden. Wenn die Steuern trotz Verletzung steuerlicher Mitwirkungspflichten gleichwohl rechtzeitig in voller Höhe festgesetzt wurden, insbesondere durch Schätzung (§ 162 AO), fehlt es hingegen an einer Steuerverkürzung[66] und es kann allenfalls ein strafbarer Versuch (§ 370 Abs. 2 AO) vorliegen.

31 Die Steuern sind in zu geringer Höhe festgesetzt, wenn die festgesetzten Steuern niedriger sind als die tatsächlich geschuldeten Steuern. Maßgebend für die tatsächlich geschuldeten Steuern ist der nach strafverfahrensrechtlichen Grundsätzen ermittelte Besteuerungssachverhalt, der nach den Vorschriften des Steuerrechts in der Auslegung durch das erkennende Gericht zu würdigen ist. Entscheidungen der Finanzbehörden und -gerichte im Besteuerungsverfahren entfalten daher im Steuerstrafverfahren keine Bindungswirkung. Für die Sachverhaltsermittlung gelten die Grundsätze des *in dubio pro reo* und der freien richterlichen Beweiswürdigung, § 261 StPO. Schätzungen stellen als solche lediglich eine besondere Ausprägung des Grundsatzes der freien Beweiswürdigung dar[67]. Sie sind im Steuerstrafverfahren schon zur Vermeidung von Strafbarkeitslücken geboten und zulässig, soweit sie dem Gericht die volle Überzeugung vom Vorliegen eines bestimmten Sachverhalts, insbesondere der Höhe einzelner Besteuerungsgrundlagen, verschaffen[68]. Anders als im Besteuerungsverfahren gemäß § 162 AO, § 96 FGO tritt aber keine Reduzierung des Beweismaßes ein, so dass steuerliche Schätzungen nicht ohne weiteres in das Steuerstrafverfahren übertragen werden können. Die Praxis behilft sich vielfach mit pauschalen Sicherheitsabschlägen[69].

32 Steuerverfahrensrechtliche Beweisregeln finden keine Anwendung, materiell-steuerrechtliche Nachweisvoraussetzungen sind hingegen auch steuerstrafrechtlich zu beachten[70]. In den Fällen des § 160 AO[71] kann allerdings zugleich ein materiell-steuerrechtliches Abzugsverbot vorliegen. So besteht in den Fällen des § 4 Abs. 5 Nr. 10 EStG[72] für den Steuerpflichtigen von vornherein kein Anlass zu näheren Angaben, weil die steuerliche Auswirkung beider Abzugsverbote gleich ist und nähere Angaben lediglich das Risiko strafrechtlicher Verfolgung erhöhen würden.

33 Die Nichtanwendbarkeit steuerverfahrensrechtlicher Beweisregeln bedeutet freilich nicht, dass zwingend von dem für den Beschuldigten günstigsten Szenario auszugehen ist, sondern eröffnet zunächst die freie Beweiswürdigung. In deren Rahmen ist speziell in den Fällen des § 160 AO oder bei anderweitig ungeklärtem Verbleib betrieblicher Zahlungsmittel zu berücksichtigen, dass ein Unternehmen jeglichen Zahlungsverkehr bereits im eigenen Interesse kontrollieren und dokumentieren wird. Allein ein fehlender Verwendungsnachweis begründet zwar noch nicht den Verdacht eines Korruptionsdelikts[73]. Bei ungewöhnlichen Zahlun-

---

[66] BGH, Beschl. v. 22.8.2012 – 1 StR 317/12, wistra 2013, 65; zuvor bereits BayObLG, Beschl. v. 9.11.2000 – 4 StRR 126/00, wistra 2001, 194.

[67] BFH, Urt. v. 18.5.1993 – VII R 44/92, BFHE 172, 190; *Lohr*, FS Volk, 2009, S. 323 (328).

[68] BGH, Beschl. v. 10.11.2009 – 1 StR 283/09, wistra 2010, 148 = NStZ 2010, 635 (636), unter II. 1. a); Franzen/Gast/Joecks – *Joecks*, 7. Auflage 2009, § 370 AO, Rn 58 f.; *Volk*, FS Kohlmann, 2003, S. 573 (588); zu einzelnen Schätzungsmethoden *Schützeberg*, StBp 2009, 33; *Gehm*, NZWiSt 2012, 408 und ausführlich *Dürrer*, Beweislastverteilung und Schätzung im Steuerstrafrecht, 2010, S. 124 ff., 133, jeweils m.w.N. Vgl. auch 4. Kapitel (*Raum*).

[69] *Randt*, Steuerfahndungsfall, Rn E 178.

[70] A. A. MüKo StGB – *Schmitz/Wulf*, § 370 AO, Rn 159 ff.: steuerliche Nachweispflichten ausschließlich als steuerstrafrechtlich unbeachtliche verfahrensrechtliche Beweisregeln.

[71] Hierzu *Dannecker*, wistra 2001, 241.

[72] Hierzu ausführlich BMF, BStBl. I 2002, 1031; zu den Mitteilungspflichten der Finanzbehörden BFH, Beschl. v. 14.7.2008 – VII B 92/08, wistra 2008, 434 = NJW 2008, 3517; aus Verteidigersicht *Sahan*, FS Samson, 2011, S, 599 ff.

[73] BVerfG, Beschl. v. 9.2.2005 – 2 BvR 1108/03, BVerfGK 5, 84 = NStZ-RR 2005, 207 = HFR 2005, 900.

II. Tatbestand der Steuerhinterziehung

gen, insbesondere beim ungeklärten Verbleib größerer Bargeldbeträge, spricht aber eine starke Vermutung zumindest dafür, dass von einer ordnungsgemäßen Dokumentation bewusst abgesehen wurde, weil es sich entweder um nichtabzugsfähige Betriebsausgaben (§ 4 Abs. 5 EStG) oder um Entnahmen (§ 4 Abs. 1 Satz 2 EStG) für Privatausgaben handelt, die etwa aus familiären Rücksichtnahmen nicht über private Konten abgewickelt werden sollten. Wenn der Beschuldigte keine plausible Erklärung für eine anderweitige (abzugsfähige) Verwendung bietet, kann das Gericht dann auch im Steuerstrafverfahren rechtsfehlerfrei die Konsequenzen aus den für den Beschuldigten nachteiligen Annahmen ziehen und einen entsprechend erhöhten Gewinn ansetzen[74]. Erst, wenn gleichwohl Zweifel verbleiben und keine weitere Aufklärung möglich ist, greift der Zweifelssatz ein.

Im Umsatzsteuerrecht sieht die Rechtsprechung die Nachweispflicht für Ausfuhrlieferungen (§ 6 Abs. 4 UStG)[75] und innergemeinschaftliche Lieferungen (§ 6a Abs. 3 UStG)[76] mittlerweile als Beweisregel an, wohingegen das Vorliegen einer ordnungsgemäßen Eingangsrechnung weiterhin als materiell-rechtliche Voraussetzung des Vorsteuerabzugs zu betrachten ist[77]. Auch bei innergemeinschaftlichen Lieferungen führt im Übrigen die gezielte Verschleierung der Identität des Leistungsempfängers zwecks Hinterziehung von Einfuhrumsatzsteuer zum Wegfall der Steuerfreiheit[78] und gegebenenfalls zur Steuerhinterziehung des Leistenden, wenn er die Lieferung gleichwohl als steuerfrei behandelt. 34

Nach der Konzeption des Gesetzes steht die verspätete Festsetzung tatbestandlich der zu niedrigen Festsetzung gleich. Eine Steuerverkürzung liegt bei verspäteter Festsetzung daher in voller Höhe der Differenz zwischen der tatsächlich geschuldeten und der zunächst festgesetzten Steuer vor, ungeachtet der Tatsache, dass ein wirtschaftlicher Schaden lediglich in Form eines Zinsnachteils angefallen ist. Ob eine Steuerhinterziehung „auf Zeit" oder „auf Dauer" vorliegt, ist regelmäßig nur für die Strafzumessung von Bedeutung[79]. 35

b) Anderer nicht gerechtfertigter Steuervorteil

Als einziger Fall des Steuervorteils ausdrücklich gesetzlich erwähnt sind Steuervergütungen. Steuervergütung ist die Rückgewähr der von einem Dritten entrichteten Steuer an denjenigen, der die Steuer wirtschaftlich getragen hat, z. B. die Vorsteuervergütung im Umsatzsteuerrecht, sie ist von der Steuererstattung abzugrenzen, die dem Steuerschuldner zufließt[80]. Die ausdrückliche Unterscheidung zwischen der Steuerverkürzung und anderen nicht gerechtfertigten Steuervorteilen und die Verknüpfung der Steuerverkürzung mit der Steuerfestsetzung legen nahe, dass nur Begünstigungen außerhalb des Festsetzungsverfahrens, namentlich im Erhebungs- oder Vollstreckungsverfahren, insbesondere Stundung (§ 222 AO), Erlass (§ 228 AO), Vollstreckungsaufschub (§ 258 AO) und Niederschlagung (§ 361 AO), andere nicht gerechtfertigte Steuervorteile sein können[81]. 36

Nach der Rechtsprechung des Bundesgerichtshofs kann allerdings auch ein Feststellungsbescheid im Rahmen der einheitlichen und gesonderten Feststellung einen anderen nicht ge- 37

---

[74] Vgl. BVerfG, Beschl. v. 8.11.2006 – 2 BvR 1378/06, juris; BGH, Urt. v. 26.10.1998 – 5 StR 746/97, wistra 1999, 103 (105 f.).
[75] BGH, Beschl. v. 19.8.2009 – 1 StR 206/09, NStZ 2010, 339,
[76] BFH, Urt. v. 6.12.2007 – V R 59/03, BFHE 219, 469 = BStBl. II 2009, 57 und BGH, Beschl. v. 20.11.2008 – 1 StR 354/08, BGHSt 53, 45 (48 f.), jeweils im Anschluss an EuGH, Urt. v. 27.9.2007 – Rs. C-146/05, Collée, HFR 2007, 1256 (1257).
[77] EuGH, Urt. v. 29.4.2004 – C-152/02, IStR 2004, 493 (495); Graf/Jäger/Wittig – *Bülte*, § 370 AO, Rn 312; a. A. *Achatz*, DStJG 32, S. 461 (463).
[78] EuGH, Urt. v. 7.12.2010, Rs. C-285/09, wistra 2011, 99 (Ls.) = NStZ 2011, 165.
[79] BGH, Urt. v. 17.3.2009 – 1 StR 627/08, BGHSt 53, 221 = wistra 2009, 355 = NStZ 2009, 510; ebenso bereits BayObLG, Beschl. v. 3.11.1989 – RReg. 4 St 135/89, BayObLGSt 1989, 145 = wistra 1990, 159; anders noch BGH, Beschl. v. 21.1.1998 – 5 StR 686/97, wistra 1998, 146.
[80] Klein – *Ratschow*, 11. Auflage 2012, § 43 AO, Rn 3.
[81] So i. E. auch Vorauflage (*Kummer*), 18. Kapitel, Rn. 33; vgl. auch BGH, Beschl. v. 21.8.2012 – 1 StR 26/12, NZWiSt 2012, 470 = wistra 2012, 482.

rechtfertigten Steuervorteil in diesem Sinn darstellen[82], ebenso die Feststellung eines zu hohen gewerbesteuerlichen Verlustvortrags (§ 10a GewStG)[83]. In Anwendung dieser Grundsätze stellen gegebenenfalls auch ein zu hoch bemessener einkommensteuerlicher Verlustvortrag (§ 10d EStG)[84] oder die zu geringe Feststellung des nachversteuerungspflichtigen Betrags (§ 34a EStG)[85] einen nicht gerechtfertigten Steuervorteil dar.

38 Entgegen einer im Schrifttum verbreiteten Auffassung[86] bewirkt die erschlichene Wiedereinsetzung in die Rechtsbehelfs- oder Rechtsmittelfrist gegen einen Steuerbescheid für sich genommen noch keinen anderen nicht gerechtfertigten Steuervorteil. Das Steuerstrafrecht schützt nur den materiell-rechtlichen Steueranspruch, nicht die reine Bestandskraft von Steuerverwaltungsakten. Entscheidend ist, ob die Festsetzung oder Verwirklichung des materiell-rechtlichen Steueranspruchs gefährdet wird, und damit letztlich die materielle Rechtmäßigkeit des anzufechtenden bzw. angefochtenen Steuerverwaltungsakts[87].

c) Kompensationsverbot

39 Das Kompensationsverbot (§ 370 Abs. 4 Satz 3 AO) ist auf die Rechtsprechung des Reichsgerichts zurückzuführen[88], wonach das Vorliegen einer Steuerverkürzung ausschließlich anhand der vom Steuerpflichtigen abgegebenen Steuererklärung zu prüfen ist, indem eine Vergleichsberechnung durchgeführt wird, für die die Falschangaben des Steuerpflichtigen entsprechend berichtigt werden. Hierdurch sollte vermieden werden, dass im Steuerstrafverfahren das gesamte Besteuerungsverfahren nachvollzogen und gleichsam eine „Schattenveranlagung" durchgeführt werden muss[89].

40 Da das Kompensationsverbot zur Annahme einer Steuerverkürzung führen kann, obwohl die Steuer tatsächlich in zutreffender Höhe festgesetzt wurde und kein Steuerschaden eingetreten ist, ist es im Schrifttum Ausgangspunkt der Überlegungen, inwiefern Steuerhinterziehung Verletzungs- oder nur Gefährdungsdelikt ist[90]. In der Praxis macht das Kompensationsverbot eine Differenzierung zwischen tatbestandlichem und strafzumessungsrechtlichem Hinterziehungsvolumen erforderlich, da für die Strafzumessung nach vorherrschender Auffassung nur der tatsächliche Steuerschaden zu Grunde zu legen ist[91]. Eine solche Schattenveranlagung, auch wenn sie „nur" für Strafzumessungszwecke erfolgt, ist zwar mit der ursprünglichen Intention des Kompensationsverbots kaum vereinbar, angesichts des Auseinanderfallens zwischen nominellem Verkürzungsbetrag und wirtschaftlichem Schaden aber unverzichtbare Voraussetzung einer schuldangemessenen Strafe.

41 Der ursprüngliche Gedanke des Kompensationsverbots wird zudem in der Rechtsprechung des Bundesgerichtshofs auch für die Ermittlung des tatbestandlichen Hinterziehungsvolumens insofern durchbrochen, als nicht, nicht richtig oder nicht vollständig erklärte steuermindernde Umstände, die mit den entsprechenden steuererhöhenden Umständen in „unmittelbarem wirtschaftlichen Zusammenhang" stehen, gleichwohl Berücksichtigung finden sollen[92]. Zur Anwendung des dergestalt abgemilderten Kompensationsverbots hat sich in der Rechtspre-

---

[82] BGH, Beschl. v. 10.12.2008 – 1 StR 322/08, BGHSt 53, 99 (105); zust. Klein – Jäger, 11. Auflage 2012, § 370 AO, Rn 122; a. A. Brüning, FS Samson, 2011, S. 537 (548 ff.); *Beckemper*, NStZ 2002, 518 (520); *Sorgenfrei*, wistra 2006, 370 (364 f.); *Jope*, DStZ 2009, 247 (248).
[83] BGH, Beschl. v. 2.11.2010 – 1 StR 544/09, NStZ 2011, 294.
[84] FG München, Urt. v. 23.2.2010 – 13 K 1694/07, EFG 2010, 1924 (1926), Rev. eingelegt (Az. des BFH VIII R 26/10); ausführlich Wittig, ZIS 2011, 660.
[85] *Pflaum*, wistra 2012, 205 (210).
[86] Z. B. Franzen/Gast/Joecks – *Joecks*, 7. Auflage 2009, § 370 AO, Rn 101.
[87] OLG Hamm, Urt. v. 14.10.2008 – 4 Ss 345/08, NStZ-RR 2009, 177 = wistra 2009, 80.
[88] BT-Drs. VI/1982, S. 195.
[89] RG, Urt. v. 14.2.1912 – III 320/12, RGSt 46, 237 (241 f.), unter ausdrücklicher Bezugnahme hierauf MüKo StGB – *Schmitz/Wulf*, § 370 AO, Rn 144 ff.; dem entspricht die „objektive Auslegung" des BGH, vgl. Franzen/Gast/Joecks – *Joecks*, 7. Auflage 2009, § 370 AO, Rn 66, m. w. N.
[90] Franzen/Gast/Joecks – *Joecks*, 7. Auflage 2009, § 370 AO, Rn 70 ff., m. w. N.
[91] BGH, Urt. v. 12.1.2005 – 5 StR 301/04, wistra 2005, 144; *Randt*, Der Steuerfahndungsfall, 2004, Rn D 51.
[92] BGH, Urt. v. 5.2.2004 – wistra 2004, 147 (149).

chung eine reichhaltige Kasuistik gebildet[93]. Demnach unterbleibt z. B. auf tatbestandlicher Ebene eine Verrechnung hinterzogener Umsatzsteuer mit dem Vorsteuervergütungsanspruch auf entsprechende Eingangsumsätze[94] ebenso wie eine Verrechnung nicht erklärter Gewinne mit Schwarzlohnzahlungen[95], wohingegen nicht erklärte Betriebseinnahmen mit den nachzuholenden Rückstellungen für hinterzogene Umsatz- und Gewerbesteuer zu saldieren sind[96]. Umstritten ist das Eingreifen des Kompensationsverbots bei Einkommensteuerverkürzung und gleichzeitigem Vorliegen eines vortragsfähigen Verlustes (§ 10d EStG)[97].

Zur Zurückdrängung dieser Kasuistik im Interesse der Rechtsklarheit könnte die Orientierung an der Rechtsprechung zum Begriff der „Tatsache" bei § 173 AO beitragen, wonach Einkünfte aus einer zuvor unbekannten Einkunftsart[98] oder Einkunftsquelle[99] eine einheitliche Tatsache darstellen und eine Saldierung der Einzelposten unterbleibt. Innerhalb eines dem Grunde nach offen gelegten Besteuerungssachverhalts wäre an der bisherigen Handhabung festzuhalten, im Übrigen wären „andere Gründe" allgemein Gründe, die mit einer anderen Steuerart oder innerhalb der gleichen Steuerart einem anderen Besteuerungssachverhalt in Verbindung stehen. Auf diese Weise bliebe die vom Gesetzgeber bezweckte Beschränkung des Verfahrensstoffs ebenso gewährleistet wie die Verfolgbarkeit des missbräuchlichen Nachschiebens[100] steuermindernder Tatsachen im Besteuerungsverfahren. 42

Zu einem Ineinandergreifen von Kompensationsverbot und § 160 AO kann es kommen, wenn der Steuerpflichtige in seiner Gewinnermittlung Zahlungen, deren Empfänger er nicht benennen kann oder will, von vornherein nicht erfasst, sondern (unzulässigerweise) mit Betriebseinnahmen in entsprechender Höhe „saldiert", d. h. die Betriebseinnahmen ebenfalls verschweigt. So sind z. B. Schutzgeldzahlungen zur Aufrechterhaltung des Geschäftsbetriebs und zum Schutz des Betriebsvermögens Betriebsausgaben, werden aber aus nahe liegenden Gründen kaum erklärt werden. Steuerstrafrechtlich wäre auf tatbestandlicher Ebene der fehlende Empfängernachweis unschädlich, dass die „Saldierung" zu einer Steuerverkürzung führt, ergibt sich erst aus dem Kompensationsverbot. Strafzumessungsrechtlich könnte sich der Steuerpflichtige allerdings – was er aus den gleichen nahe liegenden Gründen aber ebenfalls selten tun wird – auf den tatsächlichen Abfluss der entsprechenden Gelder berufen. 43

4. Tathandlung

Hinsichtlich der Tathandlung sind vorliegend zu unterscheiden die Steuerhinterziehung in der Handlungsalternative (§ 370 Abs. 1 Nr. 1 AO), bei der die Tathandlung in unrichtigen oder unvollständigen Angaben über steuerlich erhebliche Tatsachen besteht, und in der Unterlassungsalternative (§ 370 Abs. 1 Nr. 2 AO), bei der die Tathandlung in dem pflichtwidrigen In-Unkenntnis-Lassen der Finanzbehörde über steuerlich erhebliche Tatsachen besteht. Die Verwendung von Steuerzeichen bzw. Steuerstemplern ist derzeit nur in § 12 TabakStG vorgeschrieben[101], diesbezügliche Steuerhinterziehungen werden im Rahmen des Zollstrafrechts dargestellt. 44

---

[93] Siehe im Einzelnen *Menke*, wistra 2005, 125; *Menke*, wistra 2006, 167 und ausführlich *Schindhelm*, Das Kompensationsverbot im Delikt der Steuerhinterziehung, 2004, passim, jeweils m. w. N.
[94] BGH, Urt. v. 12.1.2005 – 5 StR 301/04, wistra 2005, 144 (145).
[95] BGH, Urt. v. 17.3.2005 – 5 StR 461/04, wistra 2005, 311 (312).
[96] BGH, Beschl. v. 17.4.2008 – 5 StR 547/07, wistra 2008, 310 = NStZ 2009, 157 = HFR 2008, 1075, unter II. 2. a) aa).
[97] Dagegen BayObLG, Beschl. v. 21.4.1982 – RReg. 4 St 20/82, BayObLGSt 1982, 50 = wistra 1982, 199; dafür BGH, Urt. v. 26.6.1984 – 5 StR 322/84, wistra 1984, 183.
[98] BFH, Urt. v. 24.4.1991 – XI R 28/99, BFHE 164, 192 = BStBl. II 1991, 606, v. 1.10.1993 – III R 58/92, BFHE 172, 397 = BStBl. II 1994, 346 und v. 10.7.2008 – IX R 4/08, BFH/NV 2008, 183.
[99] BFH, Urt. v. 8.2.1998 – IX R 14/97, BFH/NV 1999, 743; zust. Klein – *Rüsken*, 11. Auflage 2012, § 173 AO, Rn 100.
[100] Vgl. Franzen/Gast/Joecks – *Joecks*, 7. Auflage 2009, § 370 AO, Rn 73 f.
[101] Klein – *Jäger*, 11. Auflage 2012, § 370 AO, Rn 75.

a) Handlungsalternative

aa) Angaben

45 Angaben werden primär durch die förmlichen Steuererklärungen (§ 150 AO) gemacht, wozu auch die Steueranmeldungen gehören (§ 150 Abs. 1 Satz 3 AO), aber auch durch sonstige mündliche oder schriftliche Äußerungen gegenüber einer Finanzbehörde in einem Besteuerungsverfahren. Hierzu gehören namentlich formlose Mitteilungen und Bekundungen des Steuerpflichtigen etwa im Rahmen einer Außenprüfung und im Erhebungs- oder Vollstreckungsverfahren, aber auch von Dritten, die zu Auskünften (§ 93 AO) oder zur Vorlage von Urkunden (§ 97 AO) herangezogen werden. Finanzbehörden in diesem Sinne sind auch die Finanzgerichte, so dass der „Prozessbetrug" im Finanzprozess regelmäßig als Steuerhinterziehung strafbar ist[102]. Erklärungen gegenüber anderen Stellen als Finanzbehörden können den Tatbestand der Steuerhinterziehung verwirklichen, wenn sie an die Finanzbehörde weitergegeben werden (sollen). Dabei kann im Ergebnis dahinstehen, ob die dritte Stelle als „Bote" tätig wird und der Erklärende unmittelbarer Täter ist oder als Tatmittler des in mittelbarer Täterschaft handelnden Erklärenden.

bb) Unrichtig oder unvollständig

46 Das Gesetz unterscheidet ausdrücklich zwischen unrichtigen und unvollständigen Angaben, so dass eine Vermengung beider Tatbestandsvarianten unzulässig und zur schlüssigen Konkretisierung des Tatvorwurfs z. B. im Rahmen eines Durchsuchungsbeschlusses[103], aber auch in der Anklageschrift und im Urteil, eine klare begriffliche Trennung erforderlich ist. Bereits mit einem Mindestmaß an Sorgfalt lassen sich hier unnötige Verfahrensfehler vermeiden. Insofern liegen unrichtige Angaben vor, wenn zwar alle relevanten Besteuerungsgrundlagen dem Grunde nach, nicht jedoch in zutreffender Höhe mitgeteilt werden, unvollständige Angaben, wenn sämtliche mitgeteilten Besteuerungsgrundlagen in zutreffender Höhe erfasst sind, einzelne Besteuerungsgrundlagen jedoch ausgelassen werden ohne dass dies für den Adressaten der Erklärung erkenntlich ist[104]. In der Sache ergeben sich jedenfalls keine Unterschiede.

47 Soweit die Steuer bzw. deren Bemessungsgrundlage durch Saldierung steuererhöhender und steuermindernder Positionen ermittelt wird, wie z. B. bei der Einkommensteuer durch Betriebsvermögensvergleich (§ 4 Abs. 1 EStG, ggf. i. V. m. § 5 EStG), Zahlungsmittel- (§ 4 Abs. 3 EStG) oder Einnahmeüberschussrechnung (§§ 8 ff. EStG) oder bei der Umsatzsteuer durch Abzug der Vorsteuer von der Umsatzsteuer auf die Ausgangsumsätze (§ 16 Abs. 2 EStG), kann eine Steuerverkürzung sowohl durch den zu geringen Ansatz steuererhöhender Positionen als auch durch den überhöhten Ansatz steuermindernder Positionen bewirkt werden. Während allerdings der zu geringe Ansatz steuererhöhender Positionen sowohl zu unrichtigen als auch zu unvollständigen Angaben führen kann, ist der überhöhte Ansatz steuermindernder Positionen nur im Rahmen unrichtiger Angaben denkbar.

cc) Steuerlich erhebliche Tatsachen

48 „Tatsachen" sind dabei ebenso wie bei § 263 StGB aktuelle oder frühere Gegenstände, Umstände oder Vorgänge, deren Existenz grundsätzlich mit verfahrensrechtlich zulässigen Beweismitteln nachgewiesen oder widerlegt werden kann[105]. Tatsachen in diesem Sinne sind auch „innere Tatsachen", obgleich auf diese regelmäßig nur anhand äußerer Umstände geschlossen werden kann, etwa bestimmte Willensentschlüsse, tatsächliche oder vermeintliche Kenntnisse. Keine Tatsachen sind demgegenüber Meinungen oder Wertungen, wozu insbesondere auch Rechtsauffassungen zählen.

49 Steuerlich erheblich sind Tatsachen im Festsetzungsverfahren, wenn sie sich nach den Steuergesetzen nach Grund oder Höhe auf die Festsetzung des materiellen Steueranspruchs

---

[102] OLG München, Beschl. v. 24.7.2012 – 4 St RR 99/12, NZWiSt 2013, 31 = wistra 2012, 490.
[103] Vgl. BVerfG, Beschl. v. 5.5.2000 – 2 BvR 2212/99, NStZ 2000, 601, und v. 6.3.2002 – 2 BvR 1619/00, NJW 2002, 1941 (1942); *Randt*, Der Steuerfahndungsfall, 2004, Rn C 285 ff., m. w. N.
[104] Ebenso Franzen/Gast/Joecks – *Joecks*, 7. Auflage 2009, § 370 AO, Rn 129.
[105] Grundlegend RG, Urt. v. 14.11.1921 – III 864/21, RGSt 56, 227.

II. Tatbestand der Steuerhinterziehung

oder die Gewährung eines steuerlichen Vorteils auswirken können[106]. Das ist der Fall, wenn sie die Entscheidung, ob ein Tatbestandsmerkmal eines Steuergesetzes vorliegt oder nicht vorliegt, beeinflussen können. Namentlich in Fallkonstellationen, in denen die Anwendung des § 42 AO oder spezialgesetzlicher Missbrauchsklauseln im Raum steht, sind auch die für die Anwendung dieser Vorschriften maßgebenden Hintergrundinformationen steuerlich erheblich im Sinne des § 370 AO. Erklärungen zu Umständen, die für die Entscheidung richtigerweise außer Betracht bleiben müssen, sind demgegenüber nicht tatbestandsmäßig. Im Erhebungsverfahren sind steuerlich erheblich Tatsachen, die die Vermögenssituation des Steuerpflichtigen, insbesondere auch Vollstreckungsmöglichkeiten, betreffen[107].

dd) Auslegungsgrundsätze

Für die Frage, ob Angaben gemacht werden und wie die gegebenenfalls abgegebenen Erklärungen auszulegen sind, ist auf den objektiven Empfängerhorizont des Erklärungsempfängers, das heißt der Finanzbehörde, abzustellen. Die Ausrichtung am objektiven Empfängerhorizont ist Voraussetzung jedes geordneten Rechtsverkehrs und stellt insofern einen allgemeinen Rechtsgrundsatz dar, der nicht auf das Zivilrecht beschränkt ist, sondern in §§ 133, 157 BGB lediglich eine einfachgesetzliche bereichsspezifische Ausprägung gefunden hat. Speziell aus steuerstrafrechtlicher Perspektive gebietet der Schutz des staatlichen Steueranspruchs, dass die Finanzbehörden auf Grundlage der vom Steuerpflichtigen abzugebenden Erklärungen alle Maßnahmen ergreifen können, die sie zur Realisierung des Steueranspruchs für geboten halten. Dies setzt voraus, dass der Sachverhalt für sie zumindest erkennbar ist und sie entscheiden können, ob sie auf Grundlage des mitgeteilten Sachverhalts entscheiden oder weitere Ermittlungen anstellen. Ansonsten würde der Zweck der steuerlichen Mitwirkungspflichten verfehlt. Meinungsverschiedenheiten zwischen dem Steuerpflichtigen und der Finanzbehörde sind gegebenenfalls im Einspruchs- und Klageverfahren zu klären; einen vorbeugenden Rechtsschutz durch Manipulation kennt die Rechtsordnung nicht. Sofern die strittige Rechtsfrage tatsächlich ernstlich zweifelhaft ist, wird bis zur Entscheidung in der Hauptsache Aussetzung der Vollziehung („AdV"; § 361 Abs. 2 AO, § 67 Abs 2 FGO) gewährt werden, so dass dem Steuerpflichtigen durch die zunächst erfolgte Steuerfestsetzung auch kein vorübergehender Liquiditätsnachteil entsteht.

Nach diesen Grundsätzen hat die Rechtsprechung auch die Frage entschieden, ob unrichtige Angaben gemacht werden, wenn der Steuerpflichtige seinen formalisierten Steuererklärungen (§ 150 AO) eine von der Finanzbehörde abweichende Rechtsauffassung zu Grunde legt und die Finanzbehörde deswegen bei der Steuerfestsetzung bzw. der Entscheidung über die Gewährung eines Vorteils von einem anderen als dem tatsächlich verwirklichten Sachverhalt ausgeht. Der Steuerpflichtigen und sein Berater dürfen nach dieser Auffassung selbstverständlich eine von der Finanzbehörde abweichende Rechtsauffassung vertreten, müssen hierauf aber hinweisen, um der Finanzbehörde eine Steuerfestsetzung auf Grundlage ihrer Rechtsauffassung, die insbesondere in den Steuerrichtlinien und Anwendungserlassen, BMF-Schreiben und der in Teil II des Bundessteuerblatts veröffentlichten Rechtsprechung zum Ausdruck kommt, zu ermöglichen[108]. Das Schrifttum verlangt demgegenüber eine Offenlegung überwiegend erst dann, wenn von sämtlichen „vertretbaren" Rechtsauffassungen abgewichen wird[109], wobei freilich offen bleibt, wie die „Vertretbarkeit" justiziabel zu objektivieren ist. Die Auffassung der Rechtsprechung hat insofern zumindest die Rechtsklarheit für sich und bürdet bei sachgerechter Handhabung dem Steuerpflichtigen auch keine unsachgemäßen Risiken auf. Dem unternehmerisch tätigen Steuerpflichtigen, der gezielte Steueropti-

---

[106] Ähnlich Franzen/Gast/Joecks – *Joecks*, 7. Auflage 2009, § 370 AO, Rn 130.
[107] Vgl. BGH, Beschl. v. 21.8.2012 – 1 StR 26/12, NZWiSt 2012, 470 = wistra 2012, 482.
[108] BGH, Urt. v. 10.11.1999 – 5 StR 221/99, wistra 2000, 137 und v. 23.2.2000 – 5 StR 570/99, wistra 2000, 217. Ähnlich bereits RG, Urt. v. 26.6.1934 – 4 D 79/34, RGSt 68, 234 (236 f.) und *Danzer*, DStJG 6, S. 67 (94 ff.).
[109] Franzen/Gast/Joecks – *Joecks*, 7. Auflage 2009, § 370 AO, Rn 128; *Randt*, FS Schaumburg, 2009, S. 1255 (1261 ff.); *Harms*, Stbg 2005, 12 (14); a. A. *Wulf*, FS Streck, 2011, S. 627 (640, 644): Vorrang der Rechtsprechung.

mierung betreibt, kann zugemutet werden, sich gegebenenfalls auch durch Dritte ausreichend kundig zu machen, einem Privatmann, der sich erstmals mit einer unübersichtlichen Rechtslage konfrontiert sieht, wird man im Zweifel Gutgläubigkeit zubilligen.

ee) Steuerliche Wahlrechte

52 Die Ausübung steuerlicher Wahlrechte, innerhalb der Bilanz bis zu dem in § 4 Abs. 2 EStG bezeichneten Zeitpunkt, im Übrigen längstens bis zur Bestandskraft des Steuerbescheids[110], ist auch steuerstrafrechtlich bindend[111]. Zu den Wahlrechten in diesem Sinne gehört insbesondere auch die Option[112] für die Einkommensermittlung nach § 4 Abs. 3 EStG anstelle des Betriebsvermögensvergleichs gemäß § 4 Abs. 1 EStG. Wenn der Steuerpflichtige sein Wahlrecht wirksam ausgeübt hat oder infolge Zeitablaufs, aufgrund des allgemeinen Grundsatzes der Bilanzkontinuität (§ 5 Abs. 1 Satz 1 EStG i. V. m. § 252 Abs. 1 Nr. 6 HGB)[113] oder spezieller Einzelregelungen[114] in der Ausübung gebunden ist, ist nur der daraus resultierende Ansatz „richtig". Alternative Ansätze sind sowohl für das tatbestandliche als auch für das strafzumessungsrechtliche Hinterziehungsvolumen unbeachtlich. Nur soweit der Steuerpflichtige in der Ausübung seines Wahlrechts noch frei ist, kann lediglich der „Sockelbetrag", der sich in dem für den Steuerpflichtigen günstigsten Fall ergibt, angesetzt werden[115]. Die rein hypothetische Möglichkeit, bei einer künftigen Änderung des Steuerbescheids das Wahlrecht anders auszuüben, muss dabei außer Betracht bleiben.

ff) Täuschung des Finanzbeamten?

53 In der zwischen Rechtsprechung[116] und Teilen des Schrifttums[117] umstrittenen Frage, ob die Steuerhinterziehung in der Handlungsalternative eine Täuschung der Finanzbehörde bzw. des zuständigen Beamten voraussetzt, ist mit der Rechtsprechung davon auszugehen, dass eine Täuschung nicht erforderlich und dementsprechend auch eine Steuerhinterziehung durch Finanzbeamte etwa durch Bewirken von Steuererstattungen in fingierten Steuerfällen möglich ist. Die Steuerhinterziehung unterscheidet sich insofern vom Betrug (§ 263 StGB), der zwingend eine Täuschung voraussetzt, so dass die plakative Bezeichnung der Steuerhinterziehung als „Steuerbetrug" zumindest unscharf ist. Der eindeutige Gesetzeswortlaut des § 370 AO fordert in der Handlungsalternative anders als in der Unterlassungsalternative gerade keine Unkenntnis der Finanzbehörde[118]. Würde in die Handlungsalternative in Anlehnung an die Unterlassungsalternative ein zusätzliches ungeschriebenes Tatbestandsmerkmal hineingelesen und ihr Anwendungsbereich damit eingeengt, läge hierin eine strafbarkeitsbeschränkende Analogie. Art. 103 Abs. 2 GG stünde dem zwar nicht entgegen. Selbst wenn man im Sinne des Schrifttums vergleichbare Sachverhalte annehmen wollte, würde ein Analogieschluss da-

---

[110] BFH, Urt, v. 30.8.2001 – IV R 30/99, BFHE 196, 507 = BStBl. II. 2002, 49, unter II.2.c).

[111] BayObLG, Beschl. v. 9.11.2000 – 4 St RR 126/200, BayObLGSt 2000, 148 = wistra 2001, 194, unter IV.3. der Gründe.

[112] Hierzu näher BFH, Urt. v. 9.11.2000 – IV R 18/00, BFHE 193, 436 = BStBl. II 2001, 102, v. 2.3.2006 – IV R 32/04, BFH/NV 2006, 1457, v. 19.10.2005 – XI R 4/04, BFHE 211, 262 = BStBl. II 2006, 509 und v. 24.9.2008 – X R 58/06, BFHE 223, 80 = BStBl. II 2009, 368, Beschl. v. 9.12.2003 – IV B 68/02, BFH/NV 2004, 633 und v. 8.9.2005 – IV B 107/04, BFH/NV 2006, 276.

[113] Dazu BFH, Urt. v. 18.3.2010 – IV R 23/07, BFHE 228, 526 = BStBl. II 2011, 654; *Pezzer*, DStJG 14, S. 3 (21); *Prinz*, DStJG 34, S. 135 (151).

[114] Z. B. § 6a Abs. 4 Satz 1 EStG, vgl. BFH, Urt. v. 10.7.2002 – I R 88/01, BFHE 199, 437 = BStBl. II 2003, 936, unter II.

[115] Insofern zutreffend *Beck*, wistra 1998, 131 (136 f.).

[116] BGH, Urt. v. 6.6.2007 – 5 StR 127/07, BGHSt 51, 356 = wistra 2007, 388 = NStZ 2007, 589, Beschl. v. 21.10.1997 – 5 StR 328/97, wistra 1998, 64 f. und v. 14.12.2010 – 1 StR 275/10, NStZ 2011, 283 = wistra 2011, 186 = HFR 2011, 700; BFH, Urt. v. 25.10.2005 – VII R 10/04, BFHE 211, 19 (23 f.) = BStBl. II 2006, 356, unter I.2.

[117] Franzen/Gast/Joecks – *Joecks*, 7. Auflage 2009, § 370 AO, Rn 197 ff., m. w. N.; zuletzt etwa *Wulf*, NStZ 2011, 408.

[118] BGH, Urt. v. 19.12.1990 – 3 StR 90/90, BGHSt 37, 266 = wistra 1991, 138 = NStZ 1991, 240; ebenso Graf/Jäger/Wittig – *Dannecker*, § 263 StGB, Rn 457.

II. Tatbestand der Steuerhinterziehung 20

rüber hinaus eine planwidrige Regelungslücke erfordern, für die nichts ersichtlich ist. Ganz im Gegenteil zeigt die Formulierung der Unterlassungsalternative, dass der Gesetzgeber die Frage grundsätzlich bedacht hat, so dass das Fehlen des nämlichen Tatbestandsmerkmals in der Handlungsalternative angesichts des insoweit nicht sonderlich komplexen Tatbestands und vor dem Hintergrund des zeitgenössischen Schrifttums[119] auf eine bewusste Entscheidung des Gesetzgebers hindeutet. Es entlastet den Täter daher weder beim Schuldspruch noch bei der Strafzumessung, dass Steuern aus „ermittlungstaktischen Erwägungen" weiter erklärungsgemäß festgesetzt werden, obwohl die Steuerhinterziehung bereits entdeckt ist[120].

b) Unterlassungsalternative

Die Steuerhinterziehung in der Unterlassungsalternative (§ 370 Abs. 1 Nr. 2 AO) ist von § 13 StGB unabhängig geregelt und somit echtes Unterlassungsdelikt, sie ist darüber hinaus Sonderdelikt, weil sie mit dem Tatbestandsmerkmal der Pflichtwidrigkeit an eine steuerrechtlich begründete Sonderpflichtenstellung anknüpft[121]. Pflichtiger in diesem Sinne ist nicht nur der Steuerpflichtige selbst (§ 33 AO), sondern auch seine gesetzlichen Vertreter (§ 34 AO)[122] und andere Verfügungsberechtigte (§ 35 AO). Wer lediglich zur Auskunft (§ 93 AO) verpflichtet ist, ist kein Steuerpflichtiger in diesem Sinne (§ 33 Abs. 2 AO), die Auskunftsverweigerung kann daher keine Steuerhinterziehung darstellen, jedoch evtl. als Beihilfe zu einer fremden Steuerhinterziehung strafbar sein. 54

aa) Steuererklärungspflicht

Die Verpflichtung zur Abgabe von Steuererklärungen (§ 150 AO) ergibt sich regelmäßig aus den Einzelsteuergesetzen und den auf ihrer Grundlage erlassenen Durchführungsverordnungen, insbesondere § 25 EStG i. V. m. § 56 EStDV, auch i. V. m. mit § 31 KStG, § 41a EStG, § 14a GewStG i. V. m. § 25 GewStDV, § 18 UStG i. V. m. §§ 46 ff. UStDV. Gemäß § 370 Abs. 1 Nr. 2 AO strafbewehrt sind insbesondere auch die Anzeigepflichten gemäß §§ 134 ff. AO und § 30 ErbStG. Vielfach wird bereits die Anzeige über eine Erwerbstätigkeit (§ 138 AO) unterlassen, um die steuerliche Erfassung und damit verbunden die Anforderung von Steuererklärungen bzw. die Veranlagung auf Grundlage von Schätzungen zu vermeiden und damit spätere Steuerhinterziehungen durch unterlassene Abgabe von Steuererklärungen zu erleichtern. Insofern ist allerdings grundsätzlich die unterlassene Abgabe der Steuererklärungen maßgebliche Tathandlung, die unterlassene Anzeige über die Erwerbstätigkeit lediglich Vorbereitungshandlung. Die unterlassene Anzeige erlangt nur dann eigenständige Bedeutung als Hinterziehungshandlung, wenn es um die Verkürzung der ggf. aufgrund der Anzeige bis zur erstmaligen Veranlagung festzusetzenden Vorauszahlungen geht. 55

bb) Berichtigungspflicht

Besondere Bedeutung hat die Unterlassungsalternative im Zusammenspiel mit der Berichtigungspflicht (§ 153 AO). Nach der Rechtsprechung[123] soll die Berichtigungspflicht auch dann eingreifen, wenn der Steuerpflichtige bei der ursprünglichen Steuererklärung bzw. deren Unterlassen hinsichtlich der Unrichtigkeit oder Unvollständigkeit bedingt vorsätzlich gehandelt hat. Das positive Wissen begründe im Vergleich zu der ursprünglichen bloßen Nichtausschließbarkeit eine nachträgliche Erkenntnis im Sinne des Gesetzes. Zwingend ist dieses Sprachverständnis indes nicht, zumal bedingt-vorsätzliches Verhalten bereits bei der ursprünglichen Steuererklärung bzw. deren Unterlassen von § 370 AO erfasst wird, so dass auch bei einer anderen Auffassung keine materiellen Strafbarkeitslücken aufträten. Die Berichtigungs- 56

---

[119] Vgl. nur *Schleeh*, StuW 1972, 310 f.
[120] BGH, Beschl. v. 21.11.2012 – 1 StR 391/12.
[121] A. A. *Dannecker*, FS Achenbach, 2011, S. 83 (89 ff.).
[122] Zu den Auswirkungen einer Abberufung als Vertreter BGH, Beschl. v. 12.6.2013 – 1 StR 6/13, wistra 2013, 430.
[123] BGH, Beschl. v. 17.3.2009 – 1 StR 479/08, BGHSt 53, 210 = wistra 2009, 312, ebenso bereits *v. Witten*, NJW 1963, 570; ausführlich *Wulf*, FS Samson, 2011, S. 619 ff.; dazu auch *Reiß*, FS Samson, 2011, S. 571 (574 f.); *Schützeberg* BB 2009, 1906; *Weidemann* wistra 2010, 5.

pflicht entfällt allerdings, wenn der Steuerpflichtige annehmen darf, dass die Unrichtigkeit oder Unvollständigkeit bereits anderweitig bekannt geworden ist und das Finanzamt die betroffene Festsetzung bzw. Feststellung entsprechend ändern wird[124]. Soweit eine Berichtigungspflicht besteht, trifft sie im Übrigen nicht nur den Steuerpflichtigen, sondern auch den Gesamtrechtsnachfolger (§ 45 AO) und begründet daher ein strafrechtliches Risiko auch für die Erben eines Steuerhinterziehers, wenn sie z. B. bei der Ordnung des Nachlasses oder gar im Testament Hinweise auf „Schwarzgeld" finden[125]. Dabei richtet sich die Verjährungsfrist ausschließlich nach der Kenntniserlangung des Erben, die bei entsprechend umfangreichem Nachlass und langwieriger Erbauseinandersetzung auch erst längere Zeit nach dem Erbfall eintreten kann. Die gegenteilige Auffassung[126] ist wertungsmäßig zwar vertretbar, aber nicht zwingend, und findet im Gesetz keinen Anhaltspunkt.

cc) Suspendierung der Strafbarkeit

57 Da von Verfassungs wegen niemand gezwungen werden darf, sich selbst strafrechtlich zu belasten (*nemo tenetur se ipsum accusare* bzw. *nemo tenetur se ipsum prodere*)[127] entfällt die Strafbarkeit gemäß § 370 Abs. 1 Nr. 2 AO soweit gegen den Steuerpflichtigen ein Steuerstrafverfahren eingeleitet ist. Insofern besteht zwar die Erklärungspflicht fort, so dass im Besteuerungsverfahren die Besteuerungsgrundlagen geschätzt werden dürfen, jedoch sind gemäß § 393 Abs. 1 Satz 2 AO im Besteuerungsverfahren Zwangsmittel gegen den Steuerpflichtigen unzulässig und entfällt nach der Rechtsprechung des Bundesgerichtshofs die Strafbewehrung der Erklärungspflichtverletzung[128].

58 Für andere Besteuerungszeiträume besteht hingegen die Strafbewehrung fort, auch wenn die danach abzugebende Steuererklärung Rückschlüsse auf den Gegenstand des Steuerstrafverfahrens zuließe[129], die Rechtsprechung schützt den Steuerpflichtigen insofern durch ein Verwertungsverbot[130]. Auch bei Einkünften aus strafbaren Aktivitäten, z. B. Korruptions- oder Betäubungsmitteldelikten, bestehen die strafbewehrten Erklärungspflichten grundsätzlich fort (§ 40 AO), den verfassungsrechtlichen Anforderungen wird dadurch Rechnung getragen, dass die Einkünfte lediglich nach Höhe und Art erklärt und die Einkunftsquellen nicht im Einzelnen offen gelegt werden müssen[131].

dd) Besondere Pflichtenstellungen

59 Zu den anderen Verfügungsberechtigten gehört insbesondere auch der sog. faktische Geschäftsführer[132]. Faktischer Geschäftsführer ist, wer ohne förmlich zum Geschäftsführer (Vorstand usw.) bestellt zu sein, nach außen hin nachhaltig wie ein solcher auftritt und nach innen hin entsprechende Weisungs- und Kontrollbefugnisse und damit insgesamt tatsächlich entsprechende Funktionen wahrnimmt. Dass die förmlich bestellten Organe aus der tatsächlichen Geschäftsführung verdrängt werden, ist nicht erforderlich. Umgekehrt entbindet die Geschäftsführung durch einen faktischen Geschäftsführer die förmlichen Geschäftsführer nicht aus ihrer strafrechtlichen Verantwortlichkeit; diese greift vielmehr auch gerade dann,

---

[124] FG München, Urt. v. 10.6.2011 – 8 K 1016/08, NZWiSt 2012, 158 (160).
[125] Hierzu *Schwedhelm*, FR 2007, 937 und *Gebhardt*, FR 2008, 24.
[126] MüKo StGB – *Schmitz/Wulf*, § 370 AO, Rn 291.
[127] BVerfG, Beschl. v. 15.10.2004 – 2 BvR 1316/04, wistra 2005, 175 (176); *Randt*, DStJG 31, S. 263 ff.; ausführlich *Röckl*, Das Steuerstrafrecht im Spannungsfeld des Verfassungs- und Europarechts, 2002, S. 95 ff. Näher hierzu und zum Folgenden auch 25. Kapitel (*Nickolai*), Rn. 102 ff.
[128] Grundlegend BGH, Beschl. v. 26.4.2001 – 5 StR 587/00, BGHSt 47, 8 (14); a. A. Hübschmann/Hepp/Spitaler – *Hellmann*, § 370 AO, Rn 10: Fortbestand der strafbewehrten Erklärungspflicht, aber Verwertungsverbot.
[129] BGH, Beschl. v. 10.1.2002 – 5 StR 452/01, wistra 2002, 149 = NStZ 2002, 436.
[130] BGH, Beschl. v. 12.1.2005 – 5 StR 191/04, wistra 2005, 148 = NStZ 2005, 519.
[131] BGH, Urt. v. 2.12.2005 – 5 StR 119/05, BGHSt 50, 299 = wistra 2006, 96 = NStZ 2007, 341.
[132] BGH, Urt. v. 23.3.1994 – 5 StR 38/94, wistra 1994, 228 (229) und v. 9.4.2013 – 1 StR 586/12; BFH, Urt. v. 5.8.2010 – V R 13/09, BFH/NV 2011, 81 = HFR 2011, 197; Graf/Jäger/Wittig – *Rolletschke*, § 370 AO, Rn 58 ff.; Klein – *Rüsken*, 11. Auflage 2012, § 34 AO, Rn 9.

II. Tatbestand der Steuerhinterziehung

wenn sie ihre Pflichten vernachlässigen[133]. Auch einen „Strohmann", der trotz oder gerade wegen seiner Unkenntnis des Geschäftslebens gedungen wurde, trifft daher grundsätzlich volle strafrechtliche Verantwortung.

Für das steuerliche Haftungsrecht (§§ 69ff. AO) ist anerkannt, dass bei Bestellung mehrerer Geschäftsführer die Haftung des einzelnen Geschäftsführers dadurch beschränkt werden kann, dass die steuerlichen Angelegenheiten aufgrund eindeutiger schriftlicher Zuständigkeitsregelung einem anderen Geschäftsführer übertragen werden, soweit dessen Geschäftsführung ausreichend überwacht wird und an seiner Zuverlässigkeit keine Zweifel bestehen[134]. Dies gilt entsprechend, wenn die steuerlichen Angelegenheiten einer Konzerngesellschaft durch eine andere Konzerngesellschaft erledigt werden sollen[135]. Die strafgerichtliche Rechtsprechung musste sich bisher nicht damit auseinander setzen, ob diese Grundsätze auch im Steuerstrafrecht Anwendung finden, was angesichts der allgemeinen Anknüpfung an das Steuerrecht allerdings nur folgerichtig wäre. Jedenfalls wird es unter den genannten Voraussetzungen für den „unzuständigen" Geschäftsführer regelmäßig am Vorsatz bezüglich der Erklärungspflichtverletzung fehlen. 60

ee) Unkenntnis der Finanzbehörde

Für die Unkenntnis der Finanzbehörde ist nach allgemeiner Auffassung auf den oder die zuständigen Beamten des zuständigen Finanzamts abzustellen, das heißt den Sachbearbeiter, Sachgebietsleiter, evtl. Aufgabenbereichsleiter o.ä. bis hin zum Vorsteher bzw. Leiter des Finanzamts. Bekannt in diesem Sinne ist der gesamte Inhalt der Besteuerungsakten. „Sonderwissen" einzelner Beamter, z.B. aufgrund einer mündlichen oder fernmündlichen Auskunft des Steuerpflichtigen, das aktenmäßig nicht dokumentiert ist, ist nur zu berücksichtigen, wenn dieser Beamte das Wissen dienstlich erlangt hat und für die Steuerfestsetzung zuständig ist. Dass andere Beamte oder andere Stellen innerhalb der Finanzverwaltung Kenntnis vom wahren und vollständigen Sachverhalt haben, lässt die Unkenntnis der Finanzbehörde nicht entfallen. Dies kann etwa dann Bedeutung erlangen, wenn ein Finanzbeamter aus dem persönlichen Umfeld des Steuerpflichtigen privat von steuerlich erheblichen Tatsachen Kenntnis erlangt, ohne aber deshalb zu einer dienstlichen Verwertung dieser Kenntnisse verpflichtet zu sein[136] oder Angehörige anderer Finanzbehörden in steuerliche Manipulationen verwickelt sind[137]. In eigenen Steuerangelegenheiten oder Steuerangelegenheiten von Angehörigen (§ 15 AO) ist der Finanzbeamte ohnehin unzuständig (§ 82 AO). 61

Die Anzahl der steuerlich nicht erfassten Betriebe ist keineswegs gering, die Ermittlungsmöglichkeiten der Steuerverwaltung z.B. durch die Auswertung von Kleinanzeigen, in denen die Unternehmen ihre Produkte und Dienstleistungen anbieten, beschränkt. Im Bereich der „virtuellen" Internetwirtschaft, die an feste Betriebsstätten nicht gebunden ist und die Identität der Handelnden durch Webpseudonyme und die Zwischenschaltung ausländischer Server, Provider und Tarnfirmen verschleiern kann, sind die Voraussetzungen, sich steuerlichen Pflichten zu entziehen, besonders günstig. Lediglich in einzelnen Bereichen konnten hier in gewissem Umfang unbekannte Steuerfälle aufgedeckt und ggf. einer steuerstrafrechtlichen Würdigung zugeführt werden (z.B. bei gewerblichen ebay-Händlern). Die steuerlich nicht geführten Steuerpflichtigen, die ausschließlich „schwarz" tätig werden und keinerlei Steuererklärungen abgeben, bilden den Hauptanwendungsbereich der Unterlassungsalternative. Demgegenüber liegt z.B. bei einem Arbeitnehmer, der eine Steuererklärung abgibt und darin seinen Arbeitslohn zutreffend erklärt, hingegen Einkünfte aus „schwarzen" Nebentätigkeiten in seiner Freizeit verschweigt, bezüglich der Einkommensteuer eine Steuerhinterziehung in der Handlungsalternative durch unvollständige Angaben und lediglich bezüglich evtl. anfallender Umsatzsteuer eine Steuerhinterziehung durch Unterlassen vor. 62

Eine Steuerhinterziehung durch Unterlassen kommt daneben auch bei steuerlich geführten Steuerpflichtigen dadurch in Betracht, dass namentlich bei Zahlungsschwierigkeiten oder zur 63

---

[133] BGH, Beschl. v. 14.4.2010 – 1 StR 105/10.
[134] St. Rspr. des BFH, z.B. BFH, Beschl. v. 21.10.2003 – VII B 353/02, BFH/NV 2004, 157.
[135] BFH, Beschl. v. 31.10.2005 – VII B 66/05, BFH/NV 2006, 480.
[136] Vgl. BFH, Urt. v. 28.4.1998 – IX R 49/96, BFHE 185, 370 = BStBl. II 1998, 458.
[137] BGH, Urt. v. 19.12.1990 – 3 StR 90/90, BGHSt 37, 266 = wistra 1991, 138 = NStZ 1991, 240.

"Zwischenfinanzierung" Umsatzsteuer-Voranmeldungen und Lohnsteueranmeldungen unterlassen werden, um sich einen Liquiditätsvorteil zu verschaffen. Es ist dann die Frage der "Steuerhinterziehung auf Zeit" angesprochen und speziell bei unterlassenen Umsatzsteuer-Voranmeldungen das Konkurrenzverhältnis zur Umsatzsteuer-Jahreserklärung und die Möglichkeit einer strafbefreienden Selbstanzeige durch Abgabe der Umsatzsteuer-Jahreserklärung zu prüfen.

ff) Verkürzungsumfang

64 Nicht abschließend geklärt ist für Steuerhinterziehung in der Unterlassungsalternative die Anwendung des Kompensationsverbots. Im Schrifttum wird zutreffend darauf hingewiesen, dass der Gesetzeswortlaut durch die Bezugnahme auf "andere Gründe" voraussetzt, dass überhaupt und zwar falsche "Gründe" für eine Steuerermäßigung oder die Gewährung eines Steuervorteils geltend gemacht wurden, so dass das Kompensationsverbot nicht eingreifen dürfte, wenn überhaupt keine Steuererklärung abgegeben wurde[138]. Im Ergebnis würde dies bedeuten, dass in Fällen des § 370 Abs. 1 Nr. 2 AO der gesamte Besteuerungssachverhalt bezogen auf die betreffende Steuerart und den betreffenden Besteuerungszeitraum eine einheitliche "steuerlich erhebliche Tatsache" bildet. Der Bundesgerichtshof hat das Kompensationsverbot in der Vergangenheit hingegen auch auf unterlassene Umsatzsteuer-Voranmeldungen angewandt, er sah trotz eines Vorsteuer-Überschusses (Rotbetrag) den objektiven Tatbestand des § 370 Abs. 1 Nr. 2 AO erfüllt[139]. Im Einkommensteuerrecht kann bei negativen Einkünften unter bestimmten Voraussetzungen bereits die Steuererklärungspflicht entfallen (Umkehrschluss aus § 56 EStDV), so dass eine Strafbarkeit gemäß § 370 Abs. 1 Nr. 2 AO bereits deswegen ausgeschlossen ist.

65 Im Übrigen ist auch im Rahmen der Steuerhinterziehung in der Unterlassungsalternative dem Steuerpflichtigen sowohl auf Tatbestands- als auch auf Strafzumessungsebene die Berufung auf abweichende Wahlrechte abgeschnitten[140]. Der Steuerpflichtige verzichtet mit dem Unterlassen der Steuererklärung zugleich auf die Ausübung seines Wahlrechts und muss sich hieran gg. festhalten lassen.

gg) § 50e EStG als lex specialis

66 Der Tatbestand des § 370 Abs. 1 Nr. 2 AO ist regelmäßig auch erfüllt, wenn für geringfügig beschäftige Arbeitnehmer in Privathaushalten keine Lohnsteuer angemeldet wird. Eine Steuerhinterziehung in der Handlungsalternative kann ausnahmsweise vorliegen, wenn im gleichen Haushalt (als Betriebsstätte im Sinne von § 41 Abs. 2 EStG) mehrere geringfügige Beschäftigungsverhältnisse bestehen, von denen nur für einen Teil Lohnsteuer angemeldet wird. Beide Fallgruppen werden allerdings gemäß § 50e Abs. 2 Sätze 1 und 3 EStG beim Arbeitgeber nicht als Steuerstraftat, sondern nur als Steuerordnungswidrigkeit verfolgt[141]. Der Gesetzeswortlaut ist insofern neutral und differenziert nicht nach Handlungs- und Unterlassungsalternative. Demgegenüber übernimmt die entsprechende Regelung für den Arbeitnehmer in § 50e Abs. 2 Satz 2 EStG den Wortlaut des § 370 Abs. 1 Nr. 2 AO. Es dürfte jedoch dem Regelungszweck entsprechen und die Grenzen des Wortlauts nicht überschreiten, die Vorschrift auch auf diejenigen Fälle zu erstrecken, in denen der Arbeitnehmer zwar andere Einkünfte, nicht jedoch die Einkünfte aus der geringfügigen Beschäftigung erklärt und damit den Tatbestand der Handlungsalternative in der Variante der unvollständigen Angaben erfüllt.

c) Kausalität der Tathandlung für den Erfolg

67 Die mutmaßliche Tathandlung muss jeweils auch für den tatbestandlichen Erfolg kausal geworden sein. Dies ist insbesondere auch für die Abgrenzung zwischen Handlungs- und Unterlassungsalternative von Bedeutung. Die Unterscheidung zwischen Handlungs- und

---

[138] Ebenso *Schindhelm*, Das Kompensationsverbot im Delikt der Steuerhinterziehung, 2004, S. 110, 158 f.; Franzen/Gast/Joecks – *Joecks*, 7. Auflage 2009, § 370 AO, Rn 71, jeweils m. w. N.
[139] BGH, Urt. v. 24.10.1990 – 3 StR 16/90, wistra 1991, 107 = NStZ 1991, 89.
[140] BGH, Beschl. v. 14.4.2011 – 1 StR 112/11, wistra 2011, 269 (269 f.).
[141] Dazu ausführlich *Joecks*, wistra 2004, 441 und *Spatscheck/Wulf/Fraedrich*, DStR 2005, 129.

II. Tatbestand der Steuerhinterziehung

Unterlassungsalternative ist zwar häufig von nachrangiger Bedeutung, da die fakultative Strafrahmenmilderung, § 13 Abs. 2 StGB, in den Fällen des § 370 Abs. 1 Nr. 2 AO nicht greift. Sie erlangt allerdings dann Bedeutung, wenn der potenzielle Täter kein Pflichtiger im Sinne des § 370 Abs. 1 Nr. 2 AO ist, er zwar Pflichtiger ist, die Strafbarkeit nach dieser Vorschrift aber – wie soeben gesehen – wegen der Freiheit vom Selbstbelastungszwang suspendiert ist, oder es gerade auf die in der Handlungsalternative nicht geforderte Unkenntnis der Finanzbehörde ankommt.

Nach der gängigen Definition besteht ein Kausalzusammenhang zwischen Tathandlung und Erfolg nur, wenn die Tathandlung zumindest *conditio sine qua non* für den Erfolg ist und nicht hinweggedacht werden kann ohne dass der Erfolg entfiele. Im steuerstrafrechtlichen Schrifttum wird daher die Annahme einer Steuerverkürzung in der Handlungsalternative davon abhängig gemacht, ob die Steuerverkürzung auch dann eingetreten wäre, wenn der Steuerpflichtige gar keine Erklärung abgegeben hätte. Sei dies der Fall, könne allenfalls eine Steuerhinterziehung durch Unterlassen vorliegen. Eine Steuerhinterziehung durch Handeln wäre nur dann gegeben, wenn durch die unrichtigen oder unvollständigen Angaben eine zutreffende Steuerfestsetzung, etwa im Wege der Schätzung, verhindert wurde[142]. **68**

Die Rechtsprechung nahm demgegenüber in der Vergangenheit, sobald der Steuerpflichtige (überhaupt irgendwelche) Angaben gemacht hatte, eine Steuerhinterziehung in der Handlungsalternative an, ohne die Kausalitätsfrage näher zu erörtern[143]. In einer neueren Entscheidung wurde diese Auffassung nunmehr bestätigt und überzeugend damit begründet, dass bei im Wesentlichen erklärungsgemäßer Veranlagung die vom Täter gesetzte Ursache in der Steuerfestsetzung maßgeblich fortwirkt[144]. Ihr Vorzug für die Rechtsanwendung liegt daran, dass sie zu eindeutigen Ergebnissen führt und nicht auf den *per se* problematischen Rückgriff auf hypothetische Kausalverläufe angewiesen ist, ohne den Gesetzeswortlaut zu überdehnen. **69**

5. Subjektiver Tatbestand

a) Allgemeine Grundsätze

Steuerhinterziehung setzt vorsätzliches Handeln voraus (§ 369 Abs. 2 AO), die leichtfertige, das heißt erhöht-fahrlässige[145], Steuerverkürzung stellt lediglich einen Ordnungswidrigkeitentatbestand dar (§ 378 AO), einfach-fahrlässige Steuerverkürzung wird weder als Straftat noch als Ordnungswidrigkeit erfolgt. Vorsatz bedeutet allgemein Wissen und Wollen der Tatbestandsverwirklichung, wobei nochmals nach direktem Vorsatz (*dolus directus*) und bedingtem Vorsatz (Eventualvorsatz, *dolus eventualis*) unterschieden wird, innerhalb des direkten Vorsatzes darüber hinaus nach absichtlichem (*dolus directus* 1. Grades) und wissentlichem Handeln (*dolus directus* 2. Grades). Bedingter Vorsatz liegt vor, sobald der Täter die als nicht völlig fern liegend erkannte Möglichkeit der Tatbestandsverwirklichung billigend in Kauf nimmt (schlagwortartig: „und wenn schon"), bewusste Fahrlässigkeit in Abgrenzung hierzu, wenn der Täter auf das Ausbleiben des Erfolgs vertraut („wird schon gut gehen"). Je wahrscheinlicher der Tatererfolg dabei aus Sicht des Täters ist[146] und je nachlässiger er seinen steuerlichen Pflichten nachkommt[147], umso eher drängt sich auch die Inkaufnahme auf. Der Irrtum über Tatbestandsmerkmale schließt den Vorsatz aus (§ 16 StGB), der Irrtum über die Rechtswidrigkeit (Verbotsirrtum) kann lediglich die Schuld ausschließen und auch dies nur, wenn er unvermeidbar ist (§ 17 StGB). **70**

---

[142] *Wulf*, Handeln und Unterlassen im Steuerstrafrecht, 2001, S. 45 ff.; *Weidemann/Weidemann*, wistra 2005, 207.

[143] BGH, Urt. v. 12.12.1986 – 3 StR 405/86, wistra 1987, 147 und Beschl. v. 27.11.2002 – 5 StR 127/02, wistra 2003, 266 (267 f.).

[144] BGH, Beschl. v. 14.12.2010 – 1 StR 275/10, NStZ 2011, 283 = wistra 2011, 186; krit. *Wulf*, NStZ 2011, 408 (409 f.).

[145] Ausführlich zur „Leichtfertigkeit" Franzen/Gast/Joecks – *Joecks*, 7. Auflage 2009, § 378 AO, Rn 26 ff.

[146] *Hüls/Ransiek*, NStZ 2011, 678 (679).

[147] BGH, Urt. v. 8.9.2011 – 1 StR 38/11, wistra 2011, 465 = NZWiSt 2012, 71.

71 Dabei ist grundsätzlich nicht erforderlich, dass der Täter eine Subsumtion unter die einzelnen Merkmale des Gesetzestatbestandes vornimmt, vielmehr ist eine „Parallelwertung in der Laiensphäre" ausreichend. Es müssen lediglich die Umstände, aus denen sich die Tatbestandsverwirklichung als solche ergibt, vom Vorsatz umfasst sein. Auf den Vorsatz als innere Tatsache kann gegebenenfalls aus äußeren Tatsachen geschlossen werden[148]. Soweit an die Feststellung des bedingten Vorsatzes in Steuerstrafsachen besondere Anforderungen gestellt werden[149], können Rechtsverstöße im Vorfeld der Tat als Indiz dienen[150], z. B. Verstöße gegen Buchführungs- und Aufzeichnungspflichten (§§ 140 ff. AO). Dem Nachweis des Vorsatzes auch ohne eine geständige Einlassung sind daher auch unter Geltung des Zweifelssatzes keinesfalls unüberwindliche Hürden gesetzt, eine maßgeblich hierauf gestützte Verteidigung ist denkbar riskant[151].

b) Steuerstrafrechtliche Besonderheiten

72 Im Steuerstrafrecht ist zum einen entscheidend, inwiefern die Steuerverkürzung bzw. der nicht gerechtfertigte Steuervorteil im Vorsatz konkretisiert sein, das heißt inwiefern sich der Vorsatz auch auf die Steuerrechtslage erstrecken muss, zum anderen, welche Konsequenzen aus einer diesbezüglichen Unkenntnis bzw. einem diesbezüglichen Irrtum gezogen werden. Handelte es sich bei § 370 AO um einen Blanketttatbestand, wäre der Irrtum über die Steuerrechtslage kein Tatsachenirrtum, sondern ein Rechtsirrtum und in seinen Konsequenzen ausschließlich an § 17 StGB zu messen.

73 Im Ergebnis behandelt die Rechtsprechung den Irrtum über das Bestehen des Steueranspruch bzw. das Nichtbestehen des Anspruchs auf den anderen nicht gerechtfertigten steuerlichen Vorteil als Tatbestandsirrtum (§ 16 StGB) mit der Folge, dass ggf. der Vorsatz entfällt. Die Steuerhinterziehung setzt danach in subjektiver Hinsicht voraus, dass der Täter weiß, dass sein Verhalten dem Grunde nach den Tatbestand eines Steuergesetzes erfüllt, und er es für möglich hält, dass ein Steueranspruch entstanden ist, eine in die Einzelheiten gehende Kenntnis der Steuerrechtslage, insbesondere der konkret maßgeblichen Vorschriften oder der exakten Höhe des Anspruchs ist nicht erforderlich[152].

74 Die Differenzierung in der Rechtsprechung danach, ob nach der Vorstellung des Täters deutsche oder ausländische Einfuhrabgaben verkürzt wurden[153], dürfte soweit ersichtlich daran gelegen haben, dass die betreffenden ausländischen Staaten zum Tatzeitpunkt keine Mitglieder der Europäischen Gemeinschaften im Sinne von § 370 Abs. 6 Satz 1 AO waren und nicht dahingehend zu verstehen sein, dass möglicherweise[154] zumindest die konkrete Steuerart vom Vorsatz mit umfasst sein müsste. Die vielfach betonte Komplexität des Steuerrechts betrifft regelmäßig erst die genaue Höhe des Steueranspruchs, an der Steuerpflicht dem Grunde nach wird in vielen Fällen kein ernsthafter Zweifel bestehen, so dass die Komplexität des Steuerrechts der Annahme einer vorsätzlichen Steuerverkürzung nicht ohne weiteres entgegensteht.

75 Ein Tatbestandsirrtum soll auch nahe liegen, soweit sich eine Steuerverkürzung erst aus der Anwendung des Kompensationsverbots ergibt, so z. B. nach Auffassung der Rechtsprechung

---

[148] BGH, Urt. v. 24.10.2002 – 5 StR 600/01, BGHSt 48, 52 = wistra 2003, 100 = NStZ 2003, 211; MüKo StGB – *Schmitz/Wulf*, § 370 AO, Rn 320; *Pflaum*, wistra 2010, 368 (372).
[149] Franzen/Gast/Joecks – *Joecks*, 7. Auflage 2009, Rn 238, unter Bezugnahme u. a. auf BGH, Beschl. v. 16.4.2008 – 5 StR 615/07, wistra 2008, 342 (343).
[150] BGH, Beschl. v. 25.8.2003 – 5 StR 145/03 BGHSt 48, 331 (348).
[151] *Randt*, Der Steuerfahndungsfall, 2004, Einleitung, Rn 3: „Vabanquespiel".
[152] Z. B. BGH, Urt. v. 24.10.2002 – 5 StR 600/01, BGHSt 48, 52 = wistra 2003, 100 = NStZ 2003, 211, und v. 8.9.2011 – 1 StR 38/11, wistra 2011, 465 = NZWiSt 2012, 71, Beschl. v. 12.2.2003 – 5 StR 165/02, wistra 2003, 262; BayObLG, Urt. v. 30.1.1990 – RReg. 4 St 132/89, BayObLGSt 1990, 8 = wistra 1990, 202 und Beschl. v. 20.7.1992 – RReg. 4 St 190/91, BayObLGSt 1992, 76 = wistra 1992, 312; i. E. ebenso MüKo StGB – *Schmitz/Wulf*, § 370 AO, Rn 324 ff.; *Samson*, DStJG 6, S. 99 (105 f.); *Hüls/Ransiek*, NStZ 2011, S. 678 (679 f.).
[153] BGH, Urt. v. 24.10.2002 – 5 StR 600/01, BGHSt 48, 52 = wistra 2003, 100 = NStZ 2003, 211 und Beschl. v. 27.11.2002 – 5 StR 127/02, BGHSt 48, 108.
[154] Vgl. MüKo StGB – *Schmitz/Wulf*, § 370 AO, Rn 326.

II. Tatbestand der Steuerhinterziehung   **20**

bei Nichtabgabe von Umsatzsteuer-Voranmeldungen, obwohl der Vorsteuer-Erstattungsanspruch aus den Eingangsumsätzen die Umsatzsteuer auf die Ausgangsumsätze überstieg[155]. Sofern man in entsprechenden Fällen nur aufgrund Anwendung des Kompensationsverbots den objektiven Tatbestand bejaht, wird die Annahme eines Tatbestandsirrtums zwar in der Tat regelmäßig die einzige Möglichkeit sein, zu dem allein sachgerechten Ergebnis der Straflosigkeit zu kommen. Gleichwohl dürfte das Kompensationsverbot, so man es für den objektiven Tatbestand anwenden will, für den subjektiven Tatbestand nicht außer Betracht bleiben, sondern müsste dazu führen, dass das Vertrauen auf die „anderen Gründe" den Vorsatz nicht entfallen lässt. Zumindest in dem vom Bundesgerichtshof entschiedenen Fall der Unterlassungsalternative wäre es überzeugender gewesen, bereits die objektive Tatbestandsmäßigkeit abzulehnen.

In der Handlungsalternative ist auch der Irrtum über die Richtigkeit oder Vollständigkeit **76** der Angaben Tatbestandsirrtum, in der Unterlassungsalternative[156] der Irrtum über die Unkenntnis der Finanzbehörde. Ein entsprechender Irrtum kann darauf beruhen, dass die Steuererklärung insgesamt oder zumindest Ergänzungen oder Nachträge auf dem Postweg verloren gegangen oder nicht zu den Steuerakten gelangt sind. Demgegenüber wird der Irrtum über die Pflichtenstellung gemäß § 370 Abs. 1 Nr. 2 AO als Verbotsirrtum (§ 17 StGB) behandelt[157]. Es ist demnach für die Annahme vorsätzlichen Handelns ausreichend, dass der Täter die Umstände kennt, aus denen sich seine steuerliche Pflichtenstellung ergibt, die Unkenntnis der einschlägigen Rechtsnorm (z. B. auch des § 153 AO) steht der Strafbarkeit lediglich unter den Voraussetzungen des § 17 StGB entgegen.

Soweit ein Irrtum nicht nach § 16 StGB als Tatbestands-, sondern lediglich als Verbotsirr- **77** tum gemäß § 17 StGB anzusehen ist, führt nur ein unvermeidbarer Irrtum zur Straffreiheit. An die Unvermeidbarkeit des Irrtums werden allgemein strenge Anforderungen gestellt. Sie ist nur dann gegeben, wenn der Täter bei Ausschöpfung aller Erkenntnismöglichkeiten einschließlich der Inanspruchnahme sach- bzw. rechtskundiger Beratung keinen Anlass hatte, an der Rechtmäßigkeit seines Handelns zu zweifeln. Liegen dem Täter einschlägige Rechtsgutachten vor, ist der Verbotsirrtum regelmäßig vermeidbar, wenn im Gutachten auch nur die Möglichkeit der Rechtswidrigkeit in Betracht gezogen wird[158]. War ihm Rechtsprechung eines obersten Bundesgerichts oder eines oberen Landesgerichts (Oberlandesgericht, Finanzgericht, evtl. Verwaltungsgerichtshof/Oberverwaltungsgericht) bekannt, aus der sich die Rechtswidrigkeit ergibt, war der Verbotsirrtum selbst dann vermeidbar, wenn er diese Rechtsprechung für fehlerhaft hielt[159].

c) Fehlerhafte Beratung

Wird ein Steuerpflichtiger steuerlich falsch beraten, begründet dies je nach Inhalt der Bera- **78** tung einen Tatbestands- oder Verbotsirrtum, wenn dem Steuerpflichtigen die Möglichkeit und der Anlass fehlen, die Auskunft seines Steuerberaters zu überprüfen. Es ist aber in jedem Fall sorgfältig zu prüfen, ob tatsächlich Anhaltspunkte für eine Falschberatung bestehen oder ob es sich bei einer entsprechenden Einlassung des Beschuldigten um eine bloße Schutzbehauptung handelt. Umgekehrt kann für den Steuerberater bereits die fahrlässige Falschberatung berufs- und haftungsrechtliche Folgen auslösen. Bei der Beratung im steuerstrafrechtlichen Umfeld kann es sowohl für Steuerberater als auch für den Mandanten ratsam sein, eine schriftliche Dokumentation in Form eines Mandantenschreibens oder eines von beiden Seiten zu unterzeichnenden Gesprächsprotokolls zu erstellen.

---

[155] BGH, Urt. v. 24.10.1990 – 3 StR 16/90, wistra 1991, 107 = NStZ 1991, 89; ebenso *Meine*, wistra 2002, 361.
[156] BGH, Urt. v. 21.2.2001, 5 StR 368/00, wistra 2001, 263 (265).
[157] BGH, Urt. v. 18.12.1985 – 2 StR 461/85, wistra 1986, 219 (220); i. E. ebenso MüKo StGB – *Schmitz/Wulf*, § 370 AO, Rn 329 ff.; krit. *Samson*, DStJG 6, S. 99 (106 ff.).
[158] *Kirch-Heim/Samson*, wistra 2008, 81 (85).
[159] Weitergehend Graf/Jäger/Wittig – *Allgayer*, § 17 StGB, Rn 20, wonach die Kenntnis jeglicher auch niederinstanzlicher Rechtsprechung Unrechtseinsicht begründet.

6. Besonders schwere Fälle der Steuerhinterziehung

79 § 370 Abs. 3 AO betreffend die besonders schweren Fälle der Steuerhinterziehung ist kein eigener (Qualifikations-)Tatbestand, sondern beinhaltet lediglich eine Strafzumessungsregel. Bei den in § 370 Abs. 3 Satz 2 AO genannten Konstellationen handelt es sich um sog. Regelfallbeispiele, theoretisch ist die Annahme eines unbenannten besonders schweren Falles ebenso möglich wie trotz Erfüllung der Anforderung eines Regelfallbeispiels aufgrund anderer Besonderheiten ein besonders schwerer Fall zu verneinen sein kann, praktisch kommt dies – wenn überhaupt – nur in seltenen Ausnahmen vor. Die Regelfallbeispiele knüpfen teils an einen erhöhten Erfolgsunwert (Nr. 1), teils an einen erhöhten Handlungsunwert (Nrn. 2 bis 4) verbunden sind, teils an beides an (Nr. 5). Die besondere Bedeutung des § 370 Abs. 3 AO ergibt sich daraus, dass er abweichend von den allgemeinen Grundsätzen (§ 12 Abs. 3 StGB) Anknüpfungspunkt einer besonderen Verjährungsregelung (§ 376 Abs. 1 AO)[160] ist und auch die Steuerverwaltung besondere interne Vorgaben für die Behandlung besonderes schwerer Fälle getroffen hat[161].

a) Steuerhinterziehung in großem Ausmaß

80 Das Regelfallbeispiel in § 370 Abs. 3 Satz 2 Nr. 1 AO wurde durch das Gesetz zur Neuregelung der Telekommunikationsüberwachung und anderer verdeckter Ermittlungsmaßnahmen sowie zur Umsetzung der Richtlinie 2006/24/EG[162] mit Wirkung vom 1. Januar 2008 dem Wortlaut nach weiter gefasst, indem nur noch eine Steuerhinterziehung in großem Ausmaß gefordert wird und auf das zusätzliche Erfordernis des „groben Eigennutzes"[163] verzichtet wurde. Vor Inkrafttreten des Gesetzes begangene Taten sind jedenfalls nach alter Rechtslage zu beurteilen (§ 2 Abs. 1 StGB).

81 Das „große Ausmaß" ist weder im Gesetz noch in der Begründung des Gesetzentwurfs betragsmäßig beziffert. Von zentraler Bedeutung für die Rechtsanwendung ist insofern jedoch das Urteil des Bundesgerichtshofs vom 2. Dezember 2008 – 1 StR 416/08[164]. Während nach der alten Rechtslage im Schrifttum ein „großes Ausmaß" erst ab 500.000 € angenommen wurde[165], kann es nach dieser Entscheidung in bereits ab einer Steuerverkürzung von 50.000 € gegeben sein. Zur Herleitung verweist der Bundesgerichtshof zunächst auf die Rechtsprechung zum besonders schweren Fall des Betrugs (§ 263 Abs. 3 Satz 2 Nr. 2 Alt. 1 StGB) und legt im Folgenden dar, dass nach Wegfall des „groben Eigennutzes" eine betragsmäßige Konkretisierung auch für die Steuerhinterziehung geboten ist und dabei im Hinblick auf die bisherige Rechtsprechung, die eine zu zurückhaltende Sanktionspraxis in Steuer- und Wirtschaftsstrafsachen beanstandet[166] und die Steuerhinterziehung ihrem Unwert nach mit dem Betrug gleichgestellt[167] wurde, die für den Betrug entwickelten Maßstäbe Anwendung finden. Das Verhältnis zwischen hinterzogenen und gezahlten Steuern könne nicht bereits bei der Strafrahmenwahl, müsse aber bei der Strafzumessung im Einzelfall berücksichtigt werden.

82 Es wird jedoch unterschieden zwischen der Erschleichung ungerechtfertigter Vorsteuer-Erstattungen im Rahmen der sog. „Steuerhinterziehung als Gewerbe"[168], und allgemein der fälschlichen Geltendmachung steuermindernder Umstände[169], für die regelmäßig die Grenze von 50.000 € gilt, und der Verschleierung rechtmäßiger Erträge und Umsätze, bei der die

---

[160] Hierzu bereits oben 2.c., Rn. 27 f.
[161] Hierzu näher unten IV.3.b.cc., Rn 207.
[162] BGBl. I 2007, 3198; zur Begründung des Gesetzentwurfs BT-Drs. 16/5846.
[163] Hierzu etwa Klein – *Jäger*, 10. Auflage 2009, § 370 AO, Rn 281.
[164] BGH, Urt. v. 2.12.2008 – 1 StR 416/08, BGHSt 53, 71 = wistra 2009, 107 = NStZ 2009, 271; bestätigt durch BGH, Beschl. v. 12.7.2011 – 1 StR 81/11, wistra 2011, 396.
[165] Franzen/Gast/Joecks – *Joecks*, 7. Auflage 2009, § 370 AO, Rn 270.
[166] BGH, Urt. v. 2.12.2005 – 5 StR 119/05, BGHSt 50, 299 = wistra 2006, 94 = NStZ 2006, 210.
[167] BGH, Urt. v. 28.9.1983 – 3 StR 280/83, BGHSt 32, 95 = wistra 1984, 27.
[168] So bezeichnet von *Joecks*, wistra 2002, 201 (204).
[169] BGH, Beschl. v. 15.12.2011 – 1 StR 579/11, wistra 2012, 191.

II. Tatbestand der Steuerhinterziehung

Grenze zum „großen Ausmaß" regelmäßig erst bei 100.000 € liegen soll[170]. Obwohl die Ausführungen zu der zweiten Fallgruppe den Wortlaut des § 370 Abs. 1 Nr. 2 AO übernehmen, ist allerdings schon zur Vermeidung von Wertungswidersprüchen davon auszugehen, dass bei Steuerhinterziehungen in der Handlungsalternative, die sich auf Unterdrückung regulärer Erträge und Umsätze beschränken, nichts anderes gilt[171]. Gegen die Strafschärfung bereits bei der fälschlichen Geltendmachung steuermindernder Umstände spricht allerdings zumindest im Ertragsteuerrecht, dass der Steueranspruch ausdrücklich an den Saldo zwischen Erwerb und Erwerbsaufwendungen anknüpft (§ 2 Abs. 2 EStG), der durch zu geringen Ansatz des Erwerbs und durch überhöhten Ansatz der Erwerbsaufwendungen in gleicher Weise gefährdet wird.

b) Steuerhinterziehung unter Beteiligung eines Amtsträgers

Sowohl § 370 Abs. 3 Satz 2 Nr. 2 AO als auch § 370 Abs. 3 Satz 2 Nr. 3 AO erfassen Steuerhinterziehungen unter Beteiligung eines Amtsträgers, wobei danach zu unterscheiden ist, ob der Täter selbst Amtsträger ist (Nr. 2) oder ohne selbst Amtsträger zu sein mit einem solchen kollusiv zusammenwirkt (Nr. 3). Für den Begriff des Amtsträgers gilt die Legaldefinition des § 7 AO, es kommen daher nicht nur Angehörige der Finanzbehörden als Amtsträger in Betracht, sondern auch Angehörige anderer Stellen, die z. B. veranlassen, dass von Rechts wegen vorgeschriebene Mitteilungen an die Finanzbehörden unterbleiben. Die zwischen Rechtsprechung und Schrifttum umstrittene Frage, ob eine Steuerhinterziehung in der Handlungsalternative Unkenntnis des zuständigen Beamten voraussetzt bzw. ob auch der zuständige Beamte Steuerhinterziehung begehen kann[172], gewinnt hier besondere Bedeutung. 83

Folgt man wie hier der Rechtsprechung, kann ein besonders schwerer Fall gemäß Nr. 2 vor allem dann vorliegen, wenn ein Finanzbeamter für fiktive Steuerfälle vermeintliche Erstattungen festsetzt und selbst vereinnahmt[173] oder real existierende Steuerpflichtige rechtswidrig begünstigt. In diesen Fällen steht regelmäßig zugleich der Vorwurf der Untreue (§ 266 StGB) im Raum. Festsetzungen in angemaßter Zuständigkeit, die nach Auffassung des Schrifttums den Hauptanwendungsfall der Nr. 2 bilden sollen[174], dürfte durch automatisierte Verfahren mit personalisierter Anwendung und auf den Zuständigkeitsbereich beschränkten Zugriffsmöglichkeiten zwar faktisch die Grundlage entzogen sein. Denkbar bleibt allerdings, dass durch wahrheitswidrige oder pflichtwidrig unterlassene Mitteilungen Entscheidungen anderer Stellen manipuliert werden, indem z. B. die unmittelbar bevorstehende Festsetzung eines Erstattungsanspruchs vorgespiegelt und dadurch zu Unrecht eine Verrechnungsstundung[175] bewirkt wird oder Kontrollmitteilungen „abgefangen" werden. 84

Nr. 3 betrifft ausschließlich Täter, die selbst keine Amtsträger sind, aber mit einem Amtsträger kollusiv zusammenwirken, und ist daher nicht einschlägig, wenn sich der Täter des Amtsträgers lediglich als eines gutgläubigen „Werkzeugs" bedienen will[176]. Ob der Amtsträger Mittäter oder lediglich Teilnehmer ist, ist unerheblich. Sofern ein Beteiligter, der nicht Amtsträger ist, an der Steuerhinterziehung eines Amtsträgers mitwirkt indem er ihn z. B. dazu anstiftet, Erstattungen für fiktive Steuerfälle zu verfügen, führt Nr. 3 dazu, dass der Bestrafung des Teilnehmers das erhöhte Strafmaß zu Grunde zu legen ist. 85

c) Steuerhinterziehung und Urkundenfälschung

Bei der fortgesetzten Steuerhinterziehung unter Verwendung nachgemachter oder verfälschter Belege (§ 370 Abs. 3 Satz 2 Nr. 4 AO) ist die Tathandlung in doppelter Hinsicht herausgehoben. Der Begriff des Belegs wird in der Abgabenordnung auch an anderer Stelle ge- 86

---

[170] Dagegen nunmehr *Rolletschke/Roth*, wistra 2012, 216.
[171] *Bilsdorfer*, NJW 2009, 476 (477); ebenso AStBV(St) 2013 Nr. 76 Abs. 2.
[172] Siehe hierzu oben Rn 47 und die dortigen Nachweise.
[173] BGH, Urt. v. 6.6.2007 – 5 StR 127/07, BGHSt 51, 356 = wistra 2007, 388 = NStZ 2007, 589.
[174] Franzen/Gast/Joecks – *Joecks*, 7. Auflage 2009, § 370 AO, Rn 272.
[175] Zur Verrechnungsstundung allgemein BFH, Urt. v. 12.6.1996 – II R 71/94, BFH/NV 1996, 873 und v. 12.11.1997 – XI R 22/97, BFH/NV 1998, 418.
[176] Franzen/Gast/Joecks – *Joecks*, 7. Auflage 2009, § 370 AO, Rn 273.

braucht (u. a. § 143 Abs. 3 Nr. 5 AO, § 144 Abs. 3 Nr. 5 AO, § 146 Abs. 5 Satz 1 AO), er meint allgemein die Dokumentation eines Geschäftsvorgangs, herkömmlicherweise aber nicht zwingend[177] in Papierform.

87   Das Merkmal „nachgemacht" verdeutlicht, dass es auf die Täuschung über die Urheberschaft des Belegs ankommt, es ist synonym zu „unrichtig" im Sinne des § 267 Abs. 1 StGB, „verfälscht" ist im Sinne des § 267 Abs. 1 StGB zu verstehen. § 370 Abs. 3 Satz 2 Nr. 4 AO erfasst damit die mit Urkundenfälschung[178] zusammentreffende Steuerhinterziehung. Ob die Belege inhaltlich richtig sind, ist bereits Frage des § 370 Abs. 1 Nr. 1 AO; das gesteigerte Unrecht bei § 370 Abs. 3 Satz 2 Nr. 4 AO liegt darin, dass durch die Vorlage falscher Belege den Anschein ordnungsgemäßer Buchführung erwecken, damit Ansatzpunkte steuerlicher Ermittlungen verschleiern kann und zudem unbeteiligte Dritte dem Verdacht steuerlicher Unregelmäßigkeiten aussetzen kann.

88   Der Beleg muss allerdings tatsächlich verwendet, das heißt der Finanzbehörde vorgelegt werden, dass er lediglich zur Vorlage bereitgehalten wird, ist nicht ausreichend[179]. Erforderlich ist eine wiederholte, das heißt mindestens zweimalige Verwendung falscher Belege, nicht zwingend desselben falschen Belegs, Wiederholungsabsicht ist weder notwendig noch ausreichend[180].

d) Bandenmäßige Umsatz- oder Verbrauchsteuerhinterziehung

89   Gleichzeitig mit der Änderung der Nr. 1 (s. dort) wurde Nr. 5 AO neu eingefügt, es handelt sich insoweit gewissermaßen um die Nachfolgeregelung des aufgehobenen § 370a AO[181]. Er zielt wie dieser auf Umsatzsteuerkarusselle[182] und verwandte Erscheinungsformen, die zu den Erscheinungsformen der organisierten Kriminalität gehören oder zumindest in deren Umfeld einzuordnen sind. Beim Verdacht auf bandenmäßige Umsatz- oder Verbrauchsteuerhinterziehung ist daher gemäß § 100a Abs. 2 Nr. 2a StPO die verdeckte Telekommunikationsüberwachung zulässig. Der besondere Handlungsunwert ergibt sich aus der bandenmäßigen Begehung, der besondere Erfolgsunwert aus der besonderen Funktionsweise des Umsatzsteuersystems.

90   Der Bande als „Zusammenschluss von mindestens drei Personen, die sich mit dem Willen verbunden haben, künftig für eine gewisse Dauer mehrere selbstständige, im Einzelnen noch ungewisse Straftaten ... zu begehen", wobei „ein gefestigter Bandenwille oder ein Tätigwerden in einem übergeordneten Bandeninteresse ... nicht erforderlich" ist[183], wohnt eine kriminelle Eigendynamik und eine besonders hohes Schädigungspotential inne. Gerade Umsatzsteuerkarusselle erfordern eine aufwändige Infrastruktur mit mehreren planmäßig zusammenwirkenden Händlern, Schein- und Zwischenhändlern, die nur eine bandenmäßige Organisation gewährleisten kann.

91   Anders als im Einkommensteuer- und Körperschaftsteuerrecht, die nur in sehr beschränktem Umfang Steuererstattungen und -vergütungen vorsehen, kann in der gegenwärtigen Ausgestaltung des Umsatzsteuersystems als Netto-Allphasenumsatzsteuer mit Vorsteuerabzug grundsätzlich jeder Unternehmer einen Vorsteuervergütungsanspruch für sämtliche Eingangsumsätze geltend machen. Der Vorsteuervergütungsanspruch des Unternehmers ist un-

---

[177] Vgl. die Grundsätze ordnungsmäßiger DV-gestützter Buchführungssysteme (GoBS), BStBl. I 1995, S. 738.
[178] Dazu ausführlich *Randt*, Der Steuerfahndungsfall, 2004, Rn. D 416 ff.
[179] BGH, Urt. v. 12.10.1988 – 3 StR 194/88, BGHSt 35, 374, siehe aber BGH, Beschl. v. 24.1.1989 – 3 StR 313/88, wistra 1989, 190 und v. 5.4.1989 – 3 StR 87/89, wistra 1989, 228.
[180] BGH, Beschl. v. 21.4.1998 – 5 StR 79/98, wistra 1998, 265 = NStZ 1998, 413 (414).
[181] BT-Drs. 16/5846, S. 75; dazu ausführlich *Rüping/Ende*, DStR 2008, 13; zu § 370a AO *Harms*, FS Kohlmann, 2003, S. 413; *Gast-de Haan*, DStR 2003, 12; ausführlich MüKo StGB – *Wulf*, § 370a AO, passim.
[182] Hierzu näher 21. Kapitel (*Rödl/Grube*), Rn. 138 ff. und umfassend *Nöhren*, Die Hinterziehung von Umsatzsteuer, 2005, passim.
[183] Grundlegend BGH, Beschl. v. 22.3.2001 – GSSt 1/00, BGHSt 46, 321 = wistra 2001, 298 = NStZ 2001, 421.

II. Tatbestand der Steuerhinterziehung

abhängig davon, ob seine Lieferanten die entsprechende Umsatzsteuer angemeldet und abgeführt haben.

Das Umsatzsteuerrecht ist daher in hohem Maße missbrauchanfällig. Es ermöglicht eine kriminelle „Wertschöpfung", bei der die Täter die „Steuerhinterziehung als Gewerbe"[184] betreiben und sich durch erschlichene Vorsteuervergütungen bereichern, indem die entsprechenden Geschäfte regelmäßig von vornherein nur als Scheingeschäfte[185] zu dem einzigen Zweck, formal ordnungsgemäße Belege zu generieren, durchgeführt werden, die entstandene Umsatzsteuer nicht angemeldet und/oder jedenfalls die enstandene und angemeldete Umsatzsteuer nicht beglichen wird. Im letztgenannten Fall wäre § 370 AO nicht einschlägig und §§ 26b, 26c UStG zu prüfen, in den anderen – häufigeren und gefährlicheren Fällen – liegt eine Steuerhinterziehung vor und ist stets auch das Vorliegen eines besonders schweren Falles nach § 370 Abs. 3 Satz 2 Nr. 5 AO zu prüfen. 92

7. Konkurrenzen

Treffen mehrere Steuerstraftaten oder treffen Steuer- mit sonstigen Straftaten zusammen, bestimmen sich die Konsequenzen regelmäßig aus dem materiellen Strafrecht (§§ 52, 53 StGB). In bestimmten Konstellationen wird das Konkurrenzverhältnis auch strafprozessrechtlich aufgelöst. 93

Die einzelne Tat nach § 370 AO bezieht sich dabei grundsätzlich auf eine unrichtige, unvollständige oder pflichtwidrig unterlassene Steuererklärung für eine Steuerart und einen Besteuerungszeitraum, unabhängig davon in wie vielen Punkten unrichtige oder unvollständige Angaben gemacht wurden[186]. Dies gilt bei Anträgen und Erklärungen, die keine förmlichen Steuererklärungen sind, entsprechend. Wird z. B. ein Stundungsantrag kumulativ auf mehrere in Wahrheit nicht gegebene Gründe gestützt, handelt es sich gleichwohl nur um eine Tat. Von lediglich einer materiell-rechtlichen Tat sollte – in entsprechender Anwendung der zu § 267 StGB entwickelten Grundsätze – auch ausgegangen werden, wenn ein anderer nicht gerechtfertigter Steuervorteil in Gestalt eines inhaltlich falschen Feststellungsbescheids (§ 180 Abs. 1 Nr. 2 AO) erlangt wurde und dieser Feststellungsbescheid in der Folge erwartungsgemäß der Veranlagung zu Grunde gelegt wird[187]. 94

a) Tateinheit

Tateinheit (§ 52 StGB) ist gegeben, wenn durch dieselbe Handlung mehrere Straftatbestände verwirklicht werden. „Eine" Handlung in diesem Sinne liegt unproblematisch dann vor, wenn aufgrund eines Tatentschlusses eine Körperbewegung ausgeführt wird, daneben auch dann wenn mehrere Körperbewegungen durch ihre enge zeitlich-räumliche Abfolge oder durch den allen zu Grunde liegenden einheitlichen Tatentschluss verbunden sind („natürliche Handlungseinheit") oder ein Straftatbestand ein mehraktiges Geschehen einheitlich würdigt („rechtliche Handlungseinheit")[188]. Bei mehreren tateinheitlichen Steuerhinterziehungen ist für die Frage, ob eine Steuerhinterziehung im großen Ausmaß (§ 370 Abs. 3 Satz 1 Nr. 1 AO) vorliegt, auf den Gesamtschaden abzustellen[189]. 95

Werden mehrere Steuererklärungen zusammen (klassischerweise in einem Briefkuvert) in den Verkehr gebracht, geschieht dies durch eine Körperbewegung (die Aufgabe des Kuverts zur Post, den Einwurf in den Finanzamtsbriefkasten oder die Übergabe an den Bearbeiter im Servicezentrum), so dass mehrere durch diese Steuererklärungen bewirkte Steuerhinterziehungen nach allgemeinen Grundsätzen zueinander in Tateinheit stehen. Eine gemeinsame 96

---

[184] *Joecks*, wistra 2002, 201 (204).
[185] Hierzu BGH, Urt. v. 5.5.2004 – 5 StR 548/03, BGHSt 49, 136 = wistra 2004, 309 = NJW 2005, 2720.
[186] BGH, Urt. v. 28.10.2004 – 5 StR 276/04, wistra 2005, 30 und Beschl. v. 2.4.2008 – 5 StR 62/08, wistra 2008, 266.
[187] Unklar insofern BGH, Beschl. v. 27.5.2009 – 1 StR 665/08, unter 5.
[188] Franzen/Gast/Joecks – *Joecks*, 7. Auflage 2009, § 369 AO; Rn 108 ff., m. w. N.
[189] BGH, Urt. v. 2.12.2008 – 1 StR 416/08, BGHSt 53, 71 = wistra 2009, 107 = NStZ 2009, 271.

Abgabe ist im Zweifel anzunehmen, wenn mehrere Steuererklärungen am gleichen Tag eingegangen sind[190], was regelmäßig anhand des Eingangsstempels festgestellt werden kann. Die Rechtsprechung verlangt für die Annahme von Tateinheit (§ 52 StGB) allerdings darüber hinaus einen inhaltlichen Zusammenhang der Steuererklärungen insofern als sie in den für die Annahme einer Steuerhinterziehung maßgebenden Positionen übereinstimmen müssen[191].

97 Sofern man mit der Rechtsprechung inhaltsgleiche Falschangaben verlangt, wäre Tateinheit möglich zwischen Einkommensteuererklärung und Umsatzsteuer-Jahreserklärung, wenn dort jeweils die Auswirkungen der gleichen Geschäftsvorfälle unterschlagen werden, nicht hingegen zwischen einer Umsatzsteuer-Voranmeldung und einer Erbschaftsteuererklärung. Bei gleichzeitiger Abgabe von Steuererklärungen, die zwar die gleiche Steuerart, aber unterschiedliche Besteuerungszeiträume betreffen, wäre Tateinheit bereits wegen des Grundsatzes der Abschnittsbesteuerung regelmäßig ausgeschlossen.

98 Die Aufgabe der Rechtsfigur des Fortsetzungszusammenhangs durch den Bundesgerichtshof[192] wurde zum Teil als praxisfern[193] kritisiert, war vom strafrechtlichen Standpunkt gleichwohl folgerichtig. Aus fiskalischer Sicht erweiterte der Fortsetzungszusammenhang durch Hinausschieben der strafrechtlichen Verjährung den Anwendungsbereich strafprozessualer Ermittlungsmaßnahmen (insbesondere der Durchsuchung) und ermöglichte damit die Verwertung der so gewonnenen Erkenntnisse auch für Veranlagungszeiträume innerhalb der verlängerten Festsetzungsverjährungsfrist. Insofern ist durch die Änderung des § 376 Abs. 1 AO durch das Jahressteuergesetz 2009 zumindest zum Teil Abhilfe geschaffen[194].

99 Tateinheit mit anderen Straftaten kann bei falscher eidesstattlicher Versicherung (§ 284 AO, § 156 AO) vorliegen, daneben in den Fällen des § 370 Abs. 2 Nr. 2 bis 4 AO mit Untreue (§ 266 StGB), Anstiftung zur Untreue (§§ 266, 26 StGB) oder Urkundenfälschung (§ 267 StGB). Trifft eine Steuerstraftat tateinheitlich mit einer allgemeinen Straftat zusammen, ist im Umkehrschluss aus § 386 Abs. 2 Nr. 2 AO die selbstständige Führung des Ermittlungsverfahrens durch die Finanzbehörde regelmäßig ausgeschlossen. Kommt es – wie regelmäßig – im Rahmen einer Steuerhinterziehung zu einer Täuschung der Finanzbehörde, wird der Betrug (§ 263 StGB) von der Steuerhinterziehung als *lex specialis* verdrängt[195], es liegt nur eine Gesetzesverletzung und damit gerade keine Tateinheit vor.

b) Tatmehrheit

100 Bei Hinterziehung mehrerer Steuerarten oder für mehrere Steuerzeiträume liegt Tatmehrheit jedenfalls dann vor, wenn die einzelnen Steuererklärungen zu unterschiedlichen Zeitpunkten abgegeben werden, nach der Rechtsprechung bereits dann, wenn es am sachlichen Zusammenhang fehlt. Auch Tatmehrheit zwischen Steuerhinterziehung im Festsetzungsverfahren und Steuerhinterziehung im Erhebungsverfahren hinsichtlich der gleichen Steuer ist möglich[196]. Tatmehrheit mit allgemeinen Straftaten liegt regelmäßig dann vor, wenn die entsprechenden Straftaten nicht durch Erklärungen bzw. pflichtwidrig unterlassene Erklärungen gegenüber den Finanzbehörden begangen wurden, sondern gegenüber anderen Behörden oder nicht an ein bestimmtes Erklärungsverhalten anknüpfen. Dies betrifft das Vorenthalten von Arbeitsentgelt (§ 266a StGB), den Bankrott (§ 283 StGB), vor allem in den Fällen des § 283 Abs. 1 Nr. 5–8 StGB, und die Bestechung (§ 334 StGB), letztere sowohl dann, wenn Beste-

---

[190] BGH, Beschl. v. 19.8.2009 – 1 StR 206/09, NStZ 2010, 339.
[191] BGH Beschl. v. 21.9.1994 – 5 StR 114/94, wistra 1995, 21 und v. 20.9.1995 – 5 StR 197/95, wistra 1996, 62.
[192] Grundlegend BGH, Beschl. v.3.5.1994 – GSSt 2/93 und 3/93, BGHSt 40, 138 = wistra 1994, 185 = NStZ 1994, 383, in der Folge für das Steuerstrafrecht BGH, Beschl. v. 20.6.1994 – 5 StR 595/93, BGHSt 40, 195 = wistra 1994, 266 = NStZ 1994, 493.
[193] Z. B. Vorauflage (*Kummer*), 18. Kapitel, Rn 76 ff.
[194] Siehe bereits oben 2.c., Rn. 28.
[195] BGH, Urt. v. 6.6.2007 – 5 StR 127/07, BGHSt 51, 356 = wistra 2007, 388 = NStZ 2007, 589, unter II. 1. d) aa).
[196] BGH, Beschl. v. 21.8.2012 – 1 StR 26/12, NZWiSt 2012, 470 = wistra 2012, 482.

II. Tatbestand der Steuerhinterziehung

chungsgelder entgegen § 4 Abs. 5 Nr. 10 EStG als abzugsfähige Betriebsausgaben behandelt werden, als auch dann, wenn damit ein Amtsträger zur Teilnahme an einer Steuerhinterziehung (§ 370 Abs. 3 Satz 2 Nr. 3 AO) gewonnen werden soll.

Bei mehreren Hinterziehungshandlungen hinsichtlich der gleichen Steuerart und des gleichen Besteuerungszeitraums stellt sich zunächst die Frage, ob möglicherweise die zweite und evtl. weitere Hinterziehungshandlungen lediglich als mitbestrafte Nachtaten anzusehen sind. Die mitbestrafte Nachtat ist eine an sich selbstständige Tat, die lediglich der Verwertung oder Sicherung der Vorteile aus der Vortat dient, aber keinen weitergehenden Unwert und keine weitergehende Rechtsgutverletzung verwirklicht und daher bei wertender Betrachtung nicht strafwürdig ist[197]. Die Straflosigkeit gilt allerdings nur für die Beteiligten an der Vortat, solange diese verfolgbar ist; im Übrigen ist die Nachtat nach allgemeinen Grundsätzen strafbar. 101

Eine mitbestraftet Nachtat liegt nach der Rechtsprechung u. a. vor bei Falschangaben im Rahmen einer Betriebsprüfung zur Verdeckung einer vorangegangenen Steuerhinterziehung[198], nicht hingegen bei Falschangaben im Besteuerungsverfahren über Sachverhalte, die Gegenstand eines laufenden Steuerstrafverfahrens sind[199]. Die Zäsur liegt insofern in der Einleitung des Steuerstrafverfahrens, die die steuerlichen Mitwirkungspflichten für die betroffenen Steuerarten und Zeiträume suspendiert, so dass der Beschuldigte sich zur „Sicherung" der Vorteile aus der Vortat nicht mehr in Falschbehauptungen flüchten muss. Ist keine mitbestrafte Nachtat gegeben, steht die wiederholte Steuerhinterziehung zur ursprünglichen Steuerhinterziehung im Verhältnis der Tatmehrheit. 102

Wird bei innergemeinschaftlichen Lieferungen der Empfänger verschleiert und entfällt deswegen die Steuerbefreiung, liegen regelmäßig eine Steuerhinterziehung bezüglich der inländischen Umsatzsteuer und eine Beihilfe zur Hinterziehung der Einfuhrumsatzsteuer im Ansässigkeitsstaat des Leistungsempfängers vor. Tathandlung der (inländischen) Steuerhinterziehung ist allerdings die Abgabe der Umsatzsteuererklärung, Tathandlung der Beihilfe die Ausstellung der Scheinrechnung. Die Hinterziehung der inländischen Umsatzsteuer und die Beihilfe zur Hinterziehung der Umsatzsteuer im Bestimmungsland stehen dann in Tatmehrheit[200]. 103

c) Beschränkung des Verfahrensstoffs

Besondere Grundsätze gelten nach der Rechtsprechung des Bundesgerichtshofs[201] für die Auflösung des Konkurrenzverhältnisses zwischen unrichtigen Umsatzsteuer-Voranmeldungen. Danach stehen unrichtige Umsatzsteuer-Voranmeldungen und unrichtige Umsatzsteuer-Jahreserklärung zueinander in Tatmehrheit und zwar auch dann, wenn sie dem Inhalt nach deckungsgleich sind. Die „enge Verzahnung" der Erklärungen führe allerdings dazu, dass nur eine prozessuale Tat vorliege, ihr sei im Rahmen der Gesamtstrafenbildung Rechnung zu tragen. Der Bundesgerichtshof weist jedoch ausdrücklich darauf hin, dass das Steuerstrafverfahren in diesen Fällen „schon aus Gründen der Vereinfachung" gemäß § 154a StPO alternativ auf die Umsatzsteuer-Jahreserklärung oder die Umsatzsteuer-Voranmeldungen beschränkt werden kann. 104

d) Steuerhinterziehung und Geldwäsche

Tatmehrheit ist insbesondere auch zwischen Steuerhinterziehung und Geldwäsche (§ 261 StGB)[202] möglich. Wegen der Wertneutralität des Steuerrechts (§ 40 AO) können etwa Erpressung (§§ 253 ff. StGB), Hehlerei (§ 259 StGB) oder der unerlaubte Handel mit Betäu- 105

---

[197] BGH, Urt. v. 18.7.2007 – 2 StR 69/07, wistra 2007, 458 (459); Franzen/Gast/Joecks – *Joecks*, 7. Auflage 2009, § 369 AO, Rn 118.
[198] BGH, Beschl. v. 7.7.1993 – 5 StR 212/93, wistra 1993, 302 f.
[199] BGH, Urt. v. 26.10.1998 – 5 StR 746/97, wistra 103 (106 f.).
[200] Zum Ganzen *Tully/Merz*, wistra 2011, 121 (126).
[201] BGH, Urt. v. 17.3.2009 – 1 StR 627/08, BGHSt 53, 221 = wistra 2009, 355 = NStZ 2009, 510, unter III.2.a)bb), m. w. N.; zust. Klein – *Jäger*, 11. Auflage 2012, § 370 AO, Rn 111; krit. *Reiß*, FS Samson, 2011, S. 571 ff.
[202] Dazu ausführlich 6. Kapitel (*Schnabl*).

bungsmitteln (§§ 29 ff. StGB)²⁰³ zu Einkünften aus Gewerbebetrieb (§ 15 EStG) oder jedenfalls zu sonstigen Einkünften (§ 22 EStG) führen, teils auch umsatzsteuerpflichtige Umsätze darstellen. Die Nicht- bzw. Falscherklärung dieser Einkünfte bzw. Umsätze verwirklicht dann den Tatbestand der Steuerhinterziehung, soweit eine Vortat gemäß § 261 Abs. 1 Satz 2 StGB vorliegt, die Verschleierung, Entgegennahme usw. der so erlangten Vermögenswerte zusätzlich den Tatbestand der Geldwäsche.

106 Nach dem Gesetzeswortlaut kann die gewerbs- oder bandenmäßige Steuerhinterziehung ihrerseits Vortat der Geldwäsche sein, und zwar ohne Beschränkung auf bestimmte Steuerarten oder Begehungsformen. Die Vereitelung eines von Gesetzes wegen bestehenden Steueranspruchs ist ebenso erfasst wie die Erschleichung von Steuererstattungen und -vergütungen (§ 261 Abs. 1 Satz 3 StGB). Die besondere Brisanz liegt dabei darin, dass Steuerhinterziehung vielfach ihrer Art nach auf Wiederholung angelegt ist, so dass „Gewerbsmäßigkeit" im Sinne einer auf Wiederholung und Gewinnerzielung gerichteten Tatbegehung regelmäßig gegeben wäre. Im Schrifttum wurde daher für das Steuerstrafrecht eine Beschränkung der Gewerbsmäßigkeit auf Fälle der „Steuerhinterziehung als Gewerbe" gefordert, bei denen durch die Erschleichung von Vergütungen und Erstattungen eine deliktische „Wertschöpfung" stattfindet²⁰⁴. Ein solcher „tatbestandsbezogener Gewerbsmäßigkeitsbegriff" stößt allerdings an die Grenzen der Norm, die den Begriff einheitlich verwendet.

107 Tatsächlich fehlt es bei der Vereitelung bestehender Steueransprüche bereits an einem Tatobjekt, das „gewaschen" werden könnte. Eine reine Ersparnis ist im ungeschmälerten Vermögen nicht konkretisierbar, die Annahme einer Kontamination des Gesamtvermögens wäre ein Verstoß gegen das Eigentumsgrundrecht (Art. 14 GG)²⁰⁵. Auch der Kontaminationsgedanke setzt voraus, dass mit Sicherheit zumindest irgendein positiver Vermögenswert aus der Tat herrührt und sei es auch nur, weil seine Hingabe durch die Tat vermieden wurde. Bei der Ersparnis einer Geldzahlung fehlt es aber selbst daran, wenn die Möglichkeit bestand, entsprechende Geldmittel als Darlehen aufzunehmen. Es wurde dann nicht die Hingabe auch nur irgendeines positiven Vermögenswertes vermieden, sondern die Begründung eines negativen Vermögenswertes. Im Ergebnis kommt eine Geldwäsche nach Steuerhinterziehung daher in der Tat nur bei der Erschleichung von Erstattungen und Vergütungen in Betracht.

III. Selbstanzeige

108 Die Selbstanzeige gemäß § 371 AO ermöglicht, auch nach Vollendung der Tat sicher Straffreiheit zu erlangen, sie stellt materiell-rechtlich einen persönlichen Strafaufhebungsgrund dar und hat erhebliche praktische Bedeutung. Als Reaktion auf geänderte Rechtsprechung des Bundesgerichtshofs²⁰⁶ wurden die Voraussetzungen einer strafbefreienden Selbstanzeige durch das Gesetz zur Verbesserung der Bekämpfung von Geldwäsche und Steuerhinterziehung (Schwarzgeldbekämpfungsgesetz) vom 28. April 2011²⁰⁷ enger gefasst und eine strafbefreiende Selbstanzeige, § 371 AO, für Steuerhinterziehungen mit einem Hinterziehungsvolumen von über 50.000 € generell ausgeschlossen, § 371 Abs. 2 Nr. 3 AO. Die nachfolgenden Ausführungen beruhen auf der neuen Rechtslage, auf Abweichungen der alten Rechtslage wird soweit möglich hingewiesen, eine zusammenhängende Darstellung der alten Rechtslage bietet die Vorauflage²⁰⁸. Generell handelt es sich bei § 371 AO um eine als solche eng auszulegende Ausnahmevorschrift²⁰⁹.

---

²⁰³ Vgl. BFH, Urt. v. 6.4.2000 – IV R 31/99, BFHE 192, 64 = BStBl. II 2001, 536.
²⁰⁴ *Joecks*, wistra 2002, 201 (204).
²⁰⁵ Graf/Jäger/Wittig – *Eschelbach*, § 261 StGB, Rn 16, m. w. N.
²⁰⁶ Beschl. v. 20.5.2010 – 1 StR 577/09, BGHSt 55, 180 = wistra 2010, 304 = NStZ 2010, 642.
²⁰⁷ BGBl. I 2011, 676.
²⁰⁸ Vorauflage (*Kummer*), 18. Kapitel, Rn. 101 ff.; vgl. auch *Randt*, Der Steuerfahndungsfall, 2004, Kap. B; *Rau*, FS Streck, 2011, S. 533.
²⁰⁹ BGH, Beschl. v. 20.5.2010 – 1 StR 577/09, BGHSt 55, 180 = wistra 2010, 304 = NStZ 2010, 642, unter 3.b).

III. Selbstanzeige

1. Allgemeines

a) Bedeutung und Rechtfertigung

Die Bedeutung der Selbstanzeige erhellt bereits daraus, dass nach Angaben der Bundesregierung im Jahr 2000 rund 27%, im Jahr 2006 immerhin noch rund 12% der abgeschlossenen Steuerstrafverfahren auf einer Selbstanzeige beruhten[210]. Dabei blieben diejenigen Fälle noch unberücksichtigt, in denen nach offensichtlich wirksamer Selbstanzeige von der Einleitung eines Steuerstrafverfahrens abgesehen wurde. Allein infolge des Ankaufs einer illegal hergestellten Datenträgers („Steuerdaten-CD") 2010 soll es über 20.000 Selbstanzeigen gegeben haben[211].

109

Als persönlicher Strafaufhebungsgrund wirkt die Selbstanzeige – von den Fällen der Drittanzeige (§ 371 Abs. 4 AO) abgesehen – nur für den Anzeigeerstatter selbst und schließt auch nur strafrechtliche Konsequenzen aus. Die Selbstanzeige hindert daher weder disziplinar- bzw. berufsrechtliche Konsequenzen noch die Anwendung der an eine Steuerhinterziehung anknüpfenden Vorschriften des Steuerverfahrensrechts betreffend Haftung (§ 71 AO), verlängerte Festsetzungsverjährungsfrist (§ 169 Abs. 2 Satz 2 AO) und Hinterziehungszinsen (§ 235 AO).

110

Der entscheidende Grund und die Rechtfertigung für die Möglichkeit der Selbstanzeige ist nach wie vor der Fiskalzweck[212]. Der Gedanke einer strafbefreienden Selbstanzeige ist dem deutschen Strafrecht grundsätzlich fremd[213]. Die Regelung des § 46a StGB ist wesentlich jünger als die Selbstanzeige und hat ganz andere Voraussetzungen[214], so dass die Selbstanzeige nicht als Ausdruck eines in § 46a StGB zum Ausdruck kommenden allgemeinen Rechtsgedankens verstanden werden kann. Soweit einzelne Tatbestände des Besonderen Teils des StGB Regelungen zur tätigen Reue enthalten[215], handelt es sich dabei ihrerseits um Ausnahmevorschriften, die Regelung des § 266a Abs. 6 StGB ist überhaupt erst der Selbstanzeige nachgebildet. Besonders deutlich wurde die fiskalisch motivierte Denkweise des Gesetzgebers an der Möglichkeit der „strafbefreienden Erklärung" 2004/2005, die sogar mit einem Rabatt auf die nachzuzahlende Steuer verbunden war[216].

111

Eine Überhöhung der Selbstanzeige als „vollständige Rückkehr in die Steuerehrlichkeit"[217] geht auch und gerade nach der Neuregelung am Wortlaut des Gesetzes vorbei. Danach ist zwar die lediglich einkunftsarten- oder gar nur einkunftsquellenbezogene bzw. die betriebsbezogene Teilselbstanzeige künftig ausgeschlossen, die steuerartenbezogene Teilselbstanzeige aber weiterhin möglich.

112

Nachdem der Gesetzgeber hat sich grundsätzlich für die Selbstanzeige entschieden hat, setzt ihr Zweck voraus, dass sie für den Anzeigeerstatter kalkulierbar bleibt und er nicht gezwungen wird, sich gleichsam blindlings und „auf Gedeih und Verderb" auszuliefern. Dies ist namentlich für die Anwendung der absoluten Sperrgründe gemäß § 371 Abs. 2 Nrn. 1 und 2 AO zu berücksichtigen.

113

b) Verhältnis zu anderen Rechtsinstituten

Berührungspunkte bzw. Überschneidungen der Selbstanzeige bestehen namentlich mit § 153 AO, § 24 StGB und § 46a StGB. Mit § 153 AO besteht insofern eine Überschneidung[218], als § 153 AO nicht nur die schlichte Nacherklärung nach ursprünglich vorsatzloser Falsch- bzw.

114

---

[210] BT-Drs. 16/8661, S. 5 f.
[211] *Rau*, FS Streck, 2011, S. 533 (534).
[212] So auch noch Klein – *Jäger*, 10. Auflage 2009, § 371 AO, Rn 1; a. A. nunmehr Klein – *Jäger*, 11. Auflage 2012, § 371 AO, Rn 1.
[213] BayObLG, Beschl. v. 23.1.1985 – RReg. 4 St 309/84, BayObLGSt 1985, 18 = wistra 1985, 117; *Kratzsch*, DStJG 6, S. 283 (287).
[214] *Brauns*, wistra 1996, 214 (215 ff.); *Klawitter*, DStZ 1996, 553 (554).
[215] Vgl. Graf/Jäger/Wittig – *Rolletschke*, § 371 AO, Rn 3.
[216] Sehr zu Recht krit. hierzu Vorauflage (*Kummer*), 18. Kapitel, Rn 102 a. E.
[217] BGH, Beschl. v. 20.5.2010 – 1 StR 577/09, wistra 2010, 304 = NStZ 2010, 642; dagegen *Beckemper/Schmitz/Wegner/Wulf*, wistra 2011, 281 (282).
[218] A. A. *Habammer*, DStR 2010, 2425 (2430).

Nichterklärung verlangt, sondern auch die Selbstanzeige nach bedingt-vorsätzlicher Steuerhinterziehung[219]. Ob eine schlichte Nacherklärung oder eine Selbstanzeige vorliegt, ergibt sich bei objektiv falscher Erklärung und deswegen eingetretener Steuerverkürzung bzw. deswegen eingetretenem nicht gerechtfertigten Steuervorteil allein aus dem subjektiven Tatbestand. Bei der Entscheidung, ob von einer ursprünglich vorsätzlich unrichtigen bzw. unvollständigen Erklärung ausgegangen wird, sind alle Umstände des Einzelfalls zu würdigen, insbesondere der persönliche Wissens- und Erfahrungsstand des Steuerpflichtigen und die sachliche und rechtliche Schwierigkeit des Besteuerungssachverhalts. Einen Erfahrungssatz, wonach bei einer bestimmten steuerlichen Auswirkung oder bei bestimmten Besteuerungstatbeständen Vorsatz anzunehmen oder zu verneinen ist, gibt es nicht. Die Verwaltungsauffassung misst der ausdrücklichen Bezeichnung als „Selbstanzeige" eine gewisse Indizfunktion zu (vgl. AStBV(St) 2013 Nr. 132 Abs. 1).

115   Anders als § 24 StGB, der nur für das Versuchsstadium gilt, knüpft § 371 AO explizit an § 370 AO an und setzt damit dem Wortlaut nach eine vollendete Steuerstraftat voraus. Die Praxis geht jedoch allgemein davon aus, dass § 24 StGB und § 371 AO beim Versuch einer Steuerstraftat nebeneinander anwendbar sind[220]. Gibt der Steuerpflichtige eine zwar unrichtige oder unvollständige Steuererklärung ab, die aber nicht ohne weiteres als solche erkennbar ist, wird er zunächst regelmäßig im Wesentlichen antragsgemäß veranlagt werden, so dass mit der Abgabe ein vollendeter Versuch (§ 24 Abs. 1 Satz 1, 2. Alt. StGB) vorliegt. Die Anforderungen an eine wirksame Rücktrittshandlung entsprechen dann regelmäßig denjenigen der Selbstanzeige, Unterschiede bestehen allerdings im Hinblick auf die „Freiwilligkeit" des Rücktritts einerseits, die negativen Wirksamkeitsvoraussetzungen der Selbstanzeige andererseits.

116   § 46a Nr. 2 StGB, nicht hingegen § 46a Nr. 1 StGB, wird von der Rechtsprechung des Bundesgerichtshofs auch im Steuerstrafrecht (ausnahmsweise) für anwendbar gehalten, er soll weder von § 371 AO verdrängt werden noch seinem Wesen nach im Steuerstrafrecht unanwendbar sein[221]. Während allerdings eine Selbstanzeige nur außerhalb eines Steuerstrafverfahrens wirksam möglich ist, kommt § 46a StGB erst im Steuerstrafverfahren bzw. bei dessen Abschluss zum Tragen.

2. Positive Wirksamkeitsvoraussetzungen

117   Im Umgang mit der Selbstanzeige werden allgemein positive und negative Wirksamkeitsvoraussetzungen unterschieden. Positiv setzt die Selbstanzeige voraus, dass der richtige Anzeigeerstatter eine formal und inhaltlich anforderungsgerechte Erklärung bei der zuständigen Finanzbehörde anbringt (§ 371 Abs. 1 AO) und gegebenenfalls zu seinen Gunsten hinterzogene Steuern nachzahlt (§ 371 Abs. 3 AO).

a) Person des Anzeigeerstatters

118   Selbstanzeige kann jeder Tatbeteiligte (Täter oder Teilnehmer) erstatten. Eine Selbstanzeige durch einen Dritten ist nur wirksam, wenn dieser vorab entsprechend beauftragt und bevollmächtigt war, allein der mutmaßliche Wille des Beteiligten oder die Genehmigung einer ohne Vollmacht von einem Dritten erstatteten Selbstanzeige sind nicht ausreichend[222].

b) Adressatin der Selbstanzeige

119   Die Selbstanzeige ist bei „der Finanzbehörde" zu erstatten, wobei die Legaldefinition des § 6 Abs. 2 AO gilt. Die Selbstanzeige kann daher gegenüber jedem Amtsträger einer der dort ge-

---

[219] S. oben II.4.b)bb).
[220] BGH, Urt. v. 5.5.2004 – 5 StR 548/03, BGHSt 49, 136 = wistra 2004, 309 = NJW 2005, 2720; s. auch Franzen/Gast/Joecks – *Joecks*, 7. Auflage 2009, § 369 AO, Rn 64 ff.
[221] BGH, Beschl. v. 20.1.2010 – 1 StR 634/09, NStZ-RR 2010, 147; ebenso Klein – *Jäger*, 11. Auflage 2012, § 371 AO, Rn 100 ff., jeweils m. w. N.; a. A. *Peters*, NZWiSt 2012, 201 (205; auch § 46a Nr. 1 StGB).
[222] BGH, Urt. v. 5.5.2004 – 5 StR 548/03, BGHSt 49, 136 = wistra 2004, 309 = NJW 2005, 2720; Graf/Jäger/Wittig – *Rolletschke*, § 371 AO, Rn 14 ff.

III. Selbstanzeige

nannten Behörden abgegeben werden, ohne Beschränkung nach dem Rechtsträger oder der örtlichen und sachlichen Zuständigkeit der Behörde oder der behördeninternen Zuständigkeit des Amtsträgers. Wegen der Pflicht zur gegenseitigen Amtshilfe (§ 111 AO) sind insofern sämtliche Finanzbehörden als Einheit anzusehen. Die Selbstanzeige muss dem Amtsträger jedoch in dienstlicher Eigenschaft mitgeteilt werden, eine private Kenntniserlangung ist nicht ausreichend. Sie wird wirksam, sobald sie in den Machtbereich der Behörde gelangt, die internen Abläufe der Behörde sind der Einflussnahme des Anzeigeerstatters entzogen und können ihm daher auch nicht entgegengehalten werden. Eine Selbstanzeige, die in der Frühleerung des Amtsbriefkastens enthalten ist, kann daher auch dann wirksam sein, wenn am gleichen Tag noch vor der Frühleerung ein Sperrgrund geschaffen wurde.

Ob auch die bei einer in § 116 AO genannten Stelle, namentlich der Staatsanwaltschaft, angebrachte Selbstanzeige wirksam ist, hat der Bundesgerichtshof ausdrücklich offengelassen[223]. Richtigerweise wird eine dort abgegebene Selbstanzeige erst mit Eingang bei der Finanzbehörde im soeben genannten Sinn wirksam[224]. Insbesondere dann, wenn der Eintritt eines Sperrgrundes (§ 371 Abs. 2 AO) droht, ist die Selbstanzeige daher zweckmäßigerweise bei einer der in § 6 Abs. 2 AO genannten Stellen, vorzugsweise bei dem sachlich und örtlich zuständigen Finanzamt und in Abdruck bei der zuständigen Steuerfahndungsstelle einzureichen[225]. Die Staatsanwaltschaft darf eine (irrtümlich) bei ihr abgegebene Selbstanzeige aber nach dem Sinn des § 116 AO nicht zum Anlass nehmen, vor Weiterleitung an die Finanzbehörde ein Steuerstrafverfahren einzuleiten.

120

c) Form und Inhalt der Selbstanzeige

Die Selbstanzeige erfordert keine besondere Form und kann daher auch mündlich, fernmündlich, per Telefax oder in elektronischer Form erstattet werden. Aus Beweisgründen ist jedoch die Schriftform vorzugswürdig und allgemein üblich. Die Selbstanzeige braucht auch nicht ausdrücklich als solche bezeichnet zu werden oder einen Hinweis auf § 371 AO zu enthalten, sondern kann neutral als Berichtigung, Nacherklärung usw. überschrieben sein oder auf § 153 AO Bezug nehmen. Speziell im Umsatzsteuerrecht ist eine richtige, vollständige und fristgemäße Umsatzsteuer-Jahreserklärung als Selbstanzeige bezüglich unrichtiger oder fehlender Umsatzsteuer-Voranmeldungen anzusehen[226].

121

Der Inhalt der Selbstanzeige muss das Finanzamt in die Lage versetzen, sich ohne umfangreiche weitere Ermittlungen vom Besteuerungssachverhalt zu überzeugen und die Steuerfestsetzung vorzunehmen[227]. Die Selbstanzeige muss zumindest alle Angaben über steuerbegründende bzw. steuererhöhende Umstände enthalten, die auch in einer ordnungsgemäßen Steuererklärung zu machen wären. Pauschale Hinweise auf Fehler in früheren Steuererklärungen, die bloße Anerkenntnis eines entsprechenden Vorhalts durch die Finanzbehörde oder die Anregung zur Durchführung einer Betriebsprüfung sind nicht ausreichend. Der Steuerpflichtige muss selbst „Material liefern", wobei es nicht genügt, die verkürzten Steuern nur nach Steuerart und Besteuerungszeitraum, bei der Einkommensteuer ggf. noch nach Einkunftsart oder Einkunftsquelle zu spezifizieren (sog. „Selbstanzeige dem Grunde nach") und ggf. Angaben zur Höhe nachzuschieben („gestufte Selbstanzeige"). Wenn die exakte Höhe der Einkünfte in der zur Verfügung stehenden Zeit nicht ermittelt werden kann, ist sie zweckmäßigerweise unter Berücksichtigung großzügiger „Sicherheitszuschläge" zu schätzen und die nähere Aufklärung des Sachverhalts dem folgenden Veranlagungsverfahren vorzubehalten[228].

122

---

[223] BGH, Urt. v. 18.6.2003 – 5 StR 489/02, wistra 2003, 385.
[224] Klein – *Jäger*, 11. Auflage 2012, § 371 AO, Rn 34.
[225] *Randt*, Der Steuerfahndungsfall, 2004, Rn B 32.
[226] BGH, Beschl. v. 25.7.2011 – 1 StR 631/10, BGHSt 56, 298 = wistra 2011, 428 = NZWiSt 2012, 105, unter II. Vgl. auch AStBV(St) 2013 Nr. 132 Abs. 2.
[227] BGH, Urt. v. 18.6.2003 – 5 StR 489/02, wistra 2003, 385.
[228] BGH, Beschl. v. 20.5.2010 – 1 StR 577/09, BGHSt 55, 180 = wistra 2010, 304 = NStZ 2010, 642, unter 5; a. A. *Rau*, FS Streck, 2011, S. 533 (539).

123 Der Teilnehmer an einer Steuerhinterziehung muss zumindest den von ihm erbrachten Tatbeitrag aufdecken[229]. Andererseits sind auch nach der Änderung des § 371 AO über die Berichtigung bzw. Nachholung der ursprünglich falschen bzw. fehlenden Steuererklärung hinaus keine weiteren Angaben erforderlich. Der Anzeigeerstatter muss – auch und gerade vor dem Hintergrund möglicher steuerrechtlicher Folgen (§§ 71, 169 Abs. 2, § 235 AO)[230] – weder ein förmliches Geständnis ablegen noch sich in anderer Form zum Vorsatz oder zur Fahrlässigkeit bezüglich seiner Mitwirkungspflichtverletzung äußern[231] oder Angaben über etwaige weitere Tatbeteiligte machen.

124 Nach der Neufassung des § 371 AO ist allerdings eine Korrektur „zu allen unverjährten Steuerstraftaten einer Steuerart in vollem Umfang" erforderlich. Hierdurch sollte nach der Zielrichtung der Gesetzesinitiative die „taktische" Selbstanzeige, die „dolose Teilselbstanzeige" ausgeschlossen werden. Dabei dürfte die Gesetzesinitiative primär an Selbstanzeigen nach Hinterziehung von Einkommensteuer auf Kapitalerträge gedacht haben[232], es ergeben sich aber zugleich Auswirkungen auf andere Fallkonstellationen[233], die zum Teil wenig überzeugend erscheinen. Nach den jüngsten Entscheidungen des Bundesgerichtshofs ist zu erwarten, dass die Rechtsprechung die Neuregelung im Sinne strenger Anforderungen an eine strafbefreiende Selbstanzeige auslegen wird. Bis sich Rechtsprechung und Steuerverwaltung positioniert haben, ist dem Steuerpflichtigen sofern noch kein Sperrgrund eingetreten ist im Zweifel eher zu einer möglichst frühzeitigen und rückhaltlosen Offenlegung aller Unregelmäßigkeiten zu raten. Sowohl der Wortlaut, der ausdrücklich von „Steuerstraftaten" spricht, als auch der mit der Neuregelung verfolgte Zweck legen allerdings nahe, dass sonstige, nicht vorsätzliche Fehler unabhängig von einer schon erstatteten Selbstanzeige korrigiert werden können, gegebenenfalls auch erst nach Eintritt eines Sperrgrundes (§ 371 Abs. 2 AO), ohne dadurch die Wirksamkeit der Selbstanzeige zu gefährden.

125 Durch die ausdrückliche geforderte vollumfängliche Korrektur sollte zugleich der Debatte um eine „unschädliche Geringfügigkeitsgrenze", bis zu der Abweichungen der Straffreiheit nicht entgegenstehen, bzw. um die „undolose Teilselbstanzeige" der Boden entzogen sein. Bei konsequenter Anwendung des Gesetzes kann weder in dem einen noch in dem anderen Fall Straffreiheit eintreten[234]. Billigkeitserwägungen finden im Wortlaut[235] des § 371 AO keinen Anhaltspunkt, ihnen kann im Steuerstrafrecht wie auch sonst gegebenenfalls durch Einstellung des Strafverfahrens gemäß §§ 153, 153a StPO ausreichend Rechnung getragen und dadurch dem Anzeigeerstatter die ersehnte Straffreiheit gewährt werden. Der Bundesgerichtshof[236] hat allerdings eine Geringfügigkeitsgrenze von maximal 5% des Hinterziehungsvolumens angenommen, andererseits die Geringfügigkeit auch an subjektiven Voraussetzungen festgemacht und damit für Anzeigeerstatter und Finanzbehörden gleichermaßen zusätzliche Abgrenzungsschwierigkeiten und Rechtsunsicherheit begründet.

126 Wenn etwa bei Großunternehmen und Konzernen Umsatzsteuer-Voranmeldungen zunächst auf Grundlage von Schätzungen abgegeben und sukzessive berichtigt werden[237], bedarf es hingegen keines Rückgriffs auf die Selbstanzeige, um zu dem einzig sachgerechten Ergebnis der Straffreiheit zu gelangen. Ist wegen der kurzen Voranmeldungsfristen eine vollständige Erfassung aller Geschäftsvorfälle nicht oder nur mit gänzlich unzumutbarem Aufwand möglich, liegt bezüglich der Abgabe der Umsatzsteuer-Voranmeldung eine rechtfertigende

---

[229] Franzen/Gast/Joecks – *Joecks*, 7. Auflage 2009, § 371 AO, Rn 63.
[230] Vgl. *Rau*, FS Streck, 2011, S. 533 (538).
[231] *Kratzsch*, DStJG 6, S. 283 (294).
[232] Vgl. *Schmitz*, FS Achenbach, 2011, S. 477 (483).
[233] Im Einzelnen *Beckemper/Schmitz/Wegner/Wulf*, wistra 2011, 281 (282 f.); *Hechtner*, DStZ 2011, 265 (267 f.); *Rolletschke/Roth*, Stbg 2011, 200 (201); *Zanzinger*, DStR 2011, 1397.
[234] A. A. *Beckemper/Schmitz/Wegner/Wulf*, wistra 2011, 281 (283 f.); *Jope*, NZWiSt 2012, 59 (61 f.).
[235] Vgl. bereits BVerfG, Urt. v. 21.5.1952 – 2 BvH 2/52, BVerfGE 1, 299 f.; zuletzt etwa BGH, Urt. v. 15.11.2007 – 4 StR 435/07, BGHSt 52, 89 = NStZ 2008, 86, unter 2. a) dd).
[236] BGH, Beschl. v. 25.7.2011 – 1 StR 631/10, BGHSt 56, 298 = wistra 2011, 428 = NZWiSt 2012, 105, unter II. 3. c.; krit. dazu *Prowatke/Kelterborn*, DStR 2012, 640.
[237] *Schmitz*, FS Achenbach, 2011, S. 477 (485); *Spatscheck*, FS Streck, 2011, S. 581 (594); *Wulf*, AG 2010, 540 (542); dazu nunmehr auch AStBV(St) 2013 Nr. 132 Abs. 2 Satz 1.

III. Selbstanzeige

Pflichtenkollision[238] vor. Dem Steuerpflichtigen bleibt nur die Wahl, entweder eine bedingt-vorsätzlich unrichtige (§ 370 Abs. 1 Nr. 1 AO) oder pflichtwidrig überhaupt keine Umsatzsteuer-Voranmeldung abzugeben (§ 370 Abs. 1 Nr. 2 AO). Er handelt daher nicht rechtswidrig, wenn er eine Umsatzsteuer-Voranmeldung abgibt, die seinem aktuellen Kenntnisstand entspricht, um die zu diesem Zeitpunkt bestmögliche Verwirklichung des staatlichen Steueranspruchs zu veranlassen. Geht man in diesem und ähnlichen Fällen von einer rechtfertigenden Pflichtenkollision aus, ist auch klar, weshalb jeweils von der Festsetzung von Hinterziehungszinsen, § 235 AO, abgesehen wird, die ansonsten von einer Selbstanzeige unberührt bleiben müssten.

d) Nachzahlung hinterzogener Steuern

Die strafbefreiende Wirkung der Selbstanzeige ist darüber hinaus von der fristgerechten Nachzahlung evtl. bereits hinterzogener Steuern abhängig (§ 371 Abs. 3 AO). „Steuern" ist dabei wörtlich zu verstehen, Ausstände bei steuerlichen Nebenleistungen (§ 3 Abs. 4 AO), insbesondere auch Hinterziehungszinsen (§ 235 AO), stehen der Straffreiheit grundsätzlich nicht entgegen[239], die Rechtsprechung nimmt allerdings eine Ausnahme für Zinsen gemäß § 233a AO auf (fiktive) Steuererstattungen an[240].

Nachzuzahlen ist der Nominalbetrag der infolge Hinterziehung verkürzten Steuer bzw. des aufgrund Hinterziehung erlangten steuerlichen Vorteils. Dieser Betrag kann mit der Nachzahlung, die sich aus dem aufgrund der Selbstanzeige erlassenen (ggf. geänderten) Steuerbescheid ergibt, identisch sein, es ist allerdings nicht ausgeschlossen, dass sich aufgrund der unterschiedlichen Beweismaßstäbe oder weil es neben einer vorsätzlichen auch zu fahrlässigen bzw. undolosen Steuerverkürzungen gekommen ist, Abweichungen ergeben; soweit für die Nachforderung mit dem Steuerbescheid verbunden oder auf diesen Bezug genommen wird, ist dann entsprechend zu differenzieren[241].

Für die Steuerhinterziehung auf Zeit gelten insofern keine Besonderheiten, die Nachzahlung ist auch hier auf den Nominalbetrag und nicht lediglich den Zinsschaden gerichtet[242]. Beruht die tatbestandliche Steuerhinterziehung hingegen lediglich auf der Anwendung des Kompensationsverbots, besteht kein Steueranspruch und kann dementsprechend auch keine Nachzahlung gefordert werden. Bei Erlangung anderer nicht gerechtfertigter steuerlicher Vorteile bestimmt sich die Nachzahlung nach deren wirtschaftlichem Wert[243].

Die Nachzahlung trifft allerdings nur den Begünstigten der Steuerhinterziehung. (Mit-)Täter oder Teilnehmer, die aus der Steuerhinterziehung selbst keinen Vorteil gezogen haben, werden auch ohne Nachzahlung straffrei. Die Begünstigung ist nach wirtschaftlichen Gesichtspunkten zu ermitteln, so dass nicht nur derjenige, der eigene Steuern verkürzt hat, begünstigt ist, sondern auch, wer fremde Steuern verkürzt hat, wenn er daraus unmittelbar einen eigenen wirtschaftlichen Vorteil hat, z. B. als Alleingesellschafter-Geschäftsführer einer GmbH aus der Verkürzung von deren Körperschafts-, Umsatz- und Gewerbesteuer[244]. Entscheidend ist insofern, dass der Gesellschafter jederzeit die Liquidation durchführen und dann unbeschränkt auf das Gesellschaftsvermögen zugreifen kann. Demgegenüber wäre ein lediglich angestellter Geschäftsführer, der auf Veranlassung der Anteilseigner eine Steuerhinterziehung begeht, um eine Kündigung seines Anstellungsvertrags abzuwenden oder eine Gehaltserhöhung zu erreichen, kein Begünstigter. Zwar erlangt auch er aufgrund der Steuerhinterziehung einen Vorteil, der allerdings von einer zusätzlichen Entscheidung der Gesellschafter abhängig ist.

---

[238] Ausführlich dazu Graf/Jäger/Wittig – *Dannecker*, vor §§ 32 ff. StGB, Rn 32 ff., m. w. N.
[239] BayObLG, Beschl. v. 1.12.1980 – RReg. 4 St 241/80, BayObLGSt 1980, 142 = NStZ 1981, 147; Klein – *Jäger*, 11. Auflage 2012, § 371 AO, Rn 86.
[240] BGH, Urt. v. 6.6.2007 – 5 StR 127/07, BGHSt 51, 356 = wistra 2007, 388 = NStZ 2007, 589, unter II. 1. a) ee) (2).
[241] Franzen/Gast/Joecks – *Joecks*, 7. Auflage 2009, Rn 103.
[242] Klein – *Jäger*, 11. Auflage 2012, § 371 AO, Rn 84 f., auch zum Folgenden.
[243] Graf/Jäger/Wittig – *Rolletschke*, § 371 AO, Rn 159.
[244] Hübschmann/Hepp/Spitaler – *Rüping*, § 371 AO, Rn 105.

131 Bei Zahlungen ohne Tilgungsbestimmung bestimmt sich die Tilgungsreihenfolge zwingend nach der Art der Außenstände (§ 225 Abs. 2 Satz 1 AO), innerhalb der gleichen Art nach der Fälligkeit (§ 225 Abs. 2 Satz 2, 1. Halbsatz AO), erst im Rahmen der finanzbehördlichen Ermessensentscheidung (§ 225 Abs. 2 Satz 2, 2. Halbsatz AO) greift der Gedanke der „Lästigkeit" ein[245]. Es wird also grundsätzlich z. B. laufende Lohnsteuer vor hinterzogener Einkommensteuer getilgt und „ältere" regulär erklärte Einkommensteuer vor „jüngerer" hinterzogener Umsatzsteuer. In Ausnahmefällen kann von einer konkludenten Tilgungsbestimmung ausgegangen werden, wenn z. B. zusammen mit der Selbstanzeige ein Scheck über die aus der Selbstanzeige resultierende Steuernachzahlung übergeben wird. Gleichwohl sollten Zahlungen aufgrund einer Selbstanzeige im Interesse des Anzeigeerstatters nur mit ausdrücklicher Tilgungsbestimmung erfolgen, insbesondere wenn absehbar ist, dass die liquiden Mittel nicht zur vollständigen Tilgung aller Außenstände einschließlich der nicht strafbefangenen ausreichen.

132 Die Zahlungsfrist gemäß § 371 Abs. 3 AO wird im Rahmen des Steuerstrafverfahrens festgesetzt, sie obliegt der Staatsanwaltschaft bzw. der Bußgeld- und Strafsachenstelle („BuStra"). Die strafbefreiende Zahlung kann allerdings bereits vor der Fristsetzung erfolgen. Wenn eine gesonderte steuerstrafrechtliche Fristsetzung unterbleibt, gilt mindestens die im geänderten Steuerbescheid genannte Zahlungsfrist. Wird Antrag auf Aussetzung der Vollziehung gestellt, sollte dann parallel eine Verlängerung der Zahlungsfrist gemäß § 371 Abs. 3 AO beantragt werden[246].

3. Negative Wirksamkeitsvoraussetzungen

133 Trotz Erfüllung der positiven Wirksamkeitsvoraussetzungen gemäß § 371 Abs. 1, 3 AO tritt keine Straffreiheit ein, wenn einer der Sperrgründe des Abs. 2 gegeben ist. Die Sperrgründe gemäß § 371 Abs. 2 Nr. 1 und 2 erfassen in typisierender Weise Konstellationen, in denen die Aufdeckung der Tat und damit die Erfassung der Steuerquellen auch ohne Selbstanzeige hinreichend wahrscheinlich war und damit der Grund für die Gewährung der Straffreiheit entfällt. In den Fällen des § 371 Abs. 2 Nr. 3 AO wurde im Hinblick auf das Ausmaß der Steuerhinterziehung die dann in § 398a Nr. 2 AO geregelte „Zusatzleistung" für erforderlich gehalten[247]. Allen Sperrgründen gemeinsam ist, dass ihre Anwendung, da die Rückausnahme zu § 371 Abs. 1 AO (erneut) strafbarkeitsbegründend wirkt, dem strafrechtlichen Analogieverbot und der strengen Gesetzesbestimmtheit gemäß Art. 103 Abs. 2 GG unterliegt[248].

a) Bekanntgabe einer Prüfungsanordnung

134 Die (förmliche, § 196 AO) Bekanntgabe einer Prüfungsanordnung (§ 371 Abs. 2 Nr. 1 a) AO) wurde als Sperrgrund durch das Schwarzgeldbekämpfungsgesetz neu aufgenommen und im Gesetzgebungsverfahren insofern von einer „zeitlichen Vorverlegung der Sperrwirkung"[249] ausgegangen. Die Selbstanzeige bleibt gleichwohl – ihrem Zweck entsprechend – planbar[250], wenn die förmliche Prüfungsanordnung dem Steuerpflichtigen oder seinem Berater wie vielfach üblich vorab angekündigt, zum Teil auch gezielt mit ihnen abgestimmt wird[251]. Der Steuerpflichtige und sein Berater können daher weiterhin abwarten, bis der Eintritt der Sperrwirkung absehbar wird, sich gegebenenfalls auch noch tatsächlichem Zugang der Prüfungsanordnung auf die Dreitagesfiktion (§ 122 Abs. 2 Nr. 1 AO) berufen, um „die Not-

---

[245] Etwas unklar insofern Franzen/Gast/Joecks – *Joecks*, 7. Auflage 2009, § 371 AO, Rn 123.
[246] *Randt*, Der Steuerfahndungsfall, 2004, Rn B 34.
[247] BT-Drs. 17/5067 (neu), S. 20; weitgehend wortlautgleich die Stellungnahme des Berichterstatters der Regierungsfraktionen Abg. *Kolbe*, Plenarprotokoll 17/96, S. 10954.
[248] BGH, Beschl. v. 20.5.2010 – 1 StR 577/09, BGHSt 55, 180 = wistra 2010, 304 = NStZ 2010, 642, unter 3.b).
[249] BT-Drs. 17/4182, S. 5.
[250] *Beckemper/Schmitz/Wegner/Wulf*, wistra 2011, 281 (282 f.); *Spatscheck/Höll*, AG 2011, 331 (333).
[251] Gegen diese Praxis *Kemper*, NZWiSt 2012, 56 (58).

III. Selbstanzeige **20**

bremse zu ziehen". In Zweifelsfällen hat ohnehin die Finanzbehörde bzw. Staatsanwaltschaft den Sperrgrund nachzuweisen[252].

Die Neuregelung ist allerdings sachgerecht in den an Bedeutung zunehmenden Fällen, in denen der Steuerpflichtige aufgrund der Prüfungsanordnung elektronische Daten zur Verfügung stellt und die Prüfung zunächst an Amtsstelle erfolgt[253]. Der tatsächliche Beginn der Prüfungsmaßnahmen ist für den Steuerpflichtigen hier nicht erkennbar, das Abstellen auf die Prüfungsanordnung dient der Rechtsklarheit. 135

Wird die Sperrwirkung durch die Bekanntgabe der Prüfungsanordnung ausgelöst, bezeichnet deren Umfang zugleich den Umfang der Sperrwirkung[254], eine nichtige oder erfolgreich angefochtene Prüfungsanordnung kann keine Sperrwirkung entfalten[255]. Ist demgemäß auch nur für eine Tat einer „Berichtigungseinheit" gemäß § 371 Abs. 1 AO ein Sperrgrund gegeben, entfaltet er Infektionswirkung und schließt die strafbefreiende Wirkung für alle Taten der „Berichtigungseinheit" (d. h. für alle nicht verjährten Steuerhinterziehungen bezüglich dieser Steuerart) aus, woraus sich insbesondere bei anschlussgeprüften Betrieben eine sehr weitgehende Sperrwirkung ergeben kann[256]. 136

b) Einleitung eines Straf- oder Bußgeldverfahrens

Die dem Täter oder seinem Vertreter bekannt gegebene Einleitung eines Straf- oder Bußgeldverfahrens (§ 371 Abs. 2 Nr. 1 b) AO) begründete bereits vor Neuordnung der Selbstanzeige einen Sperrgrund. Entscheidend ist insofern, dass nicht bereits die Einleitung (§ 397 Abs. 1 AO), sondern erst deren Bekanntgabe maßgebend ist. Diese Einschränkung ist mit Rücksicht auf den Zweck der Selbstanzeige sachgerecht, weil eine Mitteilung der Einleitung an den Beschuldigten nicht zwingend ist und der Steuerpflichtige vielfach von der Selbstanzeige abgehalten würde, wenn er das Vorliegen eines Sperrgrundes nicht zumindest mit hoher Wahrscheinlichkeit ausschließen könnte. Es ist daher zu begrüßen, dass diesbezügliche Änderungsvorschläge[257] nicht weiter verfolgt wurden. 137

Bei Bekanntgabe der Einleitung eines Straf- oder Bußgeldverfahrens wird der Umfang der Sperrwirkung durch den in der Bekanntgabe bezeichneten Gegenstand des Verfahrens bestimmt[258]. Die Bekanntgabe kann sowohl durch ausdrücklich erfolgen, wobei eine besondere Form nicht vorgeschrieben ist, als auch konkludent, typischerweise durch Übergabe eines Durchsuchungsbeschlusses. Erfolgt die Bekanntgabe lediglich mündlich, ist sie unverzüglich in geeigneter Form (Protokollnotiz bzw. Aktenvermerk) zu dokumentieren. Auch hier gilt die Infektionswirkung für die gesamte Berichtigungseinheit. 138

c) Erscheinen eines Amtsträgers

§ 371 Abs. 2 Nr. 1 c) AO entspricht weitgehend dem alten § 371 Abs. 2 Nr. 1 a) AO, allerdings gilt ebenso wie in den anderen Fällen des neuen § 371 Abs. 2 Nr. 1 AO die Infektionswirkung. Im Gesetzgebungsverfahren wurde insofern die Annahme geäußert, durch die neue Nr. 1 a) werde das „Erscheinen" als bisher häufigster Sperrgrund nur noch ausnahmsweise relevant[259]. Die frühere Diskussion, wann der Prüfer bei einer Prüfung an Amtsstelle in diesem Sinne „erscheint", dürfte durch die Gesetzesänderung jedenfalls hinfällig geworden sein. 139

Auch die Feinheiten der „Fußmattentheorie" sind jedenfalls für die Betriebsprüfung bedeutungslos geworden und nur noch außerhalb der Betriebsprüfung relevant, wenn der 140

---

[252] Hierzu *Kemper*, NZWiSt 2012, 56 (58). Zu den Konsequenzen für die Mitwirkung bei der Außenprüfung *Pflaum*, StBp 2013, 217.
[253] *Habammer*, StBW 2011, 310 (314); dazu auch *Rau*, FS Streck, 2011, S. 533 (548).
[254] *Habammer*, DStR 2010, 2425 (2431).
[255] BGH, Beschl. v. 16.6.2005 – 5 StR 118/05, wistra 2005, 381 = NStZ 2006, 45, unter II. 3. c) aa) (2).
[256] *Zanzinger*, DStR 2011, 1397 (1400); krit. *Beckemper/Schmitz/Wegner/Wulf*, wistra 2011, 281 (289); *Kemper*, NZWiSt 2012, 56 (57, 59).
[257] BR-Drs. 318/1/10.
[258] Klein – *Jäger*, § 371 AO, 11. Auflage 2012, § 371 AO, Rn 40.
[259] BT-Drs. 17/4182, S. 5.

Amtsträger ohne vorherige Prüfungsanordnung erscheint. Entscheidend sind insofern die Umstände des Einzelfalls, grundsätzlich kommt es aber darauf an, ob der Amtsträger persönlich das Grundstück betreten hat, auf dem die Prüfung stattfinden soll, um dort zu prüfen, bzw. – nach einer im Schrifttum bestrittenen obergerichtlichen Entscheidung – ob er mit dieser Absicht zumindest in Sichtweite des Anzeigeerstatters gelangt ist[260]. Wenn er, bildlich gesprochen, bereits den Vorgarten bzw. das Fabriktor durchschritten hat und vor dem Wohnhaus bzw. dem Verwaltungsgebäude „auf der Fußmatte" steht, ist es also für die Selbstanzeige gerade zu spät.

141 Die Neufassung des § 371 AO verdeutlicht, dass eine Prüfung im Sinne des § 371 Abs. 2 Nr. 1 c) AO keine förmliche Prüfungsanordnung voraussetzt, also auch bei der Umsatzsteuer-Nachschau und der Betriebsnahen Veranlagung gegeben ist[261]. Prüfung in diesem Sinne ist darüber hinaus bei Steuerhinterziehung unter Beteiligung von Amtsträgern die Geschäftsprüfung[262], vor allem aber die Fahndungsprüfung. Zwar trifft das Erscheinen bei der Fahndungsprüfung regelmäßig mit der Bekanntgabe der Einleitung des Steuerstrafverfahrens zusammen, eine eigenständige Bedeutung des § 371 Abs. 2 Nr. 1 c) AO ergibt sich jedoch aus dem Umfang der Sperrwirkung.

142 In Ermangelung einer Prüfungsanordnung ergibt sich der Umfang der Sperrwirkung aus dem Ermittlungsauftrag bzw. dem (objektivierten) Ermittlungswillen des Beamten, bei Durchsuchungen der Steuerfahndung regelmäßig aus dem Durchsuchungsbeschluss, er erfasst aber über den so bestimmten Prüfungsgegenstand hinaus auch Sachverhalte, die mit ihm „in sachlichen Zusammenhang stehen" und bei denen deswegen die Einbeziehung in die Prüfung absehbar war[263]. Bei Fahndungsprüfungen ist davon auszugehen, dass jeglichen Hinweisen auf nicht verjährte Steuerstraftaten gegebenenfalls auch aufgrund von Zufallsfunden nachgegangen wird, demgegenüber tritt bei der Umsatzsteuer-Nachschau und der Betriebsnahen Veranlagung nur für die konkret geprüfte(n) Steuerart(en) Sperrwirkung ein.

d) Tatentdeckung

143 Für die Tatentdeckung (§ 371 Abs. 2 Nr. 2 AO) genügt ein bloßer Anfangsverdacht nicht, sondern es muss nach dem Kenntnisstand der Finanzbehörde bzw. Staatsanwaltschaft eine Verurteilung wegen der durch Steuerart, Besteuerungszeitraum und Steuerpflichtigen abgegrenzten einzelnen Tat überwiegend wahrscheinlich gewesen sein[264]. Das bloße Bekanntwerden einer Steuerquelle ist nach neuerer Rechtsprechung ausreichend, wenn im konkreten Einzelfall die Art der Steuerquelle oder ihres Bekanntwerdens eine Steuerhinterziehung nahe legt, ansonsten soll jedenfalls die nach Vergleich mit den Steuerakten gewonnene Kenntnis von der Fehlerhaftigkeit der Steuererklärungen genügen. Nach dieser Rechtsprechung kann im Übrigen auch die „erste Stufe" einer „gestuften" Selbstanzeige, die Offenlegung des Grundsachverhalts, zur Tatentdeckung führen und einer Wirksamkeit der Selbstanzeige auf der „zweiten Stufe", der zahlenmäßigen Konkretisierung der Besteuerungsgrundlagen, entgegenstehen[265].

144 Die Sperrwirkung erfordert über die Tatentdeckung hinaus auch die diesbezügliche Kenntnis des Täters bzw. zumindest Erkennbarkeit für den Täter. Nach der neueren Rechtsprechung soll das Vorliegen dieser subjektiven Komponente nur noch an geringe Voraussetzungen gebunden sein. Gleichwohl wird die subjektive Komponente vom Gesetz verlangt und entspricht dem Zweck der Selbstanzeige. Es ist dementsprechend weiterhin erforderlich, dass der konkrete Täter Anhaltspunkte hat, dass der Finanzbehörde bzw. Staatsanwaltschaft

---

[260] OLG Stuttgart, Urt. v. 22.5.1989 – 3 Ss 21/89, NStZ 1989, 436; Franzen/Gast/Joecks – *Joecks*, 7. Auflage 2009, § 371 AO, Rn 138, 144 ff., m. w. N.

[261] A. A. Franzen/Gast/Joecks – *Joecks*, 7. Auflage 2009, § 371 AO, Rn 156 f.

[262] BGH, Beschl. v. 20.1.2010 – 1 StR 634/09, wistra 2010, 152.

[263] Beschl. v. 20.5.2010 – 1 StR 577/09, BGHSt 55, 180 = wistra 2010, 304 = NStZ 2010, 642, unter 3; a. A. für die Umsatzsteuer-Nachschau Klein – *Jäger*, 11. Auflage 2012, § 371 AO, Rn 58.

[264] BGH, Beschl. v. 5.4.2000 – 5 StR 226/99, wistra 2000, 219 = NStZ 2000, 427, unter IV. 1. b).

[265] Beschl. v. 20.5.2010 – 1 StR 577/09, BGHSt 55, 180 = wistra 2010, 304 = NStZ 2010, 642, unter 3.

III. Selbstanzeige

Erkenntnisse gerade über seine Tat(en) mitgeteilt wurden. Allein dass der Täter die Tatentdeckung nicht ausschließen konnte, bedeutet noch nicht, dass er mit ihr „rechnen musste"[266]. Dementsprechend begründet auch die öffentliche Berichterstattung über Fahndungsmaßnahmen ein „Rechnenmüssen" nur, wenn sie auf offiziellen Erklärungen der zuständigen Finanz- oder Justizbehörden beruht oder von diesen bestätigt wurde und für den Täter absehbar ist, dass die Fahndungsmaßnahmen zur Aufdeckung gerade seiner Tat führen[267]. Bloßes Hörensagen oder nicht überprüfbare Aussagen unbekannter Informanten sind nicht ausreichend.

e) Tatumfang

Seit der Neuregelung der Selbstanzeige kann die strafbefreiende Wirkung gemäß § 371 Abs. 2 Nr. 3 AO unabhängig von der Entdeckungsgefahr bereits aufgrund des reinen Umfangs der ursprünglichen Steuerhinterziehung ausgeschlossen sein. Ob der starre und pauschale Grenzbetrag von 50.000 € auch und gerade im Hinblick auf die neuere Rechtsprechung zur Strafzumessung in Steuerstrafsachen ein sachgerechtes Abgrenzungsmerkmal darstellt, ist mit überzeugenden Erwägungen angezweifelt worden[268]. Es handelt sich auch nur um einen „relativen" Sperrgrund, da der Anzeigeerstatter über die Anwendung des § 398a AO gleichwohl straffrei bleiben kann. Auch der „Planbarkeit" der Selbstanzeige steht § 371 Abs. 2 Nr. 3 AO theoretisch nicht entgegen, da der Anzeigeerstatter nach Ermittlung des Hinterziehungsvolumens selbst erkennen kann, ob der Sperrgrund eingreift oder nicht. **145**

Gleichwohl sind bisher sowohl der Begriff der Tat als auch die unter den Grenzbetrag von 50.000 € zu rechnenden Posten nicht abschließend geklärt[269]. Die an sich nahe liegende Anwendung des materiellen Tatbegriffs führt zu eher zufälligen und wenig überzeugenden Ergebnissen und die Gesetzesmaterialien sind als Auslegungshilfe wenig geeignet. Sie sind widersprüchlich, wenn sie innerhalb eines Absatzes einmal auf „den Hinterziehungsbetrag pro Tat", einmal auf den „Hinterziehungsbetrag für die einzelne hinterzogene Steuer", also unterschieden nach Steuerart und wohl auch Besteuerungszeitraum, abstellen[270], da sowohl die materielle als auch die prozessuale Tat im Steuerstrafrecht mehrere Steuerarten und Besteuerungszeiträume umfassen kann. **146**

Unabhängig vom Tatbegriff besteht auch ein Widerspruch zwischen Gesetzesmaterialien und Gesetzeswortlaut. In den Gesetzesmaterialien wird mit Blick auf § 371 Abs. 2 Nr. 3 AO eine Auflösung der „Berichtigungseinheit" und eine getrennte und unabhängige Prüfung der Sperrwirkung bei jeder einzelnen Tat vorgeschlagen[271]. Demgegenüber tritt nach dem Gesetzeswortlaut die Sperrwirkung nur ein, „wenn" der Grenzbetrag „je Tat" überschritten ist, nicht bereits „soweit" dies „bei einer Tat" der Fall ist. **147**

Unter Berücksichtigung des für die Sperrgründe geltenden strengen Bestimmtheitsgrundsatzes muss daher für den Eintritt der Sperrwirkung der Grenzbetrag bei jeder einzelnen Tat überschritten sein. Auch rechtssystematisch liegt die Beibehaltung der „Berichtigungseinheit" näher als deren Auflösung, zumal durch die Beschränkung des Sperrgrundes auf Fälle durchgängig über dem Grenzbetrag liegender Steuerhinterziehungen die aus der Anwendung des materiellen Tatbegriffs möglicherweise resultierenden Zufallsergebnisse eher neutralisiert werden können. Sollte insgesamt eine andere Lösung beabsichtigt gewesen sein, wäre eine eindeutige Neuregelung wünschenswert. **148**

---

[266] Vgl. *Mückenberger/Iannone*, NJW 2012, 3481 (3483; zur Tatentdeckung beim Ankauf von „Steuerdaten-CDs").

[267] Vgl. *Mückenberger/Iannone*, NJW 2012, 3481 (3483; zur Tatentdeckung beim Ankauf von „Steuerdaten-CDs").

[268] *Beckemper/Schmitz/Wegner/Wulf*, wistra 2011, 281 (285) mit dem überzeugenden Hinweis, dass sich auch nach der Rechtsprechung Taten bei identischem Hinterziehungsvolumen durch einen höchst unterschiedlichen Unwertgehalt auszeichnen können.

[269] Dazu näher Graf/Jäger/Wittig – *Rolletschke*, § 398a AO Rn 4 ff.; *Beckemper/Schmitz/Wegner/Wulf*, wistra 2011, 281 (285 f.); *Hunsmann*, BB 2011, 2519 (2521 f.); *Zanzinger*, DStR 2011, 1397 (1400, 1403); *Roth*, NZWiSt 2012, 174.

[270] BT-Drs- 17/5067(neu), S. 21.

[271] BT-Drs- 17/5067(neu), S. 21.

f) Wiederholte Selbstanzeige

149 Nach einer Auffassung im Schrifttum soll eine strafbefreiende Selbstanzeige mit Rücksicht auf den angenommenen Willen des Gesetzgebers auch dann ausgeschlossen sein, wenn für die betroffene Steuerart und den betroffenen Besteuerungszeitraum bereits eine (dann wegen ihrer Unrichtigkeit bzw. Unrichtigkeit unwirksame) Teilselbstanzeige abgegeben wurde[272]. Im Gesetzeswortlaut findet diese Auffassung allerdings keinen Anhaltspunkt. Zwar ist die erste Selbstanzeige unwirksam und stellt, wenn sie als dolose Teilselbstanzeige abgegeben wird, je nach den Umständen des Einzelfalls eine mitbestrafte Nachtat der ursprünglichen Steuerhinterziehung oder eine zweite, tatmehrheitliche Steuerhinterziehung dar. Wird aber vor Eintritt eines Sperrgrundes bzw. nach Wiederaufleben der Selbstanzeigemöglichkeit eine auch im Übrigen wirksame zweite Selbstanzeige abgegeben, erstreckt sich ihre strafaufhebende Wirkung sowohl auf die ursprüngliche Steuerhinterziehung (sofern diese noch nicht verjährt ist) als auch auf die Teilselbstanzeige.

150 Gerade für den nicht auszuschließenden Fall der undolosen Teilselbstanzeige wäre der Ausschluss der wiederholten Selbstanzeige im Ergebnis verfehlt. Der Anzeigeerstatter wäre ggf. nach § 153 AO zur Berichtigung der Teilselbstanzeige gezwungen, würde dadurch aber ggf. sowohl die Wiederaufnahme des Steuerstrafverfahrens wegen der ursprünglichen Steuerhinterziehung als auch dessen Erweiterung um die Teilselbstanzeige riskieren würde, sofern seine Gutgläubigkeit bei der ersten Selbstanzeige nicht offen zutage tritt. Demgegenüber könnte er bei Anerkennung der wiederholten Selbstanzeige mit sicherer Straffreiheit rechnen.

4. Drittanzeige

151 Keine Selbstanzeige im eigentlichen Sinne ist die in § 371 Abs. 4 AO geregelte Drittanzeige. Sie stellt keinen Strafaufhebungsgrund, sondern ein Verfolgungshindernis vor allem in den Fällen dar, in denen ein an der Steuerhinterziehung unbeteiligter Dritter in Erfüllung seiner Pflichten gemäß § 153 AO eine Nacherklärung abgibt. Nach der Rechtsprechung kommt aber auch ein ursprünglich bedingt-vorsätzlich handelnder Täter als Anzeigeerstatter in Betracht; Selbstanzeige und Drittanzeige können dann zusammenfallen. Die besondere Bedeutung der Drittanzeige liegt darin, dass für den Dritten lediglich die Bekanntgabe der Einleitung eines Straf- oder Bußgeldverfahrens als Sperrgrund wirkt. Die Drittanzeige kann daher auch noch nach Bekanntgabe einer Prüfungsanordnung oder Erscheinen eines Prüfers wirksam erstattet werden, was namentlich für anschlussgeprüfte Betriebe relevant werden kann.

152 Umstritten ist, ob die Drittanzeige nur bei Steuerhinterziehung in der Unterlassungsalternative aufgrund Verstoßes gegen § 153 AO oder auch bei sonstigen Steuerhinterziehungen eingreift. Aus dem Wortlaut des § 153 AO ergibt sich insofern, dass „die in § 153 bezeichneten Erklärungen" die originären unrichtigen, unvollständigen oder pflichtwidrig unterlassenen Steuererklärungen sind, während die gemäß § 153 AO zu erstattenden Mitteilungen als Anzeigen bzw. „Richtigstellungen" begriffen werden, weshalb der zweiten Auffassung zuzustimmen ist[273]. Gerade wenn man den Zweck der Norm darin erblickt, den Drittanzeigeerstatter vor Gewissenskonflikten zu bewahren (z. B. den Sohn, der neben oder nach dem Vater in die Geschäftsleitung des Familienbetriebs eingetreten ist), ist diese Auffassung sachgerecht.

5. Spezifische Fragen der Mitunternehmerschaften

153 Im Zusammenhang mit der Hinterziehung von Einkommensteuer auf Einkommen aus Mitunternehmerschaften (§ 15 Abs. 1 Satz 1 Nr. 2, auch in Verbindung mit § 13 Abs. 7 und § 18 Abs. 4 EStG) wurde bereits auf die Frage der Steuerhinterziehung durch Erwirken eines inhaltlich falschen Feststellungsbescheids hingewiesen. Auch bei der Selbstanzeige kann die Sonderstellung der Mitunternehmerschaften spezifische Fragen aufwerfen.

---

[272] *Zanzinger*, DStR 2011, 1397 (1403).
[273] Franzen/Gast/Joecks – *Joecks*, 7. Auflage 2009, § 371 AO, Rn 228a; a. A. Klein – *Jäger*, 11. Auflage 2012, § 371 AO, Rn 112, jeweils m. w. N.

III. Selbstanzeige

Sowohl die konstruktive Herleitung der materiellen Zurechnung[274] der Einkünfte zur Mitunternehmerschaft bzw. zu den einzelnen Mitunternehmern als auch deren verfahrensmäßige Erfassung[275] ist im Einzelnen umstritten. Steuerstrafrechtlich ist wegen der „Transparenz" der Mitunternehmerschaft zu klären, inwiefern der Eintritt eines Sperrgrundes auf Ebene der Mitunternehmerschaft auf die Mitunternehmerebene durchschlägt und umgekehrt, woraus sich gerade bei „mehrstöckigen" Personengesellschaftskonzernen mit unterschiedlichen Prüfungszeiträumen erhebliche Schwierigkeiten für die Terminierung einer Selbstanzeige ergeben können[276]. Gibt der Komplementär einer Kommanditgesellschaft eine unrichtige Erklärung zur einheitlichen und gesonderten Feststellung ab, stellt sich bei einer späteren Selbstanzeige zum einen die Frage, inwiefern für die Anwendung des § 371 Abs. 2 Nr. 3 AO und – im Rahmen des § 371 Abs. 1 AO – des § 376 Abs. 1 AO die infolge der falschen Feststellung konkret eingetretenen Folgen auf Ebene der Kommanditisten zu berücksichtigen sind, zum anderen, inwiefern diese Selbstanzeige auch für die Kommanditisten wirkt, soweit sie an der Falscherklärung beteiligt waren.

154

Insofern erscheint es zunächst sachgerecht, der Mitunternehmerschaft für Zwecke der Selbstanzeige eine Abschirmwirkung zuzugestehen. Unabhängig von materiell-rechtlichen Zurechnungserwägungen ergibt sich dies jedenfalls daraus, dass insbesondere bei mehrstöckigen Personengesellschaftskonzernen Erklärungspflichtverletzungen auf einer Ebene für die Beteiligten auf einer anderen Ebene ebenso wenig steuer- und damit zurechenbar sind wie bei Kapitalgesellschaften. Je nachdem, ob ein Mitunternehmer im Besteuerungsverfahren nach außen hin für die Mitunternehmerschaft tätig wurde oder nicht, ist er deswegen wie ein Geschäftsführer oder ein Gesellschafter einer GmbH zu behandeln.

155

Die weiteren Fragen beantworten sich nach allgemeinen Grundsätzen. Soweit es allgemein auf die Tatfolgen und nicht auf den persönlichen Vorteil ankommt, ist dem Komplementär auch der für die Kommanditisten bewirkte steuerliche Vorteil bzw. die zugunsten der Kommanditisten bewirkte Steuerverkürzung zuzurechnen. Eine Drittanzeige kommt nur in Betracht, wenn der Komplementär allenfalls bedingt-vorsätzlich gehandelt hat, ansonsten müssen die Beteiligten zur Erlangung der Straffreiheit jeweils eigene Selbstanzeigen (für die dann die vollständigen Sperrgründe gelten) abgeben.

156

6. Steuer- und Finanzmarktabkommen Deutschland-Schweiz

Eine eigenständige Amnestieregelung mit selbstanzeigeähnlichen Elementen enthielt das Abkommen zwischen der Bundesrepublik Deutschland und der Schweizerischen Eidgenossenschaft über Zusammenarbeit in den Bereichen Steuern und Finanzmarkt[277]. Neben materiellsteuerrechtlichen Regelungen über die Abgeltungswirkung für künftige und vergangene Steueransprüche traf das Abkommen auch Regelungen über vergangene Steuerhinterziehungen.

157

Nach den Vorschriften über die Nachversteuerung in Teil 2 des Abkommens hätten sich die Inhaber von Vermögenswerten bei Schweizer Zahlstellen, sofern sie die Geschäftsbeziehung nicht binnen fünf Monaten nach Inkrafttreten des Abkommens beendeten (vgl. Art. 5 Abs. 1, Art. 7 Abs. 1, Art. 9 Abs. 1 i. V. m. Art. 2 lit. j, 3. Spiegelstrich), zwischen der anonymen Nachversteuerung durch pauschalierte Einmalzahlung (Art. 7) und der individualisierten Nachbesteuerung aufgrund freiwilliger Meldung (Art. 9) an die deutschen Finanzbehörden entscheiden müssen. Bei pauschalierter Einmalzahlung wäre die Verfolgung von Steuerstraftaten, die sich auf die betreffenden Vermögenswerte bezogen, generell ausgeschlossen gewesen(Art. 8), die freiwillige Meldung „galt" als wirksame Selbstanzeige (§ 371 AO) bezüglich der gemeldeten Vermögenswerte, sofern diese Vermögenswerte nicht aus einem Verbrechen

158

---

[274] Hierzu näher *Hüttemann*, DStJG 34, S. 291 (293 ff.), m. w. N.
[275] Dazu grundlegend BFH, Beschl. v. 11.4.2005 – GrS 2/02, BFHE 209, 399 = BStBl. II 2005, 679.
[276] Hierzu ausführlich *Grötsch*, Persönliche Reichweite der Sperrgründe des § 371 Abs. 2 AO unter besonderer Berücksichtigung von Personen- und Kapitalgesellschaften, 2003, *passim*.
[277] BR-Drs. 254/12; dazu auch *Holenstein*, DStR 2012, 153; *Joecks*, wistra 2011, 441 und *Samson/Wulf*, wistra 2012, 245.

(mit der Rückausnahme des früheren § 370a AO) herrühren oder der Inhaber wusste oder wissen musste, dass gegen ihn bezüglich dieser Vermögenswerte der Anfangsverdacht der Steuerhinterziehung besteht (Art. 10).

159 Zugunsten der Teilnehmer an einer Steuerhinterziehung bezüglich in der Schweiz deponierter Vermögenswerte galt unabhängig von einer Nachversteuerung oder freiwilligen Meldung ein genereller Ausschluss (Art. 17 Abs. 1, 2 AO) der Verfolgung von Steuerstraftaten und -ordnungswidrigkeiten, der Verhängung von Geldbußen (§ 30 OWiG) und der steuerlichen Haftung (§ 71 AO). Die Regelung zielte nicht auf den deutschen Steuerpflichtigen als Täter, sondern nur auf die Mitarbeiter der schweizerischen Finanzbranche als potenzielle Teilnehmer. Der abkommensrechtliche Begriff des „Beteiligten" war insofern autonom und unabhängig vom deutschen Strafrecht (§ 28 Abs. 2 StGB) auszulegen. Dies ergibt sich aus der begrifflichen Differenzierung zwischen der „betroffenen Person" und den „Beteiligten" und wird durch die Begründung des Regierungsentwurfs zum Zustimmungsgesetz[278] bekräftigt. Die recht scharfe Kritik im Schrifttum[279] erscheint insofern überzogen. Gleichzeitig ausgeschlossen wurde die straf- und ordnungswidrigkeitenrechtliche Verfolgung des Erwerbs von Bankdaten vor Unterzeichnung des Abkommens außer für Mitarbeiter schweizerischer Banken (Art. 17 Abs. 3). Sehr zurecht wird darauf hingewiesen, dass es dieser Regelung nicht bedürfte, wenn Zweifel an der Zulässigkeit des Datenerwerbs gänzlich unbegründet wären[280].

160 Nachdem der Bundesrat dem Abkommen im ersten Durchgang die Zustimmung verweigerte[281], empfahl der von der Bundesregierung angerufene Vermittlungsausschuss, das Ratifizierungsgesetz für erledigt zu erklären[282], was vom Bundestag abgelehnt wurde[283]. Der Bundesrat bekräftigte daraufhin seine Ablehnung des Ratifizierungsgesetzes[284]. Die Ratifizierung des Abkommens ist damit gescheitert. Zwar wurde sowohl von deutscher als auch von schweizerischer Seite Interesse an erneuten Verhandlungen bekundet, ob es dazu kommt und mit welchem Ergebnis, war bei Drucklegung allerdings noch offen.

161 Nach dem StraBEG wäre das Besteuerungsabkommen Deutschland-Schweiz innerhalb von weniger als zehn Jahren bereits das zweite Beispiel für die Verbindung einer steuerstrafrechtlichen Amnestie mit einer privilegierenden Abgeltungsbesteuerung gewesen, wenn auch mit engerem Anwendungsbereich als das StraBEG. Grundsätzlich lassen sich derartige Regelungen damit rechtfertigen, dass auf diese Weise wenigstens ein Teil des staatlichen Steueranspruchs realisiert werden könne. Steuerrechtlich hat das Bundesverfassungsgericht zu erkennen gegeben, dass die in der Abgeltungswirkung liegende Durchbrechung der Gleichmäßigkeit der Besteuerung zugunsten von Steuerstraftätern als Pauschalierung und durch das Ziel einer Erschließung verschleierter Steuerquellen gerechtfertigt sein kann[285]. Steuerstrafrechtlich bedeutet die Verbindung von Abgeltungsbesteuerung und Ausschluss der Strafverfolgung ein größeres Zugeständnis als die strafbefreiende Wirkung der allgemeinen Selbstanzeige, da bereits für einen Teil des ursprünglichen Steueranspruchs auf den Strafanspruch verzichtet wird; die Rechtfertigung hierfür ist am ehesten in der faktischen Notwendigkeit einer „Paketlösung" zu sehen. Letztlich gefährdet jedenfalls eine inflationäre Anwendung derartiger Amnestien gleichermaßen die Steuermoral und die Glaubwürdigkeit des Steuerstrafrechts. Der Gesetzgeber sollte von dem Instrument daher einen zurückhaltenden Gebrauch machen, zumal namentlich beim StraBEG die Einnahmen weit hinter den Erwartungen zurückblieben.

---

[278] BR-Drs. 12/254, S. 39.
[279] *Samson/Wulf*, wistra 2012, 245 (249).
[280] Vgl. *Samson/Wulf*, wistra 2012, 245 (247).
[281] BT-Drs. 645/12(B).
[282] BT-Drs. 17/11840.
[283] BR-Drs. 37/13.
[284] BT-Drs. 37/13(B).
[285] BVerfG, Beschl. v. 25.2.2008 – 2 BvL 14/05, BVerfGK 13, 327 = HFR 2008, 756; in der Folge BFH, Urt. v. 31.8.2010 – VIII R 11/08, BFHE 230, 486 = BStBl. II 2011, 72; krit. *Joecks*, wistra 2011, 441 (443 ff.).

IV. Formelles Steuerstrafrecht

Das Steuerstrafverfahren weist gegenüber dem Strafverfahren im Allgemeinen zahlreiche Besonderheiten auf. Es folgt nicht nur zum Teil abweichenden Rechtsvorschriften, sondern ist auch durch seinen engen Zusammenhang mit dem Besteuerungsverfahren und die Tätigkeit der Finanzbehörden in beiden Verfahren geprägt. **162**

1. Allgemeines

Die Besonderheiten des Strafverfahrens wegen Steuerstraftaten beruhen auf den in den §§ 385 ff. AO getroffenen besonderen Maßgaben. Ähnlich wie im materiellen Steuerstrafrecht die Bestimmungen des Strafgesetzbuchs gelten im Steuerstrafverfahrensrecht vorbehaltlich abweichender Regelungen die allgemeinen Bestimmungen des Strafverfahrensrechts (§ 385 Abs. 1 AO), namentlich der Strafprozessordnung (StPO), des Gerichtsverfassungsgesetzes (GVG), des Jugendgerichtsgesetzes (JGG), aber auch das Bundeszentralregistergesetz (BZRG), das Gerichtskostengesetz (GKG), das Gesetz über die Entschädigung von Zeugen und Sachverständigen (ZSEG), das Gesetz über die internationale Rechtshilfe in Strafsachen (IRG) und das Gesetz über die Entschädigung für Strafverfolgungsmaßnahmen (StrEG) jeweils einschließlich einschlägiger Verwaltungsvorschriften, insbesondere die Richtlinien für das Straf- und Bußgeldverfahren (RiStBV). **163**

Zu den Abweichungen gehört insbesondere, dass die Finanzbehörde den Sachverhalt ermittelt und gleichsam als „Steuerstaatsanwaltschaft" das Steuerstrafverfahren selbstständig führt, wenn die Steuerstraftat nicht mit Nichtsteuerstraftaten zusammentrifft und kein Haft- oder Unterbringungsbefehl erlassen ist, solange sie nicht das Verfahren an die Staatsanwaltschaft abgegeben oder diese das Verfahren an sich gezogen hat (§ 386 AO). Finanzbehörde im Sinne der §§ 385 ff. AO (nicht auch des § 371 AO) sind dabei nur die in § 386 Abs. 2 Satz 1 AO genannten Dienststellen, im hier interessierenden Zusammenhang vor allem die Finanzämter. Mittelbehörden und oberste Dienstbehörden können daher im Steuerstrafverfahren nicht unmittelbar tätig werden[286]. **164**

Die selbstständige Ermittlungskompetenz der Finanzbehörden besteht wegen des Sachzusammenhangs mit dem Besteuerungsverfahren auch bei Straftaten, die Kirchensteuer und andere an Besteuerungsgrundlagen, Steuermessbeträge oder Steuerbeträge anknüpfende öffentlich-rechtliche Angaben betreffen. Hierzu gehören beispielsweise die Beiträge zu Industrie- und Handelskammern sowie Handwerkskammern, denen der Gewerbesteuermessbetrag zu Grunde gelegt wird. Darüber hinaus sehen einzelne Prämien- und Zulagengesetze die Zuständigkeit der Finanzbehörden bei Straftaten vor, die sich auf von Ihnen verwaltete staatliche Leistungen beziehen (z. B. § 15 InvZulG 2010 für Betrug und Subventionsbetrug, §§ 263, 264 StGB bei Investitionszulage). **165**

Die sachliche Zuständigkeit der Finanzbehörden ist in den auf § 386 AO folgenden §§ näher geregelt, hervorzuheben ist die Möglichkeit der Konzentration bei einer Behörde (§ 387 Abs. 2 AO), von der in der Praxis durchweg Gebrauch gemacht wird. Bei den Amtsgerichten findet zwecks Gewährleistung entsprechender Sach- und Rechtskunde ebenfalls eine Konzentration der Steuerstrafsachen statt (§ 391 AO). Als Verteidiger sind – mit Einschränkungen – auch Angehörige der steuerberatenden Berufe zugelassen (§ 392 AO), wobei allerdings eine Verteidigung durch einen Steuerberater, der bei den verfahrensgegenständlichen Steuererklärung mitgewirkt hat, wegen nahe liegender Interessenkollisionen wenig ratsam ist[287]. Zudem werden – von ganz erheblicher Bedeutung – Regelungen zum Verhältnis von Besteuerungs- und Steuerstrafverfahren getroffen (§ 393 AO). Das Steuerstrafverfahren kann, wovon allerdings selten Gebrauch gemacht wird, bis zum Abschluss des zu Grunde liegenden Besteuerungsverfahrens ausgesetzt werden (§ 396 AO), um die Behandlung steuerrechtlicher Fragen im Besteuerungsverfahren abzuwarten. Eine Bindung der Strafverfolgungsbehörden und der **166**

---

[286] Franzen/Gast/Joecks – *Jäger*, 7. Auflage 2009, § 397 AO, Rn 19.
[287] *Randt*, Der Steuerfahndungsfall, 2004, Rn A 46; Vorauflage (*Kummer*), 18. Kapitel, Rn 234.

Strafgerichte an die Rechtsauffassung der Finanzbehörden und -gerichte besteht allerdings nicht[288].

167 Maßgebend für die Auslegung und Anwendung sowohl des allgemeinen Straf- und Strafverfahrensrechts als auch des speziellen Steuerstraf- und Steuerstrafverfahrensrechts durch die im Steuerstrafverfahren tätigen Finanzbehörden sind die Anweisungen für das Straf- und Bußgeldverfahren (Steuer) (AStBV(St)), die üblicherweise jährlich überarbeitet und gegen Ende eines Jahres für das kommende Jahr in Form eines Gleichlautenden Ländererlasses im Bundessteuerblatt Teil I veröffentlicht werden[289]. Die Anweisungen für das Straf- und Bußgeldverfahren (Steuer) geben zum Teil schlicht den Gesetzeswortlaut wieder, aber auch wichtige Rechtsprechung und eigene Erwägungen der Finanzverwaltung.

168 Ähnlich wie die Anwendungserlasse bzw. Richtlinien im Bereich des materiellen Steuerrechts und des Steuerverfahrensrechts sind die AStBV(St) für die Finanzämter im Regelfall verbindlich. Innerhalb der Finanzämter ist ihre Geltung nicht auf BuStra und Steuerfahndung beschränkt, sondern erfasst ebenso Veranlagung, Erhebung und andere Stellen, sobald sie im steuerstrafrechtlichen Umfeld tätig werden (AStBV(St) 2013 Nr. 1 Abs. 1). Eine unmittelbare Berufung des Beschuldigten auf die AStBV(St) ist ausgeschlossen, denkbar ist allerdings eine mittelbare Außenwirkung nach den Grundsätzen der Selbstbindung der Verwaltung. Für die Staatsanwaltschaft gelten die AStBV(St) nicht, wegen der unterschiedlichen Weisungsbefugnisse in Justiz und Steuerverwaltung besteht keine Pflicht zur „Gleichbehandlung" von Ermittlungsverfahren der Staatsanwaltschaft und der Finanzbehörden.

2. Anfangsverdacht

169 Das Steuerstrafverfahren setzt wie jedes Strafverfahren einen Anfangsverdacht voraus (§ 386 Abs. 1 Satz 1 AO, § 152 StPO). Nach der Verwaltungsauffassung erfordert ein Anfangsverdacht „zureichende tatsächliche Anhaltspunkte für eine Steuerstraftat", „die bloße Möglichkeit" ist nicht ausreichend (AStBV (St) 2013, Nr. 26). Es muss Hinweise geben, dass die erklärten Besteuerungssachverhalte von den tatsächlich verwirklichten Besteuerungssachverhalten abweichen und deswegen die festgesetzte Steuer hinter der festzusetzenden Steuer zurückgeblieben ist. In vielen Fällen gewinnt die Finanzbehörde selbst entsprechende Kenntnisse im Besteuerungsverfahren, aus dem das Steuerstrafverfahren dann gleichsam „erwächst".

170 Grundsätzlich kann sich ein steuerstrafrechtlicher Anfangsverdacht bereits daraus ergeben, dass steuerlich erhebliche Sachverhalte in einer Art und Weise gestaltet werden, die eine Verschleierungsabsicht nahe legt. Das Bundesverfassungsgericht hat dies für den Fall anerkannt, dass bei einem Kreditinstitut trotz bestehender Konten und Depots Wertpapiergeschäfte als Tafelgeschäfte durchgeführt werden[290]. Entsprechendes wird für „OR-Geschäfte" bzw. Rechnungssplitting gelten[291]. Da der Anfangsverdacht der Steuerhinterziehung und die Einleitung des Steuerstrafverfahrens sowohl für den Beschuldigten „stigmatisierend" wirken als auch den Fortgang des Besteuerungsverfahrens erschweren können, ist es jedoch regelmäßig sachgerecht, sofern nicht Gefahr im Verzug ist, zunächst einen Abgleich mit den Steuerakten durchzuführen[292]. In zahlreichen anderen Fällen, in denen keine Hinweise auf eine Verschleierungsabsicht bestehen, lassen sich die Richtigkeit und Vollständigkeit der abgegebenen Steuererklärungen und ob überhaupt Steuererklärungen abgegeben wurden, ohnehin nur anhand der Steuerakten klären. Sofern ein Steuerstrafverfahren durch die Staatsanwaltschaft eingeleitet werden soll, ist daher regelmäßig eine vorherige Kontaktaufnahme mit der Finanzbehörde zweckmäßig.

---

[288] Ausführlich zur Aussetzung gemäß § 396 AO *Gehm*, NZWiSt 2012, 244.
[289] Zuletzt AStBV(St) 2013, BStBl. I 2012, 1018; grundlegend krit. *Hellmann*, Das Neben-Strafverfahrensrecht der Abgabenordnung, 1995, S. 152, 165 f.; Graf/Jäger/Wittig – *Weyand*, § 385 AO, Rn 9 und *Weyand*, wistra 2008, 214.
[290] BVerfG, Nichtannahmebeschl. v. 1.3.2002 – 2 BvR 972/00, wistra 2002, 298 = NStZ 2002, 371 = HFR 2002, 544.
[291] Vgl. zu weiteren Fallbeispielen Graf/Jäger/Wittig – *Allgayer*, § 397 AO, Rn 15 f.
[292] Ausführlich *Löwe-Krahl*, FS Samson, 2011, S. 557 ff.

IV. Formelles Steuerstrafrecht

a) Amtsprüfstelle

Die steuerstrafrechtlichen Erkenntnismöglichkeiten der Amtsprüfstellen (Veranlagungsstellen, Umsatzsteuer- bzw. Lohnsteuer(vor)anmeldungsstellen) sind naturgemäß begrenzt, da sie nur eingeschränkte Möglichkeiten haben, die ihnen vorgelegten Erklärungen zu überprüfen[293]. Auch die Amtsprüfstellen können (und müssen) allerdings zumindest eine Schlüssigkeitsprüfung anhand der zur Verfügung stehenden Angaben durchführen. Kommt es hier zu Widersprüchen oder werden Sachverhalte erklärt, die jeder Lebenserfahrung widersprechen, kann dies auf eine Steuerstraftat hindeuten. Um entsprechende Anhaltspunkte entdecken zu können, wäre es wünschenswert, dass die Zuständigkeit für einen bestimmten Steuerfall jeweils für eine gewisse Zeit beim gleichen Bearbeiter verbleibt und dieser sich in den Fall einarbeiten kann, was aber aufgrund organisatorischer Maßnahmen häufig nicht mehr gewährleistet ist. 171

Vor allem aber sind die Amtsprüfstellen regelmäßig Adressat sowohl von Kontrollmitteilungen anderer Finanzbehörden als auch von Nacherklärungen des Steuerpflichtigen. Wenn die Amtsprüfstelle auf diese Weise positive Hinweise auf die Unrichtigkeit oder Unrichtigkeit bzw. das Fehlen von Steuererklärungen erlangt, hat sie in jedem Einzelfall zu prüfen, ob der Anfangsverdacht einer Steuerstraftat besteht. Die Amtsprüfstellen üben insofern eine gewisse „Filterfunktion" aus, sie müssen einerseits die steuerstrafrechtlich relevanten Fälle erkennen und einer entsprechenden weiteren Behandlung zuführen, andererseits eine „Überschwemmung" der Bußgeld- und Strafsachenstelle und der Steuerfahndung mit Fällen ohne steuerstrafrechtliches Ergebnis verhindern (vgl. AStBV(St) 2013 Nr. 132 Abs. 1). Wurde objektiv unrichtig, unvollständig oder pflichtwidrig überhaupt nicht erklärt, ist letztlich immer entscheidend, ob dies vorsätzlich geschah, was stets nur anhand der Umstände des Einzelfalles entschieden werden kann[294]. 172

Das Fehlen steuererhöhender Positionen ist dabei im Normalfall eher tolerabel als die fehlerhafte Geltendmachung steuermindernder Positionen. Hat z. B. ein Steuerpflichtiger unregelmäßige Nebeneinkünfte, ist es nach allgemeiner Lebenserfahrung nicht ausgeschlossen, dass eines von mehreren Honoraren bei der Steuererklärung vergessen bzw. übersehen wird, solange dergleichen nicht wiederholt oder gerade bei betragsmäßig herausragenden Zahlungen vorkommt. Gibt andererseits ein Steuerpflichtiger mit Einkünften aus Vermietung und Verpachtung die Renovierungskosten für sein Privathaus als Werbungskosten bei einem seiner Mietobjekte an, muss er ein solches „Versehen" sehr gut erklären. Am Vorsatz wird es häufig auch fehlen, wenn Differenzen als Rechenfehler erklärt werden können. 173

Liegt bezüglich der Falsch- bzw. Nichterklärung weder Vorsatz noch Leichtfertigkeit vor, erfolgt schlicht eine entsprechende abweichende Veranlagung bzw. eine Änderung der Festsetzung (§ 173 AO). Bei Kontrollmitteilungen wird – wenn Vorsatz und Leichtfertigkeit ausgeschlossen werden können – dem Steuerpflichtigen häufig Gelegenheit zur Stellungnahme gegeben[295]; hat er tatsächlich gutgläubig gehandelt, wird er seinen Irrtum umgehend einräumen. Steuerverfahrensrechtlich ergibt sich der Gehörsanspruch vor Erlass eines Änderungsbescheids aus § 91 AO, ein steuerstrafrechtlicher Gehörsanspruch vor Einleitung eines Straf- oder Bußgeldverfahrens bzw. vor Unterrichtung von BuStra oder Steuerfahndung besteht hingegen nicht. 174

Die Finanzverwaltung geht davon aus, dass eine Unterrichtung der BuStra bzw. Steuerfahndung durch die Veranlagungsstellen „bei einer nur vagen Vermutung" vorsätzlicher bzw. leichtfertiger Falschangaben regelmäßig noch nicht (AStBV(St) 2013 Nr. 130 Abs. 1), bei der auf Anhaltspunkte gestützten „Möglichkeit" auch unterhalb des Anfangsverdachts hingegen bereits sachgerecht ist (AStBV(St) 2013 Nr. 130 Abs. 3). In der Praxis erfolgt gegebenenfalls eine informelle Vorabklärung (AStBV(St) 2013 Nr. 130 Abs. 4). Weitere steuerstrafrechtliche Schritte durch die Amtsprüfstellen sollten unterbleiben bzw. nur in Abstim- 175

---

[293] So bereits Küster, DStJG 6, S. 253 (257).
[294] So grds. auch Franzen/Gast/Joecks – Jäger, 7. Auflage 2009, § 397 AO, Rn 40 f.; s. bereits oben III.1.b., Rn. 114.
[295] Dazu auch Rau, FS Streck, 2011, S. 533 (535 f.).

mung mit der BuStra erfolgen. Insbesondere die Einleitung des Steuerstrafverfahrens (§ 397 AO) wird regelmäßig der BuStra vorbehalten bleiben.

b) Außendienste

176   Die Tätigkeit der Außendienste, der Betriebsprüfung ebenso wie der anderen Außendienste (Umsatzsteuer-Sonderprüfung, Lohnsteueraußendienst, ggf. Betriebsnahe Veranlagung oder Liquiditätsprüfung), weist stärkere steuerstrafrechtliche Bezüge auf, wenn sie auch nicht vorrangig auf die Verfolgung von Steuerstraftaten ausgerichtet ist. Der Betriebsprüfung liegen nicht nur die Steuererklärungen und der „verdichtete" Jahresabschluss bzw. die Einnahmeüberschussrechnung vor, sondern sie hat Zugriff auf die zu Grunde liegende Buchführung, vor allem aber kann sie sich (zumindest grundsätzlich) aus eigener Wahrnehmung davon überzeugen, ob Buchführung, Jahresabschluss und Steuererklärung mit den tatsächlichen Verhältnissen übereinstimmen. Anders als die Amtsprüfstelle steht der Betriebsprüfer regelmäßig in unmittelbarem Kontakt mit dem Steuerpflichtigen und seinem Berater und muss daher unter Umständen sehr schnell entscheiden, ob er den Steuerpflichtigen über das steuerverfahrensrechtliche Zwangsmittelverbot bei Selbstbelastungsgefahr (§ 393 Abs. 1 Sätze 2 bis 4 AO) belehrt bzw. die Einleitung des Steuerstrafverfahrens (§ 397 Abs. 3 AO) ausspricht.

177   Für die Praxis der Betriebsprüfung hat der in § 386 AO, § 152 Abs. 2, §§ 160, 163 StPO normierte strafrechtliche Legalitätsgrundsatz in § 10 Abs. 1 der Betriebsprüfungsordnung (BpO)[296] eine Konkretisierung und Erweiterung erfahren, die im Erlasswege näher erläutert wurde[297]. Danach ist, wenn die Durchführung eines Steuerstrafverfahrens in Betracht kommt, grundsätzlich – unbenommen der Eilkompetenzen – nach den gleichen Grundsätzen wie in den Veranlagungsstellen ggf. auch unterhalb der Schwelle zum Anfangsverdacht die Außenprüfung zu unterbrechen und die Bußgeld- und Strafsachenstelle zu unterrichten. Richtet sich der Verdacht gegen den Steuerpflichtigen, darf die Prüfung erst fortgesetzt werden, wenn ihm die Einleitung des Steuerstrafverfahrens mitgeteilt, § 397 Abs. 3 AO, und er über die Folgen, § 393 Abs. 1 AO, belehrt wurde, was aktenkundig zu machen ist, § 397 Abs. 2 AO. Dies gilt für andere Außenprüfungen entsprechend (§ 1 Abs. 2 BpO).

178   Die Finanzbehörden gehen dabei typisierend davon aus, dass z. B. rein formelle oder geringfügige materielle Mängel der Aufzeichnungen, von den Richtsatzsammlungen abweichende Kennzahlen und allgemein nachvollziehbar begründete Divergenzen noch keinen Anfangsverdacht begründen. Hingegen soll z. B. bei gravierenden Mängeln der Buchführung, bei Verstößen gegen die Kontenwahrheit oder bei „erheblichen" Bewertungsfehlern ein Anfangsverdacht nahe liegen. Ebenso wie in der Veranlagung sind auch in der Betriebsprüfung keine steuerstrafrechtlichen Maßnahmen angezeigt, wenn ersichtlich kein vorsätzliches Fehlverhalten vorliegt (AStBV(St) 2013 Nr. 131 Abs. 1 und 2 Satz 2).

179   Endet eine Prüfungsmaßnahme mit einer Schlussbesprechung, soll spätestens in diesem Rahmen auf mögliche steuerstrafrechtliche Folgerungen soll spätestens in der Schlussbesprechung hingewiesen werden (§ 201 Abs. 2 AO). Dies betrifft indes nur den Fall, dass erstmals in der Schlussbesprechung die Möglichkeit eines Steuerstrafverfahrens erkennbar wird, die bereits unterhalb des Anfangsverdachts eine Pflicht zur Unterrichtung der BuStra begründet (AStBV(St) 2013 Nr. 131 Abs. 2 Satz 1). Ergibt sich ein Anfangsverdacht, ist hingegen unmittelbar die Einleitung des Steuerstrafverfahrens bekannt zu geben (AStBV(St) 2013 Nr. 131 Abs. 2 Satz 3).

180   Es gibt immer wieder Hinweise, dass im Rahmen einer Betriebsprüfung versucht wird, steuerstrafrechtliche Konsequenzen zu vermeiden und trotz Möglichkeit eines Steuerstrafverfahrens eine Unterrichtung der Bußgeld- und Strafsachenstelle unterbleibt, mitunter kombiniert mit einer „Kompensation" in Gestalt willkürlicher Hinzuschätzungen im Besteuerungsverfahren. Derartige Verfahrensweisen sind nicht hinnehmbar (vgl. nur AStBV(St) 2013 Nr. 15), der Betriebsprüfer sollte sich ihnen bereits aus Selbstschutz verweigern. Sie verwirklichen – ebenso wie die pflichtwidrig unterlassene Einleitung des Steuerstrafverfahrens – re-

---

[296] Allgemeine Verwaltungsvorschrift für die Betriebsprüfung vom 15.3.2000, BStBl. I 2000, 368.
[297] Gleichlautender Erlass zu Anwendungsfragen des § 10 Abs. 1 BpO vom 31.8.2009, BStBl. I 2009, 829; zur Handhabung des § 10 BpO auch *Randt*, DStJG 31, 263 (271 f.).

IV. Formelles Steuerstrafrecht

gelmäßig den Tatbestand der (versuchten) Strafvereitelung im Amt (§§ 258, 258a StGB)[298], stellen jedenfalls ein gravierendes Dienstvergehen dar, das bereits für sich genommen zur Entfernung aus dem Dienst führen kann und machen den Betriebsprüfer in hohem Maße erpressbar, ganz zu schweigen von dem Risiko der Entdeckung im Rahmen anderer Prüfungsmaßnahmen z. B. auch der Sozialversicherung. Betriebsprüfer und Steuerberater sollten sich im Übrigen darüber klar sein, dass ein solcher Deal steuerlich weder rechtlich noch faktisch irgendeine Bindungswirkung entfaltet[299] und seine Umsetzung zur Beraterhaftung führen kann.

c) Vollstreckung

Für die Mitwirkung des Vollstreckungs-Innendienstes im steuerstrafrechtlichen Umfeld gilt das zu den Veranlagungsstellen gesagte entsprechend. Die Mitwirkung der Vollstreckungsstellen betrifft naturgemäß vor allem Steuerhinterziehungen im Erhebungsverfahren, die Wahrnehmungen der Vollziehungsbeamten im Außendienst können aber auch Hinweise auf sonstige Steuerstraftaten geben. **181**

Die Vollstreckungsstellen können zu einer wirksamen Steuerstrafverfolgung darüber hinaus dadurch beitragen, dass sie Erkenntnisse über Insolvenzstraftaten, die sich aus den Steuerakten ergeben, gemäß § 30 Abs. 4 Nr. 5 AO an die Staatsanwaltschaft mitteilen[300] und entsprechende Strafanzeigen stellen. Bei Durchsuchungen wegen Insolvenzstraftaten ergeben sich mitunter Hinweise auf erhebliche Steuerverkürzungen aus der Zeit vor der Krise. Der Täter kann dann zumindest strafrechtlich zur Rechenschaft gezogen und zur Realisierung des Steueranspruchs möglicherweise auch ein Haftungsverfahren angestoßen werden. Um den mit wiederholten Durchsuchungen verbundenen Mehraufwand zu vermeiden, kann es zweckmäßig sein, bereits zu der ersten Durchsuchung Vertreter der Finanzbehörde hinzuzuziehen. **182**

d) Mitteilungen Privater

In der Praxis sind für die Steuerstrafverfolgungsorgane auch Hinweise Dritter von erheblicher Bedeutung. Entsprechende Anzeigen sind im Steuerverfahrensrecht ausdrücklich vorgesehen, obwohl das Steuergeheimnis (§ 30 AO) auch dem Informantenschutz dient[301], gehen sie häufig anonym ein. Dabei kommen persönlich Geschädigte als Anzeigeerstatter im Steuerstrafrecht kaum in Betracht. Es geht es den Anzeigeerstattern auch nicht immer um das Gemeinwohl, häufig handelt es sich um Personen, die sich aus Enttäuschung und Verärgerung über die Entwicklung und insbesondere das Ende einer persönlichen oder geschäftlichen Beziehung an die Finanzbehörde wenden und ihr Wissen über vermeintliche oder tatsächliche Steuerstraftaten enthüllen, um den ungeliebten bzw. ehemaligen Partner zu schädigen: betrogene Ehefrauen, enttäuschte Geliebte, missgünstige Nachbarn, gekündigte Arbeitnehmer, übervorteilte Geschäftspartner und neidische Konkurrenten. Die Intentionen der Anzeigeerstatter sind für die Finanzbehörde grundsätzlich unerheblich, entscheidend ist alleine die Relevanz und Zuverlässigkeit der Angaben. Dies gilt im Besteuerungsverfahren (§§ 85, 88 AO) ebenso wie im Steuerstrafverfahren (§ 386 AO, § 152 Abs. 2, §§ 160, 163 StPO). Gerade bei anonymen Anzeigen ist allerdings eine sorgfältige und kritische Zuverlässigkeitsprüfung angebracht, da der Schutz der Anonymität leicht zu vorsätzlich falschen Verdächtigungen (§ 164 StGB) missbraucht werden kann[302]. **183**

---

[298] Gleichlautender Erlass zu Anwendungsfragen des § 10 Abs. 1 BpO vom 31.8.2009, BStBl. I 2009, 829; *Bansemer*, wistra 1994, 327; *Gehm*, StBp 2006, 105 (106 f.); s. auch unten 3.a.cc., Rn. 194 f.
[299] FG München, Beschl. v. 22.5.2009 – 15 V 182/09, EFG 2009, 1807 (1808), mit zust. Anm. Matthes, EFG 2009, 1808 f.; a. A. offenbar FG Köln, Urt. v. 20.10.2011 – 15 K 3692/08, EFG 2012, 574.
[300] AEAO zu § 30, Nr. 8.11.
[301] BFH, Urt. v. 8.2.1994 – VII R 88/92, BFHE 174, 197 = BStBl. II 1994, 552; Klein – *Rüsken*, 11. Auflage 2012, § 30 AO, Rn 48, jeweils m. w. N. Dazu auch sogleich unter 3.e.cc.
[302] Franzen/Gast/Joecks – *Jäger*, 7. Auflage 2009, § 397 AO, Rn 46 f.

184 Die Hintergründe einer Anzeige, insbesondere die konkreten Informationsquellen des Anzeigeerstatters können allerdings bei der Frage nach einem möglichen Verwertungsverbot relevant werden, wie es zuletzt insbesondere für die von deutschen Behörden angekauften, illegal hergestellten „Steuerdaten-CDs" erörtert wurde. Das Bundesverfassungsgericht hat hierzu bekanntlich entschieden, dass der Anfangsverdacht der Steuerhinterziehung und hieran anknüpfende Ermittlungsmaßnahmen – im konkreten Fall eine Durchsuchung – auf die betreffenden Daten gestützt werden durfte, die Rechtmäßigkeit des Ankaufs und eine Verwertbarkeit der Daten im Hauptverfahren allerdings offen gelassen[303]. Verallgemeinernd lässt sich der Entscheidung entnehmen, dass ein Verwertungsverbot bereits für die Annahme eines Anfangsverdachts nur unter sehr engen Voraussetzungen in Betracht kommen wird[304]. Hervorzuheben ist allerdings, dass das Bundesverfassungsgericht seine Entscheidung mit darauf gestützt hat, dass die Initiative für den Ankauf beim Verkäufer gelegen habe. Es könnte sich daher künftig eine andere Beurteilung ergeben, wenn einzelne Stellen durch öffentliche Erklärungen oder durch regelmäßige Praxis ein generelles Interesse am Ankauf bekunden und dadurch die Entscheidung möglicher Verkäufer, sich entsprechende Daten rechtswidrig zu verschaffen, begünstigen.

e) Mitteilungen staatlicher Stellen

185 Eine gesetzliche Regelung über Mitteilungen Dritter findet sich in § 116 AO. Danach haben alle öffentlichen Stellen im Rahmen der Amtshilfe dienstlich bekannt gewordene Anhaltspunkte für Steuerstraftaten den Finanzbehörden mitzuteilen. Obwohl die Verletzung dieser Mitteilungspflicht sogar strafrechtliche Konsequenzen haben kann, ist sie nach Feststellungen des Bundesrechnungshofs häufig anzutreffen[305]. Gleichwohl sollten die möglichen Auswirkungen insbesondere von Mitteilungen der Strafgerichte und Staatsanwaltschaften sowohl in strafrechtlicher als auch in fiskalischer Hinsicht nicht überschätzt werden.

186 Wegen der Wertneutralität des Steuerrechts (§ 40 AO) können – wie bereits im Zusammenhang mit Geldwäsche gesehen – auch Straftaten zu steuerpflichtigen Erträgen und Umsätzen führen, die indes üblicherweise sämtlich nicht erklärt werden. Gleichwohl wäre die Steuerhinterziehung im Hinblick auf die zu erwartenden Rechtsfolgen tatsächlich eher ein Begleitdelikt. Würden alle einschlägigen Strafverfahren – gegebenenfalls im Wege der Nachtragsanklage (§ 266 StPO) – um den Vorwurf der Steuerhinterziehung erweitert, käme es zu einer Vielzahl von Steuerstrafverfahren, in denen der steuerliche Vorwurf eher am Rande steht, die gleichwohl die knappen Ressourcen der Wirtschaftsabteilungen der Staatsanwaltschaften, der Steueramtsgerichte und Wirtschaftsstrafkammern sowie der Steuerstrafsenate bei den Revisionsgerichten belasten würden. Auch wenn das Steuerstrafverfahren zunächst abgetrennt bei der Finanzbehörde geführt würde, wäre jedenfalls die dann fällige nachträgliche Gesamtstrafenbildung (§ 55 StGB) wieder von der Justiz vorzunehmen. Selbst nach ordnungsgemäßer Mitteilung gemäß § 116 AO wäre daher vielfach aus prozessökonomischen Gründen die Einstellung des Steuerstrafverfahrens gemäß § 154 StPO einzig sachgerecht.

187 Inwiefern sich der der regelmäßig anzuordnende Verfall (§§ 73 ff. StGB) nach geltender Rechtslage bereits auf den Steueranspruch auswirkt, ist – im Hinblick auf § 12 Nr. 4 EStG – höchstrichterlich noch nicht entschieden. Jedenfalls die Realisierung eines etwa festzusetzenden Steueranspruchs dürfte im Hinblick auf Verfall bzw. Schadensersatzansprüche und fehlende Einkünfte des Täters während des Vollzugs einer Freiheitsstrafe erheblichen Schwierigkeiten begegnen. Der Nutzen von vornherein uneinbringlicher Mehrergebnisse, die letztlich doch niedergeschlagen werden müssen, ist begrenzt. Auch der Bundesrechnungshof erkennt im Grundsatz an, dass häufig ein Missverhältnis zwischen dem Aufwand und dem Mehrergebnis aus der Besteuerung illegaler Erträge und Umsätze besteht[306].

---

[303] BVerfG, Beschl. v. 9.11.2010 – 2 BvR 2101/09, wistra 2011, 61; zur Verwertbarkeit von „Steuerdaten-CDs" für den Schuldspruch unten 4.c., Rn 273 ff.
[304] S. auch 25. Kapitel, Rn 16 (*Nickolai*).
[305] BT-Drs. 15/2020, S. 185 und 16/160, S. 157; dazu auch *Bülte*, NStZ 2009, 57, m. w. N.
[306] BT-Drs. 16/160, S. 158: keine Anzeige bei „Kleinkriminellen".

IV. Formelles Steuerstrafrecht

Unverständlich ist hingegen, wenn etwa Gewerbe- oder Ordnungsämter, die dienstlich **188** Kenntnis von steuerlichen Unregelmäßigkeiten (z. B. in Gaststätten) oder steuerlich bisher überhaupt nicht geführten (legalen) Betrieben erlangen, eine Mitteilung an die Finanzbehörden unterlassen. Die Mitteilung sollte in diesen Fällen im eigenen Interesse der Kommunen liegen, da die Verfolgung von Steuerstraftaten vielfach auch zur Nachforderung von Gewerbesteuer führt.

3. Ermittlungsverfahren in Steuerstrafsachen

Das Ermittlungsverfahren in Steuerstrafsachen weist charakteristische Besonderheiten insbesondere dadurch auf, dass mit der Finanzbehörde nicht nur ein weiterer Akteur auftritt, sondern dieser Akteur regelmäßig zugleich mehrere Rollen spielen kann, die auf den ersten Blick häufig nicht klar voneinander abgrenzbar sind. Für Justiz und Finanzbehörde ist insofern von besonderer Bedeutung, dass sie sich über die eigenen Ziele und Rollen und die des jeweils anderen klar werden und sich nicht gegeneinander wenden (lassen), für den Beschuldigten und seinen Verteidiger, dass er weiß, mit wem, ggf. in welcher Rolle er gerade konfrontiert ist, bzw. an wen er sich wenden muss[307]. **189**

a) Einleitung

aa) Allgemeines

Besteht der Anfangsverdacht einer Steuerstraftat, sind alle Finanzbehörden und ihre Amtsträger zu Ermittlungshandlungen und zur Unterbindung von Verdunkelungsversuchen berechtigt und verpflichtet. Dies gilt auch dann, wenn bei der betreffenden Behörde keine Bußgeld- und Strafsachen- oder Steuerfahndungsstelle eingerichtet ist oder der betreffende Amtsträger keiner solchen Stelle angehört (§ 399 Abs. 2 Satz 1 AO). Sobald entsprechende Maßnahmen ergriffen werden, ist zwingend das Strafverfahren einzuleiten und dies dem Steuerpflichtigen insbesondere auch mitzuteilen, § 397 AO. Wird ein Amtsträger aufgrund des Anfangsverdachts zur Strafverfolgung tätig, ist damit zugleich das Steuerstrafverfahren eingeleitet (§ 397 Abs. 1 AO). Die aktenmäßige Dokumentation (§ 397 Abs. 2 AO; vgl. auch AStBV(St) 2013 Nr. 30) hat eine reine Beweisfunktion. Erfolgt die Einleitung durch die Außendienste, haben diese der zuständigen Bußgeld- und Strafsachenstelle Mitteilung zu machen, die ihrerseits die Veranlagungsstelle in Kenntnis setzt (AStBV(St) 2013 Nr. 31). **190**

Das Steuerstrafverfahren geht – wie gesehen – häufig „fließend" aus dem Besteuerungsverfahren hervor, der Gegenstand beider Verfahren überschneidet sich bei der materiellen Steuerrechtslage und in beiden Verfahren können die gleichen Amtsträger tätig werden. Andererseits unterscheidet sich die Rechtsstellung des Steuerpflichtigen bzw. Beschuldigten in beiden Verfahren fundamental (§ 393 Abs. 1 Satz 1 AO, AStBV(St) 2013 Nr. 16 Abs. 1), insbesondere im Hinblick auf seine regelmäßigen Mitwirkungspflichten (vgl. nur § 136 StPO einerseits, § 90 AO andererseits). Die Einleitung des Steuerstrafverfahrens und ihre Bekanntgabe bedeuten daher sowohl für das Besteuerungs- als auch für das Steuerstrafverfahren eine entscheidende „Weichenstellung". **191**

bb) Rechtsfolgen der Einleitung

Maßgebliche Bedeutung kommt der Einleitung und insbesondere ihrer Bekanntgabe und der entsprechenden Belehrung dann zu, wenn aus dem laufenden Besteuerungsverfahren heraus ein Steuerstrafverfahren eingeleitet wird. Es ist dann eine doppelte Belehrung durchzuführen, die sich sowohl auf das Zwangsmittelverbot im Besteuerungs- als auch auf das Mitwirkungsverweigerungsrecht im Steuerstrafverfahren bezieht (§ 393 Abs. 1 Sätze 2 bis 4 AO, § 136 StPO; vgl. AStBV(St) 2013 Nr. 28 Abs. 2, Nr. 29), soweit die steuerverfahrensrechtliche Belehrung nicht ohnehin schon zu einem früheren Zeitpunkt durchgeführt wurde (§ 393 Abs. 1 Satz 4 AO; vgl. AStBV(St) 2013 Nr. 16 Abs. 3). Die steuerverfahrensrechtliche Belehrung ist nach dem Wortlaut des Gesetzes bei konkret gegebenem Anlass zu erteilen, die formular- **192**

---

[307] Vgl. aus Verteidigersicht *Gotzens*, FS Streck, 2011, S. 519 (522).

mäßige Belehrung vor Beginn einer Außenprüfung (§ 5 Abs. 2 Satz 2 BpO)[308] ist nicht ausreichend. Wird der Steuerpflichtige im Rahmen einer Außenprüfung laufend zur Mitwirkung aufgefordert, etwa zur Vorlage von Urkunden oder zur Erteilung von Auskünften, hat der Prüfer sich spätestens dann, wenn sich – noch unterhalb des Anfangsverdachts – die Möglichkeit eines Steuerstrafverfahrens verdichtet, zugleich laufend zu vergegenwärtigen, ob die Schwelle zur Belehrungspflicht überschritten ist.

193 Die Rechtsfolgen der Einleitung und ihrer Bekanntgabe reichen allerdings wesentlich weiter. Sie beeinflussen im strafrechtlichen Zusammenhang auch die Verfolgungsverjährung (§§ 369 Abs. 2, 376 AO, § 78c Abs. 1 Nr. 1 StGB), die Möglichkeit zur Selbstanzeige (§ 371 Abs. 2 Nr. 1b AO), die örtliche und sachliche Zuständigkeit nach dem Prioritätsgrundsatz (§§ 388, 390 AO) und die Offenbarungsbefugnis bzw. Verwertbarkeit von Angaben des Steuerpflichtigen bzw. Beschuldigten und anderen Erkenntnissen aus dem Besteuerungsverfahren zur Verfolgung von Nichtsteuerstraftaten (§ 30 Abs. 4 Nr. 4a AO, § 393 Abs. 2 AO). Im Besteuerungsverfahren hemmt sie den Ablauf der Festsetzungsfrist (§ 171 Abs. 5 Satz 2 AO). Insbesondere mit Blick auf die Selbstanzeige kann es nicht nur auf das genaue Datum, sondern auf die exakte Uhrzeit ankommen; entsprechend sorgfältig und vollständig mit allen geforderten Angaben ist der Einleitungs- bzw. Bekanntgabevermerk zu fertigen: neben dem exakten Zeitpunkt der Maßnahme hat er den Beschuldigten, die betroffenen Steuerartarten und Besteuerungszeiträume sowie Tathandlung und -ort zu enthalten (AStBV(St) 2013 Nr. 30), um eine Umgrenzung der verfahrensgegenständlichen Tat und damit der von der Einleitung bzw. Bekanntgabe ausgelösten Wirkungen zu ermöglichen.

cc) Rechtsfolgen bei unterlassener Einleitung

194 Wenn namentlich Betriebsprüfer trotz Anfangsverdachts von der Einleitung des Steuerstrafverfahrens bzw. der Unterrichtung der Bußgeld- und Strafsachenstelle absehen, kann dies den Tatbestand der (versuchten) Strafvereitelung im Amt, §§ 258, 258a StGB erfüllen, stellt jedenfalls ein gravierendes Dienstvergehen dar und begründet ein erhebliches Risiko für den beteiligten Amtsträger[309]. Gleichwohl gab die diesbezügliche Sachbehandlung in der Vergangenheit mehrfach Anlass zu Beanstandungen[310]. Bedauerlicherweise gibt es auch weiterhin Anhaltspunkte, dass in einer nicht unerheblichen Zahl von Fällen gegen zwingendes Gesetzesrecht und bindende Verwaltungsvorschriften verstoßen wird und vorhandene Verdachtsmomente entweder ignoriert oder über lebensfremde Beweiswürdigungen und zweifelhafte rechtliche Annahmen „entkräftet" werden. Ziel ist jeweils, die Außenprüfung ohne die aus der Einleitung des Steuerstrafverfahrens und der damit verbundenen Änderung der Rechtsstellung des Steuerpflichtigen, § 393 Abs. 1 Sätze 2 und 3 AO, folgenden Erschwernisse abschließen zu können bzw. in der Schlussbesprechung zu einer Einigung zu kommen[311].

195 Ob ein solches Verhalten im Einzelfall auf Bequemlichkeit und den Wunsch nach einem angenehmen „Prüfungsklima" zurückgeht oder Ausdruck einer besonderen „Ermittlungstaktik" ist, die den Verdächtigen an der Wahrnehmung seiner Rechte hindern will, kann letztlich dahinstehen; beides ist nicht hinnehmbar. Steuerstrafrechtlich ist ein solches Verhalten jedenfalls hochgradig kontraproduktiv, da die bewusste Unterlassung der Bekanntgabe bzw. Belehrung im Steuerstrafverfahren ein Beweisverwertungsverbot wegen Täuschung, § 136a StPO, provoziert[312]. Insofern werden sogar strafrechtliche Konsequenzen für den Prüfer

---

[308] Zum genauen Inhalt der Hinweise gemäß § 5 Abs. 2 Satz 2 BpO BMF v. 20.7.2001, BStBl. I 2001, 502.

[309] Gleichlautender Erlass zu Anwendungsfragen des § 10 Abs. 1 BpO vom 31.8.2009, BStBl. I 2009, 829; *Bansemer*, wistra 1994, 327; *Gehm*, StBp 2006, 105 (106 f.); s. bereits oben 2.b., Rn. 180.

[310] *Weyand*, DStZ 1990, S. 168 f.; *Weyand*, wistra 1994, 87 (89 f.).

[311] Hierzu bereits Vorauflage (*Kummer*), 18. Kapitel, Rn 185 ff.; ähnlich *Randt*, Der Steuerfahndungsfall, 2004, Rn C 125.

[312] Franzen/Gast/Joecks – *Joecks*, 7. Auflage 2009, § 393 AO, Rn 47; Franzen/Gast/Joecks – *Jäger*, 7. Auflage 2009, § 397 AO, Rn 98; *Geuenich*, DStZ 2006, 295; ausführlich dazu aus Verteidigersicht *Randt*, Der Steuerfahndungsfall, 2004, Rn E 437 ff.

IV. Formelles Steuerstrafrecht

(§§ 258, 258a StGB) erwogen[313]. Für das Besteuerungsverfahren ist der Bundesfinanzhof mit der Annahme eines Beweisverwertungsverbots in diesen Fällen eher zurückhaltend, verschiedene Finanzgerichte sind allerdings bereits von einem solchen ausgegangen[314].

dd) Praktische Überlegungen

Die Belehrung über das Zwangsmittelverbot (§ 393 Abs. 1 Satz 4 AO) und vor allem die Bekanntgabe der Einleitung des Steuerstrafverfahrens (§ 397 AO) haben eine taktische Komponente. Beide sind vom Gesetz erst dann vorgesehen, wenn der (potenziell) Beschuldigte zur Mitwirkung aufgefordert wird. Die Finanzbehörde kann daher ohne Verstoß gegen den Grundsatz der Selbstbelastungsfreiheit oder den Legalitätsgrundsatz von beidem zunächst absehen, wenn sie auf Mitwirkungshandlungen des (potenziell) Beschuldigten verzichtet und das Steuerstrafverfahren auf andere Weise betreibt.

Zu Vermeidung von Verwertungsverboten ist zwar tendenziell eine frühzeitige Belehrung geboten, die allerdings üblicherweise die Mitwirkungsbereitschaft des Steuerpflichtigen erheblich reduziert und den Fortgang des Besteuerungsverfahrens in Festsetzung und Außenprüfung gleichermaßen erschwert. Hinzukommt, dass zumindest die Einleitung des Steuerstrafverfahrens nur dann bekannt gegeben werden sollte, wenn unverzüglich eine umfassende Beweissicherung möglich ist, da nicht auszuschließen ist, dass der Beschuldigte anderenfalls sei es aus Berechnung, sei es aus Panik, Verdunkelungsversuche unternimmt und es aus diesem Grund zum Beweisverlust kommt. In der Außenprüfung kann allerdings auch ein abrupter Prüfungsabbruch von einschlägig „sensibilisierten" Steuerpflichtigen als Alarmsignal verstanden werden und entsprechende Verhaltensweisen auslösen. Für die BuStra besteht daher keinerlei Anlass, die Einleitung bekannt zu geben, solange das weitere Verfahren nicht geklärt ist (vgl. AStBV(St) 2013 Nr. 28 Abs. 1 Satz 2). Demgegenüber müssen die Außendienste ggf. abwägen, ob sie belehren bzw. die Einleitung aussprechen und sofort Beweissicherung betreiben (§ 399 Abs. 2 Satz 2 AO; vgl. auch AStBV(St) 2013 Nr. 40) oder die Prüfung unterbrechen, um das weitere Verfahren mit der BuStra bzw. Steuerfahndung abzustimmen. Grundsätzlich obliegen strafprozessuale Maßnahmen allerdings der Steuerfahndung (AStBV(St) 2013 Nr. 125 Abs. 1). Wenn ohne Gefährdung des Verfahrenszwecks möglich, kann eine sofortige fernmündliche Kontaktaufnahme zweckmäßig sein.

b) Bußgeld- und Strafsachenstelle

Nach der Einleitung wird das Steuerstrafverfahren unter den Voraussetzungen des § 386 Abs. 2 AO von der Finanzbehörde selbstständig gleichsam als „Steuerstaatsanwaltschaft" mit den Rechten und Pflichten der Staatsanwaltschaft (§ 399 Abs. 1 AO) geführt. Innerhalb der Finanzbehörde werden die staatsanwaltschaftlichen Befugnisse von der Bußgeld- und Strafsachenstelle (BuStra) wahrgenommen (AStBV(St) 2013 Nr. 17 Abs. 4). Durch die Organisation der BuStra (dazu sogleich) ist es innerhalb der Finanzbehörden weitestgehend zu einer organisatorischen Trennung der Bearbeitung von Besteuerungs- und Steuerstrafverfahren gekommen. Unter den Gesichtspunkten der „Sachnähe" zum Besteuerungsverfahren und der Beschränkung des Datenzugriffs aufgrund des Steuergeheimnisses ergeben sich daher mittlerweile kaum noch Unterschiede gegenüber der Führung des Ermittlungsverfahrens durch die Staatsanwaltschaft. Die Rechtfertigung der selbstständigen Ermittlungskompetenz der Finanzbehörde ergibt sich allerdings aus ihrer besonderen Sachkunde.

---

[313] *Rau*, FS Streck, 2011, S. 533 (536).
[314] Vgl. BFH, Urt. v. 23.1.2002 – XI R 10, 11/01, BFHE 198, 7 (10 ff.) = BStBl. II 2002, 328 und v. 4.10.2006 – VIII R 53/04, BFHE 215, 12 = BStBl. II 2007, 227 und Beschl. v. 30.5.2008 – V B 76/07, BFH/NV 2008, 1441 (1442) einerseits, FG Mecklenburg-Vorpommern, Urt. v. 21.8.2002 – 3 K 284/00, wistra 2003, 473, und in der Folge Hessisches FG, Beschl. v. 13.2.2006 – 6 V 2275/05, juris, andererseits; für ein Beweisverwertungsverbot auch *Kohlmann*, FS Tipke, 1995, S. 487 (495) und *Randt*, DStJG 31, S. 263 (268).

aa) Organisation

199 Die Bußgeld- und Strafsachenstellen sind regelmäßig gemäß § 387 Abs. 2 Satz 1 AO, ggf. auch in Verbindung mit §§ 12, 17 FVG, für die Amtsbezirke mehrerer Finanzämter eingerichtet[315]. Sie sind je nach Bundesland entweder Bestandteil eines Vollfinanzamts, dem auch die Durchführung der allgemeinen Besteuerung übertragen ist, oder eines spezialisierten Strafsachen- und Fahndungsfinanzamts, in dem ausschließlich BuStra- und Steuerfahndungsangelegenheiten bearbeitet werden.

200 Obwohl die Beamten der BuStra staatsanwaltliche Befugnisse wahrnehmen, verfügen die BuStra-Bearbeiter regelmäßig nicht über die Befähigung zum Richteramt. Lediglich die Sachgebietsleiter sind Volljuristen, zu deren Gunsten allerdings ein weitreichender Zeichnungsrechtsvorbehalt besteht. Die Sachbearbeiter sind demgegenüber Beamte des gehobenen Steuerverwaltungsdienstes mit Abschluss als Diplom-Finanzwirt (FH). Sie erwerben ihre Kenntnisse vor allem durch oft langjährige Erfahrung, wofür allerdings entsprechende persönliche Eignung und Verweildauer in der BuStra erforderlich sind. Dem sollten nicht nur die Leiter bzw. Vorsteher der Finanzämter – wenn die BuStra einem Vollfinanzamt angegliedert ist – Rechnung tragen, indem sie innerhalb der und für die BuStra-Stellen gezielte und langfristige Personalentwicklung betreiben, sondern vor allem auch die von den jeweiligen obersten Dienstbehörden der Länder aufgestellten Personalentwicklungskonzepte, indem sie eine solche Spezialisierung innerhalb des Dienstzweigs „Allgemeine Verwaltung" zulassen und gegebenenfalls auch fördern.

bb) Wahrnehmung staatsanwaltschaftlicher Befugnisse

201 In der Praxis wird die BuStra ganz überwiegend nur bei förmlichen Maßnahmen, zur Erwirkung gerichtlicher Untersuchungshandlungen (§ 162 Abs. 1 Satz 1 StPO; dazu AStBV(St) 2013 Nr. 43) und Entscheidungen und bei verfahrensabschließenden Verfügungen tätig. Ihr obliegen insbesondere Anträge auf Beschlagnahme (§§ 98, 99 StPO) und Durchsuchung (§§ 102, 103 StPO), wohingegen potenzielle Haftsachen (§§ 112 ff. StPO) üblicherweise unverzüglich an die Staatsanwaltschaft abgegeben werden (AStBV(St) 2013 Nr. 22). Die tatsächliche Durchführung der Ermittlungen vor Ort erfolgt regelmäßig durch „andere Stellen", insbesondere durch die Steuerfahndung, ggf. nach den Weisungen der BuStra. Vertreter der BuStra in ihrer Funktion als Staatsanwaltschaft können allerdings z. B. an Durchsuchungen teilnehmen (§ 105 Abs. 2 StPO). Hiervon abweichend finden Vernehmungen von Beschuldigten, Zeugen und Sachverständigen auch durch die BuStra statt, da hier auf entsprechende Ladung die Pflicht zum Erscheinen besteht (§ 163a Abs. 3 Satz 1, § 161a Abs. 1 StPO). Im selbstständigen Ermittlungsverfahren der Finanzbehörde ist die BuStra von Weisungen der Staatsanwaltschaft unabhängig[316].

202 In Haft- und Unterbringungssachen (§ 386 Abs. 3 AO) sowie nach erfolgter Abgabe an oder Evokation durch die Staatsanwaltschaft (§ 386 Abs. 4 AO) wird das Ermittlungsverfahren durch die Staatsanwaltschaft geführt, die Finanzbehörde hat dann die Stellung der Polizei nach der Strafprozessordnung sowie die Eilkompetenzen nach § 399 Abs. 2 Satz 2 AO (§ 402 Abs. 1 AO). Für den Übergang der Zuständigkeit in Haftsachen ist nach dem Wortlaut des Gesetzes bereits der Erlass eines Haftbefehls ggf. auch gegen nur einen von mehreren Beschuldigten ausreichend, die Vollstreckung nicht erforderlich, die Aussetzung unerheblich. Eine Rückübertragung des Verfahrens an die Finanzbehörde ist anders als in den Fällen des § 386 Abs. 4 Sätze 1 und 2 AO nicht vorgesehen.

203 Die Abgabe an die Staatsanwaltschaft erfolgt insbesondere in Fällen, in denen die Abschlusskompetenz der Finanzbehörde nicht ausreicht, in denen ein Haftbefehl veranlasst ist oder die allgemein aus rechtlichen oder tatsächlichen (einschließlich in der Person des Beschuldigten liegenden) Gründen besondere Schwierigkeiten aufweisen, wobei auch unterhalb

---

[315] Vgl. die Nachweise bei Franzen/Gast/Joecks – *Randt*, 7. Auflage 2009, § 387 AO, Rn 6.
[316] BFH, Urt. v. 25.1.1972 – VII R 109/68, BFHE 104, 187 = BStBl. II 1972, 286; BGH, Beschl. v. 30.4.2009 – 1 StR 90/09, BGHSt 54, 9 = wistra 2009, 363, OLG Stuttgart, Beschl. v. 4.12.1991 – 3 Ws 21/91, wistra 1991, 190.

IV. Formelles Steuerstrafrecht

dieser Schwelle eine Information der Staatsanwaltschaft geboten sein kann (AStBV(St) 2013 Nr. 22). Das Evokationsrecht ist Ausdruck der Oberhoheit der Staatsanwaltschaft über das Ermittlungsverfahren, und kann daher gegebenfalls auch noch nach der Abschlussverfügung der Finanzbehörde ausgeübt werden[317].

Für die Wahrnehmung der Eilkompetenzen der Staatsanwaltschaft (§ 98 Abs. 1, § 105 Abs. 1 StPO) ist auch im selbstständigen Ermittlungsverfahren der Finanzbehörde die einschlägige Rechtsprechung des Bundesverfassungsgerichts zu beachten. Sie kommt erst dann in Betracht, wenn erfolglos versucht wurde, eine richterliche Entscheidung zu erlangen. Die Annahme von „Gefahr im Verzug" kann auch dann nur auf konkrete Tatsachen des Einzelfalls gestützt werden, sie ist gerichtlich voll überprüfbar, weshalb die Tatsachen und ihre Würdigung zeitnah in den Ermittlungsakten zu dokumentieren sind[318]. Erfolgt die Annahme willkürlich, kann dies – muss aber nicht – ein Beweisverwertungsverbot begründen[319]. 204

cc) Abschluss des Ermittlungsverfahrens

Nach Abschluss des Ermittlungsverfahrens entscheidet die BuStra aufgrund der getroffenen Feststellungen und nach pflichtgemäßem Ermessen, ob sie das Steuerstrafverfahren in eigener Kompetenz erledigt, indem sie es aus tatsächlichen oder rechtlichen Gründen (§ 170 Abs. 2 StPO) oder aus Opportunitätsgründen (§ 398 AO, §§ 153, 153a StPO, ggf. auch § 154a StPO) einstellt oder den Erlass eines Strafbefehls beantragt (§ 400, 1. Halbsatz AO). Dabei kann vorgesehen sein, dass die Strafbefehlsanträge zur aktenmäßigen Erfassung zunächst der Staatsanwaltschaft zuzuleiten sind[320]. Ist die Abschlusskompetenz der Finanzbehörde nicht ausreichend, sind die Akten der Staatsanwaltschaft vorzulegen (§ 400, 2. Halbsatz AO), die dann über die Anklageerhebung entscheidet. 205

Für die Anwendung des § 398 AO und der §§ 153, 153a StPO im Steuerstrafrecht bestehen keine bundesweit einheitlichen Kriterien. Gewichtigstes Kriterium ist regelmäßig der Umfang der Steuerverkürzung bzw. des nicht gerechtfertigten steuerlichen Vorteils (vgl. AStBV(St) 2013 Nr. 82 Abs. 2 Satz 2). Im steuerstrafrechtlichen Schrifttum werden insoweit unterschiedliche (verkürzungs-)betragsmäßige Obergrenzen genannt, die jeweils auf individuellen Erfahrungen der Autoren basieren. Kommt eine Einstellung nicht mehr in Betracht, sind die Finanzbehörden angehalten, von der Antragsbefugnis im Strafbefehlsverfahren nach Möglichkeit Gebrauch zu machen. Der Strafmaßantrag (AStBV(St) 2013 Nr. 87 Abs. 2) orientiert sich – im Schrifttum kritisiert[321], aber praktisch anerkannt – regelmäßig am Hinterziehungsvolumen gemäß regional unterschiedlichen Strafzumessungstabellen. 206

Eine äußerste Grenze für die Anwendung des Strafbefehlsverfahrens ergibt sich aus der Auffassung der Finanzverwaltung (AStBV(St) 2013 Nr. 84 Abs. 3 Satz 2), die in Übereinstimmung mit der Rechtsprechung des Bundesgerichtshofs zu § 370 Abs. 3 Nr. 1 AO[322] besonders schwere Fälle der Steuerhinterziehung für regelmäßig ungeeignet zur Behandlung im Strafbefehlsverfahren hält. Im Übrigen kann auch wegen der tatsächlichen Schwierigkeit des Falles oder aus spezial- oder generalpräventiven Gründen zugunsten der Durchführung einer Hauptverhandlung von einem Strafbefehlsantrag abgesehen werden, selbst wenn der Beschuldigte einen Strafbefehlsantrag anregt (AStBV(St) 2013 Nr. 84 Abs. 3 Satz 3, Abs. 4). 207

dd) Zusammenarbeit mit der Staatsanwaltschaft

Der BuStra obliegt während des selbstständigen Verfahrens auch die Koordinierung der Zusammenarbeit mit der Staatsanwaltschaft. Eine laufende, enge und vertrauensvolle Zusam- 208

---

[317] LG Frankfurt, Beschl. v. 15.2.1993 – 5/29 Qs 2/93, wistra 1993, 154; ebenso *Weyand*, wistra 1994, 87 (88); *Hardtke/Westphal*, wistra 1996, 91 (93); a. A. *Liebsch/Reifelsberger*, wistra 1993, 325 (326).

[318] BVerfG, Urt. v. 20.2.2001 – 2 BvR 1444/00, BVerfGE 103, 142 = wistra 2001, 137 = NStZ 2001, 382.

[319] BVerfG, Nichtannahmebeschl. v. 2.7.2009 – 2 BvR 2225/08, wistra 2009, 425 = NJW 2009, 3225.

[320] Z. B. in Bayern gemäß § 47 Abs. 1 Satz 2 o) der Aktenordnung für die Justiz, JMBl. 1984, 13; siehe auch *Malms*, wistra 1994, 337.

[321] Z. B. *Weyand*, wistra 2008, 214 (215), m. w. N.

[322] Siehe bereits oben Rn. 77 ff.

menarbeit, wie sie beiden Seiten nach der jeweiligen Erlasslage vorgegeben ist (AStBV(St) 2013 Nr. 140, RiStBV Nr. 267), insbesondere durch regelmäßige Kontaktgespräche, ist dabei von essentieller Bedeutung. Beide Seiten müssen im Interesse des gemeinsamen Auftrags zu einem Auskommen finden und sich über die Abgrenzung der wechselseitigen Zuständigkeiten, namentlich die Voraussetzungen einer Abgabe bzw. Evokation verständigen.

209 Unzulänglichkeiten in der Zusammenarbeit von Finanzbehörde und Staatsanwaltschaft haben den Bundesgerichtshof zu einer recht deutlichen Klarstellung veranlasst, dass die Finanzbehörde die Staatsanwaltschaft zumindest insoweit über die von ihr selbstständige geführten Ermittlungsverfahren zu unterrichten hat, dass diese ihr Evokationsrecht wirksam wahrnehmen kann: „Die Finanzbehörden haben daher die Staatsanwaltschaft über alle bei der Steuerfahndung anhängigen Ermittlungsverfahren, bei denen eine Evokation nicht fern liegt, frühzeitig zu unterrichten, etwa bei regelmäßig stattfindenden Kontaktgesprächen."[323] Anlass für die Evokation können neben Umfang, Bedeutung und Schwierigkeiten der Steuerstrafsache auch die Bezüge zu anderen außersteuerlichen Straftaten sein, die eine gemeinsame Ermittlung, Verhandlung und Entscheidung sachgerecht erscheinen lassen.

c) Steuerfahndung

210 Die Tätigkeit der Steuerfahndung im Steuerstrafverfahren ist in § 404 AO geregelt, sie hat als „Steuerpolizei" die gleichen Befugnisse wie die Polizei nach der Strafprozessordnung, ihre Beamten sind Ermittlungspersonen der Staatsanwaltschaft. Sie sind damit im Umkehrschluss zugleich von der Wahrnehmung der staatsanwaltschaftlichen Befugnisse der Finanzbehörden ausgeschlossen („negativer Befugniskatalog"[324]). Die in einigen Bundesländern erfolgte Zusammenfassung von BuStra und Steuerfahndung in „Einheitssachgebieten" begegnet daher erheblichen Bedenken[325]. Soweit die Steuerfahndung sich auf „Gefahr im Verzug" berufen will, gilt das oben zur BuStra gesagte entsprechend.

aa) Stellung im Ermittlungsverfahren

211 Nach der Gesetzes- und Erlasslage zeichnet sich die Steuerfahndung dadurch aus, dass sie sowohl im Besteuerungs- als auch im Steuerstrafverfahren tätig werden kann (§§ 208, 404 AO), in beiden Verfahren aber jeweils nur Ermittlungsorgan ist, während die Entscheidungskompetenz im Besteuerungsverfahren bei der Veranlagungsstelle, im Steuerstrafverfahren bei der BuStra bzw. der Staatsanwaltschaft liegt. Im Schrifttum wird allerdings aus Verteidigersicht kritisiert, die Steuerfahndung sei „im Verhältnis zum Bürger zu einer der mächtigsten Behörden" geworden, ihre formell vorgesetzten Dienststellen und sogar die Justiz sei „in faktische Abhängigkeit zur Steuerfahndung geraten"[326].

212 Zutreffend daran ist, dass die Doppelfunktion der Steuerfahndung auch eine Befugniskonzentration bewirkt, eine Befugniskonzentration allerdings, die im Hinblick auf die Aufgaben der Steuerfahndung gerechtfertigt ist. Die tatsächlich verwirklichten Besteuerungsgrundlagen und ihre rechtliche Würdigung sind Gegenstand sowohl des Besteuerungs- als auch des Steuerstrafverfahrens und es wäre nicht nur ineffektiv, sondern auch eine unnötige Mehrbelastung des Steuerpflichtigen bzw. Beschuldigten, wenn sie in beiden Verfahren unabhängig ermittelt werden müssten.

213 Das Verhältnis von Veranlagungs- bzw. Bußgeld- und Strafsachenstelle (ggf. auch der Staatsanwaltschaft) zur Steuerfahndung hängt wesentlich vom Selbstverständnis der jeweiligen Amtsträger ab. Die Steuerfahndung hat aufgrund des ihr regelmäßig vorbehaltenen Erstzugriffs auf entscheidende Zeugen und Beweismittel und aufgrund ihrer Beteiligung auch am jeweils anderen Verfahren zwar einen doppelten Informationsvorsprung vor der Veranlagungs- bzw. der Bußgeld- und Strafsachenstelle, es bleibt beiden Stellen allerdings unbenom-

---

[323] BGH, Beschl. v. 30.4.2009 – 1 StR 90/09, BGHSt 54, 9 = wistra 2009, 363.
[324] Klein – *Jäger*, 11. Auflage 2012, § 404 AO, Rn 25; *Rüsken*, DStJG 31, S. 243 (248); a. A. *Küster*, DStJG 6, S. 253 (264).
[325] Klein – *Rüsken*, 11. Auflage 2012, § 208 AO, Rn 7; *Kaligin*, Stbg 2010, 126.
[326] *Schwedhelm*, FS Streck, 2011, S. 561 (568); ebenso *Schwedhelm*, BB 2010, 731 (732); ähnlich *Gotzens*, FS Streck, 2011, S. 519 (521).

IV. Formelles Steuerstrafrecht **20**

men, sich durch Nachfragen eine ausreichende Grundlage für eine eigenverantwortliche Entscheidung zu verschaffen. Die vermeintliche „faktische Abhängigkeit" dürfte eher darauf zurückzuführen sein, dass sämtliche Verfahrensbeteiligten – auch die Verteidiger – die Steuerfahndung wegen ihrer Doppelfunktion häufig bewusst als zentralen Ansprechpartner und Koordinierungsstelle nutzen und dadurch zumindest teilweise auch gezielt sich selbst entlasten.

In der Praxis wird die Steuerfahndung schon aufgrund ihrer begrenzten Ressourcen regelmäßig nur dort tätig, wo es – unter Umständen auch unterhalb eines strafrechtlichen Anfangsverdachtes – Hinweise auf Steuerstraftaten gibt und wo eine Aufklärung des Sachverhalts mit strafprozessualen Mitteln, insbesondere der Durchsuchung und ggf. der anschließenden Beschlagnahme erforderlich oder aussichtsreich ist. Es ist nicht unüblich und von Rechts wegen nicht zu beanstanden[327], dass in anderen Fällen trotz Hinweisen auf Steuerstraftaten die Betriebsprüfung tätig wird. 214

Nach Abschluss ihrer Ermittlungen fertigt die Steuerfahndung einen steuerlichen Bericht (Fahndungsbericht) in entsprechender Anwendung des § 202 Abs. 1 Satz 2 AO für die Veranlagungsstelle sowie einen gesonderten strafrechtlichen Bericht (Ermittlungsbericht), der weitergehende Ausführungen auch zu den übrigen objektiven und subjektiven Tatbestandsvoraussetzungen der Steuerhinterziehung und zur Beweissituation und Beweiswürdigung nach strafprozessrechtlichen Grundsätzen enthält und zusammen mit einem Abdruck des Fahndungsberichts der BuStra zugeht (AStBV(St) 2013 Nr. 127). Der Ermittlungsbericht ist regelmäßig Grundlage für die weitere Sachbehandlung durch die BuStra und deren verfahrensabschließende Entscheidung. Häufig werden Steuerfahnder auch als Zeugen in einem finanzgerichtlichen Verfahren oder im strafrechtlichen Hauptverfahren hinzugezogen. 215

bb) Abgrenzung der Verfahrensarten

Wegen der Doppelzuständigkeit der Steuerfahndung sowohl für das Besteuerungs- als auch für das Steuerstrafverfahren ist im Hinblick auf § 393 Abs. 1 Satz 1 AO und die Unterschiede zwischen beiden Verfahrensordnungen die Zuordnung einzelner Ermittlungshandlungen zu einem von beiden Verfahren von erheblicher Bedeutung. § 393 Abs. 1 Satz 1 AO schließt sowohl eine Meistbegünstigung der Finanzbehörde in dem Sinne, dass jeweils die weiterreichende bzw. an geringere Voraussetzungen anknüpfende Rechtsgrundlage heranzuziehen ist, als auch eine gegenläufige Meistbegünstigung des Beschuldigten bzw. Steuerpflichtigen aus, maßgebend ist vielmehr, ob mit der Maßnahme objektiv und für den Adressaten erkennbar ein rein steuerlicher oder auch ein steuerstrafrechtlicher Ermittlungszweck verfolgt wird[328]. Unter diesen Voraussetzungen ist auch während desselben Einsatzes ein fortlaufender Wechsel zwischen den Verfahrensarten zulässig[329]. Der Wechsel zwischen den Verfahrensarten darf allerdings nicht in einer Weise geschehen, die objektiv geeignet ist, beim Adressaten Fehlvorstellungen über die steuerstrafrechtlichen Bezüge und die Rechtsnatur der konkreten Ermittlungsmaßnahme hervorzurufen[330]. Unter diesem Gesichtspunkt ist insbesondere auch der in Nordrhein-Westfalen praktizierte Einsatz der Steuerfahndung als „Flankenschutz" im Besteuerungsverfahren anderer Dienststellen[331] unzulässig. 216

cc) Vorfeldermittlungen

Die Steuerfahndung kann noch unterhalb des steuerstrafrechtlichen Anfangsverdachts bzw. zeitlich vor Einleitung des Steuerstrafverfahrens zur Aufdeckung und Ermittlung unbekannter Steuerfälle (§ 208 Abs. 1 Satz 1 Nr. 3 AO) im Bezug auf unbekannte Steuerpflichtige oder Besteuerungssachverhalte sog. „Vorfeldermittlungen" durchführen. Diese sind dem Besteue- 217

---

[327] BFH, Urt. v. 4.11.1987 – II R 102/85, BFHE 151, 324 = BStBl. II 1988, 113, bestätigt durch BFH, Beschl. v. 29.12.2010 – IV B 46/09, BFH/NV 2011, 634.
[328] *Streck*, DStJG 6, S. 217 (226).
[329] BFH, Beschl. v. 16.12.1997 – VII B 45/97, BFHE 184, 266 = BStBl. II 1998, 231; a. A. Graf/Jäger/Wittig – *Bülte*, § 393 AO, Rn 7 f.
[330] BFH, Urt. v. 4.12.2012 – VIII R 5/10, BFHE 239, 19 = DStR 2013, 253.
[331] Dazu *Anders*, DStR 2012, 1779.

rungsverfahren zuzurechnen und folgen seinen Vorschriften, können allerdings in ein Steuerstrafverfahren übergehen (AStBV(St) 2013 Nr. 12 Abs. 1 und 2). Sie dürfen nach der Rechtsprechung keine „Rasterfahndung" darstellen"[332], so dass etwa ein Sammelauskunftsersuchen an eine Bank betreffend die Zuteilung von Bonusaktien an Depotkunden für unzulässig erklärt wurde[333] und eine Aktiengesellschaft im Rahmen von Vorfeldermittlungen nicht verpflichtet werden kann, ihr Aktionärsverzeichnis vorzulegen[334].

dd) Vorermittlungen

218 Sind hingegen der Steuerpflichtige und der Besteuerungssachverhalt bekannt, bestehen allerdings bloße Anhaltspunkte, die noch keinen Anfangsverdacht begründen, werden „Vorermittlungen" durchgeführt (AStBV(St) 2013 Nr. 13). Dabei handelt es sich nicht mehr um einen Bestandteil des Besteuerungsverfahrens, sondern um auch ohne ausdrückliche gesetzliche Grundlage zulässige informelle Maßnahmen als Vorstufe eines Steuerstrafverfahrens[335].

ee) Steuerstrafverfahren

219 Soweit die Gegenstände des Steuerstraf- und des Besteuerungsverfahrens übereinstimmen, ist es der Steuerfahndung von Gesetzes wegen freigestellt, ob sie nach den Vorschriften des Besteuerungs- oder des Steuerstrafverfahrens vorgeht. Die Ergebnisse des Steuerstrafverfahrens können dann in das Besteuerungsverfahren eingeführt werden (§ 393 Abs. 3 Satz 1 AO), die Ergebnisse des Besteuerungsverfahrens in das Steuerstrafverfahren jedenfalls dann, wenn die Belehrung gemäß § 393 Abs. 1 Satz 4 AO ordnungsgemäß erfolgt ist[336]. Sie ist jedoch im Erlasswege angehalten, nach Einleitung des Steuerstrafverfahrens regelmäßig auf Grundlage des Strafprozessrechts zu handeln (AStBV(St) 2013 Nr. 16 Abs. 1 Satz 2)[337]. Dem entspricht es, dass sich die Steuerfahndung in der Praxis ganz überwiegend polizeilich tätig wird und sich vorzugsweise der strafprozessrechtlichen Befugnisse bedient, insbesondere der Durchsuchung und Beschlagnahme (AStBV(St) 2013 Nr. 56 ff.) und der Festnahme (AStBV(St) 2013 Nr. 73).

220 Die strafprozessrechtlichen Befugnisse, insbesondere die gegenüber dem Besteuerungsverfahren wesentlich weiter reichenden Eingriffsbefugnisse, stehen der Steuerfahndung allerdings nur zur Verfügung, soweit der Gegenstand des Steuerstrafverfahrens reicht. Sie darf sich ihrer daher nicht bedienen, soweit ein dauerndes Verfahrenshindernis besteht und deswegen ein Steuerstrafverfahren nicht eingeleitet werden kann, z. B. weil der Steuerpflichtige bereits verstorben ist oder die Steuerhinterziehung offensichtlich strafrechtlich verjährt ist. Die strafprozessrechtlichen Befugnisse setzen zudem einen Anfangsverdacht voraus und dürfen daher nicht genutzt werden, um Anhaltspunkte für seine Begründung zu finden[338].

221 Der Einsatz strafprozessrechtlicher Befugnisse zur Auffindung insbesondere von Aufzeichnungen, die über nicht strafbefangene Besteuerungszeiträume oder über die steuerlichen Verhältnisse Dritter angefertigt wurden, ist allerdings nicht von vornherein ausgeschlossen. Beweismittel für einen oder mehrere Besteuerungszeiträume lassen vielfach mittelbar Rückschlüsse auf weitere Besteuerungszeiträume zu, etwa die Kontoauszüge aus 01 und 04 auf den Vermögenszuwachs und damit das Einkommen in 02 und 03 oder Kalkulationen aus den Jahren 01 bis 04 bei gleich bleibendem Geschäftsmodell auch auf die Rohgewinnsätze für die Jahre 05 bis 07. In ähnlicher Weise können aus der Vermögens- und Einkommenssituation des Erblassers unmittelbar vor seinem Tod Umfang und Erträge des Nachlasses abgeleitet werden. Beweismittel, die strafrechtlich verjährte Steuerhinterziehungen betreffen, können

---

[332] BFH, Beschl. v. 25.7.2000 – VII B 28/99, BFHE 192, 44 = BStBl. II 2000, 643; krit. *Rüsken*, DStJG 31, S. 243 (259 f.).
[333] BFH, Urt. v. 16.1.2009 – VII R 25/08, BStBl. II 2009, 582 = BFH/NV 2009, 988.
[334] BFH, Urt. v. 19.2.2009 – II R 61/07, BFH/NV 2009, 1586.
[335] BFH, Urt. v. 29.4.2008 – VIII R 5/06, BFHE 222, 1 = BStBl. II 2008, 844, unter II. 2. b) bb) (1).
[336] *Randt*, DStJG 31, S. 263 (273) unter Bezugnahme auf BFH, Urt. v. 23.1.2002 – XI R 10, 11/01, BFHE 198, 7 = BStBl. II 2002, 328.
[337] Vgl. auch BFH, Beschl. v. 6.2.2001 – VII B 277/00, BFHE 194, 26 = BStBl. II 2001, 306.
[338] BVerfG, Beschl. v. 3.7.2006 – 2 BvR 2030/04, wistra 2006, 377.

IV. Formelles Steuerstrafrecht

für die Untersuchung der noch nicht verjährten Steuerhinterziehungen darüber hinaus auch dann von Bedeutung sein (§ 94 Abs. 1 StPO), wenn die verjährten Steuerhinterziehungen als Strafzumessungsgründe in das Verfahren eingeführt werden sollen[339] und sind dann zulässiger Gegenstand von Durchsuchungen und Beschlagnahmen.

Durchsuchungen und Beschlagnahmen sind im Steuerstrafverfahren insbesondere bei Kreditinstituten nicht nur zulässig, sondern häufig unentbehrlich. Das „Bankgeheimnis" (§ 30a AO) ist bereits im Besteuerungsverfahren nur von beschränkter Tragweite[340], im Steuerstrafverfahren, in dem der Sachverhalt nicht nach § 88 AO ermittelt wird, greift es nicht ein. Gleichzeitig bieten Bankenermittlungen einen hohen Erkenntniswert nicht nur – auf der Hand liegend – bezüglich Einkünften aus Kapitalvermögen, sondern auch bezüglich betrieblicher Einkünfte und Umsätze und sonstiger Vermögenswerte, da die Banken entsprechende Angaben für die Gewährung von Krediten fordern und regelmäßig auch vollständig und tatsächlich „nach bestem Wissen und Gewissen" erhalten. 222

Ähnliches gilt (in begrenztem Umfang) für Steuerberater. Auch beim Steuerberater liegt es auf der Hand, dass er über steuerliche Informationen seiner Kunden bzw. Mandanten verfügt. Die Beschlagnahmefreiheit (§ 97 Abs. 1 StPO) erfasst aber nur solche Gegenstände im Gewahrsam des Steuerberaters, die im Zusammenhang gerade mit der Steuerberatung und dem hierfür vorausgesetzten Vertrauensverhältnis stehen, das heißt insbesondere nicht die ggf. beim Steuerberater erledigte laufende Buchführung. Sie greift generell nicht ein, wenn der Steuerberater aufgrund bestimmter Tatsachen als Teilnehmer einer Steuerhinterziehung oder Begünstigung verdächtigt wird (§ 97 Abs. 2 Satz 3 StPO). 223

Selbst wenn die Steuerfahndung ausnahmsweise nach den Vorschriften des Besteuerungsverfahrens tätig wird, darf sie keine unzulässige Druckkulisse aufbauen, um den Steuerpflichtigen bzw. Beschuldigten dadurch zur Mitwirkung, insbesondere zur Selbstbelastung zu zwingen (AStBV(St) 2013 Nr. 29 Satz 4). Es ist nicht zu verleugnen, dass sich gelegentlich unsichere oder übermotivierte Amtsträger über diese Vorgaben hinwegsetzen, grundsätzliche Vorbehalte gegen die Doppelfunktion der Steuerfahndung und ihre Befugnisse lassen sich daraus aber nicht ableiten. 224

d) Staatsanwaltschaft

aa) Allgemeines

Bei der in Steuerstrafsachen tätigen Staatsanwaltschaft handelt es sich regelmäßig um eine Schwerpunktstaatsanwaltschaft (§ 143 Abs. 4 GVG) für Wirtschafts- und Steuerstrafsachen, der das besondere Steuerstrafverfahrensrecht geläufig und die Zusammenarbeit mit den finanzbehördlichen Strafverfolgungsorganen vertraut sein sollte. Auf die Bedeutung einer vertrauensvollen Zusammenarbeit zwischen Finanzbehörde und Staatsanwaltschaft für eine erfolgreiche Steuerstrafverfolgung wurde bereits hingewiesen. 225

Die Bundesfinanzakademie im Bundesministerium der Finanzen bietet mittlerweile besondere Steuerrechtslehrgänge und regelmäßige Fortbildungsveranstaltungen für steuerstrafrechtlich tätige Richter und Staatsanwälte an. Nach Möglichkeit sollte der Einsatz bei der Schwerpunktstaatsanwaltschaft auch so geplant sein, dass einschlägige praktische Erfahrungen nicht nur erworben, sondern auch tatsächlich nutzbar gemacht werden können. Die Zusammenarbeit des einzelnen Staatsanwalts mit der Finanzbehörde wird ebenfalls regelmäßig eine gewisse Anlaufphase benötigen. 226

Im Grundsatz ist die Staatsanwaltschaft in Steuerstrafsachen nicht anders als in allgemeinen Strafsachen die „Herrin des Ermittlungsverfahrens", das selbstständige Verfahren der Finanzbehörde gemäß § 386 Abs. 2 AO, auch wenn es in der zahlenmäßigen Mehrheit der Verfahren zur Anwendung kommt, ist gesetzessystematisch als Ausnahmefall ausgestaltet. Die Ausnahme rechtfertigt sich, wie bereits gesehen, mit der besonderen Sachkunde der Finanzbehörde. Die Staatsanwaltschaft ist gegenüber der Finanzbehörde in deren selbstständigen Er- 227

---

[339] Vgl. BGH, Beschl. v. 25.10.1995 – 2 StR 433/95, BGHSt 41, 305 (310).
[340] Klein – *Rüsken*, 11. Auflage 2012, § 30a AO, Rn 19.

mittlungsverfahren nicht weisungsbefugt, sondern kann und muss gegebenenfalls ihre Verfahrensherrschaft durch Ausübung ihres Evokationsrechts ausüben.

bb) Originäre Ermittlungskompetenz der Staatsanwaltschaft

228 Im Umkehrschluss aus § 386 Abs. 2 AO ist das Ermittlungsverfahren von Anfang an von der Staatsanwaltschaft zu führen, wenn es auch andere als die dort genannten Straftaten betrifft. „Tat" im Sinne von § 386 Abs. 2 AO ist die Tat im prozessrechtlichen Sinn, die selbstständige Ermittlungskompetenz der Finanzbehörde endet nicht erst dort, wo Steuer- und Nichtsteuerstraftaten tateinheitlich (§ 52 StGB) zusammentreffen, sondern auch bei Tatmehrheit (§ 53 StGB), sofern Steuer- und Nichtsteuerstraftaten einen „einheitlichen Lebensvorgang" bilden, den eine getrennte Würdigung „unnatürlich aufspalten würde" (AStBV(St) 2013 Nr. 17 Abs. 2, Nr. 21 Abs. 1)[341]. Da es nur auf die „Tat" ankommt, sind Verfahrensbeschränkungen nach § 154a StPO für die Ermittlungskompetenz der Finanzbehörde unerheblich[342], anders als nach der Evokation (§ 386 Abs. 4 AO) ist auch eine Rückabgabe an die Finanzbehörde nicht vorgesehen.

229 Sobald die Finanzbehörde erkennt, dass die Voraussetzungen des § 386 Abs. 2 AO nicht (mehr) vorliegen, sind noch laufende Ermittlungsmaßnahmen abzuschließen und der Vorgang unverzüglich bei der Staatsanwaltschaft vorzulegen; eine Vorabmitteilung an die Staatsanwaltschaft kann hilfreich sein. Zweckmäßigerweise werden dabei die Ermittlungsergebnisse der Finanzbehörde in einem Zwischenbericht zusammengefasst, aus dem insbesondere auch die tatsächlichen und rechtlichen Gründe für die Vorlage hervorgehen sollten.

230 Wenn die Voraussetzungen des § 386 Abs. 2 AO nicht vorliegen, ist ein Abschluss des Ermittlungsverfahrens in eigener Kompetenz der Finanzbehörde ausgeschlossen. Die Zuständigkeit der Staatsanwaltschaft ergibt sich unmittelbar aus dem Gesetz, ein Ermessensspielraum ist anders als bei § 386 Abs. 4 AO nicht eröffnet. Gleichwohl unterbleibt mitunter die Vorlage an die Staatsanwaltschaft und es kommt unzulässigerweise zu Verfahrenseinstellungen bzw. Strafbefehlsanträgen durch die Finanzbehörde. Über die Gründe kann dabei grundsätzlich nur spekuliert werden. Zum Teil mag dergleichen schlicht auf einer nachlässigen Arbeitsweise, häufig auch auf Fehlvorstellungen vom Steuergeheimnis[343], beruhen, bisweilen drängt sich aber auch der Verdacht auf, dass die Kompetenzen bewusst überschritten werden, sei es aus „Scheuklappendenken", sei es aufgrund unzulässiger Absprachen mit dem Beschuldigten bzw. seinem Verteidiger, die auch gezielt an der BuStra vorbei getroffen worden sein können, unter Aussparung der entsprechenden Sachverhaltsausschnitte im Bericht an die BuStra. Es versteht sich von selbst, dass derartige Praktiken ähnlich wie das Hinwegsetzen über einen steuerstrafrechtlichen Anfangsverdacht nicht nur gravierende Dienstvergehen darstellen, sondern im Einzelfall auch strafrechtliche Vorwürfe (§§ 258, 258a StGB, evtl. auch § 257 StGB) begründen können.

231 Ebenso wie beim Zusammentreffen mit nichtsteuerlichen Straftaten geht auch in Haft- oder Unterbringungssachen (§ 386 Abs. 3 AO) die Zuständigkeit von Gesetzes wegen auf die Staatsanwaltschaft über. Tatsächlich erfolgt in diesen Fällen üblicherweise bereits zu einem früheren Zeitpunkt die Abgabe gemäß § 386 Abs. 4 AO (AStBV(St) 2013 Nr. 22). Einen Rückübergang der Zuständigkeit auf die Finanzbehörde bei Aufhebung des Haft- oder Unterbringungsbefehls sieht das Gesetz nicht vor.

cc) Zuständigkeit kraft Ermessen

232 Das Gesetz stellt Finanzbehörde und Staatsanwaltschaft allerdings anheim, im Einzelfall nach ihrem Ermessen eine von § 386 Abs. 2, 3 AO abweichende Zuständigkeitsregelung zu treffen (§ 386 Abs. 4 AO). Damit wird insbesondere die sachgerechte Behandlung atypischer Fälle sichergestellt. Anders als in den Fällen der Abs. 2 und 3 ist die Aktenübersendung hier nicht rein tatsächlicher Natur, der Abgabeakt ist vielmehr konstitutiv für den Übergang der Zuständigkeit.

---

[341] Ebenso Franzen/Gast/Joecks – *Randt*, 7. Auflage 2009, § 386 AO, Rn 13, m. w. N.
[342] Franzen/Gast/Joecks – *Randt*, 7. Auflage 2009, § 386 AO, Rn 19.
[343] Dazu sogleich unter e.

IV. Formelles Steuerstrafrecht

Die Abgabe von der Finanzbehörde an die Staatsanwaltschaft (§ 386 Abs. 4 Satz 1 AO) ist vom Gesetz ausschließlich in das Ermessen der Finanzbehörde gestellt. Die Staatsanwaltschaft ist zur Übernahme verpflichtet, ein Übernahmeermessen besteht nicht und die Rückabgabe an die Finanzbehörde ist nur mit deren Einvernehmen möglich.

Die Finanzbehörde ist zur Abgabe an die Staatsanwaltschaft „insbesondere" (AStBV(St) 2013 Nr. 22 Abs. 1 Satz 3) gehalten, wenn Telekommunikationsüberwachung, Untersuchungshaft, oder besonders schwierige strafprozessrechtliche Fragen im Raum stehen, darüber hinaus dann, wenn das Steuerstrafverfahren mit einem Strafverfahren wegen einer anderen Tat, die keine Steuerstraftat ist, zusammengefasst werden soll, voraussichtlich die Abschlusskompetenz der Finanzbehörde nicht ausreicht oder in der Person des Beschuldigten ein Grund liegt, der dem Fall besondere Bedeutung verleiht (Parlamentarier, Diplomaten, Angehörige fremder Streitkräfte, AStBV(St) 2013 Nrn. 151–153), auch nur den Anschein einer Interessenkollision erwecken könnte (Angehörige der Finanzbehörden) oder besondere prozessuale Fürsorge erfordert (Jugendliche, Heranwachsende, vermindert Schuldfähige, AStBV(St) 2013 Nr. 154).

Einen Anspruch auf eine Abgabe bzw. auf die Weiterführung der Ermittlungen durch die Finanzbehörde hat der Beschuldigte in keinem Fall. Wenn die Finanzbehörde in anderen als den genannten Fällen das Verfahren an die Staatsanwaltschaft abgeben will, dürfte aber – sofern nicht örtlich allgemeine Vereinbarungen getroffen sind – vorherige Abstimmung mit der Staatsanwaltschaft zweckmäßig sein.

Die andere Tat, die mit der Steuerstraftat in einem einheitlichen Verfahren verfolgt werden soll, kann auch eine Tat sein, von der die Finanzbehörde selbst im Besteuerungsverfahren Kenntnis erlangt hat, wenn die Offenbarung bzw. Verwertung dieser Kenntnisse zulässig sind[344]. So können sich z. B. aus den im Besteuerungsverfahren vorgelegten Unterlagen Hinweise auf Untreue (§ 266) im Zusammenhang mit eigenmächtigen Entnahmen eines Mitunternehmers oder unzulässigen (verdeckten) Gewinnausschüttungen eines Gesellschafters, auf Bilanz- (§§ 331 ff. HGB), Insolvenz- oder Korruptionsdelikte ergeben.

Die Oberhoheit der Staatsanwaltschaft wird durch das Evokationsrecht (§ 386 Abs. 4 Satz 2 AO) gesichert, wobei „jederzeit" wie bereits gesehen[345] wörtlich zu verstehen ist. Die Staatsanwaltschaft kann das Verfahren daher auch noch nach der Abschlussverfügung der Finanzbehörde anlässlich der Registereintragung des Strafbefehls an sich ziehen. Dem Beschuldigten steht gegen die Evokation kein Rechtsbehelf zu[346]. Grundsätzlich ist das Evokationsrecht aber nicht im Sinne einer allgemeinen und umfassenden Dienstaufsicht über die Ermittlungstätigkeit der Finanzbehörde auszuüben[347], sondern entsprechend dem vom Gesetz für die Fälle des § 386 Abs. 2 AO intendierten Regel-Ausnahme-Verhältnis besonderen Konstellationen vorbehalten.

Im Übrigen ist die Staatsanwaltschaft bei der Ausübung ihres Evokationsrechts wie auch sonst weder mittelbar noch unmittelbar an die AStBV(St) gebunden. Sie ist daher nicht auf die Fälle beschränkt, in denen die Finanzbehörde intern ohnehin zur Abgabe an die Staatsanwaltschaft verpflichtet wäre, sondern entscheidet nach pflichtgemäßem Ermessen, ob sie das Verfahren übernehmen will. Die Übernahme- bzw. Nichtübernahmeentscheidung unterliegt keiner gerichtlichen Kontrolle. Eine Übernahme durch die Staatsanwaltschaft kommt auch in Fällen, in denen an sich die Abschlusskompetenz der Finanzbehörde und die Ahndung im Strafbefehlswege ausreichend wären, namentlich dann in Betracht, wenn im Einzelfall ein besonderes Interesse an der Durchführung einer Hauptverhandlung besteht.

Da das Evokationsrecht eine Einzelfallkompetenz ist, ist weder die Finanzbehörde von sich aus verpflichtet, die Staatsanwaltschaft über sämtliche bei ihr anhängigen Verfahren zu informieren noch die Staatsanwaltschaft berechtigt, sich einzelfallunabhängig über alle bei der Finanzbehörde anhängigen Verfahren berichten zu lassen. Die Ausübung des Evokationsrechts bleibt insofern maßgeblich von der Kooperationsbereitschaft und -fähigkeit der Finanzbe-

---

[344] Dazu sogleich unter e.
[345] Oben b.bb., Rn. 203.
[346] Franzen/Gast/Joecks – *Randt*, 7. Auflage 2009, § 386 AO, Rn 44.
[347] Graf/Jäger/Wittig – *Weyand*, § 385 AO, Rn 33.

hörde abhängig. Diese ist allerdings verpflichtet, der Staatsanwaltschaft ausreichende Informationen zur Verfügung zu stellen, um eine wirksame und sachgerechte Wahrnehmung des Evokationsrechts zu gewährleisten; eine Verletzung dieser Pflichten kann den Straftatbestand der Strafvereitelung im Amt §§ 258, 258a StGB erfüllen.

240 Wie bereits gesehen, ist die enge und vertrauensvolle Zusammenarbeit zwischen Finanzbehörde und Staatsanwaltschaft für die effektive Verfolgung von Steuerstraftaten unerlässlich[348]. Wie sich diese Zusammenarbeit im Einzelnen gestaltet, ob die Abgabe bzw. Unterrichtung der Staatsanwaltschaft möglichst frühzeitig erfolgt, um möglichst keine entscheidende Wendung des Verfahrens vorwegzunehmen, oder möglichst spät, um die Staatsanwaltschaft weitestgehend zu entlasten, und inwiefern eine informelle Vorabklärung zweckmäßig ist, hängt von den Akteuren vor Ort ab. Im Übrigen können Amtsträger die Finanzbehörde aufgrund ihrer allgemeinen Kenntnis z. B. von Buchführungs- und Bilanzierungsfragen der Staatsanwaltschaft auch außerhalb der unmittelbaren Verfolgung von Steuerstraftaten durch allgemeine Auskünfte oder als sachverständige Zeugen zur Verfügung stehen.

241 Sowohl nach Abgabe als auch nach Evokation kann die Staatsanwaltschaft das Verfahren wieder an die Finanzbehörde abgeben, zur Vermeidung negativer Kompetenzkonflikte und dadurch bedingter unnötiger Verfahrensverzögerungen nur mit deren Einwilligung (§ 386 Abs. 4 Satz 3 AO). Bei Meinungsverschiedenheiten verbleibt das Verfahren bei der Staatsanwaltschaft. Die Entscheidung über die Rückabgabe bzw. die Rückübernahme muss sich an der Effektivität der Steuerstrafverfolgung orientieren, was freilich nicht ausschließt, dass die Staatsanwaltschaft sich durch Rückabgabe von kleineren und einfacheren Fällen gezielt entlastet, um Kapazitäten für die Verfolgung umfangreicher und schwieriger Fälle freizusetzen. Es gilt wiederum, dass eine enge und vertrauensvolle Zusammenarbeit unverzichtbar ist, um in der konkreten Situation zu einer sach- und ressourcengerechten Aufgabenverteilung zu gelangen. Formalisierte Kontaktgespräche der Behördenspitzen können dabei allenfalls den Rahmen bilden, mindestens ebenso wichtig ist der regelmäßige auch formlose Kontakt auf Arbeitsebene.

dd) Finanzbehörde im Verfahren der Staatsanwaltschaft

242 Wird das Ermittlungsverfahren von der Staatsanwaltschaft geführt, ändert sich die Stellung der BuStra gegenüber dem selbstständigen Ermittlungsverfahren der Finanzbehörde grundlegend. Die BuStra hat dann (lediglich) noch die Rechte und Pflichten der Polizeibehörden und die Befugnisse nach § 399 Abs. 2 Satz 2 AO (§ 402 Abs. 1 AO; siehe auch AStBV(St) 2013 Nr. 91). Sie kann daher von der Staatsanwaltschaft zu ihrer Unterstützung herangezogen werden (§ 161 StPO) und bleibt ihrerseits zur Ermittlung verpflichtet (§ 163 StPO). Ihre Stellung ist insofern sogar „schwächer" als diejenige der Steuerfahndung, in Ermangelung einer § 404 Satz 2 StPO entsprechenden Regelung haben ihre Beamten nicht die Stellung von Ermittlungspersonen der Staatsanwaltschaft und keine Befugnis zur Durchsicht von Papieren (§ 110 StPO).

243 Die Erstreckung der polizeilichen Befugnisse auch auf Finanzämter, bei denen selbst keine BuStra eingerichtet ist (§ 402 Abs. 2 AO) läuft weitgehend leer. Üblicherweise wird weder die Staatsanwaltschaft auf Steuerbeamte ohne spezifisch steuerstrafrechtliche Kenntnisse zurückgreifen, noch nach Einschaltung der Staatsanwaltschaft Anlass zu Ermittlungen durch ein Veranlagungsfinanzamt bestehen.

244 Von Bedeutung sind jedoch die Beteiligungsrechte gemäß § 403 AO (vgl. AStBV(St) 2013 Nr. 92). Anders als die Rechte gemäß § 402 AO stehen diese ausschließlich der „sonst zuständigen" Finanzbehörde, d. h. der BuStra zu. Sie ist demnach an den Ermittlungen der Staatsanwaltschaft und der Polizei in Steuerstrafsachen teilnahmeberechtigt und zu diesem Zweck über Ort und Zeit der geplanten Maßnahmen zu unterrichten, die Vertreter der BuStra haben ein eigenes Fragerecht an Zeugen und Sachverständige (§ 403 Abs. 1 AO). Entsprechendes gilt für richterliche Vernehmungen mit Anwesenheitsrecht der Staatsanwaltschaft (§ 403

---

[348] Siehe zur Zusammenarbeit zwischen Finanzbehörde und Staatsanwaltschaft bereits oben b.dd., Rn. 208 f.

IV. Formelles Steuerstrafrecht

Abs. 2 AO). Ihr sind die Anklageschrift bzw. der Antrag auf Erlass eines Strafbefehls mitzuteilen (§ 403 Abs. 3 AO) und sie ist vor einer evtl. Einstellung anzuhören (§ 403 Abs. 4 AO).

Die Beteiligung der BuStra am Ermittlungsverfahren der Staatsanwaltschaft erfüllt eine doppelte Funktion[349]. Zum einen unterstützen die Beteiligungsrechte der BuStra gemäß § 403 Abs. 1 bis 3 AO die Wahrnehmung ihrer Befugnisse im gerichtlichen Verfahren (§ 407 Abs. 1 AO), indem sie sich einen eigenen unmittelbaren Eindruck von den Ermittlungen verschaffen und sich auf ihre Stellungnahme vorbereiten kann; § 403 Abs. 4 AO vervollständigt diese Rechte, indem er der BuStra ermöglicht, ihren Standpunkt auch dann einzubringen, wenn es nicht zu einem gerichtlichen Verfahren kommen soll. Insofern bezweckt § 403 AO die Nutzung der spezifisch steuerlichen Sach- und Rechtskunde der BuStra auch im selbstständigen Ermittlungsverfahren der Finanzbehörde. Er stellt zudem sicher, dass die BuStra nach einer evtl. Rückabgabe (§ 386 Abs. 4 Satz 3 AO) das Verfahren ohne unnötige Verzögerung fortführen kann. 245

Daneben fungiert die BuStra in Verfahren ohne Beteiligung der Steuerfahndung zugleich als Sachwalterin der Finanzbehörde, soweit Fragen des Besteuerungsverfahrens betroffen sind. Sie muss, soweit möglich (§ 393 Abs. 1 Satz 1, Abs. 3 AO) darauf hinwirken, dass aufgrund der Ermittlungen nicht nur die steuerstrafrechtlichen, sondern auch die steuerlichen Konsequenzen aus der Tatentdeckung gezogen werden können. Die BuStra sollte sich in dieser Funktion zweckmäßigerweise mit dem für das Besteuerungsverfahren zuständigen Finanzamt abstimmen. 246

Es bleibt grundsätzlich der Staatsanwaltschaft überlassen, inwiefern sie BuStra und/oder Steuerfahndung zur Unterstützung heranzieht. Sie muss dabei allerdings die unterschiedlichen Befugnisse beider Stellen im Ermittlungsverfahren der Staatsanwaltschaft und sollte zudem auch die unterschiedlichen Arbeitsweisen berücksichtigen. Die BuStra wird üblicherweise von Amtsstelle aus im „Innendienst" tätig, sie kann die Staatsanwaltschaft vor allem durch allgemeine Auskünfte und Hinweise steuerlicher Art unterstützen, daneben ggf. auch durch einzelne Vernehmungen auf Ersuchen der Staatsanwaltschaft. Die Bußgeld- und Strafsachenstelle kann auch als Verbindungsstelle zwischen der Staatsanwaltschaft und der Veranlagungsstelle fungieren, soweit dies erforderlich ist, z. B. um anhand der Steuerakten zu prüfen, ob überhaupt ein Anfangsverdacht vorliegt. Wenn der Staatsanwaltschaft bereits hinreichende Beweise vorliegen, kann der Nachweis einer Steuerhinterziehung aufgrund der Steuerakten im Einzelfall auch ohne aufwändige (weitere) Ermittlungen geführt werden. In Fällen, in denen die Steuerfahndung bereits tätig ist, ist sie wegen ihrer Doppelfunktion für Besteuerungs- und Steuerstrafverfahren gleichsam „geborene" Verbindungsstelle, so dass es einer zusätzlichen Hinzuziehung der BuStra nicht mehr zwingend bedarf. Grundsätzlich werden der Steuerfahndung von der Staatsanwaltschaft zweckmäßigerweise umfangreichere Ermittlungsmaßnahmen, insbesondere der Vollzug von Durchsuchungsbeschlüssen und ggf. Beschlagnahmen übertragen. 247

Besondere Verantwortung kommt der Staatsanwaltschaft zu, wenn im Ermittlungsverfahren neben den Finanzämtern weitere Dienststellen nicht nur der Polizei, sondern z. B. auch des Zolls bzw. der Finanzkontrolle Schwarzarbeit ermitteln. Namentlich die Zusammenarbeit zwischen den Finanzämtern und der Finanzkontrolle Schwarzarbeit war in der Vergangenheit mitunter nicht frei von Friktionen[350], was naturgemäß für die Aufgabenerfüllung eher kontraproduktiv war. Wird bei Bezügen zu Nichtsteuerstraftaten (bzw. zu Steuerstraftaten, die in die Zuständigkeit der Zollbehörden fallen) das Steuerstrafverfahren nicht ohnehin von der Staatsanwaltschaft eingeleitet bzw. das eingeleitete Strafverfahren von der Staatsanwaltschaft auf Steuerstraftaten erstreckt, sondern zunächst von der Finanzbehörde selbstständig geführt, sollte die Finanzbehörde, sobald entsprechende Bezüge deutlich werden, das Steuerstrafverfahren entweder an die Staatsanwaltschaft abgeben oder die Staatsanwaltschaft zumindest über das Verfahren informieren. Ziel ist es, eine Übernahme und Leitung der Ermittlungen durch die Staatsanwaltschaft und eine Koordination der verschiedenen Ermittlungsdienste so- 248

---

[349] BT-Drs. V/1812, S. 36; *Franzen/Gast/Joecks* – *Joecks*, 7. Auflage 2009, § 403 AO, Rn 2.
[350] *Mössmer/Moosburger*, wistra 2007, 55.

wohl hinsichtlich der Ermittlungsmaßnahmen als auch der Ergebnisauswertung und der rechtlichen Folgerungen zu ermöglichen.

249 Organisatorische Besonderheiten gelten in Steuerstrafsachen, die im Zusammenhang mit Geldwäsche und organisierter Kriminalität stehen. In Bayern wurden bei den Steuerfahndungsstellen in München (für Südbayern) und Nürnberg (für Nordbayern) besondere (spezialisierte) Sachgebiete zur Bekämpfung von Geldwäsche und Organisierter Kriminalität (GewOK) eingerichtet, die zur Bekämpfung dieser Kriminalitätsformen mit ebenfalls spezialisierten Finanzermittlern der Polizei zusammenarbeiten können. Soweit dabei ein Zusammenhang zwischen Steuerhinterziehung und Terrorismusfinanzierung hergestellt wurde, mag dieser zweifelhaft sein oder allenfalls sehr mittelbar bestehen. Bereits die Erfolge bei der Bekämpfung nichtterroristischer organisierter Kriminalität rechtfertigen die Existenz derartiger Sondersachgebiete. 2013 erfolgte eine Umorganisation durch die Errichtung der „Sonderkommission Schwerer Steuerbetrug" („SKS") der bayerischen Steuerverwaltung, die insbesondere Steuerstraftaten im Internethandel, im Zusammenhang mit dem „Grauen Kapitalmarkt" und in internationalen Sachverhalten verfolgen soll. Die gleichzeitig konzipierte „Sondereinheit Zentrale Steueraufsicht" („SZS") wird im Rahmen der Steueraufsicht, insbesondere zur Bekämpfung von Umsatzsteuerverkürzungen, ebenfalls im steuerstrafrechtlichen Umfeld, allerdings grundsätzlich ausschließlich im Besteuerungsverfahren, tätig.

e) Steuergeheimnis und seine Überwindung

250 Auch das Steuerstrafverfahren wird vielfach vom Steuergeheimnis (§ 30 AO) beeinflusst, das hier ebenso wie im Besteuerungsverfahren gilt (§ 30 Abs. 2 Nr. 1b AO). Das Steuergeheimnis nimmt in der Tätigkeit der Steuerverwaltung üblicherweise einen sehr hohen Stellenwert ein, während die Staatsanwaltschaft häufig, zumindest in bedeutenden Verfahren, eine vergleichsweise großzügige Informationspolitik praktiziert.

251 Die Amtsträger der Steuerverwaltung sollten sich allerdings vergegenwärtigen, dass die mit der Strafverfolgung betrauten Stellen vom Gesetzgeber als Verbund konzipiert und als solcher auch notwendig sind, weil Kriminalität keineswegs an Ressortgrenzen halt macht und ein Ressortdenken der Strafverfolgungsbehörden zu ihren Gunsten instrumentalisieren kann. Strafverfolgung lebt von Informationen, der Informationsaustausch im Strafverfolgungsverbund ist insofern nicht nur „vertrauensbildende Maßnahme", sondern zentrale Aufgabe. Eine Überhöhung des Steuergeheimnisses kann daher kontraproduktiv sein.

aa) Verfolgung von Nichtsteuerstraftaten im Allgemeinen

252 Das Steuergeheimnis steht dem Informationsaustausch zwischen Behörden nicht nur zur Durchführung der Besteuerung sondern auch zur Steuerstrafverfolgung ausdrücklich nicht entgegen (§ 30 Abs. 4 Nr. 1 AO). Unproblematisch dürfen auch nach der Einleitung bzw. der Bekanntgabe der Einleitung des Steuerstrafverfahrens gewonnene Erkenntnisse zur Verfolgung nichtsteuerlicher Straftaten, insbesondere Wirtschaftsstraftaten offenbart und verwendet werden (§ 30 Abs. 4 Nr. 4 AO). Dies unterstreicht die Bedeutung der rechtzeitigen Einleitung des Steuerstrafverfahrens bzw. ihrer Bekanntgabe und der ordnungsgemäßen Dokumentation. Soweit es um Erkenntnisse geht, die vor Einleitung bzw. Bekanntgabe im Besteuerungsverfahren, insbesondere in der Außenprüfung, gewonnen wurden, sehen sich Amtsträger der Finanzbehörden jedoch vielfach durch das Steuergeheimnis an einer Information der Staatsanwaltschaft gehindert, und zwar selbst bei Straftaten von ganz erheblichem Umfang. Das Steuergeheimnis wird zur Rechtfertigung herangezogen, lediglich eventuelle Steuerstraftaten im selbstständigen Verfahren der Finanzbehörden zu verfolgen und Nichtsteuerstraftaten ungeahndet zu lassen.

253 Im Steuerstrafverfahren erfahren die allgemeinen Bestimmungen über das Steuergeheimnis eine wesentliche Modifikation durch die Regelung des § 393 Abs. 2 AO. Die dort geregelte Verwendungsbeschränkung und die davon vorgesehene Ausnahme setzen gedanklich voraus, dass Mitteilungen bzw. Vorlagen an Gerichte und Staatsanwaltschaften zur Verfolgung von Steuerstraftaten auch dann generell zulässig sind, wenn dadurch nichtsteuerliche Straftaten offenbart werden. Das Steuergeheimnis kann Mitteilungen und Vorlagen an Gerichte und Staatsanwaltschaften in Steuerstrafverfahren demzufolge gerade nicht entgegenstehen. Der

IV. Formelles Steuerstrafrecht

Schutz des Steuerpflichtigen erfolgt allein und abschließend durch die Verwendungsbeschränkung.

Der Schutzbereich des § 393 Abs. 2 Satz 1 AO ist dabei nur für pflichtgemäße Mitwirkungshandlungen des Steuerpflichtigen eröffnet. Tatsachen oder Beweismittel, zu deren Mitteilung bzw. Vorlage der Beschuldigte nicht verpflichtet war oder durch deren Behauptung bzw. Vorlage er seine steuerlichen Mitwirkungspflichten verletzte, dürfen auch unterhalb der Voraussetzungen des § 393 Abs. 2 Satz 2 AO gegen ihn verwandt werden. Dies gilt insbesondere dann, wenn der Steuerpflichtige eine Steuerhinterziehung unter Vorlage falscher Urkunden begeht (§ 370 Abs. 1 Nr. 1, Abs. 3 Satz 2 Nr. 4 AO, § 267 StGB)[351]. Auch Informationen Dritter unterliegen nach dem eindeutigen Wortlaut des Gesetzes keiner Verwendungsbeschränkung. Die Verwendungsbeschränkung greift im Übrigen auch dann nicht ein, wenn eine Steuerstraftat und eine nichtsteuerliche Straftat in Tateinheit stehen, da es sich insofern um dieselbe Tat handelt[352]. § 369 AO ist nichts anderes zu entnehmen, er enthält keinen eigenständigen Tatbegriff und schließt daher nicht aus, dass eine Steuerstraftat zugleich eine nichtsteuerliche Straftat darstellt. 254

Die Möglichkeit zur Überwindung der Verwendungsbeschränkung (§ 393 Abs. 2 Satz 2 AO) wird im Schrifttum verbreitet für verfassungswidrig gehalten, da sie einen Zwang zur strafrechtlichen Selbstbelastung begründen könne[353], die Rechtsprechung ist dem jedoch nicht gefolgt[354] und verdient dafür Zustimmung: soweit der Schutz der §§ 30, 393 AO aufgrund überragender öffentlicher Interessen durch § 393 Abs. 2 Satz 2, § 30 Abs. 4 Nr. 5 AO überwunden, ist die erzwingbare Erklärungspflicht auf die betragsmäßige Angabe der Einkünfte bzw. Umsätze als solche beschränkt und erstreckt sich nicht auf die Einzelheiten ihrer deliktischen Herkunft[355]. Eine Selbstbezichtigung wird nicht erzwungen, insofern steht der Grundsatz der Selbstbelastungsfreiheit einer Beweisverwertung nicht entgegen. 255

Unter den in § 393 Abs. 2 Satz 2, § 30 Abs. 4 Nr. 5 AO genannten Voraussetzungen ist die Verwendung der Tatsachen und Beweismittel zu Strafverfolgungszwecken für Gerichte und Staatsanwaltschaft nicht nur zulässig, sondern in der Tat „zwingend"[356], ein Ermessensspielraum nicht eröffnet. Wann namentlich eine gravierende Wirtschaftsstraftat im Sinne des § 30 Abs. 4 Nr. 5 litt. b) AO anzunehmen ist, ist im Erlasswege bisher nicht näher konkretisiert. Nach der Rechtsprechung kann bereits ein Schadensumfang von 350.000 DM ausreichend sein[357], jedenfalls bei Schäden im Millionenbereich[358] ist eine Ahndung der nichtsteuerlichen Straftat unausweichlich. Auch die Anzahl der Geschädigten kann von Bedeutung sein[359]. Die Finanzverwaltung nimmt eine Offenbarungsbefugnis generell auch bei Insolvenzdelikten an, bei Embargoverstößen sogar eine Offenbarungspflicht[360]. 256

Werden die Finanzbehörden außerhalb des Steuerstrafverfahrens tätig, findet für die Überwindung des Steuergeheimnisses zur Verfolgung von Nichtsteuerstraftaten § 30 Abs. 4 Nr. 5 AO unmittelbare Anwendung. Dies gilt insbesondere auch dann, wenn trotz Anfangsverdacht einer Steuerstraftat wegen eines Verfahrenshindernisses die Einleitung eines Steuerstrafverfah- 257

---

[351] BGH, Urt. v. 5.5.2004 – 5 StR 548/03, BGHSt 49, 136 = wistra 2004, 309 = NJW 2005, 2720, unter II.4.c) bb); BayObLG, Beschl. v. 18.2.1998 – 4 St RR 2/98, BayObLGSt 1998, 13 = wistra 1998, 197 = NStZ 1998, 575.

[352] BGH, Beschl. v. 14.6.1999 – 5 StR. 159/99, wistra 1999, 341; Graf/Jäger/Wittig – *Bülte*, § 393 AO, Rn 89; a. A. BayObLG, Beschl. v. 6.8.1996 – 4 St RR 104/96, BayObLGSt 1996, 126.

[353] Siehe nur Franzen/Gast/Joecks – *Joecks*, 7. Auflage 2009, § 393 AO, Rn 10, m. w. Nachw.; *Rogall*, FS Kohlmann, S. 465 (496 f.).

[354] BGH, Urt. v. 10.8.2001 – RiSt (R) 1/00, unter II.1.a); die abweichende Richtervorlage LG Göttingen, Beschl. v. 11.12.2007 – 8 KLs 1/07, wistra 2008, 231 (235), wurde vom BVerfG als unzulässig zurückgewiesen, BVerfG, Beschl. v. 27.4.2010 – 2 BvL 13/07, wistra 2010, 341.

[355] BGH, Urt. v. 2.9.2005 – 5 StR 119/05, BGHSt 50, 299 (316 f.).

[356] *Ossenbühl*, FS Selmer, 2004, S. 859 (866 ff.); a. A. *Schneider*, wistra 2004, 1 (2 f.).

[357] FG Niedersachsen, Beschl. v. 12.9.1990 – II 627/90 V, EFG 1991, 436.

[358] Franzen/Gast/Joecks – *Joecks*, 7. Auflage 2009, § 393 AO, Rn 85.

[359] Klein – *Rüsken*, 11. Auflage 2012, § 30 AO, Rn 185.

[360] AEAO zu § 30, Nr. 8.11. und 8.13.

rens unterbleibt, z. B. auch bei einer offensichtlich wirksamen Selbstanzeige[361]. Auch in diesen Fällen ist namentlich bei entsprechend großem Schadensumfang die Mitteilung an die Strafverfolgungsbehörden, regelmäßig die Staatsanwaltschaft, obligatorisch.

bb) Verfolgung von Nichtsteuerstraftaten in gesetzlich geregelten Sonderfällen

258 Außer in den allgemein geregelten Fällen des § 30 Abs. 4 Nr. 5 litt. a) und b) AO wird das Steuergeheimnis im Strafverfolgungsinteresse auch in bestimmten ausdrücklich geregelten Fallgruppen überwunden. § 31a Abs. 1 AO regelt – soweit hier relevant – die Überwindung des Steuergeheimnisses zur strafrechtlichen Verfolgung von illegaler Beschäftigung oder Schwarzarbeit[362] und Subventionsbetrug, § 31a Abs. 2 Satz 1 AO verpflichtet die Finanzbehörden zu entsprechenden Mitteilungen, soweit nicht gemäß § 31 Abs. 2 Satz 2 AO Anlass und Aufwand außer Verhältnis stehen. Eine Überwindung der Verwendungsbeschränkung gemäß § 393 Abs. 2 Satz 1 AO in den Fällen des § 31a AO ist zwar nicht ausdrücklich normiert. Da die Verwendungsbeschränkung nicht weiter reicht als das Steuergeheimnis, greift sie allerdings dort nicht ein, wo das Steuergeheimnis ausdrücklich überwunden wird[363]. Entsprechendes gilt für Mitteilungen zur Verfolgung von Geldwäsche gemäß § 31b AO.

259 Auch die Mitteilungspflicht der Finanzbehörden zur Verfolgung von Korruptionsstraftaten gemäß § 4 Abs. 5 Nr. 10 Satz 3 EStG[364] beinhaltet eine implizite Überwindung des Steuergeheimnisses. Ebenso wie in den Fallgruppen gemäß §§ 31a, 31b AO wird daher auch bei Korruptionsstraftaten die Verwendungsbeschränkung gemäß § 393 Abs. 2 Satz 1 AO generell überwunden.

cc) Informantenschutz

260 Das Steuergeheimnis hat in Steuerstrafverfahren darüber hinaus erhebliche Bedeutung für den Schutz evtl. Anzeigeerstatter. Einerseits dient das Steuergeheimnis gerade auch dem Informantenschutz[365] zugunsten derjenigen, die ohne dazu verpflichtet zu sein sachdienliche Angaben in steuerlichen Angelegenheiten machen, andererseits kann auch der Beschuldigte ein beachtliches Interesse oder sogar einen Anspruch auf die Offenlegung der Identität des Anzeigeerstatters haben. Dies betrifft nicht nur den Fall verleumderischer Falschanzeigen, auch bei wahrheitsgemäßen Anzeigen kann es aus Gründen der Rechtsstaatlichkeit (Art. 20 Abs. 3 GG) geboten sein, dem Beschuldigten die Person des Anzeigeerstatters mitzuteilen, wenn dies erforderlich ist, um sich wirksam verteidigen zu können.

261 Der Finanzbehörde wird im Wege der Ermessensausübung eine Abwägung zwischen Geheimhaltungs- und Offenbarungsinteresse aufgegeben, wobei allerdings in Anlehnung an die Rechtsprechung[366] eine Offenlegung der Identität des Anzeigeerstatters bei im Wesentlichen zutreffenden Angaben ausgeschlossen sein soll, sofern nicht die Kenntnis der Identität für eine wirksame Verteidigung erforderlich ist (AStBV(St) 2013 Nr. 128). Namentlich das Interesse an der Enttarnung eines „Whistleblowers" führt noch nicht zu einer Überwindung des Geheimhaltungsinteresses des Informanten[367].

f) Rechtsschutz

262 Im steuerstrafrechtlichen Ermittlungsverfahren bestehen die allgemeinen strafprozessualen Rechtsschutzmöglichkeiten. Regelmäßige Rechtsmittel[368] sind der Antrag auf gerichtliche

---

[361] Dazu unten 5.b., Rn. 279 ff.
[362] Dazu ausführlich Kapitel 19.
[363] Ähnlich Franzen/Gast/Joecks – Joecks, 7. Auflage 2009, § 393 AO, Rn 69.
[364] Hierzu ausführlich BMF, BStBl. I 2002, 1031; zu den Mitteilungspflichten der Finanzbehörden BFH, Beschl. v. 14.7.2008 – VII B 92/08, wistra 2008, 434 = NJW 2008, 3517; aus Verteidigersicht *Sahan*, FS Samson, 2011, S, 599 ff.
[365] BFH, Urt. v. 8.2.1994 – VII R 88/92, BFHE 174, 197 = BStBl. II 1994, 552; Klein – *Rüsken*, 11. Auflage 2012, § 30 AO, Rn 48, jeweils m. w. N.
[366] BFH, Beschl. v. 7.12.2006 – V B 163/05, BFHE 216, 15 = BStBl. II 2008, 275.
[367] A. A. *Streck*, DStJG 18, S. 173 (181 f.): Allgemeine Pflicht zur Offenbarung des Anzeigeerstatters.
[368] Klein – *Rüsken*, 11. Auflage 2012, § 208 AO, Rn. 75 f.

IV. Formelles Steuerstrafrecht **20**

Entscheidung (§ 98 Abs. 2 Satz 2 StPO) und die Beschwerde (§§ 304 ff. StPO), sofern nicht bei Justizverwaltungsakten eine gerichtliche Entscheidung herbeizuführen ist (§§ 23 ff. EGGVG). Die Zweckmäßigkeit förmlicher Rechtsbehelfe im Ermittlungsverfahren wird aus Verteidigersicht unterschiedlich beurteilt[369].

Für den Rechtsschutz gegen Maßnahmen der Steuerfahndung ist allerdings zwischen ordentlichem und Finanzrechtsweg (§ 33 FGO) zu unterscheiden. Nach der Rechtsprechung ist ab Einleitung des Steuerstrafverfahrens gegen Maßnahmen, die den Beschuldigten betreffen, grundsätzlich der ordentliche Rechtsweg eröffnet und der Finanzrechtsweg ausgeschlossen (§ 33 Abs. 3 FGO), sofern die Maßnahme nicht unzweifelhaft rein steuerlichen Zwecken dient[370]. Werden steuerstrafrechtliche Maßnahmen nicht auf dem ordentlichen Rechtsweg angefochten oder bleibt die Anfechtung erfolglos, ist auch eine inzidente Überprüfung im Besteuerungsverfahren ausgeschlossen[371]. Auch bei Streitigkeiten im Zusammenhang mit der Einstellung eines Steuerstrafverfahrens ist allein der ordentliche Rechtsweg gegeben[372]. **263**

Gerade das Nebeneinander von Besteuerungs- und Steuerstrafverfahren, Finanz- und ordentlichem Rechtsweg bietet aber besondere Möglichkeiten, die förmliche Rechtsbehelfe *de facto* ergänzen oder sogar ersetzen können. Auch wenn Besteuerungs- und Steuerstrafverfahren rechtlich voneinander unabhängig sind (§ 393 Abs. 1 Satz 1 AO) besteht bis zu einem gewissen Grad eine faktische Ausstrahlungswirkung, kraft derer Entscheidungen im Besteuerungsverfahren den Fortgang des Steuerstrafverfahrens zwar nicht vorwegnehmen, aber doch beeinflussen können. So stützt z. B. die (positive) Entscheidung über einen AdV-Antrag auch die materiell-rechtlichen Einwendungen des Beschuldigten im Steuerstrafverfahren, während der Erlass eines Haftungsbescheids wegen Steuerhinterziehung (§ 71 AO) den Tatverdacht gegen den Haftungsschuldner bestärkt. **264**

Der Beschuldigte kann sich hierzu der Rechtsbehelfe und Rechtsmittel gemäß Abgaben- oder Finanzgerichtsordnung bedienen, die Strafverfolgungsbehörden (regelmäßig die Steuerfahndung) entsprechende Maßnahmen formlos anregen. Wenn (typischerweise) das Besteuerungs- und das Steuerstrafverfahren von unterschiedlichen Finanzämtern geführt werden, dürfen diese sich dann nicht gegeneinander ausspielen lassen. Misslich ist z. B., wenn ein Betriebsprüfer nach Meldung eines Falles an die BuStra in der Schlussbesprechung ohne Abstimmung mit der BuStra gerade die Punkte „fallenlässt", die Auslöser der BuStra-Meldung waren. Gleichwohl bleiben die im Besteuerungsverfahren tätigen Amtsträger für die Rechtmäßigkeit ihrer Entscheidungen selbst verantwortlich und hat auch das im Besteuerungsverfahren tätige Finanzamt die Kosten eines evtl. Klageverfahrens aus dem eigenen Haushalt zu tragen, so dass die BuStra bzw. Steuerfahndung keine blinde Gefolgschaft des Veranlagungsfinanzamts erwarten kann. **265**

4. Gerichtliches Verfahren in Steuerstrafsachen

Über das Ermittlungsverfahren hinaus ist auch das gerichtliche Verfahren durch besondere Beteiligungsrechte der Finanzbehörde geprägt, die von allen Verfahrensbeteiligten zu berücksichtigen sind. Beim Abschluss des gerichtlichen Verfahrens führt die Anknüpfung des Steuerstrafrechts an das Steuerrecht vielfach zu charakteristischen Schwierigkeiten bei der Urteilsbegründung. Spätestens im gerichtlichen Verfahren stellt sich auch die Frage, inwiefern deliktisch hergestellte „Steuerdaten-CDs" nicht nur einen Anfangsverdacht, sondern einen Schuldspruch tragen können. **266**

a) Beteiligung der Finanzbehörde

Hat die Finanzbehörde im selbstständigen Ermittlungsverfahren Antrag auf Erlass eines Strafbefehls gestellt (§ 400 AO), endet ihre Zuständigkeit erst mit Anberaumung der Hauptver- **267**

---

[369] Vgl. *Randt*, Der Steuerfahndungsfall, 2004, Rn C 421 einerseits, *Streck*, DStJG 18, S. 173 (183 f.) andererseits.
[370] BFH, Beschl. v. 6.2.2001 – VII B 277/00, BFHE 194, 26 = BStBl. II 2001, 306.
[371] BFH, Beschl. v. 29.1.2002 – VIII B 91/01, BFH/NV 2002, 749 = wistra 2002, 350.
[372] BFH, Beschl. v. 26.2.2004 – VII B 341/03, BFHE 204, 413 = BStBl. II 2004, 458.

handlung (§ 408 Abs. 3 Satz 2 StPO) oder Erhebung des Einspruchs gegen den Strafbefehl durch den Angeklagten (§ 406 Abs. 1 AO). Entsprechendes gilt bei Anträgen auf Anordnung der Einziehung, des Verfalls oder der Geldbuße gegen eine juristische Person oder Personenvereinigung (§§ 401, 406 Abs. 2 AO).

268 In allen anderen Fällen, insbesondere bei Erhebung der öffentlichen Klage durch die Staatsanwaltschaft im ordentlichen Verfahren, hat das Gericht die Finanzbehörde vor der Entscheidung anzuhören (§ 407 AO). Die Beteiligungsrechte der Finanzbehörde sind bindend, dem Gericht ist insofern kein Ermessen eröffnet, kraft dessen es von der Einbeziehung der Finanzbehörde absehen könnte. Die Finanzbehörde ihrerseits ist zu Recht angehalten, das ihr insofern eingeräumte Recht als Pflicht zu begreifen. Sie soll „grundsätzlich" an der Hauptverhandlung in Steuerstrafsachen teilnehmen und sich vor und während der Hauptverhandlung mit dem Sitzungsvertreter der Staatsanwaltschaft abstimmen (AStBV(St) 2013 Nr. 94). Das Beteiligungsrecht gemäß § 407 AO gilt allerdings in jedem Teilabschnitt des gerichtlichen Verfahrens, also auch vor der Hauptverhandlung etwa bei richterlichen Untersuchungshandlungen (§§ 168c, 168d StPO) und im Zwischenverfahren[373], und nicht nur in den Tatsacheninstanzen, sondern auch im Revisionsverfahren[374]. Da es sich lediglich um ein Beteiligungsrecht handelt, ist die Teilnahme eines Vertreters der Finanzbehörde gleichwohl nicht zwingend und begründet die Nichtteilnahme keinen Verfahrensfehler. Erst die Übergehung eines erschienenen Vertreters kann einen Verfahrensfehler begründen.

269 Es steht der Leitung des zuständigen Finanzamts frei, welchen Amtsträger sie als „Vertreter" gemäß § 407 Abs. 1 Satz 4 AO entsendet, eine Beschränkung auf bestimmte Beamte ist dem Gesetz nicht zu entnehmen. Üblicherweise werden Hauptverhandlungstermine in Steuerstrafsachen für die Finanzämter von einem Beamten der BuStra mit der Befähigung zum Richteramt wahrgenommen, der als solcher über den erforderlichen steuerstrafrechtlichen Hintergrund verfügt und dem Gericht, dem Sitzungsvertreter der Staatsanwaltschaft und der Verteidigung „auf Augenhöhe" gegenübertreten kann. Im Hinblick auf die laufende Abstimmung mit der Staatsanwaltschaft auch während der Hauptverhandlung wird dem Vertreter der Finanzbehörde der Sitzplatz unmittelbar neben dem Sitzungsvertreter der Staatsanwaltschaft angewiesen.

270 Die Mitwirkung der Finanzbehörde gemäß § 407 AO bezweckt primär die Erschließung der besonderen Kenntnisse der Finanzbehörde für das gerichtliche Verfahren. Sie ermöglicht allerdings auch der Finanzbehörde, sich einen unmittelbaren Eindruck von der Herangehensweise der für ihren Amtsbereich zuständigen Gerichte zu verschaffen und die Kontakte zur Staatsanwaltschaft zu vertiefen, wodurch über den konkreten Fall hinaus die Grundlage für die erfolgreiche Bearbeitung künftiger Fälle gelegt werden.

b) Anforderungen an die Urteilsbegründung

271 Der Bundesgerichtshof hat in ständiger Rechtsprechung spezifische Anforderungen an den Inhalt von Urteilen in Steuerstrafsachen formuliert[375], deren Nichtbeachtung in der Vergangenheit „regelmäßig" zur Aufhebung und Zurückverweisung führte[376]. Er geht dabei davon aus, dass die Feststellung des Besteuerungssachverhalts auf einer rechtsfehlerfreien Beweiswürdigung (§ 261 StPO) des Tatgerichts beruhen muss. Insbesondere Schätzungen sind demnach nur unter Berücksichtigung der unterschiedlichen Verfahrensgrundsätze von Besteuerungs- und Steuerstrafverfahren zulässig und im Einzelnen nachvollziehbar zu begründen[377]. Die steuerrechtliche Würdigung einschließlich der Berechnung der verkürzten Steuern zählt – in Übereinstimmung mit der Einordnung als Blanketttatbestand – zur Rechtsanwendung, und hat insofern durch das Gericht selbst zu erfolgen, sie kann nicht durch die Bezugnahme

---

[373] Graf/Jäger/Wittig – *Weyand*, § 407 AO, Rn 2.
[374] Franzen/Gast/Joecks – *Joecks*, 7. Auflage 2009, § 407 AO, Rn 8; *Harms*, GS Schlüchter, 2002, S. 451 (453).
[375] Ausführlich *Jäger*, StraFo 2006, 477; s. auch Klein – *Jäger*, 11. Auflage 2012, § 370 AO, Rn 5.
[376] *Harms/Jäger*, NStZ 2002, 244 (251).
[377] BGH, Beschl. v. 24.5.2007 – 5 StR 58/07, wistra 2007, 345 (346) und v. 19.7.2007 – 5 StR 251/07, wistra 2007, 470.

IV. Formelles Steuerstrafrecht **20**

auf Betriebsprüfungs- oder Fahndungsberichte oder Zeugenaussagen von Finanzbeamten ersetzt werden[378].

Die Urteilsgründe müssen eine revisionsrechtliche Kontrolle der Rechtsanwendung ermöglichen. Sie dürfen sich insofern nicht auf die Mitteilung eines Gesamthinterziehungsvolumens beschränken, sondern müssen die maßgebenden Berechnungsgrundlagen nach Steuerart und Besteuerungszeitraum aufgeschlüsselt darstellen, und zwar auch dann wenn das Urteil auf einer Verständigung (§ 257c StPO) beruht[379]. Bei der Steuerhinterziehung durch Steuerverkürzung kann auf eine Darstellung der Berechnung der hinterzogenen Steuern nur ausnahmsweise verzichtet werden[380]. Wenn die vom Bundesgerichtshof[381] formulierten Betragsgrenzen erreicht sind, muss auch das Vorliegen bzw. Nichtvorliegen einer Steuerhinterziehung in großem Ausmaß (§ 370 Abs. 3 Satz 2 Nr. 1 AO) erörtert werden[382]. Bei der Steuerhinterziehung durch Erlangung nicht gerechtfertigter Steuervorteile muss nach der Rechtsprechung in Fällen inhaltlich unrichtiger Feststellungsbescheide zwar der steuerliche Vorteil als solcher exakt bestimmt, nicht aber die Auswirkung auf die spätere Steuerfestsetzung beziffert werden[383]. **272**

c) Verwertbarkeit von „Steuerdaten-CDs"

In jüngerer Zeit wurde im Steuerstrafrecht vor dem Hintergrund einiger spektakulärer Fahndungsaktionen intensiv diskutiert, inwieweit nicht nur ein Anfangsverdacht[384], sondern ggf. auch ein Schuldspruch gegebenenfalls auch auf illegal hergestellte Beweismittel aus anonymen (ausländischen) Quellen gestützt werden kann[385]. Anlass war der Ankauf illegal hergestellter „Steuerdaten-CDs" mit Daten mutmaßlicher oder tatsächlicher Kunden ausländischer Kreditinstitute von zweifelhaften Informanten. Höchstrichterlich entschieden ist über ein entsprechendes Verwertungsverbot noch nicht und nach den bisherigen Erfahrungen erscheint es auch unwahrscheinlich, dass die Beteiligten in diesen Fällen ein Revisionsverfahren mit ungewissem Ausgang anstreben[386]. **273**

Von der Frage eines strafrechtlichen Verwertungsverbots strikt zu trennen ist zunächst die Frage eines steuerrechtlichen Verwertungsverbots, mit dessen Annahme die Rechtsprechung wesentlich zurückhaltender ist[387]. Das Steuerstrafverfahren dient originär weder der Verwirklichung entstandener oder künftiger Steueransprüche noch der Verhütung künftiger Steuerhinterziehungen, sondern der Verwirklichung des Strafanspruchs wegen vergangener Steuerhinterziehungen. Die Gleichmäßigkeit und Gesetzmäßigkeit der Besteuerung bzw. die steuerliche Belastungsgleichheit[388] sind daher für ein strafrechtliches Verwertungsverbot ohne Bedeutung. Zudem ist auch im Steuerstrafverfahren[389] zwischen behördlichem Auftrag und **274**

---

[378] BGH, Urt. v. 12.5.2009 – 1 StR 718/08, wistra 2009, 398 (399 f.), m. w. N.
[379] BGH, Beschl. v. 13.7.2011 – 1 StR 154/11, m. w. N.
[380] BGH, Beschl. v. 24.5.2007 – 5 StR 58/07, wistra 2007, 345 (346; Geständnis eines steuerlich kundigen Angeklagten) und v. 14.12.2010 – 1 StR 421/10, wistra 2011, 185 = NStZ 2011, 284 = HFR 2011, 702 (einfache Berechnungen).
[381] BGH, Urt. v. 2.12.2008 – 1 StR 416/08, BGHSt 53, 71 = wistra 2009, 107 = NStZ 2009, 271.
[382] BGH, Beschl. v. 5.5.2011 – 1 StR 116/11, wistra 2011, 347 = NStZ 2011, 643.
[383] BGH, Beschl. v. 22.11.2012 – 1 StR 537/12, BGHSt 58, 50 = NStZ 2013, 412 = wistra 2013, 199.
[384] Dazu bereits oben 2.d., Rn 184.
[385] Siehe statt vieler *Coen*, NStZ 2011, 433; *Jungbluth/Stepputat*, DStZ 2010, 781; *Küchel*, NStZ 2008, 241; *Ostendorf*, ZIS 2010, 301; *Salditt*, FS Schaumburg, 2009, S. 1269; *Samson/Langrock*, wistra 2010, 201; *Schünemann*, NStZ 2008, 305; jeweils m. w. N.
[386] Vgl. *Salditt*, FS Schaumburg, 2009, S. 1269 (1285); krit. zu der Praxis, strittige Rechtsfragen „wegzudealen" *Harms*, GS Schlüchter, 2002, S. 451 (465 f.).
[387] Vgl. bereits oben 3.a.cc. Speziell zu „Steuerdaten-CDs" FG Köln, Beschl. v. 15.12.2010 – 14 V 2484/10, EFG 2011, 1215, m. Anm. *Matthes*, EFG 2011, 1216.
[388] Vgl. Generalstaatsanwaltschaft Hamm, Gutachten vom März/April 2008, S. 10, http://www.tagesspiegel.de/downloads/4334482/1/Gutachten, abgerufen am 12.8.2012.
[389] Vgl. zum Besteuerungsverfahren BFH, Beschl. v. 16.6.1997 – VII B 45/97, BFHE 184, 266 = BStBl. II 1998, 231.

behördlicher Befugnis zu unterscheiden; allein der Strafverfolgungsauftrag legitimiert die Strafverfolgungsbehörden nicht, sich über Rechte des Beschuldigten und Dritter hinwegzusetzen.

275 Für das strafrechtliche Verwertungsverbot ist weder allein entscheidend, ob privat-deliktisch beschaffte Beweismittel verwertet werden dürfen, noch, ob Strafverfolgungsbehörden für Beweismittel bezahlen dürfen. Die gravierendsten Bedenken gegen die Verwertbarkeit ergeben sich gerade aus dem bewussten und gewollten Zusammenwirken von Strafverfolgungsbehörden mit deliktisch handelnden Privaten. Der Ankauf von „Steuerdaten-CDs" ist insofern im Grundsatz nicht anders zu beurteilen als z. B. der Ankauf der Ergebnisse illegaler Arbeitnehmerüberwachung.

276 Die höchstrichterliche Rechtsprechung nimmt für die Verwertung illegal gewonnener Beweismittel eine Abwägungsentscheidung vor und lässt sie zu bei „überwiegendem Allgemeininteresse", z. B. zur Aufklärung schwerer Leib und Leben gefährdender Straftaten.[390] Die Kooperation mit Vertrauensleuten aus dem kriminellen Milieu ist nach der Rechtsprechung des Bundesgerichtshofs gestattet zur Bekämpfung „besonders gefährlicher und schwer aufklärbarer Kriminalität" aus dem Umfeld des organisierten Verbrechens[391]. Unterhalb dieser Schwelle scheidet daher eine Rechtfertigung privat-deliktischer Beweismittelbeschaffung zur späteren Verwendung durch Ermittlungsbehörden als Notstandsmaßnahme[392] aus. Die meisten Steuerhinterziehungen stehen trotz ihres kriminellen Unwertgehalts hinter den hohen Anforderungen der Rechtsprechung weit zurück. § 100a Abs. 2 Nr. 2 lit. a) StPO bietet einen objektivierbaren Maßstab, wann bei Steuerhinterziehung von einem hohen Aufklärungsinteresse einerseits, besonderer Gefährlichkeit und schwerer Aufklärbarkeit andererseits auszugehen ist. Dementsprechend ist grundsätzlich von einem Verwertungsverbot für „Steuerdaten-CDs" auszugehen und nur für die bandenmäßige Umsatz- oder Verbrauchsteuerhinterziehung (§ 370 Abs. 1, 3 Nr. 5 AO) die Verwertung zuzulassen. Bei der Hinterziehung namentlich von Ertragsteuern in großem Umfang (§ 370 Abs. 1, 3 Nr. 1 AO) könnte der Strafrahmen eine Zulassung der „Steuerdaten-CDs" als Beweismittel nahe legen. Da es typischerweise an Bezügen zur organisierten Kriminalität fehlt und § 100a Abs. 2 Nr. 2a StPO in diesen Fällen nicht eingreift, der Gesetzgeber also ein gegenüber der bandenmäßigen Umsatz- oder Verbrauchsteuerhinterziehung reduziertes Aufklärungsinteresse gesehen hat, ist indes auch hier ein Verwertungsverbot anzunehmen.

5. Verfahren bei Selbstanzeige

277 Werden Besteuerungsgrundlagen nacherklärt oder frühere Besteuerungsgrundlagen berichtigt, ist zunächst nach den bereits weiter oben dargestellten Grundsätzen[393] zu entscheiden, ob der Anfangsverdacht der Steuerhinterziehung besteht. Unabhängig davon, wie die Entscheidung ausfällt, gebietet der Zweck der Selbstanzeige bis zu einer eventuellen Anklageerhebung die strikte Wahrung des Steuergeheimnisses (§ 30 AO), und zwar auch für etwa hinzugezogene Dienststellen außerhalb der Steuerverwaltung.

a) Allgemeines

278 Besteht ein Anfangsverdacht, ist die BuStra zu beteiligen (AStBV(St) 2013 Nr. 132 Abs. 1). und zwingend ein Steuerstrafverfahren einzuleiten (§ 386 Abs. 2, § 399 Abs. 1, 2 AO, § 152 StPO). Erforderlich und ausreichend sind grundsätzlich tatsächliche Anhaltspunkte dafür, dass es aufgrund objektiv fehlerhafter Angaben zu einer Steuerverkürzung kam und der Steuerpflichtige insofern vorsätzlich handelte. Ob die Selbstanzeige wirksam abgegeben wurde,

---

[390] BGH, Urt. v. 12.4.1989 – 3 StR 453/88, BGHSt 36, 167 = wistra 1989, 272 = NJW 1989, 2760, unter II. 1. a) bb), unter Bezugnahme auf BGH, Urt. v. 22.2.1978 – 2 StR 334/77, BGHSt 27, 355 und BVerfG, Entsch. v. 31.1.1973 – 2 BvR 454/71, BVerfGE 34, 238.
[391] BGH, Beschl. v. 17.10.1983 – GSSt 1/83, BGHSt 32, 115 (122).
[392] Vgl. Generalstaatsanwaltschaft Hamm, Gutachten vom März/April 2008, S. 10, http://www.tagesspiegel.de/downloads/4334482/1/Gutachten, abgerufen am 12.8.2012.
[393] Unter 2.a., Rn 171 ff. und III.1.b., Rn 117.

IV. Formelles Steuerstrafrecht

wird grundsätzlich erst im Steuerstrafverfahren überprüft. Ergibt sich bereits im Ermittlungsverfahren, dass die Selbstanzeige wirksam ist, wird das Verfahren aus rechtlichen Gründen eingestellt (§ 170 Abs. 2 StPO). Wird die Wirksamkeit erst im Hauptverfahren festgestellt, erfolgt nicht Einstellung, sondern Freispruch[394]. Wird aufgrund einer Selbstanzeige ein Steuerstrafverfahren eingeleitet, tritt insoweit die Sperrwirkung gemäß § 371 Abs. 2 Nr. 1b AO ein und schließt ein strafbefreiendes „Nachschieben" von Besteuerungsgrundlagen der betroffenen Steuerarten und Besteuerungszeiträume aus. Erst nach Abschluss des Steuerstrafverfahrens lebt die Selbstanzeigemöglichkeit wieder auf[395].

b) Eindeutig wirksame Selbstanzeige

Nach allgemeinen strafrechtlichen Grundsätzen setzt ein Anfangsverdacht nicht nur tatsächliche Anhaltspunkte für eine Straftat voraus sondern auch, dass diese Straftat noch verfolgbar ist. An der Verfolgbarkeit fehlt es in Fällen, in denen ein Verfahrenshindernis besteht, im Steuerstrafrecht insbesondere auch bei eingetretener Straffreiheit infolge wirksamer Selbstanzeige. Liegt zugleich mit der Begründung des Anfangsverdachts „erkennbar" eine wirksame Selbstanzeige vor, wurde insbesondere auch bereits eine ausreichende Nachzahlung geleistet, ist kein Steuerstrafverfahren einzuleiten[396].

Ermittlungen zur Wirksamkeit der Selbstanzeige vor Einleitung des Steuerstrafverfahrens, um dem Anzeigeerstatter nachteilige Konsequenzen aus der Einleitung zu ersparen, sind weder erforderlich noch zulässig[397]. Sie finden im Gesetz keinen Anhaltspunkt. „Erkennbar" wirksam ist die Selbstanzeige, wenn sich ihre Wirksamkeit aus der Finanzbehörde bereits vorliegenden, gegebenenfalls mit der Selbstanzeige zusammen eingereichten Urkunden und sonstigen Beweismitteln ergibt und eine weitere Beweiserhebung beim Anzeigeerstatter oder Dritten nicht erforderlich ist.

Im Hinblick auf den Ausschluss der Teilselbstanzeige durch das Schwarzgeldbekämpfungsgesetz ist insofern von erheblicher Bedeutung, ob die Finanzbehörde grundsätzlich auf die Vollständigkeit der Selbstanzeige vertrauen darf bzw. unter welchen Voraussetzungen die Finanzbehörde versuchen muss, durch eigene Ermittlungen die Vollständigkeit zu verifizieren bzw. zu widerlegen. Je weiter die Ermittlungsobliegenheiten der Finanzbehörde, desto seltener wird von einer „erkennbaren" Wirksamkeit auszugehen sein. Aus den Neuregelungen des Schwarzgeldbekämpfungsgesetzes folgt auch, dass in Fällen, in denen sich die Unwirksamkeit der Selbstanzeige aus einem Verkürzungsumfang von mehr als 50.000 € ergibt (§ 371 Abs. 2 Nr. 3 AO), stets das Steuerstrafverfahren einzuleiten ist (AStBV(St) 2013 Nr. 11 Abs. 1 Satz 2) und lediglich eine spätere Einstellung gemäß § 398a AO in Betracht kommt.

c) Gestufte Selbstanzeige bzw. Teilselbstanzeige

Aus dem soeben Gesagten folgt die Brisanz der gestuften Selbstanzeige bzw. offenen Teilselbstanzeige. In beiden Fällen räumt der Anzeigeerstatter fehlerhafte bzw. pflichtwidrig unterlassene Angaben „dem Grunde nach" ein, stellt allerdings nähere Angaben erst für die Zukunft in Aussicht bzw. behält sich allerdings eine Konkretisierung von Art und Umfang der betroffenen Besteuerungsgrundlagen („gestufte Selbstanzeige") bzw. eine Korrektur der nacherklärten Besteuerungsgrundlagen nach oben („offene Teilselbstanzeige") vor. Ein solches Vorgehen kann sowohl auf einer Verkennung der Rechtslage beruhen als auch den Versuch darstellen, dem angekündigten oder befürchteten Eintritt eines Sperrgrundes zuvorzukommen, wenn eine vollständige Rekonstruktion des tatsächlich verwirklichten Besteuerungssachverhalts nicht mehr rechtzeitig möglich ist.

Zum Teil wurde früher die gestufte Selbstanzeige bzw. Teilselbstanzeige für wirksam gehalten und gefordert, dem Anzeigeerstatter vor Einleitung eines Steuerstrafverfahrens eine ange-

---

[394] Franzen/Gast/Joecks – *Joecks*, 7. Auflage 2009, § 371 AO, Rn 245.
[395] *Randt*, Der Steuerfahndungsfall, 2004, Rn B 75.
[396] BFH, Urt. v. 29.4.2008 – VIII R 5/06, BFHE 222, 1 = BStBl. II 2008, 844, unter II. 2. b) bb) (2); ebenso AStBV(St) 2013 Nr. 11 und *Löwe-Krahl*, FS Samson, 2011, S. 557 (562).
[397] BFH, Urt. v. 29.4.2008 – VIII R 5/06, BFHE 222, 1 = BStBl. II 2008, 844, unter II. 2. b) bb) (2); Klein – *Jäger*, 11. Auflage 2012, § 371 AO, Rn 36.

messene Frist zur Vervollständigung seiner Angaben einzuräumen bzw. die Vervollständigung der Angaben von der Sperrwirkung ausgenommen[398]. Der Bundesgerichtshof hat eine solche Ausnahme zugunsten gestufter Selbstanzeigen zwischenzeitlich aber mit Erwägungen abgelehnt[399], die sich auch auf offene Teilselbstanzeigen übertragen lassen, indem es dem Anzeigeerstatter aufgegeben hat, anstatt einer gestuften bzw. offenen Teil-Selbstanzeige unmittelbar eine vollständige Selbstanzeige ggf. aufgrund einer Schätzung einzureichen. Der „gute Wille" allein, wie er in der „ersten Stufe" zum Ausdruck kommt, rechtfertigt für sich genommen noch nicht die Straffreiheit. Tatsächliche Schwierigkeiten bei der Rekonstruktion des wahren Besteuerungssachverhalts müssen bei der Selbstanzeige schon deswegen zulasten des Anzeigeerstatters gehen, weil er es in der Hand hatte, sie durch ordnungsgemäße und zeitnahe Erfüllung von Aufzeichnungs-, Erklärungs- und sonstigen Mitwirkungspflichten zu vermeiden.

d) Verhältnis zum Besteuerungsverfahren

284 Durch die Selbstanzeige werden grundsätzlich zwei getrennte, voneinander grundsätzlich unabhängige Verfahren ausgelöst, zum einen das Besteuerungsverfahren, das typischerweise mit dem Erlass geänderter (§ 172 Abs. 1 Satz 1 Nr. 2c bzw. § 173 Abs. 1 Nr. 1 AO) Steuerbescheide, ggf. unter Anwendung der verlängerten Festsetzungsfrist (§ 169 Abs. 2 Satz 2 AO) und unter Festsetzung von Hinterziehungszinsen (§ 235 AO) endet, zum anderen das Steuerstrafverfahren, das bei Vorliegen einer wirksamen Selbstanzeige typischerweise mit der Einstellung gemäß § 170 Abs. 2 StPO aus rechtlichen Gründen abgeschlossen wird. Das Besteuerungsverfahren wird bei der Finanzbehörde von der Veranlagungsstelle nach den allgemeinen Vorschriften der Abgabenordnung, das Steuerstrafverfahren von der BuStra nach den Vorschriften der §§ 385 ff. AO und der Strafprozessordnung geführt.

285 Die Unterscheidung zwischen Besteuerungs- und Steuerstrafverfahren kann im Einzelfall für den Nachzahlungsbetrag[400] und die Nachzahlungsfrist von Bedeutung sein, wenn die abweichenden Verfahrensordnungen zu unterschiedlichen Ergebnissen führen bzw. verschiedene Fristen gesetzt werden. Tatsächlich erfolgt üblicherweise weder eine gesonderte Ermittlung des steuerstrafrechtlichen Nachzahlungsbetrags noch eine eigene steuerstrafrechtliche Fristsetzung, sondern das Steuerstrafverfahren wird bei Vorliegen der sonstigen Voraussetzungen eingestellt, wenn die sich aus dem geänderten Steuerbescheid ergebende Steuerschuld zum dort gesetzten Zeitpunkt beglichen wird. Der Rechtsgrund der Zahlung ist in diesen Fällen ein doppelter, er besteht sowohl in der Tilgung der Steuerschuld als auch in der Herbeiführung der Straffreiheit[401].

e) Streit über Wirksamkeit der Selbstanzeige

286 Kommt es zwischen dem Anzeigeerstatter und der Ermittlungsbehörde zu Meinungsverschiedenheiten über die Wirksamkeit einer Selbstanzeige, ist das Steuerstrafverfahren fortzusetzen. Sofern die Finanzbehörde das Steuerstrafverfahren selbstständig führt, ist sie „unverzüglich" zwar nicht zur Abgabe, aber zur Anzeige an die Staatsanwaltschaft verpflichtet[402]. Die Wirksamkeit der Selbstanzeige ist eine Vorfrage der Strafbarkeit, über die das für die Hauptverhandlung zuständige Gericht im Beschluss über die Eröffnung oder Nichteröffnung des Hauptverfahrens und ggf. im Urteil entscheidet[403]. Ein gesondertes Verfahren ist daher richtigerweise[404] weder geboten noch sachgerecht.

---

[398] Siehe die Nachweise bei *Graf/Jäger/Wittig* – *Rolletschke*, § 371 AO, Rn 47 ff.; in diesem Sinne noch *Zanzinger*, DStR 2011, 1397 (1403) und wohl auch *Rau*, FS Streck, 2011, S. 533 (539).

[399] Beschl. v. 20.5.2010 – 1 StR 577/09, BGHSt 55, 180 = wistra 2010, 304 = NStZ 2010, 642, unter 5.

[400] S. bereits oben III.2.d, Rn 127 ff.

[401] *Rolletschke*, wistra 2007, 371 (374 f.).

[402] BGH, Beschl. v. 20.5.2010 – 1 StR 577/09, BGHSt 55, 180 = wistra 2010, 304 = NStZ 2010, 642, unter 6.; ebenso AStBV(St) 2013 Nr. 22 Abs. 2 Satz 2.

[403] BFH, Urt. v. 17.12.1981 – IV R 94/77, BFHE 135, 145 = BStBl. II 1982, 352; *Kratzsch*, DStJG 6, S. 283 (301).

[404] Zum Streitstand Franzen/Gast/Joecks – *Joecks*, 7. Auflage 2009, § 370 AO, Rn 116 ff.

f) Verfahrenseinstellung gemäß § 398a AO

Dem Selbstanzeigeverfahren zuzuordnen ist auch die Möglichkeit des Absehens von Strafverfolgung gemäß § 398a AO. Der Bezug zur Selbstanzeige ergibt sich daraus, dass eine wirksame Selbstanzeige wegen des Hinterziehungsvolumens ausgeschlossen, § 371 Abs. 2 Nr. 3 AO, zugleich aber eine im Übrigen wirksame Selbstanzeige gegeben sein muss. Die Zugehörigkeit zum Steuerstrafverfahrensrecht resultiert aus der Einordnung in die Vorschriften über das Ermittlungsverfahren. Ebenso wie § 398 AO gilt § 398a AO über den Wortlaut hinaus nicht nur für den Täter, sondern auch für den Teilnehmer[405]. 287

Das Absehen von Strafverfolgung in diesen Fällen ist in der Sache nichts anderes als eine Sonderform der Verfahrenseinstellung[406] gegen Geldauflage zugunsten der Staatskasse (§ 153a Abs. 1 Satz 2 Nr. 2 StPO), bei denen die Einzelfallentscheidung der Staatsanwaltschaft und des Gerichts durch eine typisierende Entscheidung des Gesetzgebers ersetzt wurde: bei einer allein wegen § 371 Abs. 2 Nr. 3 AO unwirksamen Selbstanzeige steht danach die Schwere der Schuld einer Einstellung gegen Auflagen nicht entgegen und ist eine Auflage in Höhe von 5% des Hinterziehungsbetrags zur Beseitigung des Strafverfolgungsinteresses geeignet. Versteht man § 398a AO in diesem Sinne, ergibt sich daraus, dass die in der Vorschrift zum Ausdruck kommende gesetzgeberische Wertentscheidung die Anwendung des § 153a StPO grundsätzlich insofern sperrt, als eine geringere als die sich nach § 398a AO ergebende Geldauflage geleistet werden soll. 288

Die Verfassungsmäßigkeit des § 153a StPO wird im Grundsatz nicht ernstlich angezweifelt, insofern ist es nicht erforderlich, den Zuschlag gemäß § 398a AO zugleich in die Nähe der Zuschläge gemäß §§ 152, 162 Abs. 4 AO bzw. § 32 ZollVG zu rücken, um Konflikte mit dem Schuldgrundsatz und dem Richtervorbehalt (Art. 92 GG) zu vermeiden[407]. In Wirklichkeit besteht zwischen § 32 ZollVG und § 398a AO auch ein fundamentaler Unterschied insofern, als § 398a AO nur eingreifen kann, wenn sowohl der objektive als auch der subjektive Tatbestand der Steuerhinterziehung verwirklicht sind, und insofern anders als § 32 ZollVG gerade ein Verschulden voraussetzt. 289

Die Einstellung des Steuerstrafverfahrens gemäß § 398a AO setzt die Mitwirkung und damit die konkludente Zustimmung des Beschuldigten voraus, sie ist damit ebenso wie die Einstellung des Strafverfahrens gemäß § 153a StPO mangels Rechtsschutzbedürfnisses unanfechtbar (*volenti non fit iniuria*)[408]. Wird das Steuerstrafverfahren fortgesetzt, obwohl nach Auffassung des Beschuldigten die Voraussetzungen für eine Verfahrenseinstellung gegeben sind, kann er seine Einwände ebenso wie beim Streit über die Wirksamkeit einer Selbstanzeige im regulären Verfahren vorbringen, eines besonderen Rechtsmittels bedarf es nicht. Nach diesen Grundsätzen ist auch die im Schrifttum[409] aufgeworfene Frage zu beantworten, wie sich der Beschuldigte gegen die aus seiner Sicht fehlerhafte Anwendung des § 398a AO anstelle des § 371 AO wehren kann, wenn die Höhe der Steuerverkürzung strittig ist[410]. 290

Leistet der Beschuldigte stattdessen die Zahlung und erwirkt dadurch die Einstellung, liegt darin ein freiwilliger Rechtsschutzverzicht, an dem er sich festhalten lassen muss. Die (abstrakte) Möglichkeit, bei Fortsetzung des Steuerstrafverfahrens verurteilt zu werden, wenn die Voraussetzungen des § 371 Abs. 2 Nr. 3 AO zur Überzeugung des Gerichts vorliegen, ist der Einstellung gemäß § 398a AO immanent, der hiervon ausgehende Druck auf den Beschuldigten für sich genommen und ohne Hinzutreten qualifizierender Umstände nicht rechtswidrig und daher nicht geeignet, die Wirksamkeit des Rechtsschutzverzichts in Frage zu stellen. Es ist daher auch unter Berücksichtigung des verfassungsrechtlichen Rechtsschutz- 291

---

[405] *Roth*, NZWiSt 2012, 23.
[406] So auch *Schmitz*, FS Achenbach, 2011, S. 477 (487).
[407] So aber Graf/Jäger/Wittig – *Rolletschke*, § 398a AO, Rn 3; *Hunsmann*, BB 2011, 2519 (2520).
[408] Vgl. hierzu und zum Folgenden Löwe/Rosenberg – *Beulke*, 26. Auflage, 2006 ff., § 153a StPO, Rn 116. BFH, Beschl. v. 26.2.2004 – VII B 341/03, BFHE 204, 413 = BStBl. II 2004, 458 betrifft ausschließlich Fragen der Rechtswegzuständigkeit, nicht des Rechtsschutzbedürfnisses und rechtfertigt daher keine andere Beurteilung.
[409] *Spatscheck/Höll*, AG 2011, 331 (334).
[410] A. A. *Hunsmann*, NZWiSt 2012, 102 (104).

gebots, Art. 19 Abs. 4 GG, nicht geboten, dem Beschuldigten erneut einen Rechtsweg zu eröffnen.

292 Verfassungsrechtliche Bedenken bestehen allerdings in anderen Zusammenhängen im Hinblick auf das Schuldprinzip[411]. Im Grenzbereich knapp oberhalb von 50.000 € führen wenige Euro oder gar Cent Unterschied beim Hinterziehungsbetrag dazu, dass Straffreiheit nach § 371 i. V. m. § 398a AO nur noch gegen einen Zuschlag von rund 2.500 € erlangt werden kann. Bis zu einem Hinterziehungsvolumen von (rund) 52.632 € wäre der Zuschlag höher als der 50.000 € übersteigende Hinterziehungsbetrag. Auch unter Berücksichtigung des dem Gesetzgeber eingeräumten Beurteilungs- und Ermessensspielraums ist bei einem vergleichsweise geringen Anstieg des Hinterziehungsvolumens ein derart starker Anstieg der Schwere der Schuld bzw. des Strafverfolgungsinteresses nicht zu begründen. Zur Vermeidung solcher Brüche erscheint es in den Fällen, in denen der § 398a AO zu leistende Zuschlag höher wäre als der 50.000 € übersteigende Hinterziehungsbetrag, angemessen, eine Ausnahme von der Sperrwirkung des § 398a AO gegenüber § 153a StPO anzunehmen und im Sinne einer „Einschleifregelung" das Steuerstrafverfahren gegen eine Auflage in Höhe des 50.000 € übersteigenden Hinterziehungsbetrags einzustellen. Entsprechendes gilt bei einer (kurzfristigen) Steuerhinterziehung auf Zeit, bei der der wirtschaftliche (Zins-) Schaden weniger als 5% des nominellen Hinterziehungsvolumens beträgt[412].

293 Die deutlichsten Vorbehalte gegen § 371 Abs. 2 Nr. 3, § 398a AO ergeben sich aus dem Fehlen einer Rechtfertigung für einen einheitlichen starren Grenzwert gerade bei 50.000 €. Dieser Grenzwert lässt sich insbesondere nicht aus der in den Gesetzesmaterialien[413] in Bezug genommenen Rechtsprechung[414] herleiten, da dort fallgruppenbezogen unterscheidende Regelgrenzwerte genannt werden. Die Regelungen in § 371 Abs. 2 Nr. 3, § 398a AO erscheinen als fehlgeschlagener Versuch der Vermittlung zwischen zwei in sich schlüssigen, aber miteinander unvereinbaren rechtlichen Ansätzen der im Ergebnis weder vom einen noch vom anderen Ansatz getragen wird. Im Steuerrecht werden derartige Systembrüche als Verstoß gegen das Folgerichtigkeitsprinzip beanstandet[415], im Steuerstrafrecht liegt in ähnlicher Weise ein Verstoß gegen das Schuldprinzip nahe.

6. Amtshilfe in Steuersachen

294 Das Nebeneinander von Besteuerungs- und Steuerstrafverfahren, die Teilidentität der Verfahrensgegenstände und die wechselseitige Verwertbarkeit der in beiden Verfahren gewonnenen Kenntnisse führen dazu, dass in grenzüberschreitenden Steuerstrafverfahren neben der Rechtshilfe in Strafsachen[416] auch der internationale Informationsaustausch in Steuersachen, der in Abgrenzung zur „Rechtshilfe" als „Amtshilfe" bezeichnet wird[417], zur Aufklärung beitragen kann[418]. Die auf diesem Wege gewonnenen Erkenntnisse können auch in das Steuerstrafverfahren eingeführt und dort nach Maßgabe des strafprozessualen Beweismittelrechts verwertet werden. Nur die Inanspruchnahme der Amtshilfe ausschließlich für Zwecke des Steuerstrafverfahrens ist unzulässig[419].

---

[411] Ähnlich *Schmitz*, FS Achenbach, 2011, S. 477 (488 f.).
[412] Ebenso Klein – *Jäger*, 11. Auflage 2012, § 398a AO, Rn 27.
[413] BT-Drs. 17/5067 (neu), S. 20 ff.
[414] Dazu ausführlich oben II.6.a., m.w.N.
[415] Vgl. BVerfG, Urt. v. 9.12.2008 – 2 BvL 1/07, 2 BvL 2/07, 2 BvL 1/08, 2 BvL 2/08, BVerfGE 122, 210 = DStR 2008, 2460.
[416] Dazu ausführlich unten 24. Kapitel (*Hackner*).
[417] Zu dieser begrifflichen Unterscheidung Franzen/Gast/Joecks – *Joecks*, 7. Auflage 2009, § 399 AO, Rn 124, 144; *Randt*, Der Steuerfahndungsfall, 2004, Rn C 222.
[418] Allgemein zum internationalen Informationsaustausch in Steuersachen BMF v. 25.1.2006, BStBl. I 2006, 26; siehe auch *Bozza-Bodden*, DStJG 36, S. 133 ff.
[419] BMF v. 25.1.2006, BStBl. I 2006, 26, Tz. 1.2; Franzen/Gast/Joecks – *Joecks*, 7. Auflage 2009, § 399 AO, Rn 121; vgl. BFH, Beschl. v. 29.10.1986 – I B 28/86, BFHE 147, 492 = BStBl. II 1987, 440; a. A. *Randt*, Der Steuerfahndungsfall, 2004, Rn C 259.

IV. Formelles Steuerstrafrecht

a) Rechtsgrundlagen

Rechtsgrundlage der Amtshilfe im nationalen Verfahrensrecht ist § 117 AO, wonach deutsche 295
Finanzbehörden Amtshilfe sowohl in Anspruch nehmen (§ 117 Abs. 1 AO) als auch leisten
(§ 117 Abs. 2, 3 AO) können. Die Voraussetzungen der Amtshilfe im Einzelnen ergeben
sich aus zwischen- und überstaatlichem Recht, so dass für die Amtshilfe durch bzw. für unterschiedliche Staaten unterschiedliche Regeln gelten können. Die folgende Darstellung beschränkt sich daher auf allgemeine Grundlagen für die Inanspruchnahme der Amtshilfe durch
deutsche Finanzbehörden[420].

Regelungen über die internationale Amtshilfe in Steuersachen finden sich herkömmlicher- 296
weise v. a. in den bilateralen Abkommen zur Vermeidung von Doppelbesteuerung („Doppelbesteuerungsabkommen", DBA)[421]. Die DBA enthalten üblicherweise nicht nur materiellrechtliche Regelungen zur Besteuerung grenzüberschreitender Sachverhalte, sondern auch
verfahrensrechtliche Regelungen zur Zusammenarbeit der beteiligten Staaten. Dabei wird allgemein zwischen der sogenannten „kleinen" und der „großen" Auskunftsklausel unterschieden. Nach der kleinen Auskunftsklausel werden diejenigen Auskünfte erteilt, die zur Durchführung des jeweiligen DBA erforderlich sind, nach der großen Auskunftsklausel auch andere
Auskünfte, die für die Durchführung der Besteuerung erforderlich sind. Viele der von der
Bundesrepublik Deutschland abgeschlossenen DBA beruhen auf dem von der OECD erarbeiteten OECD-Musterabkommen (OECD-MA)[422], das in Art. 26 eine „große Auskunftsklausel" enthält. Der Stand der Doppelbesteuerungsabkommen und -verhandlungen wird
jährlich mit Stand vom 1. Januar in Teil I des Bundessteuerblatts und auf der Internetseite
des Bundesfinanzministeriums veröffentlicht.

Neben den Doppelbesteuerungsabkommen bestehen Abkommen, die ausschließlich die 297
gegenseitige Amts- und Rechtshilfe regeln („Tax Information Exchange Agreement",
TIEA). Auch hierfür existiert mittlerweile ein von der OECD vorgelegtes Musterabkommen
(TIEA-MA)[423]. Art. 5 TIEA-MA sieht einen einzelfallbezogenen Informationsaustausch auf
Anforderung („Ersuchensauskunft") im Umfang der großen Auskunftsklausel vor. Aufgrund
zunehmenden diplomatischen Drucks haben zwischenzeitlich zahlreiche „Steueroasen" TIEA
mit Deutschland abgeschlossen, so insbesondere in 2009 die Isle of Man, Guernsey, die Bermudas, Gibraltar und das Fürstentum Liechtenstein[424].

Innerhalb der EU existiert auch eine unionsrechtliche Grundlage für die Amtshilfe in 298
Steuersachen, bis vor kurzem die RL 77/799/EWG[425], die für Amtshilfeleistungen durch
deutsche Behörden durch das EG-Amtshilfegesetz (EGAHiG)[426] in nationales Recht umgesetzt wurde, seither die RL 2011/16/EU[427], die von den Mitgliedstaaten bis 1.1.2013 in nationales Recht umzusetzen ist. Dies geschah durch Art. 1 des Amtshilferichtlinie-Umsetzungsgesetzes von 26.6.2013[428, 429]. Die neue EU-Amtshilferichtlinie gilt für alle Arten von
Steuern mit Ausnahme der Mehrwertsteuer und der harmonisierten Verbrauchsteuern und
ausdrücklich nicht für Sozialabgaben (Art. 2). Sie sieht sowohl Ersuchensauskünfte (Art. 5ff.)

---

[420] Zur Amtshilfe durch deutsche Finanzbehörden Klein – *Rätke*, 11. Auflage 2012, § 117 AO,
Rn 19ff., speziell zu Rechtsschutzmöglichkeiten *Herlinghaus*, FS Herzig, 2010, S. 933.
[421] *Seer*, FS Schaumburg, 2009, S. 151 (152f.); *Seer/Gabert*, StuW 2010, 3 (4ff) Speziell zum aktuell
geschlossenen DBA Deutschland-Liechtenstein *Niehaves/Beil*, DStR 2012, 209.
[422] Volltext abrufbar über die Homepage der OECD unter http://www.oecd.org/document/50/
0,3343,de_34968570_34968855_41206066_1_1_1_1,00.html (abgerufen am 28.12.2011).
[423] Dazu näher *Seer/Gabert*, StuW 2010, 4 (9). Der Mustertext ist ebenfalls auf der OECD-Homepage
hinterlegt.
[424] *Seer/Gabert*, StuW 2010, 4 (10), m. w. N.
[425] ABl. EWG Nr. L 336, 15.
[426] BGBl. I 1985, 2436 (2441), zuletzt geändert durch Jahressteuergesetz 2008, BGBl. I 2007, 3150;
dazu Klein – *Rätke*, 11. Auflage 2012, § 117 AO, Rn 78ff.
[427] ABl. EU Nr. L 64, 1; dazu *Gabert*, IWB 2011, 250.
[428] BGBl. I 2013, S. 1809ff.; zum Gesetzgebungsverfahren BT-Drs. 17/13722.
[429] Nicht belegt.

als auch verpflichtende automatische Auskünfte (Art. 8) und Spontanauskünfte (Art. 9) vor. Allgemein orientiert sie sich am OECD-Standard.

299 Die RL 2011/16/EU enthält keine Regelungen zum automatischen Informationsaustausch zur Besteuerung von Kapitalerträgen, sondern nur eine diesbezügliche Evaluationsklausel (Art. 8 Abs. 5 Unterabs. 2 litt. b). Der automatische Informationsaustausch über Kapitalerträge erfolgt derzeit aufgrund von Art. 8 der Zinsbesteuerungsrichtlinie RL 2003/48/EG[430] zwischen dem Staat, in dem die Zahlstelle ihren Sitz hat und dem Staat, in dem der „wirtschaftliche Eigentümer" eines Kapitalvermögens ansässig und typischerweise unbeschränkt einkommensteuerpflichtig ist. Von entscheidender Bedeutung ist insofern der Begriff des „wirtschaftlichen Eigentümers". Die Zinsbesteuerungsrichtlinie lässt hier Raum für nationale Wertungen, so dass ein Informationsaustausch unterbleiben kann, wenn das wirtschaftliche Eigentum vom Staat der Zahlstelle und des (vermeintlichen) wirtschaftlichen Eigentümers unterschiedlich beurteilt wird, z. B. bei Basisgesellschaften oder Familienstiftungen. Für den in der RL 2011/16/EU ebenfalls nicht geregelten Informationsaustausch bezüglich Umsatzsteuer und besonderen Verbrauchsteuern finden sich besondere Regelungen in der Mehrwertsteuer-Zusammenarbeitsverordnung[431] und der VO(EG) Nr. 2073/2004[432].

300 Grundsätzlich schließen sich die unterschiedlichen Rechtsgrundlagen nicht gegenseitig aus, sondern finden nebeneinander Anwendung. Soweit sich aus DBA oder TIEA weitergehende Auskunftsrechte bzw. -pflichten ergeben, gehen DBA bzw. TIEA der EU-Amtshilferichtlinie und den zu ihrer Umsetzung erlassenen Rechtsgrundlagen vor (vgl. § 1 Abs. 3 EGAHiG). Sofern andererseits in DBA bzw. TIEA besondere Auskunftsschranken zugunsten der Steuerpflichtigen festgelegt sind, wird hieraus im Schrifttum eine Selbstbindung der beteiligten Fiskus gefolgert, die den Zugriff auf weiterreichende Befugnisse gemäß der EU-Amtshilferichtlinie sperren soll[433]. Da in den Erwägungen zur EU-Amtshilferichtlinie ausdrücklich auf das „Funktionieren des Binnenmarktes" abstellt, auf dem auch Akteure aus dritten Mitgliedstaaten tätig sind, erscheint die Zulässigkeit einer solchen Selbstbindung zweifelhaft. Zugleich stellt sich allerdings die Frage, inwiefern die EU-Amtshilferichtlinie bei fehlerhafter Umsetzung im nationalen Recht unmittelbar zulasten[434] des durch die Auskunftsschranke geschützten Steuerpflichtigen wirken kann.

b) Durchführung

301 Für Amtshilfeersuchen deutscher Finanzbehörden gilt allgemein, dass sich innerhalb des durch die völker- oder europarechtliche Rechtsgrundlage eröffneten Rahmens die Zulässigkeit des Amtshilfeersuchens nach deutschem Recht richtet (§ 117 Abs. 1 AO), die Zulässigkeit der Amtshilfegewährung nach dem Recht des jeweiligen ausländischen Staates. Der Amtshilfeweg führt grundsätzlich über das Bundeszentralamt für Steuern, im Einzelfall auch die obersten Landesfinanzbehörden[435]. Mitunter als bürokratisch kritisiert, ist die Zentralisierung bei einer Oberbehörde zur Koordination des Auskunftsverkehrs gleichwohl gerechtfertigt. Soweit das Besteuerungsverfahren steuerstrafrechtliche Bezüge aufweist bzw. die Ergebnisse des Amtshilfeersuchens in ein Steuerstrafverfahren eingeführt werden sollen, sind dabei einige Gesichtspunkte von besonderer Bedeutung.

aa) Subsidiarität

302 Im Bereich der Ersuchensauskunft gilt allgemein der Subsidiaritätsgrundsatz, wonach ein Auskunftsersuchen nur zulässig ist, soweit die begehrten Informationen für die Besteuerung im ersuchenden Staat erforderlich sind und sie nicht im Hoheitsgebiet des ersuchenden Staa-

---

[430] ABl. EU Nr. L 157, S. 1.
[431] VO (EG) 1798/2003, ABl. EU Nr. L 264, S. 1, zuletzt geändert durch VO v. 12.2.2008, ABl. EU Nr. L 44, S. 1.
[432] Abl. EU Nr. L 359, S. 1.
[433] *Randt*, Der Steuerfahndungsfall, 2004, Rn C 225; *Seer*, FS Schaumburg, 2009, 151 (156).
[434] Dazu BVerfG, Beschl. v. 6.7.2010 – 2 BvR 2661/06, BVerfGE 126, 286 (Mangold).
[435] BMF v. 25.1.2006, BStBl. I 2006, 26, unter Tz. 1.6, dort auch zu Ausnahmen für den Auskunftsverkehr mit Nachbarländern.

IV. Formelles Steuerstrafrecht **20**

tes beschafft werden können[436]. Vor einem evtl. Auskunftsersuchen hat die Finanzbehörde daher grds. den Steuerpflichtigen aus seinen erweiterten Mitwirkungspflichten (§ 90 Abs. 2 AO) in Anspruch zu nehmen[437]. Sie kann hiervon allerdings absehen, wenn die Inanspruchnahme des Steuerpflichtigen voraussichtlich nicht zielführend oder aus anderen Gründen nicht zweckmäßig ist. Welche eigenen Ermittlungen vor der Inanspruchnahme von Amtshilfe anzustellen sind, hängt sowohl nach nationalem Recht (§ 93 Abs. 1 Satz 3 AO) als auch nach den meisten völker- oder europarechtlichen (z. B. Art. 17 Abs. 1 RL 2011/16/EU) Rechtsgrundlagen vom Einzelfall ab.

Namentlich in Besteuerungsverfahren mit steuerstrafrechtlichen Bezügen ist regelmäßig davon auszugehen, dass der Steuerpflichtige vor dem Hintergrund des § 393 Abs. 1 Satz 2 AO einem an ihn gerichteten Mitwirkungsverlangen nicht, nicht vollumfänglich oder nicht ordnungsgemäß nachkommen wird, so dass vorherige Ermittlungen beim Steuerpflichtigen nicht erforderlich sind[438]. Der Zulässigkeit eines Amtshilfeersuchens steht es auch nicht entgegen, dass die Finanzbehörde Mitwirkungspflichtverletzungen des Steuerpflichtigen im Besteuerungsverfahren sanktionieren oder mit einer Schätzung beantworten kann. Solange und soweit die Finanzbehörde den Sachverhalt ggf. auch ohne Mitwirkung des Steuerpflichtigen ohne unangemessenen Aufwand ermitteln kann, ist eine Schätzung gerade ausgeschlossen[439]. **303**

bb) Bankgeheimnis und Geschäftsgeheimnisse

Soweit Amtshilfe zur Besteuerung von Einkünften aus Kapitalvermögen geleistet werden soll, steht regelmäßig auch ein eventuelles Bankgeheimnis im ersuchten Staat im Raum. Inhaltlich übereinstimmend sehen OECD-MA, TIEA-MA und Amtshilferichtlinie insofern vor, dass Amtshilfe nicht allein deswegen verweigert werden darf, weil die angeforderten Informationen bei Banken, sonstigen Finanzinstituten oder Treuhändern ermittelt werden müssten (Art. 26 OECD-MA, Art. 5 Abs. 4 lit. a) TIEA-MA, Erwägungsgrund 20 der EU-Amtshilferichtlinie). Betriebs- oder Geschäftsgeheimnisse sind – anders als im deutschen Recht[440] – demgegenüber geschützt (Art. 7 TIEA-MA, Art. 17 Abs. 4 EU-Amtshilferichtlinie). **304**

cc) Freiheit vom Selbstbelastungszwang

Noch nicht abschließend geklärt ist, inwiefern sich aus dem *nemo tenetur*-Grundsatz[441] Beschränkungen für Amtshilfeersuchen der deutschen Finanzbehörden ergeben. Unzweifelhaft werden Staaten, die den *nemo tenetur*-Grundsatz ebenfalls anerkennen, den im Rahmen eines Amtshilfeersuchens um Mitwirkung anzugehenden Personen ein entsprechendes Recht zur Verweigerung der Mitwirkung zugestehen[442]. Wenn im ersuchten Staat keine oder nur unzureichende vergleichbaren Garantien bestehen, stellt sich allerdings die Frage, ob und ggf. wie dies im deutschen Besteuerungs- und evtl. auch Steuerstrafverfahren zu berücksichtigen ist. Da die Selbstbelastungsfreiheit nur im Strafrecht gilt, ist nach der hier vertretenen Auffassung im Besteuerungsverfahren ein Amtshilfeersuchen an einen solchen Staat nicht generell unzulässig. Die aufgrund des Amtshilfeersuchens erlangten Informationen können im Besteuerungsverfahren verwertet werden, lediglich für das Steuerstrafverfahren besteht ein Beweisverwertungsverbot. **305**

dd) Unterrichtung des Steuerpflichtigen

Die Unterrichtung über ein geplantes Amtshilfeersuchen ist für den Steuerpflichtigen insofern von Bedeutung, als sie ihm ermöglicht, auf ein Absehen von dem Amtshilfeersuchen **306**

---

[436] Klein – *Rätke*, 11. Auflage 2012, § 117 AO, Rn 12; *Seer*, FS Schaumburg, 2009, S. 151 (159f.).
[437] *Seer/Gabert*, StuW 2010, 3 (13).
[438] BMF v. 26.1.2006, BStBl. I 2006, 26, unter 2.1.2.
[439] Klein – *Rüsken*, 11. Auflage 2012, § 162 AO, Rn 20.
[440] Zu den Gründen *Seer/Gabert*, StuW 2010, 3 (19).
[441] Dazu oben II.4.b.cc., Rn. 57.
[442] *Randt*, Der Steuerfahndungsfall, 2004, Rn C 257.

hinzuwirken und ggf. Rechtsmittel einzulegen und dadurch das Amtshilfeersuchen zumindest zu verzögern. Im Schrifttum wird grundsätzlich eine Pflicht der Finanzbehörde zur Anhörung des Steuerpflichtigen vor Stellung des Amtshilfeersuchens angenommen[443]. Die Finanzverwaltung stellt es hingegen in das Ermessen der zuständigen Behörde, ob der Steuerpflichtige auf die Möglichkeit eines Amtshilfeersuchens hingewiesen wird und lehnt eine Anhörungspflicht ab[444].

307 Die Anhörungspflicht nach § 117 Abs. 4 Satz 3 AO betrifft nur die Amtshilfe durch deutsche Behörden[445]. Nachdem insofern eine ausdrückliche Regelung getroffen wurde, kann das Fehlen einer entsprechenden Regelung in § 117 Abs. 1 AO nicht mehr als planwidrige Regelungslücke begriffen werden, so dass eine analoge Anwendung des § 117 Abs. 4 Satz 3 AO auf Amtshilfeersuchen deutscher Behörden ausscheidet. Eine Anhörungspflicht gemäß § 91 Abs. 1 Satz 1 AO besteht nur vor Erlass eines Verwaltungsakts (§ 118 AO). Amtshilfeersuchen stellen aber gerade keinen Verwaltungsakt dar. Der Bundesfinanzhof hat dies zu Beitreibungsersuchen bereits entschieden[446] und die maßgebenden Überlegungen sind auf Auskunftsersuchen übertragbar. Auch der effektive Rechtsschutz gebietet keine vorherige Anhörung, da er grundsätzlich durch Anfechtung des aufgrund der erteilten Auskunft erlassenen Steuerbescheids erlangt werden kann.

c) Steuer- und Finanzmarktabkommen Deutschland-Schweiz

308 Besondere Amtshilfemöglichkeiten hätten sich aus dem Steuer- und Finanzmarktabkommen Deutschland-Schweiz[447] ergeben, mit dem eine dem automatischen Informationsaustausch im Bereich der Kapitaleinkünfte gleichwertige Zusammenarbeit (Art. 1 Abs. 1) vereinbart wurde. Neben der Nachversteuerung und der Erhebung einer Quellensteuer waren in dem Abkommen zur Sicherung des Abkommenszwecks auch Ersuchensauskünfte an die deutsche Steuerverwaltung vorgesehen (Art. 32). Es handelte sich insoweit um eine zusätzliche Auskunftsmöglichkeit, die neben dem Auskunftsverkehr gemäß DBA stand.

309 Der Auskunftsverkehr gemäß dem Abkommen wäre zwar anlassbezogen (Art. 32 Abs. 3) und inhaltlich beschränkt (Art. 32 Abs. 5) gewesen, hätte aber gleichwohl den Weg zu weitergehenden Auskünften im Rahmen der allgemeinen Amts- und Rechtshilfe eröffnen können. Die Auskünfte wären zudem auch ohne Zustimmung des Steuerpflichtigen sowohl für Besteuerungs- als auch für Steuerstrafverfahren (Art. 35 Abs. 1) verwertbar gewesen. Angesichts des strengen schweizerischen Bankgeheimnisses hätte dies einen erheblichen Gewinn an Gleichmäßigkeit und Gesetzmäßigkeit im Vollzug der Steuergesetze in der Zukunft bedeutet, der auch die grundsätzlich sehr zurückhaltend zu handhabende Abgeltungsbesteuerung und Amnestie für die Vergangenheit[448] gerechtfertigt hätte.

310 Es ist daher bedauerlich, dass das Steuer- und Finanzmarktabkommen im Bundesrat abgelehnt wurde. Fallweise Ankäufe mit hoher Wahrscheinlichkeit rechtswidrig erworbener bzw. weitergegebener Daten können einen geregelten Auskunftsverkehr nicht ersetzen. Dies gilt nicht nur in rechtsstaatlicher[449], sondern auch in fiskalischer Sicht und unter dem Aspekt der Steuergerechtigkeit, nachdem das rein steuerliche Mehrergebnis unmittelbar aufgrund der Auswertung angekaufter Daten bisher nur einen Bruchteil der erwarteten Einnahmen aufgrund eines geregelten Auskunftsverkehrs beträgt.

---

[443] *Randt*, Der Steuerfahndungsfall, 2004, Rn C 243 ff.; *Seer*, FS Schaumburg, 2009, S. 151 (159); *Seer/Gabert*, StuW 2010, 3 (21).

[444] BMF v. 25.1.2006, BStBl. I 2006, 26, unter 2.1.3.

[445] Klein – *Rätke*, 11. Auflage 2012, § 117 AO, Rn 63.

[446] BFH, Urt. v. 21.7.2009 – VII R 52/08, BFHE 226, 102 = BStBl. II 2010, 51; zuvor i. E. ebenso FG München, Urt. v. 29.10.2008 – 9 K 2323/07, EFG 2009, 280.

[447] Dazu bereits oben III.6., Rn 157 ff.

[448] Dazu bereits oben III.6.

[449] Dazu bereits oben 4.c.

IV. Formelles Steuerstrafrecht

7. Verständigungen

Für strafprozessuale Verständigungen gelten im Steuerstrafrecht wegen der Beteiligung der Finanzbehörde gewisse Besonderheiten. Da nach der Rechtsprechung des Bundesfinanzhofs auch das Besteuerungsverfahren unter bestimmten Voraussetzungen und in bestimmten Grenzen Verständigungen zugänglich ist, kann eine strafprozessuale Verständigung im Steuerstrafverfahren gegebenenfalls mit einer Verständigung im sachgleichen Besteuerungsverfahren zu einer Gesamtbereinigung von Besteuerungs- und Steuerstrafverfahren verbunden werden. Entscheidend ist dabei, dass die Legitimationswirkung des Konsenses im Steuerrecht ebenso wie im Strafrecht eng begrenzt ist, die Kooperation darf keinesfalls in „Koopression" umschlagen[450]. 311

a) Verständigung im Steuerstrafverfahren

Eine Verständigung[451] ist auch in Steuerstrafverfahren möglich, üblicherweise galten Steuerstrafverfahren in der Vergangenheit sogar als besonders verständigungsträchtig[452]. Aufgrund ihrer Beteiligungsrechte, § 407 AO, ist die Finanzbehörde in Steuerstrafverfahren zwar Verfahrensbeteiligte im Sinne der §§ 160b, 202a, 212, 257b, 257c StPO, muss aber als solche bei der Vorbereitung einer Höchststrafabrede nicht zwingend beteiligt werden[453]. Sie hat auch insofern keine stärkere Stellung als die Nebenklage[454]. 312

Auch wenn die Finanzbehörde erst nach Bekanntgabe der möglichen Strafober- bzw. -untergrenzen und des übrigen Inhalts einer möglichen Verständigung Gelegenheit zur Stellungnahme erhält, § 257c Abs. 3 Satz 3 StPO, ist nicht ausgeschlossen, dass sie auf bisher unberücksichtigte Gesichtspunkte hinweist, die insbesondere von der Staatsanwaltschaft[455] aufgegriffen werden und einer zuvor getroffenen Verständigung der Boden entziehen können[456]. Die Finanzbehörde sollte daher zweckmäßigerweise bei einer Höchststrafabrede frühzeitig eingebunden werden[457]. 313

Soweit die Finanzbehörde das Ermittlungsverfahren selbstständig mit den Rechten und Pflichten der Staatsanwaltschaft führt § 386 Abs. 2, § 399 AO, können Verständigungen, die auf eine Einstellung des Steuerstrafverfahrens gegen (bestimmte) Auflagen, § 153a StPO, oder einen bestimmten Strafbefehlsantrag zielen[458], auch mit der Finanzbehörde herbeigeführt werden. Behördenintern ist dabei ausschließlich die BuStra, nicht die Steuerfahndung zuständig[459], obgleich die Steuerfahndung wegen ihrer Doppelzuständigkeit für Besteuerungs- und Steuerstrafverfahren das Zustandekommen bzw. Scheitern einer Verständigung wesentlich beeinflussen kann. 314

Im selbstständigen Ermittlungsverfahren der Finanzbehörde ist das Evokationsrecht der Staatsanwaltschaft (§ 386 Abs. 4 Satz 2 AO) und die hierzu ergangene Rechtsprechung des Bundesgerichtshofs[460] zu beachten. Danach hat die Finanzbehörde die Staatsanwaltschaft insbesondere frühzeitig über alle Fälle zu informieren, in denen etwa wegen der Höhe der 315

---

[450] Salditt, FS Schaumburg, 2009, S. 1269 (1284, 1286).

[451] Ausführlich hierzu 26. Kapitel (Krause); zu Verständigungen in Disziplinarverfahren Pflaum, BayVBl. 2012, S. 485 (489 ff.).

[452] Kuckein/Pfister, FS 50 Jahre BGH, 2000, S. 641 (643); Harms, GS Schlüchter, 2002, S. 451 (453).

[453] BT-Drs. 16/12310, S. 11 f. Unklar insofern AStBV(St) Nr. 94 Abs. 4.

[454] Vgl. BT-Drs. 5/2928; Hübschmann/Hepp/Spitaler – Rüping, § 407 AO, Rn 10; Harms, GS Schlüchter, 2002, S. 451 (459).

[455] Vgl. Erbs/Kohlhaas – Senge, § 407 AO, Rn 6; Hübschmann/Hepp/Spitaler – Rüping, § 407 AO, Rn 38.

[456] Zumal eine vor Eröffnung der Hauptverhandlung getroffene Verständigung ohnehin regelmäßig unwirksam ist, BGH, Beschl. v. 12.7.2011 – 1 StR 274/11.

[457] Zum ganzen näher Pflaum, Kooperative Gesamtbereinigung von Besteuerungs- und Steuerstrafverfahren, 2010, S. 54 ff.

[458] Vgl. statt vieler Harms, FS Nehm, 2006, S. 289 (294); Kaligin, Stbg 2010, 500; S. auch Randt, Der Steuerfahndungsfall, Einleitung Rn 2: „Die Zauberformel des Steuerstrafrechtlers lautet: Verständigung ohne Hauptverhandlung."

[459] Franzen/Gast/Joecks – Randt, 7. Auflage 2009, § 404 AO, Rn 102.

[460] BGH, Beschl. v. 30.4.2009 – 1 StR 90/09, BGHSt 54, 9 = wistra 2009, 363.

Steuerhinterziehung oder der Persönlichkeit des Beschuldigten eine Übernahme durch die Staatsanwaltschaft in Betracht kommt, und die Staatsanwaltschaft kann das Verfahren ggf. noch nach der Abschlussverfügung und dem Strafbefehlsantrag der Finanzbehörde an sich ziehen[461]. Die Effektivität des Evokationsrechts schließt dabei eine Bindung der Staatsanwaltschaft an von der Finanzbehörde gegebene Zusagen aus. Nachdem die Evokation gesetzlich ausdrücklich vorgesehen ist, ist das Vertrauen auf eine Nichtbefassung der Staatsanwaltschaft nicht schutzwürdig. Auch bei einer Verständigung im selbstständigen Ermittlungsverfahren der Finanzbehörde sollte die Staatsanwaltschaft daher zweckmäßigerweise angemessen beteiligt werden, um zu verhindern, dass eine mit der Finanzbehörde getroffene Verständigung nach der Evokation gegenstandslos wird.

b) Verständigung im Besteuerungsverfahren

316 Die Einbindung der Finanzbehörde in eine steuerstrafrechtliche Verständigung ist auch deswegen zweckmäßig, weil parallel zum Steuerstrafverfahren regelmäßig auch ein Besteuerungsverfahren läuft, das die materiell-steuerrechtlichen Vorfragen des Steuerstrafverfahrens zum Gegenstand hat und bei entsprechender Kooperation mit der Finanzbehörde ebenfalls mit einer Verständigung abgeschlossen werden kann.

317 Eine Verständigung im Besteuerungsverfahren ist insbesondere in Gestalt der tatsächlichen Verständigung möglich, die von der Rechtsprechung des Bundesfinanzhofs[462] seit längerem anerkannt ist und von der Steuerverwaltung mittlerweile nach bundesweit einheitlichen Grundsätzen[463] gehandhabt wird. Dabei soll dem Besteuerungsverfahren einvernehmlich ein Sachverhalt zu Grunde gelegt werden, der dem im Einzelnen nicht mehr feststellbaren historischen Besteuerungssachverhalt möglichst nahe kommt.

318 Der in der Vergangenheit verwirklichte Sachverhalt ist naturgemäß keiner nachträglichen Gestaltung zugänglich, er kann allenfalls durch Wissenserklärungen beschrieben, nicht aber durch Willenserklärungen vereinbart werden. Seine rechtliche Würdigung folgt ohnehin aus dem Gesetz und steht nicht zur Disposition der Beteiligten. Der Grundsatz der Gesetzmäßigkeit der Besteuerung setzt voraus aus, dass es nur eine richtige Rechtsauffassung gibt und verbietet damit Verständigungen über Steuerrechtsfragen[464]. Die tatsächliche Verständigung kann daher am ehesten als „einvernehmliche Schätzung" charakterisiert werden, an die die Beteiligten nach Treu und Glauben[465] gebunden sind, keinesfalls stellt sie einen öffentlich-rechtlichen Vertrag dar.

319 Die Rechtsprechung zur Unwirksamkeit tatsächlicher Verständigungen mit steuerstrafrechtlichen Bezügen[466] lässt sich auf dieser Grundlage dahingehend konkretisieren, dass eine tatsächliche Verständigung, die abgeschlossen wird, während hinsichtlich des gleichen Sachverhalts ein Steuerstrafverfahren anhängig ist, unwirksam ist, wenn eine entsprechende herkömmliche Schätzung rechtswidrig[467] wäre oder wenn dem Steuerpflichtigen abhängig vom Zustandekommen bzw. Scheitern der Verständigung für das Steuerstrafverfahren dort unzu-

---

[461] Zum Evokationsrecht auch LG Frankfurt, Beschl. v. 15.2.1993 – 5/29 Qs 2/93, wistra 1993, 154 und (ablehnend) *Liebsch/Reifelsberger*, wistra 1993, 325, dagegen Vorauflage (*Kummer*), 18. Kapitel, Rn 164; *Weyand*, wistra 1994, 87; zuletzt *Eisenberg*, FS Geppert, 2011, S. 81 und *Alvermann/Franke*, Stbg 2009, 554.

[462] Grundlegend BFH, Urt. v.11.12.1984 – VIII R 131/76, BFHE 142, 549 = BStBl. II 1985, 354, in der Folge u. a. BFH, Urt. v. 31.7.1996 – XI R 78/95, BFHE 181, 103 = BStBl. II 1996, 625, v. 7.7.2004 – X R 24/03, BFHE 206, 292 = BStBl. II 2004, 975, v. 8.10.2008 – I R 63/07, BFHE 223, 194 = BStBl. II 2009, 121, und v. 1.9.2009 – VIII R 78/06, BFH/NV 2010, 593 = HFR 2010, 562.

[463] BMF, Schreiben v. 30.7.2008 – IV A 3 – S 0223/07/10002, 2008/0411043, BStBl. I 2008, 831.

[464] Hübschmann/Hepp/Spitaler – *Söhn*, § 78 AO, Rn 162; *Lambrecht*, DStJG 12, S. 79 (81 f.).

[465] Ausführlich *Pflaum*, Kooperative Gesamtbereinigung von Besteuerungs- und Steuerstrafverfahren, 2010, S. 162 ff.

[466] BFH, Urt. v. 23.10.1996 – I R 63/95, BFH/NV 1997, 765 (766) und v. 28.10.1998 – X R 93/95, BFH/NV 1999, 937 (938), siehe auch BFH, Beschl. v. 23.7.2002 – X B 174/01, BFH/NV 2002, 1486 (1487); zust. *Pump*, StW 2007, 171 (176); krit. *Reiß*, FS Grünwald, 1999, S. 495 (517 f.).

[467] Dazu grundlegend BFH, Urt. v. 20.12.2000 – I R 50/00, BFHE 194, 1 (5); Hübschmann/Hepp/Spitaler – *Trzaskalik*, § 162 AO, Rn 42; Klein – *Rüsken*, 11. Auflage 2012, § 162 AO, Rn 50.

lässige bzw. nicht vorgesehene Konsequenzen in Aussicht gestellt werden (Rechtsgedanke des § 136a Abs. 1 Satz 2 StPO)[468]. Falschangaben im Rahmen einer tatsächlichen Verständigung führen nicht nur zu deren Nichtigkeit, sondern können – auch nach Einleitung eines Steuerstrafverfahrens, das den gleichen Sachverhalt zum Gegenstand hat – ihrerseits den Tatbestand der Steuerhinterziehung verwirklichen[469].

c) Kooperative Gesamtbereinigung

Steuerstrafrechtliche und steuerverfahrensrechtliche Verständigung können vielfach zu einer „Kooperativen Gesamtbereinigung" verbunden werden, durch die der Besteuerungs- und Steuerstrafverfahren zu Grunde liegende Sachverhalt zwar unter Berücksichtigung der unterschiedlichen Verfahrensordnungen und -ziele, aber grundsätzlich einheitlich und abschließend gewürdigt wird. Dies kann z. B. auch anlässlich der Schlussbesprechung (§ 201 AO) geschehen. **320**

Vorteil eines solchen Vorgehens ist für die beteiligten Behörden und Amtsträger insbesondere die Verfahrensökonomie. Der Beschuldigte kann durch steuerliche Kooperationsbereitschaft und strafrechtliches Geständnis eine wesentliche Strafmilderung erreichen. Unter Umständen eröffnet der zeitnahe Abschluss des Besteuerungsverfahrens auch den Weg zu einer Einstellung des Steuerstrafverfahrens nach § 153a StPO (vgl. AStBV(St) 2013 Nr. 83 Abs. 2 Nr. 1). Einer kooperativen Gesamtbereinigung sind gleichwohl Grenzen gesetzt, die sich verfassungsrechtlich aus dem Schuldprinzip[470] und dem Grundsatz der Besteuerung nach der wirtschaftlichen Leistungsfähigkeit[471], einfachgesetzlich aus dem Strafzumessungs- und Steuerrecht ergeben und über die die Beteiligten nicht, auch nicht einvernehmlich, disponieren können. **321**

Bezüglich des Verfahrens ergibt sich aus § 393 Abs. 1 Satz 1 AO, dass die vom Steuerverfahrensrecht eröffneten Befugnisse nur zur Verfolgung steuerlicher Zwecke, die vom Strafprozessrecht eröffneten Befugnisse nur zur Verfolgung strafrechtlicher Zwecke eingesetzt werden dürfen[472]. Es darf daher z. B. weder eine tatsächliche Verständigung getroffen werden, aus der sich eine überhöhte Steuerzahlung als Ersatz bzw. Ergänzung für strafrechtliche Sanktionen ergäbe, noch Untersuchungshaft lediglich zu dem Zweck verhängt werden, die Einigungsbereitschaft des Beschuldigten im Besteuerungsverfahren zu erhöhen. **322**

V. Rechtsfolgen der Steuerhinterziehung

Steuerhinterziehung kann – wie alle Straftaten – nicht nur strafrechtliche, sondern auch außerstrafrechtliche Rechtsfolgen zeitigen. Auf letztere ist gerade bei der Vorbereitung einer Selbstanzeige besonderes Augenmerk zu richten, da sie von der Selbstanzeige unberührt bleiben und daher zur unerwünschten „Nebenwirkung" der Selbstanzeige werden können. Grundsätzlich kann das Bekanntwerden von Steuerstraftaten die in zahlreichen Vorschriften als Voraussetzung einer behördlichen Bewilligung oder Zulassung ausdrücklich oder der Sache nach geforderte „Zuverlässigkeit" im Sinne von Rechtstreue erschüttern und die Bewilligung infrage stellen, etwa im Waffen- oder Gewerberecht[473]. Aus dem außerstrafrechtlichen Bereich soll daher hier nur auf zwei besonders bedeutende Teilbereiche eingegangen werden. **323**

---

[468] Vgl. FG München, Beschl. v. 22.5.2009 – 15 V 182/09, EFG 2009, 1807 (1808), mit zust. Anm. *Matthes*, EFG 2009, 1808 f.; ähnlich *Pump*, StW 2007, 171 (176).

[469] *Randt*, Der Steuerfahndungsfall, 2004, Rn. A 113 ff.; ausführlich *Pflaum*, Kooperative Gesamtbereinigung von Besteuerungs- und Steuerstrafverfahren, 2010, S. 220 ff.

[470] Vgl. z. B. BVerfG, Beschl. v. 24.10.1996 – 2 BvR 1851, 1853, 1875, 1852/94, BVerfGE 95, 96 (140) und v. 14.1.2004 – 2 BvR 564/95, BVerfGE 110, 1 (13 f.).

[471] Vgl. z. B. BVerfG, Beschl. v. 7.11.2006 – 1 BvL 10/02, BVerfGE 117, 1 (31).

[472] Sog. „Gebot der Zweckrichtigkeit", grundlegend *Streck*, DStJG 6, S. 217 (226); siehe auch *Seer*, FS Kohlmann, 2003, S. 535 (544 f.).

[473] Zur waffenrechtlichen Unzuverlässigkeit zuletzt etwa BayVGH, Beschl. v. 21.12.2011 – 21 ZB 11.1999, juris; ausführlich zu verwaltungsrechtlichen Nebenfolgen einer Steuerhinterziehung Franzen/Gast/Joecks – *Randt*, 7. Auflage 2009, § 370 AO, Rn 297 ff.

1. Strafrecht

324 Von besonderen Nebenfolgen (§ 375 Abs. 2 AO) abgesehen, entsprechen die möglichen Rechtsfolgen einer Steuerhinterziehung grundsätzlich denen anderer Straftaten. Der Strafrahmen umfasst Geldstrafe oder Freiheitsstrafe bis zu fünf Jahren (§ 370 Abs. 1 AO), in besonderes schweren Fällen Freiheitsstrafe von sechs Monaten bis zu zehn Jahren (§ 370 Abs. 3 Satz 1 AO). Der Bundesgerichtshof hat allerdings spezifische Strafzumessungsregeln formuliert, auf die bereits im Zusammenhang mit den Regelfallbeispielen für besonders schwere Fälle hingewiesen wurde und die sich als Ausgangspunkt der Strafzumessung am Hinterziehungsvolumen als „verschuldeten Auswirkungen der Tat" (§ 46 Abs. 2 StGB) orientieren[474]. Auch die verbreiteten, aber regional unterschiedlichen Strafmaßtabellen stellen entscheidend auf die Verkürzungshöhe ab.

325 In Anwendung der vom Bundesgerichtshof formulierten Strafzumessungsregeln kommt bei Verkürzungsbeträgen ab 100.000 € eine Geldstrafe nur noch „bei Vorliegen von gewichtigen Milderungsgründen" in Betracht. Eine Freiheitsstrafe, die zur Bewährung ausgesetzt werden kann, ist danach bei Steuerhinterziehungen ab 1.000.0000 € „nur bei Vorliegen besonders gewichtiger Milderungsgründe" schuldangemessen, und zwar sowohl bei der Bemessung der Einzelstrafe als auch bei der Gesamtstrafenbildung bei mehrfacher Steuerhinterziehung.

326 Milderungsgründe in diesem Sinne können nach der genannten Rechtsprechung namentlich dann vorliegen, wenn die hinterzogenen Steuern „nur einen verhältnismäßig geringen Teil" der gesamten steuerbaren Tätigkeit betreffen und der Täter zuvor „über einen längeren Zeitraum" seine steuerlichen Pflichten ordnungsgemäß erfüllt hat. In ähnlicher Weise sind auch die „Lebensleistung" des Beschuldigten und sein Verhalten nach Tatentdeckung, insbesondere „ein (frühzeitiges) Geständnis" und – vor dem Hintergrund des § 371 AO – die Steuernachzahlung oder zumindest realistische diesbezügliche Bemühungen ggf. strafmildernd zu berücksichtigen. Zwar soll die Milderungswirkung der Steuernachzahlung geringer sein, wenn der Täter sie ohne besondere Anstrengungen und ohne Einschränkung seiner Lebensführung bewirken kann. Je mehr dies der Fall ist, umso geringer ist andererseits typischerweise der Anteil der hinterzogenen Steuern an der gesamten Steuerschuld, so dass diesem Milderungsgrund umso stärkeres Gewicht zukommt.

327 Demgegenüber wird es von dieser Rechtsprechung strafschärfend gewertet, wenn die Steuerhinterziehung darauf angelegt war, zusätzliche Liquidität zu schöpfen („Finanzamt als Bank"), „in erheblichem Umfang ungerechtfertigte Vorsteuererstattungen" bezogen werden, die Steuerhinterziehung gewerbsmäßig bzw. sogar „als Gewerbe" begangen wird oder aufwändige Hinterziehungsstrukturen, evtl. über einen längeren Zeitraum und unter Verstrickung weiterer Personen, aufgebaut werden. Daneben wirken sich auch der Verstoß gegen Buchführungs- und Aufbewahrungspflichten bei Geschäftsunterlagen, der Einsatz manipulierter Belege und das Zusammenwirken mit anderen strafschärfend aus und können die Entscheidung über die Strafaussetzung zur Bewährung zum Nachteil des Angeklagten beeinflussen[475].

328 Die vorstehend genannten Schwellenwerte betreffen allerdings nur Steuerhinterziehungen „auf Dauer", die wirtschaftlich auf ein endgültigen Steuerschaden in Höhe des nominellen Hinterziehungsvolumens gerichtet waren. Soweit die Annahme einer Steuerhinterziehung nur auf dem Kompensationsverbot beruht, sind die präkludierten steuermindernden Umstände bei der Strafzumessung mildernd in Ansatz zu bringen und auch bei der Steuerhinterziehung „auf Zeit" stellt eine erfolgte oder zumindest beabsichtigte und nicht vorhersehbar unwahrscheinliche Steuernachzahlung einen Strafmilderungsgrund dar, soweit nicht ohnehin z. B. nach inhaltlich richtiger Umsatzsteuer-Jahreserklärung nach unvollständiger Voranmel-

---

[474] BGH, Urt. v. 2.12.2008 – 1 StR 416/08, BGHSt 53, 71 = wistra 2009, 107 = NStZ 2009, 271, unter IV.3., bestätigt durch BGH, Beschl. v. 12.7.2011 – 1 StR 81/11, wistra 2011, 396 und Urt. v. 7.2.2012 – 1 StR 525/11, wistra 2012, 236 und 22.5.2012 – 1 StR 103/12, NZWiSt 2012, 299; zusammenfassend *Rolletschke*, NZWiSt 2012, 18, und *Peters*, NZWiSt 2012, 201; siehe bereits oben II.6.a, Rn 81.

[475] Hierzu auch BGH, Urt. v. 28.7.2010 – 1 StR 643/09, wistra 2011, 28 = NStZ 2011, 233, unter III. und v. 7.2.2012 – 1 StR 525/11, wistra 2012, 236.

V. Rechtsfolgen der Steuerhinterziehung

dung Straffreiheit (§ 371 AO) eingetreten ist[476]. Bei Lohnsteuerhinterziehung aufgrund einer „Schwarzlohnabrede" ist allerdings trotz der Anrechnung der Lohn- auf die Einkommensteuer (§ 36 Abs. 2 Nr. 2 EStG) von einer Steuerhinterziehung „auf Dauer" auszugehen, da in diesen Fällen abredegemäß gerade keine Einkommensteuerveranlagung erfolgen soll[477].

Zu den möglichen strafrechtlichen Folgen der Steuerhinterziehung zählt auch ein Berufsverbot gemäß § 70 StGB. Der insofern erforderliche „Missbrauch" von Beruf oder Gewerbe setzt nach der Rechtsprechung eine bewusste Verletzung berufs- oder gewerbespezifischer Pflichten zur Verfolgung missbilligter Ziele voraus, was bei Hinterziehung von Unternehmenssteuern bei „schwerwiegenden Verletzungen der Buchführungs- und Aufzeichnungspflichten" der Fall sein kann. Ein Berufsverbot erfordert zudem eine negative Prognose und wird insofern auf Fälle „schwerster Berufskriminalität" beschränkt. Die Verhängung bei Ersttätern kommt nur in Ausnahmefällen in Betracht[478]. Der Wertersatzverfall, § 73a StGB, kann im Steuerstrafrecht auch in so genannten Verschiebungsfällen ausgesprochen werden, bei denen Tatbeteiligte die Vorteile aus der Tat einem Dritten unentgeltlich oder anderweitig bemakelt zufließen lassen[479]. 329

2. Berufsrecht

Steuerstraftaten können für Täter und Teilnehmer berufsrechtliche Folgen bis hin zum Verlust der beruflichen Existenz haben. Dies betrifft insbesondere disziplinar- und standesrechtliche Konsequenzen bei Beamten und Angehörigen von „Kammer"-Berufen (v. a. Ärzte und Zahnärzte, Apotheker, Architekten, Rechtsanwälte, Steuerberater und Wirtschaftsprüfer), speziell bei Ärzten und Zahnärzten auch den Entzug der Kassenzulassung, aber auch gesellschafts- und bankaufsichtsrechtliche Tätigkeitsverbote. Eine Selbstanzeige (§ 371 AO) führt zwar zur Straffreiheit, steht aber anderen nachteiligen Folgerungen aus der Steuerhinterziehung nicht entgegen, diese können vielmehr gerade auf die Angaben in der Selbstanzeige gestützt werden[480]. 330

Für Beamte ist nicht nur die innerdienstliche Steuerhinterziehung, etwa durch Festsetzung von Erstattungen für fiktive Steuerfälle, sondern auch die außerdienstliche Steuerhinterziehung, etwa durch Nichterklärungen von Einkünften aus Nebentätigkeit oder privater Vermögensverwaltung, stets ein Dienstvergehen (§ 47 Abs. 1 Satz 2 BeamtStG, § 77 Abs. 1 Satz 2 BBG 2009), da es sich um eine gegen den Staat gerichtete Straftat handelt. Im Disziplinarrecht gilt die „Einheit des Dienstvergehens", so dass sämtliche bekannt gewordenen Steuerhinterziehungen eines Beamten, auch wenn sie mehrere Steuerarten und Besteuerungszeiträume betreffen, einheitlich zu würdigen sind. Ab einem (Gesamt-) Hinterziehungsvolumen von 50.000 € ist nach der Rechtsprechung bei außerdienstlichen Steuerhinterziehungen grundsätzlich eine Zurückstufung, jedenfalls ab einem (Gesamt-) Hinterziehungsvolumen ab 1.000.000 € die Höchstmaßnahme geboten. Eine Selbstanzeige (§ 371 AO) kann aber – auch in den Fällen des § 370 Abs. 2 Nr. 3, § 398a AO – disziplinarrechtlich als „freiwillige Offenbarung" dazu führen, dass anstelle der ansonsten verwirkten jeweils die nächstmildere Maßnahmeart zur Anwendung kommt, so dass die Höchstmaßnahme und außer bei sehr umfangreichen Hinterziehungen auch eine Zurückstufung ausgeschlossen ist[481]. 331

Bei umfangreicheren Steuerhinterziehungen sind daneben auch die gesetzlichen Bestimmungen über den Verlust des Beamtenrechts (§ 24 Abs. 1 Nr. 1 BeamtStG, § 41 Abs. 1 Nr. 1 BBG) und das Erlöschen der Versorgung wegen Verurteilung bzw. den Verlust des 332

---

[476] BGH, Urt. v. 17.3.2009 – 1 StR 627/08, BGHSt 53, 221 = wistra 2009, 355 = NStZ 2009, 510, unter 2.a)cc)(4)(a) und 5; zur Steuerhinterziehung „auf Zeit" ebenso AStBV(St) 2013 Nr. 76 Abs. 3.
[477] BGH, Beschl. v. 8.2.2011 – 1 StR 651/10, BGHSt 56, 153 = wistra 2011, 267 = NStZ 2011, 641; dagegen *Rübenstahl/Zinser*, NJW 2011, 2481.
[478] BGH, Beschl. v. 12.9.1994 – 5 StR 487/94, wistra 1995, 22 = NStZ 1995, 124 = HFR 1995, 347.
[479] BGH, Beschl. v. 13.7.2010 – 1 StR 239/10, wistra 2010, 406.
[480] Zur disziplinarrechtlichen Verwertbarkeit der Selbstanzeige *Pflaum*, wistra 2011, 55; zum Verhältnis von Straf- und Disziplinarverfahren *Pflaum*, BayVBl. 2012, S. 485.
[481] Ausführlich BVerwG, Urt. v. 28.7.2011 – 2 C 16/10, BVerwGE 140, 185 = NVwZ-RR 2012, 356 = ZBR 2011, 414 = wistra 2012, 37 (Ls.), m. Anm. *Pflaum*, ZBR 2011, 417.

Ruhegehalts (§ 59 Abs. 1 Satz 1 BeamtVG bzw. entsprechendes Landesrecht) zu berücksichtigen. Im Steuerstrafverfahren handelt es sich hierbei um bestimmende Strafzumessungsgründe im Sinne des § 267 Abs. 3 Satz 1 StPO[482]. Inwiefern auch unterhalb der dort genannten Schwellenwerte der Strafausspruch im Einzelfall Indizwirkung für die disziplinarrechtliche Ahndung hat, ist umstritten[483].

333 Die der Rechtsprechung zur disziplinarrechtlichen Würdigung der Selbstanzeige (§ 371 AO) zu Grunde liegenden Erwägungen sind auf das Standesrecht übertragbar. Die Selbstanzeige ist auch insofern Indiz für Reue und daraus folgende künftige Rechtstreue und ordnungsgemäße Erfüllung der Berufspflicht. Jedenfalls die ohne konkrete Entdeckungsgefahr abgegebene Selbstanzeige sollte daher bei „außerberuflichen" Steuerstraftaten (d. h. nicht bei Steuerstraftaten, die ein Angehöriger der rechts- und wirtschaftsberatenden Berufe in Ausübung seiner Beratungstätigkeit begangen hat) dazu führen, dass ein Entzug der Zulassung bzw. Approbation ausgeschlossen ist.

3. Steuerschuld- bzw. -verfahrensrecht

334 Steuerverfahrensrechtlich hat eine vollendete Steuerhinterziehung regelmäßig eine verlängerte Festsetzungsfrist (§ 169 Abs. 2 Satz 2 AO), die Einschränkung von Sperrtatbeständen für die Änderung von Steuerbescheiden (§ 173 AO Abs. 2) und die Festsetzung von Hinterziehungszinsen (§ 235 AO) zur Folge. An die Steuerhinterziehung knüpfen sich außerdem eigene Haftungstatbestände (§§ 70, 71 AO, zur Festsetzungsverjährung § 191 Abs. 3 AO, zur Einschränkung der Subsidiarität der Haftung § 219 AO) und besondere Maßnahmen der Steueraufsicht (§ 213 AO). Diese steuerlichen Folgen können sowohl den Täter als auch den Teilnehmer treffen. Eine lediglich versuchte Steuerhinterziehung hat steuerverfahrensrechtlich hingegen keine besonderen Konsequenzen.

335 Die Feststellung einer Steuerhinterziehung ist Vorfrage des Besteuerungsverfahrens. Sie erfolgt dementsprechend in Anwendung des Steuerverfahrens- bzw. Finanzprozessrechts und setzt die volle Überzeugung der Finanzbehörde bzw. des Finanzgerichts voraus, da insoweit die Finanzbehörde die Feststellungslast trägt. Eine Reduzierung des Beweismaßes, insbesondere auch infolge der Verletzung von Mitwirkungspflichten ist ausgeschlossen[484]. Eine Schätzung der Besteuerungsgrundlagen bleibt möglich, soweit die angewandte Schätzungsmethode nicht nur eine überwiegende Wahrscheinlichkeit, sondern die volle Überzeugung rechtsfehlerfrei begründet[485]. Zum Nachweis einer Steuerhinterziehung im Besteuerungsverfahren können auch die im Steuerstrafverfahren getroffenen Feststellungen verwertet werden, wobei allerdings bei Feststellungen, die auf einer Verständigung beruhen, eine besonders sorgfältige Prüfung geboten sein kann[486]. Eine Bindung an die rechtliche Beurteilung im Steuerstrafverfahren besteht nicht[487]. In einzelnen Zusammenhängen sind die für das Besteuerungsverfahren zuständigen Stellen im Erlasswege ausdrücklich angehalten, die Frage, ob eine Steuerhinterziehung vorliegt, im Einvernehmen mit der BuStra zu prüfen[488]. Zweckmäßig ist eine solche Abstimmung aber auch in Zusammenhängen, in denen es nicht ausdrücklich vorgegeben ist.

---

[482] BGH, Beschl. v. 3.11.2009 – 4 StR 445/09, NStZ-RR 2010, 39.
[483] Vgl. BayVGH, Urt. v. 25.3.2009 – 16a D 07.1652, juris, und v. 27.5.2009 – 16b D 08.139, juris, einerseits, BVerwG, Urt. v. 8.3.2005 – 1 D 15.04, juris, und Beschl. v. 10.9.2010 – 2 B 97.09, juris, andererseits.
[484] BFH, Beschl. v. 5.3.1979 – GrS 5/77, BFHE 127, 140 = BStBl. II 1979, 570, unter C.I.2 und C.II.1., BFH, Urt. v. 7.11.2006 – VIII R 81/04, BFHE 215, 66 = BStBl. II 2007, 364, unter II.1., jeweils m. w. N.
[485] *Pflaum*, wistra 2010, 368 (369), m. w. N.
[486] BFH, Beschl. v. 30.7.2009 – VIII B 214/07, BFH/NV 2009, 1824 (1825); a. A. FG Köln, Urt. v. 20.10.2011 – 15 K 3692/08, EFG 2012, 574; zum Widerruf eines aufgrund einer Verständigung abgelegten Geständnisses auch OLG Stuttgart, Beschl. v. 26.11.1997 – 1 Ws 199/97, NJW 1999, 375.
[487] BFH, Beschl. v. 14.12.2011 – V B 21/11, NZWiSt 2012, 236.
[488] AEAO zu § 71 und zu § 173, Nr. 8.6.

336 Die verlängerte Festsetzungsfrist beruht auf der hinterziehungsbedingten wesentlichen Erschwerung der Ermittlung der Besteuerungsgrundlagen und der Bösgläubigkeit des Steuerhinterziehers hinsichtlich der Richtigkeit der Steuerfestsetzung. Sie ermöglicht daher nicht die Änderung einer bestandskräftigen Festsetzung zugunsten eines Steuerhinterziehers nach Ablauf der regulären Festsetzungsfrist[489]. Die Hinterziehungszinsen dienen typisierend der Abschöpfung des Zinsvorteils aus der verspäteten (zutreffenden) Steuerfestsetzung, sie haben insofern keinen Strafcharakter[490].

337 Haftung im Sinne des Steuerrechts bedeutet das Einstehen für fremde Verbindlichkeiten. Speziell die Haftung des Steuerhinterziehers (§ 71 AO) ist gegenüber den sonstigen Haftungstatbeständen deutlich verschärft. Sie greift auch dann ein, wenn der Steuerschuldner selbst wegen Ablaufs der allgemeinen Verjährungsfrist nicht mehr in Anspruch genommen werden kann (§ 191 Abs. 5 AO) und ermöglicht den unmittelbaren Zugriff auf den Haftungsschuldner (§ 219 Satz 2 AO). Das dem Finanzamt bei der Entscheidung über die Inhaftungnahme grundsätzlich obliegende Ermessen, ob und ggf. welcher Haftungsschuldner in Anspruch genommen wird, ist insofern vorgeprägt[491]. Ein Erlass (§ 227 AO) der Haftungsschuld ist bei Steuerhinterziehern regelmäßig ausgeschlossen. Die Haftung ist nicht auf den (mittelbaren) Vermögensvorteil beschränkt, den der Täter einer „fremdnützigen" Steuerhinterziehung oder der Teilnehmer einer Steuerhinterziehung aus der Tat erlangt hat, so dass mit einer solchen Tat neben der Strafbarkeit auch erhebliche wirtschaftliche Risiken einhergehen.

VI. Ausblick

1. Zukunft der Selbstanzeige

338 Nach dem Scheitern des deutsch-schweizerischen Besteuerungs- und Kapitalmarktabkommens wurde die bis dahin recht lebhafte steuerstrafrechtliche Diskussion im Gefolge der „Steuerdaten-CDs" zunächst etwas ruhiger, bald darauf allerdings durch einen prominenten Selbstanzeigefall neu belebt. Von mehreren Seiten wurde insbesondere eine weitere Verschärfung bzw. eine gänzliche Abschaffung des Selbstanzeigerechts gefordert. Sogar Vertreter der EU-Kommission haben sich in diesem Sinne geäußert, obwohl das Steuerstrafrecht als Teil des Strafrecht einer Europäisierung allenfalls sehr eingeschränkt zugänglich ist[492].

339 Für die Zukunft der Selbstanzeige ist zu berücksichtigen, dass die strafbefreiende Selbstanzeige auch ein Mittel ist, das Spannungsfeld zwischen wiederkehrenden strafbewehrten Steuererklärungspflichten und verfassungsrechtlich gewährleisteter Selbstbelastungsfreiheit[493] aufzulösen. Das Bundesverfassungsgericht hat dies bereits vor längerer Zeit anerkannt[494] und der Bundesfinanzhof kürzlich noch einmal bestätigt[495]. Bei Einschränkung bzw. Abschaffung der Selbstanzeige müsste dieses Spannungsfeld entweder durch den Gesetzgeber oder durch verfassungskonforme Auslegung in anderer Weise aufgelöst werden, indem z. B. die Strafbewehrung der Steuererklärungspflichten eingeschränkt oder ein steuerstrafrechtliches Verwertungsverbot eingeführt wird. Zugleich entfiele die bisherige Möglichkeit, die Straffreiheit an die vollständige Offenlegung der Besteuerungsgrundlagen und die Steuernachzahlung zu knüpfen. Auch der kommerzielle Erfolg der „Steuerdaten-CDs" beruht nur zum geringeren

---

[489] BFH, Urt. v. 26.2.2008 – VIII R 1/07, BFHE 220, 229 = BStBl. II 2008, 659.
[490] BFH, Urt. v. 1.8.2001 – II R 48/00, BFH/NV 2002, 155; Klein – *Rüsken*, 11. Auflage 2012, § 235 AO, Rn 1.
[491] BFH, Urt. v. 12.2.2009 – VI R 40/07, BFHE 224, 306 = BStBl. II 2009, 478 und Beschl. v. 8.6.2007 – VII B 280/06, BFH/NV 2007, 1822.
[492] Vgl. BVerfG, Urt. v. 30.6.2009 – 2 BvE 2/08, BVerfGE 123, 267 (410 ff.).
[493] Dazu oben II.4.b.cc.
[494] BVerfG, Beschl. v. 21.4.1988 – 2 BvR 330/88, wistra 1988, 302; *Schmitz*, FS Achenbach, 2011, S. 477 (485); *Spatscheck*, FS Streck, 2011, S. 581 (583).
[495] BFH, Beschl. v. 1.2.2012 – VII B 234/11, NZWiSt 2012, 278 (279).

Teil auf der Auswertung der erworbenen Daten, sondern vor allem auf Selbstanzeigen. Ohne die Möglichkeit zur Selbstanzeige blieben Steuerhinterziehungen, gerade auch bei der Hinterziehung von Einkommensteuer auf Kapitalerträge, vielfach entweder unentdeckt oder es käme zu Verständigungen sowohl im Besteuerungs- als auch im Steuerstrafverfahren, bei sehr hohen Fallzahlen möglicherweise sogar zu Amnestie- oder amnestieähnlichen Regelungen. Zur Gesetzmäßigkeit der Besteuerung und zur Autorität der Strafjustiz würde dies kaum beitragen.

2. Steuergerechtigkeit und Steuerstrafrecht

340   Es erstaunt nicht, dass sich das Steuerstrafrecht und seine Handhabung vor dem Hintergrund der Finanzmarkt- und Staatsschuldenkrise tendenziell eher verschärfen[496]. Sie können zwar nur sehr begrenzt dazu beitragen, die Ursachen der Krise abzustellen. Die Finanzmarktkrise erwuchs nicht aus unzureichender Besteuerung von Anlegern, sondern aus unzureichender Regulierung der Finanzwirtschaft, und die Staatsschuldenkrise ganz überwiegend nicht aus der Verkürzung von Staatseinnahmen, sondern aus überzogenen Staatsausgaben. Die staatlichen Interventionen im Zuge der Krise erhöhen allerdings den Finanzbedarf der öffentlichen Haushalte. Entsprechend steigt das Bedürfnis nach Sicherung des Steueraufkommens und effektiver Durchsetzung von Steueransprüchen. Insofern kann das Steuerstrafrecht das Steuerrecht nicht ersetzen[497], sondern nur dessen Vollzug durch seine generalpräventive Wirkung unterstützen.

341   Da das Steuerstrafrecht auf das materielle Steuerrecht Bezug nimmt, ist es an dessen Vorgaben gebunden. Lücken und handwerkliche Schwächen des materiellen Steuerrechts können durch eine noch so strenge Steuerstrafverfolgung nicht geheilt oder auch nur kompensiert werden. Auch bei offenkundig fragwürdigen Gestaltungen[498] sind steuerstrafrechtliche Konsequenzen nur möglich, wenn zumindest bedingt vorsätzlich unrichtige oder unvollständige Angaben gemacht bzw. pflichtwidrig Angaben unterlassen wurden.

342   Steuergerechtigkeit im Sinne einer Besteuerung nach der wirtschaftlichen Leistungsfähigkeit wird verfassungsrechtlich aus dem Gleichheitsgebot (Art. 3 GG) abgeleitet[499], während die gerechte Bestrafung von Steuerstraftaten eine Frage des Schuldprinzips (Art. 1 Abs. 1, Art. 2 Abs. 1, Art. 20 Abs. 3 GG)[500]. Bedauerlicherweise wird dies in der öffentlichen Diskussion häufig verkannt und führt dann zu Vorstößen, die auf eine unsachgemäße und problematische Verknüpfung von Besteuerungs- und Steuerstrafverfahren hinauslaufen. Eine Versachlichung (und damit auch Verrechtlichung) der Diskussion wäre daher gelegentlich wünschenswert.

3. Cum-/Ex-Dividende-Geschäfte

343   In den Fällen der Cum-/Ex-Dividende-Geschäfte[501] liegt eine Steuerhinterziehung vor, wenn die vorgelegten Kapitalertragsteuerbescheinigungen sachlich unrichtig waren und der vorlegende Steuerpflichtige als möglicher Täter bzw. die ausstellende Bank als mögliche Teilnehmerin insofern zumindest mit bedingtem Vorsatz handelten, ansonsten käme lediglich eine Steuergefährdung (§ 379 AO) als Ordnungswidrigkeit seitens des Kreditinstituts in Betracht. Nach hiesiger Auffassung mussten sich den Beteiligten Zweifel an der Richtigkeit der Kapitalertragsteuerbescheinigungen allerdings geradezu aufdrängen, soweit sie die abgeführte Steuer (auch) dem Erwerber zurechneten.

---

[496] Vgl. *Gotzens*, FS Streck, 2011, S. 519 (520); ähnlich *Joecks*, FS Schaumburg, 2009, S. 1225 (1234 ff.).
[497] *Papier*, Stbg 1999, 49 (56).
[498] Siehe hierzu oben I.1., Rn.3 f.
[499] St. Rspr. des BVerfG, vgl. Beschl. v. 7.11.2006 – 1 BvL 10/02, BVerfGE 117, 1 (30 ff.).
[500] St. Rspr. des BVerfG, vgl. z. B. Beschl. v. 14.1.2004 – 2 BvR 564/95, BVerfGE 110, 1 (13).
[501] Siehe hierzu oben II.2.b.bb), Rn. 23, m.w.N.

VI. Ausblick

Die Zurechnung beruht auf der Fiktion eines doppelten wirtschaftlichen Eigentums an den Aktien im Zeitpunkt der Abführung der Steuer. Ein doppeltes wirtschaftliches Eigentum an Aktien wurde von der Rechtsprechung zwar in mehreren Entscheidungen angenommen[502], die aber noch zum Körperschaftsteuer-Anrechnungsverfahren ergingen und in denen das „doppelte wirtschaftliche Eigentum" herangezogen wurde, um beim Dividendenstripping zwischen anrechnungsberechtigten und nicht anrechnungsberechtigten Aktionären die einfache Anrechnung der abgeführten Steuer sicherzustellen. Die Fiktion eines doppelten wirtschaftlichen Eigentums kann daher schwerlich herangezogen werden, um bei der Kapitalertragsteuer eine doppelte Anrechnung der abgeführten Steuer zu begründen, zumal der Bundesfinanzhof sehr zurecht den unmittelbaren Zusammenhang zwischen Abführung und Anrechnung der Kapitalertragsteuer betont[503].

344

---

[502] BFH, Urt. v. 15.12.1999 – I R 29/97, BFHE 190, 446 = BStBl. II 2000, 527 und v. 20.10.2010 – I R 85/05, BFHE 223, 414 = BStBl. II 2013, 287.
[503] BFH, Urt. v. 20.10.2010 – I R 54/09, BFH/NV 2011, 641.

21. Kapitel. Internationales Steuerrecht und Steuerhinterziehung

Literatur: *Baumhoff, Hubertus/Bodenmüller, Ralph*, Die Besteuerung grenzüberschreitender Funktionsverlagerungen, in: *Grotherr, Siegfried* (Hrsg.), Handbuch der internationalen Steuerplanung, Herne/Berlin 2011, S. 541; *Bischoff, Kai/Kotyrba Marc H.*, Wohnsitzverlegung in die Schweiz – Steuerfolgen und Steuerplanung, BB 2002, 382 ff.; *Debatin, Helmut*, Zum Steuerstatus ausländischer Kapitalgesellschaften, BB 1990, S. 1457 ff.; *Debatin, Helmut*, Doppelbesteuerung, Kommentar zu allen deutschen Doppelbesteuerungsabkommen, Stand Mai 2012; *Engler, Gerhard in: Vögele, Alexander*, Verrechnungspreise, 3. Auflage, München 2011; *Flick, Hans/Gocke, Rudolf/Schaumburg, Harald*, Sonderausdruck aus *Mössner u.a.*, Steuerrecht international tätiger Unternehmen, 4. Auflage, Verlag Dr. Otto Schmidt, Köln 2012; *Flick, Hans/Wassermeyer, Franz/Baumhoff, Hubertus/Schönfeld, Jens*, Außensteuerrecht, Stand August 2012; *Franzen, Klaus/Gast-de Haan, Brigitte/Joecks, Wolfgang*, Steuerstrafrecht, 7. Auflage 2009; *Fumi, H.D.*, Aktuelle Fälle der Vorsteuererschleichung aus der Sicht des Finanzgerichts, in: *Haas, Peter/Müller, Ulrike*, Steuerstrafrecht und Steuerstrafverfahren, Wiesbaden 2009; *Füger, Rolf*, Probleme und Zweifelsfragen der Missbrauchsvorschriften bei beschränkter Steuerpflicht, in *Grotherr, Siegfried* (Hrsg.) Handbuch der internationalen Steuerplanung, Herne/Berlin 2000, S. 733 ff.; *Füger, Rolf/Rieger, Norbert*, IStR 1998, 353 ff.; *Göttsche, Max*, Wohnsitzverlagerung natürlicher Personen ins Ausland, 1997; *Gotzens, Markus*, Bekämpfung des Umsatzsteuerbetrugs, PStR 2001, 210; *Grotherr, Siegfried/Herfort, Claus/Hruschka, Franz*, Feststellungslast und Mitwirkungspflicht bei Auslandsbetriebsstätten, IStR 2002, 753; *Grube, Ulrike*, Gruppenanfragen in der Schweiz- neue Geschütze im Kampf gegen Steuerflüchtlinge, Der Steuerberater 2013, I; *Hauschka, Christoph E.*, Corporate Compliance, 2. Auflage 2010; *Günter, Simone*, „Die ertragsteuerliche Behandlung grenzüberschreitender Funktionsverlagerungen", WPg 2007, S. 1082; *Herrmann, Carl/Heuer, Gerhard/Raupach, Arndt*, Einkommen- und Körperschaftsteuer, Kommentar, Stand Juli 2012;; *Hübschmann, Walter/Hepp, Ernst/Spitaler, Armin*, Abgabenordnung – Finanzgerichtsordnung, Stand Oktober 2012; *Jacobs, Otto*, Internationale Unternehmensbesteuerung, 7. Auflage, München 2011; *Jäger, Axel/Rödl, Christian/Campos Nave, José A.*, Praxishandbuch Corporate Compliance, 2009; *Klawikowski, Witenal/Leitmeier, Silvia/Zühlke, Roland*, Umsatzsteuerkarussellgeschäfte Nationale Ohnmacht – internationaler Umsatzsteuerbetrug, StBP 2002, 121; *Kluge, Volker*, Das internationale Steuerrecht, 4. Aufl., München 2000; *Kraft, Gerhard*, Auslegungs- und Anwendungsprobleme der speziellen Missbrauchsklausel des § 50d Abs. 1a EStG zur Verhinderung von „Treaty Shopping" bzw. „Directive Shopping", IStR 1994, 370; *Küsell, Felix*, Mißbräuchliche Inanspruchnahme von Doppelbesteuerungsabkommen, RIW 1998, S 217; *Lang, Michael*, Die Vermeidung der Doppelbesteuerung und der doppelten Nichtbesteuerung als DBA-Auslegungsmaxime?, IStR 2002, 609; *Leonard, Axel*, Steuerverkürzungsbekämpfungsgesetz und 6. EG-Richtlinie, UR, 2002, 241; *Neyer, Wolfgang*, Die Missbrauchsklausel des § 50d Abs. 1a EStG und ihre Anwendung auf die Veräußerungsgewinne, IStR 1996, 120; OECD Transfer Pricing Guidelines for Mulitnational Enterprices and Tax Administrations 2010, Organization für Economic Co-operation and Development (OECD), Paris; *Schaumburg, Harald*, Internationales Steuerrecht, 3. Auflage, 2011; *Sedemunt, Jan*, 1. Anmerkung zu EuGH v. 5.11.2002, IStR 2002, 816; *Seer, Roman*, Kriminalisierung des Steuerbürgers – Ringen um § 370a AO, BB 2002, 1677; *Schiffer, K. Jan*, Schwere Steuerhinterziehung (§ 370a AO): Reichweite und Konsequenzen, BB 2002, 1174; *Spengel, Christoph/Kamp, Andrea in Carl-Christian Freidank, Volker H. Peemöller* (Hrsg.), Corporate Governance und interne Revision, Erich Schmidt Verlag, Hamburg/Nürnberg; *Stoschek, Uwe/Peter, Alexander*, § 50d Abs. 3 EStG – erste Rechtsprechung zu einer verfehlten Missbrauchsvorschrift – Vereinbarkeit von § 50d Abs. 3 EStG mit Europarecht?, IStR 2002, 656; *Grotherr, Siegfried/Herfort, Claus/Strunk, Günter*, Internationales Steuerrecht, 1. Aufl. 1998; *Vogel, Klaus/Lehner, Moris*; Doppelbesteuerungsabkommen, 5. Auflage 2008; *Weggenmann, Hans*, Die Empfehlungen der OECD an den Ansässigkeitsstaat zur Lösung von Einordnungskonflikten in Bezug auf Sondervergütungen, IStR 2002, 614; *Zettler, Hilmar*, Treatyshopping nach Inkrafttreten des § 50d Abs. 3 EStG – Anwendung der deutschen Abwehrvorschrift und ihre Konsequenzen für die internationale Steuerplanung mit Zwischengesellschaften, Diss. Hamburg 1999.

21. Kapitel. Internationales Steuerrecht und Steuerhinterziehung

Inhaltsübersicht

	Rn.
I. Einführung	1–10
1. Begriff des Internationalen Steuerrechts, Rechtsquellen	1–4
2. Internationale Steuergestaltung	5–7
3. Internationale Steuergestaltung und Steuerstrafrecht	8–10
II. Ansässigkeit natürlicher Personen	11–34
1. Steuerliches Gestaltungsziel	11
2. Materiell-steuerrechtliche Voraussetzungen	12–28
a) Aufgabe des inländischen Wohnsitzes	12
aa) Steuerpflicht in Deutschland	12
bb) Ansässigkeit	13–15
(1) Wohnsitz	13, 14
(2) Gewöhnlicher Aufenthalt	15
cc) Außensteuergesetz (AStG)	16–21
(1) Beschränkte und erweiterte beschränkte Steuerpflicht	16–18
(2) Besteuerung von Auslandseinkünften unbeschränkt Steuerpflichtiger	19–21
dd) Ansässigkeit nach Doppelbesteuerungsabkommen und Sonderfall Schweiz	22–28
3. Typische Hinterziehungskonstellationen	28a–34
a) Doppelansässigkeit	29–33
b) Wohnsitzverlagerung	34
III. Funktionsverlagerung in ausländische Konzerngesellschaften	35–140
1. Steuerliche Anerkennung als im Ausland ansässige Gesellschaft	35–60
a) Steuerliches Gestaltungsziel	35
b) Materiell-steuerrechtliche Voraussetzungen	36–58
aa) Basisgesellschaft (§ 42 AO)	38–47
(1) Büroräume	44
(2) Personal	45
(3) Telefon, Telefax	46
(4) Geschäftsbetrieb	47
bb) Sonderfall § 50d Abs. 3 EStG bei Dividend Routing	48–51
cc) Geschäftsleitung im Ausland	52–58
c) Typische Hinterziehungskonstellationen	59, 60
2. Funktionsverlagerungen und Verrechnungspreise	61–119
a) Einführung und steuerliches Gestaltungsziel	61–68
b) Voraussetzung der steuerlichen Anerkennung einer Funktionsverlagerung	69
c) Steuerliche Auswirkungen der Funktionsverlagerung	70–95
aa) Steuerliche Konsequenzen des Verlagerungsvorgangs	71–83
bb) Ermittlung des Fremdvergleichspreises – Funktions- und Risikoanalyse	84–95
d) Hinzurechnungsbesteuerung	96–97
e) Anwendungsbeispiele von Funktionsverlagerungen	98–113a
aa) Verlagerung von Produktionsfunktionen	100–113a
(1) Vollproduktion	102
(2) Lohnfertiger	103
(3) Umstellung eines Lohnfertigers auf einen Eigenfertiger und umgekehrt	104
bb) Übertragung von Betriebsfunktionen	105–113a
(1) Vollständige Verlagerung der Vertriebsfunktion	106–107
(2) Abschmelzen der Vertriebsfunktion	108–113a
f) Typische Hinterziehungskonstellation	114–119
3. Sonderfall Kapitalanlage (und andere passive Einkünfte) im Konzern	120–140
a) Steuerliches Gestaltungsziel	120–125
b) Materiell-steuerrechtliche Voraussetzungen	126–140
aa) Insbesondere passive Tätigkeiten	130–132
bb) Insbesondere „Mitwirkungstatbestände" und ihre strafrechtliche Relevanz	133–138
cc) Vermeidung der Hinzurechnungsbesteuerung innerhalb der Europäischen Union	139, 140
IV. Umsatzsteuer	140a–155
1. Wirkungsweise eines Umsatzsteuerkarussells	140b–144
2. Kontrollmöglichkeiten der Finanzverwaltung	145–151
3. Strafbarkeit der Umsatzsteuerhinterziehung	152–155
V. Internationale Tax Compliance	156, 157

I. Einführung

1. Begriff des Internationalen Steuerrechts, Rechtsquellen

Der Begriff des Internationalen Steuerrechts wird nicht einheitlich verwendet. Wie bei anderen juristischen Disziplinen, die sich mit dem Adjektiv „international" schmücken, kann man geteilter Meinung darüber sein, was dieses Attribut genau bezeichnen soll.[1] Für Zwecke dieses Kapitels soll der Begriff des „Internationalen Steuerrechts" nicht lediglich steuerrechtliche Normen völkerrechtlicher Natur oder Regelungen über die Anwendbarkeit nationaler Rechtsvorschriften („Rechtsanwendungsrecht") umfassen, sondern auch das Rechtsgebiet einschließen, das grenzüberschreitende Sachverhalte steuerlich beurteilt und entsprechend qualifiziert. Das deutsche „Internationale Steuerrecht" soll also die Gesamtheit aller steuerrechtlicher Normen umfassen, die sich auf die Besteuerung von grenzüberschreitenden Sachverhalten, die Ausstrahlungswirkung in Deutschland entfalten, beziehen.[2]

Dazu zählen auch die von der Bundesrepublik Deutschland geschlossenen Abkommen zur Vermeidung der Doppelbesteuerung (sog. Doppelbesteuerungsabkommen, DBA), die als völkerrechtliche Verträge über Art. 59 Abs. 2 GG in das nationale Recht Eingang gefunden haben. Die Funktion der Doppelbesteuerungsabkommen besteht darin, das Besteuerungsrecht der Bundesrepublik Deutschland – zur Besteuerung gemäß unbeschränkter („Welteinkommensprinzip") oder beschränkter Steuerpflicht (Besteuerung nur der inländischen Einkünfte der im Ausland ansässigen Steuerrechtssubjekte, § 49 EStG) – einzuschränken. Doppelbesteuerungsabkommen haben keine steuerbegründende, sondern nur steuerbegrenzende Eigenschaft. Es soll gerade eine doppelte Besteuerung des gleichen Sachverhaltes in unterschiedlichen Ländern zum Nachteil des Steuerpflichtigen vermieden werden.

Weitere in der Praxis bedeutsame Rechtsquellen, die spezielle grenzüberschreitende Sachverhalte regeln, sind das Außensteuergesetz (AStG) und das Investmentsteuergesetz (InvStG)[3]. Der Erste bis Vierte Teil des Außensteuergesetzes trifft materiell-steuerrechtliche Regelungen zu grenzüberschreitenden Sachverhalten. Der Erste Teil enthält mit § 1 AStG eine Korrekturvorschrift für nicht angemessene internationale konzerninterne Verrechnungspreise; der Zweite Teil normiert die erweitert beschränkte Steuerpflicht aufgrund des Wohnsitzwechsels natürlicher Personen in niedrig besteuernde Gebiete (sog. legale Steueroasen), der Dritte Teil die sog. Wegzugsbesteuerung. Die Wegzugsbesteuerung führt dabei zur steuerrelevanten Aufdeckung stiller Reserven in Kapitalgesellschafts-Beteiligungen, falls eine natürliche Person ins Ausland verzieht. Der Vierte Teil des Außensteuergesetzes regelt die sog. Hinzurechnungsbesteuerung. Die Steuerbelastung auf passive Einkünfte (vgl. Aktivitätskatalog in § 8 Abs. 1 AStG) in niedrig besteuernden Staaten wird durch die in Deutschland anfallende Hinzurechnungsbesteuerung gleichsam auf das deutsche Steuerniveau „heraufgeschleust". Die steuerrechtlichen Vorschriften des Investmentsteuergesetzes (§§ 1 ff. InvStG) sind Spezialnormen über die Besteuerung ausländischer Investmentanteile in Deutschland.

Allerdings ist zu beachten, dass das gesamte deutsche Steuerrecht grundsätzlich auf Sachverhalte mit Auslandsbezug anzuwenden ist, soweit der Bundesrepublik Deutschland das Besteuerungsrecht zusteht. Wie erwähnt, kann das Besteuerungsrecht der Bundesrepublik Deutschland durch Doppelbesteuerungsabkommen eingeschränkt sein.

2. Internationale Steuergestaltung

Durch die zunehmende Globalisierung und internationale Vernetzung der Wirtschaftsbeziehungen und die Mobilität natürlicher Personen sowie deren Vermögen wächst die praktische

---

[1] Vgl. die Diskussion bei *Kluge*, Das Internationale Steuerrecht, A. Tz. 1 ff.; *Vogel*, DStZ 1997, 270.
[2] *Kluge*, Das Internationale Steuerrecht, A. Tz. 3.
[3] Das Auslandinvestmentgesetz (AuslInvestmG) ist durch Art. 17 Abs. 1 Satz 2 InvModG zum 31.12.2003 aufgehoben worden. Es wurde durch Art. 17 Abs. 1 Satz 1 InvModG ab dem 1.1.2004 durch das InvStG ersetzt.

21. Kapitel. Internationales Steuerrecht und Steuerhinterziehung

Bedeutung des Internationalen Steuerrechts nicht nur für die Beratungspraxis, sondern auch für die Finanzverwaltung rasant. Länderübergreifende Sachverhalte bieten den im Steuerrecht Beratenden eine weitere Dimension von Gestaltungsmöglichkeiten. Für die Strukturierung von Rechtsbeziehungen in Unternehmensgruppen, aber auch im Privatvermögen, steht als Instrument nicht mehr nur das deutsche Steuerrecht mit seinen Gestaltungsangeboten zur Verfügung. Vielmehr eröffnet sich die Möglichkeit, Gestaltungsoptionen aus zahlreichen unterschiedlichen Steuerrechts-Jurisdiktionen auszuwählen und sogar zu kombinieren. Internationale Unternehmensgruppen senken durch optimierte Gestaltung ihrer internen und externen Rechtsbeziehungen ihre Gesamtsteuerquote. Regelmäßig sind jedoch betriebswirtschaftliche, insbesondere organisatorische, und unternehmenspolitische Vorgaben zu beachten, die die Bewegungsfreiheit der steuerlich motivierten Gestaltung einschränken können. Da auf komplexe Gestaltungen der grenzüberschreitenden Strukturierung von Konzernen und Finanzierungen in diesem Rahmen nicht im Detail eingegangen werden kann, sollen einige Beispiele gängiger Überlegungen zur Illustration internationaler Steuergestaltung dienen.

6   Im Kapitalgesellschaftskonzern etwa lassen sich Quellensteuerzahlungen auf Dividendenausschüttungen durch eine Konzernstruktur reduzieren, die besonders günstige „Schachtelprivilegien" in Doppelbesteuerungsabkommen nutzt, so dass bei Dividendenausschüttungen über mehrere Ebenen hinweg keine oder nur geringe Quellensteuern verloren gehen („Dividend Routing"). Unter sog. Schachtelprivilegien versteht man in diesem Zusammenhang Normen in Doppelbesteuerungsabkommen, die das Recht des Sitzstaates der ausschüttenden Gesellschaft, Quellensteuern auf Dividenden zu erheben, einschränken, vgl. etwa Art. 10 Abs. 2 des DBA zwischen Deutschland und den USA („DBA USA"). Außerdem ist beim Konzernaufbau darauf zu achten, dass im Sitzstaat der Muttergesellschaft bei Veräußerungen von Tochtergesellschaften oder bei künftigen Umstrukturierungen keine Steuerlast entsteht, die aus der Aufdeckung stiller Reserven resultieren könnte. Weiterer Gegenstand für grenzüberschreitende Steuerplanung ist die Finanzierungsstruktur eines Konzerns: Zinsbelastungen sollten in Ländern mit hoher Steuerbelastung anfallen. Außerdem darf der steuerwirksame Abzug von Zinsen als Betriebsausgaben nicht durch steuerliche Unterkapitalisierungs-Vorschriften („Thin Capitalization", vgl. in Deutschland § 8a KStG) oder andere nationale Steuervorschriften, ähnlich dem deutschen § 3c EStG, eingeschränkt sein. Dagegen sollten die Zinseinnahmen in niedriger besteuernden Ländern entstehen, um eine Steuersatz-Arbitrage zu erreichen.

7   Ein besonderer Ehrgeiz der grenzüberschreitenden Steuergestaltung besteht darin, „weiße Einkünfte" zu generieren. Dabei handelt es sich um Einnahmen, die zwar typischerweise der Ertragsteuer unterliegen, jedoch im Idealfall – aus Sicht des steuerlichen Gestalters – in beiden betroffenen Staaten steuerfrei sind. Dies kann daraus resultieren, dass keiner der betroffenen Staaten sein Besteuerungsrecht eröffnet sieht. Umgekehrt ist auch denkbar, dass durch Qualifikations- oder Zurechnungskonflikte (zu den Begriffen s. u.) die nur einmal angefallenen Betriebsausgaben in mehr als einem Staat zur Verringerung der steuerlichen Bemessungsgrundlage führen. Grund für „weiße Einkünfte" kann sein, dass die betroffenen Staaten bestimmte Rechtsinstitute unterschiedlich qualifizieren (Qualifikationskonflikt), beispielsweise ein Staat die Gewinnanteile eines stillen Gesellschafters als Dividende, der andere als Zins, oder ein Staat eine Personengesellschaft als Körperschaft, der andere als ertragsteuerlich transparent einordnet. „Weiße Einkünfte" können auch durch die Zurechnung von Wirtschaftsgütern und der entsprechenden Einnahmen zu unterschiedlichen Steuerrechtssubjekten entstehen (Zurechnungskonflikt), wie etwa bei grenzüberschreitendem Leasing. Es ist offenkundig, dass die Finanzverwaltungen das Entstehen weißer Einkünfte zu vermeiden versuchen und dabei die Grenzen zulässiger Gesetzesauslegung zumindest betreten, wenn nicht überschreiten.[4]

---

[4] Zu dieser Problematik vgl. *Lang*, IStR 2002, 609, 613, *Weggenmann*, IStR 2002, 614.

I. Einführung

3. Internationale Steuergestaltung und Steuerstrafrecht

Einleitend zu diesem Kapitel sei ausdrücklich darauf hingewiesen, dass Steuerplanung unter Ausnutzung der Gestaltungsmöglichkeiten unterschiedlicher nationaler Rechtsordnungen und von Doppelbesteuerungsabkommen in der Regel keineswegs eine Vermutung des Rechtsmissbrauchs (§ 42 AO) oder gar der Steuerhinterziehung anhaftet. Vielmehr betont der Bundesfinanzhof immer wieder das Recht des Steuerpflichtigen auf die steueroptimale Gestaltung seiner Rechtsbeziehungen.[5] Auch unbestritten rein steuerlich motivierte Gestaltungen hat der Bundesfinanzhof anerkannt.[6] Gleichwohl bieten länderübergreifende steuerliche Sachverhalte auch den Steuerkriminellen sehr umfangreiche Betätigungsmöglichkeiten. **8**

Es ist bemerkenswert und erstaunt den Steuerrechts-Praktiker, dass das Zusammenspiel von Internationalem Steuerrecht und Steuerstrafrecht in der rechtswissenschaftlichen Literatur kaum untersucht wird. Manche Teilgebiete des Internationalen Steuerrechts – genannt sei nur die Thematik der Angemessenheit internationaler Verrechnungspreise (s. u. III. 2.) – besitzen materiell-steuerrechtlich immer noch sehr vage Konturen. Daher erscheint es verständlich und für den Steuerrechts-Praktiker angesichts materiell-steuerrechtlicher Unwägbarkeiten beruhigend, dass diese Objekte des Steuerrechts trotz spektakulärer Einzelfälle in Deutschland immer noch verhältnismäßig selten im Visier der Finanzbehörden unter Hinweis auf § 370 Abgabenordnung (AO) auftauchen. Allerdings ist hier der Hinweis erlaubt, dass jüngst vor allem die osteuropäischen Staaten insbesondere auf das Vorliegen einer Verrechnungspreisdokumentation beharren und bei deren Nichtexistenz und bei Ablehnung der Angemessenheit zu empfindlichen Geldbußen tendieren. **9**

Außerdem ist es im Rahmen der Internationalisierung und Globalisierung der Märkte zunehmend der Fall, dass Unternehmen auf sog. Berater zurückgreifen, die Geschäftskontakte vermitteln oder Geschäfte anbahnen. In jüngerer Zeit stellen die Finanzbehörden, v. a. wenn sich am Auftragswert orientierende Provisionen als Honorar bezahlt werden, die Aufrichtigkeit dieser geschäftlichen Beziehung in Frage. Im Rahmen von Auskunftsersuchen werden die Unternehmen gemäß § 160 AO aufgefordert, den Empfänger der Zahlung (Provision) zu benennen. Im Einzelnen bedeutet dies nicht nur den Namen des Empfängers, sondern auch dessen Adresse. Immer häufiger entspinnt sich die Diskussion mit den Finanzbehörden darüber, welche genauen Tätigkeiten der Berater ausgeführt hat und ob die gezahlten Honorare (Provisionen) adäquat waren bzw. sind. Bekanntermaßen ist es außerordentlich schwierig, Tätigkeitsnachweise für sog. Lobbyarbeit vorlegen zu können. Dennoch empfiehlt es sich, derartige Belege bei den Beratern zeitnah mit deren Honorarrechnung anzufordern.

Kann der Aufforderung zur Empfängerbenennung im Sinne von § 160 AO nicht ausreichend nachgekommen werden, dann erkennt die Finanzbehörde im „besten Fall" nur die gezahlten Honorare nicht als Betriebsausgaben an; im schlechtesten Fall wird eine Schmiergeldzahlung unterstellt. Die ausländischen Berater sollten als bezahlte und bezahlende „Türöffner" dienen. Um diesem Verdacht zu entgehen bzw. einen solchen überhaupt nicht erst aufkommen zu lassen, bedarf es der Bereithaltung von Tätigkeitsberichten und Zeiterfassungen der Berater, unabhängig davon, ob diese national oder international tätig sind.

Die folgende Darstellung verfolgt das Ziel, in der Praxis häufig auftretende und auf mittelfristige Sicht aktuell bleibende steuerrechtliche Sachverhalte im grenzüberschreitenden Rechtsverkehr unter steuerstrafrechtlicher Perspektive zu beleuchten. Typische Steuerhinter- **10**

---

[5] BFH IStR 2002, 568, 570.

[6] Vgl. z. B. BFH DStR 2002, 78: Es handelte sich hier allerdings um einen rein innerdeutschen Sachverhalt: Eine Aktiengesellschaft hatte ihrer Tochter-Kapitalgesellschaft ein zinsloses Darlehen allein mit dem Ziel gewährt, dass die Tochtergesellschaft durch Wiederanlage der Liquidität Zinseinnahmen erzielt. Diese führten bei der Tochtergesellschaft nicht zu einer Steuerlast, da umfangreiche Verlustvorträge bestanden, die kurz darauf aufgrund eines Verschmelzungsvorganges weggefallen sind, was bei der Darlehensgewährung bereits klar war. Vgl. auch den Vorlagebeschluss des BFH an das BVerfG im Normenkontrollverfahren über die Verfassungswidrigkeit des ErbStG (BFH vom 27.9.2012; II R 9/11; BStBl. II 2012, 899), in dem der BFH offensichtlich rein steuerlich motivierte Gestaltungen zur Umgehung der Schenkungsteuer nicht als Gestaltungsmissbrauch gemäß § 42 AO einstuft.

ziehungskonstellationen werden angesprochen. Soweit es solche (noch) nicht gibt, soll potenziell typisches Hinterziehungsverhalten diskutiert werden. Das äußerst praxisrelevante Thema der beschränkten Steuerpflicht in Deutschland wird in diesem Kapitel weitgehend ausgespart, da sich keine strafrechtlichen Perspektiven ergeben, die von reinen Inlandsfällen wesentlich abweichen.

II. Ansässigkeit natürlicher Personen

1. Steuerliches Gestaltungsziel

11 Die persönliche Belastung durch die in Deutschland erhobenen Steuern wird gerade von vermögenden Personen als sehr hoch empfunden. Zur Vermeidung der deutschen Einkommensteuer, aber auch der Erbschaft- und Schenkungsteuer, werden daher Gestaltungen gesucht, der Besteuerung in Deutschland zu entgehen. Gängige Vorstellung ist, dass durch einen Wegzug in eine sog. Steueroase – oder die Verlagerung von Einkünften oder Vermögen dorthin – die Besteuerung in Deutschland vermieden werden kann. Hierbei wird jedoch oftmals übersehen – wie bereits in der Vergangenheit wiederholte Beispiele in der „Regenbogenpresse" zeigen –, dass ein derartiger Schritt sorgfältig geplant und konsequent umgesetzt werden muss. Werden bei der Planung oder Umsetzung Fehler gemacht, wird das angestrebte Ziel, der Besteuerung in Deutschland zu entfliehen, nicht erreicht. Werden dann in Deutschland steuerpflichtige Einkünfte nicht erklärt und damit der deutschen Besteuerung entzogen, hat der Steuerpflichtige (steuer-)strafrechtliche Konsequenzen zu gewärtigen.

2. Materiell-steuerrechtliche Voraussetzungen

a) Aufgabe des inländischen Wohnsitzes

aa) Steuerpflicht in Deutschland

12 Natürliche Personen unterliegen in Deutschland der unbeschränkten Steuerpflicht gem. § 1 Abs. 1 S. 1 EStG, wenn sie im Inland einen Wohnsitz oder ihren gewöhnlichen Aufenthalt haben. Die Folge der unbeschränkten Einkommensteuerpflicht ist, dass das weltweite Einkommen des Steuerpflichtigen der Besteuerung in Deutschland unterliegt. Im Rahmen der beschränkten Steuerpflicht gem. § 1 Abs. 4 EStG werden natürliche Personen, die weder einen Wohnsitz noch ihren gewöhnlichen Aufenthalt im Inland haben, in Deutschland nur bezüglich ihrer inländischen Einkünfte gem. § 49 EStG besteuert.

bb) Ansässigkeit
(1) Wohnsitz

13 Im nationalen deutschen Steuerrecht existiert der Begriff der Ansässigkeit, der in Doppelbesteuerungsabkommen verwendet wird, nicht. Stattdessen wird auf den Wohnsitz und den gewöhnlichen Aufenthalt abgestellt. Der Begriff des Wohnsitzes ist in § 8 AO definiert. Danach gilt als Wohnsitz der Ort, an dem jemand eine Wohnung unter Umständen innehat, die darauf schließen lassen, dass er diese Wohnung beibehalten und benutzen wird.

Der Begriff der Wohnung umfasst alle Räumlichkeiten, die zum Wohnen geeignet sind, wobei eine räumliche Fixierung erforderlich ist.[7] Der steuerrechtliche Wohnsitzbegriff geht somit über den zivilrechtlichen hinaus und stellt allein auf die tatsächlichen Verhältnisse des Steuerpflichtigen ab.[8] Damit entfaltet die bloße Absicht, einen Wohnsitz zu begründen oder aufzugeben ebenso wenig wie die Abmeldung bei der zuständigen Ordnungsbehörde allein unmittelbare steuerliche Wirkung.[9] Dieser kommt lediglich Indizwirkung zu.[10]

---

[7] *Kluge*, Internationales Steuerrecht, Abschnitt M Rn. 7.
[8] BFH, BStBl. 1970 II 153.
[9] Anwendungserlass zur Abgabenordnung 1977 (AEAO) BMF v. 15.7.1998, BStBl. 1998 I 630, zu § 8 (2).
[10] AEAO zu § 8 (2).

II. Ansässigkeit natürlicher Personen

Durch die Anknüpfung an die tatsächlichen Verhältnisse kann der Steuerpflichtige mehrere Wohnsitze begründen, so dass die Möglichkeit des Bestehens (mindestens) eines Wohnsitzes im Inland neben einem Wohnsitz im Ausland möglich ist.

Der Steuerpflichtige muss die Wohnung „innehaben", d. h. er muss die tatsächliche Möglichkeit haben, über sie zu verfügen und sie als Bleibe nicht nur vorübergehend nutzen.[11] Es ist nicht erforderlich, dass sich der Steuerpflichtige während einer Mindestanzahl von Tagen oder Wochen im Jahr in der Wohnung aufhält.[12] Ausreichend ist nach der Rechtsprechung des Bundesfinanzhofes bereits, wenn der Steuerpflichtige die Wohnung über Jahre hinweg jährlich regelmäßig zu bestimmten Zeiten über einige Wochen hinweg benutzt.[13] Auch werden an die Wohnung keine besonderen Anforderungen gestellt. Es genügt eine bescheidene Bleibe, die Wohnung muss nicht dem Lebensstil des Steuerpflichtigen angemessen sein.[14] Zwar genügt für die Annahme eines Wohnsitzes grundsätzlich nicht, dass sich der Steuerpflichtige in der Wohnung von Bekannten oder Angehörigen in regelmäßigen Abständen aufhält[15], wenn der Steuerpflichtige dort gleichzeitig keine eigene Wohnung hat[16], z. B. die Einliegerwohnung im Elternhaus.

Insbesondere besteht eine widerlegbare Vermutung, dass ein Ehegatte seinen Wohnsitz an dem Ort hat, an dem seine Familie lebt.[17] Verbleibt daher die Familie in Deutschland, während ein Steuerpflichtiger einen Wohnsitz im Ausland begründet, wird aufgrund der vorstehenden Vermutung angenommen, dass er seinen Wohnsitz im Inland beibehalten hat.[18]

Nach den vorstehenden Ausführungen ist für eine Aufgabe des Wohnsitzes erforderlich, dass der Steuerpflichtige tatsächlich „all seine Brücken nach Deutschland abbricht". Es genügt nicht, sich den überwiegenden Teil des Jahres im Ausland aufzuhalten und im Übrigen regelmäßig in die eigene Wohnung in Deutschland zurückzukehren. Für derartige Aufenthalte muss auf eine Hotelunterbringung o. ä. zurückgegriffen werden. Die inländische Wohnung muss aufgegeben werden, d. h. eine Mietwohnung gekündigt und das eigene Haus oder eine vorhandene Eigentumswohnung langfristig vermietet werden.[19]

(2) Gewöhnlicher Aufenthalt

Eine Person hat gem. § 9 AO ihren gewöhnlichen Aufenthalt dort, wo sie sich unter Umständen aufhält, die erkennen lassen, dass sie an diesem Ort oder in diesem Gebiet nicht nur vorübergehend verweilt. Im Gegensatz zum Wohnsitz kann eine Person nur einen gewöhnlichen Aufenthalt haben. Keine Voraussetzung für das Bestehen des gewöhnlichen Aufenthaltes ist, dass sich der Steuerpflichtige ununterbrochen in dem betreffenden Land aufhält. Ausreichend ist vielmehr ein insgesamt zusammenhängender Aufenthalt, auch wenn er mehrmals unterbrochen wird.[20]

In § 9 S. 2 AO wird eine gesetzliche, unwiderlegbare[21] Vermutung statuiert, dass ein zeitlich zusammenhängender Aufenthalt von mehr als sechs Monaten Dauer stets als gewöhnlicher Aufenthalt gilt. Allerdings kann auch ein kürzerer Aufenthalt zur Begründung eines gewöhnlichen Aufenthalts genügen, wenn der Steuerpflichtige seinen Aufenthalt ursprünglich auf eine längere Dauer angelegt hatte.[22] Der gewöhnliche Aufenthalt im Inland gilt dann als aufgegeben, wenn der Steuerpflichtige zusammenhängend mehr als sechs Monate im Ausland lebt, es sei denn, besondere Umstände lassen darauf schließen, dass die Beziehung zum Inland bestehen bleibt. Für die Aufgabe des gewöhnlichen Aufenthalts ist entscheidend, dass der

---

[11] BFH, BStBl. 1964 III 462; v. 6.3.1968, BStBl. 1968 II 439.
[12] BFH, BStBl. 1997 II 447, 448.
[13] BFH, BStBl. 1989 II 182, 183.
[14] *Kluge*, Internationales Steuerrecht, Abschnitt M Rn. 7.
[15] BFH, BStBl. 1970 II 109.
[16] AEAO zu § 8 (3).
[17] BFH, BStBl. 1985 II, 331, 332.
[18] BFH, BStBl. 1996 II 2,3.
[19] AEAO zu § 8 (6).
[20] *Kluge*, Internationales Steuerrecht, Abschnitt M Rn. 8.
[21] *Kluge*, Internationales Steuerrecht, Abschnitt M Rn. 8.
[22] BFH, BStBl. 1978 II 118f.

Steuerpflichtige seinen persönlichen und geschäftlichen Lebensmittelpunkt tatsächlich ins Ausland verlegt und seinen Willen, in den räumlichen Geltungsbereich der deutschen Steuergesetze zurückzukehren, endgültig aufgegeben hat.[23]

cc) Außensteuergesetz (AStG)
(1) Beschränkte und erweiterte beschränkte Steuerpflicht

16 Im Rahmen der beschränkten Steuerpflicht werden nur die inländischen Einkünfte gem. § 49 EStG besteuert. Für das Eingreifen der beschränkten Steuerpflicht wird auf die sachliche Beziehung der Einkünfte zum Inland abgestellt. § 49 EStG grenzt für die einzelnen Einkunftsarten ab, welche sachliche Beziehung mit dem Inland ausreichend eng ist, um die Einkunftsquelle als inländische Einkunftsquelle zur Besteuerung heranzuziehen. Hierbei können sich Kollisionen mit dem Recht des Wohnsitzstaates des Steuerpflichtigen ergeben, die gegebenenfalls über nationale Kollisionsregeln gelöst werden müssen, soweit kein Doppelbesteuerungsabkommen eingreift.[24] § 49 EStG enthält einen abschließenden Katalog der inländischen Einkünfte. Hierunter fallen insbesondere die gewerblichen Einkünfte aus einer inländischen Betriebsstätte, Einkünfte aus selbstständiger oder nichtselbstständiger Arbeit, die im Inland ausgeübt oder verwertet wird, bestimmte Einkünfte aus Kapitalvermögen, insbesondere wenn die zu Grunde liegende Forderung durch Grundbesitz besichert ist und Einkünfte aus der Vermietung und Verpachtung unbeweglichen Vermögens.

17 Das Außensteuergesetz enthält in den §§ 2–5 AStG Regelungen, die die beschränkte Steuerpflicht für den Fall des Wegzugs aus Deutschland ausweiten („erweiterte beschränkte Steuerpflicht"). Dies betrifft sowohl die Einkommensteuer (§ 2 AStG) als auch die Erbschaft- und Schenkungsteuer (§ 4 AStG). Ergänzt werden diese Regelungen durch § 6 AStG, der die Besteuerung stiller Reserven in Kapitalgesellschaftsanteilen i. S. v. § 17 EStG (Beteiligung von mindestens 1 %) bei Beendigung der unbeschränkten Steuerpflicht regelt.

18 Die erweiterte beschränkte Steuerpflicht kommt zum Tragen, wenn eine natürliche Person, die deutscher Staatsangehöriger ist, in den letzten zehn Jahren vor Beendigung der unbeschränkten Steuerpflicht mindestens fünf Jahre im Inland unbeschränkt steuerpflichtig gewesen ist, in einem Niedrigsteuerland ansässig wird oder dort einen Wohnsitz begründet und im Zeitpunkt des Wegzuges wesentliche wirtschaftliche Interessen in Deutschland hat (§ 2 AStG). Ein Niedrigsteuerland liegt gem. § 2 Abs. 2 AStG vor, wenn eine Einkommensteuer erhoben wird, die um mehr als ein Drittel geringer ist als die deutsche Einkommensteuer und/oder eine wesentliche Vorzugsbesteuerung gewährt wird.[25] Bei der vorzunehmenden Vergleichsrechnung behandelt das Gesetz den Steuerpflichtigen fiktiv wie eine in Deutschland unbeschränkt steuerpflichtige natürliche Person (Schattenveranlagung).[26] Auch der Begriff der wesentlichen wirtschaftlichen Interessen ist legal definiert. § 2 Abs. 3 AStG bildet drei Fallgruppen, bei deren alternativem Vorliegen wesentliche wirtschaftliche Interessen im Inland gegeben sind. Wesentliche wirtschaftliche Interessen liegen vor, wenn
– der Steuerpflichtige (Mit-)Unternehmer eines inländischen Gewerbebetriebes ist, er Kommanditist einer Gesellschaft ist und mehr als 25% der Einkünfte auf ihn entfallen oder eine Beteiligung i. S. d. § 17 Abs. 1 EStG an einer inländischen Kapitalgesellschaft hält;
– nicht ausländische Einkünfte erzielt, die während des Veranlagungszeitraums mehr als 30% der Gesamteinkünfte des Steuerpflichtigen betragen oder Euro 62. 000 übersteigen oder
– der Steuerpflichtige zu Beginn des Veranlagungszeitraums über nichtausländisches Vermögen von mehr als 30% seines Gesamteinkommens oder Euro 154. 000 verfügt.
Sind die Voraussetzungen des § 2 AStG erfüllt, unterliegt der Steuerpflichtige für die Dauer von zehn Jahren nach seinem Wegzug der erweiterten beschränkten Steuerpflicht, d. h. die in § 2 Abs. 1 Satz 1 AStG definierten „erweiterten Inlandseinkünfte" werden der Besteuerung unterworfen. Dabei wird die Abgeltungswirkung des Steuerabzuges gem. § 50 Abs. 2 EStG suspendiert, die Vollprogression findet Anwendung, der Mindeststeuersatz beträgt 25% und

---

[23] BFH, BStBl. 1962 III 429.
[24] *Frotscher*, EStG, § 49 Rz. 5.
[25] *Göttsche*, S. 176; *Flick/Wassermeyer/Baumhoff*, AStG, § 2 Rn. 161.
[26] Vgl. für die Vergleichsrechnung die Beispiele bei *Flick/Wassermeyer/Baumhoff*, AStG, § 2 Rn. 171 ff.

II. Ansässigkeit natürlicher Personen

die Steuerschuld wird der Höhe nach auf die sich fiktiv bei unbeschränkter Steuerpflicht ergebende Steuerschuld beschränkt.[27]

(2) Besteuerung von Auslandseinkünften unbeschränkt Steuerpflichtiger
Die Regelungen, welche die Steuerpflicht an die Ansässigkeit bzw. den Wechsel der Ansässigkeit anknüpfen, werden ergänzt durch die Regelungen über die Verlagerung von Vermögen oder Einkünften ins Ausland. Während die §§ 2 ff. AStG die Besteuerung beschränkt Steuerpflichtiger regeln, beziehen sich die §§ 7 ff. AStG. auf die Besteuerung der ausländischen wirtschaftlichen Interessen unbeschränkt Steuerpflichtiger.[28] Grund für die Regelungen war der Wunsch, zu verhindern, dass durch die Verlagerung von Einkünften ins Ausland dem deutschen Fiskus Steuersubstrat entzogen wird. Ansatzpunkt für das Eingreifen der Hinzurechnungsbesteuerung ist die Beteiligung einer natürlichen oder juristischen Person, die in Deutschland der unbeschränkten Steuerpflicht unterliegt, an einer Körperschaft, Personenvereinigung oder Vermögensmasse, mit Sitz und Geschäftsleitung im Ausland.

Voraussetzung für das Eingreifen der Hinzurechnungsbesteuerung ist gem. § 7 AStG, dass inländische Beteiligungen an der Gesellschaft von mehr als 50% bestehen, die ausländische Gesellschaft niedrig besteuert wird und sog. passive Einkünfte, d. h. Einkünfte, die nicht dem abschließenden Katalog des § 8 Abs. 1 AStG unterfallen, erzielt. Eine niedrige Beteuerung liegt vor, wenn der im Ausland zu entrichtende Steuersatz unter 25% liegt, § 8 Abs. 3 AStG. Unter Umständen genügt auch eine geringere Beteiligung unbeschränkt Steuerpflichtiger an der Gesellschaft, § 7 Abs. 6 AStG. Ausgenommen hiervon sind unter den Voraussetzungen des § 8 Abs. 2 AStG Gesellschaften mit Sitz oder Geschäftsleitung in einem Mitgliedstaat der Europäischen Union oder einem Vertragsstaat des EWR-Abkommens.

Die Vorschrift des § 42 Abs. 1 AO betreffend den Missbrauch rechtlicher Gestaltungsmöglichkeiten tritt nach der bisherigen Rechtsprechung des Bundesfinanzhofs[29] hinter der spezielleren Regelung (z. B. den Vorschriften des AStG) zurück. So müssen im Anwendungsbereich des § 7 AStG für eine Anwendung der allgemeinen Missbrauchsvorschrift des § 42 AO weitere Umstände hinzutreten, welche die Gestaltung als rechtsmissbräuchlich kennzeichnen.[30] Nach der Rechtsprechung des Bundesfinanzhofs[31] soll dem nachträglich eingefügten[32] § 42 Abs. 2 AO lediglich klarstellende Wirkung zukommen (obiter dictum).

dd) Ansässigkeit nach Doppelbesteuerungsabkommen und Sonderfall Schweiz
Während Wohnsitz bzw. gewöhnlicher Aufenthalt die Voraussetzungen für die Begründung der unbeschränkten Steuerpflicht in Deutschland darstellen, ist die Voraussetzung für die Abkommensberechtigung im Rahmen eines Doppelbesteuerungsabkommens am Beispiel des OECD-Musterabkommens (OECD-MA) die Ansässigkeit gem. Art. 4 OECD-MA.[33] Das Vorliegen der Abkommensberechtigung ist entscheidend für die Anwendung der Vorschriften des jeweiligen Doppelbesteuerungsabkommens und damit für die Gewährung der darin gewährten Steuervorteile (z. B. Freistellung bestimmter Einkünfte von der deutschen Besteuerung unter Progressionsvorbehalt).

Art. 4 Abs. 1 OECD-MA definiert den Begriff „ansässige Person" unter Rückgriff auf die nationalen Rechtsordnungen der beteiligten Staaten als eine Person, die nach dem Recht des jeweiligen Staates dort aufgrund ihres Wohnsitzes, ihres ständigen Aufenthalts, des Ortes ihrer Geschäftsleitung oder eines anderen ähnlichen Merkmals steuerpflichtig ist. Aufgrund der gegebenen Definition wird deutlich, dass es sich hierbei um einen abkommensrechtlichen Ausdruck handelt, der auch grundsätzlich nach Abkommensrecht zu definieren ist und die Vertragsstaaten auf ihr nationales Recht zur Auslegung nur zurückgreifen können, soweit Art. 4

---

[27] *Grotherr/Hertfort/Strunk*, Internationales Steuerrecht, S. 323.
[28] *Grotherr/Hertfort/Strunk*, Internationales Steuerrecht, S. 345.
[29] BFH, BStBl. 2000 II 619.
[30] BFH, BStBl. 1992 II 1029, 1031; BStBl. 2001 II 222; BFH/NV 2000, 824.
[31] BFH IStR 2002, 568.
[32] G. v. 20.12.2001, BGBl. 2001 I 3794.
[33] *Debatin/Wassermeyer-Wassermeyer*, DBA, Art. 4 MA Rn. 2.

OECD-MA bzw. dessen Entsprechung im jeweils konkreten Doppelbesteuerungsabkommen darauf verweist.[34]

24 Anders als das deutsche Recht für den Wohnsitz entscheidet das Abkommensrecht im Fall einer doppelten Ansässigkeit sich für einen Staat als Ansässigkeitsstaat und legt über Art. 4 Abs. 2 OECD-MA die Ansässigkeit der betroffenen Personen eindeutig fest. Art. 4 Abs. 2 OECD-MA enthält zu diesem Zweck eine „tie breaker clause", die eine Rangfolge unter den verschiedenen Ansässigkeitsmerkmalen herstellt.[35] Bei einem Wegzug, d. h. bei einer Verlegung des Lebensmittelpunktes in das Ausland, ergibt sich daher nach Art. 4 Abs. 2 OECD-MA in der Regel eine Ansässigkeit im Ausland. Allerdings haben die einzelnen Doppelbesteuerungsabkommen die Regelung des OECD-MA nicht immer unverändert übernommen.

25 Insbesondere das DBA zwischen Deutschland und der Schweiz[36] weist insoweit Sonderregelungen auf, die sog. „überdachende Besteuerung". Diese schränken die Abkommensberechtigung des Steuerpflichtigen in Wegzugsfällen ein und lassen eine Besteuerung der Einkünfte des Steuerpflichtigen in Deutschland – in Abweichung von den Vorschriften des Doppelbesteuerungsabkommens – für einen Übergangszeitraum zu. In Art. 4 Abs. 3 DBA Schweiz behält sich der deutsche Fiskus das ihm nach innerstaatlichem Recht zustehende volle Besteuerungsrecht für den Fall vor, dass der Steuerpflichtige in Deutschland weiterhin eine sog. ständige Wohnstätte innehat oder in Deutschland seinen gewöhnlichen Aufenthalt für mindestens sechs Monate im Kalenderjahr genommen hat.

26 Der Begriff der ständigen Wohnstätte ist nicht mit dem des Wohnsitzes gleichzusetzen. Er ist vielmehr ebenfalls abkommensrechtlich auszulegen und erfordert neben dem Bestehen einer Wohnung eine ständige Nutzung dieser Wohnung durch den Steuerpflichtigen.[37] Wann eine ständige Nutzung vorliegt, wird in der Rechtsprechung unterschiedlich beurteilt. Der Bundesfinanzhof nimmt eine ständige Wohnstätte an, wenn der Steuerpflichtige jederzeit die Möglichkeit hat, rechtmäßig die Räumlichkeiten längerfristig als Wohnstätte zu nutzen und er von dieser Möglichkeit auch regelmäßig tatsächlich Gebrauch macht.[38] Nach dem Verhandlungsprotokoll[39] liegt allerdings eine ständige Wohnstätte dann nicht vor, wenn die Räumlichkeiten nach Charakter und Lage ausschließlich Erholungs-, Kur-, Studien- oder Sportzwecken dienen und nachweislich nur gelegentlich und nicht zum Zwecke der Wahrnehmung wirtschaftlicher und beruflicher Interessen genutzt werden.

27 Die Zuweisungsvorschriften des Doppelbesteuerungsabkommens werden damit durch Art. 4 Abs. 3 DBA Schweiz außer Kraft gesetzt und die Einkünfte des Steuerpflichtigen in Deutschland der Besteuerung unter Anrechnung einer etwa in der Schweiz erhobenen Steuer unterworfen. Eine Ausnahme hiervon bilden die in Art. 24 Abs. 1 Nr. 1 DBA Schweiz ausdrücklich in Deutschland unter Progressionsvorbehalt freigestellten Einkünfte aus einer Schweizer Betriebsstätte.[40]

28 Die Vorschrift wird ergänzt durch die Regelung des Art. 4 Abs. 4 DBA Schweiz, in der – trotz vollständiger Wohnsitzaufgabe – die deutschen Einkünfte wiederum in Abweichung von den Zuweisungsvorschriften des DBA einer Besteuerung in Deutschland für eine Übergangszeit von fünf Jahren nach dem Jahr des Wegzugs unterworfen werden. Weiterhin ist Art. 4 Abs. 6 DBA Schweiz zu beachten, der den Abkommensschutz durchbricht, wenn der Steuerpflichtige die Möglichkeit der Pauschalbesteuerung in der Schweiz nutzt.

---

[34] *Debatin/Wassermeyer-Wassermeyer*, DBA, Art. 4 MA Rn. 8.
[35] *Grotherr/Hertfort/Strunk*, Internationales Steuerrecht, S. 446.
[36] BGBl 1972 II 1971 mit den Änderungsprotokollen BGBl 1980 II 751, BGBl 1990 II 766, BGBl 1993 II 1888 (eine weitere Änderung des Doppelbesteuerungsabkommens steht kurz vor ihrer Ratifizierung); im folgenden „DBA Schweiz".
[37] *Bischoff/Kotyrba*, BB 2002, 382 384.
[38] BFH, BStBl. 1999 II 207.
[39] Abgedruckt bei *Debatin/Wassermeyer* zum DBA Schweiz.
[40] *Bischoff/Kotyrba*, BB 2002, 382, 384.

II. Ansässigkeit natürlicher Personen

3. Typische Hinterziehungskonstellationen

Nachfolgend sollen anhand einiger Beispiele typische Hinterziehungskonstellationen dargestellt werden, die sich bei Nichtbeachtung der vorstehend dargestellten Grundsätze ergeben.

a) Doppelansässigkeit

Der Wegzug aus Deutschland zur Vermeidung der deutschen Besteuerung stellt wohl eines der beliebtesten Gedankenspiele – neben der Verlagerung von Einkünften in eine Steueroase – des deutschen Steuerpflichtigen dar. Ein Wegzug aus Deutschland erscheint für viele auch nicht als allzu großes Opfer für die Befreiung von der deutschen Besteuerung. Allerdings sind die wenigsten bereit, tatsächlich die Voraussetzungen für eine Beendigung der unbeschränkten Steuerpflicht zu erfüllen.

Dies soll an einem kurzen Beispiel veranschaulicht werden: Der Steuerpflichtige verzieht nach Hongkong oder Monaco. Mit Hongkong und Monaco hat die Bundesrepublik Deutschland keine Doppelbesteuerungsabkommen abgeschlossen.[41] Er lässt seine Eigentumswohnung in München leerstehen und kehrt, wenn auch nur für kurzfristige Aufenthalte regelmäßig mehrmals im Jahr dorthin zurück. Dies wird gegenüber der Finanzverwaltung jedoch nicht offenbart. Der Steuerpflichtige erzielt Zinseinkünfte aus einem privaten Darlehen, das durch eine Bürgschaft gesichert ist. Daneben bezieht der Steuerpflichtige Zinsen aus Konten bei einer deutschen Bank. Die Einkünfte liegen über dem Sparerfreibetrag. Er erzielt außerdem in Hongkong (Monaco) Einkünfte aus nichtselbstständiger Arbeit. Steuererklärungen wurden für den Veranlagungszeitraum in Deutschland nicht abgegeben, Steuern nicht entrichtet.

Der Steuerpflichtige hat in diesem Fall weiterhin einen Wohnsitz in Deutschland gem. § 8 AO. Er ist daher in Deutschland weiterhin unbeschränkt steuerpflichtig gem. § 1 Abs. 1 EStG. Die gesamten Einkünfte sind daher in Deutschland nach dem Welteinkommensprinzip zu versteuern. Da mit Hongkong und Monaco kein Doppelbesteuerungsabkommen besteht, kann er allenfalls die dort auf die Einkünfte aus nichtselbstständiger Arbeit erhobenen Steuern auf die deutsche Steuer anrechnen, vgl. § 34c EStG. Die Anrechnung ist beschränkt auf den Anteil an der deutschen Steuer, der auf die Einkünfte aus nichtselbstständiger Arbeit in Hongkong (oder Monaco) entfällt.

Unterläge der Steuerpflichtige aufgrund wirklicher Aufgabe seines deutschen Wohnsitzes lediglich der beschränkten Steuerpflicht, wären seine Einkünfte, die nicht in den Katalog des § 49 Abs. 1 EStG fallen, in Deutschland steuerfrei. Im geschilderten Beispiel wären sämtliche Einkünfte in Deutschland steuerfrei. Die Kapitaleinkünfte weisen keinen genügenden Inlandsbezug gem. § 49 Abs. 1 Nr. 3 EStG auf, da das Darlehen nicht durch Grundbesitz besichert ist und private Zinseinkünfte aus Konten bei deutschen Kreditinstituten nicht im abschließenden Katalog des § 49 EStG erfasst sind. Auch die Voraussetzungen des § 49 Abs. 1 Nr. 4 EStG für die Besteuerung von Einkünften aus nichtselbstständiger Arbeit, insbesondere die Ausübung oder Verwertung der Tätigkeit im Inland, sind nach dem vorliegenden Sachverhalt nicht gegeben.

Bei diesem Sachverhalt ist ein Handeln in zweifacher Hinsicht angezeigt. In Hinblick auf die bereits abgeschlossenen Veranlagungszeiträume müssen die entsprechenden Einkünfte nachversteuert und die sich ergebenden Steuern entrichtet werden. Kommt der Steuerpflichtige seiner Verpflichtung zur Abgabe der Steuererklärung gem. § 149 Abs. 1 AO, § 25 Abs. 2 S. 1 EStG nicht nach, obwohl er von dieser Pflicht Kenntnis hat oder sie für möglich hält, und entrichtet daher die Einkommensteuer nicht, ist der Tatbestand der Steuerhinterziehung erfüllt, § 370 Abs. 1 Nr. 2 AO. Werden dadurch Steuern in großem Ausmaß hinterzogen,

---

[41] *Mit Hongkong existiert (Stand 9.1.13) ein DBA vom 13.1.2003, in Kraft getreten am 17.1.2005 (BGBl. 2004 II S. 34, 2005 I S. 610; 2005 II S. 332, 2005 I S. 613), das allerdings nur für Einkommen- und Vermögensbesteuerung von* **Schifffahrtsunternehmen** *gilt. Mit Monaco existiert kein DBA, aber er ist ein Abkommen vom 27.7.2010, in Kraft getreten am 9.12.2011, über die Rechtshilfe in Steuer-und Steuerstrafsachen (BGBl. 2011 II S. 653, 2012 II S. 92).*

wird sogar ein besonders schwerer Fall im Sinne des § 370 Abs. 3 Nr. 1 AO verwirklicht mit der Folge, dass der Strafrahmen Freiheitsstrafe von sechs Monaten bis zehn Jahren vorsieht.

Für die Zukunft muss der Steuerpflichtige eine Entscheidung treffen, ob er seine Wohnung beibehalten will. Ist dies der Fall, unterliegt er der unbeschränkten Steuerpflicht in Deutschland. Entscheidet er sich, den Wohnsitz aufzugeben, kann er für die Zukunft eine Besteuerung in Deutschland vermeiden, da die von ihm erzielten Einkünfte keine inländischen Einkünfte i. S. d. § 49 EStG darstellen. Entscheidet sich der Steuerpflichtige allerdings zur endgültigen Aufgabe seines Wohnsitzes, sollte er sich jedoch gewahr sein, dass er bei den Finanzbehörden für zehn Jahre der sog. Wegzugskontrolle unterliegt, die darin besteht, dass das Finanzamt jährlich überprüft, ob die Voraussetzungen des Wegzuges tatsächlich gegeben sind und nicht doch ggf. die beschränkte Steuerpflicht gemäß § 1 Abs. 4 EStG auf den Steuerpflichtigen zutrifft.

32 Während in den meisten Doppelbesteuerungsabkommen das Besteuerungsrecht eindeutig zugewiesen ist (vgl. Art. 4 Abs. 2 OECD-MA), können sich, wie das nachfolgende Beispiel zeigt, aus dem DBA Schweiz bei einer Doppelansässigkeit in Deutschland und der Schweiz besondere Rechtsfolgen ergeben.

Ein deutscher Staatsbürger verzieht in die Schweiz, behält aber seine Wohnung in München bei, in die er regelmäßig für mehrere Wochen im Jahr zurückkehrt. Er erzielt Einkünfte aus freiberuflicher Tätigkeit, die er in Deutschland und der Schweiz ausübt, und Einkünfte aus Aktienvermögen in der Schweiz. Eine Steuererklärung hat er in Deutschland bisher nicht abgegeben, vor allem, weil im Jahr 2011/ 2012 ein deutsch-schweizerisches Abkommen in Rede stand, das Steuerpflichtigen ermöglichen sollte, mittels einer anonymen Pauschalabgabe zwischen 21% und 41 % -abhängig vom angelegten Vermögensstamm zu den Stichtagen zum 31.12.2010 und zum 31.12.2012- bislang nicht versteuerte Einkünfte aus Kapitalvermögen abzugelten. Dieses Steuerabkommen wurde zwar durch die Schweiz ratifiziert, scheiterte aber im Dezember 2012 in Deutschland an der Zustimmung im Bundesrat.[42]

Der Steuerpflichtige unterliegt aufgrund seines Wohnsitzes in München in Deutschland grundsätzlich der unbeschränkten Steuerpflicht und hat damit sein Welteinkommen in Deutschland zu versteuern. Da er den Mittelpunkt seiner Lebensinteressen in der Schweiz hat, würde er nach Art. 4 Abs. 2 DBA Schweiz als in der Schweiz ansässig angesehen werden. Gem. Art. 4 Abs. 3 DBA Schweiz („überdachende Besteuerung") werden die Einkünfte aus der freiberuflichen Tätigkeit in Deutschland und aus dem Aktienvermögen der Besteuerung in Deutschland unterworfen. Die in der Schweiz auf die Einkünfte aus dem Aktienvermögen erhobenen Steuern werden auf die deutsche Steuer angerechnet. Die Einkünfte aus der freiberuflichen Tätigkeit in der Schweiz werden gem. Art. 4 Abs. 3 S. 2 i. V. m. Art. 24 Abs. 1 Nr. 1 DBA Schweiz in Deutschland unter Progressionsvorbehalt freigestellt. Legt der Steuerpflichtige trotz Kenntnis des Sachverhaltes in Deutschland seine Einkünfte nicht oder nicht vollständig offen, ist der Tatbestand der Steuerhinterziehung erfüllt, § 370 Abs. 1 Nr. 2 AO; ggf. ist bei der Hinterziehung von Steuern in großem Ausmaß § 370 Abs. 3 Nr. 1 AO einschlägig.

33 Auch und gerade in dieser Konstellation wird der Steuerpflichtige sich zukünftig noch weitergehendem Druck ausgesetzt sehen. Nicht nur die schweizerischen Banken verfolgen nun spürbar die sog. „Weißgeldstrategie", sondern eher verborgen blieb, dass die Schweiz bereits im Jahr 2009 beschlossen hatte, zukünftig Amtshilfe nach dem Standard des OECD-Musterabkommens zu leisten[43]; zahlreiche Doppelbesteuerungsabkommen wurden geschlossen, in denen eine Amtshilfeklausel gemäß Art. 26 OECD- Musterabkommen enthalten ist.[44] Ein solches wurde im Jahr 2010 mit Deutschland verhandelt und unterzeichnet; dieses Dop-

---

[42] Im Vermittlungsausschuss scheitere dieses Abkommen an der Zustimmung der SPD und den Grünen und es wurde mit 19 zu 10 Stimmen eine Erklärung verabschiedet, mit der die Bundesregierung aufgefordert wurde, die Verhandlungen mit der Schweiz wieder aufzunehmen, um ein „gerechtes" Steuerabkommen abzuschließen, vgl. Handelsblatt online vom 12.12.2012.

[43] *Grube*, Der Steuerberater 2013 I.

[44] http://www.sif.admin.ch/dokumentation/00509/00510/00622/00624/00691/index.html?lang=de

pelbesteuerungsabkommen ist zum Jahresende 2011 in Kraft getreten.[45] Nach dem damaligen Verständnis der OECD-Vertragsparteien ließ Art. 26 OECD-Musterabkommen sog. Gruppenanfragen nicht zu. Bei diesen Gruppenanfragen handelt es sich um Anfragen, bei denen nicht Informationen über einen namentlich bekannten Steuerpflichtigen abgefragt werden, sondern bei denen eine Gruppe von Steuerpflichtigen gattungsmäßig umschrieben wird. Die Vertreter der OECD-Mitglieder haben einstimmig unter Beteiligung des Schweizerischen Vertreters beschlossen, die amtliche Kommentierung in diesem Punkt zu ändern: Die Doppelbesteuerungsabkommen, die sich an dem OECD-Musterabkommen orientieren, sollen nunmehr dahingehend verstanden werden, dass Gruppenanfragen ab sofort zulässig sind, obgleich sich der Text des Musterabkommens insoweit nicht geändert hat.[46]

Diese neue Sichtweise setzt insoweit bei dem Begriff der „voraussichtlichen steuerlichen Relevanz"[47] an und gibt eine Art Korridor für die Zulässigkeit von Gruppenanfragen vor: Einerseits ist eine namentliche Benennung des oder der Steuerpflichtigen, über die Informationen angefordert werden, nicht mehr erforderlich. Die betroffenen Steuerpflichtigen können zukünftig auch in anderer Weise, also gattungsmäßig, umschrieben werden. Andererseits sollen jedoch sog. „fishing expeditions" nach wie vor unzulässig bleiben, was durch den Begriff der sog. „vorhersehbaren Bedeutung" erreicht werden soll.

Ob in diesen Gruppenabfragen zukünftig neuer Zündstoff bei der Jagd auf Steuerflüchtige liegt, wird nur die Praxis zeigen. Dies betrifft beispielsweise die Frage, ob die in der Gruppenanfrage bezeichnete Gruppe tatsächlich einer Verifikation bedarf oder nicht.

Eines ist jedoch mittels des Bundesgesetzes über die internationale Amtshilfe in Steuersachen vom 28.9.2012[48], dem Schweizer Vollzugsgesetzes zu Artikel 26 OECD- Musterabkommens geklärt: In Art. 7c ist bestimmt, dass eine Auskunft dann nicht erteilt wird, wenn der Grundsatz von Treu und Glauben verletzt ist, insbesondere wenn das Auskunftersuchen auf Informationen beruht, die durch nach dem Schweizerischen Recht strafbare Handlungen erlangt worden sind. Es kann davon ausgegangen werden, dass damit insbesondere der Ankauf der Daten-CDs in der Vergangenheit gemeint sind. Allerdings wird allein dadurch die zukünftige Zulässigkeit von Gruppenanfragen nicht eingeschränkt.

b) Wohnsitzverlagerung

Verlagert ein Steuerpflichtiger seinen Wohnsitz vom Inland ins Ausland, kann dies bei gleichzeitiger Verlagerung von Betriebsvermögen ins Ausland zu einer Wegzugsbesteuerung führen.[49] Wird in einem derartigen Fall der durch die Aufdeckung erzielte Gewinn nicht gem. § 16 Abs. 3 EStG in Deutschland versteuert, obwohl der Steuerpflichtige Kenntnis von seiner Verpflichtung hat, können ebenfalls die Tatbestandsvoraussetzungen der Steuerhinterziehung im Sinne von § 370 AO erfüllt sein.

34

III. Funktionsverlagerung in ausländische Konzerngesellschaften

1. Steuerliche Anerkennung als im Ausland ansässige Gesellschaft

a) Steuerliches Gestaltungsziel

Auch Unternehmen versuchen durch die Einschaltung ausländischer Gesellschaften oder Betriebsstätten die Steuerquote durch die Wahl günstiger Standorte zu senken. Durch die Ein-

35

---

[45] BGBl. 2012 II 279.

[46] Update to article 26 of the OECD Model Tax Convention and its commentary vom 17.7.2012, Abschnitt I, Ziffer 4.4.

[47] Das Abkommen spricht von: „… foreseeably relevant for carrying out the provisions of this Convention …"

[48] http://www.admin.ch/ch/d/ff/2012/8237.pdf

[49] Hinweis: Entgegen des Beispiels in der Vorauflage erfolgt gemäß BFH BStBl. 2011 S. 1019 bei einer Wohnsitzverlagerung freiberuflich tätiger Erfinder in der Regel eine Aufdeckung stiller Reserven (Änderung der Rechtsprechung!).

kunftserzielung in ausländischen Kapitalgesellschaften soll ein Anfall der Unternehmensgewinne in Deutschland und damit eine Besteuerung im Inland verhindert werden. Vorzugsweise werden als Sitzstaat dieser Gesellschaft Staaten mit einer niedrigen Steuerquote gewählt.

b) Materiell-steuerrechtliche Voraussetzungen

36 Die Gründung erfolgt in den Rechtsformen, welche die ausländische Rechtsordnung zur Verfügung stellt. Für die Beurteilung der Rechtslage im Rahmen der deutschen Vorschriften ist die ausländische Gesellschaftsform durch einen Rechtstypenvergleich zu qualifizieren. Hierbei sind sämtliche Normen des deutschen Steuerrechts zu beachten. Im Rahmen dieses Rechtstypenvergleichs, der von der Rechtsprechung entwickelt wurde[50], wird anhand der materiellen Struktur der ausländischen Gesellschaft bzw. der real vorgefundenen Unternehmenstypen festgestellt, ob die ausländische Gesellschaft als steuerlich selbstständiger Rechtsträger zu qualifizieren ist.[51] Die jeweilige ausländische Gesellschaftsform wird auf ihre Vergleichbarkeit mit einer der Rechtsformen des abgeschlossenen Kanons der Gesellschaftsformen des inländischen Zivilrechts überprüft und einer inländischen Gesellschaftsform zugeordnet. Diese Zuordnung erfolgt nach Maßgabe des rechtlichen Aufbaus und der wirtschaftlichen Struktur des Auslandsengagements.[52] Aus der Zuordnung wird gefolgert, ob die ausländische Gesellschaft als Steuerrechtssubjekt anerkannt oder als steuerlich transparent betrachtet wird.

37 Zur Anerkennung der Eigenständigkeit einer ausländischen Gesellschaft als steuerlich selbstständiger Rechtsträger ist neben der Vergleichbarkeit mit einer inländischen Gesellschaftsform zu prüfen, ob Sondervorschriften des innerstaatlichen (Steuer-)Rechts eine völlige oder teilweise Anerkennung der Eigenständigkeit der ausländischen Gesellschaft ausschließen.

aa) Basisgesellschaft (§ 42 AO)

38 Die Voraussetzungen für eine steuerliche Anerkennung einer ausländischen Gesellschaft sind nicht erfüllt, wenn diese eine so genannte Basis- oder Domizilgesellschaft bzw. „Briefkastengesellschaft" darstellt. Basis- bzw. Briefkastengesellschaften werden – obgleich gesellschaftsrechtlich wirksam gegründet – steuerrechtlich ignoriert. Ihre Einkünfte werden direkt ihren Gesellschaftern zugerechnet. Rechtsgrundlage ist die allgemeine steuerliche Missbrauchsvorschrift des § 42 AO. Der Begriff „Basisgesellschaft" ist gesetzlich nicht normiert[53], und auch die Rechtsprechung hat auf eine Definition verzichtet. Der Begriff der Basisgesellschaft lässt sich am besten durch folgende Elemente beschreiben:[54]
– Basisgesellschaften sind in der Regel ausländische Kapitalgesellschaften, da nur eigenständige Rechtsträger i. S. d. § 1 Abs. 1 KStG, die im Inland weder ihren Sitz noch den Ort ihrer Geschäftsleitung haben, den Zweck der Abschirmung der Gewinne erfüllen können.
– Aufgrund der Intention, ein Steuergefälle zu nutzen, hat die Basisgesellschaft in der Regel ihren Sitz in einem Niedrigsteuerland.
– Basisgesellschaften unterhalten keinen eigenen nennenswerten Geschäftsbetrieb. Ihre Geschäftstätigkeit geht über die bloße Vermögensverwaltung meist nicht hinaus. In aller Regel handelt es sich hierbei um Verkaufs-, Einkaufs-, Finanzierungs-, Patentverwertungs- oder Holdinggesellschaften.[55]

39 Der Bundesfinanzhof hatte in der Vergangenheit verschiedentlich Gelegenheit, sich mit der Frage des Vorliegens von Basisgesellschaften zu beschäftigen.[56] Im Rahmen dieser Entscheidungen hatte sich der Bundesfinanzhof insbesondere mit der Frage der Anwendung des § 42

---

[50] Vgl. RFH, RStBl. 1930, 444; BFH, BStBl. 1988 II 588; *Debatin*, BB 1990, 1457, 1458 f.,; *Vogel*, DBA, Art. 1, Anm. 19–20a.
[51] *Jacobs*, Internationale Unternehmensbesteuerung, S. 503.
[52] *Jacobs*, Internationale Unternehmensbesteuerung, S. 501.
[53] *Schaumburg*, Internationales Steuerrecht, Rz. 10.23.
[54] *Schaumburg*, Internationales Steuerrecht, Rz. 10.26.
[55] *Schaumburg*, Internationales Steuerrecht, Rz. 10.26.
[56] Vgl. zuletzt: BFH BStBl. 2001 II 222; BFH/NV 2000, 824; BFH, BStBl. 2002 II 819; BFH IStR 2002, 568.

III. Funktionsverlagerung in ausländische Konzerngesellschaften

AO auf ausländische Finanzierungsgesellschaften auseinander zu setzen, d. h. mit der Frage, ob eine ausländische Finanzierungsgesellschaft eine Basisgesellschaft darstellt und damit ein Gestaltungsmissbrauch vorliegt.

Der Bundesfinanzhof[57] hält daran fest, dass § 42 AO nur Anwendung findet, wenn ein Gestaltungsmissbrauch vorliegt, der am Gesetzeszweck der §§ 7 ff. AStG zu messen ist. Diese Vorschriften seien darauf angelegt, auch und gerade der „Steuerflucht" durch Einschaltung sogenannter Basisgesellschaften zu begegnen. Aus dem Gesetzeszweck sei abzuleiten, dass das bloße Erzielen von passiven Einkünften (beispielsweise Zinseinnahmen) für sich genommen keinen Missbrauchsvorwurf nach § 42 AO rechtfertigen könne, sondern nur die Hinzurechnungsbesteuerung nach §§ 7 ff. AStG auslöse. Um § 42 AO neben den Vorschriften des Außensteuergesetzes anwenden zu können, müssten deshalb weitere Umstände hinzutreten, welche die Gestaltung als missbräuchlich kennzeichnen. Dies sei insbesondere bei Einschaltung von Basisgesellschaften bzw. Briefkastenfirmen der Fall.[58] 40

Nach ständiger höchstrichterlicher Rechtsprechung[59] erfüllt die Zwischenschaltung von Basisgesellschaften in der Rechtsform einer Kapitalgesellschaft im niedrigbesteuernden Ausland den Tatbestand des Rechtsmissbrauchs, wenn für ihre Zwischenschaltung wirtschaftliche oder sonst beachtliche außersteuerliche Gründe fehlen. Diese Rechtsprechung ist Ausdruck des Grundsatzes, dass das Steuerrecht in der Regel die gewählte zivilrechtliche Gestaltung respektiert. Eine Steuerumgehung durch Missbrauch von Formen und Gestaltungsmöglichkeiten des Rechts im Sinne des § 42 AO liegt jedoch vor, wenn die Parteien das wirklich gewollte Ergebnis eines Rechtsgeschäftes auf einem ungewöhnlichen Wege erreichen wollen.[60] Ein solcher Fall ist gerade bei solchen Gestaltungen gegeben, die nur der Manipulation dienen, beispielsweise die Einschaltung bloßer Basisgesellschaften. 41

Entscheidendes Kriterium für die Anerkennung ausländischer Finanzierungsgesellschaften und ausländischer Gesellschaften überhaupt ist, dass für Zwischenschaltung der Gesellschaft wirtschaftliche Gründe vorliegen, insbesondere die Gesellschaft tatsächlich Funktionen in eigener Verantwortung erfüllt. Zur Darlegung dieses Zweckes genügt es nicht, abstrakt darzustellen, welchen Nutzen eine Finanzierungsgesellschaft für den jeweiligen Konzern hat, vielmehr ist aufgrund des konkreten Sachverhaltes darzulegen, dass die Gesellschaft die ihrer zugedachten Funktion tatsächlich erfüllt.[61] Insofern ist nicht nur die steuerrechtliche Relevanz, sondern ebenso die strafrechtliche Bedeutung am Nachweis der tatsächlichen Verhältnisse zu messen. 42

Eine (widerlegbare) Vermutung für das Fehlen wirtschaftlicher Gründe ist gegeben, wenn die ausländische Gesellschaft jeweils über keine eigenen Büroräume, über keine eigenen Telefon- und Telefaxanschlüsse und über kein eigenes Personal verfügt. Hierbei sind unter anderem folgende Kriterien zu beachten: 43

(1) Büroräume

Nach der Rechtsprechung des Bundesfinanzhof[62] genügt für die Erfüllung dieses Kriteriums, dass die Gesellschaft eigene Räumlichkeiten an ihrem Sitz innehat, d. h. dass die Gesellschaft über einen Büroraum verfügt, auch wenn sich dieser in einem Verwaltungsgebäude befindet, in welchem auch andere Konzernfirmen ansässig sind. 44

Bei der Auswahl der Räumlichkeiten sollte darauf geachtet werden, dass diese einen abgetrennten räumlichen Bereich darstellen. Die tatsächliche Nutzung der Räumlichkeiten kann zum Beispiel durch Nebenkostenabrechnungen (zum Beispiel Heizung, Strom, Reinigung, Telekommunikation) dokumentiert werden. Die Räumlichkeiten sollten den Bedürfnissen der Gesellschaft angemessen sein, da andernfalls die Geschäftsausübung in den Räumen kaum darstellbar ist. Auch sollte darauf geachtet werden, dass die notwendige Geschäftsein-

---

[57] BFH IStR 2002, 568, 570.
[58] BFH IStR 2002, 568, 570.
[59] BFH, BStBl. 1975 II 553, 554; BStBl. 1986 II 496; BStBl. 1992 II 1029, 1031; BStBl. 2001 II 222, 223; BFH/NV 2000, 824; BStBl. 1977 II 263, 264; BStBl. 1981 II 339, 341.
[60] *Joecks*, Franzen/Gast/Joecks § 370 Rz. 138, BGH vom 30.5.1990
[61] BFH, BStBl. 2002 II, 819, 822.
[62] BFH, IStR 2002, 568, 569.

richtung vorhanden ist und entsprechende Belege über die Anschaffung (Kaufvertrag, Leasingvertrag) vorgelegt werden können. Ein schriftlicher Mietvertrag über die Räumlichkeiten, welche für die Ausübung der Geschäftstätigkeit der Gesellschaft benötigt werden, sollte vorliegen.

(2) Personal

45 Nach der Rechtsprechung des Bundesfinanzhofs[63] muss das für den Geschäftsbetrieb notwendige Personal vorhanden sein, wobei im Grundsatz das Personal auch aus Teilzeitkräften bestehen kann. Das Personal muss allerdings dem Bedarf des Unternehmens entsprechen. Sofern Teilzeitkräfte als Personal eingestellt werden und diese Personen auch im übrigen Konzernverbund anderweitig tätig sind, sollte auf eine genaue Abgrenzung der Tätigkeitsbereiche und einer Dokumentation dieser Abgrenzung geachtet werden. Ein Hinweis auf die tatsächliche Ausübung des vorgesehenen Geschäftszweckes wird immer gegeben sein, wenn notwendige Fachleute bei der Gesellschaft selbst eingestellt werden und nicht von anderen Konzerngesellschaften „ausgeliehen" werden.

(3) Telefon, Telefax

46 Der Bundesfinanzhof[64] sieht einen Telefon-/Telefaxanschluss als erforderlich für den Nachweis der tatsächlichen Geschäftsausübung an. Es sollte daher darauf geachtet werden, dass ein derartiger Anschluss vorhanden ist, der ausländischen Gesellschaft allein zugeordnet und auch genutzt wird.

(4) Geschäftsbetrieb

47 Weithin ist nach der Rechtsprechung des Bundesfinanzhofs[65] erforderlich, dass die ausländische Gesellschaft die ihr zugedachte Funktion auch tatsächlich ausübt. Dies ist dann der Fall, wenn die Gesellschaft in eigenem Namen und in eigener Rechnung handelt. Als Indiz hierfür wurde vom Bundesfinanzhof gewertet, dass die streitgegenständliche Finanzierungsgesellschaft Dritte einschaltet und Tätigkeit dieser dritten Personen nicht der Muttergesellschaft zugerechnet werden kann. Bei Vertragsabschlüssen über Dienstleistungen mit Dritten (oder anderen Konzerngesellschaften) muss der Vertrag zwischen der ausländischen Gesellschaft und dieser dritten Person abgeschlossen werden. Rechnungsempfänger ist die ausländische Gesellschaft und nicht etwa eine andere Konzerngesellschaft oder gar der Anteilseigner. Umgekehrt gilt, dass Leistungen der Finanzierungsgesellschaft von dieser selbst abzurechnen sind. Ein weiterer wesentlicher Anhaltspunkt für das Vorliegen wirtschaftlicher Gründe ist gegeben, wenn die ausländische Gesellschaft die mit ihrem Geschäftsbetrieb typischerweise verbundenen Risiken selbst trägt.

bb) Sonderfall § 50d Abs. 3 EStG bei Dividend Routing

48 Mit Wirkung ab 1994 wurde durch das Gesetz zur Bekämpfung des Missbrauchs und zur Bereinigung des Steuerrechts (StMBG)[66] § 50d Abs. 1a EStG eingefügt. Durch das Gesetz zur Änderung steuerlicher Vorschriften[67] wurde die Vorschrift mit Wirkung ab 1.1.2002 neu gefasst und in § 50d Abs. 3 EStG umgestellt.[68] § 50d Abs. 3 EStG soll das sog. „Treaty Shopping" erschweren. Hintergrund sind unterschiedliche Quellensteuervergünstigungen in den verschiedenen Doppelbesteuerungsabkommen. Schüttet beispielsweise eine deutsche Kapitalgesellschaft eine Dividende an ihre englische Muttergesellschaft (Kapitalgesellschaft) aus, die wiederum die Liquidität in Form einer Dividende an ihre amerikanische Gesellschafterin im Konzern weiterleitet, entsteht nach Art. IV DBA Großbritannien[69] in Verbindung mit der

---

[63] BFH, IStR 2002, 568, 569.
[64] BFH, IStR 2002, 568, 569.
[65] BFH, IStR 2002, 568, 570.
[66] StMBG, BGBl. 2001 I 2310.
[67] Steueränderungsgesetz (StÄndG) vom 20.12.2001, BGBl. 2001, 3794.
[68] *Neyer,* IStR 1996, 120.
[69] Abkommen zwischen der Bundesrepublik Deutschland und dem Vereinigten Königreich Großbritannien und Nordirland zur Vermeidung der Doppelbesteuerung und zur Verhinderung der Steuerverkürzung vom 26.11.1966, BGBl. 1966 II 359 in der Fassung des Änderungsprotokolls vom 23.3.1970, BGBl. 1971 II 46 („DBA Großbritannien").

III. Funktionsverlagerung in ausländische Konzerngesellschaften 21

Mutter-Tochter-Richtlinie[70] keine Quellensteuer-Belastung.[71] Die Ausschüttung der deutschen Kapitalgesellschaft direkt an eine amerikanische Muttergesellschaft in der Rechtsform einer Kapitalgesellschaft würde gem. Art. 10 Abs. 2 Buchst. a DBA USA[72] zum Quellensteuereinbehalt von fünf Prozent in Deutschland führen.

Nach § 50d Abs. 3 EStG wird eine völlige oder teilweise Entlastung von der Kapitalertragsteuer nicht gewährt, wenn an der ausländischen Gesellschaft Personen beteiligt sind, die keinen Anspruch auf Einräumung dieser Entlastung hätten, wenn sie an der inländischen Gesellschaft unmittelbar beteiligt wären. § 50d Abs. 3 EStG greift gemäß seinem Wortlaut nicht ein, wenn die ausländische Gesellschaft eigene Wirtschaftstätigkeit entfaltet oder sonstige Gründe für ihre Zwischenschaltung nachweist. 49

Streitig ist, inwieweit die allgemeine steuerrechtliche Missbrauchsvorschrift des § 42 AO neben § 50d Abs. 3 AO Anwendung finden kann. Der Bundesfinanzhof hat das Verhältnis der beiden Normen zueinander bislang offen gelassen.[73] In der Literatur war bislang umstritten, ob § 42 AO im Anwendungsbereich des § 50d Abs. 3 AO anwendbar ist.[74] Durch die Einfügung von § 42 Abs. 2 AO durch das StMBG, der statuiert, dass § 42 AO in jedem Fall Anwendung findet, es sei denn, seine Anwendung wäre ausdrücklich ausgeschlossen, versuchte der Gesetzgeber diese Frage zugunsten einer Anwendung des § 42 AO neben dem § 50d Abs. 3 EStG für die Zukunft zu klären.[75] 50

Die Regelung des § 50d Abs. 3 EStG stellt ein „Treaty Overriding" dar, d. h. die völkerrechtlichen Vorschriften von Doppelbesteuerungsabkommen werden insoweit im innerstaatlichen deutschen Recht außer Kraft gesetzt. Der Bundesfinanzhof ist in Änderung seiner bisherigen Rechtsprechung (noch zu § 50d Abs. 1a EStG: BFH, BStBl. 2022 II 819 m. Anm. Jacobs/Klein, IStR 2002, 600 und Roser GmbHR 2002, 869) inzwischen von der Verfassungswidrigkeit des Treaty Override überzeugt und hat folgerichtig die Vereinbarkeit eines Treaty Override mit dem Grundgesetz dem Bundesverfassungsgericht im Rahmen eines Normenkontrollverfahrens (Art. 100 Abs. 2 GG) vorgelegt.[76] Bedenken bestehen auch in Hinblick auf die Europarechtskonformität der Vorschrift. Zwar sind die Mitgliedstaaten berechtigt, Missbrauchsregelungen zu erlassen, diese dürfen jedoch keine Verletzung der Grundfreiheiten, insbesondere des Diskriminierungsverbotes darstellen.[77] Der Bundesfinanzhof hat sich auf diese Diskussion bisher nicht eingelassen, da er in seiner Entscheidung[78] von einem abweichenden Begriffsverständnis der Missbrauchsdefinition ausging.[79] Eine Vorlage der Frage zum EuGH erfolgte daher bislang nicht. 51

cc) Geschäftsleitung im Ausland

Oftmals wird in der Praxis übersehen, welche Folgen die tagtägliche Praxis der Geschäftsführung mit sich bringt. Sowohl das nationale deutsche Steuerrecht als auch die Doppelbesteuerungsabkommen knüpfen Rechtsfolgen an den Sitz der Geschäftsleitung, so dass der Bestimmung des Ortes der Geschäftsleitung grundsätzlich große Bedeutung zukommt. Körperschaften, deren Geschäftsleitung sich in Deutschland befindet, sind daher gemäß § 1 Abs. 1 KStG in Deutschland unbeschränkt körperschaftsteuerpflichtig. 52

---

[70] Richtlinie 90/435/EWG des Rates vom 23.7.1990, ABl. EG Nr. L 225 S. 6.
[71] Vgl. *Debatin/Wassermeyer-Mettenheimer*, DBA Großbritannien, Art. VI Rn. 7.
[72] Abkommen zwischen der Bundesrepublik Deutschland und den Vereinigten Staaten von Amerika zur Vermeidung der Doppelbesteuerung auf dem Gebiet der Steuern vom Einkommen und vom Vermögen und einiger anderer Steuern vom 04.6.2008, BGBl. 2008 II 611 („DBA USA"); (Nach Art. 10 Abs. 3 DBA USA besteht unter bestimmten Voraussetzungen sogar die Möglichkeit einer Reduktion des Quellensteuersatzes auf 0%).
[73] BFH, BStBl. 2002 II 819, 821.
[74] Zum Meinungsstand vgl. *Füger*, S. 733; *Zettler*, S. 20.
[75] *Stoschek/Peter*, IStR 2002, 656, 659, zur Beurteilung des § 42 Abs. 2 AO durch den BFH vgl. oben Rn. 21.
[76] BFH vom 10.1.2012, I R 66/09.
[77] *Stoschek/Peter*, IStR 2002, 656, 661 f.
[78] BFH, BStBl. 2002 II 819, 822 f.
[79] *Stoschek/Peter*, IStR 2002, 656, 661.

21. Kapitel. Internationales Steuerrecht und Steuerhinterziehung

53 Gem. Art. 10 AO ist die Geschäftsleitung der Mittelpunkt der geschäftlichen Oberleitung der Gesellschaft. Der Mittelpunkt der geschäftlichen Oberleitung ist nach einhelliger Ansicht dort, wo der für die Geschäftsführung maßgebende Wille gebildet wird.[80] Der Mittelpunkt der geschäftlichen Oberleitung liegt somit dort, wo (dauernd) die für die Geschäftsführung notwendigen Maßnahmen von einiger Wichtigkeit getroffen bzw. angeordnet werden[81], d. h. an dem Ort, an dem die ständige Tagespolitik der Gesellschaft formuliert wird und die im gewöhnlichen Geschäftsverkehr erforderlichen Entscheidungen von einigem Gewicht getroffen werden. Der Ort der Wirkungen dieser Entscheidungen ist dagegen unerheblich.[82] Der Mittelpunkt der geschäftlichen Oberleitung vollzieht sich somit nach den im Einzelfall gegebenen tatsächlichen Verhältnissen, er ist somit Tatsachenfrage.[83]

54 Die geschäftliche Oberleitung wird von der Person ausgeübt, die zur wirtschaftlichen Leitung bevollmächtigt ist. Daher ist zunächst festzustellen, wer der tatsächliche „Oberleiter" eines Unternehmens ist. Hierfür ist nicht die juristische Berechtigung entscheidend. Vielmehr ist danach zu fragen, welche natürliche Person die tatsächliche Leitung ausübt. Dies bedeutet, dass nicht unwiderlegbar vorausgesetzt werden kann, dass die nach dem Gesetz zur Leitung befugten Organe die Geschäfte der Gesellschaft führen.[84] Dementsprechend kann z. B. ein beherrschender Gesellschafter trotz Vorhandensein eines personenverschiedenen Vorstands als wirklicher „Oberleiter" der Gesellschaft anzusehen sein.

55 Für eine GmbH hat das Hessische Finanzgericht die Voraussetzungen für das Vorliegen des Ortes der Geschäftsleitung, wie folgt, zusammengefasst:[85] „Maßgeblich ist jeweils der Ort, dem unter Beachtung der Struktur und der Art des Unternehmens nach dem Gesamtbild der Verhältnisse in organisatorischer und wirtschaftlicher Hinsicht die größte Bedeutung zukommt. Dies ist regelmäßig der Ort, an dem bei einer GmbH der bestellte Geschäftsführer seine Tätigkeit entfaltet, im Allgemeinen dort, wo er ein Büro hat. Anlass zur Abweichung besteht aber dann, wenn der Gesellschafter seine gesellschaftliche Machtbefugnis überschreitet und an einem anderen Ort als dem Büro des Geschäftsführers wie ein solcher agiert ... er überschreitet seine Aufsichtsbefugnisse und übt die geschäftliche Oberleitung über das Unternehmen aus, wenn er in den gewöhnlichen Geschäftsverkehr hineinredet, sich dauernd über die einzelnen Geschäfte auf dem Laufenden halten lässt und die Abwicklung der laufenden Geschäfte durch seine Entscheidung maßgeblich beeinflusst.. damit ist er als faktischer Geschäftsführer anzusehen."* Ähnlich wurde dies auch vom Bundesfinanzhof formuliert, der die für Kapitalgesellschaften geltenden Grundsätze auch auf Personengesellschaften überträgt.[86] Entsprechend der Definition sind mehrere Mittelpunkte der geschäftlichen Oberleitung möglich.[87]

56 Zu unterscheiden ist die Feststellung des Ortes der Geschäftsführung von der Bestimmung des tatsächlichen Verwaltungssitzes. Beiden Begriffen kommt unterschiedliche Funktion zu. Während der Ort der Geschäftsführung in steuerrechtlicher Hinsicht von Bedeutung ist, wird auf den tatsächlichen Verwaltungssitz für die Zwecke des internationalen Privatrechts im Rahmen der Sitztheorie abgestellt.[88] Allerdings ist in Hinblick auf die Geltung der Sitztheorie, die sich z. B. über den Typenvergleich auch auf das Steuerrecht auswirkt, auf die Überseering-Entscheidung des Europäischen Gerichtshofes (EuGH)[89] zu verweisen, deren Auswirkungen auf das deutsche (Steuer-)Recht noch abzuwarten sein werden.[90]

57 In der Praxis können sich Verschiebungen des Ortes der Geschäftsführung insbesondere dann ergeben, wenn die natürliche Person, die die geschäftliche Oberleitung innehat, ins

---

[80] Begründung zu § 10 AO 1977 (§ 9 EAO 1974), BT-DS VI/1982, 103; RFH, RStBl. 1938, 949; BFH, BFH/NV 1988, 63, 64; BFH, BFH/NV 1988, 64, 65; BFH, BStBl. 1991 II 554, 555.
[81] RFH, RStBl. 1935 1366; RFH, RStBl. 1938 949; BFH, BFH/NV 1986, 255; BFH, BFH/NV 1990, 353, 354; BFH, BStBl. 1991 II 554, 555.
[82] *Jacobs*, Internationale Unternehmensbesteuerung, S. 376.
[83] *Hübschmann/Hepp/Spittaler*, § 10 AO Rz. 14.
[84] *Kluge*, Internationales Steuerrecht, Abschnitt M 10.
[85] Hessisches FG, EFG 1998, 518.
[86] BFH, BStBl. 1998 II 86, 87; BFH, BStBl. 1999 II S 437, 438.
[87] BFH, DStRE 1998, 233, 234.
[88] Hinsichtlich der zivilrechtlichen Auswirkungen der Überseeringentscheidung.
[89] EuGH, IStR 2002, 809.
[90] *Sedemund*, IStR 2002, 816, 817.

III. Funktionsverlagerung in ausländische Konzerngesellschaften

Ausland verzieht. Der Bundesfinanzhof geht davon aus, dass die Geschäftsführung eine dauerhafte Tätigkeit ist und daher grundsätzlich die Anwesenheit des Geschäftsführers erfordert.[91] Sofern daher der Geschäftsführer bzw. die Person, welche die geschäftliche Oberleitung innehat, nicht dauerhaft, sondern nur in regelmäßigen Abständen am Sitz der Gesellschaft anwesend ist, ergeben sich nach dieser Rechtsprechung Zweifel, ob nicht ein Wechsel des Sitzes der Geschäftsleitung eingetreten ist. Sofern daher der Geschäftsführer nicht dauerhaft, sondern nur in regelmäßigen Abständen am Sitz der Gesellschaft anwesend ist, sollte darauf geachtet werden, dass qualifiziertes Personal für die Durchführung des Tagesgeschäftes vor Ort zur Verfügung steht. Ein Indiz für den Ort der Geschäftsleitung kann sich aus dem Arbeitsvertrag des Geschäftsführers ergeben, etwa wenn dort als Erfüllungsort für die zu erbringende Arbeitsleistung der Sitz der Gesellschaft angegeben ist.[92] Ein weiteres Indiz ist der Schriftverkehr der Gesellschaft. Wenn der Schriftverkehr nicht über den Sitz der Gesellschaft abgewickelt wird, spricht einiges dafür, dass auch die Geschäftsleitung von einem anderen Ort aus geführt wird.

58 Ein besonderes Augenmerk richtet der Bundesfinanzhof auf Fälle, in denen der Wohnort des Geschäftsführers und der Ort der (angegebenen) Geschäftsleitung weit auseinander fallen. Wenn in einem derartigen Fall nicht eindeutige Hinweise für eine tatsächliche Durchführung der Geschäftsführung am angegebenen Ort der Geschäftsleitung vorliegen, besteht die Gefahr der Annahme des Ortes der Geschäftsleitung am Ort des Wohnsitzes des Geschäftsführers.

c) Typische Hinterziehungskonstellationen

59 Erfolgt die Wahl einer Beteiligungsstruktur allein zu dem Zweck, Einkünfte in niedrig besteuernden Ländern anfallen zu lassen und verschleiert der Steuerpflichtige gegenüber den Finanzbehörden die tatsächlichen Verhältnisse über die wirtschaftliche Tätigkeit der ausländischen Gesellschaft oder den Ort der tatsächlichen Geschäftsleitung, oder macht er falsche Angaben hierzu, kann der Tatbestand der Steuerhinterziehung gem. § 370 Abs. 1 Nr. 1 oder Nr. 2 sowie Abs. 3 AO erfüllt sein. Gleiches gilt für die Verschleierung des Spezialtatbestands des § 50d Abs. 3 EStG.

60 Zur Illustration einer Strukturierung allein aus Gründen der Quellensteuer-Reduzierung kann folgender vom Bundesfinanzhof[93] entschiedener Fall dienen: Gesellschafter, die auf den Bermudas, Australien und in den USA ansässig sind, sind an einer Kapitalgesellschaft mit Sitz auf den Bermudas beteiligt. Diese ist wiederum an einer Kapitalgesellschaft mit Sitz in den Niederlanden zu 100 Prozent beteiligt, die ihrerseits 100 Prozent der Anteile an einer deutschen GmbH hält. Die deutsche GmbH schüttet Gewinne an ihre niederländische Muttergesellschaft aus. Die niederländische Gesellschaft beantragt die Herabsetzung der Quellensteuer entsprechend den Regelungen des Doppelbesteuerungsabkommens zwischen Deutschland und den Niederlanden. Die niederländische Gesellschaft hat ihren Sitz in den Geschäftsräumen einer Schwestergesellschaft, deren Telefon- und Telefaxanschlüsse sie nutzt. Beide Gesellschaften, wie auch weitere Schwesterunternehmen in den Niederlanden, werden von einem dort ansässigen Geschäftsführer geleitet. Über weiteres Personal verfügt die Gesellschaft in den Niederlanden nicht. Sie übt neben der Verwaltung der Beteiligung auch keine eigene Geschäftstätigkeit aus.

Die niederländische Gesellschaft stellt eine sog. Basisgesellschaft dar, da die Gesellschaft kein eigenes Personal, keine eigenen Geschäftsräume und keine eigene Geschäftsausstattung hat. Eine eigene wirtschaftliche Tätigkeit der niederländischen Gesellschaft liegt ebenfalls nicht vor, da das bloße Halten einer Beteiligung an einer inländischen GmbH ohne weitere geschäftsleitende Funktionen nicht die Anforderungen an eine eigene wirtschaftliche Tätigkeit erfüllt.[94] Die Zwischenschaltung der niederländischen Gesellschaft stellt somit einen Gestaltungsmissbrauch i. S. d. § 42 AO dar. Die niederländische Gesellschaft ist für Steuerzwecke nicht anzuerkennen.

---

[91] BFH, BStBl. 1991 II 554, 555.
[92] BFH, BStBl. 1991 II 554.
[93] BFH, BStBl. 2002 II 819.
[94] BFH, BStBl. 2002 II 819, 822.

Selbst wenn die niederländische Gesellschaft anerkannt werden könnte, stünde dieser die Steuerermäßigung gem. § 50d Abs. 3 EStG nicht zu. Die Gesellschaft auf den Bermudas ist nicht zur Inanspruchnahme der Steuerentlastung berechtigt, da mit den Bermudas kein Doppelbesteuerungsabkommen, welches eine entsprechende Reduzierung der Steuerlast vorsieht, besteht. Daran ändert auch die Tatsache nichts, dass an der Gesellschaft auf den Bermudas wiederum Gesellschafter beteiligt sind, die aufgrund ihrer Ansässigkeit in den USA und Australien zur (teilweise) Befreiung von Quellensteuer berechtigt wären, würden sie die Anteile an der deutschen GmbH direkt halten, da ein Durchgriff auf tiefer gestaffelte Beteiligungsstrukturen jedenfalls dann verhindert wird, wenn der unmittelbar beteiligte Gesellschafter nicht abkommensberechtigt ist.[95]

2. Funktionsverlagerungen und Verrechnungspreise

a) Einführung und steuerliches Gestaltungsziel

61 Die Konzernsteuerquote hat sich mit der Globalisierung der Unternehmen zu einer weltweit relevanten Kennzahl entwickelt. Einerseits besteht in Konzernabschlüssen nach internationalen Rechnungslegungsvorschriften (International Financial Reporting Standards, IFRS) die Verpflichtung, eine Konzernsteuerquote zu entwickeln. Andererseits steht die Konzernsteuerquote Investoren und Analysten für die Beurteilung von Unternehmen zur Verfügung und entwickelt eine bedeutende Außenwirkung.[96]

International besteht weiterhin ein starkes Steuergefälle. Dies gilt nicht nur im Vergleich von EU-Staaten mit sog. „Steueroasen", sondern auch im Vergleich zwischen EU-Staaten. Insbesondere die östlichen Beitrittsstaaten versuchen über niedrige Steuersätze, aber auch sonstige Steueranreize (z. B. Tax-Holidays) ausländische Investoren zu mehr Investitionen im eigenen Land anzureizen.

62 Innerhalb eines Konzerns ergeben sich zahlreiche Möglichkeiten einer vielfältigen Aufgabenteilung. Aufgrund des rasanten Fortschritts der Technik – insbesondere in den Bereichen Logistik und Kommunikation – war es multinationalen Konzernen bereits Anfang der Neunziger Jahre zunehmend möglich, ihre Wertschöpfungskette in einzelne Funktionen, d. h. in einzeln abgrenzbare Ausschnitte aus dem Gesamtwertschöpfungsprozess, zu zerlegen und diese an geographisch unterschiedlichen Orten im In- und Ausland anzusiedeln.[97] In Verbindung mit bestehenden Steuergefällen ergaben sich nicht zu unterschätzende Gestaltungsspielräume für verbundene Unternehmen. Hieran hat sich bis heute nichts geändert. Vielmehr haben sich die Spielräume wegen der weiterhin rasanten technischen Entwicklungen eher noch vergrößert.

63 Die eigentliche Motivation, Funktionen ins Ausland zu verlagern, besteht regelmäßig in außersteuerlichen Gründen, z. B. in Standortvorteilen, wie günstige Arbeitskosten, die Nähe zu den Absatz- und Beschaffungsmärkten, local content, etc. Dennoch spielen auch steuerliche Vorteile eine gewisse Rolle.[98] Je nach Rechtsform des Auslandsinvestments und den Regelungen eines anwendbaren Doppelbesteuerungsabkommens unterliegen die Gewinne des Auslandsinvestments der ausländischen Besteuerung. Daraus kann auch die Motivation entstehen, mit der Funktion Gewinnpotential ins Ausland zu verlagern.

64 Das steuerliche Interesse der Verlagerung von Funktionen im Konzern liegt folglich darin, Gewinne dort anfallen zu lassen, wo sie einer möglichst niedrigen Ertragsteuerbelastung unterliegen, um das vorstehend erwähnte Steuergefälle ausnutzen zu können. Die Konzern-

---

[95] BFH, BStBl. 2002 II 819, 822.
[96] Vgl. *Spengel/Kamp* in *Carl-Christian Freidank, Volker H. Peemöller* (Hrsg.), Corporate Governance und interne Revision, Erich Schmidt Verlag, Hamburg/Nürnberg 2007, S. 515.
[97] Siehe hierzu bereits die Ausführungen von *Borstell*, Verrechnungspreisprobleme bei Funktionsverlagerungen, StbJb 2001/2002, S. 203.
[98] Vgl. u. a. *Günter, Simone*, „Die ertragsteuerliche Behandlung grenzüberschreitender Funktionsverlagerungen" in WPg 2007, S. 1082, *Baumhoff/Bodenmüller*, Die Besteuerung grenzüberschreitender Funktionsverlagerungen, in: *Grotherr* (Hrsg.), Handbuch der internationalen Steuerplanung, Herne/Berlin 2011, S. 543.

III. Funktionsverlagerung in ausländische Konzerngesellschaften

steuerquote sinkt, wenn es gelingt, eine kapitalimportneutrale Besteuerung[99] zu erreichen, zumindest jedoch eine Steuerbelastung unterhalb des deutschen Ertragsteuerniveaus. Dies ist insbesondere bei der Verlagerung von Funktionen auf ausländische Kapitalgesellschaften möglich, da deren Gewinne aufgrund der steuerlichen Abschirmwirkung dieser Rechtsform nicht Anknüpfungspunkt einer deutschen Besteuerung sind.[100] Allerdings wird die Abschirmwirkung aufgehoben, wenn die Gewinne als passive Einkünfte i. S. d. § 8 AStG zu qualifizieren sind und damit der Hinzurechnungsbesteuerung gemäß § 10 AStG unterliegen (vgl. oben Tz. 19 ff.) Aber auch die Verlagerung von Funktionen auf ausländische Betriebsstätten vermag zur Reduzierung der Konzernsteuerquote beizutragen, da die Gewinne einer Betriebsstätte im Ausland in Deutschland unter bestimmten Voraussetzungen regelmäßig von der Besteuerung freigestellt werden.[101]

Da davon auszugehen ist, dass in den meisten Fällen ausländische Tochtergesellschaften deutscher Unternehmen in der Rechtsform einer Kapitalgesellschaft geführt werden[102], sollen sich die nachfolgenden Darstellungen auf eine Funktionsverlagerung seitens eines deutschen Unternehmens auf eine ausländische Kapitalgesellschaft beziehen. **65**

Wenngleich die Kapitalimportneutralität eine bedeutsame Voraussetzung für das Erreichen der Absenkung der Konzernsteuerquote ist, so ist die Verlagerung von Funktionen und damit von Steuersubstrat vornehmlich im Licht der Angemessenheit konzerninterner Verrechnungspreise für Geschäftsbeziehungen zu sehen. Maßstab für diese Form der Gewinnaufteilung auf die in- und ausländischen Gesellschaften eines Konzerns ist der Fremdvergleich. **66**

In der Praxis ist die Funktionsverlagerung ins Ausland in nahezu allen unternehmerischen Bereichen anzutreffen, beispielsweise die Verlagerung von Funktionen der Produktion, des Vertriebs, der Planung, Koordinierung und Kontrolle. Beliebt ist auch die Verlagerung von Finanzierungsfunktionen auf Finanzierungsgesellschaften (oder sog. Treasury Center) oder auf Spezialgesellschaften (Special Purpose Vehicles/Single Purpose Vehicles, sog. SPV), die beispielsweise Factoring-, Asset Backed Securities-Transaktionen oder Projektfinanzierungen für den Konzern abbilden. Auch sonstige Dienstleistungsfunktionen (z. B. Leasing, Werbung, Marketing, Logistik, Forschung und Entwicklung, Zentraleinkauf, Versicherung und Immobilienverwaltung) werden häufig auf ausländische Gesellschaften in niedrig besteuernde Länder ausgegliedert.[103] **67**

Dem steuerlichen Interesse der Unternehmen, Konzerngewinne in möglichst niedrig besteuernden Ländern anfallen zu lassen, steht das fiskalische Interesse der deutschen Steuerverwaltung entgegen, möglichst viel Steuersubstrat in Deutschland zu erhalten. Der deutsche Gesetzgeber hat die Funktionsverlagerung mit Argwohn betrachtet und mit dem Unternehmensteuerreformgesetz 2008 Regelungen geschaffen, die eine sachgerechte Besteuerung von Wertetransfers ins Ausland sicherstellen sollen.[104] **68**

b) Voraussetzung der steuerlichen Anerkennung einer Funktionsverlagerung

Grundsätzliche Voraussetzung der steuerlichen Anerkennung von Funktionsverlagerungen und der damit verbundenen künftigen Gewinnverlagerung ist die tatsächliche Verfügung über die Einkunftsquelle. Der rechtliche und wirtschaftliche Sachverhalt muss in der Weise geändert werden, dass das funktionsaufnehmende Unternehmen tatsächlich in die Lage versetzt wird, die mit der Funktionsausübung entstehenden Einkommen zu erzielen. Das Verfü- **69**

---

[99] Kapitalimportneutralität bedeutet, dass Aktivitäten auf Auslandsmärkten auch dem ausländischen Steuerniveau ausgesetzt werden, d. h. nicht höher besteuert werden als die Einkünfte der lokalen Steuersubjekte und eines Rechtsträger im jeweiligen Ausland; vgl. dazu *Jacobs, Otto*, Internationale Unternehmensbesteuerung, 7. Aufl., München 2011, S. 19.

[100] Vgl. *Jacobs*, S. 434.

[101] Vgl. *Jacobs*, S. 667.

[102] Vgl. *Jacobs*, S. 428.

[103] Beispiele werden unter d) kurz vorgestellt. Bei Finanzierungsgesellschaften, insbes. bei SPV stellt sich häufig auch die Frage der steuerlichen Anerkennung der Gesellschaft an sich („Basisgesellschaft"), vgl. oben 1. b) aa). Als Beispiel für konzerninterne Projektfinanzierung vgl. BFH IStR 2002, 568.

[104] Vgl. Deutscher Bundestag Drucksache 16/5491 vom 24.5.2007, S. 6.

gen über eine Einkunftsquelle kann durch Übertragung eines Wirtschaftsguts oder Rechtsverhältnisses oder durch Begründung oder Aufhebung eines Rechtsverhältnisses erfolgen. Dabei ist jedoch zu beachten, dass die nur rechtsförmliche Übertragung eines Wirtschaftsguts und der damit in Zukunft erzielten Erträge steuerlich unbeachtlich ist, wenn es nicht auch wirtschaftlich aus dem Vermögen des übertragenden Unternehmens ausscheidet.[105]

c) Steuerliche Auswirkungen der Funktionsverlagerung

70 Konsequenz der Verlagerung betrieblicher Funktionen in niedrig besteuernde Staaten ist die günstigere Besteuerung künftiger Erträge aus der Ausübung dieser Funktionen. Dabei ist einerseits zu bedenken, ob und inwieweit der Verlagerungsvorgang selbst steuerliche Folgen auslöst. Andererseits ist zu überprüfen, ob durch die Verlagerung das Ziel der Minimierung der Konzernsteuerquote erreicht wird. Dies ist – wie bereits dargestellt – insbesondere vor dem Hintergrund der Verrechnungspreisthematik zu untersuchen.

aa) Steuerliche Konsequenzen des Verlagerungsvorgangs

71 Die bloße organisatorische Änderung der Funktionsverteilung an sich innerhalb des Konzerns ist steuerlich grundsätzlich unbeachtlich, soweit hiermit nicht auch Wirtschaftsgüter oder sonstige Vorteile übertragen oder überlassen werden.[106]

72 Erfahrungsgemäß werden mit der organisatorischen Verlagerung von Funktionen Wirtschaftsgüter übertragen oder überlassen. Bei den übertragenen Wirtschaftsgütern handelt es sich entweder um materielle Vermögenswerte (z. B. Maschinen) oder um immaterielle Vermögenswerte (z. B. Know-how, Kundenstamm). Der Übergang immaterieller Wirtschaftsgüter als Folge einer Funktionsverlagerung und die damit verbundenen steuerlichen Folgen werden häufig durch die Entscheidungsträger in den Unternehmen nicht erkannt oder unterschätzt.

73 Funktionsverlagerungen zwischen verbundenen Unternehmen sind grundsätzlich unter dem Grundsatz des „dealing-at-arm's-length" (Fremdvergleichsgrundsatz) zu treffen, also wie zwischen voneinander unabhängigen Dritten. Bei Verletzung dieses Grundsatzes kann die Gewinnverteilung zwischen den beteiligten Unternehmen auf Basis nationaler Korrekturvorschriften, ggf. in Verbindung mit Regelungen eines DBA, durch die Steuerverwaltungen der betroffenen Staaten korrigiert werden.

74 Gemäß dem Grundsatz des Fremdvergleichs sind Geschäftsbeziehungen zwischen verbundenen Unternehmen steuerlich daran zu messen, ob sich die Beteiligten wie fremde Dritte verhalten haben. Der Fremdvergleichsgrundsatz ist international auf OECD-Ebene[107] anerkannt und hat zum Zweck angemessener Gewinnabgrenzung Eingang in die Steuerrechtsordnungen zahlreicher Staaten gefunden. Der Fremdvergleichsgrundsatz findet sich in verschiedenen Ausprägungen auch in der deutschen Einkünftekorrekturnorm des § 1 Abs. 1 AStG sowie in den Rechtsinstituten der verdeckten Gewinnausschüttung[108] und der verdeckten Einlage wieder. Im Ergebnis führt die Anwendung dieser Rechtsinstitute dazu, dass Minderungen des steuerpflichtigen Einkommens durch unangemessene Gestaltung konzerninterner Verrechnungspreise steuerwirksam korrigiert werden, mithin das zu versteuernde Einkommen angehoben wird. Geschäftsbeziehungen zwischen verbundenen bzw. nahe stehenden Unternehmen sind daher marktüblich zu gestalten und damit Preise zu vereinbaren, wie sie zwischen nicht verbundenen Unternehmen unter gleichen oder ähnlichen Bedingungen vereinbart worden wären.

75 Folglich ist für die Übertragung von Wirtschaftsgütern ein Fremdpreis zu entrichten, der häufig zur steuerpflichtigen Aufdeckung stiller Reserven führt.

---

[105] Vgl. *Müsil* in: *Herrmann/Heuer/Raupach*, EStG § 2 Rz. 152.
[106] Vgl. *Baumhoff/Bodenmüller*, Die Besteuerung grenzüberschreitender Funktionsverlagerungen, in: Grotherr (Hrsg.), Handbuch der internationalen Steuerplanung, 3. Auflage, Herne 2011, S. 549.
[107] Vgl. Art. 9 des OECD-Musters für Doppelbesteuerungsabkommen sowie OECD Transfer Pricing Guidelines for Mulitnational Enterprices and Tax Administrations 2010, Organization für Economic Cooperation and Development (OECD), Paris („OECD-Guidelines 2010"), Tz. 1.6.
[108] Vgl. § 8 Abs. 3 S. 2 KStG.

III. Funktionsverlagerung in ausländische Konzerngesellschaften

Mit dem Unternehmensteuerreformgesetz 2008 hat der deutsche Gesetzgeber die Anwendung des Fremdvergleichsgrundsatzes im Falle von Funktionsverlagerungen grundlegend neu geregelt. § 1 Abs. 3 S. 9 AStG sieht nunmehr vor, dass bei der Verlagerung von einer Funktion einschließlich der dazugehörigen Chancen, Risiken und Wirtschaftsgüter grundsätzlich keine Einzelbewertung von übertragenen materiellen oder immateriellen Wirtschaftsgütern mehr vorzunehmen ist. Vielmehr ist die Funktion als Ganzes auf Basis eines sog. „Transferpakets" zu bewerten. Die gesetzlichen Regelungen zur Funktionsverlagerung und zur Bestimmung des Transferpakets und dessen Bewertung sind komplex und sollen zum besseren Verständnis nur vereinfacht dargestellt werden. 76

Das Transferpaket besteht aus einer Funktion und den mit dieser Funktion zusammenhängenden Chancen und Risiken sowie den Wirtschaftsgütern und Vorteilen, die das verlagernde Unternehmen dem übernehmenden Unternehmen überträgt oder überlässt, und den in diesem Zusammenhang erbrachten Dienstleistungen.[109] 77

Die Bewertung des Transferpakets erfolgt regelmäßig auf Basis von Gewinnpotentialen.[110] Dabei sind sowohl auf Ebene des abgebenden als auch des aufnehmenden Unternehmens die zu erwartenden Gewinne mit sowie ohne Funktionsausübung für die Zukunft zu ermitteln und mit risikoadäquaten Zinssätzen auf den Zeitpunkt der Funktionsverlagerung abzuzinsen. Der zu bewertende Betrachtungszeitraum ist grundsätzlich unendlich, kann aber bei Glaubhaftmachung eines anderen Zeitraums verkürzt werden.[111] Aus der Gegenüberstellung der Gewinnerwartung mit Funktionsausübung zu derjenigen ohne Funktionsausübung ergibt sich das jeweilige Gewinnpotential.[112] Das Gewinnpotential des abgebenden Unternehmens bildet den Mindestpreis des Transferpakets[113], während das Gewinnpotential des aufnehmenden Unternehmens dessen Höchstpreis[114] darstellt. Kann kein anderer Wert glaubhaft gemacht werden, bestimmt sich der Preis des Transferpakets nach dem Mittelwert zwischen Mindest- und Höchstpreis.[115] 78

Bei der Bestimmung der Gewinnpotentiale wie auch der Preisfestlegung zwischen Mindest- und Höchstpreis können weitere Aspekte zu beachten sein. Hierbei handelt es sich u. a. um die Verhandlungsmacht der Parteien und deren alternativ zur Funktionsverlagerung zur Verfügung stehenden Handlungsmöglichkeiten oder auch Verlustsituationen.[116] 79

Standortvorteile und Synergieeffekte sind bereits bei Ermittlung der Gewinnpotentiale zu berücksichtigen.[117] 80

Die Bewertung des Transferpakets auf Basis von Gewinnpotentialen führt bei erfolgreichen Unternehmen regelmäßig zu einer Aufdeckung nennenswerter stiller Reserven, da Basis der Bewertung die zukünftigen Gewinne sind. 81

Die Bewertung eines Transferpakets kann unterbleiben, wenn der Steuerpflichtige glaubhaft macht, dass entweder keine wesentlichen immateriellen Wirtschaftsgüter oder Vorteile Bestandteil der Funktionsverlagerung sind, oder dass die Summe der angesetzten Einzelverrechnungspreise gemessen am Wert des Transferpakets fremdüblich ist, oder dass zumindest ein wesentliches immaterielles Wirtschaftsgut Gegenstand der Verlagerung war und dieses genau bezeichnet werden kann.[118] Da auch die Bemessung eines Verrechnungspreises für die Übertragung immaterieller Wirtschaftsgüter regelmäßig unter Berücksichtigung der hier- 82

---

[109] Vgl. BMF-Schreiben vom 13.10.2010, BStBl. 2010 I, S. 774, („VGrS-FVerl") Tz. 2.1.3.
[110] Vgl. § 1 Abs. 3 S. 9 i. V. m. S. 5 AStG; Zunächst wäre ein ggf. vorhandener Fremdvergleichspreis anzusetzen, einen solchen gibt es allerdings nur in extremen Ausnahmefällen, weshalb der sog. „hypothetische Fremdvergleich" anzuwenden ist.
[111] Vgl. Verordnung zur Anwendung des Fremdvergleichsgrundsatzes nach § 1 Abs. 1 des Außensteuergesetzes in Fällen grenzüberschreitender Funktionsverlagerungen (Funktionsverlagerungsverordnung – FVerlV), vom 12. August 2008 („FVerlV"), § 6.
[112] Vgl. § 3 Abs. 2 FVerlV.
[113] Vgl. § 7 Abs. 1 FVerlV.
[114] Vgl. § 7 Abs. 4 FVerlV.
[115] Vgl. § 1 Abs. 3 S. 7; VGrS-FVerl, Tz. 2.7.6.1.
[116] Vgl. u. a. § 7 f. FVerlV, VGrS-FVerl, Tz. 2.3.2.5, Tz. 2.7.1 bis 2.7.4.
[117] Vgl. § 3 Abs. 2 FVerlV; VGrS-FVerl, Tz. 2.3.2.2.
[118] Vgl. § 1 Abs. 3 S. 10 AStG.

durch vermittelten Gewinnpotentiale erfolgt[119], ergibt sich häufig auch im Rahmen der Einzelbewertung die Notwendigkeit der Aufdeckung hoher stiller Reserven.

83 Alternativ zur Sofortversteuerung besteht die Möglichkeit, die für die Funktionsausübung erforderlichen immateriellen Wirtschaftsgüter entweder nicht zu übertragen oder zu überlassen oder eine Überlassung gegen wiederkehrende Lizenzzahlungen[120] zu vereinbaren. Zu keiner Übertragung oder Überlassung immaterieller Wirtschaftsgüter führt eine Funktionsverlagerung dann, wenn das übernehmende Unternehmen die übergehende Funktion ausschließlich gegenüber dem verlagernden Unternehmen ausübt und hierfür ein Entgelt nach der Kostenaufschlagsmethode erhält.[121] In beiden Fällen sind die aus der Gestaltung des Verlagerungsvorgangs resultierenden laufenden Geschäftsbeziehungen (Lizenzierung bzw. Lohnfertigung) ebenfalls fremdüblich zu gestalten.

bb) Ermittlung des Fremdvergleichspreises für laufende Geschäftsbeziehungen

84 Neben den steuerlichen Konsequenzen des Verlagerungsvorganges selbst ist zu untersuchen, inwieweit das Ziel einer Funktionsverlagerung – die Senkung der Konzernsteuerquote durch die Verlagerung von zukünftigen Gewinnen – tatsächlich erreicht werden kann.

85 Wie bereits bei der Übertragung von Wirtschaftsgütern beschrieben, ist auch bei der Festlegung der Vergütung im Rahmen laufender Geschäftsbeziehungen der Grundsatz des Fremdvergleiches zu beachten. Demnach ist für alle schuldrechtlichen Leistungsbeziehungen zwischen verbundenen Unternehmen ein marktüblicher Preis zu vereinbaren. Dies gilt gleichermaßen für die Lieferung von Waren, die Erbringung von Dienstleistungen sowie für die Nutzungsüberlassung von gewerblichen Schutzrechten oder Know-how, falls diese nicht mit der Verlagerung der Funktion mit übertragen wurden. Soweit durch Abweichungen vom fremdüblichen Preis Gewinnverlagerungen erfolgen, greifen die nationalen Korrekturnormen, d. h. das zu versteuernde Einkommen des benachteiligten Unternehmens wird erhöht.

86 Bei der Preisvereinbarung zwischen fremden Dritten sind verschiedene Faktoren ausschlaggebend, die als sog. Vergleichsfaktoren daher auch bei der Verrechnungspreisbildung zwischen nahestehenden Personen maßgebend sind. Die OECD[122] wie auch die deutsche Finanzverwaltung berücksichtigen neben der Eigenschaft der Waren oder Dienstleistungen, der Vertragsbedingungen, der Marktverhältnisse und der Geschäftsstrategie insbesondere die Verteilung der dem Geschäft immanenten Funktionen und Risiken auf die Geschäftspartner bei der Bestimmung einer fremdüblichen Vergütung. Damit ist bei der Preisvereinbarung zwischen verbundenen Unternehmen die Funktions- und Risikoallokation entscheidend. Dabei ist zu beachten, dass die tatsächliche Funktions- und Risikoallokation im Zusammenhang mit der Funktionsverlagerung vorgenommen wurde und dort Einfluss auf die Bewertung und Besteuerung des Verlagerungsvorgangs hatte. Eine abweichende Darstellung der Funktions- und Risikoallokation im Zusammenhang mit den laufenden Geschäften ist in der Folge nicht möglich.

87 Der Umfang und der wirtschaftliche Gehalt der übernommenen Funktionen und Risiken bestimmt die Höhe der Vergütung. Der Bewertung der übertragenen Funktionen und Risiken kommt daher im Rahmen der Bestimmung der Vergütung eine zentrale Rolle zu.

88 Sollten im Rahmen der Funktionsverlagerung keine wesentlichen immateriellen Wirtschaftsgüter mit der Begründung übergegangen sein, dass das übernehmende ausländische Unternehmen die Funktion lediglich gegenüber dem abgebenden Unternehmen ausübt und hierfür eine Vergütung auf Basis der Kostenaufschlagsmethode erhält[123], wäre das ausländische Unternehmen als sog. Routineunternehmen zu bezeichnen. Die Vergütung des Routineunternehmens würde sich in einem bloßen Tätigkeitsentgelt erschöpfen[124] und geringe,

---

[119] Vgl. *Engler/in Vögele*, Verrechnungspreise N 291 ff., OECD-Guidelines 2010, Tz. 6.14.
[120] Vgl. § 4 Abs. 2 FVerlV.
[121] Vgl. § 2 Abs. 2 FVerlV.
[122] Vgl. OECD-Guidelines 2010, Tz. 1.36; VGrS-Verfahren, Tz. 3.4.12.7.
[123] Vgl. weiter oben; Rz. 83.
[124] Vgl. VGrS-FVerl, Rz. 66.

III. Funktionsverlagerung in ausländische Konzerngesellschaften 21

aber stabile Gewinne erwirtschaften[125]. Soweit also nur wenige oder in ihrer wirtschaftlichen Bedeutung unwesentliche Funktionen oder Risiken und keine wesentlichen immateriellen Wirtschaftsgüter übertragen werden, wird der zukünftige Gewinn der übernehmenden Gesellschaft, gemessen am Gesamterfolg der nahestehenden Unternehmen, regelmäßig gering sein. Der Einfluss auf die Konzernsteuerquote dürfte sich daher nur unwesentlich bemerkbar machen. Umgekehrt wird die im Rahmen einer Funktionsverlagerung stattfindende Übertragung oder Überlassung wesentlicher immaterieller Wirtschaftsgüter und die Übernahme wesentlicher Risiken einen wesentlich höheren Gewinn des übernehmenden Unternehmens aus zukünftigen Leistungsbeziehungen zulassen. Die Leistungsbeziehungen können dabei zu Dritten, aber auch zu verbundenen Unternehmen bestehen.

Das deutsche Recht erlaubt die Prüfung bzw. Bildung fremdüblicher Verrechnungspreise 89 zwischen verbundenen Unternehmen nur auf Basis der auch von der OECD anerkannten „transaktionsbezogenen Standardmethoden".[126] Im Einzelnen handelt es sich bei den transaktionsbezogenen Standardmethoden um die Preisvergleichsmethode (Comparable Uncontrolled Price Method; CUP), die Kostenaufschlagsmethode (Cost Plus Method; CPM) und die Wiederverkaufspreismethode (Resale Minus Method; RMM).

Bei der Preisvergleichsmethode werden die zwischen den nahe stehenden Unternehmen 90 vereinbarten Preise mit Preisen verglichen, die bei vergleichbaren Geschäften zwischen Fremden im Markt vereinbart worden sind.[127] Diese Methode lässt sich in einen inneren und äußeren Preisvergleich unterscheiden. Während der innere Preisvergleich auf Preise des zu untersuchenden Konzernunternehmens mit fremden Dritten abstellt, verwendet der interne Preisvergleich Preise zwischen konzernfremden Dritten.

Die Kostenaufschlagsmethode geht demgegenüber von den Kosten des leistenden Unter- 91 nehmens aus, die nach Kalkulationsmethoden zu ermitteln sind, die das Unternehmen auch gegenüber fremden Dritten bei der Preisermittlung zu Grunde legt oder – in Ermangelung solcher Geschäfte mit Dritten – die betriebswirtschaftlichen Grundsätzen entsprechen. Diesen Kosten werden um fremdübliche Gewinnzuschläge erhöht.[128]

Die Wiederverkaufspreismethode geht von dem Preis aus, zu dem eine bei einem nahe 92 stehenden Unternehmen gekaufte Ware an einen konzernfremden Abnehmer weiterveräußert wird. Dieser Preis wird um einen marktüblichen Abschlag vermindert, der den Funktionen und Risiken des Wiederverkäufers entspricht.[129]

Eine Rangfolge zwischen diesen Methoden besteht grundsätzlich nicht. Es soll jedoch die 93 Methode angewandt werden, die den Verhältnissen am nächsten kommt, unter denen sich auf wirtschaftlich vergleichbaren Märkten Fremdpreise bilden oder für die möglichst zuverlässige preisrelevante Daten aus dem tatsächlichen Verhalten der beteiligten nahe stehenden Unternehmen bei Fremdgeschäften zur Verfügung stehen.[130]

Sollten für die Anwendung der vorgenannten Standardmethoden keine uneingeschränkt 94 oder eingeschränkt vergleichbaren Fremdvergleichswerte vorliegen, ist zur Ermittlung fremdüblicher Verrechnungspreise statt der Anwendung der Standardmethoden auf einen hypothetischen Fremdvergleich zurückzugreifen.[131] Dieser ermittelt den Verrechnungspreis auf Basis eines Einigungsbereichs, der durch die Gewinnpotentiale der Beteiligten bestimmt wird.[132]

---

[125] Vgl. VGrS-Verfahren, Tz. 3.4.10.2 lit. a).
[126] Vgl. § 1 Abs. 3 S. 1 AStG.
[127] Vgl. BMF-Schreiben vom 23. Februar 1983, BStBl. I 1983, 218 („BMF-1983"), Tz. 2.2.2.
[128] Vgl. BMF-1983, Tz. 2.2.4.
[129] Vgl. BMF-1983, Tz. 2.2.3.
[130] Vgl. BMF-1983, Tz. 2.4.1., OECD-Guidelines 2010, Tz. 1.68.
[131] Vgl. § 1 Abs. 3 S. 5 AStG.
[132] Vgl. § 1 Abs. 3 S. 6 AStG.

95 Daneben gestattet die deutsche Finanzverwaltung die Anwendung der auch von der OECD[133] anerkannten gewinnorientierten Methoden, d. h. die geschäftsvorfallbezogene Nettomargenmethode (Transactional Net Margin Method; TNMM) und die geschäftsvorfallbezogene Gewinnaufteilungsmethode (Profit Split Method). Die Heranziehung der Nettomargenmethode ist an verschiedene Voraussetzungen, u. a. das Fehlen von oder Mängel an Fremdvergleichsdaten und das Vorliegen eines Routineunternehmens, gebunden.[134] Die Anwendung der Gewinnaufteilungsmethode setzt eine Geschäftsbeziehung zwischen zwei Strategieträgern (d. h. Unternehmen mit wesentlichen Risiken und immateriellen Wirtschaftsgütern) und die nur unzuverlässige Anwendung der Standardmethoden voraus.[135]

d) Hinzurechnungsbesteuerung

96 Soweit eine steuerlich anzuerkennende Funktionsverlagerung erfolgt ist, könnte das Ziel der Minimierung der Konzernsteuerquote dadurch verfehlt werden, dass die Hinzurechnungsbesteuerung gemäß §§ 7 bis 14 AStG greift. In diesem Fall würden die seitens einer ausländischen Kapitalgesellschaft erzielten Gewinne gleichsam ihrer deutschen Mutterkapitalgesellschaft im Wege einer Ausschüttungsfiktion zugerechnet[136], soweit die Erträge aus so genannten passiven Tätigkeiten[137] stammen und nur einer niedrigen Besteuerung[138] unterliegen. Die Funktionsweise der Hinzurechnungsbesteuerung nach dem Außensteuergesetz führt zur Hochschleusung der Steuerbelastung der ausländischen Einkünfte auf das deutsche Steuerniveau.[139]

97 Während die Übertragung von Produktionsfunktionen grundsätzlich unproblematisch ist und regelmäßig nicht zu passiven Einkünften führt, könnte sich eine Hinzurechnungsbesteuerung insbesondere bei der nur teilweisen Übertragung von Einkaufs-, Vertriebs-, Finanzierungs- sowie Dienstleistungsfunktionen ergeben, und zwar u. a. dann, wenn die deutsche abgebende Gesellschaft weiterhin an der Ausübung der Funktion, auch nur in Teilbereichen, mitwirkt.

e) Anwendungsbeispiele von Funktionsverlagerungen

98 In der Praxis sind viele Funktionen denkbar, die in andere Konzerngesellschaften verlagert werden können. Häufig angetroffen werden insbesondere die Verlagerung von Produktionsfunktionen[140], Vertriebsfunktionen[141], Forschung und Entwicklung[142] sowie sonstigen Dienstleistungsfunktionen[143] oder des Einkaufs[144]. Bei der Funktionsverlagerung sind neben rechtlichen und steuerlichen Überlegungen auch andere Faktoren zu beachten, die in der Regel Hauptbeweggründe für die Verlagerung von Funktionen sind. Hierzu zählen neben den Möglichkeiten der Verbesserung der Wettbewerbssituation die Optimierung der Wertschöpfungsprozesse, die Kostenreduzierung, die Optimierung von Managementfunktionen und günstigere Standortfaktoren.[145]

---

[133] OECD-Guidelines 2010, Tz. 2.1.
[134] VGrS-Verfahren, Tz. 3.4.10.3 lit. b).
[135] VGrS-Verfahren, Tz. 3.4.10.3 lit. c).
[136] § 10 Abs. 2 AStG.
[137] Vgl. Aktivitätskatalog in § 8 Abs. 1 AStG.
[138] § 8 Abs. 3 AStG. Eine niedrige Besteuerung liegt vor, wenn die Einkünfte der ausländischen Gesellschaft einer Belastung von weniger als 25 Prozent unterliegen, ohne dass dies auf einen Ausgleich mit Einkünften aus anderen Quellen beruht, oder wenn die danach in Betracht zu ziehende Steuer nach dem Recht des betreffenden Staates um die Steuern gemindert wird, die die Gesellschaft, von der die Einkünfte stammen zu tragen hat; vgl. § 8 Abs. 3 AStG.
[139] Vgl. zur Hinzurechnungsbesteuerung auch oben Rn. 96 ff.
[140] VGrS-FVerl, Tz. 4.1.
[141] VGrS-FVerl, Tz. 4.2.
[142] VGrS-FVerl, Tz. 4.3.
[143] VGrS-FVerl, Tz. 4.4.
[144] VGrS-FVerl, Tz. 4.5.
[145] Vgl. *Flick Gocke Schaumburg*, Sonderausdruck aus *Mössner u.a.*, Steuerrecht international tätiger Unternehmen, 4. Auflage, Verlag Dr. Otto Schmidt, Köln 2012, Rz. 3.339.

III. Funktionsverlagerung in ausländische Konzerngesellschaften

Nachfolgend sollen insbesondere die steuerlichen Überlegungen zu einzelnen Funktionsverlagerungen beispielhaft dargestellt werden. 99

aa) Verlagerung von Produktionsfunktionen

Bei der Verlagerung von Produktionsfunktionen kann unterschieden werden in die Verlagerung bereits bestehender Produktionsfunktionen und den Aufbau neuer Produktionen (sog. Green Field Investments). Green Field Investments unterliegen nicht den besonderen Regelungen zur Bewertung eines Transferpaktes, da hierfür Voraussetzung wäre, dass die durch das ausländische Unternehmen nunmehr ausgeübte Funktion zuvor durch ein anderes Unternehmen ausgeübt und in Folge der Verlagerung reduziert oder eingestellt wurde.[146] Dennoch kann es im Rahmen von Green Field Investments – wie auch bei der Verlagerung von einer bestehenden Funktion – zu einer Überlassung oder Übertragung von immateriellen Wirtschaftsgütern kommen, welche fremdüblich zu vergüten ist. Im Ergebnis können sowohl im Rahmen der Verlagerung einer bestehenden Produktionsfunktion wie auch dem Neuaufbau einer Produktion hohe stille Reserven aufzudecken oder die Überlassung immaterieller Wirtschaftsgüter im Rahmen laufender Geschäftsbeziehungen (Lizenzierung) zu vergüten sein. Die steuerlichen Auswirkungen sind von der Ausgestaltung des zukünftigen Charakters des funktionsaufnehmenden Unternehmens abhängig. 100

Eine Unterscheidung der Besteuerungsfolgen ergibt sich in der Regel danach, ob das funktionsausübende Unternehmen als Eigenproduzent (Strategieträger) oder als Lohnfertiger (Routineunternehmen) zu qualifizieren ist. 101

(1) Eigenproduzent

Bei der Übertragung von bereits bestehenden Produktionsfunktionen, bei dem der zukünftige Eigenproduzent mit eigener Vermarktung agiert, werden auch die zur Produktion und Vermarktung erforderlichen immateriellen Wirtschaftsgüter und sonstigen Vorteile auf das aufnehmende Unternehmen übertragen. Die Bewertung der übertragenen Wirtschaftsgüter hat nicht auf Basis der Bewertung der Einzelwirtschaftsgüter, sondern im Rahmen eines einheitlichen Transferpaktes auf Basis der zukünftigen Gewinnpotentiale zu erfolgen[147], um die bereits in der Vergangenheit aufgebauten Geschäftswerte (bzw. Geschäftschancen, die sich bereits zu einem immateriellen Wirtschaftsgut ähnlich dem Geschäftswert konkretisiert haben) zu erfassen. Von einer Transferpaketbewertung kann nur abgesehen werden, wenn glaubhaft gemacht werden kann, dass die übertragenen immateriellen Wirtschaftsgüter nicht wesentlich sind oder diese benannt werden können.[148] Sollten die wesentlichen immateriellen Wirtschaftsgüter benannt werden können, ist für deren Übertragung ein fremdüblicher Verrechnungspreis zu bestimmen oder aber eine entgeltliche Überlassung zu fremdüblichen Lizenzsätzen zu vereinbaren. Letzteres gilt auch für Übertragung oder Überlassung von immateriellen Wirtschaftsgütern, die ein Unternehmen zum Aufbau einer neuen Produktionsfunktion und dessen Ausübung benötigt. 102

(2) Lohnfertiger

Bei einem Lohnfertiger erfolgt regelmäßig nur die Übertragung einer Funktionsausübung, d. h. die Verlagerung einzelner, womöglich gar untergeordneter Produktionsschritte. Das funktionsaufnehmende Unternehmen wird in diesem Zusammenhang als Dienstleister qualifiziert, der grundsätzlich für seine Produktionsleistungen auf Basis der Kostenaufschlagsmethode einschließlich eines geringen Gewinnaufschlags entgolten wird. In der Regel kommt es bei der Übertragung nur einzelner untergeordneter Produktionsschritte zu keiner Vergütung, die weitere Wirtschaftsgüter, d. h. außer den tatsächlich übertragenen materiellen Wirtschaftsgütern, umfasst. Mit der Produktion verbundene immaterielle Wirtschaftsgüter und Know-how verbleiben meist beim auftraggebenden Unternehmen.[149] Daher sind weder die Bewertung und Vergütung eines Transferpaktes noch die Vergütung für Überlassung oder Übertragung immaterieller Wirtschaftsgüter erforderlich. 103

---

[146] § 1 Abs. 3 S. 9 AStG i. V. m. § 1 Abs. 2 FVerlV.
[147] Vgl. bereits oben Rz. 78.
[148] Vgl. hierzu bereits oben Rz. 82.
[149] § 2 Abs. 2 FVerlV.

(3) Umstellung eines Lohnfertigers auf einen Eigenfertiger und umgekehrt

104 Neben Unterschieden in der Risikoträgerschaft ist ein wesentlicher Unterschied zwischen Lohnfertiger und Eigenfertiger die eigenständige Vermarktung der erbrachten Leistungen. Mit der Umstellung eines Lohnfertigers auf einen Eigenfertiger können daher die im Zusammenhang mit der Vermarktungstätigkeit erforderlichen immateriellen Wirtschaftsgüter (Marktzugang, Kundenstamm, Markenrechte etc.) übergehen. Darüber hinaus nutzt der ehemalige Lohnfertiger die zur Produktion erforderlichen immateriellen Wirtschaftsgüter nunmehr im eigenen Interesse, so dass diese entweder auf den Eigenfertiger übergehen oder aber zumindest zur Nutzung überlassen werden. Damit erfolgt neben der Übertragung von Funktionen auch die Übertragung oder Überlassung von immateriellen Wirtschaftsgütern. Gleiches gilt bei Abschmelzen eines Eigenfertigers zum Lohnfertiger, nur in umgekehrter Richtung.[150]

In beiden Fällen ist die Funktionsverlagerung auf Basis eines Transferpakets oder die Überlassung/Übertragung der immateriellen Wirtschaftsgüter fremdüblich zu vergüten.

bb) Übertragung von Vertriebsfunktionen

105 Bei der Verlagerung von Vertriebsfunktionen kann grundsätzlich unterschieden werden in die Übertragung einer vollständigen Vertriebsfunktion sowie in das Abschmelzen bereits ausgeübter Funktionen.

(1) Vollständige Verlagerung der Vertriebsfunktion

106 Von einer vollständigen Verlagerung der Vertriebsfunktion kann insbesondere gesprochen werden, wenn seitens eines Konzernunternehmens auf einem bestimmten geographischen Gebiet ausgeübte Funktionen zukünftig von einem anderen Konzernunternehmen wahrgenommen werden. Dies ist etwa denkbar, falls Direktgeschäfte eines (deutschen) Konzernunternehmens in einem geographisch abgegrenzten Raum im Ausland künftig von einer eigenständigen Tochtergesellschaft in dem jeweiligen Gebiet im eigenen Nahmen und auf eigene Rechnung (Eigenhändler) wahrgenommen werden.

107 Während die mit der Verlagerung der Vertriebsfunktionen übertragenen materiellen Wirtschaftsgüter aufgrund des Dienstleistungscharakters des Vertriebs regelmäßig nur einen geringen Umfang ausmachen, stellt sich die Frage nach dem Übergang immaterieller Wirtschaftsgüter, die unter Umständen hohe Werte annehmen können. Hierbei handelt es sich insbesondere um den Übergang eines existierenden Kundenstamms, aber auch um Markenrechte. Sollten ein Kundenstamm oder Markenrechte übertragen oder überlassen werden, ist die Funktionsverlagerung auf Basis eines Transferpakets oder die Überlassung/Übertragung der immateriellen Wirtschaftsgüter fremdüblich zu vergüten.

(2) Abschmelzen der Vertriebsfunktion

108 Das Abschmelzen einer Vertriebsfunktion setzt voraus, dass eine solche Funktion bereits von einer Konzerngesellschaft wahrgenommen wurde und in vermindertem Umfang weiterhin wahrgenommen wird. In den vergangenen Jahren sind sog. Kommissionärsmodelle in Erscheinung getreten, die insbesondere aufgrund der verbesserten technischen und logistischen Möglichkeiten und der Internetnutzung gefördert worden sind.

109 Soweit ein bisher als Eigenhändler agierender Distributeur zukünftig nur noch mit reduzierten Funktionen, beispielsweise als Kommissionär tätig wird, stellt sich die Frage, inwieweit aus dieser Funktionsabschmelzung dem funktionsabgebendem Unternehmen Ausgleichsansprüche bzw. Vergütungen zustehen.

110 Hierbei könnte einerseits an die Übertragung immaterieller Wirtschaftsgüter gedacht werden, andererseits an einen Ausgleich für getätigte Investitionen, die noch nicht amortisiert sind, oder für die Abgabe von aus der übertragenen Funktion resultierenden Gewinnchancen.

111 Ob es beim Abschmelzen der Vertriebsfunktion zu einer Übertragung von immateriellen Wirtschaftsgütern, insbesondere des Kundenstamms kommt, ist abhängig vom Rechtscharakter der zukünftigen Struktur („limited risk distributor", Kommissionär, Handelsvertreter) und der nachfolgenden Verrechnungspreisermittlung zu beurteilen.[151]

---

[150] VGrS-FVerl, Tz. 4.1.2.
[151] VGrS-FVerl, Tz. 4.2.2.

III. Funktionsverlagerung in ausländische Konzerngesellschaften

Es ist im Einzelfall zu prüfen, ob das mit der Funktionsverlagerung verbundene Absinken des Gewinniveaus des Vertriebsunternehmens unter steuerrechtlichen Gesichtspunkten eine etwaige Ausgleichszahlung auslöst. Das hängt davon ab, ob ein unabhängiger Eigenhändler als bisheriger „Funktionsinhaber" einen Ausgleich für die Reduktion seiner Vertriebsfunktion und der damit verbundenen geringeren Verdienstmöglichkeit pro Einheit gefordert hätte. Dies ist in aller Regel dann der Fall, wenn das Vertriebsunternehmen bei Abschluss des Vertriebsvertrages eine wirtschaftliche Machtposition innehatte, einen solchen Ausgleichsanspruch durchzusetzen.[152]

112

Darüberhinaus könnten Ausgleichsforderung entstehen, wenn während der Vertragslaufzeit gekündigt würde. Eine ordentliche Vertragskündigung innerhalb angemessener Kündigungsfristen spricht in der Regel auch unter Fremdvergleichsgrundsätzen gegen einen Ausgleichsanspruch.

113

Daneben existieren bestimmte Sachverhalte, die eine Verlagerung von Vertriebsfunktionen grundsätzlich als unentgeltliche Vorgänge qualifizieren. Zu denken ist beispielsweise an den Vertrieb von hochwertigen Markenprodukten, an die Monopolstellung eines Anbieters, an einen Vertrieb nur gegenüber Abnehmern im Konzern sowie an weitere Fälle, in denen der Kundenstamm ganz überwiegend vom Produzenten und nicht vom Vertriebsunternehmen geschaffen wurde.

113a

f) Typische Hinterziehungskonstellation

Vereinbart eine deutsche Gesellschaft mit einer ausländischen Gesellschaft des gleichen Konzerns Verrechnungspreise, die dazu führen, dass das zu versteuernde Einkommen in Deutschland gemessen am Fremdvergleichsgrundsatz zu gering ausfällt, liegt objektiv eine Steuerverkürzung gem. § 370 Abs. 1, 3 AO vor. Die Möglichkeiten der Finanzverwaltung, die Verrechnungspreise – je nach Fallkonstellation – nach § 1 Abs. 1 AStG, nach den Grundsätzen der verdeckten Gewinnausschüttung oder der verdeckten Einlage nachträglich zu korrigieren, kann nicht zur Verneinung der Tatbestandsverwirklichung führen. Denn diese Vorschriften wären bei der Abgabe einer richtigen Steuererklärung zwingend mit zu berücksichtigen. Beispielsweise kann dies erforderlich sein, wenn bewusst Verrechnungspreise vereinbart wurden, die zwar steuerlich nicht anerkannt werden können, aber der vorübergehenden Subventionierung einer Konzerngesellschaft durch verbundene Unternehmen oder zur Steuerung erfolgsabhängiger Vergütungen dienen und zivilrechtlich wirksam vereinbart werden. Werden die steuerlichen Korrekturen nicht vom Unternehmen selbst vorgenommen, liegt objektiv eine Steuerverkürzung vor, die schnell das große Ausmaß im Sinne des § 370 Abs. 3 AO erreichen kann.

114

Allerdings ist bereits das Vorliegen der Steuerverkürzung als ein objektives Tatbestandsmerkmal der Steuerhinterziehung problematisch. Denn es gibt nicht den „richtigen" Verrechnungspreis. Nach der Rechtsprechung des Bundesfinanzhofs existiert ein Rahmen vertretbarer Verrechnungspreise, was auch der Gesetzgeber in § 162 Abs. 3 S. 2 AO anerkannt hat.[153] Auch die Finanzverwaltung erkennt eine Bandbreite angemessener Verrechnungspreise an, die ggf. einzuengen ist.[154] Ein vom Unternehmen angesetzter Verrechnungspreis ist daher nur dann sicher „falsch", wenn er sich außerhalb dieses Rahmens bewegt.

115

Doch selbst die Ermittlung des Rahmens, der den Bereich vertretbarer Verrechnungspreise markiert, ist in der Praxis nur unter Schwierigkeiten objektivierbar. Das zeigt sich zunächst daran, dass der Gesetzgeber und die Finanzverwaltung mehrere unterschiedliche Methoden zur Ermittlung eines Verrechnungspreises gleichsam nebeneinander anerkennen.[155] Echte Fremdvergleichspreise zur Ermittlung eines Verrechnungspreises gemäß der Preisvergleichsmethode sind in der Praxis eher selten. Die Ergebnisse der beiden anderen zugelassenen Methoden (Kostenaufschlagsmethode, Wiederverkaufspreismethode) hängen sehr stark von der Branche des jeweiligen Unternehmens, dessen Stellung in der Wertschöpfungskette und an-

116

---

[152] VGrS-FVerl, Tz. 2.3.2.5.
[153] BFH DB 2001, 2474.
[154] VGrS-Verfahren, Tz. 3.4.12.5 lit. a) f.
[155] S. o. Rn. 89 ff.

deren häufig ganz individuellen Umständen ab. Eine Standardisierung ist daher sehr schwierig, auch wenn Datenbanken gewisse Anhaltspunkte bieten können.

117 Selbst wenn sich im Ergebnis herausstellt, dass ein objektiv falscher Verrechnungspreis angesetzt wurde, bleibt es gleichwohl sehr fraglich, ob der Entscheidungsträger vorsätzlich handelte. Kann er anhand einer verwertbaren Dokumentation die Überlegungen zur Ermittlung der Verrechnungspreise eine vertretbare Vorgehensweise darlegen, die jedoch von Finanzverwaltung und Justiz im Ergebnis nicht nachvollzogen wird, wird angesichts der mannigfaltigen Unwägbarkeiten der Verrechnungspreis-Ermittlung Vorsatz kaum vorliegen können. Anders könnte es sich allerdings verhalten, wenn keine Dokumentation vorliegt und das Zustandekommen der Verrechnungspreise nicht schlüssig erklärt werden kann. Dann könnte der Schluss nahe liegen, der Steuerpflichtige habe die Steuerverkürzung durch falsche Verrechnungspreise für möglich gehalten und den Eintritt des Verkürzungserfolgs billigend in Kauf genommen. Ein derartiger bedingter Vorsatz kann allerdings erst seit Einführung der ab dem Jahr 2003 zu beachtenden detaillierten Aufzeichnungs- und Dokumentationspflichten durch Gesetzgeber[156] und durch Rechtsverordnung der Bundesregierung[157] nahe liegen. Vorher bestanden in Anlehnung an ein Urteil des Bundesfinanzhofs[158] keine Dokumentations- und Aufzeichnungspflichten über die gesetzlichen Buchführungspflichten hinaus.

118 Im Ergebnis ist jedenfalls festzuhalten, dass aus steuerstrafrechtlicher Sicht der Rahmen vertretbarer Verrechnungspreise noch deutlich weiter zu spannen ist als unter dem rein steuerlichen Blickwinkel zur Anwendung der steuerrechtlichen Mechanismen der Einkünftekorrektur. Auch unter strafrechtlichen Gesichtspunkten ist allerdings nun den Steuerpflichtigen zu empfehlen, auf sorgfältige Dokumentation über das Zustandekommen der konzerninternen Verrechnungspreise zu achten.

119 Dies deckt sich auch mit der Auffassung der deutschen Finanzverwaltung, wonach die Durchführung eines Straf- oder Ordnungswidrigkeitsverfahrens nach § 369 ff. AO in Betracht kommt, wenn dem Steuerpflichtigen zum Zeitpunkt der Verrechnungspreisfestsetzung zuverlässige Fremdvergleichspreise bekannt waren, er diese aber aus Gründen der Steuerersparnis nicht verwendet hat.[159] Gleiches gilt, wenn der Steuerpflichtige nachträglich einen Verstoß gegen den Fremdvergleichsgrundsatz feststellt und eine Korrektur seiner Erklärungen nach § 153 AO unterlässt.[160] Letzteres ist häufiger der Fall, wenn erst nach Ablauf eines Veranlagungszeitraums eine Verrechnungspreisdokumentation erstellt wird, die auch die erforderliche Bestimmung eines fremdüblichen Preises nachholt.

3. Sonderfall Kapitalanlage (und andere passive Einkünfte) im Konzern

a) Steuerliches Gestaltungsziel

120 Die Funktion der Anlage flüssiger Mittel ins niedrigbesteuernde Ausland zu verlagern, ist besonders attraktiv. Liquidität bzw. das Wirtschaftsgut Geld ist sehr mobil, im Gegensatz etwa zu Produktionsanlagen oder Forschungs- und Entwicklungsabteilungen, deren Verlagerung regelmäßig mit dem Umzug von hochspezialisiertem Fachpersonal verbunden ist. Die Liquidität lässt sich einerseits sehr einfach durch Überweisung in die ausländische Gesellschaft übertragen. Ein weiterer Weg, Liquidität von vornherein in niedrigbesteuernden Ländern anfallen zu lassen, besteht darin, dort Holding- oder Zwischenholding-Gesellschaften zu errichten, deren Funktion darin besteht, Gesellschafterin von Konzerngesellschaften – etwa Produktions- oder Vertriebsgesellschaften – zu sein. Die Einkünfte dieser Tochtergesellschaften werden dann auf Ebene der Holding-Gesellschaft thesauriert und nicht nach Deutschland ausgeschüttet. Die thesaurierten Gelder werden extern angelegt, zur Finanzierung im Rahmen der Unternehmensgruppe verwendet oder als Darlehen an Gesellschafter ausgereicht.

---

[156] § 90 Abs. 3 AO.
[157] Gewinnabgrenzungsaufzeichnungsverordnung (GAufzV), BStBl. 2003 I, S 739.
[158] BFH DB 2001, 2474.
[159] VGrS-FVerl, Tz. 4.1.
[160] ebenda.

III. Funktionsverlagerung in ausländische Konzerngesellschaften

Als Gestaltungsmittel dient dabei die Abschirmwirkung, welche Kapitalgesellschaften in steuerlicher Hinsicht entfalten. Im außensteuerlichen Kontext bedeutet diese Abschirmwirkung, dass Gewinne ausländischer Kapitalgesellschaften, an denen inländische Anteilseigner beteiligt sind, dem Grundsatz nach so lange der inländischen Besteuerung entzogen sind, als Ausschüttungen unterbleiben.

b) Materiell-steuerrechtliche Voraussetzungen

Mit der in §§ 7 bis 14 AStG verankerten Hinzurechnungsbesteuerung besteht jedoch ein Instrumentarium, welches die Abschirmwirkung einer ausländischem Kapitalgesellschaft vor dem deutschen Fiskus aushebeln kann, sofern die Auslandsgesellschaft sog. „passive" Einkünfte erzielt. Zielführend sind daher nur Gestaltungen, auf die die §§ 7 bis 14 AStG keine Anwendung finden.

Voraussetzung für das Eingreifen der Hinzurechnungsbesteuerung ist zunächst, dass der betroffene Steuerpflichtige in Deutschland der unbeschränkten Steuerpflicht unterliegt. Der Hinzurechnungsbesteuerung unterworfen werden können sowohl natürliche als auch juristische Personen. Die unbeschränkte Steuerpflicht muss im Zeitpunkt des Zuflusses des Hinzurechnungsbetrages gem. § 10 Abs. 2 Satz 1 AStG gegeben sein, d. h. unmittelbar nach Ablauf des maßgeblichen Wirtschaftsjahres der ausländischen Gesellschaft.[161]

Weitere Voraussetzung für die Anwendbarkeit der §§ 7 bis 14 AStG ist, dass der unbeschränkt Steuerpflichtige an einer ausländischen Körperschaft, Personenvereinigung oder Vermögensmasse beteiligt ist. Im Ergebnis soll auf diese Weise jede juristische Person erfasst werden, die weder Geschäftsleitung noch Sitz im Inland hat und der unbeschränkten Körperschaftsteuerpflicht unterläge, wenn sie Geschäftsleitung oder Sitz im Inland hätte.[162] Erforderlich ist, dass die Hälfte der Anteile an der ausländischen Kapitalgesellschaft von Anteilseignern gehalten werden, die in Deutschland unbeschränkt steuerpflichtig oder erweitert beschränkt steuerpflichtig sind. In Fällen, in denen die ausländische Kapitalgesellschaft sog. „Zwischeneinkünfte mit Kapitalanlagecharakter" erzielt, ist jedoch bereits eine Beteiligung von einem Prozent für die Anwendbarkeit der Hinzurechnungsbesteuerung ausreichend, § 7 Abs. 6 Satz 1 AStG. Eine Ausnahme hiervon besteht bei einer Beteiligung von weniger als zehn Prozent und Bruttoerträgen von höchstens 80.000 Euro, § 7 Abs. 6 Satz 2AStG.

Die Hinzurechnungsbesteuerung greift nur dann ein, wenn die ausländische Gesellschaft einer Niedrigbesteuerung unterliegt. Laut der Legaldefinition des § 8 Abs. 3 Satz 1AStG ist eine niedrige Besteuerung gegeben, wenn die Einkünfte der ausländischen Gesellschaft einer Belastung durch Ertragsteuern von weniger als 25 Prozent unterliegen. Für die Beurteilung, ob die maßgebliche Niedrigsteuergrenze unterschritten ist, kommt es auf die tatsächlich erhobenen Steuern im ausländischen Staat an und nicht etwa auf die rechtlich geschuldeten, § 8 Abs. 3 Satz 3 AStG. Weiterhin ist Voraussetzung, dass die Einkünfte aus sog. passiven Tätigkeiten stammen.

aa) Insbesondere passive Tätigkeiten

§ 8 Abs. 1 AStG enthält einen abschließenden Katalog von unschädlichen Einkünften, für die die Hinzurechnungsbesteuerung nicht eingreift. Diese werden als „aktive" Einkünfte bezeichnet, Tätigkeiten, die nicht in den Katalog des § 8 Abs. 1 AStG fallen, als „passive". Die Einkünfte aus passiven Tätigkeiten unterliegen – sofern die weiteren Voraussetzungen erfüllt sind – der Hinzurechnungsbesteuerung, vgl. § 10 AStG. Der Katalog des § 8 Abs. 1 AStG enthält in Nr. 8 auch Einkünfte aus Gewinnausschüttungen von Kapitalgesellschaften. Dividendenbezüge sind somit aktive Einkünfte und unterliegen nicht der Hinzurechnungsbesteuerung. Gleiches gilt grundsätzlich für Gewinne aus der Veräußerung von Kapitalgesellschaften sowie deren Auflösung oder Herabsetzung, soweit der Vermögensgewinn nicht auf Wirtschaftsgüter der Tochtergesellschaft entfällt, die der Erzielung von „Zwischeneinkünften mit Kapitalanlagecharakter", die in § 7 Abs. 6a AStG definiert sind, dienen.

---

[161] *Schaumburg*, Internationales Steuerrecht, Rz. 10.41.
[162] *Flick/Wassermeyer/Baumhoff/Schönfeld*, AStG, § 7 AStG Anm. 10.

131 Die Durchführung der Hinzurechnungsbesteuerung ist in § 10 AStG geregelt. Ausgangsbasis für die Berechnung der Hinzurechnungsbesteuerung ist der Hinzurechnungsbetrag, der auf der Grundlage der von der ausländischen Gesellschaft erzielten niedrig besteuerten Einkünfte aus passivem Erwerb ermittelt wird, und zwar in entsprechender Anwendung der Vorschriften des deutschen Steuerrechts, § 10 Abs. 3 Satz 1 AStG. § 10 Abs. 2 Satz 1 AStG fingiert eine Ausschüttung des Hinzurechnungsbetrags unmittelbar nach dem Ende des jeweiligen Geschäftsjahres. Endet das Geschäftsjahr der ausländischen Gesellschaft somit am 31.12., so gilt der Hinzurechnungsbetrag mit Wirkung des 1.1. des Folgejahres als zugeflossen und ist in diesem zu versteuern.

132 Obwohl die Hinzurechnungsbesteuerung somit eine Gewinnausschüttung fingiert, sind auf Ebene der unbeschränkt steuerpflichtigen Anteilseigner die Regelungen zur Gewinnausschüttung nicht anzuwenden. Dies ist in § 10 Abs. 2 Satz 3 AStG verankert, wonach auf den Hinzurechnungsbetrag weder § 3 Nr. 40 EStG noch § 8b KStG Anwendung findet. Dadurch wird erreicht, dass der Hinzurechnungsbetrag in Deutschland der vollständigen Besteuerung mit Einkommen- bzw. Körperschaftsteuer unterzogen wird.

bb) Insbesondere „Mitwirkungstatbestände" und ihre strafrechtliche Relevanz

133 Konzernintern sind insbesondere die sog. Mitwirkungstatbestände des § 8 Abs. 1 AStG zu beachten, die Ausnahmen von den grundsätzlich aktiven Tätigkeiten (§ 8 Abs. 1 Nr. 4, 5, 6 Buchst. a und c AStG) enthalten, wenn ein unbeschränkt steuerpflichtiger Anteilseigner oder eine ihm nahe stehende Person an den Tätigkeiten der jeweiligen ausländischen Gesellschaft mitwirkt.

134 Beispielsweise liegt gem. § 8 Abs. 1 Nr. 4 AStG keine aktive Handelstätigkeit vor, wenn eine in Deutschland unbeschränkt steuerpflichtige Person, die an der ausländischen Gesellschaft qualifiziert gemäß § 7 AStG beteiligt ist oder eine dieser nahe stehende Person der ausländischen Gesellschaft die Verfügungsmacht an den gehandelten Waren verschafft, oder umgekehrt. Voraussetzung ist auch hier, dass die ausländische Gesellschaft in einem Niedrigsteuerland ansässig ist. Eine Person wirkt an den Handelsgeschäften mit, wenn sie Tätigkeiten ausübt, die nach ihrer Funktion Teil der Vorbereitung, des Abschlusses oder der Ausführung der in Betracht stehenden Geschäfte dieser Gesellschaft sind.[163] Eine aktive Dienstleistungstätigkeit ist gem. § 8 Abs. 1 Nr. 5 AStG nicht gegeben, wenn die ausländische Gesellschaft für die Dienstleistung sich eines unbeschränkt Steuerpflichtigen oder einer ihm nahe stehende Person bedient, die mit den Einkünften aus der Dienstleistung in Deutschland der Besteuerung unterliegt, oder an den vorgenannten Personenkreis erbringt. Im letzteren Fall kann der Steuerpflichtige zur Vermeidung der Hinzurechnungsbesteuerung den Nachweis erbringen, dass die ausländische Gesellschaft über einen eingerichteten Geschäftsbetrieb verfügt, am allgemeinen wirtschaftlichen Verkehr teilnimmt und die Tätigkeit ohne Mitwirkung des vorbezeichneten Personenkreises ausübt.

135 Sehr praxisrelevant ist die Mitwirkungsklausel in § 8 Abs. 1 Nr. 6 Buchst. a AStG für die Überlassung von Rechten, Nutzungen, Plänen, Mustern, Verfahren, Erfahrungen und Kenntnissen. Eine passive Tätigkeit liegt vor, sofern der Steuerpflichtige nicht nachweist, dass die vorbezeichneten Vermögenswerte nicht Ergebnis der eigenen Entwicklungstätigkeit der ausländische Gesellschaft sind, und somit ohne Mitwirkung eines Steuerpflichtigen, dem mehr als 50 Prozent der Anteile oder Stimmrechte an der ausländischen Gesellschaft zuzurechnen sind, oder einer ihm nahe stehenden Person, entwickelt wurden. § 8 Abs. 1 Nr. 6 Buchst. c AStG enthält zudem eine Mitwirkungsklausel bei Vermietung oder Verpachtung von beweglichen Sachen.

136 Mitwirkung ist allgemein jede Handlung, die nach der individuellen Funktionsverteilung der ausländischen Gesellschaft als Aufgabe zukommt, jedoch von dem Steuerinländer bzw. einer ihm nahestehenden Person ausgeübt wird und sich inhaltlich unmittelbar als die jeweilige Tätigkeit (Handel, Dienstleistung, Nutzungsüberlassung) darstellt.[164] Eine Mitwirkung liegt nach Auffassung der Finanzverwaltung selbst dann vor, wenn das Entgelt für die erbrach-

---

[163] BMF-Schreiben vom 14.5.2004, BStBl. I Sondernummer 1/2004 S. 3, Tz. 8 143.1.
[164] *Flick/Wassermeyer/Baumhoff/Schönfeld*, AStG, § 8 Anm. 150.

III. Funktionsverlagerung in ausländische Konzerngesellschaften

ten Leistungen wie unter unabhängigen Dritten bemessen worden ist.[165] Liegen nur geringfügige Mitwirkungshandlungen des Steuerinländers vor, die von untergeordneter Bedeutung sind, sollen diese Mitwirkungshandlungen unschädlich sein.[166]

Die Abgrenzung der schädlichen Mitwirkung von unschädlichen Tätigkeiten, die Ausfluss der Gesellschafterstellung sind, gestaltet sich schwierig. Die Literatur will daher teilweise in Abweichung von der vorstehend dargestellten Vorgehensweise der Finanzverwaltung immer dann eine Mitwirkungshandlung verneinen, wenn nach den (vorher) getroffenen Vereinbarungen das Tätigwerden des Anteileigners bzw. der ihm nahe stehenden Person einer selbstständigen Funktion entspringt, für die der Anteilseigner ein angemessenes Entgelt erhält. Fehlt es an einer klaren, von vornherein getroffenen und tatsächlich auch durchgeführten Vereinbarung, so soll sich dies der Anteilseigner im Sinne eines Mitwirkungstatbestandes anrechnen lassen müssen, weil es an einer nach außen hin in Erscheinung tretenden Trennung der Funktionen mangelt.[167] **137**

Das Verschleiern von Mitwirkungstatbeständen deutscher Konzerngesellschaften kann dazu führen, dass eine eigentlich bestehende Steuerpflicht verschwiegen und nicht deklariert wird. Der Straftatbestand des § 370 Abs. 1 Nr. 2 AO steht zumindest theoretisch somit im Raum. Aufgrund der in der Praxis in einem weiten Grenzbereich schwer handhabbaren Abgrenzung der schädlichen von der unschädlichen Mitwirkung und der schwierige Sachverhaltsermittlung wird der Nachweis sowohl des objektiven als auch des subjektiven Tatbestands für die Strafverfolgungsbehörden nicht einfach sein. **138**

cc) Vermeidung der Hinzurechnungsbesteuerung innerhalb der Europäischen Union

Mit Urteil vom 12.9.2006 (Rechtssache „Cadburry Schweppes")[168] entschied der EuGH, dass die Regelungen zur britischen Hinzurechnungsbesteuerung gegen die Niederlassungsfreiheit verstoßen und somit europarechtswidrig sind. Da die deutschen Regelungen denjenigen der britischen sehr ähnlich waren, war der deutsche Gesetzgeber gezwungen, eine gesetzliche Anpassung vorzunehmen, um eine Vereinbarkeit mit europäischem Recht zu gewährleisten. Die mit dem Jahressteuergesetz (JStG) 2008 neu aufgenommene Regelung des § 8 Abs. 2 AStG ermöglicht dem inländischen Steuerpflichtigen das Führen eines Gegenbeweises. Die Anwendbarkeit der Hinzurechnungsbesteuerung kann somit dann vermieden werden, wenn die ausländische Gesellschaft ihren Sitz in einem EU/EWR-Staat hat und nachgewiesen wird, dass die Gesellschaft einer tatsächlichen wirtschaftlichen Tätigkeit nachgeht.[169] **139**

Im Rahmen des Gegenbeweises muss glaubhaft gemacht werden, dass die ausländische Gesellschaft über einen in kaufmännischer Weise eingerichteten Geschäftsbetrieb verfügt, welcher geeignet ist, die maßgeblichen Einkünfte selbstständig zu erzielen.[170] Zwingende Voraussetzung ist somit in jedem Fall, dass die Gesellschaft über eigene bzw. angemietete Büroräume und auch über eigenes Personal verfügt. Durch diese Regelungen will der Gesetzgeber künstliche Gestaltungen verhindern. Die Nachweislast liegt vollständig auf Ebene des Steuerpflichtigen. Keine Möglichkeit zum Gegenbeweis stellen insbesondere bei Konzernen, Einkünfte aus einer Untergesellschaft mit Sitz und Geschäftsleitung in einem Drittstaat dar, auch wenn diese aus einer EU/EWR Betriebsstätte stammen, § 8 Abs. 2 Satz 3,4 AStG.[171] Diese Einkünfte fallen trotz der Zurechnung zu einem EU/EWR Staat ohne die Möglichkeit eines Gegenbeweises unter die Regelungen der Hinzurechnungsbesteuerung. **140**

---

[165] BMF-Schreiben vom 14.5.2004, BStBl. I Sondernummer 1/2004 S. 3, Tz. 8 143.1, 8 153.2.
[166] BMF-Schreiben vom 14.5.2004, BStBl. 2004 I Sondernummer 1/2004 S. 3, Tz. 8 143.1, 8 153.2; *Flick/Wassermeyer/Baumhoff/Schönfeld*, AStG, § 8 Anm. 151, 152.
[167] *Flick/Wassermeyer/Baumhoff/Schönfeld*, AStG, § 8 Anm. 147.
[168] EuGH v. 12.9.2006, C-196/04, DB 2006, 1686.
[169] *Strunk/Kaminski/Köhler*, AStG/DBA, § 8 Rn. 182.14, Rn. 182.19
[170] BMF-Schreiben vom 14.5.2004, BStBl. I Sondernummer 1/2004 S. 3, Tz. 8 142.1
[171] *Strunk/Kaminski/Köhler*, AStG/DBA, § 8 Rn. 182.24, Rn. 182.26, Rn. 182.28

IV. Umsatzsteuer

140a Die Umsatzsteuer eignet sich aufgrund ihrer systembedingten Schwächen in besonderem Maße für Hinterziehungsdelikte. Durch unrichtige Erklärung von Umsätzen kann der Täter einen Vorsteuererstattungsanspruch vortäuschen, der vom Fiskus bar ausgezahlt wird. Die Umsatzsteuerkriminalität ist demnach vorwiegend auf die Erlangung von Vorsteuererstattungen und daneben auf die schlichte Nichtentrichtung von Umsatzsteuern auf Ausgangsumsätze gerichtet. Auf diesem Gebiet sind in den letzten Jahren sogenannte Umsatzsteuerkarusselle in großem Ausmaß tätig geworden. Man rechnete bereits im Jahr 2000 mit einem Steuerschaden von bis zu 10 Mrd. € pro Jahr allein in Deutschland.[172] Der Bericht der Steuerfahndungsdienste zeigt im Vergleich zum Jahr 2000, dass die Zahl der festgesetzten Mehrsteuern im Bereich der Umsatzsteuer bereits auf 948 Mio Euro im Jahr 2011 angestiegen ist; allerdings wurde dabei nicht zwischen Betrug im Rahmen der Umsatzsteuerkarusselle und anderer Art von Umsatzsteuerbetrug differenziert.

1. Wirkungsweise eines Umsatzsteuerkarussells

140b Die Mitwirkenden eines Umsatzsteuerkarussells beabsichtigen die unberechtigte Erstattung von Vorsteuerbeträgen. Zur Erreichung dieses Ziels werden in der Regel mindestens drei Unternehmen eingeschaltet, von denen eines mit ordnungsgemäßen Voranmeldungen hohe Vorsteuerüberhänge erklärt. Die anderen Unternehmen geben teilweise unrichtige oder gar keine Voranmeldungen ab.

Beispiel für die Wirkungsweise eines Umsatzsteuerkarussells[173]:

141 Das erste Glied in der Kette ist ein inländisches Unternehmen A. Dieses liefert meist kleine, aber hochpreisige Waren an den ebenfalls im Inland ansässigen Unternehmer B. Anschließend veräußert B die Waren an den sich im EG-Ausland befindlichen Unternehmer C. Von C werden die Wirtschaftsgüter zurück an A geliefert. Der Kreislauf beginnt anschließend von vorne.

142 Die erste Lieferung von A an B ist eine steuerpflichtige Lieferung in Deutschland, für die der Empfänger B eine ordnungsgemäße Rechnung mit Ausweis von Umsatzsteuer erhält. Da die anschließende innergemeinschaftliche Lieferung von B an den im EU-Ausland ansässigen C steuerbefreit ist (§§ 4 Nr. 1b, 6a UStG), erklärt B regelmäßig hohe Vorsteuerüberhänge, die ihm erstattet werden (§ 15 Abs. 1 iVm Abs. 2, 3 Nr. 1a UStG). Die ebenfalls steuerfreie Rückveräußerung der Waren von C an A wird ordnungsgemäß erklärt.

143 Der Gewinn der Beteiligten ergibt sich daraus, dass A die Lieferungen an B nicht in den Voranmeldungen erklärt und die entstandene Umsatzsteuer nicht abführt, während B sämtliche Vorsteuerbeträge vom Fiskus ausgezahlt werden. Durch die Wiederholung dieses Kreislaufs erlangen die Täter eine mehrfache Erstattung der Vorsteuern, die teilweise dazu genutzt wird, die Waren endgültig an fremde Dritte zu konkurrenzlos günstigen Preisen verkaufen zu können.

144 In der Realität werden aus Verschleierungsgründen wesentlich mehr als drei Unternehmen in die Kreisläufe eingeschaltet, die anfänglich legal auftreten und die Umsatzsteuer korrekt erklären und abführen. Erst nach dieser Startphase erfolgt die Teilnahme an den Karussellgeschäften.[174]

2. Kontrollmöglichkeiten der Finanzverwaltung

145 Die illegale Betätigung der Umsatzsteuerkarusselle betrifft alle Mitgliedstaaten der EU gleichermaßen. Der Wegfall der innergemeinschaftlichen Grenzkontrollen durch das Schengener

---

[172] Bericht des Bundesrechnungshofs für das Jahr 2000.
[173] Ausführlich zu unterschiedlichen Wirkweisen eines Umsatzsteuerkarussells *Fumi* in Haas/Müller § 2 Rz. 156 ff.
[174] Detaillierte Beschreibung vgl. *Klawikowski/Leitmeier/Zühlke*, StBP, 2002, 121, 122.

IV. Umsatzsteuer

Abkommen hat zur Folge, dass die Finanzverwaltung eines Mitgliedstaates faktisch keine Nachprüfungsmöglichkeit für den Verbleib von Waren hat. Aus diesem Grund wird in einem klassischen Umsatzsteuerkarussell zumindest ein Unternehmen mit Sitz im EU-Ausland eingeschaltet, um den Warenweg zu verschleiern. Besonders beliebt sind dabei Produkte, die leicht zu transportieren, hochpreisig und schwer zu identifizieren sind. Der Großteil der Umsatzsteuerkriminalität spielte sich deswegen im Handel mit Computerbauteilen, Mobiltelefonen und PKWs ab.[175]

Die Bekämpfung der Karussellgeschäfte setzt hauptsächlich bei den gesetzlich geregelten Nachweispflichten an. Der liefernde Unternehmer hat die in den §§ 17 a ff UStDV erforderlichen buch- und belegmäßigen Nachweise zu führen. Aufgezeichnet werden insbesondere die Daten des Empfängers einschließlich der Umsatzsteuer-Identifikationsnummer (USt-IdNr.) sowie die Handelsbezeichnung und Menge der Waren. **146**

Zusätzlich zu den gewöhnlichen Umsatzsteuervoranmeldungen muss der Unternehmer quartalsweise sogenannte Zusammenfassende Meldungen nach § 18a UStG abgeben, die ebenfalls die Daten des Empfängers der Lieferungen und die dazugehörigen Beträge enthalten. Die Meldungen werden vom Bundesamt für Finanzen ausgewertet. **147**

Die gesammelten Daten werden durch Abgleich mit den Angaben anderer Unternehmer im Wege der Kontrollmitteilung ausgewertet. Für Sachverhalte, die ausländische Unternehmen betreffen, kann dabei unter anderem auf die Erkenntnisse der beim Bundesamt für Finanzen angesiedelten Informationszentrale Ausland (IZA) zurückgegriffen werden. Die dort gesammelten Daten betreffen beispielsweise bekannt gewordene Scheinfirmen und sog. Strohmänner. Daneben führt das Bundesamt für Finanzen weitere Datenbanken. Speziell der Bekämpfung des Umsatzsteuerbetrugs dient die Datenbank „ZAUBER" (Zentrale Datenbank zur Speicherung und Auswertung von Umsatzsteuerbetrugsfällen und Entwicklung von Risikoprofilen). Aus deren Erkenntnissen werden unter anderem die aktuellen Schwerpunkte der Umsatzsteuersonderprüfungen festgelegt. **148**

Darüber hinaus erfolgt ein grenzüberschreitender Abgleich von Daten. Auf dem Gebiet der Umsatzsteuer ist der Austausch von Informationen zwischen den obersten Finanzbehörden der EU-Mitgliedstaaten besonders einfach möglich und wird in großem Umfang durchgeführt. Im Unterschied zu den anderen Steuerarten muss der Betroffene nicht vor der Übermittlung von ihn betreffenden Auskünften an die Finanzverwaltung eines anderen Staates angehört werden (§ 117 Abs. 4 S 3, 2. HS AO). **149**

Großen Erfolg verspricht man sich von der verstärkten Zusammenarbeit der unterschiedlichen Behörden. Das Bundesamt für Finanzen koordiniert dabei das Vorgehen der Umsatzsteuer- und Zollprüfungen der einzelnen Bundesländer. International wurden Gruppen zur gemeinsamen Betrugsbekämpfung eingerichtet, die in spektakulären Aktionen europaweit Ermittlungsmaßnahmen durchführen.[176] In jüngerer Zeit wurden sowohl deutschland- als auch europaweit Ermittlungen gegen die sog. „Schrottmafia" durchgeführt. Dabei ging es vor allem um die Hinterziehung von Umsatzsteuer durch sog. Strohmänner, die sich als Unternehmer ausgeben und bei Abgabe von Schrotten und Metallen die Umsatzsteuer durch den Ankäufer ausbezahlen ließen. Diese Strohleute handelten jedoch weder auf eigene Rechnung noch im eigenen Interesse, sondern für im Verborgenen agierende Hintermänner. Der Schaden für den Fiskus liegt darin, dass, wie bereits beschrieben, die Strohleute die Umsatzsteuer nicht abführten und häufig nach einer gewissen Zeit der Geschäftstätigkeit vom Markt verschwinden und der Ankäufer aus diesem Geschäft wider besseren Wissens die Vorsteuer zieht. **150**

Flankiert durch die Rechtsprechung des EuGH[177] geht die Finanzverwaltung inzwischen dazu über, den Vorsteuerabzug von Unternehmen nicht zu gewähren, die Kenntnis hätten **151**

---

[175] Ein namhafter Hersteller von Handys beklagte zu Spitzenzeiten der Karussellgeschäfte, dass ein großer Anteil seiner Produkte in den Karussellen illegal verbilligt und anschließend unter den Nettoabgabepreisen an Händler weiterveräußert wurde.

[176] Im Sommer 2001 fahndeten mehr als 1500 Beamte im Rahmen der Aktion „Chipdeal" in acht europäischen Staaten nach Karussellgeschäften bei Händlern von PC-Bauteilen.

[177] EuGH vom 21.1.2006, Az. C 354/03, C 484/03; DStR 2006, 133.

haben müssen, dass das Geschäft, an dem sie sich beteiligt haben, in ein Umsatzsteuerkarussell eingebettet ist.

Die Finanzverwaltung zieht die Grenzen des Wissenmüssens inzwischen außerordentlich weit. Selbst die Aufnahme von Steuernummern, Umsatzsteuer-Identifikationsnummern und Gewerbeanmeldungen genügen in der Praxis häufig nicht, um den Vorsteuerabzug bei den Unternehmen zu belassen, wenn sich im Nachgang herausstellt, dass Strohleute, die die entsprechenden Unterlagen vorgelegt hatten, im Nachgang behaupten, nicht Unternehmer, sondern lediglich Strohmann gewesen zu sein. Mit der Aberkennung von Vorsteuererstattungsansprüchen ist die Finanzverwaltung inzwischen schnell bei der Hand, ohne allerdings weitergehende Anforderungen zu benennen, die ihrerseits zum Erhalt des Vorsteuerabzuges führen könnte. Eine gewisse Unsicherheit bei den Unternehmen verbleibt damit, vor allem wenn diese in Branchen tätig sind, die seitens der Finanzbehörden als risikogeneigt betrachtet werden.

3. Strafbarkeit der Umsatzsteuerhinterziehung

152 Die Strafbarkeit der Umsatzsteuerhinterziehung wurde durch das am 19.12.2001 verabschiedete Steuerverkürzungsbekämpfungsgesetz (StVBG)[178] zunächst nochmals wesentlich verschärft. Gesetzgeberische Intention war dabei die Eindämmung der Tätigkeit der Umsatzsteuerkarusselle.

153 Der vorübergehend geltene § 370a AO sollte ursprünglich die gewerbs- oder bandenmäßig betriebene Steuerverkürzung erfassen. Es handelte sich dabei um einen als Verbrechen ausgestalteten Qualifikationstatbestand zur einfachen Steuerhinterziehung nach § 370 AO. Da § 370a AO dazu dienen sollte, der organisierten Kriminalität entgegen zu wirken und nicht schon geringere Steuerverkürzungen als Verbrechen zu qualifizieren, wurde nach umfangreicher Diskussion durch das Fünfte Gesetz zur Änderung des Steuerbeamtenausbildungsgesetzes und zur Änderung von Steuergesetzen vom 23.7.2002[179] das Merkmal des „großen Ausmaßes" eingeführt. Dieses Tatbestandsmerkmal gab erneut Anlass zu erheblicher Kritik. Gerügt wurde stets, dass ein Verstoß gegen das verfassungsrechtlich normierte Bestimmtheitsgebot vorliegen würde. Daher wurde § 370a AO zum 21.12.2007 wieder abgeschafft.[180] Stattdessen wurde ein weiteres Regelbeispiel des besonders schweren Falles der Steuerhinterziehung in § 370 Abs. 3 Nr. 5 AO aufgenommen.

Die Beteiligten eines Umsatzsteuerkarussells erfüllen regelmäßig neben diesem soeben genannten Regelbeispiel zudem die Voraussetzungen des großen Ausmaßes im Sinne von § 370 Abs 3 Nr. 1 AO.[181]

154 Neben § 370 AO in seinen Ausprägungen existieren auch noch weitere Vorschriften, die sich auf die Umsatzsteuer beziehen, insbesondere § 26b und § 26c UStG. Diese beiden Vorschriften wurden gemeinsam mit § 370a AO a. F. eingeführt. Sie sollten dazu dienen, das bis dato straflose Nichtzahlen von Steuern zu sanktionieren; damit sollte die Lücke geschlossen werden, die dadurch entstand, dass der Unternehmer Leistungen erbringt, die entsprechenden Anmeldungen korrekt einreicht, aber die betreffenden Beträge nicht entrichtet.[182]

---

[178] BGBl. I 2002, 27125.
[179] BGBl. 2002, 2715 ff.
[180] Abschaffung des § 370a AO im Gesetz zur Neuregelung der Telekommunikationsüberwachung und anderer verdeckter Ermittlungsmaßnahmen sowie zur Umsetzung der Richtlinie 2006/24/EG.
[181] Dieses Merkmal führt aufgrund der Rechtsprechung des BGH zu unterschiedlichen Schwellenwerten, Ausgangspunkt war zunächst die Entscheidung des 1. Strafsenats des BGH vom 2.12.2008 (BGH NStZ 2009, 271 ff.), der zunachst darauf abstellte, dass bei Hinterziehungshandlungen, die auf Seiten des Fiskus zu einem Vermögensverlust führen, wie bei Umsatzsteuerkarussellen, ein großes Ausmaß bei 50.000 Euro anzunehmen sei. Ein Schwellenwert von 100.000 Euro sollte für Verkürzungen gelten, die zu einem Vermögensverlust aufgrund Nichtangabe steuerlich relevanter Tatschen entstanden. Eine weitere Konkretisierung des Schwellenwertes in Höhe von 100.000 Euro nahm der BGH in einer Folgeentscheidung vor (1 StR 59/11 sowie Anmerkungen zu diesem Urteil in NZWiSt 2012, 154 ff.
[182] *Joecks,* Franzen/Gast/Joecks § 370 Rz. 324.

V. Internationale Tax Compliance

Die Nichtentrichtung der ordnungsgemäß erklärten Umsatzsteuer war bisher nicht mit einer Sanktion bewehrt. Durch die Einführung von § 26c UStG liegt eine Ordnungswidrigkeit vor, wenn die in der Rechnung ausgewiesene Umsatzsteuer bei Fälligkeit nicht oder nicht umfänglich abgeführt wird. Diese Ordnungswidrigkeit kann mit einer Geldbuße bis zu 50.000 Euro geahndet werden.

Die Ordnungswidrigkeit des § 26b UStG entwickelt sich zur Straftat, wenn die Tat gewerbsmäßig oder als Mitglied einer Bande begangen wird, mit der Folge der Ausweitung des Strafrahmens auf Geldstrafe oder Freiheitsstrafe bis zu fünf Jahren. Damit entspricht dieser Strafrahmen dem des § 370 Abs. 1 AO.

Fraglich ist somit das Verhältnis von §§ 26b, 26c UStG zu § 370 AO.[183] Es wird unter Anwendung des § 21 Abs. 1 OWiG die Ansicht vertreten, dass § 26b UStG als Ordnungswidrigkeit subsidiär sei, wenn die Tat gleichzeitig eine Straftat darstellt. § 26c UStG komme im Verhältnis zu § 370 Abs. 1 AO die Aufgabe eines sog. Auffangtatbestandes für die Fälle zu, in denen der Täter zwar fristgemäß die Umsatzsteuererklärungen abgegeben hat, aber die Nichtentrichtung der Steuern plant.[184]

Im Rahmen der Strafzumessung ist jedoch die nach dem EuGH[185] zulässige Korrektur von Rechnungen über Scheingeschäfte zu berücksichtigen. Der Aussteller von Rechnungen über Lieferungen, die tatsächlich nicht stattgefunden haben, schuldet die Umsatzsteuer nach § 14 Abs. 3 UStG. Obwohl das UStG keine Möglichkeit der Berichtigung der Rechnung vorsieht, kann der Aussteller diese dennoch korrigieren.[186] Die mögliche Aufhebung der Rechnung ist mildernd im Rahmen der Strafzumessung des Rechnungsausstellers zu würdigen. Eine strafbefreiende Wirkung ist mit der Berichtigung allerdings nicht verbunden

V. Internationale Tax Compliance

Gerade und vor allem wenn ein Unternehmen internationale Beziehungen unterhält und Geschäfte tätigt, ist es wichtig, die in den jeweiligen Ländern geltenden Gesetze einzuhalten. Besonders gilt dies im Hinblick auf die Steuergesetze, die nicht nur empfindliche Steuernachzahlungen für unvorbereitete Unternehmen auslösen, sondern auch strafrechtliche Konsequenzen für die handelnden Personen und, abhängig von den jeweiligen Landesgesetzen[187], auch für das Unternehmen nach sich ziehen können. Tax Compliance ist damit integraler Bestandteil eines funktionierenden und lebbaren Compliance-Systems im Unternehmen[188] zu verstehen, selbst wenn man dieses so nicht benennt.

Tax Compliance soll nicht so verstanden werden, dass der Steuerpflichtige zu einer verbesserten Einhaltung der Steuergesetzgebung motiviert werden soll, sondern dass sämtliche handelnde Einheiten eines Unternehmens die einschlägigen nationalen und internationalen steuerlichen Pflichten kennen und diese einhalten.[189] Die Kenntnis der einschlägigen nationalen und internationalen steuerlichen Vorschriften gewährleistet, dass der steuerliche Gestaltungsspielraum optimal unter Berücksichtigung der internationalen bzw. landestypischen Besonderheiten genutzt werden kann. Daher ist in einem international tätigen Unternehmen ein Compliance-Wording erforderlich, das in den Ländern, in denen das Unternehmen tätig ist, seine Wirkung entfaltet und ohne Wenn und Aber Bestand hat. Mit dieser Sensibilität für nationale und internationale steuerliche Gegebenheiten kann die risikopräventive Funktion

---

[183] Zum Streitstand siehe *Joecks*, Franzen/Gast/Joecks § 370 Rz. 326 ff.
[184] *Müller*, Haas/Müller, § 2 Rz. 93
[185] EuGH vom 19.9.2000, C-454/98, Slg. 2000, I-6973-Schmeinck & Cofreth und Manfred Strobel.
[186] EuGH vom 19.9.2000, C-454/98, Slg. 2000, I-6973-Schmeinck & Cofreth und Manfred Strobel.
[187] In Deutschland existiert kein Unternehmensstrafrecht; es können strafrechtlich lediglich die handelnden natürlichen Personen bestraft werden.
[188] *Besch/Starck*, in Hauschka § 34 Rz. 4
[189] *Besch/Starck*, in Hauschka § 34 Rz. 10

umfänglich greifen, mittels derer Haftungsinanspruchnahmen und ggf. (steuer-)strafrechtliche Sanktionen vermieden oder zumindest reduziert werden können.[190]

---

[190] Als Bestandteil des Compliance-Management-Systems im Unternehmen ist Tax Compliance der Baustein, dessen Erfolg allein daran gemessen wird, in welchem Umfang die Identifizierung und Bewertung der steuerlichen Risiken aus sich heraus erfolgt und diese als Information den handelnden Personen zur Verfügung gestellt werden (so auch *Besch/Starck,* in Hauschka § 34 Rz. 48 ff.). Dies schließt einen Fahrplan für die typischen steuerlichen Vorgänge, wie z. B. Tax Due Diligences, Vorgehen bei Betriebsprüfungen und Fristenkontrolle ein:
Darstellung von Schwerpunktthemen in einem Unternehmen durch *Jäger/Rödl/Campos Nave* in Praxishandbuch Corporate Compliance 2009, S. 34 ff.

22. Kapitel. Zoll

Literatur: *Anton*, Nochmals: Entziehen aus der zollamtlichen Überwachung, in ZfZ 1996, S. 326–329; *Bauer*, Der prozessuale Tatbegriff, in NStZ 2003, S. 174–179; *Bender*, BtM-Schmuggel als Steuerstraftat, in ZfZ 1984, S. 322–327; *ders.*, Das Zoll- und Verbrauchsteuerstrafrecht mit Verfahrensrecht, Stand Juni 1997; *ders.*, Erweiterte Ermittlungsbefugnisse der Finanzbehörden im allgemeinstrafrechtlichen Bereich?, in wistra 1998, S. 93–95; *ders.*, Versuch oder Vollendung der Zollhinterziehung, in AW-Prax 2000, S. 30–32; *ders.*, Neuigkeiten im Steuerstrafrecht 2002 für die Zollverwaltung, in ZfZ 2002, S. 146–151; *Bilsdorfer*, Die Informationsquellen und -wege der Finanzverwaltung, 3. Auflage 1993; *Brenner*, Bannbruch, auch fahrlässiger – „Fossil" oder Notwendigkeit?, in ZfZ 1980, S. 240–242; *Burger*, Die Einführung der gewerbs- und bandenmäßigen Steuerhinterziehung sowie aktuelle Änderungen im Bereich der Geldwäsche, in wistra 2002, S. 18; *Dorsch*, Zollrecht, Kommentar, 3. Aufl. 2002; *Ellbogen*, Zu den Voraussetzungen des täterschaftlichen Bandendiebstahls, in wistra 2002, S. 8–13; *Fehn*, Die Informationspartner der Zollfahndung, in Kriminalistik 12/03, S. 751–755; *Fischer*, Kommentar zum StGB, 60. Auflage 2013; *Frick*, Auskunftsersuchen der Steuerfahndung gemäß § 208 Abs. 1 Satz 1 Nr. 3 AO, in BB 1988 (2), S. 109–112; *Franzen/Gast/Joecks*, Steuerstrafrecht mit Zoll- und Verbrauchsteuerstrafrecht, Kommentar 7. Auflage 2009; *Geiger/Khan/Kotzur*, EUV/AEUV Vertrag über die Europäische Union und Vertrag über die Arbeitsweise der Europäischen Union, 5. Auflage 2010; *Grützner/Pötz/Vogler/Wilkitzki*, Internationaler Rechtshilfeverkehr in Strafsachen mit Kommentar zum Gesetz über die internationale Rechtshilfe in Strafsachen (IRG), 2. Aufl., Stand Juni 1998, Heidelberg; *Harder*, „Gewinnabschopfung" einfach anders, in Kriminalistik 10/02, S. 606–608; *Herzog*, Gläserne Konten – Big Brother is watching us, in Betriebsberater, 57. Jg., Heft 20, 15.5.2002, Seite I; *Hübschmann/Hepp/Spitaler*, Abgabenordnung, Finanzgerichtsordnung, Kommentar 10. Auflage 1995; *Jaeger*, Vorfeldermittlungen und Datenumwidmung im Spannungsfeld von Polizeirecht, Strafverfahrensrecht und nachrichtendienstlichen Befugnissen, in Der Kriminalist 1996, S. 329–332, 377–380; *Janovsky*, Die Strafbarkeit des illegalen grenzüberschreitenden Warenverkehrs, in NStZ 1998, S. 117–123; *ders.*, Ermittlungen in Wirtschaftsstrafsachen, in Kriminalistik 1998, S. 269, 331; *Jatzke*, Die steuerlichen Folgen bei Diebstahl von unter Steueraussetzung stehenden verbrauchsteuerpflichtigen Waren, in ZfZ 1997, S. 408; *Joecks*, Urkundenfälschung „in Erfüllung steuerrechtlicher Pflichten" (§ 393 Abs. 2 Satz 1 AO)?, in wistra 1998, S. 86–91; *ders.*, Strafvorschriften im Steuerverkürzungsbekämpfungsgesetz, in wistra 2002, S. 201–205; *Kampf*, Grenzbeschlagnahmen bei Produktpiraterie, in AW-Prax 1998, S. 301–303; *ders.*, Aktuelle Fragen zur „Grenzbeschlagnahme" bei Markenrechtsverletzungen, in ZfZ 1998, S. 331–335; *ders.*, Das Versandverfahren mit Carnet TIR, in ZfZ 2002, S. 182–186; *Kemper*, Der neue Sperrtatbestand der Bekanntgabe einer Prüfungsanordnung in § 371 AO, in NZWiSt 2012, S. 56–59; *Kindler*, Die zollamtliche Überwachung, in ddz 2002, F17ff., F25ff., F33ff.; *Klein*, Abgabenordnung – einschließlich Steuerstrafrecht – Kommentar 11. Auflage 2012; *Klinkhammer*, Amts- und Rechtshilfe im Bereich der Steuerhinterziehung und des Subventionsbetrugs, in ZfZ 1996, S. 37–40; *Klos*, Die Selbstanzeige – Grundlagen und Praxisfragen des steuerstrafrechtlichen „Ablasses", in NJW 1996, S. 2336–2341; *Kohlmann*, Steuerstraf- und Steuerordnungswidrigkeitenrecht einschließlich Verfahrensrecht, Kommentar 7. Auflage 1997; *Körner*, Betäubungsmittelgesetz Arzneimittelgesetz, Kommentar 4. Auflage 1994; *Krack*, § 297 StGB neue Fassung – Eine gelungene Norm des modernen Wirtschaftsstrafrechts?, in wistra 2002, S. 81–87; Rechtsprobleme des strafprozessualen Einsatzes Verdeckter Ermittler, BKA-Forschungsreihe 1993; *Krehl*, Strafbarkeit wegen Siegelbruchs (§ 136 II StGB) bei Verletzung ausländischer Zollplomben?, in NJW 1992, S. 604–606; *Meyer-Goßner*, Strafprozessordnung, Kommentar 54. Auflage 2011; *Müller/Wabnitz/Janovsky*, Wirtschaftskriminalität, 4. Auflage 1997; *Odenthal*, Zur Anrechnung von Steuern beim Verfall, in wistra 2002, S. 246–248; *Pütz*, Steuer- und Zollfahnder als Hilfsbeamte der Staatsanwaltschaft, in wistra 1990, S. 212–216; *Reiche*, Die örtliche Ermittlungskompetenz der Zollfahndung – Anmerkung zu einem Urteil des BGH vom 24.10.1989 – 5 StR 238 – 239/89 – in wistra 1990, S. 90–93; *Retemeyer/Möller*, Vermögensabschöpfung bei Zoll- und Verbrauchsteuerverstößen, in AW-Prax 2012, S. 20–23; *Rolletschke*, Rechtsprechungsgrundsätze zur Strafzumessung bei Steuerhinterziehung, in NZWiSt 2012, S. 18–23; *Schmitz/Martin*, Erneut: Hinterziehung ausländischer Steuern und Steuerhinterziehung im Ausland, § 370 Abs. 6, 7 AO, in wistra 2001, S. 361–369; *Schwarz/Wockenfoth*, Zollrecht Kommentar, Texte und Entscheidungssammlung, 3. Auflage 1995; *Soiné*, Datenverarbeitung für Zwecke künftiger Strafverfahren, in CR 1998, S. 257–264; *Soyk*, Die Steuerentstehung beim Entziehen verbrauchsteuerpflichtiger Waren aus dem Steueraussetzungsverfahren, in ZfZ 1998, S. 2–11; *Spriegel*, Steuergeheimnis und nichtsteuerliche Straftat, in wistra 1997, S. 321–325; *Tiedemann*, Der Strafschutz der Finanzinteressen der Europäischen Gemeinschaft, in

NJW 1990, S. 2226–2233; *Tipke/Kruse*, Abgabenordnung und Finanzgerichtsordnung (ohne Steuerstrafrecht), Kommentar 15. Auflage 1994; *Volk*, Der Tatbegriff und die Bestimmtheit von Durchsuchungsbeschlüssen im Steuerstrafrecht, in wistra 1998, S. 281–283; *Wamers*, Das neue Zollverwaltungsgesetz und seine Kontrollbefugnisse nach §§ 10, 5 und 12 ZollVG, in ddz 1993, Seite F48-F50; 5/93, F61-F66; *ders.*, Die Zuständigkeit des Zollfahndungsdienstes für die Bekämpfung der Geldwäsche nach § 12a FVG, in ddz 1994, Seite F99-F100; *ders.*, Marktbeobachtung, Band 2 der Schriftenreihe des ZKA 1995; *ders.*, Das Zollgeheimnis in AW-Prax 2001, 297–299, 342–345; *Weerth*, Einführung des NCTS in 22 europäischen Staaten – eine gewaltige Aufgabe, in AW-Prax 2002, S. 173–178, *Werner, G.*, Die Bekämpfung der Geldwäsche in Deutschland – Der gesetzliche Rahmen, aus: Geldwäsche, Problemanalyse und Bekämpfungsstrategien, Dokumentation der Friedrich-Ebert Stiftung, 1993/94; *Weyarn*, Das Evokationsrecht und die Informationsmöglichkeiten der Staatsanwaltschaft, in wistra 1994, S. 87–91; *Witte*, Zollkodex, Kommentar, 5. Aufl. 2009; *ders.*, Unzulässiger Binnenverkehr, in AW-Prax April 2005, S. 170–171; *Witte/Halla-Heißen*, Zollverfahren und sonstige zollrechtliche Bestimmungen. Ein systematischer Überblick über die zollrechtlichen Gestaltungsmöglichkeiten, in AW-Prax 1996, S. 431–434, und 1997, S. 31–34; *Witte/Wolffgang*, Lehrbuch des europäischen Zollrechts, 2. Auflage 1995; *Wolffgang*, Steuerliche Amtshilfe innerhalb der EG, in Handbuch des Europäischen Steuer- und Abgabenrechts, *von Birk* (Hrsg.), 1995; *ders.*, Informantenschutz im Steuerrecht, in Recht der Persönlichkeit, von *Erichsen/Kollhosser/Welp* (Hrsg.), 1996.

Inhaltsübersicht

	Rn.
I. Allgemeines	1
II. Aufgaben, Organisation und Aufbau der Zollverwaltung	2–5
1. Die Aufgaben der Zollverwaltung	2
2. Die Organisation der Zollverwaltung	3
3. Weisungsverhältnisse	4, 5
a) Zollfahndungsdienst	4
b) Finanzkontrolle Schwarzarbeit	5
III. Überwachungsaufgaben der Zollverwaltung	6–22
1. Zollamtliche und Zollrechtliche Überwachung	6–12
a) Zollamtliche Überwachung	6–11
b) Zollrechtliche Überwachung	12
2. Steueraufsicht	13
3. Betriebsprüfungen	14
4. Überwachung des Warenverkehrs und Bargeldverkehrs über die Grenzen	15
5. Finanzkontrolle Schwarzarbeit – FKS	16–19
6. Überwachungsaufgaben und -instrumente des Zollfahndungsdienstes	20–22
IV. Ermittlungskompetenzen der Zollbehörden	23–41
1. Allgemeines	23
2. Ermittlungsbefugnisse der Hauptzollämter	24–29
a) Das Hauptzollamt in der Funktion der Staatsanwaltschaft	25–28
b) Ermittlungsbefugnisse des Hauptzollamts im Übrigen	29
3. Ermittlungskompetenzen des Zollfahndungsdienstes	30–38
a) Strafrechtliche Ermittlungen	30–35
aa) Aufgaben	30–32
bb) Befugnisse	33–35
b) Steuerliche Ermittlungen	36–38
4. Verhältnis der steuerlichen zu den strafrechtlichen Ermittlungen	39–41
V. Bedeutung der Zollverfahren und ihrer rechtlichen und praktischen Ausgestaltung für Zuwiderhandlungen	42–81
1. Allgemeines	42, 43
2. Zollverfahren im Allgemeinen/Rechtsgrundlagen	44–58
a) Verbringen	47
b) Überwachung	48, 49
c) Zollrechtliche Bestimmung	50–56
aa) Interner Versand	53
bb) Warenausfuhr	54
cc) Zollrechtlich freier Verkehr	55, 56
d) Manipulationsmöglichkeiten	57, 58
3. Nichterhebungsverfahren und Zollverfahren mit wirtschaftlicher Bedeutung	59–77
a) Aktive Veredelung	60
b) Passive Veredelung	61
c) Umwandlung	62
d) Vorübergehende Verwendung	63, 64
e) Zolllager	65
f) Versandverfahren	66–77
aa) Allgemeines	68
bb) Gemeinschaftliches Versandverfahren	69–72
cc) Gemeinsames Versandverfahren	73
dd) TIR-Übereinkommen	74
ee) ATA-Übereinkommen	75
ff) Sonstige Versandverfahren	76
gg) Die Verschlusssicherheit bei Versandverfahren	77
4. Sonstige zollrechtliche Bestimmungen	78–81

Inhaltsübersicht

	Rn.
VI. Strafrechtlicher Schutz bei den sog. Zollstraftaten	82
VII. Ermittlung von Steuerstraftaten	83–120
1. Begriff der Steuerstraftaten nach § 369 AO	83
2. Steuerhinterziehung	84–100
a) Einfuhrabgaben der EU	93–95
b) Verbrauchsteuern	96–99
c) Schwere Steuerhinterziehung	100
3. Bannbruch	101–105
4. Wertzeichenfälschung	106
5. Gewerbsmäßiger, gewaltsamer und bandenmäßiger Schmuggel	107
6. Steuerhehlerei	108
7. Begünstigung	109
8. Einziehung	110
9. Das Schmuggelprivileg	111, 112
10. Selbstanzeige bei Steuerhinterziehung	113–119
11. Im Zusammenhang mit Steuerdelikten stehende Straftaten	120
VIII. Ermittlung von Zuwiderhandlungen gegen Marktordnungsregelungen der Europäischen Gemeinschaft	121–131
1. Allgemeines	121
2. Rechtsgrundlagen und grundsätzliche Regelungssystematik	122
3. Aufgaben der Zollverwaltung	123, 124
a) Zollabfertigung/Prüfung/ etc.	123
b) Ermittlungen	124
4. Modi Operandi	125–131
a) Das Lizenzsystem der EU	126
b) Einfuhren	127
c) Subventionsbetrug bei Ausfuhrerstattungen	128–130
d) Milch-Garantiemengenregelung	131
IX. Ermittlung von Verstößen gegen Verbote und Beschränkungen im grenzüberschreitenden Warenverkehr (Bannbruch)	132–160
1. Allgemeines	132
2. Gewerblicher Rechtsschutz/ Schutz des geistigen Eigentums (Marken- und Produktpiraterie)	133–143
a) Allgemeines	133
b) Rechtsgrundlagen	134–136
c) Aufgaben der Zollverwaltung	137–141
aa) Zollabfertigung	137–140
bb) Ermittlungen	141
d) Modi Operandi	142, 143
3. Artenschutz	144–160
a) Allgemeines	144
b) Rechtsgrundlagen	145
c) EG-rechtliche Ein-, Aus- und Durchfuhrverbote	146–149
d) Nationale Besitz- und Vermarktungsverbote	150
e) Aufgaben der Zollverwaltung	151, 152
aa) Zollabfertigung	151
bb) Ermittlungen	152
f) Täterprofil und Methoden	153
g) Bußgeld- und Strafbestimmungen	154–160
X. Finanzermittlungen	160a–171
1. Die Rolle der Finanzermittlungen im Rahmen der OK-Bekämpfung	161
2. Aufgaben und Befugnisse des Zollfahndungsdienstes	162
3. Zollspezifische Informationsquellen und Ermittlungsansätze	163–168
4. Bargeldkontrollen	169, 170
5. Verdachtsmeldungen und Ermittlungen	171
XI. Ermittlung von Verstößen gegen das GÜG	172–181
1. Allgemeines	172
2. Der Sinn der Grundstoffüberwachung	173
3. Die Überwachung der gelisteten Grundstoffe	174–177
4. Das polizeiliche Monitoringsystem	178
5. Ermittlungen	179–181
XII. Bedeutung des Steuergeheimnisses i. R. der Tätigkeit der Zollverwaltung	182–191
1. Art. 15 Zollkodex	182
2. §§ 30 ff. AO	183–191
a) Bedeutung des Steuergeheimnisses	183–185
b) Voraussetzungen für den Schutz des Steuergeheimnisses	186
c) Problem des parallelen Aufgabenvollzugs	187, 188
d) Steuergeheimnis und nichtsteuerliche Straftat	189
e) Offenbarungsermessen	190, 191
XIII. Das ZKA	192–197
1. Stellung und Funktion des ZKA im Zollfahndungsdienst	193
2. Ermittlungsaufgaben und -befugnisse des ZKA	194, 195
3. Sonstige Aufgaben des ZKA	196, 197
XIV. Zusammenarbeit des ZKA und des Zollfahndungsdienstes mit anderen Behörden	198–208
1. Zusammenarbeit im nationalen Bereich	198
2. Internationale und europäische Zusammenarbeit im Wege der Amtshilfe	199–206
3. Zusammenarbeit mit der EG-Kommission	206a
4. Verhältnis der Amtshilfe zur justitiellen Rechtshilfe	207, 208

I. Allgemeines

1 Die Gesamtheit des Begriffs „Zoll" stellt für die meisten Juristen, die im Rahmen der Bekämpfung der Wirtschaftskriminalität in der Strafverfolgung tätig sind, im wahrsten Sinne des Wortes „ein Buch mit sieben Siegeln" dar. Ursache sind sicherlich nicht nur fehlende Ausbildungsinhalte in Studium und Referendarausbildung, vielmehr stellt sich der Aufgabenkatalog der Zollverwaltung, bei dem die klassische Aufgabe der Zollerhebung schon fast im Hintergrund steht, auch als unübersichtliches Konglomerat von ausschließlichen Sonder- und Teil-Zuständigkeiten dar. Schon das Verhältnis des allgemeinen Steuerrechts zu den Besonderheiten des Zollrechts sowie des Steuerstrafrechts zum allgemeinen Strafrecht birgt genügend Problemfelder. Hinzu kommt, dass das nationale Recht gerade im Zollbereich größtenteils durch das Recht der Europäischen Union[1] ersetzt oder überlagert wird. Zu beachten ist ferner das Nebeneinander von eingeschränkter EU-Verordnungskompetenz und verbleibender ausschließlich nationaler Rechtssetzungsbefugnis z. B. im Bereich des Straf- und Strafprozessrechts. Die Kenntnis dieser Besonderheiten sowie der Überwachungsinstrumentarien und -möglichkeiten der Zollverwaltung und deren Nutzung ist für eine erfolgreiche Kriminalitätsbekämpfung in diesem Bereich unabdingbar, auch und gerade weil der grenzüberschreitende Warenverkehr zunehmend ein Betätigungsfeld der **organisierten Wirtschaftskriminalität** ist.

Bei den **„Zollstraftaten"**, d. h. Straftaten im Zusammenhang mit dem Waren- bzw. Bargeldverkehr für deren Verfolgung die Zollverwaltung (Zollfahndungsdienst bzw. Hauptzollämter) sachlich zuständig ist, handelt es sich ganz überwiegend um Kontrolldelikte. Im Gegensatz zu den Anzeigedelikten können diese nahezu ausschließlich nur durch proaktives Handeln, d. h. Kontrollen, Prüfungen und Überwachung aufgedeckt werden.

Die Ausführungen in diesem Handbuch können nur einen Überblick über die vielfältigen Gegenstände und Erscheinungsformen der Zollstraftaten geben. Soweit zum Verständnis erforderlich, sind auch die Zoll- und Verbrauchsteuerverfahren erläutert, ebenso das Instrumentarium, das der Zollverwaltung zur Erfüllung ihrer Aufgaben zur Verfügung steht. Den neuen Aufgaben der Zollverwaltung bei der Bekämpfung der Schwarzarbeit ist der Vollständigkeit halber ein kurzer Abschnitt gewidmet. Die Außenwirtschaftsstraftaten werden gesondert in Kapitel 23 behandelt.

Von der Angabe von Fundstellen des Unionsrechts und teils auch des nationalen Rechts wurde abgesehen, weil die Bestimmungen mit entsprechenden Angaben, sowie Hinweisen auf Änderungen, etc. unter folgenden Adressen auch im Internet zur Verfügung stehen:

http://eur-lex.europa.eu/de/index.htm – Rechtsakte der EU und deren Fundstellen (empfohlenes Recherchekriterium: Nummer und Jahr der VO; die Recherche mit Suchbegriffen ist zwar auch möglich, jedoch nur eingeschränkt zu empfehlen),

www.gesetze-im-internet.de – Website des Bundesjustizministeriums.

II. Aufgaben, Organisation und Aufbau der Zollverwaltung

1. Die Aufgaben der Zollverwaltung

2 Die Aufgaben der Zollverwaltung sind vielfältig. Sie ist **Einnahmeverwaltung** für Zölle, Agrarzölle für Marktordnungswaren (die früheren Abschöpfungen der EG) und Verbrauchsteuern. Sie ist Subventionsverwaltung im Hinblick auf die Ausfuhrerstattung für Marktordnungswaren. Sie nimmt aufgrund besonderer Rechtskonstruktion in breitem Umfang **Maßnahmen der Gefahrenabwehr** im Zusammenhang mit der Gewährleistung der Einhaltung von Verboten und Beschränkungen im grenzüberschreitenden Warenverkehr (VuB) über die

---

[1] Der Vertrag von Lissabon zur Änderung des EU-Vertrages (EUV) ist am 1.12.2009 in Kraft getreten. Die Europäische Union (EU) tritt nunmehr an die Stelle der Europäischen Gemeinschaft, deren Rechtsnachfolgerin sie ist (Art. 1 EUV). Im Folgenden werden deshalb grundsätzlich die Begriffe Europäische Union bzw. EU verwendet; die ursprünglichen Bezeichnungen der Rechtsakte, etc. werden beibehalten.

II. Aufgaben, Organisation und Aufbau der Zollverwaltung

Außengrenzen, aber auch über die Binnengrenzen der Gemeinschaft wahr. Sie ist **Überwachungsbehörde** zur Sicherung der Einnahmen der Bundesrepublik und der EU, der Einhaltung der VuB, der Rechtmäßigkeit von Subventionszahlungen und im Rahmen der Außenwirtschaftsüberwachung. Auf einigen Gebieten nimmt die Zollverwaltung i. R. des Ordnungswidrigkeitenrechts die Stellung der für die Verhängung von Bußgeldern zuständigen **Bußgeldbehörde** ein. Schließlich hat sie durch den Zollfahndungsdienst und andere Stellen des Zolls **Aufgaben der Strafverfolgung,** teils in der Funktion als Polizeibehörde, teils in der Rolle als Staatsanwaltschaft, zu vollziehen.

Die Aufgabenvielfalt der Zollverwaltung spiegelt sich zu einem erheblichen Teil auch in den **Funktionen** des Zollfahndungsdienstes einschließlich des Zollkriminalamtes wider. Der Zollfahndungsdienst (ZFÄ und ZKA) ist
- Finanzbehörde (nach § 6 Abs. 2 AO, § 208 Abs. 1 Nr. 2 u. 3 AO)
- Überwachungsbehörde (nach §§ 208 Abs. 2, 209 ff. AO, §§ 10, 12a ZollVG, §§ 3 Abs. 2, 4 Abs. 2 u.3, 23a, 24 Abs. 1 ZFdG) und
- Ermittlungsbehörde (nach §§ 4 Abs. 1, 16, 26 ZFdG, §§ 208 Abs. 1, 369 Abs. 1, 404 AO, § 37 MOG, § 37 AWG (= § 21 AWG-Novelle), § 20 CWÜAG, § 73 BNatSchG, § 8 GÜG, § 12b ZollVG).

Seit 2004 nimmt die Zollverwaltung nunmehr auch sehr umfassend Aufgaben im Bereich der Bekämpfung der Schwarzarbeit wahr; vgl. FKS – Finanzkontrolle Schwarzarbeit.

2. Die Organisation der Zollverwaltung

Die Zollverwaltung ist nach dem Modell des klassischen dreistufigen Verwaltungsaufbaus gegliedert (§ 1 FVG). Oberste Bundesbehörde ist das Bundesministerium der Finanzen, mit seiner Zollabteilung (Abteilung III). **Mittelbehörden** sind seit der mit Wirkung vom 1.1.2008 erfolgten Strukturreform die 5 Bundesfinanzdirektionen[2] (BFD), die in eine Abteilung Rechts- und Fachaufsicht (RF) und eine Abteilung Zentrale Facheinheit (ZF) gegliedert sind[3], sowie das Zollkriminalamt (ZKA). Die Abteilungen RF der BFDen bzw. das ZKA üben die Dienst- und Fachaufsicht über die ihnen unterstehenden Ortsbehörden des Bundes aus. Die **Ortsbehörden** sind die Hauptzollämter (HZA) und Zollfahndungsämter (ZFA). Die Hauptzollämter arbeiten nach dem Prinzip der **Allzuständigkeit** in ihrem Bezirk. In den Hauptzollämtern gibt es regelmäßig sog. **Strafsachen- und Bußgeldstellen** (neu: „Ahndung" = Sachgebiet F),[4] die unter anderem die reinen Steuerstrafverfahren (§ 386 AO) des Bezirks führen. Ferner ist der Bereich **Betriebsprüfungsdienst** als Sachgebiet D in die Hauptzollämter integriert. Die ehemals vom Sachgebiet E der Hauptzollämter umfassend wahrgenommenen Aufgaben der **Finanzkontrolle Schwarzarbeit (FKS)** wurden im Rahmen der Strukturreform aufgeteilt. Der Bereich Prüfung und Ermittlung besteht fort als Sachgebiet E, Prävention und Ahndung obliegen nunmehr den Sachgebieten C (Kontrolle) bzw. F (Ahndung). Die Zollämter sind nur unselbständige Teildienststellen der Hauptzollämter. Daneben existiert mit dem Bildungs- und Wissenschaftszentrum (BWZ) eine eigenständige Behörde für die Aus- und Fortbildung und diverse andere Querschnittsaufgaben. So werden z. B. die zolltechnischen Untersuchungen von den BWZ-Dienstsitzen Wissenschaft und Technik durchgeführt.

---

[2] Stand 2012: BFD Mitte in Potsdam, BFD Nord in Hamburg, BFD Südost in Nürnberg, BFD Südwest in Neustadt a. d. W., und BFD West in Köln.

[3] § 8 Abs. 2 FVG; Den ZFen der BFDen sind sog. „Fachpakete" zur bundesweiten Bearbeitung zugewiesen. Sie sind insoweit gegenüber den anderen BFDen weisungsbefugt (§ 8 Abs. 3 FVG). Faktisch besteht damit nunmehr ein vierstufiger Verwaltungsaufbau.

[4] Strafsachen- und Bußgeldstellen (Sachgebiete F) sind nicht bei allen HZÄ eingerichtet. Teils werden die Aufgaben zentralisiert von einem HZA auch für den örtlichen Zuständigkeitsbereich weiterer HZÄ wahrgenommen.

3. Weisungsverhältnisse

a) Zollfahndungsdienst

4 Der im FVG und ZFdG gewählte Verwaltungsaufbau mit den daraus resultierenden **Weisungsbefugnissen,** die im ZFdG festgelegte Weisungsbefugnis des ZKA gegenüber den Zollfahndungsämtern, die Weisungsbefugnis der Staatsanwaltschaft in Ermittlungsverfahren nach der StPO und die Stellung der Hauptzollämter als Staatsanwaltschaft nach § 386 AO bei reinen Steuerstrafverfahren ergeben ein für einen Außenstehenden nur schwer zu durchschauendes Weisungssystem. Lediglich für den Bereich der Gefahrenabwehr im ZFdG ergeben sich keine wesentlichen Schwierigkeiten, hier ist die Weisungshierarchie identisch mit dem geltenden Verwaltungsaufbau: BMF – ZKA – ZFA.

Das Bundesministerium der Finanzen übt eine generelle Dienst- und Fachaufsicht – auch in Ermittlungsverfahren, soweit keine Weisung einer Staatsanwaltschaft entgegensteht – gegenüber den Zollfahndungsämtern **über** das für die Dienst- und Fachaufsicht in der Mittelinstanz zuständige ZKA aus. Das ZKA, das ebenfalls der **Fachaufsicht** des Bundesfinanzministeriums untersteht, kann als Zentralstelle des Zollfahndungsdienstes die Zollfahndungsämter in allen Angelegenheiten, auch in Ermittlungsangelegenheiten, direkt anweisen. Berichtspflichten der Zollfahndungsämter in Ermittlungsverfahren bestehen uneingeschränkt gegenüber dem ZKA als fachlich vorgesetzter Ermittlungsbehörde, ebenfalls gegenüber dem BMF, jedoch nur genereller Art (aufgrund politischer Bedeutung des Ermittlungsverfahrens, politischer Auswirkungen des Verfahrens auf die deutsche Sicherheits- oder Außenpolitik, usw.), nicht jedoch zu den Details der Ermittlungen oder zu beabsichtigten Einzelmaßnahmen, da die Angehörigen des BMF keine Ermittlungspersonen der Staatsanwaltschaft sind. So kann die Staatsanwaltschaft ihre Ermittlungspersonen des Zollfahndungsdienstes oder der Polizei auch anweisen, Berichtsaufforderungen ihres Ministeriums in Ermittlungsverfahren nicht nachzukommen. Die Staatsanwaltschaft als Herr des Ermittlungsverfahrens kann in dieser Eigenschaft die Ermittlungsbehörden ZKA und Zollfahndungsamt also unmittelbar anweisen; ihre Ermittlungsanweisungen gehen den Fachweisungen des Bundesministeriums der Finanzen oder des ZKA vor. Soweit das Hauptzollamt in Steuerstrafverfahren die Funktion der Staatsanwaltschaft übernimmt, kann es als Ortsbehörde der Mittelbehörde ZKA und der ansonsten gleichrangigen Ortsbehörde Zollfahndungsamt in Ermittlungsverfahren Weisungen erteilen. Von Weisungen der Bundesfinanzdirektion und des Bundesministeriums der Finanzen ist das HZA in diesen Fällen als Staatsanwaltschaft frei. Jedoch kann die Staatsanwaltschaft de facto Weisungen an das Hauptzollamt geben; erfüllt das Hauptzollamt als Staatsanwaltschaft diese Weisungen nicht, kann nämlich die Staatsanwaltschaft (StA) das Steuerstrafverfahren jederzeit gem. § 386 Abs. 4 AO an sich ziehen (Evokationsrecht der StA).

b) Finanzkontrolle Schwarzarbeit (FKS)

5 Vergleichbare Weisungsverhältnisse gelten auch im Bereich der **FKS** mit der Ausnahme, dass die Abteilungen RF der BFDen nur die Fachaufsicht ausüben und u. a. den Sachgebieten E der HZÄ ihres Bezirks fachliche Weisungen erteilen können, jedoch – anders als das ZKA – keine eigenen Ermittlungen führen.

III. Überwachungsaufgaben der Zollverwaltung +

1. Zollamtliche und Zollrechtliche Überwachung

a) Zollamtliche Überwachung

6 Aufgabe der Zollverwaltung ist die **zollamtliche Überwachung**
- des Warenverkehrs über die Grenze des Zollgebiets der Europäischen Gemeinschaften (§ 1 Abs. 1 ZollVG),
- des Verkehrs mit verbrauchsteuerpflichtigen Waren über die Grenze des deutschen Verbrauchsteuererhebungsgebietes (§ 1 Abs. 2 ZollVG),

III. Überwachungsaufgaben der Zollverwaltung **22**

- zur Sicherung der Einhaltung des Verbote und Beschränkungen – VuB – (§ 1 Abs. 3 ZollVG) und
- des Verkehrs mit Barmitteln, die in die oder aus der Gemeinschaft verbracht werden bzw. der Verbringung von Bargeld und gleichgestellten Zahlungsmitteln in den, aus dem oder durch den Geltungsbereich des ZollVG zur Verhinderung und Verfolgung der Geldwäsche, etc. (§ 1 Abs. 3a ZollVG).

Daneben ergeben sich Aufgaben der zollamtlichen Überwachung auch aus verschiedenen anderen Bestimmungen, z. B. § 46 AWG (= § 27 AWG-Novelle), § 49 BNatSchG und § 28 MOG.

Die gesetzlich angeordnete **zollamtliche Überwachung** geschieht nicht nur in körperlicher Form an den Grenzen und an den Binnen- und Grenzzollämtern im Rahmen der Grenzaufsicht und Warenabfertigung. Vielmehr bedient sich die Zollverwaltung eines ganzen Systems von Überwachungsmaßnahmen zur Verhinderung und Aufdeckung von Zuwiderhandlungen. 7

Allgemein wird – ausgehend von Sinn, Zweck und Ziel – unter zollamtlicher Überwachung das umfassende Recht der Zollverwaltung zur Sicherung aller zollrechtlichen Belange durch Überwachung verstanden.[5] 8

Der BFH hat sich in einer Entscheidung zum alten § 57 ZG aus dem Jahre 1970[6] mit dem Zweck und Wesen der zollamtlichen Überwachung wie folgt auseinander gesetzt:

„Sobald der Zollverwaltung auch nur vorübergehend die Möglichkeit genommen wird, das Vorhandensein oder den Verbleib der Ware, die der zollamtlichen Überwachung unterliegt, zu prüfen, ist das Ziel der zollamtlichen Überwachung gefährdet, das vor allem darin besteht, die Erhebung der Einfuhrabgaben[7] und die Beachtung der Verbote und Beschränkungen für den Warenverkehr über die Grenze zu sichern – § 1 Abs. 1 S. 2 ZG. Die zollamtliche Überwachung ist demgemäß ihrem Wesen nach eine fortdauernde Maßnahme, die nicht unterbrochen werden kann, ohne dass mit der Unterbrechung die Überwachung entfällt. Zwar erfordert die Überwachung nicht, dass die Zollverwaltung die Ware ständig bewacht. Es reicht vielmehr aus, dass die Zollverwaltung ständig die Möglichkeit zur Kontrolle hat."

Ausreichend für die Annahme einer zollamtlichen Überwachung ist, wenn die Zollverwaltung sich die ständige Möglichkeit einer Kontrolle durch geeignete Maßnahmen sichert. Welcher Instrumentarien sie sich hierzu bedient (Verfahrensregelungen, Dokumente, Beobachtung, Datenverarbeitung, Marktbeobachtung[8] usw.), spielt im Hinblick auf den Zweck der Maßnahme keine Rolle.

Entzogen ist eine Ware der zollamtlichen Überwachung durch jede Handlung oder Unterlassung, die die Zollbehörde auch nur zeitweise am Zugang zur Ware und an der Durchführung der vom gemeinschaftlichen Zollrecht vorgesehenen Prüfungen hindert.[9]

---

[5] *Kampf*, in: *Witte/Wolffgang*, Lehrbuch des Zollrechts, Rn. 76, *Kampf*, in: *Witte/Wolffgang*, Lehrbuch des europ. Zollrechts, Rn. 107, *Schwarz*, in: *Schwarz/Wockenfoth*, Zollrecht, Art. 37 ZK Rn. 20; *Schwarz*, wie vor, § 1 ZollVG Rn. 5.

[6] BFH in ZfZ 1971, 113; 1985, 365; ebenso *Hess.* FG v. 22.4.1993, in EFG 1993, 818; *Hans.* OLG v. 15.12.1994, in TranspR 1995, 240.

[7] Zur **Begrifflichkeit**: Der frühere Begriff der **Eingangsabgaben** wird vom Zollkodex der Gemeinschaft nicht verwandt; dort ist er durch „Einfuhrabgaben und Ausfuhrabgaben" ersetzt. Ausfuhrabgaben gibt es z. Z. in der EU nicht, sie können aber über § 370 Abs. 6 AO bei Mitgliedstaaten der Europäischen Freihandelsassoziation (EFTA) oder einem mit dieser assoziierten Staat für die Strafbarkeit Bedeutung erlangen. Gem. § 3 Abs. 3 AO sind Ein- u. Ausfuhrabgaben nach Art. 4 Nrn. 10 u. 11 ZK (Zölle u. Abgaben mit gleicher Wirkung) Steuern i. S. der AO. Einfuhrabgaben nach § 1 Abs. 1 ZollVG sind jedoch **zusätzlich** auch die EUSt und die bei der Einfuhr zu erhebenden Verbrauchsteuern (sic!). Zu den (jedenfalls bis zur Änderung der §§ 370 ff. AO per 14.12.2010) sinnwidrigen Unterschieden der daraus resultierenden Strafbarkeit bei deutschen VSt u. VSt der übrigen EG-Mitgliedstaaten vgl. *Bender*, ZfZ 2002, 147.

[8] So auch *Witte/Kampf*, ZK Art. 37 Rn. 5; *Witte*, ZK Art. 203 Rn. 2, 3; vgl. zum Begriff des Entziehens aus der zollamtlichen Überwachung insgesamt *Anton*, ZfZ 1996, 326–329 (326, 327).

[9] EuGH-Urteil v. 11.7.2002 Rs. C – 371/99; BGH-Beschl. v. 27.11.2002–5 StR 127/02; BFH-Urteil vom 4.5.2004 – VII R 64/03, in ZFZ 2005, S. 18 ff.; BFH-Urteil vom 7.12.2004 – VII R 21/04, in ZFZ

9　Im **Zollkodex** der Europäischen Gemeinschaft, der nach Art. 288 AEUV[10] (ex 249 EGV) unmittelbar geltendes Recht darstellt, ist die zollamtliche Überwachung für zahlreiche zollrechtliche Sachverhalte angeordnet, vgl. Art. 37, 53, 82, 98, 101, 122, 182, 183 ZK. Mit Ausnahme des zollrechtlich freien Verkehrs unterliegen alle Zollverfahren (Art. 4 Nr. 16 ZK) der zollamtlichen Überwachung. Zur Ausfüllung der verschiedenen Regelungen heißt es in Art. 4 Nr. 13 ZK: „**zollamtliche Überwachung:** allgemeine Maßnahmen der Zollbehörden, um die Einhaltung des Zollrechts und gegebenenfalls der sonstigen für Waren unter zollamtlicher Überwachung geltenden Vorschriften zu gewährleisten". Danach sind folglich alle Maßnahmen zur Sicherung der Einhaltung der Regelungen des Zollrechts zulässig, soweit sie den allgemeinen Grundsätzen der Bestimmtheit, Tauglichkeit, Notwendigkeit und Verhältnismäßigkeit sowie Zumutbarkeit entsprechen. Durch die Formulierung werden alle steuerlichen Belange, handelspolitischen und VuB-Belange mitumfasst.[11]

10　Weiter definiert Art. 4 Nr. 14 ZK unter dem Stichwort „**Zollkontrollen**" derartige Maßnahmen als „besondere von den Zollbehörden durchgeführte Handlungen zur Gewährleistung der ordnungsgemäßen Anwendung der zollrechtlichen und sonstigen Vorschriften über den Eingang, den Ausgang, den Versand, die Beförderung und die besondere Verwendung von Waren, die zwischen dem Zollgebiet der Gemeinschaft und Drittländern befördert werden, sowie über das Vorhandensein von Waren ohne Gemeinschaftsstatus; zu diesen Handlungen können die Beschau der Waren, die Überprüfung der Anmeldungsdaten und des Vorhandenseins und der Echtheit elektronischer oder schriftlicher Unterlagen, die Prüfung der Unternehmensbuchführung oder sonstiger Aufzeichnungen, die Kontrolle der Beförderungsmittel, die Kontrolle des Gepäcks und sonstiger Waren, die von oder an Personen mitgeführt werden, die Vornahme behördlicher Nachforschungen und andere ähnliche Handlungen gehören". Die Aufzählung ist erkennbar nicht abschließend und lässt folglich weitere sachgerechte Maßnahmen zur Einhaltung des Zollrechts nach nationalem und nach Gemeinschaftsrecht zu, vgl. Art. 37 Abs. 1 S. 2, Art. 4 Nr. 23, Art. 13 ZK.

11　Die kurze Darstellung zeigt bereits, dass sich mit dem Instrument der zollamtlichen Überwachung recht weitgehende Prüfungs- und Aufklärungsmaßnahmen durchführen lassen. Eines Anfangsverdachts im strafprozessualen Sinn bedarf es dazu nicht. Im ZFdG ist dem Zollfahndungsdienst unter dem Gesichtspunkt der **zollrechtlichen Gefahrenabwehr** neben der Sicherung des Steueraufkommens und der Überwachung der Gemeinschaftsausgaben die Mitwirkung bei der Überwachung des grenzüberschreitenden Warenverkehrs und des Außenwirtschaftsverkehrs zugeschrieben worden – § 3 Abs. 1 Nr. 1, Abs. 2, § 4 Abs. 2 u. 3, § 24 Abs. 1 ZFdG.

b) Zollrechtliche Überwachung (ZÜ)

12　Die sog. **Zollrechtliche** Überwachung (ZÜ) ist ein Unterfall der zollamtlichen Überwachung, d. h., eine **Überwachungsmaßnahme nach Zollrecht.** Rechtsgrundlage für die Ausschreibung zur ZÜ ist § 10 ZFdG. Die Ausschreibung zur ZÜ kann erfolgen, wenn tatsächliche Anhaltspunkte die Annahme rechtfertigen, dass der Betroffene im Rahmen innerstaatlichen, innergemeinschaftlichen, grenzüberschreitenden oder internationalen Waren-, Kapital- oder Dienstleistungsverkehrs **Zuwiderhandlungen im Zuständigkeitsbereich der Zollverwaltung** von erheblicher Bedeutung begehen wird (§ 10 Abs. 1 ZFdG). Die Ausschreibung zur ZÜ hat den Zweck, die betroffenen Personen und Kraftfahrzeuge im Rahmen der üblichen zollamtlichen Überwachungsmaßnahmen an den Gemeinschaftsaußen- oder Hoheitsgrenzen (§§ 1 Abs. 1–4, 10 Abs. 1 ZollVG) und bei Antreffen i. R. der zollamtlichen Kontrollen im Binnenbereich durch die KEV'en (Kontrolleinheiten Verkehrswege der Hauptzollämter) nach §§ 1 Abs. 1–3, 4, 10 Abs. 2 ZollVG einer eingehenden Kon-

---

2005, S. 204 ff.; EuGH-Urteil v. 29.4.2004 Rs. C-222/01; BFH-Urteil v. 30.8.2005 – VII R 1/00; für Steueraussetzungsverfahren vgl. BGH-Urteil v. 24.10.2002 – 5 StR 600/01.

[10] Vertrag über die Arbeitsweise der Europäischen Union (AEUV).

[11] So auch *Schwarz*, in: *Schwarz/Wockenfoth*, Zollrecht, § 1 ZollVG Rn. 5; *Friedrich*, in: *Schwarz/Wockenfoth*, Zollrecht, Art. 4 Nr. 13 ZK Rn. 58, vertritt die Meinung, die zollamtliche Überwachung nach Art. 4 Nr. 13 ZK diene lediglich der Einhaltung des ZK.

III. Überwachungsaufgaben der Zollverwaltung

trolle **nach zollrechtlichen Vorschriften** zuzuführen. Mit Maßnahmen der polizeilichen Beobachtung gem. § 163e StPO ist die ZÜ insoweit nicht vergleichbar. Strafprozessuale oder polizeirechtliche Maßnahmen können aufgrund der ZÜ nicht ergriffen werden. Sie ist für und nur für die Zollbehörden ggf. Anlass zu einer ohnehin durchführbaren üblichen Kontrollmaßnahme nach Zollvorschriften im Binnenbereich oder an der Grenze, wie Kontrollen, Überholung, Durchsuchung usw. – vgl. § 10 ZollVG.

2. Steueraufsicht

Nach §§ 209 ff. AO unterliegen zoll- und verbrauchsteuerlich erhebliche Sachverhalte wie Herstellung, Lagerung und Handel in einem Zoll- oder Verbrauchsteuerverfahren sehr weitgehenden Aufsichtsmaßnahmen. Im Rahmen der **Nachschau** und der **Verdachtsnachschau** gem. § 210 Abs. 1, 2 u. 3 AO können Fahrzeuge angehalten, Behältnisse durchsucht, Grundstücke, Wohn- und Geschäftsräume betreten, Sachverhalte geprüft und bei Gefahr im Verzug Räume ohne richterliche Anordnung durchsucht werden, da es sich nicht um eine strafprozessuale, sondern um eine Maßnahme der Gefahrenabwehr handelt (§ 210 Abs. 2 S. 2 AO). Geschäftsbücher, -papiere, Aufzeichnungen und Urkunden können eingesehen, Verfügungsverbote (Sicherstellungen) ausgesprochen und sichergestellte Sachen ggf. in das Eigentum des Bundes überführt werden.[12] Die **Verdachtsnachschau** gem. § 210 Abs. 2 S. 1 AO bedarf – sofern Gefahr im Verzug nicht gegeben ist – richterlicher Anordnung. Voraussetzung der Verdachtsnachschau ist stets, dass der zu Grunde liegende „Verdacht" hinreichend konkret ist und ihm auf den eigentlichen Abgabensachverhalt bezogene und nachprüfbare Tatsachen zu Grunde liegen, d. h. Anhaltspunkte, die auf einen Verstoß gegen Vorschriften oder Anordnungen hindeuten, deren Einhaltung durch die Steueraufsicht gesichert werden soll.[13]

3. Betriebsprüfungen

Die Hauptzollämter führen zur Sicherung des Zoll- und Verbrauchsteueraufkommens bei entsprechenden Unternehmen nach §§ 193 ff. AO **Zoll- bzw. Außenprüfungen** durch und kontrollieren hierbei die gesamten Geschäftsaufzeichnungen bzw. die Buchführungsunterlagen. Vergleichbare **Außenwirtschafts- oder Marktordnungsprüfungen** nach dem AWG und dem MOG werden durch die HZÄ durchgeführt bei Firmen, die am Außenwirtschaftsverkehr bzw. am Verkehr mit Marktordnungswaren der EU teilnehmen. Für die Anordnung einer Prüfung der vorg. Sachverhalte bedarf es keines besonderen Anlasses außer der tatsächlichen Teilnahme an entsprechenden Warenverkehren. Die betroffenen Personen und Unternehmen sind nach § 200 AO zur **Mitwirkung** in Form der Vorlage der Geschäftsbücher, -papiere, -aufzeichnungen und Urkunden sowie der Erteilung entsprechender Auskünfte verpflichtet. Geprüft werden können allerdings nur die im Rahmen einer solchen Verpflichtung (freiwillig) vorgelegten Unterlagen. Gem. § 328 AO kann zwar theoretisch die Vorlage von Unterlagen oder die Erteilung von Auskünften mit **Zwangsmitteln** erzwungen werden, eine Ersatzvornahme in Form einer zwangsweisen Durchsuchung und Beschlagnahme von Papieren ist jedoch regelmäßig nach § 393 AO nicht möglich. Falls der Außenprüfer infolge Nichtvorlage von Unterlagen oder verweigerter Auskunft oder aufgrund des bisherigen Ergebnisses seiner Prüfung den Verdacht einer Straftat im Zusammenhang mit den geprüften Sachverhalten gewinnt, ist die Betriebsprüfung abzubrechen und durch den Prüfer[14] als Finanzbehörde ein Ermittlungsverfahren einzuleiten (§ 397 Abs. 1 AO) und die Zollfahndung bzw. das Sachgebiet Ahndung des HZA zu benachrichtigen. Soweit Anlass besteht, ist der Betroffene i. S. von § 393 Abs. 1 S. 3 und 4 AO hierüber zu belehren, etwa wenn

---

[12] Vgl. *Kock*, ddz 1999, F29–32.
[13] BFH-Beschluss vom 8.11.2005 – VII B 249/05.
[14] Die Angehörigen des Außenprüfungs- und Steueraufsichtsdienstes sind Ermittlungspersonen der Staatsanwaltschaft i. S. des § 152 GVG und der entsprechenden Rechtsverordnungen der Länder.

er in Unkenntnis des gewonnenen Anfangsverdachts weiterhin ihn belastende Unterlagen im Rahmen der Prüfung vorlegt. Anderenfalls würde dies aufgrund der Mitwirkungspflicht zu einer unzulässigen Selbstbelastung des von der Prüfung betroffenen Straftäters und zu einem **Beweisverwertungsverbot** führen. Das HZA als Finanzbehörde kann auch ein Zollfahndungsamt mit der Durchführung einer Zoll- bzw. Außenprüfung beauftragen (§ 208 Abs. 2 Nr. 1 AO).

4. Überwachung des Warenverkehrs und Bargeldverkehrs über die Grenzen

15 Der **Grenzzolldienst** der Zollverwaltung [Grenzabfertigungsdienst (GAbfD) und Grenzaufsichtsdienst (GAD)] hat den gesamten Warenverkehr über die Außengrenzen der Gemeinschaft zu überwachen und nimmt insoweit Aufgaben gemäß § 1 ZollVG wahr. Darüber hinaus hat der Grenzaufsichtsdienst ganz allgemein die Einhaltung des Zollrechts zu gewährleisten. Der Grenzabfertigungsdienst wird insoweit i. R. der Warenabfertigung in den Grenzzollämtern an der Außengrenze der Gemeinschaft tätig. Die Überwachungsaufgaben gemäß § 1 ZollVG werden ferner von den **Kontrolleinheiten Verkehrswege** (KEV) wahrgenommen, die entsprechende Kontrollen im Landesinneren ausüben.

Der für die zollrechtlichen Befugnisse zunächst maßgebliche Zollkodex der EG verweist für Maßnahmen der zollamtlichen Überwachung und zollamtlichen Prüfung auf die jeweils eingeräumten Befugnisse nach nationalem Recht der Mitgliedstaaten. Die für die Überwachung des Warenverkehrs über die Grenze erforderlichen nationalrechtlichen **Befugnisse** ergeben sich aus

- § 10 **Abs. 1** ZollVG[15]
  (**anlasslose Kontrolle**: Anhalterecht im grenznahen Raum der Zollgrenze der Union; Recht zur Ausweiskontrolle; Recht, an Bord und von Bord von Fahrzeugen aller Art zu gelangen; Recht zur Kontrolle von Gepäck, Beförderungsmitteln[16] und Ladung;)
- § 10 **Abs. 2** ZollVG
  (**Anlasskontrolle**: Rechte nach Abs. 1 außerhalb des grenznahen Raumes im gesamten Hoheitsgebiet, wenn Grund zu der Annahme besteht (zureichende tatsächliche Anhaltspunkte[17] dafür vorliegen), dass Waren, die der zollamtlichen Überwachung nach dem Zollkodex oder dem ZollVG unterliegen, mitgeführt werden.)
- § 10 **Abs. 3** ZollVG
  (In den Fällen der Abs. 1 oder 2 können Personen im gesamten Hoheitsgebiet bei **Vorliegen zureichender tatsächlicher Anhaltspunkte** für das **vorschriftswidrige** Bei-sich-Führen der vorgenannten Waren körperlich durchsucht werden. Sie können an Ort und Stelle abgetastet werden, wenn die Annahme besteht, dass sie Waffen in oder unter ihrer Kleidung verborgen halten.)
- § 10 **Abs. 3a** ZollVG
  (Im Rahmen der Erfassung des Warenverkehrs kann durch Überholung geprüft werden, ob Nichtgemeinschaftswaren eingeführt wurden oder der Gestellungspflicht vollständig genügt worden ist. Der Gestellungspflichtige hat dabei auf seine Kosten und Gefahr die erforderliche Hilfe nach zollamtlicher Anweisung zu leisten.)

---

[15] Gem. § 10 Abs. 5 ZollVG werden das Freiheitsrecht, das Brief- und Postgeheimnis sowie das Grundrecht auf Unverletzlichkeit der Wohnung (Art. 2, Art. 10, Art. 13 GG) durch die Abs. 1–4 eingeschränkt.

[16] Bei Wohnwagen, Wohnmobilen, Schiffskabinen usw. ist nach Art. 13 Abs. 2 GG zur Durchsuchung im Rahmen des § 10 ZollVG eine richterliche Anordnung erforderlich; bei Ad-hoc-Kontrollen (der absolute Regelfall einer Zollkontrolle!) ist jedoch regelmäßig (auch im Interesse des Reisenden – sic!) Gefahr im Verzuge gegeben; vgl. BMF-Erlass v. 3.11.1998 – III B 1 – Z 0624–7/98.

[17] BMF-Erlass v. 27.10.1998 – III B 1 – Z 0701–12/98: Für verdachtsunabhängige Kontrollen nach § 10 Abs. 2 ZollVG reicht es aus, wenn nach *allgemeiner zöllnerischer Erfahrung* z. B. an bestimmten Orten in verstärktem Maße mit einem überwachungsbedürftigen Sachverhalt zu rechnen ist.

III. Überwachungsaufgaben der Zollverwaltung

- § 12 ZollVG
(Bei Vorliegen zureichender tatsächlicher Anhaltspunkte für einen Verstoß gegen ein Einfuhr-, Ausfuhr- oder Durchfuhrverbot werden die Waren der Staatsanwaltschaft bzw. der zuständigen Verwaltungsbehörde vorgelegt. Dies gilt nach § 5 ZollVG auch bei Postsendungen.)
- § 12a ZollVG
(Auf Verlangen haben Personen Bargeld oder gleichgestellte Zahlungsmittel im Werte von 10 000 € oder mehr anzuzeigen und dessen Herkunft etc. darzulegen. Zollbedienstete haben bei der Kontrolle die Befugnisse nach § 10 ZollVG.)
- § 14 **Abs. 2** ZollVG
(Betretungsrecht für Zollbedienstete im grenznahen Raum der Zollgrenze der Union, ohne Gebäude.)

5. Finanzkontrolle Schwarzarbeit

Die Bekämpfung der Schwarzarbeit ist eine relativ neue, fachfremde Aufgabe der Zollverwaltung. Die Zollverwaltung ist seit 1991 im Bereich der Schwarzarbeitsbekämpfung tätig. Bis Ende 2003 wurde diese Aufgabe durch die bei den Hauptzollämtern eingerichteten Prüfgruppen zur Bekämpfung der illegalen Beschäftigung (BillBZ) wahrgenommen. Prüfungen und Ermittlungen in diesem Bereich wurden daneben auch von Behörden der Arbeitsverwaltung durchgeführt. Zum 1. Januar 2004 wurden die entsprechenden Prüf- und Ermittlungsaufgaben gebündelt. Sie werden nunmehr einheitlich nur noch von der **Finanzkontrolle Schwarzarbeit** der Zollverwaltung (**FKS**) wahrgenommen. Aktuelle Rechtsgrundlage ist das Gesetz zur Bekämpfung der Schwarzarbeit und illegalen Beschäftigung (SchwarzArbG 2004).[18] Was genau unter Schwarzarbeit zu verstehen ist, ist in § 1 Abs. 2 SchwarzArbG definiert.

Aufgaben
Nach § 2 Abs. 1 S. 1 SchwarzArbG ist die FKS zuständig für die Prüfung, ob
- die sich aus den Dienst- und Werkleistungen ergebenden Pflichten des Arbeitgebers gemäß § 28a SGB IV erfüllt werden oder wurden (Nr. 1),
- Sozialleistungen nach SGB II und III oder Leistungen nach dem Altersteilzeitgesetz zu Unrecht bezogen wurden, weil parallel Dienst- oder Werkleistungen erbracht wurden (Nr. 2),
- die für den Bezug von Sozialleistungen nach dem SGB III erheblichen Angaben des Arbeitgebers zutreffend bescheinigt wurden (Nr. 3),
- Ausländer zur Aufnahme einer Erwerbstätigkeit berechtigt und nicht zu ungünstigeren Arbeitsbedingungen als vergleichbare deutsche Arbeitnehmer beschäftigt sind (Nr. 4) und
- Arbeitsbedingungen nach Maßgabe des Arbeitnehmer-Entsendegesetzes, des Mindestarbeitsbedingungengesetzes und des § 10 Abs. 5 des Arbeitnehmerüberlassungsgesetzes eingehalten wurden oder werden.

Ferner ist die FKS zuständig für die Verfolgung von Straftaten und Ordnungswidrigkeiten, die mit einem der in § 2 Abs. 1 genannten Prüfgegenstände unmittelbar zusammenhängen (§ 14 SchwarzArbG).

Befugnisse
Die Angehörigen der FKS haben zur Erfüllung ihrer Prüfaufgaben sehr umfangreiche Befugnisse bei der Prüfung von Personen und Geschäftsunterlagen (§§ 3, 4 SchwarzArbG) – z. B. Betreten von Geschäftsräumen und Grundstücken, Einholung von Auskünften, Anhalten von Beförderungsmitteln, etc. Arbeitgeber, Arbeitnehmer, Auftraggeber und Dritte treffen umfassende Duldungs- und Mitwirkungspflichten (§ 5 SchwarzArbG). Bei der Verfolgung von Straftaten und Ordnungswidrigkeiten stehen den Behörden der Zollverwaltung die Befugnisse der Polizeibehörden nach der StPO zu; die FKS-Bediensteten sind regelmäßig Ermittlungspersonen der Staatsanwaltschaft[19] (§ 14 Abs. 1 SchwarzArbG).

---

[18] BGBl. I 2004, 1842.
[19] Gilt für beamtete FKS-Angehörige uneingeschränkt, für in den Dienst der Zollverwaltung übergeleitete Angestellte nur unter den in § 14 Abs. 1 S. 3 SchwarzArbG genannten Voraussetzungen.

Organisation

19 Die FKS war zunächst organisatorisch als Sachgebiet E bei den Hauptzollämtern angesiedelt. Zentralstelle der FKS war die bei der ehemaligen Oberfinanzdirektion Köln eingerichtete Abteilung Finanzkontrolle Schwarzarbeit (Abt. FKS). Im Rahmen der Umsetzung des Projekts Strukturentwicklung Zoll[20] ergaben sich auch weitreichende Änderungen für die FKS. Die ehemals einheitlich vom Sachgebiet E in den Arbeitsbereichen Prävention, Prüfung und Ermittlung sowie Ahndung wahrgenommenen Aufgaben wurden nunmehr prozessorientiert strukturiert. Der **Arbeitsbereich Prävention** wurde dem Sachgebiet C (Kontrollen) angegliedert, der **Arbeitsbereich Ahndung** dem gleichnamigen Sachgebiet F (ehemals: StraBu). Das Sachgebiet E ist nur noch für die Prüfungen und Ermittlungen im Bereich FKS zuständig und damit nach wie vor primärer Ansprechpartner der Staatsanwaltschaft. Die Rechts- und Fachaufsicht erfolgt jetzt dezentral durch die Abteilungen Rechts- und Fachaufsicht, Referate RF 2, der BFDen. Etliche Zentralstellenaufgaben der ehem. Abt. FKS sind bei der Abteilung Zentrale Facheinheit (ZF) der BFD West angesiedelt. Deren Referat ZF 3 ist bundesweite Auskunfts- und Kontaktstelle und zuständig für nationale Bündnisse und die nationale und internationale Zusammenarbeit im Bereich der Schwarzarbeitsbekämpfung. Die Aufgabe der Risikoanalyse wird seit der Strukturreform nun auch im FKS-Bereich von der **Zentralstelle Risikoanalyse (ZORA)** der Zollverwaltung wahrgenommen.

Zur Ermittlung von Straftaten im Bereich Schwarzarbeit vgl. Kapitel 19.

Hinweis: Im Bereich der Schwarzarbeitsbekämpfung besteht eine sehr weitgehende Pflicht zur Zusammenarbeit zwischen den sog. Zusammenarbeitsbehörden[21] einschließlich entsprechender Informationspflichten (§ 6 SchwarzArbG). Gerichte und Staatsanwaltschaften gehören zwar auch nicht zu den Zusammenarbeitsbehörden, aber auch sie sollen den zuständigen Stellen Erkenntnisse übermitteln, die aus ihrer Sicht zur Verfolgung von Ordnungswidrigkeiten nach § 8 SchwarzArbG erforderlich sind – § 13 Abs. 3 SchwarzArbG. Da in bestimmten Fällen Bußgelder in Höhe von bis zu 300 000 € verhängt werden können, sollte in Fällen, die mit der Leistung von Schwarzarbeit in Zusammenhang stehen könnten, stets eine Informationsübermittlung an die FKS geprüft werden.

6. Überwachungsaufgaben und -instrumente des Zollfahndungsdienstes

20 Auch der Zollfahndungsdienst (ZFD = ZKA und ZFÄ) nimmt Überwachungsaufgaben wahr bzw. wirkt bei der Überwachung des grenzüberschreitenden Warenverkehrs mit und unterstützt die übrigen Behörden der Zollverwaltung auf vielfältige Weise (vgl. §§ 208 Abs. 2, 209 ff. AO, §§ 10, 12a ZollVG, §§ 3 Abs. 2, 4 Abs. 2 u.3, 23a, 24 Abs. 1 ZFdG). So stellt das ZKA z. B. den Zolldienststellen Erkenntnisse aus der **Marktbeobachtung** zur Verfügung und koordiniert auf nationaler und europäischer Ebene Maßnahmen zur Aufdeckung und Verhinderung von Unregelmäßigkeiten und Betrug[22] zum Nachteil der EU.

Mit Inkrafttreten des Zollfahndungsdienstgesetzes (ZFdG)[23] im Jahre 2002 sind die vom ZKA und den ZFÄ bereits zuvor wahrgenommenen vielfältigen Aufgaben in den Bereichen zollrechtlicher Gefahrenabwehr, zollrechtlicher Überwachung, Unterstützung der übrigen Zollbehörden, einzelfallunabhängige Marktbeobachtung und **Vorfeldermittlungen** – mit Ausnahme des in der AO geregelten Falls der Ermittlung unbekannter Steuerfälle – auf eine

---

[20] Der rechtliche Rahmen wurde per 1. Januar 2008 mit dem Zweiten Gesetz zur Änderung des Finanzverwaltungsgesetzes geschaffen. Die tatsächliche „Arbeit in der neuen Struktur" begann Anfang 2009.

[21] Vgl. § 2 Abs. 2 SchwarzArbG.

[22] Der Begriff des „Betrugs" ist hierbei allerdings **nicht** exakt i. S. der §§ 263, 264 StGB zu verstehen, sondern umfasst insgesamt alle schuldhaften Zuwiderhandlungen gegen die finanziellen Interessen der EU (commercial fraud) i. S. von Straftaten, Ordnungswidrigkeiten, Verstößen gegen Verwaltungsregelungen und allen sonstigen **Unregelmäßigkeiten** mit möglichen Nachteilen für den EU-Haushalt.

[23] Gesetz über das Zollkriminalamt und die Zollfahndungsämter (ZFdG), BGBl. I 2002, S. 3202.

III. Überwachungsaufgaben der Zollverwaltung

einheitliche gesetzliche Grundlage gestellt und noch ergänzt worden.[24] Vorfeldermittlungen für den gesamten Bereich der Zollkriminalität sind jetzt nach § 4 Abs. 2 und 3 ZFdG zulässig – Aufdeckung unbekannter Straftaten.[25]

Vor allem die **einzelfallunabhängige Marktbeobachtung** durch das ZKA auf der Grundlage der §§ 3 Abs. 2, 9 ZFdG ist eines der wichtigsten Instrumente des Zollfahndungsdienstes bei der Aufdeckung von Zuwiderhandlungen in allen seinen Zuständigkeitsbereichen. Es handelt sich dabei weder um strafprozessuale Ermittlungen noch um Vorfeldermittlungen im Sinne des § 208 Abs. 1 Satz 1 Nr. 3 der Abgabenordnung, sondern um eine **wertneutrale Abklärung** aller öffentlich oder der Zollverwaltung im Rahmen ihrer Aufgabenerfüllung zur Verfügung stehenden Informationen.[26] Die Marktbeobachtung ist sozusagen das informationstechnische Pendant zu der ansonsten körperlichen oder buchmäßigen zollamtlichen Überwachung der Warenverkehre. Mit anderen Worten: Sie ist eine **fortlaufende Erhebung, Verarbeitung und Nutzung, Auswertung und Steuerung von Informationen über wirtschaftliche Abläufe und Verhältnisse und daran beteiligte Firmen und Personen in Wirtschaftsbereichen, für die die Zollverwaltung Zuständigkeiten zur Überwachung unter dem Gesichtspunkt der Verhinderung, Aufdeckung und Verfolgung von Zuwiderhandlungen besitzt.**[27] Nicht die Abweichung von normalen Marktmechanismen an sich ist für die Marktbeobachtung von Bedeutung, sondern nur diejenigen abweichenden Verhaltensweisen, die dem Betreffenden ungerechtfertigte, von der Rechtsordnung nicht gewollte (illegale) Vorteile bringen oder bringen könnten.

Marktbeobachtung und Vorfeldermittlungen[28] sind eng miteinander verzahnt und haben für die Zollfahndung u. a. deshalb eine besondere Bedeutung, weil es sich bei der ganz überwiegenden Zahl der vom ZFD zu verfolgenden Straftaten um Kontrolldelikte handelt.

Vorfeldermittlungen im steuerlichen Sektor sind schon seit jeher gesetzlich geregelte Aufgabe der Zollfahndung – § 208 Abs. 1 Satz 1 Nr. 3 AO. Zu beachten ist hierbei, dass § 208 Abs. 1 Satz 1 Nr. 3 AO von **unbekannten Steuerfällen** und nicht von Steuerstraftaten i. S. des § 369 AO spricht. Gemeint sind also unbekannte Steuervorgänge, die zugleich die klassischen Delikte der Steuerhinterziehung (§ 370 AO) oder die Bußgeldtatbestände der leichtfertigen Steuerverkürzung (§ 378 AO), der Steuergefährdung (§ 379 AO) und der Gefährdung der Abzugsteuern (§ 380 AO) ausmachen, **nicht** jedoch der Bannbruch (§ 372 AO).

Der Charakter der Vorschrift ist umstritten. Sie ist nach überwiegender Auffassung **steuerstrafrechtlich** und nicht ausschließlich steuerrechtlich ausgerichtet, da die Ermittlung unbekannt gebliebener Steuerpflichtiger und unbekannter steuerlicher Sachverhalte der Natur nach eine Vorbereitung auf die Einleitung eines Steuerstrafverfahrens darstellt. Die Aufgaben und Befugnisse des § 208 Abs. 1 Satz 1 Nr. 3 AO entsprechen allerdings der Funktion der Zollfahndung im Rahmen der Steueraufsicht/zollamtlichen Überwachung und sind damit steuerverfahrensrechtlicher Art. Für Ermittlungen nach dieser Vorschrift muss ein **hinreichender Anlass** bestehen. **Abstrakte Anhaltspunkte** reichen aus, d. h., es genügt die **allgemeine Erfahrung** der Finanzbehörde, dass die **Vermutung** begründet ist, ein Steuertatbestand sei verwirklicht worden.[29] Die vorliegenden Anhaltspunkte dürfen sich jedoch noch nicht zu einem Anfangsverdacht einer Steuerstraftat verdichtet haben, da ansonsten ein Ermittlungsverfahren nach der StPO einzuleiten ist. „Rasterfahndungen" oder „Ermittlungen ins Blaue hinein" sind nicht zulässig, wohl aber Sammelauskunftsersuchen.

---

[24] Zur Mitwirkung des ZKA an der Überwachung des Außenwirtschaftsverkehrs, der Marktbeobachtung und der präventiven Telekommunikationsüberwachung in diesem Bereich vgl. Kapitel 23 – Außenwirtschaftsstraftaten.

[25] Eine umfassende Darstellung der Thematik würde den Rahmen dieses Kapitels sprengen; auf die ausführlichen Ausführungen von *Wamers* in der 2. Auflage ds. Handbuches sei insoweit verwiesen.

[26] Vgl. zur Thematik insgesamt *Wamers*, Marktbeobachtung, Schriftenreihe des ZKA, Bd. 2.

[27] BT-Drucksache 12/1460 v. 5.11.1991.

[28] Auch Vorermittlungen, Initiativermittlungen, vorbeugende Bekämpfung von Straftaten usw.; vgl. *Jaeger*, Vorfeldermittlungen, der kriminalist 1996, 329.

[29] FG Hamburg in EFG 1987, 9–12 (10); 275 (276); EFG 2006, 133; BFH BStBl. II 68/365.

Beispiel: Aus Skandinavien bezogene teure Yachten wurden nach Erfahrung der Zollfahndung von den Eignern oftmals nicht der erforderlichen Zollbehandlung zugeführt. Nach einer Entscheidung des FG Hamburg durfte die Zollfahndung deshalb die in den Verkauf eingeschalteten Makler auffordern, Namen und Anschriften der Eigner mitzuteilen.[30]

Die jeweiligen Maßnahmen der Vorfeldermittlung, z. B. das (Sammel-)Auskunftsersuchen, zur Sachverhaltsaufklärung müssen **geeignet,** zur Aufgabenerfüllung der Zollfahndungsämter **notwendig,** dem Betroffenen auferlegte Handlungspflichten **(tatsächlich und rechtlich) möglich** und die Inanspruchnahme des Betroffenen **erforderlich, verhältnismäßig** (Zweck-Mittel-Relation) und **zumutbar** sein.[31]

IV. Ermittlungskompetenzen der Zollbehörden

1. Allgemeines

23 Die Ermittlungskompetenzen der Zollbehörden in Steuerstrafverfahren richten sich nach den Vorschriften über das **Steuerstrafverfahren** gem. §§ 385 ff. AO. § 385 AO bestimmt, dass allgemeine Gesetze über das Strafverfahren, namentlich die StPO, das GVG und das JGG Anwendung finden, soweit nicht die Regelungen der AO anderes bestimmen.

Das ansonsten bestehende Ermittlungsmonopol der Staatsanwaltschaft für allgemeine Straftaten ist im Bereich der Steuerstrafverfahren durch § 386 AO zwar nicht gänzlich aufgehoben, aber stark eingeschränkt. § 386 AO weist dem **Hauptzollamt**[32] teils unselbstständige (§ 386 Abs. 1 S. 1 i. V. m. Abs. 3 AO) teils selbstständige (§ 386 Abs. 2 AO) Ermittlungskompetenzen zu. Die Ermittlungskompetenz der Zollfahndungsämter in Steuerstrafverfahren ergibt sich hingegen aus § 208 AO.

Auch im Bereich der Steuerstrafverfahren gilt **zwingend** das **Legalitätsprinzip** (§§ 152 Abs. 2., 160 Abs. 1 StPO).

Hinweis: Auf die – leider ganz überwiegend von den Adressaten der Bestimmung nicht beachtete – **Verpflichtung zur Anzeige von Zoll**(Steuer-)**straftaten** gemäß § 116 AO sei ausdrücklich hingewiesen. Nach § 116 AO haben alle deutschen Behörden – mit Ausnahme der Finanzbehörden selbst – die Finanzbehörde (hier: Hauptzollämter und Zollfahndungsämter) beim Verdacht einer Steuerstraftat zu unterrichten. Die Pflicht zur Wahrung des Amtsgeheimnisses ist für die gen. Behörden in diesem Fall nach § 105 AO aufgehoben. Es ist unerfindlich, weshalb selbst Polizeibehörden und oftmals selbst Staatsanwaltschaften dieser Mitteilungspflicht nicht nachkommen, obwohl die begangene Steuerhinterziehung geradezu ins Auge springt, so z. B. bei Waren, die aus Drittländern stammen und deren Einfuhr verboten ist oder Beschränkungen unterliegt (Dopingmittel, Waffen, Kriegswaffen, rechtsextremistische Schriften, geschützte Tiere und Pflanzen, etc.).[33]

Eine entsprechende Mitteilungspflicht besteht gemäß § 6 SubvG auch bei Verdacht des Subventionsbetruges.

2. Ermittlungsbefugnisse der Hauptzollämter

24 Das Hauptzollamt (HZA) kann im Steuerstrafverfahren unterschiedliche Befugnisse haben. Entscheidend ist, ob es sich bei der Straftat ausschließlich um eine **Steuerstraftat** handelt und es selbstständige Ermittlungen gemäß § 386 Abs. 2 AO durchführt, oder ob es auftrags der Staatsanwaltschaft ermittelt.

Bestimmte Befugnisse bleiben dem HZA immer erhalten, unabhängig davon, welche Behörde die Ermittlungen durchführt:

---

[30] *Klein/Rüsken* AO § 208 Rz. 43.
[31] BFHE 148, 108, 115, m. w. N.; 149, 404, 407; *Frick*, a. a. O., 111; EFG 2006, 133.
[32] Gemäß § 386 Abs. 1 S. 2 AO sind nur das Hauptzollamt, das Finanzamt, das Bundeszentralamt für Steuern und die Familienkasse Finanzbehörde im Sinne dieses Abschnitts der AO (§§ 385–408 AO).
[33] *Harder*, Kriminalistik 10/02, 606–608.

IV. Ermittlungskompetenzen der Zollbehörden

- **Recht auf Akteneinsicht** bei der Staatsanwaltschaft und bei Gericht sowie das Recht zur Besichtigung sichergestellter oder beschlagnahmter Gegenstände – § 395 AO,
- **Recht auf Vortrag** der nach Auffassung des HZA entscheidungserheblichen Gesichtspunkte gegenüber dem Gericht, vor allem auch bei der Frage einer Verfahrenseinstellung – § 407 AO,
- **Recht auf Vortrag** und zur Befragung von Angeklagten, Zeugen und Sachverständigen in der Hauptverhandlung- § 407 AO. Der an der Hauptverhandlung teilnehmende Vertreter des HZA kann zugleich als Zeuge geladen und gehört werden, auch wenn er vor seiner Vernehmung in seiner Eigenschaft als Vertreter der Finanzbehörde an der Hauptverhandlung teilgenommen hat.[34]
- **Recht auf Teilnahme** an Ermittlungshandlungen von Staatsanwaltschaft und Polizei und an richterlichen Untersuchungshandlungen nach § 162 StPO – § 403 Abs. 1 Satz 1 und Abs. 2 AO,
- **Recht auf Mitteilung** behördlicher Ermittlungstermine, Termine zur Vernehmung durch den beauftragten oder ersuchten Richter und des Termins zur Hauptverhandlung – §§ 403 Abs. 1 Satz 2, 407 Abs. 1 Satz 3 AO, und
- **Recht auf Mitteilung** des Urteils und abschließender Entscheidungen – § 407 Abs. 2 AO.

Auch ansonsten bestehen im Steuerstrafverfahren einige **Besonderheiten**. So wird im Rahmen von Ermittlungen wegen Verdachts einer Steuerhinterziehung das Strafverfahren dann regelmäßig bis zum rechtskräftigen Abschluss des Besteuerungsverfahrens nach § 396 AO **ausgesetzt** werden, wenn Zweifel daran bestehen, ob ein Steueranspruch besteht, ob Steuern verkürzt wurden oder ob ungerechtfertigte Steuervorteile erlangt wurden.

Wenn die Finanzbehörde das Strafverfahren selbstständig führt, es sich also um reine Steuerdelikte handelt, können wegen der engen steuerlichen Nähe abweichend von § 138 Abs. 1 StPO nach § 392 AO anstelle von **Strafverteidigern** oder Hochschullehrern auch Steuerberater, Steuerbevollmächtigte, Wirtschaftsprüfer oder vereidigte Buchprüfer als Verteidiger auftreten.

a) Das Hauptzollamt in der Funktion der Staatsanwaltschaft

Bei reinen Steuerdelikten führt das Hauptzollamt nach § 386 Abs. 2 AO das Ermittlungsverfahren **selbstständig** durch. Dies bedeutet, dass das HZA gem. § 399 Abs. 1 AO die Rechte und Pflichten der **Staatsanwaltschaft** im Ermittlungsverfahren wahrnimmt. In dieser Eigenschaft kann es selbst Ermittlungen führen oder die Ermittlungen unter seiner Sachherrschaft dem Zollfahndungsamt übertragen. Regelmäßig werden die Ermittlungen des Hauptzollamtes selbst aufgrund innerorganisatorischer Regelungen durch die Angehörigen der Sachgebiete **Ahndung** der Hauptzollämter geführt; Ermittlungen kann das HZA aber auch durch die Beamten der Steueraufsicht oder der Außenprüfung führen. Es kann seine Ermittlungen auch durch diejenigen Beamten führen, die ansonsten Ermittlungspersonen der Staatsanwaltschaft sind. Dies ist letztlich nicht entscheidend, denn gem. §§ 386 Abs. 2, 399 Abs. 1 AO führt die **Finanzbehörde** als Behörde die Ermittlungen; welche Beamte des HZA hierbei für das HZA tätig werden, ist unerheblich.

Das Recht zur selbstständigen Ermittlung gilt ausnahmsweise dann nicht, sobald gegen den oder einen von mehreren Beschuldigten wegen der Tat ein **Haftbefehl** oder Unterbringungsbefehl erlassen ist – § 386 Abs. 3 AO. D. h., das HZA ist als Staatsanwaltschaft auch zuständig für die Beantragung des Haftbefehls.

Das HZA kann die Strafsache jederzeit an die Staatsanwaltschaft abgeben, und die Staatsanwaltschaft kann diese jederzeit an sich ziehen. Beides ist eine Ermessensentscheidung. Eine erneute Abgabe an das HZA ist allerdings nur mit dessen Einvernehmen möglich. Die durch nichts eingegrenzte Möglichkeit der **Ausübung des Evokationsrechts** ist eine Folge des geltenden Anklagemonopols der Staatsanwaltschaft, begründet aber keine Fachaufsichts- oder sonstige Überwachungsbefugnis für die Staatsanwaltschaft.[35] Eine Mitteilungspflicht des

---

[34] LG Dresden, Beschl. v. 10.11.1997 – 8 NS 101 JS 44995/95, NStZ 1998, 576–577.
[35] Vgl. allgemein: *Weyarn*, wistra 1994, 87 ff.

HZA über anhängige Strafverfahren besteht ebenso wenig wie ein Recht der Staatsanwaltschaft auf Vorlage von Verfahrenslisten o. ä.[36] Gerade deshalb ist eine vertrauensvolle Zusammenarbeit zwischen der Staatsanwaltschaft und dem HZA notwendig, etwa um Gesichtspunkte der Strafzumessung zur Geltung zu bringen. Hinsichtlich der Mitteilung evtl. mit der Steuerstraftat in Zusammenhang stehender nicht-steuerlicher Straftaten ist das Steuergeheimnis (§ 30 AO) zu beachten.

27 Bieten die Ermittlungsergebnisse Anlass zur Beantragung eines **Strafbefehls,** so beantragt das HZA diesen gem. § 400 AO beim Richter, wenn die Sache hierfür geeignet erscheint. Ist dies nicht der Fall, gibt es das Verfahren an die Staatsanwaltschaft zur Anklageerhebung ab. Hat das HZA Strafbefehl beantragt, nimmt es nach § 406 AO die Funktion der Staatsanwaltschaft so lange ein, wie nicht eine Hauptverhandlung anberaumt oder Einspruch gegen den Strafbefehl erhoben wird – § 406 Abs. 1 AO.

28 Das HZA kann auch nach § 401 AO den Antrag stellen, **Einziehung oder Verfall** selbstständig anzuordnen oder eine Geldbuße gegen juristische Personen und Personenvereinigungen selbstständig festzusetzen – § 401 AO, §§ 440, 442 Abs. 1, 444 Abs. 3 StPO. Auch hier nimmt sie die Rechte und Pflichten der Staatsanwaltschaft solange wahr, wie nicht mündliche Verhandlung beantragt oder vom Gericht angeordnet wird.

Ein Verfall der Vermögenswerte (auch Surrogate), die der Täter durch die Tat erlangt hat, scheidet bei Steuerdelikten (also insbes. Schmuggel von Zigaretten, Alkohol, usw.) meistens aus, weil auch der Fiskus Verletzter gem. § 73 Abs. 1 Satz 2 StGB sein kann. Ihm stehen insoweit[37] (sic!) die Steueransprüche aus der Tat zu, mit deren Geltendmachung er dem Täter den Wert des aus der Tat Erlangten entziehen kann.[38] Zur Anrechnung von Steuern trotz Bruttoprinzip im § 73 Abs. 1 StGB vgl. *Odenthal.*[39]

b) Ermittlungsbefugnisse des Hauptzollamts im Übrigen

29 Liegt nicht ausschließlich eine Steuerstraftat im vorgenannten Sinne vor, hat das HZA dennoch gem. § 386 Abs. 1 AO die Befugnis zur Ermittlung des dem Verdacht der Steuerstraftat zu Grunde liegenden Sachverhalts, jedoch unter der **Sachherrschaft der Staatsanwaltschaft,** die daneben zur Aufklärung der nichtsteuerlichen Sachverhalte eine Zollfahndungsdienststelle oder eine Polizeidienststelle einschalten kann. In diesen Fällen, in den Fällen der § 37 AWG (= § 21 AWG-Novelle), § 37 MOG, § 8 GÜG, § 73 BNatSchG und § 20 CWÜAG und wenn überhaupt die Staatsanwaltschaft das Verfahren führt, hat das HZA nach §§ 402 Abs. 1, 399 Abs. 2 Satz 2 AO dieselben Rechte und Pflichten wie die **Behörden des Polizeidienstes** nach der StPO; es kann Beschlagnahmen, Durchsuchungen, Untersuchungen, Notveräußerungen und sonstige Maßnahmen wie die Ermittlungspersonen der Staatsanwaltschaft nach der StPO anordnen. Im Gegensatz zum Zollfahndungsamt (§ 404 Satz 2 AO) steht dem HZA im staatsanwaltschaftlichen Verfahren wegen Steuerstraftaten das Recht auf Durchsicht der Papiere (§ 110 Abs. 1 StPO) nicht zu.

In den Fällen der § 37 AWG (= § 21 AWG-Novelle), § 37 MOG, § 8 GÜG, § 73 BNatSchG und § 20 CWÜAG besteht ein gesetzlicher Ermittlungsauftrag hinsichtlich bestimmter Straftaten. D. h., die HZÄ haben – ebenso wie die Zollfahndungsämter – die dort jeweils näher bezeichneten, in der Regel mit der Ein- bzw. Ausfuhr oder dem Verbringen von Waren in Zusammenhang stehenden Straftaten auch **ohne Ersuchen der Staatsanwaltschaft** zu erforschen und zu verfolgen.

---

[36] *Kohlmann,* Steuerstrafrecht, § 386 AO Rn. 25.
[37] Vgl. *Janovsky,* Kriminalistik 2000, 483, 485.
[38] BGH, Beschl. v. 28.11.2000 – 5 StR 371/00; *Janovsky,* Kriminalistik 2000, 483, 485; Zur Vermögensabschöpfung bei Zoll- und Verbrauchsteuerverstößen vgl. *Retemeyer/Möller* in AW-Prax Januar 2012, S. 20.
[39] *Odenthal,* in wistra 2002, 246 ff.

IV. Ermittlungskompetenzen der Zollbehörden

3. Ermittlungskompetenzen des Zollfahndungsdienstes

a) Strafrechtliche Ermittlungen

aa) Aufgaben

Der Zollfahndungsdienst als Ermittlungsbehörde der Zollverwaltung (Kripo des Zolls) besitzt 30 im Unterschied zur Polizei keine Allgemeinzuständigkeit für die Ermittlungen in Strafsachen. Die Ermittlungsaufgaben sind ihm vielmehr in zahlreichen Sonderregelungen ausdrücklich zugewiesen. Strafrechtliche Ermittlungsaufgaben besitzt der Zollfahndungsdienst im Wesentlichen aufgrund von
- § 208 Abs. 1 Nr. 1 und 2 AO für die **Steuerstraftaten** nach § 369 AO, wozu auch die Verstöße gegen alle Verbote und Beschränkungen im grenzüberschreitenden Warenverkehr nach § 372 AO (Bannbruch) gehören, da dieser Tatbestand per gesetzlicher Definition im § 369 AO zu den Steuerstraftaten gehört.
- § 37 MOG[40] für Verstöße gegen die Vorschriften der EU i. R. der **Marktorganisationen** in der Form der Steuerhinterziehung gem. § 370 AO, § 35 MOG und des Betrugs gem. §§ 263, 264 StGB sowie der Begünstigung dazu; auch wenn es sich um Taten außerhalb der Bundesrepublik handelt (§ 35 MOG, § 6 Nr. 8 StGB).
- § 37 AWG (= § 21 AWG-Novelle)[41] für Verstöße gegen das **Außenwirtschaftsrecht** und das **KWKG**.[42]
- § 1 Abs. 3c, § 12b ZollVG für die Bekämpfung der **Geldwäsche**.
- § 8 GÜG[43] zur Verfolgung illegaler **Abzweigungen** von sog. **Drogenvorprodukten** (precursor).
- § 73 BNatSchG[44] bei der Verfolgung illegalen Verbringens **geschützter Tiere und Pflanzen**.
- § 20 CWÜAG[45] bei Verstößen gegen das Verbot der Entwicklung, Herstellung, Lagerung usw. von **chemischen Waffen**.
- Aufgrund einer Entscheidung des BGH vom 24.10.1989 für Delikte der allgemeinen Kriminalität, soweit **tateinheitlich**[46] begangen; aufgrund einer Entscheidung des OLG Braunschweig vom 24.11.1997 für nichtsteuerliche Delikte, soweit eine **Tat im strafprozessualen Sinne**[47] vorliegt.

Der BGH hat in der vorg. Entscheidung die Zulässigkeit der Aufklärung von Allgemein- 31 straftaten durch den Zollfahndungsdienst bejaht, soweit diese tateinheitlich mit einem Steuervergehen zusammentreffen;[48] er hat dies mit überwiegend prozessökonomischen Argumenten begründet. Die Entscheidung des BGH entspricht weitgehend der **Praxis der Staatsanwaltschaften** und des Zollfahndungsdienstes, die im Zusammenhang mit Steuerdelikten, Marktordnungs- und Außenwirtschaftsverstößen auftretenden Urkundenfälschungen, Siegelbrüche, Diebstähle, Unterschlagungen, Veruntreuungen sowie allgemeine Betrugsdelikte u. a. insgesamt von einer Zollfahndungsdienststelle aufklären zu lassen. Das OLG Braunschweig sieht in Fortführung der prozessökonomischen Gründe der vorg. BGH-Entscheidung in ei-

---

[40] MOG: Marktorganisationsgesetz.
[41] AWG: Außenwirtschaftsgesetz.
[42] KWKG: Ausführungsgesetz zu Artikel 26 Abs. 2 des Grundgesetzes (Kriegswaffenkontrollgesetz); da AWG und KWKG zu den VuB-Tatbeständen gehören, sind Zuwiderhandlungen aber schon über §§ 372, 369 AO als Steuerstraftaten erfasst.
[43] GÜG: Grundstoffüberwachungsgesetz.
[44] BNatSchG: Bundesnaturschutzgesetz.
[45] CWÜAG: Ausführungsgesetz zum Übereinkommen v. 13. Jan. 1993 über das Verbot der Entwicklung, Herstellung, Lagerung und des Einsatzes chemischer Waffen und über die Vernichtung solcher Waffen – Ausführungsgesetz zum Chemiewaffenübereinkommen, BGBl. I S. 1994, 1954 ff.
[46] Vgl. zum Tatbegriff im Steuerstrafrecht *Volk*, wistra 1998, 281–283.
[47] Vgl. zum prozessualen Tatbegriff *Bauer* in NStZ 2003, 174.
[48] Abgedruckt in NStZ 1990, 38, sowie in wistra 1990, 59; zustimmend *Müller/Wabnitz/Janovsky*, Wirtschaftskriminalität, 329, 330, Rn. 38–40; zustimmend auch *Pütz*, wistra 1990, 212–216; kritisch zur vorg. BGH-Entscheidung: *Reiche*, wistra 1990, 90, 93.

nem Urteil vom 24.11.1997 eine Ermittlungskompetenz der Finanzbehörden beim Verdacht einer weiteren allgemeinen Straftat auch dann als gegeben an, wenn diese mit der Steuerstraftat nicht in Tateinheit steht, jedenfalls dann, wenn es sich um dieselbe Tat im strafprozessualen Sinne gem. § 264 StPO handelt.[49] Da § 26 Abs. 1 ZFdG den Zollfahndungsbeamten bei Ermittlungen stets die Rechte und Pflichten der Polizeibeamten nach der StPO und die Ermittlungspersoneneigenschaft zuweist, dürfte das Problem nunmehr als überholt gelten.

32   Die **Ermittlung von Fällen Organisierter Kriminalität** gehört, soweit die Delikte im originären Zuständigkeitsbereich der Zollfahndung liegen, zu den Schwerpunktaufgaben der Zollfahndung. Durch die Neuorganisation des Zollfahndungsdienstes, die Verlagerung der Zuständigkeit zur Bearbeitung sog. Kleinfälle auf die HZÄ und die Schaffung neuer Rechtsgrundlagen im ZFdG wurde die Zollfahndung konsequent daraufhin ausgerichtet. Der Gesetzgeber hat der Zollfahndung in diesem Zusammenhang schon eine originäre Ermittlungszuständigkeit zur Bekämpfung der Geldwäsche (§ 261 StGB) gegeben – § 1 Abs. 3c, 12b ZollVG. Die Staatsanwaltschaft kann in geeigneten Fällen und tateinheitlicher Begehensweise i. S. der vorg. BGH-Entscheidung dem Zollfahndungsdienst die Ermittlungen insgesamt übertragen. Dies empfiehlt sich wegen der hohen Spezial- und Sachkenntnisse der Zollfahndungsbeamten insbesondere in Komplexen der Wirtschafts- und Steuerkriminalität.

bb) Befugnisse

33   Wenn Zollfahndungsämter und die Zollfahndungsbeamten wegen des Verdachts von Straftaten ermitteln, haben sie gem. § 26 Abs. 1 ZFdG immer die Rechte und Pflichten der Polizeibeamten nach der StPO; sie sind immer Ermittlungspersonen der Staatsanwaltschaft. Auch wenn Zollfahndungsbeamte Steuerstraftaten gem. § 208 Abs. 1 Nr. 1 und 2 AO ermitteln, haben sie im Strafverfahren nach § 404 AO dieselben Rechte und Pflichten der **Behörden und Beamten des Polizeidienstes** nach den Vorschriften der StPO. Die Zollfahndungsbeamten sind gem. § 404 AO **Ermittlungspersonen der Staatsanwaltschaften** i. S. des § 152 GVG.[50] Das Gleiche gilt bei Ermittlungen nach § 37 AWG (= § 21 AWG-Novelle), § 37 MOG, § 73 BNatSchG, wegen Geldwäsche nach §§ 1 Abs. 3c, 12b ZollVG, usw. Sie können folglich u. a. Durchsuchungen, Beschlagnahmen, Untersuchungen und sonstige Maßnahmen nach den für die Ermittlungspersonen der Staatsanwaltschaft geltenden Vorschriften der StPO anordnen (§§ 404 Satz 2, 399 Abs. 2 Satz 2 AO). Weitergehende Befugnisse als Polizeibeamte besitzen sie im Steuerstrafverfahren bei der Durchsicht von Papieren der von Durchsuchungen Betroffenen. Im Unterschied zu § 110 StPO steht ihnen nach § 404 AO selbst die Durchsicht der Papiere neben dem Staatsanwalt zu. Dies gilt jedoch nur bei reinen Steuerstrafverfahren i. S. von § 386 Abs. 2 sowie bei Strafverfahren, die sowohl Steuerstraftaten als auch andere Delikte zum Gegenstand haben. Stehen den steuerstrafrechtlichen Ermittlungen nach § 208 Abs. 1 Nr. 1 AO Verfolgungshindernisse entgegen wie z. B. die Strafverfolgungsverjährung oder der Strafaufhebungsgrund der Selbstanzeige nach § 371 AO, ist die Zollfahndung davon unabhängig nach wie vor befugt, die steuerlichen Ermittlungen nach § 208 Abs. 1 Nr. 2 AO durchzuführen, dann jedoch auf der Grundlage der steuerverfahrensrechtlichen Vorschriften der AO.[51]

34   **Hinweis**: Der gesetzlich in § 369 AO definierte Begriff der Steuerstraftaten umfasst neben der Zoll- und Steuerhinterziehung, der Hinterziehung von Abgaben zu Marktordnungszwecken (§ 12 MOG[52]) sowie der Steuerhehlerei auch den sog. Bannbruch, also **alle** Verstöße gegen Ein-, Aus- und Durchfuhrverbote. Folglich steht den Zollfahndungsbeamten das Recht zur Durchsicht von Papieren auch bei Ermittlungen wegen Rauschgiftschmuggel,

---

[49] OLG Braunschweig v. 24.11.1997, wistra 1998, 71 (72); ablehnend *Bender*, wistra 1998, 93 ff.
[50] GVG: Gerichtsverfassungsgesetz v. 9.5.1975, BGBl. I S. 1077; Nach den Rechtsverordnungen der Bundesländer zu § 152 Abs. 2 GVG (vgl. im Einzelnen dort) gehören aufgrund dieser Verordnungen ebenfalls zu den Ermittlungspersonen der Staatsanwaltschaft: Beamte des Grenzaufsichts- und Grenzabfertigungsdienstes sowie Beamte des Außenprüfungs- und Steueraufsichtsdienstes.
[51] BFH-Beschluss v. 16.12.1997 – VII B 45/97, NJW 1998, 1734–1736.
[52] MOG: Gesetz zur Durchführung der Gemeinsamen Marktorganisationen und der Direktzahlungen (MOG) v. 24.6.2005, BGBl. I S. 1847.

IV. Ermittlungskompetenzen der Zollbehörden

Waffenschmuggel, Sprengstoffschmuggel, Verstößen gegen das KWKG und AWG,[53] Zuwiderhandlungen gegen Einfuhrverbote nach dem AMG,[54] LFGB,[55] BNatSchG usw. zu. Ermittelt ein Zollfahndungsamt allerdings ausschließlich wegen Subventionsbetruges (z. B. Ausfuhrerstattungen auf dem Agrarsektor) oder wegen Geldwäsche nach § 261 StGB, §§ 1 Abs. 3c, 12b ZollVG stehen seinen Beamten diese Durchsichtsrechte nicht zu.

Gem. § 208 Abs. 1 Satz 2 AO haben die Zollfahndungsämter zugleich die **Ermittlungsbefugnisse,** die den Hauptzollämtern (im Besteuerungsverfahren) zustehen mit gewissen zusätzlichen Erleichterungen – vgl. dort. 35

Wenn die Zollfahndungsbeamten Ermittlungen nach § 37 AWG (= § 21 AWG-Novelle), § 37 MOG, § 8 GÜG, § 73 BNatSchG, § 20 CWÜAG führen, führen sie diese immer als Ermittlungspersonen der Staatsanwaltschaft. Sie haben derartige Untersuchungen nach den vorgenannten Bestimmungen in bestimmten, dort genannten Fällen jedoch unabhängig von eventuellen **Ermittlungsersuchen der Staatsanwaltschaft** zu führen, und zwar ohne Beschränkungen auf Maßnahmen wegen Gefahr im Verzuge zur Verhütung von Verdunkelungsmaßnahmen – vgl. § 163 Abs. 1 StPO.

b) Steuerliche Ermittlungen

Bei den steuerlichen Ermittlungen ist für die gesetzlichen Befugnisse genau zu unterscheiden, in welchem **Aufgabenzusammenhang** diese erfolgen. Zu unterscheiden sind die steuerlichen Ermittlungen i. R. der strafrechtlichen Ermittlungen wegen einer Steuerstraftat nach § 208 Abs. 1 Nr. 2 AO (ohne Feststellung des Entstehens und des Umfangs einer entstandenen Steuer ist die Feststellung einer Steuerhinterziehung nicht vorstellbar) von den steuerlichen Vorfeldermittlungen und den sonstigen (steuerlichen) Ermittlungen nach § 208 Abs. 2 AO. 36

Erfolgen die steuerlichen Ermittlungen zur **Aufklärung einer Steuerstraftat,** steht hierfür das Instrumentarium der StPO zur Verfügung. Zugleich können die Zollfahndungsbeamten aber auch von ihren steuerlichen Ermittlungsbefugnissen Gebrauch machen (§ 208 Abs. 1 Satz 2 u. 3 AO), d. h., sie können unmittelbar Dritte befragen, Bücher und Urkunden einsehen oder sich vorlegen lassen. Es besteht eine Auskunfts-, Vorlage- und Mitwirkungspflicht des Steuerpflichtigen und der Beteiligten gem. §§ 93, 97, 200 AO. 37

Erfolgen steuerliche Ermittlungen **außerhalb eines Strafverfahrens,** stehen nur die zuvor genannten steuerlichen Ermittlungsinstrumentarien sowie die Befugnisse aus der zollamtlichen Überwachung (Steueraufsicht) gem. §§ 209, 210 ff. AO bzw. dem Zollkodex und §§ 1, 10 ZollVG zur Verfügung. Hauptanwendungsfall sind die Vorfeldermittlungen nach § 208 Abs. 1 Nr. 3 AO. 38

4. Verhältnis der steuerlichen zu den strafrechtlichen Ermittlungen

Die parallelen Befugnisse zu steuerlichen und strafrechtlichen Ermittlungen des Zollfahndungsbeamten einerseits und die steuerlichen Befugnisse des Ermittlers sowie die Mitwirkungspflichten des Beschuldigten bei der Aufklärung der Besteuerungsgrundlagen i. R. eines Steuerstrafverfahrens andererseits stehen in einem erkennbaren Widerspruch zueinander. Dies hat seinen Grund in der grundsätzlichen gesetzlichen **Gleichrangigkeit von Besteuerungs- und Strafverfahren.** Diese Widersprüchlichkeit erfährt ihre zumindest teilweise Auflösung durch § 393 Abs 1 AO. Danach richten sich die Rechte und Pflichten des Steuerpflichtigen und des Zollfahndungsdienstes zwar grundsätzlich nach den für das jeweilige Ver- 39

---

[53] AußenwirtschaftsG – AWG; v. 28.4.1961, BGBl. I S. 481; in der Fassung der Bekanntmachung vom 27. Mai 2009 BGBl. I S. 1150; Außenwirtschaftsverordnung – AWV; v. 22.11.1993, BGBl. I S. 1934, 2493; G. über die Kontrolle v. Kriegswaffen – KWKG v. 22.11.1990, BGBl. I S. 2506; die Verbote nach AWG, KWKG wie i. ü. auch nach BtMG sind zwar eigenständig normiert und pönalisiert, fallen aber immer auch unter den Tatbestand des Bannbruchs nach § 372 AO.
[54] G. über den Verkehr mit Arzneimitteln; v. 12.12.2005, BGBl. I 2005 S. 3394.
[55] Lebensmittel-, Bedarfsgegenstände- und Futtermittelgesetzbuch – LFGB; v. 22.8.2011, BGBl. I 2011 S. 1770.

fahren geltenden Vorschriften. Im Besteuerungsverfahren darf jedoch die bestehende Auskunfts- und Mitwirkungspflicht mit Zwangsmitteln (§ 328 AO) nicht durchgesetzt werden, wenn der Steuerpflichtige dadurch gezwungen würde, sich selbst wegen einer von ihm begangenen Steuerstraftat oder -ordnungswidrigkeit zu belasten – Verbot des Zwangs zur Selbstbelastung.[56] Dies gilt stets bei bereits eingeleiteten Steuerstrafverfahren.

40 Umgekehrt stehen nichtsteuerliche Straftaten folglich der Durchsetzung der Mitwirkungspflichten durch Zwangsmaßnahmen im Besteuerungsverfahren nicht entgegen. Werden allgemeine Straftaten hierbei in Erfüllung steuerlicher Pflichten oder in Unkenntnis der Einleitung eines Steuerstrafverfahrens offenbart, sind Gerichte und Staatsanwaltschaften gem. § 393 Abs. 2 AO an einer Verwertung dieser Erkenntnisse gehindert – Verwertungs-/Verfolgungsverbot (besondere Ausprägung des Steuergeheimnisses) –, es sei denn, ein zwingendes öffentliches Interesse an der Strafverfolgung i. S. von § 30 Abs. 4 Nr. 5 AO würde bejaht. Das Verwertungsverbot greift auch dann, wenn der Steuerpflichtige auf Verlangen der Finanzbehörde (in Erfüllung steuerlicher Pflichten) gefälschte Belege vorlegt, nicht jedoch, wenn dem Steuerpflichtigen keine Vorlagepflicht obliegt.[57] Offenbart der Steuerpflichtige allerdings im Rahmen einer Selbstanzeige eine allgemeine Straftat, besteht kein Verwendungsverbot – vgl. Ausführungen zu § 371 AO.

41 Das Problem spiegelt sich auch in § 30 Abs. 4 Nr. 4 Buchst. a) u. b) AO wider und hat vor allem bei **Zufallsfunden** (Zufallserkenntnissen) eine Bedeutung. Besteht eine Tateinheit zwischen Steuerstraftat und einer sonstigen Straftat, ist eine Offenbarung zur Verfolgung der außersteuerlichen Tat ohne Einschränkungen nach § 30 Abs. 4 Nr. 1 AO möglich. Ein Steuerstrafverfahren ist jedes Verfahren, in dem eine Ahndung wegen einer Steuerstraftat (neben anderen Straftaten) infrage kommt. Bei Tatmehrheit können die Erkenntnisse für die Verfolgung außersteuerlicher Straftaten nur im Rahmen des § 30 Abs. 4 Nr. 4 u. 5 AO verwandt werden.

V. Bedeutung der Zollverfahren und ihrer rechtlichen und praktischen Ausgestaltung für Zuwiderhandlungen

1. Allgemeines

42 Der Vertrag über die Europäische Wirtschaftsgemeinschaft (EWG) ist 1958 in Kraft getreten. Einer der ersten Beschlüsse war die Errichtung einer **Zollunion,** in der es zwischen den Mitgliedstaaten keine Zölle mehr gibt. Die Zollunion wurde am **1. Juli 1968** verwirklicht. Unter anderem wurden die Zölle und mengenmäßigen Beschränkungen zwischen den Gründerstaaten der EG aufgehoben und der Gemeinsame Zolltarif (GZT)[58] eingeführt. Die nationalen **Zollvorschriften** (Verfahrensvorschriften) blieben zunächst bestehen und wurden in den folgenden Jahrzehnten nach und nach durch gemeinschaftliche Regelungen ersetzt. Die Zollunion war allerdings nur ein erster Schritt in Richtung Binnenmarkt. Nach wie vor gab es Zollkontrollen an den Binnengrenzen im Hinblick auf die unterschiedlichen Verbrauchsteuern und Mehrwertsteuersätze in den einzelnen Mitgliedstaaten.

Die **Einheitliche Europäische Akte** (EEA), deren Hauptziel die Einrichtung eines Europäischen Binnenmarktes bis Ende 1992 war, und die **Verträge von Maastricht,** die die Fortentwicklung des EWG-Vertrages unter Einbeziehung der Regelungen über die Wirtschafts- und Währungsunion (WWU), die Ausgestaltung der Gemeinsamen Außen- und Sicherheitspolitik (GASP) und die Einführung einer innen- und justizpolitischen Zusammen-

---

[56] Vgl. hierzu ausführlich *Streck/Spatscheck*, wistra 1998, 334–342.
[57] Vgl. BayObLG, wistra 1998, 117; ablehnend *Joecks*, wistra 1998, 86 ff.; BayObLG StV 1998, 367–368; siehe für nicht vorlagepflichtige Unterlagen auch: *BayObLG* v. 18.12.1998–4 St RR 2/98 – in StV 1998, 368 (nur Leitsatz).
[58] Verordnung (EWG) Nr. 2658/87 des Rates über die zolltarifliche Nomenklatur sowie den Gemeinsamen Zolltarif (in der jeweils geltenden Fassung)/Gemeinsamer Zolltarif der Europäischen Wirtschaftsgemeinschaft im Sinne des Artikels 9 EWG-Vertrag.

V. Bedeutung der Zollverfahren 22

arbeit (ZBJI) beinhalteten, sowie der **Vertrag von Lissabon**, durch den die EU u. a. mehr Kompetenzen in den Bereichen Freiheit, Sicherheit und Recht erhielt, führten letztlich zur heutigen Europäischen Union (EU). Der **Gemeinsame Binnenmarkt** ist seit dem 1. Januar 1993 verwirklicht.

Zum 1.1.1994[59] ist der Zollkodex (ZK)[60] als in jedem Mitgliedstaat unmittelbar geltendes und anzuwendendes Zollgesetz in Kraft getreten.

Seit Verwirklichung des Binnenmarktes ist die Europäische Union ein Gebiet ohne Binnengrenzen, in dem der freie Warenverkehr gewährleistet ist. Das Zollgebiet ist nicht mehr das Gebiet der Bundesrepublik Deutschland in ihren Hoheitsgrenzen, sondern die Europäische Union, bestehend aus den Gebieten ihrer Mitgliedstaaten nach Art. 3 ZK. Die deutsche Zollverwaltung hat sämtliche Grenzzollämter an den Binnengrenzen aufgelöst und die Warenkontrollen an den Hoheitsgrenzen zu benachbarten EU-Mitgliedstaaten eingestellt. Zur Vermeidung möglicher Sicherheitsdefizite wurden gleichzeitig Ausgleichsmaßnahmen ergriffen, z. B. die Einrichtung der ehemaligen Mobilen Kontrollgruppen (MKG), jetzt: Kontrolleinheiten Verkehrswege (KEV). Im Warenverkehr zwischen den Mitgliedstaaten gibt es keine Ein- bzw. Ausfuhr mehr, sondern nur noch eine (innergemeinschaftliche) **Verbringung** von Gütern.

Im Hinblick auf die Schaffung des Binnenmarktes wurden auch die Verbrauchsteuern und das Mehrwertsteuersystem harmonisiert. Einfuhrumsatzsteuer gibt es im Bereich des innergemeinschaftlichen Handels nicht mehr; sie wurde durch die „Steuer auf den innergemeinschaftlichen Erwerb" ersetzt. Für die innergemeinschaftliche Verbringung verbrauchsteuerpflichtiger Waren ist ein **Steuerversandverfahren** mit Begleitschein (Begleitendes Verwaltungsdokument) vorgesehen. Seit dem 1. April 2010 wird das Steuerversandverfahren im EMCS[61] elektronisch mit e-VD[62] abgewickelt[63]. Leider ein nur unzureichend kontrollierbares und damit höchst betrugsanfälliges Verfahren. 43

Weiterführende Informationen sowie die in diesem Abschnitt genannten europäischen und nationalen Bestimmungen einschließlich ihrer Fundstellen sind im Internet abrufbar. Empfehlenswerte Web-Adressen sind z. B.:

http://eur-lex.europa.eu/de/index.htm – Rechtsakte der EU und deren Fundstellen

http://ec.europa.eu./index_de.htm – EU-Website mit umfangreichen Informationen zur Zollpolitik, dem Binnenmarkt und damit zusammenhängenden Vorschriften und Rechtsgebieten

www.bundesfinanzministerium.de – und *www.zoll.de* – Websites der Bundeszollverwaltung u. a. mit Informationen über Zollverfahren, Vordrucke, etc.

http://ec.europa.eu./taxation_customs/common/glossary/customs/index_de.htm = Zollglossar

2. Zollverfahren im Allgemeinen/Rechtsgrundlagen

Der Zollkodex[64] und die dazu erlassene EG-Durchführungsverordnung (Zollkodex-DVO/ ZK-DVO)[65] stellen seit 1994 das **verbindliche Zollrecht aller EG-Mitgliedstaaten** dar. Er regelt die Ein- bzw. Ausfuhr von Waren, d. h. den Warenverkehr zwischen der Gemeinschaft und Drittländern (Art. 1 ZK). Zum Zollrecht i. e. S. gehören ferner ergänzende nationale Bestimmungen. In Deutschland sind dies das Zollverwaltungsgesetz (ZollVG) und die Zollverwaltungsordnung (ZollV). Das Zollrecht i. w. S. umfasst darüber hinaus alle übrigen 44

---

[59] Die im ZK enthaltenen Regelungen des Ausfuhrverfahrens traten bereits zum 1.1.1993 in Kraft.
[60] Verordnung (EWG) Nr. 2913/92 des Rates vom 12. Oktober 1992 zur Festlegung des Zollkodex der Gemeinschaften.
[61] EMCS = Excise Movement and Control System (EDV-gestütztes Beförderungs- und Kontrollsystem für verbrauchsteuerpflichtige Waren).
[62] eVD = elektronisches Verwaltungsdokument.
[63] EMCS ist seit dem 1. Januar 2011 verbindlich vorgeschrieben für Beförderungen zwischen zwei Mitgliedstaaten, seit dem 1. Januar 2012 auch für innerdeutsche Beförderungen.
[64] VO (EWG) Nr. 2913/92 des Rates vom 12. Oktober 1992.
[65] VO (EWG) Nr. 2454/93 des Rates vom 2. Juli 1993.

nationalen Bestimmungen, die Regelungen in Bezug auf den grenzüberschreitenden Güterverkehr enthalten, z. B. die verschiedenen VuB-Normen.

Das europäische Zollrecht kennt eine Vielzahl unterschiedlicher Zollverfahren und Verfahrensvereinfachungen, die sehr unterschiedliche Manipulationsmöglichkeiten eröffnen. Grundkenntnisse über die einzelnen Zollverfahren sind deshalb unabdingbare Voraussetzung, um Manipulationen erkennen und bekämpfen zu können. Wichtig für die Verfolgung und Ahndung von Zuwiderhandlungen ist darüber hinaus auch das Verständnis der zollrechtlichen und zöllnerischen Begriffe und Begriffsinhalte. Nachfolgend deshalb ein kurz gefasster Überblick:

45 Waren haben entweder den **zollrechtlichen Status** der „Gemeinschaftsware", wenn sie im Zollgebiet der Gemeinschaft gewonnen oder hergestellt worden sind oder sich im freien Verkehr der Gemeinschaft befinden (vgl. Art. 4 Nr. 7 ZK) oder sind „Nichtgemeinschaftswaren" (vgl. Art. 4 Nr. 8 ZK). Die Ein- bzw. Ausfuhr von Waren hat in der Regel einen Statuswechsel zum Ziel.

46 Jede in das Zollgebiet der Gemeinschaft verbrachte Ware muss eine **zollrechtliche Bestimmung** erhalten. Welche zollrechtliche Bestimmung überhaupt in Betracht kommen kann, regelt Art. 4 Nr. 15 ZK. Zollrechtliche Bestimmungen sind danach die
- Überführung in ein Zollverfahren
- Verbringung in eine Freizone oder ein Freilager
- Wiederausfuhr aus dem Zollgebiet der Gemeinschaft
- Vernichtung oder Zerstörung
- Aufgabe zugunsten der Staatskasse.

Eine abschließende Aufzählung der **Zollverfahren** enthält Art. 4 Nr. 16 ZK. Den Zollbeteiligten steht es grundsätzlich frei zu entscheiden, welche zollrechtliche Bestimmung eine Ware erhalten soll.

a) Verbringen

47 Der Begriff des **Verbringen**s ist im Gemeinschaftsrecht nicht ausdrücklich definiert. Gewöhnlich wird das Verbringen als ein von menschlichem Willen getragener Realakt des körperlichen Gelangens in das Zollgebiet der Gemeinschaft verstanden.

> **Beispiele:**
> 1. Ein Schweizer Landwirt treibt eine Kuh über die grüne Grenze nach Deutschland = er hat die Ware Kuh in das Zollgebiet der Gemeinschaft verbracht.
> 2. Eine Kuh bricht aus einer im Schweizer Grenzgebiet belegenen Koppel aus und läuft über die Grüne Grenze nach Deutschland = kein Verbringen, weil nicht von menschlichem Willen bestimmt.
> 3. Sachverhalt wie 2. Ein deutscher Landwirt findet und behält die Kuh = Verbringen, denn der Verbleib der Ware Kuh im Zollgebiet der Gemeinschaft ist von menschlichem Willen getragen.

Für Waren, die in das Zollgebiet der Gemeinschaft verbracht werden sollen, ist grundsätzlich eine summarische Anmeldung (ESumA) abzugeben – Art. 36a ZK[66].

Was bei den einzelnen Beförderungsarten – zollwertrechtlich relevanter – **Ort des Verbringens** in das Zollgebiet der Gemeinschaft ist, wird in Art. 163 ZKDVO definiert. Es handelt sich dabei jeweils um einen bestimmten, vergleichsweise nahe an der Zollgrenze der Gemeinschaft gelegenen Punkt. Der Zeitpunkt, bis zu dem die Verbringungshandlung maximal andauern kann, ist auch zollschuldrechtlich von Bedeutung. Nach Art. 233 Buchst. d ZK erlischt eine nach Art. 202 ZK entstandene Zollschuld für unter Verletzung der Gestellungspflicht in das Zollgebiet der Gemeinschaft verbrachte Waren, wenn diese „**bei dem vorschriftswidrigen Verbringen** beschlagnahmt" und gleichzeitig oder später eingezogen werden. Der BFH hat dazu entschieden, dass das (vorschriftswidrige) Verbringen zu dem Zeitpunkt beendet ist, an dem die Waren den Ort, an dem sie hätten ordnungsgemäß gestellt werden müssen, wieder verlassen haben (im gewerblichen Landstraßenverkehr also bis zum Passieren der „Ausgangsgrenze" des Amtsplatzes der nach Art. 38 bestimmten Zollstelle), spä-

---

[66] Die Bestimmung wurde mit Wirkung vom 1. Juli 2009 eingeführt. Die ESumA ist vor dem Verbringen der Waren (Art. 36a Abs. 4 ZK) und grundsätzlich auf elektronischem Wege (Art. 36b Abs. 2 ZK) abzugeben.

V. Bedeutung der Zollverfahren

testens aber zu jenem Zeitpunkt, zu dem sie ihren (ersten) Bestimmungsort im Zollgebiet erreicht haben.[67]

b) Überwachung

Alle eingeführten Waren unterliegen vom Zeitpunkt ihres Verbringens über die Grenze an **48** **der allgemeinen zollamtlichen Überwachung** (Art. 37 ZK). Sie sind von demjenigen, der die Ware körperlich verbracht hat, unverzüglich[68] und unverändert auf zugelassenen Verkehrswegen (§ 2 ZollVG, §§ 2–4 ZollV) i. d. R. zur nächsten Zollstelle (§ 4 ZollVG, § 7 ZollV) unter Beachtung der Öffnungszeiten (§ 3 ZollVG) zu befördern und dort zu gestellen (Art. 38, 40 ZK). Die Gestellung ist Mitteilung (schriftlich, mündlich, schlüssiges Verhalten), dass Waren am Ort der Gestellung eingetroffen sind. Wichtig: Diese globale Mitteilung reicht für versteckte/verheimlichte Waren zu einer ordnungsgemäßen Gestellung nicht aus; hier ist eine besondere Mitteilung erforderlich (§ 8 ZollV).

Mit der ordnungsgemäßen Gestellung endet grundsätzlich die allgemeine zollamtliche Überwachung. Nach der ordnungsgemäßen Gestellung ist die Verwirklichung des **Einfuhrschmuggels**, d. h. des **„verbotswidrigen Verbringens"** oder **„vorschriftswidrigen Verbringens"** gemäß Art. 202 Abs. 1 a) ZK, in der Regel nicht mehr möglich.[69] Entsprechendes gilt für den Einfuhrschmuggel durch das verbotswidrige Verbringen aus Freizonen und Freilagern (Art. 202 Abs. 1 b) ZK).

Beispiele:
1. Einfuhrschmuggel von Edelsteinen und hochwertigem Schmuck mittels Kleinflugzeugen, die außerhalb der zugelassenen Zollflugplätze landen.
2. Einfuhrschmuggel von Zigaretten über die grüne Grenze („Ameisenschmuggel").

Für gestellte **Gemeinschaftswaren** ergeben sich aus dem Verbringen keine weiteren Ver- **49** pflichtungen,[70] über sie kann frei verfügt werden. Für **Nichtgemeinschaftswaren** geht mit der ordnungsgemäßen Gestellung die allgemeine zollamtliche Überwachung nahtlos in eine **konkrete zollamtliche Überwachung** (bezogen auf die gestellte Nichtgemeinschaftsware) über, mit der Folge, dass ab diesem Zeitpunkt die Ware nicht mehr eingeschmuggelt, sondern nur noch gemäß Art. 203 Abs. 1 ZK der (konkreten) zollamtlichen Überwachung entzogen werden kann. Entscheidendes Kriterium dafür, ob die Zollschuld durch Einfuhrschmuggel/vorschriftswidriges Verbringen (Art. 202 ZK) oder durch Entziehen aus der (konkreten) zollamtlichen Überwachung (Art. 203 ZK) entstanden ist, ist die Tatsache, ob die Ware sich bereits – wenn auch nur für einen ganz kurzen Zeitraum – in der **konkreten** zollamtlichen Überwachung befunden hat. Ein Entziehen aus der **allgemeinen** zollamtlichen Überwachung gibt es nicht, hier ist nur Einfuhrschmuggel, d. h., das verbotswidrige Verbringen möglich.

Beispiele:
1. Einfuhr von Schmuck und Edelsteinen mittels Kleinflugzeug, das auf einem zugelassenen Zollflughafen landet. Die Waren werden vom Täter ohne Zustimmung der Zollstelle vor Überlassung vom Gestellungsort entfernt. (= kein Schmuggel, sondern Entziehen aus der -konkreten- zollamtlichen Überwachung) Aber:
2. Sachverhalt wie vor; die Waren befinden sich jedoch nicht offen an Bord, sondern sind in einem extra dafür eingerichteten Schmuggelversteck verborgen. Eine ausdrückliche Mitteilung an die Zollbehörde

---

[67] BFH-Urteil vom 7.3.2006, VII R 23/04; Der BFH sieht -entgegen der in Teilen der Literatur, der Rechtsprechung und der Verwaltung vertretenen Auffassung – keine Veranlassung, das vorschriftwidrige Verbringen noch weiter auszudehnen und die Frage des Erlöschens der Zollschuld von völlig unbestimmten Begriffen („Eingang in den Wirtschaftskreislauf", „Zur-Ruhe-Kommen") oder subjektiven Vorstellungen der Tatbeteiligten („Bestimmungsort") abhängig zu machen. Dem ist zuzustimmen.

[68] Ohne schuldhaftes Zögern (§ 121 BGB).

[69] Zum Begriff der Gestellung siehe auch Urteil des EuGH vom 3.3.2005, Rs. C-195/03 – Ministerie van Financien vs. Merabi Papismedov u. a.; dazu: *Bender*, Der EuGH und das Zollstrafrecht, wistra 2006, S. 41–45.

[70] Es ergeben sich u. U. Verpflichtungen z. B. zur ordnungsgemäßen Erledigung eines internen Versandverfahrens. Ein Verstoß hat jedoch keinerlei zollschuldrechtliche Folgen.

erfolgt nicht (= Schmuggel, denn die Waren sind nicht gestellt und konnten damit nicht in die – konkrete – zollamtliche Überwachung übergehen).

Die konkrete zollamtliche Überwachung dauert vom Zeitpunkt der Gestellung mindestens so lange an, bis die Nichtgemeinschaftsware einen Statuswechsel durchlaufen hat – Art. 37 Abs. 2 ZK. Vom Zeitpunkt der Gestellung an befinden sich die Waren in der **„vorübergehenden Verwahrung"** (Art. 50 ZK); über sie darf nur sehr eingeschränkt verfügt werden.[71]

c) Zollrechtliche Bestimmung

50 Grundsätzlich können Waren jederzeit unter den festgesetzten Voraussetzungen eine beliebige zollrechtliche Bestimmung erhalten (Art. 58 ZK). Wenn sie in ein Zollverfahren i. e. S. übergeführt werden sollen, sind sie zu dem betreffenden Verfahren anzumelden (Art. 59 Abs. 1 ZK). Ansonsten bedarf es regelmäßig lediglich einer Mitteilung, welche zollrechtliche Bestimmung die Ware erhalten soll,[72] damit die Zollstelle prüfen kann, ob und inwieweit möglicherweise VuB oder handelspolitische Beschränkungen entgegenstehen. Die Zollanmeldung ist zugleich Wissens- und Willenserklärung, Willenserklärung in Bezug auf das gewählte Zollverfahren, Wissenserklärung in Bezug auf die über die Ware mitgeteilten Daten und Umstände. Sie kann entweder schriftlich, mittels Einheitspapier (Art. 62 Abs. 1 ZK), mit Mitteln der elektronischen Datenverarbeitung (Datenträger oder Online-Anmeldungen),[73] mündlich oder durch konkludentes Verhalten, wenn diese Möglichkeit im Zollkodex vorgesehen ist (z. B. die zugelassene Benutzung des grünen Ausgangs an Flughäfen), erfolgen (Art. 61 ZK).

51 Um den Belangen der Wirtschaft entgegenzukommen und im Interesse einer zügigen Zollabfertigung (z. B. bei großen Einfuhrvolumen, Abfertigung von Massengütern), lässt das Zollrecht als Ausnahme von den o. a. Anmeldungen – und hieraus ergibt sich ein nahezu unüberschaubares Maß an Manipulationsmöglichkeiten – eine Reihe von **vereinfachten Verfahren** zu. Dazu zählen:
– die **unvollständige Zollanmeldung (UZA)** gemäß Art. 76 Abs. 1 a) ZK, (Hier liegen i. d. R. entweder einige für das gewählte Zollverfahren erforderliche Angaben im Anmeldezeitpunkt noch nicht vor, oder aber es fehlen noch beizufügende Unterlagen. Die fehlenden Angaben oder Unterlagen sind der Zollstelle innerhalb eines Monats im Weg einer ergänzenden Anmeldung nachzuliefern.)
– die **vereinfachte Zollanmeldung (VAV)** gemäß Art. 76 Abs. 1 b) ggf. i. V. m. a) ZK, (Im Rahmen dieses bewilligungsbedürftigen Verfahrens erfolgt die Überführung in das betreffende Zollverfahren durch die Abgabe einer vereinfachten Zollanmeldung bzw. die Vorlage von Handels- oder Verwaltungspapieren.)
– das **Anschreibeverfahren (ASV)** gemäß Art. 76 Abs. 1 c) ZK, (Bedarf der besonderen Bewilligung. Wesentliches Merkmal dieses Verfahrens ist die Verlagerung des Gestellungsortes vom Amtsplatz der Zollstelle z. B. in die Geschäftsräume des Warenempfängers. Nach Gestellung findet die Überführung der Ware in das gewählte Zollverfahren im Betrieb des Zollbeteiligten durch Anschreibung in den Geschäftsbüchern statt. Insoweit hat die Anschreibung des Beteiligten die gleiche Wirkung wie die Annahme der Zollanmeldung durch die zuständige Zollstelle.)
– das **Anschreibeverfahren mit Gestellungsbefreiung** gemäß Art. 76 Abs. 1 c) ZK, (Diese Erweiterung des vorstehend geschilderten Verfahrens kommt hauptsächlich bei der Abfertigung von Massengütern in Betracht, bei denen die Ware unmittelbar auf kürzestem Weg in den Betrieb des Wirtschaftsbeteiligten transportiert wird (z. B. Mineralöl, Erdgas, elektrischer Strom). Die notwendige Gestellungsmitteilung kann in diesen Fällen z. B. durch allgemeine Angaben ersetzt werden, die gleichwohl Kontrollen und Überprüfungen durch die Behörden ermöglichen.)

---

[71] EuGH-Urteil vom 1.2.2001, Rs. C-66/99.
[72] Ausnahme: Die Wiederausfuhr von Waren im Anschluss an ein Zollverfahren mit wirtschaftlicher Bedeutung bedarf einer Zollanmeldung (Art. 182 Abs. 3 ZK).
[73] In Deutschland erfolgen Abfertigungen von gewerblichen Warensendungen grundsätzlich mittels des IT-Verfahrens ATLAS.

V. Bedeutung der Zollverfahren

– die **Vereinfachungen im Versandverfahren** gemäß Art. 76 Abs. 4 ZK. (Das EU-Recht sieht umfangreiche Erleichterungen im Zusammenhang mit den Versandverfahren vor. Diese sind beispielhaft unter V. 3. f) bb) beschrieben.)
Besonders weitreichende Erleichterungen ergeben sich, wenn nun unterschiedliche **vereinfachte Verfahren** miteinander kombiniert werden.

Beispiel: Im sog. Versandverfahren gibt es u. a. das Institut des „Zugelassenen Empfängers" als bewilligungspflichtige Verfahrensvereinfachung. Der „Zugelassene Empfänger" darf im Versandverfahren beförderte Nichtgemeinschaftswaren – ohne sie bei einer Zollstelle zu gestellen – in seinem Betrieb entgegennehmen und sogar evtl. angebrachte Nämlichkeitsmittel (z. B. Zollplomben) selbständig entfernen. In Kombination mit einem der o. a. beschriebenen vereinfachten Anmeldeverfahren bedarf es lediglich noch der Abgabe einer Ankunftsanzeige, um über die Ware frei verfügen zu können. Eine Überprüfung durch die Zollbehörden erfolgt in der Regel im Nachhinein anhand der Geschäftsunterlagen. Die – in seltenen Einzelfällen – von den Zollstellen durchgeführte Beschau der Waren und ggf. Entnahme von Mustern oder Proben ist zur Verhinderung von Manipulationen wenig geeignet: die zu einem späteren Zeitpunkt abzugebende Anmeldung kann leicht den Beschauergebnissen angepasst werden. Befinden sich die Waren bereits im freien Verkehr, läuft eine Beschau ins Leere, weil die Nämlichkeit der Waren nicht mehr nachweisbar ist. Zur Prüfung stehen dann nur noch die – möglicherweise perfekt manipulierten – Geschäfts- und Buchführungsunterlagen zur Verfügung.

Vereinfachte Verfahren sollen grundsätzlich nur vertrauenswürdigen Unternehmen und 52 nur, wenn ein gewisses Ein- bzw. Ausfuhrvolumen erreicht wird, bewilligt werden. Daneben können nach dem Wortlaut und der Systematik des Gesetzes die genannten Vereinfachungen nur dem jeweiligen Anmelder selbst gewährt werden. Gleichwohl räumt das Bundesministerium der Finanzen (BMF) in seiner Dienstanweisung[74] die Anmeldevereinfachungen auch den Spediteuren als direkten oder indirekten Vertretern i. S. v. Art. 5 Abs. 2 ZK ein.

Der Gesetzgeber hat die geschilderten Risiken erkannt und Gegenmaßnahmen getroffen. Wesentliche Elemente der sog. kleinen Zollkodex-Reform im Jahre 2005 waren die Einführung der neuen Rechtsfigur des **„zugelassenen Wirtschaftsbeteiligten"**, ... einschließlich der Festlegung gemeinsamer Kriterien und Anforderungen (Art. 5a ZK), die Einführung eines gemeinsamen Rahmens für das **Risikomanagement** und der sog. summarischen **Vorab-Anmeldung** von Ein- und Ausfuhren.[75]

aa) Interner Versand

Das interne Versandverfahren hat nur relativ geringe Bedeutung. Normalerweise sind Transporte von Gemeinschaftswaren zwischen zwei Orten **innerhalb** der Gemeinschaft seit Inkrafttreten des Binnenmarktes an keine Zollformalitäten mehr gebunden. Jedoch können nicht alle derartigen Warenbewegungen, z. B. nach Griechenland oder Italien, durchgeführt werden, ohne auf diesem Weg zum Zielort ein Drittland (Nachfolgestaaten Jugoslawiens/ Schweiz) zu passieren.

Sinn und Zweck des internen Versandverfahrens ist es, Gemeinschaftswaren ohne den sonst mit Verlassen der EU eintretenden Statuswechsel (Gemeinschaftsware wird zur Nichtgemeinschaftsware) über ein Drittland an einen anderen Ort innerhalb der Union zu befördern. Deshalb gilt im internen gemeinschaftlichen Versandverfahren der Versandschein T 2 bzw. dessen elektronisches Äquivalent in NCTS am Bestimmungsort zugleich auch als Nachweis des Gemeinschaftscharakters der beförderten Ware. Wählt der Wirtschaftsbeteiligte ein anderes Beförderungsverfahren, etwa

– das Carnet TIR-Verfahren mit Carnet TIR als Versandschein,[76]
– das Carnet ATA-Verfahren mit Carnet ATA als Versandschein.[77]

---

[74] Elektronische Vorschriftensammlung Bundesfinanzverwaltung – E-VSF – Z 1210.
[75] VO (EG) Nr. 648/2005 des Europäischen Parlaments und des Rates vom 13. April 2005.
[76] Rechtsgrundlagen sind das Zollübereinkommen vom 14. November 1975 (TIR-Übereinkommen 1975) über den internationalen Warentransport mit Carnets TIR (BGBl. 1979 II S. 446) und das Gesetz zu diesem Übereinkommen vom 21. Mai 1979 (BGBl. 1979 II S. 445) i. V. m. Art. 91 ZK und der Zollkodex-DVO.
[77] Rechtsgrundlage ist das ATA-Übereinkommen i. V. m. Art. 91 ZK und der Zollkodex-DVO.

– Versand aufgrund des Rheinmanifestes,[78]
– Versand aufgrund des NATO-Truppenstatuts mit Vordruck AE 302 als Versandschein[79] und
– den Postverkehr,
ist der Status der Ware durch ein Präferenzpapier T 2 L- nachzuweisen.[80]

bb) Warenausfuhr

54 Das Ausfuhrverfahren (Artt. 161, 162 ZK) sichert neben der Erhebung evtl. Ausfuhrabgaben (nicht bedeutend) vor allem die Beachtung von Beschränkungen bei der Warenausfuhr aus der EU z. B. in den Bereichen Außenwirtschaftsrecht und Marktordnungsrecht. Der ZK und die ZK-DVO haben hinsichtlich der **Ausfuhrförmlichkeiten** die Bestimmungen des nationalen Außenwirtschaftsrechts abgelöst. Die weit überwiegende Zahl aller Ausfuhren wird im Rahmen vereinfachter Verfahren abgewickelt. Für die Ausfuhr genehmigungs- oder lizenzpflichtiger Waren bzw. von Waren, deren Ausfuhr anderweitigen Beschränkungen unterliegt, können vereinfachte Verfahren hingegen grundsätzlich[81] nicht in Anspruch genommen werden. Gemäß Art. 182a ZK ist auch beim Verbringen von Waren aus dem Zollgebiet der Gemeinschaft grundsätzlich eine summarische Anmeldung (ASumA) abzugeben.

cc) Zollrechtlich freier Verkehr

55 Die Abfertigung einer Ware zum zollrechtlich freien Verkehr ist wohl das wichtigste Zollverfahren. Sie muss immer dann erfolgen, wenn aus dem Ausland eingeführte Waren auf Dauer im Zollgebiet der Gemeinschaft verbleiben und dort in den Wirtschaftskreislauf eingehen, d. h. selbst Gemeinschaftsware werden sollen. Dieser „Normalfall" einer zollrechtlichen Bestimmung bedarf keiner besonderen Bewilligung, jedoch sind derart bestimmte Waren den Zollbehörden anzumelden.

Nach Prüfung der VuB[82] und möglicher handelspolitischer Regelungen entsteht für die Ware in der Regel eine Zollschuld nach Art. 201 ZK sowie eine Verbrauchsteuerschuld – Einfuhrumsatzsteuer und ggf. spezielle Verbrauchsteuer für verbrauchsteuerpflichtige Güter – nach den nationalen Verbrauchsteuergesetzen. Mit Überlassung der Ware an den Zollbeteiligten endet schließlich regelmäßig auch die zollamtliche Überwachung.

Beispiel: Ein deutscher Importeur führt Stahldraht aus Indien ein und beantragt beim Zollamt in Köln die Abfertigung zum freien Verkehr. Nach Überlassung der Ware an den Einführer kann dieser frei über sie verfügen.

56 Nur ausnahmsweise unterliegen eingeführte Nichtgemeinschaftswaren auch nach Überlassung bzw. vollzogenem Statuswechsel zur Gemeinschaftsware weiterhin der zollamtlichen Überwachung. Der Gemeinsame Zolltarif (GZT), die Zollbefreiungsverordnung (ZollbefreiungsVO)[83] und nationale Vorschriften sehen in bestimmten Fällen eine Zollbegünstigung für Waren vor, die zu einem ganz bestimmten Zweck verwendet werden. Diese besondere Vergünstigung – sie kann in einem niedrigeren Zollsatz oder auch in einer gänzlichen Zollbefreiung bestehen – ist jedoch davon abhängig, dass die Einhaltung des Verwendungszwecks zur Vermeidung von Wettbewerbsverzerrungen überwacht wird (Art. 82 ZK). In diesen Fällen endet die zollamtliche Überwachung der Gemeinschaftsware mit Zweckerreichung durch entsprechende Verwendung.

---

[78] Rechtsgrundlage ist Art. 9 Revidierte Mannheimer Rheinschifffahrtsakte vom 17. Oktober 1968 (BGBl. 1969 II S. 598 ff.) i. V. m. Art. 91 ZK und der Zollkodex-DVO.

[79] Rechtsgrundlage ist Art. XI Abs. 4 und 13 des Abkommens zwischen den Parteien des Nordatlantikvertrages über die Rechtsstellung ihrer Truppen – Nato-Truppenstatut – (BGBl. II 1961 S. 1190).

[80] Umkehrschluss aus Art. 163 Abs. 4 ZK.

[81] Ausnahmen von dieser Regel gelten z. B., wenn die fragliche genehmigungspflichtige Ausfuhr allgemein genehmigt ist.

[82] VuB = Verbote und Beschränkungen für den grenzüberschreitenden Warenverkehr, vgl. § 1 Abs. 3 ZollVG.

[83] Verordnung (EG) Nr. 1186/2009 des Rates vom 16. November 2009 über das gemeinschaftliche System der Zollbefreiungen -ZollbefreiungsVO- (kodifizierte Fassung).

V. Bedeutung der Zollverfahren

Beispiel: Kasein zur Herstellung von künstlichen Spinnstoffen unter zollamtlicher Überwachung unterlag vor einigen Jahren einem Zollsatz von 1%. Wurde es zu anderen Zwecken eingeführt, betrug der Zollsatz 11,5%.

d) Manipulationsmöglichkeiten

Die Manipulationsmöglichkeiten sind sehr vielfältig. Im Bereich des regulären Handels, d. h., 57
wenn die Waren im Rahmen üblicher Geschäftstätigkeit abgesetzt werden (sollen) und Ein- und Verkäufe in der betrieblichen Buchführung erfasst werden, erfolgt die Steuerhinterziehung hauptsächlich in Form der **Falschanmeldung** von Warenart, -wert und -ursprung, regelmäßig unter Verwendung entsprechend fingierter bzw. manipulierter Unterlagen. Anders verhält es sich bei illegalen bzw. nicht verkehrsfähigen Waren oder sonstigen Waren, die nicht in den üblichen Wirtschaftskreislauf eingehen, sondern „schwarz" gehandelt werden (z. B. Betäubungsmittel, Zigaretten ohne Steuerbanderole, CDs mit verfassungswidrigen Inhalten). Derartige Waren werden regelmäßig eingeschmuggelt bzw. auch der zollamtlichen Überwachung entzogen. Motivation der Täter ist in der Regel die Gewinnzielung bzw. Gewinnmaximierung durch illegale „Steuerersparnis". Besonders „betrugsanfällig" sind jene Bereiche, in denen entweder ein großer Markt für Konterbande besteht (z. B. unversteuerte Zigaretten), oder aber Handelshemmnisse bestehen bzw. neu geschaffen werden. Klassische Beispiele für letztgenannte Fallkonstellationen sind der Textilhandel und jene Waren, für die bei der Einfuhr aus bestimmten Ländern als Reaktion auf Exportsubventionen o. ä. der Ursprungsländer Antidumpingzölle zu erheben sind. Gerade im Bereich der vorgenannten Handelshemmnisse ist zu beobachten, dass nicht nur einzelne Importeure, sondern vielfach die gesamte Branche mit illegalen Praktiken (z. B. „Umgehungseinfuhren") auf Handelsbeschränkungen reagieren.

Häufige Schmuggelmethoden bzw. Manipulationen sind: 58
- Nichtanmeldung eingeführter Waren (z. B. LKW, die als „leer" deklariert werden; „Beipack" nicht deklarierter Waren)
- Falschanmeldung von Menge oder Gewicht der eingeführten Waren
- Falschanmeldung der Warenart
- Falschanmeldung des Warenursprungs, dies zumeist unter Vorlage gefälschter oder erschlichener Präferenznachweise oder Ursprungszeugnisse zwecks Umgehung von Antidumpingzöllen oder zur Erlangung ungerechtfertigter Zollvorteile durch Inanspruchnahme ungerechtfertigter Zollpräferenzen. Bei Verwendung ge- oder verfälschter Präferenznachweise oder Ursprungszeugnisse ist neben dem Tatbestand der Steuerhinterziehung tateinheitlich auch der Tatbestand des § 267 StGB erfüllt.
- Falschanmeldung der Beschaffenheit einer Ware (z. B. Anmeldung einer gebrauchten Maschine als „Schrott") – die Beschaffenheit einer Ware ist ausschlaggebend für die Einreihung in den GZT und damit für die Höhe des Zollsatzes (Faustregel: je höher die Verarbeitungsstufe, desto höher der Zollsatz)
- Falschanmeldung des Warenwertes unter Vorlage ge- oder verfälschter oder unrichtiger Rechnungen (z. B. unterfakturierte Rechnungen/Rechnungen, in denen vom Käufer zu zahlende Kosten nicht oder in unzutreffender Höhe ausgewiesen sind)

Viele dieser Manipulationen lassen sich anlässlich der Zollabfertigung nicht feststellen, vor allem, wenn vereinfachte Verfahren in Anspruch genommen werden. Eine Aufdeckung ist in diesen Fällen – wenn überhaupt – lediglich anlässlich einer Prüfung durch die Zollbehörden (z. B. durch den Prüfungsdienst) oder aufgrund bestimmter Verdachtsmomente durch den Zollfahndungsdienst möglich. Dabei sind die Ermittlungsbehörden zur Erlangung beweiserheblicher Unterlagen zunehmend auf die Mithilfe ausländischer Behörden angewiesen.

3. Nichterhebungsverfahren und Zollverfahren mit wirtschaftlicher Bedeutung

Unter wirtschaftlichen Gesichtspunkten gibt es eine Vielzahl von Fallgestaltungen, in denen 59
die Vollverzollung zu ökonomisch unsinnigen und auch fiskalisch ungewollten Ergebnissen führen würde. So macht es z. B. keinen Sinn, eine Ware, die im Zollgebiet zum späteren

noch ungewissen Verkauf lediglich gelagert werden soll – also de facto zunächst noch gar nicht in den Wirtschaftskreislauf eingeht –, zu diesem Zeitpunkt schon zu verzollen und zu versteuern. Genauso wenig Sinn macht es, eine eingeführte Ware zu verzollen und zu versteuern, die in der Gemeinschaft lediglich mit dem Ziel eines anschließenden Exportes in dritte Länder weiterverarbeitet werden soll; auch diese Ware geht nach Einfuhr nicht in das Wirtschaftssystem der EU ein. Dies würde lediglich zu einer nutzlosen Kapitalbindung führen.

Wenn Waren in die Union eingeführt werden, dort aber nicht, noch nicht oder nicht vollständig in den Wirtschaftskreislauf eingehen sollen, sieht das Zollrecht besondere Verfahren vor. Der ZK unterscheidet hier, je nach dem, ob die Erhebung von Zoll vorgesehen ist oder nicht, zwischen Zollverfahren mit wirtschaftlicher Bedeutung und Nichterhebungsverfahren. Es gibt auch Zollverfahren mit wirtschaftlicher Bedeutung, die bei Vorliegen bestimmter Voraussetzungen ebenfalls zur gänzlichen Befreiung von Abgaben führen; diese sind dann zugleich Zollverfahren mit wirtschaftlicher Bedeutung und Nichterhebungsverfahren (Art. 84 Abs. 1 ZK).

a) Aktive Veredelung

60 Bei der Herstellung von Wirtschaftsgütern, die in Länder außerhalb der EU ausgeführt werden sollen, werden häufig Nichtgemeinschaftswaren als Vorprodukte eingesetzt. Diese werden im Zuge zunehmender Globalisierung dort eingekauft, wo sie in der geforderten Qualität zu den günstigsten Konditionen bezogen werden können. Da solche außerhalb der Union eingekauften Rohstoffe oder Halbfertigprodukte letztlich ja mit dem Fertigprodukt wieder exportiert werden, wäre es systemwidrig, diese zu verzollen. Das würde die Wettbewerbsfähigkeit des Herstellers auf dem Weltmarkt beeinträchtigen. Deshalb können diese Vorprodukte im Anschluss an ihre Einfuhr aufgrund einer Bewilligung zur sog. aktiven Veredelung abgefertigt werden.

Das Zollverfahren der aktiven Veredelung ist entweder ein Zollverfahren mit wirtschaftlicher Bedeutung oder ein Nichterhebungsverfahren, je nach dem, ob im Zeitpunkt der Abfertigung der Ware ein Zollbetrag mit dem Ziel der Erstattung bei der dann nachzuweisenden Ausfuhr der Fertigerzeugnisse erhoben oder bereits in jenem Zeitpunkt auf eine Erhebung verzichtet wird.

Besondere Manipulationsmöglichkeiten bei der aktiven Veredelung als Zollverfahren mit wirtschaftlicher Bedeutung (Zollrückvergütungsverfahren) sind deshalb nicht gegeben, weil ja die Ware zunächst unter Erhebung von Zoll in den freien Verkehr übergeführt worden ist. Erst die Inanspruchnahme der Zollrückvergütung im Zusammenhang mit der Ausfuhr der Fertigerzeugnisse oder deren Übergang in bestimmte andere Zollverfahren könnte durch Vorlage ge- oder verfälschter Nachweise erschlichen werden (Art. 128 ZK).

Bei der aktiven Veredelung als Nichterhebungsverfahren befindet sich die Ware bis zur ordnungsgemäßen Erledigung des Verfahrens weiterhin in der besonderen zollamtlichen Überwachung. Jede betrügerische Handlung in der Absicht, Zoll zu hinterziehen, führt zwangsläufig zu einer Zollschuldentstehung nach Art. 203 Abs. 1 ZK, weil damit die Ware der zollamtlichen Überwachung entzogen wird. Tathandlung kann jede Handlung sein, die es den Zollbehörden unmöglich macht, die ordnungsgemäße Verwendung und den Verbleib der Ware festzustellen.

Beispiel: Die Vorprodukte gehen entgegen den in der Bewilligung festgeschriebenen Mengen (Ausbeutesatz = Mengenverhältnis der Fertigprodukte zu den in ihnen enthaltenen Vorprodukten) in geringerem Umfang in das Fertigprodukt ein. Auf diese Weise zusätzlich „gewonnene" Vorprodukte gehen in den Wirtschaftskreislauf der Gemeinschaft ein, indem sie entweder direkt veräußert werden oder der Produktion von Erzeugnissen dienen, die in der EU verbleiben.

b) Passive Veredelung

61 Die ebenfalls bewilligungsbedürftige passive Veredelung stellt das Spiegelbild der aktiven Veredelung dar. Gemeinschaftsware wird in ein Drittland exportiert, dort ggf. unter Beifügung von Drittlandserzeugnissen weiterverarbeitet und anschließend wieder in die EU eingeführt.

V. Bedeutung der Zollverfahren

Dabei soll bei der Einfuhr der Fertigerzeugnisse bei der Zollberechnung der in der Ware enthaltene (wertmäßige) Anteil der Vorprodukte, die zuvor ohne Erlass oder Erstattung von Abgaben aus der EU zu diesem Zweck ausgeführt worden sind, außer Ansatz bleiben. Lediglich der im Zollwert der Ware enthaltene Anteil an Drittlandsleistungen wird der Verzollung unterworfen (Differenzverzollung).[84] Das wirtschaftliche Bedürfnis für dieses Verfahren ergibt sich bei personalaufwendigen Herstellungsprozessen durch die in bestimmten Drittländern erheblich niedrigeren Personalkosten.

Für mögliche Manipulationen ergeben sich drei unterschiedliche Anknüpfungspunkte, was mit dem Verfahrensablauf in drei selbstständigen Abschnitten zusammenhängt:
- Im Verfahren der passiven Veredelung werden Gemeinschaftswaren aus dem Zollgebiet der Gemeinschaft (vorübergehend) ausgeführt. Dabei sind alle für die Ausfuhr von Gemeinschaftswaren aus dem Zollgebiet der Gemeinschaft geltenden Bestimmungen anzuwenden, d. h., es sind z. B. etwaige Ausfuhrzölle zu erheben und ggf. Genehmigungspflichten zu beachten (Art. 145 Abs. 2 ZK). Damit sind grundsätzlich auch die gleichen Manipulationsmöglichkeiten gegeben wie bei einer endgültigen Warenausfuhr. Es bietet sich an, „papiermäßig" mehr Waren auszuführen, als tatsächlich in der Ausfuhrsendung vorhanden sind.
- Die Waren werden in einem Drittland den bewilligten Veredelungsvorgängen unterzogen. Dabei müssen alle für die spätere Abgabenbegünstigung vorausgesetzten Bedingungen und Verpflichtungen erfüllt werden (Art. 150 Abs. 2 ZK). Hier ergeben sich Manipulationsanreize aus den eingeschränkten Überprüfungsmöglichkeiten im Drittland, beispielsweise geringere Angaben über die tatsächlich erfolgten Drittlandsleistungen.
- Schließlich werden die Veredelungserzeugnisse wieder eingeführt. Dabei sind neben den Manipulationsmöglichkeiten, wie sie für die Abfertigung von Waren zum freien Verkehr bereits beschrieben sind, weitere, die sich aus der Besonderheit der Differenzverzollung ergeben (beispielsweise führt eine zu hohe Bewertung der ursprünglich ausgeführten Vorerzeugnisse bei der Wiedereinfuhr zu einem zu niedrigen Differenzzoll), gegeben.

c) Umwandlung

Zweck des bewilligungsbedürftigen Umwandlungsverfahrens ist es, eine eingeführte Ware durch Be- bzw. Verarbeitung in eine Ware anderer Beschaffenheit „umzuwandeln", damit die veränderten Erzeugnisse in den Wirtschaftskreislauf der Gemeinschaft eingehen können (Art. 130 ZK). Dies ist dann sinnvoll, wenn die neu entstandene Ware niedriger belastet ist. Da der GZT von seinem Aufbau her Waren umso weniger belastet, je geringer die Verarbeitungsstufe ist, ist dieses Verfahren mit wirtschaftlicher Bedeutung nur selten anwendbar.

Beispiele:
1. Umwandlung zollpflichtiger Waren in Abfälle.
2. Wiedergewinnung von Rohwaren aus Waren (Kupfer aus isolierten Drähten).
3. Herstellung von Musterbüchern aus Stoffen oder Tapeten.

Die denkbaren Manipulationsmöglichkeiten ähneln denen der oben beschriebenen aktiven Veredelung als Nichterhebungsverfahren. Jedoch werden hier die unter zollamtlicher Überwachung umgewandelten Erzeugnisse nicht wieder ausgeführt, sondern – regelmäßig unter Erhebung der Abgaben für die umgewandelte Ware – in ein anderes Zollverfahren überführt.

d) Vorübergehende Verwendung

Nichtgemeinschaftswaren, die nur vorübergehend in der Union verwendet und anschließend wieder ausgeführt werden sollen, unterliegen keinen handelspolitischen Maßnahmen und sind ganz oder teilweise von Einfuhrabgaben befreit, wenn sie zur vorübergehenden Verwendung abgefertigt werden (Art. 137 ZK). Nach der Systematik des EU-Zollrechts sollen nur diejenigen Einfuhrwaren mit Abgaben belastet werden, die auf Dauer in den Wirtschaftskreislauf der Union eingehen. Waren, die lediglich vorübergehend hier verwendet und an-

---

[84] Die allgemein übliche, sinngemäße Anwendung der Zollvorschriften ist für Einfuhrumsatzsteuer hinsichtlich der passiven Veredelung aber ausgeschlossen (§ 21 Abs. 2 UStG). Die Abgabenvergünstigung ergibt sich ausschließlich aus den nationalen Vorschriften (§ 11 Abs. 2 UStG).

schließend wieder ausgeführt werden sollen, dürfen danach nicht belastet sein. Insoweit ist dieses ebenfalls bewilligungsbedürftige Zollverfahren ein Nichterhebungsverfahren. Der Warenkreis, für den eine derartige Bewilligung erteilt werden kann, ist in der Zollkodex-DVO erschöpfend aufgeführt (Art. 141 ZK). Hierzu gehören insbesondere und auch für den Nichtzöllner einleuchtend:
- Beförderungsmittel wie z. B. Straßenfahrzeuge (zum privaten als auch gewerblichen Gebrauch), alle Arten von Wasserfahrzeugen, Luftfahrzeuge, aber auch Container und Paletten,
- Berufsausrüstungen (z. B. Fotoausrüstung des Reporters),
- Ausstellungsgut,
- pädagogische Materialien und wissenschaftliches Gerät,
- Ausrüstung für Katastropheneinsätze,
- Umschließungen (z. B. auch Paletten),
- Matrizen, Modelle, Mustervorlagen, Messgeräte, Waren für Vorführungen und Untersuchungen, Warenmuster,
- Erprobungsware, Kunstwerke für Verkaufsausstellungen, Kürschner-/Schmuck-/Teppichwaren zu Ansichtszwecken,
- persönliche Gebrauchsgegenstände von Reisenden,
- Tiere zu Dressur- bzw. Zuchtzwecken, zur ärztlichen Behandlung, etc.

Daneben gibt es aber auch für andere Güter ein wirtschaftliches Interesse, diese vorübergehend in der Gemeinschaft zu verwenden.

Beispiel: Eine sehr teure Straßenbaumaschine wird aus den USA eingeführt, um hier für den Zeitraum von 1 Jahr beim Bau einer neuen Autobahn verwendet zu werden. Danach wird sie wieder ausgeführt und weiter in den USA bei anderen Bauvorhaben eingesetzt.

Eine gänzliche Zollfreistellung kann nicht infrage kommen, weil die Ware zumindest vorübergehend in den Wirtschaftskreislauf der Union eingeht. Bei der vorübergehenden Verwendung als Zollverfahren mit wirtschaftlicher Bedeutung (unter teilweiser Abgabenbefreiung) wird deshalb für diese Waren die Höhe der Einfuhrabgaben für jeden angefangenen Monat der Verwendung auf 3% des Wertes festgesetzt, der sich für die Ware normalerweise bei einer Überführung in den freien Verkehr der Gemeinschaft ergeben würde.

64 In den letzten Jahren haben sich Staatsanwaltschaften und Gerichte verstärkt mit dem Zollverfahren der vorübergehenden Verwendung befassen müssen. Grund hierfür ist der europaweit heiß umkämpfte Markt des Güterfernverkehrs. Um sich Kosten- und damit Wettbewerbsvorteile zu verschaffen, haben Speditionen ihre Fahrzeuge „ausgeflaggt" und dann in der Gemeinschaft für illegale **Kabotage**[85] genutzt. Zu diesem Zweck wurden in Nicht-EU-Staaten (z. B. Aserbaidschan) Firmen gegründet bzw. Scheinfirmen errichtet, die Sattelzugmaschinen bzw. LKW wurden nach diesen Nicht-EU-Staaten exportiert, dort in der Regel auf die neu gegründeten (Schein-)Firmen zugelassen, und dann für Transporte nach der EU und – illegale – Transporte zwischen Orten innerhalb der EU eingesetzt. Disponiert wurden die Fahrzeuge weiterhin von der – in der EU ansässigen – „Muttergesellschaft". Die in die vorübergehende Verwendung übergeführten Fahrzeuge durften nur für Beförderungen verwendet werden, die außerhalb des Zollgebiets der Gemeinschaft begannen oder endeten. Wurde jedoch eine Beförderung durchgeführt, die innerhalb der Gemeinschaft begann und endete, z. B. ein Warentransport von Berlin nach Paris, lagt ein unzulässiger Binnenverkehr vor mit der Folge, dass für das Fahrzeug eine Zollschuld gem. Art. 204 Abs. 1 lit. a ZK entstand.[86] In etlichen dieser **„Kabotagefälle"** lag dabei nicht nur eine Verletzung von Zollvorschriften vor, sondern eine Fülle von tatmehrheitlichen Zuwiderhandlungen, z. B. Hinterziehung (deutscher) Kraftfahrzeugsteuer, Zuwiderhandlungen gegen aufenthaltsrechtliche

---

[85] Kabotage = Binnenverkehr (Erbringen von Transportdienstleistungen innerhalb eines Landes durch ein ausländisches Unternehmen), z. B. zeitweiliger Güterkraftverkehr in einem Mitgliedstaat im Rahmen einer Gemeinschaftslizenz (vgl. VO (EWG) 1072/2009 des Rates vom 21. Oktober 2009; Mitteilung der Kommission über Auslegungsfragen bezüglich des Begriffs der „Zeitweiligkeit" der Kabotage im Güterkraftverkehr (2005/C 21/02).

[86] BFH-Urteil v. 8. Juli 2004 – VII R 60/03, ZfZ Nr. 12, S. 415; *Witte*, Unzulässiger Binnenverkehr, AW-Prax April 2005, S. 170; EuGH Urteil vom 15. Dezember 2004, Rechtssache C-272/03.

V. Bedeutung der Zollverfahren

Bestimmungen, Schwarzarbeit und Urkundsdelikte. Beispielsweise wurden die fraglichen Fahrzeuge im Dritt-Ausland nicht zugelassen, sondern mit gefälschten Zulassungen und Papieren versehen; gültige Transportlizenzen (CEMT-Genehmigungen) lagen nicht vor, stattdessen wurden Fälschungen verwendet; die drittländischen Fahrer hielten sich mit Touristenvisum monatelang in der EU auf und führten innergemeinschaftliche Beförderungen durch; die beteiligten ausländischen Unternehmen übten keine eigene Geschäftstätigkeit aus; die Transporte wurden weiterhin von dem in der EU ansässigen Unternehmen disponiert. Die verkehrs- und zollrechtlichen Bestimmungen wurden in 2009 liberalisiert (Art. 558 ZK). **Kabotage**, d. h. die Durchführung **nicht** grenzüberschreitender Transporte (= Binnenverkehre, z. B. von Berlin nach München) durch drittländische Fahrzeuge, ist nach wie vor unzulässig und führt zur Zollschuldentstehung. Allerdings dürfen nunmehr mit CEMT-Genehmigung bis zu drei beladene Fahrten im grenzüberschreitenden Güterkraftverkehr, bei denen der Be- und Entladeort in verschiedenen EU-Mitgliedstaaten liegen, durchgeführt werden, bevor das Fahrzeug in das Land, in dem das Unternehmen seinen Sitz hat, zurückkehren muss.

e) Zolllager

Das Zolllagerverfahren nimmt unter den Zollverfahren insoweit eine besondere Stellung ein, **65** als es sowohl für Nichtgemeinschaftsware als auch für Gemeinschaftsware interessant sein kann. Für die Nichtgemeinschaftswaren, weil hierdurch fällige Abgabenzahlungen vermieden bzw. zeitlich bis zum Verkauf geschoben werden können; für Gemeinschaftswaren, weil u. U. an die Ausfuhr von Waren geknüpfte Erstattungen zeitlich vorverlegt werden können. Kapitalbindung wird vermieden.

Der Zollkodex sieht unterschiedliche öffentliche, für die Nutzung durch jedermann vorgesehene, und private Zolllager, die lediglich der Lagerinhaber nutzen kann, vor. Das Zolllagerverfahren ist ein Zollverfahren mit wirtschaftlicher Bedeutung. Bis auf das öffentliche Zolllager, das von den Zollbehörden selbst betrieben wird, bedürfen sie der Bewilligung.

Soweit ein Zolllager als sog. **Transitlager** genutzt wird, ermöglicht es dem Wirtschaftsbeteiligten, eine Nichtgemeinschaftsware ohne Zahlung von Abgaben bis zur Wiederausfuhr zu lagern. Bei einer Abfertigung zum **freien Verkehr** zu beachtende VuB[87] und handelspolitische Maßnahmen sind weder bei der Überführung in das Zolllagerverfahren noch während der Lagerung anwendbar.

Beispiel: Spirituosen dürfen nur eingeführt werden, wenn sie in Bezug auf ihre Etikettierung bestimmte Voraussetzungen erfüllen. Bei der Abfertigung zum Zolllagerverfahren und der anschließenden Aufnahme in ein Zolllager ist dies unbeachtlich. Sollten die Waren später entgegen der Planung nicht ausgeführt, sondern zum freien Verkehr der Gemeinschaft abgefertigt werden, ist es sogar möglich, die notwendige Etikettierung im Rahmen der zugelassenen Lagerbearbeitung im Zolllager vorzunehmen.

Im Rahmen der **Kreditfunktion** des Zolllagers ist es üblich, Waren bis zu ihrer Überführung in den freien Verkehr der Gemeinschaft über Jahre hinweg ohne Erhebung von Abgaben dort zu lagern.

Beispiel: Lagerfähige Weine werden bis zur Erlangung ihrer vollen Reife im Zolllager „aufbewahrt", bevor sie dann unter Erhebung der Abgaben in den freien Verkehr der Gemeinschaft überführt werden.

Daneben ist aber auch die Funktion des Zolllagers als **Erstattungslager** in bestimmten Fällen sinnvoll. So kann der Wirtschaftsbeteiligte die im Rahmen der aktiven Veredelung an den Zeitpunkt der Wiederausfuhr geknüpfte Zollrückerstattung vorher beanspruchen, wenn er die Wiederausfuhrware schon in ein Zolllagerverfahren überführt. Auch den in Art. 238 ZK vorgesehenen Erlass oder die Erstattung von Einfuhrabgaben kann er bereits bei Überführung in das Zolllagerverfahren in Anspruch nehmen, wenn die spätere Wiederausfuhr beabsichtigt ist. Bedeutung erlangt das Zolllager als Erstattungslager aber auch in den Fällen, in

---

[87] Soweit Verbote bereits an das *Verbringen* von Waren in das Zollgebiet der Gemeinschaft oder das nationale Hoheitsgebiet und nicht erst an deren Abfertigung geknüpft sind, ist jedoch eine Abfertigung zu einem Zollverfahren (Zolllager, Veredelung, Verwendung, Freihafen, Freilager, Umwandlung, usw.) schon unzulässig. Grund hierfür ist, dass diese Verbote an den Tatbestand des Verbringens über die Hoheitsgrenze oder die Gemeinschaftsaußengrenze und nicht erst an die zollrechtliche Einfuhr anknüpfen.

denen für bestimmte, in der Gemeinschaft gewonnene oder hergestellte landwirtschaftliche Erzeugnisse Erstattungen nach dem Marktordnungsrecht für den Fall der Ausfuhr in dritte Länder vorgesehen sind.

f) Versandverfahren

66 Im Versandverfahren können Waren unter zollamtlicher Überwachung zu ihrem Bestimmungsort befördert werden. Das Versandverfahren dient vor allem der Verlagerung der Abfertigung von der EU-Außengrenze in das Bestimmungsland bzw. in die Nähe des Bestimmungsortes der Waren. Die Abfertigungszahlen sind mit 3,8 Mio. (2005: 4,5 Mio.) eingehenden Versandverfahren und 3,8 Mio. (2005: 3,7 Mio.) eröffneten Versandverfahren in 2010 im Vergleich zu den Vorjahren annähernd gleich geblieben.[88]

67 Das Versandverfahren war unter anderem aufgrund der „papiermäßigen" Überwachung und der langwierigen „Suchverfahren" sehr betrugsanfällig. Im Jahre 2001 ist das Versandrecht deshalb umfassend reformiert worden. Eine der wesentlichen Verbesserungen beruht auf der Umstellung des gemeinschaftlichen und des gemeinsamen Versandverfahrens auf EDV. Dies, um einerseits ihren Ablauf zu beschleunigen, aber auch und insbesondere, um eine bessere Verwaltung und Überwachung der Verfahren zu gewährleisten. Das **NCTS** (New Computerised Transit System – NCTS) wird in allen EU-Mitgliedstaaten seit dem 30. Juni 2003 eingesetzt. Teilnehmerstaaten des NCTS sind neben den 27 EU-Mitgliedstaaten die drei EFTA-Länder[89], Kroatien[90] und die Türkei. Die entsprechende Ausstattung der Zollstellen erfolgte sukzessive. Während der Übergangszeit bestanden das papiergestützte System und das NCTS nebeneinander. Die deutschen Zollstellen sind seit Oktober 2003 sämtlich mit NCTS ausgestattet. Seit dem 1. Mai 2004 werden in Deutschland die Versandverfahren ausschließlich mit NCTS abgewickelt. Personen, die nicht unmittelbar am NCTS teilnehmen, müssen die Waren der Abgangsstelle gestellen und eine schriftliche Versandanmeldung abgeben, die dann von der Zollstelle in NCTS erfasst wird. Seit dem 1. Juli 2006 ist die Verwendung schriftlicher Versandanmeldungen nur noch in Ausnahmefällen möglich[91] – „Notfallverfahren". Das IT-gestützte Verfahren erfordert besondere Sorgfalt der Beteiligten, z. B. des zugelassenen Versenders. So führt bereits ein schlichter Eingabefehler (im konkreten Fall die Eingabe eines falschen Beladeortes) zu einem Entziehen der Ware aus der zollamtlichen Überwachung, denn die Waren befanden sich nicht an dem (fälschlich) angegebenen Ort, an dem der Versand beginnen sollte. Eine solchermaßen in wesentlicher Beziehung unzutreffende Versandanmeldung ist nicht geeignet, die zollamtliche Überwachung über die in ihr bezeichnete Ware zu sichern.[92]

aa) Allgemeines

68 Das externe **gemeinschaftliche Versandverfahren** (gVV) ist ein Nichterhebungsverfahren i. S. d. Zollkodex (Art. 84 Abs. 1 a) ZK). Es dient der Beförderung von Nichtgemeinschaftswaren zwischen zwei Orten in der Gemeinschaft, ohne dass die Waren Einfuhrabgaben oder handelspolitischen Maßnahmen unterliegen. Die Nichterhebung gilt dabei so lange, bis die Waren entweder das Zollgebiet verlassen oder in ein anderes Zollverfahren übergeführt werden. Ferner dient das externe Versandverfahren unter bestimmten Voraussetzungen der Beförderung von Gemeinschaftswaren, die aus einem Mitgliedstaat der EU in ein Drittland versandt werden, um eine ordnungsgemäße Ausfuhr zu gewährleisten (z. B. bei der Ausfuhr erstattungsfähiger Marktordnungswaren). Weiterhin wird das gVV angewandt für die Beförderung von Gemeinschaftswaren im **gemeinsamen Versandverfahren** nach einem EFTA-Land oder nach einem Drittland, wenn dabei das Gebiet eines oder mehrerer EFTA-Länder

---

[88] Jahresstatistik 2010 der BZV, BMF.
[89] Schweiz (einschließlich Liechtenstein), Norwegen und Island, wobei Island bekundet hat, vorerst nicht am NTCS teilnehmen zu wollen.
[90] Kroatien ist am 1. Juli 2013 der EU beigetreten.
[91] Vgl. VO (EG) Nr. 837/2005 des Rates vom 23. Mai 2005 zur Änderung der VO (EWG) Nr. 2452/93 (=ZK-DVO).
[92] Vgl. BFH Beschluss v. 17.3.2009 – VII R 17/07.

V. Bedeutung der Zollverfahren

bzw. Kroatiens oder der Türkei[93] berührt wird. Zwischen zwei Orten der Gemeinschaft sind Nichtgemeinschaftswaren grundsätzlich in einem externen gemeinschaftlichen Versandverfahren (T1) zu befördern.

Beispiele:
1. Russischer Wodka für Spanien wird mit Lastkraftwagen über Polen eingeführt. An der weißrussisch/polnischen Grenze wird ein Versandverfahren nach Spanien eröffnet, so dass der Wodka ohne Erhebung von Zoll, Branntweinsteuer und Einfuhrumsatzsteuer durch Polen, Deutschland, Frankreich und Spanien bis zum Bestimmungsort transportiert werden kann, wo dann das Versandverfahren beendet und die Abfertigung zum freien Verkehr der Gemeinschaft beantragt wird.
2. Ein Container mit amerikanischen Landwirtschaftsmaschinen wird in Rotterdam entladen, per Schiene/LKW nach Setè (Frankreich) befördert, um von dort nach seinen Bestimmungsort in Nordafrika verschifft zu werden. In diesem Fall wird die Ware von Rotterdam nach Setè in einem externen gemeinschaftlichen Versandverfahren befördert, um die Zahlung von Abgaben in der Gemeinschaft zu vermeiden.
3. Österreichische Landwirtschaftserzeugnisse, für die eine Ausfuhrerstattung nach dem Marktordnungsrecht in Betracht kommt, werden von Salzburg aus per LKW nach Hamburg verbracht und dort nach einem Drittland verschifft. In diesem Fall können die Ausfuhrförmlichkeiten bereits in Salzburg erledigt werden, und die Ware wird von dort aus im externen Versandverfahren durch Österreich und Deutschland nach Hamburg transportiert, wo dann der Versand abgeschlossen und die Ware tatsächlich ausgeführt wird.

Bei **allen** Versandverfahren bedarf es immer einer (natürlichen oder juristischen) Person, die den Behörden gegenüber ohne Rücksicht auf ein Verschulden für die ordnungsgemäße Abwicklung des Versandverfahrens und den ausgesetzten Abgabenbetrag haftet (**Hauptverpflichteter**)[94]; ggf. sind entsprechende Sicherheiten zu hinterlegen. Der Hauptverpflichtete, der nicht selbst Mittäter ist, haftet in sog. Betrugsfällen allerdings dann nicht, wenn Vertreter der Zollverwaltung selbst aktiv zum Betrug beigetragen haben (z. B. durch Erledigung von Versandverfahren in NTCS durch Bedienstete der Bestimmungszollstelle, obwohl die Waren dieser nicht gestellt wurden)[95].

Je nach Transportweg und unter Umständen auch dem Zweck, für den die Waren bestimmt sind, kommen unterschiedliche Arten von Versandverfahren in Frage:
– Das externe gemeinschaftliche Versandverfahren,[96]
– das gemeinsame Versandverfahren,[97]
– das Carnet TIR-Verfahren mit Carnet TIR als Versandschein,
– das Carnet ATA-Verfahren mit Carnet ATA als Versandschein,
– Versand aufgrund des Rheinmanifestes,
– Versand aufgrund des NATO-Truppenstatuts mit Vordruck AE 302 als Versandschein und
– der Postverkehr.

Die zu einem der o. a. Versandverfahren abgefertigten Waren befinden sich in der konkreten zollamtlichen Überwachung. Unabhängig von der Art des Versandverfahrens muss die Ware stets von dem Versandbegleitdokument (VBD) begleitet werden (Art. 358 Abs. 2 ZK-DVO). Das VBD hat allerdings grundsätzlich[98] nicht mehr den Rechtscharakter des früheren Versandscheins. Das VBD ist lediglich ein Ausdruck der vom Beteiligten elektronisch angemeldeten Daten nebst den von der Abgangsstelle vorgenommenen Ergänzungen, d. h., der in

---

[93] Stand: 1. Mai 2013; Kroatien ist am 1. Juli 2012 dem Übereinkommen EWG/EFTA über ein gemeinsames Versandverfahren beigetreten, die Türkei am 1. Dezember 2012.
[94] Vgl. BFH-Urteil v. 26.8.1997 – VII R 82/96; ZfZ 1998, 234–235.
[95] Beschluss der Kommission vom 5.1.2012 – REM 03/2010.
[96] Rechtsgrundlage ist Art. 91 ZK i. V. m. Art. 93–97 ZK und die Zollkodex-DVO.
[97] Rechtsgrundlage ist das Übereinkommen zwischen der EWG und den EFTA-Ländern vom 20. Mai 1987 über ein gemeinsames Versandverfahren (Übereinkommen EWG – EFTA Gemeinsames Versandverfahren) in der jeweils geltenden Fassung. Das gemeinsame Versandverfahren hat keine Rechtsgrundlage im ZK; es gilt deshalb beim Transport innerhalb der Gemeinschaft als gemeinschaftliches Versandverfahren i. S. v. Art. 91 ZK.
[98] Ausnahme ist insoweit das sog. Notfallverfahren in jenen Fällen, in denen z. B. aus IT-technischen Gründen eine elektronische Anmeldung in NTCS nicht erfolgen konnte.

NTCS enthaltenen Daten einschließlich der Versandreferenznummer (Movement Reference Number = MRN), unter der das Versandverfahren registriert ist. Zollkontrollen werden grundsätzlich nicht mehr anhand des VBD, sondern nur noch anhand der von der Abgangsstelle erfassten elektronischen Daten in NCTS durchgeführt. Ist die MRN bekannt, stehen die Versanddaten jeder Zollbehörde mit Zugang zum NCTS zur Verfügung. Die zollamtliche Überwachung des Versandverfahrens mit NCTS ist so lange gewährleistet, wie zumindest die MRN angegeben werden kann. Eine Trennung des VBD von der Ware führt deshalb nicht zwangsläufig zu einer Zollschuldentstehung nach Art. 203 ZK. Ein Entziehen aus der zollamtlichen Überwachung liegt bei Versandverfahren mit NCTS (erst) vor, wenn weder das VBD vorgelegt noch die MRN angegeben werden kann. Die für das frühere papiermäßige Verfahren geltende eherne Regel „Jede, selbst eine zeitweilige, Entfernung des Versandscheins von der Ware, die nicht aus zoll- oder beförderungstechnischen Gründen erfolgt, führt zu einem Entziehen der Ware aus der zollamtlichen Überwachung und damit zur Entstehung der Abgabenschuld.[99]" trifft nur noch auf Versandanmeldungen zu, die eine Abgangsstelle im sog. Notfallverfahren (Art. 353 Abs. 2 lit. b) i. V. m. Anhang 37d Nr. 2 ZK-DVO) behandelt hat. Im Notfallverfahren müssen die Papierversandanmeldungen die Waren während der Beförderung begleiten. Sie sind – im Gegensatz zum VBD – Instrument der zollamtlichen Überwachung.

bb) Gemeinschaftliches Versandverfahren

69 Das externe gemeinschaftliche Versandverfahren (gVV) ist in der ganz überwiegenden Mehrzahl der Fälle das zwingend vorgeschriebene Versandverfahren für den Transport von Waren zwischen zwei Orten innerhalb der Gemeinschaft. Für die Durchführung des gemeinschaftlichen bzw. gemeinsamen Versandverfahrens ist grundsätzlich Sicherheit zu leisten. Diese soll eine mögliche Abgabenschuld bei nicht ordnungsgemäßer Durchführung des Verfahrens abdecken. Die Sicherheit kann entweder als Einzelsicherheit für ein einzelnes Versandverfahren oder als Gesamtbürgschaft für mehrere Versandverfahren geleistet werden. Die **Einzelsicherheit** kann in Form der Barsicherheit, die bei der Abgangsstelle hinterlegt wird, durch Bürgschaftsleistung[100] oder durch Bürgschaft in Form von Einzelsicherheitstiteln[101] geleistet werden. Einfachere Alternative und die gebräuchlichste Form der Sicherheitsleistung im gemeinschaftlichen bzw. gemeinsamen Versandverfahren ist die – bewilligungsbedürftige – Inanspruchnahme von Gesamtbürgschaften. Sie kommt für Wirtschaftsbeteiligte in Betracht, die regelmäßig Versandverfahren durchführen.

70 Die Gesamtbürgschaft kann an Stelle der Einzelsicherheit für mehrere Versandverfahren im Rahmen eines Referenzbetrages in Anspruch genommen werden. Der Referenzbetrag entspricht den Einfuhrabgaben (Zölle, EUSt und sonstige Verbrauchsteuern), die für Waren entstehen können, die im Zeitraum von mindestens einer Woche in ein gemeinschaftliches bzw. gemeinsames Versandverfahren überführt werden. Für bestimmte, vertrauenswürdige Personen kann unter besonderen Voraussetzungen der Betrag der Gesamtbürgschaft vermindert oder sogar eine gänzliche Befreiung von der Sicherheitsleistung gewährt werden (Art. 94 Abs. 3 und 4 ZK). Als Folge zahlreicher und umfangreicher Verstöße gegen die Versandvorschriften in den 90er Jahren war bei besonders empfindlichen Waren wie Alkohol oder Zigaretten etc. jeder einzelne Versand durch eine Bürgschaft in Höhe von 100% des möglichen Abgabenbetrages abzusichern **(Einzelbürgschaft)**. Seit 2001 können Waren mit erhöhtem Betrugsrisiko[102] zwar wieder unter restriktiveren Bedingungen mit einer Gesamtbürgschaft befördert werden, jedoch nicht unter Befreiung von der Sicherheitsleistung (Art. 94 Abs. 5 ZK).

---

[99] EuGH-Urteil vom 29.4.2004 Rs. C.–222/01; BFH-Urteil v. 30.8.2005 – VII R 1/00.
[100] = Bürgschaftserklärung für ein einzelnes Versandverfahren; Anhang 49 ZK-DVO, Anhang B 1 Anlage III Übereinkommen EWG-EFTA „Gemeinsames Versandverfahren".
[101] = von einem Bürgen ausgestellte, 1 Jahr gültige Einzelsicherheitstitel im Wert von je 7000,– €; Anhang 50 ZK-DVO, Anhang B 2 Anlage III Übereinkommen EWG-EFTA „Gemeinsames Versandverfahren".
[102] Dies sind im Wesentlichen Zigaretten, Branntwein, Spirituosen, Ethylalkohol und einige bestimmte Agrarprodukte gemäß Anlage 44c zu Art. 345 ZK-DVO (VSF Z 0205).

V. Bedeutung der Zollverfahren **22**

Die besonderen Schwerpunkte der weitgehend elektronischen Überwachung und Abwicklung dieses meistangewendeten Versandverfahrens liegen naturgemäß an dem Ort, wo das gVV eröffnet wird (Abgangsstelle), und dem Ort, wo es letztlich beendet wird (Bestimmungsstelle).

Der Zollkodex sieht auch für das gVV Vereinfachungen der Förmlichkeiten bei der Abgangsstelle und bei der Bestimmungsstelle vor, die Verfahren des **„Zugelassenen Versenders"** (ZV) und des **„Zugelassenen Empfängers"** (ZE). Beide Verfahren sind bewilligungsbedürftig. Das Verfahren des ZV ist in Art. 398 ff. ZK-DVO geregelt. **71**

Das Verfahren beinhaltet, dass dem ZV auf Antrag bewilligt wird, dass dieser die Ware nicht bei der Abgangsstelle, sondern in seinem Betrieb bzw. am Ort der Verladung gestellt (Gestellung außerhalb des Amtsplatzes) – Art. 398 ZK-DVO. Der ZV übermittelt die Anmeldung (elektronisch) der Abgangsstelle (Art. 400 ZK-DVO), die innerhalb der gemäß Art. 399 lit. b) ZK-DVO festgelegten Frist Kontrollen durchführen kann. Ferner gibt der ZV die ggf. festgelegte Beförderungsroute, die Frist für die Wiedergestellung der Waren bei der Bestimmungsstelle und Anzahl, Art und Zeichen der angelegten Verschlüsse in das EDV-System ein – Art. 402 ZK-DVO.

Das Verfahren des ZE ist in Art. 406 ff. ZK-DVO geregelt. Danach kann der Hauptverpflichtete die sich aus dem Versandverfahren ergebende Verpflichtung zur ordnungsgemäßen Wiedergestellung bei einer Bestimmungsstelle auch dadurch erfüllen, dass er die Sendung an einen Zugelassenen Empfänger (ZE) übergibt. Dem ZE ist bewilligt, die ordnungsgemäße Durchführung des Versandverfahrens ohne Mitwirkung einer Zollstelle selbst zu prüfen und u. U. angebrachte Nämlichkeitsmittel zu entfernen. Er muss die Bestimmungsstelle mittels (elektronischer) „Ankunftsanzeige" unverzüglich über das Eintreffen der Waren und alle Ereignisse während der Beförderung unterrichten und darf nach Erhalt der „Entladeerlaubnis" die Waren entladen – Art. 408 ZK-DVO. Sofern dem ZE darüber hinaus auch vereinfachte Verfahren im Zusammenhang mit der Überführung von Waren in den freien Verkehr bewilligt sind, kann der Wirtschaftsbeteiligte bereits zu diesem Zeitpunkt über die Ware verfügen, was ihm erhebliche Zeit- und Kostenvorteile verschafft.

Die im Zusammenhang mit dem gVV bewilligungsfähigen Vereinfachungen räumen den Wirtschaftsbeteiligten äußerst weitreichende Befugnisse und Möglichkeiten ein. Insbesondere beim Versand von Waren zwischen einem ZV und einem ZE haben die Zollbehörden eigene zollamtliche Überwachungs- und Prüfungsmöglichkeiten auf ein absolutes Minimum reduziert. Dabei ergeben sich unter Umständen Konstellationen, in denen die de facto verbliebene Überwachungsmöglichkeit geradezu sinnlos wird (siehe Beispiel unter V.2.c)).

Auch ohne die besonderen Gefahren der Vereinfachungen ist das Versandverfahren für Manipulationen anfällig. Als Hauptverpflichtete treten in aller Regel große Unternehmen, die regelmäßig Transporte im Versandverfahren durchführen, oder aber Spediteure auf. Kleinere Firmen – aber regelmäßig auch die kriminellen Beteiligten – bedienen sich grundsätzlich der Speditionsfirmen, die dann auch Hauptverpflichtete für das Versandverfahren sind. Im Falle der betrügerischen Manipulation werden deshalb nicht nur Zölle und Steuern hinterzogen, sondern tateinheitlich auch der Spediteur geschädigt (§ 264 StGB). Eine Maßnahme zur Verhinderung bzw. frühzeitigen Aufdeckung von Unregelmäßigkeiten oder Manipulationen im Versandverfahren ist die Einführung des EDV-gestützten Versandverfahrens (NCTS), durch das u. a. die ordnungsgemäße Beendigung des Versandverfahrens zeitnah festgestellt werden kann.[103] Das System wird seit dem 1. Juli 2003 in allen EU-Mitgliedstaaten eingesetzt und hat sich als zuverlässig erwiesen. Seit dem 1. Juli 2006 ist die Anwendung des NCTS zwingend vorgeschrieben. Die Verwendung schriftlicher Versandanmeldungen ist seitdem nur noch in sehr wenigen Ausnahmefällen überhaupt zulässig.[104] **72**

---

[103] Das neue Versandrecht unterscheidet zwischen Beendigung und Erledigung eines Versandverfahrens. Der Bürge haftet bis zur **Beendigung** des Versandverfahrens, seine Bürgschaft wird aber erst nach (formaler) **Erledigung** des Verfahrens frei gegeben.

[104] VO (EG) Nr. 837/2005 des Rates vom 23. Mai 2005 – Änderung der ZK-DVO.

cc) Gemeinsames Versandverfahren

73 Rechtsgrundlage ist das Übereinkommen über ein gemeinsames Versandverfahren vom 20.5.1987. In diesem Verfahren werden Nichtgemeinschaftswaren zwischen den Mitgliedstaaten der Gemeinschaft und den Rest-EFTA-Ländern (Island, Norwegen, Schweiz und Liechtenstein – soweit in Zollunion mit der Schweiz verbunden) sowie Kroatien und der Türkei[105] befördert (T1-Verfahren). Ferner dient das gemeinsame Versandverfahren der Beförderung von Gemeinschaftswaren zwischen EG- und EFTA-Ländern sowie Kroatien und der Türkei (T2-Verfahren).

Für das gemeinsame Versandverfahren gelten regelmäßig die gleichen Regelungen wie für das gemeinschaftliche Versandverfahren. Auch die Bürgschaftsregelungen sind ähnlich. Die EFTA-Länder haben sich ebenfalls verpflichtet, das neue EDV-gestützte Versandsystem (NCTS) anzuwenden.

Beispiel: Amerikanische Traktoren werden im Hamburger Hafen angeliefert und von dort aus per LKW an den Bestimmungsort in der Schweiz transportiert. Um die sonst fälligen Abgaben aussetzen zu können, wird die Ware in Hamburg mit Atlas-NCTS zum gemeinsamen Versandverfahren abgefertigt. Das Verfahren wird bei einem Zollamt in der Schweiz in NCTS beendet.

dd) TIR-Übereinkommen

74 Rechtsgrundlage dieses Versandverfahrens ist das TIR-Übereinkommen[106] vom 14.11.1975, dem inzwischen 67 Länder beigetreten sind und das sich damit zu einem der erfolgreichsten internationalen Verkehrsabkommen entwickelt hat. Das als Versandpapier genutzte Carnet TIR-Papier wird ausschließlich von dem in Genf/CH ansässigen Internationalen Güterverkehrsverband (IRU) gedruckt und dann blanko an die nationalen Verbände, die gleichzeitig auch die Bürgschaften übernehmen, verteilt. Die nationalen Verbände geben die einzelnen Carnets gegen Gebühr an die Wirtschaftsbeteiligten aus. Einer besonderen Bürgschaft bedarf es nicht, da das Carnet TIR Zollanmeldung und Bürgschaft zugleich ist.

Die Abläufe ähneln denen im gemeinsamen bzw. gemeinschaftlichen Versandverfahren. Der wesentliche Unterschied liegt darin, dass hier nicht unter Benutzung eines einheitlichen Versandpapiers ein Versandverfahren vom Abgangs- bis zum Bestimmungsort durchgeführt wird. Vielmehr wird unter Verwendung eines einheitlichen Carnets bei Einfuhr in das Zollgebiet eines Unterzeichnerlandes ein jeweils neues nationales Versandverfahren eröffnet und bei Ausfuhr wieder beendet, so dass sich der gesamte Transportweg als eine Kette von nationalen Versandverfahren darstellt.[107] Dies hat zur Folge, dass im Falle von Zuwiderhandlungen derjenige nationale Verband als Bürge für die entstandenen Abgaben haftet, in dessen Land die Zuwiderhandlung begangen worden ist. Die Höhe der Bürgschaft entspricht 60 000 € je LKW-Ladung (Art. 457 Abs. 1 ZK-DVO). Für bestimmte Waren mit erhöhtem Betrugsrisiko (Anhang 44c ZK-DVO) und in anderen Fällen, in denen die Zollstelle es für notwendig erachtet, kann die Zollstelle die Beförderung auf einer bestimmten Route vorschreiben (Art. 457b ZK-DVO). In Anwendung von Art. 38 des TIR-Übereinkommens können Personen vom TIR-Verfahren ausgeschlossen werden. Eine derartige Entscheidung eines Mitgliedstaates gilt im gesamten Zollgebiet der Gemeinschaft (Art. 457a ZK-DVO). Seit dem 1. Oktober 2005 können Carnet TIR-Verfahren nicht mehr nur ausschließlich durch Gestellung bei einer Zollstelle, sondern – unter bestimmten Voraussetzungen – auch durch Aufnahme der Waren in den Betrieb eines **Zugelassenen Empfängers** beendet werden (Art. 454 a–454c ZK-DVO).[108]

Beispiel: Stahlrohre werden von Minsk/Belarus im Carnet TIR-Verfahren über Polen und Deutschland nach der Schweiz befördert.

---

[105] Stand: 1. Mai 2013: Kroatien ist dem Übereinkommen über ein gemeinsames Versandverfahren zum 1. Juli 2012 beigetreten, die Türkei am 1. Dezember 2012.
[106] TIR = **T**ransports **I**nternationaux **R**outiers (Internationale Straßentransporte).
[107] Das Zollgebiet der Gemeinschaft gilt als ein nationales Zollgebiet im Sinne des Übereinkommens.
[108] VO (EG) Nr. 883/2005 der Kommission vom 10. Juni 2005 zur Änderung der VO (EWG) Nr. 2454/93 (=ZK-DVO).

V. Bedeutung der Zollverfahren

Das Verfahren beginnt mit der Eröffnung des Versandverfahrens beim Zollamt Minsk unter Verwendung des vom weißrussischen Güterverkehrsverbandes *Belarussian Association of international Road Carriers, BY – 220 024 Minsk (BAIRC)* ausgestellten Carnets. In Grodno (Grenzzollamt Belarus/Polen) endet das weißrussische Versandverfahren, gleichzeitig wird für den Transport durch die EU ein Versandverfahren unter Verwendung desselben Carnets eröffnet. Der gleiche Vorgang wiederholt sich an der deutsch/Schweizer Grenze, wo das Verfahren endet und von wo aus ein Schweizer Versandverfahren bis zur Bestimmungsstelle in der Schweiz beginnt.

Über ein System der gegenseitigen Unterrichtung zwischen den jeweiligen nationalen Eingangs- und Ausgangsstellen wird „sichergestellt", dass die eingeführten Waren auch wieder ausgeführt werden. Dieses System dient gleichzeitig der Feststellung, wo, d. h. in welchem Unterzeichnerland, eine Zuwiderhandlung begangen wurde.

Auch das internationale Versandverfahren mit Carnet TIR wurde wegen der zunehmenden Verbreitung (im Jahre 2000 wurden 2 812 700 Carnet TIR ausgestellt) und damit einhergehenden Betrugsfällen in den letzten Jahren umfassend reformiert. Unter anderem konnten Verbesserungen bei der Qualität der bürgenden Verbände und auch der Transporteure durchgesetzt sowie ein (halbautomatisiertes) Kontrollsystem SAFETIR in seiner Effizienz deutlich verbessert werden. Ab Dezember 2001 wurden neue, fälschungssichere Carnet TIR-Papiere eingeführt. Darüber hinaus wird das TIR-Verfahren seit dem 1. Januar 2009 in den EU-Mitgliedstaaten im Rahmen des NCTS IT-gestützt abgewickelt.

ee) ATA-Übereinkommen

Das Carnet ATA[109] stellt primär ein „Verwendungspapier" dar, mit dem Waren in einem Unterzeichnerland des ebenfalls internationalen Übereinkommens[110] vorübergehend – insbesondere zu Ausstellungszwecken – verwendet werden können. Während die im Carnet enthaltenen weißen Volets die Überwachung der vorübergehenden Verwendung (Verwendungszweck, Verwendungsfrist etc.) sichern, dienen die ebenfalls in ausreichender Anzahl vorhandenen blauen Volets als Versandpapiere zur Überbrückung der Transportstrecken zwischen den einzelnen Verwendungsorten. Das ATA-Verfahren ist in Art. 457 c ff. ZK-DVO geregelt. 75

Beispiel: Bilder eines amerikanischen Malers sollen auf Ausstellungen bzw. Kunstmessen in London, Zürich, Berlin, Warschau und zuletzt Minsk für jeweils 2–3 Monate ausgestellt werden und anschließend wieder an das ausleihende Museum zurückgehen. Die „Wanderausstellung" wird mittels eines einzigen Carnets ATA abgewickelt, wobei die blauen Volets jeweils dem Versand zwischen den einzelnen Ausstellungsorten dienen.

ff) Sonstige Versandverfahren

In Art. 91 Abs. 2 ZK sind alle Formen externer Versandverfahren abschließend aufgezählt. Neben dem externen gemeinschaftlichen Versandverfahren und dem Versand mit Carnet TIR und Carnet ATA gibt es folgende weitere Versandverfahren. Für die Beförderung von Waren aller Art auf dem Rhein als internationaler Wasserstraße kann der Wirtschaftsbeteiligte alternativ zu dem ansonsten zwingend vorgeschriebenen gemeinschaftlichen Versandverfahren das vereinheitlichte Verfahren auf der Grundlage des **Rheinmanifestes** wählen, wenn Abgangs- und Bestimmungsort innerhalb der Gemeinschaft liegen. 76

Ausschließlich Waren, die von militärischen Einrichtungen eingeführt und aufgrund des **NATO-Truppenstatuts** grundsätzlich zollfrei verwendet werden dürfen (z. B. Ausrüstungsgegenstände, aber auch Zigaretten oder Spirituosen für die in Deutschland stationierten US-Streitkräfte), können besonders behandelt werden. Der amtliche **Vordruck AE 302** dient nicht nur als Beleg für die ordnungsgemäße Übernahme durch die berechtigte militärische Einrichtung zur zollfreien Verwendung, sondern kann zuvor bereits als Versandpapier im externen Versand verwendet werden.

---

[109] ATA = „**A**dmission **T**emporaire – **T**emporary **A**dmission".
[110] Übereinkommen über die vorübergehende Verwendung vom 26. Juni 1990 (Übereinkommen von Istanbul), dessen Anlage A das ehemalige ATA-Übereinkommen vom 6.12.1961 ersetzt.

Weitere – in diesem Kontext weniger bedeutende – Besonderheiten und Vereinfachungen ergeben sich im **Postversand** und in Zollverfahren mit wirtschaftlicher Bedeutung, wenn die Überwachung des damit zusammenhängenden Versands im Rahmen des jeweiligen Zollverfahrens sichergestellt ist.

gg) Die Verschlusssicherheit bei Versandverfahren

77 Der Warenverkehr im Versandverfahren ist in Anbetracht des Im- und Exportvolumens der EU ein Massenverfahren. Gerade hierbei kommt es im Interesse der Wirtschaft auf möglichst unaufwendige und schnelle Abfertigungsmodalitäten an, die zugleich jedoch die berechtigten Interessen der Zollverwaltung an der Überwachung der Verkehre und der Abgabenerhebung zugunsten des Fiskus berücksichtigen. Aus diesem Grunde spielt das sog. „Verplomben" oder „Verbleien" von Transportfahrzeugen im (grenzüberschreitenden) Warenverkehr eine besondere Rolle als ein durch die Zollverwaltungen schnell überprüfbares Mittel der Integrität des Warenverkehrs. Für das externe gemeinschaftliche Versandverfahren sieht Art. 357 Abs. 1 ZK-DVO demgemäß vor, dass die Nämlichkeit der Ware grundsätzlich durch Verschluss gesichert wird. Nach Abs. 2 der Regelung erfolgt der Verschluss durch sog. Raumverschluss (Zollblei), wenn das Beförderungsmittel bereits aufgrund anderer Vorschriften zugelassen oder von der Abgangszollstelle als verschlusssicher anerkannt worden ist.

Als verschlusssicher i. S. des Abs. 3 der Vorschrift werden Beförderungsmittel anerkannt,
 a) an denen Verschlüsse einfach und wirksam angebracht werden können,
 b) die so gebaut sind, dass keine Waren entnommen oder hinzugefügt werden können, ohne sichtbare Spuren des Aufbrechens zu hinterlassen oder den Verschluss zu verletzen,
 c) die keine Verstecke enthalten, in denen Waren verborgen werden können,
 d) deren Laderäume für die Kontrolle durch die Zollbehörden leicht zugänglich sind.

Nähere technische Ausgestaltungen zur Verschlusssicherheit eines Fahrzeuges gibt das EU-Recht nicht vor.

Beim TIR-Verfahren ist nach dem TIR-Übereinkommen von 1975 das Vorliegen eines förmlichen Verschlussanerkenntnisses für das Transportmittel Voraussetzung für die Teilnahme am Verfahren.

Manipulationen an den Zollplomben, sonstigen zugelassenen Verschlüssen, Verschlussseilen, Riegeln, Scharnieren und Aufbauten sind eine beliebte Tatvariante. Nach außen hin wird dadurch eine Verschlusssicherheit dokumentiert, obwohl die Ladung bzw. der Laderaum tatsächlich zugänglich sind. Der Zollbeamte wird durch den scheinbar intakten Raumverschluss von einer Kontrolle oder Beschau der Waren abgehalten und die Ladung aufgrund der vorgelegten Zollpapiere abfertigt. Tatsächlich sind jedoch zu den papiermäßig gemeldeten Waren zusätzliche Waren beigefügt oder bereits wieder entnommen worden.

Beispiel: Das die Schutzdecke (Plane) mit dem Festaufbau des LKW verbindende und am Heck des Fahrzeugs mit einem Zollblei gesicherte Stahlseil mit Nylonummantelung wird an der Stirnwand des Aufliegers sauber durchtrennt und nach Bei- oder Entladung mit einem Spezialkleber wieder unauffällig so verklebt, dass die Manipulation nur durch Fachleute erkennbar ist.

Beispiel: Die durch bestimmte Alunieten am Festaufbau des LKW angebrachten Scharniere werden durch Auf- und Wegbohren der Nieten entfernt, die Nämlichkeit der Warenladung beeinträchtigt und die Nieten mit Kleber scheinbar ordnungsgemäß wieder eingeklebt.

Häufig wird nur durch den hierauf spezialisierten Gutachter für Verschlusssicherheit des ZKA eine derartige Manipulation in gerichtsverwertbarer Weise nachgewiesen werden können, weshalb der Staatsanwalt zumindest in schwierigeren Fällen hierauf zur Beweissicherung von Anfang an hinwirken sollte.

In den vorgenannten Fällen liegt neben einer möglichen Steuerhinterziehung regelmäßig tateinheitlich Siegelbruch nach § 136 Abs. 2 StGB vor. Geschützt wird das Siegel (Zollblei, Zollplombe) wegen der in ihm zum Ausdruck kommenden staatlichen Hoheitsgewalt. Geschützt werden aber nicht nur deutsche Siegel, Bleie bzw. Plomben der Zollverwaltung, sondern ebenso auch solche der Zollverwaltungen der übrigen EU-Mitgliedstaaten oder solcher Staaten, deren Siegel aufgrund unmittelbar geltenden EU-Rechts in der Europäischen

V. Bedeutung der Zollverfahren

4. Sonstige zollrechtliche Bestimmungen

Für **Freizonen und Freilager**[112] gilt, obwohl sie zum Zollgebiet der Gemeinschaft gehören, die gesetzliche Fiktion, dass sich die in ihnen befindlichen Waren nicht im Zollgebiet der Gemeinschaft befinden. Dies ermöglicht im Zusammenhang mit der Einfuhr von Waren die unbefristete Aussetzung der Abgabenerhebung sowie der handelspolitischen Maßnahmen, im Zusammenhang mit der Ausfuhr die vorzeitige Erstattung bzw. den sonst an die Ausfuhr geknüpften Erlass von Abgaben. Insoweit sind Freizone und -lager mit der Einrichtung des oben beschriebenen Zolllagers vergleichbar. Freizonen und Freilager unterscheiden sich lediglich dadurch, dass die Freizone durch ein räumlich begrenztes Gebiet gekennzeichnet ist, während das Freilager ein bestimmtes Gebäude oder einen Gebäudeteil bezeichnet.

Hinweis: Nationale Verbotsvorschriften knüpfen an den Geltungsbereich des jeweiligen Gesetzes und damit an das deutsche Hoheitsgebiet an; folglich gelten diese Verbote für den grenzüberschreitenden Warenverkehr bereits beim Verbringen in das Hoheitsgebiet, ungeachtet dessen, ob die Ware in eine Freizone oder in den freien Verkehr gelangen soll.

Beispiel: Der Tatbestand des Einfuhrschmuggels von Betäubungsmitteln wird erfüllt, auch wenn der Container mit den Drogen für eine Freizone bestimmt ist. Mit anderen Worten: Auch die Einfuhr von Drogen in eine Freizone bleibt verboten.

Auch die **Wiederausfuhr** von Nichtgemeinschaftswaren ist kein Zollverfahren und bedarf insoweit keiner Ausfuhranmeldung, sondern lediglich der Mitteilung an die Zollbehörden mittels summarischer Anmeldung (ASumA) – Art. 182a ZK. Die zollamtliche Überwachung stellt sicher, dass die Ware auch ordnungsgemäß das Zollgebiet der Gemeinschaft verlässt. In Fällen eines der Wiederausfuhr vorangegangenen Zollverfahrens mit wirtschaftlicher Bedeutung (Zolllagerverfahren, Umwandlungsverfahren, aktives Veredelungsverfahren, vorübergehende Verwendung) ist jedoch eine Ausfuhranmeldung erforderlich (Art. 182 Abs. 3 ZK).

Daneben lässt das Zollrecht auch die u. U. wirtschaftlich sinnvolle **Vernichtung** oder **Zerstörung** einer Nichtgemeinschaftsware zu. Vernichtung bedeutet, dass die Ware im Anschluss an die Behandlung wirtschaftlich nicht mehr erfassbar bzw. substanziell nicht mehr vorhanden ist.

Beispiel: Wegschütten eines umgeschlagenen Rotweins.

Zerstörung bedeutet die zerstörerische Veränderung einer Ware, wobei aber wirtschaftlich verwertbare Reste verbleiben.

Beispiel: Verschrotten einer durch Seewasser geschädigten Sendung HiFi-Geräte.

Die verbliebenen Reste/Abfälle müssen eine für Nichtgemeinschaftswaren zulässige zollrechtliche Bestimmung erhalten (Art. 182 Abs. 5 ZK).

Die im EU-Zollrecht – unter dem Vorbehalt entsprechender nationaler Vorschriften – grundsätzlich zugelassene **Aufgabe der Ware zugunsten der Staatskasse,** das ist der vom Wirtschaftsbeteiligten durch Verzicht auf die Ware initiierte Eigentumsübergang auf den Fiskus, gibt es in Deutschland zurzeit nicht.

---

[111] Vgl. insgesamt *Krehl,* NJW 1992, 604 ff.; BGH vom 30.11.1995 – 5StR 554/95; vgl. ebenso BMF-Erlass III B 2 – Z3510–89/95 v. 22.2.1996 (VSF-N 1596) und III B 2 – Z3510–107/96 v. 24.1.1997 (VSF-N 0797).

[112] Art. 166 ff. ZK.

VI. Strafrechtlicher Schutz bei den sog. Zoll- und Verbrauchsteuerstraftaten

82 Zu unterscheiden sind hier die nationalen und gemeinschaftsrechtlichen Vorschriften zum Schutz der
    a) finanziellen Interessen
        aa) bei den Steuereinnahmen der Bundesrepublik und der EU (Zölle, *Abschöpfungen*,[113] Verbrauchsteuern, EUSt)
        bb) bei den Subventionen, insbesondere den Ausfuhrerstattungen der Union
    b) Sicherheitsinteressen, außenpolitischen Interessen, wirtschaftlichen Interessen
        aa) im Rahmen der Ein-, Aus- und Durchfuhrkontrollen nach dem Außenwirtschaftsgesetz
        bb) im Rahmen der Ein-, Aus- und Durchfuhrkontrollen nach dem Kriegswaffenkontrollgesetz
        cc) im Rahmen der Ein-, Aus- und Durchfuhrkontrollen nach dem Chemiewaffenübereinkommen
    c) öffentlichen Sicherheit und Ordnung
        aa) im Rahmen des Waffen- und Sprengstoffrechts
        bb) im Zusammenhang mit dem Kapitalverkehr, Geldverkehr und der Echtheit von Ausweispapieren
        cc) im Zusammenhang mit der Einfuhr extremistischen Propagandamaterials
    d) zahlreichen sonstigen staatlichen und gemeinschaftlichen Interessen
        aa) Schutz der Jugend
        bb) Schutz der Volksgesundheit
        cc) Schutz der einheimischen Wirtschaft
        dd) Schutz der Verbraucher
        ee) Schutz der Tier- und Pflanzenwelt
        ff) Schutz der Umwelt
        gg) Schutz des Kulturguts.

Zum Umfang der von der Zollverwaltung zu gewährleistenden Einhaltung von Verboten und Beschränkungen im grenzüberschreitenden Warenverkehr über die Außengrenzen **und**[114] Binnengrenzen der Gemeinschaft vgl. E-VSF Stoffgebiet SV (Sonstige Vorschriften). Kompetenzen zur Schaffung eines EU- oder EU-einheitlichen Straf- und **Strafverfahrensrechts** stehen der Union nicht zu, da dies nicht zu den im EUV genannten Zielen Zollunion, Binnenmarkt, Wirtschafts- und Währungsunion gehört, zur Erreichung dieser Ziele auch nicht erforderlich ist und folglich das Prinzip der begrenzten Einzelermächtigung und der Subsidiaritätsgrundsatz entgegenstehen – Art. 5 EUV. Der strafrechtliche Schutz der finanziellen Interessen der Gemeinschaft steht somit ausschließlich den Mitgliedstaaten zu.

Art. 325 Abs. 1, 2 AEUV[115] verpflichtet allerdings die einzelnen Mitgliedstaaten, zur Bekämpfung von **Betrug**[116] **zum Nachteil der Gemeinschaft** die gleichen Maßnahmen wie zur Bekämpfung von Straftaten zu ihrem eigenen Nachteil zu ergreifen. Im nationalen Bereich dürfen erkannte Missbräuche aus fiskalischen und wirtschaftspolitischen Erwägungen (z. B. Vermeidung von Anlastungen der EU) nicht unter der Decke gehalten werden. Art. 325 Abs. 4 AEUV (ex Art. 280 EGV) bietet darüber hinaus eine ausreichende Rechts-

---

[113] Nunmehr Agrarzölle.
[114] Durch den Wegfall der Zollkontrollen an den Binnengrenzen der EU ist die Aufgabe zur Überwachung der nationalgesetzlich geregelten VuB nicht entfallen, weil die deutschen Verbotstatbestände an den Geltungsbereich des jeweiligen Gesetzes anknüpfen und nicht an die Zollgrenze u. an Zollgrenzkontrollen.
[115] Ex-Art. 280 Abs. 1, 2 EGV.
[116] Betrügereien = alle Straftaten u. Ordnungswidrigkeiten, die sich gegen die finanziellen Interessen der EU richten, sowie Schein- u. Umgehungsgeschäfte auch ohne formalen Rechtsverstoß – vgl. *Prieß*, in: *Groeben/Thiesing/Ehlermann*, EU-/EG-Vertrag, Art. 209a EGV, Rn. 8, 13.

VII. Ermittlung von Steuerstraftaten **22**

grundlage für Gesetzgebungsvorhaben wie z. B. den Erlass einer Richtlinie über den strafrechtlichen Schutz der finanziellen Interessen der Union[117].
Im Mittelpunkt des Schutzes der Einnahmen steht im deutschen Strafrecht die Steuerhinterziehung gem. § 370 AO. Erfasst werden für den Zuständigkeitsbereich der Zollverwaltung die Hinterziehung von Zöllen, Abschöpfungen/Agrarzöllen, Einfuhrumsatzsteuer (EUSt) und Verbrauchsteuern. Damit sind neben dem **Steueranspruch des Bundes** folglich auch die **finanziellen Interessen der Union** auf der Einnahmeseite geschützt.[118] Eine Ausweitung der geschützten Rechtsgüter und eine Aufbrechung des Territorialprinzips enthalten Abs. 6 u. 7.
Der Ausgabenschutz vor allem der Ausfuhrerstattungen der EU ist durch den Straftatbestand des Subventionsbetruges in § 264 StGB gewährleistet. **Subventionen** i. S. dieser Vorschrift sind neben den Leistungen aus öffentlichen Mitteln nach Bundes- und Landesrecht insbesondere solche nach dem Recht der Europäischen Gemeinschaften – § 264 Abs. 7 StGB. Welche Bedeutung dieser Strafnorm beigemessen wird, verdeutlicht § 6 Nr. 8 StGB. Hiernach gilt das deutsche Strafrecht unabhängig vom Recht des Tatortes auch für einen im Ausland begangenen Subventionsbetrug (Weltrechtsgrundsatz). Damit können die von Ausländern in anderen Mitgliedstaaten der EU verübten einschlägigen Straftaten auch in Deutschland verfolgt werden – gleichlautend insoweit auch § 35 MOG, § 370 Abs. 7 AO.
Die Interessen des Bundes und der Gemeinschaft an der Einhaltung zahlreicher Verbote und Beschränkungen im grenzüberschreitenden Warenverkehr sind strafrechtlich umfassend durch die **Mantelvorschrift** des Bannbruchs gem. § 372 AO gewahrt, der die in vielen Nebengesetzen enthaltenen und dort in der Regel auch jeweils einzeln nochmals strafbewehrten Verbote zum Zwecke einer einheitlichen Zuständigkeit und Strafverfolgung durch die Zollverwaltung zusammenfasst.
Verstöße gegen die **Außenwirtschaftsbestimmungen (AWG, KWKG und CWÜAG)** sind in einem gesonderten Kapitel dieses Handbuches dargestellt – Kap. 23.

VII. Ermittlung von Steuerstraftaten

1. Begriff der Steuerstraftaten nach § 369 AO

Die Steuerstraftaten (**Zollstraftaten**) sind in § 369 AO abschließend **gesetzlich definiert**. 83
Hierzu gehören nach Abs. 1
1. Taten, die nach den Steuergesetzen strafbar sind;
   hierbei handelt es sich um die Tatbestände der Steuerhinterziehung gem. § 370 AO, des gewerbsmäßigen, gewaltsamen und bandenmäßigen Schmuggels nach § 373 AO und der Steuerhehlerei gem. § 374 AO sowie der gewerbsmäßigen oder bandenmäßigen Schädigung des Umsatzsteueraufkommens nach §§ 26 c,[119] 26b UStG;
2. der Bannbruch gem. § 372 AO;[120]
   hierbei handelt es sich um Zuwiderhandlungen gegen außerhalb der AO in Sondergesetzen geregelte Verbotstatbestände für die Ein-, Aus- oder Durchfuhr von Waren; hierzu gehören z. B. auch die Verbote und Beschränkungen nach AWG/KWKG/CWÜAG;
3. die Wertzeichenfälschung und deren Vorbereitung, soweit die Tat Steuerzeichen betrifft;
   hierbei handelt es sich um eine besondere Deliktsform der §§ 148, 149 StGB;
4. die Begünstigung von Personen, die eine der Taten nach den [vorstehenden] Nummern 1 bis 3 begangen haben.

---

[117] *Geiger/Khan/Kotzur*, EUV/AEUV, AEUV Art. 325, Rn. 6
[118] Vgl. hierzu: *Tiedemann*, NJW 1990, 2226.
[119] Es handelt sich hierbei um eine Ordnungswidrigkeit (verspätete/nicht vollständige Abführung von ausgewiesener USt), die infolge ihrer gewerbs- oder bandenmäßigen Begehung zum Straftatbestand erhoben wurde; bisher einzige Steuerstraftat außerhalb der AO.
[120] Bann = Verbot.

Nicht zu den Steuerstraftaten gehören der Straftatbestand des **Bruchs des Steuergeheimnisses** gem. § 355 StGB und die in § 353 Abs. 1 StGB geregelte **Abgabenübererhebung**.

2. Steuerhinterziehung

84 Hinterzogen bzw. verkürzt werden nach § 370 AO **Steuern** i. S. des § 3 AO. Die AO gilt nach § 1 Abs. 1 AO für alle Steuern, die durch Bundesrecht oder Recht der Europäischen Gemeinschaften geregelt sind, soweit sie durch Bundesfinanzbehörden oder Landesfinanzbehörden (vgl. § 6 Abs. 2 AO) verwaltet werden. Der § 370 AO ist eine **Blankettnorm**. Die Entstehung und die Höhe der Steuern sind in den jeweiligen Steuergesetzen geregelt – vgl. nachfolgenden Buchst. b). Steuern sind nach der Legaldefinition des § 3 Abs. 1 AO Geldleistungen, die keine Gegenleistung für eine besondere Leistung darstellen und von einem öffentlich-rechtlichen Gemeinwesen zur Erzielung von Einnahmen allen auferlegt werden, bei denen der Tatbestand zutrifft, an den das Gesetz die Leistungspflicht knüpft.

Nicht zu den Steuern zählen die Verwaltungsgebühren, die eine Gegenleistung für die Inanspruchnahme einer Leistung der Verwaltung darstellen; ebenfalls keine Steuern sind die Benutzungsgebühren, die eine Gegenleistung für die Inanspruchnahme öffentlicher Einrichtungen sind. Auch Beiträge stellen keine Steuern dar, sie sind Abgaben für die Zurverfügungstellung öffentlicher Einrichtungen ohne Rücksicht darauf, ob sie in Anspruch genommen werden. Nicht zu den Steuern nach § 3 Abs. 1 AO gehören ebenfalls die steuerlichen Nebenleistungen gem. § 3 Abs. 4 AO (Verzögerungsgelder, Verspätungszuschläge, Säumniszuschläge, Zwangsgelder, Zinsen und Kosten), da diese nur Folgeansprüche i. S. eines allgemeinen Zahlungsanspruches des Fiskus sind.[121]

Hinter dem Begriff „Steuern" verbergen sich recht unterschiedliche Abgaben. Die Zollverwaltung erhebt **Verbrauchsteuern, Einfuhr- und Ausfuhrabgaben**.[122] Diese sind allesamt Steuern i. S. von § 3 Abs. 1 u. 3 AO.

Geschützt wird durch § 370 AO allerdings nur der staatliche Anspruch auf ein vollständiges und rechtzeitiges Steueraufkommen sowie das Interesse an allgemeiner Steuergerechtigkeit.

85 Die Steuerhinterziehung für Einfuhrabgaben und Verbrauchsteuern kann gem. Art. 212 Satz 1 ZK, § 370 Abs. 5 AO auch hinsichtlich solcher Waren begangen werden, deren Ein-, Aus- oder Durchfuhr verboten ist; auch gem. § 40 AO ist ein bestehendes Verbot nach der im Steuerrecht herrschenden **wirtschaftlichen Betrachtungsweise** unerheblich. Hier wird im Zollrecht ggf. tateinheitlich Steuerhinterziehung und Bannbruch begangen. Eine Ausnahme besteht jedoch aufgrund des Vorrangs des Gemeinschaftsrechts (Art. 288 (ex-Art. 249 EGV) AEUV) ebenfalls aufgrund einer wirtschaftlichen Betrachtungsweise nach Art. 212 Satz 2 ZK für **Suchtstoffe und psychotrope Stoffe sowie Falschgeld,** weil diese Waren – abgesehen von einem legalen Verkehr – nicht in den Wirtschaftskreislauf eingehen.[123] Man beachte aber die Fiktion des Art. 212 Satz 3 ZK für den Einfuhrschmuggel, wonach eine Zollschuld als entstanden gilt, wenn diese im nationalen Recht Voraussetzung für eine Strafbarkeit ist (nach § 370 AO). Die herrschende Meinung[124] lehnt die Anwendung dieser Fiktion im deutschen Strafrecht jedoch ab, weil die EU keine Gesetzgebungskompetenz im Bereich des Strafrechts habe und Gegenstand der Steuerhinterziehung nur ein tatsächlich entstandener Steueranspruch sein könne.

Steuern werden i. S. des § 370 Abs. 4 namentlich dann verkürzt, wenn sie nicht, nicht in voller Höhe oder nicht rechtzeitig festgesetzt werden. Eine vorläufige Steuerfestsetzung oder eine Festsetzung unter Vorbehalt der Nachprüfung hindern die Annahme einer Steuerhinterziehung nicht. Steuern können jedoch nicht nur im Festsetzungsverfahren, sondern, wie sich aus der Formulierung des Gesetzgebers „namentlich" ergibt, auch im Beitreibungsverfahren

---

[121] BGH-Urteil v. 19.12.1997 – 5 StR 569/96, NJW 1998, 1568–1577 (1575–1576) m. w. N.
[122] Ausfuhrabgaben werden z. Z. nicht erhoben.
[123] Vgl. EuGH v. 26.10.1982, NStZ 1983, 179, ZfZ 1983, 10; EuGH v. 6.12.1990, ZfZ 1991, 106, 107.
[124] Vgl. zum Meinungsstand *Kohlmann*, Steuerstrafrecht, § 370 Rn. 102.1.

VII. Ermittlung von Steuerstraftaten **22**

hinterzogen werden. Dies kann etwa durch betrügerische Abwendung von Vollstreckungsmaßnahmen geschehen.[125]

§ 370 AO richtet sich aber nicht nur gegen die Steuerverkürzung, sondern ebenso ist das **86** Erschleichen nicht gerechtfertigter Steuervorteile strafbar. Dies betraf früher beispielsweise das betrügerische Erlangen abschöpfungsfreier Einfuhren.[126] Gleichfalls ist die pflichtwidrige Nichtverwendung von Steuerzeichen (Steuerbanderolen auf Tabakwaren) als Steuerhinterziehung nach § 370 Abs. 1 Nr. 3 AO strafbar. Die leichtfertige Tatbegehung ist im Unterschied zum Subventionsbetrug jedoch lediglich als Ordnungswidrigkeit zu ahnden – § 378 AO. Die leichtfertige Steuerverkürzung unterscheidet sich im objektiven Tatbestand nicht von der Steuerhinterziehung.

Unter Aufbrechung des **Territorialprinzips** im deutschen Strafrecht (§ 3 StGB) erstreckt der Gesetzgeber den Schutz des § 370 AO in Abs. 6 u. 7 AO auf weitere Fälle:

- Geschützt sind im deutschen Steuerstrafrecht nach Abs. 6 Satz 1 auch diejenigen Einfuhr- **87** und Ausfuhrabgaben, die von einem anderen Mitgliedstaat der EU verwaltet werden (das sind die für die gesamte EU einheitlich geregelten Einfuhrabgaben nach Art. 4 Nr. 10 ZK bzw. Ausfuhrabgaben nach Art. 4 Nr. 11 ZK) oder die einem Mitgliedstaat der EFTA[127] oder einem mit dieser assoziierten Staat zustehen (dies sind die Einfuhrabgaben nach den materiellen steuerrechtlichen Vorschriften dieses Staates).[128] Verbrauchsteuern werden hiervon nur erfasst, sofern sie bei der Einfuhr erhoben werden.
- Nach Abs. 6 Satz 2 werden – seit dem 14.12.2010 uneingeschränkt[129] – auch Umsatzsteuern und harmonisierte Verbrauchsteuern geschützt, die von einem anderen Mitgliedstaat der EU verwaltet werden und die sich auf die in Art. 1 Abs. 1 der „Richtlinie 2008/118/EG des Rates vom 16. Dezember 2008 über das allgemeine Verbrauchsteuersystem genannten harmonisierten Verbrauchsteuern beziehen (Energieerzeugnisse und elektrischer Strom, Alkohol u. alkoholische Getränke, Tabakwaren). Die Regelung ist die Konsequenz der Einführung des Binnenmarktes zum 1.1.1993 mit dem damit verbundenen Wegfall der Grenzkontrollen an den Binnengrenzen der Gemeinschaft. Während im Reiseverkehr das Ursprungslandprinzip gilt (USt und VSt werden im Land des Erwerbs gezahlt), ist für den gewerblichen Warenverkehr das Bestimmungslandprinzip maßgebend (USt und VSt werden im Bestimmungsland der EU gezahlt). Eine Strafbarkeit kann nur nach § 370 Abs. 1–3 in Betracht kommen. Darüber hinaus gilt gemäß § 373 Abs. 4 AO der § 370 Abs. 6 Satz 1 und Abs. 7 entsprechend für den gewerbsmäßigen, gewaltsamen oder bandenmäßigen Schmuggel. Vorgenanntes gilt gemäß § 374 Abs. 4 AO auch für die Steuerhehlerei.
- Gem. Abs. 7 gilt der Strafrechtsschutz des Tatbestandes der Steuerhinterziehung (Abs. 1 bis 6) unabhängig vom Recht des Tatortes auch für Taten, die außerhalb des Geltungsbereiches der AO im Ausland begangen wurden **(Universalitätsprinzip).** Damit wird die Strafbarkeit auch auf Auslandstaten von Deutschen und Ausländern i. S. des Abs. 6 ausgedehnt. Dies ist im Hinblick auf den Abs. 6 seit dem Inkrafttreten des EG-Finanzschutzgesetzes[130] am 22.9.1998 jedenfalls unzweifelhaft der Fall,[131] bis dahin erfasste der Wortlaut des Abs. 7 nur die Absätze 1 bis 5 des § 370 AO.

Tathandlungen nach § 370 Abs. 1 Nr. 1 AO sind keine, falsche oder unvollständige An- **88** gaben zur Bezeichnung (Fleischabfall statt Rinderfilet) oder über Art (Saft statt Alkohol),

---

[125] BGH-Urteil v. 19.12.1997–5 StR 569/96, NJW 1998, 1568–1577 (1571) m. w. N.
[126] BGHSt 25, 190, 195, NJW 1973, 1562; BGH JZ 1975, 183 ff.
[127] Norwegen, Schweiz, Liechtenstein, Island.
[128] Zum Begriff der erfassten Eingangsabgaben vgl. OLG Hamburg, wistra 1987, 266 ff.
[129] Die früheren Sätze 3 und 4 mit den objektiven Strafbarkeitsbedingungen „Gegenseitigkeit und Bestehen einer entsprechenden feststellenden Rechtsverordnung des BMF" wurden mit Wirkung vom 14.12.2010 aufgehoben. Zur davor geltenden Rechtslage vgl. die Ausführungen in der 3. Auflage dieses Handbuchs.
[130] EGFinSchG – Gesetz zu dem Übereinkommen vom 26. Juli 1995 über den Schutz der finanziellen Interessen der Europäischen Gemeinschaften, BGBl. II 1998, 2322.
[131] OLG Karlsruhe, Beschl. v. 7.12.2000 – 3 Ws 243/00, wistra 2001, 229 ff.

Menge und Wert (gebrauchte Kamera aus Hongkong, interne Verrechnungs- statt Warenwerte bei Firmen im Verbund) eingeführter Waren durch mündliche oder schriftliche Erklärung bzw. Vorlage unterfakturierter Warenrechnungen („Rechnungen für den Zoll") oder durch konkludentes Handeln (Benutzung des „grünen" Ausgangs anstelle des „roten" beim Verlassen des Zollbereichs auf den Flughäfen). Die Kenntnis des wahren Sachverhalts der Finanzbehörde (umfassende Kenntnis des für die Festsetzung zuständigen Sachbearbeiters) schließt eine Verwirklichung des Tatbestands des § 370 Abs. 1 Nr. 1 AO nicht aus, ansonsten würde das Zusammenwirken des Täters mit korrupten Amtsträgern strafausschließende Wirkung haben.[132] Im Übrigen müsste die Kenntnis dann bei dem für die Besteuerung/Steuerfestsetzung zuständigen Beamten vorliegen.[133]

Tathandlung nach § 370 Abs. 1 Nr. 2 AO ist die pflichtwidrige Nichtanmeldung[134] mitgeführter/eingeführter Waren durch Nichterfüllung der Gestellungsmitteilung nach Art. 40 ZK,[135] Unterlassen der summarischen Anmeldung nach Art. 36a ZK oder Unterlassen der Anmeldung zur Überführung in ein Zollverfahren (wozu auch die Überführung in den freien Verkehr der Gemeinschaft gehört – Art. 4 Nr. 15, 16 ZK) oder die Entziehung der Ware aus der zollamtlichen Überwachung.

Nach BFH weiß der Fahrer eines Kraftfahrzeuges, was sich in dessen Kofferraum befindet.[136] Dagegen war der BFH – zunächst – der Auffassung, dass der gutgläubige Fahrer eines LKW als Zollschuldner nicht in Anspruch genommen werden kann, wenn auf der Ladefläche des LKW inmitten der übrigen ordnungsgemäß deklarierten Ladung raffiniert versteckt und äußerlich nicht erkennbar, Schmuggelware vorgefunden wird.[137] Diese Auffassung hat der BFH jedoch aufgrund der Entscheidung des EuGH vom 4.3.2004 revidiert.[138] Mit Urteil vom 20.7.2004[139] stellte der BFH fest, dass in einem Beförderungsmittel eingeführte versteckte oder verheimlichte Waren nur dann gestellt sind, wenn ihr Vorhandensein der Zollstelle ausdrücklich mitgeteilt wird und dass § 8 Satz 2 ZollV mit dem Gemeinschaftsrecht vereinbar ist. Ferner, dass die vorgenannte Gestellungs- bzw. Mitteilungspflicht alle Personen trifft, die zum Zeitpunkt der Verbringung die Herrschaft über das Beförderungsmittel haben (Fahrer, Beifahrer oder Ersatzmann, sofern er sich im Fahrzeug befindet, sowie jede andere im Fahrzeug befindliche Person, wenn sie nachweislich hinsichtlich der Verbringung der Waren die Verantwortung trägt). Bereits die objektive Verletzung der Gestellungspflicht führt zur Entstehung der Zollschuld nach Art. 202 Abs. 1 Buchst. a ZK in der Person des Gestellungspflichtigen. Dies selbst dann, wenn es sich dabei um einen gutgläubigen Beförderer handelt, der von den versteckten oder verheimlichten Waren keine Kenntnis hat und auch nicht haben kann.

Gleiches gilt auch bei der **Verbringung verbrauchsteuerpflichtiger Waren** aus einem anderen EU-Mitgliedstaat nach Deutschland. So hat der BFH in 2007 entschieden, dass derjenige, der unversteuerte Zigaretten in das Steuergebiet verbringt, auch dann Schuldner der Tabaksteuer ist, wenn er von den in seinem Fahrzeug versteckten Zigaretten keine Kenntnis hatte[140].

---

[132] BGH, Urt. v. 19.10.1999 – 5 StR 178/99, StV 2000, 496 f.; Urt. v. 21.2.2001 – 5 StR 368/00, NStZ 2001, 379 f.; BFH, Urt. v. 25.10.2005 – VII R 10/04, wistra 3/2006, 113 f.
[133] BGH, Urt. v. 21.2.2001 – 5 StR 368/00, NStZ 2001, 379, 380.
[134] Nach *Hübner*, in: *Hübschmann/Hepp/Spitaler* Rn. 13 zu § 370 AO: unechtes Unterlassungsdelikt.
[135] Zum Begriff der Gestellung vgl. Art. 4 Nr. 19 ZK; zur Form der Gestellungsmitteilung vgl. § 8 ZollV.
[136] BFH, Beschl. v. 10.7.2000 – VII B 41/00, ZfZ 2000, 376 ff.
[137] BFH, Beschl. v. 12.7.1999 – VII B 2/99, ZfZ 1999, 379 ff.; so zustimmend auch BMF-Erl. v. 16.2.2000 – III B 1 – Z 0903–1/00.
[138] EuGH vom 4.3.2004 – Rs. C-238/02 und C-246/02, HZA Hamburg-Stadt vs. Kazimieras Viluckas und Ricardas Jonusas.
[139] BFH, Urteil vom 20.7.2004 – VII R 38/01.
[140] BFH, Urteil vom 10.10.2007 – VII R 49/06; ZFZ 2008, S. 85.

VII. Ermittlung von Steuerstraftaten

Hierdurch muss eine Steuer verkürzt worden sein (Erfolgsdelikt). Verkürzt ist die Steuer **89**
nach Abs. 4 Satz 1, wenn die Steuer nicht, nicht in voller Höhe oder verspätet festgesetzt
wird.[141]

Mittäter eines (gewerbsmäßigen) Schmuggels nach §§ 373, 370 Abs. 1 Nr. 2 AO kann **90**
auch sein, wer zwar den Schmuggel nicht in eigener Person durchführt und damit selbst an
der Grenze tätig wird, am Schmuggel aber als Hintermann beteiligt ist. Bei § 370 Abs. 1 Nr. 2
AO handelt es sich nämlich nicht um ein Sonderdelikt, das nur durch den unmittelbar steuerlich pflichtwidrig Handelnden verwirklicht werden kann.[142]

Sukzessive Mittäterschaft oder Beihilfe beim Schmuggel zwischen Vollendung (Ein- **91**
schwärzen an der Grenze, Entnahme aus dem Versandverfahren, Bruch der zollamtlichen
Überwachung) und Beendigung (Ware kommt erstmalig zur Ruhe; Lagerhalle) ist möglich,
wenn die Unterstützungshandlung das Beendigen fördern sollte.[143] Eine Beendigung der
Schmuggeltat liegt erst dann vor, wenn das Schmuggelgut in Sicherheit gebracht und zur
Ruhe gekommen ist bzw. seinen Bestimmungsort erreicht hat.[144]

Der **Versuch** (§§ 22, 23 StGB) beginnt bei der Steuerhinterziehung zu dem Zeitpunkt, zu **92**
dem der Täter die Abgabe einer Steueranmeldung oder -erklärung in der Absicht unterlässt,
auf diese Weise Steuern zu sparen. Das erforderliche unmittelbare Ansetzen zur Steuerhinterziehung erfordert ein Verhalten des Täters i. S. der jeweiligen Tatalternativen nach § 370
Abs. 1 Nr. 1 bis 3 AO, das nach seiner Vorstellung von der Tat geeignet ist, eine Gefährdung
des geschützten Rechtsguts unmittelbar herbeizuführen.[145] Im Rahmen des Besteuerungsverfahrens (Veranlagungsverfahren) nach dem Zollkodex der Gemeinschaft liegt lediglich ein
Versuch einer Zollhinterziehung vor, wenn der Täter im Reiseverkehr zwar wahrheitswidrig
das Mitführen zollpflichtiger Waren verneint oder wahrheitswidrig geringere Mengen auf
Befragen angibt, der Abfertigungsbeamte aber im Rahmen einer sofort durchgeführten
Überholung gem. Art. 13 ZK, § 10 ZollVG das Schmuggelgut findet und somit noch vor
Abschluss des Veranlagungsverfahrens die Einfuhrabgaben zutreffend festsetzt.[146] Eine Zollhinterziehung ist erst dann vollendet, wenn die Abfertigung des Zollgutes zum freien Verkehr
ordnungsgemäß abgeschlossen ist.[147] Dies ist an der Grenze regelmäßig spätestens dann der
Fall, wenn der Täter die Kontrollstelle Richtung Inland verlässt. Wird der Täter nach Verlassen des Amtsplatzes gestellt, liegt Vollendung vor.[148]

Da die Regelungen der Steuerstraftaten in der AO für den Bereich des Strafrechts abschließende Regelungen darstellen, kommt daneben weder für Steuern noch für steuerliche Nebenleistungen eine Anwendung des Betrugstatbestandes nach § 263 StGB in Betracht.[149]

a) Einfuhrabgaben der EU

Nationale Einfuhrabgaben (Zölle) der Mitgliedstaaten der EU gibt es gem. Art. 28, 30 AEUV **93**
(ex-Art. 23, 25 EGV) nicht mehr. Zwischen den Mitgliedstaaten werden an den Binnengrenzen keine Zölle erhoben. Die EU ist u. a. eine Zollunion, die nur noch Gemeinschaftszölle
aufgrund eines Gemeinsamen Zolltarifs (vgl. Art. 28 ff. AEUV) und auf der Grundlage eines
EG-einheitlichen Zollrechts – dem sog. Zollkodex – an ihren Außengrenzen erhebt. Mit
dem Inkrafttreten des für die gesamte EU geltenden Zollkodex zum 1. Januar 1994 wurde

---

[141] Zum Begriff der Steuerverkürzung siehe BGHSt 24/181; 21/113; *Hübner*, in: *Hübschmann/Hepp/Spitaler*, Rn. 12a zu § 370 AO.

[142] LG Hamburg, Urt. v. 20.3.2000–618 KLs 8/99; so auch *Bender*, Zoll- u. Verbrauchsteuerstrafrecht, Tz. 62.

[143] BGHSt 6, 248, BGH NStZ-RR 1996, 374; BGHSt 4, 132,. 133;FG Düsseldorf, Urt. v. 6.4.2001 – 4 K 4702/99 Vta, Z, EU, ZfZ 2001, 244 f.

[144] BGHSt 3, 40, 44, NStZ 1990, 39; BGH MDR 1980, 455.

[145] LG Kiel NStZ 1998, 200 (201); vgl. allgemein: *Engelhardt*, in: *Hübschmann/Hepp/Spitaler*, Rn. 143 bis 148 zu § 370 AO.

[146] OLG Dresden, Urt. v. 3.3.1999–1 Ss 597/98 u. 536/99; AW-Prax 1999, 340 ff.; *Bender*, AW-Prax 2000, 30 ff.

[147] OLG Karlsruhe, Beschl. v. 7.12.2000–3 Ws 243/00.

[148] OLG Dresden, Urt. v. 3.3.1999–1 Ss 597/98 u. 536/99; AW-Prax 1999, 340 ff.

[149] BGH-Urteil v. 19.12.1997–5 StR 569/96, NJW 1998, 1568–1577 (1576) m. w. N.

i. ü. das deutsche Zollgesetz (ZG) aufgehoben, da der Zollkodex als EU-Verordnung nach Art. 288 AEUV (ex-Art. 249 EGV) unmittelbar geltendes Recht ist und Vorrang vor entgegenstehendem nationalem Recht hat. Nur soweit die EU entweder keine Regelungskompetenzen besitzt, z. B. für die nationalen Verbrauchsteuern oder die auf nationalem Recht beruhenden Verbote und Beschränkungen für den grenzüberschreitenden Warenverkehr (VuB),[150] oder es dem nationalen Gesetzgeber im Zollkodex freigestellt hat, ergänzende bzw. ausfüllende Regelungen zu treffen oder ganz einfach auf bestehendes nationales Recht verweist (z. B. bei den Rechtsmitteln gem. Art. 245 ZK), trifft das Zollverwaltungsgesetz (ZollVG)[151] seit 1. Jan. 1993 noch nationale Regelungen.

94 Der Wirtschaftsstraftäter richtet seine Angriffe u. a. gegen die **Einfuhrabgaben der EU.** Nach Art. 4 Nr. 10 ZK sind dies im wesentlichen Zölle und Abgaben mit gleicher Wirkung bei der Wareneinfuhr sowie die Agrarzölle, die im Rahmen der gemeinsamen Agrarpolitik oder aufgrund von Sonderregelungen für bestimmte landwirtschaftliche Verarbeitungserzeugnisse vorgesehen sind. Die Zölle der EU sind Wirtschaftszölle (erhoben für den Vorgang der Einfügung der Nichtgemeinschaftsware in den Wirtschaftskreislauf des Binnenmarktes), Schutzzölle (zum Schutz der einheimischen Wirtschaft – z. B. Antidumpingzölle, zum Schutz der Landwirtschaft – Agrarzölle), aber auch Finanzzölle (zur Finanzierung des allgemeinen EU-Haushalts) als natürliche Folge einer jeden Zollerhebung.

95 Die Einfuhrabgaben stehen der EU zu. Eine **Ertragshoheit der EU** im eigentlichen Sinne besteht aber nicht. Nach dem sog. Eigenmittelsystem verfügt die EU auf der Grundlage des Unionsrechts originär über Finanzmittel, die jedoch nicht von ihr selbst, sondern von den Mitgliedstaaten erhoben und an die EU abgeführt werden. In diesem Sinne also ist die „Ertragshoheit" für Zölle, einen Teil der Mehrwertsteuer und eines Satzes vom Bruttosozialprodukt aller Mitgliedstaaten im Rahmen der Ablösung des Systems der Finanzbeiträge der Mitgliedstaaten durch das System der **Eigenmittel**[152] der Union zur Finanzierung des EU-Haushalts nach Art. 311 AEUV (ex-Art. 269 EGV) auf die Union übergegangen.[153]

b) Verbrauchsteuern

96 Der Bekämpfung der Verbrauchsteuerkriminalität kommt in den letzten Jahren eine deutlich zunehmende Bedeutung zu. Mit der EU-Osterweiterung in den Jahren 2004 und 2007 um 10 und 2 neue Mitgliedstaaten hat sich das Gemeinschaftsgebiet der Union enorm vergrößert. Das Verbrauchsteuerrecht der EU ist zwar weitgehend harmonisiert, allerdings gibt es nach wie vor erhebliche nationale Unterschiede hinsichtlich der Steuersätze – geradezu eine Einladung an die Straftäter.

Entstehung und Fälligkeit der Verbrauchsteuern sind in den einzelnen nationalen Verbrauchsteuergesetzen geregelt. Seit dem 1. April 2010[154] richten sich Verbrauchsteuern als Eingangsabgaben in ihrem Schicksal grundsätzlich nicht mehr nach den Regelungen für Einfuhrabgaben. Statt der früheren Verweise auf die Zollvorschriften enthalten die Verbrauchsteuergesetze nunmehr grundsätzlich eigenständige Regelungen bezüglich Steuerentstehung und Steuerschuldner. Einfuhr ist danach der Eingang verbrauchsteuerpflichtiger Waren aus Drittländern oder Drittgebieten in das Steuergebiet, es sei denn, sie befinden sich in einem

---

[150] VuB sind sowohl an den Außengrenzen der Gemeinschaft als auch grds. an den Binnengrenzen zu den EU-Nachbarstaaten von der Zollverwaltung zu überwachen, da die nationalen Verbotsregelungen nicht auf Zollgrenzen, sondern auf den Geltungsbereich des nationalen Verbots abstellen – Territorialprinzip § 3 StGB.

[151] Zollverwaltungsgesetz (ZollVG) i. d. F. des Zollrechtsänderungsgesetzes v. 21.12.1992, BGBl. I S. 2125.

[152] Zum Begriff und den Arten der Eigenmittel vgl. *Geiger/Khan/Kotzur,* EUV/AEUV – AEUV Art. 311 Rn. 2 ff.

[153] Für die Zeit ab 1.1.2002 gilt der Beschluss 2000/597/EG, Euratom über das System der Eigenmittel der Europäischen Gemeinschaften vom 29.9.2000.

[154] Umsetzung der Verbrauchsteuer-Systemrichtlinie 2008/118/EG des Rates vom 16. Dezember 2008 ... durch das Vierte Gesetz zur Änderung von Verbrauchsteuergesetzen vom 15.7.2009, BGBl. I, S. 1870.

VII. Ermittlung von Steuerstraftaten **22**

zollrechtlichen Nichterhebungsverfahren[155]. Bei Unregelmäßigkeiten in einem zollrechtlichen Nichterhebungsverfahren sind nach wie vor die Zollvorschriften auch für die Entstehung und Erhebung der Verbrauchsteuer entsprechend anzuwenden (vgl. z. B. § 20 TabStG). In der Bundesrepublik Deutschland existieren **Verbrauchsteuergesetze** für Energieerzeugnisse (EnergieStG)[156], Strom (StromStG[157]), Tabak (TabStG[158]), Branntwein (BranntwMonG[159]), Bier (BierStG[160]), Schaumwein (SchaumwZwStG[161]), Kaffee (KaffeeStG[162]) und Wein,[163] die in 2004 eingeführte Alkopopsteuer (AlkopopStG[164]) sowie die zum 1. Januar 2011 neu eingeführte Kernbrennstoffsteuer (KernbrStG)[165]. Auch die Einfuhrumsatzsteuer (EUSt) ist eine Verbrauchsteuer; sie entspricht der nationalen Umsatzsteuer – Mehrwertsteuer (MwSt). „Verbrauchsteuern sind auf Abwälzbarkeit angelegte Steuern auf die in der Einkommensverwendung zum Ausdruck kommende steuerliche Leistungsfähigkeit, die nur auf einer Stufe grundsätzlich auf den konsumtiven Verbrauch von ausgewählten Waren erhoben werden und bei denen der Steuerentstehungstatbestand an einen tatsächlichen Vorgang oder Zustand anknüpft".[166] Die Verbrauchsteuern werden abhängig von unterschiedlichen tatsächlichen Anknüpfungspunkten in den einzelnen Verbrauchsteuergesetzen (Herstellung, Entnahme aus dem Steuerlager oder aus dem Versorgungsnetz, etc.) u. a. auch bei der Einfuhr von Nichtgemeinschaftswaren neben den Einfuhrabgaben nach dem Zollkodex erhoben und sind Einfuhrabgaben nach dem ZollVG (§ 1 Abs. 1 ZollVG), dies allerdings nur dann, wenn sie beim unmittelbaren Verbringen von Waren aus einem Drittland in die EU anfallen[167].

Als neue Verbrauchsteuer wurde zum 1.4.1999 mit dem Gesetz zum Einstieg in die ökologische Steuerreform die **Stromsteuer** eingeführt. Sie stellt die Zollverwaltung und auch den Zollfahndungsdienst vor völlig neue Aufgaben. Die Stromsteuer entsteht im Regelfall dadurch, dass Strom vom Letztverbraucher aus dem Versorgungsnetz rechtmäßig entnommen wird – § 5 Abs. 1 StromStG. Steuerschuldner ist in diesem Fall das Versorgungsunternehmen – § 5 Abs. 2 StromStG. Entsteht die Steuer aufgrund widerrechtlicher Entnahme von Strom aus dem Netz, ist Steuerschuldner der „Stromdieb" – § 6 StromStG. Hier liegt ggf. Tateinheit mit der Entziehung elektrischer Energie gem. § 248c StGB vor.

Keine Verbrauchsteuer ist hingegen die im Dezember 2010 ebenfalls neu eingeführte und vom Zoll verwaltete Luftverkehrsteuer (LuftVStG).[168]

---

[155] Vgl. § 16 Abs. 1 BierStG, § 145 Abs. 1 BranntwMonG, § 19 Abs. 1 EnergieStG, § 19 Abs. 1 TabStG, § 16 Abs. 1 auch i. V. m. § 29 Abs. 1 SchaumwZwStG.
[156] Das mit Wirkung vom 1.August 2006 in Kraft getretene Energiesteuergesetz hat das ehemalige Mineralölsteuergesetz (MinöStG) abgelöst, BGBl. I, S. 1534.
[157] Das Stromsteuergesetz ist als Art. 1 des Gesetzes zum Einstieg in die ökologische Steuerreform vom 24.3.1999 beschlossen worden; BGBl. I S. 378.
[158] Tabaksteuergesetz i. d. F. des Art. 1 des Gesetzes v. 15.7.2009, BGBl. I S. 1870.
[159] Gesetz über das Branntweinmonopol v. 8.4.1922, RGBl. I S. 335, 405; zuletzt geändert durch Art. 2 des Gesetzes v. 16.6.2011, BGBl. I S. 1090.
[160] Biersteuergesetz i. d. F. des Art. 4 des Gesetzes v. 15.7.2009, BGBl. I S. 1870, 1908.
[161] Schaumwein und Zwischenerzeugnissteuergesetz i. d. F. des Art. 3 des Gesetzes v. 15.7.2009, BGBl. I, S. 1870, 1896.
[162] Kaffeesteuergesetz i. d. F. von Art. 5 des Gesetzes v. 15.7.2009, BGBl. I S. 1870, 1919.
[163] Vgl. §§ 26–28 Verbrauchsteuer-Binnenmarktgesetz v. 21.12.1992, BGBl. I S. 2150; eine bis dato nicht existierende Weinsteuer musste aus Harmonisierungsgründen dem Grunde nach eingeführt werden, der Steuersatz auf Wein ist in der Bundesrepublik allerdings „0"; aktuell: vgl. Teil 3 (§§ 32, 33) SchaumweinZwStG.
[164] Gesetz über die Erhebung einer Sondersteuer auf alkoholhaltige Süßgetränke (Alkopops) zum Schutz junger Menschen (Alkopopsteuergesetz – AlkopopStG) – Art. 1 des Gesetzes zur Verbesserung des Schutzes junger Menschen vor Gefahren des Alkohol- und Tabakkonsums vom 23. Juli 2004, BGBl. I S. 1857.
[165] Kernbrennstoffsteuergesetz (KernbrStG) vom 8. Dezember 2010, BGBl. I S. 1804.
[166] *Jatzke*, ZfZ 1997, 55 (Fußn. 12).
[167] BGH v. 18.1.2011 – 1 StR 561/10, NStZ 2011,S. 410, wistra 2011, S. 348.
[168] Luftverkehrsteuergesetz (LuftVStG) vom 9. Dezember 2010, BGBl. I S. 1885.

97 Von besonderer Bedeutung sind seit der deutschen Vereinigung, allerdings – soweit der Zigarettenschmuggel betroffen ist – seit 2008 mit deutlich abnehmender Tendenz, die zahlreichen Ermittlungsverfahren zur Bekämpfung des (organisierten) **Zigaretten- und Alkoholschmuggels.** Der jährliche Steuerschaden für die Bundesrepublik Deutschland beträgt mehrere Millionen €. Die bekannten Hellfelderkenntnisse zum Zigarettenschmuggel lassen bereits die ganze Dimension dieses Kriminalitätsfeldes erkennen:

Sicherstellungen*
2002 – 2004: 462, 399, 418 Mio. Zigaretten
2005 735 Mio. Zigaretten
2006, 2007: 415, 465 Mio. Zigaretten
2008, 2009: 291, 281 Mio. Zigaretten
2010, 2011: 157, 160 Mio. Zigaretten

* entn. Jahresstatistik der BZV, BMF, 2002, 2006, 2009, 2011

Dabei handelt es sich allerdings nicht nur um die klassischen Fälle der Hinterziehung der Einfuhrabgaben – inklusive eben der Verbrauchsteuern – beim Schmuggel in als leer deklarierten LKW, von Reisenden im PKW oder durch Personen über die „grüne Grenze" sowie als Beiladung versteckt unter im Übrigen deklarierter Tarnladung oder um Schmuggel unter Manipulation der zuvor beschriebenen Versandverfahren bei der Durchfuhr. Vielmehr existiert daneben noch ein eigenständiges Manipulationsfeld auf dem Sektor der verbrauchsteuerpflichtigen Waren im sog. **Steueraussetzungsverfahren,** das zunehmend an Bedeutung gewinnt. „Betrügereien" und Strafverfahren in diesem Bereich haben in den letzten Jahren deutlich zugenommen.

Zu unterscheiden ist dabei zwischen harmonisierten und nicht harmonisierten Verbrauchsteuern. **Harmonisierte Verbrauchsteuern** sind die Energiesteuer, die Stromsteuer, die Tabaksteuer, die Branntweinsteuer, die Biersteuer und die Schaumwein-/Zwischenerzeugnissteuer. Für diese harmonisierten VSt gelten EU-weit, bis auf die Höhe der Steuern, gemeinsame Grundsätze und Strukturen aufgrund entsprechender EU-Rechtsakte. **Nicht harmonisierte Verbrauchsteuern** sind die Kaffeesteuer, die Sondersteuer auf Alkopops und die Kernenergiesteuer.

Produktion von und Großhandel mit verbrauchsteuerpflichtigen Waren werden in der Regel über Steuerlager abgewickelt. Steuerlager können sowohl die Herstellungsbetriebe als auch die Lagerstätten sein. Einrichtung und Betrieb von Steuerlagern sind bewilligungsbedürftig. Entsprechende Bewilligungen erteilt die Zollverwaltung, die auch den nationalen und innergemeinschaftlichen Verkehr mit verbrauchsteuerpflichtigen Waren überwacht. Die Steuer entsteht mit der Entfernung der Waren aus dem Steuerlager oder mit der Entnahme zum Verbrauch im Steuerlager. Die Beförderung unversteuerter Waren zwischen den Steuerlagern ist im Rahmen eines europaweiten „Steuerlagerverbundsystems" möglich. Zur Sicherung der an der Gemeinschaftsware haftenden Verbrauchsteuer wurden die verbrauchsteuerpflichtigen Güter in solchen Fällen mit einem sog. „begleitenden Verwaltungsdokument" im Verfahren der Steueraussetzung gem. Art. 15 der EG-Richtlinie 92/12/EWG,[169] § 141 BranntwMonG innerhalb der Gemeinschaft transportiert. Es handelt sich dabei um ein innergemeinschaftliches Steuerversandverfahren, dessen Einzelheiten in Umsetzung der vorg. Richtlinie in den jeweiligen Verbrauchsteuergesetzen und zahlreichen Dienstanweisungen geregelt war. Auch dieses Verfahren war äußerst missbrauchsanfällig, d. h., die verbrauchsteuerpflichtigen Waren wurden aus dem Steueraussetzungsverfahren entzogen.[170] Zu den

---

[169] Richtlinie 92/12 (EWG) des Rates über das allgemeine System, den Besitz, die Beförderung und die Kontrollen verbrauchsteuerpflichtiger Waren v. 25.2. 92 – aufgehoben mit Richtlinie 2008/118/EG vom 16.12.2008; VO (EWG) Nr. 2719/92 der Kommission zum begleitenden Verwaltungsdokument bei der Beförderung verbrauchsteuerpflichtiger Waren unter Steueraussetzung v. 11.9. 92.

[170] Für ein Entziehen von verbrauchsteuerpflichtigen Waren aus einem Steueraussetzungsverfahren reicht ein Verhalten aus, mit dem eine bestehende Kontrolle oder Kontrollmöglichkeit über Waren beseitigt wird, so dass für die Zollbehörden die Eigenschaft der Waren als verbrauchsteuerpflichtig, aber unversteuert nicht mehr erkennbar ist. – vgl. BGH, Urteil v. 24.10.2002 – 5 StR 600/01 LG Berlin.

VII. Ermittlung von Steuerstraftaten

häufigsten Manipulationen gehörte beispielsweise das Vortäuschen der Ausfuhr von im Steuerversandverfahren mit Begleitdokument transportiertem Tabak oder Alkohol durch Verfälschen des Rückscheins oder die Nichterledigung des Verfahrens, obwohl die hochbelastete Ware tatsächlich unversteuert im Verbrauchsteuergebiet verblieb. Darüber hinaus wurden die begleitenden Verwaltungsdokumente gegen gefälschte Ausfuhrpapiere mit anderer Warenbezeichnung ausgetauscht, gefälschte Ausfuhrpapiere mit anderen Warenbezeichnungen bei der Ausfuhrabfertigung vorgelegt, Angaben nicht existenter Empfänger im begleitenden Verwaltungsdokument vorgenommen. Seit dem 1. April 2010[171] kann auch der innergemeinschaftliche Versand von verbrauchsteuerpflichtigen Waren (nur: harmonisierte VSt!) elektronisch mittels des Verfahrens EMCS (Excise Movement Control System) abgewickelt werden. Seit dem 1.1.2011 ist das EMCS für den Versand verbrauchsteuerpflichtiger Waren zwischen den EU-Mitgliedstaaten verbindlich anzuwenden, seit dem 1.1.2012 auch für den innerdeutschen Steuerversand. Rechtsgrundlagen sind die §§ 140 BranntwMonG, 11 BierStG, 11 SchaumwZwStG, 29 Abs. 3 i. V. m. § 11 SchaumwZwStG und 12 TabStG. Das papiergestützte Verfahren mit bVD ist nur noch in Ausnahmefällen anwendbar – Notfallverfahren.

Gerade das Steueraussetzungsverfahren eröffnet den Straftätern trotz (wegen?) der Überwachung mittels EMCS ungeahnte Verdienstmöglichkeiten, z. B. durch sog. **Stoßgeschäfte**. Der Täter beantragt die Bewilligung eines Steuerlagers z. B. für die Lagerung von Bier und Branntweinerzeugnissen. Sofern die Voraussetzungen vorliegen und ggf. die festgesetzte Sicherheit geleistet ist, erteilt das HZA die Bewilligung. Die Warenbewegungen sind in der Regel anfangs unauffällig. Dann jedoch beziehen die Täter innerhalb kürzester Zeit große Mengen verbrauchsteuerpflichtiger Waren aus anderen Mitgliedstaaten. Die in EMCS eröffneten Steueraussetzungsverfahren werden zwar virtuell in EMCS beendet, d. h., die Sendungen werden vorgeblich in das Steuerlager aufgenommen. Kurz danach wird dann ein weiteres Steueraussetzungsverfahren für den (angeblichen) Transport der Waren an ein Steuerlager in einem weiteren Mitgliedstaat eröffnet und so ein ordnungsgemäßer Empfang und ein ordnungsgemäßer Versand im Steueraussetzungsverfahren vorgetäuscht. Tatsächlich werden die Waren allerdings nie in das Steuerlager aufgenommen, sondern von der Tätergruppe gleich nach Übernahme der Waren von dem ursprünglichen (legalen) Verkäufer/Steuerlagerinhaber illegal in andere Mitgliedstaaten transportiert und dort unversteuert in den Markt geschleust. Werden die Machenschaften entdeckt, sind die Täter meist nicht mehr zu greifen. Die geleisteten Sicherheiten reichen regelmäßig für die angerichteten Steuerschäden bei weitem nicht aus. Auch das Risiko für die Täter ist – im Gegensatz zu den Papierverfahren mit bVD – ggf. geringer. Sie brauchen nicht vor Ort zu sein, um Steueraussetzungsverfahren zu beenden bzw. zu eröffnen – Laptop und Internetanschluss genügen. Es ist durchaus kein Einzelfall, dass Steueraufsichtsbeamte nach ergebnislosem Versuch der Durchführung einer Steueraufsichtsmaßnahme, bei Rückkehr zur Dienststelle aus EMCS erfuhren, dass just während sie vor Ort waren und vor verschlossenem Lager und verschlossenen Geschäftsräumen gestanden hatten, mehrere Sendungen mit hochsteuerbaren Waren in das Lager aufgenommen worden waren!

Wird z. B. Alkohol durch deutsche Täter aus einem Steuerlager eines EU-Mitgliedstaates bezogen und im Steueraussetzungsverfahren nach Deutschland transportiert, von hier aus dann unter Steueraussetzung in ein anderes EU-Mitgliedsland (etwa Schweden) befördert und dort dem Steueraussetzungsverfahren entzogen, ist die Tat nunmehr[172] ebenfalls nach § 370 Abs. 1 oder 3 i. V. m. § 370 Abs. 6 S. 2, Abs. 7 AO strafbar.

Der Diebstahl von Verbrauchsteuergut aus einem Zoll- oder einem Steuerlager sowie aus einem Zoll- oder Steuerversandverfahren stellt zugleich eine Steuerhinterziehung des Diebes (Steuerhehlerei des Hehlers) dar mit entsprechenden steuerlichen Folgen für die Täter, vgl. § 71 AO.[173]

---

[171] Umsetzung der Richtlinie 2008/118/EG des Rates vom 16. Dezember 2008 über das allgemeine Verbrauchsteuersystem und zur Aufhebung der Richtlinie 92/12/EWG in nationales Recht durch das Vierte Gesetz zur Änderung von Verbrauchsteuergesetzen, BGBl. I, S. 1870.

[172] Seit der Änderung des § 370 Abs. 6 AO mit Wirkung vom 14.12.2010 – vgl. Jahressteuergesetz 2010.

[173] Vgl. insgesamt zur Thematik *Jatzke*, ZfZ 1997, 408; *Soyk*, ZfZ 1998, 2.

Zur Frage, wer beim Einfuhrschmuggel von Zigaretten Besitzer und damit Zollschuldner wird, vergleiche die eingehenden Entscheidungen des BFH vom 14.9.1998, 6.10.1998 und 26.11.1998, des FG Thüringen vom 20.8.1998 sowie die Kommentierung von *Witte*[174] – Besitz v. Schmuggelzigaretten durch Observationskräfte.

Wird zum Transport unversteuerten Alkohols von einem Steuerlager zu einem anderen Steuerlager ein innergemeinschaftliches Steuerversandverfahren eröffnet, obwohl der angegebene Empfänger (tatsächlich) nicht Inhaber eines Steuerlagers ist, liegt objektiv eine Entziehung aus der Steueraufsicht (zollamtlichen Überwachung) vor.[175] Ein Steueraussetzungsverfahren nach § 143 Abs. 1 Satz 1, Abs. 2 Satz 1 BranntwMonG setzt voraus, dass ein Steueraussetzungsverfahren wirksam eröffnet worden ist; dies ist nicht der Fall, wenn der Versender im begleitenden Verwaltungsdokument einen nicht existierenden Empfänger angibt und dies auch weiß.[176] Für die Entstehung der Branntweinsteuer nach § 143 Abs. 1 Satz 1 BranntwMonG ist Voraussetzung, dass bei im innergemeinschaftlichen Steuerversandverfahren unter Steueraussetzung bezogenen Erzeugnissen zuvor ein Steueraussetzungsverfahren i. S. v. § 141 Abs. 1 Satz 1 Nr. 1 BranntwMonG wirksam eröffnet wurde. Dabei ist allein auf die objektiven Verhältnisse und nicht auf die Kenntnis des Versenders abzustellen.[177]

Ein Entziehen von Erzeugnissen aus dem Steueraussetzungsverfahren i. S. v. § 143 Abs. 1 Satz 1, Abs. 2 Satz 1 BranntweinMonG liegt vor, wenn die Ausfuhr der Erzeugnisse nicht nachgewiesen werden kann und nicht feststeht, wo diese geblieben sind.[178] Die Fälschung des Stempelabdrucks auf dem Drittstück des begleitenden Verwaltungsdokuments zwecks Vortäuschung der Ausfuhr stellt eine sonstige Unregelmäßigkeit i. S. v. § 143 Abs. 2 Satz 2 BranntwMonG dar, die einem Entziehen aus dem Steueraussetzungsverfahren gleichsteht.[179] **Jedoch:** Lässt sich eine Steuerschuld, deren Hinterziehung einem Angeklagten vorgeworfen wird, nicht nachweisen, sondern entsteht sie nur aufgrund einer steuerrechtlichen Beweisregel,[180] kommt im Hinblick auf den Zweifelsgrundsatz eine Verurteilung wegen Steuerhinterziehung nicht in Betracht.[181]

99 Stets aktuell geblieben ist im Übrigen die sog. „Verdieselung" von Heizöl, d. h., steuerbegünstigtes Heizöl wird vorschriftswidrig aus dem Mineralöllager oder aus einer zweckgebundenen Verwendung unter Manipulationen entnommen und anstelle von hochbelastetem Diesel in Kraftfahrzeugen oder Baumaschinen verwendet. Es können dadurch, wie z. B. im aktuellen Fall einer Spedition in NRW berichtet wird, Steuerschäden in Millionenhöhe verursacht werden[182].

Mit steigenden Kraftstoffpreisen vor allem im Grenzgebiet zu anderen EU-Mitgliedstaaten immer lukrativer und damit häufiger werden auch die Fälle sog. Abtankung. D. h., LKW werden in EU-Nachbarländern mit niedrigeren Kraftstoffpreisen mit Dieselkraftstoff betankt. Nach Rückkehr ins deutsche Steuergebiet wird der Kraftstoff aus dem Hauptbehälter des LKW entnommen und entweder unmittelbar oder nach vorübergehender Lagerung in anderen LKW verwendet. Die Steuer entsteht durch die Entnahme des Energieerzeugnisses aus

---

[174] BFH-Entscheidungen v. 14.9.1998 – VII B 135/98, ZfZ 1999, 127; 6.10.1998 – VII R 20/98, ZfZ 1999, 126; 26.11.1998 – VII B 206/98, ZfZ 1999, 89; FG Thüringen v. 20.8.1998 – II 22/97, ZfZ 1999, 100 (Besitz v. Schmuggelzigaretten durch Observationskräfte); *Witte*, AW-Prax 1999, 220–221.

[175] Vgl. zum Sach- und Streitstand FG Hamburg, Beschluss v. 6.11.1998 – IV 248/98, ZfZ 1999, 139 m. w. N.

[176] FG Düsseldorf, Urt. v. 22.5.2000 – 4 K 8348/97 VBr, ZfZ 2000, 385 ff.

[177] FG Düsseldorf, Urt. v. 6.2.2002 – 4 K 1411/01 VBr, ZfZ 2002, 206 ff.

[178] FG Düsseldorf, Urt. v. 9.2.2000 – 4 K 6545/98 VBr, ZfZ 2000, 242 ff., FG Düsseldorf, Urt. v. 4.4.2012 – 4 K 2938/11 VBr.; ZfZ 2012 Beilage 3, S. 45. Zur Entziehung allgemein vgl. BGH Urteil v. 24.10.2002–5 StR 600/01.

[179] FG Düsseldorf, Urt. v. 9.2.2000 – 4 K 6545/98 VBr, ZfZ 2000, 242 ff.

[180] Nach § 143 Abs. 1 Satz 2 i. V. m. Satz 1 BranntwMonG gilt das Erzeugnis als entzogen, wenn es nicht nachweisbar in das Steuerlager oder in ein Zollverfahren überführt worden ist oder aus dem Steuergebiet ausgeführt worden ist.

[181] LG Frankfurt (Oder), Urt. v. 13.3.2001 – 24 Ns 217/00 B, StV 2001, 562 f.

[182] Vgl. WAZ vom 20.9.2012.

VII. Ermittlung von Steuerstraftaten **22**

dem Hauptbehälter- § 17 Abs. 1 EnergieStG. Es ist (was in vorgenannten Fällen regelmäßig unterbleibt) unverzüglich eine Steueranmeldung abzugeben. Die Steuer ist sofort fällig.

Die den Zollfahndern altbekannte Tatsache, dass sich Schmuggler sehr schnell an sich verändernde Märkte anpassen und sich neue, lukrative Geschäftsfelder erschließen, hat sich auch aktuell wieder bestätigt: In jüngerer Zeit sind in der EU sog. Shisha-Lokale wie Pilze aus dem Boden geschossen. Der damit einhergehende Bedarf an Wasserpfeifentabak wird – ausweislich der zunehmenden Zahl der Aufgriffe und Ermittlungsverfahren in diesem Bereich – nicht nur auf dem legalen Markt befriedigt. So haben Hamburger Zöllner im Mai 2012 bei der Kontrolle eines Containers aus Dubai, der angeblich (nur) Holzkohle für Wasserpfeifen enthielt, auch 18 Tonnen Wasserpfeifentabak entdeckt. Der Steuerschaden betrug ca. 1,4 Mio. €[183].

c) Schwere Steuerhinterziehung

§ 370 Abs. 3 enthält Regelbeispiele für besonders schwere Fälle der Steuerhinterziehung. Ein **100** solcher besonders schwerer Fall liegt vor, wenn der Täter
1. Steuern in großem Ausmaß verkürzt oder nicht gerechtfertigte Steuervorteile erlangt,
2. seine Befugnisse oder seine Stellung als Amtsträger (§ 11 Abs. 1 Nr. 2 StGB) missbraucht,
3. die Mithilfe eines Amtsträgers ausnutzt, der seine Befugnisse oder seine Stellung missbraucht,
4. unter Verwendung nachgemachter oder verfälschter Belege fortgesetzt Steuern verkürzt oder nicht gerechtfertigte Steuervorteile erlangt, oder
5. als Mitglied einer Bande, die sich zur fortgesetzten Begehung von Taten nach Absatz 1 verbunden hat, Umsatz- oder Verbrauchsteuern verkürzt oder nicht gerechtfertigte Umsatz- oder Verbrauchsteuervorteile erlangt.

Als Amtsträger kommen Zollbeamte oder Beamte der Bundespolizei in Betracht, die ihre Dienststellung etwa durch Vorzeigen des Dienstausweises, Benutzung des Dienstkraftfahrzeuges, Ausnutzung ihrer Vorgesetzteneigenschaft, Ausnutzung des Dienstes auf ausländischem Hoheitsgebiet, usw. missbrauchen, um nicht kontrolliert zu werden. Die Höhe des verursachten Steuerschadens ist unerheblich,[184] sehr geringer Schaden lässt jedoch ein Regelbeispiel entfallen.[185] Der Strafrahmen beträgt zwischen 6 Monaten und 10 Jahren.

Die unter Rn. 97 dargestellten Stoßgeschäfte im Steueraussetzungsverfahren sind ein geradezu klassisches Beispiel für die bandenmäßige Verkürzung von Verbrauchsteuern, d. h., Fälle nach § 370 Abs. 3 Nr. 5 AO. Verbrauchsteuern, die als Einfuhrabgaben geschuldet werden (§ 1 Abs. 1 S. 3 ZollVG), fallen hingegen nicht unter diese Regelungen.

3. Bannbruch

§ 372 AO behandelt die verbotswidrige Ein-, Aus- und Durchfuhr von Gegenständen. Die **101** Vorschrift erfasst als **Blankettnorm** in praktikabler Form die zahlreichen, sich aus nationalen Gesetzen und EG-Verordnungen ergebenden Verbotstatbestände in einer Norm für den Zoll/Zollfahndungsdienst und begründet damit zugleich eine einheitliche Strafverfolgungskompetenz für den Zollfahndungsdienst, die sich auf alle erfassten Verbotstatbestände unterschiedlicher, i. d. R. nicht-steuerlicher Art erstreckt.

Was Einfuhr-, Ausfuhr- oder Durchfuhrverbot i. S. des § 372 AO ist, richtet sich nach der jeweiligen Verbotsnorm[186].

Ausschlaggebend für die Einbeziehung des Bannbruchs in den Kreis der Steuerstraftaten waren praktische und verfahrensrechtliche Überlegungen. Da die Zollverwaltung im Rahmen der Warenabfertigung und der Grenzüberwachung im Bereich der Abgabenerhebung ohnehin schon kontrollierte und **Verstöße gegen Verbote und Beschränkungen des**

---

[183] Zoll aktuell, Ausgabe 4, August 2012.
[184] *Klein/Jäger* AO § 370 Rz. 290.
[185] *Janovsky*, NStZ 1998, 117 (119).
[186] BGH v. 15.2.11 – 1 StR 676/10.

grenzüberschreitenden Warenverkehrs regelmäßig mit abgabenrechtlich relevanten Sachverhalten zusammenfallen, konnte sie diese Aufgabe sinnvollerweise mit übernehmen.[187] Damit wurde zugleich sichergestellt, dass im grenzüberschreitenden Waren- und Reiseverkehr nicht eine Vielzahl von Überwachungs- und Verfolgungsbehörden von Bund und Ländern zeitlich und örtlich nebeneinanderher arbeiten. Die Strafverfolgungskompetenz ist der Zollverwaltung als **Komplementärbefugnis** zu ihrer Überwachungsaufgabe bei der Kontrolle des Warenverkehrs nach § 1 ZollVG, § 209 AO auch deshalb zugeschrieben worden, um eine materiell-rechtlich und verfahrensrechtlich einheitliche Handhabung der Vorschriften zu gewährleisten.

102 Unabhängig davon, ob ein Verstoß gegen diese Verbote in den spezialgesetzlichen Vorschriften pönalisiert wird, ist der entsprechende Verstoß gegen derartige Bestimmungen nach dem im Wortlaut des § 372 Abs. 1 AO eindeutig zum Ausdruck kommenden Willen des Gesetzgebers **immer** ein Bannbruch.[188] Dies hat *Hübner*, mit seiner sog. **„Manteltheorie"**, nach der der Bannbruchtatbestand alle Zuwiderhandlungen gegen entsprechende Verbote wie ein Mantel umfasst, besonders plastisch und deutlich umschrieben.[189] Ein Verstoß gegen ein Ein-, Aus- oder Durchfuhrverbot behält somit immer die Qualität eines Bannbruchs, wird damit jedoch nicht zwingend zu einer **Steuerstraftat**.

Fast alle Verbote sind zwischenzeitlich in den jeweiligen Spezialgesetzen bereits mit Strafe bewehrt. Aktuell kennt nur noch Art. 2 Abs. 1 VO (EWG) Nr. 3911/92 zum Schutz vor illegalen Ausfuhren von Kulturgut keine **eigene Strafbewehrung**.

Die Bezeichnung einer Tat als Bannbruch hat vor allem Bedeutung für die Anwendung des § 373 Abs. 2 AO – vgl. dort.

103 Aus §§ 372 Abs. 2, 370 Abs. 1 AO ergibt sich, dass der Bannbruch einen **Vergehenstatbestand** darstellt, der im Höchstmaß eine Freiheitsstrafe von 5 Jahren vorsieht, soweit nicht § 372 Abs. 2 AO auf eine Strafandrohung in Spezialgesetzen verweist. Dadurch wird dem unterschiedlichen Unrechtsgehalt der Vielzahl der im Bannbruchtatbestand zusammengefassten Bannbruchverstöße Rechnung getragen. Ein Bannbruch kann folglich Verbrechen oder Vergehen sein.[190] Soweit die Tat in einem Nebengesetz als Ordnungswidrigkeit qualifiziert ist, sind die Konsequenzen aufgrund der widersprüchlichen Formulierung des § 372 Abs. 1 u. 2 sowie des § 369 Abs. 1 Nr. 2 AO einigermaßen umstritten,[191] jedenfalls wird bei einfachem(!) Bannbruch wegen Abs. 2 daraus keine Straftat: Die Handlung ist als Bannbruch nach § 372 Abs. 1 AO zu qualifizieren und gem. § 372 Abs. 2 AO i. V. m. dem OWi-Tatbestand mit Geldbuße zu ahnden,[192] der Bannbruch ist also hier Ordnungswidrigkeit.

Wamers vertritt zu der umstrittenen Materie – verkürzt – folgende Auffassung:[193]

Der Bannbruch des § 372 Abs. 1 AO ist zunächst eindeutig Steuerstraftatbestand nach der AO – § 369 Abs. 1 Nr. 2 AO. Sieht das Verbotsgesetz selbst keine Sanktion vor, wird der Täter nach Abs. 2 1. Altern. i. V. m. § 370 AO wie ein Steuerhinterzieher bestraft.

Der Bannbruch bleibt aber, auch wenn die Ahndung aus einem anderen Gesetz erfolgt, nach der Manteltheorie von *Hübner*[194] **immer** Bannbruch und damit stets Steuer-„delikt", weil die Tat nach der Formulierung des Abs. 2 die Qualität als Bannbruch nicht verlieren soll, da nur die Ahndung (Strafe oder Geldbuße) und **nicht der Tatbestand** subsidiär ist. Demzufolge entzieht sich der Bannbruchtatbestand den gebräuchlichen Konkurrenzregeln

---

[187] BGH NJW 1973, 815; *Hübner*, in: *Hübschmann/Hepp/Spitaler*, AO, vor § 372 Rn. 15, 16; *Bender*, Zoll- u. Verbrauchsteuerstrafrecht, Tz. 96, 1).

[188] *Bender*, Zoll- u. Verbrauchsteuerstrafrecht, Tz. 96, 1); *Hübner*, in: *Hübschmann/Hepp/Spitaler*, AO, vor § 372 Rn. 22.

[189] BGH in NJW 1973, 1707 (1708); *Hübner*, a. a. O., § 372, Rn. 81; zuletzt *Fehn*, ZfZ 1998, 70–71, der zum Ergebnis kommt, auch Ordnungswidrigkeiten würden über § 372 AO zur Straftat, die jedoch nur zu „bebußen" sei.

[190] *Hübner*, a. a. O., vor § 372 Rn. 34, 96 ff.

[191] Vgl. zum Stand der Diskussion *Kohlmann*, Steuerstrafrecht, § 372 Rn. 41–45.

[192] A. A. mit guten Argumenten *Fehn* ZfZ 1998, 70.

[193] Vgl. ausführlich *Wamers*, AW-Prax 1999, 212.

[194] *Hübner*, in: *Hübschmann/Hepp/Spitaler*, Rn. 22 vor § 372 AO.

VII. Ermittlung von Steuerstraftaten

des StGB, wenn dies auch erkennbar der einzige derartige Fall im deutschen Strafrecht ist.[195]

Bannbruch kann nach Abs. 2 des § 372 AO sowohl **Steuerstraftat** als auch **Steuerordnungswidrigkeit** sein, und zwar in Abhängigkeit davon, ob die Zuwiderhandlung gegen die Verbotsregelung im Nebengesetz mit Strafe oder mit einem Bußgeld bedroht ist; sie bleibt aber immer Bannbruch.[196, 197]

Auch der **versuchte Bannbruch** kann strafbar sein. Erfolgt eine Bestrafung aus § 372 Abs. 2 AO, ergibt sich dies schon aus § 370 Abs. 1 u. 2; erfolgt die Bestrafung wegen der subsidiären Strafandrohung des Bannbruchs aus der Verbotsnorm eines Nebengesetzes, kommt es nach h. M. darauf an, ob dieses Nebengesetz in seiner Verbotsnorm eine Strafbarkeit des Versuchs vorsieht.[198]

Im Verhältnis zu anderen pönalisierten Einfuhrtatbeständen ist beim einfachen Bannbruch nicht der Tatbestand, sondern **die Strafandrohung** des Bannbruchs subsidiär. Dieser Auffassung hat sich die überwiegende Zahl der Stimmen des abgaben- und steuerstrafrechtlichen Schrifttums angeschlossen.[199]

Der BGH hat diese Auffassung schon im Jahre 1973 zum inhaltsgleichen § 396 Abs. 2 RAO – alter Fassung – mehrfach bestätigt[200] und hierzu ausgeführt:

„Danach erscheint die ... im Schrifttum vertretene Auslegung als zutreffend, dass – abweichend von der bisherigen Rechtslage – der Bannbruch diese Eigenschaft auch dann nicht verliert, wenn die Subsidiaritätsklausel Platz greift; nur treten die Vorschriften der Abgabenordnung gegenüber den anderen Vorschriften, auf die § 396 Abs. 2 AO verweist, regelmäßig zurück. Wird die Zuwiderhandlung gegen das Einfuhr-, Ausfuhr- oder Durchfuhrverbot dagegen nicht durch bloße Umgehung oder Täuschung der Zollbehörde, sondern auf eine für diese besonders gefährliche Weise oder gewerbsmäßig begangen, so steht die „Subsidiaritätsklausel" der Anwendbarkeit des die besonderen Begehungsweisen mit erhöhter Strafdrohung erfassenden § 397 AO (Anm. des Verf.: entspricht § 373 AO – neu) nicht entgegen ... **Diese Regelung des gegenseitigen Verhältnisses des § 396 AO (Anm. des Verf.: § 372 AO – neu), der Vorschriften, auf die er in seinem Absatz 2 verweist, sowie des § 397 AO (Anm. des Verf.: entspricht § 373 AO – neu) lässt sich mit den herkömmlichen Konkurrenzregeln nicht eindeutig erfassen. Dem Gesetzgeber steht es jedoch frei, wie hier, das Verhältnis von Strafvorschriften zueinander in einer Weise zu bestimmen, die sich nicht genau in eine der von Rechtsprechung und Schrifttum entwickelten Konkurrenzformen einordnen lässt. Für die Auslegung maßgebend ist nicht die Übereinstimmung ihres Ergebnisses mit dogmatischen Regeln, sondern der von rechtspolitischer Zielsetzung getragene und im Gesetz zum Ausdruck gekommene Wille des Gesetzgebers, bestimmte Verhaltensweisen in bestimmter Weise mit Strafe zu bedrohen."**[201]

Dass es aufgrund des § 372 Abs. 2 AO nicht sehr häufig zu **Verurteilungen wegen einfachen Bannbruchs** kommt, liegt in der strafrechtsdogmatisch ungewohnten Mantelnatur der Vorschrift sowie in der Subsidiaritätsklausel des Abs. 2, nimmt aber der Vorschrift nicht ihren vorgenannten Sinn. Diese Auffassung hat ausdrücklich der BGH geteilt,[202] und die

---

[195] *Hübner*, wie vor, Rn. 81 zu § 372 AO.
[196] A. A. *Hübner*, in: *Hübschmann/Hepp/Spitaler*, Rn. 90 zu § 372 AO.
[197] Auf die ausführlichen Ausführungen von *Wamers* in der 2. Auflage ds. Handbuchs sei hingewiesen.
[198] *Klein/Jäger* AO § 372 Rz. 20; a.A. *Klein/Wisser* AO § 372 Rz. 8 in der 9. Auflage.
[199] *Körner*, BtMG, § 21 Rn. 4; *Hübner*, a. a. O., § 372 Rn. 81; *Senge*, in: *Erbs/Kohlhaas/Meyer*, § 372 AO Anm. 20, 21; *Kohlmann*, Steuerstrafrecht, § 372 Rn. 28; *Ricke*, ZfZ 1976, 143 (145); *Bender*, ZfZ 1984, 322–327 (325); *Brenner*, ZfZ 1980, 240–242 (240); *Wamers*, der kriminalist 1988, 196/197; ders., der kriminalist 1991, 52 ff.; *Jäger* in *Franzen/Gast/Joecks*, Rn. 41 ff. zu § 372 AO.
[200] BGH in NJW 1973, 1707 (1708); 1973, 814; BGHSt 25, 139.
[201] BGH in NJW 1973, 1708.
[202] BGHSt 25, 137 ff. (139); vgl. ausführlich *Hübner*, in: *Hübschmann/Hepp/Spitaler*, Rn. 81 bis 88 zu § 372 AO mit zahlreichen weiteren Nachweisen; *Jäger*, in: *Franzen/Gast/Joecks*, Rn 41 bis 45 zu § 372 AO m. w. N.

Zollverwaltung verfolgt daher in jahrzehntelanger Rechtspraxis sämtliche Verbotsverstöße auch unter dem Gesichtspunkt des Bannbruchs.

4. Wertzeichenfälschung

106 Die Wertzeichenfälschung und deren Vorbereitung gem. §§ 148, 149 StGB, soweit Steuerzeichen Gegenstand sind, betrifft die Fälschung von deutschen **Steuerbanderolen auf Tabakwaren** – vgl. § 17 TabStG. Das seltene Delikt hat eine Neuauflage durch in Osteuropa total gefälschte deutsche Steuerzeichen erhalten, die gelegentlich auf geschmuggelten Zigarettenpackungen vorgefunden wurden. Die Fälschungen sind im kriminaltechnischen Labor des ZKA schnell nachweisbar.

Gem. § 152 StGB ist auch die Fälschung **ausländischer Steuerzeichen** in der Bundesrepublik strafbar, jedoch nicht als Steuerstraftat gem. § 369 Abs. 1 Nr. 3 AO, sondern als allgemeines Delikt gem. §§ 148, 149, 152 StGB. Im Jahre 1996 haben russische Straftäter bei mehreren deutschen Druckereien den Versuch unternommen, dort zum Zwecke der Hinterziehung russischer Steuern russische Steuerbanderolen für Feinsprit und alkoholische Getränke in der Russischen Föderation drucken zu lassen. Das notwendige Spezialpapier wird dabei den Druckereien von den russischen Auftraggebern zur Verfügung gestellt.

Der **Versuch** der Steuerzeichenfälschung ist nach § 148 Abs. 3 StGB strafbar. Die zum Straftatbestand verselbstständigte Vorbereitungshandlung kennt den **persönlichen Strafaufhebungsgrund** der tätigen Reue in § 149 Abs. 2, 3 StGB.

5. Gewerbsmäßiger, gewaltsamer und bandenmäßiger Schmuggel

107 Gegenstand des § 373 AO ist der gewerbsmäßige, gewaltsame und bandenmäßige Schmuggel. Interessant ist, dass der Gesetzgeber hier den Begriff des „Schmuggels", der sonst nicht im Gesetzeswortlaut auftaucht, in die Überschrift der Regelung aufgenommen hat. Die Vorschrift wurde zum 1.1.2008 in mehrfacher Hinsicht geändert[203].

Beachte: § 373 ist nur dann einschlägig, wenn Waren **unmittelbar aus einem Drittland** in die Bundesrepublik Deutschland verbracht werden, denn nur dann entsteht hier eine Einfuhrabgabenschuld. Werden verbrauchsteuerpflichtige Waren hingegen aus einem Drittland in einen anderen EU-Mitgliedstaat und erst im Anschluss daran illegal nach Deutschland verbracht, stellt dies keinen Schmuggel dar, sondern eine Steuerverkürzung gemäß § 370 Abs. 1 Nr. 2 AO[204].

Bei § 373 AO handelt sich nicht um strafschärfende Regelbeispiele und zumindest seit seiner Änderung zum 1.1.2008 auch nicht mehr um einen **eigenständigen Straftatbestand** in Form unselbstständiger tatbestandlicher Abwandlungen der §§ 370, 372 AO, der unter den genannten Voraussetzungen die Anwendung des in § 373 AO enthaltenen erhöhten Strafrahmens zur Folge hat[205], sondern vielmehr um einen **echten Qualifikationstatbestand**. Dies ergibt sich u. a. aus dem neuen Abs. 3, der nunmehr die Strafbarkeit des Versuchs regelt. Mit dem erhöhten Strafrahmen von 6 Monaten bis zu 10 Jahren[206] wird bestraft,
– wer gewerbsmäßig Einfuhr- oder Ausfuhrabgaben hinterzieht oder Bannbruch (hier nur durch Verstoß gegen Monopolvorschriften) begeht,
 [Gewerbsmäßigkeit einer Steuerhinterziehung oder eines Bannbruchs liegt vor, wenn rein subjektiv die Absicht des Täters besteht, sich durch eine wiederholte Tatbegehung eine fortlaufende Einnahmequelle von einiger Dauer zu verschaffen.[207] Es muss sich dabei nicht um die einzige oder überwiegende Einnahmequelle des Täters handeln, sie muss aber von

---

[203] Vgl. Art. 3 Nr. 4 des Gesetzes zur Neuregelung der Telekommunikationsüberwachung … vom 21.12.2007, BGBl. I, S. 3198.
[204] Vgl. BFH Beschluss vom 1.2.2007 – 5 StR 372/06; BFH Urteil v. 14.3.2007 – 5 StR 461/06.
[205] BGHSt 32, 95; BGH, wistra 1987, 30 ff.
[206] Bis 31.12.2007: 3 Monate bis 5 Jahre.
[207] *Klein/Jäger* AO § 373 Rz. 16 bis 21.

VII. Ermittlung von Steuerstraftaten 22

einigem Umfang (sic!) sein. Plant der Täter fortlaufende Wiederholung, reicht einmalige Tat aus, erheblicher Gewinn ist nicht erforderlich.[208] Ein kriminelles Gewerbe oder eine berufliche Tätigkeit muss im Handeln nicht liegen.[209] Indizien für eine Gewerbsmäßigkeit sind: Herstellung von Rechnungsformularen nicht existierender Firmen zur Ausstellung unterfakturierter Rechnungen, Herstellung von Zoll-Stempelfalsifikaten, Gründung von Scheinfirmen, Bildung von Rückstellungen in der Buchhaltung für den Fall des „Auffliegens", Herstellung von speziellen Schmuggelverstecken in Fahrzeugen für den grenzüberschreitenden Warenverkehr, Ankauf manipulierbarer Zollverschlüsse, nachträgliches Aufheben der Verschlusssicherheit von Fahrzeugen im TIR- oder Versandverfahren. Die Rechtsprechung des BGH zur „Steuerhinterziehung in großem Ausmaß" gilt auch für den Schmuggel nach § 373 AO[210]. Sowohl beim Schmuggel nach § 373 AO als auch bei der Steuerhinterziehung nach § 370 AO ist es dabei ohne Bedeutung, ob die Milliongrenze durch eine einzelne Tat oder erst durch mehrere gleichgelagerte Einzeltaten erreicht worden ist.]

– wer eine Hinterziehung von Einfuhr- oder Ausfuhrabgaben oder einen Bannbruch (jede Form des Bannbruchs) begeht, bei denen einer der Beteiligten eine Schusswaffe mitführt,
– wie vor, bei denen ein Beteiligter eine Waffe im untechnischen Sinne bei sich führt, um den Widerstand eines anderen durch Gewalt oder Drohung mit Gewalt zu verhindern oder zu überwinden,
– wer als Mitglied einer Bande, die sich zur fortgesetzten Begehung der Hinterziehung von Einfuhr- oder Ausfuhrabgaben oder des Bannbruchs verbunden hat, eine solche Tat begeht.

Der Begriff der Bande setzt seit der Änderung der BGH-Rechtsprechung im Jahre 2001 den Zusammenschluss von mindestens drei Personen voraus, die sich mit dem Willen verbunden haben, künftig für eine gewisse Dauer mehrere selbstständige, im Einzelnen noch ungewisse Steuerhinterziehungen oder Bannbrüche zu begehen.[211] Ein gefestigter Bandenwille oder ein Handeln in einem übergeordneten Bandeninteresse ist nicht erforderlich.[212] Ebenso wird kein gemeinsames Handeln von zwei oder mehr Bandenmitgliedern am Tatort oder ein unmittelbares Zusammenwirken verlangt. Ausreichend kann sogar sein, dass ein von der Bande beauftragter Dritter die Schmuggelhandlung vornimmt (Kurier), das Zusammenspiel jedoch von einem Bandenmitglied organisiert ist.

[Indikatoren für die Annahme einer bandenmäßigen Tatbegehung z. B. beim Zigaretten- oder Alkoholschmuggel sowie beim Subventionsbetrug können sein
– das Eingebundensein in eine bandenmäßige Organisation,
– eine „geschäftsmäßige Auftragsverwaltung",
– eine gemeinsame Buchführung,
– eine arbeitsteilige Abwicklung von Akquisition, Vermittlungstätigkeit und Forderungseinziehung,
– das Vorliegen einer gemeinsamen Kasse sowie
– die Beteiligung an den gemeinsam erwirtschafteten Gewinnen und Verlusten.[213]

Die besonderen persönlichen Merkmale des Täters nach § 373 Abs. 1 und 2 AO müssen gem. § 28 Abs. 2 StGB bei jedem Tatbeteiligten gesondert festgestellt werden.]

Wesentliche Bedeutung erlangt der Bannbruch gerade in seinen gewerbsmäßigen, gewaltsamen oder bandenmäßigen Erscheinungsformen gem. § 373 Abs. 1 u. 2 AO, da die **Subsidiaritätsklausel** des § 372 Abs. 2 nur für den einfachen Bannbruch gilt.[214] Dies gilt auch für Zuwiderhandlungen gegen Verbringungsverbote, die sich im jeweiligen Nebengesetz zwar als

---

[208] *Jäger* in *Franzen/Gast/Joecks*, Rn. 11 bis 13 zu § 373.
[209] BGHSt 1, 383; 10, 217; 26, 4; *Tröndle/Fischer*, StGB, § 260, Rn. 2.
[210] BGH, Urteil vom 22.5.2012 – 1 StR 103/12, ZWH 7/12, S. 279, ZfZ 2012 Nr. 7, S. 194.
[211] Vgl. BGH, Beschl. v. 22.3.2001 – GSSt 1/00, wistra 2001, 298; BGH, Beschl. v. 22.8. 01–3 StR 287/01, wistra 2002, 21; ausführlich *Ellbogen*, in: wistra 2002, 8 ff.
[212] *Burger*, in wistra 2002, 2.
[213] BGH, Urteil v. 23.7.1998 – 4 StR 238/98, StV 1998, 599.
[214] *Kohlmann*, Steuerstrafrecht, § 372 Rn. 4, 46.

bloße **Ordnungswidrigkeiten** darstellen, in ihren besonders gefährlichen Erscheinungsformen nach § 373 AO aber zur Straftat werden.[215]

Taten nach § 373 AO sind taugliche Geldwäsche-Vortaten – § 261 Abs. 1 S. 2 Nr. 3 StGB. Der versuchte Schmuggel ist seit dem 1.1.2008 ausdrücklich strafbar- § 373 Abs. 3 AO.

Ferner ist seitdem gemäß Abs. 4 auch der § 370 Abs. 6 Satz 1 und Abs. 7 auf Taten nach § 373 AO anwendbar.

6. Steuerhehlerei

108 Die Steuerhehlerei nach § 374 AO ist dem Hehlerei-Tatbestand des § 259 StGB nachempfunden. Die Vorschrift wurde ebenfalls zum 1.1.2008 in mehrfacher Hinsicht geändert[216]. Gegenstand der Tat sind Erzeugnisse oder Waren, hinsichtlich derer Verbrauchsteuern oder Einfuhr- und Ausfuhrabgaben im Sinne des Artikels 4 Nrn. 10 und 11 ZK hinterzogen oder Bannbruch nach § 372 Abs. 2(!) oder § 373 AO begangen worden ist. Die Vorschrift setzt nicht voraus, dass die Steuerhinterziehung oder der Bannbruch durch einen „anderen" begangen worden sein muss. Allerdings handelt es sich um eine mitbestrafte Nachtat, wenn der Hehler selbst vorher die Steuerhinterziehung oder den Bannbruch begangen hat. In einem aktuellen Beschluss hat der BGH nunmehr auch bestätigt, dass Steuerhehlerei – jedenfalls in Form der Absatzhilfe[217] – auch vor Beendigung der vorausgegangenen Steuerhinterziehung möglich ist[218]. In dem entschiedenen Fall war der ursprünglich vorgesehene Abnehmer abgesprungen, als sich die Ware bereits im Inland befand. Der Täter wandte sich Hilfe suchend wegen Lagerfläche bzw. möglichen Abnehmern an den bislang unbeteiligten X, der nachfolgend erfolgreich einen Kontakt zu einem Abnehmer A herstellte. Als der X Kontakt mit dem A aufnahm, befanden sich die Zigaretten bereits im Inland. Die Steuerhinterziehung war also bereits vollendet, allerdings noch nicht beendet, weil die Waren noch nicht „zur Ruhe gekommen"[219] waren. Die vom Steuerhehler (hier: X) geleistete Hilfe kann typischerweise in der Vermittlung von Kontakten zu Kaufinteressenten liegen. Diese Absatzhilfe geht im Erfolgsfall der Übertragung der „Schmuggelware" an den Abnehmer [und damit der Beendigung der Tat mit Übergabe an selbigen] regelmäßig voraus. Eine Verurteilung allein wegen Beihilfe zur Steuerhinterziehung würde das nach gesetzlicher Wertung beim Tatbeteiligten (hier: X) eigenständige Unrecht, das in der Mitwirkung am Absatz liegt, nicht erfassen.

Für gewerbs- oder bandenmäßige Steuerhehlerei sieht Abs. 2 der Vorschrift nunmehr einen erhöhten Strafrahmen von 6 Monaten bis zu 10 Jahren vor. Taten nach § 374 Abs. 2 AO sind taugliche Geldwäsche-Vortaten – § 261 Abs. 1 S. 2 Nr. 3 StGB.

Nach Abs. 3 ist auch die versuchte Steuerhehlerei strafbar. Dies gilt für alle Tatbestandsvarianten, auch für den untauglichen Versuch.

Abs. 4 verweist auf § 370 Abs. 6 S. 1 und Abs. 7 AO und erstreckt damit die Strafbarkeit auch auf Waren, hinsichtlich derer Einfuhr- oder Ausfuhrabgaben hinterzogen wurden, die von einem anderen EU-Mitgliedstaat verwaltet werden oder einem EFTA-Staat zustehen sowie auf Auslandstaten. Regelmäßig handelt es sich bei Hehlerei von Waren, die aus einem Steuerlager gestohlen wurden, auch um Steuerhehlerei.

Steuerhehlerei kann unabhängig vom Recht des Tatortes auch außerhalb des Geltungsbereichs der AO begangen werden – § 374 Abs. 4 AO, der insoweit auf § 370 Abs. 7 AO verweist.

---

[215] *Kohlmann*, Steuerstrafrecht, § 372 Rn. 46.
[216] Vgl. Art. 3 Nr. 5 des Gesetzes zur Neuregelung der Telekommunikationsüberwachung ... vom 21.12.2007, BGBl. I, S. 3198.
[217] Zur Absatzhilfe bei Steuerhehlerei vgl. BGH, Beschluss v. 11.6.2008 – 5 StR 145/08, NStZ 2009, S. 161.
[218] BGH, Beschl. vom 9.2.2012 – 1 StR 438/11; wistra 7/2012, S. 270.
[219] Vgl. BGH, Urteil vom 2.2.2010 – 1 StR 635/09 m. w. N.

VII. Ermittlung von Steuerstraftaten

7. Begünstigung

Die Vorschrift des § 369 Abs. 1 Nr. 4 AO macht eine **sachliche Begünstigung** nach § 257 StGB zur Steuerstraftat, wenn die Vortat eine (rechtswidrige) Steuerstraftat war.[220] Sie besteht in einer Unterstützung des Täters nach der Tat, durch die die Verwirklichung des Steueranspruchs unmöglich gemacht oder noch weiter erschwert wird. Die Begünstigung einer steuerstrafrechtlichen Begünstigung selbst ist keine Steuerstraftat mehr.[221] Persönliche Strafaufhebungsgründe des Vortäters (§ 371 AO – Selbstanzeige oder § 24 StGB – strafbefreiender Rücktritt) schließen eine Bestrafung wegen Begünstigung nicht aus.

Durch Änderung und Aufspaltung des § 257 StGB a. F. in die §§ 257, 258 StGB ist die (persönliche) Begünstigung/Strafvereitelung herausgefallen und somit keine Steuerstraftat mehr. Die Vorschrift dient dem Interesse der Rechtsordnung an der Wiederherstellung des vorherigen gesetzmäßigen Zustandes.[222]

8. Einziehung

Gem. § 375 Abs. 2 AO können in Fällen der Steuerhinterziehung, des Bannbruchs nach § 372 Abs. 2, § 373 und der Steuerhehlerei die Tatgegenstände (z. B. verbrauchsteuerpflichtige Waren) und die zur Tat benutzten Beförderungsmittel eingezogen werden. Die Vorschrift verweist auf die Möglichkeiten einer erweiterten Einziehung nach § 74 a StGB.

Nach § 76 AO ruht auf verbrauchsteuer- oder zollpflichtigen Waren ohnehin die Sachhaftung, die jederzeit im Wege der Beschlagnahme gem. Abs. 3 vor, neben oder nach einer Beschlagnahme nach der StPO zur Realisierung der steuerlichen Ansprüche geltend gemacht werden kann. Für dieselben Waren ist zudem noch die Möglichkeit der Sicherstellung im Aufsichtsweg gem. § 215 AO unter bestimmten Voraussetzungen möglich.

9. Das Schmuggelprivileg

Bei Steuerstraftaten nach § 369 AO im grenzüberschreitenden Reiseverkehr (also nicht bei einem illegalen Grenzübertritt und nicht im Zusammenhang mit gewerblichem Warenverkehr) besteht unter Umständen gem. § 32 ZollVG ein zwingendes **Verfahrenshindernis,** wenn die eingeschmuggelte Ware weder zum Handel noch zur gewerblichen Verwendung bestimmt ist und wenn die verkürzten Einfuhrabgaben 130 € nicht übersteigen. Weiterhin ist Voraussetzung, dass die Ware nicht verheimlicht oder an schwer zugänglichen Stellen[223] versteckt wurde und es sich nicht um eine Wiederholungs-Steuerstraftat innerhalb von 6 Monaten handelt. Entgegen der früheren Fassung des alten § 80 ZG bezieht sich das Privileg nunmehr wegen des ausdrücklichen Wortlauts der Regelung auf **alle Steuerstraftaten und Steuerordnungswidrigkeiten** und nicht nur auf Fälle kleinerer Steuerhinterziehungen im Reiseverkehr.[224]

Eine vergleichbare Entkriminalisierungsfunktion besitzt auch § 37 (ex-§ 30 a) TabStG. Danach ist nicht wegen Steuerhehlerei strafbar, sondern nur wegen einer Ordnungswidrigkeit mit einer Geldbuße zu belegen, wer vorsätzlich oder fahrlässig zum Eigenverbrauch nicht mehr als 1000 (eingeschmuggelte) Zigaretten ohne Steuerbanderole erwirbt.

---

[220] Zur Begünstigung nach Steuerhinterziehung vgl. BGH-Urteil v. 26.10.1998 – 5 StR 746/97, wistra 1999, 103–108.
[221] *Kohlmann,* Steuerstrafrecht, § 369 Rn. 42.
[222] *Kohlmann,* Steuerstrafrecht, § 369 Rn. 38.
[223] BayObLG hält ein Verstecken von Zigarettenstangen unter der Dämmmatte der Fahrzeugmotorhaube für unschädlich i. S. des Privilegs, Beschl. v. 22.8.2000 – 4 St RR 98/2000; (abwegig!).
[224] *Kohlmann,* Steuerstrafrecht, § 372 Rn. 56; nunmehr auch *Bender* in ZfZ 2002, 150.

10. Selbstanzeige bei Steuerhinterziehung

113 Obwohl der Täter bereits eine Steuerstraftat verwirklicht hat, kann er sich bei der einfachen Steuerhinterziehung nach § 370 AO nachträglich durch den **persönlichen Strafaufhebungsgrund** der Selbstanzeige des § 371 AO Strafbefreiung verschaffen, so dass eine Strafverfolgung nicht mehr möglich ist – § 170 Abs. 2 StPO. Dies gilt bereits nach dem Wortlaut der Vorschrift nur für die Fälle der Steuerhinterziehung nach § 370 Abs. 1 bis 3 AO. Ferner ist eine strafbefreiende Selbstanzeige auch bei ausländischen Zöllen und Steuern i. S. des § 370 Abs. 6 AO möglich[225]. § 371 AO gilt hingegen nicht für Fälle des § 373 oder des § 374 AO[226] und auch nicht für den Bannbruch (§ 372 AO). Ebenfalls nicht erfasst von § 371 AO wird die Umsatzsteuerhinterziehung nach § 26c UStG. Wer also Steuern nicht anmeldet und hinterzieht, kann sich durch Selbstanzeige straffrei stellen, wer USt sogar noch anmeldet, dann jedoch nicht fristgemäß zahlt, den trifft die Schärfe des Gesetzes. Die Selbstanzeige entfaltet **keine Sperrwirkung** hinsichtlich der Verfolgung allgemeiner Straftaten, die der Steuerpflichtige im Rahmen der Selbstanzeige offenbart. Ein Verwendungsverbot nach § 393 Abs. 2 AO besteht insoweit nicht.[227]

114 § 371 AO ist durch das Schwarzgeldbekämpfungsgesetz[228] mit Wirkung vom 3.5.2011 umfassend geändert worden. Ziel der Neuregelung war es, dem Missbrauch des Instruments der Selbstanzeige im Rahmen einer „Hinterziehungsstrategie" durch die Steuerstraftäter zu begegnen. Die Straffreiheit wird nunmehr nur noch erlangt durch **vollumfängliche** Berichtigung unrichtiger, Ergänzung unvollständiger oder Nachholung unterlassener Angaben **zu allen (strafrechtlich) unverjährten Steuerstraftaten einer Steuerart** bei der Zollbehörde (Finanzbehörde) – § 371 Abs. 1 AO. Die Erklärung des Steuerhinterziehers muss inhaltlich den Anforderungen genügen, die an den Täter bei ordnungsgemäßer Erfüllung seiner steuerlichen Pflichten gestellt werden, d. h., die Finanzbehörde muss aufgrund der Erklärung in der Lage sein, die Steuer festzusetzen.[229] Eine **Teilselbstanzeige** führt nach der Neuregelung nicht mehr zur Strafbefreiung[230].

115 Selbstanzeige in Stufen, zunächst dem Grunde nach, in angemessener Zeit vervollständigt, ist in § 371 nicht vorgesehen.[231] Eine inhaltlich zu niedrige oder unvollständige Selbstanzeige zeitigt keine strafbefreiende Wirkung mehr. Gleiches gilt nunmehr auch für eine bewusst nicht vollständige, sog. „dolose" Selbstanzeige. Da die Selbstanzeige vollumfänglich sein muss, sind Differenzen (jedenfalls nach unten) grundsätzlich schädlich. Allerdings geht der Gesetzgeber davon aus, dass Bagatellabweichungen nicht zur Unwirksamkeit der Selbstanzeige führen sollen. Vielmehr müssten wie bisher im praktischen Vollzug Unschärfen hingenommen werden[232]. Nach dem Verjährungszeitraum von 5 bzw. 10 Jahren[233] nach Tatvollendung ist eine Selbstanzeige aus strafrechtlicher Sicht überflüssig, kann jedoch steuerverfahrensmäßige Vorteile bieten, weil hierdurch u. U. keine steuerlichen Ermittlungen der Finanzbehörden mehr erforderlich werden.

116 Ausreichend ist, dass die Erklärung bei einer Zollbehörde nach § 6 AO abgegeben wird, es muss – entgegen früherer Ansicht – nicht die örtlich und sachlich zuständige Zollbehörde sein. Auch Außenprüfer oder Zollfahndungsbeamte können Adressat der Selbstanzeige sein. Die strafbefreiende Wirkung kommt nur dem Tatbeteiligten zugute, der die Selbstanzeige er-

---

[225] Bei welcher Finanzbehörde die Selbstanzeige anzubringen ist, vgl. *Bender*, Zoll- u. Verbrauchsteuerstrafrecht, Tz. 35.2.a sowie *Schmitz/Martin*, wistra 2001, 365.
[226] *Jäger*, in: *Franzen/Gast/Joecks*, Rn. 39 zu § 371 AO m. w. N.
[227] BGH-Urteil v. 5.5.2004 – 5 StR 548/03, NJW 2005, 2720; BVerfG-Beschluss v. 15.10.2004 – 2 BvR 1316/04.
[228] Gesetz zur Verbesserung der Bekämpfung der Geldwäsche und Steuerhinterziehung (Schwarzgeldbekämpfungsgesetz) vom 28.4.2011, BGBl. I, S. 676.
[229] BGHSt 12, 100 ff.; *Janovsky*, NStZ 1998, 117 (122).
[230] BT-Drs 17/4182 v. 14.12.2010, S. 4.
[231] *Klein/Jäger*, AO § 371 Rz. 22.
[232] BT-Drs. 17/5067 [neu], S. 19, *Klein/Jäger*, AO § 371 Rz. 27.
[233] Vgl. § 376 Abs. 1 AO – die Verjährungsfrist für die in § 370 Abs. 3 S. 2 Nr. 1 bis 5 genannten Fälle besonders schwerer Steuerhinterziehung beträgt 10 Jahre.

VII. Ermittlung von Steuerstraftaten 22

stattet²³⁴ und der die gesetzlichen Voraussetzungen des § 371 AO in seiner Person verwirklicht, d. h. Täter, Mittäter oder Gehilfe ist. Zwar ist nicht erforderlich, dass dieser Personenkreis auch tatsächlich höchstpersönlich die Angelegenheit zur Anzeige bringt; es genügt die Veranlassung der Abgabe der Berichtigungserklärung²³⁵ durch den Steuerberater, Rechtsanwalt, Strafverteidiger, Wirtschaftsprüfer usw., doch sollte aus Beweis- und aus Sicherheitsgründen dies auch in irgendeiner Form nachweisbar sein. Sowohl eine verdeckte Stellvertretung wie auch eine mündliche Bevollmächtigung an einen Vertreter reichen rechtlich für eine wirksame Selbstanzeige aus.

Bei eingetretener Steuerverkürzung tritt nach § 371 Abs. 3 AO für einen Tatbeteiligten die Straffreiheit nur ein, wenn die zu seinen Gunsten hinterzogene Steuer innerhalb der ihm bestimmten, angemessenen Frist nachentrichtet wird. Bei Zahlungsunfähigkeit des Steuerstraftäters tritt die strafbefreiende Wirkung des § 371 AO nicht ein, die Selbstanzeige kann sich jedoch strafmildernd auswirken. Feste Fristen für die strafrechtliche Nachzahlungsfrist gibt es nicht. Auch einem offensichtlich zahlungsunfähigen Täter ist eine angemessene Frist zu setzen, damit er die Gelegenheit erhält, sich ggf. um Fremdmittel zu bemühen.²³⁶

Die strafbefreiende Wirkung der Selbstanzeige entfällt, wenn vor der nachzuholenden Erklärung dem Täter oder seinem Vertreter eine Prüfungsanordnung nach § 196 AO oder die Einleitung des Straf- oder Bußgeldverfahrens bekannt gegeben worden ist, ein Amtsträger der Finanzbehörde zu einer steuerlichen Prüfung oder zur Ermittlung einer Steuerstraftat oder -ordnungswidrigkeit erschienen ist oder eine der Steuerstraftaten zum Zeitpunkt der Selbstanzeige bereits entdeckt war und der Täter dies wusste oder damit rechnen musste. Erscheinen muss ein Zoll- oder Zollfahndungsbeamter zu einer steuerlichen Prüfung oder Ermittlung; Staatsanwalt oder Polizeibeamte, die zur Durchsuchung wegen einer Steuerstraftat erscheinen, reichen nicht aus, da sie für die Ermittlung der Besteuerungsgrundlagen nicht zuständig sind.²³⁷ Straffreiheit tritt nach § 371 Abs. 2 Nr. 3 AO n. F. ebenfalls nicht ein, wenn die nach § 370 Abs. 1 verkürzte Steuer oder der für sich oder einen anderen erlangte Steuervorteil einen Betrag von 50.000 € je Tat übersteigt. Allerdings kann nach § 398a AO unter den dort genannten Voraussetzungen von der Verfolgung der Tat abgesehen werden – **Verfolgungshindernis.** § 398a wurde im Rahmen der Neufassung des § 371 AO ebenfalls durch das Schwarzgeldbekämpfungsgesetz vom 8.4.2011 in die AO eingefügt. Die Vorschrift ist nur auf jene Fälle anwendbar, in denen die Wirksamkeit der Selbstanzeige am Sperrgrund des § 371 Abs. 2 Nr. 3 gescheitert ist. Sofern der Täter innerhalb der ihm bestimmten angemessenen Frist die aus der Tat zu seinen Gunsten hinterzogenen Steuern entrichtet und (freiwillig!) innerhalb dieser Frist einen Geldbetrag in Höhe von 5 % der hinterzogenen Steuer zugunsten der Staatskasse zahlt, wird von der Verfolgung der Steuerstraftat abgesehen.

Nach § 371 AO a. F. trat die **Sperrwirkung** des Abs. 2 in den übrigen dort genannten Fällen für den Bereich des durch die Prüfungsanordnung gem. § 196 AO gezogenen Prüfungsumfangs bzw. des Umfangs des dem Beschuldigten gegenüber eröffneten Strafverfahrens ein. Durch § 371 AO n. F. wurden auch die Sperrgründe erheblich erweitert. Ein Sperrgrund, der ggf. nur eine Tat erfasst, steht nunmehr der Wirksamkeit aller nach § 371 AO n. F. abzugebender Selbstanzeigen entgegen²³⁸. **117**

Beispiel:
1. Der Inhaber A eines Zolllagers Typ D war in wirtschaftliche Schieflage geraten und hat in den Jahren 2008 – Januar 2010 aus dem Zolllager in den freien Verkehr der EU entnommene Waren nicht ordnungsgemäß zur Versteuerung angeschrieben/angemeldet. Die fälligen Einfuhrabgaben entrichtet er nicht. Nach Besserung seiner finanziellen Lage gibt A im Mai 2012 eine Anmeldung für sämtliche im o. a. Zeitraum nicht ordnungsgemäß versteuerte Waren ab. Die Taten waren noch nicht entdeckt → es liegt eine wirksame Selbstanzeige vor.

---

²³⁴ *Franzen/Gast/Joecks*, Rn. 33 zu § 371 AO.
²³⁵ BGH, 13.11.1952, BStBl. 1953, 5, 107.
²³⁶ *Klein/Jäger*, AO § 371 Rz. 91.
²³⁷ Vgl. *Janovsky*, NStZ 1998, 117 (122).
²³⁸ Vgl. *Kemper*, NZWiSt 2012, S. 56 ff. m. w. N.: Die Sperrwirkung der Prüfungsart erfasst [in sachlicher Hinsicht] alle unverjährten Steuerstraftaten der betroffenen Steuerart.

2. Sachverhalt wie vor. Das HZA erlässt im April 2012 eine Prüfungsanordnung, die dem A nachweislich im selben Monat zugeht. Gegenstand der Prüfung lt. Prüfungsanordnung ist die Abwicklung des Zollagers Typ D im Zeitraum Januar 2010 bis Januar 2012. Die Prüfungsanordnung entfaltet nach § 371 Abs. 2 Nr. 1. a) AO n. F. Sperrwirkung nicht nur für die Prüfungszeitraum begangenen, sondern sämtliche Taten im strafrechtlich nicht verjährten Zeitraum.
3. Sachverhalt wie I. – Der A ist auch Inhaber eines Schaumwein-Steuerlagers, in dem er aus anderen EU-Mitgliedstaaten bezogenen Schaumwein (Gemeinschaftswaren) lagert. Das HZA ordnet im April 2012 die Prüfung der Abwicklung des Steuerlagerverfahrens im Zeitraum Januar 2010 bis Januar 2012 an; Prüfungsgegenstand ist Schaumweinsteuer. Weder Prüfungsanordnung noch Erscheinen des Prüfers zu Durchführung einer Prüfung bezüglich der Schaumweinsteuer entfalten eine Sperrwirkung. Denn die Schaumweinsteuer ist bei dieser Fallkonstellation (Gemeinschaftsware) keine Einfuhrabgabe.

Soweit beim Strafverfahren keine nachprüfbare förmliche Eröffnung betreffend den Umfang der Ermittlungen gegenüber dem Beschuldigten erfolgte, kommt es – nach § 371 AO n. F. nur noch hinsichtlich des **Ermittlungsgegenstandes** – auf den Inhalt von Durchsuchungsbeschlüssen, Beschlagnahmeanordnungen oder Haftbefehlen für das Eingreifen der Sperrwirkung an. Sie tritt bei § 371 Abs. 2 Nr. 1 lit. c AO für von der Selbstanzeige erfasste Sachverhalte dann nicht ein, wenn zum Zeitpunkt des Erscheinens des Zollfahnders hierfür kein Ermittlungswille des Amtsträgers vorlag, noch mit dem bisherigen Ermittlungsstand ein enger sachlicher Zusammenhang bestand.[239] Steuerliche (nicht steuerstrafrechtliche!) Ermittlungen der Zollfahndungsämter bedürfen hingegen keiner Prüfungsanordnungen, vgl. § 208 Abs. 1 Nr. 2 u. 3, Abs. 1 Satz 2, Abs. 2 AO. Ob Vorfeldermittlungen iSd § 208 Abs. 1 S. 1 Nr. 3 AO selbstanzeigesperrend wirken können, ist strittig. Der Fahndungsprüfer/Zollfahnder erscheint in diesen Fällen zwar nicht „zur Ermittlung einer Steuerstraftat", aber ggf. „zur steuerlichen Prüfung"[240]. Bei tatmehrheitlichen Steuerhinterziehungen kann die Selbstanzeige mit strafbefreiender Wirkung im Gegensatz zur früheren Rechtslage nicht mehr für jede einzelne noch nicht entdeckte Tat abgegeben werden[241]. Soll eine Sperrwirkung aufgrund entdeckter Tat eintreten, muss die Tatentdeckung einen Umfang erreicht haben, der eine Verurteilung des Beschuldigten wahrscheinlich macht.[242] Das Merkmal der Tatentdeckung erfordert, dass bei vorläufiger Tatbewertung die Wahrscheinlichkeit eines verurteilenden Erkenntnisses gegeben ist. Ist allerdings eine Tat entdeckt, schließt dies die strafbefreiende Wirkung der Selbstanzeige nunmehr für alle übrigen gleichgelagerten Taten aus.

Beispiel: So räumt z. B. ein Zigarettenschmuggler nach dem Aufgriff an der Gemeinschaftsaußengrenze durch den Grenzaufsichtsdienst gegenüber der ihn vernehmenden Zollfahndung weitere drei Fälle von Zigarettenschmuggel ein und bezahlt die angefallenen Einfuhrabgaben innerhalb der ihm gesetzten Frist. Täter strafbar für den aktuellen Aufgriff und – nach § 371 AO n. F. – auch für die eingeräumten drei vorherigen Fälle. Die Einlassungen zu den drei vorherigen Fällen können sich allerdings strafmildernd auswirken.

118 Die bloße Vermutung von Steuerhinterziehungen aufgrund entdeckter Schmuggelverstecke reicht mangels Konkretisierung von Ort und Zeit der Tat für eine Sperrwirkung nicht aus, wohl aber Geständnisse eines Mittäters, von denen der Beschuldigte wusste oder hätte wissen müssen[243] – § 371 Abs. 2 Nr. 2. Eine Teilentdeckung hindert die strafbefreiende Wirkung für die ganze Tat – und damit nunmehr auch alle weiteren Taten betreffend dieselbe Steuerart – auch dann, wenn noch nicht alle Einzelheiten zu übersehen sind.[244]

119 Die Selbstanzeige ist in den vergangenen Jahren zu einem wichtigen **Instrumentarium bei der Bekämpfung der Organisierten Kriminalität** im Bereich des Alkohol- und Zigarettenschmuggels geworden. Hintergrund: Oftmals kann diesen Deliktsformen nur durch

---

[239] BGH, Beschl. v. 5.4.2000 – 5 StR 226/99, wistra 2000, 219 ff., 225.
[240] Vgl. BFH, Beschluss vom 1.2.2012 – VII B 234/11; NZWiSt 7/2012, S. 278 mit Anm. *Rolletschke* m. w. N.; wistra 7/2012, S. 278.
[241] Vgl. *Janovsky*, NStZ 1998, 117 (122).
[242] BGH, wistra 1985, 74; 1988, 308; *Franzen/Gast/Joecks*, Rn. 186 zu § 371 AO.
[243] *Janovsky*, NStZ 1998, 117 (122).
[244] *Engelhardt*, in: *Hübschmann/Hepp/Spitaler*, Rn. 246 zu § 371 AO m. w. N.

VII. Ermittlung von Steuerstraftaten **22**

den gezielten Einsatz von V-Leuten oder Verdeckten Ermittlern begegnet werden. Als nicht seltene Situation ergibt sich dabei, dass „zwangsweise" rechtlich eine Tat-Beteiligung der V-Person oder des Verdeckten Ermittlers infrage steht. Dabei scheiden Täterschaft oder Mittäterschaft regelmäßig zwar aus, weil durch die vorherige Bekanntgabe der „Tathandlungen" gegenüber Staatsanwaltschaft und Zollfahndung und die Zusammenarbeit mit den Behörden ja gerade dokumentiert wird, dass der VE oder die VP keinen subjektiven Willen (Vorsatz) zur Tatbegehung als eigene Tat besitzen. Möglicherweise fördern die vorg. in die kriminelle Gruppierung eingeschleusten Personen aber im Zusammenhang mit ihrer Aufklärungsarbeit jedoch die fremde Tat, etwa durch Unterstützung beim Transport, Bereitstellung von Lagerhallen usw. In diesen Fällen läge eine Beihilfe zur Steuerhinterziehung gem. § 27 StGB, § 370 AO vor. Zwar sollte in solchen Fällen regelmäßig eine vorherige Freistellungserklärung/ein vorheriger Verzicht auf die **Erhebung** der Abgaben durch das Bundesministerium der Finanzen für die V-Person oder den Verdeckten Ermittler vorliegen, dies ändert aber an der Tatsache der **Entstehung** der Steuerschuld beim Haupttäter durch das vorschriftswidrige Verbringen der Ware in das Zollgebiet der Gemeinschaft gem. Art. 202 Abs. 1 u. 2 ZK oder durch die Entziehung der Ware aus der zollamtlichen Überwachung nach Art. 203 Abs. 1 u. 2 ZK – und somit an der vollendeten Steuerverkürzung nach § 370 AO – nichts. Auch könnte in solchen Fällen angenommen werden, dass die V-Person oder der Verdeckte Ermittler die fremde Tat realisiert wissen will, weil nur in diesem Fall ja die Strafverfolgung zum Zuge kommen kann. Somit läge eine Beihilfe zur Steuerhinterziehung vor. Offenbart sich der Gehilfe gegenüber der Zollfahndung (= Steuerbehörde; nicht möglich gegenüber Polizei oder Staatsanwaltschaft) in Bezug auf eine unbekannte Steuerhinterziehung, greift der nachträgliche, persönliche Strafaufhebungsgrund der Selbstanzeige nach § 371 AO ein. Dies gilt allerdings nur, soweit nicht der Ausschließungsgrund gem. § 371 Abs. 2 Nr. 1 c) AO gegeben ist, was regelmäßig der Fall ist, weil die Zollfahndung aufgrund der ihr vorliegenden Informationen der VP oder des VE nach Vollendung der Tat zugreift und die Beteiligten festnimmt, folglich also zur Ermittlung der Steuerhinterziehung erschienen ist. Handelt die Person also ohne Wissen der Finanz- und Strafverfolgungsbehörden und offenbart sich später, bleibt sie straffrei; handelt sie mit Wissen der Behörden, um diesen bei der Überführung der Täter zu helfen, macht sie sich strafbar.

Zwar kann eine Selbstanzeige gemeinhin nur bereits begangene Steuerhinterziehungen betreffen, allerdings liegt dem § 371 AO auch ein völlig anderes Täterbild (Einzeltäterschaft), als man es heute beim Organisierten Zigarettenschmuggel, bei der Organisierten Steuerhinterziehung durch Banden oder kriminelle Vereinigungen mit zahlreichen Tatbeteiligten antrifft, zugrunde. Die gezielte Bekämpfung einer organisierten Steuerkriminalität durch die Ermittlungsinstrumentarien der V-Person und des Verdeckten Ermittlers gehörten mit Sicherheit nicht zum Vorstellungsbild des Gesetzgebers bei der Schaffung des § 371 AO. Zollstraftaten einschließlich der vorstehend beschriebenen Fälle des VP-/VE-Einsatzes waren offenkundig nicht Gegenstand der Überlegungen des Gesetzgebers bei der Neufassung des § 371 AO durch das Schwarzgeldbekämpfungsgesetz. Den umfassenden Materialien zum Gesetzgebungsverfahren ist dazu jedenfalls nichts zu entnehmen. In den vorgenannten Fällen muss man daher die Möglichkeit einer vorherigen, **vorauseilenden Selbstanzeige** gegenüber der Zollfahndung anerkennen und zulassen. Dies verstößt auch nicht gegen das Analogieverbot des Art. 103 Abs. 2 GG, da diese Auslegung nicht strafbegründend, sondern strafausschließend wirkt.

Alternativ käme zur Begründung der Straffreiheit der Verdeckten Ermittler und der gen. V-Personen auch noch die Annahme eines „agent provocateur" in Betracht, der zwar die Tatvollendung, nicht aber die Tatbeendigung i. S. einer endgültigen Sicherung der Tatvorteile (Beutesicherung) will, wie dies im Zusammenhang mit den grenzüberschreitenden kontrollierten Lieferungen von Betäubungsmitteln (= Rauschgiftschmuggel) möglich ist.[245]

---

[245] Vgl. hierzu ausführlich: *Krey*, Rechtsprobleme des strafprozessualen Einsatzes Verdeckter Ermittler, Rn. 529–554 (531, 548, 551, 554), m. w. N., u. a. für Fälle der Anstiftung u. Beihilfe zu Betrug.

11. Im Zusammenhang mit Steuerdelikten stehende Straftaten

120 – Eine der häufigsten Straftaten im Zusammenhang mit dem Schmuggel und dem Missbrauch von Versandverfahren ist der **Siegelbruch** gem. § 136 Abs. 2 StGB. Er wird tateinheitlich mit der Steuerhinterziehung begangen, wenn z. B. die heimliche Beiladung vom verplombten LKW vor Gestellung beim zuständigen Binnenzollamt abgeladen wird oder die Ware der zollamtlichen Überwachung i. R. des Versandverfahrens gem. Art. 203 ZK bei der Durchfuhr durch die Gemeinschaft unter Aufbrechen der Zollverschlüsse entzogen wird.

– Häufig ist die **Urkundenfälschung** gem. § 267 StGB in der Form der Herstellung oder des Gebrauchs ge- oder verfälschter Ursprungsnachweise einer Ware, um hierdurch in den Genuss von Zollpräferenzen (niedrigerer oder entfallender Zoll) zu kommen; die Herstellung[246] und der Gebrauch einer unterfakturierten Rechnung ist kein Urkundsdelikt, da diese selbst lediglich eine schriftliche Lüge darstellt. Urkundenfälschung in Form des Aufbringens von Falschstempeln auf die Kontroll-/Erledigungsexemplare von Versandscheinen, um die ordnungsgemäße Erledigung des Versandverfahrens vorzutäuschen, die Ware tatsächlich jedoch in den freien Verkehr der Gemeinschaft zu bringen, war bis zur verbindlichen Einführung des IT-Verfahrens NCTS trotz des im Jahre 1998 eingeführten neuen Sicherungssystems[247] für Zollstempel durch die deutsche Zollverwaltung ein Massendelikt. Da seit Einführung des NCTS nur noch das Notfallverfahren papiermäßig abgewickelt wird, ist die Verwendung von Falschstempeln im Versandverfahren sehr selten geworden.

– Sehr häufig kommen auch Stempelfälschungen auf sog. „Ausfuhrnachweisen" vor, die gegenüber den Finanzämtern als Nachweis umsatzsteuerfreier Ausfuhrlieferungen vorgelegt werden. Soweit Privatfirmen bei der nachgewiesenen Ausfuhr die USt-/MwSt-Erstattung vorfinanzieren, liegt diesen Unternehmen gegenüber bei Stempelfälschung ein Betrug (§ 263 StGB) vor – s. u.

– Eine **mittelbare Falschbeurkundung** gem. § 271 StGB begeht derjenige regelmäßig tateinheitlich, der sich im Massenverkehr der Zollstellen fälschlicherweise die Ausfuhr einer Ware im Waren- oder Reiseverkehr beurkunden lässt, obwohl eine Ausfuhr nicht stattfindet und auch nicht stattgefunden hat, um hierdurch die Erstattung im Inland gezahlter Umsatzsteuern zu bewirken (Steuerhinterziehung) oder die Voraussetzungen für die Auszahlung einer Ausfuhrerstattung (Subventionsbetrug) nachzuweisen.

– Wer Platten etc. oder Papier etc., die zur Fälschung amtlicher Ausweise geeignet sind, sowie Vordrucke für amtliche Ausweise[248] einzuführen oder auszuführen unternimmt, macht sich wegen **Vorbereitung zur Fälschung von amtlichen Ausweisen** nach § 275 StGB strafbar.

– Wer einen unechten oder verfälschten amtlichen Ausweis[249] oder einen amtlichen Ausweis, der eine Falschbeurkundung enthält, einzuführen oder auszuführen unternimmt, macht sich wegen **Verschaffen von falschen amtlichen Ausweisen** nach § 276 StGB strafbar.

– Einen **Betrug** nach § 263 StGB nebst Urkundenfälschung begehen diejenigen Straftäter, die auf einer total gefälschten Rechnung oder einer echten Rechnung selbst einen Zollstempel nebst Unterschrift als Ausfuhrnachweis per Kopie aufbringen, um sich hiermit bei darauf spezialisierten Firmen, sog. „tax-free-shops", z. B. auf Flughäfen die auf den Rechnungsbetrag entfallende Umsatzsteuer (MwSt) erstatten zu lassen. Legt die Firma diesen Beleg dem Finanzamt vor und erkennt das Finanzamt den Beleg wegen der Stempelfälschung nicht an, bleibt das Unternehmen auf der von ihm bereits verauslagten Umsatzsteuererstattung sitzen. Steuerstrafrechtlich ist der Vorgang irrelevant.

---

[246] Herstellung durch den Berechtigten oder auf eine nicht existente Firma oder Person.

[247] Das Sicherungssystem betrifft nur die Sicherung der vom deutschen Zoll aufgebrachten Stempel. Stempelfälschungen können seitdem nicht nur durch kriminalwissenschaftliche Gutachten des ZKA, sondern auch durch elektronische Detektion(-sgeräte) erkannt werden.

[248] Auch ausländische Ausweispapiere fallen unter den Schutz des Straftatbestandes, vgl. BGH, Beschl. v. 29.6.2000 – 1 StR 238/00.

[249] Auch ausländische Ausweispapiere fallen unter den Schutz des Straftatbestandes, vgl. BGH, Beschl. v. 29.6.2000–1 StR 238/00.

VIII. Ermittlung von Zuwiderhandlungen gegen Marktordnungsregelungen der EG **22**

- Die **Gefährdung von Schiffen, Kraft- und Luftfahrzeugen durch Bannware**,[250] § 297 StGB, stellt ein Begleitdelikt des Schmuggels/Bannbruchs dar, das in der Praxis wegen § 154a StPO keine größere Bedeutung erlangt. Die Vorschrift soll der Gefahr der Beschlagnahme der genannten Verkehrsmittel sowie der Gefahr einer Bestrafung von Reeder, Schiffsführer, Halter, Fahrzeugführer und Pilot, deren Transportmittel von einem Dritten oder Angehörigen der Besatzung als Tatmittel für den Schmuggel missbraucht wird, z. B. beim Waffen-, Drogenschmuggel oder beim illegalen Technologietransfer, begegnen.[251]
- **Diebstahl oder Unterschlagung** gem. §§ 242, 246 StGB aus einem Zoll- oder Steuerlager fallen mit Steuerhinterziehung zusammen. Danach ist an der Ware Hehlerei und Steuerhehlerei möglich.
- Im Bereich des organisierten Zigaretten-, Alkohol-, Waffen- oder Rauschgiftschmuggels oder ggf. auch der Marken-/Produktpiraterie wird neben der Steuerhinterziehung und/ oder dem Bannbruch nicht selten zugleich eine **kriminelle Vereinigung** gem. § 129 StGB vorliegen, wenn ein Teil der Organisation im Inland liegt. Auf die besonderen Voraussetzungen für die Annahme einer solchen Organisationsform im Unterschied zur Bande sei hingewiesen. Die Steuerdelikte der gewerbs- oder bandenmäßigen Steuerhinterziehung, des gewerbsmäßigen, gewaltsamen und bandenmäßigen Schmuggels und der Steuerhehlerei nach §§ 370, 373, 374 Abs. 2 AO können Grunddelikt der **Geldwäsche** gem. § 261 StGB sein, nicht jedoch die einfache Steuerhinterziehung gem. § 370 Abs. 1 AO.[252]
- Mit der Änderung der Abgabenordnung und der StPO durch das Gesetz zur Neuregelung der Telekommunikationsüberwachung… vom 21.12.2007[253] ist in den vorgenannten Fällen gemäß § 100a Abs. 1, Abs. 2 Nr. 2 a) – c) StPO auch die Überwachung der Telekommunikation möglich.

VIII. Ermittlung von Zuwiderhandlungen gegen Marktordnungsregelungen der Europäischen Gemeinschaft

1. Allgemeines

Der Agrarbereich ist von besonderer Bedeutung für die EU, die weltweit der größte Importeur und der zweitgrößte Exporteur landwirtschaftlicher Erzeugnisse ist. Die **Gemeinsame Agrarpolitik (GAP)** ist der umfangreichste, umstrittenste und mit den größten Mitteln ausgestattete Politikbereich der EU. Die jährlichen Ausgaben dafür betragen, mit leicht fallender Tendenz, nunmehr etwa 40% des Gesamthaushaltes[254] der EU. In der Agrarpolitik hat die EU mehr Befugnisse als auf jedem anderen Politikfeld. In keinem anderen Politikbereich wurden mehr Rechtsvorschriften erlassen als im Bereich Landwirtschaft. **121**

Das Ziel der Gemeinsamen Agrarpolitik (GAP) ist in Art. 39 AEUV (ex-Art. 33 EGV) festgelegt: die Schaffung eines stabilen Agrarmarktes, die Steigerung der Produktivität der Landwirtschaft, die Sicherung eines angemessenen Lebensstandards der in der Landwirtschaft tätigen Bevölkerung, die Sicherstellung der Versorgung der Bevölkerung mit Agrarerzeugnissen, sowie angemessene Verbraucherpreise. Um diese Ziele zu erreichen, sieht Art. 40 AEUV (ex-Art. 34 EGV) die Schaffung einer gemeinsamen Organisation der Agrarmärkte (GMO)

---

[250] Bannware: Tatgegenstände eines Bannbruchs nach § 372 AO, z. B. Drogen, Kriegswaffen, Waffen, Sprengstoffe, Embargowaren nach AWG, usw.

[251] Vgl. zu Inhalt und Bedeutung der Vorschrift *Krack*, wistra 2002, 81–87.

[252] Auf die Änderungen des § 261 Abs. 1 StGB durch Art. 4 das Gesetzes zur Neuregelung der Telekommunikationsüberwachung… vom 21.12.2007, BGBl. I, S. 3198, in Bezug auf die §§ 370, 370a, 374 AO sei insoweit hingewiesen.

[253] BGBl. I, S. 3198.

[254] Gesamthaushaltsplan der Europäischen Union für das Haushaltsjahr 2012: Direktbeihilfen und marktbezogene Ausgaben 29,9% und Ausgaben für die Entwicklung des ländlichen Raumes 10,9% des Gesamthaushalts der EU.

vor. Die gemeinsamen Marktorganisationen wurden schrittweise ab den 60 er Jahren eingeführt und (mit Ausnahme der GMO für Erzeugnisse der Fischerei und Aquakultur) in 2007 in einer einzigen GMO zusammengefasst. Finanziert wurde die GAP bis 2006 aus dem **Europäischen Ausrichtungs- und Garantiefonds für die Landwirtschaft (EAGFL),** der 1962 eingerichtet wurde. Seit 2007 erfolgt die Finanzierung durch den Garantiefonds für die Landwirtschaft (EGFL) und den Europäischen Landwirtschaftsfonds für die Entwicklung des ländlichen Raumes (ELER).

Der Agrarmarkt innerhalb der EU ist ein **geplanter Markt,** der sich grundsätzlich **nicht** nach Angebot und Nachfrage richtet. Steuerungsmechanismen sind die Preisregelung (= Festlegung künstlicher Preise für Erzeugnisse → Richtpreis, Schwellenpreis und Interventionspreis), die Gewährung von Beihilfen und Prämien und die Regulierung der Erzeugung (= Quoten, einzelstaatliche Garantiemengen, bei deren Überschreitung die Erzeuger eine Mitverantwortungsabgabe zahlen müssen, sowie die Förderung der Flächenstilllegung und Diversifizierung auf Nichtnahrungszwecke) und die Steuerung des Handels mit Drittländern (Ein- und Ausfuhren → Lizenzen, Ausfuhrerstattungen, Agrarzölle).

Die Auswirkungen derartiger Marktregulierungen mit Abnahmegarantien und Ausfuhrsubventionen treffen häufig auf Unverständnis („Butterberge" und „Milchseen"). Dies gilt auch für Folgekosten durch (nochmals) subventionierte Ausfuhren oder Marktbereinigung durch Vernichtung ehemals hochwertiger Produkte bei gleichbleibend hohen Verbraucherpreisen. Die vielfältigen und intensiven Regelungen führten u. a. dazu, dass die üblichen Marktmechanismen, d. h., das Zusammenspiel von Angebot und Nachfrage, im MO-Bereich außer Kraft gesetzt sind. Nicht zuletzt deshalb war der MO-Bereich extrem betrugsanfällig.

Unter anderem aus den o. a. Gründen wurde Mitte 1992 eine umfassende **Reform der GAP** eingeleitet. Sie begann mit einer stufenweisen Angleichung der hohen EG-Preise an das niedrigere Weltmarktniveau; Einkommenseinbußen der Erzeuger wurden durch Direktzahlungen ausgeglichen. Die **„Agenda 2000"** umfasste nachfolgend eine weitere schrittweise Verringerung der Marktstützungspreise mit gleichzeitiger Erhöhung der produkt- und produktionsabhängigen **Direktbeihilfen.** Mitte 2003 beschlossen die EU-Agrarminister dann eine weitere Reform der GAP, die im Wesentlichen eine grundlegende Veränderung der Stützungsmechanismen des gemeinsamen Agrarsektors beinhaltet und ab 2005 (in Ausnahmefällen ab 2007) umgesetzt wurde. Kernelemente sind die die **Entkopplung** der Direktbeihilfe an die Erzeuger (Trennung zwischen Beihilfen und Erzeugung) und die Einführung einer „entkoppelten" **Betriebsbeihilferegelung,** d. h., **„einzelbetriebliche Zahlungen",** die unabhängig vom Produktionsvolumen gewährt werden. Diese direkten Betriebsbeihilfen werden mittelfristig die Vielzahl der Beihilfen für die verschiedenen Sektoren der GMO ersetzen. So wurden (und werden aktuell) die Ausfuhrerstattungen deutlich, in einzelnen Sektoren sogar auf Null reduziert. Selbst der ehemals extrem hoch subventionierte Getreidesektor war davon nicht ausgenommen. Die EU-Exportsubventionen sanken von 2.798 Mio. € in 1993 auf 131 Mio. € in 2005 und 0 Mio. € in 2011. Gleiches gilt für den ebenfalls hoch subventionierten Rindfleischmarkt. Die EU-Ausfuhrerstattungen betrugen in diesem Sektor 1.711 Mio. € in 1993, 212 Mio. € in 2005 und nur noch 34 Mio. € in 2011. Die Erstattungssätze für Zuchtrinder und Rindfleisch wurden danach mehrfach deutlich und Mitte September 2012 nunmehr auf 0,00 € abgesenkt. Der höchste Betrag an Ausfuhrerstattungen entfiel in 2011 mit insgesamt 61 Mio. € auf den Sektor Geflügelfleisch[255]. Der in den letzten Jahren zu verzeichnende extreme Rückgang der Anzahl der Ermittlungsverfahren im Zusammenhang mit der Ausfuhr von MO-Waren dürfte nicht zuletzt auf diese Reformen zurückzuführen sein.

Weiterführende Informationen sowie die Fundstellen der nachfolgend zitierten EG-Verordnungen sind im Internet unter folgenden Adressen abrufbar:

http://www.zoll.de Startseite > Fachthemen > Marktordnungen
Marktordnungen
http://eur-lex.europa.eu. – EG-Verordnungen, etc.

---

[255] Quelle: EU-Kommission.

VIII. Ermittlung von Zuwiderhandlungen gegen Marktordnungsregelungen der EG 22

http://europa.eu./legislature – Informationen u. a. über den Bereich Gemeinsame Marktorganisationen, Rubrik: „Landwirtschaft"
http://ec.europa.eu./anti_fraud/index_de.html – Website des Europäischen Amtes für Betrugsbekämpfung (OLAF)

2. Rechtsgrundlagen und grundsätzliche Regelungssystematik

Die **Gemeinsame Agrarpolitik (GAP)** ist eine der Grundlagen der Gemeinschaft (Art. 3 Abs. 1 lit. e EGV a. F.). Ihre Rechtsgrundlagen finden sich nunmehr in Titel III AEUV (Landwirtschaft und Fischerei), Art. 38 bis 44, die spezielle Regelungen für den Agrarbereich beinhalten. Im Übrigen finden die allgemeinen Vorschriften über den gemeinsamen Markt Anwendung (Art. 38 Abs. 2 AEUV = ex-Art. 32 Abs. 2 EGV). In 2007 bestanden 21 gemeinsame Marktordnungen, die etwa 90 % der landwirtschaftlichen Produktion der Gemeinschaft umfassten:[256] Diese und einige weitere Regelungen wurden in 2007 in einem einzigen Rechtsakt, der Verordnung (EG) Nr. 1234/2007 des Rates vom 22. Oktober 2007 über eine gemeinsame Organisation der Agrarmärkte und mit Sondervorschriften für bestimmte landwirtschaftliche Erzeugnisse (Verordnung über die einheitliche GMO) „zusammengefasst"[257]. Die Regelungen sind überwiegend am 1.1.2008 in Kraft getreten. Daneben besteht nach wie vor die GMO für Erzeugnisse der Fischerei und Aquakultur – VO (EG) Nr. 104/2000. Weiterhin gesondert geregelt ist auch der Bereich der Verarbeitungserzeugnisse, sog. **Nicht-Anhang I – Waren** VO (EG) Nr. 1216/2009 und VO (EU) 578/2010. 122

Ferner gibt es nach wie vor die von der Kommission zu den einzelnen Sektoren erlassenen Durchführungsverordnungen (DVOen), die die Grundverordnung für einen Produktsektor ergänzen oder die Verfahrensvorschriften beinhalten (sog. **sektorale** DVOen). Daneben gibt es **allgemeine** DVOen, die sektorübergreifend für alle Marktordnungen gelten und insoweit für alle Produktsektoren gleiche Regelungen schaffen (z. B. LizenzVO,[258] ErstattungsVO, FristenVO). Darüber hinaus enthält auch der Zollkodex Bedingungen und Verfahrensvorschriften für Agrarerzeugnisse, die jedoch nur unbeschadet der o. a. speziellen Regelungen greifen. Die EU-Verordnungen entfalten in den Mitgliedstaaten unmittelbare Wirkung (Art. 288 AEUV = ex-Art. 249 EGV).

Die in Ergänzung der europarechtlichen Regelungen erforderlichen nationalen Bestimmungen enthält in Deutschland das Gesetz zur Durchführung der gemeinsamen Marktorganisationen und der Direktzahlungen (MOG)[259] sowie die auf dessen Grundlage erlassenen nationalen Durchführungsverordnungen.

3. Aufgaben der Zollverwaltung

a) Zollabfertigung/Prüfung/Auszahlung von Erstattungen

Die Bundeszollverwaltung (BZV) ist zuständig für die Überwachung des Verkehrs mit Marktordnungswaren[260] (§§ 28 ff. MOG), insbesondere 123
• die Überwachung der Ein- und Ausfuhr in die bzw. aus der EU,
• die Zahlung von Ausfuhrerstattungen und Produktionserstattungen, die für Deutschland zentral vom HZA Hamburg-Jonas abgewickelt werden,
• die Überwachung der Verfahren betreffend Produktionserstattungen für Stärke, Zucker und Olivenöl,

---

[256] *Geiger/Khan/Kotzur*, EGV/AEUV, AEUV Art. 40, Rn. 12.
[257] Das „Endprodukt" überzeugt allerdings nicht. Wie bereits aus dem Inhaltsverzeichnis ersichtlich, darf sich der Normadressat nunmehr die den jeweiligen Sektor betreffenden Vorschriften recht mühsam an verschiedenen Stellen der VO zusammensuchen.
[258] VO (EG) 376/2008 – LizenzVO.
[259] Gesetz zur Durchführung der Gemeinsamen Marktorganisationen und der Direktzahlungen (MOG) v. 24.6.2005, BGBl. I S. 1847.
[260] Begriffsbestimmung vgl. § 2 MOG.

- die Überwachung der Quotenregelungen im Milchsektor (Milch-Garantiemengenregelung) und
- die Einhaltung der Regelungen im Zuckersektor.

Zuständige Verwaltungsbehörden sind im Bereich der BZV die Hauptzollämter (§ 38 Abs. 3 MOG). Regelungen über Prüfungsrechte und Auskunftspflichten enthält § 33 MOG.

b) Ermittlungen

124 § 37 MOG bestimmt, dass die Staatsanwaltschaft bei
1. Straftaten nach den in § 35 MOG bezeichneten Strafvorschriften (dies sind die Strafvorschriften der AO, die gem. § 12 Abs. 1 Satz 1 MOG auf Zölle für MO-Waren und Ausfuhrabgaben anzuwenden sind),
2. Straftaten nach den §§ 263 und 264 StGB, die sich auf Ausfuhrerstattungen und Produktionserstattungen (§ 6 MOG), Leistungen der Interventionsstelle (§ 7 MOG) oder Ausgleichsbeträge (§ 38 MOG) beziehen und
3. Begünstigung einer Person, die eine Straftat nach Nr. 1 oder 2 begangen hat,

Ermittlungen (§ 161 S. 1 StPO) auch durch die Zollfahndungsämter oder durch die Hauptzollämter durchführen lassen kann. Unabhängig von der Zuständigkeitsregelung in § 37 MOG ergibt sich die Ermittlungszuständigkeit des Zollfahndungsdienstes hinsichtlich der Abgaben zu Marktordnungszwecken auch unmittelbar aus §§ 208, 404 AO, denn die AO gilt für Zölle unabhängig davon, auf welche Waren diese erhoben werden. In Betracht kommende Steuerstraftaten sind Steuerhinterziehung (§ 370 AO), Schmuggel (§ 373 AO) und Steuerhehlerei (§ 374 AO), bei der illegalen Ausfuhr lizenzpflichtiger Marktordnungswaren der Bannbruch (§ 372 AO).

4. Modi Operandi

125 Die Zuwiderhandlungen und Begehungsweisen im MO-Bereich sind sehr unterschiedlich. Sie sind u. a. abhängig von der Warenart und den in Betracht kommenden Verfahren und Vorschriften, d. h., davon, ob es sich um Einfuhren, Ausfuhren, Produktionserstattungen, Interventionsmaßnahmen, Rohtabakprämien oder Milchgarantiemengenregelungen handelt. Ferner sind Manipulationen im Zusammenhang mit Einfuhr- bzw. Ausfuhrlizenzen zu beobachten.

a) Das Lizenzsystem der EU

126 Zahlreiche Marktordnungswaren (MO-Waren) unterliegen im Handel mit Drittländern einem Lizenzsystem. Die Lizenzen dienen einer vorausschauenden Beobachtung und Lenkung der Märkte und sollen die ordnungsgemäße Verwaltung der Gemeinsamen Marktorganisation gewährleisten. Die Einfuhr lizenzpflichtiger MO-Waren aus Drittländern ist nur mit einer **Einfuhrlizenz,** die Ausfuhr nach Drittländern nur mit einer **Ausfuhrlizenz** zulässig. Für Marktordnungswaren, deren Weltmarktpreis häufig schwankt, können Ausfuhrerstattungen und Ausfuhrabgaben im Voraus festgesetzt werden. Sind diese Waren lizenzpflichtig, wird die Vorausfestsetzung in die Ausfuhrlizenz eingetragen. Für nicht lizenzpflichtige Waren wird eine **Vorausfestsetzungsbescheinigung** erteilt. Einzelheiten sind in der VO (EG) Nr. 376/2008 (LizenzVO) geregelt, die die gemeinsamen Durchführungsvorschriften für die Beantragung, Erteilung und zollamtliche Behandlung von Lizenzen, enthält.

Lizenzen sind Einfuhrlizenzen, Ausfuhrlizenzen, Vorausfestsetzungsbescheinigungen (Art. 1). Sie gelten grundsätzlich unabhängig vom Ort ihrer Erteilung in allen Mitgliedstaaten. Eine Beschränkung des Geltungsbereiches ist in bestimmten Fällen möglich.

Die Einfuhr- bzw. Ausfuhrlizenz **berechtigt und verpflichtet** den Inhaber dazu, innerhalb ihrer Gültigkeitsdauer die darin genannten Waren aus Drittländern in die Gemeinschaft einzuführen bzw. aus der Gemeinschaft nach Drittländern auszuführen.

Einfuhrlizenzen sind vorgeschrieben für die in Anhang II der Lizenz-VO genannten Erzeugnisse, z. B. Zucker, Getreide, Reis, Wein, Rindfleisch, Milch und Milcherzeugnisse, Schaf- und Ziegenfleisch.

VIII. Ermittlung von Zuwiderhandlungen gegen Marktordnungsregelungen der EG

Eine **Ausfuhrlizenz** ist z. B. vorgeschrieben für die Ausfuhr von Zucker, Getreide, Reis und weitere in Anhang II der Lizenz-VO genannte Waren sowie für Agrarwaren, für die Ausfuhrerstattungen beantragt werden. Die Sektoren landwirtschaftlicher Erzeugnisse, für die Ausfuhrerstattung grundsätzlich gezahlt werden kann, sind in Art. 162 Abs. 1 der VO (EG) Nr. 1234/2007 (GMO) genannt.

Auch die **Voraussetzungsbescheinigung** verpflichtet den Inhaber zur Ausfuhr der darin genannten Erzeugnisse.

Soweit Lizenzen erforderlich sind, müssen diese erteilt sein, wenn die Waren in den freien Verkehr überführt oder ausgeführt werden. Eine nachträgliche Erteilung der Lizenz ist grundsätzlich nicht möglich. Die in der Regel bei Lizenzerteilung zu leistenden Sicherheiten werden freigeben, wenn die ordnungsgemäße Ein- bzw. Ausfuhr nachgewiesen ist.

Sind Versendungsland, Ursprungsland oder Bestimmungsland in der Lizenz als verbindlich bezeichnet, verpflichtet die Lizenz zur Einfuhr aus bzw. Ausfuhr nach dem angegebenen Land (Art. 7 Abs. 1–3 LizenzVO). Die Pflichten aus der Lizenz sind nicht übertragbar; eine Übertragung der Rechte aus einer Lizenz ist grundsätzlich möglich.

Ausnahmen von der Lizenzpflicht sind in Art. 2 der LizenzVO geregelt. Lizenzfrei sind u. a. Erzeugnisse, die nicht in den zollrechtlich freien Verkehr der Gemeinschaft gelangen (z. B. bei Überführung in das Zolllagerverfahren), Erzeugnisse, die ausgeführt werden, ohne sich zuvor im zollrechtlich freien Verkehr der Gemeinschaft befunden zu haben (z. B. Ausfuhr im Anschluss an ein Zolllagerverfahren), Vorgänge ohne kommerziellen Charakter (z. B. im Reiseverkehr), um nur einige Fälle zu nennen.

Das vorgenannte Lizenzsystem bietet eine Fülle von Manipulationsmöglichkeiten, die jenen im Bereich des Außenwirtschaftsrechts sehr ähnlich sind.

Beispiele:
- Erschleichung von Lizenzen mittels falscher Angaben,
- „Lizenzhandel" (illegale Benutzung nicht übertragbarer Lizenzen)
- Verwendung gefälschter Lizenzen,
- Fälschung zollamtlicher Abschreibungen (zur unrechtmäßigen Erlangung der Freigabe der Sicherheit),
- Verstoß gegen verbindliche Vorgaben in der Lizenz (z. B. Einfuhr aus bzw. Ausfuhr nach einem anderen als dem in der Lizenz vorgeschriebenen Land). Mögliche Straftaten: Bannbruch, Betrug, Subventionsbetrug.

b) Einfuhren

Der marktordnungsrechtliche Einfuhrbegriff ist in § 4 MOG definiert. Kurz gefasst liegt eine Einfuhr von MO-Waren im Sinne des MOG immer dann vor, wenn die Waren aus nicht zum Zollgebiet der Gemeinschaft gehörenden Gebieten in den zollrechtlich freien Verkehr der EU gelangen, z. B. durch Überführung in den freien Verkehr, Entziehen aus der zollamtlichen Überwachung, Einfuhrschmuggel.

Bis zum 30. Juni 1995 wurden bei der Einfuhr von Agrarerzeugnissen sog. Abschöpfungen als Einfuhrabgaben erhoben. Diese wurden ab dem 1. Juli 1995 durch feste Zölle (Agrarzölle) ersetzt. Die Agrarzölle sind nicht starr; ihre Höhe wird in Abhängigkeit vom Einfuhrpreis der eingeführten MO-Ware ermittelt. Dadurch wird gewährleistet, dass die starken Schwankungen der Weltmarktpreise abgefedert und so vom Binnenmarkt fern gehalten werden. Um den Verpflichtungen im Rahmen der WTO[261] nachkommen zu können, sieht das EU-Recht heute für bestimmte Marktordnungswaren unter jeweils besonders geregelten Bedingungen die Erhebung von „besonderen Zöllen", „Kontingentzöllen" im Rahmen von „Lizenzkontingenten" und – zusätzlich zu den vertraglich geregelten Agrarzöllen – sog. „Zusatzzöllen" vor. Daneben gibt es auch im Agrarbereich unter bestimmten Voraussetzungen präferenzbegünstigte Einfuhren.

Die Fülle der potenziellen Manipulationen lässt sich in diesem Zusammenhang nicht annähernd darstellen. Im Folgenden seien einige typische Fälle aufgeführt:
1. Für Weizen (Standardqualität) können die festgesetzten Zollsätze in Abhängigkeit von Qualität, Transportweg bzw. Verwendung erhöht oder vermindert werden. Die Qualitäten

---

[261] WTO = World Trade Organisation = Welthandelsorganisation.

ergeben sich u. a. aus dem Proteingehalt und dem spezifischen Gewicht. Niedrigere Qualitäten bedingen einen höheren Zollsatz, was dazu verleitet, eine höhere Qualität anzumelden. Da die Feststellung der tatsächlichen Qualität nur über die Entnahme einer Probe möglich ist, wird der Täter versuchen, diese zu manipulieren (z. B. durch Abdecken des von oben zugänglichen Silos mit einer Lage hochwertigen Weizens).

2. Der „normale" Zollsatz geht von einem CIF[262]-Einfuhrpreis aus, der z. B. die Frachtraten von den USA bis zum Hafen in Rotterdam beinhaltet. Davon abweichende Transportwege erhöhen diesen Preis, was zu einer Ermäßigung des Zollsatzes führt. Falsche Angaben zum Transportweg führen hier zu erheblichen Steuerverkürzungen (es geht um ganze Schiffsladungen Weizen!!!).

3. Unterschreitet der Einfuhrpreis z. B. für Milcherzeugnisse eine bestimmte Grenze, wird neben dem Agrarzoll ein Zusatzzoll (Zzoll) erhoben. Begegnet wird dem durch Falschanmeldung des Preises/Warenwertes unter Verwendung unzutreffender oder ge- oder verfälschter Rechnungen. Die Manipulationen erfolgen ggf. auch im Zusammenwirken mit dem ausländischen Lieferanten, der entsprechende überfakturierte Rechnungen zur Verfügung stellt. Teils werden dafür auch vom Täter in Drittländern gegründete Briefkastenfirmen zwischengeschaltet, die dann den „passenden" Preis weiterberechnen. Der zunächst auch tatsächlich bezahlte höhere Preis wird dann über Gutschriften etc. später wieder ausgeglichen.

4. Für Milcherzeugnisse aus bestimmten Ländern sind innerhalb bestimmter Mengengrenzen besondere, erheblich günstigere Kontingentzölle vorgesehen. Falsche Angaben über den Ursprung der Ware unter Vorlage entsprechend gefälschter Nachweise ermöglichen hier enorme Steuerverkürzungen.

5. Bei der Einfuhr von Zucker mit Ursprung in Ländern des westlichen Balkans, z. B. Kroatien, wurden Zollpräferenzen gewährt, wenn für die Waren die erforderlichen Ursprungs- und Präferenznachweise (hier: Warenverkehrsbescheinigungen EUR 1) vorgelegt wurden. Auswertungen statistischer Daten deuteten auf ein erhebliches Missverhältnis zwischen der möglichen Zuckererzeugung in diesen Ländern und den präferenzbegünstigten Einfuhren in die EU hin. Verstärkte Einfuhrkontrollen und entsprechende Probenentnahmen ergaben, dass die meisten Einfuhrsendungen angeblich kroatischen Ursprungs aus Mischungen von Rohr- und Rübenzucker bestanden. In Kroatien wird jedoch kein Rohrzucker hergestellt. Die Präferenznachweise wurden von den kroatischen Behörden widerrufen. In den Mitgliedstaaten wurden allein in diesem Fall etwa 10 Mio. € Einfuhrabgaben hinterzogen.

6. Eine weitere, durchaus gängige Manipulationsmöglichkeit sind die sog. **Kreisverkehre**. So wurde z. B. Zucker unter Gewährung von Ausfuhrerstattungen nach Drittländern ausgeführt und dann als angeblich präferenzberechtigte Ursprungsware z. B. aus Ländern des westlichen Balkans mit erschlichenen Präferenznachweisen wieder in die EU eingeführt.

7. **Falsche Ursprungsangaben** sind auch im Bereich der Einfuhr von Fisch und Fischereierzeugnissen u. a. aus den Rest-EFTA-Ländern Norwegen und Island zu beobachten. Seefische wie Rotbarsch oder Kabeljau, die auf hoher See gefangen werden, haben ihren Ursprung in dem Land, in dem das Fangschiff im Schiffsregister eingetragen ist und dessen Flagge es führt. So werden z. B. zugekaufte und auf hoher See von Fangschiffen anderer Staaten übernommene Waren als eigene Fänge und damit Ursprungserzeugnisse ausgegeben, eine Manipulation, die nur sehr schwer nachweisbar ist.

c) Subventionsbetrug bei Ausfuhrerstattungen

128 Der Subventionsbetrug im Zusammenhang mit Ausfuhrerstattungen nahm in den 90er Jahren noch eine absolute Spitzenstellung bei den Zuwiderhandlungen im MO-Bereich ein. Fallzahlen und Schadenssummen in diesem Bereich sind in den letzten Jahren europaweit sehr stark rückläufig. Einer der Gründe dafür ist mit Sicherheit die Anfang der 90er Jahre begonnene Reform der GAP und die damit einhergehende deutliche Absenkung der Exportsubventionen. So haben sich die vom HZA Hamburg Jonas gezahlten Ausfuhrerstattungen kon-

---

[262] CIF = cost, insurance, freight.

VIII. Ermittlung von Zuwiderhandlungen gegen Marktordnungsregelungen der EG **22**

tinuierlich verringert. Sie betrugen Anfang der 90er Jahre noch über 2 Mrd. €, im Jahre 1999 noch 778 Mio. €, im Jahre 2005 lediglich 391 Mio. €, im Jahre 2010 noch 30 Mio. € und in 2011 nur noch knapp 20(!) Mio. €. Gleichzeitig wurden die Risikoanalyse und die Betrugsbekämpfungsmaßnahmen des OLAF[263] und der Mitgliedstaaten verstärkt. Daneben sind europarechtlich bestimmte Kontrollstandards zwingend vorgeschrieben.

Ausfuhrerstattungen sind Subventionen im Sinne des Subventionsgesetzes. Die Festsetzung und Zahlung erfolgt in Deutschland nach erfolgter Ausfuhr zentral durch das Hauptzollamt Hamburg-Jonas. Das Erschleichen einer zu Unrecht gewährten Ausfuhrerstattung stellt einen Subventionsbetrug dar – § 264 StGB.

Nach § 264 StGB ist – im Unterschied zum § 263 StGB – bereits die Täuschung über subventionserhebliche Tatsachen strafbar; der Eintritt eines Schadens ist nicht erforderlich.

Subventionserheblich sind nach § 264 Abs. 7 StGB Tatsachen, die durch Gesetz oder aufgrund eines Gesetzes vom Subventionsgeber als subventionserheblich bezeichnet worden sind oder von denen die Bewilligung, Gewährung, Rückforderung, Weitergewährung oder das Belassen der Subvention oder eines Subventionsvorteils gesetzlich abhängig ist. Die für die Annahme einer subventionserheblichen Tatsache notwendige Bezeichnung durch den Subventionsgeber erfordert eine klare, unmissverständliche, auf den konkreten Fall bezogene Angabe; die Subventionserheblichkeit darf sich nicht lediglich aus dem Zusammenhang ergeben.[264] Eine subventionserhebliche Tatsache aufgrund einer gesetzlichen Abhängigkeit kann nur angenommen werden, wenn das Gesetz selbst mit hinreichender Deutlichkeit zum Ausdruck bringt, dass die Subventionierung unter den im Gesetz genannten Voraussetzungen erfolgen soll, was regelmäßig ausgeschlossen ist, wenn das Gesetz der Verwaltung ein Ermessen für die Subventionsvergabe einräumt.[265] Ebenfalls als Subventionsbetrug strafbar ist auch die nachträglich unterlassene Mitteilung über den Wegfall der Subventionsvoraussetzungen und die zweckwidrige Verwendung der gewährten Subventionen (§ 3 Abs. 1 u. 2 SubventionsG).

§ 264 StGB schützt ausdrücklich auch Leistungen aus öffentlichen Mitteln der EU. Vergleichbar § 370 Abs. 6, 7 AO dehnt § 6 Nr. 8 StGB seinen Schutz auch auf Taten aus, die von Deutschen und Ausländern im Ausland begangen werden. Im Unterschied zur Steuerhinterziehung, bei der Leichtfertigkeit gem. § 378 AO nur eine Ordnungswidrigkeit darstellt, ist Subventionsbetrug gem. § 264 Abs. 4 StGB auch in seiner leichtfertigen Begehungsform strafbar.

Hinweis: Nach § 6 SubvG[266] besteht für Gerichte und Behörden eine Anzeigepflicht bei Verdacht des Subventionsbetruges.

Die Höhe der Ausfuhrerstattung wird warenabhängig und grundsätzlich in Abhängigkeit **129** vom Preisunterschied Weltmarktpreis/Binnenmarktpreis von der EU-Kommission festgesetzt (einheitliche Erstattung). Darüber hinaus gab/gibt es in einigen Fällen eine sog. „**differenzierte Ausfuhrerstattung**", d. h. unterschiedliche Erstattungssätze, um den besonderen Verhältnissen in bestimmten dritten Ländern Rechnung zu tragen. Die Unterschiede in der Höhe des Erstattungssatzes sind es, die hier den Betrugsanreiz ausmachen. Ist die Ware zur Ausfuhr in ein Drittland mit einem niedrigeren Erstattungssatz bestimmt, wird sie zunächst in ein Land mit hohem Erstattungssatz transportiert und die Behörden durch falsche Angaben und Vorlage falscher/unzutreffender Dokumente über das tatsächliche Bestimmungsland getäuscht.

Erstattungsfähige Erzeugnisse müssen grundsätzlich aus dem freien Verkehr der Gemeinschaft stammen, sie müssen also den Status einer „Gemeinschaftsware" haben. In einigen Fällen ist darüber hinaus der Ursprung in der Gemeinschaft Voraussetzung für eine Ausfuhrerstattung. **Ursprungswaren** sind Waren, die vollständig in der Gemeinschaft gewonnen wurden, ferner zuvor aus Drittländern ordnungsgemäß eingeführte Waren, wenn sie in der

---

[263] OLAF = Office Européen de Lutte Anti-Fraude = Europäisches Amt für Betrugsbekämpfung.
[264] BGH-Urteil v. 11.11.1998 – 3 StR 101/98, StV 1999, 252.
[265] BGH-Urteil wie vor.
[266] Gesetz gegen missbräuchliche Inanspruchnahme von Subventionen – SubvG – BGBl. I 1976, 2034, 2037.

Gemeinschaft die letzte wesentliche Be- oder Verarbeitung erfahren haben.[267] Die Täuschung der Zollbehörden über den Warenursprung ist eine weitere Betrugsmöglichkeit. Bei einer Beschau der Waren sind derartige Falschangaben in der Regel nicht aufzudecken. Ermittlungsansätze werden sich in solchen Fällen fast ausschließlich aufgrund von Betriebsprüfungen, z. B. durch die Prüfungssachgebiete der HZÄ ergeben.

Umfangreiche Manipulationsmöglichkeiten ergeben sich ferner – wie auch bei der Einfuhr von Marktordnungswaren – durch die **Falschanmeldung der Beschaffenheit**. Nach Art. 21 ErstattungsVO[268] muss ein erstattungsfähiges Erzeugnis „von gesunder und handelsüblicher Qualität" sein, d. h., die Ware muss innerhalb der Gemeinschaft uneingeschränkt marktfähig sein. Anfang 2006 wurde dieses Erstattungskriterium u. a. für bestimmte Rind-, Schweine- und Geflügelfleischerzeugnisse, Milch und Milchprodukte sowie Eiprodukte dahingehend modifiziert, dass die Erzeugnisse „für den freien Verkehr der Gemeinschaft zugelassen" sind, d. h., die Erzeugnisse müssen die Bedingungen für die nach EU-Recht vorgesehenen Genusstauglichkeits- und/oder Identitätskennzeichnung und ggf. weitere produktspezifische Kriterien erfüllen.

Beispiel: Vor einigen Jahren wurden dergestalt in verschiedenen EU-Mitgliedstaaten hohe Summen an Ausfuhrerstattung für britisches Rindfleisch („BSE-Fleisch") erschlichen. Für britisches Rindfleisch bestand ein Ausfuhr- bzw. Verbringungsverbot aus Großbritannien nach Drittländern und anderen EU-Ländern. Große Mengen derartigen Fleisches wurden „ummarkiert" und als angeblich irische – und damit marktfähige – Ware nach anderen EU-Mitgliedstaaten verbracht und von dort teilweise nach Drittländern exportiert. In diesen Fällen lag nicht nur ein Subventionsbetrug, sondern auch ein Bannbruch vor.

130 Aber auch **Falschanmeldungen der Warenart/Falschtarifierungen** haben wegen der unterschiedlichen Erstattungssätze erhebliche Auswirkungen auf die Höhe der gezahlten Subventionen. Die Einreihung von Marktordnungswaren in den Zolltarif ist relativ schwierig. Oftmals ist sie nur durch die Untersuchung beim BWZ im Anschluss an eine Probenentnahme möglich.

Praktisch jedes Kriterium, welches die Zahlung einer Ausfuhrerstattung dem Grunde oder der Höhe nach bestimmt, ist geeignet, Basis für einen Subventionsbetrug zu werden.

Beispiel: Bis Ende 2005 gab es noch Ausfuhrerstattungen für lebende Schlachtrinder. Erstattungsvoraussetzung war u. a., dass bestimmte, aus Gründen des Tierschutzes erlassene Transportvorschriften eingehalten wurden. Eine Bedingung, die in etlichen Fällen zwecks Einsparung von Transportkosten nicht beachtet, deren Einhaltung jedoch gegenüber der Erstattungsstelle erklärt bzw. durch fingierte Unterlagen „nachgewiesen" wurde.

d) Milch-Garantiemengenregelung

131 Zuwiderhandlungen im Bereich der Milch-Garantiemengenregelung sind in den letzten Jahren ebenfalls stark rückläufig und gehen aktuell gegen Null. Die Bestimmungen über die Milchproduktionsregulierung (Teil II Titel I Kapitel III der VO (EG) Nr. 1234/2007) gelten nur noch bis zum 31. März 2015. Von einer detaillierten Darstellung der Regelungen wird deshalb abgesehen. Auf die Ausführungen in der 3. Auflage dieses Handbuches sei insoweit verwiesen.

IX. Ermittlung von Verstößen gegen Verbote und Beschränkungen im grenzüberschreitenden Warenverkehr (Bannbruch)

1. Allgemeines

132 Eine wichtige Aufgabe der Bundeszollverwaltung ist die Überwachung der Einhaltung der Verbote und Beschränkungen im grenzüberschreitenden Warenverkehr (VuB) – § 1 Abs. 1, 3 ZollVG. Verbote und Beschränkungen für den Warenverkehr über die Grenze im Sinne

---

[267] Artikel 23, 24 ZK.
[268] VO(EG) Nr. 800/1999.

IX. Bannbruch

des nationalen Zollrechts sind alle gemeinschaftlichen und nationalen Vorschriften, die das Verbringen von Waren in den, durch den und aus dem Geltungsbereich des Zollverwaltungsgesetzes (ZollVG) verbieten oder beschränken. Über die Definition des Bannbruchs als Steuerstraftat (§§ 372, 369 AO) ist der Bundeszollverwaltung daneben im Interesse einer einheitlichen materiell- und verfahrensrechtlichen Handhabung – unabhängig von entsprechenden speziellen Zuständigkeitszuweisungen in einigen Einzelgesetzen[269] auch die Strafverfolgungskompetenz bei Zuwiderhandlungen zugeschrieben worden. § 372 AO ist ein Blankettgesetz, das zu seiner Anwendung der Ausfüllung durch andere Gesetze bedarf.[270] Dabei ist es unerheblich, ob der Straftäter gegen „absolute" oder „relative" Verbringungsverbote verstößt oder diese Verbote in Steuergesetzen oder sonstigen Einzelgesetzen normiert sind. In Deutschland gibt es eine Vielzahl von VuB, die den unterschiedlichsten Zwecken dienen. Die über 60 Vorschriften lassen sich folgenden Bereichen zuordnen:
 a) Schutz der öffentlichen Ordnung
 b) Schutz der Umwelt
 c) Schutz der menschlichen Gesundheit
 d) Schutz der Tierwelt
 e) Schutz der Pflanzenwelt
 f) Gewerblicher Rechtsschutz
 g) Schutz des Kulturgutes
 h) Sonstige VuB (z. B. Eichgesetz, Kristallglaskennzeichnung, ökologischer Landbau).

Einen guten Überblick über jene VuB, die aus Gründen der öffentlichen Sittlichkeit, Ordnung und Sicherheit, zum Schutz der Gesundheit und des Lebens von Menschen, Tieren und Pflanzen, der Umwelt, des nationalen Kulturguts von künstlerischem, geschichtlichem oder archäologischem Wert oder des gewerblichen und kommerziellen Eigentums erlassen worden sind, bietet die Dienstvorschrift der Bundesfinanzverwaltung, Stoffgebiet „Sonstige Vorschriften" VuB, Abschnitt – VuB –, E-VSF SV 01 00ff.[271] Weitere als die dort dargestellten VuB bestehen z. B. in den Bereichen Außenwirtschafts-, Marktordnungs- und Verkehrsrecht.

Ein-, Aus- und Durchfuhr im Sinne der VuB ist grundsätzlich[272] jedes Verbringen entsprechender Waren in die, aus der oder durch die Bundesrepublik Deutschland unabhängig von ihrem Status als Gemeinschaftsware oder Nichtgemeinschaftsware und unabhängig von der zollrechtlichen Bestimmung, die sie erhalten haben oder erhalten sollen. Beispielhaft sind nachfolgend Ermittlungen in den Bereichen „Markenpiraterie" und „Artenschutz" ausführlicher dargestellt.

2. Gewerblicher Rechtsschutz/Schutz des geistigen Eigentums (Marken- und Produktpiraterie)

a) Allgemeines

Produktpiraterie ist ein Phänomen, das seit Beginn des Industriezeitalters zunehmend an Bedeutung gewinnt. Der gewerbliche Rechtsschutz/Schutz des geistigen Eigentums spielt mit steigender Tendenz eine wichtige Rolle im Recht des grenzüberschreitenden Warenverkehrs und damit der Tätigkeit der Zollverwaltungen. Die Zahl der Ermittlungsverfahren nimmt immer noch weiter zu. Die Globalisierung der Märkte und die stetig zunehmende Internationalisierung und Splittung der Produktion von Industriegütern und Massenwaren bieten Fälschern und Plagiatoren einen reichen Nährboden und lukrative Gewinne bei geringem Risiko. Immer perfekter werdende Fälschungen ermöglichen es in großem Umfang, Falsifikate und Plagiate in die legalen Vertriebswege einzuschleusen. In der überwiegenden Zahl der Fälle sind **ausschließlich** wirtschaftliche Interessen der Schutzrechtsinhaber beeinträchtigt, d. h., es liegen lediglich Zuwiderhandlungen gegen die einschlägigen Schutzgesetze vor.

133

---

[269] Z. B. § 37 AWG, § 37 MOG, § 73 BNatSchG.
[270] Vgl. ausführlich Abschnitt VII 4. „Bannbruch".
[271] Herausgeber: Bundesministerium der Finanzen, Bonn.
[272] Einzelne Gesetze enthalten ggf. hiervon abweichende Regelungen.

In wenigen Fällen werden Händler bzw. Verbraucher getäuscht (Betrug, § 263 StGB). Nur in sehr wenigen Bereichen ist daneben auch eine Beeinträchtigung der öffentlichen Sicherheit und Ordnung bzw. von Leib und Leben der Verbraucher möglich.

Beispiele:
1. Vor einigen Jahren gab es eine erhebliche Gefährdung der Verbraucher durch in den Verkauf gelangte, qualitativ mangelhafte Falsifikate von Bremsbelegen eines namhaften Herstellers.
2. Nachgeahmte Elektroartikel, die dem Sicherheitsstandard nicht entsprechen.
3. Nachgeahmte Arzneimittel, die die angegebenen Wirkstoffe nicht oder nicht in der angegebenen Dosierung enthalten.
4. In 2004 beschlagnahmte die deutsche Zollverwaltung 165 Mio. gefälschte Zigaretten. Die auf den Packungen angegebenen Kennzeichnungen, z. B. die Nikotin- und Kondensat-Werte, stimmten in der Regel zwar mit jenen auf den Packungen von Original-Produkten, aber nicht mit den tatsächlichen Gegebenheiten überein.

Durch die europäischen bzw. nationalen Bestimmungen im Bereich Gewerblicher Rechtsschutz bzw. Schutz des geistigen Eigentums werden allerdings nur die vorgenannten Rechtsgüter geschützt, d. h., es handelt sich um Bestimmungen, die zum Schutz der Wirtschaft bzw. wirtschaftlicher Interessen ergangen sind. Produktsicherheit und z. B. Schutz der menschlichen Gesundheit sind hingegen Gegenstand anderer Regelungen.

Weiterführende Informationen sowie die Fundstellen der nachfolgend zitierten EG-Verordnungen sind im Internet unter folgenden Adressen abrufbar:

http://www.zoll.de -Fachthemen > Verbote und Beschränkungen > Gewerblicher Rechtsschutz

http://eur-lex.europa.eu./de/index.htm – EG-Verordnungen

http://www.wto.org – TRIPS-Übereinkommen

b) Rechtsgrundlagen

134 Gewerbliche Schutzrechte sind Gegenstand etlicher völkerrechtlicher Verträge (z. B. Pariser Verbandsübereinkunft, Berner Übereinkommen zum Urheberrecht, Europäisches Patentübereinkommen, Madrider Abkommen betreffend die Unterdrückung falscher Herkunftsangaben auf Waren). Darüber hinaus wurde 1994 das **TRIPS-Übereinkommen**[273] im Rahmen der GATT-Uruguay-Runde als Zusatzabkommen zur WTO[274] geschaffen, das in Deutschland seit 1995 durch EG-rechtliche und nationale Vorschriften umgesetzt wird. Daneben gab und gibt es umfangreiche Aktivitäten der EU im Bereich Gewerblicher Rechtsschutz/Schutz des geistigen Eigentums. Zu nennen sind u. a. die Produktpiraterie-Verordnungen (PP-VOen) einschließlich div. Richtlinien zur Harmonisierung dieses Bereiches und weiterer VOen mit Regelungen zu spezifischen Bereichen (z. B. Agrarerzeugnisse, Wein, etc.). Die PP-VO und die insoweit einschlägigen -richtlinienkonformen- deutschen Bestimmungen (MarkenG, PatentG, GebrauchsmusterG, GeschmacksmusterG, UrheberrechtsG, SortenschutzG, HalbleiterschutzG) sind sämtlich **primär** auf die Durchsetzung **zivilrechtlicher** Ansprüche der Schutzrechtsinhaber abgestellt. Zwar enthalten alle vorgenannten nationalen Gesetze auch Bußgeld- und Strafbestimmungen, die **Straftaten** werden jedoch grundsätzlich nur auf Antrag verfolgt (Antragsdelikte). Eine Verfolgung von Amts wegen (ex officio) kommt nur unter bestimmten Bedingungen (besonderes öffentliches Interesse) in Betracht.

Bereits am 1.7.1990 trat das Produktpirateriegesetz (PrPG) in Kraft, das die Verbesserung des Schutzes des geistigen Eigentums zum Ziel hatte. Mit dem Gesetz wurden die Voraussetzungen für ein schärferes Vorgehen gegen Produktpiraten geschaffen. Neben einer Verschärfung der strafrechtlichen Sanktionen wurden auch die Eingriffsmöglichkeiten der Zollverwal-

---

[273] Agreement on **T**rade **R**elated Aspects of **I**ntellectual **P**roperty Rights – Übereinkommen über handelsbezogene Aspekte der Rechte des geistigen Eigentums.

[274] WTO = World Trade Organisation.

IX. Bannbruch **22**

tung erweitert. Bis dato war die **Grenzbeschlagnahme**[275, 276] schutzrechtsverletzender Waren lediglich im Markenbereich möglich. Durch das PrPG wurde diese Möglichkeit nunmehr auch für alle übrigen Schutzbereiche, d. h., Patente, Gebrauchsmuster, Geschmacksmuster, Urheberrecht, Sortenschutz und Halbleiterschutz, geschaffen.

Das Markenrecht ist 1995 grundlegend reformiert worden. In Umsetzung einer EG-Richtlinie[277] und der sog. 2. Produktpiraterie-VO der EG[278] (PP-VO) wurden in Deutschland das Markengesetz (MarkenG)[279] und aufgrund der darin enthaltenen Ermächtigung die Markenverordnung (MarkenV)[280] erlassen. Der Schutz der Kennzeichen, der Marken, der geschäftlichen Bezeichnungen sowie der geographischen Herkunftsangaben sind darin vereinheitlicht. **135**

Zum 1.7.2004 wurde die 2. PP-VO durch die VO (EG) 1383/2003 (3. PP-VO)[281] ersetzt und – im Vergleich zur 2.PP-VO – auch der Regelungsbereich erweitert. Die PP-VO gilt nunmehr bei Verletzung folgender Rechtsgüter: Recht eingetragener Marken, Urheberrecht, Geschmacksmusterrecht, Patentrecht. Daneben sind auch ergänzende Schutzzertifikate für Arzneimittel und Pflanzenschutzmittel sowie bestimmte Sortenschutzrechte, Ursprungsbezeichnungen oder geographische Herkunftsangaben und geographische Angaben von der PP-VO erfasst (Art. 2 PP-VO). Die PP-VO überlagert in den vorgenannten Bereichen teilweise die nationalen Regelungen.

Im **Reiseverkehr** gilt: Nachahmungen oder unerlaubte Vervielfältigungsstücke, die im persönlichen Reisegepäck innerhalb der Freimengen nach Gemeinschaftsrecht aus Drittländern eingeführt werden, werden gem. Art. 3 Abs. 2 von der PP VO nicht erfasst.

Eine Grenzbeschlagnahme zur Verhinderung von **Parallelimporten** kann weder auf die PP-VO noch auf das MarkenG gestützt werden,[282] da dies Art. 3 Abs. 1 der PP-VO ausdrücklich ausschließt und z. B. § 146 MarkenG voraussetzt, dass die Ware **widerrechtlich** mit einer Marke versehen worden ist. **136**

Die PP-VO der EG geht als unmittelbar anwendbares Gemeinschaftsrecht den nationalen Regelungen vor. Die Anwendung der nationalen Regeln kommt immer dann in Betracht, wenn die PP-VO keine Anwendung findet, z. B. bei Schutzrechtsverletzungen, die bei Kontrollen des innergemeinschaftlichen Warenverkehrs festgestellt werden.

c) Aufgaben der Zollverwaltung

aa) Zollabfertigung

Die Zollstellen werden i. d. R. im so genannten Grenzbeschlagnahmeverfahren tätig. Dieses Verfahren ist allerdings nicht auf die Grenzabfertigung beschränkt. Die Zollbehörden haben **137**

---

[275] Die sog. Grenzbeschlagnahme ist keine strafprozessuale, sondern eine i. d. R. auf Antrag des Schutzrechtsinhabers durchgeführte befristete verwaltungsrechtliche Maßnahme, die dem Schutzrechtsinhaber Gelegenheit zur Durchsetzung zivilrechtlicher Maßnahmen geben soll.

[276] Zur Grenzbeschlagnahme nachgeahmter Waren, die sich in einem Nichterhebungsverfahren befinden, vgl. EuGH (1. Kammer), Urteil v. 1.12.2011 – C 446/09, C-495/09, NJW 21/2012, S. 1497.

[277] Erste Richtlinie des Rates zur Angleichung der Rechtsvorschriften der Mitgliedstaaten über die Marken v. 21.12.1988.

[278] VO (EG) Nr. 3295/94 über Maßnahmen zum Verbot der Überführung nachgeahmter Waren und unerlaubt hergestellter Vervielfältigungsstücke oder Nachbildungen in den zollrechtlich freien Verkehr oder in ein Nichterhebungsverfahren sowie zum Verbot ihrer Ausfuhr und Wiederausfuhr, seit 1.7.1999 unter der Bezeichnung: VO (EG) Nr. 3295/94 über Maßnahmen, welche das Verbringen von Waren, die bestimmte Rechte am geistigen Eigentum verletzen, in die Gemeinschaft sowie ihre Ausfuhr und Wiederausfuhr aus der Gemeinschaft betreffen.

[279] Gesetz über den Schutz von Marken und sonstigen Kennzeichen (Markengesetz – MarkenG), BGBl. 1994 I S. 3082.

[280] Verordnung zur Ausführung des Markengesetzes (Markenverordnung – MarkenV) v. 30.11.1994 (BGBl. I S. 3555).

[281] VO (EG) Nr. 1383/2003 des Rates vom 22. Juli 2003 über das Vorgehen der Zollbehörden gegen Waren, die im Verdacht stehen, bestimmte Rechte geistigen Eigentums zu verletzen, und die Maßnahmen gegenüber Waren, die erkanntermaßen derartige Rechte verletzen.

[282] FG München v. 24.6.1998 – 3 K 5312/97 u. 875/98 (n. rk.), ZfZ 1998, 349–351.

überall dort Zugriffsmöglichkeiten, wo sie im Rahmen von Zollkontrollen und Prüfungen tätig werden. Die insoweit einschlägigen, und im Wesentlichen vergleichbaren Rechtsgrundlagen finden sich in der PP-VO (Art. 4, 9) sowie den einschlägigen nationalen Schutzgesetzen (z. B. § 146 MarkenG). Schutzrechtsverletzende Waren unterliegen bei ihrer **Einfuhr, Ausfuhr oder Wiederausfuhr** aus bzw. nach Nichtgemeinschaftsstaaten an der Gemeinschaftsaußengrenze oder bei der Abfertigung bei einem Binnenzollamt der Grenzbeschlagnahme, sofern eine Schutzrechtsverletzung **offensichtlich**[283] ist bzw. ein entsprechender **Verdacht**[284] besteht. Gleiches gilt auch im innergemeinschaftlichen Warenverkehr, **sofern Zollkontrollen stattfinden**. Weitere Voraussetzung für die Grenzbeschlagnahme ist grundsätzlich ein **vorheriger Antrag** des Rechtsinhabers bei der Zentralstelle der deutschen Zollverwaltung[285] sowie die Abgabe einer Verpflichtungserklärung (nationale Bestimmungen: Sicherheitsleistung).[286]

Die PP-VO sieht für die sog. Grenzbeschlagnahme bei **Verdacht** einer Schutzrechtsverletzung ein Zurückhalten oder eine Aussetzung der Überlassung der Waren vor, damit diese nicht in den freien Verkehr der Gemeinschaft/EU oder in ein sog. Nichterhebungsverfahren gelangen. Erfolgt innerhalb von 10 Arbeitstagen nach Eingang der Mitteilung über die Zurückhaltung oder Aussetzung vom Schutzrechtsinhaber keine Mitteilung über getroffenen Maßnahmen der Zivilgerichte[287] (einstweilige Verfügung), hebt die Zollstelle ihre Maßnahmen auf, auch wenn der Zollbeteiligte bzw. Verfügungsberechtigte gegen die Maßnahmen bisher keine Rechtsmittel eingelegt hat. Die Frist kann allerdings um maximal 10 Tage verlängert werden (Art. 13 Abs. 1 der PP-VO). Für leicht verderbliche Waren gilt Art. 13 Abs. 2 PP-VO; die Frist beträgt 3 Tage und kann nicht verlängert werden. Art. 4 der PP-VO gibt den Zollbehörden die Möglichkeit, auch dann tätig zu werden, wenn der Schutzrechtsinhaber noch keinen Antrag nach Art. 5 gestellt hat. Wenn der **hinreichend begründete Verdacht** besteht, dass Waren ein Recht geistigen Eigentums verletzen, kann die Zollstelle die Ware für 3 Arbeitstage zurückhalten oder ihre Überlassung aussetzen, um den Schutzrechtsinhaber zu benachrichtigen und ihm die Gelegenheit für einen entsprechenden Antrag zu geben. Nach Art. 11 der PP-VO besteht unter den dort genannten Voraussetzungen die Möglichkeit, schutzrechtsverletzende Waren auf Kosten des Rechtsinhabers entschädigungslos unter zollamtlicher Überwachung zu vernichten, ohne dass es zuvor der Feststellung der Schutzrechtsverletzung bedarf. Die erforderliche nationale Regelung enthält § 150 MarkenG.

138 Daneben ergibt sich eine **Verpflichtung** der Zollbehörden zur Beschlagnahme von Amts wegen bei nach EU-Recht oder nationalem Recht geschützten geographischen Herkunftsangaben (§ 151 MarkenG) anlässlich einer **Ein-, Aus- und Durchfuhr** (Verbot im Sinne des Bannbruchtatbestandes des § 372 AO). Zweck der Beschlagnahme ist die Beseitigung der widerrechtlich angebrachten geographischen Herkunftsangaben. Sofern den Weisungen der Zollstelle nicht entsprochen wird oder die Beseitigung nicht möglich ist, sind die Waren einzuziehen.

Die deutsche Zollverwaltung erfüllt ihre Aufgabe im Rahmen der **zollamtlichen Überwachung** der Hoheitsgrenzen zu den Nachbarstaaten der EU (da nationale Verbote an die Hoheitsgrenzen anknüpfen) unter dem Vorbehalt, dass Kontrollen der Zollbehörden überhaupt stattfinden, sowie der Außengrenzen der Gemeinschaft/EU beziehungsweise bei der Erledigung der Zollförmlichkeiten bei der Einfuhr, Ausfuhr oder Wiederausfuhr von Waren.

---

[283] *Kampf*, ZfZ 1998, 331–335 (332, 333): Offensichtlich bedeutet, dass die Rechtsverletzung eindeutig und unzweifelhaft ist. Offensichtlichkeit ist also die Form eines qualifizierten Verdachts mit erhöhter Wahrscheinlichkeit.
[284] Art. 9 Abs. 1 der VO (EG) 1383/2003 (=3. PP-VO).
[285] Dies ist hier die Zentralstelle Gewerblicher Rechtsschutz – ZGR – bei der Bundesfinanzdirektion Südost, Dienstort München.
[286] Gemäß Art. 6 der 3.PP-VO ist ab dem 1. Juli 2004 bei Antrag auf Grenzbeschlagnahme eine Verpflichtungserklärung mit dem in Art. 6 a. a. O. genannten Inhalt abzugeben.
[287] Vgl. OLG München v. 19.3.1997 – 29 AR 34/96, ZfZ 1997, 204–207.

IX. Bannbruch **22**

Bei Drittlandseinfuhren in die EU unterliegen Waren zusätzlich also auch im Rahmen der Zollabfertigung einer entsprechenden Kontrolle.[288]

Wichtig ist hier die Feststellung, dass die Grenzbeschlagnahmemaßnahmen nach § 146 Abs. 2, 151 MarkenG, den übrigen einschlägigen nationalen Schutzgesetzen oder nach der PP-VO qualitativ **Maßnahmen des Zollrechts** bzw. des jeweiligen Schutzgesetzes sind und keine strafprozessualen Maßnahmen darstellen. Der Tatbestand des § 146 MarkenG sieht ein Eingreifen auch nur im Falle eines vorhergehenden Antrags und Leistung einer Sicherheit durch den Schutzrechtsinhaber, aber nicht von Amts wegen vor; § 146 MarkenG stellt insoweit also einen zollamtlichen Überwachungstatbestand, jedoch kein Einfuhrverbot i. S. des § 372 AO dar. Die Beschlagnahmeverpflichtung des Zolls bei offensichtlicher widerrechtlicher Kennzeichnung **geographischer** Herkunftsangaben nach § 151 MarkenG ist inhaltlich demgegenüber ein eindeutiges Ein-, Aus- und Durchfuhrverbot und Voraussetzung für die Annahme eines Bannbruchs. **139**

Weitere strafrechtliche Verbots- und damit zugleich Bannbruchtatbestände ergeben sich aus der Regelung des § 143 Abs. 1 Nr. 1 bis 3 MarkenG,[289] wonach unter den dort genannten Voraussetzungen u. a. das widerrechtliche In-Verkehr-Bringen und die Ein- und Ausfuhr von Falsifikaten, Aufmachungen, Verpackungen oder Kennzeichnungsmitteln mit Strafe bedroht sind (Was mit Strafe bedroht ist, ist auch verboten!). Dem steht nicht entgegen, dass gem. Abs. 4 der Vorschrift die Tat nur auf Antrag oder bei Vorliegen eines besonderen öffentlichen Interesses von Amts wegen verfolgt wird, denn dies sind Verfahrensvoraussetzungen und keine Verbotsvoraussetzungen. § 14 Abs. 3 Nr. 4 MarkenG führt Regelbeispiele des untersagten Benutzens an. **140**

Ein Einschmuggeln von Falsifikaten (Nichtanmelden und Verheimlichen) erfüllt zwar den Tatbestand einer Steuerhinterziehung gem. § 370 AO, nicht jedoch den § 143 Abs. 1 Nr. 1 MarkenG, weil das strafbare Benutzen der Marke im geschäftlichen Verkehr voraussetzt, dass die Einfuhr unter der Marke erfolgt, die Marke also bei der Einfuhr eingesetzt oder kenntlich gemacht wird – vgl. § 14 Abs. 3 Nr. 4 MarkenG. § 14 Abs. 3 Nr. 2 MarkenG verbietet als typische Benutzungshandlung aber, die Ware unter dem Zeichen widerrechtlich anzubieten, in den Verkehr zu bringen und zu den genannten Zwecken zu besitzen. Nicht der bloße Besitz, jedoch der zweckgerichtete Besitz von Falsifikaten ist somit nach § 143 Abs. 1 Nr. 1, § 14 Abs. 2 Nr. 2 MarkenG strafbar, z. B., wenn jemand gefälschte Uhren einführt, um diese seinen Geschäftsfreunden zu Werbezwecken zukommen zu lassen.[290]

Unmittelbare Ein-, Aus- und Durchfuhrverbote konstituiert darüber hinaus auch Art. 16 PP-VO für Waren, bei denen festgestellt wurde, dass sie ein Recht geistigen Eigentums verletzen. Auch in diesen Fällen ist somit ein Bannbruch gemäß § 372 AO gegeben.

bb) Ermittlungen

Die Zuständigkeit für Ermittlungen von Verstößen ergibt sich für den Zollfahndungsdienst aus §§ 208, 404 AO. Die einschlägige Steuerstraftat ist der Bannbruch (§ 372 AO). Der objektive Tatbestand des Bannbruchs ist erfüllt, wenn gegen die sich aus dem EU-Recht oder nationalem Recht ergebenden Ein-, Aus- oder Durchfuhrverbote verstoßen wird. Zu beachten ist, dass dem Zollfahndungsdienst im Steuerstrafverfahren auch das sonst der Staatsanwaltschaft vorbehaltene Recht zur Durchsicht der Papiere zusteht. **141**

Die einschlägigen Strafvorschriften bei Schutzrechtsverletzungen sind: §§ 143 ff. MarkenG, §§ 106 ff UrheberrechtsG, §§ 51, 65 GeschmacksmusterG, § 142 PatentG, § 25 GebrauchsmusterG, § 10 HalbleiterschutzG und § 39 SortenschutzG.

In Umsetzung einer Empfehlung der FATF[291], deren Gründungsmitglied Deutschland ist, wurden durch das Schwarzgeldbekämpfungsgesetz mit Wirkung vom 3. Mai 2011 auch die Straftaten nach den vorgenannten Schutzgesetzen in den Vortatenkatalog des § 261 Abs. 1

---

[288] Vgl. *Kampf*, AW-Prax 1998, 301–303.
[289] Zu beachten ist, dass nach § 14 Abs. 2 u. 3 MarkenG der Begriff des „Benutzens" u. a. das Inverkehrbringen und die Ein- und Ausfuhr umfasst.
[290] Vgl. eingehend OLG Stuttgart, Urteil v. 26.10.1998 – 1 Ss 433/98, wistra 1999, 152.
[291] Financial Action Task Force on Money Laundering.

Nr. 4 lit. b) StGB aufgenommen[292]. Wie für alle Vergehen unter dieser Nummer gilt für sie aus Gründen der Verhältnismäßigkeit, dass sie nur dann Vortaten der Geldwäsche sind, wenn sie gewerbsmäßig oder von einem Mitglied einer Bande, die sich zur fortgesetzten Begehung solcher Taten verbunden hat, begangen worden sind[293].

d) Modi Operandi

142 Es gibt nahezu kein namhaftes Produkt, das nicht Ziel einer Fälschung sein könnte, die Zeiten, in denen reine Luxusprodukte gefälscht wurden, sind längst vorüber. Die deutsche Zollverwaltung beschlagnahmte 2011 23.635 (2010: 23.713) Warensendungen mit gefälschten Produkten und zog dabei Falsifikate und Plagiate im Wert von rd. 82,6 Mio. € (2010: 95,8 Mio. €) aus dem Verkehr.[294]

Spitzenreiter bei den Beschlagnahmefällen der deutschen Zollverwaltung waren in 2010 bzw. 2011 (Wertangaben in Mio. €):

Warenkategorie	2010	2011
Persönliches Zubehör (Taschen Accessoires, Uhren, Schmuck)	28,4	26,1
Kleidung	18,3	11,4
Spielzeug, Sportgeräte, etc.	6,8	8,5
Elektrische/elektronische Ausrüstung, Computer	8,0	6,7
Schuhe	16,1	6,2
Mobiltelefone, etc.	4,2	5,4
Arzneimittel	0,9	3,1
Tabakwaren	2,3	0,1

Es gab sogar schon gefälschte Oldtimer-Fahrzeuge (Mercedes-Coupé 300 SL mit Flügeltüren als Komplettnachbau!).[295] Die führenden Herstellerstaaten für gefälschte Markenprodukte waren in 2010 Thailand (47,3%), die VR China (26,3%), Hongkong (9,1%) und die USA (3,6%)[296]. In 2011 waren es die VR China (63,43%), Hongkong (21,9%) und die Türkei (5,25%)[297]. Bei globaler Betrachtung des Phänomens gilt: gefälscht wird alles, wofür ein (lukrativer) Markt vorhanden ist/was (hohen) Profit erwarten lässt. Wo welche Falsifikate und Plagiate hergestellt und wo sie abgesetzt werden, ist von verschiedenen Faktoren abhängig, u. a.:
– rechtliche Gegebenheiten im Herstellungs- und/oder Zielland (in vielen Ländern der Erde gibt es keine oder nur rudimentäre Bestimmungen im Bereich gewerblicher Rechtsschutz/Schutz des geistigen Eigentums; wenn überhaupt, erstreckt sich der Schutz nur auf **nationale** Schutzrechte; vorhandene Bestimmungen werden nicht oder nur zögerlich umgesetzt; Zuwiderhandlungen sind in Ermangelung entsprechender Bestimmungen oftmals nicht ahndbar.
– erforderliche Produktionsmittel/notwendiges technisches Wissen (Know-how); Waren, deren Produktion arbeitsintensiv ist (Bekleidung, Plüschtiere), werden in Billiglohnländern produziert. Waren, deren Herstellung technisch aufwendig ist und ggf. einen großen Maschinenpark erfordert, stammen oftmals aus vertragswidrigen/illegalen Überproduktionen der regulären Auftragnehmer der Schutzrechtsinhaber.
– Nachfrage und Marktsituation in den potenziellen Zielländern (**Beispiele**): I. In Deutschland gibt es eine große Nachfrage nach Gartenzwergen; in Kanada werden derartige Waren hingegen kaum nachgefragt → auch für Plagiate ist in Kanada kein Markt vorhanden. II. In den USA gibt es, ebenso wie in Europa, einen großen Markt für (Marken-)Jeanshosen, allerdings gibt es immense Preisunterschiede. Vergleichbare reguläre Waren sind in den

---

[292] Gesetz zur Verbesserung der Bekämpfung der Geldwäsche und der Steuerhinterziehung (Schwarzgeldbekämpfungsgesetz) vom 28.4.2011, BGBl. I, S. 676.
[293] Vgl. BT-Drs. 17/4182, S. 5 – Zu Artikel 1.
[294] Entn. Zollbilanz 2011, BMF, März 2012.
[295] Vgl. Zoll aktuell 2/98, 12.
[296] Die Bundeszollverwaltung – Jahresstatistik 2010, BMF, Februar 2011.
[297] Der Zoll – Produktpiraterie im Visier, BMF, März 2012.

USA für einen Bruchteil der in der EU geforderten Preise erhältlich → der US-Markt ist für Fälscher wegen der zu erwartenden nur moderaten Gewinne wenig lukrativ; nachgeahmte Ware dürfte überwiegend auf den EU-Markt gelangen. III. In Schweden sind alkoholische Getränke nur in staatlichen Verkaufsstellen erhältlich → geschlossener Markt, in den jedenfalls ohne Mitwirkung von Insidern kaum eingedrungen werden kann → hohes Entdeckungsrisiko, denn die regulären Lieferanten sind bekannt).

Wie die o. a. Beispiele zeigen, sind schutzrechtsverletzende Waren i. d. R. Güter des täglichen Bedarfs, die als solche Gegenstand regulärer Handelsgeschäfte sind und in großen Mengen importiert werden. Sofern keine anderweitigen VuB bestehen (z. B. Arzneimittel) werden diese Waren regelmäßig einer ordnungsgemäßen Zollbehandlung zugeführt. In Anbetracht der vielfältigen möglichen Vereinfachungen sowohl im Versandverfahren als auch bei der Abfertigung zum freien Verkehr und der sehr eingeschränkten tatsächlichen Möglichkeit einer Beschau der Waren, ist das Entdeckungsrisiko sehr gering, ein Schmuggel deshalb grundsätzlich nicht lohnenswert. Der Absatz großer Mengen eingeschwärzter Waren über den regulären Handel wäre auch deshalb problematisch, weil die zollredliche Herkunft im Falle einer Prüfung nicht nachgewiesen werden könnte. Einfuhrschmuggel ist deshalb in der Regel nur bei hochsteuerbaren Waren (Zigaretten) zu beobachten, die sowieso für den Schwarzhandel bestimmt sind. Der Einfuhrschmuggel gefälschter Markenzigaretten ist aktuell stark rückläufig. Stattdessen werden zunehmend „Uncommon Brands" (Ungebräuchliche Marken), d. h. gezielt für den Schwarzmarkt produzierte Zigaretten ohne Äquivalent auf dem legalen Markt, eingeschwärzt. 143

3. Artenschutz

a) Allgemeines

Das Artenschutzrecht ist dem Natur- und Umweltschutzrecht zuzurechnen. Geschütztes Rechtsgut ist die Tier- und Pflanzenwelt. Jedes Jahr sterben etwa 1000 Pflanzen- oder Tierarten weltweit aus. Die Ursachen für das Artensterben sind vielfältig. So sind hauptsächlich als Folge von Handelsinteressen weltweit viele Tier- und Pflanzenarten in ihrem Bestand gefährdet oder gar vom Aussterben bedroht. Die internationale Staatengemeinschaft hat diesem Umstand bereits vor fast 40 Jahren Rechnung getragen und im Jahre 1973 Handelsbeschränkungen zum Schutz der Tier und Pflanzenwelt vereinbart, das so genannte CITES[298]- oder Washingtoner Artenschutzübereinkommen (WA), dem mittlerweile weltweit über 170 Staaten beigetreten sind. In der Bundesrepublik Deutschland wird das CITES bereits seit 1976 angewandt. Seit dem 1. Januar 1984 wird es durch europarechtliche Regelungen umgesetzt.[299] 144

Die Schaffung des Binnenmarktes zum 1.1.1993 erforderte eine Anpassung der europarechtlichen Bestimmungen. Die neue europäische Artenschutz-Verordnung (VO (EG) 338/97) trat am 3.3.1997 in Kraft und gilt seit dem 1. Juni 1997. Daneben bestehen im Artenschutzbereich weitere europarechtliche und nationale Regelungen.

Derzeit werden etwa 5000 Tier- und rund 29 000 Pflanzenarten nach dem WA geschützt[300]. Im Jahr 2011 hat allein der deutsche Zoll bei 1208 (2010: 1365) Aufgriffen rund 109 375 (2010: 93 010) geschützte Tiere und Pflanzen bzw. daraus hergestellte Produkte sichergestellt. Der überwiegende Teil der erkannten illegalen Einfuhren erfolgt nach wie vor über die Flughäfen. Allerdings stiegen in den letzten Jahren – wohl in Folge des zunehmenden Internethandels – die Aufgriffe im Postverkehr deutlich an: in 2008 erfolgten 8,5% der Aufgriffe im Postverkehr, in 2009 bereits 13,9% und in 2010 gab es eine weitere Steigerung auf nunmehr 17% – die Zahlen korrelieren mit dem deutlich gesteigerten Sendungsaufkommen im Postverkehr/Kurierdienstgeschäft[301].

---

[298] CITES = **C**onvention on **I**nternational **T**rade in **E**ndangered **S**pecies of Wild Fauna and Flora (Abkommen über den internationalen Handel mit gefährdeten Arten frei lebender Tiere und Pflanzen).
[299] VO (EG) Nr. 3626/82.
[300] Cites-Website – Stand: 21.11.2011.
[301] Entn. Zollbilanz 2011, BMF, März 2012 und der Jahresstatistik 2010 der Bundeszollverwaltung, BMF, Februar 2011.

Das Artenschutzrecht ist eine äußerst komplexe Materie. Die Ausführungen im Rahmen dieses Handbuchs müssen sich deshalb auf die im Zusammenhang mit dem grenzüberschreitenden Warenverkehr wichtigsten Regelungen beschränken. Weitergehende Informationen sowie die in diesem Abschnitt genannten europäischen und nationalen Bestimmungen einschließlich ihrer Fundstellen sind im Internet abrufbar. Empfehlenswerte Web-Adressen sind z. B.:

http://eur-lex.europa.eu/de/index.htm – hier sind die Rechtsakte der EU und deren Fundstellen abrufbar

www.bfn.de – u. a. mit Informationen zum Genehmigungsverfahren und Links zu einschlägigen EU-Websites

www.zeet.de – Zusammenstellung von Einzelentscheidungen zur Einfuhr geschützter Tierarten (erstellt durch das BfN)

www.wisia.de – bei Fragen zum Schutzstatus und zur Taxonomie

www.cites.org – Website des CITES-Sektretariats u. a. mit Informationen zu Exportquoten

www.unep-wcmc.org – mit Verbreitungs- und Einfuhrdaten

www.zoll.de Startseite > Fachthemen > Verbote und Beschränkungen > Schutz der Tierwelt > Artenschutz – Kurzüberblick in Sachen Artenschutz mit Links zu den einschlägigen Bestimmungen, etc.

Umfassende und auch für Strafverfolgungsbehörden sehr nützliche Informationen enthalten die auf der Website des BfN eingestellten „Vollzugshinweise zum Artenschutzrecht": *www.bfn.de* > Startseite > Themen > CITES > Vollzugshinweise zum Artenschutzrecht[302].

b) Rechtsgrundlagen

145   Das Artenschutzrecht basiert im Wesentlichen auf dem CITES[303]-Übereinkommen oder auch „Washingtoner Artenschutzübereinkommen" (WA) vom 3. März 1973. Das CITES-Handelsabkommen will den Handel regulieren, um ein Aussterben bestimmter Arten zu verhindern. Je nach Schutzbedürftigkeit wird der Handel mit den in den Anlagen zu diesem Abkommen genannten Arten eingeschränkt oder im Extremfall **verboten.**[304]

Seit dem 1. Juli 1997 gilt das neue Gemeinschaftsrecht (VO (EG) Nr. 338/97).[305] Die VO umfasst alle Exemplare[306], die Gegenstand des CITES sind. Darüber hinaus schränkt sie den Handel für einige nicht-CITES-geschützte Arten und Teile und Erzeugnisse davon ein. Ferner enthält die VO Regelungen über den innergemeinschaftlichen Handel mit Exemplaren der in ihr erfassten Arten.

Das nationale Recht ist ebenfalls komplett überarbeitet worden. Aktuell gilt das Gesetz über Naturschutz und Landschaftspflege (Bundesnaturschutzgesetz – BNatSchG) vom 29.7.2009[307], das am 1. März 2010 in Kraft getreten ist und damit das BNatSchG vom 25.3.2002 abgelöst hat. Das BNatSchG enthält nationale Regelungen u. a. zum Schutz der heimischen Flora und Fauna, daneben auch Verfahrensregelungen sowie Bußgeld und Strafbestimmungen, u. a. Sanktionen von Zuwiderhandlungen gegen EU-rechtliche Bestimmungen.

---

[302] Hinweis (Stand: Oktober 2012): Die derzeit vorliegende Fassung der Vollzugshinweise berücksichtigt noch nicht die am 13.6.2012 in Kraft getretenen Änderungen des BNatSchG durch das 45. Strafrechtsänderungsgesetz zur Umsetzung der Richtlinie des Europäischen Parlaments und des Rates über den strafrechtlichen Schutz der Umwelt (2011) vom 6.12.2011, BGBl. I, S. 2557.

[303] CITES = **C**onvention on **I**nternational **T**rade in **E**ndangered **S**pecies of Wild Fauna and Flora (Abkommen über den internationalen Handel mit gefährdeten Arten frei lebender Tiere und Pflanzen), BGBl. 1975 II, S. 773.

[304] Die Anhänge werden regelmäßig auf den sog. Vertragsstaatenkonferenzen von den am WA beteiligten Staaten an die aktuellen Gegebenheiten angepasst.

[305] Die VO (EG) Nr. 338/97 = Grundverordnung wird ergänzt durch dazu ergangene Durchführungsbestimmungen; aktuelle Durchführungsverordnung ist die VO (EG) 865/2006 vom 4.5. 2006 (Stand: September 2012).

[306] Begriffsbestimmung vgl. Art. 2 lit. t) VO (EG) 338/97.

[307] Gesetz über Naturschutz und Landschaftspflege – Bundesnaturschutzgesetz (BNatSchG) vom 29.7.2009, BGBl. I, S. 2542.

IX. Bannbruch **22**

Soweit der Handel nicht gänzlich verboten ist, sind nach den o. a. Vorschriften je nach Schutzbedürfnis für den internationalen Handel Ein- und/oder Ausfuhrgenehmigungen bzw. Einfuhrbescheinigungen erforderlich. Diese werden in der Bundesrepublik Deutschland vom Bundesamt für Naturschutz[308] (BfN) ausgestellt. Das BfN ist ferner zuständig für die Beurteilung, ob und ggf. in welchem Umfang geschützte Arten zum Handel freigegeben werden können, sowie für die Überprüfung der Papiere der Herkunftsländer.

Dem Artenschutzrecht/Naturschutzrecht sind im Wesentlichen folgende Bestimmungen zuzurechnen:

- das Washingtoner Artenschutz-Übereinkommen/CITES (WA);
- die EG-Artenschutz-VO (VO (EG) Nr. 338/97 des Rates vom 9. Dezember 1996 über den Schutz von Exemplaren wild lebender Tier- und Pflanzenarten durch Überwachung des Handels);
- die EG-Artenschutz-DVO (VO (EG) Nr. 865/2006 der Kommission vom 4. Mai 2006 mit Durchführungsbestimmungen zur VO (EG) 338/97…);
- die Tellereisen-VO (VO (EWG) Nr. 3254/91 des Rates vom 4. November 1991 zum Verbot von Tellereisen in der Gemeinschaft und der Einfuhr von Pelzen und Waren von bestimmten Wildtierarten aus Ländern, die Tellereisen oder den internationalen humanen Fangnormen nicht entsprechende Fangmethoden anwenden);
- die VO (EG) Nr. 35/97 der Kommission vom 10. Januar 1997 über die Ausstellung von Bescheinigungen für Pelze und Waren, die unter die VO (EG) Nr. 3254/91 des Rates fallen;
- das Bundesnaturschutzgesetz – Gesetz über Naturschutz und Landschaftspflege (BNatSchG) vom 29.7.2009;
- die Bundesartenschutzverordnung -Verordnung zum Schutz wild lebender Tier und Pflanzenarten (BArtSchV) vom 16.2.2005[309]

und

- das Bundesjagdgesetz (BJagdG) mit
- der Verordnung über den Schutz von Wild (BWildSchV).

Zu nennen sind ferner die FFH-Richtlinie[310] (FFH-RL), die Vogelschutzrichtlinie[311] (Vogelschutz-RL) und die Jungrobben-Richtlinie[312] (Jungrobben-RL), die durch das BNatSchG und die BArtSchV in nationales Recht umgesetzt werden. Ferner enthalten das BNatSchG und die BArtSchV Durchführungsbestimmungen zur EG-Artenschutz-VO sowie Schutzbestimmungen, die über die vorgenannten internationalen Regelungen hinausgehen. In Anlage 1 BArtSchV werden heimische Tiere und Pflanzen unter Schutz gestellt, deren Bestand durch menschlichen Zugriff gefährdet ist.

Darüber hinaus sind -abhängig von der Warenart- ggf. weitere Bestimmungen zu beachten, z. B. tierschutz-, tierseuchen-, veterinär-, phytosanitär-, arzneimittel- und lebensmittelrechtliche Regelungen.

c) EG-rechtliche Ein-, Aus- und Durchfuhrverbote

Ein-Aus- und Durchfuhrverbote und -beschränkungen sind in Artt. 4 und 5 der EG-Artenschutz-VO (VO (EG) Nr. 338/97, künftig: VO) geregelt. Sie gelten für lebende und tote Tiere und Pflanzen der in den Anhängen A bis D der VO genannten Arten, deren Teile sowie Erzeugnisse daraus, d. h. Exemplare gemäß Art. 2 lit. t) der VO. Artikel 8 Abs 1 der VO konstituiert ein Handelsverbot[313] für Exemplare des Anhangs A. Mögliche Ausnahmen regelt **146**

---

[308] Das BfN wurde am 15.8.1993 als Bundesoberbehörde im Geschäftsbereich des BMU errichtet.
[309] BGBl. I, S. 258.
[310] Richtlinie 92/43/EWG des Rates zur Erhaltung der natürlichen Lebensräume sowie der wild lebenden Tiere und Pflanzen (so genannte FFH-RL = Flora Fauna Habitat-Richtlinie).
[311] Richtlinie 2009/147/EG des Rates vom 30. November 2009 über die Erhaltung der wild lebenden Vogelarten (Vogelschutz-Richtlinie).
[312] Richtlinie 83/129/EWG des Rates vom 28. März 1983 betreffend die Einfuhr in die Mitgliedstaaten von Fellen bestimmter Jungrobben und Waren daraus (Jungrobben-Richtlinie).
[313] Verboten sind gem. Art. 8 Abs. 1: „Kauf, Angebot zum Kauf, Erwerb zu kommerziellen Zwecken, Zurschaustellung und Verwendung zu kommerziellen Zwecken sowie Verkauf, Vorrätighalten, Anbieten

Artikel 8 Abs. 3 der VO. Artikel 8 Abs. 2 der VO ermächtigt die Mitgliedstaaten, den Besitz von Exemplaren, insbesondere von lebenden Tieren, die in Anhang A aufgeführt sind, zu verbieten.

147 Für die **Einfuhr** von Exemplaren der Anhänge A und B der VO ist eine vorherige Einfuhrgenehmigung erforderlich. Sofern die Exemplare auch in den Anhängen I – III des WA erfasst sind, sind daneben auch die erforderlichen Dokumente des Ausfuhrstaates (Ausfuhrgenehmigung bzw. Wiederausfuhrbescheinigung oder Ursprungsbescheinigung) vorzulegen. Bei der Einfuhr von Waren des Anhangs C ist als EU-Dokument eine Einfuhrmeldung erforderlich; Dokumente des Ausfuhrstaates sind entweder die Ausfuhrgenehmigung oder eine Ursprungsbescheinigung. Für Exemplare des Anhangs D ist lediglich eine Einfuhrmeldung abzugeben.

Sonderregelungen/Ausnahmen gelten für Haustiere sowie für tote Exemplare zum persönlichen Gebrauch oder als Haushaltsgegenstände, ferner für Jagdtrophäen und für die Einfuhr bestimmter Waren (Kaviar, Regenstöcke) im Reiseverkehr.

148 Die **Ausfuhr** von Exemplaren der Anhänge A–C der VO bedarf einer Ausfuhrgenehmigung. Für die Wiederausfuhr der vorgenannten Waren ist eine Wiederausfuhrbescheinigung erforderlich (Art. 5 VO). Ausfuhrgenehmigung bzw. Wiederausfuhrbescheinigung sind der Ausgangszollstelle vorzulegen, d. h., beim Grenzübertritt nach einem Drittland.

Für die Ausfuhr/Wiederausfuhr von in Anhang D der VO erfassten Exemplaren sind keine artenschutzrechtlichen Dokumente erforderlich.

Sonderregelungen/Ausnahmen gelten für Haustiere sowie für tote Exemplare zum persönlichen Gebrauch oder als Haushaltsgegenstände und für die Ausfuhr bestimmter Waren (Kaviar, Regenstöcke) im Reiseverkehr.

149 Für die **Durchfuhr** von Exemplaren durch das Zollgebiet der Gemeinschaft unter zollamtlicher Überwachung, d. h., in einem Versandverfahren, sind gemäß Art. 7 Abs. 2 der VO keine Genehmigungen erforderlich. Einer artenschutzrechtlichen Abfertigung bedarf es somit nicht. Für die in Anhang A und B der VO erfassten WA-Exemplare müssen allerdings gültige, von der zuständigen Behörde des (Wieder-)Ausfuhrstaates ausgestellte (Wieder-)Ausfuhrdokumente vorliegen. Sind die erforderlichen Dokumente nicht ausgestellt worden, ist die Durchfuhr unzulässig. Die Waren sind in der Regel zu beschlagnahmen (Art. 7 Nr. 2 lit. c) VO).

Beachte: Ausfuhrgenehmigungen für **lebende Wildtiere** – und damit auch etwaige korrespondierende Einfuhrgenehmigungen – werden ungültig, wenn die **Transportvorschriften**[314] nicht eingehalten werden.

Eine **nachträgliche Ausstellung** von Ausfuhrdokumenten/ggf. dazugehörenden Einfuhrgenehmigungen ist grundsätzlich nicht möglich.

d) Nationale Besitz- und Vermarktungsverbote

150 Bei der Ein- und Ausfuhrabfertigung von nicht der VO (EG) Nr. 338/97 unterfallenden Exemplaren sind die nationalen Besitz- und Vermarktungsverbote gemäß § 44 Abs. 2 und 3 BNatSchG zu beachten, die für folgende Arten bestehen:
- die in Anhang IV der FFH-RL genannten Arten (§§ 7 Abs. 2 Nr. 13 lit. -b -aa, 44 Abs. 2 Nr. 1 und 2 BNatSchG)
- „europäische Vogelarten" i. S. Art. 1 der Vogelschutz-RL (§§ 7 Abs. 2 Nr. 12 und 13 lit. -b -bb, 44 Abs. 2 Nr. 1 und 2 BNatSchG),

---

oder Befördern zu Verkaufszwecken" (Beachte: Begriffsbestimmungen gemäß Art. 2 der VO!) von Exemplaren der Arten des Anhangs A der VO (EG) 338/97.

[314] Land-, Schienen-, Seetransport: CITES-Leitlinien für den Transport und die Vorbereitung des Transports von lebenden Wildtieren; Lufttransport: Vorschriften des Internationalen Luftverkehrsverbandes (IATA) für den Transport lebender Tiere (vgl. Abschnitt 5 der Tierschutztransportverordnung vom 11. 2.2009, BGBl. I, S. 375), s. a. Art. 6 Abs. 3 i. V. m. Anhang I Kap. II Nr. 4 der VO (EG) Nr. 1/2005 des Rates vom 22. Dezember 2004 über den Schutz von Tieren beim Transport und damit zusammenhängenden Vorgängen.

IX. Bannbruch

- die in Anlage 1 BArtSchV aufgeführten und dort in Sp. 2 mit „+" gekennzeichneten Arten (§§ 7 Abs. 2 Nr. 13 lit. -c, 44 Abs. 2 Nr. 1 und 2, 54 Abs. 1 BNatSchG, §§ 1 ff. BArtSchV),
- Felle und Pelze von Jungtieren der Sattel- und Mützenrobben und daraus hergestellte Waren (Jungrobben-RL, § 44 Abs. 3 Nr. 1 BNatSchG),
- sogenannte Faunenverfälscher (§§ 44 Abs. 3 Nr. 2, 44 Abs. 4 BNatSchG, § 3 BArtSchV) – nur lebende Exemplare –.

Ausnahmen von den Verboten des § 44 BNatSchG sind in § 45 BNatSchG geregelt.

e) Aufgaben der Zollverwaltung

aa) Zollabfertigung

Die Zollstellen sind gemäß § 1 Abs. 3 ZollVG allgemein zuständig für die Überwachung der Einhaltung aller Verbote und Beschränkungen im grenzüberschreitenden Warenverkehr. Daneben enthält § 49 BNatSchG eine spezielle Aufgabenzuweisung für die Überwachung der Ein- und Ausfuhr von Tieren und Pflanzen, die EU-rechtlichen Ein- oder Ausfuhrregelungen oder nationalen Besitz- und Vermarktungsverboten unterliegen. Wegen der erforderlichen Spezialkenntnisse dürfen derartige Waren im Warenverkehr mit Drittländern nur über sog. **WA- befugte Zollstellen** ein- bzw. ausgeführt werden. Eine Prüfungspflicht hinsichtlich der Einhaltung der Artenschutzbestimmungen besteht jedoch nicht nur für die WA-befugten, sondern sämtliche Zollstellen. Verfahrensvorschriften enthält insoweit § 51 BNatSchG. Bestehen Zweifel, ob Waren artenschutzrechtlichen Beschränkungen unterliegen, sind sie bis zur Klärung der Rechtslage in Verwahrung zu nehmen. Wird festgestellt, dass vorgeschriebene Dokumente fehlen oder der Ein- bzw. Ausfuhr Besitz- oder Vermarktungsverbote entgegenstehen, sind die Tiere und Pflanzen pp. von der Zollstelle zu beschlagnahmen (§ 51 Abs. 2 BNatSchG). Sofern es sich um Exemplare handelt, für die eine Ein- oder Ausfuhrgenehmigung nicht erteilt werden darf, werden sie sofort eingezogen. 151

Die Beschlagnahme durch die Zollstelle ist in diesem Zusammenhang keine Maßnahme des Strafverfahrensrechts, sondern eine verwaltungsrechtliche Maßnahme i. S. einer Zwangsmaßnahme (zur Vorlage der entsprechenden Dokumente). Die Einziehung nach BNatSchG ist eine allein dem Artenschutz dienende und verschuldensunabhängige Maßnahme ohne Sanktionswirkung. Bei Verdacht einer Straftat oder Ordnungswidrigkeit erfolgen daneben i. d. R. die Beschlagnahme als Beweismittel (§ 94 StPO) und/oder weil dringende Gründe für die Einziehung (§§ 111b, 111c StPO) vorliegen.

Verfahrensvorschriften betreffend die Ein- und Durchfuhr von Exemplaren aus bzw. nach Nicht-EU-Ländern (Drittländern) enthält § 50 BNatSchG. Vorsätzliche oder fahrlässige Zuwiderhandlungen gegen diese Bestimmungen stellen Ordnungswidrigkeiten gem. § 69 Abs. 3 Nrn. 22 oder 25 BNatSchG dar und können mit eine Geldbuße von bis zu 10 000 € geahndet werden. In Fällen des § 69 Abs. 3 Nrn. 22, 23 und 27 lit. a und Abs. 4 Nr. 2 BNatSchG ist zuständige Verwaltungsbehörde das Hauptzollamt – § 70 Nr. 2 BNatSchG.

bb) Ermittlungen

§ 73 BNatSchG bestimmt, dass die zuständigen Verwaltungsbehörden und die Staatsanwaltschaft bei Ordnungswidrigkeiten und Straftaten im Zusammenhang mit der Ein- oder Ausfuhr die Ermittlungen (§ 161 S. 1 StPO) durch die Behörden des Zollfahndungsdienstes oder durch die Hauptzollämter durchführen lassen können. Die Ermittlungszuständigkeit umfasst nicht nur den Warenverkehr mit Drittländern, sondern auch Taten im Zusammenhang mit der Verbringung von Exemplaren von bzw. nach EU-Mitgliedstaaten. Daneben ergibt sich die Zuständigkeit des Zollfahndungsdienstes auch aus §§ 208, 404 AO. Die einschlägige Steuerstraftat ist der Bannbruch (§ 372 AO). 152

Zuständige Verwaltungsbehörde für die Ahndung von Ordnungswidrigkeiten, die im Zusammenhang mit der Ein- oder Ausfuhr begangen werden, ist grundsätzlich das BfN.

f) Täterprofile und Methoden

Bei Artenschutzdelikten lassen sich drei typische Tätergruppen unterscheiden. Die bei weitem größte Gruppe sind die Touristen, die Souvenirs aus geschützten Tier- und Pflanzenarten 153 und in Einzelfällen aus falsch verstandener Tierliebe gar lebende Tiere mitbringen. Zweite Gruppe sind die Sammler. Prominente Vertreter dieser Gruppe sind die Kakteen- und Orchideenliebhaber, die hohe Strafen riskieren, um in den Besitz seltener Exemplare zu gelangen. So gibt es z. B. Kakteensammler, die regelmäßig für die Suche nach neuen, seltenen Unterarten „Sammelreisen" nach Mexiko durchführen. So sie denn „fündig" werden, begnügen sie sich dann oft auch nicht mit einzelnen Exemplaren. Vielfach wird der gesamte Bestand der Natur entnommen. Dritte Gruppe sind die Händler, die des enormen Profits wegen geschützte Tiere und Pflanzen illegal handeln. Beschaffung, Schmuggel und Absatz sind regelmäßig gut organisiert. Arbeitsteiliges Vorgehen ist häufig zu beobachten. Die Grenzen zwischen „Sammlern" und „Händlern" sind fließend. Sogenannte Züchter gibt es in beiden Gruppen. Auch sind in beiden Gruppen zum Teil organisierte Strukturen zu beobachten. Vielfach gehen die Täter mit erheblicher krimineller Energie vor. Quasi zum Standardrepertoire gehört z. B. das Fälschen von Kennzeichnungen, Ausfuhrdokumenten, Einfuhrgenehmigungen und Zuchtunterlagen. So wird beispielsweise der Versuch unternommen, geschmuggelte befruchtete Eier, Jungvögel oder Jungtiere als Ergebnis erfolgreicher Nachzucht auszugeben und dadurch zu legalisieren. Im Verdachtsfall kann ggf. mittels DNA-Analyse nachgewiesen werden, ob die ungewöhnlich großen Zuchterfolge den Tatsachen entsprechen, oder nicht doch Ergebnis – zunächst – erfolgreichen Schmuggels waren.

Allgemein gültige Aussagen über Schmuggeltendenzen und -routen lassen sich nicht treffen. Wenn überhaupt, sind Angaben zu einzelnen Arten möglich. Faktoren, die die Wahl des Transportweges beeinflussen, sind u. a. die Herkunft der Waren (gewilderte Exemplare oder aus Nicht-Habitat-Staaten stammende illegale Nachzuchten?), die Beschaffenheit (lebende oder tote Exemplare?), Menge und Größe des Transportgutes und die zu gewährleistenden Mindesttransportbedingungen.

Beispiele:
– Tropenholz: Transport erfolgt meist auf dem Seeweg, die Einfuhr mittels Falschdeklaration der Warenart oder unter Verwendung gefälschter Ausfuhrdokumente und erschlichener Einfuhrgenehmigungen.
– Europäische Singvögel: Transport auf dem Landweg per LKW oder PKW in eigens dafür hergerichteten Schmuggelverstecken, z. B. in PKW-Rücksitzbänken, Reservereifen oder LKW- Palettenkästen.
– Befruchtete Papageieneier: Bei Herkunft aus Habitatländern erfolgt der Transport/Schmuggel in Schmuggelwesten und am Körper getragenen Vorrichtungen, die Einreise erfolgt per Flugzeug; für den Schmuggel von illegalen Nachzuchten z. B. aus osteuropäischen Staaten werden hingegen z. B. Schmuggelverstecke in PKW mit eigens dafür hergerichteten Mini-Brutkästen benutzt.
– Lebende narkotisierte Papageien und Greifvögel sowie Schildkröten, Vogelspinnen, Pfeilgiftfrösche, Schlangen, u.v. a.m. sind in Reisekoffern und Frachtkisten zu finden, die als Reisegepäck bzw. Luftfracht per Flugzeug transportiert werden.
– Lebende Schlangen, Schildkröten, Vogelspinnen, etc. sind auch in Postpaketen oder Kurierdienstsendungen zu finden.

Neben dem klassischen Schmuggel gibt es auch noch -nicht nur bei Tropenholz- Falschanmeldungen bei der Abfertigung zum freien Verkehr, z. B. Elfenbein als Kunststoffware, Handtaschen aus Krokodilleder als Krokoimitat, Schuhe aus Schlangenleder als Schlangenlederimitat, etc.

g) Bußgeld- und Strafbestimmungen

aa) Allgemeines

154 Zuwiderhandlungen gegen die naturschutzrechtlichen Genehmigungsvorbehalte, Verbote und Verfahrensbestimmungen waren nach § 65 /§ 69 BNatschG a. F.[315] mit Bußgeld und zu einem geringeren Teil nach § 66 /§ 71 BNatSchG a. F. mit Strafe bedroht. Die beiden Vorschriften waren dergestalt aufeinander abgestimmt, dass die Zuwiderhandlungen grundsätz-

---

[315] § 71 BNatSchG in der Fassung von 2009 gemäß Gesetz zur Neuregelung des Rechts des Naturschutzes und der Landschaftspflege vom 29. Juli 2009 entsprach § 66 BNatSchG a. F. § 69 i. d. F. von 2009 entsprach im Wesentlichen § 65 a. F.

IX. Bannbruch **22**

lich Ordnungswidrigkeiten darstellten und nur ein kleiner Teil der Zuwiderhandlungen (§ 65 Abs. 1, Abs. 3 Nrn. 1 und 3, Abs. 4 BNatschG = § 69 Abs. 2, Abs. 3 Nr. 21, Abs. 4 Nrn. 1 und 3, Abs. 5 BNatSchG a. F.) beim Hinzutreten besonderer Qualifikationen Straftaten waren (§ 66 Abs. 1 und 2 = § 71 Abs. 1 und 2 BNatSchG a. F.). Im Rahmen der Umsetzung der Richtlinie Umweltstrafrecht[316] durch das 45. Strafrechtsänderungsgesetz[317] wurden vornehmlich die Strafbestimmungen des BNatSchG massiv umgestaltet. Die Bußgeld- und Strafbestimmungen betreffend Zuwiderhandlungen gegen Ein-, Aus- und Durchfuhrverbote der VOen (EG) Nr. 338/97 und (EWG) Nr. 3254/91 sind allerdings im Kern gleich geblieben.

Die verbotswidrige bzw. ungenehmigte Ein-, Aus- und Durchfuhr entgegen den Bestimmungen des BNatschG inklusive der EG-VOen 338/97 bzw. 3254/91 ist stets auch ein **Bannbruch** gem. § 372 AO, d. h. eine Steuerstraftat. Die Strafandrohung der AO ist allerdings subsidiär (§ 372 Abs. 2 AO).

Idealkonkurrenz ist möglich mit § 17 TierSchG (bei illegaler Einfuhr lebender Wirbeltiere) und z. B. § 28a Fleischhygienegesetz (bei verbotswidriger Einfuhr von Fleisch bestimmter, in § 15 Fleischhygienegesetz erfasster Wildtiere).

Häufig vorkommende Fälle der Realkonkurrenz sind Urkundsdelikte (§ 267 StGB), Steuerhinterziehung (§ 370 AO), Schmuggel (§ 373 AO), Steuerhehlerei (§ 374 AO)

bb) Artenschutz-Straftaten

Die illegale Ein-, Aus- und Wiederausfuhr von Exemplaren einer **streng geschützten Art** **155** oder einer in **Anhang A** der EG-Artenschutz-VO (VO (EG) Nr. 338/97) erfassten Art ist unter den dort genannten Voraussetzungen nach § 71 BNatSchG strafbewehrt. § 71a BNatSchG enthält entsprechende Strafvorschriften betreffend Exemplare der **besonders geschützten** oder in **Anhang B** der VO (EG) Nr. 338/97 genannten Arten. Ebenfalls nach den vorgenannten Bestimmungen strafbewehrt ist darüber hinaus auch die illegale Einfuhr von Pelzen, etc. entgegen Art. 3 Abs. 1, Satz 1 der VO (EWG) Nr. 3254/91 (Tellereisen-VO).

Bei den in §§ 71 Abs. 1 und § 71a Abs. 1 Nr. 3 BNatschG genannten Straftaten handelt es sich um zweistufige Delikte.

Tatbestandsmäßig sind insoweit nach § 71 Zuwiderhandlungen gegen Bußgeldtatbestände gemäß § 69 Abs. 4 Nr. 1, Abs. 5 BNatSchG, die sich auf Exemplare einer streng geschützten oder Anhang A Art beziehen, nach § 71a Zuwiderhandlungen gegen die Bußgeldtatbestände gemäß § 69 Abs. 4 Nr. 1, Abs. 5 BNatSchG betreffend Exemplare einer besonders geschützten oder Anhang B Art bei gewerbs- oder gewohnheitsmäßiger Begehungsweise.

Sofern die in § 71, 71a BNatSchG genannten Zusatztatbestände nicht erfüllt sind, können die vorgenannten Ordnungswidrigkeiten mit einer Geldbuße in Höhe von bis zu 50 000 € geahndet werden (§ 69 Abs. 6 BNatSchG).

§ 71 Abs. 1 BNatSchG

§ 71 Abs. 1 BNatSchG entspricht § 71 Abs. 2 BNatSchG a. F. **156**

Eine Straftat nach § 71 Abs. 1 Nr. 2 BNatSchG liegt vor bei vorsätzlicher Handlung, die sich auf Tiere oder Pflanzen einer **streng geschützten Art** (Begriffsbestimmung vgl. § 7 Abs. 2 Nr. 14 BNatSchG) bezieht.

Beispiel: Einfuhrschmuggel von in Plastikröhren gezwängten Palmkakadus (Exemplare gemäß Anhang A der VO (EG) 338/97) im Reisegepäck aus Südostasien bzw. Australien. Der per Flugzeug aus Südostasien nach Deutschland eingereiste Täter wollte nach einem anderen EU-Mitgliedstaat weiterreisen. Er gab u. a. an, dass ihm die Artenschutzbestimmungen unbekannt seien. Die Rückfrage bei den Zollbehörden des Ziellandes ergab, dass er dort kurz zuvor wegen einer gleich gelagerten Tat auffällig geworden und nachfolgend eingehend über die Artenschutzbestimmungen belehrt worden war. Das erkennende Gericht sah es deshalb als erwiesen an, dass der Angeklagte vorsätzlich gehandelt hatte, seine Beteuerung der Unkenntnis der Bestimmungen eine Schutzbehauptung war und verurteilte ihn entsprechend. (Straftaten gemäß § 66 Abs. 2 BNatSchG = § 71 Abs. 1 Nr. 2 BNatSchG n. F., § 370 AO und § 17 TierSchG)

---

[316] ABl. L 328 vom 6.12.2008, S. 28.
[317] BGBl. I, S. 2557.

Der Strafrahmen für Zuwiderhandlungen nach § 71 Abs. 1 BNatSchG ist Freiheitsstrafe bis zu fünf Jahren oder Geldstrafe.

§ 71 Abs. 3 BNatSchG

157 § 71 Abs. 3 BNatSchG beinhaltet kein eigenständiges Delikt, sondern eine **Strafschärfung** bei gewerbs- oder gewohnheitsmäßiger Begehung der in § 71 Abs. 1 (oder 2) BNatSchG genannten Taten.

Beispiel: Einfuhr von lebenden und auf dem Transport verendeten Affen und Papageien, sowie von Affenfleisch („Bushmeat"), verstaut in Reisetaschen. Bei den Tieren handelte es sich teilweise um Exemplare streng geschützter Arten. Die aus Afrika kommende Reisende wurde mit den Reisetaschen im Transitbereich des Frankfurter Flughafens kurz vor der Weiterreise nach Südostasien aufgegriffen. Sie gab an, die Tiere und das Bushmeat dort verkaufen zu wollen. (lebende/verendete Tiere: Straftat gemäß § 66 Abs. 2, 3 BNatSchG a. F. = § 71 Abs. 1, 3 BNatSchG n. F., § 17 TierSchG; Bushmeat: Straftat gemäß § 66 Abs. 1 BNatSchG a. F. = § 71a Abs. 1 Nr. 3 BNatSchG n. F., § 28a Nr. 4 i. V. m. § 15 Fleischhygienegesetz).

§ 71 Abs. 4 BNatSchG

158 Die **fahrlässige Begehung** der in § 71 Abs. 1 (oder 2) BNatSchG genannten Taten ist gemäß § 71 Abs. 4 BNatSchG ebenfalls strafbewehrt. Fahrlässigkeit ist insoweit nur hinsichtlich des Tatbestandsmerkmals „Tiere und Pflanzen einer streng geschützten Art" möglich (Vorsatz-Fahrlässigkeitskombination).

§ 71a Abs. 1 Nr. 3 BNatSchG

159 § 71a Abs. 1 Nr. 3 BNatSchG n. F. entspricht im Kern dem § 71 Abs. 1 (zuvor: § 66 Abs. 1) BNatSchG a. F.

Eine Zuwiderhandlung gemäß § 71a Abs. 1 Nr. 3 BNatSchG liegt vor bei vorsätzlicher Handlung und gewerbs- oder gewohnheitsmäßiger Begehung einer der in § 69 Abs. 4 Nr. 1, Abs. 5 BNatSchG bezeichneten vorsätzlichen Handlungen in Bezug auf Exemplare besonders geschützter Arten (§ 7 Abs. 2 Nr. 13 BNatSchG).

Beispiel: Illegale Einfuhr bzw. illegale Vermarktung von russischem Kaviar. Kaviar ist in Anhang B der VO 338/97 erfasst. Ab 2004 war für einige Zeit eine legale Ausfuhr aus Russland und folglich eine legale Einfuhr von russischem Kaviar in die EU nicht mehr möglich, weil es in Russland keine vom CITES-Sekretariat anerkannte Verwaltungsbehörde mehr gab, die die erforderlichen Ausfuhrgenehmigungen ausstellen konnte. Dies war in Handelskreisen sehr wohl bekannt. Die bestehende Nachfrage nach Beluga, etc., wurde deshalb mit eingeschwärzter Ware befriedigt, die mit fingierten Bescheinigungen/Nachweisen ausgestattet war. Neben Verstößen gegen die Artenschutzbestimmungen (§ 66 Abs. 1 BNatSchG a. F. = § 71a Abs. 1 Nr. 3 BNatSchG n. F.) sowie Steuerdelikten (§§ 370, 373, 374 AO) waren auch mögliche Zuwiderhandlungen gegen lebensmittelrechtliche Bestimmungen zu prüfen. Geschmuggelter Kaviar wird häufig falsch gelagert, d. h., die Kühlkette wird unterbrochen bzw. er enthält in Deutschland verbotene Konservierungsstoffe.

Der Strafrahmen für Zuwiderhandlungen gemäß § 71a Abs. 1 BNatSchG ist Freiheitsstrafe bis zu drei Jahren oder Geldstrafe.

§ 71a Abs. 3 BNatSchG

160 Die **leichtfertige Begehung** der in § 71a Abs. 1 (oder 2) BNatSchG genannten Taten ist gemäß § 71a Abs. 3 BNatSchG ebenfalls strafbewehrt. Leichtfertigkeit ist insoweit hinsichtlich der Verkennung des Schutzstatus der Tiere und Pflanzen möglich (Vorsatz-Leichtfertigkeitskombination).

X. Finanzermittlungen

Die Geldwäsche wird an anderer Stelle im Zusammenhang mit der Beschreibung der organisierten Wirtschaftskriminalität ausführlich erörtert. An dieser Stelle ist deshalb nur soweit darauf einzugehen, wie die **Zollverwaltung** in das Aufspüren und die anschließende Verfolgung der Geldwäsche eingebunden ist.

X. Finanzermittlungen

1. Die Rolle der Finanzermittlungen im Rahmen der OK-Bekämpfung

Mit dem Gesetz zur Bekämpfung des illegalen Rauschgifthandels und anderer Erscheinungsformen der organisierten Kriminalität (OrgKG) vom 15.7.1992[318] wurde in der Bundesrepublik Deutschland erstmals ein Instrument geschaffen, durch verbesserte Möglichkeiten der Abschöpfung von Gewinnen aus Straftaten dem organisierten Verbrechen die finanziellen Ressourcen zu entziehen. Dazu diente neben der Einführung der Vermögensstrafe (§ 43a StGB[319]) und des Erweiterten Verfalls (§ 73d StGB) insbesondere die Einführung der neuen Strafvorschrift gegen die Geldwäsche (§ 261 StGB). Der Vortatenkatalog ist bis heute mehrfach erweitert worden. Eine Vielzahl der möglichen Vortaten fallen auch in die Zuständigkeit der Zollfahndung. So wurden nicht nur Vergehen nach § 373 und nach § 374 Abs. 2 AO in den Vortatenkatalog einbezogen, sondern – unter bestimmten Voraussetzungen – auch Vergehen nach § 370 AO, ferner der Subventionsbetrug (§ 264 StGB). Durch das Schwarzgeldbekämpfungsgesetz wurde der Vortatenkatalog mit Wirkung vom 3.5.2011 um die Straftaten im Bereich der Marken- und Produktpiraterie ergänzt.[320]

161

Eine besondere Schwierigkeit bei der Bekämpfung der Geldwäsche liegt in dem schwer lösbaren Problem des doppelten Anfangsverdachts, d. h., zur Strafverfolgung muss neben dem Verdacht der Geldwäsche zugleich auch der **Verdacht des Grunddelikts** festgestellt werden. Dies stellt eine in der Praxis der Überwachungs- und Ermittlungsbehörden oft unüberwindbare Hürde dar.

2. Aufgaben und Befugnisse des Zollfahndungsdienstes

Von Anfang an hat der Gesetzgeber mit der Formulierung des Artikels 3 des Geldwäschegesetzes (GwG), mit dem der frühere § 12a FVG (jetzt § 1 Abs. 3c i. V. m. § 12b ZollVG) eingeführt wurde, der Tatsache Rechnung getragen, dass **Geldwäsche häufig in Verbindung mit zollrechtlich relevanten Vorgängen** steht. Auf diese Weise hat er das im Bereich der Zollverwaltung in beträchtlichem Umfang vorhandene Informationspotential ausschöpfen wollen. Ferner können so die besonderen Kenntnisse des Zollfahndungsdienstes im Bereich der Ermittlung von Zuwiderhandlungen im grenzüberschreitenden Warenverkehr genutzt werden.

162

§ 1 Abs. 3c ZollVG weist dem Zollfahndungsdienst nicht nur die Aufgaben der Verfolgung der international organisierten Geldwäsche selbst, sondern auch **aller damit im Zusammenhang stehender Straftaten** (Grunddelikte und andere, soweit diese Verbindungen mit dem grenzüberschreitenden Kapital-, Dienstleistungs- oder Warenverkehr aufweisen) zu. Damit nähert sich die Ermittlungszuständigkeit des Zollfahndungsdienstes einer Vollzuständigkeit bei grenzüberschreitenden Fällen der Geldwäsche, was von den Staatsanwaltschaften in Unkenntnis des § 1 Abs. 3c ZollVG nahezu regelmäßig übersehen wurde[321] und teils immer noch wird. Das ZKA wirkt bei der Überwachung des grenzüberschreitenden Bargeldverkehrs mit und unterstützt die Zollfahndungsämter bei der Erforschung und Verfolgung der international organisierten Geldwäsche – § 4 Abs. 4 ZFdG.

3. Zollspezifische Informationsquellen und Ermittlungsansätze

Die Fälle der Geldwäsche zeigen, dass vielfach Geldwäschehandlungen nicht allein durch das reine Transferieren über verschiedene Bankkonten erfolgen, sondern – um ein Vielfaches intelligenter – dass im Zuge normal erscheinender Handelsgeschäfte illegale Gelder von einem Land in ein anderes verbracht werden und erst die genaue Analyse den Verdacht der Geld-

163

---

[318] BGBl. 1992 I S. 1302.
[319] Gem. BVerfGE vom 20.3.2002 (2 BvR 794/95) mit GG Art. 103 Abs. 2 unvereinbar und nichtig.
[320] Art. 1 des Gesetzes zur Verbesserung der Bekämpfung der Geldwäsche und Steuerhinterziehung (Schwarzgeldbekämpfungsgesetz) vom 28.4.2011, BGBl. I, S. 676.
[321] *Wamers*, ddz 1994, F99-F100.

wäsche begründet. So können z. B. unter wirtschaftlichen Gesichtspunkten nicht nachvollziehbare bzw. unsinnige Handelsgeschäfte oder der Import von Waren, die nicht zum angegebenen Geschäftszweck des Einfuhrunternehmens passen, ein Indiz für mögliche Geldwäsche sein. Die Geldwäscher bedienen sich dabei u. a. bereits bestehender Unternehmen bzw. gründen Unternehmen zu diesem Zweck und beziehen Waren in besonders großen Mengen. Bekannt geworden sind im Zusammenhang mit der **Einfuhr** von Waren z. B.:

164   Der Ankauf von Waren mit **überfakturierten Rechnungen,** d. h., der berechnete und gezahlte Preis liegt weit über dem tatsächlichen Handelswert der gelieferten Waren. Derartige Vorgänge fallen regelmäßig erst im Rahmen einer Prüfung der betrieblichen Buchführung durch den Vergleich aller zur Verfügung stehenden Unterlagen auf.

Beispiele:
I. Eine in der Türkei ansässige Exportfirma lieferte in einem, wie später festgestellt wurde, Gesamtumfang von 12,4 Mio. DM Waren in die Bundesrepublik Deutschland. Parallel für die tatsächlich gelieferte Ware wurden Scheinrechnungen in Höhe von 28,9 Mio. DM gestellt. Auf diese Weise wurden zwar in der Türkei auch geringe Ausfuhrsubventionen erschlichen, gleichzeitig jedoch umfangreiche Gelder zum Zwecke der Einschleusung in den legalen Finanzkreislauf aus der Bundesrepublik Deutschland in die Türkei transferiert.
II. In einem weiteren Fall ist bekannt geworden, dass ein Unternehmen große Mengen Melonen zu Preisen geliefert bekam, die bei wirtschaftlicher Betrachtungsweise zu einem Verkaufspreis von über 10,00 DM pro Melone an den Verbraucher geführt hätten. Solche Geschäfte sind wirtschaftlich unsinnig und erhärten den Verdacht, dass der Geschäftsvorfall allein der Verschleierung eines illegalen Geldtransfers dient.

Eine Variante der **überfakturierten Rechnung** ist der Ankauf von **wertlosen oder stark fehlerhaften Waren** (Waren ohne Handelswert), die im Empfängerland nicht absetzbar sind, zu sehr hohen Preisen. In diesen Fällen werden zwar die stark überhöhten Rechnungen bezahlt, die Ware selbst jedoch teilweise noch nicht einmal in den freien Verkehr übergeführt, sondern beim Zoll zur sofortigen Vernichtung angemeldet, um keine Einfuhrabgaben zahlen zu müssen. Derartige Vorgänge können z. B. bei der Einfuhrabfertigung erkannt werden.

III. In einem Fall hat eine Täterorganisation wertlose Schrott- und Sandsteinlieferungen aus der Türkei bezogen und hierfür ca. 250 Mio. DM bezahlt. Die Waren waren erkennbar für die Empfangsfirma nicht verwendungsfähig. Parallele Fälle betrafen die Einfuhr von Blechbestecken, zerfallenden Ledernetzhemden und BHs einer in Westeuropa bisher unbekannten Übergröße.

Eine weitere Variante ist der **papiermäßige Ankauf wertvoller Waren** zu entsprechend hohen Preisen, obwohl tatsächlich eine andere, wesentlich geringwertigere Ware geliefert und zur Einfuhr angemeldet wird. Durch den tatsächlichen Saldoausgleich für die per Rechnung und Lieferdokument scheinbar gelieferten Gegenstände können große Summen schwarzer Gelder gewaschen werden.

IV. In diesem Fall hat sich ein Unternehmen gemäß den Begleitdokumenten Herrenhemden liefern lassen. Tatsächlich geliefert wurde jedoch eine große Menge Hohlblocksteine. Signifikanterweise wurden die im Lieferschein angegebenen hochwertigen Waren, die auch in Rechnung gestellt worden waren, bezahlt (Tatumfang über 1 Mio. DM). Die Aufarbeitung des Falles ergab vier verschiedene Einfuhrorte in der Bundesrepublik Deutschland mit einem Volumen von rd. 1 Mrd. DM transferierten Geldes.

165   Von besonderer Professionalität zeugt der Geldtransfer in Form der **Bezahlung echter Rechnungen** unbeteiligter Firmen (Doublettenzahlungen).

V. Die Täter erfahren über Mittelsmänner von tatsächlichen ordnungsgemäßen Lieferungen türkischer Unternehmen an deutsche Firmen und bringen sich in den Besitz einer Rechnungskopie. Dann zahlen sie nach entsprechender Manipulation der Rechnung bzw. Erstellung einer nahezu identischen Rechnung, neben der Empfängerfirma, für die erfolgte Lieferung der Ware, jedoch an ihre Zielkonten mit z. T. zutreffenden, z. T. überhöhten Rechnungssummen. So scheint bei einer Nachprüfung der Zahlung ein tatsächlicher Liefervorgang zu Grunde zu liegen.

X. Finanzermittlungen

Auch im Zusammenhang mit der **Warenausfuhr** können sich ggf. Anhaltspunkte für Geldwäsche ergeben. So ist es kein Geheimnis, dass Waren von besonderem wirtschaftlichen Wert wie z. B. Luxuslimousinen, Flugzeuge, Sportboote u. Ä. in Europa mit Drogengeldern oder Geldern aus anderen kriminellen Geschäften eingekauft und in die Hersteller- bzw. Transitländer der Konterbande „verkauft" werden.

Ferner können im Rahmen der **internationalen Zusammenarbeit** zwischen den Zollverwaltungen geldwäscherelevante Informationen (z. B. Hinweise auf wirtschaftlich unsinnige Warenbewegungen) erlangt werden. So verfügt z. B. die US-amerikanische Zollverwaltung aufgrund ihrer Befugnisse bei der Kontrolle des grenzüberschreitenden Waren- und Kapitalverkehrs über ein erhebliches Informationsaufkommen, das dem deutschen Zollfahndungsdienst zur Verfügung gestellt wird.

Des Weiteren fallen relevante Informationen auch im Rahmen der **Grenzkontrolle** an. Die Zollbeamten wie auch die durch den Zoll beauftragten Beamten der Bundespolizei erhalten bei der allgemeinen Kontrolle des grenzüberschreitenden Warenverkehrs bei **Reisenden** – sowohl bei der Einfuhr als auch bei der Ausfuhr – Kenntnis von mitgeführten Devisen oder devisenähnlichen Mitteln oder erlangen auf andere Weise Informationen über Auslandskonten bzw. nicht-körperliche Geldtransfers (z. B. bei Auffinden von Konto- oder Depotauszügen).

4. Bargeldkontrollen

Nach Inkrafttreten des GwG[322] a. F. haben die kriminellen Organisationen vermehrt versucht, durch den körperlichen Transport von Vermögenswerten über die Grenzen die strenge Überwachung der Finanzinstitute zu umgehen. Dieses Schlupfloch ist seit 1998 durch Schaffung der gesetzlichen Grundlagen für die zollamtliche Überwachung des Bargeldverkehrs geschlossen.

Rechtsgrundlagen sind die §§ 1 Abs. 3a bis 3c und 12a bis 12c ZollVG. Die entsprechenden Bußgeldbestimmungen enthält § 31a ZollVG. Mitgeführte Barmittel bzw. Bargeldbeträge und ihnen gleichgestellte Mittel (§ 1Abs. 3a ZollVG) ab einem Schwellenwert von 10 000,– € sind der Zollbehörde anzumelden bzw. auf Befragen anzuzeigen und deren Herkunft, Verwendungszweck und wirtschaftlichen Berechtigten darzulegen (§ 12a Abs. 1, 2 ZollVG). Sind die Angaben zweifelhaft und lassen sich die Zweifel nicht kurzfristig ausräumen oder ergeben sich Anhaltspunkte für Geldwäsche, wird das Bargeld, etc. zollamtlich in Verwahrung genommen und die Sache zur weiteren Bearbeitung an das örtlich zuständige ZFA überwiesen. Ausführliche Informationen u. a. über die Kontrollverfahren, die Kontrollbefugnisse bei der Ein-, Aus- und Durchfuhr und die bei Geldwäscheverdacht von den ZFÄ und ggf. den HZÄ zu treffenden Maßnahmen sowie eine umfangreiche Auflistung von Umständen, aus denen sich Anhaltspunkte für Geldwäsche ergeben können, enthält die DV Barmittel/Bargeld[323]. Die Bedeutung der Bargeldkontrolle lässt sich auch an den Statistiken ablesen. So hat die Zollverwaltung im Jahre 2011 (2010) im Rahmen der Bargeldkontrollen Bargeld und gleichgestellte Zahlungsmittel im Wert von 14,4 (38,1) Mio. € vorläufig sichergestellt, 2295 (2282) Bußgeldverfahren abgeschlossen und Bußgelder in Höhe von insgesamt 7,2 (8) Mio. € festgesetzt[324].

Beispiel: Die Bedeutung dieser wichtigen Informationsquelle belegt eindrucksvoll, dass im Jahr 2001 die einzige „echte" Verurteilung eines Täters wegen Geldwäsche in Baden-Württemberg ursprünglich auf eine zollrechtliche Bargeldkontrolle zurückzuführen war:
Hier hatten Zollbeamte in einem Versteck im PKW eines aus der Schweiz einreisenden niederländischen Staatsangehörigen einen Geldbetrag in Höhe von umgerechnet etwa 16 400,– Euro in Schweizer

---

[322] Gesetz über das Aufspüren von Gewinnen aus schweren Straftaten – GwG – (Geldwäschegesetz) vom 25. Oktober 1993, BGBl. I 1993 S. 1170.
[323] Dienstvorschrift zur Überwachung des Grenzüberschreitenden Bargeldverkehrs, Vorschriftensammlung Finanzverwaltung Z 27 61.
[324] Zollbilanz 2011, BMF 16.3.2012.

Währung aufgefunden. Unter Zuhilfenahme eines Rauschgiftdetektionsgerätes konnten sowohl an den Geldscheinen als auch an der Kleidung des Mannes Kokainanhaftungen nachgewiesen werden. Die weiteren Ermittlungen ergaben, dass der Beschuldigte im Auftrag seiner ebenfalls niederländischen Hinterleute 1 Mio. Gulden (ca. 450 000,– Euro) von den Niederlanden in die Schweiz transportiert hatte. Weitere, in der Vergangenheit liegende Geldtransporte konnten ebenfalls nachgewiesen werden. Der Beschuldigte wurde vom zuständigen Gericht rechtskräftig wegen Geldwäsche zu 8 Monaten Freiheitsstrafe auf Bewährung verurteilt; das sichergestellte Bargeld, bei dem es sich offensichtlich um den Kurierlohn handelte, zog das Gericht gemäß §§ 73 ff. StGB ein.

Die Bedeutung der „Informationsquelle Zoll" wurde auch im Rahmen der Novellierung des GwG und die nachfolgenden Jahresberichte der Zentralstelle für Verdachtsmeldungen bestätigt. Nach § 14 Abs. 2 GwG n. F.[325] haben – über die bis dato geltende Rechtslage hinaus – auch die Zollbehörden neben der Unterrichtung der Strafverfolgungsbehörde den Verdachtsfall nunmehr ebenfalls dem Bundeskriminalamt – Zentralstelle für Verdachtsmeldungen – zu melden. So hat im Jahre 2010 allein der Zoll 3.085 Meldungen an die Zentralstelle übermittelt, im Vergleich zu den von allen übrigen Verpflichteten insgesamt in 2010 übermittelten 11.042 Verdachtsmeldungen eine durchaus stolze Zahl[326]

170 Seit Ende 2005 existiert auch im Bereich der Bargeldkontrolle eine EG-rechtliche Regelung, die VO (EG) Nr. 1889/2005 vom 26. Oktober 2005,[327] die ab dem 15. Juni 2007 gilt. Nach der vorgenannten VO besteht seitdem eine **Anmeldepflicht** bei der Einreise in die bzw. Ausreise aus der Gemeinschaft hinsichtlich mitgeführter „Barmittel" in Höhe von 10 000 € oder mehr.

5. Verdachtsmeldungen und Ermittlungen

171 Die in § 2 GwG genannten **Verpflichteten**, das sind u. a. Kredit- und Finanzinstitute sowie Unternehmen und Personen bestimmter Berufsgruppen (hierzu zählen z. B. Rechtsanwälte, Patentanwälte und Notare) sind nach § 11 Abs. 1 GwG verpflichtet, bei Verdacht, dass eine finanzielle Transaktion der Geldwäsche (§ 261 StGB) oder der Terrorismusfinanzierung dienen könnte, dem Bundeskriminalamt – Zentralstelle für Verdachtsmeldungen – und den zuständigen Strafverfolgungsbehörden gegenüber eine sog. **Verdachtsmeldung** abzugeben. Der Begriff der „Verdachtsmeldung" (früher: Verdachtsanzeige) ist überaus missverständlich. Das GwG verpflichtet lediglich, den Strafverfolgungsbehörden, die im Rahmen des § 11 GwG in Wirklichkeit als Überwachungsbehörden(!) in Erscheinung treten, die für eine Überwachung oder Marktbeobachtung erforderlichen Daten zu liefern.[328] Für die Qualität eines „Verdachtes" haben sie nicht einzustehen.[329] Das GwG ist von seiner Substanz her eine Verwaltungsregelung zur Sicherung des Datenaufkommens für Überwachungszwecke, es ist dem Verwaltungsrecht und nicht dem Strafrecht zuzuordnen.[330]

---

[325] Gesetz über das Aufspüren von Gewinnen aus schweren Straftaten (Geldwäschegesetz – GwG) vom 13.8.2008, BGBl. I, S. 2959.
[326] Vgl. Jahresbericht 2010 – FIU Deutschland (BKA-Zentralstelle für Verdachtsmeldungen).
[327] Verordnung (EG) Nr. 1889/2005 des Europäischen Parlamentes und des Rates vom 26.Oktober 2005 über die Überwachung von Barmitteln, die in die Gemeinschaft oder aus der Gemeinschaft verbracht werden, Abl. L 309 vom 25.11.2005.
[328] So *Bottke*, wistra 1995, 121–130 (125); Zur Meldepflicht nach dem GwG allgemein vgl. *Carl/Klos*, wistra 1994, 161–167.
[329] Vgl. *Herzog*, Betriebs-Berater, 57. Jg., Heft 20, 15.5.2002, Seite I, der davon ausgeht, durch „auffällige Transaktionen" in den „Vorhof der Verdachtsschöpfung" zu geraten.
[330] Vgl. *Werner*, Geldwäsche, 88; so auch BMF in seiner Stellungnahme zur Novellierung des GwG aus Februar 1996 – VII B 1 – W 5023–48/96 –: Die Anzeige nach § 11 GwG stellt keine Strafanzeige gemäß § 158 StPO dar. Die Anzeige wird nicht mit dem erkennbaren Willen erstattet, die Strafverfolgung zu veranlassen, sondern der Anzeigenerstatter will der ihm obliegenden **gewerberechtlichen Pflicht** des Geldwäschegesetzes nachkommen (Hervorhebung v. Verfasser); so auch *Findeisen*, wistra 1997, 121 ff. (122) sowie Fußn. 19; siehe auch *Bottke*, a. a. O., 128, 129, der nur von „verdachtsindizierenden Meldungen" spricht. A. A. *Körner/Dach*, Geldwäsche, 60, 61, sowie *Fülbier/Aepfelbach*, Geldwäschegesetz, 187/188.

Demzufolge sind diese sog. Verdachtsmeldungen, soweit ihnen überhaupt die Qualität der Anzeige einer Straftat i. S. der StPO zugemessen werden kann, allenfalls die Basis zur Gewinnung eines Anfangsverdachts innerhalb der Frist, sie können jedoch in den seltensten Fällen Grundlage für die sofortige Einleitung eines Strafverfahrens durch die Staatsanwaltschaft sein.[331] Zuständige Strafverfolgungsbehörden für die Entgegennahme von Verdachtsmeldungen sind
- die Staatsanwaltschaften,
- die Länderpolizeidienststellen,
- das Bundeskriminalamt,
- die Zollfahndungsämter und
- das Zollkriminalamt.

Eine dem § 11 Abs. 1 GWG entsprechende Meldepflicht besteht seit Neufassung des GWG im August 2008[332] auch für Behörden (§ 14 Abs. 1 GWG) und die „mit der Kontrolle des grenzüberschreitenden Verkehrs betrauten Behörden..." (§ 14 Abs. 2 GwG).

Zur Vermeidung von Informationsverlusten und Doppelgleisigkeit bei den möglichen Ermittlungen haben sich die beteiligten Bundes- und Landesbehörden weitestgehend darauf geeinigt, sowohl für den Bereich des **Clearing** (Annahme und Abklärung der Verdachtsmeldungen) als auch der **Ermittlungen** Zentralstellen einzurichten, so z. B. die **„Gemeinsame Finanzermittlungsgruppe Bundeskriminalamt/Zollkriminalamt"** (GFG). Die GFG führt Ermittlungen im Bereich der international organisierten Geldwäsche und der damit im Zusammenhang stehenden Straftaten. Auf Länderebene bestehen gemeinsame Finanzermittlungsgruppen LKÄ/ZFÄ.

Die den Zollfahndungsdienst primär tangierenden Grunddelikte des Geldwäschetatbestandes sind nach § 261 Abs. 1 StGB nunmehr aktuell[333] Verbrechen (z. B. § 34 Abs. 6 AWG), Vergehen nach § 29 Abs. 1 Satz 1 Nr. 1 BtMG und § 19 Abs. 1 Nr. 1 GÜG, Vergehen nach § 373 und nach § 374 Abs. 2 AO, jeweils auch in Verbindung mit § 12 Abs. 1 MOG, bandenmäßig[334] oder gewerbsmäßig begangener Subventionsbetrug gem. § 264 StGB, gewerbsmäßige oder bandenmäßige Steuerhinterziehung (§ 370 AO) sowie Vergehen nach dem MarkenG, UrheberrechtsG, GebrauchsmusterG, GeschmacksmusterG, PatentG, HalbleiterschutzG und SortenschutzG, die die gewerbsmäßig oder bandenmäßig begangen worden sind. Für die Annahme einer Gewerbsmäßigkeit reicht es aus, wenn der Täter sich mittelbare geldwerte Vorteile über Dritte aus der Tathandlung verspricht.[335]

XI. Ermittlung von Verstößen gegen das GÜG

1. Allgemeines

Der expandierende Drogenhandel und die zunehmend technisierte Herstellung neuer Arten illegaler Drogen unter Verwendung auf dem Weltmarkt frei erhältlicher Grundsubstanzen waren Anlass, den Verkehr mit Chemikalien, die als Grundstoffe für die illegale Herstellung von Betäubungsmitteln aus dem legalen Verkehr mit diesen Stoffen abgezweigt werden können, zu überwachen. Dieser Schritt war dringend erforderlich. Inzwischen haben nämlich bereits internationale Drogenkartelle mit dem Aufbau eigener Handelsorganisationen und

---

[331] Die zur Meldepflicht der Banken führenden auffälligen Tatsachen sollen nach der Gesetzesbegründung allgemein in allen Auffälligkeiten bei der Abwicklung von Finanztransaktionen bzw. allen Abweichungen vom gewöhnlichen Geschäftsgebaren liegen, soweit ein Bezug zu Geldwäscheaktivitäten erkennbar wird; vgl. BT-Drucks. 12/2704 v. 29.5.1992, 36.

[332] Gesetz über das Aufspüren von Gewinnen aus schweren Straftaten (Geldwäschegesetz – GWG) vom 13.8.2008, BGBl. I, S. 1690.

[333] Stand: Januar 2013.

[334] Der Begriff der Bande setzt seit der Änderung der BGH-Rechtsprechung im Jahre 2001 den Zusammenschluss von mindestens drei Personen voraus, siehe Rn. 108.

[335] BGH-Urteil v. 1.7.1998 – 1 StR 246/98, NStZ 1998, 622.

Scheinfirmen zum Einkauf von Chemikalien für die Rauschgiftproduktion begonnen.[336] Amerikanische Drogenfahnder schätzen, dass damit die gleichen Milliardenumsätze erzielt werden können wie mit dem illegalen Rauschgifthandel selbst.

Auf die Problematik einer möglichen Abzweigung legal gehandelter chemischer Substanzen zur illegalen Herstellung von Betäubungsmitteln wurde bereits im Rahmen des Suchtstoffübereinkommens von 1961 hingewiesen. Jedoch konnte man sich erst 27 Jahre später im Rahmen des Wiener Übereinkommens vom 20.12.1988[337] auf einheitliche Maßnahmen einigen. Die Umsetzung innerhalb der EU erfolgte durch die sog. Grundverordnung (VO (EG) 3677/90)[338] und die dazu erlassene Durchführungsverordnung (VO (EG) 3769/92).[339] Diese regelten die Überwachung des Verkehrs mit diesen Stoffen durch ein vorgeschriebenes Genehmigungsverfahren und verpflichteten die Mitgliedstaaten zur nationalen Umsetzung und zur Strafbewehrung für den Fall von Zuwiderhandlungen. Seit 1995 erfolgt die erforderliche nationale Umsetzung durch das Grundstoffüberwachungsgesetz (GÜG) vom 7.10.1994, das am 1.3.1995 in Kraft trat.[340] Zum 18.8.2005 sind dann drei neue EG-Verordnungen in Kraft getreten, durch die das EU-Grundstoffrecht grundlegend umstrukturiert und geändert wurde[341]. Wesentliche Neuerungen waren die inhaltliche Änderung des Ausfuhrgenehmigungssystems, die Einführung eines Einfuhrgenehmigungssystems für Kategorie-I-Stoffe und die nunmehr EU-rechtliche Regelung des innergemeinschaftlichen Handels mit Grundstoffen durch die VO (EG) Nr. 273/2004. Die erforderliche Anpassung des nationalen Rechts erfolgte mit Wirkung vom 19.3.2008 durch das Gesetz zur Überwachung des Verkehrs mit Grundstoffen, die für die unerlaubte Herstellung von Betäubungsmitteln missbraucht werden können (Grundstoffüberwachungsgesetz – GÜG) vom 11.3.2008, das das GÜG a. F. vom 7.10.1994 ersetzt. Neben dem GÜG n. F. existiert seitdem als nationale Regelung nur noch die Grundstoff-Kostenverordnung (GÜGKostV)[342].

Die Fundstellen der o. a. Rechtsakte der EU sind im Internet unter http://eur-lex.europa.eu/de/index.htm abrufbar.

Weitergehende Informationen sowie Links auf die aktuellen Bestimmungen sind auf der Website des Bundesinstituts für Arzneimittel und Medizinprodukte (BfArM) zu finden: www.bfarm.de Startseite > Betäubungsmittel/Grundstoffe > Grundstoffe > Rechtsgrundlagen.

Auf die umfassende Gesetzesbegründung in der BT-Drs. 16/7414, S. 12 ff. sei ebenfalls hingewiesen.

2. Der Sinn der Grundstoffüberwachung

173 Das aus den o. a. drei EG-VOen und dem GÜG bestehende Grundstoffüberwachungsrecht soll die Abzweigung von Grundstoffen für Zwecke der Drogenherstellung verhindern und die Verfolgung von Verstößen sicherstellen. Angestrebter Idealzustand ist die Nichtverfügbarkeit der zur Drogenherstellung benötigten chemischen Stoffe. Da die sog. precursor (Vorläu-

---

[336] *Scherer*, Tageszeitung „Die Welt" vom 20.6.2002.
[337] Artikel 12 Übereinkommen der Vereinten Nationen vom 20.12.1988 gegen den unerlaubten Verkehr mit Suchtstoffen und psychotropen Stoffen (BGBl. 1993 II, 1136).
[338] VO (EG) Nr. 3677/90 des Rates über Maßnahmen gegen die Abzweigung bestimmter Stoffe zur unerlaubten Herstellung von Suchtstoffen und psychotropen Substanzen.
[339] VO (EG) Nr. 3769/92 der Kommission zur Durchführung und Änderung der VO (EG) Nr. 3677/90.
[340] Gesetz zur Überwachung des Verkehrs mit Grundstoffen, die für die unerlaubte Herstellung von Betäubungsmitteln missbraucht werden können (Grundstoffüberwachungsgesetz – GÜG) vom 7.10.1994, BGBl. 1994 I S. 2835–2843, zuletzt geändert am 22.12.2005, BGBl. 2005 I S. 3686.
[341] VO (EG) Nr. 273/2004 betreffend Drogenausgangsstoffe, VO (EG) Nr. 111/2005 zur Festlegung von Vorschriften für die Überwachung des Handels mit Drogenaustauschstoffen zwischen der Gemeinschaft und Drittländern, VO (EG) 1277/2005 mit Durchführungsvorschriften zu den Verordnungen (EG) Nr. 273/2004 und 111/2005.
[342] BGBl. I, S. 1678

XI. Ermittlung von Verstößen gegen das GÜG

fersubstanzen) somit für den illegalen Markt der Drogenherstellung „knapp" gehalten werden, bietet es sich auch für ansonsten dem Bereich des illegalen Drogenhandels nicht verbundene Personen und Unternehmen an, aus dieser Situation mit Wucherpreisen für die gemeinhin weniger profitablen Chemikalien Gewinn zu schlagen.

Grundstoffe im Sinne des GÜG können sein:
– Vorprodukte
  Dies sind Stoffe und Verbindungen, die im Wesentlichen zur Herstellung eines bestimmten Endprodukts verwendet werden. Sie gehen in das Produkt ein und haben einen bedeutenden Anteil an der Molekularstruktur des Endprodukts (Beispiel: Ephedrin).
– Essentielle chemische Stoffe.
  Dies sind Stoffe, die an einer Reaktion teilnehmen und zu einem geringen Anteil in die Molekularstruktur des Endprodukts eingehen (Beispiel: Essigsäureanhydrid).
– Reagenzien
  Stoffe, die zur Erzeugung oder Unterstützung einer chemischen Reaktion benötigt werden. Sie gehen nur zu einem sehr geringen Teil in das Endprodukt ein (Beispiel: Kaliumpermanganat).
– Lösungsmittel,
  Stoffe, die lediglich als Hilfsmittel zum Lösen bestimmter Chemikalien oder zur Reinigung des Endprodukts Verwendung finden. Sie gehen nicht in die Molekularstruktur des Produkts ein (Beispiel: Aceton).
– Katalysatoren
  Stoffe, die zwar eine chemische Reaktion unterstützen oder sogar erst möglich machen, selbst aber nicht in das Produkt eingehen.

3. Die Überwachung der gelisteten Grundstoffe

Die zentralen Vorschriften zur Durchführung des EU-Grundstoffrechts enthält der 2. Abschnitt des GÜG (§§ 5 – 12).

Zuständige Erlaubnis- und Genehmigungsbehörde ist das BfArM – § 5 Abs. 1 GÜG. Die Überwachungstätigkeit des BfArM beschränkt sich ausdrücklich auf Wirtschaftsbeteiligte und damit den legalen bzw. geregelten innerdeutschen Verkehr mit Grundstoffen.

Die Überwachung der Ein- und Ausfuhr von Grundstoffen sowie des Warenverkehrs mit diesen Stoffen zwischen den EU-Mitgliedstaaten obliegt ausschließlich der Zollverwaltung – § 5 Abs. 2 GÜG. Für die Koordinierung dieser Maßnahmen ist das ZKA zuständig. Im Rahmen der Überwachung des Grundstoffverkehrs haben die Zollbehörden nach § 16 Abs. 2 GÜG besondere Befugnisse um zu verhindern, dass Grundstoffe in den Handel gebracht werden. So kann im innergemeinschaftlichen Warenverkehr die Beschlagnahme der Grundstoffe und ggf. deren Einziehung und im Falle der Ein- oder Ausfuhr die Aussetzung der Überlassung oder die Zurückhaltung der Waren angeordnet werden.

Verbindungsbehörden („benannte Behörden") sind das BfArM (Erlaubnis- und Genehmigungsverfahren sowie innerstaatliche Überwachung), das ZKA (Ein- und Ausfuhr sowie Warenverkehr zwischen den EU-Mitgliedstaaten) und die GÜS (strafrechtliche und andere Ermittlungsverfahren) – § 5 Abs. 3 GÜG.

ZKA und BKA haben gemeinsam eine **Grundstoffüberwachungsstelle** (GÜS) eingerichtet, die sich aus erfahrenen Beamten beider Dienststellen zusammensetzt und die im Falle möglicher Zuwiderhandlungen die vorgeschriebenen Meldungen der unterschiedlichen Behörden und die nach Art. 8 Abs. 1 der VO (EG) Nr. 273/2004 und Art. 9 Abs. 1 der VO (EG) Nr. 111/2005 vorgeschriebenen Meldungen der Wirtschaftsbeteiligten[343] entgegennimmt, auswertet und an die zuständigen Stellen weiterleitet (§ 6 GÜG[344]). Dort werden auch die Ermittlungen der Zoll- und Polizeidienststellen von Bund und Ländern koordiniert und fachlich unterstützt.

---

[343] Vgl. § 4 Abs. 2 GÜG.
[344] § 6 GÜG ist im Wesentlichen unverändert geblieben.

175 EU-rechtlich geregelt ist der Verkehr mit insgesamt 23 Chemikalien[345], deren Verwendung im Zusammenhang mit der weltweiten illegalen Rauschgiftproduktion bekannt ist. Diese sind in drei Kategorien eingeteilt, die unterschiedlich strengen Überwachungs- und Kontrollmaßnahmen unterliegen:

Chemikalie	(Haupt)-Typ	Mögliches Endprodukt u. a.
KATEGORIE 1		
EPHEDRIN	Vorprodukt	Methamphetamine
NOREPHEDRIN	Vorprodukt	Methamphetamine
ERGOMETRIN	Vorprodukt	LSD
ERGOTAMIN	Vorprodukt	LSD
LYSERGSÄURE	Vorprodukt	LSD
1-PHENYL-2-PROPANON	Vorprodukt	Amphetamin, Methamphetamine
PSEUDOEPHEDRIN	Vorprodukt	Methamphetamin
N-ACETYL-ANTHRANILSÄURE	Vorprodukt	Methaqualon
3,4 METHYLENDI-OXYPHENYL-PROPAN-2-ON	Vorprodukt	MDMA, MDA, MDE
ISOSAFROL	Vorprodukt	MDMA, MDA
PIPERONAL	Vorprodukt	MDMA, MDA, MDE
SAFROL	Vorprodukt	MDMA, MDA, MDE
KATEGORIE 2		
ESSIGSÄUREANHYDRID	Reagenz	Heroin, Kokain, Metamphetamine, Methaqualon
ANTHRANILSÄURE	Vorprodukt	Methaqualon
PHENYLESSIGSÄURE	Vorprodukt	Amphetamin, Methamphetamine
PIPERIDIN	Vorprodukt	PCP
KALIUMPERMANGANAT	Reagenz	Kokain
KATEGORIE 3		
ACETON	Lösungsmittel	alle Betäubungsmittel
ETHYLETHER	Lösungsmittel	alle Betäubungsmittel
METHYLETHYLKETON	Lösungsmittel	Kokain; Methamphetamine
TOLUOL	Lösungsmittel	alle Betäubungsmittel, insbes. Kokain
SCHWEFELSÄURE	Reagenz	Methamphetamine, Methaqualon, MDA
SALZSÄURE	Reagenz	alle Betäubungsmittel

176 Auch Mischungen und Naturprodukte, die einen dieser Stoffe enthalten, sind „erfasste Stoffe" i. S. der VOen (EG) 273/2004 und 111/2005 und unterliegen damit grundsätzlich diesen Bestimmungen. Besitz, Herstellung, Erwerb, Abgabe an Dritte, Veräußerung oder sonstiges Inverkehrbringen eines Grundstoffs der am strengsten überwachten Kategorie 1 bedürfen jeweils einer Erlaubnis des Bundesinstituts für Arzneimittel und Medizinprodukte in Bonn (BfArM). Auch die Ausfuhr erfasster Stoffe ist grundsätzlich genehmigungsbedürftig – Art. 12 der VO (EG) 111/2005. Für Grundstoffe der Kategorien 1 und 2 ist unter den dort genannten Voraussetzungen generell eine Ausfuhrgenehmigung erforderlich, für Stoffe der Kategorie 3 nur dann, wenn eine Vorausfuhrunterrichtung gemäß Art. 11 a.a.O erfolgen muss. Einer Einfuhrgenehmigung bedarf es hingegen nur für Stoffe der Kategorie 1 – Art. 20 a. a. O.

177 Für die Bundesrepublik Deutschland mit ihrer exportorientierten chemischen Industrie kommt der Überwachung der Chemikalien**ausfuhren** besondere Bedeutung zu. Die Ausfuhr von Grundstoffen ist grundsätzlich genehmigungsbedürftig. Das Verfahren zur Genehmigungserteilung ist in der VO (EG) 1277/2005 einheitlich geregelt. Je nachdem, welcher

---

[345] Vgl. Anhang I der VO (EG) 273/2004 und gleichlautender Anhang der VO (EG) 111/2005.

XI. Ermittlung von Verstößen gegen das GÜG

Grundstoff bzw. in welches Bestimmungsland ein Grundstoff ausgeführt werden soll, wird die **Ausfuhrgenehmigung** als **individuelle** Ausfuhrgenehmigung (d. h. die Genehmigung gilt individuell nur für einen Ausfuhrvorgang) oder Genehmigung im vereinfachten Verfahren (quasi eine personen- bzw. firmengebundene Dauergenehmigung mit 6 bzw. 12 monatiger Gültigkeit) erteilt –Art. 25 a. a. O.

4. Das polizeiliche Monitoringsystem

Bereits vor Inkrafttreten der angeführten EG-Verordnungen und des GÜG a. F. hatte das BKA – in Ermangelung gesetzlicher Grundlagen – ein **freiwilliges Monitoringsystem** eingerichtet. Grundlage war eine Vereinbarung mit der bundesdeutschen chemischen Industrie. Darin hatten sich Industrieunternehmen verpflichtet, dem BKA oder einer der Spiegeldienststellen beim jeweiligen LKA „ungewöhnliche" Anfragen und Warenorders unter Nennung des (potenziellen) Käufers mitzuteilen. Die auf diese Weise erlangten Erkenntnisse und Hinweise waren in der Regel Grundlage für die Einleitung von Ermittlungen wegen des Verdachts einer versuchten Straftat nach dem BtMG.[346]

Die Lückenhaftigkeit des Monitoringsystems hat sich in der Vergangenheit immer dann gezeigt, wenn es um bedeutende wirtschaftliche Interessen von Chemieproduzenten bzw. -händlern ging. Bei unbedeutenden Bestellungen, bei denen nur ein geringes Interesse der Lieferanten vorlag, gestaltete sich die Zusammenarbeit mit den Strafverfolgungsbehörden hervorragend. Anders jedoch, wenn es sich um für den Lieferanten bedeutende, weil stark gewinnbringende Umsätze handelte, oder auch, wenn eine Rufschädigung wegen involvierter Betriebsangehöriger zu befürchten war. So hat zum Beispiel ein Chemieunternehmen – obwohl Teilnehmer am freiwilligen Monitoring-System – gerade seine kriminellen Grundstoffexporte bewusst verschwiegen.

Mit Inkrafttreten des GÜG im Jahre 1995 ist in Bezug auf die dort gelisteten Chemikalien das Monitoringsystem obsolet geworden.[347]

5. Ermittlungen

Mit den Ermittlungen im Falle von Straftaten kann die Staatsanwaltschaft gem. § 8 GÜG – wegen der aus der Abfertigung und vor allem der Überwachung resultierenden besonderen Sachnähe folgerichtig – die Zollfahndungsämter und die Hauptzollämter beauftragen. Zollfahndungsämter und Hauptzollämter haben Ermittlungen aber auch ohne Ersuchen der Staatsanwaltschaft durchzuführen. Daneben können aufgrund ihrer Allzuständigkeit auch Polizeidienststellen Ermittlungen bei Verstößen gegen das GÜG durchführen. Ihnen stehen jedoch möglicherweise unter den Gesichtspunkten des Zollgeheimnisses (Art. 15 ZK) bzw. des Steuergeheimnisses (§ 30 AO) nicht immer alle Informationen zur Verfügung.

Ermittlungen nach dem Grundstoffüberwachungsgesetz sind in der Praxis ausgesprochen aufwendig und schwierig zu führen.

Die Ermittlungen gestalten sich deshalb so besonders schwierig, weil 99 % dieser Grundstoffe legal gehandelt und auch irgendwo auf der Welt legalen Verwendungszwecken zugeführt werden. Lediglich geschätzte 1% dieser Stoffe werden – oft nach mehreren Zwischenverkäufen in verschiedenen Ländern – zeitlich und örtlich vom Einkauf bei einem deutschen Chemiekonzern oder Händler getrennt, in einem anderen Land abgezweigt, um sie letztlich der illegalen Verwendung zuzuführen. Das BfArM als Genehmigungsbehörde sowie die Überwachungs- und Ermittlungsbehörden können bei einer Warenbestellung in der Regel nicht oder nur sehr schwer erkennen, ob die beantragte oder angezeigte Lieferung oder ein Teil davon später in einem anderen Staat zur Rauschgiftproduktion abgezweigt werden soll. Andererseits kann das BfArM eine beantragte Genehmigung nur bei Vorliegen konkreter Verdachtsmomente versagen, ansonsten wäre sie verwaltungsgerichtlich einklagbar. Nur durch gezielte Überwachungsmaßnahmen und u. U. besondere taktische Maßnahmen (wie

---

[346] *Körner*, Rn. 87 und 88 zu § 29 BtMG.
[347] BT-Drucksache 12/6961 zu § 4 GÜG.

z. B. kontrollierte Lieferungen) lässt sich – zumindest für die in diesem Zusammenhang interessanten Abzweigungen im Anschluss an die Ausfuhr – ein Anfangsverdacht i. S. der StPO überhaupt formulieren.

181 Zuwiderhandlungen gegen die Vorschriften des Grundstoffüberwachungsrechts sind nach § 19 GÜG mit Strafe bzw. nach § 20 GÜG mit Bußgeld bewehrt. Die Vorschriften entsprechen inhaltlich im Wesentlichen den §§ 29 ff. GÜG a. F. sowie der Verordnung über Verstöße gegen das Grundstoffüberwachungsgesetz (GÜG-VV) vom 24.7.2002. Bis auf § 19 Abs. 1 Nr. 1 und § 20 Abs. 1 Nr. 16 handelt es sich bei den Vorschriften ausnahmslos um die Straf- bzw. Bußgeldbewehrung von Verstößen gegen das EU-Grundstoffrecht. Strafbewehrt sind nach § 19 Abs. 1 Nr.
1. Verstöße gegen die Verbotsvorschriften des § 3 GÜG (u. a. Besitz, Herstellung, Handel treiben, Einfuhr, Ausfuhr, Beförderung durch den Geltungsbereich des Gesetzes, Veräußerung…)
2. Besitz oder (innergemeinschaftliches) Inverkehrbringen von Grundstoffen der Kategorie 1 entgegen Art. 3 Abs. 2 der VO (EG) Nr. 273/2004
3. Einfuhr, Ausfuhr von oder Vermittlungsgeschäfte mit Grundstoffen der Kategorie 1 entgegen Art. 6 Abs. 1 der VO (EG) Nr. 111/2005 ohne Erlaubnis
4. Ausfuhr von Grundstoffen der Kategorie 1, 2 oder 3 entgegen Art. 12 Abs. 1 der VO (EG) Nr. 111/2005 ohne Ausfuhrgenehmigung
5. Einfuhr von Grundstoffen der Kategorie 1 entgegen Art. 20 der VO (EG) Nr. 111/2005 ohne Einfuhrgenehmigung.

Die §§ 3 und 19 Abs. 1 Nr. 1 GÜG orientieren sich an § 29 Abs. 1 Nr. 1, 3 und 5 BtMG. Darüber hinaus tragen sie den durch das neue EU-Recht vorgegebenen neuen Begriffsbestimmungen für „Einfuhr", „Ausfuhr" und „Inverkehrbringen" Rechnung. Das dem BtMG entlehnte „Handeltreiben" stellt auch in der n. F. den wesentlichen Verbotstatbestand des § 3 GÜG dar, hinter dem alle anderen Tatbestandshandlungen entweder bereits begrifflich („ohne Handel zu treiben") oder in der strafrechtlichen Bewertung zurücktreten[348]. Nach § 19 Abs. 1 Nr. 3 GÜG können sich nur Wirtschaftsbeteiligte strafbar machen, die der Erlaubnispflicht nach Art 6 Abs. 1 unterliegen, nicht jedoch Zollagenten und Spediteure. Die **Ausfuhr** von Grundstoffen der Kategorien 1 und 2 ist immer genehmigungspflichtig; eine Ausfuhrgenehmigungspflicht für Grundstoffe der Kategorie 3 besteht nur hinsichtlich besonders sensibler Bestimmungsländer oder wenn eine Vorausfuhrunterrichtung erforderlich ist. Nach § 19 Abs. 2 GÜG ist auch der Versuch strafbar. Zu beachten ist hier in der Ermittlungspraxis, dass von einem Versuch erst ausgegangen werden kann, wenn der Täter gewisse, sehr konkret auf den Erwerb von Grundstoffen gerichtete Aktivitäten unternimmt. Keinesfalls ausreichend sind z. B. die Anfrage, ob und zu welchen Konditionen er die Ware beim Lieferanten erhält, oder Kaufverhandlungen, auch nicht der Auftrag bzw. die Bestellung an einen Händler. Dies alles sind lediglich straflose Vorbereitungshandlungen. Von einem Beginn des Erwerbs wird frühestens im Zeitpunkt der körperlichen Übergabe der Ware oder der Zahlung des Kaufpreises ausgegangen werden können.

Ist nachweisbar beabsichtigt, die Chemikalie anschließend weiterzuveräußern, wird aber auch die Bestellung von Grundstoffen bereits einen Versuch darstellen. Handeltreiben i. S. v. § 19 Abs. 1 Nr. 1 GÜG ist in Anlehnung an die Begriffsinterpretation[349] aus dem Betäubungsmittelrecht bereits dann gegeben, wenn die Geschäftspartner sich konkret zu einem beabsichtigten Geschäft erklären.[350] Auf das dingliche Geschäft kommt es nicht mehr an. Ist die Bestellung verbindlich, z. B. durch Auftragsbestätigung, Festlegung eines Liefertermins etc., kann m. E. von einem vollendeten Handeltreiben mit Grundstoffen ausgegangen werden.

Hinsichtlich der Ausfuhr hat sich der Verordnungsgeber maßgeblich an den entsprechenden Bestimmungen des Zollkodex[351] orientiert. Bezüglich der Abgrenzung straflose Vorbereitungshandlung/Versuch der ungenehmigten Ausfuhr kann deshalb auf die einschlägige

---

[348] BT-Drs. 16/7414, S. 15 – Zu § 3 (Verbote).
[349] *Körner*, Rn. 139–140 zu § 29 BtMG.
[350] *Pelchen*, in: *Erbs/Kohlhaas*, Rn. 6 zu § 29 BtMG.
[351] Verordnung (EWG) 2913/92 vom 12.10.1992.

Rechtsprechung zum Außenwirtschaftsstrafrecht zurückgegriffen werden. Auf die entsprechenden Ausführungen in Kapitel 23 dieses Handbuchs sei insoweit verwiesen.

§ 19 Abs. 3 GÜG enthält **Strafschärfungen** für besonders schwere Fälle, die mit Freiheitsstrafe nicht unter 1 Jahr bewehrt sind. Benannte Regelbeispiele sind gewerbsmäßiges Handeln oder Handeln als Mitglied einer Bande, die sich zur fortgesetzten Begehung solcher Taten verbunden hat. In diesen Fällen ist auch der erweiterte Verfall nach § 73d StGB zugelassen.

§ 19 Abs. 4 GÜG regelt die Strafbarkeit fahrlässiger Tatbegehung.

Hinzuweisen ist auch auf die Besonderheit des § 3 GÜG, mit dem der Gesetzgeber den besonderen Anforderungen im Zusammenhang mit der **Überführung** der Täter Rechnung trägt: Die genannten Verbote betreffen einen Grundstoff nur, „wenn er zur unerlaubten Herstellung von Betäubungsmitteln verwendet werden soll". Hier ist durch das GÜG wie bei Betäubungsmitteln die Möglichkeit der Durchführung **kontrollierter Transporte** eröffnet.[352] Wird diese kriminaltaktische Maßnahme von den zuständigen Behörden ordnungsgemäß durchgeführt, machen sich die Beamten weder nach § 19 Abs. 1 Nr. 1 GÜG strafbar, weil die Grundstoffe nicht zur unerlaubten Herstellung von Betäubungsmitteln, sondern zur Überführung der Täter übergeben werden, noch nach § 19 Abs. 1 Nr. 2, weil z. B. den Zollbehörden eine Sondererlaubnis für den Besitz und das Inverkehrbringen erfasster Stoffe der Kategorie 1 des Anhangs I der VO (EG) Nr. 273/2004 erteilt ist[353].

Häufig wird ein Nachweis nur durch den Einsatz von **Verdeckten Ermittlern** (VE) mit ihrer entsprechenden Logistik zu führen sein.

So ist z. B. für alle Waren der Kategorie 1 der deutsche Chemikalienhändler nach Art. 3 Abs. 3 der VO (EG) Nr. 273/2004 verpflichtet, vom potenziellen (illegalen) Käufer, der Inhaber einer Erlaubnis nach Art. 2 der VO sein muss, eine Kundenerklärung zu fordern. Soweit dieser sich nicht durch Vorlage gefälschter Unterlagen Zugang zur Ware verschafft, wird deshalb ein Geschäft regelmäßig nicht zustande kommen. Die Tat bleibt im Vorbereitungsstadium stecken, ein Versuch liegt – wie oben beschrieben – noch nicht vor. Der mögliche Täter wird sich dem Fokus der Überwachungs- und Ermittlungsbehörden wieder entziehen und neue Quellen suchen.

Jedoch kann der Chemikalienhändler den VE problemlos beliefern. Der Täter wird sich später im Verfahren auch nicht darauf berufen können, in unzulässiger Weise zur Tat provoziert worden zu sein. Denn in Kenntnis der bestehenden Erlaubnispflicht hat er sich ja gerade deshalb an den Dritten (den VE) gewandt, weil er einerseits wusste, dass er eine Erlaubnis für den Bezug von Grundstoffen zur Betäubungsmittelherstellung nicht erhalten würde, andererseits er dort ohne die erforderliche Erlaubnis beliefert würde.

Den Einsatz von Verdeckten Ermittlern hat der BGH in diesem Zusammenhang gebilligt und die mögliche Tatprovokation als einen lediglich für die Strafzumessung bedeutsamen Umstand angesehen.[354]

XII. Bedeutung des Steuergeheimnisses i. R. der Tätigkeit der Zollverwaltung

1. Art. 15 Zollkodex

Mit Schaffung des Zollkodex besitzt das europäische Zollrecht seit dem 1.1.1993 in Art. 15 ZK eine eigenständige Regelung zur Frage der **Verwendung steuerlicher Angaben** im Rahmen des Amtsgeheimnisses (Zollgeheimnisses[355]). Art. 15 ZK wurde durch die VO (EG)

---

[352] Siehe auch BT-Drucksache 12/6961, Anlage 2, Stellungnahme des Bundesrates zu § 3 GÜG a. F.
[353] Bekanntmachung über die Erteilung einer Sondererlaubnis gemäß Artikel 3 Absatz 2 der Verordnung (EG) Nr. 273/2004 vom 16.1.2006, BAnz. Nr. 20 vom 28.1.2006, S. 592.
[354] BGH NStZ 1993, 584, 585.
[355] Vgl. die Übersicht von *Wamers*, in wistra 2001, 297–299, 342–345; im Einzelnen *Wamers*, in: *Dorsch*, Zollrecht, Art. 15 ZK.

648/2005 neu gefasst. Als unmittelbar geltendes Gemeinschaftsrecht hat Art. 15 ZK Vorrang vor der Regelung des § 30 AO. Danach fallen Angaben, die vertraulich mitgeteilt werden oder die ihrer Natur nach vertraulich sind, unter eine **Geheimhaltungspflicht**. Art. 15 ZK hat – korrespondierend mit den umfassenden Kontrollbefugnissen und Mitwirkungspflichten nach Artt. 13, 14 ZK – einen sehr weiten **Schutzbereich**. Dieser umfasst den Schutz sowohl von Individual-[356] und Behördeninteressen[357] als auch den Schutz des Vertrauens der Allgemeinheit in die Verschwiegenheit amtlicher Stellen.[358]

Unter dem **Begriff der Angaben** sind alle Informationen oder Unterlagen geschützt, von denen der zur Geheimhaltung verpflichtete Amtsträger in seinem Amt, in Ausübung seines Amtes oder anlässlich seiner Amtsausübung gleich auf welche Weise Kenntnis erlangt hat.[359] Im Unterschied zum Steuergeheimnis nach § 30 AO schützt Art. 15 ZK alle Informationen und nicht nur solche, die aus einem Steuerverwaltungsverfahren oder einem Gerichts- oder einem Steuerstrafverfahren stammen. Um unter die Geheimhaltungspflicht zu fallen, müssen die so erlangten Kenntnisse jedoch ihrer Natur nach vertraulich sein, oder aber vertraulich mitgeteilt werden. In diesem Sinne sind auch unter der Voraussetzung der Vertraulichkeit oder unter förmlicher Zusage der Vertraulichkeit mitgeteilte Informationen von Hinweisgebern ihrer Natur nach geheimhaltungsbedürftig.[360]

Die durch Art. 15 ZK geschützten Informationen dürfen nicht an Dritte weitergegeben werden; sie sind insoweit auch ausreichend gegen eine mögliche Kenntnisnahme durch Dritte zu schützen.[361] Zulässig ist die Weitergabe, außer in Fällen ausdrücklicher Zustimmung des Informationsgebers und im Rahmen von Gerichtsverfahren, nur auf der Grundlage des Gemeinschaftsrechts[362] oder des entsprechenden Rechts der Mitgliedstaaten[363] und nur unter uneingeschränkter Beachtung der geltenden Datenschutzvorschriften, insbesondere der Richtlinie 95/46/EG und der VO (EG) Nr. 45/2001. Somit verweist Art. 15 ZK wegen der Offenbarungsbefugnisse im Hinblick auf aus steuerlichen Verfahren (§ 30 Abs. 2 Nr. 1 AO) erlangten Informationen (sic!) auf **nationaler Ebene** u. a. wiederum auf die Regelung des Steuergeheimnisses in § 30 AO.[364] Im Übrigen kommt mangels bereichsspezifischer Regelungen (beachte jedoch §§ 12, 12a Abs. 3 ZollVG) das BDSG als nationales Recht zum Zuge. Auf **europäischer Ebene** ergibt sich die Weitergabebefugnis und -verpflichtung u. a. aus der VO (EG) 515/97 (Zoll-Amtshilfe-VO).

2. §§ 30 ff. AO

a) Bedeutung des Steuergeheimnisses

183 Das Steuergeheimnis – § 30 AO – spielt in der Arbeit des Zollfahndungsdienstes eine durchaus gewichtige Rolle. Es ist unter Datenschutzaspekten gesehen ein ausreichender und **amtshilfefester Schutz** gegen Zweckentfremdung durch Weitergabe von Daten.[365] Die Erfahrungen der Ermittlungspraxis des Zollfahndungsdienstes zeigen, dass das Steuergeheimnis bei der Aufklärung gewichtiger Straftatbestände kein wirkliches Hindernis darstellt. Problematisch ist in der Praxis lediglich die teilweise ungenügende Kenntnis der Vorschrift.

184 Der Grund für die Existenz des Steuergeheimnisses ist, dass dem Steuerpflichtigen im Besteuerungsverfahren eine sehr weitgehende **Offenbarungs- und Mitwirkungspflicht** zur Feststellung der Besteuerungsgrundlagen obliegt – vgl. z. B. §§ 90, 93, 97, 100 AO. Es soll

---

[356] Z. B. Schutz persönlicher oder betrieblicher Geheimnisse.
[357] Z. B. bei Zusammenarbeit mit Informanten.
[358] *Witte/Reiche*, a. a. O., Art. 15 Rz. 3.
[359] *Witte/Reiche*, a. a. O., Art. 15 Rz. 7.
[360] *Witte/Reiche*, a. a. O., Art. 15 Rz. 11.
[361] *Witte/Reiche*, a. a. O., Art. 15 Rz. 15.
[362] Z. B. Art. 153 Abs. 1 S. 2, Abs. 3 ZKDVO.
[363] Z. B. § 30 AO; § 12 ZollVG; BDSG.
[364] *Witte/Reiche*, a. a. O., Art. 15 Rz. 21–26; *Henke/Huchatz*, ZfZ 1996, 264.
[365] BVerfG in BStBl. II 1991, 654 ff. (668).

XII. Bedeutung des Steuergeheimnisses i. R. der Tätigkeit der Zollverwaltung

die Beteiligten im Besteuerungsverfahren zu wahrheitsgemäßen Angaben veranlassen.[366] Zum Ausgleich hierfür gewährt der Staat den besonderen Schutz des Steuergeheimnisses. Die Steuerdaten dürfen folglich nur für Zwecke eines Besteuerungsverfahrens[367] verwandt werden. Ausnahmen von der Gewährleistung des Steuergeheimnisses sieht der § 30 AO aber in seinem Abs. 4 selbst vor.[368] Nur unter diesen Voraussetzungen darf ein tatsächlich bestehendes Steuergeheimnis durchbrochen werden. Das Steuergeheimnis besteht grundsätzlich auch bei einem steuerstrafrechtlichen Ermittlungsverfahren, wenn und soweit die Erkenntnisse aus einem vorherigen Besteuerungsverfahren übernommen worden[369] sind oder auch erst im Rahmen der Ermittlungen anfallen; im letzteren Fall jedoch können sie auch zur Strafverfolgung wegen allgemeiner Kriminalitätsdelikte nach § 30 Abs. 4, Ziff. 4a AO verwandt werden.

Vorsätzlich falsche Angaben eventuell i. V. m. Urkundenfälschung, Betrug, Siegelbruch usw. dürfen nach § 30 Abs. 5 AO gegenüber den Strafverfolgungsbehörden immer offenbart werden.[370]

Gesetzliche Durchbrechungen des Steuergeheimnisses finden sich, abgesehen von § 30 Abs. 4 u. 5 AO, in den §§ 31, 31a AO bei der Mitteilung von Besteuerungsgrundlagen zwischen berechtigten Behörden sowie zur Bekämpfung illegaler Beschäftigung und des Leistungsmissbrauchs durch Mitteilungen z. B. an Dienststellen der Bundesagentur für Arbeit und Sozialversicherungsträger. Eine gesetzliche Durchbrechung des Steuergeheimnisses ist u. a. auch vorgesehen nach § 117 AO, der **Zoll-Amtshilfe-VO** (VO (EG) Nr. 515/97), dem **Neapel II** – Übereinkommen über die **Zollzusammenarbeit**[371] sowie bilateralen **Zollunterstützungsabkommen,** die die Bundesrepublik u. a. mit den USA und Kanada abgeschlossen hat. Die nach den vorgenannten Bestimmungen übermittelten Informationen sind **vertraulich** und dürfen nur für die in den Bestimmungen genannten Zwecke verwendet werden.

Eine Offenbarung nach § 30 Abs. 4 Nr. 2 AO ist nur dann zulässig, wenn eine entsprechende Befugnis ausdrücklich in einem Gesetz enthalten ist – vgl. z. B. die vorgenannten Amtshilfebestimmungen. Eine – nicht abschließende – Liste gesetzlicher Offenbarungsbefugnisse enthält Ziffer 5. AEAO.[372]

b) Voraussetzungen für den Schutz des Steuergeheimnisses

Auch für die Dienststellen der Bundeszollverwaltung ist das in § 30 AO geregelte Steuergeheimnis verbindlich, da die Bundesfinanzdirektionen, die Hauptzollämter und deren Dienststellen (Zollämter) sowie das ZKA und die Zollfahndungsämter zu den in § 6 AO genannten **Finanzbehörden des Bundes** zählen.[373]

---

[366] Vgl. AEAO, Ziff. 3 zu § 30 AO.
[367] Steuerverwaltungsverfahren, gerichtliches Verfahren in Steuersachen.
[368] Die Fälle des öffentl. Interesses unter Ziff. 5 sind selbst jedoch nur Beispiele. Weitere Ausnahmen sind in §§ 31 Abs. 2, 31a u. 31b AO im Zusammenhang mit der Bekämpfung der Schwarzarbeit und der Geldwäsche vorgesehen.
[369] Vgl. auch § 393 Abs. 2 AO.
[370] Vgl. BFH in BStBl. II 1994, 552 (554 ff.); LG Hamburg, Beschl. vom 19.2.2002–631 Qs 9/02, NJW 2002, S. 1216 (1217).
[371] *Klein/Rüsken* AO § 30 Rz 11.
[372] Anwendungserlass zur Abgabenordnung 1977 (AEAO).
[373] Zoll- und Steuerfahndung haben in Ermittlungsverfahren gem. § 386 Abs. 1, S. 2 AO allerdings nicht die Stellung einer Finanzbehörde. Das Hauptzollamt (Finanzamt) nimmt bei reinen Steuerstrafverfahren (= Verfahren, die ausschließlich Steuerdelikte betreffen) nach der genannten Vorschrift die Funktion der Staatsanwaltschaft ein und kann die Ermittlungen als Herrin des Verfahrens selbstständig führen. Der Zollfahndungsdienst nimmt gegenüber dem Hauptzollamt bei alleinigem Vorliegen von Steuerstraftaten wie auch gegenüber der Staatsanwaltschaft bei Delikten der allgemeinen Kriminalität die Stellung der Ermittlungspersonen der Staatsanwaltschaft ein, vgl. § 404 AO, § 152 GVG.

Nur diejenigen Erkenntnisse[374] unterfallen dem Steuergeheimnis, die
- in einem **Verwaltungsverfahren in Steuersachen** (Besteuerungsverfahren, Steuerfestsetzung, Steuerprüfung, Steueraufsicht),
- in einem **gerichtlichen Verfahren in Steuersachen** (Verfahren vor den Finanzgerichten),
- in einem **Strafverfahren wegen einer Steuerstraftat** (Ermittlungsverfahren der Zoll- oder Steuerfahndung, der Staatsanwaltschaft oder eines Strafgerichtes bei Vorbereitung und Durchführung der gerichtlichen Hauptverhandlung),
- in einem **Bußgeldverfahren wegen einer Steuerordnungswidrigkeit** (Ermittlungen durch Zoll- oder Steuerfahndung, Hauptzollamt, Finanzamt oder Festsetzung des Bußgeldes durch die zuständige Verwaltungsbehörde Finanzamt bzw. Hauptzollamt) oder
- aus anderem Anlass durch **Mitteilung der Finanzbehörde** oder die gesetzlich **vorgeschriebene Vorlage eines Steuerbescheides** oder einer entspr. Bescheinigung über die steuerlich getroffenen Feststellungen (z. B. nach dem Gesetz über die freiwillige Gerichtsbarkeit, dem Steuerberatungsgesetz, dem Gerichtskostengesetz, dem Sozialgesetzbuch, dem Wohnungsbaugesetz, dem Gesetz über den Abbau der Fehlsubventionierung im Wohnungswesen usw.)

bekannt geworden sind.

An das Steuergeheimnis sind auch diejenigen Behörden, Staatsanwaltschaften und Gerichte gebunden, denen die Erkenntnisse zulässigerweise aufgrund gesetzlicher Vorschriften übermittelt worden sind.

c) Problem des parallelen Aufgabenvollzugs

187 Tatsachen, die zugleich **parallel** in einem Besteuerungsverfahren wie auch in einem Überwachungsverfahren mit nichtsteuerlichem Gegenstand – etwa Überwachung der Betäubungsmitteleinfuhren nach § 21 BtMG – bekannt werden, dürfen aus dem Überwachungsverfahren heraus ohne Beachtung des Steuergeheimnisses für bestimmte andere Zwecke verwendet werden, nämlich für ein Überwachungs- oder Ermittlungsverfahren, das den Gegenstand der Überwachung betrifft[375] – vgl. § 12 ZollVG. Ansonsten wäre die Zollverwaltung daran gehindert, alle Verstöße, die ihr im Rahmen der ihr übertragenen zollamtlichen Überwachung im rein äußerlichen Zusammenhang mit Besteuerungshandlungen auffallen, strafrechtlich zu verfolgen.

Für Delikte aus dem Bereich des MOG ist zu unterscheiden: Soweit es sich um Abgaben nach dem MOG handelt, gilt nach § 12 Abs. 1 MOG die AO und somit das Steuergeheimnis. Betrifft die Tat Subventionszahlungen und ist die Erkenntnis aus der zollamtlichen Überwachung nach § 28 MOG erlangt, kann sie für die Verfolgung des Betrugstatbestands verwandt werden.

188 **Delikte der allgemeinen Kriminalität** (z. B. Verdacht des Diebstahls der vorgeführten Nichtgemeinschaftswaren) dürfen von den Zollbeamten mangels entsprechenden Überwachungsauftrags des Gesetzgebers nicht verfolgt werden, weil insoweit das Steuergeheimnis aus dem parallelen Besteuerungsverfahren greift.[376] Dies gilt auch dann, wenn es sich bei

---

[374] § 30 AO spricht von „Verhältnissen eines anderen". Dies geht über den Begriff der personenbezogenen Daten des Betroffenen nach dem BDSG hinaus und erfasst neben den in Abs. 2 Nr. 2 ausdrücklich genannten Betriebs- und Geschäftsgeheimnissen **alle** Verhältnisse (steuerliche, wirtschaftliche, berufliche und persönliche Daten). „Eines anderen" bedeutet, dass neben dem Steuerpflichtigen auch beteiligte Dritte geschützt werden; geschützt sind auch Auskunftspersonen; problematisch, ob V-Leute und Informanten erfasst werden – vgl. *Klein/Rüsken* AO § 30 Rz. 48; BFH in BStBl. 1985, 571; 1994, 552; **bejahend**: *Tipke/Kruse*, AO, § 30 Rn. 7, unter Hinweis auf § 86 2 Nr. 1 AO; *Wolffgang*, Informantenschutz, 417–420 (in der Praxis werden V-Leute und Informanten sowohl über § 30 als auch über die Vertraulichkeitszusage von Ermittlungsbehörde und Staatsanwaltschaft geschützt – vgl. § 96 StPO.); **verneinend** mit ausführlicher Stellungnahme *Hellwig* in: *Hübschmann/Hepp/Spitaler*, AO, § 30 Rn. 93–96c; vgl. allgemein: *Kühn/Kutter/Hofmann*, AO, § 30 Nr. 3a (84); *Bilsdorfer*, Informationsquellen u. -wege, 32.

[375] BMF-Erlass vom 19.11.1991 – III A 7 – Z 2751–74/90; BMJ an das Bundesministerium der Finanzen vom 27.2.1985, – 3650 – 13–35 186/85 –, S. 2–3.

[376] Es sei denn, ein Fall des § 30 Abs. 4 Nr. 5 AO (zwingendes öffentliches Interesse) liege vor.

XII. Bedeutung des Steuergeheimnisses i. R. der Tätigkeit der Zollverwaltung   **22**

den Zollbeamten im Einzelfall um **Ermittlungspersonen der Staatsanwaltschaft** gem. § 152 GVG handelt.[377] Denn der Zollbeamte wird im Rahmen der Überwachung nicht in seiner Eigenschaft als Ermittlungsperson tätig, da ihm in dieser Funktion die besonderen verdachtsunabhängigen Befugnisse der Überwachungstatbestände **nicht** zustehen. Erst die rechtlich **zulässige** Kenntnisnahme von strafrechtlich relevanten Sachverhalten versetzt ihn in die Lage, in seiner Eigenschaft als Ermittlungsperson der Staatsanwaltschaft zu fungieren.[378], [379] Hier ist für die Staatsanwaltschaften auf den Rechtsgedanken in § 393 Abs. 2 AO zu verweisen.

d) Steuergeheimnis und nichtsteuerliche Straftat

Gem. § 30 Abs. 4 AO ist eine Offenbarung der nach Abs. 2 erlangten Erkenntnisse u. a. gem. Abs. 4 Nr. 4 zulässig, wenn dies der Durchführung eines Strafverfahrens wegen einer nichtsteuerlichen Straftat dient und die Kenntnisse   **189**
– in einem Steuerstrafverfahren oder einem Bußgeldverfahren wegen einer Steuerordnungswidrigkeit erlangt worden sind; dies gilt nicht, wenn die Tatsachen bereits vor Einleitung eines steuerlichen Straf- oder Bußgeldverfahrens im Besteuerungsverfahren (Offenbarungs- und Mitwirkungspflichten!) bekannt geworden sind oder der Steuerpflichtige sie in Unkenntnis der eingeleiteten Verfahren offenbart hat;
– ohne Bestehen einer steuerlichen Verpflichtung oder unter Verzicht auf ein Auskunftsverweigerungsrecht erlangt worden sind. In diesem Fall besteht kein schutzwürdiges Interesse.

Kommen Erkenntnisse, die nach Abs. 4 Nr. 4 nicht gegen den Steuerpflichtigen verwendet werden dürfen, im Zusammenhang mit der Verfolgung einer Steuerstraftat der Staatsanwaltschaft oder dem Gericht dennoch zur Kenntnis, dürfen sie zur Verfolgung einer außersteuerlichen Straftat gem. § 393 Abs. 2 AO nicht gegen den Steuerpflichtigen verwendet werden – **Verwendungsverbot.** Irrig ist die Annahme, ein solcher Informationsaustausch sei aus dem Gesichtspunkt des § 386 AO zwischen Finanzbehörde und Staatsanwaltschaft zulässig, denn die Vorschrift regelt lediglich die Zuständigkeit zur Verfolgung von Steuerstraftaten und gerade nicht von Allgemeindelikten. Beachte: Fällt eine Steuerstraftat mit einem außersteuerlichen Delikt **tateinheitlich** zusammen, handelt es sich *auch* um eine Steuerstraftat, die der Staatsanwaltschaft nach § 393 Abs. 2 AO rechtmäßig zur Kenntnis gebracht wird.[380] **Kein Verwendungsverbot** besteht hingegen, wenn die Auskünfte nicht in Erfüllung steuerlicher Pflichten, sondern zur Erlangung ungerechtfertigter Steuervorteile erteilt wurden, z. B. bei Vorlage gefälschter Rechnungen, um ungerechtfertigte Vorsteuererstattungen zu erlangen – vgl. insoweit das BGH Urteil v. 5.5.2004[381] betreffend Selbstanzeige nach Urkundenfälschung bei Steuerhinterziehung. Gleichartige Fälle sind auch im Zollbereich denkbar – z. B. Vorlage gefälschter Unterlagen zum Nachweis der Rückwareneigenschaft.

e) Offenbarungsermessen

Hat der Zoll- oder Zollfahndungsbeamte i. R. eines Steuerverwaltungsverfahrens Kenntnis   **190**
von einer allgemeinen (nichtsteuerlichen) Straftat oder Ordnungswidrigkeit erlangt und liegt zugleich einer der Ausnahmetatbestände des § 30 Abs. 4 AO zur Durchbrechung des Steuer-

---

[377] Das sind in der Praxis für die Zollverwaltung regelmäßig die nach § 152 Abs. 2 GVG in den jeweiligen Rechtsverordnungen der Bundesländer genannten Beamtengruppen (vgl. im Einzelnen dort). Aufgrund dieser Verordnungen gehören zu den Ermittlungspersonen der Staatsanwaltschaft: Beamte des Grenzaufsichts- und Grenzabfertigungsdienstes sowie Beamte des Außenprüfungs- und Steueraufsichtsdienstes. Die Beamten des Zollfahndungsdienstes sind nach § 404 AO, letzter Halbs., immer Ermittlungspersonen der Staatsanwaltschaft.
[378] A. A. offenbar *Körner*, BtMG, § 21 BtMG Rn. 12; aufgrund der Sonderregelungen in §§ 5, 12 ZollVG wird die Auffassung praktisch jedoch nicht relevant.
[379] I. Ü. wären Staatsanwaltschaften u. Gerichte i. R. der §§ 393 Abs. 2, 30 Abs. 4 Nr. 4 a) 2. Halbsatz AO an das Steuergeheimnis gebunden; vgl. hierzu BayObLG, Beschluss v. 6.8.1996, StV 1996, 657–658.
[380] Vgl. eingehend zur Problematik des § 393 AO: BayObLG v. 6.8.1996, wistra 1996, 353; *Spriegel*, wistra 1997, 321; *Jarke*, wistra 1997, 325.
[381] BGH, Urteil v. 5.5.2004 – 5 StR 548/03 – LG Nürnberg-Fürth, NJW 2005, S. 2720.

geheimnisses vor, so ist die Offenbarung aus eigener Entscheidung oder auf Ersuchen einer anderen Behörde zulässig, aber nicht zwingend. Sie bleibt nach § 30 Abs. 4 AO i. V. m. § 5 AO eine **Ermessensentscheidung der Finanzbehörde**.[382] Etwas anderes gilt nur, wenn ein Gesetz eine Offenbarungspflicht ausdrücklich vorsieht oder wenn das Ermessen i. S. des § 5 AO auf „null" reduziert ist – etwa bei Gefahren für Leib oder Leben eines Einzelnen.[383]

191   Die durch ein an die Zollbehörde gerichtetes staatsanwaltschaftliches Auskunfts- und/oder Herausgabeersuchen begründete Informationspflicht geht der allgemeinen Pflicht zur Wahrung des Dienstgeheimnisses vor. Ihre Grenzen findet diese Auskunftsverpflichtung im Beschlagnahmeverbot nach § 97 StPO, einer Sperrerklärung nach § 96 StPO, dem allgemeinen Grundsatz der Verhältnismäßigkeit und den besonderen Geheimhaltungspflichten nach Art. 15 ZK, § 30 AO.[384] Ist allerdings eine Offenbarung nach § 30 AO zulässig, hat die Finanzbehörde einem Auskunftsverlangen der Staatsanwaltschaft Folge zu leisten (Ermessensreduzierung).[385]

So ist ein Fall des HZA Würzburg aus dem Jahr 1992 bekannt, in dem Staatsanwaltschaft und Polizei aufgrund eines richterlichen (!) Durchsuchungs- und Beschlagnahmebeschlusses die entsprechenden Akten und Unterlagen bei dem die Offenbarung und Herausgabe verweigernden Hauptzollamt zwangsweise beschlagnahmten.[386] Erst die Intervention der Oberfinanzdirektion bei der Generalstaatsanwaltschaft führte zur Freigabe und Nichtverwertung der Unterlagen.

XIII. Das ZKA

192   Am 15.7.1992 trat das Gesetz zur Änderung des Finanzverwaltungsgesetzes und anderer Gesetze[387] in Kraft. Durch den seinerzeitigen § 5a FVG wurde die Zentralstelle des deutschen Zollfahndungsdienstes, das Zollkriminalamt – kurz: ZKA – als Bundesoberbehörde errichtet. Es trat an die Stelle des seit 1952 existierenden Zollkriminalinstituts (ZKI) und übernahm neben neuen auch dessen bisherige Aufgaben. Mit dem ZFdG[388] wurden im Jahre 2002 die Zollfahndungsämter aus der Unterstellung unter die ehemaligen OFDen herausgelöst und dem ZKA als neuer Mittelbehörde[389] unterstellt. Die Aufgaben und Befugnisse des ZKA und der ZFÄ als Finanzbehörden, Ermittlungsbehörden, Überwachungsbehörden und Gefahrenabwehrbehörden des Zollfahndungsdienstes wurden inklusive der bereichsspezifischen Datenschutzregelungen für den gesamten Zollfahndungsdienst nunmehr im neuen ZFdG zusammengefasst. Die Aufgaben des ZKA sind äußerst vielschichtig, sie berühren – mit Ausnahme der FKS – quasi den gesamten Tätigkeitsbereich der Zollverwaltung. Nachfolgend sind beispielhaft einige Aufgaben bzw. Tätigkeiten genannt.

---

[382] *Hellmann*, Strafverfahrensrecht der AO, 32; *Bilsdorfer*, Informationsquellen u. -wege, 109.
[383] So auch BMF-Erlass vom 1.7.1993 – IV A 5 – S 0130–41/93 – (auszugsweise abgedruckt in NJW 1993, 2730) zur Frage der Offenbarung von Erkenntnissen über Verstöße gegen Umweltschutzbestimmungen; a. A. *Hellmann*, Strafverfahrensrecht der AO, 32.
[384] Vgl. OLG Karlsruhe, Beschl. v. 27.9.1985 – 1 Ws 176/85, NJW 1986, 145 ff.
[385] Vgl. AEAO, Ziff. 6 zu § 30 AO
[386] Beschluss des Amtsgerichts Würzburg v. 7.5.1992 – 1 Gs 1656/92; vgl. zur Unzulässigkeit derartiger Maßnahmen LG Darmstadt in NJW 1978, 901; LG Marburg in NJW 1978, 2306; LG Bremen in NJW 1981, 592; *Meyer-Goßner*, StPO, § 96 Rn. 2, § 161 StPO Rn. 1 u. 5.
[387] Gesetz zur Änderung des Finanzverwaltungsgesetzes und anderer Gesetze v. 7.7.1992, BGBl. I S. 1222.
[388] Gesetz über das Zollkriminalamt und die Zollfahndungsämter – ZFdG, BGBl. I 2002, 3202.
[389] Die Eigenschaft als Mittelbehörde war aus verfassungsrechtlichen Gründen zwangsweise mit der Unterstellung der ZFÄ verbunden – Art. 87 Abs. 3 Satz 1 GG.

XIII. Das ZKA

1. Stellung und Funktion des ZKA im Zollfahndungsdienst

Das ZKA mit rd. 800 Bediensteten hat für den Zollfahndungsdienst die Funktion einer **Zentralstelle,**[390] einer Koordinierungsstelle,[391] einer unterstützenden Service-Behörde[392] sowie einer vorgesetzten und Fachaufsichtsbehörde.[393] Im Hinblick auf Organisation, Personal und Finanzen unterstehen die Fahndungsämter dem ZKA nunmehr einheitlich und vollständig. Somit sind keine Divergenzen zwischen fachlichen Weisungen und personellen und finanziellen Ressourcen zu befürchten. Das ZKA ist in Bezug auf die eigene Aufgabenerfüllung zugleich **Finanz-,**[394] **Ermittlungs-,**[395] **Überwachungs-**[396] und **Gefahrenabwehrbehörde.**[397]

193

Die Überwachungsaufgaben nach § 3 Abs. 2 ZFdG (Marktbeobachtung als Zentralstellenaufgabe), § 4 Abs. 2 ZFdG (Mitwirkung bei der Außenwirtschaftsüberwachung als eigene Aufgabe) und § 4 Abs. 3 ZFdG (Mitwirkung bei der Überwachung des grenzüberschreitenden Warenverkehrs als eigene Aufgabe) sind unterschiedlich ausgestaltet. Die Marktbeobachtung erstreckt sich auf die Überwachung des **Wirtschaftsverkehrs als solchem,** d. h. den gesamten Waren-, Dienstleistungs- und Kapitalverkehr, soweit er unter Zuständigkeitsgesichtspunkten für die Zollverwaltung von Belang ist. Die zollamtliche Überwachung nach Zollkodex bzw. § 1 Abs. 1–3a ZollVG durch das ZKA erfolgt in der Form der sog. Marktbeobachtung, wie sie an anderer Stelle erläutert ist. Als besondere Ausprägung der zollamtlichen Überwachung in der Form der Außenwirtschaftsüberwachung nach AWG/KWKG sind die Befugnisse zur Überwachung des Post- und Fernmeldeverkehrs nach §§ 39 ff. AWG a. F. bzw. – neu – § 23a ZFdG zu erwähnen.

2. Ermittlungsaufgaben und -befugnisse des ZKA

Im Ermittlungsbereich hat das ZKA gem. § 3 Abs. 5 ZFdG die Ermittlungen der Zollfahndungsämter und anderer ermittlungsführender Dienststellen[398] zu koordinieren und zu lenken. Dabei kann es den Fahndungsämtern nach § 6 ZFdG **fachliche Weisungen** erteilen. Bei den Hauptzollämtern gilt dies nach § 14 ZFdG allerdings nur, soweit diese die Ermittlungen nicht selbstständig als Staatsanwaltschaft nach §§ 386 Abs. 2, 399 Abs. 1 AO führen.

194

Dem ZKA steht es in Fällen von besonderer Bedeutung nach § 4 Abs. 1 ZFdG nach eigenem Ermessen frei, Verfahren von den Zollfahndungsämtern zur **eigenen Ermittlung** an sich zu ziehen. Von der Möglichkeit eigener Ermittlungen macht das ZKA nur sehr zurückhaltend Gebrauch, da das Schwergewicht der Ermittlungstätigkeit vor Ort bei den hierfür geschaffenen 8 Zollfahndungsämtern liegt. Bisher hat das ZKA überwiegend Ermittlungen aus dem Bereich des AWG/KWKG geführt, die aus seinen Überwachungsmaßnahmen nach den §§ 39 ff. AWG bzw. – neu – § 23a ZFdG herrührten und/oder die eine besondere (politische) Brisanz besaßen.

195

Soweit das ZKA selbst ermittelt oder sich an Ermittlungen beteiligt, stehen ihm und seinen Beamten gem. § 16 ZFdG die Befugnisse der Zollfahndungsämter, d. h. **Rechte und Pflichten wie den Behörden und Beamten des Polizeidienstes** zu; seine Beamten sind Ermitt-

---

[390] Gem. § 2 ZFdG.
[391] Gem. § 3 Abs. 5, § 14 ZFdG.
[392] Gem. §§ 3 Abs. 1–4, 6–9, 11 ZFdG.
[393] Gem. §§ 1, 6 ZFdG.
[394] Vgl. § 6 AO.
[395] Gem. § 3 Abs. 5, § 4 Abs. 1, 4, § 16 ZFdG.
[396] § 3 Abs. 2, § 4 Abs. 2, 3 u. 4 ZFdG.
[397] § 3 Abs. 1 Satz 2, Abs. 2, § 4 Abs. 2 bis 4, § 5, §§ 18–21, §§ 22, 23 ZFdG.
[398] Dies gilt gegenüber den Sachgebieten F (=Strafsachen- und Bußgeldstellen) der HZÄ und den Sachgebieten C (Kontrolle) der HZÄ (ohne deren Kontrolleinheiten Prävention – KEP); nach § 3 Abs. 5 Satz 2, 2. Halbsatz ZFdG jedoch mit Ausnahme der Sachgebiete E und der KEP der Sachgebiete C (FKS) der HZÄ bzw. der Abteilung Zentrale Facheinheit (FKS) der BFD West.

lungspersonen der Staatsanwaltschaft. Da die Beamten des ZKA bei ihren Ermittlungen Ermittlungspersonen der Staatsanwaltschaft sind, kann die Staatsanwaltschaft nach eigenem Ermessen dem ZKA auch unmittelbar Ermittlungsaufträge erteilen, denen das ZKA auch als Zentralstelle des Zollfahndungsdienstes folgen muss.

Für die Staatsanwaltschaft ist die koordinierende und leitende Funktion des ZKA nicht nur im nationalen Rahmen von Bedeutung, sie wird sie auch zur **Koordinierung mit ausländischen Zollfahndungsdiensten,** mit anderen Fahndungsdiensten der EU und zur Koordinierung mit dem OLAF nutzen.

3. Sonstige Aufgaben des ZKA

196 Die **Unterstützung der Zollfahndungsämter** ist der Schwerpunkt der Arbeit des ZKA. Das ZKA beschafft nach § 3 Abs. 9 ZFdG für den Fahndungsdienst alle erreichbaren **Informationen,** wertet sie aus und steuert sie an die Zollfahndungsämter sowie andere Zollstellen (Betriebsprüfung, Steueraufsicht, Grenzaufsichtsdienst, [Grenz-]Abfertigungsdienst). Zu diesem Zweck ist das ZKA nach § 3 Abs. 3 u. 4 ZFdG auch Erfassungs- und Übermittlungsstelle für die **DV-Informationssysteme** des Zollfahndungsdienstes (z. B. INZOLL) und für solche DV-Informationssysteme, an die die Zollverwaltung angeschlossen ist (z. B. die Systeme der Polizei, der EU-Kommission und der Weltzollorganisation – WCO).

Ferner ist das ZKA nach § 3 Abs. 6 ZFdG Zentralstelle für den **Amts- und Rechtshilfeverkehr** mit dem Ausland und Stellen der EU-Kommission und der EU – vgl. dort.

Im **kriminalwissenschaftlichen und -technischen Bereich** hat das ZKA nach § 3 Abs. 8 Nr. 2, Abs. 11 ZFdG Einrichtungen für kriminalwissenschaftliche und -technische Untersuchungen und für die kriminalwissenschaftliche Forschung vorzuhalten und entsprechende wissenschaftliche Gutachten auf Anforderung von Finanzbehörden, Gerichten und Staatsanwaltschaften in seinem Zuständigkeitsbereich zu erstellen. Hier hat sich das ZKA einen guten Ruf erworben bei der Untersuchung von (mutmaßlich) ver- oder gefälschten Dokumenten, Stempeln, Unterschriften und bei der Altersbestimmung von Schriftstücken und Schriften. Das ZKA hält eine einzigartige, DV-gestützte Sammlung von Zollstempeln für die gutachterlichen Untersuchungen vor. Es bedient sich bei den Urkunden-Überprüfungen hochmoderner Technik.

Das ZKA ist im kriminaltechnischen Bereich ebenfalls zuständig für die Untersuchung von Zollplomben, -bleien und Verschlussseilen an Transportmitteln und -behältern, sowie für den Nachweis, dass Behältnisse oder Verschlüsse widerrechtlich geöffnet worden sind.

Schließlich führt das ZKA in seinem chemischen Labor besonders komplexe Betäubungsmitteluntersuchungen für den Zollfahndungsdienst durch.[399]

Die Einsatzunterstützung der Fahndungsämter durch das ZKA umfasst gem. § 3 Abs. 8 Nr. 3 ZFdG auch die Zurverfügungstellung von Verdeckten Ermittlern sowie die Bereitstellung von Spezialeinheiten des Fahndungsdienstes und hochwertigen technischen Geräts.

197 Das ZKA ist rund um die Uhr besetzt und erreichbar:
Zollkriminalamt
Bergisch Gladbacher Str. 837
51 069 Köln
Tel.: 02 21/6 72–0
Fax: 02 21/6 72–4500
E-Mail: poststelle@zka.bfinv.de

Über das ZKA kann auch in Eilfällen jederzeit Kontakt zu anderen ausländischen Zoll- und Zollfahndungsbehörden, zu EUROPOL, Interpol und ausländischen Polizeibehörden, z. B. FBI, DEA usw., hergestellt werden. Außerdem hält das ZKA engen Kontakt zu den Zollattachés der USA, Russlands, Frankreichs, Schwedens, der Niederlande, Tschechiens

---

[399] Die normalen qualitativen und quantitativen Rauschgiftuntersuchungen werden wie die übrigen zolltechnischen Untersuchungen in der Abteilung Wissenschaft und Technik des Bildungs- und Wissenschaftszentrums der Zollverwaltung (BWZ), d. h., den 5 ehemaligen Zolltechnischen Prüfungs- und Lehranstalten der Zollverwaltung in Köln, Berlin, Hamburg, München und Frankfurt, durchgeführt.

XIV. Zusammenarbeit des ZKA und des Zollfahndungsdienstes mit anderen Behörden

und den Rauschgift- sowie Steuerverbindungsbeamten Großbritanniens. Schließlich unterhält die Weltzollorganisation (WCO) beim ZKA ein RILO (Regional Intelligence Liason Office) mit Beamten aus verschiedenen europäischen Ländern einschließlich Deutschland.

XIV. Zusammenarbeit des ZKA und des Zollfahndungsdienstes mit anderen Behörden

1. Zusammenarbeit im nationalen Bereich

Die Zusammenarbeit im nationalen Bereich mit anderen Verwaltungs-, Überwachungs- und Ermittlungsbehörden, Staatsanwaltschaften, den Gerichten und ggf. den Kommunalverwaltungen ist Gegenstand vielfältiger gesetzlicher Regelungen zugunsten der Finanzbehörden: § 105 AO **(Aufhebung der Verschwiegenheitspflichten)**, § 111 AO **(Amtshilfepflicht)**, § 116 AO **(Mitteilungspflichten beim Verdacht einer Steuerstraftat)**, § 6 SubventionsG **(Mitteilungspflicht beim Verdacht des Subventionsbetrugs)**, § 403 AO **(Beteiligungspflichten bei der Aufklärung von Steuerstraftaten)**, § 13 FVG **(Beistandspflichten der örtlichen Polizei- und Gemeindebehörden)**. Dennoch ist festzustellen, dass diese gesetzlichen Verpflichtungen tatsächlich – meist aus Unkenntnis – häufig unbeachtet bleiben.

2. Internationale und europäische Zusammenarbeit im Wege der Amtshilfe

Die internationale Zusammenarbeit im Wege der Amtshilfe wird regelmäßig über Zentralstellen abgewickelt. Deutsche Zentralstelle für die Zusammenarbeit in Zollsachen ist grundsätzlich das ZKA. In wenigen Ausnahmefällen hat sich allerdings das BMF die Entscheidung vorbehalten. Zu unterscheiden sind die **Amtshilfe auf Antrag** (Ersuchen) und die Amtshilfe ohne Antrag (sog. **Spontanmitteilung** bzw. **Spontaninformation**). Von den im Zollbereich geltenden Vereinbarungen, etc. werden regelmäßig beide Formen der Amtshilfe umfasst.

Die internationale Zusammenarbeit zwischen den Zollbehörden bzw. Zollfahndungsdiensten und ggf. Polizei- und anderen Behörden ist vielschichtig und in der Regel sehr umfassend. Sie kann auf eine Vielzahl verschiedener völkerrechtlicher Verträge bzw. Gesetze gestützt werden. Eine detaillierte Darstellung würde den Rahmen dieser Abhandlung sprengen. Im Folgenden deshalb nur ein kurzer Überblick.

Zu nennen und zu unterscheiden sind unter anderem:
- Bilaterale Unterstützungsverträge zwischen der Bundesrepublik Deutschland und verschiedenen anderen Staaten (z. B. der deutsch-amerikanische Vertrag über die gegenseitige Unterstützung der Zollverwaltungen). Diese Verträge ermöglichen regelmäßig sowohl die Unterstützungsleistung in Verwaltungsverfahren als auch in Verfahren wegen Zollstraftaten (sog. kleine Rechtshilfe).
- Unterstützungsverträge bzw. Abkommen, die nur die Zusammenarbeit in einem Teilbereich betreffen, z. B. das Helsingforser Abkommen zur Bekämpfung des Alkoholschmuggels.
- Bilaterale Verträge der EG (z. B. Vertrag mit den USA, Protokoll Nr. 6 zum Europaabkommen, Protokoll Nr. 2) mit verschiedenen Staaten über die Zusammenarbeit in (zollrechtlichen) Verwaltungsverfahren.
- Die Zoll-Amtshilfe-VO (VO (EG) Nr. 515/97), die im Bereich Zoll- und Agrarregelungen einerseits die Zusammenarbeit zwischen den EU-Mitgliedstaaten und andererseits die Zusammenarbeit der EU-Mitgliedstaaten mit der Kommission regelt. Gegenstand der VO 515/97 ist nur die verwaltungsrechtliche Zusammenarbeit.
- Die gegenseitige Unterstützung der EU-Mitgliedstaaten aufgrund des Übereinkommens aufgrund von Artikel K.3 des Vertrages über gegenseitige Amtshilfe und Zusammenarbeit der Zollverwaltungen (kurz: Neapel-II-Übereinkommen bzw. **Neapel II**) vom 18.12. 1997.[400] Das Neapel-II-Übereinkommen enthält über „Neapel I" hinausgehende Rege-

---

[400] ABl. der EG Nr. C 24/1 v. 23.1.1998.

lungen im operativen Bereich. Gegenstand des Übereinkommens ist ebenfalls die Bekämpfung von Zuwiderhandlungen gegen die Zollgesetze und Verbote und Beschränkungen im grenzüberschreitenden Warenverkehr.
- Ferner die **Brüsseler Zollratsempfehlung** über die gegenseitige Verwaltungshilfe vom 5.12.1953[401] bzw. deren Nachfolgeregelungen[402] Die Vereinbarung zwischen den Mitgliedern der Weltzollorganisation (WCO = World Customs Organisation), die immer dann herangezogen werden kann, wenn mit der betreffenden zu ersuchenden Zollverwaltung keine anderweitigen Unterstützungsverträge bestehen.
- Im Bereich des innereuropäischen Güterverkehrs mit verbrauchsteuerpflichtigen Waren (Energieerzeugnisse, Tabakwaren, Alkohol und alkoholische Getränke) ist die **EG-Amtshilfe-VO**[403] einschlägig, die seit dem 1. Juli 2005 im Bereich der indirekten Steuern an Stelle des in Umsetzung der EG-Richtlinie 77/799 ergangenen **EG-Amtshilfegesetzes** (vgl. § 1 Abs. 1 Nr. 3 EG-AHG a. F.) anzuwenden ist. Die EG-Amtshilfe-VO ermöglicht u. a. den Austausch aller Informationen, die für die korrekte Festsetzung der Verbrauchsteuern geeignet sein können – Artikel 1.
- Neben der vertragslosen Amtshilfe im Rahmen der Brüsseler Zollratsempfehlungen ist die vertragslose Amtshilfe im Zollbereich auch auf der Grundlage des § 34 ZFdG, § 11 ZollVG, § 117 AO oder § 59 Abs. 3 IRG möglich.

201 Die wichtigsten Grundlagen für den Informationsaustausch i. R. der Zollzusammenarbeit für die Bereiche Zölle, Agrarregelungen und Verbote und Beschränkungen im grenzüberschreitenden Warenverkehr sind die **Zoll-Amtshilfe-VO** vom 13.3.1997 und das **Neapel-II-Übereinkommen** vom 18.12.1997.

202 Die vorgenannten Regelungen haben zum Inhalt, Zuwiderhandlungen gegen die Zollgesetze zu verhindern, aufzudecken und zu **verfolgen.** Während die Zoll-Amtshilfe-VO die Zusammenarbeit auf dem Gebiet des Zollwesens regelt (= Zoll- u. Agrarrecht), geht das Übereinkommen Neapel II darüber hinaus. Es umfasst die Zusammenarbeit bei der Bekämpfung von Zuwiderhandlungen gegen die Zollgesetze und vor allem auch der Verbote und Beschränkungen im grenzüberschreitenden Warenverkehr (= alle Einfuhrabgaben incl. Einfuhrumsatzsteuer – EUSt – sowie Verbote und Beschränkungen). **Zollbehörden** i. S. der Regelungen sind nicht unbedingt die so **formal bezeichneten Behörden,** sondern diejenigen Verwaltungsstellen, die nach dem jeweiligen innerstaatlichen Recht mit dem Vollzug des Zollrechts ganz oder z. T. befasst sind – vgl. Art. 1 Abs. 1 VO (EG) 515/97 und Art. 4 Nr. 7 des Neapel-II-Übereinkommens. Somit kann, je nach Ausgestaltung der innerstaatlichen Organisation, im Einzelfall auch eine ausländische Polizei- oder sonstige Verwaltungsbehörde Zollbehörde i. S. der vorg. Regelungen sein.

Wesentliche Teile der Unterstützungsregelungen sind **deckungsgleich,** jedoch geht die EG-VO als unmittelbar anzuwendendes Gemeinschaftsrecht dem Übereinkommen von Neapel vor – Art. 288 AEUV (ex-Art. 249 EGV).

Hinweis: Artikel 3 des Neapel-II-Übereinkommens bestimmt ausdrücklich dessen Anwendbarkeit auch bei **strafrechtlichen** Ermittlungen. Bei justizhängigen Verfahren hat die Justizbehörde ein Wahlrecht dahingehend, ob sie ein Ersuchen aufgrund der geltenden Bestimmungen über die Rechtshilfe in Strafsachen oder aufgrund des Neapel-II-Übereinkommens stellt – Artikel 3 Abs. 2.

---

[401] „Recommendation of the Customs Co-operation Council on mutual administrative assistance of 5 December 1953". Übersetzung der Empfehlung des Rates für die Zusammenarbeit auf dem Gebiete des Zollwesens über gegenseitige Verwaltungshilfe v. 5.12.1953; BGBl. 1959 II S. 1501. Der Brüsseler Zollrat (CCC) nennt sich heute Weltzollorganisation (WZO, engl. WCO). Die 6 Empfehlungen beziehen sich im Wesentlichen auf die Überwachung schmuggelverdächtiger Personen, Fahrzeuge und Warensendungen, den Austausch von Erkenntnissen zu neuen Kontroll- und Fahndungsrastern und – bei ausdrücklichem Ersuchen – auf **zur Verfügung stehende** Erkenntnisse aus Ermittlungen wegen Zuwiderhandlungen gegen die Zollgesetze. Eigenständige Ermittlungsersuchen kennen die Empfehlungen nicht.

[402] Nairobi Convention, Johannesburg Convention; Deutschland ist nur dem ursprünglichen Übereinkommen von 1953, nicht jedoch den beiden Nachfolgeregelungen beigetreten.

[403] VO (EG) 2073/2004 des Rates vom 16. November 2004 über die Zusammenarbeit der Verwaltungsbehörden auf dem Gebiet der Verbrauchsteuern.

XIV. Zusammenarbeit des ZKA und des Zollfahndungsdienstes mit anderen Behörden

Daneben ist als nationale Grundlage des Informationsaustausches in Zoll- bzw. Steuersachen auch im Rahmen von strafrechtlichen Ermittlungen § 117 AO zu beachten. § 117 AO betrifft die **zwischenstaatliche Amtshilfe**.[404] Rechtshilfe setzt im steuerlichen Sinne eine Hilfeleistung an ein Gericht voraus, die in den §§ 111–115, 117 AO nicht geregelt werden sollen.[405] Danach ist es den Zollbehörden aufgrund und im Rahmen innerstaatlichen Rechts (Abs. 1),[406] wozu die innerstaatlich anwendbaren völkerrechtlichen Vereinbarungen, die unmittelbar geltenden EG-Verordnungen[407] und das EG-Amtshilfegesetz (Abs. 2) gehören, gestattet, Amtshilfe zu leisten und in Anspruch zu nehmen. Auch ohne Unterstützungsvereinbarung kann nach Abs. 3 im Einzelfall unter den dort genannten Voraussetzungen nach pflichtgemäßem Ermessen Amtshilfe geleistet werden.[408] Gem. § 117 Abs. 4 i. V. m. § 114 AO richtet sich die Zulässigkeit der erbetenen Amtshilfe bei der ersuchenden Behörde und bei der ersuchten Behörde nach dem für die jeweilige Behörde geltenden Recht. Die ersuchende Behörde trägt die Verantwortung für die Zulässigkeit nach ihrem innerstaatlichen Recht für von der ersuchten Behörde erbetene Amtshandlungen. Die ersuchte Behörde ist nach dem für sie geltenden innerstaatlichen Recht für die Zulässigkeit und Rechtmäßigkeit der Durchführung der ihr angetragenen Amtshilfemaßnahmen verantwortlich – vgl. § 114 Abs. 2 AO.

Gem. Abs. 4 S. 3 des § 117 AO i. V. m. § 91 AO soll bei der Übermittlung von Auskünften und Unterlagen dem von der Auskunft Betroffenen **Gelegenheit zur Stellungnahme** (rechtliches Gehör) gewährt werden, damit der Betroffene ggf. Rechtsschutz gegen die Auskunftserteilung in Anspruch nehmen kann; der Finanzrechtsweg nach § 33 FGO ist gegeben.[409] Nach § 91 Abs. 2 u. 3 AO kann davon jedoch bei entgegenstehendem zwingenden öffentlichen Interesse oder wenn es nach den Umständen des Einzelfalls nicht geboten ist, abgesehen werden.[410] Dies wird bei der Ermittlung von Straftaten regelmäßig der Fall sein, weil ansonsten der Ermittlungserfolg, die Aufdeckung und ggf. Verhinderung von (unbekannten) Zuwiderhandlungen, gefährdet oder vereitelt würde, wenn dem Betroffenen durch Informationen zur Stellungnahme die Maßnahme vorzeitig bekannt würde.

In Justizkreisen ist gelegentlich noch die Meinung anzutreffen, der nach den entsprechenden EG-Verordnungen (beispielsweise VO (EG) 515/97) sowie den bi- und multilateralen Zollunterstützungsabkommen zulässige Amtshilfeverkehr mit ausländischen Zollbehörden betreffe ausschließlich die Amtshilfe für Zwecke des Besteuerungsverfahrens[411] und nicht auch die Strafverfolgung. Dem ist für den Zollbereich zu entgegnen, dass die Zollunterstützung regelmäßig auch die **Verfolgung von Zuwiderhandlungen** umfasst. Die meisten einschlägigen Übereinkommen, z. B. **„Neapel II"** und der deutsch-amerikanische Zollunterstützungsvertrag, umfassen **alle** Verstöße gegen Zollvorschriften (also auch VuB, AWG, KWKG). Ferner ist Gegenstand der Übereinkommen und der Zoll-Amtshilfe-VO auch die Aufdeckung und Verfolgung von Zuwiderhandlungen gegen die Zollgesetze. Selbst die Brüsseler Zollratsempfehlungen kennen eine solche Beschränkung nicht, begrenzen aber die Auskunftserteilung auf die der ersuchten Verwaltung bereits vorliegenden oder die aufgrund des Ersuchens durch Einleitung eines eigenen Ermittlungsverfahrens ohnehin ermittelten Erkenntnisse. Im Übrigen ist darauf hinzuweisen, dass die Feststellung der Besteuerungsgrund-

---

[404] Entgegen der amtlichen Überschrift und den Formulierungen in den Abs. 1–5 betrifft § 117 AO lediglich Fälle der Amtshilfe und nicht der Rechtshilfe der Justiz – vgl. *Söhn*, in: *Hübschmann/Hepp/Spitaler*, Rn 14 zu § 117 AO, *Wolffgang*, Steuerliche Amtshilfe innerhalb der EG, Rn. 2 (Fußnote), S. 991; ebenso *Bilsdorfer*, Informationsquellen u. -wege, 96.

[405] So *Söhn*, in: *Hübschmann/Hepp/Spitaler*, Rn. 14 zu § 117 AO; *Tipke/Kruse*, § 117 AO, Rn. 1 c.

[406] Stichworte: Steuergeheimnis, Datenschutz, Amtsverschwiegenheit usw.

[407] Die Aufzählung kann in Bezug auf ohnehin unmittelbar geltende VOen der EU sowie in nationales Recht transformierte völkerrechtliche Vereinbarungen nur deklaratorischen Charakter besitzen.

[408] U. a. bei verbürgter Gegenseitigkeit, Zweckbindung nur für Besteuerungs- oder Steuerstrafverfahren, Vermeidung einer Doppelbesteuerung, Einhaltung des ordre public; vgl. *Klinkhammer*, ZfZ 1996, 40.

[409] Vgl. *Wolffgang*, Steuerl. Amtshilfe innerhalb der EG, Rn. 67.

[410] Die Aufzählung in Abs. 2 der Vorschrift enthält Regelbeispiele und ist insoweit nicht abschließend.

[411] So noch *Müller/Wabnitz/Janovsky*, Wirtschaftskriminalität, 312, Rn. 62; *Janovsky*, Kriminalistik 1998, 331–341 (335).

lagen und die Durchführung eines Besteuerungsverfahrens regelmäßig integraler Bestandteil bzw. Voraussetzung für die Durchführung des Steuerstrafverfahrens ist.

205a In Bezug auf die Zusammenarbeit im (Einfuhr-)Umsatzsteuerbereich sind einige Besonderheiten zu beachten. Die Zollverwaltung ist nur zuständig (und damit unmittelbarer Ansprechpartner) im Bereich der **Einfuhrumsatzsteuer**. Rechtsgrundlagen für die Zusammenarbeit in diesem Bereich sind die EG-Amtshilfe-VO bzw. das Neapel II-Übereinkommen. Für Amtshilfeersuchen der EU-Mitgliedstaaten betreffend den Umsatzsteuerbereich, die ebenfalls auf der Grundlage der EU-Amtshilfe-VO gestellt werden können, sind hingegen die Landesfinanzbehörden bzw. das Bundeszentralamt für Steuern zuständig. Im Einzelfall kann die Zollverwaltung die vorgenannten Behörden bei den Vornahmehandlungen unterstützen, z. B. bei Ersuchen zum sog. Verfahren 4200[412] oder bei zollamtlichen Ausfuhrnachweisen für Umsatzsteuerzwecke. Hierbei handelt es sich dann allerdings um eine Amtshilfe der Zollverwaltung auf nationaler Ebene gegenüber der deutschen Steuerverwaltung, damit diese ihre Verpflichtungen aus der EG-Amtshilfe-VO oder anderen völkerrechtlichen Regelungen erfüllen kann.

3. Zusammenarbeit mit der EG-Kommission

206 Die Zusammenarbeit der Mitgliedstaaten mit der Kommission ist ebenfalls in der Zoll-Amtshilfe-VO 515/97 geregelt – Art. 17 u. 18 der VO. Obwohl die Bekämpfung der gegen die finanziellen Interessen der EU gerichteten Kriminalität Aufgabe der einzelnen Mitgliedstaaten ist[413], wurde bereits 1988 eine Dienststelle „Koordinierung der Maßnahmen zur Betrugsbekämpfung" **(UCLAF** = Unité de Coordination de la lutte antifraude) eingerichtet, das zum 1.6.1999 vom Europäischen Amt für Betrugsbekämpfung, dem OLAF (Office de la lutte antifraude) abgelöst wurde. Das neue Amt besitzt Befugnisse zu **externen Untersuchungen** in den Mitgliedstaaten sowie **internen Untersuchungen** in den Organen und unabhängigen Einrichtungen der Union. Das OLAF **unterstützt** die Mitgliedstaaten bei den Ermittlung von Straftaten zum finanziellen Nachteil der Union und der Mitgliedstaaten. Das OLAF ist in der Kommission u. a. zentral für alle Bereiche der **Betrugsbekämpfung** zum Nachteil der finanziellen Interessen der Union zuständig, also vor allem bei Zöllen und auf dem Marktordnungs- und Subventionssektor. Der Begriff des „Betrugs" ist hierbei allerdings **nicht** exakt i. S. der §§ 263, 264 StGB zu verstehen, sondern umfasst insgesamt alle schuldhaften Zuwiderhandlungen gegen die finanziellen Interessen der EU (commercial fraud) i. S. von Straftaten, Ordnungswidrigkeiten, Verstößen gegen Verwaltungsregelungen und allen sonstigen **Unregelmäßigkeiten** mit möglichen Nachteilen für den EU-Haushalt.[414] Der Begriff des Betrugs muss hier in diesem Zusammenhang folglich nicht unbedingt eine Straftat nach nationalem Recht darstellen – vgl. Art. 1 Abs. 1 (Definition) und 6 des Übereinkommens über den Schutz der finanziellen Interessen der Europäischen Gemeinschaften.[415] Bei den Tätigkeiten des OLAF handelt es sich um administrative Untersuchungen bzw. Verwal-

---

[412] Umsatzsteuerfreie innergemeinschaftliche Lieferung von Waren nach erfolgter zollrechtlicher Abfertigung zum freien Verkehr der EU.

[413] Die Kompetenzen der EU im Bereich Strafrecht und Strafrechtspflege zum Schutz der finanziellen Interessen der Union wurden durch den Vertrag von Lissabon deutlich erweitert. Mit Art. 86 AEUV wurde die Rechtsgrundlage für die Errichtung einer Europäischen Staatsanwaltschaft zum Schutz der finanziellen Interessen der Union geschaffen. Der Vorbehalt für Strafrecht und Strafrechtspflege (ex-Art. 280 Abs. 4 S. 2 EGV ist weggefallen. Damit bietet Art. 325 Abs. 4 AEUV nunmehr eine ausreichende Rechtsgrundlage für Gesetzgebungsvorhaben wie z. B. jenes einer „Richtlinie für den strafrechtlichen Schutz der Gemeinschaft", die in 2001 noch maßgeblich wegen Kompetenzbedenken gescheitert war. Vgl. *Geiger/Khan/Kotzur*, EUV/AEUV – Art. 325 AEUV, Rn. 2, 6. Die Europäische Kommission hat im Juli 2012 einen neuen **Vorschlag** vorgelegt: Richtlinie des Europäischen Parlaments und des Rates über die strafrechtliche Bekämpfung von gegen die finanziellen Interessen der Europäischen Union gerichtetem Betrug vom 11.7.2012 – COM (2012) 363 final, 2012/0193 (COD).

[414] Vgl. *Prieß*, in: *Groeben/Thiesing/Ehlermann*, Rn. 7 bis 16 zu Art. 209a EGV a. F.

[415] Übereinkommen aufgrund von Artikel K.3 des Vertrages über die Europäische Union über den Schutz der finanziellen Interessen der Europäischen Gemeinschaften v. 26.7.1995, BGBl. 1998 II, 2324.

XIV. Zusammenarbeit des ZKA und des Zollfahndungsdienstes mit anderen Behörden **22**

tungsmaßnahmen. Die zuständigen Behörden der Mitgliedstaaten (Zollbehörden und Staatsanwaltschaft) können im Rahmen der geltenden Bestimmungen ebenso wie Vertretern anderer Zollverwaltungen auch Vertretern des OLAF gestatten, bei der Durchführung strafprozessualer Maßnahmen zugegen zu sein. Eine aktive Durchführung solcher Maßnahmen ist allerdings auch den OLAF-Vertretern nicht gestattet. Darüber hinaus ist die Organisation OLAF auch befugt, außerhalb des Strafprozessrechts **Verwaltungsermittlungen** zu betreiben. Dabei ist zu beachten, dass die Ergebnisse eigenständiger Maßnahmen des OLAF nur dann in Verwaltungs- und ggf. Strafverfahren verwertet werden können, wenn in den zu Grunde liegenden Übereinkommen eigenständige Ermittlungen pp. durch die Kommission vorgesehen sind. Sind z. B. im Bereich der Zollpräferenzen Nachprüfungsersuchen ausschließlich von den Zollbehörden der Mitgliedstaaten zu stellen, kann das OLAF nur **im Auftrag der Mitgliedstaaten** koordinierend tätig werden. **Eigene** Anfragen des OLAF entfalten keine rechtliche Wirkung; sie setzen z. B. bei Ersuchen um Nachprüfung von Präferenznachweisen, die von den Zollverwaltungen der Mitgliedstaaten zu stellen sind, die Fristen nicht in Gang bzw. hemmen den Ablauf der Nachprüfungsfristen nicht.

4. Verhältnis der Amtshilfe zur justitiellen Rechtshilfe

Die Amtshilfe aufgrund der entsprechenden Zoll-Amtshilfe-VO 515/97 und der multi- sowie bilateralen **Zollunterstützungsabkommen** kann und soll die Rechtshilfe in Strafsachen nicht ersetzen. Sie existiert unabhängig davon – vgl. Präambel Abs. 5, Artt. 3, 51 VO 515/97, Art. 1 Abs. 2, Art. 3 Neapel II-Übereinkommen,[416] wenngleich sie von der „kleinen Rechtshilfe" des § 59 Abs. 2 IRG erfasst wird.[417] Der weite Begriff der Rechtshilfe in § 59 Abs. 2 IRG umfasst nämlich die Unterstützung in strafrechtlichen Angelegenheiten auf der Grundlage der Zoll-Amtshilfe-VO und des Neapeler Übereinkommens. Die VO 515/97 und die Verträge bestimmen die Unterstützung jedoch als Amtshilfe; da die EU-rechtliche und vertragliche Amtshilfe in § 59 IRG vorgehen,[418] kommt es darauf nicht an. Der Bereich unverlangter Spontanauskünfte aufgrund der Zollunterstützungsverträge und der Zoll-Amtshilfe-VO 515/97 fallen ohnehin nicht unter den „strafrechtlichen Rechtshilfebegriff".[419]

207

Die gegenseitige Unterstützung der Zollverwaltungen auf der Basis der gen. Abkommen hat einige unschätzbare Vorteile gegenüber der Rechtshilfe. Viele Staatsanwaltschaften haben jedoch in Unkenntnis der Möglichkeiten dieser Abkommen und der ihnen gegebenen **Wahlmöglichkeiten**[420] Vorbehalte, diesen Amtshilfeweg zu beschreiten, obwohl sie späterhin nicht gehindert sind, übermittelte Erkenntnisse auf dem formellen Rechtshilfeweg „nachzuholen", wenn sie dies denn für notwendig erachten. Zahlreiche Staatsanwaltschaften, wenn auch immer noch zu wenige, haben die Praktikabilität der Zollunterstützungsverträge erkannt und nutzen diese für ihre Ermittlungsverfahren mit Erfolg.

Die Vorteile der Zollamtshilfe liegen in der **Vereinfachung und Beschleunigung** der Stellung und Beantwortung der Ersuchen sowie in der Möglichkeit, unmittelbar von ermittelnder Dienststelle zu ermittelnder Dienststelle bzw. von ZKA zu ausländischer Zoll-Zentralstelle zu verkehren.

Die ersuchte Behörde hat zur Beschaffung der verlangten Auskünfte so zu verfahren, als ob sie in eigenen Angelegenheiten auf der Grundlage des nationalen Rechts handeln würde (Beschlagnahmen, Durchsuchungen, Vernehmungen). Sie beschafft und liefert alle Schriftstücke, Bescheinigungen oder Dokumente im Original oder in beglaubigter Abschrift. Beamte der ersuchenden Zollverwaltung können mit Einverständnis der ersuchten Zollbehörde bei den Ermittlungen vor Ort anwesend sein – Art. 9 Abs. 2 VO 515/97, Art. 8, Art. 12 Abs. 2 des Neapel II-Übereinkommens. Die Zoll-Amtshilfe-VO ist nach Art. 288 AEUV **unmittelbar**

208

---

[416] Ziffer XIV. der Einleitung des Erläuternden Berichts zum Neapel II-Übereinkommen.
[417] *Wilkitzki*, in: *Grützner/Pötz*, Rn. 16 u. 38 zu § 59 IRG.
[418] *Wilkitzki*, in: *Grützner/Pötz*, Rn. 38 zu § 59 IRG.
[419] *Wilkitzki*, in: *Grützner/Pötz*, Rn. 2 u. 38 zu § 59 IRG.
[420] Vgl. Ziffer XV. der Einleitung und Ziffer 3.1. (zu Art. 3) des Erläuternden Berichts zum Neapel-II-Übereinkommen; *Wilkitzki*, in: *Grützner/Pötz*, Rn. 38 zu § 59 IRG.

geltendes Recht in den EU-Mitgliedstaaten. Nach der herrschenden Vorrang-Theorie gebührt dem Unionsrecht im Verhältnis zum nationalen Recht im Konfliktfall der Vorrang, gleichwohl das nationale Recht außerhalb des Konfliktes weiterhin seine Gültigkeit hat.[421] Somit kann der Staatsanwalt zumindest **auch** den Weg der Zoll-Amtshilfe-VO anstelle der justitiellen Rechtshilfe beschreiten. Das Neapel II-Übereinkommen ist ein **völkerrechtlicher Vertrag,** der durch ein entsprechendes Gesetz in nationales Recht transformiert wurde. Aus diesem Grunde sind die erlangten Beweismittel, Vernehmungsniederschriften und Dokumente nicht nur im Besteuerungsverfahren oder im Verfahren vor den Finanzgerichten **gerichtsverwertbar,** sondern auch im Strafverfahren (vgl. z. B. Art. 14, Art. 18 und Art. 19 Abs. 7 des Neapel II-Übereinkommens; ausdrücklich auch: Artt. 12, 16 VO 515/97). Es gilt der Grundsatz der Einheit der Rechtsordnung. Zahlreiche nähere Einzelheiten finden sich im Erläuternden Bericht zum Neapel II-Übereinkommen.

Im Unterschied zur Rechtshilfe ist die Zollunterstützung also meist schnell, unmittelbar und direkt, und ihre Ergebnisse sind ebenso gerichtsverwertbar. Es gibt keinen ersichtlichen Grund, weshalb der Staatsanwalt im Ermittlungsverfahren keinen Gebrauch von ihr machen sollte. Im Unterschied zum **Interpol- oder Europol-Weg** liefert die Zollunterstützung gerichtsverwertbare Informationen und Beweismittel.

---

[421] Vgl. *Wolffgang,* in: *Witte/Wolffgang,* Lehrbuch des europ. Zollrechts, Rn. 11; Zur Frage des Rangverhältnisses hat sich mittlerweile die Vorrangtheorie durchgesetzt – vgl. RsprEUGH VI, 1184 ff. (Humblet); X, 1251 ff. (Costa); XIII, 608 ff.; XV, 1 ff.; BVerfG in NJW 1968/348; Die sog. Inkorporationstheorie und die Kompetenztheorie dürfen als überholt gelten. Danach handelt es sich beim nationalen und beim europäischen Recht um jeweils eigenständige Rechtsordnungen. Bei Kollision der Normen gebührt dem EU-Recht der **Anwendungs**vorrang [Art. 288 AEUV (ex-Art. 249 EGV)] mit der Folge, dass die nationale Norm nicht allgemein nichtig oder unwirksam ist oder wird, sondern in ihrem nationalen Rechtskreis weiterhin Bestand hat. Sie ist ggf. EG-Rechts-konform auszulegen. Vgl. *von Bogdandy,* in: *Grabitz,* Europ. Außenwirtschaftsrecht, 341; *Wolff/Bachof/Stober,* Verwaltungsrecht I, § 26, Rn. 9; zum Vorrang des Gemeinschaftsrechts ausführlich: *Erhard,* in: *Lenz,* EG-Handbuch, 95–105; *Jarass/Pieroth,* GG, Rn. 13 zu Art. 24 GG.

23. Kapitel. Außenwirtschaftsstrafrecht (AWG, KWKG[1], CWÜAG)

Literatur: *Achenbach/Wannemacher*, Beraterhandbuch zum Steuer- und Wirtschaftsstrafrecht, § 22 Abschn. III, Zuwiderhandlungen gegen das Kriegswaffenkontrollgesetz (Stand: 2. Erg.-Lief. 1998); Achenbach/Ransiek, Handbuch Wirtschaftsstrafrecht, 3. Auflage 2012; *Bieneck* (Hrsg.), Handbuch des Außenwirtschaftsrechts einschl. Kriegswaffenkontrollrecht, 2. Auflage 2005; *ders.*, Gewinnabschöpfung bei Außenwirtschaftsverstößen, AW-Prax 9/1999, S. 336–338; *ders.*, Zur Strafbarkeit der ungenehmigten Warenverbringung nach § 34 Abs. 1 AWG, wistra 2000, S. 213–215; *ders.*, Die Genehmigungspflicht der technischen Unterstützung, AW-Prax 2/2001, S. 53–55; *ders.*, Kriegswaffenkontrollstrafrecht weiter entwickelt, AW-Prax 2001, S. 349–352; *ders.*, Die Grenzen des Außenwirtschaftsstrafrechts: neu gezogen, AW-Prax 2009, S. 235–241; *ders.*, Untauglicher Auslandsversuch ist strafbar, AW-Prax 2008, S. 80–82; *ders.*, Catch-All im Strafrecht, wistra 2008, S. 208–214; *Dahlhoff*, Der neue § 34 AWG, NJW 1991, S. 208–212; *Fischer*, Kommentar zum StGB, 59. Auflage 2012; *Erbs/Kohlhaas*, Strafrechtliche Nebengesetze Kommentar, Stand: Oktober 2011; *Fehn*, Neues vom Fördertatbestand des § 20 KWKG, AW-Prax 1997, S. 278–280; *ders.*, Nochmals: Förderung im Sinne des § 20 KWKG, AW-Prax 1997, S. 385–386; *ders.*, Die erschlichene Ausfuhrgenehmigung, AW-Prax 1998, S. 16–18 (autorisierte Fassung = Beilage zur AW-Prax 3/1998); *Hahn*, Quo Vadis europäische Exportkontrolle?, AW-Prax 9/1999, S. 321–324; *Harder*, Zum Teil-Embargo gegen Libyen, AW-Prax 1998, S. 163–166; *dies.*, Außenwirtschaftsstrafrecht, Handbuch des Wirtschafts- und Steuerstrafrechts, von Wabnitz/Janovsky (Hrsg.), *Hocke/Friedrich*, Kommentar zum Außenwirtschaftsrecht, Stand: Oktober 2012; *Hohmann/John*, Ausfuhrrecht, Kommentar, 2002; *Holthusen*, Zur Begriffsbestimmung der A-, B- und C-Waffen i. S. der Nrn. 2, 3 und 5 der Kriegswaffenliste des Kriegswaffenkontrollgesetzes, NJW 1992, S. 2113–2118; *ders.*, Das Kriegswaffenexportrecht als Verfassungsauftrag des Art. 26 Abs. 2 GG, RIW 1997, S. 369–376; *ders.*, Die Strafbarkeit der Ausfuhr von Kriegswaffen und sonstigen Rüstungsgütern, NStZ 1988, S. 206–208, 256–261; *ders.*, Der Verfassungsauftrag des Art. 26 II GG und die Ausfuhr von Kriegswaffen, JZ 1995, S. 284–290; *ders.*, Enumerative Listen im Kriegswaffenkontrollrecht und ihre „Umgehung" mittels technischer Manipulationen, wistra 1997, S. 129–134; *ders.*, Zum Tatbestand des Förderns in den neuen Strafvorschriften des Kriegswaffenkontrollgesetzes (§§ 16–21 KWKG), NJW 1991, S. 203–207; *ders.*, Nochmals: „Rose"-Urteil des LG Stuttgart, AW-Prax 1998, S. 97–99; *Huber*, Effektiver Grundrechtsschutz mit Verfallsdatum, NJW 2005, S. 2260–2264; *Hucko*, Außenwirtschaftsrecht, Kriegswaffenkontrollrecht, Textsammlung mit Einführung, 6. Auflage, April 1997; *ders.*, Was die Richter leider falsch beurteilt haben, AW-Prax 1997, S. 172–173; *Hucko/Wagner*, Außenwirtschaftsrecht, Kriegswaffenkontrollrecht, Textsammlung mit Einführung, 8. Auflage, Januar 2001; *Hucko/Wagner*, Außenwirtschaftsrecht, Kriegswaffenkontrollrecht, Textsammlung mit Einführung, 9. Auflage, 2003; *Jarass/Pieroth*, Kommentar zum Grundgesetz, 12. Auflage 2012; *Muhler*, Was der Gesetzgeber leider nicht bedacht hat, ZRP 1998, S. 4–6; *Pietsch*, Das Verbot der Entwicklung von chemischen Waffen – Anm. zu OLG Düsseldorf, Beschluss v. 23.2.2000 – 2 Ws 16/00; *Pottmeyer*, Kriegswaffenkontrollgesetz, Kommentar, 2. Auflage 1994; *ders.*, Rechtsprechung zu § 4a KWKG, AW-Prax 2001, S. 309–311; *ders.*, Das neue Außenwirtschaftsstrafrecht, AW-Prax 2006, S. 145–150; *von Poser* und *Groß Naedlitz*, Stückwerk mit gravierenden Konsequenzen, AW-Prax 2000, S. 217–219; *Ricke*, weniger ist manchmal mehr, AW-Prax 2011, S. 404–407; *ders.*, Anordnung des Verfalls bei einer Außenwirtschaftsstraftat, AW-Prax 2012, S. 242–244; *ders.*, Der Aufstieg Pakistans zur Atommacht und der Beitrag deutscher Unternehmen, HSFK-Report Nr. 4/2012; *Simonsen*, Die novellierte EG-Dual-Use-Verordnung und ihre Auswirkungen auf die deutsche Exportkontrolle, AW-Prax 2000, S. 252–256, 312–320 und 358–364; *Spohn*, Die neuen Bestimmungen des Kriegswaffenkontrollgesetzes, Deutsche Ausfuhrkontrolle 1992, von Hartmut Bebermeyer (Hrsg.), S. 13–19; *Sprögel*, Genehmigungspolitik für Kriegswaffen nach dem Kriegswaffenkontrollgesetz (KWKG), Deutsche Ausfuhrkontrolle 1992, von Hartmut Bebermeyer (Hrsg.), S. 21–28; *Werner*, Die neuen internationalen Grundlagen der Exportkontrolle, RIW 1988, S. 179 ff.; *Wessels*, Die neuen Politischen Grundsätze, AW-Prax 2000, S. 181–183; *Witte*, Zollkodex Kommentar, 5. Auflage 2009.

---

[1] Seit einigen Jahren wird für das Kriegswaffenkontrollgesetz [auch] die etwas sperrige Abkürzung KrWaffKontrG verwandt, u. a. in *juris*. Der besseren Lesbarkeit halber wird hier die zuvor gebräuchliche Abkürzung KWKG weiter verwandt.

23. Kapitel. Außenwirtschaftsstrafrecht (AWG, KWKG, CWÜAG)

Inhaltsübersicht

	Rn.
I. Vorbemerkungen	1–5
1. Allgemeines	1, 2
2. Abgrenzung KWKG/AWG	3
3. Abgrenzung CWÜAG/AWG	4
4. Abgrenzung CWÜAG/KWKG	5
II. Außenwirtschaftsgesetz	6–54
1. Grundsätze	6
2. Die Systematik des AWG	7–9
3. Die Außenwirtschaftsverordnung	10–12
a) Allgemeines	10, 11
b) Die Ausfuhrliste	12
4. Die Entwicklung des Außenwirtschaftsrechts seit 1961.	13–17
5. Auswirkungen des EU-Rechts auf das Außenwirtschaftsrecht	18–22
a) Grundsätzliches	18
b) Das Ausfuhrverfahren	19
c) Die EG-Dual-Use-VO	20
d) Die EG-Anti-Folter-VO	21
e) Genehmigungspflichten bei der Ausfuhr/Verbringung von Gütern	22
6. Zur Verfassungsmäßigkeit der Außenwirtschaftsbestimmungen	23
7. Die Bußgeld- und Strafbestimmungen des AWG	24–46
a) Allgemeines	24–26
b) Ordnungswidrigkeiten § 33 AWG	27
c) Straftaten § 34 AWG	28–45
aa) § 34 Absatz 1 AWG	28
bb) § 34 Absatz 2 AWG	29–35
cc) § 34 Absatz 3 AWG	36
dd) § 34 Absatz 4 AWG	37
ee) § 34 Absatz 5 AWG	38
ff) § 34 Absatz 6 AWG	39–43
gg) § 34 Absatz 7 AWG	44
hh) § 34 Absatz 8 AWG	45
d) § 35 AWG Auslandstaten	46

	Rn.
8. Modi operandi des illegalen Technologietransfers	47–49
a) Allgemeines	47
b) Ausfuhrschmuggel	48
c) Begehungsweisen und Verschleierungsmethoden	49
9. Aufgaben und Befugnisse der Zollbehörden	50
10. Möglichkeiten des Erkennens des illegalen Technologietransfers durch die Zollbehörden	51
11. Präventive Telekommunikations- und Postüberwachung durch das ZKA	52
12. Internationale Zusammenarbeit	53
13. Sonstige Delikte	54
III. Kriegswaffenkontrollgesetz	55–68
1. Allgemeines	55
2. Die Systematik des KWKG	56
3. Die Kriegswaffenliste	57–59
a) Allgemeines	57, 58
b) Die Systematik der KWL	59
4. Die Beschränkungen	60–67
a) Genehmigungsvorbehalte	60–63
aa) Allgemeines	60, 61
bb) Ein-, Aus- und Durchfuhr	62
cc) „Auslandsgeschäfte"	63
b) Verbote	64–67
5. Die Strafbestimmungen	68
IV. Das Chemiewaffenübereinkommen	69–74
1. Das Ausführungsgesetz und die Ausführungsverordnung zum CWÜ	70
2. Die Strafbestimmungen des CWÜAG	71–74
Anhang 1 Übersicht § 34 AWG (Änderungen)	75

I. Vorbemerkungen

1. Allgemeines

1   Ein Schwerpunkt der Tätigkeit des Zollfahndungsdienstes sind Ermittlungen wegen Verdachts von Zuwiderhandlungen gegen die **Außenwirtschaftsbestimmungen**, d. h. jene Normen, die den Wirtschaftsverkehr mit dem Ausland aus wirtschafts-, außen- und sicherheitspolitischen Gründen regeln. Unter dem Begriff Außenwirtschaftsbestimmungen werden hier folgende Komplexe zusammengefasst:
– die Verstöße gegen das Außenwirtschaftsgesetz (AWG)/die Außenwirtschaftsverordnung (AWV) einschließlich
– der Verstöße gegen die nach dem AWG zu ahndenden Rechtsakte der EG/EU[2], ferner

---

[2] Der Vertrag von Lissabon zur Änderung des EU-Vertrages (EUV) ist am 1.12.2009 in Kraft getreten. Die Europäische Union (EU) trat damit an die Stelle der Europäischen Gemeinschaft, deren Rechtsnachfolgerin sie ist (Art. 1 EUV). Im Folgenden werden deshalb grundsätzlich die Begriffe Europäische Union bzw. EU verwendet; die ursprünglichen Bezeichnungen der Rechtsakte, etc. werden beibehalten.

I. Vorbemerkungen

– die Verstöße gegen das Kriegswaffenkontrollgesetz (KWKG), soweit sie mit dem grenzüberschreitenden Waren-/Dienstleistungsverkehr in Zusammenhang stehen, sowie
– die Verstöße gegen das Ausführungsgesetz zum Chemiewaffenübereinkommen (CWÜ AG)/die Ausführungsverordnung zum Chemiewaffenübereinkommen (CWÜV), soweit sie mit dem grenzüberschreitenden Waren-/Dienstleistungsverkehr in Zusammenhang stehen.

Obgleich diese Regelungen im Detail Unterschiede aufweisen, gibt es hinsichtlich der Modi operandi der Täter und damit auch der Durchführung der Ermittlungen große Ähnlichkeiten. Darüber hinaus überschneiden sich die Regelungsmaterien der drei Gesetze in einigen Bereichen. So können z. B. bei der Ausfuhr von Chemikalien Beschränkungen (Verbote/Genehmigungserfordernisse) nach allen drei Gesetzen bestehen, die **nebeneinander** zu beachten sind.

Das Außenwirtschaftsrecht **im engeren Sinn** umfasst das AWG und die aufgrund des AWG ergangenen Rechtsverordnungen, d. h. die Außenwirtschaftsverordnung (AWV) sowie zwei Zuständigkeitsverordnungen. Dem Außenwirtschaftsrecht i. e. S. hinzuzurechnen sind auch die seit dem 1.7.1995 geltenden gemeinschaftsrechtlichen Regelungen über die Ausfuhrkontrolle von Gütern mit doppeltem Verwendungszweck[3] (EG-Dual-Use-VO), die seit dem 30.7.2006 geltende EG-VO Nr. 1236/2005 betreffend den Handel mit „**Foltergegenständen**"[4] (Anti-Folter-VO), ferner die das Ausfuhr**verfahren** regelnden Bestimmungen des Zollkodex (ZK) und der Durchführungsverordnung zum Zollkodex (ZKDVO). KWKG und CWÜAG sind hingegen nur in Teilbereichen dem Außenwirtschaftsrecht zuzuordnen. Die Bestimmungen in diesen beiden Gesetzen betreffen sowohl Sachverhalte mit Auslandsbezug (z. B. Ein- und Ausfuhr) als auch Handlungen im Inland (z. B. Herstellung von Kriegswaffen bzw. Chemikalien).

Zum Außenwirtschaftsrecht **im weiteren Sinn** gehören darüber hinaus alle Vorschriften, die den Außenwirtschaftsverkehr aus **anderen** als den o. g. wirtschafts-, außen- und sicherheitspolitischen Gründen regeln. Dies sind z. B. das Marktordnungsgesetz (MOG), das für die Ein- und Ausfuhr von Marktordnungswaren gilt, und das Artenschutzrecht (vgl. Kapitel 20).

Von der Angabe von Fundstellen des Gemeinschaftsrechts und teils auch des nationalen Rechts wurde abgesehen. Die Bestimmungen mit entsprechenden Angaben, sowie Hinweisen auf Änderungen, etc. stehen unter folgenden Adressen auch im Internet zur Verfügung:

http://eur-lex.europa.eu/de – Rechtsakte der EU und deren Fundstellen (empfohlenes Recherchekriterium: Nummer und Jahr der VO; die Recherche mit Suchbegriffen ist zwar auch möglich, jedoch nur eingeschränkt zu empfehlen),

www.gesetze-im-internet.de – Website des Bundesjustizministeriums.

Weiterführende Informationen zu den europäischen und nationalen Außenwirtschaftsbestimmungen, den internationalen Exportkontrollregimen, den aktuellen Embargos, etc. sind auf der Website des Bundesamtes für Wirtschaft und Ausfuhrkontrolle – BAFA – zu finden: *www.bafa.de* bzw. *www.ausfuhrkontrolle.info*.

Hinweis: Kurz vor Drucklegung dieses Handbuchs sind am 1.9.2013 das Gesetz zur Modernisierung des Außenwirtschaftsrechts vom 6.6.2013 (AWG-Novelle)[5] und die neu gefasste Außenwirtschaftsverordnung vom 2.8.2013 (AWV-Novelle)[6] in Kraft getreten. Sich daraus ergebende wesentliche Änderungen werden im Folgenden unter dem Stichwort „AWR-Novelle" kurz dargestellt.

---

[3] Dies waren zunächst die Verordnung (EG) Nr. 3381/94, die durch den Beschluss über die Gemeinsame Aktion zur Ausfuhrkontrolle von Gütern mit doppeltem Verwendungszweck (94/942 GASP) ergänzt wurde; vorstehende Regelungen wurden im Jahre 2000 von der VO (EG) Nr. 1334/2000 und diese dann im Jahre 2009 von der VO (EG) Nr. 428/2009 vom 5.5.2009 abgelöst.

[4] Verordnung (EG) Nr. 1236/2005 des Rates vom 27. Juni 2005 betreffend den Handel mit bestimmten Gütern, die zur Vollstreckung der Todesstrafe, zu Folter oder zu anderer grausamer, unmenschlicher oder erniedrigender Behandlung oder Strafe verwendet werden könnten. Die erforderliche Anpassung des nationalen Rechts, u. a. zwecks Gewährleistung der Strafbewehrung von Zuwiderhandlungen (§ 70 Abs. 5q AWV) erfolgte im Rahmen der 76. VO zur Änderung der AWV vom 13.6.2006, BAnz S. 4521.

[5] BR-Drs. 519/12 vom 31.8.21012; BT-Drs. 17/11127 vom 22.10.2012; BGBl. I Nr. 28 vom 13.6.2013, S. 1482.

[6] BGBl. I Nr. 45 vom 5.8.2013, S. 2865; Erläuterungen dazu: Runderlass Außenwirtschaft Nr. 5/2013 vom 2.8.2013, BAnz AT 5.8.2013 B1.

23. Kapitel. Außenwirtschaftsstrafrecht (AWG, KWKG, CWÜAG)

Die seit dem 1.9.2013 geltenden Bestimmungen sind der besseren Unterscheidbarkeit halber mit „AWG-Novelle" oder „AWG-N" bzw. „AWV-Novelle" oder „AWV-N" bezeichnet.

2. Abgrenzung KWKG/AWG

3   Das KWKG ist im Verhältnis zum AWG ein Spezialgesetz. Daraus folgt jedoch nicht, dass der Außenwirtschaftsverkehr mit Kriegswaffen (Ein-, Aus- und Durchfuhr der unter die Kriegswaffenliste fallenden Gegenstände sowie Rechtsgeschäfte und Tätigkeiten, die sich nach § 4a KWKG auf diese Gegenstände beziehen) nicht dem AWG unterliegt. § 6 Abs. 4 KWKG und § 1 Abs. 2 AWG bestimmen beide ausdrücklich, dass Vorschriften in anderen Gesetzen unberührt bleiben. Soweit Beschränkungen sowohl nach AWG als auch nach KWKG bestehen, sind diese deshalb nebeneinander zu beachten.[7] Bis zum 30.6.2006 musste in jedem Einzelfall neben der Genehmigung nach § 3 Abs. 3 KWKG beim BMWi für die Ausfuhrwaren auch beim BAFA eine Ausfuhr- bzw. Verbringungsgenehmigung, d. h. eine **Einzelgenehmigung** nach AWG beantragt werden. Mit Wirkung vom 1.7.2006 wurde für derartige Fälle als Verfahrenserleichterung die so genannte **Komplementärgenehmigung (Koge)** eingeführt, die vom BAFA auf Antrag für einen Gültigkeitszeitraum von bis zu drei Jahren erteilt werden kann. Die Komplementärgenehmigung tritt dabei an die Stelle der ansonsten erforderlichen Einzelgenehmigungen nach AWG.[8]

Beispiel: Für die Ausfuhr von Maschinengewehren ist sowohl eine Genehmigung nach dem KWKG als auch eine Genehmigung nach dem AWG erforderlich, wobei die Genehmigung nach AWG erst dann erteilt werden soll bzw. eine Komplementärgenehmigung in Anspruch genommen werden kann,[9] wenn die KWKG-Genehmigung erteilt ist. Eine ungenehmigte Ausfuhr derartiger Waffen ist somit regelmäßig eine in Tateinheit begangene Zuwiderhandlung gegen das AWG und das KWKG.

3. Abgrenzung CWÜAG/AWG

4   Das CWÜAG ist im Verhältnis zum AWG ebenfalls ein Spezialgesetz. § 2 Abs. 1 Satz 4 CWÜAG bestimmt jedoch, dass Beschränkungen, die sich aus anderen Vorschriften ergeben, unberührt bleiben. Somit sind die Verbote und Genehmigungserfordernisse gemäß CWÜAG/CWÜV neben den Beschränkungen gemäß AWG (und KWKG) zu beachten (vgl. § 1 Abs. 2 AWG, Art. 26 der Verordnung (EG) Nr. 428/2009, § 6 Abs. 4 KWKG).

Beispiel: Für die Ausfuhr von bestimmten Chemikalien, die sowohl für zivile Zwecke als auch als Ausgangsstoffe für die Herstellung von chemischen Waffen verwendet werden können, ist unter bestimmten Voraussetzungen sowohl eine Ausfuhrgenehmigung nach der o. a. VO (EG) 428/2009 als auch nach dem CWÜAG/der CWÜV erforderlich.

Die ungenehmigte Ausfuhr derartiger Chemikalien ist regelmäßig eine in Tateinheit begangene Zuwiderhandlung gegen die o. a. EG-VO und das CWÜAG i. V. m. der CWÜV und nach dem AWG und dem CWÜAG strafbar.

4. Abgrenzung CWÜAG/KWKG

5   Das KWKG wird durch das CWÜAG ergänzt und abgerundet. Die Beschränkungen nach KWKG und CWÜAG bestehen ebenfalls nebeneinander (vgl. § 6 Abs. 4 KWKG, § 2 Abs. 1 Satz 4 CWÜAG). Bei in Tateinheit begangenen Zuwiderhandlungen gegen das KWKG und das CWÜAG sind die Strafnormen des CWÜAG nur dann anzuwenden,

---

[7] Diemer in Erbs/Kohlhaas, A 217 Vorbemerkung, Rn. 10.
[8] Vgl. ausführlich: Merkblatt des BAFA vom 1.3.2007 „Informationen zur Komplementärgenehmigung des BAFA".
[9] Erlass des BMWi – V A 8 – vom 20.8.1986. Vgl. auch Merkblatt des BAFA zur Komplementärgenehmigung – von der Komplementärgenehmigung erfasst werden Güter, die sowohl in der KWL als auch in Teil I Abschnitt A der AL genannt sind und für deren Ausfuhr oder Verbringung die erforderliche Genehmigung nach § 3 Abs. 3 KWKG erteilt wurde.

II. Außenwirtschaftsgesetz

wenn die Tat nicht nach § 20 KWKG mit Strafe bedroht ist (§§ 16, 17 CWÜAG). Die Strafbestimmungen des CWÜAG gelten somit nur **subsidiär**. Soweit die in Teil A Abschnitt III (= Nrn. 5 und 6) der Kriegswaffenliste (KWL[10]) genannten Waren betroffen sind, wird die Anwendung der Strafnormen des CWÜAG im Hinblick auf die weit reichenden Verbote gem. §§ 18, 21 KWKG nur in Ausnahmefällen in Betracht kommen, so z. B. in jenen Fällen, in denen die **„Zivilklausel"**[11] greift.

Beispiel: Ein Institut einer deutschen Universität stellt zu wissenschaftlichen Forschungszwecken 200 Gramm Sarin her. Sarin ist ein chemischer Kampfstoff. Er ist sowohl in Nr. 5 der KWL als auch in Anhang 1, Liste 1 CWÜV erfasst. Nach der „Zivilklausel" gilt das zu dem o. a. Zweck hergestellte Sarin nicht als „Waffe" i. S. des § 1 Abs. 1 KWKG i. V. m. Nr. 5 der KWL, d. h., die Bestimmungen des KWKG sind nicht anwendbar. Nach § 2 Abs. 1 Nr. 2 lit. a) CWÜV bedarf die Produktion von mehr als 100 Gramm Sarin im Jahr zu Forschungszwecken der Genehmigung. Die ungenehmigte Produktion von 200 Gramm Sarin ist gem. § 13 Abs. 2 Nr. 2 CWÜV als Straftat nach § 16 Abs. 1 Nr. 3 CWÜAG zu ahnden.

II. Außenwirtschaftsgesetz

1. Grundsätze

In der Nachkriegszeit war der deutsche Außenhandel zunächst durch die Devisenbewirtschaftungsgesetze[12] geregelt, die vom Prinzip des Verbots mit Erlaubnisvorbehalt beherrscht waren. Im Gegensatz dazu stellte das Außenwirtschaftsgesetz (AWG) vom 28. April 1961[13] auf den Grundsatz der Freiheit des Außenwirtschaftsverkehrs ab (§ 1 Abs. 1 AWG):

„**Der** Waren-, Dienstleistungs-, Kapital-, Zahlungs- und sonstige Wirtschaftsverkehr mit fremden Wirtschaftsgebieten sowie der Verkehr mit Auslandswerten und Gold zwischen Gebietsansässigen **(Außenwirtschaftsverkehr) ist grundsätzlich frei.** Er unterliegt den Einschränkungen, die dieses Gesetz enthält oder die durch Rechtsverordnung aufgrund dieses Gesetzes vorgeschrieben werden."

In dieser Vorschrift kommt das gesetzgeberische „Programm" des AWG zum Ausdruck: Grundsätzlich ist im Außenwirtschaftsverkehr alles erlaubt, was nicht aus besonderen Gründen Einschränkungen unterliegt. Art und Ausmaß der möglichen Beschränkungen und Handlungspflichten sind in § 2 AWG festgelegt. § 2 Abs. 1 AWG bestimmt:

„Soweit in diesem Gesetz **Beschränkungen** zugelassen sind, kann durch Rechtsverordnung vorgeschrieben werden, dass Rechtsgeschäfte und Handlungen allgemein oder unter bestimmten Voraussetzungen
1. einer Genehmigung bedürfen oder
2. verboten sind."

Die Beschränkungen sind dabei nach Art und Umfang auf das Maß zu begrenzen, das notwendig ist, um den in der Ermächtigung angegebenen Zweck zu erreichen (§ 2 Abs. 3 AWG).

Das am 1.9.2013 in Kraft getretene Gesetz zur Modernisierung des Außenwirtschaftsrechts enthält entsprechende Regelungen in § 1 Abs. 1 AWG-N (Grundsatz der Außenwirtschaftsfreiheit), § 4 Abs. 3 AWG-N (Art und Ausmaß von Beschränkungen) und §§ 4 Abs. 4 und 6 Abs. 3 AWG-N (Verhältnismäßigkeitsgrundsatz).

---

[10] Kriegswaffenliste (Anlage zu § 1 Abs. 1 KWKG).
[11] Teil A vor Nr. 1 der KWL; die „Zivilklausel" ist eine Ausnahmebestimmung zu Teil A der KWL, die dem Umstand Rechnung trägt, dass etliche der in Teil A der KWL aufgezählten Güter nicht ausschließlich für militärische, sondern auch für zivile Zwecke verwendet werden können (z. B. Krankheitserreger für die Entwicklung/Herstellung von Impfstoffen).
[12] „Gesetz Nr. 53 (Neufassung) Devisenbewirtschaftung und Kontrolle des Güterverkehrs" der amerikanischen Militärregierung, das gleichnamige Gesetz der britischen Militärregierung und die „Verordnung Nr. 235" des französischen Hohen Kommissars, Gesetz Nr. 33 des Rates der Alliierten Hohen Kommission; in Berlin: „Verordnung über Devisenbewirtschaftung und Kontrolle des Güterverkehrs"; Neufassung des MRG Nr. 53 vom 10.9.1949, BAnz. Nr. 2 vom 27.9.1949.
[13] Neugefasst durch Bekanntmachung vom 27.5.2009, BGBl. I, S. 1150.

2. Die Systematik des AWG

7   Beim AWG handelt es sich weitgehend um ein **Blankettgesetz,** d. h., das AWG selbst enthält grundsätzlich keine unmittelbar wirkenden Beschränkungen des Außenwirtschaftsverkehrs, sondern ermächtigt die Verordnungsgeber (§ 27 AWG) zum Erlass von Rechtsverordnungen, die derartige Beschränkungen vorsehen (§ 2 i. V. m. §§ 5 bis 24 AWG). Die §§ 5 bis 24 AWG enthalten die nach Art. 80 Abs. 1 S. 2 GG erforderliche Konkretisierung von Inhalt, Zweck und Ausmaß der gestatteten Verordnungen.

Diese materiellrechtlichen Ermächtigungen zur Anordnung von Beschränkungen lassen sich unterteilen in allgemeine und besondere Ermächtigungsnormen. Die drei **allgemeinen Ermächtigungen** dienen
- der Erfüllung zwischenstaatlicher Vereinbarungen (§ 5),
- der Abwehr schädigender Einwirkungen aus dem Ausland (§ 6) und
- dem Schutz der öffentlichen Ordnung oder Sicherheit und der auswärtigen Interessen der Bundesrepublik Deutschland sowie des friedlichen Zusammenlebens der Völker (§ 7).

Charakteristisch für diese drei Bestimmungen ist, dass sie zu den genannten Zwecken die Beschränkung (aller) „Rechtsgeschäfte und Handlungen im Außenwirtschaftsverkehr" gestatten und somit Eingriffe in alle Bereiche des Außenwirtschaftsverkehrs ermöglichen. Die **besonderen Ermächtigungen** (§§ 8 ff. AWG) betreffen jeweils nur einen bestimmten Bereich des Außenwirtschaftsverkehrs; die Eingriffsgründe sind regelmäßig eng begrenzt. Sofern die besonderen Ermächtigungen nicht greifen, können Beschränkungen des Außenwirtschaftsverkehrs immer dann aufgrund der allgemeinen Ermächtigungen erfolgen, wenn deren Voraussetzungen vorliegen.

AWR-Novelle: Die bisher in den §§ 5 und 7 AWG enthaltenen allgemeinen Ermächtigungen werden beibehalten (vgl. §§ 4 und 5 AWG-Novelle). Entfallen sind mangels Praxisrelevanz die allgemeinen Beschränkungsmöglichkeiten gemäß § 6 sowie – soweit nicht in die AWV-N überführt – die bisher im 3. und 4. Abschnitt (§§ 8 ff.) des AWG enthaltenen besonderen Ermächtigungen.

8   Darüber hinaus lässt das AWG ausnahmsweise auch im Einzelfall Regelungen durch Verwaltungsakt zu. Die **„Einzeleingriffsermächtigung"** gem. § 2 Abs. 2 AWG[14] erlaubt dem BMWi,[15] notwendige Beschränkungen von Rechtsgeschäften und Handlungen im Außenwirtschaftsverkehr anzuordnen, um eine im einzelnen Falle bestehende Gefahr für die in § 7 Abs. 1 AWG genannten Rechtsgüter abzuwenden. Die Zuwiderhandlung gegen eine derartige Anordnung ist eine Ordnungswidrigkeit – § 33 Abs. 2 Nr. 1 AWG –, die gemäß § 33 Abs. 6 AWG mit einer Geldbuße bis zu fünfhunderttausend Euro geahndet werden kann.

AWR-Novelle: Die Einzeleingriffsermächtigung hat sich bewährt und wird beibehalten (vgl. AWG-Novelle § 6 „Einzeleingriff" und § 7 „Einzeleingriff im Seeverkehr außerhalb des deutschen Küstenmeeres").

9   Unmittelbare Regelungen von **Genehmigungspflichten** enthält lediglich § 10 AWG, der die **Einfuhr** von Waren betrifft und insoweit auf die Maßgabe der Einfuhrliste verweist. Die ungenehmigte Einfuhr von in der Einfuhrliste als genehmigungspflichtig gekennzeichneten Waren ist stets und ausschließlich eine Ordnungswidrigkeit gem. § 33 Abs. 2 Nr. 1a. AWG, die gem. § 33 Abs. 6 AWG mit einer Geldbuße bis zu fünfhunderttausend Euro geahndet werden kann.

AWR-Novelle: Die Vorschriften zu Beschränkungen der Wareneinfuhr werden – soweit sie nur deklaratorischen Charakter hatten – aufgehoben und i. Ü. nunmehr systemkonform in die AWV-N überführt.

---

[14] Eingeführt durch das Gesetz zur Änderung des AWG … vom 28.2.1992, BGBl. I S. 372.
[15] Bundesministerium für Wirtschaft und Technologie im Einvernehmen mit dem Auswärtigen Amt und dem Bundesministerium der Finanzen.

II. Außenwirtschaftsgesetz

3. Die Außenwirtschaftsverordnung

a) Allgemeines

In der Verordnung zur Durchführung des AWG (Außenwirtschaftsverordnung – AWV) sind die Beschränkungen und die Verfahrens-, Melde- und Bußgeldbestimmungen zusammengefasst, die die Verordnungsgeber (§ 27 AWG) aufgrund der Ermächtigungen des AWG erlassen haben. Die AWV enthält somit – neben der EG-Dual-Use-VO und der VO (EG) 1236/2005 – die eigentlichen konkreten Regelungen für den Außenwirtschaftsverkehr. Diejenigen Vorschriften der AWV, die Beschränkungen anordnen, nennen im Hinblick auf Art. 80 Abs. 1 S. 3 GG in ihrer Überschrift die entsprechende Ermächtigungsnorm des AWG.

Die AWV ist in Kapitel eingeteilt, in denen im Wesentlichen die Regelungen zu einzelnen Bereichen des Außenwirtschaftsverkehrs zusammengefasst sind.

Die derzeit[16] in den Kapiteln VII a ff. AWV enthaltenen Bestimmungen sind in Umsetzung von **Embargomaßnahmen** der Vereinten Nationen (VN) bzw. entsprechender EG/EU-Rechtsakte oder in Umsetzung EU-autonomer Embargos ergangen. Sie betreffen grundsätzlich[17] Verkauf, Ausfuhr bzw. Ausführenlassen und Durchfuhr bzw. Durchführenlassen von Gütern des Teils I Abschnitt A der AL (Rüstungsgüter) sowie diesbezügliche Handels- und Vermittlungsgeschäfte. Einige Embargos umfassen darüber hinaus auch Einfuhr bzw. Einführenlassen, Erwerb bzw. Erwerbenlassen und Beförderung bzw. Beförderlassen benannter Waren aus dem jeweiligen Embargoland. Zuwiderhandlungen gegen diese **Embargobestimmungen** sind gem. § 34 Abs. 4 Nr. 1 AWG i. V. M. § 70a AWV bzw. – unter den dort genannten Voraussetzungen – gemäß § 34 Abs. 6 AWG mit Strafe bedroht.

Hinweis:
In den Kapiteln VII a ff. AWV sind nicht alle „VN-Embargobestimmungen" und EU-autonomen Embargos enthalten. Entsprechende EG-/EU-Verordnungen werden regelmäßig im BAnz. veröffentlicht, um die Strafbewehrung von Zuwiderhandlungen gem. § 34 Abs. 4 Nr. 2 oder 3 AWG zu gewährleisten. Weiterführende Informationen enthalten u. a. die vom BAFA (Bundesamt für Wirtschaft und Ausfuhrkontrolle) im Internet veröffentlichten Merkblätter „Außenwirtschaftsverkehr mit Embargoländern " und „Übersicht über die länderbezogenen Embargos".[18]

Die Bußgeldvorschriften des § 70 AWV sind – soweit sie auf § 33 Abs. 1 oder 4 verweisen – zugleich Voraussetzung für die etwaige Strafbarkeit nach § 34 Abs. 2 AWG.

Die Strafvorschrift des § 70a AWV, die auf § 34 Abs. 4 Nr. 1, Abs. 5 bis 7 AWG verweist, wurde zum 8.4.2006 aufgrund der Änderungen der Bestimmungen des § 34 AWG durch das 12. AWG-Änderungsgesetz[19] neu eingeführt. § 34 Abs. 4 Nr. 1 AWG n. F. ist als Strafblankett mit Rückverweisungsklausel ausgestaltet und wird durch § 70a AWV ausgefüllt.[20]

AWR-Novelle: In Sachen Embargobestimmungen/Strafbewehrung von Embargoverstößen sind in der AWG-Novelle weitreichende Neuerungen vorgesehen, die auch erhebliche Änderungen der AWV bezüglich der Embargobestimmungen und der Bußgeld- und Strafvorschriften nach sich zogen. Das Erfordernis der Veröffentlichung von EU-Embargoverordnungen im BAnz gibt es nicht mehr.

b) Die Ausfuhrliste

Die AWV wird durch mehrere Anlagen und Länderlisten ergänzt. Unter strafrechtlichen Gesichtspunkten ist die wichtigste Anlage die Ausfuhrliste (Anlage AL zur AWV) – Teil I –. In Teil I der AL sind jene Waren erfasst, deren Ausfuhr aus außen- und sicherheitspolitischen Gründen Beschränkungen unterliegt. So verweist die Strafnorm des § 34 Abs. 1 AWG unmit-

---

[16] Stand: Oktober 2012.
[17] Ausnahme: § 69t AWV = Gebührenregelung für die Ausstellung und Nachprüfung von Zertifikaten für Diamanten.
[18] Internetseite des BAFA http://www.ausfuhrkontrolle.info.
[19] Art. 2 des 12. Gesetzes zur Änderung des Außenwirtschaftsgesetzes vom 28.3.2006, BGBl. I, S. 574.
[20] BT-Drs. 16/33, S. 15.

telbar auf bestimmte Abschnitte bzw. Positionen von Teil I der AL. Die darin erfassten Waren sind so sensibel, dass ihre ungenehmigte Ausfuhr/Verbringung stets mit Strafe bedroht ist. Teil I der AL besteht seit dem 1.7.1995[21] aus drei Abschnitten:

Abschnitt A	Liste für Waffen, Munition, Rüstungsmaterial[22]
Abschnitt B	Liste sonstiger Güter (nur: nationale Positionen[23])
Abschnitt C	Gemeinsame Liste der Europäischen Union für Güter mit doppeltem Verwendungszweck[24] – und nationale Sonderpositionen (Kennungen 901 bis 999)

Die Erfassung von Waren in Teil I der AL beruht ganz überwiegend auf internationalen Vereinbarungen (COCOM,[25] WArr,[26] Australia Group,[27] MTCR,[28] NSG[29])[30] und zu einem geringen Teil auf von der Bundesregierung selbst gesetzten politischen Grundlagen. Teil I der AL stellt somit eine an politischen Entscheidungen orientierte Regelung dar. Die aus den internationalen Vereinbarungen hervorgegangenen Güterlisten werden einer laufenden Revision unterzogen. Der Bestand der in Teil I der AL erfassten Waren ist einem ständigen Wechsel unterworfen und nicht auf Dauer angelegt. Insoweit handelt es sich bei den in Teil I der AL enthaltenen Regelungen um **Zeitgesetze**[31] i. w. S.

---

[21] 1.7.1995 = Inkrafttreten der 88. VO zur Änderung der Ausfuhrliste vom 17.2.1995, BAnz. Nr. 110 vom 14.6.1995.

[22] Teil I Abschnitt A der AL beinhaltet im Wesentlichen die von der Common Military List des WArr und der Gemeinsamen Militärgüterliste der Europäischen Union vom 27.2.2012 – GASP 2012/C85/01 – erfassten Waren.

[23] Abschnitt B enthält jene „nationalen Sonderpositionen", die nicht in die Systematik des Abschnitts C passen; bis zum 30.7.2006 war dies die Pos. 0101 „Elektroschlagstöcke und Elektroschockgeräte, ... Daumenschrauben und Fußfesseln". Mit Inkrafttreten der VO (EG) Nr. 1236/2005 am 30.7.2006 wurde die vorgenannte Pos. 0101 gegenstandslos. Sie/Abschnitt B der AL wurde deshalb durch die 105. VO zur Änderung der Ausfuhrliste aufgehoben.

[24] Alt: (VO (EG) Nr. 3381/94): Anhang I des Beschlusses 94/942/GASP; nachfolgend: Anhang I der VO (EG) Nr. 1334/2000 „Liste der Dual-Use-Güter und -Technologie"; aktuell: Anhang I der VO (EG) Nr. 428/2009.

[25] Coordinating Committee for East-West-Trade Policy; später: Coordinating Committee on Multilateral Strategic Export Controls, gegründet 1949; das Kontrollregime des COCOM ist seit dem 1.4.1994 außer Kraft gesetzt.

[26] Wassenaar-Arrangement; das WArr ist das im Dezember 1995 in der Nähe von Den Haag vereinbarte Nachfolgeregime des COCOM. Das WArr ist am 1.11.1996 in Kraft getreten. Es soll die bestehenden Nichtverbreitungsregime für Massenvernichtungswaffen und ihre Träger (Raketen) ergänzen. Gegenstand des WArr sind im Wesentlichen konventionelle Rüstungsgüter und bestimmte sensitive Güter mit doppeltem Verwendungszweck.

[27] Australische Gruppe, gegründet 1985; benannt nach dem Tagungsort und Sekretariat bei der Australischen Botschaft in Paris; Ziel der Australia Group ist die Verhinderung der Weiterverbreitung von chemischen und biologischen Waffen. Ihre Kontrolllisten umfassen Chemikalien, biologische Agenzien und Toxine sowie Herstellausrüstung für diese Waren.

[28] Missile Technology Control Regime, gegründet 1987; Ziel des MTCR ist es, die Verbreitung von Flugkörpern mittlerer und großer Reichweite (und entsprechender Technologie) zu kontrollieren, mit denen ABC-Waffen befördert werden können. Derartige Flugkörper stellen eine besondere Bedrohung der internationalen Sicherheit dar.

[29] Nuclear Suppliers Group, gegründet 1975; Ziel der NSG ist die Nichtverbreitung von Gütern, die der Entwicklung und Herstellung von Atomwaffen dienen können. Die NSG ergänzt den Vertrag über die Nichtverbreitung von Kernwaffen (NVV) aus dem Jahr 1968.

[30] Vgl. insgesamt: *Werner* RIW 1998, 179 ff.

[31] *Friedrich* in: *Hocke/Friedrich*, Außenwirtschaftsrecht, vor § 5 AWV, Rn. 14 differenziert nunmehr: Teil I A der AL – kein Zeitgesetz; für Teil I C der AL wird der Zeitgesetzcharakter bejaht; vgl. i. Ü. BGH Beschluss v. 14.7.1998 – 1 StR 110/98 (Serbien-Embargo), wistra 1998, 306; BGH Beschluss v. 23.8.2006 – 5 StR 105/06 (Irak-Embargo); *NStZ* 2006, S. 644 – 645; OLG München Beschluss v. 29.9.2006 – 4 St RR 177/06 (Irak-Embargo); *wistra* 1/2007, S. 34 – 35.

II. Außenwirtschaftsgesetz

Die Warenliste zu Art. 3 der EG-Dual-Use-VO, die ebenfalls auf den Listen der o. a. internationalen Exportkontrollregime basiert, ist in die ab 1.7.1995 geltende Neufassung der deutschen Ausfuhrliste[32] integriert worden.

In den übrigen Teilen der AL (derzeit gibt es nur noch den Teil II der AL) sind Waren erfasst, deren Ausfuhr aus anderen als den o. g. Gründen Beschränkungen unterliegt. Zzt. sind in Teil II der AL bestimmte Agrarerzeugnisse erfasst, deren Ausfuhr gem. § 6a AWV unter den dort genannten Voraussetzungen genehmigungspflichtig ist. Die ungenehmigte Ausfuhr dieser Waren ist eine Ordnungswidrigkeit und – bis zum 7.4.2006 gem. § 70 Abs. 3 Nr. 1 AWV i. V. m. § 33 Abs. 3 Nr. 2, Abs. 6 AWG – bzw. seit dem 8.4.2006 gem. § 70 Abs. 1 Nr. 3a AWV i. V. m. § 33 Abs. 1, Abs. 6 AWG mit Bußgeld bewehrt. Zwar verweist die Strafnorm des § 34 Abs. 2 AWG auf die (alle) von § 33 Abs. 1 AWG erfassten Grunddelikte, allerdings sind Zuwiderhandlungen gegen § 6a AWV, d. h., die ungenehmigte Ausfuhr von – aus rein handelspolitischen Gründen – in Teil II der AL erfassten Waren (z. B. Obst und Gemüse), von vornherein nicht geeignet, die Schutzgüter des § 7 AWG zu gefährden.

AWR-Novelle: Die Anlage AL zur Außenwirtschaftsverordnung wurde ebenfalls neu gefasst. In Teil A sind – insoweit unverändert – Rüstungsgüter aufgeführt. Der bisherige Teil I C wurde zu Teil I B und enthält nur noch die national erfassten Güter.

4. Die Entwicklung des Außenwirtschaftsrechts seit 1961

Das AWG ist seit seinem Inkrafttreten am 1.9.1961 **im Kern** im Wesentlichen unverändert geblieben. Die Änderungen, die seit 1990 vorgenommen wurden, betrafen vor allem den Exportkontrollbereich[33] (= 3. Teil des AWG). So wurde u. a. die Straf- und Bußgeldbewehrung von Zuwiderhandlungen erheblich verschärft. Seit dem 7.3.1992[34] besteht ferner die Möglichkeit der Brutto-Abschöpfung der durch illegale Exporte erlangten Vermögensvorteile.[35] Eine weitere, ebenfalls sehr weitreichende Änderung der Bußgeld- und Strafbestimmungen (§§ 33, 34 AWG) erfolgte gut 14 Jahre später durch das am 8.4.2006 in Kraft getretene 12. AWG-Änderungsgesetz.[36] Weitere Änderungen der Strafbestimmungen erfolgten durch das 13. AWG-Änderungsgesetz mit Wirkung vom 24.4.2009[37]. Die Änderungen des § 34 AWG sind im Anhang zu diesem Kapitel chronologisch dargestellt.

AWR-Novelle: Auf den Tag genau 52 Jahre später sind am 1.9.2013 das Gesetz zur Modernisierung des Außenwirtschaftsrechts vom 6.6.2013 (AWG-Novelle)[38]. und die neu gefasste Außenwirtschaftsverordnung vom 2.8.2013 (AWV-Novelle)[39] in Kraft getreten. Das AWG wurde deutlich verschlankt und neu gestaltet. Die Bußgeld- und Strafbestimmungen wurden grundlegend neu geordnet. Strafbewehrt sind nunmehr nur noch vorsätzliche Verstöße gegen Verbote und Genehmigungsvorbehalte (§§ 17, 18 AWG-Novelle). Fahrlässige Verstöße (§ 19 AWG-Novelle) sind grundsätzlich nur noch bußgeldbewehrt. Neu ist die Möglichkeit der Selbstanzeige bei fahrlässiger Begehung von Verstößen im Sinne des § 19 Abs. 2–5 AWG-N, die unter den in § 22 Abs. 4 AWG-N genannten Bedingungen nicht mehr als Ordnungswidrigkeit verfolgt werden.

---

[32] 88. VO zur Änderung der AL vom 17.2.1995, in Kraft getreten am 1.7.1995, BAnz. Nr. 110 vom 14.6.1995.

[33] Mit den Begriffen Exportkontrolle und Embargo werden Beschränkungen des Außenwirtschaftsverkehrs bezeichnet, die aus außen- und sicherheitspolitischen Gründen angeordnet werden. Embargovorschriften im engeren Sinn sind jene Bestimmungen, mit denen internationale, vor allem VN-Embargos, national umgesetzt werden.

[34] Inkrafttreten des Gesetzes zur Änderung des Außenwirtschaftsgesetzes, des Strafgesetzbuches und anderer Gesetze vom 28.2.1992, BGBl. I S. 372.

[35] Änderung der §§ 73, 73b StGB und § 29a OWiG.

[36] Artikel 1 des Gesetzes vom 28. März 2006, BGBl. I 2006, S. 574.

[37] 13. Gesetz zur Änderung des Außenwirtschaftsgesetzes vom 18.4.2009, BGBl. I, S. 770.

[38] BGBl. I Nr. 28 vom 13.6.2013, S. 1482.

[39] BGBl. I Nr. 45 vom 5.8.2013, S. 2865.

23. Kapitel. Außenwirtschaftsstrafrecht (AWG, KWKG, CWÜAG)

Charakteristisch für die Entwicklung des Außenwirtschaftsrechts sind neben den Änderungen des AWG vor allem die vielfältigen Änderungen der AWV, durch die die materiellen Bestimmungen den ständigen außenwirtschaftlichen und vor allem sicherheits- und außenpolitischen Veränderungen angepasst werden. Seit der Neufassung der AWV vom 18.12.1986[40] wurden bislang[41] sechsundneunzig(!) Änderungsverordnungen erlassen. Anlass dieser gesetzgeberischen Maßnahmen, soweit sie der Verhinderung der Proliferation[42] dienten, waren die sich seit etwa Mitte der 80er Jahre abzeichnenden Änderungen der globalen sicherheitspolitischen Lage, vor allem die verstärkten Beschaffungsbemühungen von Staaten der „Dritten Welt" in den Bereichen der A-, B-, C-Waffen und Trägertechnologie. Bis Mitte der 80er Jahre waren das sicherheitspolitische Lagebild und damit auch die Ausfuhrbestimmungen und Exportkontrollen der westlichen Industrienationen im Wesentlichen vom „kalten Krieg" und – als dessen Folge – vom COCOM-Regime geprägt. Hauptziel der gemeinsamen Embargopolitik war es, den technologischen Vorsprung der westlichen Länder gegenüber dem Ostblock zu erhalten. Folgerichtig waren deshalb – neben Waffen und Rüstungsgütern – vor allem „Hochtechnologiewaren" (Waren strategischer Bedeutung hohen technologischen Standards) Gegenstand des COCOM-Regimes und damit der nationalen Exportkontrollen. Ergänzt wurde das COCOM seit 1975 durch die Nuclear Suppliers Group (NSG). Die Rüstungsprojekte diverser sensibler Länder (Iran, Irak, Libyen, Syrien, Pakistan, Nordkorea usw.) führten dann zur Gründung der „Australia Group"[43] (1985) und des MTCR[44] (1987). Ziel der drei vorgenannten **Nichtverbreitungsregime** NSG, Australia Group und MTCR ist die Verhinderung der Weiterverbreitung von Massenvernichtungswaffen und Trägertechnologie. Sie werden hinsichtlich des Bereichs „konventionelle Rüstungsgüter" ergänzt und abgerundet durch das 1996 in Kraft getretene Wassenaar Arrangement (WArr), das COCOM-Nachfolge-Regime.

14   1989/1990 begann – im Wesentlichen befördert durch die C-Waffen-Projekte Libyens und Iraks und den durch die Annektion Kuwaits durch den Irak ausgelösten 2. Golfkrieg – eine geographische Neuorientierung im Exportkontrollbereich sowie die Erweiterung der Genehmigungstatbestände um länderspezifische und/oder auf den Verwendungszweck (= „Catch-all-Klauseln") bzw. den Endempfänger abgestellte Beschränkungen.[45] Nachfolgend wurden vergleichbare Catch-all-Klauseln sowohl in das europäische Recht als auch in die vorgenannten internationalen Exportkontrollregime übernommen.

15   Bis zum 31.8.2013 bestanden folgende **Catch-all-Klauseln**:
– Art. 4 der EG-Dual-Use-VO betreffend die Ausfuhr „nicht gelisteter" Waren im Zusammenhang mit A-, B-, C-Waffen und Trägerraketen sowie – unter den dort genannten Bedingungen – Güter, die für eine (sonstige) „militärische Endverwendung" (= Verwendung im Zusammenhang mit konventionellen Rüstungsgütern) bestimmt sind oder sein können,
– §§ 5c und 5d AWV betreffend die Ausfuhr „nicht gelisteter" Güter für bestimmte militärische Endverwendungen in einem Land der Länderliste K (§ 5c AWV) bzw. kerntechnische Zwecke in bestimmten Ländern (§ 5d AWV),
– § 7 Abs. 2 bis 4 AWV Verbringung[46] von Gütern des Teils I Abschnitt C der AL oder nicht gelisteter Güter für bestimmte militärische Endverwendungen in einem Land der Länderliste K (vgl. § 5c AWV) bzw. kerntechnische Zwecke in bestimmten Ländern (vgl. § 5d AWV) mit endgültigem Bestimmungsland außerhalb der EU,

---

[40] BGBl. I S. 2671.
[41] Stand: 15. April 2013.
[42] Proliferation (engl. und franz.) = (sprunghafte) Vermehrung; terminus technicus für (unkontrollierte) „Weiterverbreitung" in Bezug auf Massenvernichtungswaffen/Trägertechnologie sowie konventionelle Kriegswaffen (durch Lieferländer); Gegensatz: Procurement = „Beschaffung/Beschaffungsbemühungen" (der Empfängerländer).
[43] Vgl. Fußnote 27.
[44] Vgl. Fußnote 28.
[45] Eine ausführliche Darstellung enthält die 2. Auflage dieses Handbuchs, Kap. 21, Rn. 12–14.
[46] Vgl. § 4 Abs. 2 Nr. 5 AWG – „Verbringung: Ausfuhr aus dem Wirtschaftsgebiet in andere Mitgliedstaaten der Europäischen Union".

II. Außenwirtschaftsgesetz **23**

- Art. 5 der EG-Dual-Use-VO betreffend Vermittlungstätigkeiten in Bezug auf Dual-Use-Güter des Anhangs I der VO für Verwendungen im Sinne des Art. 4 der EG-Dual-Use-VO,
- §§ 41, 41a und 42 Abs. 2 und 3 AWV für Vermittlungstätigkeiten in Bezug auf national genehmigungspflichtige Dual-Use-Güter sowie die in Anhang IV oder I der EG-Dual-Use-VO gelisteten Güter,
- §§ 45, 45a, 45b und 45c AWV für die Erbringung bestimmter Dienstleistungen („technische Unterstützung") z. B. im Zusammenhang mit A-, B-, C-Waffen und Trägerraketen, etc.

und

- Art. 6 EG-Dual-Use-VO, § 38 AWV für die Durchfuhr der in Anhang I der EG-Dual-Use-VO gelisteten, nichtgemeinschaftlichen Güter

sowohl auf europäischer als auch nationaler Ebene.

AWR-Novelle: Nicht oder nur eingeschränkt bzw. angepasst in die AWV-N übernommen werden folgende Catch-all-Klauseln: § 5c AWV, § 7 Abs. 2–4 AWV, § 41 AWV, § 41a AWV, § 45a AWV und § 45b AWV.

Die Genehmigungspflichten können ausgelöst werden durch Unterrichtung des Ausführers/Vermittlers/Dienstleisters durch die zuständigen Behörden, dass die Güter für die benannten sensiblen Zwecke bestimmt sind oder sein können. Hat der Ausführer/Vermittler/Dienstleister entsprechende „positive Kenntnis", besteht seinerseits die Pflicht, die zuständigen Behörden zu informieren.

Hinweis:
Zu beachten ist, dass jeweils sämtliche Bedingungen der Artt. 4 Abs. 4 oder 5 Abs. 1 der VO 428/2009 bzw. der §§ 5c Abs. 2, 5d Abs. 2, § 7 Abs. 2–4, 41 Abs. 2, 41a Abs. 2, 42 Abs. 3, 45 Abs. 2, 45a Abs. 2, 45b Abs. 3 oder 45c Abs. 2 AWV nebeneinander erfüllt sein müssen, damit überhaupt eine **Unterrichtungspflicht** nach diesen Bestimmungen besteht. Eine dieser Bedingungen ist die „positive Kenntnis des Ausführers" bzw. die „positive Kenntnis des [gebietsansässigen] Händlers/Vermittlers oder Dienstleisters. Liegt diese „positive Kenntnis" nicht beim Ausführer oder [gebietsansässigen] Händler/Vermittler bzw. Dienstleister, sondern nur bei Dritten (z. B. drittländischer Vermittler, ausländischer Kunde) vor, besteht diese Unterrichtungspflicht nicht. Eine Tatbegehung in „mittelbarer Täterschaft" (durch den drittländischen Vermittler bzw. Endempfänger), mittels des indolosen Ausführers, etc., kommt deshalb nie in Betracht.

Beispiele:
1. Ein deutsches Unternehmen hat 1989 eine „einfache" Werkzeugmaschine Typ „XZ" an ein Rüstungsunternehmen im Iran geliefert, wo sie, wie der Fa. bekannt ist, zur Herstellung von Artillerieraketen eingesetzt wird. Das iranische Rüstungsunternehmen bestellte in 2005 Ersatzteile im Wert von 40 000,– € für diese bestimmte Maschine, die Anfang 2006 nach dem Iran ausgeführt werden sollten. Die Ersatzteile waren in der Ausfuhrliste nicht erfasst. Art. 4 der Dual-Use-VO war nicht einschlägig. Weil der Ausführer Kenntnis vom Verwendungszweck der Maschine und damit auch von der „militärischen Endverwendung" der bestellten Ersatzteile hatte und die sonstigen Kriterien des § 5c AWV erfüllt waren, bestand eine Unterrichtungspflicht gemäß § 5c Abs. 2 AWV, d. h., der Ausführer hatte das Bundesamt für Wirtschaft und Ausfuhrkontrolle (BAFA) über die vorgenannten Umstände zu informieren. Das BAFA entschied dann im jeweiligen Einzelfall, ob die Ausfuhr genehmigungspflichtig war (§ 5c Abs. 2 AWV). Die Güter durften erst ausgeführt werden, wenn das BAFA die Ausfuhr genehmigt oder entschieden hatte, dass es einer Genehmigung nicht bedurfte. Die ungenehmigte Ausfuhr der Ersatzteile war eine Ordnungswidrigkeit gem. § 33 Abs. 1 AWG i. V. m. §§ 70 Abs. 1 Nr. 3, 5c AWV und nach § 34 Abs. 2 AWG strafbar, sofern einer der dort genannten Zusatztatbestände[47] erfüllt war.

Sofern die Ausfuhr allerdings z. B. Ende 2007 oder danach erfolgte, bestünde aufgrund des im April 2007 von der EU beschlossenen Waffenembargos gegen Iran nunmehr eine Unterrichtungs- und ggf. Genehmigungspflicht gem. Art. 4 der EG-Dual-Use-VO. Die ungenehmigte Ausfuhr der Ersatzteile ist seitdem eine Ordnungswidrigkeit gem. § 33 Abs. 4 Satz 1 AWG i. V. m. § 70 Abs. 5a Nr. 2 AWV und nach § 34 Abs. 2 AWG strafbar, sofern einer der dort genannten Zusatztatbestände erfüllt ist.

---

[47] Eignung der Handlung, die äußere Sicherheit der Bundesrepublik Deutschland zu gefährden, das friedliche Zusammenleben der Völker zu gefährden oder die auswärtigen Beziehungen der Bundesrepublik Deutschland erheblich zu gefährden.

II. Das o. g. deutsche Unternehmen hat in 1989 auf Vermittlung eines Industrieberaters mehrere Werkzeugmaschinen des Typs „XZ" nach dem Iran ausgeführt. Einige Maschinen wurden an den o. g. Rüstungsbetrieb geliefert, die übrigen Maschinen an eine Firma, die Automobilteile herstellt. Der iranische Rüstungsbetrieb benötigt in 2006 Ersatzteile für seine Maschinen „XZ" und wendet sich deswegen an den Industrieberater. Dieser Vermittler und auch der iranische Endempfänger kennen § 5c AWV und wissen, dass eine Genehmigung möglicherweise nicht erteilt wird. Sie verabreden, dass gegenüber dem Hersteller (= Ausführer) als Käufer und Empfänger der iranische Automobilteilehersteller vorgeschoben wird und dieser dann die Ersatzteile an den Rüstungsbetrieb weitergibt. Der Ausführer der Ersatzteile wird getäuscht. Er hat somit keine „positive Kenntnis" über den tatsächlichen – militärischen – Verwendungszweck der Waren. Obwohl alle übrigen Kriterien des § 5c Abs. 2 AWV erfüllt sind, besteht keine Unterrichtungspflicht und die Ausfuhr ist genehmigungsfrei zulässig. Die „positive Kenntnis" des Vermittlers und des tatsächlichen (ausländischen) Endempfängers sind irrelevant, es sei denn, sie sind selbst Ausführer.[48] Damit eine Unterrichtungspflicht nach § 5c (bzw. 5 d) AWV (oder Art. 4 Dual-Use-VO) überhaupt bestand/besteht, müssen sämtliche Kriterien erfüllt sein. Die subjektive Komponente „positive Kenntnis des Ausführers" ist hier nicht gegeben. Eine Tatbegehung in „mittelbarer Täterschaft" (durch den Vermittler bzw. Endempfänger), mittels des indolosen Ausführers, kommt bei den §§ 5c, 5d AWV bzw. Art. 4 Dual-Use-VO deshalb nie in Betracht.

III. Sachverhalt wie II. Das BAFA erhält jedoch von anderer Seite Informationen über das Geschäft und die tatsächliche Endbestimmung der Ersatzteile und unterrichtet den Ausführer darüber, dass die Güter für eine militärische Endverwendung bestimmt sind. Infolge der Unterrichtung durch das BAFA bedurfte die Ausfuhr einer Genehmigung. Die ungenehmigte Ausfuhr der Ersatzteile war eine Ordnungswidrigkeit gem. § 33 Abs. 1 AWG i. V. m. §§ 70 Abs. 1 Nr. 2, 5c Abs. 1 AWV und nach § 34 Abs. 2 AWG strafbar, sofern einer der dort genannten Zusatztatbestände[49] erfüllt war.

Aktuell bestünde aufgrund des Mitte 2007 von der EU beschlossenen Waffenembargos gegen Iran eine Genehmigungspflicht gem. Art. 4 der Dual-Use-VO. Die ungenehmigte Ausfuhr der Ersatzteile ist eine Ordnungswidrigkeit gem. § 33 Abs. 4 Satz 1 AWG i. V. m. § 70 Abs. 5a Nr. 2 AWV und nach § 34 Abs. 2 AWG strafbar, sofern einer der dort genannten Zusatztatbestände erfüllt ist.

Auf die vom Verordnungsgeber intendierte enge Auslegung vor allem der subjektiven Tatbestandsmerkmale der Catch-all-Klauseln („bekannt sein" heißt nicht „bekannt sein müssen", aber: [offenkundige] Anhaltspunkte für z. B. eine Verwendung für militärische Zwecke dürfen nicht ignoriert werden), sei hingewiesen. Zu strikte Anforderungen gehen allerdings fehl. So hat das OLG München bezüglich Zuwiderhandlungen gegen § 5c Abs. 2 AWV die Zulassung einer Anklage u. a. abgelehnt, weil es den Nachweis der „positiven Kenntnis" des Angeschuldigten als nicht hinreichend ansah. Die sofortige Beschwerde des Generalbundesanwalts (GBA) hatte indes Erfolg, denn das OLG hatte – auch nach Auffassung des BGH – überspannte Anforderungen an den dafür erforderlichen Tatverdacht gestellt.[50] Der ausführliche BGH-Beschluss ist sehr lesenswert. In zwei anderen, in diesem Kontext von *Bieneck*[51] erörterten Fällen ging es hingegen primär um die Frage, ob die gelieferten Waren „für eine Anlage gemäß § 5d AWV bestimmt" waren. Dies wurde in beiden Fällen in Anwendung der vom BAFA aufgestellten Kriterien[52] von den Gerichten im Ergebnis wohl zutreffend verneint.

16 Einschneidende Änderungen des deutschen Außenwirtschaftsrechts waren ab 1993 auch durch den zunehmenden Einfluss europarechtlicher Regelungen (siehe unten 5.) zu verzeichnen, die dann im Jahre 2009 mit der Anpassung der nationalen Bestimmungen an die neuen europäischen Bestimmungen durch die 86. Verordnung zur Änderung der AWV vom 24.8.2009 insoweit ihren – vorläufigen – Abschluss fanden.

17 In 2006 neu eingeführt wurde eine Genehmigungspflicht für bestimmte **Handels- und Vermittlungsgeschäfte** (§§ 40–42 AWV). Sie ersetzte die bis dahin bestehende Genehmi-

---

[48] Zum materiellrechtlichen Ausführerbegriff: Urteil BGH vom 20.8.1992 – 1 StR 229/92.

[49] Eignung der Handlung, die äußere Sicherheit der Bundesrepublik Deutschland zu gefährden, das friedliche Zusammenleben der Völker zu gefährden oder die auswärtigen Beziehungen der Bundesrepublik Deutschland erheblich zu gefährden.

[50] BGH-Beschluss v. 9.1.2010 – StB 27/09, zu: OLG München – Entscheidung vom 19.3.2009 – 6 St 10/08, Urteil des LG München II vom 13.4.2011.

[51] *Bieneck* –Die Grenzen des Außenwirtschaftsstrafrechts: neu gezogen, AW-Prax 2009, S. 235–241.

[52] Güter sind nur dann für die Anlage gemäß § 5d AWV bestimmt, wenn diese die „tatsächliche Inanspruchnahme und Nutzung der kerntechnischen Anlage ermöglichen".

II. Außenwirtschaftsgesetz

gungspflicht für Transithandelsgeschäfte (§ 40 AWV a. F.). Grundlage der Neuregelung war der Gemeinsame Standpunkt 2003/468/GASP der Europäischen Union vom 23.6.2003, durch den die Mitgliedstaaten verpflichtet wurden, eine Genehmigungspflicht für **Waffenvermittlungsgeschäfte für Rüstungsgüter** einzuführen. Die entsprechende Umsetzung ist in Deutschland im Rahmen der 75. Verordnung zur Änderung der AWV[53] erfolgt. Die §§ 40 bis 42 AWV traten am 29. Juli 2006 in Kraft. Die Genehmigungspflichten für Handels- und Vermittlungsgeschäfte betreffen Güter des Teils I Abschnitt A der AL (§ 40 AWV) und betrafen besonders sensible Dual-Use-Güter gemäß Anhang IV der VO (EG) 1334/2000 (EG-Dual-Use-VO) – § 41 AWV a. F. § 42 AWV erweiterte die Genehmigungspflichten nach §§ 40 und 41 AWV unter bestimmten Voraussetzungen auf Handels- und Vermittlungsgeschäfte, die durch gebietsansässige Deutsche in einem Drittland vorgenommen werden.[54] Die Begriffsbestimmung des Handels- und Vermittlungsgeschäfts gemäß § 4c Nr. 6 AWV entspricht inhaltlich § 4a KWKG (Auslandsgeschäfte).

In 2009 wurde die EG-Dual-Use-VO nochmals neu gefasst (VO (EG) Nr. 428/2009) und damit u. a. die Möglichkeit der Anordnung von **Durchfuhrgenehmigungspflichten** für Güter des Anhangs I der EG-Dual-Use-VO geschaffen und verwendungsbezogene **Genehmigungspflichten** für **Handels- und Vermittlungsgeschäfte** über national gelistete Güter sowie Handels- und Vermittlungsgeschäfte über Güter des Anhangs I der EG-Dual-Use-VO durch Deutsche in Drittländern eingeführt. Die erforderliche Anpassung der AWV erfolgte durch die 86. Änderungsverordnung[55], die zeitgleich mit der neuen EG-Dual-Use-VO am 27.8.2009 in Kraft trat. Genehmigungspflichten für die **Durchfuhr** sind in § 38 AWV geregelt. Genehmigungspflichten betreffend **Handels- und Vermittlungsgeschäfte** enthalten die §§ 40 ff. AWV.

- § 40 blieb unverändert,
- § 41 n. F. enthält Regelungen in Bezug auf die nationalen Positionen der AL (Teil I Abschnitt C, Kennungen 901 bis 999),
- § 41a (neu) regelt Handels- und Vermittlungsgeschäfte in Bezug auf die in Anhang IV der EG-Dual-Use-VO genannten Güter,
- § 42 a. F. betreffend bestimmte Handels- und Vermittlungsgeschäfte, die durch gebietsansässige Deutsche in einem Drittland vorgenommen werden, wurde als Abs. 1 der n. F. beibehalten und um Beschränkungen in Bezug auf Güter des Anhangs I der EG-Dual-Use-VO (Abs. 2) bzw. des Anhangs IV der EG-Dual-Use-VO (Abs. 3) ergänzt.

5. Auswirkungen des EU-Rechts auf das Außenwirtschaftsrecht

a) Grundsätzliches

Das von der Europäischen Union (EU) gesetzte Recht hat Vorrang vor dem nationalen Recht (Art. 288 AEUV[56] = ex-Art. 249 EGV). Die EU verfügt innerhalb der ihr durch die Verträge zugewiesenen Befugnisse[57] über Rechtssetzungs-, nicht jedoch über Rechtsanwendungs- und Rechtsdurchsetzungskompetenz. Insoweit sind auch weiterhin nationale Regelungen erforderlich.

Im Bereich des Warenverkehrs ergibt sich die Rechtssetzungskompetenz der EU vor allem aus Art. 207 AEUV (ex-Art. 133 EGV), der den Übergang der **handelspolitischen** Zuständigkeiten von den Mitgliedstaaten auf die EU festlegt. Die EU hat damit zwar eine weitreichende, jedoch keine umfassende Rechtssetzungskompetenz im Bereich des Außenwirtschaftsverkehrs. Wesentliche Einschränkungen bestehen insoweit aufgrund der Artt. 36

---

[53] 75. Verordnung zur Änderung der AWV vom 22.5.2006, BAnz S. 3901.
[54] Runderlass Außenwirtschaft Nr. 7/2006; BAnz Nr. 99 v. 27.5.2006, S. 3904; weitere ausführliche Informationen enthält das auf der BAFA-website abrufbare „Merkblatt zu Handels- und Vermittlungsgeschäften".
[55] 86. Verordnung zur Änderung der Außenwirtschaftsverordnung, BAnz Nr. 126 v. 24.8.2009, S. 2944.
[56] Vertrag über die Arbeitsweise der Europäischen Union (AEUV).
[57] Art. 5 EUV – sog. Prinzip der begrenzten Einzelermächtigung.

(ex-Art. 30 EGV) und 346 (ex-Art. 296 EGV) AEUV. Zulässig nach Art. 36 AEUV sind u. a. nationale Ausfuhr- und Durchfuhrbeschränkungen, die „aus Gründen der öffentlichen Sittlichkeit, Ordnung und Sicherheit" gerechtfertigt sind. Von Bedeutung ist Art. 36 AEUV vor allem im Hinblick auf nationale Bestimmungen im Bereich „Dual-Use-Güter" (z. B. §§ 5c und 5d AWV bzw. § 9 AWV-N).

So wurde in einigen Straf- und Verwaltungsgerichtsverfahren die Vereinbarkeit z. B. von § 5a AWV a. F. i. V. m. Abschnitt D der AL bzw. von § 5c AWV a. F. mit den Bestimmungen des EGV in Zweifel gezogen. In seinen Entscheidungen[58] hat der EuGH jeweils die Auffassung der Bundesregierung bestätigt, dass diese nationalen Bestimmungen vor allem im Hinblick auf Art. 36 EGV a. F. (= Art. 30 EGV n. F. = Art. 36 AEUV) mit dem EGV vereinbar und zulässig sind.

Art. 346 AEUV bestimmt, dass „jeder Mitgliedstaat die Maßnahmen ergreifen kann, die seines Erachtens für die Wahrung seiner wesentlichen Sicherheitsinteressen erforderlich sind, soweit sie die Erzeugung von Waffen, Munition und Kriegsmaterial oder den Handel damit betreffen". Nationale Beschränkungen in Bezug auf Waren, die dem KWKG unterfallen bzw. in Teil I Abschnitt A der AL erfasst sind, sind danach uneingeschränkt zulässig und stets mit dem EUV/AEUV vereinbar.[59]

Die Verwirklichung des **EG-Binnenmarktes** zum 1. Januar 1993 hat zu grundlegenden Änderungen des Außenwirtschaftsrechts geführt. Gemeinschaftsrechtlich ist der Warenverkehr zwischen den EU-Mitgliedstaaten seitdem keine Ein- bzw. Ausfuhr mehr und unterliegt damit an den Binnengrenzen der Union keinen zollamtlichen oder außenwirtschaftsrechtlichen Formalitäten. Außenwirtschaftsrechtliche Beschränkungen bestehen allerdings nach wie vor auch im Handel mit EU-Mitgliedstaaten (§ 7 AWV bzw. § 11 AWV-N, Art. 22 VO (EG) 428/2009).

b) Das Ausfuhrverfahren

Das **Ausfuhrverfahren,** d. h. die (zoll- und) außenwirtschaftsrechtliche Behandlung von Waren bei der Ausfuhr aus dem Zollgebiet der EU, ist seit dem 1.1.1993 durch den Zollkodex (Art. 161, 182 und 183) und (aktuell) die ZKDVO (Art. 788) geregelt. Das Ausfuhrverfahren ist nunmehr ein Zollverfahren nach Art. 4, Nr. 16, Buchst. h) ZK, so dass für Rechtsstreitigkeiten in Bezug auf die Ausfuhrabfertigung nicht mehr die Verwaltungsgerichte, sondern die Finanzgerichte zuständig sind.[60] Die Verfahrensregelungen der AWV sind durch die 29. VO zur Änderung der AWV vom 4.8.1993[61] dem EG-Recht angepasst worden. Auswirkungen auf das Ausfuhrverfahren haben sich nach entsprechender Änderung der ZK-DVO auch durch die Änderungen des ZK gemäß der VO (EG) Nr. 648/2005 ergeben, durch die unter anderem die zwingende summarische **Vorabanmeldung** sowohl bei der Einfuhr als auch bei der „Verbringung von Waren aus dem Zollgebiet der Gemeinschaft", d. h. der Ausfuhr (Art. 182 a ff. ZK) verankert wurde.[62]

c) Die EG-Dual-Use-VO

Durch die VO (EG) 3381/94 (EG-Dual-Use-VO) wurde das Exportkontrollrecht seit dem 1.7.1995 für einen wesentlichen Teil der Güter mit doppeltem Verwendungszweck EG-rechtlich geregelt.[63] Sie betraf vor allem die **Ausfuhr** von Gütern aus dem Gemeinschaftsgebiet (Art. 3, 4); ferner die **Verbringung** bestimmter Waren nach anderen EG-Mitgliedstaaten (Art. 19, 20). Die EG-Dual-Use-VO enthielt „Öffnungsklauseln" (Art. 5), die nationale „Sonderregelungen" ermöglichen.

---

[58] EuGH v. 17.10.1995 – Rs C-83/94 und Rs C-70/94.
[59] *Geiger,* EUV/AEUV, Art. 207 AEUV, Rn. 36.
[60] *Witte,* Zollkodex, Rn. 4 zu Art. 161.
[61] BAnz. 7333.
[62] Neuerungen sind vor allem die Person des „Zugelassenen Wirtschaftsbeteiligten", die Regelungen zu einer EDV-gestützten Risikoanalyse und zum Risikomanagement sowie die summarische Vorabanmeldung.
[63] Vgl. ausführlich *Hahn,* AW-Prax 1995, 5 ff. und 1996, 264 ff.

II. Außenwirtschaftsgesetz

Die VO (EG) 3381/94 und der dazugehörende Beschluss 94/942/GASP wurden im Jahre 2000 durch die VO (EG) 1334/2000 ersetzt, die am 28.9.2000 in Kraft getreten ist. Mit der vorgenannten neuen EG-Dual-Use-VO erfolgte eine weitere Harmonisierung der europäischen Exportkontrollvorschriften, die dadurch dem hohen deutschen Kontrollniveau weiter angenähert wurden.[64] Auch die VO (EG) 1334/2000 regelte – wie ihre Vorgängerin – nicht den gesamten Bereich der Exportkontrolle, sondern nur die **Ausfuhr** (Art. 3, 4) und das **Verbringen** (Art. 21) von Gütern mit doppeltem Verwendungszweck (Dual-Use-Gütern).[65] Der Begriff „Ausfuhr" wurde neu gefasst. Er umfasst seitdem auch „die Übertragung von Software oder Technologie mittels elektronischer Medien, Telefax oder Telefon ..." (Art. 2 -b), iii)). Nach wie vor nicht erfasst waren die Bereiche „Dienstleistungen" und „Weitergabe von Technologien" (Art. 3 Abs. 3). Auch diese EG-Dual-Use-VO enthielt „Öffnungsklauseln" (Art. 4 Abs. 5 und 8, Art. 5, Art. 21 Abs. 2), die nationale „Sonderregelungen" ermöglichten.

Im Jahre 2009 wurde die EG-Dual-Use-VO erneut neu gefasst und durch die VO (EG) Nr. 428/2009[66] ersetzt, die am 27.8.2009 in Kraft getreten ist. Die aktuelle EG-Dual-Use-VO enthält neben den bereits mit der Vorgänger-VO implementierten Bestimmungen nunmehr auch Regelungen betreffend Handels- und Vermittlungsgeschäfte (Art. 5) und die Durchfuhr (Art. 6) von Gütern mit doppeltem Verwendungszweck. Nur der Bereich der Dienstleistungen ist nach wie vor nicht erfasst und somit allein national geregelt. Die aktuelle EG-Dual-Use-VO regelt nunmehr alle Bereiche der Exportkontrolle von Dual-Use-Gütern und hat sich damit dem hohen deutschen Kontrollniveau so gut wie völlig angenähert. Auch diese EG-Dual-Use-VO enthält Öffnungsklauseln und ermöglicht damit weiterhin ergänzende nationale Regelungen.

d) Die EG-Anti-Folter-VO

Die VO (EG) 1236/2005 betreffend **Foltergegenstände** enthält ebenfalls dem Außenwirtschaftsrecht zuzurechnende Regelungen. Diese umfassen – im Gegensatz zur EG-Dual-Use-VO – neben der Ein- bzw. Ausfuhr auch **Dienstleistungen**, d. h., die Leistung bzw. Entgegennahme „technischer Hilfe" im Hinblick auf die von der VO erfassten Güter. Die VO gilt ab dem 30.7.2006. Die erforderliche Anpassung des nationalen Rechts, u. a. zwecks Gewährleistung der Bußgeld- bzw. Strafbewehrung von Zuwiderhandlungen, erfolgte im Rahmen der 76. VO zur Änderung der AWV – § 70 Abs. 5q AWV. Zuwiderhandlungen sind gem. § 33 Abs. 4, Abs. 6 AWG mit Bußgeld bewehrt und unter den dort genannten Voraussetzungen nach § 34 Abs. 2 ggf. i. V. m. Abs. 6 AWG strafbar.

Hinweis: Auch bei der EG-Anti-Folter-VO bestand bis zum 31.8.2013, d.h. bis zum Inkrafttreten der AWR-Novelle am 1.9.2013 – wie bei Embargo-VOen – das durch zeitverzögerte Umsetzung von Änderungen im nationalen Recht bedingte Problem von Ahndungslücken.

Beispiel: Am 21.3.2012 wurde bei einem Zollamt eine Sendung mit Arzneiwaren zur Ausfuhr in den Iran angemeldet, die – wie das ZA bei einer Beschau feststellte – u. a. eine erhebliche Menge des Mittels „Thiopental" enthielt. Dieses Erzeugnis wird seit dem 21.12.2011 von Anhang III der VO (EG) 1236/2005 erfasst. Die Ausfuhr bedurfte somit nach Art. 5 Abs. 1 der EG-Anti-Folter-VO einer Genehmigung, die im maßgeblichen Zeitpunkt weder beantragt noch erteilt war. Eine Ahndung des versuchten ungenehmigten Ausfuhr war nicht möglich, denn zum maßgeblichen Zeitpunkt verwies § 70 Abs. 5q AWV noch auf die Anti-Folter-VO in der Fassung der VO (EU) 1226/2010, in der die o. a. Ware noch nicht erfasst war. Die Anpassung des § 70 Abs. 5q AWV durch Verweis auf die VO (EU) 352/2011, d. h., jene Änderungs-VO, mit der das Thiopental in den Anhang III aufgenommen wurde, erfolgte erst durch die 94. Verordnung zur Änderung der AWV mit Wirkung vom 14.6.2012.

Nationale Bestimmungen bestehen darüber hinaus weiterhin u. a. im Bereich „Waffen und sonstige Rüstungsgüter" (Teil I Abschnitt A der AL), weil die EU insoweit keine Regelungskompetenz hat (Art. 346 AEUV).

---

[64] Zum Zustandekommen der neuen EG-Dual-Use-VO: *Hahn*, AW-Prax 1999, S. 321–324.
[65] Vgl. ausführlich: *Simonsen*, AW-Prax 2000, S. 252–256, S. 312–320, S. 358–364.
[66] Verordnung (EG) Nr. 428/2009 des Rates vom 5. Mai 2009 über eine Gemeinschaftsregelung für die Kontrolle der Ausfuhr, der Verbringung, der Vermittlung und der Durchfuhr von Gütern mit doppeltem Verwendungszweck; ABl. L 134 vom 29.5.2009.

23. Kapitel. Außenwirtschaftsstrafrecht (AWG, KWKG, CWÜAG)

e) Genehmigungspflichten bei der Ausfuhr/Verbringung von Gütern

22 – Übersicht (ab **30.7.2006 bis 31.8.2013**) –

Genehmigungs-pflicht	Güter	Zuwiderhandlungen*
Art. 3 I VO 428/2009 – Ausfuhr –	Anhang I	Je nach Art der Güter: a) § 34 I AWG **oder** b) § 34 II AWG i. V. m. § 33 IV AWG, § 70 V a) Nr. 1 AWV
Art. 4 I VO 428/2009 –Ausfuhr –	„nicht gelistete" Güter für bestimmte Zwecke im Bereich A-B-C-Waffen und Trägerraketen/Unterrichtung durch BAFA	§ 34 II AWG i. V. m. § 33 IV AWG, § 70 V a) Nr. 2 AWV
Art. 4 II VO 428/2009 –Ausfuhr –	„nicht gelistete" Güter für konventionelle Rüstungsgüter/"Waffenembargo-Länder"/Unterrichtung durch BAFA	§ 34 II AWG i. V. m. § 33 IV AWG, § 70 V a) Nr. 2 AWV
Art. 4 III VO 428/2009 – Ausfuhr –	„nicht gelistete" Güter für zuvor illegal ausgeführte Rüstungsgüter gem. nationaler Liste	§ 34 II AWG i. V. m. § 33 IV AWG, § 70 V a) Nr. 2 AWV
Art. 4 IV VO 428/2009 – Ausfuhr –	„nicht gelistete" Güter gem. Art. 4 I, II, III – ohne Entscheidung BAFA über Genehmigungspflicht oder ohne Genehmigung	§ 34 II AWG i. V. m. § 33 IV AWG, § 70 V a) Nr. 3 AWV
Art. 22 I VO 428/2009 – Verbringung –	Anhang IV	§ 34 II AWG i. V. m. § 33 IV AWG, § 70 V a) Nr. 7 AWV
Art. 3 I VO 1236/2005 – Ausfuhr –	Anhang II (Ausfuhr**verbot**)	§ 34 II AWG i. V. m. § 33 IV AWG, § 70 V q) Nr. 1 AWV
Art. 4 I VO 1236/2005 – Einfuhr –	Anhang II (Einfuhr**verbot**)	§ 34 II AWG i. V. m. § 33 IV AWG, § 70 V q) Nr. 3 AWV
Art. 5 I VO 1236/2005 – Ausfuhr –	Anhang III	§ 34 II AWG i. V. m. § 33 IV AWG, § 70 V q) Nr. 5 AWV
§ 5 I AWV – Ausfuhr –	Teil I Abschnitt A der AL	§ 34 I AWG
§ 5 II AWV – Ausfuhr –	Teil I Abschnitt C Kennungen 901 bis 999 der AL	§ 34 II AWG i. V. m § 33 I AWG, § 70 I Nr. 2 AWV
§ 5c I AWV – Ausfuhr –	„nicht gelistete" Güter für „konventionelle" Rüstungsprojekte/Länderliste K/ Unterrichtung durch BAFA	§ 34 II AWG i. V. m. § 33 I AWG, § 70 I Nr. 2 AWV
§ 5c II AWV – Ausfuhr –	„nicht gelistete" Güter gem. § 5c I –/„positive Kenntnis"/ohne Entscheidung BAFA über Genehmigungspflicht oder ohne Genehmigung	§ 34 II AWG i. V. m. § 33 I AWG, § 70 I Nr. 3 AWV
§ 5d I AWV – Ausfuhr –	„nicht gelistete" Güter für kerntechnische Zwecke/genannte Länder/Unterrichtung durch BAFA	§ 34 II AWG i. V. m. § 33 I AWG, § 70 I Nr. 2 AWV
§ 5d II AWV – Ausfuhr –	„nicht gelistete" Güter gem. § 5d I –/„positive Kenntnis"/ohne Entscheidung BAFA über Genehmigungspflicht oder ohne Genehmigung	§ 34 II AWG i. V. m. § 33 I AWG, § 70 I Nr. 3 AWV

II. Außenwirtschaftsgesetz

Genehmigungs-pflicht	Güter	Zuwiderhandlungen*
§ 6a Abs. 1 AWV – Ausfuhr –[67]	*Teil II der AL (in Spalte 3 mit „G" gekennzeichnete Waren)*	(§ 34 II AWG i. V. m.) § 33 I AWG, § 70 I Nr. 3a AWV
§ 6a Abs. 2 AWV – Ausfuhr –[68]	*Teil II der AL (in Spalte 3 mit „G1" gekennzeichnete Waren)*	(§ 34 II AWG i. V. m.) § 33 I AWG, § 70 I Nr. 3a AWV
§ 7 I AWV – Verbringung –	Teil I Abschnitt A der AL **ohne** bestimmte, dem WaffG unterfallende Feuerwaffen, Munition und dafür bestimmte Wiederladegeräte	§ 34 I AWG [**oder** bis 21.8.2007 § 34 II AWG i. V. M. § 33 I AWG, § 70 I Nr. 4 AWV,[69, 70]]
§ 7 II AWV – Verbringung – endgültiges Bestimmungsziel außerhalb der EU	Teil I Abschnitt C der AL/"positive Kenntnis" hinsichtlich des endgültigen Bestimmungsziels außerhalb der EU	Je nach Art der Güter: § 34 II AWG oder § 34 II AWG i. V. m. § 33 I AWG, § 70 I Nr. 4 AWV[71]
§ 7 III AWV – Verbringung – endgültiges Bestimmungsziel außerhalb der EU/Bedingungen wie § 5c I AWV	„nicht gelistete" Güter für „konventionelle" Rüstungszwecke/Länderliste K oder „Waffenembargo-Länder"/Unterrichtung durch BAFA bzw. Verbringung ohne Entscheidung BAFA oder ohne Genehmigung	§ 34 II AWG i. V. m. § 33 I AWG, § 70 I Nr. 4 oder 5 AWV
§ 7 IV AWV – Verbringung – endgültiges Bestimmungsziel außerhalb der EU/ Bedingungen wie § 5d I AWV	„nicht gelistete" Güter für kerntechnische Zwecke/genannte Länder/Unterrichtung durch BAFA bzw. Verbringung ohne Entscheidung BAFA oder ohne Genehmigung	§ 34 II AWG i. V. m. § 33 I AWG, § 70 I Nr. 4 oder 5 AWV

* Auf eine etwaige Strafbarkeit der in § 34 I, II AWG bezeichneten Handlungen nach § 34 VI AWG sei hingewiesen.

---

[67] Zuwiderhandlungen gegen § 6a AWV waren bis zum 7.4.2006 gemäß § 33 Abs. 3 Nr. 2, Abs. 6 AWG a. F. i. V. m. § 70 Abs. 3 Nr. 1 AWV a. F. mit Bußgeld bedroht. Die Aufnahme in § 70 Abs. 1 AWV, d. h., den Kreis möglicher Grunddelikte für Straftaten nach § 34 AWG, erfolgte durch Art. 2 des 12. AWG-Änderungsgesetzes, BGBl. 1 S. 574. Allerdings ist kaum vorstellbar, dass durch die ungenehmigte Ausfuhr von Obst und Gemüse (!) die Zusatztatbestände des § 34 II AWG verwirklicht werden könnten.

[68] Vgl. vorhergehende Fußnote.

[69] Zur – streitigen – Frage der Strafbarkeit der ungenehmigten Verbringung von Waren des Teils I Abschnitt A der AL: *Bieneck*, wistra 2000, S. 213–215.

[70] Die ungenehmigte Verbringung von Gütern des Teils I Abschnitt A der AL wurde im Rahmen der 51. Verordnung zur Änderung der AWV bußgeldbewehrt (§ 70 Abs. 1 Nr. 4. erste Alternative AWV). Die ungenehmigte Verbringung dieser Güter konnte damit (auch) gemäß § 34 Abs. 2 in Verbindung mit § 33 Abs. 1 AWG als Straftat verfolgt werden. Die Regelung erfolgte, nachdem zuvor Strafverfolgungsbehörden entschieden hatten, dass die ungenehmigte Verbringung von Gütern des Teils I Abschnitt A der Ausfuhrliste (AL) keine Straftat nach § 34 Abs. 1 AWG darstellte (Runderlass Außenwirtschaft Nr. 6/00, B., Artikel 1, Nummer 26, BAnz. Nr. 176 v. 16.9.2000, S. 18580). Seit dem 8.4.2006 (12. Gesetz zur Änderung des AWG) ist nunmehr auch – zur Klarstellung – die Verbringung neben der Ausfuhr ausdrücklich in § 34 I AWG genannt. § 70 Abs. 4 Nr. 1 AWV wurde mit Wirkung vom 22.8.2007 erneut geändert: der Verweis auf § 7 Abs. 1 AWV wurde gestrichen. Seitdem ist bei ungenehmigten Verbringungen nur noch die Strafnorm des § 34 Abs. 1 AWG anwendbar.

[71] § 34 Abs. 1 AWG umfasst neben den in Teil I Abschnitt A der AL genannten Gütern auch einige Güter ex Teil I Abschnitt C der AL. Die – streitige – Frage der Strafbarkeit der ungenehmigten Verbringung gemäß § 34 Abs. 1 AWG war bis zum 7.4.2006 hinsichtlich der in Teil I Abschnitt C der AL genannten Waren insoweit irrelevant, als die ungenehmigte Verbringung sämtlicher in Teil I Abschnitt C der AL erfasster Güter jedenfalls gemäß § 34 Abs. 2 AWG strafbar sein konnte. Seit dem 8.4.2006 (12. Gesetz zur Änderung des AWG) ist nunmehr auch – zur Klarstellung – die Verbringung neben der Ausfuhr ausdrücklich in § 34 AWG genannt.

Daneben bestanden/bestehen in zunehmendem Maße nationale und EU-rechtliche Beschränkungen, die in Umsetzung von Sanktionsmaßnahmen der VN ergangen sind, ferner EU-rechtliche Beschränkungen, die der Umsetzung von der EU beschlossener wirtschaftlicher Sanktionsmaßnahmen dienen, sowie EU-rechtliche und nationale Regelungen bezüglich der übrigen Bereiche des Außenwirtschaftsverkehrs (z. B. Handels- und Vermittlungsgeschäfte, Durchfuhr, Wissenstransfer, Dienstleistungen, Zahlungsverkehr).

6. Zur Verfassungsmäßigkeit der Außenwirtschaftsbestimmungen

23 In Anbetracht der teils drakonischen Strafandrohung des § 34 AWG war in der Vergangenheit eine Zunahme der Fälle zu verzeichnen, in denen in Strafverfahren quasi als „letzter Rettungsanker" Zweifel an der Verfassungsmäßigkeit der Außenwirtschaftsbestimmungen (AWG/AWV) geltend gemacht wurden. Soweit das BVerfG mit derartigen Fällen überhaupt befasst wurde, hat es diese nicht zur Entscheidung angenommen.[72] Nach Auffassung des BVerfG sind die Ermächtigungsnormen des AWG mit dem GG vereinbar[73]; auch entsprechen die §§ 33, 34 AWG den Anforderungen des Bestimmtheitsgebots gem. Art. 103 Abs. 2 GG.[74] In einem aktuellen Beschluss[75] hat sich der BGH ebenfalls u. a. mit dieser Frage im Hinblick auf die sprachliche Weite des Merkmals der erheblichen Gefährdung der auswärtigen Beziehungen in § 34 Abs. 2 Nr. 3 AWG ausführlich auseinander gesetzt. Er hält die Verwendung des Begriffs im Hinblick auf Art. 103 Abs. 2 GG für in hohem Maße problematisch. Den Anforderungen an eine ausreichende Bestimmtheit genüge nur eine enge, konkretisierende Auslegung des Tatbestandsmerkmals durch die Strafgerichte. Den Ausführungen des BGH ist zuzustimmen[76]. Ergänzend sei wegen der umfassenden Ausführungen zu grundsätzlichen Fragen auf die sog. „Extasy-Entscheidung" des BVerfG[77] hingewiesen. Die Beschwerdeführer hatten u. a. eine Verletzung von Art. 103 Abs. 2 und Art. 104 Abs. 1 Satz 1 GG durch die durch Rechtsverordnung erfolgte Aufnahme von MDMA und MDE in die Anlage I zum BTMG gerügt, weil durch jede Ergänzung der Anlage I im Verordnungswege ein neuer Straftatbestand geschaffen werde. Sie drangen damit jedoch nicht durch.

AWR-Novelle: Im Rahmen des Gesetzes zur Modernisierung des Außenwirtschaftsrechts werden auch die Strafbestimmungen grundlegend überarbeitet; auf unbestimmte Rechtsbegriffe wurde (weitgehend) verzichtet.

7. Die Bußgeld- und Strafbestimmungen des AWG

a) Allgemeines

24 Zuwiderhandlungen gegen die außenwirtschaftsrechtlichen Genehmigungsvorbehalte, Verbote und Verfahrensbestimmungen sind nach § 33 AWG mit Bußgeld und zu einem geringeren Teil nach § 34 AWG mit Strafe bedroht. Die beiden Vorschriften waren ursprünglich dergestalt aufeinander abgestimmt, dass die Zuwiderhandlungen grundsätzlich Ordnungswidrigkeiten darstellten und nur ein kleiner Teil der Zuwiderhandlungen (§ 33 Abs. 1 AWG) beim Hinzutreten besonderer Qualifikationen Straftaten waren (bis 1992: § 34 Abs. 1 AWG = ab 1992: § 34 Abs. 2 AWG). § 34 AWG war zunächst als **Erfolgsdelikt,** ab Mitte 1990 dann als **Gefährdungsdelikt** ausgestaltet. Nach der „AWG-Novelle" von 1992[78] stellen nunmehr illegale Exporte besonders sensibler Waren, Fertigungsunterlagen und Technolo-

---

[72] BVerfG v. 21.7.1992 – 2 BvR 858/92, NJW 1993, 1909; BVerfG v. 25.10.1991 – 2 BvR 374/90, NJW 1992, 2624.
[73] BVerfG v. 11.10.1994 – 1 BvR 337/92, Zollnachrichten- und Fahndungsblatt 1995, 10 ff.
[74] Vgl. ausführlich: *Holthausen/Hucko*, NStZ-RR 1998, 225 – 232 (226 + 227).
[75] BGH-Beschluss v. 13.1.2009 – AK 20/08 m. w. N.
[76] Vgl. auch: *Bieneck*, AW-Prax 2009, 235 – 241.
[77] BVerfG v. 4.5.1997 – 2 BvR 511/96, n. v.
[78] Gesetz zur Änderung des Außenwirtschaftsgesetzes, des Strafgesetzbuches und anderer Gesetze vom 28.2.1992, BGBl. I, 372 (auch bezeichnet als 7. Gesetz zur Änderung des AWG).

II. Außenwirtschaftsgesetz

gien in jedem Fall Straftaten dar (34 Abs. 1 AWG n. F.). Neu eingefügt wurde dabei u. a. auch der Verbrechenstatbestand des § 34 Abs. 4 AWG, der seitdem bei Zuwiderhandlungen im Zusammenhang mit VN-Sanktionsmaßnahmen einschlägig ist.

In 2006 erfolgte dann eine weitere grundlegende Änderung der Bußgeld- und Strafbestimmungen – §§ 33, 34 AWG.[79] Ziel dieser Änderung war u. a. die Differenzierung der Strafbewehrung von Verstößen gegen VN-Embargos, die Gleichbehandlung von EU- autonomen Embargos und VN-Embargos sowie die Klarstellung, dass die ungenehmigte Verbringung in andere EU-Mitgliedstaaten strafbar ist. Bei genauem Hinsehen sind diese Ziele, wenngleich in der Umsetzung wenig geglückt, jedenfalls größtenteils erreicht worden. War schon die vorherige Fassung des § 34 AWG für den Normadressaten nicht leicht verständlich, so ist die Neufassung durch die vielen Verweisungen so kompliziert und unübersichtlich geraten, dass sie sich jetzt auch dem Fachmann nicht mehr einfach erschließt. Auch der Gesetzgeber hat sich dabei offensichtlich ebenfalls im eigenen Gestrüpp der Normen verfangen: In Abänderung des ursprünglichen Entwurfs[80] des 12. AWG-Änderungsgesetzes enthielt § 34 Abs. 4 Nr. 2 AWG eine – abschließende – Aufzählung jener Verbote in unmittelbar geltenden „Embargo-Rechtsakten" der EU, deren Missachtung als Straftat zu ahnden ist. Trotz bestehender Einfuhr-Embargos[81] war allerdings die **Einfuhr** im Verbots-Katalog des § 34 Abs. 4 Nr. 2 AWG **nicht** genannt. Ein Verstoß gegen Einfuhr-Embargos war deshalb nach § 34 Abs. 4 Nr. 2 AWG nicht strafbar[82] und auch nach anderen Bestimmungen seinerzeit[83] weder mit Strafe noch mit Bußgeld bedroht. Eine Ergänzung des § 34 Abs. 4 Nr. 2 AWG um Einfuhr-, Durchfuhr- und Verbringungsverbote erfolgte erst drei Jahre später[84] – s. u. Ferner wurde § 34 Abs. 6 Nr. 1 AWG durch das 12. AWG-Änderungsgesetz als **Erfolgsdelikt** ausgestaltet und entspricht insoweit § 34 Abs. 1 AWG in der bis Mitte 1990 geltenden Fassung.

Die wichtigsten Änderungen des **12. AWG-Änderungsgesetzes** waren die
- Einfügung von Begriffsdefinitionen für **Güter** und **Verbringung** in das AWG
- Änderung der Definition des Begriffs **Ausfuhr**
- Änderung des § 33 Abs. 1 AWG – i. V. m. entsprechenden Änderungen der AWV – und damit Schließung einer Strafbarkeitslücke,[85] d. h. nunmehr auch Gewährleistung der Strafbewehrung von Zuwiderhandlungen gegen § 45 AWV (ungenehmigte Erbringung technischer Unterstützung außerhalb des Gemeinschaftsgebietes im Zusammenhang mit ABC-Waffen und Trägertechnologie)
- Änderung des § 34 AWG unter anderem:
  - **Abs. 1** Satz 1 Klarstellung hinsichtlich Ausfuhr/Verbringung[86]

---

[79] 12. Gesetz zu Änderung des AWG = Art. 1 des Gesetzes vom 28.3.2006, BGBl. I, S. 574, in Kraft getreten am 8.4.2006.

[80] BT-Drs. 16/33, S. 6.

[81] Vgl. Art. 3 a) der VO (EG) Nr. 1210/2003 – Einfuhrverbot betreffend irakische Kulturgüter; Art. 6 Abs. 1 und 2 der VO (EG) 234/2004 – Einfuhrverbot betreffend Diamanten, etc. aus Liberia.

[82] Die Auswertung des umfangreichen Materials zu diesem Gesetzgebungsverfahren ergab keinen Hinweis darauf, dass die Einfuhr bewusst nicht in § 34 Abs. 4 Nr. 2 genannt ist. Soweit ersichtlich, wurden verbotswidrige Einfuhren überhaupt nicht angesprochen. Insoweit dürfte davon auszugehen sein, dass die Nennung der Einfuhr versehentlich unterblieben ist.

[83] Stand: 25. November 2006.

[84] 13. Gesetz zur Änderung des Außenwirtschaftsgesetzes und der Außenwirtschaftsverordnung vom 18.4.2009, BGBl. I S. 770.

[85] Durch die 51. Verordnung zur Änderung der AWV vom 13.9.2000, BAnz. Nr. 176 v. 16.9.2000, S. 18577, erfolgte eine Neufassung der §§ 45 ff. AWV mit der Folge, dass die ungenehmigte Erbringung technischer Unterstützung außerhalb des Wirtschaftsgebietes im Zusammenhang mit ABC-Waffen und Trägertechnologie sich nur noch als Ordnungswidrigkeit darstellte (§ 33 Abs. 3 Nr. 2, Abs. 7 AWG i. V. m. §§ 45, 70 Abs. 3 AWV), während die ungenehmigte Erbringung derartiger technischer Unterstützung im Wirtschaftsgebiet (§ 45b AWV) sowie die entsprechende Unterstützung außerhalb des Gemeinschaftsgebietes in Bezug auf konventionelle Rüstungsgüter (§ 45a AWV) nach § 34 Abs. 2 AWG i. V. m. § 33 Abs. 1 strafbar sein konnte – vgl. m. w. N.: Harder in Wabnitz/Janovsky, 2. Auflage, Kapitel 21, Rn. 30.

[86] BT-Drs 16/33, S. 12, zu Nr. 6 Buchstabe a; In § 34 Abs. 1 AWG a. F. wurde die ungenehmigte Verbringung der dort genannten Güter nicht ausdrücklich geregelt. Zu Klarstellung und um die Gleichbe-

- **Abs. 1** Satz 2 n. F. Erfassung von ungenehmigten Ausfuhren aus anderen EU-Mitgliedstaaten
- **Abs. 1** Satz 2 a. F. betreffend die **verbotswidrige Ausfuhr** wurde ersatzlos gestrichen[87]
- **Abs. 2** Bezugnahme auf § 33 Abs. 5 wurde gestrichen, weil die dort beschriebenen Verstöße nicht geeignet erscheinen, die in § 7 AWG genannten Rechtsgüter zu gefährden[88]
- **Abs. 4** Verringerung der Strafbewehrung (nunmehr: Freiheitsstrafe von sechs Monaten bis zu fünf Jahren = Vergehen), Ausdehnung auf EU-autonome Embargos, keine Erfassung mehr von Embargoverstößen im Zusammenhang mit der Einfuhr von Waren (versehentliche Schaffung einer Strafbarkeitslücke)
- **Abs. 6** enthält nunmehr Qualifikationstatbestände zu Abs. 1, 2 und 4, Mindestfreiheitsstrafe zwei Jahre (Verbrechen).

Gut drei Jahre später wurden die Strafbestimmungen erneut geändert (13. AWG-Änderungsgesetz mit Wirkung vom 24.4.2009):

- **Abs. 1** Satz 2 n. F. Erfassung der ungenehmigten **Versendung** (statt „Ausfuhr") benannter Güter aus anderen EU-Mitgliedstaaten
- **Abs. 4** Nr. 2 wurde um Einfuhr-, Durchfuhr- und Verbringungsverbote ergänzt und
- **Abs. 4** Nr. 3 betreffend Zuwiderhandlungen gegen Genehmigungspflichten aufgrund von Embargos wurde neu eingefügt.

AWR-Novelle:

Das Gesetz zur Modernisierung des Außenwirtschaftsrechts (AWG-Novelle) sieht unter anderem weitreichende Änderungen hinsichtlich der Straf- und Bußgeldbestimmungen vor. Die bisherigen Qualifikationstatbestände, insbesondere die stark umstrittene „erhebliche Störung bzw. Gefährdung der auswärtigen Beziehungen der Bundesrepublik Deutschland" (§ 34 Abs. 2 Nr. 3, Abs. 6 Nr. 1.c), Abs. 6 Nr. 4.c)), sind entfallen. Es besteht nunmehr folgende Systematik:
- alle vorsätzlichen Verstöße sind Straftaten,
- fahrlässig begangene Zuwiderhandlungen sind grundsätzlich Ordnungswidrigkeiten.

Es gibt zwei Strafnormen:

§ 17 der AWG-Novelle ist als Verbrechenstatbestand ausgestaltet und dient der Strafbewehrung von Verstößen gegen Waffenembargos.

§ 18 der AWG-Novelle ist als Vergehen ausgestaltet und erfasst vorsätzliche Zuwiderhandlungen gegen alle übrigen EG-/EU-rechtlichen oder nationalen Verbote oder Genehmigungsvorbehalte.

Als Strafschärfungsgründe enthalten die §§ 17 und 18 der AWG-Novelle gewerbs- oder bandenmäßiges Handeln (unproblematisch) oder – neu – das „Handeln für den Geheimdienst einer fremden Macht". § 18 der AWG-Novelle enthält darüber hinaus eine Strafschärfung für Embargoverstöße „die sich auf die Entwicklung, Herstellung, Wartung oder Lagerung von Flugkörpern für chemische, biologische oder Atomwaffen beziehen".

Die nachfolgenden Ausführungen zu den einzelnen Straftatbeständen des § 34 AWG beziehen sich – wenn nichts Gegenteiliges angegeben ist – nur auf die bis zum 31.8.2013 bestehende Rechtslage, d. h., § 34 AWG in der seit dem 8.4.2006/24.4.2009 geltenden Fassung. Die Änderungen des § 34 AWG sind im Anhang zu diesem Kapitel chronologisch dargestellt.

26 Die verbotswidrige bzw. ungenehmigte Ein-, Aus- und Durchfuhr von Waren nach AWG/AWV inklusive der EG-Dual-Use-VO und der EG-Anti-Folter-VO ist stets auch ein

---

handlung der Strafverfolgung von ungenehmigten Ausfuhren und Verbringungen sicherzustellen, wurde die Verbringung nunmehr ausdrücklich der Ausfuhr gleichgestellt.

[87] Damit dürfte in Anbetracht der Neufassung des § 34 AWG insgesamt auch für Zweifler eindeutig sein, dass nach Intention des Gesetzgebers Verstöße gegen eine **Einzeleingriffsverfügung** (§ 2 Abs. 2 AWG) des BMWi keine Straftat, sondern ausschließlich eine Ordnungswidrigkeit gemäß § 33 Abs. 2 Nr. 1 AWG darstellen (sollten) – vgl. ausführlich: *Harder* in *Wabnitz/Janovsky*, 2. Auflage, Kapitel 21, Rn. 24.

[88] BT-Drs 16/33, S. 12 (zu Nr. 6 Buchst. b); vgl. auch: *Harder* in *Wabnitz/Janovsky*, 2. Auflage, Kapitel 21, Rn. 31.

II. Außenwirtschaftsgesetz

Bannbruch gem. § 372 AO, d. h. eine Steuerstraftat. Die Strafandrohung der AO ist allerdings subsidiär (§ 372 Abs. 2 AO).

b) Ordnungswidrigkeiten – § 33 AWG

§ 33 AWG ist ganz überwiegend eine **Blankettnorm,** die verschiedene Bußgeldtatbestände unterschiedlichen Charakters enthält. Unter strafrechtlichen Gesichtspunkten bedeutsam sind vor allem die Normen des § 33 Abs. 1 und 4, weil Zuwiderhandlungen gegen diese Bestimmungen bei Hinzutreten besonderer Qualifikationen nach § 34 Abs. 2 ggf. i. V. m. Abs. 6 AWG mit Strafe bedroht sind. Eine Ahndung der von den vorgenannten Normen erfassten Zuwiderhandlungen als Ordnungswidrigkeit kommt nur dann in Betracht, wenn sie nicht nach den jeweils benannten Bestimmungen des § 34 AWG unmittelbar mit Strafe bedroht sind und auch die Zusatztatbestände gemäß § 34 Abs. 2 ggf. i. V. m. Abs. 6 AWG nicht erfüllt sind.

27

Bis zum 7.4.2006 war auch § 33 Abs. 5 AWG als Grundtatbestand in § 34 Abs. 2 AWG genannt. Die von § 33 Abs. 5 AWG erfassten Verstöße erscheinen seitdem auch dem Gesetzgeber nicht (mehr) geeignet, die Rechtsgüter des § 7 AWG zu gefährden.[89]
AWR-Novelle:
Bußgeldvorschriften enthält § 19 der AWG-Novelle. Auf § 22 Abs. 4 AWG-N sei hingewiesen.

c) Straftaten – § 34 AWG

aa) § 34 Abs. 1 AWG

§ 34 Abs. 1 AWG n. F. wurde durch das Gesetz zur Änderung des AWG… vom 28.2.1992 eingefügt und durch das 12. AWG-Änderungsgesetz modifiziert. Die Bestimmung ist lex specialis zu § 34 Abs. 2 AWG. Die von § 34 Abs. 1 erfassten Zuwiderhandlungen sind derart schwerwiegend, dass sie stets geeignet sind, die in § 34 Abs. 2 genannten Rechtsgüter zu gefährden.[90]

28

Tathandlung des **§ 34 Abs. 1 Satz 1 AWG** ist die **Ausfuhr** (§ 4 Abs. 2 Nr. 4 AWG) oder **Verbringung** (§ 4 Abs. 2 Nr. 5 AWG) bestimmter, in der Ausfuhrliste genannter Güter (§ 4 Abs. 2 Nr. 3 AWG) **ohne** die erforderliche **Genehmigung.**
Beachte:
Seit dem 1.7.1995 ist für die in Teil I Abschnitt C der AL erfassten Güter (mit Ausnahme der hier nicht interessierenden nationalen Sonderpositionen) hinsichtlich der **Genehmigungspflicht** die im Zeitpunkt der Ausfuhr geltende Fassung der Güterlisten zur EG-Dual-Use-VO maßgeblich, für die **Strafbarkeit** nach § 34 Abs. 1 Satz 1 AWG hingegen der Wortlaut der Ausfuhrliste (AL). Dies ist insoweit problematisch, als die entsprechenden Änderungen der AL zwecks „Anpassung" an die jeweils aktuelle Fassung der EU-Güterlisten zumeist mit zeitlicher Verzögerung erfolgen. Folgende Fallgestaltungen sind denkbar:

Beispiele: I. In der EU-Güterliste wird eine Position der Kategorie „0" mit Wirkung vom 1.5.2012 ersatzlos gestrichen. Die Änderung der AL erfolgt mit Wirkung vom 15.5.2012. Werden die in der weggefallenen Position zuvor erfassten Waren am 2.5.2012 ausgeführt, unterliegt die Ausfuhr somit keinen Beschränkungen nach Art. 3 EG-Dual-Use-VO. Eine Straftat nach § 34 Abs. 1 Satz 1 AWG liegt trotz (noch) bestehender Erfassung der Waren in der AL somit nicht vor.

II. In die EU-Güterliste wird eine Ware der Kategorie „0" mit Wirkung vom 1.5.2012 **neu** aufgenommen. Die entsprechende Änderung der AL erfolgt mit Wirkung vom 15.5.2012. Die „neu erfassten" Waren werden am 2.5.2012 ungenehmigt ausgeführt. Die ungenehmigte Ausfuhr ist nicht nach § 34 Abs. 1 Satz 1 AWG strafbar, weil die Waren (noch nicht) in der AL erfasst sind. Die Tat kann jedoch unter den dort genannten Voraussetzungen nach § 34 Abs. 2 AWG i. V. m. § 33 Abs. 4 AWG, § 70 Abs. 5 a) AWV geahndet werden. Die Subsidiaritätsklausel in § 34 Abs. 2, letzter Halbsatz AWG greift insoweit nicht.

---

[89] BT-Drs 16/33, S. 12, zu Nr. 6 Buchstabe b; vgl. auch: *Harder*, in: *Wabnitz/Janovsky*, 2. Auflage, Kapitel 21, Rn. 31.
[90] BT-Drucksache 12/1134, S. 8, 9.

§ 34 Abs. 1 Satz 2 AWG n. F. wurde durch das 12. AWG-Änderungsgesetz eingefügt und durch das 13. AWG-Änderungsgesetz geändert. Nach dieser Vorschrift ist (nunmehr) die ungenehmigte **Versendung** (a. F.: Ausfuhr) der in Satz 1 Nr. 2 genannten Güter (z. B. kerntechnische Materialien/Anlagen, BCW-relevante Anlagen, etc.) durch einen im Wirtschaftsgebiet (§ 4 Abs. 1 Nr. 1 AWG) niedergelassenen Ausführer aus einem anderen EU-Mitgliedstaat nicht mehr – nur – nach dem Recht des betroffenen Mitgliedstaates zu ahnden, sondern auch nach deutschem Recht strafbar.[91]

Beispiel: Der in Deutschland ansässige Händler X lässt in Belgien vom Hersteller Y Komponenten für eine kerntechnische Anlage, die in Teil I Abschnitt C Kategorie 0 der AL erfasst sind, fertigen. Die Güter sind für den Kunden des X, die Firma Z in Indien bestimmt. Die Waren werden in Belgien auf Antrag des X in das Ausfuhrverfahren übergeführt und verlassen von dort aus unmittelbar das Gemeinschaftsgebiet in Richtung Indien. X ist Ausführer gemäß Art. 2 Nr. 3 EG-Dual-Use-VO und muss, weil er im deutschen Wirtschaftsgebiet niedergelassen ist, die erforderliche Genehmigung beim BAFA beantragen – Art. 9 Abs. 2 EG-Dual-Use-VO. Erfolgt die vorgenannte Lieferung ungenehmigt, ist dies nunmehr als „ungenehmigte **Versendung** aus einem anderen Mitgliedstaat der europäischen Union" nach § 34 Abs. 1 Satz 2 AWG n. F. strafbewehrt.

Die durch das 13. AWG-Änderungsgesetz erfolgte klarstellende Änderung (der Begriff „ausführt" wurde durch „versendet" ersetzt) war m. E. zwingend erforderlich, denn die ursprüngliche Fassung beschrieb wegen der Definition des Begriffs „Ausfuhr" in § 4 Abs. 2 Nr. 4 AWG einen denkunmöglichen Vorgang[92]. **Idealkonkurrenz** von § 34 Abs. 1 AWG ist möglich mit Zuwiderhandlungen nach §§ 19, 20, 20a, 22a KWKG, §§ 16, 17 CWÜAG, § 80 StGB. Häufig vorkommende Fälle der **Realkonkurrenz** sind Urkundsdelikte (§ 267 StGB) und Steuerhinterziehung (§ 370 AO) z. B. in der Form der Nichtversteuerung erzielter Gewinne.

AWR-Novelle:
Das AWG-Modernisierungsgesetzes erweitert den Anwendungsbereich des derzeitigen § 34 Abs. 1 AWG auf sämtliche nach der EG-Dual-Use-VO genehmigungspflichtigen Güter sowie auf vorsätzliche Verstöße gegen Genehmigungspflichten für Handels- und Vermittlungsgeschäfte und technische Unterstützung (§ 18 AWG-Novelle).

bb) § 34 Abs. 2 AWG[93]

29 Bei den Tatbeständen des § 34 Abs. 2 AWG handelt es sich um zweistufige Delikte. Tatbestandsmäßig sind vorsätzliche Zuwiderhandlungen gegen folgende Bußgeldtatbestände des § 33 AWG **(Grundtatbestände)**
– § 33 Abs. 1 AWG i. V. m. § 70 Abs. 1 AWV[94]
– § 33 Abs. 4 AWG i. V. m. § 70 Abs. 4, 5, 5a bis 5q AWV,[95]
wenn die Zuwiderhandlung geeignet ist, eines der in § 34 Abs. 2 Nrn. 1–3 genannten Rechtsgüter
– die äußere Sicherheit der Bundesrepublik Deutschland
– das friedliche Zusammenleben der Völker oder
– die auswärtigen Beziehungen der Bundesrepublik Deutschland erheblich
zu gefährden **(Zusatztatbestand).**

---

[91] BT-Drs. 16/33, S. 12.
[92] Vgl. ausführlich: *Harder* in *Wabnitz/Janovsky*, 3. Auflage, Kapitel 21, Rn. 28.
[93] § 34 Abs. 2 AWG n. F. ist identisch mit § 34 Abs. 1 AWG i. d. F. des 5. Gesetzes zur Änderung des AWG vom 20.7.1990, BGBl. I S. 1457; soweit Änderungen erfolgten, betrafen diese lediglich den Katalog der Grundtatbestände – vgl. Anhang.
[94] Ausgenommen hiervon sind gem. § 33 Abs. 1 jene Handlungen, die nach § 34 Abs. 4 Nr. 1 als Straftat geahndet werden können oder nach § 34 Abs. 1 Nr. 1 oder Abs. 6 Nr. 3 mit Strafe bedroht sind.
[95] Ausgenommen hiervon sind gem. § 33 Abs. 4 Handlungen, die nach § 34 Abs. 4 Nr. 2 als Straftat geahndet werden können.

II. Außenwirtschaftsgesetz

Der Tatbestand des § 34 Abs. 2 AWG ist als **abstraktes Gefährdungsdelikt,**[96] genauer gesagt: als **abstrakt-konkretes Gefährdungsdelikt**[97] ausgestaltet; er wird auch als „besonderes abstraktes" bzw. „potenzielles" Gefährdungsdelikt[98] bezeichnet. Eine Gefährdung der genannten Rechtsgüter braucht nicht eingetreten zu sein. Es genügt, dass die Handlung leicht eine konkrete Gefährdung auslösen kann.[99] Die potenzielle Gefährdung der genannten Rechtsgüter muss durch objektive Kriterien sicherheits- oder außenpolitischer Art belegt werden. Das Verschulden des Täters muss sich sowohl auf die Zuwiderhandlung (Grundtatbestand) als auch auf die Gefährdungseignung der Handlung (Zusatztatbestand) erstrecken.[100]   30

Nach der Subsidiaritätsklausel (§ 34 Abs. 2, letzter Halbsatz) ist die Vorschrift nur dann anzuwenden, wenn die Tat nicht nach § 34 Abs. 1 oder 4 mit Strafe bedroht ist.

AWR-Novelle:
§ 34 Abs. 2 AWG wurde aufgehoben, weil die Bestimmungen, insbesondere § 34 Abs. 2 Nr. 3, von der Rechtsprechung kritisch gesehen werden und in hohem Maße verfassungsrechtlich problematisch sind (vgl. BGH-Beschluss vom 13.1.2009 – AK 20/08)[101]. Bestimmte vorsätzlich begangene Ordnungswidrigkeiten nach § 33 Abs. 1–4 AWG, die von § 34 Abs. 2 AWG grundsätzlich erfasst waren, sind nunmehr Straftaten nach § 18 AWG-N. Von Bedeutung ist die Rechtsprechung i. S. § 34 Abs. 2 Nr. 3 allerdings weiterhin in Anbetracht vergleichbarer Tatbestände im KWKG und CWÜAG.

- Gefährdung der **äußeren** Sicherheit der Bundesrepublik Deutschland (§ 34 Abs. 2 Nr. 1 AWG)

Das Rechtsgut der äußeren Sicherheit ist ein Unterfall des in § 7 Abs. 1 AWG verwendeten Begriffs der „wesentlichen Sicherheitsinteressen".[102] Von einer Gefährdung der äußeren Sicherheit ist auszugehen, wenn die infrage stehende außenwirtschaftliche Handlung geeignet ist, zu einer Beeinträchtigung der äußeren Sicherheit der Bundesrepublik beizutragen. Die äußere Sicherheit der Bundesrepublik wird u. a. dadurch beeinträchtigt, wenn ihre Fähigkeit gemindert wird, sich gegen äußere Eingriffe aller Art zur Wehr zu setzen bzw. ihre Machtinteressen zu wahren. Die Auslegung des Begriffs ist wandelbar. Sie ist u. a. abhängig von der sicherheitspolitischen Lage, wobei auf die Situation zum Zeitpunkt der Vornahme der ungenehmigten außenwirtschaftlichen Handlung abzustellen ist. Aufgrund der Bündnisverpflichtungen[103] kann eine Gefährdung der äußeren Sicherheit der Bundesrepublik z. B. auch dann vorliegen, wenn nicht sie selbst, sondern ein NATO-Partner in mögliche militärische Konflikte hineingezogen werden könnte oder sich die militärisch-strategische Situation zuungunsten eines NATO-Partners verändert.   31

---

[96] Vgl. Begründung BT-Drucksache 11/4230, 7; a. A.: *Dahlhoff*, NJW 1991, 208 ff., der von einem „konkreten Gefährdungsdelikt mit erleichterter Beweisführung" ausgeht.

[97] BGH, Urteil vom 25.3.1999 – 1 StR 493/98 (LG Mannheim), NJW 1999, 2129. Der BGH führt u. a. aus: „Bei § 34 II AWG handelt es sich um ein abstrakt-konkretes Gefährdungsdelikt (eine Untergruppe der abstrakten Gefährdungsdelikte). Dies ergibt sich bereits aus dem Wortlaut der Vorschrift. Dieser lässt die abstrakt gefährliche Handlung für sich genommen zur Erfüllung des Tatbestandes nicht genügen, sondern verlangt ergänzend, dass diese zur Gefährdung der in § 34 II AWG genannten Schutzgüter (s. auch § 7 I AWG) geeignet sein muss. Danach ist zwar die Feststellung des Eintritts einer konkreten Gefahr nicht erforderlich. Vom Tatrichter verlangt wird aber die Prüfung, ob die jeweilige Handlung i. S. des § 34 II AWG bei genereller Betrachtung gefahrengeeignet ist."; BGH-Beschluss vom 26.6.2008 – AK 10/08; BGH-Beschluss vom 13.1.2009 – AK 20/08; BGH-Beschluss vom 19.1.2010 – StB 27/09.

[98] *B. J. Fehn*, AW-Prax 1998, 16 ff. – autorisierte Fassung – (= Beilage zur AW-Prax 3/98).

[99] *Diemer* in *Erbs/Kohlhaas*, Rn. 14 zu § 34 AWG; *Fischer*, Rn. 18 vor § 13 StGB.

[100] Zur fahrlässigen Begehungsweise siehe § 34 Abs. 7 AWG.

[101] Vgl. auch: *Ricke*, AW-Prax 2011, S. 404–407.

[102] BT-Drs 16/33, S. 12.

[103] Art. 5 des Nordatlantikvertrages v. 4.4.1949.

Urteile zu § 34 Abs. 2 Nr. 1 AWG n. F. liegen – soweit ersichtlich – bislang nicht vor. Hingegen gibt es einige wenige Urteile zu § 34 Abs. 1 Nr. 1 AWG a. F.[104] (Beeinträchtigung der äußeren Sicherheit der Bundesrepublik Deutschland[105]) im Zusammenhang mit der illegalen Ausfuhr von Hochtechnologiewaren nach dem ehemaligen Ostblock.

Beispiele: I. Der Angeklagte A hatte in den 80er Jahren modernste Technologie und entsprechendes Know-how im Bereich der Funk-/Nachrichtentechnik von erheblichem wirtschaftlichen und materiellen Wert nach dem Ostblock geschafft. Dies ermöglichte dem Ostblock neben der Gewinnung neuer Erkenntnisse über den technologischen Stand des Westens eine Verringerung auch des technischen Vorsprungs, der von erheblicher wirtschaftlicher und sicherheitspolitischer Bedeutung war. Vor allem wurde laut Gutachten eines Sachverständigen des BWB[106] dem Ostblock durch die Lieferungen des A. die Sammlung weiterer Erkenntnisse auf militärischem Gebiet durch verbesserte Möglichkeiten der Aufklärung des gegnerischen [= westlichen] Fernmeldewesens sowie der Funkmessung und -überwachung erleichtert. Das Gericht gelangte deshalb zu der Überzeugung, dass durch die illegalen Lieferungen des A die äußere Sicherheit der Bundesrepublik Deutschland **beeinträchtigt** wurde.[107]

II. Der Angeklagte M. hatte im Zeitraum 1978–1983 ungenehmigt Hochtechnologiewaren (moderne Computer und dazugehörende Peripheriegeräte sowie Ausrüstung für die Herstellung integrierter Schaltkreise) im Wert von mehreren Mio. DM in den Ostblock exportiert. Voraussetzung für die Erfüllung des (Zusatz-)Tatbestandes des § 34 Abs. 1 Nr. 1 AWG war nach Auffassung der Kammer, „dass die exportierte Ware aufgrund ihrer besonderen sicherheitsrelevanten Eigenschaften oder aufgrund des Exportvolumens zu einer Stärkung des militärisch-strategischen Potentials des östlichen Machtbereichs führt und damit eine Schwächung der Sicherheit und Verteidigungsfähigkeit des westlichen Bündnisses nach sich zieht". Aufgrund von Stellungnahmen des Bundesministeriums der Verteidigung stand zur Überzeugung der Kammer fest, dass durch die Handlung des M. die Sicherheit der Bundesrepublik Deutschland **beeinträchtigt** worden ist.[108]

Hinweis:
Sofern eine Gefährdung dieses Rechtsgutes in Betracht zu ziehen ist, empfiehlt es sich, eine Stellungnahme des Bundesministeriums der Verteidigung einzuholen. Derartige gutachterliche Stellungnahmen sind für die Gerichte zwar nicht bindend, liefern regelmäßig jedoch wertvolle Anhaltspunkte für die Subsumtion.

- **Gefährdung des friedlichen Zusammenlebens der Völker** (§ 34 Abs. 2 Nr. 2 AWG)

32 Das Prinzip des friedlichen Zusammenlebens der Völker hat Verfassungsrang.[109] Nach Art. 26 Abs. 1 GG ist die Störung des friedlichen Zusammenlebens der Völker verfassungswidrig. Ein Anwendungsfall ist danach die Vorbereitung eines Angriffskrieges. Eine **Störung** des Völkerfriedens liegt vor bei jeder militärischen Aktion, die nicht völkerrechtlich als Verteidigung gegen einen Angriff oder als Kollektivmaßnahme der UN gerechtfertigt ist. Störung ist dabei jede Handlung, von der Vorbereitung über die Förderung bis hin zur militärischen Aktion selbst.[110] Als Störung des Völkerfriedens sind also nicht nur Kriege, sondern auch Gewaltanwendungen unterhalb der Kriegsebene, z. B. einzelne Kommandounternehmen in fremden Territorien, anzusehen, ebenso ethnische Konflikte oder Bürgerkriege (nur: Auseinandersetzungen zwischen unterschiedlichen ethnischen Volksgruppen). Eine **Störung** des Völkerfriedens ist auch anzunehmen, wenn die Voraussetzungen für ein Einschreiten des

---

[104] OLG Koblenz v. 7.9.1990 – OJs 9/88, ZfZ 1991, 66 ff.; LG Lübeck v. 26.6.1989 – 4 Kls (4/89), n. v.
[105] Vgl. „Beeinträchtigung der Sicherheit der Bundesrepublik Deutschland" in § 92 Abs. 3 Nr. 2 StGB und BGH zu § 89 StGB v. 9.12.1987 – 3 StR 489/87, NStZ 1988, 215 ((Bestrebungen gegen die) äußere Sicherheit = „Fähigkeit der Bundesrepublik Deutschland, sich gegen Angriffe von außen zur Wehr zu setzen").
[106] Bundesamt für Wehrtechnik und Beschaffung, Koblenz.
[107] Urteil OLG Koblenz vom 7.9.1990 – OJs 9/88.
[108] LG Lübeck v. 26.6.1989 – 4 KLs (4/89), n. V.
[109] *Jarass* in *Jarass/Pieroth*, Rn. 1 zu Art. 26 GG.
[110] *W. Schäfer*, AW-Prax 1998, 205 (207), unter Hinweis auf VG Frankfurt v. 15.5.1997 – 1 E 3692/94 (V), rk.

II. Außenwirtschaftsgesetz

Sicherheitsrats der Vereinten Nationen vorliegen:[111] Bedrohung des Friedens, Verletzung des Friedens, Angriffshandlung.

So können z. B. Lieferungen rüstungsrelevanter Waren in „Spannungsgebiete" geeignet sein, das friedliche Zusammenleben der Völker zu gefährden. Dies vor allem, wenn sie an jene Partei erfolgen, die Verursacher der Spannungen ist und deren „Bedrohungspotenzial" dadurch gestärkt wurde.

Mittlerweile haben sich – soweit ersichtlich – im Zusammenhang mit zwei Strafverfahren auch Gerichte mit § 34 Abs. 2 Nr. 2 AWG n. F. befasst:

I. Das LG Stuttgart[112] sah es als erwiesen an, dass der Angeklagte T. durch eine in 2003 erfolgte, ungenehmigte Ausfuhr von 22 t. Aluminiumrohren nach Nordkorea (ursprüngliches Zielland der Waren) bzw. der VR China tateinheitlich sowohl einen Verstoß nach §§ 34 Abs. 2 Nr. 2 und Nr. 3, Abs. 6 Satz 2 Nr. 2 Variante 1, 33 Abs. 4 AWG, 70 Abs. 5a Nr. 2 AWV… begangen, als auch sich des – untauglichen – Versuchs der Förderung der Herstellung von Atomwaffen – Straftat gemäß §§ 19 Abs. 1 Nr. 2, Abs. 2 Nr. 1 Variante 1, Nr. 2b nur 2c KWKG – schuldig gemacht hat. Das LG setzt sich in seinem Urteil ausführlich mit dem Merkmal „erhebliche Gefährdung der auswärtigen Beziehungen" auseinander. Die Begründung zu § 34 Abs. 2 Nr. 2 AWG ist hingegen sehr kurz. Das LG stützt sich insoweit wohl auf die objektive Eignung der Waren zur Herstellung von Rezipienten für Gasultrazentrifugen, mit denen wiederum Uran für die Herstellung von Atomwaffen hochangereichert werden kann.

II. Das Urteil des LG Mühlhausen[113] betrifft eine Anfang 2002 erfolgte ungenehmigte Ausfuhr einer nicht in der Ausfuhrliste erfassten Vibrationstestanlage nach dem Iran – Straftat nach §§ 34 Abs. 2 Nr. 2, Nr. 3, 33 Abs. 1 AWG i. V. m. §§ 70 Abs. 1 Nr. 3, 5c Abs. 2 AWV. Es enthält keine Ausführungen zu den Merkmalen „Gefährdung des friedlichen Zusammenlebens der Völker" bzw. „erhebliche Gefährdung der auswärtigen Beziehungen". Das Urteil ist insoweit bemerkenswert, als zwar keine vermögensabschöpfenden Maßnahmen nach §§ 73 ff. StGB durchgeführt wurden, jedoch das Gericht dem Unternehmen als Verfahrensbeteiligte nach § 30 Abs. 1 Nr. 1 OWiG eine Geldbuße in Höhe von ca. 10% des Verkaufserlöses der illegal ausgeführten Ware auferlegte.

Weiterhin gibt es ein noch aktuelleres Urteil zum vergleichbaren Zusatztatbestand des § 19 Abs. 2 Nr. 2.b) KWKG – konkrete Gefährdung des friedlichen Zusammenlebens der Völker[114]:

III. Der in der Schweiz wohnhafte deutsche Staatsangehörige L. hatte – soweit ersichtlich ausschließlich im Ausland handelnd – in den Jahren 2000 bis 2003 an der Entwicklung und Herstellung der Verrohrung einer Gasultrazentrifugenanlage für das Ende 2003 aufgegebene libysche Atomwaffenprogramm durch logistische, organisatorische und technische Unterstützung mitgewirkt. Nach Überzeugung des OLG ist das friedliche Zusammenleben der Völker nicht erst bei Vorbereitung eines Angriffskrieges konkret gefährdet. Auch die Ausfuhr von Anlagen zur Entwicklung und/oder Herstellung von Atomwaffen und alle damit zusammenhängenden Förderhandlungen schaffen eine konkrete Gefahr für den Völkerfrieden,… Wären die Bemühungen Libyens erfolgreich gewesen und das Land in den Besitz von Atomwaffen gelangt, hätte dies nicht nur das friedliche Zusammenleben der Völker in der Region, sondern die internationale Sicherheit insgesamt konkret gefährdet. Schon die Unterstützung des libyschen Kernwaffenprogramms bewirke daher eine Gefährdung des friedlichen Zusammenlebens der Völker. Mit jedem Schritt zur Stärkung seines Kernwaffenprogramms sei Libyen der angestrebten Fähigkeit zur Herstellung von Kernwaffen und damit auch zur Androhung von Gewalt näher gerückt.

Ferner gibt es einige wenige Urteile zu § 34 Abs. 1 Nr. 2 AWG a. F. („**Störung** des friedlichen Zusammenlebens der Völker").

Beispiel: Der Angeklagte A hatte im Jahre 1986 4 St. elektronische Komponenten im Wert von insgesamt ca. 500 000 DM ungenehmigt nach dem Iran ausgeführt. Die Komponenten waren nach Überzeugung des Gerichts dazu bestimmt, in iranische Kampfhubschrauber eingebaut zu werden. Ob ein Einbau tatsächlich erfolgte, hat das Gericht nicht festgestellt. Bei den Waren handelte es sich um das Hauptbestandteil eines Navigationssystems, welches besonders für militärische Zwecke, d. h. zum Einbau in Marinehubschrauber zur Unterwasseraufklärung und gezielter Seebekämpfung konstruiert wurde.

---

[111] Art. 39 der Charta der Vereinten Nationen; BT-Drucksache 3/1285.
[112] LG Stuttgart v. 7.9.2004 – 10 KLs 141Js 28271/03.
[113] LG Mühlhausen vom 18.5.2006 – 500 Js 44628/06–6 KLs.
[114] OLG Stuttgart – Urteil v. 16.10.2008 – 4–3 StE 1/07.

Nach Auffassung des Gerichts wurde „durch die Verbringung der Geräte von der Bundesrepublik Deutschland in den Iran ohne Genehmigung das friedliche Zusammenleben der Völker gestört, da zum Zeitpunkt der Ausfuhr sich der Iran in einem Krieg mit dem Irak befand, der auf Seiten Irans kein Verteidigungskrieg mehr war." Die Feststellungen zum Verlauf des 1. Golfkriegs hat das Gericht dabei aufgrund verschiedener Berichte renommierter deutscher Tageszeitungen getroffen, die u. a. auch berichtet hatten, dass der von der Bevölkerungszahl her überlegene, jedoch an Material weit unterlegene Iran im fraglichen Zeitraum (1986) Kinder, Jugendliche und alte Leute nahezu unbewaffnet in den „heiligen Krieg" gegen den Irak schickte. Insoweit hielt das Gericht auch die Behauptung für widerlegt, dass die fraglichen Waren für den Einbau in Rettungshubschrauber bestimmt gewesen seien.[115]

- **Erhebliche** Gefährdung der auswärtigen Beziehungen der Bundesrepublik Deutschland (§ 34 Abs. 2 Nr. 3 AWG)

33 Von einer erheblichen Gefährdung der auswärtigen Beziehungen der Bundesrepublik Deutschland ist dann auszugehen, wenn die Bundesrepublik durch die fragliche außenwirtschaftliche Handlung in eine Lage gebracht werden kann, die es ihr unmöglich macht oder zumindest ernstlich erschwert, ihre außenpolitischen Interessen zur Geltung zu bringen oder glaubhaft zu vertreten. Die Bundesrepublik vertritt jedenfalls seit den frühen 80er Jahren kontinuierlich eine sehr restriktive Exportkontrollpolitik[116] und setzt sich auch auf internationaler Ebene[117] dafür ein.

So ist auf Initiative der Bundesregierung[118] mit Art. 4 der ersten EG-Dual-Use-VO (VO (EG) 3381/94) auch auf EG-Ebene jedenfalls im A-B-C-Waffen- und Trägertechnologiebereich eine den deutschen „Catch-all-Klauseln" (§§ 5c, 5d AWV a. F.) vergleichbare Regelung geschaffen worden. Die neu gefasste EG-Dual-Use-VO (VO (EG) 1334/2000) brachte dann eine weitere Angleichung des europäischen Kontrollstandards an das deutsche Kontrollniveau. Beispielsweise wurden die Regelungen des Art. 4 um den Bereich „konventionelle Rüstungsgüter" erweitert.[119] Der Art. 4 findet sich unverändert auch in der aktuellen EG-Dual-Use-VO (VO (EG) 428/2009).

Illegale Ausfuhren von Waren, die aufgrund internationaler Absprachen oder nationaler Regelungen Ausfuhrbeschränkungen unterliegen, werden der Bundesregierung als Vollzugsdefizit angelastet und sind deshalb geeignet, das Vertrauen der Partnerstaaten in die Zuverlässigkeit Deutschlands als Partner internationaler Absprachen zu erschüttern.[120]

Ob im jeweiligen Einzelfall von einer erheblichen Gefährdung der auswärtigen Beziehungen auszugehen ist, wird sich nur unter Berücksichtigung der auswärtigen Beziehungen insgesamt beurteilen lassen.[121] Ein Indiz dafür kann in Anbetracht von § 3 Abs. 1 AWG auch die Mitteilung des BAFA[122] sein, dass die fragliche Ausfuhr im Antragsfall nicht genehmigungsfähig gewesen wäre. Grundsätzlich empfiehlt es sich jedoch, sich bezüglich dieser Frage des Sachverstandes des Auswärtigen Amtes (AA) zu bedienen und eine entsprechende gutachterliche Stellungnahme einzuholen. Auf die umfassenden Ausführungen des BGH zu diesem Tatbestand in verschiedenen aktuellen Beschlüssen[123] sei hingewiesen.

---

[115] LG Augsburg v. 28.9.1990 – 9 KLs 502 Js 20662/88 (§ 34 Abs. 1 Nr. 2 AWG a. F. = Erfolgsdelikt).
[116] Vgl. u. a. „Politische Grundsätze der Bundesregierung für den Export von Kriegswaffen und sonstigen Rüstungsgütern" – Bulletin vom 5.5.1982 –, die „Grundsätze der Bundesregierung zur Prüfung der Zuverlässigkeit von Exporteuren von Kriegswaffen und rüstungsrelevanten Gütern" – BAnz. 1990, S. 6406 und BAnz. 1991, S. 545 und „Politische Grundsätze der Bundesregierung für den Export von Kriegswaffen und sonstigen Rüstungsgütern" – Bulletin v. 19.1.2000, nachrichtlich bekannt gemacht im BAnz. Nr. 19 v. 28.1.2000, S. 1299.
[117] Z. B. im Rahmen der internationalen Exportkontrollregime COCOM, WArr, NSG, MTCR, Australia Group.
[118] Bericht der Bundesregierung vom 11.8.1994, BT-Drucksache 12/8368.
[119] Runderlass Außenwirtschaft Nr. 6/00, A., BAnz. Nr. 176 v. 16.9.2000, S. 18580.
[120] Vgl. ausführlich *Dahlhoff*, NJW 1991, 208 ff.
[121] Vgl. auch BVerfG v. 25.10.1991 – 2 BvR 374/90, NJW 1992, 2624.
[122] Bundesamt für Wirtschaft und Ausfuhrkontrolle.
[123] BGH-Beschluss vom 26.6.2008 – AK 10/08; BGH-Beschluss vom 13.1.2009 – AK 20/08; BGH-Beschluss vom 19.1.2010 – StB 27/09.

II. Außenwirtschaftsgesetz

Hinweis:
Für die Erstellung fundierter und sachgerechter gutachterlicher Stellungnahmen benötigt das AA eine möglichst genaue Sachverhaltsdarstellung, die, auch um zeitraubende Rückfragen zu vermeiden, soweit möglich mindestens folgende Angaben enthalten sollte: Warenart, Menge, Warenwert, Beschränkungsgrund (z. B.: Art. 3 EG-Dual-Use-VO i. V. m. Position ... Anhang I oder § 5d AWV), Bestimmungsland und Endempfänger, Zeitpunkt der Ausfuhr und – soweit bekannt – Verwendungszweck der Waren. Bei mehreren Ausfuhren sollten die einzelnen Taten entsprechend aufgeschlüsselt werden.
Zu § 34 Abs. 2 Nr. 3 AWG n. F. bzw. § 34 Abs. 1 Nr. 3 AWG i. d. F. des 5. AWG-Änd. Ges. liegen – soweit ersichtlich – erst wenige Urteile vor, die teilweise nur sehr kurz begründet sind.[124]

Beispiele: I. Ungenehmigte Ausfuhr von Dichtungsringen für Hydraulikzylinder an ein Kernkraftwerk in Indien. Straftat nach § 34 Abs. 2 Nr. 3 AWG, § 33 Abs. 1 AWG i. V. m. § 70 Abs. 1 Nr. 1 b) AWV, § 5d AWV. Das LG Würzburg[125] sah die Gefährdung der auswärtigen Beziehungen als erwiesen an, weil das BAFA kurz vor der fraglichen Ausfuhr einen Ausfuhrgenehmigungsantrag derselben Fa. u. a. für die gleichen Waren, die für denselben Empfänger bestimmt waren, aus diesem Grund abschlägig beschieden hatte.
In diesem Zusammenhang ist auch ein Urteil des VG Frankfurt a. M. beachtlich: Das Gericht hat den Antrag der Klägerin, das BAFA zur Erteilung der (beantragten) Genehmigung zu verpflichten, abgelehnt, weil die Erbringung der Dienstleistung den Schutzzweck des § 7 Abs. 1 Nr. 3 AWG mehr als unwesentlich gefährden würde. Es führte dazu u. a. aus: Eine **erhebliche Störung** der auswärtigen Beziehungen liegt nur dann vor, wenn die Beziehungen anhaltend oder tief greifend gestört werden. Dies ist insbesondere dann der Fall, wenn die Bundesrepublik Deutschland aufgrund der fraglichen Geschäfts international starke diplomatische Missbilligung erfährt und die Glaubhaftigkeit und Zuverlässigkeit der Bundesrepublik Deutschland insbesondere bei den befreundeten Staaten in Zweifel gezogen werden kann.[126]
II. Das LG Hildesheim[127] stellte zur Frage der Eignung der Handlungen, die auswärtigen Beziehungen der Bundesrepublik Deutschland erheblich zu gefährden, fest, dass die Ausfuhren in einem „Special Report" des Simon-Wiesenthal-Centers erwähnt worden waren; Reaktionen staatlicher Stellen hätten die Ausfuhren jedoch nicht hervorgerufen. Nach den Feststellungen des LG hatten die Angeklagten im Zeitraum 31.8.1990 bis 12.12.1990 in jeweils 4 rechtlich selbstständigen Handlungen Tiefbohr- und Drehmaschinen für die Herstellung von Kanonenrohren (Gesamtwert: 7,3 Mio. DM) ungenehmigt nach dem Iran ausgeführt. Bemerkenswert ist die Verwerfung der Revision durch den BGH[128] nach § 349 Abs. 2 StPO zu diesem Fall: sie enthält den Zusatz „Die unverständlich milden Strafen beschweren die Angeklagten nicht".[129]
III. Das LG Stuttgart[130] stellte zur Eignung der Handlungen, die auswärtigen Beziehungen der Bundesrepublik Deutschland erheblich zu gefährden, u. a. fest: „Die Lieferungen von Teilen für den Bau von Gasultrazentrifugen waren, wenn sie bekannt geworden wären, geeignet, die Glaubwürdigkeit der Politik der Bundesrepublik Deutschland hinsichtlich der Nichtverbreitung von Atomwaffen erheblich in Zweifel zu ziehen, ihr internationales Ansehen zu beeinträchtigen und die Durchsetzung dieser Politik zu erschweren. Dabei spielt es keine Rolle, ob die nationalen Ausfuhrbeschränkungen der Bundesrepublik weitergehen als die anderer Staaten, die Bundesrepublik also mehr tut, als ihre Verpflichtungen aus internationalen Vereinbarungen einzuhalten. Nachdem dies die erklärte Politik der Regierung der Bundesrepublik ist, die sie international durchzusetzen versucht, ist ein Verlust an Glaubwürdigkeit und politischem Durchsetzungsvermögen auch dann zu besorgen, wenn ihr vorgeworfen werden kann, sie halte sich nicht an eigene Vorgaben, sie werde den eigenen Ansprüchen nicht gerecht. Dabei spielt es keine Rolle, ob den deutschen Behörden in den einzelnen Fällen unerlaubter Ausfuhr ein Mitverschulden

---

[124] LG Nürnberg-Fürth v. 13.3.1997 – 12 Kls 152 Js 439/93, n. v.
[125] LG Würzburg v. 21.10.1996 – 3 Ns 102 Cs 156 Js 249/95, ZfZ 1998, 101 ff. mit Anmerkungen von *Ricke*.
[126] So *W. Schäfer*, AW-Prax 1998, 205 (207), unter Hinweis auf VG Frankfurt v. 15.5.1997 – 1 E 3692/94 (V), rk.
[127] LG Hildesheim v. 7.6.1996 – 15 Kls 95 Js 29458/91, n. v.
[128] BGH v. 22.10.1996 – 5 StR 490/96, n. v.; *Bieneck*, AW-Prax 19/97, 387 ff.
[129] Zwei Angeklagte erhielten eine Gesamtfreiheitsstrafe von 1 Jahr u. 6 Monaten zur Bewährung, ein Angeklagter wegen Beihilfe eine Geldstrafe von 120 Tagessätzen.
[130] LG Stuttgart v. 20.7.1998 – 11 Kls 181 Js 85721/93, n. v.

oder irgend geartetes Versagen nachgewiesen werden kann[131]. Eine politische Verantwortung wird der Regierung stets angelastet werden. Nach einem Verschulden oder Versagen im juristischen Sinne wird in solchen Fällen nicht gefragt."

IV. Das LG Stuttgart[132] setzt sich in seinem Urteil vom 7.9.2004 ausführlich mit dem Merkmal „erhebliche Gefährdung der auswärtigen Beziehungen" auseinander. Nach Feststellungen des Gerichts hatte der Angeklagte T. in 2003 ungenehmigt 22 t. Aluminiumrohre nach Nordkorea (ursprüngliches Zielland der Waren) bzw. der VR China ausgeführt. Die nicht in der AL erfassten Rohre waren zur Herstellung von Rezipienten für Gasultrazentrifugen geeignet. Die Ausfuhr erfolgte trotz entsprechender Mitteilung des BAFA gemäß Artikel 4 der EG-Dual-Use-VO. Die Sendung war auf Veranlassung der deutschen Behörden in Ägypten gestoppt und nach Deutschland zurücktransportiert worden. Die Kammer stellte dabei u. a. ab auf die Ausführungen des Sachverständigen des Auswärtigen Amtes zur konsequenten deutschen Nichtverbreitungspolitik, zu den vielfältigen Reaktionen auf diplomatischer Ebene, die intensive Berichterstattung in der deutschen und ausländischen Presse und nahm auch eine eigene Prognosebeurteilung aufgrund allgemeinkundiger politischer Tatsachen vor (angespannte weltpolitische Lage wegen des Ende März 2003 ausgebrochenen Irak-Krieges, Spannungen zwischen dem amerikanischen Präsidenten und dem Bundeskanzler wegen der Nicht-Beteiligung Deutschlands an diesem Krieg).

V. Hinzuweisen ist trotz der abgekürzten Begründung auch auf ein Urteil des LG München I.[133] Der Angeklagte V. wurde wegen des Verstoßes gegen das AWG in 23 Fällen zu einer Gesamtfreiheitsstrafe von 7 Jahren und drei Monaten verurteilt. Die Ausfuhren erfolgten im Zeitraum 2000–2004; es handelte sich abgesehen von 2 Fällen jeweils um „nicht gelistete", d. h. nicht in der AL erfasste Waren. Die Lieferungen erfolgten an pakistanische Beschaffungsunternehmen, die als Beschaffer für das pakistanische Nuklearprogramm bekannt und teils sogar in Frühwarnschreiben des BMWi genannt waren. Zur Eignung, die auswärtigen Beziehungen der Bundesrepublik Deutschland erheblich zu gefährden, wird auf ein in der Hauptverhandlung verlesenes Behördengutachten des Auswärtigen Amtes verwiesen.

VI. Der BGH hat sich in jüngerer Zeit in verschiedenen Fällen mit der „Gefährdungseignung" von Zuwiderhandlungen gegen die Außenwirtschaftsbestimmungen (AWG/KWKG) ausführlich auseinandergesetzt. Zu nennen sind vor allem der Beschluss vom 13.1.2009 – AK 20/08, der Beschluss vom 19.1.2010 – StB 27/09 und der Beschluss vom 26.3.2009 – StB 20/08.

Ferner ist auf ein aktuelles Urteil des OLG Stuttgart zum vergleichbaren Tatbestand der (konkreten) Gefährdung der auswärtigen Beziehungen gemäß § 19 Abs. 2 Nr. 2.c) KWKG hinzuweisen[134]:

VII. Der in der Schweiz wohnhafte deutsche Staatsangehörige L. hatte – soweit ersichtlich ausschließlich im Ausland handelnd – in den Jahren 2000 bis 2003 an der Entwicklung und Herstellung der Verrohrung einer Gasultrazentrifugenanlage für das Ende 2003 aufgegebene libysche Atomwaffenprogramm durch logistische organisatorische und technische Unterstützung mitgewirkt. Das OLG führt dazu aus, dass eine Genehmigung für diese Unterstützungshandlungen seinerzeit unabhängig von dem bestehenden Waffenembargo nicht erteilt worden wäre. Nach der Affäre um die durch ein deutsches Unternehmen errichtete libysche Chemiewaffenproduktionsanlage in „Rabta" und die internationalen Reaktionen darauf sei das erneute Bekanntwerden derartiger Ausfuhren und nicht genehmigter Unterstützungsleistungen an einen Staat, dem Terrorakte und das Bemühen um Produktion und Besitz von Massenvernichtungswaffen zugerechnet werden, geeignet, das internationale Vertrauen in die Glaubwürdigkeit deutscher Politik und des deutschen Exportkontrollsystems zu beeinträchtigen und damit die auswärtigen Beziehungen der Bundesrepublik Deutschland erheblich zu gefährden....

Einige Urteile zu § 34 Abs. 1 Nr. 3 AWG a. F.[135] sind in ihren Ausführungen ebenfalls beachtlich:
– Das LG Münster[136] sah eine „erhebliche Störung der auswärtigen Beziehungen" als erwiesen an, weil die Angst der israelischen Bevölkerung vor irakischen Raketenangriffen und die öffentliche Empörung über „deutsche Zulieferungen zum irakischen Raketenprogramm" den Bundesaußenminister

---

[131] Dem gegenüber sieht der BGH es – zutreffend – als wichtiges Kriterium der Gefährdungseignung an, ob deutschen Behörden ein Versagen bzw. Mitverschulden vorgeworfen werden kann. Vgl. BGH-Beschluss vom 13.1.2009 – AK 20/08.
[132] LG Stuttgart v. 7.9.2004 – 10 KLs 141 Js 28271/03, n. V.
[133] Landgericht München I vom 24.11.2005, 6 KLs 115 Js 110442/04, n. V.
[134] OLG Stuttgart – Urteil vom 16.10.2008 – 4-3 StE 1/07.
[135] Erhebliche Störung der auswärtigen Beziehungen.
[136] LG Münster v. 24.6.1994–11 Kls 6 Js 157/91 (12/93).

II. Außenwirtschaftsgesetz

zu einer „eiligen Reise nach Israel" veranlasst hatte. Das Urteil betraf die ungenehmigte Ausfuhr von in der AL erfassten Fließdrückmaschinen nach dem Irak für das dortige Raketenprogramm.
– Das AG Freiburg[137] hielt bereits 1985 „ausländische Reaktionen" für den Nachweis einer „erheblichen Störung …" nicht für erforderlich. Es stellte auf den Schutzzweck der Strafnorm ab. Durch sie sollen unmittelbar die eigenen Interessen der Bundesrepublik Deutschland im internationalen Verkehr geschützt werden.
– Das LG Darmstadt sah ebenfalls eine „erhebliche Störung der auswärtigen Beziehungen zu Israel und den USA" durch die Ende der 80 er Jahre erfolgte Lieferung von Startrampen und Betankungsanlagen für SCUD-Raketen nach dem Irak als erwiesen an, weil SCUD-Raketen im ersten Golfkrieg bekanntermaßen gegen Israel eingesetzt wurden.[138]

Ausfuhren, Dienstleistungen, Lieferungen im Rahmen von Transithandelsgeschäften,[139] **34** Wissenstransfer und Handels- und Vermittlungsgeschäfte, die auf der Grundlage der §§ 5 bzw. 7 AWG durch Rechtsverordnung oder nach Art. 3 oder 4 der EG-Dual-Use-VO Beschränkungen unterliegen und ungenehmigt bzw. verbotswidrig erfolgen, dürften grundsätzlich geeignet sein, eines oder mehrere der in § 34 Abs. 2 AWG genannten Schutzgüter zu gefährden.

Beispiele: I. Wartung von Geräten in einer Anlage zur Herstellung von chemischen Waffen in Libyen durch Mitarbeiter eines deutschen Unternehmens. Eine derartige Tätigkeit ist eine Dienstleistung, deren Erbringung nach § 45 AWV unter den dort genannten Voraussetzungen (§ 45 I – Unterrichtung durch BAFA, § 45 II „positive Kenntnis" des Gebietsansässigen, etc.) genehmigungsbedürftig ist. Die ungenehmigte Erbringung dieser Dienstleistung ist eine Ordnungswidrigkeit gem. § 33 Abs. 1 AWG i. V. m. § 70 Abs. 1 Nr. 6c bzw. 6d AWV. Die Handlung ist – seit dem 8.4.2006 – nach §§ 34 Abs. 2, 35 AWG strafbar, sofern einer der dort genannten Zusatztatbestände erfüllt ist.
II. Schulung libyscher Staatsangehöriger in Deutschland in der Bedienung und Wartung von Steuerungsanlagen für Anlagen zur Herstellung chemischer Waffen. Eine derartige Schulungsmaßnahme ist eine Dienstleistung, deren Erbringung nach § 45b AWV unter den dort genannten Voraussetzungen (§ 45b I – Unterrichtung durch BAFA, § 45b III „positive Kenntnis" des Gebietsansässigen, etc.) genehmigungsbedürftig ist. Die ungenehmigte Erbringung dieser Dienstleistung ist eine Ordnungswidrigkeit gem. § 33 Abs. 1 AWG i. V. m. § 70 Abs. 1 Nr. 7 bzw. 8 AWV. Die Handlung ist nach §§ 34 Abs. 2 AWG strafbar, sofern einer der dort genannten Zusatztatbestände erfüllt ist.

Beachte:
A. Die §§ 45, 45a, 45b und 45c AWV betreffen nur die Erbringung technischer Unterstützung durch Gebietsansässige (§ 4 Abs. 1 Nr. 5 AWG). Ferner gelten die vorgenannten Bestimmungen nach § 45d AWV für technische Unterstützung, die durch nicht gebietsansässige Deutsche erbracht wird, d. h., entsprechende Dienstleistungen durch außerhalb Deutschlands ansässige deutsche Staatsangehörige sind genehmigungsbedürftig. Zuwiderhandlungen, die durch von § 45d erfasste Personen (= nicht gebietsansässige Deutsche) begangen werden, können allerdings erst ab dem 22.12.2006 geahndet werden. Die entsprechenden Bußgeldnormen (§ 70 Abs. 1 Nr. 6a., 6b., 7 und 8 a. F. = aktuell: 6c., 6d., 7 und 8 AWV) erfassten zuvor lediglich Zuwiderhandlungen gegen die § 45, 45a, 45b und 45c AWV an sich und enthielten bis zum Inkrafttreten der Änderung keinen Hinweis auf § 45d AWV. Letzteres ist allerdings Voraussetzung für die Ahndbarkeit entsprechender Auslandstaten.
B. Die Leistung technischer Unterstützung im Wirtschaftsgebiet durch **Gebietsfremde** (§ 4 Abs. 1 Nr. 7 AWG) unterliegt keinen Beschränkungen.

III. Eine deutsche Firma (Verkäufer) schließt mit einem pakistanischen Rüstungsbetrieb (Käufer) einen Vertrag über die Lieferung von 4t Ammoniumperchlorat (APC) bestimmter Qualität nach Pakistan. Die zu liefernden Waren bezieht der deutsche Verkäufer jedoch nicht in Deutschland, sondern kauft sie bei einem Hersteller in der Republik Südafrika. Die 4t APC werden unmittelbar – ohne deutschen Boden zu berühren – von Südafrika nach Pakistan versandt. APC ist eine Komponente für Festtreibstoffe. Die Ware ist in

---
[137] AG Freiburg v. 11.3.1985–20 AK 46/82 41 Ls 103/82.
[138] LG Darmstadt v. 30.10.2001–13 KLs 21 Js 38217/90.
[139] Die Vorschrift des § 40 AWV a. F. – Transithandelsgeschäfte – wurde mit Wirkung vom 29.7.2006 neu gefasst bzw. ersetzt durch die §§ 40 bis 42 AWV „Handels- und Vermittlungsgeschäfte"; vgl. 75. VO zur Änderung der AWV vom 22.5.2006, BAnz S. 3901.

Teil I Abschnitt A (Position 0008) der AL erfasst. Bei dem Geschäft handelt es sich um ein **Transithandelsgeschäft** (§ 4c Nr. 8 AWV) bzw. um ein **Handels- und Vermittlungsgeschäft** (§ 4c Nr. 6 AWV). Die Veräußerung des APC durch die deutsche Firma an den pakistanischen Kunden im Rahmen des Transithandelsgeschäftes bedurfte bis zum 28.7.2006 nach § 40 Abs. 1 AWV der Genehmigung und ist seit dem 29.7.2006 als Handels- und Vermittlungsgeschäft (Var. „Abschluss eines Vertrages über das Überlassen von Gütern") ebenfalls nach § 40 Abs. 1 AWV genehmigungsbedürftig. Die ungenehmigte Veräußerung war/ist in beiden Fällen eine Ordnungswidrigkeit nach § 33 Abs. 1 AWG i. V. m. § 70 Abs. 1 Nr. 6 AWV und nach § 34 Abs. 2 AWG strafbar, sofern einer der dort genannten Zusatztatbestände erfüllt ist.

35 Einer besonders intensiven Prüfung, ob eine Straftat nach § 34 Abs. 2 AWG vorliegt und damit eine Zuständigkeit der Staatsanwaltschaft für die Verfolgung von Zuwiderhandlungen gegeben ist, bedürfen hingegen jene Fälle, in denen Grundtatbestände gem. § 33 Abs. 4 AWG verwirklicht sind/sein könnten. Ein Teil dieser Grundtatbestände betrifft Zuwiderhandlungen gegen Form- bzw. Verfahrensvorschriften.[140] Eine mögliche Gefährdung der Schutzgüter des § 34 Abs. 2 Nrn. 1 und 2 AWG durch Verstöße gegen Form-/Verfahrensvorschriften dürfte von vornherein auszuschließen sein. Die potenzielle Eignung derartiger Zuwiderhandlungen, die auswärtigen Beziehungen der Bundesrepublik **erheblich** zu gefährden, ist zumindest höchst unwahrscheinlich. Diese Auffassung bestätigt auch ein Urteil des BGH, das sich mit der Eignung unrichtiger Angaben gegenüber dem BAFA (§ 33 Abs. 5 Nr. 1 AWG), die auswärtigen Beziehungen erheblich zu gefährden, auseinander setzt und dies – zutreffend – verneint.[141]

Vorstehend Gesagtes gilt auch für den Grundtatbestand des § 33 Abs. 1 AWG i. V. m. § 70 Abs. 1 Nr. 3a (ungenehmigte Ausfuhr von in Teil II der AL erfassten Waren), Nr. 9 (verbotswidrige Zahlungen im Zusammenhang mit dem Abkommen über deutsche Auslandsschulden) und Nr. 12 AWV (Verletzung einer Mitteilungspflicht).

Idealkonkurrenz von § 34 Abs. 2 AWG ist möglich mit Zuwiderhandlungen nach §§ 19, 20, 20a, 22a KWKG, §§ 16, 17 CWÜAG, § 80 StGB. Häufig vorkommende Fälle der **Realkonkurrenz** sind Urkundsdelikte (§ 267 StGB) und Steuerhinterziehung (§ 370 AO) z. B. in der Form der Nichtversteuerung erzielter Gewinne.

cc) § 34 Abs. 3 AWG

36 § 34 Abs. 3 AWG wurde ebenfalls durch das Gesetz zur Änderung des AWG ... vom 28.2.1992 erlassen und durch das 12. AWG-Änderungsgesetz hinsichtlich der Verbringung klarstellend ergänzt. Tatbestand ist die **Förderung** der (ungenehmigten/verbotswidrigen) Ausfuhr oder Verbringung in den Fällen des § 34 Abs. 1 und 2 durch zur Verfügung stellen der auszuführenden bzw. zu verbringenden Güter. Der Tatbestand erfasst somit bestimmte, zur **Tat** erhobene, verselbstständigte Beihilfehandlungen. Mit der Vorschrift sollen illegale Exporte über Strohmänner o. ä. Konstruktionen unter Strafe gestellt werden.[142] Strafbar ist nur die vorsätzliche Förderung der Ausfuhr; dolus eventualis ist ausreichend.

Voraussetzung der Strafbarkeit wegen Förderung ist zumindest der Versuch[143] (§ 34 Abs. 5) einer ungenehmigten bzw. verbotswidrigen Ausfuhr/Verbringung, denn frühestens beim Versuch einer illegalen Ausfuhr/Verbringung kann überhaupt eine Gefährdung der durch das AWG/die AWV geschützten Rechtsgüter in Betracht kommen. *Diemer* vertritt hingegen die Auffassung, eine versuchte illegale Ausfuhr reiche nicht aus, die Ausfuhr müsse vollendet sein. Diese Auffassung begegnet Bedenken. Die Vorschriften, denen § 34 Abs. 3 nachgebildet ist, sind insoweit nicht mit § 34 Abs. 3 vergleichbar, als die geförderten Taten selbst nicht strafbar sind.[144]

---

[140] § 33 Abs. 4 i. V. m. § 70 Abs. 4 und 5 AWV, sowie Vorschriften betreffend die Erteilung von Informationen (z. B. § 70 Abs. 5k AWV) oder die Erfüllung von Ansprüchen o. Ä. (z. B. § 70 Abs. 5b AWV).
[141] BGH v. 25.3.1999, 1 StR 493/98 (LG Mannheim); NJW 1999, S. 2129–2130.
[142] Vgl. Begründung BT-Drucksache 12/1134, 9.
[143] *Friedrich* in *Hocke/Friedrich*, Rn. 32 zu § 34; a. A. *Diemer* in *Erbs/Kohlhaas*, Rn. 21 zu § 34 AWG.
[144] §§ 19 Abs. 1 Nr. 2, 20 Abs. 1 Nr. 2 KWKG, die wiederum § 120 StGB nachgebildet sind. „Selbstbefreiung eines Gefangenen" ist nicht strafbar; Förderhandlungen (im Ausland) im Zusammenhang mit ABC-Waffen sind am Tatort ebenfalls regelmäßig nicht strafbar, sondern im Gegenteil hoch erwünscht.

II. Außenwirtschaftsgesetz

Beispiel: Die Firma A entwickelt aufgrund eines Vertrages mit einer Organisation im Land X mit erheblichem Aufwand ein neues Feuerleitsystem für Kampfpanzer, für das nur im Land X und ggf. einigen weiteren „sensiblen Ländern" überhaupt ein Markt vorhanden ist. Sie erfährt dann aufgrund einer Voranfrage beim BAFA, dass die Ausfuhr (nach dem Land X) nicht genehmigungsfähig ist. A storniert den Vertrag mit dem Land X und veräußert die Technologie und die gefertigten Prototypen an die inländische Firma B, die ihrerseits zu denselben Konditionen wie die Firma A einen Vertrag mit der Organisation im Land X geschlossen hat und die Güter dann ungenehmigt nach dem Land X ausführt.

Die Vorschrift hat in der Praxis kaum Bedeutung. Neben dem Fall, der zum Erlass der Bestimmung führte, ist erst ein Fall bekannt geworden, in dem eine Anwendung der Vorschrift möglicherweise in Betracht gekommen wäre, wenn, was nicht geschah, wenigstens der Versuch einer ungenehmigten Ausfuhr unternommen worden wäre. Die Entstehung der Vorschrift dürfte auch vor dem Hintergrund zu sehen sein, dass seinerzeit die (streitige) Auffassung vertreten wurde, dass Straftaten nach § 34 AWG verwaltungsakzessorische Sonderdelikte seien und als Täter nur der „verfahrensrechtliche" Ausführer (§ 8 Abs. 1 AWV a. F.; neu:[145] Art. 788 ZKDVO, § 17 Abs. 1 AWV, „Verbringer" § 21 Abs. 1 AWV, aktuell:[146] Art. 788 ZKDVO, § 4c Nr. 1 AWV – Ausführer, § 4c. Nr. 2 AWV – Verbringer) in Betracht komme. Der BGH hat diese Auffassung hingegen verworfen.[147] Der für den Erlass der Vorschrift ursächliche Fall war insoweit signifikant, als die Geschäftsgestaltung sehr stark auf eine im Hinblick auf die „Sonderdeliktstheorie" gewählte Strohmannkonstruktion hinwies: Die Firma B. war erst kurze Zeit vor der Ausfuhr der Waren gegründet worden und wäre schon in Anbetracht ihrer personellen und finanziellen Ausstattung selbst nicht in der Lage gewesen, den vertraglichen Verpflichtungen nachzukommen.

AWR-Novelle:
Die o. a. Bestimmung ist mangels Praxisrelevanz entfallen.

dd) § 34 Abs. 4 AWG

Auch § 34 Abs. 4 AWG wurde durch das Gesetz zur Änderung des AWG ... vom 28.2.1992 **37** erlassen, durch das 12. AWG-Änderungsgesetz völlig umgestaltet und durch das 13. AWG-Änderungsgesetz ergänzt.

Durch § 34 Abs. 4 a. F. wurden Verstöße gegen **wirtschaftliche Sanktionsmaßnahmen**, die vom Sicherheitsrat der Vereinten Nationen (VN) aufgrund von Kapitel VII der Charta der VN beschlossen und durch Gesetz, Rechtsverordnung oder durch im BGBl. oder BAnz. veröffentlichte EG-Rechtsakte in das Außenwirtschaftsrecht übernommen wurden, unter Strafandrohung gestellt.[148] Die Bestimmung erfasste damit VN-Sanktionsmaßnahmen in allen Bereichen des Außenwirtschaftsverkehrs.

§ 34 Abs. 4 n. F. ist aktuell dreigeteilt.
- Nach **§ 34 Abs. 4 Nr. 1** sind mit Strafe bedroht:
Zuwiderhandlungen gegen eine Rechtsverordnung ..., die der Durchführung
a) einer vom Sicherheitsrat der Vereinten Nationen nach Kapitel VII der Charta der Vereinten Nationen oder
b) einer vom Rat der Europäischen Union im Bereich der Gemeinsamen Außen- und Sicherheitspolitik
beschlossenen wirtschaftlichen Sanktionsmaßnahme dient. Dies, soweit die Rechtsverordnung für einen bestimmten Tatbestand auf § 34 Abs. 4 Nr. 1 verweist und die Tat nicht in Abs. 6 Nr. 3 mit Strafe bedroht ist.
Diese Blankettvorschrift wird ausgefüllt durch § 70a AWV[149] i. V. m. den dort genannten Embargobestimmungen (§§ 69 a ff. AWV). Tathandlungen sind gemäß § 70a Abs. 2 Nrn. 1

---

[145] 36. Verordnung zur Änderung der AWV vom 17.2.1995, BAnz. Nr. 104 v. 3.6.1995, S. 6165.
[146] Art. 2 des 12.Gesetzes zur Änderung des AWG und der AWV vom 28.3.2006, BGBl. I S. 574.
[147] BGH v. 20.8.1992 – 1 StR 229/92, ZfZ 1993, 24ff.; a. A. *Holthausen*, NStZ 1993, 568 ff.
[148] Vgl. Begründung BT-Drucksache 12/1134, 9.
[149] § 70a AWV wurde durch Art. 2 des 12. AWG-Änderungsgesetzes vom 28.3.2006, BGBl. I, S. 574, erlassen und durch die 75. Verordnung zur Änderung der AWV vom 22.5.2006, BAnz. S. 3901, mit der Lieferverbote für Rüstungsgüter aufgrund div. Gemeinsamer Standpunkte der EU in nationales Recht umgesetzt wurden (§§ 69a ff. AWV), umfassend ergänzt.

bis 4 und 11 AWV das verbotswidrige bzw. ungenehmigte Verkaufen, Ausführen oder Ausführenlassen, Durchführen oder Durchführenlassen bestimmter Güter, die verbotswidrige bzw. ungenehmigte Vornahme von benannten Handels- oder Vermittlungsgeschäften[150] sowie das verbotswidrige bzw. ungenehmigte Einführen oder Einführenlassen, Erwerben oder Erwerbenlassen und Befördern oder Befördernlassen.

Beispiel: I. Der in Deutschland ansässige Händler H. verkauft in Teil I Abschnitt A erfasste Raketenkomponenten an einen Kunden in Simbabwe. Die Waren lässt er in Indien fertigen und von dort aus unmittelbar nach Simbabwe versenden. Es handelt sich um ein gem. § 69h Abs. 2 AWV untersagtes Handels- und Vermittlungsgeschäft, das nach § 34 Abs. 4 Nr. 1 AWG i. V. m. § 70a Abs. 2 Nr. 3 AWV strafbar ist.

II. Sachverhalt wie I.; der Händler H. ist Deutscher und in Spanien ansässig. Das Handels- und Vermittlungsgeschäft ist gem. § 69h Abs. 2 i. V. m. Abs. 5 AWV untersagt und nach §§ 34 Abs. 4 Nr. 1, 35 AWG i. V. m. § 70a Abs. 2 Nr. 3 AWV strafbar.

Ausblick:
Entsprechende Strafvorschriften sollen beibehalten werden (§ 17 AWG-Novelle).

- Nach **§ 34 Abs. 4 Nr. 2** sind mit Strafe bedroht:
Zuwiderhandlungen gegen ein unmittelbar geltendes Ausfuhr-, Einfuhr-, Durchfuhr-, Verbringungs-, Verkaufs-, Liefer-, Bereitstellungs-, Weitergabe-, Dienstleistungs-, Investitions-, Unterstützungs- oder Umgehungsverbot eines im Bundesanzeiger veröffentlichten, unmittelbar geltenden Rechtsaktes der Europäischen Gemeinschaften oder der Europäischen Union, der der Durchführung einer vom Rat der Europäischen Union im Bereich der Gemeinsamen Außen- und Sicherheitspolitik beschlossenen wirtschaftlichen Sanktionsmaßnahme dient. Die Norm enthält nunmehr[151] eine – abschließende – Aufzählung jener Verbote in unmittelbar geltenden Rechtsakten der Europäischen Gemeinschaften bzw. der Europäischen Union, d. h., EG- bzw. EU-Verordnungen, deren Missachtung nach dieser Vorschrift als Straftat geahndet werden kann. Voraussetzung der Strafbarkeit ist ferner, dass die entsprechende EU-Embargovorschrift im Bundesanzeiger veröffentlicht ist. Das BMWi kann damit steuern, welche EU-Embargobestimmungen konkret im BAnz. veröffentlicht werden und dadurch auch sicherstellen, dass Verstöße marginaler Art, z. B. gegen Informationspflichten, nicht als Straftat verfolgt werden (können).[152]

Beispiele: I. Eine Person X führte im Juni 2006 archäologische Sammlungsstücke, die Mitte 2003 aus einem irakischen Museum entwendet wurden, aus einem Drittland nach Deutschland ein. Die Einfuhr dieser Waren war gem. Art. 3 a) der VO (EG) Nr. 1210/2003 verboten. Die Verbotsvorschrift wurde auch vom BMWi im BAnz bekannt gemacht.[153] Eine Strafbarkeit nach § 34 Abs. 4 Nr. 2 AWG war hingegen nicht gegeben, denn Zuwiderhandlungen gegen Einfuhrverbote wurden von der Strafnorm seinerzeit nicht erfasst.

II. Eine Person Y führte im Juni 2006 archäologische Sammlungsstücke, die Mitte 2003 aus einem irakischen Museum entwendet wurden und auf ungeklärten Wegen nach Deutschland und in ihren Besitz gelangt sind, aus Deutschland nach einem Drittland (nicht: Irak) aus. Die Ausfuhr dieser Waren war gem. Art. 3 b) der VO (EG) Nr. 1210/2003 verboten und, da die Verbotsvorschrift im BAnz bekannt gemacht wurde, nach § 34 Abs. 4 Nr. 2 AWG – Verstoß gegen ein Ausfuhrverbot – strafbar.

III. Eine Person Z verstieß im Juni 2006 gegen Informationspflichten gemäß Artikel 8 Abs. 1 der VO (EG) 1210/2003. Die vorgenannte Bestimmung wurde nicht im BAnz bekannt gemacht. Eine Strafbarkeit nach § 34 Abs. 4 Nr. 2 AWG war somit nicht gegeben. Die Zuwiderhandlung war eine Ordnungswidrigkeit gem. § 33 Abs. 4 AWG i. V. m. § 70 Abs. 5k AWV und wäre ggf. – falls einer der dort genannten Zusatztatbestände erfüllt war – nach § 34 Abs. 2 AWG strafbar.

---

[150] Begriffsdefinition Handels- und Vermittlungsgeschäft vgl. § 4c Nr. 6 AWV.
[151] Verstöße gegen Einfuhr-, Durchfuhr- und Verbringungsverbote sind erst seit Inkrafttreten des 13. AWG-Änderungsgesetzes nach dieser Vorschrift strafbewehrt.
[152] BT-Drs. 16/33, S. 13.
[153] BAnz Nr. 69b vom 7.4.2006 – „Bekanntmachung zur Strafbewehrung von Embargoverstößen".

II. Außenwirtschaftsgesetz

- Nach § 34 Abs. 4 Nr. 3 sind seit Inkrafttreten des 13. AWG-Änderungsgesetzes ferner mit Strafe bedroht:
Zuwiderhandlungen gegen eine unmittelbar geltende Genehmigungspflicht für eine Ausfuhr, Einfuhr, Durchfuhr, Verbringung, einen Verkauf-, eine Lieferung, Bereitstellung, Weitergabe, Dienstleistung, Investition, Unterstützung oder Umgehung eines im Bundesanzeiger veröffentlichten, unmittelbar geltenden Rechtsaktes der Europäischen Gemeinschaften oder der Europäischen Union, der der Durchführung einer vom Rat der Europäischen Union im Bereich der Gemeinsamen Außen- und Sicherheitspolitik beschlossenen wirtschaftlichen Sanktionsmaßnahme dient. Die Bestimmung entspricht der Regelung des § 34 Abs. 4 Nr. 2. Auf die dortigen Ausführungen wird verwiesen.

Idealkonkurrenz von § 34 Abs. 4 AWG ist möglich mit Zuwiderhandlungen nach § 34 Abs. 1 und Abs. 6 Nr. 3 AWG, §§ 19, 20, 20a, 22a KWKG, §§ 16, 17 CWÜAG, § 80 StGB. Die Strafbarkeit nach § 34 Abs. 4 Satz 1 Nr. 1 ist zur Strafbarkeit nach § 34 Abs. 6 Nr. 3 subsidiär.

Häufig vorkommende Fälle der Realkonkurrenz sind bei Zuwiderhandlungen gegen Ausfuhrverbote Urkundsdelikte (§ 267 StGB), Steuerhinterziehung (§ 370 AO) z. B. in der Form der Nichtversteuerung erzielter Gewinne und Ordnungswidrigkeiten nach § 33 Abs. 4 und 5 Nr. 2 AWG z. B. durch falsche Angaben in Ausfuhranmeldungen. Bei Verstößen gegen Einfuhrverbote[154] sind häufig vorkommende Fälle der Realkonkurrenz § 36 MOG (Einfuhr ohne Einfuhrlizenz, etc.), § 267 StGB (Gebrauchmachen von falschen Urkunden – z. B. von Präferenznachweisen), § 370 AO (Verkürzung von Einfuhrabgaben) und § 373 AO (Schmuggel).

AWR-Novelle:
Die Vorschriften zur Strafbewehrung von Embargo-Verstößen (§ 34 Abs. 4 auch i. V. m. § 34 Abs. 6 Nr. 3 AWG) wurden beibehalten und grundlegend überarbeitet: Verstoß gegen ein Waffenembargo – § 17 Abs. 1 AWG-N, Verstoß gegen bestimmte Verbote und Genehmigungspflichten in EU-Embargoverordnungen – § 18 Abs. 1 AWG-N. Das Erfordernis einer Veröffentlichung der EU-Rechtsakte im BAnz ist entfallen.

ee) § 34 Abs. 5 AWG

Die Vorschrift bestimmt die Strafbarkeit des Versuchs (§ 22 StGB) in den Fällen des § 34 Abs. 1, 2 und 4 AWG (Vergehen). Ein Versuch der illegalen Ausfuhr ist frühestens dann anzunehmen, wenn die Ware verladen wird, um demnächst in Richtung Grenze in Bewegung gesetzt zu werden.[155] In Anbetracht des zweistufigen Ausfuhrverfahrens dürfte im Zeitpunkt der Gestellung bei der bzw. Ausfuhrabfertigung durch die Ausfuhrzollstelle stets ein Versuch der illegalen Ausfuhr vorliegen. Die Vorschrift wurde beibehalten – § 18 Abs. 6 AWR-N.

ff) § 34 Abs. 6 AWG

§ 34 Abs. 6 wurde ebenfalls durch das 12. AWG-Änderungsgesetz umfassend ergänzt und geändert[156]. Er beinhaltet Qualifikationstatbestände zu den §§ 34 Abs. 1, 2 und 4 AWG. Bei Vorliegen der in § 34 Abs. 6 AWG genannten Voraussetzungen können ungenehmigte Ausfuhren bzw. Verbringungen und Embargoverstöße weiterhin mit einer Mindestfreiheitsstrafe von zwei Jahren geahndet werden und sind damit Verbrechen.

- § 34 Abs. 6 Nr. 1 AWG
Bei § 34 Abs. 6 Nr. 1 AWG handelt es sich – ebenso wie bei § 34 Abs. 2 AWG – um zweistufige Delikte. Grundtatbestände sind § 34 Abs. 1 und 2 AWG, die gemäß § 34 Abs. 6 Nr. 1 AWG als Verbrechen mit Strafe bedroht sind, wenn der Täter durch die Handlung einen der folgenden Zusatztatbestände erfüllt:

---

[154] Z. B. Teil-Embargo gegen Iran, das Waffenembargo gegen Eritrea, das Waffenembargo gegen Nordkorea, ehem. „Jugoslawien"-Embargo (seinerzeit z. B. Umgehungseinfuhren von landwirtschaftlichen Erzeugnissen, illegale Rücklieferung z. B. von Textilien nach passiver Veredelung, etc.).
[155] *Diemer* in *Erbs/Kohlhaas*, Rn. 41 zu § 34 AWG.
[156] Zu den verfahrensrechtlichen Auswirkungen der Umwandlung der Regelbeispiele für besonders schwere Fälle in Qualifikationstatbestände vgl. BGH-Beschluss vom 28.1.2010 – 3 StR 274/09.

a) die Gefahr eines schweren Nachteils für die äußere Sicherheit der Bundesrepublik Deutschland herbeiführt,
b) das friedliche Zusammenleben der Völker stört oder
c) die auswärtigen Beziehungen der Bundesrepublik Deutschland erheblich stört.

Die Vorschrift ist als Erfolgsdelikt ausgestaltet und entspricht insoweit § 34 Abs. 1 AWG i. d. F. des 3. AWG-Änderungsgesetzes.[157] Der – mit § 16 Abs. 3 Nr. 1 CWÜAG identische – Zusatztatbestand zu a) ist ein konkretes Gefährdungsdelikt.[158] Handlungserfolg ist zu a) die konkrete Gefahr eines schweren Nachteils für die äußere Sicherheit der Bundesrepublik, die eingetreten sein muss, bzw. der in b) oder c) genannte Erfolg. Auf die Ausführungen und Beispielfälle zu § 34 Abs. 2 AWG wird wegen der gleichartigen Ausgestaltung der Bestimmungen verwiesen.

§ 34 Abs. 6 Nr. 1 AWG wird in der Praxis insoweit wenig relevant sein, als nach wie vor auch bei schwerwiegenden Verstößen der Eintritt des Deliktserfolges nur sehr selten nachweisbar sein dürfte. Auf die diesbezüglichen Ausführungen in der Begründung zum 5. AWG-Änderungsgesetz, mit dem § 34 Abs. 1 AWG a. F. vom Erfolgsdelikt in ein Gefährdungsdelikt umgestaltet wurde, sei insoweit hingewiesen.[159]

AWR-Novelle: Die Vorschrift wurde nicht übernommen.

- **§ 34 Abs. 6 Nr. 2 AWG**

41 Nach § 34 Abs. 6 Nr. 2 AWG ist die Begehung der in § 34 Abs. 1, 2 und 4 AWG bezeichneten Handlungen als Verbrechen mit Strafe bedroht, wenn der Täter gewerbsmäßig oder als Mitglied einer Bande, die sich zur fortgesetzten Begehung **solcher Straftaten** verbunden hat, unter Mitwirkung eines anderen Bandenmitglieds handelt. Die Regelung entspricht insoweit den in § 34 Abs. 6 Nr. 2 AWG a. F. genannten Strafschärfungsgründen.

Bei der Auslegung der Begriffe „gewerbsmäßig" und „bandenmäßig" sind die von der Rechtsprechung entwickelten Grundsätze anwendbar.[160] Aufgrund des Wortlauts der Bestimmung muss sich die Bande zur fortgesetzten Begehung von Straftaten nach § 34 AWG verbunden haben. In der Praxis von besonderer Bedeutung ist regelmäßig der Tatbestand des „gewerbsmäßigen Handelns".

AWR-Novelle: Die Vorschriften wurden beibehalten und um den Qualifikationstatbestand des Handelns für den Geheimdienst einer fremden Macht ergänzt – § 17 Abs. 2, § 18 Abs. 7, 8 AWG-N.

- **§ 34 Abs. 6 Nr. 3 AWG**

42 Nach § 34 Abs. 6 Nr. 3 AWG sind die in § 34 Abs. 1 Satz 1 Nr. 1 bezeichneten Handlungen als Verbrechen mit Strafe bedroht, wenn der Täter dadurch gegen ein im BAnz veröffentlichtes **Ausfuhrverbot,** das in einem Waffenembargo der Vereinten Nationen – Nr. 3 a) – oder der Europäischen Union – Nr. 3 b) – enthalten ist, verstößt. Zuwiderhandlungen gegen Waffenembargos durch verbotswidrige Ausfuhren von Waren des Teils I Abschnitt A der AL, d. h., Rüstungsgütern, sind außenpolitisch besonders sensibel.[161]

Voraussetzung für die Strafbarkeit nach § 34 Abs. 6 Nr. 3 a) oder b) AWG ist eine Veröffentlichung des jeweiligen Ausfuhrverbots der VN-SR-Resolution oder des Gemeinsamen Standpunktes im BAnz. In der Bekanntmachung, die konstitutiven Charakter hat, wird auf den jeweils anzuwendenden Straftatbestand des § 34 Abs. 6 Nr. 3 AWG hingewiesen.

Beispiele: I. Bekanntmachung des Ausfuhrverbots von in Teil I Abschnitt A der AL genannten Gütern nach Ziffer 9 der Resolution 1011 (1995) des Sicherheitsrates der Vereinten Nationen vom 16. Au-

---

[157] 3. Gesetz zur Änderung des AWG vom 29.3.1976, BGBl. I S. 869 – Wortlaut s. Anhang.
[158] *Fischer,* Rn. 18 vor § 13 StGB.
[159] BT-Drs. 11/4230, S. 7, Nr. 10 – u. a. wird ausgeführt, dass es „trotz einer Reihe aufgedeckter Fälle illegaler Ausfuhren von Embargowaren nur vereinzelt Strafverfahren ... gegeben [habe], da die genannten erfolgsabhängigen Merkmale auch bei schwerwiegenden Verstößen selten nachweisbar waren. Die bisherige Fassung des § 34 AWG verfehlte demnach ihre generalpräventive Funktion."
[160] Zu den Anforderungen an die Feststellung einer Bande vgl. Urteil des BGH vom 22.3.2006 – 5 StR 38/06.
[161] BT-Drs. 16/33, S. 13.

II. Außenwirtschaftsgesetz **23**

gust 1995 zu Ruanda mit Bekanntmachung des BMWi vom 28. März 2006, BAnz Nr. 69b, S. 126, 127. In der vorgenannten Bekanntmachung war – offensichtlich irrtümlich – angegeben, dass eine Verletzung dieses Ausfuhrverbots als Straftat nach § 34 Abs. 6 Nr. 3 **b)** AWG zu ahnden war; zutreffend wäre indes § 34 Abs. 6 Nr. 3**a)** AWG gewesen. Die entsprechende Berichtigung erfolgte durch Bekanntmachung vom 16.8.2006. In Anbetracht des konstitutiven Charakters der Angaben in der Bekanntmachung[162] war – wegen des Verweises auf die unzutreffende Strafnorm – die Strafbestimmung des § 34 Abs. 6 Nr. 3a) AWG vom 8.4.2006 bis 18.8.2006 nicht anwendbar. Eine Ausfuhr von Gütern des Teils I Abschnitt A der AL nach Ruanda an Nicht-Regierungsstreitkräfte war auch nach § 69b Abs. 1 AWV verboten und nach § 34 Abs. 4 Nr. 1.a) AWG i. V. m. § 70a Nr. 1 AWV strafbar. Die Subsidiaritätsklausel des § 34 Abs. 4 Nr. 1, letzter Halbsatz AWG griff insoweit nicht.
II. Bekanntmachung des Ausfuhrverbots von in Teil I Abschnitt A der AL genannten Gütern nach Artikel 1 Abs. 1, Artikel 2 des Gemeinsamen Standpunktes 2005/440/GASP ... über restriktive Maßnahmen gegen die Demokratische Republik Kongo ... mit Bekanntmachung vom 28. März 2006, BAnz Nr. 69b, S. 122, 123 unter Hinweis auf die Strafbewehrung gemäß § 34 Abs. 6 Nr. 3 b) AWG.

Beachte:
Nach dem Wortlaut des § 34 Abs. 6 Nr. 3 AWG („**Ausfuhr**verbot") gilt diese Norm nur für die **Ausfuhr** der genannten Güter aus dem Wirtschaftsgebiet, d. h., Ausfuhren i. S. des § 4 Abs. 2 Nr. 4 AWG. Verstöße gegen Lieferverbote von Rüstungsgütern durch Deutsche in fremden Wirtschaftsgebieten sind hingegen unter den dort genannten Voraussetzungen nach § 34 Abs. 4 Nr. 1 AWG strafbewehrt, es sei denn, es ist einer der Qualifikationstatbestände des § 34 Abs. 6 Nr. 2 oder Nr. 4 AWG erfüllt.
AWR-Novelle: vgl. Ausführungen zu § 34 Abs. 4 AWG.

- § 34 Abs. 6 Nr. 4 AWG
Die Vorschrift ist – wie § 34 Abs. 2 AWG – ebenfalls als abstrakt-konkretes Gefährdungsdelikt ausgestaltet. Grundtatbestand sind alle und nur die von § 34 Abs. 4 AWG erfassten Embargoverstöße. Die Tat ist nach § 34 Abs. 6 Nr. 4 AWG als Verbrechen mit Strafe bedroht, wenn sie geeignet ist, **43**
a) die äußere Sicherheit der Bundesrepublik Deutschland,
b) das friedliche Zusammenleben der Völker oder
c) die auswärtigen Beziehungen der Bundesrepublik Deutschland erheblich
zu gefährden. Die vorgenannten **Zusatztatbestände** sind mit jenen des § 34 Abs. 2 AWG identisch. Auf die diesbezüglichen Ausführungen und Beispiele wird verwiesen.

gg) § 34 Abs. 7 AWG

Die Vorschrift bestimmt, dass Zuwiderhandlungen nach § 34 Abs. 1, 2 und 4 auch dann straf- **44** bar sind, wenn sie fahrlässig[163] begangen werden. Das BVerfG[164] hat (in anderem Zusammenhang) ausgeführt: „Von einem im Außenhandel tätigen Unternehmer kann verlangt werden, dass er sich über die einschlägigen Vorschriften unterrichtet."
AWR-Novelle:
Fahrlässige Verstöße gegen Außenwirtschaftsbestimmungen sind nunmehr grundsätzlich nur noch bußgeldbewehrt – § 19 AWG-Novelle. Leichtfertige Verstöße gegen ein Waffenembargo sind nach wie vor strafbar – § 17 Abs. 5 AWG-N.

hh) § 34 Abs. 8 AWG

Nach § 34 Abs. 8 AWG handelt ohne Genehmigung im Sinne des Abs. 1, „wer aufgrund **45** einer durch Drohung, Bestechung oder durch Zusammenwirken eines Amtsträgers mit dem Antragsteller zur vorsätzlichen Umgehung der Genehmigungsvoraussetzungen erwirkten

---

[162] BAnz Nr. 156 vom 19.8.2006, S. 5774.
[163] *Fischer*, Rn. 12a zu § 15: Fahrlässigkeit ist gegeben, wenn der Täter einen Tatbestand rechtswidrig verwirklicht, indem er objektiv gegen eine Sorgfaltspflicht verstößt, die gerade dem Schutz des beeinträchtigten Rechtsguts dient, und wenn dieser Pflichtverstoß unmittelbar oder mittelbar eine Rechtsgutsverletzung zur Folge hat, die der Täter nach seinen subjektiven Kenntnissen und Fähigkeiten vorhersehen und vermeiden konnte.
[164] BVerfG v. 21.7.1992 – 2 BvR 858/92, n. v.

oder durch unrichtige oder unvollständige Angaben erschlichenen Genehmigung handelt. Satz 1 gilt in den Fällen der Absätze 2 und 4 entsprechend."

Die Bestimmung wurde ebenfalls durch das 7. AWG-Änderungsgesetz[165] eingefügt und durch das 12. AWG-Änderungsgesetz dahingehend ergänzt, dass eine durch Drohung, Erpressung oder rechtswidriges Zusammenwirken (Kollusion) erlangte Genehmigung einer erschlichenen Genehmigung gleichgestellt wird. Sie hat klarstellende Funktion[166] und betrifft neben den vorgenannten Fällen jene Fälle, in denen eine – die konkrete Ausfuhr scheinbar abdeckende – Genehmigung durch unrichtige oder unvollständige Angaben erschlichen wurde.

Beispiele: I. A will eine Werkzeugmaschine an die Fa. X nach dem Iran ausführen. Die iranische Fa. X ist langjähriger Kunde des A und ganz überwiegend im zivilen Bereich tätig. A weiß jedoch, dass sein iranischer Kunde X die Werkzeugmaschine bei der Fertigung von Rohren für Artillerieraketen einsetzten will. Im Antrag auf Ausfuhrgenehmigung beschreibt er die Maschine zutreffend und gibt auch Iran als Käufer-/Bestimmungsland und X als Käufer und Endverwender an. Zum Verwendungszweck gibt er an „Herstellung von Rohren". Die Angaben des A im Antrag auf Ausfuhrgenehmigung sind zwar richtig, aber unvollständig. Erteilt das BAFA aufgrund dieser Angaben des A die Genehmigung, so wurde sie aufgrund unvollständiger Angaben erschlichen, denn die vollständigen Angaben zum Verwendungszweck hätten lauten müssen „Herstellung von Rohren für Artillerieraketen".

II. Sachverhalt wie I. Das BAFA gibt sich mit den Angaben des A im Antrag auf Ausfuhrgenehmigung jedoch nicht zufrieden, sondern bittet den A um ergänzende Angaben zum Endempfänger und zum Verwendungszweck der Waren. A teilt dem BAFA daraufhin wahrheitswidrig mit, dass die Fa. X ausschließlich im zivilen Bereich tätig ist und die Werkzeugmaschine zur Produktion von Rohren für die Fertigung von Lampenmasten einsetzen will. Um dies glaubhaft zu machen, legt A dem BAFA eine entsprechende Erklärung der Fa. X vor. Erteilt das BAFA aufgrund dieser zusätzlichen Angaben des A die Ausfuhrgenehmigung, so wurde diese durch unrichtige Angaben erschlichen.

III. A verhandelt wegen der Lieferung von je einer Werkzeugmaschine des Typs Y mit einer Fa. B in den Vereinigten Arabischen Emiraten (V.A.E.), die mit der Maschine Lampenmasten fertigen will und mit einer Fa. X im Iran, die mit der Maschine Rohre für Artillerieraketen fertigen will. Er beantragt deshalb Ausfuhrgenehmigungen wie folgt:
– Ausfuhr nach den V.A.E.; Käufer/Empfänger: Fa. B; Verwendungszweck: Herstellung von Lampenmasten
– Ausfuhr nach Iran; Käufer/Empfänger: Fa. X, Verwendungszweck: Herstellung von Rohren für Artillerieraketen.

Das BAFA erteilt die Ausfuhrgenehmigung für die Lieferung der Maschine nach den V.A.E.; die Ausfuhrgenehmigung für die Lieferung nach Iran wird hingegen versagt.

Das Geschäft mit dem V.A.E.-Käufer B kommt letztlich nicht zustande. Die iranische Fa. X ist weiterhin an der Maschine sehr interessiert. A liefert die Maschine über die V.A.E. in den Iran (Umgehungsausfuhr) und legt bei der Ausfuhrabfertigung die für die Ausfuhr nach den V.A.E. erteilte Genehmigung vor. Im vorliegenden Fall handelt es sich um eine „schlichte" ungenehmigte Ausfuhr, denn die von A verwendete Genehmigung deckt die tatsächliche Lieferung/das tatsächliche Geschäft nicht ab. Die „verwendete" Genehmigung für die V.A.E. war nicht erschlichen, denn die Angaben des A zum Zeitpunkt der Antragstellung/Erteilung der Genehmigung waren zutreffend, d. h., sie bezogen sich auf ein reales beabsichtigtes Geschäft.

Eine Genehmigung ist auch dann erschlichen, wenn die Angaben zwar zum Zeitpunkt der Antragstellung richtig waren, sich der Kenntnisstand des Antragstellers über genehmigungserhebliche Tatsachen jedoch vor Erteilung der Genehmigung oder vor der Ausfuhr ändert. Der Antragsteller hat insoweit eine Aufklärungspflicht aus vorangegangenem Tun.[167]

Beispiel: A schließt mit der iranischen Fa. X einen Vertrag über die Lieferung einer Werkzeugmaschine. Die Fa. X ist langjähriger Kunde des A und nach Kenntnis des A nur im zivilen Bereich tätig. Nach Mitteilung der Fa. X will diese die Maschine zur Herstellung von Lampenmasten verwenden. A beantragt eine Ausfuhrgenehmigung für die Lieferung der Werkzeugmaschine an die Fa. X nach Iran und gibt an, dass X nur im zivilen Bereich tätig ist und die Maschine zur Herstellung von Lampenmasten

---

[165] Gesetz zur Änderung des Außenwirtschaftsgesetzes, des Strafgesetzbuches und anderer Gesetze vom 28.2.1992, BGBl. I S. 372.
[166] Vgl. BT-Drucksache 12/1134, 9.
[167] *Holthausen*, NStZ 1988, 256, 261.

II. Außenwirtschaftsgesetz

einsetzen will. Kurze Zeit nach Antragstellung erfährt A, dass die iranische Fa. X sich nunmehr auch mit der Produktion von militärischen Gütern befasst und die zu liefernde Maschine tatsächlich bei der Herstellung von Rohren für Artillerieraketen einsetzen will. Die ursprünglichen Angaben im Antrag auf AG sind somit nicht mehr zutreffend; A hat insoweit eine Aufklärungspflicht gegenüber dem BAFA. Revidiert er seine Angaben nicht und erteilt das BAFA aufgrund der nunmehr unzutreffenden Angaben die beantragte Genehmigung, ist diese durch unrichtige Angaben erschlichen.

AWR-Novelle: Die Vorschriften wurden beibehalten: §§ 17 Abs. 6 und § 18 Abs. 9 AWG-N.

d) § 35 AWG – Auslandstaten

Die Bestimmung wurde 1992 durch das 7. AWG-Änderungsgesetz eingefügt und erstreckt die Strafbarkeit nach § 34 unabhängig vom Recht des Tatorts auch auf Taten im Ausland, wenn der Täter Deutscher ist. Sie ergänzt § 7 Abs. 2 Nr. 1 StGB und stellt klar, dass die Strafandrohung des § 34 AWG für Deutsche im Ausland auch dann gilt, wenn die Tat am Tatort nicht mit Strafe bedroht ist.[168] Im Hinblick auf § 9 StGB kommt eine Anwendung dieser Bestimmung nur in Betracht, wenn die Tat ausschließlich im Ausland begangen worden ist und keinerlei Inlandsbezug hat.[169] Die Erstreckung des Geltungsbereichs des materiellen deutschen Strafrechts durch § 35 AWG auf Auslandstaten Deutscher verstößt nicht gegen Art. 25 GG.[170]

46

Beispiele: I. Ein deutscher Techniker führt im Iran[171] Wartungsarbeiten an Kampfpanzern durch. Die Erbringung derartiger Dienstleistungen ist nach § 45a AWV genehmigungsbedürftig. Liegt die erforderliche Genehmigung nicht vor, ist die Handlung nach § 33 Abs. 1 AWG i. V. m. § 70 Abs. 1 Nr. 7 AWV ordnungswidrig und – sofern einer der dort genannten Zusatztatbestände erfüllt ist – nach § 34 Abs. 2 AWG i. V. m. § 35 AWG strafbar.

II. Ein deutscher Kaufmann (Inhaber einer Einzelfirma in Deutschland) hält sich zeitweise in seiner Ferienwohnung in der Türkei auf und tätigt dabei auch von dort aus Geschäfte. So schließt er Ende 2012 mit einem kubanischen Rüstungsbetrieb einen Vertrag über die Lieferung von 4 t Ammoniumperchlorat (APC) nach Kuba. Die zu liefernden Waren kauft er von einer Firma in Südafrika, von wo aus sie unmittelbar – ohne deutschen Boden zu berühren – an den kubanischen Rüstungsbetrieb versandt werden. Die Zahlung wird über eine Schweizer Bank abgewickelt. Es handelt sich um ein gemäß §§ 40, 42 AWV genehmigungspflichtiges Handels- und Vermittlungsgeschäft, dessen ungenehmigte Durchführung nach § 33 Abs. 1 AWG i. V. m. § 70 Abs. 1 Nr. 6 AWV eine Ordnungswidrigkeit und, sofern einer der dort genannten Zusatztatbestände erfüllt ist, nach §§ 34 Abs. 2, 35 AWG strafbar ist.

Anmerkung: Die §§ 40, 41, 41a AWV entsprechen § 4a KWKG (Auslandsgeschäfte) – s. o. § 42 AWV erweitert die Genehmigungspflicht darüber hinaus auch auf bestimmte Handels- und Vermittlungsgeschäfte, die durch gebietsansässige Deutsche im Ausland vorgenommen werden.

AWR-Novelle: Die Vorschriften wurden beibehalten: §§ 17 Abs. 7 und § 18 Abs. 10 AWG-N.

8. Modi operandi des illegalen Technologietransfers

a) Allgemeines

Die Modi operandi des illegalen Technologietransfers und vor allem die Methoden der Täter zur Verschleierung derartiger illegaler Aktivitäten sind sehr vielfältig. Sie sind bei illegalen **Ausfuhren** u. a. abhängig von Art und Umfang der Waren sowie davon, ob es sich bei dem Täter um einen Hersteller oder Händler handelt. Das Entdeckungsrisiko bei der Ausfuhr-(abfertigung) ist regelmäßig gering, selbst wenn die Zollbehörden eine Beschau oder Dokumentenprüfung durchführen. Es gibt wohl kaum einen Zollbeamten, der z. B. durch Beschau einer Werkzeugmaschine feststellen könnte, ob die Ausfuhr genehmigungspflichtig ist, oder

47

---

[168] Vgl. BT-Drucksache 12/1134, 9.
[169] Vgl. *Tröndle*, in: LK, Rn. 10 ff. zu § 9 StGB: Tatort ist nicht nur der Erfolgsort, sondern auch der Handlungsort des Täters/der Teilnehmer.
[170] BGH-Beschluss v. 25.3.2009 – StB 20/08, Rn. 47.
[171] Gegen Iran besteht seit 2007 ein Waffenembargo, davor war Iran in der Länderliste K erfasst.

der in der Lage wäre festzustellen, ob die angegebenen technischen Parameter bzw. Leistungsdaten tatsächlich zutreffen. Selbst „speziell konstruierte" Teile z. B. für Kampfflugzeuge, Raketen oder Gaszentrifugen sehen zumeist völlig harmlos aus. Plausible, unverdächtige und anscheinend zutreffende Warenbezeichnungen (Angaben in der Ausfuhranmeldung) lassen sich leicht finden.

> **Beispiele:** I. „Spiralfedern aus Stahl", von Aussehen und Abmessung jenen Federn ähnlich, die z. B. für Federbeine der Stoßdämpfer von Mopeds verwendet werden, entpuppten sich im Zuge der Ermittlungen als speziell konstruierte, genehmigungspflichtige (von einem gutgläubigen inländischen Zulieferanten des Ausführers „nach Zeichnung" und spezifischen Materialvorgaben als „Sonderserie" angefertigte) Federn für Ventilsteuerungen einer bestimmten Boden-Boden-Rakete.
> II. „Aluminiumröhrchen für die Fertigung von Kugelschreiberhülsen" waren tatsächlich genehmigungspflichtige „Entnahmehaken" für Gaszentrifugen für die Urananreicherung.
> III. Kriminelle Ausführer setzen regelmäßig alles daran, für den Fall einer Beschau, vor allem bei harmlos aussehenden und als solchen deklarierte Waren, keinen Anlass für kritische Fragen zu bieten. Es war folglich die absolute Ausnahme, dass ein Zollbeamter bei der Ausfuhrabfertigung einer Sendung mit angeblichen „Teilen für Milchseparatoren" in der Kiste auch Fachbücher über Raketentechnik(!) fand und sich zu Recht fragte, wofür eine Molkerei wohl derartige Bücher benötigen könnte. Die Ermittlungen ergaben, dass es sich bei den Waren tatsächlich um Lochböden für die Brennkammer einer Boden-Boden-Rakete handelte.

b) Ausfuhrschmuggel

48 Der Ausfuhrschmuggel, d. h. die illegale Ausfuhr von Waren ohne ihre Überführung in das Ausfuhrverfahren, ist relativ selten. Gegenstand des Ausfuhrschmuggels sind zumeist Waren geringer Abmessungen, die relativ leicht transportiert oder (z. B. auch in größeren legalen Ausfuhrsendungen) versteckt werden können. Modi operandi sind in diesen Fällen:
– Versand per Post/Kurier-/Paketdienst mit falschen Waren-, Wert- und Inhaltsangaben (z. B.: Warenmuster), teils auch deklariert als „Geschenksendung" an vorgebliche Privatpersonen,
– Übergabe der Waren im Inland an die Botschaft/konsularische Vertretung des Bestimmungslandes, die sie dann als Diplomatenpost bzw. per Kurier nach dem Bestimmungsland verbringt,
– nicht deklarierter Beipack in umfangreichen (legalen) Ausfuhrsendungen,
– Ausfuhren im Reisegepäck anlässlich von Geschäfts-/Urlaubsreisen.

c) Begehungsweisen und Verschleierungsmethoden

49 Illegale Ausfuhren von Anlagen bzw. großen Maschinen pp. erfolgen vielfach mittels
– unzutreffender oder erschlichener Ausfuhrgenehmigungen, „Auskünfte zur Güterliste" bzw. „Nullbescheide"[172] sowie entsprechender
– unzutreffender Angaben über Käufer-/Bestimmungsland bzw. Endempfänger usw. in den Ausfuhranmeldungen;
– Umgehungsausfuhren (vgl. Beispiel III. zu § 34 Abs. 8 AWG) [Umgehungsausfuhren und Umgehungseinfuhren sind die typische Begehungsweise bei aufgrund von VN-Sanktionsmaßnahmen bzw. EU-autonomen Embargos verbotenen Aus- bzw. Einfuhren[173] (Straftaten nach § 34 Abs. 4, ggf. Abs. 6 AWG)];
– unzutreffender/unvollständiger Warenbeschreibungen in den Ausfuhranmeldungen (Falschdeklaration);
– „Aufteilung" von Verträgen zur Ausnutzung von Wertgrenzen,
 d. h., die Genehmigungs-/Zollbehörden werden über Warenart, Empfänger und/oder Bestimmungsland oder über die den Ausfuhren tatsächlich zu Grunde liegenden Geschäfte/Verträge getäuscht.

---

[172] Bestätigung des BAFA, dass eine bestimmte Ware nicht in der AL erfasst bzw. ein bestimmtes Ausfuhrvorhaben nicht genehmigungsbedürftig ist.
[173] Seit Inkrafttreten des 12. AWG-Änderungsgesetzes am 8.4.2006 bis zum Inkrafttreten des 13. AWG-Änderungsgesetzes waren Zuwiderhandlungen gegen derartige Einfuhrverbote nicht nach § 34 Abs. 4 AWG strafbar – vgl. dort.

II. Außenwirtschaftsgesetz

Beispiele: I. Vgl. Beispiele zu § 34 Abs. 1, 2 und 8 AWG

II. Der Ausführer A erhält vom Rüstungsbetrieb X in Kuba einen Auftrag über die Lieferung von Ersatzteilen im Wert von 6500,– Euro für eine Werkzeugmaschine, die, wie A weiß, bei der Produktion von Rohren für Artillerieraketen eingesetzt wird. A geht zu Recht davon aus, dass die nach § 5c AWV erforderliche Ausfuhrgenehmigung nicht erteilt werden würde. A erteilt dem X eine Auftragsbestätigung und veranlasst den X in Anbetracht der Wertgrenze des § 5c Abs. 4 AWV, den „Gesamtauftrag" in 3 Aufträge mit Werten von je unter 2500,– Euro aufzuteilen, um so das Genehmigungserfordernis des § 5c AWV zu umgehen. Die Ersatzteile versendet er in 3 (Teil-)Partien innerhalb weniger Tage per Spedition nach Kuba. Tatsächlich handelt es sich trotz der Teillieferungen und der aufgeteilten Bestellung um einen einheitlichen wirtschaftlichen Gesamtvorgang (§ 4 Abs. 2 AWV). Die Ausfuhr der Ersatzteile ist nach § 5c AWV genehmigungsbedürftig, weil die Wertgrenze gem. § 5c Abs. 4 AWV überschritten ist.

Um das Risiko der Entdeckung der illegalen Aktivitäten zu minimieren, werden die Geschäfte zumeist konsequent verschleiert z. B. durch
– Zwischenschaltung von Scheinfirmen oder Domizilgesellschaften bei der Vertrags-, Rechnungs- und Zahlungsabwicklung,
– Zahlungsabwicklung über Privatkonten oder (gegenüber den Behörden) geheim gehaltene (Geschäfts-)Konten bei ausländischen Banken,
– „Bereinigung" von Geschäftsunterlagen [d. h. während oder spätestens nach der Abwicklung des Geschäfts werden „belastende" Unterlagen, die Aufschluss über die tatsächliche Beschaffenheit der Ware bzw. den sensiblen Hintergrund des Geschäfts geben könnten, vernichtet oder durch Dokumente mit harmlosem/nichts sagendem Inhalt ersetzt],
– Täuschung inländischer Zulieferanten über den Verwendungszweck/den Endverbleib der Ware,
– „gezielte Auswahl der Zulieferanten" [bei Waren mit hohem Wiedererkennungswert (z. B. Komponenten für Gaszentrifugen oder für Raketen) werden zumeist gezielt Firmen als Zulieferanten gewählt, die nicht in diesem Bereich tätig waren/sind, weil bei Fachfirmen, zumal wenn sie der Geheimschutzbetreuung unterliegen, stets damit zu rechnen ist, dass sie die Behörden über derartige „suspekte Beschaffungsversuche" informieren],
– vollständiges Beiseiteschaffen der Unterlagen und Nichterfassung der Geschäfte in der kaufmännischen Buchführung sowie Zahlungsabwicklung über Privatkonten oder geheim gehaltene ausländische Konten [häufige Verschleierungsmethode von Händlern bei Transithandelsgeschäften a. F. bzw. Handels- und Vermittlungsgeschäften und Ausfuhrschmuggel; auch die Erbringung von Dienstleistungen kann entsprechend verschleiert werden]. Die in Realkonkurrenz begangene Steuerhinterziehung (Nichtversteuerung der Gewinne) ist in diesen Fällen systemimmanent,
– Zerlegung von Waren in genehmigungsfreie Komponenten, um Genehmigungspflichten bei der Ausfuhr zu umgehen [z. B. bei genehmigungspflichtigen CNC-gesteuerten Werkzeugmaschinen: geliefert wird zunächst eine Werkzeugmaschine mit mechanischer Steuerung, dann als „Ersatzteil" die CNC-Steuerung; die Maschine wird dann im Bestimmungsland mit der CNC-Steuerung ausgerüstet],
– Segmentierung der Beschaffungen/Einkäufe [= Beschaffung der für bestimmte Vorhaben benötigten Waren bei verschiedenen Lieferanten unter Verschleierung des tatsächlichen Verwendungszwecks. Diese Methode wird sowohl von ausländischen Beschaffern als auch z. B. von inländischen „Generalunternehmern" angewandt],
– Abwicklung von Ausfuhrgeschäften, ohne als Ausführer in Erscheinung zu treten.

Beispiel: Die letztgenannte Methode in Kombination mit weiteren der o. a. Verschleierungsmaßnahmen wurde in dem Fall „Rabta" gewählt. Der deutsche Unternehmer I. hatte mit den damaligen libyschen Machthabern einen Vertrag über die Lieferung einer Anlage zur Herstellung chemischer Kampfstoffe geschlossen. Die für den Bau der Anlage erforderlichen Komponenten beschaffte er ganz überwiegend bei inländischen Zulieferanten, denen er vorspiegelte, als Vertreter der Firma PT in Hongkong zu handeln, die dort eine Anlage zur Herstellung von Pharmazeutika errichte. Die deutschen Zulieferanten erhielten dann von der Firma PT in Hongkong entsprechende Bestellungen und Zahlungen und führten die Waren (wie sie glaubten) nach Hongkong aus. Als Lieferbedingungen war „ab Werk" bzw. „frei Lager" einer deutschen Fa. des I. vereinbart worden. Die Abholung bei den Zulieferanten bzw. die Transporte „ab Lager" (Verbringung aus dem Wirtschaftsgebiet nach Belgien und der Weitertransport von Belgien nach Libyen) wurden von I. veranlasst. Eine aufgrund ausländischer Hinweise bei der Firma des I. durchgeführte Außenwirtschaftsprüfung lief ins Leere. Das „Libyen-Geschäft" war buchmäßig nicht erfasst. Die Zahlungsabwicklung erfolgte über verdeckte Schweizer Konten des I. und nicht über Firmenkonten. Da I. nicht als Ausführer aufgetreten war (die Ausfuhrabfertigung war jeweils von den Zulieferanten vorgenommen worden, die gutgläubig davon ausgingen, die Lieferungen aufgrund eines mit der Hongkonger Firma PT geschlossenen Vertrages vorzunehmen und damit Ausführer zu sein), waren die entsprechenden Ausfuhren auch der für die Firma des I. zuständigen Zollstelle nicht bekannt. Die Zulieferanten waren weder „Ausführer" im formellen Sinn (§ 8 Abs. 1 AWV a. F., § 4c Nr. 1 AWV n. F., Art. 788 ZKDVO), denn ihren Lieferungen lag kein „Ausfuhrvertrag" zugrunde, noch waren sie „Ausführer" im materiellen Sinn, denn sie hatten die Waren weder aus dem Wirtschaftsgebiet verbracht noch sie verbringen lassen. So sie denn seinerzeit schon gegolten hätte, wären die Zulieferer ebenfalls nicht „genehmigungsrechtliche" Ausführer i. S. v. Art. 2 lit. c) der EG-Dual-Use-VO a. F. bzw. Art. 2 Nr. 3 i) n. F. (VO (EG) 428/2009) gewesen.

9. Aufgaben und Befugnisse der Zollbehörden

50 Die Überwachung des Außenwirtschaftsverkehrs, die Ermittlung und teils auch die Ahndung von Zuwiderhandlungen gegen die Außenwirtschaftsbestimmungen obliegt maßgeblich den Zollbehörden:
– die Zollstellen (Hauptzollämter und Zollämter) überwachen den grenzüberschreitenden Güterverkehr (Fracht-, Post- und Reiseverkehr) im Hinblick auf die Einhaltung außenwirtschaftsrechtlicher Ein-, Aus- und Durchfuhrbeschränkungen bzw. -verbote (§ 46 AWG [seit 1.9.2013: § 27 AWG-N], § 14 Abs. 2 KWKG, § 5 CWÜAG);
– die Hauptzollämter (HZÄ), genauer: die bei den HZÄ eingerichteten Betriebsprüfungssachgebiete (Sachgebiete D), führen auf Weisung der Verwaltungsbehörde (§ 38 Abs. 3 AWG bzw. § 22 Abs. 3 AWG-N) auch nachträgliche Prüfungen (Außenwirtschaftsprüfungen) durch, um die ordnungsgemäße Abwicklung des grenzüberschreitenden Güterverkehrs nach AWG und KWKG sicherzustellen (§ 44 AWG bzw. § 23 AWG-N, § 14 Abs. 3ff. KWKG),[174]
– die HZÄ sind seit dem 1.1.2008 an Stelle der ehemaligen Oberfinanzdirektionen (OFDen) zuständige **Verwaltungsbehörde** i. S. des AWG (§ 38 Abs. 3 AWG bzw. § 22 Abs. 3 AWG-N); sie können Auskünfte verlangen und Außenwirtschaftsprüfungen anordnen (§ 44 AWG bzw. § 23 AWG-N), selbst Ermittlungen durchführen bzw. andere HZÄ und Zollfahndungsämter mit der Durchführung von Ermittlungen beauftragen (§ 37 AWG bzw. § 21 AWG-N) und sind zuständig für die Ahndung von Ordnungswidrigkeiten nach AWG/AWV (§ 38 AWG bzw. § 22 AWG-N),[175]
– ferner sind die HZÄ zuständig für die Verfolgung und Ahndung bestimmter Ordnungswidrigkeiten nach dem KWKG (§ 23 KWKG i. V. m. § 1 Abs. 2 Dritte Verordnung zur Durchführung des KWKG[176]),[177]
– für Ermittlungen von Zuwiderhandlungen gegen die Bestimmungen des AWG, KWKG und CWÜAG zuständige Behörden sind die Hauptzollämter und Zollfahndungsämter (ZFÄ) (§ 37 AWG bzw. § 21 AWG-N, § 20 CWÜAG) und in Fällen besonderer Bedeutung auch das Zollkriminalamt (ZKA) (§ 4 Abs. 1 ZfdG); die HZÄ führen allerdings in Außenwirtschaftsstrafsachen in der Regel keine Ermittlungen durch; mit Ermittlungen ist in diesen Fällen regelmäßig der Zollfahndungsdienst (ZFÄ und ZKA) befasst,

---

[174] Die Durchführung entsprechender Prüfungen nach dem CWÜAG obliegt hingegen dem BAFA (§ 7 CWÜAG).

[175] (Weitere) Verwaltungsbehörde i. S. des KWKG ist das BAFA (§ 23 KWKG i. V. m. § 1 Abs. 1 der Dritten Verordnung zur Durchführung des KWKG); Verwaltungsbehörde i. S. des CWÜAG ist ebenfalls das BAFA (§ 15 Abs. 3 CWÜAG).

[176] Dritte Verordnung zur Durchführung des Gesetzes über die Kontrolle von Kriegswaffen v. 11.7.1969, BGBl. I S. 841, zuletzt geändert durch Artikel 4 des Gesetzes zur Änderung des AWG ... v. 28.2.1992, BGBl. I S. 376.

[177] Die Verfolgung und Ahndung von Ordnungswidrigkeiten nach dem CWÜAG obliegt hingegen dem BAFA (§ 15 Abs. 3 CWÜAG).

II. Außenwirtschaftsgesetz

– die vorgenannten Ermittlungsbehörden (HZÄ und ZFÄ) haben Zuwiderhandlungen sowohl auf Ersuchen der Verwaltungsbehörde oder der Staatsanwaltschaft als auch von Amts wegen zu erforschen; ihre Beamten haben die Rechte und Pflichten der Polizeibeamten nach der StPO und dem OWiG; sie sind insoweit Ermittlungspersonen der Staatsanwaltschaft; da die ungenehmigte bzw. verbotswidrige Ein-, Aus- und Durchfuhr von den Außenwirtschaftsbestimmungen (AWG, KWKG, CWÜAG) unterfallenden Gütern stets auch ein Bannbruch (§ 372 AO) und damit eine Steuerstraftat ist, haben die Ermittlungsbeamten der ZFÄ (und HZÄ) darüber hinaus in diesen Fällen auch – unabhängig von einer etwaigen Anordnung der Staatsanwaltschaft gem. § 110 StPO – das Recht auf Durchsicht der Papiere gem. § 404 AO,
– die Behörden des Zollfahndungsdienstes können gemäß § 32b ZFdG auch Sachen zum Zweck der Gefahrenabwehr sicherstellen[178],
– das ZKA ist ferner allein zuständig für die Durchführung bestimmter präventiver Maßnahmen zur Verhütung von Straftaten nach dem AWG und dem KWKG, d. h., die Überwachung des Brief,– Post- und Telekommunikationsverkehrs gem. §§ 23a ff. ZFdG (= §§ 39 ff. AWG a. F.) – s. Ziffer 11.

10. Möglichkeiten des Erkennens des illegalen Technologietransfers durch die Zollbehörden

Durch das AWG werden Interessen des Staates geschützt und keine Individualrechtsgüter. Strafanzeigen durch Bürger sind in diesem Bereich schon aus diesem Grund die absolute Ausnahme. Es handelt es sich folglich um Kontrolldelikte, die regelmäßig nur durch Maßnahmen der zollamtlichen Überwachung[179] bzw. der Außenwirtschaftsüberwachung[180] (§§ 44, 46 AWG) aufgedeckt werden können. Der Zollverwaltung steht ein vielfältiges Instrumentarium für die Überwachung des Außenwirtschaftsverkehrs zur Verfügung, durch das illegale Aktivitäten erkannt werden können:
– das zweistufige Verfahren bei der Ausfuhrabfertigung (Kontrolle durch die Ausfuhr- und durch die Ausgangszollstelle) mittels des IT-Verfahrens ATLAS-AES[181] (Automated Export System) und der darin vom ZKA eingestellten „Risikohinweise" für die Zollstellen (z. B. über „sensible" Empfänger oder „sensible" Projekte/Beschaffungsvorhaben),
– die nachträgliche Kontrolle im Rahmen von Außenwirtschaftsprüfungen (§ 44 AWG bzw. § 23 AWG-N),
– die länder- und einzelfallbezogene Marktbeobachtung durch das ZKA, deren Ergebnisse einerseits dem Zollfahndungsdienst/den Hauptzollämtern für die Durchführung von Er-

---

[178] Die Vorschrift ist für die Verhinderung illegaler Ausfuhren von Bedeutung. Sicherstellungen von Sachen zur Verhinderung illegaler Ausfuhren können nicht nur beim (potenziellen) Ausführer, sondern erforderlichenfalls auch bei Zwischenhändlern oder Herstellern erfolgen, sofern diese ersichtlich nicht von der Vertragserfüllung/Lieferung der Sachen an den (potenziellen) Ausführer Abstand nehmen (wollen). Auf den im Urteil des VG Köln vom 9.12.2010 – 20 K 8080/09 dargestellten Fall sei verwiesen.
[179] Vgl. zum Begriff Art. 4 Nr. 13 u. 14 ZK.
[180] Die Begriffe „zollamtliche Überwachung" (Art. 4 Nr. 13 ZK i. V. m. Art. 4 Nr. 14 ZK) und „Außenwirtschaftsüberwachung" waren bis zum Inkrafttreten der AWG-Novelle am 1.9.2013 (vgl. § 27 AWG-N) nicht deckungsgleich. Gegenstand der zollamtlichen Überwachung gem. ZK ist nur der grenzüberschreitende **Waren**verkehr (Art. 1 ZK). Gegenstand der (unmittelbaren) Außenwirtschaftsüberwachung gemäß § 46 AWG waren bis zum 31.8.2013 darüber hinaus die Ein-, Aus- und Durchfuhr von **Sachen, denen die Wareneigenschaft fehlt** (§ 4 Abs. 2 Nr. 2 AWG, d. h. bewegliche Sachen, die **nicht** Gegenstand des Handelsverkehrs sein können, sowie Wertpapiere und Zahlungsmittel). Wichtiger Teil der Außenwirtschaftsüberwachung sind ferner die umfangreichen, den gesamten Außenwirtschaftsverkehr betreffenden Überwachungs-/Prüfungsbefugnisse gemäß § 44 AWG, bzw. § 23 AWG-N.
[181] Das zollrechtliche Ausfuhrverfahren ist gemäß Artikel 787 ZK-DVO seit dem 1.7.2009 EU-einheitlich grundsätzlich elektronisch abzuwickeln. In Deutschland steht dafür des IT-System ATLAS-Ausfuhr (ATLAS-AES) zur Verfügung. Das zuvor für die Unterstützung der Zollstellen genutzte DV-Verfahren KOBRA (Kontrolle bei der Ausfuhr) wurde durch entsprechende Funktionalitäten in ATLAS-AES abgelöst.

mittlungen und Außenwirtschaftsprüfungen und andererseits (durch in ATLAS-AES eingestellte Risikohinweise) den Zollstellen für die Ausfuhrabfertigung zur Verfügung gestellt werden, und
- die **präventive** Überwachung des Brief-, Post- und Telekommunikationsverkehrs gem. §§ 39 ff. AWG a. F. bzw. §§ 23 a ff. ZFdG durch das ZKA (seit 1992[182]) – s. u. 11.

Daneben erhält das ZKA u. a. Hinweise über mögliche illegale Ausfuhren oder ausländische Beschaffungsvorhaben für sensible Projekte z. B. von inländischen Sicherheitsbehörden, von Unternehmen oder im Rahmen der internationalen Zusammenarbeit in den Exportkontrollregimen bzw. (über die Bundesressorts) von ausländischen Regierungen („non paper"). Es wertet diese aus und veranlasst die erforderlichen Überwachungs- oder Ermittlungsmaßnahmen. Eine wichtige Erkenntnisquelle sind ferner Informationen ausländischer Zollverwaltungen (Amtshilfeersuchen im Rahmen der Verträge über die gegenseitige Unterstützung der Zollverwaltungen bzw. auch „Spontanhinweise").

11. Präventive Telekommunikations- und Postüberwachung durch das ZKA

52 Der „Rabta-Skandal" in 1988/1989 und die kurz darauf aufgedeckten Zulieferungen deutscher Unternehmen für irakische Rüstungsprojekte haben sich seinerzeit überaus nachteilig auf die auswärtigen Beziehungen der Bundesrepublik Deutschland ausgewirkt. In 1992 wurde deshalb mit den §§ 39 ff. AWG[183] die rechtliche Möglichkeit geschaffen, gravierende Zuwiderhandlungen gegen die Außenwirtschaftsbestimmungen (AWG und KWKG) durch präventive Telekommunikations- und Postüberwachung zu verhindern. Das ZKA wurde dadurch – als einzige Überwachungs-/Ermittlungsbehörde in der Bundesrepublik – ermächtigt, im Rahmen der Außenwirtschaftsüberwachung, d. h., bereits im Vorfeld eines Anfangsverdachts nach der StPO, den **Fernmeldeverkehr zu überwachen** und dem Brief-, Post- oder Fernmeldegeheimnis unterliegende **Sendungen zu öffnen und einzusehen.** Aufgrund einer in 2004 getroffenen Entscheidung des Bundesverfassungsgerichts[184] wurden die entsprechenden Bestimmungen des AWG aufgehoben, neu gefasst und als §§ 23a bis d nunmehr in das ZFdG[185] aufgenommen.[186] Auch die sehr komplexen und unübersichtlichen neuen Bestimmungen sind primär nur für das ZKA, das BMF und das Landgericht Köln sowie nachfolgend für die von der Maßnahme Betroffenen relevant, weshalb an dieser Stelle nur eine kurze Darstellung erfolgt.[187]

Eine präventive Telekommunikations- und Postüberwachung kann durchgeführt werden, wenn Tatsachen die Annahme rechtfertigen, dass Personen bestimmte Vergehen und Verbrechen nach KWKG (§ 23a Abs. 1 ZFdG), bestimmte Verstöße gegen Waffenembargos bzw. illegale Ausfuhren von Rüstungsgütern oder von Gütern für A-, B- oder C-Waffenprojekte (§ 23a Abs. 3 ZFdG) **vorbereiten.** Die Maßnahmen dürfen grundsätzlich nur aufgrund einer gerichtlichen Anordnung erfolgen – § 23b ZFdG. Die Anordnung ist vom ZKA – nach Zustimmung des Bundesministeriums der Finanzen – beim Landgericht Köln zu beantragen; antragsberechtigt sind der Präsident des ZKA bzw. – bei dessen Verhinderung – sein Stellvertreter. Bei Gefahr im Verzug kann die Anordnung vom BMF getroffen werden. Wichtig ist, dass die zuständige Staatsanwaltschaft vorab über die Anträge und nachfolgend über die dies-

---

[182] 7. Gesetz zur Änderung des AWG vom 28.2.1992, BGBl. I, 372.
[183] Eingefügt durch das 7. Gesetz zur Änderung des AWG vom 28.2.1992, BGBl. I, 372.
[184] Beschluss des Bundesverfassungsgerichts vom 3. März 2004 – 1 BvF 3/92 – in einem von der Regierung des Landes Rheinland-Pfalz angestrengten Normenkontrollverfahren. Das BVerfG stellte in seiner Entscheidung fest, dass die Ausgestaltung der präventiven Telekommunikations- und Postüberwachung durch das ZKA in §§ 39–41 AWG mit Art. 10 GG unvereinbar war.
[185] Zollfahndungsdienstgesetz.
[186] Gesetz zur Neuregelung der präventiven Telekommunikations- und Postüberwachung durch das Zollkriminalamt ... vom 21.12.2004, BGBl. I S. 3603.
[187] Ausführlichere Darstellung: *Huber,* Effektiver Grundrechtsschutz mit Verfallsdatum, NJW 32/2005, S. 2260.

II. Außenwirtschaftsgesetz **23**

bezüglichen Entscheidungen des Gerichts, etc. und über das Ergebnis der Maßnahme zu informieren ist – § 23a Abs. 7 ZFdG. Die StA entscheidet, ob aufgrund der vorliegenden Informationen ggf. bereits ein Anfangsverdacht nach § 152 Abs. 2 StPO anzunehmen ist. Ferner dient die Unterrichtung der StA der Koordinierung im Hinblick auf dort ggf. anhängige anderweitige Ermittlungsverfahren. Bereits anhängige Strafverfahren oder eine Telekommunikationsüberwachung gemäß § 100a StPO (Repression) hindern Maßnahmen nach §§ 23a ff. ZFdG (Prävention) nicht. Ergibt sich bei der Durchführung der Überwachungsmaßnahme in Bezug auf jene Straftat, deren Vorbereitung Gegenstand der Maßnahme ist, ein Anfangsverdacht, d. h., kommt es z. B. zum Versuch einer ungenehmigten Ausfuhr, ist die Maßnahme abzubrechen und in das Ermittlungsverfahren überzuführen. Das ZKA darf die bei den Überwachungsmaßnahmen gewonnenen Erkenntnisse sowohl zur Verhütung der in § 23a Abs. 1 und 3 ZFdG genannten Taten als auch zur Verfolgung benannter Straftaten nach dem KWKG und nach § 34 Abs. 1 bis 6 AWG bzw. vorsätzlicher Straftaten nach den §§ 17 und 18 AWG verwenden – § 23c Abs. 2 Satz 2 ZFdG. Unter den in § 23d ZFdG genannten Voraussetzungen darf das ZKA die durch die Maßnahme erlangten personenbezogenen Daten auch an andere Behörden übermitteln. Neben der möglichen Informationsübermittlung an Polizeibehörden und Staatsanwaltschaften zur Verhütung (§ 23d Abs. 1 ZFdG) bzw. zur Verfolgung bestimmter Straftaten (§ 23d Abs. 2 ZFdG) ist auch eine Übermittlung an das BAFA zulässig, um dieses in die Lage zu versetzen, bei nicht gelisteten Waren durch entsprechende Unterrichtung der (potenziellen) Ausführer Genehmigungspflichten zu konstituieren[188] – § 23d Abs. 3 ZFdG. Ferner dürfen unter den dort genannten Voraussetzungen Erkenntnisse auch an benannte deutsche Sicherheitsbehörden (§ 23d Abs. 4 und 5 ZFdG) sowie – im Rahmen der zwischenstaatlichen Rechts- und Amtshilfe – an mit der **Ausfuhrabfertigung** befasste Zolldienststellen von EU-Mitgliedstaaten übermittelt werden (§ 23d Abs. 6 ZFdG). Letzteres ist für die Verhinderung von illegalen Ausfuhren über andere EU-Mitgliedstaaten von besonderer Bedeutung. Eine Informationsübermittlung an bestimmte andere ausländische öffentliche sowie zwischen- und überstaatliche Einrichtungen ist unter sehr eng gefassten Voraussetzungen ebenfalls möglich (§ 23d Abs. 7 ZFdG).

12. Internationale Zusammenarbeit

Die Teilnehmerstaaten der Exportkontrollregime arbeiten auf verschiedenen Ebenen zusammen, u. a. besteht eine intensive Zusammenarbeit zwischen dem ZKA und den jeweils für die Durchführung von Ermittlungen in Außenwirtschaftssachen zuständigen Behörden. Zumeist ist dies ebenfalls der Ermittlungsdienst der Zollverwaltungen der Partnerstaaten. 53
    Hinweis:
    Relativ häufig werden für die Zahlungsabwicklung illegaler Geschäfte Konten genutzt, die die Täter bei **Schweizer Banken** unterhalten. Die Schweiz gewährt auch bei Außenwirtschaftsstraftaten justizielle Rechtshilfe. Die Schweizer Banken informieren ihre Kunden regelmäßig jedoch über derartige Rechtshilfeersuchen. Nach Schweizer Recht hat der (ausländische) Beschuldigte – so er einen Schweizer Anwalt mit der Wahrnehmung seiner Interessen beauftragt – das Recht auf Akteneinsicht und kann auch Rechtsmittel gegen die Erledigung des Rechtshilfeersuchens einlegen. Das Recht auf Akteneinsicht besteht sowohl hinsichtlich des Rechtshilfeersuchens als auch der zu übersendenden Erledigungsstücke, d. h., der Beschuldigte erhält noch vor den ersuchenden Behörden Kenntnis von den Beweismitteln. Die Schweizer Behörden müssen in diesen Fällen volle Akteneinsicht gewähren, es sei denn, dass in dem Rechtshilfeersuchen ausdrücklich (mit Begründung!) Beschränkungen bezüglich der Akteneinsicht erbeten werden. Sofern derartige Beschränkungen nicht erbeten sind, wird Akteneinsicht gewährt, ohne zuvor mit der ersuchenden Behörde Rücksprache zu nehmen.
    Gleichartige Bestimmungen gelten ggf. auch in anderen Ländern. Insoweit ist – sofern keine diesbezüglichen anderen Erkenntnisse vorliegen – eine Kontaktaufnahme mit der ersuchten Behörde vor Übersendung eines Ersuchens stets empfehlenswert.

---

[188] Anwendung der „Catch-all-Klauseln" – vgl. Ziffer 4., Rn. 15.

13. Sonstige Delikte/Vermögensabschöpfung

54 Die nach § 34 Abs. 6 AWG bzw. §§ 17, 18 Abs. 7, 8 AWG-N strafbewehrten Verstöße sind Verbrechen. Insoweit ist § 30 StGB zu beachten.

Vorwiegend bei illegalen Ausfuhren unter Verwendung erschlichener Genehmigungen sind Urkundsdelikte (§ 267 StGB), zumeist in Form der Herstellung bzw. des Gebrauchmachens falscher Endverbleibsbescheinigungen, relativ häufig feststellbar.

Steuerhinterziehung in Form der Nichtversteuerung erzielter Gewinne ist eine sehr häufige, bei bestimmten Verschleierungsmethoden auch systemimmanente Begleiterscheinung des illegalen Technologietransfers. Die erzielten Gewinne sind zumeist beträchtlich. Bei Lieferung von „dringend gesuchten" Waren für sensible Rüstungsprojekte sind Gewinnspannen von (weit) mehr als 100% keine Seltenheit.

Die Durchführung von **Finanzermittlungen** ist deshalb auch im Hinblick auf die mögliche **Vermögensabschöpfung** (§§ 73 ff. StGB) angezeigt. Auf § 36 AWG bzw. § 20 AWG-N (Einziehung und erweiterter Verfall) wird hingewiesen. Im Hinblick auf die hier in Rede stehenden Straftaten ist gerade die Möglichkeit der Verfallsanordnung gegen Drittbegünstigte nach § 73 Abs. 3 StGB besonders wichtig. Der BGH führte dazu aus: „ Der Verfall ist, auch bei Anwendung des Bruttoprinzips, keine Strafe, sondern eine Maßnahme eigener Art. Die Abschöpfung des über den Nettogewinn hinaus Erlangten verfolgt primär einen Präventionszweck. Dies gilt auch für die Anordnung des Verfalls gegen den Drittbegünstigten nach § 73 Abs. 3 StGB."[189] Auch das BVerfG hat bestätigt, dass der Verfall auch unter der Geltung des Bruttoprinzips nicht repressiv-vergeltende, sondern präventiv-ordnende Ziele verfolgt und daher keine dem Schuldgrundsatz unterliegende strafähnliche Maßnahme ist[190]. Taten von Angestellten einer betrieblichen Organisation können dieser im Sinne des § 73 Abs. 3 StGB auch dann zugeordnet werden, wenn sie nicht der Unternehmensleitung angehören und die Unternehmensleitung zwar gutgläubig ist[191], aber wirksame Kontrollmechanismen zur Verhinderung illegaler Ausfuhren nicht existieren. Die Anordnung des Verfalls gegen Drittbegünstigte ist auch bei fahrlässig begangenen Delikten möglich. Zur Bestimmung des aus der Tat Erlangten i. S. des § 73 Abs. 1 Satz 1 StGB bei Außenwirtschaftsstraftaten ist zu unterscheiden zwischen

a) ungenehmigten, aber genehmigungsfähigen Ausfuhren und
b) ungenehmigten, nicht genehmigungsfähigen oder verbotswidrigen Ausfuhren.

In den Fällen zu a) umfasst das aus der Tat Erlangte nur die durch das unterbliebene Genehmigungsverfahren und die mangelnden unternehmensinternen Kontrollen u. Ä. ersparten Aufwendungen. In den Fällen zu b) ist dies hingegen der gesamte für die Güter eingenommene Kaufpreis[192].

In – wenigen – Einzelfällen können durch die illegale Ausfuhr von Gütern ggf. auch **Staatsschutzdelikte** (§§ 94 ff. StGB) verwirklicht sein, so z. B., wenn es sich bei den zu beschaffenden Gegenständen um auf dem Weltmarkt nur unter sehr restriktiven Bedingungen erhältliche Güter (z. B. Hochleistungsrechner zu Zeiten des Kalten Krieges und damit des COCOM-Regimes) oder unter Geheimschutz stehende Technologie (z. B. Gasultrazentrifugen) handelt. Die Beschaffungsaktivitäten der damaligen Staatshandelsländer waren in der Tat regelmäßig Aufgabe der dortigen Geheimdienste bzw. wurden maßgeblich von ihnen gesteuert – eine Notwendigkeit aufgrund der dortigen wirtschaftlichen und gesellschaftlichen Strukturen. Ob allerdings jeder ausländische Beschaffer bzw. jede Beschaffungsorganisation als „Geheimdienst" angesehen werden kann oder „geheimdienstlich gesteuert ist", darf bezweifelt werden. Wie vielfältige Beispiele belegen, hat die Verschleierung von illegalen Warenlieferungen in der Regel lediglich den Zweck, das Entdeckungsrisiko zu minimieren; dies

---

[189] BGH Urteil vom 21.8.2002 – 1 StR 115/02 – LG Mannheim (ausführlich und sehr lesenswert); BGH-Beschluss 1 StR 296/03 vom 18.2.2004.
[190] BVerfG-Beschluss vom 14.1.2004 – 2 BvR 564/95, NJW 2004, S. 2073.
[191] BGH-Beschluss vom 14.9.2004 – 1 StR 202/04.
[192] BGH-Urteil vom 19.1.2012 – 3 StR 343/11; *Ricke* in AW-Prax 2012, S. 242–244; *NStZ* 2012, S. 381–382; *NZWiSt* 2012, S. 144–150.

II. Außenwirtschaftsgesetz

23

beispielsweise bei frei erhältlicher „Allerweltsware" (z. B. Stahlbleche) oder Geräten, deren Ausfuhr nur im Hinblick auf den Käufer/Endempfänger und damit eine mögliche Endbestimmung für sensible Zwecke im Sinne des Art 4 EG-Dual-Use-VO oder der §§ 5c und 5d AWV (bis zum 31.8.2013) bzw. § 9 AWV-N genehmigungsbedürftig ist/sein könnte. Die Verschleierungshandlungen sind in diesen Fällen im Hinblick auf die strikten deutschen Exportkontrollen notwendige Handlungen seitens des Beschaffers, um nicht gelistete Waren von einem gutgläubigen Lieferanten erlangen zu können, oder seitens eines kriminellen Lieferanten, um die Genehmigungs- und Zollbehörden zu täuschen. Fälle dieser Art haben regelmäßig gerade keinen nachrichtendienstlichen Hintergrund im Sinne von § 99 StGB. Auf die instruktiven Ausführungen u. a. im Beschluss des BGH vom 9.5.2006 sei insoweit verwiesen.[193] Jedenfalls ist festzuhalten, dass in allen Fällen, in denen – soweit ersichtlich – der Generalbundesanwalt (GBA) im Zusammenhang mit Außenwirtschaftsverstößen auch Ermittlungen wegen „Ausübung geheimdienstlicher Agententätigkeit" eingeleitet und Anklage erhoben hatte, die Anklage wegen „geheimdienstlicher Agententätigkeit" jeweils nicht zur Hauptverhandlung zugelassen wurde und auch die dagegen gerichteten sofortigen Beschwerden des GBA erfolglos blieben[194]. Auch im Zusammenhang mit Verstößen gegen das KWKG hat der GBA – soweit ersichtlich – in zwei Fällen Ermittlungen wegen „geheimdienstlicher Agententätigkeit aufgenommen[195]. Diesbezügliche Anklage wurde in beiden Fällen nicht erhoben. In einem Fall (versuchter Erwerb der tatsächlichen Gewalt über Kriegswaffen, Tatgegenstand waren Waffenläufe verschiedenen Typs in jeweils hohen Stückzahlen) bestand insoweit kein hinreichender Tatverdacht. Im zweiten Fall, der Gasultrazentrifugentechnologie und damit einen geheimschutzrelevanten Bereich betraf, konnte wegen eines Schweizer Spezialitätsvorbehalts Anklage wegen des Vorwurfs der Beihilfe zum versuchten Landesverrat nicht erhoben werden.

Die vom Generalbundesanwalt erstrebte Zuständigkeit auch für (bestimmte) Straftaten nach AWG und KWKG[196] wurde durch Artikel 3 des 2. Justizmodernisierungsgesetzes mit Wirkung vom 31.12.2006 realisiert[197]. Durch die Zuständigkeitserweiterung beim GBA im Hinblick auf Straftaten nach dem AWG und KWKG sollen die Sicherheit und das internationale Ansehen Deutschlands gestärkt werden[198]. Die Zahl der vom GBA ermittelten Fälle ist gering. Sie betrafen abgesehen von Fall „B. China"[199] – soweit ersichtlich – ausschließlich Ausfuhren nach dem Iran und ganz überwiegend „nicht gelistete Waren" (Genehmigungspflichten nach Art. 4 EG-Dual-Use-VO, § 5c AWV bzw. Iran-Embargo-Verstöße). Die Eröffnung der Hauptverhandlung vor einem OLG ist bislang (Stand: Februar 2013) lediglich in zwei der vorgenannten Iran-Fälle erfolgt. Ein Fall betraf ungenehmigte Ausfuhren von in der EG-Dual-Use-VO erfasstem Graphit über die Türkei nach dem Iran[200], der zweite Fall betraf einen Verstoß gegen das Iran-Embargo[201] durch „mittelbares zur Verfügung stellen" eines Sinterofens an eine im Anhang zur Iran-Embargo-VO gelistete Organisation. In weiteren anklagereifen Fällen wurde zwar Anklage zum OLG erhoben, die Hauptverhandlung aber letztlich vor der Wirtschaftsstrafkammer des zuständigen Landgerichts eröffnet.

---

[193] BGH Beschluss v. 9.5.2006 – StB 4/06; *wistra* 9/2006, S. 341 -343; *NStZ* 2007, S. 93 – 95.
[194] BGH Beschluss v. 9.5.2006 – StB 4/06; BGH Beschluss v. 19.1.2010- StB 27/09 (OLG München).
[195] BGH Beschluss v. 18.7.2006 – StB 14/06; NStZ-RR 2006, S. 303 – 305; das zweite, als „B. China"-Fall bekannte Strafverfahren betraf die „Förderung der Entwicklung von Atomwaffen in Libyen" durch Unterstützung des Baus eines für die Lieferung nach Libyen vorgesehenen, aber nicht dorthin gelangten Rohrsystems einer Gasultrazentrifuge – vgl. OLG Stuttgart, Urteil v. 16.10.2008 – 4–3 StE 1/07.
[196] NStZ 2006, S. 160–165; NStZ-RR 2005, S. 305, 306;.
[197] Ergänzung des § 74c Abs. 1 letzter Satz GVG; Erweiterung des § 120 Abs. 2 Satz 1 GVG um die neue Nr. 4.; zum Evokationsrecht des GBA vgl. auch: Röhrig in *Achenbach/Ransiek* – HWSt – Rn. 124, 124; Beschluss des OLG Stuttgart v. 30.10.2007 – 3 StE 1/07.
[198] BR-Drs. 550/06 v. 11.8.2006.
[199] Vgl. Fußnote 195.
[200] OLG Koblenz Urteil v. 11.5.2009 – 3 StE 1/09 – 4.
[201] OLG Düsseldorf III-6 StS 2/10.

III. Kriegswaffenkontrollgesetz

1. Allgemeines

55 Das Gesetz über die Kontrolle von Kriegswaffen (Kriegswaffenkontrollgesetz – KWKG) vom 20.4.1961[202] ist das Ausführungsgesetz zu Artikel 26 Abs. 2 GG. Es wurde zeitgleich mit dem AWG erlassen und ist am 1.6.1961 in Kraft getreten. Anders als das AWG, das vom Grundsatz der Freiheit des Außenwirtschaftsverkehrs geprägt ist, sieht das KWKG Beschränkungen für (nahezu) jeglichen Umgang mit Kriegswaffen vor. Bei den Regelungen des KWKG handelt es sich um repressive Verbote mit Erlaubnisvorbehalt, im Bereich der A-, B-, C-Waffen um absolute Verbote. Ein Anspruch auf die Erteilung von Genehmigungen nach KWKG besteht nicht (§ 6 Abs. 1 KWKG), ferner gibt es obligatorische Versagungsgründe (§ 6 Abs. 3 KWKG).

Das KWKG ist seit seinem Inkrafttreten im Jahre 1961 im Wesentlichen unverändert geblieben. Ergänzungen um für die Strafverfolgungsbehörden wichtige Bestimmungen erfolgten 1978[203] (u. a.: Erlass des § 4a KWKG) und 1990 durch das Gesetz zur Verbesserung der Überwachung des Außenwirtschaftsverkehrs und zum Verbot von Atomwaffen, biologischen und chemischen Waffen.[204] Diese Änderungen waren Anlass für die Neufassung des Gesetzes vom 22.11.1990.[205] In 1998 gab es eine weitere Änderung des KWKG, die das „Verbot von Antipersonenminen" (APM) und „Strafvorschriften gegen APM" umfasst (§§ 18a, 20a KWKG – neu –).[206] In 2003 wurde der § 13a – Legaldefinition von und Verordnungsermächtigung betreffend den Umgang mit **unbrauchbar gemachten Kriegswaffen** – in das KWKG eingefügt. In 2009 wurde das Verbot von Streumunition durch entsprechende Ergänzung der §§ 18a und 20a KWKG mit Wirkung vom 11.6.2009 in nationales Recht umgesetzt[207]. Letztlich ist auf die in 2011 erfolgten Änderungen des KWKG[208] im Rahmen der Umsetzung der EU-Verteidigungsgüterrichtlinie[209] hinzuweisen, durch die u. a. die Möglichkeit der Allgemeingenehmigung für die innergemeinschaftliche Verbringung von Verteidigungsgütern gesetzlich verankert wurde.

2. Die Systematik des KWKG

56 Übersicht

Abschnitt	§§	Inhalt
Erster Abschnitt	1 bis 11	Genehmigungsvorschriften
Zweiter Abschnitt	12 bis 15	Überwachungs- und Ausnahmevorschriften
Dritter Abschnitt	16, 17	Besondere Vorschriften für Atomwaffen
Vierter Abschnitt	18, 18 a	Besondere Vorschriften für biologische und chemische Waffen sowie für Antipersonenminen und Streumunition
Fünfter Abschnitt	19 bis 25	Straf- und Bußgeldvorschriften
Sechster Abschnitt	26 bis 29	Übergangs- und Schlussvorschriften

---

[202] Ausführungsgesetz zu Artikel 26 Abs. 2 des Grundgesetzes – Kriegswaffenkontrollgesetz – KrWaffKontrG – BGBl. I S. 444.
[203] Artikel 2 des Gesetzes zur Änderung des Waffenrechts vom 31.5.1978, BGBl. I, 641.
[204] BGBl. I S. 2507 ff.
[205] KWKG in der Fassung der Bekanntmachung vom 22.11.1990, BGBl. I, 2507 (zuletzt geändert durch Artikel 10 des Gesetzes vom 25.11.2003, BGBl. I, 2304).
[206] Artikel 2 des Ausführungsgesetzes zum Übereinkommen über das Verbot des Einsatzes, der Lagerung, der Herstellung und der Weitergabe von Antipersonenminen und über deren Vernichtung vom 3.12.1997, BGBl. I S. 1778, in Kraft getreten am 10.7.1998.
[207] BGBl, II S. 502; BT-Drs. 16/12226; das Übereinkommen über Streumunition ist für die Bundesrepublik Deutschland am 1.8.2010 in Kraft getreten – vgl. Bekanntmachung v. 4.2.2011, BGBl. II S. 809.
[208] BGBl. I S. 1595 – EGRL43/2009UmsG, in Kraft getreten am 4.8.2011.
[209] Richtlinie 2009/43/EG des Europäischen Parlaments und des Rates vom 6. Mai 2009 zur Vereinfachung der Bedingungen für die innergemeinschaftliche Verbringung von Verteidigungsgütern.

III. Kriegswaffenkontrollgesetz

Das KWKG wird ergänzt durch die KWL[210] (Anlage zu § 1 Abs. 1 KWKG), drei Durchführungsverordnungen, die Verordnung über den Umgang mit unbrauchbar gemachten Kriegswaffen,[211] zwei Verordnungen über allgemeine Genehmigungen und die Kriegswaffenmeldeverordnung.

3. Die Kriegswaffenliste

a) Allgemeines

Der Begriff „Kriegswaffen" ist im KWKG nicht definiert, sondern wird durch die Definitionen und jeweiligen Gattungsbegriffe in der Kriegswaffenliste – KWL – (Anlage zu § 1 Abs. 1 KWKG) ausgefüllt. Kriegswaffen im Sinne des KWKG sind gemäß § 1 Abs. 1 KWKG alle (und nur die) in der KWL genannten Gegenstände, Stoffe und Organismen. Die Aufzählung in der KWL ist abschließend. Nach Sinn und Zweck des Art. 26 GG sind „zur Kriegführung bestimmte Waffen" nur solche, die zu bewaffneten Auseinandersetzungen zwischen Staaten objektiv geeignet sind (§ 1 Abs. 2 KWKG). Das Kriterium der „objektiven Eignung …" ist u. a. im Hinblick auf demilitarisierte bzw. unbrauchbar gemachte Kriegswaffen bedeutsam, da diese keine Kriegswaffen i. S. des KWKG mehr sind. 57

> **Beispiel:** Umbau eines Patrouillenbootes (= Kriegsschiff) zu einer Luxusyacht. Werden die „zivilen" Aufbauten entfernt, lebt die Kriegswaffeneigenschaft des Rumpfes (Nr. 23 der KWL) wieder auf.
> Verwendung des Fahrgestells eines Kampfpanzers als Plattform für den Bau von Feuerlöschfahrzeugen zur Bekämpfung von Bränden von Erdölquellen. Werden die „zivilen" Aufbauten entfernt, lebt die Kriegswaffeneigenschaft des Fahrgestells (Nr. 27 der KWL) wieder auf.

In der KWL sind neben (kompletten) Waffen und Waffensystemen auch bestimmte wichtige Bestandteile von Kriegswaffen gesondert erfasst. Von Bedeutung für die Anwendung der KWL speziell für Strafverfahren wegen der illegalen Ausfuhr von Kriegswaffen (KW) ist die vom BGH durch Urteil vom 23.11.1995[212] bestätigte **„Bausatztheorie"**. Durch sie wird der – jeder Enumeration innewohnenden – Möglichkeit Rechnung getragen, dass Genehmigungserfordernisse/Verbote durch (technische) Manipulationen umgangen werden.[213] So können wohl die meisten KW so weit zerlegt werden, dass die jeweiligen Einzelteile nicht mehr von der KWL (und teilweise ggf. auch noch nicht einmal mehr von der AL) erfasst werden, jedoch vom Empfänger leicht zusammengefügt werden können. 58

Pottmeyer[214] vertritt die Auffassung, die „Bausatztheorie" überschreite die Wortlautgrenze und sei deshalb eine unzulässige strafrechtliche Analogie. Diese Auffassung wird – soweit ersichtlich – von der Rechtsprechung abgelehnt und auch in der Literatur[215] ganz überwiegend nicht geteilt. Auf die Auffassung *Pottmeyers* hatte sich die Revision in jenem Verfahren gestützt, das Gegenstand des vorgenannten BGH-Urteils war. Der BGH hat dazu ausgeführt: „Die von *Pottmeyer* (Kommentar zum KWKG 2. Aufl. § 1 Rn. 89) erhobenen Bedenken, … greifen nicht durch. Der Wortsinn der Kriegswaffenliste wird nicht dadurch überschritten, dass Einzelteillieferungen, die eine komplette Kriegswaffe (oder ein in der Kriegswaffenliste gesondert aufgeführtes Waffenteil) ergeben, mit Lieferungen der komplett montierten Waffe gleichgesetzt werden. Gerade bei der Versendung von Industrieprodukten ist es im Interesse eines wirtschaftlichen und sicheren Transportes üblich, die Ware in Einzelteilen oder Bausätzen zu verpacken. Eine solche Lieferung wird im Wirtschaftsleben regelmäßig als Lieferung der kompletten Ware angesehen."

---

[210] Kriegswaffenliste.
[211] Die Verordnung über den Umgang mit unbrauchbar gemachten Kriegswaffen – KrWaffUmgV – BGBl. I, 2004, 1448 – regelt den Umgang mit unbrauchbar gemachten KW des Teils B der KWL.
[212] BGH v. 23.11.1995 – 1 StR 296/95, NStZ 1996, 137 ff.
[213] Vgl. ausführlich *Holthausen*, wistra 1997, 129 ff.
[214] *Pottmeyer*, KWKG Rn. 84 ff. zu § 1.
[215] Vgl. *Holthausen*, wistra 1997, 129 ff., m. w. N.; *Pathe/Wagner* in *Bieneck* Handbuch des Außenwirtschaftsrechts, 2. Auflage, § 38, Rn. 29 ff.

Von der „Bausatztheorie" ebenfalls abgedeckt sind
- zeitlich versetzte Teillieferungen[216] von Komponenten (die in der Gesamtheit „komplette" KW ergeben) und
- „unvollständige Bausätze" bzw. „unvollständige KW" bei Fehlen leicht ersetzbarer bzw. leicht herstellbarer Teile.[217]

b) Die Systematik der KWL

59 Die KWL ist zweigeteilt. In Teil A (Nrn. 1–6) sind jene Kriegswaffen erfasst, auf deren Herstellung die Bundesrepublik Deutschland verzichtet hat (Atomwaffen, biologische und chemische Waffen).[218] In Teil B sind die „sonstigen Kriegswaffen" aufgeführt.

Dem Teil A der KWL ist eine Einleitung vorangestellt, die sog. **Zivilklausel**. Sie ist eine Ausnahmebestimmung zu Teil A der KWL, die dem Umstand Rechnung trägt, dass einige der von Teil A der KWL erfassten Waren auch zu den genannten zivilen, wissenschaftlichen, etc. Zwecken verwendet werden können.

Hinweise:
- Die **Zivilklausel** gilt nur für Teil A der KWL und ist nach ihrem Wortlaut nur anwendbar auf die Nrn. 2, 3 und 5 der KWL.[219]
- Die Begriffsbestimmungen der „Atomwaffen" in § 17 Abs. 2 KWKG und in Teil A I. (= Nr. 1 und 2) der KWL sind **nicht** identisch.
- Die Aufzählung der in Nr. 3 der KWL namentlich genannten biologischen Agenzien ist **nicht** abschließend.
- Für die unter Nr. 3b) der KWL genannten „biologischen Agenzien" sind im Falle ihrer zivilen Verwendung die Ausfuhrbeschränkungen aufgrund der EG-Dual-Use-VO und der AWV zu beachten. Für Ricin (Nr. 3.b) 3.1d) 4. KWL) und Saxitoxin (Nr. 3.b) 3.1d) 5. KWL) gelten zusätzlich die Beschränkungen nach dem CWÜAG und der CWÜV.
- Für die unter Nr. 5 der KWL genannten Chemikalien sind im Falle ihrer zivilen Verwendung die Ausfuhrbeschränkungen aufgrund der AWV und der EG-Dual-Use-VO zu beachten. Zusätzlich gelten die Beschränkungen nach dem CWÜAG und der CWÜV.
- Bei der Einfuhr von Teilen bestimmter Kriegswaffen (tragbare Schusswaffen) sind – sofern die Teile selbst nicht als KW in der KWL erfasst sind – ggf. Erlaubnisse nach dem Waffengesetz erforderlich.[220]
- Das WaffG[221] gilt – grundsätzlich – nicht für Kriegswaffen (§ 57 Abs. 1 Satz 1 WaffG); Ausnahmen gelten für tragbare Schusswaffen – **„Altbesitz"** vgl. § 57 Abs. 1 Satz 2 und 3 WaffG.

4. Die Beschränkungen

a) Genehmigungsvorbehalte

aa) Allgemeines

60 Die Genehmigungsvorbehalte sind in den §§ 2 bis 4a KWKG geregelt. Diese Bestimmungen betreffen nach ihrem Wortlaut sämtliche Kriegswaffen i. S. der KWL. § 1 Abs. 3 KWKG stellt insoweit jedoch klar, dass auf A-Waffen i. S. des § 17 Abs. 2 KWKG und B- und C-Waffen sowie APM und Streumunition nur noch die Bestimmungen des dritten und vierten Abschnitts anzuwenden sind.[222] In Anbetracht der Verbote in §§ 17, 18 und 18a KWKG sind die §§ 2 bis 4a KWKG deshalb nur für den Bereich der konventionellen Waffen, d. h. die in

---

[216] Vgl. auch: § 2 Abs. 2 KWMV, BGBl. I, 92.
[217] Vgl. *Holthausen*, wistra 1997, 129 ff., m. w. N.
[218] Vgl. ausführlich: *Holthausen*, NJW 1992, 2113 ff.
[219] Vgl. ausführlich: *Pathe/Wagner* in *Bieneck* Handbuch des Außenwirtschaftsrechts, 2. Auflage, § 39, Rn. 13–19.
[220] Vgl. BGH v. 11.10.2000, 3 StR 267/00 zu den insoweit gleichen Bestimmungen des WaffG a. F.
[221] Waffengesetz (WaffG) vom 11.10.2002, BGBl. I 2002, 3970.
[222] BT-Drucksache 11/4609, 8.

III. Kriegswaffenkontrollgesetz

Teil B der KWL genannten Waren mit Ausnahme der Antipersonenminen und Streumunition und ggf. auch für Atomwaffen anwendbar.[223]

Die Genehmigungspflichten beziehen sich grundsätzlich[224] nicht auf Rechtsgeschäfte, sondern auf Handlungen (Realakte). Genehmigungsbedürftig sind nur Handlungen im Bundesgebiet (territorialer Ansatz). Die territoriale Beschränkung auf das Bundesgebiet ergibt sich einerseits aus der konkreten Ausgestaltung der Bestimmungen[225] und andererseits – im Umkehrschluss – aus § 21 KWKG. Die Genehmigungstatbestände sind ausnahmslos so konstruiert, dass die Genehmigung **vor** Beginn der genehmigungsbedürftigen Handlung vorliegen muss.

Beispiel: Wer Kriegswaffen herstellen will, bedarf der Genehmigung (§ 2 Abs. 1 KWKG).

Ungenehmigtes Handeln (= tatbestandsmäßiges Handeln bei Verstößen gegen Genehmigungspflichten) liegt vor, wenn
– keine Genehmigung eingeholt wurde,
– die eingeholte Genehmigung die tatsächlich vorgenommene Handlung nicht abdeckt oder
– die Genehmigung erst nach Durchführung der Handlung eingeholt wurde.

Übersicht

	Genehmigungspflicht	Inhalt	Zuwiderhandlungen
I	§ 2 Abs. 1	Herstellung	§ 22a Abs. 1 Nr. 1
I	§ 2 Abs. 2	Erwerb der tatsächlichen Gewalt	§ 22a Abs. 1 Nr. 2
I	– wie vor –	Überlassung der tatsächlichen Gewalt	§ 22a Abs. 1 Nr. 2
I	§ 3 Abs. 1	Befördernlassen im Bundesgebiet	§ 22a Abs. 1 Nr. 3
I	§ 3 Abs. 2	Selbstbeförderung im Bundesgebiet	§ 22a Abs. 1 Nr. 3
A	§ 3 Abs. 3	Einfuhr	§ 22a Abs. 1 Nr. 4
A	– wie vor –	Ausfuhr	§ 22a Abs. 1 Nr. 4
A	– wie vor –	Durchfuhr	§ 22a Abs. 1 Nr. 4
A	§ 4 Abs. 1	Beförderung außerhalb des Bundesgebiets mit deutschen Schiffen/Luftfahrzeugen	§ 22a Abs. 1 Nr. 5
A	§ 4a Abs. 1	Vermittlung von Verträgen über Erwerb oder Überlassen von KW	§ 22a Abs. 1 Nr. 7
A	– wie vor –	Nachweis der Gelegenheit zum Abschluss der vorgenannten Verträge	§ 22a Abs. 1 Nr. 7
A	§ 4a Abs. 2	Abschluss eines Vertrages über das Überlassen von KW	§ 22a Abs. 1 Nr. 7

I = reine Inlandssachverhalte
A = dem Außenwirtschaftsrecht zuzurechnende Sachverhalte mit Auslandsbezug (Zuständigkeit des Zollfahndungsdienstes für die Durchführung von Ermittlungen: vgl. § 37 AWG)

bb) Ein-, Aus- und Durchfuhr

Die Genehmigungserfordernisse bei der Ein-, Aus- und Durchfuhr von KW sind in § 3 Abs. 3 i. V. m. Abs. 1 oder 2 KWKG geregelt. Die Anwendung dieser Bestimmungen bei der **Ein- und Durchfuhr** von KW ist regelmäßig unproblematisch. Wichtig ist, dass die erforderliche Genehmigung vor Verbringung der KW über die deutsche Hoheitsgrenze erteilt sein muss. Der Zeitpunkt der zollamtlichen Abfertigung ist insoweit nicht maßgeblich.

---

[223] Z. B. im Rahmen der Ausnahmeregelungen des § 16 KWKG und für die zwar in Nr. 2 der KWL, nicht jedoch in § 17 Abs. 2 KWKG genannten „Teile, Vorrichtungen, Baugruppen oder Substanzen, die für Atomwaffen wesentlich sind".
[224] Ausnahme (streitig): § 4a Abs. 2 KWKG, der neben dem Realakt des „Abschließens" auch eine rechtsgeschäftliche Komponente beinhaltet; vgl. *Holthausen*, Anm. zum Urteil des AG Bergisch Gladbach v. 27.1.1981 – E 43 – Ls 121 Js 215/80, NStZ 1982, 515 ff.
[225] *Spohn* in *Bebermeyer*, Deutsche Ausfuhrkontrolle 1992, 13–19.

Auch bei der **Ausfuhr** von KW muss die Genehmigung vor Beginn der „Ausfuhrbeförderung" und zwar (u. a.) für das zutreffende Ausfuhrzielland/Endverbleibsland und den zutreffenden Endempfänger/Endverbleib erteilt sein.

Beispiel: Die Firma R. schloss mit Saudi-Arabien einen Vertrag über die Lieferung von 1500 Maschinengewehren MG3. Sie beantragte die nach § 3 Abs. 3 KWKG erforderliche Genehmigung für die „Beförderung zur Ausfuhr" nach Saudi-Arabien, die vom BMWi jedoch nicht erteilt wurde, weil Saudi-Arabien (= Ausfuhrzielland/Endverbleibsland) als Spannungsgebiet galt. Um den Vertrag dennoch durchführen zu können, verabredete die Fa. R. mit einer italienischen Firma, dass diese als Käufer/Endempfänger auftreten solle, weil für den Endverbleib in Italien als NATO-Land eine Genehmigung problemlos erhältlich war. Für die Abwicklung der Weiterleitung der MG3 von Italien nach Saudi-Arabien schaltete die Fa. R. eine luxemburgische Firma ein, die über gute Kontakte zu Saudi-Arabien verfügte. Das BMWi wurde durch Vorlage italienischer Importzertifikate getäuscht und erteilte in Unkenntnis des wahren Bestimmungslandes die beantragte „Beförderungsgenehmigung" für die Ausfuhr der MG3 nach Italien, von wo aus sie nach Saudi-Arabien weiterversandt wurden[226] („klassische" Umgehungsausfuhr).

Die eingeholte Genehmigung deckte die tatsächlich vorgenommene Handlung nicht ab, die Handlung (Ausfuhrbeförderung) erfolgte somit ungenehmigt und war nach § 16 Abs. 2 KWKG a. F. (= neu: § 22a Abs. 1 Nr. 4 KWKG) strafbar. Die nach AWG/AWV erforderliche Ausfuhrgenehmigung wurde gleichfalls mit entsprechenden falschen Angaben erschlichen, die Ausfuhr erfolgte ungenehmigt. Danach läge im o. a. Fall ein tateinheitlicher Verstoß gegen das KWKG und das AWG vor, der aktuell nach § 34 Abs. 1 Nr. 1 AWG (bis 31.8.2013) bzw. §§ 18 Abs. 2 Nr. 1 1. Alt. AWG-Novelle (ab 1.9.2013) und § 22a Abs. 1 Nr. 4 KWKG strafbar wäre.

Vereinzelt werden in Anbetracht des Wortlauts des § 3 Abs. 3 KWKG Zweifel erhoben, ob es sich um einen echten „Ausfuhrgenehmigungstatbestand" handelt,[227] d. h., ob z. B. Ausfuhrzielland und Endverbleib der Ware Regelungsinhalt der entsprechenden KWKG-Genehmigung sind/sein können. Nach überwiegender Auffassung handelt es sich um einen echten Ausfuhrgenehmigungstatbestand.[228, 229, 230] Dies ist u. a. auch aus den „Politischen Grundsätzen der Bundesregierung für den Export (sic!) von Kriegswaffen und sonstigen Rüstungsgütern",[231, 232] sowie der Kriegswaffenmeldeverordnung herzuleiten. Soweit ersichtlich bestanden in der Rechtsprechung derartige Zweifel nicht. Die Gerichte gingen zutreffend davon aus, dass § 3 Abs. 3 KWKG als echter Ausfuhrgenehmigungstatbestand aufzufassen ist. Eine andere Auslegung würde dem Verfassungsauftrag des Art. 26 GG zuwiderlaufen. Auf die Ausführungen von *Holthausen* sei verwiesen.[233]

Hinweis:
Es ist ständige Verwaltungspraxis der Genehmigungsbehörden (vor allem des BMWi), die Genehmigungen so abzufassen, dass Ausfuhrzielland, Endverbleib und Käufer/Endempfänger Inhalt der jeweiligen Genehmigungen sind. Jede Abweichung vom Genehmigungsinhalt hat

---

[226] Vgl. ausführlich LG Düsseldorf v. 27.5.1986 – X – 64/83, NStZ 1988, 231 ff.; zum selben Fall OLG Düsseldorf v. 15.12.1983 – 1 WS 1053 – 1055/83, NStZ 1987, 565 ff.

[227] *Pottmeyer*, KWKG Rn. 131 ff. zu § 3.

[228] *Sprögel*, in: *Bebermeyer* (Hrsg.), Deutsche Ausfuhrkontrolle 1992, 21–28 (fehlinterpretiert von *Pottmeyer*, KWKG Rn. 132 zu § 3). Die Ausfuhr wird von *Sprögel* im einleitenden Überblick über die Bestimmungen des KWKG zwar nicht gesondert erwähnt, jedoch befasst er sich in dem Artikel dann schwerpunktmäßig mit dem „Export von Kriegswaffen", wobei er die je nach Zielland unterschiedliche Genehmigungspolitik darstellt.

[229] *Hucko* in *Hucko/Wagner*, Außenwirtschaftsrecht Kriegswaffenkontrollrecht, 8. Auflage, S. 16.

[230] *Pathe/Wagner* in *Bieneck* Handbuch des Außenwirtschaftsrechts, 2. Auflage, § 44, Rn. 47 ff.

[231] Beschluss der Bundesregierung v. 28.4.1982, Bulletin v. 5.5.1982; *Hucko*, Außenwirtschaftsrecht Kriegswaffenkontrollrecht, 6. Auflage, 236 ff. Neufassung: Bulletin vom 19.1.2000, nachrichtlich bekannt gemacht im BAnz. Nr. 19 vom 28.1.2000, S. 1299; *Hucko/Wagner* Außenwirtschaftsrecht, Kriegswaffenkontrollrecht, 8. Auflage, S. 337 ff. bzw. 9. Auflage, S. 387 ff.

[232] Ausführlichere Darstellung: *Wessels*, AW-Prax 2000, S. 181–183; *von Poser* und *Groß Naedlitz* AW-Prax 2000, S. 217–219.

[233] *Holthausen*, NStZ 1988, 206 ff., 256 ff.; ders., JZ 1995, 284 ff.

III. Kriegswaffenkontrollgesetz

zur Folge, dass die **gesamte Handlung** nicht mehr von der Genehmigung gedeckt ist und somit ungenehmigt erfolgt.[234]

cc) „Auslandsgeschäfte"

Der 1978 in das KWKG eingefügte § 4a KWKG betrifft Auslandsgeschäfte. Durch die Vorschrift soll verhindert werden, dass Deutschland zum Tummelplatz von Waffenhändlern wird.[235] Die Anwendung des § 4a KWKG ist in der Praxis recht problematisch. Genehmigungsbedürftige Handlungen sind:
– Die **Vermittlung** eines Vertrages über den Erwerb oder das Überlassen von KW, die sich außerhalb des Bundesgebiets befinden (§ 4a Abs. 1 KWKG),
– der **Nachweis** der Gelegenheit zum Abschluss eines solchen Vertrages (§ 4a Abs. 1 KWKG)
und
– der **Abschluss eines Vertrages** über das Überlassen von KW, die sich außerhalb des Bundesgebietes befinden (§ 4a Abs. 2 KWKG).

Die Begriffe „Vermitteln" und „Nachweis der Gelegenheit zum Vertragsabschluss" entstammen dem Maklerrecht (§§ 652 ff. BGB). Für die Anwendung des § 4a Abs. 1 KWKG ist nicht maßgeblich, ob die Vermittlungs-/Nachweistätigkeit gewerbsmäßig, entgeltlich, gefälligkeitshalber oder unentgeltlich durchgeführt wird. § 4a Abs. 2 KWKG hat den Zweck, die Umgehung des Genehmigungserfordernisses nach § 4a Abs. 1 KWKG zu verhindern, die dadurch erfolgen könnte, dass die Vermittlung (an einen Käufer) in die Form eines Eigengeschäfts gekleidet wird.

Entscheidend für die Anwendung des § 4a KWKG ist u. a., dass die genehmigungsbedürftige Tätigkeit zumindest teilweise von deutschem Boden aus ausgeübt wird. Eine Vermittlungs- oder Nachweistätigkeit i. S. des § 4a Abs. 1 KWKG, die von einem Deutschen **ausschließlich im Ausland** begangen wird, unterliegt nicht dem Genehmigungsvorbehalt des § 4a KWKG und ist somit nicht nach § 22a Abs. 1 Nr. 7 KWKG strafbar. Sie kann allerdings als Handels- und Vermittlungsgeschäft (§ 4c Nr. 6 AWV bzw. § 2 Abs. 14 AWG-N – die Bestimmung ist § 4a KWKG nachgebildet) unter den dort genannten Voraussetzungen nach §§ 40 i. V. m. 42 AWV bzw. §§ 46 i. V. m. 47 AWV-N genehmigungsbedürftig und nach §§ 33 Abs. 1, 34 AWG i. V. m. 70 Abs. 1 Nr. 6 AWV bzw. § 18 Abs. 2 Nr. 4 AWG-N strafbar sein.

Zur Abgrenzung Vorbereitungshandlung („Sondierungen")/Versuch/Vollendung ist im Urteil des BGH vom 27.7.1993[236] Folgendes ausgeführt:
– „Für die Frage, ob die Schwelle zum Versuch überschritten ist, kommt es nicht darauf an, ob all die Angaben, die § 5a I der 2. DVO zum KWKG für einen Genehmigungsantrag vorschreibt, hätten gemacht werden können." (*Pottmeyer* vertritt die Auffassung, dass keine Genehmigung erforderlich ist, solange nicht die in § 5a Abs. 1 und 2 der 2. DVO zum KWKG genannten Mindestangaben gemacht werden können.[237])
– „Für die Annahme eines strafbaren Versuchs [ist es] unerheblich, ob später die Abnehmerseite am Erwerb der Waffen kein Interesse mehr hatte."
– „Das Verbrechen der unerlaubten Vermittlung eines Kriegswaffengeschäfts [ist] erst dann vollendet, wenn es – im Sinne einer tatsächlichen Einigung – zum Vertragsabschluss gekommen ist."

Die ungenehmigte Vermittlung nach § 4a KWKG ist gem. § 22a Abs. 1 Nr. 7 KWKG als Verbrechen mit Strafe bedroht. Auf § 30 StGB ist insoweit hinzuweisen.

Beispiele: I. Die in Deutschland ansässigen B. und S. haben sich gemeinschaftlich handelnd bemüht, Abnehmer für in Kolumbien befindliche Kampfflugzeuge zu finden und einen entsprechenden Vertrag zu vermitteln, wobei sie mit verschiedenen potenziellen Abnehmern Kontakt aufnahmen. Dabei verabredeten B. und S. u. a. für den Fall, dass die „Sondierungen" erfolgreich sein würden, zwar beim BMWi eine Genehmigung nach § 4a KWKG zu beantragen, dabei allerdings falsche Angaben über das Geschäft

---

[234] *Holthausen*, NStZ 1988, 206 ff.
[235] BT-Drucksache 8/1614, 14, 16.
[236] BGH v. 27.7.1993 – 1 StR 339/93, m. w. N., NStZ 1994, 135 ff., ZfZ 1994, 151 ff.
[237] *Pottmeyer*, KWKG Rn. 88 ff. zu § 4 a.

zu machen und fingierte Endverbleibsbescheinigungen zu verwenden. Hier war ein Versuch einer Straftat nach § 22a Abs. 1 Nr. 7 KWKG noch nicht gegeben; es lag lediglich eine Verabredung eines Verbrechens der ungenehmigten Vermittlung eines Vertrages über Kriegswaffen vor.[238, 239]

II. Der Beschuldigte A hatte im Auftrag des Beschuldigten B mit dem Mitarbeiter eines tschechischen Flugzeugbauers über den Erwerb von Kampfflugzeugen verhandelt. Nach Auffassung des OLG Düsseldorf war der A insoweit dringend verdächtig, sich bereit erklärt zu haben, das Verbrechen der Vermittlung eines Vertrages über den Erwerb von Kriegswaffen, die sich im Ausland befinden, zu begehen. Das OLG führte dazu aus: „Ein „Makler", der sondiert, ob Vertragsbereitschaft besteht, hat sich bereit erklärt, i. S. v. § 30 StGB, das Verbrechen der Vermittlung eines Vertrags über den Erwerb von Kriegswaffen zu begehen, die sich im Ausland befinden."[240]

b) Verbote

64 Durch die KWKG-Novelle vom 5.11.1990[241] wurden die Entwicklung und die Herstellung von sowie der Umgang mit A-, B-, C-Waffen schlechthin (in Bezug auf A-Waffen mit Einschränkungen) verboten – §§ 17, 18 KWKG. Vor Inkrafttreten der KWKG- Novelle galten auch für A-, B-, C-Waffen die Genehmigungspflichten der §§ 2 bis 4a KWKG. Praktische Bedeutung hatte dieser Genehmigungsvorbehalt jedoch insoweit nicht, als sich die Bundesrepublik bereits 1954[242] völkerrechtlich verpflichtet hatte, A-, B-, C-Waffen auf ihrem Territorium nicht herzustellen. Die Erteilung entsprechender Genehmigungen war aufgrund dieser völkerrechtlichen Verpflichtung von vornherein ausgeschlossen. Die KWKG-Novelle hatte insoweit lediglich klarstellende Funktion. Von besonderer Bedeutung ist sie jedoch deshalb, weil dadurch nunmehr umfassende Verbote für die Mitwirkung Deutscher an der Entwicklung, Herstellung pp. von A-, B-, C-Waffen **im Ausland** geschaffen wurden. Ausnahmen gelten insoweit nur für Atomwaffen der NATO (§ 16 KWKG) sowie für „dienstliche Handlungen" in Bezug auf chemische Waffen der NATO (§ 22 KWKG).

65 Das Verbot von Atomwaffen ist in § 17 Abs. 1 KWKG, das Verbot von biologischen und chemischen Waffen in § 18 KWKG geregelt. Der in 1998 neu erlassene § 18a Abs. 1 KWKG normiert das Verbot jeglichen Umgangs mit Antipersonenminen sowie seit 2009 das Verbot jeglichen Umgangs mit Streumunition, soweit er nicht nach Abs. 3 gemäß den Bestimmungen der jeweiligen Übereinkommen zulässig ist. Die Vorschrift ist im Wesentlichen dem Wortlaut des § 18 KWKG nachgebildet.[243] In Abs. 2 wird auf die Legaldefinition des Begriffs Antipersonenmine gemäß Artikel 2 des Übereinkommens … vom 3.12.1997[244] und für Streumunition auf jene des Art. 2 Nr. 2 des Übereinkommens … vom 3.12.2008[245] verwiesen.

Folgende Handlungen sind in Bezug auf A-, B-, C-Waffen[246], Antipersonenminen und Streumunition nach den §§ 17 Abs. 1, 18 und 18a KWKG verboten und nach den §§ 19, 20 und 20a KWKG strafbar: Entwickeln, Herstellen, Handeltreiben, Erwerben, Überlassen, Einführen, Ausführen, Durchführen, sonstiges Verbringen in das oder aus dem Bundesgebiet sowie (sonstiges) Ausüben der tatsächlichen Gewalt. Ferner ist verboten und unter Strafe gestellt: zu einer der o. g. (verbotenen) Handlungen zu verleiten (§ 17 Abs. 1 Nr. 1 a., § 18 Nr. 1 a., § 18a Abs. 1 Nr. 2 KWKG) oder eine der o. g. (verbotenen) Handlungen zu fördern (§ 17 Abs. 1 Nr. 2, § 18 Nr. 2, § 18a Abs. 1 Nr. 3 KWKG).

66 **Ausnahmen** von den o. a. Verboten sind in den §§ 16, 22 und 18a Abs. 3 KWKG geregelt.[247] Zu beachten sind ferner die **Zivilklausel** (Teil A vor Abschnitt I der KWL) sowie

---

[238] LG Hamburg v. 22.2.1991 – (99) 17/88 KLs – 141 Js 117/87, n. v.
[239] Weitere Urteile i. S. § 4a KWKG siehe *Pottmeyer*, AW-Prax 2001, S. 309–311.
[240] OLG Düsseldorf, Beschluss v. 25.10.2006 – III-1 Ws 391/06; NStZ 2007, S. 647–648.
[241] Gesetz zur Verbesserung der Überwachung des Außenwirtschaftsverkehrs und zum Verbot von Atomwaffen, biologischen und chemischen Waffen v. 5.11.1990, BGBl. I S. 2428.
[242] Protokoll Nr. III zum sog. Revidierten Brüsseler Vertrag vom 23.10.1954, BGBl. 1955 II S. 266.
[243] BT-Drucksache 13/10116, 10.
[244] Übereinkommen über das Verbot des Einsatzes, der Lagerung, der Herstellung und der Weitergabe von Antipersonenminen sowie über deren Vernichtung vom 3.12.1997, BT-Drucksache 13/9817.
[245] Übereinkommen vom 30.5.2008 über Streumunition, BGBl. II 2009 S. 502, 504.
[246] Zur Begriffsbestimmung der A-, B-, C-Waffen: vgl. ausführlich *Holthausen*, NJW 1992, 2113 ff.
[247] Zum Begriff „dienstliche Handlung" vgl. Urteil des BGH v. 19.2.2003 – 2 StR 371/02.

III. Kriegswaffenkontrollgesetz

die Ausnahmebestimmung des § 17 Abs. 2, letzter Satz KWKG. Soweit die Voraussetzungen der vorgenannten Regelungen erfüllt sind, ist Kriegswaffeneigenschaft nicht gegeben.[248]

In der Praxis von besonderer Bedeutung sind die **Fördertatbestände** (§ 17 Abs. 1 Nr. 2, § 18 Nr. 2, § 18a Abs. 1 Nr. 3 KWKG).[249] „Fördern" nach diesen Bestimmungen ist jede Hilfeleistung bzw. Unterstützung i. S. der Beihilfe nach § 27 Abs. 1 StGB. Es handelt sich hierbei um verselbstständigte Teilnahmedelikte, die – im Gegensatz zu § 27 Abs. 1 StGB – keine tatbestandsmäßige und rechtswidrige Haupttat voraussetzen.[250] Die Fördertatbestände dienen dem Zweck, Teilnahmehandlungen **umfassend zu verbieten** und unter Strafe zu stellen.[251] Nach der Gesetzesbegründung[252] soll das Fördern auch solche Handlungen umfassen, die nur mittelbar dem Aufbau einer B- oder C-Waffenproduktion dienen, wie z. B. die Lieferung von Einrichtungsgegenständen für eine ausländische Giftgasfabrik.

Beispiele: I. Der deutsche Unternehmer R. ließ in Indien eine Abgaswaschanlage, die für eine Anlage zur Herstellung chemischer Waffen bestimmt war, herstellen und lieferte diese nach Libyen an eine militärische Beschaffungsorganisation. Hinsichtlich des Vorwurfs der „Förderung der Herstellung chemischer Waffen" wurde der Angeklagte freigesprochen.[253] Nicht zutreffend gewürdigt hat das Gericht hingegen den vom Angeklagten durch die genannte Handlung verwirklichten Tatbestand der „Förderung der Entwicklung chemischer Waffen" (Straftat nach § 20 Abs. 1 Nr. 2 KWKG). Der Angeklagte wurde lediglich wegen eines vollendeten Verstoßes gegen das AWG (§ 34 Abs. 4 AWG i. V. m. §§ 69g a. F./69l n. F. AWV) durch die verbotswidrige Lieferung von „Rüstungsmaterial" nach Libyen zu einer mehrjährigen Freiheitsstrafe verurteilt.[254]

II. Das LG Stuttgart hat nachfolgend auch den B., einen Mittäter des R., abgeurteilt.[255] B. hatte das o. a. Geschäft über die Lieferung einer Abgaswaschanlage zwischen den libyschen Auftraggebern und dem R. vermittelt und das Projekt dann vor Ort in Libyen technisch und organisatorisch von der Planung bis zur Durchführung, d. h. dem Aufbau der Abgaswaschanlage, koordiniert und betreut. Das Projekt war nach Erkenntnis des Gerichts jedenfalls soweit gediehen, dass die Anlage zu 70% fertig gestellt war und abgenommen werden konnte. Offen ist, ob die Abgaswaschanlage funktionierte, ob sie in eine Anlage zur Herstellung von Giftgas eingefügt und ob sie dann bei der Produktion von Giftgas tatsächlich verwendet wurde. B. wurde wegen vorsätzlicher Zuwiderhandlungen gegen Beschränkungen des Außenwirtschaftsverkehrs nach § 34 Abs. 4 AWG (i. V. m. §§ 69g Abs. 1 a. F./69l Abs. 1 AWV) in Tateinheit mit versuchtem **Fördern des Herstellens** von chemischen Waffen (§ 20 Abs. 1 Nr. 2 i. V. m. Nr. 1 KWKG, §§ 22, 23 StGB) zu einer mehrjährigen Freiheitsstrafe verurteilt. Die Kammer verneinte den Tatbestand des **Entwickelns**, weil „die verfahrensgegenständliche, der entsprechenden Anlage in Rabta **nahezu baugleiche** Abgaswaschanlage nicht als Teilkomponente einer Giftgasproduktionsanlage vom Auftragnehmer neu konzipiert [wurde]. Vielmehr kamen die Pläne, ... vom libyschen Auftraggeber ... Bei der V.-Abgaswaschanlage wurde lediglich in Libyen schon vorhandenes Material und Wissen verwendet und nachgebaut. Schlichtes ‚Abkupfern' ist aber kein Entwickeln nach § 20 Abs. 1 KWKG." Das LG Stuttgart ließ offen, ob der Begriff des „Entwickelns chemischer Waffen" auch das „Nachentwickeln" einer bereits existierenden Waffe z. B. durch Beschaffung des Know-how, der Technologie u.Ä. umfasst. Die Kammer sah im vorliegenden Fall den Tatbestand des „versuchten Förderns der Herstellung einer chemischen Waffe" als erfüllt an: „Das **Fördern der Herstellung** chemischer Waffen umfasst jede Handlung, die geeignet ist, dazu beizutragen, dass eine chemische Waffe erzeugt wird. Geeignete Förderhandlungen sind damit vor allem auch auf das Schaffen der Herstellungsvoraussetzungen gerichtete

---

[248] BT-Drucksache 11/4609, 8.
[249] Vgl. ausführlich *Holthausen*, NJW 1991, 203 ff.
[250] BT-Drucksache 11/4609, 10.
[251] BT-Drucksache 11/4609, 9.
[252] BT-Drucksache 11/4609, 10.
[253] Das Urteil ist in der Literatur heftig kritisiert worden; vgl. ausführlich zur „Förderung der Entwicklung": *Hucko*, AW-Prax 1997, 172 ff., *Holthausen*, NStZ 1997, 288 ff.; *Fehn*, AW-Prax 1997, 278 ff.; *ders.*, AW-Prax 1997, 385 ff.; *ders.*, in: *Achenbach/Wannemacher § 22 Abschn. III, Rn. 47ff., 68*. Zustimmend: *Kreuzer*, NStZ 1997, 292. Zu den Erwägungen des LG: *Muhler*, ZRP 1998, 4 ff.; Entgegnung zu *Kreuzer*: *Holthausen*, AW-Prax 1998, 97 ff.
[254] LG Stuttgart v. 1.10.1996 – 8 KLs 47/96, NStZ 1997, 288 ff.
[255] LG Stuttgart v. 19.6.2001, 6 KLs 144 Js 43314/94; *Ricke*, ZfZ 2001, S. 352–353; *Bieneck*, AW-Prax 2001, S. 349–352.

Handlungen, wie die Planung und Einrichtung der für die Herstellung benötigten und bestimmten Fabrikationsanlagen, was auch die Herstellung und Einrichtung ihrer einzelnen Komponenten umfasst."

III. Drei deutsche Kaufleute stellten 1991 bis 1993 u. a. eine Steuerungsanlage her, die in ihrer technischen Konzeption jener Steuerungsanlage entsprach, die ursprünglich für die CW-Anlage in Rabta geliefert worden war, und führten diese in Teillieferungen über Belgien nach Libyen aus. Das Verfahren gegen zwei der o. g. Kaufleute ist abgeschlossen. Der dritte Beschuldigte hält sich – soweit bekannt – nach wie vor im Ausland auf. Die StA sah in diesem Fall einen tateinheitlichen Verstoß
– gegen das KWKG durch verbotswidrige „Förderung der Entwicklung chemischer Waffen" (Straftat nach § 20 Abs. 1 Nr. 2 KWKG) und
– gegen das AWG (Waffenembargo gegen Libyen) durch verbotswidrige Lieferung von „Rüstungsgütern" i. e. S. (Waren der Pos. 0018 des Teils I Abschnitt A der AL, Straftat nach § 34 Abs. 4 AWG i. V. m. § 69g AWV a. F.) sowie
– eine verbotswidrige Ausfuhr von Waren für eine Anlage zur Herstellung chemischer Waffen in Libyen (Straftat nach § 34 Abs. 1 AWG i. V. m. § 5b AWV) als gegeben an.

Das Gericht ließ die Anklage in allen Punkten zu. Ein Urteil wegen des Verstoßes gegen das KWKG erging nicht, weil es insoweit im Rahmen einer „Absprache zur Beschleunigung des Verfahrens" zu einer Einstellung gemäß § 154a StPO kam. Die beiden Angeklagten wurde wegen Verstoßes gegen das AWG (§ 34 Abs. 4 AWG i. V. m. §§ 69g AWV a. F./69l AWV n. F.) zu mehrjährigen Freiheitsstrafen verurteilt.[256]

IV. Der dritte Beschuldigte B. hat wegen des gegen ihn ergangenen Haftbefehls Beschwerde eingelegt. In seinem diesbezüglichen Beschluss hat das OLG Düsseldorf auch ausführlich zum Tatvorwurf der vollendeten **Förderung der Entwicklung** chemischer Waffen Stellung genommen und insoweit dringenden Tatverdacht bejaht.[257] U.a. führt das Gericht aus: „Die aufgrund der 3 Verträge verschifften Anlagen sollten in Libyen als Anlagenkomponenten für den geplanten Bau einer Giftgasfabrik zur Herstellung chemischer Waffen Verwendung finden. Nach den Ausführungen des Sachverständigen stellten die Lieferungen in ihrer jeweiligen Gesamtkonfiguration praktisch eine Kopie der seinerzeit durch den Chemieunternehmer I, für die Giftgasfabrik in Rabta konzipierten zentralen Anlagenteile (Schaltschrankanlage, Prozessleitsystem) dar. Die Lieferung der nach gegenwärtigem Erkenntnisstand für den Bau einer Giftgasfabrik bestimmten Schaltschrankanlagen und des Prozessleitsystems an den libyschen Kunden ist jeweils als vollendetes Delikt gemäß § 20 Abs. 1 Nr. 2 i. V. m. Nr. 1 KWKG strafbar." Der Senat schloss sich ausdrücklich der im Schrifttum vertretenen Ansicht an, dass „sämtliche Maßnahmen ausländischer Organisationen zur Schaffung der technologischen Voraussetzungen für eine eigene Kampfstoffproduktion, darunter auch die Planung und Errichtung der Produktionsanlagen, unter den Tatbestand des ‚Entwickelns' chemischer Waffen i. S. von § 20 I Nr. 1 KWKG zu subsumieren [sind], so dass sich die geglückte Belieferung der Beschaffer mit für den Herstellungsprozess wesentlichen Anlagenkomponenten als vollendetes ‚Fördern' i. S. von § 20 I Nr. 2 KWKG darstellt." Für eine bereits begonnene Giftgasproduktion in Libyen unter Verwendung der vom Beschuldigten gelieferten Anlagenteile liegen bis dato keine Hinweise vor. Das Gericht sah deshalb zutreffend den dringenden Verdacht einer vollendeten Hilfeleistung des Beschuldigten zur „Herstellung" von C-Waffen als seinerzeit nicht zu rechtfertigen an.

Hinweis:
Das Urteil des LG Stuttgart vom 19.6.2001 und der Beschluss des OLG Düsseldorf vom 23.2.2000 scheinen – auf den ersten Blick – vergleichbare Sachverhalte zu betreffen und erwecken den Eindruck, dass sie sich widersprechen. Die zu Grunde liegenden Sachverhalte sind jedoch bei genauerer Betrachtung nicht ganz vergleichbar: Im „Fall Düsseldorf" kannten die libyschen Auftraggeber die technische Funktionalität der zu beschaffenden Komponenten und die in der „Anlage Rabta" verwendeten Komponenten selbst. Ein schlichter „Nachbau" (1 : 1 – Beschaffung der Original-"Rabta"-Komponenten) war ihnen allerdings nicht möglich, weil diese nicht mehr am Markt erhältlich waren. Die gewünschte technische Funktionalität musste nunmehr mittels andersartiger, am Markt erhältlicher Komponenten (Nachfolgemodelle der ursprünglich verwendeten Komponenten mit anderen technischen Eigenschaften) „nachvollzogen", d. h. „nachentwickelt" werden. Das Ziel war bekannt, der Weg, der beschritten werden musste, war zwangsläufig neu.

Im „Fall Stuttgart" hingegen handelte es sich nach Überzeugung des Gerichts beim „Nachbau" der Abgaswaschanlage um ein „schlichtes Abkupfern" der in Libyen befindlichen Anlage anhand der ebenfalls dort vorhandenen Pläne. Die Wortwahl des Gerichts impliziert

---

[256] LG Mönchengladbach v. 30.10.1997–12 Kls 4/97 (8).
[257] OLG Düsseldorf, Beschluss v. 23.2.2000 – 2 Ws 16/00, NStZ 2000, S. 378–380.

III. Kriegswaffenkontrollgesetz

insoweit einen Vorgang, der nur die „sklavische 1 : 1-Umsetzung" bereits beim Auftraggeber befindlicher Pläne pp. verlangte, jedoch keinerlei irgendwie geartete eigenständige Leistungen des Auftraggebers oder -nehmers. Nicht so recht zum „schlichten Abkupfern" scheinen allerdings die Feststellungen des Gerichts zu passen, dass die (libysche) Auftraggeberin über den Angeklagten B. diverse technische Änderungswünsche an R. weiterleitete.

V. Ein weiteres Urteil des LG Stuttgart[258] betrifft eine in 2003 erfolgte, ungenehmigte Ausfuhr von für die Herstellung von Gasultrazentrifugen für die Urananreicherung geeigneten, nicht in der AL erfassten Aluminiumrohren nach Nordkorea (ursprüngliches Zielland der Waren) bzw. der VR China. Das BAFA hatte diesbezüglich eine Genehmigungspflicht gemäß Artikel 4 EG-Dual-Use-VO konstituiert und auf die Eignung der Waren für die vorgenannten nukleartechnischen Zwecke hingewiesen. Der Angeklagte T hat tateinheitlich sowohl eine Straftat nach § 34 Abs. 2 Nr. 2 und Nr. 3 AWG begangen als auch sich des – untauglichen – **Versuchs der Förderung der Herstellung von Atomwaffen** – Straftat gemäß §§ 19 Abs. 1 Nr. 2, Abs. 2 Nr. 1 Variante 1, Nr. 2b und Nr. 2c KWKG – schuldig gemacht. Nach Auffassung der Kammer hat der festgestellte Sachverhalt in objektiver Hinsicht nur zur Verurteilung wegen untauglichen Versuchs ausgereicht, weil eine umfassende Aufklärung der Vorgänge in Nordkorea hinsichtlich des tatsächlichen Verwendungszwecks der Rohre nicht mit hinreichender Sicherheit möglich gewesen sei.

VI. Besonders hinzuweisen ist auch auf ein Urteil des OLG Stuttgart vom 16.10.2008[259], in dem das Gericht zur Strafbarkeit der Förderung der Entwicklung von Atomwaffen Stellung bezieht und sich unter Aufgabe früherer Rechtsprechung[260] nunmehr dem OLG Düsseldorf[261] und dem BGH (sh. nachfolgend VII.) anschließt. Der verurteilte deutsche Staatsangehörige L. hatte – soweit aus den abgekürzten Urteilsgründen ersichtlich – im Ausland eine ausländische Tätergruppe um den Dr. A. Q. Khan beim Bau eines für Libyen bestimmten Rohrsystems einer Gasultrazentrifuge, die für die Produktion hochangereicherten Urans zur Verwendung in Atomwaffen notwendig ist, organisatorisch, logistisch und durch technische Ratschläge unterstützt und sich dadurch nach §§ 19 Abs. 1 Nr. 1 und 2, Abs. 2 Nr. 1, Nr. 2 a) und b), 17 Abs. 2, 21 KWKG schuldig gemacht.

VII. Auch der BGH hat sich in Beschlüssen vom Juni 2008 und März 2009[262] ausführlich mit dem „Fördertatbestand" auseinandergesetzt und dabei nochmals herausgestellt, dass es für die Förderung der Entwicklung von Kriegswaffen gerade nicht darauf ankommt, eine bislang noch nicht in ihren spezifischen Eigenschaften existente Waffe zu schaffen, sondern dass unter den Begriff des „Entwickelns" von Atomwaffen im Sinne des § 19 Abs. 1 Nr. 1 KWKG sämtliche Maßnahmen zur Schaffung der technologischen Voraussetzungen für eine atomare Kampfstoffproduktion einschließlich der Planung und Errichtung von Produktionsanlagen fallen. Der Angeschuldigte hatte in 2007 für den Iran zwei Hochgeschwindigkeitskameras beschafft, die zur Entwicklung von Atomsprengköpfen benötigt werden. Die Waren stammten aus Russland und wurden spätestens bis zum 1.11.2007 von dort nach dem Iran geliefert.

5. Die Strafbestimmungen

Die ungenehmigte bzw. verbotswidrige Ein-, Aus- und Durchfuhr von Kriegswaffen ist stets auch ein **Bannbruch** gemäß § 372 AO, d. h. eine Steuerstraftat. Im Hinblick auf die Strafvorschriften des KWKG ist die Straf**androhung** der AO allerdings subsidiär (§ 372 Abs. 2 AO). 68

Zuwiderhandlungen gegen die Genehmigungsvorschriften gemäß den §§ 2 bis 4a KWKG und die Verbote gemäß den §§ 17, 18 und 18a KWKG sind nach den §§ 19, 20, 20a und 22a KWKG mit Strafe bedroht. Die Anwendung der vorgenannten Strafvorschriften bereitet in der Praxis kaum Probleme. Auf folgende Besonderheiten ist hinzuweisen:
- „Strafvorschriften gegen Atomwaffen" – § 19 KWKG
  § 19 Abs. 2 KWKG enthält Qualifikationstatbestände gegenüber § 19 Abs. 1 KWKG.[263]

---

[258] LG Stuttgart v. 7.9.2004 – 10 KLs 141Js 28271/03.
[259] OLG Stuttgart v. 16.10.2008 – 4–3 StE 1/07.
[260] OLG Stuttgart, Beschluss v. 22.5.1997 – 1 Ws87/97, NStZ-RR 1998, S. 63.
[261] OLG Düsseldorf, Beschluss v. 23.2.2000 – 2 Ws 16/00, NStZ 2000, S. 378–380.
[262] BGH-Beschluss v. 26.3.2009 – StB 20/08, Rn. 27 ff.; vgl. auch in demselben Fall: BGH-Beschluss v. 26.6.2008 – AK 10/08; Urteil des LG Frankfurt am Main v. 24.9.2009 – 5/2 KLs 9/09.
[263] *Lampe* in *Erbs/Kohlhaas* KWKG, Rn. 7 ff. zu § 19.

§ 19 Abs. 2 Nr. 1 KWKG entspricht § 34 Abs. 6 Nr. 2 AWG (bis 31.8.2013) bzw. § 17 Abs. 2 Nr. 2, Abs. 3, § 18 Abs. 7 Nr. 2, Abs. 8 AWG-Novelle (auf die entsprechenden Erläuterungen wird insoweit verwiesen).

§ 19 Abs. 2 Nr. 2 KWKG entspricht ganz überwiegend § 34 Abs. 2 AWG[264] in der bis zum 31.8.2013 geltenden Fassung (auf die entsprechenden Erläuterungen und Beispiele wird insoweit verwiesen); Schutzgüter des § 19 Abs. 2 Nr. 2 a) sind jedoch sowohl die **innere** als auch die äußere Sicherheit der Bundesrepublik Deutschland.[265]

§ 19 Abs. 6 KWKG ist eine Ausnahmebestimmung zu § 19 Abs. 1 bis 5 KWKG. Die Vorschrift beinhaltet einen Tatbestandsausschluss zur „Legalisierung" bestimmter benannter („erwünschter") Handlungen.

- „Strafvorschriften gegen biologische und chemische Waffen" – § 20 KWKG

§ 20 Abs. 4 KWKG ist eine Ausnahmebestimmung zu § 20 Abs. 1 bis 3 KWKG. Die Vorschrift beinhaltet einen Tatbestandsausschluss zur „Legalisierung" bestimmter benannter („erwünschter") Handlungen.[266]

§ 22 KWKG bestimmt, dass die §§ 18, 20 und 21 unter bestimmten Voraussetzungen nicht für auf **chemische** Waffen der NATO bezogene dienstliche Handlungen gelten.

- „Sonstige Strafvorschriften" – § 22a KWKG

§ 22a entspricht § 16 KWKG a. F. Als Täter von Straftaten nach § 22a KWKG kommt grundsätzlich nur derjenige in Betracht, der für die Handlung einer Genehmigung bedurft hätte. § 5 Abs. 1 bis 3 KWKG („Befreiungen") sind insoweit zu beachten. § 22a Abs. 5 KWKG beinhaltet persönliche Strafaufhebungsgründe im Hinblick auf § 22a Abs. 1 Nrn. 3 und 4.[267]

- Auslandstaten – § 21 KWKG

§ 21 KWKG entspricht § 35 AWG (bis zum 31.8.2013) bzw. § 17 Abs. 7, § 18 Abs. 10 AWG-Novelle. Er erstreckt die Strafandrohung des § 19 KWKG – beschränkt auf einige besonders gravierende Straftaten – und der §§ 20, 20a KWKG – umfassend – auf Taten gemäß den §§ 17 Abs. 1, 18 und 18a KWKG, die von Deutschen im Ausland begangen werden.

IV. Das Chemiewaffenübereinkommen

69 Die Bundesrepublik Deutschland hat am 13.1.1993 in Paris das Chemiewaffenübereinkommen (CWÜ) unterzeichnet.[268] Das CWÜ ist für Deutschland am 29.4.1997 in Kraft getreten.[269] Es beinhaltet im Wesentlichen das Verbot der Entwicklung, Herstellung, Lagerung und des Einsatzes chemischer Waffen, die Vernichtung solcher Waffen sowie Meldepflichten und Inspektionen. Das CWÜ umfasst neben den chemischen Kampfstoffen auch Vorprodukte, die bei der Synthese derartiger Kampfstoffe eingesetzt werden (können). Die in Ausführung des CWÜ ergangenen Regelungen sind eine relativ neue Materie. Bislang ist – soweit ersichtlich – noch kein Strafverfahren bekannt geworden, in dem Ermittlungen wegen Verdachts des Verstoßes gegen das CWÜAG geführt wurden.

---

[264] Bei den Tatbeständen des § 34 Abs. 2 AWG handelt es sich um abstrakt-konkrete, bei jenen des § 19 Abs. 2 Nr. 2 KWKG hingegen um konkrete Gefährdungsdelikte.

[265] Schutzgut des § 34 Abs. 2 Nr. 1 AWG ist hingegen nur die äußere Sicherheit der Bundesrepublik Deutschland.

[266] BT-Drucksache 11/4609, 10, Begründung zu § 20 Abs. 4 KWKG: „§ 20 Abs. 4 nimmt zwei Handlungsweisen vom Tatbestand aus: Taten, die der Vernichtung von B- oder C-Waffen – z. B. von Altbeständen an C-Waffen aus der Zeit der beiden Weltkriege – durch die dafür zuständigen Stellen dienen – gedacht ist in erster Linie an Kampfmittelbeseitigungsanlagen der Bundeswehr gedacht –, sind nicht strafbar …".

[267] *Lampe* in *Erbs/Kohlhaas*, Rn. 20 ff., 15 zu § 22a KWKG.

[268] Das Zustimmungsgesetz zum CWÜ datiert vom 5.7.1994, BGBl. II S. 806; nach Artikel 1 des Gesetzes wurde das CWÜ (in englischer und französischer Sprache) dabei mit einer amtlichen deutschen Übersetzung veröffentlicht, BGBl. II S. 807 ff.

[269] BGBl. 1996 II S. 2618.

IV. Das Chemiewaffenübereinkommen

1. Das Ausführungsgesetz und die Ausführungsverordnung zum CWÜ

Das Ausführungsgesetz zum CWÜ vom 2.8.1994[270] – CWÜAG – ist im Wesentlichen ein Blankettgesetz. Es ermächtigt die Bundesregierung, durch Rechtsverordnung Beschränkungen (§ 2) und Meldepflichten (§ 3) anzuordnen. Daneben enthält es u. a. Bußgeld- und Strafbestimmungen (§§ 15–17). Aufbau und Struktur des CWÜAG sind weitgehend an das AWG angelehnt. Die Bestimmungen des § 20 CWÜAG und des § 37 AWG (bis 31.8.2013) bzw. § 21 AWG-Novelle (Befugnisse der Zollbehörden) sind identisch.

70

Die Ausführungsverordnung zum Chemiewaffenübereinkommen – CWÜV – vom 20.11.1996[271] enthält die eigentlichen materiell-rechtlichen Beschränkungen (Verbote/Genehmigungsvorbehalte) und Meldepflichten, die in Umsetzung des CWÜ erforderlich sind. Die CWÜV hat zwischenzeitlich einige wenige Änderungen erfahren. So sind bislang[272] u. a. drei Änderungsverordnungen ergangen.[273] Bedeutsam ist in diesem Zusammenhang vor allem die 1. Änderungsverordnung, mit der § 1a CWÜV eingefügt wurde.[274] Die 2. Änderungsverordnung betraf die §§ 6, 7 (Meldevorschriften) und 9 („Ausnahmen für geringe Konzentrationen"). Die 3. Änderungsverordnung betraf die §§ 4, 8 und 9. Die §§ 1, 1a und 2 CWÜV beinhalten (auch) Verbote (§§ 1, 1 a) und Genehmigungsvorbehalte (§ 2), die den **Außenwirtschaftsverkehr** mit den dem CWÜ unterfallenden Waren betreffen:

Übersicht[275]
(ab 29. April 2000)

§	Inhalt/Ware	Zuwiderhandlung CWÜV	Zuwiderhandlung CWÜAG
1 Nr. 1 a)	**Einfuhr** aus einem Nichtvertragsstaat Chemikalien der Liste 1	§ 13 I Nr. 1	§ 16 I Nr. 2
1 Nr. 1 b)	**Ausfuhr** in einen Nichtvertragsstaat Chemikalien der Liste 1	wie vor	wie vor
1 Nr. 1 c)	**Ausfuhr** in einen Vertragsstaat nach (vorheriger) Einfuhr aus einem Vertragsstaat Chemikalien der Liste 1	wie vor	wie vor
1 Nr. 1 d)	**Durchfuhr**, wenn Ursprungsland usw. ein Nichtvertragsstaat ist Chemikalien der Liste 1	wie vor	wie vor
1 Nr. 1 e)	Handlungen nach § 1 Nr. 1 Buchst. a) bis d) **als Deutscher im Ausland**	wie vor	wie vor

---

[270] BGBl. I S. 1954.
[271] BGBl. I S. 1794.
[272] Stand: Mai 2013.
[273] 1. Verordnung zur Änderung der CWÜV v. 14.4.2000, BGBl. I, S. 530, in Kraft getreten am 29.4.2000; 2. Verordnung zur Änderung der CWÜV vom 16.5.2001, BGBl. I, S. 888, in Kraft getreten am 1.6.2001; 3. Verordnung zur Änderung der CWÜV v. 5.7.2011, BGBl. I, s. 1349, in Kraft getreten am 15.7.2011.
[274] Nach § 1a CWÜV sind nunmehr seit dem 29. April 2000 auch die Ein- und Ausfuhr von Chemikalien der Liste 2 aus/nach einem Nichtvertragsstaat, sowie entsprechende Handlungen Deutscher im Ausland verboten. Zuvor bestand lediglich eine Genehmigungspflicht bei der Ausfuhr von Chemikalien der Liste 2 nach einem Nichtvertragsstaat.
[275] Übersicht über die vor dem 29.4.2000 geltenden Ein-, Aus- und Durchfuhrbeschränkungen vgl. 2. Auflage ds. Handbuchs.

§	Inhalt/Ware	Zuwiderhandlung CWÜV	Zuwiderhandlung CWÜAG
1 Nr. 2	Errichtung von Einrichtungen, die zur Produktion von Chemikalien der Liste 1 bestimmt sind ... **als Deutscher im Ausland**	§ 13 I Nr. 2	§ 16 I Nr. 2
1 Nr. 3	Produktion, Verarbeitung usw. von Waren der Liste 1 **als Deutscher in einem Nichtvertragsstaat**	§ 13 I Nr. 4	§ 16 I Nr. 2
1a Nr. 1	**Einfuhr** aus einem Nichtvertragsstaat Chemikalien der Liste 2	§ 13 I Nr. 1	§ 16 I Nr. 2
1a Nr. 2	**Ausfuhr** in einen Nichtvertragsstaat Chemikalien der Liste 2	wie vor	wie vor
1a Nr. 3	Handlungen nach § 1a Nr. 1. und 2. **als Deutscher im Ausland**	wie vor	wie vor
2 I Nr. 2 c)	**Ein-, Aus- und Durchfuhr** von Chemikalien der Liste 1 (soweit nicht nach § 1 verboten)	§ 13 III Nr. 2	§ 16 II
2 I Nr. 3	**Ausfuhr** in einen Nichtvertragsstaat Chemikalien der Liste 3	§ 13 III Nr. 3	§ 16 II
2 III	Anmelde-/Vorführpflicht für genehmigungspflichtige Ein-, Aus- und Durchfuhr	§ 12 Nr. 3	§ 15 I Nr. 1 a)

Die §§ 12 (Ordnungswidrigkeiten) und 13 (Straftaten) CWÜV sind i. V. m. den die Beschränkungen bzw. Meldepflichten anordnenden Bestimmungen der CWÜV die ausfüllenden Vorschriften zu den Blankettbußgeld- und -strafbestimmungen des CWÜAG.

2. Die Strafbestimmungen des CWÜAG

71 Die nach dem CWÜAG/der CWÜV ungenehmigte bzw. verbotswidrige Ein-, Aus- und Durchfuhr von Chemikalien ist stets auch ein **Bannbruch** gemäß § 372 AO, d. h. eine Steuerstraftat. Im Hinblick auf die Strafvorschriften des CWÜAG ist die Straf**androhung** der AO allerdings subsidiär (§ 372 Abs. 2 AO).

Die Strafbestimmungen des CWÜAG (§§ 16, 17) sind nach ihrem Wortlaut jeweils **nur** dann anzuwenden, wenn die Tat nicht nach § 20 KWKG mit Strafe bedroht ist.

72 **§ 16 CWÜAG** stellt Verstöße gegen das CWÜAG unter Strafe, soweit nicht das allgemeine Chemiewaffenverbot (§ 17 CWÜAG) betroffen ist.

Auf folgende Besonderheiten ist hinzuweisen:
– Gemäß § 16 Abs. 1 Nr. 1 werden Ordnungswidrigkeiten nach § 15 Abs. 1 Nr. 1 Buchstabe b), 3 oder 4 als Straftat geahndet, wenn die Handlung geeignet ist, die auswärtigen Beziehungen **erheblich zu gefährden.** Die Vorschrift entspricht insoweit § 34 Abs. 2 Nr. 3 AWG. Tathandlungen sind hier jedoch die Verletzung von Melde- und Auskunftspflichten sowie von Duldungs- und Mitwirkungspflichten im Zusammenhang mit Inspektionen. Derartige Pflichtverletzungen können im Einzelfall die Gefahr einer Verletzung des Übereinkommens durch den Staat herbeiführen, wenn dieser z. B. dadurch nicht in der Lage ist, die geforderten Meldungen an die Organisation weiterzugeben.[276]

---

[276] Vgl. ausführlich BT-Drucksache 12/7207, 17.

IV. Das Chemiewaffenübereinkommen

- § 16 Abs. 3 CWÜAG betrifft kein eigenständiges Delikt, sondern stellt eine **Strafschärfung** dar für besonders schwere Fälle von Zuwiderhandlungen nach § 16 Abs. 1 Nrn. 2 und 3. Die Vorschrift betrifft sowohl unbenannte schwere Fälle als auch zwei Regelbeispiele. Sie entspricht insoweit § 34 Abs. 6 AWG;[277] auf die entsprechenden Erläuterungen wird insoweit verwiesen. Ein besonders schwerer Fall durch Herbeiführung der Gefahr eines schweren Nachteils für die auswärtigen Beziehungen der Bundesrepublik Deutschland (§ 16 Abs. 3 Nr. 1 CWÜAG) kann z. B. vorliegen, wenn durch die verbotenen oder ungenehmigten Handlungen Verdachtsinspektionen ausgelöst werden oder die Bundesrepublik beschuldigt wird, sich nicht in ausreichendem Maß für die Nichtverbreitung von Massenvernichtungswaffen eingesetzt zu haben.[278]
- § 16 Abs. 4 CWÜAG entspricht im Wesentlichen § 34 Abs. 8 AWG (bis zum 31.8.2013) bzw. § 17 Abs. 6, § 18 Abs. 9 AWG-Novelle; auf die entsprechenden Erläuterungen wird insoweit verwiesen.

§ 17 Abs. 1 und 2 CWÜAG sind § 20 KWKG nachgebildet. Die Vorschrift ergänzt § 20 KWKG insoweit, als sie auch den Umgang mit etwaigen neu entwickelten, noch nicht in die KWL aufgenommenen chemischen Kampfstoffen unter Strafe stellt. Ferner erfasst § 17 CWÜAG den missbräuchlichen Umgang mit solchen toxischen Chemikalien (Vorprodukten), die auch für Chemiewaffenzwecke verwendet werden können, jedoch wegen ihrer umfangreichen zivilen Verwendung nicht in die KWL eingestellt sind.[279] 73

§ 18 CWÜAG bestimmt, dass § 16 Abs. 1 Nr. 2, Abs. 5 und § 17 unabhängig vom Recht des Tatorts auch für Taten gelten, die im Ausland begangen wurden, wenn der Täter Deutscher ist. Die Vorschrift entspricht § 35 AWG (bis zum 31.8.2013) bzw. § 17 Abs. 7, § 18 Abs. 10 AWG-Novelle; auf die entsprechenden Erläuterungen wird insoweit verwiesen. 74

Anhang
Übersicht § 34 AWG

3. Gesetz zur Änderung des AWG v. 29.3.1976[280] – gültig bis 5.8.1990 75
(1) Mit Freiheitsstrafe bis zu drei Jahren oder mit Geldstrafe wird bestraft, wer eine in § 33 Abs. 1 genannte Handlung begeht und dadurch
1. die Sicherheit der Bundesrepublik Deutschland beeinträchtigt,
2. das friedliche Zusammenleben der Völker stört oder
3. die auswärtigen Beziehungen der Bundesrepublik Deutschland erheblich stört.
(2) Der Versuch ist strafbar.
(3) Wer in den Fällen des Absatzes 1
1. den Erfolg fahrlässig verursacht oder
2. fahrlässig handelt und den Erfolg fahrlässig verursacht,
wird mit Freiheitsstrafe bis zu einem Jahr oder mit Geldstrafe bestraft.

5. Gesetz zur Änderung des AWG v. 20.7.1990[281] – gültig v. 6.8.1990 bis 6.3.1992
(1) Mit Freiheitsstrafe bis zu **fünf** Jahren oder mit Geldstrafe wird bestraft, wer eine in § 33 Abs. 1 bezeichnete Handlung begeht, die **geeignet** ist,
1. die äußere Sicherheit der Bundesrepublik Deutschland,
2. das friedliche Zusammenleben der Völker oder
3. die auswärtigen Beziehungen der Bundesrepublik Deutschland erheblich zu gefährden.
(2) Der Versuch ist strafbar.

---

[277] § 16 Abs. 3 Nr. 1 CWÜAG vgl. § 34 Abs. 6 Nr. 1 AWG in der Fassung des AWG-Änderungsgesetzes vom 28.2.1992; § 16 Abs. 3 Nr. 2 CWÜAG vgl. § 34 Abs. 6 Nr. 2 AWG in der Fassung des AWG-Änderungsgesetzes vom 28.2.1992.
[278] Vgl. ausführlich BT-Drucksache 12/7207, 18.
[279] Vgl. ausführlich BT-Drucksache 12/7207, 18.
[280] BGBl. I S. 869.
[281] BGBl. I S. 1457.

(3) In besonders schweren Fällen ist die Strafe Freiheitsstrafe von sechs Monaten bis zu zehn Jahren. Ein besonders schwerer Fall liegt in der Regel vor, wenn der Täter
1. gewerbsmäßig oder als Mitglied einer Bande, die sich zur fortgesetzten Begehung solcher Straftaten verbunden hat, unter Mitwirkung eines anderen Bandenmitglieds handelt oder
2. durch eine in Absatz 1 Nr. 1 bezeichnete Tat die Gefahr eines schweren Nachteils für die äußere Sicherheit der Bundesrepublik Deutschland herbeiführt.
(4) Handelt der Täter in den Fällen des Absatzes 1 fahrlässig, so ist die Strafe Freiheitsstrafe bis zu **zwei** Jahren oder Geldstrafe.

Gesetz zur Änderung des AWG, des StGB und anderer Gesetze v. 28.2.1992[282] – **gültig v. 7.3.1992 bis 1.1.1993**
(1) Mit Freiheitsstrafe bis zu fünf Jahren oder mit Geldstrafe wird bestraft, wer ohne Genehmigung in Teil I Abschnitte A, B, C Nr. 1711, D oder E der Ausfuhrliste (Anlage AL zur Außenwirtschaftsverordnung) genannte Waren, Unterlagen zur Fertigung dieser Waren oder Unterlagen über die in Teil I Abschnitte A und B der Ausfuhrliste benannte Technologien, technische Daten und technische Verfahren ausführt. Ebenso wird bestraft, wer Waren, deren Ausfuhr verboten ist, oder Unterlagen zur Fertigung solcher Waren, ausführt.
(2) Mit Freiheitsstrafe bis zu fünf Jahren oder mit Geldstrafe wird bestraft, wer eine in § 33 Abs. 1 oder 4 bezeichnete Handlung begeht, die geeignet ist,
1. die äußere Sicherheit der Bundesrepublik Deutschland,
2. das friedliche Zusammenleben der Völker oder
3. die auswärtigen Beziehungen der Bundesrepublik Deutschland erheblich
zu gefährden, wenn die Tat nicht in Absatz 1 oder 4 mit Strafe bedroht ist.
(3) Ebenso wird bestraft, wer in den Fällen des Absatzes 1 oder 2 die Ausfuhr dadurch fördert, dass er die auszuführende Ware oder Unterlagen zu ihrer Fertigung oder wesentliche Bestandteile davon zur Verfügung stellt.
(4) Mit Freiheitsstrafe nicht unter zwei Jahren wird bestraft, wer einer Vorschrift dieses Gesetzes oder einer aufgrund dieses Gesetzes erlassenen Rechtsverordnung oder einem im Bundesgesetzblatt oder im Bundesanzeiger veröffentlichten Rechtsakt der Europäischen Gemeinschaften zur Beschränkung des Außenwirtschaftsverkehrs, die der Durchführung einer vom Sicherheitsrat der Vereinten Nationen nach Kapitel VII der Charta der Vereinten Nationen beschlossenen wirtschaftlichen Sanktionsmaßnahme dienen, zuwiderhandelt. In minder schweren Fällen ist die Strafe Freiheitsstrafe von drei Monaten bis zu fünf Jahren.
(5) In den Fällen der Absätze 1 und 2 ist der Versuch strafbar.
(6) In besonders schweren Fällen der Absätze 1 und 2 ist die Strafe Freiheitsstrafe nicht unter zwei Jahren. Ein besonders schwerer Fall liegt in der Regel vor, wenn der Täter
1. die Gefahr eines schweren Nachteils für die äußere Sicherheit der Bundesrepublik Deutschland herbeiführt oder
2. gewerbsmäßig oder als Mitglied einer Bande, die sich zur fortgesetzten Begehung solcher Straftaten verbunden hat, unter Mitwirkung eines anderen Bandenmitglieds handelt.
(7) Handelt der Täter in den Fällen der Absätze 1, 2 oder 4 fahrlässig, so ist die Strafe Freiheitsstrafe bis zu **drei** Jahren oder Geldstrafe.
(8) Ohne Genehmigung im Sinne des Absatzes 1 handelt auch, wer aufgrund einer durch unrichtige oder unvollständige Angaben erschlichenen Genehmigung handelt. Satz 1 gilt in den Fällen der Absätze 2 und 4 entsprechend.

Artikel 20 des Verbrauchsteuer-Binnenmarktgesetzes v. 21.12.1992[283] – **gültig v. 1.1.1993 bis 16.8.1994**
(1) Mit Freiheitsstrafe bis zu fünf Jahren oder mit Geldstrafe wird bestraft, wer ohne Genehmigung in Teil I Abschnitte A, B, C **Nr. 1 C 991**, D oder E der Ausfuhrliste (Anlage AL zur Außenwirtschaftsverordnung) genannte Waren, Unterlagen zur Fertigung dieser Waren oder Unterlagen über die in Teil I Abschnitte A und B der Ausfuhrliste benannte Technolo-

---

[282] BGBl. I S. 372 (= 7. Gesetz zur Änderung des AWG).
[283] BGBl. I S. 2150.

gien, technische Daten und technische Verfahren ausführt. Ebenso wird bestraft, wer Waren, deren Ausfuhr verboten ist, oder Unterlagen zur Fertigung solcher Waren, ausführt.
Abs. 2–8 unverändert.

8. Gesetz zur Änderung des AWG v. 9.8.1994[284] **– gültig v. 17.8.1994 bis 17.12.1996**
(1) unverändert
(2) Mit Freiheitsstrafe bis zu fünf Jahren oder mit Geldstrafe wird bestraft, wer eine in § 33 Abs. **1, 4 oder 5** bezeichnete Handlung begeht, die geeignet ist,
1. die äußere Sicherheit der Bundesrepublik Deutschland,
2. das friedliche Zusammenleben der Völker oder
3. die auswärtigen Beziehungen der Bundesrepublik Deutschland erheblich
zu gefährden, wenn die Tat nicht in Absatz 1 oder 4 mit Strafe bedroht ist.
Abs. 3–8 unverändert.

9. Gesetz zur Änderung des AWG v. 11.12.1996[285] **– gültig ab 18.12.96 – 7.4.2006**
(1) Mit Freiheitsstrafe bis zu fünf Jahren oder mit Geldstrafe wird bestraft, wer ohne Genehmigung
1. **in Teil I Abschnitt A oder C Kategorie 0, Kategorie 1 Nr. 1C350, 1C351, 1C352, 1C353, 1C354, Kategorie 2 Nr. 2B350, 2B351 oder 2B352** der Ausfuhrliste (Anlage AL zur Außenwirtschaftsverordnung) genannte **Waren, Unterlagen zur Fertigung dieser Waren oder**
2. **Unterlagen über die in Teil I Abschnitt A oder Abschnitt C Kategorie 0 der Ausfuhrliste in einzelnen Nummern genannten Technologien oder dort genannte Datenverarbeitungsprogramme
ausführt.** Ebenso wird bestraft, wer Waren, deren Ausfuhr verboten ist, oder Unterlagen zur Fertigung solcher Waren ausführt.
Abs. 2–8 unverändert.

12. Gesetz zur Änderung des AWG und der AWV v. 28.3.2006[286] **– gültig ab 8.4.2006 – 23.4.2009**
(1) Mit Freiheitsstrafe bis zu fünf Jahren oder mit Geldstrafe wird bestraft, wer ohne Genehmigung
1. in Teil I Abschnitt A oder
2. **in Teil I Abschnitt C** Kategorie 0, Kategorie 1 Nr. 1C350, 1C351, 1C352, 1C353, 1C354, Kategorie 2 Nr. 2B350, 2B351 oder 2B352
der Ausfuhrliste (Anlage AL zur Außenwirtschaftsverordnung) genannte **Güter** ausführt **oder verbringt. Ebenso** bestraft, wer ohne Genehmigung in Satz 1 Nr. 2 genannte Güter aus einem Mitgliedstaat der Europäischen Union ausführt, wenn der Ausführer im Wirtschaftsgebiet niedergelassen ist.
(2) Mit Freiheitsstrafe bis zu fünf Jahren oder mit Geldstrafe wird bestraft, wer eine in § 33 Abs. **1 oder 4** bezeichnete Handlung begeht, die geeignet ist,
1. die äußere Sicherheit der Bundesrepublik Deutschland,
2. das friedliche Zusammenleben der Völker oder
3. die auswärtigen Beziehungen der Bundesrepublik Deutschland erheblich
zu gefährden, wenn die Tat nicht in Absatz 1 oder 4 mit Strafe bedroht ist.
(3) Ebenso wird bestraft, wer in den Fällen des Absatzes 1 oder 2 die Ausfuhr **oder die Verbringung** dadurch fördert, dass er die **Güter** zur Verfügung stellt.
(4) **Mit Freiheitsstrafe von sechs Monaten bis zu fünf Jahren wird bestraft, wer**
1. **einer Rechtsverordnung nach § 2 Abs. 1 in Verbindung mit § 5 oder 7 Abs. 1 oder 3 Satz 1 zuwiderhandelt, die der Durchführung**
   a) **einer vom Sicherheitsrat der Vereinten Nationen nach Kapitel VII der Charta der Vereinten Nationen oder**

---

[284] BGBl. I S. 2068.
[285] BGBl. I S. 1850.
[286] BGBl. I 2006, S. 574.

23. Kapitel. Außenwirtschaftsstrafrecht (AWG, KWKG, CWÜAG)

  b) einer vom Rat der Europäischen Union im Bereich der Gemeinsamen Außen- und Sicherheitspolitik

beschlossenen wirtschaftlichen Sanktionsmaßnahme dient, soweit die Rechtsverordnung für einen bestimmten Tatbestand auf diese Strafvorschrift verweist und die Tat nicht in Absatz 6 Nr. 3 mit Strafe bedroht ist, oder

2. einem im Bundesanzeiger veröffentlichten, unmittelbar geltenden Ausfuhr-, Verkaufs-, Liefer-, Bereitstellungs-, Weitergabe-, Dienstleistungs-, Investitions-, Unterstützungs- oder Umgehungsverbot eines Rechtsaktes der Europäischen Gemeinschaften zuwiderhandelt, der der Durchführung einer vom Rat der Europäischen Union im Bereich der Gemeinsamen Außen- und Sicherheitspolitik beschlossenen wirtschaftlichen Sanktionsmaßnahme dient.

(5) In den Fällen der Absätze 1, 2 **und** 4 ist der Versuch strafbar.

(6) Mit Freiheitsstrafe nicht unter zwei Jahren wird bestraft, wer
1. durch eine in Absatz 1 oder 2 bezeichnete Handlung
   a) die Gefahr eines schweren Nachteils für die äußere Sicherheit der Bundesrepublik Deutschland herbeiführt,
   b) das friedliche Zusammenleben der Völker stört oder
   c) die auswärtigen Beziehungen der Bundesrepublik Deutschland erheblich stört,
2. eine in Abs. 1, 2 oder 4 bezeichnete Handlung gewerbsmäßig oder als Mitglied einer Bande, die sich zur fortgesetzten Begehung solcher Straftaten verbunden hat, unter Mitwirkung eines anderen Bandenmitglieds begeht,
3. eine in Absatz 1 Satz 1 Nr. 1 bezeichnete Handlung begeht und dadurch einem im Bundesanzeiger veröffentlichten Ausfuhrverbot der dort genannten Güter zuwiderhandelt, das in
   a) einer Resolution des Sicherheitsrates der Vereinten Nationen nach Kapitel VII der Charta der Vereinten Nationen oder
   b) einem Rechtsakt der Europäischen Union im Bereich der Gemeinsamen Außen- und Sicherheitspolitik
enthalten ist oder
3. eine in Abs. 4 bezeichnete Handlung begeht, die geeignet ist,
   a) die äußere Sicherheit der Bundesrepublik Deutschland,
   b) das friedliche Zusammenleben der Völker oder
   c) die auswärtigen Beziehungen der Bundesrepublik Deutschland erheblich
zu gefährden.

(7) unverändert

(8) Ohne Genehmigung im Sinne des Absatzes 1 handelt auch, wer auf Grund einer **durch Drohung, Bestechung oder durch Zusammenwirken eines Amtsträgers mit dem Antragsteller zur vorsätzlichen Umgehung der Genehmigungsvoraussetzung erwirkten oder** durch unrichtige oder unvollständige Angaben erschlichenen Genehmigung handelt. Satz 1 gilt in den Fällen der Absätze 2 und 4 entsprechend.

13. Gesetz zur Änderung des AWG und der AWV v. 18.4.2009[287] **– gültig ab 24.4.2009 – aktuell**

(1) Mit Freiheitsstrafe bis zu fünf Jahren oder mit Geldstrafe wird bestraft, wer ohne Genehmigung
   3. in Teil I Abschnitt A oder
   4. in Teil I Abschnitt C Kategorie 0, Kategorie 1 Nr. 1C350, 1C351, 1C352, 1C353, 1C354, Kategorie 2 Nr. 2B350, 2B351 oder 2B352
der Ausfuhrliste (Anlage AL zur Außenwirtschaftsverordnung) genannte Güter ausführt oder verbringt. Ebenso wird bestraft, wer ohne Genehmigung in Satz 1 Nr. 2 genannte Güter aus einem Mitgliedstaat der Europäischen Union **versendet,** wenn der Ausführer im Wirtschaftsgebiet niedergelassen ist.

(2) unverändert

---

[287] BGBl. I 2009, S. 770.

(3) unverändert
(4) Mit Freiheitsstrafe von sechs Monaten bis zu fünf Jahren wird bestraft, wer
1. einer Rechtsverordnung nach § 2 Abs. 1 in Verbindung mit § 5 oder 7 Abs. 1 oder 3 Satz 1 zuwiderhandelt, die der Durchführung
    a) einer vom Sicherheitsrat der Vereinten Nationen nach Kapitel VII der Charta der Vereinten Nationen oder
    b) einer vom Rat der Europäischen Union im Bereich der Gemeinsamen Außen- und Sicherheitspolitik
   beschlossenen wirtschaftlichen Sanktionsmaßnahme dient, soweit die Rechtsverordnung für einen bestimmten Tatbestand auf diese Strafvorschrift verweist und die Tat nicht in Absatz 6 Nr. 3 mit Strafe bedroht ist, **oder**
2. einem im Bundesanzeiger veröffentlichten, unmittelbar geltenden Ausfuhr-, **Einfuhr-, Durchfuhr-, Verbringungs-,** Verkaufs-, Liefer-, Bereitstellungs-, Weitergabe-, Dienstleistungs-, Investitions-, Unterstützungs- oder Umgehungsverbot eines Rechtsaktes der Europäischen Gemeinschaften [*oder der Europäischen Union*][288] zuwiderhandelt, der der Durchführung einer vom Rat der Europäischen Union im Bereich der Gemeinsamen Außen- und Sicherheitspolitik beschlossenen wirtschaftlichen Sanktionsmaßnahme dient oder
3. **einer im Bundesanzeiger veröffentlichten unmittelbar geltenden Vorschrift eines Rechtsaktes der Europäischen Gemeinschaften** [*oder der Europäischen Union*][289] **zuwiderhandelt, die eine Genehmigungspflicht für eine Ausfuhr, Einfuhr, Durchfuhr, Verbringung, einen Verkauf, eine Lieferung, Bereitstellung, Weitergabe, Dienstleistung, Investition oder Unterstützung vorschreibt und die der Durchführung einer vom Rat der Europäischen Union im Bereich der Gemeinsamen Außen- und Sicherheitspolitik beschlossenen wirtschaftlichen Sanktionsmaßnahme dient.**
(5) unverändert
(6) unverändert
(7) unverändert
(8) unverändert.

---

[288] [] eingefügt mit Wirkung vom 12.11.2010 durch Art. 7 Nr. 2 des Gesetzes v. 4.11.2010, BGBl. I, S. 1480.

[289] [] eingefügt mit Wirkung vom 12.11.2010 durch Art. 7 Nr. 2 des Gesetzes v. 4.11.2010, BGBl. I, S. 1480.

Ermittlungs- und Strafverfahren

24. Kapitel. Internationale Rechtshilfe

Literatur: *Anagnostopoulos*, Ne bis in idem in der Europäischen Union. Offene Fragen, Hassemer-FS, S. 1127; *Ahlbrecht*, Der Rahmenbeschluss-Entwurf der Europäischen Beweisanordnung – eine kritische Bestandsaufnahme, NStZ 2006, 70; *Ambos*, Internationales Strafrecht, 3. Aufl. 2011; *Ambos/Poschadel*, Transnationales Strafverfolgungsersuchen: Verfolgungshindernis im ersuchenden Staat?, GA 2011, 95; *Antor*, Das Europäische Justitielle Netz, DRiZ 2002, 330; *Appl*, Ein neues „ne bis in idem" aus Luxemburg?, in: Gedächtnisschrift für Theo Vogler, 2004, S. 109; *Vander Beken/Vermeulen/Lagodny*, Kriterien für die „beste" Strafgewalt in Europa, NStZ 2002, 624; *Binder*, Rechtshilfe durch die Schweiz bei Steuerhinterziehung mittels einer falschen Einnahmenüberschussrechnung, wistra 2000, 254; *Böse*, Der Grundsatz „ne bis in idem" in der Europäischen Union (Art. 54 SDÜ), GA 2003, 744; *ders.*, Die transnationale Geltung des Grundsatzes „ne bis in idem" und das „Vollstreckungselement"; GA 2011, 504; *ders.*, Die Verwertung im Ausland gewonnener Beweismittel im deutschen Strafverfahren, ZStW 114 (2002) S. 148; *Bohnert/Lagodny*, Art. 54 SDÜ im Lichte der nationalen Wiederaufnahmegründe, NStZ 2000, 636; *von Bubnoff*, Auslieferung, Vollstreckungsübernahme, Vollstreckungshilfe, 1989; *Carl/Klos*, Bankermittlungen in Österreich im Rahmen der Amts- und Rechtshilfegewährleistung in Steuersachen, wistra 1995, 95; *Dannecker*, Die Garantie des Grundsatzes „ne bis in idem" in Europa, in: Festschrift für Günther Kohlmann zum 70. Geburtstag, 2003, S. 593; *Degenhard*, Das Europäische Doppelverfolgungsverbot – eine Aufgabenstellung für die Strafverteidigung auf dem Gebiet des europäischen Strafrechts, StraFo 2005, 65; *Dreßler*, Rechtshilfe in Steuerstrafsachen durch die Schweiz, wistra 1989, 161; *Epiney*, Rechtshilfe in Strafsachen in der EU, EuZW 2003, 421; *Eser/Lagodny/Wilkitzki*, Internationale Rechtshilfe in Strafsachen, 2. Aufl. 1993; *Esser/Herbold*, Neue Wege für die justizielle Zusammenarbeit in Strafsachen – Das Eurojust-Gesetz, NJW 2004, 2421; *Gleß*, Auslieferungsrecht der Schengen-Vertragsstaaten, Neuere Entwicklungen, 2002; *dies.*, Das Verhältnis von Beweiserhebungs- und Beweisverwertungsverboten und das Prinzip „locus regit actum", in: Festschrift für Gerald Grünwald zum 70. Geburtstag, 1999, S. 197; *dies.*, Internationales Strafrecht, Basel, 2011 (zit. Int. StrafR); *dies.*, Kommentar zum Vorschlag für einen Rahmenbeschluss über eine „Europäische Beweisanordnung", StV 2004, 679; *Gleß/Eymann*, „Nachträgliches Verwertungsverbot" und internationale Beweisrechtshilfe, StV 2008, 318; *Gleß/Lüke*, Rechtsschutz gegen grenzüberschreitende Strafverfolgung in Europa, JURA 2000, 400; *Goos*, Spezialitätsvorbehalt und Vermögensabschöpfung im Rahmen der Rechtshilfe mit der Schweiz, wistra 2004, 414; *Grützner/Pötz/Kreß*, Internationaler Rechtshilfeverkehr in Strafsachen, 3. Aufl. (zit. G/P/K-Bearbeiter); *Hackner*, Das teileuropäische Doppelverfolgungsverbot insbesondere in der Rechtsprechung des Gerichtshofs der Europäischen Union, NStZ 2011, 425; *ders.*, Der Europäische Haftbefehl in der Praxis der Staatsanwaltschaften und Gerichte, NStZ 2005, 311; *ders.*, Internationale Rechtshilfe in der Praxis von Schengen, in: *Breitenmoser/Gless/Lagodny*, Schengen in der Praxis, Zürich/St. Gallen 2009, S. 277; *Hackner/Schierholt*, Internationale Rechtshilfe in Strafsachen, 2. Aufl. 2012; *Hackner/Trautmann*, Die Vollstreckung ausländischer Geldstrafen und Geldbußen nach dem Gesetzentwurf der Bundesregierung zu einem Europäischen Geldsanktionengesetz, DAR 2010, 61; *Harings*, Grenzüberschreitende Zusammenarbeit der Polizei- und Zollverwaltungen und Rechtsschutz in Deutschland, 1998; *Hecker*, Das Prinzip „Ne bis in idem" im Schengener Rechtsraum (Art. 54 SDÜ), StV 2001, 306; *Heine*, Die Schweiz, das Bankgeheimnis und die Rechtshilfe, in: Gedächtnisschrift für Theo Vogler, 2004, S. 67; *von Heintschel-Heinegg/Rohlf*, Der Europäische Haftbefehl, GA 2003, 44; *Hombrecher, Lars*, Die Vollstreckung von Geldsanktionen aus dem EU-Ausland in Deutschland, JR 2011, 334; *Johnson/Plötzgen-Kamradt*, Die Vollstreckung ausländischer Geldbußen und Geldbußen nach dem Rahmenbeschluss des Rates 2005/214/JI vom 24.3.2005 und seine Umsetzung in das deutsche Recht, ZAR 2010, 738; *dieselben*, Gegenseitige Anerkennung von Geldstrafen und Geldbußen in Deutschland, eucrim 2011, 33; *Kappel/Lagodny*, Der UK Bribery Act – ein Strafgesetz erobert die Welt?; StV 2012, 695; *Karitzky/Wannek*, Die EU-weite Vollstreckung von Geldstrafen und Geldbußen, NJW 2010, 3393; *Keber/Trautmann*, Eine neue Stufe der polizeilichen Zusammenarbeit in der EU?, Kriminalistik 2011, 355; *Klos*, Neues zur Schweizer Rechtshilfe in Fällen des Abgabebetrugs, wistra 1998, 96; *von Langsdorff*, Maßnahmen der Europäischen Union zur Vereinfachung und Beschleunigung der Rechtshilfe und insoweit vorgesehene Beschuldigten- und Verteidigerrechte, StV 2003, 472; *Lanser*, Österreichische Rechtshilfe in Strafsachen, insbesondere im Zusammenhang mit dem Bankgeheimnis, wistra 1999, 213; *Merkel/Scheinfeld*, Ne bis in idem in der Europäischen Union – zum Streit um das „Vollstreckungselement"; ZIS 2012, 206; *Merli*, Der Raum der Freiheit, der Sicherheit und des Rechts und die Osterweiterung der Europäischen Union, 2001; *Mokros*, Polizeiliche Zusammenarbeit in Europa, in: *Lisken/Denninger*, Handbuch des Polizeirechts,

3. Aufl. 2001, Abschnitt O.; *Nagel,* Beweisaufnahme im Ausland, 1988; *Nagler,* Verteidigung gegen im Ausland gewonnene Ermittlungsergebnisse, StV 2013, 324; *Peters,* § 154 StPO im Hinblick auf ausländische Strafverfahren und Verurteilungen, NStZ 2012, 76; *Piller/Herrmann,* Justizverwaltungsvorschriften; *Plöckinger/Leidenmühler,* Zum Verbot doppelter Strafverfolgung nach Art. 54 SDÜ 1990, wistra 2003, 81; *Popp,* Grundzüge der internationalen Rechtshilfe in Strafsachen, 2001; *Radtke/Busch,* Transnationaler Strafklageverbrauch in den sog. Schengen-Staaten?, EuGRZ 2000, 421; *dies.,* Transnationaler Strafklageverbrauch in der Europäischen Union, NStZ 2003, 281; *Ranft,* Die Verfassungswidrigkeit des (deutschen) Europäischen Haftbefehlsgesetzes, wistra 2005, 361; *Reinhardt/Düsterhaus,* Verfassungsgemäß, aber gemeinschaftswidrig? Zur Neufassung des deutschen Gesetzes über den europäischen Haftbefehl und der damit einhergehenden Inländerprivilegierung, NVwZ 2006, 432; *Rosbaud,* Anwendung zum Beschluss des BGH vom 25.10.2010 – 1 StR 57/10, StV 2013, 201; *Rose,* Auslandszeugen im Strafprozess: Aktuelle Gesetzeslage und jüngere Rechtsprechung, wistra 2001, 290; *ders.,* Beweisanträge auf Vernehmung von Auslandszeugen: Entwicklung und Tendenzen der neueren Rechtsprechung, NStZ 2012, 18; *ders.,* Die Ladung von Auslandszeugen im Strafprozess, wistra 1998, 11; *Rosenthal,* Europäisches Haftbefehlsgesetz, zweiter Versuch, ZRP 2006, 105; *Ruegenberg,* Das nationale und internationale Steuergeheimnis im Schnittpunkt von Besteuerungs- und Strafverfahren, 2000; *Satzger,* Internationales und Europäisches Strafrecht, 2005; *Scheller,* Ermächtigungsgrundlagen für die internationale Rechts- und Amtshilfe zur Verbrechensbekämpfung, 1997; *Schmidt,* Die Rechtsprechung zum Recht der Internationalen Rechtshilfe in Strafsachen seit dem Jahr 2000, NStZ-RR 2005, 161; *Schnigula,* Probleme der internationalen Rechtshilfe bei ausgehenden deutschen Ersuchen im Bereich der „sonstigen" Rechtshilfe, DRiZ 1984, 177; *Schomburg/Klip,* Entlastung der Rechtspflege durch weniger Auslandszeugen, StV 1993, 208; *Schomburg/Lagodny/Gleß/Hackner,* Internationale Rechtshilfe in Strafsachen, 5. Aufl. 2011 (zit. *S/L/G/H-Bearbeiter); Schomburg/Suominen-Picht,* Verbot der mehrfachen Strafverfolgung, Kompetenzkonflikte und Verfahrenstransfer, NJW 2012, 1190; *Schünemann,* Fortschritte und Fehltritte in der Strafrechtspflege der EU, GA 2004, 193; *Schwaighofer,* Auslieferung und Internationales Strafrecht, 1988; *Seelmann,* Die schweizerische Rechtshilfe in Strafsachen und der Abgabebetrug, NJW 1998, 732; *Sommer,* Die Verwertung von im Ausland gewonnenen Beweismitteln, StraFo 2003, 351; *Spatscheck/Alvermann,* Internet-Ermittlungen im Steuerstrafprozess, wistra 1999, 333; *Spriegel/Wiese,* Theorie und Praxis der Rechtshilfegewährung durch die Schweiz bei Fiskaldelikten, wistra 2000, 409; *Stein,* Ein Meilenstein für das europäische „ne bis in idem", NJW 2003, 1162; *Trautmann,* Das neue Europäische Geldsanktionengesetz – Vollstreckung ausländischer Geldsanktionen zur Ahndung von Verkehrsverstößen, NZV 2011, 57; *Vogel,* Europäischer Haftbefehl und deutsches Verfassungsrecht, JZ 2005, 801; *Vogel/Norouzi,* Europäisches „ne bis in idem" – EuGH, NJW 2003, 1173, JuS 2003, 1059; *Vogler,* Rechtsschutz im Auslieferungsverfahren, EuGRZ 1981, 417; *ders.,* Spezialitätsbindung bei der sog. „kleinen" Rechtshilfe. GA 1986, 195; *Wilkitzki,* Zur Auslegung strafrechtlicher Rechtshilfeersuchen durch das Vornahmegericht, GA 1999, 67; *Wolff,* Das Bankgeheimnis in Liechtenstein, AnwBl. 1991, 62; *Würz,* Das Schengener Durchführungsübereinkommen, 1997; *Wyss,* Die Revision der Gesetzgebung über die internationale Rechtshilfe in Strafsachen, SchwJZ 1997, 33.

Inhaltsübersicht

	Rn.
Vorbemerkung	1
I. Rechtshilfe in strafrechtlichen Angelegenheiten	2–13
1. Strafrechtliche Angelegenheiten	2–5
2. Rechtshilfe	6–13
II. Rechtshilfe als Teil international arbeitsteiliger Strafverfolgung	14–35
1. Rechtshilfe im Zusammenspiel verschiedener Rechtsordnungen	14–19
2. International abgestimmtes Vorgehen	20–23b
3. Checkliste zu Notwendigkeit und Sinnhaftigkeit eines Rechtshilfeersuchens	24–35
III. Rechtsquellen	36–85
1. Grundstrukturen und Hilfsmittel	36–42
2. Rechtsquellen im globalen Netzwerk	43–80
a) Auslieferung	44–58
b) Vollstreckungshilfe	59–64d
c) Sonstige Rechtshilfe	65–80
3. Rechtsquellen des nationalen Rechtshilferechts	81–85
a) Das Gesetz über die internationale Rechtshilfe in Strafsachen	81–82a
b) Zuständigkeitsvereinbarung	83
c) Richtlinien für den Verkehr mit dem Ausland in strafrechtlichen Angelegenheiten (RiVASt)	84, 84a
d) Fahndungsbestimmungen	85
IV. Notwendigkeit und Sinn eines Rechtshilfeersuchens	86–104
1. Nichtgenehmigungsbedürftige grenzüberschreitende Befugnisse	86–89

a) Unmittelbares Hineinwirken in das Ausland 87–88c	VI. **Voraussetzungen und Grenzen der Rechtshilfe** 132–157b
b) Eilmaßnahmen 89	1. Allgemeine Voraussetzungen 132–139
2. Befugnisse von Auslandsvertretungen 90	2. Besonderheiten für Fiskaldelikte . 140–142
3. Rechtshilfe und konkurrierende Strafverfolgungszuständigkeiten . . 91–102	a) Auslieferung 140, 141
a) Voraussetzungen der Verfolgungsübernahme 91, 92	b) Sonstige Rechtshilfe 142
b) Folgen der Verfolgungsübernahme, ne bis in idem 93–102	3. Spezifische Voraussetzungen einzelner Maßnahmen 143–152b
4. Verhältnismäßigkeit, auch von Aufwand und Ertrag 103, 104	a) Durchsuchung, Beschlagnahme und Herausgabe 144–148
V. **Das Ersuchen um Rechtshilfe (i. w. S.)** 105–131	b) Vernehmungen 149–152b
1. Verfasser des Ersuchens 105–114	4. Grenzen der Rechtshilfenutzung, Spezialität 153–157b
a) Auslieferung 106	a) Auslieferung 153–156
b) Sonstige Rechtshilfe 107–114	b) Sonstige Rechtshilfe 157–157b
2. Form und Inhalt des Ersuchens . . 115, 116	VII. **Ausgewählte Länderspezifika** 158–182
3. Geschäftsweg 117–121	1. Schengenstaaten 158–160
a) Unmittelbarer Geschäftsweg . 118–120	2. Schweiz 161–170
b) Konsularischer, ministerieller und diplomatischer Geschäftsweg 121	a) Allgemeines 161–163
	b) Fiskalische Delikte 164–167
4. Notwendige Einschaltung weiterer Behörden 122–131	c) Der Schweizer Spezialitätsvorbehalt 168–170
a) Exekutive Bewilligung 122–125	3. Liechtenstein 171–173
b) Bewilligungs- und Prüfungsbehörde 126–131	4. Vereinigtes Königreich und Irland 174–176b
	5. Mittel- und Osteuropa 177
	6. Vereinigte Staaten und Kanada ..178–180b
	7. Steueroasen in Übersee 181
	8. Asien und Ozeanien 182

Vorbemerkung

Wirtschaftskriminalität ist häufig **grenzüberschreitend**. Mobilen Straftätern stehen dann 1 Strafverfolgungsorgane gegenüber, deren Kompetenzen, mit nur wenigen Ausnahmen, vor den Grenzen ausländischer Staaten enden. Sie sind auf deren Unterstützung angewiesen, die traditionell im Wege der Rechtshilfe erfolgt und sich selbst zwischen den Mitgliedstaaten der Europäischen Union bis heute nicht vollständig von deren Mechanismen entfernt hat. Die transnationalen Kooperationsmechanismen sind dabei nicht einfach zu durchschauen, das Geflecht an Übereinkommen und anderen Rechtsakten erscheint undurchdringlich. Gleichwohl bleibt die **Rechtshilfe** alternativlos, will man diplomatische Verwicklungen und Verwertungsverbote[1] vermeiden. Nachfolgende Darstellung soll den Weg weisen.

I. Rechtshilfe in strafrechtlichen Angelegenheiten

1. Strafrechtliche Angelegenheiten

Die zwischenstaatliche Zusammenarbeit in strafrechtlichen Angelegenheiten vollzieht sich 2 traditionell im Wege der Rechtshilfe. **Strafrechtliche Angelegenheiten** sind Verfahren, die wegen einer tatsächlich oder mutmaßlich bereits begangenen Straftat oder einer mit Geldbuße bedrohten Ordnungswidrigkeit von einem Staat betrieben werden und die Verhängung oder Vollstreckung einer strafrechtlichen Sanktion gegen einen bestimmten Täter zum Ziel haben.[2]

---

[1] Vgl. insbesondere BGHSt 34, 334 [341 ff.].
[2] Vgl. § 1 Abs. 2 des Gesetzes über die Internationale Rechtshilfe in Strafsachen (IRG) vom 23. Dezember 1982 in der Fassung der Bekanntmachung vom 27. Juni 1994, zuletzt geändert durch Gesetz vom 21. Juli 2012 (BGBl. I S. 1566); in konsolidierter Fassung abrufbar unter www.gesetze-im-internet.de/irg.

3　Hierunter fallen nach der **Gesetzesbegründung**[3] neben dem gesamten Ermittlungs- und Strafverfahren auch Verfahren nach dem StrEG, nach dem OEG,[4] nach §§ 23 ff. EGGVG, Gnadensachen und in im Adhäsionsweg betriebenen Zivilverfahren. Maßgeblich ist der materielle Gegenstand des Verfahrens, der bei Ersuchen ausländischer Staaten gegebenenfalls durch Auslegung zu ermitteln ist.[5] Ob eine ausländische Sanktion einer deutschen Ordnungswidrigkeit gleichzusetzen ist, macht § 1 Abs. 2 IRG von materieller Vergleichbarkeit und Justiziabilität durch ein auch für Strafsachen allgemein zuständiges Gericht abhängig. Wesentlich ist dabei die Abgrenzung der Rechtshilfe von präventiv-polizeilicher, zoll- und steuerverwaltungsrechtlicher Zusammenarbeit.

4　Die **Zusammenarbeit** der **Polizei** mit ausländischen Behörden zum Zwecke der **Verhütung von Straftaten** richtet sich nach eigenen Übereinkommen.[6] Besonders schwierig ist die Trennung zwischen justizieller und polizeilicher Zusammenarbeit einerseits, sowie Prävention und Strafverfolgung andererseits, bei den mit Österreich, der Schweiz und den Niederlanden bestehenden sog. Polizeiverträgen, die beide Materien betreffen, ohne dass durchgängig eine eindeutige Abgrenzung vorgenommen worden wäre.[7]

5　**Steuer-** und **Zollbehörden** können sowohl im Besteuerungs- als auch im Steuerstrafverfahren tätig werden (§§ 386, 393 AO). Selbst nach der Einleitung eines Strafverfahrens ist die Finanz- oder Zollbehörde nicht gehindert, weiterhin auch im Besteuerungsverfahren nach den für dieses Verfahren geltenden Vorschriften Auskünfte auch im Ausland einzuholen (vgl. § 393 Abs. 1 AO).[8] Solche **Zusammenarbeit im Besteuerungsverfahren** ist keine Rechtshilfe. Dennoch kann sich ggf. auch aus Erkenntnissen der Zusammenarbeit im Besteuerungsverfahren Nutzen für die Strafverfolgung ergeben.[9] Gegenseitige Unterstützung von Zoll- oder Steuerbehörden **bei der Strafverfolgung** ist vielfach in internationalen Übereinkommen geregelt und wird dort meist als „Amtshilfe", neuerdings aber auch neutraler als „Zusammenarbeit"[10] bezeichnet. Ob es sich hierbei in der Sache um die Unterstützung einer strafrechtlichen Angelegenheit im Sinne des IRG handelt, ist im Einzelfall zu entscheiden.

2. Rechtshilfe

6　Rechtshilfe in strafrechtlichen Angelegenheiten ist jede Unterstützung, die auf Ersuchen für ein ausländisches Straf- oder Ordnungswidrigkeitenverfahren geleistet wird.[11]

7　Rechtshilferelevante Unterstützung muss einen **konkreten Verfahrensbezug** aufweisen.[12] Allgemeine Unterstützungshandlungen, etwa Maßnahmen zur Bildung oder Aufrechterhaltung der Basislegende eines Verdeckten Ermittlers oder einer V-Person außerhalb eines konkreten Ermittlungsverfahrens[13] oder der Austausch von Lagebildern, sind polizeitaktische Angelegenheiten und unterfallen nicht dem Rechtshilfebegriff. Die Abgrenzung ist vor allem

---

[3] BT-Drs. 9/1338, S. 34.
[4] Zweifelnd *G/P/K-Vogel* § 1 IRG Rn. 7.
[5] Vgl. *S/L/G/H-Lagodny* § 1 IRG Rn. 2; a. A. *G/P/K-Vogel* § 1 IRG Rn. 10, der auf die Qualifikation nach ausländischem Recht abstellt, dabei aber nicht dem Umstand Rechnung trägt, dass sich die Auslegung innerstaatlichen deutschen Rechts nicht nach ausländischem richten kann.
[6] Eine nach Staaten geordnete Übersicht über die wichtigsten Grundlagen polizeilicher Rechtshilfemaßnahmen enthält die Anlage IV zu Anhang II der Richtlinien für den Verkehr mit dem Ausland in strafrechtlichen Angelegenheiten (RiVASt). Näher zu den RiVASt nachstehend Rn. 84 f. und zur polizeilichen Kooperation Rn. 109 ff.
[7] Vgl. hierzu Rn. 110a ff.
[8] Grundlegend hierzu BFH BStBl. II 1987, 440.
[9] Zum Zusammenspiel zwischen Besteuerungs- und Strafverfahren vgl. Rn. 113–114 und zur Zusammenarbeit mit dem Europäischen Amt für Betrugsbekämpfung (OLAF) Nr. 127a RiVASt.
[10] Vgl. z. B. Titel II und IV des Neapel-II-Abkommens (Rn. 77c) sowie die in Rn. 77d genannten bilateralen Kooperationsübereinkommen.
[11] Vgl. § 59 Abs. 2 IRG sowie Nr. 2 RiVASt.
[12] So auch *Nagel*, S. 55.
[13] Vgl. *Hackner/Schierholt* Rn. 228.

I. Rechtshilfe in strafrechtlichen Angelegenheiten   **24**

bei den zahlreichen Abkommen zur OK-Bekämpfung[14] schwierig, die schwerpunktmäßig verfahrensübergreifende allgemeine polizeiliche Kooperation zum Gegenstand haben und im repressiven Bereich lediglich die bestehenden Rechtshilfeübereinkommen inhaltlich konkretisieren, ohne weiter gehende Regelungen zu treffen.

Auf die rechtliche und funktionale Stellung der beteiligten **ausländischen Institutionen** 8 kommt es nicht an. Es ist unerheblich, ob das Verfahren bei einem eingehenden Ersuchen von einem Gericht oder einer Behörde betrieben wird oder bei einem deutschen Ersuchen die Rechtshilfehandlung von einem Gericht oder einer Behörde vorzunehmen ist. Es muss sich nur aus deutscher Sicht um eine justizielle Angelegenheit handeln.[15]

Die Kooperation muss sich auf einen **ausländischen Staat (horizontale Rechtshilfe)** 9 oder eine **supranationale Organisation** wie bspw. einen Internationalen Gerichtshof **(vertikale Rechtshilfe)** beziehen. Die Bestimmungen über die innerstaatliche Rechtshilfe zwischen zwei deutschen Gerichten (§§ 156 ff. GVG) finden ebensowenig Anwendung wie die über die Amtshilfe zwischen nationalen Behörden (bspw. nach § 162 StPO).

Aus dem völkerrechtlichen Gebot der Achtung fremder Gebietshoheit folgt die Notwen- 10 digkeit, hoheitliches Handeln den Gerichten und Behörden fremder Staaten zu überlassen.[16] Die traditionelle Rechtshilfe ist deshalb durch ein Element der **Unterstützung** gekennzeichnet. Daneben gibt es auf die Gestattung von Ermittlungshandlungen mit Auswirkungen auf fremdes Hoheitsgebiet gerichtete Formen grenzüberschreitender strafrechtliche Zusammenarbeit, bei denen Souveränitätsverzicht im Vordergrund steht und keine oder nur untergeordnete aktive Unterstützung benötigt wird. Dafür ist der klassische Begriff der Rechtshilfe an sich zu eng. Gleichwohl werden bestimmten Formen der **Duldung fremden Tätigwerdens auf eigenem Staatsgebiet** einschließlich der passiven Teilnahme an Amtshandlungen noch als Unterstützung im Sinne des Rechtshilferechts angesehen, die der ausdrücklichen oder konkludenten Gestattung bedürfen, die ggfs. mittels eines Ersuchens eingeholt werden muss.[17] Dies gilt – jedenfalls nach kontinentaleuropäischem Verständnis[18] – auch bei bloßem **Hineinwirken von außen,** etwa durch Postsendungen, aber auch bei telefonischer Kontaktaufnahme[19] und audiovisuellen Vernehmungen[20] sowie konkreten Handlungen von **Verdeckten Ermittlern und V-Leuten.**[21] Werden derartige Maßnahmen zugelassen, ist damit aber nicht ohne Weiteres zugleich auch die Bewilligung zur Verwertung hierbei gewonnener Erkenntnisse verbunden. Hierüber ist vielmehr gesondert zu entscheiden.[22] **Örtliche Beschränkungen** kennt der umfassende Rechtshilfebegriff des § 59 Abs. 2 IRG nicht. Die Unterstützung muss deshalb nicht zwingend auf dem Hoheitsgebiet des um Unterstützung ersuchten Staates erfolgen.[23]

Das **Ersuchen** bestimmt und begrenzt den Umfang der Rechtshilfe.[24] Bei der Koopera- 11 tion mit EU- und Schengenstaaten ist es allerdings nicht mehr ausnahmslos erforderlich und wird es bei grenzüberschreitender Observation und Nacheile in Eilfällen durch das Gebot

---

[14] Nachw. bei *Mokros,* in: *Lisken/Denninger,* Abschnitt O Rn. 74 ff.
[15] *G/P/K-Wilkitzki* § 59 IRG Rn. 16, 38; speziell für den Polizeibereich: BGHSt 27, 383 [386]; *Mokros,* in: *Lisken/Denninger,* Abschnitt O Rn. 1; *Würz,* Rn. 225; *Nagel,* S. 55.
[16] Vgl. BVerfGE 63, 343 [361]; BGHSt 45, 188 [192]; ausführlich *G/P/K-Vogel* Vor § 1 IRG Rn. 16.
[17] Näher hierzu unten Rn. 87–89.
[18] Zum angelsächsischen Raum vgl. BVerfG NJW 2004, 141 [144]; *Nagel,* S. 21 ff.; *G/P/K-Vogel* Vor § 1 IRG Rn. 17.
[19] Ebenso *S/L/G/H-Schomburg/Hackner* Vor § 68 Rn. 12a; *Mokros,* in: *Lisken/Denninger,* Abschnitt O Rn. 4; zu Ausnahmen vgl. Rn. 87 ff.
[20] Vgl. BGHSt 45, 188 [192].
[21] Vgl. hierzu *Vogel* in *G/P/K,* Vor § 1 IRG Rn. 17 sowie JZ 2004, 412, 413; ausführlich zur Problematik *S/L/G/H-Lagodny* § 59 Rn. 61a ff.
[22] *S/L/G/H- Gleß* Art. 14 EU-RhÜbk (HT III B 1), Rn. 6; *Mokros,* in: *Lisken/Denninger,* Abschnitt O Rn. 37; a. A. *Veh,* Vorauflage, Rn. 10; *Böse* ZStW 114 (2002), 148 [179]; vgl. auch BVerfG NJW 2004, 141 [143] m. Anm. v. *Vogel* JZ 2004, 412 [413].
[23] Ebenso *Hackner/Schierholt* Rn. 233, Fn. 204.
[24] Vgl. Nr. 4 RiVASt.

nachträgliche Unterrichtung ersetzt.[25] Innerhalb der Europäischen Union geht es mittlerweile ohnehin bereits um die **gegenseitige Anerkennung** und unmittelbare Vollstreckung **ausländischer justizieller Entscheidungen**.[26] Hierin liegt ein deutlicher Paradigmenwechsel, mögen sich die einschlägigen bisherigen Rahmenbeschlüsse und künftigen Richtlinien auch noch auf der Entwicklunglinie der früheren Übereinkommen befinden und die freie Verkehrsfähigkeit von Beweisen bislang weder in den Rechtsakten der Union noch in deren Umsetzung durch die EU-Mitgliedstaaten konsequent verwirklicht worden sein.

12　Auch die **spontane Unterstützung** eines ausländischen Verfahrens ohne Ersuchen des das Verfahren betreibenden Staates, etwa durch Übermittlung von Auskünften, fällt im strengen Sinne nicht unter den Begriff der Rechtshilfe. Das IRG erlaubt jedoch bestimmte Unterstützungshandlungen im Vorgriff auf ein zu erwartendes Ersuchen.[27] Auch ist unter bestimmten Voraussetzungen die unaufgeforderte Übermittlung von Informationen an einen anderen Staat zulässig, um diesem die Möglichkeit zu geben, dort entweder Maßnahmen der Gefahrenabwehr zu ergreifen oder seinerseits ein Rechtshilfeersuchen zu stellen, um Auskünfte aus einem innerstaatlichen deutschen Strafverfahren zu erlangen oder ihn überhaupt erst dazu zu veranlassen, ein eigenes Verfahren einzuleiten.[28]

13　Traditionell wird die Rechtshilfe in drei **Gebiete** eingeteilt. Hierbei handelt es sich um die Auslieferung verfolgter Personen, die Unterstützung bei der Vollstreckung strafrechtlicher Sanktionen (Vollstreckungshilfe) und die Sonstige oder Kleine Rechtshilfe. In den letztgenannten Bereich fällt jede denkbare Unterstützungshandlung, die nach innerstaatlichem Verfahrensrecht zulässig ist und keine Sonderregelung erfahren hat. Hierzu gehören beispielsweise die Zustellung von Ladungen und Urteilen, die Vernehmung von Zeugen und Beschuldigten oder die Beschlagnahme und Herausgabe von Beweismitteln. Dazu zählen aber auch grenzüberschreitende moderne und operative Maßnahmen wie die Überwachung des Fernmeldeverkehrs, der Einsatz verdeckter Ermittler oder die Observation.[29]

II. Rechtshilfe als Teil international arbeitsteiliger Strafverfolgung

1. Rechtshilfe im Zusammenspiel verschiedener Rechtsordnungen

14　Ob und wie Ermittlungen im Ausland durchgeführt werden oder ein eingehendes Ersuchen zu erledigen ist, richtet sich nicht allein nach **Rechtshilfebestimmungen.** Eine zutreffende Beurteilung der Rechtslage lässt vielmehr nur eine **Zusammenschau** nationalen wie ausländischen Straf-, Strafprozess- und Rechtshilferechts sowie völkerrechtlicher Vereinbarungen zu.

15　Die Notwendigkeit einer solchen Gesamtbetrachtung ist Konsequenz des **beschränkten Regelungsgegenstands rechtshilferechtlicher Vorschriften.** Diese befassen sich im Wesentlichen mit der Frage, ob und ggf. unter welchen Voraussetzungen sich verschiedene Staaten gegenseitige Unterstützung in strafrechtlichen Angelegenheiten gewähren können oder müssen. Gewöhnlich, so auch nach deutschem Recht, erfolgt diese Unterstützung in der Weise, dass die für die inländische Strafverfolgung und -vollstreckung zur Verfügung stehen-

---

[25] Vgl. Art. 40, 41 SDÜ. Die Unterrichtung ist allerdings nur eine Obliegenheit, ihre Unterlassung macht die Maßnahme nicht nachträglich unzulässig.

[26] Vgl. Art. 82 des Vertrags über die Arbeitsweise der Europäischen Union (AEUV; ABl. C 83 v. 30.3.2010, S. 47) – vormals Art. 31 EUV.

[27] Vgl. bspw. § 16 Abs. 1 Nr. 2 (Vorläufige Auslieferungshaft) und § 67 Abs. 1 IRG (Beschlagnahme).

[28] Sog. Spontaninformation; vgl. hierzu § 61a IRG sowie die im Verhältnis zu EU-Staaten vorrangig anzuwendende Bestimmung des § 92 IRG. Entsprechende Regelungen unterschiedlicher Reichweite enthalten auch völkerrechtliche Übereinkommen (vgl. bspw. Art. 7 des Rechtshilfeübereinkommens der Europäischen Union [EU-RhÜbk], Art. 46 des Schengener Durchführungsübereinkommens [SDÜ], Art. 11 des Zweiten Zusatzprotokolls zu dem Europäischen Rechtshilfeübereinkommen [2. ZP-EuRhÜbk] oder Art. 10 des Europäischen Geldwäscheübereinkommens).

[29] Vgl. *Hackner/Schierholt* Rn. 2.

II. Rechtshilfe als Teil international arbeitsteiliger Strafverfolgung

den Instrumentarien auch für die grenzüberschreitende Kooperation gelten, mögen rechtshilferechtliche Regelungen das allgemeine Verfahrens- oder Vollstreckungsrecht auch modifizieren oder ergänzen. Demzufolge entbinden rechtshilferechtliche Vorschriften in der Regel nicht von der Beachtung der allgemeinen innerstaatlichen Voraussetzungen des Straf- und des Strafprozessrechts. Zur rechtshilferechtlichen **Leistungsermächtigung** tritt die allgemeine verfahrensrechtliche **Vornahmeermächtigung**.[30]

Zwangseingriffe unterliegen deshalb bei **eingehenden** ausländischen **Ersuchen** denselben inhaltlichen Ermächtigungsvoraussetzungen wie bei einem rein innerstaatlichen Ermittlungsverfahren (§ 59 Abs. 3 IRG).[31] Dies gilt auch dann, wenn ein Übereinkommen die Erledigung nach dem Recht des ersuchenden Staates zulässt.[32] Auch nationale Auskunftsschranken, wie insbesondere das Steuergeheimnis, sind zu beachten.[33] Die internationale Wahrung der ausgeprägten deutschen Datenschutzstandards ist aber nicht erforderlich.[34] **16**

Die Zulässigkeit eines **ausgehenden** deutschen **Ersuchens** beurteilt sich so zunächst einmal nach den Regelungen des innerstaatlichen Verfahrensrechts.[35] Ersuchen um Durchsuchung im Ausland beispielsweise bedürfen daher eines richterlichen Durchsuchungsbeschlusses nach § 105 Abs. 1 StPO. Zugleich dient der Beschluss gegenüber dem ersuchten Staat als Nachweis der Wahrung innerstaatlichen deutschen Verfahrensrechts, ohne aber im Ausland unmittelbare Wirkung zu entfalten.[36] Je nach dem Recht des ersuchten Staates bedarf es dort zusätzlich eines Durchsuchungsbeschlusses oder auch der Wahrung weiterer Voraussetzungen. **16a**

Freilich darf die geschilderte Verdoppelung von Eingriffsvoraussetzungen nicht den Blick dafür verstellen, dass die **Eingriffsvoraussetzungen nicht sämtlich mit derselben Intensität überprüft** werden. Dies zeigt sich vor allem darin, dass der ersuchte Staat jedenfalls im vertraglichen Bereich meist auf die Überprüfung des vom ersuchenden Staat bejahten Tatverdachts verzichtet, wenn nicht besondere Umstände hierzu Anlass geben.[37] Eine regelmäßige Prüfung des Schuldverdachts wird meist nur von in der Tradion des Common Law stehenden Staaten durchgeführt. Auch einer Strafbarkeit nach dem Recht des ersuchten Staates bedarf es bei der Kleinen Rechtshilfe nur ausnahmsweise. **16b**

Eine veränderte Qualität erhält die grenzüberschreitende Zusammenarbeit allerdings zwischen den Mitgliedstaaten der Europäischen Union dort, wo die klassische Rechtshilfe durch **Anerkennungsregelungen** modifiziert wird. In diesem Fall wird ein ausländischer Zwangseingriff jedenfalls im Grundsatz als solcher anerkannt, demzufolge auch nicht mehr nach dem Recht des ersuchten Staates nach seinen Anordnungsvoraussetzungen hin überprüft, sondern nur noch im ersuchten Staat vollstreckt. Dieses „Prinzip der gegenseitigen Anerkennung" hat seinen ersten Niederschlag in dem Rahmenbeschluss über den Europäischen Haftbefehl[38] gefunden, dem im strafrechtlichen Bereich neun weitere gefolgt sind, die Deutschland bisher aber nur teilweise umgesetzt hat. Unter der Herrschaft des Lissaboner Reformvertrags wird das zur Grundlage der justiziellen Zusammenarbeit zwischen den Mitgliedstaaten in Strafsachen erstarkte Anerkennungsprinzip (Art. 82 Abs. 1 AEUV) sukzessive in der neuen Regelungsform der Richtlinie ausgebaut werden. Erster konkreter Rechtsakt ist der inzwischen **16c**

---

[30] Vgl. ausführlich *S/L/G/H* Einl. Rn. 44 bis 51; vgl. auch *Würz*, Rn. 235 bis 240 sowie *Scheller*, S. 64 f., 283 f. unter Berufung auf § 77 IRG.
[31] Zur Problematik im Einzelnen vgl. *S/L/G/H* Einl. Rn. 11 ff., 52 ff., 105 und *S/L/G/H-Lagodny* § 59 Rn. 31 bis 36; *Würz*, Rn. 211, ausführlich zum Verhältnis zu völkerrechtlichen, scheinbar unbeschränkten Rechtshilfeverpflichtungen *Scheller*, S. 76 f.
[32] Überzeugend *S/L/G/H-Lagodny* § 59 Rn. 61 c.
[33] Vgl. *G/P/K-Wilkitzki* § 59 IRG Rn. 40.
[34] So aber wohl *Ruegenberg*, S. 355 ff. mit Nachw. zur zutr. abweichenden h. M.
[35] Ebenso *S/L/G/H-Schomburg/Hackner* Vor § 68 Rn. 1 f.; *G/P/K-Wilkitzki* Vor § 68 IRG Rn. 2.
[36] Vgl. hierzu BGH wistra 2001, 379.
[37] Vgl. *S/L/G/H*, Einl. Rn. 134. Zur Funktionsweise der grenzüberschreitenden strafrechtlichen Zusammenarbeit zu Grunde liegenden Grundkonzepts des international-arbeitsteiligen Strafverfahrens grundlegend *S/L/G/H*, Einl. Rn. 97 ff.
[38] Näher Rn. 48–51.

grundsätzlich konsentierte, sprachlich aber noch nicht finalisierte Entwurf einer Europäischen Emittlungsanordnung.[39]

17 Den Anwendungsbereich des Anerkennungsprinzips ausgenommen,[40] gilt für den **Verteidiger** oder **Rechtsbeistand** im Grundsatz, dass ihm im Rahmen der Erledigung eines ausländischen Ersuchens zumindest[41] **dieselbe Rechtsstellung** zukommt, wie in einem entsprechenden **inländischen Verfahren**. Betroffen sind etwa Anwesenheitsrechte,[42] Akteneinsicht[43] bzgl. der in Deutschland[44] vorhandenen Verfahrensakten[45] und Rechtsbehelfe.[46] Bei ausgehenden Ersuchen bleiben seine Rechte im Inland unberührt. Je nach Rechtsordnung des ersuchten Staates kann dies zu einer Verdoppelung von Rechtsbehelfen führen. Die Frage, ob bei **grenzüberschreitendem Tätigwerden fremder Hoheitsträger** in Deutschland, etwa im Rahmen grenzüberschreitender Observation und Nacheile oder des Einsatzes verdeckter Ermittler, Rechtsschutz in Deutschland erreicht werden kann, ist allerdings, soweit ersichtlich, gerichtlich noch nicht entschieden.[47] Sie dürfte aber, sofern nicht Landespolizeigesetze eine ausdrücklich abweichende Regelung treffen, zu verneinen sein. Grenzüberschreitende deutsche Ermittlungshandlungen im Ausland dürften dagegen wie Ermittlungshandlungen im Inland in Deutschland justiziabel sein.[48]

18 Das Zusammenspiel des Rechtshilferechts und allgemeiner Verfahrensregelungen ist auch für die Frage entscheidend, wer darüber zu befinden hat, ob eine Ermittlungsmaßnahme zulässig und geboten ist. **Zuständigkeitsregelungen** des innerstaatlichen Verfahrensrechts, namentlich die Sachleitungsbefugnis der Staatsanwaltschaft, werden dabei durch rechtshilferechtliche Zuständigkeitsregelungen ergänzt, jedoch nicht ersetzt.[49]

19 Zudem ist das **Rechtshilferecht Bestandteil eines transnationalen Straf- und Strafverfahrensrechts,**[50] welches auch im allgemeinen nationalen Straf- und Verfahrensrecht spezielle Bestimmungen für Sachverhalte mit Auslandsbezug bereithält. Das beginnt bei der Strafgewalt über eine Auslandsstraftat (§§ 4ff. StGB) und führt über erleichterte Einstellungsmöglichkeiten bei der Verfolgung von Auslandsstraftaten nach § 153c StPO hin zu Beschränkungen der Beweiserhebungspflicht als solcher, wie für die Ladung von Auslandszeugen nach § 244 Abs. 5 Satz 2 StPO.

2. International abgestimmtes Vorgehen

20 Sachverhalte mit grenzüberschreitenden Bezügen lassen sich heute nicht mehr nur isoliert aus nationalem Blickwinkel beurteilen, sondern sind im **Gesamtkontext weltweiter Strafverfolgung** zu sehen. Unter Effizienzgesichtspunkten bleibt deshalb stets zu fragen, welcher Staat bei **konkurrierender Zuständigkeit** die Strafverfolgung letztendlich sinnvollerweise durchführen sollte.[51] Dementsprechend können initiative Hinweise an einen anderen Staat –

---

[39] Vgl. Rn. 68b.
[40] Zu den Folgen des Anerkennungsprinzips vgl. *Ahlbrecht* NStZ 2006, 70 [73ff.]; *Gleß* StV 2004, 679 [682] und in *S/L/G/H,* Einf. HT III Rn. 53–57.
[41] Zu spezifischen Rechtsbehelfen vgl. Rn. 124.
[42] Vgl. im Einzelnen *S/L/G/H-Lagodny* § 59 Rn. 42, 42a, 44.
[43] Ebenso *S/L/G/H-Lagodny* § 59 Rn. 43; *G/P/K-Vogel/Burchard* § 77 IRG Rn. 42.
[44] Zum fehlenden Anspruch auf Akteneinsicht in die ausländische Verfahrensakte vgl. OLG Hamburg in: *Eser/Lagodny/Wilkitzki,* U 39; OLG Frankfurt NStZ-RR 1996, 238f.
[45] Zu „exekutiven Rechtshilfeakten" vgl. Rn. 122ff.
[46] Vgl. *S/L/G/H-Lagodny* Vor § 59 Rn. 33 bis 44 mit zahlreichen Beispielen.
[47] Vgl. hierzu ausführlich *Ambos* § 12 Rn. 33f.; *Harings* S. 251ff., 284f.; *Gleß/Lüke* JURA 2002, 400 [402f.]
[48] Vgl. *Gleß/Lüke* JURA 2002, 400 [402f.]; zu Einzelheiten eines etwaigen Rügemaßstabs vgl. *Harings* S. 274ff.
[49] In diesem Sinne auch *S/L/G/H-Schomburg/Hackner* Vor § 68 Rn. 10; *G/P/K-Wilkitzki* Vor § 68 IRG Rn. 3; *Nagel* S. 269; *Scheller* S. 57f.
[50] Begriff bei *S/L/G/H,* Einl. Rn. 107.
[51] Zu möglichen Aspekten vgl. *Vander Beken/Vermeulen/Lagodny* NStZ 2002, 624ff.; vgl. auch *Biehler* ZStW 116 (2004), 256 [263].

II. Rechtshilfe als Teil international arbeitsteiliger Strafverfolgung **24**

sog. „**Spontanauskünfte**" – geboten sein,[52] für die sich in § 61a IRG sowie unter erleichterten Voraussetzungen für EU-Staaten in § 92 IRG i. V. m. Art. 7 EU-RhÜbk Rechtsgrundlagen finden. Weitergehend kann auch daran gedacht werden, einen anderen Staat insgesamt um Übernahme der Strafverfolgung zu bitten.[53] Umgekehrt mag ein **eingehendes Ersuchen** Anlass geben, zugleich ein nationales Ermittlungsverfahren einzuleiten,[54] zumal ausländische Verfahrenshandlungen verjährungsunterbrechende Wirkungen allenfalls dort entfalten,[55] nicht aber für ein späteres innerstaatliches Ermittlungsverfahren.[56] Auch möglicherweise eintretende Doppelverfolgungsverbote sollten stets bedacht werden.[57]

Auch bei **unterschiedliche Taten betreffenden Ermittlungs- und Strafverfahren** in verschiedenen Ländern kann eine **Koordinierung** von Ermittlungs-, Rechtshilfe- oder Verfahrenshandlungen insbesondere mit Außenwirkung erforderlich sein, um Aktivitäten anderer Staaten nicht zu gefährden. Hierzu kann es geboten sein, einzelne Maßnahmen in den Grenzen des Beschleunigungsgebotes zurückzustellen oder umgekehrt vorzuziehen. Wesentlich erscheint dabei die gegenseitige Unterrichtung, wie sie inzwischen in verschiedenen jüngeren Rechtsakten ausdrücklich normiert ist.[58] Ggf. kann dann – anders als bei unkoordinierter zeitgleicher Verurteilung – die fehlende Möglichkeit einer **Gesamtstrafenbildung** mit einer ausländischen Verurteilung im Wege eines **Härteausgleichs** kompensiert werden, was in der Vollstreckungshilfe nicht mehr möglich ist.[59] Die Transnationalität der Strafverfolgung sollte gerade auch die Verteidigung im Auge behalten. So kann eine Gesamtschau genauso etwaige grenzüberschreitende Serientaten wie auch Strafverschärfungsgründe zu Tage fördern, wie sich umgekehrt aus Sicht der Verteidigung die Grenzen nationaler Strafverfolgung und Doppelverfolgungsverbot ausnutzen lassen.[60] **20a**

Gerade wenn Ermittlungshandlungen in mehreren Staaten möglichst zeitgleich ablaufen sollen und unterschiedliche Tatorte die Zuständigkeit der Ermittlungsbehörden in verschiedenen Staaten unter der Geltung unterschiedlichen materiellen und prozessualen Rechts begründen, ist begleitende Koordinierung gefragt, die über das Stellen und Erledigen eines isoliert betrachteten Rechtshilfeersuchens hinausgeht. In solchen Fällen können im EU-Bereich „**Eurojust**" oder das Europäische Justitielle Netz (**EJN**) helfen. In der Zusammenarbeit mit Frankreich kann zusätzlich auch auf die deutsche oder die französische **Verbindungsperson** in den jeweiligen Justizministerien in Paris oder Berlin zurückgegriffen werden.[61] Sofern die finanziellen Interessen der Europäischen Union tangiert sind, kommt auch eine Unterstützung durch das Europäische Amt für Betrugsbekämpfung (**OLAF**) in Betracht. **21**

Eurojust[62] ist eine Einrichtung mit eigener Rechtspersönlichkeit und Sitz in Den Haag, zu der jeder Mitgliedstaat einen Richter, Staatsanwalt oder mit vergleichbaren Befugnissen **22**

---

[52] Vgl. hierzu *S/L/G/H-Lagodny* § 59 Rn. 4 a.
[53] Vgl. Rn. 93 bis 102.
[54] Vgl. hierzu Nr. 24 RiVASt.
[55] So jedenfalls die deutsche Auffassung im Falle von durch Rechtshilfeersuchen ausgelösten Ermittlungsmaßnahmen (vgl. hierzu OLG Karlsruhe NStZ-RR 1999, 118 f.).
[56] BayObLG NStZ 1993, 441; kritisch *S/L/G/H-Lagodny* § 59 Rn. 57.
[57] Vgl. hierzu Rn. 27.
[58] Vgl. insbesondere Art. 5, 10 des Rahmenbeschluss zur Vermeidung und Beilegung von Kompetenzkonflikten in Strafverfahren vom 30. November 2009 (RB-Kompetenzkonflikte; ABl. L 326 v. 15.12.2009 S. 42), der in Deutschland keinen Umsetzungsbedarf ausgelöst hat (Schreiben des BMJ v. 15.2.2012 – II B 3 zu 9520/9-432750/2012 –). Siehe auch Art. 7 des 2. ZP-EuRhÜbk sowie Art. 4 Abs. 3 und 4 EU-RhÜbk.
[59] Vgl zusammenfassend *S/L/G/H-Schomburg/Hackner* § 54 IRG Rn. 8a-8e.
[60] Darauf weist BGH NJW 2000, 1964 [1965] hin.
[61] Zur zu Grunde liegenden gemeinsamen Maßnahme vgl. ABl. EG Nr. L 105 vom 27.4.1996, S. 1.
[62] Die rechtliche Grundlage von Eurojust bildet der Beschluss 2002/187/JI des Rates vom 28.2.2002 über die Errichtung von Eurojust zur Verstärkung der Bekämpfung der schweren Kriminalität (EJB; ABl. EG Nr. L 63 vom 6.3.2002 S. 1) in der Fassung des Beschlusses 2009/426/JI des Rates vom 16. Dezember 2008 zur Stärkung von Eurojust und zur Änderung des Beschlusses 2002/187/JI über die Errichtung von Eurojust zur Verstärkung der Bekämpfung der schweren Kriminalität (ABl. L 138 v. 4.6.2009 S. 14), der in Deutschland durch das das Eurojust-Gesetz vom 28. Februar 2002 (EJG, BGBl. 2004 I S. 902) in

ausgestatteten Polizeibeamten als nationales Mitglied sowie je einen Vertreter und ggfs. auch weitere Mitarbeiter entsendet. Diese kooperieren im Bereich der grenzüberschreitenden schweren Kriminalität, um die zuständigen Ermittlungsbehörden in den Mitgliedstaaten zu unterstützen, insbesondere durch **Koordinierung** von Verfahren und Ermittlungshandlungen oder Klärung von Rechtsfragen. Eurojust wird auf **Antrag der zuständigen Behörde** tätig, ist aber auch für einzelne ausdrücklich benannte Deliktsbereiche – u. a. Computerkriminalität, Betrug, Korruption oder Straftaten zulasten der finanziellen Interessen der Gemeinschaften – **initiativberechtigt**. Dabei können Mitgliedstaaten ersucht werden, Ermittlungen aufzunehmen. Auch kann in Zuständigkeitskonflikten vermittelt werden.[63] Die Rechte und Pflichten der nationalen Vertreter regelt das jeweilige innerstaatliche Recht, für Deutschland das Eurojust-Gesetz. Das deutsche Mitglied ist danach nicht befugt, Rechtshilfemaßnahmen zu bewilligen und entscheidet deshalb auch nicht über die Bewilligung von Ersuchen. Ihm kommen auch keine exekutiven Befugnisse zu, weshalb es Ermittlungshandlungen weder selbst vornehmen noch den deutschen Strafverfolgungsbehörden Weisungen dazu erteilen kann.[64] Die Staatsanwaltschaften haben aber nach § 6 EJG umfassende Unterrichtungspflichten gegenüber dem nationalen deutschen Vertreter, deren Speicherung und Verwendung §§ 4a ff. EJG dezidiert regeln.[65] Der einzelne Bürger hat gegenüber Eurojust einen individuellen Anspruch auf Auskunft über die dort über ihn gespeicherten personenbezogenen Daten (vgl. § 8 EJG).

23 Ist Eurojust auf Unterstützung im Bereich multilateraler und schwererer Kriminalität angelegt, so empfiehlt sich vor allem bei bilateralen Fragen im EU-Bereich die Einschaltung des dezentral organisierten **Europäischen Justitiellen Netzes (EJN)**, das aus mit justitiellen Praktikern besetzten nationalen Kontaktstellen in den einzelnen Mitgliedstaaten unterschiedlicher Anzahl besteht. Aufgabe des EJN ist die Unterstützung der staatsanwaltschaftlichen wie gerichtlichen Praxis im weitesten Sinne, wozu insbesondere die Begleitung und Beschleunigung von Rechtshilfeersuchen und die Erteilung von Auskünften zu Rechtslage und Zuständigkeiten gehören.[66] In Deutschland bestehen operative Kontaktstellen in jedem Bundesland und beim Generalbundesanwalt. Eine in erster Linie für länderübergreifende Ersuchen und grundsätzliche Fragen eingerichtete weitere Kontaktstelle bildet das Bundesamt für Justiz. Hilfreich und gut gestaltet sind die überwiegend frei zugänglichen und sehr empfehlenswerten Internetseiten des EJN (www.ejn-crimjust.europa.eu), die unter anderem E-Forms, Muster und einen justiziellen Atlas enthalten. Darüber hinaus soll das EJN auf seiner Homepage das für die internationale strafrechtliche Kooperation relevante EU-Recht (Übereinkommen, Rahmenbeschlüsse und Richtlinien) nach dem Vorbild des Vertragsbüros des Europarats übersichtlich darstellen und allgemein zugänglich machen. Die entsprechenden Seiten sind allerdings noch im Aufbau.

23a Bei dem seit dem 1.6.1999 bestehenden **Europäischen Amt für Betrugsbekämpfung (OLAF)**[67] handelt es sich um eine der Europäischen Kommission zugeordnete Einrichtung zum Schutz der finanziellen Interessen der Europäischen Gemeinschaften vor Korruption und Betrug.[68] OLAF führt selbst ausschließlich **Verwaltungsermittlungen**,[69] kooperiert

---

der Fassung Gesetzes zur Änderung des Eurojust-Gesetztes vom 7. Juni 2012 (BGBl. I S. 1270) und die darauf basierende Eurojust-Zusammenarbeits-VO (BGBl. 2012 I S. 2093) umgesetzt worden ist. Zu Organisation und Arbeitsweise von Eurojust vgl. statt vieler *S/L/G/H-Herrnfeld*, Einf. HT III D 2.

[63] Vgl. hierzu insbesondere auch Art. 12 RB-Kompetenzkonflikte.
[64] Vgl. § 3 EJG; siehe auch *Herrnfeld* a. a. O.
[65] Vgl. *Herrnfeld* a. a. O. Rn. 13, 34 ff. Die vorgesehene elektronische Übermittlung der Daten ist derzeit (Stand: Mai 2013) technisch allerdings noch nicht möglich.
[66] Die rechtliche Grundlage bildet der Ratsbeschluss vom 16. Dezember 2008 über das Europäische Justizielle Netz (ABl. L 348 v. 24.12.2008, S. 130), der innerstaatlich durch § 14 EJG umgesetzt worden ist. Instruktiv zum EJN, seiner Arbeitsweise und den Unterstützungsangeboten *S/L/G/H-Schierholt* Kurzeinf. HT III D 3 und bereits früher *Antor* DRiZ 2002, 330.
[67] Office de la Lutte Antifraude (VO 1073/99, ABl. L 136 v. 31.5.1999), hervorgegangen aus der Direktion F des Generalsekretariats (Koordinierung der Betrugsbekämpfung – UCLAF).
[68] Vgl. Art. 2 VO 1073/99 und Art. 1 VO 2185/96 (ABl. L 292 v. 15.11.1996).
[69] Zu Organisation, rechtlichen Grundlagen und Untersuchungsverfahren von OLAF vgl. *Gleß* EuZW 99, 618 ff.; *Möhrenschlager* wistra 99, V f; *Hallmann-Häbler/Stiegel* DRiZ 2003, 241.

II. Rechtshilfe als Teil international arbeitsteiliger Strafverfolgung   **24**

aber auch mit nationalen Strafverfolgungsorganen.[70] Zu diesem Zweck ist eine besondere Organisationseinheit „Richter und Staatsanwälte, juristische Unterstützung" eingerichtet, der nationale Strafrechtsexperten aus den EU-Staaten angehören. Von hohem praktischem Nutzen für die Strafverfolgungsbehörden kann die **Unterstützung** von OLAF auch im **logistischen** Bereich und bei der Herstellung von Kontakten zu Drittstaaten sein.

Die **Erkenntnisse** von OLAF sind im nationalen Strafverfahren grundsätzlich **verwertbar**. **23b** Seine Mitarbeiter stehen als Zeugen oder Sachverständige zur Verfügung. Unterlagen können prozessual im Wege des Urkundenbeweises eingeführt werden. Dabei ist allerdings zu beachten, dass OLAF weder über eine Verfahrensordnung mit Schutzrechten zu Gunsten vernommener Personen verfügt noch gerichtliche Kontrolle oder ein formaler Beschuldigtenstatus vorgesehen sind. Deshalb bedarf es zumindest einer sorgfältigen Würdigung und Gewichtung entsprechender Aussagen und Dokumente.[71]

3. Checkliste zu Notwendigkeit und Sinnhaftigkeit eines Rechtshilfeersuchens

Dem Ineinandergreifen verschiedener Rechtsmaterien im Vorfeld **ausgehender Rechtshil-** **24** **feersuchen** trägt die folgende **Checkliste zum Ob eines Rechtshilfeersuchens** Rechnung:
1. **Zuständigkeit** für die Entscheidung über die beabsichtigte **Ermittlungsmaßnahme**? **25**
   Prüfbedarf: bei Tätigwerden als Ermittlungsbeamter der Staatsanwaltschaft.
   Maßgebliche Vorschriften: StPO, AO, OWiG.
   Hinweise: Rn. 18 (Verhältnis Ermittlungs- und rechtshilferechtliche Zuständigkeiten).
2. Nationale **Strafgewalt?** **26**
   Maßgebliche Vorschriften: §§ 3 ff. StGB
   Hinweise: Kap. 3.
3. Verfahrenshindernis **ne bis in idem** aufgrund einer ausländischen Entscheidung? **27**
   Maßgebliche Vorschrift: innerhalb der EU insb. Art. 54 SDÜ Art. 50 GRCh,[72] ansonsten vertraglich.
   Hinweise: Rn. 93 bis 102.
4. Einstellung des Ermittlungsverfahrens aus spezifisch auslandsbezogenen **Opportunitäts-** **28** **erwägungen**?
   Maßgebliche Vorschriften: § 153c StPO (Auslandstaten), § 154 StPO (mit Rücksicht auf ausländische Ermittlungsverfahren bzw. Verurteilungen),[73] § 154b StPO (Auslieferung).
5. Initiierung eines **ausländischen Ermittlungsverfahrens,** um die **Einstellung** des eige- **29** nen Ermittlungsverfahrens zu ermöglichen?
   Maßgebliche Vorschriften: §§ 61a, 92 IRG, Art. 21 EuRhÜbk, Ergänzungsverträge zum EuRhÜbk und Bestimmungen des ne bis in idem.
   Hinweise: Rn. 12, 20, 91 bis 102.
6. Zulässigkeit der beabsichtigten Ermittlungen **nach innerstaatlichem Recht?** **30**
   Maßgebliche Vorschriften: §§ 69, 70 IRG, ansonsten insbes. Verfahrensvorschriften der StPO (vgl. § 77 IRG).
   Hinweise: Rn. 16 bis 16c, 18 bis 19.

---

[70] Die Inanspruchnahme der Unterstützung durch OLAF seitens eines Gerichts oder einer Staatsanwaltschaft ist ein Fall der Rechtshilfe im Sinne von § 59 IRG, da zwangsläufig ein Straf- bzw. Ermittlungsverfahren zu Grunde liegt. Umgekehrt kann OLAF durch nationale Strafverfolgungsbehörden nur im Wege der Amtshilfe unterstützt werden, da es sich um eine Verwaltungsbehörde handelt.
[71] In diesem Sinne auch *Braum* wistra 2005, 401 ff.
[72] EU-Grundrechtecharta vom 7.12.2000 (ABl. C 346 vom 18.12.2000, S. 1).
[73] Str., näher hierzu Rn. 93.

31 7. **Selbstvornahme** der beabsichtigten Ermittlungsmaßnahme ohne Unterstützung oder Bewilligung ausländischer Behörden möglich?
Prüfbedarf: Beabsichtigter Kontakt zu Personen und Zugriff auf Daten im Ausland, Zustellungen und in Eilfällen grenzüberschreitende Observation, Nacheile und verdeckte Ermittlungen.
Maßgebliche Vorschriften: Rechtshilferecht (z. B. Art. 5 EU-RhÜbk, Art. 52 SDÜ, Nr. 121 RiVASt).
Hinweise: Rn. 77c und 87 bis 89.

32 8. Amtshilfe durch **Konsulate oder Finanzbehörden** statt Rechtshilfe?
Maßgebliche Vorschriften: Konsularrecht (WÜK, KonsularG),[74] Neapel II, bilaterale Abkommen in Steuerstrafsachen.
Hinweise: Rn. 77c, 90.

33 9. Zuständigkeit für das **Rechtshilfeersuchens** (nicht: Bewilligung)?
Prüfbedarf: Für jedes Ersuchen.
Maßgebliche Vorschriften: Übereinkommen und Rahmenbeschlüsse, § 74 IRG, Zuständigkeitsvereinbarung und Subdelegationsregelungen der Länder sowie RiVASt.
Hinweise: Rn. 105 bis 114.

34 10. **Erfolgsaussichten** des beabsichtigten Ersuchens?
Prüfbedarf: Wenn Zweifel bestehen, insbesondere wegen des Delikts (Rechtshilfe in Fiskalsachen?), der beabsichtigten Maßnahme (gewünschte Unterstützungsleistung, bspw. Beschlagnahme, oder zumindest Ersatzhandlung, bspw. subpoena, im ersuchten Staat möglich?) oder des Adressats (Fähigkeit und Bereitschaft zur Unterstützung?).
Maßgebliche Vorschriften:
a) Übereinkommen (Rechtshilfeverpflichtungen oder -hindernisse, namentlich Vorbehalte in Fiskalsachen?).
b) Ausländisches Strafverfahrensrecht (innerstaatliche Vornahmermächtigung? Gefährdung des Untersuchungszwecks durch dortige Unterrichtungspflichten?).
c) Ausländisches materielles Strafrecht (beiderseitige Strafbarkeit insbes. bei Vollstreckungshilfe, Auslieferung, Durchsuchung und vergleichbaren Eingriffen erforderlich).
Hinweise: Abschnitte VI und VII.

35 11. **Aufwand?**
Prüfbedarf: bei unverhältnismäßigem Aufwand oder Alternativen zur Rechtshilfe.
Maßgebliche Vorschriften: Neben allgemeinem Strafverfahrensrecht (etwa bzgl. der Notwendigkeit eines richterlichen Beschlusses) und nationalem Rechtshilferecht (Formvorschriften, Geschäftswege) insbes. ausländisches Rechtshilfe-, Strafverfahrens- und materielles Strafrecht.
Hinweise: Abschnitte V, VI und VII.
Je nach Aufwand: Alternative Unterstützungsmöglichkeit?; ggf. §§ 153a, 154, 154a StPO; Verzicht auf beabsichtigte Maßnahme (vgl. Rn. 104)?

III. Rechtsquellen

1. Grundstrukturen und Hilfsmittel

36 Das **anzuwendende Rechtshilferecht** muss im Einzelfall **für jeden Staat und Sachverhalt individuell** festgestellt werden. Dies erfordert eine gewisse Übersicht über nationale wie völkerrechtliche Quellen des Rechtshilferechts und ihr Ineinandergreifen. Deshalb sollte sich jeder Praktiker zumindest mit den Grundstrukturen der Rechtsquellen vertraut machen:

37 Zumeist erfolgt der Rechtshilfeverkehr auf der Basis **völkerrechtlicher Verträge**. Im europäischen Raum herrschen multilaterale Vereinbarungen vor. Im außereuropäischen Bereich bestehen mit einzelnen Staaten bilaterale Rechtshilfe- und Auslieferungsverträge,[75] daneben

---

[74] Abgedruckt bei *S/L/G/H-Schomburg/Hackner* Anh. 12 und 13.
[75] Soweit von besonderer praktischer Bedeutung, vgl. die Nachweise in Abschnitt VII.

III. Rechtsquellen **24**

gibt es verschiedene deliktsspezifische UN-Konventionen[76]. Vereinzelt sind außereuropäische Staaten auch den Konventionen des Europarats beigetreten.[77] Das Gesetz über die internationale Rechtshilfe in Strafsachen (IRG) hat bei bestehenden Verträgen in erster Linie lückenfüllende Bedeutung (§ 1 Abs. 3),[78] kann im Einzelfall aber auch rechtshilfefreundlicher sein und über die vertraglichen Regelungen hinausgehende Unterstützungsmöglichkeiten eröffnen. Dabei ist unbedingt darauf zu achten, ob die völkerrechtliche **Vereinbarung** zwischen Deutschland und dem anderen Staat bereits **anwendbar** ist. Hierzu muss das Übereinkommen allgemein in Kraft getreten oder zumindest vorläufig anwendbar sowie in innerstaatliches Recht transformiert worden sein. In Deutschland geschieht dies nach Art. 59 Abs. 2 GG durch ein Vertragsgesetz, das im Bundesgesetzblatt Teil II veröffentlicht wird. Dort finden sich auch das Übereinkommen und die Bekanntmachung über die beigetretenen Staaten.

Für den **vertraglosen Rechtshilfeverkehr** sind deutsches (IRG) und ggf. ausländisches **38** Rechtshilferecht zu beachten. Innerhalb der rechtlich gesetzten Grenzen sind die Staaten – im Unterschied zum vertraglichen Rechtshilfeverkehr mit seinen Rechtshilfeverpflichtungen – frei, Rechtshilfe zu leisten. Eine allgemeine völkerrechtliche Unterstützungspflicht gibt es nicht. Prognosen zu den Erfolgsaussichten eines Rechtshilfeersuchens stützen sich im Wesentlichen auf die Erfahrungen der Vergangenheit. Eine rasche Orientierung bietet hier der **Länderteil** (Anhang II) der Richtlinien für den Verkehr mit dem Ausland in strafrechtlichen Angelegenheiten **(RiVASt)**,[79] der jedoch angesichts ständiger Veränderungen rasch veraltet und nur in der elektronischen Fassung dauerhaft einigermaßen aktuell ist.[80] In Zweifelsfällen ist eine Abstimmung mit der zuständigen Landesjustizverwaltung zu suchen, die ggfs. das Bundesamt für Justiz und das Auswärtige Amt konsultiert.

Eine der größten Schwierigkeiten grenzüberschreitender Zusammenarbeit ist die Suche **39** nach den anzuwendenden Verträgen und sonstigen Rechtsakten. Auch hierzu finden sich Informationen im Länderteil der RiVASt. Hilfreich sind auch die Standardkommentierung von *Schomburg/Lagodny/Gleß/Hackner*, die Vertragstabellen vor den wesentlichen multilateralen Übereinkommen und eine Konventionenliste (Anhang 16) enthält, und die Loseblattsammlung von *Grützner/Pötz/Kreß*, wo sich auch Vorbehalte und Erklärungen einzelner Mitgliedstaaten finden, wenngleich diese als Druckwerke immer nur Auskunft über den Stand zu einem Stichtag geben können. Das Bundesgesetzblatt II hinkt teilweise sogar mehrere Jahre hinter der Entwicklung her und ist deshalb keine vollumfänglich verlässliche Quelle; es kann jedoch zusammen mit seinem jährlich als Beilage erscheinenden **Fundstellennachweis B** ebenfalls eine Orientierung geben.

Besonderheiten gelten für die **Zusammenarbeit mit den Mitgliedstaaten der Euro-** **39a** **päischen Union**, die einem rechtlichen Regime eigener Art unterliegt. Neben Übereinkommen, für die vorgenannte Mechanismen gelten, sind in der Zeit von 1997 (Amsterdamer Vertrag) bis 2009 (Lissaboner Vertrag) **Rahmenbeschlüsse** ergangen, die zwar in der Zielsetzung verbindlich sind, den Mitgliedstaaten aber Umsetzungsspielräume belassen und deshalb wie ein Übereinkommen keine unmittelbare innerstaatliche Wirkung entfalten. Nach der Rechtsprechung des Gerichtshofs der Europäischen Union ist das nationale Recht der Mitgliedstaaten allerdings auch schon vor Umsetzung eines Rahmenbeschlusses in dessen Licht auszulegen, soweit es nicht ausdrücklich Entgegenstehendes vorsieht.[81] Das Verhältnis zu konkurrierenden bestehenden Übereinkommen bestimmt jeder Rahmenbeschluss indivi-

---

[76] Vgl. nachstehend unter 2.
[77] Vgl. die Übersichten des Europarats zu den einzelnen Übereinkommen unter www.coe.int.
[78] Vgl. Rn. 82.
[79] Näheres Rn. 84 f.
[80] Zugänglich unter www.bmj.bund.de.
[81] Urteil v. 16.6.2005 – C-105/03 – (*Pupino*); abgedr. u. a. NJW 2005, 2839; m. Anm. v. *Herrmann* EuZW 2005, 433; *Tinkl* StV 2006, 36; vgl. dazu auch die Besprechung von *Gärditz/Gusy* GA 2006, 225 sowie den dem EuGH folgenden Beschl. des BVerfG v. 24.11.2005 (NJW 2006, 1652). Zu der ebenfalls bestehenden Verpflichtung, noch nicht angepasstes nationales Recht nach Ablauf der Umsetzungsfrist richtlinienkonform auszulegen, vgl. EuGH, Urteil v. 4.7.2006 – C-212/04 (*Konstantinos Adeneler u. a./Ellinikos Organismos Galaktos* [ELOG]), NJW 2006, 2465.

duell. Er kann sie ergänzen, aber auch ganz oder teilweise ersetzen. Durch den am 1.12.2009 in Kraft getretenen **Lissaboner Reformvertrag**[82] ist der Rahmenbeschluss sodann als Handlungsform zu Gunsten der ähnlich konstruierten und daher ebenfalls umsetzungsbedürftigen **Richtlinie** aufgegeben worden. Auch Übereinkommen stellt die EU ihren Mitgliedstaaten heute nicht mehr neu zur Verfügung, schließt sie aber mit außereuropäischen Drittstaaten ab. Die bereits unter der Geltung des Lissaboner Reformvertrags ergangenen **EU-Übereinkommen** mit Drittstaaten finden dabei bereits unmittelbare Anwendung,[83] während die davor ergangenen lediglich die EU-Mitgliedstaaten zum Abschluss oder zur Anpassung eigener bilateraler Verträge mit diesen Drittstaaten verpflichten.[84]

39b Die **innerstaatliche Umsetzung** der Rechtsakte der EU erfolgt, soweit es sich um justizielle Rechtshilfe handelt, in Deutschland innerhalb des IRG, das zu diesem Zweck mit den Teilen Acht (Aus- und Durchlieferung), Neun (Vollstreckungshilfe) und Zehn (Sonstige Rechtshilfe) eine spiegelbildliche Entsprechung zu seinen Teilen Zwei bis Sechs erhalten hat. Dort sind die besonderen Vorschriften für die unionsinterne Kooperation enthalten, die den ergänzend anwendbar bleibenden allgemeinen Bestimmungen vorgehen (§ 1 Abs. 4 IRG).[85]

40 Rechtsquellen aus dem EU-Bereich finden sich im dortigen Amtsblatt,[86] das unter *www.europa.eu.int* in allen Amtssprachen allgemein zugänglich ist. Die dortige Rubrik Veröffentlichungen und Dokumente führt zu verschiedenen Seiten, zu denen auch die Datenbank EUR-Lex gehört, die nicht nur – in unmittelbarem Zugriff auf das Amtblatt der EU-Rechtsdokumente, sondern auch die Rechtsprechung des Gerichtshofs der Europäischen Union (besser zu finden allerdings unter *www.curia.europa.eu*) zugänglich macht. Eine systematische Darstellung des Rechts sucht man dort jedoch noch immer vergebens.[87] Vorbildlich ist hingegen die Seite des heute 47 Mitgliedstaaten umfassenden Europaratats, der unter *http://conventions.coe.int* Vertragstexte, Zeichnungs- und Ratifikationsstand sowie etwaige Vorbehalte und Erklärungen zumindest in seinen Amtssprachen Englisch und Französisch, vieles aber auch in deutscher Sprache, vorhält. Sämtliche relevante Informationen sind unschwer über die jedem Vertrag zugeordnete CETS- bzw. SEV-Nummer[88] aufzufinden. Ausländisches Recht einschließlich geeigneter Literaturnachweise ist vielfach im Internet[89] zugänglich.

41 Der Praktiker wird in der Regel nicht in der Lage sein, sämtliche für das beabsichtigte Rechtshilfeersuchen ggf. relevanten Rechtsquellen zu prüfen. Insbesondere wird ihm ausländisches Recht unbekannt sein. Je konventioneller das in Rede stehende Delikt (z. B. Diebstahl), die beabsichtigte Maßnahme (z. B. Zustellung eines Schriftstücks) und das ausländische Rechtssystem (z. B. Österreich) jedoch sind, umso eher sind aber auch Nachforschungen zur Rechtslage entbehrlich. Umgekehrt besteht umso mehr Bedarf für vertiefte **Recherche** zu den **Erfolgsaussichten** des Rechtshilfeersuchens, **je weniger Delikt, Maßnahme** und ersuchter **Staat** in der Praxis eine Rolle spielen. Nützlich sind in diesem Zusammenhang die im Länderteil der RiVASt zusammengefassten Erfahrungswerte zu den einzelnen Staaten. In **Zweifelsfällen** sollten vor Abfassung des Ersuchens (einschließlich damit verbundener Übersetzungskosten) entsprechende Abklärungen erfolgen. Gegebenenfalls wird die **Entschlie-**

---

[82] BGBl. 2008 II S. 1038; 2009 II S. 1223; 2011 II S. 442.
[83] Derzeit gilt dies nur das Rechtshilfeübereinkommen mit Japan (vgl. Rn. 82).
[84] Dies betrifft die Übereinkommen über Auslieferung (Rn. 54a) und Rechtshilfe (Rn. 70a) mit den USA.
[85] Näher hierzu Rn. 81 f.
[86] Übereinkommen werden auch im Bundesgesetzblatt Teil II veröffentlicht. Bei Rahmenbeschlüssen und Richtlinien gilt dies nur für die zu deren Umsetzung ergehenden innerstaatlichen Bestimmungen im IRG und in anderen Gesetzen, die sich im Bundesgesetzblatt Teil I finden.
[87] Vgl. aber die im Aufbau befindlichen Seiten des EJN zum europäischen Recht (näher hierzu oben Rn. 23).
[88] Vgl. Fußnoten zu Rn. 43.
[89] Hilfreiche Liste bei *G/P/K-Vogel* Vor § 1 IRG Rn. 68; sehr hilfreich auch die Internetadresse des Max-Planck-Instituts für ausländisches und internationales Strafrecht unter *www.iuscrim.mpg.de* mit ihren Verweisen unter „Forschungsgruppe Strafrecht" – „Länderreferate"; nützliches Literaturverzeichnis auch bei *S/L/G/H*, Rubrik „Ausländisches Recht".

III. Rechtsquellen **24**

ßung der **obersten Justiz-** oder **Verwaltungsbehörde** einzuholen sein, der häufig ohnehin zu berichten ist.[90]

Hilfreich bei der raschen Klärung von Zweifelsfragen im Bereich der EU-Mitgliedstaaten **42** ist auch das effektiv arbeitende **Europäische Justitielle Netz (EJN)**, über das zügig und informell Auskünfte eingeholt werden können. Auch dessen Internet-Seiten helfen vielfach schon weiter.[91] Darüber hinaus kann die Einschaltung von **Verbindungspersonen** sinnvoll sein, die es auf Polizeiebene praktisch global und im Verhältnis zu Frankreich bilateral auch auf justitieller Ebene gibt. Weitgehend unbekannt und nicht allzu effektiv sind das Europäische Übereinkommen betreffend Auskünfte über ausländisches Recht vom 7. Juni 1968 (Ausländisches Rechts-AuskunftsÜbk – **AuRAÜbk**)[92] und sein Zusatzprotokoll vom 15. März 1978 hierzu **(ZP-AuRAÜbk)**.[93] Die Vertragsparteien sind zur Auskunftserteilung über ihr Straf-, Strafverfahrens-, Strafvollstreckungs- und Strafvollzugsrecht einschließlich der Zuständigkeiten (Gerichtsverfassungsrecht) verpflichtet. Das Auskunftsersuchen kann von jeder zuständigen Justizbehörde auch schon vor Verfahrenseinleitung ausgehen.

2. Rechtsquellen im globalen Netzwerk

Vor allem im **europäischen Raum** findet sich der Rechtsanwender in einem nur schwer **43** entwirrbaren Geflecht verschiedener multi- und bilateraler Verträge wieder. Die Struktur erschließt sich zum einen aus der Unterscheidung nach den **drei Säulen Auslieferung, Sonstige Rechtshilfe** und **Vollstreckungshilfe** und zum anderen nach den verschiedenen **Kooperationskreisen:** Europarat, OECD, Schengen, Europäische Union und Vereinte Nationen. Hinzu kommen bilaterale Zusatzverträge sowie **säulenübergreifende delikts-** oder **maßnahmenbezogene Übereinkommen**. Systematisch betrachtet, ergibt sich folgendes Bild:

a) Auslieferung

Auslieferung ist die, ggfs. auch vorübergehende, körperliche Überstellung einer Person an **44** einen darum ersuchenden Staat oder internationalen Gerichtshof für Zwecke der **Strafverfolgung** oder -**vollstreckung**. Von dieser bislang gültigen Terminologie weicht der **Europäische Haftbefehl**[94] ab, wo von **Übergabe** die Rede ist, um dem dahinter stehenden Anerkennungsprinzip auch begrifflich Rechnung zu tragen. Sachlich geht es aber auch hier um Auslieferung. Mit dieser nicht zu verwechseln ist die **Überstellung** als Maßnahme der Vollstreckungshilfe[95] bzw. der Sonstigen Rechtshilfe.[96]

aa) Das Europäische Auslieferungsübereinkommen (EuAlÜbk)

Das auf der Ebene des Europarats ausgehandelte Übereinkommen vom 13. Dezember 1957 **45** (EuAlÜbk)[97] ist die **„Mutterkonvention"** des vertraglichen Auslieferungsrechts in Europa und sogar darüber hinaus. Es begründet Verpflichtungen zur Auslieferung, aber auch zur ähnlich konstruierten Durchlieferung durch das Hoheitsgebiet eines dritten Staates in Vollzug einer Auslieferung (Art. 21), und zur Herausgabe von Gegenständen im Zusammenhang damit (Art. 20). Das EuAlÜbk ist heute zwischen Deutschland und **allen** anderen 46 **Mitgliedstaaten des Europarats** sowie **Israel, Korea** und **Südafrika** anwendbar. Es fehlen nur noch Staaten, die wie Weißrussland dem Europarat nicht angehören wollen oder wie der Kosovo nicht können.

---

[90] Vgl. hierzu näher Rn. 126 bis 131.
[91] Vgl. hierzu Rn. 23.
[92] BGBl. 1974 II S. 937; 1975 II S. 300; CETS/SEV Nr. 062.
[93] BGBl. 1987 II S. 58; 1987 II S. 593; CETS/SEV Nr. 097.
[94] Zu Bedeutung, vollständigem Titel und Fundstellen vgl. Rn. 50 ff.
[95] Vgl. Rn. 59.
[96] Vgl. Art. 11 EuRhÜbk und zu dem Übereinkommen Rn. 65, 66.
[97] SEV/CETS Nr. 024; BGBl. 1964 II S. 1369; 1976 II S. 1778; 1982 I S. 2071; erläutert bei *S/L/G/H-Schomburg* HT II A und bei *G/P/K-Grotz* Abschnitt III A 1.1.

46   Die Rechtslage erschließt sich nur unter Berücksichtigung der nach Art. 26 Abs. 1 EU-AlÜbk unbegrenzt möglichen **Vorbehalte** zu einzelnen Bestimmungen des Vertrages. Außerdem sind multilaterale und bilaterale **Zusatzübereinkommen** zu beachten. Im Zweifel gilt die auslieferungsfreundlichere Regelung (sog. **Günstigkeitsprinzip**, vgl. Art. 28 Abs. 2 EuAlÜbk).

bb) Zusatzprotokolle

47   Das (Erste) Zusatzprotokoll zum Europäischen Auslieferungsübereinkommen vom 15. Oktober 1975 hat Deutschland nie ratifiziert. Das **Zweite Zusatzprotokoll** vom 17. März 1978 **(2. ZP-EuAlÜbk)**[98] begründet – anders als das EuAlÜbk – eine Auslieferungspflicht auch in **Fiskalsachen**.[99] Wesentlich sind außerdem die Erleichterungen im **Geschäftsweg** (Art. 5) und im **Anwendungsbereich** (Art. 1). Deutschland und die meisten Vertragsstaaten des EuAlÜbk sind ihm beigetreten, zum Teil ist zur Auslieferungsverpflichtung in Fiskalsachen ein **Vorbehalt** erklärt. Das von Deutschland noch nicht ratifizierte **Dritte Zusatzprotokoll** vom 10. November 2010 befasst sich mit dem **vereinfachten Auslieferungsverfahren**.[100]

cc) EU-Recht

48   Der Auslieferungsverkehr auf EU-Ebene richtet sich heute nach dem **Rahmenbeschluss** des Rates vom 13. Juni 2002 über den **Europäischen Haftbefehl** und die Übergabeverfahren zwischen den Mitgliedstaaten **(RB-EUHb)**.[101] Ihren Verpflichtungen aus dem Rahmenbeschluss entsprechend haben die EU-Staaten ihr nationales Recht für den Auslieferungsverkehr untereinander nach den Vorgaben des Rahmenbeschlusses geändert, wenngleich auch nicht überall durchgängig rahmenbeschlusskonform.[102] Deutschland hat den RB-EUHb durch das Europäische Haftbefehlsgesetz (EuHbG) von 2006 weitestgehend im IRG und dort schwerpunktmäßig in dem der unionsinternen Auslieferung gewidmeten Achten Teil umgesetzt.[103]

49   Der Sache nach ist der „Europäische Haftbefehl" allerdings weder europäisch noch ein Haftbefehl. Es handelt sich vielmehr um ein EU-Instrument, das **Auslieferungs- und Inhaftnahmeersuchen** zugleich ist (vgl. Art. 1 Abs. 1 RB-EUHb). Verwendung findet ein in den RB-EUHb als Anlage aufgenommenes standardisiertes und nicht veränderbares Formular,[104] das in sämtlichen Amtssprachen verfügbar ist. Eine dessen Inhalte (vgl. § 83a Abs. 1 IRG) enthaltende **Ausschreibung im SIS** steht einem EUHb gleich (Art. 9 Abs. 3 Satz 2 RB-EUHb; § 83a Abs. 2 IRG). Das **Übergabeverfahren** ist durch die **direkte Übermittlung** des Haftbefehls von der ausstellenden zur vollstreckenden Justizbehörde (Art. 9 RB-EUHb), ggf. unter Beteiligung einer Zentralbehörde (Art. 7 RB-EUHb), eine **Reduzierung von Ablehnungsgründen** (Art. 3, 4 RB-EUHb, §§ 80–83, 83b IRG, bemerkenswert insbesondere: keine Ablehnung wegen des Fiskalcharakters der Straftat,[105] grundsätzlich auch Auslieferung eigener Staatsangehöriger[106]), die Zuweisung der Entscheidungskompetenz an die

---

[98] CETS/SEV-Nr. 098; BGBl. 1990 II S. 118; 1991 II S. 874; erläutert bei *S/L/G/H-Schomburg* HT II A 2 und bei *G/P/K-Grotz* Abschnitt III A 1.1 b.
[99] Vgl. hierzu Rn. 140.
[100] CETS/SEV Nr. 209; abgedruckt bei *S/L/G/H-Schomburg/Suominen-Picht* HT II A 3.
[101] ABl. EG Nr. L 190 vom 18.7.2002, S. 1; abgedruckt auch bei *S/L/G/H-Hackner* HT III A 1und bei *G/P/K-Böse*, Abschnitt III A 1.2.
[102] Zu dem RB-EUHb vgl. die zusammenfassenden Darstellungen und weiterführenden Hinweise bei *G/P/K-Böse* Vor § 83h IRG Rn. 1 ff. und bei *S/L/G/H-Hackner* Kurzeinf. HT III A 1.
[103] BGBl. 2006 I S. 1721; das erste EuHbG v. 21.7.2004 (BGBl. I S. 1748) hatte das BVerfG wegen seiner Regelungen zur Auslieferung eigener Staatsangehöriger und zur Anfechtbarkeit der Bewilligungsentscheidung beanstandet und insgesamt für verfassungswidrig und nichtig erklärt (BVerfGE 113, 273 ff.). Näher hierzu *S/L/G/H-Hackner* vor § 78 IRG Rn. 1, 3 ff.
[104] Das EUHb-Formular ist als Formular Nr. 40 in die RiVASt aufgenommen worden und steht elektronisch bei allen Landesjustizverwaltungen oder auch allgemein zugänglich auf der EJN-Homepage zur Verfügung.
[105] Zu diesem Aspekt vgl. auch Rn. 140 f.
[106] Zu diesem Aspekt vgl. auch Rn. 61, 139.

III. Rechtsquellen

vollstreckende Justizbehörde (Art. 15 RB-EUhb – problematisch daher die deutsche Umsetzung unter Beibehaltung des Bewilligungsverfahrens nach § 79 IRG),[107] sowie den partiellen (Katalog des Art. 2 Abs. 2 RB-EUhb i. V. m. § 81 Nr. 4 IRG) Verzicht auf die Prüfung beiderseitiger Strafbarkeit[108] geprägt. Wesentliche hiervon betroffene Delikte aus dem Bereich der Wirtschaftskriminalität sind Korruption und Betrug.

Der RB-EUHb sowie weitere vier Rahmenbeschlüsse (RB-Geld, RB-Einziehung, RB-Freiheitsstrafen und RB-BewÜb) sind durch einen am 28.3.2009 in Kraft getretenen Rahmenbeschluss modifiziert worden,[109] der ihrer **Harmonisierung im Umgang mit in Abwesenheit ergangenen Verurteilungen** dient (RB-AbwE), in Deutschland aber noch nicht umgesetzt worden ist. Der RB-EUhb ist zu diesem Zweck um einen neuen Art. 4a ergänzt worden.[110] Sukzessive Ergänzungen erfährt der RB-EUhb ferner durch die in Umsetzung der **Entschließung des Europäischen Rates vom 30.11.2012 über einen Fahrplan zur Stärkung der Verfahrensrechte von Verdächtigen oder Beschuldigten in Strafverfahren**[111] ergehenden Einzelmaßnahmen, durch die in den EU-Staaten Mindeststandards geschaffen werden sollen, die sich auch auf das Verfahren zur Vollstreckung von EUHb erstrecken. Als erste Maßnahme verpflichtet zu diesem Zweck die **Richtlinie 2010/64/EU des Europäischen Parlaments und des Rates vom 20.Oktober über das Recht auf Dolmetschleistungen und Übersetzungen in Strafverfahren**[112] dazu, der verfolgten Person im Bedarfsfall eine Übersetzung des EUHb (Art. 3 Abs. 6) sowie weiterer wesentlicher Dokumente (Art. 3 Abs. 1 und 2 i. V. m. Art. 1 Abs. 1) in eine ihr verständliche Sprache sowie Dolmetschleistungen innerhalb des Verfahrens zur Verfügung zu stellen (Art. 2 Abs. 7), die sich auch auf deren Kommunikation mit einem anwaltlichen Beistand erstrecken (Art. 2 Abs. 2). Die **Richtlinie 2012/13/EU des Europäischen Parlaments und des Rates vom 22. Mai 2012 über das Recht auf Belehrung und Unterrichtung in Strafverfahren**[113] sieht demgegenüber in ihrem Art. 5 eine unverzügliche und verständliche Belehrung der verfolgten Person über die ihr im Auslieferungsverfahren zustehenden Rechte vor. Hierfür enthält der Rahmenbeschluss in Anhang II ein unverbindliches Belehrungsmuster. Beide Rechtsakte sind in Deutschland innerstaatlich noch nicht umgesetzt. Verfahrensgarantien für den unionsinternen Auslieferungsverkehr enthält auch der bereits allgemein konsentierte Vorschlag für eine **Richtlinie über das Recht auf Rechtsbeistand in Strafverfahren und das Recht auf Kontaktaufnahme bei der Festnahme**.[114] Nach dessen Art. 9 hat die verfolgte Person insbesondere Anspruch auf die Beiziehung eines aktiv am Verfahren zu beteiligenden Rechtsbeistandes und ungehinderten Kontakt zu ihm, sowie auf Verständigung einer Vertrauensperson und der diplomatischen Vertretung ihres Heimatstaates.

Im Anwendungsbereich des RB-EUhb ersetzen dessen Regelungen nach seinem Art. 31 Abs. 2 das vorgenannte Europaratsübereinkommen, seine beiden ersten Zusatzprotokolle, die bisherigen EU-Auslieferungsübereinkommen[115] und das SDÜ (Titel III Kap. 4) mit der Folge

---

[107] Von einem „Sonderweg" spricht *Vogel,* JZ 2005, 801 [803]; kritisch auch *Rosenthal,* ZRP 2006, 105, 108.
[108] Näher Rn. 135.
[109] Rahmenbeschluss 2009/299/JI des Rates vom 26. Februar 2009 zur Änderung der Rahmenbeschlüsse 2002/584/JI, 2005/214/JI, 2006/783/JI, 2008/909/JI und 2008/947/JI, zur Stärkung der Verfahrensrechte von Personen und zur Förderung der Anwendung des Grundsatzes der gegenseitigen Anerkennung auf Entscheidungen, die im Anschluss an eine Verhandlung ergangen sind, zu der die betroffene Person nicht erschienen ist (RB-AbwE); ABl. L 81 v. 28.3.2009, S. 24.
[110] Eine sowohl die gegenwärtige als auch die künftigen Fassung des RB-EUHb enthaltende Textfassung findet sich bei *S/L/G/H-Hackner* HT III A 1.
[111] ABl. C 295 v. 4.12.2009, S. 1.
[112] Maßnahme A; ABl. L 280 v. 26.10.2010, S. 1.
[113] Maßnahme B; ABl. L 142 v. 1.6.2012 S. 1.
[114] Maßnahme C; Ratsdok. 10467/12.
[115] Insbesondere Übereinkommen vom 27. September 1996 über die Auslieferung zwischen den Mitgliedstaaten der Europäischen Union (EU-AuslÜbk; BGBl. 1998 II S. 2254; 2012 II S. 258) und Übereinkommen vom 10. März 1995 über das vereinfachte Auslieferungsverfahren zwischen den Mitgliedstaaten der Europäischen Union (EU-VereinfAuslÜbk; BGBl. 1998 II S. 2230; 2012 II S. 262).

ihrer Unanwendbarkeit, soweit die Mitgliedstaaten nicht von der fakultativen Altfallregelung des Art. 32 Gebrauch[116] gemacht haben, oder der Rahmenbeschluss lückenhaft ist.[117] Rein praktisch werden sich Fälle, in denen der RB-EUHb durch ein Auslieferungsübereinkommen zu schließende offenkundige Regelungslücken enthält, jedoch kaum finden und selbst dann ist größtmögliche Zurückhaltung geboten.[118] Dies gilt auch für Altfälle (Art. 32 RB-EUHb), da Deutschland hierzu keine Erklärung abgegeben hat und wegen Fristablaufs auch nicht mehr abgeben könnte. Nach h. M. finden auch die bilateralen Ergänzungsverträge zum EuAlÜbk mit anderen EU-Staaten wegen ihrer akzessorischen Natur keine Anwendung mehr.[119]

dd) Schengen

52 Der Kompensation des Wegfalls regelmäßiger Grenzkontrollen an den Binnengrenzen der Mitgliedstaaten dienende Auslieferungsregelungen finden sich auch im **Schengener Durchführungsübereinkommen (SDÜ)**.[120] Von Belang sind diese auf Grund des Vorrangs des RB-EUHb für die 27 EU-Staaten in der Praxis jedoch kaum noch. Dies gilt wegen der vollständigen Einbeziehung von Steuer-, Zoll- und Währungsdelinquenz durch Art. 4 Nr. 1 RB-EUHb in Bezug auf EU-Staaten auch für **fiskalische Straftaten**. Der Anwendungsbereich des SDÜ ist dadurch auf den Auslieferungsverkehr mit den **assoziierten Staaten** Island, Norwegen,[121] Schweiz[122] und Liechtenstein[123] beschränkt, für die der RB-EUHb nicht gilt. Von Bedeutung sind dabei die begrenzte Auslieferungsverpflichtung wegen **fiskalischer Straftaten** im Bereich indirekter Steuern und Zölle nach Art. 63 i. V. m. Art. 50 SDÜ und die auslieferungsfreundlichere Verjährungsregelung in Art. 62 SDÜ. **Vorbehalte** sind insoweit nicht zulässig (Art. 137).[124] **Liechtenstein** hat seine Assoziierung ohnehin zunächst nur partiell dahingehend vollzogen, dass es seit dem 19.7.2011 den Schengen-Acquis in Bezug auf die Fahndung im Schengener Informationssystem (SIS) anwendet und an dieser teilnimmt.

53 Besonderheiten gelten indes für das teileuropäische **ne bis in idem** nach Art. 54 SDÜ, das nach der Rechtsprechung des EUGH als sekundärrechtliche Kodifizierung primären EU-Vertragsrechts alle Mitgliedstaaten bindet und auch auf Auslieferungsverfahren Anwendung findet,[125] soweit nicht bereits Art. 3 Nr. 2, Art. 4 RB-EUHb greift, und die mit der besonderer Inkraftsetzung bedürfenden Grenzregime verknüpfte Fahndung im **Schengener Informationssystem (SIS)**.[126] An der SIS-Fahndung, die seit dem 9.4.2013 im Netz der zweiten Generation (SIS II) erfolgt,[127] nehmen inzwischen mit Ausnahme der wirkungsgleich

---

[116] Dies haben Tschechien für vor dem 1.11.2004 (BGBl. 2005 II S. 601), Luxemburg (BGBl. 2005 II S. 601), Italien und Österreich für vor dem 8.8.2002 sowie Frankreich für vor dem 1.11.1993 begangene Taten (ABl. EG Nr. L 190 v. 18.7.2002 S. 19) getan.
[117] EUGH Urt. v. 12.8.2008 in der Rechtssache C-296/08 PPU (*Goicoechea*, abgedr. u. a. NJW 2009, 657).
[118] Vgl. *S/L/G/H-Hackner* § 78 IRG Rn. 8; ähnlich *G/P/K-Böse* § 78 IRG RN 11.
[119] *S/L/G/H-Hackner* § 78 IRG Rn. 8; Böse in: *G/P/K* § 78 IRG RN 13 (a. A. noch NStZ 2008, 636 [637f.]); BGH, Beschl. v. 19.6.2012 – 4 ARs 5/12 – (dort Rn. 16; offen gelassen noch mit Beschl. v. 18.2.2010 – 4 ARs 16/09 –); OLG Oldenburg NJW 2009, 2320 [2321]; Mitteilung der Bundesregierung vom 3.11.2010 zu Art. 31 Abs. 2 UA 4 RB-EUHb (Ratsdok. 16037/10 v. 15.11.2010) und Erklärung zu Art. 28 Abs. 3 EuAlÜbk (BGBl. 2010 II S. 66).
[120] BGBl. 1993 II S. 1010, 1902; 1994 II S. 631; 1996 II S. 242, 2542; 1997 II S. 966; erläutert bei *S/L/G/H-Schomburg/Gleß*, HT III E 1 und bei *G/P/K-Grotz* Abschnitt III A 1.3.
[121] BGBl. 2000 II S. 1106; BGBl. 2002 II S. 628.
[122] BGBl. 2006 II S. 1362, ABl. L 327 v. 5.12.2008, S. 15.
[123] Protokoll v. 28.2.2008 (ABl. L 160 v. 18.6.2011, S. 3) und Ratsbeschluss vom 9.6.2011 (ABl. L 164 v. 18.6.2011, S. 84).
[124] Die einzige zugelassene Ausnahme (Art. 60) ist heute obsolet (vgl. *S/L/G/H-Schomburg/Gleß* Art. 60 SDÜ, Rn. 2, 3).
[125] Näher hierzu Rn. 93ff.
[126] Vgl. hierzu auch Rn. 160.
[127] Zum SIS-II-Gesetz vgl. BGBl. 2009 I S. 1226; 2012 I S. 2576 und 2013 I S. 727.

III. Rechtsquellen **24**

über die Interpol-Fahndung eingebundenen Staaten Irland, Vereinigtes Königreich und Zypern alle derzeitigen EU-Staaten sowie die vier assoziierten Staaten Island, Norwegen, Schweiz und Liechtenstein teil.[128] Fahndungsgrundlage ist auch im Verhältnis zu den assoziierten Staaten der EUHb, die ihn im Gegensatz zu den EU-Staaten aber nicht zugleich auch als Auslieferungsersuchen anerkennen.

ee) Bilaterale Verträge

Von den bilateralen Ergänzungsverträgen zum EuAlÜbk hat heute nur noch der nicht durch den RB-EUHb verdrängte (vgl. Rn. 51) mit der **Schweiz** im Hinblick auf die auch gegenüber dem SDÜ günstigere **Verjährungsfrage**[129] praktische Bedeutung. **54**

Daneben gibt es bilaterale Auslieferungsverträge mit Australien, Kanada, den USA, Tunesien, Indien und der Sonderverwaltungszone Hongkong der Volksrepublik China.[130] Das Auslieferungsübereinkommen der EU mit den USA[131] findet keine unmittelbare Anwendung. Es verpflichtet vielmehr nur die EU-Mitgliedstaaten zu bilateralen Vereinbarungen entsprechenden Inhalts mit den USA. Deutschland hat dem durch den Zusatzvertrag zum deutsch-amerikanischen Auslieferungsvertrag vom 18. April 2006[132] Rechnung getragen. **54a**

ff) Übereinkommen zur Korruption

Das auf Empfehlung der **OECD** zustande gekommene, inzwischen für fast alle Europaratsstaaten (Ausnahmen: Deutschland, Österreich, Italien, Liechtenstein und San Marino) sowie Weißrussland anwendbare **Übereinkommen** vom 17. Dezember 1997 **über die Bekämpfung der Bestechung ausländischer Amtsträger im internationalen Geschäftsverkehr (IntBestÜbk**[133]**)** erklärt in Art. 10 Abs. 4 die aktive Bestechung (nicht: Bestechlichkeit) ausländischer Amtsträger (einschließlich Abgeordneter) zur Erlangung von Vorteilen im internationalen Geschäftsverkehr und damit zusammenhängende Buchführungsdelikte für auslieferungsfähig, ohne dass es wie sonst auf beiderseitige Strafbarkeit ankommt. **55**

Das **Übereinkommen der Vereinten Nationen gegen die transnationale Organisierte Kriminalität (Palermo I)** begründet Auslieferungspflichten im Bereich von Geldwäsche und Korruption und ist von einer Vielzahl von Staaten ratifiziert worden, mit denen Auslieferung ansonsten nur auf vertragloser Basis erfolgt. Dazu gehören drei Zusatzprotokolle, die die Auslieferungsverpflichtung des Grundübereinkommens auf ihren jeweiligen Anwendungsbereich erstrecken.[134] **55a**

Auch das ebenfalls Auslieferungsbestimmungen enthaltende **Europaratsübereinkommen über Korruption** vom 27. Januar 1999 und sein **Zusatzprotokoll** vom 15. Mai 2003[135] hat Deutschland bislang noch nicht ratifiziert. **55b**

gg) Übereinkommen zur Datennetzkriminalität

Das **Übereinkommen** vom 23. November 2001 **über Computerkriminalität (sog. Cybercrime-Convention** oder **EuCybercrimeÜbk)**[136] begründet unter anderem auch eine Auslieferungsverpflichtung betreffend einzelner mittels Internet oder sonstiger Computernetze begangener Straftaten wie Betrug, Urheberrechtsverletzungen, Kinderpornographie oder Eingriffen in Computerdaten und -systeme. Sein Rassismus und Fremdenfeindlichkeit **56**

---

[128] Rumänien, Bulgarien und Liechtenstein sind bereits in das SIS einbezogen, auch wenn für sie die Kontrollen an den Binnengrenzen noch nicht weggefallen sind.

[129] Vgl. Rn. 136.

[130] Zu Tunesien vgl. BGBl. 1969 II S. 1157; 1970 II S. 127 und zu den übrigen Staaten die Länderspezifika (Rn. 178 ff.).

[131] Abkommen vom 25. Juni 2003 zwischen der Europäischen Union und den Vereinigten Staaten von Amerika über Auslieferung (BGBl. 2007 II S. 1618, 1643, 2010 II S. 829).

[132] Vgl. Rn. 178.

[133] BGBl. 1998 II S. 2327; zum Ratifikationsstand vgl. *www.oecd.org/dataoecd/59/13/40272933*.

[134] Vgl. näher Rn. 64d.

[135] CETS/SEV Nr. 173 und Nr. 191.

[136] BGBl. 2008 II S. 1242; 2010 II S. 218 (CETS/SEV Nr. 185); auszugsweise abgedruckt auch bei *S/L/G/H-Trautmann* HT II D 1.

betreffendes, für Deutschland am 1.10.2011 in Kraft getretenes Zusatzprotokoll[137] ist im Kontext der Wirtschaftskriminalität nicht weiter von Bedeutung.

hh) Zusammenfassung

57 Zusammenfassend kann sich das völkerrechtlich fixierte Auslieferungsrecht im Verhältnis zu Mitgliedstaaten des EuAlÜbk aus folgenden Quellen speisen:
  a) EuAlÜbk nebst 2. ZP: soweit nicht durch RB-EUHb verdrängt oder durch Vorbehalte eingeschränkt.
  b) Bilateraler Ergänzungsvertrag hierzu: nur im Verhältnis zur Schweiz (vgl. Rn. 54).
  c) Art. 59 ff. SDÜ: für Schengen-Assoziierte (nicht: EU-Staaten).
  d) RB-EUHb i. V. m. §§ 78 ff. IRG.
  e) Bereichsspezifische Übereinkommen

58 **Beispiel:** Deutsches Ersuchen um Auslieferung eines luxemburgischen und eines deutschen Staatsangehörigen aus Luxemburg wegen bandenmäßiger Umsatzsteuerhinterziehung (§ 370 Abs. 3 Nr. 5 AO), Tatzeitpunkte: 1.1.2002 (26.000 € Umsatzsteuer) und 1.1.2003 (20.000 € Umsatzsteuer).
Einschlägige Normen:
  a) Art. 5 EuAlÜbk: von vornherein keine Auslieferungsverpflichtung.
  b) Bilateraler Ergänzungsvertrag: nicht vorhanden.
  c) Art. 2 2. ZP-EuAlÜbk: Luxemburg nicht beigetreten, i.Ü. durch RB-EUHb verdrängt.
  d) Art. 63, 50 SDÜ: nach der Erklärung Luxemburgs zu Art. 32 RB-EUHb für vor dem 8.8.2002 begangene Taten anwendbar (Art. 31 Abs. 2 RB-EUHb); es besteht jedoch keine Auslieferungsverpflichtung betr. Umsatzsteuerhinterziehung von mehr als 25.000 € bzgl. eigener Staatsangehöriger.
  e) Art. 6 Abs. 1, 7 Abs. 1 EU-AuslÜbk: nach der Erklärung Luxemburgs zu Art. 32 RB-EUHb für vor dem 8.8.2002 begangene Taten anwendbar (Art. 31 Abs. 2 RB-EUHb); die nach diesen Bestimmungen bestehende umfassende Auslieferungsverpflichtung auch bzgl. eigener Staatsangehöriger greift wegen des luxemburgischen Vorbehalts hierzu[138] jedoch vorliegend nicht, weil eigene Staatsangehörige danach überhaupt nicht und Ausländer nur bei Hinterziehung von Zöllen, Mehrwertsteuer und Verbrauchssteuern (ohne Wertgrenze) ausgeliefert werden müssen.
  f) RB-EUHb (vgl. insb Art. 4 Nr. 1): umfassende Übergabeverpflichtung, sofern die Tat nicht vor dem 8.8.2002 begangen worden ist.
Ergebnis:
Sofern jeweils alle weiteren Auslieferungsvoraussetzungen erfüllt sind, gilt: Der deutsche Staatsangehörige ist auszuliefern wegen der Hinterziehung der Umsatzsteuer vom 1.1.2002 (gemäß Art. 63, 50 SDÜ) und vom 1.1.2003 (gemäß Art. 6 EU-AuslÜbk i. V. m. dem erklärten Vorbehalt). Der luxemburgische Staatsangehörige ist wegen der Umsatz- und der Einkommensteuerhinterziehung vom 1.1.2003 auch als eigener Staatsangehöriger auszuliefern, was aber gemäß Art. 5 Nr. 3 RB-EUHb von der Zusicherung der Rücküberstellung nach Luxemburg im Falle der Verhängung einer freiheitsentziehenden Sanktion abhängig gemacht werden kann. Für die frühere Tat scheitert das Auslieferungsbegehren schon an der Staatsangehörigkeit.

b) Vollstreckungshilfe

59 **Vollstreckungshilfe** ist Rechtshilfe durch Vollstreckung einer im Ausland (Urteilsstaat) rechtskräftig verhängten Geld- oder Freiheitsstrafe oder einer sonstigen Sanktion (Maßregel, Verfall und Einziehung) durch einen anderen Staat (Vollstreckungsstaat). Ihre **praktische Relevanz** ist nicht zuletzt wegen des damit verbundenen Aufwands bis heute begrenzt und war lange Zeit überhaupt weitestgehend auf die Überstellung zu freiheitsentziehenden Sanktionen verurteilter Personen reduziert. Dies sollte sich jedoch in den kommenden Jahren im EU-Bereich zunehmend durch die sukzessive Umsetzung mehrerer Rahmenbeschlüsse ändern, die auch die Vollstreckung von Geld- und Bewährungsstrafen sowie Einziehungs- und Verfallsentscheidungen einbeziehen.

---

[137] CETS Nr. 189; BGBl. 2011 II S. 290, 843; innerstaatlich umgesetzt durch Gesetz vom 16.3.2011 (BGBl. I S. 418).
[138] Vgl. BGBl. 2002 II S. 1654.

III. Rechtsquellen

aa) Überstellungsverkehr

Die **Überstellung verurteilter Personen** soll an dieser Stelle nicht weiter vertieft werden. Es handelt sich in weiten Teilen um eine Spezialmaterie, die nur partiell für die Zwecke dieses Handbuchs Bedeutung erlangt. **Rechtsgrundlagen** bilden hauptsächlich das **Überstellungsübereinkommen** des Europarats (**ÜberstÜbk**)[139] und sein Zusatzprotokoll (**ZP-ÜberstÜbk**).[140] Hinzu kommen Art. 68, 69 **SDÜ** sowie das lediglich im Verhältnis zu Estland und die Niederlande vorläufig anwendbare **EG-VollstrÜbk**.[141] Diese werden für EU-Staaten künftig durch den Rahmenbeschluss des Rates vom 27. November 2008 über die Anwendung des Grundsatzes der gegenseitigen Anerkennung auf Urteile in Strafsachen, durch die eine freiheitsentziehende Strafe oder Maßnahme verhängt wird, für die Zwecke ihrer Vollstreckung in der Europäischen Union (2008/909/JI; **RB-Freiheitsstrafen**)[142] und den Rahmenbeschluss über die Anwendung des Grundsatzes der gegenseitigen Anerkennung auf Urteile und Bewährungsentscheidungen im Hinblick auf die Überwachung von Bewährungsmaßnahmen und alternativen Sanktionen vom 27. November 2008 (**RB-BewÜb**)[143] ersetzt werden, die beide von Deutschland noch nicht umgesetzt worden sind. Bilateral existiert ein Vertrag mit **Thailand**.[144]

60

Bedeutsam können die Möglichkeiten der Überstellung allerdings auch im Zusammenhang mit der Auslieferung werden, denn viele Staaten machen die **Auslieferung** eigener Staatsangehöriger zur Strafverfolgung von der bedingungsfreien **Zusicherung** der **Rücküberstellung zur Strafvollstreckung** abhängig, sollte es zur rechtskräftigen Verurteilung zu einer freiheitsentziehenden Sanktion kommen (vgl. Art. 11 ÜberstÜbk). In diesen Fällen lässt sich eine Umwandlung des Strafmaßes durch die dortige Justiz auch dann nicht verhindern, wenn eine erhebliche Strafmaßreduzierung erfolgt, weshalb sich im Einzelfall durchaus die Frage stellen kann, ob sich eine Auslieferung dann überhaupt lohnt. **Art. 5 Nr. 3 RB-EUIb** erlaubt eine solche Bedingung in Bezug auf eigene Staatsangehörige oder ihnen gleichgestellte Ausländer. Die **Auslieferung eines Deutschen zur Strafverfolgung** ist von vornherein nur zulässig, sichergestellt ist, dass der um Auslieferung ersuchende Staat bereit ist, eine zu einer freiheitsentziehenden Sanktion verurteilte Person auf Verlangen zur Vollstreckung zurückzuüberstellen (§ 80 Abs. 1 Nr. 1 IRG). In diesem Fall ist beiderseitige Strafbarkeit abweichend von § 49 Abs. 1 Nr. 3 IRG keine Überstellungsvoraussetzung mehr (§ 80 Abs. 4 IRG).[145]

61

Ist eine Auslieferung nicht sinnvoll oder nicht möglich, kann an deren Stelle ein **Vollstreckungshilfeersuchen** angezeigt sein. Eine Übernahmeverpflichtung besteht hier insbesondere nach Art. 4 Nr. 6 RB-EUHb, wenn zuvor eine Auslieferung abgelehnt worden ist. Nach deutschem Verständnis kommt eine Übernahme allerdings nur dann in Betracht, wenn zumindest ein konkludentes Vollstreckungshilfeersuchen vorliegt, wogegen andere Staaten (bspw. Dänemark, Griechenland und Italien) – nach hiesiger Auffassung völkerrechtswidrig – mit Ablehnung des Ersuchens ohne Weiteres in die Vollstreckung übergehen, was bei Anwendung des Umwandlungsverfahrens und unter der Geltung dortigen Strafvollstreckungsrechts zu erheblichen Vorteilen für die verurteilte Person führen kann.

62

---

[139] BGBl. 1991 II S. 1006; 1992 II S. 98 (CETS/SEV Nr. 112); abgedruckt und erläutert bei *S/L/G/H-Schomburg/Hackner* HT II C und bei *G/P/K-Grotz*, Abschnitt III A 2.1.

[140] BGBl. 2002 II S. 2866; 2008 II 45 (CETS/SEV Nr. 167); abgedruckt und erläutert bei *S/L/G/H-Schomburg/Hackner* HT II C 1.

[141] BGBl. 1997 II S. 1350; 1998 II S. 896; abgedruckt und erläutert bei *S/L/G/H-Schomburg/Hackner*, HT III C 1.

[142] ABl. L 327 vom 5.12.2008, S. 27; in konsolidierter Fassung unter Berücksichtigung des RB-AbwE (vgl. Rn. 50) und mit einer Kurzeinführung abgedruckt bei *S/L/G/H-Hackner* HT III C 2 c.

[143] ABl. L 337 v. 16.12.2008, S. 102; ebenfalls in konsolidierter Fassung unter Berücksichtigung des RB-AbwE und mit einer Kurzeinführung abgedruckt bei *S/L/G/H-Hackner* HT III C 2 d.

[144] BGBl. 1995 II S. 1011; 1996 II S. 1220; abgedruckt auch bei *S/L/G/H-Schomburg* HT V C.

[145] Vgl. OLG Celle, Beschl. v. 25.5.2012 – 1 Ausl 22/12 –.

62a   In **Fluchtfällen** nach Art. 2 ZP-ÜberstÜbk, Art. 3 EG-VollstrÜbk oder Art. 68, 69 SDÜ[146] ist der Heimatstaat, in dem sich der flüchtige Verurteilte nunmehr aufhält, dagegen nicht zur Vollstreckungshilfe verpflichtet. Entsprechendes gilt nach Art. 3 ZP-ÜberstÜbk, wo bei Vorliegen einer zumindest vollziehbaren **Ausreiseverpflichtung** zwar auf die Zustimmung der verurteilten Person verzichtet wird, nicht aber auf die des Heimatstaates. Insoweit wird es erst durch den **RB-Freiheitsstrafen** für EU-Staaten zu einer Übernahmeverpflichtung kommen, wobei zugleich das Überstellungsverfahren auf Anerkennungsgrundsätze umgestellt werden wird.

bb) Geldstrafenvollstreckung

63   Die Vollstreckung von Geldstrafen richtet sich für EU-Staaten nach dem **Rahmenbeschluss über die Anwendung des Grundsatzes der gegenseitigen Anerkennung von Geldstrafen und Geldbußen (RB-Geld)**,[147] der in Deutschland durch Gesetz vom 18.10.2010[148] implementiert worden ist. Das EG-VollstrÜbk, das in Art. 4 auch die Vollstreckung von Geldstrafen vorsieht, hat daneben keine Bedeutung mehr. Auf Europaratsebene gibt es ohnehin nichts Vergleichbares.

63a   Der von den meisten EU-Mitgliedstaaten bereits umgesetzte[149] RB-Geld ist nach dem Vorbild des RB-EUHb konstruiert. Er gilt nach seinem Art. 1 Buchst. b) für alle **rechtskräftigen** Entscheidungen eines Gerichtes oder – sofern vor einem für Strafsachen allgemein zuständigen Gericht anfechtbar – einer Verwaltungsbehörde über die Zahlung einer **Geldstrafe** oder **Geldbuße** gegenüber einer natürlichen oder juristischen Person einschließlich **Verfahrenskosten** und – unter bestimmten Voraussetzungen – auch **Entschädigungsleistungen**. Der Rahmenbeschluss soll die bis dahin eher seltene grenzüberschreitende Vollstreckung von Geldsanktionen oberhalb einer Bagatellgrenze von 70 € (Art. 7 Abs. 2 Buchst. h) zum Normalfall machen, weshalb die fakultativ ausgestalteten Ablehnungsgründe auf Mängel des Ersuchens (Art. 7 Abs. 1) und nicht dem Anerkennungprinzip unterfallende Ausnahmefälle (Art. 7 Abs. 2 Buchst. a bis g) reduziert worden sind. **Fehlende beiderseitige Strafbarkeit** ist kein Ablehnungsgrund mehr, wenn eine der in Art. 5 Abs. 1 genannten kriminellen Handlungen (32 Katalogtaten)[150] vorliegt, was positiv festgestellt werden muss. Ob die fragliche Tat ein Listendelikt darstellt, beurteilt sich auch hier nach dem Recht des ersuchenden Mitgliedstaates.[151]

63b   Das **Verfahren** ist dem des RB-EUHb ähnlich. Das Ersuchen wird in der Form einer standardisierten Bescheinigung (Anhang zu Art. 4) gestellt, der lediglich die zu vollstreckende Entscheidung und ggfs. eine Übersetzung der Bescheinigung (nicht: der Entscheidung) beizufügen ist (Art. 4, 16). Die Bescheinigung nach Art. 4 RB-Geld steht als ausfüllbares elektronisches Formular auf der Seite des Bundesamts für Justiz zur Verfügung.[152] Die **Vollstreckung** richtet sich nach den innerstaatlichen Bestimmungen des ersuchten Staates über die Vollstreckung von Geldsanktionen (Art. 9), wobei die ausländische Sanktion innerhalb der Grenzen von Art. 1 Buchst. b) ggfs. in die dem Recht des Vollstreckungsstaates am ehesten entsprechende umzuwandeln ist. Vollstreckungshilfe ist grundsätzlich auch dann in voller Höhe zu leisten, wenn das nach dem Recht des Vollstreckungsstaates vorgesehene Höchstmaß überschritten ist. Eine **Reduzierung der ausländischen Geldsanktion** ist nur ausnahmsweise dann möglich, wenn die Tat auch der Jurisdiktion des Vollstreckungsstaats unterfällt (Art. 8). Geldsanktionen gegen **juristische Personen** sind unabhängig davon zu voll-

---

[146] Vgl. hierzu OLG Celle StraFo 2012, 79; OLG Dresden NStZ 2012, 102 [103].
[147] ABl. L 76 vom 22.3.2005, S. 16; in konsolidierter Fassung unter Berücksichtigung des RB-AbwE (vgl. Rn. 50) und mit einer Kurzeinführung abgedruckt bei *S/L/G/H-Trautmann* HT III C 2 a.
[148] BGBl. I S. 1408.
[149] Ausnahmen: Belgien, Griechenland, Irland und Italien (Stand: Mai 2013).
[150] Vgl. *S/L/G/H-Trautmann*, Kurzeinf. HT III C2a Rn. 11. Dabei handelt es sich um die unreflektiert aus Art. 2 Abs. 2 RB-EUHb übernommenen 27 Deliktkategorien, die um sieben weitere ergänzt worden sind.
[151] *Hombrecher* JR 2011, 334 [335].
[152] http://www.bundesjustizamt.de

III. Rechtsquellen

strecken, ob diese nach dem Recht des Vollstreckungsstaates vorgesehen sind (Art. 9 Abs. 3). **Ersatzfreiheitsstrafe** bei Uneinbringlichkeit darf nur dann angeordnet werden, wenn der Entscheidungsstaat dies zugelassen hat (Art. 10). Der **Erlös** aus der Vollstreckung von Entscheidungen fließt im Falle der Opferentschädigung dem Entscheidungsstaat, sonst dem Vollstreckungsstaat zu (Art. 13). Vollstreckungsmaßnahmen im Entscheidungsstaat sind erst dann wieder zulässig, wenn der Vollstreckungsstaat die Vollstreckung verweigert (Art. 15).

Die innerstaatliche deutsche **Umsetzung des RB-Geld** ist **im IRG** (§§ 86 bis 87p) und dort schwerpunktmäßig im Zweiten Abschnitt des Neunten Teils erfolgt. Dabei hat der Gesetzgeber erneut abweichend von dem Rahmenbeschluss an der Terminologie und der Struktur des Gesetzes festgehalten und von den fakultativen Ablehnungsmöglichkeiten in vollem Umfang Gebrauch gemacht. Die größte Regelungsdichte weist der **eingehende Ersuchen** betreffende Zweite Unterabschnitt auf. Vorgesehen ist ein an das OWiG angelehntes behördliches Vollstreckungsverfahren, das grundsätzlich in der Hand des auch für die Bewilligung zuständigen Bundesamts für Justiz liegt.[153] Eine Umwandlung der ausländischen Entscheidung findet nur in den besonders vorgesehenen Fällen statt, namentlich bei juristischen Personen (vgl. § 87i Abs. 1). Dann geht das behördliche in ein gerichtliches Exequaturverfahren und damit zugleich in die Kompetenz der Justizbehörden der Länder über (§ 87i). Diese sind auch dann zuständig, wenn ein Rechtsmittel gegen die behördliche Bewilligungsentscheidung eingelegt wird (§ 87g). Zu **bewilligen** und zu vollstrecken ist ein ausländisches Ersuchen, wenn die in **§ 87a** genannten Unterlagen vorliegen, die zu vollstreckende ausländische Entscheidung die Voraussetzungen von **§ 87 Abs. 2** erfüllt und die in **§ 87b** abschließend aufgeführten, materiellen **Zulässigkeitshindernisse** nicht eingreifen.[154] Diese Voraussetzungen sind zwingend und justiziabel. Dagegen liegt es im **pflichtgemäßen**, lediglich auf Fehlgebrauch zu überprüfenden **Ermessen** der Bewilligungsbehörde, bei Vorliegen der in § 87d genannten Tatbestandsmerkmale das ausländische Ersuchen zurückzuweisen. Die Rechtmäßigkeit der ausländische Entscheidung wird nicht geprüft.[155] Die Verhängung von Ersatzfreiheitsstrafen ist nicht vorgesehen.[156] Die Bewilligungsentscheidung bewirkt ein **Verfolgungshindernis** (§ 87 m Abs. 1 IRG). Das **Rechtsschutzsystem** orientiert sich am OWiG.[157] Zu **ausgehenden Ersuchen** vgl. Unterabschnitt 3 (§§ 87o, p). In der Übergangszeit ist auch die **Stichtagsregelung** nach **§ 98** (27.10.2010) zu beachten.

63c

cc) Einziehung und Verfall

Für die Abschöpfung von Gewinnen sind die Möglichkeiten, die das **Übereinkommen** des Europarats vom 8. November 1990 **über Geldwäsche sowie Ermittlung, Beschlagnahme und Einziehung von Erträgen aus Straftaten (EuGeldwäscheÜbk)**[158] für die Vollstreckung deutscher Entscheidungen über Einziehung und Verfall (Art. 13 Abs. 1)[159] und die vorherige Sicherung solcher Entscheidungen[160] bietet, von nicht unerheblicher Bedeutung. Aktualisiert und erweitert werden soll es durch das von Deutschland noch nicht ratifizierte **Europaratsübereinkommen über die Geldwäsche sowie Ermittlung, Beschlagnahme und Einziehung von Erträgen aus Straftaten sowie über die Finanzierung des Terrorismus**.[161] Dieses Übereinkommen dient originär der Bekämpfung der Finanzierung von Terrorismus und Organisierter Kriminalität aus legalen wie illegalen Quellen mit

64

---

[153] Näher hierzu etwa *Johnson/Plötzgen-Kamradt* ZAR 2010, 73 sowie eucrim 2011, 33; *Karitzky/Wannek* NJW 2010, 3393 ff.; *Hackner/Trautmann* DAR 2010, 71 ff.; *Trautmann* NZV 2011, 57; *Hombrecher* JR 2011, 334 [336].

[154] *Johnson/Plötzgen-Kamradt* eucrim 2011, 33 [36].

[155] *Hackner/Trautmann* DAR 2010, 71 [76]; *Hombrecher* JR 2011, 334 [336].

[156] Näher hierzu *S/L/G/H-Trautmann* Vor § 86 Rn. 4; *Johnson/Plötzgen-Kamradt* eucrim 2011, 33 [36].

[157] *Hombrecher* JR 2011, 334 [336].

[158] BGBl. 1998 II S. 519; 1999 II S. 200 (CETS/SEV Nr. 141); abgedruckt und erläutert bei *S/L/G/H-Lagodny*, HT II D 2.

[159] Zum Begriff „Einziehung" und dem davon ebenfalls erfassten „Verfall" nach deutschem Recht vgl. *Lagodny* a. a. O. Art. 1 Rn. 10, 11, 18.

[160] Vgl. Rn. 146.

[161] CETS Nr. 198.

präventiven wie repressiven Mitteln. Im Bereich der Vollstreckungshilfe regelt es die Unterstützung bei der grenzüberschreitenden Einziehung inkriminierter Vermögenswerte (Art. 23–27).

64a Im EU-Bereich steht dagegen der **Rahmenbeschluss vom 6. Oktober 2006 über die Anwendung des Grundsatzes der gegenseitigen Anerkennung auf Einziehungsentscheidungen** (2006/783/JI; **RB-Einziehung**)[162] im Vordergrund, der neben der Implementierung des Anerkennungsprinzips der Verbesserung der Geldwäschebekämpfung und der Intensivierung der strafrechtlichen Gewinnabschöpfung dient. Maßnahmen zu vorläufigen Sicherung von Vermögenswerten innerhalb der EU richten sich nach dem **RB-Sicherstellung** und den zu seiner Umsetzung in das IRG eingefügten Bestimmungen.[163]

64b Bei dem gleichermaßen nach Anerkennungsmechanismen funktionierenden **RB-Einziehung** handelt es sich um den vollstreckungshilferechtlichen Teil eines aus mehreren Rechtsakten bestehenden Gesamtkonzepts zur Abschöpfung von Straftatgewinnen.[164] Die zu vollstreckende Einziehungsentscheidung bzw. Verfallsanordnung ist wiederum mit einer standardisierten Bescheinigung (Art. 4 i. V. m. dem Muster im Anhang des RB) und grundsätzlich auch entsprechenden Übersetzungen (Art. 19) zu übermitteln und von dem ersuchten Staat zwingend zu vollstrecken (Art. 7), soweit nicht ausnahmsweise einer der in Art. 8 enumerativ aufgeführten Versagungsgründe eingreift oder die Vollstreckung aus den in Art. 10 genannten Gründen aufgeschoben werden kann. Beiderseitige Strafbarkeit ist nicht zu prüfen, wenn die Tat im Entscheidungsstaat mit einer Mindesthöchststrafe von 3 Jahren Freiheitsstrafe bedroht ist und unter die in Art. 3 Abs. 1 genannten Delikte oder Deliktsgruppen fällt. Die Vollstreckung richtet sich nach dem Recht des ersuchten Staates (Art. 12), der dem Betroffenen einen Rechtsbehelf gegen diese ermöglichen muss (Art. 9 Abs. 1). Gegen die zu vollstreckende Entscheidung selbst kann allerdings nur im Ausstellungsstaat vorgegangen werden (Art. 13 Abs. 2). Vollstreckungserlöse unter 10.000 € behält der Vollstreckungsstaat, höhere Beträge werden insgesamt hälftig geteilt, soweit keine abweichende Vereinbarung getroffen worden ist (Art. 16). Das EuGeldwäscheÜbk bleibt subsidiär anwendbar, soweit der RB-Einziehung selbst keine Regelung trifft (vgl. Art. 21), dürfte neben ihm faktisch aber kaum noch Bedeutung erlangen können.

64c **Innerstaatlich** ist der Rahmenbeschluss durch das Gesetz vom 2.10.2009[165] mit einer Neufassung der §§ 88 und 90 sowie der neu eingefügten §§ 88a bis 88f schwerpunktmäßig in den besonderen Bestimmungen des **Dritten Abschnitts des Neunten Teil des IRG** umgesetzt worden.[166] Korrespondierend hierzu sind Sicherungsmaßnahmen betreffende Modifikationen im Zehnten Teil (§§ 94, 95) sowie Neuerungen im Vierten Teil erfolgt. Hervorzuheben ist die in § 56a getroffene Regelung, die Tatverletzten die Erlangung einer Entschädigung für in Folge der Vollstreckung ausländischer Verfalls- oder Einziehungsentscheidungen eingetretene Vermögensschäden erleichtern soll. Außerdem sind nunmehr auch Vereinbarungen über das Vollstreckungsverfahren und die Verwertung des Vollstreckungserlöses einschließlich seiner Teilung (sog. „**asset sharing**") durch § 56b, der in § 88f eine Art. 16 RB-Einziehung Rechnung tragende Modifikation für EU-Staaten erfahren hat, zugelassen.

64d Das in Palermo geschlossene **Übereinkommen der Vereinten Nationen gegen die transnationale Organisierte Kriminalität** enthält in seinen Artikeln 13f. zwei Bestim-

---

[162] ABl. L 328 vom 24.11.2006, 59; in konsolidierter Fassung unter Berücksichtigung des RB-AbwE (vgl. Rn. 50) und mit einer Kurzeinführung abgedruckt bei *S/L/G/H-Hackner* HT III C 2b. Der Rahmenbeschluss 2005/212/JI vom 24. Februar 2005 über die Einziehung von Erträgen, Tatwerkzeugen und Vermögensgegenständen aus Straftaten (ABl. L 68 v. 15.3.2005, S. 49) sowie der zu dessen Ablösung bestimmte Vorschlag für eine Richtlinie über die Sicherstellung und die Einziehung von Erträgen aus Straftaten in der Europäischen Union, für den bereits eine allgemeine Ausrichtung erzielt worden ist (vgl. Ratsdok. 17117/12), betreffen hingegen nicht die grenzüberschreitenden Aspekte der Gewinnabschöpfung.
[163] Vgl. hierzu Rn. 68a.
[164] Vgl. hierzu *S/L/G/H-Hackner* Kurzeinführung HT III C 2b Rn. 3.
[165] BGBl. 2009 I S. 3214.
[166] Näher hierzu *S/L/G/H-Hackner* Vor § 84 RN 3f.

III. Rechtsquellen

mungen über die Zusammenarbeit bei der Einziehung von Tatgewinnen im Zusammenhang mit Geldwäsche, Mitgliedschaft in kriminellen Organisationen, Korruption und Behinderung der Justiz, welche seine beiden bereits umgesetzten Zusatzprotokolle vom 12. Dezember 2000 auf Schleusung und Menschenhandel erstrecken.[167]

c) Sonstige Rechtshilfe

aa) Das Europäische Rechtshilfeübereinkommen (EuRhÜbk)

Das Europäische Übereinkommen vom 20. April 1959 über die Rechtshilfe in Strafsachen (EuRhÜbk) des Europarates[168] ist noch immer Grundlage (**"Mutterübereinkommen"**) für die Rechtshilfe (i. e. S.) in fast ganz Europa. Es begründet auf Ersuchen von **Justizbehörden**[169] eine unter dem Vorbehalt der Vereinbarkeit mit dem innerstaatlichen Recht des ersuchten Staates stehende allgemeine **Rechtshilfeverpflichtung** für die Vornahme von Untersuchungshandlungen und die Übermittlung von Beweisstücken, Akten oder Schriftstücken (Art. 3 Abs. 1), regelt aber auch spezifische Unterstützungsmaßnahmen wie Zustellungen (Art. 7) oder das Erscheinen von Zeugen, Beschuldigten und Sachverständigen (Art. 8 bis 12). Für die Beachtung von **Vorbehalten** (Art. 23 Abs. 3) und **Zusatzübereinkommen** (Art. 26 Abs. 3) gilt das zum EuAlÜbk[170] Ausgeführte entsprechend. Das EuRhÜbk ist von allen Mitgliedstaaten des Europarats sowie Israel, Chile und Korea ratifiziert worden und gilt so für 50 Staaten.

65

bb) Zusatzprotokolle

Das **Zusatzprotokoll** vom 17. März 1978 zum Europäischen Übereinkommen über die Rechtshilfe in Strafsachen (**ZP-EuRhÜbk**)[171] erleichtert insbes. die Rechtshilfe in Fiskalsachen, indem es die Verweigerung von Rechtshilfe unter Berufung auf den Fiskalcharakter des Delikts verbietet (Art. 1)[172] und das etwaige Erfordernis beiderseitiger Strafbarkeit für diese dahin definiert, die Handlung müsse einer strafbaren Handlung derselben Art entsprechen (Art. 2 Abs. 1).[173] Dem Zusatzprotokoll sind Deutschland und 39 weitere Europaratsstaaten beigetreten.[174] Vorbehalte sind im Rahmen von Art. 8 Abs. 2 möglich. Vorbehalte zum EuRhÜbk gelten, wenn nicht ausdrücklich aufgehoben, fort (Art. 8 Abs. 1). Ein **Zweites Zusatzprotokoll (2. ZP-EuRhÜbk)**,[175] das dem in Rn. 67 dargestellten EU-RhÜbk nachempfunden ist (wesentlichste Abweichung: Keine Regelung zur Überwachung der Telekommunikation) ist von Deutschland gezeichnet, aber immer noch nicht ratifiziert worden.[176] Im Vorgriff darauf ist jedoch mit § 61b immerhin bereits eine Regelung für die Bildung gemeinsamer Ermittlungsgruppen eingefügt worden, soweit ein Vertrag dies vorsieht.

66

---

[167] BGBl. 2005 II S. 954, 956, 995, 1007; 2006 II S. 1311, 1342, 1348 (abgedruckt auch bei *S/L/G/H-Schomburg* HT IV B bis IV B 3). Das dritte Zusatzprotokoll betreffend die unerlaubte Herstellung von Feuerwaffen, deren Teilen, Komponenten und Munition sowie gegen den unerlaubten Handel damit vom 31. Mai 2001 ist versehentlich noch nicht ratifiziert worden.

[168] BGBl. 1964 II S. 1369, 1386; 1976 II S. 1799; 1982 I S. 2071 (CETS/SEV Nr. 030); abgedruckt und erläutert bei *S/L/G/H-Lagodny* HT II B und bei *G/P/K* Abschnitt III A 3.1.

[169] Nach der Erklärung der Bundesregierung (BGBl. 1976 II S. 1799) im wesentlichen Gerichte, Staatsanwaltschaften und Ministerien, aber keine Polizei-, Steuer- oder Zollbehörden (vgl. insoweit Rn. 109 bis 114). Eine künftige Erstreckung der Erklärung auf die Finanzämter für Fahndung und Strafsachen, soweit diese die Funktionen der Staatsanwaltschaft wahrnehmen, ist vorgesehen.

[170] Vgl. Rn. 46.

[171] BGBl. 1990 II S. 124; 1991 II S. 909 (CETS/SEV Nr. 099); erläutert bei *G/P/K,* Abschnitt III A 3.1a; abgedruckt auch bei *S/L/G/H-Lagodny* HT II B 1.

[172] Vgl. Rn. 142.

[173] Vgl. hierzu *Epiney* EuZW 2003, 421 [423].

[174] Es fehlen neben Bosnien und Herzegowina bezeichnenderweise Andorra, Liechtenstein, Monaco und San Marino.

[175] CETS/SEV Nr. 182; bereits abgedruckt und erläutert bei *S/L/G/H-Gleß* HT II B 2.

[176] Zu Recht kritisch *Schomburg* NJW 2005, 3262 [3263].

cc) EU-Übereinkommen und Rahmenbeschlüsse

67 Für den Rechtshilfeverkehr mit den EU-Staaten von maßgeblicher Bedeutung ist das **Übereinkommen über die Rechtshilfe in Strafsachen vom 29. Mai 2000 (EU-RhÜbk)**.[177] Das Übereinkommen dehnt die Rechtshilfe auch auf Ordnungswidrigkeiten aus (Art. 3 Abs. 1), ermöglicht direkte Zustellungen per Post (Art. 5), Video- und Telefonfernvernehmungen (Art. 10, 11), gemeinsame Ermittlungsgruppen (Art. 13; innerstaatliche Umsetzung: § 93 IRG, der § 61b IRG vorgeht)[178] und den Einsatz verdeckter Ermittler (Art. 14). Außerdem regelt es die Überwachung der Telekommunikation (Art. 18 ff.).[179] Der Geschäftsweg ist unmittelbar (Art. 6), außer für das Vereinigte Königreich und Irland, die ihn bei der Notifizierung ausschließen konnten bzw. können (Art. 6 Abs. 3). Grundlegende Bedeutung hat der Umstand, dass die Erledigung eines Rechtshilfeersuchens, abweichend von dem in Art. 3 Abs. 1 EuRhÜbk enthaltenen Grundsatz, auf Verlangen des ersuchenden Staates unter Beachtung der vom ihm ausdrücklich angegebenen Form- und Verfahrensvorschriften zu erfolgen hat (Art. 4 Abs. 1).[180] In diesem Fall ergibt sich für den ersuchten Staat die nicht unproblematische Notwendigkeit, z. B. Vernehmungen nach Regelungen ablaufen zu lassen, die ihm fremd sind. Die Anwendung fremden Rechts kann er nur dann verweigern, wenn dieses den Grundprinzipien seiner eigenen Rechts zuwiderliefe (Art. 4 Abs. 1). Eine eigenständige Eingriffsermächtigung lässt sich aus Art. 4 Abs. 1 aber nicht herleiten.[181]

67a Das Übereinkommen ist im Verhältnis zu allen EU-Mitgliedstaaten mit Ausnahme Griechenlands, Irlands und Italiens anwendbar. Die Schengen-Assoziierten Norwegen und Island sind mangels EU-Mitgliedschaft keine Vertragsstaaten, nehmen aber gemäß Art. 29 teil.[182] Dasselbe gilt für die Schweiz, soweit sich das Übereinkommen als Weiterentwicklung des Schengen-Aquis darstellt (Geschäftsweg, direkte Zustellung von Urkunden).[183] Die Assoziierung Liechtensteins ist derzeit noch auf die Bestimmungen über das Schengener Informationssystem beschränkt.[184]

68 Ebenfalls bereits im Verhältnis zu den meisten EU-Mitgliedstaaten (Ausnahmen: Estland, Griechenland, Irland, Italien) in Kraft ist das **Zusatzprotokoll zu dem vorgenannten Übereinkommen vom 16. Oktober 2001 (ZP-EU-RhÜbk),**[185] welches im Wesentlichen Auskunftsersuchen betreffend Bankkonten und Bankgeschäfte erleichtert (Art. 1 bis 4), ergänzende Rechtshilfeersuchen vereinfachten Bedingungen unterwirft (Art. 5, 6)[186] und Rechtshilfehindernisse reduziert (Art. 7 bis 10). Soweit der Rechtshilfeverkehr in Fiskalsachen erleichtert wird, entsprechen die Regelungen denen des nach seinem Vorbild entwickelten 2. ZP-EuRhÜbk. Im Verhältnis zu Norwegen, Island, der Schweiz und Liechtenstein gelten die Ausführungen Rn. 67a entsprechend.

68a Maßnahmen zur vorläufigen Sicherung von Vermögenswerten innerhalb der EU richten sich nach dem Rahmenbeschluss über die Vollstreckung von Entscheidungen über die Sicher-

---

[177] BGBl. II 2005, 650; abgedruckt und erläutert auch bei *S/L/G/H-Gleß* HT III B 1; deutsches Umsetzungsgesetz: BGBl. 2005 I S. 2189.
[178] Ausführlicher hierzu *Mokros* in: *Lisken/Denninger*, Abschnitt O Rn. 33 f.; *Lagodny* in: *Merli*, S. 69 ff. Zur Durchführung Gemeinsamer Ermittlungsgruppen vgl. das Handbuch der EU (Ratsdok. 15790/11).
[179] Vgl. hierzu die ausführliche Kommentierung bei *S/L/G/H-Gleß* Art. 18 EU-RhÜbk (HT III B 1).
[180] Dadurch soll etwaigen Verwertungsschwierigkeiten im ersuchenden Staat vorgebeugt werden, auch wenn es diese wegen Art. 3 Abs. 1 EuRhÜbk gar nicht geben dürfte.
[181] Vgl. hierzu allgemein Rn. 17.
[182] Vgl. das zum 1.1.2013 in Kraft gesetzte Übereinkommen zwischen der Europäischen Union sowie der Republik Island und dem Königreich Norwegen über die Anwendung einiger Bestimmungen des Übereinkommens vom 29. Mai 2000 für die Rechtshilfe in Strafsachen zwischen den Mitgliedstaaten der EU und des dazugehörigen Protokolls von 2001 (ABl. L 26 v. 29.1.2004 S. 1).
[183] Vgl. das Assoziierungsabkommen (ABL. L 53 v. 27.2.2008 S. 52).
[184] Vgl. zum Geltungsbereich des EU-RhÜbk insgesamt die Kurzübersicht bei *S/L/G/H-Gleß* HT III B 1 Rn. 4 f.
[185] BGBl. II 2005 S. 661; abgedruckt und erläutert auch bei *S/L/G/H-Gleß* HT III B 1a; sehr aufschlussreich dabei der Erläuternde Bericht hierzu (ABl. C 257 v. 24.10.2002 S. 1).
[186] Vgl. auch Rn. 147.

III. Rechtsquellen **24**

stellung von Vermögensgegenständen oder Beweismitteln in der Europäischen Union (RB-Sicherstellung),[187] der innerstaatlich im IRG und dort schwerpunktmäßig in dessen neu eingefügten Zehnten Teil umgesetzt worden ist. Der RB-Sicherstellung sieht einen Verzicht auf die Prüfung beiderseitiger Strafbarkeit im Umfang einer dem RB-EUHb entnommenen Positivliste mit 32 deliktischen Fallgruppen vor (Art. 3 Abs. 2). Dadurch sind die zu Art. 5 Abs. 1 lit. a) EuRhÜbk, Art. 18 Abs. 1 lit. f) EuGeldwäscheÜbk angebrachten Vorbehalte, auf Durchsuchung und Beschlagnahme gerichtete Ersuchen nur bei Vorliegen beiderseitiger Strafbarkeit zu erledigen, zwischen EU-Staaten gegenstandslos. Für das Ersuchen steht ein standardisiertes Formular zur Verfügung (Art. 9 i. V. m. dem Muster im Anhang des RB).[188] Es gilt ein besonderes Fristenregime (Art. 5 Abs. 3). Verweigerungs- und Aufschiebungsmöglichkeiten sind eingeschränkt (Art. 7 und 8). Inhaltlich ist der Anwendungsbereich des Rahmenbeschlusses auf die bloße Sicherstellung beschränkt. Für die Herausgabe gesicherter Tatvorteile und Beweismittel gelten die bestehenden Verträge und Rahmenbeschlüsse (vgl. Art. 10 Abs. 2). Allerdings unterbleibt bei Vorliegen eines Listendelikts i. S. v. Art. 3 Abs. 2 RB-Sicherstellung die Prüfung beiderseitiger Strafbarkeit auch im Zusammenhang mit der Herausgabe (Art. 10 Abs. 3).

Innerstaatlich umgesetzt worden ist der RB-Sicherstellung in der bestehenden Systematik des IRG. Besonderheiten ergeben sich dadurch für Sicherstellung und Herausgabe hinsichtlich der beiderseitigen Strafbarkeit (Art. 3 Abs. 2 und Art. 10 Abs. 2), der Bewilligungspflicht (Art. 5), der Verweigerungsgründe, der Formvorschriften (Art. 7 Abs. 1) und des vorübergehenden Aufschubs der Vollstreckung (Art. 8). Die vorrangigen besonderen Bestimmungen der §§ 94 bis 97 ergänzen nunmehr **für eingehende Ersuchen** die allgemein gültigen der §§ 59 ff. IRG und dort insbesondere § 67. Das Verfahren im Einzelnen richtet sich nach den durch § 77 IRG entsprechend anwendbaren Bestimmungen der §§ 94 ff., 102 ff., 111b ff. StPO. Eine Art. 4 Abs. 1 EU-RHÜk entsprechende Regelung ist bewusst nicht getroffen worden. Genügt das Ersuchen nicht den Anforderungen der §§ 94 und 95 IRG, ist zu prüfen, ob es nicht nach Maßgabe der §§ 59 ff. bewilligt werden kann.[189] Die nach § 94 Abs. 1, 67 Abs. 3 i. V. m. §§ 98 ff. StPO erlassene Sicherstellungsanordnung des Amtsgerichts ist mit der Beschwerde nach §§ 77 i. V. m. 304 StPO vor dem Landgericht **anfechtbar**.[190] Zur Überprüfung der Leistungsermächtigung hat das Landgericht nach § 61 Abs. 1 S. 1 das OLG anzurufen.[191] **Beschwerdeberechtigt** ist nach § 77 i. V. m. § 304 Abs. 2 StPO jede Person, die von der Sicherstellungsanordnung betroffen ist. Dazu gehören nicht nur der Beschuldigte, sondern auch der letzte Gewahrsamsinhaber und der nicht besitzende Eigentümer, wenn sein Rückforderungsrecht beeinträchtigt ist. Wird durch sichernde Maßnahmen nach § 111b ff. StPO in die Rechte Dritter eingegriffen, kommen bei Anordnung des Arrests als weitere Rechtsbehelfe auch die der ZPO (Vollstreckungserinnerung nach § 766, Drittwiderspruchsklage nach § 771) zur Anwendung. Für **ausgehende** Ersuchen hat der Gesetzgeber keinen gesetzlichen Regelungsbedarf gesehen. Ergänzende Bestimmungen in den RiVASt müssen noch geschaffen werden.

68b

Den Rahmenbeschluss über die Europäische Beweisanordnung zur Erlangung von Sachen, Schriftstücken und Daten zur Verwendung im Strafverfahren vom 18. Dezember 2008 (RB-EBA)[192] haben Deutschland und die meisten anderen EU-Staaten trotz Ablaufs der Umsetzungsfrist zum 19.1.2011 noch nicht implementiert. Eine Umsetzung steht auch nicht mehr zu erwarten. Hinter diesem Verhalten steht die Erwartung einer baldigen Ersetzung des lediglich einen Teilaspekt der Sonstigen Rechtshilfe betreffenden Rahmenbeschlusses durch eine umfassendere Lösung.

68c

---

[187] ABl. L 196 vom 22.7.2003 S. 45.
[188] Elektronisch verfügbar u. a. auf der Seite des Bundesamts für Justiz.
[189] Vgl. BT-Drs. 16/6563, S. 10.
[190] *S/L/G/H-Trautmann* vor § 94 Rn. 10; a. A. LG Berlin, NStZ 2010, 43.
[191] Str., vgl. *S/L/G/H-Lagodny* Vor § 59 Rn. 38 f.
[192] ABl. L 350 v. 30.12.2008, S. 72; vgl. hierzu *Gazeas* ZRP 2005, 18 und – ausgewogener – *Gleß* StV 2004, 679; *Ahlbrecht* NStZ 2006, 70.

68d Diese ist in dem Entwurf einer **Richtlinie über die Europäische Ermittlungsanordnung in Strafsachen (RiL-EAO)** zu sehen, über den im Dezember 2011 eine allgemeine Ausrichtung erzielt worden ist.[193] Der damit feststehende Anwendungsbereich der künftigen Richtlinie erstreckt sich auch auf vor einem Strafgericht anfechtbare Ordnungswidrigkeiten (Art. 4 lit. b und c) und erfasst nach Art. 3 und 4 Abs. 1 lit. b) sämtliche nach dem innerstaatlichen Recht des ausstellenden Staates zulässigen Formen der Beweiserhebung mit Ausnahme Gemeinsamer Ermittlungsgruppen i. S. v. Art. 13 EU-RhÜbk. Das unter Verwendung eines standardisierten Formulars zu stellende Ersuchen (Art. 5a Abs. 1 i. V. m. Anhang A) ist nach Maßgabe der darin benannten Formvorschriften und Verfahrensweisen und grundsätzlich auf Kosten des ersuchten Staates (Art. Y) zu erledigen, soweit dies nicht wesentlichen Grundsätzen der Rechtsordnung des ersuchten Staates widerspricht (Art. 8 Abse. 1 und 2) oder einer der in Art. 10 enumerativ aufgeführten Versagungsgründe eingreift. Lässt sich eine erbetene Maßnahme aus rechtlichen Gründen nicht ausführen, so müssen alternative Ermittlungshandlungen vorgenommen werden (Ausnahme: Fälle von Art. 1 Abs. 1a!), bei fehlender Verhältnismäßigkeit kann dies geschehen (Art. 9 Abs. 1 und 1a). Ersuchen sind unverzüglich, spätestens binnen 30 Tagen unter Herausgabe der erlangten Beweise zu erledigen (Art. 12), wobei es Möglichkeiten des Aufschubs und der Verlängerung gibt (Art. 11, 14). Der **Rechtsschutz** ist wiederum zweigeteilt: die Ermittlungshandlungen können nach Maßgabe des Rechts des ersuchten Staates angefochten werden, gegen den Erlass der EAO können sich Betroffene nur im ersuchenden Staat wehren. (Art. 13).

68e Auf eine völlig neue Grundlage gestellt worden ist inzwischen der grenzüberschreitende Informationsaustausch durch den von Deutschland als letztem Staat umgesetzten **Rahmenbeschluss über die Vereinfachung des Austauschs von Informationen und Erkenntnissen zwischen den Strafverfolgungsbehörden der Mitgliedstaaten der Europäischen Union vom 18.12.2006 (RB-InfA)**,[194] der vor allem zu einer Erweiterung der Befugnisse von Polizei, Zoll- und Steuerfahndung geführt hat. Für die Verfolgung oder Vermeidung von Straftaten (nicht: Ordnungswidrigkeiten) können und **müssen** danach alle vorhandenen Bestandsdaten unter den gleichen Voraussetzungen an ausländische Stellen übermittelt werden, unter denen sie auch inländischen Behörden mitgeteilt werden dürfen (Art. 3 Abs. 3 und 4 S. 2), soweit keine Zulässigkeitszweifel bestehen (vgl. § 478 Abs. 1 S. 5 StPO). Darüber hinaus besteht eine Pflicht zur Informationsbeschaffung, soweit hierzu nicht der Einsatz von Zwangsmitteln erforderlich ist (Art. 2 Buchst. d) ii RB-InfA). Von den wenigen **Ablehnungsmöglichkeiten** (vgl. Art. 1 Abs. 7, Art. 10 RB-InfA) haben die Beeinträchtigung wesentlicher nationaler Sicherheitsinteressen, die Gefährdung des Erfolgs laufender Ermittlungen oder der Sicherheit von Personen sowie die Verhältnismäßigkeit (Art. 10 Abs. 1 und 2 RB-InfA) die größte praktische Bedeutung. Die **Justiz** kann ihrerseits den Datenaustausch nur verhindern, wenn sie innerstaatlich eine entsprechende Kontrollbefugnis hat (Art. 3 Abs. 4 RB-InfA). Die übermittelten Informationen und Daten unterliegen aber einer weitreichenden **Zweckbindung** und dürfen nach Art. 1 Abs. 4 des Rahmenbeschlusses **nicht als Beweismittel** in einem Straf- oder Ermittlungsverfahren verwendet werden. Hierzu bedarf es vielmehr eines justiziellen Rechtshilfeersuchens oder einer anderweitigen Ermächtigungsnorm. Der Rahmenbeschluss ist Teil des **Schengen-Acquis** und soll Art. 39 Abs. 1- 3 und Art. 46 SDÜ ersetzen.[195] Dadurch hat er auch für die assoziierten Staaten Bedeutung. Die Schweiz hat ihn bereits durch das Schengener Informationsaustauschgesetz (SIaG) umgesetzt.[196]

68f Der grenzüberschreitende Austausch von Eintragungen in die nationalen Strafregister der EU-Mitgliedstaaten richtet sich inzwischen nach dem **Rahmenbeschluss vom 26.2.2009 über die Durchführung und den Inhalt des Austauschs von Informationen aus**

---

[193] Vgl. Ratsdok. 18918/11 und 18918/11 mit Corrigendum 1 und 2.

[194] ABl. L 386 v. 29.12.2006, S. 89; L 75 v. 15.3.2007, S. 26; umgesetzt durch Gesetz vom 21. Juli 2012 (BGBl. I S. 1566). Vgl. hierzu *S/L/G/H-Trautmann* Kurzeinf. HT III B 3d m. w. N. sowie *Keber/Trautmann* Kriminalistik 2011, 355.

[195] Vgl. Erwägungsgründe 13 und 14; siehe auch G/P/K-*Vogel* vor § 1 IRG RN 156.

[196] SR 362.2

III. Rechtsquellen

dem Strafregister zwischen den Mitgliedstaaten.[197] In Art. 11 des Rahmenbeschlusses ist die Errichtung eines gemeinsamen Strafregisterinformationssystems der EU-Mitgliedstaaten vorgesehen, dessen Einzelheiten sich aus dem Beschluss des Rates vom 6.4.2009 zur Einrichtung des **Europäischen Strafregisterinformationssystems (ECRIS)**[198] ergeben. Geschaffen worden ist ein technisch noch in der Umsetzung befindliches, standardisiertes Mitteilungs- und Austauschverfahren mit automatischen Übersetzungen auf der Grundlage einer Kategorisierung von Straftatbeständen und Sanktionen. Wird ein EU-Bürger in einem anderen Mitgliedstaat verurteilt, ist der Urteilsstaat danach verpflichtet, den Heimatstaat darüber zu unterrichten. Der Heimatstaat speichert diese Daten. Dies ermöglicht den Strafverfolgungsbehörden, Auskünfte über Angehörige anderer EU-Staaten bei deren heimischem Strafregister einzuholen, das grundsätzlich zur Auskunft verpflichtet ist. Abgefragt werden die Informationen über das nationale Zentralregister des ermittelnden Staates, in Deutschland also das Bundeszentralregister bei dem Bundesamt für Justiz. Rechtliche Grundlage der Speicherung von Daten über Auslandsverurteilungen und die Auskunfterteilung an nationale Strafverfolgungsbehörden wie die zuständigen Stellen anderer Staaten ist in Deutschland das Bundeszentralregistergesetz (vgl. dort insb. §§ 53a ff.).[199]

dd) Schengen

Das Schengener Durchführungsübereinkommen **(SDÜ)**[200] enthält Bestimmungen zur „**po-** 69 **lizeilichen Zusammenarbeit**", die im repressiven Bereich materiell der internationalen Rechtshilfe in Strafsachen zuzuordnen sind.[201] Polizei- und Zollbehörden[202] wird unter bestimmten Bedingungen die Stellung oder Erledigung eines Rechtshilfeersuchens erlaubt (Art. 39). Sie erhalten zudem grenzüberschreitende Eilbefugnisse (Observation, Nacheile, Art. 40,[203] 41), denen allerdings im Grundsatz (Ausnahme: echter Eilfall) ein justizielles Rechtshilfeersuchen vorausgehen muss.

Darüber hinaus enthält das Übereinkommen einige Rechtshilfeerleichterungen. So wird 69a bei **fiskalischen Delikten** eine beschränkte Unterstützungsverpflichtung begründet.[204] Im Verhältnis zum EuRhÜbk und – über den Wortlauf des Art. 8 hinaus – zum ZP-EuRhÜbk[205] gilt – ungeachtet der missverständlichen Fassung des Art. 48[206] – das **Günstigkeitsprinzip**. Wichtige durch das SDÜ erreichte Fortschritte wie der erweiterte Geltungsbereich auch für Ordnungswidrigkeiten (Art. 49 Buchst. a), direkte Postzustellung der in der sog. Schengen-Liste enthaltenen Urkunden (Art. 52)[207] und unmittelbarer Geschäftsweg (Art. 53) sind inzwischen allerdings durch weiter gehende Regelungen im EU-RhÜbk, seinem Zusatzprotokoll, in den Rahmenbeschlüssen und im 2. ZP-EuRhÜbk ersetzt worden. Diese gehen vor, wenn die entsprechende Bestimmung auf den betreffenden Staat Anwendung findet. Dies gilt derzeit noch mit Ausnahme Liechtensteins (dort bislang nur SIS-Fahndung) auch für die Schengen-Assoziierten, soweit sich die Regelung als Weiterentwicklung des „Schengen-Acquis" darstellt.[208] Das Vereinigte Königreich wendet SDÜ und sonstigen Schengen-Besitzstand nur eingeschränkt an.[209] Für Irland ist insgesamt noch keine Inkraftset-

---

[197] ABl. L 93 v. 7.4.2009, S. 23. Der RB-Strafregister ersetzt den Beschluss des Rates vom 21.11.2005 über den Austausch von Informationen aus dem Strafregister (ABL. L 322 v. 9.12.2005, S. 33).
[198] ABl. L 93 v. 7.4.2009, S. 33.
[199] In der Fassung von Art. 1 des Gesetzes vom 15. Dezember 2011 (BGBl. I S. 2714).
[200] Zum Geltungsbereich vgl. Rn. 53.
[201] Vgl. bereits Rn. 6; hierzu ausführlich *S/L/G/H-Schomburg/Gleß* HT III E 1 vor Art. 39 SDÜ Rn. 1–4; *Würz,* Rn. 225.
[202] Vgl. Kap. 22 (Zoll) Rn. 274 ff., 289 f.
[203] Zur erweiterten Fassung vgl. den Beschluss des Rates v. 2.10.2003 (ABl. L 260 v. 11.10.2003, S. 37); zur Umsetzung in deutsches Recht: BGBl. 2004 I S. 1426.
[204] Vgl. Rn. 142.
[205] Ebenso *S/L/G/H-Lagodny* HT III E 1 Art. 48 SDÜ Rn. 1.
[206] Vgl. hierzu die Ausführungen in Rn. 157 und – zu Art. 59 SDÜ – in Rn. 52 samt Nachweisen.
[207] Vgl. Rn. 87.
[208] Vgl. Rn 67a.
[209] ABl. L 131 v. 1.6.2000, S. 46 i. V. m. ABl. L 395 v. 31.12.2004, S. 70.

zung erfolgt.²¹⁰ Das bedeutet für die Praxis, dass die direkte Übersendung von Urkunden derzeit in Irland gar nicht möglich ist, sich für Italien bspw. noch auf die sog. Schengen-Liste beschränkt und zwischen den Vertragssataaten des EU-RhÜbk wie des 2. ZP-RhÜbk sämtliche Verfahrensurkunden übermittelt werden dürfen.

69b Seine inhaltliche Fortentwicklung hat das SDÜ auch durch das am 26.11.2006 in Kraft getretene **Prümer Abkommen** gefunden, das im repressiven Bereich primär den Austausch verfolgungsrelevanter Daten wie DNA-Profile, Fingerabdrücke und Kfz.-Daten zum Gegenstand hat.²¹¹ Mit Ausnahme der Bestimmungen über grenzüberschreitende Polizeieinsätze bei gegenwärtiger Gefahr sind die Inhalte dieses Abkommens später noch durch den am 23.6.2008 gefassten **Beschluss des Rates vom 23. Juni 2008 zur Vertiefung der grenzüberschreitenden Zusammenarbeit, insbesondere zur Bekämpfung des Terrorismus und der grenzüberschreitenden Kriminalität** und den dazu ergangenen Durchführungsbeschluss vom selben Tage²¹² in der Form der verstärkten Zusammenarbeit einzelner Mitgliedstaaten (Art. 20 EUV) in den rechtlichen Rahmen der Europäischen Union überführt worden. Zwischen diesen Staaten ersetzt der allen anderen zum Beitritt offen stehende Beschluss das Prümer Abkommen. Trotz ihrer inhaltlichen Anknüpfung an das SDÜ gehören jedoch weder das Prümer Abkommen noch die beiden Beschlüsse vom 23. Juni 2008 zum Schengen-Besitzstand.²¹³ Ein nach dem Vorbild des Ratsbeschlusses bzw. Prümer Abkommen entwickeltes, bilaterales Abkommen vergleichbaren Inhalts hat Deutschland auch mit den USA abgeschlossen.²¹⁴

ee) Bilaterale Verträge

70 Neben SDÜ und EU-RhÜbk haben die Ergänzungsverträge zum EuRhÜbk mit Frankreich, Polen und der Schweiz²¹⁵ ihre Bedeutung gänzlich verloren. Für den Vertrag mit Tschechien gilt dies weitestgehend.²¹⁶ Dem Ergänzungsvertrag mit **Italien**²¹⁷ kommt derzeit noch für die Herausgabe von Erträgen zur Weitergabe an Geschädigte²¹⁸ und für die Verpflichtung, auf Ersuchen, die Anwesenheit ausländischer Beamter oder Richter und von Prozessbeteiligten zu genehmigen,²¹⁹ Bedeutung zu. Der Ergänzungsvertrag mit **Israel**²²⁰ ist von Relevanz für die Verfolgung von Ordnungswidrigkeiten. Für die Folgen einer Verfolgungsübernahme²²¹ sind

---

²¹⁰ Zum Beitrittsbeschluss vgl. ABl. L 64 v. 7.3.2002, S 20. Die Inkraftsetzung selbst steht indes noch aus. Siehe auch den Länderteil der RiVASt.
²¹¹ Vertrag vom 27. Mai 2005 zwischen dem Königreich Belgien, der Bundesrepublik Deutschland, dem Königreich Spanien, der Französischen Republik, dem Großherzogtum Luxemburg, dem Königreich der Niederlande und der Republik Österreich über die Vertiefung der grenzüberschreitenden Zusammenarbeit insbesondere zur Bekämpfung des Terrorismus, der grenzüberschreitenden Kriminalität und der illegalen Migration (BGBl. 2006 II S. 626; 2007 II S. 857; 2006 I S. 1458).
²¹² ABl. L 210 v. 6.8.2008, S. 1 und 12; abgedruckt auch bei *S/L/G/H-Gleß* HT III E 2; innerstaatlich umgesetzt durch Gesetz vom 31.7.2009 (BGBl. 2009 I S. 2507) in der Fassung von Art. 1 des Gesetzes vom 31. Juli 2009 (BGBl. I S. 2507).
²¹³ Vgl. *S/L/G/H-Gleß* Kurzübersicht HT III E 2 Rn. 12.
²¹⁴ Abkommen vom 1. Oktober 2008 zwischen der Regierung der Bundesrepublik Deutschland und der Regierung der Vereinigten Staaten von Amerika über die Vertiefung der Zusammenarbeit bei der Verhinderung und Bekämpfung schwerwiegender Kriminalität (BGBl. 2009 II S. 1010), innerstaatlich umgesetzt durch Gesetz vom 11. September 2009 (BGBl. I S. 2998), abgedruckt auch bei *S/L/G/H-Trautmann* HT V B b.
²¹⁵ Die bilateralen Ergänzungsverträge sind u.a abgedruckt bei *S/L/G/H-Lagodny* HT II Ba bis h.
²¹⁶ Ausnahme: verdeckte Ermittlungen in Eilfällen auch ohne vorherige Zustimmung (Art. 21 Abs. 5 CZ-ErgV).
²¹⁷ BGBl. 1982 II S. 111; 1985 II S. 836; abgedruckt auch bei *S/L/G/H-Lagodny* HT II Bc und bei *G/P/K-Jacoby* Abschnitt II I 16.
²¹⁸ Vgl. Rn. 145.
²¹⁹ Ausführlich hierzu *Mokros*, in: *Lisken/Denninger*, Abschnitt O Rn. 31.
²²⁰ BGBl. 1980 II S. 1334; 1981 II S. 94; abgedruckt auch bei *S/L/G/H-Lagodny* HT II B b.
²²¹ Vgl. Rn. 94 ff.

III. Rechtsquellen **24**

die Ergänzungsverträge mit Israel, den **Niederlanden**,[222] **Österreich**[223] und **Tschechien** von Belang.[224]

Eigenständige **bilaterale Rechtshilfeverträge** existieren mit Kanada den USA, Tunesien **70a** und der Sonderverwaltungszone Hongkong der Volksrepublik China. Im Verhältnis zu Japan gilt dessen seit dem 2.1.2011 unmittelbar für die EU-Mitgliedstaaten bilateral anwendbarer Rechtshilfevertrag mit der EU.[225]

Der **deutsch-schweizerische**[226] und der **deutsch-österreichische Polizeivertrag**,[227] die **71** beide auch im Zollbereich Anwendung finden (Art. 44 bzw. Art. 37), regeln grenzüberschreitende Eilbefugnisse (Observation und Nacheile, vgl. Art. 14, 16 bzw. Art. 11, 12) sowie verdeckte Ermittlungen (Art. 17 bzw. Art. 14), in Eilfällen sogar ohne vorherige Zustimmung (Art. 17 Abs. 5 bzw. Art. 14 Abs. 6), noch über das SDÜ hinaus und erweitern die polizeilichen bzw. zollamtlichen Rechtshilfebefugnisse bei Gefahr im Verzug (Art. 10 bzw. Art. 8). Ähnliche Regelungen sind auch in dem **deutsch-niederländischen Polizeivertrag**[228] enthalten.

ff) Deliktsbezogene Übereinkommen

Zusätzlich können auch deliktsbezogene Rechtshilferegelungen beim Umgang mit Wirt- **72** schaftskriminalität Bedeutung erlangen:

Das **Strafrechtsübereinkommen des Europarats gegen Korruption** vom 27. Januar **73** 1999[229] und sein Zusatzprotokoll vom 15. Mai 2003[230] werden nach ihrer Ratifikation durch Deutschland für die Sonstige Rechtshilfe im Bereich von aktiven und passiven Bestechungsdelikten (bezogen auf Amtsträger, Parlamentarier und die Privatwirtschaft) Bedeutung erlangen können, wenn sie von Staaten ratifiziert werden, mit denen der Rechtshilfeverkehr bislang noch vertraglos erfolgt. Ansonsten bleiben sie, dem Günstigkeitsprinzip entsprechend, allenfalls noch im Geschäftswegbereich relevant.

Das für die OECD-Staaten entwickelte **Internationale Bestechungsübereinkommen** **74** vom 17. Dezember 1997[231] verbietet im Deliktsbereich der Bestechung (nicht: Bestechlichkeit) ausländischer Amtsträger (einschl. Abgeordneter) zur Erlangung eines Vorteils im internationalen Geschäftsverkehr und damit zusammenhängender Buchführungsdelikte (Art. 1, 8), Rechtshilfe unter Berufung auf fehlende beiderseitige Strafbarkeit zu verweigern. Die Vertragsparteien haben zudem bei konkurrierender Gerichtsbarkeit zur Bestimmung der am besten geeigneten Gerichtsbarkeit (und damit auch Verfolgungszuständigkeit) zusammenzuarbeiten (Art. 4 Abs. 3).[232]

Bereits seit den 70er-Jahren bemühen sich verschiedene Generaldirektionen der Kommis- **75** sion um einen effektiven **Schutz der** einem erhöhten Korruptions- und Betrugsrisiko ausgesetzten **finanziellen Interessen der Europäischen Gemeinschaften**. Zu den ergriffenen Maßnahmen zählen neben der Einrichtung eines Europäischen Amtes für Betrugsbekämpfung (OLAF)[233] auch einige Übereinkommen:

Auf dem Gebiet der **Korruptionsbekämpfung** sieht Art. 9 Abs. 2 des im Verhältnis zu **75a** sämtlichen EU-Mitgliedstaaten mit Ausnahme von Malta und Tschechien in Kraft befindlichen **Übereinkommens** vom 26. Mai 1997 **über die Bekämpfung der Bestechung,**

---

[222] BGBl. 1981 II S. 1158; 1983 II S. 32; abgedruckt auch bei *S/L/G/H-Lagodny* HT II B d.
[223] BGBl. 1975 II S. 1157; 1976 II S. 1818; abgedruckt auch bei *S/L/G/H-Lagodny* HT II B e.
[224] BGBl. 2001 II S. 735; 2002 II S. 1163; abgedruckt auch bei *S/L/G/H-Lagodny* HT II B g.
[225] Zu Tunesien vgl. BGBl. 1969 II S. 1157; 1970 II S. 127 und im Übrigen in den Länderspezifika ab Rn. 178.
[226] BGBl. 2001 II S. 948; ber. durch Notenaustausch vom 10.9.2002 und 17.1.2003 (BGBl. 2003 II S. 506 f.); abgedruckt auch bei *S/L/G/H-Lagodny* HT II B fa; vgl. hierzu die Erläuterungen bei *Mokros*, in: *Lisken/Denninger*, Abschnitt O Rn. 86 ff.
[227] BGBl. 2005 II S. 859; abgedruckt auch bei *S/L/G/H-Lagodny* HT II B ea.
[228] BGBl. 2006 II S. 194, 1285; abgedruckt auch bei *S/L/G/H-Lagodny* HT II B da.
[229] CETS/SEV Nr. 173; abgedruckt auch bei *S/L/G/H-Lagodny* HT II D 5.
[230] CETS/SEV Nr. 191; abgedruckt auch bei *S/L/G/H-Lagodny* HT II D 5 a.
[231] Vgl. Rn. 55.
[232] Zu unerwünschten Folgen unüberlegten Verfolgungsnebeneinanders vgl. Rn. 93 bis 102.
[233] Vgl. Rn. 23a, b.

an der Beamte der Europäischen Gemeinschaften oder der Mitgliedstaaten der Europäischen Union beteiligt sind (**EU-BestÜbk**),[234] für den Deliktsbereich der Bestechung und Bestechlichkeit von Beamten, Regierungsmitgliedern und Parlamentariern der EG (nunmehr: EU) und ihrer Mitgliedstaaten eine Verpflichtung zur Zusammenarbeit vor (vgl. im Einzelnen Art. 2, 3 und 4). Neben diesem Übereinkommen hat das ältere **Protokoll** vom 27. September 1996 **über den Schutz der finanziellen Interessen der Europäischen Gemeinschaften (EU-FinIntProt-Bestechung)**[235] keine praktische Bedeutung mehr. Inhaltlich bleibt es in Folge seiner Beschränkung auf unionsschädigende Bestechung und Bestechlichkeit hinter dem EU-BestÜbk zurück und räumlich geht es über dessen Anwendungsbereich auch nicht hinaus, da es Tschechien und Malta genauso wenig ratifiziert haben.

76   Eine Kooperationsverpflichtung für den Deliktsbereich „**Betrug** zulasten der EG/EU" sieht Art. 6 des Übereinkommens vom 26. Juli 1995 über den Schutz der finanziellen Interessen der Europäischen Gemeinschaften (**EU-FinIntÜbk-Betrug**)[236] vor, dem neben Malta und Tschechien lediglich Slowenien und Ungarn noch nicht beigetreten sind.[237] Ergänzt wird das Übereinkommen – neben dem als erstes Zusatzprotokoll anzusehenden – EU-FinIntProt-Bestechung durch ein weiteres (**2. EU-FinIntProt**),[238] das seinen Anwendungsbereich in Art. 6 auf bestimmte, in Art. 1 definierte Betrugs-, Korruptions- und Geldwäschedelikte erstreckt. Ihm sind – abgesehen insoweit wiederum auch von Tschechien, Malta, Slowenien und Ungarn – Estland und Polen noch nicht beigetreten.[239] Praktische Auswirkungen hat dies aber nur für Estland, weil auch das ZP-EU-RhÜbk[240] auf Estland noch keine Anwendung findet, das eine umfassende Rechtshilfeverpflichtung in Fiskalsachen (Art. 8) vorsieht, die das 2. EU-FinIntProt insgesamt obsolet werden lässt.

77   In der Praxis haben die auf EU-Mitgliedstaaten beschränkten bereichsspezifischen EU-Finanzschutzübereinkommen bislang ohnehin kaum Bedeutung erlangen können und verlieren durch die sich fortentwickelnden allgemeinen Rechtsakte von Union und Europarat zu Rechtshilfe und Auslieferung auch weiterhin an Boden. In den nächsten Jahren ist allerdings ein **erweitertes Finanzschutzkonzept** zu erwarten, das auch die Einrichtung einer Europäischen Staatsanwaltschaft beinhalten wird. Die **Schweiz** ist durch das Abkommen vom 26. Oktober 2004 über die Zusammenarbeit zwischen der Europäischen Gemeinschaft und ihren Mitgliedstaaten einerseits und der Schweizerischen Eidgenossenschaft andererseits zur Bekämpfung von Betrug und sonstigen rechtswidrigen Handlungen, die ihre finanziellen Interessen beeinträchtigen,[241] ebenfalls in das Schutzkonzept der Europäischen Union und ihrer Mitgliedstaaten gegen Betrug und andere rechtswidrige Handlungen zum Nachteil der öffentlichen Haushalte einbezogen werden. Dieses Übereinkommen sieht eine Verbesserung der wechselseitigen Amts- (Art. 7 ff.) und Rechtshilfe (Art. 25 ff.) vor. Die praktische Bedeutung dürfte gering bleiben.

77a   Die Rechtshilfe im Bereich der **Computerkriminalität** erleichtert das Übereinkommen des Europarats vom 23.11.2001 über Datennetzkriminalität.[242] Es sieht in Art. 16 ff. ein vereinfachtes Sicherungs- und Herausgabeverfahren (sog. „quick freeze") mit einer Erreichbarkeit der zuständigen Behörden „rund um die Uhr" vor. Art. 32 gestattet den unmittelbaren Zugriff auf alle frei zugänglichen Informationen im Internet (lit. a) sowie auf freiwillig durch den Berechtigten zugänglich gemachte Daten (lit. b).[243]

---

[234] BGBl. 2002 II S. 2727; 2006 II S. 954; für Rumänien und Bulgarien siehe ABl. L 304 v. 22.11.2007, S. 34 und zur Erstreckung auf Gibraltar ABl. L 226 v. 10.9.2003, S. 27.
[235] BGBl. 1998 II S. 2342; 2007 II S. 794.
[236] BGBl. 1998 II S. 2324; 2007 II S. 794.
[237] Zur Einbeziehung Rumäniens und Bulgariens vgl. ABl. L 9 v. 12.1.2008, S. 23.
[238] BGBl. 2002 II S. 2723; 2007 II S. 794.
[239] Zur Einbeziehung Rumäniens und Bulgariens vgl. wiederum ABl. L 9 v. 12.1.2008, S. 23.
[240] Vgl. Rn. 68.
[241] BGBl. 2008 II S. 184; 2009 II S. 1117; das Übereinkommen ist für Deutschland, die Schweiz, die Europäische Gemeinschaft und einige weitere EU-Staaten bereits vorläufig anwendbar.
[242] Vgl. dem Übereinkommen und seinem Zusatzprotokoll vgl. Rn. 56.
[243] Zur Sicherung virtueller Daten im Ausland vgl. Rn. 144b.

III. Rechtsquellen

Das **Übereinkommen der Vereinten Nationen gegen transnationale organisierte Kriminalität** vom 15. November 2000 und seine Zusatzprotokolle[244] erleichtern die Zusammenarbeit mit einer Vielzahl von Staaten, mit denen der Rechtshilfeverkehr ansonsten vertraglos erfolgt. Begründet werden Rechtshilfepflichten u. a. für die Deliktsbereiche Geldwäsche und Korruption, auch mithilfe moderner Methoden wie der Videokonferenz. 77b

In **Zollangelegenheiten** ist für die EU auf das bereits vorläufig in Bezug auf einige EU-Staaten anwendbare, auch moderne Kooperationsformen wie den Einsatz verdeckter Ermittler vorsehende (Art. 19 ff.) und eigene Beweisregeln enthaltende (Art. 19 Abs. 7, Art. 23 Abs. 3 S. 2) **Übereinkommen vom 18. Dezember 1997 über die gegenseitige Amtshilfe und Zollzusammenarbeit der Zollverwaltungen (Neapel II)**[245] hinzuweisen, das in strafrechtlichen Angelegenheiten sowohl durch die Zoll- (hier: Amtshilfe) als auch die Justizbehörden (dann: Rechtshilfe) anwendbar ist (Art. 3 Abs. 2).[246] 77c

Bilaterale Übereinkommen über die Unterstützung in Steuer- und Steuerstrafsachen hat Deutschland mit verschiedenen Steueroasen in Europa (Andorra,[247] Liechtenstein,[248] Monaco,[249] San Marino,[250] Gibraltar[251] und den Kanalinseln Guernsey,[252] Jersey[253] und Man[254]) und im überseeischen Bereich (Anguilla,[255] Antigua und Barbuda,[256] Bahamas,[257] Bermuda,[258] Britische Jungferninseln,[259] den Cookinseln,[260] Kaimaninseln,[261] Montserrat,[262] St. Lucia,[263] St. Vincent und die Grenadinen[264] sowie Turks- und Caicosinseln[265]) geschlossen. Diese Übereinkommen gehen auf ein OECD-Musterabkommen über Amts- und Rechtshilfe aus dem Jahr 2002 zurück und sind dadurch weitgehend inhaltsgleich. Das OECD-Übereinkommen über die wechselseitige Unterstützung in steuerlichen Angelegenheiten vom 25. Januar 1988 und sein Zusatzprotokoll vom 27. Mai 2010,[266] mit denen sich die OECD-Staaten zu entsprechender wechselseitiger Unterstützung auf diesem Gebiet verpflichtet haben, hat Deutschland hingegen bislang noch nicht ratifiziert. 77d

Das Geldwäscheübereinkommen (**EuGeldwäscheÜbk**)[267] erleichtert die Rechtshilfe zur Sicherung späterer Einziehung (Art. 8 EuGeldwäscheÜbk).[268] Aktualisiert und ergänzt wird es durch das von Deutschland noch nicht ratifizierte **Übereinkommen über die Geld-** 78

---

[244] Vgl. Rn. 64d.
[245] BGBl. 2002 II S. 1388; ABl. EG C 24 v. 23. Januar 1998 S. 1; mit einer Kurzeinführung abgedruckt auch bei *S/L/G/H-Gleß*, 4. Aufl., HT III G und *G/P/K-MacLean*, Abschnitt III C 18.3); ausführlich hierzu Kap. 20 (Zoll) Rn. 233 ff.
[246] Zu Unrecht das aus Art. 3 abzuleitende Wahlrecht ablehnend: *G/P/K- McLean* a. a. O. Vorbemerkungen Rn. 10.
[247] BGBl. 2011 II S. 1223; 2012 II S. 146.
[248] BGBl. 2010 II S. 950; 2011 II S. 326 sowie BGBl. 2009 II S. 578.
[249] BGBl. 2011 II S. 653; 2012 II S. 92.
[250] BGBl. 2011 II S. 908; 2013 II S. 333, 407.
[251] BGBl. 2010 II S. 984; 2011 II S. 535.
[252] BGBl. 2010 II S. 973; 2011 II S. 535.
[253] BGBl. 2009 II S. 578; 2010 II S. 38 sowie BGBl. 2010 II S. 326.
[254] BGBl. 2010 II S. 957; 2011 II S. 534.
[255] BGBl. 2010 II S. 1381; 2011 II S. 948.
[256] BGBl. 2011 II S. 1212; 2012 II S. 737.
[257] BGBl. 2011 II S. 642; 2012 II S. 63.
[258] BGBl. 2012 II S. 1306; 2013 II S. 257.
[259] BGBl. 2011 II S. 895; 2012 II S. 53.
[260] BT-Drs. 17/12958.
[261] BGBl. 2011 II S. 664, 823.
[262] BGBl. 2012 II S. 1321.
[263] BGBl. 2011 II S. 264.
[264] BGBl. 2011 II S. 253; 696.
[265] BGBl. 2011 II S. 882; 2012 II S. 116.
[266] http://www.oecd-ilibrary.org/taxation/the-multilateral-convention-on-mutual-administrative-assistance-in-tax-matters_9789264115606-en.
[267] Vgl. Rn. 63.
[268] Zum Begriff im Kontext dieses Übereinkommens vgl. Rn. 63.

wäsche sowie Ermittlung, Beschlagnahme und Einziehung von Erträgen aus Straftaten sowie über die Finanzierung des Terrorismus,[269] das insbesondere auch eine Vereinfachung und Beschleunigung des Zugangs zu Informationen über Finanzen und Vermögenswerte vorsieht. Dazu gehören je ein Kapitel über die grenzüberschreitende Zusammenarbeit der Strafverfolgungsbehörden (Kapitel IV) und der Financial Intelligence Units (FIU, Kapitel V). Kapitel IV enthält eine generelle Rechtshilfeverpflichtung (Art. 15 f.) mit eingeschränkten Ablehnungsmöglichkeiten (Art. 28). Die Kommunikation erfolgt über Zentrale Stellen, die unmittelbar miteinander in Kontakt treten. Besondere Regelung haben Bankkontoausküfte und die Überwachung des Zahlungsverkehrs (Art. 17–19) sowie Maßnahmen zur Sicherung einer späteren Einziehung (Art. 21 f.) gefunden.

gg) Zusammenfassung

79 Zusammenfassend kann sich das völkerrechtlich fixierte Rechtshilferecht (i. e. S.) im Verhältnis zu Mitgliedstaaten des EuRhÜbk aus folgenden, wenigstens teilweise relevanten Quellen speisen:
  a) EuRhÜbk (incl. etwaiger Vorbehalte)
  b) Bilateraler Ergänzungsvertrag hierzu
  c) Erstes (und Zweites) ZP-EuRhÜbk (incl. Vorbehalt)
  d) SDÜ
  e) EU-RhÜbk
  f) ZP-EU-RhÜbk
  g) RB Sicherstellung
  h) RB-InfA
  i) wenn Bestechung:
    aa) IntBestÜbk
    bb) EU-BestÜbk (auch Bestechlichkeit)
  j) wenn Betrug zulasten der EG: EU-FinIntÜbk-Betrug
  k) wenn Zollvergehen: Neapel II
  l) wenn Steuerstrafsachen: bilaterale Übereinkommen
  m) Insbesondere zur Vorbereitung von Einziehung oder Verfall: EuGeldwäscheÜbk

80 **Beispiel:** **Deutsches** Rechtshilfeersuchen nach Frankreich wegen Einkommens- und Umsatzsteuerhinterziehung.
Einschlägige Normen:
  a) Art. 2 Abs. 1 EuRhÜbk: keine Rechtshilfeverpflichtung,
  b) Art. II des deutsch-französischen Ergänzungsvertrags zum EuRhÜbk,[270] Art. 1 ZP-EuRhÜbk und Art. 9 ZP-EU-RhÜbk: Rechtshilfeverpflichtung,
  c) Art. 50 Abs. 1 SDÜ: Rechtshilfeverpflichtung wegen der Umsatzsteuerhinterziehung, sofern mehr als 25 000 Euro hinterzogen,
  d) RB Sicherstellung: Sicherstellungsverpflichtung unabhängig von der Schadenshöhe, soweit beiderseitige Strafbarkeit besteht, wobei das französische Recht die Umsatzsteuer selbst gar nicht kennen müsste und es auch nicht darauf ankommt, ob es den deutschen entsprechende Steuerbestimmungen beinhaltet (Art. 1 Abs. 5, Art. 7 Abs. 1 Buchst. d).

Ergebnis: Rechtshilfeverpflichtung

3. Rechtsquellen des nationalen Rechtshilferechts

a) Das Gesetz über die internationale Rechtshilfe in Strafsachen

81 Wichtigste innerstaatliche Rechtsquelle ist das **Gesetz über die internationale Rechtshilfe in Strafsachen (IRG)**.[271] Es regelt Auslieferung, Durchlieferung, Vollstreckungshilfe und Sonstige Rechtshilfe für **eingehende Ersuchen** (Zweiter bis Fünfter Teil) ausführlich. Nur

---

[269] Vgl. dazu bereits Rn. 64.
[270] Vgl. Rn. 70.
[271] In der Fassung der Bekanntmachung vom 27. Juni 1994, BGBl. I S. 1537, zuletzt geändert durch Gesetz vom 18. Oktober 2010, BGBl. I S. 1408; Kommentierungen bei *Schomburg/Lagodny/Gleß/Hackner* (HT I) und bei *Grützner/Pötz/Kreß* (Teil I).

III. Rechtsquellen **24**

fragmentarisch sind die Bestimmungen für **ausgehende Ersuchen** (Sechster Teil), weil der Gesetzgeber davon ausgeht, dass sich die Zulässigkeit einer Maßnahme nach den allgemeinen verfahrensrechtlichen Bestimmungen insbesondere von StPO, JGG und GVG richtet (§ 77 Abs. 1 IRG) und alles innerstaatlich Mögliche auch grenzüberschreitend zulässig sein soll. Deshalb finden sich im IRG nur wenige Vorschriften zur Ergänzung jener Gesetze. Der Siebente Teil wiederum enthält die – eingehend wie ausgehend anwendbaren – gemeinsamen Vorschriften. Wird Gegenseitigkeit[272] gefordert, können die Bestimmungen des IRG über eingehende Ersuchen auch Bedeutung für ausgehende erlangen.[273] In eigenen Teilen (Acht bis Zehn) sind das Übergabeverfahren nach dem Europäischen Haftbefehl, die Vollstreckungs- und die Sonstige **Rechtshilfe für EU-Staaten** geregelt. Die dortigen Vorschriften dienen der Umsetzung der Rechtsakte der EU für Auslieferung (Acht), Vollstreckungs- (Neun) und Sonstige Rechtshilfe (Zehn) und spiegeln so die Teile Zwei bis Sechs mit der Besonderheit wieder, dass sie sowohl für eingehende wie ausgehende Ersuchen Bestimmungen enthalten. Im Elften Teil sind die in der Praxis weniger bedeutsamen Schlussbestimmungen zu finden.

Seine wesentliche Bedeutung hatte das IRG ursprünglich für den **vertraglosen Rechts- 82 hilfeverkehr**, inzwischen hat es sie aber nicht minder für die **Zusammenarbeit mit anderen EU-Mitgliedstaaten**. Im Verhältnis zu multi- und bilateralen **völkerrechtlichen Vereinbarungen** gilt es **subsidiär** (§ 1 Abs. 3 IRG). Entscheidend ist dabei deren Reichweite.[274] In der Regel sind innerstaatliche Verfahrensfragen nicht in der völkerrechtlichen Vereinbarung, sondern nur im IRG geregelt.[275] Als Grundregel kommt hinzu, dass Verträge nur Mindestrechte für den ersuchenden und Mindestpflichten für den ersuchten Staat begründen und darüber hinausgehende Rechtshilfeleistung grundsätzlich denkbar bleibt,[276] aber praktisch selten ist.[277] Derartige abschließende Regelungen sieht die Rechtsprechung in zwischenstaatlichen Verfahrensregelungen (etwa Geschäftsweg, Vollständigkeit der Unterlagen) eher nicht.[278] Die besonderen Bestimmungen zur Umsetzung von Rechtsakten der Europäischen Union in den **Teilen Acht bis Zehn** gehen sowohl den völkerrechtlichen Verträgen als auch den sie ergänzenden allgemeinen Bestimmungen des IRG (Teile Zwei bis Sieben) vor, soweit sie eine speziellere Regelung treffen (§ 1 Abs. 4 i. V. m. § 78 Abs. 1, § 84, § 86 Abs. 1, § 88 S. 2, § 91 Abs. 1 IRG).[279]

Rechtshilfevorschriften finden sich auch **außerhalb des IRG** in Spezialgesetzen, von de- 82a nen das Überstellungsausführungs-[280] und das Eurojustgesetz[281] die bedeutsamsten sind, und in spezifischen Gesetzen wie dem Bundeszentralregistergesetz und den verschiedenen Polizeigesetzen.

b) Zuständigkeitsvereinbarung

Mit der **Vereinbarung** vom 28. April 2004 zwischen der **Bundesregierung** und den **Lan- 83 desregierungen** über die Zuständigkeit im Rechtshilfeverkehr mit dem Ausland in strafrechtlichen Angelegenheiten (**Zuständigkeitsvereinbarung 2004**)[282] hat die Bundesregierung gem. § 74 Abs. 2 IRG die Ausübung ihrer ein- und ausgehende Ersuchen betreffenden

---

[272] Vgl. Rn. 133.
[273] So auch *Nagel,* S. 278; *S/L/G/H-Lagodny/Hackner* § 76 IRG Rn. 4.
[274] Zutreffend OLG Köln NStZ-RR 2003, 339.
[275] Vgl. BGHSt 34, 256 [262 f.].
[276] BGHSt 34, 334 [343]; BGH NJW 1965, 1145; OLG Köln, NStZ-RR 2003, 339 f.; *S/L/G/H-Lagodny* § 1 Rn. 17; ausführlich *Nagel,* S. 87 ff.
[277] *S/L/G/H-Lagodny* § 1 Rn. 17, 18, zu innerstaatlich-materiellen Fragen Rn. 21.
[278] Ablehnend kommentierte Nachweise bei *S/L/G/H-Lagodny* § 1 Rn. 19 f.
[279] Zu Entwicklung, Inhalten und Systematik des IRG vgl. die Einführung mit praktischen Hinweisen, Übersichten und Check-Listen bei *S/L/G/H-Hackner*.
[280] BGBl. 1991 I S. 1954 f.; 2006 I S. 3175; abgedruckt auch bei *S/L/G/H-Schomburg/Hackner* Zu II C.
[281] Vgl. Rn. 22.
[282] BAnz. 2004 S. 11494; abgedruckt auch bei *S/L/G/H-Hackner,* Anhang 8.

Bewilligungsbefugnisse[283] an die Landesregierungen übertragen, die ihrerseits in unterschiedlichem Umfang von der ihnen eingeräumten Subdelegationsbefugnis Gebrauch gemacht haben. Länderspezifische **Weiterdelegationen** (durch entsprechende Landesvorschriften[284]) sind (häufig übersehen!) immer im Kontext dieser Vereinbarung zu lesen, da nur solche Ausübungsbefugnisse weiterdelegiert werden konnten, die in der ZustVereinb. zuvor vom Bund auf die Länder delegiert worden sind.

c) Richtlinien für den Verkehr mit dem Ausland in strafrechtlichen Angelegenheiten (RiVASt)

84 Bei den Richtlinien zur Rechtshilfe **(RiVASt),**[285] die inhaltsgleich vom Bund wie auch den Ländern in Kraft gesetzt worden sind, handelt es sich um **Verwaltungsvorschriften,** die – auf den Regelfall abgestellt (Nr. 1 Abs. 2 Satz 2) – die **Exekutive** binden. Da es sich um Pflege des Auswärtigen (Art. 32 Abs. 1 GG) handelt, sind auch die **Gerichte** hieran gebunden, soweit ihre Entscheidungen nicht der richterlichen Unabhängigkeit unterliegen (Nr. 1 Abs. 1), sondern der Justizverwaltung zuzurechnen[286] sind. Die RiVASt enthalten wichtige Hinweise zur Interpretation einzelner gesetzlicher Bestimmungen und wesentliche Vorgaben für den Ablauf der Rechtshilfe (Formvorschriften, Berichts- und Unterrichtungspflichten inklusive beigefügter Muster), eingehend wie ausgehend. Zugleich regeln sie den Verkehr mit diplomatischen und konsularischen Vertretungen. Sie gelten – mit Modifizierungen – auch für den Rechtshilfeverkehr der **Polizei-, Zoll- und Steuerbehörden** (vgl. Nr. 122 bis 127).

84a Mit den RiVASt ist der Praxis ein verbindlicher Leitfaden für die Bearbeitung von Rechtshilfevorgängen an die Hand gegeben worden, dessen Nutzen aber auch für den anwaltlichen Beistand nicht hoch genug geschätzt werden kann. Sie sind in drei Kapitel untergliedert. **Kapitel A** (Nrn. 1 ff.) enthält die für den ein- wie ausgehenden Rechtshilfeverkehr allgemein gültigen Vorschriften. Die besonderen Regelungen für die Zusammenarbeit mit den EU-Staaten finden sich in **Kapitel B** (Nrn. 149 ff.). **Kapitel C** besteht aus einer nach Ländern gegliederten Auflistung der – für den Auslieferungs- und Überstellungsverkehr bedeutsamen – Übergabeorte und -stellen und einer sehr hilfreichen Zusammenstellung von derzeit 43 mit den einzelnen RiVASt-Bestimmungen korrespondierenden **Formularen und Mustern.** Hinzu kommen drei **Anhänge**. Anhang I enthält bedeutsame Gesetze, Vereinbarungen und Vorschriften, wogegen in Anhang III sukzessive die einschlägigen Rahmenbeschlüsse und Richtlinien der Europäischen Union aufgenommen werden. Von noch größerem praktischen Nutzen ist aber der seinerseits durch verschiedene Anhänge ergänzte – **Länderteil** der RiVASt (Anhang II), der fortlaufend aktualisiert wird und deshalb grundsätzlich nur in der größere Aktualität erlaubenden Internet-Fassung genutzt werden sollte.[287] Dieser enthält eine Auflistung der praktisch relevanten Erfahrungen mit anderen Staaten einschließlich der bilateral im Verhältnis zur Bundesrepublik Deutschland maßgeblichen Übereinkommen und verbindlichen Absprachen auf Regierungsebene. Ferner gibt er die bisherigen Erfahrungen in der grenzüberschreitenden Zusammenarbeit wieder.

d) Fahndungsbestimmungen

85 Die grenzüberschreitende Fahndung nach Zeugen und Beschuldigten richtet sich nach den **Nummern 39 bis 43** der die StPO konkretisierenden (vgl. insb. §§ 131 ff.) Richtlinien für

---

[283] Vgl. Rn. 122, 126.
[284] Abgedruckt bei *Piller/Herrmann,* Abschnitt 2 f, S. 39 ff.
[285] Als Loseblattsammlung herausgegeben vom Bundesminister der Justiz, außerdem abgedruckt bei *Piller/Herrmann,* Abschnitt 2 f, S. 62 d ff.; *Grützner/Pötz/Kreß* Abschnitt I A 4 (ohne Länderteil); *S/L/G/H-Hackner* Anhang 9 (ohne Muster und Länderteil); Länderteil im Internet unter *www.bmj.bund.de.*
[286] Vgl. hierzu *S/L/G/H-Schomburg/Hackner* Einf. Anh. 9; *Schnigula,* DRiZ 1984, 177 [179]; vgl. auch Rn. 122, 130.
[287] http://www.bmj.bund.de. Einen dem RiVASt-Länderteil vergleichbaren „Praktischen Führer zur internationalen Rechtshilfe in Zivil- und Strafsachen" hält die Schweiz unter http://www.ofj.admin.ch/rhf/d/service/recht/index.htm bereit.

IV. Notwendigkeit und Sinn eines Rechtshilfeersuchens **24**

das Straf- und das Bußgeldverfahren (**RiStBV**) und den sog. **Fahndungsrichtlinien**.[288] Die RiVASt enthalten in Nr. 85 lediglich eine Verweisung auf diese Bestimmungen.

IV. Notwendigkeit und Sinn eines Rechtshilfeersuchens

1. Nichtgenehmigungsbedürftige grenzüberschreitende Befugnisse

Grundsätzlich enden die Befugnisse deutscher Ermittlungsbehörden an den Grenzen.[289] Dies hat zur Folge, dass ein **Ersuchen** an den ausländischen Staat um Unterstützung durch Tätigwerden oder um Duldung deutschen Tätigwerdens auf fremdem Hoheitsgebiet (einschließlich des Hineinwirkens von außen) **notwendig** ist. Es gibt jedoch einige Ausnahmen: **86**

a) Unmittelbares Hineinwirken in das Ausland

Eines Rechtshilfeersuchens bedarf es nicht für die **Zustellung justizieller Schriftstücke in die EU- und Schengen-Staaten**, die nach Art. 5 EU-RhÜbk bzw. Art. 52 SDÜ unmittelbar per Post (Einschreiben mit Rückschein) übersandt werden dürfen. Allerdings ist in einer Reihe europäischer Staaten das Einschreiben mit Rückschein postalisch nicht eingeführt.[290] Für Zustellungen nach §§ 37 Abs. 1 StPO, 183 Abs. 1 Nr. 1 ZPO i. V. mit Art. 52 SDÜ bzw. Art. 5 EU-RhÜbk kann zudem keine Zustellungsfiktion[291] angenommen werden. Außerdem muss die **Wirksamkeit der Zustellung** ebenso wie sonst feststehen.[292] Das heißt auch, dass es sich bei einem Ersatzempfänger um eine Person handeln muss, bei der davon ausgegangen werden kann, dass sie den Brief weiterleitet. **87**

Die Möglichkeiten direkten Kontakts sind weitreichend. Schon die zum SDÜ erstellte deutsche Liste[293] erstreckt sich über den Wortlaut von Art. 52 SDÜ („gerichtliche Urkunden") hinaus auf sämtliche im Lauf eines Ermittlungs- und Strafverfahrens nötigen Mitteilungen bis hin zum Vollstreckungs- und Wiederaufnahmeverfahren, soweit in die Liste aufgenommen.[294] Art. 5 EU-RhÜbk, der Art. 52 SDÜ ersetzt hat, kennt eine solche Beschränkung ohnehin nicht mehr. Von diesen umfassenden Möglichkeiten sollte weitestgehend Gebrauch gemacht werden. So kann etwa die Aufforderung zu schriftlichen Zeugenaussagen gerade bei der formalisierten Befragung von Betrugsopfern von unschätzbarem Wert sein. Bei alledem ist allerdings zu bedenken, dass damit von der **Beachtung ausdrücklich erklärter Rechtshilfevorbehalte** nach wie vor kein Dispens erteilt worden ist. **87a**

Sonstige **unmittelbare Kontaktaufnahme** mit Personen im Ausland ist gestattet, wenn nicht damit zu rechnen ist, dass der ausländische Staat dieses Verfahren als unzulässigen Eingriff in seine Hoheitsrechte ansieht (Nr. 121 RiVASt). Generell hält der BGH dabei die Vorabklärung, ob ein Zeuge Sachdienliches zu einer bestimmten Frage beitragen kann[295] oder aussagebereit ist,[296] durch unmittelbare Kontaktaufnahme für zulässig.[297] **88**

---

[288] Richtlinien über die internationale Fahndung nach Personen, insbesondere der Fahndung nach Personen im Schengener Informationssystem (SIS) und auf Grund eines Europäischen Haftbefehls (Anlage F zu den RiStBV) in der zum 1.4.2012 bundeseinheitlich in Kraft getretenen Fassung; regelmäßig abgedruckt bspw. auch bei *Meyer-Goßner* als Anl. 15.

[289] Vgl. bereits Rn. 5.

[290] So wohl noch immer in Frankreich, Griechenland, den Niederlanden und Norwegen.

[291] Vgl. zur Ersatzzustellung durch Niederlegung KG wistra 2002, 200.

[292] Zu den Anforderungen an den Zustellungsnachweis vgl. OLG Köln NStZ 2000, 666.

[293] Für Deutschland abgedruckt u. a. bei *S/L/G/H-Schomburg/Gleß*, 4. Aufl., Art. 52 SDÜ (HT IV) Rn. 14 f. Nachweise zu anderen Staaten siehe RiVASt-Länderteil.

[294] Vgl. *G/P/K-Grotz* SDÜ (Abschnitt III A 1.3) Fn. 49.

[295] So BGH NStZ 1995, 244 [245] (zur Klärung der Voraussetzungen des § 244 Abs. 5 StPO im Freibeweisverfahren); vgl. auch BGH NJW 2002, 2403 [2404].

[296] BGH NStZ 1985, 375.

[297] *S/L/G/H-Schomburg/Hackner* Vor § 68 Rn. 64; ablehnend noch *Schnigula* DRiZ 1984, 177 [178]. Ausführlich zu Auslandszeugen neben der Kommentarliteratur zu § 244 Abs. 5 S. 2 StPO bspw. *Rose*, wistra 1998, 11 [12 f.] und NStZ 2012, 18 [18 ff.].

88a Differenzierterer Betrachtung bedürfen **Ermittlungshandlungen unter Nutzung technischer Hilfsmittel mit Auswirkungen auf ausländische Staaten**. Noch kein Rechtshilfeersuchen erfordert dabei das einfache „Surfen" im **Internet** zu Ermittlungszwecken. In einem auf weltweite Kommunikation angelegten Medium die dort eingegebenen Informationen abzurufen, kann nach modernem Verständnis nicht mehr als Eingriff in Hoheitsrechte gewertet werden.[298] Für den **Zugriff auf im Ausland gespeicherte Daten** gilt hingegen: Digital gespeicherte Informationen unterliegen der Beschlagnahme nach §§ 94, 98 StPO.[299] Dies gilt auch dann, wenn sie sich auf räumlich vom Durchsuchungsort getrennten Speichermedien befinden, sofern von dort aus darauf zugegriffen werden kann (§ 110 Abs. 3 StPO), sowie für auf dem Mailserver eines Providers in einem zugangsgesicherten Bereich abgelegte E-Mails, selbst wenn diese nur über eine Internetverbindung zugänglich und noch nicht gelesen worden sind.[300] Der unmittelbare Zugriff auf **Auslandsserver ("Transborder Search")** setzt nach h. M. jedoch eine völkerrechtliche Ermächtigung voraus, weil er sich auf fremdes Hoheitsgebiet auswirkt, wo er Datenverarbeitungsvorgänge auslöst und nationales Straf- oder Datenschutzrecht berühren kann.[301] Die Zustimmung kann in einer allgemeinen Gestattung oder in einem Vertrag liegen. Einzige explizite vertragliche Rechtsgrundlage ist derzeit das EuCybercrimeÜbk,[302] das in Art. 32 den unmittelbaren Zugriff auf alle frei zugänglichen Informationen im Internet (lit. a) sowie auf freiwillig durch den Berechtigten zugänglich gemachte Daten (lit. b) gestattet. Außerhalb deren Geltungsbereichs kann nur noch an eine entsprechende Anwendung von Art. 20 Abs. 4 EU-RhÜbk gedacht werden. Keine Stütze im Völkerrecht lässt sich indes für die Auffassung finden, eine vorläufige Sicherung sei zunächst auch ohne Zustimmung des betroffenen Staates zulässig und lediglich die Auswertung bedürfe derer.[303] Auch in diesen Fällen, erst recht bei der Sicherung nicht freiwillig herausgegebener, geschützter Daten, bedarf es eines **Rechtshilfeersuchens**. Alternativ ist denkbar, einen freiwillig hierzu bereiten Berechtigten die Daten auf ein im Inland befindliches Speichermedium kopieren und sich dieses oder Ausdrucke zur Verfügung stellen oder einen Gastzugang einräumen zu lassen.[304] Grundsätzlich kooperativ und zur Herausgabe von **Bestands- und Verkehrsdaten** zumindest bei europäischen IP-Adressen waren jedenfalls bisher unter den bekannten Providern und Netzwerken *Google, Microsoft* und *Youtube* sowie *Facebook, Ebay* und *Skype*, die nach einsehbaren eigenen „Richtlinien für Strafverfolgungsbehörden" verfahren. Bei **Inhaltsdaten** wird dagegen auch von diesen stets ein Rechtshilfeersuchen verlangt. *Apple (i-Tunes)* und *Paypal* (beide mit Sitz in Luxemburg) sowie *Yahoo* geben nach bisheriger Erfahrung freiwillig keine Daten heraus. Ein unmittelbares Herantreten an die US-Zentrale ist nach dem Ergebnis eines deutsch-amerikanischen Notenwechsels zulässig. Eine Anordnung gegenüber einem Dritten als Betreiber des im Ausland belegenen Speichermediums kommt hingegen selbst dann nicht in Betracht, wenn es sich um eine einheitliche Rechtspersönlichkeit mit Sitz im Inland handelt, weil dies die Verletzung der Souveränität des Staates nicht beseitigt, auf dessen Hoheitsgebiet sich das Speichermedium physisch befindet.[305] Ein vereinfachtes Siche-

---

[298] Im Ergebnis wie hier: *G/P/K-Vogel* Vor § 1 IRG Rn. 17; anders wohl *Spatscheck/Alvermann*, wistra 1999, 333 [334, 336]. Völkergewohnheitsrechtlich als von Hoheitsrechten gänzlich unberührt bleibender virtueller Raum ist das Internet bislang aber noch immer nicht anerkannt, wie die Beratungen zum Cybercrime-Übereinkommen gezeigt haben. Vgl. hierzu *S/L/G/H-Schomburg/Hackner* Vor § 68 Rn. 37c.

[299] BVerfG NJW 2009, 2431; *Meyer-Goßner* § 94 StPO RN 4, 16a m. w. N. Zum derzeitigen Stand der technischen Möglichkeiten vgl. *Singelnstein* NStZ 2012, 593 ff.

[300] BVerfG NJW 2009, 2431; *Bär* ZIS 2011, 53 [54].

[301] *S/L/G/H-Schomburg/Hackner* Vor § 68 Rn. 37c; LG Hamburg a. a. O. S. 71; *Gaede* StV 2009, 96 [101 f.]; *Brodowski* JR 2009, 402 [410]; *Gercke* StraFo 2009, 271 [272 f.]; *Kasiske* StraFo 2010, 228 [234]; *Bär* ZIS 2011, 53 [54] f.

[302] Vgl. Rn. 56, 77a.

[303] So aber *Bär* DRiZ 2007, 221; *Meyer-Goßner* § 110 StPO RN 7a; wie hier *S/L/G/H-Schomburg/Hackner* Vor § 68 Rn. 37c; *Gaede* a. a. O. S. 101; *Gercke* a. a. O. S. 273.

[304] Vgl. LG Mannheim StV 2011, 352 m. abl. Anm. v. *Kelnhofer/Nadeborn*.

[305] Vgl. etwa *Meyer/Goßner*, StPO, § 110 RN 10a; *Gaede* StV 209, 96 [101 f.]; *Brodowski* JR 2010, 402 [411] und ZIS 2012, 474 [478] m. w. N.). Zu möglichen Verwertungsverboten vgl. *S/L/G/H-Schomburg/Hackner* Vor § 68 Rn. 37e.

IV. Notwendigkeit und Sinn eines Rechtshilfeersuchens

rungs- und Herausgabeverfahren und ein 24/7-Netzwerk sehen wiederum Art. 16 ff. EuCybercrimeÜbk vor (sog. „Quick Freeze"). Deutsche Kontaktstelle innerhalb des Netzwerks ist das Bundeskriminalamt (Ref. SO43–2).

Nach jüngerer Staatenpraxis soll darüber hinaus zum Schutz hochrangiger Rechtsgüter sogar die **Verletzung der Personalhoheit** eines Staates gerechtfertigt sein.[306] Andererseits gibt es nach den Feststellungen des BVerfG keine anerkannte Staatenpraxis, das listige Herauslocken aus der Gebietshoheit eines Staates als Strafverfolgungshindernis anzusehen (Prinzip des „male captus – bene detentus").[307]

Die strafprozessuale Verwertbarkeit von Privaten in strafbarer Weise **im Ausland** erlangter und anschließend von staatlichen deutschen Stellen **angekaufter Beweismittel** wie Steuerdaten ist insgesamt stark umstritten,[308] aus transnationaler Perspektive aber unbedenklich, weil dadurch fremde Hoheitsrechte nicht verletzt werden. Weder kommt es darauf an, ob die Erkenntnisse überhaupt im Wege der Rechtshilfe zu erlangen gewesen wären, noch gibt es einen Vorrang der Rechtshilfe gegenüber anderen prozessual zulässigen Formen der Beweisgewinnung.[309]

b) Eilmaßnahmen

Regelungen, die für **Eilfälle** grenzüberschreitendes Tätigwerden im Ausland oder in das Ausland hinein ermöglichen, finden sich bislang nur in Art. 40 Abs. 2 SDÜ (**grenzüberschreitende Observation**) und in Art. 41 Abs. 1 SDÜ (**Nacheile**).[310] Für Zollbehörden ist auf die dem SDÜ nachgebildeten Befugnisse nach Art. 20 Abs. 1 (Nacheile) und 21 Abs. 2 Neapel II (grenzüberschreitende Observation) zu verweisen. Zu bedenken ist dabei, dass gemäß Art. 40 Abs. 2 SDÜ, 20 Abs. 1, 21 Abs. 2 Neapel II nur die *vorherige* Zustimmung entbehrlich ist und nachträglich eingeholt werden muss. Diese Zustimmung ist nicht nur völkerrechtlich verpflichtend, sondern auch Voraussetzung der Verwertbarkeit während Observation und Nacheile gewonnener Erkenntnisse.[311] Eine Befugnis zu **Einsätzen verdeckter Ermittler,** im Fall besonderer Dringlichkeit auch ohne vorherige Zustimmung, kennen die Polizeiverträge mit der Schweiz (Art. 17 Abs. 5) und Österreich (Art. 14 Abs. 6) sowie der deutsch-tschechische Ergänzungsvertrag zum EuRhÜbk (Art. 21 Abs. 5).

2. Befugnisse von Auslandsvertretungen

Je nach dem Recht des Aufenthaltsstaates können die **deutschen Auslandsvertretungen** (zum Begriff vgl. Nr. 128 Abs. 1 RiVASt) in eigener Zuständigkeit Ersuchen um Amtshandlungen[312] erledigen, etwa Zustellungen[313] vornehmen oder Zeugen, Sachverständige und Beschuldigte vernehmen. Auslandsvertretungen sollten wegen der Vielzahl ihrer Aufgaben aber nur in Anspruch genommen werden, wenn die Möglichkeiten der Rechtshilfe zur Zweckerreichung nicht geeignet sind oder einen unzumutbaren Aufwand verursachen.[314] Sinnvoll ist die Inanspruchnahme der Auslandsvertretungen etwa für Zustellungen in den Vereinigten Staaten[315] oder für Ermittlungen im Bereich überseeischer Steueroasen.[316]

---

[306] BVerfG, NJW 2004, 141[144 f.]; zu Recht abl. *Vogel* JZ 2004, 412 [414].
[307] BVerfG NJW 2004, 141 [144 f.] m. krit. Anm. *Dickersbach* StV 2004, 434 ff.
[308] Nachweise u. a. bei *S/L/G/H-Schomburg/Hackner* Vor § 68 Rn. 12 d.
[309] Näher *S/L/G/H-Schomburg/Hackner* Vor § 68 Rn. 12 d m. w. N. auch zu abweichenden Meinungen.
[310] Durch die Erstreckung des SDÜ auf die Schweiz und Tschechien haben die in dem deutsch-schweizerischen Polizeivertrag (Art. 14 bis 16) und dem deutsch-tschechischen Ergänzungsvertrag zum EuRhÜbk (Art. 18, 19) getroffenen Regelungen heute keine eigenständige Bedeutung mehr.
[311] So auch *Böse* ZStW 114 (2002), 148 [177].
[312] Die Unterstützung durch die deutsche Auslandsvertretung ist nicht international, sondern innerstaatliche Rechtshilfe, vgl. *G/P/K-Vogel* Vor § 1 IRG Rn. 3.
[313] Überblick über die Zustellungsmöglichkeiten bei *Rose* wistra 1998, 11 [14 f.]; vgl. auch *Schnigula* DRiZ 1984, 177 [181 f.].
[314] Vgl. im Einzelnen Nr. 130 RiVASt.
[315] Vgl. Rn. 178.
[316] Vgl. Rn. 181.

3. Rechtshilfe und konkurrierende Strafverfolgungszuständigkeiten

a) Voraussetzungen der Verfolgungsübernahme

91 Bei **Strafverfolgungszuständigkeiten verschiedener Staaten** kann die exklusive Übernahme durch einen ausländischen Staat ebenso im Interesse effektiver Strafverfolgung liegen wie im Gegenteil die Vermeidung ausländischer Maßnahmen. Deshalb können **Absprachen** zwischen konkurrierenden Staaten, ggfs. mit Unterstützung des EJN oder von Eurojust, geboten sein (vgl. Rn. 20 f.).

92 Ein Ersuchen um Verfolgungsübernahme ist gemäß Nr. 145 RiVASt bei **Aufenthalt des Verfolgten im Ausland** zu prüfen, wenn ein Ersuchen um **Auslieferung** (Abs. 1) bzw. **Vollstreckungshilfe** (Abs. 2) nicht in Betracht kommt.[317] Das **Verfolgungsersuchen** ist Mittel, um in diesen Fällen wenigstens ein ausländisches Ermittlungsverfahren in Gang zu bringen und über dessen Fortgang unterrichtet zu werden (vgl. Art. 21 Abs. 2 EuRhÜbk). Dies macht freilich nur Sinn, wenn die Tat vom Geltungsbereich des ausländischen Strafrechts erfasst ist. Bei anderen als EU-Staaten, wo Art. 6 Abs. 1 S. 3 EU-RhÜbk den direkten Kontakt eröffnet, wird die Staatsanwaltschaft allerdings mangels unmittelbaren Geschäftswegs dem zuständigen Landesjustizministerium als oberster Justizbehörde gemäß Nr. 146 RiVASt zu berichten haben, damit von dort aus ein etwaiges Verfolgungsersuchen in die Wege geleitet werden kann. Darüber hinaus sind Übernahmeersuchen (statt Rechtshilfeersuchen) aber auch dann anzuregen, wenn die Übernahme der Strafverfolgung durch den ausländischen Staat der Fortführung der eigenen Ermittlungen aus Gründen der **Zweckmäßigkeit** vorzuziehen ist.[318] Als ausschlaggebende Gesichtspunkte kommen vor allem Tatort, Staatsangehörigkeit, Aufenthalts- und Festnahmeort der Beschuldigten, Zugriff zu den Beweismitteln und zeitlicher Vorrang der Strafverfolgung[319] in Betracht, aber auch die Verfolgungsfähigkeit und -bereitschaft der ausländischen Behörden. Nicht zu vergessen ist der mit dem Ersuchen und etwaig notwendigen Übersetzungen verbundene Aufwand.

b) Folgen der Verfolgungsübernahme, ne bis in idem

93 Die Übernahme der Strafverfolgung durch den ersuchten Staat begründet nicht automatisch ein **Verfolgungshindernis** wegen derselben Tat, sondern nur soweit dies in einer **völkerrechtlichen Übereinkunft** bestimmt ist. Weder gibt es einen allgemeinen Völkerrechtsgrundsatz dieses Inhalts, noch lässt sich diese Wirkung aus Art. 21 EuRhÜbk ableiten.[320] Denn in der Sache handelt es sich um nichts weiter als die Anregung an einen fremden Staat, ein eigenes Strafverfahren einzuleiten, was die Fortsetzung des laufenden innerstaatlichen Verfahrens nicht hindert. Vielmehr eröffnet die Strafprozessordnung nur die Möglichkeit einer Verfahrenseinstellung nach §§ 153c, 154b und nach zutreffender Auffassung auch nach § 154,[321] nicht aber nach § 170 Abs. 2. Im Einzelnen müssen folgende **mögliche Wirkun-**

---

[317] Zu eingehenden Ersuchen um Übernahme der Strafverfolgung vgl. Nr. 144 RiVASt. Im abgebenden Staat eingetretene Verfahrensverzögerungen bleiben im innerstaatlich einzuleitenden Strafverfahren ohne Bedeutung und sind insbesondere auch nicht nach Art. 6 Abs. 1 S. 1 i. V. m. Art. 34 EuMRK zu kompensieren (BGH StV 2012, 81 m. abl. Anm. v. *Stiebig* JR 2012, 257 ff.; OLG Rostock NStZ 2012, 101 [LS]).

[318] So auch *v. Bubnoff* S. 94 f.

[319] Ähnlich der Erläuternde Bericht zu Art. 9 EU-BestÜbk, ABl. EG Nr. C 391 vom 15.12.1998, S. 10 (textgleich mit der Erläuterung zu Art. 6 EU-FinIntÜbk-Betrug, abgedruckt bei *S/L/G/H-Lagodny/Gleß*, 4.Aufl., Art. 6 EU-FinIntÜbk-Betrug (HT III D) Rn. 4.

[320] Ebenso *G/P/K-Vogel* Vor § 1 Rn. 94; *Ambos/Poschadel* GA 2011, 95 [97 ff.]; *Hackner/Schierholt* Rn. 4 sowie *Veh*, Vorauflage, a. a. O., und – zumindest im Verhältnis zu Mitgliedstaaten des SDÜ – BGHSt 45, 123 [129 f.]; a. A. OLG Karlsruhe NStZ 88, 135; NStZ-RR 97, 285; *v. Bubnoff*, Auslieferung, S. 96 f. unter Hinweis auf die Vereinbarung der Übernahme als solche und ihnen ohne nähere Begründung folgend *S/L/G/H-Lagodny*, Art. 21 EuRhÜbk Rn. 1. Vgl. hierzu auch Nr. 146 Abs. 4 RiVASt für das österreichische Recht *Schwaighofer*, S. 212.

[321] Str.; zum Streitstand vgl. die Nachweise bei *Meyer-Goßner* § 154 StPO Rn. 1). Diese Position hat sich inzwischen auch der Gesetzgeber zu Eigen gemacht und ausdrücklich mit der Begründung auf eine Klarstellung im Gesetz verzichtet, dass hierfür keine Notwendigkeit bestehe, weil mit der Rechtspre-

IV. Notwendigkeit und Sinn eines Rechtshilfeersuchens

gen eines Ersuchens um Übernahme der Strafverfolgung bedacht werden, auf die der erfahrene Verteidiger im geeigneten Augenblick aufmerksam machen und die er von vornherein in seine Überlegungen, etwa für die Frage der Einlegung eines Rechtsmittels[322] oder die Akzeptanz einer Verfahrenseinstellung gegen Geldbuße, einbeziehen wird:

Die **Übernahme der Strafverfolgung als solche** löst nur auf Grund besonderer vertraglicher Vereinbarungen ein **Verfolgungshindernis** aus, was im Verhältnis zu **Israel**, den **Niederlanden** oder **Tschechien** der Fall ist (vgl. Art. XIV Abs. 4 Satz 1, Art. XI Abs. 4 Satz 1, Art. 14 Abs. 7 Satz 1 der jeweiligen Ergänzungsverträge zum EuRhÜbk) und unter bestimmten Umständen in einem frühen Ermittlungsstadium wieder entfallen kann (Art. XIV Abs. 4 Satz 2 bzw. Art. XI Abs. 4 Satz 2, Art. 14 Abs. 7 Satz 2). 94

Ein **Verfolgungshindernis ab endgültiger Verfahrenseinstellung** tritt nach **Art. 54 SDÜ** in den Mitgliedstaaten der EU, Island, Norwegen und der Schweiz ein,[323] wenn das Verfahren durch ein Gericht oder eine „zur Mitwirkung bei der Strafrechtspflege" berufene Behörde[324] eingestellt worden ist und es sich um eine Entscheidung mit Sanktionscharakter handelt, bei der „das dem Beschuldigten vorgeworfene unerlaubte Verhalten" durch zu erfüllende Auflagen geahndet und die Strafklage nach nationalem Recht „endgültig verbraucht" wird. Zu entscheiden hat dies der zweitbefasste Staat. Bejaht worden ist die Verbrauchswirkung bisher für den abgabenrechtlichen Vergleich (sog. Transactie) nach niederländischem Recht und § 153a Abs. 1 StPO,[325] wobei derzeit noch nicht klar ist, ob der EUGH angesichts der uneingeschränkten Verfolgbarkeit als Verbrechen **in der Wirkung beschränkte Rechtskraftwirkungen** ausreichen lassen will,[326] welche dann konsequenterweise auch die ausländischen Staaten nur in diesem Umfang an einer Verfolgung hindern,[327] oder nur Unsicherheiten bei der Auslegung nationalen Rechts bestehen.[328] Inwieweit der Entscheidungsfindung **konsensuale Elemente**[329] innewohnen, ist unerheblich. 95

Entscheidungen nach §§ 153, 154 StPO dürften hingegen mangels Sanktionswirkung nicht genügen.[330] Entsprechendes gilt für eine Einstellung nach § 170 Abs. 2 StPO, und zwar unabhängig davon, ob diese aus rechtlichen oder tatsächlichen Gründen erfolgt ist,[331] und für die Anhängigkeit eines zweiten Verfahrens als solche.[332] Ungeachtet dessen bewirkt hingegen eine Einstellung des ausländischen Verfahrens aus „materiell-rechtlichen" bzw. „anderen als verfahrensrechtlichen" Gründen durch eine Justizbehörde in **Italien** sowie ein Ge- 96

---

chung davon auszugehen sei, dass § 154 StPO auch auf ausländische Erkenntnisse Anwendung finde (BT-Ausschuss-Drs. 16(6)332). Vgl. hierzu auch *Peters* NStZ 2012, 76 ff.

[322] Zur Bedeutung der Rechtskraft vgl. Rn. 101.

[323] Auf Liechtenstein ist bislang lediglich der das SIS betreffende Teil des Schengen-Acquis anwendbar. Für Irland ist er insgesamt noch nicht in Kraft gesetzt (vgl. Rn. 69a); hier richtet sich das Doppelverfolgungsverbot aber nach den regelungsgleichen Art. 1 ff. EG-ne-bis-in-idem-Übk (BGBl. 1998 II S. 226; 2002 II S. 600; abgedr. auch bei *S/L/G/H*, 4. Aufl. HT III E), so dass es auf die noch nicht abschließend geklärte Frage einer Geltung von Art. 54 SDÜ über Art. 52 EU-GRCh (vgl. Rn. 27) nicht weiter ankommt.

[324] Dies dürfte auch für Finanzämter für Fahndung und Strafsachen im Steuerstrafverfahren, soweit sie nach § 399 i. V. m. § 385 Abs. 1, § 386 Abs. 2 AO die Rechte und Pflichten der Staatsanwaltschaft wahrnehmen, und die Verwaltungsbehörden im Umfang ihrer Verfolgungs- und Ahndungszuständigkeit nach §§ 35, 46 OWiG zu bejahen sein, da sich deren Handeln nach der StPO richtet.

[325] EUGH in den Rs. *Gözütok* und *Brügge* (StV 2003, 201; Rn. 27 ff.), *Turanský* (NStZ-RR 2009, 109) und *Mantello* (NStZ 2011, 466; Rn. 45 f.) ungeachtet des Wortlauts („abgeurteilt") sowie des originären Regelungszwecks von Art. 54 SDÜ. Zu Recht verneinend hingegen EUGH EuGRZ 2012, 398 [400 ff.] für die Kürzung und den temporären Ausschluss von Subventionen als Sanktion.

[326] In diesem Sinne *Kühne* JZ 2003, 207 und *Veh*, Vorauflage, Rn. 95.

[327] *Appl*, GS Vogler 2004, S. 121; a. A. *Böse* GA 2003, 745 [753 ff.]; lt. *Stein*, NJW 2003, 1162 [1164] eine offene Frage; Bedenken bei *Radtke/Busch* NStZ 2003, 281 [286].

[328] Vgl. *Hackner* NStZ 2011, 425 [428]; *Hackner/Schierholt* Rn. 273.

[329] Vgl. dazu auch *Schünemann* GA 2004, 193 [205].

[330] *Hackner* NStZ 2011, 425 [428]; *Hackner/Schierholt* Rn. 273; zu § 154 ebenso OLG Nürnberg StV 2011, 402 [402 f.]; a. A. *Kühne* JZ 2004, 743 ff. und *Veh*, Voraufl., Rn. 101.

[331] Ebenso öst. OGH, Urt. v. 17.6.2004 – 12 Os 23/04 –; *S/L/G/H-Schomburg* Art. 54 SDÜ Rn. 35.

[332] Öst. OGH, Urt. v. 18.4. 2010 – 14 Os 41/10a.

richt oder eine Strafverfolgungsbehörde in **Österreich** oder der **Schweiz** (Art. XII Abs. 4 Buchst. a, Art. XV Buchst. c, Art. XII Abs. 6 Buchst. a des jeweiligen Ergänzungsvertrags zum EuRhÜbk)[333] ein Strafverfolgungshindernis.

97 Ein **Verfolgungshindernis ab rechtskräftigem Freispruch**, ebenfalls unabhängig von einer Übernahme der Verfolgung,[334] tritt für die Schengen-Staaten (Rn. 95) nach Art. 54 SDÜ ein. Auf bilaterale Verträge (vgl. Art. XII Abs. 6 Buchst. b CH-ErgV EuRhÜbk) und bereichsspezifische Regelungen (vgl. Art. 7 EU-FinIntÜbk-Betrug, Art. 7 Abs. 2 EU-FinIntProt-Bestechung und Art. 10 EU-BestÜbk) kommt es daneben nicht mehr an.

98 Im Falle einer rechtskräftigen Verurteilung zu einer Sanktion bewirkt Art. 54 SDÜ ein **Verfolgungshindernis ab Beginn der Vollstreckung**,[335] wiederum unabhängig von einem vorherigen Verfolgungsersuchen. Auch eine zur Bewährung ausgesetzte Strafe wird während der Bewährungszeit im Sinne der genannten Vorschriften „gerade vollstreckt".[336] Dasselbe gilt, wenn die Vollstreckung nach dem Recht des Urteilsstaats nicht oder nicht mehr möglich ist. Dadurch sind auch in Abwesenheit der verurteilten Person ergangene Entscheidungen geeignet, ein Doppelverfolgungsverbot auszulösen, weil es auf ihre tatsächliche Durchsetzbarkeit nicht ankommt.[337]

99 Fraglich ist die Beurteilung des **Absehens von Strafvollstreckung bei gleichzeitiger Ausweisung** mit der Perspektive der Nichtmehrverfolgbarkeit im ausweisenden Staat nach Ablauf einer bestimmten Frist. Beispiele hierfür sind (in Spanien) das gnadenweise Ersetzen weiterer Vollstreckung einer Freiheitsstrafe durch die befristete Ausweisung des Verurteilten[338] oder (in Deutschland) das Absehen von weiterer Strafvollstreckung gemäß § 456a StPO.[339] Bis zum Fristablauf bleibt hier die verhängte Sanktion vollstreckbar, wenn sich der Ausgewiesene wieder in das Hoheitsgebiet des Ausweisestaates begibt. Während vor der Aussetzung der Strafvollsteckung und nach Fristablauf eindeutig ein Verfolgungshindernis in anderen Mitgliedstaaten des SDÜ besteht, ist dies für die Aussetzungszeit gerade zweifelhaft. Denn einerseits erfolgen außer ggf. einem nationalen Vollstreckungshaftbefehl keine Vollstreckungsaktivitäten, weshalb Bedenken bestehen, davon zu sprechen, die Sanktion werde gerade vollstreckt, zumal nach dem Wortgebrauch des nationalen Rechts, etwa gemäß § 456a StPO, von Vollstreckung abgesehen wird. Andererseits kann aber auch schwerlich die Rede davon sein,[340] die Sanktion könne nicht mehr vollstreckt werden, weil je nach Verhalten des Ausgewiesenen eine Vollstreckung eben doch noch möglich ist. Nimmt man – mit dem

---

[333] Von einer Fortgeltung des deutsch-jugoslawischen Rechtshilfevertrages (BGBl. 1974 II S. 1165; 1975 II S. 228), der in Art. 21 Buchst. a auch die Entscheidung einer Verwaltungsbehörde ausreichen lässt, in den Nachfolgestaaten des ehem. Jugoslawiens dürfte heute selbst in Bezug auf Serbien nicht mehr auszugehen sein (vgl. hierzu *S/L/G/H/Lagodny* § 1 IRG Rn. 13b; *G/P/K-Vogel* § 1 IRG Rn. 20 jeweils m. w. N.).

[334] Vgl. aber Art. 55 Abs. 4 SDÜ, der für die lediglich assoziierten Staaten Schweiz, Liechtenstein, Island und Norwegen Bedeutung behalten hat. Raum für abweichende Erklärungen besteht indes für die EU-Staaten auf Grund der primärrechtlichen Herleitung des ne bis in idem durch den EUGH nicht mehr (vgl. hierzu *Hackner* NStZ 2011, 425 [427]).

[335] Dies gilt nach wohl h. M. trotz Art. 50 GRCh (vgl. Rn. 27), der auf ein Vollstreckungsmoment verzichtet (vgl. BGHSt 56, 11 mit zust. Anm. v. *Rosbaud* StV 2013, 291 [bestätigt durch BVerfG NJW 2012, 1202 [1204 f.]: „vertretbar"] sowie LG Aachen StV 2010, 237; ähnlich *Burchard/Brodowski* StraFo 2005, 179 [186]: „sekundärrechtliche Konkretisierung von Art. 50 GRCh (vgl. Rn. 27) durch Art. 54 SDÜ"; a. A. *Schomburg/Suominen-Picht* NJW 2012, 1190 [1191]; *Reichling* StV 2010, 237 [238]; *Heger* ZIS 2009, 406 [408]; *Anagnostopoulos*, Hassemer-FS, S. 1137; *Böse* GA 2011, 504 ff.); *Merkel/Scheinfeld* ZIS 2012, 206; Radtke NStZ 2012, 479 [481 f.]. Näher hierzu *Hackner* NStZ 2011, 425 [428 f.] sowie *Hackner/Schierholt* Rn. 271.

[336] BGHSt 46, 187 [188]; *S/L/G/H-Schomburg* Art. 54 SDÜ (HT III E 1) Rn. 53; *Ambos*, § 12 Rn. 52.

[337] So der EUGH in den Rs. *Kretzinger* (NJW 2007, 3412; Rn. 36 f.) und *Bourquain* (NJW 2009, 3149). Zu Abwesenheitsverurteilungen vgl. grundsätzlich *Hackner/Schierholt* Rn. 129 f.

[338] Vgl. hierzu eingehend OLG München NStZ 2001, 614.

[339] Das OLG München NStZ 2001, 614 lässt seine Bewertung dieser Konstellation offen, anders als für das gnadenweise Absehen von Strafe unter gleichzeitiger Ausweisung in Spanien.

[340] So aber *Hecker* StV 2002, 71 [72].

IV. Notwendigkeit und Sinn eines Rechtshilfeersuchens 24

EUGH (vgl. Rn. 98) – das Vollstreckungselement ernst, dürfte es entscheidend darauf ankommen, ob der Urteilsstaat den Verurteilten mit seiner Ausweisungsentscheidung aus seiner Vollstreckung dauerhaft entlässt oder nicht. Das spanische **gnadenweise Ersetzen einer Restfreiheitsstrafe durch die Ausweisung** dürfte angesichts seiner strukturellen Nähe zu einer Strafrestaussetzung zur Bewährung wie diese ein Verfolgungshindernis nicht aufheben.[341] Für das deutsche **Absehen von Vollstreckung** gemäß § 456a StPO kann letztendlich aber nichts anderes gelten, da der Verurteilte nur bedingt aus dem deutschen Vollstreckungsregime entlassen wird und im Falle einer Wiedereinreise mit der Fortsetzung der Vollstreckung rechnen muss.[342]

Freisprüche führen jedenfalls dann nach Art. 54 SDÜ zu einem Verfolgungshindernis, 100 wenn eine Sachprüfung stattgefunden hat, also etwa ein non liquet[343] oder der Verjährungseintritt festgestellt worden ist.[344]

Für die **Reichweite der aufgezeigten Verfolgungshindernisse** aufgrund der Sach- 101 behandlung durch einen ausländischen Staat (kurz: „Urteilsstaat") ist der **Tatbegriff („idem")** von entscheidender Bedeutung. Für **Art. 54 SDÜ** hat sich der Europäische Gerichtshof auf einen weiten, primär **tatsächlich bestimmten Begriff** festgelegt und gegen eine rechtlich bestimmte Betrachtungsweise entschieden. Danach kommt es allein auf den natürlichen Sachverhalt an, der als „materielle Tat …, verstanden als das Vorhandensein eines Komplexes in zeitlicher und räumlicher Hinsicht sowie nach ihrem Zweck unlösbar miteinander verbundener Tatsachen unabhängig von der rechtlichen Qualifizierung und dem geschützten rechtlichen Interesse" umschrieben wird.[345] Normativen Einschränkungen durch nationales Recht einzelner Mitgliedstaaten lässt der Gerichtshof keinen Raum und verzichtet konsequenterweise auch darauf, den nationalen Strafanspruch und seine innerstaatliche Kodifikation zur Abgrenzung heranzuziehen. Das geschützte Rechtsgut dient so allein der Feststellung der vorgenannten Merkmale und als Korrektiv. Auszugehen ist danach von einem einheitlichen historischen Vorgang, der durch Zeit, Ort, Täter und Tatobjekt konkretisiert wird. Dieser unionsrechtliche Tatbegriff liegt auch Art. 3 Nr. 2 RB-EUHb zu Grunde,[346] was angesichts der primärrechtlichen Herleitung konsequenterweise auch für andere strafrechtliche Rechtsakte der EU gelten muss. Das Verständnis des Gerichtshofs reicht dadurch über den prozessualen deutschen Tatbegriff hinaus, weil auch mehrere selbstständige Taten i. S. v. §§ 155, 264 StPO eine einheitliche nach unionsrechtlichem Verständnis bilden können.[347] Dieser Sichtweise hat sich inzwischen auch der EuGMR in seiner jüngeren Rechtsprechung zu Art. 4 des 7. ZP-EuMRK angenähert[348] und seine ursprünglich materiell-rechtlich bestimmte Betrachtungsweise[349] ausdrücklich aufgegeben.

Zusammenfassend dürfte gelten: In **persönlicher** Hinsicht ist nur vor erneuter Verfol- 102 gung geschützt, auf den sich das frühere Verfahren bezog.[350] Zu juristischen Personen hat sich

---

[341] Vgl. OLG München NStZ 2001, 614.
[342] A. A. *Veh*, Vorauflage Rn. 102a; offen gelassen von OLG München NStZ 2001, 614.
[343] EUGH Urteil Rs. *van Straaten* (StV 2007, 58; Rn. 60 f.); zuvor ebenso bereits BGH NStZ 98, 149 [151 f.] und 2001, 557; siehe auch BGH NStZ-RR 2007, 179.
[344] EUGH Urteil Rs. *Gasparini* (NJW 2006, 3403; Rn. 33).
[345] Urteile Rs. *van Esbroeck* (StV 2006, 393; Rn. 27 ff.; 36, 42); *van Straaten* (Rn. 40 ff.); *Kretzinger* (Rn. 29, 31, 37); *Kraaijenbrink* (NJW 2007, 3416; Rn. 26, 36) und *Mantello* (Rn. 39). In diesem Sinne bereits früher *Plöckinger/Leidenmühler* wistra 2003, 81 [86 f.].
[346] Urteil Rs. *Mantello* Rn. 38, 40, 51.
[347] Vgl. BGHSt 52, 275 (279 f), ähnlich *Mansdörfer* StV 2003, 313 [314]; *Vander Beken/Vermeulen/Lagodny* NStZ 2002, 624 [626]; anders wohl *Rübenstahl* NJW 2008, 2934 („fast vollständige Deckungsgleichheit"). Der BGH hat im weiteren Verfahren in der Sache *Kretzinger* auch darauf verzichtet, § 264 StPO zur Konkretisierung des Tatbegriffs i. S. v. Art. 54 SDÜ heranzuziehen.
[348] Urteile vom 10.2.2009 (Große Kammer) Rs. 14.939/03 *Zolotukhin ./. Russland*, vom 16.6.2009 Rs. 13079/03 *Ruotsalainen ./. Finnland* und vom 25.6.2009 Rs 55.759/07 *Maresti ./. Kroatien*.
[349] Vgl. das Urteil vom 29.5.2001 in der Rs. 37.950/97 *Fischer ./. Österreich*: „wenn „die herangezogenen Delikte die gleichen wesentlichen Merkmale aufweisen". Ausdrücklich an der rechtlich orientierten Betrachtungsweise festhaltend hingegen öst. VfGH EuGRZ 2010, 631 [638 f.].
[350] Urteile Rs. *van Esbroek* (Rn. 49–51, 53), *van Straaten* (Rn. 42) und *Gasparini* (Rn. 35–37).

der EUGH noch nicht geäußert. Es spricht jedoch nichts dagegen, auch sie in den Schutzbereich des Art. 54 SDÜ einzubeziehen, was umgekehrt eine gesonderte Verfolgung der für das Unternehmen handelnden Personen nicht hindert.[351] Vorbereitungs-, Zwischen- und zeitlich nachfolgende Verwertungshandlungen bilden eine **einheitliche Tat**, wenn der Vorsatz von vornherein auf sämtliche Teilakte gerichtet war.[352] Auf die Perspektive der beteiligten Staaten, eventuelle Mengenabweichungen[353] oder das Strafmaß im erstverurteilenden Staat kommt es nicht an.[354] Die Einheitlichkeit des Geschehens entfällt erst, wenn wesentliche Unterbrechungen im Transportverlauf wie längeres Zwischenlagern eine Zäsur bilden oder der genaue Transportablauf zunächst noch nicht feststand, weil später noch Entscheidungen zu treffen oder Weisungen einzuholen waren.[355] Eine auf die Taterlöse bezogene Geldwäsche gehört dagegen selbst bei von Anfang an darauf gerichtetem Vorsatz nicht mehr in den Tatzusammenhang, sofern nicht ausnahmsweise eine besondere objektive Verbindung zwischen den Geldbeträgen im Sinne eines unlösbar verknüpften Gesamtgeschehens bestand.[356] Auch bei **Bewertungseinheiten** wie Fortsetzungszusammenhängen, die in einzelnen Staaten selbst ohne ausdrückliche Feststellung berücksichtigungsfähig sind, ist nur dann von einem einheitlichen Geschehen auszugehen, wenn es eine „objektive Verbindung" der Tatgegenstände gibt.[357] Bei einer Verurteilung wegen eines **Dauerdelikts** erscheint Tatidentität grundsätzlich denkbar, bleibt aber eine von den nationalen Gerichten zu klärende Frage des konkreten Geschehens. Nach der Rechtsprechung des Bundesgerichtshofs kommt es dabei darauf an, ob ein innerer Beziehungs- oder Bedingungszusammenhang besteht.[358] Auch das Verhältnis zwischen **Organisationsdelikt** und Einzeltaten ist auf der Grundlage des nationalen Rechts zu entscheiden.[359] Nach der nicht unumstrittenen Rechtsprechung des Bundesgerichtshofs soll eine Verurteilung wegen einzelner Delikte eine spätere Verurteilung wegen eines Organisationsdelikts jedenfalls nur dann hindern, wenn die verfolgte Person darauf vertrauen durfte, dass diese Entscheidung alle Betätigungsakte für die Vereinigung umfasst habe. Auf die Erkenntnislage der Strafverfolgungsbehörden zurzeit der Verurteilung kommt es nicht an.[360]

---

[351] *Rosbaud/Lagodny* S. 100.

[352] Urteile Rs. *Gasparini* (Rn. 49, 54–57) und *Kretzinger* (auf Vorlagebeschluss des Bundesgerichtshofs vom 30.6.2005 (NStZ-RR 2005, 35): Einfuhr und Besitz von Schmuggelgut sowie Nichtabführung von Grenzabgaben in Italien einerseits und Hehlerei griechischer Einfuhrabgaben bei Warenübernahme in Griechenland andererseits bei einem Zigarettenschmuggel von Griechenland über Italien nach England. Ebenso BGH NJW 2008, 2931 [2932f.].

[353] Urteile Rs. *van Esbroek* (Rn. 49–51, 53]) und *van Straaten* (Rn. 42): Ausfuhr aus einem und Einfuhr in einen anderen Staat bei unterschiedlich festgestellten Mengen.

[354] BGH a. a. O. Die Konsequenz sind nicht unerhebliche Strafbarkeitslücken für den Transitschmuggel, weil einerseits Steuerdelikte nach dem Recht eines Staates in anderen nur sehr eingeschränkt verfolgbar sind, kein einheitliches Steuerstrafrecht existiert sowie in einigen Staaten die Möglichkeit einer strafbefreienden Selbstanzeige besteht, und andererseits die Tat nur einmal verfolgbar ist (näher hierzu *Bender* wistra 2009, 176 [177ff.]).

[355] BGH a. a. O. sowie StraFo 2005, 253 [253f.]: Investition von Einnahmen aus u. a. in Deutschland begangenen Drogendelikten in Chile.

[356] Urteil Rs. *Kraaijenbrink* (Rn. 29–30, 36); ebenso OLG Braunschweig, Beschl. v. 10.3.2009 – Ausl 2/09 –.

[357] Rs. *Kraaijenbrink* (Rn. 32f., 36): Identität der aus Drogengeschäften erlangten Gewinne und des zu Geldwäschezwecken investierten Betrages. Ähnlich bereits früher BGH NStZ 98, 151.

[358] Vgl. BGH StraFo 2007, 288 [289] u. NStZ 2004, 694 [695]: Das Mitführen von Betäubungsmitteln bei einer Trunkenheitsfahrt stellt nicht ohne weiteres eine verfahrensrechtliche Einheit dar, sondern bspw. erst dann, wenn die Fahrt Transportzwecken dient. Näher hierzu *Wesemann/Voigt* StraFo 2010, 452 ff.

[359] Urteil Rs. *Mantello* (Rn. 47, 49, 51); NJW 2011, 983.

[360] BGHSt 29, 288; 46, 349; 48, 153; BGH NStZ 2001, 436; vgl. hierzu auch *Meyer-Goßner*, StPO, § 264 Rn. 6a m. w. N. Ähnlich auch die Rechtsprechung des öst. OGH (Urt. v. 2.3.2010 – 14 Os 160/09 –). Der Fall von OLG München (NJW 2007, 788f.) betraf kein Organisationsdelikt im eigentlichen Sinne sondern organisatorische Maßnahmen des Täters, die sich – über Zwischenakte Dritter – in mehreren Staaten auswirkten. Insofern ist zu Recht Tatidentität angenommen worden.

V. Das Ersuchen um Rechtshilfe (i. w. S.)

4. Verhältnismäßigkeit, auch von Aufwand und Ertrag

Soweit ein Ersuchen um Rechtshilfe (i. w. S.) **Eingriffsmaßnahmen** zum Gegenstand hat, ist – wie sonst auch – der Grundsatz der **Verhältnismäßigkeit** zu beachten. Für die Auslieferung wird dies in Nr. 88 Abs. 1 Buchst. c RiVASt dahingehend umschrieben, die mit der Auslieferung für die Verfolgten verbundenen Nachteile, insbesondere die Dauer des Auslieferungsverfahrens und die Haftverhältnisse im ausländischen Staat dürften nicht außer Verhältnis zum Interesse an der Strafverfolgung stehen.[361] Nichts anderes gilt für Vollstreckungs- und Sonstige Rechtshilfe, denn die RiVASt konkretisieren lediglich das immer zu beachtenden Verfassungsprinzip der Verhältnismäßigkeit. 103

Deshalb ist es nicht nur zulässig, sondern geradezu geboten, den mit dem Ersuchen verbundenen **Aufwand** in die Erwägungen einzubeziehen. Für fiskalische Erwägungen ist zwar nur eingeschränkt Raum.[362] Jedenfalls der dem ersuchten Staat aufgebürdete Aufwand darf aber eine Rolle spielen. Da Deutschland sich vorbehält, bei unzumutbarem Aufwand die Erledigung eines Rechtshilfeersuchens (unter Berufung auf Art. 2 Buchst. b EuRhÜbk – Beeinträchtigung wesentlicher Interessen[363] –) zu verweigern,[364] kann auch von ausländischen Behörden nichts Derartiges erwartet werden.[365] In einem solchen Fall sollte entweder von vornherein (wegen Aussichtslosigkeit) davon abgesehen werden, der Bewilligungsbehörde ein solches Ersuchen vorzulegen, oder – in Zweifelsfällen – die Bewilligungsbehörde kontaktiert werden, um deren Entschließung vorab herbeizuführen. 104

V. Das Ersuchen um Rechtshilfe (i. w. S.)

1. Verfasser des Ersuchens

Bei grenzüberschreitende Maßnahmen aufweisenden Sachverhalt ist zunächst die **Ermittlungszuständigkeit** zu prüfen. Anschließend ist zu klären, wer ein Ersuchen vorzubereiten, zu verfassen und zu stellen hat. 105

a) Auslieferung

Ersuchen um **Auslieferung** werden von der ermittlungszuständigen Behörde gegenüber der obersten Justizbehörde lediglich angeregt (vgl. Nr. 88 RiVASt), die das Ersuchen selbst stellt, wenn der Geschäftsweg zu ihr eröffnet ist, oder an das Bundesamt für Justiz weiterleitet (ministerieller oder diplomatischer Geschäftsweg). Soweit allerdings das Ersuchen in der Form eines Europäischen Haftbefehls (RiVASt-Vordruck Nr. 40) zu stellen und an einen anderen EU-Staat zu richten ist, ist die Staatsanwaltschaft selbst zuständig (Nr. 1 Zuständigkeitsvereinb. i. V. m. den landesrechtlichen Subdelegationsbestimmungen). Diese veranlasst auch Fahndungsmaßnahmen (Nr. 39 Abs. 1 RiStBV i. V. m. RiVASt-Vordruck Nr. 40a) und die vorläufige Inhaftnahme (Nr. 86 RiVASt i. V. m. RiVASt-Muster Nr. 18).[366] 106

---

[361] Zur Bedeutung der Verhältnismäßigkeit im Bereich der sonstigen Rechtshilfe vgl. OLG Zweibrücken GA 1981, 418; OLG Hamburg GA 1984, 515; G/P/K-*Vogel* Vor § 1 IRG Rn. 77.
[362] Hierzu S/L/G/H-*Lagodny/Schomburg/Hackner* § 74 Rn. 14 m. w. N.
[363] Teilweise enthalten Übereinkommen einen ausdrücklichen Ablehnungsgrund übermäßigen Aufwands (vgl. etwa Art. 18 Abs. 1 Buchst. c EuGeldwäscheÜbk).
[364] Vgl. die deutsche Erklärung zu Art. 8 ZP-EuRhÜbk, abgedruckt auch bei S/L/G/H-*Lagodny* HT II B 1 vor Kapitel I.
[365] Vgl. Art. 2 Abs. 7 EuAlÜbk, Art. 23 Abs. 3 EuRhÜbk; siehe auch G/P/K-*Wilkitzki* Vor § 68 IRG Rn. 12; besonders im Rechtshilfeverkehr mit den Niederlanden spielt dieser Gesichtspunkt eine Rolle; der Grundsatz ist ausdrücklich im deutsch-tschechischen Zusatzvertrag zum EuRhÜbk (vgl. Rn. 70) niedergelegt.
[366] Zur Anfechtbarkeit von Fahndungsmaßnahme vgl. *Hackner/Schierholt* Rn. 57.

b) Sonstige Rechtshilfe

aa) Justiz

107 Die **Ermittlungszuständigkeit** und die **Befugnis** zur **Abfassung** des erforderlichen **Ersuchens** fallen in der Regel zusammen. Auch wenn das Ersuchen nicht auf dem unmittelbaren Geschäftsweg[367] übermittelt wird oder noch der Bewilligung bedarf, ist es von der zuständigen Justizbehörde verfasst und wird als solches geprüft oder weitergeleitet (Nr. 30 RiVASt).

108 Im vertraglichen Bereich ist gemeinhin sichergestellt, dass sowohl **gerichtliche wie staatsanwaltschaftliche Ersuchen** erledigt werden. Erledigt ein ersuchter Staat nur Ersuchen von Gerichten, so bleibt der an sich zuständigen Staatsanwaltschaft nichts anderes übrig, als bei dem örtlichen Amtsgericht ein entsprechendes Ersuchen zu beantragen.[368]

bb) Polizeibehörden

109 Polizeibehörden dürfen zunächst für einen im Einzelnen in Nr. 123 und Nr. 124 (jew. Abs. 3 Buchst. b) RiVASt aufgelisteten Katalog von Maßnahmen (Fahndung, Identitätsfeststellungen, Auskünfte, Feststellung der Aussagebereitschaft), bei deren Erledigung strafprozessuale Zwangsmaßnahmen ausgeschlossen sind, **eigenständige Ersuchen** um **Rechtshilfe** (i. e. S.) stellen. Ersuchen außerhalb dieses Katalogs setzen innerstaatliche Ermittlungszuständigkeit (§ 163 Abs. 1 StPO) und eine völkerrechtlich vereinbarte Pflicht zur Erledigung polizeilicher Ersuchen voraus (Nr. 123, 124 RiVASt, jew. Abs. 3 Buchst. a). Eine zusammenfassende Darstellung der wwesentlichen vertraglichen Grundlagen polizeilicher Zusammenarbeit enthält Anlage IV zu Anhang II der RiVASt.

110 Eine **Verpflichtung** zur **Erledigung eigenständiger polizeilicher Ersuchen** ergibt sich aus **Art. 39 Abs. 1 SDÜ**. Die praktische Bedeutung dieser Bestimmung steht allerdings unter dem Vorbehalt der **Zuständigkeit nach nationalem Recht**, die ersuchten ausländischen Polizeibehörde häufig fehlt. Dadurch gehen die polizeilichen Kompetenzen nach Art. 39 Abs. 1 SDÜ, außer in Grenzgebieten, wo Ministervereinbarungen nach Art. 39 Abs. 4 SDÜ die rechtliche Grundlage bilden, noch nicht wesentlich über das nach Nr. 123 Abs. 3 Buchst. b und Nr. 124 Abs. 3 Buchst. b RiVASt Mögliche hinaus. Keinesfalls ermöglicht Art. 39 Abs. 1 SDÜ polizeiliche Ersuchen, deren Erledigung die Ergreifung von **Zwangsmaßnahmen** erfordert. Hinzu kommt, dass die **Verwertung** der auf polizeiliches Ersuchen hin erlangten Erkenntnisse im Strafprozess der **Zustimmung der zuständigen Justizbehörde** des ersuchten Staates bedarf (Art. 39 Abs. 2 SDÜ).

110a Effektiver stellt sich die Handhabung des Art. 39 SDÜ allerdings nach dem deutsch-**österreichischen**[369] und dem deutsch-**niederländischen** Polizeivertrag[370] dar. Dort findet sich jeweils eine weit reichende, auch Befragungen und Vernehmungen einschließende, Liste zulässiger Gegenstände eigenständigen polizeilichen Rechtshilfeverkehrs (jeweils Art. 7 Abs. 2). Nach dem A-PolV entfällt sogar der vorgenannte Zustimmungsvorbehalt nach Art. 39 Abs. 2 SDÜ. Ähnliche Regelungen gelten nach dem **deutsch-schweizerischen** Polizeivertrag[371] und dem **deutsch-tschechischen** Ergänzungsvertrag zum EuRhÜbk.[372]

110b Zusätzliche Befugnisse haben polizeiliche Stellen auch durch den zur Weiterentwicklung des SDÜ geschlossenen **Prümer Vertrag** und dessen spätere Überführung in den Besitzstand der EU durch den **Ratsbeschluss vom 23.6.2008** gefunden, bspw. für den automatisierten Austausch von DNA-Profilen.[373]

110c Durch den **RB-InfoAust**[374] ist vor allem der polizeiliche Informationsaustausch mit anderen EU-Staaten zu repressiven wie präventiven Zwecken erheblich ausgeweitet wor-

---

[367] Vgl. hierzu Rn. 118 bis 120.
[368] *Nagel*, S. 270 f.
[369] A-PolV, BGBl. 2005 II S. 859, 1307; abgedruckt auch bei *S/L/G/H-Lagodny*, HT II B ea.
[370] NL-PolV, BGBl. 2006 II S. 194, 1285; abgedruckt auch bei *S/L/G/H-Lagodny*, HT II B da.
[371] Vgl. Rn. 71.
[372] Vgl. Rn. 70.
[373] Vgl. hierzu Rn. 69b.
[374] Vgl. Rn. 68e.

V. Das Ersuchen um Rechtshilfe (i. w. S.)

den. Er unterliegt nunmehr den gleichen Voraussetzungen wie zwischen nationalen Stellen.[375]

Auf **Zwangsmaßnahmen** gerichtete polizeiliche Rechtshilfeersuchen bei Gefahr im Verzug kennen derzeit nur die vorgenannten Polizeiverträge. Möglich sind, selbstverständlich nur bei Beachtung der innerstaatlichen Entscheidungszuständigkeiten,[376] u. a. Ersuchen um Durchsuchung und Beschlagnahme (Art. 8 A-/NL-PolV, Art. 10 CH-PolV). Die Beweisergebnisse dürfen zudem nur mit justitieller Zustimmung übermittelt und verwertet werden (Art. 8 Abs. 5 A-/NL-PolV, Art. 10 Abs. 3 CH-PolV). **110d**

Bei völkerrechtlich vereinbarter Erledigungspflicht dürfen polizeiliche **Ersuchen** auch **auf Anordnung der Staatsanwaltschaft** gestellt werden (Nr. 124 Abs. 4 RiVASt). Praktische Bedeutung hat dies bislang nur im Verhältnis zu **Österreich** in Eilfällen (polizeiliche Vernehmung, Durchsuchung und Beschlagnahme), vgl. Art. III Abs. 2 des deutsch-österreichischen Ergänzungsvertrages zum EuRhÜbk.[377] **111**

Trotz der bestehenden Schranken, die zur Vermeidung von Verwertungsverboten dringend zu beachten sind,[378] wird der erfahrene Staatsanwalt den möglichen **Nutzen polizeilicher Rechtshilfebefugnisse** nicht gering achten und insbesondere Auskünfte ggf. auf diesem Wege einholen, Ersuchen vorbereiten und begleiten sowie Ermittlungsmaßnahmen koordinieren lassen. **112**

cc) Zoll- und Steuerbehörden

Nach Nr. 127 RiVASt dürfen die Finanzbehörden (§ 6 AO) im Rahmen ihrer Zuständigkeit Rechtshilfeersuchen stellen. Auf die Geltung einzelner ausdrücklich völkerrechtlich verankerter Polizeibefugnisse auch für Zollbehörden[379] sei an dieser Stelle noch einmal hingewiesen. Die **Nutzung justitieller Rechtshilfemöglichkeiten** durch eine Zoll- oder Steuerbehörde, die nach § 368 AO selbst das Ermittlungsverfahren wegen einer Steuerstraftat führt, setzt angesichts der bisherigen deutschen Erklärung zu Art. 24 EuRhÜbk[380] die Abgabe des Verfahrens nach § 386 Abs. 4 AO oder die Bitte der Finanzbehörde an die Staatsanwaltschaft voraus, für sie im Wege innerstaatlicher Amtshilfe[381] ein entsprechendes Rechtshilfeersuchen zu stellen. **113**

Auch der Informationsaustausch der Finanzbehörden mit entsprechenden Institutionen anderer EU-Staaten ist durch den RB-InfoAust und seine innerstaatliche Umsetzung[382] erheblich erleichtert worden. Er findet nunmehr unter denselben Voraussetzungen statt wie der innerstaatliche, wobei grundsätzlich auch Sozialdaten übermittelt werden dürfen, soweit dies nicht gegen den europäischen Ordre Public (Art. 6 EUV) verstößt.[383] **113a**

Der erfahrene Staatsanwalt wird im Einzelnen prüfen, auf welche Weise ein Ermittlungsverfahren wegen Zoll- oder Steuerdelikten am wirkungsvollsten gefördert werden kann, und je nach Nutzeffekt selbst ein justitielles Rechtshilfeersuchen stellen und/oder die Steuer- oder Zollbehörde bitten, in **Ausnutzung** der **spezifischen Zoll- und Steuerübereinkommen** **114**

---

[375] Vgl. hierzu insbesondere §§ 92–92b IRG, §§ 14, 14a, 27, 27a BKAG und §§ 32a–33a Bundespolizeigesetz. Zu dem Rahmenbeschluss siehe Rn. 68c.
[376] Zu Recht betont von *Mokros,* in: *Lisken/Denninger,* Abschnitt O Rn. 86; allgemein vgl. hierzu Rn. 105.
[377] Vgl. Nachw. zu Rn. 70.
[378] Vgl. BGHSt 34, 334 [342 f.]; ausführlich *G/P/K-Vogel* Vor § 1 IRG Rn. 23.
[379] Vgl. Rn. 71.
[380] Abgedruckt bei *S/L/G/H-Lagodny* Art. 24 EuRhÜbk.
[381] Vgl. *G/P/K-Wilkitzki* Vor § 68 IRG Rn. 4.
[382] Vgl. hierzu bereits Rn. 68c. Für den Zoll gelten insbesondere §§ 34–35a Zollfahndungsdienstgesetz, §§ 11–11b Zollverwaltungsgesetz, § 6a Schwarzarbeitsbekämpfungsgesetz und für die Steuerbehörden § 117 Abs. 5 AO.
[383] Die Behörden der Zollverwaltung unterliegen bei der Anwendung des SchwarzArbG dem Sozialgeheimnis nach § 35 SGB I. Den Sozialdatenschutz gewährleistet § 15 SchwarzArbG durch die Verweisung auf die Vorschriften des Zweiten Kapitels des SGB X (vgl. Begr. RegE UmsG zum RB-InfA, BT-Drs. 17/5096, S. 31).

Ermittlungshandlungen[384] vorzunehmen. Die Verwertbarkeit der Erkenntnisse aus einer Zusammenarbeit im Steuer-oder Zollverfahren setzt freilich voraus, dass die wesentlichen strafprozessualen Garantien gewahrt worden sind.[385] Für Ermittlungsverfahren in Zollstrafsachen gilt, dass die Staatsanwaltschaft selbst die Möglichkeiten des Neapel II-Abkommens nutzen kann (Art. 3).[386]

2. Form und Inhalt des Ersuchens

115 Art. 14 **EuRhÜbk** verlangt die Angabe der ersuchenden Behörde, von Gegenstand und Grund des Ersuchens sowie, soweit möglich, der Identität und Staatsangehörigkeit der Person, gegen die sich das Verfahren richtet, und in der Regel (vgl. Art. 14 Abs. 2) die Bezeichnung der strafbaren Handlung nebst einer kurzen Darstellung des Sachverhalts. Die Mitteilung des **Wortlauts der einschlägigen Strafbestimmung** ist – im Unterschied zum Auslieferungsverkehr, vgl. Art. 12 Abs. 2 Buchst. c EuAlÜbk – nicht gefordert, kann aber je nach Delikt und Ersuchen zum Verständnis hilfreich und üblich sein. Wesentlich detaillierter sind die für Ersuchen zum Zwecke der Einziehung, der Ermittlung der Einziehung unterliegender Gegenstände oder der Sicherung der Einziehung nach Art. 25 und 27 **EuGeldwäscheÜbk** zu beachtenden Vorgaben. Allgemeine und besondere ergänzende Hinweise finden sich in Nr. 8, 9, 25 bis 30 und Nr. 114 bis 121 **RiVASt**. **Übersetzungen** sind grundsätzlich beizufügen, soweit nicht in völkerrechtlichen Übereinkünften etwas anderes bestimmt ist (Nr. 14 Abs. 1 RiVASt). Der hier insbesondere zu nennende Übersetzungsverzicht nach Art. 16 Abs. 1 EuRh Übk ist durch zahlreiche Vorbehalte entwertet. Verlässliche Auskünfte gibt der Länderteil der RiVASt. **Schriftform** fordert jedenfalls das EuRhÜbk – im Unterschied etwa zu Art. 25 Abs. 1 EuGeldwäscheÜbk[387] – nicht, die Ergänzungsverträge mit Italien (Art. VIII Abs. 2) und der Schweiz (Art. VII Abs. 1)[388] erwähnen sogar ausdrücklich telefonische Ersuchen, die umgehend schriftlich bestätigt werden müssen. E-Mail-Verkehr ermöglicht Art. 6 Abs. 1 Satz 1 EU-RhÜbk.[389] Am einfachsten ist die Verwendung der in allen Amtssprachen verfügbaren Anordnungen und Bescheinigungen nach den EU-Rahmenbeschlüssen, die an die Stelle der traditionellen Rechtshilfeersuchen treten und auf jede Schriftspuren hinterlassende Weise übermittelt werden dürfen.[390] Besonders hilfreich sind auch die der RiVASt beigefügten, teils mehrsprachigen **Muster**.[391]

116 Für die Abfassung des Ersuchens entscheidend sind die **Angaben, die nach der Handhabung des ersuchten Staates den Erfolg des Ersuchens fördern**. Dazu kann auch die Angabe der Normen gehören, aus denen sich die Pflicht zur Erledigung des Ersuchens herleitet; zwingend ist dies allerdings nicht. Ist beiderseitige Strafbarkeit[392] vorausgesetzt, sollte der Sachvortrag nicht nur am deutschen Straftatbestand ausgerichtet sein, sondern auch die Fakten enthalten, die die Subsumtion unter den ausländischen Straftatbestand (soweit bekannt!) ermöglichen. Wird der Schuldverdacht überprüft,[393] hat der Vortrag die Beweismittel zu benennen und wiederzugeben. Die Darstellung darf sich nicht auf die Wiedergabe von Schlussfolgerungen beschränken.[394]

---

[384] Zur Zusammenarbeit im Besteuerungsverfahren vgl. Rnrn. 10 und 77d sowie und zu den Besonderheiten im Verhältnis zur Schweiz Rn. 165 a.
[385] Zu dieser Problematik vgl. *G/P/K-Vogel* Vor § 1 Rn. 160; vgl. auch *Ruegenberg*, S. 364 f.
[386] Vgl. Rn. 77c, 89.
[387] Zur Möglichkeit telefonischen Vorabkontakts vgl. den Explanatory Report, abgedruckt bei *S/L/G/H-Lagodny* Art. 25 EuGeldwäscheÜbk (HT II D 2) Rn. 5 sowie allgemein oben Rn. 10.
[388] Zu beiden Übereinkommen vgl. Nachw. zu Rn. 70.
[389] Vgl. *S/L/G/H-Gleß* Art. 6 EU-RhÜbk (HT III B 1), Rn. 2.
[390] Im Bereich der Kleinen Rechtshilfe steht aus deutscher Sicht derzeit die Bescheinigung nach Art. 9 RB-Sicherstellung zur Verfügung.
[391] Vgl. im Einzelnen die einschlägigen Muster zur RiVASt (Rn. 36).
[392] Vgl. Rn. 134.
[393] Vgl. Rn. 138.
[394] Vgl. beispielhaft Rn. 166 (Schweiz) bzw. Rn. 178 (Vereinigte Staaten und Kanada).

V. Das Ersuchen um Rechtshilfe (i. w. S.)

3. Geschäftsweg

Die Geschäftswegregelungen der einschlägigen Übereinkommen beziehen sich auf das **zwi- 117 schenstaatliche Verhältnis**. Der ersuchte Staat verpflichtet sich, ein auf dem vereinbarten Geschäftsweg übermitteltes Ersuchen als authentisches Begehren des ersuchenden Staates zu akzeptieren, während umgekehrt bei Nichteinhaltung des Geschäftsweges kein formell ordnungsgemäßes Ersuchen vorliegt[395] und die Verwertbarkeit gleichwohl erlangter Beweismittel infrage steht.[396] Die innerstaatliche Befugnis, letztendlich zu entscheiden, ob das Ersuchen gestellt wird, bleibt davon unberührt.[397] Die folgenden Ausführungen erfolgen aus dem Blickwinkel **ausgehender Ersuchen,** gelten aber spiegelbildlich auch für **eingehende Ersuchen.**

a) Unmittelbarer Geschäftsweg

Gilt der **unmittelbare Geschäftsweg,** so treten **ersuchende** und **ersuchte Behörde** un- 118 mittelbar, ggf. über nach manchen Rechtsakten eingerichtete zentrale Stellen wie das **BKA** (vgl. Nr. 6 RiVASt) oder eine andere **Übermittlungsstelle,** etwa die Generalstaatsanwaltschaft, miteinander in Verbindung (Nr. 5 Abs. 1 Buchst. d RiVASt). Hinweise zu den örtlichen Zuständigkeiten ergeben sich aus dem durch das **Europäische Justitielle Netz** auf dessen Homepage vorgehaltenen Justitiellen Atlas.[398]

Praktische Bedeutung hat dieser Geschäftsweg für Ersuchen der **Justizbehörden** um 119 Rechtshilfe im Geltungsbereich des **SDÜ** (Art. 53 Abs. 1), des **EU-RhÜbk** (Art. 6 Abs. 1) und der EU-Rahmenbeschlüsse zur gegenseitigen Anerkennung justizieller Entscheidungen. In diversen Übereinkommen (vgl. etwa Art. 15 Abs. 2 EuRhÜbk) ist darüber hinaus in **Eilfällen** die unmittelbare Übermittlung eines justitiellen Ersuchens vorgesehen. Außerdem zu nennen: **Zustellungen** im Geltungsbereich des EuRhÜbk (vgl. Art. 7, 15 Abs. 1, 3 und 4) und Ersuchen nach dem **EuGeldwäscheÜbk** (Art. 24: in dringenden Fällen ohne, sonst mit Einschaltung des BKA als zentraler deutscher Behörde).

Polizeiliche Rechtshilfeersuchen werden auf dem unmittelbaren Geschäftsweg, zumeist 120 über das **BKA** (Nr. 123 RiVASt, § 3 BKAG), gestellt. Vereinzelt, im Geltungsbereich des SDÜ in Eilfällen (Art. 39 Abs. 3 Satz 2) oder aufgrund von Vereinbarungen für Grenzgebiete (vgl. bspw. Art. 39 Abs. 4), ist auch der unmittelbare Kontakt der **zuständigen Polizeibehörden** als Geschäftsweg zugelassen.[399]

b) Konsularischer, ministerieller und diplomatischer Geschäftsweg

Beim **konsularischen Geschäftsweg** treten eine konsularische Vertretung im Gebiet des er- 121 suchten Staates und dessen Behörden miteinander in Verbindung (Nr. 5 Abs. 1 Buchst. c RiVASt). Ersuchen und sonstige Unterlagen sind in dreifacher Fertigung von der ersuchenden Stelle unmittelbar an die deutsche Auslandsvertretung zu übersenden (Nr. 30 Abs. 4 Satz 2 RiVASt). Beim **ministeriellen Geschäftsweg** treten die obersten Justiz- oder Verwaltungsbehörden in den beteiligten Staaten aneinander heran (Nr. 5 Abs. 1 Buchst. b RiVASt), beim **diplomatischen Geschäftsweg** die Regierung eines der beiden beteiligten Staaten und die diplomatische Vertretung des anderen (Nr. 5 Abs. 1 Buchst. a RiVASt). Staatsanwaltschaft oder Gericht haben das Ersuchen samt Unterlagen der **obersten Justiz-** oder **Verwaltungsbehörde** vorzulegen (in dreifacher Fertigung beim für Landesministerien eröffneten Geschäftsweg, sonst vierfach oder im diplomatischen Geschäftsweg fünffach). Ist kein anderer Geschäftsweg zugelassen, gilt der diplomatische, der als der höchste auch sonst immer beschritten werden kann.

---

[395] OLG Düsseldorf, StV 2004, 146.
[396] S/L/G/H-Schomburg/Hackner Vor § 68 Rn. 11 ff.
[397] BGHZ 87, 385 [389]; Schnigula, DRiZ 1984, 178 f.
[398] Vgl. Rn. 42.
[399] Zu Steuer- und Zollbehörden vgl. Kap. 20 (Zoll).

4. Notwendige Einschaltung weiterer Behörden

a) Exekutive Bewilligung

122 Da Rechtshilfe (i. w. S.) ihrem Wesen nach vor allem **Pflege auswärtiger Beziehungen** ist,[400] ist sie neben Ermittlungsbehörden und Gerichten auch der Exekutive überantwortet. Auch wenn über die verfahrensrechtliche Notwendigkeit rechtshilfebedürftiger Ermittlungshandlungen und die Abfassung eines **ausgehenden Ersuchens** Ermittlungsbehörden und Gerichte entschieden haben, so befindet letztlich die **Bewilligungsbehörde,** ob das Ersuchen tatsächlich gestellt wird. Sie prüft dabei nicht nur nochmals die rechtshilferechtliche Zulässigkeit,[401] sondern trifft eine Bewilligungsentscheidung nach pflichtgemäßem, nicht auf außenpolitische und außenrechtliche Erwägungen beschränktem[402] Ermessen.[403] Auch wenn Rechtshilfeverträge im Grundsatz völkerrechtliche Verpflichtungen begründen, belassen sie der Exekutive in der Regel im Rahmen von Fakultativklauseln („kann") ein Ermessen. Bei EU-Rahmenbeschlüssen ist dieses auf enumerativ aufgeführte, zwingende wie fakultative Ablehnungsgründe beschränkt. Ob Kostengründe die Unterlassung gebotener Ermittlungshandlungen rechtfertigen können, ist zweifelhaft.[404]

123 Ebenso wie bei ausgehenden Ersuchen bedarf es **exekutiver Bewilligung** auch für die Erledigung **eingehender Rechtshilfeersuchen.** Im Hinblick auf die zwischenstaatliche Zulässigkeit[405] („Leistungsermächtigung"[406]) bindet im Bereich der sonstigen Rechtshilfe die Bewilligung die für die Leistung der Rechtshilfe zuständige Behörde (§ 60 S. 1 IRG). Sie kann die Rechtshilfeerledigung also nicht ihrerseits mit der Begründung ablehnen, das Ersuchen leide an rechtshilferechtlichen Mängeln. Unberührt bleiben die gerichtliche Entscheidungsfreiheit (§ 60 S. 2, § 61 Abs. 1 S. 1 IRG) wie die Beurteilungsfreiheit auch der Ermittlungsbehörden bei der Beurteilung der innerstaatlichen Leistungsvoraussetzungen („Vornahmeermächtigung"). Bedenken der Vornahmebehörde gegen die Leistungsermächtigung könnten im Übrigen auch an die Generalstaatsanwaltschaft herangetragen und von dort in einen Antrag an das Oberlandesgericht (vgl. § 61 Abs. 1 S. 2 IRG) umgesetzt werden.

124 Für die Rechte von **Verteidiger** oder **Rechtsbeistand** gilt: Die Bewilligungsentscheidung wird von Amts wegen nach **§ 79 Abs. 3 IRG** bei Aus- und Durchlieferungsersuchen aus EU-Staaten durch das Oberlandesgericht überprüft, soweit dies die **Nichtgeltendmachung von Bewilligungshindernissen i. S. v. § 83b IRG** betrifft.[407] Die Herausgabe von Gegenständen ist nach § 61 Abs. 1 Satz 2 i. V. m. 66 IRG durch den betroffenen Dritten[408] anfechtbar, nach erfolgter Herausgabe allerdings nur dann, wenn ein berechtigtes Feststellungsinteresse (bspw. Wiederholungsgefahr) fortbesteht.[409] Für **Auslieferungsersuchen aus einem Drittstaat, Erwägungen außerhalb von § 83b IRG sowie die gesamte Vollstreckungs und Sonstige Rechtshilfe** enthält das IRG dagegen keine ausdrückliche Rechtswegeröffnung. Die Entstehungsgeschichte des Europäischen Haftbefehlsgesetzes 2006, durch

---

[400] BGHZ 71, 9 [12]; 87, 385 [389]; BVerfGE 96, 100 [118] (für die Vollstreckungshilfe); *S/L/G/H-Schomburg/Hackner* Vor § 68 Rn. 3; ausführlich *G/P/K-Grotz* § 74 IRG Rn. 5 ff.

[401] *Hackner/Schierholt* Rn. 68; *G/P/K-Vogel* Vor § 1 IRG Rn. 114.

[402] Str., eine Beschränkung wohl bejahend BGHZ 94, 150 [154]; wohl verneinend BVerfGE 96, 100 [118]; *G/P/K-Vogel* Vor § 1 IRG Rn. 114; *Schnigula* DRiZ 1984, 177 [183].

[403] OLG Hamm NStZ 1982, 215; *S/L/G/H-Schomburg/Hackner* Vor § 68 IRG Rn. 3; *S/L/G/H-Hackner* § 79 IRG Rn. 11.

[404] Zweifelnd BGHZ 94, 150 [154] („mag rechtswidrig sein"); für einen solchen Ablehnungsgrund *Schnigula* DRiZ 1984, 177 [183].

[405] Vgl. *G/P/K-Wilkitzki* § 60 IRG Rn. 10.

[406] Vgl. *S/L/G/H-Lagodny* § 60 Rn. 6; zum Begriff der „Vornahmeermächtigung" und seiner Funktion vgl. *G/P/K-Vogel* Vor § 1 IRG Rn. 46 ff.

[407] Näher hierzu *S/L/G/H-Hackner* § 79 IRG Rn. 10 ff. m. w. N.

[408] Nicht: des Verfolgten (vgl. *G/P/K-Johnson* § 61 IRG Rn. 12; OLG Hamm NStZ 95, 455; OLG Nürnberg StraFo 2012, 416; *Schmidt* NStZ-RR 2005, 161 [162]; a. A. *S/L/G/H-Lagodny* § 61 IRG Rn. 14).

[409] Näher hierzu *Johnson* a. a. O. Rn. 11; *Lagodny* Rn. 16; OLG Nürnberg a. a. O. S. 417.

V. Das Ersuchen um Rechtshilfe (i. w. S.)

die der frühere Meinungsstand[410] überholt ist, lässt jedoch den Rückschluss zu, dass der Gesetzgeber von einer prinzipiellen Justiziabilität auch im Übrigen ausging.[411] Sachlich **zuständig** kann nach der in § 13 Abs. 1 S. 1, § 79 Abs. 2 S. 3 i. V. m. § 29, § 79 Abs. 3, § 33 getroffenen Regelung auch insoweit nur das Oberlandesgericht sein. Der Rechtsweg zu den Verwaltungsgerichten ist nicht gegeben.[412] Inhaltlich ist die Kontrolle der Entscheidung auf Ermessensfehler beschränkt, weil der Bewilligungsbehörde ein sehr **weites außenpolitisches Ermessen** zukommt.[413] Zulässig ist lediglich eine Überprüfung auf Über- oder Unterschreitung und Fehlgebrauch des Ermessens,[414] wodurch die Erfolgsaussichten einer Anfechtung verschwindend gering sind. Einwände werden vielmehr integriert in den Vornahmerechtsschutz geltend zu machen sein.[415] Anders als im gerichtlichen Zulässigkeits-[416] und im innerstaatlichen Vornahmeverfahren[417] besteht auch kein Anspruch auf **Einsicht in die Akten** der Bewilligungsbehörde, sondern nur in die allgemeinen Rechtshilfevorgänge.[418] Gegen die spätere Verwertung der durch Rechtshilfe erlangten Erkenntnisse dürfte jedoch geltend gemacht werden können, es fehle die Bewilligung einer zuständigen Stelle.[419]

Ein vollständiger Übergang von der traditionellen Rechtshilfe zu einem „System des freien Verkehrs strafrechtlicher justizieller Entscheidungen" wird sich trotz aller Bemühungen von Rat und Kommission auf absehbare Zeit auch für die unionsinterne Zusammenarbeit nicht ergeben. Hieran haben auch die Konzeption des Europäischen Haftbefehls (Art. 1 Abs. 1 RB-EUHb) und der ihm folgenden Rechtsakte aus dem Maßnahmenprogramm zur Implementierung des **Grundsatzes der gegenseitigen Anerkennung** justizieller Entscheidungen und die Zuweisung der Entscheidung über deren Vollstreckung an Justizbehörden (vgl. bspw. Art. 3–5 RB EUHb) nichts geändert. Die dahinter stehende Neukonzeption der **Rechtshilfe als Justizkooperation** statt als **Pflege auswärtiger Beziehungen**[420] haben Deutschland und andere Staaten innerstaatlich so nicht nachvollzogen und sowohl am Bewilligungsverfahren als solchem als auch an ermessensgebundenen Tatbeständen festgehalten.

b) Bewilligungs- und Prüfungsbehörde

Der Bundesgesetzgeber hat die Entscheidung über ein- (und aus-)gehende Ersuchen dem Bundesministerium der Justiz im Einvernehmen mit dem Auswärtigen Amt zugewiesen (§ 74 Abs. 1 IRG). Dessen Bewilligungsbefugnis ist indes weitgehend **delegiert**. Wem im Einzelnen die Ausübung der Bewilligungsbefugnis zusteht (und wem damit das Ersuchen – ungeachtet des Geschäftswegs – letztlich vorzulegen ist), ergibt sich aus **§ 74 IRG**, der **Zuständigkeitsvereinbarung**[421] und den **landesrechtlichen Vorschriften**.[422] Im Wesentli-

---

[410] Vgl. zusammenfassend *Veh*, Vorauflage, Fn. 418.
[411] Dies folgt aus der auf eine Empfehlung des Rechtsausschusses des Bundestages (vgl. BT-Drs. 16/2015 S. 3) zurückgehenden Streichung von § 74b IRG-E, der die Anfechtbarkeit der Bewilligung ausdrücklich für die gesamte Rechtshilfe außerhalb des in § 79 Abs. 3 IRG geregelten Verfahrens ausschloss, aus den Entwürfen zum EuHbG 2006. Der Gesetzgeber, dem das Bundesverfassungsgericht mit seinem Urteil vom 18.7.2005 zum EuHbG 2004 (BVerfGE 113, 273) keine eindeutige Entscheidungshilfe gegeben hatte, hat sich dergestalt für die verfassungsrechtlich weniger risikoreiche Variante entschieden (im Ergebnis ebenso BVerwG NJW 2011, 250 [LS =BeckRS 2010, 49810]; *S/L/G/H-Hackner* § 79 IRG Rn. 11; *Böhm/Rosenthal* in: *Ahlbrecht* u. a., Internationales Strafrecht, RN 870).
[412] *S/L/G/H-Hackner* § 79 IRG Rn. 11; BVerwG a. a. O. und Beschl. v. 18.53.9.2010 – 1 B 1/10 –; OVG Hamburg, Beschl. v. 23.1.2009 – 5 Bs 240/08 –; VG Hamburg, Beschl. v. 1.12.2008 – 6 E 3009/08 –.
[413] Zu § 79 IRG vgl. ausdrücklich Begr. RegE BT-Drs. 16/1024, S. 13; *S/L/G/H-Hackner* § 79 IRG Rn. 10 m. w. N. Nichts anderes kann aber auch sonst gelten.
[414] Zu der Überprüfung nach § 79 Abs. 3 IRG vgl. *S/L/G/H-Hackner* a. a. O.
[415] *G/P/K-Wilkitzki* § 61 IRG Rn. 9 m. w. N.
[416] Vgl. *S/L/G/H-Lagodny/Schomburg/Hackner* § 40 Rn. 29.
[417] Vgl. Rn. 17.
[418] Vgl. im Einzelnen *Hackner/Schierholt* Rn. 53 m. w. N.
[419] Vgl. BGHSt 34, 334 [342].
[420] Vgl. v. *Heintschell-Heinegg/Rohlff* GA 2003, 44 [46]; *Rosenthal* ZRP 2006, 105 [107].
[421] Vgl. hierzu bereits Rn. 83.
[422] Abgedruckt bei *Piller/Herrmann*, Abschnitt 2 f. S. 29 ff.

chen gilt im hier interessierenden Kriminalitätsbereich für Ersuchen um sonstige Rechtshilfe:[423]

127 Ist der **unmittelbare** oder **konsularische Geschäftsweg** eröffnet, bedarf es im Justizbereich in der Regel lediglich der Bewilligung des **Behördenleiters** oder **Gerichtspräsidenten**, da die den Landesregierungen von Seiten des Bundes zur Ausübung übertragenen Befugnisse weitgehend auf diesen Personenkreis weiterübertragen worden sind.[424] Im Polizeibereich liegt die Bewilligungsbefugnis in der Regel beim LKA.

128 Das in früheren Auflagen angesprochene Paradox, dass im **Fiskalbereich** teils der unmittelbare Geschäftsweg begründet, zugleich aber die Bewilligungszuständigkeit noch beim Bund lag, ist durch Änderung der Zuständigkeitsvereinbarung dahin aufgelöst, dass das Erfordernis einer Bewilligung seitens des Bundes und damit auch das Erfordernis der Einschaltung der obersten Landesbehörde entfällt.

129 Häufig besonderer Bewilligung bedarf die **Teilnahme deutscher Richter oder Beamter im Ausland,** die bei der obersten Justiz- oder Verwaltungsbehörde einzuholen ist, bevor das Ersuchen an die ausländische Behörde oder deutsche Auslandsvertretung abgesandt wird (Nr. 140 Abs. 1 S. 2 RiVASt). Inwieweit die Genehmigung allgemein erteilt oder ihre Erteilung delegiert ist, richtet sich nach Landesrecht.[425]

130 Angesichts der bloßen **Delegation der Ausübung der Bewilligungsbefugnis** kann diese vom Delegierenden jederzeit wieder an sich gezogen werden.[426] Dem dient auch die **Pflicht,** trotz eigener Bewilligungsbefugnis **in Fällen von besonderer Bedeutung** in politischer, tatsächlicher oder rechtlicher Beziehung der obersten Justiz- oder Verwaltungsbehörde, die ihrerseits ggf. die Bundesregierung zu konsultieren hat (Nr. 8 Zuständigkeitsvereinb.) vorab **zu berichten** und deren Äußerung abzuwarten (Nr. 14 Abs. 1 RiVASt). Allgemeine Richtlinien (RiVASt!) oder Weisungen im Einzelfall verletzen nicht die richterliche Unabhängigkeit.[427]

131 Nach Landesrecht unterschiedlich[428] geregelt ist die Frage, inwieweit Ersuchen zusätzlich einer (möglicherweise mit der Bewilligungsbehörde identischen) **Prüfungsbehörde** vorgelegt werden müssen, vgl. Nr. 7 Buchst. b, 30 Abs. 1 RiVASt.

VI. Voraussetzungen und Grenzen der Rechtshilfe

1. Allgemeine Voraussetzungen

132 Im Dickicht je nach Staat differierender Anforderungen des Rechtshilferechts sucht der Praktiker **allgemeine Voraussetzungen der Rechtshilfe** bzw. **Rechtshilfehindernisse.** In Betracht kommen:

133 **Gegenseitigkeit** muss regelmäßig gewahrt sein. Dies bedeutet, dass der ersuchende Staat im umgekehrten Fall mindestens in gleichem Umfang zu Rechtshilfe bereit und in der Lage ist. Völkerrechtlich besteht zwar keine Pflicht, die Gewährung von Rechtshilfe von Gegenseitigkeit abhängig zu machen.[429] Im **vertraglosen** wie im **vertraglichen** (Art. 2 Abs. 7 EuAlÜbk; Art. 23 Abs. 3 EuRhÜbk) **Auslieferungs- und Rechtshilfeverkehr** muss freilich mit der Ablehnung eines Ersuchens unter Berufung auf fehlende Gegenseitigkeit gerechnet werden.[430] Auslieferung aus Deutschland ist bei negativer Gegenseitigkeitsprognose im vertraglosen Rechtsverkehr unzulässig (§ 5 IRG). Gegenseitigkeit wird durch besondere Ver-

---

[423] Zur Auslieferung vgl. Rn. 106.
[424] Vgl. im Einzelnen die landesrechtlichen Vorschriften, abgedruckt bei *Piller/Herrmann,* Abschnitt 2 f. S. 29 ff.
[425] Vgl. die Nachweise bei *Piller/Herrmann,* Abschnitt 2 f. S. 29 ff.
[426] *G/P/K-Grotz* § 74 IRG Rn. 24.
[427] BVerfG DRiZ 1979, 219; BGHZ 71, 9; 87, 385; 94, 150; vgl. auch *G/P/K-Vogel* Vor § 1 IRG Rn. 115.
[428] Abgedruckt bei *Piller/Herrmann,* Abschnitt 2 f., S. 29 ff.
[429] BGHSt 26, 148 [150].
[430] Überblick bei *Nagel,* S. 92 ff.; instruktiv *Popp,* Rn. 431 ff. unter Darstellung der Schweizer Handhabung.

VI. Voraussetzungen und Grenzen der Rechtshilfe

einbarung im Einzelfall und durch völkerrechtliche Verträge hergestellt. Dieselbe Wirkung haben auch Richtlinien und Rahmenbeschlüsse der Europäischen Union, wobei es nicht darauf ankommt, ob der ersuchende Staat diese innerstaatlich bereits umgesetzt hat.[431] Im vertraglichen Bereich stellt sich die Frage der Gegenseitigkeit vor allem bei neueren Kooperationsformen, die noch nicht Gegenstand ausdrücklicher Regelungen geworden sind. Subjektive Rechte lassen sich aus dem Gegenseitigkeitsprinzip nicht ableiten.[432]

Das **Prinzip der beiderseitigen Strafbarkeit** verlangt bei sinngemäßer Sachverhaltsumstellung[433] die Strafbarkeit[434] des ersuchensgegenständlichen Vorwurfs auch im ersuchten Staat. Auf den ersuchenden Staat bezogene Sachverhaltselemente, etwa Tatort, Staatsangehörigkeit des Täters oder Opfers, werden spiegelbildlich auf den ersuchten Staat hin umgedacht. Ob jeweilige Subsumierbarkeit unter irgendeine Strafrechtsnorm unabhängig von der tatsächlichen oder rechtsethischen Vergleichbarkeit ausreicht, wie dies nach § 3 IRG der Fall ist,[435] ist nicht unumstritten.[436] Erfahrungen mit anderen Staaten wie neuere Begründungen zu multilateralen Übereinkommen[437] sprechen dagegen. Ebenso wenig kann sicher damit gerechnet werden, dass ausländische Staaten als „Handlung" im Sinne des Art. 2 Abs. 1 EuAlÜbk die „Tat" im prozessrechtlichen Sinn des § 264 StPO auffassen[438] oder das Verständnis des EuGH von Art. 54 SDÜ[439] zu Grunde legen. Verfassungsrechtlich erforderlich ist beiderseitige Strafbarkeit nicht. Eine äußerste Grenze ergibt sich nur dort, wo ein Verhalten sanktioniert würde, das in Deutschland von Grundrechts wegen überhaupt nicht oder nicht in dieser Intensität unter Strafe gestellt werden dürfte.[440] **134**

Im **vertraglosen Auslieferungsverkehr** muss je nach dem Recht des ersuchten Staates davon ausgegangen werden, dass beiderseitige Strafbarkeit erforderlich ist (vgl. § 3 Abs. 1 IRG). Dieser Grundsatz beherrscht, verbunden mit geforderten **Mindestsanktionen,** auch den **vertraglichen Auslieferungsverkehr** (vgl. bspw. Art. 2 Abs. 1, Abs. 2 EuAlÜbk, Art. 1 2. ZP-EuAlÜbk). Im Geltungsbereich des **Europäischen Haftbefehls** wird dagegen für einen weiten **Katalog von Straftaten,** etwa illegaler Waffenhandel, Geldwäsche, Betrug (auch zulasten der finanziellen Interessen der Gemeinschaften), Korruption, Cyberkriminalität, Produktpiraterie, illegaler Handel mit nuklearen und radioaktiven Substanzen und Sabotage zumindest auf die Prüfung dieses Auslieferungshinderniss verzichtet, wenn die Strafdrohung im Höchstmaß mindestens drei Jahre erreicht (Art. 2 Abs. 2 RB-EUHb). Maßgeblich ist die Einordnung durch den ersuchenden Staat.[441] Gleichwohl ist das OLG nach zutreffender Ansicht berechtigt und auch verpflichtet, entsprechend § 10 Abs. IRG beiderseitige Strafbarkeit zu prüfen, wenn Zweifel auftreten.[442] **135**

Im **vertraglosen Sonstigen Rechtshilfeverkehr** wird beiderseitige Strafbarkeit zumeist nur noch für die Herausgabe von Gegenständen verlangt (für eingehende Ersuchen vgl. § 66 Abs. 2 Nr. 1 IRG).[443] Im **vertraglichen Rechtshilfeverkehr** besteht grundsätzlich keine **135a**

---

[431] BVerfG NJW 2006, 1652 [1652 f.].

[432] BVerfG, Beschl. v. 24.11.2005 – 2 BvR 1667/05 –.

[433] Vgl. hierzu anschaulich *v. Bubnoff*, S. 47 f.; ebenso *S/L/G/H-Lagodny* § 3 IRG Rn. 5 bis 10; spezifisch zu Fiskaldelikten vgl. Rn. 141.

[434] Persönliche Strafausschließungsgründe hindern die Rechtshilfe dagegen nicht (vgl. OLG Köln NStZ 2011, 471; hier: § 261 Abs. 10 S. 2 StGB).

[435] *S/L/G/H-Lagodny* § 3 Rn. 13; OLG Stuttgart GA 1966, 188.

[436] Zweifelnd *Popp*, Rn. 211 ff.

[437] Explanatory Report zum EuGeldwäscheÜbk, vgl. *S/L/G/H-Lagodny* Art. 18 EuGeldwäscheÜbk Rn. 21 (HT II D 2); ebenso *Schwaighofer*, S. 98 m. w. N. zum österreichischen Recht.

[438] Vgl. *S/L/G/H-Lagodny* § 3 IRG Rn. 6; BGH GA 1977, 110; nicht eindeutig aber BGHSt 27, 168 [172] (Begriff der „Handlung" i. S. von Art. 2 Abs. 1 EuAlÜbk geht jedenfalls nicht über die Tat des § 264 StPO); anders etwa für Österreich *Schwaighofer*, S. 98 ff.

[439] Vgl. Rn. 101 f.

[440] *S/L/G/H-Lagodny* § 3 IRG Rn. 2.

[441] EUGH NJW 2007, 2237 [2239].

[442] Str., wie hier BVerfG StraFo 2009, 458 [460]; *S/L/G/H-Hackner* § 78 IRG Rn. 14 m. w. N.

[443] Vgl. in diesem Zusammenhang zur Prüfung der Strafbarkeit nach dem Recht des ersuchenden Staates *S/L/G/H-Lagodny* § 66 IRG Rn. 24.

umfassende Ablehnungsmöglichkeit bei fehlender beiderseitiger Strafbarkeit. Vereinzelt werden Zwangsmaßnahmen aber generell unter einen Ablehnungsvorbehalt gestellt.[444] Verbreitet ist dies bei Durchsuchungen und Beschlagnahmen (vgl. Art. 5 EuRhÜbk sowie das EuGeldwäscheÜbk[445]). Im EU-Bereich wird allerdings auch hier auf die Prüfung verzichtet (vgl. Art. 3 Abs. 2 RB-Sicherstellung, § 94 Abs. 1 Nr. 1 IRG).

135b Im Bereich der **Vollstreckungshilfe** wiederum ist beiderseitige Strafbarkeit ein zentrales Erfordernis (vgl. für eingehende Ersuchen § 49 Abs. 1 Nr. 3 IRG). Besonderheiten gelten jedoch für die Vollstreckung von **Geldsanktionen und Einziehungsentscheidungen in der EU** (vgl. Art. 5 Abs. 1 RB-Geld, § 87b Abs. 1 IRG einerseits und Art. 3 Abs. 2 RB-Einziehung, § 88a Abs. 1 Nr. 2a IRG andererseits), wo wiederum jeweils im Umfang einer Positivliste beiderseitige Strafbarkeit nicht zu prüfen ist. Zum gänzlichen Verzicht auf dieses Erfordernis bei der **Rücküberstellung** eines an einen anderen EU-Staat ausgelieferten deutschen Staatsangehörigen nach § 80 Abs. 4 IRG vgl. Rn. 61.

136 Die Beurteilung der **Verjährung** auch nach dem **Recht des ersuchten Staates** spielt fast nur noch im **Auslieferungsverkehr** eine Rolle.[446] Sie ist kein Bestandteil des Prinzips beiderseitiger Strafbarkeit.[447] Für den europäischen Bereich gilt hier:[448]

a) **Vertraglos** (§ 9 Nr. 2 IRG): doppeltes Verjährungsprüfungserfordernis nur bei konkurrierender Gerichtsbarkeit.

b) **EuAlÜbk:** Auslieferungsverbot bei Verjährung nach dem Recht des ersuchenden oder des ersuchten Staates (Art. 10).

c) **Island, Norwegen:** Auslieferungsverbot bei Verjährung nach dem Recht des ersuchenden oder ersuchten Staates; Unterbrechung, Hemmung oder Ruhen[449] der Verjährung richten sich allein nach dem Recht der ersuchenden Vertragspartei (Art. 62 Abs. 1 **SDÜ** i. V. m. Art. 10 EuAlÜbk);

d) **Schweiz:** Verjährung wird allein nach dem Recht des ersuchenden Staates beurteilt (vgl. Art. IV Abs. des gegenüber Art. 62 Abs. 1 SDÜ günstigeren deutsch-schweizerischen Zusatzvertrages zum EuAlÜbk);[450]

e) **EU-Staaten:** Verjährung nach dem Recht des ersuchenden Staates; das Recht des ersuchten Staates ist daneben nur bei konkurrierender Gerichtsbarkeit als fakultativer Verweigerungsgrund relevant (Art. 4 Nr. 4 RB-EUHb).

Im Verhältnis der a) bis c) genannten Regelungen zueinander gilt grundsätzlich das **Günstigkeitsprinzip** im Sinne des Vorrangs der auslieferungsfreundlicheren Lösung. Die im RB-EUHb getroffene Regelung ist jedoch abschließend (Art. 31 Abs. 2 RB-EUHb), für günstigere vertragliche Regelungen wie die a) bis c) genannten und bilaterale Ergänzungsverträge ist insoweit kein Raum.[451]

137 **Interessen des ersuchten Staates** sollten bei der Beurteilung der Erfolgsaussichten eines Ersuchens stets bedacht werden, etwa wenn Betriebs- oder Geschäftsgeheimnisse[452] offenbart

---

[444] Art. 3 Abs. 1 des deutsch-kanadischen Rechtshilfevertrags, BGBl. 2004 II S. 963.
[445] Vgl. Rn. 144, 146.
[446] Verjährungseintritt im ersuchenden Staat macht die Auslieferung von vornherein unzulässig (vgl. *Hackner/Schierholt* Rn 126; OLG Rostock NStZ-RR 2012, 144.
[447] *G/P/K-Vogel* Vor § 1 IRG Rn. 76.
[448] Vgl. zusammenfassend die Darstellung bei *Hackner/Schierholt* Rn. 126 ff.
[449] Zur Gleichstellung von Hemmung oder Ruhen mit Unterbrechung vgl. *S/L/G/H-Schomburg/Gleß* Art. 62 SDÜ (HT III E 1) Rn. 1; ausführlich *G/P/K-Vogel* Vor § 1 IRG Rn. 88; aus der Rechtsprechung OLG Stuttgart NStZ-RR 2001, 345 f.; NJW 2002, 3343. Auf die Auslieferung deutscher Staatsangehöriger findet diese Rechtsprechung keine Anwendung (vgl. BVerfG StraFo 2009, 455 [456 ff.]; *Hackner/Schierholt* Rn. 126 m. w. N.).
[450] BGBl. 1975 II S. 1176; 1976 II S. 1798; BGBl. 2001 II S. 946; in konsolidierter Fassung abgedruckt bei *S/L/G/H-Lagodny* HT II A d.
[451] Vgl. EUGH Urteil v. 12.8.2008 in der Rechtssache C-296/08 PPU (*Goicoechea*, NJW 2009, 657); näher zum Verhältnis zwischen Rahmenbeschluss und Übereinkommen sowie den Auswirkungen auf § 78 Abs. 2 IRG *S/L/G/H-Hackner* § 78 IRG Rn. 7 ff. und speziell zur Verjährungsfrage Rn. 16 f., jeweils m. w. N.
[452] Instruktiv für die diesbezügliche Sichtweise in der Schweiz *Popp*, Rn. 450 ff.

VI. Voraussetzungen und Grenzen der Rechtshilfe

werden müssten. Ist im **vertraglosen Rechtshilfe- und Auslieferungsverkehr** angesichts der bestehenden Erledigungsfreiheit ohnehin mit der Berücksichtigung derartiger Interessen zu rechnen, so finden sie auch im **vertraglichen Rechtshilfeverkehr** ihren ausdrücklichen Niederschlag, wie in Art. 2 Buchst. b EuRhÜbk, Art. 18 Abs. 1 Buchst. b EuGeldwäscheÜbk und diversen bilateralen Rechtshilfeverträgen[453] (Ablehnungsmöglichkeit bei Eignung der Ersuchenserledigung zur Beeinträchtigung von Souveränität, Sicherheit, **ordre public** oder anderen wesentlichen Interessen des ersuchten Staates). Die Berufung auf ein **Bankgeheimnis** ist davon allerdings nicht gedeckt, sondern richtet sich danach, inwieweit ein solches Geheimnis nach jeweiligen innerstaatlichem Recht der erbetenen Ermittlungshandlung auch bei eigenen Ermittlungs- oder Strafverfahren entgegenstünde.[454] Auch wenn im **vertraglichen Auslieferungsverkehr** eine umfassende[455] Klausel wie Art. 2 Buchst. b EuRhÜbk weitgehend[456] fehlt, ist auch hier bei Interessenskonflikten mit der Versagung von Auslieferungen zu rechnen, zumal die Verletzung von Auslieferungsverpflichtungen zwischenstaatlich weitgehend[457] nicht justitiabel ist.[458]

Eine **Überprüfung des Tatverdachts** findet im Wesentlichen im **Auslieferungsverkehr** 138 und lediglich in einer Minderheit von Staaten (praktisch bedeutsam: Vereinigte Staaten, Kanada,[459] und Israel[460]) statt. Kontinental-europäischer Tradition ist sie fremd. Im Geltungsbereich des europäischen Haftbefehls und der damit verbundenen Implementierung des Grundsatzes gegenseitiger Anerkennung sind entsprechende Vorbehalte[461] obsolet. Auch das EuAlÜbk (Art. 12) und das EuRhÜbk (Art. 14) verlangen im Ersuchen die Benennung der den Tatverdacht begründenden Tatsachen nicht. Für eingehende Ersuchen bedeutet dies, dass zwar sämtliche innerstaatlichen Voraussetzungen für Zwangsmaßnahmen erfüllt sein müssen, der ggf. erforderliche Tatverdacht jedoch von dieser Prüfung im Grundsatz ausgenommen ist.[462] Das gilt auch im Verhältnis zu Staaten, die selbst den Tatverdacht überprüfen.[463] Nur bei besonderen Umständen, etwa bei unschlüssiger Sachverhaltsschilderung oder in Deutschland oder einem Drittstaat bereits verneintem Tatverdacht, kann Anlass im Auslieferungsverkehr bestehen, vom ersuchenden Staat eine Darstellung der den hinreichenden Tatverdacht begründenden Tatsachen zu verlangen (§ 10 Abs. 2 IRG).[464] Entsprechendes gilt auch für den Sonstigen Rechtshilfeverkehr und lässt sich hier auf den **ordre public** (§ 73 IRG)[465] stützen.[466]

---

[453] Einzelheiten bei *Nagel*, S. 117 f.; vgl. etwa Art. 2 Abs. 1 des deutsch-kanadischen Rechtshilfevertrages (BGBl. 2004 II S. 963) und Art. 3 des deutsch-amerikanischen Rechtshilfevertrages. Siehe hierzu Rn. 180, 180 a.

[454] So selbst die liechtensteinische Praxis, vgl. *Wolff* AnwBl. 1991, 62 [68]; für Österreich OGH Wien, wistra 1995, 38 (zu Art. 2 Buchst. b EuRhÜbk) m. Besprechungsaufsatz *Carl/Klos*, wistra 1995, 95 [97]; für Deutschland vgl. OLG Hamburg GA 1984, 515 f.; vgl. auch Art. 18 Abs. 7 EuGeldwäscheÜbk und Art. 7 ZP-EU-RhÜbk.

[455] Zur Auslieferungsversagung wegen drohenden Verstoßes gegen den „völkerrechtlichen Mindeststandard" vgl. BVerfGE 75, 1 [16 ff.]; ausführlich *S/L/G/H-Lagodny* § 73 IRG Rn. 7 ff.

[456] Vgl. aber Art. 5 des deutsch-indischen Auslieferungsvertrages (BGBl. 2003 II S. 1635;. 2004 II S. 787).

[457] Anders im Geltungsbereich des Amsterdamer Vertrags (BGBl. 1998 II S. 386).

[458] Zu Verwertungsverboten siehe etwa *Hackner/Schierholt* Rn. 236 f.; *Nagler* StV 2013, 324 [325 ff.] jew. m. w. N.

[459] Vgl. hierzu näher Rn. 178, 180.

[460] Vgl. den israelischen Vorbehalt zu Art. 2 EuAlÜbk (BGBl. 2002 II S. 2302).

[461] Vgl. *G/P/K-Grotz* Abschnitt III A 1.1, Vorbemerkungen Rn. 21.

[462] *G/P/K-Vogel* Vor § 1 IRG Rn. 41.

[463] Vgl. BVerfG NJW 2004, 141 [145]; OLG Brandenburg wistra 2004, 80; OLG Düsseldorf NStZ 2003, 684 [685], Rn. 4; vgl. hierzu die Anm. von *Böse* JR 2003, 523 [524].

[464] Vgl. *S/L/G/H-Lagodny/Schomburg/Hackner* § 10 Rn. 36 bis 48a (mit weiteren Beispielen und Nachw.); zur besonders eingeschränkten Anwendung des § 10 Abs. 2 IRG im vertraglichen Auslieferungsverkehr vgl. BGHSt 32, 314 [320 ff.].

[465] Vgl. hierzu Rn. 137.

[466] Vgl. hierzu OLG Celle in: *Eser/Lagodny/Wilkitzki*, U 133; zur österreichischen Praxis vgl. *Lanser*, wistra 1999, 213, 218.

139 Die **Staatsangehörigkeit** des Beschuldigten spielt nur im Auslieferungsverkehr eine Rolle: Die meisten Staaten liefern eigene Staatsangehörige nicht aus und erstrecken diesen Schutz teilweise auch auf Personen, die auf ihrem Staatsgebiet dauerhaft ansässig sind. Wesentliche außereuropäische Ausnahmen sind Israel, die Vereinigten Staaten und Australien. Mit der Umsetzung des **Europäischen Haftbefehls**[467] ist zwischen den EU-Mitgliedstaaten das Auslieferungshindernis eigener Staatsangehörigkeit für die Auslieferung zur **Strafverfolgung** aufgegeben worden, wenn der ersuchende Staat bereit ist, die verfolgte Person zur Vollstreckung einer eventuellen freiheitsentziehenden Sanktion zurückzuüberstellen (Art. 5 Nr. 3 RB-EUHb).[468] Den Forderungen des BVerfG[469] Rechnung tragend, verweigert Deutschland bei **Taten mit maßgeblichem Inlandsbezug** zwingend unter Nutzung der – freilich nicht spezifisch für eigene Staatsangehörige geschaffenen – Ablehnungsoption des Art. 4 Nr. 7 RB-EUHb die Auslieferung eigener Staatsangehöriger (§ 80 Abs. 2 Nr. 2 IRG). Die Auslieferung Deutscher zur **Strafvollstreckung** ist nur mit deren Zustimmung zulässig (§ 80 Abs. 3 IRG), die kaum jemals erteilt wird. Im Falle einer Ablehnung muss dann allerdings auf Verlangen des Urteilsstaates die Strafvollstreckung übernommen werden (Art. 4 Nr. 6 RB-EUHb). Hierzu bedarf es eines eindeutigen Vollstreckungswunsches im Sinne von § 49 Abs. 1 Nr. 1 IRG. Die bloße Berufung auf Art. 4 Nr. 6 RB-EUHb ist ebenso wenig ausreichend wie die einfache Übersendung der Vollstreckungsunterlagen.[470] Bei im Inland lebenden **Ausländern** wurde ein fakultativer Ablehnungsgrund (§ 83b Abs. 2 IRG) geschaffen. Die Schweiz liefert eigene Staatsangehörige nur mit deren schriftlicher Zustimmung aus (Art. 7 IRSG).

2. Besonderheiten für Fiskaldelikte

a) Auslieferung

140 Im **vertraglosen Auslieferungsverkehr** wird Auslieferung in Fiskalsachen vielfach von vornherein verweigert. Im **europäischen Vertragsnetzwerk** gilt eine Ausnahme lediglich für die Vertragsparteien des **2. ZP-EuAlÜbk** (Art. 2 Abs. 1) und auch nur insoweit, als diese keinen Vorbehalt erklärt haben. Im **EU-Bereich** sind Fiskalstraftaten, die im Höchstmaß mit einer Freiheitsstrafe von mindestens zwölf Monaten bedroht sind, auslieferungsfähig (vgl. Art. 2 Abs. 2, 4 Abs. 1 Nr. 1 RB-EUHb). Auch für die Schengen-Assoziierten besteht grundsätzlich eine Auslieferungspflicht in Fiskalsachen, die jedoch durch Vorbehalt auf die Hinterziehung von Verbrauchsteuern und Mehrwertsteuer über 25.000 € und von Zöllen auf einen Warenwert von über 100.000 € beschränkt werden kann (Art. 63 i. V. m. Art 50 SDÜ).[471]

141 Im Übrigen kann die **Reichweite des Erfordernisses der beiderseitigen Strafbarkeit**[472] zweifelhaft sein. Jedenfalls im Geltungsbereich von Art. 2 des 2. ZP-EuAlÜbk und des RB-EUHb darf die Auslieferung nicht an einer allzu engherzigen Auslegung scheitern. Die Handlung, deretwegen um Auslieferung ersucht wird, muss nach dem Recht des ersuchten Staates einer strafbaren Handlung derselben Art entsprechen. Mit Unterschieden in den Abgaben-, Steuer-, Zoll- und Devisenbestimmungen darf eine Auslieferungsversagung nicht begründet werden.[473]

---

[467] Vgl. Rn. 50.
[468] Zu den Schwierigkeiten bei fehlender beiderseitiger Strafbarkeit vgl. Rn. 61.
[469] BVerfG NJW 2005, 2289 [2292 ff.].
[470] LG Bremen, Beschl. v. 9.3.2011 – Kl.StVK 32/10 –; *S/L/G/H-Schomburg/Hackner* § 49 IRG Rn. 2b. Zur Rücküberstellung vgl. allgemein *Hackner/Schierholt* Rn. 143 ff. sowie zu den Besonderheiten bei vorangegangener Auslieferung auf der Grundlage des RB-EUHb Rn. 169b; siehe auch *S/L/G/H-Hackner* § 78 IRG RN 24 ff. und OLG Stuttgart BeckRS 2010, 13211.
[471] Durch Art. 2 Abs. 1 Verordnung (EG) Nr. 1103/97 (ABl. EG Nr. L 162 S. 1) von ECU auf Euro umgestellt. Auf Grund des Anwendungsvorrangs des RB-EUHb gegenüber dem 2. ZP-EuAlÜbk und dem SDÜ (vgl. oben Rn. 136) finden diese Regelungen nur auf Vertragsstaaten Anwendung, die nicht zugleich auch der EU angehören.
[472] Vgl. Rn. 134.
[473] Vgl. für den Europäischen Haftbefehl ausdrücklich Art. 4 Nr. 1 RB-EUHb.

VI. Voraussetzungen und Grenzen der Rechtshilfe **24**

b) Sonstige Rechtshilfe

Sonstige Rechtshilfe wird in Fiskalsachen häufiger geleistet, ist aber keineswegs selbstverständ- 142
lich.[474] Im Schengenraum begründet Art. 50 **SDÜ** eine ausdrückliche **Rechtshilfever-
pflichtung** für die in der Praxis nicht unbedeutenden Fälle[475] der Hinterziehung von Verbrauchsteuern, Mehrwertsteuer oder Zöllen. Nach Art. 6 des **2. EU-FinIntProt**[476] gilt
Entsprechendes für bestimmte Betrugs-, Korruptions- und Geldwäschedelikte. Die insoweit
gegebenen Beschränkungen sind wiederum obsolet, wo Art. 1 **ZP-EuRhÜbk**[477] oder Art. 8
ZP-EU-RhÜbk eine unbeschränkte Rechtshilfeverpflichtung begründen.

3. Spezifische Voraussetzungen für einzelne Maßnahmen

Im Grundsatz können deutsche Ermittlungsbeamte oder Richter das Ausland um jede nach 143
nationalem Recht zulässige[478] Ermittlungsmaßnahme ersuchen. Die Erledigung erfolgt regelmäßig (bedeutende Ausnahme: Art. 4 Abs. 1 EU-RhÜbk)[479] nach dem Recht und in den
Formen des ersuchten Staates (exemplarisch Art. 3 Abs. 1 EuRhÜbk). Zwangseingriffe
unterliegen meist ebenfalls den **Voraussetzungen**[480] des Rechts des ersuchten Staates.
Möglichkeiten, die **Beachtung deutschen Rechts** bei der Erledigung ausgehender Ersuchen herbeizuführen, sind allerdings zu nutzen.[481] Umgekehrt ist bei eingehenden Ersuchen
den Wünschen des ersuchenden Staates zu entsprechen, soweit deutsches Recht nicht entgegensteht.[482] Für ausgewählte Maßnahmen gilt:

a) Durchsuchung, Beschlagnahme und Herausgabe

Sofern der Rechtshilfeverkehr eröffnet ist, dürften in der Regel keine unüberwindlichen 144
Hindernisse bestehen, um das **Aufspüren** und die **Herausgabe** von **beweismittelgeeigneten Gegenständen** zu erwirken. Regelmäßig genügt es, wenn die betreffenden Gegenstände
in dem Ersuchen, bei dem es sich auch um eine Sachfahndung zu Sicherungszwecken nach
Art. 100 SDÜ handeln kann,[483] hinreichend individualisierbar bezeichnet sind und eine Beweismitteleignung nach Lage des Falles nicht völlig ausgeschlossen erscheint. Konkreter Feststellungen bedarf es hierzu nicht, weil dies der Beurteilung durch den ersuchenden Staat
unterliegt.[484] Für den europäischen Vertragsrechtsraum besteht eine grundsätzliche Unterstützungspflicht (Art. 1 Abs. 1, Art. 3 Abs. 1, Art. 5 Abs. 1 EuRhÜbk, Art. 20 Abs. 1 EuAlÜbk).
Allerdings wird schon wegen der deutschen Inanspruchnahme der Vorbehaltsmöglichkeiten
aus Art. 5 Abs. 1 Buchst. a und c EuRhÜbk[485] mit der Erledigung von **Durchsuchungs-
und Beschlagnahmemaßnahmen** im Nicht-EU-Raum[486] nur bei beiderseitiger Strafbarkeit und Vereinbarkeit mit dem Recht des ersuchten Staates zu rechnen sein (Grundsatz der
Gegenseitigkeit, Art. 5 Abs. 2 EuRhÜbk). Zu Inhalt und Form der Ersuchen vgl. Nr. 114
RiVASt sowie Muster Nr. 28 bis 30).

---

[474] Beispiele in Abschnitt VII.
[475] Zu den Wertgrenzen vgl. Rn. 140.
[476] Näher zu diesem Übereinkommen vgl. Rn. 77.
[477] Vgl. Rn. 66; vielfach ist gerade diese Verpflichtung trotz Beitritts zu diesem Übereinkommen von der Anwendung ausgenommen worden.
[478] Vgl. Rn, 17.
[479] Näher Rn. 67.
[480] Vgl. Rn. 17.
[481] Vgl. Nr. 26 S. 2 RiVASt.
[482] Vgl. Nr. 22 Abs. 1 S. 2 RiVASt.
[483] LG Ravensburg NStZ-RR 2012, 259 [259].
[484] BGHSt 20, 170 [173]; 27, 222 [227]; BVerfG NStZ-RR 2002, 16; OLG Köln NStZ 2012, 101 [102]; *G/P/K-Johnson* § 66 IRG Rn. 12; *S/L/G/H-Lagodny* § 66 IRG Rn. 12 m. w. N.; a. A. LG Ravensburg NStZ-RR 2012, 259 [260], das bereits eine hohe Wahrscheinlichkeit auf der Grundlage eines weitgehend unbekannten Sachverhalts ausreichen lässt.
[485] BGBl. 1976 II S. 1799.
[486] Vgl. Rn. 144 a.

144a Einfacher gestaltet sich die Kooperation in der **EU** bzw. im **Schengenraum**. Brachte schon Art. 51 SDÜ dadurch eine Erleichterung, dass Strafbarkeit im einen und Einstufung als Ordnungswidrigkeit im anderen Staat genügt, um Durchsuchungs- und Beschlagnahmemaßnahmen zu ermöglichen, so sieht der **RB-Sicherstellung**[487] nunmehr einen Verzicht auf die Prüfung beiderseitiger Strafbarkeit für eine nach dem Vorbild des RB-EUHb gefasste Liste von Delikten vor (Art. 3 Abs. 2). Dem Grundsatz gegenseitiger Anerkennung entsprechend, hat der Vollstreckungsstaat im unmittelbaren Geschäftsweg übermittelbare (Art. 4) Sicherstellungsentscheidungen des Entscheidungsstaates umzusetzen und damit jede Vernichtung, Veränderung, Verbringung, Übertragung oder Veräußerung eines Beweismittels zu verhindern (vgl. Art. 2). Im EU-Bereich lassen sich Beweismittel damit schneller und – angesichts der reduzierten Ablehnungs- oder Aufschubsmöglichkeiten (vgl. Art. 7, 8: ne bis in idem; Beeinträchtigung eigener Ermittlungen) – unproblematischer als bisher sicherstellen. Die spätere **Herausgabe** richtet sich derzeit allerdings noch nach den bestehenden Verträgen (EuRhÜbk, EU-RhÜbk), so dass es hierfür wieder auf beiderseitige Strafbarkeit ankommt. Für eine Einziehung bedarf es dann aber, soweit der **RB-Einziehung** Anwendung findet, im Umfang der Positivliste nach dessen Art. 5 Abs. 2 wiederum keiner Prüfung beiderseitiger Strafbarkeit mehr.

145 Sind **Geschädigteninteressen** mitbetroffen, so sollte der Staatsanwalt darauf bedacht sein, den Geschädigten bei der Durchsetzung seiner Ansprüche zu unterstützen. Ist ein Gegenstand als **Beweismittel** herausgegeben worden, kann seine **Herausgabe** an den **Verletzten** (vgl. § 111k StPO) an Rückgabepflichten gegenüber dem ersuchten Staat scheitern. In solchen Fällen ist dringend anzuraten, bereits im Ersuchen den späteren Verbleib des Gegenstandes zu thematisieren, damit der ersuchte Staat auf die sonst erforderliche Rückgabe verzichtet (vgl. Art. 6 Abs. 2 EuRhÜbk und für die Auslieferung Art. 20 Abs. 2 und 4 EuAlÜbk). Nach Art. 20 Abs. 1 Buchst. b EuAlÜbk, Art. 8 EU-RhÜbk und den Ergänzungsverträgen zum EuRhÜbk mit der Schweiz (Art. V Abs. 3) und Italien (Art. III Abs. 3),[488] kann auch **ohne Rücksicht auf ihre Beweismitteleignung** allein zum Zweck der Herausgabe an den Geschädigten (unter im Einzelnen genannten Kautelen, etwa: keine Rechte Dritter) **Herausgabe von Erträgen aus der Straftat** verlangt werden. Solche Ersuchen können aber auch an andere Staaten gestellt werden, auch vertraglos.

146 Schließlich sollten die von Geschädigtenansprüchen unabhängigen Instrumente **Verfall** und **Einziehung** (§§ 73 ff. StGB) für den Zugriff auf im Ausland befindliches Vermögen intensiver genutzt werden.[489] Das von vielen Staaten ratifizierte EuGeldwäscheÜbk verpflichtet dabei zur Unterstützung bei der **Suche** nach Tatwerkzeugen, Erträgen und anderen der „Einziehung"[490] unterliegenden Gegenständen (Art. 8, 9), zur **Sicherung** durch vorläufige Maßnahmen (Art. 11) sowie zur späteren **Vollstreckung** einer fremden Einziehung (Art. 13 Abs. 1 Buchst. a) oder eigenständigen Einziehungsmaßnahme (Art. 13 Abs. 1 Buchst. b). Zu den zahlreichen fakultativen Ablehnungsgründen ist auf Art. 18 EuGeldwäscheÜbk (insb. Abs. 1 Buchst. f: beiderseitige Strafbarkeit) hinzuweisen. Nach Art. 15 EuGeldwäscheÜbk fallen die eingezogenen Vermögensgegenstände dem ersuchten Staat zu, soweit keine abweichende Vereinbarung über Vollstreckung oder Verwertung getroffen worden ist (vgl. hierzu § 56b IRG sowie für EU-Staaten § 88f IRG).

146a Über das EuGeldwäscheÜbk hinausgehend, bringt im EU-Bereich der **RB-Sicherstellung** nicht nur den weitgehenden Abschied vom Erfordernis beiderseitiger Strafbarkeit, sondern auch einen Abbau weiterer Versagungsgründe. Die nach Art. 18 Abs. 4 Buchst. b EuGeldwäscheÜbk nicht seltene Ablehnung eines Ersuchens mit der Begründung, ein Zusammenhang zwischen den einzuziehenden Vermögenswerten und der infrage stehenden Straftat sei nicht hinreichend dargelegt, ist im EU-Bereich nach Umsetzung des Rahmenbeschlusses nicht mehr möglich.[491] Der von Deutschland bereits umgesetze **RB-Einziehung**

---

[487] Näher zu dem Rahmenbeschluss und seiner innerstaatlichen deutschen Umsetzung oben Rn. 68a.
[488] Vgl. Nachw. zu Rn. 70.
[489] Zur Behandlung eingehender Ersuchen vgl. Hackner/Schierholt Rn. 239 ff.
[490] Zum auch den Verfall nach deutschem Recht erfassenden Begriff vgl. Nachw. zu Rn. 63.
[491] Näher hierzu oben Rn. 68a, b.

VI. Voraussetzungen und Grenzen der Rechtshilfe

schließlich reduziert die Versagungsgründe in entsprechender Weise für die Vollstreckung von Verfallsanordnungen und Einziehungsentscheidungen und sieht Vereinbarungen über Vollstreckungsverfahren und Erlösteilung vor.[492]

Bei Maßnahmen zur Sicherung von Beweismitteln oder Vermögenswerten kann Schnelligkeit Trumpf sein. An den unmittelbaren Geschäftsweg für **dringende Fälle** nach Art. 15 Abs. 2 EuRhÜbk (vgl. auch Art. 24 Abs. 2 EuGeldwäscheÜbk) und an die Möglichkeiten (fern-)mündlicher Ersuchen[493] sei daher erinnert. Im EU-Bereich sichern Art. 4 Abs. 1 RB-Sicherstellung und Art. 6 EU-RhÜbk den unmittelbaren Geschäftsweg. Häufig können sich gerade während der Erledigung eines Rechtshilfeersuchens weitere Maßnahmen als angezeigt erweisen, um die ursprünglich nicht ersucht worden war. Diesbezügliche Informationspflichten und erleichterte ergänzende Rechtshilfeersuchen können hier rasche weitere Maßnahmen ermöglichen. Auf Art. 5 und 6 des ZP-EU-RhÜbk[494] sei hingewiesen. Scheitern die Bemühungen um rasche Rechtshilfemaßnahmen, kann bei konkurrierender Gerichtsbarkeit immerhin versucht werden, durch entsprechend verdachtsbegründende Hinweise (das muss nicht zwingend in der Form eines Verfolgungsersuchens[495] erfolgen!) ein ausländisches Ermittlungsverfahren zu initiieren. 147

Neue Instrumente zur Aufklärung von Straftaten durch **Aufspüren von Bankkonten**, Informationsgewinnung über Bankgeschäfte und die Überwachung von Bankkonten liefern Art. 1–3 ZP-EU-RhÜbk.[496] Sehr hilfreich dürfte sich Art. 1 auswirken, der die Vertragsstaaten zur Ermittlung von und **Auskunft über sämtliche vom Beschuldigten im Hoheitsgebiet geführten Bankkonten** verpflichtet. Hinzuweisen ist auch auf Art. 17–19, 21 f. des derzeit allerdings noch nicht ratifizierten **Übereinkommens über die Geldwäsche sowie Ermittlung, Beschlagnahme und Einziehung von Erträgen aus Straftaten sowie über die Finanzierung des Terrorismus.**[497] 148

b) Vernehmungen

Vernehmungen im Ausland stoßen jedenfalls im Geltungsbereich des EuRhÜbk üblicherweise auf keine wesentlichen Probleme.[498] Je nach Bedeutung wird mit Rücksicht auf die spätere Verwertbarkeit in einer Hauptverhandlung eine **richterliche**[499] **Vernehmung** begehrt werden. Soweit[500] Rechtshilfeersuchen in den Formen des Rechts des ersuchten Staates (Art. 3 Abs. 1 EuRhÜbk) erledigt werden müssen, hängt die **Verwertbarkeit** der Vernehmung nicht von der Einhaltung deutschen Strafprozessrechts ab,[501] sofern grundlegenden rechtsstaatlichen Anforderungen Genüge getan ist.[502] Es droht jedoch Unverwertbarkeit, wenn es unterlassen wird, soweit als möglich auf die Beachtung deutscher Verfahrensvorschrif- 149

---

[492] Näher hierzu oben Rn. 64a-c.
[493] Vgl. Rn. 115.
[494] Vgl. Rn. 68.
[495] Vgl. hierzu Rn. 92.
[496] Vgl. Rn. 68.
[497] Vgl. Rn. 78.
[498] Eingehend zu Erfordernis, Möglichkeiten und Durchführung von Zeugenvernehmungen im Ausland *S/L/G/H-Schomburg/Hackner* vor § 68 IRG Rn. 48 ff.
[499] Zum funktionellen Richterbegriff bei der Verwertung ausländischer Vernehmungsprotokolle grundlegend BGHSt 7, 15, 16 f.; vgl. auch BGH NStZ 1983, 181 [182]; zu Beschuldigtenvernehmungen BGH NJW 1994, 3364 [3365]; zustimmend *Böse* ZStW 114 (2002), 159; ablehnend *Gleß*, FS Grünwald 1999, S. 210 f.; *Sommer* StraFo 2003, 351 [353].
[500] Vgl. Rn. 143.
[501] Ständige Rechtsprechung: RGSt 46, 50 [53]; BGHSt 7, 15 [16]; BGH NStZ 1996, 609 f.; BGH StV 2001, 5; BGHSt 42, 86 [90] m. Anm. v. *Lagodny*, JZ 1997, 48 [50]sowie Anm. *Nagel*, NStZ 1998, 148; BGH NStZ 2000, 547 (zur Verwertung einer gegen ein Eidesverbot verstoßenden Vernehmung als uneidlich), weitere umfassende Nachweise bei *Rose*, NStZ 1998, 154 [155, Fn. 11].
[502] BGH NStZ 1983, 181 f.; zur Reichweite dieses Grundsatzes BGH NStZ 1992, 394 (Zeugnisverweigerungsrecht); StV 1995, 231 f. (Belehrung nach § 136 StPO); umfassend *Rose* NStZ 1998, 154, 155; *Böse* ZStW 114 (2002), 148 [163 ff.: Zeugnisverweigerungsrecht]; 169 ff.: Belehrung des Beschuldigten].

ten hinzuwirken.⁵⁰³ Dies gilt namentlich für **Belehrungsvorschriften,**⁵⁰⁴ **Beeidigungsregeln**⁵⁰⁵ und **Anwesenheitsrechte**⁵⁰⁶ für Verfahrensbeteiligte. Es ist daher dringend anzuraten, die entsprechenden Vorschläge in RiVASt-Muster Nr. 32a zu übernehmen und insbesondere im Anwendungsbereich des EU-RhÜbk,⁵⁰⁷ welches die Möglichkeit eröffnet, um Erledigung nach den Formvorschriften und Verfahren des ersuchenden Staates zu bitten, auf die Einhaltung des deutschen Rechts zu drängen. Kann die Wahrung bestehender Anwesenheitsrechte nicht ermöglicht werden, muss jedenfalls die Ausübung von **Fragerechten** gewährleistet sein,⁵⁰⁸ durch die Möglichkeit, schriftlich Fragen einzureichen.⁵⁰⁹ Ob ein Verstoß gegen das Recht des ersuchten Staates zur Unverwertbarkeit führt, erscheint zweifelhaft. Entgegen Stimmen im Schrifttum⁵¹⁰ zieht die Rechtsprechung einen solchen Schluss nicht, berücksichtigt aber Unzulänglichkeiten des Erhebungsverfahrens im Rahmen der Beweisgewichtung.⁵¹¹

149a Ebenso wie nach deutschem Recht bestehende Anwesenheitsrechte auch bei Vernehmungen im Ausland möglichst gewahrt werden müssen, gilt es auf der anderen Seite Gefährdungen des Untersuchungszwecks (§ 168c Abs. 5, § 224 Abs. 1 Satz 2 StPO) zu vermeiden. Der ersuchte Staat ist deshalb ggf. zu bitten, die Benachrichtigung von Verfahrensbeteiligten zu unterlassen und etwaigen Anträgen auf Teilnahme an der Vernehmung nicht stattzugeben. Die Erfüllbarkeit dieser Bitte hängt vom innerstaatlichen Recht⁵¹² des ersuchten Staates ab. Je nach **Geheimhaltungsbedürftigkeit** wird sich die ersuchende Behörde zu entscheiden haben, ob sie der Vernehmung den Vorrang vor ihrer Geheimhaltung gibt.

150 Bei komplexen Sachverhalten wird die **Teilnahme** eines deutschen Ermittlungsbeamten an den Vernehmungen oder auch an Durchsuchungen wünschenswert sein, damit vor Ort ergänzende Fragen oder Vorhalte angeregt, bei der Sicherung verfahrensrelevanten Materials Unterstützung gewährt oder auch um weitere ergänzende Maßnahmen ersucht werden kann. Zur Vermeidung unnötiger Verzögerungen kann im Einzelfall daran gedacht werden, vorab, etwa mit der Teilnahmebewilligung,⁵¹³ die Bewilligung für ggf. nötige⁵¹⁴ ergänzende Ersuchen einzuholen.⁵¹⁵ Die formellen und inhaltlichen Anforderungen sind im Geltungsbereich des ZP-EU-RhÜbk reduziert (Art. 6). Es muss kein komplett neues Ersuchen gestellt werden, vielmehr darf das ursprüngliche ergänzt werden.⁵¹⁶ Zu mündlichen Ersuchen vgl. Rn. 115. Inwieweit die richterliche Teilnahme an einer kommissarischen Vernehmung ge-

---

⁵⁰³ BGH NStZ 1988, 563 m. Anm. *Naucke*; ausführlich *Nagel*, S. 283 ff., 306 f.; *Rose* NStZ 1998, 154 [156].
⁵⁰⁴ Vgl. auch Nr. 117 Abs. 2 RiVASt; OLG Bremen NJW 1962, 2314 f.
⁵⁰⁵ Vgl. Nr. 117 Abs. 1 S. 2 und 3 RiVASt; BGH NStZ 1996, 609 f.
⁵⁰⁶ Vgl. BGHSt 42, 86 [90] m. Anm. v. *Lagodny* JZ 1997, 48 [50] sowie v. *Nagel* NStZ 1998, 148; BayObLG MDR 1985, 164 (Unverwertbarkeit wegen Fehlens einer erforderlichen Terminsnachricht); *Nagel*, S. 284 f., 307; *Böse* ZStW 114 (2002), 148 [168 f.]; vgl. auch Nr. 29 Abs. 2 RiVASt. Zu den durch bilaterale Ergänzungsverträge zum EuRhÜbk begründeten Verpflichtungen, auf Bitte des ersuchenden Staates die Anwesenheit von Prozessbeteiligten zu gestatten, vgl. Rn. 70.
⁵⁰⁷ Vgl. hierzu Rn. 67.
⁵⁰⁸ Zum Fragerecht bei kommissarischen Vernehmungen vgl. BGHSt 9, 24 [27]; dezidiert gegen eine Ersetzung von Anwesenheitsrechten nach deutschem Recht durch die Möglichkeit der Einreichung eines Fragenkatalogs *Gleß*, S. 208 ff.
⁵⁰⁹ Vgl. BGH GA 1976, 242 [244]; BGH NStZ 1985, 376 [377]; BayObLGSt 1949/51, 113 [116 f.]; ausführlich zum Ganzen *Nagel*, S. 285 f.
⁵¹⁰ G/P/K-*Wilkitzki* Vor § 68 IRG Rn. 17; *Sommer* StraFO 2003, 351 [354].
⁵¹¹ Vgl. BGH NStZ 1985, 376 [377]; GA 1976, 218 [219]; zustimmend *Böse* ZStW 114 (2002), 148 [152 f.] m. w. N.
⁵¹² Schwer nachvollziehbar öOGH ÖJZ 2002, 36: trotz fehlender Verpflichtung zur Anwesenheitsgestattung nach nationalem österreichischem Recht und gegenteiliger „Anregung" der ersuchenden Staatsanwaltschaft wird wegen der bilateralen Pflichten aus dem deutsch-österreichischen Ergänzungsvertrag zum EuRhÜbk (vgl. Rn. 70) eine Pflicht gesehen, dem Verteidiger die Anwesenheit zu gestatten.
⁵¹³ Vgl. Rn. 129.
⁵¹⁴ Zur gebotenen „weiten" Auslegung von Ersuchen vgl. *Wilkitzki* GA 1999, 67 ff.
⁵¹⁵ Zur notwendigen Beteiligung der Bewilligungsbehörden vgl. Rn. 126 bis 130.
⁵¹⁶ Dass eine solche Selbstverständlichkeit als Fortschritt gefeiert werden muss (vgl. S/L/G/H-*Gleß* Art. 6 ZP-EU-RhÜbk Rn. 2), zeigt die anhaltende Verbesserungsbedürftigkeit der Rechtshilfepraxis.

VI. Voraussetzungen und Grenzen der Rechtshilfe

boten ist, richtet sich nach der prozessualen Notwendigkeit, einen persönlichen Eindruck zu gewinnen.[517] Teilnahme beinhaltet in der Regel nicht das Recht zur **selbstständigen Beweisaufnahme** im ausländischen Staat (so auch die deutsche Haltung, vgl. Nr. 138 RiVASt). Häufig wird die Befragung jedoch unter formeller Leitung des ausländischen Richters oder Staatsanwalts dem deutschen Richter oder Staatsanwalt faktisch überlassen. Neue Wege, einen im Ausland befindlichen Zeugen oder Beschuldigten selbst zu vernehmen (Video- und Telefonvernehmung), eröffnet insbesondere das EU-RhÜbk.[518]

Aus strafprozessualen Gründen kann es für das Gericht geboten sein, die unmittelbare **Vernehmung** eines Zeugen oder Sachverständigen **in der Hauptverhandlung** sicherzustellen.[519] Soweit nicht unmittelbare Zustellung per Post zugelassen ist,[520] erfolgen **Ladungen** (von Zeugen, aber auch von sonstigen Prozessbeteiligten) aufgrund eines entsprechenden Ersuchens im Wege der Zustellung durch den ersuchten Staat (§ 37 Abs. 1 StPO, §§ 199 bis 202 ZPO), sofern nicht die Auslandsvertretungen in Anspruch genommen werden.[521] **151**

Dem Geladenen steht es allerdings frei, der Ladung Folge zu leisten.[522] Sein Erscheinen kann nicht durch **Zwangsmaßnahmen** erzwungen werden.[523] Zu Recht verlangt Nr. 116 Abs. 1 RiVASt das Unterlassen jeglicher Zwangsandrohungen. Auf die Rechtsfolgen des Ausbleibens darf aber hingewiesen werden.[524] Inkonsequenterweise gelten allerdings umgekehrt ausländische Zwangsandrohungen gegen in Deutschland lebende Zeugen als in Deutschland lediglich nicht vollstreckbar (vgl. Nr. 78 Abs. 7 RiVASt). Gleichwohl sind – auch zur Vermeidung späterer Angriffe gegen die Annahme der Unerreichbarkeit des Zeugen – alle der Bedeutung seiner Aussage entsprechenden Bemühungen nötig. Dazu gehören Hinweise zur Zeugen- oder Sachverständigenentschädigung (Nr. 16 Abs. 2 RiVASt), Bemühungen um Visaerteilung (Nr. 116 Abs. 5 RiVASt) oder in besonders wichtigen Fällen die Bitte an den ersuchten Staat, den Zeugen unter Hinweis auf die Bedeutung der Aussage zum Erscheinen aufzufordern (vgl. Art. 10 Abs. 1 EuRhÜbk) und einen Vorschuss zu gewähren.[525] Auf ein im Geltungsbereich des EuRhÜbk automatisch bestehendes **freies Geleit** ist hinzuweisen.[526] Die Herbeiführung einer entsprechenden **Zusicherung sicheren Geleits** nach § 295 StPO durch die insoweit zuständige Stelle ist ernstlich in Erwägung zu ziehen.[527] Vorabkontakte zur Feststellung der Erscheinens- und Aussagefähigkeit bzw. -bereitschaft sind zulässig.[528] Ob die förmliche Ladung entbehrlich ist, wenn der Zeuge im Vorabkontakt seine Aussagebereitschaft verneint, hängt von der Bedeutung der Aussage ab.[529] **152**

Scheitert die unmittelbare Vernehmung in der Hauptverhandlung, bleibt zu prüfen, ob andere Möglichkeiten bestehen, etwa unter Nutzung deutscher Auslandsvertretungen.[530] Das **152a**

---

[517] Vgl. hierzu *S/L/G/H-Schomburg/Hackner* Vor § 68 Rn. 33, 75 ff.

[518] Vgl. Rn. 67.

[519] Überblick zur Amtsaufklärungspflicht und deren Grenzen bei *S/L/G/H-Schomburg/Hackner* Vor § 68 Rn. 48 ff.; vgl. zuletzt BGH NJW 2002, 2403.

[520] Vgl. Rn. 87, 87 a.

[521] Vgl. hierzu Rn. 90.

[522] Ständige Rechtsprechung, vgl. schon RGSt 46, 50 [53]; *G/P/K-Wilkitzki* Vor § 68 IRG Rn. 8 m. w. Nachw.; *Nagel*, S. 221 ff.; *Rose*, wistra 1998, 11 [14].

[523] Vgl. für den Bereich des EuRhÜbk Art. 8; der Grundsatz gilt generell, vgl. *Nagel*, S. 222 ff.; *Schnigula*, DRiZ 1984, 177 [180]; *Schomburg/Klip*, StV 1993, 208 [209]; *S/L/G/H-Lagodny* § 59 IRG Rn. 51; *S/L/G/H-Schomburg/Hackner* Vor § 68 Rn. 30; OLG Stuttgart StraFo 2012, 12 m. Anm. v. *Staudinger*.

[524] Näher hierzu *S/L/G/H-Schomburg/Hackner* Vor § 68 Rn. 30; *Staudinger* StraFo 2012, 12 [13].

[525] BGH NStZ 1982, 171; NJW 1983, 528; NStZ 1984, 375 [376]; *Schnigula*, DRiZ 1984, 177 [180].

[526] BGHSt 32, 68 [74] m. w. N.; *S/L/G/H-Schomburg/Hackner* Vor § 68 Rn. 71; *Schnigula*, DRiZ 1984, 177 [180]; *Nagel*, S. 224 f.

[527] Vgl. *Schnigula*, DRiZ 1984, 177 [180]; *Schomburg/Klip*, StV 1993, 208 [210].

[528] Vgl. Rn. 88.

[529] BGH StV 1985, 267 m. Anm. *Schroth* StV 1986, 3 f.; *G/P/K-Wilkitzki* Vor § 68 IRG Rn. 8.

[530] Ausführlich zur Vernehmung von Auslandszeugen und deren beweisrechtliche Behandlung *S/L/G/H-Schomburg/Hackner* Vor § 68 Rn. 48 ff. m. umfangreichen weiteren Nachweisen. Speziell zur Behandlung von Beweisanträgen nach § 244 Abs. 3 und 5 StPO in der Rechtsprechung des BGH siehe *Rose* NStZ 2012, 18 [18 ff.].

Verhältnis der Vernehmung mittels **Videokonferenz** gemäß § 247a Abs. 1 Satz 1 StPO und der **kommissarischen Vernehmung** bestimmt sich nach dem Grundsatz der Amtsaufklärung.[531] Ein Beweisantrag auf Vernehmung des Auslandszeugen umfasst zugleich den Antrag auf Vernehmung mittels Videokonferenz,[532] unterliegt aber auch insoweit der erweiterten Ablehnungsmöglichkeit gem. § 244 Abs. 5 Satz 2 StPO.[533] Bei der Bewertung der Beweismitteleignung einer kommissarischen oder einer Videovernehmung kann auch das Fehlen einer effektiven Sanktionierbarkeit von Falschaussagen oder unberechtigten Aussageverweigerungen berücksichtigt werden.[534] Dieser Aspekt hat allerdings im Zusammenhang mit Videovernehmungen im Geltungsbereich des EU-RhÜbK[535] seine Bedeutung verloren (vgl. Art. 10 Abs. 8 EU-RhÜbk).[536] Auch außerhalb einer Hauptverhandlung kommt nunmehr nach § 58b StPO eine Videovernehmung in Betracht. Der Anwendungsbereich von § 247a StPO (a. F.) ist auf Sachverständige erstreckt, § 247a Abs. 2 StPO.[537]

152b Die **Organisation** einer solchen Vernehmung richtet sich nach den **Regeln des Rechtshilferechts**.[538] Nach deutschem Recht steht einer solchen Videokonferenz nichts im Wege.[539] Das Erfordernis einer Bewilligung[540] durch den Aufenthaltsstaat des Zeugen ist zu beachten. Die Bewilligungschancen hängen wie immer von etwaigen völkerrechtlichen Verpflichtungen[541] und im vertraglosen Verkehr vom innerstaatlichen Recht des ersuchten Staates ab.[542] Um Teil einer deutschen Hauptverhandlung sein zu können, muss die Durchführung der Vernehmung weitgehend einer solchen im Inland entsprechen.[543] Dies setzt insbesondere eine unbeeinflusste Vernehmung unter der Verhandlungsleitung des Vorsitzenden und die ungeschmälerte Ausübung der prozessualen Befugnisse der Verfahrensbeteiligten voraus.[544] Die Anwesenheit eines Vertreters des ersuchten Staates ist unschädlich. Dieser soll für die Einhaltung der rechtlichen Grundprinzipien seines Staates Sorge tragen dürfen.[545] Soweit dadurch die **Einhaltung wesentlicher Verfahrensgrundsätze der Hauptverhandlung nach deutschem Recht** ausgeschlossen wird, bedeutet dies freilich, dass die Videokonferenz – jedenfalls als Teil der deutschen Hauptverhandlung[546] – nicht durchgeführt werden kann.[547] Dolmetscher können im Vernehmungsraum oder in dem Raum der Hauptverhandlung zum Einsatz kommen.[548]

4. Grenzen der Rechtshilfenutzung, Spezialität

a) Auslieferung

153 Schwierigkeiten ergeben sich gerade im Bereich der Wirtschaftskriminalität bei Mehrfachtätern, etwa Serienbetrügern, aufgrund der Grenzen, die der Grundsatz der **Spezialität** der Strafverfolgung setzt. Nach **Art. 14 Abs. 1 EuAlÜbk** oder **Art. 27 Abs. 2 RB-EUHb** darf

---

[531] Zu den insoweit relevanten Aspekten vgl. *S/L/G/H-Schomburg/Hackner* Vor § 68 Rn. 89–94.
[532] BGHSt 45, 188 [190]; BGH NStZ 2000, 385.
[533] Vgl. BGH NJW 2001, 625 [626].
[534] BGH NStZ 2004, 347 [348] m. w. N.
[535] Vgl. Rn. 67.
[536] So auch *Julius*, StV 2004, 466 [467].
[537] Vgl. Art. 6 Nr. 1 und 6 des Gesetzes vom 25. April 2013 (BGBl. I S. 935).
[538] BGHSt 45, 188 [192].
[539] Vgl. BGHSt 45, 188 [192 f.].
[540] Vgl. BGHSt 45, 188 [194].
[541] Vgl. hierzu insbesondere auch Art. 10 EU-RhÜbk, zu diesem Übereinkommen: Rn. 67.
[542] Für die USA vgl. BGHSt 45, 188 [193 f.] und für Tschechien BGH NStZ 2000, 385 f.
[543] BGHSt 45, 188 [191].
[544] BGHSt 45, 188 [194].
[545] BGHSt 45, 188 [195]; für den Bereich des EU-RhÜbk, vgl. Rn. 67, ist ausdrücklich festgelegt, dass auch Aussageverweigerungsrechte nach dem Recht des ersuchten Staates zu beachten sind.
[546] Insoweit undeutlich *Rose*, wistra 2001, 290 [292]. Zur Videoaufzeichnung einer kommissarischen Vernehmung vgl. *Schlothauer*, StV 2000, 180 [182].
[547] Insoweit undeutlich *Vassilaki*, JZ 2000, 474 [476].
[548] BGHSt 45, 188 [195].

VI. Voraussetzungen und Grenzen der Rechtshilfe

der Ausgelieferte Strafverfolgungs- oder Vollstreckungsmaßnahmen zunächst nur wegen solcher Taten unterworfen werden, die der Auslieferung zu Grunde liegen oder nach der Übergabe begangen worden sind. **Bilaterale Auslieferungsverträge** u. a. mit Kanada, den USA[549] und Indien[550] enthalten ähnliche Bestimmungen. Auch im **vertraglosen Auslieferungsverkehr** ist eine solche Bedingung üblich, nach obergerichtlicher Rechtsprechung zählt der Grundsatz der Spezialität zu den allgemeinen Regeln des Völkerrechts im Sinne des Art. 25 GG.[551] Zur Vermeidung von Nachtragsersuchen empfiehlt es sich deshalb dringend, eine **umfassende Auslieferungsbewilligung** herbeizuführen und andere ermittelnde Behörden zu beteiligen (vgl. Nr. 89 RiVASt). Die bloße Erwähnung eines Verhaltens im Auslieferungsbegehren bzw. im Haftbefehl genügt hierzu nicht.[552] Immerhin ist nach deutscher Rechtsprechung „Handlung" i. S. des Tatbegriffs des § 264 StPO zu verstehen,[553] wodurch eine Verfolgung der gegenständlichen prozessualen Tat unter sämtlichen rechtlichen Gesichtspunkten, Auslieferungsfähigkeit auch insoweit vorausgesetzt,[554] zulässig ist und es nicht darauf ankommt, wie ersuchender und ersuchter Staats die Tat rechtlich qualifizieren.[555]

Für den **Geltungsbereich des RB-EUHb** gilt hingegen nach der Rechtsprechung des 154 EUGH ein eigenständiger, mehr rechtlich als tatsächlich bestimmter Tatbegriff, was zu einem etwas engeren Spezialitätsschutz führt. In Abkehr von seiner eher faktischen Betrachtungsweise zum teileuropäischen ne bis in idem nach Art. 54 SDÜ stellt der EUGH bei Art. 27 Nr. 2 RB-EUHb vorrangig auf die rechtliche Einordnung der Tat ab und lässt Abweichungen „hinsichtlich der zeitlichen und örtlichen Einordnung" zu, wenn diese „weder deren Art ändern noch zu einer Ablehnung der Vollstreckung eines Europäischen Haftbefehls führen würden." Außerdem akzeptiert er Änderungen hinsichtlich des Tatgegenstandes, sofern es sich um dieselbe Deliktskategorie i. S. v. Art. 2 Abs. 2 RB EUHb handelt.[556] Einen allgemeinen Verzicht auf den Spezialitätsschutz, wie ihn Art. 27 Abs. 1 RB-EUHb auf Gegenseitigkeitsbasis vorsieht, hat Deutschland nicht abgegeben. Dadurch ist der Spezialitätsgrundsatz lediglich für Strafverfolgungs- oder -vollstreckungsmaßnahmen unterhalb des Freiheitsentzugs obsolet (Art. 27 Abs. 3 Buchst. a bis c RB-EUHb).

Der **Disposition des Verfolgten** unterliegt der Verfolgungsschutz nur insoweit, als ihm 155 das jeweils einschlägige Recht, wie etwa § 41 Abs. 2 IRG,[557] die Entscheidung überlässt. Fehlt eine solche Dispositionsbefugnis, entbindet auch eine **Verzichtserklärung** des Ausgelieferten mit einer über die Bewilligung hinausgehenden Verfolgung nicht von der Notwendigkeit eines Nachtragsersuchens, denn der Spezialitätsgrundsatz dient dem Schutz der Souveränität des ausliefernden Staates und stellt sicher, dass der ausliefernde Staat mit der Auslieferungsbewilligung die Reichweite der damit verbundenen Verfolgungs- bzw. Vollstreckungbewilligung für den ersuchenden Staat bestimmen kann.[558] Ein **nachträglicher Spezialitätsverzicht des Ausgelieferten** macht nach Art. 27 Abs. 3 Buchst. f RB-EUHb[559] ein auch in der Revisionsinstanz mögliches[560] Nachtragsersuchen oder das Abwarten der sog. Schonfrist

---

[549] Näheres unter Rn. 178.
[550] BGBl. 2003 II S. 1635, 2004 II S. 787 (vgl. dort Art. 19).
[551] BVerfGE 57, 9 [27 f.] m. w. Nachw.; BVerfG, NStZ 2001, 203 [204].
[552] Vgl. BGH wistra 1999, 228 [230].
[553] BGHSt 22, 307 [308]; BGH NJW 2012, 1301 [1302 ff.]; NStZ 2011, 294 f. und 2003, 684; NStZ-RR 2011, 14 f. und 2000, 333; wistra 1999, 228 [229]; *Hackner/Schierholt* Rn. 90 ff. und 268 f. m. w. Nachw.
[554] Zu diesem Aspekt vgl. BGH NStZ-RR 2000, 333; NStZ 2003, 684.
[555] Vgl. OLG Stuttgart NStZ-RR 2012, 175; BGH StraFo 2012, 146 [146 f.]. Zum Wegfall der Spezialitätsbindung und deren prozessualer Behandlung instruktiv: BGH NJW 2012, 1301 [1303 ff.].
[556] Urteil v. 1.12.2008 in der Rechtssache *Leymann/Pustovarov* – C-388/08 – (NStZ 2010, 35 m. Anm. v. *Heine* S. 39 f.); ihm folgend LG Hamburg, Beschl. v. 6.10.2010 – 603 KLs 17/10 –.
[557] Zu den Einzelheiten, etwa zu fehlerhaft zustande gekommenen Erklärungen vgl. *S/L/G/H-Lagodny* § 41 IRG Rn. 23.
[558] Zum Problem vgl. auch *S/L/G/H-Lagodny* § 11 Rn. 28.
[559] Vgl. Rn. 50.
[560] BGH NJW 2013, 1175 [1175]; wistra 2013, 71 [71 ff.]; BGHSt 57, 138 jew. m. w. N.

(vgl. Art. 14 Abs. 1 Buchst. b EuAlÜbk) entbehrlich. Eine freiwillige Wiederanreise in Kenntnis ihrer Folgen lässt den Spezialitätsschutz ebenfalls entfallen.[561] Im Verhältnis zur Schweiz gilt dies aufgrund von Art. 66 Abs. 1 SDÜ bzw. Art. VI Abs. 2 des bilateralen Ergänzungsvertrags zum EuAlÜbk.[562]

156 Je nach dem Recht des ersuchten Staates kann mit dem **Einverständnis** des Verfolgten **mit der vereinfachten Auslieferung** auch ein Verzicht auf den Spezialitätsschutz verbunden sein.[563] Weder nach Art. 27 f. RB-EUHb noch nach Art. 4 des 3. ZP-EuALÜbk[564] ist dies allerdings ein Automatismus, vielmehr bedarf es einer besonderen Erklärung, soweit das Recht des ersuchten Staates nichts anderes vorsieht. Anders ist dies lediglich nach Art. 18 S. 2 i. V. m. Art. 22 US-ALV.[565] Zur Vollstreckbarkeit von Ersatzfreiheitsstrafen auch ohne Verzicht bei zugrundeliegendem EUHB vgl. § 83h Abs. 2 Nr. 4 IRG.[566]

b) Sonstige Rechtshilfe

157 Dem **Spezialitätsgrundsatz** des Auslieferungsrechts Vergleichbares findet sich im **Recht der sonstigen Rechtshilfe** nicht.[567] Auch den Datenschutzregelungen des Art. 23 EU-RhÜbk ist ihrem klaren Wortlaut zufolge nichts Derartiges zu entnehmen.[568] Eine Ausnahme enthält allerdings Art. 32 Abs. 2 EuGeldwäscheÜbk.[569] Grundsätzlich können im Wege der Rechtshilfe erlangte Informationen wie sonstige im Inland erlangte vom ersuchenden Staat nach seinem Recht genutzt werden. Zusätzliche Beschränkungen ergeben sich lediglich aus **ausdrücklichen Bedingungen** des ersuchten Staates, die zu beachten sind (§ 72 IRG).[570] Solche Bedingungen sind umso eher zu erwarten, je konsequenter bestimmte Deliktsgruppen aus der Rechtshilfe ausgenommen sind. Für aus der Schweiz,[571] Irland[572] oder den britischen Kanalinseln[573] erlangtes Beweismaterial ist ein solcher Spezialitätsvorbehalt zu erwarten.

157a Generell wird man annehmen dürfen, dass die im Wege der Rechtshilfe gewonnenen Erkenntnisse, nicht jedoch daraus gewonnene Folgebeweise,[574] **nicht in Verfahren verwendet** werden dürfen, die vom ersuchten Staat bekanntermaßen **nicht als rechtshilfefähig** angesehen werden (in diesem Sinne auch zu verstehen: Art. 23 Abs. 1 Buchst. a EU-RhÜbk). Die ausdrückliche **vorherige Zustimmung** des ersuchten Staates für die Verwertung der gewonnenen Erkenntnisse für andere als die Zwecke des dem Ersuchen zu Grunde liegenden Verfahrens setzen lediglich Art. 50 Abs. 3 **SDÜ** in **Fiskalsachen** und Art. 23 Abs. 3 **Neapel II**[575] für die Verwertung der Erkenntnisse aus dem grenzüberschreitenden Einsatz **verdeckter**

---

[561] BGH NJW 2013, 1175 [1175 ff.] m. w. N.
[562] BGBl. 1975 II S. 1176; 1975 II S. 1798; abgedruckt auch bei *S/L/G/H-Lagodny* HT II A d und *G/P/K-MacLean* Abschnitt II S. 16.
[563] So nach niederländischem Recht (vgl. BGH NStZ 1993, 45; OLG Düsseldorf NJW 1995, 2049); Gegenbeispiele: Auslieferung aus der Schweiz (vgl. OLG Karlsruhe NJW 1992, 3115) und aus Spanien (OLG Dresden StV 2001, 519).
[564] Vgl. Rn. 47.
[565] Vgl. Rn. 178.
[566] Siehe dazu OLG Stuttgart Justiz 2013, 81 [81 f.].
[567] *Böse* ZStW 114 (2002), 148 [173 ff.]; *G/P/K-Wilkitzki* Vor § 68 IRG Rn. 19 Fn. 14; zu Unrecht differenzierend *Vogler* GA 1986, 195 (Spezialität, falls beiderseitige Strafbarkeit Rechtshilfevoraussetzung); ähnlich – aus österreichischer Sicht –: *Lanser* wistra 1999, 213 [220] m. w. Nachw.
[568] Anders aber *Epiney* EuZW 2003, 421 [423] gegen den Wortlaut und das von *Epiney* selbst ausführlich geschilderte Verständnis des Rates; vgl. auch *S/L/G/H-Gleß* Art. 23 EU-RhÜbk (HT III B 1) Rn. 5.
[569] Vgl. hierzu beispielsweise die Erklärung der Türkei, BGBl. 2005 II S. 610.
[570] BGHSt 34, 334 [343 f.]; zu den Spezialitätsvorbehalten der Schweiz vgl. Rn. 168 bis 170.
[571] Vgl. etwa den Schweizer Spezialitätsvorbehalt (Rn. 168 bis 170). Siehe auch die gemeinsame Erklärung der Vertragsparteien zur Schengen-Assoziierung mit der Schweiz, speziell zu Art. 23 Abs. 7 EU-RhÜbk, abgedruckt u. a. bei *S/L/G/H-Schomburg/Gleß/* (HT III. E 1 a).
[572] Vgl. den irischen Vorbehalt zu Art. 2 EuRhÜbk, BGBl. 1997 II S. 1323.
[573] Vgl. Rn. 176 b.
[574] Hierzu *S/L/G/H-Hackner* § 72 Rn. 9.
[575] Vgl. hierzu Rn. 89.

VII. Ausgewählte Länderspezifika

Ermittler voraus. Im Geltungsbereich des ZP-EU-RhÜbk ist Art. 50 SDÜ aufgehoben (Art. 8 Abs. 3).[576]

Von der angesprochenen Reichweite des Grundsatzes der Spezialität zu unterscheiden ist die Frage, ob die gewonnenen Erkenntnisse nicht nur für ein anderes Straf- oder Ordnungswidrigkeitenverfahren, sondern für **anderweitige Verwaltungsverfahren, etwa das Besteuerungsverfahren,** verwendet werden dürfen. Hierzu findet sich eine Regelung in Art. 23 Abs. 1 Buchst. b EU-RhÜbk.

VII. Ausgewählte Länderspezifika

1. Schengenstaaten

Wesentliche Charakteristika des Schengenraums sind, wie bereits dargestellt, die Unmittelbarkeit von Geschäftsweg (Art. 53 SDÜ) und Postzustellung (Art. 52 SDÜ), das Verbot der Doppelverfolgung (Art. 54 SDÜ) sowie grenzüberschreitende Eilmaßnahmen (Art. 40 Abs. 2, Art. 41 Abs. 1 SDÜ). Im fiskalischen Bereich kommen eine ausdrückliche Rechtshilfeverpflichtung für die Hinterziehung von Verbrauchsteuern, Mehrwertsteuer und Zöllen oberhalb einer Bagatellgrenze (Art. 50 SDÜ) hinzu.

Für die EU-Staaten werden die Rechtshilfebestimmungen (i. e. S.) des SDÜ allerdings zunehmend durch EU-Rechtsakte abgelöst.[577] Bedeutung behalten sie dadurch lediglich temporär für die Mitgliedstaaten, in denen noch keine Umsetzung erfolgt ist, und ansonsten die assoziierten Staaten. Für letztere gilt dies allerdings nur, soweit ein Rechtsakt der Europäischen Union nicht zugleich auch als Weiterentwicklung des Schengen-Acquis anzusehen ist, der auch die Assoziierten bindet. Dies gilt insbesondere für Art. 8 Abs. 1 und 3 ZP-EU-RhÜbk, der Art. 50 SDÜ ersetzt und das Rechtshilfehindernis der fiskalischen Straftat für die Sonstige Rechtshilfe ganz aufhebt. Art. 52 und 53 SDÜ werden durch Art. 5 und 6 EU-RhÜbk ersetzt.

Soweit **beiderseitige Strafbarkeit** Voraussetzung für Rechtshilfeleistungen (i. w. S.) ist,[578] besteht insbesondere bei Fiskaldelikten[579] Anlass zur Vorabprüfung. Dies gilt namentlich für die Fahndung im **Schengener Informationssystem (SIS)**, weil die Ausschreibung einem Ersuchen um vorläufige Inhaftnahme gleich steht (Art. 64 SDÜ, Art. 9 Abs. 3 RB-EUHb) und allein der ausschreibende Staat für die Rechtmäßigkeit verantwortlich ist.[580] Auch bei **Betrug** kann Anlass zur Vorprüfung bestehen, da nach mehreren Rechtsordnungen bloßes Verschweigen rechtsbedeutsamer Tatsachen (etwa der Zahlungsunfähigkeit) oder die einfache Lüge nicht tatbestandlich sind.

2. Besonderheiten der Schweiz

a) Allgemeines

Ausgeprägte Rechtsbehelfsmöglichkeiten und die besondere Betonung von Geschäfts- und Bankgeheimnissen prägen auch heute noch vielfach die Vorstellung von der Schweiz als Zufluchtsort vor ausländischen Strafverfolgungsmaßnahmen. In der Praxis ist die Kooperationsbereitschaft jedoch hoch. Seit der Neufassung des **Gesetzes über die internationale**

---

[576] Als Weiterentwicklung des Schengen-Besitzstandes gilt Art. 8 ZP-EU-RhÜbk auch für die lediglich assoziierten Staaten.

[577] Näher hierzu *Hackner* in: *Breitenmoser/Gless/Lagodny*, S. 277.

[578] Auslieferung, Vollstreckungshilfe, Durchsuchung, Beschlagnahme und Herausgabe (vgl. Rn. 135a), soweit nicht nach Art. 2 Abs. 2 RB-EUHb oder einem anderen auf dem Anerkennungsprinzip basierenden Rahmenbeschluss entbehrlich.

[579] Hier existieren teils Wertgrenzen, so dass die Hinterziehung kleinerer Beträge keine Steuerhinterziehung darstellt.

[580] Vgl. *S/L/G/H-Lagodny/Gleß* Art 95 SDÜ Rn. 7.

Rechtshilfe in Strafsachen (IRSG) vom 4. Oktober 1996[581] ist der Kreis der Beschwerdeberechtigten auch auf diejenigen begrenzt, die persönlich und direkt von einer Rechtshilfemaßnahme betroffen sind (Art. 80h). Danach steht der Bank, bei der Kontounterlagen über ein bei ihr unterhaltenes Konto beschlagnahmt werden, kein Beschwerderecht mehr zu.[582] Bemerkenswert sind die Möglichkeiten zur Herausgabe von Beweismitteln (Art. 74), auch spontan (§ 67a), und zur Einziehung oder Rückerstattung (Art. 74a IRSG). Allerdings dürfen nach wie vor sichergestellte Unterlagen erst nach rechtskräftiger Schlussverfügung herausgegeben (§ 74 Abs. 1 IRSG) und zuvor nicht einmal im Einzelnen den ersuchenden Behörden benannt werden.[583] Die Aufteilung von Abschöpfungserträgen richtet sich nach dem Gesetz über die Teilung eingezogener Vermögenswerte von 2004.[584]

162 Besonders sensibel reagiert die Schweiz auf jegliche **Souveränitätsverletzung** durch ermittelndes Hineinwirken in ihren Hoheitsbereich. Auf die **Strafbestimmung** des Art. 271 Schweizerisches Strafgesetzbuch[585] (Verbotene Handlungen für einen fremden Staat) sei hingewiesen.[586] Der deutsch-schweizerische Polizeivertrag sieht allerdings für Eilfälle grenzüberschreitende Maßnahmen auch ohne vorheriges Ersuchen vor.

163 Ausgeweitet sind die Befugnisse des schweizerischen **Bundesamts für Justiz** (Art. 79a IRSG).[587] Auch im unmittelbaren Rechtshilfeverkehr erscheint es daher hilfreich, das Gesuch zusätzlich dorthin zu richten. Angesichts weitreichender Teilnahme- und Akteneinsichtsrechte und der Berechtigung der Inhaber von Schriftstücken (etwa von Banken), den Mandanten zu informieren (Art. 80n Abs. 1 IRSG), sollte bei besonderem **Geheimhaltungsinteresse** um Einschränkung des Teilnahmerechts (Art. 80b Abs. 2 Buchst. a IRSG) und ggf. auch um ausdrückliche Untersagung der Informationsweitergabe (Art. 80n Abs. 1 IRSG) ersucht werden.[588]

b) Fiskalische Delikte

164 Die Schweiz leistet bei Verkürzung fiskalisch strafbarer Handlungen nur im Umfang von Art. 3 Abs. 3 IRSG und mit der Maßgabe Unterstützung, dass keine i. S. v. Art. 1 Abs. 1 IRSG vorrangigen vertraglichen Verpflichtungen eingreifen. Eine **Auslieferung** wird daher grundsätzlich abgelehnt,[589] soweit nicht im Bereich indirekter Steuern nach Art. 63 SDÜ eine Verpflichtung hierzu besteht.[590] Sonstige **Rechtshilfe** in Fiskalsachen wird geleistet, wenn es sich um Rechtshilfe zur Entlastung des Verfolgten handelt,[591] im Falle des Bannbruchs[592] oder falls die strafbare Handlung nach schweizerischem Recht als **Abgabebetrug**[593] zu werten wäre (Art. 3 Abs. 3 Satz 2 IRSG, Art. 24 der Verordnung über internationale Rechtshilfe in Strafsachen–Rechtshilfeverordnung, IRSV[594]).[595] Die Schengen-Assoziierung führt im Be-

---

[581] In aktueller Fassung abgedruckt bei *S/L/G/H-Gleß/Eymann* HT VIII A und bei *G/P/K* Abschnitt IV S. 16.
[582] Die frühere Schutzvorschrift des Art. 10 IRSG zugunsten von Geheimnissen unbeteiligter Dritter oder von Fabrikations- oder Geschäftsgeheimnissen ist aufgehoben. Vgl. *Wyss*, SchwJZ 1997, 33, 36; *Klos*, wistra 1998, 96, 99.
[583] Näher hierzu Gleß, Internat. StrafR, Rn. 300.
[584] SR 312.4.
[585] Abgedruckt bei *G/P/K*, Abschnitt IV S. 16.
[586] Zur Verwertbarkeit von Privaten in strafbarer Weise im Ausland erlangter und anschließend von staatlichen Stellen angekaufter und den Strafverfolgungsorganen zur Verfügung gestellter Beweismittel in Deutschland vgl. *S/L/G/H-Schomburg/Hackner* Vor § 68 Rn. 12d.
[587] Hierzu eingehend *Wyss* SchwJZ 1997, 33, 41; vgl. auch *Klos* wistra 1998, 96, 99.
[588] Ausführlich hierzu *Buttliger* SchwJZ 1994, 377 ff.
[589] Vorbehalt zum 2. ZP-EuAlÜbk (BGBl. 1991 II S. 874).
[590] BGE 136 IV 88.
[591] Zu damit verbundenen Problemen vgl. *Müller/Wabnitz/Janovsky*, Kap. 11 Rn. 22; *Nagel*, S. 125 ff.; zur Vorgehensweise in diesen Fällen vgl. *Goos* wistra 2004, 414 [415].
[592] Vgl. *Dreßler* wistra 1989, 161 [169].
[593] Ausführlich *Heine* GS Vogler 2004, S. 71 ff.
[594] Abgedruckt bei *S/L/G/H-Gleß/Eymann* HT VIII A 1.
[595] Näher hierzu Gleß, Internat. StrafR, Rn. 357 ff.

VII. Ausgewählte Länderspezifika

reich **indirekter Steuern** aufgrund des zur Weiterentwicklung des Schengen-Besitzstandes (hier: Art. 50 SDÜ) zu zählenden Art. 8 ZP-EU-RhÜbk über den Abgabebetrug hinaus zu einer umfassenden Rechtshilfeverpflichtung. Darüber hinaus findet das **Abkommen über die Zusammenarbeit zwischen der Europäischen Gemeinschaft und ihren Mitgliedstaaten einerseits und der Schweizerischen Eidgenossenschaft andererseits zur Bekämpfung von Betrug und sonstigen rechtswidrigen Handlungen, die ihre finanziellen Interessen beeinträchtigen**,[596] Anwendung (vgl. insb. Art 2 Abs. 1). Dagegen ist die **Hinterziehung direkter Steuern** aufgrund der zum Assoziierungsabkommen abgegebenen Erklärung der Schweiz zur Rechtshilfe in Strafsachen[597] gemäß Art. 3 Abs. 1 EU-RhÜbk aus dem Anwendungsbereich sowohl dieses Übereinkommens wie auch des ZP-EU-RhÜbk[598] ausgenommen. Art. 8 ZP-EU-RhÜbk greift hier nicht. Insoweit kommt es deshalb maßgeblich darauf an, ob ein rechtshilfefähiger Abgabebetrug vorliegt:

Abgabebetrug liegt vor, wenn ein Steuerpflichtiger durch arglistiges Verhalten bewirkt, dass „dem Gemeinwesen unrechtmäßig und in einem erheblichen Betrag eine Abgabe, ein Beitrag oder eine andere Leistung vorenthalten oder dass es sonst am Vermögen geschädigt wird."[599] Dies kann insbesondere auf der Grundlage falscher, gefälschter oder inhaltlich unwahrer **Urkunden** geschehen, mittels derer über für die Quantifizierung des Steueranspruchs erhebliche Tatsachen getäuscht wird, um auf diese Weise eine unrichtige, für den Täter günstige Einschätzung zu erreichen.[600] Dabei hängt die Qualifizierung als Urkunde auch in der Schweiz von der Beweisbestimmung und Beweiseignung ab, die sich aus Gesetz und Verkehrsübung ergeben kann.[601] Verbuchungen fingierter Bankbelege oder Rechnungen, z. B. in Form der Überfakturierungen mit Kapitalrückfluss,[602] aber auch die Verwendung unrichtiger Bilanzen[603] oder eine unrichtige kaufmännische Buchführung[604] sind infolgedessen als Abgabebetrug angesehen worden, ebenso die Nichteinstellung von Provisionen in eine Einnahme-Überschussrechnung,[605] sofern diese aufgrund einer gesetzlichen Verpflichtung oder im Rahmen kaufmännischer Buchführung erstellt wird.[606] Der damit umschriebene Tatbestand geht dabei über Art. 186 des des Bundesgesetzes über die direkte Bundessteuer vom 14. Dezember 1990 (DBG[607]) hinaus, der eine Täuschung der Steuerbehörden durch gefälschte, verfälschte oder inhaltlich unwahre Urkunden wie Geschäftsbücher, Bilanzen, Erfolgsrechnungen, Lohnausweise oder andere Bescheinigungen Dritter voraussetzt.[608] Auf diese Weise sind auch andere **Fälle arglistiger Täuschung** der Steuerbehörden, die nach schweizerischerm Recht Tatbestandsvoraussetzung ist, denkbar; z. B. ein für diese Behörden nicht durchschaubares Zusammenwirken des Steuerpflichtigen mit Dritten.[609] Voraussetzung sind aber besondere „Machenschaften, Kniffe oder ein ganzes Lügengebäude".[610] Unter besonderen Umständen kann auch bloßes **Schweigen** arglistig sein, wenn der Täuschende den

165

---

[596] BGBl. 2008 II S. 184; 2009 II S. 1117; das Übereinkommen ist für Deutschland, die Schweiz, die Europäische Gemeinschaft und einige weitere EU-Staaten bereits vorläufig anwendbar.
[597] Abgedruckt bei *S/L/G/H-Gleß* Hauptteil III E 1 a.
[598] Zur Relevanz des EU-RhÜbk auch für das ZP-EU-RhÜbk vgl. *S/L/G/H-Gleß/Schomburg* Kurzeinf. ZP-EU-RhÜbk (HT III B 1 a) Rn. 7.
[599] Vgl. Art. 14 Abs. 2 des Bundesgesetzes über das Verwaltungsstrafrecht sowie BGE 125 II 250.
[600] BGE 110 IV 28. Die neueste Entwicklung der Rechtsprechung lässt sich gut über das Internet verfolgen, vgl. http://www.bger.ch; teils kritisch zur Rechtsprechung *Popp*, Rn. 177 ff.
[601] BG wistra 1999, 438 [439 f.] m. w. N.; BGE 125 II 350.
[602] Vgl. BGE 111 Ib 249 f.
[603] BGE 100 IV 23, 24; Verfahrensgericht in Strafsachen Basel-Landschaft NStZ-RR 2002, 375.
[604] BGE 91 IV 188, 189 ff.
[605] BG wistra 1998, 78, 80.
[606] Vgl. hierzu BG wistra 1999, 438 ff. Kritisch, was die Bewertung diesbezüglicher deutscher Einnahmenüberschussrechnungen angeht: *Binder* wistra 2000, 254 ff. sowie *Spriegel/Wiese* wistra 2000, 409 [414 f.].
[607] SR 642.11.
[608] BGE 125 II 250.
[609] BGE 111 Ib 248.
[610] BGE 115 Ib 77.

Getäuschten von einer Überprüfung abhält oder voraussieht, dass dieser mit Rücksicht auf ein besonderes Vertrauensverhältnis von einer Überprüfung absehen wird.[611] Bloße schriftliche Lügen oder das bloße Verschweigen von Einnahmen, etwa in Steuererklärungen, ohne Arglist genügen dagegen nicht,[612] ebenso wenig überhöhte Zahlungen an Schweizer Domizilgesellschaften ohne verdeckten Rückfluss.[613]

165a Die geschilderte Beschränkung der Zusammenarbeit bei der Verfolgung von Steuerstraftaten lässt sich auch nicht über die **Zusammenarbeit der Steuerbehörden** umgehen. Zwar ist seit 1.1.2004 der Auskunftsverkehr zwischen den Steuerbehörden auch für Zwecke der Strafverfolgung eröffnet (vgl. Art. V des einschlägigen Revisionsprotokolls in Abänderung von Art. 27 Abs. 1 des Ursprungsabkommens[614]). Dies bezieht sich jedoch nur auf betrügerisches Verhalten (Art. VI Ziff. 3 Buchst. a des Revisionsprotokolls), wovon nach schweizerischem Verständnis wohl Abgabebetrug, nicht jedoch die einfache Steuerhinterziehung erfasst sein dürfte.[615]

166 Zur Vermeidung missbräuchlicher Inanspruchnahme von Rechtshilfe fordert die Schweiz die **Darlegung hinreichender Verdachtsmomente,** welche geeignet sind, die Angaben im Ersuchen „wenigstens in dem Sinne objektiv zu erhärten, dass diese nicht völlig haltlos erscheinen, sondern eben einen hinreichenden Verdacht der dem Beschuldigten angelasteten Straftaten zu begründen vermögen".[616] Es ist deshalb anzuraten, im Rechtshilfeersuchen nicht nur die den Verdacht begründenden Schlussfolgerungen, sondern die zu Grunde liegenden Indizien darzulegen und etwaige Mehrfertigungen von Vernehmungsprotokollen oder gefälschten Urkunden beizufügen. Dringender, einen Haftbefehl rechtfertigender Tatverdacht (§ 112 StPO) oder hinreichender Tatverdacht (§ 203 StPO)[617] ist dagegen nicht erforderlich.

167 Rechtshilfe leistet die Schweiz auch nach dem **EuGeldwäscheÜbk.** Der Einziehung oder dem Verfall unterliegende Vermögenswerte können herausgegeben werden (Art. 74a Abs. 1 IRSG). Bei **Fiskaldelikten** wird diese Unterstützung allerdings verweigert, wenn sie faktisch einer Vollstreckung ausländischer Steuerbescheide gleichkommt.[618] Besonders leicht zugänglich ist das **Firmenregister** der Schweiz, das im Internet offen einsehbar ist (www.zefix.ch).

c) Der Schweizer Spezialitätsvorbehalt

168 Der Umfang der Verwertbarkeit schweizerischer Rechtshilfeleistungen wird vom Inhalt des von den Schweizer Institutionen ausgesprochenen Spezialitätsvorbehalts bestimmt, der sich nach § 67 IRSG richtet.[619] Dieser, und nicht etwa dessen etwaige Vereinbarkeit mit schweizerischem Recht,[620] ist entscheidend. Im **Formblatt** der Schweiz heißt es:

169 „1. Die durch Rechtshilfe erhaltenen Auskünfte und Schriftstücke dürfen im ersuchenden Staat in Verfahren wegen Taten, bei denen Rechtshilfe nicht zulässig ist, weder für Ermittlungen benützt noch als Beweismittel verwendet werden. Das Verwertungsverbot bezieht sich demnach auf Taten, die nach schweizerischem Recht als politische, militärische und fiskalische Delikte qualifiziert werden. Als Fiskaldelikt gilt eine Tat, die auf die Verkürzung fiskalischer Abgaben gerichtet erscheint oder Vorschriften über währungs-, han-

---

[611] BGE 115 Ib 74 ff.
[612] Ausführlich *Klos* wistra 1998, 78 [80]; *Dreßler* wistra 1989, 161 [169 f.].
[613] Hierzu ausführlich *Carl/Klos*, S. 235 f.; *Dreßler* wistra 1989, 161 [169 f.].
[614] Revisionsprotokoll vom 12.3.2002 zu dem Abkommen vom 11.8.1971 zwischen der Bundesrepublik Deutschland und der Schweizer Eidgenossenschaft zur Vermeidung der Doppelbesteuerung auf dem Gebiet der Steuer vom Einkommen und Vermögen (BStBl. 2003 I S. 168).
[615] Zur Auslegung eines ähnlichen Abkommens zwischen der Schweiz und den USA vgl. BG, Urteil v. 6.1.2006, 2A.352/2005; undeutlich *Goos* wistra 2004, 414 [415].
[616] BGE 116 Ia 103.
[617] So aber *Seelmann* NJW 1998, 732 [734].
[618] Vgl. hierzu *Dreßler* wistra 1989, 161 [169]; *Klos* wistra 1998, 96 [97].
[619] Näher hierzu *Gleß/Eymann* StV 2008, 318.
[620] BGH NJW 2005, 302. Zur Sonderproblematik der Einschränkung oder des Widerrufs der Bewilligung im Nachhinein insbesondere im Verhältnis zur Schweiz vgl. BGHSt 51, 202 [202 ff.] m. abl. Anm. v. *Lagodny* NStZ 2007, 346 f.; BVerfG NJW 2011, 591 [593]; *Gleß/Eymann* StV 2008, 318 [318 ff.] sowie zusammenfassend *S/L/G/H-Schomburg/Hackner* § 72 IRG Rn. 10a m. w. N.

VII. Ausgewählte Länderspezifika **24**

dels- oder wirtschaftspolitische Maßnahmen verletzt. Zulässig ist jedoch die Verwendung der übermittelten Unterlagen und Informationen zur Verfolgung von Abgabebetrug im Sinne des schweizerischen Rechts.
2. Zulässig ist die Verwendung der in der Schweiz gewonnenen Erkenntnisse auch:
a) zur Verfolgung anderer, als der im Rechtshilfebegehren erwähnten Straftaten, soweit für diese ebenfalls Rechtshilfe zulässig wäre;
oder
b) zur Verfolgung anderer Personen, die an den im Rechtshilfebegehren erwähnten strafbaren Handlungen teilgenommen haben.
3. Die Rückführung von Vermögenswerten an den Berechtigten oder die Ergreifung von Verwaltungsmaßnahmen gegen einen Straftäter sind auch Bestandteil der Strafverfolgung; die Verwendung der übermittelten Unterlagen und Informationen ist in dieser Hinsicht auch im Rahmen eines ergänzenden Verwaltungs- oder Zivilverfahrens erlaubt. In keinem Falle gestattet ist jedoch die direkte oder indirekte Verwendung der erhaltenen Unterlagen und der darin enthaltenen Angaben für ein fiskalisches Straf- oder Verwaltungsverfahren.
4. Jegliche weitere Verwendung dieser Unterlagen und Informationen bedarf der ausdrücklichen Zustimmung des Bundesamtes für Justiz, die vorgängig einzuholen ist."

Danach ist eine **Verwertung** in einem anderen Ermittlungs-, Straf-, Verwaltungs- oder Zivilverfahren ohne Zustimmung der schweizerischen Behörden grundsätzlich **zulässig,** sofern Gegenstand nicht politische, militärische oder fiskalische Delikte sind. Die in Ziffer 2 des Formblattes genannten Fälle sind nicht abschließend zu verstehen. Die in Ziffer 4 genannte zustimmungsbedürftige weitere Verwendung betrifft lt. Bundesamt Fälle, die über Ziffer 1 bis 3 des Formblatts hinausgehen, etwa die Weiterlieferung an ein Drittland. 170

3. Liechtenstein

Liechtenstein, Vertragspartei des EuAlÜbk, des EuRhÜbk sowie des EuGeldwäscheÜbk, liefert bislang zur Verfolgung von **Fiskaldelikten** weder aus noch wird sonstige Rechtshilfe geleistet. Es empfiehlt sich deshalb noch immer die ausdrückliche Versicherung, dass die Erkenntnisse weder zur Verfolgung von Fikaldelikten noch für steuerliche Erhebungsverfahren verwendet werden. Dies wird sich erst mit der vollständigen Inkraftsetzung der bislang noch auf die SIS-Fahndung beschränkten[621] Schengen-Assoziierung ändern. Dann gilt im Umfang der Assoziierung das Rn. 164 zur Schweiz Ausgeführte entsprechend. In **steuerlichen Angelegenheiten** besteht zudem nunmehr auch ein eigenständiges bilaterales Auskunftsabkommen.[622] 171

Im liechtensteinischen **Rechtshilfegesetz**[623] sind frühere Beschränkungen, etwa der Hinweis auf die die Rechtshilfe rechtfertigende Bedeutung der Tat, nicht mehr enthalten. 172

Zur Vermeidung der Gefährdung des Ermittlungserfolgs sollte ausdrücklich in den in Betracht kommenden Fällen gebeten werden, von einer **Bekanntgabe des Ersuchens** an den Betroffenen vor Durchführung der Ermittlungshandlung, etwa einer Durchsuchung, abzusehen. 173

4. Vereinigtes Königreich und Irland

Der **Auslieferungsverkehr** mit Großbritannien und Nordirland („Vereinigtes Königreich") sowie Irland richtet sich nach dem RB-EUHb. Die Fahndung erfolgt über Interpol. Eine Festnahme erfolgt dort in der Regel erst, wenn der EUHb nebst Übersetzung vorliegt.[624] Zu beachten sind für Irland allerdings das Erfordernis einer besonderen Beilage zum Haft- 174

---

[621] Protokoll v. 28.2.2008 (ABl. L 160 v. 18.6.2011, S. 3) i. V. m. dem Ratsbeschluss vom 9.6.2011 (ABl. L 164 v. 18.6.2011, S. 84).
[622] Vgl. Rn. 77d.
[623] Geändert durch Gesetz v. 15.9.2000 (LGBl. 2000 Nr. 215); abgedruckt bei *S/L/G/H-Rosbaud* HT IX.
[624] Vgl. jeweils Ziff. I.4 Länderteil zu den RiVASt.

befehl („undertaking")[625] und der Umstand, dass für die Kanalinseln und die Insel Man die Rechtslage gesondert festzustellen ist. So findet nicht etwa der Europäische Haftbefehl Anwendung, sondern es gelten EuAlÜbk und – für Guernsey und Man – das ZP-EuAlÜbk. Für Ersuchen ist der diplomatische Geschäftsweg einzuhalten, lediglich Ersuchen um vorläufige Auslieferungshaft dürfen unmittelbar übermittelt werden.[626]

175 Auch für **Fiskaldelikte** sind Auslieferungs- und sonstiger Rechtshilfeverkehr grundsätzlich gewährleistet. Schwierigkeiten sind lediglich noch im Auslieferungsbereich für Jersey und bei der sonstigen Rechtshilfe für Guernsey und die Insel Man und mit Einschränkungen für Jersey zu erwarten.[627]

176 Obwohl das Vereinigte Königreich und Irland dem EuRhÜbk, dem ZP-EuRhÜbk und dem EuGeldwäscheÜbk beigetreten sind, stößt die **sonstige Rechtshilfe** aufgrund des vom kontinental-europäischen Recht stark abweichenden jeweiligen nationalen Rechts immer wieder auf große Schwierigkeiten. Der Schengen-Acquis findet auf Irland noch keine Anwendung.[628] Zu den Anforderungen des irischen Rechts sei auf eine instruktive Darstellung des irischen Justizministeriums verwiesen, die sich unter http://www.irlgov.ie/justice im Internet findet.

176a Besondere Schwierigkeiten können sich in Fragen der Zustellung und bei Vernehmungen ergeben. So scheitert etwa die Wirksamkeit einer **Zustellung** in Großbritannien und Nordirland, wenn das Schreiben, wie primär vorgesehen, per Einschreiben übermittelt wird und der Empfänger nicht empfangsbereit ist. In diesen Fällen kommt allerdings die Aushändigung durch einen Polizeibeamten in Betracht. Für den Vernehmungsbereich sei für Großbritannien und Nordirland noch auf die Befugnis der deutschen **Konsularbeamten,** Personen ohne Rücksicht auf ihre Staatsangehörigkeit auch eidlich zu vernehmen, falls diese sich dazu bereit finden, besonders hingewiesen. In Irland stellt die Möglichkeit, auf dem polizeilichen Geschäftsweg über Interpol die **polizeiliche** uneidliche **Vernehmung** aussagebereiter Zeugen durchführen zu lassen, gerade im Ermittlungsverfahren eine empfehlenswerte Möglichkeit zur Beschleunigung der Abklärung eines Sachverhalts dar.

176b **Besonderheiten** gelten für den **Rechtshilfeverkehr** mit den zwar der britischen Krone unterstehenden, ansonsten aber weitgehend autonomen Kanalinseln **Jersey** und **Guernsey** sowie der Insel **Man,** der sich nicht nach allgemein-britischem Recht, sondern nach regionalen Regelungen richtet. Der weit verbreiteten Vorstellung, die Kanalinseln stellten im Rechtshilfebereich ein für ausländische Gerichte oder Strafverfolgungsbehörden völlig unzugängliches Gebiet dar, muss gleichwohl widersprochen werden. Die **Kooperationsbereitschaft** ist deutlich gewachsen, wie etwa erfolgreiche Vermögenseinziehungen zeigen. Allenthalben stehen Informationen zu den Rechtshilfevoraussetzungen zur Verfügung. Auskünfte werden bereitwillig erteilt. Für die Vogtei Guernsey und die Insel Man sind zwischenzeitlich auch das EuRhÜbk und das EuGeldwäscheÜbk anwendbar,[629] nicht aber etwa das von Großbritannien ansonsten ratifizierte EU-RhÜbk (vgl. Art. 26). Nach wie vor muss freilich mit ungewohnten Regelungen gerechnet werden. So sollte bei Ersuchen um **Durchsuchungen** bedacht werden, dass die gewünschten Unterlagen oder sonstigen Gegenstände üblicherweise durch eine Herausgabeaufforderung an die verantwortliche Person beigebracht werden und ein Durchsuchungsbefehl die detaillierte Darstellung von Gründen für die Annahme voraussetzt, die Zustellung einer Herausgabeaufforderung könnte die Ermittlungen ernsthaft gefährden. Bemerkenswert sind außerdem der strikte **Spezialitätsvorbehalt**[630] und die in diesem Zusammenhang erforderliche ausdrückliche Zusicherung, die durch die Rechtshilfe erlangten Erkenntnisse nur zum Zwecke der betreffenden Untersuchung oder

---

[625] Vgl. Ziff. I.2 Länderteil Irland zu den RiVASt.
[626] Vgl. den Länderteil Vereinigtes Königreich – Kanalinseln – Insel Man zu den RiVASt.
[627] Vgl. die vorherige Fußnote. Zur den Schwierigkeiten bei der Rechtshilfe in Korruptionsverfahren nach dem ein ausuferndes Strafanwendungsrecht eröffnenden UK Bribery Act 2010 vgl. *Kappel/Lagodny* StV 2012, 695 ff.
[628] Näher hierzu und zu den Folgen Rn. 69a, 95 sowie RiVASt-Länderteil.
[629] Vgl. BGBl. 2003 II S. 440; 2003 II S. 203; 2004 II S. 1194.
[630] Vgl. hierzu allgemein Rn. 157.

VII. Ausgewählte Länderspezifika **24**

Anklage zu verwenden. Zu den in **steuerstrafrechtlichen Angelegenheiten** greifenden bilateralen Kooperationsabkommen vgl. Rn. 77d.

5. Mittel- und Osteuropa

Der **Rechtshilfe- und Auslieferungsverkehr** mit den Staaten Mittel- und Osteuropas 177 richtet sich, soweit sie nicht der EU angehören, weitgehend nach EuAlÜbk und EuRhÜbk, sowie teilweise auch dem **EuGeldwäscheÜbk**.

6. Vereinigte Staaten und Kanada

Der **Auslieferungsverkehr** erfolgt auf der Grundlage bilateraler Verträge.[631] Kennzeichnend 178 ist bei Ersuchen zur Strafverfolgung die **Nachprüfung des Tatverdachts**.[632] Hierzu sind dem Auslieferungsersuchen neben dem Haftbefehl Beweismittel beizufügen, die in Kanada bzw. den USA die Verhaftung des Verfolgten und die Hauptverhandlung gegen ihn rechtfertigen würden, wenn die Tat dort begangen wäre (Art. XIV Abs. 2 Buchst. b in der Fassung von Art. 6 des Zusatzvertrages bzw. Art. 14 Abs. 3 Buchst. b). Wesentlich – dies gilt auch für Kanada[633] – sind Unterlagen zur Begründung des Tatvorwurfs und zur Identifizierung sowie der Wortlaut der einschlägigen Rechtsvorschriften. Bei Zeugenaussagen ist die Darlegung und Bescheinigung der Gründe für die Glaubwürdigkeit der Aussage von großer Bedeutung. Zu beachten ist außerdem, dass nach Art. 18 S. 2 i. V. m. Art. 22 US-ALV mit der Zustimmung zur vereinfachten Auslieferung ein automatischer Verzicht auf den **Spezialitätsschutz** eintritt.

Sowohl die USA als auch Kanada[634] liefern bei **Fiskaldelikten** aus, wobei die USA die 179 Auslieferung unter Berufung auf den ordre public oder andere wesentliche Interessen verweigern können.[635]

Verbessert haben sich die Möglichkeiten im Bereich der **sonstigen Rechtshilfe mit Ka-** 180 **nada**, die sich nach dem deutsch-kanadischen Rechtshilfevertrag richtet.[636] Überraschende Rechtshilfeverweigerungen können sich allenfalls noch aufgrund der Generalklausel des Art. 2 Abs. 1 des Vertrages ergeben („Beeinträchtigung wesentlicher Interessen").[637] Eine ausdrückliche Überprüfung des Schuldverdachts, wie früher bei Durchsuchungen und Beschlagnahmen üblich, sieht der Vertrag nicht mehr vor. Allerdings verlangt Art. 10 Abs. 2 bei Ersuchen um Zwangsmaßnahmen die Begründung der Annahme, dass sich Beweismittel im kanadischen Hoheitsgebiet befinden. In Art. 1 Abs. 4 des deutsch-kanadischen Rechtshilfevertrages ist eine Rechtshilfeverpflichtung für **Fiskaldelikte** begründet worden.

---

[631] **Kanada:** BGBl. 1979 II S. 665, 1049; BGBl. 2004 II S. 974; in der Fassung des Zusatzvertrages vom 13. Mai 2002 abgedruckt auch bei *S/L/G/H-Schomburg* HT V Ab; **USA:** BGBl. 1980 II S. 646, 1300; 1988 II S. 1086; 1993 II S. 846; 2007 II S. 1618, 1634; 2010 II S. 82) in der Fassung der Zusatzverträge vom 21. Oktober 1986 und vom 18. April 2006 abgedruckt auch bei *S/L/G/H-Schomburg* HT V A c. Das Abkommen zwischen der Europäischen Union und den Vereinigten Staaten von Amerika über Auslieferung (ABl. EG Nr. L 181 S. 27 vom 19.7.2003) findet keine unmittelbare Anwendung und hat lediglich zu einer Anpassung der bilateralen Auslieferungsverträge der EU-Staaten mit den USA geführt.

[632] Umgekehrt muss hingegen bei eingehenden Ersuchen nur unter den Voraussetzungen von § 10 Abs. 2 IRG eine Schuldverdachtsprüfung durchgeführt und ggfs. hierzu die Vorlage von Beweismitteln gefordert werden. Näher hierzu *Hackner/Schierholt* Rn. 66 m. w. N.

[633] Hilfreich die Darstellung von *G/P/K-MacLean*, Abschnitt II K 7 Rn. 18.

[634] Art. II Abs. 1 des deutsch-kanadischen Auslieferungsvertrages in der Fassung des Zusatzvertrages vom 13.5.2002.

[635] Art. 6 deutsch-amerikanischer Auslieferungsvertrag i. d. F.d. Zusatzvertrages vom 21. Oktober1986 (BGBl. 1988 II S. 1087, 1993 II S. 846).

[636] BGBl. 2004 II S. 963; abgedruckt auch bei *S/L/G/H-Lagodny* HT V B c; erläutert bei *G/P/K-MacLean* Abschnitt II K 7 Rn. 28 ff.

[637] Vgl. Rn. 137.

180a Die **Vereinigten Staaten** leisten **sonstige Rechtshilfe** auf der Grundlage des **bilateralen Rechtshilfevertrags** vom 14.Oktober 2003 in der Fassung des Zusatzvertrags vom 18. April 2006 (BGBl.[638] Er begründet eine Unterstützungsverpflichtung auch bei **Fiskaldelikten** (Art. 1 Abs. 1 S. 1) und regelt Maßnahmen wie Einziehung, verdeckte Ermittlungen oder kontrollierte Lieferungen. Auch **Videokonferenzen** im Rahmen einer Hauptverhandlung sind schon jetzt möglich.[639] Der Zeuge kann hier, wie auch sonst bei Vernehmungen, erforderlichenfalls gezwungen werden, vor der Justiz zu erscheinen.[640] Aufgrund unterschiedlicher Rechtssysteme ist indes auch weiterhin mit Schwierigkeiten zu rechnen, bei Durchsuchungen und Beschlagnahmen durchaus auch mit einer Nachprüfung des **Tatverdachts** (vgl. auch Art. 11 Abs. 1 Nr. 2). Bei Zustellungsersuchen sind die Amtshilfemöglichkeiten der deutschen Auslandsvertretungen[641] dem Rechtshilfeweg im Zweifel vorzuziehen.

180b Für beide Länder hilfreich sind die Möglichkeiten des **polizeilichen Rechtshilfeverkehrs**. Zu bedenken ist, dass Beweiserhebungen, zu deren Durchsetzung auch Zwangsmittel erforderlich sind, häufig nur mithilfe eines „Commissioners" erledigt werden können, dessen Einschaltung erhebliche Kosten verursachen kann.

7. Steueroasen in Übersee

181 Während mit den meisten **Staaten Übersees** vertragloser Auslieferungs- und Rechtshilfeverkehr, teils sogar bei Fiskaldelikten,[642] stattfindet, ist derartige Unterstützung bei Wirtschaftsstraftaten von Staaten, deren wirtschaftliche Grundlage Kapitalflucht und undurchsichtige Investitionen darstellen, auch weiterhin nicht zu erwarten. Hier helfen etwaige Befugnisse der Auslandsvertretungen und die Nutzung gegebener polizeilicher Kooperationsmöglichkeiten (vgl. Nr. 122 bis 126 RiVASt).

8. Asien und Ozeanien

182 So wichtig der wirtschaftliche Austausch mit asiatischen oder ozeanischen Ländern, so schwach ist noch immer der Rechtshilfeverkehr. Mit wichtigen Ländern wie China, Indonesien, Neuseeland oder Singapur erfolgt er auf **vertragloser Ebene**. Lediglich mit der Sonderverwaltungszone Hongkong der Volksrepublik China bestehen je ein Rechtshilfe- und ein Auslieferungsabkommen,[643] die bislang allerdings nur geringe praktische Relevanz erlangen konnten. Der Rechtshilfeverkehr mit **Japan** richtet sich seit dem 2.1.2011 nach dessen Rechtshilfevertrag der EU, der nach Art. 82 Abs. 1, Art. 216 AEUV für ihre Mitgliedstaaten unmittelbar anwendbar ist und deshalb weder innerstaatlicher Transformation noch bilateraler Umsetzung bedurfte.[644] Auslieferungsverträge bestehen mit **Australien**[645] und **Indien**.[646] Beide Verträge ermöglichen auch Auslieferungen wegen **Fiskaldelikten**.

---

[638] BGBl. 2007 II S. 1618, 1620; 2007 II S. 1637; 2010 II S. 829), in konsolidierter Fassung abgedruckt auch bei *S/L/G/H-Lagodny* HT V B a.

[639] Zu Videovernehmungen aus den USA vgl. BGHSt 45, 188 [193ff.]. Siehe auch Art. 10bis des deutsch-amerikanischen Rechtshilfevertrags in der Fassung des Zusatzvertrags vom 18. April 2006.

[640] Vgl. Art. 3 Abs. 2 des deutsch-kanadischen und Art. 10 Abs. 1 des deutsch-amerikanischen Rechtshilfevertrages.

[641] Vgl. Ziff. IV.1. Länderteil USA zu den RiVASt.

[642] Zu den in steuerlichen Angelegenheiten greifenden bilateralen Auskunftsabkommen vgl. Rn. 77d.

[643] Abkommen vom 26. Mai 2006 zwischen der Regierung der Bundesrepublik Deutschland und der Regierung der Sonderverwaltungsregion Hongkong der Volksrepublik China über die gegenseitige Rechtshilfe in Strafsachen und über die Überstellung flüchtiger Straftäter (BGBl. 2009 II S. 62, 64, 75, 497); abgedruckt auch bei *S/L/G/H-Lagodny* HT V A e und V B d.

[644] Abkommen zwischen der Europäischen Union und Japan über die Rechtshilfe in Strafsachen vom 30. November/15. Dezember 2010 (ABl. L 39 v. 12.2.2010 S. 20 und L 323 v. 29.12.2010 S. 1); abgedruckt auch bei *S/L/G/H-Lagodny* HT III B 2 d.

[645] BGBl. 1990 II S. 111, 716; abgedruckt auch bei *S/L/G/H-Schomburg* HT V A a.

[646] BGBl. 2003 II S. 1635; BGBl. 2004 II S. 787; abgedruckt auch bei *S/L/G/H-Lagodny* HT V A d.

25. Kapitel. Ausgewählte Besonderheiten des Ermittlungsverfahrens

Literatur: *Bader,* Das Verwertungsverbot des § 97 I 3 InsO, NZI 2009, 416; *Bauwens,* Schutz der Mandantenakten bei Durchsuchungen in der Kanzlei des Steuerberaters, wistra 1988, 100 ff.; *Bittmann/Rudolph,* Das Verwendungsverbot gemäß § 97 Abs. 1 Satz 3 InsO, wistra 2001, 81 f.; *Böse,* Die Strafbarkeit wegen Steuerhinterziehung und der Nemo-tenetur-Grundsatz, wistra 2003, 47 ff.; *Ciolek-Krepold,* Durchsuchung und Beschlagnahme, München 2000; *Eidam,* Einschränkende Auslegung des Verwendungsverbotes aus § 393 II 1 AO im Fall einer Selbstanzeige gemäß § 371 AO?, wistra 2004, 412 ff.; *Eidam,* Neuere Entwicklungen um den Grundsatz der Selbstbelastungsfreiheit und das Rechtsinstitut der Selbstanzeige im Steuerstrafverfahren, wistra 2006, 11 ff.; *Harms/Jäger,* Aus der Rechtsprechung des BGH zum Steuerstrafrecht – 2003/2004 NStZ 2004, 191 ff. (196 f.); *Hefendehl,* Beweismittlungs- und Beweisverwertungsverbote bei Auskunfts- und Mitwirkungspflichten, NStZ 2003, 1 ff.; *Hahn/Dallmeyer,* Zum heutigen Stand der beweisrechtlichen Berücksichtigung hypothetischer Ermittlungsverläufe im deutschen Strafverfahrensrecht, NStZ 2005, 297 ff.; *Jäger,* Aus der Rechtsprechung des BGH zum Steuerstrafrecht, NStZ 2005, 552 ff.; *Joecks,* Der nemo-tenetur-Grundsatz und das Steuerrecht, in Festschrift Kohlmann 2003, 451 ff.; *Löffeler,* Strafrechtliche Konsequenzen faktischer Geschäftsführung – Eine Bestandsaufnahme der neueren Rechtsprechung, wistra 1989, 121 ff.; *Mehle/Mehle,* Beschlagnahmefreiheit von Verteidigungsunterlagen – insbesondere in Kartellbußgeldverfahren, NJW 2011, 1639; *Mack,* Er scheinen der Steuerfahndung in der Beraterpraxis, DStR 2011, 53; *Park,* Handbuch Durchsuchung und Beschlagnahme, München 2002; *Quermann,* Durchsuchung und Beschlagnahme beim steuerlichen Berater, wistra 1988, 254 ff.; *Ranft,* Durchsuchung und Beschlagnahme in Geschäftsräumen von Banken, WiB 1996, 49 ff.; *Richter,* Auskunfts- und Mitteilungspflichten nach §§ 20, 97 Abs. 1 ff. InsO, wistra 2000, 1 ff.; *Richter,* Auskunfts- und Mitteilungspflichten nach §§ 20, 97 Abs. 1 InsO, wistra 2000, 440 ff.; *Rolletschke,* Die Abgabe einer unrichtigen Umsatzsteuerjahreserklärung und das nemo-tenetur-Prinzip, wistra 2004, 246 ff.; *Rolletschke,* Die neuere Rechtsprechung zum Nebeneinander von Strafverfahren und Besteuerungsverfahren, StV 2005, 355 ff.; *Rogall,* Das Verwendungsverbot des § 393 II AO, in Festschrift Kohlmann, 465 ff.; *Roxin,* Das Zeugnisverweigerungsrecht des Syndikusanwalts, NJW 1992, 1129 ff.; *derselbe,* Das Beschlagnahmeprivileg des Syndikusanwalts im Lichte der neuesten Rechtsentwicklung, NJW 1995, 17 ff.; *Rüping,* Steuerberatung, Steuerhinterziehung und Durchsuchung, DStR 2006, 1249; *Rüping, Nordholtz,* Das Recht der Berater zum Schweigen, DStR 2006, 1623; *Schäfer,* Der Konkursverwalter im Strafverfahren, wistra 1985, 209 ff.; *Schmidt,* Beschlagnahme von Geschäftsunterlagen bei Zeugnisverweigerungsberechtigten, wistra 1991, 245 ff.; *Schmitt,* Probleme des Zeugnisverweigerungsrechts (§ 53 Abs. 1 Nr. 3 StPO, § 383 Abs. 1 Nr. 6 ZPO) und zugleich des Beschlagnahmeverbots (§ 97 StPO) bei Beratern juristischer Personen, wistra 1993, 9 ff.; *Schuhmann,* Zur Beschlagnahme von Mandantenunterlagen bei den Angehörigen der rechts- und steuerberatenden Berufe, wistra 1995, 50 ff.; *Stypmann,* Rechtliche und tatsächliche Probleme bei staatsanwaltschaftlichen Durchsuchungs- und Beschlagnahmehandlungen, wistra 1982, 11 ff.; *Volk,* Durchsuchung und Beschlagnahme von Geschäftsunterlagen beim Steuerberater, DStR 1989, 338 ff.; *Wulf,* Steuererklärungspflichten und „nemo tenetur", wistra 2006, 89 ff.

Inhaltsübersicht

	Rn.			Rn.
I. Durchsuchung und Beschlagnahme	1–71	d)	Einschränkungen des Beschlagnahmeprivilegs	25–48
			aa) Der Zeugnisverweigerungsberechtigte als Beschuldigter	25, 26
1. Beschlagnahme in Wirtschaftsstrafsachen – Beschlagnahmeverbot (§ 97 StPO)	1–50		bb) Teilnahmeverdacht	27–35
a) Personenkreis im Sinne der §§ 52 ff. StPO	2–16		cc) Tatwerkzeuge i. S. des § 97 StPO – Buchhaltungs- und Geschäftsunterlagen	36–48
b) Beschlagnahmefreie Gegenstände gemäß § 97 Abs. 1 StPO	17–20a	e)	Beschlagnahme von Buchführungsunterlagen beim Syndikusanwalt	49, 50
c) Unterlagen von Ander-/Treuhandkonten	21–24			

	Rn.		Rn.
2. Entbindung von der Schweigepflicht	51–63	2. Auskunftsverweigerungsrecht eines Zeugen (§ 55 StPO)	85–90
a) Vorbemerkung	51	a) bei Vorliegen eines rechtskräftigen Urteils	85–87
b) Entbindung von der Schweigepflicht durch den Insolvenzverwalter	52–55	b) bei fehlender Rechtskraft hinsichtlich Straf- bzw. sonstigen Rechtsfolgeausspruchs	88
c) Entbindung von der Verschwiegenheitspflicht im Zusammenhang mit dem beschuldigten Geschäftsführer einer GmbH	56–63	c) bei Vorliegen eines rechtskräftigen Freispruchs	89, 90
3. Zufallsfunde	64, 65	3. Fragebögen an Zeugen zur Sachverhaltsaufklärung	91
4. Folgen des Beschlagnahmeverbots	66	IV. Verwertbarkeit von Angaben in Insolvenzverfahren gemäß § 97 InsO	92–101
5. Beschlagnahme von Behördenakten gemäß § 96 StPO	67, 68	V. Verbot des Selbstbelastungszwangs im Steuerstrafverfahren	102–112
6. Verwertbarkeit von „Steuerdaten-CDs"	69–71	1. Problemstellung	102, 103
II. Einzelfragen der Akteneinsicht	72–78	2. Recht zur Lüge?	104, 105
1. Rechtsweg	72, 73	3. Verpflichtung zur Abgabe von Steuererklärungen für nachfolgende Besteuerungszeiträume oder Verwendungsverbot?	106–108
2. Akteneinsicht im Ausgangsverfahren nach Aktentrennung	74, 75	4. Einschränkende Auslegung des Verwendungsverbots bei Selbstanzeige gemäß § 371 AO	109–111
3. Anhörung des Beschuldigten vor Erteilung der Akteneinsicht	76–78	5. Verpflichtung die Einkünfte betragsmäßig offen zu legen?	112
III. Einzelfragen der Zeugenanhörung	79–91		
1. Zeugnisverweigerungsrecht eines Notars und seines Gehilfen	79–84		

Aufgrund der Komplexität oft nur schwer überschaubarer Sachverhalte stellen Ermittlungen in Wirtschaftsstrafsachen an den Staatsanwalt erhebliche Anforderungen. Insbesondere im Bereich von Durchsuchungen steht der Ermittler vor beträchtlichen Schwierigkeiten. Das nachfolgende Kapitel soll zum einen einen summarischen Überblick über die wesentlichen Probleme von Beschlagnahme und Durchsuchung gemäß §§ 94 ff.; 102 f. StPO geben. Ferner wird auf Einzelfragen der Akteneinsicht und Zeugenanhörung, auf die Übertragbarkeit der Angaben des Schuldners im Insolvenzverfahren gemäß § 97 InsO auf das Strafverfahren sowie das Verbot des Selbstbelastungszwangs im Steuerstrafverfahren einzugehen sein.

I. Durchsuchung und Beschlagnahme

1. Beschlagnahme in Wirtschaftsstrafsachen – Beschlagnahmeverbot gemäß § 97 StPO

1 Die strafprozessualen Maßnahmen der Durchsuchung und Beschlagnahme stellen ein essentielles Kernstück des staatsanwaltschaftlichen Ermittlungsverfahrens dar, da der Ausgang der Ermittlungen und der Tatnachweis in der späteren Hauptverhandlung wesentlich vom Erfolg der vorausgegangenen Durchsuchungs- und Beschlagnahmemaßnahmen abhängt. In der staatsanwaltschaftlichen Praxis gibt es bei der Durchführung dieser Durchsuchungs- und Beschlagnahmeaktionen oftmals eine Fülle verschiedener Rechtsprobleme. Umfang und Reichweite des Beschlagnahmeverbots des § 97 StPO ist eine dieser zentralen Fragestellungen, die immer wieder zu Schwierigkeiten in der praktischen Anwendung führen.

a) Personenkreis im Sinne der §§ 52 ff. StPO

2 Die Personen, denen im Zusammenhang mit ihrer Berufsausübung ein Zeugnisverweigerungsrecht im Sinne der §§ 52 ff. StPO zugestanden wird, werden vom Schutzbereich des § 97 StPO umfasst, mit der Folge, dass diejenigen Unterlagen nicht beschlagnahmt werden

I. Durchsuchung und Beschlagnahme

dürfen, die diesem besonderen Vertrauensverhältnis unterfallen. Der Regelungsbereich des § 97 StPO ist somit in engem Zusammenhang mit dem Zeugnisverweigerungsrecht im Sinne der §§ 52 ff. StPO zu sehen, da § 97 StPO für zeugnisverweigerungsberechtigte Personen eine Regelung hinsichtlich der beschlagnahmefreien Gegenstände trifft und eine Umgehung der Zeugnisverweigerungsrechte über den mittelbaren Weg einer Beschlagnahme verhindern soll.[1] Kann sich der Betroffene rechtmäßig auf ein Zeugnisverweigerungsrecht berufen, so soll es den Ermittlungsbehörden verwehrt sein, auf die im Gewahrsam des Zeugnisverweigerungsberechtigten befindlichen Beweismittel zuzugreifen, um so mittelbar ein Surrogat für die zu Recht verweigerte Aussage zu erhalten.[2]

Obwohl das Zeugnisverweigerungsrecht nach §§ 52, 53 f. StPO und das flankierende Beschlagnahmeverbot gemäß § 97 StPO damit im Wesentlichen denselben Regelungszweck verfolgen, sind sie nicht deckungsgleich. Während das Gesetz den in § 53 Abs. 1 Satz 1 Nr. 1 bis 3b StPO geschützten Berufen ein Zeugnisverweigerungsrecht „über das, was ihnen in dieser Eigenschaft anvertraut worden oder bekannt geworden ist" unabhängig davon zugesteht, ob das Vertrauensverhältnis zu einem Dritten oder zu einem Beschuldigten begründet ist, erfasst das Beschlagnahmeverbot nach dem Wortlaut von § 97 Abs. 1 Nr. 1 und Nr. 2 StPO nach überwiegender Meinung nur das Vertrauensverhältnis zwischen dem Zeugnisverweigerungsberechtigten und dem Beschuldigten und gilt damit nicht für die Beweisobjekte, die mit dem Vertrauensverhältnis zu einem **Dritten** zusammenhängen.[3] Das Beschlagnahmeverbot, auch das des § 97 Abs. 1 Nr. 3 StPO greift also nicht, wenn derjenige, zu dessen Gunsten das Zeugnisverweigerungsrecht besteht, nicht beschuldigt ist. Deshalb sind etwa die Anwalts-/Steuerberaterhandakten bezüglich eines Mandanten, der Opfer einer Straftat wurde, nicht geschützt, während der Anwalt/Steuerberater des Opfers als Zeuge im Verfahren gegen den Beschuldigten sich auf das Zeugnisverweigerungsrecht nach § 53 StPO berufen könnte. Die Regelung des § 97 StPO verfolgt damit den Zweck, dem Zwang auf den Beschuldigten zur Selbstbelastung entgegenzuwirken. Dies ergibt sich unmittelbar aus dem Wortlaut des § 97 Abs. 1 Nr. 1 und 2 StPO, der ausdrücklich auf den „Beschuldigten" abstellt und allein diesem die Möglichkeit schaffen soll, sich risikolos u. a. einem Steuerberater anzuvertrauen, ohne sich der Gefahr der Selbstbelastung auszusetzen.[4]

Soweit die **Gegenmeinung**[5] davon ausgeht, dass die Schutzbereiche der § 97 StPO und der §§ 52 ff. StPO inhaltsgleich zu sehen sind, ist dem mit Blick auf den eindeutigen Wortlaut des § 97 Abs. 1 Nr. 1 und 2 StPO zu widersprechen. Der Schutz der Vertrauensbeziehung zwischen Beschuldigtem und Zeugnisverweigerungsberechtigtem wird in § 97 Abs. 1 Ziffer 3 StPO dahingehend erweitert, dass das Beschlagnahmeverbot auf „andere Gegenstände" als die in Absatz 1 Nr. 1 und 2 dieser Vorschrift genannten, ausgedehnt wird. Diese Auslegung ist verfassungsrechtlich nicht zu beanstanden.[5a]

Die Frage, inwieweit Unterlagen, die von Rechtsanwälten oder anderen Zeugnisverweigerungsberechtigten im Rahmen interner Untersuchungen in einem Unternehmen (sog. Internal Investigations) zur Klärung interner Vorgänge mit möglichem gesetzeswidrigem, die Haftung des Unternehmens begründendem oder sogar strafrechtlich relevantem Verhalten von Mitarbeitern erstellt bzw. von dem Unternehmen erlangt wurden, dem Beschlagnahmeschutz unterliegen, hat den Meinungsstreit erneut entfacht.[5b]

---

[1] Vgl. *Löwe/Rosenberg-Schäfer*, StPO, 25. Aufl., § 97 Rn. 2; SK-*Rudolphi*, StPO, § 97 Rn. 1 jeweils m. w. N.
[2] Vgl. *Meyer-Goßner*, StPO, 5. Auflage, § 97 Rn. 1 ff.; *Park*, Handbuch Durchsuchung und Beschlagnahme, München 2002, Rn. 111 ff. jeweils m. w. N.
[3] Vgl. *Löwe/Rosenberg-Schäfer*, a. a. O., § 97 Rn. 6 m. w. N.
[4] Vgl. *Meyer-Goßner*, a. a. O., § 97 Rn. 10; SK-*Rudolphi*, StPO, § 97 Rn. 2 und 5.
[5] AK-StPO, Amelung, 1992, § 97 Rn 14 f; zum Meinungsstreit vgl. auch *Ciolek-Krepold*, Durchsuchung und Beschlagnahme, München 2002, Rn. 251 ff. m. w. N.
[5a] BVerfG, NStZ-RR 2004, 83.
[5b] *Gräfin v. Galen*, NJW 2011. 942, Anmerkung zu LG Hamburg StV 2011, 148; *Jahn/Kirsch*, StV 2011, 151, Anmerkung zu derselben Entscheidung.

4b Für die Ausdehnung des Beschlagnahmeprivilegs auf das Vertrauensverhältnis zwischen Nichtbeschuldigten und Zeugnisverweigerungsberechtigten wird vorgebracht, dass § 160a StPO in der seit 1.2.2011 geltenden Fassung im Verhältnis zu § 97 StPO ergänzend anzuwenden ist, soweit dort keine Regelung getroffen wird. Demnach soll der umfassende Schutz der anwaltlichen Geheimnisträger gem. § 160a StPO für die Auslegung des § 97 Abs. 1 Nr. 3 StPO ein Beschlagnahmeverbot bzgl. der dort genannten „sonstigen Gegenstände" zu Gunsten aller Rechtsanwälte gewährleisten.[5c]

Diese Ansicht vermag nicht zu überzeugen. Das Wortlautargument lässt sich umkehren. Gem. § 160a Abs. 5 StPO bleibt unter anderem § 97 StPO unberührt.[5d]

Hätte der Gesetzgeber die bisherige Anwendungspraxis ändern wollen, hätte er § 97 Abs. 1 Ziffer 3 StPO ausdrücklich in den Anwendungsbereich des § 160a StPO einbeziehen können.

4c Die Intention des Gesetzgebers, die zur Änderung des § 160a StPO führte, war die Gleichstellung aller Rechtsanwälte mit den Strafverteidigern und dabei auch der verstärkte Schutz der Tele- und elektronischen Kommunikation von und mit Rechtsanwälten, um dem Wandel des anwaltlichen Berufsbildes Rechnung zu tragen, nicht jedoch eine Ausweitung der bestehenden Beschränkungen bei der Beschlagnahme von Gegenständen.[5e]

Dem lässt sich auch nicht entgegenhalten, dass eine verfassungskonforme Interpretation die Ausweitung des Schutzes des § 97 Abs. 1 Nr. 3 StPO gebietet, um der Bedeutung der freien Advokatur gegenüber der staatlichen Kontrolle gerecht zu werden.[5f]

Soweit bei den internen Untersuchungen Unterlagen aus Mitarbeiterbefragungen resultieren, fehlt es jedenfalls dann bereits an dem erforderlichen „mandatsähnlichen Vertrauensverhältnis", wenn zwischen Auftraggeber und befragtem Mitarbeiter „zuwiderlaufende Interessen" bestehen. Interne Untersuchungen in Unternehmen sind wegen des regelmäßig auftretenden Konflikts zwischen den Interessen des beauftragenden Unternehmens und denen der Mitarbeiter nicht mit einem verfassungsrechtlich schutzwürdigen Mandatsverhältnis gleichzustellen.[5g]

Die erweiterte Auslegung des § 97 Abs. 1 Nr. 3 StPO im Sinne des § 160a StPO widerspricht den Erfordernissen einer funktionstüchtigen Strafrechtspflege. Bei einer Ausweitung der für Verteidiger geltenden Beschlagnahmeprivilegien auf alle Rechtsanwälte erscheint es zweifelhaft, ob eine zuverlässige Sachverhaltsaufklärung, die den verfassungsmäßig gebotenen Mindestanforderungen genügt, noch möglich ist.

Zeugen würde so die Möglichkeit eröffnet, ihren eigenen Interessen folgend, Beweismittel dem Zugriff den Ermittlungsbehörden zu entziehen.[5h]

5 **Besonderheiten** gelten in Fällen früherer **prozessualer Gemeinsamkeit**[6] (Rn. 6) – wenn der Mandant bis zur Abtrennung des dieselbe Tat betreffenden Verfahrens Mitbeschuldigter war – und für den **Verteidiger**[7] (Rn. 7 f.).

6 Der durch die Abtrennung eingetretene Rollentausch führt – nach den Vertretern der **prozessuale Gemeinsamkeit** – nicht dazu, dass die Anwaltsunterlagen nunmehr lediglich in dem abgetrennten Verfahren, in dem der Zeuge weiterhin Beschuldigter ist, beschlagnahmefrei sind, jedoch nicht mehr auch in dem Verfahren gegen seinen früheren Mitbeschuldigten. Vielmehr müsse der Schutz vor Beschlagnahme auch in dem Verfahren gegen den früheren Mitbeschuldigten schon im Hinblick auf die prozessuale Gemeinsamkeit, die vor der Verfahrenstrennung bestanden hat, fortbestehen, da eine den Beschuldigten schützende Ver-

---

[5c] Gräfin v. Galen, NJW 2011, 942.
[5d] Mehle/Mehle, NJW 2011, 1639 (1641); Jahn/Kirsch, StV 2011, 151 f.
[5e] Prot. Dt. BT, 17 Nov 2010, 7706 f; vgl. LG Mannheim BeckRS 2012, 15309.
[5f] Jahn/Kirsch, StV 2011, 151 f; vgl. Bauer, Anmerkung zu LG Hamburg, StV 2012, 277.
[5g] Bauer, StV 2012, 277 f.
[5h] LG Mannheim, BeckRS 2012, 15309.
[6] Vgl. *Löwe/Rosenberg-Schäfer*, a. a. O., § 97 Rn. 23 m. w. N.
[7] Vgl. *Löwe/Rosenberg-Schäfer*, a. a. O., § 97 Rn. 62 ff. mit umfangreicher Darstellung des streitigen Meinungsstandes.

I. Durchsuchung und Beschlagnahme

fahrensregel nicht durch den bloß formalen Akt einer Verfahrenstrennung beseitigt werden darf.[8]

Dieses **Kriterium der „prozessualen Gemeinsamkeit"** ist jedoch nicht unumstritten, da hier das Beschlagnahmeverbot und damit der Zugriff auf möglicherweise wichtige Beweismittel davon abhängt, ob mehr oder weniger zufällig zu irgendeinem Zeitpunkt die verschiedenen Verfahren miteinander verbunden waren.[9] Vor diesem Hintergrund vertreten die Kritiker die Auffassung, dass im Interesse einer sachgerechten und weniger willkürlichen Lösung primär auf den materiellen Beschuldigtenbegriff abzustellen sei.

Letztendlich ist dem Meinungsstreit aber nur untergeordnete Bedeutung beizumessen, da nach beiden Auffassungen jedenfalls durch eine willkürliche Verfahrenstrennung eine Umgehung des Beschlagnahmeverbots des § 97 StPO nicht erzwungen werden darf.

Ergänzend ist hierzu anzumerken, dass – auch wenn man nach dem Kriterium der prozessualen Gemeinsamkeit eine Beschlagnahmemöglichkeit geschützter Unterlagen im Verfahren gegen andere als den Mandanten bejaht – in diesen Fällen aber nicht die Möglichkeit besteht, durch Ordnungsmaßnahmen die Herausgabe zu erzwingen (vgl. § 95 Abs. 2 StPO).

Besonderheiten gelten weiter für den **Verteidiger** (§§ 53 Abs. 1 Satz 1 Nr. 2, 97 Abs. 1 Nr. 1 bis 3 StPO). Die freie und ungehinderte Kommunikation zwischen Mandanten und Verteidiger ist ein wesentliches Element einer effektiven Verteidigung und muss deshalb im Innenverhältnis unabhängig davon geschützt sein, welche Rolle der Mandant in dem Verfahren spielt, in dem die Beweisaufnahme erfolgen soll. Insoweit kommt dem Beschlagnahmeverbot nach § 97 Abs. 1 StPO beim Verteidiger und dem sich selbst verteidigenden Beschuldigten eine besondere Bedeutung zu. Die Vorschrift des § 97 StPO knüpft auch bezüglich des Verteidigers nur an das Zeugnisverweigerungsrecht an, das so lange gilt, bis der Verteidiger davon entbunden wird (vgl. § 53 Abs. 2 StPO). Das Beschlagnahmeverbot wird jedoch hinsichtlich der Verteidigungsunterlagen aus dem Rechtsgedanken des § 148 StPO, des Art. 6 Abs. 3b und c MRK und aus dem verfassungsrechtlich geschützten Grundsatzes des „Fair Trail" (Art. 2 Abs. 1, 20 Abs. 3 Grundgesetz) ergänzt.[10] Unter das Beschlagnahmeverbot fallen demnach auch **Urkunden,** die ein **Dritter** dem Verteidiger **zum Zwecke der Verteidigung übergeben** hat, da die durch diese Unterlagen zu beweisenden Tatsachen von dem Zeugnisverweigerungsrecht des Verteidigers umfasst werden.[11]

Unter diesem umfassenden Schutzmantel steht allein der Verteidiger. Dies sind außer Rechtsanwälten und Rechtslehrern an deutschen Hochschulen die nach § 138 Abs. 2 StPO als Verteidiger zugelassenen Personen und die nach §§ 139, 142 Abs. 2 StPO bestellten Referendare. Ob **Syndikusanwälten** im Verfahren gegen den ständigen Dienstherrn der Schutz des § 97 StPO zukommt, ist streitig.[12] Im Ergebnis ist dies aber zweitrangig, da in solchen Fällen regelmäßig der Mitgewahrsam des Beschuldigten als Dienstherrn dem Beschlagnahmeverbot entgegensteht.

Geschützt wird aber auch der Beschuldigte selbst, soweit er Unterlagen erkennbar zu seiner eigenen Verteidigung im laufenden Verfahren angefertigt hat und sich diese in seinem Gewahrsam befinden. Dies folgt zwar nicht unmittelbar aus § 97 StPO, aber – soweit sein Verteidigermandat besteht oder in Anbahnung sich befindet – aus der Freiheit der Kommunikation zwischen dem Verteidiger und dem Beschuldigten gem. § 148 StPO. Diese Norm erstreckt den Beschlagnahmeschutz für Verteidigungsunterlagen über den Regelungsbereich des § 97 Abs. 2 Satz 1 StPO zunächst allein geschützten Gewahrsam des Verteidigers hinaus auch auf die Sphäre des Beschuldigten als Gesprächspartner. Da aber der Beschuldigte ebenso den Anspruch besitzt, sich selbst zu verteidigen (vgl. Art. 6 Abs. 3c MRK), und ihm dazu angemessene Vorbereitungsmöglichkeiten eingeräumt werden müssen (Art. 6 Abs. 3c MRK),

---

[8] Vgl. hierzu BGHSt 43, 300 ff. sowie *Löwe/Rosenberg-Schäfer*, a. a. O., § 97 Rn. 23.
[9] Vgl. hierzu etwa BGH, NStZ 1998, 471 ff. mit Anmerkung *Rudolphi*.
[10] *Löwe/Rosenberg-Schäfer*, a. a. O., § 97 Rn. 82 ff. m. w. N.
[11] OLG Frankfurt a. M., NStZ-RR 2005, 270 f. m. w. N.; LG Fulda, NJW 2000, 1508; *Meyer-Goßner*, § 97 Rn. 36 ff.; KK-*Nack*, StPO, 6. Auflage 2008, § 97 Rn. 24 f. jeweils m. w. N.
[12] Vgl. *Löwe/Rosenberg-Schäfer*, a. a. O., § 97 Rn. 29, 84 m. w. N.; vgl. auch LG Berlin., wistra 2006, 158 m. w. N.

sind seine Verteidigungsunterlagen auch dann geschützt, wenn kein Verteidiger beauftragt oder bestellt ist und er sich selbst verteidigen will, da ansonsten in diesen Fällen eine effektive Verteidigung nicht möglich wäre.

10 Die Beschlagnahmebeschränkungen des § 97 StPO treten aber grundsätzlich nur dann ein, wenn sich die Gegenstände im **Gewahrsam des Zeugnisverweigerungsberechtigten** befinden (vgl. § 97 Abs. 2 Satz 1 StPO). Deshalb sind von der Beschlagnahme auch Mitteilungen der Vertrauensperson an den Beschuldigten ausgenommen, die sich noch oder wieder im Gewahrsam dieser Vertrauensperson befinden. Dies beruht auf der Überlegung, dass die Schutzwürdigkeit des Gegenstandes entfällt, wenn er sich außerhalb der Gewahrsamssphäre der Vertrauensperson befindet und dort dem Zugriff Dritter ohnehin leichter zugänglich ist. Demgegenüber können Gegenstände, die sich im Gewahrsam des Beschuldigten befinden – von reinen Verteidigungsunterlagen, die auch in seinem Gewahrsam nach § 148 StPO, Art. 6 Abs. 3b und c MRK besonders geschützt werden, abgesehen (vgl. oben Rn. 7) – jederzeit beschlagnahmt werden, auch wenn die Urschrift, eine Abschrift oder Ablichtung der Urkunde im Gewahrsam des Zeugnisverweigerungsberechtigten ist.

11 Für die Beurteilung des Gewahrsams ist die **tatsächliche Verfügbarkeit** entscheidend. So besteht der Gewahrsam etwa an den Beweisstücken in einem Schließfach, das der Zeugnisverweigerungsberechtigte nur gemeinsam mit dem Vermieter des Fachs, etwa einer Bank, öffnen kann. In einem Unternehmen hat Gewahrsam, wer dieses tatsächlich und rechtlich beherrscht, bei juristischen Personen sind dies die zur Geschäftsführung berufenen Organe. Hierbei ist ein Alleingewahrsam des Zeugnisverweigerungsberechtigten bereits nach dem Wortlaut der Norm nicht erforderlich, der Mitgewahrsam reicht aus, soweit nicht der weitere Mitgewahrsam dem Beschuldigten zusteht.

12 In der Praxis werfen insbesondere die Fälle Schwierigkeiten auf, die die **Durchsuchung einer Personengruppe** betreffen, von denen nur einige Beschuldigte oder der Tatbeteiligung Verdächtige sind (etwa bei Verfahren gegen einen von mehreren in einer Sozietät tätigen Anwälte), da hier – insbesondere bei EDV-Daten – bereits die Klärung der Gewahrsamsfrage nur schwer zu beantworten ist. In diesen Fällen besteht die Gefahr, dass die Beschlagnahme (etwa von Handakten) sowohl Beschuldigte (Anwälte oder Mandanten) als auch Nichtbeschuldigte (Anwälte oder Mandanten) trifft und die erfassten Daten zum Teil wegen der Beschuldigteneigenschaft des Anwalts oder doch wegen Tatverstrickung im Sinne von § 97 Abs. 2 Satz 3 StPO einem Beschlagnahmezugriff unterliegen, zum Teil aber auch nach §§ 53 Abs. 1 Satz 1 Nr. 2 und 3; 97 Abs. 1, 148 StPO rechtlich besonders geschützt sind. Dass das Vertrauensverhältnis bei Tatverstrickung des Berufsangehörigen der Strafverfolgung weicht, sagt § 97 Abs. 2 Satz 3 StPO ausdrücklich. Erst recht gilt dies, wenn der Berufsangehörige Beschuldigter ist. Es kann also in diesen Fällen nur darum gehen, den allgemeinen Verhältnismäßigkeitsgrundsatz besonders strikt zu beachten, die Durchsuchungsziele besonders genau zu bestimmen und das Beweismaterial so sorgsam zu sichten, dass Interessen Dritter nicht mehr als unvermeidbar berührt werden können.[13]

13 In diesem Zusammenhang hat der **2. Senat des BVerfG** mit Beschluss vom 12.4.2005[14] eine richtungsweisende Entscheidung zur Beschlagnahme von Datenträgern in einer Rechtsanwaltskanzlei bzw. einer Steuerberatungsgesellschaft im Rahmen eines gegen einen der Berufsträger gerichteten Ermittlungsverfahrens getroffen. Hierbei beschäftigt sich der Senat mit der Frage, welche Bedeutung die Vertrauensbeziehungen zwischen den unmittelbar von den Eingriffen betroffenen Berufsgeheimnisträgern und ihren Mandanten für die Zulässigkeit eines strafprozessual veranlassten umfassenden Datenzugriffs haben, und führt zu den Grenzen des Verhältnismäßigkeitsgrundsatzes im Einzelnen aus:

14 Die Sicherstellung und Beschlagnahme der Datenträger und der darauf gespeicherten Daten muss nicht nur zur Verfolgung des gesetzlichen Strafverfolgungszwecks Erfolg versprechend sein. Vor allem muss gerade die zu überprüfende Zwangsmaßnahme zur Ermittlung und Verfolgung der Straftat erforderlich sein; dies ist nicht der Fall, wenn andere, weniger einschneidende Mittel zur Verfügung stehen. Schließlich muss der jeweilige Eingriff in einem angemes-

---

[13] Vgl. *Löwe/Rosenberg-Schäfer*, StPO, a. a. O., § 97 Rn. 30a.
[14] BVerfG, wistra 2005, 295 ff.

I. Durchsuchung und Beschlagnahme

senen Verhältnis zu der Schwere der Straftat und der Stärke des Tatverdachts stehen. Bei einer Gesamtabwägung zwischen der Schwere des Eingriffs und dem Gewicht sowie der Dringlichkeit der ihn rechtfertigenden Gründe muss die Grenze der Zumutbarkeit gewahrt werden.[15]

Hierbei ist zum einen das staatliche Interesse an einer wirksamen Strafverfolgung zu berücksichtigen. Die Aufklärung von Straftaten, die Ermittlung des Täters, die Feststellung seiner Schuld und seine Bestrafung wie auch der Freispruch des Unschuldigen sind die wesentlichen Aufgaben der Strafrechtspflege, die zum Schutz der Bürger den staatlichen Strafanspruch in einem justizförmigen und auf die Ermittlung der Wahrheit ausgerichteten Verfahren in gleichförmiger Weise durchsetzen soll.[16] Der Verhinderung und Aufklärung von Straftaten kommt nach dem Grundgesetz eine hohe Bedeutung zu.

Auf der anderen Seite sind bei der Abwägung die rechtlich geschützten Interessen Dritter zu berücksichtigen, die, ohne einen Anlass hierfür gesetzt zu haben, von der staatlichen Zwangsmaßnahme betroffen sind. Von grundlegender Bedeutung ist hierbei auch der objektiv-rechtliche Gehalt der „freien Advokatur", da Rechtsanwälte als Organe der Rechtspflege und Steuerberater sowie deren Mandanten auf eine besonders geschützte Vertraulichkeit der Kommunikation angewiesen sind.

Die besondere Eingriffsintensität des Datenzugriffs in dem vom BVerfG entschiedenen Fall ergab sich daraus, dass die strafprozessuale Maßnahme wegen der Vielzahl verfahrensunerheblicher Daten eine erhebliche Streubreite aufwies und daher zahlreiche Personen in den Wirkungsbereich der Maßnahme mit einbezogen wurden, die in keiner Beziehung zu dem Tatvorwurf standen und den Eingriff durch ihr Verhalten nicht veranlasst hatten. Hinzu kam die besondere Schutzbedürftigkeit der von einem überschießenden Datenzugriff mitbetroffenen Vertrauensverhältnisse – insbesondere von Rechtsanwälten und Steuerberatern als Berufsgeheimnisträgern.

Im Rahmen des Verhältnismäßigkeitsgrundsatzes sind nach Meinung des BVerfG[17] folgende Überlegungen anzustellen: **15**

Ausgangspunkt ist die Prüfung, ob auf dem relevanten Computer sich überhaupt beweiserhebliche Daten befinden können. Wird nämlich festgestellt, dass sich auf dem Datenträger keine verfahrenserheblichen Daten befinden können, wäre die Sicherstellung des Datenträgers schon an sich ungeeignet. Soweit in der Folge davon auszugehen ist, dass auf Datenträgern auch – wenngleich in unterschiedlichem Umfang – Beweiserhebliches gespeichert ist, werden neben den potenziell beweiserheblichen Informationen regelmäßig auch in erheblichem Umfang verfahrensirrelevante Beweismittel enthalten sein. Der Zugriff auf den gesamten Datenbestand ist jedoch dann nicht erforderlich, wenn die Sicherung der beweiserheblichen Daten auf eine andere, die Betroffenen weniger belastende Weise ebenso gut erreicht werden kann.

In diesem Zusammenhang kann dem Verhältnismäßigkeitsgrundsatz bei der Durchsuchung, Sicherstellung und Beschlagnahme von Datenträgern und den darauf vorhandenen Daten dann in vielfältiger Weise Rechnung getragen werden: **16**

- Wenn auf den von der Maßnahme betroffenen Datenträgern unter anderem potenziell Beweiserhebliches enthalten ist, ist zu prüfen, ob eine Sicherstellung des Datenträgers und aller darauf vorhandenen Daten erforderlich ist. Der dauerhafte Zugriff auf den gesamten Datenbestand ist jedenfalls dann nicht erforderlich, wenn die Sicherstellung allein der beweiserheblichen Daten auf eine andere, die Betroffenen weniger belastende Weise ebenso gut erreicht werden kann. Die Gewinnung überschießender und vertraulicher, für das Verfahren aber bedeutungsloser Informationen muss im Rahmen des Vertretbaren vermieden werden.

- Soweit eine Unterscheidung der Daten nach ihrer potenziellen Verfahrenserheblichkeit vorgenommen werden kann, ist die Möglichkeit einer Trennung der potenziell erheblichen von den restlichen Daten zu prüfen. In Betracht kommt hierbei neben dem Erstel-

---

[15] Vgl. BVerfGE 67, 157 (173, 178); 96, 44 (51); 100, 313 (391).
[16] BVerfGE 107, 104 (118 ff.) m. w. N.
[17] BVerfG, wistra 2005, 295 ff.

len einer (Teil-)Kopie hinsichtlich der verfahrenserheblichen Daten das Löschen oder die Herausgabe der für das Verfahren irrelevanten Daten.

- Je nach den Umständen des Einzelfalls können für die Begrenzung des Zugriffs unterschiedliche, miteinander kombinierbare Möglichkeiten der materiellen Datenzuordnung in Betracht gezogen werden. Sie müssen, bevor eine endgültige Beschlagnahme sämtlicher Daten erwogen wird, ausgeschöpft werden. Von Bedeutung ist hierbei vor allem die Auswertung der Struktur eines Datenbestands. Gerade bei der gemeinsamen Nutzung einer EDV-Anlage durch mehrere Sozien kann sich eine für einen geordneten Geschäftsgang erforderliche, unter Umständen mittels einer Zugriffsbeschränkung gesicherte Datenstruktur an den Berufsträgern orientieren. In Betracht kommt beispielsweise eine themen-, zeit-, mandanten- oder mandatsbezogene Ordnung der Datenablage. Eine Zuordnung der Daten nach ihrer Verfahrensrelevanz kann unter Umständen auch mithilfe geeigneter Suchbegriffe oder Suchprogramme gelingen.

- Eine sorgfältige Sichtung und Trennung der Daten je nach ihrer Verfahrensrelevanz wird am Durchsuchungsort nicht immer möglich sein. Sofern die Eigenheiten des jeweiligen strafrechtlichen Vorwurfs und die – auch technische – Erfassbarkeit des jeweiligen Datenbestands eine unverzügliche Zuordnung nicht erlauben, muss die Prüfung der Verfahrensrelevanz der gespeicherten Daten im Rahmen der vorläufigen Sicherstellung des Datenträgers erwogen werden. Das Verfahrensstadium der Durchsicht gemäß § 110 StPO ist in jedem Fall der endgültigen Entscheidung über den Umfang der Beschlagnahme vorgelagert.[18] Es entspricht dem Zweck des § 110 StPO, im Rahmen des Vertretbaren lediglich diejenigen Informationen einem dauerhaften und damit vertiefenden Eingriff zuzuführen, die verfahrensrelevant und verwertbar sind.

- Wenn den Strafverfolgungsbehörden im Verfahren der Durchsicht unter zumutbaren Bedingungen eine materielle Zuordnung der verfahrenserheblichen Daten einerseits oder eine Löschung der verfahrensunerheblichen Daten beziehungsweise deren Rückgabe an den Berechtigten andererseits nicht möglich ist, steht der Grundsatz der Verhältnismäßigkeit jedenfalls unter dem Gesichtspunkt der Erforderlichkeit der Maßnahme einer Beschlagnahme des gesamten Datenbestands nicht entgegen. Die Beschlagnahme sämtlicher Daten oder der gesamten Datenverarbeitungsanlage darf aber nicht pauschal damit begründet werden, dass eine etwaige Datenverschleierung nicht ausgeschlossen werden könne. Es muss dann aber im jeweiligen Einzelfall geprüft werden, ob der umfassende Datenzugriff dem Übermaßverbot Rechnung trägt, um dem im Einzelfall drohenden Verwertungsverbot entgegenzuwirken.[19] Zumindest bei schwerwiegenden, bewussten oder willkürlichen Verfahrensverstößen, in denen die Beschränkung auf den Ermittlungszweck der Datenträgerbeschlagnahme planmäßig oder systematisch außer Acht gelassen wird, ist ein Beweisverwertungsverbot als Folge einer fehlerhaften Durchsuchung und Beschlagnahme von Datenträgern und der darauf vorhandenen Daten geboten.

b) Beschlagnahmefreie Gegenstände gemäß § 97 Abs. 1 StPO

17 Die beschlagnahmefreien Gegenstände werden in § 97 Abs. 1 Nr. 1 bis 3 StPO genannt.
Darunter fallen zum einen **schriftliche Mitteilungen** (§ 97 Abs. 1 Nr. 1 StPO) im Sinne von Gedankenäußerungen, die eine Person der anderen zukommen lässt, damit diese davon Kenntnis erlangt, aber auch **Aufzeichnungen** gemäß § 97 Abs. 1 Nr. 2 StPO, die Wahrnehmungen und Überlegungen des Zeugnisverweigerungsberechtigten auf Papier oder anderem Material (z. B. Ton-, Bild- und Datenträger), festgehaltene Gedankenäußerungen sowie die in rechts- und steuerberatenden Berufen bei Durchsuchungen nachhaltig diskutierten **Handakten**,[20] die strikt von dem umfassenden Begriff der **Mandantenunterlagen** zu trennen sind.

---

[18] Vgl. BVerfGE 77, 1 (55).
[19] Vgl. BVerfG, wistra 2005, 295 ff.
[20] Vgl. hierzu auch *Pfeiffer*, StPO, § 97 Rn. 2–4; *Meyer-Goßner*, a. a. O., § 97 Rn. 28–30; *Löwe/RosenbergSchäfer*, StPO, a. a. O., § 97 Rn. 72, 80, 86 ff. jeweils m. w. N.

I. Durchsuchung und Beschlagnahme

Bei **Mandantenakten** handelt es sich um **alle Unterlagen,** die den Mandanten betreffen, 18
also u. a. Geschäftsbelege sowie Schriftverkehr des Mandanten mit dem Steuerberater bzw. Rechtsanwalt. Es ist ohne Bedeutung, ob der Rechtsanwalt bzw. Steuerberater diese Unterlagen vom Mandanten oder von einem Dritten erhalten oder ob er sie selbst gefertigt hat.[21]

Abzugrenzen hiervon sind die „**Handakten**" als selbstständiger Teil der Mandantenunter- 19
lagen, die generell **beschlagnahmefrei** sind.

Zu den beschlagnahmefreien **Handakten** gehören gemäß §§ 66 Abs. 2 StBerG, 50 Abs. 3 BRAO sämtliche Schriftstücke, die der Berater aus Anlass seiner beruflichen Tätigkeit vom Auftraggeber oder für ihn erhalten hat, sowie die vom Beistand zu internen Zwecken gefertigten Arbeitspapiere.

Umstritten ist jedoch, ob der Briefwechsel zwischen dem Steuerberater bzw. Rechtsanwalt 20
und seinem Auftraggeber sowie die Schriftstücke, die der Mandant bereits in Urschrift oder Abschrift erhalten hat, gleichfalls beschlagnahmefrei sind. Insoweit wird (vgl. auch Rn. 7 f.) die Auffassung vertreten, dass es sich bei diesen Unterlagen ebenso um vertrauliche Informationen handelt, die als wesentliche Bestandteile des Vertrauensverhältnisses zwischen dem Auftraggeber und dem Steuerberater bzw. Rechtsanwalts besonders schützenswert sind und deshalb uneingeschränktem Beschlagnahmeverbot gemäß § 97 StPO unterfallen sollen.[22]

Dem wird im Regelfall zuzustimmen sein. Hintergrund der Regelung des § 97 StPO ist die Überlegung, dass der Berater nicht gezwungen werden kann, Unterlagen herauszugeben, über deren Inhalt er als Zeuge die Aussage verweigern könnte. Damit soll eine Umgehung von § 53 StPO verhindert werden. Dieser Gedanke wird aber regelmäßig zu dem Ergebnis führen, auch den Schriftverkehr zwischen Berater und Mandanten und die ihm übersandten Schriftstücke – soweit sie Gegenstand des geschützten Vertrauensverhältnisses sind – dem Beschlagnahmeprivileg zu unterstellen.

Vom Gesetzeswortlaut umfasst das Beschlagnahmeprivileg des § 97 StPO i. V. m. § 148 20a
StPO nur Verteidigungsunterlagen, die nach Eröffnung eines Ermittlungsverfahrens erstellt wurden.

Im Schrifttum wird erörtert, ob zur Gewährleistung des Anspruchs auf umfassende Verteidigung der Beschlagnahmeschutz auch auf Unterlagen auszudehnen ist, die bereits vor Einleitung eines Ermittlungsverfahrens erstellt wurden.[22a]

Eine auslegende Erweiterung des Beschlagnahmeverbotes, kann geboten sein, wenn der spätere Beschuldigte sich im Rahmen eines staatlichen Auskunftsersuchens, z. B. in einem Kartellverwaltungsverfahren noch vor Einleitung eines (OWi-)Ermittlungsverfahrens anwaltlich beraten lässt, um sich bei der Erfüllung des Auskunftsersuchens nicht selbst belasten zu müssen.

Die Übertragung der vom BVerfG zum Inhalt und Umfang des rechtsstaatlichen Gebotes einer effektiven Verteidigung in der Entscheidung vom 25.02.1998[22b] zur Frage der Beschlagnahme von Verteidigungsunterlagen beim Beschuldigten dargelegten Grundsätzen, gebieten eine zeitliche Ausdehnung der Anwendung des § 97 StPO nur dann, wenn die Beratung auf Grund staatlicher Intervention erfolgte und genau die Sachverhalte betroffen hat, die später Gegenstand des Ermittlungsverfahrens wurden.

c) Unterlagen von Ander-/Treuhandkonten

Gemäß § 97 Abs. 2 S. 1 StPO gilt die Beschlagnahmefreiheit nur dann, wenn sich die in § 97 21
Abs. 1 StPO genannten Gegenstände im Gewahrsam, d. h. in der tatsächlichen Verfügungsgewalt des Zeugnisverweigerungsberechtigten[23] befinden. In diesem Zusammenhang stellt

---

[21] Vgl. *Bauwens*, Schutz der Mandantenakten bei Durchsuchungen in der Kanzlei des Steuerberaters, wistra 1988, 100.
[22] Vgl. *Ciolek-Krepold*, a. a. O., Rn. 249 f.; *Mehle/Mehle*, NJW 2011, 1639.
[22a] Vgl. Mehle/Mehle, NJW 2011, 1639, a. A. LG Bonn, NStZ 2007, 605.
[22b] BVerfG NJW 1998, 1963.
[23] Vgl. *Meyer-Goßner*, a. a. O., § 97 Rn. 11 ff.; KMR-*Müller*, StPO, § 97 Rn. 4; SK-*Rudolphi*, StPO, § 97 Rn. 10 jeweils m. w. N.

sich die Frage, ob und unter welchen Vorraussetzungen die Unterlagen von Anderkonten beschlagnahmt werden können oder dem Beschlagnahmeverbot des § 97 StPO unterfallen.

Insbesondere im Bereich des Kapitalanlagebetrugs findet man des Öfteren die Variante, dass die erschlichenen Anlagegelder auf das **Ander-/Treuhandkonto** eines **Rechtsanwalts** oder **Notars** bei einer Bank transferiert werden, von wo aus sie dann entsprechend dem Tatplan zur Verschleierung auf Konten im Ausland weitergeleitet werden. Sind dem Anwalt bzw. Notar die Hintergründe dieser Geldtransaktionen nicht bekannt und ist er deshalb nicht selbst unter Tatverdacht (vgl. im Einzelnen unten Rn. 25 ff.), so stellt sich die Frage, ob diese für das Ermittlungsverfahren relevanten Unterlagen, die Aufschluss über den Geldfluss und eventuelle Hintermänner geben können, sich im (Mit-)Gewahrsam des Anwalts befinden und damit dem Beschlagnahmeprivileg des § 97 Abs. 1 StPO unterliegen.

Grundsätzlich ist das Beschlagnahmeprivileg auf Unterlagen beschränkt, die im Gewahrsam des Rechtsanwalts oder Notars stehen (§ 97 Abs. 2 Satz 1 StPO). Da diese Anderkonten bei einem Kreditinstitut geführt werden und damit die Unterlagen über die Kontobewegungen sich sowohl beim Zeugnisverweigerungsberechtigten (Anwalt oder Notar) als auch bei der Bank befinden, ist zu fragen, ob trotz des „Gewahrsams" der Bank ein Beschlagnahmeverbot auch an den bei dem kontoführenden Kreditinstitut befindlichen Unterlagen zu bejahen ist.

22 Hier wird zum einen die Auffassung vertreten, dass die Banken bei der Führung des Anderkontos gleichsam als Gehilfen des Rechtsanwalts tätig werden und deshalb die Regelungen der §§ 53a, 97 Abs. 4 StPO eingreifen, wonach sich das Zeugnisverweigerungsrecht auch auf Gehilfen erstreckt und somit das Beschlagnahmeverbot sich ebenso auf die Unterlagen bezieht, die sich im Gewahrsam der Bank befinden.[24]

Ähnlich hat auch das Landgericht Darmstadt argumentiert und die Gehilfeneigenschaften der Bank für ein Notaranderkonto bejaht. Ausgehend vom Zweck der §§ 53a, 97 Abs. 4 StPO, die Umgehung der Verweigerungsbefugnisse des Notars/Anwalts zu verhindern, sei entscheidend, ob zwischen der Tätigkeit des Notars/Anwalts und derjenigen der Hilfsperson im Einzelfall ein derart unmittelbarer Zusammenhang besteht, dass nur durch die Ausdehnung des Verweigerungsrechts auf die Hilfsperson der Gesetzeszweck erreicht werden kann. Dieser unmittelbare Zusammenhang sei jedenfalls dann anzunehmen, wenn sich der Notar/Anwalt zur Erfüllung seiner Berufspflichten der Bank als Hilfsperson bedienen muss.[25] Danach könne die Bank nicht von sich aus entscheiden, ob sie die Herausgabe der Unterlagen verweigern will, sie bedarf vielmehr der Erklärung des Notars bzw. des Rechtsanwalts entsprechend §§ 97 Abs. 4; 53a Abs. 1 S. 2 StPO.

Gemeinsamer Ausgangspunkt beider Meinungen ist, dass bei Beschlagnahme der die Anderkonten betreffenden Unterlagen in der Bank die gemäß § 97 StPO bestehende Beschlagnahmefreiheit der Kontounterlagen, die der Notar bzw. Anwalt in seiner tatsächlichen Verfügungsgewalt hat, umgangen werden könnte.[26]

23 Gegen ein Beschlagnahmeverbot hat sich demgegenüber das Landgericht Würzburg ausgesprochen.[27] Danach seien die Unterlagen über ein Rechtsanwaltsanderkonto bei dem kontoführenden Kreditinstitut grundsätzlich beschlagnahmefähig, da diese bei der Bank befindlichen Unterlagen nicht dem Gewahrsam des Anwalts unterfallen und somit das Beschlagnahmeprivileg des § 97 Abs. 1 Nr. 3 StPO nicht entgegenstehe. Die tatsächliche Verfügungsgewalt liege nach Ansicht des Landgerichts Würzburg beim betreffenden Kreditinstitut;

---

[24] Rau, Durchsuchungs- und Beschlagnahmemaßnahmen im Zusammenhang mit Rechtsanwalts- und Notaranderkonten, wistra 2006, 410 (413).

[25] Vgl. hierzu LG Darmstadt, WM 1990, 12 (13) = DNotZ 1991, 560 mit zustimmender Anmerkung von *Knoche*, DNotZ 1991, 561 f.; vgl. auch LG Köln, WM 1991, 589, LG Frankfurt, WM 1994, 2279.

[26] So auch *Stahl*, Beschlagnahme von Anderkonten von Berufsgeheimnisträgern bei Kreditinstituten, wistra 1990, 94; Rau, wistra 2006, 410 ff; ebenso *Ciolek-Krepold*, a. a. O., Rn. 266.

[27] Vgl. SK-*Rudolphi*, StPO, § 97 Rn. 10 m. w. N.; LG Würzburg, wistra 1990, 118, sowie Überprüfung der Entscheidung auf verfassungsrechtliche Verstöße durch den Vorprüfungsausschuss des Bundesverfassungsgerichts in wistra 1990, 97, der keine Rechtsverletzung feststellte.

I. Durchsuchung und Beschlagnahme

insoweit komme es nicht darauf an, ob die Bank gegenüber dem Anwalt rechtlich weisungsgebunden sei.

Letzterer Auffassung ist im Ergebnis zu folgen.

Eine Treuhandtätigkeit unterfällt nicht bereits deshalb dem Beschlagnahmeverbot des § 97 Abs. 1 StPO, weil sie von einem Rechtsanwalt oder Notar ausgeübt wird. Ausschlaggebend ist, ob der Berufsgeheimnisträger mit Tätigkeiten betraut wird, die für seine berufliche Qualifikation und Stellung kennzeichnend sind.[28] Die Beschlagnahmebeschränkung gilt gem. § 97 Abs. 2 StPO zwar nur, wenn die Gegenstände im Gewahrsam der zur Verweigerung des Zeugnisses Berechtigten sind. Das ist in der hier gewählten Fallgestaltung nicht gegeben, da sich die Unterlagen im Gewahrsam der Bank befinden. Nach § 97 Abs. 4 StPO sind die Abs. 1 bis 3 der Vorschrift aber entsprechend anzuwenden, soweit die „Berufshelfer" i. S. des § 53a StPO das Zeugnis verweigern dürfen. Die teilweise vertretene Ansicht, Kreditinstitute seien – wie selbstständige Gewerbetreibende – im Hinblick auf die Führung von Notaranderkonten als Berufshelfer i. S. des § 53a StPO anzusehen, weil der Notar gesetzlich verpflichtet sei, Anderkonten zur Erfüllung seiner Amtspflichten zu unterhalten, ist heftig umstritten,[29] kann aber im Ergebnis offen bleiben. Die amtliche Begründung zur Einführung der Vorschrift spricht wohl eher dagegen.[30] In der vorliegenden Fallgestaltung besteht aber bereits bezüglich des potenziellen Hauptberufsträgers kein Beschlagnahmeverbot. Zweck des Zeugnisverweigerungsrechts der Berufsgeheimnisträger nach § 53 StPO ist der Schutz des Vertrauensverhältnisses zwischen den gesetzlich bestimmten Berufsträgern und denen, die ihre Hilfe und Sachkunde in Anspruch nehmen. Nach § 53 Abs. 1 Nr. 3 StPO sind Rechtsanwälte und Notare daher zur Verweigerung des Zeugnisses lediglich dann berechtigt, wenn ihnen die Information in dieser Eigenschaft anvertraut oder bekannt geworden ist. Nur wenn ein Berufsgeheimnisträger mit Tätigkeiten betraut wird, die für seine berufliche Qualifikation und Stellung kennzeichnend sind, kann auch ein Beschlagnahmeschutz entstehen.[31] In Betracht kommt hier allenfalls eine notarielle Verwahrung gem. § 23 BNotO, die einen Unterfall der in § 24 BNotO geregelten Rechtsbetreuung darstellt. Die Verwahrung muss jedoch der Stellung des Notars als Organ der vorsorgenden Rechtspflege entsprechen, da der Notar keine bloße Aufbewahrungsstelle ist. Eine notarielle Verwahrung muss daher den Zweck haben, durch rechtskundige Prüfung und Überwachung seitens des Notars eine zusätzliche Sicherheit für die Beteiligten zu schaffen.[32] Dass ein berechtigtes Sicherungsinteresse der am Verwahrungsgeschäft beteiligten Personen erforderlich ist, ergibt sich dabei ausdrücklich aus § 54a Abs. 2 Nr. 1 BeurkG. Ein solches Sicherungsinteresse fehlt jedoch, wenn das Geschäft von den Beteiligten ebenso gut ohne Einschaltung eines Notars hätte abgewickelt werden können.[33]

Die bloße Weiterleitung von Geldern auf Konten (im Ausland) ist jedoch keine berufstypische Tätigkeit eines Notars/Anwalts, da er hier als bloße Übermittlungsstelle bzw. als Geldbote fungiert und deshalb zumindest die beim Kreditinstitut befindlichen Kontounterlagen nicht besonders schützenswürdig sind.

d) Einschränkungen des Beschlagnahmeprivilegs

aa) Der Zeugnisverweigerungsberechtigte als Beschuldigter

§ 97 StPO findet keine Anwendung, wenn der Zeugnisverweigerungsberechtigte selbst Beschuldigter oder Mitbeschuldigter der Tat (im prozessualen Sinne) ist, zu deren Aufklärung das Beweismittel benötigt wird.[34]

Die Regelung des § 97 StPO dient primär dem Zweck, eine Umgehung der Normen über das Zeugnisverweigerungsrecht zu verhindern. Sie will jedoch nicht Beschuldigte, die

---

[28] Vgl. OLG Frankfurt, NJW 2002, 1135 ff.
[29] Zum Meinungsstand vgl. *Meyer-Goßner*, a. a. O. § 53a Rn. 2.
[30] Vgl. BT-Drs. I/3713, S. 48 sowie OLG Frankfurt, NJW 2002, 1135 ff. (1336).
[31] OLG Frankfurt, NJW 2002, 1135 ff. (1336).
[32] Vgl. *Arndt/Lerch/Sandkühler*, BNotO, 6. Aufl., § 23 Rn. 38.
[33] Vgl. *Eylmann/Vaasen-Hertel*, BNotO, BeurkG, § 54a BeurkG Rn. 4.
[34] Vgl. *Meyer-Goßner*, a. a. O., § 97 Rn. 4; KK-*Nack*, StPO, § 97 Rn. 8 jeweils m. w. N.

zum Kreis der zeugnisverweigerungsberechtigten Personen gehören, begünstigen (vgl. § 97 Abs. 2 Satz 3 StPO). Dass dadurch ein anvertrautes Geheimnis bekannt wird, nimmt der Gesetzgeber bewusst in Kauf. Die Verwertung des durch die Beschlagnahme erlangten Wissens ist dann aber nur in dem Verfahren gegen den Beschuldigten selbst und im Verfahren gegen andere Beschuldigte zulässig, die derselben Tat verdächtig sind.[35]

26 Der **Beschuldigte** ist – im Unterschied zum Verdächtigen im Sinne des § 97 Abs. 2 Satz 3 StPO – derjenige, gegen den aufgrund objektiver Verdachtsgründe ein Ermittlungsverfahren betrieben wird. Sowohl die Begründung der Beschuldigtenstellung wie auch die Verdachtsbegründung gem. § 97 Abs. 2 Satz 3 StPO darf nicht auf einer subjektive Vermutung beruhen, sondern es bedarf objektiver Verdachtsgründe, zu denen kumulativ die subjektive Einschätzung der Ermittlungsbehörde bzw. des Ermittlungsrichters hinzutreten muss. Der förmlichen Einleitung eines Ermittlungsverfahrens bedarf es dagegen nicht, allein eine konkludente Prozesshandlung genügt. So reicht es etwa aus, wenn die von einem Strafverfolgungsorgan getroffene Maßnahme erkennbar darauf abzielt, gegen jemanden wegen einer Straftat vorzugehen. Die Beschlagnahme kann dabei der erste Verfolgungsakt sein. Ist der Zeugnisverweigerungsberechtigte nicht Beschuldigter, sondern lediglich der Teilnahme, Begünstigung, Strafvereitelung oder Hehlerei verdächtig, findet § 97 StPO Anwendung, wobei dann aber das Beschlagnahmeverbot nach § 97 Abs. 2 Satz 3 StPO ausgeschlossen sein kann.[36]

bb) Teilnahmeverdacht

27 Die Beschlagnahmefreiheit ist nach § 97 StPO Abs. 2 S. 3 StPO ausgeschlossen, wenn der Zeugnisverweigerungsberechtigte selbst tatverdächtig ist.[37]

Es ist nicht Aufgabe der Rechtsordnung, das zwischen Straftätern bestehende „Vertrauensverhältnis" durch ein falsch verstandenes und überdehntes Beschlagnahmeverbot zu schützen. Deshalb entfällt das Beschlagnahmeverbot nach § 97 Abs. 2 Satz 3 StPO bei Zeugnisverweigerungsberechtigten, die der Teilnahme an der dem Beschuldigten zur Last gelegten Tat, der Begünstigung, Strafvereitelung oder Hehlerei verdächtig sind. Hierbei ist der Begriff der Tatbeteiligung nicht materiellrechtlich, sondern verfahrensrechtlich im Sinne des § 264 StPO zu verstehen. Ob gegen die verdächtigen Vertrauenspersonen bereits ein Ermittlungsverfahren eingeleitet worden ist, spielt dabei keine Rolle. Auch ist unerheblich, ob die Einleitung eines Ermittlungsverfahrens gegen sie überhaupt möglich oder etwa wegen eines Verfahrenshindernisses ausgeschlossen ist. Die Teilnahme muss also nicht strafbar sein, die bloß objektive Verstrickung des Zeugnisverweigerungsberechtigten in die dem Beschuldigten zur Last gelegte Straftat genügt. Das Beschlagnahmeverbot entfällt folglich auch bei Begünstigung und Strafvereitelung, wenn sie zugunsten eines Angehörigen verübt worden und daher nach § 258 Abs. 6 StGB nicht strafbar ist. Demgegenüber reicht der bloße Verdacht der Teilnahme an einer anderen Tat, die nicht Gegenstand des Verfahrens ist, für dessen Zwecke die Beschlagnahme erfolgt, nicht aus. Einschränkend fordert aber der stets zu beachtende Verhältnismäßigkeitsgrundsatz, dass die Stärke des Tatverdachts, das Gewicht der konkreten Tat, die Tiefe des Eingriffs und die Bedeutung des zu erlangenden Beweismittels in einem angemessenen Verhältnis zueinander stehen müssen. Das bedeutet, dass insbesondere bei Rechtsanwälten und Steuerberatern der Tatverdacht unter dem Gesichtspunkt der Verhältnismäßigkeit einer zusätzlichen Prüfung bedarf, da der Schutz des besonderen Vertrauensverhältnisses auch im Rahmen der vorläufigen Gesamtwürdigung der Beweise für und gegen eine Tatbeteiligung von Bedeutung ist.

Eine Einschränkung gilt es jedoch auch hier für den **Verteidiger** zu machen.

28 **Unproblematisch sind die Fälle, in denen der Verteidiger einer Tat verdächtig ist,**[38] **die mit der seinem Mandanten vorgeworfenen Tat nichts zu tun hat**, ihm also weder Teilnahme noch Begünstigung, Strafvereitelung oder Hehlerei vorgeworfen wird, sondern

---

[35] Vgl. BGHSt 38, 144 (146 f.); *Löwe/Rosenberg-Schäfer*, StPO, a. a. O., § 97 Rn. 25 ff. m. w. N.
[36] Hierzu ausführlich *Löwe/Rosenberg-Schäfer*, StPO, a. a. O., § 97 Rn. 25 ff. m. w. N.
[37] Vgl. *Löwe/Rosenberg-Schäfer*, StPO, a. a. O., § 97 Rn. 36 ff.; *Meyer-Goßner*, a. a. O., § 97 Rn. 4, 38; *Pfeiffer*, StPO, § 97 Rn. 7 jeweils m. w. N.
[38] Vgl. *Löwe/Rosenberg-Schäfer*, StPO, a. a. O., § 97 Rn. 95 m. w. N.

I. Durchsuchung und Beschlagnahme

die bei Gelegenheit der Verteidigung eines Beschuldigten begangen wurde. Hier wird der Schutzbereich des Verteidigungsverhältnisses durch die Ermittlungen selbst nicht berührt, weshalb § 97 StPO nicht zur Anwendung gelangt. Werden bei der Durchsuchung Zufallsfunde gemacht, die auf ein strafbares Verhalten eines Mandanten hinweisen und wären diese Gegenstände in einem Verfahren gegen diesen Mandanten nach § 148 StPO oder § 97 Abs. 1 StPO von einer Beschlagnahme beim Verteidiger geschützt, ist die Sicherstellung nach § 108 StPO nicht gestattet. Im Verfahren gegen den Verteidiger beschlagnahmte Beweismittel, die gleichzeitig als Beweismittel in einem Verfahren gegen dessen Mandanten wegen einer ganz anderen Tat von Bedeutung sein können, dürfen in einem Verfahren gegen den Mandanten nicht verwertet werden. Auf das Vertrauensverhältnis zwischen dem Beschuldigten und seinem Mandanten darf es sich nicht auswirken, dass der Verteidiger einer Straftat beschuldigt wird, mit der er nichts zu tun hat.[38a]

Ist der Verteidiger dagegen der Teilnahme, Begünstigung, Strafvereitelung oder Hehlerei im Zusammenhang mit der seinem Mandanten vorgeworfenen Tat beschuldigt oder auch nur verdächtig,[39] stellt sich vor dem Hintergrund des Rechts auf ungehinderten Verkehr zwischen Verteidiger und Mandanten die Frage, ob der sonst geltende Grundsatz greift, dass § 97 StPO keine Anwendung findet, wenn der Berufsangehörige Beschuldigter ist und deshalb das Beschlagnahmeprivileg nicht gilt, wenn der Berufsangehörige der Tatverstrickung verdächtig ist. 29

Gemäß § 148 StPO besteht grundsätzlich ein Beschlagnahmeprivileg zugunsten des **Verteidigers** für Schriftstücke, die vom Beschuldigten stammen und den Strafverteidiger noch nicht erreicht haben sowie von Unterlagen, die vom Verteidiger stammen und sich in der Hand des Beschuldigten befinden. Im Ergebnis sind damit sämtliche Verteidigerunterlagen vom Beschlagnahmeprivileg umfasst, unabhängig davon, wo diese sich befinden.[40] 30

Eine **Ausnahme** von dem **Beschlagnahmeprivileg** ist nach Ansicht der Rechtsprechung jedoch dann anzunehmen, wenn „gewichtige Anhaltspunkte" für eine Tatbeteiligung des Verteidigers vorliegen und somit die Schwelle für den Teilnahmeverdacht im Vergleich zur gesetzlichen Regelung des § 97 Abs. 2 S. 3 StPO angehoben wird.[41] Zwar ist das Vertrauensverhältnis zwischen dem Beschuldigten und seinem Verteidiger in besonders hohem Maße schutzwürdig, dem Spannungsverhältnis zwischen dem Schutzbereich des § 148 StPO und der Eingriffsbefugnis im Sinne des § 97 Abs. 2 S. 3 StPO kann jedoch dadurch Rechnung getragen werden, dass die Anforderungen an den Verdachtsgrad gegen den Verteidiger und damit die Schwelle für die Beschlagnahme derart gesteigert wird, dass die Regelung des § 97 Abs. 2 S. 3 StPO nur bei gewichtigen Ausnahmefällen zur Anwendung kommt. Jedenfalls dann, wenn erhebliche strafrechtliche Belastungsmomente gegen den Verteidiger bekannt werden, muss dem Interesse einer effektiven Strafverfolgung der Vorrang vor dem bestehenden Vertrauensverhältnis zwischen dem Beschuldigten und seinem Verteidiger eingeräumt werden. 31

Die Vertreter der Mindermeinung wollen demgegenüber eine Beschlagnahme bei einem teilnahmeverdächtigen Verteidiger erst nach einer Entscheidung über das vorläufige Ruhen der Verteidigerrechte gem. § 138c Abs. 3 StPO zulassen.[42] 32

[38a] BGH vom 27.3.2009 (StV 2010, 668 = NJW 2009, 2690).
[39] Vgl. *Löwe/Rosenberg-Schäfer*, StPO, a. a. O., § 97 Rn. 95 m. w. N.
[40] Vgl. BGH, NJW 1990, 722, *Meyer-Goßner*, a. a. O., § 148 Rn. 8; *Löwe/Rosenberg-Schäfer*, StPO, § 97 Rn. 56.
[41] Vgl. hierzu BGH NJW 2001, 3793 in Fortführung von BGH, NJW 1982, 2508; BGH, NJW 1973, 2035; *Meyer-Goßner*, a. a. O., § 97 Rn. 37 f.; KMR-*Müller*, StPO, § 97 Rn. 14; KK-*Nack*, StPO, § 97 Rn. 20 jeweils m. w. N.; **a. A.** u. a. *Löwe/Rosenberg-Schäfer*, StPO, § 97 Rn. 96 ff., wonach die Regelung der §§ 138a ff.; 148 StPO abschließender Natur sind und jedenfalls bis zur Entscheidung über das vorläufige Ruhen der Verteidigerrechte gemäß § 138c Abs. 3 StPO das Vertrauensverhältnis zwischen dem Verteidiger und seinem Mandanten nicht beschränkt werden darf und demzufolge eine Beschlagnahme unzulässig ist.
[42] So *Löwe/Rosenberg-Schäfer*, StPO, § 97 Rn. 96 ff.; AK-*Amelung*, StPO, § 97 Rn. 21 jeweils m. w. N.

33 Im Ergebnis ist der Auffassung der Rechtsprechung zuzustimmen, da der besonders schutzwürdigen Vertrauensbeziehung zwischen dem Steuerberater bzw. Anwalt und seinem Mandanten bereits insoweit hinreichend Rechnung getragen ist, als die Anforderungen an den Teilnahmeverdacht höher als im Normalfall sein müssen.

34 Neben dem gesetzlich normierten Missbrauchstatbestand des § 138a StPO und dem Regelungsbereich des § 97 Abs. 2 S. 3 StPO wird in der Rechtsprechung ein **allgemeines Missbrauchsverbot** anerkannt, das den Gebrauch prozessualer Rechte zur Durchsetzung rechtlich missbilligter Ziele verbietet. Es ist dem Verteidiger wie jedem sonstigen Verfahrensbeteiligten untersagt, die ihm zur Wahrung seiner verfahrensrechtlichen Belange eingeräumten gesetzlichen Befugnisse dazu zu missbrauchen, um gezielt verfahrensfremde und verfahrenswidrige Zwecke zu verfolgen.[43]

35 Eine Entbindung des Verteidigers ist aber nur nach Abmahnung und bei eindeutigen Ausnahmefällen des Missbrauchs prozessualer Befugnisse möglich, weshalb berechtigterweise die Frage gestellt wird, ob den Strafverfolgungsbehörden der Zugriff auf die beim Verteidiger befindlichen Unterlagen bei jedem Missbrauch der Verteidigerrechte zuzubilligen ist. Insbesondere für den Fall, wenn etwa Unterlagen dem Verteidiger mit dem Zweck übergeben werden, sie dem Zugriff der Strafverfolgungsbehörden zu entziehen, soll das Beschlagnahmeprivileg des § 97 StPO nicht mehr eingreifen. Zwar ist das Argument prima facie einleuchtend, wonach das Beschlagnahmeprivileg ein Ende finden müsse, wo es strafbares Handeln unterstütze, entscheidend ist aber der Gedanke, dass die Folgen des Missbrauchs der Verteidigerrechte abschließend in den §§ 138a ff. StPO geregelt sind und insbesondere der Missbrauchsgedanke zu unbestimmt ist, um dem Erfordernis der Rechtssicherheit gerecht zu werden.[44] Es bleibt insoweit bei der eindeutigen gesetzlichen Regelung der §§ 138a ff. StPO mit der Folge, dass der bloße Vorwurf des Missbrauchs der Verteidigerrechte noch nicht das Beschlagnahmeprivileg des § 97 StPO entfallen lässt.

Diese für den Verteidiger aufgezeigten Besonderheiten gelten nicht für Steuerberater, Steuerbevollmächtigte, Wirtschaftsprüfer oder vereidigte Buchprüfer, es sei denn, diese sind gleichzeitig als Verteidiger tätig (vgl. § 392 AO).

cc) Tatwerkzeuge i. S. des § 97 StPO – Buchhaltungs- und Geschäftsunterlagen

36 Dem Beschlagnahmeverbot unterliegen schriftliche Mitteilungen, Aufzeichnungen des Zeugnisverweigerungsberechtigten und sonstige Gegenstände, auf die sich das Zeugnisverweigerungsrecht bezieht.

Die Beschlagnahmefreiheit endet aber dort, wo der Zeugnisverweigerungsberechtigte die so genannten **Deliktsgegenstände** bei sich aufbewahrt.[45]

Nach § 97 Abs. 2 Satz 3 StPO gilt das Beschlagnahmeverbot folglich nicht für Gegenstände, die durch eine Straftat hervorgebracht oder zur Begehung einer Straftat gebraucht oder bestimmt sind oder die aus einer Straftat herrühren. In diesen Fallgestaltungen müssen die Deliktsgegenstände gerade mit der Straftat zusammenhängen, zu deren Aufklärung sie als Beweismittel beschlagnahmt werden sollen. Gebraucht oder bestimmt zur Begehung einer Straftat sind nur solche Gegenstände, die nach dem Täterplan in irgendeiner Phase der Tat – auch in der Vorbereitungsphase – zu der Tatausführung im weiteren Sinne Verwendung gefunden haben oder Verwendung finden sollten.

37 Nach wie vor heftig umstritten ist die Frage, ob und inwieweit **Buchhaltungsunterlagen**[46] und die aufgrund dieser Unterlagen gefertigten Aufzeichnungen, die Buchhaltung bis hin zum Bilanzentwurf und zur Bilanz, beim Steuerberater und den anderen in § 53 Abs. 1 Satz 1 Nr. 3 StPO genannten Personen beschlagnahmt werden dürfen. Dieses Problem gewinnt zunehmend

---

[43] Vgl. hierzu BGH NJW 2006, 3579 f, BGHSt 38, 111 (113) f. jeweils m. w. N.
[44] *Löwe/Rosenberg-Schäfer*, StPO, § 97 Rn. 97 ff.; ausführlich hierzu auch *Ciolek-Krepold*, a. a. O., Rn. 320 ff.
[45] Vgl. BGH, NStZ 1996, 199; *Löwe/Rosenberg-Schäfer*, StPO, § 97 Rn. 42 ff.; KK-*Nack*, StPO, § 97 Rn. 42 jeweils m. w. N.
[46] Vgl. hierzu *Löwe/Rosenberg-Schäfer*, StPO, § 97 Rn. 111 mit umfangreicher Übersicht; KK-*Nack*, StPO, § 97 Rn. 15 m. w. N.

I. Durchsuchung und Beschlagnahme

an Bedeutung, weil durch Einsatz der EDV die Buchhaltung zumeist nicht mehr beim Beschuldigten oder dessen Firma, sondern extern beim Steuerberater geführt wird.

Unproblematisch sind zunächst die Fälle, in denen es um die Beschlagnahme von Unterlagen geht, die falsche Daten zur Täuschung des Finanzamts bei der Steuererklärung oder von Banken zur Krediterlangung enthalten. Diese Buchführungsunterlagen und die daraus resultierenden Abschlüsse sind Tatwerkzeug und unterliegen nach § 97 Abs. 2 Satz 3 StPO auch dann der Beschlagnahme, wenn sie sich im Gewahrsam eines der in § 53 Abs. 1 Satz 1 Nr. 3 StPO genannten Berufsangehörigen befinden. 38

Die Buchführungsunterlagen sind als Tatwerkzeuge dann **beschlagnahmefähig**, soweit sie **unrichtig** sind, der Täter dies weiß und sich die Unrichtigkeit zunutze macht.[47] So ist u. a. eine Beschlagnahme dann möglich, wenn etwa falsche Bilanzen zusammen mit den ihnen zu Grunde liegenden falschen Buchhaltungsunterlagen dazu benutzt wurden, unter Vorspiegelung falscher Tatsachen hinsichtlich der Liquidität der Firma einen Kredit bei einer Bank zu erhalten oder aber bei Zahlungsunfähigkeit oder Überschuldung den normalen Geschäftsfortgang aufrechtzuerhalten. 39

Daneben ist auch die **ordnungsgemäß erstellte Buchhaltung** beschlagnahmefähig, wenn der Wirtschaftsstraftäter auf der Grundlage richtiger Bilanzen falsche Bilanzen erstellt und sich damit weitere Kredite erschleicht. Ferner wird die Beschlagnahme auch dann zugelassen, wenn aus der Buchhaltung die schlechte finanzielle Lage erkannt wird und daraufhin der Entschluss gefasst wird, weitere Kredite zu erschleichen. Dies muss vor allem deshalb gelten, da hier zwischen der korrekt erstellten Buchhaltung und der Straftat ein derart enger kausaler Zusammenhang besteht, weshalb es gerechtfertigt ist, auch diese Unterlagen unter den Begriff des Tatwerkzeuges i. S. d. § 97 Abs. 2 S. 3 StPO zu fassen. Dies gilt umso mehr, als gerade der Vergleich der ordnungsgemäß erstellten Buchführung mit den gefälschten Buchführungsunterlagen Aufschluss über den Vorsatz des Täters geben kann. 40

Ob und inwieweit der **Tatwerkzeugcharakter** im Sinne des § 97 Abs. 2 S. 3 StPO für die jeweiligen im Wirtschaftsstrafrecht **relevanten Tatbestände** bejaht werden kann, muss für den konkreten Einzelfall entschieden werden.[48] 41

So werden etwa bei Insolvenzdelikten oftmals Vermögenswerte aus der überschuldeten oder drohend zahlungsunfähigen Firma entzogen, ohne dass die Entnahme dieser Gegenstände oder Geldmitteln aus dem Firmenvermögen ordnungsgemäß verbucht wird. Dies hat zur Folge, dass die „falsche Buchhaltung" als taugliches Tatwerkzeug gilt und aus dem Beschlagnahmeprivileg des § 97 StPO ausscheidet.

Weiter werden diese Vermögenswerte im Einzelfall in eine neu gegründete Firma eingebracht, die dann von einem nahen Verwandten des Beschuldigten als formellem Geschäftsführer geleitet wird, obwohl tatsächlich der Beschuldigte selbst die Geschäfte weiter abwickelt und als faktischer Geschäftsführer fungiert. Auch hier sind die **Geschäftsunterlagen der neuen Firma** als Tatwerkzeuge anzusehen und demzufolge auch im Gewahrsam eines zeugnisverweigerungsberechtigten Steuerberaters beschlagnahmefähig, da der alleinige Zweck der Vermögensübertragung auf die neue Firma die Verschleierung und Erhaltung von Vermögenswerten zulasten der alten Gläubiger ist. Insoweit besteht kein schutzwürdiges Interesse des Betroffenen, zumal gerade aus beiden Buchhaltungen die Straftat deutlich wird und auch die Bücher der neuen Firma falsch sind, weil der „Erwerb" der Vermögenswerte unzutreffend wiedergegeben wird.[49] Auch hier gibt der Vergleich beider Buchhaltungen wiederum wichtige Hinweise auf den Vorsatz der beteiligten Täter.

---

[47] Vgl. *Quermann*, Durchsuchung und Beschlagnahme beim steuerlichen Berater, wistra 1988, 254 (256).

[48] *Löwe/Rosenberg-Schäfer*, StPO, § 97 Rn. 42 ff.; KK-*Nack*, StPO, § 97 Rn. 42 jeweils m. w. N.; vgl. auch *Bockemühl-Hardtke*, Handbuch des Fachanwalts Strafrecht, 5. Auflage, S. 580 Rn. 27.

[49] Vgl. hierzu *Ciolek-Krepold*, a. a. O., Rn. 273 ff.; *Schmidt*, Beschlagnahme von Geschäftsunterlagen bei Zeugnisverweigerungsberechtigten, wistra 1991, 245 (250 f.); *Volk*, Durchsuchung und Beschlagnahme von Geschäftsunterlagen beim Steuerberater, DStR 1989, 338 (343); a. A. zu den Geschäftsunterlagen der neuen Firma: *Schäfer*, Die Beschlagnahme von Handelsbüchern beim Steuerberater, wistra 1985, 12 (15).

42 Die Frage, unter welchen Voraussetzungen **Buchhaltungsunterlagen,** die der Beschuldigte dem Steuerberater oder Wirtschaftsprüfer übergeben hat und **die keine Deliktsgegenstände sind,** beschlagnahmefähig sind, wird kontrovers diskutiert.

Hier muss unterschieden werden:

43 Teilweise wird die Auffassung vertreten, für Buchführungsunterlagen gelte ein absolutes Beschlagnahmeverbot, da diese dem Steuerberater ausgehend von einem generellen Zeugnisverweigerungsrecht gemäß § 53 Abs. 1 Nr. 3a StPO in dessen Eigenschaft als anwaltlichem Vertreter übergeben worden sind und demzufolge dem Vertrauensverhältnis zwischen Berater und Mandant unterfallen. Die Unterlagen sind dem steuerlichen Berater im Rahmen seiner beruflichen Tätigkeiten anvertraut worden, weshalb das Beschlagnahmeverbot erst dann ausscheide, wenn der Zeugnisverweigerungsberechtigte der Teilnahme, Begünstigung, Strafvereitelung oder Hehlerei verdächtig ist.[50]

44 Die Vertreter der Gegenansicht sprechen sich demgegenüber dafür aus, dass diese Buchführungsunterlagen generell beschlagnahmefähig sind, weil an diesen Unterlagen Mitgewahrsam des Mandanten bestehe, die Beschlagnahmefreiheit aber nur für Gegenstände im Alleingewahrsam des Steuerberaters anerkannt werden könne, da der Beschuldigte für die in seinem Gewahrsam befindlichen Unterlagen keinen Schutz vor Beschlagnahme genieße.[51]

45 Die extern geführte Buchhaltung stehe im Mitgewahrsam des Kaufmanns, die Kontenführung gehöre nicht zur berufsspezifischen Aufgabe des Steuerberaters, weshalb sich darauf das Zeugnisverweigerungsrecht nicht erstrecke. Nur aufgrund des Vertrauensverhältnisses entstandene Geschäftsunterlagen seien geschützt, das Beschlagnahmeverbot könne sich also nicht auf Gegenstände erstrecken, die der Kaufmann von Gesetzes wegen aufzubewahren habe. Die Buchführung als solche betreffe nach ihrem Aussagegehalt nicht das Vertrauensverhältnis zwischen dem Steuerberater und dem Auftraggeber.

46 Der zuletzt genannten Auffassung ist zu folgen.

Danach sind Buchhaltungsunterlagen zum einen dann beschlagnahmefähig, wenn sie nicht mehr für die **Vorbereitung und Fertigung von Jahresabschlüssen und Steuererklärungen** benötigt werden,[52] da der Steuerberater die Unterlagen nach Erfüllung seines Auftrages nicht mehr als Vertrauensperson, sondern als bloßer Sachwalter verwahre.

Weiter wird die Beschlagnahmefähigkeit von Buchführungsunterlagen auch dann bejaht, soweit diese Unterlagen nicht innerhalb des Vertrauensverhältnisses zwischen Steuerberater und Mandant entstanden sind und ihr Aussagegehalt somit nicht das Vertrauensverhältnis zwischen dem Steuerberater und dem Auftraggeber betrifft.

Die Annahme, der Kaufmann habe an den dem Steuerberater überlassenen oder dort erst entstandenen Unterlagen und Datensammlungen Mitgewahrsam, wird den tatsächlichen Gegebenheiten nicht gerecht. Buchführungsunterlagen, für die eine öffentlich-rechtliche **Aufzeichnungs- und Aufbewahrungspflicht** besteht, sind grundsätzlich beschlagnahmefähig, da ihre Existenz und Aufbewahrung generell unabhängig von dem speziellen Vertrauensverhältnis zwischen Steuerberater und Mandant ist.[53] Die Führung der Buchhaltung durch den Steuerberater ist keine Tätigkeit, die zu den originären Aufgaben eines Steuerberaters oder Wirtschaftsprüfers gehört und eine besondere Vertrauensbeziehung erfordert. Sie ist vielmehr eine zusätzliche, außerordentliche Dienstleistung, die ebenso gut vom Buchhalter einer Firma erledigt werden könnte. Genauso wenig wie die vom Buchhalter erstellte Buchführung sollen deshalb die beim Steuerberater oder Wirtschaftsprüfer erstellten Buchführungsunterlagen beschlagnahmefrei sei. Die Vertraulichkeit für diese Unterlagen ist vom Gesetzgeber nicht anerkannt worden, da insbesondere Buchhaltungsunterlagen mit dazugehörigen Firmenbelegen

---

[50] Vgl. *Geuenich,* DStR 2007, 1932; *Rüping,* DStR 2006, 1249 (1253); *Schuhmann,* wistra 1995, 50 (51).

[51] Vgl. hierzu LG Aachen, NJW 1985, 338; LG Aachen, MDR 1981, 603; *Birmann,* MDR 1981, 102 (103); *Ciolek-Krepold,* a. a. O., Rn. 298 ff.

[52] Vgl. LG Dresden, NJW 2007, 2709; LG Hamburg, wistra 2005, 394; LG Frankfurt, DStR 2004, 290; KK-*Nack,* StPO, § 97 Rn. 11; *Meyer-Goßner,* a. a. O., § 97 Rn. 40; *Schäfer,* wistra 1985, 12 (14).

[53] Vgl. LG Hamburg, wistra 2005, 394 (396); LG München I, NJW 1989, 536 (537); *Löwe/Rosenberg-Schäfer,* StPO, § 97 Rn. 111 ff.

I. Durchsuchung und Beschlagnahme

und Bilanzen für behördliche Überprüfungen zur Verfügung stehen müssen und der Mandant zur gesetzlichen Aufbewahrung verpflichtet ist.[54]

Gegenstände nach § 97 Abs. 1 Nr. 2 und 3 StPO sind nur dann vor Beschlagnahme geschützt sind, wenn deren „Aussagegehalt" das Vertrauensverhältnis betrifft. Das ist bei der Erfüllung der gesetzlichen Buchführungspflicht nicht der Fall. Anderes gilt für jegliche im Zusammenhang mit der Buchführung anfallende Beratertätigkeit. Unterlagen (Korrespondenz, Entwürfe von Bilanzen und Gutachten zu Zweifelsfragen) hierüber sind vor Beschlagnahme geschützt. Ein solcher Beratungsbedarf fällt häufig schon an bei der Frage, wie die Buchhaltung einzurichten ist. Der Schwerpunkt der Beratung liegt aber regelmäßig bei der Aufstellung des Jahresabschlusses und hier wiederum bei den so genannten „vorbereitenden Abschlussbuchungen", bei der Frage also, wie etwa der Eigenverbrauch und die private Nutzung, die Rechnungsabgrenzung, Rückstellungen oder Abschreibungen zu behandeln sind. Das Ergebnis dieser Beratung äußert sich in Buchungen, die Teil der Buchhaltung und damit wiederum nicht deshalb vor Beschlagnahme geschützt sind, weil sie sich beim Steuerberater befinden, und findet letztendlich Niederschlag in der Bilanz, die mit der Unterschrift des Kaufmanns (§ 245 HGB) dessen Aufbewahrungspflicht (vgl. § 257 Abs. 1 HGB) unterliegt und damit nicht mehr vom Zeugnisverweigerungsrechts des Beraters erfasst wird. 47

Ebenso zuzustimmen ist der Auffassung, wonach die beim Berater befindlichen Buchführungsunterlagen jedenfalls dann beschlagnahmefähig sind, wenn der Beschuldigte die Unterlagen beim Berater „versteckt" hat, um unter Ausnutzung des Zeugnisverweigerungsrechts dem Ermittlungsverfahren wesentliche Beweismittel zu entziehen. Diese Unterlagen sind dem Steuerberater als reine Verwahrstelle übergeben worden, ohne dass es hier zu einem schützenswerten Vertrauensverhältnis gekommen wäre.[55] 48

e) Beschlagnahme von Unterlagen beim Syndikusanwalt

Fraglich ist, ob der Anwalt, der in einem festen Anstellungsverhältnis zu einem ihn beschäftigenden Unternehmen steht, als Syndikusanwalt im Verfahren gegen seinen Auftraggeber ein Zeugnisverweigerungsrecht gemäß § 53 Abs. 1 Nr. 3 StPO genießt und ihm damit der Schutz des § 97 StPO zusteht. 49

Mit der **herrschenden Meinung** ist davon auszugehen, dass auch dem Syndikusanwalt das Beschlagnahmeprivileg gemäß § 97 StPO zusteht, wenn er für seine Firma **echte Anwaltstätigkeit** ausübt und die hierfür erforderliche **Unabhängigkeit gewährleistet** ist (z. B. Möglichkeit zur Übernahme freier Mandate, Recht zur Mandatsablehnung und Weisungsfreiheit). 50

Das Beschlagnahmeverbot gemäß § 97 StPO greift aber nur dann ein, wenn die Unterlagen aus dem Geschäftsbereich des Dienstherrn im **Alleingewahrsam des Syndikusanwalts** (vgl. oben Rn. 8) stehen und sie schriftliche Mitteilungen zwischen dem Dienstherrn oder einer ihm gleichgestellten Person und dem zeugnisverweigerungsberechtigten Syndikusanwalt sowie Aufzeichnungen des zeugnisverweigerungsberechtigten Syndikusanwalts über Mitteilungen oder Umstände, auf die sich das Zeugnisverweigerungsrechts des Anwalts erstreckt (§ 97 Abs. 1 Nr. 1 bis 3 StPO), darstellen.[56]

---

[54] So auch LG Hamburg, wistra 2005, 394; LG München I, NJW 1989, 536; LG Darmstadt, NStZ 1988, 286; LG Hildesheim, wistra 1988, 327; LG Stuttgart, wistra 1988, 40; LG Stuttgart, wistra 1985, 41; LG München I, wistra 1985, 41 (42); *Ciolek-Krepold*, a. a. O., Rn. 305.
[55] Vgl. hierzu auch OLG Frankfurt, StV 1982, 64; LG Kaiserslautern, AnwBl. 1979, 120; *Schuhmann*, wistra 1995, 50 (52); *Schäfer*, wistra 1985, 12 (13).
[56] Vgl. hierzu LG Frankfurt a. Main, StV 1993, 351 sowie hierzu die Anmerkung von *Pankewitz* in WuB April 1995, 354f.; vgl. ferner Mehle/Mehle NJW 2011, 1639 m. w. N.; *Wiedemann*, Handbuch des Kartellrechts, § 57, j) Rdnr. 27a.; *Roxin*, Das Beschlagnahmeprivileg des Syndikusanwalts im Lichte der neuesten Rechtsentwicklung, NJW 1995, 17 ff.

2. Entbindung von der Schweigepflicht

a) Vorbemerkung

51 Gemäß § 53 Abs. 2 StPO dürfen die Zeugnisverweigerungsberechtigten Angaben dann nicht verweigern, wenn sie von der Verpflichtung zur Verschwiegenheit entbunden sind. Die Entbindung zur Verschwiegenheit führt auch zur Aufhebung der Beschlagnahmeverbote gemäß §§ 97, 148 StPO, d. h. die Unterlagen können herausverlangt und beschlagnahmt werden. Entscheidend ist darauf abzustellen, dass die Beschlagnahmeverbote an das Zeugnisverweigerungsrecht anknüpfen, so dass bei Entbindung von der Schweigepflicht z. B. der zeugnisverweigerungsberechtigte Berater über den Inhalt der Buchhaltung und Bilanzen sowie über das sonstige Mandatsverhältnis als Zeuge Angaben machen muss. Deswegen wäre es wenig einsichtig, warum dann nicht auch diese Geschäftsunterlagen, die sich in seinem Gewahrsam befinden, als Beweismittel beschlagnahmt werden sollten. Insoweit kommt sodann das Herausgabeverlangen gemäß § 95 StPO zum Tragen.

b) Entbindung von der Schweigepflicht durch den Insolvenzverwalter

52 Heftig umstritten in Rechtsprechung und Literatur ist die Frage, ob der **Insolvenzverwalter** befugt ist, den zeugnisverweigerungsberechtigten Berater des Gemeinschuldners von der Verschwiegenheit zu entbinden und nicht (auch) der angeklagte frühere Geschäftsführer.

Im Strafprozess wurde bis vor kurzem von der überwiegenden Ansicht eine Entbindungsbefugnis des Insolvenzverwalters abgelehnt, da es sich um ein höchstpersönliches Recht des Gemeinschuldners und nicht um die dem Insolvenzverwalter zustehende Ausübung des Verwaltungs- und Verfügungsrechts über die Vermögensmasse handle.[57] Dies gelte auch dann, wenn Straftaten zum Nachteil der Gesellschaft durch den ehemaligen Geschäftsführer begangen wurden, da die Entbindung von der Verschwiegenheitspflicht nicht allein zur Disposition der juristischen Person stehe.

Insbesondere das **Oberlandesgericht Schleswig**[58] hat darauf hingewiesen, dass es zur Befreiung von der Verschwiegenheitspflicht auch der entsprechenden Erklärung des Geschäftsführers bedürfe, da das Recht zur Entbindung an die Person anknüpfe, die im Rahmen der anvertrauten Tatsachen Betroffene des Vertrauensverhältnisses mit dem steuerlichen Berater ist. Die Gesellschaft ist zwar „Anvertrauende" i. S. des § 53 StPO, sie bedient sich jedoch notwendigerweise ihres Organs, des Geschäftsführers, um das entsprechende Vertrauensverhältnis zu begründen. Die Verfügungsfreiheit über die Entbindung von der Verschwiegenheitspflicht darf dem Geschäftsführer auch nicht vom Insolvenzverwalter abgenommen werden, da keine Vermögensrechte der juristischen Person inmitten stehen, über die der Insolvenzverwalter allein verfügen könnte.[59]

53 Demgegenüber vertritt eine zunehmend stärker werdende Meinung die Auffassung, dass allein der Insolvenzverwalter wirksam von der Verschwiegenheit entbinden könne, da nur die juristische Person Inhaberin des Geheimhaltungsinteresses sei und die Befugnis zur Entbindung von der Schweigepflicht gerade kein persönliches Recht des Geschäftsführers der GmbH darstelle.[60]

Dem ist zuzustimmen.

54 Das Zeugnisverweigerungsrecht nach § 53 StPO bezweckt den Schutz des Zeugen, der sich im Spannungsverhältnis zwischen seiner Zeugenpflicht und der gegenüber seinem Auftraggeber bestehenden Verschwiegenheitspflicht befindet. Eine Entbindung von der Schweigepflicht, die den Interessenkonflikt des Zeugen entfallen lässt und eine mögliche Verletzung des Vertrauensverhältnisses ausschließt, steht deshalb ausschließlich demjenigen zu, der Auf-

---

[57] OLG Koblenz, NStZ 1986, 426 (428); OLG Schleswig, NJW 1984, 294; LG Saarbrücken, wistra 1995, 239 mit ablehnender Anmerkung *Weyand*; *Löwe/Rosenberg-Dahs*, StPO, a. a. O., § 53 Rn. 70 ff.; *Löwe/Rosenberg-Schäfers*, StPO, a. a. O., § 97 Rn. 47, 100; *Meyer-Goßner*, a. a. O., § 53 Rn. 46.

[58] OLG Schleswig, NJW 1984, 294; vgl. auch *Stypmann*, wistra 1982, 10 (14); *Schäfer*, Der Konkursverwalter im Strafverfahren, wistra 1985, 209 (211).

[59] OLG Düsseldorf, wistra 1993, 120 m. w. N.

[60] Vgl. hierzu OLG Nürnberg, NJW 2010, 690, 690, sowie *Schäfer*, wistra 1985, 209 (211).

I. Durchsuchung und Beschlagnahme

traggeber des Zeugen war. Wird der Wirtschaftsprüfer im Auftrag einer Gesellschaft tätig und befindet sich diese zum Zeitpunkt der Ermittlungsmaßnahme in Insolvenz, so wird die Gesellschaft ausschließlich durch den Insolvenzverwalter vertreten. Dieser allein ist dann berechtigt, den Wirtschaftsprüfer von der Schweigepflicht zu entbinden.[61] Auf eine Zustimmung des früheren Geschäftsführers der Gesellschaft und jetzigen Beschuldigten des Verfahrens kommt es hingegen nicht an,[62] da er persönlich nicht Auftraggeber des Zeugen war und damit seine persönlichen Verhältnisse nicht Gegenstand des Mandats.

Hierfür spricht auch, dass nach einhelliger Meinung der Insolvenzverwalter im Zivilprozess insoweit entbindungsbefugt ist, als die Schweigepflicht Tatsachen betrifft, die die Masse angehen und die Ausübung des Verwaltungs- und Verfügungsrecht des Insolvenzverwalters beeinflussen. Handelt es sich jedoch im Strafrecht im Regelfall um Straftaten zulasten der Gesellschaft, so wird man nach den Grundsätzen der Einheit der Rechtsordnung auch dort dem Insolvenzverwalter die alleinige Befugnis zur Entbindung von der Verschwiegenheitspflicht zubilligen müssen, zumal durch die im Raume stehenden Insolvenzdelikte regelmäßig Art und Umfang der Masse unmittelbar betroffen sind.[63]

Auch aus § 97 Abs. 1 S. 3 InsO ergibt sich nichts anderes. 55

Dort ist ein strafrechtliches Verwertungsverbot für eigene Angaben des Gemeinschuldners statuiert, die dieser im Verlauf des Insolvenzverfahrens gegenüber dem Insolvenzverwalter aufgrund gesetzlicher Verpflichtung macht. Damit ist die vorliegende Fallgestaltung schon deshalb nicht vergleichbar, weil es hier nicht um die Verwertbarkeit gesetzlich erzwungener Angaben geht und deshalb eine Verletzung des verfassungsrechtlich garantierten Verbots zur Selbstbelastung nicht in Rede steht.[64]

c) Entbindung von der Verschwiegenheitspflicht im Zusammenhang mit dem beschuldigten Geschäftsführer einer GmbH – Juristische Personen als Mandanten eines Zeugnisverweigerungsberechtigten

In der täglichen Praxis im Wirtschaftsstrafverfahren ist regelmäßig die Frage bedeutsam, ob 56 Beweismittel beim Steuerberater, Wirtschaftsprüfer oder Rechtsanwalt, die eine juristische Person, etwa eine GmbH vertreten oder beraten, einem Beschlagnahmeverbot unterliegen, wenn dem beschuldigten Geschäftsführer eine Straftat im Zusammenhang mit der Vertretung der GmbH vorgeworfen wird (und die Entbindung von der Verschwiegenheitspflicht im Raum steht). Streitig ist hier die Behandlung der Entbindung von der Schweigepflicht bei der Beratung und Vertretung juristischer Personen, da deren Organe ein Interesse haben, Berechtigte zu sein, um sich durch Nichtentbindung von der Schweigepflicht vor strafrechtlicher Verfolgung selbst in Fällen zu schützen, in denen sie zum Nachteil der Gesellschaft gehandelt haben.

Rein **formal** betrachtet scheidet hier ein Beschlagnahmeverbot hinsichtlich der Unterlagen der juristischen Person bereits deshalb aus, weil nicht die juristische Person, sondern ihr gesetzlicher Vertreter Beschuldigter ist, wohingegen das durch § 97 StPO geschützte Vertrauensverhältnis aber nur zwischen dem Steuerberater und der GmbH als juristischer Person, nicht aber zu ihrem Geschäftsführer besteht.[65]

Zum Teil wird die Auffassung vertreten, dass hier ein Beschlagnahmeverbot auch zuguns- 57 ten des beschuldigten GmbH-Geschäftsführers anzunehmen sei.[66] Denn der Geschäftsführer einer GmbH werde nur dann die maßgeblichen Tatsachen gegenüber seinem Berater umfassend offen legen, wenn er davon keine Nachteile befürchten muss. Da nach dem **Schutz-**

---

[61] Vgl. OLG Oldenburg, NStZ 2004, 570.
[62] LG Hamburg, NStZ-RR 2002, 12 m. w. N.
[63] Vgl. zu Zivilverfahren OLG Nürnberg, MDR 1977, 144 (145); LG Lübeck, ZIP 1983, 711.
[64] Allg. zum Zeugnisverweigerungsrecht eines Wirtschaftsprüfers unter dem Gesichtspunkt des § 53 StPO vgl. OLG Köln, NStZ 1991, 452; LG Bonn, wistra 2000, 437.
[65] Vgl. LG Bonn, NZI 2012, 686; *Löwe/Rosenberg-Schäfer*, StPO, § 97 Rn. 52.
[66] OLG Köln, StV 1991, 507 (508); OLG Schleswig, NJW 1984, 294; *Meyer-Goßner*, a. a. O., § 53 Rn. 45 ff. m. w. N.; *Schmitt*, Probleme des Zeugnisverweigerungsrechts (§ 53 Abs. 1 Nr. 3 StPO, § 383 Abs. 1 Nr. 6 ZPO) und zugleich des Beschlagnahmeverbots (§ 97 StPO) bei Beratern juristischer Personen, wistra 1993, 9 (11).

zweck des § 97 StPO der Beschuldigte davor behütet werden soll, sich selbst zu belasten, müsse auch der beschuldigte Geschäftsführer dem Steuerberater, Rechtsanwalt oder Verteidiger vertrauen dürfen, ohne dass die Weitergabe von Informationen im Zusammenhang mit der Vertretung der juristischen Person zur Kenntnis der Staatsanwaltschaft gelangt oder gegen ihn verwandt werden kann.[67] Jeder auch nur mittelbare Zwang zur Selbstbelastung solle vermieden werden. Die Zielsetzung einer optimalen professionellen Hilfe für eine GmbH setze also voraus, dass der volle Schutz des Zeugnisverweigerungsrechtes den für sie handelnden Organen zugute kommt und damit die Geschäftsführer im Interesse der juristischen Personen hinsichtlich des Zeugnisverweigerungsrechtes ebenso behandelt werden, als wenn sie selbst unmittelbare Mandanten des Beraters wären.

58 Nach anderer Auffassung fehlt es hier bereits an einem Beschlagnahmeverbot zugunsten des beschuldigten Geschäftsführers, weil eben nicht die GmbH, sondern deren Geschäftsführer als Vertreter Beschuldigter ist und das Vertrauensverhältnis zur zeugnisverweigerungsberechtigten Person gerade nicht den Beschuldigten, sondern die GmbH schützen will. Das Vertrauensverhältnis, das mit der Firma besteht, erstrecke sich gerade nicht auf den beschuldigten Geschäftsführer, weshalb das Beschlagnahmeprivileg nicht zum Tragen komme.[68]

59 Dem ist zuzustimmen.

Wird dem Beschuldigten eine Straftat im Zusammenhang mit der Vertretung einer juristischen Person vorgeworfen, dann unterliegen Beweismittel beim Steuerberater, Wirtschaftsprüfer oder Rechtsanwalt, der die juristische Person berät oder vertritt, schon deshalb nicht dem Beschlagnahmeverbot, weil nicht die juristische Person, sondern deren Vertreter Beschuldigter ist, das Beschlagnahmeverbot lediglich das Verhältnis mit dem Beschuldigten schützt und das Vertrauensverhältnis zur juristischen Person sich nicht auf deren Geschäftsführer erstreckt. Das muss auch dann gelten, wenn der Geschäftsführer die Straftaten „im Interesse" der Gesellschaft begangen haben soll und sich deshalb nach § 14 StGB zu verantworten hat, da die Rechtsordnung ein Interesse einer juristischen Person an strafbaren Handlungen zu ihren Gunsten nicht akzeptieren kann.[69] Die Gegenauffassung verkennt demgegenüber die rechtliche Eigenständigkeit der juristischen Person und setzt deshalb das Interesse des Vertreters und das der juristischen Person unzulässig gleich. Aus diesen Gründen gibt es auch für den Fall der Insolvenz der juristischen Person keine Besonderheiten (vgl. oben Rn. 52 ff.). Zur Entbindung von der Schweigepflicht ist ausschließlich der Insolvenzverwalter befugt.

60 Ergänzend ist jedoch auf Folgendes hinzuweisen:[70]

Verzichtet werden kann nur auf ein Recht, von dem man weiß, dass es besteht. Das Einverständnis setzt daher die Kenntnis des Betroffenen vom Beschlagnahmeverbot voraus. Bei Angehörigen des Beschuldigten geht das Gesetz davon aus, dass eine Belehrung über das Zeugnis- und Untersuchungsverweigerungsrecht (vgl. § 52 Abs. 3 und § 81c Abs. 3 StPO) erforderlich ist. Es kann jedoch nichts anderes für den Verzicht auf das Beschlagnahme- und Verwertungsverbot des § 97 StPO gelten. Demgegenüber geht das Gesetz bei den nach § 53 StPO zeugnisverweigerungsberechtigten Personen davon aus, dass diese ihre Rechte kennen und sie deshalb einer Belehrung über das Zeugnisverweigerungsrecht nicht bedürfen. Konsequenterweise ist damit entsprechend § 52 Abs. 3 Satz 1 StPO eine Belehrung über die Rechte nach § 97 StPO nur gegenüber den nach § 52 StPO zeugnisverweigerungsberechtigten Personen erforderlich.

61 Eine weitere praxisrelevante Frage ist, ob bei einer **faktischen Geschäftsführung** nun der faktische Geschäftsführer oder aber entsprechend der formellen Betrachtung der offiziell bestellte Geschäftsführer die Entbindungserklärung abgeben muss.

Die Frage der Entbindung von der Verschwiegenheitspflicht ist entsprechend dem materiellen Strafrecht an der tatsächlichen Vertretung der juristischen Person festzumachen. Allein

---

[67] Vgl. hierzu OLG Celle, wistra 1986, 83; OLG Schleswig, NJW 1981, 294; SK-*Rudolphi*, StPO, § 97 Rn. 7a m. w. N.
[68] LG Bonn, NZI 2012, 686; *Löwe/Rosenberg-Schäfer*, StPO, a. a. O, § 97 Rn. 52; vgl. auch BVerfG NStZ-RR 2004, 83; a. A. SK-*Rudolphi*, StPO, § 97 Rn. 7 a.
[69] Vgl. *Löwe/Rosenberg-Schäfer*, a. a. O., § 97 Rn. 52 m. w. N.
[70] *Löwe/Rosenberg-Schäfer*, a. a. O., § 97 Rn. 47; *Meyer-Goßner*, a. a. O., § 97 Rn. 6.

I. Durchsuchung und Beschlagnahme

der faktische Geschäftsführer ist deshalb zur Entbindung des für die GmbH tätigen Beraters befugt, da allein maßgeblich ist, wer tatsächlich für die juristische Person gegenüber dem Berater gehandelt hat.[71]

Sind **mehrere Geschäftsführer** für eine GmbH bestellt, stellt sich die Frage, ob alle Geschäftsführer gemeinsam die Entbindungserklärung für den zeugnisverweigerungsberechtigten Berater abgeben müssen oder ob bereits die Erklärung eines Geschäftsführers ausreichend ist. 62

Ausgehend vom Zweck der gesetzlichen Regelung, wonach das Vertrauensverhältnis des Beschuldigten zu seinem Berater geschützt werden soll, muss es ausreichen, wenn jedenfalls der Beschuldigte selbst diese Entbindungserklärung abgibt. Daneben ist es nicht erforderlich, dass auch die übrigen Geschäftsführer eine Erklärung abgeben, da es nicht um Tatsachen geht, die sie selbst gegenüber dem Steuerberater in das Mandatsverhältnis eingebracht haben. Schützenswert ist insoweit nur der beschuldigte Geschäftsführer hinsichtlich der Tatsachen, die er dem Berater der Firma anvertraut hat.[72]

Des Weiteren taucht in der Praxis oftmals die Konstellation auf, dass ein **Wechsel in der Geschäftsführung** eintritt und der frühere Vertreter der GmbH mit einem Strafverfahren überzogen wird. Fraglich ist hier, ob nun der frühere Vertreter der GmbH oder aber der jetzige Geschäftsführer der Firma (gegebenenfalls sogar beide zusammen) zur Entbindungserklärung gegenüber dem Rechtsanwalt oder Steuerberater berechtigt sind. 63

Prima facie überzeugt zwar die Überlegung, dass sich der Geschäftsführer einer Firma nur dann dem steuerlichen oder rechtlichen Berater voll umfänglich anvertraut, wenn er nicht befürchten muss, dass nach seinem Ausscheiden aus der Firma der Berater die relevanten Informationen schrankenlos weitergibt.[73] Ausgehend vom Regelungszweck des § 97 StPO, der auf den Schutz des Vertrauensverhältnisses zwischen Geschäftsführer und Berater abstellt, genügt es aber, wenn allein der jetzige Geschäftsführer eine Entbindungserklärung für den Berater abgibt. Entscheidend kann nur sein, wer im Zeitpunkt der abzugebenden Erklärung für die Gesellschaft als juristische Person erklärungsbefugt ist.

3. Zufallsfunde

Für die Sicherstellung von Zufallsfunden bei der Durchsuchung eines Berufsgeheimnisträgers gelten Besonderheiten.[74] 64

Zwar dürfen auch hier Gegenstände, die auf eine andere Straftat hindeuten als diejenige, wegen der durchsucht wird, grundsätzlich sichergestellt werden, unabhängig davon, ob diese Tat vom Berufsgeheimnisträger, seinem Mandanten oder einem Dritten begangen wurde. Die einstweilige Beschlagnahme ist aber unzulässig, wenn bei einer gedachten Durchsuchung in dem Verfahren, für das die Maßnahme nach § 108 StPO erfolgt, der Beschlagnahme ein Beschlagnahmeverbot (etwa nach § 97 StPO oder wegen des Grundsatzes der Verhältnismäßigkeit) entgegenstehen würde.[74a] Das ist insbesondere bei Durchsuchungen bei Angehörigen der nach § 53 StPO geschützten Berufe von Bedeutung, wenn eine strafrechtliche Verstrickung des Berufsgeheimnisträgers oder des Beweisgegenstands im Sinne des § 97 Abs. 2 Satz 3 StPO nicht vorliegt, wenn also insbesondere der Berufsangehörige an der Tat, für welche die Sicherstellung erfolgt, nicht im Sinne der genannten Vorschrift beteiligt ist.

Stößt im Steuerstrafverfahren das die Ermittlungen selbständig führende Finanzamt bei einer Durchsuchung nach §§ 102ff. StPO auf Gegenstände, die auf eine andere Straftat hindeuten, können diese nach § 108 StPO vorläufig beschlagnahmt werden, einerlei, ob es sich 65

---

[71] Vgl. hierzu BGHSt 31, 122; *Löffeler*, Strafrechtliche Konsequenzen faktischer Geschäftsführung – Eine Bestandsaufnahme der neueren Rechtsprechung, wistra 1989, 121; *Ciolek-Krepold*, a. a. O., Rn. 288 f.
[72] Vgl. LG Berlin, wistra 1993, 278, *Schmitt*, wistra 1993, 9 (11).
[73] *Schmitt*, wistra 1993, 9 (11); *Ciolek-Krepold*, a. a. O., Rn. 292.
[74] *Löwe/Rosenberg-Schäfer*, a. a. O., § 97 Rn. 25; § 108 Rn. 10, 22 m. w. N.; KK-*Nack*, StPO, § 97 Rn. 2; *Meyer-Goßner*, a. a. O., § 108 Rn. 4.
[74a] BGH NStZ 2010, 288 (289).

bei dieser anderen Tat um ein Steuerdelikt (dann gilt § 30 Abs. 4 Nr. 1 AO) oder um ein Nichtsteuerdelikt (§ 30 Abs. 4 Nr. 4 AO) handelt. Eine Zuständigkeit des Finanzamts bei Nichtsteuerdelikten nach § 108 StPO zu verfahren, ist zu bejahen, denn § 108 StPO eröffnet gerade die Möglichkeit der einstweiligen Beschlagnahme durch Stellen, die zur Beschlagnahme selbst nicht befugt sind.

4. Folgen des Beschlagnahmeverbots

66 Es gilt der Grundsatz, dass – soweit das Beschlagnahmeverbot des § 97 StPO reicht – auch ein Verwertungsverbot besteht.[75] Dieses Verwertungsverbot ist umfassend und erstreckt sich zum einen auf den sachlichen Inhalt des Beweismittels, weshalb es auch nicht dem Angeklagten oder einem Zeugen vorgehalten werden darf. Verboten ist aber auch die Heranziehung des Beweismittels zum Zwecke etwa der Schriftvergleichung. Ob ein Beschlagnahmeverbot besteht, hat der Ermittlungsrichter zunächst vor Anordnung der Beschlagnahme und sodann im Verfahren nach § 98 Abs. 2 Satz 2 StPO in vollem Umfang zu prüfen. Auch gewichtige Verstöße gegen den Richtervorbehalt machen die Beschlagnahme rechtswidrig und können im Ergebnis zum Verwertungsverbot führen. Einschränkend hat der Bundesgerichtshof aber ein **Verfahrenshindernis** für den Fall abgelehnt, dass durch eine unzulässige Beschlagnahme der Handakten des Verteidigers die Staatsanwaltschaft vom Verteidigerkonzept Kenntnis erlangt haben sollte.[76] Das Verwertungsverbot entfällt auch dann, wenn der frühere Gewahrsamsinhaber mit der Verwertung einverstanden ist, was bei den nach § 52 StPO Zeugnisverweigerungsberechtigten eine Belehrung über das Verwertungsverbot (vgl. oben) voraussetzt. Ob ein Beweismittel verwertbar ist oder nicht, bestimmt sich nicht nur nach der Zulässigkeit seiner Beschlagnahme, sondern auch danach, ob es wenigstens im Zeitpunkt der Benutzung des Beweismittels beschlagnahmt werden könnte. Haben etwa die Beschlagnahmevoraussetzungen bei der Beschlagnahme nicht vorgelegen (z. B. Verdacht der Teilnahme), sind sie aber später eingetreten, so ist das Beweismittel verwertbar.[77]

5. Beschlagnahme von Behördenakten gemäß § 96 StPO

67 Insbesondere bei Korruptionsdelikten (vgl. u. a. Bestechung gemäß § 334 StGB, Bestechlichkeit gemäß § 332 StGB sowie Vorteilsannahme und -gewährung gemäß §§ 331, 333 StGB) spielt die **Beschlagnahmefähigkeit von Behördenakten** eine zentrale Rolle.

Zwar wird vereinzelt die Beschlagnahme in amtlicher Verwahrung befindlicher Schriftstücke mit dem Hinweis auf das Prinzip der Gewaltenteilung und der daraus folgenden Gleichrangigkeit von Rechtsprechung und Verwaltung verneint, mit der herrschenden Meinung ist jedoch davon auszugehen, dass die Beschlagnahme von Behördenakten aufgrund der Eingriffsnorm des § 94 Abs. 2 StPO zulässig ist.[78]

68 Zumindest aus der Regelung des § 96 StPO lässt sich kein allgemeines Beschlagnahmeverbot für Behördenakten ableiten. Vielmehr ist mit Blick auf das Gewaltenteilungsprinzip eine formelle Beschlagnahme von Behördenakten schon deswegen zwingend, da ansonsten die endgültige Entscheidung über die Herausgabe der in amtlicher Verwahrung befindlichen Akten allein bei der Verwaltung läge, während die Strafverfolgungsbehörden bei einer willkürlichen Sperrerklärung wegen des Amtshilfecharakters der ersuchten Handlung allein auf die Gegenvorstellung oder einer Dienstaufsichtsbeschwerde angewiesen wären.[79]

---

[75] Vgl. hierzu allgemein *Hahn/Dallmeyer*, Zum heutigen Stand der beweisrechtlichen Berücksichtigung hypothetischer Ermittlungsverläufe im deutschen Strafverfahrensrecht, NStZ 2005, 297 ff.
[76] Vgl. BGH, NStZ 1984, 419 ff. mit Anmerkung Gössel.
[77] Vgl. *Löwe/Rosenberg-Schäfer*, a. a. O., § 97 Rn. 140 ff.; *Meyer-Goßner*, a. a. O., § 97 Rn. 48 jeweils m. w. N.
[78] Vgl. BGHSt 38, 237 (240 f.); LG Wuppertal, NJW 1992, 770 jeweils m. w. N.
[79] Vgl. BGHSt 38, 237 (245).

I. Durchsuchung und Beschlagnahme

Soweit nach Ansicht des Landgerichts Wuppertal[80] eine Beschlagnahme von Behördenakten erst dann zulässig sein soll, wenn die Herausgabe der Unterlagen verweigert wird, kann dem nicht gefolgt werden. Im Sinne einer **effektiven Strafverfolgung** kann es der Staatsanwaltschaft nicht zugemutet werden, die Entscheidung der Verwaltungsbehörde abzuwarten.

Insbesondere im Korruptionsbereich wird oftmals die latente Gefahr bestehen, dass auch Beschäftigte der betroffenen Behörde in das Tatgeschehen involviert sein können. Muss sich hier die Staatsanwaltschaft zuerst an die Behörde wenden, ist es nicht auszuschließen, dass die übrigen Tagbeteiligten gewarnt werden und damit der Ermittlungserfolg gefährdet wird.[81]

6. Verwertbarkeit von „Steuerdaten-CDs"

Die sog. Lichtenstein-Affäre um den Ankauf von illegal erlangten Bankdaten, die in der Folge den Finanzbehörden zur Verfügung standen, hat vielfältige Diskussionen ausgelöst.[82] Einer der zentralen Punkte ist dabei die Frage, ob und inwieweit die Art der Datenbeschaffung ein Verwertungsverbot nach sich zieht.[83]

Das LG Düsseldorf[84] hat die Begründung eines Anfangsverdachtes aus Daten, die von einer CD stammten, die die Finanzverwaltung von einem unbekannten Informanten erworben hatte, für zulässig erachtet. In dem der Entscheidung zu Grunde liegenden Fall erfolgte der Ankauf der CD mit Datensätzen über Kapitalanlagen von in der BRD steuerpflichtigen Personen bei einer Schweizer Großbank nachdem ausschließlich ein Informant die Initiative zur Kontaktaufnahme mit den deutschen Steuerbehörden ergriffen hatte. Die Herkunft der tatsächlichen Anhaltspunkte zur Begründung des Anfangsverdachts der Steuerhinterziehung führen nicht zu einem Beweisverwertungsverbot. Dies wäre nur anzunehmen, wenn die Beweisbeschaffung extrem menschenrechtswidrig gewesen wäre, die Verwertung des Materials einen eigenen und ungerechtfertigten Grundrechtseingriff darstellen würde oder das privat-deliktische Vorgehen durch die Ermittlungsbehörden gezielt ausgelöst worden wäre.[85]

Grundsätzlich zieht eine fehlerhafte Beweiserhebung nur in den im Gesetz vorgesehenen Fällen zwangsläufig ein Verwertungsverbot nach sich.

Darüber hinaus ist einzelfallbezogen für die Annahme eines Beweisverwertungsverbotes eine Abwägung zwischen dem Interesse des Staates an der Tataufklärung, um eine funktionstüchtige Rechtspflege zu gewährleisten einerseits, und dem Gewicht des Verfahrensverstoßes und seine Bedeutung für die Rechte des Betroffenen andererseits, vorzunehmen. Ein Verwertungsverbot ist von Verfassungswegen nur bei schwerwiegenden, bewussten oder willkürlichen Verfahrensverstößen, bei denen die grundrechtlichen Sicherungen planmäßig oder systematisch außer acht gelassen worden sind, geboten.[86]

Das BVerfG hat im Beschluss vom 09.11.2010 (2 BvR 2101/09) im Rahmen einer Nichtannahmeentscheidung[87] im Fall des Ankaufs der liechtensteinischen LGT-Daten durch Vermittlung des BND, die von den Instanzgerichten zur Rechtmäßigkeit einer Durchsuchungsanordnung getroffenen Entscheidungen wegen der nachvollziehbaren Abwägung der verschiedenen Interessen, die keine verfassungsrechtlich relevante Fehlgewichtung erkennen lässt, gebilligt. Entscheidungserheblich war dabei zum einen, dass es sich um Daten über geschäftliche Kontakte handelt, die nicht den absoluten Kernbereich privater Lebensgestaltung berühren und zum anderen, dass die von dem Informanten begangenen Straftaten bei der Beurteilung eines möglichen Verwertungsverbotes nicht berücksichtigt werden müssen, da sich

---

[80] LG Wuppertal, NJW 1992, 770 (771).
[81] Vgl. LG Wuppertal, NJW 1992, 770 (771); im Ergebnis wohl auch *Ciolek-Krepold*, a. a. O., Rn. 325.
[82] Vgl. Übersicht bei Buse, DStR 2008, 2100 (2101).
[83] *Kölbel*, NStZ 2008, 241; *Göres/Kleinert*, NJW 2008, 1353; *Schünemann* NStZ 2008, 305; Sieber, NJW 2008, 801.
[84] NStZ-RR 2011, 84.
[85] *Kölbel*, NStZ 2008, 241 (242) m. w. N.
[86] Vgl. BVerfG, NJW 2006, 2684 (2686); BVerfG, NJW 2005, 1917 (1923).
[87] BVerfG, NStZ 2011, 103, a. A. Trüg StV 2011, 111 (116).

die Vorschriften der StPO zur Beweiserhebung und -verwertung ausschließlich an die staatlichen Strafverfolgungsorgane richten.

Schließlich konnte keine Verletzung des Trennungsgebotes, das Geheimdiensten keine polizeilichen Zwangsbefugnisse, wie Vernehmungen, Durchsuchungen und Beschlagnahmen zubilligt, festgestellt werden. Der BND war lediglich im Wege der Amtshilfe bei der Weiterleitung der Daten tätig geworden.

Im Ergebnis ist festzuhalten, dass der für eine (Wohnungs-) Durchsuchung erforderliche Anfangsverdacht auf illegal erlangte Bankdaten gestützt werden kann, auch wenn die Übermittlung der Daten nach innerstaatlichem Recht rechtswidrig oder sogar strafrechtlich relevant sind. Ein absolutes Beweisverwertungsverbot wird hierdurch nicht begründet.

II. Einzelfragen der Akteneinsicht

1. Rechtsweg gegen die Versagung der Akteneinsicht des Beschuldigten im Ermittlungsverfahren

72 Mit der am 1. November 2000 in Kraft getretenen Neufassung des § 147 StPO und der ergänzenden Änderung mit Wirkung vom 1. September 2009 hat der Gesetzgeber die Zuständigkeit für die Gewährung von Akteneinsicht neu geregelt und gegen die Versagung der Akteneinsicht durch die StA in den in § 147 Abs. 5 S. 2 StPO genannten Fällen den Rechtsbehelf des Antrags auf gerichtliche Entscheidung nach Maßgabe des § 162 Abs. 1 StPO vorgesehen. Über diesen hat das Amtsgericht zu entscheiden, in dessen Bezirk die Staatsanwaltschaft ihren Sitz hat (§ 162 Abs. 1 S. 1 StPO). Diese gesetzliche Neuregelung soll – auch in den Fällen, in denen die Anfechtung entsprechender Entscheidungen der Staatsanwaltschaft schon nach bisherigem Recht möglich war – **einheitlich** den **Rechtsweg nach § 162 Abs. 1 S. 1 StPO** eröffnen.[88] Im Übrigen stehen dem Beschuldigten gegen ablehnende Verfügungen der Staatsanwaltschaft **im Vorverfahren** außer Gegenvorstellung bzw. Dienstaufsichtsbeschwerde keine Rechtsmittel zur Verfügung.[89]

Auch ein Antrag nach §§ 23 ff. EGGVG ist nicht zulässig, denn aus § 147 Abs. 5 S. 2 StPO folgt nun, dass in den **übrigen Fällen ein Rechtsbehelf nicht gegeben** ist. Der hierzu früher geführte Streit über die Anwendung der §§ 23 ff. EGGVG hat sich damit erledigt.[90]

73 Bei einer **willkürlichen Verweigerung der Akteneinsicht**[91] hiervon eine **Ausnahme** zu machen, kommt **nicht** in Betracht, weil nach der Neuregelung des § 147 StPO Rechtsschutz in diesen Fällen nur (noch) in **analoger Anwendung des § 161a Abs. 3 StPO** gewährt wird. Dies ergibt sich aus den vom BGH zur Frage des Rechtsschutzes im Rahmen einer Anordnung nach § 98 Abs. 2 StPO entwickelten Leitsätzen.[92] Danach sind im Interesse einer für die Betroffenen klaren Rechtswegzuweisung und dem Gebot des effektiven Rechtsschutzes die bei dieser Frage auftretenden Probleme bei einem Gericht zu konzentrieren. Hierbei bietet sich vorliegend das gem. § 147 Abs. 5 S. 2 i. V. m. § 162 Abs. 1 StPO zuständige Gericht an, da es die größte Nähe zum Sachverhalt hat und ohnehin bereits zur Entscheidung über die dort genannten Fallkonstellationen berufen ist.

2. Akteneinsichtsrecht im Ausgangsverfahren nach Verfahrenstrennung

74 Nach Abtrennung und Anklageerhebung gegen einen von mehreren Beschuldigten, gegen die von der Staatsanwaltschaft zunächst gemeinsam in einem Tatkomplex ermittelt wird, ergibt sich in dem abgetrennten Verfahren weder eine Pflicht des Gerichts zur Aktenbeiziehung

---

[88] Vgl. BT-Drs. 13/9718, S. 37, 38; OLG Frankfurt a. M.; NStZ-RR 2005, 376 f. m. w. N.; BT-Drs. 16/12098, S. 21 zur Folgeänderung zur Neuregelung des § 161a Absatz 3 StPO.
[89] Vgl. KK-*Laufhütte*, StPO, a. a. O., § 147 Rn. 24; *Meyer-Goßner*, StPO, a. a. O., § 147 Rn. 40.
[90] Vgl. *Meyer-Goßner*, StPO, a. a. O., § 147 Rn. 40.
[91] Vgl. OLG Frankfurt a.M., NStZ-RR 1996, 40.
[92] Vgl. hierzu BGHSt 44, 265 ff. = NJW 1999, 730; BGHSt 45, 183 ff. = NJW 1999, 3499.

II. Einzelfragen der Akteneinsicht

noch ein Recht des Angeklagten auf Einsicht in die Akten des Ausgangsverfahrens, solange in jenem Verfahren die Ermittlungen nicht abgeschlossen sind und die Gewährung von Akteneinsicht den Untersuchungszweck nach pflichtgemäßer Beurteilung der Staatsanwaltschaft gefährden würde.[93]

Der 5. *Strafsenat* des *BGH* hat im Urteil vom 11.11.2004 – 5 StR 299/03[94] entschieden, dass § 147 II StPO ein zeitweiliges Hindernis für die Akteneinsicht des Verteidigers auch dann begründet, wenn gegen den Beschuldigten ein weiteres, noch nicht abgeschlossenes Ermittlungsverfahren durchgeführt wird, welches mit dem Verfahren, in dem bereits Anklage erhoben ist, im Zusammenhang steht. Allein der Umstand, dass in einem Verfahren bereits Anklage erhoben ist, rechtfertigt es nicht, den Gesichtspunkt der Gefährdung des Untersuchungszwecks in weiteren, zu einem „Gesamtkomplex" zählenden Ermittlungsverfahren von vornherein zurücktreten zu lassen. 75

Entsprechendes gilt auch nach Abtrennung eines zunächst gegen mehrere Beschuldigte geführten Ermittlungsverfahrens und Anklageerhebung gegen einen von ihnen. Dies gilt jedenfalls dann, wenn Anhaltspunkte dafür fehlen, dass die Abtrennung etwa missbräuchlich erfolgt wäre oder dass sich aus den Akten des noch nicht abgeschlossenen Ausgangsverfahrens irgendwelche Tatsachen ergeben, welche für die Beurteilung der angeklagten Tat von Bedeutung und im abgetrennten Verfahren nicht bekannt sind. Es würde zu widersinnigen Ergebnissen führen und die Arbeit der Strafverfolgungsbehörden auch unter dem Gesichtspunkt der Verfahrensbeschleunigung wesentlich beeinträchtigen, wenn die Beschränkung der Akteneinsicht gem. § 147 Abs. 2 StPO ohne weiteres entfallen würde, sobald die Ermittlungen gegen einen von mehreren Mitbeschuldigten in einem Tatkomplex, der zunächst unter einem gemeinsamen Aktenzeichen untersucht wird, abgeschlossen sind und gegen ihn unter Abtrennung des Verfahrens Anklage erhoben wird.

3. Anhörung des Beschuldigten vor Erteilung der Akteneinsicht an den Verletzten

Im Rahmen einer Nichtannahmeentscheidung hat das **BVerfG** mit Beschluss vom 15. April 2005 – 2 BvR 465/05[95] überraschend entschieden, dass dem **Beschuldigten oder betroffenen Dritten vorab rechtliches Gehör zu gewähren ist, wenn dem Verletzten Akteneinsicht gegeben werden** soll. 76

Im Ausgangsverfahren waren den Geschädigten gemäß § 406e StPO verschiedene Aktenteile durch die Staatsanwaltschaft übermittelt worden, ohne dass zuvor die Beschwerdeführerin, bei der die Beschuldigten beschäftigt waren, dazu gehört worden ist. Nachdem eine Beschwerde zum LG als unzulässig verworfen worden war, rügte die Beschwerdeführerin die Verletzung ihrer Grundrechte aus den Art. 2 I, 12 I und 19 IV GG. Das BVerfG nahm die Sache nicht zur Entscheidung an, wies jedoch explizit darauf hin, dass die Staatsanwaltschaft als Behörde, die über die Akteneinsicht zu entscheiden hat, regelmäßig dann zu einer Anhörung der von einem Einsichtsersuchen betroffenen Beschuldigten oder Dritten verpflichtet ist, wenn mit der Gewährung von Akteneinsicht ein Eingriff in Grundrechtspositionen des Betroffenen verbunden ist.

Dieser Entscheidung, die erhebliche nachteilige Auswirkungen auf die Praxis der Strafverfolgungsbehörden hätte und vor dem Hintergrund des auch vom BVerfG unterstützten Opferschutzes nur schwer verständlich ist, kann nicht gefolgt werden.

Vorab ist darauf hinzuweisen, dass von **Nichtannahmeentscheidungen** gemäß § 93b BVerfGG nach ganz herrschender Meinung **keine Bindungswirkung** ausgeht.[96] Letztend- 77

---

[93] Vgl. BGH NJW 2007, 3652, BGHSt 49, 317.
[94] Hierzu BGHSt 49, 317 = NJW 2005, 300.
[95] BVerfG, NStZ-RR 2005, 242.
[96] *Heusch*, in Umbach/Clemens/Dollinger, Mitarbeiterkommentar BVerfGG, § 31 Rn. 40 und 50; *Bethge*, in: Maunz/Schmidt-Bleibtreu, BVerfGG, § 31 Rn. 40 und 84; *Zuck*, in: Lechner/Zuck, BVerfGG, § 31 Rn. 13.

lich kann aber auch dahinstehen, ob der Entscheidung eine unmittelbare Bindungswirkung zukommt, da Gegenstand einer Bindungswirkung ohnehin nur die Entscheidungsformel und die tragenden Gründe sein können.[97] Die Ausführungen in der Entscheidung vom 15. April 2005 zur Anhörung des Betroffenen bei Einsichtsgesuchen gehören jedenfalls nicht zu den die Nichtannahme tragenden Gründen.

78 War der Kammerentscheidung vom 15. April 2005 nicht zu entnehmen, aus welchen Bestimmungen des Grundgesetzes sich eine Verpflichtung zur Anhörung vor Gewährung der Akteneinsicht ergeben soll, hat das BVerfG in der Kammerentscheidung vom 18. März 2009[98] klargestellt, dass die Erteilung von Auskünften aus Verfahrensakten oder die Gewährung von Akteneinsicht einen Eingriff in das Recht auf informationelle Selbstbestimmung (vgl. Art. 2 Abs. 1 i. V. m. Art. 1 Abs. 1 GG) derjenigen darstellt, deren personenbezogene Daten zugänglich gemacht werden. Für einen Eingriff in dieses Grundrecht bedarf es einer gesetzlichen Grundlage wie beispielsweise §§ 475 ff StPO oder § 406e StPO. Aus welchem Grund sich aus dem Recht auf informationelle Selbstbestimmung bzw. aus welchen Bestimmungen des Grundgesetzes sich darüberhinaus eine regelmäßige Verpflichtung zur Anhörung vor Gewährung der Akteneinsicht ergeben soll ist den Entscheidungen nicht zu entnehmen. Art. 103 Abs. 1 GG greift nicht ein, da es sich um Einsichtsentscheidungen der Staatsanwaltschaft und nicht um gerichtliche Entscheidungen geht. Bestünde von Verfassung wegen eine solche Verpflichtung, dann hätte dies Konsequenzen, die weit über das Akteneinsichtsrecht hinausreichen würden. Zumindest bei jeder Datenübermittlung müsste eine vorherige Anhörung des Betroffenen vorgeschrieben werden, weil bei einer erfolgten Datenübermittlung der Grundrechtseingriff regelmäßig irreparabel ist, da die Kenntniserlangung durch Dritte nicht mehr rückgängig gemacht werden kann.

III. Einzelfragen der Zeugenanhörung

1. Zeugnisverweigerungsrecht eines Notars und seines Gehilfen gem. §§ 53 Abs. 1 S. 1 Nr. 3, 53a StPO bei amtspflicht- und gesetzeswidriger Umsetzung eines dem Notar erteilten Auftrags

79 Der *BGH* hat mit Urteil vom 7. 4.2005 – 1 StR 326/04 (LG Stuttgart)[99] eine richtungsweisende Entscheidung zur Frage des Umfangs des Zeugnisverweigerungsrechts von Notaren und Notargehilfen getroffen, die insbesondere auch unter dem Gesichtspunkt der Anzeigepflicht des § 11 Abs. 1 S. 1 und Abs. 3 GwG für die staatsanwaltschaftliche und gerichtliche Praxis von erheblicher Bedeutung ist.

80 Der Entscheidung lag im Wesentlichen folgender Sachverhalt zugrunde:
Das *LG* hat den Angeklagten wegen schweren Bandendiebstahls – eines so genannten ripdeals, bei dem die Täter vermögende Personen in eine für diese ungewohnte Umgebung locken, um ihnen erhebliche Bargeldbeträge zu entwenden – und anderen Straftaten zu der Gesamtfreiheitsstrafe von 4 Jahren und 3 Monaten verurteilt. Die Revision des Angeklagten rügte die Verletzung des § 53a StPO.
Gegenstand der Vernehmung des Zeugen *Bö* waren die Umstände und die Benennung der Beteiligten bei der Bezahlung des Kaufpreises für ein Grundstück, das gemäß des von Rechtsanwalt und Notar *V* beurkundeten Kaufvertrags an den Schwiegervater des Angeklagten veräußert worden war. Hierzu lagen zunächst lediglich zwei bei der Sparkasse Frankfurt a. M. sichergestellte Überweisungsbelege vor, die den Zeugen *Bö* als Kontoinhaber bei dieser Bank und Unterzeichner zweier Zahlungsaufträge auswiesen. Diese gaben erst während des Laufs der Hauptverhandlung Anlass, *Bö* polizeilich vernehmen zu lassen und in der Hauptverhandlung als Zeuge zu hören. Dies ergab Folgendes:

---

[97] *Heusch*, in Umbach/Clemens/Dollinger, Mitarbeiterkommentar BVerfGG, § 31 Rn. 58.
[98] BVerfG NJW 2009, 2876.
[99] BGH, NStZ 2005, 577; NJW 2005, 2406 sowie *Barton*, JZ 2005, 1173.

III. Einzelfragen der Zeugenanhörung

Bö war bei Rechtsanwalt und Notar *V* als Bürogehilfe angestellt. 1 bis 2 Tage vor der Beurkundung des verfahrensgegenständlichen Kaufvertrags wurde er gefragt, ob er „gefälligkeitshalber zur Abwicklung eines Kaufvertrags sein Privatkonto zur Verfügung stellen könne". Nachdem er nach Rückfrage bei Rechtsanwalt und Notar *V* den Eindruck eines legalen Hauskaufs gewonnen hatte – so der Zeuge –, sagte er zu. Die Überweisungsaufträge wurden nach Mitteilung der Kontonummer seitens des Zeugen in der Kanzlei von einer Bürokraft gefertigt. Am Tag der Überweisung erschien eine dreiköpfige Familie in der Kanzlei, deren Mitglieder der Zeuge im Einzelnen beschrieb. Der Angeklagte war in Begleitung einer Frau und eines etwa 10 Jahre alten Jungen erschienen. Zwei Mal (vormittags und nachmittags) brachten diese jeweils etwa 400 000 DM in Plastiktüten in die Kanzlei. Die Geldbündel waren zusätzlich in Aluminiumfolie eingewickelt. Das Geld transportierte der Zeuge, nachdem die Höhe des Betrags im Büro durch Nachzählen jeweils überprüft worden war, zur Bank. Dort zahlte er es auf sein Privatkonto ein und überwies es an den Verkäufer. Die „Überweisungsträger bzw. Einzahlungsquittungen" gab der Zeuge in der Kanzlei ab.

Zu Recht weist der Senat in seiner Entscheidung darauf hin, dass es sich bei dieser Tätigkeit des Bürogehilfen – auch wenn sie den Kern des Verschleierungsbemühens betraf – nicht um einen von der Auftragserfüllung durch den Notar abtrennbaren Vorgang, um eine für sich stehende „private" Gefälligkeit handelte, da der Gehilfe bei der Umsetzung seines Auftrags nie autonom agieren konnte, sondern entsprechend den konkreten Vorgaben und unter Aufsicht seines Dienstherrn die Überweisung vorzunehmen hatte. Auszugehen ist deshalb zunächst vom Zeugnisverweigerungsrecht des Notars gem. § 53 Abs. 1 S. 1 Nr. 3 StPO. Die nach objektiver Sachlage gebotene Einordnung einer Geschäftstätigkeit als berufsbezogen kann weder durch Vereinbarung[100] abbedungen werden, noch dadurch entfallen, dass sich der Berufsangehörige bei der Geschäftsabwicklung unerlaubter Methoden bedient.[101] Auch dann bleibt sein Handeln berufsbezogen, unterliegt einerseits der Bewertung durch das Standesrecht und spielt sich andererseits auch in dem von seiner Verschwiegenheitspflicht (§ 203 StGB) und vom Zeugnisverweigerungsrecht des § 53 Abs. 1 S. 1 Nr. 3 StPO erfassten Bereich ab. Der Bezug zur Berufsausübung entfällt auch dann nicht, wenn die Abwicklung des Geschäfts unter Missachtung von notariellen Durchführungsbestimmungen und der ihm als Notar obliegenden Amtspflichten dem Wunsch eines Auftraggebers entspricht. Verstößt er hiergegen und übernimmt er gleichwohl die Erledigung eines entsprechenden Auftrags, berührt das jedoch die Berufsbezogenheit seines dabei entfalteten Handelns und seine Verschwiegenheitspflicht und sein Zeugnisverweigerungsrecht nach § 53 Abs. 1 S. 1 Nr. 3 StPO hinsichtlich der dabei erlangten Erkenntnisse nicht. Denn auch die mögliche Einbindung eines Berufsgeheimnisträgers in kriminelle Machenschaften berührt die Verschwiegenheitspflicht und das umfassende Zeugnisverweigerungsrecht in § 53 Abs. 1 S. 1 Nr. 3 StPO im Grundsatz nicht, wie der Vergleich mit der eingeschränkten Beschlagnahmefreiheit aufgrund der ausdrücklichen Formulierung in § 97 Abs. 2 S. 3 StPO (entspr. auch § 100d Abs. 3 S. 4 StPO) aufzeigt. Im Gegensatz zum Zeugnisverweigerungsrecht entfällt das Beschlagnahmeverbot, wenn der zur Verweigerung des Zeugnisses Berechtigte einer Teilnahme oder einer Begünstigung, Strafvereitelung oder Hehlerei verdächtig ist oder wenn es sich um Deliktsgegenstände handelt.

Eine **Ausnahme** von diesem Grundsatz ist lediglich für die Fallgestaltungen anzunehmen, die in **keinem unmittelbaren Zusammenhang mit der geschützten beruflichen Tätigkeit** stehen und lediglich bei Gelegenheit der Erledigung des Auftrags ohne zumindest inneren Bezug zur berufsbezogenen Arbeit.[102] Straftaten sind stets „berufsfremd" und „berufswidrig" i. S. von § 14 BNotO. Für den Umfang des Zeugnisverweigerungsrechts gem. § 53 Abs. 1 S. 1 Nr. 3 StPO maßgebend ist aber allein der berufliche Bezug der Tätigkeit, unabhängig von deren disziplinar- oder strafrechtlicher Bewertung.[103]

---

[100] Vgl. BGHSt 34, 295, 298 = NJW 1987, 2451.
[101] Vgl. BGH, NJW 1998, 1864 = DNotZ 1998, 634, 636.
[102] Z. B. Übergabe einer Pistole beim Mandantenbesuch des Verteidigers in der Vollzugsanstalt (BGHSt 38, 7 = NJW 1992, 123).
[103] Vgl. hierzu nochmals BGH, NStZ 2005, 577 f. m. w. N. zu Abgrenzungsfragen.

Zwar unterliegt auch ein Notar zahlreichen gesetzlichen Mitteilungspflichten,[104] die dann insoweit die Verschwiegenheitspflicht durchbrechen. Das strafprozessuale Zeugnisverweigerungsrecht des Berufsgeheimnisträgers selbst berührt dies wegen der besonderen Zweckbindung dieser Unterrichtungen im Regelfall aber nicht.

83 **Eingeschränkt wird das Zeugnisverweigerungsrecht** des § 53 Abs. 1 S. 1 Nr. 3 StPO allerdings mit der **Erweiterung des Kreises der Anzeigepflichtigen** (Einbeziehung bestimmter freier Berufe) durch **das Geldwäschebekämpfungsgesetz** vom 8.8.2002, in Kraft getreten am 15.8.2002 (BGBl I, 3105 in Umsetzung der EU – [Geldwäscheänderungs-] Richtlinie 2001/97 vom 4.12.2001) gem. § 11 Abs. 1 GwG n. F. i. V. m. § 3 Abs. 1 GwG.

Danach werden nunmehr „Rechtsanwälte, Rechtsbeistände, die Mitglied einer Rechtsanwaltskammer sind, Patentanwälte und Notare", ferner „Wirtschaftsprüfer, vereidigte Buchprüfer, Steuerberater und Steuerbevollmächtigte" (vgl. die Aufzählung bei § 3 Abs. 1 Nr. 1 und 2 GwG) bei der Feststellung von Tatsachen, die darauf schließen lassen, dass eine Finanztransaktion einer Geldwäsche nach § 261 StGB dient oder im Falle ihrer Durchführung dienen würde, diese der Bundesnotarkammer (§ 11 Abs. 4 S. 1 GwG) anzuzeigen, die zur Weiterleitung der Meldung an die zuständigen Strafverfolgungsbehörden verpflichtet ist (§ 11 Abs. 4 S. 3 GwG). Zwar sind Notare und die anderen in § 3 Abs. 1 S. 1 Nr. 1 und 2 GwG genannten Personen nicht zur Anzeige verpflichtet, wenn dem Geldwäscheverdacht Informationen von dem und für den Mandanten zu Grunde liegen, die sie im Rahmen der Rechtsberatung oder der Prozessvertretung dieses Mandanten erhalten haben (§ 11 Abs. 3 S. 1 GwG). Aber auch dann bleibt die Anzeigepflicht bestehen, wenn die insoweit privilegierten Berufsangehörigen wissen, dass der Mandant ihre Rechtsberatung bewusst für den Zweck der Geldwäsche in Anspruch nimmt.[105]

84 Soweit diese Anzeigepflicht reicht, steht den danach Offenbarungspflichtigen auch gegenüber den Strafverfolgungsbehörden bei der strafrechtlichen Verfolgung der anzeigepflichtigen Vorgänge dann kein Zeugnisverweigerungsrecht gem. § 53 Abs. 1 S. 1 Nr. 3 StPO zu,[106] und zwar unabhängig davon, ob diese ihrer Meldepflicht genügen oder nicht.

2. Auskunftsverweigerungsrecht eines Zeugen (§ 55 StPO)

a) bei Vorliegen eines rechtskräftigen Urteils

85 Gem. § 55 Abs. 1 StPO ist ein Zeuge grundsätzlich nur berechtigt, die Auskunft auf einzelne Fragen zu verweigern, deren Beantwortung ihn oder einen in § 52 Abs. 1 StPO genannten Angehörigen der Gefahr aussetzen würde, wegen einer Straftat oder einer Ordnungswidrigkeit verfolgt zu werden. Nur ausnahmsweise ist er zur **umfassenden Verweigerung der Auskunft** befugt, wenn seine gesamte in Betracht kommende Aussage mit einem möglicherweise strafbaren oder ordnungswidrigen Verhalten in so engem Zusammenhang steht, dass im Umfang der vorgesehenen Vernehmungsgegenstände nichts übrig bleibt, wozu er ohne die Gefahr der Verfolgung wegen einer Straftat oder Ordnungswidrigkeit wahrheitsgemäß aussagen könnte.[107]

86 Eine das Recht zur Auskunftsverweigerung begründende Verfolgungsgefahr i. S. des § 55 Abs. 1 StPO besteht jedoch dann nicht mehr, wenn eine Strafverfolgung des Zeugen wegen des Gegenstands der Einvernahme zweifelsfrei ausgeschlossen ist, weil insoweit bereits ein **rechtskräftiges Urteil** gegen ihn vorliegt und die Strafklage daher verbraucht ist.[108]

87 Sind der Gegenstand der Zeugeneinvernahme und der von dem rechtskräftigen Urteil erfasste Sachverhalt jedoch nicht identisch, stehen aber in einem mehr oder wenig engen Zusammenhang, ist näher abzugrenzen:

---

[104] Vgl. die Zusammenstellung in *Eylmann/Vaasen*, BNotO, 3. Aufl., § 18 Rn. 46 ff. bzw. zur datenschutzrechtlichen Relevanz BGHZ 112 178, 184, 186 = NJW 1991, 568.
[105] Vgl. zum Umfang der Anzeigepflicht *Eylmann/Vaasen*, a. a. O., Rn. 56.
[106] BGH, NStZ 2005, 577 f., zurückhaltend aber Barton in JZ 2005, 1178 ff.
[107] Vgl. hierzu BVerfG wistra 2010, 299, BGH, NStZ 2002, 607; BGH, NJW 2005, 2166.
[108] Vgl. BGH, NStZ 2010, 263.

III. Einzelfragen der Zeugenanhörung

Ein Auskunftsverweigerungsrecht steht dem Zeugen nur insoweit zu, als sich die Befragung auf Vorgänge richtet, die im Verhältnis zu dem von dem rechtskräftigen Urteil erfassten Geschehen **andere Taten im verfahrensrechtlichen Sinne** des § 264 Abs. 1 StPO darstellen würden[109] und der Zeuge hierfür möglicherweise durch eine wahrheitsgemäße Aussage zumindest weitere Ermittlungsansätze gegen sich selbst liefern müsste.[110]

Anders verhält es sich u. a. dann, wenn der Zeuge wegen Beteiligung an der Tat, die Gegenstand seiner Vernehmung sein soll, zwar rechtskräftig verurteilt ist, diese aber nach Maßgabe der Anklage Teil einer Serie von – noch nicht abgeurteilten – Delikten ist.[111]

Nach gefestigter Rechtsprechung des *BVerfG* wäre es mit der Menschenwürde eines Zeugen unvereinbar, wenn er zu einer Aussage gezwungen würde, durch die er die Voraussetzungen für seine eigene strafrechtliche Verurteilung liefern müsste.[112] Als Folge dieses rechtsstaatlichen Grundsatzes gewährt § 55 Abs. 1 StPO dem Zeugen das Recht, die Auskunft auf solche Fragen zu verweigern, deren Beantwortung ihm die Gefahr zuziehen würde, wegen einer Straftat oder Ordnungswidrigkeit verfolgt zu werden. In eine solche Gefahr geriete der Zeuge dann, wenn eine Ermittlungsbehörde aus seiner wahrheitsgemäßen Aussage Tatsachen entnehmen könnte, die sie gem. § 152 Abs. 2 StPO zur Einleitung eines Ermittlungsverfahrens veranlassen könnte. Da die **Schwelle eines Anfangsverdachts** i. S. des § 152 Abs. 2 StPO niedrig liegt, ist auch das Bestehen einer entsprechenden Gefahr bereits weit im Vorfeld einer direkten Belastung zu bejahen.

Würde der Zeuge also bei wahrheitsgemäßer Aussage zugleich ein **Indiz** dafür liefern, dass auch er hinsichtlich eines Teils einer Serie nicht abgeurteilter Delikte strafrechtlich involviert war, würden sich seine **Verteidigungsmöglichkeiten** erheblich reduzieren. Die Beantwortung im Rahmen der Zeugeneinvernahme könnte Rückschlüsse darauf zulassen, dass der Zeuge nicht nur hinsichtlich der abgeurteilten Taten strafrechtlich in Erscheinung getreten ist, sondern er auch an den in Rede stehenden – noch nicht rechtskräftig abgeurteilten Taten – beteiligt war. Anders als in dem vom BVerfG[113] entschiedenen Fall besteht hier dann auch nicht die bloß vage Möglichkeit, dass der Zeuge weitere Ermittlungsmaßnahmen gegen sich befürchten muss.

b) bei fehlender Rechtskraft hinsichtlich Straf- bzw. sonstigen Rechtsfolgeausspruchs

Besonderheiten bestehen dann, wenn wegen des Lebensvorgangs, zu dem der Zeuge befragt werden soll, gegen ihn ein **bereits rechtskräftiger Schuldspruch vorliegt, der Straf- bzw. sonstige Rechtsfolgenausspruch jedoch noch nicht rechtskräftig** geworden ist.

In einem derartigen Fall besteht ein Auskunftsverweigerungsrecht des Zeugen, soweit er durch die Beantwortung der an ihn gerichteten Fragen strafzumessungsrelevante oder für den sonstigen Rechtsfolgenausspruch bedeutsame Umstände offenbaren müsste, die gegebenenfalls zu seinem Nachteil Berücksichtigung finden könnten.[114] Jedoch ist hier zu beachten, dass so genannte doppelrelevante Tatsachen, die sowohl für den Schuld- wie für den Rechtsfolgenausspruch bedeutsam sind, durch die Rechtskraft des Schuldspruchs und der ihm zu Grunde liegenden Feststellungen für das weitere Verfahren gegen den Zeugen bereits bindend geworden sind.[115] Der Beantwortung von Fragen, die sich mit diesen Feststellungen befassen, kann sich der Zeuge also nicht entziehen, da das Gericht, das noch über den Rechtsfolgenausspruch zu entscheiden hat, an die bisher getroffenen Feststellungen gebunden ist, so dass es dem Zeugen nachteiligere Umstände, die er bei seiner Befragung insoweit eventuell offenbaren müsste, nicht mehr zu seinem Nachteil verwerten dürfte.

---

[109] Vgl. BGH, NStZ 2006, 509, NJW 2005, 2166.
[110] Vgl. BVerfG, NJW 2002, 1411 = NStZ 2002, 378, 379.
[111] OLG Köln, BeckRS 2005, 6622, NStZ 2005, 269 f., BGH NStZ 2006, 509.
[112] Vgl. BVerfGE 38, 105 = NJW 1975, 103; BVerfGE 56, 37 = NJW 1981, 1431.
[113] Vgl. BVerfGE 38, 105 = NJW 1975, 103; BVerfGE 56, 37 = NJW 1981, 1431.
[114] Vgl. BGH, NStZ 2005, 269 ff. m. w. N.
[115] Hierzu *Meyer-Goßner*, StPO, a. a. O., § 353 Rn. 20 m. w. N.

c) bei Vorliegen eines rechtskräftigen Freispruchs

89 Die oben (Rn. 94) gemachten Ausführungen gelten vergleichsweise auch dann, wenn der Zeuge von dem gegen ihn gerichteten Tatvorwurf **rechtskräftig freigesprochen** wurde.

Zwar besteht gem. § 362 StPO die Möglichkeit, das Verfahren zuungunsten des Freigesprochenen wiederaufzunehmen. Wird er zu dem ihm früher vorgeworfenen Sachverhalt als Zeuge vernommen, darf er daher die Auskunft auf solche Fragen verweigern, deren wahrheitsgemäße Beantwortung die **Gefahr einer Wiederaufnahme** seines rechtskräftig abgeschlossenen Verfahrens begründen könnte.[116]

Dies ist insbesondere etwa dann der Fall, wenn die wahrheitsgemäßen Antworten des Zeugen ein glaubhaftes Geständnis i. S. des § 362 Nr. 4 StPO darstellen könnten. Weiterhin steht ihm ein Auskunftsverweigerungsrecht nur bezüglich solcher Fragen zu, deren wahrheitsgemäße Beantwortung die Gefahr der Einleitung eines **neuen Ermittlungsverfahrens** wegen einer **anderen Tat** i. S. des § 264 Abs. 1 StPO besorgen lassen könnte.[117] Ein weitergehendes Schweigerecht steht ihm dagegen nicht zu.

90 Ein **umfassendes Auskunftsverweigerungsrecht** kann der Zeuge nicht daraus ableiten, dass die Ermittlungsbehörden den Inhalt seiner Aussage zum Anlass nehmen könnten, trotz Fehlens von Wiederaufnahmegründen und damit unter Missachtung des Bestrafungs- oder Verfolgungshindernisses erneute Ermittlungen gegen ihn wegen der Tatvorwürfe einzuleiten, die von der Rechtskraftwirkung des freisprechenden Urteils erfasst werden. Denn die Auslegung strafprozessualer Normen kann sich nicht an der **Hypothese rechtswidrigen Verhaltens eines Verfahrensbeteiligten** ausrichten.

3. Fragebögen an Zeugen zur Sachverhaltsaufklärung im Rahmen des Ermittlungsverfahrens

91 Insbesondere im Zusammenhang mit „großen Wirtschaftsverfahren" mit zahlreichen Geschädigten geht die Ermittlungsbehörde zunehmend aus ökonomischen Gründen dazu über, zur ersten Abklärung des im Raume stehenden Vermögensschadens Fragebögen an die zahlreich vermuteten Geschädigten zu übersenden.

Diese teilweise in der Literatur beanstandete Verwendung der **Fragebögen** bei der schriftlichen Anhörung von etwaigen Geschädigten als Zeugen stellt sich nicht als Justizverwaltungsakt dar, sondern als Prozesshandlung, d. h. eine auf Einleitung, Durchführung und Gestaltung eines Strafverfahrens gerichtete Betätigung eines Strafverfolgungsorgans. Zum Strafverfahren gehört auch der der Vorbereitung der öffentlichen Klage dienende Verfahrensabschnitt des von der Polizei und/oder der Staatanwaltschaft zu führenden Ermittlungsverfahrens. Solche Prozesshandlungen sind dem Rechtsweg nach den §§ 23 ff. EGGVG zum *OLG* nicht unterworfen. Der Rechtsweg über §§ 23 ff. EGGVG dient lediglich der Überprüfung der Rechtmäßigkeit von Verwaltungshandlungen der Justizverwaltung. Maßnahmen, die auf die Ermittlung, Aufklärung und Ahndung von Straftaten gerichtet sind, „verwalten" nicht. Sie gehören **funktionell zur Rechtspflege**.[118] Die rechtlichen Möglichkeiten des Beschuldigten, sich gegen solche Maßnahmen zu wehren oder deren Überprüfung zu erreichen, sind in der Verfahrensregelung der Strafprozessordnung abschließend enthalten. Die die Abschlussentscheidung vorbereitenden Maßnahmen wie z. B. die Anhörung von Zeugen werden im Verlauf des weiteren Verfahrens bestätigt oder nicht; sie können aber nicht zum Gegenstand von Nebenverfahren gemacht werden, sondern sind grundsätzlich unanfechtbar.[119]

---

[116] Vgl. BGH NStZ-RR 2005, 316, StV 1984, 408; *Meyer-Goßner*, StPO, a. a. O., § 55 Rn. 9.

[117] Vgl. BGH, NStZ-RR 2005, 316 ff. m. w. N.; BGH, NStZ-RR 1998, 204; BGHSt 48, 183 ff. = NStZ 2004, 395.

[118] Vgl. hierzu. *Meyer-Goßner*, StPO, a. a. O., § 23 EGGVG Rn. 9 m. w. N.; KK-*Schoreit*, StPO, a. a. O., § 23 EGGVG Rn. 31 m. w. N.

[119] So *Meyer-Goßner*, § 23 EGGVG Rn. 9.

Die Verwendung von Fragebögen ist in der Rechtspraxis grundsätzlich anerkannt und rechtfertigt keine – ausnahmsweise – Anfechtung gem. §§ 23 ff. EGGVG.[120]

Allerdings werden die Ermittlungsbehörden gut beraten sein, mit Blick auf die verfassungsrechtlich garantierte Unschuldsvermutung sich jeder Suggestivformulierung zulasten des Beschuldigten zu enthalten, um die Verlässlichkeit der Antwortbögen nicht zu gefährden.

IV. Verwertbarkeit von Angaben im Insolvenzverfahren gemäß § 97 InsO

Bei Insolvenzdelikten kommt dem Beweisverwertungsverbot des § 97 Abs. 1 Satz 3 Insolvenzordnung (InsO) eine besondere Bedeutung zu: 92

Danach ist der Schuldner verpflichtet, dem Insolvenzgericht, dem Insolvenzverwalter, dem Gläubigerausschuss und auf Anordnung des Gerichts der Gläubigerversammlung über alle das Verfahren betreffende Verhältnisse Auskunft zu geben. Er hat auch Tatsachen zu offenbaren, die geeignet sind, eine Verfolgung wegen einer Straftat oder einer Ordnungswidrigkeit zu begründen. Jedoch darf eine Auskunft, die der Schuldner gemäß seiner Verpflichtung nach Satz 1 erteilt, in einem **Strafverfahren,** in einem Verfahren nach dem Gesetz über Ordnungswidrigkeiten oder gegen einen in § 52 Abs. StPO bezeichneten Angehörigen des Schuldners **nur mit Zustimmung des Schuldners** verwendet werden.

Unklar bleibt jedoch, unter welchen **Voraussetzungen** die Staatsanwaltschaft nun gegen den Schuldner ein **Verfahren einleiten** darf bzw. **welche Beweismittel** im Rahmen des Ermittlungs- und Strafverfahrens (etwa bei Beantragung eines Durchsuchungsbeschlusses) verwendet werden dürfen, ohne dass diese nun durch die Angaben des Schuldners zu rechtswidrigen Bestandteilen der Ermittlungsakte geworden sind. 93

Die staatsanwaltschaftliche Praxis sieht wie folgt aus: 94

Aus der Eröffnung des Insolvenzverfahrens bzw. dessen Ablehnung mangels Masse folgt zwar kein Anfangsverdacht für ein Insolvenzdelikt, aufgrund der Anordnung über die Mitteilung in Zivilsachen (MiZi) besteht jedoch für das Insolvenzgericht die Verpflichtung, die mangels Masse verweigerte Eröffnung des Insolvenzverfahrens der Staatsanwaltschaft mitzuteilen. Dies ist regelmäßig Anlass für die Staatsanwaltschaft, sich im Rahmen des Vorermittlungsverfahrens die Insolvenzakten zusenden zu lassen. Dieser Vorgehensweise steht auch das Beweisverwertungsverbot des § 97 Abs. 1 Satz 3 InsO weiterhin nicht entgegen.

Zwar ist in der Begründung zu § 109 des Regierungsentwurfs der Insolvenzordnung (InsO) in der Beschlussempfehlung des Rechtsausschusses[121] deutlich hervorgehoben worden, dass die Auskunft des Schuldners „ohne dessen Zustimmung auch nicht im Ansatz für weitere Ermittlungen dienen" darf, dies führt für das Insolvenzgericht aber nicht zu einem Offenbarungsverbot hinsichtlich all derjenigen Teile der Insolvenzakten, die Auskünfte des Schuldners enthalten oder auf solchen Auskünften beruhen. 95

Zu Recht weist *Hefendehl* darauf hin, dass ein mit § 97 Abs. 1 Satz 3 InsO nun neu begründetes Verbot an das Insolvenzgericht, die Insolvenzakten an die Staatsanwaltschaft zu übersenden, zu einer Kompetenzverlagerung bei der Beurteilung strafrechtlichen Verhaltens führen würde.[122] Es ist aber nicht die Aufgabe der Insolvenzgerichte zu überprüfen, ob und in welchem Umfang in den Insolvenzakten Auskünfte des Schuldners auftauchen, die einen Tatverdacht gegen ihn begründen könnten und deshalb nicht an die Staatsanwaltschaft weitergeleitet werden dürften. Ungeachtet des Umstandes, dass den Insolvenzgerichten insoweit gelegentlich die erforderliche vertiefte Sachkunde eines Wirtschaftsstaatsanwalts fehlen dürfte, stellt sich in der Praxis das Problem, dass die speziellen Aktenteile regelmäßig wohl nicht eindeutig zugeordnet und getrennt werden könnten. Zu Recht wird in diesem Zusammenhang 96

---

[120] *OLG Frankfurt a. M.*, Beschluss vom 11.10.2004, NStZ-RR 2005, 13.
[121] Vgl. BT-Drs. 12/7302 166.
[122] Vgl. *Hefendehl*, Beweisermittlungs- und Beweisverwertungsverbote bei Auskunfts- und Mitwirkungspflichten, wistra 2003, 1 ff. (5) m. w. N.; *Richter*, Auskunfts- und Mitteilungspflichten nach §§ 20, 97 Abs. 1 InsO, wistra 2000, 440.

auch darauf hingewiesen, dass diese relevanten Aktenteile des Öfteren ebenso Angaben des Schuldners enthalten werden, die nicht nur ihn, sondern auch Dritte (Geschäftsführer oder Vertragspartner) belasten können. Bezüglich Letzterer ist jedoch unstreitig der Inhalt der Insolvenzakte vollumfänglich verwertbar und muss damit auch der Staatsanwaltschaft bekannt gemacht werden.

Geschützt werden soll jedoch nur derjenige, der auch Angaben im Insolvenzverfahren macht. **Schweigt** jedoch der Schuldner und kommt er seiner Auskunftspflicht gemäß § 97 InsO nicht nach, können die Strafverfolgungsbehörden aus dem Schweigen des Schuldners auf Fragen des Insolvenzgerichts entsprechende Schlussfolgerungen ziehen.

Andererseits dürfen die Angaben des Schuldners im Strafverfahren **zu seinen Gunsten** verwendet werden. Zwar scheint dies durch den Wortlaut des § 97 Abs. 1 Satz 3 InsO auf den ersten Blick ausgeschlossen. Es muss den Strafverfolgungsbehörden jedoch auch nach der Neuschaffung des § 97 Abs. 1 InsO weiterhin möglich sein, zur Widerlegung eines aus anderen Gründen bestehenden Anfangsverdachts sich der gemäß § 97 InsO gemachten Angaben des Schuldners zu bedienen. Im Regelfall wird hier von der vermuteten Zustimmung des Schuldners auszugehen sein, § 97 Abs. 1 Satz 3 InsO.

97 Es bleibt damit als Ergebnis festzuhalten, dass die Regelung des § 97 Abs. 3 Satz 1 InsO die Begründung des Anfangsverdachts nicht verbietet und keinesfalls als **Beweiserhebungsverbot** zu betrachten ist. § 97 Abs. 3 Satz 1 InsO ist vielmehr als selbstständiges **Beweisverwertungsverbot** zu sehen, das im Ermittlungsverfahren die Verwertung der Auskünfte des Schuldners zu seinem Nachteil verbietet. Im laufenden Ermittlungsverfahren ist es der Staatsanwaltschaft verwehrt, Tatsachen zu verwerten, „zu denen die Auskunft den Weg gewiesen hat". Ebenso wenig darf sie die vom Schuldner erhaltene Auskunft „als Ansatz für weitere Ermittlungen" nehmen.[123] Es sind damit diejenigen Maßnahmen unzulässig, die das Ziel haben entweder Beweismittel zu gewinnen, die durch die Auskunft des Schuldners bekannt geworden sind oder die darauf abzielen, aufgrund der durch die Auskunft des Schuldners gewonnenen Ermittlungsansätze nach weiteren, noch unbekannten Beweismitteln zu suchen.

98 Der **Schutzzweck** des **§ 97 Abs. 1 Satz 3 InsO** liegt darin, den Schuldner nicht durch den zivilrechtlichen Offenbarungszwang zu einem **Beweismittel gegen sich selbst** werden zu lassen. Dies wird dadurch erreicht, dass erstens eine vom Gericht zu führende Beweiskette nicht auf Angaben des Schuldners oder durch diese mittelbar erlangte Beweismittel beruhen darf und zweitens auch die Durchführung von Ermittlungsmaßnahmen (z. B. Durchsuchung und Beschlagnahme) nicht auf einen Verdacht gestützt werden darf, der sich auf solchen Beweismitteln gründet.[124]

Im Rahmen der Hauptverhandlung darf die Beweisführung nicht auf der Verwertung der Angaben des Schuldners beruhen, sondern muss vollständig und sukzessiv ohne jeglichen Hinweis auf eine Auskunft des Schuldners i. S. des § 97 Abs. 1 Satz 3 InsO in sich schlüssig sein. Es muss also die gesamte Beweisführung auf selbstständige, von Schuldnerauskünften unabhängige Beweismittel beruhen, wie etwa Auskünfte Dritter oder Unterlagen, die unabhängig von der Auskunft des Schuldners ermittelt wurden. Im Zweifel wird die Staatsanwaltschaft nachzuweisen haben, dass die **Beweiskette nicht auf den Auskünften des Schuldners** beruht.

99 Heftig umstritten ist allerdings die Frage, welche **inhaltliche Reichweite** ein Verwertungsverbot gemäß § 97 Abs. 1 InsO hat, insbesondere welche Bilanzen, Buchhaltungs- oder sonstigen Geschäftsunterlagen weiterhin von der Staatsanwaltschaft verwendet werden können, wenn sich der Schuldner etwa ausdrücklich oder konkludent bei seinen Angaben auf diese Unterlagen bezieht und sie vorlegt. Keinesfalls kann der Grundsatz gelten: „Je umfangreicher der Schuldner berichtet, desto weiter greift die Schutzwirkung des § 97 Abs. 1 InsO und umso eher bleibt er straflos".

100 Ziel des Verwertungsverbots des § 97 Abs. 1 InsO ist es, den Schuldner nicht zu zwingen, im Ermittlungs- oder Strafverfahren zum Strafbarkeitsbeweis gegen sich selbst zu werden.

---

[123] Vgl. hierzu BR-Drs.1/92 S. 142; BT-Drs. 12/7302 S. 166.
[124] Vgl. hierzu auch LG Stuttgart, wistra 2000, 439 f. mit Anmerkung *Richter*.

Demzufolge kommt eine Verwertbarkeit von Unterlagen in Betracht, soweit eine Rechtspflicht zu deren Führung und Vorlage besteht. Diese Verpflichtung besteht zur Führung von Handelsbüchern und Bilanzen gemäß §§ 238 ff. HGB. Daneben ergibt sich die Verpflichtung zur Vorlage gesetzlich geführter Unterlagen als zwingende aktive Handlungspflicht bei Kaufleuten auch im Umkehrschluss aus der Regelung der § 283 Abs. 1 Nr. 5–7 StGB, die das Beiseiteschaffen dieser Geschäftsunterlagen unter Strafe stellen. Eine unbeschränkte Verwertung von Informationen aus diesen zur ordnungsgemäßen Geschäftsführung zwingend notwendigen Unterlagen ist damit zu bejahen. Dies erscheint auch im Ergebnis schlüssig, da dem Schuldner nicht die Möglichkeit eröffnet werden soll, durch bewusst umfangreiche und ausufernde Auskunftserteilung die Verwendung inhaltsgleicher Unterlagen zu unterbinden.[125] Hat – mit anderen Worten – die Auskunft des Schuldners der Staatsanwaltschaft und dem Verwalter den Weg zu den Geschäftsunterlagen gewiesen, so ist zwar die Auskunft an sich nicht verwertbar, der Inhalt der Geschäftsunterlagen kann jedoch weiterhin im Rahmen des Ermittlungs- und Strafverfahrens verwendet werden. Ebenso verwertbar sind unzutreffende Angaben des Schuldners und Angaben im Eigenantrag vor gerichtlicher Zulassung.[125a]

Ob die übersandte Insolvenzakte in der staatsanwaltschaftlichen Praxis nun bereits hinreichende Anhaltspunkte enthalten wird, um trotz des in § 97 Abs. 1 InsO normierten Verwendungsverbots über die Frage eines **Anfangsverdachts** zu entscheiden, wird für den Einzelfall zu entscheiden sein. Zwar ist nach Auswertung der Insolvenzakte oftmals bereits nach kriminalistischer Erfahrung eine Entscheidung hinsichtlich des Anfangsverdachtes möglich, die von *Richter*[126] vorgeschlagene Anregung, als ergänzende Kriterien zur Prüfung des Anfangsverdachts, die Routineerhebungen bei Mahn- und Vollstreckungsgerichten, bei der Schuldnerkartei sowie die Auskünfte bei Gerichtsvollziehern und Sozialversicherungsträgern bereits im Prüfverfahren heranzuziehen, erscheint vorzugswürdig.

V. Verbot des Selbstbelastungszwangs im Steuerstrafverfahren

1. Problemstellung

Die Rechte und Pflichten des Steuerpflichtigen (vgl. § 393 Abs. 1 Satz 1 AO) befinden sich im Besteuerungs- und Strafverfahren in einem nur schwer lösbaren Spannungsverhältnis:[127] Während im **Besteuerungsverfahren** umfassende Mitwirkungs- und Erklärungspflichten bestehen, die ausdrücklich auch deliktische Erwerbstatbestände umfassen (§ 40 AO) und notfalls mit den in §§ 328 ff. AO bezeichneten Zwangsmitteln durchgesetzt werden können, gelten im **Steuerstrafverfahren** die Rechtsgrundsätze der Strafprozessordnung (§ 385 Abs. 1 AO i. V. m. § 136 Abs. 1 Satz 2 StPO) und damit auch das Verbot des Selbstbelastungszwanges. Während der Steuerpflichtige also im **Besteuerungsverfahren** zur Abgabe von selbstbelastenden Erklärungen gezwungen werden kann, steht es ihm im **Strafverfahren** völlig frei, ob er an der Ermittlung des Sachverhalts mitwirken will oder nicht. Dieser scheinbare Widerspruch, der mit Blick auf die einheitliche Erfassung aller Steuerpflichtigen und der Sicherung der Steuereinnahmen des Staates auch verfassungsrechtlich unbedenklich ist,[128] muss in „praktische Konkordanz" gebracht werden, da eine unbeschränkte steuerliche Erklärungspflicht keine Rechtfertigung dafür geben kann, dass der Steuerpflichtige zugleich zu seiner

---

[125] Vgl. hierzu *Bittmann/Rudolph*, wistra 2001, 81 f.; *Richter*, wistra 2000, 1 ff. (4); *Bockemühl-Hardtke*, Handbuch des Fachanwalts Strafrecht, 3. Auflage, S. 592 Rn. 37 ff.; S. 601 Rn. 58a ff.
[125a] Vgl. hierzu *Bader*, Das Verwendungsverbot des § 97 I 3 InsO, NZI 2009, 416.
[126] Vgl. *Richter*, wistra 2000, 1 ff. (5).
[127] Vgl. hierzu ausführlich *Böse*, Wirtschaftsaufsicht und Strafverfolgung, 2005, S. 462 ff., 469 ff., 475 ff.; *Rogall* in FS Riess, 2002, S. 951, 953 ff.; *Rolletschke*, Die neuere Rechtsprechung zum Nebeneinander von Strafverfahren und Besteuerungsverfahren, StV 2005, 357 ff.; vgl. auch *Wulf*, Steuererklärung und „nemo tenetur", wistra 2006, 89 ff.
[128] Vgl. BVerfG, wistra 1988, 302; NJW 2005, 352; BGHSt 47, 8, 13; vgl. *Böse*, wistra 2003, 47 ff. m. w. N.

eigenen strafrechtlichen Verurteilung beitragen muss.[129] Ein Zwang zur Selbstbelastung ist folglich verfassungsrechtlich nur unter der Voraussetzung zulässig, dass der Betroffene gegen eine Verwertung seiner Angaben oder Mitwirkungsakte im Strafverfahren geschützt ist.[130] Ebenso aber gilt, dass die Selbstbelastungsfreiheit nicht dazu dienen kann, eine Ahndung strafbaren Verhaltens zu verhindern, da dem Betroffene ausschließlich Schutz nur vor einem „rechtlichen Zwang zur Selbstbelastung" und einer darauf beruhenden strafrechtlichen Verurteilung zukommt.[131]

103 Die Abgabenordnung trägt jedoch den sich aus der Selbstbelastungsfreiheit ergebenden Konsequenzen nur unzureichend Rechnung. Denn im Besteuerungsverfahren sind zwar Zwangsmittel (§ 328 AO) gegen den Steuerpflichtigen unzulässig, wenn er dadurch gezwungen würde, sich selbst wegen einer von ihm begangenen Steuerstraftat oder Steuerordnungswidrigkeit zu belasten (§ 393 Abs. 1 S. 2 AO).[132] Das Zwangsmittelverbot hebt die steuerlichen Erklärungspflichten indessen nicht auf; es beseitigt nur ihre Erzwingbarkeit. Der dadurch bewirkte Schutz des Steuerpflichtigen ist aber immer noch unzureichend und lückenhaft. Denn die ordnungsgemäße Erfüllung der steuerlichen Erklärungspflichten bleibt nach § 370 Abs. 1 Nr. 1 AO, im praktisch bedeutsamen Fall der Nichtabgabe einer Erklärung nach § 370 Abs. 1 Nr. 2 AO, strafbewehrt. Das Zwangsmittelverbot würde dem Steuerpflichtigen somit im Ergebnis nur wenig nützen, wenn er bei einer zum Schutze vor Selbstbelastung erfolgten Nichterklärung Strafe zu erwarten hätte.[133]

2. Recht zur Lüge?

104 In dieser für den Steuerpflichtigen misslichen Situation kann es ihm selbstverständlich nicht gestattet sein, **falsche Angaben** zu machen.[134] Die *Selbstbelastungsfreiheit* legitimiert nicht einen neuen Verstoß gegen die Rechtsordnung. Auch aus der Verfassung lässt sich keine Rechtfertigung herleiten, wonach eine solche Selbstbegünstigung durch Nennung falscher Angaben als Ausfluss des Rechtsstaatsprinzips oder der persönlichen Freiheit erlaubt oder straflos sein müsste.[135] Es ist deshalb zutreffend, dass die Anhängigkeit eines Steuerstrafverfahrens den Steuerpflichtigen nicht dazu berechtigt, unrichtige steuerliche Erklärungen für *nachfolgende Besteuerungszeiträume* abzugeben, und zwar auch dann nicht, wenn er dies zum Zwecke der Selbstbegünstigung im anhängigen Steuerstrafverfahren getan hat. Eine solche Tat kann daher grundsätzlich auch nach § 370 I Nr. 1 AO bestraft werden.[136]

105 Inhaltlich findet das Zwangsmittelverbot dort seine Grenze, wo es nicht mehr um ein bereits begangenes steuerliches Fehlverhalten geht, für das ein Steuerstrafverfahren bereits eingeleitet ist. Selbst wenn die Abgabe zutreffender Steuererklärungen für nachfolgende Besteuerungszeiträume mittelbare Auswirkungen auf das laufende Steuerstrafverfahren haben sollte, könnte das ihre Unterlassung nicht rechtfertigen, weil andernfalls neues Unrecht geschaffen[137] und dem Täter zudem gegenüber anderen Steuerpflichtigen eine ungerechtfertigte

---

[129] Vgl. BVerfG, NJW 2005, 352.
[130] Zum „Gemeinschuldner-Mechanismus" vgl. BVerfGE 56, 41 ff. sowie ferner BGHSt 37, 340 ff. (343); *Rogall* in FS Kohlmann, 2003, S. 465 (476).
[131] Vgl. BVerfG, NJW 2005, 353; zu den einzelnen Schutzebenen der Selbstbelastungsfreiheit im Steuerstrafverfahrensrecht ausführlich *Rogall* in FS Kohlmann, 2003, S. 465, 471 ff.
[132] Vgl. *Rogall* in FS Riess, 2002, S. 951, 955 ff.
[133] Ausführlich *Eidam*, wistra 2006, 11 ff. (11 f.) m. w. N., auch zur Frage der Folgen eines Verstoßes der Steuerbehörden gegen die korrespondierende Belehrungspflicht gemäß § 393 Abs. 1 Satz 4 AO; hierzu vgl. die Entscheidung des 5. Senats, BGH, wistra 2005, 381, der im Ergebnis ein Verwertungsverbot bejahte; BGH, NStZ 2006, 45 f.
[134] Vgl. *Rogall* in FS Kohlmann, 2003, S. 465, 490 ff.
[135] Vgl. hierzu BVerfGE 16, 191, 194; BGHSt 29, 138, 142 f.
[136] BGH, JZ 2002, 615 m. Anm. *Hellmann*; BGH, NStZ 2002, 436 f.
[137] Vgl. BGHSt 47, 8, 15 = NJW 2001, 3638 = NStZ 2001, 432 [Ls] m. w. N.; kritisch hierzu *Böse*, wistra 2003, 47 ff. m. w. N.

V. Verbot des Selbstbelastungszwangs im Steuerstrafverfahren

Besserstellung eingeräumt würde.[138] Die Rechtsordnung kennt kein ausnahmsloses Gebot dahingehend, dass niemand zu Auskünften gezwungen werden darf, durch die er eine von ihm begangene strafbare Handlung offenbaren muss.[139]

Erst kürzlich hat hierzu der *BGH* mit Beschluss vom 17. 3.2005 – 5 StR 328/04[140] entschieden, dass einer Verurteilung wegen der falschen Angaben in der Umsatzsteuerjahreserklärung der nemo-tenetur-Grundsatz nicht entgegensteht, denn dem Steuerpflichtigen werden Mitwirkungspflichten auferlegt, die auch dann zu erfüllen sind, wenn hierdurch eigene Straftaten aufgedeckt werden. Ausfluss des nemo-tenetur-Grundsatzes ist das Verbot von Zwangsmitteln, soweit der Steuerpflichtige eigene Steuerstraftaten oder Ordnungswidrigkeiten aufdecken müsste; hieraus folgt das Entfallen einer Strafbarkeit wegen Nichtabgabe einer USt-Jahreserklärung, wenn bereits ein Verfahren wegen unrichtiger Voranmeldungen anhängig ist. Wer aber falsche Angaben aus den USt-Voranmeldungen in der Jahressteuererklärung wiederholt, begeht neues Unrecht. Nach der Rechtsprechung des *BGH* führt das Zwangsmittelverbot zwar dazu, dass die *Strafbarkeit* wegen der **Nichtabgabe** einer Umsatzsteuerjahreserklärung *entfällt*, wenn wegen der Abgabe unrichtiger Umsatzsteuervoranmeldungen desselben Jahres ein Strafverfahren anhängig ist.[141] Denn aufgrund der engen Verzahnungen zwischen Umsatzsteuervoranmeldungen und zugehöriger Jahreserklärung, die sich auf dieselbe Steuerart und dasselbe Steueraufkommen beziehen, wäre das Verbot der Anwendung von Zwangsmitteln der Abgabenordnung wirkungslos, wenn der Steuerpflichtige mit der Strafdrohung des § 370 Abs. 1 Nr. 2 AO zur Abgabe einer selbstbelastenden Umsatzsteuerjahreserklärung gezwungen wäre. In der **Wiederholung** der falschen Angaben aus den Umsatzsteuervoranmeldungen in der Umsatzsteuerjahreserklärung liegt indes die Begehung neuen Unrechts, wozu weder das Recht auf Selbstschutz[142] noch das Zwangsmittelverbot[143] berechtigen. Bei der Abgabe falscher Umsatzsteuervoranmeldungen (§ 18 Abs. 1 UStG) und der Abgabe einer falschen Umsatzsteuerjahreserklärung für dasselbe Kalenderjahr (§ 18 Abs. 3 UStG) handelt es sich materiellrechtlich um jeweils selbstständige Taten i. S. v. § 53 StGB.[144] Zwar beziehen sich die Erklärungen auf dieselbe Steuerart und auf dasselbe Steueraufkommen des jeweiligen Jahres; sowohl den Umsatzsteuervoranmeldungen als auch der Umsatzsteuerjahreserklärung kommt jedoch jeweils ein eigenständiger Erklärungswert zu. Durch die Wiederholung der falschen Angaben in der Jahreserklärung will der Täter erreichen, dass die durch die falschen Voranmeldungen eingetretene Steuerverkürzung auf Zeit nunmehr zu einer endgültigen Steuerverkürzung wird. Dies stellt ein neuerliches Unrecht dar. Das hinter § 393 Abs. 1 Satz 2 AO stehende Verbot des Zwangs zur Selbstbelastung geht zurück auf ein Recht zur Passivität, erlaubt jedoch nicht die neuerliche Vornahme verbotener Handlungen.[145]

3. Verpflichtung zur Abgabe von Steuererklärungen für nachfolgende Besteuerungszeiträume oder Verwendungsverbot?

Eine andere Frage ist es, ob sich der Steuerpflichtige nach § 370 I Nr. 2 AO strafbar macht, wenn er sich – bei Ausschluss einer strafbefreienden Selbstanzeige – zum Schutz vor Strafverfolgung gegenüber den Finanzbehörden **überhaupt nicht erklärt,** weil er befürchten muss, 106

---

[138] Vgl. *Hellmann*, in Hübschmann/Hepp/Spitaler, AO und FGO, § 393 AO Rn. 29.
[139] BVerfGE 56, 37, 42.
[140] BGH, NStZ 2005, 517 ff.
[141] BGHSt 47, 8, 15.
[142] Vgl. BGHSt 3, 18, 19; BGH wistra 1993, 66, 68.
[143] Vgl. BGHSt 47, 8, 15; BGHR AO § 393 I Erklärungspflicht 2 und 3; BGH Beschl. v. 12.1.2005 – 5 StR 191/04, NStZ 2005, 519 ff.
[144] Vgl. BGHR AO § 370 I Konkurrenzen 13; BGH, Beschl. vom 17.03.09 – 1 StR 479/08 (LG Nürnberg) NJW 2009, 1984 ff. sowie BGH, Urt. v. 12.1.2005 – 5 StR 271/04, NStZ 2005, 519 ff.; vgl. ferner *Rolletschke*, wistra 2004, 246 ff.; kritisch *Böse*, wistra 2003, 47 ff. (47).
[145] Vgl. *Joecks*, in Franzen/Gast/Joecks, SteuerstrafR, 7. Aufl., § 393 Rn. 37 m. w. N.

dass seine Angaben Rückschlüsse auf die wahren steuerlichen Verhältnisse und auf den Umfang hinterzogener Steuern zulassen (vgl. oben Rn. 105).

Zur Beantwortung dieser Frage hat sich der BGH[146] auf den Standpunkt gestellt, dass eine am Zwangsmittelverbot des § 393 Abs. 1 Satz 2 AO orientierte Auslegung zu einer Einschränkung der angedrohten Kriminalstrafe führen muss. Diese Einschränkung führte der *5. Strafsenat* in der Form durch, dass er die *Strafbewehrung* der steuerlichen Erklärungspflicht (nicht aber diese selbst) bei *identischem* oder *teilweise identischem steuerlichen Sachverhalt* jedenfalls für solange suspendiert hielt, wie das Steuerstrafverfahren andauert.[147]

107 Ungeklärt blieb in diesem Zusammenhang jedoch bislang, ob bei Abgabe von zutreffenden Erklärungen für nachfolgende Besteuerungszeiträume oder andere Steuerarten nicht wenigstens ein **„strafrechtliches Verwertungsverbot" zum Schutz vor mittelbarer Selbstbelastung** anzuerkennen ist.[148]

Mit Beschluss vom 12.1.2005 – 5 StR 191/04 (LG Kaiserslautern)[149] hat der für das Steuerstrafrecht zuständige 5. Strafsenat des BGH die in der Praxis bedeutsame Rechtsfrage entschieden, ob die Angaben, die der Steuerpflichtige gegenüber den Finanzbehörden in Erfüllung seiner steuerrechtlichen Erklärungspflichten gemacht hat, in anhängigen Steuerstrafverfahren, die zurückliegende (andere) Besteuerungszeiträume (oder andere Steuerarten) betreffen, zu seinen Lasten berücksichtigt werden dürfen oder sie einem Verwertungs- oder Verwendungsverbot unterliegen.[150] Nach der nunmehr ergangenen Entscheidung des BGH rechtfertigt es das Zwangsmittelverbot bei Anhängigkeit eines Steuerstrafverfahrens (nemo tenetur se ipsum accusare) nicht, die Abgabe von Steuererklärungen für nachfolgende Besteuerungszeiträume zu unterlassen. Allerdings besteht für die zutreffenden Angaben des Steuerpflichtigen, soweit sie zu einer mittelbaren Selbstbelastung für die zurückliegenden strafbefangenen Besteuerungszeiträume führen, ein strafrechtliches Verwendungsverbot. Der Senat[151] bestätigt damit zunächst seine ständige Rechtsprechung,[152] dass das Zwangsmittelverbot aus § 393 Abs. 1 S. 2 AO „in bestimmten Ausnahmefällen" dazu führt, dass die Strafbewehrung der Verletzung steuerlicher Pflichten suspendiert wird. Fallgestaltungen dieser Art kommen jedoch nur in Betracht, „wenn hinsichtlich derselben Steuerart und desselben Besteuerungszeitraums, für den bereits ein Ermittlungsverfahren eingeleitet wurde, weitere Erklärungspflichten bestehen". Seine (zutreffende) Rechtfertigung findet diese Einschränkung darin, dass ansonsten die Begehung neuen Unrechts zugelassen würde, zu dem das Recht auf Selbstschutz – auch im Interesse der Gleichbehandlung aller Steuerpflichtigen – nicht legitimiert. Unverkennbar ist jedoch, dass der Steuerpflichtige in eine Konfliktsituation gerät, wenn sich aus der Erfüllung seiner weiterbestehenden Pflicht zur wahrheitsgemäßen steuerlichen Erklärung für nachgelagerte Besteuerungszeiträume Rückschlüsse auf die tatsächlichen Besteuerungsgrundlagen in bereits strafbefangenen zurückliegenden Besteuerungszeiträumen oder in Bezug auf andere Steuerarten desselben Besteuerungszeitraums ergeben. Macht er in dieser Situation keine oder unrichtige Angaben, so verstößt er gegen das Strafgesetz (§ 370 Abs. 1 Nr. 1 u. 2 AO). Macht er dagegen wahrheitsgemäße Angaben, so besteht die Möglichkeit, dass diese in dem gegen ihn anhängigen Ermittlungsverfahren Berücksichtigung finden, was im Ergebnis einer mittelbaren Selbstbelastung entspricht.[153] Auch vor einer solchen mit-

---

[146] BGHSt 47, 8 ff. (15).
[147] Hierzu näher BGHSt 47, 8 ff. (14 f.); vgl. in diesem Zusammenhang aber auch die Entscheidung des BGH zum prozessualen Tatbegriff – BGH, NJW 2005, 836 ff. und hierzu *Rolletschke*, StV 2005, 355.
[148] Vgl. BGH, JZ 2002, 615 (616); *Joecks* in FS Kohlmann, 2003, S. 451 ff. mit Vergleich der Rechtsprechung S. 457 ff.
[149] BGH, NStZ 2005, 519 ff.; sowie BGH, NStZ 2006, 41 ff. Anmerkung *Rogall* jeweils m. w. N.; vgl. allgemein *Jäger*, Aus der Rechtsprechung des BGH zum Steuerstrafrecht, NStZ 2005, 552 ff. (556 ff.) m. w. N.
[150] Vgl. hierzu auch *Joecks* in FS Kohlmann, 2003, S. 451 ff. sowie *Rogall* in FS Kohlmann, 2003, S. 465, 471 ff., auch im Vergleich zu § 97 InsO (S. 479 f.).
[151] Vgl. BGH, NStZ 2005, 519, vgl auch BVerfG vom 13.5.2009, BVerfGK 15, 457.
[152] Vgl. BGHSt 47, 8 ff. sowie BGH JZ 2002, 616; vgl auch BGH NJW 2009, 1984.
[153] *Kohlmann*, SteuerstrafR, Stand: 45. Lfg., § 393 AO Rn. 53 ff.

V. Verbot des Selbstbelastungszwangs im Steuerstrafverfahren

telbaren Selbstbelastung bietet die Selbstbelastungsfreiheit Schutz.[154] Die Auflösung dieser Konfliktsituation muss den Leitlinien folgen, die sich aus der verfassungsrechtlichen Gewährleistung des nemo-tenetur-Grundsatzes ergeben. Danach gilt, dass der beschuldigte Steuerpflichtige nicht zum Mittel der Lüge greifen darf, um sich aus der Konfliktsituation zu befreien. Eine andere Frage ist es, ob der Steuerpflichtige aus Gründen des Schutzes vor Selbstbelastung berechtigt ist, den Konflikt durch Nichterklärung zu lösen. Insoweit könnte an einen Verlust der Strafbewehrung infolge Unzumutbarkeit gedacht werden.[155] Der Steuerpflichtige kann jedoch auch ohne ein solches Vorgehen unter Rückgriff auf den Gemeinschuldner-Mechanismus hinreichend geschützt werden.

Kann – wie hier – aus übergeordneten Gründen nicht auf den Erklärungszwang verzichtet werden, so bedarf es eines Schutzes des Steuerpflichtigen vor unmittelbarer oder mittelbarer Verwendung seiner Angaben in dem gegen ihn gerichteten Strafverfahren. Besteht tatsächlich ein solcher Schutz, so ist das an ihn gestellte Ansinnen, sich vollständig und wahrheitsgemäß zu erklären, auch nicht unzumutbar.[156] Die Vorteile dieser – den verfassungsrechtlichen Vorgaben entsprechenden – Lösung liegen auf der Hand: Die steuerlichen Erklärungspflichten werden ohne Verstoß gegen das Verfassungsrecht aufrechterhalten, der Beschuldigte ist gegen eine Verwendung seiner Angaben im Strafverfahren geschützt. Diese Angaben dürfen aber im Besteuerungsverfahren verwendet werden, was wiederum eine zutreffende Besteuerung ermöglicht. Damit scheint allen beteiligten Interessen Rechnung getragen zu sein. **108**

4. Einschränkende Auslegung des Verwendungsverbots bei Selbstanzeige gemäß § 371 AO

Wie bereits erläutert, wird der nemo-tenetur-Grundsatz durch das in § 393 Abs. 2 AO geregelte **„Verwendungsverbot"**[157] ergänzt. Das Verwendungsverbot des § 393 Abs. 2 AO soll als prozessuale Ausgestaltung des Steuergeheimnisses nach § 30 AO es dem Steuerpflichtigen ermöglichen, seiner Verpflichtung nachzukommen, alle steuerlich relevanten Tatsachen offen zu legen, auch soweit sie auf strafbares Verhalten beruhen. **109**

Dieses „Verwendungsverbot"[158] reicht allerdings nicht so weit, dass der Steuerpflichtige Schutz vor Verfolgung wegen einer *Urkundenstraftat* genießt, die er durch Vorlage unechter oder gefälschter Belege begangen hat.[159] Das Verwendungsverbot gilt nicht für *freiwillige Angaben* zu *allgemeinen Straftaten* im Rahmen einer *Selbstanzeige* (§ 371 AO), die in Tateinheit zu der angezeigten Steuerstraftat stehen.[160] Auch greift das in § 393 Abs. 2 AO geregelte Verwendungsverbot nicht, wenn der Steuerpflichtige eine allgemeine Straftat offenbart, die er zugleich mit der Steuerhinterziehung begangen hat und das Steuer- bzw. das Allgemeindelikt eine Tat im prozessualen Sinn bilden.[161]

---

[154] Hierzu BVerfG wistra 2002, 135; SK-*Rogall*, a. a. O., § 55 Rn. 25 ff., 27; *Böse*, Die Strafbarkeit wegen Steuerhinterziehung und der Nemo-tenetur-Grundsatz, wistra 2003, 47 (48).

[155] Anders *Böse*, wistra 2003, 48 ff.; *ders.*, Wirtschaftsaufsicht und Strafverfolgung, S. 489 ff.; dem widersprechend auch *Joecks* in FS Kohlmann, 2003, S. 461 Fn. 40.

[156] Vgl. BGH, JZ 2002, 616, 617 f. mit Anmerkung *Hellmann*; *Kohlmann* a. a. O., § 393 Rn. 54, 56; *Hellmann*, in Hübschmann/Hepp/Spitaler AO (FGO), Stand: 196. Lfg., § 393 Rn. 30; *Joecks* in FS Kohlmann, 2003, S. 462, 463.

[157] Zur Terminologie vgl. *Rogall* in FS Kohlmann, 2003, S. 465 ff. (476 ff.).

[158] Vgl. dazu *Rogall* in FS Kohlmann, 2003, S. 476 ff.; *Böse*, Wirtschaftsaufsicht und Strafverfolgung, S. 524 ff. (525).

[159] BGH, NStZ 2004, 582 m. w. N.

[160] Vgl. BGHSt 49, 136 ff. sowie hierzu zustimmend BVerfG NJW 2005, 352 f.; unter Hinweis auf die mangelnde Relevanz des nemo-tenetur-Grundsatzes bei „freiwilligen" Angaben vgl. auch BGHSt 36, 238 ff.; kritisch hierzu *Eidam*, wistra 2004, 412 ff. sowie *Eidam*, wistra 2006, 11 ff. jeweils m. w. N.

[161] Vgl. dazu BGH, wistra 2004, 309 ff.; *Hellmann*, in Hübschmann/Hepp/Spitaler, Abgabenordnung, Stand: November 2007, § 393, Rn. 160 ff.; *Kohlmann*, Steuerstrafrecht, Stand: Dezember 2011, § 393 AO, Rn. 76 ff.; BayObLG, NJW 1997, S. 600 f.

110 Das Beweisverwendungsverbot des § 393 Abs. 2 Satz 1 AO ist einschränkend seinem Zweck nach auszulegen.

Offenbart der Steuerpflichtige im Rahmen einer Selbstanzeige eine zugleich mit der Steuerhinterziehung begangene allgemeine Straftat, so ist § 393 Abs. 2 AO seinem Zweck nach nicht einschlägig. Zum einen offenbart der Steuerstraftäter in diesen Fällen keine weitere Steuerquelle für den Staat. Das in § 393 Abs. 2 AO geregelte Verwendungsverbot zielt zum anderen darauf, das Spannungsverhältnis auszugleichen zwischen der Erzwingbarkeit steuerrechtlicher Mitwirkungs- und Offenbarungspflichten und dem berechtigten Interesse des Steuerpflichtigen, sich nicht der Strafverfolgung auszusetzen. Dieser Grund entfällt aber in den Fällen, in denen die Erfüllung steuerrechtlicher Offenbarungspflichten nicht mit den Zwangsmitteln des Steuerrechts durchsetzbar ist (vgl. § 328 AO). Gemäß § 393 Abs. 1 AO ist eine zwangsweise Durchsetzung jedoch dann nicht möglich, wenn der Steuerpflichtige dadurch genötigt wäre, sich wegen einer von ihm begangenen Steuerstraftat selbst zu belasten. Da er in dieser Situation nicht mit Zwangsmitteln zur Erfüllung seiner steuerrechtlichen Pflichten veranlasst werden kann, bedarf er auch nicht des besonderen Schutzes eines Beweisverwendungsverbots nach § 393 Abs. 2 AO für offenbarte Tatsachen in Hinblick auf allgemeine Straftaten, die in Tateinheit zum Steuerdelikt begangen wurden. Der Bundesgerichtshof setzt dabei erkennbar voraus, dass sich das Zwangsmittelverbot des § 393 Abs. 1 Satz 2 AO auch auf Allgemeindelikte erstreckt, die in Tateinheit zu einem Steuerstrafdelikt stehen.[162]

111 Auch der Einwand, der Steuerpflichtige sei im Interesse der Straffreiheit nach § 371 AO zur vollständigen Offenlegung des Steuerdelikts einschließlich der damit verbundenen Allgemeindelikte gezwungen gewesen und habe deshalb in Erfüllung steuerrechtlicher Pflichten ein Allgemeindelikt offenbart, das als Vergehen nicht unter die Ausschlussklausel des § 393 Abs. 2 Satz 2 AO falle, greift im Ergebnis nicht durch.

Drohen im Fall der Nichterfüllung einer gesetzlichen Auskunftspflicht keine Zwangsmaßnahmen, so lässt sich verfassungsrechtlich aus der gesetzlichen Auskunftspflicht selbst noch kein strafrechtliches Beweisverwertungsverbot herleiten. Daraus folgt auch, dass die vom Beschwerdeführer geltend gemachte Zwangslage, in der sich ein Selbstanzeigender im Fall des § 371 AO befindet, für die verfassungsrechtliche Begründung eines Beweisverwertungsverbots nicht ausreicht. Das Interesse an einer Vermeidung der Strafbarkeit wegen eines Steuerdelikts kann zwar ein stärkeres Motiv für eine Selbstanzeige bilden als die Androhung steuerrechtlicher Zwangsmittel. Die angestrebte Straffreiheit im Hinblick auf das Steuerdelikt erlangt nur derjenige, der neben dem Steuerdelikt zugleich auch damit begangene Allgemeindelikte aufdeckt, da eine Unvollständigkeit der Selbstanzeige jedenfalls eine vollständige Straffreiheit nach § 371 Abs. 1 AO ausschließt. Diese faktische Zwangswirkung einer fehlgehenden Selbstanzeige führt aber nicht dazu, dass die Offenlegung eines Allgemeindelikts im Rahmen einer Selbstanzeige aus verfassungsrechtlichen Gründen ein Beweisverwertungsverbot nach sich ziehen müsste. Das allgemeine Persönlichkeitsrecht schützt nicht vor einer Bestrafung strafbaren Verhaltens, sondern lediglich vor einem rechtlichen Zwang zur Selbstbelastung und einer darauf beruhenden strafrechtlichen Verurteilung. Nur in diesem Fall wird die Würde des Menschen verletzt, wenn dessen erzwungene Aussage als Mittel gegen ihn selbst verwendet wird. Entscheidend ist daher, ob der Steuerpflichtige zu einer solchen Selbstanzeige gezwungen ist. Dies ist jedoch nicht der Fall. Es besteht zwar die Pflicht zur umfassenden Auskunft, diese ist aber nicht mit Zwangsmitteln durchsetzbar.

---

[162] S. *Hellmann*, a. a. O., § 393 AO, Rn. 88 ff.; *Kohlmann*, a. a. O., § 393 AO, Rn. 42, 48 ff., *Joecks*. in Franzen/Gast/Joecks, Steuerstrafrecht, 7. Auflage 2009, § 393 AO, Rn. 10 und 33; Beschluss der 2. Kammer des Zweiten Senats des Bundesverfassungsgerichts vom 7. Juli 1995 – 2 BvR 1778/94 –, NStZ 1995, S. 599 f.

V. Verbot des Selbstbelastungszwangs im Steuerstrafverfahren

5. Verpflichtung die Einkünfte betragsmäßig offen zu legen?

Die Verpflichtung zur Abgabe einer wahrheitsgemäßen Steuererklärung hinsichtlich strafbar erlangter Einkünfte (etwa Bestechungsgelder) ist nicht etwa deshalb suspendiert, weil niemand verpflichtet sein soll, sich selbst anzuklagen oder sonst zur eigenen Überführung beizutragen (nemo tenetur se ipsum accusare).[163]

112

Hierzu hat der 5. Senat des BGH[164] entschieden, dass ein Steuerpflichtiger, der Einkünfte aus Bestechungsgeldern anzugeben hat, seiner durch § 370 AO strafbewehrten Erklärungspflicht regelmäßig bereits dadurch nachkommen kann, indem er diese **Einkünfte betragsmäßig offen legt und einer Einkunftsart zuordnet, ohne die genaue Einkunftsquelle zu benennen oder die Angaben in der Steuererklärung näher zu konkretisieren.**[165] Denn diese Erklärung reicht regelmäßig zu einer Festsetzung von Einkommensteuer aus, durch die im Ergebnis eine Verkürzung von Steuern – also der von § 370 AO vorausgesetzte Tatererfolg – vermieden wird. Derartige Angaben, durch die sich der Steuerpflichtige nicht selbst einer Straftat bezichtigt, sondern lediglich Einkünfte offenbart, sind ihm ohne weiteres zumutbar. Die strafrechtliche Erzwingbarkeit dieser Erklärungspflicht in dem genannten beschränkten Umfang gerät regelmäßig nicht in Konflikt mit dem verfassungsrechtlich verbürgten Grundsatz der Selbstbelastungsfreiheit. Soweit nach der AO darüber hinaus Erläuterungspflichten bestehen, die mit den in §§ 328 ff. AO genannten Zwangsmitteln durchsetzbar sind, ist der Steuerpflichtige zunächst durch das Steuergeheimnis (§ 30 AO) sowie das in § 393 Abs. 2 AO normierte begrenzte strafrechtliche Verwertungsverbot geschützt.[166] In dem Umfang, in dem dieser Schutz aufgrund überragender öffentlicher Interessen durch § 393 Abs. 2 Satz 2, § 30 Abs. 4 Nr. 5 AO durchbrochen wird, gebietet der Grundsatz der Selbstbelastungsfreiheit allenfalls, dass sich die erzwingbare Erklärungspflicht auf die betragsmäßige Angabe der Einkünfte als solche beschränkt und der Steuerpflichtige nicht mit Zwangsmitteln zur Abgabe weiter gehender Erläuterungen zur – allein hierdurch nicht ermittelbaren – deliktischen Herkunft der Einkünfte angehalten werden kann. Nur soweit die steuerrechtliche Pflicht zur umfassenden Auskunft mit Zwangsmitteln durchsetzbar wäre, könnte ein Konflikt mit dem verfassungsrechtlich verbürgten Grundsatz bestehen, dass niemand zur eigenen Überführung beitragen muss. Weder das allgemeine Persönlichkeitsrecht noch die Menschenwürde werden schon allein dadurch tangiert, dass ein Steuerpflichtiger zur Angabe von Einnahmen aus Straftaten verpflichtet ist. Denn der Grundsatz der Selbstbelastungsfreiheit schützt nicht vor einer Bestrafung kriminellen Verhaltens, sondern lediglich vor einer strafrechtlichen Verurteilung, die auf einem rechtlichen Zwang zur Selbstbelastung beruht.[167] Die Grundrechte des Steuerpflichtigen sind jedenfalls dann gewahrt, wenn sich die Erzwingbarkeit der Erklärung nur auf die Angabe der Einnahme als solche und nicht auf deren – allein hierdurch nicht ermittelbare – deliktische Herkunft bezieht.[168]

---

[163] Vgl. *Jäger*, NStZ 2005, 552 (556 ff.) m. w. N.
[164] BGH – 5 StR 119/05 – Urteil vom 2.12.2005, wistra 2006, 96–104 (Leitsatz und Gründe) = NJW 2006, 925 ff. = NStZ 2006, 210 ff.; vgl. auch BGH –5 StR 299/03 – Beschluss vom 11.11.2004, NJW 2005, 300 ff. (306) sowie BGH – 5 StR 139/03 – Urteil vom 5. 5.2004, NStZ-RR 2004, 242 f.
[165] Vgl. hierzu auch BGH – 5 StR 139/03 – vom 5. 5.2004, wistra 2004, 391 = NStZ-RR 2004, 242, kritisch in diesem Zusammenhang *Wulf*, Steuererklärungspflichten und „nemo tenetur", wistra 2006, 89 ff. (96),
[166] Vgl. BVerfGE 56, 37, 47.
[167] Vgl. BVerfG, NJW 2005, 352, 353.
[168] Vgl. hierzu nochmals auch BGH, wistra 2004, 391; kritisch wegen dem zu erwartenden Konflikt mit den Finanzbehörden aufgrund ergänzender Nachfragen vgl. *Wulf*, Steuererklärungspflichten und „nemo tenetur", wistra 2006, 89 ff. (96).

26. Kapitel. Besonderheiten im Strafverfahren

Literatur: *Alsberg/Nüse/Meyer,* Der Beweisantrag im Strafprozess, 5. Auflage 1983; *Altenhain/Haimerl,* Modelle konsensualer Erledigung des Hauptverfahrens, GA 2005, 281; *Altenhain/Haimerl,* Die gesetzliche Regelung der Verständigung im Strafverfahren – eine verweigerte Reform, JZ 2010, 327; *Basdorf,* Änderungen des Beweisantragsrechtes und Revision, StV 1995, 310; *Beulke,* Der Beweisantrag, JuS 2006, 597; *Beulke/Satzger,* Der fehlgeschlagene Deal und seine prozessualen Folgen – BGHSt 42, 191, JuS 1997, 1072; *Bittmann,* Das Gesetz zur Regelung der Verständigung im Strafverfahren, wistra 2009, 414; *Bittmann,* Das Verständigungsgesetz in der gerichtlichen Praxis, NStZ-RR 2011, 102; *Böttcher,* Referat für den 58. Deutschen Juristentag 1990, Verhandlungen des 58. DJT 1990, Bd. II, Abteilung Strafrecht, L 9; *derselbe,* Der Deutsche Juristentag und die Absprachen im Strafprozess, in: Festschrift für Lutz Meyer-Goßner 2001, 49; *Bundesrechtsanwaltskammer,* Vorschlag einer gesetzlichen Regelung der Urteilsabsprache im Strafverfahren, ZRP 2005, 235; *Buse,* Auswirkungen der Regelungen des Gesetzes zur Verständigung im Strafverfahren auf das steuerstrafrechtliche Ermittlungsverfahren, Die Steuerberatung 9/11, 414; *Bünger,* Die tatrichterlichen Möglichkeiten der Reaktion auf einen Missbrauch des Beweisantragsrechts, NStZ 2006, 305; *Burgard/Fresemann,* Der Beweisantrag bezüglich einer vom Zeugen zu bekundenden Negativtatsache, wistra 2000, 88; *Burhoff,* Verfahrenstipps und Hinweise für Strafverteidiger (I/2011), ZAP 6/2011, 673; *Burhoff,* Handbuch für die strafrechtliche Hauptverhandlung, 6. Aufl. 2010; *Burhoff,* Handbuch für das strafrechtliche Ermittlungsverfahren, 5. Aufl. 2010; *Dahs,* Absprachen im Strafprozess – Chancen und Risiken, NStZ 1988, 153; *Dahs,* Absprachen im Strafprozess – Wirksamkeit eines Rechtsmittelverzichts, NStZ 2005, 580; *Dahs,* Handbuch des Strafverteidigers, 7. Aufl. 2005; *Dahs,* Die Revision im Strafprozess, 8. Aufl. 2012; *Däubler-Gmelin,* Überlegungen zur Reform des Strafprozesses, StV 2001, 359; *Deal,* Der strafprozessuale Vergleich, StV 1982, 545; *Deckers,* Der strafprozessuale Beweisantrag, 2. Aufl. 2007; *Eisenberg,* Beweisrecht der StPO, 7. Aufl. 2011; *Eschenhagen,* Der Missbrauch des Beweisantragsrechts, 2001; *Fahl,* Rechtsmissbrauch im Strafprozess, 2004; *Fezer,* Die ‚Herabstufung' eines Beweisantrages in der Revisionsinstanz – Zugleich eine Kritik am sog. Konnexitätsprinzip, in: Festschrift für Lutz Meyer-Goßner 2001, 629; *Fezer,* Inquisitionsprozess ohne Ende, NStZ 2010, 177; *Fischer,* Konfliktverteidigung, Missbrauch von Verteidigungsrechten und das Beweisantragsrecht, StV 2010, 423; *Fischer,* Regelung der Urteilsabsprache – ein Appell zum Innehalten, NStZ 2007, 433; *Fischer,* Anhörungstermin im Zwischenverfahren, StV 2003, 109; *Fromm,* Deals im Straßenverkehrs-Ordnungswidrigkeitenverfahren, NZV 2010, 550; *Göhler,* OWiG, 16. Aufl. 2012; *Gollwitzer,* Einschränkungen des Beweisantragsrechts durch Umdeutung von Beweisanträgen in Beweisanregungen, StV 1990, 420; *Hamm/Hassemer/Pauly,* Beweisantragsrecht, 2000; *Hassemer,* Pacta sunt servanda – auch im Strafprozess? – BGH, JuS 1989, 890; *Hassemer,* Über den Missbrauch von Rechten, in: Festschrift für Lutz Meyer-Goßner 2001, 127; *Hassemer/Hippler,* Informelle Absprachen in der Praxis des deutschen Strafverfahrens, StV 1986, 360; *Herdegen,* Beweisantragsrecht, Beweiswürdigung, strafprozessuale Revision – Abhandlungen und Vorträge, Schriftenreihe Deutsche Strafverteidiger e. V., Bd. 5, 1995; *derselbe,* Das Beweisantragsrecht – Betrachtungen anhand zur und zur Rechtsprechung (Teil I), NStZ 1998, 444; *derselbe,* Das Beweisantragsrecht – Zum Rechtsmissbrauch (Teil III), NStZ 2000, 1; *derselbe,* Zum Begriff der Beweisbehauptung, StV 1990, 518; *derselbe,* Judikatorische Gründe für die Ablehnung von Beweisanträgen in Strafverfahren, in: Festschrift für Karl Heinz Gössel 2002, 529; *Ignor/Matt,* Integration und Offenheit im Strafprozess – Vorschläge zu einer Reform des Strafverfahrens, StV 2002, 102; *Jahn,* Konnexitätsdoktrin und „Fristenlösungsmodelle" – Die verfassungsrechtlichen Grenzen der Fremdkontrolle im Beweisantragsrecht der Verteidigung durch den Bundesgerichtshof, StV 2009, 663; *Jahn,* Entwicklungen und Tendenzen zwei Jahre nach Inkrafttreten des Verständigungsgesetzes, StV 2011, 497; *Jahn/Müller,* Das Gesetz zur Regelung der Verständigung im Strafverfahren – Legitimation und Reglementierung der Absprachenpraxis, NJW 2009, 2625; *Karlsruher Kommentar zur Strafprozessordnung mit GVG, EGGVG und EMRK,* 6. Aufl. 2008; *Kempf,* Gesetzliche Regelung von Absprachen im Strafverfahren? Oder: Soll Informelles formalisiert werden?, StV 2009, 269; *Kirsch,* Die gesetzliche Regelung der Verständigung im Strafverfahren, StraFo 2010, 96; *KMR Kommentar zur Strafprozessordnung; Knierim/Rettenmaier,* Das Selbstleseverfahren gemäß § 249 Abs. 2 StPO in Wirtschaftsstrafsachen – Verfahrensbeschleunigung oder unzulässiger Verstoß gegen das Recht auf ein faires Verfahren? StV 2006, 155; *Knauer/Lickleder,* Die obergerichtliche Rechtsprechung zu Verfahrensabsprachen nach der gesetzlichen Regelung – ein kritischer Überblick, NStZ 2012, 366; *Koch,* Das Zwischenverfahren im Strafprozess – Mauerblümchen oder verborgener Schatz? Zugleich ein Beitrag zum Diskussionspapier der Regierungskoalition zur Reform des Strafverfahrens, StV 2002, 222; *König/Harrendorf* in *Dölling/Duttge/Rössner,* Gesamtes Strafrecht, Handkommentar, 2. Aufl. 2011; *Krumm,*

Verständigung auf eine „Punktstrafe" im OWi-Verfahren, NZV 2011, 377; *Kuckein/Pfister,* Verständigung im Strafverfahren – Bestandsaufnahme und Perspektiven, in: Festschrift 50 Jahre Bundesgerichtshof 2000, 641; *Kudlich,* Strafprozess und allgemeines Missbrauchsverbot, 1998; *Lien,* Analytische Untersuchung der Ursachen des andauernden Streits um Absprachen – Kritik an den bisherigen Legitimationsmodellen der Absprachen aus sprachanalytischer Sicht, GA 2006, 129; *Löwe-Rosenberg,* Die Strafprozessordnung und das Gerichtsverfassungsgesetz, Band 6/Teil 1 (§§ 213 bis 255a), 26. Aufl. 2010; *Meyer-Goßner,* Strafprozessordnung, 55. Aufl. 2012; *derselbe,* Gesetzliche Regelung der „Absprachen im Strafprozess"?, ZRP 2004, 187; *derselbe,* Zum Vorschlag der Bundesrechtsanwaltskammer für eine gesetzliche Regelung der Urteilsabsprache im Strafverfahren, StV 2006, 458; *Niemöller,* Absprachen im Strafprozess, StV 1990, 34; *Nehm,* Die Verständigung im Strafverfahren auf der Zielgeraden?, StV 2007, 549; *Noak,* Urteilsabsprachen im Jugendstrafrecht – Besprechung von BGH, Beschl. v. 15.3.2001 – 3 StR 61/01 StV 2002, 445; *Nowak,* Zur Zulässigkeit einer Verständigung im Jugendstrafverfahren, JR 2010, 248; *Niemöller,* Zum exzessiven Gebrauch des Beweisantragsrechts, JR 2010, 332; *Niemöller,* Bedingte Beweisanträge im Strafverfahren, JZ 1992, 884; *derselbe,* Strafgerichtsbarkeit und Verfassungsgerichtsbarkeit, in: *Umbach/Clemens/Dollinger* (Hrsg.), Bundesverfassungsgerichtsgesetz, 2. Aufl. 2005; *Niemöller/Schlothauer/Weider,* Gesetz zur Verständigung im Strafverfahren 2010; *Niemöller/Schuppert,* Die Rechtsprechung des Bundesverfassungsgerichts zum Strafverfahrensrecht, AöR Bd. 107 (1982), 387; *Perron,* Das Beweisantragsrecht des Beschuldigten im deutschen Strafprozess, Berlin 1995; *Pfeiffer,* Strafprozessordnung, 5. Aufl. 2005; *Polomski,* Zwei Jahre Verständigung im Strafprozess – Fluch oder Segen?, DRiZ 2011, 316; *Radtke/Hohmann,* StPO 2011; *Rieß,* Der vereinbarte Rechtsmittelverzicht, in: Festschrift für Lutz Meyer-Goßner 2001, 645; *Rieß,* Thesen zur rechtsdogmatischen und rechtspolitischen Fernwirkung der gesetzlichen Regelung der Urteilsabsprache, StraFo 2010, 10; *Rissing-van Saan,* Der „erkennende Richter" als Zeuge im Strafprozess? MDR 1993, 310; *Rönnau,* Die Absprache im Strafprozess, 1990; *Rose,* Beweisanträge auf Vernehmung von Auslandszeugen: Entwicklung und Tendenzen der neueren Rechtsprechung, NStZ 2012, 18; *Roxin/Schünemann,* Strafverfahrensrecht. Ein Studienbuch, 27. Aufl. 2012; *Satzger,* Absprachen im Strafprozess, in: *Bockemühl* (Hrsg.), Handbuch des Fachanwalts Strafrecht, 5. Aufl. 2012; *Schäfer,* Referat für den 58. Deutschen Juristentag 1990, in: Verhandlungen des 58. DJT, München 1990, Bd. II, Abteilung Strafrecht, L 48; *Schäfer/Sander,* Die Praxis des Strafverfahrens, 6. Aufl. 2000; *Scheffler,* Der Hilfsbeweisantrag und seine Bescheidung in der Hauptverhandlung, NStZ 1989, 158; *Schlothauer,* Gesetzesrecht – Richterrecht, StraFo 2011, 459; *Schlothauer,* Hilfsbeweisantrag – Eventualbeweisantrag – bedingter Beweisantrag, StV 1988, 542; *Schlothauer/Weider,* Das „Gesetz zur Regelung der Verständigung im Strafverfahren" vom 3. August 2009, StV 2009, 600; *Schlüchter,* Beschleunigung des Strafprozesses und insbesondere der Hauptverhandlung ohne Rechtsstaatsverlust, GA 1994, 397; *Schmidt-Hieber,* Absprachen im Strafprozess – Privileg des Wohlstandskriminellen?, NJW 1990, 1884; *derselbe,* Vereinbarungen im Strafverfahren, NJW 1982, 1017; *Schmuck/Steinbach,* Glaubwürdigkeitsgutachten und § 244 Abs. 4 StPO, StraFo 2010, 17; *Schöch,* Urteilsabsprachen in der Strafrechtspraxis, 2007; *Schrader,* Der Hilfsbeweisantrag – ein Dilemma, NStZ 1991, 224; *Schünemann,* Ein deutsches Requiem auf den Strafprozess des liberalen Rechtsstaats, ZRP 2009, 104; *Schünemann,* Absprachen im Strafverfahren? Grundlagen, Gegenstände und Grenzen; Gutachten B für den 58. Deutschen Juristentag 1990, in: Verhandlungen des 58. DJT, München 1990, Bd. I B; *derselbe,* Die Verständigung im Strafprozess – Wunderwaffe oder Bankrotterklärung der Verteidigung?, NJW 1989, 1895; *derselbe,* Vom Einfluss der Strafverteidigung auf die Rechtsentwicklung, StraFo 2005, 177; *Senge,* Missbräuchliche Inanspruchnahme verfahrensrechtlicher Gestaltungsmöglichkeiten – wesentliches Merkmal der Konfliktverteidigung? Abwehr der Konfliktverteidigung, NStZ 2002, 225; *Seppi,* Absprachen im Strafprozess, 2011; *Siolek,* Neues zum Thema Verständigung im Strafverfahren, DRiZ 1993, 422; *Systematischer Kommentar zur Strafprozessordnung mit GVG und EMRK,* 4. Aufl. 2011; *Terhorst,* Kriterien für konsensuales Vorgehen im Strafverfahren – freie Wahl für Urteilsabsprachen?, GA 2002, 600; *Trüg,* Beweisantragsrecht – Disziplinierung der Verteidigung durch erhöhte Anforderungen?, StraFo 2010, 139; *Velten,* Die Rückabwicklung unzulässiger Absprachen – Kritik der aktuellen Rechtsprechung zur Reichweite der §§ 257c Abs. 4 S. 3, 136a StPO, StV 2012, 172; *Ventzke,* Tatrichterliche Notwehr gegen Missbrauch des Beweisantragsrechts, HRRS 2005, 233; *Ventzke,* „Warum stellen Sie denn keinen Beweisermittlungsantrag?" oder: Die revisionsrechtliche Aufklärungsrüge – ein beweisantragliches Problem, StV 2009, 655; *Weider,* Rechtsmittelverzicht und Absprache, in: Festschrift für Klaus Lüderssen 2002, 773; *Weimar/Mann,* Die gesetzliche Regulierung der Verständigung im Strafverfahren aus der Perspektive erstinstanzlicher Gerichte, StraFo 2010, 12; *Wenske,* Die Verständigung im Strafverfahren – Teil 1, DRiZ 2011, 393; *Wenske,* Die Verständigung im Strafverfahren – Teil 2, DRiZ 2012, 123; *Wenske,* Die Verständigung im Strafverfahren – Teil 3, DRiZ 2012, 198; *Weßlau,* Der Missbrauch von Verfahrensrechten im Strafverfahren, in: Festschrift für Klaus Lüderssen 2002, 787; *Widmaier,* Referat für den 58. Deutschen Juristentag 1990, in: Verhandlungen des 58. DJT, München 1990, Bd. II, Abteilung Strafrecht, L 33; *Winter,* Richterliche Willkür – Zur verfassungsgerichtlichen Kontrolle von

Gerichtsentscheidungen, in: Festschrift für Franz Merz 1992, 611; *Wolfslast*, Absprachen im Strafprozess, NStZ 1990, 409; *Zschockelt*, Die Urteilsabsprache in der Rechtsprechung des BVerfG und des BGH, NStZ 1991, 305.

Inhaltsübersicht

	Rn.
Vorbemerkung	
A. Beweisantragsrecht	1–129
I. Verfassungsrechtliche Anbindung des Beweisantragsrechts	1, 2
II. Das Verhältnis zur Aufklärungspflicht nach § 244 Abs. 2 StPO	3–5
III. Der Begriff des Beweisantrags	6–8
1. Beweisanträge außerhalb der Hauptverhandlung	6
2. Die Rechtsprechung	7
3. Definition	8
IV. Formelle Anforderungen und Verfahren	9–16
1. Antragsberechtigung und gemeinsame Antragstellung	9
2. Ausschluss der Antragsberechtigung und Rechtsmissbrauch	10, 11
3. Form und Protokollierung – Anordnung nach § 257a StPO	12–14
4. Zeitpunkt der Antragstellung	15
5. Zurücknahme und Verzicht	16
V. Der bedingte Beweisantrag	17–27
1. Klassifizierungsansätze	18–20
a) Hilfsbeweisantrag, Eventualbeweisantrag und prozessual bedingter Beweisantrag	19
b) Urteils- und Beurteilungsbedingung	20, 21
2. Der Hilfsbeweisantrag	22–26
a) Der Hilfsbeweisantrag mit „Bescheidungsklausel"	22
b) Rechtsmissbräuchliche Verknüpfung der Beweisbehauptung	23
c) Gefahren und Risiken – Revision	24–26
3. Der Eventualbeweisantrag	27
VI. Die inhaltlichen Anforderungen an das Beweisbegehren	28–52
1. Die Behauptung der Beweistatsache	29–44
a) Beweistatsache	29, 30
b) Die bestimmte Behauptung der Beweistatsache	31
c) Widersprüchliche Beweisbehauptungen	32
d) Die Auslegung der Beweisbehauptung	33, 34
e) Substantiierung der Beweisbehauptung – Konnexitätserfordernis	35–37
f) Die Wiederholung des Beweisbegehrens	38
g) Zeugenbeweis	39–41
h) Beweisanträge auf Feststellung des anzuwendenden Rechts	42–44
2. Die Angabe des Beweismittels	45–52
a) Zeugenbeweis	48, 49
b) Sachverständigenbeweis	50
c) Augenschein	51
d) Urkundenbeweis	52
VII. Beweisanregung, Beweisermittlungsantrag und Scheinbeweisantrag	53–62
1. Beweisanregung und Beweiserbieten	53, 54
2. Beweisermittlungsantrag	55–59
a) Begriff	56, 57
b) Die Entscheidung über den Beweisermittlungsantrag	58, 59
3. Scheinbeweisantrag und Missbrauch des Beweisantragsrechts	60–62
VIII. Die Entscheidung über den Beweisantrag	63–67
1. Die Anordnung der Beweisaufnahme	63
2. Die Ablehnung des Beweisantrags durch Gerichtsbeschluss	64–67
a) Form und Bedeutung	64
b) Inhalt	65
c) Zeitpunkt	66
d) Revisionsrechtliche Folgen fehlerhafter Antragsablehnung	67
IX. Die Ablehnung des Beweisantrags	68–130
1. Das Verbot der Beweisantizipation	69, 70
2. Unzulässigkeit der Beweiserhebung gem. § 244 Abs. 3 Satz 1 StPO	71–74
3. Die Ablehnungsgründe des § 244 Abs. 3 Satz 2 StPO	75–118
a) Offenkundigkeit der Beweistatsache	75–80
b) Bedeutungslosigkeit der Beweistatsache	81–88
c) Erwiesensein der Beweistatsache	89–91
d) Völlige Ungeeignetheit des Beweismittels	92–98
e) Unerreichbarkeit des Beweismittels	99–106
f) Verschleppungsabsicht	107–111
g) Wahrunterstellung	112–118
4. Ablehnung des Sachverständigenbeweises nach § 244 Abs. 4 StPO	119–123
a) Sachkunde des Gerichts (§ 244 Abs. 4 Satz 1 StPO)	119–121
b) Ablehnung eines weiteren Sachverständigen (§ 244 Abs. 4 Satz 2 StPO)	122, 123
5. Ablehnung des Augenscheinsbeweises nach § 244 Abs. 5 Satz 1 StPO	124, 125

26. Kapitel. Besonderheiten im Strafverfahren

	Rn.		Rn.
6. Die Ablehnung eines Auslandszeugen nach § 244 Abs. 5 Satz 2 StPO	126–129	e) § 212 StPO (Erörterung nach der Eröffnung des Hauptverfahrens)	163
B. **Verständigung im Strafverfahren**	130–208	f) § 243 Abs. 4 StPO (Mitteilungspflicht)	164–166
I. Einführung	130–139	g) § 257b StPO (Erörterung des Verfahrensstands während der Hauptverhandlung)	167–169
1. Allgemeine Bemerkungen	130–131	h) § 257b StPO (Verständigung zwischen Gericht und Verfahrensbeteiligten)	170–195
2. Der Standpunkt des Bundesgerichtshof bis zum Inkrafttreten des Gesetzes	132–135	aa) Allgemeines	170–173
3. Die Entscheidungen des Bundesverfassungsgerichts	136–138a	bb) Gegenstand der Verständigung	174–180
4. Kurzüberblick zur Gesetzesentstehung	139	cc) Verfahrensablauf der Verständigung	180–185
II. Die gesetzliche Regelung	140–208	dd) Befangenheit	186
1. Überblick	140–142	ee) Belehrung	187–190
2. Anwendungsbereich des Gesetzes	143–144	ff) Beweisverwertungsverbot	191–193
3. Die gesetzlichen Regelungen im Einzelnen	145–208	gg) Rechtsmittel	194–195
a) § 35a Satz 3 StPO (Rechtsmittelbelehrung)	145–149	i) § 267 Abs. 3 S. 5 StPO (Urteilsgründe)	196–197
b) § 44 StPO (Wiedereinsetzung in den vorigen Stand)	150	j) § 273 Abs. 1 S. 2, Abs. 1a StPO (Protokollierung)	198–201
c) § 160b StPO (Erörterung des Verfahrensstands)	151–156	k) § 302 Abs. 1 Satz 2 StPO (Rechtsmittelverzicht)	202–204
d) § 202a StPO (Erörterung vor der Eröffnung des Hauptverfahrens)	157–162	l) § 78 Abs. 2 OWiG (Weitere Verfahrensvereinfachungen)	205–208

Vorbemerkung

Ein „Wirtschaftsstrafverfahrensrecht" gibt es nicht. Dennoch stellt die Verfahrenswirklichkeit in Wirtschafts- und Steuerstrafsachen besondere Anforderungen an die professionellen Akteure des Strafverfahrens. Die Ursachen hierfür liegen in der spezifischen Dynamik gerade des Wirtschaftsstrafverfahrens begründet, die in zahlreichen Bereichen des Verfahrensrechts nicht nur die Rechtsprechung der Revisionsgerichte forciert, sondern zur Herausbildung neuer Verfahrensmechanismen geführt hat. Es entspricht der Dynamik des Wirtschaftsstrafverfahrens, dass es sich mit (vermeintlich) entgegengesetzten Attributen „streitiger" Verfahrensgestaltung, wie dem Missbrauch prozessualer Antragsbefugnisse, „Konfliktverteidigung" in ausufernden Großverfahren, Verständigungen, aber auch rechtsstaatswidrigen Verfahrensverzögerungen der Justiz in Verbindung bringen lässt.

Diesen Besonderheiten wurde mit geschlossenen Darstellungen des **Beweisantragsrechts** und der **Verständigung im Strafverfahren** Rechnung getragen. Beide für das Verfahren in Wirtschaftsstrafsachen zentralen Bereiche werden mit der Neuauflage nicht nur in aktualisierter, sondern über weite Strecken in vollständiger Neubearbeitung vorgelegt.

Nach Jahren der Diskussion liegt hinsichtlich der Verständigung nun seit 2009 eine gesetzliche Regelung vor. Die Neuauflage behandelt die einzelnen Normen unter Berücksichtigung der aktuellen Rechtsprechung. Auch das Beweisantragsrecht hat sich weiterentwickelt. Rechtsprechung und Schrifttum konnten noch bis Jahresmitte 2012 Berücksichtigung finden, wobei die notwendige Auswahl im Wesen jeder redaktionellen Arbeit liegt. Zudem wird auf die Entscheidung des Bundesverfassungsgerichts zur Verfassungsmäßigkeit des Verständigungsgesetzes vom 19.03.2013 (2 BvR 2628/10, 2 BvR 2883/10, 2 BvR 2155/11) eingegangen.

A. Beweisantragsrecht
I. Verfassungsrechtliche Anbindung des Beweisantragsrechts

Die im deutschen Strafprozess durch die Einräumung bedeutsamer **Mitwirkungsrechte** gekennzeichneten Verteidigungsbelange des Beschuldigten sind von Verfassungs wegen durch verfahrensrechtliche Garantien geschützt, die sich neben den wichtigsten speziellen Verfahrensgrundrechten wie den Ansprüchen auf rechtliches Gehör (Art. 103 Abs. 1 GG) und auf den gesetzlichen Richter (Art. 101 Abs. 1 Satz 1 GG) aus der Menschenwürde (Art. 1 Abs. 1 GG), insbesondere aber dem **Rechtsstaatsprinzip** selbst ergeben. Diese Verfahrensgrundrechte werden von zahlreichen strafprozessualen Bestimmungen entweder schlicht rezipiert (z. B. § 33 Abs. 1 und 3 StPO) oder zugleich in der Art konkretisiert, dass sie bestimmte Äußerungsmöglichkeiten eröffnen (z. B. § 257 Abs. 1 StPO) oder darüber hinaus Antragsbefugnisse des Beschuldigten begründen. Sie „begleiten den Beschuldigten auf dem Weg von der ersten richterlichen Vernehmung (§ 136 StPO) bis zur Gewährung des letzten Worts (§ 258 Abs. 2 StPO)".[1]

Zu den bedeutendsten dieser Mitwirkungsrechte zählt das Beweisantragsrecht des Beschuldigten. Mit ihm wird der klassische Schutzbereich des Art. 103 Abs. 1 GG endgültig verlassen, weil sein Inhalt über ein bloßes Recht zur Äußerung und den korrespondierenden Anspruch auf Anhörung hinausgeht. Seine volle verfassungsrechtliche Grundlage erlangt das Beweisantragsrecht deshalb erst im Zusammenwirken mit dem **Anspruch auf ein faires Verfahren.**[2] Als aus dem Rechtsstaatsprinzip in Verbindung mit dem allgemeinen Freiheitsrecht (Art. 2 Abs. 1 GG) abgeleitetes „allgemeines Prozessgrundrecht" finden sich seine Wurzeln „in den in einem materiell verstandenen Rechtsstaatsprinzip verbürgten Grundrechten und Grundfreiheiten des Menschen, insbesondere in dem durch ein Strafverfahren bedrohten Recht auf Freiheit der Person (Art. 2 Abs. 2 Satz 2 GG), dessen freiheitssichernde Funktion auch im Verfahrensrecht Beachtung erfordert; ferner in Art. 1 Abs. 1 GG, der es verbietet, den Menschen zum bloßen Objekt eines staatlichen Verfahrens herabzuwürdigen, und von daher einen Mindestbestand an aktiven verfahrensrechtlichen Befugnissen des Angeklagten voraussetzt".[3] Der Anspruch auf ein faires Verfahren kann deshalb auch „durch verfahrensrechtliche Gestaltungen berührt werden, die der Ermittlung der Wahrheit und somit einem gerechten Urteil entgegenstehen".[4] Dies ist entscheidend: Aus dem Anspruch auf ein faires Verfahren folgt damit ein echter **Anspruch auf „materielle Beweisteilhabe",** also auf Zugang zu den Quellen der Sachverhaltsfeststellung.[5] Sein Schlüssel ist der Beweisantrag. Jenseits dieses Maßstabes ist jede weitere Ausgestaltung, insbesondere die Wahl zwischen möglichen Alternativen einer normativen Konkretisierung des Verfassungsgrundsatzes, dem Gesetzgeber vorbehalten.[6] Weder aus Art. 103 Abs. 1 GG noch aus dem umfassenderen Anspruch auf ein faires Verfahren ergeben sich deshalb für den Angeklagten einzelne, mit Verfassungsrang ausgestattete Beweiserhebungsansprüche.[7]

---

[1] *Niemöller,* Strafgerichtsbarkeit und Verfassungsgerichtsbarkeit, in: *Umbach/Clemens/Dollinger* (Hrsg.), BVerfGG, 2. Aufl., Rn. 17 ff. m. w. N.

[2] *Niemöller/Schuppert,* AöR 107 (1982), 387, 427; zu eng *Deckers,* S. 115, wenn lediglich auf Art. 103 Abs. 1 GG rekurriert wird.

[3] St. Rspr.; vgl. insbesondere BVerfGE 57, 250, 274 f.; 63, 45, 60 f.; 70, 297, 308 f.; 86, 288, 317 f. und bereits BVerfGE 26, 66, 71; 38, 105, 111.

[4] BVerfGE 57, 250, 275.

[5] *Niemöller/Schuppert,* AöR 107 (1982), 387, 428.

[6] BVerfGE 57, 250, 276.

[7] *Niemöller/Schuppert,* AöR 107 (1982), 387, 428.

II. Das Verhältnis zur Aufklärungspflicht nach § 244 Abs. 2 StPO

3   Die Verwirklichung des materiellen Schuldprinzips als zentrales Anliegen des Strafprozesses setzt die **Ermittlung des wahren Sachverhalts,** verstanden als „forensische Wahrheit",[8] voraus.[9]

4   Als überragender Grundsatz begründet die Sachaufklärungspflicht den unverzichtbaren Anspruch der Prozessbeteiligten auf Erhebung aller Beweise, von denen vernünftigerweise eine weitere Aufklärung der Sache zu erwarten ist.[10] Aus dem so verstandenen **Beweiserhebungsanspruch** folgt deshalb, dass die Aufklärungspflicht des Gerichts nicht von (Beweis-)Anträgen der Prozessbeteiligten oder deren Aufrechterhaltung[11] abhängen kann. Für das Revisionsverfahren ergibt sich, dass eine zulässig erhobene (§ 344 Abs. 2 Satz 2 StPO) **Aufklärungsrüge** nicht (allein) damit zurückgewiesen werden kann, dass ein entsprechender Beweisantrag in der Hauptverhandlung nicht gestellt worden ist, auch wenn in diesen Fällen regelmäßig schwer darzulegen ist, dass sich die Beweiserhebung dem Gericht hätte aufdrängen müssen.[12]

5   Die Auffassung, der Beweisantrag konkretisiere lediglich die dem Tatrichter ohnehin nach § 244 Abs. 2 StPO obliegende Aufklärungspflicht, ist unzutreffend. So mag das Gericht – gemessen am Maßstab des § 244 Abs. 2 StPO – eine Beweiserhebung für nutzlos halten, dürfte aber gleichwohl einen entsprechenden Beweisantrag nicht ablehnen, wenn ein Ablehnungsgrund nach § 244 Abs. 3, 4 oder 5 StPO nicht eingreift.[13] Beweisanträge „**aktualisieren**"[14] bzw. „**komplettieren**"[15] allenfalls die Aufklärungspflicht, soweit ihnen zu entsprechen ist. Durch das **Verbot der Beweisantizipation** kompensiert das Beweisantragsrecht „als wesentliches Instrument zur Kontradiktion des sich gegen die Anklage verteidigenden Bürgers"[16] die Gefahren, die sich daraus ergeben können, dass das Tatgericht sowohl über den Umfang als auch das Ergebnis der Beweisaufnahme im Wesentlichen selbst entscheidet.[17] Hieraus folgt, dass in der fehlerhaften Ablehnung eines Beweisantrages nicht immer auch ein Verstoß gegen § 244 Abs. 2 StPO zu liegen braucht. Denn der Beweisantrag zwingt zur Beweiserhebung auch, wenn sich kein vernünftiger Richter aus sonstigen Gründen zur Erhebung des Beweises veranlasst sähe.[18] Umgekehrt kann eine auf § 244 Abs. 3 bis Abs. 5 StPO gestützte und von diesen Vorschriften getragene Ablehnung eines Beweisantrages § 244 Abs. 2 StPO verletzen, weil die Aufklärungspflicht aus sich heraus die Beweiserhebung gebot.[19]

---

[8] *Hamm/Hassemer/Pauly,* Rn. 34.
[9] BVerfGE 57, 250, 275; 33, 367, 383; 34, 238, 248; 63, 45, 61; 77, 65, 76; 70, 297, 308; BGHSt 1, 94, 96; 23, 176, 187; 32, 115, 122 ff.; 43, 195, 204; zur verfassungsrechtlichen Anknüpfung des Prinzips der Wahrheitsermittlung im Strafverfahren: *Niemöller/Schuppert,* AöR 107 (1982), 387, 442 f. und *Niemöller,* Strafgerichtsbarkeit und Verfassungsgerichtsbarkeit, in: *Umbach/Clemens/Dollinger* (Hrsg.), BVerfGG, 2. Aufl., Rn. 14.
[10] *Alsberg/Nüse/Meyer,* S. 19 ff., 21; *Eisenberg,* Rn. 3, 6 ff.; *Meyer-Goßner,* § 244 Rn. 10 ff., 11; *Herdegen,* NStZ 1998, 444, 445; KK-*Fischer,* § 244 Rn. 27; LR-*Becker,* § 244 Rn. 39.
[11] Instruktiv BGH NStZ 2006, 55.
[12] *Eisenberg,* Rn. 4.
[13] *Alsberg/Nüse/Meyer,* S. 31; *Eisenberg,* Rn. 5; *Beulke,* JuS 2006, 597, 599.
[14] *Roxin/Schünemann,* § 45 Rn. 6; ähnlich *Hamm/Hassemer/Pauly,* Rn. 36, 44.
[15] *Herdegen,* NStZ 2000, 1, 7.
[16] *Deckers,* S. 7.
[17] Zur (rechts-)philosophischen Grundlegung, ausgehend von der „Konvergenzhypothese" vgl. *Hamm/Hassemer/Pauly,* Rn. 20 ff.; ferner *Eisenberg,* Rn. 139a; § 244 Rn. 2; *Herdegen,* NJW 1996, 27; *Schulz,* NStZ 1991, 449; *Perron,* S. 124 ff.
[18] BGHSt 21, 118, 124; *Alsberg/Nüse/Meyer,* S. 412; KK-*Fischer,* § 244 Rn. 34; *Schulz,* StV 1985, 312.
[19] *Eisenberg,* Rn. 5, 139b.

III. Der Begriff des Beweisantrags

1. Beweisanträge außerhalb der Hauptverhandlung

Eine abschließende Definition dessen, was unter einem Beweisantrag zu verstehen ist, enthält 6
die Strafprozessordnung nicht, wenngleich der Bestimmung des § 219 StPO einige wesentliche Merkmale entnommen werden können. Soweit in mehreren Bestimmungen von dem Recht des Beschuldigten (namentlich im Ermittlungsverfahren) die Rede ist, „zu seiner Entlastung die Aufnahme von Beweisen" zu beantragen (z. B. § 163a Abs. 2 StPO), handelt es sich um bloße **Beweisanregungen** mit dem Ziel, die nach pflichtgemäßem Ermessen durchzuführenden Ermittlungen in Richtung auf weitere Umstände oder Beweismittel zu erstrecken.[20]

Demgegenüber soll es sich bei der nach § 201 Abs. 1 StPO im **Zwischenverfahren** vorgesehenen Aufforderung des Vorsitzenden an den Angeschuldigten, innerhalb einer bestimmten Frist zu erklären, ob er die Vornahme einzelner Beweiserhebungen vor der Entscheidung über die Eröffnung des Hauptverfahrens beantragen wolle, ebenso wie in den Fällen der §§ 225a Abs. 2 und 270 Abs. 4 StPO bereits um „echte", auf unmittelbare Beweiserhebung gerichtete Beweisanträge handeln. Weil das Gesetz die Voraussetzungen ihrer Ablehnung aber nicht im Einzelnen bestimme, handele es sich auch in diesen Fällen dem Wesen nach nur um Anregungen zur Beweiserhebung innerhalb der allgemeinen Aufklärungspflicht.[21] Dies gelte auch für den **Beweisantrag zur Vorbereitung der Hauptverhandlung** nach § 219 Abs. 1 Satz 1 StPO.[22] Nach anderer Auffassung ist auch für den Antrag nach § 219 Abs. 1 Satz 1 StPO von einer grundsätzlichen Bindung an die Ablehnungsgründe des § 244 Abs. 3 StPO auszugehen. Wegen des nur vorläufigen Charakters der Entscheidung könne aber grundsätzlich auch eine knappere Begründung der Ablehnung ausreichen, wenn ihre Gründe auf der Hand lägen.[23] Der Meinungsstreit hat jedenfalls für das auf Anklageerhebung, Hauptverhandlung und Urteil angelegte Verfahren nur theoretische Bedeutung, weil die Ablehnung eines Beweisantrages nach § 219 StPO durch Verfügung des Vorsitzenden den Angeklagten nicht hindern kann, den Beweisantrag inhaltsgleich in der Hauptverhandlung zu wiederholen oder durch **unmittelbare Ladung** (§§ 220, 245 Abs. 2 StPO) die Durchsetzung des Beweisbegehrens zu erzwingen. Aus dem gleichen Grunde wird das Urteil regelmäßig nicht auf einer Verletzung des § 219 StPO beruhen können (§ 337 Abs. 1 StPO), so dass die Revision grundsätzlich jedenfalls nicht auf eine Verletzung des § 219 StPO, sondern gegebenenfalls nur auf eine Verletzung des § 244 Abs. 2 StPO gestützt werden kann.[24]

Die gemeinhin **unterschätzte Bedeutung** von Beweisanträgen im Vorfeld der Hauptverhandlung als „prozesstaktisch wichtiges Verteidigungsinstrument"[25] wird freilich in dem Maße wachsen, je mehr das Verfahren auf eine informelle Erledigung, etwa im Wege der Urteilsabsprache zielen wird. Befindet sich der Betroffene zudem in Untersuchungshaft, wird die Vorverlagerung zentraler Kriterien des strengen Beweisantragsverfahrens zunehmend bereits für Ermittlungs- und Zwischenverfahren und das Stadium vor der Hauptverhandlung zu erörtern sein.[26]

---

[20] *Alsberg/Nüse/Meyer*, S. 34.
[21] Für eine Belebung des Zwischenverfahrens *Koch*, StV 2002, 222 ff. mit krit. Anm. *Meyer-Goßner*, StV 2002, 394.
[22] *Alsberg/Nüse/Meyer*, S. 34; *Meyer-Goßner*, (für § 163 a) § 163a Rn. 15.
[23] *Meyer-Goßner*, § 219 Rn. 3; LR-*Jäger*, § 219 Rn. 2, 11, 24.
[24] KK-*Gmel*, § 219 Rn. 12; *Meyer-Goßner*, § 219 Rn. 6; *Pfeiffer*, § 219 Rn. 8; LR-*Jäger*, § 219 Rn. 35; KMR-*Eschelbach*, § 219 Rn. 1, 68 ff.; *Dahs*, Rn. 248.
[25] KMR-*Eschelbach*, § 219 Rn. 1.
[26] Zumal – worauf KMR-*Eschelbach*, § 219 Rn. 5 zutreffend hinweist – die Bestimmung des § 219 StPO noch auf dem Regelungszustand der RGStPO basiert, während das Beweisantragsrecht für die Hauptverhandlung erst das Produkt späterer revisionsgerichtlicher Normausgestaltung ist; zur Bedeutung aus Verteidigersicht auch *Deckers*, S. 107 f.; für eine Aufwertung des Zwischenverfahrens *Koch*, StV 2002, 222 mit krit. Anmerkungen von *Meyer-Goßner*, StV 2002, 394 und den in die Richtung *Kochs* gehenden

2. Die Rechtsprechung

7 Konzeption und gesetzliche Etablierung des heutigen Beweisantragsrechts gehen fast ohne Ausnahme auf die Rechtsprechung der Revisionsgerichte, und hier insbesondere die des Reichsgerichts[27] und später des Bundesgerichtshofs,[28] zurück. In der Tat „ist das Beweisantragsrecht immer ein **Geschöpf der Praxis** gewesen, dem sich die Wissenschaft erst langsam näherte und dem auch der Gesetzgeber – abgesehen von der nationalsozialistischen Episode – bis in die jüngste Vergangenheit hinein eher passiv nachvollziehend als aktiv gestaltend gegenüberstand".[29]

3. Definition

8 Ein nach den Regeln des Strengbeweisverfahrens (§ 244 Abs. 3 bis 6 StPO) zu behandelnder Beweisantrag ist das **unbedingte** oder an eine zulässige Bedingung geknüpfte Verlangen eines Verfahrensbeteiligten, dass zum Nachweis einer von ihm **zu behauptenden bestimmten Tatsache** durch den Gebrauch eines **bestimmten Beweismittels** Beweis erhoben wird, soweit die Beweisbehauptung die **Tatsachengrundlage,** also den zur **Schuld- und/oder Rechtsfolgenfrage** gehörenden Sachverhalt eines in der Sache entscheidenden Urteils betrifft.[30] Die mit dieser Begriffsbestimmung vorerst nur angedeuteten Hürden formeller, insbesondere inhaltlicher Art an die Erhebung und Substantiierung eines den Kriterien eines Beweisantrages entsprechenden Beweisbegehrens sind erheblich. Nur wer sie überwindet, kann das Gericht zwingen, über die in § 244 Abs. 2 StPO umschriebene allgemeine Sachaufklärungspflicht hinaus eine konkrete Beweiserhebung durchzuführen. Für die Praxis ist das Bewusstsein dessen, dass es erst dann um die weitere Frage geht, ob der Beweisantrag aus einem der in § 244 Abs. 3 bis Abs. 5 StPO genannten Gründe abgelehnt werden könnte, von entscheidender Bedeutung.

IV. Formelle Anforderungen und Verfahren

1. Antragsberechtigung und gemeinsame Antragstellung

9 Antragsberechtigt sind alle selbstständigen Verfahrensbeteiligten. Neben Staatsanwaltschaft, Angeklagten und Verteidiger also grundsätzlich auch Privat- und Nebenkläger (§§ 385 Abs. 1 Satz 1, 397 Abs. 1 StPO).[31] Das Antragsrecht des Verteidigers ist selbstständig, also vom Willen des Angeklagten unabhängig mit der Folge, dass sich eine Beweisbehauptung des Verteidigers nicht mit dem Vorbringen des Angeklagten zu decken braucht.[32] Anträge nicht befugter Personen, etwa von Zeugen, Sachverständigen oder Schöffen, sind als unzulässig zurückzuweisen.[33] Die grundsätzliche Selbständigkeit des Antrages schließt die **überein-**

Praxisbericht zur Etablierung eines „Anhörungstermins" im Zwischenverfahren bei *Fischer*, StV 2003, 109.

[27] Einen historischer Abriss geben *Hamm/Hassemer/Pauly*, Rn. 4 ff.
[28] *Herdegen*, FS Gössel 2002, 533 f.
[29] *Perron*, S. 23.
[30] Diese in Anlehnung an *Herdegen* gegebene Definition entspricht der Rspr. und der h. L., vgl. BGHSt 1, 29, 31; 6, 128, 129; 30, 131, 142; 37, 162, 164 ff.; 39, 251, 253 f.; 43, 321, 325 ff.; BayObLG NJW 1996, 331, 332; aus der Lit. KK-*Fischer*, § 244 Rn. 67; *Alsberg/Nüse/Meyer*, S. 36; *Hamm/Hassemer/Pauly*, Rn. 76; *Deckers*, S. 21; *Meyer-Goßner*, § 244 Rn. 18; *Pfeiffer*, § 244 Rn. 14; LR-*Becker*, § 244 Rn. 95; SK-*Frister*, § 244 Rn. 48; *Eisenberg*, Rn. 138; *Perron*, S. 182 ff.; *Dahs*, Rn. 329; *Burhoff* HV Rn. 255a; *Beulke*, JuS 2006, 597.
[31] Zur Einschränkung der Antragsrechte des Privat- und Nebenklägers vgl. aber *Meyer-Goßner*, § 384 Rn. 14 und § 385 Rn. 3 (Privatklage) bzw. § 397 Rn. 5 und § 244 Rn. 30; LR-*Becker*, § 244 Rn. 118; *Alsberg/Nüse/Meyer*, S. 377 f. und *Burhoff* HV Rn. 273.
[32] BGHSt 21, 118, 124 = NJW 1966, 2174; KK-*Fischer*, § 244 Rn. 97; *Burhoff* HV Rn. 275.
[33] LR-*Becker*, Rn. 118.

A. Beweisantragsrecht **26**

stimmende Antragstellung auch von „Prozessgegnern" jedoch nicht aus, wobei die Entscheidung über den Beweisantrag unterschiedlich ausfallen kann.[34]

2. Ausschluss der Antragsberechtigung und Rechtsmissbrauch

Ein Ausschluss der Antragsberechtigung scheidet nach h. M. schon wegen der abschließenden **10** Regelung möglicher Ablehnungsgründe in § 244 Abs. 3 bis Abs. 5 StPO selbst in Fällen des offensichtlichen **Missbrauchs der Antragsberechtigung** aus.[35] Daran ist im Grundsatz festzuhalten. Dem steht nicht entgegen, dass der Bundesgerichtshof in wenigen Einzelfällen **exzessiver Ausübung** des Beweisantragsrechts **Ausnahmen** zugelassen hat.

Eine dieser Ausnahmen betraf die tatrichterliche Anordnung, weitere Anträge nur noch **11** nach Prüfung durch den Verteidiger und über diesen entgegenzunehmen.[36] Nach knapp einjähriger Hauptverhandlung hatte der Angeklagte ca. 300 Beweisanträge gestellt, die er nach einem Geständnis wieder zurückgenommen hatte. Nach Widerruf des Geständnisses war die Strafkammer über fast 30 Verhandlungstage ausschließlich mit der Entgegennahme und Bescheidung von Beweisanträgen des Angeklagten beschäftigt. Neben der Ankündigung weiterer 200 vorbereiteter Beweisanträge hatte sich der Angeklagte ca. 8500 schriftlichen Beweisanträgen des Mitangeklagten angeschlossen.

Es gebe – so der Bundesgerichtshof auch jenseits der den Gedanken der Verhinderung des Rechtsmissbrauchs klar zum Ausdruck bringenden Vorschriften (z. B. §§ 26a Abs. 1 Nr. 3, 29 Abs. 2, 137 Abs. 1 Satz 2 oder 244 Abs. 3 Satz 2 „Prozessverschleppung") Fälle des Missbrauchs prozessualer Befugnisse, gegen die der Gesetzgeber keine ausdrückliche Bestimmung getroffen habe. Insoweit gelte, dass im Strafverfahren der Gebrauch prozessualer Rechte zur Erreichung rechtlich missbilligter Ziele untersagt sei. Missbrauch liege vor, wenn ein Verfahrensbeteiligter die ihm eingeräumten Möglichkeiten dazu benutze, **gezielt verfahrensfremde oder verfahrenswidrige Zwecke** zu verfolgen. Einem rechtsmissbräuchlichen Verhalten dieser Art könne allein auf der Grundlage des **allgemeinen Missbrauchsverbots** jedenfalls dann begegnet werden, wenn die gegen sie gerichteten Einschränkungen nicht das Recht des Angeklagten infrage stellten, sich umfassend verteidigen zu können.

Der 5. Strafsenat[37] hat zudem einen weiteren diesbezüglichen Lösungsansatz" revisionsgerichtlich nicht beanstandet: Nach fast zweijähriger Verhandlungsdauer hatte die Schwurgerichtskammer[38] in Beschlussform erklärt, weitere (unbedingte) Beweisanträge nur noch als „Beweisanregungen" zu werten, die „unter Aufklärungsgesichtspunkten geprüft" würden, sollten sie nach einem bestimmten **Stichtag** gestellt werden. Zur Begründung hatte die Strafkammer u. a. ausgeführt, dass „das Beweisprogramm" aus Sicht der Kammer bereits seit 18 Monaten „vollständig abgearbeitet" sei und die anschließende Beweisaufnahme „keine wesentlichen neuen Ergebnisse ergeben" habe. Es seien über 320 Beweisanträge – teils aus viel-

---

[34] BGHSt 32, 10, 12; LR-*Becker*, § 244 Rn. 119 ff.; krit.: *Alsberg/Nüse/Meyer*, S. 383 ff.

[35] BGHSt 29, 149, 151 f.; *Hamm*, StV 1993, 455, 456 und offenbar auch *Meyer-Goßner*, § 244 Rn. 29, 46; *Eisenberg*, Rn. 172.

[36] BGHSt 38, 111; im Ergebnis jeweils zustimmend *Widmaier*, NStZ 1992, 519 ff.; *Burhoff* HV Rn. 274; *Bünger*, NStZ 2006, 305, 309 f.; kritisch gegen die Lösung des BGH dagegen *Hamm*, NJW 1993, 289, 290 und *derselbe*, StV 1993, 455 ff.; KK-*Fischer*, § 244 Rn. 113; *Herdegen*, NStZ 2000, 1, 8, vgl. auch BayObLG NStZ 2004, 647 = StV 2005, 12.

[37] BGH NJW 2005, 2466 ff. = NStZ 2005, 648 = StV 2006, 113 ff. m. krit. Anm. *Dahs* = JZ 2005, 1010 m. krit. Anm. *Duttge*; vgl. ferner die kritische Stellungnahme von *Ventzke*, HRRS 2005, 233 ff.: „Mit der ‚verfassungs- und konventionskonformen' Einschränkung der Verbürgung des § 244 Abs. 6 StPO und dem Hinweis auf den Beschleunigungsgrundsatz in Haftsachen werden Schutzrechte des Bürgers (...) gegen diesen gekehrt, indem sie zur extralegalen Beschneidung von Verteidigungsrechten herhalten sollen. Der Hinweis auf ‚berechtigte Verteidigungsinteressen' löst eine an Verfahrensrechten und -pflichten orientierte Auslegung strafprozessualer Normen ab und öffnet bloßer billigkeitsorientierter Abwägerei Tür und Tor"; vgl. demgegenüber *Bünger*, NStZ 2006, 305, 310 ff.: „... Meilenstein auf dem Weg der Sicherung der Funktionsfähigkeit des Strafverfahrens gegenüber verfahrensverzögernden Verhaltensweisen ..."

[38] LG Hamburg, StraFo 2004, 170 m. Anm. *Durth/Meyer-Lohkamp*.

fachen Einzelanträgen bestehend – gestellt worden, davon nach einem (ersten) Schluss der Beweisaufnahme allein 120 Anträge, welche nahezu vollständig abgelehnt worden seien, und zwar neben Prozessverschleppung überwiegend auch wegen Bedeutungslosigkeit. Das Verteidigungsverhalten zeige insgesamt einen Missbrauch des Beweisantragsrechts zur Verschleppung des Verfahrens auf, zumal ohne sachlich erkennbaren Grund und ohne Konkretisierung beweiserheblicher Themenkomplexe eine Vielzahl weiterer Beweisanträge angekündigt sei. Die Amtsaufklärungspflicht bleibe von der angekündigten Verfahrensweise unberührt. Die nach Fristablauf gestellten Beweisanträge der Verteidigung beschied das Gericht sodann in den Urteilsgründen wie Hilfsbeweisanträge, wobei es sämtliche Anträge wegen Prozessverschleppung und zusätzlich überwiegend wegen tatsächlicher Bedeutungslosigkeit ablehnte.

Durch dieses Vorgehen – so der Bundesgerichtshof – werde das Beweisantragsrecht des Angeklagten nicht beschnitten, denn die vollständige Überprüfbarkeit der Ablehnungsbegründung durch das Revisionsgericht bleibe erhalten; der mit der Fristsetzung verbundene Eingriff in die durch § 244 Abs. 6 StPO garantierte Informationsfunktion des Ablehnungsbeschlusses halte sich aufgrund der gleichsam vor die Klammer gezogen Vorabinformation über die zukünftigen Ablehnungsgründe auch „in Grenzen". Jenseits der Frage eines Missbrauchs von Verfahrensrechten sei nach langer Verhandlungsdauer nach einer verfahrensrechtlich vertretbaren Möglichkeit zu suchen, die Hauptverhandlung unter Wahrung unverzichtbarer Verteidigungsinteressen zu einem Abschluss zu bringen. Dies gebiete schon das mit zunehmender Verfahrensdauer immer gewichtiger werdende **Gebot der Verfahrensbeschleunigung**, insbesondere in Haftsachen (Art. 6 Abs. 1, 5 Abs. 3 Satz 2 EMRK, Art. 2 Abs. 2 GG), und das Gebot der Gewährleistung einer dem Gleichheitsgedanken verpflichteten **funktionsfähigen Strafrechtspflege** vor dem Hintergrund begrenzter Ressourcen der Strafjustiz. Bei dieser Sachlage sei in extrem gelagerten Fällen im Wege „verfassungs- und konventionskonformer Einschränkung von § 244 Abs. 6 StPO" die Verfahrensweise erwägenswert, den Verfahrensbeteiligten eine Frist zur Entgegennahme von Beweisanträgen zu setzen und mit eingehender Begründung die pauschale Ablehnung nach Fristablauf gestellter Anträge wegen Verschleppungsabsicht vorab zu beschließen; später überprüfe das Gericht die Anträge, ohne sie allerdings jeweils durch Gerichtsbeschluss nochmals gesondert individuell zu bescheiden, und zwar vornehmlich unter Aufklärungsgesichtspunkten, zudem bescheide es sie wie Hilfsbeweisanträge in den Urteilsgründen. Diese Verfahrensweise komme allerdings regelmäßig erst dann in Betracht, wenn zuvor gestellte Beweisanträge wiederholt wegen Verschleppungsabsicht abgelehnt werden mussten.

Auch in der Folgezeit hat der Bundesgerichtshof Fristsetzungen zur Stellung von Beweisanträgen und die Ablehnung von (missbräuchlichen) Beweisanträgen regelmäßig wegen Verschleppungsabsicht für zulässig gehalten.[39] Eine Ergänzung der § 244 Abs. 3 bis 5 StPO um einen „Missbrauchstatbestand" ist deshalb nicht erforderlich.[40]

3. Form und Protokollierung – Anordnung nach § 257a StPO

12 Der Beweisantrag ist grundsätzlich **mündlich und innerhalb der Hauptverhandlung** zu stellen. Die schriftliche Fixierung des Antrages ist vom Antragsteller deshalb inhaltlich vorzutragen. Ob hiervon abgesehen werden kann, wenn das Gericht auf eine Verlesung verzichtet hat, war schon vor der mit Verbrechensbekämpfungsgesetz vom 28. Oktober 1994[41] neu eingefügten Bestimmung des § 257a StPO umstritten.[42]

---

[39] BGHSt 52, 355.
[40] *Fischer*, StV 2010, 428.
[41] BGBl. 1994 I S. 3186.
[42] Ablehnend *Alsberg/Nüse/Meyer*, S. 382 f. unter Hinweis auf den Mündlichkeitsgrundsatz und das Äußerungsrecht (§ 33 Abs. 1 StPO) der anderen Verfahrensbeteiligten; diese Möglichkeit bejahend BGH NJW 1953, 35; KMR-*Paulus*, § 244 Rn. 380.

A. Beweisantragsrecht

Ob die heftig kritisierte[43] Vorschrift, die den Grundprinzipien des Strafverfahrens, insbesondere den Grundsätzen der Unmittelbarkeit, Mündlichkeit und Öffentlichkeit, zuwiderzulaufen scheint, tatsächlich ihrer gesetzgeberischen Zielsetzung nach eine straffere Durchführung von Groß- und Umfangsstrafsachen ermöglicht, erscheint fraglich. Eine teleologische Reduktion,[44] bzw. eine „restriktive Auslegung am Schutzbereich des Art. 103 Abs. 1 GG"[45] bzw. am „fair trial-Grundsatz"[46] ist jedenfalls dem Wortlaut der „Kann-Vorschrift" nicht zu entnehmen und erscheint überdies für die Praxis, weil im Einzelfall als Maßstab zu unbestimmt und generalisierend, nicht handhabbar. Vielmehr setzt die Anwendung der Vorschrift auch für den Beweisantrag nicht notwendig schon den „Missbrauch" der Antragsbefugnis[47] – wohl aber Fingerspitzengefühl und Augenmaß des Gerichts im Einzelfall – voraus. Wie *Dahs* trocken bemerkt, kann im Übrigen kein vernünftiger Zweifel daran bestehen, dass „entsprechend disponierte" Angeklagte und Verteidiger Mittel und Wege finden werden, „auch und gerade die nach § 257a StPO angeordnete schriftliche Antragstellung zu einem neuen Instrument für Prozessverschleppung und Missbrauch zu machen".[48] 13

Ihre praktische Umsetzung erfährt die Vorschrift über das in § 257a Satz 3 StPO eröffnete **Selbstleseverfahren** nach § 249 Abs. 2 StPO.[49] Zuständig für die Anordnung ist das Gericht, nicht der Vorsitzende. Die Anordnung bedarf deshalb eines begründeten Gerichtsbeschlusses. Sie kann gegenüber allen Verfahrensbeteiligten ergehen, gilt mithin auch für Beweisanträge des Nebenklägers und der Staatsanwaltschaft. Abgesehen von Fällen einer Anordnung nach § 257a StPO kann die schriftliche Niederlegung des Beweisantrages jedoch gerichtlich nicht erzwungen werden. Dem entspricht der fehlende Anspruch des Antragstellers darauf, seinen Antrag in das Protokoll diktieren zu können, was freilich an der zwingenden Notwendigkeit der **Protokollierung** auch des Antragsinhalts nach § 273 Abs. 1 StPO nichts ändert.[50] 14

4. Zeitpunkt der Antragstellung

Der Beweisantrag kann zu jedem Zeitpunkt der Hauptverhandlung, und zwar vom Aufruf der Sache bis zum Beginn der Urteilsverkündung, gegebenenfalls deshalb auch noch nach abgeschlossener Beratung in einem gesondert anberaumten Verkündungstermin, gestellt werden. Nach der neueren Rechtsprechung folgt aus dem Recht und der Pflicht des Vorsitzenden zur Sachleitung des Verfahrens die Befugnis, den Verfahrensbeteiligten eine Frist zur Stellung von Beweisanträgen zu setzen. § 246 Abs. 1 StPO stehe dem nicht entgegen.[51] Insoweit ist jedoch stets im Einzelfall zu prüfen, ob tatsächlich Verschleppungsabsicht vorliegt und vor der Fristsetzung darauf hinzuweisen. Die Entgegennahme eines Antrages nach Beginn der Urteilsverkündung steht demgegenüber im Ermessen des Gerichts; die Entscheidung trifft 15

---

[43] Vgl. neben *Bandisch*, StV 1994, 153, 158; *Scheffler*, NJW 1994, 2191, 2194f. und *Dahs*, NJW 1995, 553, 556 insbesondere *Hamm*, StV 1994, 457f., der für die Zukunft das Szenario „wahrer Geisterverhandlungen" entwirft; SK-*Velten*, § 257a Rn. 2; differenzierend *Schlüchter*, GA 1994, 425, 427f.

[44] *Eisenberg*, Rn. 177; KMR-*Eschelbach*, vor § 226 Rn. 7; KMR-*Stuckenberg*, § 257a Rn. 3; a. A. *Senge*, NStZ 2002, 225, 231f.

[45] SK-*Velten*, § 257a Rn. 3.

[46] *König/Seitz*, NStZ 1995, 1, 5.

[47] Wie hier KK-*Diemer*, § 25/a Rn. 5; ferner KK-*Fischer*, § 244 Rn. 86; *König/Seitz*, NStZ 1995, 1, 5; *Senge*, NStZ 2002, 225, 231f.

[48] *Dahs*, NJW 1995, 553, 556; siehe auch die anschauliche Darstellung eines „Probierprozesses" zur Praxis des § 257a StPO von *Wesemann*, StV 1995, 220.

[49] Zur Kritik an der Beweiserhebungsmöglichkeit des Selbstleseverfahrens, die mittelbar auch das schriftliche Antragsverfahren betrifft, vgl. *Krahl*, GA 1998, 329ff.; ferner *Knierim/Rettenmaier*, StV 2006, 155ff.

[50] LR-*Becker*, § 244 Rn. 126; *Alsberg/Nüse/Meyer*, S. 381/382; *Dahs*, Rn. 327; *Meyer-Goßner*, § 244 Rn. 32, 36 und § 273 Rn. 10; *Eisenberg*, Rn. 176.

[51] BGHSt 52, 355, 359; nach BVerfG NJW 2010, 592ff. ist dies nicht zu beanstanden, es handele sich nicht um „eine verkappte Präklusion des Beweisantragsrechts" und verstoße auch nicht gegen den Anspruch auf ein faires Verfahren; abl. *König*, StV 2009, 171; *Eisenberg*, Rn. 178; *Eidam*, JZ 2009, 318, 319.

der Vorsitzende. Seine Ablehnung bedarf dann keiner Begründung mehr.[52] Auch die Anrufung des Gerichts nach § 238 Abs. 2 StPO ist jetzt ausgeschlossen. Nimmt das Gericht den Beweisantrag entgegen, muss über ihn nach den allgemeinen Regeln, also insbesondere nach dem § 244 Abs. 3 bis Abs. 5 StPO, entschieden werden.[53]

5. Zurücknahme und Verzicht

16 Die Zurücknahme des Beweisantrags bzw. die – auch schlüssige – Erklärung, dass ein Beweisantrag nicht aufrechterhalten werde[54] und der Verzicht auf eine bereits angeordnete Beweisaufnahme sind nach allgemeiner Auffassung grundsätzlich möglich. Die Staatsanwaltschaft ist an einen Beweisantrag selbst dann nicht gebunden, wenn sie ihn zugunsten des Angeklagten gestellt hatte. In den Fällen übereinstimmender Antragstellung muss die Rücknahme von jedem der Antragsteller erklärt werden. Der Antrag kann zurückgenommen werden, solange über ihn nicht entschieden worden ist. Ist dem Antrag bereits stattgegeben worden, kann auf die beantragte Beweiserhebung noch verzichtet werden, solange das Beweismittel nicht herbeigeschafft worden ist. Ist es an der Gerichtsstelle und damit präsent, darf von seiner Benutzung gemäß § 245 Abs. 1 Satz 2 StPO nur noch **im Einverständnis aller Prozessbeteiligten** abgesehen werden. Als wesentliche Förmlichkeiten müssen Rücknahme und Verzicht gemäß § 273 Abs. 1 StPO im Sitzungsprotokoll beurkundet werden.[55]

V. Der bedingte Beweisantrag

17 Gerade in Großverfahren wird häufig von der *praeter legem* entwickelten Möglichkeit Gebrauch gemacht, das mit dem Beweisantrag verfolgte Beweisbegehren vom Eintritt eines zukünftigen ungewissen Umstandes, also einer Bedingung, abhängig zu machen. Die Rechtsprechung verfährt hier scheinbar großzügig, indem sie lediglich verlangt, dass es sich bei dem zur Bedingung erhobenen Umstand um ein **innerprozessuales Ereignis** handeln muss. Im Übrigen ist leider nicht nur die Terminologie uneinheitlich. Obwohl der strafprozessualen Praxis seit langem vertraut,[56] sind wesentliche Fragen der rechtlichen Qualifizierung, insbesondere der verfahrensrechtlichen Behandlung bedingter Beweisanträge, ungeklärt und deshalb unverändert aktuell.[57]

1. Klassifizierungsansätze

a) Hilfsbeweisantrag, Eventualbeweisantrag und prozessual bedingter Beweisantrag

18 Nach überwiegender Auffassung[58] lässt sich der bedingte Beweisantrag einer der nachfolgenden Kategorien zuordnen:
Die in der Praxis häufige Verknüpfung des Beweisantrages mit einem verfahrensabschließenden Sach- oder Hauptantrag, der in aller Regel den Urteilstenor in seinen Alternativen (Verurteilung oder Freispruch) oder den Inhalt des Schuld- und/oder Rechtsfolgenausspruchs (Versuch oder Vollendung bzw. Geld- oder Freiheitsstrafe) betrifft, ist ein **Hilfsbeweisantrag**.[59] Um einen **Eventualbeweisantrag** handelt es sich, wenn das Beweisbegehren mit ei-

---

[52] BGH NStZ 1986, 182.
[53] *Meyer-Goßner*, § 244 Rn. 33; *Eisenberg*, Rn. 179; *LR-Becker*, § 246 Rn. 2; *Dahs*, Rn. 327; *Alsberg/Nüse/Meyer*, S. 387 f.; *Burhoff* HV Rn. 304 ff.
[54] BGH NStZ 2005, 463, 464.
[55] *Alsberg/Nüse/Meyer*, S. 402 f.; *Meyer-Goßner*, § 244 Rn. 37; *Burhoff* HV Rn. 307.
[56] Bereits RGSt 1, 394 (1880); RGSt 3, 222, 224; 29, 438 und später RGSt 65, 351.
[57] Grundlegend *Niemöller*, JZ 1992, 884 ff.
[58] KK-*Fischer*, § 244 Rn. 88; *Eisenberg*, Rn. 161 ff.; *Schlothauer*, StV 1988, 542 ff.; *Michalke*, StV 1990, 184 ff.
[59] BGHSt 32, 10, 12 ff. = NStZ 1984, 372 m. Anm. *Schlüchter*; BGH NStZ 1989, 191; 1991, 47 m. Anm. *Scheffler*, 348 = StV 1991, 349 m. Anm. *Schlothauer*.

A. Beweisantragsrecht **26**

nem aus Sicht des Antragstellers relevanten Begründungselement des Sachverhalts (z. B. der gerichtlichen Annahme eines bestimmten Tatmotivs, der Schuldfähigkeit des Angeklagten, einer Garantenstellung oder der Echtheit einer Urkunde) verknüpft wird. Die Bedingung knüpft in diesen Fällen an eine für den Antragsteller (noch) ungewisse Sachlage an, von der die Beweiserhebung abhängig gemacht wird.[60] Eine dritte Kategorie stellt die Verknüpfung des Beweisbegehrens mit einer bestimmten Prozesslage (z. B. der Entscheidung über einen gegnerischen Beweisantrag oder die Vereidigung eines Zeugen) dar (**prozessual bedingter Beweisantrag**).[61] Demgegenüber liegt nach *Meyer-Goßner*[62] die verfahrensrechtliche Besonderheit des Hilfsbeweisantrages lediglich darin, dass über ihn grundsätzlich erst in den Urteilsgründen zu entscheiden sei, ebenso wie beim Eventualbeweisantrag, der irreführend teilweise dem Hilfsbeweisantrag und teilweise dem bedingten Beweisantrag gleichgesetzt werde. Tatsächlich handele es sich bei einem Eventualbeweisantrag aber um eine Kombination von bedingtem Beweisantrag und Hilfsbeweisantrag, nämlich um einen bedingten Beweisantrag, der erst im Schlussvortrag als Hilfsantrag gestellt werde.

b) Urteils- und Beurteilungsbedingung

Niemöller[63] unterscheidet zwei Hauptgruppen mit je zwei Untergruppen. Bei der Hauptgruppe der **Urteilsbedingungen** macht der Antragsteller sein Beweisbegehren vom Inhalt des – als erlassen gedachten – Urteils abhängig, indem er entweder den Urteilsausspruch selbst (1. Untergruppe, „klassische" Hilfsbeweisanträge) oder aber einzelne Begründungselemente des Urteils (2. Untergruppe) zur Bedingung erhebt. Gegenstand der Hauptgruppe der **Beurteilungsbedingungen** sei demgegenüber eine dem Urteil vorausgehende gerichtliche Entschließung oder Beurteilung, die sich entweder auf den zu verkündenden Urteilsspruch (1. Untergruppe) oder auf bestimmte, eventuell zu seiner Begründung dienende Elemente (2. Untergruppe, Eventualbeweisanträge) beziehe.[64] **19**

Hier erweist sich im Ergebnis die Grenzlinie zwischen den Urteils- und den Beurteilungsbedingungen als entscheidend für die rechtliche Bewertung und die prozessuale Behandlung: Während sich Urteilsbedingungen auf das **als ergangen gedachte Urteil** bezögen, bezögen sich Beurteilungsbedingungen auf die **dem Urteil vorausgehende Überzeugungsbildung.** Dem Antragsteller einer Beurteilungsbedingung gehe es darum, das Gericht auf die aus dem Antrag ersichtliche Beurteilung festzulegen, weshalb nach seinem Willen über den Beweisantrag gerade nicht erst mit dem Urteilsspruch, sondern schon vorher, nämlich in dem Zeitpunkt entschieden werden soll, in welchem sich das Gericht zu dem im Antrag benannten Urteilsspruch entschließe. Nicht die Urteilsverkündung, sondern die Urteilsberatung werde hier zum „prozessualen Ort des Ereignisses", das über den Bedingungseintritt entscheide. Die Behandlung eines derartigen Antrages werde problematisch, wenn nach dem Ergebnis der Beratung eben jener Fall eintrete, für den der Antragsteller die Beweiserhebung verlangt habe. Wäre das Gericht gezwungen, sich an die Bedingung zu halten, dürfte es den – jetzt unbedingten – Antrag weder übergehen noch erst in den Urteilsgründen bescheiden, weil dies nicht der Bedingung entspräche. Es wäre stattdessen gezwungen, seine Urteilsberatung zu unterbrechen und erneut in die Hauptverhandlung einzutreten. Dort wäre anschlie- **20**

---

[60] BGH StV 1990, 149 m. Anm. *Michalke*, 184; BGH NJW 1988, 501; NStZ 1989, 191.
[61] *Eisenberg*, Rn. 162.
[62] *Meyer-Goßner*, § 244 Rn. 22a f.
[63] *Niemöller*, JZ 1992, 884 ff.
[64] Bsp. für Beurteilungsbedingung der 1. Untergruppe: „Sollte das Gericht in der Schlussberatung zu dem Ergebnis gelangen, dass der Angeklagte des Totschlags schuldig zu sprechen ist (oder: eine Freiheitsstrafe von mehr als drei Jahren verwirkt hat; oder: in einer Entziehungsanstalt untergebracht werden muss), wird zum Beweis der Behauptung X. beantragt, den Zeugen/Sachverständigen Y. zu vernehmen"; Bsp. für Beurteilungsbedingung der 2. Untergruppe: „Sollte das Gericht in seiner Schluss- oder einer Zwischenberatung zu der Auffassung gelangen, dass die Aussage des Zeugen Z. glaubhaft ist (oder: die Schuldfähigkeit des Angeklagten nicht erheblich vermindert war), wird zum Beweis der Behauptung X. beantragt, den Zeugen/Sachverständigen Y. zu vernehmen".

ßend darüber zu befinden, ob der Beweis antragsgemäß zu erheben oder durch begründeten Beschluss nach § 244 Abs. 6 StPO abzulehnen ist.

Diese Konsequenz sei als rechtlich unzulässig abzulehnen, weil Bedingungen dieser Art als unvereinbar mit den Prinzipien des Strafprozesses anzusehen seien. Aus dem Gebot der Rechtsklarheit folge, dass Prozesshandlungen nur mit Bedingungen verknüpft sein dürften, deren Eintritt oder Ausfall für alle Verfahrensbeteiligten als innerprozessualer Vorgang wahrnehmbar sei. Ein Anspruch des Antragstellers auf Unterrichtung über das Beratungsergebnis vor der Urteilsverkündung existiere nicht und liefe auf eine **„Urteilsverkündung vor der Urteilsverkündung"** hinaus. Treffe dies zu, könne sich der Antragsteller einen entsprechenden Informationsanspruch aber auch nicht dadurch verschaffen, dass er seinen Beweisantrag mit dem Ergebnis der Beratung verknüpfe. Im Unterschied zu den grundsätzlich zulässigen Urteilsbedingungen seien deshalb Beurteilungsbedingungen in ihrer Gesamtheit als unzulässig zu werten mit der Folge, dass der sie enthaltende Antrag entweder als unbedingter Beweisantrag zu behandeln oder als insgesamt rechtsunwirksam anzusehen sei. In beiden Fällen sei der Beweisantrag durch einen begründeten Beschluss innerhalb der Hauptverhandlung zu bescheiden. Werde die Entscheidung erst in den Urteilsgründen getroffen, begründe der Verfahrensverstoß die Revision wegen Verletzung der formellen Bescheidungspflicht; die Rüge eines Verstoßes gegen § 344 Abs. 3 bis 5 StPO bleibe dem Beschwerdeführer aber versagt.

2. Der Hilfsbeweisantrag

21 Praxisrelevanz besitzt insbesondere der klassische Hilfsbeweisantrag in der Form, dass das Gericht über einen verfahrensabschließenden Hauptantrag nicht zu einem vom Antragsteller vorgegebenen Ergebnis (Einstellung, Freispruch oder eine bestimmte Rechtsfolge) gelangen sollte. Dieser Antrag ist nach zutreffender Ansicht **auflösend bedingt,** weil die Annahme einer aufschiebenden Bedingung zu einem dem Willen des Antragstellers widersprechenden Ergebnis führt.[65] Der Beweisantrag würde bei Annahme einer aufschiebenden Bedingung erst mit Urteilsverkündung existent, weshalb er bis zu diesem Zeitpunkt nicht Gegenstand einer gerichtlichen Entscheidung sein könnte. Damit wäre insbesondere nicht zu vereinbaren, dass nach h. M. über einen Hilfsbeweisantrag jederzeit – gegebenenfalls nach Wiedereintritt in die Beweisaufnahme – schon **vor Urteilsverkündung** im Beschlusswege nach § 244 Abs. 3 bis Abs. 6 StPO entschieden werden darf.[66] Seine besondere Funktion erhält der Hilfsbeweisantrag also dadurch, dass das mit ihm verfolgte Beweisverlangen mit einem auf das Verfahrensergebnis abzielenden Hauptantrag verknüpft wird.[67] Er ist und bleibt dabei Beweisantrag wie jeder andere auch. Über den regelmäßig erst in den Schlussvorträgen (§ 258 Abs. 1 StPO) beantragten Hilfsbeweisantrag wird jedoch grundsätzlich erst im Urteil entschieden.[68]

a) Der Hilfsbeweisantrag mit „Bescheidungsklausel"

22 Beispiel 1: Bescheidungsklausel Zur Erschütterung der Glaubwürdigkeit des Tatopfers F. beantragte der Verteidiger in seinem Schlussvortrag hilfsweise für den Fall der Verurteilung des Angeklagten die Einholung eines aussagepsychologischen Gutachtens eines forensisch erfahrenen psychologischen Sachverständigen. Dieses werde ergeben, dass F. zur vermeintlichen Tatzeit an einer Persönlichkeitsstörung gelitten habe, die erheblichen Einfluss auf ihr Aussageverhalten habe. Dem Antrag fügte der Verteidiger folgende Erklärung an: „Auf eine Entscheidung über den Antrag vor Abschluss der Urteilsberatung wird nicht verzichtet. Ohne eine entsprechende gerichtliche Mitteilung vor Urteilsverkündung werde er deshalb davon ausgehen, dass das Gericht den Nichteintritt des Hilfsfalles annimmt und den Angeklagten freisprechen wird. Sollte der erwartete Freispruch nicht erfolgen, wird vorsorglich beantragt, erneut in die Beweisaufnahme einzutreten und Beweisbeschluss zu erlassen."

Nach h. M. beinhaltet die hilfsweise Beweisantragstellung grundsätzlich den **schlüssigen Verzicht** des Antragstellers auf die Bekanntgabe der Entscheidung über seinen Beweisantrag

---

[65] *Niemöller*, JZ 1992, 884, 887.
[66] LR-*Becker*, § 244 Rn. 158; *Schlothauer*, StV 1988, 542, 543 m. w. N.
[67] KK-*Fischer*, § 244 Rn. 89.
[68] St. Rspr.; vgl. BGHSt 40, 287, 288 f.; 32, 10, 13; BGHR StPO § 244 VI Beweisantrag 20.

A. Beweisantragsrecht

in der Hauptverhandlung.[69] Diese Vermutung könne der Antragsteller aber wieder dadurch entkräften, dass er ausdrücklich oder auf sonstige Weise unmissverständlich zum Ausdruck bringe, dass er auf eine Entscheidung über seinen Hilfsbeweisantrag noch vor der Urteilsverkündung (doch) nicht verzichte. In diesem Falle bedürfe dann auch die Ablehnung eines – wenn auch erst im Schlussvortrag beantragten – Hilfsbeweisantrages (ausnahmsweise) eines Gerichtsbeschlusses nach § 244 Abs. 6 StPO.[70]

Der Anerkennung des **Hilfsbeweisantrages mit „Bescheidungsklausel"** durch den 2. Strafsenat des Bundesgerichtshofs sind die übrigen Senate zu Recht nicht gefolgt. Fraglich sei schon, ob die Auffassung generell für alle bedingten Beweisanträge und damit auch für die mit dem Schlussantrag verbundenen Hilfsbeweisanträge im engeren Sinne gelten könne oder ob das Ziel, den Grund für die Ablehnung des Beweisantrages noch vor Urteilserlass zu erfahren, für den Beweisführer nur durch die Stellung eines unbedingten Beweisantrages erreichbar sei.[71] Ein beachtlicher Teil des Schrifttums teilt diese Auffassung.[72] Denn wer einerseits einen Hilfsbeweisantrag stellt, andererseits aber seine Bescheidung noch vor Urteilserlass verlangt, verfolgt damit **einander widersprechende Ziele**. Zu einer Auflösung des Widerspruchs muss der Antragsteller gerichtlich befragt werden. Verweigert er die Wahl, **verwandelt** sich sein Antrag in einen unbedingten Beweisantrag mit der Pflicht der Bescheidung vor Urteilserlass.[73]

b) Rechtsmissbräuchliche Verknüpfung der Beweisbehauptung

Hilfsbeweisanträge, die sich nach ihrer Beweisbehauptung ausschließlich gegen den Schuldspruch richten, nach der vom Antragsteller gewählten Bedingung aber nur für den Fall einer bestimmten Rechtsfolgenentscheidung gestellt werden, sind unzulässig.[74] Dies folgt daraus, dass sich die unter Beweis gestellte Behauptung inhaltlich nicht auf die Entscheidung bezieht, die vom Antragsteller selbst zur Bedingung seines Antrags gemacht worden ist. Wollte man dies zulassen, würde dem Gericht abverlangt, sich in **Umkehrung der sachlogischen Reihenfolge** zunächst über den Inhalt einer nur möglicherweise zu erlassenden Rechtsfolgenentscheidung schlüssig zu werden, bevor es darüber befinden könnte, ob es zur vorgelagerten Schuldfrage Beweis erheben soll. Ein hierauf zielendes Beweisbegehren ist in sich **widersprüchlich,** für die Zulassung derartiger Beweisanträge besteht kein anerkennenswertes Bedürfnis.

Will sich der Antragsteller gegen den drohenden Schuldspruch verteidigen, muss er entweder einen unbedingt erhobenen Beweisantrag oder einen **für den Fall der Verurteilung** gestellten Hilfsbeweisantrag stellen. Beharrt er auf dem Beweisbegehren, haftet seinem Verlangen „der Mangel der Ernstlichkeit an".[75]

---

[69] BVerfG NJW 2010, 592, 595; BGHR StPO § 244 VI Hilfsbeweisantrag 1, 20; *Alsberg/Nüse/Meyer,* S. 59 f., 769; KK-*Fischer,* § 244 Rn. 92; LR-*Becker,* § 244 Rn. 160 f.; KMR-*Paulus* § 244 Rn. 398; *Eisenberg,* Rn. 165; *Pfeiffer,* § 244 Rn. 16; *Burhoff,* HV Rn. 547 und *Schlothauer,* StV 1988, 542, 543; a. A. mit zwingender Argumentation insbesondere *Niemöller,* JZ 1992, 884, 888 f. und nunmehr auch *Meyer-Goßner,* § 244 Rn. 44a, wonach allein aus der Abhängigkeit des Hilfs- vom Hauptantrag folgt, dass über den Hilfsantrag erst in den Urteilsgründen zu entscheiden ist.
[70] BGHR StPO § 244 VI Hilfsbeweisantrag 1 = BGH NStZ 1989, 191; ferner KG StV 1988, 518 und OLG Celle MDR 1966, 605; zustimmend auch insoweit LR-*Becker,* § 244 Rn. 160; a. A. KK-*Fischer,* § 244 Rn. 94; *Scheffler,* NStZ 1989, 158, 159; *Schlothauer,* StV 1988, 542, 547.
[71] BGHR StPO § 244 VI Hilfsbeweisantrag 3, 7, 8.
[72] *Meyer-Goßner,* § 244 Rn. 44a; *Niemöller,* JZ 1992, 884, 888 f.; KK-*Fischer,* § 244 Rn. 94; a. A. *Hamm/Hassemer/Pauly,* Rn. 72.
[73] *Niemöller,* JZ 1992, 884, 889; *Beulke,* JuS 2006, 597, 598 f.
[74] BGHSt 40, 287 = NStZ 1995, 144.
[75] Zustimmend auch BGH NStZ 2005, 45; BGH NStZ 1995, 246; *Basdorf,* StV 1995, 310, 316 f.; *Meyer-Goßner,* § 244 Rn. 22a; KK-*Fischer,* § 244 Rn. 95; *Herdegen,* NStZ 1995, 202; *Burhoff* HV Rn. 545a; *Beulke,* JuS 2006, 597, 598.

c) Gefahren und Risiken – Revision

24 Während das bedingte Beweisbegehren zum **Standardrepertoire der Strafverteidigung** zählt, wird von ihm seitens der Staatsanwaltschaft nur selten Gebrauch gemacht.[76] Es ist aber kein Zufall, dass erfahrene Strafverteidiger immer wieder auf **Nachteile** eindringlich hingewiesen haben.[77] Verteidigung und Angeklagter erfahren in aller Regel **erst aus den Urteilsgründen** die Begründung einer Ablehnung. Denn nur selten wird das Gericht von der Möglichkeit Gebrauch machen, über einen Hilfsbeweisantrag im Beschlusswege noch in der Hauptverhandlung zu entscheiden, wenn es die Beweiserhebung nicht für geboten hält.[78] Inhaltliche Missverständnisse kann der Angeklagte nicht mehr auflösen.[79] Eine auf Hilfsbeweisanträge setzende Strategie muss deshalb auf die Revision abzielen.[80]

25 Die revisionsgerichtliche Praxis belegt, dass diese Hoffnung nur selten begründet ist. Auf einem etwaigen Verfahrensfehler wird das Urteil hier nämlich häufig nicht **beruhen** (§ 337 Abs. 1 StPO). Auch wenn insoweit durch den Revisionsführer kein Kausalitätsnachweis zu erbringen ist, wird gerade bei der fehlerhaften Behandlung von Hilfsbeweisanträgen schon die Möglichkeit einer Urteilsbeeinflussung und damit eines Beruhens mit der notwendigen Sicherheit auszuschließen sein, weil dem **Revisionsgericht** zur Prüfung der Beruhensfrage die gesamten Urteilsgründe, insbesondere auch die Erwägungen des Tatrichters zur Beweiswürdigung, zur Verfügung stehen, sofern auch die Sachrüge erhoben ist.

26 Selbst ein **vollständiges Übergehen eines Hilfsbeweisantrages** ist dann unschädlich, wenn der Hilfsbeweisantrag auch ohne Rechtsfehler nach § 244 Abs. 3 bis 5 StPO hätte abgelehnt werden können und die Ablehnungsgründe vom Revisionsgericht – aufgrund des Urteilsinhalts – nachgebracht oder ergänzt werden können.[81] Dies ist der Fall, wenn sich den Urteilsgründen mit ausreichender Sicherheit entnehmen lässt, dass das Tatgericht die Beweisbehauptung für unerheblich hielt oder halten durfte, dass es sie wie eine erwiesene oder als wahr unterstellte Tatsache behandelt hat[82] oder den Hilfsbeweisantrag (auf Einholung eines Sachverständigengutachtens) aufgrund eigener – durch die Urteilsgründe ausgewiesene – Sachkunde hätte ablehnen dürfen.[83] Die Entscheidungsgrundlage des Revisionsgerichts für die Beruhensfrage ist beim Hilfsbeweisantrag damit ungleich besser als beim unbedingten Beweisantrag. Kann ein Beruhen schon für den Fall der vollständig fehlenden Ablehnungsbegründung häufig ausgeschlossen werden, gilt dies erst recht für den Fall der nur fehlerhaften Ablehnungsbegründung. Das Revisionsgericht ist auch hier zu einer **Nachbesserung** nicht nur berechtigt, sondern sogar verpflichtet.[84]

---

[76] *Schrader*, NStZ 1991, 224 ff.
[77] *Schlothauer*, StV 1988, 542 ff.; *Dahs*, Handbuch Rn. 661.
[78] LR-*Becker*, § 244 Rn. 158, insbesondere *Schlothauer*, StV 1988, 542, 543.
[79] *Eisenberg*, Rn. 165a.
[80] Zur treffenden Umschreibung dieses Verteidigungskalküls vgl. *Schlothauer*, StV 1988, 542, 544 f.: Eine solche unter dem Gesichtspunkt des späteren Revisionsverfahrens geführte Verteidigung setzt darauf, dass dem Tatrichter möglichst schwerwiegende Verfahrensfehler unterlaufen, wozu sich das Beweisantragsrecht erfahrungsgemäß besonders eignet. Eine solche Verteidigungsstrategie muss geradezu verhindern, dass das Gericht den beantragten Beweis erhebt. Insbesondere durch die Stellung des Beweisantrages in Form eines Hilfsbeweisantrages gegen Ende der Hauptverhandlung erhofft sich der Verteidiger, dass das Gericht einen erneuten Wiedereintritt in die Beweisaufnahme und deren Fortsetzung scheuen und die Bescheidung des Antrages den schriftlichen Urteilsgründen überlassen werde. Denn vielfach macht sich erst bei dem Absetzen der schriftlichen Urteilsgründe das Dilemma bemerkbar, in das sich das Gericht durch sein Bemühen, eine Verlängerung der Beweisaufnahme zu vermeiden, gebracht hat: Entweder hat das Gericht zur Begründung seiner die Verurteilung tragenden Beweiswürdigung nur noch einen begrenzten Spielraum oder es muss versuchen, die in den Hilfsbeweisanträgen unter Beweis gestellten Tatsachen argumentativ zu umgehen. (…) Damit ist das Urteil in erhöhtem Maße revisionsanfällig".
[81] BGH NJW 1997, 265; 1988, 501; BGHR StPO § 244 VI Hilfsbeweisantrag 9; KG StRR 2011, 21; st. Rspr.; *Schlothauer*, StV 1988, 542, 544; *Alsberg/Nüse/Meyer*, S. 911 f.; KK-*Fischer*, § 244 Rn. 96; *Deckers*, S. 19.
[82] BGHR StPO § 244 VI Hilfsbeweisantrag 5.
[83] BGHR StPO § 244 VI Hilfsbeweisantrag 9.
[84] Vgl. LR-*Becker*, § 244 Rn. 379.

A. Beweisantragsrecht

3. Der Eventualbeweisantrag

Ob die aufgezeigten Gefahren und Risiken des Hilfsbeweisantrags durch einen intensiveren Gebrauch des nicht an einen verfahrensabschließenden Hauptantrag gebundenen Eventualbeweisantrags zu minimieren sind, erscheint fraglich.[85] Der Auffassung, wonach das Gericht mithilfe des Eventualbeweisantrages „wesentlich präziser als beim Hilfsbeweisantrag gezwungen werden" könne, „seine Beurteilung der Beweislage schon vor dem Urteil bekannt zu geben",[86] ist zu widersprechen. Denn die Anerkennung einer Bescheidungspflicht vor Urteilserlass über die in diesen Fällen typischerweise zur Bedingung erhobenen Umstände, wie etwa die Überzeugung des Gerichts von der Existenz eines bestimmten Tatmotivs, von der Glaubwürdigkeit oder Richtigkeit einer Zeugenaussage oder gar der Richtigkeit der Einlassung des Angeklagten selbst, liefe in der Tat auf eine Urteilsverkündung vor der Urteilsverkündung hinaus.[87] Als Beurteilungsbedingung im Sinne der oben dargestellten Differenzierung *Niemöllers* ist sie als grundsätzlich unzulässig zu werten mit der Folge, dass ein entsprechender Eventualbeweisantrag entweder als unbedingter Beweisantrag zu behandeln oder als insgesamt rechtsunwirksam anzusehen ist.

VI. Die inhaltlichen Anforderungen an das Beweisbegehren

Ein nach den Regeln des Strengbeweisverfahrens zu behandelndes Beweisbegehren im Sinne eines Beweisantrages liegt nur vor, wenn der Antragsteller verlangt, dass zum Nachweis einer bestimmten Tatsache durch den Gebrauch eines bestimmten Beweismittels Beweis erhoben wird. Die hieraus durch die Revisionsrechtsprechung hergeleiteten Anforderungen an die Substantiierung des Beweisantrages sind erheblich.[88]

1. Die Behauptung der Beweistatsache

a) Beweistatsache

Als Beweistatsache kommt grundsätzlich jeder Sachverhalt in Frage, der nach der Beweisbehauptung des Antragstellers der Fall war oder der Fall ist.[89] Neben konkreten Geschehnissen, Vorgängen, Zuständen oder Umständen der „äußeren Welt" sind das auch solche der „inneren Welt", des „Seelenlebens", solange erkennbar bleibt, auf welchen wahrnehmbaren und mitteilbaren Sachverhaltsmomenten sie beruhen. Andernfalls wird die Grenze zum nur subjektiven, weil bereits tatsachenbewertenden (Vor-)Urteil überschritten.[90] Anträge, die auf die Feststellung von **lediglich verfahrensrechtlich erheblichen Tatsachen** gerichtet sind (z. B. Vorliegen bestimmter Verfahrensvoraussetzungen; Erfüllung spezifischer Belehrungsanforderungen) scheiden aus; ihre Ablehnung ist, da insoweit das **Freibeweisverfahren** gilt, nicht an die gesetzlichen Ablehnungsgründe gebunden.[91]

Der Antragsteller braucht von der Richtigkeit seiner Beweisbehauptung selbst nicht überzeugt zu sein, solange sich für sie eine im weitesten Sinne auf Fakten beruhende oder aus sonstigen Anhaltspunkten abgeleitete Grundlage, sprich die Möglichkeit einer „argumentativ vertretbaren Prämisse" erkennen lässt.[92] Dem Antragsteller ist es folglich nicht verwehrt, auch solche Tatsachen unter Beweis zu stellen, die er nur **vermutet** oder lediglich **für möglich** hält, auch wenn sie objektiv ungewöhnlich oder unwahrscheinlich erscheinen.[93]

---

[85] *Schlothauer*, StV 1988, 542, 546 ff.
[86] *Schlothauer*, StV 1988, 542, 546 f.
[87] *Niemöller*, JZ 1992, 884, 891.
[88] Zur restriktiven Tendenz der Rspr. des BGH *Perron*, S. 196 ff., 199; *Bünger*, NStZ 2006, 308.
[89] KK-*Fischer*, § 244 Rn. 3
[90] KK-*Fischer*, § 244 Rn. 69.
[91] *Bünger*, NStZ 2006, 308; *Beulke*, JuS 2006, 597, 598.
[92] KK-*Fischer*, § 244 Rn. 73, insbesondere *Herdegen*, StV 1990, 518, 519.
[93] BGH NStZ 2008, 474.

Einem Beweisbegehren muss aber nicht oder nur nach Maßgabe der Aufklärungspflicht nachgegangen werden, wenn die Beweisbehauptung ohne jeden tatsächlichen Anhaltspunkt und ohne begründete Vermutung für ihre Richtigkeit aufs Geratewohl **ins Blaue hinein** aufgestellt wurde, so dass es sich in Wahrheit nur um einen nicht ernst gemeinten, zum Schein gestellten Beweisantrag handelt. Ob das der Fall ist, ist aus der Sicht eines „verständigen" Antragstellers auf der Grundlage der von ihm selbst nicht infrage gestellten Tatsachen zu beurteilen.[94]

b) Die bestimmte Behauptung der Beweistatsache

31 Die Tatsache, die bewiesen werden soll, ist vom Antragsteller konkret und bestimmt zu behaupten, d. h. als Sachverhalt feststehend zu deklarieren.[95] Schon der (äußeren) **Sprachgestalt** des Beweisantrages kommt deshalb für sein weiteres rechtliches Schicksal zentrale Bedeutung zu. Typische Fehler stellen in diesem Zusammenhang deshalb Anträge dar, die das Beweisthema mithilfe indirekter Fragen („ob", „weshalb", „auf welche Weise") zu umschreiben suchen. Sie können mangels hinreichend bestimmter Behauptung nicht beschieden werden und verfehlen in aller Regel allein aus diesem Grund die Kriterien des Beweisantrags.[96] Ob es sich im konkreten Fall nur um die unzureichende Äußerung einer in die Form eines Beweisantrags gekleideten Vermutung oder um die gebotene bestimmte Behauptung von Tatsachen handelt, entscheidet sich nicht allein nach dem Wortlaut und der äußeren Form des Antrags, sondern auch nach seinem durch **Auslegung** zu ermittelnden Sinn.[97]

Beispiel 2: Jünger als 21?[98] Im Schlussvortrag beantragte die Verteidigerin für den Fall, dass das Landgericht den Angeklagten als zur Tatzeit erwachsen beurteilen sollte, die Einholung eines medizinischen und/oder odontologischen Gutachtens zur Bestimmung des Lebensalter zum Beweis der Tatsache, dass der Angeklagte im Tatzeitraum „jünger als 21 Jahre" gewesen ist.
Nach Auffassung des Bundesgerichtshofs handelt es sich bei dem „Hilfsbeweisantrag" lediglich um einen am Maßstab des § 244 Abs. 2 StPO zu messenden Ermittlungsantrag. Denn in dem Antrag hätte als bestimmte Beweisbehauptung angegeben werden müssen, wie alt der Angeklagte im Tatzeitraum tatsächlich gewesen sein soll. Die Angabe eines konkreten Lebensalters als Beweisbehauptung sei auch deshalb von Bedeutung gewesen, weil es auf eine gegebenenfalls spätere Beurteilung des Entwicklungsstandes nach § 105 Abs. 1 Nr. 1 JGG hätte Einfluss nehmen können. Nur eine bestimmte Beweisbehauptung hätte das Gericht in die Lage versetzen können, nach § 244 Abs. 3 Satz 2 StPO zu prüfen, ob die Beweistatsache bedeutungslos sei, als wahr unterstellt werden könne oder ob das Beweismittel zu ihrer Feststellung geeignet gewesen sei.

Beispiel 3: Lohnsteuer entrichtet?[99] In einer Steuerstrafsache stellt der Verteidiger den folgenden Beweisantrag:
„Zum Beweis der Tatsache, dass in dem Unternehmen des Angeklagten in dem laut Anklageschrift fraglichen Zeitraum ausschließlich Arbeitnehmer beschäftigt gewesen sind, die entweder ihre Lohnsteuerkarte vorgelegt hatten und für deren Tätigkeit die Steuer an das Finanzamt abgeführt worden ist oder die unter Bedingungen tätig waren, die die Erhebung der pauschalen Lohnsteuer von 10% gemäß § 40a EStG ohne Vorlage einer Lohnsteuerkarte gestatten, wird die Einvernahme aller in dem laut Anklageschrift relevanten Zeitraum beschäftigten Arbeitnehmer beantragt. Die Anschriften der Zeugen sind über die zuständige AOK, den Polizeipräsidenten und das zuständige Ausländeramt zu ermitteln."

Auch dieser Antrag erfüllt mangels hinreichender Bestimmtheit der behaupteten Beweistatsachen nicht die Voraussetzungen eines Beweisantrags. Der Antragsteller hätte vortragen müssen, für welche namentlich bezeichneten Arbeitnehmer Steuern in welchen konkreten Zeiträumen und in welcher Höhe tatsächlich abgeführt wurden und für welche Arbeitneh-

---

[94] BGH NStZ 2009, 226 f.; st. Rspr.
[95] St. Rspr., BGHSt 37, 162, 164 f.; 43, 321 ff.; *Beulke*, JuS 2006, 597 f.
[96] *Schulz*, StV 1985, 312; *Burhoff* HV Rn. 299.
[97] BGH StV 1982, 55 f.; BGHR StPO § 244 VI Beweisantrag 2 und BayObLG NJW 1996, 331, 332.
[98] Bsp. BGH StV 1997, 623.
[99] Bsp. nach BGHR StPO § 244 VI Beweisantrag 13.

A. Beweisantragsrecht

mer in welchen Zeiträumen mit jeweils welchem Betrag pauschale Lohnsteuer entrichtet wurde.

c) Widersprüchliche Beweisbehauptungen

Mangels bestimmter Beweisbehauptung kann ein Beweisbegehren die Qualität als Beweisantrag auch in einem Fall verlieren, in dem der Antragsteller im Rahmen ein und desselben Antrags mehrere, bei isolierter Betrachtung zwar jeweils hinreichend bestimmte, sich jedoch **gegenseitig ausschließende Tatsachen** unter Beweis stellt. 32

Beispiel 4: Geld ohne Arbeit?[100] Der als V-Mann im Drogenmilieu operierende Zeuge D. hatte die Angeklagte in der Hauptverhandlung mit seiner Aussage erheblich belastet, wonach die Initiative zur Vermittlung eines „Killers" durch D. nicht von ihm (dem Zeugen D.), sondern von der Angeklagten ausgegangen sei. Demgegenüber hielt die Angeklagte an ihrer Einlassung fest, die Initiative zur Vermittlung eines „Killers" zur beabsichtigten Tötung ihres Ehemanns sei von D. ausgegangen. Mit Hilfe mehrerer Beweiserhebungen versuchte die Verteidigung jetzt nachzuweisen, dass D. zur Tatzeit seinen Lebensunterhalt im Wesentlichen von seinen Einnahmen als V-Mann bestritten und schon deshalb ein besonderes finanzielles Interesse an Zahlungen der Ermittlungsbehörden für die Aufdeckung eines Mordkomplotts gehabt habe. Zur Entkräftung der dem entgegenstehenden Aussage des D., in der fraglichen Zeit als Sicherheitsassistent in einer Sicherheitsfirma monatlich zwischen 3000,– und 4000,– Euro verdient zu haben, stellte der Verteidiger der Angeklagten folgenden Hilfsbeweisantrag:
„Für den Fall, dass die Kammer eine gegen die Angeklagte zu verhängende Freiheitsstrafe nicht zur Bewährung aussetzen sollte, wird beantragt, den Zeugen S. als Geschäftsführer der Firma „Schloss und Riegel GmbH" zu vernehmen. S. wird bekunden, dass D. entgegen seinen Angaben nicht als Sicherheitsassistent bei der Firma „Schloss und Riegel GmbH" beschäftigt ist oder war, zumindest aber dort nicht einen monatlichen Nettoverdienst zwischen 3000,– und 4000,– Euro erzielt hat."

Der so formulierte Antrag erfüllt mangels hinreichender Bestimmtheit der in ihm behaupteten Beweistatsachen insgesamt nicht die Voraussetzungen eines Beweisantrags. Denn die behaupteten Tatsachen schließen sich gegenseitig aus. Entweder arbeitete der Zeuge D. tatsächlich nicht bei der Firma, oder er arbeitete doch dort, wenn auch zu einem geringeren Lohn als von ihm behauptet. Werden in einem Antrag zugleich mehrere, sich gegenseitig ausschließende Tatsachen behauptet, behauptet der Antragsteller keine dieser Tatsachen als bestimmt, vielmehr jede von ihnen **nur als möglich.** Daran ändert auch der Umstand nichts, dass beide Beweisbehauptungen auf das gleiche Beweisziel (Ermöglichung von Schlüssen auf die Interessenslage und damit die Glaubwürdigkeit des Belastungszeugen) gerichtet waren. Bei dem Antrag handelt es sich damit nicht um einen an die enumerativen Ablehnungsgründe des § 244 Abs. 3 bis 5 StPO gebundenen Beweisantrag, sondern lediglich um einen am Maßstab des § 244 Abs. 2 StPO zu messenden Beweisermittlungsantrag.

d) Die Auslegung der Beweisbehauptung

aa) Grundsatz

Das Risiko missverständlicher, unvollständiger und den Bestimmtheitserfordernissen nicht genügender Beweisanträge und sonstiger Unklarheiten hat grundsätzlich der Antragsteller selbst zu tragen. Trotzdem erfordern sowohl die **Aufklärungspflicht** als auch die aus dem Gebot einer fairen Verfahrensgestaltung resultierende **Fürsorgepflicht,** dass das Gericht auf eine **am erkennbaren Sinn und Zweck** orientierte Auslegung, gegebenenfalls Klarstellung und Präzisierung der Beweisbehauptung hinzuwirken hat.[101] Hierbei können das übrige Vorbringen des Antragstellers und der konkrete Verfahrensstand behilflich sein, nicht aber Umstände, die sich allein aufgrund qualifizierter Aktenkenntnis erschließen. Denn hiergegen sprechen nicht nur das Mündlichkeitsprinzip, sondern auch die Überlegung, dass auch die nicht aktenkundigen Mitglieder des Gerichts und die weiteren zur Stellungnahme aufgefor- 33

---

[100] Bsp. nach BGH NStZ 1998, 209.
[101] BGHSt 1, 137, 138; 22, 118, 122; 37, 162, 166; 39, 251, 253; BGHR StPO § 244 VI Beweisantrag 2, 3, 4, 12, 30 und Entscheidung 6; KK-*Fischer*, § 244 Rn. 77 f.; *Meyer-Goßner*, § 244 Rn. 35; *Perron*, S. 198 f.

Krause 1651

derten Verfahrensbeteiligten in der Lage sein müssen, ein bestimmtes Verständnis über den Inhalt des Beweisantrages zu gewinnen.[102]

bb) Grenzen

34 Auch wenn die sprachliche Fassung des Beweisantrags grundsätzlich keinen besonderen – etwa der spezifisch revisionsrechtlichen Vorschrift des § 344 Abs. 2 Satz 2 StPO für die Anbringung von Verfahrensrügen entsprechenden – Darlegungspflichten unterliegt,[103] hat die auf die Fürsorgepflicht des Gerichts gestützte **Risikoüberbürdung** im Wege der Auslegung ihre Grenzen. So ist es nicht Aufgabe des Tatrichters, bei komplexen Sachverhalten den Antragsteller so lange auf Substantiierungsmängel hinzuweisen, bis sein Antrag endlich in eine hinreichend substantiierte Tatsachenbehauptung überführt werden kann.[104] Dies gilt in erster Linie dann, wenn der Antragsteller noch im weiteren Verlauf der Hauptverhandlung sicher erfährt, dass das Gericht von einem (inhaltlich) anderen Verständnis oder einer fehlenden Substantiierung des Beweisbegehrens ausgegangen ist. Das wird regelmäßig bei der noch in der Hauptverhandlung zu verkündenden und zu begründenden Ablehnung eines unbedingten Beweisantrages der Fall sein. Es wird von den Revisionsgerichten nicht hingenommen, wenn der Verteidiger das Missverständnis oder die Annahme eines Substantiierungsmangels unbeanstandet lässt, um die Behandlung seines Antrages durch das Tatgericht anschließend zur Grundlage einer revisionsrechtlichen Verfahrensrüge zu machen.[105] Hier ist es Sache des Verteidigers, das (angebliche) Missverständnis oder einen (vom Tatgericht angenommenen) Substantiierungsmangel durch die Stellung eines neuen Beweisantrages zu beseitigen. Daraus folgt nicht, dass im Falle eines erst in den Urteilsgründen zu bescheidenden Hilfs- und Eventualbeweisantrags das Tatgericht einer gesteigerten Hinweisverpflichtung nachzukommen hätte. Sie entspricht vielmehr derjenigen des unbedingten Beweisantrages.[106]

Voraussetzungen und Umfang der Auslegungs- und Hinweisverpflichtung sind im Einzelfall nur schwer zu beurteilen. Denn sowohl die unberechtigte Ablehnung eines Beweisantrages wegen Unbestimmtheit als auch die das Beweisthema nicht in seiner ganzen Tragweite, d. h. ohne Einengung, Umdeutung oder sonstige Veränderung seines Sinngehaltes,[107] erfassende Auslegung können zur Aufhebung des Urteils führen.[108]

e) Substantiierung der Beweisbehauptung – Konnexitätserfordernis

35 Die Großzügigkeit der Revisionsrechtsprechung bezüglich der Plausibilität des Beweisgelingens verleitet allzu oft zu dem Trugschluss, dass auch in Richtung auf die Bestimmtheitserfordernisse der mit dem Beweisantrag verfolgten Beweisbehauptung ein großzügiger Maßstab anzulegen sei. Dies ist nicht der Fall. An keiner anderen Stelle der Hauptverhandlung werden insbesondere von Verteidigern mehr und **folgenschwerere Fehler** gemacht.

aa) Die Grundregel

36 Dem Bestimmtheitserfordernis ist genügt, wenn auf die Beweisbehauptung des Beweisantrags die Ablehnungsgründe des § 244 Abs. 3 Satz 2 StPO sinnvoll angewandt werden können. Ein Beweisantrag liegt deshalb nicht vor, wenn ein **Konnex** zwischen Beweisbehauptung und Beweismittel im Sinne eines verbindenden Zusammenhangs nicht erkennbar ist, so dass das Gericht etwa die Ablehnungsgründe der Bedeutungslosigkeit der Beweistatsache oder der völligen Ungeeignetheit des Beweismittels nicht sinnvoll zu prüfen vermag. Entsprechendes

---

[102] a. A. insoweit BGH StV 1982, 55; *Alsberg/Nüse/Meyer*, S. 38 f., 751 und LR-*Becker*, § 244 Rn. 117: „Bei der Auslegung ist auch der Akteninhalt zu berücksichtigen, allerdings muss der Vorsitzende die hieraus erkennbaren, für das Verständnis des Antrags bedeutsamen Umstände zur Sprache bringen."
[103] *Widmaier*, NStZ 1993, 602, 603.
[104] BGHR StPO § 244 VI Beweisantrag 4; BGHR StPO § 244 III Rügerecht 2; BGHSt 39, 251, 253; *Perron*, S. 199.
[105] BGHR StPO § 244 VI Beweisantrag 3 und 30; BGH wistra 2008, 474, 475.
[106] *Meyer-Goßner*, § 244 Rn. 35.
[107] KK-*Fischer*, § 244 Rn. 78.
[108] *Perron*, S. 198.

gilt, wenn sich die in der Beweisbehauptung enthaltene Beweistatsache einer Wahrunterstellung entzieht oder die Annahme, sie sei für die Entscheidung ohne Bedeutung, nicht zu treffen ist.[109] Der Beweisantrag muss – nachvollziehbar- erkennen lassen muss, weshalb der Zeuge überhaupt etwas zu dem Beweisthema bekunden können soll.[110] Bei unmittelbaren Tatzeugen wird dieser Zusammenhang regelmäßig auf der Hand liegen, so dass es der Darlegung detaillierter Umstände nicht bedarf.[111]

In seiner neueren Rechtsprechung hat der Bundesgerichtshof die Anforderungen an die Darlegung der die Konnexität begründenden Tatsachen bei fortgeschrittener Beweisaufnahme deutlich verschärft. Gefordert wird nun die Darlegung der Eignung des Begehrens für eine weitere Sachaufklärung auf der Grundlage des bisherigen Beweisergebnisses und beim Zeugenbeweis die Darlegung der Wahrnehmungssituation des Zeugen auf der Grundlage des Verständnisses des Antragstellers von der erreichten Beweislage, sofern sich solches nicht von selbst versteht.[112] Die Tatsachen, die die Konnexität begründen sollen, sind bestimmt zu behaupten.[113] Der Verteidiger muss deshalb die Beweisbehauptung mit Anhaltspunkten belegen, um nicht Gefahr zu laufen, dass der Beweisantrag nur als Beweisermittlungsantrag angesehen wird.[114] Die Rechtsprechung zur „erweiterten Konnexität" ist deshalb kritisch zu sehen, weil die Beurteilung der Eignung des Begehrens Aufgabe des Gerichts im Rahmen der Beweiswürdigung ist. Der Antragsteller kann nicht verpflichtet sein, seinen Wissensstand – gefragt oder ungefragt – offen zu legen, seine Informationsquellen preiszugeben oder gar seine Ergebniserwartung hinsichtlich des Beweisbegehrens darzulegen.[115]

bb) Subjektive Bewertung, Schlussfolgerung und Verkürzung

Die inflationäre Thematisierung des Beweisgegenstandes mithilfe schlagwortartiger **Verkürzungen,** schlichten **Wertungen** und reinen **Schlussfolgerungen** erfüllt regelmäßig nicht die Anforderungen an die Bezeichnung einer bestimmten Beweistatsache.

Beispiel 5: Unglaubwürdigkeit des Belastungszeugen[116] Vor Beginn der Urteilsverkündung stellt der Verteidiger den folgenden Hilfsantrag: „Sollte das Gericht den Angeklagten verurteilen, wird zum Beweis für die Unglaubwürdigkeit des Zeugen Z. die Ladung der Zeugen A. und B. beantragt. Beide Zeugen werden bekunden, dass Z. schon des Öfteren zu Unrecht jemanden belastet hat, und eigene Beobachtungen mitteilen, aus denen man entnehmen wird, dass Z. es mit der Wahrheit schon früher nicht so genau genommen hat."

Die Beweisbehauptung genügt nicht den Bestimmtheitserfordernissen, wenn mit ihr keine dem Beweis zugängliche, hinreichend konkrete Tatsache unter Beweis gestellt wird, sondern lediglich eine **Schlussfolgerung** oder **Wertung** aus äußeren Umständen und Handlungen, die ihrerseits einer Beweiserhebung zugängliche Tatsachen sind. Sind diese aber nicht aus-

---

[109] St. Rspr. und h. L.: BGH, Urt. v. 15.12.2005 – 3 StR 201/05; ferner BGHSt 43, 321, 329 f.; 40, 3, 6 = NStZ 1994, 247 m. Anm. *Widmaier*, NStZ 1994, 248 = StV 1994, 169 m. Anm. *Strate*, StV 1994, 171; BGHSt 39, 251, 254 = NStZ 1993, 550 m. Anm. *Widmaier*, NStZ 1993, 602 = StV 1993, 454 m. Anm. *Hamm*, StV 1993, 455; BGHSt 37, 162, 165 ff. = NStZ 1990, 602 m. Anm. *Schulz*, NStZ 1991, 449; *Alsberg/Nüse/Meyer*, S. 39 f.; *Eisenberg*, Rn. 146; *Meyer-Goßner*, § 244 Rn. 21; *Fezer*, JZ 1996, 655, 658; *Senge*, NStZ 2002, 225, 230 f.; kritisch *Deckers*, S. 32 ff.; *Hamm/Hassemer/Pauly*, Rn. 111 ff.; *Herdegen*, NStZ 1999, 176, 181: Schaffung eines „übergeordneten Ablehnungsgrundes" und *Herdegen*, FS Gössel 2002, 529, 539 ff.; *Fezer*, FS Meyer-Goßner, 2001, 629 ff.; *Burhoff* HV Rn. 293a, 301a, *Dünger*, NStZ 2006, 308 und *Beulke*, JuS 2006, 597, 598.
[110] BGH NStZ 2000, 437; abl. *Trüg*, StraFo 2010, 139, 143.
[111] BGHSt 43, 321, 329 f.; BGH, Urt. v. 15.12.2005 – 3 StR 201/05: „nachvollziehbarer Grund".
[112] BGHR StPO § 244 VI Beweisantrag 45; BGH NJW-Spezial 2008, 504; abl. *Brüning*, ZJS 5/2008, 554; *Beulke/Witzigmann*, StV 2009, 58; *Ventzke*, StV 2009, 655, 658; *Jahn*, StV 2009, 663; *Eisenberg*, Rn. 146; *Meyer-Goßner*, § 244 Rn. 20a.
[113] BGHR StPO § 244 III Konnexität 1; abl. *Ventzke*, NStZ 2011, 301; krit. *Schneider*, NStZ 2012, 169.
[114] *Burhoff*, ZAP 6/2011, 673 ff.; vgl. auch KG StraFo 2012, 20 mit Anm. *Deutscher*, jurisPR-StrafR 8/2012 Anm. 1.
[115] *Eisenberg*, Rn. 146 m. w. N.
[116] Bsp. nach BGHSt 37, 162.

drücklich unter Beweis gestellt und enthält der Beweisantrag auch sonst keine hinreichend erkennbare und bestimmbare Tatsachengrundlage, können auf vage formulierten Beweisthemen wie „Unglaubwürdigkeit", „verhaltensgestört", „süchtig" oder „angeheitert" die Ablehnungsgründe des § 244 StPO nicht exakt und sinnvoll angewendet werden. Ebenso wird es nur schwer möglich sein, Attribute wie „unglaubwürdig", „verwahrlost", „höchst leichtfertig", „verlogen", „schauspielerisch begabt"[117] oder „zu Unrecht belastet"[118] als wahr zu unterstellen, als für das Urteil ohne Bedeutung oder als schon erwiesen anzusehen oder das Beweismittel als zur Feststellung der Wahrheit völlig ungeeignet zu bezeichnen. Die Behauptung, die Zeugin leide „unter krankheitswertiger Alkoholabhängigkeit mit bereits eingetretener Persönlichkeitsdeformation", soll trotz ihrer schlagwortartigen Verkürzung noch den Anforderungen an eine bestimmte Beweisbehauptung genügen, wenn ein langjähriger zum Zeitpunkt der Tat noch andauernder massiver Alkoholmissbrauch der Zeugin nahelag.[119] Will der Antragsteller aus Hilfstatsachen zu einem früheren Verhalten des Zeugen die Unglaubwürdigkeit dieses Zeugen folgern, ist er gezwungen, diese Hilfstatsachen selbst genau und substantiiert darzulegen. Nur so wird das Gericht in die Lage versetzt, die Bedeutung der Hilfstatsachen zu prüfen und gegebenenfalls als wahr unterstellte Tatsache in seine Beweiswürdigung einzubeziehen. Für die Zurückweisung des Beweisbegehrens ist das Gericht in diesen Fällen damit nicht an das Vorliegen der Ablehnungsgründe des § 244 Abs. 3 Satz 2 StPO gebunden.

Beispiel 6: Ausnahmslos vorteilhaft?[120] In der Hauptverhandlung beantragte die Verteidigung die Vernehmung zweier ehemals Mitangeklagter als Zeugen, mit dem Ziel, den Angeklagten vom Tatvorwurf der Bestechung zu entlasten. Der zur Tatzeit als leitender Stadtdirektor tätige Zeuge A. werde bekunden, „dass sämtliche Grundstücksgeschäfte der Stadt M., an denen der Angeklagte beteiligt war, in wirtschaftlicher Hinsicht und unter Beachtung der kommunalpolitischen Interessenlage für die Stadt ausnahmslos vorteilhaft" gewesen sind. Der Zeuge B., zur Tatzeit Beamter der Landeskirchenverwaltung, werde bekunden, dass dieser durch die Tätigkeit des Angeklagten im Hinblick auf Erträge und Wertsteigerungen des Immobilienvermögens „nur Vorteile erwachsen" seien.

Keiner der beiden Antragsteile erfüllt die Kriterien eines Beweisantrags. Die Vernehmung des Zeugen A. diente nicht dazu, Tatsachen in die Hauptverhandlung einzuführen, sondern dazu, eine umfassende Bewertung der Grundstücksgeschäfte, an denen der Angeklagte beteiligt war, im Wege des Zeugenbeweises dem Gericht nahe zu legen. Ob ein konkretes Grundstücksgeschäft wirtschaftlich, wohnungspolitisch oder gar insgesamt kommunalpolitisch (aus Sicht der betreffenden Stadt) vorteilhaft gewesen ist, ist kein Zeugenwissen. Vielmehr obliegt eine solche Bewertung dem Gericht, das sich bei Bedarf eines Sachverständigen bedienen kann. Hinsichtlich des Zeugen B. wäre es notwendig gewesen, konkret benannte einzelne Geschäfte und ihre Ergebnisse im Einzelnen unter Beweis zu stellen, anstatt eine Saldierung aller von den Grundstücksveräußerungen betroffenen Geschäfte mit dem Antrag zu thematisieren.

f) Die Wiederholung des Beweisbegehrens

Beispiel 7: Unter Druck gesetzt?[121] Die Verteidigung beantragt am dritten Verhandlungstag, die bereits am zweiten Verhandlungstag vernommenen Zeugen M. und N. nochmals zu vernehmen zum Beweis dafür, dass beide Zeugen „vor ihren Aussagen am zweiten Verhandlungstag durch Drohungen unter Druck gesetzt worden sind".

Die Beweisbehauptung enthält bereits keine Beweistatsache i. S. v. § 244 Abs. 3 StPO, weil nicht mitteilt wird, wann, wie, mit welcher Ankündigung und mit welchem konkreten Ziel (Inhalt der erstrebten Aussagen) die Behauptungen und Drohungen ausgesprochen worden sein sollen. Nur diese Umstände könnten Gegenstand einer Beweisaufnahme sein. Im Übri-

---

[117] BGHR StPO § 244 VI Entscheidung 6.
[118] BGHR StPO § 244 VI Beweisantrag 4.
[119] BGH StV 2007, 563.
[120] Bsp. nach BGHR StPO § 244 VI Beweisantrag 22.
[121] Bsp. nach BGHR StPO § 244 VI Beweisantrag 27.

gen enthält das Begehren, einen bereits gehörten und entlassenen Zeugen oder Sachverständigen erneut zu vernehmen, nur dann einen (weiteren) Beweisantrag mit der Folge der Entscheidung nach § 244 Abs. 3 bis 5 StPO, wenn der Zeuge oder Sachverständige zu einer Beweistatsache gehört werden soll, über die er noch nicht vernommen worden ist. Dies kann dann der Fall sein, wenn es sich bei den durch das Gutachten eines Sachverständigen eingeführten neuen Tatsachen um wesentliche neue Anknüpfungstatsachen handelt, zu denen ein weiterer – bislang nur allgemein zum Beweisthema befragter – Sachverständiger noch nicht gehört worden war.[122]

Das Verlangen nach Wiederholung der Befragung zu **demselben Beweisthema,** etwa weil der Antragsteller angesichts des Ergebnisses der weiteren Beweisaufnahme die bisherigen Bekundungen des Zeugen anders verstanden wissen will als das Gericht, zielt lediglich auf eine Wiederholung einer Beweiserhebung, auf die der Antragsteller keinen Anspruch hat.[123] Das Gericht braucht einem solchen Beweisverlangen deshalb grundsätzlich nur im Rahmen seiner Aufklärungspflicht (§ 244 Abs. 2 StPO) nachzukommen, ohne an die Ablehnungsgründe des § 244 Abs. 3 StPO gebunden zu sein.[124] Auf eine Wiederholung des Beweisbegehrens zielt der Antrag auch dann, wenn die (neue) Beweisbehauptung sinngemäß lediglich die **in ihr Gegenteil verkehrte bisherige Aussage** des Zeugen enthält.[125] Dies gilt auch, wenn mit dem Beweisantrag die Vernehmung eines Zeugen beantragt wird, der bereits vor einem beauftragten oder ersuchten Richter ausgesagt hat, und das Vernehmungsprotokoll in der Hauptverhandlung verlesen worden ist.[126]

g) Zeugenbeweis

aa) Die Grundregel

Gegenstand eines Beweisantrags auf Zeugenvernehmung können nur solche Umstände oder Geschehnisse sein, die mit dem benannten Beweismittel unmittelbar bewiesen werden sollen. Für den Zeugenbeweis gilt deshalb, dass der Zeuge grundsätzlich nur über seine **eigenen Wahrnehmungen** vernommen werden kann; dies muss – gegebenenfalls im Wege der Auslegung – bereits aus dem Antrag hervorgehen.[127] Soll demgegenüber aus den Wahrnehmungen eines Zeugen auf ein bestimmtes weiteres Geschehen geschlossen werden, ist nicht dieses weitere Geschehen, das Beweisziel, sondern nur die Wahrnehmung des Zeugen tauglicher Gegenstand des Zeugenbeweises. Denn es ist Sache des Gerichts, aus den Wahrnehmungen des Zeugen **Schlüsse** zu ziehen. Hierauf hat sich der Antragsteller jedenfalls bei komplexen Sachverhalten, die eine Folgerung voraussetzen, schon bei der Auswahl des Beweisthemas dergestalt einzustellen, dass er nicht das – dem Gericht vorbehaltene – Ergebnis einer Folgerung zum Gegenstand seines Beweisbegehrens macht, sondern die der möglichen Folgerung zu Grunde liegende – in das Wissen des Zeugen gestellte – Wahrnehmung selbst.

39

bb) Bekundung von Negativtatsachen und Beweiszielen

Für den Beweisantrag ist die Angabe dessen unverzichtbar, was der Zeuge im Kern bekunden soll, weil sonst eine klare **Trennung von Beweistatsache und Beweisziel,** zu der das Tatgericht ja erst aufgrund von Schlüssen aus der Beweistatsache gelangen soll, verwischt würde.[128] Bei der in diesen Fällen weitgehenden Identität von Beweisbehauptung und Beweisziel wäre im Ergebnis eine exakte und sinnvolle Anwendung der Ablehnungsgründe des

40

---

[122] BGH, Urt. v. 22.3.2006 – 2 StR 585/05.
[123] BGHSt 52, 284, 288.
[124] BGHSt 14, 21, 22; BGHR StPO § 244 VI Beweisantrag 16, 32 und BGHR StPO § 244 III 1 Unzulässigkeit 2; *Alsberg/Nüse/Meyer,* S. 94 ff.; LR-*Becker,* § 244 Rn. 175; KK-*Fischer,* § 244 Rn. 107; *Meyer-Goßner,* § 244 Rn. 26; *Eisenberg,* Rn. 158; *Hamm/Hassemer/Pauly,* Rn. 49.
[125] BGHR StPO § 244 VI Beweisantrag 16; KK-*Fischer,* § 244 Rn. 69.
[126] *Alsberg/Nüse/Meyer,* S. 95 f.; KK-*Fischer,* § 244 Rn. 69.
[127] BGHSt 39, 251, 253; 40, 3, 6; 43, 321, 329 f.; BGHR StPO § 244 VI Beweisantrag 28; BayObLG NJW 1996, 331, 332; *Alsberg/Nüse/Meyer,* S. 190; *Widmaier,* NStZ 1993, 602.
[128] BGHR StPO § 244 VI Beweisantrag 31; zur unberechtigten Annahme von Negativtatsachen vgl. jedoch auch BGH NStZ-RR 2005, 78, 79; BGHSt 52, 322.

§ 244 Abs. 3 Satz 2 nicht mehr möglich. Insbesondere ist die Situation eines Zeugen, der bekunden soll, dass bestimmte Ereignisse *nicht* stattgefunden haben, deshalb i. d. R. vergleichbar mit derjenigen, in der bloße Wertungen an Stelle bestimmter Tatsachen Gegenstand der Beweisbehauptung sind. Unter Zeugenbeweis gestellte Negativtatsachen können nur in Ausnahmefällen als hinreichend konkrete, von dem in Betracht kommenden Zeugen selbst wahrgenommene Beweistatsachen angesehen werden.[129]

Beispiel 8: Bekundung von Negativtatsachen 1[130] Nach den Feststellungen der Staatsanwaltschaft gewann der Angeklagte A. die beiden Mitangeklagten B. und C. dafür, in der von ihm in einem Wohnhaus betriebenen Gaststätte einen Einbruchsdiebstahl vorzutäuschen und dabei einen Brand zu legen. Am Abend des 29. Dezember besprach A. in seiner Gaststätte zunächst mit B. und C. die Tatausführung. Nachdem diese die Hinzuziehung dreier weiterer Komplizen (D., E. und F.) als für die Tatausführung unabdingbar vorgeschlagen hatten, wurde die Tatplanung in großer Runde besprochen. Anschließend begab sich A. in die Diskothek „X.", um sich ein Alibi zu verschaffen. Absprachegemäß täuschten die fünf anderen Beteiligten in derselben Nacht einen Einbruchsdiebstahl in der Gaststätte des A. vor und legten dort einen Brand, der durch die Feuerwehr gelöscht werden konnte, bevor andere Gebäudeteile vom Feuer erfasst wurden. Alle sechs Beteiligten trafen sich anschließend in der Diskothek „X.".

In der Hauptverhandlung stellte die Verteidigerin des Angeklagten folgende Anträge:
„1. Zum Beweis der Tatsache, dass der Angeklagte am Abend des 29. Dezember mit den Mitangeklagten B. und C. keine Absprachen in Bezug auf die Begehung strafbarer Handlungen getroffen hat, wird beantragt, die Zeugen D., E. und F. zu hören.
2. Zum Beweis der Tatsache, dass sich der Angeklagte in der Nacht vom 29. auf den 30. Dezember nicht in der Gaststätte aufgehalten und dort auch nicht die Mitangeklagten B. und C. getroffen hat, wird beantragt, die Zeugin W. zu hören."

Beispiel 9: Bekundung von Negativtatsachen 2[131] In der gegen M. wegen des Tatvorwurfs der langjährigen geheimdienstlichen Agententätigkeit vor dem Oberlandesgericht geführten Hauptverhandlung beantragte die Verteidigung hilfsweise für den Fall der Verurteilung die Vernehmung der Zeugen S. und T. Die Zeugin S., langjährige Sekretärin des M., werde sicher bekunden, „dass dem Angeklagten auch in den Jahren 1989 bis 2003 keine monatlichen Zahlungen in Höhe von jeweils 5500 Euro übergeben worden sind". In das Wissen des Zeugen T. werde gestellt, „dass M. weder unmittelbar noch mittelbar finanzielle Zuwendungen erhalten habe und im Übrigen eine nachrichtendienstliche Werbung des M. nicht geplant gewesen sei."

Nach Auffassung des Bundesgerichtshofs handelt es sich jeweils lediglich um nach § 244 Abs. 2 StPO zu behandelnde Beweisermittlungsanträge.[132] Dem ist zu folgen. Denn die Anträge enthalten keine Angaben darüber, was Gegenstand der unmittelbaren Wahrnehmung der Zeugen gewesen sein soll. Vielmehr entsprechen die Beweisbehauptungen den erhofften **Beweiszielen.** Hinsichtlich der Zeugin W. hätte so als Beweistatsache behauptet werden können, dass sie mit dem Angeklagten zusammen zur fraglichen Zeit an einem anderen Ort gewesen ist oder dass die Zeugin zwar in der Diskothek gewesen sei, sie den Angeklagten aber dort nicht angetroffen habe, obwohl ihr seine Anwesenheit nach den Umständen nicht hätte verborgen bleiben dürfen.[133] Im Beispielsfall 9 wird hinsichtlich des Zeugen T. bereits nicht mitgeteilt, für welchen Zeitraum eine nachrichtendienstliche Werbung des Angeklagten nicht geplant gewesen sei. Hinsichtlich der Zeugin S. werden lediglich Negativtatsachen benannt, die zudem so vage gehalten sind, dass sie den Anforderungen an eine bestimmte Beweisbehauptung nicht gerecht werden können.[134] Eine exakte und sinnvolle Anwendung der Ablehnungsgründe des § 244 Abs. 3 Satz 2 StPO im Sinne des Konnexerfordernisses ist deshalb nicht möglich.

---

[129] BGHR StPO § 244 VI Beweisantrag 35.
[130] Bsp. nach BGHSt 39, 251 = NStZ 1993, 550 m. Anm. *Widmaier,* NStZ 1993, 602 = StV 1993, 454 m. Anm. *Hamm,* StV 1993, 455.
[131] Bsp. nach BGHSt 43, 321.
[132] Zustimmend BayObLG NJW 1996, 331, 332; OLG Koblenz, Urt. V. 21.11.2007 – 1 Ss 293/07
[133] BGHSt 39, 251, 255.
[134] BGHSt 43, 321, 327 ff.; vgl. auch BGHR StPO § 244 VI Beweisantrag 31.

A. Beweisantragsrecht

Die Auffassung der Rechtsprechung[135] zum Zeugenbeweis ist neben Zustimmung[136] auch 41
auf heftigen Widerspruch gestoßen, weil sie die „funktionelle Aufgabe des Zeugen mit dem Bestimmtheitserfordernis der Beweisbehauptung"[137] bzw. „die Qualitätsmerkmale einer Beweisbehauptung mit den Merkmalen des Beweismittels" vermenge, mit der Folge, dass das wichtigste Verteidigungsmittel in unerträglichem Maße eingeschränkt werde.[138] Die Unterscheidung zwischen unmittelbarer Zeugenwahrnehmung und den erst im Wege der Schlussfolgerung gewonnenen Erkenntnissen widerspreche elementarem Grundwissen über die Psychologie des Zeugenbeweises, wonach regelmäßig „schon in den Prozess der Wahrnehmung, Speicherung und Erinnerung wertende Prozesse" einflössen.[139] Die Kritik ist, soweit sie sich gegen die klare Dogmatik der Entscheidungen richtet, unbegründet. Ihr ist entgegenzuhalten, dass die berechtigten Verteidigungsinteressen des Angeklagten nicht beeinträchtigt werden, der Antragsteller eines **unbedingten Beweisantrages** ist nicht daran gehindert, seinen zurückgewiesenen Beweisantrag in modifizierter Weise, nämlich nach Behebung der beanstandeten Substantiierungsmängel, zu wiederholen und damit die gerichtliche Bescheidungspflicht nach § 244 Abs. 3 bis Abs. 5 StPO zu erzwingen. Der Möglichkeit zur „Nachbesserung" begibt sich der Antragsteller jedoch aus freien Stücken, wenn er nur die Form des **Hilfsbeweisantrags** wählt und damit regelmäßig auf eine Bescheidung gemäß § 244 Abs. 6 StPO vor Urteilsverkündung verzichtet.[140]

h) Beweisanträge auf Feststellung des anzuwendenden Rechts

Ein Beweisantrag auf Ermittlung und Feststellung inländischen wie ausländischen (gesetzten) 42
Rechts scheidet nach h. M. aus.[141] Denn von einem Beweisantrag kann nur ausgegangen werden, wenn die Beweisbehauptung die **Tatsachengrundlage,** also den zur Schuld- und/oder Rechtsfolgenfrage gehörenden Sachverhalt betrifft. Anträge, die auf die Ermittlung über Bestand und Inhalt von unmittelbar zur Anwendung gelangenden oder auch nur inzidenter zu berücksichtigenden Rechts abzielen, erfüllen diese Voraussetzungen nicht. Die Behandlung eines solchen Antrags nach den Regeln des Strengbeweisverfahrens (§ 244 Abs. 3 bis 6 StPO) kommt deshalb nicht in Betracht. Anträge auf Einholung von Rechtsgutachten im Strafprozess sind nicht als Beweisanträge nach den Regeln des Strengbeweises (§ 244 Abs. 3 bis 6 StPO) zu behandeln.[142]

Demgegenüber ist das **Freibeweisverfahren** für die Ermittlung ausländischen wie inlän- 43
dischen Rechts (Europarecht, Allgemeine Regeln des Völkerrechts) ebenso wie für Fragen nach Geltung und Umfang (auch inländischen) Gewohnheitsrechts nicht generell ausgeschlossen. Zwar zielt auch hier die Beweisbehauptung nicht auf Tatsachen, doch kann die Rechtsregel *iura noscit curia* hier schon wegen regelmäßiger sprachlicher Barrieren keine uneingeschränkte Gültigkeit beanspruchen (vgl. auch § 293 ZPO). Anders als beim geschriebenen inländischen Recht ist es dem Gericht deshalb nicht verwehrt, durch einen **Rechtsgutachter** (Sachverständigen-)Beweis zu erheben.[143]

---

[135] Vgl. BGH, Urt. v. 24.1.2006 – 5 StR 410/05.
[136] *Basdorf,* StV 1995, 310, 315 f.; *Widmaier,* NStZ 1993, 602; *Fezer,* JZ 1996, 655, 658; *Burhoff* HV Rn. 298 a.
[137] KK-*Fischer,* § 244 Rn. 76.
[138] *Hamm,* StV 1993, 455.
[139] *Deckers,* S. 26; ähnlich *Hamm/Hassemer/Pauly,* Rn. 93 f. und zu den so genannten Negativtatsachen Rn. 98 ff.; speziell zur Behandlung so genannter Negativtatsachen *Burgard/Fresemann,* wistra 2000, 88.
[140] BGHSt 43, 321, 331 und bereits oben Rn. 22 ff.
[141] BGHR StPO § 244 VI Entscheidung 4; BGH NJW 1968, 1293; KK-*Fischer,* § 244 Rn. 3; *Alsberg/Nüse/Meyer,* S. 136 ff.; *Meyer/Goßner,* § 244 Rn. 4, 49.
[142] BGHR StPO § 244 VI Entscheidung 4; zur fehlenden Beweisantragsqualität einer unter Beweis gestellten bestimmten gerichtlichen Rechtsauffassung in einem echten oder vermeintlichen Parallelfall BGHSt 25, 207; KK-*Fischer,* § 244 Rn. 3, der mit BGHSt 25, 207 darauf abstellt, dass die Beweiserhebung jedenfalls als unzulässig (§§ 244 Abs. 3 Satz 1, 245 Abs. 1 Satz 1 StPO) anzusehen sei.
[143] BGH NJW 1994, 3364, 3366; *Alsberg/Nüse/Meyer,* S. 138 ff.; *Meyer-Goßner,* vor § 72 Rn. 6, § 244 Rn. 4, 7; KK-*Fischer,* § 244 Rn. 3.

44 Auch wenn Rechtsfragen grundsätzlich nicht Gegenstand eines Beweisantrages sein können, kann es im Einzelfall auf die einer reinen Rechtsfrage vorgelagerte **tatsächliche Bewertung von Verhältnissen** ankommen. Ein in diesem Rahmen gestellter Beweisantrag auf Ermittlung „deskriptiver Bestandteile der anzuwendenden Rechtsnorm"[144] (z. B. Beweisantrag auf sachverständige Beurteilung von Forderungsbewertungen[145]) ist deshalb zulässig.

2. Die Angabe des Beweismittels

45 Für die zu beweisende Tatsache muss vom Antragsteller des Beweisantrags ein bestimmtes Beweismittel so konkret bezeichnet werden, dass es von anderen **unterschieden**, ermittelt und gegebenenfalls zur Hauptverhandlung herbeigeschafft werden kann. Wie die Beweisbehauptung selbst ist auch die Angabe des Beweismittels grundsätzlich auslegungsfähig.[146]

46 Entsprechend dem erschöpfenden gesetzlichen Beweismittelkatalog kommen als Beweismittel auch im Rahmen des Beweisantrags nur **Zeugen, Sachverständige, Urkunden und gerichtlicher Augenschein** in Betracht. Anträge auf Benutzung und Ausschöpfung anderer – vom Gesetz zur Wahrheitsermittlung nicht vorgesehener – Beweismittel (Hilfsmittel, Beweisbehelfe, Beweismittel im weiteren Sinne oder Auskunftspersonen) sind keine Beweisanträge. Die Frage, ob das Gericht einem solchen Antrag entsprechen muss, beurteilt sich grundsätzlich allein nach Maßgabe der Sachaufklärungspflicht.[147] Das Beweisbegehren kann in geeigneten Fällen aber daraufhin zu untersuchen sein, ob sich das an sich unzulässige Beweismittel im Wege der Auslegung einem der für das Strengbeweisverfahren zugelassenen Beweismittel zuordnen lässt.[148] Die sachgerechte Zuordnung des Beweismittels, etwa von Datenträgern als Gegenstände eines Augenscheinsbeweises, ist deshalb wesentlich, weil sie gerade für das Beweisantragsrecht „einen Aspekt der Justizförmigkeit" der Beweisaufnahme darstellt. Denn von der Wahl des jeweiligen Beweismittels hängen die Voraussetzungen für die Ablehnung des Beweisantrages nach § 244 Abs. 3 bis 5 StPO ab. Eine so genannte **Vernehmungsgegenüberstellung** (Gegenüberstellung von Zeugen mit dem Angeklagten) zur Überprüfung des Aussageinhalts oder der Suggestibilität der Aussageperson (vgl. für das Vorverfahren § 58 Abs. 2 StPO) wird z. B. regelmäßig als Bestandteil des Zeugenbeweises anzusehen sein, während die Zuordnung eines Antrags auf **Gegenüberstellung zum Zwecke der Identifizierung** von der jeweiligen Rolle der Beteiligten abhängig ist. Die zu identifizierende Person ist Objekt eines Augenscheins; die sich zur Frage der Identität aufgrund eigener Wahrnehmungen äußernde Person ist Zeuge.[149] Anträge auf **experimentelle Erprobungen** können sowohl Bestandteile eines Sachverständigen- als auch eines Zeugenbeweises (Entfernungsschätzung, Hörprobe) oder eines Augenscheinsbeweises sein. Ob die Verfahrensbeteiligten das Gericht mit einem auf das konkrete Beweismittel gerichteten Beweisantrag auch dazu zwingen können, bei der Sachverhaltsaufklärung gerade das geforderte Experiment anzuwenden, ist eine andere Frage, denn hierzu wird jedenfalls beim Zeugenbeweis häufig die Einwilligung des Zeugen erforderlich sein.[150]

47 Unabhängig davon, ob die Einlassung, insbesondere das **Geständnis des Angeklagten**, dessen Vernehmung nach der klaren Regelung des § 244 Abs. 1 StPO jedenfalls nicht zur Beweisaufnahme im formellen „prozesstechnischen" Sinne zu zählen ist, als Beweismittel (im weiteren Sinne) anzusehen ist oder nicht,[151] scheidet die Benennung des Angeklagten selbst oder des Mitangeklagten als Beweismittel im Rahmen eines Beweisantrages aus.[152] Für den

---

[144] KK-*Fischer*, § 244 Rn. 3.
[145] BGH StV 1984, 451.
[146] LR-*Becker*, § 244 Rn. 105.
[147] BGHR StPO § 244 VI Beweisantrag 6.
[148] *Alsberg/Nüse/Meyer*, S. 169; KK-*Fischer*, § 244 Rn. 78.
[149] KK-*Fischer*, § 244 Rn. 24.
[150] KK-*FIscher*, § 244 Rn. 25.
[151] Bejahend BGHSt 2, 269, 270; *Meyer-Goßner*, Einl. Rn. 49 und § 244 Rn. 2.
[152] *Alsberg/Nüse/Meyer*, S. 167; KK-*Fischer*, § 244 Rn. 1 f., 19; *Eisenberg*, Rn. 203, 349, der insoweit jedoch (nur) von einer Unzulässigkeit der Beweiserhebung (§ 244 Abs. 3 Satz 1 StPO) ausgeht.

A. Beweisantragsrecht

Angeklagten als Antragsteller folgt der Ausschluss der Selbstbenennung daraus, dass er selbst Erklärungen zur Sache abgeben darf (vgl. z. B. §§ 257 Abs. 1, 258 Abs. 3 StPO), die neben einem etwaigen Geständnis (vgl. nur § 254 StPO) uneingeschränkt gerichtlich verwertet, insbesondere im Rahmen der Beweiswürdigung (§ 261 StPO) auf ihren Beweiswert gewürdigt werden müssen, soweit sie für die Schuld- oder Rechtsfolgenfrage erheblich sein können.[153] Auch die anderen Verfahrensbeteiligten können den Angeklagten aufgrund seiner Stellung im Verfahren nicht in einem Beweisantrag als Beweismittel benennen. Wo das Gesetz den Begriff der „Beweismittel" verwendet (vgl. z. B. §§ 219 Abs. 1 und 368 Abs. 1 StPO), ist der Angeklagte damit ersichtlich nicht gemeint.[154] Die Benennung gerade des Angeklagten würde als Beweismittel angesichts seines mit Verfassungsrang ausgestatteten Schweigerechts (vgl. §§ 115 Abs. 3, 136 Abs. 1 Satz 2, 163a Abs. 3, Abs. 4 und § 243 Abs. 4 Satz 1 StPO) wenig Sinn machen.

a) Zeugenbeweis

Ein Zeuge ist vom Antragsteller mit vollständigem Namen und genauer Anschrift zu bezeichnen. Zur **Individualisierung** reicht die bloße Namensnennung mit der Angabe eines Wohnortes nicht aus.[155] Ist dem Antragsteller die exakte Individualisierung nicht möglich, ist er gehalten, bereits im Beweisantrag Hinweise zur Unterscheidbarkeit des Zeugen von anderen Personen durch **eingrenzende Merkmale** zu geben, die es ermöglichen, Name und Anschrift zuverlässig zu ermitteln. Unter diesen Umständen kann im Einzelfall die Benennung des für einen bestimmten Zeitraum zuständigen Sachbearbeiters für Führerscheinsachen einer bestimmten Behörde oder einer genau bezeichneten Kontaktperson (Mitpatient) für den nach Merkmalen individualisierten Zeugen ausreichend sein.[156] Dass es sich in einem solchen Fall allerdings bereits nicht mehr um einen nach § 244 Abs. 3 und 6 StPO zu bescheidenden Beweisantrag, sondern nur um einen „Ermittlungsantrag" handeln soll,[157] erscheint in der Tat fraglich.[158] Denn von einem bloßen Beweisermittlungsantrag kann nur gesprochen werden, wenn erst herausgefunden werden soll, wer überhaupt als Zeuge infrage kommt. Ein Antragsteller, der im Einzelnen den Weg beschreibt, auf dem die Person des Zeugen zuverlässig ermittelt werden kann, geht darüber hinaus. Es kann nicht wirklich zweifelhaft sein, dass ein Zeuge neben der Angabe seines Namens und seiner Adresse in Fällen, in denen diese Angaben dem Antragsteller nicht zur Verfügung stehen, auch durch die hinreichende Angabe sonstiger tauglicher **Individualisierungsmerkmale** hinreichend bezeichnet werden kann.[159] Oft wird gerade der von der Rechtsprechung für den Beweisantrag geforderte „Konnex zwischen Beweistatsache und Beweismittel" so erst erkennbar.[160] Bleibt damit die Qualität des den Weg zur Person des Zeugen zuverlässig beschreibenden Antrags als Beweisantrag unangetastet, kann der Maßstab des § 244 Abs. 2 StPO jedoch nur für die erst in einem weiteren Schritt zu erörternde Frage relevant sein, welche Anforderungen im Einzelnen an die gerichtlichen Bemühungen zur tatsächlichen Ermittlung und Beibringung des Zeugen zu stellen sind. Der mit der Stellung des wirksamen Beweisantrages entstandene Beweiserhebungsanspruch bleibt hiervon freilich unberührt.[161]

Angesichts der Vielfalt denkbarer Fallkonstellationen kann hinsichtlich der Anforderungen an die gerichtlichen Bemühungen zur Beibringung eines Zeugen kein allgemein gültiger

---

[153] BGHSt 28, 196, 198; *Alsberg/Nüse/Meyer*, S. 167; KK-*Fischer*, § 244 Rn. 2; *Eisenberg*, Rn. 886 ff.
[154] *Alsberg/Nüse/Meyer*, S. 167, 181.
[155] BGH NStZ 2011, 231; BGHR StPO § 244 VI Beweisantrag 46.
[156] BGH NStZ 1994, 247 m. Anm. *Widmaier*, NStZ 1994, 248 = StV 1994, 169 m. Anm. *Strate*, StV 1994, S. 171; BGHR StPO § 244 VI Beweisantrag 23; *Eisenberg*, Rn. 148; *Deckers*, S. 22; *Meyer-Goßner*, § 244 Rn. 21; *Alsberg/Nüse/Meyer*, S. 48 ff., 81; LR-*Becker*, § 244 Rn. 105.
[157] BGHSt 40, 3, 7.
[158] *Basdorf*, StV 1995, 310, 316; *Widmaier*, NStZ 1994, 248; *Strate*, StV 1994, 171; *Hamm/Hassemer/Pauly*, Rn. 82.
[159] BGHR StPO § 244 III Rügerecht 2; BGHR StPO § 244 VI Beweisantrag 11; *Burhoff* HV Rn. 290 ff.
[160] *Widmaier*, NStZ 1994, 248, 249.
[161] *Widmaier*, NStZ 1994, 248, 249; *Alsberg/Nüse/Meyer*, S. 48.

Maßstab bestimmt werden. So wird man fordern dürfen, dass das Gericht bei der Suche nach einem Zeugen allen erkennbaren und sinnvollen Möglichkeiten nachgeht, zumal dann, wenn es sich um einen **entscheidenden Zeugen** handelt.[162] Im Übrigen wird in jedem Einzelfall das Ausmaß der gerichtlichen Bemühungen unter Abwägung der Relevanz der Zeugenaussage für die Wahrheitsfindung einerseits und des Interesses an einer reibungslosen und zügigen Durchführung des Verfahrens andererseits zu bestimmen sein.[163] Führen die durch den Beweisantrag veranlassten, jedoch im Wege des Freibeweises geführten Ermittlungen nicht zur Auffindung des Zeugen, darf der Beweisantrag wegen Unerreichbarkeit des Beweismittels gemäß § 244 Abs. 3 Satz 2 StPO abgelehnt werden.

b) Sachverständigenbeweis

50 Da der Sachverständige gemäß § 73 Abs. 1 Satz 1 StPO vom Gericht ausgewählt wird, haben die Verfahrensbeteiligten grundsätzlich keinen Anspruch auf Anhörung eines **bestimmten Sachverständigen.** Auch wenn dem Beweisantrag stattgegeben wird, kann das Gericht deshalb anstelle des vorgeschlagenen einen anderen – gleichermaßen geeignet erscheinenden – Sachverständigen bestellen, ohne dass hierin eine Teilablehnung des Beweisantrags zu erblicken wäre.[164] Dem fehlenden Anspruch auf Auswahl eines bestimmten Sachverständigen entspricht in konsequenter Weise, dass der Antragsteller im Rahmen seines Antrags weder einen bestimmten Sachverständigen zu benennen noch die Fachrichtung anzugeben braucht, der der zuzuziehende Sachverständige angehören soll.[165] Die Entscheidung über Auswahl und Anzahl der zum Beweisthema anzuhörenden Sachverständigen hat das Gericht stattdessen nach seinem die Wahrnehmung seiner Aufklärungspflicht auszuübenden Ermessen zu treffen.[166]

c) Augenschein

51 Der auf Einvernahme eines Augenscheins gerichtete Beweisantrag muss mindestens angeben, was Objekt des Augenscheins sein soll. Ein Antrag auf „Beiziehung der Telefonüberwachungsmitschnitte zum Verfahren A 9042/07–917" ist lediglich als Beweisermittlungsantrag anzusehen, denn es fehlt an einer genauen Kennzeichnung des zu Beweiszwecken zu verwendenden Augenscheinsobjekts und der Behörde.[167] Grundsätzlich ist auch der Ort zu bezeichnen, an dem sich der Augenscheinsgegenstand befinden soll, sofern die Angabe nach den Umständen nicht entbehrlich erscheint.[168]

d) Urkundenbeweis

52 Beweismittel des Urkundenbeweises ist nur **die einzelne Urkunde.** Diese ist im Beweisantrag bestimmt zu bezeichnen, wenn nicht ausnahmsweise durch den Gesamteindruck einer Urkundensammlung eine bestimmte Tatsache bewiesen werden soll. Die pauschale Benennung von Akten, Beiakten, Beweismittelordnern oder sonstigen Urkundensammlungen oder von Geschäftsbüchern und Krankenunterlagen reicht deshalb zur Individualisierung einzelner Urkunden nicht aus.[169] Anträge dieser Art sind dadurch gekennzeichnet, dass anhand der Beweisbehauptung (Beiziehung „sämtlicher Spurenakten" oder „sämtlicher zeichnerischer Planungsunterlagen der Y-GmbH") die Beweismittel erst ermittelt und individualisiert

---

[162] BGHR StPO § 244 VI Beweisantrag 23.
[163] BGHSt 22, 118, 120; 32, 68, 73; BGH NJW 1990,1124, 1125; *Meyer-Goßner,* § 244 Rn. 62.
[164] BGHSt 34, 355, 357; BGHR StPO § 244 VI Entscheidung 1; *Alsberg/Nüse/Meyer,* S. 208; KK-*Fischer,* § 244 Rn. 80.
[165] BGHSt 34, 355, 357; *Alsberg/Nüse/Meyer,* S. 52; *Eisenberg,* Rn. 149; *Deckers,* S. 22; *Meyer-Goßner,* § 244 Rn. 21; LR-*Becker,* § 244 Rn. 107; *Burhoff* HV Rn. 282.
[166] BGHSt 34, 355, 357f.; BGHR StPO § 244 VI Entscheidung 1.
[167] BGHR StPO § 244 VI Ermittlungsantrag 3.
[168] *Alsberg/Nüse/Meyer,* S. 53; *Burhoff* HV Rn. 279.
[169] BGHSt 37, 168, 172 = StV 1992, 3 m. Anm. *Köhler* = JR 1992, 34 m. Anm. *Fezer;* BGHSt 18, 347f.; *Deckers,* S. 23; *Burhoff* HV Rn. 285ff.

A. Beweisantragsrecht

werden sollen, vom Gericht also im Ergebnis nicht weniger als die Überprüfung eines Aktenberges verlangt wird, dem nur im Rahmen des § 244 Abs. 2 StPO entsprochen zu werden braucht.[170]

VII. Beweisanregung, Beweisermittlungsantrag und Scheinbeweisantrag

1. Beweisanregung und Beweiserbieten

Vom Beweisantrag und dem so genannten Beweisermittlungsantrag unterscheidet sich die **Beweisanregung** dadurch, dass mit ihr eine Beweistätigkeit des Gerichts nicht verlangt, sondern nur auf die **Möglichkeit weiterer Ermittlungshandlungen** hingewiesen wird. Beweisanregungen werden häufig auch von Seiten des Sitzungsvertreters der Staatsanwaltschaft gegeben, schon um eine Verzögerung der Hauptverhandlung abzuwenden. Der durch § 244 Abs. 2 StPO abgesteckte richterliche Ermessensbereich wird hier jedoch nicht verlassen, eine förmliche Bescheidung wird weder seitens des Verfahrensbeteiligten verlangt noch aus sonstigen Gründen veranlasst sein.[171]

53

Als Unterfall der Beweisanregung wird gelegentlich das so genannte **Beweiserbieten** abgehandelt. Dabei genügt dieses hinsichtlich Beweistatsache und Beweismittel den an einen Beweisantrag zu stellenden Bestimmtheitsanforderungen vollständig, die Durchführung der Beweiserhebung wird vom Antragsteller jedoch gleichwohl nur „anheimgestellt" oder „nahe gelegt", also in das Ermessen des Gerichts gestellt. In Fällen dieser Art wird seitens des Gerichts häufig zu prüfen sein, ob es sich nicht um einen nur ungeschickt formulierten Beweisantrag handelt.[172]

54

2. Beweisermittlungsantrag

Der Begriff des Beweisermittlungsantrags darf als unglücklichste Wortschöpfung des Beweisantragsrechts bezeichnet werden. Obwohl auch als „Ermittlungsantrag" oder schlicht als „Antrag auf weitere Beweiserhebung" bezeichnet,[173] hält die Rechtsprechung an dem Begriff weiter fest.

55

a) Begriff

Mit Hilfe des Beweisermittlungsantrags sollen nach der Rechtsprechung des Bundesgerichtshofs „Beweismittel individualisiert oder zugunsten des Angeklagten sprechende Tatsachen und Beweisgründe gefunden werden"; insoweit handele es sich um die „klassische" Intention des Beweisermittlungsantrags, der vorliege, wenn die Beweistatsache oder das Beweismittel erst gesucht werde.[174] Die so oder ähnlich in unzähligen Entscheidungen[175] nachzulesenden Definitionsansätze, die vom Schrifttum[176] weitgehend übernommen worden sind, haben – wie *Herdegen* zutreffend feststellt – „letzte Klarheit" nicht erbracht, weil sie den Blick für das Wesentliche verstellen. Wesentlich ist, dass auch der so genannte Beweisermittlungsantrag auf **echte Beweistätigkeit** des Gerichts abstellt. Aus Sicht des Antragstellers ist er deshalb häufig

56

---

[170] BGHSt 30, 131, 142 f.; 6, 128, 129; BGHR StPO § 244 VI Ermittlungsantrag 1; BGH StV 1997, 622; *Alsberg/Nüse/Meyer*, S. 53 f. und 84 f.; *Eisenberg*, Rn. 150.
[171] *KK-Fischer*, § 244 Rn. 103; *Meyer-Goßner*, § 244 Rn. 23 ff.; *LR-Becker*, § 244 Rn. 170; *Alsberg/Nüse/Meyer*, S. 65 ff.; *Eisenberg*, Rn. 155 ff.; *Perron*, S. 193 f.
[172] *LR-Becker*, § 244 Rn. 169; *Alsberg/Nüse/Meyer*, S. 66, 69 ff.; *Perron*, S. 194; *Eisenberg*, Rn. 155.
[173] BGHSt 39, 251, 253.
[174] BGHSt 30, 131, 142; *Gollwitzer*, StV 1990, 420 ff.
[175] BGH NStZ-RR 2005, 78, 79; BGH NStZ-RR 2005, 177; BGH, Beschl. v. 4.4.2006 – 4 StR 30/06; BGHR StPO § 244 Abs. VI Beweisantrag 2, 4; Ermittlungsantrag 1 und 2.
[176] *Alsberg/Nüse/Meyer*, S. 75 ff.; *Meyer-Goßner*, § 244 Rn. 25; *Hamm/Hassemer/Pauly*, Rn. 51 ff.: „Beweisantrag im Entwicklungsstadium"; *Eisenberg*, Rn. 156; *LR-Becker*, § 244 Rn. 162 ff.; *Burhoff* HV Rn. 308 ff.

nicht nur als unbedingtes Beweisverlangen formuliert, sondern auch tatsächlich so gemeint. Insoweit unterscheidet sich der Beweisermittlungsantrag also gerade nicht von einem Beweisantrag. Wie dieser ist er echter Antrag, was ihn grundlegend von Beweisanregung und Beweiserbieten, die nur Möglichkeiten weiterer Beweiserhebungen aufzeigen wollen, abgrenzt. Beweisermittlungsantrag ist jedes oberhalb einer bloßen Beweisanregung angesiedelte, die spezifischen Substantiierungsanforderungen eines Beweisantrags zwar verfehlende, jedoch ernsthafte und unbedingte Beweisbegehren. Dabei versteht es sich von selbst, dass auch hier eine **Auslegung** am erkennbaren Sinn und Zweck des Beweisbegehrens erforderlich ist. Bezeichnet der Antrag auf Einholung eines Sachverständigengutachtens lediglich die vom Sachverständigen erwartete Schlussfolgerung, nicht aber die konkreten Tatsachen, an die die Bewertung anknüpfen soll, liegt nur ein Beweisermittlungsantrag vor.[177]

57 Der Begriff des Beweisermittlungsantrags ist in Misskredit geraten, weil er in einer nicht unbeachtlichen Zahl von Fällen dazu missbraucht worden ist, Fragen der Plausibilität des Beweisgelingens mit tatsächlichen Anforderungen des Beweisantrags zu vermengen mit dem Ziel, sämtliche Kriterien eines echten Beweisantrags entsprechende Beweisbegehren zu bloßen Beweisermittlungsanträgen **herabzustufen**.[178]

b) Die Entscheidung über den Beweisermittlungsantrag

58 Soll dem Beweisermittlungsantrag nicht stattgegeben werden, ist für die Form der Entscheidung nach der Rechtsprechung maßgeblich, ob der Antrag **erkennbar als Beweisantrag** gestellt worden ist. Ist dies der Fall, darf der Antrag nicht durch den Vorsitzenden allein, sondern nur durch das Gericht durch zu begründenden **Beschluss gemäß § 244 Abs. 6 StPO** zurückgewiesen werden.[179] In den übrigen Fällen entscheidet über den Antrag der Vorsitzende.[180] Seine stattgebende Entscheidung wird regelmäßig in der Anordnung der beantragten Beweiserhebung zu erblicken sein. Auch bei der Zurückweisung des Beweisermittlungsantrags durch den Vorsitzenden ist jedoch dem Antragsteller zu eröffnen, warum seinem Beweisbegehren nicht stattgegeben wird.[181] Gegen die Ablehnung kann der Antragsteller gemäß § 238 Abs. 2 StPO auf **Entscheidung des Gerichts** antragen.[182]

59 In jedem Falle muss aus der Beschlussbegründung nach § 244 Abs. 6 StPO oder aus der Begründung des Vorsitzenden für den Antragsteller erkennbar hervorgehen, warum nach dem pflichtgemäßen Ermessen des Tatgerichts die Aufklärungspflicht (§ 244 Abs. 2 StPO) die mit dem Beweisermittlungsantrag verlangte weitere Sachaufklärung nicht gebot.[183] Insbesondere darf sich die Begründung der Zurückweisung nicht auf die Feststellung beschränken, bei dem Beweisbegehren handele es sich nicht um einen echten Beweisantrag, sondern lediglich um einen Beweisermittlungsantrag. Unzureichend ist auch die auf die Feststellung beschränkte Bemerkung, dass die Aufklärungspflicht keine Beweiserhebung gebiete. Beides würde dem Anspruch des Antragstellers auf Erfüllung des aus § 244 Abs. 2 StPO resultierenden Aufklärungsgebots nicht gerecht. Fehler dieser Art können deshalb im Revisionsverfahren mit der **Aufklärungsrüge** beanstandet werden.[184] Zwar ist das Gericht auch dann, wenn es den Ermittlungsantrag nach Beweisantragsgrundsätzen verbeschieden hat,[185] nicht an die Ablehnungsgründe des § 244 Abs. 3 bis 5 StPO gebunden, doch wird ein zur Ablehnung eines Beweisantrages berechtigender Grund ohne weiteres auch die Ablehnung eines Beweisermittlungsantrages rechtfertigen können, sofern eine „Beweisantragsnähe", insbeson-

---

[177] BGH NStZ 2012, 280, 281.
[178] BGHR StPO § 244 VI Beweisantrag 5 und 7; *Fezer*, FS Meyer-Goßner, 2001, 629 ff.
[179] BGH StV 1994, 172 und NStZ 1985, 229; KK-*Fischer*, § 244 Rn. 100; SK-*Frister*, Rn. 95; *Alsberg/Nüse/Meyer*, S. 754; zu eng (grundsätzlich kein Gerichtsbeschluss erforderlich) demgegenüber *Hamm/Hassemer/Pauly*, Rn. 54; LR-*Becker*, § 244 Rn. 165.
[180] *Meyer-Goßner*, § 244 Rn. 27 m. w. N.
[181] BGHR StPO § 244 Abs. 6 Ermittlungsantrag 3.
[182] KK-*Fischer*, § 244 Rn. 101; *Meyer-Goßner*, § 244 Rn. 27; *Dahs*, Rn. 332; BGH NStZ 2009, 401.
[183] KK-*Fischer*, § 244 Rn. 102 m. w. N.
[184] KK-*Fischer*, § 244 Rn. 102.
[185] BGH NStZ-RR 2004, 370.

A. Beweisantragsrecht

dere aufgrund einer hinreichend bestimmten Beweisbehauptung, besteht. Als echter Antrag ist der Beweisermittlungsantrag wie der Beweisantrag gemäß § 273 Abs. 1 StPO in das **Sitzungsprotokoll** aufzunehmen.[186] Behandelt das Gericht zu Unrecht Beweisanträge als bloße Beweisermittlungsanträge, führt dieser Rechtsfehler in der Regel zur Aufhebung des Urteils.[187]

3. Scheinbeweisantrag und Missbrauch des Beweisantragsrechts

Die ihrer Sprachgestalt nach in das Gewand eines Beweisantrages gekleidete, jedoch aus der Luft gegriffene, aufs Geratewohl – gewissermaßen ins Blaue hinein – aufgestellte, weil lediglich der Phantasie des Antragstellers entsprungene Beweisbehauptung ist weder Beweisantrag noch „verdeckter" Beweisermittlungsantrag, sondern Scheinbeweisantrag, die keinen – und zwar auch nicht am Maßstab der allgemeinen Aufklärungspflicht (§ 244 Abs. 2 StPO) zu messenden – Anlass zur Beweiserhebung geben kann. Zwar braucht der Antragsteller von der Richtigkeit seiner Beweisbehauptung selbst nicht überzeugt zu sein, weshalb es insbesondere einem Verteidiger nicht verwehrt ist, auch solche Tatsachen mit dem Mittel des Beweisantrags unter Beweis zu stellen, deren er sich nicht sicher ist oder nicht sicher sein kann, die er nur vermutet oder nur für möglich hält. Doch setzt der Begriff der Beweisbehauptung im Hinblick auf jedwedes Beweisbegehren voraus, dass sich für die Behauptung wenigstens die Möglichkeit einer „argumentativ vertretbaren Prämisse", also eine aus Akten oder sonstigen Anhaltspunkten abgeleitete Grundlage erkennen lässt.[188] Fehlt diese Voraussetzung, handelt es sich um bloße **Pseudobehauptungen.** Der mithilfe einer derartigen Pseudobehauptung verfolgte Beweisantrag ist rechtsmissbräuchlich. Gelangt das Gericht zu der sicheren Überzeugung, dass das Beweisbegehren der Kategorie des Pseudobeweisantrages unterfällt, weil mit ihm **ausschließlich verfahrensfremde Zwecke** verfolgt werden, die keinerlei Bezug zum Gegenstand des Verfahrens (im weitesten Sinne) mehr aufweisen,[189] darf es den festgestellten Rechtsmissbrauch als Scheinbeweisantrag beim Namen nennen. Der 5. Strafsenat des Bundesgerichtshofs hat sogar in einem Beweisantrag zur Widerlegung eines Sachverständigengutachtens aufgrund der erdrückenden Beweislage eine bewusst wahrheitswidrige und damit rechtsmissbräuchliche Behauptung gesehen.[190] Das erscheint dann doch sehr weitgehend.

Wie in den klassischen Fällen des „als Beweisantrag gestellten" Beweisermittlungsantrags kann auch die Zurückweisung eines Scheinbeweisantrags nur durch einen mit Gründen zu verkündenden und zu protokollierenden **Beschluss gemäß § 244 Abs. 6 StPO** erfolgen, in dem das Gericht seine Auffassung vom Vorliegen eines Scheinbeweisantrags umfassend darzulegen hat.[191] Wie in den vom Bundesgerichtshof in zahlreichen Entscheidungen beanstandeten Umdeutungen bzw. Herabstufungen von Beweisanträgen zu schlichten Beweisermittlungsanträgen verlangt auch die Feststellung, bei dem Beweisbegehren handle es sich um einen Scheinbeweisantrag, eine **sorgfältige Begründung.** Für das Verdikt des Scheinbeweisantrags trägt das Gericht die Argumentationslast.[192]

---

[186] *Alsberg/Nüse/Meyer* S. 89; KK-*Fischer*, § 244 Rn. 100; *Meyer-Goßner*, § 244 Rn. 27.
[187] BGH StV 2007, 563, 564.
[188] BGH, Beschl. v. 4.4.2006 – 4 StR 30/06; BGH NStZ 2003, 497; BGH StV 2002, 233 m. w. N.; *Herdegen*, NStZ 1998, 444, 447 und bereits *Herdegen*, StV 1990, 518, 519: „Eine ‚Behauptung', für die es keine Gründe gibt, ist lediglich ein psychisches Phänomen, in ihrer inhaltlichen Aussage nicht diskutabel".
[189] Vgl. auch den ähnlichen Definitionsansatz des ‚Rechtsmissbrauchs' unter Bezugnahme auf *Herdegen* NStZ 2000, 1, 6 und *Fahl*, S. 124 f., 723 bei *Bünger*, NStZ 2006, 305, 307: „… ein normzweckfremder, funktionswidriger Gebrauch eines Rechts, eine Rechtsüberschreitung, mit anderen Worten: eine Ausübung des Rechts nicht zu der vom Gesetz gewollten Interessenbeförderung. Der Missbrauch beginnt mithin, wo das konkrete (strafprozessuale) Recht entgegen seinem vorgesehen Zweck – und damit jenseits seiner Binnengrenze – zu Zwecken eingesetzt wird, zu denen es nicht bestimmt ist".
[190] BGH, Beschl. v. 25.04.2012 – 5 StR 444/11.
[191] KK-*Fischer*, § 244 Rn. 113.
[192] *Herdegen*, NStZ 1998, 444, 448 f.

62 Die Rechtsprechung ebenso wie Teile des Schrifttums[193] haben sich unbeschadet dramatischer Appelle nach einem Einschreiten des Gesetzgebers nicht zu einer endgültigen Anerkennung einer allgemeinen Missbrauchsklausel mithilfe des Begriffs des – einzelfallbezogenen – Scheinbeweisantrags durchringen können.[194] Aufgrund des Lösungsansatzes des 5. Strafsenats[195] einer „verfassungs- und konventionskonformen Einschränkung von § 244 Abs. 6 StPO" erscheint dies auch nicht erforderlich. Zwar hatte derselbe Senat schon 1997 in einem *obiter dictum*[196] angedeutet, dass eine allgemeine Missbrauchsklausel mithilfe des Begriffs des einzelfallbezogenen Scheinbeweisantrags anerkennenswert sein könnte.[197] Die Erwägung lautet:

„Die Bestätigung einer Beweisbehauptung kann aufgrund gesicherter bisheriger Beweisaufnahme derart offensichtlich unwahrscheinlich sein, dass eine aus der Luft gegriffene, ohne jede tatsächliche Anhaltspunkte und ohne jede begründete Vermutung aufs Geratewohl aufgestellte Behauptung anzunehmen ist, welche die Voraussetzungen einer bestimmt bezeichneten Beweistatsache trotz entsprechenden äußeren Anscheins nicht erfüllt, so dass kein echter Beweisantrag, der nach § 244 Abs. 6 StPO zu bescheiden wäre, vorliegt, sondern tatsächlich ein ‚Schein-Beweisantrag', dem nachzugehen auch die Aufklärungspflicht (§ 244 Abs. 2 StPO) nicht gebietet."

Dieser Ansatz erscheint als klare Abkehr vom Terminus des Beweisermittlungsantrags, der von den Tatgerichten auch in eindeutigen Fällen des Missbrauchs des Beweisantragsrechts verlangt, die Berechtigung des vermeintlichen Beweisbegehrens wenigstens am Maßstab der allgemeinen Aufklärungspflicht zu prüfen.[198] Der Bundesgerichtshof hat ihn aber nicht weiterverfolgt, sondern an der Möglichkeit der Fristsetzung festgehalten.

VIII. Die Entscheidung über den Beweisantrag

1. Die Anordnung der Beweisaufnahme

63 Die Anordnung der beantragten Beweisaufnahme obliegt gemäß § 238 Abs. 1 StPO dem **Vorsitzenden,** sofern die Beweiserhebung nicht die Aussetzung oder Unterbrechung der Hauptverhandlung erforderlich macht (§§ 228 Abs. 1, 229 Abs. 2 StPO). Sie bedarf keiner Begründung. Zur Herbeiführung einer Entscheidung durch das Kollegium ist der Vorsitzende berechtigt. Auf die **Beanstandung** eines Verfahrensbeteiligten gegen die Anordnung des Vorsitzenden (fehlende Sachdienlichkeit der Beweiserhebung) entscheidet das Gericht (§ 238 Abs. 2 StPO). Diese Entscheidung ist zu begründen. Der durch die Anordnung der Beweisaufnahme anerkannte Beweiserhebungsanspruch darf jetzt nur noch durch einen förmlichen Gerichtsbeschluss und nach vorheriger Anhörung der Verfahrensbeteiligten (§ 33 Abs. 1 StPO) aufgehoben werden.[199]

---

[193] *Herdegen,* NStZ 2000, 1, 3f. („Treu und Glauben"); *Kempf,* StV 1996, 507, 510f.; *Eisenberg,* Rn. 172ff.; *Alsberg/Nüse/Meyer,* S. 426, 635f.; LR-*Becker,* § 244 Rn. 199f.; für eine Anerkennung z. B. KK-*Pfeiffer/Hannich,* Einl. Rn. 22a; *Meyer-Goßner,* Einl. Rn. 111; *Bünger,* NStZ 2006, 305, 307f.

[194] Zu Problematik und Legitimation eines allgemeinen Missbrauchsverbots im Strafverfahren *Weßlau,* FS Lüderssen 2002, 787ff.; *Senge,* NStZ 2002, 225, 226f.; *Hassemer,* FS Meyer-Goßner, 2001, 127; *Kühne,* NJW 1998, 3027f.

[195] BGH NJW 2005, 2466ff. sowie eingehend bereits oben Rn. 11f. m. w. N.

[196] BGH NJW 1997, 2762, 2764.

[197] Vgl. auch BGHSt 38, 111; BGHR StPO § 244 VI Beweisantrag 24, 25.

[198] Vgl. *Fahl,* S. 547, 729 und *Bünger,* NStZ 2006, 305, 308: „Eine stärkere Hervorhebung des allgemeinen Rechtsmissbrauchsverbots hätte zugleich den Vorteil, dass einige von der Rechtsprechung bisher zum Schutz gegen einen Missbrauch des Beweisantragsrechts gewählte dogmatische (Ersatz-)Konstruktionen entbehrlich würden".

[199] OLG Hamm StraFo 2006, 73f.; BGH StV 1985, 488; *Alsberg/Nüse/Meyer,* S. 752ff.; KK-*Fischer,* § 244 Rn. 115.

A. Beweisantragsrecht

2. Die Ablehnung des Beweisantrags durch Gerichtsbeschluss

a) Form und Bedeutung

Die – auch teilweise – Ablehnung des Beweisantrages hat gemäß § 244 Abs. 6 StPO durch einen mit Gründen zu verkündenden (§§ 34, 35 Abs. 1 StPO) und mit diesen gemäß § 273 Abs. 1 StPO **zu protokollierenden Gerichtsbeschluss** zu erfolgen.[200] Die Begründung soll **den Antragsteller** davon in Kenntnis setzen, wie das Gericht seinen Antrag beurteilt. Er und die übrigen Verfahrensbeteiligten sollen dadurch in die Lage versetzt werden, ihr weiteres Verteidigungs- oder Prozessverhalten auf die neue Verfahrenssituation rechtzeitig einzustellen. Zum anderen muss die Begründung **dem Revisionsgericht** die Nachprüfbarkeit des Ablehnungsbeschlusses auf Rechtsfehler, etwa im Hinblick auf Verstöße gegen das Verbot der Beweisantizipation, ermöglichen. Eine nur **formelhafte**, weil über den Wortlaut des § 244 Abs. 3 bis 5 StPO nicht hinausgehende Begründung, reicht grundsätzlich nicht aus. Ob im Einzelfall ein Beruhen des Urteils auf dem Verfahrensfehler im Sinne von § 337 StPO deshalb ausgeschlossen werden kann, weil der Antragsteller aufgrund einer offensichtlichen Sach- oder Verfahrenslage über die Gründe für die Ablehnung seines Beweisantrages nicht im Unklaren sein konnte oder er der Feststellung des Vorsitzenden, sämtliche Beweisanträge seien „beschieden bzw. anderweitig erledigt worden", nicht entgegengetreten ist, ist Tatfrage.[201]

b) Inhalt

Der ablehnende Beschluss muss das Beweisthema vollständig, d. h. **ohne Einengung oder Umdeutung,** erfassen. Mehrere Beweisanträge sind deshalb einzeln, gegebenenfalls auch für jedes von mehreren benannten Beweismitteln, zu behandeln. Aus der Beschlussbegründung muss sich insbesondere ergeben, auf welche Ablehnungsgründe (§ 244 Abs. 3 bis 5 StPO) die Ablehnung gestützt wird. Die Antragstellung selbst und der Ablehnungsbeschluss sind in Grenzen **auslegungsfähig.** Zu diesem Zweck scheidet freilich die Heranziehung der Urteilsgründe ebenso aus[202] wie eine Änderung oder Ergänzung des Ablehnungsbeschlusses. Es versteht sich von selbst, dass über einen unbedingten Beweisantrag, auf dessen Bescheidung innerhalb der Hauptverhandlung seitens des Antragstellers nicht ausnahmsweise verzichtet worden ist, nicht erst in den Urteilsgründen entschieden werden darf.

c) Zeitpunkt

Der Ablehnungsbeschluss ist **alsbald,** in jedem Falle noch vor Schluss der Beweisaufnahme (§ 258 Abs. 1 StPO) vollständig zu verkünden.[203] Innerhalb dieses Zeitraums ist das Gericht aber nicht verpflichtet, über den Beweisantrag sofort zu entscheiden. Der Vorsitzende ist berechtigt, die Entscheidung einstweilen zurückzustellen, was sich vielfach als zweckmäßig erweist.[204] Maßgeblich für die inhaltliche Entscheidung über den Beweisantrag ist demgegenüber die Verfahrens- und Beweislage im Zeitpunkt der Beschlussfassung, nicht diejenige im Zeitpunkt der Antragstellung.[205] Ein Beweisantrag, dem zunächst stattgegeben worden ist, kann später nach Anhörung der Verfahrensbeteiligten noch abgelehnt werden.[206] Die Bescheidung des Beweisantrags erst im Anschluss an die Urteilsverkündung ist revisionsrechtlich unbeachtlich und daher ebenso zu behandeln, wie wenn der Beweisantrag nicht beschieden worden wäre.[207]

---

[200] BGHSt 40, 287, 288; BGHR StPO § 244 VI Entscheidung 3; KK-*Fischer*, § 244 Rn. 118 ff.; *Meyer-Goßner*, § 244 Rn. 41a ff.
[201] BGHR StPO § 244 VI Entscheidung 3, KK-*Fischer*, § 244 Rn. 120; BGH NStZ 2009, 649, 650.
[202] BGH StraFo 2010, 341, 342.
[203] BGHSt 40, 287, 288; 19, 24, 26; KK-*Fischer*, § 244 Rn. 121; *Eisenberg*, Rn. 195.
[204] *Alsberg/Nüse/Meyer*, S. 764 f.
[205] *Alsberg/Nüse/Meyer*, S. 755; LR-*Becker*, § 244 Rn. 130.
[206] OLG Hamm StraFO 2006, 73.
[207] BGH, Beschl. v. 28.03.2007 – 1 StR 113/07.

d) Revisionsrechtliche Folgen fehlerhafter Antragsablehnung

67 Ist der unbedingte Beweisantrag nicht, nicht rechtzeitig oder sonst fehlerhaft abgelehnt worden, kann ein Beruhen des Urteils auf dem Verfahrensfehler im Sinne von § 337 Abs. 1 StPO schon dann nicht mehr ausgeschlossen werden, wenn die Möglichkeit besteht, dass der Antragsteller durch die Unterlassung oder rechtsfehlerhafte Begründung des Ablehnungsbeschlusses in seiner Prozessführung beeinträchtigt worden ist. Das Urteil beruht auf dem Verfahrensverstoß nur dann nicht, wenn nach Sachlage sicher ausgeschlossen werden kann, dass der Antragsteller aus dem gebotenen Ablehnungsbeschluss keine wesentlichen, sein weiteres Erklärungs- und Antragsverhalten oder gar das Ergebnis des Verfahrens beeinflussende Informationen oder Sachverhaltsannahmen erlangt hätte. Insbesondere scheidet deshalb die **Auswechslung** eines unzulässigen Ablehnungsgrundes gegen einen zulässigen oder das **Nachschieben** einer rechtlich einwandfreien Ablehnungsbegründung erst in den Urteilsgründen grundsätzlich aus. Im Unterschied zum bedingt gestellten Beweisantrag[208] kommt grundsätzlich auch eine **Nachbesserung** durch das Revisionsgericht nicht in Betracht.[209]

IX. Die Ablehnung des Beweisantrags

68 Hat das Beweisbegehren alle Hürden formeller und inhaltlicher Art genommen, darf der Beweisantrag nur noch aus einem der in § 244 Abs. 3 bis 5 StPO erschöpfend aufgezählten Gründen abgelehnt werden, wobei das Gericht nur im Falle der Unzulässigkeit der Beweiserhebung (§ 244 Abs. 3 Satz 1 StPO) zur Ablehnung des Beweisantrags auch gezwungen ist. Die im Katalog des § 244 Abs. 3 Satz 2 StPO enthaltene Reihenfolge der nur fakultativen Ablehnungsgründe ist lediglich redaktionell bedingt; eine bestimmte Prüfungsrangfolge ist ihr deshalb auch nach sachlogischen Gesichtspunkten nicht zu entnehmen.[210] Mit Umständen, die nicht aus dem Beweisantrag ersichtlich sind, muss sich das Gericht bei der Ablehnungsentscheidung nach § 244 Abs. 6 StPO nicht auseinandersetzen; insoweit (wie auch bei erkennbaren Missverständnissen) wird der Antragsteller von der Rechtsprechung auf eine Gegenvorstellung verwiesen, bei deren Nichterhebung auch später eine Verfahrensrüge in der Revisionsinstanz keine Aussicht auf Erfolg haben kann.[211]

1. Das Verbot der Beweisantizipation

69 Unmittelbar aus der Pflicht zur Wahrheitserforschung und mittelbar aus der im Katalog des § 244 Abs. 3 StPO enthaltenen **erschöpfenden Aufzählung der zulässigen Ablehnungsgründe** folgt, dass es dem Gericht verwehrt ist, allein auf der Grundlage seiner Überzeugung die Erfolgsaussichten eines noch nicht erhobenen Beweises entweder im Hinblick auf die Beweisbarkeit der Beweistatsache oder im Hinblick auf den Wert des Beweismittels vorweg negativ zu beurteilen.[212] Mit dem bereits durch die frühe Rechtsprechung des Reichsgerichts etablierten[213] Verbot der Beweisantizipation (Verbot der vorweggenommenen Beweiswürdigung) kompensiert das Beweisantragsrecht die Gefahren, die sich daraus ergeben, dass das Tatgericht sowohl über den Umfang als auch das Ergebnis der Beweisaufnahme im Wesentlichen selbst entscheidet.[214]

70 Wegen Verstoßes gegen das Verbot der Beweisantizipation darf ein Beweisantrag grundsätzlich nicht mit der Begründung zurückgewiesen werden, das Beweisthema sei bereits er-

---

[208] Vgl. oben Rn. 26.
[209] *Alsberg/Nüse/Meyer*, S. 908; KK-*Fischer*, § 244 Rn. 233; *Meyer-Goßner*, § 244 Rn. 86; LR-*Becker*, § 244 Rn. 375; vgl. aber BGH NStZ 2011, 646 zu Auslandszeugen.
[210] *Alsberg/Nüse/Meyer*, S. 409 f.
[211] BGH NStZ 2002, 656; BGH StV 2008, 227, 228; BGH StV 2009, 62, 63.
[212] *Alsberg/Nüse/Meyer*, S. 412 f.; KK-*Fischer*, Rn. 127.
[213] RGSt 1, 189; *Hamm/Hassemer/Pauly*, Rn. 9 und 131 ff.
[214] *Eisenberg*, Rn. 139a, 198 ff.; *Herdegen*, NJW 1996, 26, 27; *Schulz*, NStZ 1991, 449; *Deckers*, S. 7 ff.; *Perron*, S. 124 ff.

A. Beweisantragsrecht

schöpfend behandelt worden, ohne dass die nunmehrige Beweisbehauptung habe bestätigt werden können (beim sog. „Austausch von Beweismitteln"[215] soll eine Ausnahme dann gelten, wenn nach den Umständen des Einzelfalls das gewählte Beweismittel gegenüber dem angebotenen eine gleich sichere oder bessere Erkenntnisquelle darstellt).[216] Entsprechendes gilt für die Annahme, ein Zeuge werde sich nach Sachlage ohnehin nicht erinnern können oder sei unglaubwürdig, weshalb ein Beweisgelingen auszuschließen oder nur unwahrscheinlich sei. Ein geradezu klassischer Verstoß gegen das Verbot der Beweisantizipation liegt vor, wenn der Beweisantrag mit der Begründung zurückgewiesen wird, zur Überzeugung des Gerichts stehe bereits **das Gegenteil der behaupteten Tatsache** fest, weshalb die vom Antragsteller angestrebte Beweisaufnahme keinen Erfolg verspreche.[217]

Beispiel 10: Mehr oder weniger?[218] In der Hauptverhandlung beantragte der Verteidiger, den Zeugen Z. zum Beweis der Behauptung zu vernehmen, dass Z. der weiteren Zeugin R. „circa 30 000 Euro und nicht nur – wie von R. in einem früheren Verfahren behauptet – 6000 Euro übergeben hat". Die Zurückweisung des Beweisantrages wegen tatsächlicher Bedeutungslosigkeit begründete das Gericht v. a. damit, dass selbst eine Bestätigung der Beweisbehauptung durch Z. ohne Einfluss auf die Beurteilung der Glaubwürdigkeit der Zeugin R sei, da die der Beweisbehauptung entgegenstehenden Angaben der Zeugin allein durch die im Beweisantrag angekündigten Bekundungen des Z. mangels weiterer Beweismittel noch nicht widerlegt wären.

Die Ablehnung des Beweisantrages verstößt gegen das Verbot der Beweisantizipation, weil das Gericht in seiner Ablehnungsbegründung zum Ausdruck bringt, dass die Aussage des Z. für sich allein unter keinen Umständen ausreichen werde, die gegenteiligen früheren Angaben der Zeugin R. zu widerlegen. Die Bedeutungslosigkeit der Beweistatsache wird im Ergebnis damit begründet, dass das Gericht vom **Gegenteil der Beweistatsache** schon vor Durchführung des Zeugenbeweises überzeugt sei. Mit dieser Begründung wird aber gerade nicht die von § 244 Abs. 3 Satz 2 StPO verlangte Bedeutungslosigkeit der Beweistatsache (hier: Übergabe von 30 000 Euro) belegt, sondern in unzulässiger Weise das Ergebnis der beantragten Beweiserhebung vorweggenommen.

Beispiel 11: Diametral entgegen![219] In der Hauptverhandlung beantragte der Vertreter des Nebenklägers die Vernehmung der Zeugin S., einer mit der Familie des Nebenklägers nicht verwandten Nachbarin. S. werde bekunden, dass sich der Angeklagte am Tag des fehlgeschlagenen Anschlags auf den Nebenkläger anlässlich einer Trauerfeier damit gebrüstet habe, er habe den Nebenkläger „erledigt". Im Rahmen ihrer antragsgemäßen Vernehmung sagte S. jedoch aus, eine entsprechende Äußerung des Angeklagten weder selbst gehört noch hiervon der Mutter des Nebenklägers berichtet zu haben. Mit einem weiteren Beweisantrag beantragte der Nebenklägervertreter dann die Vernehmung der M., der Mutter des Nebenklägers. Diese werde bestätigen, von S. darüber informiert worden zu sein, dass S. bei der Trauerfeier gehört habe, wie sich der Angeklagte der Tatbegehung berühmt habe.

Das Gericht lehnte den Beweisantrag auf Vernehmung der M. wegen „Bedeutungslosigkeit aus tatsächlichen Gründen" ab. Die vereidigte Zeugin S. habe den mit dem Antrag des Nebenklägers unter Beweis gestellten Gesprächsinhalt in der Hauptverhandlung in Abrede gestellt. Selbst wenn die Zeugin M. deshalb den nunmehr unter Beweis gestellten Gesprächsinhalt bestätigen sollte, würde davon die Entscheidung des Gerichts nicht beeinflusst werden, weil eine entsprechende Aussage der Zeugin M. derjenigen der Zeugin S., an deren Glaubwürdigkeit zu zweifeln kein Anlass bestehe, „diametral" entgegenstünde.

Diese Ablehnung ist vom Ablehnungsgrund der Bedeutungslosigkeit nicht gedeckt. Die Ablehnungsbegründung enthält vielmehr eine **unzulässige Beweisantizipation,** weil sich das Gericht davon leiten ließ, dass nicht zu erwarten sei, die als glaubhaft zu wertende Aussage der S. könne durch eine gegenteilige (der Zeugin M.) entkräftet werden. Damit wird

---

[215] vgl. dazu *Meyer-Goßner*, § 244 Rn. 47.
[216] BGH NStZ 2008, 529; BGHSt 22, 347, 349.
[217] BGHR StPO § 244 VI Beweisantrag 9; zu weiteren Fallgruppen *Eisenberg*, Rn. 198 ff.; KK-*Fischer*, § 244 Rn. 127; *Meyer-Goßner*, § 244 Rn. 46; *Alsberg/Nüse/Meyer*, S. 414 ff.
[218] Bsp. nach BGHR StPO § 244 III 2 Bedeutungslosigkeit 6.
[219] Bsp. nach BGH NJW 1997, 2762.

aber nicht auf die Bedeutungslosigkeit der Beweisbehauptung selbst, sondern (bereits) auf eine voraussichtliche Bedeutungslosigkeit der beantragten Beweiserhebung abgestellt. Damit wird dem Antragsteller die Chance genommen, ein Beweismittel in die Hauptverhandlung einzuführen, das ihr eine nach dem bisherigen Ergebnis unerwartete Wendung geben kann. Infolge des weitgehenden Verbots der Beweisantizipation wird deshalb die Zuverlässigkeit von Beweismitteln regelmäßig erst bei der Auswertung der im Rahmen der Hauptverhandlung durchgeführten Beweisaufnahme durch den Tatrichter beurteilt. Ein erweiterter Maßstab für die Auslegung des Ablehnungsgrundes der Bedeutungslosigkeit ist weder mit dem Wortlaut des § 244 Abs. 3 Satz 2 StPO, noch mit dem Sinn des infrage stehenden Ablehnungsgrundes vereinbar.

2. Unzulässigkeit der Beweiserhebung gemäß § 244 Abs. 3 Satz 1 StPO

71 Der auf eine unzulässige Beweiserhebung gerichtete Beweisantrag **muss** gemäß § 244 Abs. 3 Satz 1 StPO zurückgewiesen werden, während durch einen „unzulässigen" Beweisantrag schon der Anwendungsbereich der Vorschrift nicht eröffnet ist, weil es sich in diesem Falle gerade nicht um einen Beweisantrag i. S. v. § 244 Abs. 3 bis 6 StPO, sondern nur um eine Beweisanregung oder um einen Beweisermittlungsantrag handeln kann. Der auch in § 245 Abs. 1 Satz 1 und in § 245 Abs. 2 Satz 2 StPO verwandte Begriff der Unzulässigkeit ist in allen drei Vorschriften einheitlich auszulegen.[220]

72 Wird trotz Unzulässigkeit der Beweiserhebung Beweis erhoben, führt der Verstoß gegen § 244 Abs. 3 Satz 1 StPO auf die formgerechte Verfahrensrüge (§ 344 Abs. 2 Satz 2 StPO) im Revisionsverfahren zur Urteilsaufhebung, wenn dem konkreten Beweiserhebungsverbot ein **Beweisverwertungsverbot** entspricht und ein Beruhen des Urteils auf dem Verfahrensfehler (§ 337 Abs. 1 StPO) nicht auszuschließen ist.

73 § 244 Abs. 3 Satz 1 StPO und die ihm korrespondierenden Vorschriften der §§ 245 Abs. 1 Satz 1 und 245 Abs. 2 Satz 2 StPO bilden Einfallstore für die aus dem Gesetz oder unmittelbar aus dem Grundgesetz resultierenden und von der Rechtsprechung entwickelten **Beweismittel- und Beweisthemenverbote**.[221] Ein klassisches Beispiel aus dem weiten Bereich der Beweismittelverbote stellt der Antrag eines Verfahrensbeteiligten auf Vernehmung eines Zeugen dar, der innerhalb der laufenden Hauptverhandlung die Ausübung seines Zeugnisverweigerungsrechts erklärt hat. Der Antrag ist als unzulässig abzulehnen.[222]

74 Neben den typischen Fällen eines Beweismittelverbots kann die Beweiserhebung gemäß § 344 Abs. 3 Satz 1 StPO auch deshalb unzulässig sein, weil mit dem Beweisantrag Beweis über Themen erhoben werden soll, die nicht Gegenstand der Beweisaufnahme sein können. So kann die in der Hauptverhandlung **vorausgegangene Beweiserhebung** nicht selbst Gegenstand des tatrichterlichen Strengbeweisverfahrens sein. Denn der Ort, den entscheidungserheblichen Inhalt der Beweisaufnahme festzustellen, ist ausschließlich das Urteil.[223] Das Verlangen, **Verfahrensbeteiligte** über Vorgänge derselben Hauptverhandlung – insbesondere über den Inhalt einer bestimmten Zeugenaussage oder die Einlassung des Angeklagten oder Mitangeklagten – zu hören, ist deshalb als unzulässig im Sinne von § 244 Abs. 3 Satz 1 StPO zurückzuweisen. Was bereits zum Inbegriff der Hauptverhandlung geworden ist, unterliegt der unmittelbaren Würdigung des Gerichts und kann nicht seinerseits innerhalb derselben Hauptverhandlung zum Gegenstand der Beweisaufnahme gemacht werden.[224] Entsprechendes gilt für **dienstliche Wahrnehmungen eines erkennenden Richters** außerhalb der Hauptverhandlung, die aber die laufende Hauptverhandlung und das anhängige Verfahren

---

[220] *Alsberg/Nüse/Meyer*, S. 425; *Meyer-Goßner*, § 244 Rn. 49.
[221] Vgl. aus der Kommentarliteratur insbesondere *Eisenberg*, Rn. 329 ff.; daneben *Meyer-Goßner*, Einl. Rn. 50 ff.
[222] *Eisenberg*, Rn. 205; LR-*Becker*, § 244 Rn. 189; *Alsberg/Nüse/Meyer*, S. 452 ff.
[223] BGH NJW 1997, 265.
[224] *Rissing-van Saan*, MDR 1993, 310 f.; KK-*Fischer*, § 244 Rn. 111; *Herdegen*, NStZ 2000, 1, 7; *Meyer-Goßner*, § 244 Rn. 49; LR-*Becker*, § 244 Rn. 191; diff. BGHSt 47, 270, 273 ff.; vgl. auch BGH StV 2006, 118 ff.

A. Beweisantragsrecht

betreffen. Das auf diese Weise dienstlich erlangte Wissen (z. B. Bekundungen einer Zeugin gegenüber dem Vorsitzenden in einer Sitzungspause) ist vielmehr durch eine **dienstliche Erklärung** in die Hauptverhandlung einzubringen. Im Übrigen führt in diesem Fall weder die Benennung des Richters als Zeuge, noch allein der Umstand, dass sich der Richter dienstlich über Vorgänge äußert, die den Gegenstand des bei ihm anhängigen Verfahrens betreffen und die er im Zusammenhang mit seiner amtlichen Tätigkeit in der Sache wahrgenommen hat, zu einem Ausschluss als erkennender Richter nach § 22 Nr. 5 StPO.[225] Auf eine im Sinne von § 244 Abs. 3 Satz 1 StPO unzulässige Beweiserhebung wäre nach diesen Maßstäben auch ein Antrag auf Vernehmung eines Richters dafür gerichtet, dass tatsächlich andere als die in dem Urteil benannten und verkündeten Gründe zum Freispruch eines Zeugen (in einem früheren Verfahren) geführt haben.[226] Die Mitschriften, die ein nunmehr als Zeuge vernommener Richter in einer früheren Hauptverhandlung als erkennender Richter angefertigt hat, sind einer Beweisaufnahme nicht zugänglich.[227] Auch Mitteilungen des Angeklagten an seinen amtierenden Verteidiger vor der Hauptverhandlung können grundsätzlich nicht zum Gegenstand der Beweisaufnahme gehören.[228]

3. Die Ablehnungsgründe des § 244 Abs. 3 Satz 2 StPO

a) Offenkundigkeit der Beweistatsache

Die Beweiserhebung ist zulässig, aber überflüssig, wenn mit ihr eine offenkundige Tatsache oder ihr Gegenteil bewiesen werden sollen. Die Ablehnung des Beweisantrages wegen Offenkundigkeit stellt eine **erlaubte Durchbrechung** des Verbots der Beweisantizipation dar.[229] Nach allgemeiner Auffassung ist Offenkundigkeit der Oberbegriff für Allgemeinkundigkeit und Gerichtskundigkeit, Offenkundigkeit kann sich sowohl auf Tatsachen als auch auf Erfahrungssätze und ihr jeweiliges Gegenteil beziehen.[230]

aa) Allgemeinkundigkeit

Allgemeinkundig sind Tatsachen und Erfahrungssätze, von denen verständige und erfahrene Menschen regelmäßig Kenntnis haben oder über die sie sich aus allgemein zugänglichen Erkenntnisquellen (Nachschlagewerken, Landkarten, Stadtplänen, Kalendern, Zeitungen, Rundfunk, elektronischen Medien) ohne besondere Sachkunde unschwer und sicher unterrichten können. Die Allgemeinkundigkeit darf **örtlich, zeitlich und persönlich beschränkt** sein.[231] Als offenkundig dürfen neben allgemeinen wissenschaftlichen Erfahrungssätzen insbesondere allgemeinkundige Gegebenheiten der Außenwelt sowie bestimmte politische und historische Ereignisse (Beispiel: Massenmord an den Juden, begangen vor allem in den Gaskammern von Konzentrationslagern während des Zweiten Weltkrieges)[232] oder sonstige Ereignisse (Beispiele: Die ICE-Katastrophe von Eschede ereignete sich am 3. Juni 1998; die Terroranschläge auf das World Trade Centers in New York und das Pentagon in Washington ereigneten sich am 11. September 2001; die deutsche Fußballnationalmannschaft unterlag bei der Weltmeisterschaft 2006 im eigenen Lande im Halbfinale dem späteren Weltmeister Italien) angesehen werden.

---

[225] BGHSt 39, 239, 240 f.; BGH NStZ 1998, 524 m. zust. Anm. *Bottke*, NStZ 1998, 526.
[226] BGHR StPO § 244 III 1 Unzulässigkeit 10.
[227] BGH JR 2010, 135 mit Anm. von Schroeder, der die Auffassung vertritt, jeder Staatsbürger müsse die Beweisverwertung persönlicher Aufzeichnungen dulden.
[228] BGH StV 2008, 284 mit abl. Anm. *Beulke/Ruhmannseder*; anders auch BGH StV 2010, 287, 288.
[229] *Herdegen*, NStZ 1998, 444, 446.
[230] *Alsberg/Nüse/Meyer*, S. 531 ff.; KK-*Fischer*, § 244 Rn. 131; *Meyer-Goßner*, § 244 Rn. 50; LR-*Becker*, § 244 Rn. 203; *Beulke*, JuS 2006, 597, 599.
[231] BVerfGE 10, 177, 183; BGHSt 6, 292, 293; 26, 56, 59; *Alsberg/Nüse/Meyer*, S. 536; LR-*Becker*, § 244 Rn. 204; KK-*Fischer*, Rn. 132; *Eisenberg*, Rn. 19 ff.; *Meyer-Goßner*, § 244 Rn. 51.
[232] BGHSt 40, 97, 99; BGHR StPO § 244 III 2 Offenkundigkeit 1.

bb) Gerichtskundigkeit

77 Gerichtskundig sind Tatsachen und Erfahrungssätze, von denen der Richter im Zusammenhang mit seiner amtlichen Tätigkeit ohne die Benutzung privater Informationsquellen zuverlässige Kenntnis erlangt hat. Maßgeblich ist die Kenntniserlangung **in amtlicher Eigenschaft**, nicht notwendig im Zuge auch eigener Tätigkeit.[233] Deshalb kann sich die Gerichtskundigkeit auch aus anderen und von anderen Richtern geführten Verfahren ergeben, solange der erkennende Richter seine Kenntnis amtlich erlangt und die ihr zugrunde liegenden Tatsachen noch sicher in Erinnerung hat. Schlichte Aktenkenntnis steht dem nicht gleich.

cc) Keine Offenkundigkeit für unmittelbar beweiserhebliche Tatsachen

78 **Unmittelbar** beweiserhebliche, auf den Einzelfall bezogene Tatsachen, die für die Überführung eines Angeklagten von wesentlicher Bedeutung sind, insbesondere Merkmale der verfahrensgegenständlichen Tat selbst, dürfen grundsätzlich nicht als allgemein- oder gerichtskundig behandelt werden.[234] Über sie ist auch dann Beweis zu erheben, wenn sie offenkundig sind. Denn die **Tatsachengrundlage für Schuld und Verurteilung** eines Angeklagten kann nur im Rahmen der Hauptverhandlung unter Beachtung der wesentlichen Verfahrensgrundsätze (v. a. der Unmittelbarkeit und des Anspruchs auf Gewährung rechtlichen Gehörs) gewonnen werden. Die Pflicht zur Erforschung der Wahrheit (§ 244 Abs. 2 StPO) wäre ansonsten verletzt. Beweisstoff und Beweisergebnis verdichten sich erst in der anschließenden Urteilsberatung.[235] Besonders anschaulich wird diese Einschränkung in einem Fall, in dem es für die Strafbarkeit auf den Inhalt einer Schrift ankommt. Von der Beweiserhebung darf hier nicht mit der Begründung abgesehen werden, dass die betreffende Schrift allgemeinkundig sei, weil ihr Inhalt in einer Zeitungs- oder Buchveröffentlichung authentisch wiedergegeben und damit jederzeit nachzulesen sei.[236]

dd) Offenkundigkeit bei Kollegialgerichten

79 Bei Kollegialgerichten genügt nach zutreffender, aber nicht unumstrittener Ansicht sowohl für Allgemeinkundigkeit als auch für Gerichtskundigkeit die Kenntnis eines Gerichtsmitgliedes, wenn sie an alle übrigen Mitglieder des Spruchkörpers vermittelt wird. Für die entsprechende Überzeugung des Gerichts genügt dann die Mehrheit seiner Mitglieder.[237]

ee) Erörterung in der Hauptverhandlung

80 Aus dem Anspruch auf Gewährung rechtlichen Gehörs (Art. 103 Abs. 1 GG i. V. m. § 261 StPO) folgt, dass als offenkundig behandelte Tatsachen und Erfahrungssätze grundsätzlich nur dann im Urteil verwertet werden dürfen, wenn sie als solche zuvor in der Hauptverhandlung **Gegenstand der Erörterung** – wenigstens eines gerichtlichen Hinweises – gewesen sind.[238] Für die Annahme der Gerichtskundigkeit ist dies zwingend, für den Fall der Allgemeinkundigkeit wird ein Beruhen des Urteils ausgeschlossen sein, wenn es sich um „Selbstverständlichkeiten" gehandelt hat.[239] Die Erörterung gerichtskundiger Tatsachen in der Hauptverhandlung gehört nicht zu den wesentlichen Förmlichkeiten im Sinne von § 273 Abs. 1 StPO.[240]

---

[233] BGHSt 6, 292, 294; 26, 56, 59; *Alsberg/Nüse/Meyer*, S. 545 ff.; KK-*Fischer*, § 244 Rn. 137; LR-*Becker*, § 244 Rn. 208; *Eisenberg*, Rn. 24 ff.; *Meyer-Goßner*, § 244 Rn. 52.
[234] BGH StV 2006, 118, 119.
[235] BGHSt 6, 292, 295; *Alsberg/Nüse/Meyer*, S. 541 f., 548 ff.; *Meyer-Goßner*, § 244 Rn. 51; *Eisenberg*, Rn. 207; LR-*Becker*, § 244 Rn. 210.
[236] *Alsberg/Nüse/Meyer*, S. 542; LR-*Becker*, § 244 Rn. 206.
[237] BGHSt 34, 209, 210; *Meyer-Goßner*, § 244 Rn. 53; *Alsberg/Nüse/Meyer*, S. 564; LR-*Becker*, § 244 Rn. 212; KK-*Fischer*, § 244 Rn. 140; a. A. *Eisenberg*, Rn. 32.
[238] BVerfGE 48, 206, 209; BGHSt 6, 292, 296; BGHR StPO § 261 Gerichtskundigkeit 1 und 2; BayObLG NJW 1995, 976; LR-*Becker*, § 244 Rn. 213; KK-*Fischer*, § 244 Rn. 139; *Meyer-Goßner*, § 244 Rn. 3, 50.
[239] KK-*Fischer*, § 244 Rn. 134.
[240] BGHSt 36, 354 ff.; BayObLG NJW 1995, 976; *Alsberg/Nüse/Meyer*, S. 573.

A. Beweisantragsrecht

b) Bedeutungslosigkeit der Beweistatsache

Ist die zu beweisende Tatsache für die Entscheidung ohne Bedeutung, kann sie auf das Urteil keinen Einfluss ausüben. Die überflüssige Beweiserhebung würde nur das Verfahren verzögern, ohne dass die Sachaufklärung gefördert würde. Die Beweisaufnahme ist aber auch in diesen Fällen nicht unzulässig.[241] Die Bedeutungslosigkeit der Beweistatsache kann sich aus rechtlichen oder aus tatsächlichen Gründen ergeben. **81**

Tatsachen können für das Urteil unmittelbar oder nur mittelbar von Bedeutung sein. Hier kann zwischen Haupttatsachen, indiziellen Tatsachen (Indizien) und Hilfstatsachen unterschieden werden.[242] Sachverhaltsmomente, die die Strafbarkeit begründen oder ausschließen können, also insbesondere Umstände, die zum äußeren oder inneren Tatbestand der angeklagten Straftat selbst zählen (z. B. Wegnahme, Täuschungshandlung), sind **Haupttatsachen** und als solche unmittelbar beweiserheblich. Entsprechendes gilt für Umstände, die auf der Rechtswidrigkeits- oder Schuldebene gleichrangig mit Tatbestandsmerkmalen über die Strafbarkeit entscheiden können. Hierzu zählen u. a. die tatsächlichen Voraussetzungen einer Notwehrlage oder eines Tatbestandsirrtums ebenso wie die Merkmale von Schuldausschließungsgründen wie Schuldunfähigkeit, oder auch die Voraussetzungen eines Rücktritts vom Versuch und der tätigen Reue. Unmittelbar beweiserheblich sind auch Umstände, die für den Rechtsfolgenausspruch, etwa für die Anordnung einer Maßregel der Besserung und Sicherung, bedeutsam sind. **82**

Für die Entscheidung von Bedeutung sind ferner Tatsachen, aus deren Vorliegen positive oder negative Schlüsse auf unmittelbar erhebliche (Haupt-)Tatsachen gezogen werden können. Unter diesen – nur mittelbar beweiserheblichen – **Indiztatsachen** kann wiederum zwischen **primären Indizien**, also Umständen, die vom Tatrichter als Vorgänge der Hauptverhandlung selbst wahrgenommen und im Urteil umschrieben werden müssen (Beispiel: Bekundungen und Verhalten von Zeugen und Sachverständigen; der Inhalt bestimmter Urkunden, Augenscheinsobjekte oder das Agieren des Angeklagten), und **Hilfstatsachen** unterschieden werden. Als ein Unterfall der Indiztatsachen beziehen sich Hilfstatsachen nicht auf unmittelbar entscheidungserhebliche Tatsachen selbst, sondern auf den Beweiswert, betreffen also die Frage des Wertes des Beweismittels (Beispiel: Glaubwürdigkeit von Zeugen oder Echtheit von Urkunden), mit dem die unmittelbar beweiserheblichen Tatsachen bewiesen werden sollen.[243]

aa) Bedeutungslosigkeit aus rechtlichen Gründen

Aus Rechtsgründen sind Tatsachen bedeutungslos, die zwar grundsätzlich die Entscheidung beeinflussen könnten, diesen Einfluss aber nicht mehr ausüben können, weil es für die Entscheidung auf sie aus anderen Gründen rechtlich nicht mehr ankommt. So erübrigt sich die Beweisaufnahme über einen seitens des Angeklagten angebotenen Alibibeweis, wenn feststeht, dass einer Fortsetzung des Verfahrens und der Verurteilung des Angeklagten ein Verfahrenshindernis (Beispiel: fehlender Strafantrag, Verjährung oder die dauernde Verhandlungsunfähigkeit des Angeklagten) entgegensteht. Aus Rechtsgründen bedeutungslos können ferner Tatsachen sein, die keinerlei Relevanz im Hinblick auf den Tatbestand der dem Angeklagten konkret zur Last liegenden Tat aufweisen.[244] **83**

bb) Bedeutungslosigkeit aus tatsächlichen Gründen

Aus tatsächlichen Gründen sind zunächst solche Tatsachen bedeutungslos, denen jeglicher Sachzusammenhang zum Gegenstand der Urteilsfindung fehlt. Der Sachzusammenhang fehlt, wenn die Beweistatsache für die Entscheidung schlechthin nicht in Betracht kommen kann. Der Ablehnungsgrund der Bedeutungslosigkeit deckt sich insoweit mit dem in § 245 Abs. 2 **84**

---

[241] *Alsberg/Nüse/Meyer*, S. 574 f.
[242] Zur Typologie vgl. KK-*Fischer*, § 244 Rn. 4 und *Alsberg/Nüse/Meyer*, S. 576 ff.
[243] KK-*Fischer*, § 244 Rn. 6 einerseits, *Alsberg/Nüse/Meyer*, S. 576 ff.; SK-*Frister*, § 244 Rn. 138 andererseits.
[244] *Alsberg/Nüse/Meyer*, S. 580 ff.; SK-*Frister*, § 244 Rn. 135.

Satz 3 StPO ausdrücklich genannten (eingeschränkten) Begriff des fehlenden Sachzusammenhangs.[245]

85 Der Tatrichter darf darüber hinaus auch solche (Indiz-)Tatsachen als bedeutungslos im Sinne von § 244 Abs. 3 Satz 2 StPO ansehen, die selbst für den Fall ihres Erwiesenseins die Entscheidung nicht beeinflussen können, weil sie **nur mögliche, nicht aber zwingende Schlüsse zulassen** und das Gericht in freier Beweiswürdigung (§ 261 StPO) den (nur) möglichen Schluss nicht ziehen will, weil es ihn im Hinblick auf die gesamte Beweislage, namentlich unter **Berücksichtigung des bisherigen Beweisergebnisses**[246], für falsch hält. Ein Verstoß gegen das Verbot der Beweisantizipation liegt darin nicht, solange auf die Bedeutungslosigkeit der Beweistatsache selbst und nicht auf die Erfolgsaussichten des noch gar nicht erhobenen Beweises abgestellt wird, etwa mit der fehlerhaften Begründung, zur Überzeugung des Gerichts stehe bereits das Gegenteil der behaupteten Tatsache fest. Für die zulässige Ablehnung des Beweisantrags wegen Bedeutungslosigkeit ist deshalb wesentlich, dass bei der Prüfung weder die Wahrheit der Beweistatsache noch der Beweiswert des angebotenen Beweismittels infrage gestellt wird, das Beweisthema vielmehr in seiner ganzen Tragweite, **ohne Einengung, Umdeutung oder Verkürzung,** gewürdigt wird. Nicht die Beweistatsache als solche wird infrage gestellt, sondern ihre Eignung für den vom Antragsteller gewünschten, jedoch nicht zwingenden Schluss.[247]

cc) Erheblichkeitsprüfung

86 Zur Durchführung der Erheblichkeitsprüfung ist die Beweistatsache so in den bereits gewonnenen Beweisstoff einzustellen, als sei sie mit dem benannten Beweismittel bereits erwiesen **(hypothetische Wahrunterstellung).** Anschließend muss die Frage beantwortet werden, ob durch die Einstellung die Sachverhaltsannahmen und der Urteilsausspruch in relevanter Weise tangiert werden. Ist dies auszuschließen, darf der Beweisantrag wegen tatsächlicher Bedeutungslosigkeit abgelehnt werden.[248]

dd) Inhaltliche Anforderungen an die Ablehnungsbegründung

87 Nicht zuletzt zur Gewährleistung der revisionsgerichtlichen Überprüfung ergeben sich aus den dargestellten Voraussetzungen zwingende inhaltliche Anforderungen sowohl an den nach § 244 Abs. 6 StPO obligatorischen Ablehnungsbeschluss als auch an die Darstellung der Urteilsgründe. Nach ständiger Rechtsprechung muss der Beschluss, mit dem ein (unbedingter) Beweisantrag wegen Bedeutungslosigkeit der behaupteten Tatsache abgelehnt wird, die Erwägungen anführen, aus denen der Tatrichter ihr keine Bedeutung für den Schuld- oder Rechtsfolgenausspruch beimisst. Es muss aus ihm hervorgehen, ob diese Erwägungen **rechtlicher oder tatsächlicher Natur** sind. Wird die Unerheblichkeit aus tatsächlichen Umständen gefolgert, so müssen diese angegeben werden. Denn nur so werden Angeklagter und Verteidigung in die Lage versetzt, sich sachgemäß auf die durch die Antragsablehnung geschaffene Verfahrenslage einzurichten.[249] Einer Ablehnungsbegründung, die sich darauf beschränkt, den in § 244 Abs. 3 Satz 2 StPO enthaltenen Gesetzeswortlaut wörtlich wiederzugeben oder nur mit anderen Worten zu umschreiben, wird diesen Anforderungen grundsätzlich nicht gerecht, wenn nicht ausnahmsweise die Gründe und Erwägungen, die zur Ablehnung des Beweisantrags geführt haben, für die Verfahrensbeteiligten klar auf der Hand lagen.[250] War der Beweisantrag unbedingt gestellt, scheidet auch ein Nachschieben weiterer oder anderer Ablehnungsargumente für die Begründung der Bedeutungslosigkeit erst in den

---

[245] *Alsberg/Nüse/Meyer*, S. 587 f.; *Eisenberg*, Rn. 211, 295.
[246] BGH StraFo 2007, 378, 379; BGH StV 2010, 557, 558.
[247] BGH NStZ 2005, 231 f.; BGH NJW 1997, 2762, 2763; BGHR StPO § 244 III 2 Bedeutungslosigkeit 2, 3, 4, 5, 13 und 20; *Alsberg/Nüse/Meyer*, S. 588 f.; *KK-Fischer*, § 244 Rn. 143; *Meyer-Goßner*, § 244 Rn. 56; *Eisenberg*, Rn. 211 f.; *Beulke*, JuS 2006, 597, 599 f.
[248] *KK-Fischer*, § 244 Rn. 144.
[249] BGH NStZ 2005, 224, 226; BGHR StPO § 244 III 2 Bedeutungslosigkeit 1, 9, 11 und 15.
[250] BGHR StPO § 244 III 2 Bedeutungslosigkeit 9, 12, 14: *KK-Fischer*, § 244 Rn. 145.

A. Beweisantragsrecht

Urteilsgründen aus.[251] Bei Ablehnung eines Beweisantrags als bedeutungslos darf das Gericht die unter Beweis gestellte Tatsache nicht in Zweifel ziehen oder Abstriche an ihr vornehmen.[252]

ee) Urteilskongruenz und Hinweisverpflichtung

Sind Beweisanträge wegen Bedeutungslosigkeit abgelehnt worden, darf von dieser Wertung im Rahmen der **Urteilsgründe** nicht abgewichen werden, wenn dem Antragsteller nicht innerhalb der Hauptverhandlung ein entsprechender Hinweis erteilt worden ist. Denn das Gericht darf sich im Urteil nicht in Widerspruch zu seiner Ablehnungsbegründung nach § 244 Abs. 6 StPO setzen.[253] Eine Abweichung liegt auch vor, wenn das Gericht im Urteil die **Feststellung des Gegenteils** der unter Beweis gestellten Tatsachen zur Begründung des Schuldspruchs oder des Strafmaßes zum Nachteil des Angeklagten heranzieht und so von der Beurteilung einer unter Beweis gestellten Tatsache als bedeutungslos abweicht.[254] **88**

c) Erwiesensein der Beweistatsache

Ist die Beweistatsache aufgrund des bisherigen Beweisergebnisses nach Auffassung des Gerichts bereits erwiesen, darf der Beweisantrag wegen Überflüssigkeit der Beweiserhebung abgelehnt werden. Dies verlangt in Grenzen eine **Beweisantizipation.** Sie ist nur im Hinblick auf die Beweistatsache selbst erlaubt. Die Ablehnung des Beweisantrags mit der Begründung, das Gegenteil der Beweistatsache stehe bereits fest, wäre deshalb wegen Verstoßes gegen das Verbot der Beweisantizipation unzulässig.[255] Dem Ablehnungsgrund kommt in der Praxis kaum Bedeutung zu, weil die Prozessbeteiligten im Allgemeinen keine Beweisanträge stellen oder aufrechterhalten werden, wenn das Gericht ihnen gegenüber signalisiert, dass es die in Rede stehenden Tatsachen bereits für erwiesen hält. In den verbleibenden Fällen ziehen die Tatgerichte schon wegen der Scheu vor aufwendigen Differenzierungen die Ablehnung des Beweisantrags wegen Wahrunterstellung vor, auch wenn diese Vorgehensweise falsch ist.[256] Das Erwiesensein der Beweistatsache ist echter Ablehnungsgrund. Der Beweisantrag wird also nicht allein deshalb gegenstandslos, weil das Gericht die mit ihm behauptete Tatsache schon für erwiesen hält. **89**

Eine Tatsache ist erwiesen, wenn das Gericht von ihrer Richtigkeit so überzeugt ist, dass es sie im Urteil ohne weitere Beweisaufnahme zu Grunde legen will. Hieraus folgt, dass es auf eine etwaige Übereinkunft der übrigen Prozessbeteiligten im Hinblick auf die „Richtigkeit" gewisser Tatsachen nicht ankommen kann. Es ist nicht erforderlich, dass über die betreffende Tatsache bereits eine Beweisaufnahme stattgefunden hat. Auch braucht die für erwiesen erachtete Tatsache nicht beweiserheblich zu sein. Darauf, dass der Beweisantrag in einem solchen Falle mit dem konkurrierenden Ablehnungsgrund der Bedeutungslosigkeit abgelehnt wird, besteht kein Anspruch.[257] Anders als in den Fällen der Wahrunterstellung darf das Gericht auch Tatsachen als erwiesen ansehen, die das Urteil zuungunsten des Antragstellers beeinflussen können. Es ist ihm auch nicht verwehrt, aus einer zugunsten des Angeklagten unter Beweis gestellten Tatsache **Schlüsse zu seinem Nachteil** zu ziehen. Stellt der Angeklagte eine ihn belastende Tatsache unter Beweis, darf der Beweisantrag nur dann mit der Begründung abgelehnt werden, das Gericht halte die Tatsache schon aufgrund der Antragstellung für erwiesen, wenn das Gericht auch sonst von der Wahrheit dieser Tatsache überzeugt ist.[258] **90**

Erachtet das Gericht durch Beschluss eine unter Beweis gestellte Tatsache als erwiesen, so ist diese damit auch für das Urteil **bindend.** Das Gericht darf sich im Urteil zu ihr also nicht **91**

---

[251] KK-*Fischer*, § 244 Rn. 145.
[252] BGH StV 2008, 288; BGH StV 2010, 558, 559.
[253] BGHR StPO § 244 III 2 Bedeutungslosigkeit 10, 22; BGH StV 2009, 411; BGH NStZ-RR 2010, 384; KK-*Fischer*, § 244 Rn. 146; *Alsberg/Nüse/Meyer*, S. 593; *Eisenberg*, Rn. 213a.
[254] BGHR StPO § 244 III 2 Bedeutungslosigkeit 18; BGH StraFo 2008, 29, 30.
[255] *Eisenberg*, Rn. 214; KK-*Fischer*, § 244 Rn. 148; *Beulke*, JuS 2006, 597, 600.
[256] *Alsberg/Nüse/Meyer*, S. 595 f.
[257] *Alsberg/Nüse/Meyer*, S. 596.
[258] *Alsberg/Nüse/Meyer*, S. 598; KK-*Fischer*, § 244 Rn. 148; SK-*Frister*, § 244 Rn. 140.

in Widerspruch setzen. Dazu gehört, dass die Tatsache in ihrer vollen, aus Sinn und Zweck sich ergebenden Bedeutung unverändert als erwiesen behandelt und nicht in unzulässiger Weise eingeengt wird. Denn was für den Ablehnungsgrund der Wahrunterstellung gilt, muss erst recht hier gelten. Maßgebend ist insoweit nicht der Wortlaut des Beweisantrages, sondern sein gegebenenfalls durch Auslegung zu ermittelnder Sinn und Zweck.[259]

d) Völlige Ungeeignetheit des Beweismittels

92 Die Beweisaufnahme kann auch deshalb nutzlos sein, weil das vom Antragsteller bezeichnete Beweismittel zur (weiteren) Sachaufklärung unter keinem Gesichtspunkt beitragen kann und deshalb – zumindest objektiv – auf eine bloße Prozessverschleppung hinausläuft.[260] Völlig ungeeignet im Sinne von § 244 Abs. 3 Satz 2 StPO ist ein Beweismittel jedoch nur dann, wenn das Gericht **ohne jede Rücksicht auf das bisherige Beweisergebnis** die Prognose treffen kann, dass sich mit dem Beweismittel das im Beweisantrag in Aussicht gestellte Ergebnis „nach sicherer Lebenserfahrung" nicht erzielen lässt.[261] Die Wertung, ein Beweismittel sei für das Beweisergebnis völlig ungeeignet, enthält immer eine vorweggenommene Beweiswürdigung, weshalb an die Antragsablehnung wie in den anderen Fällen der (erlaubten) Durchbrechung des Verbots der Beweisantizipation ein **strenger Maßstab** anzulegen ist. Gerade beim Zeugen- und Sachverständigenbeweis wird häufig gegen diese Grundsätze durch die Annahme nur „relativer" Ungeeignetheit verstoßen.

aa) Zeugenbeweis

93 **Beispiel 12: Längst vergessen!**[262] Der Verteidiger des Angeklagten A. beantragte in der Hauptverhandlung die Vernehmung von 15 Personen aus dem Heimatort des aus dem Kosovo stammenden A. dafür, dass sich A. ab dem 13. Juli 2004, also auch am 14. Juli 2004, dem Tag, an dem er die Tat in Frankfurt am Main begangen haben soll, in G. (Kosovo) aufgehalten hat. Der Schwager des A. werde bekunden, dass A. am 14. Juli 2004 mit ihm (dem Zeugen) Heu eingefahren und anschließend in seinem Hause gegessen habe.

Das Landgericht wies den Beweisantrag in der Hauptverhandlung mit der Begründung zurück, die Zeugen seien ungeeignete Beweismittel, da auszuschließen sei, dass sie sich nach nunmehr fast eineinhalb Jahren noch an den exakten Zeitpunkt eines eher belanglosen Geschehens in ihrer Heimat erinnern könnten, zumal aufgrund der Erfahrungen der Kammer bis zur Vernehmung und Ladung der Zeugen im Wege der Rechtshilfe mindestens ein weiteres Jahr ins Land gehe.

Diese Ablehnung des Beweisantrags ist vom Ablehnungsgrund der völligen Ungeeignetheit nicht gedeckt. Wie sich bereits aus der Bedeutung des Begriffs „völlig ungeeignet" ergibt, muss die Inanspruchnahme des Beweismittels von vornherein als gänzlich nutzlos zu werten sein, sodass sich die Beweiserhebung im Ergebnis in einer reinen Förmlichkeit erschöpfen müsste. Die Wertung eines Beweismittels als nur „relativ" ungeeignet, also die Annahme, seine Verwendung werde voraussichtlich oder wahrscheinlich für die Beweisfrage keine sicheren Schlüsse zulassen, ist deshalb nicht ausreichend.[263] Die absolute Untauglichkeit muss sich darüber hinaus **gerade aus dem Beweismittel** in Verbindung mit der Beweisbehauptung des Beweisantrags selbst ergeben. Sonstige Ergebnisse der Beweisaufnahme bleiben bei der Beurteilung dieser Frage ausgeschlossen. Nach zutreffender Ansicht kann die **Prognose fehlenden Erinnerungsvermögens** allein wegen Zeitablaufs nur in Extremfällen[264] die Ungeeignetheit des Zeugenbeweises rechtfertigen.[265] Denn dem Zeugen kann das Beweisthema

---

[259] BGHR § 244 III 2 erwiesene Tatsache 1 und 2.
[260] BGHSt 14, 339, 342; *Alsberg/Nüse/Meyer*, S. 601; LR-*Becker*, § 244 Rn. 230.
[261] BGHR StPO § 244 III 2 Ungeeignetheit 4, 6, 12, 15, 16; *Beulke*, JuS 2006, 597, 600 f.; zur völligen Ungeeignetheit polygraphischer Untersuchungsmethoden („Lügendetektor") BGH NJW 1999, 657, 659 ff.; NStZ 2011, 475 m. krit. Anm *Putzke* ZJS 2011, 557.
[262] Bsp. nach BGHR StPO § 244 III 2 Ungeeignetheit 4.
[263] *Alsberg/Nüse/Meyer*, S. 603; SK-*Frister*, § 244 Rn. 142 ff.
[264] BGHR StPO § 244 III 2 Ungeeignetheit 11.
[265] BGH NStZ 2004, 508; BGH NStZ-RR 2005, 78; KK-*Fischer*, § 244 Rn. 151; *Meyer-Goßner*, § 244 Rn. 60; *Alsberg/Nüse/Meyer*, S. 615 ff.

A. Beweisantragsrecht

schon geraume Zeit vor der anstehenden Vernehmung eröffnet worden sein, etwa durch den Beweisführer selbst oder im Rahmen einer ersten (polizeilichen) Befragung, sodass ihm spätestens ab diesem Zeitpunkt bekannt ist, dass es gerade auf sein Erinnerungsvermögen ankommen kann. Entsprechendes gilt, wenn sich der Zeuge hinsichtlich des Beweisthemas auf **schriftliche Unterlagen** stützen kann oder wenn es sich um **keinen völlig belanglosen Vorgang** gehandelt hat.

Im Rahmen des Zeugenbeweises besitzt der Ablehnungsgrund der Bedeutungslosigkeit praktische Relevanz, wenn mit der Beweisbehauptung **innere Tatsachen** als Zeugenwissen unter Beweis gestellt werden. Hier ist zu unterscheiden, ob mit dem Beweisantrag die innere Tatsache selbst oder – wenigstens auch – äußere und deshalb wahrnehmbare Umstände unter Beweis gestellt werden, deren Bekundung gegebenenfalls Schlussfolgerungen auf innere Vorgänge erlauben kann.[266]

94

> **Beispiel 13: Rein zufällig!**[267] In der Hauptverhandlung beantragte die Verteidigerin zum Beweis der Tatsache, dass der Angeklagte zum Zeitpunkt seiner Festnahme „rein zufällig in München war und mit der Tat, insbesondere der Übergabe des Heroins, überhaupt nichts zu tun hatte", die Vernehmung der Zeugen X., Y. und Z. Das Gericht lehnte den Antrag wegen „Ungeeignetheit der Beweismittel" mit der Begründung ab, dass nicht ersichtlich sei, inwiefern die Zeugen Angaben zum subjektiven Vorstellungsbild des Angeklagten am Tage seiner Festnahme machen könnten.
>
> Nach Auffassung des Bundesgerichtshofs liegt in der hier vom Gericht vorgenommenen Beschränkung der Beweisbehauptung auf das subjektive Vorstellungsbild des Angeklagten eine unzulässige Verkürzung der erkennbaren Zielrichtung seines Beweisantrags. Denn die Beweisbehauptung, der Angeklagte sei „rein zufällig" in München gewesen und habe mit dem Tatvorwurf „nichts zu tun", ziele neben subjektiven auch auf objektive Umstände, nämlich die Beteiligung des Angeklagten an dem Rauschmittelgeschäft, ab, zu deren Wahrnehmung und Bekundung die benannten Zeugen jedenfalls nicht von vornherein als ungeeignet hätten angesehen werden dürfen.

Hat ein Zeuge nach Erhalt der Ladung dem Gericht schriftlich mitgeteilt, dass er von seinem Recht zur **Zeugnisverweigerung gemäß § 52 StPO** Gebrauch machen will, darf ein auf seine Vernehmung gerichteter Beweisantrag nur dann wegen völliger Ungeeignetheit abgelehnt werden, wenn feststeht, dass die der Aussageverweigerung zugrunde liegende Willensbildung nicht durch einen Irrtum über deren Tragweite beeinflusst sein kann und deshalb die Möglichkeit besteht, dass der Zeuge bei Aufklärung des Irrtums aussagebereit wäre.[268] Diese Einschränkung gilt erst recht für einen Zeugen, der – ohne vorherige anwaltliche Beratung – dem Gericht gegenüber mitteilt, er werde von seinem umfassenden **Auskunftsverweigerungsrecht** gemäß § 55 StPO Gebrauch machen und in der Hauptverhandlung keine Angaben zur Sache machen. Der Beweisantrag auf Vernehmung des Zeugen darf wegen völliger Ungeeignetheit nur abgelehnt werden, wenn das Gericht die zweifelsfreie Überzeugung gewinnt, dass der Zeuge unter Berufung auf § 55 StPO keinerlei sachdienliche Angaben machen wird. Dieser Überzeugung kann schon dann die Grundlage entzogen sein, wenn der Zeuge in der Verhandlung widersprüchliche Angaben zu seiner Aussagebereitschaft gemacht hat, mag auch seine letzte Erklärung dahin gehen, keine Angaben zu machen.[269] Denn auch dann ist nicht auszuschließen, dass sich der Zeuge nach einer umfassenden Belehrung in der Hauptverhandlung doch noch anders besinnt und Angaben zur Sache machen wird. Dies gilt auch, wenn ein nunmehr als Zeuge zu behandelnder früherer Angeklagter in dieser Eigenschaft Angaben zur Sache noch verweigert hatte.[270] Allein die Möglichkeit der Auskunftsverweigerung macht einen Zeugen nicht zu einem völlig ungeeigneten Beweismittel.[271]

95

---

[266] BGHR StPO § 244 III 2 Ungeeignetheit 1 einerseits, BGHR StPO § 244 III 2 Ungeeignetheit 5, 10 andererseits; BGH NStZ 2008, 580; *Alsberg/Nüse/Meyer*, S. 604 f.; LR-*Becker*, § 244 Rn. 233.
[267] Bsp. nach BGHR StPO § 244 III 2 Ungeeignetheit 10.
[268] BGHSt 21, 12; BGHR StPO § 244 III 2 Ungeeignetheit 9.
[269] BGHR StPO § 244 III 2 Unerreichbarkeit 17.
[270] BGHR StPO § 244 III 2 Ungeeignetheit 8.
[271] KK-*Fischer*, § 244 Rn. 152.

bb) Sachverständigenbeweis

96 Besondere **Vorsicht** im Umgang mit dem Ablehnungsgrund der völligen Bedeutungslosigkeit ist beim Sachverständigenbeweis geboten. Einerseits darf der Beweisantrag mit der häufig einschlägigen Begründung als bedeutungslos abgelehnt werden, dass dem Sachverständigen die für die Erstellung seines Gutachtens notwendigen **tatsächlichen Grundlagen** nicht verschafft werden können.[272] Andererseits kann ein Sachverständiger aber schon dann als geeignetes Beweismittel anzusehen sein, wenn er aufgrund vorhandener Anknüpfungspunkte zwar (noch) keine sicheren und eindeutigen Schlüsse ziehen kann, seine Schlussfolgerungen und Erfahrungssätze die Beweisbehauptung aber wenigstens „mehr oder weniger wahrscheinlich erscheinen lassen" und das Gutachten deshalb unter Berücksichtigung des sonstigen Beweisergebnisses Einfluss auf die Überzeugungsbildung des Gerichts haben kann.[273] Keine völlige Ungeeignetheit liegt vor, wenn nur wenige Anknüpfungstatsachen vorliegen[274] oder dem Sachverständigen maßgebliche Anknüpfungstatsachen nicht bekannt gegeben wurden.[275] Ob das vorhandene Material (z. B. Lichtbilder von der Brandstelle;[276] Erkenntnisse aus einer früheren psychologischen Behandlung der Belastungszeugin;[277] gegenwärtiger technischer Zustand einer Sache[278] oder Videomaterial einer Raumüberwachungskamera[279]) im Einzelfall dem Sachverständigen genügend Anknüpfungstatsachen wenigstens für ein Möglichkeits- oder Wahrscheinlichkeitsurteil bietet, darf **im Wege des Freibeweises,** also auch unter Berücksichtigung des gesamten Akteninhalts, festgestellt werden.[280]

cc) Augenschein

97 Eine beantragte Augenscheinseinnahme ist als Beweismittel völlig ungeeignet, wenn sich ihr Objekt seit dem für die Tatfeststellung maßgeblichen Zeitpunkt derart verändert hat, dass eine Beweisführung infolge fehlender Rekonstruktionsmöglichkeit ausgeschlossen ist (Beispiel: Lichtverhältnisse am Tatort zur Tatzeit).[281]

dd) Urkundenbeweis

98 Eine Urkunde ist als Beweismittel völlig ungeeignet, wenn nicht festgestellt werden kann, ob sie verändert oder verfälscht worden ist. Soll der Beweis mit einer Abschrift oder einer Kopie der Urkunde geführt werden, muss die **Übereinstimmung mit dem Original** feststehen.[282] „Unordentlich geführte" Geschäftsbücher scheiden als Beweismittel nur dann aus, wenn sich ihr fehlender Beweiswert zum Beleg geschäftlicher Vorgänge schon aus ihrem äußeren Zustand ohne weiteres ergibt.[283]

e) Unerreichbarkeit des Beweismittels

99 Der v.a. für den Zeugenbeweis[284] relevante Ablehnungsgrund der Unerreichbarkeit stellt grundsätzlich eine faktische Beweisbeschränkung dar, während die Frage, welche Anstrengungen das Gericht zu unternehmen hat, damit ein Beweismittel als unerreichbar angesehen werden darf, rechtlicher Natur ist. Tatsächliche und rechtliche Begründung der Unerreichbarkeit greifen deshalb regelmäßig ineinander, so dass eine Differenzierung im Ergebnis

---

[272] BGHSt 14, 339, 342f.; BGHR StPO § 244 III 2 Ungeeignetheit 3, 6.
[273] BGHR StPO § 244 III 2 Ungeeignetheit 2, 7, 14, 16.
[274] BGH StV 2007, 513.
[275] BGH StraFo 2007, 293, 294.
[276] BGHR StPO § 244 III 2 Ungeeignetheit 2.
[277] BGHR StPO § 244 III 2 Ungeeignetheit 7.
[278] BGHR StPO § 244 III 2 Ungeeignetheit 14.
[279] BGHR StPO § 244 III 2 Ungeeignetheit 16.
[280] BGHR StPO § 244 III 2 Ungeeignetheit 14; *Alsberg/Nüse/Meyer,* S. 603; *Meyer-Goßner,* § 244 Rn. 59a.
[281] *Alsberg/Nüse/Meyer,* S. 609; *Eisenberg,* Rn. 220.
[282] *Alsberg/Nüse/Meyer,* S. 609; *Eisenberg,* Rn. 220.
[283] SK-*Frister,* § 244 Rn. 152; großzügiger demgegenüber *Alsberg/Nüse/Meyer,* S. 609.
[284] Zur Unerreichbarkeit sonstiger Beweismittel *Alsberg/Nüse/Meyer,* S. 634; SK-*Frister,* § 244 Rn. 153.

›A. Beweisantragsrecht

kaum möglich, jedenfalls nicht sinnvoll ist.[285] Für einen **im Ausland zu ladenden Zeugen** ist vorrangig der Ablehnungsgrund des § 244 Abs. 5 Satz 2 StPO zu beachten. Liegen seine Voraussetzungen vor, befreit er das Gericht vom Verbot der Beweisantizipation und entlastet es von den schwierigen Anforderungen an den Ablehnungsgrund der Unerreichbarkeit im Sinne von § 244 Abs. 3 Satz 2 StPO.

Ein Beweismittel ist unerreichbar, wenn es für die Hauptverhandlung nicht verfügbar ist, alle seiner Bedeutung angemessenen Versuche, es herbeizuschaffen, erfolglos geblieben sind und nach Sachlage keine begründete Aussicht besteht, es in absehbarer Zeit herbeizuschaffen.[286] Die bloße Möglichkeit, dass das Beweismittel irgendwann einmal zur Verfügung stehen könnte, macht es nicht erreichbar.[287] 100

Die Beurteilung, ob trotz der entsprechenden Bemühungen zur Beibringung keine begründete Aussicht besteht, dass ein **Zeuge** in absehbarer Zeit als Beweismittel herangezogen werden kann, erfordert mangels eines allgemein gültigen Maßstabes im Einzelfall eine **Abwägung** der Bedeutung der Sache und Wichtigkeit der Zeugenaussage für die Wahrheitsfindung einerseits gegen das Interesse an einer reibungslosen und beschleunigten Durchführung des Verfahrens andererseits.[288] Das Vorliegen der Voraussetzungen ist in dem den Beweisantrag ablehnenden Beschluss darzulegen. Das bedeutet, dass das Gericht die Tatsachen anzuführen hat, aus denen es die Unerreichbarkeit herleitet. Inwieweit darüber hinaus auch die gerichtlichen Bemühungen zu schildern sind, ist erneut eine Frage des Einzelfalls. Eine generelle Verpflichtung zur Darstellung (z. B. polizeilicher Maßnahmen) besteht insoweit jedenfalls nicht.[289] 101

Ein Zeuge, dessen Aufenthalt bekannt ist, ist (relativ) unerreichbar, wenn seine Vernehmung in absehbarer Zeit an **nicht zu beseitigenden Hindernissen** (vgl. § 251 Abs. 1 Nr. 2 StPO) scheitert. Ein solches Hindernis kann in der unabänderlichen Weigerung des Zeugen liegen, vor Gericht zu erscheinen, wenn sicher ist, dass sich der Zeuge nicht umstimmen lässt und sein Erscheinen nicht erzwungen werden kann.[290] Ein zum Erscheinen vor einem deutschen Gericht nicht bereiter Zeuge, dessen Erscheinen nicht erzwungen werden kann, weil er sich im Ausland aufhält und dort auch die Ladung zu bewirken wäre (Auslandszeuge), muss jedoch grundsätzlich – **gegebenenfalls im Wege der Rechtshilfe**[291] – geladen werden, wenn eine Ladung nicht ausnahmsweise als aussichts- und damit als zwecklos anzusehen ist.[292] Steht der im Ausland wohnende Zeuge, dessen Aufenthalt bekannt ist, für eine Vernehmung in der Hauptverhandlung nicht zur Verfügung, muss geprüft werden, ob eine **kommissarische Vernehmung** durch den ersuchten Richter möglich und sinnvoll ist. Sie ist nur dann nutzlos und deshalb überflüssig, wenn von vornherein feststeht oder abzusehen ist, dass nur durch die Vernehmung des Zeugen vor dem erkennenden Gericht, etwa wegen des **persönlichen Eindrucks** von dem Zeugen, die nach Sach- und Beweislage erforderliche Ausschöpfung des Beweismittels gewährleistet wird oder die notwendigen Anknüpfungstatsachen für die Beurteilung des Beweiswertes der Aussage erbracht werden können. Entsprechendes ist anzunehmen, wenn ein Zeuge grenzüberschreitend unter **Inanspruchnahme audiovisueller Verfahren** gemäß § 247a StPO (so genannte Videokonferenz) aus der Hauptverhandlung heraus mittels einer zeitgleichen Bild-Ton-Übertragung an einem an- 102

---

[285] *Eisenberg*, Rn. 226; ähnlich *Alsberg/Nüse/Meyer*, S. 620.
[286] OLG Hamburg StV 2009, 9.
[287] LR-*Becker*, § 244 Rn. 246; *Eisenberg*, Rn. 225; SK-*Frister*, § 244 Rn. 153; *Meyer-Goßner*, § 244 Rn. 62a.
[288] BGHSt 22, 118, 120; 32, 68, 73; BGHR StPO § 244 III 2 Unerreichbarkeit 1, 5, 6, 9, 11, 13, 16; SK-*Frister*, § 244 Rn. 155.
[289] BGHR StPO § 244 III 2 Unerreichbarkeit 5.
[290] BGHR StPO § 244 III 2 Unerreichbarkeit 9, 11, 13, 16.
[291] Zu den im vorliegenden Rahmen nicht zu bewältigenden Fragen nach der rechtlichen und technischen Durchführung der Ladung von Auslandszeugen im Wege der Rechtshilfe unter Berücksichtigung des am 1. März 1993 in Kraft getretenen Gesetzes zur Entlastung der Rechtspflege vom 11. Januar 1993 (BGBl. I S. 50 ff.) ausführlich *Rose*, wistra 1998, 11 ff.; ferner *Hamm/Hassemer/Pauly*, Rn. 268 ff.
[292] BGHR StPO § 244 III 2 Unerreichbarkeit 9, 11, 12, 16; *Eisenberg*, Rn. 229 f.; KK-*Fischer*, § 244 Rn. 163; LR-*Becker*, § 244 Rn. 252 ff.

deren Ort im Rechtshilfeweg vernommen werden kann, sofern das Gericht diese Form der Beweisgewinnung nicht für unzureichend hält oder eine Ablehnung des Beweisantrags nach § 244 Abs. 5 Satz 2 StPO in Betracht kommt.[293] Auch das Vorliegen dieser Voraussetzungen muss im Ablehnungsbeschluss hinreichend begründet werden.[294] Kommt das Gericht aufgrund der besonderen Beweislage zu der Überzeugung, dass eine aus kommissarischen oder audiovisuellen Vernehmungen gewonnene Aussage völlig untauglich ist, zur Sachaufklärung beizutragen und die Beweiswürdigung zu beeinflussen, bleibt der Zeuge für die persönliche Vernehmung in der Hauptverhandlung unerreichbar; als nur kommissarisch oder audiovisuell vernehmbarer Zeuge ist er ein völlig ungeeignetes Beweismittel im Sinne des § 244 Abs. 3 Satz 2 StPO.[295]

aa) Sperrerklärung

103 Lassen sich Name und Anschrift eines Zeugen (Informanten) nicht anderweitig feststellen, so kann und muss das Gericht von Polizei und Staatsanwaltschaft sowie von allen sonstigen öffentlichen Behörden diejenigen Auskünfte verlangen, die es zur Ermittlung der Beweisperson für erforderlich hält (§§ 161, 202, 244 Abs. 2 StPO). Die Auskunft darf – gegebenenfalls über § 110b Abs. 3 StPO – nur dann in entsprechender Anwendung von § 96 StPO verweigert werden, wenn die **oberste Dienstbehörde** – in der Regel das Innenministerium[296] – erklärt, dass das Bekanntwerden ihres Inhalts dem Wohl des Bundes oder eines deutschen Landes Nachteile bereiten würde. Solange aber eine derartige Sperrerklärung nicht vorliegt, darf ein Gewährsmann nicht als unerreichbares Beweismittel im Sinne von § 244 Abs. 3 Satz 2 StPO angesehen werden.[297] Die Annahme einer Unzulässigkeit der Beweiserhebung im Sinne von § 244 Abs. 3 Satz 1 StPO kommt nur in Betracht, wenn der Gewährsmann als Beamter oder als andere Person des öffentlichen Dienstes einer **Aussagegenehmigung** bedurft und die zuständige Behörde gemäß § 54 Abs. 1 StPO in Verbindung mit § 39 Abs. 3 BRRG die Genehmigung versagt hätte.[298] In beiden Fällen hat sich die zuständige Verwaltungsbehörde bei der Entscheidung am Gebot rechtsstaatlicher Verfahrensgestaltung zu orientieren. Insbesondere die Bedeutung der gerichtlichen Wahrheitsfindung und das Gewicht des Freiheitsanspruchs des Angeklagten gebieten, dass auch die Exekutive in Anerkennung des Gewaltenteilungsgrundsatzes diese Belange bei ihrer Entscheidung mit berücksichtigt. Die Gründe einer eventuellen Auskunftsverweigerung sind deshalb von der Behörde verständlich zu machen, sofern nicht zwingende Gründe verbieten, dem Gericht eine vollständige Sachprüfung zu ermöglichen.[299]

104 Der Informant darf nicht stets schon dann als unerreichbar angesehen werden, wenn sich die Behörde weigert, ihn für die gerichtliche Vernehmung „freizugeben". Mit einer behördlichen Sperrerklärung darf sich das Gericht nicht in jedem Falle ohne weiteres abfinden. Vielmehr folgt aus § 244 Abs. 2 StPO die Verpflichtung, alle nach den Umständen gebotenen **Anstrengungen** zu entfalten, um das Vernehmungshindernis zu beseitigen. Hierzu gehört, dass sich das Gericht nicht mit der Sperrerklärung einer nachgeordneten Dienstbehörde begnügen darf, und auch die Überprüfung, ob die behördliche Weigerung auf eine ausreichende Begründung gestützt worden ist. Hält sie das Gericht in tatsächlicher Hinsicht für unzureichend und rechtlich für fehlerhaft, muss es gegebenenfalls bei der obersten Dienstbehörde **Gegenvorstellung** erheben mit dem Ziel, die Behörde zu einer Überprüfung ihres Standpunktes zu veranlassen und entweder die beanstandeten Mängel zu beheben oder die

---

[293] BGHSt 45, 188, 190 ff.; BGHR StPO § 244 III 2 Unerreichbarkeit 21; *Meyer-Goßner*, § 244 Rn. 63, § 247a Rn. 6 ff.
[294] BGHSt 22, 118, 122; BGHR StPO § 244 III 2 Unerreichbarkeit 7 und 10; KK-*Fischer*, § 244 Rn. 170.
[295] BGHSt 55, 11, 24.
[296] BGHSt 35, 82, 86.
[297] BGHSt 30, 34, 35 f.; 35, 82, 85; BGHR StPO § 244 III 2 Unerreichbarkeit 2; *Meyer-Goßner*, § 96 Rn. 12, § 244 Rn. 66.
[298] BGHSt 30, 34, 37; 32, 115, 123.
[299] BGHSt 32, 115, 124 f.

Sperrerklärung zurückzunehmen.³⁰⁰ Die Gegenvorstellung darf aber unterbleiben, wenn sie sich als von vornherein aussichtslos darstellt.³⁰¹

Das Gericht muss am Ende freilich auch eine nach seiner Auffassung unberechtigte Sperrerklärung hinnehmen, wenn es ihm trotz Entfaltung aller gebotenen Bemühungen nicht gelingt, ihre Rücknahme zu erwirken. Hat die Verwaltungsbehörde einen Zeugen für die Vernehmung in der Hauptverhandlung aus Gründen des § 96 StPO oder des § 54 StPO in Verbindung mit § 39 Abs. 3 BRRG deshalb **endgültig** gesperrt, ist der Zeuge als unerreichbar im Sinne von § 244 Abs. 3 Satz 2 StPO anzusehen. Seinem Erscheinen stehen dann „andere nicht zu beseitigende Hindernisse" entgegen (§ 223 Abs. 1 StPO).³⁰² Jedenfalls dann, wenn die Sperrerklärung „nicht willkürlich oder offensichtlich rechtsfehlerhaft" ist, dürfen nunmehr **sachfernere Beweismittel,** insbesondere die Vernehmung der Verhörspersonen über die Angaben des gesperrten Informanten, benutzt werden.³⁰³

105

bb) Zusicherung der Vertraulichkeit

Wird einem unbekannt gebliebenen Informanten von der Staatsanwaltschaft oder der Polizei Vertraulichkeit zugesichert, macht ihn dies noch nicht zu einem unerreichbaren Beweismittel. Die auf diese Begründung gestützte Zurückweisung eines Beweisantrages auf Vernehmung eines V-Mannes mit der Begründung, der Informant könne nicht identifiziert werden, verstößt deshalb gegen § 244 Abs. 3 StPO. Denn die Zusicherung der Vertraulichkeit bindet allenfalls die Staatsanwaltschaft und die Polizei.³⁰⁴ Innerhalb der durch die Anklage gezogenen Grenzen ist das Gericht zur selbstständigen Tätigkeit berechtigt und verpflichtet (§ 155 Abs. 2 StPO). Die Sperrerklärung behindert die Erforschung der Wahrheit und stellt daher einen Eingriff in den Gang der Rechtspflege dar. Sie muss deshalb auf Ausnahmefälle beschränkt bleiben. Lassen sich der Name und die Anschrift des Informanten nicht anders feststellen, muss das Gericht deshalb von allen öffentlichen Behörden – auch von der Staatsanwaltschaft und der Polizei – diejenigen **Auskünfte** verlangen, die es zur Ermittlung der Beweisperson für erforderlich hält (§§ 161, 202, 244 Abs. 2 StPO). Die Auskunft darf entsprechend § 96 StPO nur verweigert werden, wenn die oberste Dienstbehörde – wenn auch nicht notwendig durch den Minister (Senator) persönlich – erklärt, dass das Bekanntwerden ihres Inhalts dem Wohl des Bundes oder eines deutschen Landes Nachteile bereiten würde. Die Entscheidung einer nachgeordneten Behörde reicht in keinem Falle aus; das gilt auch für die Staatsanwaltschaft. Solange eine entsprechende Erklärung nicht vorliegt, darf der Gewährsmann nicht als unerreichbares Beweismittel im Sinne des § 244 Abs. 3 Satz 2 StPO angesehen werden.³⁰⁵

106

f) Verschleppungsabsicht

Als selbstständiger Ablehnungsgrund im Rahmen des § 244 Abs. 3 Satz 2 StPO erlaubt und verlangt die Annahme eines „zum Zweck der Prozessverschleppung" gestellten Beweisantrages die Durchbrechung des Verbots der Beweisantizipation.³⁰⁶ Angesichts der neueren Rechtsprechung des Bundesgerichtshofs zur Möglichkeit der Fristsetzung für Beweisanträge zur Verhinderung weiterer Verfahrensverzögerungen und der Ablehnung eines Beweisantrags wegen Verschleppungsabsicht nach Ablauf dieser Frist³⁰⁷ erlangt der Ablehnungsgrund in der

107

---

[300] BVerfGE 57, 250, 288; BGHSt 29, 109, 113; 32, 115, 125 f.; 36, 159, 161 f.; BGHR StPO § 244 III 2 Unerreichbarkeit 8; SK-*Frister*, § 244 Rn. 163.
[301] BGHSt 36, 159, 162.
[302] BGHSt 32, 115, 126 f.
[303] BGHSt 36, 159, 162 f.; SK-*Frister*, § 244 Rn. 164.
[304] Vgl. Nr. 4 der Gemeinsamen Richtlinien über die Inanspruchnahme von Informanten sowie über den Einsatz von Vertrauenspersonen und Verdeckten Ermittlern, abgedruckt bei *Meyer-Goßner*, Anhang 12 Anlage D; BGH StV 2012, 5.
[305] BGHSt 35, 82, 85; KK-*Fischer*, § 244 Rn. 172 ff.
[306] BGHSt 21, 118, 120 f.; BGHR StPO § 244 III 2 Prozessverschleppung 3; *Meyer-Goßner*, § 244 Rn. 68.
[307] BGH NJW 2005, 2466; BGHSt 51, 333; BGH NStZ 2007, 716; BGHSt 52, 355.

Praxis vor allem bei lange andauernden Verfahren wie bei Wirtschaftsstrafverfahren mit komplexen Sachverhalten wieder größere Bedeutung.

aa) Objektive Voraussetzung

108 Die Ablehnung setzt objektiv voraus, dass durch die Erledigung des Beweisbegehrens eine „nicht nur unerhebliche" bzw. „wesentliche" **Verzögerung** des Verfahrens eintreten würde.[308] Hiervon wird man ausgehen dürfen, wenn aufgrund der Beweiserhebung das Verfahren entweder nach § 228 Abs. 1 StPO ausgesetzt oder nach § 229 Abs. 2 StPO unterbrochen werden müsste.[309]

bb) Subjektive Voraussetzungen

109 In subjektiver Hinsicht verlangt der Ablehnungsgrund zweierlei: Der Antragsteller muss sich der wesentlichen Verfahrensverzögerung bewusst sein und den Beweisantrag **ausschließlich** deswegen gestellt haben. Auf Seiten des Gerichts muss die Überzeugung hinzukommen, dass von der Beweiserhebung **keinerlei Ergebnis** oder nichts Sachdienliches zu erwarten ist.[310] Beide Prognosen können nur auf der Grundlage einer vorweggenommenen Würdigung des Beweisergebnisses getroffen werden.[311] Das Vorliegen der subjektiven Voraussetzungen auf Antragstellerseite muss vom Tatgericht **zweifelsfrei nachgewiesen** werden. Hat der Verteidiger den Beweisantrag gestellt, kommt es auf *seine* Absichten unabhängig von den Vorstellungen des Angeklagten an.[312]

Die Feststellung der Verschleppungsabsicht kann regelmäßig nur aus Beweisanzeichen (Indizien) gefolgert werden, wobei das gesamte bisherige Prozessverhalten nicht nur in die Beurteilung mit einbezogen, sondern indiziell für oder gegen eine Verschleppungsabsicht sprechen kann.[313] Allein aus dem Umstand einer **späten Antragstellung** darf nicht auf Verschleppungsabsicht geschlossen werden. Maßgeblicher Zeitpunkt für die Überzeugung des Gerichts vom Vorliegen der subjektiven Voraussetzungen der Verschleppungsabsicht ist derjenige der Beschlussfassung nach § 244 Abs. 6 StPO.[314]

cc) Anforderungen an die Ablehnungsbegründung

110 Die objektive Verfahrensverzögerung und die Indizien, aus denen das Gericht den Nachweis für das Vorliegen der Verschleppungsabsicht des Antragstellers als geführt ansieht, sind in den Beschlussgründen **eingehend darzulegen** und gegebenenfalls für jede einzelne beantragte Beweiserhebung unter Berücksichtigung von Umständen, die gegen eine Verschleppungsabsicht sprechen könnten, abzuwägen. Ein Nachschieben von Gründen erst in den Urteilsgründen scheidet aus.[315]

dd) Fristsetzung für Beweisanträge bei Prozessverschleppungsabsicht

111 Der Bundesgerichtshof hat zunächst im Jahre 2005 erstmals erwogen, in den Fällen, dass die Hauptverhandlung namentlich durch zum Zweck der Prozessverschleppung gestellte Beweisanträge extrem verzögert wurde, zur Verhinderung weiterer Verfahrensverzögerung die pro-

---

[308] BGH NJW 1958, 1789; BGHR StPO § 244 III 2 Prozessverschleppung 2, 3, 6, 7; a. A. BGHSt 51, 333; *Niemöller*, NStZ 2008, 181 ff.
[309] *Meyer-Goßner*, § 244 Rn. 67; ähnlich *Eisenberg*, Rn. 236; *Alsberg/Nüse/Meyer*, S. 639 f.; a. A. BGHSt 21, 118, 121; 29, 149, 151: Verzögerung des Verfahrensabschlusses auf „unbestimmte Zeit"; diff. SK-*Frister*, § 244 Rn. 170; nach KK-*Fischer*, § 244 Rn. 178 soll unter Hinweis auf § 245 Abs. 2 Satz 3 StPO sogar „jede Verzögerung" genügen.
[310] BGH NStZ 2011, 230; BGH NStZ 2005, 45 f.; BGHSt 29, 149, 151; BGHR StPO § 244 III 2 Prozessverschleppung 3, 6, 7; *Meyer-Goßner*, § 244 Rn. 68; KK-*Fischer*, § 244 Rn. 176.
[311] BGHSt 21, 118, 120 f.; BGHR StPO § 244 III 2 Prozessverschleppung 3.
[312] BGHSt 21, 118, 121; BGHR StPO § 244 III 2 Prozessverschleppung 8; KK-*Fischer*, § 244 Rn. 179.
[313] BGHSt 51, 333, 336; BGHR StPO § 244 III 2 Prozessverschleppung 1, 2, 3; *Eisenberg*, Rn. 239; KK-*Fischer*, § 244 Rn. 180; SK-*Frister*, § 244 Rn. 173.
[314] SK-*Frister*, § 244 Rn. 176; *Meyer-Goßner*, § 244 Rn. 68.
[315] BGHSt 29, 149, 151 f.; KK-*Fischer*, § 244 Rn. 182; *Eisenberg*, Rn. 240.

A. Beweisantragsrecht

zessuale Möglichkeit in Betracht zu ziehen, den Verfahrensbeteiligten eine Frist zu setzen und nach deren Ablauf gestellte Beweisanträge grundsätzlich nicht mehr durch gesonderten Gerichtsbeschluss, sondern erst in den Urteilsgründen zu bescheiden.[316] Daran festhaltend im Jahre 2007 hat der Bundesgerichtshof ausgeführt, dass die Fristsetzung dem Interesse diene, den Strafanspruch des Staates um des Rechtsgüterschutzes Einzelner und der Allgemeinheit willen in einem justizförmig geordneten Verfahren durchzusetzen, d. h. in fairer Weise den wahren Sachverhalt zu ermitteln und auf der Grundlage einer Schuldfeststellung zu einer schuldangemessenen Bestrafung des Angeklagten zu kommen.[317]

In Fortentwicklung dieser Rechtsprechung, gegen die das Bundesverfassungsgericht keine verfassungsrechtlichen Einwände hat,[318] hat der Bundesgerichtshof nun konstatiert, dass aus dem Recht und der Pflicht des Vorsitzenden zur Sachleitung des Verfahrens die Befugnis erwächst, den Verfahrensbeteiligten eine Frist zur Stellung von Beweisanträgen zu setzen, § 246 Abs. 1 StPO dem nicht entgegenstehe und ein nach der gesetzten Frist gestellter Beweisantrag als Indiz für die innere Tatsache der Verschleppungsabsicht anzusehen ist, wenn der Antragsteller die Gründe für die verspätete Antragstellung nicht nachvollziehbar und substantiiert darlegen kann und auch die Aufklärungspflicht nach § 244 Abs. 2 StPO nicht zur Beweiserhebung drängt. Die Verfahrensbeteiligten seien darauf hinzuweisen, dass eine Ablehnung der Beweisanträge, die nach Fristablauf gestellt wurden, wegen Verschleppungsabsicht bei Vorliegen der weiteren Voraussetzungen möglich ist. Wenn der Hinweispflicht entsprochen worden sei, könnten Hilfsbeweisanträge auch erst im Urteil wegen Verschleppungsabsicht abgelehnt werden.[319] Grundsätzlich muss also auch bei Beweisanträgen, die nach Ablauf der Frist gestellt sind, über diese in der gesetzlich vorgesehenen Weise entschieden werden, also per Beschluss.[320]

Die Rechtsprechung zur Fristsetzung ist in der Literatur auf starke Ablehnung gestoßen, da ein Verstoß gegen § 246 StPO gesehen wird.[321] Tatsächlich entspricht die Fristsetzung aber zum einen einem praktischen Bedürfnis, um Missbräuchen vorzubeugen; zum anderen geht es dabei nicht darum, dass Beweisanträge abgelehnt werden, weil sie zu spät vorgebracht werden, sondern es geht darum, dass die Anträge ein Indiz für die Prozessverschleppungsabsicht darstellen, das vom Gericht entsprechend gewürdigt werden kann.

g) Wahrunterstellung

Der in der Praxis beliebte Ablehnungsgrund der Wahrunterstellung dient in erster Linie der Prozessbeschleunigung. An die Stelle der an sich gebotenen Beweiserhebung tritt die **Fiktion** ihres Gelingens, die Beweiserhebung wird überflüssig. Als eine Art gerichtlicher Willenserklärung verbindet die Wahrunterstellung die Ablehnung des Beweisantrags mit der Zusage, die den Angeklagten **entlastende Beweistatsache** so zu behandeln, als sei sie wahr.[322] Mit der widerstreitenden und grundsätzlich vorrangigen Aufklärungspflicht (§ 244 Abs. 2 StPO) ist dies jedenfalls im Grundsatz nur vereinbar, wenn entscheidungserhebliche Entlastungstatsachen, die durch die (weitere) Beweisaufnahme durchaus noch widerlegt werden könnten, nur dann als wahr unterstellt werden, wenn die zugunsten des Antragstellers im Beweisantrag behauptete Tatsache nach der Prognose des Gerichts ohnehin nicht zu widerlegen sein wird.[323] Der Sache nach kann die Wahrunterstellung deshalb auch als **Vorwegnahme des Zweifelssatzes „in dubio pro reo"** begriffen werden, mit der in Richtung auf entlastende Beweistatsachen die aus § 244 Abs. 2 StPO resultierenden Grenzen im Interesse der Verfah-

112

---

[316] BGH NJW 2005, 2466, im Ergebnis zustimmend Anm. *Gössel,* JR 2006, 128; abl. *Duttge,* JZ 2005, 1012.
[317] BGHR StPO § 246 Abs. 1 Fristsetzung 2.
[318] BVerfG NJW 2010, 592; 2036.
[319] BGHSt 52, 355, 356; bereits vorher BGHSt 51, 333.
[320] BGHR StPO § 244 III 2 Prozessverschleppung 18; BGH, Beschl. v. 10.11.2009 – 1 StR 162/09.
[321] *Schlothauer,* StraFo 2011, 459, 465; *Niemöller,* JR 2010, 332, 334; *Jahn,* StV 2009, 663, 667; *König,* StV 2009, 171; *Meyer-Goßner,* § 244 Rn. 69b f.
[322] *Alsberg/Nüse/Meyer,* S. 651, 668; *Eisenberg,* Rn. 241.
[323] BGH NStZ 2011, 107; *Eisenberg,* Rn. 242; *SK-Frister,* § 244 Rn. 186.

rensökonomie „behutsam" überschritten werden dürfen, wenn keine „prozessentscheidende, obgleich erhebliche Tatsache" als wahr unterstellt werden soll.[324]

113 Aus sachlogischen Gründen scheidet die Wahrunterstellung aus, wenn die als wahr zu unterstellende Tatsache für die Entscheidung unerheblich ist. Denn die Unterstellung einer Tatsache als wahr, auf die es für das Urteil nicht ankommt, ergibt keinen Sinn und verletzt den Antragsteller gegebenenfalls in seinen Verteidigungsinteressen, weil er durch die fehlerhafte Anwendung des Ablehnungsgrundes in die Irre geführt werden kann.[325] Einschlägig für **unerhebliche Tatsachen** ist der Ablehnungsgrund der (rechtlichen oder tatsächlichen) Bedeutungslosigkeit. Der dort geforderten Begründungsverpflichtung darf sich das Gericht nicht durch Wahrunterstellungen (vermeintlich) unerheblicher Tatsachen entziehen.[326]

114 Andererseits beinhaltet die Wahrunterstellung nicht automatisch auch die Zusage, dass eine indizielle Tatsache auch endgültig als potenziell erheblich angesehen wird. Es ist deshalb grundsätzlich unschädlich, wenn das Gericht als wahr unterstellte Indiztatsachen im Ergebnis, nämlich in Urteilsberatung und im Urteil, doch wie unerhebliche Tatsachen behandelt.[327] Vom **Wechsel in der Bewertung** einer entsprechenden Beweisbehauptung braucht der (verteidigte[328]) Angeklagte deshalb nach zutreffender Ansicht in der Regel nicht unterrichtet zu werden.[329] Eine **Hinweisverpflichtung** im Hinblick auf einen Beurteilungswechsel kann im Einzelfall geboten sein, wenn nahe liegt, dass der Angeklagte wegen der Wahrunterstellung davon abgesehen hat, weitere Beweisanträge zu einem Thema zu stellen, das mit der als wahr unterstellten Tatsache im Zusammenhang steht und das – im Gegensatz zur als wahr unterstellten Tatsache – für die Entscheidung möglicherweise von Bedeutung ist.[330]

115 Die Beweisbehauptung muss nach ständiger Rechtsprechung so ausgelegt werden, dass ihre volle, sich aus Sinn und Zweck des Beweisantrags ergebende Bedeutung ausgeschöpft wird und die als wahr unterstellte Tatsache **ohne jede Einengung, Umdeutung oder sonstige inhaltliche Änderung** erfasst wird.[331] Behauptet der Antragsteller Tatsachen, die außerhalb eines bestimmten Beweismittels liegen, muss dem Rechnung getragen werden. Es stellt deshalb im Allgemeinen eine unzulässige Einengung der Beweisbehauptung dar, wenn eine in das Wissen eines Zeugen gestellte Tatsache dadurch relativiert wird, dass sie lediglich als Bekundung des Zeugen behandelt und als solche als wahr unterstellt wird.[332] Etwas anderes gilt nur dann, wenn der Beweisantrag gerade die Behauptung enthält, der Zeuge werde eine bestimmte Äußerung oder Bewertung abgeben, denn in diesem Fall geht es nach dem Willen des Antragstellers nur um die Tatsache des Bekundens durch den benannten Zeugen selbst und nicht um die objektive Richtigkeit des Inhalts seiner Aussage.[333]

116 Soll mit dem Beweisantrag die **Glaubwürdigkeit eines Belastungszeugen** oder Mitangeklagten mit Beweisbehauptungen infrage gestellt werden, die der Zeuge oder Mitangeklagte bestreitet, wird sich regelmäßig ein zutreffendes Bild von der Beweisperson nur dadurch gewinnen lassen (§ 244 Abs. 2 StPO), dass über diese Tatsachen Beweis erhoben wird. Die Beweistatsachen dürfen deshalb nicht ohne weiteres als wahr unterstellt werden.[334]

---

[324] KK-*Fischer*, § 244 Rn. 184; ähnlich SK-*Frister*, § 244 Rn. 196.
[325] *Dahs*, Rn. 360.
[326] *Alsberg/Nüse/Meyer*, S. 655 f.; KK-*Fischer*, § 244 Rn. 185.
[327] BGH NJW 1961, 2069 f.; BGHR StPO § 244 III 2 Wahrunterstellung 20, 37; *Meyer-Goßner*, § 244 Rn. 70; KK-*Fischer*, § 244 Rn. 185; *Alsberg/Nüse/Meyer*, S. 656 f.; *Eisenberg*, Rn. 243.
[328] Mit dieser Einschränkung *Eisenberg*, Rn. 247.
[329] BGHR StPO § 244 III 2 Wahrunterstellung 20; BGH NStZ-RR 2009, 179; *Meyer-Goßner*, § 244 Rn. 70; KK-*Fischer*, § 244 Rn. 185; *Alsberg/Nüse/Meyer*, S. 659; LR-*Becker*, § 244 Rn. 310; a. A. SK-*Frister*, § 244 Rn. 202; KMR-*Paulus* § 244 Rn. 451; *Dahs*, Rn. 360.
[330] BGHSt 30, 383, 385; krit. zur Anerkennung dieser Ausnahme KK-*Fischer*, § 244 Rn. 185 ff.; *Eisenberg*, Rn. 245; *Meyer-Goßner*, § 244 Rn. 70.
[331] BGHR StPO § 244 III 2 Wahrunterstellung 4, 6, 8, 17, 18, 21, 23, 27, 39.
[332] BGHR StPO § 244 III 2 Wahrunterstellung 6.
[333] BGHR StPO § 244 III 2 Wahrunterstellung 20, 25; KK-*Fischer*, § 244 Rn. 191; *Alsberg/Nüse/Meyer*, S. 676.
[334] BGH StV 2005, 653; BGHR StPO § 244 III 2 Wahrunterstellung 1, 26, 31; *Alsberg/Nüse/Meyer*, S. 672; *Eisenberg*, Rn. 248.

Im Hinblick auf die Tragweite der Wahrunterstellung kommt es ausschließlich auf **die Be-** 117
weistatsache selbst und nicht darauf an, welche **Schlüsse** aus ihr vom Gericht im Rahmen
seiner Beweiswürdigung gezogen werden.[335] Ungeachtet dessen laufen jedoch Revisionsangriffe regelmäßig auf die Beanstandung hinaus, das Tatgericht habe aus den als wahr unterstellten Beweisbehauptungen nicht die von der Verteidigung erstrebten, für den Angeklagten günstigen Schlüsse gezogen. Dies kann mit der Revision aus Rechtsgründen nicht gerügt werden. Im Übrigen besagt die Tatsache, dass das Gericht aus den als wahr unterstellten Beweisbehauptungen im Urteil nicht die von der Verteidigung erstrebten Schlüsse gezogen hat, nicht, dass das Gericht die Beweisbehauptungen damit als unerheblich gewertet hätte. Denn im Rahmen der Beweiswürdigung sind auch solche Tatsachen als erheblich anzusehen, die den Angeklagten nicht zwingend entlasten, sondern nur einen Schluss in diese Richtung möglich machen.[336]

Ob sich der Tatrichter im Urteil ausdrücklich mit als wahr unterstellten Hilfstatsachen aus- 118
einander setzen muss, hängt – wie auch sonst – davon ab, ob die übrigen Feststellungen zu einer Auseinandersetzung drängen.[337] Eine Stellungnahme ist erforderlich, wenn nicht ohne weiteres zu ersehen ist, wie Beweiswürdigung und Wahrunterstellung miteinander in Einklang gebracht werden können, oder wenn ohne ausdrückliche Erörterung der als wahr unterstellten Tatsachen die Überlegungen zur Beweiswürdigung **lückenhaft** sind.[338]

4. Ablehnung des Sachverständigenbeweises nach § 244 Abs. 4 StPO

a) Sachkunde des Gerichts (§ 244 Abs. 4 Satz 1 StPO)

Neben den in § 244 Abs. 3 StPO enthaltenen Gründen kann das Gericht Beweisanträge auf 119
Vernehmung eines Sachverständigen auch wegen eigener Sachkunde ablehnen. § 244 Abs. 4 StPO ersetzt nicht die Ablehnungsgründe des § 244 Abs. 3 StPO, sondern ergänzt sie. Woher das Gericht die eigene Sachkunde bezieht und auf welche Weise (dienstlich oder außerdienstlich; früheres Sachverständigengutachten) es sie erlangt hat, ist gleichgültig, solange die Sachkunde nicht unter Verstoß gegen **zwingendes Verfahrensrecht,** etwa durch (fernmündliche) Befragung eines Sachverständigen außerhalb der Hauptverhandlung im Wege des Freibeweises,[339] gewonnen worden ist.[340] Bei Kollegialgerichten ist wie beim Ablehnungsgrund der Offenkundigkeit ausreichend, wenn ein Mitglied des Gerichts (Richter oder Schöffe) die Sachkunde besitzt und sie den anderen vermittelt.[341]

Die Beurteilung der in Beweisanträgen häufig thematisierten **Glaubwürdigkeit von** 120
Zeugen ist grundsätzlich dem Tatrichter anvertraut. Er darf sich deshalb bei der Beurteilung regelmäßig eigene Sachkunde zutrauen.[342] Dies gilt nicht nur bei erwachsenen Zeugen, sondern regelmäßig auch für die **Aussage eines Kindes** oder eines Jugendlichen.[343] Die Heranziehung eines psychologischen Sachverständigen ist in diesen Fällen nur dann geboten, wenn der Sachverhalt ausnahmsweise solche **Besonderheiten** aufweist, die Zweifel daran aufkommen lassen können, ob die Sachkunde auch zur Beurteilung der Glaubwürdigkeit unter den gegebenen besonderen Umständen ausreicht.[344] Als solche Ungewöhnlichkeiten kommen

---

[335] BGHR StPO § 244 III 2 Wahrunterstellung 21; KK-*Fischer,* § 244 Rn. 192; *Alsberg/Nüse/Meyer,* S. 684f.; SK-*Frister,* § 244 Rn. 204.
[336] BGH StV 1985, 267.
[337] BGHSt 28, 310, 311f.; BGHR StPO § 244 III 2 Wahrunterstellung 2, 5, 30; SK-*Frister,* § 244 Rn. 199.
[338] BGHR StPO § 244 III 2 Wahrunterstellung 3, 5, 12, 13, 30.
[339] BGHR StPO § 244 IV Strengbeweis 1; *Alsberg/Nüse/Meyer,* S. 699.
[340] *Eisenberg,* Rn. 253; *Meyer-Goßner,* § 244 Rn. 73.
[341] *Alsberg/Nüse/Meyer,* S. 714; KK-*Fischer,* § 244 Rn. 46.
[342] Zum Ganzen *Schmuck/Steinbach,* StraFo 2010, 17.
[343] BGH NStZ 2010, 51.
[344] BGH NStZ 2005, 394; BGH StV 2005, 419; BGHSt 8, 130, 131; 23, 8, 12; BGHR StPO § 244 IV 1 Sachkunde 6; BGHR StPO § 244 IV 1 Glaubwürdigkeitsgutachten 2, 5; KK-*Fischer,* § 244 Rn. 51; *Eisenberg,* Rn. 1520, 1860ff.

insbesondere **Eigenarten in der Person** des Zeugen oder aber in dem zu erforschenden **Erlebnis** in Betracht. Zu Ersteren können Hinweise auf geistige Erkrankungen, Aussageuntüchtigkeit aufgrund besonderer Jugend oder mangelnder geistiger Begabung und Reifedefizite, frühzeitige heterosexuelle oder gleichgeschlechtliche Erfahrungen, Drogen- oder Alkoholproblematiken sowie allgemein ein ungewöhnliches Verhalten oder Erscheinungsbild gehören. Die Beiziehung eines Sachverständigen kann im Übrigen zur Konkretisierung von Tatvorwürfen nach Ort, Zeit und Art ihrer Begehung geboten sein.[345] Die gerichtliche Sachkunde wird oftmals auch dann nicht ausreichen, wenn nicht nur die gegenwärtige Glaubwürdigkeit eines Zeugen, sondern seine Wahrnehmungsfähigkeit, sein Erinnerungsvermögen an einen länger zurückliegenden Zeitraum und seine Zuverlässigkeit in Rede stehen, zumal dann, wenn Erlebnisse aus frühester Jugend zu schildern sind.[346] Weitere Kriterien können Hinweise auf ein Motiv zur Falschbezichtigung,[347] Widersprüchlichkeiten und Lügen bei Vernehmungen oder sonstigen Angaben[348] sowie eingeschränkt auch fehlende Auffälligkeiten des Opfers bei länger andauernden Zeiträumen[349] und mögliche Beeinflussung des Aussageinhalts durch ungeschickte Befragungen durch Erwachsene[350] sein. Maßgeblich bleibt immer die Beurteilung des Einzelfalles. So können Fallbesonderheiten der geschilderten Art in ihrer Bedeutung zurücktreten, wenn zusätzlich nachgewiesene Tatsachen für oder gegen die Richtigkeit einer Aussage sprechen.[351] Die besondere Sachkunde eines Psychiaters wird in der Regel wegen erforderlicher medizinischer Kenntnisse benötigt, wenn ein Zeuge an einer **geistigen Erkrankung** leidet, die sich auf seine Aussagetüchtigkeit auswirken kann. Ein Psychologe genügt nicht.[352]

121 Stellt das Gericht auf Umstände ab, die dem zuvor gehörten Sachverständigen **unbekannt geblieben** sind und zu denen er sich aus diesem Grund nicht äußern konnte, ist es grundsätzlich im Interesse einer umfassenden Sachaufklärung (§ 244 Abs. 2 StPO) verpflichtet, dem Sachverständigen Gelegenheit zu geben, sich mit abweichenden Anknüpfungstatsachen auseinander zu setzen und sie in seine Begutachtung einzubeziehen.[353] Nimmt das Gericht mehr als Allgemeinwissen in Anspruch, muss es die Annahme der Sachkundigkeit in den Urteilsgründen plausibel darlegen.[354]

b) Ablehnung eines weiteren Sachverständigen (§ 244 Abs. 4 Satz 2 StPO)

122 Wird die Heranziehung eines **weiteren** Sachverständigen beantragt, kommt zusätzlich der Ablehnungsgrund des § 244 Abs. 4 Satz 2 StPO in Betracht. Das Gericht darf danach einen weiteren Sachverständigen auch dann ablehnen, wenn durch das frühere Gutachten[355] eines anderen Sachverständigen das Gegenteil der behaupteten Tatsache bereits erwiesen ist. Der Ablehnungsgrund ist ausgeschlossen, wenn **Zweifel an der Sachkunde** des früheren Gutachters bestehen, sein Gutachten von **unzutreffenden tatsächlichen Voraussetzungen** ausgeht, **Widersprüche** enthält oder der neue Sachverständige über **überlegene Forschungsmittel** verfügt.[356] Wenn der Tatrichter einen Beweisantrag auf Einholung eines weiteren Sachverständigengutachtens, der auf substantiiert dargelegte methodische Mängel des (vorbereitenden) Erstgutachtens gestützt ist, allein mit der Begründung zurückweist, er ver-

---

[345] BGHR StPO § 244 IV 1 Sachkunde 6.
[346] BGHR StPO § 244 IV 1 Glaubwürdigkeitsgutachten 2 und Sachkunde 4; BGH NStZ 1985, 420 f.; BGH NStZ 1990, 228.
[347] BGHR StPO § 244 IV 1 Glaubwürdigkeitsgutachten 2.
[348] BGHR StPO § 244 IV 1 Sachkunde 4.
[349] BGH NStZ 1990, 228; BGHR StPO § 244 IV 1 Sachkunde 4.
[350] LR-*Becker*, § 244 Rn. 85.
[351] BGHSt 7, 82, 85; BGHR StPO § 244 IV 1 Sachkunde 4.
[352] BGHR StPO § 244 IV 1 Glaubwürdigkeitsgutachten 4, 5.
[353] BGHR StPO § 244 IV 1 Sachkunde 7.
[354] BGH NStZ 2010, 101; BGHR StPO § 244 IV 1 Sachkunde 3, 8; KK-*Fischer*, § 244 Rn. 198.
[355] Dafür genügt auch ein gemäß § 256 Abs. 1 Nr. 2 StPO verlesenes ärztliches Attest über eine Körperverletzung – BGHSt 52, 322.
[356] BGH NStZ 2005, 205 ff.; BGH NStZ-RR 2006, 48 ff.; zu den Einzelheiten *Alsberg/Nüse/Meyer*, S. 728 ff.; *Eisenberg*, Rn. 257 ff.; KK-*Fischer*, § 244 Rn. 202 ff.; SK-*Frister*, § 244 Rn. 213 ff.

A. Beweisantragsrecht

füge selbst über die erforderliche Sachkunde, darf er sich in den Urteilsgründen hierzu nicht dadurch in Widerspruch setzen, dass er seiner Entscheidung das Erstgutachten ohne Erörterung der geltend gemachten Mängel zu Grunde legt.³⁵⁷

„Weiterer Sachverständiger" ist grundsätzlich ein Gutachter, der sich zu derselben Beweisfrage als Vertreter **derselben wissenschaftlichen Disziplin** äußern soll.³⁵⁸ In Bereichen, in denen sich die Kompetenz von Sachverständigen verschiedener Fachrichtungen zur Sachverhaltsbeurteilung überschneidet und das Gericht deshalb bei der Entscheidung über die Disziplin des zu bestellenden Gutachters frei ist, kann „weiterer" Sachverständiger im Sinne des § 244 Abs. 4 Satz 2 StPO **auch der Angehörige einer anderen Fachrichtung** sein.³⁵⁹ Die Gegenansicht liefe darauf hinaus, dass es im Belieben des Antragstellers stünde, dem Gericht gerade in einfachen Fragen Sachverständige aller in Betracht kommenden Fachrichtungen aufzuzwingen, obwohl die jeweils anzuwendenden Methoden sich nicht unterscheiden oder wegen ihrer Gleichwertigkeit zu entsprechenden Ergebnissen führen müssen. Dies stünde im Widerspruch zu § 73 Abs. 1 Satz 1 StPO, der die Auswahl der Sachverständigen und die Bestimmung ihrer Anzahl dem Gericht vorbehält. Hierzu zählt auch die Entscheidung über die Fachrichtung des Sachverständigen. Nach Sinn und Zweck des § 244 Abs. 3 und 4 StPO besteht deshalb in diesen Fällen auch kein Anlass, das Gericht bei der Ablehnung eines Beweisantrags auf Zuziehung eines weiteren Sachverständigen auf die Ablehnungsgründe des § 244 Abs. 3 StPO zu beschränken. Vielmehr greift auch § 244 Abs. 4 StPO.

5. Ablehnung des Augenscheinsbeweises nach § 244 Abs. 5 Satz 1 StPO

Nach § 244 Abs. 5 Satz 1 StPO kann ein Beweisantrag auf Einnahme eines Augenscheins abgelehnt werden, wenn der Augenschein nach dem pflichtgemäßen Ermessen des Gerichts zur Erforschung der Wahrheit nicht erforderlich ist. Maßgebliches Kriterium hierfür ist allein die **tatrichterliche Aufklärungspflicht.** Das Verbot der Beweisantizipation wird damit für den Augenscheinsbeweis bei nicht präsenten Beweismitteln durchbrochen.³⁶⁰ Gelangt das Gericht im Wege der zulässigen Beweisantizipation zu der Überzeugung, dass ein Augenschein nicht erforderlich ist, darf es sich deshalb im Wege des „mittelbaren" Augenscheins einen Eindruck dadurch verschaffen, dass es lediglich **Augenscheinssurrogate** (z. B. Lichtbilder, Straßen- und Landkarten, Skizzen, Videoaufnahmen) heranzieht.³⁶¹ Das Gericht ist auch befugt, den Augenschein durch einen beauftragten oder ersuchten Richter – gegebenenfalls im Ausland – einnehmen zu lassen und dessen hierüber gefertigtes Protokoll in der Hauptverhandlung zu verlesen.³⁶²

Besondere Sorgfalt im Umgang mit § 244 Abs. 5 Satz 1 StPO ist geboten, wenn mithilfe des beantragten Augenscheins (Beispiel: Kassenbereich einer Bank) die Richtigkeit der Bekundungen eines Zeugen zu räumlichen Gegebenheiten (Beispiel: Aussage der Kassiererin zur Möglichkeit des Zugriffs auf Geldscheine) widerlegt werden sollen. Bei der nach Maßgabe der Aufklärungspflicht zu treffenden Ermessensentscheidung darf in diesen Fällen jedenfalls nicht ausschließlich im Wege der Beweisantizipation gerade auf die Zeugenaussage abgestellt werden, die durch die Augenscheinseinnahme widerlegt oder erschüttert werden soll.³⁶³

---

³⁵⁷ BGHSt 55, 5; zustimmend *Eisenberg,* JZ 2010, 474.
³⁵⁸ SK-*Frister,* § 244 Rn. 210; *Alsberg/Nüse/Meyer,* S. 720; *Eisenberg,* Rn. 256; zur besonderen Rolle des (von der Verteidigung geladenen) psychiatrischen Sachverständigen *Detter,* FS Meyer-Goßner, 2001, 431 ff.
³⁵⁹ BGHSt 34, 355, 356 f.; BGHR StPO § 244 IV 2 Zweitgutachter 2, 3, 4.
³⁶⁰ *Eisenberg,* Rn. 264 ff.; SK-*Frister,* § 244 Rn. 228; KK-*Fischer,* § 244 Rn. 210.
³⁶¹ BGHR StPO § 244 V Augenschein 2.
³⁶² Krit. SK-*Frister,* § 244 Rn. 224 ff.
³⁶³ BGHSt 8, 177, 181; BGHR StPO § 244 V Augenschein 3; KG NStZ 2007, 480; KK-*Fischer,* § 244 Rn. 210; LR-*Becker,* § 244 Rn. 347.

6. Die Ablehnung eines Auslandszeugen nach § 244 Abs. 5 Satz 2 StPO

126 Wie beim Augenscheinsbeweis kann auch ein Beweisantrag auf Vernehmung eines Zeugen, dessen Ladung im Ausland zu bewirken wäre, abgelehnt werden, wenn seine Vernehmung „nach dem pflichtgemäßen Ermessen des Gerichts zur Erforschung der Wahrheit nicht erforderlich ist" (§ 244 Abs. 5 Satz 2 in Verbindung mit Satz 1 StPO). Die durch Artikel 2 Nr. 4 des Gesetzes zur Entlastung der Rechtspflege vom 11. Januar 1993[364] neu geschaffene und verfassungsrechtlich nicht zu beanstandende[365] Vorschrift des § 244 Abs. 5 Satz 2 StPO **befreit das Gericht vom Verbot der Beweisantizipation** und entlastet es von den schwierigen Anforderungen an den Ablehnungsgrund der Unerreichbarkeit des Auslandszeugen im Sinne von § 244 Abs. 3 Satz 2 StPO. Die Möglichkeit einer Anwendung des § 244 Abs. 5 Satz 2 StPO sollte deshalb regelmäßig vor der Frage einer Ablehnung wegen Unerreichbarkeit des Beweismittels geprüft werden.[366]

127 Unabhängig davon, ob im Einzelfall die Zeugenladung mit Schwierigkeiten verbunden ist, und ob und in welchem Umfang mit der Ladung die Möglichkeiten des internationalen Rechtshilfeverkehrs ausgeschöpft werden müssten, ist angesichts der gesetzlichen Regelung allein entscheidend, ob die Beweiserhebung nach dem pflichtgemäßen Ermessen des Gerichts zur Wahrheitsermittlung erforderlich ist. Maßgebliches Kriterium ist mithin, ob die Beweiserhebung durch die **Aufklärungspflicht** geboten ist oder nicht. Eine vorweggenommene Beweiswürdigung ist hier erlaubt und notwendig mit der Folge, dass das Gericht seine Entscheidung über die Beweisaufnahme davon abhängig machen darf, welche Ergebnisse von ihr zu erwarten und wie diese zu würdigen wären. Gelangt das Gericht unter Abwägung sowohl eines etwaigen Vortrags zur Antragsrechtfertigung als auch des bisherigen Beweisergebnisses zu der Überzeugung, dass der Zeuge die Beweisbehauptung nicht werde bestätigen können oder dass ein Einfluss auf seine Überzeugung auch dann sicher ausgeschlossen sei, wenn der Zeuge die in sein Wissen gestellte Behauptung bestätigen werde, darf es den Beweisantrag ablehnen.[367] Dagegen wird die Vernehmung des Auslandszeugen umso eher notwendig sein, je ungesicherter das bisherige Beweisergebnis erscheint, je größer die Unwägbarkeiten sind und je mehr Zweifel hinsichtlich des Werts der bisher erhobenen Beweise überwunden werden müssen; dies gilt insbesondere dann, wenn der Auslandszeuge Vorgänge bekunden soll, die für den Schuldvorwurf von zentraler Bedeutung sind.[368]

128 Die an sich ungenügende und deshalb fehlerhafte Ablehnung eines Beweisantrags wegen Prozessverschleppung gemäß § 244 Abs. 3 Satz 2 StPO kann vom Ablehnungsgrund des § 244 Abs. 5 Satz 2 StPO deshalb gedeckt sein, weil die Ablehnung wegen Prozessverschleppung neben der entsprechenden Verzögerungsabsicht des Antragstellers auch die Überzeugung des Gerichts voraussetzt, die beantragte Beweiserhebung könne nichts zugunsten des Antragstellers ergeben. Dies entspricht den Anforderungen des § 244 Abs. 5 Satz 2 StPO, weshalb die Annahme der Prozessverschleppung zugleich die Ablehnung eines Antrags auf Vernehmung eines Auslandszeugen nach § 244 Abs. 5 Satz 2 StPO enthalten kann,[369] ohne dass es insoweit entscheidungserheblich darauf ankommt, ob der Antragsteller subjektiv das Verfahren ausschließlich bewusst verzögern wollte und die begehrte Beweiserhebung zu einer wesentlichen Verfahrensverzögerung führen konnte.[370]

129 Zur Klärung der Voraussetzungen des § 244 Abs. 5 Satz 2 StPO steht dem Gericht das **Freibeweisverfahren** offen.[371] Das Gericht ist deshalb befugt, sich telefonisch und direkt

---

[364] BGBl. I 1993 S. 50, 51.
[365] BVerfG NJW 1997, 999 = StV 1997, 1 m. Anm. *Kinzig*, StV 1997, 3.
[366] Vgl. zusammenfassend *Rose*, NStZ 2012, 18 ff.; *Rademacher/Sell*, ZAP Fach 22, 529 ff..
[367] BGH NStZ 2005, 701, 702 f.; BGHSt 40, 60, 62; BGHR StPO § 244 V 2 Auslandszeuge 1 und 6; *Meyer-Goßner*, § 244 Rn. 43 f ff.; SK-*Frister*, § 244 Rn. 238; KK-*Fischer*, § 244 Rn. 160; zur Kritik an der Neuregelung vgl. *Eisenberg*, Rn. 267; zum Begriff des „Ermessens" und zum Prüfungsumfang des Revisionsgerichts *Herdegen*, NStZ 1998, 444, 445 f.
[368] BGHR StPO § 244 V 2 Auslandszeuge 13.
[369] BGHR StPO § 244 V 2 Auslandszeuge 1; KK-*Fischer*, § 244 Rn. 213; *Basdorf*, StV 1995, 310, 314.
[370] BGH NStZ 2011, 646.
[371] BGH StV 2007, 227.

mit dem im Ausland befindlichen Zeugen in Verbindung zu setzen, um in Erfahrung zu bringen, ob dieser Sachdienliches zur Klärung der Beweisfrage beitragen kann.[372] In dem zur Ablehnung des Beweisantrags notwendigen Gerichtsbeschluss nach § 244 Abs. 6 StPO sind die für die Ablehnung wesentlichen Gesichtspunkte zwar „nicht in allen Einzelheiten", aber doch **„in ihrem tatsächlichen Kern"** zu verdeutlichen.[373] Ein Beschluss, der ausschließlich einen pauschalen Hinweis auf die „bisherige eindeutige Beweisaufnahme" und damit noch nicht einmal im Ansatz eine antizipierende Würdigung des zu erwartenden Beweisergebnisses vor dem Hintergrund der bis dahin erhobenen Beweise enthält, genügt dafür nicht.[374] Mit der Begründung seines Ablehnungsbeschlusses darf sich das Tatgericht später jedoch nicht in Widerspruch zu seiner im Urteil niedergelegten Beweiswürdigung setzen. Denn ist ihm bei der Entscheidung nach § 244 Abs. 5 Satz 2 StPO einerseits ein weiter Entscheidungsspielraum überlassen, muss es sich andererseits hieran festhalten lassen.[375]

B. Verständigung im Strafverfahren

I. Einführung

1. Allgemeine Bemerkungen

Mit dem Gesetz zur Regelung der Verständigung im Strafverfahren vom 29.7.2009 (BGBl. I S. 2353), in Kraft getreten am 4.8.2009, liegt nunmehr (endlich) eine gesetzliche Regelung der Verständigung im Strafverfahren vor. Vorausgegangen war in den vergangenen zwei Jahrzehnten eine umfangreiche Diskussion und Rechtsprechung hinsichtlich der Zulässigkeit der Verständigung und deren Vereinbarkeit mit der Strafprozessordnung. Die Verständigung wurde als **Oberbegriff für konsensuale Verständigungen der Prozesssubjekte,** insbesondere ihrer professionellen Akteure, über das weitere Verfahren verstanden. Die Bandbreite des Themas reichte von **informellen Verständigungen** zwischen Staatsanwaltschaft, Beschuldigten und Verteidigern außerhalb der Hauptverhandlung über **formelle Verständigungen** hinsichtlich konkreter Verfahrensergebnisse oder die weitere Verfahrensgestaltung im Rahmen der Hauptverhandlung bis hin zur vollständigen **Absprache des Urteils.**[376] Speziell für Wirtschafts- und Steuerstrafsachen gab es den Vorwurf des „soft law", der Etablierung eines noch in der Entstehung begriffenen „Gewohnheitsrechts contra legem",[377] einer Zweiteilung des Strafprozesses[378] oder gar eines **Sonderverfahrens für „Wohlstandskriminelle"**[379] für den Erledigungstyp der Verständigung. Der Vorwurf ist schon so alt wie die Diskussion um ihre Zulässigkeit selbst.[380] Die mitunter skurrilen Überzeichnungen haben mit der Verfahrenswirklichkeit in und außerhalb deutscher Gerichtssäle allerdings wenig zu tun. Allein der Umstand, dass die Wissenschaft die frühen Anfänge der Entwicklung regelrecht verschlafen hat, rechtfertigt die stellenweise massiven Vorwürfe jedenfalls nicht.

130

---

[372] BGHR StPO § 244 V 2 Auslandszeuge 5, 6; *Basdorf,* StV 1995, 310, 313f.
[373] BGHSt 40, 60, 63; *Basdorf,* StV 1995, 310, 314.
[374] BGH StV 2011, 398, 399; BGH StraFo 2010, 155.
[375] BGHR StPO § 244 V 2 Auslandszeuge 6.
[376] Zum Streit um die zutreffende Terminologie des Absprachegeschehens *Niemöller,* StV 1990, 34, 35; ähnlich schon *Dahs,* NStZ 1988, 153f.; weiterhin *Wolfslast,* NStZ 1990, 409.
[377] *Schünemann,* NJW 1989, 1895ff.; vgl. auch *Terhorst,* GA 2002, 600, 613: „So wenig wie es das Berufsethos der professionellen Akteure verhindert hat, dass eine Praxis entwickelt und immer mehr ausgeübt wurde, die *contra legem* ist, mit viel konsensualem Wohlwollen betrachtet, *praeter legem* zu bewerten ist, so wenig wird dieses Berufsethos die Kraft besitzen, über den erwiesenen Eigennutz und über den Gruppenkonsens hinweg als ein bitteres, geeignetes Medikament zur Beseitigung der Missstände zu wirken.".
[378] *Kintzi,* JR 1990, 309, 316; *Terhorst,* JA 2002, 600, 603ff.
[379] *Schmidt-Hieber,* NJW 1990, 1884.
[380] Zur Rolle der Wirtschaftsstrafverfahren *Schünemann,* Gutachten zum 58. DJT Bd. I B 16ff., 31, 48, 81; *Schünemann,* NJW 1989, 1895, 1896f. und *Widmaier,* StV 1986, 357, ferner die Untersuchung von *Hassemer/Hippler,* StV 1986, 360ff.

Bezüglich der Entwicklung im Einzelnen[381] und des Verlaufs der kontroversen Diskussion in Wissenschaft und Schrifttum von ihren Anfängen zu Beginn der achtziger Jahre[382] kann auf die Kommentarliteratur[383] und die monographischen Arbeiten zum Thema[384] verwiesen werden.

131 Die Verfahrenswirklichkeit hat die mitunter aufgeregten Auseinandersetzungen um die allmähliche Veränderung der Prozesskultur[385] lange wenig berührt. Darin mag der tiefere Grund dafür gesehen werden, dass das „obskure Phänomen"[386] der strafprozessualen Absprachen vom **Gesetzgeber** ungeachtet mannigfacher Forderungen von Verständigungsbefürwortern[387] wie -gegnern[388] lange Zeit keine gesetzliche (Mindest-)Regelung erfahren hat. Die Rechtsprechung hatte an den Gesetzgeber appelliert, Zulässigkeit und, bejahendenfalls, wenigstens die wesentlichen rechtlichen Voraussetzungen und Begrenzungen von Urteilsabsprachen gesetzlich zu regeln.[389] Ziel des Gesetzes ist es nun, die bisher vorgebrachten Stellungnahmen aus Literatur und Rechtsprechung, insbesondere derjenigen des Bundesgerichtshofs, in Bedacht zu nehmen und ein umfassendes und differenziertes Regelungskonzept zur Verständigung im Strafverfahren vorzulegen, das der Praxis in weitem Umfang Vorgaben für Zustandekommen und Inhalt der Verständigung zur Verfügung stellt, aber auch den notwendigen Spielraum im Einzelfall eröffnet[390]. Ob das gelungen ist, ist fraglich. Gegner und Befürworter der Verständigung an sich diskutieren weiterhin höchst kontrovers über die Problematik und über die gesetzlichen Regelungen[391].

Da nunmehr eine gesetzliche Regelung vorliegt, soll nur kurz im Überblick auf die vorherige Entwicklung der Rechtsprechung und der Gesetzesvorlagen eingegangen werden.

2. Der Standpunkt des Bundesgerichtshofs bis zum Inkrafttreten des Gesetzes

132 Mit seinem einerseits an den Bedürfnissen des Praxis orientierten, andererseits grundlegenden Einwänden gegen die Absprachenpraxis Rechnung tragenden Grundsatzurteil vom 28. August 1997[392] hatte der 4. Strafsenat einen **Mittelweg** beschritten,[393] dem sich der **Große Se-**

---

[381] z. B. *Kuckein/Pfister*, BGH-FS 2000, 641, 643/644 m. w. N.; Satzger Rn. 8 ff.
[382] Vgl. neben der ersten lesenswerten Stellungnahme von *Schmidt-Hieber*, NJW 1982, 1017 insbesondere den unter dem Pseudonym „Rechtsanwalt *Detlef Deal*, Mauschelhausen" veröffentlichten Aufsatz von *Weider*, StV 1982, 545; aus Verteidigersicht instruktiv *Dahs*, NStZ 1988, 153, 156 ff.
[383] KMR-*Eschelbach*, Vorbem. §§ 213 ff. Rn. 66 ff.; *Meyer-Goßner*, Einl. Rn. 119 ff.; SK-*Velten*, vor § 257b–257c ff. Rn. 1 ff.; ferner *Eisenberg*, Rn. 42 ff.; KK-*Pfeiffer/Hannich*, Einl. Rn. 29a ff.; *Pfeiffer*, Einl. Rn. 16 ff.
[384] *Rönnau*, Die Absprache im Strafprozess (1990); *Gerlach*, Absprachen im Strafverfahren (1992); *Dencker/Hamm*, Der Vergleich im Strafprozess (1988); *Schmidt-Hieber*, Verständigung im Strafverfahren (1986); *Tscherwinka*, Absprachen im Strafprozess (1995); *Schünemann*, Gutachten zum 58. DJT, Bd. I B 9 ff.; *Böttcher*, Verhandlungen des 58. DJT Bd. II L 9 ff., *Widmaier*, Verhandlungen des 58. DJT Bd. II L 33 ff. und *Schäfer*, Verhandlungen des 58. DJT, Bd. II L 48 ff.; *Streng*, Verfahrensabsprachen und Strafzumessung, Schwind-FS (2006) 447; *Schöch*, Urteilsabsprachen in der Strafrechtspraxis (2007); *Niemöller/Schlothauer/Weider*, Gesetz zur Verständigung im Strafverfahren (2010); *Seppi*, Absprachen im Strafprozess (2011).
[385] KMR-*Eschelbach*, Vorbem. §§ 213 ff. Rn. 73 mit dem Fazit: „Absprachen sind inzwischen so verbreitet, dass eine Wiederherstellung des Status quo ante als kaum noch möglich gilt.".
[386] *Schünemann*, Gutachten zum 58. DJT Bd. I B 9.
[387] *Schmidt-Hieber*, NJW 1990, 1884, 1887; *Böttcher/Widmaier*, JR 1991, 353 ff.; *Siolek*, DRiZ 1993, 422, 427 ff.; *Meyer-Goßner*, Einl. Rn. 119 ff.; *Satzger*, Rn. 5.
[388] *Schünemann*, NJW 1989, 1895; ders., StraFo 2005, 2005, 177, 179 f.; *Lien*, GA 2006, 129 ff.; KK-*Pfeiffer/Hannich*, Einl. Rn. 29 a ff.; vgl. ferner *Ignor/Matt*, StV 2002, 102, 108 f.
[389] BGHSt 50, 40 ff.; vgl. im Übrigen bereits *Hassemer*, JuS 1989, 890, 895: „Überdies ist klar, dass konkrete Hilfe, wenn überhaupt, eher von der höchstrichterlichen Rechtsprechung als von der Gesetzgebung zu erwarten ist."
[390] BT-Drs. 16/11736 S. 6.
[391] Einen guten Überblick zu den entsprechenden Veröffentlichungen bietet *Jahn*, StV 2011, 497 ff.
[392] BGH, Urteil vom 28.8.1997 – 4 StR 240/97 = BGHSt 43, 195–212.
[393] *Beulke/Satzger*, JuS 1997, 1072, 1073; *Altenhain/Haimerl*, GA 2005, 281, 282.

B. Verständigung im Strafverfahren

nat für Strafsachen auf eine Divergenz- und Grundsatzvorlage des 3. Strafsenats (§ 132 Abs. 2 und 4 GVG)[394] erwartungsgemäß[395] weitgehend angeschlossen hatte und dafür ein zweigeteiltes Echo erfahren hat.

Danach waren Verständigungen zwischen dem Gericht und den Verfahrensbeteiligten, die sich mit der Frage der Strafbemessung, insbesondere der Zusage einer Strafmilderung bei Ablegung eines Geständnisses, befassen, **grundsätzlich zulässig** und mit dem geltenden Strafverfahrensrecht vereinbar. Sie verstießen nicht von vornherein gegen verfassungs- und verfahrensrechtliche Prinzipien, solange sie in ihrer konkreten Ausgestaltung sowohl hinsichtlich ihres Zustandekommens als auch inhaltlich den unverzichtbaren Prinzipien des Verfahrensrechts und des materiellen Rechts genügten.[396] Diese Position der Rechtsprechung entsprach damit im Wesentlichen der schon lange vorherrschenden **ausgleichenden Auffassung des Schrifttums,** wie sie von namhaften Verfahrensrechtlern bereits auf dem 58. Deutschen Juristentag 1990 eindrucksvoll vertreten worden ist.[397] 133

Der 4. Strafsenat legte in seinem Grundsatzurteil vom 28. August 1997 als Mindestanforderungen fest, dass eine Verständigung im Strafverfahren, die ein Geständnis des Angeklagten und die zu verhängende Strafe zum Gegenstand hat, unter Mitwirkung aller Verfahrensbeteiligten in öffentlicher Hauptverhandlung stattfinden müsse; das schloss Vorgespräche außerhalb der Hauptverhandlung nicht aus. Das Gericht durfte vor der Urteilsberatung keine bestimmte Strafe zusagen (sog. „Punktstrafe"); konnte allerdings für den Fall der Ablegung eines Geständnisses durch den Angeklagten eine Strafobergrenze angeben, die es nicht überschreiten werde. Eine Bindung des Gerichts lag nur dann nicht vor, wenn sich in der Hauptverhandlung neue (d. h. dem Gericht bisher unbekannte) schwerwiegende Umstände zulasten des Angeklagten ergaben; eine solche beabsichtigte Abweichung war in der Hauptverhandlung mitzuteilen. Auch bei der Zusage des Nichtüberschreitens einer Strafobergrenze musste das Gericht die allgemeinen Strafzumessungsgesichtspunkte beachten; vor allem die Schuldangemessenheit der Strafe. Die Vereinbarung eines Rechtsmittelverzichts mit dem Angeklagten vor der Urteilsverkündung war unzulässig. 134

Der Große Senat für Strafsachen hat in BGHSt 50, 40–64 dargelegt, dass er die der Absprachepraxis durch Verfassung und Strafprozessordnung gesetzten, bereits in der Entscheidung BGHSt 43, 195 zusammengestellten Grenzen präzisieren wolle. Danach durfte das Gericht über BGHSt 43, 195 hinaus nicht nur wegen neuer Erkenntnisse von seiner Zusage abweichen, sondern – nach entsprechendem Hinweis – auch dann, wenn schon bei der Urteilsabsprache vorhandene relevante tatsächliche oder rechtliche Aspekte übersehen wurden. Nach jedem Urteil, dem eine Urteilsabsprache zu Grunde lag, war der Rechtsmittelberechtigte stets auch darüber zu belehren, dass er ungeachtet der Absprache in seiner Entscheidung frei ist, Rechtsmittel einzulegen (qualifizierte Belehrung). Das galt auch dann, wenn die Absprache einen Rechtsmittelverzicht nicht zum Gegenstand hatte. Der nach einer Urteilsabsprache erklärte Verzicht auf die Einlegung eines Rechtsmittels war unwirksam, wenn der ihn erklärende Rechtsmittelberechtigte nicht qualifiziert belehrt worden war. 135

3. Die Entscheidungen des Bundesverfassungsgerichts

Die 3. Kammer des 2. Senats des Bundesverfassungsgerichts hatte sich bereits in ihrem Kammerbeschluss vom 27.1.1987[398] vergleichsweise ausführlich – wenn auch vorsichtig – zur Ver- 136

---

[394] BGH NJW 2004, 2536 = NStZ-RR 2004, 266.
[395] Vgl. bereits *Kuckein/Pfister*, BGH-FS 2000, 641, 651; ähnlich *Weider*, FS Lüderssen 2002, 773; *Rieß*, FS Meyer-Goßner, 2001, 645 und *Böttcher*, FS Meyer-Goßner, 2001, 57.
[396] BGH (GSSt) NJW 2005, 1440, 1442; BGHSt 43, 195, 203.
[397] *Schäfer*, Verhandlungen des 58. DJT Bd. II L 53 ff.; *Böttcher*, Verhandlungen des 58. DJT Bd. II L 17 ff. und – den Einfluss der seinerzeitigen Diskussionen und Beschlussempfehlungen retrospektiv – kritisch bilanzierend – *Böttcher*, FS Meyer-Goßner, 2001, 49 ff.; vgl. ferner bereits *Schmidt-Hieber*, NJW 1982, 1017, 1019 ff.; *Widmaier*, Verhandlungen des 58. DJT Bd. II L 35 ff.
[398] BVerfG NJW 1987, 2662 = NStZ 1987, 419 m. Anm. *Gallandi*, NStZ 1987, 420 = JuS 1988, 306 m. Anm. *Hassemer*, JuS 1988, 306.

einbarkeit strafprozessualer Absprachen mit verfassungsrechtlichen Prinzipien geäußert. Eine abschließende Positionsbestimmung des Bundesverfassungsgerichts war dies aber nicht, weil zentrale mit der Absprachenpraxis einhergehende Probleme angesichts der „besonderen Sachverhaltsgestaltung" nicht zur Entscheidung anstanden.[399]

Nach Auffassung der 3. Kammer des 2. Senats des Bundesverfassungsgerichts sind Verständigungen über Ergebnisse eines Strafverfahrens in erster Linie am **Recht des Angeklagten auf ein faires, rechtsstaatliches Verfahren** (Art. 2 Abs. 1 in Verbindung mit Art. 20 Abs. 3 GG) zu messen. Aus dem Verfahrensgrundrecht auf ein faires Verfahren ließen sich indessen konkrete Folgerungen nur ziehen, soweit es gelte, **rechtsstaatlich unverzichtbare Erfordernisse** zu wahren; demgemäß sei vom Bundesverfassungsgericht lediglich zu prüfen, ob „**rechtsstaatlicher Mindeststandard**" gewahrt sei und ob die maßgeblichen strafrechtlichen Vorschriften unter Beachtung des Fairnessgrundsatzes und in objektiv vertretbarer Weise, also ohne Verstoß gegen das **allgemeine Willkürverbot** (Art. 3 Abs. 1 GG),[400] ausgelegt und angewandt worden seien. Diese Grundsätze verböten, außerhalb der Hauptverhandlung eine Verständigung herbeizuführen, der schon das Strafrecht Grenzen setze. Sie schlössen aus, die Handhabung der richterlichen Aufklärungspflicht, die rechtliche Subsumtion und die Grundsätze der Strafbemessung in das Belieben oder zur freien Disposition der Verfahrensbeteiligten und des Gerichts zu stellen. Dem Gericht und der Staatsanwaltschaft sei es deshalb untersagt, sich auf einen „Vergleich" im Gewande des Urteils, auf einen **„Handel mit der Gerechtigkeit"** einzulassen.[401] So dürfe sich der Richter nicht mit einem Geständnis begnügen, das der Angeklagte gegen die Zusage oder das In-Aussicht-Stellen einer Strafmilderung abgelegt habe, obwohl es sich angesichts des Verfahrensstands zu weiterer Beweiserhebung hätte gedrängt sehen müssen. Darüber hinaus dürfe der Angeklagte nicht durch ein gesetzlich nicht vorgesehenes Vorteilsversprechen oder durch Täuschung zu einem Geständnis gedrängt werden. Dies schließe jedoch eine Belehrung oder einen konkreten Hinweis auf die Beweislage oder die strafmildernde Wirkung eines Geständnisses nicht aus, wenn dies im Stande der Hauptverhandlung eine sachliche Grundlage finde.

137 In einem Beschluss vom 14.6.2007 hat der 2. Senat des Bundesverfassungsgerichts erneut darauf hingewiesen, dass die Strafgerichte zur bestmöglichen Klärung des Sachverhalts – und damit der strafzumessungsrelevanten Faktoren – verpflichtet sind. Zentrales Anliegen des Strafprozesses sei die Ermittlung des wahren Sachverhalts, ohne den das materielle Schuldprinzip sich nicht verwirklichen lasse. Strafe dürfe nur dann verhängt werden, wenn auch ihre tatsächlichen Voraussetzungen durch die Gerichte zuvor genauestens geprüft worden seien und sich die Sanktion auf der Grundlage dieser Voraussetzungen als geeignet und erforderlich zur Erreichung anerkannter Strafzwecke und überdies als angemessen darstelle.[402]

138 Mit Beschluss vom 5.3.2012 hat sich der 2. Senat des Bundesverfassungsgerichts mit der Dokumentation der Verständigung befasst. In der Verfassungsbeschwerde ging es um die Art und Weise der Prüfung des Zustandekommens einer Verfahrensabsprache in der strafgerichtlichen Hauptverhandlung durch das Rechtsmittelgericht, wenn der Angeklagte unter Berufung auf eine solche Absprache die Unwirksamkeit eines von ihm erklärten Rechtsmittelverzichts geltend macht. In diesem Fall enthielt das Hauptverhandlungsprotokoll weder einen Hinweis auf das Zustandekommen einer Absprache (§ 273 Abs. 1a Satz 1 StPO) noch die Angabe, dass eine Verständigung nicht erfolgt sei (§ 273 Abs. 1a Satz 3 StPO). Auch den Urteilsgründen war nichts dahingehend zu entnehmen, ob dem Urteil eine Absprache vorausging. Das Bundesverfassungsgericht hat hier aus dem Recht des Beschuldigten auf ein faires Verfahren geschlossen, dass im Freibeweisverfahren der Hergang aufzuklären sei und verbleibende Zweifel dann nicht zulasten des Verurteilten gewertet werden dürfen, wo die Unaufklärbarkeit des Sachverhalts und dadurch entstehende Zweifel des Gerichts ihre Ursache in einem Verstoß gegen eine gesetzlich angeordnete Dokumentationspflicht finden.[403]

---

[399] *Zschockelt*, NStZ 1991, 305 f.
[400] Dazu grundlegend aus verfassungsrechtlicher Sicht *Winter*, FS Merz 1992, 611.
[401] *Schäfer/Sander*, Die Praxis des Strafverfahrens, Rn. 825.
[402] BVerfG NStZ 2007, 598–601.
[403] BVerfG, Beschl. v. 5.3.2012 – 2 BvR 1464/11.

B. Verständigung im Strafverfahren

Der 2. Senat des Bundesverfassungsgerichts hat mit Beschluss vom 19.3.2013[404] nun umfassend zur Verfassungsmäßigkeit der gesetzlichen Regelung Stellung genommen. Danach sichert das Verständigungsgesetz die Einhaltung der verfassungsrechtlichen Vorgaben in (noch) ausreichender Weise. Ein defizitärer Vollzug des Gesetzes führe **derzeit** nicht zur Verfassungswidrigkeit der gesetzlichen Regelung. Der Gesetzgeber habe aber die Wirksamkeit der vorgesehenen Schutzmechanismen fortwährend zu überprüfen und gegebenenfalls nachzubessern und erforderlichenfalls seine Entscheidung für die Zulässigkeit strafprozessualer Absprachen zu revidieren.

Wesentlich ist die Auffassung, dass die Vorschriften des Verständigungsgesetzes abschließend sind. Außerhalb des gesetzlichen Regelungskonzepts, das abschließend ist, erfolgende sogenannte informelle Absprachen seien unzulässig. Insofern betont das Bundesverfassungsgericht auch eine „Wächterrolle" der Staatsanwaltschaft, die sich gesetzwidrigen Vorgehensweisen im Zusammenhang mit Verständigungen verweigern und gegebenenfalls auch Rechtsmittel einlegen müsse. Die Gewährleistung einer „vollumfänglichen" Kontrolle verständigungsbasierter Urteile setze umfassende Transparenz des Verständigungsgeschehens in der öffentlichen Hauptverhandlung sowie eine vollständige Dokumentation im Verhandlungsprotokoll voraus. Alle wesentlichen Elemente einer Verständigung, wozu auch außerhalb der Hauptverhandlung geführte Vorgespräche zählen, seien in die Hauptverhandlung einzuführen.

Wie diese Vorgaben in der Praxis umgesetzt werden sollen, ist fraglich. Denn es ist bereits unklar, was als „Vorgespräch" anzusehen ist und wie die Staatsanwaltschaft ihre Wächterrolle wahrnehmen soll, wenn sie unter Umständen von Gesprächen zwischen Gericht und Verteidigung gar nichts weiß. Nachdem das Bundesverfassungsgericht den Standpunkt vertritt, dass „im Zweifel in der Hauptverhandlung zu informieren sein" wird, scheint die Informationspflicht sehr weitreichend zu sein. Es darf auch bezweifelt werden, dass die Rechtsprechung des Bundesverfassungsgerichts aus dem Bereich des Steuerrechts,[405] die anerkennt, dass ein in der rechtlichen Gestaltung des Erhebungsverfahrens angelegtes Vollzugsdefizit wegen Verletzung des Gleichheitssatzes zur Verfassungswidrigkeit der zu vollziehenden Norm selbst führen kann, auf den Strafprozess übertragen werden kann.

4. Kurzüberblick zur Gesetzesentstehung

Nachdem der Große Senat des Bundesgerichtshofs 2005 an den Gesetzgeber den deutlichen Appell gerichtet hatte, die rechtlichen Voraussetzungen und Grenzen der Absprache gesetzlich zu regeln, legte das Land Niedersachsen einen Gesetzesantrag **vom 29. März 2006** (BR-Drucksache 235/06)[406] vor. Kurze Zeit später legte das Bundesministerium der Justiz einen **Referentenentwurf** eines Gesetzes zur Regelung der Verständigung im Strafverfahren **vom 18. Mai 2006**[407] vor. Dem folgte erneut eine kontroverse Diskussion von Gegnern[408] und Befürwortern[409] der Absprachen. Nach einem bemerkenswert schnellen Gesetzgebungsverfahren von einem guten $1/2$ Jahr[410] wurde dann das **Gesetz zur Regelung der Verständigung im Strafverfahren (VerstStVfÄndG)** am 3.8.2009 verkündet, es trat am 4.8.2009

---

[404] BVerfG, Beschl. v. 19.3.2013 – 2 BvR 2628/10, 2 BvR 2883/10, 2 BvR 2155/11.
[405] BVerfGE 110, 94.
[406] Vgl. auch das unter dem Titel „Eckpunkte einer Reform des Strafverfahrens" vorgestellte Diskussionspapier der rot-grünen Regierungskoalition, StV 2001, 314, 315 f.: „Förderung konsensualer Elemente im Ermittlungsverfahren – Anhörungstermin im Zwischenverfahren – Transparente Hauptverhandlung (Verständigung)" und den „Diskussionsentwurf für eine Reform des Strafverfahrens" der Fraktionen der SPD und Bündnis 90/Die Grünen des Deutschen Bundestages und des Bundesministeriums der Justiz vom 18.2.2004, StV 2004, 228 ff.; zu Ersterem: vgl. auch *Däubler-Gmelin*, StV 2001, 359, 361 f.; zu Letzterem: *Meyer-Goßner*, ZRP 2004, 187, 188 f.; *Rieß* JR 2005, 435, 438.
[407] *Niemöller/Schlothauer/Weider*, Anhang 4.
[408] Vgl. bspw. *Fischer*, NStZ 2007, 433 ff.; *Harms* in FS Nehm, 2006, 289 ff., *Kempf*, StV 2009, 269 ff.
[409] U. a. *Altenhain/Hagemeier/Haimerl*, NStZ 2007, 71 ff.; *Nehm*, StV 2007, 549 ff., *Gieg*, GA 2007, 469 ff., der auch die Entwürfe vergleicht.
[410] Dazu im Einzelnen *Niemöller/Schlothauer/Weider*, S. 20 ff.

in Kraft (BGBl. I 2352). Diese „Eile", die ihren Grund zumindest auch in der endenden Legislaturperiode 2009 hatte, wird der Bedeutsamkeit des Themas im Strafverfahren sicherlich nicht gerecht.

II. Die gesetzliche Regelung

1. Überblick

140   Das Gesetz zur Regelung der Verständigung im Strafverfahren fügt fünf neue Paragraphen (§§ 160b, 202a, 212, 257b, 257c StPO) in die StPO ein und ergänzt bzw. ändert die §§ 35a, 44, 243, 267, 273, 302 StPO, § 78 Abs. 2 OWiG. Das Einfügen und Ergänzen verschiedener Bestimmungen an unterschiedlichen Standorten in der StPO soll die Verständigung als formalisierten Ablauf in das geltende Strafprozessrecht integrieren, ohne die das Strafverfahren prägenden Grundsätze, wie insbesondere die Aufklärung des Sachverhaltes von Amts wegen und zur vollen Überzeugung des Gerichtes als Grundlage des Urteils, anzutasten.[411] Der Gesetzgeber wollte damit vermeiden, dass die Verständigung als eine besondere Verfahrensart betrachtet werden könne.

141   Herzstück der Regelung ist der § 257c StPO. Er ermöglicht es dem Gericht, sich mit den Verfahrensbeteiligten *„über den weiteren Fortgang und das Ergebnis des Verfahrens zu verständigen"* und bestimmt Inhalt, Verfahren, Grenzen und Folgen der Verständigung. Nach der Gesetzesbegründung wird ausdrücklich die Zulässigkeit von Verständigungen über Verfahrensfortgang und -ergebnis anerkannt, die das Gericht in geeigneten Fällen mit den Verfahrensbeteiligten suchen kann, und klargestellt, dass die Pflicht des Gerichtes zur Sachverhaltsaufklärung (§ 244 Absatz 2) unberührt bleibt. Der Begriff der Verständigung statt Absprache oder Vereinbarung soll den Eindruck vermeiden, dass Grundlage des Urteils eine quasi „vertraglich bindende Vereinbarung" wäre.[412]

142   Die Vorschrift des § 257c StPO ist an der falschen Stelle eingefügt worden.[413] Dadurch, dass sie unmittelbar vor der Regelung der Schlussvorträge in § 258 StPO zu finden ist, entsteht der Eindruck, die Verständigung erfolge erst am Ende der Hauptverhandlung, was praxisfern wäre. In der Regel wird keiner der Beteiligten nach einer umfangreichen Beweisaufnahme sich noch verständigen wollen. Richtigerweise hätte die Regelung nach § 243 StPO eingefügt werden müssen, wie es auch der Gesetzesantrag des Landes Niedersachsen **vom 29. März 2006** (BR-Drucksache 235/06) vorsah.

2. Anwendungsbereich des Gesetzes

143   Die Regelungen des VerstStVfÄndG sind grundsätzlich in allen Verfahren anwendbar, beim Amtsgericht, beim Landgericht und auch in Bußgeldverfahren. Allerdings wird es im Bußgeldverfahren regelmäßig keine geeigneten Fälle für eine Verständigung geben im Hinblick auf die nur sehr selten langwierigen Beweiserhebungen und die jedenfalls bei Verkehrsordnungswidrigkeiten gebotene Gleichbehandlung bei der Sanktionierung.[414] Zudem bietet das im Bußgeldverfahren geltende Opportunitätsprinzip bereits jetzt einen hinreichenden Spielraum. Bei Ordnungswidrigkeiten insbesondere auf dem Gebiet des Wirtschaftsrechts wie etwa bei Kartellordnungswidrigkeiten können aber im Einzelfall prozessrechtliche Situationen entstehen, die eine Verständigung angezeigt erscheinen lassen.[415]

144   Über § 2 des Jugendgerichtsgesetzes (JGG) finden die Vorschriften ebenfalls im Jugendstrafrecht Anwendung, aber nur, soweit ihnen nicht Vorschriften des JGG oder allgemeine

---

[411] BT-Drs. 16/12310 S. 9.
[412] BT-Drs. 16/12310 S. 8.
[413] *Meyer-Goßner*, § 257c Rn. 1; *Niemöller/Schlothauer/Weider*, S. 23.
[414] BT-Drs. 16/12310 S. 15.
[415] *Danneker/Biermann*, in: *Immenga/Mestmäcker*, GWB, 3. Aufl., vor § 81 Rn. 198, sowie *Göhler*, § 47 Rn. 20b).

B. Verständigung im Strafverfahren

jugendstrafrechtliche Grundsätze entgegenstehen. Dementsprechend werden Verständigungen nur in Ausnahmefällen in Betracht kommen, da ihnen die besonderen jugendstrafrechtlichen Strafzumessungsregeln und Aspekte des Erziehungsgedankens in der Regel entgegenstehen werden.[416] Im Falle einer Verständigung wird in aller Regel ein Fall der notwendigen Verteidigung vorliegen.[417] Streitig ist, ob nun eine Verständigung über die Anwendung von Jugendstrafrecht auf einen Heranwachsenden zulässig ist.[418] Eine diesbezügliches Verbot enthält § 257c StPO in Abs. 2 S. 3 zwar nicht, da aber § 105 Abs. 1 JGG abschließend die Anwendung des Jugendstrafrechts auf Heranwachsende regelt, ist davon auszugehen, dass eine Verständigung insoweit nicht möglich ist.[419]

3. Die gesetzlichen Regelungen im Einzelnen

a) § 35a S. 3 StPO (Rechtsmittelbelehrung)

145 Ausgangspunkt für den neu eingefügten Satz 3 ist die Entscheidung des Großen Strafsenates des Bundesgerichtshofes vom 3. März 2005[420]. In dieser Entscheidung wies der BGH auf die „qualifizierte Belehrung" hin, nämlich dass der Angeklagte vom Gericht ausdrücklich dahin zu belehren ist, dass er ungeachtet der Urteilsabsprache und ungeachtet der Empfehlung der übrigen Verfahrensbeteiligten, auch seines Verteidigers, in seiner Entscheidung frei ist, Rechtsmittel einzulegen. Er sei darauf hinzuweisen, dass ihn eine – etwa im Rahmen einer Urteilsabsprache abgegebene – Ankündigung, kein Rechtsmittel einzulegen, weder rechtlich noch auch sonst bindet, dass er also nach wie vor frei ist, gleichwohl Rechtsmittel einzulegen.

Die hier neu geschaffene Belehrung soll eine wesentliche Absicherung dieses Grundsatzes darstellen.[421]

146 Das Gericht ist lediglich nach einer erfolgreichen Verständigung i. S. d. § 257c StPO verpflichtet, qualifiziert zu belehren. Dem Angeklagten ist durch die Belehrung zu vermitteln, dass er trotz der Verständigung Rechtsmittel einlegen kann. Eine Wortwahl ist nicht vorgegeben, ebenso keine Form. Mit einer Orientierung am Gesetzeswortlaut ist man zwar auf der sicheren Seite, es sollte aber auch der Empfängerhorizont des Angeklagten beachtet werden. Die Belehrung ist als wesentliche Förmlichkeit zu protokollieren. Der Inhalt der qualifizierten Rechtsmittelbelehrung muss nicht im Einzelnen im Protokoll mitgeteilt werden,[422] lediglich die Tatsache der erteilten qualifizierten Belehrung.[423] Als Formulierungsbeispiel bietet sich an: „Eine Belehrung n. § 35a S. 3 StPO wurde erteilt".[424]

147 Wird die Belehrung nicht erteilt, ist dies unschädlich, da ein Rechtsmittelverzicht nach § 302 Abs. 1 S. 2 StPO nach einer Verständigung unwirksam ist. Ist der Rechtsmittelverzicht wegen der Verständigung unwirksam, hat dies aber lediglich die Wirkung, dass dem Angeklagten die Rechtsmittelfrist zur Rechtsmitteleinlegung zur Verfügung steht.[425] Nutzt er diese nicht, kann die fehlende Belehrung allenfalls die Wiedereinsetzung in den vorigen Stand begründen, wenn der Angeklagte irrtümlich der Auffassung war, wegen der Verständigung keine Rechtsmittel einlegen zu dürfen.[426]

---

[416] vgl. dazu *Nowak*, JR 2010, 248–256.
[417] BT-Drs. 16/12310 S. 10.
[418] Dafür *Meyer-Goßner*, § 257c Rn. 7; a. A. *Nowak*, JR 2010, 248, 253; *Niemöller/Schlothauer/Weider*, S. 91.
[419] vgl. auch die frühere Rechtsprechung BGH NStZ 2001, 555; BGH NStZ-RR 2006, 187.
[420] BGH NJW 2005, S. 1440, 1446.
[421] BT-Drs. 16/12310 S. 10.
[422] BGH NStZ-RR 2009, 282.
[423] *Meyer-Goßner*, § 35a Rn. 20.
[424] *KMR-Ziegler*, § 35a Rn. 28.
[425] BGH NStZ-RR 2010, 244; OLG Frankfurt NStZ-RR 2011, 49, 50.
[426] *Meyer-Goßner*, § 35a Rn. 19 m. w. N.

148 Streitig ist, ob auf die Belehrung verzichtet werden kann.[427] Im Hinblick auf die Regelung des § 302 Abs. 1 S. 2 StPO, wonach ein Verzicht nach einer Verständigung ausgeschlossen ist, wird ein Verzicht auch hier nicht möglich sein.[428] Angesichts der dortigen Regelung stellt sich ohnehin die Frage, ob § 35a S. 3 StPO überhaupt notwendig ist.

149 Die Revision kann die fehlende Belehrung nicht begründen, da das Urteil darauf nicht beruhen kann.[429]

b) § 44 StPO (Wiedereinsetzung in den vorigen Stand)

150 § 44 Satz 2 StPO wurde dahingehend geändert, dass statt „§ 35a StPO" „§ 35a Satz 1 und 2 StPO" eingefügt wurde. Grund dafür ist, dass der Gesetzgeber die Vermutung einer unverschuldeten Versäumung der Rechtsmittelfrist für sachgerecht in den Fällen hält, in denen der Betroffene über die wesentlichen Förmlichkeiten zur Einlegung von Rechtsmitteln nicht informiert wurde. Dieser Grundsatz lässt sich aber nicht übertragen auf eine unterbliebene Belehrung über die Freiheit zur Einlegung von Rechtsmitteln nach dem neuen § 35a Satz 3 StPO.[430] Hintergrund dieser Regelung ist, dass der Bundesgerichtshof in seiner Entscheidung BGHSt 50, 40, 62 eine Anwendung des § 44 Satz 2 StPO im Falle der nicht erteilten „qualifizierten Belehrung" abgelehnt hatte, da der Betroffenen nach einer Urteilsabsprache häufig das Ergebnis der gefundenen Verständigung als dauerhaft akzeptiert und eine Rechtsmittelüberprüfung gar nicht wünscht. Eine abweichende Lösung würde die im Interesse der Rechtssicherheit nicht hinnehmbare Gefahr bergen, Rechtsmittelmöglichkeiten ohne gebotene Fristgrenzen allzu leicht auch nach bloßem späterem Motivwechsel hinsichtlich der Rechtsmitteldurchführung zu eröffnen.

c) § 160b StPO (Erörterung des Verfahrensstands)

151 Diese Vorschrift hat zum Ziel, die Gesprächsmöglichkeiten zwischen Staatsanwaltschaft und Verfahrensbeteiligten zu fördern und damit einen „offeneren Verhandlungsstil" zu unterstützen, der – sachgerecht eingesetzt – das Verfahren insgesamt fördern soll.[431] Es können Verständigungen im Strafprozess vorbereitet und Möglichkeiten sondiert werden.[432] Derartige Gespräche waren bisher schon üblich, diese zu untersagen wäre praxisfremd und nicht umsetzbar. Die Regelung wird teilweise als überflüssig angesehen,[433] im Hinblick auf die geforderte Dokumentationspflicht der Erörterungen erscheint sie aber trotzdem sinnvoll. Durch frühzeitige Einbindung der Verteidigung sollen „bislang ungenutzte Verbesserungs- und Entlastungspotentiale" genutzt werden und möglicherweise eine Hauptverhandlung vermieden werden.[434] § 160b StPO erlaubt derartige Gespräche, sie sind aber kein „Muss" für die Staatsanwaltschaft. Die Durchführung von Erörterungen kann auch nicht erzwungen werden.[435] Ebenso wenig ist vorgeschrieben, mit wem der Verfahrensbeteiligten die Staatsanwaltschaft den Verfahrensstand erörtert. Auch aktive Mitteilungen darüber sind nicht erforderlich, da § 243 Abs. 4 StPO dies nicht vorsieht. Die Durchführung oder die Nichtdurchführung von Erörterungen durch den Staatsanwalt stellen keinen Grund dar, um den Staatsanwalt abzulehnen.[436]

---

[427] Argumente dafür und dagegen diskutiert *Niemöller/Schlothauer/Weider*, S. 143; dagegen *Meyer-Goßner*, § 35a Rn. 18 m. w. N.; KMR-*Ziegler*, § 35a Rn. 32.

[428] so auch schon zur vor Inkrafttreten des Gesetzes zur qualifizierten Rechtsmittelbelehrung BGHR StPO § 35a Satz 1 Verzicht 1.

[429] *Meyer-Goßner*, § 35a Rn. 20; *Niemöller/Schlothauer/Weider*, S. 144; *Kirsch*, StraFO 2010, 96, 100.

[430] BT-Drs. 16/12310 S. 11; BGH StV 2010, 475.

[431] BT-Drs. 16/12310 S. 11.

[432] SK-*Wohlers*, § 160b Rn. 1.

[433] Radtke/Hohmann-*Kretschmer*, § 160b Rn. 4.

[434] *Däubler-Gmelin*, StV 2001, 359, 362.

[435] Deswegen ist die Auffassung, bei einer Weigerung des Staatsanwalts ohne sachlichen Grund könne der Dienstvorgesetzte zu einer Weisung veranlasst werden (so *Niemöller/Schlothauter/Weider*, S. 33), abzulehnen.

[436] SK-*Wohlers*, § 160b Rn. 7; *Jahn/Müller*, NJW 2009, 2625, 2627.

B. Verständigung im Strafverfahren

Als Verfahrensbeteiligte sind grundsätzlich die Personen oder Stellen anzusehen, die „nach dem Gesetz eine Prozessrolle ausüben, d. h. durch eigene Willenserklärungen im prozessualen Sinn gestaltend als Prozesssubjekt mitwirken müssen oder dürfen.[437] Darunter fallen Beschuldigte und gesetzliche Vertreter, Nebenklageberechtigte[438], Nebenklägervertreter, Verteidiger, Steuerberater, soweit sie die Verteidigereigenschaft haben, Verwaltungsbehörden, auch Finanzbehörden in Steuerstrafsachen n. §§ 403, 407 AO.[439] Da die Straf- und Bußgeldsachenstelle in den Fällen, in denen sie das Ermittlungsverfahren n. §§ 399 Abs. 1, 400, 401 AO selbstständig führt, die funktionale Aufgabe der Strafverfolgung im Steuerstrafverfahren wahrnimmt, ist sie auch in diesem Fall als Verfahrensbeteiligte anzusehen.[440] 152

Zeugen, Sachverständige, die Steuerfahndung, Bewährungs- und Gerichtshelfer gehören nicht dazu.[441] Auch das Gericht ist kein Verfahrensbeteiligter, da Erörterungen mit dem Gericht erst nach Erhebung der Anklage möglich sind.[442] Die durch eine Straftat verletzte Person als solche ist ebenso grundsätzlich kein Verfahrensbeteiligter im Sinne der genannten Vorschrift. Soweit ihr nach Maßgabe der §§ 406d bis 406h Rechte im Verfahren eingeräumt sind, handelt es sich nicht um prozessuale Gestaltungsrechte, sondern um Informations- und Schutzrechte.[443] Deshalb sind auch der Verletztenbeistand und der Zeugenbeistand keine Verfahrensbeteiligten.[444]

Eine Erörterung kann erfolgen, „wenn dies zur Verfahrensförderung geeignet erscheint". Diese Formulierung gibt weiten Raum für die Staatsanwaltschaft, aber auch für den Verteidiger, die Chancen und Risiken für seinen Mandanten im Vorfeld zu erkennen und zu beeinflussen. Inhaltlich wird es sich um Einstellungsmöglichkeiten nach §§ 153a, 154, 154a StPO handeln, die Verfahrensbeendigung durch Strafbefehl oder Täter-Opfer-Ausgleich (§ 155a StPO). Zusagen der Staatsanwaltschaft, andere Verfahren nach § 154 StPO im Sinne einer „Gesamtlösung" einzustellen, sind problematisch.[445] Aber der Sachverhalt kann geklärt werden, beispielsweise die Auswahl eines Sachverständigen, die Entbindung von der Schweigepflicht durch Zeugen, die Einlassung des Beschuldigten und die Vorbereitung einer Verständigung im Hauptverfahren.[446] 153

In welcher Form die Erörterungen stattfinden, ist nicht vorgegeben, auch nicht, dass alle Verfahrensbeteiligten zur gleichen Zeit an den Erörterungen teilnehmen. Die Handhabung im konkreten Einzelfall obliegt der ermittelnden Staatsanwaltschaft. 154

Neu ist, dass die wesentlichen Inhalte dieser Erörterungen in den Akten (§ 160b S. 2 StPO) zu dokumentieren sind. Dies erfolgt deshalb, weil eine solche Erörterung für alle daran Beteiligten durchaus gewichtig sein kann, besonders im Hinblick auf die dabei möglicherweise erzielten Ergebnisse und den weiteren Verfahrensverlauf. Damit soll nicht zuletzt möglichen späteren Streitigkeiten über das Ob und Wie solcher Gespräche vorgebeugt werden.[447] Zugrunde liegt der Gedanke des Transparenzgebots.[448] Zudem kann sich derjenige Verfahrensbeteiligte, der nicht an der Erörterung beteiligt war, so über den Inhalt der Erörterung informieren. Aufgrund der Tatsache, dass nur wesentliche Inhalte zu dokumentieren sind, wird man davon ausgehen können, dass nicht jedes Gespräch der Staatsanwaltschaft zu dokumentieren ist, sondern lediglich dasjenige, das zu einem Ergebnis geführt hat.[449] Denn ansonsten würde die Anbah- 155

---

[437] *Meyer-Goßner*, § 160b Rn. 2.
[438] BT-Drs. 16/12310 S. 11; a. A. *Niemöller/Schlothauer/Weider*, S. 34.
[439] *Meyer-Goßner*, § 160b Rn. 3; KMR-*Plöd*, § 160b Rn. 3; BGH NJW 2009, 2319.
[440] *Buse*, Die Steuerberatung 9/11, 414, 415.
[441] *Niemöller/Schlothauer/Weider*, S. 34; *Buse*, Die Steuerberatung 9/11, 414, 416; KMR-*Plöd*, § 160b Rn. 3.
[442] SK-*Wohlers*, § 160b Rn. 4.
[443] BT-Drs. 16/12310 S. 11.
[444] *Burhoff*, EV, Rn. 838h.
[445] BVerfG, Beschl. v. 19.03.2013 – 2 BvR 2628/10, 2 BvR 2883/10, 2 BvR 2155/11 Rn. 79.
[446] *Niemöller/Schlothauer/Weider*, S. 35.
[447] BT-Drs. 16/12310 S. 12.
[448] BGH, Urt. v. 29.11.2011 – 1 StR 287/11.
[449] So *Meyer-Goßner*, § 160b Rn. 8; *Bittmann*, wistra 2009, 414; *Buse*, Die Steuerberatung 9/11, 414, 417; a. A. SK-*Deiters*, § 212 Rn. 5.

nung einer Verständigung vor zu hohen Hürden stehen. Besonderes Augenmerk sollte darauf gelegt werden, dass jedenfalls zugesagte Verfahrens- oder Handlungsweisen möglichst genau zu dokumentieren sind (bspw. Einstellungen, Geständnis, Schadensersatzleistungen).

156   Wenn sich nach einer Vereinbarung ein Verfahrensbeteiligter oder die Staatsanwaltschaft daran nicht mehr hält, muss auch der Gegner diese nicht mehr einhalten. Hat dieser aber seine Zusage eingehalten (beispielsweise schon ein Geständnis abgelegt oder Schadenswiedergutmachung geleistet), muss sich die Staatsanwaltschaft unter dem Gesichtspunkt des „fair trial" auch an ihre Zusage halten.[450]

d) § 202a StPO (Erörterung vor der Eröffnung des Hauptverfahrens)

157   Mit dieser Vorschrift wird es dem Gericht ermöglicht, schon vor Eröffnung des Hauptverfahrens den Stand des Verfahrens mit den Verfahrensbeteiligten zu erörtern, soweit dies geeignet erscheint, das Verfahren zu fördern. Gegenstand einer solchen Erörterung kann es auch sein, Möglichkeiten und Umstände einer Verständigung im Hauptverfahren zu besprechen. Dies wird als Unterfall der „Erörterung des Standes des Verfahrens" angesehen.[451] Darauf muss sich aber die Erörterung nicht beschränken. Erörtert werden können auch Umstände, die der vom Gericht erwogenen Eröffnung des Hauptverfahrens widerstreiten, sich aber erst jetzt im Zwischenverfahren zeigen. Auch eine frühzeitige Strukturierung der Hauptverhandlung und die Minimierung des Verfahrenaufwandes kann Erörterungsgegenstand sein.[452]

158   Die Hauptverhandlung darf nicht vorweggenommen werden, insbesondere soll die Erörterung nicht der Nachholung wesentlicher Teile des Ermittlungsverfahrens dienen oder als Anhörungstermin im Zwischenverfahren gestaltet werden.[453]

159   Da die Besetzung des Gerichts den allgemeinen Regeln folgt, ist die Mitwirkung von Schöffen ausgeschlossen (§ 30 Absatz 1, § 77 Absatz 1 GVG). Dies ist auch deshalb unproblematisch, weil verbindliche Vereinbarungen erst in der Hauptverhandlung getroffen werden.[454] An den Erörterungen gemäß § 202a StPO muss nicht immer das Gericht in der vollen Besetzung gemäß § 76 Abs. 1 StPO teilnehmen.[455] Sondierende Äußerungen des Vorsitzenden allein können aber nicht ohne weiteres als Erörterungen des Gerichts i. S. v. § 202a StPO verstanden werden.[456]

160   Wenn das Gericht eine Erörterung anregt, wird dies mittels einer Verfügung oder eines Beschlusses geschehen. Ein begründeter Beschluss kann im Hinblick auf die Dokumentationspflicht sinnvoll sei.[457] Denn auch hier ist der wesentliche Inhalt der Erörterung aktenkundig zu machen. Dokumentiert das Gericht etwaige Erörterungen deshalb nicht, weil diese nicht zu einem Ergebnis geführt haben, wird dies von Verteidigern gelegentlich zum Anlass genommen, Befangenheitsgesuche zu stellen.[458] Aus der gesetzlichen Formulierung, nur den „wesentlichen Inhalt" aktenkundig zu machen, kann aber nicht der Schluss gezogen werden, dass der Gesetzgeber jegliches ergebnislose Vorgespräch dokumentiert haben wollte.[459] Somit ist kein Ablehnungsgrund zu erkennen. Sobald aber „Fragen des prozessualen Verhaltens in Konnex zum Verfahrensergebnis gebracht werden", ist in der Hauptverhandlung auch zu informieren, wenn die Verständigung gescheitert ist.[460]

161   Entscheidet sich das eine Eröffnung erwägende Gericht dazu, mit den Beteiligten in eine Erörterung einzutreten, weil es zutreffend davon ausgeht, dadurch eine Verfahrensförderung herbeiführen zu können (§ 202a S. 1 letzter Hs. StPO), kann darin grundsätzlich kein Verstoß

---

[450] *Meyer-Goßner*, § 160b Rn. 10; KMR-*Plöd*, § 160b Rn. 7.
[451] BT-Drs. 16/12310 S. 12.
[452] *Niemöller/Schlothauer/Weider*, S. 40/41.
[453] *Meyer-Goßner*, § 202a Rn. 3.
[454] *Meyer-Goßner*, § 202a Rn. 4.
[455] BGH StV 2011, 202, 203 m. krit. Anm. *Schlothauer*.
[456] BGH StV 2011, 202, 203 m. krit. Anm. *Schlothauer*.
[457] KMR-*Seidl*, § 202a Rn. 8; a. A. *Wenske*, DRiZ 2012, 198, 199.
[458] *Polomski*, DRiZ 2011, 316.
[459] a. A. SK-*Deiters* § 212 Rn. 5.
[460] BVerfG, Beschl. v. 19.3.2013 – 2 BvR 2628/10, 2 BvR 2883/10, 2 BvR 2155/11 Rn. 85.

B. Verständigung im Strafverfahren

gegen den Beschleunigungsgrundsatz gesehen werden.[461] Die Inhalte der Erörterungen muss das Gericht nach Verlesung der Anklage und vor der Belehrung des Angeklagten in die Hauptverhandlung einführen (§ 243 Abs. 4 StPO) und die Mitteilung im Protokoll vermerken (§ 273 Abs. 1a S. 2 Alt. 1 StPO). Wenn das Gericht keine Erörterung im Zwischenverfahren durchgeführt hat, bedarf es auch keiner Mitteilung.[462]

Erörterungen nach § 202a StPO lösen weder eine Bindung des Gerichts an dabei in Aussicht gestellte Strafober- oder -untergrenzen aus, noch kann durch sie ein durch den fair-trial-Grundsatz geschützter Vertrauenstatbestand entstehen.[463] Wird allerdings bei Verständigungsgesprächen die bei einem „streitigen Verfahren" zu erwartende Sanktion genannt, dann darf die Differenz zu der für den Fall eines Geständnisses zugesagten Strafobergrenze nicht zu groß sein („Sanktionsschere"). Die ohne Absprache in Aussicht gestellte Sanktion darf nicht das vertretbare Maß überschreiten, so dass der Angeklagte inakzeptablem Druck ausgesetzt wird. Entsprechend darf das Ergebnis des Strafnachlasses im Hinblick auf ein Geständnis nicht unterhalb der Grenze liegen, was noch als schuldangemessene Sanktion hingenommen werden kann.[464]

e) § 212 StPO (Erörterung nach der Eröffnung des Hauptverfahrens)

§ 212 StPO weist darauf hin, dass Erörterungen auch nach Eröffnung des Hauptverfahrens möglich sind, was häufig im Hinblick auf eine geplante Verständigung auch sinnvoll ist. § 212 StPO gilt auch für den Zeitraum zwischen einer ausgesetzten Hauptverhandlung und dem neuen Termin,[465] ebenso bei Unterbrechungen.[466] Die Ausführungen zu § 202a StPO gelten auch hier.

Bei einem Erörterungstermin nach § 212 StPO in Verbindung mit § 202a StPO entsteht für einen Verteidiger keine Terminsgebühr nach den Nummern 4108, 4114 oder 4120 VV RVG.[467]

f) § 243 Abs. 4 StPO (Mitteilungspflicht)

Diese Vorschrift greift den durch die Rechtsprechung des Bundesgerichtshofes aufgestellten Grundsatz auf, dass sich eine Verständigung im Lichte der öffentlichen Hauptverhandlung offenbaren muss. Ziel ist die Transparenz in der Öffentlichkeit der Hauptverhandlung.[468] Damit soll erreicht werden, dass alle Verfahrensbeteiligten informiert sind. Die Pflicht bezweckt nicht die Unterrichtung des Angeklagten über das Bestehen der gesetzlichen Möglichkeit der Verfahrensverständigung als solche.[469] Nach § 273 Abs. 1a StPO ist die Bekanntgabe im Hauptverhandlungsprotokoll zu protokollieren. Aus der Stellung des Absatzes 4 ist zu erkennen, dass die Bekanntgabe nach Verlesung des Anklagesatzes, aber vor der Belehrung des Angeklagten nach Absatz 5 erfolgen muss.

Mitzuteilen sind nicht Gespräche, die ausschließlich die Organisation der Hauptverhandlung betreffen. Die Mitteilungspflicht greift aber ein, wenn ausdrücklich oder konkludent die Möglichkeit und die Umstände einer Verständigung im Raum stehen.[470] Nicht jede ergebnislose kurze Kontaktaufnahme hinsichtlich der Stellung von Beweisanträgen oder der Inaussichtstellung eines Geständnisses muss mitgeteilt werden,[471] allerdings dürfte eine Pflicht zur Mitteilung dann bestehen, wenn die beabsichtigte Einlassung des Angeklagten im Zusammenhang mit der Strafzumessung bzw. mit der zu verhängenden Strafe thematisiert wird.

---

[461] OLG Nürnberg StRR 2011, 207.
[462] KMR-*Seidl*, § 202a Rn. 16.
[463] BGH, Beschl. v. 14.4.2011 – 1 StR 458/10; BGH, Beschl. v. 6.10.2010 – 2 StR 354/10; BGH StV 2011, 645, 646.
[464] BGH StV 2011, 202, 204.
[465] *Meyer-Goßner*, § 212 Rn. 1.
[466] Radtke/Hohmann-*Britz*, § 212 Rn. 5.
[467] LG Osnabrück, Beschl. v. 17.08.2011 – 18 KLs 20/10.
[468] BT-Drs. 16/12310 S. 12; LR-*Becker*, § 243 Rn. 52a.
[469] OLG Celle, NStZ 2012, 285, 286.
[470] Wie Fn. 460.
[471] a. A. SK-*Frister*, § 243 Rn. 44; Niemöller/Schlothauer/Weider, S. 50.

Mitgeteilt werden muss auch, wenn eine Erörterung erfolglos geblieben ist.[472] In diesem Fall genügt es offenbar auch nicht, lediglich das Ergebnis mitzuteilen, vielmehr sind auch die Standpunkte der einzelnen Gesprächsteilnehmer mitzuteilen,[473] obwohl dabei unter Umständen zutage tritt, dass die Vorstellungen über das Strafmaß erheblich auseinander liegen, was dann v. a. bei Schöffengerichten zur Problematik führen könnte, dass nach der Mitteilung eine Verteidigung mit dem Ziele des Freispruchs kaum noch möglich wäre.[474] Einer Mitteilung bedarf es auch, wenn gar keine Erörterungen stattgefunden haben.[475] Dieses „Negativattest" gilt aber im Bußgeldverfahren nicht.[476]

166   Der Gesetzgeber hat davon abgesehen, einen Verstoß gegen § 243 Abs. 4 StPO ausdrücklich als absoluten Revisionsgrund in § 338 StPO aufzunehmen. Trotzdem wird ein Beruhen bei einem Verstoß gegen die Mitteilungspflicht nach § 243 Abs. 4 S. 1 StPO grundsätzlich nicht auszuschließen sein,[477] da möglicherweise eine „informelle" Absprache vorliegt. Nur wenn ausnahmsweise zweifelsfrei feststeht, dass es keinerlei Gespräche bezüglich der Möglichkeit einer Verständigung gegeben hat, ist ein Beruhen ausgeschlossen.

g) § 257b StPO (Erörterung des Verfahrensstands während der Hauptverhandlung)

167   Ziel dieser Vorschrift ist die Einführung des Gedankens eines transparenten Verfahrensstils in die Hauptverhandlung. Sie bezweckt eine möglichst effiziente und zweckgerichtete weitere Gestaltung des Verfahrens durch das Gericht und soll auch den Interessen der anderen Verfahrensbeteiligten dienen, ihr weiteres Prozessverhalten möglichst sachgerecht zu gestalten.[478] Derartige Gespräche waren auch bislang schon üblich und zulässig[479], nun sind diese gesetzlich erlaubt. Eine Erörterung i. S. des § 257b StPO kann auch eine richterliche Einschätzung des bisherigen Ergebnisses der Beweisaufnahme und die zu erwartende Strafe umfassen, enthält aber keine Verständigung i. S. des § 257c StPO.[480] Auch die rechtliche Einschätzung hinsichtlich der Tat kann Teil der Erörterung sein.[481] Es ist aber darauf zu achten, dass keine Beweisantizipation vorgenommen wird und die Äußerungen unter Vorbehalt stehen.[482]

168   Die Verhandlungsleitung bei solchen Gesprächen obliegt gemäß den allgemeinen Bestimmungen des § 238 Absatz 1 StPO dem Vorsitzenden.[483] Die Vorschrift des § 257b StGB zeigt, dass sich das Gericht durch die Bekanntgabe seiner Einschätzung des Verfahrensstandes nicht dem Vorwurf der Befangenheit aussetzt.[484] Es erscheint auch angesichts des klaren Gesetzeswortlauts im Hinblick auf die richterliche Neutralitätspflicht nicht erforderlich, seitens des Gerichts auf die Initiative der anderen Verfahrensbeteiligten zu warten.[485] Gerade in Wirtschaftsstrafverfahren, die eine jahrelange Hauptverhandlung erwarten lassen und bei denen von vornherein ein bestimmtes Ergebnis absehbar ist, dient eine derartige Initiative des Gerichts der Beschleunigungsmaxime. Das „Gericht" im Sinne der Vorschrift bezeichnet die Gesamtheit der Richter einschließlich der Schöffen.[486]

---

[472] *Meyer-Goßner*, § 243 Rn. 18a.
[473] Wie Fn. 460.
[474] *Altenhain/Haimerl*, JZ 2010, 327, 336.
[475] SK-*Frister*, § 243 Rn. 43; LR-*Becker*, § 243 Rn. 52c.
[476] *Burhoff*, ZAP 2009, 477.
[477] BVerfG, Beschl. v. 19.3.2013 – 2 BvR 2628/10, 2 BvR 2883/10, 2 BvR 2155/11 Rn. 98; a. A. BGH StV 2011, 202, 203; *Jahn* StV 2011, 497, 502; OLG Celle NStZ 2012, 285; *Meyer-Goßner*, § 243 Rn. 38a.
[478] BT-Drs. 16/12310 S. 12.
[479] *Meyer-Goßner*, § 257b Rn. 1 m. w. N.
[480] OLG Frankfurt NStZ-RR 2010, 213, 214; BGH StraFo 2011, 229; *Meyer-Goßner*, § 257b Rn. 1.
[481] *Meyer-Goßner*, § 257b Rn. 2.
[482] *Niemöller/Schlothauer/Weider*, S. 53.
[483] BT-Drs. 16/12310 S. 13.
[484] BGH NStZ 2011, 591.
[485] a. A. *Niemöller/Schlothauer/Weider*, S. 54; *Jahn/Müller*, NJW 2009, 2625, 2627; *Wenske*, DRiZ 2011, 393.
[486] KMR-v. *Heintschel-Heinegg*, § 257b Rn. 3; SK-*Velten*, § 257b Rn. 5; *Jahn/Müller*, NJW 2009, 2625, 2627.

B. Verständigung im Strafverfahren

Es besteht kein Anspruch auf Erörterung, auch ein Rechtsgespräch kann von den Beteiligten nicht verlangt werden.[487] Ebenso wenig besteht ein Anspruch auf eine begründete Entscheidung bei der Ablehnung einer Erörterung, dagegen spricht der klare Wortlaut des Gesetzes.[488] Die Erörterungen können zu einer Vorbereitung der Verständigung nach § 257c StPO dienen[489] und sind in die Hauptverhandlung einzuführen[490] und nach § 273 Abs. 1 S. 2 StPO zu protokollieren. Gegebenenfalls können derartige Erörterungen, die weitreichende Rechtsfolgen zum Gegenstand haben, einen Fall der notwendigen Verteidigung begründen.[491]

h) § 257c StPO (Verständigung zwischen Gericht und Verfahrensbeteiligten)

aa) Allgemeines

§ 257c StPO ist die zentrale Vorschrift zur Regelung der Verständigung in der Hauptverhandlung. Sie erkennt ausdrücklich die Zulässigkeit von Verständigungen über Verfahrensfortgang und -ergebnis an, die das Gericht in geeigneten Fällen mit den Verfahrensbeteiligten suchen kann, und stellt klar, dass die Pflicht des Gerichtes zur Sachverhaltsaufklärung (§ 244 Absatz 2) unberührt bleibt.[492] Im Gegensatz zur früheren Rechtsprechung des Bundesgerichtshofs[493] soll es nun eine Verständigung im Sinne einer einvernehmlichen Vereinbarung geben, an der die Verfahrensbeteiligten beteiligt sind. Aus dem Gesetzeswortlaut ergibt sich, dass das Gericht den Inhalt der Verständigung vorschlägt (§ 257c Abs. 3 S. 1 StPO) und der Angeklagte und die Staatsanwaltschaft zustimmen mussen (§ 257c Abs. 3 S. 4). Der Nebenkläger muss folglich nicht in die Vereinbarung einbezogen werden, er kann die Absprache nicht verhindern.[494]

Ein wirklich konsensuales Verfahren, das einen Verzicht des Angeklagten auf §§ 244 ff. StPO beinhaltet,[495] wollte der Gesetzgeber aber nicht einführen.[496] Vielmehr ist trotz Verständigung weiterhin die Überzeugung des Gerichtes von dem von ihm festzustellenden Sachverhalt erforderlich.[497] Allein die Bereitschaft des Angeklagten, wegen eines bestimmten Sachverhalts eine Strafe hinzunehmen, die das gerichtlich zugesagte Höchstmaß nicht überschreitet, entbindet das Gericht nicht von seiner Pflicht zur Aufklärung und Darlegung des Sachverhalts, soweit dies für den Tatbestand der dem Angeklagten vorgeworfenen Gesetzesverletzung erforderlich ist.[498] Auch ein Geständnis führt nicht dazu, dass das Gericht dieses nicht auf seine Glaubhaftigkeit hin zu überprüfen hätte. Das Gericht muss trotzdem Beweismitteln nachgehen, die sich aufdrängen. Es genügt nicht, das Geständnis durch einen bloßen Abgleich mit der Aktenlage zu überprüfen.[499]

Bei der Steuerhinterziehung, bei der die Strafvorschrift des § 370 AO durch die im Einzelfall anzuwendenden steuerrechtlichen Vorschriften materiellrechtlich ausgefüllt wird, müssen trotz Verständigung die jeweiligen Umstände festgestellt werden, aus denen sich ergibt, welches steuerlich erhebliche Verhalten im Rahmen der jeweiligen Abgabenart zu einer Steuerverkürzung geführt hat. Dazu gehören insbesondere auch diejenigen Parameter, die maßgebliche Grundlage für die Steuerberechnung sind.[500] Die Umsetzung ist v.a. in den Fällen schwierig, in denen sich die Verfahrensbeteiligten darauf einigen, keine weiteren Beweise

---

[487] *Meyer-Goßner*, § 257b Rn. 3.
[488] a. A. SK-*Velten*, § 257b Rn. 2.
[489] *Meyer-Goßner*, § 257b. Rn. 2; *Altenhain/Haimerl*, JZ 2010, 327, 334.
[490] BVerfG, Beschl. v. 19.3.2013 – 2 BvR 2628/10, 2 BvR 2883/10, 2 BvR 2155/11 Rn. 82.
[491] *Jahn/Müller*, NJW 2009, 2625, 2627.
[492] BT-Drs. 16/12310 S. 8.
[493] *Meyer-Goßner* § 257c Rn. 2 m. w. N.
[494] *Niemöller/Schlothauer/Weider*, S. 66; *Jahn/Müller*, NJW 2009, 2625, 2630.
[495] dazu *Meyer-Goßner* § 257c Rn. 3.
[496] BVerfG, Beschl. v. 19.3.2013 – 2 BvR 2628/10, 2 BvR 2883/10, 2 BvR 2155/11 Rn. 65.
[497] BT-Drs. 16/12310 S. 13.
[498] BGH StV 2010, 60.
[499] BVerfG, Beschl. v. 19.3.2013 – 2 BvR 2628/10, 2 BvR 2883/10, 2 BvR 2155/11 Rn. 68, 71.
[500] BGH NJW 2009, 2546, 2547; BGH BFH/NV 2011, 1823.

mehr zu erheben, obwohl ein Sachverhaltsklärung noch nicht in Gänze erfolgt ist.[501] Eine Verständigung wird aber regelmäßig dazu dienen, das Verfahren abzukürzen.[502]

172 § 257c StPO zeigt, das eine nur informelle Absprache, die unter Umgehung der gesetzlichen Anforderungen des § 257c StPO zustande gekommen ist, nicht zum Eintritt der Bindungswirkung gemäß § 257c Abs. 3 Satz 4, Abs. 4 StPO führt.[503] Umgehungen der gesetzlichen Regelungen sind nicht zulässig.[504] Eine Verständigung soll nur in „geeigneten Fällen" erfolgen. Wann dies vorliegt, ist unklar und soll nach den Gesetzesmaterialien von den konkreten Umständen abhängen.[505] Ungeeignete Fälle sind kaum denkbar, v. a. aus Sicht des Angeklagten. Allerdings ist hier das Jugendstrafverfahren auszunehmen, denn dort steht der erzieherische Gedanke im Vordergrund. Eine Abrede auf die Verhängung einer Jugendstrafe mit Angabe der Strafobergrenze war schon nach der bisherigen Rechtsprechung zulässig.[506]

173 Die nunmehr tragende Rolle der Staatsanwaltschaft hat zu verfassungsrechtlichen Bedenken geführt, da die rechtsprechende Gewalt nach Art. 92 GG den Richtern anvertraut und der unabhängige Richter nur dem Gesetz unterworfen ist.[507] Dem ist entgegenzuhalten, dass auch sonst in der StPO Zustimmungserfordernisse der Staatsanwaltschaft geregelt sind (bspw. §§ 153, 153a StPO) und über die Verständigung immer noch das Gericht entscheidet.[508] Auch vor der gesetzlichen Regelung war es übliche Praxis, sich nur nach Rücksprache mit der Staatsanwaltschaft zu verständigen. Zudem hat zuletzt das Bundesverfassungsgericht die herausgehobene Rolle der Staatsanwaltschaft als „Wächter des Gesetzes" in der Verständigungssituation noch einmal ausdrücklich betont.[509] Wenn in die Verständigung weitere Verfahrensbeteiligte (Nebenkläger, Finanzbehörde) einbezogen werden, so stellt sich die Frage, welche Auswirkungen es auf die Verständigung der übrigen Beteiligten hat, wenn die Erklärungen der weiteren Verfahrensbeteiligten an Rechtsmängeln leiden. Die zivilrechtlichen Regeln der Teilnichtigkeit (§ 139 BGB) könnten in diesem Fall zur Lösung herangezogen werden.[510]

bb) Gegenstand der Verständigung

174 Gegenstand der Vereinbarung sind n. § 257c Abs. 2 S. 1 StPO die Rechtsfolgen und verfahrensbezogene Maßnahmen sowie das Prozessverhalten der Beteiligten. Dabei geht es also um Einstellungen (z. B. n. § 154 Abs. 2 StPO)[511] und Beweiserhebungen bzw. -anträge.[512] Der Schuldspruch und alle Maßregeln der Besserung und Sicherung (§ 61 StGB) sind einer Verständigung entzogen, § 257c Abs. 2 S. 3 StPO. Der Schuldspruch durfte schon nach früherer Rechtsprechung nicht Gegenstand einer Absprache sein.[513] Das Vorliegen einer Qualifikation betrifft den Schuldspruch, eine Verständigung darüber, dass bspw. keine bandenmäßige Begehung vorliegt, ist unzulässig.[514] Eine Strafrahmenverschiebung darf nicht Gegenstand einer Verständigung sein.[515] Eine Verständigung gemäß § 257c Abs. 2 Satz 3 StPO kommt nicht in Betracht, wenn sich dem Gericht aufgrund der in die Anklageschrift aufgenommenen

---

[501] *Rieß*, StraFo 2010, 10, 11; *Fezer*, NStZ 2010, 177, 181.
[502] *Jahn/Müller*, NJW 2009, 2625, 2631.
[503] BGH NStZ 2011, 107.
[504] *Meyer-Goßner*, § 257c Rn. 4; *Schlothauer/Weider*, StV 2009, 600, 601; *Niemöller/Schlothauer/Weider*, S. 64; BVerfG, Beschl. v. 19.3.2013 – 2 BvR 2628/10, 2 BvR 2883/10, 2 BvR 2155/11 Rn. 75.
[505] BT-Drs. 16/12310 S. 13.
[506] BGHSt 52, 165, 169.
[507] *Meyer-Goßner*, § 257c Rn. 5; *Schünemann*, ZRP 2009, 104 ff.
[508] So auch *Niemöller/Schlothauer/Weider*, S. 65; *Jahn/Müller*, NJW 2009, 2625, 2631.
[509] BVerfG, Beschl. v. 19.3.2013 – 2 BvR 2628/10, 2 BvR 2883/10, 2 BvR 2155/11 Rn. 93.
[510] *Niemöller/Schlothauer/Weider*, S. 67.
[511] OLG Frankfurt NStZ-RR 2011, 49, 50.
[512] Vgl. dazu die kritische Bundesratsstellungnahme BT-Drs. 16/12310 S. 18: „Es ist mit unserem Rechtssystem unvereinbar, dass sich der Angeklagte den Verzicht auf Stellung von Beweisanträgen durch eine Strafmilderung abkaufen lässt" unter Verweis auf *Meyer-Goßner*, StV 2006, 485, 487.
[513] BGHSt 50, 40, 47.
[514] BGH wistra 2011, 276, 277; BGH StV 2011, 78, 79.
[515] Wie Fn. 509 Rn. 74.

B. Verständigung im Strafverfahren

Hinweise des Angeklagten auf eine schwere psychische Erkrankung aufdrängen musste, ihn zur Frage der Schuldfähigkeit begutachten zu lassen.[516] Auch das Berufsverbot (§ 70 StGB) und die Entziehung der Fahrerlaubnis (§ 69 StGB) können nicht Gegenstand einer Verständigung sein.[517] Streitig ist, ob das auch für die Entscheidungen n. §§ 67 Abs. 2, 67b, 69a, 70a StGB gilt. Angesichts des Gesetzeswortlautes ist dies anzunehmen.[518]

Bei einer Verständigung darf für den Fall eines Geständnisses lediglich ein Strafrahmen mit einer Ober- und Untergrenze vereinbart werden. Die Verständigung auf eine bestimmte Strafe (Punktstrafe) ist unzulässig.[519] Die Verhängung einer Punktstrafe aufgrund einer Verständigung nach § 257c Abs. 3 StPO stellt eine Verletzung von § 46 StGB dar, die in der Revision auf Sachrüge zu berücksichtigen ist.[520] Dass die Vereinbarung einer „Punktstrafe" weiterhin unzulässig ist, wird teilweise als inkonsequent angesehen.[521] Im Hinblick auf § 261 StPO ist dies aber notwendig. Allerdings darf nicht übersehen werden, dass durch die Angabe einer Strafuntergrenze, die ohne Zustimmung der Staatsanwaltschaft auch nicht unterschritten werden darf, in gewisser Weise doch eine bestimmte Strafe vereinbart wird. Die Angabe der Strafuntergrenze ergab sich aber aus einer Forderung der Generalstaatsanwälte.[522] Die in der Literatur umstrittene Frage, ob die Angabe einer Strafober- **oder** Strafuntergrenze reicht,[523] hat der Bundesgerichtshof wohl im Sinne der Angabe einer Strafober- **und** Strafuntergrenze entschieden,[524] was auch dem Wortlaut entspricht. Fehlt es an der Angabe einer Strafuntergrenze durch das Gericht, kann dies in der Regel nur von der Staatsanwaltschaft im Rahmen einer Revision zum Nachteil des Angeklagten beanstandet werden.[525] Gibt das Gericht gemäß § 257c Abs. 3 Satz 2 StPO eine Ober- und Untergrenze der Strafe an, ist es nicht gehindert, die angegebene Obergrenze als Strafe zu verhängen.[526] Da nur ein Strafrahmen angegeben wird, muss der Angeklagte mit der Möglichkeit der Verhängung einer Strafe im oberen Bereich rechnen. Auch für eine Strafobergrenze, der eine Verständigung zu Grunde liegt, gilt aber das Verschlechterungsverbot des § 358 Abs. 2 S. 1 StPO.[527]

Wird bei Verständigungsgesprächen die bei einem „streitigen Verfahren" zu erwartende Sanktion genannt, darf die Differenz zu der für den Fall eines Geständnisses zugesagten Strafobergrenze nicht zu groß sein („Sanktionsschere"). Die ohne Absprache in Aussicht gestellte Sanktion darf das vertretbare Maß nicht so überschreiten, dass der Angeklagte inakzeptablem Druck ausgesetzt wird. Entsprechend darf das Ergebnis des Strafnachlasses im Hinblick auf ein Geständnis nicht unterhalb der Grenze liegen, was noch als schuldangemessene Sanktion hingenommen werden kann.[528] Maßgeblich ist hinsichtlich beider Alternativen (mit und ohne Geständnis) der Zeitpunkt der Verständigungsgespräche. Das Gewicht eines Geständnisses kann nach Ansicht des Bundesgerichtshofs in verschiedenen Verfahren sehr unterschiedlich sein. Da die Verhältnisse des Einzelfalls zu beachten sind, verbietet sich eine mathematische Betrachtung, etwa dahingehend, dass der angemessene Strafrabatt in der Regel nicht mehr als 20% bis 30% betragen dürfe.[529]

Das „Angebot", eine rechtsstaatswidrige Verfahrensverzögerung festzustellen und durch Vollstreckungserklärung in einer bestimmten Höhe „kompensieren" zu wollen, ist von

---

[516] BGH StraFo 2011, 355, 356; differenzierend Anm. *Schlothauer,* StV 2011, 648, 649.
[517] *Meyer-Goßner,* § 257c Rn. 9.
[518] *Meyer-Goßner,* § 257c Rn. 9 m. w. N.
[519] BGH StV 2011, 78, 79; BGH StV 2011, 338; BGH NStZ 2010, 650.
[520] BGH NStZ 2011, 648; BGH NStZ-RR 2007, 245, 246.
[521] *Meyer-Goßner,* § 257c Rn. 11.
[522] *Burhoff,* StRR 2011, 248.
[523] So *Bittmann,* wistra 2009, 414, 415; *Niemöller/Schlothauer/Weider,* S. 78.
[524] BGH StV 2011, 75.
[525] BGH StV 2011, 75; a. A. *Meyer-Goßner,* § 257c Rn. 21; *Winkler,* jurisPR extra 2011, 64; *Knauer/Lickleder,* NStZ 2012, 366, 373.
[526] BGH StraFo 2010, 424 mit abl. Anm. *Bockemühl/Staudinger,* StraFo 2010, 425; BGH, Beschl. v. 23.05.2012 – 1 StR 208/12.
[527] BGH StV 2010, 470 mit abl. Anm. *Wattenberg.*
[528] BGH wistra 2011, 139, 141; BGHSt 50, 40, 50.
[529] So aber *Meyer-Goßner,* § 257c Rn. 19.

§ 257c Abs. 2 StPO nicht gedeckt, ebenso wenig darf Gegenstand von Absprachen eine „Halbstrafen-Aussetzung" gemäß § 57 Abs. 2 StGB oder deren Befürwortung oder Beantragung sein.[530] Vereinbar sind die Strafaussetzung der Freiheitsstrafe zur Bewährung sowie die Verhängung von bestimmten Auflagen.[531] Wenn über Bewährung gesprochen wird, müssen auch die Auflagen thematisiert werden.[532] Die Verhängung von Nebenstrafen oder Nebenfolgen kann vereinbart werden,[533] auch wenn deren Voraussetzung nicht vorliegen, was doch an der gesetzlichen Regelung zweifeln lässt. Ob Entscheidungen über die besondere Schwere der Schuld beim Mord der Verständigung unterliegen, ist fraglich. Da die besondere Schwere der Schuld wie eine Qualifikation wirkt, dürfte nach der Rechtsprechung des Bundesverfassungsgerichts keine Verständigung darüber möglich sein.[534] Gegenstand der Verständigung kann auch die Anrechnung der Untersuchungshaft oder einer anderen Freiheitsentziehung sein.[535]

178 Auch das Prozessverhalten der Verfahrensbeteiligten kann Verständigungsgegenstand sein. Hier geht es nicht nur um den Verzicht auf die Stellung von Beweisanträgen, sondern auch beispielsweise um die Zusage der Schadenswiedergutmachung und des Verzichts auf Befangenheitsanträge. Erfasst sind aber auch der Verzicht der Staatsanwaltschaft und Nebenklage auf weitere Anträge im Prozessverlauf.[536] Nach der Gesetzesbegründung soll keine unsachgemäße Verknüpfung des jeweils angesonnenen oder in Aussicht gestellten Verhaltens stattfinden.

Da Gegenstand der Verständigung nur verfahrensbezogene Maßnahmen sein dürfen, darf vom Angeklagten im Rahmen der Verständigung nicht die Begleichung einer gegen ihn bestehenden Forderung des Fiskus wegen der in einem anderen Verfahren bereits rechtskräftig abgeurteilten Steuerhehlerei verlangt werden, wenn in diesem Fall das dem Angeklagten angesonnene Verhalten einem Zweck dient, der mit der nun angeklagten Tat in keinem inneren Zusammenhang steht.[537] Einen Rechtsmittelverzicht zu vereinbaren, ist im Hinblick auf § 302 Abs. 1 S. 2 StPO zwecklos. Eine Zurücknahme eines eingelegten Rechtsmittels kann aber grundsätzlich auch noch vor Ablauf der Frist zu seiner Einlegung wirksam erfolgen, wenn es sich nicht um eine Umgehung handelt.[538]

179 Nach dem Gesetzeswortlaut des § 257c Abs. 2 S. 2 StPO „soll" Bestandteil jeder Vereinbarung ein Geständnis sein. Daraus kann geschlossen werden, dass der Angeklagte im Gegensatz zur bisherigen Rechtsprechung auch ohne Geständnis, nur durch „angenehmes" Prozessverhalten, zu einer Vereinbarung kommen kann.[539] Ziel jeder Verständigung ist es, das Verfahren unter frühzeitiger Transparenz und in gesetzlich festgelegtem Maße auch Verlässlichkeit ohne unnötigen Zeitverzug zum Abschluss zu bringen.[540] Da aber weiterhin die Überzeugung des Gerichtes von dem von ihm festzustellenden Sachverhalt erforderlich ist, wird auf ein Geständnis trotz der Sollregelung regelmäßig nicht verzichtet werden können.

180 Über die „Qualität" des Geständnisses sagt das Gesetz nichts, ein Formalgeständnis im Sinne eines „Das stimmt alles so" oder „Ich räume alles ein" genügt aber nach wie vor nicht.[541]

Es bedarf eines glaubhaften, qualifizierten Geständnisses. Der Tatrichter hat das Geständnis zwingend auf seine Zuverlässigkeit hin zu untersuchen. Es genügt nicht, ein im Rahmen einer Verständigung abgegebenes Geständnis durch einen bloßen Abgleich mit der Aktenlage

---

[530] BGH StV 2011, 74, 75.
[531] *Meyer-Goßner*, § 257c Rn. 12, differenzierend; *Niemöller/Schlothauer/Weider*, S. 83/84.
[532] OLG Köln NJW 1999, 373, 375.
[533] *Meyer-Goßner*, § 257c Rn. 10.
[534] BVerfG, Beschl. v. 19.3.2013 – 2 BvR 2628/10, 2 BvR 2883/10, 2 BvR 2155/11 Rn. 74; a. A. *König/Harrendorf*, § 257c Rn. 9.
[535] *Wenske*, DRiZ 2011, 393, 395.
[536] BT-Drs. 16/12310 S. 13.
[537] BGHSt 49, 84.
[538] BGHSt 55, 82.
[539] Vgl. dazu die Kritik bei *Meyer-Goßner*, § 257c Rn. 16.
[540] BT-Drs. 16/12310 S. 13.
[541] BT-Drs. 16/12310 S. 14.

zu überprüfen.⁵⁴² Der Tatrichter muss die innere Stimmigkeit des Geständnisses prüfen.⁵⁴³ Im Berufungsverfahren kann dem Erfordernis eines derartigen Geständnisses die Beschränkung der Berufung auf den Rechtsfolgenausspruch oder – wenn zugleich die Staatsanwaltschaft eine auf den Rechtsfolgenausspruch beschränkte Berufung eingelegt hat – die Rücknahme des eigenen Rechtsmittels genügen.⁵⁴⁴

cc) Verfahrensablauf der Verständigung

Nach § 257c Abs. 3 S. 1 StPO gibt das Gericht bekannt, welchen Inhalt eine Verständigung haben könnte. Trotzdem hindert dies nicht die anderen Verfahrensbeteiligten, von sich aus zuerst eine Anregung zu einer Verständigung zu geben. Zu den Vorstellungen des Gerichts, muss den Verfahrensbeteiligten Gelegenheit zur Stellungnahme gegeben werden. Auch der Nebenkläger ist zu hören (§ 397 Abs. 1 S. 4 StPO), auch wenn er die Verständigung nicht verhindern kann. Eine Verständigung, deren für das Gericht bindende Folgen in Absatz 4 bestimmt sind, kommt nach Satz 4 dann zustande, wenn Angeklagter und Staatsanwaltschaft den Vorstellungen des Gerichtes zustimmen. Gemäß § 263 Abs. 1 StPO ist für das Gericht (einschließlich Schöffen) eine 2/3-Mehrheit erforderlich.⁵⁴⁵ Nach Zustimmung der Staatsanwaltschaft und des Angeklagten sind auch diese an die Verständigung gebunden.⁵⁴⁶ Die Zustimmungserklärung der Staatsanwaltschaft ist als gestaltende Prozesserklärung unanfechtbar und unwiderruflich.⁵⁴⁷

181

Die Rechtsmittelgerichte und das Gericht nach Zurückverweisung sind an die Verständigung des Erstgerichts nicht gebunden.⁵⁴⁸ Allerdings gilt auch für eine verständigte Strafobergrenze das Verschlechterungsverbot.⁵⁴⁹ Das Entfallen der Bindung des Gerichts n. § 257c Abs. 4 StPO, wenn rechtlich oder tatsächlich bedeutsame Umstände übersehen wurden bzw. sich neu ergeben haben und der vereinbarte Strafrahmen deshalb nicht mehr tat- und schuldangemessen ist, sowie bei absprachewidrigem Verhalten des Angeklagten, ist sehr weitreichend. Der Grund für diese Regelung soll darin bestehen, dass das Ergebnis des Prozesses stets ein richtiges und gerechtes Urteil sein muss.⁵⁵⁰ Trotzdem erschwert dies einem Angeklagten die Einschätzung, ob sich eine Vereinbarung, insbesondere ein Geständnis, für ihn „lohnt". Bezüglich des „weiteren Prozessverhaltens" kann sogar die Gefahr der Einflussnahme des Gerichts auf die Verteidigung drohen.⁵⁵¹ Bei einem Entfallen der Bindung entsteht gem. § 257c Abs. 4 S. 3 StPO ein Verwertungsverbot für ein Geständnis des Angeklagten (s. Rn. 192). Was unter „bedeutsamen Umständen" zu verstehen ist, ist umstritten, eine bloße Änderung der Meinung kann sicher nicht genügen.⁵⁵²

182

Eine nur informelle Absprache, die unter Umgehung der gesetzlichen Anforderungen des § 257c StPO zustande gekommen ist, führt nicht zum Eintritt der Bindungswirkung gemäß § 257c Abs. 3 Satz 4, Abs. 4 StPO. Ob der Rechtsauffassung, dass eine Verfahrensrüge eines Verfahrensbeteiligten, der nach eigener Kenntnis an einer gesetzwidrigen informellen Absprache – gegen eine wissentlich unzutreffende ausdrückliche Protokollierung gemäß § 273 Abs. 1a S. 2 und 3 StPO – teilgenommen hat, als unzulässig anzusehen ist,⁵⁵³ nach der Entscheidung des Bundesverfassungsgerichts vom 19.3.2013 noch gefolgt werden kann, ist fraglich, da ein informelle Absprache unzulässig und rechtswidrig ist. Die Äußerung eines Vorsitzenden in der Hauptverhandlung in (scheinbarer) Abstimmung mit den weiteren Ge-

183

---

⁵⁴² BVerfG, Beschl. v. 19.3.2013 – 2 BvR 2628/10, 2 BvR 2883/10, 2 BvR 2155/11 Rn. 71.
⁵⁴³ OLG Celle StV 2011, 341, 343; BGHSt 50, 40, 49; BGH StV 2009, 232; *Jahn/Müller*, NJW 2009, 2625, 2628.
⁵⁴⁴ LG Freiburg StV 2010, 236.
⁵⁴⁵ *Meyer-Goßner*, § 257c Rn. 23.
⁵⁴⁶ *Niemöller/Schlothauer/Weider*, S. 69.
⁵⁴⁷ *Altvater*, FS für Rissing-van Saan, 2011, S. 26; *Meyer-Goßner*, § 257c Rn. 25.
⁵⁴⁸ *Meyer-Goßner*, § 257c Rn. 25; a. A. SK-*Velten*, § 257c Rn. 29.
⁵⁴⁹ BGH StV 2010, 470 mit abl. Anm. *Wattenberg*.
⁵⁵⁰ BT-Drs. 16/12310 S. 14.
⁵⁵¹ *Meyer-Goßner*, § 257c Rn. 27.
⁵⁵² Vgl. zum Meinungsstand *Wenske*, DRiZ 2012, 123, 124.
⁵⁵³ BGH StV 2010, 673, 674.

richtspersonen bedarf bei Abweichung vom Äußerungsinhalt eines Hinweises entsprechend § 265 StPO, wenn sie geeignet ist, die Verfahrensführung der Verteidigung oder des Angeklagten zu beeinflussen.[554]

184 Eine Verständigung macht das letzte Wort nicht entbehrlich.[555] Ein subjektives Recht des Angeklagten auf eine Information über die gesetzliche Möglichkeit, das Verfahren durch eine Urteilsabsprache im Sinne von § 257c StPO zu beenden, besteht nicht.[556] § 257c StPO und die sich aus einer darauf getroffenen Verständigung ergebenden Bindungen des Gerichts relativieren oder verdrängen die Hinweispflichten des § 265 StPO nicht. Anders als bei der Hinweispflicht des § 257c Abs. 4 S. 4 StPO, die nur dann eingreift, wenn sich das Gericht von einer getroffenen Verständigung lösen will, weil „rechtlich oder tatsächlich bedeutsame Umstände übersehen worden sind oder sich neu ergeben haben" und das Gericht deswegen den zugesagten Strafrahmen nicht mehr als angemessen erachtet (vgl. § 257c Abs. 4 S. 1 StPO), ist das Gericht der sich aus § 265 StPO ergebenden Pflichten auch dann nicht enthoben, wenn es sich auch unter geänderten Bedingungen von seiner Strafrahmenzusage nicht lösen will.[557]

185 Wenn das Gericht sich n. § 257c Abs. 4 S. 1 StPO von der Verständigung lösen will, hat es dies n. Abs. 4 S. 4 unverzüglich mitzuteilen, damit sich die Verfahrensbeteiligten auf die veränderte Prozesslage einrichten können. Hier geht es auch um die Fälle, in denen das Gericht die Sach- oder Rechtslage bei Abgabe seiner Prognose unzutreffend bewertet hat. Das Entfallen der Bindungswirkung erfordert eine dahingehende gerichtliche Entscheidung, Ausführungen in den Urteilsgründen sind aber nicht erforderlich.[558] Bei der Bescheidung von Beweisanträgen wird das Gericht die geänderte Sachlage zu berücksichtigen haben. Zum Beispiel kann die nochmalige Vernehmung eines Zeugen, der bereits gehört wurde, sowohl zur Sachaufklärung als auch zur Wahrung der Verteidigungsrechte erforderlich sein.[559]

Aus dem Scheitern einer Absprache dürfen sich keine unzulässigen Nachteile für einen Angeklagten ergeben. Vielmehr muss das Gericht – nunmehr ohne Bindung an die in Aussicht gestellte Strafober- oder Strafuntergrenze – eine schuldangemessene Strafe verhängen.[560]

dd) Befangenheit

186 Hat das Gericht einen Vorschlag zu einer Verfahrensverständigung i. S. d. § 257c StPO gemacht, nach der für den Fall einer geständigen Einlassung bestimmte Strafobergrenzen in Aussicht gestellt wurden, hat die Staatsanwaltschaft dazu eine ablehnende Stellungnahme abgegeben und stellt der Vorsitzende in der Hauptverhandlung fest, dass keine Verständigung unter Einbeziehung der Staatsanwaltschaft möglich sei, und leitet er die Befragung der Angeklagten zur Sache dann mit den Worten ein, dass „die Kammer grundsätzlich dazu steht, was sie gesagt hat", so rechtfertigt diese Äußerung keinen Befangenheitsantrag der Staatsanwaltschaft.[561] Auf die Bekanntgabe der nach Einschätzung der Strafkammer angemessenen Strafobergrenzen kann die Rüge der Befangenheit ebenfalls nicht gestützt werden.[562] Bei einer Hauptverhandlung gegen mehrere Angeklagte können Verständigungsgespräche mit allen Angeklagten zugleich durchgeführt werden. Werden sie aber nicht mit allen Angeklagten geführt, muss durch Offenlegung der Gespräche in der Hauptverhandlung dem Anschein der Parteilichkeit entgegen gewirkt werden. Wenn Verständigungsgespräche in Parallelverfahren gegen andere Angeklagte geführt werden, begründet die Nichtmitteilung dieser Tatsache durch das Gericht aufgrund des unterschiedlichen Verfahrensstandes keine Befangenheit.[563]

---

[554] BGHR StPO vor § 1/faires Verfahren Hinweispflicht 7.
[555] BGH StV 2011, 339; BGH StV 2010, 227, 228.
[556] OLG Celle StV 2012, 394.
[557] BGHSt 56, 235.
[558] BGH, Urt. v. 21.6.2012 – 4 StR 623/11.
[559] BT-Drs. 16/12310 S. 15.
[560] BGHSt 49, 84, 89.
[561] BGH NStZ 2011, 590.
[562] BGH NStZ 2011, 590; BGHSt 45, 312, 315 f.; BGH NStZ 2006, 708.
[563] BGH NJW-Spezial 2012, 217.

B. Verständigung im Strafverfahren

ee) Belehrung

Nach § 275c Abs. 5 StPO ist der Angeklagte über die Voraussetzungen und Folgen einer Abweichung des Gerichts von dem in Aussicht gestellten Ergebnis zu belehren. Die Belehrung dient dem Schutz des Angeklagten, dem vor Augen gehalten werden soll, dass und unter welchen Voraussetzungen und mit welchen Folgen das Gericht von der Strafrahmenzusage abweichen kann. Die Belehrung muss zusammen mit der Bekanntgabe des gerichtlichen Verständigungsvorschlags erteilt werden. Der Verstoß gegen die Belehrungspflicht führt zu einem Verwertungsverbot hinsichtlich des nach dem Zustandekommen der Verständigung abgegebenen Geständnisses.[564] Ob der (verteidigte) Angeklagte auf die Belehrung verzichten kann,[565] ist nach der Entscheidung des Bundesverfassungsgerichts vom 19.3.2013 mehr als fraglich.

187

Auch wenn die Strafkammer die Urteilsabsprache, insbesondere die angekündigte Strafobergrenze eingehalten hat, beruht das Urteil regelmäßig auf einem etwaigen Verstoß gegen die Hinweispflichten in § 257c Abs. 5 StPO, es sei denn, es wird festgestellt, der Angeklagte hätte das Geständnis auch bei nicht ordnungsgemäßer Belehrung abgegeben.[566] Selbst wenn die Verständigung den Angeklagten begünstigt, indem eine Strafobergrenze in Aussicht gestellt wird, die unter der gesetzlichen Strafuntergrenze für die angeklagte Tat liegt, ist die Autonomie des Angeklagten regelmäßig verletzt.[567]

188

Nach der Rechtsprechung des 3. Strafsenats des BGH muss sich die Belehrung nach § 257c Abs. 5 StPO darauf erstrecken, dass die Bindung des Gerichts an eine Verständigung dann entfällt, wenn das weitere Prozessverhalten des Angeklagten nicht der Erwartung entspricht, die der Prognose des Gerichts bei seinem Verständigungsvorschlag zu Grunde gelegt worden ist (§ 257c Abs. 4 Satz 2 StPO). Gleiches gilt für den Wegfall der Bindung dadurch, dass das Gericht aufgrund sich neu ergebender Tatsachen zu der Überzeugung gelangt, der in Aussicht gestellte Strafrahmen sei nicht mehr tat- oder schuldangemessen (§ 257c Abs. 4 Satz 1 2. Alt. StPO). Zudem ist die Belehrung darauf zu erstrecken, dass sich das Gericht auch von der Zusage lösen kann, wenn seine Überzeugung, der in Aussicht gestellte Strafrahmen sei nicht mehr tat- oder schuldangemessen, darauf beruht, dass im Zeitpunkt der Verständigung rechtlich oder tatsächlich bedeutsame Umstände übersehen worden sind (§ 257c Abs. 4 Satz 1 1. Alt. StPO).[568]

189

Die Belehrung nach § 257c Abs. 5 StPO und die Mitteilung nach § 257c Abs. 4 S. 4 StPO müssen nach § 273 Abs. 1a S. 2 StPO im Hauptverhandlungsprotokoll wiedergegeben werden. Die Dokumentation in der Sitzungsniederschrift ist die Grundlage für die – vom Revisionsgericht nur aufgrund einer Verfahrensrüge unter erforderlichem Tatsachenvortrag vorzunehmende – Prüfung, ob das Verfahren nach § 257c StPO eingehalten worden ist.

190

ff) Beweisverwertungsverbot

Zur Beanstandung der Verletzung der Verfahrensvorschrift des § 257c StPO bezüglich eines Verwertungsverbots bedarf es der Erhebung einer formgerechten (§ 344 Abs. 2 Satz 2 StPO) Verfahrensrüge.[569] Bei einer, wenn auch fehlerhaften, Verständigung, besteht ein Verwertungsverbot für das Geständnis nach § 257c Abs. 4 S. 3 StPO jedenfalls in den in § 257c Abs. 4 Sätze 1 und 2 StPO aufgeführten Fällen.[570] Gemeint sind Konstellationen, in denen sich das Gericht von der Verständigung lösen will. Wenn die „Vertragsgrundlage" für das Geständnis entfallen ist, erfordert das Gebot der Verfahrensfairness, dass auch dieses keinen Bestand mehr hat. Bindung des Gerichts und Geständnis des Angeklagten stehen in einer Wechselbeziehung, die das Gericht nicht folgenlos einseitig auflösen kann.[571]

191

---

[564] BVerfG, Beschl. v. 19.3.2013 – 2 BvR 2628/10, 2 BvR 2883/10, 2 BvR 2155/11 Rn. 125.
[565] *Meyer-Goßner*, § 257c Rn. 30; SK-*Velten*, § 257c Rn. 53.
[566] BVerfG, Beschl. v. 19.3.2013 – 2 BvR 2628/10, 2 BvR 2883/10, 2 BvR 2155/11 Rn. 126.
[567] a. A. BGH StV 2010, 675.
[568] BGH StV 2011, 76, 77.
[569] BGH NStZ-RR 2010, 151.
[570] BGH, Beschl. v. 22.2.2012 – 1 StR 349/11.
[571] BGH StV 2011, 337, 338; BGH StV 2012, 134; *Meyer-Goßner*, § 257c Rn. 28; krit. dazu *Velten*, StV 2012, 172 ff.

192 Wenn die Staatsanwaltschaft Rechtsmittel trotz vorangegangener Verständigung einlegt, was auch zulasten des Angeklagten möglich ist,[572] darf eine den Angeklagten beschwerende Abänderung des Urteils nicht ohne weiteres erfolgen. Wenn die Grundlage des Geständnisses – die Verständigung – entfallen ist, darf auch das Geständnis keinen Bestand mehr haben, und zwar auch nicht für die nächste Instanz. Das Geständnis unterliegt in diesem Fall einem Beweisverwertungsverbot.[573] Dies ergibt sich für die in gesetzlich zulässiger Weise zustande gekommene Abrede aus § 257 Abs. 4 Satz 3 StPO, wonach ein Verwertungsverbot hinsichtlich des abgelegten Geständnisses des Angeklagten besteht, wenn das Gericht sich von der Absprache lösen will. Dies hat in entsprechender Anwendung der Vorschrift auch für das Gericht höherer Instanz zu gelten im Hinblick auf den Grundsatz des fairen Verfahrens.

Sagt ein Tatbeteiligter im Prozess gegen den Mittäter aus, so ist eine vorangegangene oder im Raum stehende Verständigung in dem gegen ihn wegen desselben Tatkomplexes durchgeführten Verfahren – gleichgültig, ob es Teil des Verfahrens gegen den jetzigen Angeklagten oder formal eigenständig ist – in die Würdigung der Zeugenaussage erkennbar einzubeziehen und nachvollziehbar zu behandeln, ob der Tatbeteiligte im Blick auf die ihn betreffende Verständigung irrig glauben könnte, eine Falschaussage zulasten des Angeklagten sei für ihn besser als eine wahre Aussage zu dessen Gunsten.[574]

193 Dem Beweisverwertungsverbot kommt regelmäßig keine Fernwirkung zu, da diese nur ausnahmsweise angenommen werden kann. In der Gesetzesbegründung wird die Problematik nicht angesprochen, daraus ist zu schließen, dass der Gesetzgeber keine Fernwirkung vorgesehen hat.[575] Eine derartige Fernwirkung hat der Bundesgerichtshof bislang nur bei einem Beweisverwertungsverbot des G10 § 7 Abs. 3 angenommen.[576]

gg) Rechtsmittel

194 Rechtsmittel sind grundsätzlich (Ausnahme § 302 Abs. 1 S. 2 StPO) auch dann zulässig, wenn das Urteil auf einer Verständigung beruht.[577] Dies gilt nicht nur für die Rechtsmittelbefugnis des Angeklagten, sondern uneingeschränkt auch für diejenige anderer Verfahrensbeteiligter.[578] Deshalb ist auch bei einer Absprache über das Strafmaß die Berufungseinlegung durch die Staatsanwaltschaft nicht unzulässig.[579]

195 Zur Beanstandung der Verletzung der Verfahrensvorschrift des § 257c StPO bedarf es grundsätzlich der Erhebung einer formgerechten (§ 344 Abs. 2 Satz 2 StPO) Verfahrensrüge.[580] Die Rüge der örtlichen Unzuständigkeit ist nicht bereits deshalb unzulässig, weil der Angeklagte im Verlauf der Hauptverhandlung „im Hinblick auf eine verfahrensabkürzende Absprache" den Tatvorwurf eingestanden hat. Die Befugnis zur Erhebung von Verfahrensrügen bleibt dem Angeklagten uneingeschränkt erhalten, auch wenn dem Urteil eine Verständigung vorausgegangen ist.[581] Es kann auch gerügt werden, der Angeklagte sei mit unzulässigem Druck dazu veranlasst worden, der Verständigung zuzustimmen und ein Geständnis abzulegen. Dem verteidigten Angeklagten ist es jedoch im Regelfall zuzumuten, Inhalten der Verständigung, die er für unzulässig hält, sogleich zu widersprechen und gegebenenfalls – schon im Interesse späterer Überprüfbarkeit – auf ihre Protokollierung hinzuwirken oder sol-

---

[572] Aus dem Normwortlaut oder den Gesetzesmaterialien – BT-Drs. 16/11736 S. 7 – lässt sich nichts Gegenteiliges entnehmen.
[573] OLG Düsseldorf StV 2011, 80, 81; offen gelassen in BGH StV 2010, 470; kritisch zur Entscheidung des OLG Düsseldorf *Moldenhauer/Wenske*, NStZ 2012, 184 ff., die eine differenzierte Betrachtungsweise fordern.
[574] BGH, Beschl. v. 22.2.2012 – 1 StR 349/11; Beschl. v. 6.3.2012 – 1 StR 17/12.
[575] *Meyer-Goßner*, § 257c Rn. 28; *Niemöller/Schlothauer/Weider*, S. 123/124; *Müller/Jahn*, NJW 2009, 2625, 2629.
[576] BGHSt 29, 244, 249.
[577] BGH StraFo 2009, 465, 466; BGH StV 2009, 680.
[578] BGH NStZ-RR 2010, 383.
[579] OLG Düsseldorf StV 2011, 80, 81.
[580] BGH NJW 2011, 1526.
[581] BGH StraFo 2009, 465, 466.

B. Verständigung im Strafverfahren

che Umstände zum Gegenstand eines Ablehnungsgesuchs zu machen.[582] Die Drohung mit einer willkürlich bemessenen „Sanktionsschere" kann gerügt werden.[583] Auch die unzulässige Verständigung auf eine sogenannte Punktstrafe kann mittels Sachrüge gerügt werden.[584] Die Zurückweisung eines Befangenheitsantrages kann im Revisionsverfahren grundsätzlich nicht mehr zum Gegenstand einer Verfahrensrüge gemacht werden, wenn es nach der Zurückweisung des Befangenheitsgesuches unter Mitwirkung des Angeklagten zu einer verfahrensbeendenden Absprache gekommen ist.[585]

i) § 267 Abs. 3 S. 5 StPO (Urteilsgründe)

In den Urteilsgründen ist nunmehr anzugeben, wenn dem Urteil (in der Hauptverhandlung) eine Verständigung nach § 257c StPO zu Grunde liegt. Dies ist besonders relevant für die Rechtsmittelgerichte und dient der Transparenz.[586] § 267 Abs. 3 S. 5 StPO erfordert in den Urteilsgründen lediglich die Angabe, dass dem Urteil eine Verständigung (§ 257c StPO) vorausgegangen ist. Die Angabe des Inhalts der Verständigung ist nicht erforderlich. Insoweit findet die notwendige Dokumentation in der Sitzungsniederschrift statt (§ 273 Abs. 1a StPO).[587] **196**

Auch in abgekürzten Urteilsgründen ist die Verständigung anzugeben, das ergibt sich aus § 267 Abs. 4 S. 2 StPO.[588] Eines Mindestmaßes an Sorgfalt bedarf es bei der Abfassung der Urteilsgründe auch dann, wenn das Urteil auf einer in der Hauptverhandlung getroffenen Absprache beruht.[589] **197**

j) § 273 Abs. 1 S. 2, Abs. 1a StPO (Protokollierung)

Absatz 1 Satz 2 ist eine Klarstellung dahingehend, dass auch der wesentliche Ablauf und Inhalt einer Erörterung nach § 257b eine wesentliche Förmlichkeit der Hauptverhandlung darstellt. Unmittelbare Rechtsfolgen hat dies nicht, sodass man die Regelung als unnötig ansehen kann.[590] **198**

Die Protokollierungspflichten des Abs. 1a dienen dazu, sicherzustellen, dass die vom Gericht im Zusammenhang mit einer Verständigung zu beachtenden Förmlichkeiten auch wirklich beachtet werden. Es soll auch sichergestellt werden, dass insbesondere im Revisionsverfahren die erforderliche Kontrolle der Verständigung im Strafverfahren möglich ist.[591] Es geht hier nicht nur um Vorgänge innerhalb der Hauptverhandlung, alle wesentlichen Elemente einer Verständigung, zu denen auch außerhalb der Hauptverhandlung geführte Vorgespräche zählen, sind zum Gegenstand der Erörterung in der Hauptverhandlung zu machen und unterliegen der Protokollierungspflicht nach § 273 Abs. 1a Satz 1 StPO.[592] Auch Mitteilungen und Belehrungen nach §§ 243 Abs. 4, 257c Abs. 4 und 5 StPO sind in das Protokoll aufzunehmen.[593] In das Protokoll als Teil des „wesentlichen Ablaufs" sind auch die Erklärungen der Zustimmung der Staatsanwaltschaft und des Angeklagten zur Verständigung aufzunehmen. Zum „wesentlichen Ablauf und Inhalt" soll nach der Rechtsprechung des Bundesverfassungsgerichts insbesondere auch gehören, wer die Anregung zu den Gesprächen gab und welchen Inhalt die einzelnen „Diskussionsbeiträge" aller Verfahrensbeteiligten sowie der Richter hatten, insbesondere von welchem Sachverhalt sie hierbei ausgingen und welche Ergebnisvorstellungen sie äußerten.[594] Damit werden die Anforderungen an eine Protokollierung doch **199**

---

[582] BGH NStZ-RR 2010, 181.
[583] BGH StV 2012, 5.
[584] BGH StV 2011, 338, 339.
[585] BGH jurisPR extra 2009, 83 m. Anm. *Senge*.
[586] BT-Drs. 16/12310 S. 15.
[587] BGH StV 2010, 227; BGH NStZ 2011, 170.
[588] *Niemöller/Schlothauer/Weider*, S. 128.
[589] BGH StraFo 2010, 386.
[590] So *Meyer-Goßner*, § 273 Rn. 7a.
[591] BT-Drs. 16/12310 S. 15.
[592] BVerfG, Beschl. v. 19.3.2013 – 2 BvR 2628/10, 2 BvR 2883/10, 2 BvR 2155/11 Rn. 82; *Jahn/Müller*, NJW 2009, 2625, 2630; a. A. *Niemöller/Schlothauer/Weider*, S. 131; *Meyer-Goßner*, § 273 Rn. 12c.
[593] *Meyer-Goßner*, § 273 Rn. 12b; im Einzelnen dazu *Niemöller/Schlothauer/Weider*, S. 131 f.
[594] BVerfG, Beschl. v. 19.3.2013 – 2 BvR 2628/10, 2 BvR 2883/10, 2 BvR 2155/11 Rn. 86.

sehr hoch geschraubt. Die Dokumentation in der Sitzungsniederschrift ist die Grundlage für die – vom Revisionsgericht nicht von Amts wegen, sondern nur aufgrund einer Verfahrensrüge unter erforderlichem Tatsachenvortrag vorzunehmende – Prüfung, ob das Verfahren nach § 257c StPO eingehalten worden ist.[595] Der Grundsatz, dass nicht zu beseitigende Zweifel am Vorliegen von Verfahrenstatsachen zulasten des Angeklagten gehen, soll nicht gelten, wenn die Unaufklärbarkeit des Sachverhalts auf einem Verstoß gegen eine gesetzliche Dokumentationspflicht beruht.[596]

200 Das in Absatz 1a Satz 3 vorgesehene „Negativattest" dahingehend, dass eine Verständigung (nach § 257c StPO) nicht stattgefunden hat, dient dazu, mit höchst möglicher Gewissheit und auch in der Revision überprüfbar die Geschehnisse in der Hauptverhandlung zu dokumentieren und auszuschließen, dass „stillschweigend" ohne Beachtung der gesetzlichen Förmlichkeiten solche Verhaltensweisen stattgefunden haben.[597] Eine Verständigung, die unter Verstoß gegen die gesetzlichen Vorschriften zustande gekommen ist, unterliegt ebenfalls der Protokollierungspflicht nach § 273 Abs. 1a Satz 1 StPO. Sollte hier ein Negativattest nach § 273 Abs. 1a Satz 3 StPO erteilt werden, wäre dieses falsch und könnte den Tatbestand der Falschbeurkundung im Amt (§ 348 StGB) erfüllen.[598]

201 Ergibt sich aus dem Protokoll weder der nach § 273 Abs. 1 Satz 2, Abs. 1a Satz 1 und 2 StPO zwingend vorgeschriebene Vermerk über eine erfolgte Verständigung noch der – ebenso zwingend vorgeschriebene – Vermerk nach § 273 Abs. 1a Satz 3 StPO, dass eine Verständigung nicht stattgefunden habe, ist das Protokoll widersprüchlich und verliert insoweit seine Beweiskraft. Das Rechtsmittelgericht klärt dann im Wege des Freibeweisverfahrens auf, ob dem Urteil eine Verständigung vorausgegangen ist, die zur Unwirksamkeit des nachfolgend erklärten Rechtsmittelverzichts führen würde.[599] Der Angeklagte muss aber in der Revision im Einzelnen darlegen, in welchem Verfahrensstadium, in welcher Form und mit welchem Inhalt die von ihm behauptete Verständigung zustande gekommen ist.[600] Dagegen vertritt der 2. Senat des BGH in einer Entscheidung vom 31.10.2010, dass gegen den diese Förmlichkeiten betreffenden Inhalt des Protokolls nur der Nachweis der Fälschung zulässig ist (§ 274 Satz 2 StPO).[601]

Eine Unterbrechung, auch wenn sie im Protokoll als „Rechtsgespräch" bezeichnet wird, trägt nicht die Vermutung einer Verständigung in sich.[602]

k) § 302 Abs. 1 S. 2 StPO (Rechtsmittelverzicht)

202 Bei einer dem Urteil vorangegangenen Verständigung ist gem. § 302 Abs. 1 S. 2 StPO ein Rechtsmittelverzicht unwirksam, das Urteil wird erst mit Ablauf der Rechtsmittelfristen rechtskräftig. Ein unzulässiger Rechtsmittelverzicht beeinträchtigt die Wirksamkeit der Verständigung aber nicht. § 35a sieht eine entsprechende qualifizierte Belehrung nach erfolgreicher Verständigung vor. Die Regelung soll sich an den Vorgaben orientieren, die der Große Strafsenat in seiner Entscheidung vom 3.3.2005 ausgesprochen hat.[603] Tatsächlich geht sie noch weiter, da es nach Verständigung keinen zulässigen Rechtsmittelverzicht gibt. Ein abgekürztes Urteil gemäß § 267 Abs. 4 StPO kann nur noch nach Ablauf der Rechtsmittelfrist verfasst werden. Deshalb ist v. a. bei den Amtsgerichten doch sehr infrage gestellt, ob sich eine Verständigung aus Sicht des Gerichts überhaupt noch „lohnt".[604]

---

[595] BGH StV 2010, 227.
[596] BVerfG StV 2012, 385 mit Anm. *Niemöller*.
[597] BT-Drs. 16/12310 S. 15.
[598] BVerfG, Beschl. v. 19.3.2013 – 2 BvR 2628/10, 2 BvR 2883/10, 2 BvR 2155/11 Rn. 78.
[599] OLG Celle StV 2012, 141, 142; OLG Celle NStZ-RR 2012, 20; BGH NJW 2011, 321, 322; OLG Frankfurt NStZ-RR 2010, 213; OLG Düsseldorf StV 2011, 80, 82.
[600] BGH, Beschl. v. 17.2.2010, 2 StR 16/10.
[601] BGH StV 2010, 346; so auch *Meyer-Goßner*, § 273 Rn. 12c.
[602] Wie Fn. 609; *Bittmann*, NStZ-RR 2011, 102, 103.
[603] BT-Drs. 16/12310 S. 15.
[604] Vgl. *Weimar/Mann*, StraFo 2010, 12 ff.; *Polomski*, DRiZ 2011, 316.

B. Verständigung im Strafverfahren

Ob der Ausschluss des Rechtsmittelverzichts nach § 302 Abs. 1 Satz 2 StPO auf Vereinbarungen der Verfahrensbeteiligten Anwendung findet, die sich in der Sache als Umgehung der materiellen und formellen Vorgaben der §§ 273 Abs. 1a, 257c StPO darstellt, sei es wegen der Nichteinhaltung der Protokollierungsvorschriften oder wegen einer Verständigung über nach § 257c Abs. 2 StPO unzulässige Gegenstände bzw. über einen Rechtsmittelverzicht, ist umstritten.[605]

Nach dem Gesetzeswortlaut ist die Regelung des § 302 Abs. 1 Satz 2 StPO nur auf die Fälle einer Verständigung i. S. d. § 257c StPO beschränkt.[606] Nach den Gesetzesmaterialien mit der Anknüpfung an die Entscheidung des Großen Strafsenats in seiner Entscheidung vom 3.3.2005 ist eine derartige restriktive Beschränkung aber nicht anzunehmen. Vielmehr muss die Regelung erst recht auf solche Absprachen Anwendung finden, die den gesetzlichen Vorgaben des § 257c StPO nicht entsprechen,[607] jedenfalls bei den Verständigungen, die zwar nicht unter § 257c StPO fallen, die aber in großen Teilen eine Absprache nach § 257c StPO ersetzt haben (Einvernehmen aller Verfahrensbeteiligter).[608]

Zulässig ist nach der Rechtsprechung des BGH die Rücknahme einer Revision, die am Tage der Verkündung gegen ein Urteil eingelegt wurde, binnen einer Stunde nach deren Einlegung.[609] Das wird aber jedenfalls dann nicht gelten können, wenn diese Vorgehensweise zum Zwecke der Umgehung des § 302 Abs. 1 S. 2 StPO erfolgt.[610] Bei einfachen Gesprächen zwischen Verteidigung und Staatsanwaltschaft liegt keine solche Umgehung vor.[611]

Wird die Wirksamkeit einer Revisionsrücknahme in Zweifel gezogen, so ist es nach ständiger Rechtsprechung Sache des Revisionsgerichts, hierüber eine feststellende Erklärung zu treffen.[612]

l) § 78 Abs. 2 OWiG (Weitere Verfahrensvereinfachungen)

Obwohl es in Bußgeldverfahren nur wenige „geeignete Fälle" (vgl. § 257c Absatz 1 StPO) für eine Verständigung geben dürfte, da langwierige Beweiserhebungen selten sind und das im Bußgeldverfahren geltende Opportunitätsprinzip einen hinreichenden Spielraum eröffnet, auf eine schwierige Sachverhaltsaufklärung, die in keinem angemessenen Verhältnis zur Bedeutung der Ordnungswidrigkeit steht, zu verzichten und das Verfahren einzustellen, wurde für Ausnahmefälle von schwerwiegenden Ordnungswidrigkeiten, v. a. auf dem Gebiet des Wirtschaftsrechts wie etwa bei Kartellordnungswidrigkeiten, die Möglichkeit einer Verständigung in § 78 Abs. 2 OWiG klargestellt.[613]

Die Regelung hat bislang, soweit ersichtlich, noch wenig Anwendung in der Praxis der Bußgeldrichter erfahren. Unverbindliche Vorgespräche sind auch weiterhin nicht als Verständigung zu behandeln und auch nicht zu protokollieren.[614]

Nach § 78 Absatz 2 OWiG ist aber die Protokollierungspflicht nach § 273 Absatz 1a Satz 3 StPO nicht anzuwenden und die Mitteilungspflicht nach § 243 Absatz 4 StPO auf die Fälle beschränkt, in denen eine Erörterung im Sinne dieser Vorschrift stattgefunden hat. Aufgrund der Verweisungen in § 46 Absatz 1 und § 71 Absatz 1 OWiG können die Vorgaben der StPO zur Verständigung ansonsten Berücksichtigung finden.

---

[605] Offengelassen bei BGH NStZ 2011, 473.
[606] So auch *Bittmann*, wistra 2009, 414, 416; *Dittmann*, NStZ-RR 2011, 102, 104.
[607] *Jahn/Müller*, NJW 2009, 2625, 2630; dafür wohl auch OLG Celle NStZ-RR 2012, 20.
[608] *Peglau*, jurisPR-StrafR 4/2012 Anm. 1.
[609] BGHSt 55, 82: In den Entscheidungsgründen wird ausdrücklich betont, dass dies keine Umgehung der gesetzlichen Vorschriften sei, weil für den Angeklagten bei Einlegung und anschließender Rücknahme eines Rechtsmittels eine andere Entscheidungssituation gegeben sei als bei einer in der Hauptverhandlung u. U. vorschnell abgegebenen Verzichtserklärung.
[610] Abl. Anm. *Malek*, StraFo 2010, 251 zu BGH StraFo 2010, 249; Anm. *Niemöller*, StV 2010, 474; *Meyer-Goßner*, § 302 Rn. 26f.
[611] BGH NStZ 2011, 473; *Bittmann*, NStZ-RR 2011, 102, 104.
[612] BGHR StPO § 302 I 1 Rechtsmittelverzicht 8; BGH StraFo 2011, 232.
[613] BT-Drs. 16/12310 S. 15.
[614] *Fromm*, NZV 2010, 550, 551.

Aus § 75 Absatz 2, § 77b Absatz 1 Satz 2 und § 78 Absatz 1 Satz 2 OWiG kann entnommen werden, dass die Staatsanwaltschaft nur dann zu den „Verfahrensbeteiligten" im Sinne der §§ 257b und 257c StPO gehört, wenn sie an der Hauptverhandlung teilnimmt.[615]

208 Die Verständigung auf eine „Punktstrafe" wird wegen des speziellen Charakters des Bußgeldverfahrens (v. a. aufgrund der vorgegebenen Regelsätze der BKatV im Bereich der Straßenverkehrsordnungswidrigkeiten) teilweise als zulässig angesehen.[616] Da aber auch häufig Bußgeldrahmen vorgegeben sind und § 78 Abs. 2 OWiG spezielle Regelungen aufstellt, wann sich das Verfahren von der StPO unterscheiden soll, ist nicht zu erkennen, warum hier die Vereinbarung einer Punktstrafe generell zulässig sein soll.

---

[615] BT-Drs. 16/12310 S. 16.
[616] *Krumm,* NZV 2011, 376, 377.

27. Kapitel. EDV-Beweissicherung

Literatur: *Ackermann*, Ausgewählte Rechtsprobleme der Mailbox-Kommunikation, Diss., Hamburg 1994; *Altenhain*, Die strafrechtliche Verantwortung für die Verbreitung missbilligter Inhalte in Computernetzen, CR 1997, 485; *Amelung*, Grundfragen der Verwertungsverbote bei beweissichernden Haussuchungen im Strafverfahren, NJW 1991, 2533; *Amelung*, Die Entscheidung des BVerfG zur „Gefahr im Verzug" i. S. des Art. 13 II GG, NStZ 2001, 337; *Artkämper*, Ermittlungsmaßnahmen in Funktelefonnetzen, Kriminalistik 1998, 202; *Arzt*, Zur Beweisbeschaffungspflicht der Banken im Strafverfahren, in: Beiträge zum schweizerischen Bankenrecht,, Bern 1987, 321; *Bär*, Der Zugriff auf Computerdaten im Strafverfahren, Köln 1992; *Bär*, Die Überwachung des Fernmeldeverkehrs, CR 1993, 578; *Bär*, Zugriff auf Fernmeldedaten bei der Bundespost TELEKOM oder Dritter, CR 1993, 634; *Bär*, Durchsuchungen im EDV-Bereich, CR 1995, 158 (Teil 1) und 227 (Teil 2); *Bär*, Polizeilicher Zugriff auf kriminelle Mailboxen, CR 1995, 489; *Bär*, Beschlagnahme von Computerdaten, CR 1996, 675 (Teil 1) und 744 (Teil 2); *Bär*, EDV-Beweissicherung im Strafverfahrensrecht – Änderungen durch das BegleitG zum TKG, CR 1998, 434; *Bär*, Kapitel 7 Einleitung Strafrecht, in: *Roßnagel* (Hrsg.), Recht der Multimediadienste, Loseblattausgabe, Stand: April 2005; *Bär*, Aktuelle Rechtsfragen bei strafprozessualen Eingriffen in die Telekommunikation, MMR 2000, 472; *Bär*, Auskunftsanspruch über Telekommunikationsdaten nach den neuen §§ 100g, 100h StPO, MMR 2002, 358; *Bär*, Der IMSI-Catcher – neue Eingriffsermächtigung in § 100i StPO, MMR 1/2003, S. VI; *Bär*, Wardriver und andere Lauscher – Strafrechtliche Fragen im Zusammenhang mit WLAN, MMR 2005, 434; *Bär*, Handbuch zur EDV-Beweissicherung im Strafverfahren, Stuttgart 2007; *Bär*, Telekommunikationsüberwachung und andere verdeckte Ermittlungsmaßnahmen – Gesetzliche Neuregelungen zum 1.1.2008, MMR 2008, 215; *Bär*, TK-Überwachung, Köln 2010; *Bär*, Transnationaler Zugriff auf Computerdaten, ZIS 2011, 53; *Baum/Trafkowski*, Verschlüsselung und Strafzumessung, CR 2002, 69; *Bittmann*, Das staatsanwaltschaftliche Auskunftsverlangen gemäß § 95 StPO, NStZ 2001, 231; *Böckenförde*, Die Ermittlung im Netz, Tübingen 2003; *Bottke*, Polizeiliche Ermittlungstätigkeit und Legalitätsprinzip, in: Gedächtnisschrift für Karlheinz Meyer, Berlin 1990, 37; *Dalby*, Das neue Auskunftsverfahren nach § 113 TKG – Zeitdruck macht Gesetze, CR 2013, 361; *Danckwerts*, Funkzellenabfrage gem. § 100h Abs. 1 S. 2 StPO, CR 2002, 539; *Denkowski*, Fernmeldeaufklärung durch IMSI-Catcher, Kriminalistik 2002, 117; *Dix*, Gesetzliche Verschlüsselungsstandards – Möglichkeiten und Grenzen der Gesetzgebung, CR 1997, 38; *Dörschuck*, Doppelfunktionales Handeln des Polizeivollzugsdienstes, Kriminalistik 1997, 740; *Eckhardt*, Telekommunikations-Überwachungsverordnung – Ein Überblick, CR 2001, 670; *Eckhardt*, Neue Entwicklungen der Telekommunikationsüberwachung, CR 2002, 770; *Einmahl*, Gefahr in Verzug und Erreichbarkeit des Ermittlungsrichters bei Durchsuchungen und Beschlagnahmen, NJW 2001, 1393; *Eisenberg/Nischan*, Strafprozessualer Zugriff auf digitale multimediale Videodienste, JZ 1997, 74; *Eisenberg/Singelstein*, Zur Unzulässigkeit der heimlichen Ortung per „stiller SMS", NStZ 2005, 62; *Erbs/Kohlhaas*, Strafrechtliche Nebengesetze, Loseblattausgabe, Stand: Juli 2012 (zitiert: *Erbs/Kohlhaas-Bearbeiter*); *Felixberger*, Staatliche Überwachung der Telekommunikation, CR 1998, 143; *Fezer*, Überwachung der Telekommunikation und Verwertung eines „Raumgesprächs", NStZ 2003, 625; *Fox*, Der IMSI-Catcher, DuD 2002, 212; *Geis*, Die digitale Signatur, NJW 1997, 3000; *Geis*, Das neue Datenschutzrecht für Teledienste, CR 2002, 667; *Gercke, B.*, Rechtliche Probleme durch den Einsatz des IMSI-Catchers, MMR 2003, 453; *Gercke, B.*, Straftaten und Strafverfolgung im Internet, GA 2012, 474; *Gercke, M.*, Die Cybercrime Konvention des Europarats, CR 2004, 782; *Gercke, M.*, Analyse des Umsetzungsbedarfs der Cybercrime Konvention, Teil 1: MMR 2004, 728, Teil 2: MMR 2004, 801; *Gercke, M.*, Strafrechtliche und strafprozessuale Aspekte von Cloud Computing und Cloud Storage, CR 2010, 345; *Gerling*, Verschlüsselungsverfahren, DuD 1997, 197; *Glaser/Dörschuk*, Digitale Spuren, Kriminalistik 2003, 351; *Gnirck/Lichtenberg*, Internetprovider im Spannungsfeld staatlicher Auskunftsersuchen, DuD 2004, 598; *Götz*, Allgemeines Polizei- und Ordnungsrecht, 14. Aufl., Göttingen 2008; *Gola/Klug*, Die Entwicklung des Datenschutzrechts in den Jahren 2001/2002, NJW 2002, 2431; *Goldmann/Stenger*, Unbefugtes Eindringen in Computersysteme, CR 1989, 543; *Greiner*, Sperrungsverfügungen als Mittel der Gefahrenabwehr im Internet, CR 2002, 620; *Günther*, Zur strafprozessualen Erhebung von Telekommunikationsdaten, NStZ 2005, 485; *Gundermann*, Das neue TKG-Begleitgesetz – Digitalisierte Telekommunikation und staatliche Eingriffsbefugnisse, K&R 1998, 48; *Gravenreuth*, Computerviren, 2. Aufl., Köln 1998; *Gusy*, Polizeirecht, 5. Aufl., Tübingen 2003; *Gusy*, Zur Zulässigkeit datenschutzrelevanter polizeilicher Observierungen nach Strafprozessrecht und Polizeirecht, StV 1991, 499; *Gusy*, Das Fernmeldegeheimnis von Pressemitarbeitern als Grenze strafprozessualer Ermittlungen, NStZ 2003, 399; *Henrichs*, Polizeiliche Befugnisse zu Ermittlungsmaßnahmen mit TK- und Internetbezug, Kriminalistik 2013, 388; *Hiéramante*, Legalität der strafprozessualen Überwachung der Telekommunikation, StraFo 2013, 96; *Hippel/Weiß*, Eingriffsqualität polizeilicher Observierungen, JR 1992, 316; *Hoeren*, Auskunftspflichten der Internetprovider an Strafverfolgungs- und Sicherheitsbehörden – eine Einführung, wistra 2005, 1; *Hoeren/Sieber*, Handbuch Multimedia Recht – Rechtsfragen des elektronischen Geschäftsverkehrs, Loseblattausgabe, Stand: März 2012; *Hofmann*, Die Online-Durchsuchung – staatliches „Hacken" oder zulässige Ermittlungsmaßnahme?, NStZ 2005, 121; *Holznagel/Nelles/Sokol*, Die neue TKÜV – Telekommunikations-Überwachungs-Verordnung, München 2001; *Holznagel/Bennekoh*, Voice over IP – Regelungsbedarf und erste Ansätze, MMR 2005, 585; *Huber*, Möglichkeiten der Beschleunigung in Wirtschaftsstrafverfahren, NStZ 1996, 530; *Janovsky*, Ermittlungen in Wirtschaftsstrafsachen, Kriminalistik 1998, 269 (Teil 1) und 331 (Teil 2); *Janovsky*, Internet und Verbrechen, Kriminalistik 1998, 500; *Jarass*, Rundfunkbegriffe im Zeitalter des Internet, AfP 1998, 133; *Karlsruher Kommentar zur Strafprozessordnung*, hrsg. von G. Pfeiffer, 6. Aufl., München 2006 (zitiert: KK-StPO-*Bearbeiter*); *Kaspersen*, International Prosecution of Computer Crime, in: Sieber/Kaspersen/Vandenberghe/Stuurmann, The Legal Aspects of Computer Crime and Security, 1987, 50; *Katko*, Voice-over-IP, CR 2005, 189; *Kemper*, Die Beschlagnahmefähigkeit von Daten und E-Mails, NStZ 2005, 538; *Meyer-Goßner*, Strafprozessordnung, 55. Aufl., München 2012; *Klesczewski*, Das Auskunftsersuchen an die Post- die wohlfeile Dauerkontrolle von Fernmeldeanschlüssen?, StV 1993, 382; *Klesczewski*, Straftataufklärung im Internet – Technische Möglichkeiten und rechtliche Grenzen von strafprozessualen Ermittlungseingriffen im Internet, ZStW 123 (2011), 737; *Knemeyer*, Polizei- und Ordnungsrecht, 9. Aufl., München 2002; *Koch*, Grundrecht auf Verschlüsselung?, CR 1997, 106; *Koch*, Aspekte des technischen und strafrechtlichen Zugriffsschutzes von EDV-Systemen, RDV 1996, 123; *Köhntopp/Köhntopp*, Datenspuren im Internet, CR 2000, 248; *Köhntopp/Köhntopp/Seeger*, Sperrungen im Internet, MMR 1998, 25; *Kramer*, Videoaufnahmen und andere Eingriffe in das Allgemeine Persönlichkeitsrecht auf der Grundlage des § 163 StPO?, NJW 1992, 2732; *Kühne*, Strafprozessrecht, 6. Aufl., Heidelberg 2003; *Kudlich*, Der heimliche Zugriff auf Daten in einer Mailbox: ein Fall der Überwachung des Fernmeldeverkehrs? – BGH, NJW 1997, 1934, JuS 1998, 209; *Kudlich*, Strafprozessuale Probleme des Internet, JA 2000, 227; *Kudlich*, Strafverfolgung im Internet, GA 2011, 193; *Kudlich*, Straftaten und Strafverfolgung im Internet, StV 2012, 560; *Kugelmann*, Völkerrechtliche Mindeststandards für die Strafverfolgung im Cyberspace – Die Cyber-Crime Konvention des Europarates, TMR 2002, 14; *Kuner*, Rechtliche Aspekte der Datenverschlüsselung im Internet, NJW-CoR 1995, 413; *Kunert*, Erweitertes Zeugnisverweigerungsrecht der Medienmitarbeiter, NStZ 2002, 169; *Leicht*, Pflicht zur Herausgabe von Datenträgern und Mitwirkungspflichten bei der Aufbereitung von Dateien im Strafverfahren, iur 1986, 346 (Teil 1) und 390 (Teil 2); *Lemcke*, Die Sicherstellung gem. § 94 StPO und deren Förderung durch die Inpflichtnahme Dritter als Mittel des Zugriffs auf elektronisch gespeicherte Daten, Diss. Frankfurt 1995; *Lisken/Denninger*, Handbuch des Polizeirechts, 4. Aufl., München 2007; *Löwe/Rosenberg*, Die Strafprozessordnung und das Gerichtsverfassungsgesetz., Großkommentar, 25. Aufl., Berlin 1996ff. (zitiert: LR-*Bearbeiter*); *Manssen*, Telekommunikations- und Multimediarecht, Loseblattausgabe, Stand: 2006; *Marberth-Kubicki*, Computer- und Internetstrafrecht, 2. Aufl. 2010; *Maunz/Dürig*, Grundgesetz-Kommentar, Loseblattausgabe, Stand: April 2012; *May/Arnd*, Polizei und soziale Netzwerke, Kriminalistik 2013, 384; *Möhrenschlager*, Das OrgKG – eine Übersicht nach amtlichen Materialien, wistra 1992, 281 (Teil 1) und 326 (Teil 2); *Moos*, Dürfen Access-Provider IP-Adressen speichern?, CR 2003, 385; *Müller/Wabnitz/Janovsky*, Wirtschaftskriminalität, 4. Aufl., München 1997; *Nelles*, Strafprozessrecht: Spuren in der Datensammlung, JuS 1987, 51; *Obenhaus*, Cloud Computing als neue Herausforderung für Strafverfolgungsbehörden und Rechtsanwaltschaft, NJW 2010, 651; *Palm/Roy*, Mailboxen: Staatliche Eingriffe und andere rechtliche Aspekte, NJW 1996, 1791; *Palm/Roy*, Der BGH und der Zugriff auf Mailboxen, NJW 1997, 1904; *Park*, Der Anwendungsbereich des § 110 StPO bei Durchsuchungen in Wirtschafts- und Steuerstrafsachen, wistra 2000, 453; *Ransiek*, Durchsuchung, Beschlagnahme und Verwertungsverbot, StV 2002, 565; *Rettenmaier/Palm*, Vorratsdatenspeicherung: Bestandsaufnahme und Ausblick, ZIS 2012, 469; *Rogall*, Moderne Fahndungsmethoden im Lichte gewandelten Grundrechtsverständnisses, GA 1985, 1; *Rogall*, Informationseingriff und Gesetzesvorbehalt im Strafprozessrecht, Tübingen 1992; *Rogall*, Zur Zulässigkeit einer langfristigen Video-Überwachung der Wohnungstür eines Tatverdächtigen, NStZ 1992, 45; *Roggan*, Der tkü-spezifische Kernbereichsschutz im Verständnis des zweiten Senats des BVerfG, HRRS 2013, 153; *Rosengarten/Römer*, Der „virtuelle verdeckte Ermittler" in sozialen Netzwerken und Internetboards, NJW 2012, 1764; *Roßnagel*, Die Sicherheitsvermutung des Signaturgesetzes, NJW 1998, 3312; *Roßnagel*, Offene Rechtsfragen des Signaturgesetzes, MMR 1998, 75; *Schatzschneider*, Die Neustrukturierung des Post- und Fernmeldewesens, NJW 1989, 2371; *Schenke*, Exekutive Rechtsetzung bei der strafprozessualen Überwachung der Telekommunikation – Ein Verstoß gegen den Vorbehalt des Gesetzes, MMR 2000, 8; *Scherer*, Rechtsprobleme des Staatsvertrags über Bildschirmtext, NJW 1993, 1832; *Schlegel*, „Online-Durchsuchung light" – Die Änderung des § 110 StPO durch das Gesetz zur Neuregelung der Telekommunikationsüberwachung, HRRS 2008, 23; *Schmidt*, Handy-Ortung zur Gefahrenabwehr, Kriminalistik 2002, 42; *Schoreit*, Bestimmtheit einer Durchsuchungsanordnung, NStZ 1999, 173; *Schulz*, Jugendschutz bei Tele- und Mediendiensten, MMR 1998, 182; *Sieber*, The International Handbook on Computer Crime, New York 1986; *Sieber*, The International Emergence of Criminal Information Law, Köln 1992; *Sieber*, Information Technology Crime, Köln 1994; *Sieber*, Informationsrecht und Recht der Informationstechnik, NJW 1989, 2569; *Sieber*, Computerkriminalität und Informationsstrafrecht, CR 1995, 100; *Sieber*, Cyberlaw: Die Entwicklung im deutschen Recht, in: Cheswick, W./Bellovin, S., Firewalls und Sicherheit im Internet, Bonn 1996, 283; *Sieber*, Kontrollmöglichkeiten zur Verhinderung rechtswidriger Inhalte in Computernetzen, CR 1997, 581 (Teil 1) und CR 1997, 653 (Teil 2); *Sieber*, Gutachten C zum 69. DJT-Straftaten und Strafverfolgung im Internet, 2012; *SoinÉ*, Verdeckte Ermittler als Instrument zur Bekämpfung von Kinderpornographie im Internet, NStZ 2003, 225; *Stenger*, Mailboxen – Probleme der Beweissicherung in Strafsachen, CR 1990, 786; *Stenger*, RBA – Regionale EDV-Beweismittelsicherung und -Auswertung, Bayern-Polizei 1999, 19; *Systematischer Kommentar zum Strafgesetzbuch*, hrsg. von H. Rudolphi, Loseblattausgabe (zitiert: SK-StGB-*Bearbeiter*); *Systematischer Kommentar zur Strafprozessordnung*, hrsg. von H. Rudolphi, Loseblattausgabe (zitiert: SK-StPO-*Bearbeiter*); *Thiede*, Auslesen von beschlagnahmten Mobilfunkgeräten, Kriminalistik 2005, 346; *Tiedemann*, Die Auslandskopf-Überwachung nach der TKÜV 2005, CR 2005, 858; *Tiedemann*, Die Bekämpfung der Wirtschaftskriminalität durch den Gesetzgeber, JZ 1986, 865; *Tschacksch*, Die strafprozessuale Editionspflicht, Gelsenkirchen 1988; *Vassilaki*, Multimediale Kriminalität, CR 1997, 297; *Vassilaki*, Computer- und internetspezifische Entscheidungen der Strafgerichte Einfluss der Informations- und Telekommunikationstechnik auf die Rechtsfortbildung, MMR 1998, 247; *Vassilaki*, Die Überwachung des Fernmeldeverkehrs nach der Neufassung der §§ 100a, 100b StPO, JR 2000, 446; *Welp*, Strafprozessuale Zugriffe auf Verbindungsdaten des Fernmeldeverkehrs, NStZ 1994, 209; *Welp*, Verbindungsdaten – zur Reform des Auskunftsrechts (§§ 100g, 100h StPO), GA 2002, 535; *Weßlau*, Gefährdungen des Datenschutzes durch den Einsatz neuer Medien im Strafprozess, ZStW 113 (2001), 681; *Wiesneth*, Handbuch für das ermittlungsrichterliche Verfahren, Stuttgart 2006; *Wohlers/ Demko*, Der strafprozessuale Zugriff auf Verbindungsdaten, §§ 100g, 100h StPO, StV 2003, 241; *Wolff/ Neumann*, Anordnung der Auskunft über Telekommunikationsverbindungsdaten gegen unbekannt? – Zur Bezeichnung des Betroffenen nach § 100h I 1 StPO, NStZ 2003, 404; *Wollweber*, Verbindungsdaten der Telekommunikation im Visier der Strafverfolgungsbehörden, NJW 2002, 1554; *Wolter*, Heimliche und automatisierte Informationseingriffe wider Datengrundrechtsschutz – Gesamtanpassung vor Gesamtreform von Strafprozess und Polizeirecht, GA 1988, 57 (Teil 1) und 129 (Teil 2); *Wuermeling/Felixberger*, Fernmeldegeheimnis und Datenschutz im Telekommunikationsgesetz, CR 1997, 230; *Wuermeling/Felixberger*, Staatliche Überwachung der Kommunikation, CR 1997, 555; *Zöller*, Verdachtlose Recherchen und Ermittlungen im Internet, GA 2000, 563; *Zöller*, Heimliche und verdeckte Ermittlungsmaßnahmen im Strafverfahren, ZStW 124 (2012), 411.

Inhaltsübersicht

	Rn.		Rn.
A. Einführung	1–9	a) Vorbereitung der Durchsuchung	31–33
I. Einleitung	1–4	b) Ausführung der Durchsuchung	34, 35
II. Bedeutung der EDV-Beweissicherung	5–9	c) Unterbrechung der Kommunikationseinrichtungen und WLAN-Scannen	36, 37
1. Bedeutung des Ermittlungsverfahrens	5	d) Heranziehung von anwesenden Personen	38
2. Grenzen der Auslegung	6, 7	e) Mitnahme der sichergestellten Gegenstände	39
3. Einteilung der Zugriffsrechte und Gang der Darstellung	8, 9	7. Durchsicht der Papiere	40, 41
B. Einzelne Zwangsmaßnahmen	8–119	II. Beschlagnahme von Computerdaten	42–59
I. Durchsuchungen im EDV-Bereich	10–41	1. Gegenstände als Beweismittel	43–45
1. Betroffener Personenkreis	12–14	2. Potentielle Beweisbedeutung	46, 47
2. Inbetriebnahme fremder EDV-Anlagen	15–17	3. Formen der Sicherstellung	48
3. Nutzung fremder Programme	18, 19	4. Beschlagnahmeverbote	49–52
4. Reichweite der Durchsuchungsbefugnisse	20–24	5. Postbeschlagnahme	53–55
5. Durchsuchungen mit Auslandsbezug	25–30	6. Rasterfahndung	56, 57
6. Planung und Vollzug von Zwangsmaßnahmen	31–39	7. Durchführung der Sicherstellung und Auswertung von EDV-Unterlagen	58, 59
		III. Strafprozessuale Mitwirkungspflichten	60–71

	Rn.		Rn.
1. Zeugenpflicht	61–65	f) Anordnungskompetenz und formelle Voraussetzungen	110
a) Reichweite der Zeugenpflichten	62	g) Verwertung der Daten im Strafverfahren	111, 112
b) Zeugenpflichten im EDV-Bereich	63, 64	3. Auskunftsersuchen gem. §§ 112 und 113 TKG sowie § 100j StPO und §§ 14, 15 TMG	113–115
c) Kurzfristige Zeugenladung	65	4. Einsatz des IMSI-Catchers (§ 100i StPO)	116, 117
2. Editionspflicht (§ 95 StPO)	66–71	5. Planung und Durchführung von Eingriffen	118, 119
a) Reichweite der Vorlageverpflichtung	67–69	C. Ermittlungen im Internet	120–138
b) Datenausdruck gem. § 261 HGB	70	I. Polizeistreifen in Datennetzen	121–123
c) Kostenerstattung (§ 23 JVEG)	71	II. Online-Zugriff auf fremde Daten	124–135
IV. Eingriffe in die Telekommunikation	72–119	1. Abgrenzung von Gefahrenabwehr und Strafverfolgung	127
1. Überwachung der Telekommunikation (§ 100a StPO)	75–92	2. Strafprozessuale Rechtsgrundlagen	128–135
a) Begriff der Telekommunikation	76–78	a) Einsatz verdeckter Ermittler	129, 130
b) Vorliegen einer Katalogtat	79, 80	b) Durchsuchung	131, 132
c) Betroffene Personen	81	c) Eingriffe in die Telekommunikation	133, 134
d) Einseitige Überwachung der Kommunikation	82	d) Ermittlungsgeneralklausel	135
e) Kernbereichsschutz	83, 84	III. Einsatz sonstiger neuer technischer Mittel	136–138
f) Praxisrelevante Einzelfragen	85–92	D. Ermittlungen mit Auslandsbezug	139–145
2. Auskunftsanspruch bzgl. Verkehrsdaten (§ 100g StPO)	93–112	I. Einzelne Ermittlungsbefugnisse	140–143
a) Inhalt des Auskunftsanspruchs	94–100	II. Verwertung von Beweismitteln	144, 145
b) Eingriffsvoraussetzungen des § 100g StPO	101–104	E. Zugriff auf verschlüsselte Daten	146–151
c) Betroffener des Auskunftsanspruchs	105	I. Methoden der Datenverschlüsselung	147–150
d) Zielwahlsuche und Funkzellenabfrage	106–108	II. Bekanntgabe von Verschlüsselungsmechanismen	151
e) Adressat des Auskunftsanspruchs (Auskunftsverpflichtete)	109	F. Zusammenfassung und Ausblick	152, 153

A. Einführung

I. Einleitung

1 Wie bereits die obigen Ausführungen in Kapitel 14 zur Computer- und Internetkriminalität gezeigt haben, hat der Gesetzgeber im Bereich des materiellen Strafrechts auf die durch die Informationstechnik hervorgerufenen Veränderungen mit einer Novellierung bestehender und der Schaffung neuer Straftatbestände reagiert.[1] Auch wenn der Gesetzgeber aufgrund der Geschehnisse vom 11. September 2001 in New York bzw. am 11. März 2004 in Madrid und im Juli 2005 in London auch im Strafverfahren an verschiedenen Stellen Veränderungen vorgenommen hat, kann eine Anpassung des Strafprozessrechts an die neuen EDV-Entwicklungen nur teilweise festgestellt werden. Dies umso mehr als die Schwierigkeiten bei der strafprozessualen **EDV-Beweissicherung** keineswegs nur auf die Verfolgung der Cybercrime im engeren oder weiteren Sinn beschränkt sind. Zwar wird sich die Mehrzahl der rechtlichen Problemstellungen in diesem Zusammenhang ergeben, doch werden solche Fragestellungen auch bei der **Verfolgung aller Straftaten** auftreten, sofern der Beschuldigte oder ein sonst **am Verfahren beteiligter Dritter moderne EDV-Techniken zur Tatbegehung einsetzen**. So werden etwa die Ermittlungen in einem Betrugs- oder Untreueverfahren in einem Betrieb fast zwangsläufig zur Auseinandersetzung mit der Datenverarbeitung des Unterneh-

---

[1] Vgl. oben Kapitel 14 Rn. 3 ff.

mens führen, nachdem die Abwicklung der Geschäftsvorfälle mittels EDV heute schon zum Standard gehört. Aber selbst in einem Mordfall ist eine Konfrontation mit EDV-Techniken denkbar. Wird etwa die Medikamentierung in einem Krankenhaus für einzelne Patienten mit einem Computer festgehalten, könnte dies vom Täter zur Tatbegehung benutzt werden. Würde der Mörder hier die für den konkreten Patienten vorgesehene Dosis eines Medikamentes mittels Veränderung im Programm auf eine tödliche Dosis erhöhen, die von der Schwester verabreicht wird, wäre der Computer sogar mittelbares Tatobjekt für einen Mord. Der Tatnachweis könnte dann nur gelingen, wenn sich Veränderungen im EDV-Programm nachweisen lassen. Festzuhalten bleibt daher, dass sich bei fast allen Deliktsformen die Notwendigkeit ergeben kann, vorgefundene Computeranlagen, Speichermedien oder Kommunikationseinrichtungen zu untersuchen und als Beweismittel im Verfahren einzusetzen. Gleichwohl werden die Zugriffsmöglichkeiten auf Computerdaten eine besondere Bedeutung bei der Verfolgung der Wirtschaftskriminalität erlangen, wo die Ermittlungsbehörden bei der Sachverhaltsaufklärung in besonderem Maße auf die Auswertung sachlicher Beweismittel angewiesen sind. Hier ergeben sich aber gerade **veränderte Anforderungen an** die **Suche** und das **Auffinden** bzw. **Verdunkeln von** relevanten **Beweismitteln.**[2] Die nunmehr nicht mehr in Papierform vorliegenden Beweise lassen sich als digitale Informationen leicht und in anderer Art als bisher vor einem Zugriff der Ermittlungsbehörden verbergen, etwa durch Verlagerung in die Cloud. Über die weltweiten Datennetze können durch den Täter aber auch spezielle Veränderungen an Hard- und Software vorgenommen worden sein, die dazu führen, dass vorhandene Daten unwiederbringlich gelöscht und zerstört werden. Die Strafverfolgungsbehörden müssen deshalb über notwendige **fachspezifische Kenntnisse** im Umgang mit der EDV verfügen. Dies vor allem auch deshalb, um im Rahmen von Ermittlungen relevante Beweise überhaupt aufzufinden und zu erheben sowie sichergestellte Unterlagen in Form von EDV-Beweismitteln auch sachgemäß auswerten zu können.

All diese Bereiche machen deutlich, dass es zu einer angemessenen Bewältigung dieser durch die neue EDV-Technik hervorgerufenen Veränderungen im Strafverfahren nur kommen kann, wenn die Ermittlungsbehörden auch über angemessene Eingriffsbefugnisse verfügen, die es ihnen erlauben, die notwendigen Beweise für das weitere Verfahren sicherzustellen. Während es im Bereich des materiellen Strafrechts für neu auftretende Fälle des Missbrauchs der Informations- und Kommunikationstechnologie zahlreiche gesetzgeberische Initiativen gegeben hat, blieb im Einzelnen unerörtert, mit welchen **strafprozessualen Mitteln** die **neuen Straftatbestände** auch **effektiv verfolgt** werden sollten. Dies wird besonders am Beispiel des Ausspähens von Daten (§ 202a StGB) deutlich. Eine effektive Verfolgung und Ermittlung des Täters ist hier – wie auch die einschlägigen Verfahren zeigen[3] – nur bei Eingriffen in die Telekommunikation oder durch Rückgriff auf vorhandene Verkehrsdaten der Kommunikation möglich, da andernfalls der Täter den Ermittlungsbehörden immer einen Schritt voraus ist. Die Eingriffsvoraussetzungen des § 100a StPO lassen ein solches Vorgehen oder andere vergleichbare Maßnahmen aber gerade nicht zu. Die im Bereich des materiellen Strafrechts aufgetretenen Veränderungen durch die Computertechnologie führten deshalb bei der Strafverfolgung eher zu neuen Problemen statt zu einer Lösung, nachdem insbesondere die weitgehend noch aus dem vergangenen Jahrhundert stammenden Regelungen zur Sicherung von Beweismitteln mithilfe der Durchsuchung oder Beschlagnahme auf die Sicherung körperlicher Gegenstände, aber nicht von unkörperlichen Daten fixiert sind. Auch macht etwa eine Ermittlung und Rückverfolgung von Tätern in Datennetzen neue Ermittlungsmaßnahmen erforderlich, für welche die bestehenden Rechtsgrundlagen meist nicht ausreichend sind.

---

[2] Vgl. näher *Bär*, Der Zugriff auf Computerdaten im Strafverfahren, 1992, 45 ff. sowie *Bär*, Handbuch zur EDV-Beweissicherung im Strafverfahren, Rn. 2 ff.

[3] Vgl. etwa zum KGB- und NASA-Hackingfall die Darstellungen bei *Sieber*, CR 1995, 103 sowie *Hafner/Markoff*, Cyperpunk, 1991 oder *Stoll*, Kuckucksei, Die Jagd auf die deutschen Hacker, die das Pentagon knackten, 1989.

3 Auf die eingetretenen technischen Veränderungen hatte der Gesetzgeber zunächst nur in geringen Teilbereichen mit dem **OrgKG vom 15.7.1992** reagiert.[4] Weitere Novellierungen ergaben sich in Einzelbereichen – etwa der Ermittlungsgeneralklausel in den §§ 161, 163 StPO – einerseits durch das **Strafverfahrensänderungsgesetz (StVÄG) 1999**[5] sowie andererseits durch die Neuregelungen in den §§ 100g, 100h und 100i StPO[6] betreffend die Eingriffe in die Telekommunikation sowie das Justizmodernisierungsgesetz vom 24. 8.2004.[7] Zusätzliche wesentliche gesetzliche Ergänzungen im Bereich der EDV-Beweissicherung wurden jedoch nicht vorgenommen.

4 Für den Gesetzgeber ergab sich aber zum 1.1.2008 in mehrfacher Hinsicht die Notwendigkeit, die bestehenden gesetzlichen Eingriffsermächtigungen für Eingriffe in die Telekommunikation und andere verdeckte Ermittlungsmaßnahmen zu überarbeiten bzw. völlig neu zu regeln. So war die Regelung zur Herausgabe von Verbindungsdaten in den §§ 100g, h a. F. StPO bis zum 31.12.2007 zeitlich befristet,[8] sowie der Gesetzgeber gehalten, die Richtlinie über die Vorratsdatenspeicherung[9] bis 15.9.2007 in nationales Recht umzusetzen. Hinzu kam die Notwendigkeit, die Vorgaben des Übereinkommens des Europarats über Computerkriminalität vom 23.11.2001,[10] das mit Gesetz vom 5.10.2008[11] ratifiziert wurde, in nationales Recht zu übertragen. Daneben machten verschiedene verfassungsrechtlichen Vorgaben des BVerfG Änderungen erforderlich.[12] Mit dem **Gesetz zur Neuregelung der Telekommunikationsüberwachung und anderer verdeckter Ermittlungsmaßnahmen sowie zur Umsetzung der Richtlinie 2006/24/EG vom 21.12.2007**[13] wurden daher die Eingriffsbefugnisse für verdeckte Ermittlungsmaßnahmen in den §§ 100a – 101 StPO einer umfassenden Überarbeitung unterzogen. Die bisherigen verfahrensrechtlichen Voraussetzungen und grundrechtssichernden Ausgestaltungen der Ermächtigungsnormen, insbesondere zur Telekommunikationsüberwachung, zum sog. kleinen Lauschangriff, zur Verkehrsdatenerhebung, zur Postbeschlagnahme, zum IMSI-Catcher und zur Observation wurden harmonisiert und so übersichtlicher und rechtsstaatlichen Geboten entsprechend gestaltet.[14] Mit Urteil vom 2.3.2010 hat das BVerfG[15] aber mit den §§ 113a und 113b TKG zur Vorratsdatenspeicherung einen wesentlichen Teil dieses Reformgesetzes für nichtig erklärt, gleichzeitig aber festgestellt, dass eine anlassunabhängige Speicherung von Verkehrsdaten unter Beachtung der verfassungsgerichtlichen Vorgaben grundsätzlich mit dem Grundgesetz vereinbar ist.[16]

---

[4] Vgl. BGBl. 1992 I S. 1301 sowie speziell zu diesem Gesetz *Möhrenschlager*, wistra 1992, 281 und 326. So wurde in den §§ 98a ff. StPO nach ersten bereits im Jahr 1979 bei der Terroristenfahndung aufgetretenen Fällen eine Rechtsgrundlage für positive bzw. negative Rasterfahndung geschaffen.

[5] Strafverfahrensänderungsgesetz 1999 (StVÄG 1999), BGBl. I 2000 S. 1253 mit Wirkung ab 1.11.2000. Vgl. BR-Drucksache 65/99.

[6] Vgl. Gesetz zur Änderung der StPO vom 20.12.2001 (BGBl. I 2001 S. 3879) und vom 13.8.2002 (BGBl. I S. 3018).

[7] Justizmodernisierungsgesetz vom 24. August 2004 (BGBl. 2004, Teil I, S. 2198).

[8] Der Grund für die Befristung (BR-Drs. 702/01), eine rechtstatsächliche Untersuchung zur Rechtswirklichkeit und Effizienz der Überwachungsvorschriften, um ein Gesamtsystem der heimlichen Ermittlungsmethoden zu schaffen, war bereits seit 2004 erledigt.

[9] Vgl. Richtlinie 2006/24/EG, ABl. L 105 vom 13.4.2006, S. 54 ff.

[10] Vgl. zum Text http://conventions.coe.int/Treaty/GER/Treaties/Html/185.htm.

[11] Vgl. BGBl 2008, Teil II, S. 1242 vom 5.10.2008 sowie dazu BR-Drs. 666/07 und BT-Drs. 16/7218.

[12] Vgl. nur BVerfGE 113, 348 [391]; 115, 166 ff. und 100, 313 [364]; 109, 279 ff. und 110, 33 [73 ff.].

[13] BGBl. 2007, Teil I, S. 3198–3211.

[14] Vgl. dazu *Bär* MMR 2008, 215; *Eckhardt* CR 2007, 336; *Wolter* GA 2007, 183; *Glaser/Gedeon* GA 2007, 415; *Hefendehl* JZ 2009, 165.

[15] Vgl. BVerfG NJW 2010, 833 – 851 m. Anm. *Heun*, CR 2010, 247; *Ohler*, JZ 2010, 626; *Klesczewski*, JZ 2010, 629; *Löffelmann*, JR 2010, 225; *Gercke*, StV 2010, 281.

[16] Vgl. näher zum Urteil: *KMR-Bär*, Vor §§ 100a-100i Rn. 6 – 6c.

A. Einführung

II. Bedeutung der EDV-Beweissicherung

1. Bedeutung des Ermittlungsverfahrens

Das gemäß § 160 StPO im Strafverfahren zu beachtende Legalitätsprinzip zwingt die Sicherheitsbehörden zur Verfolgung von Straftaten. Sie haben für die Erhebung und Sicherung der notwendigen Beweise Sorge zu tragen. Die Ermittlungsbehörden erfüllen damit eine **zentrale Aufgabe im gesamten Strafverfahren:** Gelingt eine ordnungsgemäße Aufklärung und Sicherung der notwendigen Beweise nicht, wirkt sich dies negativ auf den Ausgang des gesamten Verfahrens aus. Ein eingeleitetes Verfahren wird deshalb regelmäßig keine Verurteilung des Täters nach sich ziehen können, wenn es nicht möglich ist, die für das Hauptverfahren erforderlichen **Beweise im Ermittlungsverfahren zu erheben.** Der Gesetzgeber hat deshalb den Strafverfolgungsbehörden eine Reihe von allgemeinen und speziellen Ermächtigungsnormen zur Verfügung gestellt, die den rechtlichen Rahmen für verfassungsrechtlich zulässige Eingriffe in die grundrechtlich geschützten Positionen des Betroffenen abstecken. So findet sich in den geänderten §§ 161 und 163 StPO[17] nun eine Ermittlungsgeneralklausel. Gesetzlich zugelassen sind daneben in der StPO zahlreiche Spezialbefugnisse zu denen insbesondere die Möglichkeiten zur Durchsuchung und Beschlagnahme sowie der Eingriffe in die Telekommunikation, aber auch die Befugnisse, einen Dritten zu einer Zeugenaussage oder zur Herausgabe von Gegenständen zu veranlassen. Es gilt daher festzustellen, ob die vom Gesetzgeber vorgesehenen Ermächtigungsnormen den neuen Herausforderungen der modernen Informationsgesellschaft bei Ermittlungen im EDV-Bereich gerecht werden.

2. Grenzen der Auslegung

Da die relevanten Eingriffsermächtigungen der StPO seit der Schaffung der Reichsstrafprozessordnung im Jahre 1879 in vielen Bereichen unverändert geblieben sind, ist eine Lösung der neuen Rechtsfragen im Zusammenhang mit der Beweissicherung von Computerdaten in besonderem Maße auf eine Auslegung bzw. Rechtsfortbildung des geltenden Rechts angewiesen. Es gilt daher vorab klarzustellen, inwieweit einer Ausdehnung bestehender Eingriffsermächtigungen über den Wortlaut der Norm hinaus **verfassungsrechtliche** Grenzen gezogen sind. Nachdem den Strafverfolgungsbehörden in den §§ 160, 161 und 163 StPO seit der Novellierung nicht mehr nur allgemein die Aufgabe zugewiesen ist, Ermittlungen zur Aufklärung des Sachverhalts vorzunehmen, sondern auch die Befugnis gegeben ist, Ermittlungen jeder Art entweder selbst vorzunehmen oder durch die Behörden und Beamten des Polizeidienstes vornehmen zu lassen, findet sich nun auch in der StPO – ebenso wie bereits in den meisten Polizeigesetzen der Länder[18] – eine **Generalermächtigungsnorm für Ermittlungen aller Art.** Diese ist nur dadurch beschränkt, dass andere Eingriffsermächtigungen die Befugnisse speziell regeln. Damit darf auf diese allgemeine Befugnisnorm für solche Ermittlungshandlungen nicht zurückgegriffen werden, die bereits gesetzlich ausdrücklich normiert sind, aber deren Voraussetzungen nicht vorliegen.[19] Nach der Rechtsprechung des BVerfG zur Wesentlichkeitstheorie bei Grundrechtseingriffen ist davon auszugehen, dass die jetzige **Neuregelung der §§ 161, 163 StPO** mit dem allgemeinen Gesetzesvorbehaltes des Art. 20 Abs. 3 GG in jedem Fall vereinbar sind, wenn weniger intensive Eingriffe über eine Ermittlungsgeneralklausel gestattet werden, da der Gesetzgeber nicht alle denkbaren Eingriffe – wie etwa die kurzfristige Observation, den Einsatz von einfachen Fahndungsmaßnahmen oder allgemeine Datenerhebungen in sozialen Netzwerken – über eine Spezialermächtigung regeln kann.[20]

---

[17] BGBl. 2000, Teil I, S. 1253 mit Wirkung ab 1.11.2000.
[18] Vgl. etwa nur Art. 11 des Bayerischen Polizeiaufgabengesetzes (BayPAG).
[19] Einer sog. „Schwellentheorie" wegen Fehlens einer Generalermächtigung bedarf es daher nicht mehr. Vgl. *Rebmann/Schoreit*, NStZ 1984, 3; KK-StPO-*Müller*, 4. Aufl. 1999 § 163 Rn. 18; *Steinke*, DVBl. 1980, 438.
[20] Vgl. dazu näher *Hilger*, NStZ 2000, 564.

Solche nur mit einem geringen Grundrechtseingriff verbundenen Eingriffe müssen somit auch ohne ausdrückliche Schaffung einer Spezialermächtigung durch den Gesetzgeber zulässig sein.

7   Insbesondere auch seit der Entscheidung des BVerfG im Volkszählungsurteil ist aber anerkannt, dass moderne Eingriffsermächtigungen wie die Datenerhebung und -verarbeitung am Gesetzesvorbehalt zu messen sind und deshalb im Fall der Eingriffsqualität auch einer eigenen formell-gesetzlichen Ermächtigungsgrundlage bedürfen. Eine **Ausdehnung bestehender Rechtsgrundlagen** über ihren Wortlaut hinaus im Wege der Analogie kann daher im Bereich der Strafverfolgung **nicht zugelassen** werden.[21] Dies wird insbesondere auch aus den beiden Entscheidungen des BGH zur „Raumgesprächsaufnahme" und zum „Stimmenvergleich" besonders deutlich. Im ersten Fall war über eine zulässigerweise installierte Abhöranlage an einem Telefonanschluss ein „Raumgespräch" aufgezeichnet worden, weil der Telefonhörer des Gerätes nicht richtig aufgelegt war. Die Verwertung der hierbei gewonnenen Erkenntnisse lehnte der BGH ab. Eine Ausdehnung der Anwendbarkeit des § 100a StPO auf einen solchen Fall sei mit dem Gesetzeswortlaut nicht vereinbar und diese Vorschrift wäre einer erweiternden Auslegung auch nicht zugänglich.[22] Im Fall des „Stimmenvergleichs" wurde ein zwischen dem Beschuldigten und dem Leiter der Justizvollzugsanstalt geführtes Gespräch ohne dessen Wissen auf einem Tonband aufgezeichnet, um dieses mit einem vorhandenen Mitschnitt eines Erpresseranrufes zu vergleichen. Der BGH sah auch hier die heimliche Tonbandaufnahme als unverwertbar an, da sich eine Ermächtigungsgrundlage für die Herstellung von Aufzeichnungen zum Stimmenvergleich nicht aus einer analogen Anwendung der §§ 100a ff. StPO ergeben könne.[23] Diese beiden Beispiele machen deutlich, dass bei strafprozessualen Eingriffsnormen eine Ausdehnung des Anwendungsbereichs über den Wortlaut der Bestimmung hinaus nicht erfolgen kann, da andernfalls nicht mehr von einem Eingriff „aufgrund eines Gesetzes" i. S. d. Art. 20 Abs. 3 GG auszugehen ist. Diese verfassungsrechtlichen Vorgaben sind deshalb auch bei der folgenden rechtlichen Beurteilung der einzelnen Zugriffsrechte zu beachten.

3. Einteilung der Zugriffsrechte und Gang der Darstellung

8   Die für den Zugriff auf Computerdaten relevanten Eingriffsermächtigungen lassen sich im Hinblick auf das von den in Anspruch genommenen Personen geforderte Verhalten in zwei unterschiedliche Kategorien einteilen: Geht es bei der Maßnahme nur darum, den Adressaten zur Duldung von Handlungen der Ermittlungsbehörden an seinem Eigentum, Besitz oder seinen garantierten sonstigen Grundrechten zu verpflichten **(passive Duldungspflichten)** oder wird vom Betroffenen ein weitergehendes aktives Tätigwerden im Ermittlungsverfahren gefordert **(aktive Mitwirkungspflichten)**. Von Bedeutung ist diese Differenzierung deshalb, weil ein Beschuldigter nicht dazu verpflichtet werden kann, an seiner eigenen Überführung mitzuwirken. Unter Berücksichtigung dieses verfassungsrechtlich abgesicherten Grundsatzes des Verbots für den Selbstbelastungszwang **(nemo-tenetur-Prinzip)**, das in § 136 Abs. 1 Satz 2 und § 55 StPO seinen Niederschlag gefunden hat, können zwar alle Duldungspflichten gegenüber dem Beschuldigten und gegenüber Dritten ergriffen werden, er kann aber nicht im Wege der Mitwirkungspflichten in Form der Zeugen- und Editionspflicht zur aktiven Teilnahme an seiner eigenen Überführung herangezogen werden. Diese Differenzierung wird deshalb auch im Rahmen der folgenden Darstellungen zu den einzelnen Zwangsmaßnahmen unter Punkt B) berücksichtigt.

9   Da sich durch den Einsatz der modernen Kommunikationstechniken aber auch neue Ermittlungserfordernisse ergeben, die nicht durch spezielle Eingriffsermächtigungen gedeckt

---

[21] Vgl. näher zur Ableitung eines Analogieverbotes aus dem allgemeinen Gesetzesvorbehalt im Strafverfahrensrecht die Darstellungen bei *Bär*, Zugriff auf Computerdaten im Strafverfahren, 69 ff. sowie auch BVerfG, NJW 1996, 3146 und *Rogall*, Informationseingriff und Gesetzesvorbehalt im Strafprozessrecht, 1992, 74.

[22] Vgl. BGHSt 31, 296, 297 f. Nach BGH, NJW 2003, 2034 wird dies aber bei einem nicht richtig bedienten Handy unter bestimmten Voraussetzungen jetzt zugelassen.

[23] Vgl. BGHSt 34, 39, 50 f.

sind, sollen diese in einem gesonderten Punkt erörtert werden. Sowohl die Ermittlungen in Datennetzen als auch die Verschlüsselungen von Daten werfen hier solche eigenständigen Rechtsfragen – einschließlich des Auslandsbezugs – auf, denen unter Punkt C) bis E) nachzugehen sein wird.

B. Einzelne Zwangsmaßnahmen
I. Durchsuchungen im EDV-Bereich

Die wichtigste Möglichkeit zur EDV-Beweissicherung stellt auch aus heutiger Sicht zunächst die Durchsuchung dar. Nach den §§ 102 ff. StPO haben die Ermittlungsbehörden die Befugnis, Wohnungen oder andere Räume von Verdächtigen aber auch anderen Personen nach Beweismitteln zu durchsuchen. Die Durchsuchung ist damit gekennzeichnet durch eine **„zweck- und zielgerichtete Suche staatlicher Organe in einer Wohnung,** um dort planmäßig etwas aufzuspüren, was der Inhaber der Wohnung von sich aus nicht offen legen will, etwas nicht klar zutage Liegendes, vielleicht Verborgenes aufzudecken oder ein Geheimnis zu lüften".[24] Unter **Durchbrechung des in Art. 13 GG** garantierten Grundrechts der Unverletzlichkeit der Wohnung wird es den Strafverfolgungsbehörden ermöglicht, in **fremde Wohnungen** oder Räume **einzudringen,** um dort nach Beweismitteln zu suchen. Die Durchsuchungsbefugnisse erlauben es damit den Ermittlungsorganen unmittelbar an für das weitere Verfahren benötigte Beweismittel zu gelangen. Dabei ist auf eine sorgsame Prüfung der Eingriffsvoraussetzungen und Abfassung der Durchsuchungsbeschlüsse zu achten.[25] Mit der aktiven Tätigkeit des „Suchens" durch Ermittlungsbeamte korrespondiert auf Seiten des Betroffenen eine entsprechende passive Duldungspflicht. War diese Maßnahme bei herkömmlichen Durchsuchungen praktisch ohne Schwierigkeiten durchzuführen, weil die gesuchten Beweismittel in Ordnern oder Schränken in Papierform meist offen zu finden waren, werden die Probleme beim Einsatz der modernen EDV bereits offensichtlich: Die benötigten Unterlagen sind nur noch in EDV-mäßig gespeicherter Form, nicht mehr in Papierform vorhanden, es findet sich eine Unmenge von gespeicherten Informationen auf kleinsten Speichermedien und es besteht die große Gefahr, bei einem falschen Vorgehen wesentliche Datenbestände zu löschen oder gar zu übersehen. Vor allem aber können die beweisrelevanten Informationen auf externen Speichermedien und auch in der Cloud ausgelagert sein. Die dabei auftretenden Rechtsfragen mögen die folgenden Beispiele verdeutlichen:

10

Fall 1: Gegen ein Unternehmen im Inland wurde wegen des Verdachts des Kapitalanlagebetrugs ermittelt, aus diesem Grund auch eine Durchsuchung der Geschäftsräume angeordnet. In den Räumen der Firma wurden aber keine Unterlagen, sondern nur ein Computerterminal mit Anschluss an das Telekommunikationsnetz gefunden. Es stellte sich heraus, dass die kompletten Geschäftsdaten auf einem Server in der Schweiz gespeichert waren. Für die Ermittlungsbehörden ergab sich damit die Frage, ob es rechtlich zulässig war, vom Terminal im Inland aus die für die weiteren Ermittlungen benötigten und dort nicht frei zugänglichen Daten aus dem Ausland unter Benutzung der fremden EDV-Anlage abzurufen.[26]

11

Fall 2: Das Amtsgericht erließ auf Antrag der Staatsanwalt gegen einen Anbieter von TK-Dienstleistungen einen Durchsuchungsbeschluss gem. § 103 StPO, mit dem die Beschlagnahme von beim Provider gespeicherten Verkehrsdaten der Telekommunikation erreicht werden sollte.[27]

Fall 3: Im Rahmen einer Durchsuchung wird festgestellt, dass der Beschuldigte seine beweisrelevanten Daten bei einem Cloud-Provider ausgelagert hat. Vom PC des Beschuldigten aus ist ein Zugriff auf die dortigen Daten und deren Sicherung möglich, da die Cloud-Anwendung als virtuelles Laufwerk über den lokalen Explorer abrufbar ist.

---

[24] Vgl. BVerwGE 47, 31, 37 sowie auch BVerfGE 51, 97, 106 f. und 75, 318, 327 zur Definition für den Begriff der Durchsuchung und LR-*Schäfer*, § 102 Rn. 1.

[25] Vgl. nur BVerfG MMR 2008, 459; NJW 2009, 2516; NJW 2009, 2518; StV 2010, 665 sowie LG Düsseldorf StraFo 2013, 70.

[26] Vgl. zum Sachverhalt näher *Bär*, Zugriff auf Computerdaten im Strafverfahren, 41 f. (Fall „Online-Zugriff").

[27] Vgl. näher zum Sachverhalt im „AN.ON"-Verfahren: LG Frankfurt MMR 2004, 344 mit Anmerkung *Bär*.

1. Betroffener Personenkreis

12   Der Gesetzgeber unterscheidet mit § 102 und § 103 StPO zwischen einer **Durchsuchung beim Verdächtigen und bei Dritten,** wobei die Eingriffsvoraussetzungen beider Normen insoweit voneinander abweichen, als die Durchsuchung nach § 103 StPO nur in eingeschränkterem Umfang zugelassen wird. Im Gegensatz zu anderen Grundrechtseingriffen ist in § 102 StPO zwar vom „Verdächtigen" statt vom Beschuldigten die Rede, ohne dass damit wesentliche Unterschiede zwischen beiden Begriffen bestehen, nachdem die Beschuldigteneigenschaft nach überwiegender Ansicht allein durch einen formalen Willensakt der Strafverfolgungsbehörden begründet wird.[28] Für das Vorliegen eines **Verdachts** i. S. d. § 102 StPO als einer **subjektiven retrospektiven Prognose** sind gewisse tatsächliche Anhaltspunkte für die Begehung einer bestimmten Straftat erforderlich, so dass man insoweit auch von einem „greifbaren Verdacht" sprechen könnte. Auch für Durchsuchungen im EDV-Bereich müssen daher Tatsachen i. S. d. § 152 StPO vorliegen, die mit gewisser Wahrscheinlichkeit eine strafrechtliche Verurteilung des Betroffenen als möglich erscheinen lassen.[29] Ein Verstoß gegen diese Anforderungen liegt damit vor, wenn sich zureichende plausible Gründe für den Eingriff nicht finden lassen.[30] Richtet sich der Verdacht gegen eine Gruppe von Personen, ist eine Durchsuchung bei allen Einzelpersonen möglich. Eine Durchsuchung von juristischen Personen oder Personengesellschaften kann auch auf § 102 StPO gestützt werden, gerade wenn Rechenzentren, Diensteanbieter im Informations- und Kommunikationsbereich in einer solchen Rechtsform betrieben werden. In Übereinstimmung mit der h. A.[31] ist auch hier eine Durchsuchung gem. § 102 StPO möglich, wenn sich der Verdacht gegen ein vertretungsberechtigtes Organ des Unternehmens richtet, nicht jedoch bei Verdachtsmomenten gegenüber einem sonstigen Mitarbeiter. Dadurch wird den unter Verdacht geratenen Gesellschaften das Privileg genommen, nur unter den engeren Voraussetzungen des § 103 StPO durchsucht zu werden.

13   Im Gegensatz zu § 102 StPO ist eine Durchsuchung gem. § 103 StPO bei all denjenigen Personen zulässig, die nicht bereits an einer den Gegenstand des Verfahrens bildenden Tat beteiligt sind. Hier ist eine Durchsuchung aber erst möglich, wenn **Tatsachen auf das Vorhandensein von Spuren oder beschlagnahmbaren Gegenständen hinweisen.** Sowohl die Beweisgegenstände als auch die Spuren müssen daher hinreichend individualisiert und zumindest der Gattung nach näher bestimmt sein, um zu einem zulässigen Grundrechtseingriff zu führen.[32] So reicht etwa eine Durchsuchung einer Bank allgemein zur Auffindung von Kontounterlagen nicht aus, denn hier soll die nach § 110 StPO vorzunehmende Durchsicht der Papiere erst Klarheit darüber schaffen, ob sich in den Kontounterlagen auch tatsächlich verfahrensrelevante Eintragungen befinden.[33] Im EDV-Bereich wäre aber die Bezeichnung der zu suchenden Beweismittel etwa als „Datenträger" ausreichend. Zusätzlich müsste jedoch im Einzelnen dargelegt werden, auf welche konkreten Tatsachen sich die Annahme stützt, dass auf den Datenträgern auch die gesuchten Informationen gespeichert sind.

14   Für eine **Durchsuchung eines Host-Providers** ist dabei im Rahmen der Differenzierung zwischen § 102 StPO und § 103 StPO auch immer stets die materiell-rechtliche Verantwortlichkeitsfrage zu berücksichtigen, inwieweit dieser danach selbst Beschuldigter oder nur unbeteiligter Dritter sein kann. Nur wenn überhaupt Anhaltspunkte dafür bestehen, dass der Diensteanbieter eigene Informationen in sein Angebot aufgenommen hat bzw. sich fremde Informationen zu Eigen gemacht hat, trifft ihn nach den §§ 7 ff. TMG eine Verantwortlich-

---

[28] Vgl. BGHSt 10, 8, 12 sowie *Meyer-Goßner*, Einl Rn. 76 m. w. N.
[29] Vgl. BVerfG NJW 2003, 1787; BVerfGE 59, 95, 98; OLG Düsseldorf MDR 1991, 78 f.; LG Düsseldorf StraFo 2013, 70 sowie LR-*Schäfer*, § 102 Rn. 5.
[30] Vgl. BVerfG MMR 2009, 459 = StV 2009, 452.
[31] Vgl. dazu näher LR-*Schäfer*, § 102 Rn. 7a, 10 und § 103 Rn. 5 sowie die Nachweise bei *Bär*, Zugriff auf Computerdaten im Strafverfahren, 203 ff. und *Bär*, Handbuch zur EDV-Beweissicherung im Strafverfahren, Rn. 344 ff.
[32] Vgl. BVerfG, NJW 2003, 2669. LR-*Schäfer*, § 103 Rn. 10; SK-StPO-*Rudolphi*, § 103 Rn. 7.
[33] So BGH, BGHR StPO § 103 Tatsachen 2.

B. Einzelne Zwangsmaßnahmen

keit nach den allgemeinen Strafgesetzen. Insoweit müssen daher auch die Haftungsprivilegierungen dieser Gesetze bereits im Rahmen des erforderlichen Anfangsverdachts berücksichtigt werden. Sie haben damit auch im Strafprozessrecht Bedeutung. Die im materiellen Strafrecht als tatbestandsintegrierte Vorfilter[34] zu berücksichtigenden Normen führen folglich auch hier dazu, dass bei fehlender Verantwortlichkeit eine Durchsuchung eines so privilegierten Providers auch nur unter den engeren Voraussetzungen des § 103 StPO angeordnet werden kann.[35] Zusätzlich darf das Instrumentarium der Durchsuchung nicht dazu verwendet werden, um beim Adressaten Beweismittel zu sichern, die – wie im obigen Fall 2 etwa in Bezug auf TK-Verkehrsdaten – bereits anderen Zwangsmaßnahmen unterliegen. Andernfalls könnten mit der Durchsuchung die Voraussetzungen zur Beschlagnahme von TK-Daten umgangen werden.[36] Wird auf dem fremden Rechner aber ein Webseed-Server zur Begehung von Urheberrechtsverletzungen vom Beschuldigten betrieben, ist § 103 StPO einschlägig, da es sich hier um keine TK-Daten handelt.[37]

2. Inbetriebnahme fremder EDV-Anlagen

Während bei herkömmlichen Durchsuchungen die relevanten Beweismittel regelmäßig in Papierform vorgefunden wurden, ist dies unter Einsatz der modernen EDV-Techniken – abgesehen von den gesetzlich vorgeschriebenen Fällen – regelmäßig nicht mehr der Fall. Die Ermittlungsbehörden müssen deshalb vorgefundene Datenträger und EDV-Anlagen auf beweisrelevante Informationen hin untersuchen bzw. erst nach entsprechenden – auch externen – Speichermedien suchen. Der in den durchsuchten Räumlichkeiten vorgefundene Rechner kann zum einen zur Sichtung und Sichtbarmachung der gespeicherten Daten verwendet werden. Mit dem Auffinden von Datenträgern ist nichts über deren Beweisbedeutung im weiteren Verfahren ausgesagt. Vielmehr schließt sich erst die schwierige Auswertung der gespeicherten Daten an, die durch die **Benutzung der vorgefundenen EDV-Anlage** erheblich erleichtert wird. So können besondere Formatierungen, hard- oder softwaremäßige Einstellungen bis hin zur Datenverschlüsselung oder andere technische Mittel die Auswertung und Sichtbarmachung der einzelnen gespeicherten Informationen erschweren. In einzelnen Branchen sind auch individuell auf die Bedürfnisse des Unternehmens angepasste Programme im Einsatz. Zum anderen kann die EDV-Anlage aber auch dazu dienen, bisher noch nicht gefundene beweisrelevante Daten erst zu suchen, die etwa auf Speichermedien aller Art – wie internen oder externen Datenspeichern – enthalten sind. Handelt es sich bei dem vorgefundenen Rechner – wie heute regelmäßig der Fall – um ein **vernetztes System,** das eine Verbindung zu einem zentralen Server hat, lassen sich unter Nutzung der modernen Datenübertragungstechniken dort gespeicherte Informationen abrufen. Dabei kann es sich bei den erreichbaren externen Daten um Informationen innerhalb eines lokalen Netzwerkes oder Intranets handeln, das auf den Betrieb beschränkt ist, aber auch bei Filialbetrieben bzw. Zweigniederlassungen Verbindung zum entfernten Hauptsitz des Unternehmens hat. Vor dem Hintergrund der immer mehr zunehmenden internationalen wirtschaftlichen Verflechtungen können auf diese Weise – möglicherweise sogar unbemerkt – auch die Grenzen des eigenen Staatsgebietes überschritten werden, wenn sich etwa der Server, zu dem eine Verbindung aufgebaut wird, im Ausland befindet.

Unter Berücksichtigung all dieser denkbaren Verwendungsmöglichkeiten der in den durchsuchten Räumen vorgefundenen EDV-Anlage ergibt sich damit die entscheidende rechtliche Frage, ob eine Durchsuchung i. S. d. §§ 102 bzw. 103 StPO auch eine **Befugnis zur Inbetriebnahme und Nutzung** fremder Rechner beinhaltet.[38] Wie Beispiele aus ande-

---

[34] Vgl. dazu näher die Ausführungen in Kapitel 14. Vgl. auch LG Stuttgart, NStZ 2003, 36.
[35] So auch LG Stuttgart, NStZ-RR 2002, 241 = CR 2001, 626 mit Anm. *Eckhardt*.
[36] So im Ergebnis: LG Frankfurt, MMR 2004, 344 mit Anmerkung *Bär*.
[37] Vgl. LG Saarbrücken MMR 2009, 205 m. Anm. *Bär*.
[38] Da das deutsche Recht keine ausdrückliche Regelung enthält, kann die Reichweite der Durchsuchungsbestimmungen nur im Wege der Auslegung beurteilt werden. Demgegenüber finden sich in anderen Staaten Regelungen etwa zur Suche von „any data contained in or available to the computer sys-

ren Rechtsgebieten zeigen, muss dies **nicht stets zulässig** sein: So wird im Rahmen der steuerlichen Betriebsprüfung gem. §§ 193 ff. AO die Auffassung vertreten, der Steuerpflichtige könne zwar aufgrund der gesetzlich geregelten Mitwirkungspflichten zur Vorlage ausgedruckten Buchungsmaterials an den Prüfer verpflichtet werden, er müsse aber dem Beamten die EDV-Anlage für Prüfungszwecke nicht überlassen.[39] Auch der BGH hat in der sog. „Druckbalkenentscheidung" zu § 809 BGB zur Vorlegung und Besichtigung von Sachen klargestellt, dass dies nur eine Inaugenscheinnahme in Form der sinnlichen Wahrnehmung zulasse, aber keine Nutzung oder teilweise Zerlegung von Gegenständen.[40] Ein Vergleich mit Abspielgeräten für Bild- oder Tonträger führt ebenfalls nicht weiter, da es sich insoweit um reine technische Hilfsmittel handelt, die im Gegensatz zu EDV-Anlagen keine weiteren Informationen in sich enthalten. Zwar mag der Zugriff auf weitere Daten im Wege der Datenkommunikation auf den ersten Blick mit dem Öffnen eines Behältnisses vergleichbar sein. Doch sind im EDV-Bereich entweder keine körperlichen Gegenstände aufzufinden oder die relevanten Informationen im zu durchsuchenden Objekt vorhanden, müssen aber noch in eine andere Darstellungsform überführt werden.

17 Letztlich ist für die rechtliche Zulässigkeit einer Inbetriebnahme der EDV-Anlage auf den Inhalt und die **Reichweite des Durchsuchungsbegriffs** abzustellen. Auszugehen ist dabei vom sprachlichen Verständnis der Suche als einer Tätigkeit, die einer Sache nachspürt, sie sorgfältig untersucht und durchforscht, und sich darum bemüht, etwas aufzufinden, indem bis in den letzten Winkel abgesucht wird. Als sinnverwandte Ausdrücke findet sich der Verweis auf Durchforschen, Erforschen, Nachsehen, Auskundschaften, Durchstöbern und „Filzen".[41] Kennzeichnend für den Begriff ist damit ein Verhalten, das nicht lediglich auf eine rein äußerliche Betrachtung von Objekten beschränkt ist. Die Durchsuchung geht über die zivilrechtliche „Besichtigung" mit rein visuellen Eindrücken durch das Sehen und Betasten hinaus. Mit einer zweck- und zielgerichteten Suche wird aber die Grenze vom Besichtigen zum Durchsuchen überschritten. Dies entspricht auch der Rechtsprechung des BFH, wonach das bloße Betreten und Besichtigen von Räumen durch Vollziehungsbeamte noch keine Durchsuchungshandlung i. S. d. Art. 13 Abs. 2 GG darstellt.[42] Der Gesetzgeber hat mit der Befugnis zur Durchsuchung von Räumen zur Auffindung von Beweismitteln den Ermittlungsbehörden einen weiten Spielraum zum Eindringen in das durch Art. 13 GG geschützte Recht auf Unverletzlichkeit der Wohnung geschaffen. Dem Begriff **„Suche"** sind **inhaltlich** nur Grenzen gezogen **durch die Zweckbestimmung der jeweiligen Handlung** und die zu durchsuchenden Räumlichkeiten. Es ist daher mit dem Zweck des Eingriffs grundsätzlich vereinbar, wenn eine in den durchsuchten Objekten vorgefundene EDV-Anlage in Betrieb genommen oder weiter benutzt wird. Allerdings ist eine Differenzierung hinsichtlich der mit dem Rechner vorzunehmenden Handlungen geboten: Soweit mit dem Computer nach beweisrelevanten Informationen auf internen oder externen Speichermedien gesucht wird, kann dazu der Rechner jederzeit verwendet werden, da es sich hierbei um eine ziel- und zweckgerichtete Gewinnung von Informationen handelt, wobei noch zu untersuchen sein wird, inwieweit sich räumliche Einschränkungen bei vernetzten EDV-Systemen ergeben.[43] Werden bei diesem Vorgehen tatsächlich Beweismittel aufgefunden, ist damit die eigentliche Durchsuchung beendet. Es stellt sich dann die Frage nach einer Sicherung der aufgefundenen

---

tem" in Art. 14 des kanadischen Competition Act von 1986 (vgl. dazu näher *Bär*, Zugriff auf Computerdaten im Strafverfahren, 488 ff.).

[39] Vgl. dazu *Frotscher*, in: *Schwarz*, AO, § 200 Rn. 10 und *Birk*, in: *Dörner/Ehlers*, Rechtsprobleme der EDV, 1989, 142.

[40] Vgl. BGHZ 93, 191, 192. So bereits auch *Dierschke*, Die Vorlegung von Sachen zur Besichtigung nach dem Bürgerlichen Gesetzbuche für das Deutsche Reich, 1901, 78 sowie *Palandt-Sprau*, § 809 Rn. 4 m. w. N.

[41] Vgl. nur *Grimm*, Deutsches Wörterbuch, Neudruck 1980, Stichwort „Durchsuchen" und „Suchen" sowie *Duden*, Das große Wörterbuch der deutschen Sprache, 1977 ff., Stichwort „Durchsuchung" und *Peltzer/v. Normann*, Das treffende Wort, 18. Aufl. 1981, Stichwort „durchsuchen".

[42] Vgl. BFHE 154, 435 unter Verweis auf BVerfGE 32, 54, 72 ff.

[43] So im Ergebnis auch KK-StPO-*Nack*, § 100a Rn. 9, der aber weitergehend die Nutzung auch für die Sichtbarmachung, den Ausdruck und die Sicherstellung zulassen will.

B. Einzelne Zwangsmaßnahmen

Daten für das weitere Verfahren. Dies betrifft aber nicht mehr Fragen der Durchsuchung, sondern die sich daran anschließende Beschlagnahme oder sonstige Sicherstellung von Gegenständen. Umgekehrt wird aber aus diesem begrifflichen Verständnis der Suche deutlich, dass eine **Benutzung fremder EDV-Anlagen ausgeschlossen** ist, wenn diese **als reines technisches Hilfsmittel** eingesetzt werden soll. In diesem Fall dient der Computer nicht dem Auffinden von Daten, sondern zur Überführung der relevanten Daten in eine andere, besser verwertbare Form. An die Stelle der Suche tritt eine auswertende Tätigkeit. Für diese Zwecke wird aber durch die §§ 102, 103 StPO kein Eindringen in fremde Räumlichkeiten zugelassen. Die vorgefundene EDV-Anlage kann deshalb allein mit diesem Ziel – ohne das Auffinden beweisrelevanter Daten – nicht eingesetzt werden.

3. Nutzung fremder Programme

Wird bei einer Benutzung der EDV-Anlage oder bei einer Auswertung sichergestellter Unterlagen ein auf vorgefundenen Datenträgern oder auf dem Server vorhandenes Computerprogramm verwendet, indem dieses in den Arbeitsspeicher geladen oder zu Sicherungszwecken vervielfältigt wird, kann es dadurch zu einer **Verletzung fremder Urheberrechte** i. S. d. §§ 16 ff. UrhG kommen. Über § 2 Abs. 1 Nr. 1 und §§ 69a ff. UrhG genießen alle Ausdrucksformen eines Computerprogramms urheberrechtlichen Schutz. Zu den nur mit Zustimmung des Rechtsinhabers vorzunehmenden Handlungen zählt gem. § 69c UrhG jede ganze, teilweise dauerhafte oder auch nur vorübergehende Vervielfältigung des Programms sowie das Laden, Anzeigen, Ablaufen und Speichern.[44] Urheberrechtliche Bestimmungen sind damit verletzt, wenn sich sowohl die Benutzung des Programms auf dem fremden Rechner als auch dessen Kopie nicht mehr innerhalb der mit dem jeweiligen Softwareüberlassungsvertrag gewährten Nutzungsrechte i. S. d. §§ 31 ff. UrhG bewegt. Davon ist auszugehen, wenn im Rahmen der Durchsuchung etwa raubkopierte Programme bei Softwarepiraterie oder beim Hacking vorgefunden werden bzw. Standardprogramme auf Datenträgern oder auf sichergestellten Rechnern mitgenommen werden.

Gleichgültig ob im Einzelfall die Nutzung des Programms noch vom Softwareüberlassungsvertrag gedeckt ist oder nicht, fällt die Verwendung der Programme für Ermittlungsmaßnahmen in jedem Fall unter die gesetzlichen Schranken des Urheberrechts. Durch § 45 UrhG wird im Interesse der Rechtspflege und öffentlichen Sicherheit ausdrücklich **zugelassen,** einzelne **Vervielfältigungsstücke** von Werken zur Verwendung in Verfahren vor einer Behörde oder einem Gericht herzustellen und damit auch im strafprozessualen Ermittlungsverfahren.[45] Durch die Einschränkung der Verwendung „im Verfahren" wird aber klargestellt, dass ein Rückgriff auf diese Norm einerseits für vorbereitende Handlungen vor Einleitung konkreter Ermittlungen ausgeschlossen bleibt. Andererseits fehlt eine Berechtigung zur Nutzung der Programme nach Abschluss der Ermittlungen, da hier kein konkreter Verfahrensbezug mehr besteht. Damit erfolgt die Nutzung fremder urheberrechtlich geschützter Programme nach Inbetriebnahme der EDV-Anlage ebenso wie die Verwendung mitgenommener oder sichergestellter Datenträger im Einklang mit den Bestimmungen des Urheberrechts, wenn zahlenmäßig nur durch die Erfordernisse des konkreten Verfahrens benötigte Vervielfältigungsstücke hergestellt werden. Dieses Ergebnis gilt in vergleichbarer Weise auch für die Nutzung fremder Datenbanken, die in den §§ 69h ff. und §§ 87a ff. UrhG[46] einen eigenständigen Schutz erfahren haben.

---

[44] Vgl. näher *Wandtke/Bullinger-Grützmacher*, Urheberrecht, 3. Aufl. 2009, § 69c Rn. 4 ff.

[45] Vgl. *Wandtke/Bullinger-Lüft*, Urheberrecht, 3. Aufl. 2009, Rn. 2; *Spindler/Schuster-Wiebe*, Recht der elektronischen Medien, 2. Aufl. 2011, § 45 UrhG Rn. 2; *Ulmer*, Urheber- und Verlagsrecht, 3. Aufl. 1980, 329; *Hubmann*, Urheber- und Verlagsrecht, 6. Aufl. 1987, 196 sowie *Schricker-Melichar*, UrhR, 3. Aufl. 2006, § 45 Rn. 3 und *Fromm/Nordemann-Nordemann*, UrhR, 10. Aufl. 2008, § 45 Rn. 2 ff.

[46] Vgl. Art. 7 des IuKDG vom 22.7.1997 (BGBl. 1997, Teil 1, 1870, 1877) sowie zur Begründung BR-Drs. 966/96, S. 41 ff.

4. Reichweite der Durchsuchungsbefugnisse

20 Sowohl nach § 102 als auch nach § 103 StPO kommt eine Durchsuchung der Wohnung und anderer Räume in Betracht. Erfasst sind damit von diesen Begriffen neben der eigentlichen Wohnung auch Arbeits-, Betriebs- oder Geschäftsräume, die als Büro, Lager oder Produktionsstätte genutzt werden können. Da durch § 102 und § 103 StPO eine Durchsuchung beim Verdächtigen oder bei Dritten zugelassen wird, sind für die Anordnung die konkreten **Eigentumsverhältnisse oder individuellen Besitz- und Nutzungsrechte ohne Bedeutung.** Maßgeblich ist allein die tatsächliche Nutzung durch den Betroffenen. Zusätzlich wird die jeweilige Reichweite der Durchsuchung durch den gem. § 105 StPO grundsätzlich erforderlichen Durchsuchungsbeschluss festgelegt. Dieser muss neben der Bezeichnung der Straftat, deren Begehung Anlass zur Zwangsmaßnahme gibt, Zweck und Ziel sowie das Ausmaß der Durchsuchung genau bezeichnen und mindestens annäherungsweise in der Form beispielhafter Angaben die Beweismittel angeben, denen die Durchsuchung gilt.[47] Der **Durchsuchungsbeschluss** muss daher im Rahmen des Möglichen und Zumutbaren sicherstellen, dass der Grundrechtseingriff **messbar und kontrollierbar** bleibt. Nur wenn der äußere Rahmen, innerhalb dessen die Maßnahme durchzuführen ist, im Hinblick auf Art. 13 GG so abgesteckt wird, ist sowohl für die vollstreckenden Beamten als auch für den Betroffenen in gleicher Weise die Reichweite des Eingriffs erkennbar.

21 Während bei herkömmlichen Durchsuchungen die relevanten Beweismittel auf Printmedien vorhanden sind, werden die Ermittlungsbehörden beim EDV-Einsatz mit den unterschiedlichsten technischen Geräten und Speichermedien für Daten konfrontiert. Dabei geht es zum einen um das Auffinden der EDV-Anlage und der beweisrelevanten Datenträger. Auf Grund der immer kleiner werdenden Speichermedien können vom Beschuldigten USB-Sticks, Speicherkarten aller Art mit mehreren GB Speicherkapazität vor einem Zugriff durch die Ermittlungsbehörden versteckt werden. Zum anderen erhebt sich in diesem Zusammenhang die neue Rechtsfrage, wie weit eine Suche nach Beweismitteln unter Nutzung der vorhandenen Datenübertragungstechniken auch auf außerhalb des Durchsuchungsobjekts gespeicherte Dateien ausgedehnt werden kann. Unter technischen Gesichtspunkten ist es insoweit möglich, auf solche räumlich entfernten Datenbestände – etwa innerhalb eines lokalen Netzwerkes oder eines weiter entfernten Hauptrechners – zuzugreifen, ohne die primär durchsuchten Räumlichkeiten physisch verlassen zu müssen und am jeweiligen Standort des Rechners mit den gespeicherten Daten anwesend zu sein. Hinzu kommen die Möglichkeiten zur **Auslagerung von Daten** zu Share- oder Filehostern oder gar in die „Cloud". Die andernorts gespeicherten Daten könnten hier zwar unmittelbar am Terminal in den Räumen des Durchsuchungsobjekts sichtbar gemacht und nach einer Zwischenspeicherung auch als Beweismittel verwendet werden, die eigentliche Durchsuchungsbefugnis orientiert sich aber an der geographischen Verortung der Daten.

22 Entscheidend für die Zulässigkeit eines solchen **Online-Zugriff auf Daten** muss letztlich sein, ob sich die Durchsuchung auf die Räumlichkeiten erstreckt, in denen die relevanten Daten auf einem Speichermedium verkörpert sind. Andernfalls würde den Ermittlungsbehörden die Möglichkeit eingeräumt, die vorgefundenen Kommunikationseinrichtungen zur Suche nach beweisrelevanten Daten in fremden Rechnersystemen zu nutzen und so die primäre Durchsuchungsanordnung in ihrer Reichweite beliebig auf inhaltlich schwer kontrollierbare weitere Bereiche auszudehnen. Eine richterliche oder staatsanwaltschaftliche Prüfung der jeweiligen Durchsuchungsvoraussetzungen – bezogen auf den Standort des Rechners – würde unterbleiben. Dies vor allem auch vor dem Hintergrund, dass eine Durchsuchung beim Betroffenen nach § 102 StPO und am Standort des Rechners möglicherweise nur unter den engeren Voraussetzungen des § 103 StPO zulässig wäre. Die §§ 102 und 103 StPO gestatten daher keine Maßnahmen, welche die Informationsschranken der durchsuchten Räume, wie sie im individuellen Durchsuchungsbeschluss gezogen wurden, überschreiten. Dies bedeutet, dass auf Grund der geographischen Verortung des Eingriffs ein Zugriff auf

---

[47] Vgl. BVerfG, NStZ 1992, 91 sowie *Meyer-Goßner*, StPO, § 105 Rn. 5 und LR-*Schäfer*, § 105 Rn. 37 ff. sowie *Schoreit*, NStZ 1999, 173 ff. und KK-StPO-*Nack*, § 105 Rn. 4.

B. Einzelne Zwangsmaßnahmen

weitere Daten grundsätzlich ausgeschlossen bleiben müsste, wenn es zu einem **Auseinanderfallen der primär durchsuchten Räumlichkeiten** und dem **entfernten Standort des jeweiligen Zentralrechners** kommt. Befindet sich der am Ende der Leitung stehende Rechner etwa in einem anderen, nicht der Durchsuchung unterliegenden Gebäudeteil, wäre den Ermittlungsbehörden ohne EDV eine Durchsuchung dieser Räumlichkeiten nicht gestattet.

Für diese rechtlichen Schwierigkeiten bei der Durchsuchung räumlich getrennter Speichermedien hat der Gesetzgeber in Umsetzung von Art. 19 Abs. 2 der Cyber-Crime-Konvention mit **§ 110 Abs. 3 StPO** aber nun eine gesetzliche Befugnis geschaffen, die deren Durchsicht zulässt, soweit auf sie von dem durchsuchten Speichermedium aus zugegriffen werden kann, wenn andernfalls der Verlust der gesuchten Daten zu besorgen ist. Mit dieser Regelung ist aber ausdrücklich keine Online-Durchsuchung mit Einsatz von technischen Mitteln gestattet.[48] Es ist den Ermittlungsbehörden nur erlaubt, im Wege dieser sog. **Netzwerkdurchsicht** oder auch „**Online-Durchsuchung light**" auf alle verfügbaren externen Speichermedien zuzugreifen. Voraussetzung ist nur, dass der externe Speicherplatz von einer während der Durchsuchung vorgefundenen EDV-Anlage aus zugänglich ist, d. h. dieses Computersystem so konfiguriert ist, dass eine Erweiterung der Durchsicht auf andere über ein Netzwerk angeschlossene Speichermedien technisch möglich ist.[49] § 110 Abs. 3 Satz 1 StPO erfasst damit alle Fallgestaltungen, bei denen der Betroffene etwa von einem entsprechenden Anbieter Speicherplatz gemietet hat, auf den nur online über Datennetze zugegriffen werden kann.[50] Ein solcher Datenabruf ist auch zulässig, wenn im Rahmen der Durchsuchung Passwörter für den Zugang zu solchen externen Speichermedien des Betroffenen gefunden werden, um gespeicherte E-Mails oder andere Daten zu sichern, wenn die konkrete Konfiguration des vorgefundenen Rechners dies zulässt.[51] Gleiches gilt auch für beweisrelevante Informationen, die vom Betroffenen – wie im Fall 3 – in die „Cloud" ausgelagert wurden. Eine Anwendung des § 110 Abs. 3 StPO ist nicht deshalb ausgeschlossen, weil sie zu einer heimliche Maßnahme gegenüber dem Gewahrsamsinhaber der online zugänglichen Daten führt. Dessen Interessen wird nach § 110 Abs. 3 Satz 2 2. HS StPO durch die entsprechende Anwendung von § 98 Abs. 2 StPO Rechnung getragen. Dem neuen Grundrecht auf Gewährleistung der Integrität und Vertraulichkeit informationstechnischer Systeme, das vor allem vor heimlicher Infiltration eines Computers schützen soll,[52] steht einem solchen Vorgehen grundsätzlich nicht entgegen, wenn auf den Einsatz von technischen Mitteln zum Zugriff auf externe Datenbestände verzichtet wird.[53]

Alternativ lassen sich auftretende rechtliche Schwierigkeiten auch dadurch beseitigen, dass bereits vorab ein entsprechend **erweiterter Beschluss beantragt** wird, sofern den Ermittlungsbehörden schon vor Beginn der eigentlichen Durchsuchung bekannt ist, dass sich in dem durchsuchten Objekt EDV-Anlagen mit Datenübertragungseinrichtungen in Form von lokalen Netzen oder Verbindungen zu entfernten Betriebsteilen befinden. Wird erst bei der Ausführung der Zwangsmaßnahme erkannt, dass zur Suche nach Beweismitteln auf externe Daten zugegriffen werden muss, bestünde auf der Grundlage des § 105 StPO auch die rechtliche Möglichkeit im Wege der **Eilkompetenz** die bisherige Befugnis zu erweitern, wenn die Voraussetzungen für Gefahr in Verzug[54] bejaht werden können.

5. Durchsuchungen mit Auslandsbezug

Kommt es bei der Suche in Computernetzwerken – möglicherweise sogar äußerlich unbemerkt – zu einer **Überschreitung der Grenzen des eigenen Hoheitsbereichs,** werden

---

[48] Vgl. BT-Drs. 16/5846, S. 64 und BT-Drs. 16/6979, S. 45.
[49] Vgl. *Schlegel*, HRRS 2008, 23 [28]; *Meyer-Goßner*, § 110 Rn. 6; *Bär* ZIS 2011, 54.
[50] Vgl. BT-Drs. 16/5846, S. 64.
[51] Vgl. *Bär* ZIS 2011, 54; *Schlegel*, HRRS 2008, 23 [28, 30]; *Meyer-Goßner*, § 110 Rn. 6.
[52] Vgl. BVerfG MMR 2008, 315 [318] m. Anm. *Bär*.
[53] Kritisch: *Knierim*, StV 2008, 206 [211].
[54] Vgl. zur Auslegung des Begriffs „Gefahr in Verzug" näher unten Rn. 32 f.

zusätzliche, rechtliche Fragestellungen aufgeworfen.[55] Die Ermittlungen via Datenleitung auch im Ausland haben dabei gerade in einer immer mehr durch einen weltweiten Austausch von Daten geprägten Informationsgesellschaft eine besondere Bedeutung. So nimmt die Zahl der multinationalen Konzerne mit Tochterfirmen in verschiedenen Ländern immer weiter zu. Aufgrund der internationalen Handelsverflechtungen gehen aber auch inländische Firmen in ständig steigendem Maß dazu über, einzelne Teilbereiche des Unternehmens aus Kostengründen oder zum Schutz vor fremdem Zugriff ins Ausland zu verlagern. Im Übrigen ist es durch ständig weiter zunehmende Cloud-Anwendungen möglich, eine Vielzahl von Informationen in der virtuellen Datenwolke abzuspeichern, ohne dass ein konkreter Speicherort der Daten festgestellt werden kann.[56] Wäre es hier in allen Fällen zulässig, vom Inland aus Datenabfragen und damit auch Ermittlungen von Online-Verbindungen vorzunehmen, könnten die nationalen Strafverfolgungsbehörden ohne durch eigene Beamte oder fremde Hilfspersonen der Hoheitsgewalt des jeweiligen Staates ausgesetzt zu sein, möglicherweise Ermittlungen vornehmen, die für den fremden Staat nicht erkennbar oder gar nachweisbar gewesen wäre. Damit werden aber bereits die **rechtlichen Schwierigkeiten** solcher grenzüberschreitenden Online-Ermittlungen offensichtlich.

26 Die Beschaffung von Beweismitteln im Ausland bei Unterlagen in Papierform wird über ein Rechtshilfeersuchen an den jeweiligen fremden Staat abgewickelt. Die **Rechtshilfe**[57] selbst kann sich dabei auf alle Formen der Unterstützung beziehen, um den Erfolg von Strafverfahren erst zu ermöglichen oder zu fördern. Da das jeweilige Rechtshilfeersuchen aufgrund der bestehenden **zwischenstaatlichen Vereinbarungen** aber von übergeordneten Stellen auf dem justizministeriellen und diplomatischen Weg weitergeleitet werden muss, führt dies zu komplizierten und lang andauernden Verfahren. Bei digitalisierten Daten würde bei einem solchen Vorgehen den Tätern die Möglichkeit eingeräumt, beweisrelevante Informationen zwischenzeitlich zu löschen. Die sich so ergebenden Defizite des Rechtshilfeverfahrens ließen sich damit zwar bei einem direkten Online-Zugriff vermeiden, doch könnten durch diese Form der Ermittlungen im Ausland umgekehrt die speziell für den Verkehr mit dem Ausland geschaffenen bilateralen Abkommen zur Rechtshilfe unterlaufen werden.

27 Eine Ermittlungstätigkeit via Datenleitung im Ausland kann auch **völkerrechtliche Grundsätze** verletzen. Durch das fehlende physische Tätigwerden von Beamten im fremden Staatsgebiet fehlt zwar der Hauptgrund für eine völkerrechtliche Verurteilung bei einem Eingriff in den Hoheitsbereich eines anderen Staates. Doch werden beim Abruf von Computerdaten Datenverarbeitungsvorgänge im Ausland ausgelöst bzw. gesteuert. Dadurch kann sich der ermittelnde Beamte nach den jeweiligen nationalen Bestimmungen auch wegen Hacking, Verletzung fremder Hoheitsrechte, Bankgeheimnisse oder fremder Geschäfts- und Betriebsgeheimnisse im Ausland selbst strafbar machen. Da die Nutzung der ausländischen EDV-Anlage der Lenkung und Steuerung durch inländische Ermittlungsbehörden unterliegt, ist die Online-Suche als eine Art verlängerter Arm der Strafverfolgungsorgane anzusehen. Die modernen technischen Mittel führen damit dazu, dass eine von der Eingriffsintensität ähnliche Ermittlungstätigkeit wesentlich anders bewertet wird als bei physischer Anwesenheit der Beamten im Ausland. **Hoheitliche Direktermittlungen** via Datenleitungen können daher regelmäßig die **Souveränität des anderen Staates beeinträchtigen.** Eine besondere Gefährdung ergibt sich dabei hier durch die Menge der leicht und unauffällig zu erlangenden Informationen. Die Online-Suche nach Beweismitteln unter Überschreitung der nationalen Staatsgrenzen ist daher ohne rechtliche Befugnis grundsätzlich nicht zugelassen.[58]

---

[55] Vgl. dazu ergänzend die Ausführungen unten in Rn. 139 ff.
[56] Vgl. dazu *Obenhaus*, NJW 2010, 651; *Gercke*, CR 2010, 345; *Bär*, ZIS 2011, 55; *Kudlich*, GA 2011, 206.
[57] Vgl. hierzu auch Kapitel 24 zur Rechtshilfe in Strafsachen.
[58] Vgl. näher dazu *Bär*, Zugriff auf Computerdaten im Strafverfahren, 232 ff. sowie *Möhrenschlager*, wistra 1991, 329 sowie *Bär*, Handbuch zur EDV-Beweissicherung, Rn. 372; *Gercke*, GA 2012, 489.

B. Einzelne Zwangsmaßnahmen

Insoweit hatte bereits eine vom **Europarat** eingesetzte **Expertengruppe** in ihrer Stellungnahme vom 3.4.1995 Empfehlungen abgegeben.[59] Diese Vorschläge hat das Ministerkomitee des Europarates aufgegriffen und in die am 23.11.2001 in Budapest unterzeichnete **Konvention zur Bekämpfung von Kriminalität im Cyberspace (Cyber-Crime Konvention)**[60] aufgenommen. Die Cyber-Crime-Konvention gilt in den meisten Mitgliedsstaaten der Europäischen Union sowie in den USA und in Japan. Eine ständig aktualisierte Liste über die Unterzeichnerstaaten ist auf der Web-Seite des Europarats abrufbar.[61] Enthalten ist dort im Teil zur Rechtshilfe zunächst in Art. 23 allgemein eine Verpflichtung der Vertragsstaaten miteinander zu kooperieren. Dies schlägt sich vor allem in den Beistandspflichten der Art. 25 ff. nieder. Die Vertragsparteien sollen dabei nach Art. 25 Abs. 3 bei Dringlichkeit auch Anfragen akzeptieren und bearbeiten, die auf modernen Wegen der Kommunikation, einschließlich von Fax und E-Mail übermittelt werden. Im Rahmen der Durchsuchung von Bedeutung sind hier vor allem die **Art. 29 und 32** der Konvention von Bedeutung.[62]

So ist nach Art. 32a) und b) i. V. m. Art. 23 ff. der Cyber-Crime-Konvention in den dortigen Fällen ein grenzüberschreitender Datenzugriff (transborder search) ohne vorherige Maßnahmen der Rechtshilfe gestattet.[63] Gem. **Art. 32a)** Cyber-Crime-Konvention liegt bei einem Datenabruf aus dem Ausland kein rechtshilferelevanter Vorgang vor, wenn **öffentlich zugängliche Informationen**, die weder durch Passwort noch Benutzerkennung dem allgemeinen Zugriff entzogen sind, im Rahmen einer Durchsuchung gespeichert bzw. gesichert werden sollen. Nach **Art. 32b)** Cyber-Crime-Konvention kommt ebenfalls ein Datenabruf von nicht-öffentlichen Daten aus dem Ausland bei Vorliegen einer **rechtmäßigen und freiwilligen Zustimmung des verfügungsberechtigten Betroffenen** in Betracht, soweit am Ort der jeweiligen Datenhaltung die entsprechenden Regelungen der Cyber-Crime-Konvention anwendbar sind. In diesem Fall ist der hoheitliche Eingriff auf fremdes Territorium durch die zwischen den Unterzeichnerstaaten der Konvention unmittelbar vereinbarte Regelung des Art. 32b) Cyber-Crime-Konvention abgedeckt. Nur soweit über Art. 32 eine direkte Datenabfrage nicht möglich ist, kommt über Art. 29 Cyber-Crime-Konvention – ohne förmliche Rechtshilfe – ein formloses Ersuchen an den anderen Vertragsstaat zur Vorabsicherung in Betracht, auf Grund dessen der ersuchte Staat geeignete Maßnahmen zur umgehenden Sicherung der Daten zu treffen hat. Die gesicherten Daten müssen dann mindestens 60 Tage erhalten bleiben. Diese Vorabsicherung ist damit eine effektive vorläufige Sicherungsmaßnahme, die viel schneller als traditionelle Rechtshilfehandlungen umzusetzen ist. Außerhalb des Anwendungsbereichs der Cyber-Crime-Konvention verbleibt aber nur der Rückgriff auf die Rechtshilfe.

Vielfach wird es – speziell bei **Cloud-Anwendungen** – nicht möglich sein, zu erkennen, wo die Daten in der Cloud tatsächlich gespeichert sind und ggf. in welchem Land sich die Daten derzeit konkret befinden. Hinzu kommt, dass Daten in der Cloud aus Gründen besserer Auslastung der Rechnersysteme häufig in Bewegung sind, so dass sich innerhalb kürzester Zeit Veränderungen beim Ort der Datenhaltung ergeben können. Zudem kann der Provider Spiegelungen der Daten in verschiedenen Ländern bereithalten, um eine hohe Datensicherheit, eine hohe Verfügbarkeit sowie einen schnellen Zugriff von überall auf der Welt zu ermöglichen. Bei diesen Fallgestaltungen hat eine vorläufige Sicherung aufgefundener Daten auf der Grundlage des § 110 Abs. 3 StPO i. V. m. Art. 29 Cyber-Crime-Konvention zu erfol-

---

[59] Vgl. die Empfehlungen des Committee of Experts on criminal procedural law problems connected with information technology (PC-PC-Arbeitsgruppe) vom 3.4.1995 PC-PC (95)-3 in deutscher Übersetzung.
[60] Vgl. zum Text http://conventions.coe.int/treaty/en/projects/FinalCyberCrime.htm.
[61] Vgl. die aktuelle Zusammenstellung zu den Unterzeichnerstaaten der Konvention: http://conventions.coe.int/Treaty/Commun/ChercheSig.asp?NT=185&CM=8&DF=&CL=ENG.
[62] Vgl. bereits *Sieber*, in: *Eser/Thormundsson* (Hrsg.), Old Ways and New Needs in Criminal Legislation, Freiburg 1989, 212 Fn. 25 sowie *Kaspersen*, in: *Sieber/Kaspersen/Vandenberghe/Stuurmann* (Hrsg.), International Prosecution of Computer Crime, 1987, 72.
[63] Vgl. dazu näher *Kugelmann*, TMR 2002, 19 f. sowie *Gercke*, CR 2004, 782 und MMR 2004, 801, 804.

gen, um einen Datenverlust zu vermeiden. Eine solche grenzüberschreitende **vorläufige Sicherung** zugangsgeschützter Datenbestände im Ausland wird überwiegend für zulässig erachtet.[64] Sollte sich nachträglich herausstellen, dass die im Rahmen der Durchsuchung vorläufig gesicherten Daten oder die sonstigen vorab gewonnenen Daten in der Cloud sich tatsächlich im Ausland befanden und auch ein konkreter Speicherort im Zeitpunkt des Datenabrufs bekannt werden, kann ein entsprechendes Rechtshilfeersuchen auch noch nachträglich gestellt werden. Soweit Informationen von ausländischen Datenspeichern ohne Zustimmung des hierzu berechtigten Dateninhabers oder Datenverwalters und nicht in Übereinstimmung mit internationalem Recht sichergestellt worden sein sollten, wird ein Beweisverwertungsverbot regelmäßig nicht vorliegen. Ein Beweisverwertungsverbot stellt von Verfassungs wegen eine begründungsbedürftige Ausnahme dar, weil es die Beweismöglichkeiten der Strafverfolgungsbehörden zur Erhärtung oder Widerlegung des Verdachts strafbarer Handlungen einschränkt und so die Findung einer materiell richtigen und gerechten Entscheidung beeinträchtigt. Aus verfassungsrechtlicher Sicht wird ein Beweisverwertungsverbot deshalb nur bei schwerwiegenden, bewussten oder objektiv willkürlichen Rechtsverstößen bejaht, bei denen grundrechtliche Sicherungen planmäßig oder systematisch außer Acht gelassen worden sind.[65] Erkennt also die Ermittlungsperson, die eine Durchsicht eines Rechners im Rahmen der Durchsuchung vornimmt, nicht, dass die zu sichernden Daten nur auf einem ausländischen Speichermedium verfügbar sind, können hierbei sichergestellte Daten später grundsätzlich als Beweismittel dienen, da kein bewusster oder objektiv willkürlicher Rechtsverstoß vorliegt. Inwieweit Ergebnisse aus sog. „Good-Faith"-Ermittlungen verwertbar sind, wenn irrtümlich von einer Datenspeicherung im Inland ausgegangen wird, ist aber umstritten.[66] Die Nichteinhaltung des Rechtshilfewegs wird hier regelmäßig kein Beweisverwertungsverbot begründen.[67]

6. Planung und Vollzug von Zwangsmaßnahmen

a) Vorbereitung der Durchsuchung

31 Eine erfolgreiche Durchsuchung und spätere Beschlagnahme von Beweismitteln ist nur dann gewährleistet, wenn vor jeder umfangreichen Zwangsmaßnahme eine **gründliche Vorbereitung** mit einer Einsatzbesprechung der teilnehmenden Ermittlungskräfte durchgeführt wird, um sie mit den bisherigen Ermittlungsergebnissen vertraut zu machen und das weitere Vorgehen konkret abzustimmen. Insbesondere ist es erforderlich in diesem Rahmen zu klären, wer welche Aufgaben bei der Ausführung und Kontrolle von Räumen zu übernehmen hat. Vor allem die obigen Ausführungen zur Reichweite der Durchsuchungsbefugnisse haben gezeigt, dass es entscheidend auf die Ausgestaltung der jeweiligen Anordnung für die Durchsuchung ankommt.[68] Im Wege der Vorermittlungen sollte deshalb abgeklärt sein, ob bei dem Betroffenen EDV-Anlagen überhaupt vorhanden sind und ob es sich ggf. um **vernetzte Systeme** handelt, die es in schwierigen Fällen erforderlich machen, zur Ausführung der Durchsuchung entsprechende polizeiliche oder externe EDV-Sachverständige zuzuziehen. So stehen etwa bei den Landeskriminalämtern und beim Bundeskriminalamt entsprechend **ausgebildete Experten** zur Verfügung. Teilweise wurden auch – wie etwa in Bayern – auf der Ebene der Polizeipräsidien regionale Beweissicherungs- und Auswertungsstellen (abgekürzt RBA) geschaffen, die zur Vorbereitung und zum Vollzug der Zwangsmaßnahme auch

---

[64] So im Ergebnis: *KMR-Bär*, § 100a Rn. 73; *Bär*, ZIS 2011, 53/55; *BeckOK-StPO-Graf*, § 110 Rn. 15; *Burhoff*, Handbuch für das strafrechtliche Ermittlungsverfahren, Rn. 579i; *Meyer-Goßner*, 53. Aufl. 2010, § 110 Rn. 7a; a. A. *Gercke*, StraFo 2009, 273; *Meyer-Goßner*, 55. Aufl. 2012, § 110 Rn. 7a.
[65] Vgl. BVerfG NJW 2012, 907/910; NJW 2006, 2684, 2686; NJW 2005, 1917, 1923.
[66] Vgl. *Sieber*, Gutachten C zum 69. DJT, S. C 147; *Gercke*, StraFo 2009, 271 und GA 2012, 489f.
[67] Vgl. BVerfG NStZ 2011, 103; BGHSt 37, 30; LG Bochum NStZ 2010, 351; LG Düsseldorf wistra 2011, 37; *Germann*, Gefahrenabwehr und Strafverfolgung im Internet, S. 654.
[68] Vgl. dazu Musterbeschluss bei: *Wiesneth*, Handbuch für das ermittlungsrichterliche Verfahren, Rn. 693.

B. Einzelne Zwangsmaßnahmen

kurzfristig herangezogen werden können.[69] Vorab sollte auch ein Lageplan über die zu durchsuchenden Räumlichkeiten vorhanden sein, denn nur so kann durch ausreichendes Personal sichergestellt werden, dass nicht etwa von einem nicht kontrollierten Raum aus alle beweisrelevanten Daten gelöscht werden.

Bzgl. der Anordnung der Durchsuchung ist vor allem die neue **Rechtsprechung des BVerfG zu „Gefahr in Verzug"** i. S. d. § 105 StPO und zu Art. 13 GG zu berücksichtigen.[70] Ausgehend von einer teilweise von der gesetzlichen Regelung abweichenden Praxis, fordert das BVerfG eine enge Auslegung dieses Begriffs, so dass die richterliche Anordnung zum Regelfall wird, die nichtrichterliche dagegen zur Ausnahme, und stellt weiter fest, dass Auslegung und Anwendung des Begriffs „Gefahr in Verzug" einer unbeschränkten gerichtlichen Kontrolle unterliegen. Dies hat für die praktische Vorbereitung und Umsetzung von Durchsuchungen im EDV-Bereich zur Folge, dass auch der Staatsanwalt als Herr des Ermittlungsverfahrens vorab im Einzelfall klären muss, ob es einer richterlichen Entscheidung bedarf oder ob sich ausreichende Gründe für die Ausübung der Eilkompetenz ergeben. Ein generell-abstrakter Vorrang der Staatsanwaltschaft gegenüber der Polizei besteht bei der Anordnung aber nicht.[71] Gefahr in Verzug kann nach der Rechtsprechung des BVerfG nur in Anspruch genommen werden, wenn dafür auf den Einzelfall bezogene Tatsachen vorliegen und auch in unmittelbarem zeitlichen Zusammenhang mit der Durchsuchungsmaßnahme in den Ermittlungsakten dokumentiert werden.[72] Dies bedeutet umgekehrt, dass auch im EDV-Bereich reine Spekulationen, hypothetische Erwägungen oder lediglich kriminalistische Erfahrungswerte oder fallunabhängige Vermutungen nicht ausreichend sind, um auf die Eilkompetenz zurückzugreifen. Die fehlende Errichtung eines Eil- bzw. Notdienstes führt allein nicht zu einem Beweisverwertungsverbot.[73]

Da aber speziell im Zusammenhang mit dem EDV-Einsatz bei vorhandenen Kommunikationseinrichtungen und Netzanbindungen immer eine erhebliche Gefahr der Vernichtung von beweisrelevanten Daten besteht, dürfte es dem Staatsanwalt hier meist nicht schwer fallen, falls ein Richter nicht in angemessener Zeit erreichbar sein sollte, entsprechende einzelfallbezogene Gründe zu dokumentieren und dann auf die Eilkompetenz zurückzugreifen, um so eine nachträgliche gerichtliche Kontrolle zu ermöglichen.[74] Nach Auffassung des BGH genügt den Anforderungen des Richtervorbehaltes nach Art. 13 GG und § 105 StPO aber auch eine **fernmündliche Gestattung der Durchsuchung** durch den Ermittlungsrichter.[75] Eine richterlich angeordnete Durchsuchung wird auch nicht dadurch rechtswidrig, dass sie unzureichend dokumentiert wird.[76] Ein Verwertungsverbot der erlangten Daten kann sich nur bei willkürlichem Handeln oder bei einem besonders schwerwiegenden Verstoß ergeben, etwa einem bewussten Verstoß gegen Verfahrensvorschriften.[77] In jedem Fall ist aber hier darauf zu achten, dass der Durchsuchungsbeschluss inhaltlich den geforderten verfassungsrechtlichen Anforderungen entspricht.[78]

---

[69] Vgl. dazu *Stenger*, Bayerns Polizei 1999, 19.
[70] Vgl. BVerfGE 103, 142, 156 ff. = NJW 2001, 1121 sowie die Besprechungen dazu etwa von *Amelung*, NStZ 2001, 337 und *Einmahl*, NJW 2001, 1393 sowie BVerfG, NStZ 2003, 319 = StV 2003, 205 und VerfGH Brandenburg, StV 2003, 207 zu den Rechtsfolgen auch *Ransiek*, StV 2002, 565 sowie weitergehend: *Bär*, Handbuch zur EDV-Beweissicherung, Rn. 356 ff.
[71] Vgl. *Metz*, NStZ 2012, 242, 247.
[72] Vgl. BVerfG, StV 2003, 305.
[73] Vgl. BVerfG DAR 2011, 196; a. A. nur OLG Hamm NJW 2009, 3109.
[74] Vgl. BVerfG, NJW 2005, 1637.
[75] Vgl. BGH, NJW 2005, 1060.
[76] Vgl. BGH NStZ 2005, 392; NStZ-RR 2007, 242; BVerfG NJW 2008, 3053; NJW 2009, 3225 und DAR 2011, 196.
[77] Vgl. BGH, NStZ 2004, 449; NStZ 2009, 648; sowie *Amelung*, NStZ 2001, 340. Für Verwertungsverbot bei bewusstem Verstoß gegen Vorschriften bei zu langem Zuwarten: BGH NStZ 2012, 104 = StV 2012, 1.
[78] Vgl. nur BVerfG, StV 2003, 203 und 205 sowie *Ransiek*, StV 2002, 565.

b) Ausführung der Durchsuchung

34 Entscheidend für den weiteren Erfolg der Durchsuchung ist neben der Vorbereitung die Ausführung beim ersten Zugriff. Hier muss vor allem die weitere Bedienung und **Arbeit am Computer** durch den Täter oder seine Mitarbeiter **unterbunden** werden. Dies ist jedoch nur möglich, wenn zur Umsetzung des Durchsuchungsbeschlusses ausreichend Personal zur Verfügung steht, um dies zu überwachen und alle Räume auch zu kontrollieren. Wie einschlägige Erfahrungen gerade in diesem Bereich zeigen, können durch einen oder wenige Tastendrucke wichtige Daten ganz oder teilweise vernichtet werden. Wird hier etwa dem Betroffenen auf seine Bitte hin gestattet, schnell noch die Daten abzusichern, kann damit bereits ein vorprogrammierter **Löschmechanismus** in Gang gesetzt werden, der zur Vernichtung statt zur Sicherung der Daten führt. Mit diesen Möglichkeiten sollte vor allem bei findigen „EDV-Freaks" gerechnet werden. Genauso gilt es zu verhindern, dass die Computer einfach ausgeschaltet werden oder für die jeweiligen Geräte der Netzstecker gezogen wird. Da nicht zwangsläufig alle Daten im Arbeitsspeicher auch gesichert sein müssen, führt dieses Vorgehen ebenfalls zum Verlust der nur temporär gespeicherten Informationen und schließt auch einen Zugriff auf weitere externe Daten aus. In diesem Fall können am Rechner sogar durch den **Absturz des Systems** zusätzliche Fehlerdateien erzeugt werden, die zur Veränderung von Systemdateien führen. Ist der Computer eingeschaltet, weil damit gearbeitet wird, hat dies zusätzlich den Vorteil, dass mit dem Rechner zur Suche nach – auch externen – beweisrelevanten Informationen gearbeitet werden kann, ohne dass erst die zum Zugriff auf das System erforderlichen Kennwörter ermittelt werden müssen.

35 Weiterhin ist nach Beginn der Durchsuchung am jeweils vorgefundenen Rechner sofort festzustellen, ob es sich um einen Einzelplatzrechner oder um ein **vernetztes System** handelt. Dazu ist zu überprüfen, ob entsprechende Anschlüsse am Computer vorhanden sind. Netzkarten am Rechner sind auch dadurch erkennbar, dass hier kleine viereckige Stecker wie beim Telefon vorhanden sind. Ergeben sich Hinweise auf solche Kabelverbindungen, müssen sofort alle restlichen Räume nach weiteren EDV-Geräten und vor allem nach dem zentralen Server des Systems – etwa in einem speziellen Computerraum – durchsucht werden. Andernfalls könnte von jedem beliebigem Rechner im Netz aus der gesamte Datenbestand auf der lokalen Festplatte oder im zentralen Server gelöscht werden. Zu beachten ist auch, dass bei einem vernetzten Rechner ebenfalls die Gefahr eines Datenverlustes oder gar eines Absturzes des gesamten Netzwerkes besteht, wenn Verbindungskabel zum Netz herausgenommen oder gar zerschnitten werden.[79]

c) Unterbrechung der Kommunikationseinrichtungen und WLAN-Scannen

36 Führen Kabel am vorgefundenen Rechner zu einem Router oder einem lokalen Netzwerk (LAN) bzw. hat der Computer einen Surf-Stick oder WLAN-Adapter, verfügt der Täter vermutlich auch über eine Verbindung zum öffentlichen Netz und kann so darüber Daten mit beliebigen Dritten austauschen. Es besteht dann die Gefahr, dass über diese Online-Verbindung **während** der laufenden **Durchsuchung Daten** von den in den Durchsuchungsobjekten vorhandenen Rechnern **nach außen transferiert** werden, um sie so den Feststellungen der Strafverfolgungsbehörden zu entziehen oder zumindest die Beweissicherung erheblich zu erschweren. Umgekehrt ist es über den Online-Anschluss aber auch möglich, dass von außerhalb der durchsuchten Räume aus sich Personen, die in irgendeiner Weise von der Durchsuchung Kenntnis erlangt haben, in das dort vorhandene Computersystem einwählen und so – äußerlich unbemerkt von der eigentlichen Durchsuchung – **beweisrelevante Daten löschen,** kopieren oder auf einen anderen Rechner umleiten. Dies wäre für einen EDV-Experten nur erkennbar, der auf der Systemebene des Rechners den Zu- und Abgang von Daten kontrollieren könnte. Gelingt den Tätern hier eine Löschung von Daten, ist eine Rekonstruktion – wenn überhaupt – nur mit hohem technischen Aufwand möglich. Eine solche Löschung der Datenbestände von außerhalb könnte nur unterbunden werden, wenn für die Dauer der Durchsuchungsmaßnahme die bestehenden Anschlüsse für Kommunikationsein-

---

[79] Vgl. dazu *Janovsky*, Kriminalistik 1998, 331 ff.

B. Einzelne Zwangsmaßnahmen

richtungen unterbrochen werden. Bei einem solches Vorgehen handelt es sich gerade **nicht um eine Maßnahme nach § 100a StPO**, da keine Überwachung von Telekommunikationseinrichtungen erfolgen soll, sondern im Gegenteil eine Weitergabe von Informationen ja gerade unterbunden wird. Auch die Amtshilfe nützt gegenüber einem privatrechtlichen Netzbetreiber nichts.[80] Im Übrigen sind die Verpflichtungen der Anbieter von Telekommunikationsdiensten in den §§ 100a, 100b StPO sowie in § 100g abschließend geregelt. Auch ein Rückgriff auf die §§ 94 ff. StPO scheidet aus, da sich dort vorgesehenen Anordnungen nur gegen die Betroffenen richten und die Telekommunikationsleitungen weder als Beweismittel noch als Einziehungsgegenstand anzusehen sind. In Betracht kommt aber ein Rückgriff auf die **Ermittlungsgeneralklausel der §§ 161, 163 StPO**, da es sich hier um einen weniger intensiven Eingriff handelt und Spezialregelungen dafür nicht bestehen, sowie auf die polizeirechtliche Eingriffsbefugnis zur Gefahrenabwehr. Zur Abwendung der Gefahren einer Datenlöschung sollten die Ermittlungsbehörden in jedem Fall dafür Sorge tragen, dass speziell bei **Durchsuchungen** Daten verarbeitender Firmen diese Maßnahmen gründlich **unter Mitwirkung von EDV-Fachleuten** vorbereitet werden. Durch solche Experten könnte dann auch bei Beginn der Durchsuchung die Verbindung zwischen Rechner und Netz in fachgerechter Weise ohne Datenverlust unterbrochen werden, um zu verhindern, dass über die Online-Verbindung gesuchtes Datenmaterial dem Zugriff der Strafverfolgungsbehörden entzogen wird. Rechtsgrundlagen für ein solches Vorgehen innerhalb des durchsuchten Objektes finden sich einerseits in § 164 StPO bzgl. des Festhaltens von Störern bzw. lassen sich andererseits aus der Möglichkeit zur Zwangsanwendung als Ausfluss der Durchsuchungsanordnung ableiten.[81]

Soweit in den zu durchsuchenden Räumlichkeiten auch Computer mit einem WLAN betrieben werden, ergeben sich die selben Gefahren.[82] Will die Ermittlungsbehörde feststellen, ob solche WLAN-Router vorhanden und empfangsbereit sind, kann dies ebenfalls in rechtlich zulässiger Weise mit entsprechenden **WLAN-Scannern** erfolgen. Auch hier handelt es sich zwar nicht um eine Maßnahme, die vom eigentlichen Durchsuchungsbeschluss mitumfasst ist, jedoch kann auch hier auf die §§ 161, 163 StPO zurückgegriffen werden. Insbesondere bedarf es noch keines Beschlusses nach § 100a StPO, da mit dem bloßen Scannen nach vorhandenen WLAN noch kein TK-Vorgang verbunden ist. Diese Grenzen werden frühestens dann überschritten, wenn die Strafverfolgungsbehörden versuchen würden, selbst eine Verbindung zu einem solchen WLAN aufzubauen und sich dort einzuwählen.[83]

37

d) Heranziehung von anwesenden Personen

Der Zugriff auf den Computer wird in vielen Fällen durch spezielle soft- oder hardwaremäßige Sicherungen, insbesondere durch Passwörter, geschützt sein. Wird hier vom Beschuldigten oder Dritten ein solches Kennwort nicht preisgegeben, bleibt nur die Möglichkeit zur Mitnahme der gesamten Anlage, um diese im Rahmen der Durchsicht näher auswerten zu können. Aufgrund des Verbots zur Selbstbelastung besteht **keine rechtliche Möglichkeit**, den Täter insoweit **zur Mitwirkung** bei seiner eigenen Überführung zu verpflichten. Sind Täter bzw. Dritte zur Mithilfe ohne weiteres durch Mitteilung der Passwörter bereit, ist darauf zu achten, dass durchaus nicht mit jedem Kennwort auch alle Funktionen oder Datenspeicher des Rechners genutzt werden können, da etwa mit dem Passwort nur eines Nutzers wichtige Möglichkeiten des Zugriffs auf die Systemebene des Rechners verschlossen bleiben. Bei größeren EDV-Anlagen bis hin zu kompletten Rechenzentren werden regelmäßig ein oder gar mehrere Personen als sog. Systemverwalter bzw. -betreuer bestellt, die auch über entsprechende Kennungen verfügen, mit denen umfassend auf alle Funktionen der Computeranlage zugegriffen werden kann. Diese Personen sind deshalb auch für die ausführenden Personen bei einer Durchsuchung von besonderem Interesse. Der **Verantwortliche für das**

38

---

[80] Vgl. *Schatzschneider*, NJW 1989, 2371; *Hahn*, NStZ 1994, 190 und *Helgerth*, JR 1994, 121.
[81] Vgl. dazu nur *LK-Schäfer*, § 105 Rn. 29 ff. und SK-StPO-*Rudolphi*, § 105 Rn. 21 m. w. N.
[82] Vgl. zu den technischen Fragen insoweit *Bär*, MMR 2005, 434.
[83] Vgl. zu strafrechtlichen Fragen der Angriffe auf WLAN durch Wardriver u. a. Täter: *Bär*, MMR 2005, 434 ff. sowie *Bär*, Handbuch zur EDV-Beweissicherung, Rn. 324 ff.

EDV-System ist auch in der Lage, umfassend Auskunft über Art und Umfang des EDV-Einsatzes zu geben. Er weiß etwa, welche Bereiche des Unternehmens mit EDV arbeiten, welche Informationen auf dem Rechner gespeichert sind, wer diese erfassen und auswerten kann und welche dieser Auswertungen dem Entscheidungsträger der Firma vorgelegt werden. Auch kann er über die Datensicherung und etwaige Veränderungen am Rechner Auskunft geben. Handelt es sich beim Systembetreuer selbst um den Täter, kann eine Mitwirkung bei der Durchsuchung nicht zwangsweise durchgesetzt werden. Besteht dagegen kein Tatverdacht gegenüber dem Systemverwalter oder anderen während der Durchsuchung angetroffenen Personen, können diese vor Ort als Zeugen vernommen werden. Zu beachten gilt dabei, dass eine mit Zwangsmitteln durchsetzbare Verpflichtung zur Aussage und zum Erscheinen „auf Ladung" gem. § 161a StPO nur gegenüber dem Staatsanwalt, nicht gegenüber dem Polizeibeamten besteht. Da das Strafverfahrensrecht insoweit keine speziellen, bei jeder Ladung einzuhaltenden Fristen kennt, kann der bei einer Durchsuchung anwesende Staatsanwalt eine Befragung oder Vernehmung geeigneter Zeugen vor Ort kurzfristig durchführen.[84]

e) Mitnahme der sichergestellten Gegenstände

39 Wichtig ist auch ein **sachgemäßes Vorgehen** bei der Mitnahme der aufgefundenen Beweismittel. So ist der Zustand der vorgefundenen EDV-Anlage vor ihrem Abbau oder einer Veränderung **durch Fotografien genau zu dokumentieren.** Insbesondere ist die vorhandene Verkabelung am Rechner festzustellen, die einzelnen Kabel sind bei der Mitnahme zu beschriften. Computeranlagen und Datenträger müssen auch bei der Sicherstellung sachgerecht verpackt und sicher transportiert werden, damit es nicht zu Beschädigungen der Prozessoren oder Plattenlaufwerke durch erhebliche Erschütterungen oder andere vergleichbare negative Einflüsse (z. B. Strahlung von Funkgeräten) kommt. Aber auch für eine sachgerechte **Aufbewahrung der Asservate** haben die Ermittlungsbehörden zu sorgen. Es sollte daher etwa nicht vorkommen, dass Datenträger oder andere Speichermedien über Tage oder Wochen der direkten Sonneneinstrahlung ausgesetzt sind, was zu einer Vernichtung oder zumindest erheblichen Gefährdung der jeweiligen Beweismittel führen kann.

7. Durchsicht der Papiere

40 Werden im Rahmen einer Durchsuchung im EDV-Bereich elektronisch gespeicherte Daten vorgefunden oder mitgenommen, ist bei der Durchsicht der Papiere die Regelung des § 110 StPO zu beachten. Ziel der **Durchsicht** ist es, die während der Zwangsmaßnahme vorgefundenen Gegenstände inhaltlich näher zu überprüfen und eine Entscheidung darüber herbeizuführen, ob eine richterliche Beschlagnahme herbeizuführen ist oder ob die betreffenden Gegenstände wieder zurückzugeben sind. Die Auswertung nach der eigentlichen Beweismittelsuche ist dabei **noch Teil der Durchsuchungshandlung**, d. h. solange die Durchsicht der Papiere andauert, ist auch die Durchsuchung noch nicht abgeschlossen.[85] In diesem Zeitraum ist daher auch ein Zugriff auf externe Speichermedien nach § 110 Abs. 3 StPO weiter möglich. Bisher war die **Durchsicht der Papiere** grundsätzlich allein dem Staatsanwalt vorbehalten, so dass umgekehrt Ermittlungspersonen der Staatsanwaltschaft und alle Polizeibeamte dazu grundsätzlich nicht berechtigt waren, sofern der Gewahrsamsinhaber die Durchsicht nicht anderen Personen (§ 110 Abs. 2 StPO) genehmigt hatte. Diese Sonderbehandlung der „Papiere" gegenüber sonstigen Beweismitteln dient mit dem personalisierten Persönlichkeitsschutz des Betroffenen. Da es sich bei § 110 StPO damit um eine Schutzbestimmung zugunsten des Gewahrsamsinhabers handelt, hatte der BGH bereits 1988 in einer der ersten Entscheidungen zur EDV den **Begriff der Papiere auf sog. „technische Papiere" ausgedehnt.** Erfasst wird damit neben Datenträgern und allen Arten von Speichermedien auch die

---

[84] Vgl. zur Möglichkeit einer kurzfristigen Zeugenladung die Ausführungen im Rahmen der Zeugenpflichten unten in Rn. 65.
[85] Vgl. BGH StV 1988, 90 sowie CR 1996, 35 mit Anmerkung *Bär* sowie LR-*Schäfer*, § 110 Rn. 4 f. und *Meyer-Goßner*, StPO, § 110 Rn. 6 m. w. N. Während der Durchsicht kann deshalb gegen die Durchsuchungsanordnung analog § 98 Abs. 2 StPO noch der Richter angerufen werden.

B. Einzelne Zwangsmaßnahmen **27**

EDV-Anlagen selbst.[86] Dies führte zu unbefriedigenden Ergebnissen in der Praxis, weil den Polizeibeamten nur die **Anzeige von Inhaltsverzeichnissen** vorgefundener Datenträger gestattet war. Eine generelle Delegation der Durchsicht an Ermittlungspersonen stand im Widerspruch zum Gesetzeswortlaut.[87]

Diese Schwierigkeiten hat der Gesetzgeber bereits mit dem Justizmodernisierungsgesetz zum 1.9.2004 durch **Neufassung des § 110 StPO** beseitigt. Nach § 110 Abs. 1 StPO kann die Ermittlungsperson nun selbstständig eine Durchsicht der Papiere vornehmen, wenn eine entsprechende Anordnung der Staatsanwaltschaft vorliegt. Alternativ kann die Genehmigung der Durchsicht durch andere Personen i. S. d. § 110 Abs. 2 StPO beim Gewahrsamsinhaber eingeholt und dies auch schriftlich im Durchsuchungsprotokoll für spätere Beweisfragen dokumentiert werden, da andernfalls eine Mitnahme und Versiegelung der gesamten EDV-Anlage gem. § 110 Abs. 2 Satz 2 StPO erfolgen müsste. Festzuhalten bleibt, dass ein Verstoß gegen § 110 StPO letztlich nur zu einem Mangel von so geringem Gewicht führt, der es nicht rechtfertigen wird, die Gegenstände selbst einem Verwertungsverbot zu unterwerfen.[88] **41**

II. Beschlagnahme von Computerdaten

Neben der Durchsuchung, die den Ermittlungsbehörden das Auffinden von sachlichen Beweismitteln durch das Eindringen in die grundgesetzlich geschützten Räume i. S. d. Art. 13 GG erst ermöglicht, dient die meist zeitlich nachfolgende Sicherstellung oder Beschlagnahme dazu, die **staatliche Gewalt über beweisrelevante Gegenstände** herzustellen. Erfolgt die Beschlagnahme isoliert, muss der Gegenstand so genau bezeichnet sein, dass keine Zweifel daran bestehen, ob er von der entsprechenden Anordnung erfasst wird oder nicht.[89] Die Beschlagnahme gem. § 94 StPO ist damit eine hoheitliche Maßnahme, mit der ein Gegenstand der Verfügungsgewalt seines bisherigen Gewahrsamsinhabers entzogen wird, um ihn für das weitere Strafverfahren zu sichern. Um auch eine Sicherstellung von Computerdaten durchführen zu können, muss es sich bei dem in Verwahrung zu nehmenden Objekt zunächst um einen Gegenstand handeln, der inhaltlich in zweifacher Hinsicht weiter eingeschränkt wird: Es muss eine generelle Beweismittelqualität im Verfahren bestehen sowie durch die potenzielle Beweisbedeutung für die Untersuchung auch der Bezug zu einem konkreten Verfahren hergestellt sein. **42**

1. Gegenstände als Beweismittel

Eigentliches Objekt einer Beschlagnahme i. S. d. § 94 StPO ist ein im weiteren Verfahren als Beweismittel verwendbarer Gegenstand. Als solche **Objekte** kommen **im EDV-Bereich** externe und interne Speichermedien, einzelne gespeicherte Informationen, die gesamte Computeranlage, Peripheriegeräte, Computerausdrucke und Handbücher in Betracht. Die StPO selbst umschreibt an keiner Stelle den Gegenstandsbegriff näher. Vom grammatischen Verständnis und unter Berücksichtigung historischer Gesichtspunkte wird aber deutlich, dass dieser Begriff sich weitgehend mit dem zivilrechtlichen Verständnis einer Sache i. S. d. § 90 BGB deckt, es sich also vorrangig um ein **körperliches Objekt** handeln muss, das auch bereits im Zeitpunkt der Ausführung der Zwangsmaßnahme existent ist.[90] Soweit der Gegenstands-Begriff auch auf unkörperliche Gegenstände, insbesondere Daten im EDV-Bereich, ausgedehnt **43**

---

[86] Vgl. BGH CR 19988, 142 = StV 1988, 90 sowie BVerfG NStZ 2002, 377 für Durchsicht eines Notebooks.
[87] Vgl. näher zur alten Rechtslage: 2. Auflage, Kapitel 25 Rn. 35 sowie BGH CR 1996, 36 sowie BGH CR 1999, 292 mit Anm. *Bär*.
[88] So im Ergebnis auch LG Magdeburg, Beschluss vom 12.10.2000 – 25 Qs 42/00.
[89] Vgl. BVerfG NStZ 1992, 92; OLG Düsseldorf, wistra 1997, 77 f.
[90] Vgl. zur Begründung näher *Bär*, Zugriff auf Computerdaten im Strafverfahren, 240 ff. sowie LR-*Schäfer*, § 94 Rn. 14.

wird,⁹¹ hat dies praktisch keine Auswirkungen, da Daten nicht isoliert gesichert werden können, sondern nur mit dem jeweiligen Trägermedium als selbstständiges Beweismittel. Dies bedeutet, dass im EDV-Bereich eine Beschlagnahme der gesamten EDV-Anlage mit ihren Einzelbestandteilen in Form von Zentraleinheit, Peripheriegeräten und internen Chips und Speichern als körperliches Objekt erfolgen kann. Die **Zentraleinheit** bildet dabei einen umfassenden **Gesamtgegenstand,** in dem alle Einzelteile völlig aufgehen. Sie ist damit nicht nur eine Sachgesamtheit mit einer Vielzahl von Einzelgegenständen wie eingebauten Speicherchips und Laufwerken, die je nach Beweisbedeutung isoliert sicherzustellen wären. Abzustellen ist hier auf die zivilrechtliche Unterscheidung zwischen Sachgesamtheiten und wesentlichen Bestandteilen einer anderen Sache i. S. d. § 93 BGB. Einzelgegenstände werden zu wesentlichen Bestandteilen, wenn sie im Fall der Trennung zerstört oder in ihrem Wesen verändert würden. Maßgeblich hierfür ist die Verkehrsauffassung und die natürliche Betrachtungsweise unter Zugrundelegung technischer und wirtschaftlicher Gesichtspunkte⁹² sowie auch der Zweck der Beweissicherung.

44 Vor diesem Hintergrund erscheint es daher nicht vertretbar, die im Gehäuse des Rechners **eingebauten Speicherchips** als Einzelgegenstände zu qualifizieren, da bei ihrem Ausbau die Gefahr des Datenverlustes besteht und eine Reproduktion des Inhalts vielfach nur im Zusammenwirken mit allen anderen Teilen des Rechners möglich ist.⁹³ Ob dieses Ergebnis auch auf Festplattenspeicher im Gehäuse der EDV-Anlage übernommen werden kann, muss jeweils im Einzelfall am Maßstab, ob eine funktionsgerechte Weiterverwendung der Daten bei Einbau in einen anderen Rechner möglich ist, gesondert beurteilt werden. Gerade bei kleineren Computeranlagen bliebe es unverständlich, wenn man das äußerlich sichtbare einheitliche Gehäuse der EDV-Anlage in nur schwer verwertbare Einzelbestandteile aufspalten würde.⁹⁴ Dies umso mehr, als durch spezielle Einstellungen bei Hard- und Software eine weitere Auswertung der Einzelgegenstände vielfach nicht gewährleistet sein wird. In diesen Fällen ist daher regelmäßig von der Zentraleinheit als Gesamtgegenstand mit Speicherchips, Festplatte, Diskettenlaufwerk und anderen Bestandteilen auszugehen, da nur so der Computer auf seine Beweismittelfähigkeit hin überprüft werden kann.⁹⁵ Eine andere rechtliche Beurteilung mag sich im Einzelfall dort ergeben, wo – etwa bei größeren EDV-Anlagen – keine enge **wirtschaftliche Einheit** der Speichermedien **mit der Zentraleinheit** besteht. Selbständig zu beschlagnahmende Objekte sind aber in jedem Fall die externen Speichermedien aller Art in Form von USB-Sticks, SD-Karten, Magnetbändern, CD-ROMs oder anderer Art. Gleiches gilt auch für Computerausdrucke, Programme und Handbücher. Als unverkörperte Objekte sind einer Beschlagnahme Bildschirmanzeigen nicht zugänglich. Die Ausgaben am Bildschirm sind nur eine temporäre Darstellung, die jederzeit verändert werden kann und sich deshalb etwa auf der Grundlage des § 100h Abs. 1 StPO durch eine Fotografie für das weitere Verfahren sichern lässt.

45 Inwieweit die Beschlagnahme einer **Internet-Domain** nach § 94 oder nach §§ 111b, 111c und 111e StPO erfolgen kann, ist derzeit noch nicht abschließend geklärt. Die Domain selbst ist als relativ wirkendes vertragliches Nutzungsrecht ein immaterieller Vermögensgegenstand, der eine eigentumsfähige Position i. S. d. Art. 14 GG begründen kann. Zivilrechtlich ist eine Pfändung der Domain möglich,⁹⁶ die sich auf die Gesamtheit der schuldrechtlichen Ansprüche gegenüber der Vergabestelle für die Registrierung beziehen. Die

---

⁹¹ Vgl. BVerfG StV 2005, 363 und NJW 2009. 2431 sowie *Böckenförde*, Die Ermittlung im Netz, S. 289 ff.; *Tschacksch*, Die strafprozessuale Editionspflicht, 1988, 241; *Meyer-Goßner*, § 94 Rn. 4.
⁹² Vgl. BGHZ 18, 226, 229; 20, 154, 157; 61, 80, 82 sowie *Palandt-Heinrichs*, BGB, § 93 Rn. 2 und 3 m. w. N. auf die umfangreiche Rechtsprechung zu Einzelfällen.
⁹³ So im Ergebnis auch *Leicht*, iur 1986, 348 f. sowie *Bär*, Zugriff auf Computerdaten im Strafverfahren, 258 f.
⁹⁴ Nach LG Mannheim ZfZ 1989, 347 soll allerdings die Beschlagnahme einer 20 MB-Festplatte eines Telefoncomputers möglich sein. Vgl. auch LG Trier, CR 2004, 93.
⁹⁵ Vgl. auch LG Magdeburg, Beschluss vom 12.10.2000 – Az. 25 Qs 42/00.
⁹⁶ Vgl. BGH NJW 2005, 3353 m. Anm. Schmidt JuS 2006, 86 und Boecker, MDR 2007, 1234. Vgl. auch *Thomas/Putzo-Seiler*, ZPO, § 857 Rn. 6 m. w. N.

B. Einzelne Zwangsmaßnahmen

Beschlagnahme kann in der Weise umgesetzt werden, dass Nutzer durch die Vergabestelle/ Registry auf eine andere Domain umgeleitet werden oder Änderungen bei der Zuordnung zu einer bestimmten IP-Adresse erfolgen. Denkbar ist auch eine Änderung der Eintragungen auf den Domain-Name-Servern (DNS).[97]

2. Potentielle Beweisbedeutung

Der Kreis der im EDV-Bereich beschlagnahmbaren Gegenstände wird durch das Erfordernis einer Beweisbedeutung im Verfahren weiter eingeschränkt. Notwendig ist damit einerseits der **Bezug zu einem konkreten Ermittlungsverfahren** von dessen Einleitung bis zum rechtskräftigen Abschluss. Andererseits muss der jeweils sicherzustellende Gegenstand aber auch geeignet sein, die Aufklärung und Verurteilung der zu verfolgenden Straftat zu fördern. Damit wird an dieser Stelle bereits deutlich, dass für die strafprozessuale Sicherstellung die individuellen Besitz-, Eigentums- oder Gewahrsamsverhältnisse am jeweiligen Gegenstand ohne Bedeutung sind. Gerade im EDV-Bereich ist es deshalb nicht erforderlich, vor einer entsprechenden Anordnung erst Sachaufklärungen bei der besitz- oder eigentumsrechtlichen Zuordnung vorzunehmen. Potentiell beweisbedeutsam sind damit zur Tatbegehung gebrauchte Gegenstände **(instrumenta sceleris)**, durch die Tat hervorgebrachte oder veränderte Gegenstände **(producta sceleris)**, Gegenstände als Vergleichsmaterial oder mit Spuren sowie Beweisermittlungsgegenstände und mittelbare Beweismittel.[98] Diese Eigenschaft fehlt demgegenüber etwa bei Objekten, die nur technisches Hilfsmittel sind und nur zur Unterstützung der Ermittlungsbehörden bei ihrer Auswertungsarbeit dienen. Gleiches gilt für Gegenstände, die durch weitere Untersuchungen erst beweisbedeutsam werden können, so dass etwa die Zulässigkeit einer Sicherstellung von Datenbeständen, um eine Rasterfahndung damit durchzuführen, zweifelhaft sein kann.[99]

Beweisbedeutsam für das weitere Verfahren sind je nach der Beurteilung im Einzelfall somit vorgefundene **Datenträger** mit entsprechenden Informationen. Zwar sind die Ermittlungsbehörden hier an sich nicht an dem Trägermedium in verkörperter Form interessiert, sondern an den unkörperlichen Daten, doch bildet beides eine technische Einheit. Vergleichbar dem Blutfleck an einem Mantel muss sich hier die Beweisbedeutung auch auf das eigentliche Trägermedium erstrecken. An einer Beweisbedeutung kann es hier nur bei Computerprogrammen fehlen, die als Standardsoftware eingesetzt werden, sofern es sich damit um ein bloßes technisches Hilfsmittel handelt, das nicht als individueller Zugangsschlüssel für die relevanten Daten dient. Von Bedeutung für das weitere Verfahren kann daneben die **Zentraleinheit als Gesamtgegenstand** sein, wenn sich darin zu sichernde Informationen befinden und sie nicht lediglich als Hilfsmittel zur Sichtung und Sichtbarmachung von vorgefundenen Datenträgern benutzt werden soll. Gleiches gilt für Peripheriegeräte wie Bildschirm, Tastatur und Drucker. Da diese Geräte nur über eine Kabelverbindung mit der Zentraleinheit verbunden sind und regelmäßig auch keine Daten in sich tragen, besteht hier eine Beweisbedeutung wohl nur, wenn es sich um eine technische Einheit, ein der Einziehung unterliegendes Tatobjekt handelt oder die Gefahr von Manipulationen an diesen Hardwareteilen besteht. Beweisbedeutsam sind regelmäßig Computerausdrucke. Hier scheitert eine Sicherstellung auch nicht daran, dass die vorgefundenen Informationen nochmals auf den Datenträgern enthalten sind, denn dies setzt die inhaltliche Übereinstimmung voraus und kann zur Verstärkung der Beweise führen.

---

[97] Vgl. dazu auch http://www.heise.de/newsticker/meldung/US-Behoerde-gibt-beschlagnahmte-Domains-nach-19-Monaten-frei-1679227.html.

[98] Vgl. zu dieser Unterteilung nur *Meyer-Goßner*, StPO, § 94 Rn. 5; LR-*Schäfer*, § 94 Rn. 15 sowie auch *Böckenförde*, Die Ermittlung im Netz, S. 296 f.

[99] Vgl. nur *Rogall*, GA 1985, 17; KK-StPO-*Nack*, § 94 Rn. 8. Dies war letztlich auch der Grund für die Schaffung einer eigenen Rechtsgrundlage in den §§ 98a – 98c StPO.

3. Formen der Sicherstellung

48 Liegen die Voraussetzungen für eine Beschlagnahme vor, gilt es die Form der Sicherstellung des Gegenstandes für das weitere Verfahren festzulegen. Nach dem Wortlaut des § 94 StPO kommt neben der **Inverwahrnahme** auch eine Sicherstellung in anderer Weise in Betracht. Die Verwahrung bereitet dabei keine rechtlichen Schwierigkeiten, da darunter die Überführung des Gegenstandes in den Besitz der Behörde – etwa durch Mitnahme, Versiegelung der Räume – oder einer beauftragten Stelle zu verstehen ist. Dies dürfte auch bei der Beweissicherung von Computerdaten der Regelfall sein, wenn einzelne Datenträger oder die EDV-Anlagen von den Ermittlungsbeamten mitgenommen werden. Eine **Sicherstellung in anderer Weise** kommt dagegen in Betracht, wenn Gegenstände nicht in Verwahrung genommen werden können oder der Zweck der Maßnahme auch ohne die Mitnahme erreicht werden kann. Zu denken ist dabei an eine sog. „**Image-Sicherung**", d. h. eine komplette Kopie der beweisrelevanten Daten des Massenspeichers im Rechner (meist der Festplatte) bzw. eines anderen Datenspeichers – etwa mithilfe eines Datensicherungsgerätes (Streamer) – auf ein mitgebrachtes Speichermedium der Ermittlungsbehörden,[100] wenn sich der Beschuldigte mit der Anfertigung einer Kopie der entsprechenden Dateien oder des gesamten Datenträgers („Image") vor Ort auf externe Datenträger einverstanden erklärt.[101] Dieses so mit Daten gefüllte Speichermedium ist dann das eigentliche Beweismittel für das weitere Verfahren. Sofern diese forensische Datensicherung aus tatsächlichen Gründen vor Ort aber nicht möglich ist, hat eine Mitnahme von Datenträgern unter strenger Beachtung des Verhältnismäßigkeitsgrundsatzes zu erfolgen. Im Übrigen gilt es jeweils sorgfältig zu prüfen, ob der Beschlagnahmezweck durch die hergestellten Sicherheitskopien auch erreicht werden kann oder ob für das Verfahren nicht zusätzlich die Originaldatenträger benötigt werden. Im Gegensatz zu den bisherigen Printmedien kann bei Computerdaten von einem Original und einer Kopie nach herkömmlichem Verständnis nicht gesprochen werden. Da die Dateien beim Kopiervorgang dupliziert werden, entstehen völlig identische Datensätze. Die dabei verwendeten Speichermedien – besser als Quelldatenträger und Kopie zu bezeichnen – unterscheiden sich nur hinsichtlich äußerer Kriterien. Zu beachten ist auch, dass die Informationen auf dem Datenträger jederzeit verändert werden können, ohne irgendwelche erkennbaren Spuren zu hinterlassen. Es kann deshalb nicht stets ausgeschlossen werden, dass beim herkömmlichen Kopiervorgang versteckte Dateien (sog. „hidden files") nicht mit kopiert und deshalb auch nicht mit gesichert werden. Wie gerade die immer komplizierter und umfangreicher werdenden Anwendungs- und Systemprogramme am Rechner zeigen, besteht auch die Gefahr, dass die im Wege des Downloads gesicherten Daten wegen spezieller Voreinstellungen am ursprünglichen Rechner nicht lauffähig sind und folglich nicht ausgewertet werden können. Es sollte daher nur in Fällen, bei denen es vom Beweiswert her nicht auf den Datenträger in seinem Urzustand entscheidend ankommt, auf eine Mitnahme des vorgefundenen Datenträgers verzichtet werden und im Übrigen nur auf spezielle Software zur forensischen Auswertung (z. B. EnCase) zurückgegriffen werden. In den meisten Verfahren wird es sich empfehlen, die **Quelldatenträger in amtliche Verwahrung** zu nehmen und dem Betroffenen eine Kopie seiner Daten zur Verfügung zu stellen.

4. Beschlagnahmeverbote

49 Als negative Voraussetzung der Beschlagnahmebefugnisse hat der Gesetzgeber in § 97 StPO eine Reihe von Beschlagnahmeverboten normiert, um eine Umgehung der in den §§ 52 ff. StPO geregelten Zeugnisverweigerungsrechte zu verhindern. Diese sind bei der Beweissiche-

---

[100] Vgl. LR-*Schäfer*, § 94 Rn. 27 f. und KK-StPO-*Nack*, § 94 Rn. 4. Nach *Lemcke*, Die Sicherstellung gem. § 94 StPO und deren Förderung durch die Inpflichtnahme Dritter als Mittel des Zugriffs auf elektronisch gespeicherte Daten, 1995, 100 f. soll diese Form der Sicherstellung allerdings unzulässig sein, da eine Form des Sicherstellungsersatzes vorliege.

[101] Vgl. AG Reutlingen, Beschluss vom 5.12.2011 – Az 5 Gs 363/11 bei JURIS mit Anm. *Albrecht*, jurisPR-ITR 13/2012 Anm. 4.

B. Einzelne Zwangsmaßnahmen

rung von Computerdaten jedoch nur teilweise von Interesse. So werden durch § 97 Abs. 1 Nr. 1 StPO „schriftliche Mitteilungen" zwischen Beschuldigtem und Zeugnisverweigerungsberechtigtem und durch § 97 Abs. 1 Nr. 2 StPO entsprechende **„Aufzeichnungen"** von der Beschlagnahme ausgeschlossen. Da es sich insoweit jeweils um Schutzbestimmungen zugunsten des Berechtigten handelt, sind die Verbote auch auf alle modernen Speichermedien zu erstrecken, da es andernfalls zu einer nicht zu rechtfertigenden Ungleichbehandlung von traditionellen Mitteilungsformen (Brief, Ausdrucke, Karteien, Handakten usw.) und elektronischen Datenträgern kommen würde.[102] Die Richtigkeit dieses Ergebnisses wird auch durch die neue Fassung des § 11 Abs. 3 StGB bestätigt, wenn hier den Schriften auch Ton-, Bildträger und Datenspeicher gleichgestellt sind. Der Beschlagnahme entzogen sind gem. § 97 Abs. 1 Nr. 3 StPO auch Datenträger als **„andere Gegenstände"**, soweit sich ein Zeugnisverweigerungsrecht darauf erstreckt. Diese Regelung hat vor allem beim Zugriff auf Buchführungsunterlagen eine besondere Bedeutung. Wird hier – wie heute bereits üblich – entsprechend § 239 Abs. 4 HGB die **Buchführung mithilfe der EDV** abgewickelt und dem Steuerberater die Erstellung des Jahresabschlusses übertragen, könnte sich der Steuerberater bei einer Beschlagnahme auf ein Beschlagnahmeverbot berufen. Soweit die Steuerberater die Buchführung für das Unternehmen erledigen, greift nach h. A. aber kein Beschlagnahmeverbot ein, denn diese Tätigkeit gehört nicht zum Berufsbild des Steuerberaters. Buchführungsbelege werden dem Steuerberater gerade nicht aufgrund eines besonderen Vertrauensverhältnisses übergeben. Das in §§ 1 Abs. 2 Nr. 2, 6 Nr. 3 StBerG bestimmte Buchführungsprivileg wird dadurch nicht verletzt.[103] Von einem Beschlagnahmeverbot ist in diesem Bereich vielmehr nur so lange auszugehen, wie der Steuerberater aufgrund der ihm überlassenen Belege Jahresabschlüsse erstellt oder Steuererklärungen vorbereitet. Doch endet in diesem Zusammenhang die Vertraulichkeit, wenn die Bilanzen als Grundlagen der Besteuerung an Dritte – etwa an Finanzbehörden – weitergeleitet wurden.

Von Bedeutung im Zusammenhang mit der EDV-Beweissicherung ist daneben das Beschlagnahmeverbot des § 97 Abs. 5 StPO für Gegenstände im Gewahrsam von Presse-, Rundfunkmitarbeitern aber auch von Informations- und Kommunikationsdiensten i. S. d. § 53 Abs. 1 Nr. 5 StPO. Diese Schutzbestimmungen wurden durch Gesetz vom 15.2.2002[104] erheblich auch auf selbst recherchiertes Material und nochmals durch das Gesetz zur Stärkung der Pressefreiheit im Straf- und Strafprozessrecht vom 26.6.2012[105] erweitert. Hier finden sich im Gesetzeswortlaut auch ausdrücklich „Datenträger" als relevante Objekte, so dass diese Norm in jedem Fall auf alle modernen Speichermedien Anwendung findet. Im Zusammenhang mit neuen Kommunikationsformen – etwa bei der Beschlagnahme von Servern – ist § 97 Abs. 5 i. V. m. § 53 Abs. 1 Satz 1 Nr. 5 StPO zu beachten, wenn diese Systeme den geschützten Medien „Rundfunk„ oder neu „Druckwerk" bzw. auch „Informations- und Kommunikationsdiensten" zuzuordnen sind und es sich um Mitarbeiter handelt, die bei Vorbereitung, Herstellung oder Verbreitung tätig sind. Einem Beschlagnahmeverbot unterliegen damit in erster Linie Massenkommunikationsmittel, die – in Abgrenzung zur Individualkommunikation – die Allgemeinheit zum Empfängerkreis haben.[106] Entsprechend § 53 Abs. 1 Satz 1 Nr. 5 StPO gilt dies auch für Telemedien i. S. d. § 1 TMG, die der Unterrichtung oder Meinungsbildung dienen. Geschützt sind dabei neben Abrufinformationen für andere Teilnehmer oder persönlicher Art – etwa bei der E-Mail – auch Informationen für mehrere **(Abrufinformationen für alle Teilnehmer)** – etwa bei Newsgroups. Damit unterfallen auch diese **modernen Zugriffs- oder Abrufdienste** i. S. d. strafprozessualen Zeugnisverweige-

---

[102] So im Ergebnis auch LR-*Schäfer*, § 97 Rn. 39; *Meyer-Goßner*, StPO, § 97 Rn. 28 f.; SK-StPO-*Rudolphi*, § 97 Rn. 39.

[103] Vgl. BVerfGE 54, 301 und 59, 302 sowie mit Nachweis auf die umfangreiche Rechtsprechung *Meyer-Goßner*, § 97 Rn. 40 sowie KK-StPO-*Nack*, § 97 Rn. 15.

[104] Vgl. Gesetz zur Änderung der Strafprozessordnung vom 15.2.2002, BGBl. 2002, Teil I, S. 682 sowie BR-Drs. 441/00 und dazu näher *Kunert*, NStZ 2002, 169.

[105] Vgl. Gesetz zur Stärkung der Pressefreiheit im Straf- und Strafprozessrecht vom 25.6.2012, BGBl. 2012, Teil I, S. 1374.

[106] Vgl. zur Abgrenzung *Jarass*, Die Freiheit der Massenmedien, 1978, 29 f.; *Scherer*, NJW 1983, 1834.

rungsrechte und Beschlagnahmeverbote in jedem Fall dem erweiterten § 53 Abs. 1 Nr. 5 StPO, der nun auch selbstrecherchiertes Material einbezieht.[107] § 97 Abs. 5 StPO greift aber nicht ein, wenn es sich lediglich um ein anonymes online-Forum handelt, bei dem keine inhaltliche Kontrolle und redaktionelle Erarbeitung von Beiträgen erfolgt.[108]

51   Sollte nach § 97 Abs. 1 bzw. Abs. 5 StPO ein Beschlagnahmeverbot bestehen, ist aber zusätzlich die Verstrickungsregelung des § 97 Abs. 2 StPO zu beachten. Einschränkungen bei der Beschlagnahme gelten nur dann, wenn sich die jeweiligen Gegenstände einerseits auch im **Gewahrsam des Zeugnisverweigerungsberechtigten** befinden und diese Person andererseits selbst nicht der Teilnahme, Begünstigung, Strafvereitelung oder Hehlerei verdächtig ist. In diesem Zusammenhang ist klarzustellen, dass im Bankenbereich ein Beschlagnahmeverbot nicht anzuerkennen ist. Während im Zivilprozess für Bankangestellte in § 383 Abs. 1 Nr. 6 ZPO grundsätzlich ein Zeugnisverweigerungsrecht besteht, fehlt eine vergleichbare Regelung in der StPO. Der Katalog beschlagnahmefreier Gegenstände in § 97 StPO ist aber grundsätzlich **abschließend.** Nachdem der Gesetzgeber den öffentlichen Interessen an der Wahrheitsfindung im Strafprozess den Vorrang vor der Wahrung des Bankgeheimnisses eingeräumt hat, kommt eine Ausdehnung des § 97 StPO auf weitere Personen nicht in Betracht.[109] Die Ermittlungsbefugnisse sind daher in diesem Bereich in keiner Weise eingeschränkt. Insbesondere beinhaltet § 30a AO kein Verwertungsverbot von Beweismitteln, denn der von § 30a AO bezweckte Schutz des redlichen Bankkunden darf nicht zu einem Freibrief für Wirtschaftsstraftäter führen.[110] Auch CD's mit Daten von „Steuersündern" von ausländischen Banken sind verwertbar.[111]

52   Da alle EDV-Anlagen über immer größer werdende Speicherkapazitäten verfügen, ergibt es sich in der Praxis zwangsläufig, dass sich **auf einem einheitlichen Datenträger** sowohl **beschlagnahmbare** als auch einem **Verbot unterliegende Informationen** befinden, die – etwa bei Speicherung auf derselben Festplatte in einem einheitlichen Verzeichnis des Servers – nicht problemlos voneinander zu trennen und gegenständlich zu isolieren sind.[112] Eine gesetzliche Lösung für diese Rechtsfrage besteht nicht. Dies war auch Gegenstand eines Verfahrens beim BVerfG[113] in einem Ermittlungsverfahren gegen einen Steuerberater, der Sozius einer Kanzlei war, die nur über einen einheitlichen Rechner mit allen Daten verfügte. Hier kommt das Gericht zum Ergebnis, dass bei einer Durchsuchung und Beschlagnahme in besonderem Maß auf den Grundsatz der Verhältnismäßigkeit Rücksicht genommen werden muss. Dies gebietet zunächst zu prüfen, ob eine Sicherstellung des Datenträgers und aller vorhandenen Daten erforderlich ist. Dabei kann möglicherweise eine Unterscheidung der Daten nach ihrer potenziellen Verfahrenserheblichkeit vorgenommen werden mit der Folge einer Teilkopie von erheblichen und der Löschung irrelevanter Daten. Je nach den Umständen des Einzelfalls können hier auch weitere unterschiedliche miteinander kombinierbare Möglichkeiten der Datenzuordnung in Betracht gezogen werden, wie etwa die Zugriffsrechte der Mitarbeiter der Kanzlei. In jedem Fall gebietet aber der begrenzte Zweck der Datenerhebung grundsätzlich die Löschung aller nicht zur Zweckerreichung erforderlichen kopierten Daten. Insoweit findet sich auch eine vergleichbare Regelung in § 98a Abs. 3 StPO im Rahmen der Rasterfahndung.

---

[107] So schon zum bisherigen Recht auch LR-*Dahs*, § 53 Rn. 40; *LR-Schäfer*, § 97 Rn. 93; *Stenger*, CR 1990, 791 und *Palm/Roy*, NJW 1996, 1795.
[108] Vgl. LG Augsburg CR 2013, 333 und LG Duisburg CR 2013, 334.
[109] Vgl. KK-StPO-*Senge*, § 53 Rn. 2 und *Meyer-Goßner*, StPO, § 53 Rn. 3; *Kramer*, Ermittlungen bei Wirtschaftsdelikten, Rn. 157; LR-*Dahs*, § 53 Rn. 4 jeweils m. w. N.
[110] Vgl. *Schumann*, wistra 1995, 336.
[111] Vgl. BVerfG NStZ 2011, 103 m. Anm. *Wohlers*, JZ 2011, 252; *Lucke*, HRRS 2011, 527 sowie *Kaiser*, NStZ 2011, 383; *Coen*, NStZ 2011, 433; *Trüg*, StV 2011, 111 und *Füllsack*, BB 2012, 1442.
[112] Vgl. dazu näher *Bär*, CR 1995, 498 und *Stenger*, CR 1990, 792 f.
[113] Vgl. zunächst zur Hinterlegung sichergestellter Unterlagen: BVerfG, Beschluss vom 17.7.2002, CR 2003, 172 sowie zur Hauptsacheentscheidung BVerfG, Beschluss vom 12.4.2005, NJW 2005, 1917. Sowie zur Durchsuchung einer Anwaltskanzlei auch BVerfG, NVwZ 2005, 1304.

5. Postbeschlagnahme

Neben den allgemeinen Sicherstellungsbefugnissen in § 94 StPO findet sich eine Sonderregelung für die Postbeschlagnahme in § 99 StPO. Diese in ihrer bisherigen Formulierung noch aus dem vergangenen Jahrhundert stammende Regelung wurde durch Art. 2 Abs. 9 Ziffer 1 des BegleitG[114] novelliert und den Liberalisierungen im Postwesen angepasst. Auch nach der Neufassung ist aber eine Beschlagnahme von Postsendungen oder Telegrammen nur dann möglich, wenn sich diese **im Gewahrsam von Personen oder Unternehmen** befinden, die geschäftsmäßig Post- oder Telekommunikationsdienste erbringen bzw. daran mitwirken. Auch wenn damit bereits künftigen Veränderungen beim staatlichen Monopol im Postwesen Rechnung getragen wird, bleibt eine Sicherstellung weiterhin nur während der Beförderungsphase von Postsendungen möglich, d. h. ab dem Zeitpunkt der Einlieferung bis zur Zustellung der Sendung zulässig. Nur wenn Gewahrsam des jeweiligen Unternehmens an der Postsendung besteht, der Gegenstand sich also in dessen Herrschaftsbereich befindet, ist ein Rückgriff auf die Postbeschlagnahme denkbar. Damit kann über § 99 StPO nur in eine **Weitergabe von körperlichen Objekten** eingegriffen werden, nicht aber in moderne Übermittlungsformen von Informationen in Form etwa des Telefax. Da hier eine körperlose Übertragung der Daten erfolgt, erlangt der Post- oder Telekommunikationsanbieter zu keinem Zeitpunkt Gewahrsam an diesen Informationen. Daran vermag auch eine funktionelle Auslegung des § 99 StPO nichts zu ändern.[115] Eine Kontrolle solcher moderner Übermittlungsvorgänge ist daher nicht über die Postbeschlagnahme, sondern lediglich über § 100a StPO möglich.[116] Damit hat die Postbeschlagnahme vor dem Hintergrund moderner Formen der Text- und Datenübertragung über Telefax, Mailboxsysteme keinen neuen zusätzlichen Anwendungsbereich erlangt.

Eine Anwendung des § 99 StPO kommt aber im Zusammenhang mit der **Zwischenspeicherung von E-Mails** auf dem Mailserver des Providers in Betracht, bei dem der Adressat der Mail seine elektronisches Postfach hat. Hier sind die Daten – wie bei einem herkömmlichen Postfach – in verkörperter Form auf dem jeweiligen Speichermedium vorhanden. Es kommt ein Rückgriff auf § 99 StPO in Betracht, wenn man in der E-Mail eine Postsendung i. w. S. und in deren Übertragung keinen einheitlichen Kommunikationsvorgang sieht.[117]

Nach Auffassung des AG Reutlingen[118] soll auch die Beschlagnahme eines **Facebook-Accounts** sowie die Beschlagnahme der Messages, Chats und der Registrierungsdaten auf eine entsprechende Anwendung des § 99 StPO gestützt werden können. Dieser Beschluss, der großes mediales Interesse gefunden hat, erscheint aber im Ergebnis zweifelhaft, da die in Facebook enthaltenen Chats gerade keine Postsendungen i. S. d. § 99 StPO sind und im Übrigen eine analoge Ausdehnung von Eingriffsbefugnissen im Strafverfahren kaum rechtlich zulässig ist.[119] Dies umso mehr als auch bei der Beschlagnahme von Facebook-Inhalten keine vergleichbare Interessenlage vorliegt.

---

[114] Begleitgesetz zum Telekommunikationsgesetz (BegleitG) vom 17.12.1997, BGBl. 1997, Teil 1, 3108. Vgl. zu den Änderungen in § 99 StPO näher *Bär*, CR 1998, 437 und *Felixberger*, CR 1998, 146.
[115] So *Meyer-Goßner*, StPO, § 99 Rn. 9; KK-StPO-*Nack*, § 99 Rn. 7.
[116] Vgl. dazu näher *Bär*, Zugriff auf Computerdaten im Strafverfahren, 292 ff. sowie *Bär*, CR 1996, 750 und *Palm/Roy*, NJW 1996, 1794.
[117] So BGH NStZ 2009, 397 m. Anm. *Bär*; LG Ravensburg, NStZ 2003, 325; vgl. auch KK-StPO-*Nack*, § 100a Rn. 8. Vgl. dazu näher zur E-Mail-Beschlagnahme die Darstellungen bei den Eingriffen in die Telekommunikation unter Rn. 87 ff.
[118] Vgl. AG Reutlingen, CR 2012, 193 m. Anm. *Meinicke* StV 2012, 463; *Neuhöfer*, ZD 2012, 178 und *Heim* NJW-Spezial 2012, 184.
[119] Vgl. dazu ausführlich: *Bär*, Zugriff auf Computerdaten im Strafverfahren, S. 69 ff.

6. Rasterfahndung

56 Mit dem OrgKG[120] hat der Gesetzgeber in den §§ 98a – 98c StPO eigene gesetzliche Grundlagen im Bereich der Beschlagnahmevorschriften für die Rasterfahndung geschaffen. Der Begriff Rasterfahndung wird heute als Oberbegriff für alle **computergestützten Fahndungsmaßnahmen** verwendet, die zur Ermittlung und Identifizierung von Verdächtigen einer Straftat beitragen, indem auf Computerdaten zurückgegriffen wird, die bei einer systematisierten und automatisierten Suche nach Personen oder Sachen im Rahmen eines Datenabgleichs nach verschiedenen vorher festgelegten kriminalistischen Merkmalen (sog. „Raster") ausgewertet werden. Je nachdem, wie die Ausfilterung der Daten erfolgt, wird zwischen positiver oder negativer Rasterfahndung unterschieden. Die seit dem ersten Stromkunden-Fall im Jahr 1979[121] umstrittene Frage der rechtlichen Zulässigkeit einer Rasterfahndung[122] hat sich durch die gesetzliche Neuregelung erledigt. Aktuell geworden ist diese Ermittlungsform durch das Aufspüren von islamischen Extremisten nach den Anschlägen vom 11.9.2001. Durch § 98a Abs. 1 StPO wird zunächst festgelegt, dass ein **Datenabgleich** nur bei Vorliegen einer der ausdrücklich genannten Katalogtaten in Betracht kommt. Damit die Ermittlungsbehörden in den Besitz der zum Abgleich von Informationen erforderlichen Datenbestände gelangen, besteht nach § 98a Abs. 2 StPO für die speichernde Stelle eine **Verpflichtung zur Herausgabe der erforderlichen Daten**.[123] Über § 98a Abs. 4 StPO ist die jeweilige speichernde Stelle sogar zur Unterstützung der Ermittlungsbehörden bei der Durchführung des Datenabgleichs verpflichtet. Bei schwer trennbaren Daten hat gem. § 98a Abs. 3 StPO eine Herausgabe aller Daten zu erfolgen, bzgl. überschießender Daten besteht allerdings ein Nutzungsverbot.[124]

57 Soweit von einem Kreditkartenunternehmen auf Grund eines Auskunftsersuchens nur Datensätze von Kunden herausverlangt werden, die bestimmte vorgegebene Kriterien nach einem **hausinternen Datenabgleich** erfüllen (z. B. Bezahlung eines bestimmten Betrages an Anbieter von Kinderpornographie), handelt es sich bei dieser Abfrage von Kreditkartendaten nicht um eine Rasterfahndung i. S. d. § 98a StPO. Es werden keine Gesamtdateien übermittelt, sondern nur Einzeldaten. Ein Eingriff in das informationelle Selbstbestimmungsrecht i. S. d. Art. 2 Abs. 1, 1 Abs. 1 GG) aller Kunden liegt nicht vor. Der nach maschineller Prüfung durch die Datenweitergabe erfolgte Eingriff in die Rechte der Beschuldigten ist über §§ 161, 163 StPO gerechtfertigt.[125] Keine Rasterfahndung, sondern von § 98c StPO ausdrücklich zugelassen, ist auch der Abgleich von mehreren bei verschiedenen Ermittlungen sichergestellten Daten (z. B. aus einer Funkzellenabfrage).

7. Durchführung der Sicherstellung und Auswertung von EDV-Unterlagen

58 Damit eine Auswertung der sichergestellten Unterlagen erfolgen kann und diese auch dem späteren Verfahren bis zum Abschluss noch zur Verfügung stehen, hat die praktische Durchführung der Sicherstellung eine besondere Bedeutung.[126] Wie bereits im Rahmen der Durchsuchung angesprochen, ist dabei zunächst auf einen **sachgerechten Abbau der EDV-An-**

---

[120] Vgl. Gesetz zur Bekämpfung der organisierten Kriminalität (OrgKG) vom 15.7.1992, BGBl. I S. 1302.
[121] Vgl. BGH, Beschluss vom 18.12.1979, II BGs 998/79 (unveröffentlicht).
[122] Vgl. dazu nur *Simon/Taeger*, Rasterfahndung, 1979, 59ff.; *Wanner*, Die negative Rasterfahndung, 1985, 229ff. sowie *Wolter*, GA 1988, 73 und 129 und *Bottke*, in: GS für Karlheinz Meyer, 1990, 44 jeweils m. w. N.
[123] Vgl. näher KK-StPO-*Nack*, § 98a Rn. 15ff.
[124] § 98b und c StPO enthalten weitere verfahrensrechtliche Bestimmungen, z. B. für Daten aus Melderegister, insbesondere der Einwohnermeldeämter. Vgl. *Möhrenschlager*, wistra 1992, 328.
[125] Vgl. BVerfG NJW 2009, 1405 („Mikado-Verfahren") m. abl. Anm. *Brodowski*, JR 2010, 546; *Meyer-Goßner*, § 98a Rn. 8 m. w. N.
[126] Vgl. dazu Musterbeschluss bei: *Wiesneth*, Handbuch für das ermittlungsrichterliche Verfahren, Rn. 722.

B. Einzelne Zwangsmaßnahmen   **27**

lage mit Beschriftung und Fotografien der Verkabelung zu achten. Bei Datenträgern besteht vor allem die Gefahr des Datenverlustes durch vorhandene Magnetfelder in der Nähe von Lautsprechern oder Telefonanlagen oder durch Beschädigungen bzw. Verunreinigungen der Magnetschicht mit Fingern, spitzen Stiften. Die Speicherkarten und -sticks oder Magnetbänder sollten daher nur mit vorher beschrifteten Aufklebern versehen und soweit vorhanden in den Originalhüllen mitgenommen werden. Bei Beschriftung der Hüllen allein besteht weiterhin Verwechselungsgefahr. Da am Rechner heute zunehmend auch Wechselplatten im Einsatz sind, ist bei der Sicherstellung darauf zu achten, dass auch die weiteren Platten gefunden und asserviert werden. Bei CD-ROMs, besteht die Gefahr, dass eine Sicherstellung unterbleibt, weil fälschlicherweise – etwa aufgrund des Aufbewahrungsortes – von einer Musik-CD ausgegangen wurde. Schwer auffindbar sind auch USB-Sticks oder Speicherkarten (z. B. SD-Karten), die mehr als 1 GB Daten speichern können und sich leicht verstecken lassen. Beschlagnahmt werden sollten neben der Zentraleinheit auch die Sicherungskopien, auf denen der Betreiber den Datenbestand seiner Festplatten regelmäßig gespeichert hat, um diese mit dem aktuellen Inhalt der Platte zu vergleichen. Speziell der EDV-Freak und der Wirtschaftskriminelle wird die zum Schutz entwickelte Technik auch zur Beweismittelvernichtung einsetzen. Dies kann sowohl durch einfache Löschprogramme als auch durch in Türrahmen eingebaute Magnetschleifen, die hindurch getragene Speichermedien unbemerkt löschen, geschehen. Es ist daher besonders darauf zu achten, ob der Beschuldigte von solchen Möglichkeiten zur Vernichtung seiner Datenbestände Gebrauch gemacht hat.

Um einen entsprechenden Tatnachweis führen zu können, müssen die sichergestellten **59** **EDV-Anlagen oder Datenträger aufbereitet und lesbar** gemacht werden.[127] Dies bedarf wegen der damit verbundenen Schwierigkeiten einer besonderen Sachkunde. Die StPO selbst enthält für sichergestellte Daten keine weiteren Regelungen dazu, welche Handlungen hier vorgenommen werden dürfen oder zu unterlassen sind. Maßstab für das weitere Vorgehen der Ermittlungsbeamten kann deshalb hier nur sein, was für Zwecke des Verfahrens erforderlich ist. Wichtig ist bei der weiteren **Auswertung** zunächst vor allem zu **dokumentieren,** welche Arbeitsschritte unternommen wurden, um die vorgefundenen Daten lesbar zu machen. Nur in diesem Fall ist es auch in einer späteren Hauptverhandlung möglich, einen entsprechenden Tatnachweis zu führen.[128] Eine Auswertung der Daten sollte deshalb keinesfalls mit den sichergestellten Originaldaten, sondern mit einer Kopie durchgeführt werden. Nur so kann – wie dies tatsächliche Fälle aus der Praxis zeigen – verhindert werden, dass es zu einer Veränderung der Quelldaten oder gar zu einer völligen Zerstörung der beschlagnahmten Daten kommt, wenn etwa bei einem falschen Programmstart vorprogrammierte Programme zur Löschung der Daten aktiviert werden. Vor dem Hintergrund der zunehmenden Verbreitung von Computerviren ist auch besonders darauf zu achten, dass der für Auswertungen eingesetzte Rechner vom Datenbestand her streng getrennt ist von der EDV-Anlage für Zwecke des Gutachtens oder für das Verfahren. Sollte der Täter zur Verdunkelung oder wegen bereits abgeschlossener Geschäftsvorgänge beweisrelevante Daten auf den Speichermedien gelöscht haben, ist es gleichwohl technisch möglich, diese Daten im Einzelfall ganz oder teilweise durch den Sachverständigen wieder lesbar zu machen. Voraussetzung hierfür ist aber, dass von Seiten der Ermittlungsbehörden keine Datenveränderungen auf dem sichergestellten Rechner vorgenommen wurden, die zum endgültigen **Überschreiben** der bereits **gelöschten Daten** geführt haben. Dies kann etwa bereits beim Einschalten des Computers oder dem Start von Programmen ausgelöst werden. Besteht im konkreten Verfahren eine Notwendigkeit, die gelöschten Daten etwa auf einer Festplatte auszuwerten, muss die gesamte EDV-Anlage in Absprache mit dem Sachverständigen sichergestellt werden.

---

[127] Vgl. zu Sonderproblemen bei der Auswertung von Mobiltelefonen die Darstellungen bei *Bär*, Handbuch zur EDV-Beweissicherung, Rn. 214 ff.
[128] Vgl. zur Verwertung von Computerdaten als Beweismittel: *Sieber*, in: *Hoeren/Sieber*, Handbuch Multimedia Recht, Kapitel 19 Rn. 726 ff.

III. Strafprozessuale Mitwirkungspflichten

60 Da über die Anwendung der passiven Duldungspflichten gerade im EDV-Bereich beweisrelevante Informationen entweder gar nicht oder nur in einer nicht unmittelbar verwertbaren Form zu erlangen sind, ist es für die praktische Arbeit der Ermittlungsbehörden von besonderem Interesse, Personen darüber hinaus auch zu einer **aktiven Mitwirkung am Verfahren** zu verpflichten. Bei der Sicherstellung von Computerdaten wäre eine solche Mithilfe im Verfahren etwa bei der Bedienung vorgefundener EDV-Anlagen, der Bekanntgabe von Schlüsselwörtern oder Betriebshinweisen für den Zugang zum System, das Heraussuchen und den Ausdruck von beweisrelevanten Informationen oder die Anfertigung von Kopien von Datenträgern praktisch wünschenswert. Soweit die von einer solchen Mitwirkung am Verfahren betroffenen Personen von sich aus nicht zu einer freiwilligen Kooperation mit den Strafverfolgungsbehörden bereit sind, müssen die Ermittlungsorgane auf eine zwangsweise Durchsetzung der Mitwirkungshandlungen zurückgreifen. Dies wäre mit einem erheblichen Eingriff zumindest in die durch Art. 2 Abs. 1 GG geschützte allgemeine Handlungsfreiheit verbunden und bedarf einer entsprechenden gesetzlichen Ermächtigungsnorm, die den Anforderungen des öffentlich-rechtlichen Gesetzesvorbehalts gerecht wird. Die Befugnisse zur Zeugenpflicht und zur Vorlage und Auslieferung beweisrelevanter Unterlagen (§ 95 StPO) sind deshalb auf ihre Anwendbarkeit im EDV-Bereich zu untersuchen. Dabei kann eine Verpflichtung zur aktiven Mitwirkung im Strafverfahren über die Duldung von Zwangsmaßnahmen hinaus **nur von** am Verfahren **unbeteiligten Dritten** verlangt werden, da der Beschuldigte sonst zur Mitwirkung an seiner eigenen Überführung verpflichtet wäre. Das verfassungsrechtliche Verbot des Selbstbelastungszwanges würde unterlaufen.

1. Zeugenpflicht

61 Bei der Zeugenpflicht handelt es sich um die wichtigste Möglichkeit, dritte Personen zur aktiven Mitwirkung am Verfahren heranzuziehen. Die Zeugenpflicht selbst ist als **allgemeine Staatsbürgerpflicht i. S. d. Art. 33 Abs. 1 GG** verfassungsrechtlich abgesichert[129] und findet im Strafverfahren wichtige Ausgestaltungen in §§ 48 ff. und § 161a StPO. Zeuge im Strafverfahren kann nur eine Person sein, welche aus eigener Erfahrung über das Dasein und die Beschaffenheit von Tatsachen aussagt.[130] Für die Zeugeneigenschaft unerheblich ist damit, auf welche Weise der Zeuge die für das Strafverfahren wesentlichen Wahrnehmungen gemacht hat. Dies kann rein zufällig, aus eigenem Interesse oder im Rahmen der Berufsausübung erfolgt sein.

a) Reichweite der Zeugenpflichten

62 Nach h. A. obliegt dem Zeugen daher die Verpflichtung, vor Gericht oder vor dem Staatsanwalt zu erscheinen (**Erscheinenspflicht**), wahrheitsmäßige Angaben zu machen (**Aussagepflicht**) und seine Aussage ggf. zu beeiden (**Beeidigungspflicht**). Dies führt zu der vor allem im EDV-Bereich wesentlichen Frage, inwieweit dem Zeugen im Strafverfahren bei Wahrnehmung dieser Aufgabe eine Verpflichtung zur Vorbereitung oder gar eine weitergehende aktive Tätigkeit zur Beschaffung von Informationen – etwa durch das Heraussuchen und die Aufbereitung der gespeicherten Daten – trifft. Nachdem heute vielfach beweisrelevante Informationen in digitalisierter Form oder mithilfe anderer Speicherformen (z. B. auf Mikrofilm) aufbewahrt werden, hat die Reichweite der Zeugenpflichten hier eine besondere Bedeutung. Dabei ist in Literatur und Rechtsprechung anerkannt, dass für den Zeugen im Strafprozess eine zwangsweise durchsetzbare **Vorbereitungs-** oder gar eine **Erkundungs-**

---

[129] Vgl. dazu nur *Meyer-Goßner*, StPO, Vor § 48 Rn. 5 und KK-StPO-*Senge*, Vor § 48 Rn. 2 sowie LR-*Dahs*, Vor § 48 Rn. 6 m. w. N.

[130] So bereits *Mittermaier*, Die Lehre vom Beweise im deutschen Strafprozess, 1834, 288.

B. Einzelne Zwangsmaßnahmen

pflicht vor der Aussage **nicht besteht.**[131] Die Zeugenpflicht muss ihre Grenzen in dem Wissen finden, das beim Zeugen einmal vorhanden war. Was an Wissen niemals Gegenstand der eigenen Wahrnehmung war, kann deshalb auch nicht Inhalt einer wie auch immer gearteten Erkundigungs- oder Informationsbeschaffungspflicht sein. Wer von einem Zeugen verlangen würde, sich erst über einen bestimmten Sachverhalt zu unterrichten, fordert von ihm gerade sich erst in der Zukunft zum Zeugen zu machen, während er es in der Gegenwart gar noch nicht ist. Weitergehendes freiwilliges Handeln bleibt davon unberührt.

b) Zeugenpflichten im EDV-Bereich

Zum Inhalt der Zeugenpflicht im EDV-Bereich gehört es deshalb zunächst, wenn von den Ermittlungsbehörden die **Bekanntgabe von** Informationen über **Sicherungsmechanismen** oder sonstige Zugangsberechtigungen zum EDV-System gefordert wird. Die am Rechner tätigen oder mit der Systembetreuung befassten Personen verfügen regelmäßig über dieses Wissen, das auf eigenen, in der Vergangenheit liegenden Wahrnehmungen dieser Personen beruht, und damit Gegenstand einer Zeugenaussage sein kann. Diese Verpflichtung trifft aber nur die jeweils selbst **am Computer tätigen Personen.** Inhalt der Zeugenaussage im EDV-Bereich können daneben etwa Informationen über die Konfiguration von Hard- und Software, über die Art und Weise der Datensicherung mit dem Zeitpunkt der letzten Sicherung oder über die Möglichkeiten zur Datenfernübertragung sein. Der Zeugenpflicht unterliegen aber auch Angaben zur Art der mithilfe der EDV erledigten Tätigkeiten, zur Auslagerung von Datenbeständen oder auch zu den Lieferanten von Hard- und Software. Wer dagegen selbst keinerlei Kenntnisse im Umgang mit der EDV-Anlage hat, braucht keine entsprechenden Nachforschungen anstellen. 63

Demgegenüber ist eine mit Zwangsmitteln durchsetzbare **Pflicht** des Zeugen zur Aufbereitung oder **zum Ausdruck** vorgefundener Computerdaten **nicht anzuerkennen.** Bei einer solchen Tätigkeit handelt es sich weder um eine dem Zeugen noch zuzumutende **mechanische Hilfstätigkeit,** noch um eine Form einer schriftlichen Zeugenaussage. Die Herstellung von Ausdrucken erfordert nicht unerhebliche Sachkenntnisse beim Umgang mit der EDV-Anlage sowie Informationen über den jeweiligen Aufbewahrungsort der Daten. Im Vordergrund stehen damit nicht Aussagen des Zeugen über eigene Wahrnehmungen, sondern ein weiteres aktives Handeln, das den Zeugen bei Zulässigkeit zu einem Urkundenlieferanten für die Staatsanwaltschaft und das Gericht machen würde. In gleicher Weise kann der Ausdruck von Daten auch nicht als eine Form der schriftlichen Zeugenaussage qualifiziert werden, wenn man in dem Printmedium das niedergelegte Ergebnis einer der mündlichen Befragung vergleichbare Aussage sieht. Die Möglichkeit zur **schriftlichen Zeugenaussage** besteht zwar im Zivilprozess gem. § 377 Abs. 3 ZPO, eine entsprechende Regelung im Strafverfahren fehlt aber. Mit einer analogen Anwendung des § 377 Abs. 3 ZPO im Strafprozess würden die durch den Gesetzesvorbehalt vorgegebenen Grenzen der Auslegung überschritten. Im Übrigen ist auch anerkannt, dass die schriftliche Zeugenaussage nicht weiter reichen kann als die dadurch ersetzte primäre mündliche Zeugenpflicht. Die Vernehmung von Zeugen kann daher bei der Beweissicherung im EDV-Bereich nur dann erfolgreich eingesetzt werden, wenn es um die Wiedergabe eigener Wahrnehmungen in Form der Zugangsberechtigungen und anderer Inhalte geht. Doch können die engen Grenzen der Zeugenaussage durch die Kombination des Zeugenbeweises mit dem Herausgabeverlangen oder der Beschlagnahmebefugnis „aufgeweicht" werden.[132] 64

c) Kurzfristige Zeugenladung

Bei Durchsuchungen von Rechenzentren oder anderen Räumen mit EDV-Ausstattung werden regelmäßig Personen anwesend sein bzw. müssen als Inhaber der zu durchsuchenden Objekte gem. § 106 StPO sogar zugezogen werden. Um das Wissen dieser Personen für Zwecke des Ermittlungsverfahrens nutzen zu können, kommt eine Vernehmung als Zeuge in Betracht, 65

---

[131] Vgl. zur Begründung im Einzelnen die Nachweise bei *Bär*, Zugriff auf Computerdaten im Strafverfahren, 376 ff.

[132] Vgl. dazu näher die Ausführungen in der 2. Auflage, Kapitel 25 Rn. 53.

die aber – entsprechend dem Überraschungseffekt der Durchsuchung – kurzfristig während der noch laufenden Zwangsmaßnahme erfolgen muss. Da § 161a StPO den Zeugen zur Erscheinen „auf Ladung" verpflichtet, ohne aber – wie im Zivilverfahren – eine bestimmte Ladungsfrist vorzuschreiben, ist daraus mit der h. M.[133] zu folgern, dass solche **Fristen im Strafverfahren nicht einzuhalten** sind. Da die Ladung grundsätzlich keine bestimmte Form – sie kann schriftlich, mündlich oder sogar auch telefonisch erfolgen – voraussetzt, ist es als rechtlich zulässig anzusehen, wenn eine solche Ladung während des laufenden Durchsuchungsverfahrens kurzfristig ausgesprochen wird. Einer besonderen Überprüfung bedarf es jedoch insoweit, ob der als Zeuge jeweils zu vernehmenden Person kein Vorwurf der Beteiligung an der zu verfolgenden Tat gemacht werden kann mit der Folge einer Unverwertbarkeit der Aussage. Als einzige verfassungsrechtliche Grenze gilt es im Sinne eines fairen rechtsstaatlichen Verfahrens zu beachten, dass der **Zeuge nicht zum Objekt des Verfahrens** wird, in dem er bei einer kurzfristigen Vernehmung von den Ermittlungsbehörden „überfahren" wird. Insbesondere ist ihm die Möglichkeit zur Beiziehung eines Rechtsbeistandes – wie dies durch § 68b StPO nun ausdrücklich auch klargestellt wird – einzuräumen. Insoweit hat eine Abwägung zwischen den jeweiligen Schutzinteressen des Zeugen und den staatlichen Interessen an einer funktionstüchtigen Strafverfolgung im Einzelfall zu erfolgen.[134]

2. Editionspflicht (§ 95 StPO)

66 Neben der Zeugenpflicht hat vor allem auch das strafprozessuale Herausgabeverlangen gem. § 95 StPO eine besondere Bedeutung bei der EDV-Beweissicherung. Diese Form der aktiven Mitwirkung im Strafverfahren verpflichtet den Adressaten dazu, **Gegenstände „auf Erfordern vorzulegen oder auszuliefern"**. Die Editionspflicht steht damit gleichrangig neben der Beschlagnahmemöglichkeit des § 94 Abs. 2 StPO,[135] allerdings mit unterschiedlichem Normadressaten.

Fall: Die Staatsanwaltschaft will von der Bank B Unterlagen über den Beschuldigten S erhalten. Die geforderten Dokumente sind jedoch nur in elektronisch gespeicherter Form vorhanden. Kann die Bank im Fall der Weigerung dazu verpflichtet werden, lesbare Ausdrucke der gewünschten Unterlagen zur Verfügung zu stellen?

a) Reichweite der Vorlageverpflichtung

67 Durch die Bezugnahme im Gesetzeswortlaut auf § 94 StPO wird zunächst klargestellt, dass sich eine Herausgabepflicht im Wesentlichen **auf körperliche Gegenstände** erstrecken kann, da auch Daten nur auf einem Trägermedium zu sichern sind, so dass auch nur Datenträger und andere verkörperte Objekte, nicht aber Daten der entsprechenden gesetzlichen Verpflichtung unterliegen können. Da andererseits die jeweiligen Gegenstände, die herausverlangt werden, konkret zu bezeichnen sind, muss es sich dabei um einen bereits existenten Gegenstand handeln. Die Editionspflicht bezieht sich – ebenso wie § 94 StPO – gerade auf in den Händen der betroffenen Person befindliche Objekte und damit auf körperliche Sachen, die bereits vorhanden sind. Existent sind jedoch bei Computerdaten regelmäßig nur die Datenträger mit den gespeicherten Informationen, nicht aber die lesbaren Reproduktionen der Daten in Form von Computerausdrucken. Die Begriffe **„vorlegen"** und **„ausliefern"** fordern vom Betroffenen nur eine **Besitzübertragung** durch Aushändigung an die Ermittlungsbehörden, ohne dass diese Handlung einfach durch die Worte „in lesbarer Form" ergänzt werden könnten. Dem Wortlaut des § 95 StPO ist deshalb eine Verpflichtung zur Herstellung von Gegenständen gerade nicht zu entnehmen. Die Anzeige einzelner Daten am Bildschirm wiederum ist zwar ein „Sichtbarmachen" zur

---

[133] Vgl. KK-StPO-*Senge*, § 48 Rn. 4 und *Meyer-Goßner*, StPO, § 51 Rn. 2, § 48 Rn. 1; *Kramer*, Ermittlungen bei Wirtschaftsdelikten, Rn. 113; *Regnier*, NStZ 1981, 376.
[134] Vgl. BVerfGE 38, 105, 116.
[135] Vgl. dazu LG Halle, NStZ 2001, 276 und LG Gera, NStZ 2001, 276 sowie dazu *Bittmann*, NStZ 2001, 231.

B. Einzelne Zwangsmaßnahmen   27

Ermöglichung einer äußerlichen Inaugenscheinnahme, aber noch keine Vorlage der Daten
i. S. d. § 95 StPO.¹³⁶

Die **Herstellung von Computerausdrucken** kann allenfalls **als vorbereitende Hilfstä-** 68
tigkeit für die Herausgabe angesehen werden. Den Verpflichtungen zur Vorlage und Auslieferungen ist begrifflich zwar nur die Tätigkeit immanent, sich an den Aufbewahrungsort des jeweiligen Gegenstandes zu begeben, diesen herauszunehmen und an die Ermittlungsbehörden zu übergeben. Jedoch wird damit bereits bei herkömmlichen Dokumenten keine weitergehende aktive Tätigkeit dahingehend verbunden, die vorhandenen Unterlagen etwa zu sortieren, nach bestimmten Kriterien zu ordnen oder gar auszuwerten. In jedem Fall besteht auch keine Wiederbeschaffungspflicht, falls der geforderte Gegenstand nicht mehr vorhanden ist. Nichts anderes kann deshalb auch im EDV-Bereich gelten. Dem Editionsbegehren würde ansonsten die **Verpflichtung zur Änderung der Wiedergabeform** des jeweiligen Gegenstandes entnommen. Folge dieser Auffassung wäre aber eine über den Wortlaut des § 95 StPO hinausgehende Statuierung von gewissen Hilfspflichten für den Adressaten des Herausgabeverlangens. Prägnant hierfür ist das Beispiel eines in Einzelteilen zerlegten Puzzles. Dessen Teile können zwar über § 95 StPO vorgelegt werden, es geht jedoch über die Grenzen des Normwortlautes hinaus, wenn man den Betroffenen zum Zusammensetzen des Puzzles in Pflicht nehmen würde, auch wenn dies möglicherweise für die betreffende Person aufgrund ihrer Sachkenntnis erheblich einfacher wäre als für die Ermittlungsbehörden.¹³⁷ Eine mit Zwangsmitteln durchsetzbare Verpflichtung zum Ausdruck von Computerdaten ist daher aus § 95 StPO allein nicht abzuleiten.¹³⁸ Nach Auffassung des BVerfG¹³⁹ ist die Wortlautgrenze des § 95 StPO aber nicht überschritten, wenn ein Durchsuchungs- und Beschlagnahmebeschluss verbunden mit einem Herausgabeverlangen eine Kopie von nach konkreten Kriterien zusammengestellten Einzeldaten verlangt wird.

Daneben kommt ein Herausgabeverlangen nur dann in Betracht, wenn der jeweilige Ad- 69
ressat auch **Gewahrsamsinhaber** ist. Während bei der Beschlagnahme die Gewahrsamsverhältnisse an den sicherzustellenden Gegenständen – abgesehen von § 97 StPO – keine Bedeutung haben, handelt es sich hier bei der Editionspflicht i. S. d. § 95 StPO um eine konstitutive Eingriffsvoraussetzung. Der Gewahrsamsbegriff hat sich dabei inhaltlich an den im materiellen Strafrecht entwickelten Grundsätzen zu orientieren. Liegt danach ein Mitgewahrsam mehrerer Personen vor, muss sich eine Vorlageverpflichtung auch an alle Gewahrsamsinhaber richten. Kann die in Anspruch genommene Person auf die relevanten Daten nur im Wege der Datenübertragung zugreifen, bedarf die Frage des Gewahrsams einer gesonderten Überprüfung, wer im jeweiligen Einzelfall als **Inhaber der tatsächlichen Gewalt** anzusehen ist. Regelmäßig wird das die Person oder der eng begrenzte Personenkreis sein, der auf die Daten zugreifen kann. Im Übrigen sind auch beim Editionsverlangen i. S. d. § 95 StPO die Beschlagnahmeverbote des § 97 StPO zu beachten, so dass bei Vorliegen eines solchen Verbotes eine Herausgabe nicht angeordnet werden darf.

b) Datenausdruck gem. § 261 HGB

Nachdem aus der strafprozessualen Editionspflicht eine erzwingbare Mitwirkung beim Aus- 70
druck von Computerdaten nur begrenzt abgeleitet werden kann, lässt sich eine solche Verpflichtung nach überwiegender Ansicht auch nicht unter Heranziehung der handelsrechtlichen Bestimmung des § 261 HGB ableiten.¹⁴⁰ Diese im Zusammenhang mit der Befugnis zur Führung von **Handelsbüchern mithilfe der EDV** stehende Regelung beinhaltet für den **Kaufmann** eine **Verpflichtung,** auf Datenträgern gespeicherte Unterlagen auf seine

---

¹³⁶ Vgl. dazu *Bär*, Zugriff auf Computerdaten im Strafverfahren, 403; a. A. wohl *Tschacksch*, Die strafprozessuale Editionspflicht, 241 f.

¹³⁷ Vgl. dazu *Arzt*, in: *Graffenried*, Beiträge zum schweizerischen Bankenrecht, Bern, 1987, 329.

¹³⁸ Vgl. näher, *Bär*, Zugriff auf Computerdaten im Strafverfahren, 406; *Tschacksch*, Die strafprozessuale Editionspflicht, 256 und *Leicht*, iur 1986, 352.

¹³⁹ BVerfG, NStZ-RR 2003, 177.

¹⁴⁰ Vgl. die Nachweise und eingehenden Darstellungen bei *Bär*, Zugriff auf Computerdaten im Strafverfahren, 418 ff.

Kosten **in eine lesbare Form zu überführen**. Sie kann jedoch nicht ohne weiteres auf die strafprozessuale Editionspflicht übertragen werden. Dagegen spricht zum einen der systematische Zusammenhang des § 261 HGB mit dem zivilrechtlichen Parteienstreitverfahren und den handelsrechtlichen Aufbewahrungspflichten. Dies steht einer Ausdehnung auf das Strafverfahren entgegen. Zum anderen finden sich in § 147 Abs. 5 AO und in der FGO fast **wortgleiche Bestimmungen** zu § 261 HGB, wobei etwa die steuerrechtliche Norm ihrerseits von der Anwendung bereits auf das Besteuerungsverfahren beschränkt ist, im Steuerstrafverfahren aber nicht mehr herangezogen werden kann. Solcher Regelungen in anderen Rechtsgebieten hätte es nicht bedurft, wenn § 261 HGB auch in allen anderen Bereichen Geltung beanspruchen könnte. Schließlich erfolgt die Aufbewahrung der Unterlagen nach Handelsrecht in erster Linie zum Schutz der Gläubiger und der Selbstkontrolle des Kaufmanns, aber gerade nicht für Zwecke des Strafverfahrens. Mit der h. A. ist deshalb aus den dargestellten Gründen eine direkte oder analoge Anwendung des § 261 HGB im Strafverfahren nicht zu bejahen.[141]

c) Kostenerstattung (§ 23 JVEG)

71 Wurden von Betroffenen auf Ersuchen der Ermittlungsbehörden Computerausdrucke hergestellt und übergeben, war bisher die Erstattung der dabei entstandenen Kosten äußerst umstritten und hatte zu einer Vielzahl teilweise widersprechender Einzelentscheidungen – sogar einzelner Senate des selben Gerichts – geführt.[142] Seit dem Poststrukturgesetz von 1989 hat der Gesetzgeber jedoch durch § 17a ZSEG und seit 1.7.2004 durch die inhaltlich identische Regelung des § 23 JVEG[143] eine Klarstellung hinsichtlich der **Kostenerstattung bei Mitwirkungshandlungen** im Strafverfahren herbeigeführt. Eine **Entschädigungspflicht** besteht danach bei der Rasterfahndung, der Überwachung der Telekommunikation und bei einem Herausgabeverlangen. Gleichwohl kann mit dieser Kostenregelung eine mit Zwangsmitteln durchsetzbare Verpflichtung zum **Ausdruck von Computerdaten** nicht begründet werden. Nachdem aber gerade Banken und Kreditinstitute aufgrund der nun feststehenden Kostenerstattungspflicht der Strafverfolgungsbehörden zur Herausgabe von Kopien gespeicherter Daten bereit sein werden, wird § 23 JVEG vor allem dann zur Anwendung kommen, wenn der Datenausdruck auf freiwilliger Basis erfolgt.

IV. Eingriffe in die Telekommunikation

72 Mit der ständig weiter zunehmenden weltweiten Vernetzung der Computersysteme und der Nutzung der Datennetze zur Begehung von Straftaten bilden heute Eingriffe in die Telekommunikation in vielen Verfahren den einzig Erfolg versprechenden Ermittlungsansatz, da einerseits dieses Medium von den Tätern häufig zur Begehung bzw. Vorbereitung von Straftaten benutzt wird und andererseits ein Eingriff regelmäßig heimlich und ohne Kenntnis des Täters durchgeführt werden kann. Im Rahmen der Kommunikation werden von den Diensteanbietern **unterschiedlichste Arten von Daten erhoben,** auf die von Seiten der Ermittlungsbehörden bei Bestehen einer entsprechenden Eingriffsermächtigung auch zugegriffen werden kann. Rechtsgrundlagen für die Datenerhebung der Anbieter finden sich sowohl im Telekommunikationsgesetz (TKG) als auch in §§ 14 und 15 Telemediengesetz (TMG).

73 So ist zu unterscheiden zwischen Bestands- oder Benutzerdaten, Verkehrsdaten und Inhaltsdaten sowie im Zusammenhang mit Telemedien auch zwischen Nutzungsdaten.[144] Vor

---

[141] So im Ergebnis auch *Bär*, Zugriff auf Computerdaten im Strafverfahren, 435; *Nelles*, JuS 1987, 53; *Leicht*, iur 1986, 351; *Tschacksch*, Die strafprozessuale Editionspflicht, 258 und *Sieber*, in: *Eser/Thormundsson* (Hrsg.), Old Ways and New Needs in Criminal Legislation, Freiburg 1989, 216. Siehe aber BVerfG, NStZ-RR 2003, 177.

[142] Vgl. die Nachweise zu den Einzelentscheidungen bei *Bär*, Zugriff auf Computerdaten im Strafverfahren, 368 Fn. 6.

[143] Vgl. Art. 2 des Kostenrechtsmodernisierungsgesetz vom 12.5.2004, BGBl. 2004, Teil I, 718, 776.

[144] Vgl. ausführlich zur Differenzierung und zu den einzelnen Inhalten *Bär*, Handbuch zur EDV-Beweissicherung im Strafverfahren, Rn. 12 ff. und KMR-*Bär*, StPO, Vor §§ 100a – 100i Rn. 8 ff.

B. Einzelne Zwangsmaßnahmen

dem Hintergrund der jeweils betroffenen Datenkategorie sind auch die Eingriffsermächtigungen für die konkreten Daten zu ermitteln. Während sich die **Bestandsdaten,** legal definiert, in § 3 Nr. 3 TKG nur auf die Daten zur Begründung und inhaltlichen Ausgestaltung des Vertrages mit dem TK-Anbieter, also gem. § 95 TKG und § 111 TKG etwa auf Name, Anschrift und Rufnummer des Kunden und Daten betreffend das Vertragsverhältnis beziehen, fallen unter den Begriff **Verkehrsdaten** i. S. d. § 3 Nr. 30 und § 96 TKG etwa die Speicherung der Rufnummer des anrufenden und angerufenen Anschlusses sowie Beginn und Ende des jeweiligen Kommunikationsvorganges. Dazu zählen auch die jeweiligen Standortdaten mit der Funkzelle beim Mobilfunk sowie die verwendeten dynamischen IP-Adressen bei der Internetkommunikation, die derzeit nur auf der Grundlage der §§ 96, 97 TKG erhoben werden dürfen, sofern sie für Abrechnungszwecke erforderlich sind.[145] Die ursprünglich in §§ 113a, b TKG enthaltene gesetzliche Verpflichtung für eine anlassunabhängige Speicherung von Verkehrsdaten für die Dauer von 6 Monaten ist durch die Entscheidung des BVerfG vom 2.3.2010 zur Nichtigkeit dieser Regelung weggefallen.[146] Für eine Nachfolgeregelung zur Umsetzung der entsprechenden EU-Richtlinie entsprechend den Vorgaben des BVerfG konnte bisher politisch keine Einigung erzielt werden. Derzeit ist vor dem EuGH ein Vertragsverletzungsverfahren gegen Deutschland wegen Nichtumsetzung der RL zur Vorratsdatenspeicherung anhängig.[147] Damit ergeben sich für Verkehrsdaten der Telekommunikation aktuell keine starren Mindestspeicherfristen. Die Daten werden vielmehr je nach Provider und je nach Vertragsverhältnis unterschiedlich lange gespeichert. Teilweise findet auch gar keine Speicherung mehr statt.

Im Bereich der Telemedien fallen daneben noch sog. **Nutzungsdaten** i. S. d. § 15 Abs. 1 TMG an, die nur bezogen sind auf die Inanspruchnahme von Telemedien. Demgegenüber sind unter **Inhaltsdaten** die jeweiligen konkreten Gesprächsinhalte zu verstehen. Je nachdem auf welche dieser Daten zugegriffen werden soll, sind auch unterschiedliche Rechtsgrundlagen zu beachten. Ausgehend vom stärksten Eingriff in die Rechte des Betroffenen ist ein Zugriff auf Inhalte der Kommunikation nur bei einer Überwachung der Telekommunikation gem. § 100a StPO möglich. Verkehrsdaten können über § 100g StPO, Bestandsdaten über §§ 112 und 113 TKG (seit 1.7.2013 auch § 100j StPO) sowie § 14 TMG und Nutzungsdaten über § 15 TMG herausverlangt werden. Zu den Nutzungsdaten gehören entsprechend der Legaldefinition in § 15 Abs. 1 Satz 2 TMG alle Merkmale zur Identifikation des Nutzers, Angaben über Beginn und Ende sowie des Umfangs der jeweiligen Nutzung und Angaben über die vom Nutzer in Anspruch genommenen Telemedien.

1. Überwachung der Telekommunikation (§ 100a StPO)

Mit der zum 1.1.2008 in wesentlichen Punkten umgestalteten Regelung des § 100a StPO ist es unter Durchbrechung des Art. 10 GG möglich, den Inhalt eines Kommunikationsvorgangs aufzuzeichnen. Dies gilt unzweifelhaft bei jedem herkömmlichen Telefonanschluss, sofern die entsprechenden Voraussetzungen vorliegen. Eine Überwachung aller modernen Formen der Datenkommunikation – etwa in Form eines Internet-Rechners oder einer Datenleitung – wird von § 100a Abs. 1 StPO nur zugelassen, wenn es sich zum Ersten bei dem zu überwachenden Vorgang um eine Form der **Telekommunikation im Netzbereich** handelt. Zum Zweiten muss der auch im Einzelfall bedeutsame konkrete Verdacht einer der in § 100a Abs. 2 StPO abschließend aufgeführten **Katalogtaten** vorliegen und zum Dritten der **Adressat eines solchen Eingriffs** zum Kreis der in § 100a Abs. 3 StPO ausdrücklich genannten Personen gehören. Zusätzlich ist die Kernbereichsregelung in § 100a Abs. 4 StPO zu beachten.

---

[145] Vgl. RegPräs Darmstadt, MMR 2003, 213 sowie *Moos*, CR 2003, 385.
[146] Vgl. BVerfG NJW 2010, 833.
[147] Vgl. EuGH Az. C-329/12. Unter dem Az. C-293/12 ist ein weiteres Verfahren zur inhaltlichen Vereinbarkeit der EU-RL zur Vorratsdatenspeicherung mit der Charta der Grundrechte auf Vorlage des Irischen High-Courts anhängig.

a) Begriff der Telekommunikation

76 Seit Artikel 2 Absatz 9 Ziffer 2 des Begleitgesetzes zum Telekommunikationsgesetz (**BegleitG**)[148] vom 17.12.1997 ist der Begriff „Fernmeldeverkehr" im Sinne einer redaktionellen Anpassung an den Sprachgebrauch des TKG durch das umfassendere Wort „**Telekommunikation**" ersetzt worden. Die Telekommunikation selbst ist in § 3 Nr. 22 TKG legal definiert als der „technische Vorgang des Aussendens, Übermittelns und Empfangens von Nachrichten mittels Telekommunikationsanlagen". Alle Zweifel an der Erfassung der modernen Kommunikationsmedien in Form von Daten oder Bildern durch § 100a StPO sind damit beseitigt worden.[149] Speziell den Gesetzesmaterialien zum Poststrukturgesetz[150] zum Poststrukturgesetz ist zu entnehmen, dass § 100a StPO neben dem Fernsprech- und Fernschreibverkehr auch **auf alle modernen Formen der Datenkommunikation anwendbar** sein sollte. Damit sind – wie dies der BGH in seiner Entscheidung zur Raumgesprächsaufnahme[151] unter Rückgriff auf § 3 Nr. 22 TKG ausdrücklich hervorhebt – auch alle Formen der Datenkommunikation, die etwa vom Internet-Anschluss bis zum Betrieb einer Mailbox reichen können, ebenso wie alle andere Formen der Bild- oder Sprachkommunikation vom Mobiltelefon über Breitband- und Kabelnetze bis hin zu Voice-over-IP und WLAN grundsätzlich einer Überwachung nach § 100a StPO zugänglich.[152] Ausgeschlossen bleiben von einer Überwachung aber Abhörmaßnahmen außerhalb des **Netzbereichs,** etwa von Bildschirmen, da es sich insoweit um die Ausnutzung des technischen Phänomens der Abstrahlung,[153] aber nicht um einen Vorgang der Telekommunikation handelt, sowie Zugriffe auf das Endgerät – z. B. Anrufbeantworter, Daten- oder Rufnummernspeicher – außerhalb des Herrschaftsbereichs von TK-Anbietern.[154] Zudem ist in Abgrenzung zu § 100c StPO aber jeweils eine kommunikationsbezogene, der Nachrichtenübermittlung dienende Inanspruchnahme von TK-Anlagen erforderlich. Keine Telekommunikation ist auch die rein GPS-basierte Standortbestimmung.[155]

77 Obwohl § 100a StPO vom Wortlaut her im Übrigen unverändert geblieben ist, ergibt sich doch eine wesentliche Erweiterung des Anwendungsbereichs der Überwachungsvorschrift durch die **Änderung des § 100b Abs. 3 StPO** aufgrund von Art. 2 Absatz 9 Ziffer 3c BegleitG.[156] Selbst wenn begrifflich eine Telekommunikation und auch die übrigen Voraussetzungen des § 100a StPO vorlagen, gestattete § 100b Abs. 3 StPO a. F. eine Überwachung und Aufzeichnung der Fernmeldeverkehrs nur bei Leitungen, die für den **öffentlichen Verkehr** bestimmt waren und nur bei geschäftsmäßigen TK-Anbietern. Diese Restriktionen wurde durch die Neufassung des § 100b Abs. 3 StPO aufgehoben. Eine Überwachung zu ermöglichen hat nunmehr jeder, der Telekommunikationsdienste erbringt oder daran mitwirkt. Durch § 3 Nr. 10 TKG wird der Begriff des Erbringers von Telekommunikationsdiensten durch das „nachhaltige Angebot von Telekommunikation einschließlich des Angebots von Übertragungswegen für Dritte mit oder ohne Gewinnerzielungsabsicht" weiter konkretisiert.

---

[148] Vgl. BGBl. I S. 3108, 3113 sowie zur Begründung BR-Drucksache 369/97, 13 und 45 und BT-Drucksache 13/8776.
[149] Vgl. zu früheren Streitfragen die Darstellungen in der 2. Auflage, § 25 Rn. 64.
[150] Vgl. BT-Drucksache 11/4316, 80 sowie näher *Bär*, Zugriff auf Computerdaten im Strafverfahren, 316.
[151] Vgl. BGH, NJW 2003, 2034 = StV 2003, 370. Dieser TK-Begriff wird in der Literatur teilweise als zu weit reichend angesehen. Vgl. nur *Fezer*, NStZ 2003, 627; *Weßlau*, StV 2003, 483 und ZStW 113 (2001), 689.
[152] So auch BGH CR 1996, 588 f. mit Anm. *Bär* sowie *KMR-Bär*, § 100a Rn. 11; KK-StPO-*Nack*, § 100a Rn. 4, 6; *Meyer-Goßner*, § 100a Rn. 2 m. w. N. sowie näher *Bär*, Zugriff auf Computerdaten im Strafverfahren, 303 f. und *Bär*, CR 1993, Vgl. 580 f. jeweils m. w. N. sowie *Vassilaki*, JR 2000, 446. Kritisch zur Internetüberwachung des Strafverhaltens aber *Hiéramente* StraFo 2013, 96.
[153] Vgl. dazu *Krempl/Schmidt/Kuri*, c't Heft 4/1999, 174 ff. sowie *Kuhn*, c't Heft 24/1998, 90 ff. Insoweit ist ggf. ein Rückgriff auf § 100c StPO möglich.
[154] Vgl. BGHSt 42, 139; LR-*Schäfer*, § 100 Rn. 31 und KK-StPO-*Nack*, § 100a Rn. 5.
[155] Vgl. näher *KMR-Bär*, § 100a Rn. 11a m. w. N.
[156] Vgl. BGBl. 1997 I S. 3108, 3113.

B. Einzelne Zwangsmaßnahmen

Über die schon bisher mögliche Überwachung von privaten Netzwerken mit einer Verbindung zum öffentlichen Netz hinaus wird damit entsprechend der gesetzlichen Begründung zusätzlich auch eine **Kontrolle** in **geschlossenen Benutzergruppen** (Corporate Networks) möglich.[157] Entsprechend der Definition des § 3 Nr. 10 TKG bildet damit auch jeder Router, Server im Internet sowie jede Dritten zugängliche Mailbox oder jede Telefonnebenstellenanlage eine Telekommunikationsanlage, weil ihr Inhaber damit regelmäßig Telekommunikationsleistungen erbringt. Von dieser Regelung erfasst werden somit Online-Dienste, Access-Provider und Betreiber von Mailboxen ebenso wie Anbieter von Nebenstellenanlagen in Hotels, Krankenhäusern oder Betrieben, so dass die Inpflichtnahme durch § 100b Abs. 3 StPO sehr weit geht. Die Regelung gilt auf für rein interne Kommunikationsnetze, die ein Unternehmen ausschließlich für eigene Zwecke einsetzt und die Dritten nicht offen stehen. Die Neufassung des § 100b Abs. 3 StPO wird deshalb teilweise auch als zu weit gehend kritisiert.[158] Diese Regelung hat aber durch § 3 der Telekommunikations-Überwachungsverordnung (TKÜV)[159] bezogen auf den Kreis derjenigen, die eine Überwachung zu ermöglichen haben, wieder Einschränkungen bzgl. kleinerer Telekommunikationsanlagen (etwa gem. § 3 Abs. 2 Satz 1 Nr. 5 TKÜV mit nicht mehr als 10.000 Teilnehmern) erfahren.

Neu gegenüber der alten Rechtslage ist in diesem Zusammenhang auch die **Änderung des § 100b Abs. 2 StPO** mit den dort in den Ziffern 1 bis 3 konkret festgelegten Inhalten der Entscheidungsformel. Nach **Nr. 1** erforderlich sind Name und Anschrift des Betroffenen i. S. d. § 100a Abs. 3. Durch die Einschränkung „soweit möglich" wird ausdrücklich klargestellt, dass es auch Anordnungen gegen Personen mit (noch) unvollständigen Angaben (z. B. wegen Alias- oder Decknamen) oder gegen „Unbekannt" geben kann.[160] Auf die Angabe des Tatvorwurfs (wie bei § 100d Abs. 2 Nr. 2) in der Entscheidungsformel wurde aus Datenschutzgründen verzichtet. Bestand nach der alten Fassung der Norm nur die Verpflichtung, Name und Anschrift des Betroffenen in den Anordnungsbeschluss aufzunehmen, wird nunmehr beim Erlass der Maßnahme durch § 100b Abs. 2 Satz 2 Nr. 3 StPO zusätzlich gefordert, auch die Rufnummer oder eine andere Kennung seines TK-Anschlusses oder des Endgeräts anzugeben. Als Grund für die vom Gesetzgeber vorgenommenen Änderungen finden sich in der amtlichen Begründung zwei Argumente: Einerseits sollte eine klare Begrenzung und Konkretisierung des Grundrechtseingriffs für den Fall erreicht werden, dass etwa die zu überwachende Person über mehrere Anschlüsse verfügt. Andererseits ging es darum, auf die Veränderungen am Telekommunikationsmarkt durch die Vielzahl von Anbietern zu reagieren. So ist der zur technischen Umsetzung herangezogene Netzbetreiber, der möglicherweise kein Vertragsverhältnis zu der zu überwachenden Person hat, gar nicht in der Lage aufgrund des nur angegebenen Namens und der Anschrift den eigentlich zu überwachenden Anschluss festzustellen, wenn dieser über einen anderen Anbieter abgewickelt wird. Weder in der amtlichen Gesetzesbegründung noch in den Begriffsbestimmungen bei § 3 TKG finden sich aber Ausführungen zur inhaltlichen Ausgestaltung der Begriffe **„Rufnummer"** und **„andere Kennung"**. Aus dem Gesetzeszusammenhang deutlich wird aber, dass es sich hierbei jedenfalls auch um ein Identifizierungsmerkmal für einen Anschluss handeln muss.[161]

b) Vorliegen einer Katalogtat

Selbst wenn bei dem zu überwachenden Vorgang von einer Telekommunikation i. S. d. § 100a StPO auszugehen ist, bedarf eine Überwachung zur Zulässigkeit des Vorliegens bestimmter Tatsachen, die den Verdacht begründen, dass eine der in § 100a Abs. 2 StPO **abschließend aufgezählten schweren Straftaten als Katalogtat** gegeben ist. Auch wenn

---

[157] Vgl. BR-Drucksache 369/97, 13, 46 sowie kritisch *Felixberger*, c't 11/1997, 136 und c't 13/1997, 72.
[158] Vgl. zur Kritik nur *Gundermann*, K&R 1998, 51.
[159] Vgl. TKÜV vom 3.11.2005, BGBl. 2005, Teil I, S. 3136 mit Änderungen zum 1.1.2008. Vgl. näher dazu *KMR-Bär*, § 100b Rn. 15 ff.
[160] A. A. zu § 100g, h bisher *Wolff/Neumann*, NStZ 2003, 404.
[161] Vgl. zur IMEI-gestützten Überwachung unten Rn. 86.

der Straftatenkatalog zu den Teilen der Vorschrift zählt, die vom Gesetzgeber immer wieder geändert und auch meist erweitert wurden, sind doch speziell im Bereich der Wirtschaftskriminalität die relevanten Tatbestände nur zu teilweise enthalten. Auch wenn nun seit der letzten Änderung zur Verfolgung der Geldwäsche und auch zu qualifizierten Formen des Computerbetrugs ein Eingriff in die Telekommunikation möglich ist, so **fehlen** doch **im Straftatenkatalog weitere Formen der Computerkriminalität** wie §§ 202a, b oder 303a, b StGB, bei denen die TKÜ häufig der einzig erfolgversprechende Ermittlungsansatz zur Tataufklärung ist. Selbst wenn hier eine Telekommunikation i. S. d. § 100a StPO gegeben wäre, scheitert die Durchführung von Überwachungsmaßnahmen hier bereits am Vorliegen einer Katalogtat, wenn sich eine hinreichend sichere Tatsachenbasis mit schlüssigem Beweismaterial und sachlich zutreffende plausible Gründe für einen solchen Eingriff nicht finden lassen.[162] Anwendbar ist § 100a StPO nur bei den abschließen genannten Katalogtaten. Im Übrigen müssen aber bereits im Zeitpunkt der Anordnung bestimmte Tatsachen vorliegen, mit denen ein solcher Tatverdacht begründet werden kann. Andernfalls führt ein von Beginn an **erhöhter Tatvorwurf,** um in den Anwendungsbereich des § 100a StPO zu gelangen, zur Unverwertbarkeit der jeweils gewonnenen Erkenntnisse.[163] Selbst wenn der Verdacht berechtigt war und bereits ein gewisses Maß an Konkretisierung erreicht hatte, dürfen durch die Überwachung aufgedeckte Sachverhalte nur dann im weiteren Strafverfahren zulässigerweise verwertet werden, wenn sie eine Katalogtat betreffen oder mit ihr im Zusammenhang stehen.[164] Bei einer Änderung der rechtlichen Beurteilung gilt ansonsten ein **Verwertungsverbot.** Umstritten ist hier aber vor allem noch die Verwertung von Zufallserkenntnissen gem. § 477 Abs. 2 StPO (§ 100b Abs. 5 StPO a. F.) sowie die Berücksichtigung von geschützten Vertrauensverhältnissen i. S. d. §§ 52, 53 und 97 StPO.[165]

80 Zusätzlich zum abstrakten Vorliegen einer Anlasstat des § 100a Abs. 2 StPO kann eine Überwachung gem. § 100a Abs. 1 Nr. 2 StPO nur noch dann angeordnet werden, wenn „**die Tat auch im Einzelfall schwer wiegt**". Hierdurch wird den entsprechenden Anforderungen des BVerfG Rechnung getragen.[166] Damit sollen hier im Rahmen einer Einzelfallprüfung Fälle ausgeschieden werden, die zwar eine Katalogtat zum Gegenstand haben, bei denen mangels hinreichender Schwere im konkreten Einzelfall der Eingriff in das Fernmeldegeheimnis nicht zu rechtfertigen ist.

c) Betroffene Personen

81 Die Eingriffe in das durch Art. 10 GG geschützte Fernmeldegeheimnis sind auch im Hinblick auf den betroffenen Personenkreis weiter eingeschränkt. Mit § 100a Abs. 3 StPO werden die Adressaten einer Überwachungsmaßnahme abschließend festgelegt. Zulässige Betroffene einer Kontrolle sind **Beschuldigte** oder **aktive und passive Nachrichtenmittler,** d. h. Personen, die Informationen von dem Beschuldigten entgegennehmen oder an ihn weiterleiten. Vorgesehen ist eine Überwachung aber daneben auch bei am jeweiligen Tatvorwurf völlig unbeteiligten Dritten, wenn der Beschuldigte deren **Anschluss benutzt.** Ein solcher Fall der Anschlussbenutzung liegt etwa dann vor, wenn der Beschuldigte – wie dies bisherige Fälle des Eindringens in fremde EDV-Systeme immer wieder gezeigt haben – einen bestimmten Kommunikationsanschluss einer Firma, einer Universität für von einer Katalogtat umfasste strafbare Zwecke als sog. „Sprungbrett für die Datenreisen" einsetzt. In diesem Fall wird der fremde Anschluss vom Täter bewusst dafür herangezogen, um seine Herkunft zu verschleiern

---

[162] Vgl. BVerfG NJW 2003, 1787 [1791] und MMR 2009, 459.
[163] Vgl. BGHSt 31, 304, 309; 32, 68, 70 sowie *KMR-Bär,* § 100a Rn. 50 ff.; KK-StPO-*Nack,* § 100a Rn. 37 – 40; *Meyer-Goßner,* § 100a Rn. 21 jeweils m. w. N.
[164] Vgl. zur umfassenden Rechtsprechung LR-*Schäfer,* § 100a Rn. 28 ff. sowie KK-StPO-*Nack,* § 100a Rn. 41 ff.; *Meyer-Goßner,* § 100a Rn. 14 ff. jeweils m. w. N. Nach BGH, NJW 2003, 1880 genügt es, wenn trotz fehlendem Verdacht bzgl. der Anordnungstat eine andere Katalogtat vorliegt.
[165] Vgl. dazu KMR-*Bär,* § 100a Rn. 46 – 49; *Meyer-Goßner,* § 100a Rn. 18 f. und LR-*Schäfer,* § 100a Rn. 25.
[166] Vgl. BVerfGE 107, 299 [322] zu § 100g; 109, 279 [346] zu § 100c) und NJW 2006, 2603 [2611] zum SOG in Niedersachsen.

B. Einzelne Zwangsmaßnahmen

und um sich so strafbare Informationen auf Kosten des Dritten zu verschaffen. Der Kreis der einer Überwachung zugänglichen Adressaten bereitet dabei im Zusammenhang mit der Verfolgung von Wirtschaftsdelikten regelmäßig keine rechtlichen Schwierigkeiten. Zulässig ist eine Kontrolle der Online-Kommunikation auch, wenn es sich etwa bei dem von der Überwachung Betroffenen um den Betreiber eines Internet-Servers oder einer über das Internet erreichbaren Online-Dienst handelt. Zu beachten gilt es aber, dass bei einer Überwachung des Anschlusses eines modernen Telekommunikationsdienstes auch eine Vielzahl unverdächtiger Benutzer betroffen sein können, so dass speziell hier der **Grundsatz der Verhältnismäßigkeit** als einschränkendes Kriterium eine besonders strenge Abwägung zwischen den Strafverfolgungsinteressen und den betroffenen Rechtsgütern der unbeteiligten Dritten erfordert.[167]

d) Einseitige Überwachung der Kommunikation

Nachdem eine Überwachung vielfach am Vorliegen einer Katalogtat i. S. d. § 100a StPO scheitert, bietet es sich als Ausweg an, um an entsprechende Daten der Kommunikation zu gelangen, dass einer der beteiligten Personen den Ermittlungsbehörden von sich aus eine Kontrolle gestattet und damit einseitig in eine Überwachung einwilligt. Unter verfassungsrechtlichen Gesichtspunkten ist zwar grundsätzlich ein Verzicht auf die Ausübung eines Grundrechts möglich, gleichwohl war bisher im Einzelnen umstritten, ob die einseitige Einwilligung ausreichend ist, um eine Verletzung des Art. 10 GG durch staatliche Ermittlungsorgane auszuschließen.[168] Durch die **Entscheidung zur Fangschaltung** hat das BVerfG[169] aber eindeutig festgestellt, dass jede staatliche Einschaltung, die nicht im Einverständnis beider Kommunikationspartner erfolgt, als Grundrechtseingriff anzusehen ist und deshalb ebenfalls einer entsprechenden Befugnisnorm bedarf. Anders ist diese Situation allenfalls dann zu beurteilen, wenn statt staatlichen Organen Privatpersonen an der Kommunikation beteiligt sind, die nicht wie der Staat für sein Handeln auf entsprechende Befugnisnormen angewiesen sind. Damit ist klargestellt, dass trotz des Vorliegens der Einwilligung eines Partners für eine Überwachung durch Ermittlungsbehörden gleichwohl die Voraussetzungen des § 100a StPO erfüllt sein müssen. Eine Ausnahme in diesem Bereich gilt jedoch, wenn statt des Aufzeichnens eines Gesprächs durch die Polizei lediglich ein **bloßes Mithören durch Dritte** erfolgen soll. So hat der Große Senat für Strafsachen mit Beschluss vom 13.5.1996[170] („**Hörfallen-Entscheidung**") festgestellt, dass ein auf Veranlassung der Ermittlungsbehörden mit dem Tatverdächtigen ohne Aufdeckung der Ermittlungsabsicht geführtes und von Polizeibeamten mitgehörtes Gespräch im weiteren Verfahren verwertet werden kann, wenn es um die Aufklärung einer Straftat von erheblicher Bedeutung geht und die Erforschung des Sachverhalts unter Einsatz anderer Ermittlungsmethoden erheblich weniger Erfolg versprechend oder wesentlich erschwert gewesen wäre.

e) Kernbereichsschutz

Neben der Regelung in § 100c Abs. 4 und 5 StPO ergibt sich seit 1.1.2008 eine ausdrückliche Bestimmung zum Kernbereichsschutz in § 100a Abs. 4 StPO entsprechend den Vorgaben des BVerfG im Urteil zum Lauschangriff und zur Online-Durchsuchung.[171] Wann ein Sachverhalt dem unantastbaren Kernbereich zuzuordnen ist, lässt sich aber nur schwer umschreiben und kann nur im Einzelfall beurteilt werden, so dass auch eine ausdrückliche Verpflichtung, den Kernbereich privater Lebensgestaltung durch weitergehende gesetzliche Normierung zu konkretisieren, verfassungsrechtlich nicht geboten ist.[172] Diesen verfassungs-

---

[167] Vgl. dazu Musterbeschluss bei: *Wiesneth*, Handbuch für das ermittlungsrichterliche Verfahren, Rn. 796.
[168] Vgl. zum Meinungsstand *Bär*, Zugriff auf Computerdaten im Strafverfahren, 336 ff.
[169] BVerfGE 85, 386. Vgl. auch BVerfG, Beschluss vom 9.10.2002, 1 BvR 1611/96 (nachzulesen unter http://www.bundesverfassungsgericht.de).
[170] BGH CR 1997, 364 mit Anmerkung *Bär*.
[171] Vgl. BVerfGE 113, 348 [392] und BVerfG NJW 2008, 822 [834 Rz. 281].
[172] Vgl. BVerfG NJW 2007, 2753 [2755 Rz. 45].

rechtlichen Anforderungen wird § 100a Abs. 4 mit seinem zweistufigen Schutzkonzept gerecht.[173] Nur dann, wenn tatsächliche Anhaltspunkte vorliegen, dass durch die Maßnahme allein Erkenntnisse aus dem Kernbereich privater Lebensgestaltung erlangt würden, ist gem. **§ 100a Abs. 4 Satz 1 StPO** von einem **Beweiserhebungsverbot** auszugehen. Da Telekommunikation im geschäftlichen und privaten Bereich meist durch unterschiedlichste Inhalte geprägt sein wird, ist hier eine weitergehende Beschränkung verfassungsrechtlich nicht geboten. Ein umfassender Kernbereichsschutz auf der Ebene der Informationserhebung würde § 100a StPO daher in einem Maße einschränken, dass eine wirksame Strafverfolgung gerade im Bereich schwerer und schwerster Kriminalität nicht mehr gewährleistet wäre. Im Übrigen ist die Intensität des Grundrechtseingriffs hier auch nicht mit einem Lauschangriff innerhalb einer Wohnung vergleichbar.

84 Soweit ein Beweiserhebungsverbot nicht eingreift, wird durch die Statuierung eines von den Gerichten im Rahmen der Anordnung, Umsetzung und später auch Verwertung gewonnener Erkenntnisse zu berücksichtigenden **Beweisverwertungsverbots** für einzelne aufgezeichnete Gespräche gem. **§ 100a Abs. 4 Satz 2 StPO** dem verfassungsrechtlich gebotenen Schutz des Kernbereichs privater Lebensgestaltung in ausreichender und praktikabler Weise Rechnung getragen. Für die Zuordnung einer Telekommunikation zum Kernbereich privater Lebensgestaltung maßgeblich sind primär die Inhalte der Kommunikation, ob diese nach den besonderen Umständen des jeweiligen Falles höchstpersönlichen Charakter haben, etwa durch die Wiedergabe von Empfindungen und Gefühlen sowie Ansichten und Erlebnissen. Wesentlich ist auch der Ort, an dem das Gespräch geführt wird sowie die Art der konkreten Kommunikationsbeziehung, wenn ein besonderes Vertrauensverhältnis zwischen den kommunizierenden Personen besteht, etwa bei Gesprächen mit Seelsorgern, Rechtsanwälten, Ärzten, Familienangehörigen oder sonstigen engsten Vertrauten.[174] Zum Kernbereich werden daher regelmäßig Äußerungen über das Intimleben, Ausdrucksformen der Sexualität sowie Selbstgespräche zählen.[175] Nicht zum Kernbereich gehören demgegenüber – wie aus § 100c Abs. 4 Satz 3 und 4 StPO deutlich wird – Angaben über die Planung, Verabredung oder Unterrichtung von begangenen oder beabsichtigten Straftaten[176] sowie Gespräche zu geschäftlichen bzw. beruflichen Angelegenheiten oder schlichte Privatgespräche mit allen Fällen der alltäglichen Kommunikation. Aufzeichnungen, die dem Kernbereich unterfallen, sind nach **§ 100a Abs. 4 Satz 3 StPO** unverzüglich zu löschen. Nach **§ 100a Abs. 4 Satz 4 StPO** ist sowohl die Erlangung als auch die Löschung entsprechender kernbereichsrelevanter Aufzeichnungen in den Akten zu dokumentieren.

f) Praxisrelevante Einzelfragen

85 Bei einer strafprozessualen Kontrolle der Telekommunikation war schon bisher unstreitig, dass die den Sicherheitsbehörden zu übermittelnden Daten in jedem Fall auch die Funkzelle und damit den Standort umfassen, von dem aus der jeweilige Kommunikationsvorgang geführt wird. Dies wird sowohl durch § 7 Abs. 1 Nr. 7 TKÜV als auch durch § 96 Abs. 1 Nr. 1 TKG ausdrücklich klargestellt. Diese Daten werden in der Praxis unproblematisch zur Verfügung gestellt.[177] Von der Rechtsprechung bisher noch nicht geklärt war, ob eine solche Verpflichtung zur Mitteilung der Funkzelle bei einer Überwachung nach § 100a StPO auch dann besteht, wenn sich das **Handy im Stand-by-Betrieb** befindet, also nur empfangsbereit ist. Ein Mobiltelefon muss, zur ständigen Erreichbarkeit im Fall einer Verbindung, seine Posi-

---

[173] Vgl. BVerfG ZD 2012, 123 mit kritischer Bspr. *Roggan*, HRRS 2013, 153; *Meyer-Goßner*, § 100a Rn. 24; *BeckOK-StPO/Graf* § 100a Rn. 52; *Baldus* JZ 2008, 226; a. A. *Puschke/Singelnstein* NJW 2008, 113 [114]; kritisch *Nöding* StraFo 2007, 456 [458]; *Roggan* NVwZ 2007, 1239; *Zöller* StraFo 2008, 21.

[174] Vgl. BVerfGE 109, 279 [313]; *Baldus* JZ 2008, 218 [219]; KMR-Bär § 100a Rn. 41 ff.; *BeckOK-StPO/Graf* § 100a Rn. 54 f.; *Warntjen* Heimliche Zwangsmaßnahmen und Kernbereich privater Lebensgestaltung, S. 86 ff.

[175] Vgl. BGHSt 50, 206 [210] und NJW 2012, 945.

[176] Vgl. BVerfGE 113, 348 [392]; 109, 279 [319]; BVerfG NJW 2009, 2431 Rz. 90 sowie *Baldus* JZ 2008, 218 [222 ff.].

[177] Vgl. dazu näher *Artkämper*, Kriminalistik 1998, 204.

B. Einzelne Zwangsmaßnahmen

tion der nächst liegenden Sendestation ständig mitteilen. Hier liegen inzwischen mehrere Entscheidungen[178] vor, die übereinstimmend feststellen, dass zu den Daten, auf die gem. § 100a StPO zugegriffen werden kann, auch die technisch bedingten Positionsmeldungen nicht telefonierender Mobiltelefone gehören, da eine dem Fernmeldeverkehr unterfallende Telekommunikation kein zwischen Personen zustande gekommenes Gespräch voraussetzt. Dies wird zunächst aus § 88 TKG („nähere Umstände erfolgloser Verbindungsversuche") sowie aus dem allgemeinen Begriff der Telekommunikation in § 3 Nr. 22 TKG, der jegliche Form des Aussendens, oder Übermittelns von Signalen – und damit auch den Stand-by-Betrieb von Handys – umfasst, deutlich. Hinzu kommt weiter die erweiterte Bestimmung des § 7 Abs. 1 Nr. 7 TKÜV, die zu den vom Betreiber bereitzustellenden Informationen ausdrücklich Daten von „empfangsbereiten" mobilen Endgeräten „mit größtmöglicher Genauigkeit" zählen. Im Übrigen wird in § 100a StPO als Ziel einer Überwachung ausdrücklich die Ermittlung des Aufenthaltes des Beschuldigten genannt.[179] Da nach § 100g StPO nun auch eine Echtzeiterhebung von Verkehrsdaten in Betracht kommt und die bisherige Beschränkung in § 100g Abs. 3 a. F. StPO auf Daten „im Fall einer Verbindung" entfallen ist, kann hier auch auf § 100g StPO zurückgegriffen werden. Unstreitig ist in Literatur und Rechtsprechung in jedem Fall, dass weiter gehende Maßnahmen, wie etwa der Einsatz eines IMSI-Catchers[180] oder zusätzlicher Messungen und Peilungen innerhalb einer Funkzelle zur Bestimmung und Eingrenzung des konkreten Aufenthaltsortes eines Mobilfunkteilnehmers, nicht auf § 100a StPO gestützt werden können. Verwertbar ist auch ein vom Beschuldigten mit einem Dritten in einem Kfz geführtes Raumgespräch, wenn eine Anordnung gem. § 100a StPO vorlag und der Beschuldigte eine zwar von ihm selbst begonnene Telekommunikationsverbindung beenden wollte, dies jedoch auf Grund eines Bedienungsfehlers fehlschlug.[181] Ebenso verwertbar sind aufgezeichnete Hintergrundgespräche und -geräusche bei der Telekommunikation.[182]

Da in der Praxis Straftäter vielfach die von ihnen verwendeten SIM-Karten mit den dazugehörigen Rufnummern im Mobilfunkbereich ständig wechseln (sog. „Kartenspieler"), um so eine Überwachung auszuschließen bzw. zumindest zu erschweren, weil die verschiedenen Rufnummern den Ermittlungsbehörden nicht bekannt und im Anordnungsbeschluss gem. § 100a StPO nicht enthalten sind, ist die **IMEI-gestützte Überwachung** von Bedeutung. Verwendet der Täter weiterhin das gleiche Mobiltelefon, kann dieses im Netz durch seine spezielle Hardware- oder Gerätekennung (IMEI-Nummer – International Mobile Equipment Identification) trotz verschiedener SIM-Karten und Rufnummern identifiziert werden. Die IMEI ist eine grundsätzlich einmalig vergebene 16-stellige Ziffernfolge, bestehend aus 6 Stellen mit dem „Type Approval Code" (TAC), 2 Stellen mit dem „Final Assembly Code" (FAC), 6 Stellen mit der Serial Number (SNR) sowie den letzten 2 Stellen mit der Software Version Number (SVN), ergänzt um eine Prüfziffer am Ende als 17. Ziffer, die vom jeweiligen Hersteller zugeteilt wird. Diese wird bei jedem Kommunikationsvorgang neben der Rufnummer mit übertragen. Eine Überwachungsanordnung gem. § 100a StPO kann neben der Rufnummer auch auf diese IMEI-Nummer gestützt werden. Die umstrittene, von der Rechtsprechung und Literatur überwiegend bejahte, Streitfrage im Blick auf „andere Ken-

---

[178] Vgl. LG Dortmund, DuD 1998, 472, LG Ravensburg, NStZ-RR 1999, 84 und LG Aachen, StV 1999, 590 mit Anm. *Bernsmann/Jansen* sowie zuletzt BGH, MMR 2001, 442 mit Anm. *Bär* = NJW 2001, 1587 mit Anm. *Bernsmann*, NStZ 2002, 103 und *Kudlich*, JuS 2001, 1165. So im Ergebnis auch KK-StPO-*Nack*, § 100a Rn. 13 f. sowie *Artkämper*, Kriminalistik 1998, 205 und *Schmidt*, Kriminalistik 2002, 42 ff.

[179] Der von *Bernsmann/Jansen*, StV 1999, 591, vorgebrachten Kritik, dass mit einer solchen Auskunft über Funkzellen ein so starker Eingriff in Grundrechte verbunden ist, der in Qualität, Umfang und Intensität nicht mit einer nur punktuellen Standortbestimmung vergleichbar ist, kann nicht gefolgt werden. Vgl. auch *Bernsmann*, NStZ 2002, 103.

[180] Vgl. dazu näher *Gundermann*, K&R 1998, 54 sowie *Fox*, DuD 1997, 539.

[181] Vgl. BGH, NJW 2003, 2034 = StV 2003, 370.

[182] Vgl. BGH StraFo 2008, 293.

nung" i. S. d. § 100b Abs. 2 S. 2 a. F.[183] ist nunmehr durch die Neufassung des § 100b Abs. 2 Satz 2 Nr. 2 StPO positiv dahingehend geregelt, dass die Anordnung auch auf eine andere Kennung des zu überwachenden Anschlusses oder des Endgerätes gestützt werden kann. Damit ist eine sog. „IMEI-gestützte" Überwachung eines Mobiltelefons seit der Novellierung unzweifelhaft rechtlich möglich.[184] Diese Form der Überwachung ist nach langen Vorlaufzeiten inzwischen fast ausnahmslos von allen Netzbetreibern auch technisch umsetzbar. Zur Ermittlung der IMEI-Nummer bzw. IMSI kann als Vorbereitung einer Überwachungsmaßnahme ggf. auch ein IMSI-Catcher gem. § 100i StPO eingesetzt werden. Problematisch kann hier allenfalls sein, dass die IMEI-Nummer quasi als „Seriennummer" eines Mobiltelefons in Einzelfällen durch den Hersteller mehrfach vergeben oder technisch manipuliert sein kann.[185] In diesem Fall musst bei der Überwachung die Verhältnismäßigkeit in besonderem Maß beachtet werden. Auch wenn ein Mobilfunkteilnehmer durch das sog. **„Roaming" Zugriff** auf die Netze anderer Mobilfunkbetreiber nehmen kann, genügt eine Überwachungsanordnung gem. § 100b Abs. 2 StPO gegenüber dem Anbieter, mit dem der Anschlussinhaber eine Vertragsbeziehung hat, doch sind die sonstigen Netzbetreiber gem. § 12 TKÜV von der Anordnung zu unterrichten.[186]

87   Weitere neue Rechtsfragen wirft die **Kontrolle des E-Mail-Verkehrs** auf. Ein Verschicken solcher elektronischen Nachrichten über das Internet gliedert sich aus technischer Sicht in vier Phasen:[187] In einem ersten Schritt werden die jeweiligen Nachrichten über die Kommunikationsnetze vom Rechner des Absenders auf den Mail-Server des Internet-Anbieters übertragen, bei dem der Adressat registriert ist und quasi über ein eigenes „Postfach" verfügt. In einem zweiten Schritt werden die Daten auf der Festplatte des jeweiligen Mail-Servers in verkörperter Form so lange gespeichert, bis in einer dritten Phase der Adressat die ihn betreffenden Nachrichten abruft und sie damit auf seinen Rechner überträgt. Die Dauer der Speicherung kann dabei von wenigen Stunden bis zu mehreren Tagen oder gar Wochen andauern.[188] Eine vierte und letzte Phase der Kommunikation ist dann anzunehmen, wenn die abgerufenen oder gesendeten Nachrichten – soweit sie vom Empfänger nicht unmittelbar nach Eingang gelöscht wurden – weiterhin auf seinem Rechner oder im Postfach des Providers gespeichert bleiben.

88   In den **Phasen 1 und 3** findet dabei unstreitig eine Telekommunikation statt, wenn die Übertragung der Nachricht vom Rechner des Absenders über seinen Provider zum Mail-Server des Internet-Anbieters (Phase 1), bei dem der Empfänger sein elektronisches Postfach hat, sowie dem Abruf der Nachrichten durch den Empfänger (Phase 3) erfolgen. Hier kann eine Überwachung nur auf der Grundlage des § 100a StPO durchgeführt werden.[189] Soweit die Nachrichten empfangen oder auch gesendet wurden, diese aber weiter auf dem Computer oder Handy des Empfängers bzw. Absenders verbleiben, können diese nach den §§ 94 ff. StPO sichergestellt werden, da in dieser **Phase 4** kein Eingriff mehr in Art. 10 GG vorliegt. Der Schutzbereich des Grundrechts endet in dem Moment, in dem die Nachricht beim Empfänger angekommen ist.[190]

89   Streitig war aber bisher, auf welcher Rechtsgrundlage ein Datenzugriff im Stadium der Zwischenspeicherung beim Provider (**Phase 2**) erfolgen kann,[191] nachdem auch mit der ge-

---

[183] Vgl. BGH-ErmRi MMR 1999, 99 m. Anm. *Bär*; LG Bielefeld MMR 2004, 702 m. Anm. *Bär*; LR/*Schäfer* § 100b Rn. 14; KK/*Nack* § 100a Rn. 10 und § 100b Rn. 8; a. A. LG Hamburg MMR 1998, 419 m. ablehnender Anm. *Bär*).
[184] Vgl. auch BT-Drs. 16/5846, S. 46 f.
[185] Vgl. näher KMR-*Bär*, § 100b Rn. 9 m. w. N.
[186] So im Ergebnis BGH, NStZ 2003, 272 = StV 2003, 4 sowie BGH, wistra 2003, 70. Vgl. dazu näher: *Bär*, Handbuch zur EDV-Beweissicherung im Strafverfahren, Rn. 101 ff.
[187] Vgl. *Bär* HdB EDV-Beweissicherung, Rn. 102; *Seitz*, Strafverfolgungsmaßnahmen im Internet, 40 – 46; KK/*Nack* § 100a Rn. 19–24 und *Palm/Roy* NJW 1996, 1791; nach BeckOK-StPO/*Graf* § 100a Rn. 27 soll hier mit sieben Phasen noch weiter differenziert werden.
[188] Vgl. zu dieser Einteilung auch KK-StPO-*Nack*, § 100a Rn. 7 und *Palm/Roy*, NJW 1996, 1791.
[189] Vgl. BGH CR 1996, 488; LR/*Schäfer* § 100a Rn. 58; KK-StPO/*Nack*, § 100a Rn. 21; *Palm/Roy* NJW 1976, 488.
[190] Vgl. BVerfGE 115, 166 [183]; *Brüning* ZIS 2006, 237.
[191] Vgl. zum Meinungsstand: *Bär* HdB EDV-Beweissicherung, Rn. 105–111.

B. Einzelne Zwangsmaßnahmen

setzlichen Neuregelung des § 100a StPO zum 1.1.2008 keine gesetzliche Klarstellung in Bezug auf diese hier anzuwendende Eingriffsbefugnis vorgenommen und diese Streitfrage damit weiterhin der gerichtlichen Klärung überlassen wurde. In der Rechtsprechung wurde teilweise ein Rückgriff auf § 100a StPO gefordert,[192] teilweise wurden auch die Voraussetzungen der Sicherstellung bzw. der Postbeschlagnahme gem. § 99 StPO für ausreichend erachtet.[193] Das BVerfG[194] hat nun im Hinblick auf die verfassungsrechtliche Eingriffsqualität klargestellt, dass auch in der Phase der Zwischenspeicherung von zugangsgesicherten Kommunikationsinhalten in einem E-Mail-Postfach beim Provider, auf das der Nutzer nur über eine Internetverbindung zugreifen kann, der Schutzbereich des Art. 10 GG eröffnet ist. Da der Kommunikationsteilnehmer keine technische Möglichkeit hat, die Weitergabe der E-Mails durch den Provider zu verhindern, begründet auch hier der technisch bedingte Mangel an Beherrschbarkeit eine besondere Schutzbedürftigkeit im Blick auf Art. 10 GG, unabhängig davon, ob die Nachrichten vom Provider nur zwischen- oder endgespeichert wurden. Auch wenn bei der Zwischenspeicherung ein TK-Vorgang in einem dynamischen Sinne nicht stattfindet, muss hier an die Schutzbedürftigkeit des Grundrechtsträgers aufgrund der Einschaltung Dritter in den Kommunikationsvorgang angeknüpft werden. Da aber im Zeitpunkt des Zugriffs auf gespeicherte E-Mails auf dem Mailserver des Providers gerade keine Telekommunikation i. S. d. § 100a stattfindet, bedarf es für den Zugriff auch nicht der Voraussetzungen für eine Überwachungsanordnung.[195] Vielmehr genügen die strafprozessualen Regelungen der §§ 94 ff. StPO insoweit als Befugnisnormen für die Sicherstellung und Beschlagnahme dieser E-Mails auf dem Mailserver des Providers den verfassungsrechtlichen Anforderungen für Eingriffe in Art. 10 GG. Jedoch muss bei einer Sicherstellung und Beschlagnahme von zwischengespeicherten E-Mails in besonderem Maß dem Grundsatz der Verhältnismäßigkeit dadurch Rechnung getragen werden, das der Zugriff auf die gespeicherten E-Mails am Zugriffsort durch geeignete Maßnahmen soweit wie möglich begrenzt wird. Dies macht es nach Auffassung des BVerfG erforderlich, zu überprüfen, ob eine Sicherstellung aller gespeicherten E-Mails erforderlich ist oder ob schon beim Eingriff zwischen potenziell beweiserheblichen und sonstigen E-Mails durch unterschiedliche miteinander kombinierbare Möglichkeiten der materiellen Datenzuordnung oder durch geeignete Suchbegriffe bzw. Suchprogramme differenziert werden kann.[196]

Ob Ermittlungsmaßnahmen zur Sicherstellung der E-Mails beim Provider unmittelbar auf § 99 StPO gestützt werden, können, hat das BVerfG durch die generelle Anwendbarkeit der §§ 94 ff. nicht infrage gestellt und so den Fachgerichten die konkrete Ausgestaltung der jeweils im Einzelfall einschlägigen Eingriffsbefugnis überlassen.[197] Während ein einmaliger Zugriff auf gespeicherte Mails nach § 94 StPO erfolgen kann, muss für eine Sicherung auch künftig eingehender E-Mails auf § 99 StPO zurückgegriffen werden.[198] Danach kann gegenüber Unternehmen, die geschäftsmäßig Post- oder Telekommunikationsdienste erbringen – dazu zählen gem. § 3 Nr. 10 TKG auch Internetanbieter mit Mail-Servern – eine Beschlagnahme der Postsendungen und Telegramme erfolgen, die sich im Gewahrsam des jeweiligen Unternehmens befinden. Die E-Mail kann vom sprachlichen Verständnis ohne Überschreitung der Grenzen der Auslegung unter den Begriff der **Postsendungen i. S. d. § 99 StPO**

90

---

[192] So: LG Hanau NJW 1999, 3647 m. Anm. *Dübbers* StV 2000, 354, LG Mannheim StV 2002, 242 m. Anm. *Jäger* und LG Hamburg MMR 2008, 186.

[193] So: LG Ravensburg NStZ 2003, 325 m. Anm. *Bar* MMR 2003, 679; BGH-Ermittlungsrichter, Beschl. v. 16.10.2001 – 2 BGs 410/2001; LG Braunschweig, Beschl. v. 12.4.2006 – 6 Qs 88/06; zustimmend: *MüKo-StGB/Graf* § 202a Rn. 57; *BeckOK-StPO/Graf* § 100a Rn. 29.

[194] Vgl. BVerfG NJW 2009, 2431 m. Anm. *Brunst* CR 2009, 591; *Szebrowski* K&R 2009, 563 und *Krüger* MMR 2009, 680 sowie Besprechung von *Härting* CR 2009, 581; *Brodowski* JR 2009, 402 und *Klein* NJW 2009, 2996.

[195] Vgl. BVerfG NJW 2008, 822; BGH CR 1996, 489 mit Anm. *Bär*; BGH-ErmRi, Beschluss v. 21.2.2006 – 3 BGs 31/06.

[196] Vgl. BVerfG NJW 2009, 2431.

[197] Vgl. BVerfG NJW 2009, 2431 Rz. 58.

[198] So auch: BGH NStZ 2009, 397 m. Anm. *Bär* sowie *Sankol* K&R 2009, 396 und *Szebrowski* MMR 2009, Heft 7, S. V.

in der heute gebräuchlichen und an die Stelle der bisherigen schriftlichen Kommunikationsformen getretenen elektronischen Post subsumiert werden. Da in der Phase 2 die E-Mails auf dem Mail-Server des Providers in verkörperter Form gespeichert werden, besteht – ebenso wie beim herkömmlichen Brief – ein entsprechender Gewahrsam des Unternehmens an der Nachricht während der Beförderungsphase. Der Gesetzgeber hat nach dem Wortlaut des § 99 StPO als Verpflichtete einer Postbeschlagnahme ausdrücklich neben Post- auch Telekommunikationsdienste aufgeführt und so einen weiten Anwendungsbereich eröffnet. Ein Zugriff auf E-Mails während der Zwischenspeicherung in Phase 2 ist daher auf der Grundlage des § 99 mit entsprechender richterlicher Anordnung zulässig.[199] Den grundrechtlichen Schutzinteressen des Betroffenen wird durch die gem. § 100 Abs. 1 StPO erforderliche richterliche Anordnung ausreichend Rechnung getragen. Soweit der Nutzer Webmail-Dienste nutzt und seine gelesenen Nachrichten weiter im Postfach verbleiben, bedarf es keiner Differenzierung zwischen gelesenen und ungelesenen sowie zwischen- oder endgespeicherten E-Mails.[200] Für einen Rückgriff auf §§ 94 ff. StPO bedarf es aber einer strengen Beachtung des Grundsatzes der Verhältnismäßigkeit bei einer Beschlagnahme des gesamten beim Provider gespeicherten E-Mail-Verkehr des Beschuldigten, wenn in dem jeweiligen E-Mail-Postfach eine Vielzahl von elektronischen Nachrichten abgespeichert sind. Speziell in diesem Fall fordert das Übermaßverbot auch hier zunächst weniger eingriffsintensive Maßnahmen in Betracht zu ziehen, indem eine Beschlagnahme vorab nur auf einen Teil der gespeicherten E-Mails erstreckt wird, um so eine Gewinnung überschießender und vertraulicher, aber für das Verfahren bedeutungsloser Informationen auszuschließen. Als Kriterien für eine Eingrenzung der ermittlungsrelevanten E-Mails kommen dabei etwa bestimmte Sender- oder Empfängerangaben oder auch spezielle Suchbegriffe in Betracht.[201]

91 Im Einzelnen rechtlich umstritten ist die Zulässigkeit der sog. **Quellen-TKÜ**, d. h. der Überwachung einer Voice-over-IP-Kommunikation, der Sprachübertragung mittels des Internet-Protokolls.[202] Im Gegensatz zur herkömmlichen Telefonie werden hier die Gesprächsinhalte durch Mikrofone am Computer aufgezeichnet und mittels Analog-Digital-Wandler digitalisiert. Die Daten werden dann komprimiert und zur Übertragung an den Empfänger in dieser Form in Pakete zerlegt, wo die Daten wieder zusammengesetzt und in Sprache umgewandelt werden. Für die Kommunikation erforderlich sind dazu nur ein am Computer angeschlossener Kopfhörer, ein Internet-Zugang sowie eine entsprechende Software für die Kommunikation auf Seiten der jeweiligen Kommunikationspartner. Sind beide Gesprächspartner „online", wird mithilfe der VoIP-Software eine Peer-to-Peer-Verbindung aufgebaut. Probleme bei einer Überwachung ergeben sich hier, weil die für die Kommunikation benötigte VoIP-Software – etwa die des Marktführers „Skype" – eine Verschlüsselung der zu übermittelnden Audiodaten vor der Übertragung durchführt, so dass bei einer herkömmlichen Überwachung nur der Datenstrom in kryptierter Form aufgezeichnet würde. Eine erfolgreiche Überwachung kann hier nur dann erfolgen, wenn die Gesprächsinhalte noch vor ihrer Verschlüsselung – also an der Quelle – aufgezeichnet und an die Ermittlungsbehörden weitergeleitet werden. Dies gelingt aber nur dann, wenn vorher auf dem Computer des Betroffenen eine speziell entwickelte Software installiert wird, die abgehende und ankommende Gesprächsinhalte unbemerkt digital aufzeichnet und an die Strafverfolgungsbehörden weiterleitet. In verfassungsrechtlicher Hinsicht stellt das BVerfG in seiner Entscheidung zur Online-Durchsuchung ausdrücklich klar, dass bei der Quellen-TKÜ Art. 10 GG der alleinige grundrechtliche Maßstab für die Beurteilung dieses Eingriffs ist, wenn sich die Überwachung ausschließlich auf die Daten einer laufenden Kommunikation bezieht und durch technische und rechtliche Vorkehrungen sichergestellt wird, dass es zu keiner Erhebung weiterer persönlichkeitsrelevanter Informationen – z. B. Dateien auf der Festplatte des eingesetzten Rechners –

---

[199] So auch: *KMR-Bär*, § 100a Rn. 27 – 29b; *Böckenförde* Die Ermittlung im Netz, S. 473 und *KK-StPO/Nack* § 100a Rn. 22 f.; *BeckOK-StPO/Graf* § 100a Rn. 29 f.
[200] Vgl. BVerfG NJW 2009, 2431 Rz. 58; LG Braunschweig Beschl. v. 12.4.2006 – 6 Qs 88/06; *BeckOK-StPO/Graf* § 100a Rn. 30; a. A. *Gaede* StV 2009, 96 [99] und *Störing* CR 2009, 475 (478).
[201] Vgl. BGH NJW 2010, 1297.
[202] Vgl. näher zur Technik: *Bär* HdB EDV-Beweissicherung, Rn. 121 – 129; *Oster* CR 2007, 769.

B. Einzelne Zwangsmaßnahmen

kommt.[203] Wenn daher durch die eingesetzte Software eine Beschränkung auf die „reine" Überwachung der jeweiligen Telekommunikation und damit eine Begrenzung des Eingriffs durch die technische Gestaltung des Verfahrens und die gesetzlichen Vorgaben die Kommunikation sichergestellt wird, ist hier der Begriff Quellen-TKÜ berechtigt und eine klare Grenze zur Online-Durchsuchung gezogen.[204]

Unter Berücksichtigung dieser verfassungsrechtlichen Vorgaben ist die Anordnung einer **92** Quellen-TKÜ auf der gesetzlichen Grundlage des § 100a StPO zulässig, wenn gleichzeitig durch die angeordneten weiteren Schranken der Maßnahme ein Eingriff in das Grundrecht auf Vertraulichkeit und Integrität informationstechnischer Systeme ausgeschlossen werden kann.[205] Der für eine Quellen-TKÜ notwendige Eingriff gliedert sich in die eigentliche Überwachung als Primärmaßnahme und die zur Umsetzung notwendige Installation der entsprechenden Spionagesoftware als Sekundärmaßnahme.[206] Der Anwendungsbereich des § 100a StPO ist eröffnet, da es sich bei der IP-basierten Sprachübertragung in Echtzeit um eine Form der Telekommunikation handelt.[207] Einer solchen Anordnung steht auch nicht entgegen, dass der technische Anknüpfungspunkt der Überwachung hier nicht nur das Leitungsnetz eines TK-Anbieters, sondern auch das Endgerät ist. Durch § 100b Abs. 2 Nr. 2 StPO ist das Endgerät vom Gesetzgeber ausdrücklich erwähnt. Voraussetzung für eine Überwachung nach § 100a StPO ist nur, dass sich eine Person einer Telekommunikationsanlage bedient, d. h. Kommunikation mittels einer solchen Anlage vornimmt, ohne dass diese aber die Funktion einer „Abhöranlage" im Sinne von § 100c StPO einnimmt.[208] Die Installation der benötigten Spionagesoftware als Sekundärmaßnahme ist nur eine notwendige Vorbereitung für die Umsetzung der späteren Überwachungsmaßnahme, so dass – vergleichbar der Installation von GPS-Empfängern an Kraftfahrzeugen bzw. von Wanzen in Räumen[209] – von einer Annexkompetenz der Strafverfolgungsbehörden auszugehen ist, damit der Zweck des Eingriffs erreicht werden kann.[210] Im Übrigen hat der Gesetzgeber in § 110 Abs. 1a TKG, auf den § 100b Abs. 3 StPO verweist, die Verpflichtung für Provider aufgenommen, in Fällen, in denen eine Überwachbarkeit nur durch das Zusammenwirken mehrerer TK-Anlagen sichergestellt werden kann, die dazu erforderlichen automatischen Steuerungsmöglichkeiten zur Erfassung und Ausleitung der zu überwachenden Telekommunikation bereitzustellen. Die Infiltration einer Überwachungssoftware und die sich daran anschließende Überwachung der Kommunikation mittels VoIP lassen sich daher auf § 100a StPO stützen, so dass von diesem Ermittlungsinstrumentarium in geeigneten Fällen bei Vorliegen der Eingriffsvoraussetzungen in engen Grenzen Gebrauch gemacht werden kann.[211] Die Erstellung von Applicationshots, d. h. von Bildschirmabzügen der geöffneten Browserfenster während der Überwachung kommt aber nur in Betracht, soweit in diesem Fall eine Telekommunikation i. S. d.

---

[203] Vgl. BVerfG MMR 2008, 315 [317] m. Anm. *Bär*; BT-Drs.16/6885, S. 3 und BT-Drs. 16/7279, S. 3.

[204] Vgl. *Buermeyer/Bäcker* HRRS 2009, 433/438.

[205] So auch: *BeckOK-StPO/Graf*, § 100a Rn. 112; *KK-StPO/Nack*, § 100a Rn. 27; *Bär*, TK-Überwachung, § 100a Rn. 32; AG Bayreuth MMR 2010, 266 m. Anm. *Bär*; LG Hamburg wistra 2011, 155; LG Landshut MMR 2011, 690 m. Anm. *Bär*; a. A. *Buermeyer/Bäcker* HRRS 2009, 433/440; *Sankol*, CR 2008, 15 und OLG Hamburg, wistra 2008, 157; LG Hamburg, MMR 2008, 423 m. abl. Anm. *Bär*; *Becker/Meinicke* StV 2011, 50 sowie *Klesczewski*, ZStW 123 (2011), 743; *Kudlich*, GA 2011, 206.

[206] Vgl. *Sankol* CR 2008, 14 [17].

[207] Vgl. *Bär* HdB EDV-Beweissicherung, Rn. 126 – 137, *Sankol* CR 2008, 14 und JuS 2006, 699; *Löffelmann* AnwBl 2006, 599; AG Bayreuth MMR 2010, 266 m. Anm. *Bär*.

[208] Vgl. BGH NJW 2003, 2034 [2035]; BGHSt 34, 39 [43, 50]; AG Bayreuth MMR 2010, 266 [267].

[209] Vgl. BT-Drs. 13/8651, S. 13; BGHSt 46, 266 [273]; *Schneider* NStZ 1999, 288; kritisch: *KK-StPO/Nack* § 100a Rn. 16.

[210] Vgl. AG Bayreuth MMR 2010, 266 m. Anm. *Bär*; LG Hamburg wistra 2011, 155; a. A. OLG Hamburg StV 2009, 630; LG Hamburg MMR 2008, 423 [425]; AG Hamburg StV 2009, 636 = CR 2010, 249; *Buermeyer/Bäcker* HRRS 2009, 433/439.

[211] So auch: *Meyer-Goßner*,. § 100a Rn. 7; *KK-StPO/Nack*, § 100a Rn. 27; *BeckOK-StPO/Graf*, § 100a Rn. 114 f.; *Bär* MMR 2008, 215 [218]; a. A. *Buermeyer/Bäcker* HRRS 2009, 433/439.

§ 100a StPO stattfindet. Eine Aufzeichnung weitergehender Daten – etwa von Entwürfen von E-Mails – muss aber ausgeschlossen bleiben.[212]

2. Auskunftsanspruch bzgl. Verkehrsdaten (§ 100g StPO)

93 Da eine Überwachung der Telekommunikation und damit eine Gewinnung von Inhaltsdaten vielfach am Vorliegen einer Katalogtat i. S. d. § 100a StPO scheitert, kommt für die Ermittlungsbehörden als geringer Eingriff ein Rückgriff auf Verkehrsdaten der Kommunikation in Betracht. Für die Strafverfolgungsbehörden bietet diese **Auskunft über die Verkehrsdaten eines Kommunikationsvorgang** häufig die einzige Möglichkeit zur weiteren Sachaufklärung. Eine Rechtsgrundlage hierfür fand sich zunächst in § 12 FAG bis mit dem Gesetz zur Änderung der Strafprozessordnung vom 20.12.2001[213] erstmals eine Neuregelung in den §§ 100g und 100h a. F. StPO[214] geschaffen wurde, die inzwischen in vielen Verfahren mit elektronischer Kommunikation eine große praktische Bedeutung erlangt hat. Zum 1.1.2008 wurden die bisherige Regelungsumfang mit dem neuen § 100g StPO sogar noch erweitert und die Norm zu einer dem § 100a StPO nachgebildeten allgemeinen Befugnis zur Erhebung von Verkehrsdaten der Telekommunikation mit der Möglichkeit zum Rückgriff auf retrograd erfasste Daten ausgebaut, aber auch zur Erhebung künftiger Verkehrsdaten in Echtzeit.

a) Inhalt des Auskunftsanspruchs

94 Der neue Auskunftsanspruch nach § 100g Abs. 1 StPO nimmt inhaltlich keine eigene Begriffsbestimmung für **Verkehrsdaten** – wie noch in § 100g Abs. 3 a. F. StPO – mehr vor, sondern verweist insoweit auf die Regelung des TKG. In Anpassung an die Terminologie des TKG wurde stattdessen auf § 3 Nr. 30 TKG und inhaltlich auf die Bestimmungen des § 96 Abs. 1 und bisher auch auf § 113a TKG Bezug genommen. Dort werden die als Verkehrsdaten zu erhebenden und zu speichernden Daten im Einzelnen konkret festgelegt. Auf Grund der Nichtigkeit von §§ 113a und 113b TKG nach dem Urteil des BVerfG[215] ist aber nun die Verweisung auf diese Normen entfallen, so dass hinsichtlich des Zugriffsobjekts nur noch die Begriffsbestimmung in § 96 Abs. 1 TKG relevant ist, die aber weitgehend mit der bisherigen Regelung in § 113a Abs. 2 – 7 a. F. TKG deckungsgleich ist. Zu den Verkehrsdaten gehören damit nach der **Legaldefinition des § 96 Abs. 1 TKG** alle Nummern oder Kennungen der beteiligten Anschlüsse oder der Endeinrichtungen, d. h. des anrufenden und des angerufenen Teilnehmers, einschließlich personenbezogener Berechtigungskennungen sowie bei mobilen Anschlüssen zusätzlich die sog. Standortdaten (Nr. 1) sowie gem. Nr. 2 Beginn und Ende der jeweiligen Verbindung nach Datum und Uhrzeit sowie die übermittelten Datenmengen (soweit die Entgelte davon abhängen – sog. Volumentarife). Hinzu kommen nach Nr. 3 die vom Nutzer in Anspruch genommenen Telekommunikationsdienste, die Endpunkte von festgeschalteten Verbindungen mit Beginn und Ende nach Datum und Uhrzeit sowie die übermittelten Datenmengen (Nr. 4) sowie sonstige zum Aufbau und zur Aufrechterhaltung der Telekommunikation sowie zur Entgeltabrechnung notwendige Verkehrsdaten (Nr. 5). Diese letzte Ziffer lässt auch die Einbeziehung künftiger technischer Entwicklungen zu.

95 Dies bedeutet im **Mobilfunkverkehr**, dass hier die weltweit eindeutige IMSI (= International Mobile Subscriber Identity) zur Identifizierung im Netz sowie die auf der SIM-Karte gespeicherte Teilnehmeridentifikationsnummer (Rufnummer) gespeichert werden. Hinzu kommt die Hardware-Kennung des jeweils verwendeten Mobiltelefons, die International Mobile Equipment Identifikation sog. IMEI-Nummer, die bei jedem Kommunikationsvorgang im Netz mit übertragen wird. Zusätzlich fallen die sog. Standort- oder auch Positions-

---

[212] Vgl. LG Landshut MMR 2011, 590 m. Anm. *Bär*.
[213] BGBl. I S. 3879.
[214] Vgl. dazu umfassend *Bär*, Handbuch zur EDV-Beweissicherung im Ermittlungsverfahren, Rn. 151 ff.; sowie: *Bär*, MMR 2002, 358 sowie *Wollweber*, NJW 2002, 1554 und *Danckwerts*, CR 2002, 539 sowie *Welp*, GA 2002, 535 und *Wohlers/Demko*, StV 2003, 241 und SK-StPO-*Wolter*, § 100g Rn. 2 ff.
[215] Vgl. BVerfG NJW 2010, 833.

B. Einzelne Zwangsmaßnahmen

daten beim Mobilfunk an, da ein Handy, um etwaige ankommende Gespräche entgegennehmen zu können, aus technischen Gründen unverzichtbar – auch im Stand-by-Betrieb – in ständigem Kontakt mit der nächsterreichbaren Funkzelle sein muss, um seine Empfangsbereitschaft zu signalisieren. Diese Standortdaten, die legal in § 3 Nr. 19 TKG definiert werden, geben den Aufenthalt des Endgeräts eines Endnutzers in einer bestimmten Funkzelle an. Bei der **Internet-Kommunikation** wird jedem Nutzer, der über keine statische IP-Adresse verfügt, aus einem dem jeweiligen Anbieter zur Verfügung stehenden Nummernkreis für die Dauer der genutzten Verbindung eine dynamische IP-Adresse zugewiesen.[216] Mit dieser Adresse weist sich der Nutzer bei seiner Kommunikation im Netz aus und lässt sich so während dieser Zeit und nach Abschluss der Verbindung auch identifizieren. Diese IP-Adresse ist zwar keine Rufnummer, sehr wohl aber eine Kennung des beteiligten Anschlusses i. S. d. § 96 Abs. 1 Nr. 1 TKG und damit ebenfalls den Verkehrsdaten zuzuordnen, da sie den Bezug zu einem konkreten Kommunikationsvorgang herstellt.

Eng verbunden mit dem Zugriff auf Verkehrsdaten ist die Verpflichtung zur **Vorratsdatenspeicherung**, da § 100g Abs. 1 StPO in seiner ursprünglichen Fassung neben § 96 TKG unmittelbar auch auf § 113a TKG a. F. verwiesen hat. Da in der Praxis viele TK-Provider keine Verkehrsdaten für Abrechnungszwecke erhoben haben, weil sich keine datenschutzrechtliche Berechtigung zur Speicherung nach §§ 96, 97 TKG ergab, gingen strafrechtliche Ermittlungen ohne Vorratsdatenspeicherung teilweise ins Leere. Dies wirkte sich vor allem bei der Internet-Kommunikation mit Anonymisierungsdiensten oder Anbietern von Proxy-Servern sowie bei Flatrate-Diensten aus, über die eine TK-Verbindung ins Internet hergestellt wurde, die aber auf Grund der fehlenden Abrechnung gem. § 97 TKG nicht zur Speicherung von Verkehrsdaten verpflichtet waren. In all diesen Fällen sollte über § 113a Abs. 1 TKG mit der Kernregelung eine anlassunabhängige Speicherpflicht für sechs Monate begründet werden und so einerseits die Löschungsverpflichtung des § 97 Abs. 3 S. 1 TKG verdrängt und andererseits eine Rechtsgrundlage für die Speicherung bisher nicht erfasster Verkehrsdaten geschaffen werden. Zum Kreis der Verpflichteten gehörten nach § 113a Abs. 1 S. 1 TKG alle, die TK-Dienste für die Öffentlichkeit erbringen oder an solchen Diensten mitwirken, während nur nicht-öffentliche Bereiche – wie z. B. betriebsinterne Netze, Nebenstellenanlagen – ausgenommen blieben. Die Speicherpflicht für Angebote von TK-Diensten bestand im Inland oder in einem anderen Mitgliedsstaat der EU. Bereits die europarechtliche Zuständigkeit der EU für den Erlass einer entsprechenden Richtlinie war heftig umstritten. Der EuGH hatte aber bereits mit Urteil vom 10.2.2009[217] die Klagen von Irland und der Slowakei in Bezug auf die gerügte fehlende Kompetenz zum Erlass der **Richtlinie 2006/24/EG** (Rechtssache C-301/06) abgewiesen. Nach Auffassung des BVerfG genügen die in Umsetzung der EU-Richtlinie geschaffenen Regelung in §§ 113a, b TKG für eine anlassunabhängige Erhebung und Speicherung von Verkehrsdaten aber nicht den nationalen verfassungsrechtlichen Anforderungen in Bezug auf die Regelungen zur Datensicherheit, zu den Zwecken und zur Transparenz der Datenverwendung sowie zum Rechtsschutz.[218] Zwar habe der Gesetzgeber in § 113a Abs. 1 TKG a. F. eine noch vertretbare Speicherdauer bestimmt, doch fehlt es an einer für eine solche Datensammlung verfassungsrechtlich gebotenen Gewährleistung eines besonders hohen verbindlichen und normenklaren Sicherheitsstandards für die zu speichernden Verkehrsdaten. Hinzu kommt, dass es insoweit an einem ausgeglichenen

96

---

[216] Vgl. zur Abgrenzung von statischen und dynamischen IP-Adressen *Köhntopp/Köhntopp*, CR 2000, 248 und zur Speicherung bei Internet-Providern: RegPräs Darmstadt, MMR 2003, 213 sowie *Moos*, CR 2003, 385.

[217] Vgl. EuGH CR 2009, 151 = MMR 2009, 244.

[218] Vgl. BVerfG NJW 2010, 833 sowie *Zöller* GA 2007, 393 [407 ff.]; *Breyer* StV 2007, 214 [215 f.]; *Eckhardt* CR 2007, 405 [409]; *Bizer* DuD 2007, 8; *Gietl* K(R 2007, 545; *Graulich* NVwZ 2008, 485 [488 f.]; *Jenny* CR 2008, 282 [285]; *Leutheusser-Schnarrenberger* ZRP 2007, 9 [11]; *Gercke* MMR 2008, 291; *Fahr* DStR 2008, 375; *Brinkel/Lammers* ZUM 2008, 11; *Puschke/Singelnstein* NJW 2008, 11; *Gitter/Schnabel* MMR 2007, 411 [412 f.]; *Heck* NVwZ 2008, 523; *Meyer-Goßner* § 100g Rn. 9 m. w. N. sowie die Zusammenstellung aller Materialien unter http://www.vorratsdatenspeicherung.de/content/view/77/85/lang,de.

nen Sanktionssystem bei Verstößen gegen die Datensicherheit mangelt. Für eine verfassungskonforme Ausgestaltung einer Verkehrsdatenauskunft, bei der auf anlassunabhängig und systematisch gespeicherte Verkehrsdaten zurückgegriffen wird, bedarf es daher des Vorliegens einer schweren Straftat. Eine den verfassungsrechtlichen Vorgaben entsprechende Regelung zur Vorratsdatenspeicherung wäre aber grundsätzlich rechtlich möglich.

97 Auch wenn mit dem Urteil vom 2.3.2010 die bisherigen Regelungen zur Vorratsdatenspeicherung für nichtig erklärt wurden, bleibt der deutsche Gesetzgeber aber – nachdem eine anderslautende Entscheidung des EuGH bisher nicht ergangen ist – auch weiterhin dazu verpflichtet, die EU-Richtlinie zur Vorratsdatenspeicherung in nationales Recht umzusetzen. Nach mehreren Fristsetzungen hat die EU-Kommission am 31.5.2012 die Einreichung einer Klage gegen die Bundesrepublik Deutschland beschlossen. Die Klage ist inzwischen mit Datum vom 12.7.2012 beim Europäischen Gerichtshof eingegangen. Das Verfahren wird dort unter dem Az. C 329/12 geführt. Ein weiteres Vorabentscheidungsverfahren, vorgelegt vom Irischen High-Court unter dem Az. C-293/12 betrifft die Vereinbarkeit der Richtlinie mit der Charta der Grundrechte auf EU-Ebene. Derzeit laufen auf Seiten der EU-Kommission auch Überlegungen für eine Überarbeitung und Konkretisierung der Richtlinie in Einzelpunkten. Es bleibt daher abzuwarten, welche Entwicklungen sich hier auf nationaler und europäischer Ebene ergeben werden.[219]

98 Der Wegfall der Vorratsdatenspeicherung durch das Urteil des BVerfG hat jedenfalls im Blick auf § 100g StPO dazu geführt, dass **Auskunftsersuchen** in Bezug auf retrograd erfasste Verkehrsdaten **vielfach erfolglos** bleiben. Die Telekommunikationsanbieter und Internet-Provider sind zu einer Erhebung und Speicherung von Verkehrsdaten über das Ende der Verbindung hinaus nach § 96 Abs. 2 TKG nur noch dann berechtigt, wenn diese – neben dem Aufbau für weitere Verbindungen – für die in §§ 97, 99, 100 und 101 TKG genannten Zwecke erforderlich ist. Damit ergeben sich hier aber keine starren Mindestspeicherfristen für angefallene Verkehrsdaten, sondern – je nach Provider und Angebot im Festnetz, Mobilfunk oder bei der Internetkommunikation – individuelle Fristen je nach dem angebotenen Tarifmodell und dem jeweiligen Abrechnungszeitraum mit dem Kunden. Erfolgt von Seiten des Providers jedoch keine Abrechnung nutzungsabhängiger Leistungen (etwa bei einer Flatrate) oder ist ein entsprechendes Angebot zur Telekommunikation oder im Internet sogar für die Nutzer kostenfrei (einzelne Anonymisierungsdienste), besteht auf dieser Rechtsgrundlage gar keine datenschutzrechtliche Berechtigung mehr zur Speicherung angefallener Verkehrsdaten. Eine Rechtsgrundlage für die Speicherung von Verkehrsdaten kann sich dann allenfalls noch aus § 100 TKG für die Dauer von einer Woche ergeben, soweit die während der Telekommunikation angefallenen Daten für Zwecke des Erkennens, Eingrenzens oder Beseitigens von Störungen oder Fehlern an Telekommunikationsanlagen benötigt werden.[220] Dies hat nach der Entscheidung des BVerfG vom 2.3.2010 nun in der Praxis dazu geführt, dass rückwirkende Verkehrsdaten je nach Netzbetreiber abhängig von den der Kommunikationsform (Festnetz, Mobilfunk oder E-Mail bzw. Internetkommunikation), der mit dem Kunden vereinbarten Dienstart (Flatrate, nutzungsabhängige Inanspruchnahme) und der beteiligte Anschlüsse (nur ankommende oder nur abgehende Verbindungen ggf. mit IMEI-Kennungen) sehr stark variieren und teilweise ständigen Änderungen unterworfen sind, so dass eine generelle Aussage darüber, ob retrograde Verkehrsdaten nach § 100g StPO noch erlangt werden können, nicht getroffen werden kann.

99 Äußerst umstritten war bisher auch die Frage, auf welche Grundlage die **Personenauskunft zu einer bereits bekannten dynamischen IP-Adresse** gestützt werden soll. Während zahlreiche Gerichte[221] hier ein Auskunft ohne gerichtlichen Beschluss auf der Basis des

---

[219] Vgl. als Bestandsaufnahme zur Diskussion: *Rettenmaier/Palm*, ZIS 2012, 469.
[220] Vgl. BGH NJW 2011, 1509 m. Anm. *Karg* MMR 2011, 345 und *Wüstenberg*, CR 2011, 254; OLG Frankfurt MMR 2010, 645; LG Darmstadt CR 2007, 574; AG Bonn CR 2007, 640.
[221] So im Ergebnis: LG Stuttgart, NStZ-RR 2005, 218 und NJW 2005, 614 mit Anmerkung *Gercke*, StraFo 2005, 244ff. und *Bär*, MMR 2005, 626 = CR 2005, 598 mit Anmerkung *Gercke*; LG Hamburg, MMR 2005, 711; LG Köln, Beschluss vom 3. 3.2005 – 111 Qs 71/05; LG Würzburg, NStZ-RR 2006, 46; LG Hannover, Beschluss vom 22.11.05 – 46 Qs 128/05 (s. o.).

B. Einzelne Zwangsmaßnahmen

§ 113 TKG für ausreichend erachteten, war nach anderer Ansicht[222] ein Rückgriff auf § 100g StPO und damit ein gerichtlicher Beschluss nötig. Dabei ist zunächst den Gerichten, die auf § 113 TKG zurückgreifen wollen insoweit zuzustimmen, als es sich bei den gewünschten Informationen tatsächlich nur um Bestandsdaten handelt. Andererseits können aber die vom Provider gewünschten Informationen nur dann gegeben werden, wenn die gesamten gespeicherten Log-Files herangezogen und ausgewertet werden, um daraus die konkrete Person zu ermitteln. Es muss daher ein Zugriff auf Verkehrsdaten erfolgen. Damit wird offensichtlich, dass es sich bei der begehrten Auskunft folglich um Maßnahmen handelt, die von der Eingriffsschwere zwischen den Vorschriften des § 113 TKG und § 100g StPO liegen. Beide Vorschriften passten aber nicht für diesen Fall. Der Gesetzgeber hatte deshalb zum 1.1.2008 in § 113b S. 1 2. Hs. a. F. TKG die Worte „mit Ausnahme einer Auskunftserteilung nach § 113" eingefügt. Damit blieb vom Wortlaut her zwar nach wie vor offen, auf welche Daten bei der Personenauskunft zurückgegriffen wird. Aus der Gesetzesbegründung und dem Gesetzgebungsverfahren ist aber deutlich geworden, dass diese Worte nur eingefügt wurden, um die Streitfrage zur Personenauskunft bei dynamischer IP-Adresse dahingehend zu regeln,[223] dass mit der Ergänzung in § 113b S. 1 Hs. 2 TKG die nach § 113a TKG gespeicherten Daten – wie dynamische IP-Adressen – auch für eine Auskunftserteilung über Bestandsdaten nach § 113 TKG verwendet werden dürfen. Damit wurde eine ausdrückliche gesetzliche Regelung für die Personenauskunft zu IP-Adressen geschaffen.[224]

Diese Regelung wurde aber durch die Nichtigkeit der §§ 113a, b TKG wieder beseitigt. **100** Im Rahmen der Entscheidung zur Vorratsdatenspeicherung hat sich das BVerfG aber mit der Zuordnung von Nutzern zu einer dynamischen IP-Adresse auseinander gesetzt. So bejaht das BVerfG[225] bei der Personenauskunft die bisher umstrittene Frage, ob ebenfalls ein Eingriff in Art. 10 GG vorliegt. Da bei einer solchen Auskunft auf Verkehrsdaten zurückgegriffen werden muss, die ihrerseits durch einen Eingriff in das Telekommunikationsgeheimnis gewonnen wurden, sind auch alle Folgeverwendungen solcher Daten am **Grundrecht des Art. 10 GG zu messen**, da in der Personenauskunft zur IP-Adresse immer ein Aussagehalt über einen Kommunikationsvorgang enthalten sei. Vor diesem Hintergrund verneint das BVerfG hier auf der einen Seite die Notwendigkeit eines Richtervorbehalts für Eingriffe und fordert auf der anderen Seite keinen begrenzenden Rechtsgüter- oder Straftatenkatalog, wenn sichergestellt wird, dass eine Auskunft nicht ins Blaue hinein eingeholt werden kann, sondern nur auf Grund eines hinreichenden Anfangsverdachts auf einzelfallbezogener Tatsachenbasis für eine Straftat, nicht aber für jedwede Ordnungswidrigkeit. Damit genügt die bisherigen Eingriffsgrundlage des § 113 TKG insoweit grundsätzlich diesen Anforderungen, wenn dieser Regelung verfassungskonform als Eingriffsschwelle ein entsprechender Anfangsverdacht entnommen wird. Jedoch genügt § 113 Abs. 1 Satz 1 TKG nach Auffassung des BVerfG[226] bei der Personenauskunft zu einer dynamischen IP-Adresse nicht dem Zitiergebot für Eingriffe in Art. 10 GG und dem Gebot der Normenklarheit, da nicht näher geregelt, ob und wann Identifizierung von Personen mit dynamischer IP-Adresse erlaubt ist. Die Regelung ist jedoch **übergangsweise bis 30.6.2013** weiterhin anwendbar. Eine gesetzliche Ergänzung des § 113 TKG ist zum 1.7.2013 geschaffen

---

[222] So im Ergebnis: LG Bonn, DuD 2004, 628 mit Anmerkung *Köbele*; LG Hannover, Beschluss vom 18.8 2004 – 46 Qs 138/04; LG Ulm, MMR 2004, 187; AG Dessau, Beschluss vom 19.5.2005 – Gs 57/05; LG Meiningen, Beschluss vom 11.10.2004 – 2 Qs 173/04; LG München I, Beschluss vom 14.9.2005 – 8 Qs 38/05 und *Gnirck/Lichtenberg*, DuD 2004, 598 und *Hoeren*, wistra 2005, 5.

[223] Vgl. BT-Drs. 16/6979, S. 46.

[224] Vgl. LG Offenburg MMR 2008, 480 m. Anm. *Sankol*; LG Stralsund, Beschluss v. 11.7.2008 – 26 QS 177/08; LG Darmstadt, Beschluss v. 9.10.2008 – 9 QS 490/08; LG Heidelberg, Beschluss v. 28.10.2008 – 1 QS 69/08; a. A. LG Frankenthal BeckRS 2008, 12267; kritisch: *Hoeren* JZ 2008, 668 [671] und NJW 2008, 3099 [3101].

[225] Vgl. BVerfG NJW 2010, 833 Rz. 195; bejahend: *Spindler-Schuster/Eckhardt*, Recht der elektronischen Medien, § 113 TKG Rn. 9 ff; *Gnirck/Lichtenberg* DuD 2004, 598; *Gercke* CR 2005, 599; *Bär* MMR 2002, 359; ablehnend: LG Offenburg MMR 2008, 480; OVG Nordrhein-Westfalen CR 2009, 372.

[226] Vgl. BVerfG NJW 2012, 1419.

worden.²²⁷ In der Neufassung des § 113 TKG sowie einer bereichsspezifischen speziellen Befugnisnorm für die Personenauskunft in einem neuen § 100j StPO findet sich dort in Abs. 1 Satz 1 und Abs. 2 nun eine spezielle Regelung für die Personenauskunft zu einer dynamischen IP-Adresse ohne Begrenzung durch einen Straftatenkatalog und Richtervorbehalt.

b) Eingriffsvoraussetzungen des § 100g StPO

101 Waren nach der alten Fassung des § 12 FAG Auskünfte ohne jegliche inhaltliche Begrenzungen auf bestimmte Delikte und Verdachtsstufen möglich, ist durch § 100g Abs. 1 Satz 1 StPO eine Auskunft nur bei Vorliegen „bestimmter Tatsachen" und nach **Nr. 1** nur bei auch im konkreten Einzelfall vorliegenden **„Straftaten von erheblicher Bedeutung"** möglich, sofern es sich nicht nach **Nr. 2** um **Straftaten** handelt, die **mittels Telekommunikation** begangen sind. Damit soll nach dem Willen des Gesetzgebers eine „maßvolle Anhebung der Anordnungsvoraussetzungen"²²⁸ für den Auskunftsanspruch erreicht werden.²²⁹ Mit „bestimmten Tatsachen" nimmt der Gesetzgeber auf die entsprechende Formulierung in § 100a Satz 1 StPO Bezug, die sich auch in anderen Eingriffsnormen findet. Erforderlich ist damit weder ein hinreichender Tatverdacht i. S. d. § 203 StPO, noch ein dringender Tatverdacht wie in § 112 StPO fordert. Es müssen daher aus dem jeweiligen Ermittlungsverfahren nur Kenntnisse vorliegen, die unmittelbar als Beweisanzeichen auf einen entsprechende Straftat schließen lassen.

102 Die Beschränkung des Eingriffs auf eine „Straftat von erheblicher Bedeutung" greift einen Begriff auf, der sich sowohl in § 98a Abs. 1 StPO bei der Rasterfahndung als auch in § 100h Abs. 1 Satz 1 StPO findet. Dieser unbestimmte Rechtsbegriff ist verfassungsrechtlich nicht zu beanstanden.²³⁰ Die Erwähnung der Katalogtaten des § 100a Abs. 2 StPO erfolgt dabei ausdrücklich mit dem Zusatz „insbesondere". Wo hier aber letztlich die Grenze im Einzelfall zu einer unerheblichen Straftat zu ziehen ist, bleibt der Rechtspraxis vorbehalten. In der gesetzlichen Begründung hierzu findet sich der Hinweis, dass die Anordnungsvoraussetzungen nur weiter präzisiert werden sollten, wobei aber gleichzeitig „die für eine sachgerechte Anwendung der Vorschrift erforderliche Flexibilität erhalten" bleiben soll.²³¹ Weiter wird klargestellt, dass es jedenfalls keinen Auskunftsanspruch im Fall von Ordnungswidrigkeiten geben kann. Gleiches gilt wohl auch für Bagatelldelikte, die nur auf entsprechenden Strafantrag hin zu verfolgen sind. Was jedoch zwischen diesen beiden Eckpunkten als Straftat ausreichend ist, bleibt weiterer Konkretisierung durch die Rechtsprechung vorbehalten.²³² In jedem Fall wird es sich aber um eine Straftat mindestens im mittleren Kriminalitätsbereich handeln müssen, die geeignet ist, den Rechtsfrieden empfindlich zu stören und das Sicherheitsgefühl der Bevölkerung erheblich zu beeinträchtigen.²³³

103 Die bisherige 2. Alt. einer „mittels Endeinrichtung" begangenen Tat, die begrifflich auch die Körperverletzung durch Zuschlagen mit einem Telefon erfasste, wurde in Nr. 2 mit der Formulierung **„Straftat mittels Telekommunikation"** richtig gestellt und von der 1. Alt. klar abgegrenzt.²³⁴ Einbezogen sind alle Delikte, bei denen Telefon oder Computer mit Internetanbindung zur Begehung von Straftaten genutzt werden, also notwendiges oder nützliches

---

²²⁷ Vgl. BGBl 2013, Teil 1, S.1602 sowie *Henrichs*, Kriminalistik 2013, 388 und *Dalby*, CR 2013, 361.
²²⁸ Vgl. BR-Drucksache 702/01, S. 5.
²²⁹ Ein Antrag der Opposition im Bundestag, den Verweis auf die Katalogtaten des § 100a StPO zu streichen, wurde von der Regierungsmehrheit abgelehnt. Vgl. BT-Drucksache 14/7679, S. 6 und 7.
²³⁰ Vgl. BVerfGE 103, 21 [34]; 109, 279 [344].
²³¹ Vgl. BR-Drucksache 702/01, S. 7. Vgl. auch *Welp*, GA 2002, 538, der von einer Generalklausel spricht.
²³² Verneint: LG Köln, MMR 2002, 562 (§ 263a StGB: Schaden 40 €); AG Ulm, MMR 2003, 55 mit Anm. *Bär* (§ 263a StGB); LG Dortmund, MMR 2003, 54 mit Anm. *Bär* (§ 202a StGB. Bejaht: LG Bayreuth, Beschluss vom 16.9.2004 – Qs 133/04 (§ 246 mit Schaden 13 000 €).
²³³ Vgl. *Hilger*, NStZ 1992, 462; KK-StPO-*Nack*, § 110a Rn. 21 sowie *Benfer*, MDR 1994, 12 und *Möhrenschlager*, wistra 1992, 327.
²³⁴ Vgl. LG Wuppertal, MMR 2002, 560 mit Anm. *Feser* = CR 2003, 43.

B. Einzelne Zwangsmaßnahmen   27

Mittel zur Tatausführung, und nicht nur das eigentliche Angriffsobjekt, sind.[235] Dies gilt für typische Internetstraftaten wie das Ausspähen von Daten (§ 202a StGB) z. B. beim Phishing, die unbefugte Datenverwendung bei der Abhebung (§ 263a StGB) oder die Computersabotage z. B. mit Spam-Mails (§ 303b StGB) und vor allem den Austausch von Kinderpornographie (§ 184b StGB) sowie aller urheberrechtlich geschützten Werke (§§ 106 ff. UrhG). Erfasst wird das Stalking (§ 238 StGB) mit TK-Mitteln, das Cybermobbing oder die Strafvereitelung durch telefonische Nachricht, wenn der Anrufer sich z. B. als Behörde ausgibt.[236] Auch bei diesen weniger schweren Delikten soll ein Auskunftsanspruch bestehen, da sie ohne Verkehrsdatenauskunft nicht aufklärbar sind.[237] Nr. 2 ist beim Einsatz des Telefons oder Computers für straflose Vorbereitungshandlungen oder für einen straflosen Versuch nicht erfüllt, es sei denn bei der Verabredung eines Verbrechens (§ 30 StGB) – z. B. bei Chat im Internet oder per E-Mail mit Planungen dazu. Nr. 2 greift auch bei der Sammlung von Informationen über ein Zielobjekt, sog. „social engineering", nicht ein.[238] Diese Absenkung der Eingriffsvoraussetzungen gegenüber Nr. 1 ist verfassungsgemäß. Soweit der Beschuldigte die TK-Anlage zum Tatmittel seiner strafbaren Handlungen einsetzt, mindert sich sein Anspruch auf Wahrung des Schutzes der Vertraulichkeit des von ihm missbrauchten Mediums.[239]

Eine weitere Streitfrage innerhalb der Rechtsprechung der letzten Jahre zur zeitlichen **104** Dauer des Auskunftsanspruchs wurde ebenfalls beseitigt.[240] Durch § 100g Abs. 1 Satz 3 StPO wird klargestellt, dass die Auskunft auch auf zukünftige Telekommunikationsverbindungen bezogen ist, so dass nun eine **Echtzeiterhebung von Verkehrsdaten** möglich ist. Durch den Wegfall der bisherigen Beschränkung des § 100g Abs. 3 Nr. 1 a. F. StPO „im Fall einer Verbindung" ist eine bestehende Kommunikationsverbindung nicht mehr vorausgesetzt. Die Erhebung von Stand-by-Daten eines betriebsbereiten Mobiltelefons einschließlich der Standortdaten in Echtzeit ist daher zulässig.[241] Auch die Standortdaten, d. h. die konkrete Funkzelle, in der sich der Betroffene gerade aufhält, zählen zu den Verkehrsdaten i. S. d. § 96 Abs. 1 Nr. 1 TKG, so dass es eines Rückgriffs auf § 100a StPO für Observationsmaßnahmen nicht mehr bedarf.[242] Damit wird die bisher rechtlich umstrittene Übersendung einer sog. Stillen SMS („Stealth-Ping-Verfahren"), um den Aufenthaltsort eines Beschuldigten zu ermitteln, entbehrlich.[243] Aus Gründen der Verhältnismäßigkeit sind gem. § 100g Abs. 1 S. 3 StPO die Befugnisse zur Echtzeitausleitung von Standortdaten und zur ständigen Ortung, um ggf. Bewegungsprofile eines Täters zu erstellen, aber auf Straftaten von erheblicher Bedeutung beschränkt. Bei der Erstellung von Bewegungsprofilen können sich Überschneidungen mit § 100i Abs. 1 Nr. 2 StPO ergeben.

c) Betroffener des Auskunftsanspruchs

Wesentliche und praktisch relevante Änderungen hinsichtlich der von einem Auskunftsan- **105** spruch betroffenen Personen ergeben sich nicht. Auch nach bisherigen Recht waren dies der Beschuldigte und Personen, die Mitteilungen vom Beschuldigten entgegennahmen, die von ihm herrührten oder für ihn bestimmt waren. Dies ergibt sich nun im Ergebnis durch den Verweis in § 100g Abs. 2 Satz 1 auf die Personen in § 100a Abs. 3 StPO. Neu hinzugekommen sind unbeteiligte Dritte Personen, deren Anschluss der Beschuldigte benutzt. Erfasst sind damit vor allem auch Hacker-Angriffe, bei denen der Täter sich über einen bestimmten

---

[235] Vgl. *Welp* GA 2002, 540 [541]; LR/*Schäfer*, § 100g Rn. 14.
[236] Vgl. BVerfG NJW 2006, 3197.
[237] Vgl. BR-Drs. 702/01, S. 7.
[238] Vgl. *Seitz* Strafverfolgungsmaßnahmen im Internet, S. 157.
[239] Vgl. BVerfG NJW 2006, 3197 [3198 f.].
[240] Vgl. zum bisherigen Meinungsstand die Nachweise in der 2. Auflage, § 25 Rn. 78.
[241] Vgl. BT-Drs. 16/5846 S. 51; kritisch dazu: *Zöller* GA 2007, 393 [401 f.]; *Nöding* StraFo 2007, 456 [459 f.].
[242] Vgl. zur bisherigen Rechtslage mit Anwendung des § 100a: *Bär* HdB EDV-Beweissicherung, Rn. 84–91; BGH-ErmRi, MMR 2001, 442 m. Anm. *Bär* = NJW 2001, 1587 m. Anm. *Bernsmann* NStZ 2002, 103; LG Dortmund DuD 1998, 472; LG Ravensburg NStZ-RR 1999, 84; LG Aachen StV 1999, 590 m. Anm. *Bernsmann/Jansen*.
[243] Vgl. BT-Drs. 16/5846, S. 51.

Rechneranschluss – meist auf Kosten des Anschlussinhabers – in die weltweiten Computernetze einwählt. Entsprechend dem Sinn und Zweck des § 100g StPO muss eine Auskunft aber auch dann verlangt werden können, wenn der Täter selbst noch unbekannt ist, aber anderweitig individualisiert werden kann.[244]

d) Zielwahlsuche und Funkzellenabfrage

106 Die bisher in § 100g Abs. 2 StPO a. F. speziell geregelte sog. **Zielwahlsuche** im Rahmen eines Auskunftsanspruch ist aufgehoben worden. Gemeint ist damit das Heraussuchen von Verbindungsdaten zur Feststellung, ob von einem bestimmten Anschluss aus Verbindungen zum Beschuldigten bzw. aktiven oder passiven Nachrichtenmittler hergestellt worden sind. Verkehrsdaten eingehender Telefonate waren bisher bei der Abwicklung des TK-Verkehrs nicht verfügbar, weil sie für die Entgeltabrechnung bei dem angerufenen Teilnehmer im Allgemeinen nicht benötigt werden. Die Zielwahlsuche sollte dieses Defizit beheben, indem diejenigen unbekannten Anschlussnummern ermittelt werden, von denen TK-Verbindungen zu einem bestimmten Anschluss hergestellt worden sind. Da jeder andere Netzteilnehmer die vorgegebene Anschlussnummer angewählt haben kann, erfordert die Zielwahlsuche einen Abgleich der Kommunikationsdatensätze aller übrigen vom Diensteanbieter gespeicherten Verkehrsdaten mit der fraglichen Anschlussnummer. Ein darauf gestütztes Auskunftsersuchen führt quasi zu einer Art elektronischer Rasterfahndung mit einem Suchlauf zur Ermittlung unbekannter Anschlussinhaber unter Auswertung aller Verkehrsdaten.[245] Der Eingriff unterliegt einer noch weiter erhöhten Eingriffsschwelle durch eine speziell ausformulierte Subsidiaritätsklausel,[246] da in diesem Fall auch viele TK-Verbindungen unbeteiligter Dritter bei der Suche abgeglichen werden müssen. Das durch die eingeführte Vorratsdatenspeicherung gem. § 113a Abs. 2 S. 1 Nr. 1 TKG a. F. ursprünglich entfallene Bedürfnis für eine eigene gesetzliche Regelung zur Zielwahlsuche, besteht seit der Entscheidung des BVerfG aber nun wieder.[247] In der Gesetzesbegründung war davon ausgegangen worden, dass die Rufnummer der anrufenden Anschlüsse regelmäßig ohne Zielwahlsuche zu ermitteln ist. Derzeit ist ohne Vorratsdatenspeicherung ein Rückgriff auch notwendige Verkehrsdaten in Bezug auf anrufende Anschlussinhaber aber nur noch dann möglich, wenn entsprechende Daten vom Provider überhaupt nach §§ 96 oder 100 TKG erhoben werden.

107 Da jedes Mobiltelefon zur ständigen Erreichbarkeit im Netz eine Verbindung zur nächsterreichbaren Funkzelle als Standort des Endgerätes (§ 7 Nr. 7 TKÜV) herstellen muss, loggt es sich bei der in der Nähe liegenden freien Funkzelle automatisch ein. Dies wird vom Provider registriert und zeitweise gespeichert. Jeder Sender einer Funkzelle wird identifiziert durch eine Cell-ID und den Location Area Code (LAC), mit dem mehrere Zellen zusammengefasst werden. Umgekehrt sendet die Basisstation des Netzes ihre sog. Cell-ID und ihren LAC als eindeutige Nummer mit dem jeweiligen Standort an das Handy. Nach § 100g Absatz 2 S. 2 (bisher: § 100h Abs. 1 S. 2 a. F.) StPO können – ohne Kenntnis von einer konkreten Rufnummer des Beschuldigten – die bei einer örtlich festgelegten Funkzelle während einer konkreten Tatzeit aufgelaufenen Verkehrsdaten von den Ermittlungsbehörden verlangt werden. Diese sog. **Funkzellenabfrage** ist ein wichtiges Ermittlungsinstrument, um an alle abgewickelten Kommunikationsvorgänge zu gelangen, die räumlich durch einen konkreten Sendemast (Cell-ID) und zeitlich – z. B. durch die Dauer eine Überfalls – begrenzt sind.

108 Gem. § 100g Abs. 2 S. 2 StPO ist die Funkzellenabfrage nur bei Straftaten von erheblicher Bedeutung zulässig. Da alle Kommunikationsvorgänge einer Funkzelle für einen bestimmten Zeitraum zu übermitteln sind, werden die Rechte einer Vielzahl von unbeteiligten Personen tangiert, die zu einer bestimmten Zeit in einer konkreten Funkzelle ihr Mobiltelefon benutzt haben. Im Blick auf diese Streubreite des Eingriffs muss zur Anordnung eine hinreichend gesicherte Tatsachenbasis dafür vorliegen, dass ein Mobiltelefon während des Auskunftszeit-

---

[244] Vgl. AG Wiesbaden, MMR 2002, 563; a. A. dagegen AG Ulm, MMR 2002, 562 und *Wolff/Neumann*, NStZ 2003, 404.
[245] Vgl. *Welp*, GA 2002, 544; *Wollweber*, NJW 2002, 1554 und LR-*Schäfer*, § 100g Rn. 27.
[246] Vgl. *Bär* MMR 2004, 634.
[247] Vgl. BT-Drs. 16/5846, S. 54.

B. Einzelne Zwangsmaßnahmen

raums benutzt wurde.[248] Kriminalistische Erfahrungen oder bloße Vermutungen für die Benutzung eines Mobiltelefons genügen schon der in § 100g Abs. 1 StPO geforderten bestimmten Tatsachenbasis nicht.[249] Ausreichend ist es aber, wenn ein Beschuldigter bei seiner Festnahme im Besitz eines eingeschalteten Mobiltelefons war und im fraglichen Zeitpunkt auf Mittäter wartete.[250] Durch den Verweis in § 100g Abs. 2 S. 1 auf § 100a Abs. 3 StPO muss sich eine Funkzellenabfrage immer gegen Beschuldigte bzw. Nachrichtenmittler richten, ein weitergehender Einsatz zur Ermittlung von Zeugen ist ausgeschlossen. Sie darf nur zur Sachverhaltserforschung und nicht zur Aufenthaltsermittlung eingesetzt werden, wobei die in § 100g Abs. 2 S. 2 StPO enthaltene besondere Subsidiaritätsklausel zu beachten ist.[251] Bei der technischen Umsetzung ist die tatsächliche Reichweite der einzelnen Funkzellen zu beachten, die sich nicht mit den theoretischen Angaben der Netzbetreiber decken muss. In Bayern sind daher alle Funkzellen durch das LKA vermessen und die Ergebnisse in eine Datenbank „Funkzelleninformationssystem" (FIS) eingestellt worden.[252] In der Praxis ist der mit einer Funkzellenabfrage verbundene Aufwand der Ermittlungsbehörden zur Identifizierung des unbekannten Täters hoch, weshalb die Ermittlung der gesuchten Rufnummer meist nur dann erfolgversprechend ist, wenn Vergleichsdaten verschiedener Tatorte vorliegen.[253] Durch die massenhafte Erfassung von Funkzellendaten in Dresden und Berlin ist es zu Gesetzesinitiativen zur Beschränkung des § 100g Abs. 2 Satz 2 StPO gekommen, die aber zu keinen Änderungen geführt haben.[254]

c) Adressat des Auskunftsanspruchs (Auskunftsverpflichtete)

Durch den Verweis in § 100g Abs. 2 Satz 1 StPO auf § 100b Abs. 3 StPO wird ausdrücklich **109** klargestellt, dass jeder, der **Telekommunikationsdienste erbringt** oder daran mitwirkt, die Verkehrsdaten zu übermitteln hat. Wer darunter im Einzelnen fällt, wird durch § 3 Nr. 10 TKG legal definiert: Es sind alle, die nachhaltig Telekommunikation einschließlich der Übertragungswege für Dritte anbieten, wobei dies mit oder ohne Gewinnerzielungsabsicht erfolgen kann. Für den Begriff kommt es damit nicht auf die Gewerblichkeit und die damit verbundene Gewinnerzielungsabsicht an. Es genügt ein auf Dauer angelegtes Angebot von Telekommunikationsdiensten, sofern es an Dritte gerichtet ist. Damit unterfallen auch alle Intranets und Corporate Networks diesem Begriff, so dass auch Nebenstellenanlagen in Betrieben, Behörden, Hotels und Krankenhäusern, sobald sie den Betriebsangehörigen, Gästen oder Patienten zur privaten Nutzung zur Verfügung stehen, davon erfasst werden.[255] Durch das Wort **„unverzüglich"** im Zusammenhang mit der Erteilung der Auskunft in § 100b Abs. 3 Satz 1 StPO wird den praktischen Erfahrungen der letzten Jahre Rechnung getragen. In der Vergangenheit kam es von Seiten mancher Betreiber von Telekommunikationseinrichtungen zu keiner zeitnahen Auskunftserteilung, wodurch die Ermittlungen behindert und teilweise auch Ermittlungserfolge vereitelt wurden. Durch den Verweis auf § 95 Abs. 2 StPO in § 100b Abs. 3 Satz 3 StPO ist eine Missachtung dieser Regelung sanktionsbewehrt. Es können die entsprechenden Zwangsmittel in Form von Ordnungsgeld und Ordnungshaft verhängt werden. Leider fehlen bisher zur Auskunftserteilung nach § 100g StPO entspre-

---

[248] Vgl. LG Stade StV 2005, 434 m. Anm. *Rentzel-Rothe/Wesemann*; LG Kiel, Beschl. v. 28.3.2002, 37 Qs 33/02; LG Bayreuth, Beschl. v. 6.10.2004, Qs 132/04; AG Bayreuth, Beschl. v. 23.2.2006, Gs 134/06; LG Magdeburg StV 2006, 125; LG Rostock StraFo 2008, 377).

[249] A. A. LG Rottweil StV 2005, 438 m. abl. Anm. *Beichel-Benedetti*; AG Bremerhaven, Beschl. v. 27.5.2005, 32 Gs 714/05.

[250] Vgl. LG Bayreuth, Beschl. v. 7.3.2006, 1 Qs 21/06.

[251] Vgl. BT-Drs. 16/5846, S. 55; LG Rostock StV 2008, 461 [462]; *LR/Schäfer*, § 100g Rn. 28; kritisch: *Danckwerts* CR 2002, 540 f.

[252] Vgl. den Bericht: http://www.stmi.bayern.de/presse/archiv/2008/532.php.

[253] Vgl. *Ludwig* Der Kriminalist 2008, 252 [253 f.].

[254] Vgl. BR-Drs. 532/11 (Gesetzesantrag Sachsen), BT-Drs. 17/7033 (Grüne) und 17/7335 (LINKE). Die Änderungsanträge wurden im BT abgelehnt bzw. im BR nicht weiter verfolgt. Vgl. auch LG Dresden, B. v. 17.4.2013, Az. 15 Qs 34/12.

[255] Vgl. dazu näher *Wuermeling/Felixberger*, CR 1997, 231 sowie auch *Büchner*, in: Beck'scher TKG-Kommentar, 2. Aufl., § 85 Rn. 4 und *Ehmer*, in: a. a. O., § 87 Rn. 11–16.

chende Umsetzungsregelungen in der TKÜV, so dass die Art und Weise des Vollzugs insoweit noch offen ist. § 100g StPO enthält im Wege der Annexkompetenz aber konkludent die Ermächtigung zu den Maßnahmen, die zur Vorbereitung und Durchführung des gesetzlich ausdrücklich genannten Grundrechtseingriffs erforderlich sind.[256] Der Ermittlungsrichter kann daher eine Übermittlung der Verkehrsdaten auf elektronischen Datenträgern anordnen, um eine sichere, vollständige und rasche Umsetzung des Auskunftsanspruchs zu gewährleisten, nachdem die Verkehrsdaten beim TK-Provider in dieser Form vorhanden sind und so eine Fehlerquelle bei der Übertragung vermieden wird.[257]

f) Anordnungskompetenz und formelle Voraussetzungen

110 Nach § 100g Abs. 2 Satz 1 StPO, der auf § 100b Abs. 1 StPO verweist, ist der Richter sowie bei Gefahr in Verzug auch der Staatsanwalt zur Anordnung der Maßnahme berechtigt. Diese Eilkompetenz muss die Entscheidung des BVerfG[258] berücksichtigen. Durch den Verweis auf § 100b Abs. 1 Satz 3 StPO bedarf ein bei Gefahr in Verzug gestelltes staatsanwaltschaftliches Auskunftsverlangen der Bestätigung des vorrangig zuständigen Richters binnen drei Tagen. Andernfalls tritt die Anordnung der Staatsanwaltschaft kraft Gesetzes außer Kraft. Nachdem bisher rechtliche Schwierigkeiten in Bezug auf die Zuständigkeit für die richterliche Anordnung bestanden,[259] ist seit der Neufassung des § 162 Abs. 1 StPO der Ermittlungsrichter zuständig, an dem die beantragende Staatsanwaltschaft ihren Sitz hat und damit nicht mehr der Ort der Niederlassung des auskunftspflichtigen Unternehmens, in dessen Bezirk die Verbindungsdaten zu erheben und die Auskünfte zu erteilen sind. Ebenso wie bei § 100b StPO bleiben in diesem Fall aber die bis zu diesem Zeitpunkt erlangten Erkenntnisse grundsätzlich verwertbar. Durch den weiteren Verweis auf § 100b Abs. 2 StPO gelten für das Auskunftsverlangen auch die **formellen und inhaltlichen Anforderungen** wie bei der TKÜ an den entsprechenden Beschluss. Dieser hat zunächst Namen und die Anschrift des Beschuldigten, gegen den sie sich richtet, sowie die Rufnummer und eine andere Kennung seines Telekommunikationsanschlusses zu enthalten.[260]

g) Verwertung der Daten im Strafverfahren

111 Rechtliche Zweifel an der Verwertbarkeit der mithilfe eines Auskunftsersuchens gewonnenen Erkenntnisse im späteren Strafverfahren bestanden nach der bisherigen Regelung des § 12 FAG seit der Rechtsprechung des BGH in der sog. **Autotelefon-Entscheidung**[261] nicht. Der BGH sah darin insbesondere auch keine Umgehung des § 100a StPO, nachdem nur die reinen Verkehrsdaten an die Ermittlungsbehörden übermittelt werden, keinesfalls aber die Inhaltsdaten wie bei der Überwachung der Telekommunikation. An dieser Rechtsprechung hat sich auch bei der Neuregelung des § 100g StPO nichts geändert. Zum einen wurde den vorgebrachten Bedenken gegen die Verfassungsmäßigkeit der Regelung durch die Begrenzung des Anwendungsbereichs auf Straftaten von erheblicher Bedeutung sowie durch die inhaltlichen und verfahrensrechtlichen Schutzvorkehrungen Rechnung getragen.[262] Zum anderen führt auch die Erweiterung der Auskunft auf zukünftige Verkehrsdaten zu keiner Überschneidung mit § 100a StPO. Nach Auffassung des BVerfG sind Auskunftsverlangen auch

---

[256] Vgl. BGHSt 46, 266 [273]; *SK-StPO/Rudolphi* Vor § 94 Rn. 31; *LR/Schäfer* § 100g Rn. 30.
[257] Vgl. BGH-ErmRi NStZ 2005, 278.
[258] Vgl. BVerfG, NJW 2001, 1121 sowie die Ausführungen zu „Gefahr in Verzug" oben in Rn. 27.
[259] Vgl. BGH, Beschluss vom 6.9.2002, JurPC Web-Dok. 349/2002 mit Anm. *Meyer-Goßner*, JurPC Web-Dok. 350/2002 = NStZ 2003, 163 = MMR 2003, 266 mit Anm. *Bär*.
[260] Vgl. dazu Musterbeschluss bei: *Wiesneth*, Handbuch für das ermittlungsrichterliche Verfahren, Rn. 817.
[261] Vgl. BGH, NStZ 1993, 192. Vgl. auch *Palm/Roy*, NJW 1996, 1796 sowie BGH, NStZ 1998, 92 = wistra 1998, 66 = StV 1998, 173. Vgl. auch LG Frankfurt, NJW 1996, 1008 (Auskunftsersuchen im Fall ZDF – Dr. Schneider). Vgl. zur Kritik: *Welp*, NStZ 1994, 214; *Kleszcewski*, StV 1993, 386 und *Eisenberg/Nischan*, JZ 1997, 82.
[262] Vgl. zu diesen Anforderungen auch BVerfG, NJW 2003, 1787.

B. Einzelne Zwangsmaßnahmen

verfassungsrechtlich gerechtfertigt bei einer Straftat von erheblicher Bedeutung, wenn von einer hinreichend sicheren Tatsachenbasis auszugehen ist.[263]

Während das BVerfG in einer heftig kritisierten Kammerentscheidung vom 4.2.2005[264] 112 noch die Notwendigkeit einer Anordnung nach § 100g StPO für die **Auswertung der SIM-Karte eines Mobiltelefons** gefordert hatte, weil ein Bezug zum Art. 10 GG bestehe, hat der 2. Senat in einem Beschluss vom 2.3.2006[265] nunmehr klargestellt, dass Art. 10 GG nicht tangiert sei. Der Schutz des Fernmeldegeheimnisses endet in dem Moment, in dem die Nachricht beim Empfänger angekommen und der Übertragungsvorgang folglich beendet ist. Dies wird nun durch die Regelung des § 100g Abs. 3 StPO auch ausdrücklich klargestellt. Rechtlich problematisch ist in diesem Zusammenhang auch ein Auskunftsanspruch über **Mautdaten**. Da die On-Board-Unit (OBU) die Daten über TK-Anschlüsse an TollCollect übermittelt, fallen auch hier Verkehrsdaten an. Nach das Autobahnmautgesetz besteht aber gem. §§ 4 Abs. 2 und 7 Abs. 2 insoweit ein absolutes Verarbeitungs- und Verwertungsverbot, das nicht einfach umgangen werden kann.[266] Eine Auskunftserteilung ist aber bei einem Einverständnis des Berechtigten mit der Verwertung der Daten zulässig.[267] Soweit Verkehrsdaten vor der Entscheidung des BVerfG vom 2.3.2010 bereits in das Straf- bzw. Ermittlungsverfahren eingeführt wurden, bleiben sie auch weiterhin verwertbar.[268]

3. Auskunftsersuchen gem. §§ 112 und 113 TKG sowie § 100j StPO und §§ 14, 15 TMG

Liegen auch die Voraussetzungen für den Zugriff auf Verkehrsdaten nicht vor, verbleibt als 113 geringster Eingriff in die Rechte des Betroffenen die Möglichkeit, von dem Anbieter von Telekommunikationsleistungen Auskunft über die sog. **Bestands- bzw. Benutzerdaten** zu verlangen.[269] Rechtsgrundlagen für eine Weitergabe der entsprechenden Informationen finden sich in §§ 112 und 113 TKG für solche **Auskunftsersuchen** der Ermittlungsbehörden gegenüber Diensteanbietern. Über § 111 Abs. 1 TKG ist jeder geschäftsmäßige Anbieter von Telekommunikationsdiensten verpflichtet, Kundendateien zu führen. Die zu speichernden Inhalte werden durch § 111 Abs. 1 Satz 1 Nr. 1 – 6 TKG näher konkretisiert. Dazu gehören etwa Name und die Anschrift des Inhabers einer Rufnummer oder von Rufnummernkontingenten ebenso wie die Gerätenummer (IMEI-Nummer) von überlassenen Mobilfunkendgeräten. Diese Verpflichtung gilt gem. § 111 Abs. 1 Satz 3 TKG auch für Anbieter der elektronischen Post sowie gem. § 111 Abs. 1 Satz 1 TKG auch für sog. Prepaid-Angebote, bei denen die Daten für betriebliche Zwecke nicht erforderlich sind.[270] Dabei besteht – wie sich aus dem Bußgeldtatbestand des § 149 Abs. 1 Nr. 29 TKG ergibt – eine Verpflichtungen die Daten richtig, vollständig bzw. rechtzeitig zu erheben. Die Vorschrift ist mit ihren Erhebungs-

---

[263] Vgl. BVerfG, NJW 2003, 1787: insbes. gebietet auch Art. 5 GG keine weiteren Einschränkungen. Vgl. dazu auch *Gusy*, NStZ 2003, 399.

[264] BVerfG, NJW 2005,1637 = MMR 2005, 520 mit Anmerkung *Bär* sowie Besprechung *Kudlich*, JA 2006, 88. Kritisch dazu: *Günther*, NStZ 2005, 486 und *Hauschild*, NStZ 2005, 339; *Thiede*, Kriminalistik 2005, 347.

[265] BVerfG, Urteil vom 2.3.2006 – 2 BvR 2099/04 = NJW 2006, 976. Vgl. ausführlich dazu: *Bär*, Handbuch zur EDV-Beweissicherung im Strafverfahren, Rn. 223 ff.

[266] Vgl. dazu AG Gummersbach, NJW 2004, 240 und LG Magdeburg, NStZ 2006, 304 sowie *Bär*, Handbuch zur EDV-Beweissicherung im Strafverfahren, Rn. 226 ff. sowie *Niehaus*, NVwZ 2004, 502 und *Göres*, NJW 2004, 296.

[267] Vgl. AG Friedberg NStZ 2006, 517.

[268] Vgl. BGH NJW 2011, 467; NJW 2011, 1377 und MMR 2011, 412; OLG München MMR 2010, 793; OLG Hamm NStZ-RR 2010, 246; BeckRS 2010, 12105); *Volkmer*, NStZ 2010, 318; *Marlie/Bock* ZIS 2010, 524; *Kochheim*, http://www.cyberfahnder.de/doc/Umgang_mit_Verkehrsdaten.pdf; a. A. LG Verden StV 2011, 13; *Gercke* StV 2010, 281/283.

[269] Vgl. dazu näher *Bär*, Handbuch zur EDV-Beweissicherung im Strafverfahren, Rn. 249 ff.

[270] So bereits OVG Nordrhein-Westfalen, CR 2002, 662.

und Speicherpflichten für TK-Anbieter auch verfassungsgemäß.[271] Neben dieser gesetzlichen Verpflichtung besteht über § 95 TKG für die Diensteanbieter die datenschutzrechtliche Befugnis, ggf. noch weitergehende Informationen zum Vertragsverhältnis mit dem Kunden zu speichern (z. B. Kontoverbindungen).

114   Hinsichtlich der gespeicherten Bestandsdaten steht den Ermittlungsbehörden ein Auskunftsanspruch einerseits gem. **§ 112 TKG im automatisierten Auskunftsverfahren** im Rahmen einer Online-Abfrage über die Bundesnetzagentur unentgeltlich zur Verfügung. Andererseits besteht gem. **§ 113 TKG das manuelle Auskunftsverfahren**, für das eine Entschädigung nach der Anlage 3 zu § 23 JVEG gewährt wird und sich nun eine bereichsspezifische Regelung in **§ 100j Abs. 1 Satz 1 StPO** findet. Zum Umfang des Auskunftsanspruchs gehört hier auch die IMEI-Nummer des eingesetzten Mobiltelefons, soweit dieses dem Kunden gem. § 111 Abs. 1 Satz 1 Nr. 5 TKG überlassen wurde.[272] Nach § 113 Abs. 1 Satz 2 TKG besteht für die Provider auch die Verpflichtung, etwaige Zugangskennungen – wie PIN oder PUK eines Mobiltelefons – auf der Grundlage der §§ 161, 163 StPO an die Ermittlungsbehörden zu übermitteln. Diese Regelung ist zwar insoweit verfassungswidrig als die gesetzlichen Voraussetzungen für die Nutzung dieser Daten nicht geregelt sind, aber übergangsweise bis zu einer Neuregelung längstens bis 30.6.2013 weiter anwendbar.[273] Entsprechend der zum 1.7.2013 in Kraft getretenen Neufassung des § 113 TKG ist nun eine bereichsspezifische Zugriffsnorm auf die Daten im Strafverfahren in einem neuen § 100j Abs. 1 Satz 1 StPO enthalten. Auskünfte zu den Zugangsdaten der Telekommunikation unterliegen danach einem Richtervorbehalt nach § 100j Abs. 3 StPO. Die praktische Bedeutung dieses Auskunftsanspruchs ist aber nicht mit den §§ 100a und 100g StPO vergleichbar, da die Ermittlungsbehörden nur in die Lage versetzt werden, Informationen über die zu einer bestimmten Rufnummer gehörende Anschrift des Betroffenen zu erlangen. Dieses Auskunftsbegehren wird aber bedeutungslos, wenn der Kunde etwa sein mobiles Endgerät weitergegeben oder gegenüber dem Diensteanbieter fiktive oder falsche Personaldaten angegeben hat.

115   Nach dem Wortlaut der §§ 111 ff. TKG erstreckt sich die Auskunftsverpflichtung auf die Anbieter von Telekommunikationsdiensten. Sie ist damit grundsätzlich nicht auf **Dienstanbieter von Telemedien** bezogen. Für diese gelten für die Erhebung und Speicherung von Bestands- und Nutzungsdaten § 14 und § 15 TMG. Soweit es Überschneidungen zwischen dem Angebot von Telekommunikation und Telemedien gibt, ist § 11 Abs. 3 TMG zu beachten, wonach bei Telemedien, die überwiegend in der Übertragung von Signalen über Telekommunikationsnetze bestehen, für die Erhebung und Verwendung personenbezogener Daten der Nutzer nur § 15 Absatz 8 TKG gilt. Hinsichtlich der **Bestandsdaten** kann Auskunft Telemedien-Anbietern auf der Grundlage des § 14 Abs. 2 TMG i. V. m. §§ 161, 163 StPO verlangt werden. Für den Zugriff auf **Nutzungsdaten** i. S. d. § 15 Abs. 1 TMG fehlt eine spezielle Regelung in der StPO. Nach der Verweisung in § 15 Abs. 5 S. 4 TMG findet hier § 14 Abs. 2 TMG ausdrücklich Anwendung. Danach darf der Diensteanbieter im Einzelfall auf Anordnung der zuständigen Stellen auch für Zwecke des Strafverfahrens Auskunft über Nutzungsdaten erteilen, ohne aber eine genauere Eingrenzung in Bezug auf die einzelnen anwendbaren Regelungen vorzunehmen. § 14 Abs. 2 TMG kann zwar eine datenschutzrechtliche Befugnis zur Weitergabe der Daten, aber noch keine Eingriffsermächtigung für den Zugriff entnommen werden. Dieser hat nach Maßgabe der hierfür relevanten Bestimmungen zu erfolgen.[274] Offen bleibt nur die jeweils heranzuziehende Befugnisnorm. Im Ergebnis ist letztlich eine differenzierte Lösung geboten. Soweit von Seiten des Access- oder Service-Providers für das jeweilige Telemedienangebot als Nutzungsdaten nur die Menge der übertragenen Daten oder die Dauer der Verbindung aufgezeichnet wird, um diese für ei-

---

[271] Vgl. BVerfG NJW 2012, 1419 = CR 2012, 245 m. Anm. *Schnabel* = MMR 2012, 410 m. Anm. *Meinicke* = ZD 2012, 220 m. Anm. *Bertermann* = K&R 2012, 274 m. Anm. *Roth*.
[272] A. A. noch LG Hamburg, MMR 1998, 419 mit Anm. *Bär*.
[273] Vgl. BVerfG NJW 2012, 1419 = CR 2012, 245 m. Anm. *Schnabel* = MMR 2012, 410 m. Anm. *Meinicke* = ZD 2012, 220 m. Anm. *Bertermann* = K&R 2012, 274 m. Anm. *Roth*.
[274] Vgl. *Roßnagel* NVwZ 2007, 743 [748]); a. A. *Geis* CR 2002, 671. Vgl. auch BT-Drs. 16/3078, S. 16 und 16/3135, S. 4.

B. Einzelne Zwangsmaßnahmen   **27**

nen zeit- oder volumenabhängigen Tarif der Internetnutzung zu verwenden, werden hier Daten erhoben, die bereits von § 96 TKG erfasst sind und somit dem § 100g StPO unterfallen. Dies umso mehr als bei Telemedien vielfach auch im Blick auf § 11 Abs. 3 TMG eine Nutzung eines TK-Dienstes zu Grunde liegt und damit Anbieter öffentlich zugänglicher Kommunikationsdienste in Form von E-Mail, Filetransfer oder den Zugang zum Web, zu Chats oder Newsgroups gegeben sind. Handelt es sich dagegen bei dem vom Anbieter der Telemedien aufgezeichneten Nutzungsdaten ausnahmsweise bereits um Informationen über den konkreten Abruf von Internet-Seiten oder sonstiger Inhalte, ist ggf. ein Rückgriff auf § 100a StPO geboten. Eine gesetzliche Klarstellung zur Gleichbehandlung von Verkehrs- und Nutzungsdaten – wie etwa in § 20 m BKAG – fehlt in § 100g StPO bisher.[275]

4. Einsatz des IMSI-Catchers (§ 100i StPO)

Eine weitere gesetzliche Ermächtigungsnorm für Eingriffe im Bereich der Telekommunikation hat der Gesetzgeber mit dem Gesetz zur Änderung der Strafprozessordnung vom 6.8.2002[276] durch den neuen § 100i StPO geschaffen. Auch wenn dort nur vom Einsatz technischer Mittel die Rede ist, handelt es sich doch um eine gesetzliche Zulassung[277] des IMSI-Catchers in den dort konkret festgelegten Fällen. Als IMSI-Catcher bezeichnet man ein Gerät, das in der Lage ist, die International Mobile Subscriber Identity (IMSI) als einer weltweit eindeutigen Kennung eines Teilnehmers eindeutig zu identifizieren, in dem eine **Basisstation eines Mobilfunknetzes simuliert** wird. Dadurch werden alle Geräte im Einzugsbereich dieser Station veranlasst, sich bei dem IMSI-Catcher, quasi einem „digitalen Staubsauger", anzumelden. Damit ist es letztlich möglich, eine vergleichsweise genaue Ortung des Handys vorzunehmen.[278] Mit § 100i StPO wird bei einem Einsatz und der damit verbundenen Datenerhebung nur in das Recht auf informationelle Selbstbestimmung i. S. d. Art. 2 Abs. 1 i. V. m. 1 Abs. 1 GG, nicht aber in Art. 10 GG, eingegriffen, so dass die Befugnis auch verfassungsgemäß ist.[279]

116

Nach § 100i StPO ist der Einsatz des IMSI-Catchers nun mit zwei Zielrichtungen gesetzlich zulässig: So darf er gem. § 100i Abs. 1 Nr. 1 StPO zum Zweck der **Identifizierung von Mobilfunkgeräten** herangezogen werden, um die Gerätenummer eines mobilen Endgerätes (sog. IMEI) oder die Kartennummer (sog. IMSI) der in das Mobiltelefon eingesetzten SIM-Karte festzustellen.[280] Eine dieser Informationen ist als Grundlage bei einer Überwachungsanordnung gem. § 100b Abs. 2 StPO oder gem. § 100g StPO bei einem Auskunftsanspruch über Verkehrsdaten stets anzugeben und muss folglich vorab ermittelt werden. Dies kommt damit aus praktischer Sicht insbesondere dann in Betracht, wenn der IMSI-Catcher in der Nähe des ungefähren Standortes vom Betroffenen bei einem von ihm verwendeten Mobiltelefon eingesetzt wird, wenn weder Rufnummer noch IMEI-Nummer dieses Handys bekannt sind. Ein völlig anderes Ziel verfolgt demgegenüber § 100i Abs. 1 Nr. 2 StPO. Hier ist eine IMEI- oder IMSI-Nummer bereits bekannt, aber zur **Ergreifung und vorläufigen Festnahme eines bekannten Täters** muss dessen konkreter Standort innerhalb einer Funkzelle noch ermittelt werden. Die Maßnahme dient daher hier der Lokalisierung einer Person. Hier ist zwar eine Mitteilung der Funkzelle über § 100g StPO auch bei jedem Handy im Standby-Betrieb zulässig, doch ist die dortige Standortbestimmung aufgrund des oft weiten Ein-

117

---

[275] Vgl. den Vorschlag von *Seitz*, Strafverfolgungsmaßnahmen im Internet, S. 211 f.
[276] BGBl. I S. 3018. Vgl. zur Begründung BT-Drucksache 14/9088. Damit haben sich weitere im Bundesrat eingebrachte Gesetzesentwürfe (vgl. BR-Drucksache 1014/01 und 275/02) erledigt.
[277] Eine Befugnis für den Einsatz war streitig. Nach BT-Drucksache 14/6885, S. 1 war der Einsatz des IMSI-Catchers durch die §§ 100a ff., 161 StPO gedeckt. Vgl. auch *Gundermann*, K&R 1998, 48 und *Kiper/Ruhmann*, DuD 1998, 160 und *Gercke*, MMR 2003, 453. Der Einsatz ist nach BVerfG, Beschluss vom 22.8.2006, 2 BvR 1345/03 zulässig. Vgl. *Bär*, Handbuch zur EDV-Beweissicherung, Rn. 288 f.
[278] Vgl. näher zur Funktionsweise des IMSI-Catchers: *Fox*, DuD 2002, 212 sowie *Eckhardt*, DSB 1/2002, 9 und *Denkowski*, Kriminalistik 2002, 117 ff. sowie *Bär*, MMR 1/2003, VI.
[279] Vgl. BVerfG NJW 2007, 351.
[280] Subscriber Identity Module (SIM).

zugsbereichs einer Funkzelle deutlich ungenauer als hier mit dem IMSI-Catcher. In beiden Fällen darf eine Maßnahme nach § 100i Abs. 1 StPO nur erfolgen, wenn eine auch im Einzelfall erhebliche Straftat von erheblicher Bedeutung vorliegt. Zur Durchführung der Maßnahme besteht gem. § 100i Abs. 3 durch den Verweis auf § 100b Abs. 3 StPO auch eine Mitwirkungsverpflichtung für die Telekommunikationsanbieter.[281]

5. Planung und Durchführung von Eingriffen

118 Selbst wenn eine Überwachung bei Vorliegen der vorgenannten Voraussetzung rechtlich zulässig ist, bedeutet dies für die Strafverfolgungsbehörden noch nicht, dass der Eingriff auch zu brauchbaren Ermittlungsergebnissen führt. Schwierigkeiten können sich dabei zunächst bei der praktischen Umsetzung der Überwachungsanordnung ergeben. Hier ist es den Betreibern von Telekommunikationsdiensten verwehrt, sich darauf zu berufen, bei ihnen sei eine Überwachung technisch gar nicht vorgesehen und möglich. Sie sind vielmehr dazu verpflichtet, **notwendige technische Vorkehrungen** zu treffen, um eine Überwachung und Aufzeichnung im Rahmen eines Beschlusses gem. § 100a StPO durchführen zu können. Diese Verpflichtung stellt seit der Änderung durch das BegleitG zum TKG nunmehr § 100b Abs. 3 Satz 2 StPO ausdrücklich klar.[282] Eine Rechtsgrundlage für die Verpflichtung der Betreiber zur technischen Umsetzung von Überwachungsmaßnahmen findet sich daneben in § 110 TKG und der auf dieser Grundlage erlassenen **Telekommunikations-Überwachungsverordnung (TKÜV)** vom 3.11.2005[283] mit späteren Änderungen. Ausdrücklich geregelt ist dort nun in § 4 Abs. 2 TKÜV auch die sog. Auslandskopfüberwachung, wenn vom Inland aus eine Telekommunikation zu einem bekannten ausländischen Zielnummer erfolgt.[284] Ausführungsbestimmungen zur Umsetzung von Maßnahmen nach § 100g StPO fehlen allerdings bisher in der TKÜV. Selbst wenn eine Überwachung rechtlich möglich ist, können bei der Ausführung gleichwohl technische und praktische Probleme auftreten, wenn der Kommunikationsvorgang mit **sehr hohen Übertragungsgeschwindigkeiten** ausgeführt wird. Je höher die Datenübertragungsrate, desto mehr Daten fallen an, die aufgezeichnet und ausgewertet werden müssen. Ein zusätzlicher hoher technischer und finanzieller Aufwand besteht daneben beim Einsatz der Quellen-TKÜ zur Überwachung verschlüsselter Telekommunikation. Die Kosten müssen deshalb jeweils auch in Relation zum erwarteten Nutzen einer solchen Maßnahme gesehen werden. Nachdem im Rahmen der Datenübertragung eine Unmenge von Daten übertragen werden können, ergeben sich zusätzliche praktische Probleme bei der zeitaufwändigen Auswertung der im Rahmen der Überwachung gewonnenen Informationen.[285] Weitere Probleme können dann bestehen, wenn die im Rahmen einer Kontrolle gesicherten Daten – etwa aufgrund der eingesetzten Verschlüsselungstechniken – nicht weiter verwertbar sind, weil eine Entschlüsselung technisch nicht möglich ist.[286]

119 Praktische Schwierigkeiten bei den Ermittlungen ergeben sich derzeit aber vor allem im Blick auf § 100g StPO durch den **Wegfall** der gesetzlichen Verpflichtung zur anlassunabhängigen **Speicherung von Verkehrsdaten** nach der Entscheidung des BVerfG vom 2.3.2010. Seitdem ist ein Rückgriff auf retrograde Verkehrsdaten über § 100g StPO oder die Zuordnung einer ermittelten dynamischen IP-Adresse zu einem konkreten Anschluss nur noch dann erfolgreich, wenn entsprechende Daten vom Provider nach §§ 96 ff. TKG überhaupt erhoben wurden und im Zeitpunkt der Anordnung zur Herausgabe auch noch vorhanden sind. Diese hat zu erheblichen Einschränkung bei § 100g StPO geführt, weil erhebliche qualitative und quantitative Unterschiede hinsichtlich der Speicherung von Verkehrsdaten durch Wegfall des

---

[281] Vgl. dazu näher *Eckhardt*, CR 2002, 771 f.
[282] Vgl. Art. 2 Abs. 9 Ziffer 4 des Begleitgesetzes zum Telekommunikationsgesetz (BR Drucksache 369/97, 13, 45a und 46 sowie BT-Drucksache 13/8776).
[283] BGBl. 2005, Teil I, 3136 ff. Vgl. näher *KMR-Bär*, § 100b Rn. 15 ff. sowie zur bisherigen Fassung: *Holznagel/Nelles/Sokol*, Die neue TKÜV, 2001 sowie *Eckhardt*, CR 2001, 670.
[284] Vgl. dazu: *KMR-Bär*, § 100b Rn. 17; *Tiedemann*, CR 2005, 862 f.
[285] Vgl. zur Kontrolle von Überwachungsmaßnahmen den Bericht StV 2003, 249.
[286] Vgl. dazu im Einzelnen die Ausführungen unten Rn. 105 ff.

§ 113a TKG bestehen und es deshalb für die Ermittlungsbehörden von Zufälligkeiten abhängt, ob ein Auskunftsersuchen erfolgreich ist oder nicht. Einschränkungen ergeben sich hier vor allem bei Flatrate-Angeboten, bei Internet- und E-Mail-Diensten sowie bei Anonymisierungs-angeboten und Prepaid-Mobiltelefonen. Insoweit bietet der vom BMJ geltend gemachte Vorschlag für neue Regelungen in § 100j und § 100k StPO für eine Sicherungsanordnung („quick freeze") und eine Speicherpflicht für Internetprovider nach § 113a TKG-E für 7 Tage in Bezug auf dynamische IP-Adressen[287] nur dann eine Alternative zur Vorratsdatenspeicherung, sofern zwischen Tat und Aufbewahrungs-Anordnung nicht – wie in der Praxis häufig – bereits ein Zeitraum von mehreren Tagen oder gar Wochen vergangen ist. Dieses Quick-Freeze-Verfahren entspricht aber in keiner Weise den Vorgaben der EU-Richtlinie und wird auch von der EU-Kommission nicht als Umsetzung der Richtlinie anerkannt.

C. Ermittlungen im Internet

Wie vor allem die Verfahren zur Verfolgung von Fällen der Computerspionage, -sabotage oder der Verbreitung von kinderpornographischen Inhalten über die weltweiten Datennetze zeigen, sind die bisher dargestellten Eingriffsermächtigungen zur Durchsuchung, Beschlagnahme in vielen Fällen nicht Erfolg versprechend.[288] All diese Maßnahmen sind geografisch verortet und setzen deshalb voraus, dass den Ermittlungsbehörden bekannt ist, wo sich der jeweilige Rechner bzw. die gesuchten Datenträger tatsächlich räumlich befinden. Dies lässt sich aber häufig erst durch eine Zurückverfolgung der Täter oder durch weitere Ermittlungen in den Computernetzwerken erreichen. Hinzu kommt, dass die bisherigen Regelungen auf eine Sicherstellung von körperlichen Gegenständen, nicht aber auf einen Zugriff auf unkörperliche Daten ausgerichtet sind. In vielen Verfahren ist es heute aber stattdessen erforderlich, über das Internet auf externe Daten aller Art zuzugreifen. Nachdem jeder Nutzer im Internet Spuren hinterlässt, die aber auch verwischt oder verfälscht sein können, müssen hierzu alle im Internet vorhandenen Datenspuren ausgewertet werden.[289] Da sich für Beweiserhebungen in Datennetzen aber keine speziellen Ermächtigungsnormen in den relevanten Gesetzen befinden, bedarf es der Klärung, auf welche Rechtsgrundlagen ein solches Vorgehen der Sicherheitsbehörden gestützt werden kann. Abgestuft nach der Eingriffsintensität lassen sich dabei **verschiedene Handlungen** der Ermittlungsbehörden unterscheiden, die es im Folgenden auf ihre rechtliche Zulässigkeit hin zu untersuchen gilt. Zunächst ist als geringste Maßnahme eine **allgemeine Kontrolle im Datennetz** unter Nutzung der jedem Privatmann zustehenden technischen Befugnisse möglich. Denkbar ist aber weiter auch ein Online-Zugriff auf fremde Daten – ggf. auch unter **Verwendung** der hierfür notwendigen **Berechtigung eines Dritten.** Die daneben bestehenden und bereits dargestellten strafprozessualen Ermittlungsmöglichkeiten vor Ort in Form der **Durchsuchung** und **Beschlagnahme** sowie der **Eingriffe in die Telekommunikation** brauchen deshalb nicht nochmals näher dargestellt zu werden.

I. Polizeistreifen in Datennetzen

Inzwischen gehört heute eine allgemeine Kontrolle im Internet zur Suche nach strafbarem Verhalten und zur Verhinderung von Straftaten bereits zur täglichen Arbeit der Sicherheitsbehörden. Mit diesen Aufgaben wurden beim BKA und den Landeskriminalämtern entsprechende Dienststellen beauftragt. Dazu gehört etwa bereits seit 1995 das Sachgebiet „Netzwerkfahndung" beim LKA München[290] sowie seit 1999 die ZaRD beim BKA.[291] Im

---

[287] Vgl. zum Diskussionsentwurf: http://wiki.vorratsdatenspeicherung.de/images/DiskE_.pdf.
[288] Vgl. dazu auch *Janovsky*, Kriminalistik 1998, 500 ff.
[289] Vgl. näher zu „Datenspuren im Internet" aus technischer Sicht: *Köhntopp/Köhntopp*, CR 2000, 248 sowie *Glaser/Dörschuck*, Kriminalistik 2003, 351 ff.
[290] Vgl. SG 524 beim BLKA sowie den Beitrag dazu unter http://www.heise.de/tp/artikel/14/14625/1.html.
[291] ZaRD = Zentralstelle für anlassunabhängige Recherche in Datennetzen, jetzt als Teil des Referats SO 43 für Cybercrime. Vgl. auch *Zöller*, GA 2000, 567.

Rahmen dieser **„Streifen auf dem Datenhighway"** wurden etwa schon im Jahr 1997 von den bayerischen **„Cyper-Cops"** – Internetfahnder der Kriminalpolizei – allein 995 Strafanzeigen erstattet.[292] Dies Anzahl dieser Verfahren hat sich inzwischen deutlich erhöht. Dabei überprüfen die Ermittlungsbeamten beim Surfen im Internet nur Informationen wie Newsgroups oder andere Diskussionsforen sowie Angebote in sozialen Netzwerken, die frei zugänglich sind. In verschiedenen Bundesländern können den mit einem **virtuellen Kriminalbeamten** im Internet vertretenen Polizei auf elektronischem Wege von den Internet-Nutzern sogar Anzeigen und Mitteilungen über strafbare Inhalte übermittelt werden. Eingehende Hinweise werden rund um die Uhr bearbeitet und ggf. an die entsprechenden Fachabteilungen weitergeleitet.[293]

122 Nachdem ein Handeln staatlicher Organe nach der vom BVerfG entwickelten Wesentlichkeitstheorie nur dann einer speziellen Befugnisnorm bedarf, wenn es sich bei der jeweiligen Maßnahme um einen Grundrechtseingriff handelt, genügt für die Streife in Datennetzen die Eröffnung des jeweiligen polizeilichen Aufgabenkreises oder die allgemeine strafprozessuale Ermittlungsbefugnis gem. §§ 161, 163 StPO.[294] Welche Kriterien dabei im Einzelnen erfüllt sein müssen, um von einem solchen **Eingriff** sprechen zu können, lässt sich nicht generell oder mit einer Legaldefinition beantworten, sondern wird in Literatur und Rechtsprechung teilweise kontrovers beurteilt.[295] Entsprechend den herkömmlichen Eingriffskriterien – ausgehend von Beeinträchtigungen von Freiheit und Eigentum – ist eine Maßnahme jedenfalls dann als Eingriff anzusehen, wenn speziell ausgeformte **grundrechtliche Schutzbereiche** betroffen sind. Diese Voraussetzungen können aber bei der bloßen „Cyber-Patrol" in für alle Nutzer offen zugänglichen Kommunikationsmedien – wie etwa dem Internet oder sonstigen öffentlichen Netzangeboten – noch nicht als erfüllt angesehen werden. Die in diesem Bereich tätigen Polizeibeamten nutzen hier nur die auch jeder anderen Privatperson zustehenden Möglichkeiten, sich über einen Netzzugang in den weltweiten Datennetzen frei zu bewegen. Eine fremde Grundrechte beeinträchtigende Zwangseinwirkung lässt sich bei einem derartigen Verhalten noch nicht feststellen.

123 Dies vor allem auch deshalb, weil die jeweiligen Anbieter von Internet-Seiten, Newsgroups oder anderen elektronischen Kommunikationsdiensten sich durch das freie Angebot von Informationen selbst mit dem Zugriff auf eigene Daten durch beliebige Dritte einverstanden erklärt haben. Dies geschieht zum einen durch die Eröffnung des freien Zugangs zu den Daten und zum anderen auch über das Bereithalten der jeweiligen Informationen zum Abruf über die weltweiten Datennetze. Nachdem das World Wide Web (WWW) heute bereits als das weltweit größte Warenhaus bezeichnet wird, lässt sich das Vorgehen der Ermittlungsbeamten bei der Patrouille in Datennetzen am ehesten vergleichen mit dem Betreten eines Kaufhauses während der Öffnungszeiten, um zu sehen, ob die dort angebotenen Waren den gesetzlichen Bestimmungen entsprechen. In Übereinstimmung mit der Rechtsprechung zu § 123 StGB in den sog. „Testkäufer"-Fällen[296] ist ein etwa bestehender geheimer Vorbehalt des Betreibers, keine Polizeibeamten als Gäste zuzulassen, unerheblich und macht das Verhalten der Beamten nicht zu einem rechtswidrigen Eingriff. Der mit dem Surfen in den Datennetzen verbundene **Zugriff auf allgemein zugängliche Informationsquellen,** etwa durch das Einwählen in einen offenen Server, das Kontrollieren der Inhalte einer Newsgroup oder eines sonstigen Internet-Angebotes, ist deshalb **ohne spezielle Befugnisnorm zulässig**.[297] Über Art. 32a)

---

[292] Vgl. dazu den Bericht in der SZ vom 22.7.1998.
[293] Der virtuelle Kommissar „EDI" ist etwa zur Entgegennahme von Anzeigen per E-Mail unter https://www.polizei-bw.de/internetwache/Seiten/default.aspx erreichbar.
[294] Vgl. *Rogall*, GA 1985, 6.
[295] Vgl. zur umfassenden Diskussion um den Eingriffscharakter – vor allem von Maßnahmen im Bereich des Grundrechts auf informationelle Selbstbestimmung – weiterführend nur *Rogall*, Informationseingriff und Gesetzesvorbehalt im Strafprozessrecht, 1992, 62 ff.
[296] Vgl. dazu nur *Fischer*, StGB, § 123 Rn. 23 m. w. N.
[297] Vgl. BVerfG, MMR 2008, 315. So im Ergebnis für das Schweizer Recht auch *Ochsenbein*, Kriminalistik 1998, 686 sowie *Zöller*, GA 2000, 568 f.

C. Ermittlungen im Internet

der Cybercrime-Konvention des Europarats ist ein Zugriff auf solche frei zugänglichen Daten sogar grenzüberschreitend möglich.

II. Online-Zugriff auf fremde Daten

Zwar lassen sich über eine Kontrolle in offenen Netzen viele Straftaten erstmals aufdecken, wenn es aber darum geht, schwerwiegendere Delikte – etwa im Bereich staatsfeindlicher Verhaltensweisen von links und rechts bzw. kinderpornografischer Inhalte oder organisierter Kriminalität – zu verfolgen, stoßen diese aufgezeigten Ermittlungshandlungen sehr schnell an ihre Grenzen. Gerade in diesem Bereich werden die Täter ihre strafrechtlich relevanten Angebote oder Informationen nicht jedem beliebigen Nutzer der Kommunikationsnetze frei zugänglich zur Verfügung stellen. Vielmehr wird der Zugriff auf die entsprechenden Daten durch die Vergabe von **besonderen Zugangskennungen** auf bestimmte bekannte Personen begrenzt oder es erfolgt ein Schutz der eigenen Daten vor unberechtigten Dritten durch andere Techniken – etwa in Form der Datenverschlüsselung. Vor diesem Hintergrund werden bei offenen Systemen dem jeweiligen Gast regelmäßig auch nur äußerst eingeschränkte Zugriffsrechte eingeräumt. Ein Vordringen in weitere geschützte Bereiche ist dagegen nur unter Verwendung eines speziellen Passwortes möglich. Verfügen die Ermittlungsbehörden hier nicht über die entsprechenden Kennungen, führen allgemeine Patrouillen im Datennetz nicht weiter. Damit kann sich der Polizeibeamte zwar einen Überblick über angebotene Informationen verschaffen, nicht aber an die eigentlich für weitere Ermittlungen notwendigen Beweismittel gelangen. Sobald der Polizeibeamte versucht, sich Zugang zu weiteren Daten oder mehr Zugriffsrechte zu verschaffen, kann er sich im Einzelfall selbst wegen Ausspähens von Daten gem. § 202a StGB strafbar machen, weil er sich Zugang zu besonders gesicherten Daten verschafft, die nicht für ihn bestimmt sind. Der Erfolg von Kontrollen in offenen Netzen ist deshalb gering, sobald Anbieter und Käufer etwa von Kinderpornographie mit Kennwörtern oder in geschlossenen Foren arbeiten. Zu brauchbaren Ermittlungsergebnissen kommt es erst, wenn es den Sicherheitsbehörden gelingt, etwa unter Verwendung fremder Kennungen oder durch sonstige Maßnahmen in die geschützten Bereiche vorzudringen. 124

Mit einer solchen Sachverhaltskonstellation hatte sich bereits der **Ermittlungsrichter beim BGH**[298] in der sog. **Mailbox-Entscheidung** auseinander gesetzt. Im konkreten Verfahren waren im Rahmen einer herkömmlichen Durchsuchung auf einem handschriftlichen Zettel sämtliche Anschlüsse mit den dazugehörigen Passwörtern für eine Mailbox gefunden worden, in der strafrechtlich relevante Informationen vermutet wurden. Für die Ermittlungsbehörden stellte sich deshalb die Frage, ob es rechtlich zulässig ist, sich mit diesen Kennungen in die Mailbox einzuwählen, ohne die eigene Identität preiszugeben. Für ein solches Vorgehen musste aber eine entsprechende Ermächtigungsgrundlage zur Verfügung stehen, denn die Verwendung einer fremden Kennung als Zugang zu einem elektronischen Kommunikationsdienst ist keinesfalls mehr vom Einverständnis des jeweiligen Betreibers umfasst. Der Systembetreiber wollte mit dem vergebenen Passwort gerade nur einer bestimmten Person den Zugang zum Rechnersystem eröffnen und somit fremde Personen vom Zugriff ausschließen. Entsprechend dem obigen Beispiel wäre dies vergleichbar dem Betreten eines Geschäftes ohne Kenntnis des Inhabers, indem etwa der aufgefundene Schlüssel eines Angestellten verwendet würde. Nach den dargestellten Kriterien für das Vorliegen eines **Eingriffs** führt die Nutzung der fremden Zugangsberechtigung zu einer Beeinträchtigung **spezieller Schutzbereiche** der Grundrechte, sowohl der über Art. 2 Abs. 1 GG geschützten Gewerbefreiheit – sowie der Berufsfreiheit des Art. 12 GG – als auch des über Art. 14 Abs. 1 GG geschützten Eigentums. 125

Damit ist offensichtlich, dass derartige Ermittlungen in Datennetzen, die vom Abruf extern gespeicherter Daten bis hin zu einer Online-Durchsuchung reichen können, in Übereinstim- 126

---

[298] Vgl. dazu die Sachverhaltsdarstellung bei BGH, NJW 1997, 1934 = CR 1996, 488 mit Anm. *Bär* sowie *Palm/Roy*, NJW 1997, 1904.

mung mit der obigen BGH-Entscheidung[299] als Eingriff einer speziellen Ermächtigungsgrundlage bedürfen.[300] Die Grenze zum Eingriff wird aber erst dann überschritten, wenn sich die Ermittlungsbehörden – etwa bei Chatten in geschlossenen Gruppen – befinden, soweit eine Identitätsprüfung stattfindet, denn die **reine Internetaufklärung** wird in aller Regel **keinen Grundrechtseingriff** bewirken. Auch ist bei einem Chat unter einer Legende noch von keinem Eingriff auszugehen, soweit eine anonyme und pseudonyme Kommunikation ohne Überprüfung der Identität möglich ist. Die Kommunikationsdienste des Internets ermöglichen in weitem Umfang gerade den Aufbau von Kommunikationsbeziehungen, in deren Rahmen das Vertrauen eines Kommunikationsteilnehmers in die Identität und Wahrhaftigkeit seiner Kommunikationspartner nicht schutzwürdig ist, da hierfür keinerlei Überprüfungsmechanismen bereitstehen. Dies gilt selbst dann, wenn bestimmte Personen – etwa im Rahmen eines Diskussionsforums – über einen längeren Zeitraum an der Kommunikation teilnehmen und sich auf diese Weise eine Art „elektronische Gemeinschaft" gebildet hat. Auch im Rahmen einer solchen Kommunikationsbeziehung ist jedem Teilnehmer bewusst, dass er die Identität seiner Partner nicht kennt oder deren Angaben über sich jedenfalls nicht überprüfen kann. Sein **Vertrauen** darauf, dass er nicht mit einer staatlichen Stelle kommuniziert, ist in der Folge nicht schutzwürdig.[301]

1. Abgrenzung von Gefahrenabwehr und Strafverfolgung

127 Auch wenn sich der BGH in der Mailbox-Entscheidung klar im Bereich der Strafverfolgung bewegt, muss im Rahmen der rechtlichen Zulässigkeit eines Online-Zugriffs auf fremde Daten zwischen der präventiv-polizeilichen Gefahrenabwehr oder der Strafverfolgung differenziert werden. Je nachdem, welches Rechtsgebiet hier betroffen ist, finden sich auch unterschiedliche Ermächtigungsgrundlagen. Teilweise sind diese im Polizeirecht – etwa der Online-Durchsuchung nach § 20k BKAG – sogar weitergehender als in der StPO. So sieht der BGH bei der länger andauernden Videoüberwachung eines Verdächtigen[302] sowohl Rechtsgrundlagen der StPO als auch solche des Polizeirechts, so dass beide Gesetze nebeneinander anwendbar erscheinen. Dies wird aber in der Literatur heftig kritisiert.[303] Mit diesen beiden extremen Standpunkten werden bereits die in Rechtsprechung und Schrifttum[304] vorhandenen, teilweise weit voneinander abweichenden Auffassungen beim Bestehen einer sog. „**Gemengelage**" bzw. bei sog. „**doppelfunktionellen**" **Maßnahmen** deutlich.[305] Im Ergebnis lässt sich im Grenzbereich von Gefahrenabwehr und Strafverfolgung eine Differenzierung nur im jeweiligen Einzelfall vornehmen: Als Abgrenzungskriterium abzustellen ist hierbei auf die **objektiv erkennbaren Zwecke** des Eingriffs. Zu prüfen gilt es daher, wie sich der konkrete Lebenssachverhalt einem verständigen Bürger bei natürlicher Betrachtungsweise darstellt. Bestehen hiernach Zweifelsfragen, richtet sich letztlich die zu treffende Entscheidung über die Einordnung nach dem **Schwergewicht des polizeilichen Handelns.** Entgegen einer teilweise vertretenen Auffassung ist damit ein Wahlrecht der Polizei hinsichtlich der Rechtsgrundlage – auch als „Befugnis-hobbing" zu bezeichnen – zu verneinen.[306] Für

---

[299] Vgl. BGH, NJW 1997, 1934.
[300] So im Ergebnis auch *Zöller,* GA 2000, 570; KK-StPO-*Nack,* § 100a Rn. 12, § 98a Rn. 33 und *Meyer-Goßner,* § 100a Rn. 2a.
[301] Vgl. BVerfG MMR 2008, 315 m. Anm. *Bär.*
[302] Vgl. BGH, NStZ 1992, 44: Die Videoüberwachung an der Wohnungstür eines mutmaßlichen Brandstifters wird als polizeirechtliche Maßnahme gerechtfertigt, ohne Abgrenzungen zur Strafverfolgung.
[303] Vgl. nur *Rogall,* NStZ 1992, 45 ff.; *Gusy,* StV 1991, 499 ff. und *v. Hippel/Weiß,* JR 1992, 316 ff.
[304] Vgl. nur *Rogall,* NStZ 1992, 46 m. w. N.
[305] Vgl. dazu nur *Dörschuck,* Kriminalistik 1997, 740 und *Artzt,* Kriminalistik 1998, 353 sowie *Knemeyer,* Polizei- und Ordnungsrecht, 74 ff., 122 ff. m. w. N. sowie die Festlegungen in Anlage A Abschnitt B III der RiStBV (abgedruckt bei *Meyer-Goßner,* Anhang 12).
[306] So im Ergebnis auch BVerwGE 47, 255, 265; *Knemeyer,* Polizei- und Ordnungsrecht, 122 f.; *Götz,* Allgemeines Polizei- und Ordnungsrecht, 215 f.

C. Ermittlungen im Internet

den Abruf von Daten aus externen Speichern oder das Einwählen in fremde Rechner bedeutet dies, dass von einem repressiven Handeln der Ermittlungsbehörden auszugehen ist, wenn es – wie etwa in der Mailbox-Entscheidung des BGH – aufgrund bestehender Verdachtsmomente beim Eingriff vor allem darum geht, weitere Indizien für eine Täterschaft zu finden und damit zur Tataufklärung beizutragen. Geht es den Sicherheitsbehörden aber nur darum, eine weitere Verbreitung strafbarer Inhalte zu verhindern, stehen gefahrenabwehrende Zwecke im Vordergrund. Lässt sich eine solche Abgrenzung jedoch nicht eindeutig treffen, besteht eine typische Gemengelage aus Strafverfahrensrecht und Polizeirecht. Es hat dann eine am Schwerpunkt der Handlung orientierte Beurteilung zu erfolgen. Dies wird überwiegend zu einem rein repressiven Vorgehen führen. Die gleichzeitig damit verbundene Verhinderung weiterer Straftaten stellt dann nur einen immanenten Nebeneffekt dar. Die folgenden Ausführungen beschränken sich daher auf strafprozessuale Eingriffe.[307]

2. Strafprozessuale Rechtsgrundlagen

Liegt das Schwergewicht des Handelns beim Einwählen in den fremden Rechner, beim Abruf externer Daten mit Mitteln der Telekommunikation oder bei Ermittlungen in sozialen Netzwerken im Bereich der Strafverfolgung, kann als Ermächtigungsgrundlage nur auf die **strafprozessualen Eingriffsbefugnisse** zurückgegriffen werden. In Betracht kommen hier neben dem Einsatz verdeckter Ermittler (§ 110a StPO) vor allem die Durchsuchung (§§ 102, 103 StPO) und die Überwachung der Telekommunikation (§ 100a StPO). Diese beiden letztgenannten Rechtsgrundlagen werden auch vom BGH in der Mailbox-Entscheidung[308] im Einzelnen herangezogen. Lassen sich diese Normen nicht anwenden, kommt hilfsweise ein Rückgriff auf die Ermittlungsgeneralklausel der §§ 161, 163 StPO in Betracht. **128**

a) Einsatz verdeckter Ermittler

Der Einsatz verdeckter Ermittler ist seit 1992 in den §§ 110a ff. StPO geregelt. Gesetzlich weiterhin nicht normiert ist aber der Einsatz sog. nicht offen ermittelnder Polizeibeamter (noeP) oder V-Leute (Vertrauenspersonen) ohne auf Dauer angelegter Legende.[309] Voraussetzung für ein Tätigwerden eines verdeckten Ermittlers ist nach § 110a StPO das Vorliegen einer dem § 100a StPO entsprechenden Straftat von erheblicher Bedeutung. An dieser Voraussetzung wird es bei vielen Straftaten in Datennetzen bereits fehlen, da sowohl alle dargestellten Formen der Computerkriminalität einschließlich Urheberrechts- und Datenschutzverletzungen – bis auf Kinderpornographie-Straftaten – dort nicht aufgeführt sind und in den wenigsten Fällen als Verbrechen eingestuft werden können.[310] Ein Rückgriff auf § 110a StPO bleibt daher im Hinblick auf die Katalogtat insbesondere nur bei der **Verfolgung von Staatsschutzdelikten**. Nachdem praktische Erfahrungen aus bisherigen Ermittlungsverfahren gezeigt haben, dass speziell bei rechtsextremistischen Angeboten in elektronischen Kommunikationsdiensten vom Benutzer neben der Herstellung eines Kommunikationsvorganges über das Datennetz auch besonderer Wert auf die Herstellung eines persönlichen Kontaktes – etwa durch den Besuch gemeinsamer Treffen oder Veranstaltungen – gelegt wird, bietet sich hierfür ein Rückgriff auf die §§ 110a ff. StPO an, da nur so eine auf Dauer angelegte veränderte Identität eines Polizeibeamten erreicht werden kann. In diesen Fällen kann daher die Rechtsgrundlage für den Einsatz verdeckter Ermittler einen Zugang zu abgeschlossenen Systemen oder speziellen Mailboxen bei Nichtpreisgabe der wahren Identität rechtfertigen.[311] **129**

---

[307] Vgl. zu polizeirechtlichen Eingriffen die Nachweise in der 2. Auflage, § 25 Rn. 98.
[308] NJW 1997, 1934 = CR 1996, 488 mit Anmerkung *Bär*.
[309] Nach BT-Drucksache 12/989, 41 f. hielt der Gesetzgeber hierfür eine gesetzliche Regelung aufgrund der allgemeinen Bestimmungen der §§ 161, 163 StPO nicht für erforderlich. Vgl. hierzu Anlage D der RiStBV, abgedruckt bei *Meyer-Goßner*, Anhang A 12.
[310] Vgl. zu den relevanten Eingriffsvoraussetzungen näher *Meyer-Goßner*, § 110a Rn. 10 f.
[311] Vgl. *SoinÁ*, NStZ 2003, 227; *KK-StPO*-Nack, § 100a Rn. 11. Problematisch sind allenfalls weitergehende Handlungen (z. B. elektronischer Versand von Kinderpornographie).

Inhaltlich muss sich eine solche Maßnahme im Rahmen der durch § 110c StPO abgesteckten Befugnisse des verdeckten Ermittlers bewegen. Entscheidend ist letztlich, ob sich genügend Anhaltspunkte für das Vorliegen einer der von § 110a StPO umfassten Straftaten ergeben.

130 Allein das Auftreten im Internet unter einer **fremden „digitalen Identität"** führt noch nicht notwendig zur Anwendung des § 110a StPO. Insoweit markiert erst ein „schutzwürdiges Vertrauen in die Identität" des Kommunikationspartners den Wechsel von reiner Aufklärung ohne Grundrechtseingriff hin zum Eingriff in das Grundrecht auf informationelle Selbstbestimmung, bei dem eine Rechtsgrundlage erforderlich wird.[312] Dabei erfordert die reine Kontaktaufnahme unter einer Legende per E-Mail oder über soziale Netzwerke keinen Einsatz eines verdeckten Ermittlers. Insoweit genügt vielmehr der Einsatz eines nicht offen ermittelnder Polizeibeamter, so dass hier die §§ 161, 163 StPO zur Anwendung kommen können.[313] Die Grenze zum verdeckten Ermittler wird daher erst bei weitergehenden Handlungen überschritten. Indikatoren, die bei der rechtlichen Einordnung von verdeckten personalen Ermittlungsmaßnahmen im Internet in diesem Grenzbereich herangezogen werden können, sind neben der Intensität der Zugangskontrolle, die mit der Legende überwunden wird und der Dauer der Ermittlungen, bei denen eine Legende genutzt wird, vor allem auch die Art der Beteiligung im Kommunikationsforum (passiv-rezeptiv oder aktiv-rezeptiv). Die Regelungen der §§ 110a ff. StPO sind daher erst dann anzuwenden, je intensiver die überwundene Zugangskontrolle ausgestaltet war, je länger die Ermittlungen unter einer Legende andauern und je aktiver die Teilnahme im Forum angelegt ist.[314] Dies bedeutet, dass der weit überwiegende Teil der Ermittlungen – etwa in sozialen Netzwerken – auf der Grundlage der Ermittlungsgeneralklausel durch nicht offen ermittelnde Polizeibeamte (noeP) ausgeführt werden kann, weil ein schutzwürdiges Vertrauen im Sinne der Rechtsprechung des BVerfG und damit einhergehend die Notwendigkeit zum Einsatz eines verdeckten Ermittlers nur in Ausnahmefällen entstehen wird.

b) Durchsuchung

131 Vom BGH wird in der Mailbox-Entscheidung die Frage untersucht, ob sich das Einwählen in den fremden Rechner als eine **Durchsuchung** den §§ 102, 103 StPO ansehen lässt. Diese Eingriffsermächtigung drängt sich deshalb auf, weil unter Nutzung der fremden Zugangsberechtigung ein Zugriff auf Informationen erfolgt, die in vom Schutzbereichs des Art. 13 GG umfassten Räumlichkeiten körperlich gespeichert sein können. Wie bei einer Durchsuchung befindet sich der Polizeibeamte damit beim Datenabruf via Datenleitung zwar in den Räumen des Betroffenen, jedoch mit der Besonderheit gegenüber einer herkömmlichen Durchsuchung gem. §§ 102, 103 StPO, dass **keine körperliche Anwesenheit** des „Durchsuchenden" am Standort des jeweiligen Computersystems erfolgt. Da der Betroffene auch keine Kenntnis von der Online-Durchsuchung hat, wird auf diese Weise § 106 StPO missachtet, die dem Inhaber der zu durchsuchenden Räumlichkeiten oder Gegenstände das Recht einräumt, der Durchsuchung beizuwohnen. Da es sich hierbei jedoch nach h. M. um eine reine Ordnungsvorschrift[315] handelt, dürfte dies zumindest nicht notwendig zur Unverwertbarkeit der gewonnenen Erkenntnisse führen.[316] So wurde teilweise auch die Ansicht vertreten, ein Rückgriff auf § 102 StPO sei zulässig, da die Offenheit der Maßnahme kein konstitutives Element sei und die Schutzvorschriften nicht entgegenstehen.[317]

132 Gleichwohl bestehen aber doch wesentliche Gesichtspunkte, die gegen die Einordnung des „Einwählens" in fremde Server als einer Form der Durchsuchung sprechen. Der **Durchsu-**

---

[312] Vgl. BT-Drs. 17/6587.
[313] Vgl. BGH Beschluss vom 24.06.2010 – StB 15/10: *KK-StPO-Nack*, § 110a Rn. 7, § 100a Rn. 13.
[314] Vgl. *Rosengarten/Römer* NJW 2012, 1764 [1767] sowie *Hay/Arnd*, Kriminalistik 2013, 384.
[315] Vgl. BGH NJW 1983, 375 sowie *Meyer-Goßner*, § 106 Rn. 1 m. w. N.
[316] Im Einzelnen ist umstritten, welche Rechtsfolgen bei einer Verletzung des § 106 StPO eintreten. Vgl. dazu nur *Meyer-Goßner*, § 106 Rn. 1 m. w. N.
[317] So im Ergebnis: *Hofmann*, NStZ 2005, 121 mit dem markanten Titel: Online-Durchsuchung – staatliches Hacken oder zulässige Ermittlungsmaßnahme. So auch Generalbundesanwaltschaft, vgl. BGH, CR 1996, 489 und BGH, Beschluss vom 21.2.2006, 3 BGs 31/06.

chung ist begrifflich eine ziel- und zweckgerichtete Suche staatlicher Organe nach Personen oder Sachen immanent, um etwas Verborgenes aufzuspüren.[318] Diesem grammatischen Verständnis widerspricht jedes heimliche Vorgehen. Bei der Durchsuchung handelt es sich gerade um eine **offen** gegenüber dem Betroffenen **ausgeführte** staatliche **Zwangsmaßnahme**, wie dies aus den §§ 102, 103 sowie 106 StPO deutlich wird. Zusätzlich gestatten die gesetzlichen Durchsuchungsbefugnisse unter Beachtung des Art. 13 Abs. 2 und 3 GG eine Durchbrechung der grundrechtlich garantierten Unverletzlichkeit der Wohnung. Die gesamten Durchsuchungsbestimmungen gehen damit von einer körperlichen Anwesenheit des Ermittlungsbeamten vor Ort aus. Andernfalls wären die in den §§ 104 ff. StPO enthaltenen Schutzbestimmungen überflüssig und die verfassungsrechtlich gebotene Offenheit und Erkennbarkeit staatlichen Handelns[319] würde nicht beachtet. Ein weiterer Gesichtspunkt gegen die Anwendung der Durchsuchungsbestimmungen ergibt sich ebenfalls aus dem Wortlaut der §§ 102 und 103 StPO. Ziel einer Durchsuchung ist das Auffinden und Beschlagnahme von Gegenständen als Beweismittel. Zudem dient der Online-Zugriff gerade **keiner Sicherstellung körperlicher Gegenstände.** Damit soll zunächst nur festgestellt werden, ob auf einem EDV-System in unkörperlicher Form Informationen mit strafbarem Inhalt gespeichert sind. Ein Zugriff auf Daten in unverkörperter Form lässt sich aber mit dem Wortlaut der bestehenden Durchsuchungs- und Beschlagnahmebestimmungen nicht in Einklang bringen.[320] Die Durchsuchung als Zwangsmaßnahme hätte in diesem Fall einen völlig anderen Eingriffscharakter, weil eine gerichtliche Kontrolle des staatlichen Eingriffs in der bisherigen Form nicht mehr möglich wäre und der Betroffene in Unkenntnis über Art und Dauer des staatlichen Eingriffs bliebe. Die bisherige Durchsuchung wurde so über den Gesetzeswortlaut hinaus zu einer Form des Lauschangriffs erweitert, die Grenzen zur Überwachung der Telekommunikation wären verwischt. Wie gerade die Regelung des § 100c StPO und auch die derzeitige politische Diskussion um die Erweiterung der bestehenden gesetzlichen Befugnisse zeigen, bedarf es aber einer speziellen Ermächtigungsgrundlage für Maßnahmen, die ohne Wissen des Betroffenen ausgeführt werden sollen. Mit der Rechtsprechung des BVerfG[321] und des BGH[322] können deshalb die Bestimmungen zur Durchsuchung i. S. d. §§ 102, 103 StPO nicht zur Begründung eines Online-Zugriffs auf fremde Daten herangezogen werden. Eine „verdeckte Online-Durchsuchung" ist daher mangels einer Ermächtigungsgrundlage in der StPO derzeit repressiv unzulässig und nur präventiv-polizeilich – etwa nach § 20k BKAG oder Art. 34d BayPAG – in engen Grenzen – gestattet.

c) Eingriffe in die Telekommunikation

Der Rückgriff auf die Eingriffsbefugnisse zur Telekommunikation hat vor allem dann praktische Relevanz, wenn etwa Daten in der Cloud, aus externen Speichermedien oder aus sozialen Netzwerken mit Mitteln der Telekommunikation abgerufen werden sollen. Nachdem ein Zugriff auf fremde Daten gar nicht möglich wäre, wenn der am Ende der Telekommunikationsleitungen stehende Rechner nicht mit Datenübertragungseinrichtungen ausgestattet und somit als Teil einer Fernmeldeanlage anzusehen ist, wird in der Mailbox-Entscheidung des BGH die Online-Abfrage von Daten als **Eingriff in die Telekommunikation gem. § 100a StPO** beurteilt. Die Datenübertragung vom und zum Rechner ist jedenfalls als Fernmeldeverkehr i. S. d. Art. 10 GG anzusehen. Jedoch besteht zur herkömmlichen Überwachung der Telekommunikation mit der Beteiligung des Staates als Drittem an einem zwischen zwei Personen stattfindenden Kommunikationsvorgang insoweit ein wesentlicher Unterschied, als hier die Verbindung zum Rechner durch die Sicherheitsbehörden selbst erst aufgebaut wird. Die Frage, ob ein solcher Datenaustausch – etwa zwischen Cloud-Nutzer

133

---

[318] So BVerfGE 51, 106 f. und BVerwGE 47, 37.
[319] Vgl. *Denninger,* in: *Lisken/Denninger,* 172.
[320] Vgl. zur Beschränkung der Durchsuchungs- und Beschlagnahmebestimmungen auf körperliche Gegenstände *Bär,* Zugriff auf Computerdaten im Strafverfahren, 240 ff.
[321] Vgl. BVerfG MMR 2008, 315 m. Anm. *Bär.*
[322] Vgl. BGH NJW 2007, 930 m. Anm. *Hamm* sowie BGH, NJW 1997, 1934 = CR 1996, 489 mit Anmerkung *Bär.*

und Cloud-Provider – im Rahmen einer formalen Betrachtung (sog. „Kommunikationslösung") noch als Form der Telekommunikation angesehen werden kann oder bei funktionaler Betrachtung bereits eher dem Zugriff auf eigene Daten des Nutzers – wie auf einer lokalen Festplatte – verglichen werden kann, ist bisher noch nicht geklärt.

134 Vom Ermittlungsrichter beim BGH[323] wird auch der **Verbindungsaufbau zu einer fremden Mailbox** als **Eingriff in die Telekommunikation** angesehen mit der Folge, dass für dieses Vorgehen auch die Voraussetzungen des § 100a StPO erfüllt sein müssten. Der Anwendungsbereich des § 100a StPO könne nicht auf den jeweiligen aktuellen Übertragungsvorgang beschränkt werden, sondern erstrecke sich auch auf die in einer Mailbox abrufbaren Informationen. Zusätzlich wird der Eingriff aber in zweifacher Hinsicht gegenüber einer herkömmlichen Überwachung eingeschränkt: Zum einen müssen zusätzlich die Voraussetzungen des § 103 StPO vorliegen, d. h. die Maßnahme ist auf ganz bestimmte Daten begrenzt, denen der Untersuchungszweck dient. Zum anderen dürfe auf die gespeicherten Daten – nicht wie bei § 100a StPO innerhalb eines festgelegten Zeitraums von bis zu 3 Monaten – nur einmal zugegriffen werden, das Vorgehen also nicht beliebig wiederholt werden. Diese zusätzlichen Einschränkungen und das nicht dem herkömmlichen Anwendungsfall einer Überwachung entsprechende Vorgehen machen bereits deutlich, dass § 100a StPO als Rechtsgrundlage an sich nicht für den heimlichen Abruf von Daten mit Mitteln der Telekommunikation geschaffen wurde. Insbesondere bleibt unberücksichtigt, dass der Verbindungsaufbau zum fremden Online-Rechner begrifflich bereits keine „Überwachung" darstellt. Beim Einwählen in das fremde System wird die Verbindung durch die Ermittlungsbeamten selbst aufgebaut und damit an sich nicht überwacht. Kontrolliert werden soll auch kein Kommunikationsvorgang, sondern nur der Inhalt des Festplattenspeichers eines Rechners durch den Zugriff mit Mitteln der Telekommunikation. Entscheidend für die rechtliche Beurteilung dieser Ermittlungsmaßnahme ist letztlich die verfassungsrechtliche Bewertung dieses polizeilichen Zugriffs ohne Wissen des Betroffenen und außerhalb einer Durchsuchungsmaßnahme. Vor dem verfassungsrechtlichen Hintergrund wird aber bereits deutlich, dass einerseits die Eingriffstiefe einer verdeckten Online-Durchsuchung nicht erreicht wird, weil keine technischen Mittel eingesetzt werden und andererseits auch nicht nur eine Überwachung der Telekommunikation stattfindet. Ein Abruf von externen Daten – etwa aus der Cloud – durch die Strafverfolgungsbehörden kann daher nach geltendem Recht nur auf eine Kombination von § 100a StPO i. V. m. §§ 102, 103 und 110 Abs. 3 StPO gestützt werden. Darauf kann aber allenfalls für eine Übergangszeit bis zur Schaffung einer gesetzlichen Neuregelung zurückgegriffen werden.[324] Wünschenswert wäre daher zwischen den Befugnissen des § 100a StPO und der Durchsuchung eine eigenständige Regelung – wie etwa im alten § 39 AWG bzgl. des Abrufs von „innerhalb von Datenspeichern abgelegte Inhalte"[325] – für den Zugriff auf gespeicherte Daten mit Mitteln der Telekommunikation. Diese Befugnis könnte abgestuft nach der Eingriffstiefe von einem einfachen Abruf von gespeicherten Inhalten aus Mailservern vergleichbar dem § 110 Abs. 3 StPO ohne technische Mittel bis hin zum schwersten Eingriff der Online-Durchsuchung unter engen Voraussetzungen ausgestaltet werden.

d) Ermittlungsgeneralklausel

135 Findet sich weder in § 102 StPO noch in § 100a StPO eine spezielle Ermächtigungsgrundlage für den Zugriff auf gespeicherte Daten mittels Telekommunikation durch Polizeibeamte, kann diese nur unter engen Grenzen durch die **Ermittlungsgeneralklausel der §§ 161, 163 StPO** zur Erforschung von Straftaten ersetzt werden. Diese kann nach der ausdrücklichen Einschränkung des § 161 Abs. 1 Satz 1 letzter Halbsatz StPO nur herangezogen werden, soweit nicht andere gesetzliche Vorschriften die Befugnisse gesondert regeln. Ein in den Anwendungsbereich einer bestehenden Spezialermächtigung fallender Sachverhalt kann deshalb nicht über die Generalklausel zugelassen werden, sofern es an einzelnen Eingriffsvorausset-

---

[323] Vgl. BGH, CR 1996, 488 sowie zustimmend *Kudlich*, JuS 1998, 214.
[324] So im Ergebnis auch *Palm/Roy*, NJW 1997, 1905 und *Zöller*, GA 2000, 574, a. A. dagegen *Kudlich*, JuS 1998, 214 und *Vassilaki*, JR 2000, 447.
[325] Vgl. BR-Drucksache 369/97, S. 54. So nun auch *Kudlich*, JA 2000, 233.

zungen fehlt. Sieht man in dem Zugriff auf externe Daten mit dem BGH § 100a StPO als anwendbar an, kommt ein Rückgriff auf die §§ 161, 163 StPO ohnehin nicht mehr in Betracht. Nur wenn der Eingriff in die Telekommunikation als nicht einschlägig beurteilt wird, kann eine Prüfung der Generalklausel erfolgen. Dies kommt vor allem dort in Betracht, wo es sich um einen Grundrechtseingriff handelt, der weniger intensiv ist und deshalb nicht von einer speziellen Eingriffsermächtigung erfasst wird. Dies betrifft insbesondere die bereits dargestellten Ermittlungen durch nicht offen ermittelnde Polizeibeamte in sozialen Netzwerken.[326] Soweit die Ermittlungsbehörden selbst einen Kommunikationsvorgang zum Abruf von extern gespeicherten Daten – etwa in der Cloud – auslösen, kann dieser Eingriff jedenfalls über die Generalklausel wohl nicht begründet werden. Möglich sind aber daneben stets – entsprechend den obigen Ausführungen zur Durchsuchung und Beschlagnahme sowie zu § 100a StPO[327] – Ermittlungen am Standort des jeweiligen Rechners, soweit dieser bekannt ist.

III. Einsatz sonstiger neuer technischer Mittel

136 Neben dem Online-Abruf von Daten kommen inzwischen eine ganze Reihe weiterer Ermittlungsmöglichkeiten in Betracht, die aus technischer Sicht zur Verfügung stehen, deren rechtliche Zulässigkeit aber bisher noch nicht abschließend gerichtlich geklärt ist. So ist zunächst an den Einsatz von sog. **„Stille-SMS"** zur Aufenthaltsermittlung zu denken. Dabei wird von den Sicherheitsbehörden eine verdeckte SMS auf das Mobiltelefon des Täters gesendet, um so Verkehrsdaten zu erzeugen, die dann beim Provider abgefragt werden können. Als Programme stehen hierfür etwa Smart-SMS oder SMS-Blaster bzw. von der Polizei selbst entwickelte Software zur Verfügung. Diese Maßnahme wird aus Sicht der Ermittlungsbehörden bei Vorliegen einer Katalogtat nur auf §§ 100a, b StPO gestützt. Dies ist als Mindestmaßnahme im Rahmen der richterlich angeordneten und jeweils zum Zeitpunkt des Versendens sogenannter stiller SMS aktiven Telekommunikations(-inhalts) -überwachung zu werten.[328] Diese Ortung per SMS wird in der Literatur teilweise für unzulässig gehalten.[329]

137 Daneben stehen weitere Programme zur Verfügung, mit denen etwa im einfachsten Fall nur Cookies auf dem Rechner des Täters erzeugt werden, oder aber mit **Trojanern,** die als Anhang zu einer E-Mail unbemerkt auf dem Rechner des Täters installiert werden, um dort unterschiedlichste Handlungen – von der Übertragung von Einzeldaten bis hin zum Auslesen der gesamten Festplatte – vornehmen können bzw. sog. **„Keylogger",** die nach einer Installation jeden Tastendruck am fremden Rechner mitprotokollieren und an die Sicherheitsbehörden übertragen. In allen Fällen wird keine Telekommunikation überwacht und aufgezeichnet, so dass § 100a StPO hier als Ermächtigungsnorm nicht einschlägig erscheint. Da aber hier mit technischen Mitteln das Vorgehen eines Täter beobachtet wird, kommt als Befugnis hier allenfalls ein Rückgriff auf § 100h Abs. 1 Nr. 2 StPO in Betracht.[330] Vergleichbar einer Videokamera wird hier mit sonstigen technischen Mitteln quasi eine Observation durchgeführt.[331] Da ein solcher Eingriff aber letztlich als Online-Durchsuchung zum Aufzeichnen bzw. Auslesen von Daten des fremden Rechners führt, kann eine solche mit dem Eingriff in die Integrität und Vertraulichkeit informationstechnischer Systeme verbundene Maßnahme aber nach der Rechtsprechung des BVerfG zur Online-Durchsuchung[332] nicht auf § 100h StPO gestützt werden.

138 Soweit demgegenüber nur die aktuelle IP-Adresse eines Beschuldigten ermittelt werden soll, kommt eine verdeckte Erhebung dieser Daten durch das sog. **IP-Tracking** mithilfe

---

[326] Vgl. oben Rn. 129.
[327] Vgl. dazu die Ausführungen in Rn. 12 ff. und 72 ff.
[328] Vgl. BT-Drs. 17/8544, S. 17; BayLT-Drs. 16/11003.
[329] So etwa: *Tiedemann*, K&R 2004, 63 und *Eisenberg/Singelnstein*, NStZ 2005, 62.
[330] Vgl. BVerfG, NJW 2005, 1338 zum Einsatz von GPS-Systemen auf der Basis des § 100h StPO.
[331] Vgl. näher zu diesen und weiteren neuen Ermittlungsmethoden: *Bär*, Handbuch zur EDV-Beweissicherung im Strafverfahren, Rn. 290 ff.
[332] Vgl. BVerfG MMR 2008, 315 m. Anm. *Bär*.

von Lesebestätigungsdiensten in Betracht. Hierbei werden E-Mails bei der Versendung mit funktionslosen, transparenten Bildern versehen. Der bekannteste Anbieter für einen solchen Dienst ist ReadNotify.[333] Bei bestehender Internetverbindung werden diese Bilder beim Öffnen der E-Mail vom externen Server nachgeladen und erlauben somit eine Feststellung dazu, wann welches Dokument geöffnet wurde. Für die Abwicklung der Kommunikation wird beim Nachladen die aktuelle IP-Adresse des Internetanschlusses, von dem aus die jeweilige E-Mail geöffnet wurde, mit übertragen. Der Einsatz eines solchen Lesebestätigungsdienstes kann dabei auf § 100h Abs. 1 Nr. 2 StPO gestützt werden. Dort wird ausdrücklich der Einsatz technischer Mittel für Zwecke der Observation zugelassen. Da es sich hier um keinen weitergehenden Zugriff auf den Rechner des Betroffenen handelt, erscheint diese Regelung von der Eingriffsintensität her genügend.[334] Da das Einbetten von unsichtbaren Bildern als Marketing-Methode beim Versand von Werbe-E-Mails üblich ist und das Nachladen entsprechender Bilder zur normalen Internet-Nutzung gehört, wird teilweise sogar ein Rückgriff auf §§ 161, 163 StPO als ausreichend angesehen.

D. Ermittlungen mit Auslandsbezug

139 Da das Internet keine staatlichen Grenzen kennt, wird es zur Verfolgung von Cybercrime über die weltweiten Datennetze auch immer häufiger erforderlich, die Ermittlungen außerhalb des nationalen Hoheitsbereichs durchzuführen. Dies betrifft neben den Befugnissen zur Durchsuchung vor allem auch den Zugriff auf Daten der Telekommunikation sowie die Möglichkeiten zu Ermittlungen in sozialen Netzwerken, soweit hier Informationen von ausländischen Anbietern erhoben werden müssen. Soweit Daten gesichert wurden, die sich auf dem Hoheitsgebiet eines anderen Staates befinden, stellt sich dann auch die Frage nach einer Verwertung dieser Beweismittel.

I. Einzelne Ermittlungsbefugnisse

140 Wie bereits im Rahmen der Durchsuchung näher ausgeführt,[335] lässt sich der nationalen Befugnis zur Online-Sichtung von Daten keine Rechtsgrundlage für einen Zugriff auf im Ausland gespeicherte Daten entnehmen. Durch derartige Online-Ermittlungen kann es vielmehr zu einer Verletzung fremder Souveränitätsrechte kommen, wobei durch solche Direktermittlungen im Ausland etwaige bestehende Rechtshilfeübereinkommen unterlaufen werden können. Befinden sich die beweisrelevanten Daten tatsächlich im Ausland, kann hier auf die entsprechenden Regelungen in Art. 29 und 32 der Cyber-Crime-Konvention zurückgegriffen werden. Ein **„transborder-search"** ist als einseitiger Zugriff auf ausländische gespeicherte Daten im Fall des Art. 32 in zwei Fällen zulässig: Zum einen kommt gem. Art. 32 Ziffer a) eine Sicherung ausländischer Daten immer dann ohne Rückgriff auf Rechtshilfeersuchen in Betracht, wenn die gesuchten Dateien frei zugänglich sind. Gleiches gilt zum anderen, wenn eine rechtmäßige und freiwillige Zustimmung der zur Datenübermittlung berechtigten Person vorliegt, so dass unter diesen Voraussetzungen etwa auch ein Zugriff auf E-Mail-Konten auf ausländischen Servern oder auf Daten in Betracht kommt, die im Rahmen von „Cloud Computing" ins Ausland ausgelagert wurden.[336] Sollte diese Möglichkeit des unmittelbaren Zugriffs nicht bestehen, kann auf der Grundlage des Art. 29 Cyber-Crime-Konvention eine beschleunigte Sicherung ausländischer Daten ohne vorheriges förmliches Rechtshilfeersuchen erfolgen. Notwendig hierfür ist ein formloses Ersuchen an den anderen Vertragsstaat zur Vorabsicherung der beweisrelevanten Daten, das inhaltlich den Anforderungen des Art. 29 Abs. 2 Cyber-Crime-Konvention entsprechen muss. Nach Eingang des Ersuchens hat der Vertragsstaat gem. Art. 29 Abs. 3 Satz 1 Cyber-Crime-Konvention geeignete Maß-

---

[333] Vgl. dazu http://www.readnotify.com/.
[334] Vgl. *Bär*, Handbuch zur EDV-Beweissicherung im Strafverfahren, Rn. 306–310; *Meyer-Goßner*, § 100h Rn. 2; *KK-StPO-Nack*, § 100h Rn. 4; BGH NJW 2001, 1658.
[335] Vgl. oben Rn. 25 ff.
[336] Kritisch insoweit: *Gercke* CR 2010, 348.

D. Ermittlungen mit Auslandsbezug

nahmen zur umgehenden Sicherung der Daten zu treffen, wobei die beiderseitige Strafbarkeit keine Voraussetzung für die Vornahme der Sicherung ist (Art. 29 Abs. 3 Satz 2 Cyber-Crime-Konvention). Durch diese vorläufige Maßnahme lässt sich damit eine Sicherung der beweisrelevanten Daten erreichen, die viel schneller und effektiver als traditionelle Rechtshilfehandlungen ist. Die gesicherten Daten müssen zunächst gem. Art. 29 Abs. 7 Cyber-Crime-Konvention mindestens 60 Tage aufbewahrt werden. Neben der Cyber-Crime-Konvention sieht auch der EU Rahmenbeschluss über die Vollstreckung von Entscheidungen über die Sicherstellung von Vermögensgegenständen oder Beweismitteln vom 22.7.2003[337] entsprechende Regelungen zur Anerkennung von richterlichen Beschlüssen zur Durchsuchung und Sicherstellung von Beweismitteln in anderen EU-Mitgliedsstaaten ohne Anerkennungsverfahren mit schneller Vollstreckung bei 32 Deliktsgruppen vor. Diese Vorgaben wurden mit Gesetz vom 6.6.2008 zur Umsetzung des Rahmenbeschlusses[338] inzwischen in den §§ 94 ff. IRG in nationales Recht umgesetzt.

Für **Eingriffe in die Telekommunikation** mit Auslandsbezug kann zum einen eine Auslandskopfüberwachung nach § 100a, § 100b Abs. 3 StPO i. V. m. § 110 TKG und der TKÜV durchgeführt werden. Dort finden sich in § 4 TKÜV auch wesentlichen Regelungen für die TK-Überwachung mit Auslandsbezug. Da ein ausländischer Provider nicht der deutschen Hoheitsgewalt unterliegt, ist eine Überwachung eines TK-Anschlusses eines inländischen Beschuldigten gem. § 4 Abs. 1 TKÜV grundsätzlich ausgeschlossen, wenn sich dieser mit seinem Mobilfunkgerät im Ausland befindet. Dazu finden sich aber in § 4 Abs. Abs. 1 letzter HS und in Abs. 2 TKÜV zwei wichtige Ausnahmen: Zum einen ist eine Überwachung dann zulässig, wenn die Telekommunikation vom Ausland aus an einen im Inland gelegenen TK-Anschluss um- oder weitergeleitet wird. Ruft der Täter etwa von Ausland aus seine inländische Mobilbox mit gespeicherten Nachrichten ab, findet eine Kommunikation im Inland statt, die dem deutschen Hoheitsrecht unterliegt und deshalb überwacht werden kann. Zulässig ist zum anderen auch die sog. Auslandskopfüberwachung gem. § 4 Abs. 2 TKÜV.[339] Hierbei handelt es sich um einen Kommunikationsvorgang, der von einem unbekannten inländischen Anschluss mit einer bekannten Rufnummer ins Ausland geführt wird. In diesem Fall kann der Gesprächsinhalt, der über einen der wenigen Verbindungspunkte des nationalen TK-Netzes zu den internationalen Netzen abgewickelt wird, im Inland aufgezeichnet werden. Sind diese Möglichkeiten des § 4 TKÜV nicht gegeben, kommt nur eine Überwachung der Telekommunikation im Ausland unter Zuhilfenahme des ausländischen Providers im Wege der Rechtshilfe in Betracht. Eine Rechtsgrundlage für eine solche Erhebung von Inhaltsdaten der Kommunikation in Echtzeit findet sich in Art. 34 der Cyber-Crime-Konvention.[340] Daneben enthält das Übereinkommen über die Rechtshilfe in Strafsachen innerhalb der EU (kurz: EU-RhÜbK) vom 29.5.2000[341] detaillierte Regelungen in Art. 17 – 22 für die Umsetzung von Überwachungsanordnungen im Wege der Rechtshilfe. Die Durchführung von solchen Maßnahmen richtet sich grundsätzlich entsprechend Art. 4 Abs. 1 EU-RhÜbK nach dem Recht des ersuchenden Staates.[342]

Befindet sich ein **E-Mail-Server** des Providers **im Ausland,** kommt hier eine Rückgriff auf § 110 Abs. 3 StPO i. V. m. Art. 32b) Cyber-Crime-Konvention in Betracht. Falls die Voraussetzungen hierfür nicht gegeben sind, hat ein vorläufiges Sicherungsverfahren nach Art. 25 Abs. 3 i. V. m. 29 Cyber-Crime-Konvention zu erfolgen. Soweit es sich bei dem E-Mail-Provider um ein im Inland ansässiges Unternehmen handelt, das aber auch im Ausland entsprechende Angebote vorhält, kann auch eine Sicherstellungsanordnung gegenüber dem inländischen Provider erfolgen, wenn dieser mit einem deutschen Web-Angebot auftritt und so den Bezug zum Inland herstellt, auch soweit die relevanten Daten nur aus technischen

---

[337] ABl. L 196, S. 45 vom 2.8.2003.
[338] BGBl. 2008, Teil 1, S. 995.
[339] Vgl. näher: *KMR-Bär*, § 100b Rn. 17; *Beck'scher TKG-Kommentar-Bock*, 3. Aufl. 2006, § 110 TKG Rn. 89; *Reinel* wistra 2006, 205.
[340] Vgl. *BeckOK-StPO-Graf*, § 100a Rn. 129.
[341] ABl. EG C 197 vom 12.7.2000, S. 1 ff.
[342] Vgl. dazu näher: *Schuster* NStZ 2006, 657; *Brodowski* JR 2009, 402/410.

Gründen ins Ausland ausgelagert werden. Daneben kommt im EU-Bereich auch eine Sicherstellunganordnung auf der Grundlage des EU-Rahmenbeschlusses über die Sicherstellung von Vermögensgegenständen und Beweismitteln vom 22.7.2003[343] in Betracht, dessen Umsetzung in nationales Recht in § 94 und § 97 IRG erfolgt ist.

143 Für den transnationalen Zugriff auf **Verkehrsdaten** sieht Art. 25 Abs. 3 i. V. m. Art. 29 Cyber-Crime-Konvention ein vorläufiges Sicherungsverfahren vor. Dieses ist kombiniert mit einer Verpflichtung zur umgehenden Weitergabe gespeicherter Verkehrsdaten in Art. 30 Cyber-Crime-Konvention. Ausdrücklich vorgesehen ist in Art. 33 Cyber-Crime-Konvention auch eine Erhebung von Verkehrsdaten in Echtzeit. Da in fast allen EU-Staaten die Regelungen zur Vorratsdatenspeicherung entsprechend der Richtlinie 2006/24/EG[344] bereits in nationales Recht umgesetzt wurden und teilweise sogar Speicherfristen für Verkehrsdaten bis zur dort in Art. 6 vorgesehenen Höchstdauer von zwei Jahren vorsehen, besteht auch die Aussicht, entsprechende Verkehrsdaten – je nach dem ersuchten EU-Mitgliedsstaat – von den jeweiligen Providern tatsächlich noch zu erhalten. Da viele der Internet-Provider oder Anbieter sozialer Netzwerke ihren Sitz in den USA haben, ist vor allem ein Auskunft über Verkehrs- und Bestandsdaten in diesem Bereich von besonderer praktischer Bedeutung. Hier ist im Einverständnis mit dem amerikanischen Justizministerium ein unmittelbares Herantreten an amerikanische Provider (z. B. Google, Facebook, Microsoft, Ebay) mit dem Ziel der freiwilligen Herausgabe von Verkehrs- und Bestandsdaten möglich.

II. Verwertung von Beweismitteln

144 Ob eine Verletzung des Souveränitätsrechts fremder Staaten bei transnationalen Ermittlungen zu einem **Beweisverwertungsverbot** erlangter Erkenntnisse führt, ist bisher nur wenig geklärt.[345] Ebenso wie bei einer Verletzung anderer Eingriffsnormen ist dem Strafverfahrensrecht aber ein allgemein geltender Grundsatz fremd, dass jeder Verstoß gegen Beweiserhebungsvorschriften ein strafprozessuales Verwertungsverbot nach sich zieht. Die Verwertbarkeit rechtswidrig erlangter Erkenntnisse ist vielmehr nach inzwischen gefestigter Rechtsprechung jeweils nach den **Umständen des Einzelfalls** zu beurteilen, insbesondere nach der Art des Verbots und dem Gewicht des Verfahrensverstoßes sowie der Bedeutung der im Einzelfall betroffenen Rechtsgüter.[346] Dabei muss beachtet werden, dass die Annahme eines Verwertungsverbotes, auch wenn die Strafprozessordnung nicht auf die Wahrheitserforschung „um jeden Preis" gerichtet ist, eines der wesentlichen Prinzipien des Strafrechts einschränkt, nämlich den Grundsatz, dass das Gericht die Wahrheit zu erforschen und dazu die Beweisaufnahme von Amts wegen auf alle Tatsachen und Beweismittel zu erstrecken hat, die von Bedeutung sind.[347] Die Bejahung eines Beweisverwertungsverbotes ist folglich die Ausnahme, die nur nach ausdrücklicher gesetzlicher Vorschrift oder aus übergeordneten wichtigen Gründen im Einzelfall anzuerkennen ist. Von einem Beweisverwertungsverbot ist deshalb nur dann auszugehen, wenn einzelne Rechtsgüter durch Eingriffe fern jeder Rechtsgrundlage so massiv beeinträchtigt werden, dass dadurch das Ermittlungsverfahren als ein nach rechtsstaatlichen Grundsätzen geordnetes Verfahren nachhaltig geschädigt wird und folglich jede andere Lösung als die Annahme eines Verwertungsverbotes – jenseits des in § 136a Abs. 3 Satz 2 StPO normierten – unerträglich wäre.[348] Ein Verbot der Verwertung gewonnener Erkenntnisse ist deshalb nur dann anzunehmen, wenn die Voraussetzungen für einen solchen Eingriff willkürlich angenommen, die relevanten Normen also bewusst und gezielt umgangen bzw. ignoriert

---

[343] ABl. EU L 196 vom 2.8.2003, S. 45 ff.
[344] ABl. EU L 105 vom 15.3.2006, S. 54 ff.
[345] Vgl. dazu bereits oben Rn. 25 ff. bei der Durchsuchung.
[346] BVerfG NJW 2008, 3053/3054; 2006, 2684/2686; NStZ 2006, 46/47; BGHSt 51, 285/290; 44, 243/249; OLG Bamberg NJW 2009, 2146; OLG Hamburg NJW 2008, 2597/2598; OLG Thüringen, Beschluss vom 25.11.2008 – 1 Ss 230/08; OLG Stuttgart NStZ 2008, 238/239.
[347] Vgl. BGHSt 51, 285/290; 44, 243/249.
[348] Vgl. BGHSt 51, 285/290.

E. Zugriff auf verschlüsselte Daten

werden oder wenn die Rechtslage in gleichgewichtiger Weise gröblich verkannt bzw. fehlerhaft beurteilt wird.[349]

Von einem solchen **Beweisverwertungsverbot** in Bezug auf Online-Ermittlungen ist daher etwa dann auszugehen, wenn der betreffende Staat einer Durchsuchung bzw. Verwertung von erlangten Beweismitteln bereits im Vorfeld widersprochen hat.[350] Im Übrigen ist bei einer etwaigen Verletzung des Territorialitätsgrundsatzes bei Ermittlungen im Ausland ohnehin fraglich, ob der Rechtskreis des Betroffenen überhaupt tangiert ist, da mit dem völkerrechtlichen Souveränitätsrecht keine subjektiven Rechte des unmittelbar Betroffenen geschützt werden.[351] Vor diesem Hintergrund wird daher nur in den seltensten Fällen bei einem ausdrücklichen Widerspruch des fremden Staates gegen eine Verletzung von fremden Hoheitsrechten auch von einem Beweisverwertungsverbot auszugehen sein. Dies umso mehr als die Ermittlungsbehörden in den meisten Fällen bei der Sicherung von beweisrelevanten Daten vor Ort – etwa bei Cloud-Angeboten – meist gar nicht in der Lage sind, den konkreten physikalischen Speicherort der jeweiligen Dateien festzustellen, so dass eine **willkürliche Vorgehensweise** nicht angenommen werden kann.[352]

E. Zugriff auf verschlüsselte Daten

Selbst wenn aufgrund der dargestellten Rechtsgrundlagen der Durchsuchung, Beschlagnahme oder der Eingriffe in die Telekommunikation die Ermittlungsbehörden in den Besitz beweisrelevanter Daten gelangt sind, ist damit nicht notwendigerweise eine Verwertung im weiteren Verfahren verbunden. Die im Rahmen einer Zwangsmaßnahme gewonnenen Daten müssen vielmehr von den Ermittlungsbehörden auch auswertbar sein. Werden sowohl vom Nachrichtenabsender als auch -empfänger oder bei der Datenspeicherung spezielle **kryptologische Verfahren** – sei es bei VoIP mit Skype oder bei Datenübertragungen mit https-Protokoll[353] – eingesetzt, ist eine Entschlüsselung mit der heutigen technischen Ausstattung nahezu unmöglich, wenn es den Ermittlungsbehörden nicht gelingt, an den zur Sichtbarmachung der Daten erforderlichen Schlüssel zu gelangen. Insoweit ist davon auszugehen, dass der Anteil der Rechner, die standardmäßig mit Festplattenverschlüsselung ausgestattet sind, weiter zunehmen wird und auch Kommunikationsvorgänge im Internet in steigendem Umfang in verschlüsselter Form abgewickelt werden. Aufgrund des vermehrten Angebots entsprechender Software als auch aufgrund der datenschutzrechtlichen Forderungen nach einer unkontrollierten Kommunikation ist daher hier eine deutliche Steigerung bei der Anzahl der verschlüsselt übertragenen Daten zu erwarten. Die bestehenden technischen Verfahren zur Verschlüsselung sowie die rechtlichen Möglichkeiten, an den Schlüssel bzw. die Daten in unverschlüsselter Form zu gelangen, bedürfen daher einer gesonderten Untersuchung.

I. Methoden der Datenverschlüsselung

Die Kryptographie zählt bereits zu den Schlüsseltechnologien der Informationsgesellschaft. Der breite Einsatz entsprechender Verfahren ist heute aus Gründen der Sicherheit in der Informationstechnik äußerst wünschenswert. **Verschlüsselungstechniken** stehen für das Telefon, für Fax, E-Mail, die Internetkommunikation oder Datenträger aller Art zur Verfügung. Die hinter der Verschlüsselung stehenden Verfahren sind längst veröffentlicht. Eine Umsetzung dieser Vorgaben in entsprechende Computerprogramme bedarf deshalb – zumindest im Bereich der EDV-Technologie – keines besonderen Aufwands mehr. Waren noch vor wenigen Jahren die Verschlüsselungstechnologien weitgehend dem staatlichen Bereich vorbehal-

---

[349] Vgl. BVerfGE 113, 29/61; NJW 2008, 3053/3054; 2006, 2684/2686 sowie zusammenfassend BGHSt 51, 285/292 sowie OLG Bamberg NJW 2009, 2146.
[350] Vgl. BGHSt 34, 334; *BeckOK-StPO/Heghmann*, § 110 Rn. 15; *Gercke* StraFo 2009, 271.
[351] Vgl. *Gercke* StraFo 2009, 271.
[352] So im Ergebnis auch: *BeckOK-StPO/Graf*, § 100a Rn. 133.
[353] HTTPS = HyperText Transfer Protocol Secure (*sicheres Hypertext-Übertragungsprotokoll*) zur abhörsicheren Übertragung von Daten im WWW.

ten, stehen sie heute gut und preiswert für jedermann zur Verfügung. So werden Programme, wie etwa **Pretty Good Privacy (PGP)** oder **GNU Privacy Guard (GnuPG)**, kostenlos über das Internet verbreitet.[354] Richtig eingesetzte Chiffrierverfahren sind aus technischer Sicht meist unüberwindlich. Chancen für eine Entschlüsselung der Daten bestehen nur dann, wenn etwa schwache Verfahren eingesetzt werden. Dies gilt insbesondere, sofern der eingesetzte Schlüsselumfang begrenzt ist, weil hier mit ausreichender Rechnerleistung die Möglichkeit zur Entzifferung besteht. Dies gilt auch, wenn der Nutzer die eingesetzten Programme fehlerhaft angewendet hat.

148 An Verschlüsselungsverfahren stehen symmetrische und asymmetrische Verfahren zur Verfügung.[355] Bei den **symmetrischen Verfahren** werden zum Kodieren und Dekodieren die gleichen Codewörter verwendet, alle eingesetzten Schlüsselpaare sind vertraulich und müssen sowohl auf Seite des Absenders als auch beim Empfänger vorhanden sein. Das sicherste Verfahren hierbei ist One-Time-Pad. Hier wird jedes Zeichen der Nachricht mit dem Schlüssel verknüpft, der genauso lang ist wie der zu verschlüsselnde Text. Die Sicherheit dieses Verfahrens beruht auf der Zufälligkeit des Schlüssels, der nur ein einziges Mal verwendet werden darf. Das Verfahren ist aber ziemlich unhandlich, da die Kommunikationspartner zuvor über einen sicheren Kanal einen Schlüssel austauschen müssen. Deshalb werden heute zunehmend **asymmetrische Verfahren,** sog. Public-Key-Verfahren, eingesetzt. Jeder Anwender erhält ein Schlüsselpaar bestehend aus einem öffentlichen und einem geheimen Schlüssel. Der eine Schlüssel dient zum Codieren, der andere zum Decodieren. Den Codierschlüssel kann man deshalb gefahrlos austauschen und veröffentlichen. Zur Verschlüsselung benötigt der Absender den öffentlichen Schlüssel (Public Key) des Empfängers. Eine so übersandte Nachricht kann dann aber nur mit dem dazugehörigen geheimen Schlüssel (Private Key) wieder dechiffriert werden. Das bekannteste asymmetrische Verfahren ist RSA.[356] Auf diesem Verfahren beruht auch das mit dem IuKDG neu geschaffene Gesetz zur digitalen Signatur.[357] In der Praxis kommen meist sog. **Hybridverfahren** zum Einsatz. Hier wird zunächst ein symmetrischer Schlüssel für die Dauer der Sitzung generiert, der sog. Session-Key. Beide Kommunikationspartner besitzen außerdem je ein asymmetrisches Schlüsselpaar. Mit Hilfe des öffentlichen Teils eines solchen Schlüsselpaares wird nun der Session-Key codiert und zum anderen Rechner geschickt, der ihn mit seinem privaten Schlüssel dechiffrieren kann. Mit diesem Verfahren wird die zeitaufwändige asymmetrische Verschlüsselung nur einmalig zur Übertragung des symmetrischen Session-Keys genutzt.

149 Für den **sicheren Abruf von Internetseiten** wird das **SSL-Protokolls** (SSL = Secure Socket Layer) eingesetzt. Hierbei handelt es sich um eine Art Zwischenschritt als „Schicht" beim Surfen. In Normalfall wird vom eigenen PC eine Anforderung an den Server geschickt und von dort die Webseite geliefert. Soll jedoch eine SSL-Verbindung aufgebaut werden, wird vor Beginn der eigentlichen Kommunikation ein umfangreicher „Handshake" durchgeführt. Bei der Anforderung einer sicheren Verbindung sendet der Server zuerst sein Zertifikat an den Client. Dieses enthält neben einem Gültigkeitszeitraum und dem Namen des Servers auch dessen öffentlichen Schlüssel. Von zentraler Bedeutung ist hier allerdings, dass dieser Schlüssel und damit das Zertifikat von einer anerkannten Zertifizierungsstelle unterzeichnet ist, einer sogenannten CA (Certification Authority). Im Browser sind darum die öffentlichen Schlüssel aller wichtigen CAs gespeichert, mit denen die Signatur auf dem Serverzertifikat überprüft werden kann. Ist dies geschehen, einigen sich beide Rechner nach dem Austausch von ein paar Testnachrichten auf einen symmetrischen Session-Key. Dazu erzeugt der Client einen zufälligen Schlüssel, der dann mit dem öffentlichen Schlüssel des Servers chiffriert wird,

---

[354] Vgl. zu Pretty Good Privacy (PGP) http://de.wikipedia.org/wiki/Pretty_Good_Privacy. Vgl. weiter die Nachweise unter https://www.bsi.bund.de/ContentBSI/grundschutz/kataloge/m/m05/m05063.html.
[355] Vgl. dazu näher *Koch*, CR 1997, 106 f. und *Gerling*, DuD 1997, 197 ff.
[356] Benannt nach den Erfindern Rivest, Shamir und Adleman.
[357] Vgl. dazu *Geis*, NJW 1997, 3000 ff.; *Rott*, NJW-CoR 1998, 420 ff.; *Roßnagel*, NJW 1998, 3312 und MMR 1998, 75 ff.; *Hohenegg/Tauschek*, BB 1997, 1541 ff.

E. Zugriff auf verschlüsselte Daten

so dass nur dieser ihn lesen kann.[358] Möglich ist aber auch eine Mail-Verschlüsselung mit selbst signierten Zertifikaten.[359]

Eine weitere Möglichkeit zum sicheren Austausch von Informationen bietet die **Stegano-** 150 **graphie**. Hierbei handelt es sich im klassischen Sinn nicht um ein Verschlüsselungsverfahren, sondern um die Möglichkeit, Nachrichten in anderen Texten oder Bildern zu verstecken. Ziel dieses Verfahrens ist es, geheime Daten so zu speichern, dass niemand diese Informationen findet und auch deren Existenz nicht nachweisen kann. Dazu eignen sich besonders Bild- und Tondateien. So enthalten Bilddateien für jeden Bildpunkt (Pixel) die Farbwerte, Tondateien für jeden Abtastpunkt den digitalisierten Wert.[360] Die niederstwertigen Bits tragen kaum Informationen, so dass bei deren Ersetzung sich dies nur in einem leichten Rauschen oder einer geringen Farbverfälschung äußert. Anstelle der niederwertigen Bits können nun in das Bild oder die Tondatei andere Nachrichten eingefügt werden, ohne dass dies wahrgenommen wird.

II. Bekanntgabe von Verschlüsselungsmechanismen

Werden Verschlüsselungstechniken verwendet, stehen aus rechtlicher Sicht verschiedene 151 Regelungsmöglichkeiten zur Verfügung, die sich vor allem hinsichtlich der Intensität des Eingriffs in die Rechte der Betroffenen unterscheiden: Kommt es zu keinen gesetzlichen Beschränkungen oder Verboten in diesem Bereich, ist eine **Verschlüsselung ohne Einschränkungen zulässig**. Über Auflagen für die Anbieter von Verschlüsselungsdienstleistungen könnte erreicht werden, dass diese zur Aufbewahrung und Herausgabe der zur Entschlüsselung notwendigen Informationen verpflichtet werden. Denkbar wäre aber auch ein Genehmigungsvorbehalt für das In-Verkehr-Bringen von Verschlüsselungssystemen, ggf. verbunden mit dem Verbot einer Benutzung nicht genehmigter Verfahren. Da es aber in Deutschland keine solchen gesetzlichen Regelungen gibt, sind auch die Zugriffsmöglichkeiten für die Ermittlungsbehörden, um an den zur Sichtbarmachung der Daten erforderlichen Schlüssel zu gelangen, sehr gering.[361] So besteht nur über § 8 Abs. 3 TKÜV für die **Anbieter von Verschlüsselungstechniken** die Verpflichtung, den Ermittlungsbehörden die zur Entschlüsselung erforderlichen Informationen zeitgerecht zur Verfügung zu stellen. Sonstige Regelungen beim Einsatz kryptologischer Verfahren existieren – im Gegensatz zu anderen Staaten wie Frankreich – nicht. Die Ermittlungsbehörden können nur versuchen, mit einer Durchsuchung oder Beschlagnahme oder über strafprozessuale Mitwirkungspflichten wie Zeugenaussage oder Herausgabeverlangen (§ 95 StPO) gegenüber unbeteiligten Dritten an den entsprechenden Schlüssel zu gelangen. Der Einsatz einer speziellen polizeilichen Software, um – quasi vergleichbar einem Virenprogramm – bei der Datenübermittlung Schlüssel abzufangen, ist gesetzlich nicht zulässig. Allenfalls bleibt die Möglichkeit – wie bei der Quellen-TKÜ – auf beweisrelevante Daten vor der Verschlüsselung zuzugreifen. Bei Verwendung privater Verschlüsselungsprogramme bestünde daher trotz durchgeführter Überwachung ohne „Schlüssel" kaum eine Möglichkeit zur Auswertung der Daten.[362] Sollten daher aus Gründen der Datensicherheit in noch stärkerem Maß als bisher Verschlüsselungsverfahren eingesetzt werden, reduzieren sich auch die Möglichkeiten der Ermittlungsbehörden, sichergestellte Informationen auswerten zu können.

---

[358] Vgl. näher: https://www.datenschutzzentrum.de/selbstdatenschutz/internet/SSL/index.htm.
[359] Vgl. dazu *Zivadinovic*, c't 2012, Heft 22, 160 ff. mit dem Titel „Autonomes Verschlüsseln".
[360] Vgl. dazu http://de.wikipedia.org/wiki/Steganographie sowie *Rink*, c't Heft 6/1997, 330 ff.
[361] Vgl. zur entsprechenden französischen Regelung über die Verwendung von Verschlüsselungsverfahren *Baum/Trafkowski*, CR 2002, 69.
[362] Vgl. dazu nur *Kuner*, NJW-CoR 1995, 413 ff.; *Leiberich*, Kriminalistik 1995, 731; *Dix*, CR 1997, 38; *Koch*, CR 1997, 106; *Gerling*, DuD 1997, 197; *Bizer*, DuD 1997, 203 ff.; *Luckhardt*, c't 7/1997, 288.

F. Zusammenfassung und Ausblick

152 Die modernen Informations- und Kommunikationstechnologien gehören heute zu allen Lebensbereichen dazu und haben inzwischen dieselbe Bedeutung wie Auto, Telefon oder andere unverzichtbare Güter erlangt. Dadurch steigt aber in gleicher Weise auch die Abhängigkeit der Informationsgesellschaft von der Computertechnik. Dies bedeutet aber, dass es bei der Strafverfolgung im EDV-Bereich einerseits entscheidend auf die **Gewinnung unkörperlicher Informationen** statt bisher verkörperten Gegenstände ankommt. Andererseits haben sich die Ermittlungsmöglichkeiten vielfach von einer geographischen Verortung von beweisrelevanten Informationen gelöst, da Informationen – etwa beim Cloud-Computing – innerhalb kürzester Zeit von einem Ort zum anderen verlagert werden können. Eine effektive Strafverfolgung in diesem Bereich setzt daher voraus, dass die Strafverfolgungsbehörden über entsprechende Eingriffsermächtigungen verfügen, die dem heutigen Stand der Technik entsprechen. Gerade hier bedarf es aber in den kommenden Jahren noch erheblicher Veränderungen im Bereich der Eingriffsermächtigungen. Dies umso mehr, als bei fast allen gesetzlichen Veränderungen der letzten Jahre zwar immer wieder die Erfassung neuer Erscheinungsformen der Kriminalität durch das materielle Recht verbessert wurde, ohne aber an die dabei auftretenden Aufklärungs- und Nachweisschwierigkeiten zu denken. Das zum 1.11.2000 in Kraft getretene Strafverfahrensänderungsgesetz (StVÄG) 1999[363] war ein erster Schritt auf diesem Weg. Ein weiterer wichtiger Schritt erfolgte durch das zum 1.1.2008 in Kraft getretene Gesetz zur Neuregelung der TK-Überwachung und anderer verdeckter Ermittlungsmaßnahmen sowie zur Umsetzung der EU-Richtlinie zur Vorratsdatenspeicherung. Vor dem Hintergrund der Entscheidung des BVerfG ist aber hier ein wesentlicher Teil dieser Neuregelung wieder weggefallen, ohne dass es bisher zu einer Nachfolgeregelung gekommen ist. Dem hohen Gefahrenpotential der Internetkriminalität kann aber dann nicht angemessen Rechnung getragen werden, wenn den Strafverfolgungsbehörden die für eine effektive Strafverfolgung notwendigen Ermittlungsmaßnahmen in technischer und rechtlicher Hinsicht nicht zur Verfügung stehen. Insoweit besteht daher im Bereich der Eingriffsermächtigungen – wie dies auch durch das Gutachten und die Beschlüsse des 69. DJT deutlich geworden ist[364] – weiterhin in wesentlichen Bereichen ein **legislatorischer Handlungsbedarf.**

153 Das Internet kennt keine Grenzen. Die Notwendigkeit für weitere gesetzliche Regelungen oder völkerrechtliche Vereinbarungen ergibt sich im Strafverfahrensrecht daneben vor allem im Blick auf die Internationalisierung der strafprozessualen Ermittlungen. Wenn hier in Sekundenbruchteilen beweisrelevante Datenbestände den Ermittlungsbehörden durch Speicherungen im Ausland vorenthalten werden können, werden sehr schnell Grenzen für die nationalen Rechtsordnungen deutlich. Hier ergeben sich durch die vom Europarat bereits verabschiedete Cyber-Crime-Konvention zur **grenzüberschreitenden Zusammenarbeit** auf internationaler Ebene aus dem Jahr 2001 zwar erste entsprechende Ansätze für transnationale Ermittlungen, doch ist der Geltungsbereich dieses Übereinkommens noch beschränkt[365] und bedarf im Hinblick auf die neuen technischen Entwicklungen der letzten Jahr einer inhaltlichen Anpassung. In Nr. 293 des erläuternden Berichts zur Cyber-Crime-Konvention[366] findet sich zu Art. 32 bereits ausdrücklich der Hinweis der Verfasser der Konvention, dass dort nur solche Situationen aufgeführt wurden, bezüglich derer alle der Auffassung waren, dass eine einseitige Vorgehensweise akzeptierbar sei. Im Übrigen sei es nicht möglich gewesen, eine umfassende, rechtsverbindliche Regelung für den grenzüberschreitenden Zugriff auf gespeicherte Computerdaten zu schaffen. Es wurde aber vereinbart, andere Fälle dann zu regeln, wenn weitergehende Erfahrungen gesammelt worden seien, in Anbetracht derer man

---

[363] StVÄG 1999 vom 2. 8.2000, BGBl. 2000, 1253. Vgl. zu den Inhalten auch BR-Drucksache 65/99.

[364] Vgl. *Sieber*, Gutachten C zum 69. DJT, S. 103 ff. und http://www.djt-net.de/beschluesse/beschluesse.pdf.

[365] Vgl. *Kugelmann*, TMR 2002, 14 sowie *Gercke*, MMR 2004, 801.

[366] Vgl. BT-Drs. 16/7218, S. 95.

F. Zusammenfassung und Ausblick

erneut diskutieren könnte. Dies erscheint vor dem Hintergrund der neuen technischen Entwicklungen – etwa beim Cloud Computing – dringend geboten. Andererseits bedarf es vor allem im Zusammenhang mit grenzüberschreitenden Bekämpfung von Cybercrime einer noch viel stärkeren Zusammenarbeit der jeweiligen nationalen Strafverfolgungsbehörden, um hier die Möglichkeiten zum Zugriff auf exterritorial gespeicherte Informationen sowie auf TK-Daten und die Zurückverfolgung von Kriminalitätsformen im Internet zu verbessern. Entsprechende Vorschläge sind hier auf Seiten der Europäischen Union – etwa durch ein neues Cybercrime-Kompetenzzentrum – bereits verabschiedet bzw. liegen als Entwürfe vor. Damit hier nicht innerhalb kürzester Zeit vorhandene Ermittlungsansätze durch die Löschung vorhandener Daten zunichte gemacht werden, muss hier ein computerspezifisches Kooperationsrecht geschaffen werden und durch völkerrechtliche Verträge die Möglichkeiten zu transnationalen Eigenermittlungen verbessert werden. Es bleibt daher abzuwarten, inwieweit es hier noch zu Verbesserungen bei Ermittlungen im EDV-Bereich kommen wird.

28. Kapitel. Finanzermittlungen, Vermögenssicherung, Rückgewinnungshilfe

Literatur: *Eser*, Neue Wege der Gewinnabschöpfung im Kampf gegen die organisierte Kriminalität?, in: Festschrift für Stree/Wessels, 1993, 833 ff.; *Gebert*, Gewinnabschöpfung im Strafverfahren, insbesondere im Betäubungsmittelverfahren, 1996; *Gradowski/Ziegler*, Geldwäsche, Gewinnabschöpfung – Erste Erfahrungen mit den neuen gesetzlichen Regelungen, BKA, 1997; *Hees/Albeck*, Der Zulassungsbeschluss nach § 111g Abs. 2 StPO, ZIP 2000, 871; *Hetzer*, Gewinnabschöpfung durch Beweislastumkehr?, in: wistra 2000, 368 ff.; *Hetzer*, Magna Charta der Mafia? Unschuldsvermutung, Gewinnabschöpfung und Geldwäschebekämpfung, ZRP 1999, 471; *Huber*, Die Vermögensabschöpfung – Beschlagnahme, dinglicher Arrest und vorrangiges Befriedigungsrecht nach §§ 111g, 111h StPO, Rpfleger 2002, 285; *Janovsky*, Einziehung und Verfall oder: Verbrechen darf sich nicht lohnen, Kriminalistik 2000, 483; *Jekewitz*, Verfassungsrechtliche Aspekte des strafgerichtlichen Zugriffs auf Geldvermögen und seine Rückgängigmachung auf dem Gnadenweg, in: GA 1998, 276; *Julius*, Einziehung, Verfall und Art. 14 GG, in: ZStW 1997, 58 ff.; *Kaiser*, Möglichkeiten zur Verbesserung des Instrumentariums zur Bekämpfung von Geldwäsche und zur Gewinnabschöpfung, in: wistra 2000, 121 ff.; *Löffler*, Die Herausgabe von beschlagnahmten oder sichergestellten Sachen im Strafverfahren, NJW 1991, 1705; *Möhrenschlager*, Das OrgKG – eine Übersicht nach amtlichen Materialien, in: wistra 1992, 281 ff.; *Müller*, Welche Rechte des Verletzten hindern den Verfall?, MschrKrim 2001, 244; *Podolsky*, Verfahrensintegrierte Finanzermittlungen zur Vermögensabschöpfung, DPOlDI 2000, 2; *Podolsky/Brenner*, Vermögensabschöpfung im Straf- und Ordnungswidrigkeitenverfahren. Verfall, Einziehung und vorläufige Vermögenssicherung. Ein Leitfaden für die Praxis, 2. Auflage 2004; *Schmid/Winter*, Vermögensabschöpfung im Wirtschaftsverfahren – Rechtsfragen und praktische Erfahrungen, NStZ 2002, 8; *Weßlau*, Verfassungsrechtliche Probleme der Vorschrift über den Erweiterten Verfall (§ 73d StGB), in: Strafverteidigervereinigungen (Hrsg.), 20. Strafverteidigertag, Aktuelles Verfassungsrecht und Strafverteidigung, 1996, 141 ff.

Inhaltsübersicht

	Rn.
I. Einleitung	1, 2
II. Konzeption zur Vermögensabschöpfung	3–8
1. Erste Säule: Aus- und Fortbildung	4, 5
2. Zweite Säule: Projektgruppe Vermögensabschöpfung (PGV)	6
3. Dritte Säule: Finanzermittlungen als polizeilicher Standard	7
4. Zusammenarbeit Justiz/Polizei im Bereich der Finanzermittlungen	8
III. Materielle Rechtsgrundlagen der Vermögensabschöpfung	9–70
1. Die Verfallsvorschriften	10–28
a) Rechtsnatur und Zweck	10, 11
b) Der Verfall nach § 73 Abs. 1 Satz 1 StGB	12–17
c) Rückgewinnungshilfe nach § 73 Abs. 1 Satz 2 StGB	18–28
2. Nutzungen gem. § 73 Abs. 2 Satz 1 StGB	29
3. Surrogate gem. § 73 Abs. 2 Satz 2 StGB	30
4. Handeln für einen anderen nach § 73 Abs. 3 StGB	31–38
5. Dritteigentümerbezogener Verfall nach § 73 Abs. 4 StGB	39
6. Der Verfall von Wertersatz nach § 73a StGB	40–46

	Rn.
a) Der Verfall ist wegen der Beschaffenheit des Erlangten nicht möglich	42, 43
b) Der Verfall ist aus anderem Grund nicht möglich	44
c) Vom Verfall eines Ersatzgegenstandes wird Abstand genommen	45
d) Das Gericht ordnet neben dem Verfall Wertersatzverfall an	46
7. Schätzung nach § 73b StGB	47, 48
8. Unbillige Härte nach § 73c StGB	49–54
9. Die Haftung von Mittätern und Bandenmitgliedern	55–57
10. Erweiterter Verfall nach § 73d Abs. 1 StGB	58–65
11. § 73d Abs. 2 StGB	66–68
12. § 73d Abs. 3 StGB	69
13. § 73d Abs. 4 StGB	70
IV. Verfahrensvorschriften zur vorläufigen Vermögenssicherung	71–83
1. Vorbemerkung	71, 72
2. Die Sicherstellung durch Beschlagnahme und dinglichen Arrest	73
3. Abgrenzung Beschlagnahme/dinglicher Arrest	74
4. Sicherstellung der materiellen Ansprüche durch Beschlagnahme	75, 76

	Rn.			Rn.
5. Sicherstellung der materiellen Ansprüche durch dinglichen Arrest	77		4. Zulassung der Zwangsvollstreckung der Geschädigten nach § 111g Abs. 2 StPO	103–107
6. Die Sicherstellung durch Beschlagnahme nach § 111b Abs. 1 StPO	78–81		5. Das weitere Vorgehen nach Stellung des Zulassungsantrages	108
7. Anordnung der Beschlagnahme nach § 111e Abs. 1 StPO	82, 83		6. Verfahren nach § 111i Abs. 1 bis 8 StPO zu Gunsten Verletzter und staatlicher Auffangrechtserwerb	109
V. **Kompetenz zur Einleitung und Durchführung der Vollstreckungsmaßnahmen im Falle der Beschlagnahme nach § 111f. StPO**	84–88		7. Unbekannte Geschädigte und das Verfahren nach §§ 979ff. BGB	110–117
1. Bei beweglichen Gegenständen	85	VIII.	**Die Sicherstellung von Gegenständen durch dinglichen Arrest nach § 111b Abs. 2 StPO**	118–123
2. Bei Grundstücken und grundstücksgleichen Rechten	86		1. Anordnung des dinglichen Arrestes nach § 111e Abs. 1 StPO	119
3. Bei Forderungen und anderen Vermögensrechten	87		2. Notwendiger Inhalt eines dinglichen Arrestes nach § 111d Abs. 2 StPO	120–123
4. Bei eingetragenen Schiffen, Schiffsbauwerken und Luftfahrzeugen	88	IX.	**Kompetenz zur Einleitung und Durchführung der Vollstreckungsmaßnahmen im Falle des dinglichen Arrestes nach § 111f. StPO**	124–128
VI. **Die Vollziehung/Vollstreckung der Beschlagnahme nach § 111c StPO**	89–96		1. Bei beweglichen Gegenständen	125
1. Bei beweglichen Gegenständen	90		2. Bei Grundstücken und grundstücksgleichen Rechten	126
2. Bei Grundstücken und grundstücksgleichen Rechten	91		3. Bei Forderungen, Schiffen und Schiffsbauwerken	127, 128
3. Bei Forderungen und anderen Vermögensrechten	92, 93	X.	**Die Vollstreckung des dinglichen Arrestes gem. § 111d StPO**	129–135
4. Bei eingetragenen Schiffen und Luftfahrzeugen	94		1. Bei beweglichen Gegenständen	130–132
5. Die Wirkung der vollzogenen Beschlagnahme nach § 111c Abs. 5 StPO	95		2. Bei Grundstücken	133
6. Absehen vom Verfall im Strafurteil	96		3. Bei Forderungen und anderen Vermögensrechten	134
VII. **Folgen der gerichtlichen Verfallsanordnung**	97–117		4. Bei eingetragenen Schiffen, Schiffsbauwerken und Luftfahrzeugen	135
1. Die Rückgewinnungshilfe nach § 111b Abs. 5 und Abs. 1 StPO	98–100	XI.	**Absehen vom Wertersatzverfall im Strafverfahren**	136–145
2. Die Geschädigtenbenachrichtigung nach § 111e Abs. 3 und 4 StPO	101		1. Folgen des gerichtlichen Wertersatzverfalls	137
3. Die einzuleitenden Maßnahmen der Geschädigten	102		2. Die Rückgewinnungshilfe im Falle des Wertersatzes	138–145

I. Einleitung

1 Ausgehend von einer ernüchternden Untersuchung über Gewinnabschöpfungen im Bereich der Organisierten Kriminalität Mitte der 90er Jahre wurde das bereits seit drei Jahrzehnten im materiellen Strafrecht verankerte rechtliche Instrumentarium der Vermögensabschöpfung auf Initiative und unter Federführung des Landeskriminalamtes Baden-Württemberg verstärkt einer praktischen Rechtsanwendung zugeführt.

Wesentliches Ziel war die Neuausrichtung polizeilicher Ermittlungen auf die gesetzlich vorgesehenen Nebenfolgen der §§ 73ff. StGB, die mit Ausnahme der Eigentums- und Vermögensdelikte zwingend den Verfall von inkriminiertem Vermögen bzw. einen Wertersatzverfall vorsehen.

2 Zu diesem Zweck sollten Finanzermittlungen zur Vermögensabschöpfung langfristig als obligatorische zweite Ermittlungsdimension in allen Ermittlungsverfahren mit Vermögensrelevanz und somit als Standard professioneller polizeilicher Ermittlungsarbeit eingeführt werden.

II. Konzeption zur Vermögensabschöpfung

Neben der klassischen Dimension polizeilicher Ermittlungen zum objektiven und subjektiven Tatbestand werden im Rahmen von sog. verfahrensintegrierten Finanzermittlungen zusätzlich die tatbestandlichen Voraussetzungen des Verfalls, des Wertersatzverfalls, der Einziehung, der Einziehung von Wertersatz etc. geprüft und die entsprechende Vermögenslage von Tätern, Teilnehmern und ggf. auch Dritten recherchiert, um entsprechende Sicherungsmaßnahmen nach §§ 111b ff. StPO durchführen zu können.

Neben der Zielsetzung, den rechtlichen Vorschriften des Strafgesetzbuches Geltung zu verschaffen, d. h. ermittelte Täter nicht nur einer Strafe zuzuführen, sondern sie vermögensrechtlich so zu stellen wie vor Begehung der Tat, wird insbesondere in Kriminalitätsbereichen mit hoher Profitorientierung wie der Organisierten Kriminalität, der Wirtschafts- und Umweltkriminalität oder der Korruption durch konsequente Vermögensabschöpfung das kriminalpolitisch bedeutsame Ziel verfolgt, gerade jene finanziellen Ressourcen zu entziehen, die die besondere Stärke und Flexibilität dieser Kriminalitätsphänomene ausmachen.

II. Konzeption zur Vermögensabschöpfung

Eine erfolgreiche Vermögensabschöpfung basiert auf einer abgestimmten Konzeption von Ablauf- und Aufbauorganisation, Personaleinsatz und Fortbildung. In Baden-Württemberg ruht diese Konzeption bei der Polizei auf drei Säulen, die mittlerweile mit kleineren Abweichungen vom Bund und den Ländern übernommen wurden. 3

1. Erste Säule: Aus- und Fortbildung

Seit 1996 wurden in Baden-Württemberg nahezu 200 Polizeibeamte zu Finanzermittlern (Sachbearbeiter Vermögensabschöpfung) aus- bzw. fortgebildet. Weitere Beamtinnen und Beamte anderer Landesbehörden, z. B. des Arbeitsamtes oder des Finanzamtes, nahmen im Rahmen behördenübergreifender Kooperation ebenfalls an den angebotenen Fortbildungsveranstaltungen teil. 4

In achtwöchigen Lehrgängen wurden hierzu fundierte Kenntnisse in allen einschlägigen Rechtsbereichen (einschließlich des Wissens über Aufgaben, Organisation und Befugnisse zuständiger Zwangsvollstreckungsorgane) vermittelt sowie die zielgerichtete Umsetzung dieser Kenntnisse unter Berücksichtigung taktischer Gesichtspunkte geschult.

Die Fortbildung zum Sachbearbeiter Vermögensabschöpfung stellt aufgrund der komplexen Rechtskenntnisse im Zivil-, Handels-, Gesellschafts- und Zwangsvollstreckungsrecht eine Art eigene Ausbildung dar. Da diese Rechtsbereiche in der polizeilichen Ausbildung bislang keine Rolle spielten, sind entsprechende Grundkenntnisse in aller Regel nicht vorhanden. 5

Da alle Basisdienststellen so schnell wie möglich mit mindestens einem Finanzermittler versorgt werden sollten, um flächendeckend die Voraussetzungen für die Einführung von Finanzermittlungen als zweite Ermittlungsdimension zu schaffen, wurden in den Anfangsjahren jährlich zwei Lehrgänge durchgeführt.

Zwischenzeitlich verfügen alle Polizeidirektionen und Polizeipräsidien sowie alle Landespolizeidirektionen in Baden-Württemberg über mindestens einen ausgebildeten Finanzermittler.

2. Zweite Säule: Einrichtung einer Zentralstelle „Vermögensabschöpfung" beim Landeskriminalamt

Im Januar 1997 wurde beim Landeskriminalamt Baden-Württemberg eine landesweit zuständige zentrale Projektgruppe Vermögensabschöpfung (PGV) eingerichtet, die nach überaus erfolgreicher Pionierarbeit am 1.4.2002 in Form eines Dezernates und seit 1.1.2007 als Inspektion verfestigt wurde. 6

Von dort aus wurden und werden insbesondere die gesamte Aus- und Fortbildung (Lehrgänge, Vorträge, Hospitationen, Arbeitstagungen, Seminare), die fachbezogene Auswertung,

28. Kapitel. Finanzermittlungen, Vermögenssicherung, Rückgewinnungshilfe

die Analyse und Informationssteuerung ebenso wie die Weiterentwicklung praktikabler Konzepte geplant, geleitet und umgesetzt.

Derzeit gewährleisten zehn ausgebildete Finanzermittler und ein Jurist die landesweite Unterstützung aller Dienststellen in schwierigen und komplexen Abschöpfungsverfahren.

3. Dritte Säule: Finanzermittlungen als polizeilicher Standard

7   Vermögensabschöpfung ist nur durch eine geeignete aufbau- und ablauforganisatorische Einbindung der ausgebildeten Finanzermittler unter gleichzeitiger Freistellung von anderen polizeilichen Tätigkeiten zur eigenständigen Durchführung verfahrensintegrierter Finanzermittlungen sinnvoll.

Die in der Ausbildung vermittelten anspruchsvollen und komplexen Rechtskenntnisse bedürfen ebenso wie das erworbene taktische Wissen eines kontinuierlichen Trainings, wenn die notwendigen Fertigkeiten und Fähigkeiten nicht wieder versanden sollen.

Hinzu kommt, dass auf dem in der Praxis noch immer recht jungen Anwendungsgebiet der Vermögensabschöpfung eine ständige Weiterentwicklung durch aktuelle Rechtsprechung beachtet werden muss.

Die polizeilichen Vermögensabschöpfer, die von sonstiger Sachbearbeitertätigkeit befreit sind, prüfen in Absprache mit der Justiz in allen gewinnträchtigen Strafverfahren bereits bei einem bestehenden Anfangsverdacht, ob Abschöpfungsmaßnahmen einzuleiten sind. Sie organisieren und bereiten die entsprechenden Sicherungsmaßnahmen vor, spüren zu sicherndes Vermögen auf, führen entsprechende Abklärungen und Vermögenszuordnungen durch.

4. Zusammenarbeit Justiz/Polizei im Bereich der Finanzermittlungen

8   Die Justiz hat sich in den letzten Jahren vermehrt dem Thema der Vermögensabschöpfung angenommen. So wurden zahlreiche Fortbildungsmaßnahmen durchgeführt und teilweise auch organisatorische Änderungen bei den Staatsanwaltschaften getroffen. In den Ländern Mecklenburg-Vorpommern, Niedersachsen und Hamburg wurden Staatsanwälte für die Durchführung von Vermögensabschöpfungsmaßnahmen freigestellt, in Sachsen wurde bei der Generalstaatsanwaltschaft Dresden hierfür eine Stelle geschaffen. In Baden-Württemberg, Bayern, Nordrhein-Westfalen, Saarland, Bremen, Thüringen, Sachsen-Anhalt und Hessen stehen bei den Staatsanwaltschaften für den Bereich der Vermögensabschöpfungsmaßnahmen Ansprechpartner zur Verfügung, wobei diese teilweise ausschließlich mit der Sachbearbeitung von Verfahren betraut werden, in denen von vornherein Vermögensabschöpfungsmaßnahmen in Betracht gezogen werden.

Nicht von ungefähr weisen durch das planmäßige und systematische Vorgehen von Fachkräften seit einigen Jahren Statistiken in allen Bundesländern ständig höchste Sicherstellungsbeträge aus. Polizei und Justiz haben bundesweit mittlerweile eine effektive Handhabung der nicht gerade anwenderfreundlichen Normen entwickelt. Auf allen Ebenen und ressortübergreifend finden Fortbildungen statt. So wurden in einem polizeilichen elektronischen Abschöpferarchiv Formularsätze entworfen, die juristisch einwandfrei die schnelle Abfassung von Anträgen und Anordnungen erlauben. Das Abschöpferarchiv ist bei allen Justizbehörden in Deutschland installiert.

III. Materielle Rechtsgrundlagen der Vermögensabschöpfung

9   Die Einziehung von Tatwerkzeugen, Tatmitteln, Tatprodukten und Beziehungsgegenständen gem. §§ 74 ff. StGB soll hier nicht erörtert werden. Dieses Instrumentarium ist bekannt und bereitet der Strafverfolgungspraxis deutlich weniger Anwendungsprobleme.

III. Materielle Rechtsgrundlagen der Vermögensabschöpfung

1. Die Verfallsvorschriften

a) Rechtsnatur und Zweck

Die Verfallsvorschriften der §§ 73, 73a und 73d StGB dienen der Gewinnabschöpfung und damit dem Ausgleich unrechtmäßiger Vermögensverschiebungen. Dieser Zweck bestimmt auch ihre Rechtsnatur.[1] Der Verfall wies zwar nach der Konzeption des Entwurfs (E) 1962 Züge einer strafähnlichen Maßnahme auf, da er, eine schuldhaft-rechtswidrige Tat voraussetzend, die Strafe „ergänzen" sollte.[2] Ihn zu einer Nebenstrafe auszugestalten, hatte aber schon der E 1962 abgelehnt, weil dies mit der Zulässigkeit der selbstständigen Anordnung (§ 76a StGB) unverträglich gewesen wäre.[3]

Nachdem § 73 Abs. 1 StGB den Verfall an die Begehung einer schuldlos-rechtswidrigen Tat anknüpft, ist einer Charakterisierung als strafähnliche Maßnahme vollends der Boden entzogen.

Es kommt bei den §§ 73 ff. StGB in erster Linie darauf an, dem durch den Rechtsbruch Bereicherten oder Begünstigten ohne Rücksicht auf etwaiges Verschulden seine Vorteile wieder zu entziehen. Deshalb besteht auch kein Anlass, seiner Anordnung Einfluss auf die Strafzumessung einzuräumen.[4] Das Institut des Verfalls hat spezial- und generalpräventive Wirkung, wie sie in einem gewissen Umfang auch den zivilrechtlichen Bereicherungs- und Restitutionsansprüchen nicht abzusprechen ist.[5] Nach der Rechtsprechung des BGH[6] verfolgt der Gesetzgeber mit der Abschöpfung nach dem Bruttoprinzip primär Präventionszwecke. Die angestrebte Folge soll zur Verhinderung gewinnorientierter Straftaten beitragen. Den Präventionszweck – der Verfallsbetroffene soll das Risiko strafbaren Handelns tragen – hat der Gesetzgeber im Auge gehabt, als er sich auf den Rechtsgedanken des § 817 Satz 2 BGB bezog und darauf abhob, dass das in ein verbotenes Geschäft Investierte unwiederbringlich verloren sein soll.[7]

b) Der Verfall nach § 73 Abs. 1 Satz 1 StGB

Die maßgebliche Grundnorm, die der Entziehung von Tatvorteilen dient, bildet § 73 StGB. Die Vorschrift findet bei allen rechtswidrigen Taten des Strafgesetzbuches und der strafrechtlichen Nebengesetze Anwendung. Nach der ausdrücklichen Regelung setzt der Verfall Schuld nicht voraus. Anders als bei der Einziehung (§ 74 Abs. 1 StGB) genügt für den Verfall eine rechtswidrige Tat (§ 73 Abs. 1 Satz 1 i. V. m. § 11 Abs. 1 Nr. 5 StGB). Nach § 76a StGB kann auf Verfall auch selbstständig im objektiven Verfahren nach § 442 i. V. m. § 440 StPO erkannt werden. Der Verfall findet sich im Strafgesetz auch nicht unter dem Titel „Strafen", sondern bildet zusammen mit der Einziehung einen eigenen Titel.

Nach § 73 Abs. 1 Satz 1 StGB unterliegt das, was ein Täter/Teilnehmer für die rechtswidrige Tat oder aus ihr erlangt hat, dem Verfall.

Es dürfen nur solche Vermögensvorteile für verfallen erklärt werden, die der Täter/Teilnehmer durch eine von der Anklage (§ 264 StPO) umfasste und vom Tatrichter festgestellte Tat erlangt hat.[8] Falls das Verfahren nach §§ 153 ff. StPO eingestellt worden ist, kommt eine Verfallsanordnung im objektiven Verfahren gem. § 76a StGB in Betracht.[9]

Die Anordnung des Verfalls hat das Gericht im Strafurteil auszusprechen, soweit nicht die gleichfalls zwingende Härtevorschrift des § 73c Abs. 1 Satz 1 StGB entgegensteht. Die An-

---

[1] Vgl. LK-*Schmidt*, § 73 Rn. 7.
[2] Vgl. LK-*Schmidt*, § 73 Rn. 1 ff.
[3] Begründung, S. 240.
[4] LK-*Schmidt*, § 73 Rn. 7.
[5] LK-*Schmidt*, § 73 Rn. 8, wie auch BGH NStZ 1994, 123 und BVerfG zur Verfassungsmäßigkeit des § 73d StGB in NJW 2004, 2073.
[6] Urteil vom 21.8.2002, 1 StR 115/02.
[7] So auch BVerfG NJW 2004, 2073.
[8] BGHSt 28, 369; BGH, Urteil vom 17.5.1999, 5 StR 155/99; BGH NStZ 2003, 422; BGH, Beschluss vom 31.3.2004, 1StR 482/03.
[9] BGH NStZ 2003, 422.

ordnung des Verfalls hat nach § 73e StGB die Wirkung, dass der verfallene Gegenstand mit Rechtskraft des Urteils kraft Gesetz in das Eigentum des Staates übergeht.

15   Der Täter/Teilnehmer hat für die Tat oder aus ihr etwas **erlangt**, sobald er mindestens die faktische Verfügungsgewalt über eine Sache oder ein Recht ausüben kann.[10] Das Erlangen kann auch dadurch erfolgen, dass sich der Täter/Teilnehmer das inkriminierte „Etwas" über einen Dritten zukommen lässt. Hat der Täter/Teilnehmer aus der Tat nichts Gegenständliches erlangt, weil er z. B. aus seinem Vermögen Aufwendungen erspart hat, kommt § 73 Abs. 1 Satz 1 StGB nicht zur Anwendung, sondern es erfolgt eine Abschöpfung über den Wertersatzverfall nach § 73a StGB.[11]

Aus der Tat hat der Täter/Teilnehmer etwa den Erlös aus Menschenhandel, Falschgeldverbreitung, Waffenhandel, illegalem Glücksspiel, Schleusung oder Rauschgifthandel erlangt.
Für die Tat z. B. das Entgelt für einen Auftragsmord oder den Bestechungslohn für eine vorzunehmende dienstliche Handlung.

16   Mit dem Wort **„etwas"** findet seit der Verabschiedung des Gesetzes zur Änderung des Außenwirtschaftsgesetzes, des StGB und anderer Gesetze am 7.3.1992 nunmehr das „Bruttoprinzip" Anwendung.[12] In § 73 StGB wurde das Wort „Vermögensvorteil" durch „etwas" ersetzt. D. h. dem Verfall unterliegt der gesamte Taterlös. Entscheidend ist, was dem Betroffenen gerade durch die Straftat zugeflossen ist oder was er durch diese erspart hat. Bei der Berechnung dürfen eigene Aufwendungen wie Einkaufspreis usw. nicht in Abzug gebracht werden.[13]

Durch diese Änderung hat der Gesetzgeber dem Richter die Beweisschwierigkeiten genommen, Feststellungen hinsichtlich der vom Täter erbrachten Aufwendungen zum Bestreiten der Tat, wenn auch auf Grundlage einer Schätzung nach § 73b StGB, treffen zu müssen. Nach dem Willen des Gesetzgebers soll auch der Rechtsgedanke des § 817 Satz 2 BGB beim Verfall Anwendung finden, wonach bei einem bestandskräftigen Anspruch das in ein verbotenes Geschäft investierte unwiederbringlich verloren ist.[14] Hat also z. B. ein Drogendealer für 30 000 Euro Rauschgift eingekauft und es an einen Abnehmer für 50 000 Euro weiterverkauft, so unterliegt letztgenannter Betrag in voller Höhe dem Verfall.

Hingegen sieht der BGH[15] bei der korruptiven Manipulation einer Auftragsvergabe im geschäftlichen Verkehr das durch Bestechung Erlangte im Sinne von § 73 Abs. 1 Satz 1 StGB ausschließlich in der Auftragserlangung, während die Auftragsdurchführung nicht gesetzlich verboten ist. Das Bruttoprinzip umfasst danach den gesamten wirtschaftlichen Wert des Auftrages im Zeitpunkt des Vertragsabschlusses, wobei geleistete Bestechungszahlungen nicht in Abzug gebracht werden dürfen. Den wirtschaftlichen Wert stellt der kalkulierte Gewinn und weitere, gegebenenfalls nach § 73b StGB zu schätzende wirtschaftliche Vorteile aus etwaigen Folgeaufträgen wie beispielsweise Wartungsverträgen dar.)

Ähnlich argumentiert derselbe Strafsenat (BGH 5 StR 224/09 B.v. 27.1.2010 und BGH 5 StR 254/09 B.v. 27.1.2010) bei verbotenen Insidergeschäften i. S. d. § 38 WHG (alte Fassung). Der Vorstand A einer Aktiengesellschaft erhielt als Sondervergütung eine Aktienoption von 200.000 Aktien, bei einer 2-jährigen Wartefrist, die im Juni 2004 ablief. Im Mai 2004 hatte jede Aktie einen Wert von 27.- Euro. Es war absehbar, dass die Umsatzzahlen stark zurückgingen. Im Juli 2004 veräußerte A 60.000 Aktien zum Preis von 20 Euro je Aktie. Anfang August machte er eine ad-hoc-Meldung über die Umsatzzahlen und die Aktie fiel anschließend auf ca. 10 Euro.

Nach dem BGH ist für die Bestimmung des wirtschaftlichen Wertes des Vorteils, der dem Täter aus der Tat zugeflossen ist, das Bruttoprinzip unerheblich. Erst wenn feststeht, worin der erlangte Vorteil des Täters besteht, besagt das Prinzip, dass bei der Bemessung der Höhe

---

[10] BGH NStZ-RR 1997, 262; BGH NStZ 1995, 495; BGH NStZ 2003, 198; BGH NStZ 2004, 440.
[11] Vgl. Kapitel IV.6, Rn. 46–52.
[12] BGH NStZ 1994, 123 f.; BGH NStZ 1995, 491; und jetzt Urteil vom 21.8.2002, 1 StR 115/02.
[13] BGH NStZ 1994, 123; BGH NStZ 2000, 480;BGH NStZ-RR 2000, 57; BGH, wistra 2001, 389; BGH, Beschluss vom 3.12.2000, 1 StR 547/00; BGH, Urteil vom 20.3.2001, 1 StR 12/01.
[14] Vgl. LK-*Schäfer*, § 73 Rn. 18.
[15] BGH, Urteil vom 2.12.2005, 5 StR 119/05; ähnlich auch BGH NStZ 2006, 334.

III. Materielle Rechtsgrundlagen der Vermögensabschöpfung

des Erlangten gewinnmindernde Abzüge unberücksichtigt bleiben müssen. Der dem Verfall unterliegende Vorteil ist danach zu bemessen, was letztlich strafbewehrt ist. Ist nur die Art und Weise strafrechtlich bemakelt, in der das Geschäft ausgeführt wird, ist nur der hierauf entfallende Sondervorteil erlangt. Vorliegend also der realisierte Sondervorteil. Dieser liegt hier in der Verschonung von dem Wertverlust, den uninformierte Marktteilnehmer infolge der verspäteten Veröffentlichung der aktenrelevanten Tatsachen erleiden. Das Taterlangte ist zu schätzen nach § 73b StGB.

Der 5. Strafsenat des Bundesgerichtshofs weicht mit seinen Entscheidungen das Bruttoprinzip auf und kommt mit seinen Begründungen insbesondere in Wirtschaftsverfahren wieder zur Abschöpfung des Vermögensvorteils und somit zum Nettoprinzip zurück.

Uneingeschränkt wendet hingegen der 1. Strafsenat des Bundesgerichtshofes das Bruttoprinzip an.

In einer neueren Entscheidung des Strafsenates (BGH Wistra 2010, 477) lag folgender Sachverhalt zugrunde:

Die Fa. D-AG schließt über ihren Vorstand R mit der FA. E-PLC einen Kaufvertrag (Tauschvertrag) über 772 Mio Euro ab.

Die DAG überträgt zur Vertragserfüllung der E-PLc Aktien der I-AG im Wert von ca. 772 Mio Euro.

Die E-Plc überträgt der D-AG 62 Mio neu herausgegebene Akten der E-Plc im Wert von 552 Mio Euro und zahlt als Barkomponente 210 Mio Euro.

Später stellt sich heraus, dass die Umsatzzahlen der I-AG unrichtig waren und eine Verstoß gegen § 400 Abs. 1 Aktiengesetz durch unrichtige Darstellung der Verhältnisse einer Kapitalgesellschaft im Jahresabschluss i. S. d. § 331 Nr. 1 HGB sowie versuchter Betrug nach § 263 StGB vorliegt. Der Schaden, der der E-Plc entstanden ist, beläuft sich geschätzt auf 20–30 Mio Euro.

Das Tatgericht ordnete keinen Verfall an, da aus der Tat nur der Abschluss des Vertrages stamme und hier nichts zu saldieren sei.

Der Bundesgerichtshof führt hierzu u. a. aus:

„Der Umfang des Erlangten beim Betrug – hier Versuch – ist zwingend nach dem Bruttoprinzip zu bemessen. Aus der Tat nach § 73 Abs. 1 Satz 2 StGB sind alle Vermögensvorteile die dem Begünstigten unmittelbar aus der Verwirklichung des Tatbestandes in irgendeiner Phase des Tatgeschehens zufließen. – Der Umfang ist zwingend nach dem Bruttoprinzip zu bemessen, Gegenleistungen und sonstige Aufwendungen werden nicht in Abzug gebracht. – Im vorliegenden Fall haben die D-AG aus der Tat – versuchter Betrug zum Nachteil der E-Plc – die Leistungen der E-Plc erlangt. – Eine Saldierung der getroffenen Vereinbarung ausgetauschter Leistungen war nicht vorzunehmen. – Soweit beim versuchten Betrug der/die Verletzte/n befriedigt sind, ist hinsichtlich des Restbetrages staatlicher Verfall/Wertersatz anzuordnen."

Die Entscheidung führt zu dem Ergebnis, dass sowohl die Barkomponente von 210 Mio Euro als auch die 62 Mio der neu herausgegebenen Aktien der E-Plc der Rückgewinnungshilfe bzw. dem staatlichen Verfall/Wertersatzverfall unterliegen soweit der/die Tatverletzten befriedigt sind.

Im vorliegenden Fall bestand im Vorverfahren ein dinglicher Arrest auf der Grundlage der StPO gegen die D-AG. Im Instanzenweg legte das Hanseatische OLG Hamburg beim Bundes-verfassungsgericht Verfassungsbeschwerde ein.

Das Bundesverfassungsgericht führte mit Beschluss der 3. Kammer des Zweiten Senats vom 11.12.2008 – 2 BvR 1871/08 hierzu folgendes aus:

„Nach dem sich aus §§ 73, 73a StGB ergebenden Bruttoprinzip unterliegt das Erlangte in seiner Gesamtheit dem Verfall. Ausreichend ist, dass die Vermögenswerte zu irgendeinem Zeitpunkt zugeflossen sind. Etwaige Aufwendungen oder Gegenleistungen sind ebenso wenig in Abzug zu bringen wie spätere Wertminderungen des Erlangten. Das Bundesverfassungsgericht hat in den Vorschriften über den Verfall (§§ 73 ff. StGB) auch soweit sie bei der Anwendung des Bruttoprinzips über die bloße Kondiktion hinaus dem Betroffenen eine wirtschaftliche Einbuße in die Vermögenssubstanz zumuten, eine verfassungsmäßige Inhalt-

und Schrankenbestimmung des Eigentums im Sinne von Art. 14 Abs. 1 Satz 2 GG gesehen". – „Die Annahme des OLG,s der Beschwerdeführer habe den Erlös aus den durch die D-AG E-Aktien ohne Berücksichtigung des vorherigen Wertes der I-Aktien erlangt, begegnet keinen verfassungsrechtlichen Bedenken. Im vorliegenden Fall sind die Vermögensbestandteile des Beschwerdeführers über dessen Wert getäuscht worden sein soll und die zum Erwerb der E-Aktien eingesetzt wurden, selbst Gegenstand der mutmaßlichen Tathandlung. Nach dem sich aus §§ 73, 73a StGB ergebenden Bruttoprinzip unterliegt das Erlangte in seiner Gesamtheit dem Verfall."

Das Bruttoprinzip findet aber nicht nur beim Täter oder Teilnehmer Anwendung, sondern auch beim Drittbegünstigten, der nach § 73 Abs. 3 StGB für oder aus der Tat „etwas" erlangt hat.[16]

17 Problematisiert wurde bisher in der Literatur, ob das „etwas" unmittelbar für die Tat oder aus der Tat erlangt worden sein muss. Der BGH[17] führt zum Unmittelbarkeitsprinzip aus, dass im Bereich der Wirtschaftsdelikte in aller Regel zwischen Tat und dem Erlangten mehrere Zwischenakte geschoben sein können, ohne dass damit das Unmittelbarkeitsprinzip verletzt ist. Der BGH nimmt hierbei Bezug auf die Gesetzesmaterialien zu § 73 Abs. 3 StGB. So sei das Unmittelbarkeitsprinzip auch dann gegeben, falls ein Angestellter einer Firma durch Fahrlässigkeit ein schädigendes Produkt herstellt, das die Firma nach Genehmigung durch die zuständige Behörde auf dem Markt vertreibt und hierbei erhebliche Einnahmen erzielt.

Vergleichbar urteilte der BGH[18] in einem Fall, in dem ein Angeklagter ein Ackergrundstück, das als Bauerwartungsland ausgewiesen war, käuflich erworben hatte. Durch Bestechung brachte er einen zuständigen Amtsträger dazu, dass dieser im Planungsverfahren maßgeblich auf die Ausweisung des Gebietes als allgemeines Wohngebiet hinwirkte. So konnte der Angeklagte aufgrund der stetigen Verfestigung der Planung und schließlich der Ausweisung des Gebiets im Bebauungsplan als allgemeines Wohngebiet erhebliche Wiederverkaufsgewinne realisieren.

c) Rückgewinnungshilfe nach § 73 Abs. 1 Satz 2 StGB

18 Nach § 73 Abs. 1 Satz 2 StGB ist der Verfall ausgeschlossen, soweit dem Verletzten aus der Tat ein Anspruch erwachsen ist, dessen Erfüllung dem Täter/Teilnehmer den Wert des aus der Tat Erlangten entziehen würde. Der Ausschluss des Verfalls durch Drittrechte folgt aus dem Wesen des Verfalls. Der aus der Tat erlangte Vermögensvorteil ist sozusagen belastet mit den aus der Tat dem Verletzten erwachsenen vermögensrechtlichen Ausgleichsansprüchen, die im Falle ihrer Realisierung den erlangten Vorteil mindern oder beseitigen.[19] Diese Individualansprüche haben Vorrang vor einer Abschöpfung zugunsten der Staatskasse.

Die Vorschrift soll demnach verhindern, dass dem Täter die Mittel entzogen werden, die er zur Befriedigung der Ansprüche des Verletzten benötigt. Der Täter soll nicht zweimal in Anspruch genommen werden.

19 Unanwendbar ist § 73 Abs. 1 Satz 2 StGB hingegen in den Fällen, in denen der Täter/Teilnehmer **für** die Tat etwas erlangt hat.[20] In einem Verfahren hatte ein Täter gegenüber anderen Mittätern sich bereit erklärt, künftig an Betrugstaten teilzunehmen, sofern er vorab eine finanzielle Absicherung in Millionenhöhe erhalte. Bei der von den Mittätern vorgenommenen Zahlung handelt es sich um Betrugsgelder aus anderen Taten. Der BGH[21] sah hier die aus der Beute erlangten Vermögenswerte als aus der Tat erlangt.

In einer erst jüngst ergangenen Entscheidung des BGH (wistra 2012, 69) hatte A für E, der in den USA ansässig ist, Finanzprodukte betrügerisch vertrieben. Ausschüttungen an die Anleger und auch den Vermittlern bediente E aus den betrügerisch erlangten Geldbeträgen. Der Bundesgerichtshof nimmt hier folgende Differenzierung vor:

---

[16] BGH, Urteil vom 21.8.2002, 1 StR 115/02.
[17] NJW 2000, 297 ff.
[18] Urteil vom 21.3.2002, 5 StR 138/01.
[19] LK-*Schmidt*, § 73 Rn. 73.
[20] Prot. V/995; so auch BGH, Urteil vom 21.8.2002, 1 StR 115/02.
[21] BGH, wistra 2003, 57.

III. Materielle Rechtsgrundlagen der Vermögensabschöpfung

- Vermögenswerte stammen **aus** der Tat, wenn sie dem Täter oder Opfer ohne weiteren Zwischenschritt zufließen.
- Der Senat neigt dazu, dass das Erlangte auch dann **aus** der Tat stammt, wenn die den einzelnen Tatbeteiligten zugeflossenen Vermögenswerte aus einer in sich zwar nicht mehr differenzierbaren, aber mit „Gruppenwillen" für alle „gesammelten" Gesamt-menge durch Betrug erlangter Vermögenswerde entnommen werden.
- Sollte der Initiator des Betrugssystems hingegen aus verschiedenartig erzielten Gesamteinnahmen (weil er beispielsweise nicht nur ein „Vermittlungssystem", dessen „Teil" der Angeklagte war für sein betrügerisches Schneeballsystem einsetzte) auskehren, erwiesen sich die Zahlungen von E an A als **für** die Tat und nicht aus der Tat.

Die Verfallsvorschrift findet andererseits bereits dann keine Anwendung, soweit das verletzte Strafgesetz die Eigentums- und Vermögensinteressen des Verletzten schützt,[22] wobei auch der Staat Verletzter sein kann, etwa bei der Steuerhinterziehung.[23] Nicht entscheidend ist, ob der Verletzte ermittelt werden kann oder dieser letztlich seinen Anspruch überhaupt geltend macht.[24]

Anders verhält es sich jedoch, falls der Verletzte auf die Geltendmachung seiner Ansprüche in der Hauptverhandlung verzichtet[25] oder zu erkennen gibt, dass er seine Ansprüche nicht geltend machen wird.[26] Dasselbe gilt, falls die zivilrechtlichen Ansprüche verjährt sind.[27] Da in diesen Fallkonstellationen eine doppelte Inanspruchnahme des Schuldners nicht zu besorgen ist, hindert dies insoweit nicht die Anordnung des Verfalls. Anders jedoch der BGH[28], der hierzu ausführt, dass es dem Verletzten unbenommen ist, ob er seine Ansprüche geltend macht. Es gebe gute Gründe dafür, die Ansprüche erst nach einem rechtskräftigen Urteil geltend zu machen.

Aus der Vorschrift des § 111b Abs. 5 StPO, der auf seinen Abs. 1 und Abs. 2 verweist, ist abzuleiten, dass zugunsten der Tatverletzten die Vorschriften der §§ 73 Abs. 1–4, 73a StGB Anwendung finden. Hieraus ergibt sich, dass schon im Ermittlungsverfahren die Strafverfolgungsbehörden dem Verletzten den Zugriff auf seine Ansprüche sichern können.[29]

In der Praxis hat dies zur Folge, dass § 73 Abs. 1 Satz 2 StGB so zu lesen ist, als würde es ihn nicht geben. Bei der Sicherung der Gegenstände für privatrechtliche Ansprüche finden dieselben Vorschriften Anwendung wie zur Sicherung für den staatlichen Verfall bzw. Wertersatzverfall.

In manchen Verfahren kann daher zunächst offenbleiben, ob die verletzte Norm Schutzwirkung für Verletzte besitzt. Dies ist z. T. strittig bei verbotenen Insidergeschäften oder beim Börsenbetrug.[30]

Allerdings können die Ansprüche Verletzter – wie beim Verfall und Wertersatzverfall – nur in dem Umfang gesichert werden, in dem der Täter/Teilnehmer aus der Tat etwas erlangt hat.

Eine Sicherung der Verletztenansprüche erfolgt in der Praxis üblicherweise in den Fällen, in denen Geschädigte selbst nicht rechtzeitig hinsichtlich ermittelten Vermögens Sicherungsmaßnahmen vornehmen können. § 111b Abs. 4 und 5 StPO ist zu entnehmen, dass die Vermögensaufspürungs- und Sicherungsmaßnahmen durch Staatsanwaltschaft und Strafgericht erheblich weitergehen als die Möglichkeiten des Geschädigten auf dem Zivilrechtsweg. Insbesondere im Wirtschaftsverfahren zeigt die Praxis, dass Verletzte weitgehend „leer" ausgehen, sollte im Strafverfahren die Staatsanwaltschaft von Sicherungsmaßnahmen Abstand nehmen, wozu sie nach den Vorschriften der §§ 442 und 430 StPO ermächtigt ist.

---

[22] BGH NStZ 1984, 409; LK-*Schmidt*, § 73 Rn. 37.
[23] BGH NStZ 2001, 155 ff.
[24] BGH NStZ 1984, 409; so auch BGH wistra 2006, 380.
[25] BGH, Beschluss vom 30.10.2003, 3 StR 276/03.
[26] BGH, Beschluss vom 31.3.2004, 1 StR 482/03.
[27] BGH Urteil vom 11.5.2006, 1 StR 23/06.
[28] BGH wistra 2006, 380 und BGH, Urteil vom 11.5.2006, 1 StR 23/06.
[29] Sog. Rückgewinnungshilfe, vgl. auch BGH JZ 1984, 683.
[30] OLG München, Beschluss vom 1.10.2002, 30 U 855/01.

23 Die Ansprüche des Verletzten haben indessen nur Vorrang, **soweit** ihm aus der Tat ein Anspruch erwachsen ist, dessen Erfüllung dem Täter/Teilnehmer den Wert des aus der Tat Erlangten entziehen würde. Darüber hinausgehend kommt Verfall in Betracht. So hatte ein Täter unter Verstoß gegen das Urhebergesetz unberechtigt von Popgrößen Live-Konzerte mitgeschnitten und hergestellte CDs und Videos verkauft. Im Tatzeitraum erlangte der Täter den Betrag von 700 000 Euro. Nach § 56 UrhG steht dem Geschädigten ein Anspruch auf den Gewinn zu. Der Gewinn betrug ca. 235 000 Euro, so dass der Restbetrag, bemessen nach dem Bruttoprinzip, dem staatlichen Verfall unterliegt.

24 Zivilrechtliche Ansprüche können auch im Einzelfall an der Vorschrift des **§ 817 Satz 2 BGB** scheitern. In einem Strafverfahren hatte ein Betrüger Geschäftsleute für angebliche Kapitalanlagen in Kolumbien zur Finanzierung des Drogenhandels mit einer 900 %igen Wertsteigerung in fünf Jahren bewogen. Zivilrechtliche Ansprüche bestehen nicht, so dass die Anlagesumme dem Verfall unterliegt.

25 Ein **Sonderproblem** behandelt eine Entscheidung des BGH[31], in der eine Tankstelle Heizöl über einen längeren Zeitraum als Dieselkraftstoff verkauft hatte. Der BGH deutete an, dass in Fällen, in denen von vornherein absehbar ist, dass Verletzte nicht ermittelt werden können und diese auch zivilrechtlich ihre Ansprüche – wegen ihrer Beweislast im Zivilprozess – nicht einklagen werden, der Anwendungsbereich des Verfalls in Betracht zu ziehen sei. Dem ist zuzustimmen, denn bei solch geringen Schadenssummen besteht insbesondere bei Verstößen gegen das Lebensmittel- und Bedarfsgegenständegesetz – so verkaufte ein Täter über Jahre hinweg künstliche Aromastoffe als 100% Apfelsaftkonzentrat – nicht die Gefahr, dass der Täter zweimal in Anspruch genommen wird. Hier war es zudem fraglich, ob das Lebensmittelbedarfsgegenständegesetz die Vermögensinteressen der Lebensmittelerwerber schützt.

Mit der Novellierung des §§ 111i StPO zum 1.1.2007 können diese Verfahren mit dem staatlichen Auffangrechtserwerb nach dessen Absatz 5 gelöst werden.

26–28 Einen weiteren Sonderfall stellen die unbekannten Verletzten dar, die Eigentumsansprüche auf gesichertes **bewegliches Vermögen** haben. Der BGH[32] weist darauf hin, dass beschlagnahmtes bewegliches Vermögen, das nach Überzeugung des Gerichts unbekannten Verletzten zusteht, nach den Fundvorschriften der §§ 983, 979, 981, 982 BGB behandelt werden kann.

Dieselbe Verfahrensweise nach den Fundregeln kann die Staatsanwaltschaft bei zweifelsfreier Überzeugung,[33] dass die Gegenstände unbekannten Verletzten zustehen, einleiten und durchführen. Das LG Bielefeld[34] wendet die Verfahrensweise bei Geldforderungen, die Verletzten zustehen, entsprechend an.

2. Nutzungen gem. § 73 Abs. 2 Satz 1 StGB

29 Nach § 73 Abs. 2 Satz 1 StGB unterliegen neben dem erlangten „Etwas" auch die gezogenen Nutzungen dem Verfall. Nutzungen sind nach § 100 BGB die Früchte einer Sache oder eines Rechts sowie die Vorteile, welche der Gebrauch der Sache oder eines Rechts gewährt. Im Wesentlichen handelt es sich um Zinsen, Dividenden, Miet- und Pachteinnahmen, die aus dem Erlangten resultieren. Aber auch hier ist der Nachweis zu führen, dass der Täter/Teilnehmer die Nutzungen aus dem Taterlangten gezogen hat. In der Praxis ist dieser Nachweis nur selten zu führen. Schützt die verletzte Rechtsnorm das Eigentum/Vermögen eines Verletzten, so stehen die Nutzungen diesem zu.

---

[31] wistra 1983, 256.
[32] NStZ 1995, 219.
[33] Vgl. 75 RiStBV.
[34] Beschluss vom 28.5.1999, 1 KLs B 1/98.

III. Materielle Rechtsgrundlagen der Vermögensabschöpfung

3. Surrogate gem. § 73 Abs. 2 Satz 2 StGB

Die Vorschrift des § 73 Abs. 2 Satz 2 StGB stellt es ins Ermessen des Gerichts, auf die Ersatzgegenstände bzw. Surrogate des ursprünglich Erlangten zurückzugreifen. Sieht das Gericht vom Verfall des Ersatzgegenstandes ab, hat es jedoch nach § 73a StGB vorzugehen und Wertersatzverfall anzuordnen. Hat z. B. der Täter mit dem Taterlangten einen Pkw gekauft, so kann das Gericht den Ersatzgegenstand unmittelbar dem Verfall unterziehen, oder aber stattdessen Wertersatzverfall in Höhe des ursprünglich Erlangten nach § 73a StGB aussprechen. Ist beim Ersatzgegenstand zwischenzeitlich – wegen des Gebrauchs – eine Wertminderung eingetreten, so kann das Gericht den Ersatzgegenstand für verfallen erklären und über den Differenzbetrag Wertersatzverfall anordnen.

In der Praxis ist § 73 Abs. 2 Satz 2 StGB eher von untergeordneter Bedeutung, da sich der auch hier geforderte qualifizierte Nachweis, dass das ursprünglich Erlangte in ein Surrogat aufgegangen ist, nur sehr schwer führen lässt. Der Nachweis gelingt zumeist in den Fällen, in denen der Täter das Taterlangte auf ein Bankkonto überweist und hierfür die Buchforderung als Surrogat erhält.

4. Handeln für einen anderen nach § 73 Abs. 3 StGB

Bei der Vorschrift des § 73 Abs. 3 StGB handelt es sich um die sog. Vertreterklausel. Der Verfall, aber auch die Rückgewinnungshilfe richtet sich gegen einen Tatunbeteiligten, der aus der Tat des Täters/Teilnehmers einen Vermögensvorteil erlangt hat.

Die fünf wichtigsten Fallgruppen sind:[35]
– die Fälle der Organvertretung bzw. Offenen Stellvertretung,
– die Fälle des faktischen Handelns des Täters/Teilnehmers auch im Interesse eines Dritten
– die Verschiebung von inkriminiertem Vermögen auf Dritte
– durch Vereitelung der Zwangsvollstreckung
– Verschiebung von legalem Vermögen um Gläubiger zu benachteiligen

Bei der Organvertretung bzw. offenen Stellvertretung handelt der Täter/Teilnehmer als Organ einer Personen- oder Kapitalgesellschaft (etwa AG, GmbH, OHG, KG) oder in offener Stellvertretung (§§ 164 ff. BGB) für einen anderen. **Verträge werden im Namen des Vertretenen abgeschlossen,** so dass die Rechtsgeschäfte unmittelbar zwischen dem Vertragspartner und dem Vertretenen zustande kommen (vgl. § 164 BGB). Durch die Vertreterklausel soll also der Verfall auch für solche Fälle ermöglicht werden, in denen der Vermögensvorteil nicht dem Tatbeteiligten selbst, sondern einem anderen zugeflossen ist, für den der Tatbeteiligte gehandelt hat.

Der Dritte kann eine natürliche oder juristische Person sein. Auch Personenvereinigungen fallen hierunter.

Fraglich ist, ob bei der Fallkonstellation der Organvertretung bzw. offenen Stellvertretung das Bruttoprinzip angewandt werden darf, weil die Abschöpfung beim Dritten als strafähnliche Maßnahme wirken könnte.

Der BGH[36] bejaht dies uneingeschränkt. In dem der Entscheidung zu Grunde liegenden Fall hatte der Täter im Namen der GmbH trotz Embargoverbotes Zigarettenpapier nach Serbien geliefert. Die GmbH erzielte als Gegenleistung nahezu 4,3 Mio. Euro. Der BGH wendete das Bruttoprinzip an und führte aus, dass der präventive Normzweck des § 73 Abs. 1 Satz 1 StGB auch für die Anordnung des Verfalls gegen den Drittbegünstigten nach § 73 Abs. 3 StGB gelte, insbesondere dann, wenn dieser Nutznießer der rechtswidrigen Tat ist. Die Ratio des Zugriffs auf den Drittbegünstigten beschreibt *Schmidt*[37] zutreffend so: „Ohne diese Regelung wäre eine Gewinnabschöpfung gerade in Bereichen wie z.B. der Wirtschafts- oder Verbandskriminalität sowie des organisierten Verbrechens, in denen die Vermö-

---

[35] Vgl. hierzu ausführlich BGH NJW 2000, 297; BVerfG NJW 2003, 1727; BGH 1 StR 239/10 B.v. 13.7.2010; OLG Köln 2 Ws 440/09 B.v. 23.9.2009.
[36] Urteil vom 21.8.2002, 1 StR 115/02.
[37] In: LK 11. Aufl. § 73 Rn. 50.

gensvorteile aus Straftaten bei Unternehmen anfallen oder auf Scheinfirmen übertragen werden, kaum möglich."

Soweit der Täter oder Teilnehmer für den Dritten handelt, soll er das für den Dritten nicht risikolos tun können.

34 Die den Dritten treffende Folge, dass auch seine Aufwendungen nutzlos waren, kann und soll bewirken, dass der Dritte – namentlich ein hierarchisch organisiertes Unternehmen – Kontrollmechanismen zur Verhinderung solcher Straftaten errichtet und auf deren Einhaltung achtet. Darin sieht der BGH[38] den Präventionszweck des Verfalls gegen den Drittbegünstigten. Würde beim Dritten lediglich der aus der Straftat gezogene Gewinn abgeschöpft, so würde sich die bewusst aus finanziellen Interessen begangene Tat im Ergebnis als wirtschaftlich risikolos auswirken. Ein derart risikolos zu erzielender Gewinn müsste geradezu als Tatanreiz für die Straftat wirken; das würde dem mit dem Bruttoprinzip verfolgten Präventionszweck zuwiderlaufen.[39]

35 Die Konstellationen des faktischen Handelns auch im Interesse des Dritten zeichnen sich dadurch aus, dass der Täter/Teilnehmer nicht rechtsgeschäftlich im Namen des anderen handelt, sondern den Dritten in sonstiger Weise bereichert, z. B., indem ein unbekannter Täter den Sondermüll einer Firma in Brand setzt, so dass diese Aufwendungen (Entsorgungskosten) erspart.

Gerade die Vertretungsfälle im weiteren Sinne in Betrieben hatte der Sonderausschuss für die Strafrechtsreform im Auge: den Angestellten,[40] den Buchhalter, der eine Steuerhinterziehung zugunsten des Betriebsinhabers begeht, ohne dass dieser davon weiß.[41]

36 Nicht erforderlich ist, dass der Tatbeteiligte in einem Vertretungs- und Organschaftsverhältnis zum Dritten steht.[42] Es genügt ein tatsächliches Handeln des Täters mit der Wirkung, dass dadurch der andere unmittelbar einen Vermögensvorteil erlangt.[43] Erfasst wird dabei – unabhängig von einer willentlichen Fremdbereicherung – jede Form des Täterhandelns.[44] Es muss nicht erkennbar gewesen sein, dass der Täter für und im Interesse eines Dritten die Tat beging.[45]

Ein weiteres Beispiel des faktischen Handels des Täters auch im Interesse des Dritten wäre es, falls ein Bauunternehmer einem städtischen Bauvergabeverantwortlichen besticht und hierfür, der Ehefrau des Bestochenen eine wertvolle Uhr schenkt.

Der BGH[46] stellt bei der Umschreibung des Anwendungsbereichs des Absatzes 3 die Gesetzesmerkmale „für einen anderen" und „dadurch" in den Vordergrund. Das Handeln „für einen anderen" verlange zwar keinen echten oder gar offenen, nach außen erkennbaren Vertretungsfall, aber der Handelnde müsse bei oder jedenfalls im Zusammenhang mit der rechtswidrigen Tat auch, und sei es nur faktisch, im Interesse des Dritten gehandelt haben. „Dadurch" bedeute schon vom Wortlaut her nicht „unmittelbar durch ein und dieselbe Handlung", verlange aber immerhin einen Bereicherungszusammenhang zwischen der Tat und dem Eintritt des Vorteils bei dem Dritten. Im obigen Fallbeispiel der illegalen Müllentsorgung durch Brandlegung sind alle Erfordernisse erfüllt und in einer selbstständigen Anordnung gem. § 76a StGB ist gegen die bereicherte Firma der Verfall von Wertersatz auszusprechen.

37 Die sog. Verschiebungsfälle stellen in der Praxis die Hauptanwendungsfälle der Vermögensabschöpfung dar. Insbesondere in Wirtschaftsverfahren werden von Tätern die inkriminierten Vermögenswerte auf Dritte übertragen, um ihnen so den Rechtsschein des „Legalen" zu geben. Der BGH[47] wendet § 73 Abs. 3 StGB auf drei Fallkonstellationen von Verschiebungs-

---

[38] Urteil vom 21.8.2002, 1 StR 115/02.
[39] Inwieweit Einschränkungen nach § 73c StGB vorzunehmen sind, wird unter Ziffer IV. 8 erörtert.
[40] Prot., S. 1002.
[41] Prot., S. 1015.
[42] LK-*Schmidt*, § 73 Rn. 54; BT-Drucks. V/4095.
[43] OLG Düsseldorf NJW 1979, 992.
[44] BGH NJW 1991, 371.
[45] BGH NJW 1991, 371.
[46] NJW 2000, 297 ff.
[47] NJW 2000, 297.

III. Materielle Rechtsgrundlagen der Vermögensabschöpfung

fällen an, wobei es unerheblich ist, zu welchem Zeitpunkt der Täter/Teilnehmer das Taterlangte auf Dritte verschiebt, um es letztlich dem Zugriff des Staates oder der Verletzten zu entziehen.

Der BGH zielt hier auf den Rechtsgedanken der §§ 822, 818, 819 BGB ab, so dass Verschiebungsfälle vorliegen, falls der Täter/Teilnehmer inkriminiertes Vermögen **unentgeltlich auf Dritte** überträgt.

Bei der unentgeltlichen Verfügung des inkriminierten Vermögens auf Dritte kommt es wegen des Rechtsgedankens des § 822 BGB nicht auf die Gut- oder Bösgläubigkeit des Dritten an. Die Vorschrift des § 73 Abs. 3 StGB stellt also auf den Bereicherungszusammenhang der Tat und den Eintritt des Vorteils beim Dritten ab.

In einem Fall hatte ein Betrüger über Jahre hinweg Betrugsgelder in Höhe von ca. 250 Mio. Euro auf seine Ehefrau, eigens für die Vermögensverschiebung gegründete Stiftungen, GmbH, OHG und KG übertragen, die die Gelder in unterschiedlichen Vermögenswerten angelegt hatten. Die Dritten – Ehefrau, Stiftungen, GmbH, OHG und KG – haften für die erlangten inkriminierten Vermögenswerte gem. § 73 Abs. 3 i. V. m. § 73a StGB. Dass daneben der Täter in Höhe der von ihm ursprünglich erlangten 250 Mio. Euro gesamtschuldnerisch haftet (§ 73 Abs. 1 Satz 1 i. V. m. § 73a StGB), liegt auf der Hand.

Es ist heute Praxis, dass in Verfahren mit Vermögensabschöpfungsmaßnahmen das Täterumfeld in die Ermittlungen mit einbezogen wird.

Weiterhin liegt auf der Grundlage des Rechtsgedankens der §§ 818 Abs. 4, 819 BGB ein Anwendungsfall des § 73 Abs. 3 StGB dann vor, wenn der Täter/Teilnehmer das inkriminierte Taterlangte entgeltlich auf den Dritten überträgt, dieser aber die inkriminierte Herkunft erkennt oder grob fahrlässig nicht erkennt. 38

Sollte der Täter inkriminiertes Vermögen auf Dritte entgeltlich übertragen haben und war der Dritte nicht bösgläubig und hat er auch nicht grob fahrlässig nicht erkannt, dass es sich um inkriminiertes Vermögen handelt, das der Täter z. B. zur Begleichung der Schuld dem Dritten übergeben hat, so findet § 73 Abs. 3 StGB keine Anwendung. Der BGH spricht hier nicht von Verschiebungs-, sondern von Erfüllungsgeschäften.

Ein Sonderfall der Verschiebung liegt vor, falls der Täter den Tatbestand des § 288 StGB verwirklicht, also bei drohenden Zwangsvollstreckungsmaßnahmen sein legales Vermögen, in der Absicht seine Gläubiger zu benachteiligen, auf Dritte überträgt. Aus der Tat erlangt der Dritte unmittelbar das übertragene Vermögen nach § 73 Abs. 3 StGB, so dass gegen ihn Sicherungsmaßnahmen nach §§ 111b ff. StPO möglich sind.[48]

Die neuere obergerichtliche Rechtsprechung (BGH 1 StR 239/10 Beschluss vom 13.7.2010) sieht auch dann einen Verschiebungsfall nach § 73 Abs. 3 StGB gegeben, falls der Täter legal erwirtschaftete Erträge unentgeltlich auf Dritte überträgt, um sie so dem Zugriff der Gläubiger zu entziehen. Vorliegend hatte der Täter Bargeld in Höhe von über 950.000 Euro seiner Firma entzogen und letztlich über seine Ehefrau E an deren Schwester S unentgeltlich übertragen, um so seiner Steuerpflicht zu entgehen.

Der BGH führt hierzu unter anderem aus: „– der Umstand, dass die von der Verfallsbeteiligten Schwester erlangte Geldsumme von mehr als 950.000 Euro aus Steuerhinterziehung (§ 370 AO) des Angeklagten B stammte, steht der Anordnung des Verfalls von Wertersatz gemäß § 73a i. V. m. § 73 Abs. 3 StGB nicht entgegen. Aus der Tat erlangt sind auch hinterzogene Steuern". „Die Anordnung des Verfalls richtet sich gegen die Verfallsbeteiligte S, weil ein sogenannter Verschiebungsfall vorliegt. Bei dieser Fallkonstellation lässt der Täter oder Teilnehmer die Tatvorteile einer anderen Person unentgeltlich oder aufgrund eines jedenfalls bemakelten Rechtsgeschäfts zukommen, um sie dem Zugriff des Gläubigers zu entziehen oder um die Tat zu verschleiern. Hier hat die S die Geldsumme in ununterbrochener Bereicherungskette jeweils unentgeltlicher Zuwendungen ausgehend von dem Angeklagten und vermittelt durch E erlangt."

In einem vom OLG Köln (Az: 2 Ws 440/09 Beschluss vom 29.9.2009) in einem dinglichen Arrestverfahren vorliegenden Sachverhaltes hatte die Beschuldigte in einem steuerlichen Beitreibungsverfahren ein Vermögensverzeichnis abgegeben, wobei sie ein Konto in den

---

[48] BVerfG NJW 2003, 1727.

Niederlanden mit einem Guthaben von 74.000 Euro verschwieg. Etwa 4 Jahre später überwies sie ihrer Tochter (Dritte) den Betrag von 55.000 Euro. Das OLG führt auf die weitere Beschwerde folgendes aus: „ Eine Steuerhinterziehung kann auch im Beitreibungsverfahren gegangen werden, wie es der Beschuldigten (Mutter) hier angelastet wird, weil sie im Vermögensverzeichnis vom … das Depot bei der Bank verschwieg. – „Das Landgericht hat zutreffend Gründe dafür angenommen, dass der am… auf ein Konto des Beschwerdeführers bei der Auflösung des vorerwähnten Bankdepots stammt, dem Verfall unterliegt, wobei davon auszugehen ist, dass sich die Verfallsanordnung gem. § 73 Abs. 3 StGB gegen den Beschwerdeführer richten wird … Nach der Rechtsprechung des BGH, die das Landgericht zutreffend herangezogen hat (vgl. BGHSt 45,235), ist hier von einem sogenannten „Verschiebungsfall" auszugehen, der dadurch gekennzeichnet ist, dass der Täter primär im eigenen Interesse einem Dritten Tatvorteile zuwendet, um sie dem Zugriff des Geschädigten zu entziehen.

Es sei hier noch angemerkt, dass der Dritte am Verfahren nach § 442 StPO i. V. m. §§ 430 ff. StPO zu beteiligen ist.

5. Dritteigentümerbezogener Verfall nach § 73 Abs. 4 StGB

39   Nach § 73 Abs. 4 StGB wird der Verfall eines Gegenstandes auch angeordnet, wenn er einem Dritten gehört oder zusteht, der ihn für die Tat oder sonst in Kenntnis der Tatumstände gewährt hat.

Die Vorschrift des § 73 Abs. 4 StGB wird als sog. Drittverfallsklausel bezeichnet. Durch die Drittverfallsklausel soll der Verfall auch dort ermöglicht werden, wo einerseits der tatbeteiligte Vorteilsempfänger an dem fraglichen Gegenstand kein Eigentum erlangt hat und daher ein täterbezogener Verfall nach § 73 Abs. 1 StGB ausscheidet, andererseits der Dritteigentümer – zumindest quasi – schuldhaft in die Tat verwickelt ist.

Die Anordnung richtet sich im Fall von § 73 Abs. 4 StGB nicht gegen den Dritten, sondern den Tatbeteiligten, der den Gegenstand erlangt hat. Soweit der Dritte bekannt ist, ist er nach §§ 442, 431 StPO am Verfahren zu beteiligen.

6. Der Verfall von Wertersatz nach § 73a StGB

40   Der Wertersatzverfall nach § 73a StGB hat in der Praxis zentrale Bedeutung. Etwa 95 % aller Vermögensabschöpfungsverfahren gründen sich materiell auf § 73a StGB – vor allem deshalb, weil sich der von § 73 StGB geforderte Nachweis, dass es sich bei dem Taterlangten um inkriminiertes Vermögen handelt, nur selten führen lässt.

Ein Rückgriff auf § 73a StGB ist indessen nahezu immer möglich. Die Anordnung des Wertersatzverfalls richtet sich auf einen Geldanspruch, der dem Wert des ursprünglich Erlangten entspricht, wobei der Wert des Erlangten bzw. der Vermögensvorteil, den der von der Anordnung Betroffene aus der Tat oder für die Tat gezogen hat, bei Fehlen genauer Erkenntnisquellen auch nach Umfang und Wert geschätzt werden kann (§ 73b StGB). Ordnet das Gericht Wertersatzverfall an, so kann in dessen Höhe auf das gesamte Vermögen des von der Anordnung Betroffenen zugegriffen werden.

Im strafrechtlichen Ermittlungsverfahren kann der materielle Anspruch auf Wertersatzverfall bei Vorliegen der übrigen Voraussetzungen durch dinglichen Arrest gem. § 111b Abs. 2 StPO vorläufig gesichert werden.

41   Beim Wertersatzverfall sind vier Hauptfallgruppen möglich:

a) Der Verfall ist wegen der Beschaffenheit des Erlangten nicht möglich

42   Der Verfall nach § 73 StGB ist wegen der Beschaffenheit des Erlangten nicht möglich, soweit der von der Anordnung Betroffene nichts Gegenständliches erlangt hat, so beim Ersparen von Aufwendungen, wie z. B. bei der Steuerhinterziehung. Es liegt in diesen Fällen kein inkriminiertes Vermögen vor, das mit der Wirkung des § 73e StGB dem Verfall bzw. unmittelbar dem Geschädigten (Finanzamt) zusteht. Das Finanzamt hat hier lediglich einen Zahlungsanspruch gegen den Steuerhinterzieher in bestimmter Höhe.

III. Materielle Rechtsgrundlagen der Vermögensabschöpfung

Ebenso verhält es sich z. B. in den Fällen der illegalen Abfallbeseitigung. Ordnet etwa der Produktionsleiter der Chemiefabrik X-OHG an, dass giftige Abfallprodukte, deren ordnungsgemäße Entsorgung 200 000 Euro kosten würde, nachts in einen Fluss eingelassen werden, so hat die X-OHG aus der schweren Umweltgefährdung nichts Gegenständliches erlangt, sondern Entsorgungskosten als Aufwendungen erspart, die jedoch in Höhe der ersparten Entsorgungskosten abgeschöpft werden können.

Gleiches gilt, falls der von der Anordnung Betroffene aus der Tat einen Gebrauchsvorteil **43** nutzen konnte, sei es, dass dieser gegenständlich oder nicht gegenständlicher Natur war. Eine Verfallsentscheidung nach § 73 StGB bei einem gegenständlichen Gebrauchsvorteil scheitert jedoch daran, dass der Betroffene nicht Eigentümer des Gebrauchsvorteils wird, was für die Anordnung des Verfalls gem. § 73e StGB erforderlich ist.

Der Verfall scheidet nach § 73 StGB auch dann aus, sofern das Taterlangte mit einer anderen Sache verbunden, vermengt oder vermischt wird und dadurch eine neue Sache entsteht oder in der Hauptsache untergeht.[49]

b) Der Verfall ist aus anderem Grund nicht möglich

Diese Fallgruppe kommt in der Praxis am häufigsten vor. Der Verfall ist etwa dann nicht **44** möglich, wenn das Taterlangte unauffindbar ist. Ferner, wenn der qualifizierte Nachweis zwischen der Tat und dem Taterlangten nicht zu führen ist. Wie sich aus § 73e StGB ergibt, kann lediglich das „inkriminiert Erlangte" dem Verfall direkt unterzogen werden. Dieser Nachweis ist in der Praxis selten zu führen und gelingt in der Regel nur bei einer Observation des Tatgeschehens oder aufgrund von Einlassungen des von der Anordnung Betroffenen.

c) Vom Verfall eines Ersatzgegenstandes wird Abstand genommen

Wie sich aus § 73 Abs. 2 Satz 2 Alt. 1 StGB ergibt, ist dem Gericht beim Verfall der Surrogate **45** ein Ermessen eingeräumt, ob es diesen anordnet. Sieht das Gericht von der Verfallsentscheidung ab, hat es zwingend nach § 73a Satz 2 StGB Wertersatzverfall anzuordnen. In der Praxis ist diese Fallkonstellation selten von den Gerichten angewendet worden.

d) Das Gericht ordnet neben dem Verfall Wertersatzverfall an

Die Fallgruppe des § 73 Abs. 2 Satz 2 Alt. 2 StGB hat in der Praxis ebenfalls eine untergeordnete Bedeutung. **46**

Zum einen ist der Nachweis zu führen, dass das Taterlangte noch beim von der Anordnung Betroffenen vorhanden ist und eine Werteinbuße erfahren hat, z. B. bei der Entwendung einer Sache (Pkw), die an Wert verliert. In solchen Fällen kann das Taterlangte nach § 73 StGB unmittelbar abgeschöpft werden und die Wertdifferenz, soweit der Gegenstand an Wert verloren hat, über § 73a StGB in Ausgleich gebracht werden.

Gleiches gilt in Fällen, in denen das ursprünglich Erlangte beschädigt wurde oder Teile des Erlangten verkauft, verbraucht oder gegen andere Ware getauscht wurden.

7. Schätzung nach § 73b StGB

Die Vorschrift des § 73b StGB ermächtigt das Gericht, Werte, die für die Anwendung der **47** §§ 73, 73a StGB maßgebend sind, zu schätzen. Damit soll erreicht werden, das Gericht von der mitunter schwierigen, wenn nicht überhaupt unmöglichen Aufgabe zu entheben, bis ins Einzelne gehende Feststellungen über Art und Umfang dem Verfall unterliegender Vermögenswerte zu treffen.[50] Die Vorschrift bezieht sich dagegen nicht auf die Entscheidung der Frage, ob überhaupt „Etwas" für oder aus der Tat erlangt worden ist.[51] Das „Etwas" muss also feststehen, um Umfang und Wert des Erlangten schätzen zu können.

Die Schätzung ist lediglich als Notbehelf mangels besserer Ermittlungsmöglichkeiten zu verstehen und kommt erst zum Zuge, wenn konkrete Feststellungen ausgeschlossen erschei-

---

[49] Vgl. §§ 946 ff. BGB.
[50] BGH NStZ 1989, 361; BT-Drucks. V/4095, S. 40; Prot. V/1025 f.
[51] Vgl. E 1962, S. 244.

nen⁵² oder einen unverhältnismäßigen Aufwand an Zeit oder Kosten erfordern würden.⁵³ Sie befreit den Richter vom Strengbeweis und modifiziert im Interesse der Prozessökonomie die Aufklärungspflicht des Gerichts.⁵⁴

In der Praxis wird insbesondere im Vorverfahren häufig auf die Schätzungsnorm zurückgegriffen, wie beim Rauschgift- oder Menschenhandel, bei Falschgeldverbreitung, bei illegaler Abfallentsorgung und sonstigen Umweltdelikten. Bei Rauschgiftgeschäften kann z. B. der Einkaufspreis als Schätzgrundlage dienen.

48 Die Schätzung des Umfangs und Werts des Erlangten findet im Rahmen der §§ 73 Abs. 1–4, 73a sowie 73d Abs. 2 StGB Anwendung, wobei vom Bruttoprinzip auszugehen ist.⁵⁵ Geschätzt werden kann aber auch die Höhe des Anspruchs, dessen Erfüllung dem Täter oder Teilnehmer das aus der Tat Erlangte entziehen würde (§ 73 Abs. 1 Satz 2 StGB). Es kann demnach auf der Grundlage des § 73b StGB geschätzt werden, in welcher Höhe Verletzten aus der Tat Ansprüche erwachsen sind, falls sich ihre Anspruchshöhe nicht im Einzelnen konkret feststellen lässt. Sie gehen möglichen weiteren Verfallsansprüchen vor.

So hatte ein Täter aus einem Verstoß gegen das Urhebergesetz Einnahmen in Höhe von 700 000 Euro erzielt. Geschädigte aus der Tat hatten lediglich einen Anspruch auf den Gewinn. Dieser Gewinnanteil konnte lediglich geschätzt werden und belief sich auf ca. 235 000 Euro. Der Restbetrag unterliegt aufgrund des Bruttoprinzips dem Verfall.

8. Unbillige Härte nach § 73c StGB

49 Nach **§ 73c Abs. 1 Satz 1 StGB** darf der Verfall nicht angeordnet werden, soweit es für den Betroffenen eine unbillige Härte wäre.

Nach dem BGH⁵⁶ ist § 73c Abs. 1 Satz 1 StGB restriktiv auszulegen. An die unbillige Härte müssen hohe Anforderungen gestellt werden. Die Situation muss so sein, dass die Verfallserklärung „ungerecht" wäre, dass sie das Übermaßverbot verletzen würde. So ist es mit Sinn und Zweck des Verfalls nicht zu vereinbaren, die Verfallsanordnung nur deshalb zu beschränken, um den Verurteilten vorhandene Vermögensvorteile zu erhalten, sei es auch für Zwecke der Resozialisierung.

Eine Verfallserklärung bzw. ein Verfall von Wertersatz scheidet nach dem BGH⁵⁷ nicht allein wegen der Tatsache aus, dass der Betroffene Sozialhilfe bezieht.

So führt der BGH in einem Beschluss⁵⁸ zu einem Sachverhalt, in dem das Tatgericht bei einem Angeklagten, der 20 000 DM wegen geheimdienstlicher Agententätigkeit erhielt und lediglich 10 000 DM Verfall von Wertersatz ausgesprochen wurde, weil der Angeklagte 67 Jahre alt war und monatlich 700 DM Rente erhielt, aus: „Da der Angeklagte aus seiner Rente von 700 DM keine Zahlungen auf den Verfallsbetrag erbringen kann und in Anbetracht seines Alters und seines Herzschadens nicht mehr arbeitsfähig ist, kommt es entscheidend darauf an, wie sich die Anordnung konkret auf sein Vermögen auswirkt."

50 Eine unbillige Härte liegt nur insoweit vor, als die Verfallsanordnung beim Verurteilten zu erheblichen Schulden führen würde. So auch der BGH,⁵⁹ der anführt, eine Verfallsanordnung habe zu unterbleiben, soweit der Verurteilte mit erheblichen Verfallsschulden entlassen würde. Anhaltspunkte für die Härtevorschrift des § 73c Abs. 1 Satz 1 StGB ergeben sich demnach aufgrund einer Vermögensaufstellung von Aktiva und Passiva. Die erforderlichen Ermittlungen werden in der Regel vom polizeilichen Finanzermittler geführt.

51 Der § 73c Abs. 1 Satz 1 StGB ist jedoch anders auszulegen, wenn eine Verfallsanordnung gegen einen tatunbeteiligten Dritten nach § 73 Abs. 3 StGB anzuordnen ist. Hat der Dritte

---

⁵² BGH NStZ 1989, 361.
⁵³ BT-Drucks. V/4095, S. 40 f.
⁵⁴ § 244 StPO; LK-*Schmidt*, § 73b Rn. 3.
⁵⁵ So z. B. BGH StV 1989, 599.
⁵⁶ NStZ 1995, 495.
⁵⁷ StV 1995, 635.
⁵⁸ 3 StR 296/94.
⁵⁹ NStZ 1995, 495.

III. Materielle Rechtsgrundlagen der Vermögensabschöpfung

unvorwerfbar erlangt und im Vertrauen auf die Übertragung das Erlangte verbraucht, so greift hier unter Heranziehung des Rechtsgedankens des § 818 Abs. 3 BGB die Härtevorschrift ein.[60]

Anders mag es bei den Stellvertreterfällen zu beurteilen sein. In dem angesprochenen Embargoverfahren[61] sah der BGH das Übermaßverbot als nicht verletzt an, solange der Verfallsbeteiligte durch die Verfallsanordnung keinesfalls in seiner Existenz gefährdet ist. Da die Geschäftsführung die Begehung der Embargoverstöße und damit der rechtswidrigen Taten (Verbrechen) gebilligt hatte, liege schon deswegen eine unbillige Härte nicht vor.

§ 73c Abs. 1 Satz 2 1. Alt. StGB räumt dem Gericht Ermessen ein, vom Verfall von Wertersatz Abstand zu nehmen, soweit das Taterlangte nicht oder nicht mehr im vollen Umfang vorhanden ist. **52**

Der BGH[62] stellt hierzu fest, dass es bei der Frage, ob der Wert des Erlangten zurzeit der Anordnung des Verfalls noch im Vermögen des Angeklagten vorhanden ist, nicht darauf ankommt, ob das noch vorhandene Vermögen einen konkreten oder unmittelbaren Bezug zu der Straftat hat. Vielmehr scheide eine Ermessensentscheidung in der Regel aus, solange und soweit der Angeklagte über Vermögen verfügt, das wertmäßig nicht hinter dem anzuordnenden Verfallbetrag zurückbleibt. Denn regelmäßig sei davon auszugehen, dass der Wert des Erlangten in dem vorhandenen Vermögen des Betroffenen aufgegangen ist. Die Ermessensvorschrift kommt ferner nicht zur Anwendung, falls der Verfallsbetroffene das Taterlangte für Luxusgüter verwendet hat[63] oder es bewusst an Dritte weitergegeben hat, um es dem Verfall zu entziehen.[64] Ebenso verhält es sich, soweit der Verbleib des Taterlangten unklar ist und der Angeklagte darüber schweigt. In einem solchen Fall kann das Gericht grundsätzlich davon ausgehen, dass das Taterlangte noch im Vermögen des Betroffenen vorhanden ist.[65]

Die Ermessensvorschrift des § 73c Abs. 1 Satz 2 Alt. 1 StGB soll jedoch dann einschlägig sein, falls von vornherein erkennbar ist, dass ein bestimmter Vermögenswert mit dem Taterlangten in keinerlei Berührung steht[66], oder falls der Verfallsbetroffene nachweisbar das Taterlangte an einen Hintermann weitergegeben hat.[67] Anders jedoch der 1. Strafsenat des Bundesgerichtshofes.[68] Danach komme § 73c Absatz 1 Satz 2 Alt. 1 StGB nicht in Betracht, solange der Täter über Vermögen verfügt. Es komme nicht darauf an, ob das Vermögen einen Bezug zu der rechtswidrigen Tat habe. Unbillige Ergebnisse seien allein an der Vorschrift des § 73c Absatz 1 Satz 1 StGB zu messen. **53**

Darüber hinaus kommt dem Gericht regelmäßig ein Ermessen erst dann zu, wenn der Betroffene über kein Aktivvermögen mehr verfügt. Das eingeräumte Ermessen hat das Gericht pflichtgemäß auszuüben. Hierzu gehört einerseits die Feststellung des vorhandenen Vermögens und andererseits die sachgerechte Abwägung mit dem Verfallsbetrag.[69]

Nach § 73c Abs. 1 Satz 2 2. Alt. StGB kann vom Verfall Abstand genommen werden, soweit das Erlangte von geringem Wert ist. Der geringe Wert ist bei etwa 50 bis 100 Euro anzusetzen. Dass hier i. d. R. eine Anordnung unterbleibt, braucht nicht näher erörtert zu werden. **54**

Hinzuweisen ist, dass § 73c StGB lediglich beim staatlichen Verfall und Wertersatzverfall Anwendung findet. Bei der Rückgewinnungshilfe ist § 73c StGB unanwendbar. Beim Drittbegünstigten sind im Rahmen der Vermögenssicherungsmaßnahmen Einschränkungen nach den Vorschriften der §§ 818 ff. BGB vorzunehmen.

---

[60] BGH NJW 2002, 3339.
[61] BGH Urteil vom 21.8.2002, 1 StR 115/02.
[62] NStZ 2000, 480 ff., NStZ-RR 2002, 7.
[63] BGH NStZ-RR 2005, 103.
[64] BGH, wistra 2003, 424.
[65] BGH NStZ 2005, 232.
[66] BGH, wistra 2003, 58.
[67] BGH NStZ 2004, 440.
[68] BGH NJW 2006, 2500.
[69] BGH, wistra 2003, 58.

9. Die Haftung von Mittätern und Bandenmitgliedern

55 Die Verfallsvorschriften als quasi konditionelle Ausgleichsmaßnahme können nur bei dem Täter/Teilnehmer Anwendung finden, der auch tatsächlich oder faktisch aus oder für die Tat etwas erlangt hat. Die Zurechnungsvorschrift des § 25 Abs. 2 StGB findet im Rahmen der §§ 73, 73a StGB, wozu auch die Rückgewinnungshilfe zählt, keine Anwendung.

Hat also z. B. ein Mittäter aus oder für die Tat keinen Vermögensvorteil erlangt, so kann er nicht als Subjekt der Vermögensabschöpfung herangezogen werden.

56 Nach dem BGH[70] haften Mittäter über das Taterlangte gesamtschuldnerisch, soweit ihnen zu irgendeiner Phase des Tatablaufes auf irgendeine Weise unmittelbar etwas wirtschaftlich messbar zugute kommt. Nach dem Bundesverfassungsgericht[71] kommt es für die Anordnung des Verfalls gegen Mittäter einer Straftat darauf an, ob diese unmittelbar aus der Tat etwas, also eigene Verfügungsgewalt, erlangt haben. Eine Zurechnung nach den Grundsätzen der Mittäterschaft kommt nur dann in Betracht, wenn alle Beteiligten darüber einig waren, dass sie gemeinsame Verfügungsgewalt erlangt haben. Der Verfall bei Mittätern setzt danach eine Mitverfügungsgewalt aller Beteiligten an dem Erlangten voraus. Dies bedeutet in der Praxis, dass bei jedem Mittäter, soweit er Verfügungsgewalt hatte, vorläufig zum Zwecke des Anspruchs auf Wertersatzverfall Sicherungsmaßnahmen bei Vorliegen der übrigen Voraussetzungen (§§ 111b Abs. 2, 111d Abs. 2 StPO i. V. m. §§ 920, 923, 917 ZPO) getroffen werden können. Das Gericht hat im Urteil die gesamtschuldnerische Haftung auszusprechen. Nach Rechtskraft der Urteile kann sich der Staat jedoch lediglich in Höhe des Ausgangsbetrages befriedigen. Es steht ihm aber ein Wahlrecht i. S. d. § 421 BGB zu.

Anders beurteilt der Bundesgerichtshof (BGH Wistra 2006, 382) die Fälle bei sogenannten Handelsketten-Geschäften von Mittätern. In dem vorliegenden Fall hatten drei Mittäter einem Rauschgiftkäufer Kokain auf Kommission geliefert. Mittäter A holte später den Kaufpreis beim Rauschgiftkäufer in Höhe von ca. 192.000 Euro alleine ab, entnahm seinen Anteil in Höhe von 42.000 Euro und lieferte das übrige Geld an den Mittäter B weiter. Der BGH sieht in der vorliegenden Fallvariante ein sogenanntes Handelskettengeschäft, das dadurch gekennzeichnet ist, dass Rauschgift von einem Abnehmer auf den nächsten käuflich weitergereicht wird. Insofern haften Mittäter in solchen Fallkonstellationen für die jeweils erlangten Beträge eigenverantwortlich. Das bedeutet, A hat Wertersatz zu leisten in Höhe von 192.000 Euro und B Wertersatz in Höhe von 150.000 Euro. Inwieweit gegen den dritten Mittäter der Wertersatzfall angeordnet wird, hängt von seinem Taterlangten ab.

In den Fällen, in denen Organe/Vertreter im Namen natürlicher/juristischer Personen oder Personenhandelsgesellschaften handeln, haften die Handelnden neben den Vertretenen nur dann gesamtschuldnerisch, soweit sich bei ihnen nach der Tat ein „Vermögenszuwachs" feststellen lässt.[72]

57 Der BGH[73] hat in einem Fall des Handels mit Betäubungsmitteln bei Vorliegen einer **Bewertungseinheit** die Mittäter haftungsrechtlich als Einheit erfasst. Im zu Grunde liegenden Fall war ein Mittäter vorläufig festgenommen und inhaftiert worden. Der andere Mittäter hatte weiter Rauschgift verkauft und zuhause die Erlöse aufgeteilt.

Der BGH ging auch für den inhaftierten Mittäter von einer gesamtschuldnerischen Haftung für alle Beträge, die auch nachträglich durch den anderen Mittäter erwirtschaftet worden sind, aus.

Die Grundsätze bei Vorliegen einer Bewertungseinheit finden auch bei **bandenmäßigem Handeln** mit Betäubungsmitteln mit nicht geringen Mengen Anwendung.[74]

---

[70] BGH, Beschluss vom 10.9.2002, 1 StR 281/02; BGH NStZ-RR 1997, 262; BGH NStZ 2003, 198.
[71] Beschluss vom 14.6.2004, 2 BvR 1136/03.
[72] BVerfG, Beschluss vom 14. 6.2004, 2 BvR 1136/03.
[73] Beschluss vom 1.6.1995, 1 StR 181/95; LG Stuttgart Beschluss vom 16.12.1994, 18 KLs 157/94.
[74] BGH NStZ 1994, 496, u. BGH, Urteil vom 4.6.1996, 1 StR 235/96.

III. Materielle Rechtsgrundlagen der Vermögensabschöpfung

10. Erweiterter Verfall nach § 73d Abs. 1 StGB

Die Gewinnabschöpfungsmöglichkeit des § 73d StGB wurde durch Art. 1 Nr. 7 des Gesetzes zur Bekämpfung des illegalen Rauschgifthandels und anderer Erscheinungsformen der Organisierten Kriminalität (OrgKG) vom 15.7.1992, in Kraft getreten am 22.9.1992, in das Strafgesetzbuch eingefügt. Nach dieser Vorschrift hat das Gericht bei bestimmten rechtswidrig begangenen Delikten, die auf § 73d StGB verweisen, den Verfall von Gegenständen des Täters/Teilnehmers auch dann anzuordnen, wenn die Umstände die Annahme rechtfertigen, dass diese Gegenstände für rechtswidrige Taten oder aus ihnen erlangt worden sind (§ 73d Abs. 1 Satz 1 StGB). Eines dezidierten Nachweises, aus welcher konkreten Tat der Gegenstand stammt, bedarf es – im Unterschied zu der Regelung des Verfalls gem. § 73 StGB – bei dieser Beweiserleichterungsregelung nicht.

Bei der Vorschrift des § 73d StGB handelt es sich nach ihrem Wortlaut nicht um eine „Kann-Vorschrift", sondern um zwingendes Recht, sofern die Voraussetzungen des Abs. 1 vorliegen.[75]

Die mit dem erweiterten Verfall verbundene Vermögenseinbuße ist i. d. R. kein Strafmilderungsgrund.[76] Der erweiterte Verfall dient der Gewinnabschöpfung und damit dem Ausgleich unrechtmäßiger Vermögensverschiebungen. Dieser Zweck bestimmt seine Rechtsnatur.

Danach besteht kein Anlass, die Verfallsanordnung auf das Strafmaß anzurechnen.[77]

Voraussetzung für die Anwendung des erweiterten Verfalls ist zunächst, dass eine rechtswidrige Tat i. S. d. § 11 Abs. 1 Nr. 5 StGB begangen worden ist, die auf § 73d StGB verweist. Diese Katalogtat[78] ist dadurch gekennzeichnet, dass ihr ein besonders schwerwiegendes Element, nämlich das der bandenmäßigen oder gewerbsmäßigen Begehung, immanent ist.

Liegt eine vorbezeichnete Katalogtat vor, so ordnet das Gericht – nach dem Wortlaut des Gesetzes – den Verfall von **Gegenständen des Täters oder Teilnehmers** auch dann an, wenn die Umstände die Annahme rechtfertigen, dass diese Gegenstände **für oder aus rechtswidrigen Taten** erlangt worden sind.

Nach dem BGH kommt hingegen die Anordnung des erweiterten Verfalls nur dann in Betracht, wenn der Tatrichter aufgrund erschöpfender Beweiserhebung und -würdigung die uneingeschränkte Überzeugung gewonnen hat, dass der Angeklagte die von der Anordnung erfassten Gegenstände aus rechtswidrigen Taten erlangt hat, ohne dass diese selbst im Einzelnen festgestellt werden müssten.

Gründe, die zu vernünftigen Zweifeln an einer deliktischen Herkunft von Tätervermögen Anlass geben, stehen der Anordnung des erweiterten Verfalls dieser Gegenstände entgegen. Begründen mithin bestimmte Tatsachen die nicht nur theoretische Möglichkeit, dass Vermögensgegenstände des Täters aus anderen Quellen als aus rechtswidrigen Taten stammen, so scheidet die Anordnung des erweiterten Verfalls aus.

Nach dem Bundesverfassungsgericht[79] ist die Norm in dieser Auslegung verfassungskonform.

Gegenstände i. S. d. erweiterten Verfalls sind alle Rechte oder Sachen, die dem Tatbeteiligten zurzeit der Entscheidung gehören oder zustehen.[80] Es gilt demnach der Gegenstandsbegriff des BGB. Dies folgt auch aus der Vorschrift des § 73d Abs. 1 Satz 2 StGB, der den erweiterten Verfall auch dann anordnet, wenn ein Gegenstand dem Täter oder Teilnehmer nur deshalb nicht gehört oder zusteht, weil er den Gegenstand für eine rechtswidrige Tat oder aus ihr erlangt hat.

„Gegenstände" können daher Forderungen, Bankguthaben, Anwartschaftsrechte, dingliche Rechte wie Grundschulden, oder aber auch Miteigentum an Grundstücken oder beweglichen Sachen sein. Unter den erweiterten Verfall fallen nach § 73d Abs. 1 Satz 3 StGB

---

[75] BGH, Urteil vom 1.3.1995 – 2 StR 691/94.
[76] BGH, Urteil vom 1.3.1995, 2 StR 691/94.
[77] So auch BVerfG, Beschluss vom 14.1.2004, 2 BvR 564/95.
[78] BGHSt 41, 278, 284.
[79] BVerfG, Beschluss vom 14.1.2004, 2 BvR 564/95.
[80] LK-*Herzog*, § 73 Rn. 5; LK-*Schmidt*, § 73d; *Fischer*, § 73d Rn. 6.

28. Kapitel. Finanzermittlungen, Vermögenssicherung, Rückgewinnungshilfe

auch die **gezogenen Nutzungen** sowie die Gegenstände, die der Täter oder Teilnehmer nach Überzeugung des Gerichts für oder aus rechtswidrigen Taten erlangt hat. Ebenso die **Surrogate**, die an die Stelle des ursprünglich erlangten Gegenstandes getreten sind.

64 Das Bundesverfassungsgericht hat in seinen Ausführungen zur Verfassungsmäßigkeit des § 73d StGB ausgeführt, dass die Anordnungen des erweiterten Verfalls jedoch vermögenswerte Rechtspositionen tatgeschädigter Dritter beeinträchtigen können. Nachdem der erweiterte Verfall auf zahlreiche Delikte, auch auf Vermögensstraftaten wie Bandendiebstahl und -hehlerei, erstreckt wurde, ist eine solche Beeinträchtigung von Eigentumsrechten und Ersatzansprüchen Tatverletzter wahrscheinlicher geworden. Der Gesetzgeber hat deshalb zu prüfen, ob die Rechte Tatgeschädigter beim erweiterten Verfall nach der Ausdehnung seines Anwendungsbereiches noch hinreichend gewahrt sind.

Der novellierte § 73d StGB verweist nunmehr in seinem Absatz 1 Satz 3 auf die Anwendbarkeit des § 73 Abs. 1 Satz 2 StGB. Sollte das Gericht zu der tatrichterlichen Überzeugung gelangen, dass die Gegenstände, die dem erweiterten Verfall unterliegen, aus rechtswidrigen Taten erlangt worden sind, bei denen Ansprüche Verletzter vorliegen, so tritt staatlicher Rechtserwerb erst nach Ablauf der Frist des ebenfalls novellierten § 111i Abs. 2–5 StPO ein.

Nach dem Wortlaut des § 73d StGB müssen die Gegenstände, die dem erweiterten Verfall unterliegen, vom Täter/Teilnehmer für die Tat oder aus rechtswidrigen Taten erlangt worden sein. Dabei ist wie beim Verfall die tatsächliche oder faktische Verfügungsgewalt ausreichend. Der erweiterte Verfall ist demnach nur gegen den Täter/Teilnehmer möglich und nicht wie bei § 73 Abs. 3 StGB gegen einen unbeteiligten Dritten.[81]

Entsprechend der Rechtsprechung bedarf es im Blick auf das Vermögen eines von der Anordnung des § 73d StGB Betroffenen der dezidierten Abklärung.

Wenn aufgrund der Feststellung bzw. den Einlassungen, des Vorlebens, der Gewohnheiten der Täter/Teilnehmer bestimmte Tatsachen darauf hinweisen, dass Vermögensgegenstände auch aus legaler Quelle stammen könnten, scheidet eine Anwendung des § 73d StGB praktisch aus.

65 Der erweiterte Verfall umfasst nicht solche Vermögensgegenstände, die aus rechtswidrigen Taten stammen, die vor der Einführung des erweiterten Verfalls durch das am 22.9.1992 in Kraft getretene OrgKG begangen worden sind. Das ergibt sich aus dem Rückwirkungsverbot.[82] Dasselbe gilt für Gegenstände, die vor der Einfügung der entsprechenden Verweisungsnorm angeschafft worden sind.[83]

Wegen des Rückwirkungsverbotes ist zunächst festzustellen, wann diese Norm in das StGB im jeweiligen Straftatbestand eingefügt wurde (z. T. 1992, ergänzt 1994, 1997 und 1998). Zumindest ein Teil des Tatzeitraumes muss nach Einfügung der Verweisung liegen.

11. § 73d Abs. 2 StGB

66 Nach § 73d Abs. 2 StGB finden die Vorschriften über den Wertersatzverfall (§ 73a StGB) und der Schätzung (§ 73b StGB) entsprechende Anwendung, soweit der Verfall eines bestimmten Gegenstandes nach der Tat ganz oder teilweise unmöglich geworden ist. Nach der entsprechenden Bundestagsdrucksache[84] muss es sich hierbei um Gegenstände handeln, die bei Begehung der Anknüpfungstat beim Täter noch vorhanden waren.[85]

Der BGH[86] wendet § 73d Abs. 2 StGB ebenfalls an, soweit ein Gegenstand, der dem erweiterten Verfall nach § 73d Abs. 1 StGB unterfallen wäre, nach der begangenen Anknüpfungstat ganz oder teilweise unmöglich geworden ist, weil z. B. der Täter einen Gegenstand an seine Freundin weitergegeben hatte.

67 Ein so eingeschränkter Anwendungsbereich des § 73d Abs. 2 StGB erscheint nicht angebracht. Denn hat der Täter neben inkriminiertem Vermögen legales Vermögen und lebt er

---

[81] BGH NStZ 1995, 540.
[82] BGH, Beschluss vom 20.9.1995, 3 StR 267/95; NJW 1996, 136, 137.
[83] BGH NStZ 2001, 419.
[84] 11/6623, S. 6.
[85] So auch LK-*Schmidt*, § 73d Rn. 53; *Lackner/Kühl*, § 73d Rn. 5; *Schönke/Schröder/Eser*, § 73d Rn. 17.
[86] BGH, Urteil vom 5.12.1996, 5 StR 542/96.

über Jahre hinweg von Vermögen, das vor seinem Verbrauch dem Anwendungsbereich des § 73d Abs. 1 StGB unterfallen wäre, so liefe die Vorschrift ins Leere, solange die Anknüpfungstat erst zu einem späten Zeitpunkt nachweisbar ist. Sinn und Zweck der Vorschrift des § 73d StGB ist es aber, dem Täter/Teilnehmer Vermögen zu entziehen, das nach voller tatrichterlicher Überzeugung für oder aus rechtswidrigen Taten erlangt worden ist. Ist dieses Vermögen, aus welchen Gründen auch immer, beim Täter/Teilnehmer nicht mehr vorhanden, so finden nach § 73d Abs. 2 StGB die Vorschriften der §§ 73a, 73b StGB entsprechende Anwendung.

§ 73d StGB verweist jedoch nicht auf § 73 Abs. 3 StGB. Es gibt demnach beim erweiterten Verfall keinen „Verschiebungsfall".

Nach § 73d Abs. 2 StGB finden die Vorschriften über den Wertersatzverfall (§ 73a StGB) **68** und die Schätzung (§ 73b StGB) entsprechende Anwendung, soweit der Verfall eines bestimmten Gegenstandes nach der Tat ganz oder teilweise unmöglich geworden ist. Nach der entsprechenden Bundestagsdrucksache[87] muss es sich hierbei um Gegenstände handeln, die bei Begehung der Anknüpfungstat beim Täter noch vorhanden waren.[88]

12. § 73d Abs. 3 StGB

Die Vorschrift verpflichtet das Gericht, bei einer Verfallsanordnung eine bereits begangene **69** Anordnung zu berücksichtigen. Der mehrfache Zugriff auf denselben Gegenstand ist damit ausgeschlossen. In der Praxis hat diese Vorschrift bisher keine Relevanz.

13. § 73d Abs. 4 StGB

§ 73d Abs. 4 StGB ordnet die entsprechende Anwendung der Härteregelung des § 73c StGB **70** an und trägt damit dem Verhältnismäßigkeitsgrundsatz Rechnung. Auf die bisherigen Ausführungen zu § 73c StGB wird verwiesen.

IV. Verfahrensvorschriften zur vorläufigen Vermögenssicherung

1. Vorbemerkung

Die Gerichte haben grundsätzlich nur dann die Möglichkeit, die in den vorigen Ausfüh- **71** rungen dargelegten materiellen Ansprüche im Strafverfahren zuzuerkennen, wenn das Taterlangte, die Tatmittel, Tatprodukte, Beziehungsgegenstände oder sonstiges Täter-/Schuldnervermögen zum Zeitpunkt des Urteilsausspruches noch vorhanden sind.

Nach aller Erfahrung sind Täter/Schuldner generell bestrebt, sich in der Hauptverhandlung als unvermögend zu präsentieren. Daher sind vorläufige Vermögenssicherungen oft unabdingbar, um einem solchen Einwand oder nachträglichen Vermögensverfügungen entgegenzutreten.

In ähnlicher Situation befinden sich vielfach Tatverletzte, die zwar ihre Ansprüche gegen den Täter/Schuldner zivilrechtlich titulieren, zumeist aber nicht mehr vollstrecken können, weil das Schuldnervermögen zwischenzeitlich auf Unbekannte verschoben wurde.

Die Strafprozessordnung ermöglicht schon in einem sehr frühen Verfahrensstadium den Si- **72** cherungszugriff auf kriminell erworbene Vermögenswerte oder auf sonstiges Schuldnervermögen. Damit soll verhindert werden, dass Tatverletzte oder eine vom Gericht zu erwartende Verfalls- oder Einziehungsanordnung deswegen ins Leere laufen, weil auf den betreffenden Gegenstand nicht mehr zugegriffen werden kann.[89]

---

[87] 11/6623, S. 6.
[88] So auch LK-*Schmidt*, § 73d Rn. 53; *Lackner/Kühl*, § 73d Rn. 5; *Schönke/Schröder/Eser*, § 73d Rn. 17.

2. Die Sicherstellung durch Beschlagnahme und dinglichen Arrest

73 Die Vorschriften der §§ 111b ff. StPO haben vorrangig zum Ziel, während des Ermittlungsverfahrens vorläufige Maßnahmen zur Sicherstellung solcher Gegenstände zu ermöglichen, wegen denen das Gericht in der Hauptverhandlung voraussichtlich den Verfall, erweiterten Verfall, die Einziehung, erweiterte Einziehung oder den Wertersatzverfall bzw. die Wertersatzeinziehung anordnen wird oder weil dem Tatverletzten gegen den Schuldner Ansprüche zustehen.

Damit soll – wie ausgeführt – gewährleistet werden, dass Beschuldigte/Schuldner nicht in der Zeit bis zur Entscheidung des Gerichts, also während des Ermittlungs-, Zwischen- und Hauptverfahrens, derartige Maßnahmen durch Beiseiteschaffen von Gegenständen oder Vermögenswerten verhindern.

Der verfahrensrechtliche Sicherungsmechanismus ist je nach materieller Anspruchsgrundlage unterschiedlich. Die entsprechenden Vorschriften der Strafprozessordnung sind nicht systematisch geregelt. Zum besseren Verständnis ist von folgender Prüfungsfolge auszugehen:
– Welche materiellen Anspruchsgrundlagen liegen vor und mit welchem vorläufig vollstreckbaren Titel werden sie gesichert?
– Wer erlässt den vorläufigen Vollstreckungstitel?
– Wer leitet die Vollstreckung ein?
– Wie wird die Vollstreckung durchgeführt?

3. Abgrenzung Beschlagnahme/dinglicher Arrest

74 Entsprechend dem Vorliegen der materiellen Anspruchsgrundlagen erfolgt die Sicherstellung von Vermögenswerten durch die Beschlagnahme nach § 111b Abs. 1 StPO oder durch den dinglichen Arrest nach § 111b Abs. 2 StPO. Nicht selten sind Verfahren, in denen je nach materieller Anspruchsnorm Sicherungsmaßnahmen durch Beschlagnahme und dinglichen Arrest notwendig werden.

4. Sicherstellung der materiellen Ansprüche durch Beschlagnahme

75 Liegen materiell die Anspruchsgrundlagen nach §§ 73 Abs. 1 bis 4, 73d Abs. 1, 74 und 74a StGB vor, erfolgt die vorläufige Sicherung durch die Beschlagnahme nach § 111b Abs. 1 StPO.

Der Grund hierfür liegt darin, dass es sich bei den materiellen Vorschriften der §§ 73 Abs. 1 bis 4 und 73d Abs. 1 StGB um so genannte inkriminierte Gegenstände handelt, wozu auch Rechte, Forderungen, Nutzungen und Surrogate zählen, die der Täter/Teilnehmer oder Dritte für oder aus rechtswidrigen Taten erlangt hat. Die Rechtsfolge der Anordnung des Verfalls nach § 73 Abs. 1 bis 4 und des erweiterten Verfalls nach § 73d Abs. 1 ergibt sich aus § 73e StGB.

Danach gehen inkriminierte Gegenstände mit Rechtskraft des Urteils kraft Gesetzes ins Eigentum/Vermögen des Staates über, soweit sie dem von der Anordnung Betroffenen zu diesem Zeitpunkt zustehen.

76 Erfolgt die Sicherung im Rahmen der Rückgewinnungshilfe zugunsten Verletzter/Geschädigter, so finden die Vorschriften des § 73 Abs. 1 bis 4 StGB, wie sich aus der Verweisung des § 111b Abs. 5 StPO auf Abs. 1 ergibt, auch zu ihren Gunsten Anwendung. Dennoch handelt es sich um eine staatliche Sicherung, die dem Verletzten keine eigenen Pfandrechte begründet.

Bei den materiellen Ansprüchen der §§ 74 und 74a StGB handelt es sich um die Einziehungsgegenstände der Tatmittel, Tatwerkzeuge, Tatprodukte sowie Beziehungsgegenstände, die dem Täter zum Zeitpunkt der Entscheidung gehören oder zustehen bzw. die der Dritte

---

[89] *Hetzer*, Magna Charta der Mafia? Unschuldsvermutung, Gewinnabschöpfung u. Geldwäschebekämpfung, ZRP 1999, 471.

IV. Verfahrensvorschriften zur vorläufigen Vermögenssicherung

im Falle des § 74a StGB in vorwerfbarer Weise gewährt oder übertragen erhalten hat. Auch diese Gegenstände gelten als „bemakelt" und gehen mit Rechtskraft des Urteils gem. § 74e StGB kraft Gesetzes ins Eigentum/Vermögen des Staates über.

Im Ergebnis wird inkriminiertes bzw. bemakeltes Vermögen durch Beschlagnahme nach § 111b Abs. 1 StPO vorläufig sichergestellt.

5. Sicherstellung der materiellen Ansprüche durch dinglichen Arrest

Die materiellen Ansprüche der §§ 73a, 73d Abs. 2 und 74c StGB werden indessen durch dinglichen Arrest nach § 111b Abs. 2 StPO vorläufig gesichert. 77

Bei den Vorschriften der §§ 73a, 73d Abs. 2 StGB handelt es sich um Wertersatzverfall, bei § 74c StGB um Wertersatzeinziehung. Die Normen lassen einen Rückgriff auf das sonstige, legale Vermögen des von der Anordnung Betroffenen zu. Die Rechtsfolge der Anordnung des Wertersatzverfalls bzw. der Wertersatzeinziehung bewirkt, dass mit Rechtskraft des Urteils dem Staat gegen den Betroffenen ein Zahlungsanspruch in Geld zusteht. Damit dieser künftige Anspruch sich auch durchsetzen lässt, kann bereits im Vorverfahren unter weiteren gesetzlichen Voraussetzungen eine Sicherung durch dinglichen Arrest erfolgen.

Zugunsten Verletzter findet materiell – wie sich aus der Verweisung des § 111b Abs. 5 auf Abs. 2 StPO ergibt – § 73a StGB ebenfalls Anwendung, so dass auch hier die vorläufige Sicherung mit dinglichem Arrest vorgenommen wird.

6. Die Sicherstellung durch Beschlagnahme nach § 111b Abs. 1 StPO

Nach § 111b Abs. 1 StPO können Gegenstände im Vorverfahren beschlagnahmt werden, wenn Gründe für die Annahme vorhanden sind, dass die Voraussetzungen für ihren Verfall (§§ 73 Abs. 1 bis 4, 73d Abs. 1 StGB) oder ihrer Einziehung (§§ 74, 74a StGB) vorliegen. 78

Die Beschlagnahme nach § 111b Abs. 1 StPO stellt den **vorläufigen Vollstreckungstitel** dar, der den Zugriff auf das inkriminierte Vermögen (§§ 73, 73d Abs. 1 StGB) oder bemakelte Vermögen (§§ 74, 74a StGB) erlaubt. Ohne Vorliegen dieses Vollstreckungstitels ist ein Zugriff auf die Gegenstände rechtswidrig und unzulässig.

Der Beschlagnahmebeschluss bzw. die Beschlagnahmeanordnung muss den Gegenstand, der gesichert werden soll, genau bezeichnen, wobei der in § 111b Abs. 1 verwendete Begriff „Gegenstände" umfassend zu verstehen ist und bewegliche, unbewegliche sowie alle sonstigen Rechte umfasst.[90]

Nach § 111b Abs. 1 StPO ist ein vorläufiger Vollstreckungstitel in Form der Beschlagnahme bereits bei einem einfachen Verdacht, dass die Voraussetzungen des Verfalls bzw. der Einziehung vorliegen, möglich. Bis zum 8.5.1998 war in Abs. 1 des § 111b StPO ein dringender Verdacht gefordert. Durch die Absenkung der Prognosewahrscheinlichkeit auf das Niveau des einfachen Verdachts wurde damit eine Gleichstellung mit dem Anfangsverdacht des § 152 Abs. 2 StPO („zureichend tatsächliche Anhaltspunkte") erreicht und so ermöglicht, dass in einschlägigen Ermittlungsverfahren nicht nur wegen des Verdachts einer Straftat ermittelt werden darf, sondern zugleich auch in geeigneten Fällen vorhandene Gegenstände oder Vermögenswerte, hinsichtlich derer eine spätere Verfalls- oder Einziehungsanordnung in Betracht kommt, sichergestellt werden können. 79

Aber auch ohne dass wegen einer konkreten Tat Ermittlungen geführt werden, hat § 111b Abs. 1 StPO enorme Bedeutung. In der polizeilichen Praxis sind die Fälle nicht selten, in denen bei Kontrollen verdächtige Gegenstände vorgefunden und vorläufig gesichert werden, weil nach kriminalistischer Erfahrung es sich um inkriminierte Güter handeln dürfte. So wurde beispielsweise bei einem abzuschiebenden Asylanten bei der Verbringung zum Flughafen 80 000 Euro Bargeld aus seinem Gepäck gesichert. Später konnte ihm Betrug zum Nachteil des Sozialamtes nachgewiesen werden.

---

[90] LK-*Schäfer*, 24. Aufl. § 111b Rn. 26.

80 Nach Ablauf von sechs Monaten seit der Anordnung erscheint eine weitere Fortdauer der Sicherstellung aber nur dann verhältnismäßig, wenn bestimmte Tatsachen den Tatverdacht begründen und die bezeichnete Frist wegen der besonderen Schwierigkeit oder des besonderen Umfangs der Ermittlungen oder wegen eines anderen wichtigen Grundes nicht ausreicht. Spätestens nach weiteren sechs Monaten muss sich der begründete Tatverdacht zu einem dringenden Verdacht verdichtet haben. Deswegen sieht § 111b Abs. 3 StPO eine Anhebung der Schwelle als Voraussetzung für die weitere Fortdauer der Sicherstellung auf dringende Gründe vor.

Zugleich erscheint es wegen der Schwere des in der Sicherstellung liegenden Eingriffs geboten, dass das Gericht, das die Anordnung erlassen hat oder das infolge zwischenzeitlicher Anklageerhebungen zuständig geworden ist, prüft, ob die Voraussetzungen für eine weitere Fortdauer der Sicherstellung vorliegen.

Im Hinblick darauf, dass wichtige Gründe, namentlich die besondere Schwierigkeit oder der besondere Umfang der Ermittlungen, es im Einzelfall unmöglich machen können, bereits nach sechs Monaten festzustellen, ob dringende Gründe für eine spätere Anordnung des Verfalls oder der Einziehung sprechen, wird dem Gericht die Möglichkeit eingeräumt, auf Antrag der Staatsanwaltschaft die getroffenen Sicherstellungsmaßnahmen um längstens sechs Monate zu verlängern.

In der Praxis wird eine Beschlagnahme in aller Regel vom Vorliegen dringender Gründe abhängig gemacht.

81 Über § 111b Abs. 4 StPO finden die Vorschriften des §§ 102 bis 110 StPO entsprechende Anwendung, so dass Durchsuchungen beim Verdächtigen und bei anderen Personen zum Zwecke des Auffindens und zur Sicherstellung entsprechender Gegenstände und Vermögenswerte vorgenommen werden dürfen.

7. Anordnung der Beschlagnahme nach § 111e Abs. 1 StPO

82 Zur Anordnung der Beschlagnahme ist nach § 111e Abs. 1 StPO nur der Richter, bei Gefahr in Verzug auch die Staatsanwaltschaft, befugt. Zur Anordnung der Beschlagnahme einer beweglichen Sache sind bei Gefahr im Verzug auch die Ermittlungspersonen der Staatsanwaltschaft befugt.

Darauf hinzuweisen ist, dass der Beschlagnahmebeschluss durch den Richter bzw. die Beschlagnahmeanordnung durch die Staatsanwaltschaft und ihre Ermittlungspersonen bei beweglichen Gegenständen nach § 111b Abs. 1 i. V. m. § 111e Abs. 1 StPO den vorläufig vollstreckbaren Titel darstellt, um auf die Gegenstände Zugriff zu nehmen, die zumindest aufgrund eines einfachen Verdachtes dem Verfall bzw. der Einziehung unterliegen.

Im Beschlagnahmebeschluss bzw. in der Beschlagnahmeanordnung ist der zu sichernde Gegenstand individuell und bestimmt aufzuführen und identifizierbar zu bezeichnen, d. h. nur die dort aufgeführten inkriminierten und bemakelten Gegenstände unterliegen der Sicherstellung.

83 Hat die Staatsanwaltschaft die Beschlagnahme angeordnet, so beantragt sie nach § 111e Abs. 2 Satz 1 StPO innerhalb einer Woche die richterliche Bestätigung der Anordnung. Dies gilt nicht, wenn die Beschlagnahme einer beweglichen Sache angeordnet ist (§ 111e Abs. 1 Satz 2 StPO). Der Betroffene kann nach § 111e Abs. 2 Satz 3 StPO in allen Fällen jederzeit die richterliche Entscheidung beantragen.

V. Kompetenz zur Einleitung und Durchführung der Vollstreckungsmaßnahmen im Falle der Beschlagnahme nach § 111f StPO

84 Die Kompetenz zur Einleitung und Durchführung der Vollstreckungsmaßnahme auf der Grundlage des nach § 111b Abs. 1 i. V. m. § 111e Abs. 1 StPO bestehenden vorläufigen Vollstreckungstitels (Beschlagnahmebeschluss bzw. Beschlagnahmeanordnung bei Gefahr im Verzuge) ist in § 111f StPO geregelt, der folgende Zuständigkeiten vorsieht:V. Beschlagnahme nach § 111f StPO

VI. Beschlagnahme nach § 111c StPO

1. Bei beweglichen Gegenständen

Nach § 111f Abs. 1 StPO kann die Staatsanwaltschaft die vom Gericht oder von ihr selbst bei Gefahr im Verzuge angeordnete Beschlagnahme ausführen. Innerhalb der Staatsanwaltschaft ist der Rechtspfleger zuständig (§ 31 Abs. 1 Nr. 2 RPflG).

Haben Ermittlungspersonen der Staatsanwaltschaft nach § 111e Abs. 1 Satz 2 StPO die Beschlagnahme beweglicher Gegenstände angeordnet, so können sie diese Anordnung selbst vollstrecken.[91] Unabhängig davon kann sich die Staatsanwaltschaft auch ihrer Ermittlungspersonen bedienen.

85

2. Bei Grundstücken und grundstücksgleichen Rechten

Die Einleitung und Durchführung der Vollstreckungsmaßnahmen in Grundstücke und grundstücksgleiche Rechte obliegt gem. § 111f Abs. 2 StPO der Staatsanwaltschaft oder dem Gericht, welches die Beschlagnahme angeordnet hat. Die hierbei anfallenden Geschäfte sind dem Rechtspfleger von der Staatsanwaltschaft (§ 31 Abs. 1 Nr. 1 RPflG) bzw. dem Gericht (§ 22 Nr. 1 RPflG) übertragen.

86

Wie sich aus § 31 Abs. 6 RPflG ergibt, kann aber auch der Richter bzw. der Staatsanwalt die entsprechenden Vollstreckungsmaßnahmen selbst einleiten, da er bei Erinnerungen gegen die Rechtspflegerentscheidungen selbst abhelfen kann und damit auch weisungsbefugt ist. Die Einleitung der Vollstreckungsmaßnahmen in Grundstücke erfolgt durch ein Eintragungsersuchen an das Grundbuchamt um Eintragung eines Beschlagnahmevermerks.

3. Bei Forderungen und anderen Vermögensrechten

Nach § 111f Abs. 1 StPO ist für die Einleitung und Durchführung der Vollstreckung in Forderungen und andere Vermögensrechte ausschließlich die Staatsanwaltschaft zuständig. Die Geschäfte sind dem Rechtspfleger (§ 31 Abs. 1 Nr. 2 RPflG) übertragen. Die Einleitung geschieht durch Erlass eines Pfändungsbeschlusses, der dem Drittschuldner zuzustellen ist (vgl. §§ 111c Abs. 3 StPO i. V. m. 829 ZPO). Mit der Beschlagnahme ist die Aufforderung zur Abgabe der Drittschuldnererklärung nach § 840 ZPO zu verbinden, § 111c Abs. 3 Satz 3 StPO.

87

4. Bei eingetragenen Schiffen, Schiffsbauwerken und Luftfahrzeugen

Die Einleitungs- und Durchführungskompetenz in Schiffe, Schiffsbauwerke und Luftfahrzeuge, die in ein Register eingetragen sind, hat gem. § 111f Abs. 2 StPO sowohl das zuständige Gericht als auch die Staatsanwaltschaft. Die entsprechenden Geschäfte sind dem Rechtspfleger der Staatsanwaltschaft (§ 31 Abs. 1 Nr. 1 RPflG) bzw. dem Gericht (§ 22 Nr. 1 RPflG) übertragen.

88

Handelt es sich um nicht eingetragene Schiffe bzw. Luftfahrzeuge, so erfolgt die Vollstreckung wie bei beweglichen Gegenständen nach § 111f. Abs. 1 StPO.

VI. Die Vollziehung/Vollstreckung der Beschlagnahme nach § 111c StPO

Die Vollziehung des vorläufigen Vollstreckungstitels in Form des Beschlagnahmebeschlusses bzw. der Beschlagnahmeanordnung ist in § 111c Abs. 1 bis 4 StPO nach Art des Gegenstandes unterschiedlich und wie folgt geregelt:

89

---

[91] *Meyer-Goßner*, StPO 45. Aufl. zu § 111f. Rn. 2.

1. Bei beweglichen Gegenständen

90 Die Vollstreckung ist gem. **§ 111c Abs. 1 StPO** erfolgt, sobald der bewegliche Gegenstand von dem Vollstreckungsorgan (Staatsanwalt oder Ermittlungsperson der StA) in Gewahrsam genommen ist, versiegelt oder in anderer Weise kenntlich gemacht wird. Grundsätzlich sollte die Beschlagnahme durch Wegnahme erfolgen, damit gewährleistet ist, dass die Sache nicht mehr beiseite geschafft werden kann oder ein Dritter in den Besitz der Sache gelangt.

2. Bei Grundstücken und grundstücksgleichen Rechten

91 Nach **§ 111c Abs. 2 StPO** erfolgt die Vollstreckung bei Grundstücken und grundstücksgleichen Rechten (wie z. B. Erbbaurecht, Wohnungseigentum, Miteigentum, Sondereigentum) durch die Eintragung eines Beschlagnahmevermerks in Abteilung II des betreffenden Grundbuchblattes. Dieser Vermerk wird vom zuständigen Grundbuchbeamten (Rechtspfleger, Bezirksnotar) aufgrund eines Antrages/Grundbuchersuchens nach § 13 GBO in die Abt. II des betreffenden Grundbuchblattes eingetragen. Bereits beim Eingang des Eintragungsersuchens beim Grundbuchamt ist der Rang des noch einzutragenden Rechtes gem. §§ 17, 45 GBO i. V. m. § 878 BGB gesichert.

3. Bei Forderungen und anderen Vermögensrechten

92 In Forderungen und andere Vermögensrechte wird gem. **§ 111c Abs. 3 StPO** nach den Vorschriften der ZPO die Sicherung durch Pfändung bewirkt. Dabei sind die Vorschriften des 8. Buches der ZPO über die Zwangsvollstreckung in Forderungen und andere Vermögensrechte (§§ 828 ff. ZPO) sinngemäß anzuwenden. Die Pfändung hat zur Folge, dass bei Beschlagnahme einer Geldforderung ein Pfändungsbeschluss nach § 829 ZPO erlassen werden muss, der jeweils dem Drittschuldner und dem Schuldner zuzustellen ist.

In diesem Pfändungsbeschluss wird dem Drittschuldner **verboten**, an den Schuldner zu zahlen (§ 829 Abs. 1 Satz 1 ZPO – **Arrestatorium**) und gleichzeitig dem Schuldner **geboten**, sich jeder Verfügung über die Forderung, insbesondere ihrer Einziehung, zu enthalten (§ 829 Abs. 1 Satz 2 ZPO – **Inhibitorium**).

93 Die Pfändung der Forderung wird gem. § 829 Abs. 3 ZPO mit Zustellung an den Drittschuldner wirksam. Daraus ergibt sich die Notwendigkeit, eine Ausfertigung des Pfändungsbeschlusses zunächst dem Drittschuldner zuzustellen und erst danach die Zustellung einer Beschlussausfertigung an den Schuldner zu bewirken.

Die Aufforderung zur Abgabe einer Drittschuldnererklärung nach § 840 Abs. 1 ZPO, die der Gläubiger binnen zweier Wochen vom Drittschuldner verlangen kann, ist nach § 111c Abs. 3 Satz 3 StPO zwingend mit der Beschlagnahme zu verbinden. Der Inhalt der Drittschuldnererklärung ergibt sich ebenfalls aus § 840 Abs. 1 ZPO.

4. Bei eingetragenen Schiffen und Luftfahrzeugen

94 Nach **§ 111c Abs. 4 StPO** erfolgt die Vollstreckung in Schiffe und Luftfahrzeuge, die in einem Register eingetragen sind, durch Eintragung eines Beschlagnahmevermerks ins Register.

5. Die Wirkung der vollzogenen Beschlagnahme nach § 111c Abs. 5 StPO

95 Die vollzogene Beschlagnahme eines Gegenstandes nach § 111c Abs. 1 bis 4 StPO hat nach Abs. 5 dieser Norm ein **relatives Veräußerungsverbot** im Sinne des § 136 BGB zur Folge; das Verbot umfasst auch andere Verfügungen als Veräußerungen. Das bedeutet, dass spätere Verfügungen des Schuldners über den beschlagnahmten Gegenstand/Vermögenswert dem Staat oder dem zivilrechtlichen Anspruchsberechtigten (bei Rückgewinnungshilfe) gegenüber **unwirksam** sind.

Der Schuldner kann also nach einer Beschlagnahme aufgrund § 111c StPO nicht mehr zum Nachteil des Staates oder der Geschädigten verfügen. Er kann den sichergestellten Gegenstand/Vermögenswert weder veräußern, verschenken noch anderweitig belasten (z. B. verpfänden).

Aus diesem Grund kommt der Beschlagnahme nach § 111c StPO gegenüber einer Beschlagnahme als Beweismittel nach §§ 94, 98 StPO besondere Bedeutung zu. Bei Letzterer tritt kein Veräußerungsverbot ein, so dass der Beschuldigte jederzeit durch formlose Einigung und Abtretung seines Herausgabeanspruchs, der ihm gegenüber der verwahrenden Behörde zusteht, über den Gegenstand verfügen kann.

6. Absehen vom Verfall im Strafurteil

Sieht das Gericht im Urteil von der Anordnung des Verfalls ab, muss es in seinem Urteil die Sicherstellungsmaßnahme aufheben.[92] Die Sicherstellungsmaßnahme verliert bei einer gleichwohl unterlassenen Aufhebung ihre Wirkung erst mit Rechtskraft des Urteils.[93]

VII. Folgen der gerichtlichen Verfallsanordnung

Wird ein Gegenstand durch rechtskräftiges Urteil für verfallen erklärt, so wird eine Beschlagnahmeanordnung gegenstandslos, weil das rechtskräftige Urteil an ihre Stelle tritt.[94] Das Eigentum an dem Gegenstand oder des verfallenen Rechts geht nach § 73e StGB bzw. § 74e StGB i. V. m. § 60 Abs. 1 StVollstrO kraft Gesetzes – ohne weitere Vollstreckungsakte – auf den Staat über.

1. Die Rückgewinnungshilfe nach § 111b Abs. 5 und Abs. 1 StPO

Die Vorschrift des § 111b Abs. 5 StPO sieht prozessual zugunsten der Verletzten die Anwendbarkeit der Abs. 1 bis 4 vor, soweit der Verfall wegen Verletztenansprüchen i. S. d. § 73 Abs. 1 Satz 2 StGB ausscheidet.

Ob eine Rückgewinnungs-Hilfeleistung im konkreten Fall geboten erscheint, steht im pflichtgemäßen Ermessen der jeweiligen Beschlagnahmeanordnungsinstanz.[95]

Die prozessuale Sicherstellung zur Rückgewinnungshilfe erfolgt gem. § 111b Abs. 1 StPO durch Beschlagnahme, sofern der Gegenstand, auf den der Verletzte einen unmittelbaren Anspruch hat, beim Täter/Teilnehmer/Schuldner noch individuell oder als Surrogat vorhanden ist.

Der Beschlagnahmebeschluss bzw. die Beschlagnahmeanordnung erfolgt hier zur Sicherung der Ansprüche von Tatverletzten. Gläubiger des Beschlagnahmebeschlusses bzw. der -anordnung ist aber **nicht der Verletzte, sondern der Staat.**

So wird z. B. bei der Vollstreckung eines Beschlagnahmebeschlusses in ein Grundstück, das der Täter durch Verwirklichung eines Betruges vom Geschädigten übertragen erhalten hat, das Eintragungsersuchen auf Eintragung eines Beschlagnahmevermerkes beim Grundbuchamt zugunsten des Bundeslandes bzw. Bundes eingetragen und nicht zugunsten des Verletzten.

§ 111g StPO erweitert das relative Veräußerungsverbot dahin gehend, dass Verfügungen des Rechtsinhabers und Zwangsvollstreckungsmaßnahmen Dritter auch dem Verletzten gegenüber unwirksam sind.[96]

---

[92] *Meyer-Goßner*, § 111b Rn. 15.
[93] OLG Düsseldorf, Beschluss vom 17.1.1997; NStZ 1997, 301.
[94] Karlsruher Kommentar-*Nack*, § 111e Rn. 13.
[95] *Meyer-Goßner*, § 111b Rn. 6.
[96] Zur verfahrensrechtlichen Stellung des von den Maßnahmen nach §§ 111b ff. Betroffenen und dessen Möglichkeiten, gegen diese Maßnahmen vorzugehen, vgl. den Überblick bei *Huber*, Die Vermögensabschöpfung – Beschlagnahme, dinglicher Arrest und vorrangiges Befriedigungsrecht nach §§ 111g, 111h StPO, Rpfleger 2002, 285 ff.; 290 f.

2. Die Geschädigtenbenachrichtigung nach § 111e Abs. 3 und 4 StPO

101 Nach § 111e Abs. 3 StPO ist der bekannte Verletzte unverzüglich vom Vollzug der Beschlagnahme zu benachrichtigen. Die Mitteilung kann nach § 111e Abs. 4 StPO durch einmaliges Einrücken in den elektronischen Bundesanzeiger oder in anderer geeigneter Weise erfolgen, wenn eine Mitteilung gegenüber jedem einzelnen mit unverhältnismäßigem Aufwand verbunden wäre oder wenn zu vermuten ist, dass noch unbekannten Verletzten aus der Tat Ansprüche erwachsen sind. Zusätzlich kann die Mitteilung auch in anderer geeigneter Weise veröffentlicht werden.

3. Die einzuleitenden Maßnahmen der Geschädigten

102 Der vollzogene Beschlagnahmebeschluss bzw. die Beschlagnahmeanordnung hat für den Geschädigten keine unmittelbaren Auswirkungen, da die Sicherungsmaßnahmen ihre Wirkung nur zwischen dem Schuldner (der von der Maßnahme Betroffene) und dem Staat (Bundesland/Bund) entfaltet.

Das Gesetz sieht in **§ 111k StPO** vor, dass **bewegliche Sachen**, die nach § 111c Abs. 1 StPO beschlagnahmt worden sind, an den bekannten Tatverletzten **herausgegeben werden sollen**.

Im Übrigen müssen die Geschädigten aktiv werden, um auf die sichergestellten Vermögenswerte zugreifen zu können. Zumindest vorläufig vollstreckbare Titel gegen den Schuldner müssen hierzu vom Verletzten erwirkt werden. Als vollstreckbare Titel kommen u. a. Urteile, einstweilige Verfügungen und dingliche Arreste in Betracht. Mit diesen Titeln kann er dann im Wege der Zwangsvollstreckung auf die gesicherten Vermögenswerte zugreifen.

4. Zulassung der Zwangsvollstreckung der Geschädigten nach § 111g Abs. 2 StPO

103 Betreibt der Geschädigte die Zwangsvollstreckung in beschlagnahmte Forderungen oder andere Vermögenswerte, so bedarf es nach § 111g Abs. 2 StPO der Zulassung durch den Richter, der für die Beschlagnahme zuständig ist.

Die Befriedigung des Verletzten erfolgt im Wege der Zwangsvollstreckung nach den Vorschriften der ZPO, so dass der Verletzte sich einen Vollstreckungstitel verschaffen muss, der ihm den Zugriff auf die von den Strafverfolgungsbehörden gesicherten Gegenstände ermöglicht. Diesem Titel ist jedoch häufig nicht zu entnehmen, ob der titulierte Anspruch aus der Tat herrührt, derentwegen die Beschlagnahme erfolgt ist. Das Zulassungsverfahren nach § 111g Abs. 2 Satz 1 StPO dient nach seinem gesetzgeberischen Zweck dazu, die Frage zu klären und festzustellen, ob der Vollstreckungsgläubiger zu dem privilegierten Personenkreis der auch durch die Straftat Verletzten gehört.[97]

104 Wird die Zwangsvollstreckung des Verletzten zugelassen, so tritt der Staat, der aufgrund der Beschlagnahme vorrangiger Pfändungspfandgläubiger ist, mit seinem Pfandrecht hinter dessen Pfandrecht zurück. Die Schutzposition in Form des Veräußerungsverbotes, die der Staat durch die Beschlagnahme erlangt hat, wird gleichsam an den Verletzten abgetreten.[98]

105 Wird die Zwangsvollstreckung zugunsten mehrerer Verletzter zugelassen, so hat das trotz des rückwirkend auf den Zeitpunkt der Beschlagnahme entstandenen Veräußerungsverbotes (§ 111g Abs. 3 Satz 1 StPO) nicht zur Folge, dass alle Verletzten mit ihrem Pfändungspfandrecht den gleichen Rang erwerben. Die Rangfolge der Verletzten richtet sich ausschließlich nach den Zeitpunkten, zu denen ihre Pfändungspfandrechte nach § 804 Abs. 3 ZPO entstanden sind.[99]

---

[97] Vgl. BT-Drucks. 7/550 S. 294.
[98] BGH NJW 2000, 2027; *Schäfer*, in: LK, StPO, 24. Auflage, § 111g Rn. 2, 10; OLG Stuttgart, Beschluss vom 6.11.2000, 1 Ws – 210/00.
[99] BGH NJW 2000, 2027; OLG Stuttgart, Beschluss vom 6.11.2000, 1 Ws 210/00.

VII. Folgen der gerichtlichen Verfallsanordnung

Der Geschädigte kann und sollte bereits vor dem Antrag auf richterliche Zulassung die 106
Zwangsvollstreckung betrieben haben. So setzt z. B. die Arrestpfändung des durch die Straftat
Verletzten zu ihrer Wirksamkeit nicht voraus, dass innerhalb der Vollziehungsfrist des § 929
Abs. 2 ZPO die Arrestvollziehung gem. § 111g Abs. 2 Satz 1 StPO zugelassen oder ein darauf
gerichteter Antrag gestellt wird.[100]

Bei Grundstücken wirkt die Eintragung des Beschlagnahmevermerks nach § 111c Abs. 2 107
Satz 1 StPO zugunsten des Staates gem. § 111c Abs. 3 Satz 1 StPO auch zugunsten des Verletzten. Nach § 111g Abs. 3 Satz 2 StPO gilt die Eintragung des Veräußerungsverbotes als
Eintragung zugunsten solcher Verletzter, die während der Dauer der Beschlagnahme als Begünstigte aus dem Veräußerungsverbot in das Grundbuch eingetragen werden. Dies findet
nach § 111g Abs. 3 Satz 4 StPO auch auf eingetragene Schiffe, Schiffsbauwerke und Luftfahrzeuge Anwendung.

5. Das weitere Vorgehen nach Stellung des Zulassungsantrages

Zum Zulassungsantrag der Geschädigten werden der Beschuldigte und die Staatsanwaltschaft 108
gehört. Gegen den Beschluss des Amtsgerichts ist die sofortige Beschwerde gegeben (§ 111g
Abs. 2 StPO). Auch der Drittbegünstigte (§ 73 Abs. 3 StGB), gegen den die Beschlagnahmemaßnahmen angeordnet und vollzogen wurden, hat dieses Beschwerderecht. § 111g Abs. 2
Satz 2 ist analog anwendbar.[101]

Nach der richterlichen Zulassung steht der Gegenstand dem Geschädigten zur Durchführung der Zwangsvollstreckung zur Verfügung. Die Beschlagnahme des Staates verliert gegenüber dem Verletzten ihre Wirkung.

6. Verfahren nach § 111i Abs. 1 bis 8 StPO zu Gunsten Verletzter und staatlicher Auffangrechtserwerb

Zum 1.1.2007 sind die Verletztenrechte einschließlich eines staatlichen Auffangrechtserwerbs 109
in § 111i StPO umfassend geregelt worden.

Die Vorschrift soll im Wesentlichen sicherstellen, dass künftig der kriminelle Gewinn nicht
dem Täter verbleibt. Zudem soll es den Opferschutz stärken. Die Ergänzung der Vorschriften
über die Zwangsvollstreckung des Verletzten in die vorläufig gesicherten Gegenstände und
die Ausdehnung der Frist für die Aufrechterhaltung der vorläufigen Sicherungsmaßnahmen
sollen den Opfern von Straftaten die Durchsetzung ihrer Ansprüche erleichtern.

Eine wesentliche Schwächung des geltenden Rechts lag bisher darin, dass teilweise gesicherte Vermögenswerte an den Täter zurückgegeben werden mussten, wenn die Verletzten
ihre Ansprüche nicht geltend gemacht haben. Hier schafft § 111i StPO unter Beibehaltung
des materiellen Rechts, insbesondere des § 73 Abs. 1 Satz 2 StGB, nunmehr Abhilfe, indem
es in diesen Fällen künftig generell zu einem Auffangrechtserwerb des Staates kommt.

§ 111i Abs. 1 StPO
Das Gericht kann anordnen, dass die Beschlagnahme oder der dingliche Arrest für die
Dauer von höchstens 3 Monaten aufrechterhalten wird, soweit das Verfahren nach den
§§ 430 und 442 StPO auf die anderen Rechtsfolgen beschränkt worden ist und die sofortige
Aufhebung gegenüber dem Verletzten unbillig wäre.

Die Vorschrift räumt dem Gericht Ermessen ein. Es sei hier angemerkt, dass lediglich hinsichtlich der angeklagten tatrichterlich festgestellten Taten die Rückgewinnungshilfe möglich
ist (BGH NStZ 2003, 422). Stellt das Gericht das dem Geschädigten zustehende Taterlangte

---

[100] Vgl. hierzu *Hees/Albeck*, Der Zulassungsbeschluss nach § 111g Abs. 2 StPO, ZiP 2000, 871 und insgesamt zum vorrangigen Befriedigungsrecht des durch die Straftat Verletzten, *Huber*, Die Vermögensabschöpfung – Beschlagnahme, dinglicher Arrest und vorrangiges Befriedigungsrecht nach §§ 111g, 111h StPO; Rpfleger 2002, 285 ff.; 291 ff.

[101] OLG Stuttgart, Beschluss vom 31.5.2001, 1 Ws 69 72/01.

nach § 111i Abs. 2 StPO nicht fest, so wäre die Beschlagnahme oder der dingliche Arrest sofort aufzuheben mit dem unbilligen Ergebnis, dass der Schuldner im Genuss der Tatfrüchte verbleibt. Sollte das Gericht nach den §§ 430 und 442 Abs. 1 StPO verfahren, weil der Schuldner entsprechende Beweisanträge stellt, die das Verfahren verzögern würden, so kann es die Beschlagnahme oder den dingliche Arrest auf höchstens 3 Monate aufrechterhalten. Die Praxis zeigt jedoch, dass Tatverletzte vor einem rechtskräftigen Strafurteil in der Regel keine Zivilurteile, vor allem mit Blick auf § 149 ZPO, einzuholen vermögen. Falls das Strafgericht nach § 111i Abs. 1 StPO verfährt, ist zu besorgen, dass der Tatverletzte, sofern er nicht rechtzeitig einen vorläufigen zivilrechtlichen Titel gegen den Schuldner einholt und diesen vollstreckt, das Nachsehen hat und Tatfrüchte beim Schuldner verbleiben.

§ 111i Abs. 2 StPO
Hat das Gericht lediglich deshalb nicht auf Verfall oder Wertersatz erkannt, weil Ansprüche eines Verletzten im Sinne des § 73 Abs. 1 Satz 2 StGB entgegenstehen, kann es dies im Urteil feststellen. In diesem Fall hat es das Erlangte zu bezeichnen. Soweit der Verletzte bereits im Wege der Zwangsvollstreckung verfügt hat, der Verletzte nachweislich aus Vermögen befriedigt wurde, das nicht beschlagnahmt worden ist, ist dies im Rahmen der nach den Sätzen 2 und 3 zu treffenden Feststellungen in Abzug zu bringen.

Das erkennende Gericht legt die Basis für den späteren Auffangrechtserwerb im Urteil. Ob in der Urteilsformel Feststellungen über das Taterlangte aufzunehmen sind, hat das Gericht nach pflichtgemäßem Ermessen zu entscheiden. Mit der Gewährung des Entscheidungsspielraumes soll es dem Gericht die Möglichkeit erhalten bleiben, in Ausnahmefällen, insbesondere im Hinblick auf den Resozialisierungsgedanken, von entsprechenden Feststellungen absehen zu können und die Verpflichtung zur Schadenswiedergutmachung auf die Bewährungsebene zu verlagern. Will das Gericht auf Grund pflichtgemäßen Ermessen es jedoch zu prüfen haben, ob es geboten ist, unter Anwendung der §§ 430, 442 StPO nach § 111i Abs. 1 StPO neu zu verfahren.

Die Formulierung „feststellen" in § 111i Abs. 2 Satz 1 StPO verdeutlicht, dass sich mit dem Urteilsausspruch noch kein Rechtserwerb des Staates vollzieht.

§ 111i Abs. 3 StPO
Soweit das Gericht nach Absatz 2 verfährt, hält es die Beschlagnahme oder den dinglichen Arrest des im Sinne des Absatzes 2 Satz 2 und 4 Erlangten durch Beschluss für drei Jahre aufrecht. Die Frist beginnt mit Rechtskraft des Urteils. Soweit der Verletzte innerhalb der Frist nachweislich aus Vermögen befriedigt wird, das nicht beschlagnahmt oder durch dinglichen Arrest gesichert worden ist, hebt das Gericht die Beschlagnahme oder den dinglichen Arrest auf Antrag des Betroffenen auf.

§ 111i Abs. 4 StPO
Die Anordnung nach Absatz 3 sowie der Eintritt der Rechtskraft sind dem durch die Tat Verletzten unverzüglich durch das Gericht mitzuteilen. Die Mitteilung ist zu verbinden mit dem Hinweis auf die in Absatz 5 genannten Folgen und auf die Möglichkeit, Ansprüche im Wege der Zwangsvollstreckung durchzusetzen.

§ 111i Abs. 5 StPO
Mit Ablauf der in Absatz 3 genannten Frist erwirbt der Staat die nach Absatz 2 bezeichneten Vermögenswerte entsprechend § 73e Abs. 1 StGB bzw. den Zahlungsanspruch, soweit nicht
1. der Verletzte wegen seiner Ansprüche im Wege der Zwangsvollstreckung verfügt hat,
2. der Verletzte nach weislich aus Vermögen befriedigt worden ist, das nicht beschlag-nahmt worden war,
3. zwischenzeitlich Sachen nach § 111k StPO an den Verletzten herausgegeben oder hinterlegt worden sind oder
4. Sachen nach § 111k StPO an den Verletzten herauszugeben gewesen wären und dieser die Herausgabe vor Ablauf der in Absatz 3 genannten Frist beantragt hat.

VII. Folgen der gerichtlichen Verfallsanordnung **28**

§ 111i Abs. 6 StPO
Das Gericht des ersten Rechtszugs stellt den Eintritt und den Umfang des staatlichen Rechtserwerbs bzw. des Zahlungsanspruches nach Absatz 5 Satz 1 durch Beschluss fest
Die Absätze 7 und 8 sollen nicht erörtert werden.

7. Unbekannte Geschädigte und das Verfahren nach §§ 979 ff. BGB i. V. m. Art. 74 Nr. 5 RiStBV bei beweglichen Gegenständen

Im Falle von unbekannten Verletzten scheidet im Hinblick auf die Regelung des § 73 Abs. 1 Satz 2 StGB eine Verfallsanordnung aus. Um bei beweglichen Sachen die Rechte der unbekannten Verletzten/Eigentümer zu sichern, sieht § 111i StPO Abs. 1 bis 8 StPO die beschriebenen Verfahrensweisen vor. Darüber hinaus kann bei beweglichen Gegenständen, soweit die Eigentumsvermutung nach § 1006 BGB erschüttert ist, das Verfahren nach den Vorschriften der §§ 983, 979, 981, 982 BGB i. V. m. 74 Nr. 5 RiStBV in Betracht gezogen werden[102]. **110**

Fallbeispiel zur Verdeutlichung des Verfahrens:
Rentner A will vom Flughafen Hamburg nach Ecuador fliegen. Bei einer zollrechtlichen Kontrolle wurde an der Kofferaußenseite Kokainwischspuren festgestellt. Im Koffer wurde eine Plastiktüte vorgefunden, in der sich mehrere Briefumschläge befanden; mit dem Inhalt von 400.000 Euro in 500-Euro-Scheinen. Der Rentner machte hierzu widersprüchliche Angaben und behauptete es handle sich um seine Ersparnisse mit denen er eventuell in Ecuador ein Hotel kaufen wolle. Die spanische Sprache spreche er nicht.
Das Geld wurde nach §§ 111b ff. StPO vorläufig gesichert, da der Verdacht der Geldwäsche bestand. Ecuador sei als Kokaintransportland nach Deutschland bekannt. Ferner, dass Geldkuriere von der ecuadorianischen Kokainmafia eingesetzt würden. Die anschließend durchgeführten Ermittlungen ergaben, dass der Rentner weder in der Vergangenheit noch in der Gegenwart nennenswerte Guthaben auf Bankkonten hatte. Außerdem konnten auf keinem Geldschein Fingerabdrücke des Rentners festgestellt werden.
Die Staatsanwaltschaft konnte den Nachweis der Geldwäsche nicht führen, sah aber die Eigentumsvermutung des Geldes nach § 1006 BGB als erschüttert an und verweigerte die Herausgabe des Geldes. Nach dem Bundesverwaltungsgericht (NJW 2003, 689) kann die Eigentumsvermutung des Besitzers auch mithilfe von Indizien und Erfahrungssätzen in einer Gesamtschau widerlegt werden. Es müssen demnach Umstände vorliegen, die das Eigentum eines Dritten wahrscheinlicher erscheinen lassen, als das Eigentum des oder die vom Besitzer behauptete Erwerbstatsachen widerlegen.
Der Rentner klagte nunmehr auf Herausgabe des Geldes vor dem Landgericht Hamburg (Urteil vom 7.5.2011 Gz 303 O 243/09). Das Landgericht sah die Eigentumsvermutung des §§ 1006 BGB als erschüttert an und wies die Herausgabeklage ab, da der Kläger den Eigentumsnachweis nicht führen konnte.
Nunmehr ist der Weg nach den §§ 983, 979, 981 und 982 BGB für die Staatsanwaltschaft eröffnet.

Strittig ist, ob die Vorschriften nur Anwendung finden auf bewegliche Gegenstände, die einem unbekannten Verletzten/Eigentümer zustehen, oder auch auf Forderungen.[103]
Insbesondere bei Serieneinbrechern ist die Menge der aufgefundenen Diebesbeute oft so groß, dass es nicht möglich ist, sie dem jeweiligen Eigentümer zuzuordnen.
Außerdem haben Geschädigte oft wenig Interesse an der Rücklangung ihres Eigentums, weil sie zwischenzeitlich von anderer Seite (z. B. Hausratversicherung) entschädigt wurden. **111**

---

[102] *Löffler*, Die Herausgabe von beschlagnahmten od. sichergestellten Sachen im Strafverfahren, NJW 1991, 1705 ff. und NStZ 1984, 409 f; NStZ 1995, 219.
[103] So LG Bielefeld für Betrugsgelder auf Konten, Beschluss vom 28.5.1999, 1 KLs 1/98 und OLG Hamm, Beschluss vom 2. 9.1999, Az: 3 Ws 470/99.

Signifikant sind aber auch die Fälle des Kapitalanlagebetrugs mit einer Vielzahl unbekannter Geschädigter.

Dies führt dazu, dass Ermittlungsbehörden häufig im Besitz von Sachen sind, die sie mangels Kenntnis des eigentlichen Berechtigten an den letzten Gewahrsamsinhaber aushändigen müssten, denn dieser verliert durch die Sicherstellung zwar den unmittelbaren Besitz an der Sache, er bleibt aber in der Regel mittelbarer Besitzer und erwirbt ggf. gegen den Staat einen Rückgewährsanspruch aus dem Besitzmittlungsverhältnis und aus öffentlich-rechtlicher Verwahrung.

Der durch die Sicherstellung erworbene Rückgewährsanspruch aus öffentlich-rechtlicher Verwahrung und dem Besitzmittlungsverhältnis darf aber nicht zur Herausgabe der Sache an den letzten Gewahrsamsinhaber führen, wenn dieser selbst kein Recht zum Besitz hat. Denn jemand, der den Besitz zweifellos unrechtmäßig erlangt hat, genießt weder den Schutz des Art. 14 GG noch den des Rechtes zum Besitz als sonstiges Recht nach § 823 Abs. 1 BGB.

112 Nr. 75 Abs. 5 der Richtlinien zum Straf- und Bußgeldverfahren (RiStBV) sieht daher in Abweichung vom Grundsatz der Rückgabe an den letzten Gewahrsamsinhaber vor, dass in den Fällen, in denen zweifelsfrei feststeht, dass die Sache unrechtmäßig in die Hand des letzten Gewahrsamsinhabers gelangt ist und der Verletzte sich nicht ermitteln lässt, die Sache nach den §§ 983, 979 bis 982 BGB zugunsten des Verletzten bzw. der Staatskasse zu versteigern ist. Bei Zahlungsmitteln wie Bargeld ist eine öffentliche Versteigerung nicht möglich, so dass eine entsprechende Anwendung der Vorschrift nicht in Betracht kommt.[104]

Nr. 75 Abs. 5 RiStBV selbst ist keine Ermächtigungsgrundlage für Eingriffe in die Rechte des letzten Gewahrsamsinhabers. Sie hat nur deklaratorische Bedeutung und gibt lediglich die nach den §§ 983, 979 ff. BGB zu beachtende Rechtslage wieder:

113 Nach § 983 BGB ist der sichergestellte Gegenstand von der Behörde, die im Besitz der Sache ist, in entsprechender Anwendung der Vorschriften der §§ 979 bis 982 BGB zu versteigern.

Unabhängig davon, wo die einzelnen Gegenstände tatsächlich aufbewahrt werden, ist in der Regel die Staatsanwaltschaft als Herrin des Verfahrens im Besitz der Sachen, die in einem Ermittlungsverfahren nach den Vorschriften der StPO beschlagnahmt bzw. sichergestellt wurden.

Dies gilt auch in den Fällen, in denen sich die fraglichen Gegenstände noch bei der Polizeidienststelle befinden. Insofern obliegt die Versteigerung in erster Linie der Staatsanwaltschaft.

114 Die Verwertung von sichergestelltem Gut gem. §§ 983, 979 bis 982 BGB ist ein rein zivilrechtliches Verfahren, das mit dem anhängigen Strafverfahren nichts zu tun hat und unabhängig von diesem durchgeführt werden kann. Auf eine Anklageerhebung, eine Verurteilung des Tatverdächtigen oder eine rechtskräftige Entscheidung im Strafverfahren kommt es deshalb nicht an.

Das Verfahren kann bei Vorliegen der bereits genannten Voraussetzungen jederzeit durchgeführt werden.

115 Nach § 980 Abs. 1 BGB ist die Versteigerung nach § 979 Abs. 1 BGB **erst zulässig,** nachdem die Empfangsberechtigten in einer öffentlichen Bekanntmachung der sichergestellten Gegenstände zur Anmeldung ihrer Rechte innerhalb einer bestimmten Frist aufgefordert worden sind und die Frist verstrichen ist.

Die Versteigerung ist gem. § 980 Abs. 1 BGB unzulässig, wenn eine Anmeldung rechtzeitig erfolgt ist. Eine Bekanntmachung ist gem. § 980 Abs. 2 BGB nicht erforderlich, wenn der Verderb der Sache zu besorgen ist oder die Aufbewahrung mit unverhältnismäßigen Kosten verbunden ist.

In Baden-Württemberg erfolgt aufgrund § 1 der Verordnung der Landesregierung über die Bekanntmachung von Funden und unanbringbaren Sachen vom 29. Sept. 1981 die öffentliche Bekanntmachung nach den §§ 980, 981 und 983 BGB durch Aushang bei der jeweiligen Behörde, dem Gericht oder der Verkehrsanstalt. Die Bekanntmachungen sollen mindestens sechs Wochen ausgehängt werden.

---

[104] Krit. *Müller*, Welche Rechte des Verletzten hindern den Verfall?, MSchrKrim 2001, 244.

VIII. Sicherstellung von Gegenständen durch dinglichen Arrest   28

Die in der Bekanntmachung zu bestimmende Frist zur Anmeldung von Rechten muss mindestens sechs Wochen betragen. Sie beginnt mit dem Tage des Aushangs, bei mehreren Bekanntmachungen mit dem Tage der letzten Bekanntmachung.

Da auch der letzte Gewahrsamsinhaber Rechte anmelden kann und eine Versteigerung 116 dann unzulässig wäre, empfiehlt es sich, vor einem entsprechenden Aushang, eine schriftliche Verzichtserklärung von ihm einzuholen. Verzichtet der letzte Gewahrsamsinhaber nicht und macht er Ansprüche geltend, so steht ihm der Weg zum Zivilgericht offen.[105] Denselben Weg könnte auch die Staatsanwaltschaft in Form einer negativen Feststellungsklage bestreiten.

Ergeht eine rechtskräftige Entscheidung dahin gehend, dass dem letzten Gewahrsamsinhaber ein Herausgabeanspruch nicht zusteht, kann das Verfahren nach den §§ 983 ff. BGB weitergeführt werden.

Nach § 979 Abs. 1 BGB kann die Behörde die Sache öffentlich versteigern lassen. Diese 117 Versteigerung erfolgt entweder durch einen beauftragten Gerichtsvollzieher oder einen öffentlich bestellten und vereidigten Versteigerer.

Nach der Versteigerung tritt der Erlös als Surrogat an die Stelle der versteigerten Sache (§ 979 Abs. 2 BGB).

Sind seit dem Ablauf der in der öffentlichen Bekanntmachung bestimmten Frist drei Jahre verstrichen, so fällt der Versteigerungserlös, wenn nicht ein Empfangsberechtigter sein Recht angemeldet hat, dem Fiskus zu (§ 981 Abs. 1 BGB).

Der Versteigerungserlös bleibt also als Surrogat nochmals drei Jahre für Anspruchsberechtigte reserviert, dann fällt er endgültig in den Haushalt der Behörde, die die Sache in Besitz hatte und von der das Verfahren durchgeführt wurde.

VIII. Die Sicherstellung von Gegenständen durch dinglichen Arrest nach § 111b Abs. 2 StPO

Nach § 111b Abs. 2 StPO können Gegenstände im Vorverfahren durch einen dinglichen Arrest 118 sichergestellt werden, wenn Gründe für die Annahme vorhanden sind, dass die Voraussetzungen für den Verfall von Wertersatz (§§ 73a, 73d Abs. 2 StGB) oder der Einziehung von Wertersatz (§ 74c StGB) vorliegen.

Der dingliche Arrest nach § 111b Abs. 2 StPO stellt den **vorläufigen Vollstreckungstitel** dar, der den Zugriff auf sonstiges Täter-/Schuldnervermögen erlaubt. Ohne Vorliegen dieses Vollstreckungstitels ist ein Zugriff auf Täter-/Schuldnervermögen rechtswidrig und unzulässig.

Wie bei der Beschlagnahme nach § 111b Abs. 1 StPO ist der dingliche Arrest nach § 111b Abs. 2 StPO bereits möglich bei Vorliegen eines einfachen Verdachts der Voraussetzungen für Wertersatzverfall bzw. der Wertersatzeinziehung.

Im Übrigen wird auf die Ausführungen zur Sicherstellung von Gegenständen durch Beschlagnahme nach § 111b Abs. 1 StPO verwiesen, die auch für den dinglichen Arrest gelten.

1. Anordnung des dinglichen Arrestes nach § 111e Abs. 1 StPO

Zur Anordnung des dinglichen Arrestes ist nach § 111e Abs. 1 StPO nur der Richter, bei Ge- 119 fahr im Verzug auch die Staatsanwaltschaft befugt. Der Ermittlungsperson der Staatsanwaltschaft kommt eine Anordnungsbefugnis nicht zu.

Nach § 111d Abs. 1 Satz 1 StPO kann der dingliche Arrest neben Wertersatzverfall und Wertersatzeinziehung auch zur Sicherung einer Geldstrafe und der voraussichtlich entstehenden Kosten des Verfahrens erlassen werden. Für letztere beiden Möglichkeiten darf nach § 111d Abs. 1 Satz 2 StPO der dingliche Arrest erst mit Erlass des Urteils angeordnet werden.

---

[105] OLG Stuttgart, wistra 2002, 38.

2. Notwendiger Inhalt eines dinglichen Arrestes nach § 111d Abs. 2 StPO

120 Für den Erlass eines dinglichen Arrestes und seiner Vollziehung gelten § 111d Abs. 2 StPO und einzelne Vorschriften aus dem 5. Abschnitt des 8. Buches der ZPO.
Danach muss jeder dingliche Arrest nach §§ 917, 920 Abs. 1 und 923 ZPO einen **Arrestgrund**, die **Höhe** und **Bezeichnung des Anspruchs** (aus dem Arrestgesuch) und eine **Abwendungsbefugnis** enthalten.

121 Unter einem **Arrestgrund** nach § 917 ZPO versteht man die Besorgnis, dass ohne Verhängung des dinglichen Arrestes, die spätere Vollstreckung des Urteils, in dem der Verfall oder die Einziehung von Wertersatz ausgesprochen wird, vereitelt oder wesentlich erschwert werden würde.
Dies ist immer dann der Fall, wenn zu besorgen ist, dass der Beschuldigte/Schuldner Vermögenswerte beiseite schafft. Diese Vermutung kann sich insbesondere auch aus dem strafrechtlichen Verhalten des Schuldners ergeben, z. B. beim Betrug, wo die Vermögensverschiebung der Tathandlung immanent ist. Da eine „Verschiebung" von Vermögenswerten jederzeit möglich erscheint, kann das Vorliegen eines Arrestgrundes in der Praxis so gut wie immer bejaht werden. Allerdings stellt die schlechte Vermögenslage des Schuldners als solche noch keinen Arrestgrund dar: denn durch den Arrest soll der Gläubiger nicht besser gestellt werden, als dies bei einer sofortigen „(Befriedigungs-)Zwangsvollstreckung" der Fall sein würde.[106]
Nach § 917 Abs. 2 ZPO wird es als ausreichend angesehen, wenn das Urteil im Geltungsbereich außerhalb der EU vollstreckt werden müsste, d. h. wenn der Beschuldigte Wertanlagen im Ausland besitzt, aber kaum über inländisches Vermögen verfügt oder Anstalten macht, dieses ins Ausland zu transferieren.

122 Gem. § 920 Abs. 1 ZPO soll das Arrestgesuch die materielle Anspruchsgrundlage, den Arrestanspruch sowie die Höhe des Anspruchs enthalten. Bei Anregung oder Beantragung eines dinglichen Arrestes sind also der staatliche Anspruch bzw. bei der Rückgewinnungshilfe die Ansprüche der Verletzten nach §§ 73a, 73d Abs. 2 StGB oder § 74a StGB – in Verbindung mit der anspruchsbegründenden Strafnorm (§ 111b Abs. 5 StPO) – in bestimmter Höhe zu nennen.

123 Da ein dinglicher Arrest seinem Charakter nach nur zur Sicherung einer späteren Vollstreckung dient, muss er stets auch die Möglichkeit der **Abwendung** seiner Vollziehung enthalten. Diesem Gedanken trägt § 923 ZPO Rechnung, der besagt, dass im Arrestbefehl ein Geldbetrag festzusetzen ist, durch dessen Hinterlegung die Vollziehung des Arrestes gehemmt und der Schuldner zum Antrag auf Aufhebung des vollzogenen Arrestes berechtigt wird (§ 934 ZPO).

IX. Kompetenz zur Einleitung und Durchführung der Vollstreckungsmaßnahmen im Falle des dinglichen Arrestes nach § 111 f StPO

124 Die Kompetenz zur Einleitung und Durchführung der Vollstreckungsmaßnahmen auf der Grundlage des nach § 111b Abs. 2 i. V. m. § 111e Abs. 1 StPO bestehenden vorläufigen Vollstreckungstitels ist in § 111 f. StPO geregelt, der folgende Zuständigkeiten vorsieht:

1. Bei beweglichen Gegenständen

125 Bei beweglichen Gegenständen ergibt sich aus § 111 f Abs. 3 Satz 1 i. V. m. § 2 Abs. 1, § 1 Abs. 1 Nr. 1 und 2a JBeitrO i. V. m. §§ 451, 459g StPO die Zuständigkeit der Staatsanwaltschaft.
Die Einleitung erfolgt dadurch, dass der Staatsanwalt sich selbst, einem seiner Ermittlungspersonen (§ 152 GVG) oder dem Gerichtsvollzieher einen Vollstreckungsauftrag erteilt.

---

[106] OLG Düsseldorf Rpfleger 1991, 216, 217.

X. Die Vollstreckung des dinglichen Arrestes

2. Bei Grundstücken und grundstücksgleichen Rechten

Für die Einleitung und Durchführung der Vollstreckungsmaßnahmen in Grundstücke und grundstücksgleiche Rechte ist die Staatsanwaltschaft oder das Gericht, das den dinglichen Arrest erlassen hat, nach § 111 f Abs. 3 Satz 2 i. V. m. Abs. 2 StPO zuständig. Die Zuständigkeit beschränkt sich auf das Ersuchen um entsprechende Grundbucheintragungen. Die hierbei anfallenden Geschäfte sind dem Rechtspfleger der Staatsanwaltschaft (§ 31 Abs. 1 Nr. 2 RpflG) bzw. des Gerichts (§ 22 Nr. 2 RpflG) übertragen. Staatsanwalt bzw. Richter können das Eintragungsersuchen auch selbst fertigen, da sie bei Erinnerungen gegen die Maßnahmen „ihrer" Rechtspfleger jederzeit Abhilfe leisten bzw. Anweisungen erteilen können. 126

Das Eintragungsersuchen ist im Falle der § 111d Abs. 2 StPO i. V. m. §§ 928, 930, 932 ZPO auf die Eintragung einer Sicherungshypothek gerichtet.

Das Eintragungsersuchen kann im Einzelfall aber auch auf die Sicherung von zu pfändenden Grundpfandrechten wie Hypotheken oder Grundschulden gerichtet sein (vgl. §§ 830, 857 Abs. 6 ZPO). Für die hierzu zusätzlich notwendigen Forderungspfändungen ergibt sich die Einleitungs- und Durchführungskompetenz aus der nachfolgenden Ausführung.

3. Bei Forderungen, Schiffen sowie Schiffsbauwerken

Bei Forderungen, eingetragenen Schiffen und Schiffsbauwerken ist nach § 111 f Abs. 3 Satz 3 StPO die Staatsanwaltschaft oder auf deren Antrag das Gericht, das den Arrest angeordnet hat, zuständig. Die Durchführung der Vollstreckung ist auf den Erlass eines Pfändungsbeschlusses gerichtet, der dem Drittschuldner zuzustellen ist (vgl. § 111d StPO i. V. m. §§ 928, 930, 829 ZPO). 127

Funktional zuständig ist nach §§ 22 Nr. 2, 31 Abs. 1 Nr. 2 RpflG i. V. m. § 20 Nr. 16 RpflG der Rechtspfleger beim Gericht bzw. der Staatsanwaltschaft. 128

Auch hier können der Staatsanwalt und Richter selbst den Pfändungsbeschluss erlassen, da ihnen dem Rechtspfleger gegenüber ein Weisungsrecht zusteht.

X. Die Vollstreckung des dinglichen Arrestes gem. § 111d StPO

Die Vollstreckung des dinglichen Arrestes ist in § 111d Abs. 2 StPO geregelt. § 111d Abs. 2 StPO verweist auf die sinngemäße Anwendbarkeit der Vorschriften der §§ 917, 920 Abs. 1 sowie der §§ 923, 928, 930, 932 und 934 Abs. 1 ZPO. 129

Auf die Arrestvollziehung sind demnach über § 928 ZPO grundsätzlich die Vorschriften über die Zwangsvollstreckung anzuwenden, soweit die §§ 930–932 und 934 ZPO keine davon abweichenden Regelungen treffen.

Auch bei der Vollziehung des dinglichen Arrestes wird unterschieden, in welche Vermögenswerte vollstreckt werden soll.

1. Bei beweglichen Gegenständen

Die Pfändung beweglicher Sachen erfolgt gem. § 111d Abs. 2 StPO i. V. m. §§ 928, 930 ZPO nach denselben Grundsätzen wie jede andere Pfändung und begründet ein Pfandrecht mit den im § 804 ZPO bestimmten Wirkungen. 130

Dies bedeutet, dass die Pfändung nach den einschlägigen Vorschriften über die Zwangsvollstreckung wegen Geldforderungen in das bewegliche Vermögen erfolgen muss. Aus der Verweisung der §§ 928, 930 ZPO auf die Anwendbarkeit der Vorschriften des 8. Bandes der ZPO ergibt sich, dass für die Pfändung körperlicher Sachen grundsätzlich der **Gerichtsvollzieher** zuständig ist, der gem. §§ 808 ff. ZPO die im **Gewahrsam** des Schuldners oder eines herausgabebereiten Dritten (§ 809 ZPO) befindliche Sache in Besitz nimmt.

Nach § 111 f Abs. 3 Satz 1 StPO steht die Vollstreckungskompetenz neben dem Gerichtsvollzieher auch dem Staatsanwalt und seinen Ermittlungspersonen (§ 152 GVG) zu. 131

132 Bei jeder Pfändung entsteht ein **relatives Verfügungsverbot** nach den §§ 135, 136 BGB zugunsten des Gläubigers **(sog. Verstrickung)** und gleichzeitig ein **Pfändungspfandrecht** am gepfändeten Gegenstand. Letzteres ist das Recht des Gläubigers, sich aus dem Gegenstand, d. h. durch dessen Verwertung, zu befriedigen.

§ 930 Abs. 2 ZPO sieht vor, dass vom Gerichtsvollzieher **gepfändetes Geld** zu hinterlegen ist. Diese Vorschrift verweist auf die Hinterlegungsordnung und legt fest, nach welchen Bestimmungen zu verfahren ist. Diese Kompetenz dürfte nach § 111 f Abs. 3 Satz 1 StPO nunmehr auch dem Staatsanwalt und seinen Hilfsbeamten zustehen.

2. Bei Grundstücken

133 Die Vollziehung erfolgt durch die Eintragung einer Sicherungshypothek in das betreffende Grundstück, § 932 ZPO. Im Übrigen gelten bei der Vollstreckung in eingetragene Hypotheken und Grundschulden §§ 857 Abs. 6 i. V. m. 830 ZPO.

3. Bei Forderungen und anderen Vermögensrechten

134 Die Vollziehung des dinglichen Arrestes in Forderungen und andere Vermögensrechte erfolgt nach den Vorschriften der §§ 928, 930 i. V. m. 829 ff. ZPO. Die Pfändungen sind in der Regel nach § 829 Abs. 3 ZPO als bewirkt anzusehen, sobald der Pfändungsbeschluss dem Drittschuldner zugestellt worden ist.

4. Bei eingetragenen Schiffen, Schiffsbauwerken und Luftfahrzeugen

135 In eingetragene Schiffe und Schiffsbauwerke wird gem. §§ 928, 930 und 931 ZPO durch Anordnungsbeschluss und Eintragungsersuchen in das Schiffsregister sowie Inbesitznahme durch den Gerichtsvollzieher vollstreckt. Bei Luftfahrzeugen ist § 99 des Gesetzes über das Recht an Luftfahrzeugen maßgebend.

XI. Absehen vom Wertersatzverfall im Strafverfahren

136 Wird im Strafurteil nicht auf Wertersatzverfall erkannt, so endet der dingliche Arrest, falls dieser nicht aufgehoben wird, gleichfalls erst mit Rechtskraft des Strafurteils.[107]

1. Folgen des gerichtlichen Wertersatzverfalls

137 Mit Rechtskraft des Urteils wegen Wertersatzverfalls steht dem Staat gegen den Schuldner ein Zahlungsanspruch in festgestellter Höhe zu. Dieser Anspruch bedarf – sollte der Schuldner seine Schuld nicht begleichen – der Vollstreckung. Die Vollstreckung kann sich nunmehr auch auf die mit dinglichem Arrest gesicherten Vermögenswerte richten.

2. Die Rückgewinnungshilfe im Falle des Wertersatzes

138 Bei Rückgewinnungshilfe in das Täter-/Schuldnervermögen in Form des Wertersatzes durch Vollstreckung eines dinglichen Arrests ist für den Geschädigten das Zulassungsverfahren umfassend geregelt.

139 Die Vollstreckung in **Grundstücke** ist durch § 111h StPO speziell geregelt. Hat die Staatsanwaltschaft eine Arresthypothek in das Grundstück des Täters eintragen lassen und der Verletzte eine weitere (nachrangige) Sicherungshypothek in das Grundstück erwirkt, kann der Geschädigte gemäß § 111h Abs. 2 StPO verlangen, dass die Staatsanwaltschaft mit ihrer

---

[107] In Anlehnung an OLG Düsseldorf, Beschluss vom 17.1.1997, NStZ 1997, 301.

XI. Absehen vom Wertersatzverfall im Strafverfahren

Arresthypothek hinter der des Geschädigten im Rang zurücktritt und die Rangänderung in das Grundbuch gem. § 880 Abs. 2 Satz 1 BGB eingetragen wird.
Entsprechend ist nach § 111h Abs. 4 StPO eingetragenen Schiffen, Schiffsbauwerken und Luftfahrzeugen zu verfahren.

Für die Vollstreckung in bewegliche Gegenstände sowie Forderungen und andere Rechte, die aufgrund eines dinglichen Arrestes gesichert wurden, sieht § 111g StPO in seinem Absatz 2 vor, dass auf Antrag des Verletzten auf vorrangige Befriedigung durch einen Zulassungsbeschluss ihm gegenüber anderen Gläubigern des Schuldners ein Vollstreckungsvorsprung zukommen soll. Durch ein gerichtliches Zulassungsverfahren soll geklärt werden, ob es sich um einen privilegierten Vollstreckungsgläubiger handelt, der zum Kreis derer gehört, zu dessen Gunsten die staatlichen Sicherungsmaßnahmen erfolgt sind. **140**

Ebenfalls bedarf es einer mit der Wirkung des § 111g Abs. 1 StPO ausgestatteten gerichtlichen Zulassungsentscheidung, da ansonsten das vorrangige staatsanwaltschaftliche Pfändungspfandrecht dem Zweck der Rückgewinnungshilfe völlig widersprechend die Vollstreckung der Tatgeschädigten in die durch die Staatsanwaltschaft gesicherten Vermögenswerte verhindern würde. **141**

Ein zusätzliches Problem kann durch die Eröffnung eines Insolvenzverfahrens gegen den Vollstreckungsschuldner entstehen. Welche Auswirkungen dies auf bereits erfolgte Pfändungen von Gläubigern hat, kann erst beantwortet werden, wenn die zeitliche Abfolge festgestellt worden ist. **142**

Unstreitig dürfte sein, dass die gesamten gesicherten Vermögenswerte mit der Eröffnung des Insolvenzverfahrens in die Insolvenzmasse fallen und ein eventuell bestehendes Veräußerungsverbot gegen den Schuldner, das nur den Schutz bestimmter Personen bezweckt (wie bei der Rückgewinnungshilfe für die privilegierten Geschädigten), keine Wirkung hat (§ 80 Abs. 2 Satz 1 InsO).

Etwas anderes dürfte nur gelten, wenn durch die Straftat Geschädigte vor der Beantragung eines Insolvenzverfahrens gepfändet haben, da sie dann zur abgesonderten Befriedigung berechtigt sind (§ 50 Abs. 1 InsO).

In diesem Zusammenhang ist allerdings § 88 InsO wegen der so genannten „Rückschlagsperre" zu beachten. Erlangt der Geschädigte im letzten Monat vor dem Antrag auf Eröffnung des Insolvenzverfahrens oder danach sein Pfandrecht, so ist dieses mit der Eröffnung des Verfahrens unwirksam. **143**

Schwierigkeiten bereitet gelegentlich die Feststellung des Geschädigtenkreises. So lässt sich nicht in allen Verfahren von vornherein feststellen, wer als Verletzter in Betracht kommt. Das OLG Hamm[108] stellt hierzu fest, dass die Sicherungsmaßnahme, unabhängig davon, ob der Geschädigte im Titel aufgeführt ist oder nicht, Wirkung für die Geschädigten der prozessualen Tat entfalte. Werden im Rahmen einer Tatserie Teile eines Verfahrens eingestellt, so kann ein Verletzter der eingestellten Tat nicht die Zulassung beantragen.[109] Allerdings können ausgeschiedene Tatteile jederzeit wieder in das Verfahren einbezogen werden. **144**

Der novellierte § 111i StPO regelt die Aufrechterhaltung der Sicherstellung und einen Auffangrechtserwerb zu (zum einzelnen siehe auch die Ausführungen zu § 111i Abs. 1–6 StPO bei der Beschlagnahme). **145**

Hat das Gericht nach § 111i Abs. 2 StPO lediglich deshalb nicht auf Verfall erkannt, weil Ansprüche eines Verletzten im Sinne des § 73 Abs. 1 Satz 2 StGB entgegenstehen, kann es dies im Urteil feststellen. Liegen die Voraussetzungen des § 73a StGB vor, stellt es im Urteil den Geldbetrag fest, der dem Wert des Erlangten entspricht.

---

[108] NStZ 1999, 584.
[109] *Schmid/Winter*, Vermögensabschöpfung in Wirtschaftsverfahren – Rechtsfragen und Praktische Erfahrungen –, in: NStZ 2002, 8, 14.

Tenorierungsbeispiel zu § 111b Abs. 2 StPO:

Das Landgericht XX hat in der Sitzung vom ... an der teilgenommen haben
...
...
...
für Recht erkannt:
1. Der Angeklagte A wird wegen gewerbsmäßiger Hehlerei in x- Fällen zu ... verurteilt.
2. Die Anordnung des Verfalls von Wertersatz unterbleibt wegen entgegenstehender Ansprüche Verletzter.
Es wird festgestellt, dass dem Wert des Erlangten folgende Geldbeträge entsprechen:
150.000 Euro
3. Der Angeklagte trägt die Kosten des Verfahrens.
Angewandte Vorschriften: §§

Der BGH (NJW 2011, 624) hat zum Auffangrechtserwerb und der Härtefallsregelung bei gesamtschuldnerischen Haftung bei Mittäterschaft umfassend Stellung bezogen.
Nach dem zugrundeliegenden Sachverhalt begingen A, B und C einen bewaffneten Raubüberfall in einem Cafe, in dem unter anderem auch illegales Glücksspiel veranstaltet wurde. Die Täter erbeuteten von drei Personen insgesamt 26.000 Euro. Über das Geld hatten die Täter gemeinsam Verfügungsgewalt.
Der BGH führt in seinem Urteil Folgendes aus:
1. Bei einer Feststellung gem. § 111i Abs. 2 StPO ist im Urteilstenor (nur) der Vermögensgegenstand bzw. Geldbetrag zu benennen, den der Staat unter den Voraussetzungen des § 111i Abs. 5 StPO unmittelbar oder als Zahlungsanspruch erwirbt.
2. Bei der Bestimmung des Vermögensgegenstandes bzw. Zahlungsanspruchs, der dem Auffangrechtserwerb des Staates unterliegt, ist bei mehreren Tätern und/oder Teilnehmern von deren gesamtschuldnerischen Haftung auszugehen, wenn und soweit sie zumindest Verfügungsmacht an den aus der Tat erzielten Vermögenswerten hatten.
3. Die Anwendung der Härtevorschrift des § 73c Abs. 1 StGB kann zur Folge haben, dass gegen mehrere Täter und/oder Teilnehmer unterschiedlich hohe Feststellungen nach § 111i Abs. 2 StPO getroffen werden müssen.

Der BGH führt weiter folgendes aus:
Eine nähere Bezeichnung des oder der Verletzten und der ihnen zustehenden Ansprüche ist im Urteilstenor dagegen nicht geboten.
Auch die Kennzeichnung der Haftung des oder der Angeklagten als Gesamtschuldner muss nicht in den Urteilstenor aufgenommen werden, um den Urteilstenor von allem freizuhalten, was nicht unmittelbar der Erfüllung seiner Aufgabe dient.
Insofern genügt vielmehr – auch bei gesamtschuldnerischer Haftung mit in anderen Verfahren oder noch nicht abgeurteilten Mittätern oder Teilnehmern –, dass sich diese (soweit möglich) aus den Urteilsgründen ergibt.
Neben vorliegenden Feststellungen hält das Gericht gemäß § 111i Abs. 3 StPO den dinglichen Arrest bis zur Höhe des im Urteil festgestellten Geldbetrages durch Beschluss für drei Jahre aufrecht. Wird das Urteil erst nach drei Jahren rechtskräftig, so endet die Frist mit dem Eintritt der Rechtskraft. Sollte der Verletzte bis zum Ablauf der Fristen auf das gesicherte Vermögen nicht Zugriff genommen oder anderweitige Befriedigung erlangt haben, so geht nach § 111 Abs. 5 StPO der Zahlungsanspruch auf den Staat über. Das Gericht stellt nach § 111i Abs. 6 StPO den Eintritt und den Umfang des staatlichen Rechtserwerbs durch Beschluss fest.

29. Kapitel. Verteidigung in Wirtschaftsstrafsachen

Literatur: *Baier,* wistra 2001, 401, Parteiverrat (§ 356 StGB) bei Verknüpfung strafrechtlicher und gesellschaftsrechtlicher Mandate; *Beulke/Witzigmann,* NStZ 2011, 254, Das Akteneinsichtsrecht des Strafverteidigers in Fällen der Untersuchungshaft; *Birkenstock,* wistra 2002, 47, Zur psychologischen Dialektik und zur Zulässigkeit der Strafverteidigung eines Beschuldigten durch seinen ständigen Berater in Wirtschafts- und Steuerstrafverfahren; *Bockemühl,* Handbuch des Fachanwalts Strafrecht, 5.Auflage, 2012; *Brüssow/Gatzweiler/Krekeler/Mehle,* Strafverteidigung in der Praxis, 2 Bde., 4.Auflage, 2007; *Büchting/Heussen* (Hrsg.), Beck'sches Rechtsanwalts-Handbuch, 10. Aufl. 2011; *Dahs,* Handbuch des Strafverteidigers, 7. Auflage, 2005; *Dann,* CCZ 2010, 30, Die neue Kronzeugenregelung: ein Störfaktor aus Compliance-Sicht?; *Eisenberg,* NJW 1991, 1258, Aspekte der Rechtsstellung des Strafverteidigers; *Fezer,* ZStW 106, 1 ff., Vereinfachte Verfahren im Strafprozess; *Gaede,* wistra 2004, 166, Das Recht auf Verfahrensbeschleunigung gemäß Art 6 I 1 EMRK in Steuer- und Wirtschaftsstrafverfahren; *Groh,* DRiZ 1985, 52, Zum Recht des Strafverteidigers auf Einsichtnahme in staatsanwaltschaftliche Ermittlungsakten; *Hagedorn,* StV 2004, 217, Die Bestellung des Sachverständigen im Strafverfahren wegen Wirtschaftskriminalität; *Hamm/Lohberger* (Hrsg.), Beck'sches Formularbuch für den Strafverteidiger, 5. Auflage, 2010; *Haass,* NStZ 1999, 442, Zu den Auswirkungen der Entscheidung des EGMR zur Akteneinsicht von Beschuldigten am Beispiel des LG Mainz; *Hild/Hild,* Im Fadenkreuz der Steuerfahnder, 3. Auflage, 2008; *Hirzt,* NJW 2012, 3550, Eine Sozietät ist auch keine Sozietät; *Hoffmann,* StV 2004, 90, Pauschvergütung im Bereich der Wahlverteidigerhöchstgebühr in einem Wirtschaftsverfahren unter Berücksichtigung der so genannten Geldwäscheentscheidung des BGH; *Koch,* wistra 1983, 63, Beschlagnahme von Geschäftsunterlagen in Wirtschaftsstrafverfahren und der Grundsatz der Verhältnismäßigkeit; *Krekeler,* NStZ 1989, 146, Strafrechtliche Grenzen der Verteidigung; *Leitner,* StraFo 2008, 51, Was darf die Strafverteidigung?; *Marberth-Kubicki,* StraFo2003, 366, Die Akteneinsicht in der Praxis; *Mosiek/Wehnert,* StV 2005, 568, Untiefen der Vermögensabschöpfung in Wirtschaftsstrafsachen aus Sicht des Strafverteidigers; *Müller,* StV 2001, 649, Die Sockelverteidigung; *ders.,* NJW 2009, 3745, Berufsbild und Berufsethos des Strafverteidigers; *Müller/Schmidt,* NStZ 2012, 308, Aus der Rechtsprechung zum Recht der Strafverteidigung 2011; *Park,* Durchsuchungen und Beschlagnahme, 2. Auflage 2009; *Pfordte/Degenhard,* Der Anwalt im Strafrecht, 2005; *Randt,* Der Steuerfahndungsfall, 2004; *Richter,* NJW 1993, 2152, Sockelverteidigung; Strafrechtsausschuss der Bundesrechtsanwaltskammer, Thesen zur Strafverteidigung; *Taschke,* StV 2007, 495, Verteidigung von Unternehmen – Die wirtschaftsstrafrechtliche Unternehmensberatung; *Theile,* wistra 2005, 327, Apokryphe Haftgründe in Wirtschaftsstrafverfahren; *Tully/Kirch-Heim,* NStZ 2012, 657, Zur Entbindung von Rechtsbeiständen juristischer Personen von der Verschwiegenheitspflicht gemäß § 53 Abs. 2 Satz 1 StPO; *Viertelhausen,* wistra 2003, 409, Akteneinsicht in das Fallheft im Besteuerungs- und Steuerstrafverfahren?; *Windolph,* NStZ 2000, 522, Risikomanagement und Riskcontrol durch das Unternehmensmanagement nach dem Gesetz zur Kontrolle und Transparenz im Unternehmensbereich; *Wolf,* NJ 2013, 10, Anwaltliches Werberecht.

Inhaltsübersicht

	Rn.		Rn.
I. Stellung und Funktion des Verteidigers in Wirtschaftsstrafsachen	1–28	d) Abgabe einer Stellungnahme	55–62
1. Berufsauftrag des Strafverteidigers	1–7	e) Eigene Ermittlungen des Verteidigers	63
2. Verteidigung in Wirtschaftsstrafsachen und Medien	8–17	3. Verteidigung bei Durchsuchung und Beschlagnahme	64–74
3. Die Sockelverteidigung	18–23	a) Verhaltensmaßregeln bei Durchsuchungen	64–66
4. Die Firmenvertretung	24–28	b) Aufgaben des Verteidigers im Rahmen von Durchsuchungen	67–72
II. Verteidigung im Ermittlungsverfahren	29–80	c) Anfechtung rechtswidriger Durchsuchungsbeschlüsse	73, 74
1. Vorbemerkung	29–31	4. Erledigungsmöglichkeiten im Ermittlungsverfahren	75–80
2. Aktivitäten des Verteidigers im Ermittlungsverfahren	32–63	**III. Verteidigung im Zwischenverfahren**	81–88
a) Beratung des Mandanten	32–36		
b) Erste Aktivitäten des Verteidigers	37–41		
c) Akteneinsicht	42–54		

	Rn.		Rn.
IV. Verteidigung im Hauptverfahren	89–101	2. Verteidigungsstrategien in der Hauptverhandlung	97–101
1. Vorbereitung der Hauptverhandlung	89–96		

I. Stellung und Funktion des Verteidigers in Wirtschaftsstrafsachen

1. Berufsauftrag des Strafverteidigers

1 „Strafverteidiger – Der wichtigste Berater des Managers", so lautet eine Schlagzeile auf dem Titelblatt einer Ausgabe des manager magazins.[1] Strafverfahren gegen Top-Manager renommierter Wirtschaftsunternehmen gehören zum Unternehmensalltag. Durchsuchungen oder Verhaftungen in deutschen Großkonzernen prägen die Berichterstattung in den Medien. Das Risiko, als Manager in ein Strafverfahren involviert zu werden, erscheint allgegenwärtig. Die Ursachen sind vielgestaltig. Professionalität und Kapazität auf Seiten der Strafverfolgungsbehörden sind in den letzten Jahren gestiegen. Die zuständigen Schwerpunktabteilungen der Staatsanwaltschaften sind in personeller und sachlicher Hinsicht stetig ausgebaut worden. Hinzu kommt, dass sich durch die Entwicklung der höchstrichterlichen Rechtsprechung die Tendenz zur Konzentration der strafrechtlichen Verantwortung auf Geschäftsleitungsorgane verstärkt hat.[2] Die professionelle Beratung durch einen in Wirtschaftsstrafsachen erfahrenen Rechtsanwalt ist für den von strafrechtlichen Risiken betroffenen Manager existenznotwendig geworden.

2 Welchen Berufsauftrag hat der Strafverteidiger? Eine der zentralen Aufgaben des Strafverteidigers besteht darin, die Einhaltung der einschlägigen Verfahrensvorschriften und damit die **Justizförmigkeit** und Gesetzlichkeit des Strafverfahrens zu kontrollieren.[3] Der Strafverteidiger wirkt auf die Beachtung von Rechtsvorschriften, die dem Schutze seines Mandanten dienen, hin. Da der Beschuldigte mangels der erforderlichen Rechtskenntnis und forensischen Erfahrung in aller Regel nicht in der Lage ist, sich selbst zu verteidigen, hat sich der Verteidiger schützend vor seinen Mandanten zu stellen und die Durchsetzung seiner Rechte mit den zu Gebote stehenden Mitteln sicherzustellen.

3 Eine wesentliche Funktion des Verteidigers besteht weiter darin, **entlastende Umstände** zu ermitteln und in den Strafprozess einzuführen. Hierbei ist der Verteidiger nicht zur Unparteilichkeit verpflichtet, sondern an den Interessen und am Schutze seines Mandanten ausgerichtet.[4] Der Strafverteidiger ist das Gegengewicht zu dem auf Verfolgung abzielenden Wirken der Ermittlungsbehörden – mag die Staatsanwaltschaft auch de jure gem. § 160 Abs. 2 StPO selbst zur Ermittlung entlastender Umstände verpflichtet sein.

4 Der Strafverteidiger nimmt seinen Auftrag als **Organ der Rechtspflege** wahr (§ 1 BRAO). Er ist ein selbstständiges, dem Gericht und der Staatsanwaltschaft gleichgeordnetes Organ in dem Sinne, dass er Teilhaber, nicht Gegner einer funktionsfähigen Strafrechtspflege ist. Er darf sich nur der prozessual erlaubten Mittel bedienen, anderenfalls kann aus der Strafverteidigung strafbare Strafvereitelung werden. Der Strafverteidiger handelt unter eigener Verantwortung,[5] ist unabhängig und untersteht nicht der Kontrolle des Gerichts,[6] ist aber auch an Weisungen seines Mandanten nicht gebunden. Er ist nicht Vertreter, sondern Beistand des Beschuldigten.[7]

5 Besonders elementar für die Tätigkeit des Strafverteidigers ist seine **Unabhängigkeit**. Unabhängigkeit bedeutet, dass der Verteidiger zu jeder Zeit die freie Entscheidung darüber treffen kann, wem und wie er seine Verteidigertätigkeit gewähren will. Diese Unabhängigkeit

---

[1] manager magazin 9/91.
[2] BGHSt 37, 106 ff., sog. Erdal-Entscheidung.
[3] BGHSt 12, 367, 369; 15, 326, 327; BGH NJW 1964, 2402, 2403.
[4] *Meyer-Goßner*, StPO, 48. Aufl., vor § 137 Rn. 1; *Krekeler*, NStZ 1989, 146.
[5] BGHSt 13, 337, 343.
[6] BVerfGE 34, 293, 302.
[7] BGHSt 9, 356; 12, 367, 369.

I. Stellung und Funktion des Verteidigers in Wirtschaftsstrafsachen

muss zunächst gegenüber der Justiz und anderen staatlichen Stellen bestehen. Der Verteidiger muss aber auch gegenüber seinem Mandanten unabhängig sein. Er darf sich unter keinen Umständen von seinem Auftraggeber zur Erreichung sachfremder, mit seinem Berufsauftrag unvereinbarer Ziele instrumentalisieren lassen. Er darf sich an Weisungen des Auftraggebers, die seiner Rechtsüberzeugung widersprechen, nicht gebunden fühlen.

In Wirtschaftsstrafsachen ist die Unabhängigkeit des Strafverteidigers in besonderem Maße auf die Probe gestellt. So dürfte der Verteidiger des Geschäftsführers der X-GmbH, der wegen des Verdachts eines Vergehens nach § 15a Abs. 4, 5 InsO beschuldigt ist, nicht mehr unabhängig sein, wenn er die X-GmbH vor Einleitung des Strafverfahrens insolvenzrechtlich beraten hat. Dieser Verteidiger muss im Zuge des weiteren Verfahrens befürchten, als Berater des Unternehmens selbst unter dem Aspekt der Beihilfe beschuldigt zu werden. In dieser Konstellation erscheint eine unabhängige und ausschließlich am Interesse des Mandanten ausgerichtete Verteidigung nicht mehr möglich. Das Mandat ist zu beenden.

Auch eine wirtschaftliche Abhängigkeit vom Auftraggeber ist strikt zu vermeiden. In einer Kanzlei, in der der ganz überwiegende Teil des Kanzleiumsatzes auf Mandaten eines Auftraggebers basiert, ist die Unabhängigkeit gefährdet. Wirtschaftliche Erwägungen – oder gar Zwänge – dürfen nicht dazu führen, dass der Verteidiger in seinem Handeln nicht mehr souverän ist und sich gegen seine Überzeugung an den Vorgaben seines Auftraggebers ausrichtet, nur um nicht eine Beendigung des lukrativen Mandatsverhältnisses zu riskieren. In derartigen Mandatsverhältnissen muss die Unabhängigkeit besonders nachdrücklich eingefordert werden. Schon der böse Schein ist zu vermeiden.

Nach überkommenem Verständnis in der Praxis wird der Strafverteidiger erst dann gerufen **6** und beauftragt, wenn bereits ein strafrechtliches Ermittlungsverfahren eingeleitet worden ist. Er ist der Helfer in der Not. Die Funktion des Verteidigers in Wirtschaftsstrafsachen ist aber eine weitergehende. Der in Wirtschaftsstrafsachen erfahrene Rechtsanwalt kann und sollte dazu beitragen, als professioneller Berater im Rahmen eines **Risikomanagement- und Compliance-Systems** strafrechtliche Unternehmensrisiken bereits im Vorfeld eines Strafverfahrens aufzuspüren und zu vermeiden. Das Beratungsspektrum ist vielgestaltig. Im Produkthaftungsbereich beispielsweise bedürfen Rückrufaktionen der Beratung durch einen Strafverteidiger, die Abfassung von Gebrauchs- und Bedienungsanleitungen sollte unter strafrechtlichen Gesichtspunkten geprüft werden. Im Bereich der Korruptionsvermeidung sind Verhaltensmaßregeln zu entwerfen, die an strafrechtlichen Kriterien ausgerichtet werden müssen. Für den Eintritt von Betriebsstörungen müssen Verhaltensmaßregeln für Mitarbeiter erarbeitet werden. Die Beispiele könnten fortgeführt werden. Das Gespräch mit dem Wirtschaftsstrafrechtler über potenzielle strafrechtliche Risiken im Unternehmen sollte zum Unternehmensalltag gehören.

Durch das **KonTraG** (Gesetz zur Kontrolle und Transparenz im Unternehmensbereich, in **7** Kraft seit dem 1.5.1998[8]) sind die Anforderungen an die Präventivberatung erheblich verschärft worden. Das KonTraG verpflichtet den Vorstand einer Aktiengesellschaft, ein geeignetes Risikomanagement-System einzurichten.[9] Er hat nach Maßgabe des § 91 Abs. 2 AktG „geeignete Maßnahmen zu treffen, insbesondere ein Überwachungssystem einzurichten, damit den Fortbestand der Gesellschaft gefährdende Entwicklungen früh erkannt werden". Hier geht es wesentlich auch um die Kontrolle strafrechtlicher Risiken. Verletzt der Vorstand seine dahingehenden Organisationspflichten, kann er sich persönlich schadensersatzpflichtig machen. Auch der Aufsichtsrat hat auf die Einrichtung eines Überwachungssystems hinzuwirken. Über Risiken der künftigen Entwicklung ist im Lagebericht der Gesellschaft zu berichten (§§ 289 Abs. 1, 315 Abs. 1 HGB). Der Abschlussprüfer hat das Risikomanagementsystem zu prüfen und hierüber zu berichten.

Es liegt auf der Hand, dass ein geeignetes Überwachungssystem ohne wirtschaftsstrafrechtliche Beratung kaum realisierbar sein wird. Wer sich ein Strafverfahren mit allen negativen Begleiterscheinungen ersparen will, hat nur mit Prävention eine Chance.

---

[8] BGBl. I S. 786.
[9] *Windolph*, NStZ 2000, 522.

2. Verteidigung in Wirtschaftsstrafsachen und Medien

8 Verfahren gegen Spitzenmanager von Großunternehmen finden häufig ein starkes Öffentlichkeitsinteresse. Das Sensationsbedürfnis der Menge ruft die Massenmedien auf den Plan. Überwiegend, insbesondere in der Boulevardpresse, zielen Aufmachung und Inhalt darauf ab, Schlagzeilen zu machen. Die Betroffenen werden rücksichtslos bloßgestellt, die gerichtliche Würdigung des Falles in sachfremder Weise vorweggenommen. Mandanten beklagen oft, dass sie die durch die Presse betriebene Vorverurteilung belastender empfinden als den Strafprozess als solchen. Die Hexenjagd in den Medien wird zur eigentlichen Strafe.

Dem in Wirtschaftsstrafsachen tätigen Strafverteidiger wird im Umgang mit den Medien ein hohes Maß an Sensibilität abverlangt. Wie verhält sich der in einem medienwirksamen Wirtschaftsstrafverfahren tätige Verteidiger, wenn er von Pressevertretern um verfahrensrelevante Informationen angegangen wird?

9 Oberstes Gebot ist der **Schutz des Klienten.** Der Verteidiger hat sein Handeln ausschließlich am Interesse des Mandanten auszurichten. Dieses Interesse geht in Wirtschaftsstrafsachen in der Regel auf Zurückhaltung und Diskretion. Eigene Belange hat der Verteidiger zurückzustellen. Er darf nichts tun, was seinem Mandanten in irgendeiner Weise schaden könnte, mag auch der Reiz, als „Staranwalt" in den Medien zu erscheinen, von einzelnen Verteidigern als unwiderstehlich empfunden werden.

In einzelnen Fällen kann eine kontrollierte Zusammenarbeit mit den Medien auch positive Effekte herbeiführen. Hierbei darf der Verteidiger allerdings zwingende Vorgaben nicht außer Acht lassen.

10 Er hat zunächst das **Werbeverbot** zu beachten. § 43b BRAO erlaubt dem Rechtsanwalt die Werbung nur insoweit, als sie über die Tätigkeit in Form und Inhalt sachlich unterrichtet und nicht auf die Erteilung eines Mandats im Einzelfall gerichtet ist.[10] Im Umgang mit Presse, Rundfunk und Fernsehen hat der Verteidiger jeden Anschein zu vermeiden, er wolle sich oder die von ihm bearbeitete Sache sensationell herausstellen. Er darf nicht aktiv auf seine Namensnennung in den Medien hinwirken oder sich gar bei Medienvertretern anbiedern. Effekthaschereien werden der Würde des Berufs nicht gerecht.

11 Der Verteidiger sollte sich außerdem davor hüten, über Medien auf schwebende Verfahren einzuwirken. Schon der Anschein einer solchen Beeinflussung ist zu vermeiden. Es schadet dem Mandanten nur, wenn der Verteidiger durch öffentlichen Mediendruck versucht, auf die Überzeugung der Richter Einfluss zu nehmen. Derartige Beeinflussungsversuche zeugen von fehlendem Respekt vor der richterlichen Unabhängigkeit und können zu einem irreversiblen Vertrauensverlust gegenüber der Justiz führen. Der Klient ist oft der Leidtragende.

12 Schließlich darf der Verteidiger der Presse nur dann mandatsinterne Informationen preisgeben, wenn sein Klient ihn insoweit von der anwaltlichen **Schweigepflicht** entbunden hat. Der Mandant verliert jedes Vertrauen in die Integrität und Diskretion seines Verteidigers, wenn er über die Medien erfahren muss, dass dieser verfahrensinterne Informationen oder gar schriftliche Mandatsunterlagen über die Presse lanciert hat, ohne dies vorher mit ihm abzustimmen. Einem Journalisten sollte in keinem Fall Einsicht in amtliche Ermittlungsakten gewährt werden. Auch die Überlassung von Kopien aus den Akten ist zu vermeiden.

13 Beachtet man die vorstehenden Vorgaben, so ist eine gewisse Zusammenarbeit mit der Presse möglich und zulässig. Bei Auskünften gegenüber Medienvertretern ist allerdings davor zu warnen, dass Informationen – insbesondere mündlich erteilte – oft verzerrt und entstellt wiedergegeben werden und eine nicht kalkulierbare Eigendynamik entwickeln können. Die gute Story entscheidet selbst über ihren Wahrheitsgehalt. Schon geringfügige Akzentverschiebungen in den Formulierungen können für den Klienten und für das gesamte Verfahren dramatische Folgen haben. Dies muss der Verteidiger bei Erklärungen gegenüber der Presse einkalkulieren und selbst verantworten.

---

[10] BGH, Urt. v. 15.3.2001 – I ZR 337/98; OLG Köln, Urt. v. 29.7.1998 – 6 U 66/98; zum Werberecht eingehend *Wolf*, NJ 2013, 10; *Hirtz*, NJW 2012, 3550 zur Neuausrichtung der BGH-Rspr. zur Verwendung der Bezeichnung „Sozietät".

I. Stellung und Funktion des Verteidigers in Wirtschaftsstrafsachen

Im Einzelfall kann es für die Ausgewogenheit der Berichterstattung zielführend sein, über das betroffene Unternehmen eine schriftliche **Presseerklärung** herauszugeben. Diese sollte den Standpunkt des Unternehmens knapp und an der Sache orientiert wieder geben. Formularmäßige Vorgaben für Presseerklärungen sind angesichts der Vielgestaltigkeit der Sachverhalte nicht möglich. Oft dient bereits die Erklärung, die Vorwürfe würden derzeit geprüft, nach gegenwärtigem Erkenntnisstand gehe man von der Unschuld der betroffenen Mitarbeiter aus. Eine den Tatsachen widersprechende oder den Sachverhalt verzerrende Presseerklärung ist zu unterlassen. Der Beschuldigte selbst sollte gegenüber Medienvertretern keine Erklärungen abgeben, er würde sich damit zum Beweismittel gegen sich selbst machen.

Eine für alle Verfahrensbeteiligten ausgewogene Lösung kann auch darin liegen, dass sich Gericht, Staatsanwaltschaft und Verteidigung auf eine gemeinsame Presseerklärung verständigen. Der Inhalt der Berichterstattung ist damit, zumindest in Eckpunkten, vorbestimmt und das Medienecho bald verhallt.

Überschreitet die Diskreditierung und Bloßstellung des Klienten durch die Medien das Maß des Tolerablen, so muss sich der Verteidiger entscheiden, ob **presserechtliche Gegenmaßnahmen** zu ergreifen sind. Der Verteidiger sollte mit dem presserechtlichen Instrumentarium vertraut sein. In zivilrechtlicher Hinsicht kommt insbesondere die Geltendmachung von Schadensersatzansprüchen, Berichtigungsansprüchen (Gegendarstellung, Widerruf) und Unterlassungsansprüchen in Betracht, im Bereich des Strafrechts sind Strafantrag und Strafanzeige nach §§ 185 ff. StGB zu erwägen.

Obgleich die Mandanten in Wirtschaftsstrafsachen häufig massiv auf ein presserechtliches Vorgehen gegen ehrschädigende und bloßstellende Presseberichte drängen, sollte der Strafverteidiger sehr sorgfältig und eher zurückhaltend entscheiden. Die Erfolgsquote von presserechtlichen Gegenaktivitäten ist nach den Erfahrungen der Praxis gering. Der Ehrschutz ist in unserem Staate unterrepräsentiert.

Außerdem birgt ein presserechtliches Vorgehen Risiken: Das Ehrschutzverfahren – sei es zivilrechtlicher, sei es strafrechtlicher Art – bietet eine weitere Angriffsfläche für die Sensationspresse, die diese, das zeigt die Praxis immer wieder, bereitwillig zum Anlass nimmt, die Sache erneut aufzugreifen und auszuschlachten. Der Gegenschlag wird zum Bumerang. Eine Gefahr besteht weiter darin, dass eine für den Klienten negative Entscheidung im Zivilverfahren eine gewisse Festschreibung oder zumindest eine Verdichtung des strafrechtlichen Tatverdachts zur Folge haben kann. Auch dies sollte bei den Überlegungen ins Kalkül gezogen werden.

Insgesamt sollte dem Drängen des Mandanten nach presserechtlichen Gegenmaßnahmen mit Zurückhaltung begegnet werden. Der Mandant sollte über die Risiken eines solchen Vorgehens ausführlich unterrichtet werden. Abgesehen davon empfiehlt es sich, einen im Presserecht erfahrenen Kollegen zu konsultieren. Entscheidet man sich nach sorgfältiger Abwägung aller Umstände für ein presserechtliches Vorgehen, so hat der Verteidiger zu bestimmen, ob er das zivilrechtliche Verfahren selbst führt oder ob er die Prozessführung einem spezialisierten Kollegen überlässt. Diese Entscheidung hat er in eigener Verantwortung unter besonderer Berücksichtigung seiner Unabhängigkeit als Verteidiger zu treffen.

3. Die Sockelverteidigung

Bei der Verteidigung in Wirtschaftsstrafsachen hat die Sockelverteidigung große Bedeutung erlangt. Sie kommt immer dann in Betracht, wenn in einem Strafverfahren mehrere Personen beschuldigt und daher verschiedene Verteidiger tätig sind. Unter Sockelverteidigung ist die Entwicklung einer von allen Mandanten getragenen einheitlichen Verteidigungsstrategie zu verstehen,[11] etwa dergestalt, dass der erhobene Strafvorwurf nur mit einer bestimmten rechtlichen und/oder tatsächlichen Argumentation bekämpft wird. Oft wird vereinbart, dass sich die Verteidigung ausschließlich gegen objektive Tatbestandselemente richtet oder die indivi-

---

[11] Thesen zur Strafverteidigung, These 13, Strafrechtsausschuss der Bundesrechtsanwaltskammer, 1992; vgl. auch Müller StV 2001, 649.

duelle Verantwortung der einzelnen Beschuldigten in den betreffenden Hierarchieebenen des Unternehmens außen vor bleibt. Denkbar ist auch, dass sich die Verteidigung auf Fragen der Rechtswidrigkeit oder der Schuld beschränkt. Ziel der Sockelverteidigung ist die Optimierung der Gesamtverteidigung, sie ist zugleich Individualverteidigung, weil sie auch (und vor allem) jedem einzelnen Beschuldigten dient. Die Sockelverteidigung führt zu einer **Koordination** der Verteidigungsaktivitäten, sie hilft, Widersprüche im Verteidigungsverhalten verschiedener Verteidiger zu vermeiden. Aus Sicht der Verteidigung unerwünschte Belastungen einzelner Beschuldigter durch Mitbeschuldigte werden ausgeschlossen. Die Effektivität der Verteidigungsstrategie kann durch Koordination potenziert werden.

19 Die prinzipielle Zulässigkeit der Sockelverteidigung steht heute außer Frage.[12] Der Verteidiger muss sich jedoch – neben den Chancen – auch die Risiken und Grenzen der Sockelverteidigung bewusst machen. Er befindet sich in einem Spannungsverhältnis zwischen dem Gruppeninteresse der Gemeinschaft einerseits und dem Individualinteresse seines Mandanten andererseits. Gerät dieses Spannungsverhältnis aus der Balance, so gilt: Das Individualinteresse des Mandanten hat Vorrang. Auch der in eine Sockelverteidigung eingebundene Verteidiger bleibt in seinen Entscheidungen unabhängig. Wenn das Verteidigungsinteresse seines Mandanten durch das Gruppeninteresse in unzumutbarer Weise zurückgedrängt wird, ist der Verteidiger frei, den Pakt aufzukündigen und zur Einzelverteidigung überzugehen. Er muss die Möglichkeit einer solchen Entscheidung mit seinem Mandanten erörtern und diesem vor Augen führen, dass eine bindende Beschränkung der Verteidigungsmöglichkeiten durch die getroffenen Absprachen nicht besteht. Der Klient soll dann unter Abwägung aller Vor- und Nachteile frei entscheiden können.

20 In der Praxis ist zu beobachten, dass die Ermittlungsbehörden nicht selten versuchen, einzelne Beschuldigte aus dem gemeinsamen Sockel „herauszulösen". Dies kann etwa dadurch geschehen, dass in einem für eine Anklageerhebung prädestinierten Verfahren einem der Beschuldigten (bzw. seinem Verteidiger) die Möglichkeit einer Einstellung nach § 153a Abs. 1 StPO nahe gelegt wird, wenn dieser sich im Gegenzug bereit erklärt, andere Beschuldigte mit einem Geständnis oder einem Teilgeständnis zu belasten. In einer solchen Situation muss der Verteidiger in seiner Entscheidung unabhängig sein. Wenn er nach Abwägung aller Umstände zu der Auffassung gelangt, dass eine Ablehnung des Ansinnens der Staatsanwaltschaft eine unzumutbare Zurückstellung der Individualinteressen seines Mandanten bedeuten würde, so muss er die Sockelverteidigung aufkündigen können. Die Sockelverteidigung ist häufig nur eine Bindung auf Zeit.[13]

21 Im Innenverhältnis zu den anderen Verteidigern besteht im Falle der Aufkündigung der Sockelverteidigung eine **Informationspflicht**.[14] Der Verteidiger muss seine Kollegen unverzüglich unterrichten, wenn er sich nicht mehr an die getroffenen Absprachen gebunden fühlt. Den anderen Verteidigern sollte möglichst frühzeitig Gelegenheit gegeben werden, ihr Verteidigungsverhalten der geänderten Situation anzupassen.

Die Praxis belegt allerdings, dass das Auseinanderbrechen von Sockelverteidigungen eher die Ausnahme ist, dies jedenfalls dann, wenn das Verteidigerteam homogen besetzt ist und das gemeinsame Verteidigungsverhalten professionell durchdacht und konzipiert ist. Nicht selten führen daher Ansinnen der geschilderten Art durch das Eingeständnis der „Geringfügigkeit" zu einer gewissen Schwächung der Anklageposition.

22 Bei der praktischen Umsetzung der Sockelverteidigung ist zu beachten, dass der Mandant über die Strategieüberlegungen des Verteidigerkollegiums zu unterrichten ist, die getroffenen Absprachen sind im Innenverhältnis zum Mandanten offen zu legen.[15] Der Klient darf zu keiner Zeit das Gefühl haben, ihm werde etwas verheimlicht oder er werde zum Spielball eines für ihn nicht transparenten „Geheimpaktes". Informationsdefizite im Mandat führen zum

---

[12] OLG Frankfurt/Main NStZ 1981, 144; Thesen zur Strafverteidigung, These 13, Strafrechtsausschuss der Bundesrechtsanwaltskammer, 1992; *Brüssow/Gatzweiler/Krekeler/Mehle*, Strafverteidigung in der Praxis, 4. Aufl. 2007, Bd. I § 1 Rn. 99, § 10 Rn. 24 ff.; *Richter*, NJW 1993, 2152 ff.
[13] *Richter*, NJW 1993, 2152, 2156.
[14] *Richter*, NJW 1993, 2152, 2156.
[15] *Richter*, NJW 1993, 2152, 2154.

I. Stellung und Funktion des Verteidigers in Wirtschaftsstrafsachen

Vertrauensverlust. Der Mandant hat gegen seinen Verteidiger einen Rechtsanspruch auf Information. Wird im Verteidigerteam erwogen, die Mandanten über den einen oder anderen Sachverhalt (zunächst) nicht zu unterrichten, was gelegentlich vorkommt, so ist dem grundsätzlich entgegenzutreten. Die **Informationspflicht** des Verteidigers endet erst, wo die Strafvereitelung beginnt. Offenheit, Ehrlichkeit und Vertrauen im Mandat dürfen nicht zur Disposition gestellt werden.

Schließlich ist darauf zu achten, dass unmittelbare Kontakte zwischen Verteidiger und fremden Mandanten grundsätzlich zu vermeiden sind. Eine direkte Kontaktaufnahme kann der Pflicht zur kollegialen Rücksichtnahme widersprechen und damit einen Standesverstoß beinhalten.

4. Die Firmenvertretung

Häufig werden Ermittlungsverfahren nicht von Beginn an gegen konkrete Beschuldigte geführt, sondern zunächst gegen „Verantwortliche und Mitarbeiter der ... AG". Die Beauftragung und Bestellung von Verteidigern für einzelne Verdächtige des Unternehmens wäre in diesem Verfahrensstadium verfrüht. Eine Verteidigerbestellung sollte erst dann erfolgen, wenn einzelne Personen als Beschuldigte des Verfahrens geführt werden. Solange sich das Verfahren gegen nicht näher konkretisierte „Verantwortliche und Mitarbeiter" richtet, kommen die Mitarbeiter des Unternehmens zunächst als Zeugen in Betracht und können als solche geladen und vernommen werden.

Andererseits sollte mit der Beauftragung eines in Strafsachen kundigen Rechtsanwalts nicht gewartet werden, bis die Staatsanwaltschaft einzelne Personen als Beschuldigte benennt. Dem Unternehmen würde wertvolle Zeit verloren gehen, die bereits für Abwehrmaßnahmen genutzt werden könnte. In einer solchen Situation empfiehlt es sich, einen Unternehmensanwalt zu beauftragen, der die betroffene Gesellschaft im Ermittlungsverfahren anwaltlich vertritt. Der Firmenanwalt führt zunächst die Korrespondenz mit den Ermittlungsbehörden. Im Einzelfall kann es zweckmäßig sein, eine Firmenstellungnahme zu den erhobenen Vorwürfen einzureichen. Sofern Rechtsmittel gegen Durchsuchung oder Beschlagnahme im Unternehmen in Betracht gezogen werden, vertritt der Firmenanwalt die Gesellschaft im Rechtsmittelverfahren.

Dem Firmenanwalt kann außerdem die Aufgabe zukommen, die Gesellschaft in Bußgeldverfahren nach § 30 OWiG oder in verwaltungsrechtlichen Annexverfahren, z. B. gegenüber dem Gewerbeaufsichtsamt oder der zuständigen Umweltbehörde, zu vertreten.

Wenn die Staatsanwaltschaft einzelne Personen als Beschuldigte benannt hat, kann dem Firmenanwalt die Aufgabe übertragen werden, die Verteidiger für die einzelnen Personen auszuwählen und die weitere Verteidigung zu **koordinieren.** Darüber hinaus kann der Firmenanwalt die anwaltliche Vertretung von Zeugen durch Auswahl und Beauftragung eines oder mehrerer anwaltlicher Zeugenbeistände sicherstellen.

In der Praxis stellt sich oft die Frage, ob ein Rechtsanwalt als Firmenanwalt und zugleich als Einzelverteidiger tätig sein kann. Zwar fiele ein solches **Doppelmandat** nicht unter das Verbot der Mehrfachverteidigung nach § 146 S. 1 StPO; die Firmenvertretung begründet keine Verteidigertätigkeit im Sinne dieser Vorschrift.[16] Gleichwohl ist Vorsicht geboten. Die Interessen des Unternehmens können den Interessen einzelner Beschuldigter zuwiderlaufen. Oft ist eine solche Interessenkollision zunächst nicht absehbar und bricht erst im Laufe des weiteren Verfahrens auf. So kann in einem Umweltstrafverfahren die Situation entstehen, dass für den Geschäftsführer einer GmbH nur die Ablegung eines Geständnisses als sachgerechte und seinen Interessen dienende Verteidigung in Betracht kommt, ein derartiges Geständnis aber Firmeninteressen massiv zuwiderlaufen würde, da die gewerberechtliche Genehmigung der GmbH wegen „Unzuverlässigkeit" des Geschäftsführers entzogen werden könnte. Es kommt im Unternehmensstrafrecht häufig vor, dass die strafrechtliche Interessen-

---

[16] Zur Problematik der Befugnis der Entbindung von der Verschwiegenheitspflicht des Rechtsbeistandes der juristischen Person *Tully/Kirch-Heim*, NStZ 2012, 657, 663.

lage einzelner Beschuldigter mit zivilrechtlichen oder öffentlich-rechtlichen Interessen der Gesellschaft divergiert. Ein zugleich mit der Firmenvertretung und der Verteidigung eines Beschuldigten betrauter Rechtsanwalt müsste in einer solchen Konstellation beide Mandate unverzüglich niederlegen. Da die Entwicklung eines Strafverfahrens häufig nur schwer zu prognostizieren ist, ist für den Regelfall zu empfehlen, das Firmenmandat vom Verteidigungsmandat zu trennen. Darüber hinaus erscheint es oftmals angezeigt, Verteidigung und Firmenvertretung nicht in einer Sozietät zu führen, auch hier zwingt jede – auch nur potenzielle – Interessenkollision zur Niederlegung beider Mandate. Interessenkollisionen sind die Nagelprobe für die berufsethische Haltung des Rechtsanwalts. Wirtschaftliche Belange sind zurückzustellen. In Zweifelsfällen gebührt der sauberen Lösung der Vorzug.[17]

27 Häufig wird der Firmenanwalt von den Ermittlungsbehörden um die Übergabe von Organigrammen des Unternehmens gebeten, damit festgestellt werden kann, welche Personen für welche Unternehmensbereiche zuständig und verantwortlich sind. Werden die Organigramme nicht freiwillig übergeben, so muss mit einer Durchsuchung und, wenn diese nicht zur Auffindung entsprechender Unterlagen geführt hat, mit der Vernehmung von Zeugen zur Organisationsstruktur des Betriebs gerechnet werden. Es mag daher im Einzelfall sinnvoll erscheinen, Organigramme, soweit vorhanden, freiwillig herauszugeben.

28 Der Firmenanwalt sollte sich bei der Mandatsführung der Tatsache bewusst sein, dass die Ermittlungsbehörden nicht selten bei Durchsuchungen in Unternehmen auf den mandatsinternen Schriftverkehr zwischen Unternehmen und Firmenanwalt zugreifen und diesen als Beweismittel sicherstellen. Welche Auswirkungen dies auf die Beweissituation haben kann, bedarf keiner näheren Darlegung.

Die Zulässigkeit eines solchen Vorgehens ist nicht zweifelsfrei. Nach der gesetzlichen Regelung ist mandatsinterner Schriftverkehr beim Mandanten beschlagnahmefrei, wenn es sich um ein Mandatsverhältnis zwischen Verteidiger und Beschuldigtem handelt. Im „normalen" Anwaltsmandat gilt zwar § 97 Abs. 1 Ziff. 3 StPO, die Beschlagnahmefreiheit bezieht sich aber gem. § 97 Abs. 2 S. 1 StPO nur auf Gegenstände, die sich im Gewahrsam des Zeugnisverweigerungsberechtigten – also des Anwalts – befinden. Im Verteidigungsmandat gilt diese Beschränkung nach anerkannter Auffassung nicht (Rechtsgedanke der §§ 160a Abs. 1 n. F., 148 StPO), auch im Gewahrsam des Beschuldigten befindliche Verteidigungsunterlagen sind beschlagnahmefrei.[18] Der Begriff „Verteidigungsunterlagen" erfasst hierbei neben jeglicher schriftlicher Korrespondenz zwischen Beschuldigtem und seinem Verteidiger, soweit diese Bezug zur Verteidigung hat, auch Aufzeichnungen, die der Beschuldigte selbst gerade anlässlich der gegen ihn erhobenen Vorwürfe zum Zweck der Verteidigung gefertigt hat.[19]

Ob die Beschlagnahmefreiheit analog § 97 StPO auf die beim Mandanten befindliche Korrespondenz mit dem Firmenanwalt zu erstrecken ist, ist bislang nicht höchstrichterlich geklärt. Das Landgericht Bonn hat sich in einer aktuellen Entscheidung mit der Frage auseinandergesetzt, unter welchen Voraussetzungen die Beschlagnahme von Anwaltsunterlagen im Kartellverfahren zulässig ist.[20] Ein Beschlagnahmeverbot von Verteidiger- oder Anwaltskorrespondenz gem. § 97 Abs. 2 S. 1 StPO ist hiernach regelmäßig nur dann gegeben, wenn sich die Unterlagen im Gewahrsam des betroffenen Anwalts befinden. Befinden sich die Unterlagen dagegen bei dem Beschuldigten selbst, so sollen diese – über den Wortlaut des § 97 Abs. 2 S. 1 StPO hinaus – gemäß Art. 2 Abs. 1 GG i. V. m. Art. 20 Abs. 3 GG; Art. 6 Abs. 3 EMRK jedoch auch dann beschlagnahmefrei sein, wenn es sich bei den Unterlagen um Verteidigungsunterlagen im Sinne des § 148 Abs. 1 StPO handelt.

Das LG Mannheim hat unter Berücksichtigung der neuen Rechtslage seit Inkrafttreten des § 160a Abs. 1 StPO zum 01.02.2011 entschieden, dass die Protokolle einer internen Unter-

---

[17] Zur Zulässigkeit der Verteidigung mehrerer Beschuldigter durch Wahlverteidiger einer Anwaltssozietät: BVerfGE 43, 79, 89 ff.; BGH NStZ 1994, 490; OLG Karlsruhe NStZ 1999, 212 mit abl. Anmerkung *Stark*.
[18] BGH NJW 1973, 2035; 1982, 2508.
[19] LG Bonn v. 21.06.2012 – 27 Qs 2/12, NJW-Spezial 2012, 602 m.Anm. *Jahn/Kirsch*, NZWiSt 2013, 28.
[20] LG Bonn v. 21.6.2012 – 27 Qs 2/12, NJW-Spezial 2012, 602.

suchung durch einen Unternehmensanwalt grundsätzlich beschlagnahmefrei sind, soweit sie sich im Gewahrsam des mandatierten Rechtsanwalts befinden.[21]

II. Verteidigung im Ermittlungsverfahren

1. Vorbemerkung

Das Ermittlungsverfahren ist in Wirtschaftsstrafsachen der wohl wichtigste Verfahrensabschnitt. Er hat gestaltende Bedeutung und prägende Kraft. Der Sachverhalt wird oft bereits hier zementiert. Versäumnisse der Verteidigung sind in aller Regel nicht wiedergutzumachen, Fehler nicht zu heilen. Ein Anwalt, der mit der Verteidigung erst in der Hauptverhandlung beginnt, ohne die Einfluss- und Gestaltungsmöglichkeiten im Ermittlungsverfahren zu nutzen, handelt gegen die Interessen seines Mandanten.

Der Verteidiger benötigt viel Geschick und Überzeugungskraft, um die Position des Klienten im Ermittlungsverfahren optimal zu gestalten. Hierbei sind profunde Kenntnisse des formellen und materiellen Strafrechts ebenso wichtig wie der richtige Umgang mit der Strafjustiz. Hierfür gibt es keine abstrakt formulierten Handlungsanweisungen. Der Verteidiger muss die jeweilige Verfahrenssituation erkennen und zutreffend einschätzen, um sodann die Interaktion mit den Ermittlungsbehörden einerseits und mit dem Mandanten andererseits flexibel zu gestalten.

Welches **Ziel** der Verteidiger im Ermittlungsverfahren anstrebt, ist von Fall zu Fall unterschiedlich. Vorrangiges Ziel ist häufig eine Einstellung des Verfahrens mangels hinreichenden Tatverdachts gem. § 170 Abs. 2 StPO oder aber eine Einstellung nach Opportunitätsgrundsätzen gemäß §§ 153 ff. StPO. Erweist sich eine Verfahrenseinstellung als nicht realisierbar, so kommt eine Erledigung im Strafbefehlswege in Betracht. Diese führt zwar zu einer Bestrafung des Klienten, erspart ihm aber eine öffentliche Hauptverhandlung mit allen negativen Begleiterscheinungen. Der Strafbefehl wird von vielen Mandanten im Wirtschaftsleben als kleineres Übel empfunden. Erscheint eine Anklageerhebung unumgänglich, so hat der Verteidiger alles zu tun, um die Ausgangsposition des Klienten für das Zwischen- und Hauptverfahren möglichst aussichtsreich zu gestalten.

Die Kunst der Verteidigung liegt darin, in einem möglichst frühen Stadium des Ermittlungsverfahrens die Verfahrenssituation zutreffend einzuschätzen und eine Zielvorgabe zu entwickeln, die im weiteren Verfahren konsequent verfolgt wird. Je komplexer das Verfahren, umso schwieriger die Prognose.

2. Aktivitäten des Verteidigers im Ermittlungsverfahren

a) Beratung des Mandanten

Im Gegensatz zu anderen Rechtsgebieten lernt der Mandant seinen Verteidiger oftmals nicht in dessen Kanzlei oder im Rahmen eines vereinbarten Beratungsgesprächs in den Firmenräumen kennen, sondern anlässlich strafprozessualer Zwangsmaßnahmen wie Durchsuchung oder Verhaftung. Der Klient ist in dieser Situation hilflos und verzweifelt. Selbst der erfahrene Manager, der bislang alle Klippen des Lebens problemlos gemeistert hat, ist überfordert. Er benötigt qualifizierte fachliche Beratung und menschliche Unterstützung.

Der Verteidiger muss von Beginn an bemüht sein, ein **Vertrauensverhältnis** zu seinem Klienten aufzubauen. Er muss ihm verständlich machen, dass das Verhältnis zwischen Verteidiger und Mandant ein Refugium ist, in dem über alles offen und unter strengster Diskretion gesprochen werden kann. Das uneingeschränkte Vertrauen in die Verschwiegenheit des Verteidigers ist hierfür unbedingte Voraussetzung. Der Mandant muss sich seinem Anwalt anvertrauen können. Erst dann wird der Klient seine Hemmungen überwinden, dem Verteidiger

---

[21] LG Mannheim v. 3.7.2012 – 24 Qs 1, 2/12, NStZ 2012, 713; anders, allerdings zu § 160a StPO a. F.: LG Hamburg, NJW 2011, 942 m.Anm. *Gräfin Galen*.

den Sachverhalt rückhaltlos und ungeschönt zu schildern. Hat der Verteidiger zunächst Zweifel an der Darstellung des Klienten, so muss er ihm klar machen, dass er die Verteidigung nur auf einer zutreffenden Informationsgrundlage Erfolg versprechend führen kann. Mandanten unterliegen oftmals dem Irrglauben, ihr Anwalt könne sie überhaupt nur sinnvoll verteidigen, wenn sie von ihrer Unschuld ausgingen. Der Anwalt sollte davon absehen, über die ersten Gespräche mit seinem Klienten Anhörungsprotokolle o. Ä. aufzunehmen. Hat der Mandant den Eindruck, alles Gesagte sei genau schriftlich fixiert worden, fühlt er sich möglicherweise hierauf festgelegt.

34 Vorsorglich sollte dem Mandanten empfohlen werden, mit dritten Personen zunächst nicht über den Gegenstand des Verfahrens zu sprechen. Außerdem ist ihm anzuraten, von schriftlichen Äußerungen gegenüber Dritten abzusehen. Beispielsweise ist ein an die Ehefrau gerichteter Brief des Klienten aus der Untersuchungshaft in der Hauptverhandlung als Urkunde verlesbar, und zwar auch dann, wenn der Klient jede Aussage verweigert.[22]

Ferner sollten Verhaltensweisen, die als Fluchtvorbereitung missverstanden werden könnten, unterbleiben. Urlaubsreisen oder Geschäftsreisen ins Ausland müssen mit dem Verteidiger abgestimmt werden.

35 Der Klient ist möglichst frühzeitig auf drohende **Zwangsmaßnahmen** der Strafjustiz vorzubereiten. Ihm sind konkrete Verhaltensmaßregeln für den Fall der Durchsuchung und Verhaftung an die Hand zu geben. Er muss auch wissen, wie er zu reagieren hat, wenn Ermittlungsbeamte bei ihm anrufen und um Erteilung verfahrensrelevanter Informationen bitten. Derartige Kontaktversuche kommen immer wieder vor, auch nachdem sich der Verteidiger für den Beschuldigten bestellt hat. Schließlich ist dem Klienten zu empfehlen, die Korrespondenz mit dem Verteidiger in einem gesonderten Aktenordner mit der deutlich sichtbaren Aufschrift „Verteidigungsunterlagen" aufzubewahren. Sollte der Umfang der Verteidigerunterlagen, wie in Wirtschaftsstrafsachen üblich, anwachsen, sollte der Mandant die Unterlagen in einem verschlossenen Schrank oder einem gesonderten Aktenzimmer getrennt von anderen Geschäftsunterlagen lagern. Der Raum ist deutlich sichtbar mit dem Hinweis „Verteidigerunterlagen" zu kennzeichnen.

36 Oftmals schon im ersten Gespräch mit seinem Verteidiger wird der Mandant um eine **Prognose** bitten. Für ihn ist die zentrale Frage, was er nach Abschluss des Verfahrens zu erwarten hat. Auch hier ist Fingerspitzengefühl gefragt. In keiner strafrechtlichen Disziplin ist die Verfahrensprognose so schwierig wie im Wirtschaftsstrafrecht. Dies mag zum einen an der Komplexität der Sachverhalte liegen; zum anderen ist die Erledigungspraxis der Justizbehörden sehr unterschiedlich. Von Bedeutung ist auch die konkrete Belastungssituation der Ermittlungsbehörden. Die Frage des Mandanten nach der Prognose zielt naturgemäß auf eine möglichst konkrete Antwort ab. Der Verteidiger sollte allerdings vermeiden, sich zu früh festzulegen. Schon die Benennung von Obergrenzen (Bewährungsstrafe, 90 Tagessätze) birgt Risiken. Erweist sich die Prognose im weiteren Verfahren als falsch, kann das Vertrauensverhältnis im Mandat schweren Schaden nehmen. Dies gilt besonders dann, wenn die Prognose zu günstig war und der Mandant sich hierauf bei seinen weiteren Dispositionen verlassen hat. Der Verteidiger sollte dem Mandanten die grundsätzliche Problematik einer Verfahrensprognose erklären und verschiedene Verfahrensabläufe mit ihm durchspielen. Vor allem muss dem Mandanten klar werden, dass die Prognose nicht zuletzt von seiner Bereitschaft zur Mitarbeit und zur Unterstützung des Verteidigers abhängt.

b) Erste Aktivitäten des Verteidigers

37 Der Verteidiger wird sich möglichst frühzeitig mit einem Schriftsatz bei den Ermittlungsbehörden melden und seine Beauftragung anzeigen. Gelegentlich wird die Empfehlung ausgesprochen, der Verteidiger habe aus ermittlungspsychologischen Gründen sorgfältig abzuwägen, ob seine Beauftragung den Ermittlungsbehörden schon von Beginn an bekannt werden soll.[23] Ich halte ein Hinauszögern der Verteidigerbestellung im Regelfall für sachwidrig. Der Verteidiger ist Organ der Rechtspflege. Seine Bestellung begründet kein Misstrauen. Im Ge-

---

[22] BGH StV 1993, 623.
[23] Beck'sches Formularbuch für den Strafverteidiger, 5. Aufl. 2010, III. 2.

II. Verteidigung im Ermittlungsverfahren

genteil: Die Beauftragung eines Verteidigers zeigt, dass der Beschuldigte sich dem Verfahren stellen und sich gegen die Vorwürfe verteidigen wird. Dies sollte den Ermittlungsbehörden so früh wie möglich dokumentiert werden.

Der Bestellungsschriftsatz sollte an Polizei und Staatsanwaltschaft übersandt werden, sofern die polizeilichen Ermittlungen noch andauern. War die Staatsanwaltschaft mit dem Verfahren noch nicht befasst, ist der Schriftsatz ausschließlich an die Polizei zu richten.

Im Hinblick auf die Regelung des § 137 Abs. 1 S. 2 StPO muss sich aus dem Schriftsatz oder der beigefügten Vollmacht ergeben, wer das Verteidigungsmandat führt. Bestellt sich eine Sozietät mit mehr als drei Anwälten und ergibt sich weder aus dem Schriftsatz noch aus der Vollmacht, welche Sozien mit der Verteidigung beauftragt sind, kann die Verteidigerbestellung zurückgewiesen werden. Sollen mehrere Beschuldigte durch verschiedene Anwälte einer Sozietät verteidigt werden, ist sorgfältig zu prüfen, ob der Mandatsübernahme Interessenkollisionen oder Verschwiegenheitspflichten entgegenstehen. Eine scheinbare Interessenübereinstimmung zu Beginn des Verfahrens kann sich unerwartet in eine Kollisionslage wenden. Hier steht die Integrität des Verteidigers auf dem Spiel.

Nach Vorlage des Bestellungsschriftsatzes sollte der Verteidiger möglichst frühzeitig mit **38** dem Dezernenten der Staatsanwaltschaft **persönlichen Kontakt** aufnehmen. Der Verteidiger wird im Gesprächswege versuchen, Informationen über den genauen Vorwurf sowie über den Stand der Ermittlungen zu erhalten. Sollte er den Eindruck haben, dass strafprozessuale Zwangsmaßnahmen bevorstehen, kann angesprochen werden, wie sie vermieden werden können. Der Verteidiger sollte auf möglichst frühzeitige Akteneinsicht drängen. Außerdem kann die Teilnahme des Verteidigers an Vernehmungen angeregt werden. Der Verteidiger sollte sich hüten, voreilige Andeutungen über mögliche Einlassungen des Mandanten zu machen. Unausgegorene Spontanerklärungen können dem Mandanten nur schaden. Das Gespräch mit dem Staatsanwalt zu Beginn und im Laufe des Verfahrens erfordert viel psychologisches Geschick. Beide Gesprächsteilnehmer haben eine Erwartungshaltung.

Der Verteidiger sollte das Gespräch in aller Regel mit dem zuständigen Sachbearbeiter der Staatsanwaltschaft führen. Eine Kontaktaufnahme zu vorgesetzten Beamten der Staatsanwaltschaft hat – abgesehen von Ausnahmefällen – zu unterbleiben. Der zuständige Dezernent könnte sich hintergangen fühlen, Vertrauensverlust und Verärgerung sind oft die Folge.

Der Verteidiger muss zu Beginn der Mandatsbearbeitung besonders auf laufende **Fristen 39** achten. Dies gilt natürlich zunächst für Rechtsmittelfristen. Wird das Mandat nach Anklageerhebung übernommen, ist die nach § 201 Abs. 1 StPO bestimmte – in aller Regel zu kurz bemessene – Erklärungsfrist zu berücksichtigen. Obwohl es sich hierbei nicht um eine Ausschlussfrist handelt, sollte eine Fristverlängerung beantragt werden.

Ist im Zeitpunkt der Mandatsübernahme bereits ein **Vernehmungstermin** anberaumt, **40** sollte schon im Bestellungsschriftsatz um Aufhebung des Termins gebeten und mitgeteilt werden, dass der Mandant derzeit keine Einlassung zur Sache abgeben werde. Der Beschuldigte ist ohnehin nicht verpflichtet, vor der Polizei zur Vernehmung zu erscheinen (§ 163a Abs. 3 S. 1 StPO). Ist der Mandant zur staatsanwaltschaftlichen Vernehmung geladen und besteht der Staatsanwalt auf dem persönlichen Erscheinen, obwohl im Bestellungsschriftsatz angekündigt worden ist, dass sich der Mandant derzeit nicht äußern wird, sollte mit dem Dezernenten der Staatsanwaltschaft Kontakt aufgenommen werden, um den Grund für das persönliche Erscheinen in Erfahrung zu bringen.

Probleme können die Fälle bereiten, in denen der Verteidiger erst kurz vor einer **Haupt- 41 verhandlung** beauftragt wird. Sind die Hauptverhandlungstage bereits terminiert, wird in umfangreicheren Wirtschaftsstrafverfahren oftmals nicht genügend Zeit bleiben, um die Hauptverhandlung sachgerecht vorzubereiten. Hinzu kommen Terminkollisionen auf Seiten des Verteidigers, die der Teilnahme an der Hauptverhandlung entgegenstehen können. In einer solchen Situation hat es sich bewährt, mit dem Vorsitzenden zunächst telefonischen Kontakt aufzunehmen und um Verlegung der Termine zu bitten. Oftmals wird dem Ansinnen des Verteidigers mit Verständnis begegnet, insbesondere dann, wenn der Verteidiger in Aussicht stellt, die Sach- und Rechtslage gemeinsam mit seinem Mandanten gründlich aufzuarbeiten und dem Gericht zur Vorbereitung der Hauptverhandlung einen Schriftsatz vorzulegen. Wird der Bitte des Verteidigers allerdings nicht entsprochen, sollte ein förmlicher Verlegungsantrag mit näherer Begründung gestellt werden. Der Verteidiger muss gegebenenfalls darauf hinweisen, dass angesichts der Komplexität und Schwierigkeit des Verfahrensstoffs eine sachgerechte Vorbereitung auf die Hauptverhandlung in der verbleibenden Zeit nicht möglich erscheine und sich die Verteidigung durch eine Ablehnung des Verlegungsantrages in ihren Rechten unzumutbar beeinträchtigt sähe. Lehnt der Vorsitzende auch diesen Antrag ab, so kann hiergegen Beschwerde eingelegt werden, wenn der Vorsitzende gegen seine Pflicht zur fehlerfreien Ermessensausübung verstoßen hat.[24] In Fällen von Willkür sollte ein Ablehnungsantrag erwogen werden.

Die fachgerechte Vorbereitung der Verteidigung und eine profunde Kenntnis der Akten sind besonders in Wirtschaftsstrafsachen unerlässlich. Hierfür muss sich der Verteidiger einsetzen. Er darf sich nicht auf eine zu kurze Vorbereitungszeit verweisen lassen.

c) Akteneinsicht

42 Der Verteidiger hat in allen Verfahrensabschnitten gemäß § 147 StPO ein Recht auf Akteneinsicht. Dieses Recht ist für eine sachgerechte und effektive Verteidigung elementar. Dies gilt im Wirtschaftsstrafrecht in besonderem Maße, da der Urkundenbeweis angesichts der extensiven Durchsuchungs- und Beschlagnahmepraxis der Ermittlungsbehörden oftmals von größerer Bedeutung ist als in anderen Gebieten des Strafrechts. Je eher Akteneinsicht gewährt wird, umso besser lässt sich die Verteidigung konzipieren. Der Verteidiger hat daher konsequent auf eine möglichst frühzeitige Akteneinsicht hinzuwirken. Auch nach Einstellung eines Ermittlungsverfahrens kann noch ein Interesse des Mandanten am Akteninhalt bestehen, so wenn zuvor keine Akteneinsicht im Hinblick auf die Person des Anzeigeerstatters gewährt wurde.[25]

43 Das Einsichtsrecht des Verteidigers bezieht sich auf „die Akten, die dem Gericht vorliegen oder diesem im Falle der Erhebung der Anklage vorzulegen wären", § 147 Abs. 1 StPO. Was für das Verfahren geschaffen wurde, darf der Akteneinsicht nicht entzogen werden.[26] Es gilt **der Grundsatz der Aktenvollständigkeit.** Unterlagen, die schuldspruch- oder rechtsfolgenrelevant sein können, sind zu den Akten zu nehmen. Das Akteneinsichtsrecht erstreckt sich auf alle gemäß § 199 Abs. 2 S. 2 StPO durch die Staatsanwaltschaft vorgelegten (Bei-)Akten, unabhängig davon, ob oder wann diesen durch das Gericht verfahrenserhebliche Bedeutung beigemessen worden ist.[27] Das Akteneinsichtsrecht des Verteidigers wird ergänzt durch das Recht, amtlich verwahrte Originalbeweisstücke zu besichtigen. Nach wie vor umstritten ist die Frage, ob das Akteneinsichtsrecht im Sinne des § 147 Abs. 1 StPO in Steuerstrafverfahren auch die Handakten des Finanzamtes bzw. die Steuerprüferhandakten umfasst.[28] Die Rechtsprechung steht dem weitgehend ablehnend gegenüber. Ein Akteneinsichtsrecht wird nur dann anerkannt, wenn von Seiten des Verteidigers konkrete Anhaltspunkte dafür benannt werden, dass sich verfahrensrelevante Erkenntnisse aus dem Fallheft ergeben.[29]

44 Die Akteneinsicht des Verteidigers kann gemäß § 147 Abs. 2 StPO bis zum Abschluss der Ermittlungen versagt werden, wenn der **Untersuchungszweck gefährdet** ist. Wird die Akteneinsicht mit dieser Begründung verweigert, sollte mit dem zuständigen Staatsanwalt Kontakt aufgenommen werden, um die näheren Gründe zu erfahren. Die bloß abstrakte und entfernte Möglichkeit einer Gefährdung des Untersuchungszwecks genügt nicht; vielmehr müssen konkrete Anhaltspunkte vorliegen.[30]

45 Oft erhält der Verteidiger auf seinen Akteneinsichtsantrag die Mitteilung, die Akten seien zurzeit versandt. Der Verteidiger sollte dann darauf hinweisen, dass die Versendung der Akten keinen Versagungsgrund nach § 147 Abs. 2 StPO beinhaltet. In umfangreichen Wirtschafts-

---

[24] Vgl. OLG Frankfurt/Main StV 1993, 6; OLG Hamm MDR 1975, 245; OLG Karlsruhe StV 1991, 509; OLG München NStZ 1994, 451; a. A. OLG Celle NStZ 1984, 282; OLG Hamm NStZ 1989, 133.
[25] LG Frankfurt/Main StraFo 2005, 379; LG Mühlhausen wistra 2005, 357.
[26] BGHSt 37, 204; *Meyer-Goßner*, § 147 Rn. 14.
[27] LG Nürnberg, StraFo 2011, 225; *Müller/Schmidt*, NStZ 2012, 308 f.
[28] Vgl. *Viertelhausen*, wistra 2003, 409 m. w. N.
[29] OLG Frankfurt/Main, wistra 2003, 470, 471.
[30] *Eisenberg*, NJW 1991, 1260; *Groh*, DRiZ 1985, 52.

strafverfahren erscheint ein Hinweis auf Nr. 12 Abs. 2 RiStBV angezeigt, wonach die Staatsanwaltschaft erforderlichenfalls sog. Duplo-Akten anzulegen hat. Häufig wird die Akteneinsicht auch mit der Begründung versagt, dass die Ermittlungen noch andauern. Durch solche stereotypen Mitteilungen darf sich der Verteidiger nicht an der Akteneinsicht hindern lassen.

In **Haftverfahren** hat der gesetzliche Anspruch auf Akteneinsicht eine besondere Ausprägung erhalten. Schon der Europäische Gerichtshof für Menschenrechte hat in seiner sog. Lamy-Entscheidung vom 30.3.1989 ausgeführt, dass die Gewährung der Akteneinsicht für die Bekämpfung der dem Haftbefehl zugrunde liegenden Erwägungen von wesentlicher Bedeutung sei und die Versagung der Akteneinsicht zu einer Störung der Waffengleichheit führe.[31] Diese Entscheidung hat durch den Beschluss des Bundesverfassungsgerichts vom 11.7.1994 eine Bestätigung und weitere Differenzierung erfahren.[32] In den amtlichen Leitsätzen dieser Entscheidung heißt es wie folgt: 46

„1. Aus dem Recht des Beschuldigten auf ein faires, rechtsstaatliches Verfahren und seinem Anspruch auf rechtliches Gehör folgt ein Anspruch des inhaftierten Beschuldigten auf Einsicht seines Verteidigers in die Akten, wenn und soweit er die sich darin befindlichen Informationen benötigt, um auf eine bevorstehende gerichtliche Haftentscheidung effektiv einwirken zu können und eine mündliche Mitteilung der Tatsachen und Beweismittel, die das Gericht seiner Entscheidung zugrunde zu legen gedenkt, nicht ausreichend ist.

2. Ist aus Gründen der Gefährdung der Ermittlungen aus der Sicht der Staatsanwaltschaft eine auch nur auf die für die Haftfrage relevanten Teile der Ermittlungsakte beschränkte Akteneinsicht nicht möglich und verweigert sie diese gem. § 147 Abs. 2 StPO, so kann das Gericht auf die Tatsachen und Beweismittel, die deshalb nicht zur Kenntnis des Beschuldigten gelangen, seine Entscheidungen nicht stützen und muss ggf. den Haftbefehl aufheben.

3. Im Übrigen ist dem Beschuldigten bereits anlässlich seiner richterlichen Vernehmung gem. § 115 Abs. 2 StPO im Anschluss an seine Festnahme mündlich das gesamte gegen ihn zusammengetragene Belastungsmaterial, das den Gegenstand des Verfahrens bildet und für die Haftfrage von Bedeutung ist, mitzuteilen. Dazu zählen die Tatsachen, Beweisanzeichen usw., die den dringenden Tatverdacht und den Haftgrund ergeben, aber auch die sich aus den Akten ergebenden entlastenden Umstände."

Diese Entscheidung ist für die Verteidigung von fundamentaler Bedeutung. Dem in Haftsachen tätigen Verteidiger ist in der Regel umgehend nach seiner Bestellung Akteneinsicht zu gewähren. Denn nur, wer die Akte kennt, kann seinen inhaftierten Mandanten effektiv verteidigen.[33] Versagt oder beschränkt die Staatsanwaltschaft die Akteneinsicht, ist die Aufhebung des Haftbefehls zu beantragen, es sei denn, die nicht zur Einsicht zur Verfügung gestellten Aktenteile stehen mit dem im Haftbefehl dargestellten Tatvorwurf in keinem Zusammenhang. Diese Rechtsprechung gilt nicht für den nicht vollzogenen Haftbefehl.[34]

Besonders in umfangreichen Wirtschaftsstrafverfahren wird der Verteidiger gelegentlich darauf verwiesen, die Akten in den Räumen der Staatsanwaltschaft einsehen zu können. Auch dies sollte der Verteidiger nicht hinnehmen. Die Durchführung der Akteneinsicht auf der **Geschäftsstelle** erscheint nicht zumutbar und wird der Bedeutung des Akteneinsichtsrechts als Ausprägung des grundgesetzlichen Anspruchs auf rechtliches Gehör nicht gerecht. Nach § 147 Abs. 4 S. 1 StPO sollen dem Verteidiger die Akten zur Einsichtnahme in seine Geschäftsräume mitgegeben werden, soweit nicht wichtige Gründe entgegenstehen. Wichtige Gründe in diesem Sinne sind beispielsweise die Kennzeichnung der Akten als Verschlusssache oder die konkret begründete Gefahr der Einsichtnahme oder Beeinträchtigung durch unbefugte Dritte.[35] Allein der große Umfang der Akten beinhaltet keinen wichtigen Grund. 47

Auch wenn dem Verteidiger die Akteneinsicht unter Hinweis auf § 147 Abs. 2 StPO versagt wird, ist ihm Einsicht in die in § 147 Abs. 3 StPO aufgeführten Unterlagen zu gewähren. 48

---

[31] Europäischer Gerichtshof für Menschenrechte, Lamy gegen Belgien, StV 1993, 283.
[32] BVerfG NStZ 1994, 551.
[33] AG Halberstadt StV 2004, 549: Rspr.-Übersicht bei *Marbeth-Kubicki*, StraFo 2003, 366 f.; zu den einzelnen Verfahrensstadien eingehend *Beulke/Witzigmann*, NStZ 2011, 254.
[34] BVerfG NStZ-RR 1998, 108 f.; kritisch: *Paeffgen*, NStZ 1999, 74; *Beulke/Witzigmann*, NStZ 2011, 254, 257 f.
[35] Vgl. nur *Meyer-Goßner*, StPO, § 147 Rn. 29.

Neben den genannten Vernehmungsniederschriften sind auch Sachverständigengutachten hiervon umfasst, worunter, was häufig nicht beachtet wird, auch gutachterliche Stellungnahmen des Wirtschaftsreferenten fallen können.[36]

49 Wird die Akteneinsicht zu Unrecht versagt, muss der Verteidiger eine **Anfechtung** dieser Entscheidung erwägen. Nach der Rechtsprechung ist die Versagung der Akteneinsicht durch die Staatsanwaltschaft grundsätzlich nicht mit einem Rechtsmittel angreifbar.[37] Der Verteidiger kann nur Dienstaufsichtsbeschwerde erheben. Versagt die Staatsanwaltschaft die Akteneinsicht, nachdem sie den Abschluss der Ermittlungen in den Akten vermerkt hat, versagt sie die Einsicht nach § 147 Abs. 3 StPO oder befindet sich der Beschuldigte nicht auf freiem Fuß, so kann gerichtliche Entscheidung nach § 161a Abs. 3 S. 2–4 StPO beantragt werden, § 147 Abs. 5 StPO. Richterliche Entscheidungen über die Akteneinsicht sind mit der Beschwerde anfechtbar. Dies gilt auch für Entscheidungen des erkennenden Gerichts; § 305 S. 1 StPO steht nicht entgegen.[38]

50 Überlässt die Strafjustiz dem Verteidiger die Originalakten zur Einsichtnahme, so bringt sie ihm ein gewisses Maß an **Vertrauen** entgegen. Der Verteidiger muss diesem Vertrauen Rechnung tragen. Er hat die Pflicht, die Akten sorgfältig aufzubewahren und so zu behandeln, dass ihre Integrität nicht beeinträchtigt werden kann. Das Büropersonal ist entsprechend anzuweisen. Werden Ablichtungen gefertigt, hat dies so zu geschehen, dass nicht einzelne Aktenbestandteile abhanden kommen oder zerrissen werden. Sofern Fotokopien der Akten außerhalb des Verteidigerbüros in einem Copy-Shop o. Ä. gefertigt werden, kann dies nur unter Aufsicht geschehen, wobei die ständige Anwesenheit eines Kanzleimitarbeiters erforderlich ist. Nur so kann der anwaltlichen Verschwiegenheitspflicht genügt und Missbrauchsgefahren durch Dritte begegnet werden.

Ist an einen Verteidiger Akteneinsicht gewährt worden, sollten die Akten nur mit Genehmigung der Staatsanwaltschaft an Mitverteidiger weitergegeben werden; dies gilt selbst bei der Weitergabe der Akten an einen Kollegen derselben Sozietät.

51 Hat die Staatsanwaltschaft, wie im Regelfall, für die Rücksendung der Akten eine **Frist** gesetzt, so sollte der Verteidiger die Einhaltung dieser Frist gewissenhaft sicherstellen. Erweist sich die Frist – gemessen am Aktenumfang – als zu kurz, sollte der Verteidiger eine Fristverlängerung einholen, was auch telefonisch geschehen kann. Hier gibt es in der Praxis selten Probleme. Es muss in jedem Fall vermieden werden, dass dem zuständigen Staatsanwalt die Akten zum Wiedervorlagetermin nicht zur Verfügung stehen, nur weil der Verteidiger die Akten nicht rechtzeitig zurückgesandt hat.

52 Es entspricht heute unbestrittener Auffassung, dass der Verteidiger seinen Mandanten über den Akteninhalt informieren darf und muss. Dies kann in einfach gelagerten Fällen mündlich geschehen. In der Regel sollte dem Mandanten ein Aktenauszug ausgehändigt werden, in dem sich Ablichtungen der wesentlichen Aktenbestandteile befinden. Der Klient kann sich insbesondere in komplexen Wirtschaftsstrafverfahren nur dann sachgerecht auf die Verteidigung vorbereiten, wenn er sich einen unmittelbaren Eindruck vom Akteninhalt verschaffen kann. Der Verteidiger sollte die Übersendung des Aktenauszuges an den Mandanten mit der Erklärung verbinden, dass der Aktenauszug nur den Zwecken der Rechtsverteidigung dienen darf. Originalakten dürfen dem Klienten nicht ausgehändigt werden.

53 Die **Informationspflicht** des Verteidigers und der korrespondierende Rechtsanspruch des Mandanten sind umfassend. Alles, was der Verteidiger in zulässiger Weise über die Akteneinsicht erfahren hat, darf und muss er uneingeschränkt an seinen Mandanten weitergeben. Dies gilt auch dann, wenn der Verteidiger aus der Akte ersehen kann, dass strafprozessuale Zwangsmaßnahmen unmittelbar bevorstehen, z. B. wenn sich in der Akte ein richterlicher Durchsuchungsbeschluss befindet, der noch nicht vollzogen ist. Diese Auffassung ist nicht unumstritten, aber durch einen Teil der Rechtsprechung und Lehre sowie den Strafrechtsaus-

---

[36] BGHSt 28, 381; BGH NStZ 1984, 215; BGH StV 1986, 465.
[37] OLG Hamm NStZ 1984, 280; OLG Hamburg StV 1986, 422; OLG Hamm, wistra 2003, 317; OLG Frankfurt NStZ-RR 2005, 376.
[38] OLG Karlsruhe Justiz 1984, 108; OLG Hamm NJW 1968, 169.

II. Verteidigung im Ermittlungsverfahren

schuss der Bundesrechtsanwaltskammer bestätigt worden.[39] So heißt es in These 51 des Strafrechtsausschusses:

„*Der Verteidiger ist befugt, seinen Mandanten über den gesamten Inhalt zulässig eingesehener Akten zu unterrichten. Dies gilt insbesondere auch für*

noch nicht erledigte, aber von den Strafverfolgungsbehörden erkennbar beabsichtige Ermittlungsmaßnahmen,

noch nicht vollstreckte Durchsuchungs- und Beschlagnahmebeschlüsse gegen den Mandanten und/oder Dritte,

einen noch nicht vollstreckten Haftbefehl gegen den Mandanten oder gegen einen Mitbeschuldigten."

Werden dem Mandanten Informationen, die sich aus den Akten ergeben, von seinem Verteidiger vorenthalten, wird das Vertrauensverhältnis im Mandat schweren Schaden nehmen. Der Verteidiger sollte seinem Mandanten allerdings bei der Überlassung des Aktenauszuges nachdrücklich empfehlen, die bevorstehende Zwangsmaßnahme nicht durch unzulässiges Handeln zu vereiteln. Im Einzelfall empfiehlt sich auch eine Kontaktaufnahme mit der Staatsanwaltschaft, um zu besprechen, ob und in welcher Weise der zwangsweise Zugriff vermieden werden kann. Erscheint der Beschuldigte mit seinem Verteidiger in Kenntnis eines in der Akte befindlichen Haftbefehls bei der Staatsanwaltschaft, um zu dokumentieren, dass er sich dem Verfahren auch weiterhin stellt, wird der Haftgrund der Fluchtgefahr kaum mehr aufrechtzuerhalten sein.

In Wirtschaftsstrafverfahren kann es geboten erscheinen, auch dem Beschuldigten selbst im Beisein seines Verteidigers Einsicht in die Originalbeweismittel zu verschaffen, wenn der Verteidiger zur Einschätzung der Beweisbedeutung der sichergestellten Unterlagen auf das Wissen des Klienten angewiesen ist. Der Verteidiger hat einen Rechtsanspruch darauf, die Beweisunterlagen gemeinsam mit seinem Mandanten am Verwahrungsort zu besichtigen. Auch einen Sachverständigen kann er hinzuziehen.[40] Der Beschuldigte selbst hat keinen Anspruch auf Akteneinsicht.[41] **54**

Der Verteidiger sollte im Laufe eines Ermittlungsverfahrens wiederholt Akteneinsicht beantragen, um seine Aktenkenntnis zu aktualisieren. Nur der Verteidiger, der über den gegenwärtigen Ermittlungsstand unterrichtet ist, wird flexibel reagieren können.

d) Abgabe einer Stellungnahme

Schon bald nach der Einleitung des Verfahrens wird der in einer Wirtschaftsstrafsache vertretene Mandant auf die Abgabe einer Stellungnahme drängen. Er würde lieber heute als morgen im Rahmen einer Beschuldigtenvernehmung Rede und Antwort stehen, um den Staatsanwalt zu überzeugen und ihm alles zu erklären. Oft wird auch die umgehende Einreichung eines ausführlichen Schriftsatzes durch den Verteidiger gefordert. Wirtschaftsklienten haben häufig die Vorstellung, dass nur derjenige, der sich zeitnah zu den Tatvorwürfen äußert, ein reines Gewissen hat und bei den Ermittlungsbehörden glaubwürdig erscheint, während der Schweigende sich verdächtig macht. Diesen Irrglauben muss der Verteidiger ausräumen. Er hat seinen Mandanten darüber aufzuklären, dass er je nach der Strafprozessordnung das Recht hat, zu den Vorwürfen zu schweigen. Außerdem muss der Mandant wissen, dass sein Schweigen oder die Nichtabgabe einer anwaltlichen Stellungnahme seine Glaubwürdigkeit nicht beeinträchtigt oder in sonstiger Weise nachteilig gewertet werden darf. Der Verteidiger sollte jedem – gerade zu Beginn eines Verfahrens typischen – Aktionismus seines Mandanten mit Besonnenheit und Überzeugungskraft entgegentreten. **55**

Die Frage, ob im Ermittlungsverfahren eine Stellungnahme abgegeben werden soll, wird kontrovers beurteilt und in der Praxis sehr unterschiedlich gehandhabt. Manche Verteidiger **56**

---

[39] OLG Hamburg BRAK-Mitteilungen 1987, 163; *Löwe/Rosenberg/Lüderssen*, StPO, § 147 Rn. 127; *Krekeler*, NStZ 1989, 146, 149; *Mehle*, NStZ 1983, 557; Thesen zur Strafverteidigung, Strafrechtsausschuss der Bundesrechtsanwaltskammer, 1992, These 51; anders: *Meyer-Goßner*, StPO, § 147 Rn. 21 mit Hinweis auf BGHSt 29, 99.

[40] *Meyer-Goßner*, StPO, § 147 Rn. 19.

[41] LG Mainz NJW 1999, 1271; vgl. auch EGMR NStZ 1998, 429; hierzu auch *Haass*, NStZ 1999, 442.

geben im Ermittlungsverfahren nie oder nur in Ausnahmefällen eine Stellungnahme ab, um eine frühzeitige Festlegung auf eine Verteidigungslinie, von der ein Abrücken nur schwer möglich ist, zu vermeiden. Von anderen Verteidigern wird die Abgabe einer Stellungnahme im Ermittlungsverfahren nur dann für sinnvoll gehalten, wenn die begründete Aussicht besteht, hierdurch eine Anklageerhebung verhindern zu können.

57 Die Frage, ob die Abgabe einer Stellungnahme Sinn macht, kann nicht abstrakt beantwortet werden, sondern bedarf der sorgfältigen Prüfung im Einzelfall. Die Abgabe einer Stellungnahme sollte immer dann erwogen werden, wenn hierdurch die Position des Mandanten im Gesamtverfahren verbessert werden kann. Dabei ist zu berücksichtigen, dass sich die Sach- und Rechtslage in Wirtschaftsstrafverfahren häufig als besonders schwierig und komplex erweist und sich dem Verteidiger damit zahlreiche Angriffsflächen bieten, die in einem Schriftsatz problematisiert werden können. Die daraus resultierende Komplizierung des Verfahrensgegenstandes bereitet nicht selten den Weg für eine frühzeitige Erledigung. Nicht tragfähige, gewagte oder schlicht falsche Konstruktionen der Staatsanwaltschaft werden nur dann enttarnt, wenn der Verteidiger jedes Begründungselement des erhobenen Vorwurfs – auch vermeintliche Selbstverständlichkeiten – kritisch hinterfragt und problematisiert.

58 Zudem ist es in Wirtschaftsstrafverfahren typisch, dass der konkrete Lebenssachverhalt, der den Strafvorwurf begründen soll, nicht von Beginn an abgegrenzt ist, sondern erst im Laufe des Verfahrens entwickelt und definiert werden kann. Anders als bei einem Totschlag oder bei einem Banküberfall muss die Staatsanwaltschaft in Wirtschaftsstrafsachen, wenn sie etwa durch den Niedergang oder die „Krise" eines Unternehmens zum Handeln veranlasst wird, den relevanten Lebenssachverhalt, die Tat im prozessualen Sinne, erst suchen und ermitteln. Sie muss die Kapitalströme im Unternehmen analysieren, betriebswirtschaftliche Abläufe auswerten und die Abschichtung der Verantwortungsbereiche herausfinden. Die Wirtschaftsstraftat ist eine **Definitionsfrage.** Die Chance des Verteidigers in Wirtschaftsstrafsachen besteht darin, an diesem Definitionsprozess teilzuhaben und an ihm mitzuwirken. Die Abgabe einer schriftsätzlichen Stellungnahme bietet hierfür ein effizientes Instrument.

59 Ob die Vorlage eines Schriftsatzes auch dann Sinn macht, wenn eine Anklage ohnehin nicht zu verhindern ist, muss sorgfältig überdacht werden. Selbst die fundierteste Stellungnahme des Verteidigers kann sich in solchen Fällen gegen den Mandanten wenden. Der zur Anklageerhebung fest entschlossene Staatsanwalt wird den Verteidigungsvortrag daraufhin überprüfen, wo sich die schwächste Stelle in der Verteidigungslinie befindet, um den Anklagevorwurf „wasserdicht" zu machen. Im Einzelfall kann es daher angezeigt sein, die Vorlage eines Schriftsatzes zurückzustellen und dem Zwischen- oder Hauptverfahren vorzubehalten. Der – in Konstellationen dieser Art oft ungeduldige – Mandant sollte über die Chancen und Risiken, die mit der Einreichung eines Schriftsatzes im Ermittlungsverfahren verbunden sind, informiert sein. Der Schriftsatz des Verteidigers kann in der Hauptverhandlung nicht als Urkunde verlesen werden, es sei denn, der Mandant hat sich des Verteidigers nur „als Schreibhilfe" bedient.[42]

60 Neben dem anwaltlichen Schriftsatz kann auch die **Vernehmung** des Mandanten dazu dienen, entlastende Erkenntnisse in das Ermittlungsverfahren einzuführen. Viele Wirtschaftsmandanten werden die Möglichkeit einer Vernehmung bereitwillig aufgreifen, sie wollen den Staatsanwalt persönlich von ihrer Unschuld überzeugen und dokumentieren, dass sie kein schlechtes Gewissen haben. Wer so agiert, ist naiv. Er verkennt die Risiken, die mit einer Vernehmung verbunden sein können. Die Praxis zeigt, dass gerade der von seiner Unschuld überzeugte Klient in der Vernehmung zu viel redet. Er hat ein gutes Gewissen, beantwortet alle Fragen und Vorhalte sehr ausführlich, ohne zu merken, dass er sich in Widersprüche verstrickt oder seine Angaben mit anderen Ermittlungsergebnissen nicht in Einklang zu bringen sind. Besonders bei umfangreichen Beweismitteln wird die Verhörsperson den Beschuldigten mit einer Vielzahl von Vorhalten konfrontieren können, auf die er nicht vorbereitet sein kann und die ihn überraschen werden.

61 Der Verteidiger in Wirtschaftsstrafsachen sollte daher nur in **Ausnahmefällen** eine Vernehmung seines Mandanten erwägen. Besteht etwa aus Sicht der Staatsanwaltschaft der Haft-

---

[42] BGH NStZ 2002, 555; OLG Celle NStZ 1988, 426.

II. Verteidigung im Ermittlungsverfahren

grund der Verdunkelungsgefahr, kann der Verteidiger zu deren Entkräftung eine Vernehmung anregen, um die Verhaftung seines Mandanten abzuwenden. Sitzt der Mandant bereits in Untersuchungshaft, kann seine Vernehmung zum Zwecke der Aussetzung oder Aufhebung des Haftbefehls eingesetzt werden. Gegebenenfalls kann mit der Staatsanwaltschaft vereinbart werden, dass sich die Vernehmung auf bestimmte Punkte oder Sachkomplexe beschränkt. Schon eine Teileinlassung kann die Verdunkelungsgefahr ausräumen.

Eine Vernehmung kann ausnahmsweise auch dann zielführend sein, wenn der Verteidiger 62 den Ermittlungsbehörden einen persönlichen Eindruck des Mandanten verschaffen und hierdurch auf die Beweiswürdigung einwirken will. So kann in Konstellationen, in denen Aussage gegen Aussage steht, die Glaubwürdigkeit des Mandanten durch eine Vernehmung vermittelt werden. Der Verteidiger sollte die Entscheidung von der konkreten Persönlichkeitsstruktur seines Mandanten (persönliche Verfassung, rhetorische und intellektuelle Fähigkeiten, Bildungsstand, Temperament, Nervenstärke, Integrität) abhängig machen. Er mag allerdings berücksichtigen, dass die Vernehmung für den – in aller Regel strafrechtlich unerfahrenen – Wirtschaftsmanager eine psychologische Ausnahmesituation darstellt. Die Erfahrung zeigt, dass auch die scheinbar sichersten Kandidaten der Stresssituation in einer Vernehmung oft nicht gewachsen sind. Selbst Spitzenmanager, die noch im vorbereitenden Gespräch mit dem Verteidiger durch rhetorische Gewandtheit und Überzeugungskraft bestechen, versagen in der Vernehmungssituation kläglich. Es ist daher zu empfehlen, die nicht durch drohende oder bestehende Haftgründe veranlassten Vernehmungen auf Ausnahmefälle zu beschränken. Eine schief gelaufene Vernehmung kann für das weitere Verfahren schlimme und irreversible Folgen haben.

Der Inhalt einer im Ermittlungsverfahren durchgeführten Beschuldigtenvernehmung kann in eine spätere Hauptverhandlung durch Verlesung des Protokolls oder durch Vernehmung der Verhörsperson (§ 254 StPO) eingeführt und zum Nachteil des Klienten verwertet werden.

e) Eigene Ermittlungen des Verteidigers

Um Entlastungsbeweise im Ermittlungsverfahren vorbringen zu können, kann es für den Ver- 63 teidiger erforderlich werden, eigene Ermittlungen anzustellen, etwa Zeugen oder Sachverständige anzuhören oder einen Detektiv zu beauftragen.

Besonders praxisrelevant ist die **Anhörung von Zeugen.** Über die Befragung eines Zeugen sollte der Verteidiger ein Protokoll führen. Das Protokoll muss die Befragung vollständig wiedergeben, auch die für den Mandanten belastenden Aussagen. Anderenfalls würde der Verteidiger gegen seine Wahrheitspflicht verstoßen. Der Zeuge sollte vor der Anhörung über seine Rechte belehrt werden, insbesondere darüber, dass er gegenüber dem Verteidiger nicht zur Aussage verpflichtet ist. Grundsätzlich ist zu empfehlen, eine dritte Person zu der Befragung hinzuziehen, um dem möglichen Vorwurf begegnen zu können, der Zeuge sei unzulässig beeinflusst worden. Der Mandant sollte bei der Anhörung nicht anwesend sein. Das Anhörungsprotokoll darf grundsätzlich nicht zu den Akten der Staatsanwaltschaft oder des Gerichts gereicht werden. Hiergegen wird in der Praxis gelegentlich verstoßen.

Obwohl die Befragung von Zeugen durch den Verteidiger nach allgemeiner Auffassung zulässig ist, wird auf Seiten der Ermittlungsbehörden zuweilen Misstrauen gehegt. Dieses Misstrauen ist unbegründet. Der Verteidiger hat die bestehenden strafrechtlichen und berufsrechtlichen Grenzen zu beachten. Er hat als Organ der Rechtspflege jeden Anschein zu vermeiden, dass er in unzulässiger Weise auf Beweismittel einwirkt. Er muss die Korrektheit seines Handelns jederzeit offen legen und darstellen können.

Ungeachtet der prinzipiellen Zulässigkeit solcher Befragungen ist bei wichtigen und sensiblen Zeugen zu empfehlen, von der unmittelbaren Befragung durch den Verteidiger abzusehen und einen anwaltlichen **Zeugenbeistand** hinzuzuziehen, der den Zeugen dann beraten und befragen kann.[43] In der wirtschaftsstrafrechtlichen Praxis wird hierin oft die

---

[43] Für richterliche und staatsanwaltschaftliche Vernehmungen ist die Möglichkeit der Bestellung eines Zeugenbeistandes mittlerweile in § 68b StPO (ggf. i. V. m. § 161a Absatz 1 Satz 2 StPO) normiert.

vorzugswürdige Lösung gesehen. Andererseits sollte der Verteidiger sich nicht durch ein unberechtigtes Misstrauen der Justiz in seinen Befugnissen zurückdrängen lassen.

3. Verteidigung bei Durchsuchung und Beschlagnahme

a) Verhaltensmaßregeln bei Durchsuchungen

64 Die prägende Eigenschaft der Durchsuchung liegt in ihrer **Schockwirkung**. Der unerwartete Zugriff der Strafverfolger führt nicht selten zu einem Chaos, das die betrieblichen Abläufe zum Erliegen bringt. Durchsuchungen finden oft morgens in aller Frühe statt, die Beschuldigten werden im Schlafanzug überrascht. In dieser Situation unterlaufen den Betroffenen häufig schlimme Fehler. So befinden sich viele Beschuldigte in dem Irrglauben, durch ein offenes Zugehen auf die Strafverfolger eine umgehende und komplikationslose Erledigung der Angelegenheit erreichen zu können. Das offene Gespräch, in dem der Fall noch am Ort der Durchsuchung vertrauensvoll mit den Beamten erörtert wird, wird zum Verhängnis. Deeskalation ist ein Kunst, sie sollte dem Strafverteidiger überlassen werden.

65 Um **Verhaltensfehler** zu vermeiden, sollte das Unternehmen, wenn möglich, bereits im Vorfeld der Durchsuchung beraten und sachkundig auf den Ablauf vorbereitet werden. Gerade hier zeigt sich, wie elementar die strafrechtliche Präventivberatung eines Unternehmens sein kann.

Den Mitarbeitern des Unternehmens sollten schriftliche **Verhaltensmaßregeln** ausgehändigt werden, an denen sie sich im Ernstfall orientieren können. Derartige Verhaltensmaßregeln sollte der Strafverteidiger in Zusammenarbeit mit der Unternehmensleitung oder der Rechtsabteilung erarbeiten. Die konkrete Ausgestaltung hängt vom Einzelfall ab.[44] Einige Eckpunkte seien nachfolgend aufgeführt:

Innerbetriebliche Anlaufstelle festlegen, z. B. die Rechtsabteilung des Unternehmens. Diese ist im Falle einer Durchsuchung umgehend zu unterrichten. Die Pforte muss darüber informiert sein, wer im Hause zu benachrichtigen ist. Die Anlaufstelle sollte umgehend den Firmenanwalt verständigen. Das Telefonat mit dem Firmenanwalt kann nicht untersagt werden.

– Einen eigenen **Raum** für die Durchsuchungsbeamten zur Verfügung stellen. Besonders bei Unternehmen mit Kundenverkehr (z. B. Banken) kann dies zu einer gewissen Abschirmung führen. Der Raum sollte verschließbar sein und auch abschließbare Schränke enthalten, so dass hier Unterlagen zeitweise aufbewahrt werden können.
– **Dienstausweise** vorlegen lassen und Namen und Dienststelle der Beamten schriftlich festhalten.
– Schriftlichen **Durchsuchungsbeschluss** vorzeigen lassen und fotokopieren.
– Darauf drängen, dass mit der Durchsuchung erst begonnen wird, wenn ein **Anwalt** zugegen ist. Hierauf besteht kein Rechtsanspruch.
– Mit den Beamten **technische Fragen klären,** z. B. Kopiermöglichkeit, Aktentransport im Betrieb, Aufbewahrungsmöglichkeit für Unterlagen etc., um einen reibungslosen und ungestörten Ablauf der Durchsuchung zu gewährleisten.
– **Keine informatorischen Gespräche** führen. Die Beamten versuchen während der Durchsuchung, in informatorischen Gesprächen mit den anwesenden Mitarbeitern möglichst viele Informationen zu erhalten. Auskünfte zur Sache sollten nicht erteilt werden. Auch scheinbar harmlose Fragen über Zuständigkeiten und Organisationsstrukturen im Unternehmen können von erheblicher Relevanz für den weiteren Gang des Verfahrens sein.
– Beschuldigten- oder Zeugenvernehmungen nur in **Gegenwart eines Anwalts.** Sowohl der Beschuldigte (§ 136 Abs. 1 S. 2 StPO) als auch der Zeuge haben das Recht, zur Vernehmung einen Anwalt zu konsultieren.[45] Dieses Recht muss eingefordert werden.

---

[44] Checkliste Büchting/Heussen/*Andrejtschitsch*, Beck'sches Rechtsanwaltshandbuch, 10. Aufl. 2011, § 11 Rn. 87.
[45] BVerfGE 38, 105 ff.

II. Verteidigung im Ermittlungsverfahren 29

- Durchsuchung in keiner Weise behindern oder stören. **Keine Aktensäuberungsaktionen** oder sonstige Verdunkelungshandlungen!
- **Auflistung** der sichergestellten Gegenstände verlangen (Asservatenverzeichnis).
- **Keine strafprozessualen Erklärungen** abgeben, z. B. Verzicht auf Rechtsmittel, Bestätigung der freiwilligen Herausgabe der sichergestellten Gegenstände etc. Die Abgabe solcher Erklärungen sollte dem Anwalt vorbehalten bleiben. Nur er kann die Tragweite beurteilen.
- **Besondere Vorkommnisse** in Aktenvermerken festhalten, z. B. lautstarke Beschimpfung eines Mitarbeiters durch einen Beamten.

Bei der strafrechtlichen Präventivberatung von Wirtschaftsunternehmen ist oft eine gewisse 66 Scheu zu verspüren, über den Ablauf einer strafrechtlichen Durchsuchung oder anderer Zwangsmaßnahmen zu sprechen. Der Strafverteidiger hat die Aufgabe, die bestehenden Berührungsängste abzubauen und seiner Mandantschaft klar zu machen, dass Fehlverhalten von Mitarbeitern während einer Durchsuchung von existentieller Bedeutung für das Schicksal der Verantwortlichen und des Unternehmens sein können. Fehler können nur durch **Prävention** vermieden werden.

b) Aufgaben des Verteidigers im Rahmen von Durchsuchungen

Die Aufgaben des Verteidigers im Rahmen einer Durchsuchung sind vielgestaltig, seine Be- 67 fugnisse allerdings beschränkt.

Erhält der Verteidiger die Nachricht über eine stattfindende Durchsuchung, so hat er sich, sofern sonstige Verpflichtungen dies irgendwie zulassen, umgehend zum Ort der Durchsuchung zu begeben. Ist er verhindert, sollte er einen Kollegen einschalten, der die Betreuung des Mandanten während der Durchsuchung übernimmt.

Der Verteidiger kann sich schon auf der Fahrt zum Durchsuchungsort telefonisch mit den Durchsuchungsbeamten in Verbindung setzen, um zu erreichen, dass die Durchsuchung erst nach seinem Eintreffen beginnt. Bereits in diesem Telefonat wird sich der Verteidiger über die Tragweite der Durchsuchungsaktion ein erstes Bild machen können.

Nach seinem Eintreffen wird sich der Verteidiger den schriftlichen Durchsuchungsbe- 68 schluss aushändigen lassen und ihn auf seine Wirksamkeit überprüfen.

Er hat sein Augenmerk zunächst darauf zu richten, ob der Durchsuchungsbeschluss hinreichend **bestimmt** ist. Der Beschluss muss den Vorwurf konkret bezeichnen und tatsächliche Angaben über den diesem Vorwurf zugrunde liegenden Lebenssachverhalt enthalten.[46] Die schlagwortartige Bezeichnung des Delikts „Verdacht der Untreue" genügt diesen Anforderungen nicht. Ebenso wenig rechtfertigen vage Anhaltspunkte oder bloße Vermutungen eine Durchsuchung.[47] Der Beschluss muss weiter die Beweismittel, denen die Durchsuchung gilt, möglichst konkret aufführen;[48] allgemeine Angaben über die aufzufindenden Beweismittel („Schriftverkehr mit Kunden") reichen nicht aus. Schließlich sind die zu durchsuchenden Räumlichkeiten genau zu bezeichnen, der Zusatz „und andere Räume des Beschuldigten" ist zu pauschal.[49]

Im Rahmen der Verhältnismäßigkeitsprüfung ist darüber hinaus zu beachten, dass die Geringfügigkeit der zu ermittelnden Straftat, eine geringe Beweisbedeutung oder ein nur vager Auffindeverdacht der Zulässigkeit der Maßnahme entgegen stehen können.[50]

Bei einer Beschlagnahme von Datenbeständen eines Berufsgeheimnisträgers, etwa der Mandantenkartei einer Rechtsanwaltssozietät oder Steuerberaterkanzlei, ist den Ermittlungsbehörden der Zugriff auf Datensätze, die nicht im Zusammenhang mit dem zu ermittelnden

---

[46] BVerfG NJW 1966, 1603, 1615; 1976, 1735; 1977, 1489; BVerfG NStZ 1992, 91; BVerfG Beschl. v. 27.6.2005 – 2 BvR 103/05.
[47] BVerfG NStZ-RR 2006, 110.
[48] BVerfG NJW 1976, 1735; 1977, 1489; 1981, 971; 2005, 275.
[49] BVerfG StV 1992, 49.
[50] BVerfG NJW 2005, 965; 2006, 976; BVerfG StraFo 2005, 377; zur Durchsuchung der Kanzleiräume eines Rechtsanwalts wegen des Verdachts der Geldwäsche, BVerfG NJW 2005, 1707.

Sachverhalt stehen, regelmäßig verwehrt. Nur wenn die Datenstruktur keine eindeutige Trennung vor Ort zulässt, ist die vorläufige Sicherstellung zulässig.[51]

Die Praxis bleibt in erschreckendem Maße hinter diesen verfassungsgerichtlichen Vorgaben zurück. In Wirtschaftsstrafsachen leidet mehr als die Hälfte der Durchsuchungsbeschlüsse an Bestimmtheitsmängeln.

Zusätzlich hat der Verteidiger besonders auf das **Datum** des Durchsuchungsbeschlusses zu achten, denn nach der Rechtsprechung des Bundesverfassungsgerichts verliert ein Durchsuchungsbeschluss seine rechtfertigende Kraft, wenn er nicht innerhalb von sechs Monaten nach seinem Erlass vollzogen wird.[52] Die Durchsuchung ist dann rechtswidrig, Beschlagnahme oder Sicherstellung unwirksam.

Stellt der Verteidiger Wirksamkeitsmängel fest, so sollte er diese rügen.

69 Bei der **Durchführung** der Durchsuchung hat der Verteidiger darauf zu achten, ob die durch den Durchsuchungsbeschluss gesteckten Grenzen eingehalten werden. Es darf nicht gezielt nach „Zufalls"funden gesucht werden. Die Suche nach Gegenständen, auf die sich die Durchsuchungsanordnung nicht bezieht, ist unzulässig.[53] Hat der Verteidiger den Eindruck, die Durchsuchungsanordnung wird nur als Vorwand für eine umfassende **Ausforschung** des Klienten benutzt, hat er dies zu beanstanden.

70 Außerdem muss der Verteidiger reklamieren, wenn nach § 97 StPO **beschlagnahmefreie Gegenstände** sichergestellt werden sollen. Umstritten ist die Beschlagnahmefreiheit von Geschäftsunterlagen und Buchungsbelegen, die der Beschuldigte seinem Steuerberater oder Wirtschaftsprüfer übergeben hat. Nach überwiegender Auffassung sind diese Unterlagen beschlagnahmefähig, wenn sie lediglich der Buchführung dienen. Sollen anhand der Belege Steuererklärungen vorbereitet und abgegeben werden, besteht Beschlagnahmefreiheit, solange die Unterlagen für diese Zwecke benötigt werden.[54]

71 Bei Durchsuchungen in Wirtschaftsstrafsachen werden regelmäßig umfangreiche Geschäftsunterlagen in amtliche Verwahrung genommen. Dies kann schwerwiegende Beeinträchtigungen für den Betroffenen und sein Unternehmen zur Folge haben. Es ist daher sorgfältig zu prüfen, ob der Umfang der Beschlagnahme tatsächlich gerechtfertigt ist. Es dürfen nur solche Unterlagen beschlagnahmt werden, die potenziell **beweisgeeignet** sind, d. h. möglicherweise als Beweismittel in Betracht kommen.[55] Zu fordern ist insoweit ein sachlich-inhaltlicher Zusammenhang zwischen dem Beweismittel einerseits und dem im Durchsuchungsbeschluss niedergelegten Anfangsverdacht andererseits. Fehlt es hieran, wird der Gegenstand in der Regel nicht als Beweismittel in Betracht kommen, er ist nicht – auch nicht potenziell – beweisgeeignet.

72 Der Grundsatz der **Verhältnismäßigkeit** gebietet es in Wirtschaftsstrafsachen, dass dem Betroffenen Fotokopien sichergestellter Unterlagen, die zur Fortführung des Geschäftsbetriebs notwendig sind, zur Verfügung gestellt werden.[56] Grundsätzlich sind die Kopien von den Ermittlungsbehörden zu fertigen. Aus Praktikabilitätsgründen kann die Kopieraktion auch von der Verteidigung durchgeführt werden. Die Erfahrung zeigt, dass die Kapazitäten der Ermittlungsbehörden oft nicht ausreichen, um die zeitnahe Anfertigung von Kopien sicherzustellen. Hier muss nach praktikablen Lösungen gesucht werden.

c) Anfechtung rechtswidriger Durchsuchungsbeschlüsse

73 Gegen einen richterlichen Durchsuchungsbeschluss ist das Rechtsmittel der **Beschwerde** statthaft (§§ 304, 306 StPO). Wird die Durchsuchung bei Gefahr im Verzug durch die Staatsanwaltschaft oder ihre Hilfsbeamten angeordnet, so kann hiergegen Antrag auf gerichtliche Entscheidung nach § 98 Abs. 2 S. 2 StPO erhoben werden. Mit einem Antrag auf gerichtliche

---

[51] BVerfG NJW 2005, 1917.
[52] BVerfG wistra 1997, 223.
[53] OLG Karlsruhe StV 1986, 10; LG Berlin StV 1987, 97; LG Baden-Baden, wistra 1990, 118.
[54] Vgl. zum Meinungsstand: *Meyer-Goßner*, StPO, § 97 Rn. 40 m. w. N. aus Rechtsprechung und Schrifttum.
[55] BGH NStZ 1984, 94 (Pf); *Meyer-Goßner*, StPO, § 94 Rn. 6 m. w. N.
[56] *Koch*, wistra 1983, 637; *Hild/Hild*, Im Fadenkreuz der Steuerfahnder, 3. Auflage, 2008, S. 76.

II. Verteidigung im Ermittlungsverfahren

Entscheidung nach §§ 23 ff. EGGVG kann die Art und Weise der Durchführung der Durchsuchung gerügt werden. Als weiteres Rechtsmittel gegen einen Durchsuchungsbeschluss kommt die Verfassungsbeschwerde in Betracht, die allerdings gegenüber den Rechtsmitteln der StPO subsidiär ist.

Ob gegen die Anordnung einer Durchsuchung Rechtsmittel eingelegt werden, muss sehr gewissenhaft abgewogen werden. Die Erfolgschancen von Rechtsmitteln gegen Durchsuchungsbeschlüsse in Wirtschaftsstrafsachen sind nach den Erfahrungen der Praxis relativ gering. Rechtsmittel gegen Durchsuchung und Beschlagnahme sollten daher auf Fälle beschränkt werden, in denen Verfahrensverstöße klar und offen zutage treten. Bei der Einlegung von Rechtsmitteln ist regelmäßig davor zu warnen, die Frage des **Anfangsverdachts** zu problematisieren. Der Anfangsverdacht – also die bloße Möglichkeit einer Verurteilung – wird in Wirtschaftsstrafsachen von den Beschwerdekammern zuweilen ohne intensivere Befassung mit den anstehenden Sach- und Rechtsfragen bejaht. Anders mag es in Fällen sein, in denen der Anfangsverdacht offensichtlich entfällt, beispielsweise wegen des Eintritts der Verjährung oder wegen eines fehlenden oder nicht rechtzeitig gestellten Strafantrages.

Bei der Einlegung von Rechtsmitteln gegen Durchsuchungsbeschlüsse in Wirtschaftsstrafsachen ist immer das Risiko einer Festschreibung und Präjudizierung des Tatverdachts durch die Beschwerdekammer im Auge zu behalten. Dies gilt auch dann, wenn das Rechtsmittel nur mit Verfahrensfehlern begründet wird. Durch Ausführungen des Gerichts zum Tatverdacht kann sich die Position der Verteidigung erheblich verschlechtern. Auf der Ebene des Anfangsverdachts werden oft die Weichen für das gesamte Verfahren gestellt. Allerdings sollte berücksichtigt werden, dass durch einen rechtswidrigen Durchsuchungsbeschluss, der nicht den verfassungsrechtlichen Mindestanforderungen genügt, die Verfolgungsverjährung nicht unterbrochen wird.[57]

4. Erledigungsmöglichkeiten im Ermittlungsverfahren

Die Prüfung von Erledigungsmöglichkeiten im Ermittlungsverfahren ist in Wirtschaftsstrafsachen von besonderer Bedeutung. Die Durchführung einer Hauptverhandlung ist häufig mit einem erheblichen Verfahrensaufwand verbunden. Über Jahre werden enorme Kapazitäten gebunden – sowohl bei der Justiz als auch beim Beschuldigten. Nicht selten haben beide Seiten ein Interesse an einer **pragmatischen Lösung.** Im Ermittlungsverfahren entscheidet sich, ob eine unter prozessökonomischen Gesichtspunkten vernünftige Erledigung des Verfahrens realisierbar erscheint und eine aufwendige Hauptverhandlung vermieden werden kann. Dahingehende Gespräche zwischen Verteidiger und Staatsanwaltschaft sind mit Feingefühl zu führen.

Andererseits ist in bedeutenden Wirtschaftsverfahren bei manchen Staatsanwälten eine gewisse Neigung zu erkennen, „vorsorglich" Anklage zu erheben, um sich keinesfalls dem Vorwurf der „Geheimjustiz" auszusetzen. Es müsse – so wird zuweilen argumentiert – die Teilnahme der Öffentlichkeit gesichert sein, die Verantwortung für das Verfahren solle das unabhängige Gericht tragen. Besonders bei prominenten Beschuldigten aus Wirtschaft und Politik erscheint mancher Staatsanwalt „überobjektiv", er will jeden Eindruck der „Mauschelei" vermeiden und ein Exempel statuieren, dass jeder vor dem Gesetz gleich ist. Wer so argumentiert, verlässt den Boden des Gesetzes. Derartige Erwägungen dürfen nicht dazu führen, einen Beschuldigten mit einer wochen- oder monatelangen Hauptverhandlung zu überziehen. Hier ist die Intervention des Verteidigers gefordert.

Das gemeinsame Bestreben, eine aufwendige Hauptverhandlung auch in solchen Fällen zu vermeiden, die nicht nach § 170 Abs. 2 StPO mangels hinreichenden Tatverdachts einstellungsfähig sind, eröffnet den **Vorschriften der §§ 153 ff. StPO** einen breiten Anwendungs-

---

[57] BGH NStZ 2007, 213, 214; 2004, 275; 2000, 427, 429; *Park*, Handbuch Durchsuchung und Beschlagnahme, Kapitel 2, 2. Aufl. 2009, Rn. 358 mit weiteren Ausführungen zu Gesichtspunkten für und gegen die Einlegung eines Rechtsbehelfs.

bereich. Das Normengefüge der §§ 153 ff. StPO ist im Rahmen dieses Handbuchs an anderer Stelle dargelegt.[58] Hierauf wird zunächst Bezug genommen. Die nachfolgenden Ergänzungen dienen der Abrundung dieser Darstellung aus der Sicht des Verteidigers.

78 Die **Beratung des Mandanten** zur Vorbereitung einer Erledigung nach den §§ 153 ff. StPO ist nicht leicht. Liegt der Schuldvorwurf auf der Hand, wird der Mandant, wenn die Auflage akzeptabel erscheint, seine Zustimmung zur Einstellung erteilen, er wird es als Wohltat empfinden, dass ihm eine öffentliche Hauptverhandlung erspart bleibt. Schwierig sind die Fälle, in denen gewichtige Argumente für den Mandanten sprechen und dieser auch von seiner Unschuld überzeugt ist. Der Mandant wird in der Zahlung einer Geldauflage ein Schuldeingeständnis sehen, außerdem befürchtet er, dass die Zahlung in der Öffentlichkeit als „Lösegeld" dargestellt und aufgefasst wird. Der Verteidiger wird den Mandanten zunächst über die bestehenden Prozess- und Beweisrisiken aufklären. Ihm muss klar sein, dass die prozessuale Wahrheit nicht identisch mit der objektiven Wahrheit sein muss. Außerdem wird der Verteidiger seinem Klienten den Ablauf eines Wirtschaftsstrafverfahrens, den zeitlichen Rahmen, den finanziellen Aufwand sowie auch die negativen Begleiterscheinungen (Presse) vor Augen führen. Schließlich muss der Klient über die **Rechtsfolgen** einer Einstellung nach den §§ 153 ff. StPO unterrichtet sein. Wichtig ist: Die Geldauflage ist keine Strafe. Eintragungen im Bundeszentralregister werden nicht vorgenommen. In der Zustimmung zur Einstellung nach § 153a StPO liegt kein Schuldeingeständnis. Die **Unschuldsvermutung** nach Art. 6 Abs. 2 EMRK bleibt unberührt.[59] Der Beschuldigte, gegen den das Verfahren ohne Verurteilung abgeschlossen wird, gilt ohne Rücksicht auf die Stärke des verbleibenden Tatverdachts als unschuldig. Sofern zivilrechtliche (z. B. Schadensersatzhaftung) oder verwaltungsrechtliche Fragen (z. B. die gewerberechtliche Zuverlässigkeit) durch das Strafverfahren präjudiziert werden könnten, empfiehlt es sich, mit der Zustimmung zur Einstellung klarstellend die Erklärung zu verbinden, dass hierin kein irgendwie geartetes Schuldeingeständnis liegt. Die Kosten des Verfahrens trägt die Staatskasse, während der Beschuldigte seine notwendigen Auslagen grundsätzlich selbst zu tragen hat (vgl. § 467 Abs. 4 und 5 StPO).

79 Geldauflagen im Sinne des § 153a StPO sind nach § 12 Ziff. 4 EStG grundsätzlich nicht steuerlich abzugsfähig, auch dann nicht, wenn sie an gemeinnützige Einrichtungen gezahlt werden. Wird die Auflage für den Beschuldigten vom Unternehmen entrichtet, unterliegt sie der Lohnsteuer. Die Auflage ist dann als Betriebsausgabe beim Unternehmen steuerlich abzugsfähig. Eine Abzugsfähigkeit ist demgegenüber zu versagen, wenn die Geldzahlung dem Unternehmen selbst auferlegt und von diesem entrichtet wird (§ 12 Ziff. 4 EStG und § 10 Ziff. 3 KStG).

Die Vorschriften der §§ 153 ff. StPO eröffnen den Verfahrensbeteiligten eine breite Palette von Gestaltungs- und Variationsmöglichkeiten. Hier ist die Kreativität des Verteidigers gefragt.

80 Scheitert eine Einstellung nach § 153a StPO am Widerstand der Staatsanwaltschaft, so muss der Verteidiger erwägen, ob eine Erledigung im Strafbefehlswege angeregt werden soll. Auch wenn diese zu einer Vorstrafe des Klienten führt, so bietet sie doch eine Chance, eine öffentliche Hauptverhandlung zu vermeiden. Geldstrafen bis zu 90 Tagessätzen und Freiheitsstrafen von bis zu drei Monaten werden nicht in ein Führungszeugnis aufgenommen (§ 32 Abs. 2 Ziff. 5 BZRG), sofern im Bundeszentralregister keine weitere Strafe eingetragen ist. Der Beschuldigte kann sich insoweit als unbestraft bezeichnen und braucht den dem Strafbefehl zugrunde liegenden Sachverhalt nicht zu offenbaren (§ 53 Abs. 1 Ziff. 1 BZRG). Ob eine Strafbefehlserledigung in Betracht kommt, ist sorgfältig abzuwägen. Letztlich entscheidet der Einzelfall.

---

[58] S. hierzu Kapitel 26 – Besonderheiten im Strafverfahren.
[59] BVerfG MDR 1991, 891; *Fezer*, ZStW 106, 33; *Meyer-Goßner*, StPO, § 153a Rn. 2.

III. Verteidigung im Zwischenverfahren

Nach § 201 Abs. 1 StPO teilt der Vorsitzende des Gerichts die Anklageschrift dem Angeschuldigten mit und fordert ihn zugleich auf, „innerhalb einer zu bestimmenden Frist zu erklären, ob er die Vornahme einzelner Beweiserhebungen vor der Entscheidung über die Eröffnung des Hauptverfahrens beantragen oder Einwendungen gegen die Eröffnung des Hauptverfahrens vorbringen wolle". Nach Ablauf der Frist entscheidet der Vorsitzende durch Beschluss über den weiteren Gang des Verfahrens. Er kann das Hauptverfahren unter Zulassung der Anklage uneingeschränkt eröffnen (§§ 199 Abs. 1, 203, 207 StPO) oder die Nichteröffnung (§ 204 StPO) – sei es aus Rechtsgründen, sei es aus tatsächlichen Gründen – beschließen. Weiter besteht die Möglichkeit der modifizierten Eröffnung (§ 207 Abs. 2 StPO). Schließlich kann das Verfahren vorläufig wegen eines vorübergehenden Verfahrenshindernisses (§ 205 StPO) oder endgültig wegen einer Gesetzesänderung nach Anklageerhebung (§ 206b StPO) eingestellt werden, es kann vor einem Gericht niederer Ordnung eröffnet (§ 209 Abs. 1 StPO) oder einem Gericht höherer Ordnung vorgelegt werden (§ 209 Abs. 2 StPO). 81

Diese breite Palette möglicher Entscheidungen im Zwischenverfahren mag den Eindruck vermitteln, dass der Verteidiger in diesem Verfahrensstadium über weitgehende Handlungs- und Einflussmöglichkeiten verfügt. Das Gegenteil ist der Fall. Nur eine verschwindend geringe Anzahl von Verfahren (0,3 %) wird nicht eröffnet. Die **Erfolgschancen** sind denkbar **gering.** Gerade in Wirtschaftsstrafsachen gewinnt man häufig den Eindruck, dass die Eröffnung des Hauptverfahrens schon mit Anklageerhebung beschlossene Sache ist, der formularmäßige Vordruck für die Eröffnungsentscheidung gewissermaßen schon in der Schublade des Geschäftsstellenbeamten liegt. Die Gründe für diese verbreitete Gerichtspraxis sind vielfältig. Zum einen wird auf Seiten der Gerichte immer wieder beklagt, dass sie aus Überlastungsgründen zeitlich kaum in der Lage seien, sich zwei Mal – im Zwischenverfahren und zur Vorbereitung der Hauptverhandlung – intensiv in das Verfahren einzuarbeiten. Zuweilen wird auch eröffnet, um die sofortige Beschwerde der Staatsanwaltschaft gegen eine Nichteröffnungsentscheidung zu umgehen; in Wirtschaftsstrafsachen wird der sofortigen Beschwerde gem. § 210 Abs. 2 StPO nach der Praxis vieler Oberlandesgerichte nicht selten stattgegeben. Damit hat das Zwischenverfahren seine gesetzliche Filterfunktion in weiten Teilen faktisch verloren. 82

Vor diesem Hintergrund stellt sich die Frage, wie der Verteidiger im Zwischenverfahren sinnvoll agieren kann. Zunächst ist zu prüfen, ob die vom Gericht gem. § 201 Abs. 1 StPO bestimmte **Erklärungsfrist** ausreicht oder deren Verlängerung beantragt werden muss. In umfangreicheren Verfahren sind die Fristen oft zu kurz bemessen. Zwar handelt es sich bei der Frist nach § 201 Abs. 1 StPO nicht um eine Ausschlussfrist, nur durch eine Fristverlängerung kann aber sichergestellt werden, dass der Verteidigungsvortrag noch vor einer Abschlussentscheidung im Zwischenverfahren berücksichtigt wird. 83

Außerdem sollte zu Beginn des Zwischenverfahrens erneut **Akteneinsicht** beantragt werden. Die Kenntnis der vollständigen Abschlussverfügung der Staatsanwaltschaft einschließlich der Begleitverfügungen kann der Verteidigung wichtige Rückschlüsse über die von der Staatsanwaltschaft verfolgte Strategie vermitteln. Im Übrigen werden dem Verteidiger Ermittlungsergebnisse bekannt, die erst nach der letzten Akteneinsicht zu den Akten gelangt sind. 84

Weiterführend kann auch das persönliche **Gespräch** des Verteidigers mit dem Vorsitzenden sein. Hier wird der Verteidiger möglicherweise wichtige Hinweise über die (vorläufige) Beurteilung der Sache durch das Gericht erhalten. Außerdem können Verfahrensfragen besprochen werden. Andererseits wird auch der Vorsitzende einiges über die Strategie der Verteidigung erfahren wollen, um zu wissen, worauf er sich bei der weiteren Verfahrensplanung einzustellen hat. Gespräche dieser Art sind ein Geben und Nehmen. Hierin liegen Chancen und Risiken. 85

Wesentlich für den Verteidiger ist die Entscheidung, ob im Zwischenverfahren eine **Stellungnahme** abgegeben werden soll. Auch hier ist die Praxis der Verteidiger ganz unterschiedlich. Die Einreichung eines Schriftsatzes erscheint wenig sinnvoll, wenn das Verfahren 86 ohnehin mit an Sicherheit grenzender Wahrscheinlichkeit eröffnet wird und eine Hauptverhandlung nicht zu vermeiden ist. In solchen Fällen sollte die Verteidigung grundsätzlich der Hauptverhandlung vorbehalten werden. Die Ausbreitung aller Verteidigungsargumente im Zwischenverfahren kann sich in der Hauptverhandlung strategisch nachteilig auswirken.

Besteht aber eine realistische – wenn auch nur geringe – Chance, durch den Verteidigungsvortrag im Zwischenverfahren eine Eröffnung zu verhindern, so sollte diese Chance genutzt werden. Der Verteidiger in Wirtschaftsstrafsachen hat den Mandanten vor der Prangerwirkung der öffentlichen Hauptverhandlung mit allen zu Gebote stehenden Mitteln zu schützen. Hier sollte keine Gelegenheit versäumt werden.

87 Der Verteidiger kann im Einzelfall darauf hinwirken, dass das Gericht gem. § 202 StPO zur besseren Aufklärung der Sache im Zwischenverfahren einzelne **Beweiserhebungen** anordnet. Obwohl derartigen Beweiserhebungen in Wirtschaftsstrafsachen Seltenheitswert zukommt, sollte der Verteidiger auf Ermittlungsdefizite hinweisen und ergänzende Ermittlungen, die auch durch die Staatsanwaltschaft und ihre Hilfsbeamten geführt werden können, beantragen. Dahingehende Beweisanträge können mit der Begründung, die Beweiserhebung sei zur Beurteilung des hinreichenden Tatverdachts nicht erforderlich, zurückgewiesen werden. Die Ablehnungsgründe des § 244 Abs. 3 und 4 StPO gelten im Zwischenverfahren nicht.[60]

88 Lehnt das Gericht ergänzende Beweiserhebungen nach § 202 StPO ab, so kann der Verteidiger selbst ein **Sachverständigengutachten** in Auftrag geben und im Zwischenverfahren vorlegen. Auch dies sollte jedoch nur dann erwogen werden, wenn eine gewisse Chance besteht, die Annahme hinreichenden Tatverdachts durch das Gutachten zu entkräften und die Eröffnung des Verfahrens zu verhindern. Anderenfalls empfiehlt es sich, das Sachverständigengutachten erst in der Hauptverhandlung in das Verfahren einzuführen.

Gelegentlich ist zu beobachten, dass **Rechtsgutachten** von Hochschullehrern oder prominenten Rechtsanwälten vorgelegt werden. Dies sollte gut überlegt werden. Gutachten zu genuin strafrechtlichen Fragestellungen sollten in keinem Fall zu den Akten gebracht werden. Handelt es sich um Rechtsgutachten zu außerstrafrechtlichen Problemstellungen, kann die Vorlage im Einzelfall sinnvoll sein. Grundsätzlich ist zu berücksichtigen, dass Rechtsfragen durch das Gericht aus eigener Sachkunde geklärt werden.

IV. Verteidigung im Hauptverfahren

1. Vorbereitung der Hauptverhandlung

89 Auch die engagierteste Verteidigung vermag nicht in allen Fällen die Eröffnung des Hauptverfahrens zu verhindern. Die Verteidigung und der Auftraggeber müssen sich dann auf eine Hauptverhandlung einrichten.

Für die Verteidigung im Hauptverfahren ist ein überzeugendes Agieren vor Gericht ebenso wichtig wie die eingehende und präzise Vorbereitung der Hauptverhandlung. Der Verteidiger wird sich nur dann schnell und richtig auf die jeweilige Verfahrenssituation einstellen können, wenn er den Prozessstoff in tatsächlicher und rechtlicher Hinsicht beherrscht. Er muss die Akten genau kennen. Wie er sich diese **Aktenkenntnis** verschafft, ist eine Frage des persönlichen Arbeitsstils. Hier entwickelt jeder seine Methode. Es muss sichergestellt sein, dass sich der Verteidiger anhand seiner Aufzeichnungen in der Hauptverhandlung zuverlässig und schnell orientieren kann.

90 In Wirtschaftsstrafsachen ergeben sich oft Probleme durch den **Aktenumfang**. Nicht selten werden für die Verfahrensakten ganze Regalwände benötigt, abgesehen von den Beweismitteln, die mehrere Kellerräume vom Boden bis zur Decke füllen. Bei auswärtigen Verfahren größeren Umfangs sollte die Verteidigung am Ort des Gerichts über einen abschließbaren Raum verfügen, in dem die wichtigsten Akten und sonstige Verteidigungsunterlagen gelagert werden können. Dieser Raum sollte deutlich mit der Aufschrift „Verteidigerunterlagen" ge-

---

[60] *Meyer-Goßner*, StPO, § 201 Rn. 8.

IV. Verteidigung im Hauptverfahren

kennzeichnet sein, um Durchsuchungen vorzubeugen. Der Aktenbestand kann in einer Datenbank erfasst werden, um ein schnelles Auffinden von Unterlagen zu gewährleisten. Außerdem sollte eine büromäßige Grundausstattung vorhanden sein, damit schriftliche Prozessunterlagen kurzfristig erstellt werden können.

Der Verteidiger sollte vor der Hauptverhandlung nochmals **Akteneinsicht** nehmen, um sich über den aktuellen Verfahrensstand zu unterrichten. Häufig gelangen noch kurz vor Beginn der Hauptverhandlung wichtige Vorgänge zu den Akten, z. B. Schreiben geladener Zeugen, die an einem persönlichen Erscheinen gehindert sind und sich schriftlich zum Beweisthema äußern. Der Verteidiger muss sicherstellen, dass er von solchen Vorgängen, die verfahrensentscheidend sein können, Kenntnis erhält. 91

Im Einzelfall kann es zu empfehlen sein, nach der Eröffnungsentscheidung mit dem Vorsitzenden des Gerichts ein persönliches **Gespräch** zu führen. Hier können Verhandlungsplanung und Prozessverlauf erörtert werden. Der Verteidiger sollte anregen, Ton-, Film- und Bildaufnahmen im Gerichtssaal gem. Ziff. 129 Abs. 3 RiStBV zu verbieten. Auch kann ein letzter Vorstoß gewagt werden, das Verfahren außerhalb der Hauptverhandlung zu erledigen. Zwar werden die in Betracht kommenden Möglichkeiten bereits im Vor- und Zwischenverfahren angesprochen worden sein, nicht selten gebieten aber neu hinzugetretene Erkenntnisse eine veränderte Sichtweise. So kann sich die Verfahrenssituation schlagartig wandeln, wenn der sachbearbeitende Dezernent der Staatsanwaltschaft, der seit Jahren intensiv in den Fall eingearbeitet ist, kurz vor der Hauptverhandlung schwer erkrankt und für längere Zeit dienstunfähig ist. Auch ein zivilrechtlicher Vergleich, der zu einer Wiedergutmachung des eingetretenen Schadens geführt hat, mag die Bereitschaft des Gerichts, eine monatelange Hauptverhandlung durchzuführen und durch Urteil abzuschließen, reduzieren. Die Möglichkeiten einer Verfahrenserledigung außerhalb der Hauptverhandlung sollten auch nach der Eröffnung des Hauptverfahrens nicht aus den Augen verloren werden. 92

Bei mehreren Angeklagten kann es im Einzelfall, sofern noch nicht geschehen, angezeigt erscheinen, zu den **Mitverteidigern** Kontakt aufzunehmen. Gemeinsame Strategieüberlegungen bis hin zur Sockelverteidigung sind in Betracht zu ziehen. Oft ist schon der bloße Informationsaustausch gewinnbringend. Eine direkte Kontaktaufnahme zu verteidigten Mitangeklagten hat allerdings aus Gründen der kollegialen Rücksichtnahme zu unterbleiben. 93

In umfangreichen Wirtschaftsstrafverfahren hat es sich bewährt, den Verhandlungsverlauf durch eine **Stenographin** mitschreiben zu lassen. So kann das Prozessgeschehen genauer rekonstruiert werden, was bei der Formulierung von Beweisanträgen oder des Plädoyers die Übersicht erleichtert. Außerdem kann die Verteidigung einzelne Teile der Hauptverhandlung mit Zustimmung des Vorsitzenden auf Tonband aufnehmen, nicht aber die gesamte Hauptverhandlung.[61] 94

In Strafverfahren mit schwierigen wirtschaftsrechtlichen Problemkreisen sollte die Beiziehung eines **Wirtschaftssachverständigen** als internen Berater der Verteidigung erwogen werden. Der Sachverständige ist dann Gehilfe der Verteidigung. Ihm steht in dieser Eigenschaft kein Frage- und Erklärungsrecht in der Hauptverhandlung zu, der Verteidiger kann ihm aber sein Akteneinsichtsrecht übertragen, das er ohne Anwesenheit des Verteidigers wahrnehmen kann.[62] Das arbeitsteilige Zusammenwirken zwischen Verteidiger und Wirtschaftssachverständigen bildet in größeren Wirtschaftsstrafverfahren oft die Basis für eine erfolgreiche **Teamarbeit.** 95

Nach der Eröffnungsentscheidung hat der Verteidiger darüber zu befinden, ob er bereits vor der Hauptverhandlung Beweisanträge nach § 219 StGB anbringt oder diese der Hauptverhandlung vorbehält. Strategische Nachteile durch eine verfrühte Offenlegung der Verteidigungsrichtung sind zu vermeiden. 96

---

[61] OLG Düsseldorf NStZ 1990, 554 m. Anm. *Kühne,* Strafverteidiger 1991, 103; *Marxen,* NJW 1977, 2188; *Meyer-Goßner,* StPO, § 169 GVG, Rn. 12.
[62] OLG Brandenburg NJW 1996, 67 ff.

2. Verteidigungsstrategien in der Hauptverhandlung

97 Die Verteidigungsstrategie in der Hauptverhandlung ist in erster Linie vom **Verteidigungsziel** abhängig. Die Verteidigung kann auf einen Freispruch abzielen, sie kann aber auch mit dem Ziel geführt werden, ein für den Auftraggeber möglichst günstiges Strafmaß zu erreichen. Das Verteidigungsziel muss zu Beginn der Hauptverhandlung definiert sein. Der Verteidiger hat anhand des gesamten Prozessstoffes zu prüfen, welches Verteidigungsziel durchsetzbar und realistisch erscheint. Dies erfordert eine Prognose, die auch Risiken, Unwägbarkeiten und Begleitumstände des Prozesses zu berücksichtigen hat. Der Verteidiger hat seine Beurteilung und die darauf basierende Prognose mit dem Mandanten zu erörtern. Der Mandant hat dann die Entscheidung zu treffen, mit welchem Ziel die Verteidigung zu führen ist.

Kommt der Verteidiger zu der Erkenntnis, dass das vom Auftraggeber gewünschte Verteidigungsziel bei lebensnaher Einschätzung nicht realisierbar erscheint, so hat er dies mit seinem Mandanten zu besprechen und mit der gebotenen Bestimmtheit auf die bestehenden Risiken hinzuweisen. Erweist sich der Mandant als unbelehrbar und ist keine Übereinstimmung zu erzielen, ist die Niederlegung des Mandats zu erwägen. Der Verteidiger darf in der Hauptverhandlung unter keinen Umständen die Verantwortung für eine abwegige und nicht aussichtsreiche Verteidigungsstrategie übernehmen. Hier würde der Verteidiger gegen seine Überzeugung handeln. Dies zeigt, welch grundlegende Bedeutung eine klare und mit dem Mandanten abgestimmte Definition des Verteidigungsziels für den Erfolg der Verteidigung in der Hauptverhandlung hat.

Der Verteidiger muss die **Realisierbarkeit** des definierten Verteidigungsziels fortwährend am laufenden Prozessgeschehen messen. Nicht selten führen unerwartete Entwicklungen in der Hauptverhandlung dazu, dass das Verteidigungsziel überdacht oder gar neu definiert werden muss. So können schon Veränderungen in der Gerichtsbesetzung zu einer korrigierten Sichtweise führen. Gleiches gilt, wenn Be- oder Entlastungszeugen auftauchen, die in der Verfahrensprognose bislang nicht berücksichtigt waren. Günstige Entwicklungen in der Beweissituation sollten auch zum Anlass genommen werden, erneut über die Möglichkeiten einer Einstellung nach §§ 153, 153a StPO nachzudenken. Korrekturen bei der Definition des Verteidigungsziels sind immer mit dem Mandanten abzustimmen, erforderlichenfalls ist eine Unterbrechung der Hauptverhandlung zu beantragen, um die neue Prozesssituation mit dem Mandanten besprechen zu können.

98 Von besonderer strategischer Bedeutung in der Hauptverhandlung ist die Frage, ob der Klient **redet oder schweigt.** Mandanten in Wirtschaftsstrafsachen haben zuweilen, besonders wenn der Vorwurf bestritten wird, das ausgeprägte Bedürfnis, umfassend in der Hauptverhandlung auszusagen, um das Gericht von ihrer Unschuld zu überzeugen. Auch hier ist die Überzeugungskraft des Verteidigers gefordert. Der Mandant muss wissen, dass er sich auf ein prozessuales Grundrecht beruft, wenn er in der Hauptverhandlung schweigt. Er darf nicht befürchten, dass ihm das Schweigen zum Nachteil gereicht. Die Risiken, die eine Aussage in der Hauptverhandlung mit sich bringen, die besondere psychologische Situation in der Hauptverhandlung, der Druck, der durch Fragen und Vorhalte ausgeübt werden kann, all dies ist ihm plastisch vor Augen zu führen.

Die Risiken einer Einlassung des Mandanten in der Hauptverhandlung wachsen proportional mit dem Umfang des Prozessstoffs. Je umfangreicher das Beweismaterial ist, umso größere Unwägbarkeiten ergeben sich. Die Einlassung des Angeklagten ist ebenso irreversibel wie Widersprüche und Unsicherheiten bei der Beantwortung von Fragen und Vorhalten. In der Praxis der Wirtschaftsstrafverteidigung ist zu beobachten, dass sich die Verteidigungsstrategie unter Wahrnehmung des Schweigerechts durch den Angeklagten immer mehr durchsetzt. Letztlich ist im Einzelfall unter Abwägung aller Risiken zu entscheiden.

99 Schweigt der Mandant in der Hauptverhandlung, hat der Verteidiger seine **prozessualen Mitwirkungsrechte** umso aktiver einzusetzen. Er kann über Beweisanträge, Erklärungen nach § 257 Abs. 2 StPO oder durch eine intensive Teilnahme an der Befragung von Zeugen und Sachverständigen auf den Prozessverlauf Einfluss nehmen. Oftmals bietet sich auch die Abgabe eines sog. opening statements an, in dem der Verteidiger nach der Verlesung des An-

IV. Verteidigung im Hauptverfahren

klagesatzes zum Vorwurf Stellung nimmt. Ein solches opening statement sieht die Strafprozessordnung zwar nicht explizit vor, Zulässigkeit und Berechtigung ergeben sich aber aus dem allgemeinen Grundsatz rechtlichen Gehörs nach Art. 103 Abs. 1 GG.

Der im Wirtschaftsleben stehende Mandant wird oftmals ein Interesse an einem Ausschluss der Öffentlichkeit in der Hauptverhandlung haben. Nach § 172 Ziff. 2 GVG kann das Gericht die Öffentlichkeit für die Verhandlung oder für einen Teil davon ausschließen, wenn ein wichtiges Geschäfts-, Betriebs-, Erfindungs- oder Steuergeheimnis zur Sprache kommt, durch dessen öffentliche Erörterung überwiegende schutzwürdige Interessen verletzt würden. Die Entscheidung steht im Ermessen des Gerichts, wobei im Rahmen der vorzunehmenden Abwägung dem Geheimhaltungsinteresse des Angeklagten die große Bedeutung des Öffentlichkeitsgrundsatzes gegenüberzustellen ist. Ein Ausschluss der Öffentlichkeit wird nur dann in Betracht kommen, wenn durch die Öffentlichkeit Nachteile für den Geheimnisgeschützten entstehen, die durch den Zweck des Verfahrens nicht gerechtfertigt sind.[63] Dies wird in der Gerichtspraxis nur in Ausnahmefällen bejaht. Die bloße Vermeidung einer Rufschädigung durch die Hauptverhandlung genügt für einen Öffentlichkeitsausschluss nicht.

100

Für die Verteidigungsstrategie in der Hauptverhandlung ist zusätzlich von Bedeutung, vor welchem Gericht und in welcher Instanz das Verfahren stattfindet. Bei Hauptverhandlungen vor dem Landgericht erster oder zweiter Instanz ist ein besonderes Augenmerk darauf zu legen, dass etwaige **Verfahrensfehler** im Sitzungsprotokoll entsprechend dokumentiert sind, um im Revisionsverfahren vorgebracht werden zu können. Sachleitungsverfügungen des Vorsitzenden sind im Falle ihrer Unzulässigkeit gem. § 238 Abs. 2 StPO zu beanstanden. Auf förmliche Antrags- und Mitwirkungsrechte sollte grundsätzlich nicht verzichtet werden. Die Verteidigung in der Hauptverhandlung vor dem Landgericht ist mit Blick auf die Revision zu führen. Bei amtsgerichtlichen Verfahren spielt die Revisibilität von Verfahrensvorgängen eine eher untergeordnete Rolle.

101

Die erfolgreiche Verteidigung in der Hauptverhandlung ist sowohl von der Sachkenntnis und dem Fingerspitzengefühl des Verteidigers als auch von der tatkräftigen Unterstützung durch den Auftraggeber abhängig, sie erfordert eine kontinuierliche und solide Zusammenarbeit zwischen Verteidiger und Mandant. Nur dann werden beide die gestellten Anforderungen erfüllen und die Verantwortung tragen können.

---

[63] *Löwe/Rosenberg/Wickern*, § 172 GVG Rn. 26.

30. Kapitel. Der Geschädigte in Wirtschaftsstrafsachen

Literatur: *Bauer*, Anmerkung zur Entscheidung des LG Hamburg vom 15.10.2010 (Az: 608 Qs 18/10; StV 2011, 148) – „Zur Frage der Beschlagnahmefreiheit für Unterlagen eines mit internen Ermittlungen beauftragten Rechtsanwalts", StV 2012, 277; *Beck'scher Online-Kommentar zur StPO*, Edition 15, Stand: 1.10.2012; *Bittmann/Richter*, Zum Geschädigten bei der GmbH- und der KG-Untreue, wistra 2005, 51; *Bockemühl*, Private Ermittlungen im Strafprozess, Baden-Baden 1996; *v. Briel*, Die Bedeutung des Steuergeheimnisses für das Akteneinsichtsrecht nach § 406e StPO, wistra 2002, 213; *Ciolek-Krepold*, Durchsuchung und Beschlagnahme in Wirtschaftsstrafsachen, 2000; *Dallmeyer*, Das Adhäsionsverfahren nach der Opferrechtsreform, JuS 2005, 327; *Dannecker*, Der Schutz von Geschäfts- und Betriebsgeheimnissen, BB 1987, 1614; *Dierlamm*, Täter-Opfer-Ausgleich zugunsten juristischer Person, NStZ 2000, 536; *Eisenberg*, Beweisrecht der StPO; 7. Aufl., 2011; *Dölling/Hartmann*, Anmerkung zu einer Entscheidung des BGH vom 25.5.2001 (Az: 2 StR 78/01, NStZ 2002, 364) – Strafmilderung bei Täter-Opfer-Ausgleich und, NStZ 2002, 366; *Esskandari*, Die rechtliche Problematik der (rechtswidrigen) Beschaffung (steuerlich) relevanter Informationen durch Dritte gegen Bezahlung, DStZ 1999, 322; *Ferber*, Das Opferrechtsreformgesetz, NJW 2004, 2562; *Fischer*, StGB, 60. Aufl., 2013; *Franke*, Die Rechtsprechung des BGH zum Täter-Opfer-Ausgleich, NStZ 2003, 410; *Frick*, Stärken und Schwächen des reformierten Adhäsionsverfahrens, NStZ 2010, 666; *Fricke*, Der Detektiv als Informant des Versicherers – Zulässigkeit und Grenzen, VersR 2010, 308; *Gelber/Walter*, Probleme des Opferschutzes gegenüber dem inhaftierten Täter, NStZ 2013, 75; *Gerst*, Unternehmensinteresse und Beschuldigtenrechte bei Internal Investigations – Problemskizze und praktische Lösungswege, CCZ 2012, 1; *Groß*, Gegen den Missbrauch strafrechtlicher Ermittlungen zur Vorbereitung eines Zivilverfahrens, GA 1996, 151; *Haas*, Der Verletzte im Klageerzwingungsverfahren, GA 1988, 493; *Haas*, Ein Beitrag zur Auslegung des § 154d StPO, MDR 1990, 684; *Hassemer/Matussek*, Das Opfer als Verfolger: Ermittlungen des Verletzten im Strafverfahren, 1996; *Hees*, Zurückgewinnungshilfe zu Gunsten der Opfer von Marken- und Produktpiraterie, GRUR 2002, 1037; *Hefendehl*, Der Begriff des Verletzten im Klageerzwingungsverfahren bei modernen Rechtsguts- und Deliktsstrukturen, GA 1999, 584; *Hoffmann*, Betriebsspionage und Maßnahmen zum Schutz von Unternehmensgeheimnissen, Der Syndikus, Juli/August 2002, 48; *Jaeger*, Vorteile und Fallstricke des neuen Adhäsionsverfahrens, VRR 2005, 287; *Jahn/Moericke*, Die strafprozessuale Zuständigkeit für die Herausgabe sichergestellter Sachen an den Verletzten, DRiZ 2004, 322; *Kaiser*, Die Stellung des Verletzten im Strafverfahren, 1991; Karlsruher Kommentar, StPO, 6. Aufl., 2008; *Kaspar*, Schadenswiedergutmachung und Täter-Opfer-Ausgleich bei Gesamtschuldnern, GA 2003, 146; *Kerner/Trüg*, Opferrechte/Opferpflichten, Ein Überblick über die Stellung der durch Straftaten Verletzten im Strafverfahren seit Inkrafttreten des Zeugenschutzgesetzes, 1999; *Kiethe*, Zum Akteneinsichtsrecht des Verletzten, wistra 2006, 50; *Kiethe/Groeschke/Hohmann*, Die Rechte des Geschädigten und deren effiziente Durchsetzung im Rahmen der Vermögensrückgewinnung am Beispiel des Anlagebetrugs, wistra 2003, 92; *Klasen/Schaefer*, Whistleblower, Zeuge und „Beschuldigter" – Informationsweitergabe im Spannungsfeld grundrechtlicher Positionen, BB 2012, 641; *Knauer/Buhlmann*, Unternehmensinterne (Vor-)Ermittlungen – was bleibt von nemo-tenetur und fair-trial?, AnwBl 2010, 387; *Koch*, Die „fahrlässige Falschanzeige" – oder: Strafrechtliche Risiken der Anzeigeerstattung, NJW 2005, 943; *Köckerbauer*, Die Geltendmachung zivilrechtlicher Ansprüche im Strafverfahren – der Adhäsionsprozess, NStZ 1994, 305; *Kragler*, Private Wirtschaftsspionage, wistra 1983, 1; *Krekeler*, Der Sachverständige im Strafverfahren, insbesondere im Wirtschaftsstrafverfahren, wistra 1989, 52; *Krey*, Zur Problematik privater Ermittlungen des durch eine Straftat Verletzten, 1994; *Kuhn*, Das „neue" Adhäsionsverfahren, JR 2004, 397; *Kurth*, Rechtsprechung zur Beteiligung des Verletzten am Verfahren, NStZ 1997, 1; *Lackner/Kühl*, StGB, 27. Aufl., 2011; *Leipold*, Der Täter-Opfer-Ausgleich, NJW-Spezial 2004, 327; *Löwe-Rosenberg*, StPO, 26. Aufl., 2010; *Loos*, Probleme des neuen Adhäsionsverfahrens, GA 2006, 195; *Lüderssen*, Die Mandanten und der Täter-Opfer-Ausgleich, StV 1999, 65; *Mahnkopf/Funk*, Zur Frage des Anwesenheitsrechtes von Sachverständigen bei strafprozessualen Durchsuchungsmaßnahmen im Zusammenhang mit ärztlichen Abrechnungsbetrügereien, NStZ 2001, 519; *Malitz*, Die Berücksichtigung privater Interessen bei vorläufigen strafprozessualen Maßnahmen gemäß §§ 111b ff. StPO, NStZ 2002, 337; *Maschmann*, NZA Beilage 2012, Nr. 2, 50; *Mende*, Grenzen privater Ermittlungen durch den Verletzten einer Straftat, 2001; *Meyer*, Gedanken zur Nachrangigkeit strafrechtlicher Ermittlungen, wenn wegen des gleichen Sachverhalts ein Zivilrechtsstreit geführt wird, JurBüro 1990, 1403; *Meyer/Dürre*, Das Adhäsionsverfahren, JZ 2006, 23; *Meyer-Goßner*, StPO, 55. Aufl., 2012; *Momsen/Grützner*, Verfahrensregeln für interne Ermittlungen, DB 2011, 1792; *Müller/Wabnitz/Janovsky*, Wirtschaftskriminalität, 4. Aufl., 1997; *Neuhaus*, Das Opferrechtsreformgesetz 2004, StV 2004,

620; *Otto*, Die Verfolgung zivilrechtlicher Ansprüche als „berechtigtes Interesse" des Verletzten auf Akteneinsicht i. S. d. § 406e Abs. 1 StPO, GA 1989, 289; *Peglau*, Der Begriff des „Verletzten" i. S. von § 172 I StPO, JABl 1999, 55; *Peglau*, Der Opferschutz im Vollstreckungsverfahren, ZRP 2004, 39; *Püschel*, Täter-Opfer-Ausgleich – Gestaltungsmöglichkeiten des Verteidigers, StraFo 2006, 261; *Riedel/Wallau*, Das Akteneinsichtsrecht des „Verletzten" in Strafsachen – und seine Probleme, NStZ 2003, 393; *Rieß*, Der Strafprozess und der Verletzte – eine Zwischenbilanz, Jura 1987, 281; *Rieß*, Strafantrag und Nebenklage, NStZ 1989, 102; *Rieß*, Einige Bemerkungen über das sog. Adhäsionsverfahren, Festschrift für Hans Dahs, 2005; *Rieß/Hilger*, Das neue Strafverfahrensrecht – Opferschutzgesetz und Strafverfahrensänderungsgesetz 1987 –, NStZ 1987, 145 u. 204; *Rössner/Klaus*, Für eine opferbezogene Anwendung des Adhäsionsverfahrens, NJ 1996, 288; *Roxin*, Anmerkung zu einer Entscheidung des BGH, Beschluss vom 31.3.2011 (3 StR 400/10; NStZ 2011, 596) – Zur Verwertbarkeit von Aussagen welche durch Polizeiinformanten erlangt wurden, StV 2012, 131; *Rübenstahl/Debus*, Strafbarkeit verdachtsabhängiger E-Mail- und EDV-Kontrollen bei Internal Investigations?, NZWiSt 2012, 129; *Safferling*, Die Rolle des Opfers im Strafverfahren – Paradigmenwechsel im nationalen und internationalen Recht? ZStW 122, 87 (2010); *Schädler*, Nicht ohne das Opfer? Der Täter-Opfer-Ausgleich und die Rechtsprechung des BGH, NStZ 2005, 366; *Schiemann*, Macht des Opfers – Ohnmacht des Beschuldigten, KritV 2012, 161; *Schirmer*, Das Adhäsionsverfahren nach neuem Recht – die Stellung der Unfallbeteiligten und deren Versicherer, DAR 1988, 121; *Schlothauer*, Das Akteneinsichtsrecht des Verletzten nach dem Opferschutzgesetz vom 18.12.1986 und die Rechte des Beschuldigten, StV 1987, 356; *Schmaltz/Kuczera*, Patentverletzung und Betrug, GRUR 2006, 97; *Schmid/Winter*, Vermögensabschöpfung in Wirtschaftsstrafverfahren – Rechtsfragen und Praktische Erfahrungen, NStZ 2002, 8; *Schünemann*, Zur Stellung des Opfers im System der Strafrechtspflege, NStZ 1986, 193 u. 439; *Schuster*, Zum Beschlagnahme- und Verwertungsverbot von Interviewprotokollen nach „Internal Investigations", behandelt am Fall der HSH Nordbank, NZWiSt 2012, 28 ff.; *Schuster*, IT-gestützte interne Ermittlungen in Unternehmen – Strafbarkeitsrisiken nach den §§ 202a, 206 StGB, ZIS 2010, 68; *Sommerfeld/Guhra*, Zur „Entschädigung des Verletzten" im „Verfahren bei Strafbefehlen", NStZ 2004, 420; *Staiger-Alloggen*, Auswirkungen des Opferschutzgesetzes auf die Stellung des Verletzten im Strafverfahren, 1992; *Steffen*, TOA und Wiedergutmachung im Strafvollzug, ZRP 2005, 218; *Steffens*, Notwendige Beschränkungen des Akteneinsichtsrechts des Verletzten (§ 406e Abs. 2 StPO), StraFo 2006, 60; *Theile*, „Internal Investigations" und Selbstbelastung, StV 2011, 381; *Tilmann*, Der Schutz gegen Produktpiraterie nach dem Gesetz von 1990, BB 1990, 1565; *Vahle*, Rechtsfragen beim Einsatz von (Privat-)Detektiven, DVP 2007, 13; *Vogel*, Amtspflichten der Staatsanwaltschaft gegenüber Verletzten, wistra 1996, 219; *Walther*, Strafverteidigung zwischen Beschuldigten- und Opferinteressen, StraFo 2005, 452; *Weigend*, Schadensersatz im Strafverfahren, 1990; *Wölfl*, Heimliche private Tonaufnahmen im Strafverfahren, StraFo 1999, 74; *Wölfl*, Die Einschränkung der strafprozessualen Verletztenrechte durch das Jugendstrafverfahren, Jura 2000, 10; *Yomere*, Die Entscheidung im Verfahren EnBW zum Recht von Schadensersatzklägern auf Akteneinsicht in Verfahrensakten der Kommission, WuW 2013, 34; *Zielinski*, Zur Verletzteneigenschaft des einzelnen Aktionärs im Klageerzwingungsverfahren bei Straftaten zum Nachteil der Aktiengesellschaft, wistra 1993, 6.

Inhaltsübersicht

	Rn.
I. Begriffsbestimmungen	1–8
1. Geschädigter, Opfer, Verletzter	1–4
2. Schlussfolgerungen	5–8
II. Geschädigter und Geschädigtenvertreter	9–15
III. Die Zeugenvernehmung des Geschädigten	16–19
1. Der Verletzte als Beweismittel und Prozesssubjekt zugleich	16
2. Befugnisse nach § 406f Abs. 1 StPO	17, 18
3. Befugnisse nach § 406f Abs. 2 StPO	19
IV. Die Strafanzeige	20–35
1. Entscheidung über die Anzeigerstattung	20–27
2. Form und Inhalt der Strafanzeige	28, 29
3. Weiteres Vorgehen nach der Anzeigerstattung	30–35
V. Informationsrechte	36–56
1. Übersicht	36, 37
2. Akteneinsicht, § 406e StPO	38–53
a) Voraussetzungen	38–51
b) Verfahren	52, 53
3. Pflichtgemäße Mitteilung nach § 406d StPO	54–56
VI. Anwesenheits- und Teilnahmerechte	57–62
VII. Private Ermittlungen des Geschädigten	63–76
1. Übersicht	63–65
2. Rechtlicher Rahmen	66–73
a) Hergebrachte Fragen privater Ermittlungen des Geschädigten	66–69
b) Weitere Fragen der „Privatisierung der Strafverfolgung"	70–73
3. Praxishinweise	74–76

I. Begriffsbestimmungen

	Rn.		Rn.
VIII. Strafprozess und Schadenswiedergutmachung	77–105	c) Voraussetzungen	87–95
1. Übersicht	77	aa) Verletztenstellung	87
2. Einstellung nach § 153a Abs. 1 S. 2 Nr. 1 StPO	78	bb) Anspruch	88
3. Rückgewinnungshilfe nach §§ 111b ff. StPO	79	cc) Antrag	89–93
4. Täter-Opfer-Ausgleich nach § 46a StGB	80, 81	dd) Eignungskriterium	94, 95
5. Adhäsionsverfahren nach §§ 403 ff. StPO	82–99	d) Entscheidung	96–98
a) Bedeutung	82	e) Rechtsmittel des Antragstellers	99
b) Vorteile	83–86	6. Bewährungsauflage nach §§ 59, 59a Abs. 2 Nr. 1 StGB	100, 101
		7. Möglichkeiten nach dem Urteil .	102–104
		8. Sonstiges	105

I. Begriffsbestimmungen

1. Geschädigter, Opfer, Verletzter

Die Alltagssprache nennt diejenige Person, die durch eine Straftat einen Schaden erlitten hat, **1** Opfer. In einem **Rahmenbeschluss des Rates der Europäischen Union vom 15.3.2001**[1] wird vom „Opfer" gesprochen und dieses im Ansatz ebenso definiert, allerdings werden dort juristische Personen explizit aus dem Begriff herausgenommen. Maßgeblich für das innerstaatliche deutsche Recht ist indes die StPO, und diese wiederum spricht an zahlreichen Stellen von dem (von der Straftat) „Verletzten"[2]. Eine gesetzliche Definition findet sich nicht. Nach h. M. soll der Begriff innerhalb der StPO je nach konkretem Regelungskontext (etwa: Klageerzwingungsverfahren, §§ 172 ff., formelle Opferschutzrechte, §§ 406d ff. StPO) unterschiedlich bestimmt werden können[3]. Dennoch wird verbreitet synonym mit dem Terminus des Verletzten derjenige des „Geschädigten" verwendet[4]. Das zeigt, dass zumindest über einen Mindestinhalt des Begriffs wohl Übereinstimmung herrscht: Gemeint ist jeweils zumindest, dass von einem Verletzten stets nur da die Rede sein kann, wo – hypothetisch für den Fall der tatsächlichen Begehung der vor rechtskräftiger Verurteilung eines „Täters" ja lediglich gegebenen Verdachtstat – eine auf die mutmaßliche Straftat zurückzuführende Verletzung in eigenen Rechten vorliegt[5]. Einigkeit besteht zudem darüber, was die StPO im Gegensatz zum Rahmenbeschluss an keiner Stelle fordert: Verletzt kann nicht nur eine natürliche Person sein, juristische Personen sind vielmehr durchweg mit einbezogen[6]. Für die einzelnen Regelungen mag es jeweils noch auf zusätzliche Voraussetzungen ankommen, aber ohne Konnex zwischen (möglicher) Straftat und (gegebenenfalls) hieraus entstandenem Schaden an eigenen Rechten kann es einen Verletzten nicht geben. In diesem Sinne erscheint die Verwendung des „Geschädigten" als Oberbegriff sinnvoll, der nur die notwendigen Voraussetzungen der Verletzteneigenschaft enthält, während etwaige zusätzliche Erfordernisse den spezifischen Verletztenbegriffen der StPO vorbehalten bleiben, die, so die h. M., je nach Kontext verschieden sein können[7].

---

[1] Rahmenbeschluss des Rates vom 15.3.2001 über die Stellung des Opfers in Strafverfahren, Amtsblatt der Europäischen Gemeinschaften L82/1 v. 22.3.2001; ausführlich hierzu auch im Hinblick auf Verletztenrechte im Völkerstrafprozessrecht nach der Rechtsprechung des Internationalen Strafgerichtshofs (IStGH) *Safferling*, ZStW 122, 87 ff.

[2] Vgl. §§ 22 Nr. 1, 111b ff., 171 ff., 374, 395, 403, 406d ff., 472a StPO.

[3] Vgl. LR-*Hilger*, vor § 274 ff. Rn. 17.

[4] Vgl. bspw. schon *Rieß*, Jura 1987, 281 ff.; *Kiehl*, StV 1988, 48 ff.; *Vogel*, wistra 1996, 219 ff.

[5] *Rieß*, Jura 1987, 281 ff. mit ausdrücklicher Bezugnahme auch auf den Begriff des „Opfers".

[6] Das zeigt bereits § 374 Abs. 3 StPO, der ausdrücklich von „Körperschaften, Gesellschaften und anderen Personenvereinen" spricht.

[7] Die Unterscheidung zwischen notwendigen und hinreichenden Begriffsmerkmalen vermeidet die begriffliche Aufspaltung, die entstehen kann, wenn eine allgemeine Definition des Verletztenbegriffs

2 Mustert man diese sodann auf ihre Relevanz für das Wirtschaftsstrafrecht durch, zeigt sich, dass zwar auch die **Verletztenbegriffe** der Bestimmungen zur **Nebenklage**, §§ 395 ff. sowie der **Privatklage**, §§ 374 ff. hier Bedeutung erlangen können.

Die Fallgruppen wirtschaftsstrafrechtlicher Natur sind hier aber jeweils relativ klein. Für die Nebenklage bestimmt § 395 Abs. 1 Nr. 6 eine Berechtigung des Verletzten bei Straftaten nach §§ 16 bis 19 des Gesetzes gegen den unlauteren Wettbewerb, § 142 Abs. 1 und Abs. 2 Patentgesetz, § 25 Abs. 1 und Abs. 2 Gebrauchsmustergesetz, § 10 Abs. 1 und Abs. 2 Halbleiterschutzgesetz, § 39 Abs. 1 und Abs. 2 Sortenschutzgesetz, § 143 Abs. 1 und Abs. 2, § 143a Abs. 1 und § 144 Abs. 1 und Abs. 2 Markengesetz, § 51 Abs. 1, Abs. 2 und § 65 Abs. 1 und Abs. 2 Geschmacksmustergesetz, §§ 106 bis 108, § 108a, § 108b Abs. 1 bis 3 Urheberrechtsgesetz sowie § 33 des Gesetzes betreffend des Urheberrechts an Werken der bildenden Künste und der Photographie.

Das Recht zur Privatklage besteht zusätzlich nach § 374 Abs. 1 Nr. 5a StPO in Verfahren wegen Bestechlichkeit und Bestechung im geschäftlichen Verkehr nach § 299 StGB sowie nach § 374 Abs. 1 Nr. 7 und 8 StPO in den dort aufgeführten Fällen des Verrates von Wirtschaftsgeheimnissen und Wettbewerbsverstößen.

Auf beide Verletztenbegriffe und Regelungszusammenhänge wird im Folgenden mangels Bezug zum Wirtschaftsstrafrecht nicht näher eingegangen. Erwähnenswert ist bereits in diesem Kontext allenfalls § 406g StPO, der es dem Nebenklageberechtigten ermöglicht, sich förmlich am Verfahren zu beteiligen und eigene Rechte geltend zu machen[8].

3 Was für das Wirtschaftsstrafrecht bleibt, ist einmal der **Verletztenbegriff des Klageerzwingungsverfahrens**, § 172 ff. StPO, auf das unten im Zusammenhang mit der Strafanzeige kurz eingegangen wird[9]. Im Zentrum der Betrachtung steht jedoch der **Verletztenbegriff des 4. Abschnitts des 5. Buches der StPO**, also der §§ 406d bis 406h StPO. Ob zumindest diese beiden Begriffe innerhalb desselben Gesetzes einheitlich verstanden werden sollen, ist streitig[10]. Diejenige Auffassung, die die Frage verneint, beruft sich u. a. auf die Gesetzesbegründung[11].

Für die praktische Handhabung bedeutsam ist dabei die Kontroverse darüber, ob eine **unmittelbare Rechtsverletzung** erforderlich ist oder eine mittelbare Beeinträchtigung durch die mutmaßlich begangene Straftat genügt, um die Verletztenstellung der §§ 406d ff. zu erlangen. Der wohl h. M. entspricht ersteres[12]. Der Sache nach folgt daraus, dass darauf abzustellen ist, ob der Straftatbestand, den der Verdächtige erfüllt haben soll, zumindest auch dem Schutz individueller Rechtsgüter des Antragstellers dient. Dies ist ersichtlich nicht stets schon dann der Fall, wenn diesem zivilrechtliche Ansprüche denkbarer Weise zustehen könnten, die aus der möglicherweise vorliegenden Straftat resultieren[13].

In jüngerer Zeit ist in die Diskussion wieder Bewegung gekommen. Insbesondere hat das LG Berlin, einer schon vorher vertretenen Literaturmeinung folgend, den Verletztenbegriff des § 406e StPO mit demjenigen des § 403 StPO faktisch gleichgesetzt, damit auf das Unmittelbarkeitserfordernis verzichtet und im konkreten Fall die Geltendmachung von Ansprüchen aus § 826 BGB als berechtigtes Interesse gelten lassen[14]. Das Bundesverfassungsgericht hat diese Entscheidung mit Blick auf das informationelle Selbstbestimmungsrecht des Beschuldigten ausdrücklich akzeptiert und zu erkennen gegeben, dass es eine Parallelisierung der Ver-

---

schlicht neben die spezifischen Termini der einzelnen Vorschriften gestellt wird, so etwa bei LR-*Hilger*, vor § 374 ff. Rn. 16 einerseits, Rn. 17 ff., 18, 20 u. passim.

[8] Vgl. zu § 406g näher unten Rn. 57 ff.
[9] Vgl. unten Rn. 20 ff.
[10] Dafür z. B. *Weiner* in: BeckOK-StPO, § 406e Rn. 1; zum Meinungsstand *Meyer-Goßner*, vor § 406d Rn. 2 m. w. Nw.; LR-*Hilger*, vor § 374 ff. Rn. 17 ff.
[11] Vgl. BT-Drucks. 10/5305, Seite 16 f.
[12] Vgl. *Meyer-Goßner*, vor § 406d Rn. 2; *Riedel/Wallau*, NStZ 2003, 394.
[13] Ob dem Begriff der Unmittelbarkeit neben dem Schutzzweckzusammenhang eine selbstständige Bedeutung zukommt, kann man mit guten Gründen bezweifeln, vgl. *Hilger*, GA 2007, 292.
[14] LG Berlin WM 2008, 1470; für Gleichlauf der Begriffe nun auch OLG Hamburg wistra 2012, 397 = NStZ-RR 2012, 320.

I. Begriffsbestimmungen

letztenbegriffe der §§ 406d ff. StPO einerseits und des Adhäsionsverfahrens andererseits für sachgerecht hält[15].

Insgesamt hat sich mittlerweile eine durchaus reichhaltige **Kasuistik zum Verletztenbegriff** der §§ 406 ff. StPO herausgebildet. Nach h. M. ausgeschlossen ist etwa die Verletztenstellung etwa bei Verstößen gegen das Außenwirtschaftsgesetz oder Korruptionsdelikten, weil diese nicht dem Schutz von Individualrechtsgütern dienen. Nach der Gegenauffassung wäre hingegen darauf abzustellen, ob bei dem mutmaßlich Verletzten nach Lage der Dinge faktisch beeinträchtigende Wirkungen in Folge der Verdachtstat eingetreten sein können[16].

Nach h. M. sind bei Schädigung einer juristischen Person – jedenfalls einer Kapitalgesellschaft – die Gesellschafter nicht im eigenen Vermögen betroffen und mithin nicht Verletzte. Bei Schädigung durch den eigenen Geschäftsführer oder durch Vorstands- oder Aufsichtsratsmitglieder kann sich die Frage eigener Ansprüche gegen den Schädiger aber stellen. Dabei soll auf spezialgesetzliche Regelungen sowie vertragliche Schadensersatzansprüche abzustellen sein[17]. So ergibt sich aus der Haftung des Geschäftsführers bzw. des Generalbevollmächtigten einer GmbH im Wege der Organhaftung gem. § 43 Abs. 2 GmbHG, dass dieser gegenüber der Gesellschaft, nicht aber gegenüber den einzelnen Gesellschaftern haftet. Dies hat zur Folge, dass die Gesellschafter nur mittelbar geschädigt sind[18]. Entsprechendes gilt bei Vermögensstraftaten zum Nachteil einer Aktiengesellschaft. Der Einzelaktionär ist nicht unmittelbar geschädigt[19]. In einer Entscheidung zu § 247 StGB hat der BGH – allerdings unter unzutreffender Berufung auf einen anderen Beschluss des BGH vom 6.7.1999, in dem es um eine Kommanditgesellschaft ging – schlankweg behauptet, auch die Gesellschafter einer GmbH seien Verletzte einer zu deren Lasten begangenen Untreue[20]. Bruchlos zu vereinbaren dürfte dies jedoch nur mit einem Verletztenbegriff sein, der, auch die mittelbare Schädigung genügen lässt.

In **zeitlicher Hinsicht** ist eine Beschränkung der Verletzteneigenschaft auf das laufende Verfahren dem Gesetz nicht zu entnehmen. Die Verletztenstellung endet also nicht etwa formal mit Rechtskraft der Entscheidung im Strafverfahren gegen den mutmaßlichen Verletzter. Allerdings dürfte ein rechtskräftiger Freispruch die Beurteilung der Frage, ob der Antragsteller tatsächlich durch eine Straftat verletzt worden ist, zu beeinflussen geeignet sein.

2. Schlussfolgerungen

Trotz der begrifflichen Unschärfe kann mit dem Verletztenbegriff der § 406d ff. StPO, der im Mittelpunkt der weiteren Darlegungen stehen wird, in der Theorie wie in der Praxis vernünftig gearbeitet werden. Durch die neuere Gesetzesentwicklung, insbesondere das Opferschutzgesetz aus dem Jahre 1986[21] ist dabei geklärt, dass der Geschädigte nicht mehr nur Beweismittel oder weitgehend rechtloser Nebenbeteiligter des sich zwischen Staat und Beschuldigtem abspielenden Verfahrens ist, sondern als **Verfahrensbeteiligter mit eigenen Rechten** und in diesem Sinne als Subjekt des Strafverfahrens angesehen werden muss[22].

---

[15] Vgl. BVerfG ZIP 2009, 1270. Damit würde die „mittelbare" Beeinträchtigung in rechtlich geschützten Interessen genügen.

[16] Vgl. zur Bestechung eines Amtsträgers OLG Nürnberg NStZ 1997, 254. Anders sieht es natürlich aus, wenn zugleich weitere Verdachtstaten bestehen, und zwar im Hinblick auf Straftatbestände, die dem Individualschutz dienen, vgl. zu einem solchen Fall etwa OLG Bielefeld wistra 1995, 118 f.

[17] Vgl. OLG Stuttgart NJW 2001, 840 f. m. w. Nw. im Anschluss an OLG Braunschweig wistra 1993, 31 ff. Das Abstellen auf deliktische Schadensersatzansprüche – jedenfalls auf § 823 Abs. 2 BGB i. V. m. dem jeweiligen Vermögensdelikt – wäre zirkelschlüssig.

[18] Zur möglichen Ausnahme für den Fall der Durchgriffshaftung bei der Ein-Mann-GmbH OLG Stuttgart NJW 2001, 840, 841.

[19] H. M., vgl. OLG Braunschweig wistra 1993, 31 ff.; a. A. für das Klageerzwingungsverfahren *Zielinski*, wistra 1993, 6 ff.

[20] Vgl. BGH wistra 2005, 105; BGH, Beschluss v. 6.7.1999 – 4 StR 57/99; dazu auch *Bittmann/Richter*, wistra 2005, 51 ff.

[21] BGBl. I, S. 2496.

[22] Ebenso LR-*Hilger*, vor § 347 Rn. 8 m. w. Nw.

6 Im Blick zu behalten ist jedoch stets auch das hierin angelegte Spannungsverhältnis zwischen der Anerkennung des Geschädigten als „Verletztem" im Strafverfahren auf der einen und der **Unschuldsvermutung**, die in Art. 6 EMRK festgeschrieben ist und der nach der Rechtsprechung des BVerfG Verfassungsrang zukommt, auf der anderen Seite. Begrifflich verdeutlichen kann man dies dadurch, dass man in die Definition des Geschädigten einen konditionalen Satz einfügt. Der Geschädigte ist, um mit *Schünemann* zu sprechen, (zunächst) nur „Opferprätendent"[23]: Solange der Beschuldigte von Gesetzes wegen nicht als Schädiger angesehen werden kann, so lange ist der Geschädigte eben derjenige, der einen Schaden erlitten hätte, wenn der Beschuldigte (oder zumindest irgendjemand) die Tat tatsächlich begangen hätte. Das kann vor rechtskräftigem Verfahrensabschluss aber gerade nicht angenommen werden, und damit kann während des Erkenntnisverfahrens vor allem nicht rechtlich argumentiert werden. Lösen kann man das sich hieraus ergebende Dilemma, indem man mit *Rieß*[24] davon ausgeht, dass die Verletztenrechte stets nur Geltung beanspruchen können, wenn und soweit die Rechtsstellung des Beschuldigten als bis – zur rechtskräftigen Verurteilung – Unschuldigem hierdurch nicht berührt wird. Dies hat Konsequenzen für die teilweise erforderlichen Interessensabwägungen und für die Auslegung der einschlägigen Tatbestände der StPO insgesamt.

7 Für den **Berater**, der an Recht und Gesetz gebunden, innerhalb dieses Rahmens aber zuförderst den Interessen seines Mandanten verpflichtet ist, folgt daraus nicht, dass er angesichts der Unschuldsvermutung, auf die er sich sonst, als Verteidiger, möglicherweise für seinen Mandanten zu berufen pflegt, nun sozusagen mit „gebremstem Schaum" den mutmaßlich Geschädigten vertreten und stets auch die Beschuldigtenrechte mit im Auge haben müsse. Allerdings verbietet es sich, die Geschädigtenvertretung als eine Art zivilprozessuale Interessenvertretung mit anderen Mitteln zu betreiben: Die Grenze ist da erreicht, wo die Unschuldsvermutung offen missachtet wird. Dies darf auch der für den mutmaßlich Geschädigten tätige Rechtsanwalt nicht aus den Augen verlieren.

8 In der Praxis kann der Berater sich einer ganzen Reihe durchaus unterschiedlicher Konstellationen und damit verbundener Anforderungen des Mandanten gegenübersehen. Verschieden sind die Motive des Mandanten: Strebt er insbesondere nach Schadensersatz, empfiehlt sich zumindest die Zusammenarbeit mit einem zivilrechtlich versierten Kollegen. Ob daneben die Beteiligung am Strafverfahren überhaupt sinnvoll ist und in einem vernünftigen Verhältnis zum Aufwand steht, muss im Einzelfall überlegt werden. Anders sieht es aus, wenn es dem Geschädigten eher um immaterielle Dinge, namentlich um Genugtuung geht, oder wenn er schlicht seine Rechte gegenüber dem vermeintlichen Schädiger vollständig ausschöpfen möchte, um mit sich und dem Rechtsstaat ins Reine zu kommen. Unterschiedlich sind auch die möglichen Wege zum Ziel: Man kann erwägen, zumindest zeitweilig außerhalb des Strafverfahrens zu bleiben, was bis hin zu eigenen, privaten Ermittlungen reichen kann. Man kann in vielfältiger Weise am Strafverfahren teilnehmen, teilweise eher beobachtend, teilweise aktiv und gestaltend, schließlich kann man Schadensersatzansprüche grundsätzlich sogar innerhalb des Strafverfahrens durchsetzen.

Auf all diese **verschiedenen Zielsetzungen** und **verschiedenen Wege** zur Zielerreichung wird im Folgenden, wenn auch teils recht knapp, eingegangen.

II. Geschädigter und Geschädigtenvertreter

9 Stehen dem Geschädigten innerhalb des Strafprozesses nach dem Vorstehenden eine Reihe von Rechten zu und sind ihm so durch die StPO einige Handlungsmöglichkeiten eröffnet, so ist noch nichts dazu gesagt, wer konkret bei der Wahrnehmung dieser Rechte handeln kann, darf oder gar handeln muss. Damit ist die **Frage der anwaltlichen Vertretung des**

---

[23] *Schünemann*, FS Hamm, 667 ff., 668 mit Fn. 5.
[24] *Rieß*, Gutachten, C 54 Rn. 71: „Allgemeines Leitprinzip"; kritisch zur „Machtverschiebung im Verfahren zulasten des Beschuldigten" und zu Gunsten des „Opfers" mit bedenkenswerten Argumenten *Schiemann*, KritV 2012, 161 ff.

II. Geschädigter und Geschädigtenvertreter   30

Geschädigten im Strafprozess angesprochen, deren gesetzliche Regelung wenig übersichtlich geraten ist. Der Sache nach sind drei Fragen auseinanderzuhalten: Kann der Geschädigte selbst handeln? Muss der Geschädigte selbst handeln? Wer trägt die Kosten?

Zum ersten Punkt: Der Geschädigte kann zumeist, aber nicht immer selbst handeln. Namentlich im Zusammenhang mit der Akteneinsicht, § 406e StPO, muss teilweise ein Rechtsanwalt hinzugezogen werden[25]. 10

Die zweite Frage kann in allgemeiner Form beantwortet werden: Der Geschädigte darf 11 sich durchweg anwaltlichen Beistands bedienen und sich auch durch einen Rechtsanwalt bei der Wahrnehmung seiner Rechte bedienen. Das ist im deutschen Prozessrecht nicht überraschend, wird in der StPO aber an vielen Stellen explizit ausgesprochen[26]. Im hier interessierenden Zusammenhang sind hauptsächlich die §§ 406f bis 406h StPO zu nennen.

Auf diese Vorschriften wird später im Einzelnen zurückzukommen sein[27]. Hier nur soviel: 12 § 406f StPO handelt ohne nähere Spezifizierung schlicht von dem Verletzten und bestimmt in Abs. 1 S. 1, dass dieser sich des Beistandes eines Rechtsanwaltes bedienen oder sich durch einen solchen vertreten lassen kann. Nach § 406f Abs. 1 S. 2 StPO darf dieser einer Vernehmung des Verletzten beiwohnen[28]. Dagegen erfasst § 406g StPO einen privilegierten Verletzten, und zwar denjenigen, der nach § 395 StPO zum Anschluss mit der Nebenklage befugt ist (so genannter Nebenklagebefugter). Dieser wird gegenüber sonstigen Verletzten, § 406f StPO, in mehrfacher Hinsicht besser gestellt[29]. Der Rechtsanwalt ist hier anders als in § 406f StPO auch von der Hauptverhandlung oder von sonstigen richterlichen Vernehmungen oder Augenscheinseinnahmen zu benachrichtigen, wenn nicht eine Gefährdung des Untersuchungszwecks entgegensteht. Gemeinsam haben beide Vorschriften, dass der Verletzte auf die sich hieraus ergebenden Rechte nach § 406h StPO, der für die §§ 406d bis 406g StPO insgesamt gilt, hingewiesen werden muss.

Die **Kostenfrage** schließlich hängt ganz entscheidend von der Nebenklagebefugnis ab. 13 Der nicht nebenklagebefugte Verletzte (Fall des § 406f StPO) hat grundsätzlich seine Kosten einschließlich der anwaltlichen Honorarforderungen selbst zu tragen. Anders der zur Nebenklage befugte Verletzte (Fall des § 406g StPO): Hier gilt zunächst einmal allgemein § 472 Abs. 3 S. 1 StPO, wonach der Verurteilte die Kosten des zum Anschluss als Nebenkläger Berechtigten in Wahrnehmung seiner Befugnisse nach § 406g StPO ebenso zu tragen hat wie diejenigen des Nebenklägers nach der wirksamen Anschlusserklärung.

Daneben kann nach § 406g Abs. 3, Abs. 4 StPO i. V. m. § 397a StPO für den Nebenklage- 14 berechtigten ein Rechtsanwalt als Beistand bestellt werden, und es kann auch Prozesskostenhilfe bewilligt werden. Im Umkehrschluss könnte man hieraus folgern, dass für den nicht nebenklageberechtigten Verletzten solche Möglichkeiten de lege lata nicht bestehen. Nach der Rechtsprechung des Bundesverfassungsgerichtes ist dies nicht zu beanstanden[30]. Der Umkehrschluss ist aber nicht zwingend. Vielmehr kommt in Betracht, aufgrund allgemeiner Prozessgrundsätze, namentlich dem Anspruch auf ein faires Verfahren, ausnahmsweise doch auch für den nicht Nebenklageberechtigten (Fall des § 406f StPO) die **Beiordnung eines Rechtsanwaltes** mit entsprechender Kostenfolge zu bewilligen[31]. Problematisch ist in diesem Zusammenhang allerdings das Verhältnis zu § 68b StPO, der die Beiordnung ausdrücklich nur für Zeugen vorsieht, die noch nicht anwaltlich betreut sind. Ob man daraus ableiten kann, dass der Geschädigte, der bereits von seinem Recht nach § 406f StPO Gebrauch gemacht hat, hiervon ausgeschlossen ist[32], wird man bezweifeln können, denn § 406f StPO sollte die

---

[25] Einzelheiten folgen sogleich bei Rn. 38 ff.
[26] Vgl. z. B. §§ 378, 397 Abs. 2 StPO.
[27] Vgl. unten Rn. 17 f., 57 ff.
[28] Vgl. zu § 406f Abs. 2 StPO unten Rn. 19.
[29] Näher unten Rn. 58 ff.
[30] BVerfG, Beschluss v. 16.12.1991 – 2 BVR 1733/91; BVerfG NStZ 1983, 374 f.; vgl. auch KK-*Engelhard*, §§ 406f. Rn. 1.
[31] Str.; a. A. etwa LG Köln StraFo 1997, 308; wie hier OLG Hamm NdsRpfl 1987, 159 f.; OLG Düsseldorf wistra 1993, 78 f.
[32] So die ganz h. M.; vgl. nur *Meyer-Goßner*, § 68b Rn. 11; LR-*Ignor/Bertheau*, § 68b Rn. 7.

Stellung des Verletzten verbessern, nicht verschlechtern. Die Frage soll hier allerdings nicht weiter vertieft werden, weil sie im Wirtschaftsstrafverfahren der Sache nach angesichts der dort normalerweise fehlenden besonderen Schutzbedürftigkeit nicht zum Tragen kommen wird.

15 Zur **Höhe** der nach § 472 StPO erstattungsfähigen notwendigen Auslagen gilt für den Nebenklageberechtigten nach dem ausdrücklichen Gesetzeswortlaut alles, was auch für den Nebenkläger gilt. Damit sind auch Auslagen umfasst, die im Vorverfahren entstanden sind[33], auch ein Privatgutachten, das der nebenklagebefugte Geschädigte in Auftrag gegeben hat, kann hiernach erstattungsfähig sein[34].

III. Die Zeugenvernehmung des Geschädigten

1. Der Verletzte als Beweismittel und Prozesssubjekt zugleich

16 Bereits oben bei dem Hinweis auf die Verletztenrechte nach §§ 406f und 406g StPO hat sich gezeigt, dass das Gesetz zwischen dem Nebenklagebefugten und demjenigen Verletzten unterscheidet, der nicht zum Anschluss als Nebenkläger befugt ist. Mit Blick auf die **prozessuale Rolle** des Verletzten ist der Unterschied besonders augenfällig: § 406f StPO behandelt ihn im Gegensatz zu § 406g StPO im Wesentlichen in seiner Eigenschaft als Zeuge, also als Beweismittel, während die schon durch das Opferschutzgesetz begründete und sodann durch das Opferrechtsreformgesetz bestätigte und leicht modifizierte Subjektstellung des Verletzten vor allem in § 406g StPO zum Ausdruck kommt. Die weitergehenden Befugnisse des § 406g StPO sind nicht spezifisch auf den Nebenklageberechtigten in seiner Eigenschaft als Zeuge bezogen, sondern haben seine eigenständige Verfahrensstellung als Verletzter im Blick. Im Folgenden daher nur ein näherer Blick auf den Regelungsinhalt des § 406f StPO, der gerade auf den Verletzten als Beweismittel zielt[35].

2. Befugnisse nach § 406f Abs. 1 StPO

17 Das Recht des Verletzten auf die **Anwesenheit eines anwaltlichen Beistandes** während seiner eigenen Zeugenvernehmung nach § 406f Abs. 1 S. 2 StPO geht ersichtlich über die allgemeine Möglichkeit, sich des Beistandes eines Rechtsanwaltes zu bedienen oder sich durch einen solchen vertreten zu lassen (§ 406f Abs. 1 S. 1 StPO) hinaus. Dass der Verletzte dadurch aber anders gestellt würde (oder werden sollte), als dies die allgemeine, für alle Zeugen geltende Vorschrift des § 68b StPO vorsieht, ist nicht wirklich erkennbar. Man wird § 406f StPO wohl als gegenüber § 68b StPO speziellere Vorschrift ansehen müssen[36].

18 Das Anwesenheitsrecht besteht **bei allen Vernehmungen**, also auch solchen durch Staatsanwaltschaft und Polizei im Vorverfahren[37]. Schon aus dem Gesetzeswortlaut soll sich nach h. M. ergeben, dass die Anwesenheitsberechtigung des anwaltlichen Beistandes nur für den Zeitraum der Vernehmung, nicht davor und danach, besteht. Über den Gesetzeswortlaut hinaus billigt die h. M. ihm allerdings die Rechte zu, den Verletzten während der Vernehmung zu beraten, Fragen zu beanstanden, die an seinen Mandanten gerichtet werden (§§ 238, 242 StPO), und zwar bereits im Vorverfahren, sowie Anträge nach §§ 58a, 168b, 247, 247a, 255a StPO oder § 171b GVG zu stellen, dies allerdings stets nur in Vertretung des verletzten Zeugen. Der anwaltliche Beistand des Zeugen ist nicht Verteidiger. Streitig ist, ob der Zeuge so

---

[33] *Meyer-Goßner*, § 472 Rn. 8.
[34] BVerfG NJW 2006, 136 ff.; vgl. auch Rn. 74.
[35] Zu § 406g nochmals unten Rn. 57 ff.
[36] Nach *Meyer-Goßner*, § 406f Rn. 3 StPO ist der Rechtsanwalt des Verletzten „bloßer Zeugenbeistand".
[37] Insofern steht er bei polizeilichen Vernehmungen besser, als dies nach weit verbreiteter Auffassung für den Beschuldigten der Fall ist, vgl. nur *Meyer-Goßner*, § 163 Rn. 16 m. w. Nw.

IV. Die Strafanzeige

lange die Aussage verweigern kann, bis der Beistand erschienen ist. Verneint man dies[38], so wäre es ein leichtes, das Anwesenheitsrecht in der Praxis leer laufen zu lassen: Der Verletzte hätte keinerlei Handhabe, es durchzusetzen. Von der Möglichkeit, den anwaltlichen Beistand des Zeugen auszuschließen, spricht § 406f Abs. 1 S. 2 StPO nicht. Man wird hier aber wohl § 68b StPO als allgemeine Regel zur Anwendung bringen können[39].

3. Befugnisse nach § 406f Abs. 2 StPO

Unabhängig von der Hinzuziehung eines Rechtsanwaltes kann nach § 406f Abs. 2 StPO auch einer anderen **Vertrauensperson** („Person ihres Vertrauens") die Anwesenheit erlaubt werden. Hier ist insbesondere psychologische Unterstützung gemeint. Allerdings ist eine ausdrückliche Zulassung durch den Vernehmungsbeamten erforderlich, § 406f Abs. 3 S. 2 StPO. Diese Entscheidung ist unanfechtbar, § 406f Abs. 2 S. 3 StPO. Die Vorschrift wird im Wirtschaftsstrafrecht keine sonderliche praktische Bedeutung besitzen. 19

IV. Die Strafanzeige

1. Entscheidung über die Anzeigeerstattung

Im Grunde statuiert § 158 Abs. 1 S. 1 StPO im Hinblick auf die „Anzeige einer Straftat" eine **Selbstverständlichkeit**: Jeder Bürger hat das Recht, zur Strafverfolgung berufenen staatlichen Stellen Kenntnis von Vorgängen zu geben, die möglicherweise strafrechtliche Relevanz besitzen. Dies gilt allgemein und unabhängig von den jeweils ins Auge gefassten Straftatbeständen. 20

Ob dieser Schritt im Einzelfall gegangen werden soll, kann aber eine durchaus **schwierige Entscheidung** sein, bei der das Für und Wider sorgfältig abgewogen werden müssen. Unproblematisch ist die Entscheidung nur in den seltenen Fällen, in denen ausnahmsweise **Anzeigepflicht** besteht. Solche Pflichten ergeben sich gelegentlich aus der Primärrechtsordnung, beispielsweise aus § 116 Abs. 1 AO (Anzeigepflicht der Gerichte und Behörden bei Verdacht auf Steuerstraftaten)[40], §§ 81a Abs. 1, 197a Abs. 4 SGB V (Anzeigepflichten der Kassenärztlichen Vereinigungen und Kassenärztlichen Bundesvereinigungen sowie Krankenkassen bei Verdacht auf Straftaten zulasten der gesetzlichen Krankenversicherung)[41], möglicherweise auch einmal aus dem Zivilrecht, etwa dann, wenn ein Unternehmensvorstand bei pflichtgemäßer Prüfung zu dem Ergebnis kommt, ein Strafverfahren könne bei der Verbesserung der Beweislage hinsichtlich der Geltendmachung aus Straftaten resultierender Ansprüche des Unternehmens hilfreich sein. In solchen und ähnlichen Fällen ist es ohne Weiteres denkbar, dass die Unterlassung der Erstattung einer Strafanzeige ihrerseits strafbewehrt ist, zu denken wäre nach Fallkonstellation an Untreue, Strafvereitelung, Steuerhinterziehung etc., jeweils in Form des unechten Unterlassungsdeliktes über § 13 (und nicht selten auch § 14) StGB. Bereits an dieser Stelle kann also strafrechtlicher Beratungsbedarf entstehen. 21

Auch jenseits solcher Sonderfälle, in denen der Mandant zur Anzeigeerstattung verpflichtet ist, kann indes manches für ein solches Vorgehen sprechen. So kann die bereits erwähnte **Verbesserung der Beweislage** in einem Zivilverfahren der ausschlaggebende Punkt sein. Nicht zu unterschätzen ist zuweilen auch die psychologische Bedeutung eines Strafverfahrens für denjenigen, der sich für geschädigt hält: Strebt der Mandant schlicht nach **Gerechtigkeit**, kann es durchaus sinnvoll sein, die Strafverfolgungsbehörden als (zumindest im Idealfall) unparteiische, professionelle Instanz anzurufen, um die Vorwürfe gegen den vermeintlichen 22

---

[38] So LR-*Hilger*, § 406f Rn. 3; *Meyer-Goßner*, § 406f Rn. 3; a. A. LG Hildesheim StV 1985, 229; LG Zweibrücken NJW 1999, 3792.
[39] *Meyer-Goßner*, § 406f Rn. 3; in § 68 Abs. 1 S. 4 Nr. 1 bis 3 StPO geht es insbesondere um Interessenkonflikte auf Seiten des anwaltlichen Beistandes sowie die Gefährdung des Untersuchungszwecks.
[40] Vgl. *Bülte*, NStZ 2009, 27 ff.
[41] Vgl. *Dannecker/Bülte*, NZWiSt 2012, 81 ff.

Schädiger mit den Mitteln der Strafprozessordnung aufzuklären. Der Geschädigte ist dann eben auch Beweismittel und kann auf diese Weise möglicherweise besser zur Überführung des Beschuldigten beitragen, als ihm dies bei einseitig ihm obliegender Beweislast im Zivilverfahren möglich ist. Schließlich sollte auch der überindividuelle Gesichtspunkt der **Verantwortung für den Rechtsstaat** nicht unerwähnt bleiben: Straftaten von einigem Gewicht zur Anzeige zu bringen, kann einen kleinen, aber sinnvollen Beitrag zur Bewahrung der rechtsstaatlichen Ordnung darstellen.

23 Allerdings können auch massive **Nachteile einer Strafanzeige** im Einzelfall zu bedenken sein. So ist das Streben nach Schadensausgleich ein zweischneidiges Schwert: Die Strafanzeige kann zwar die Beweislage für den Geschädigten verbessern, auf der anderen Seite aber eine vielleicht einmal im Ansatz gegebene Bereitschaft des Schädigers, Wiedergutmachung zu leisten, zerstören. Wird er erst einmal zum Beschuldigten in einem Strafverfahren, steht ihm das umfassende **Schweigerecht der StPO** zu. Er mag dann versucht sein, hiervon Gebrauch zu machen und auch etwaige Vergleichsverhandlungen zu beenden. Gerade das Absehen von einer Anzeigeerstattung kann umgekehrt durchaus Motivation für den vermeintlichen Schädiger sein, auf den Geschädigten zuzugehen. Sodann kann die Strafanzeige wunschgemäß zur Einleitung eines Strafverfahrens führen. Dabei ist dann aber nicht ausgeschlossen, dass der Anzeigeerstatter zur **Herausgabe von Informationen** in einem Umfang aufgefordert wird, der ihm ggf. nicht willkommen ist. Die Staatsanwaltschaft kann in vielen Fällen bestrebt sein, zur Überprüfung der erhobenen Vorwürfe umfassend Unterlagen einzusehen, bei Unternehmen Einblick in die unternehmensinternen Organisationsstrukturen einschließlich der Kontroll- und Überwachungssysteme zu nehmen, Unternehmensmitarbeiter zu den Vorgängen zu vernehmen und vieles mehr. Notfalls kann die Staatsanwaltschaft all dieses mit den Zwangsmitteln der StPO durchsetzen. Dies verursacht Kosten, schafft möglicherweise nicht willkommene Verfahrensöffentlichkeit oder gar Öffentlichkeit des Verfahrens, wenn die Presse an dem Geschehen interessiert ist, und kann gerade in wirtschaftlichen Unternehmen für erhebliche Unruhe sorgen.

24 Schließlich kann sich der Anzeigeerstatter selbst in die **Gefahr der Strafverfolgung** bringen. Dies unter zumindest zwei Gesichtspunkten: Zum einen kann die staatsanwaltschaftliche Ermittlung gerade in komplexen wirtschaftlichen Zusammenhängen Hintergründe der angezeigten Taten ans Licht bringen, die auf das Unternehmen selbst oder gar den Anzeigeerstatter persönlich zurückfallen, oder es können sich Zufallsfunde im Strafverfahren ergeben, die auf andere, ebenfalls problematische Geschehnisse schließen lassen. Zum anderen kann die Strafanzeige selbst eine Straftat darstellen: Es stehen Rechtspflegedelikte, aber auch Straftatbestände, die dem Ehrenschutz dienen, im Raum. Letztere wiegen zwar nicht immer besonders schwer, niemand möchte sich aber ohne Not etwa ein Verfahren wegen übler Nachrede, § 186 StGB, zuziehen, weil die von ihm erhobenen Vorwürfe nicht bewiesen werden können und die Staatsanwaltschaft meint, der Rechtfertigungsgrund der Wahrnehmung berechtigter Interessen, § 193 StGB, greife nicht ein.

25 Spätestens aus dem zuletzt genannten Grund ist **anwaltliche Beratung stets erforderlich**. Der Rechtsanwalt hat hier die Aufgabe, den Bürger, der sich als geschädigt ansieht, darüber aufzuklären, ob überhaupt, den Wahrheitsgehalt des Tatsachenvortrags unterstellt, Straftaten begangen sein können. Er hat gemeinsam mit ihm die Chancen und Risiken der Anzeigeerstattung zu prüfen und er hat, wenn die Entscheidung im bejahenden Sinne ausfällt, nach sorgfältiger Prüfung des vorgetragenen Sachverhalts[42] die Strafanzeige auch abzufassen. Dieses Vorgehen ist durchaus auch geeignet, den Mandanten vor sich selbst, namentlich davor zu schützen, dass er aufgrund fehlender rechtlicher Kenntnisse und emotionaler Beteiligung über das Ziel hinausschießt und die Strafanzeige in Form und Inhalt missrät.

26 Ein besonderes Problem stellt die Frage dar, ob und inwieweit die Strafanzeige **anonym**, also ohne Nennung der Person des Mandanten und mit der Maßgabe erstattet werden kann, dessen Identität solle im Laufe des Strafverfahrens geschützt werden. Hieran besteht auch im Wirtschaftsstrafrecht vielfach ein Interesse. Beispielsweise befürchten Mitarbeiter von Unter-

---

[42] Vgl. nur *Fischer*, § 193 Rn. 32 m. w. Nw.

IV. Die Strafanzeige **30**

nehmen vielfach berufliche Nachteile nach Strafanzeigen gegen Vorgesetzte oder Kollegen[43]. Nach einer in der Literatur vertretenen Auffassung soll eine Zusicherung der Vertraulichkeit durch die Ermittlungsbehörde möglich und im Prinzip für die Staatsanwaltschaft und Polizeibehörde auch bindend sein[44]. Es soll dann auch möglich sein, die Strafanzeige, wenn sie die Identität ihres Urhebers erkennen lässt, nicht zu den Akten zu nehmen[45].

Ob so etwas tatsächlich rechtlich vertretbar und zudem auch praktisch verlässlich ist, kann man mit guten Gründen bezweifeln. So wird in der in Bezug genommenen Verfahrenssituation das Gericht, das im Fall der Strafverfolgung früher oder später ins Spiel kommt, außer Acht gelassen. Die **Aufklärungspflicht** wird es im Grundsatz gebieten, den Anzeigeerstatter, der ja mit der Strafanzeige in aller Regel eigene Wahrnehmungen wiedergeben wird, als Zeugen zu vernehmen. Den Beamten, die dessen Identität kennen, hier die Aussagegenehmigung zu verweigern, und zwar auch auf die Gefahr hin, dass das Gericht dann den Aussagen weniger Glauben schenkt, wäre ein unter dem Aspekt der Strafvereitelung im Amt zumindest problematisches Verhalten[46]. Außerdem ist die Sperrerklärung justitiabel, das Gelingen also zumindest ungewiss[47]. Der Vorschlag, die Strafanzeige nicht zu den Akten zu nehmen, passt schlecht zu dem allgemeinen **Grundsatz der Aktenvollständigkeit**[48]. Die wohl h. M. zieht aus solchen und anderen Bedenken den Schluss, dass die Zusicherung der Vertraulichkeit allenfalls dann möglich ist, wenn der Anzeigeerstatter auch in Ansehung der Aufklärungspflicht nicht als Zeuge benötigt werden wird[49]. Abgesehen davon, dass darüber nicht durchweg die Staatsanwaltschaft, sondern später das Gericht entscheidet und der Staatsanwaltschaft oder gar der Polizeibehörde mithin für die begehrte Zusicherung im Ergebnis die Kompetenz fehlt, führt schon diese Einschränkung mutmaßlich dazu, dass die „einhellige Auffassung"[50], nach der die vertrauliche Strafanzeige grundsätzlich zulässig sein soll, in der Praxis allgemein geringe und im Wirtschaftsstrafverfahren wohl allenfalls in seltenen Fällen praktische Bedeutung erlangen kann.

27

2. Form und Inhalt der Strafanzeige

Einzelheiten hierzu sind § 158 StPO zu entnehmen. Zudem ist auf **Antragserfordernisse** zu achten. Zwar kann die Staatsanwaltschaft auch bei Antragsdelikten zumeist, wenn sie das öffentliche Interesse an der Strafverfolgung bejaht, auch ermitteln, ohne dass ein wirksamer Strafantrag vorliegt. Das ist aber nicht immer der Fall und hierauf ist auch keineswegs Verlass. Ein im Wirtschaftsstrafrecht nicht unbedeutendes Antragserfordernis findet sich in § 247 StGB: Nicht nur der Diebstahl und die Unterschlagung zulasten des Angehörigen, des Vormundes oder Betreuers oder des mit dem Täter in häuslicher Gemeinschaft Lebenden wird nur auf Antrag verfolgt. Vielmehr gilt gleiches für Hehlerei, Betrug, Computerbetrug, Erschleichen von Leistungen und Untreue (vgl. §§ 289 Abs. 2, 263 Abs. 4, 263a Abs. 2, 265a Abs. 3, 266 Abs. 2 StGB). Speziell in Familienunternehmen kann die Strafanzeige durchaus einmal an diesem Antragserfordernis scheitern. Denn der Strafantrag ist nach § 77b Abs. 1 S. 1 StGB durch den Antragsberechtigten innerhalb von drei Monaten zu stellen. Wie der Wortlaut des § 158 Abs. 1 S. 1 StPO zeigt, ist er nicht identisch mit der Strafanzeige. Der Unterschied liegt darin, dass die Strafanzeige grundsätzlich auf die Schilderung bestimmter tatsächlicher Umstände und die Bitte, diese auf strafrechtliche Relevanz zu prüfen, beschränkt

28

---

[43] Vgl. zur Privatisierung der Strafverfolgung, die neben vielem anderen auch in solchen Problemen ihre Ursache hat, unten Rn. 63 ff., insbesondere 70 ff.
[44] *Meyer-Goßner*, § 158 Rn. 16 f.
[45] *Meyer-Goßner*, a. a. O. Rn. 17.
[46] So aber *Meyer-Goßner*, a. a. O. Rn. 17. Vgl. (zur Anonymität von Zeugen allgemein) auch BVerfG NJW 2010, 925 ff.
[47] Zuständig sind in der Regel die Verwaltungsgerichte; vgl. BGHSt 44, 107; BVerwGE 69, 192.
[48] Vgl. zu diesem *Meyer-Goßner*, § 147 Rn. 14 m. w. Nw.
[49] *KK-Griesbaum*, § 158 Rn. 19 f., auch mit dem Hinweis auf die verwaltungsgerichtliche Überprüfbarkeit der Verweigerung der Aussagegenehmigung.
[50] *KK-Griesbaum*, a. a. O.

sein kann, während der Strafantrag das eindeutige und ausdrückliche Verlangen, den Beschuldigten zu verfolgen, enthalten muss[51]. Außerdem muss der Strafantrag im Gegensatz zur Strafanzeige nach § 158 Abs. 2 StPO schriftlich gestellt oder bei Gericht oder Staatsanwaltschaft zu Protokoll gegeben werden. Mündliche oder telefonische Übermittlung genügt also nicht.

29 Die Strafanzeige sollte sich auf die **knappe und klare Mitteilung eines Sachverhaltes** beschränken. Nach Möglichkeit sind Beweismittel, die den Vortrag untermauern, beizufügen. Jede Polemik sollte vermieden werden: Ein unsachlicher Tonfall steigert die Erfolgsaussichten nicht[52]. Für den Berater ist wichtig, dass er die Tatsachenbehauptungen des Mandanten auf Plausibilität prüft und möglichst sicherstellt, dass sie durch prozessual zulässige Beweismittel belegt werden können. Auch der Rechtfertigungsgrund des § 193 StGB schützt nicht vor Strafverfolgung bei bewusst falschem oder schlampig recherchiertem Tatsachenvortrag[53].

3. Weiteres Vorgehen nach der Anzeigeerstattung

30 Vielfach empfiehlt es sich, schon in der Strafanzeige die Bereitschaft zur Herausgabe weiterer Unterlagen, zu weiteren Auskünften und Ähnliches anzudeuten. Das sollte nach Einreichung der Strafanzeige **im persönlichen Kontakt mit den Ermittlungsbehörden** noch einmal betont werden. Ein Telefonat mit dem zuständigen Sachbearbeiter kann im Interesse des Mandanten einiges bewirken. Immerhin ist die Strafverfolgungsbehörde nach §§ 152 Abs. 2, 160 Abs. 1, 163 Abs. 1 S. 1 StPO verpflichtet, der Strafanzeige nachzugehen und den Sachverhalt zu erforschen. Insbesondere Staatsanwälte sind vielfach dankbar, wenn sie es dabei auf Seiten des Anzeigeerstatters mit einem strafrechtlich versierten Rechtsanwalt zu tun haben, der weiß, worauf es ankommt, an den man sich zur Erlangung zusätzlicher Informationen problemlos wenden kann und von dem auch nicht unsachliche und lästige Eingaben, unsinnige oder überzogene Dienstaufsichtsbeschwerden und Ähnliches zu befürchten sind[54].

31 Eine funktionierende Kommunikation mit den Strafverfolgungsbehörden kann auch unter anderen Aspekten für den Mandanten hilfreich sein. So kann beispielsweise die Staatsanwaltschaft für **Geheimhaltungserfordernisse** des Unternehmens und für die Sorge vor Presseberichten, die überwiegende schutzwürdige Interessen des Anzeigerstatters, Dritter oder des Unternehmens berühren würden, sensibilisiert werden. Es kann möglicherweise auch über Maßnahmen der Sicherstellung von Vermögenswerten im Rahmen der Rückgewinnungshilfe, § 111b Abs. 5 StPO, gesprochen werden. Hier sind durchaus auch Rechtshilfemaßnahmen im Hinblick auf Auslandsvermögen denkbar.

32 Auf der anderen Seite darf der Staatsanwaltschaft **kein prozessual problematisches oder gar unzulässiges Verhalten** angesonnen werden. Insbesondere ist hier daran zu erinnern, dass die Geschädigtenvertretung nicht zu einer Einschränkung der Beschuldigtenrechte führen darf. So kann nicht das Akteneinsichtsrecht des Beschuldigten beschnitten werden, und zwar auch nicht dadurch, dass Aktenteile, die der Anzeigeerstatter diesem nicht zur Kenntnis geben will, ihm entgegen dem Grundsatz der Aktenvollständigkeit und jenseits des § 147 Abs. 2 StPO vorenthalten oder gleich aus der Akte herausgehalten werden[55].

---

[51] *Meyer-Goßner*, § 158 Rn. 4.
[52] Außerdem kann im Kontext des § 193 StGB auch der Ton die Musik machen; vgl. zu den Grenzen der Rechtfertigung durch § 193 StGB bei anwaltlicher Tätigkeit nur *Fischer*, § 193 Rn. 28 ff., 28a.
[53] Vgl. nur *Fischer*, a. a. O.
[54] Die anwaltliche Vertretung des Geschädigten ist an dieser Stelle gesetzlich nicht ausdrücklich geregelt, aber unproblematisch zulässig, vgl. nur *Meyer-Goßner*, § 158 Rn. 14.
[55] Vgl. hierzu allerdings auch *Kragler*, wistra 1983, 1, 10.

Welche Unterlagen vom Akteneinsichtsrecht im Einzelnen umfasst sind, hängt indes vom Einzelfall ab. Denkbar kann etwa sein, dass der genaue Inhalt von Betriebsgeheimnissen nicht verfahrensöffentlich gemacht werden und auch nicht im späteren Strafurteil auftauchen muss[56].

Bei der weiteren Begleitung des Schicksals der Strafanzeige soll im Folgenden, zugegeben vergröbernd, zwischen zwei unterschiedlichen Verfahrenssituationen differenziert werden: Zum einen denjenigen Optionen, die sich dem Geschädigten und/oder seinem anwaltlichen Vertreter während des laufenden Verfahrens bieten. Hier sind insbesondere die Informationsrechte und vor allem das Akteneinsichtsrecht nach § 406e Abs. 1 StPO zu nennen. Darauf wird sogleich zurückzukommen sein[57].

Daneben bestehen nach (vorläufigem) Abschluss des Strafverfahrens Möglichkeiten, doch wieder dessen Fortgang zu bewirken, namentlich das sogenannte **Klageerzwingungsverfahren**, §§ 172 ff. StPO, und für den Nebenklageberechtigten auch das Recht zur **Einlegung von Rechtsmitteln** bei Bestehen einer Beschwer, §§ 400 f. StPO. Diese Aspekte seien hier entsprechend der inhaltlichen Ausrichtung der Darstellung nur am Rande erwähnt, die weiteren Ausführungen konzentrieren sich dann ganz auf Informations-, Anwesenheits- und Teilnahmerechte.

Zu **§§ 400 f. StPO** hier nur soviel: Eine Beschränkung auf das Strafmaß ist nach § 400 Abs. 1 StPO unzulässig. Offen steht dem Nebenkläger andererseits auch die sofortige Beschwerde gegen die Nichteröffnung des Hauptverfahrens, sofern die behauptete, den Geschädigten verletzende Tat davon erfasst ist (§ 400 Abs. 2 StPO). Besonderheiten des weiteren Verfahrens sind in § 401 StPO geregelt. Im Übrigen sei auf die einschlägigen Kommentierungen verwiesen.

Das Klageerzwingungsverfahren ist auch für die Praxis des auf das Wirtschaftsstrafrecht spezialisierten Rechtsanwalts von einer gewissen Bedeutung. Wichtig ist vor allem die Zwei-Wochen-Frist für die **Beschwerde** „an den vorgesetzten Beamten der Staatsanwaltschaft". Das Ganze setzt freilich voraus, dass „der Antragsteller zugleich der Verletzte" ist. Wobei, wie bereits eingangs erwähnt, der Verletztenbegriff hier mit demjenigen der §§ 406d ff. StPO nicht völlig deckungsgleich, ihm aber doch eng verwandt sein soll[58]. Weigert sich auch der Vorgesetzte des ursprünglich zuständigen Staatsanwalts, die Strafverfolgung fortzuführen, so ist ein **Antrag auf gerichtliche Entscheidung** zum zuständigen Oberlandesgericht statthaft. Hierfür benötigt der Geschädigte allerdings einen Rechtsanwalt (§ 172 Abs. 2 S. 1, Abs. 4 S. 1, Abs. 3 S. 2 StPO). Die Entscheidung des Oberlandesgerichts ist unanfechtbar. Die Möglichkeit einer Dienstaufsichtsbeschwerde ist im Übrigen hiervon unabhängig. Zumeist wird dadurch allerdings deutlich mehr Schaden angerichtet, als Nutzen entstehen kann.

V. Informationsrechte

1. Übersicht

Die im Folgenden besprochenen Geschädigtenrechte finden sich in § 406e StPO (Akteneinsicht), § 406g StPO (Anwesenheit) sowie § 406d StPO (Unterrichtung über den Verfahrensausgang, freiheitsentziehende Maßnahmen sowie die Anordnung eines Kontakt- oder Verkehrsverbots).

Nicht näher behandelt, da im Wesentlichen als selbsterklärend angesehen, wird hier die Vorschrift des **§ 406h StPO**. Dort ist geregelt, dass die Verletzten über die ihnen nach den §§ 406d bis 406g StPO zustehenden Rechte „frühzeitig" und „regelmäßig schriftlich und soweit möglich in einer für sie verständlichen Sprache" hinzuweisen sind. Darüber hinaus fin-

---

[56] Vgl. *Kragler*, wistra 1983, 1, 10; allgemein zum Umfang des Akteneinsichtsrechts nach § 147 StPO LR-*Lüderssen/Jahn*, § 147 Rn. 23 ff., 41 ff.
[57] Unten Rn. 38 ff.
[58] Vgl. oben Rn. 1 ff.

den sich dort weitere Hinweispflichten, die sicherstellen sollen, dass die Verletzten ihre inzwischen ja doch deutlich gestärkte Rechtsstellung auch wirksam wahrnehmen können.

37 Erwähnenswert, aber hier nicht näher zu behandeln, sind im Übrigen die Informationsrechte des 8. Buchs, 1. Abschnitt der StPO, hier insbesondere **§ 475 StPO**. Diese Vorschrift ermöglicht es auch nicht verletzten Personen, Auskünfte aus Strafakten oder gar Einsicht in diese zu erhalten. Strukturell ähnelt die Vorschrift der in § 406e StPO getroffenen Regelung[59]. Allerdings stellt die Gewährung von Akteneinsicht nach § 475 StPO gegenüber der Erteilung von Auskünften die Ausnahme dar. Schon deswegen ist für den Verletzten der Weg über § 406e StPO fraglos stets vorzugswürdig.

2. Akteneinsicht, § 406e StPO

a) Voraussetzungen

38 Positiv verlangt § 406e Abs. 1 S. 1 StPO die **Darlegung eines berechtigen Interesses**. Eine Ausnahme hiervon besteht nur in den Fällen des § 395 StPO[60]. Dabei kann differenziert werden zwischen dem berechtigten Interesse und seiner Darlegung.

39 Der **Begriff** des berechtigten Interesses wird in der Literatur vielfach nur unter Anführung von Beispielen umschrieben. So soll es etwa dann gegeben sein, wenn mit der begehrten Akteneinsicht ein Klageerzwingungsverfahren, § 172 ff. StPO, geprüft oder vorbereitet werden soll oder wenn es um zivilrechtliche Ansprüche des Verletzten oder das Anerkennungsverfahren nach dem sozialrechtlichen Opferentschädigungsgesetz geht[61]. Allgemein kann man wohl sagen, dass der Begriff eher weit auszulegen ist und jedenfalls ein zivilrechtlicher Anspruch gegen den vermeintlichen Schädiger auf Herausgabe von Unterlagen oder Auskunft nicht bestehen muss. Es genügt, wenn die Akteneinsichtsgewährung überhaupt rechtlich geschützten Interessen dienen soll. Für deren Wahrnehmung muss sie allerdings auch tatsächlich benötigt werden[62].

40 Die Weite des Begriffs des berechtigten Interesses wird in gewisser Weise durch das **Darlegungserfordernis** korrigiert[63]. Der Antrag kann nicht einfach ein berechtigtes Interesse behaupten und die Prüfung den Strafverfolgungsbehörden überlassen. Glaubhaftmachung ist zwar nicht erforderlich[64]. Dargelegt werden müssen aber stets tatsächliche Umstände, aus denen sich, ihr tatsächliches Vorliegen unterstellt, das in Bezug genommene rechtlich geschützte Interesse wie auch die Erforderlichkeit der begehrten Akteneinsicht zu dessen Wahrnehmung zumindest als Möglichkeit ergibt[65]. Geht es um Ansprüche nach § 823 Abs. 2 BGB, liegt auf der Hand, dass die behauptete Straftat Schutzgesetz sein muss[66]. Dass der Antragsteller seine zivilprozessuale Beweislage und möglicherweise bereits die Tatsachengrundlage für die von ihm verfolgten Ansprüche an sich zu verbessern strebt, steht der Gewährung von Akteneinsicht nicht generell entgegen[67].

41 Sehr umstritten ist aber die Frage, ob ein berechtigtes Interesse i. S. d. § 406e StPO auch schon dann hinreichend dargelegt ist, wenn ein entsprechend formulierter Beweisantrag im Zivilprozess auf einen dort unzulässigen sogenannten „**Ausforschungsbeweis**" hinauslaufen würde[68]. Eine weit verbreitete Literaturmeinung lehnt dies mit dem Argument ab, § 406e StPO würde missbraucht, wenn im Zivilprozess unzulässige Beweiserhebungen über den

---

[59] Vgl. näher sogleich Rn. 38 ff.
[60] Hier wird also erneut der nebenklageberechtigte Verletzte privilegiert.
[61] *Weiner* in: BeckOK-StPO, § 406e Rn. 2.
[62] I. d. S. LR-*Hilger*, § 406e Rn. 6.
[63] LR-*Hilger*, a. a. O.
[64] *Meyer-Goßner*, § 406e Rn. 3.
[65] *Weiner* in: BeckOK-StPO, § 406e Rn. 2 formuliert treffend, notwendig sei „ein schlüssiger Vortrag".
[66] Vgl. auch BVerfG WM 2002, 2207 ff. m. Anm. *Ranft*, WOB VII D, § 406e StPO, 1.03.
[67] Vgl. z. B. OLG Koblenz StV 1988, 333; OLG Koblenz NStZ 1990, 604; einschränkend LR-*Hilger*, § 406e Rn. 7.
[68] Vgl. zu diesem *Prütting/Gehrlein*, ZPO, § 287 Rn. 23 f., 24.

V. Informationsrechte **30**

Umweg des Strafverfahrens doch wieder zulässig gemacht würden[69]. Dem wird man jedenfalls nicht folgen können, soweit bereits im Zivilprozess der Ausforschungsbeweis als zulässig angesehen wird[70]. In einer neueren Entscheidung hat das OLG Hamburg nun in diesem Sinne ausgesprochen, für die Annahme eines berechtigten Interesses im Sinne des § 406e Abs. 1 S. 1 StPO genüge es, wenn der Antragsteller mithilfe der Akteneinsicht prüfen wolle, ob er Ansprüche gegen den vermeintlichen Schädiger geltend machen könne, sofern nicht Anhaltspunkte gerade für eine zivilprozessual unzulässige Ausforschung vorlägen[71]. In mehreren strafgerichtlichen Urteilen ist weiter gehend der Sachvortrag „ins Blaue hinein" im Rahmen des § 406e StPO ausdrücklich als ausreichend angesehen worden[72]. Analog zur Verfolgung eigener Ansprüche ist auch die Abwehr gegen den Antragsteller gerichteter Forderungen zu beurteilen[73].

Ist ein berechtigtes Interesse dargetan, wird nach dem Gesetzeswortlaut **Akteneinsicht** 42 allenfalls gewährt, „**soweit**" dieses reicht. Das bedeutet – dies ist jeweils auch für die Verteidigung von Bedeutung –, dass die in der Praxis häufig zu beobachtende Gewährung vollständiger Akteneinsicht durchaus keine Selbstverständlichkeit ist. Das Gesetz sieht sie jedenfalls nicht als Regelfall vor. Unter Umständen kann sogar die nach § 406e Abs. 5 StPO zulässige Erteilung von Auskünften oder Übersendung von Aktenkopien genügen[74], was indes hinreichende Konkretisierung des Antrags voraussetzen dürfte[75].

Allerdings kann die beantragte Entscheidung auch nach Darlegung des berechtigten Interesses und innerhalb des dadurch vorgegebenen Rahmens ganz oder teilweise an einer der **negativen Tatbestandsvoraussetzungen** des § 406e Abs. 2 StPO scheitern. Das Gesetz nennt das Vorliegen überwiegender schutzwürdiger Interessen des Beschuldigten oder anderer Personen, die Gefährdung des Untersuchungszwecks und die erhebliche Verfahrensverzögerung; es behandelt diese Sachverhalte aber unterschiedlich.

Liegen **überwiegende schutzwürdige Interessen** des Beschuldigten oder anderer Personen vor, so steht dies der Akteneinsicht ausnahmslos entgegen, § 406e Abs. 2 S. 1 StPO. Auch hier können privatrechtlich oder öffentlich-rechtlich geschützte Belange in Betracht kommen. Als Beispiele werden das allgemeine Persönlichkeitsrecht, das Recht auf informationelle Selbstbestimmung, das Fernmeldegeheimnis, aber auch etwa der Schutz von Betriebs- und Geschäftsgeheimnissen genannt[76].

Sind schutzwürdige Interessen des Beschuldigten oder anderer Personen in diesem Sinne ersichtlich, hat zur Klärung der Frage, ob diese das dargetane berechtigte Interesse des Antragstellers überwiegen, eine **Abwägung** stattzufinden, in die alle rechtlich geschützten Belange einzustellen sind[77]. An dieser Stelle wird darüber diskutiert, ob die Stärke des aktuell bestehenden Verdachtsgrads dabei berücksichtigt werden darf. Vor der Geltung der Unschuldsvermutung wäre die erste Frage an sich konsequenterweise zu verneinen, der Tatverdacht als solcher hätte also bei der Abwägung gänzlich außen vor zu bleiben[78]. Dafür spricht auch, dass sonst schwer zu erklären wäre, warum nach h. M. die Ermittlungsbehörde nach

---

[69] So z. B. *Otto*, GA 1989, 301 ff.; *Meyer-Goßner*, § 406e Rn. 3; LR-*Hilger*, § 406e Rn. 7.
[70] Die Frage ist dort außerordentlich umstritten und war mehrfach Gegenstand der Rechtsprechung des BGH, vgl. im Einzelnen *Prütting/Gehrlein*, ZPO, § 284 Rn. 24.
[71] OLG Hamburg a. a. O. (oben Fn. 14).
[72] LG Bielefeld, Beschluss v. 10.6.2009 – 2 Qs 224/09; OLG Koblenz NStZ 1990, 604; LG Mühlhausen wistra 2006, 76; LG Bielefeld wistra 1995, 118; zustimmend aus der Literatur etwa *Kiethe*, wistra 2006, 50 f.
[73] *Meyer-Goßner*, § 406e Rn. 3.
[74] *Meyer-Goßner*, § 406e Rn. 12.
[75] Vgl. zu diesem Problem LG Bochum wistra 1991, 198 f.; zur Gewährung der Akteneinsicht unter Auflagen *Riedel/Wallau*, NStZ 2003, 393 ff., 398.
[76] *Meyer-Goßner*, § 406e Rn. 6; LR-*Hilger*, § 406e Rn. 9; vgl. spezifisch zum Recht auf informationelle Selbstbestimmung BVerfG ZIP 2009, 1270; LG Hildesheim NJW 2008, 531; zum Steuergeheimnis LG München wistra 2006, 240; zu Geschäftsgeheimnissen bereits BVerfG wistra 2002, 335.
[77] LG-*Hilger*, § 406e Rn. 10; vgl. hierzu auch Verfassungsgericht des Landes Brandenburg, Beschluss v. 15.4.2010 – 37/09.
[78] So auch LR-*Hilger*, § 406e Rn. 9.

Einstellung des Verfahrens nach § 170 Abs. 2 StPO dem Verletzten Akteneinsicht zur Prüfung eines etwaigen Klageerzwingungsverfahrens gewähren kann[79]. Allerdings wird die Frage in der Rechtsprechung verbreitet auch anders beurteilt, der Verdachtsgrad also als Abwägungsgesichtspunkt angesehen[80].

Verbleiben **Zweifel** am Ergebnis der Abwägung, wird nach dem insoweit klaren Gesetzeswortlaut zugunsten des Antragstellers entschieden[81].

45 Vielfach Gegenstand neuerer Rechtsprechung zu § 406e StPO ist die Frage, ob in Verfahren wegen Urheberrechtsverletzungen durch Teilnahme an **Internet-Tauschbörsen** überwiegende Interessen der Beschuldigten der Gewährung von Akteneinsicht an die Rechteinhaber entgegenstehen können[82]. Die Gerichte stellen hier zu Gunsten der Beschuldigten in der Regel auf das Recht auf informationelle Selbstbestimmung ab und operieren sodann verbreitet einerseits mit dem Gewicht der diesen zur Last gelegten Taten, andererseits mit der Stärke des Tatverdachts. Vielfach wird Akteneinsicht versagt, weil es sich entweder um Bagatellverstöße handele, deren Grenze erst beim „gewerblichen Ausmaß des § 101 UrhG erreicht sei"[83], oder deswegen, weil zum Zeitpunkt der Entscheidung kein Tatverdacht (mehr) bestehe[84].

46 Wird ein überwiegendes berechtigtes Interesse des Beschuldigten oder Dritter bejaht, und kann dem Antrag des Geschädigten deswegen nicht in vollem Umfang entsprochen werden, so ist stets zu prüfen, ob nicht zumindest **teilweise Akteneinsicht** gewährt werden kann. So kann es etwa problematisch sein, dem Geschädigten beigezogene Vorstrafenakten oder Registerauszüge zu übermitteln, auch wenn er daran ein berechtigtes Interesse haben mag. Dies kann dann schlicht unterbleiben und im Übrigen Akteneinsicht gewährt werden[85]. Gelegentlich wird vertreten, dass die Akteneinsicht stets auf die Ermittlungsakten beschränkt und Beweismittel[86] dem Verletzten bis zum rechtskräftigen Abschluss des Strafverfahrens vorenthalten werden sollten[87]. In dieser Allgemeinheit findet sich hierfür kein Anhaltspunkt im Gesetz. Mit Blick auf Sinn und Zweck der Vorschrift, mit der dem Geschädigten unter den dortigen Voraussetzungen die Verfolgung seiner Ansprüche erleichtert werden soll, ist eine solche, rigide Auffassung ebenfalls kaum zu vereinbaren. Man wird also auch im Hinblick auf die Beweismittelordner stets die gebotene Interessenabwägung durchführen müssen. Ob auch das Problem der rechtswidrig erlangten Beweismittel in dieser Weise, also durch Einstellung der Rechtswidrigkeit der Beweiserhebung in die Interessenabwägung, gelöst werden kann, erscheint indes zweifelhaft[88].

47 Ein Antrag auf Gewährung von Akteneinsicht nach § 406e StPO kann nicht mit dem Argument zurückgewiesen werden, es sollten **alle vermeintlich Geschädigten zeitgleich** Akteneinsicht erhalten[89]. Ein pauschaler Hinweis der Ermittlungsbehörden auf die angeblich unmögliche **organisatorische Durchführbarkeit** der Akteneinsicht an den Geschädigten ist ebenfalls nicht geeignet, das Akteneinsichtsrecht leer laufen zu lassen.

---

[79] Mit diesem Argument eliminiert LG Duisburg, Beschluss v. 30.1.2009 – 34 AR 3/09, den Verdachtsgrad aus der Abwägung.

[80] Vgl. z. B. LG Saarbrücken NStZ 2010, 656; LG Darmstadt K&R 2009, 211.

[81] Weil dann von einem Überwiegen eben nicht gesprochen werden kann; vgl. nur KK-*Engelhardt*, § 406e Rn. 3.

[82] Vgl. z. B. LG Zweibrücken, Beschluss v. 16.12.2009 – Qs 127/09; LG Duisburg, Beschluss v. 30.11.2009 – 34 RR 3/09; LG Karlsruhe MMR 2010, 68; LG Saarbrücken NStZ 2010, 656.

[83] LG Karlsruhe a. a. O.; *Meyer-Goßner*, § 406e Rn. 6c.

[84] Was in einem Spannungsverhältnis zur Anerkennung des berechtigten Interesses zur Überprüfung der Einstellungsentscheidung im Klageerzwingungsverfahren durch die h. M. steht.

[85] Vgl. zu einem ähnlichen Fall LG Stralsund StraFo 2006, 76.

[86] Vgl. zum Begriff Fn. 100.

[87] LG Dortmund StV 1994, 36 mit zustimmender Anm. *Neuhaus*; ähnlich LG Saarbrücken StV 1996, 109; *Riedel/Wallau*, NStZ 2003, 393 ff., 396 f.

[88] Vgl. zu diesem Problem LG Mühlhausen wistra 2006, 76 f.

[89] LG Düsseldorf wistra 2003, 239; *Kiethe/Groeschke/Hohmann*, wistra 2003, 92.

V. Informationsrechte

Wird die Verweigerung von Akteneinsicht auf überwiegende schutzwürdige Interessen Beschuldigter oder Dritter gestützt, kann der Rechtsanwalt des Geschädigten versuchen, deren **Einverständnis** einzuholen.

Bei möglicher Gefährdung des Untersuchungszwecks oder absehbaren erheblichen Verfahrensverzögerungen in Folge der beantragten Maßnahme sehen § 406e Abs. 2 S. 2 und § 406e Abs. 2 S. 3 StPO [90] eine **Entscheidung nach pflichtgemäßem Ermessen** vor. 48

Die **Gefährdung des Untersuchungszwecks** stellt hier, anders als in § 147 Abs. 2 S. 1 StPO, auch nach Abschluss der Ermittlungen und selbst nach Anklageerhebung einen Versagungsgrund dar. Hauptfall ist die Befürchtung, eine noch ausstehende Zeugenaussage des Geschädigten könne durch seine Kenntnis vom Akteninhalt beeinflusst und die Wahrheitsfindung dadurch erschwert werden[91]. Der BGH hat in einer Entscheidung betont, es bestehe bei der Entscheidung über die Gefährdung des Untersuchungszwecks „ein weiter Entscheidungsspielraum"[92]. In Wirtschaftsstrafverfahren wird selten so argumentiert werden können, und zwar schon deswegen nicht, weil abgestimmte Zeugenaussagen dort aufgrund der notorisch umfangreichen und ergiebigen Auswertung von Unterlagen nicht gerade naheliegend erscheinen. Jedenfalls ist die Ansicht, wonach unabhängig vom Einzelfall der Geschädigte stets erst nach seiner eigenen Vernehmung Akteneinsicht erhalten könne, abzulehnen[93]. 49

Für das Wirtschaftsstrafrecht in diesem Kontext von Interesse sind zwei neuere Entscheidungen des AG Bonn sowie des OLG Düsseldorf[94]. Dort ging es jeweils um Anträge angeblich geschädigter Unternehmen in **Kartellordnungswidrigkeitenverfahren**. Das AG Bonn sah die Antragstellerin als Verletzte an, verweigerte jedoch Akteneinsicht, soweit das Gesuch sich auf die Angaben von Kartellbeteiligten i. S. d. sogenannten Bonusregelung des Bundeskartellamts[95] bezog. Das AG, das die Sache vorab dem EuGH zur Entscheidung vorgelegt hatte[96], begründete seine Entscheidung damit, durch die Gewährung von Einsicht auch in die auf die „Kronzeugen" bezogenen Akten könnten künftig Kartellbeteiligte entgegen dem Sinn und Zweck der Bonusregelung davon abgehalten werden, gegenüber dem Bundeskartellamt Anzeigen zu erstatten. Dadurch würden zwar noch nicht eingeleitete, aber in der Zukunft denkbare Verfahren gefährdet. Dies stelle eine Gefährdung des Untersuchungszwecks i. S. d. § 406e Abs. 2 S. 2 StPO dar. In ähnlicher Weise, wenn auch methodisch an die nach § 406e Abs. 1 StPO gebotene Interessenabwägung anknüpfend, hat das OLG Düsseldorf[97] die freiwilligen Angaben von Kartellteilnehmern in Bonusanträgen von der Akteneinsicht ausgenommen, da hier im öffentlichen Interesse von einem „Vorrang des Geheimhaltungsinteresses" der betreffenden Antragsteller auszugehen sei. Ob das alles überzeugt, kann man sicher bezweifeln, die weitere Entwicklung auf europäischer Ebene wird abzuwarten sein[98].

Der Versagungsgrund der **erheblichen Verfahrensverzögerung** kann nur bis zum Abschluss der Ermittlungen geltend gemacht werden. Was man sich unter „erheblich" vorzustellen hat, ist unklar. Kommentare sprechen davon, dass wenige Tage jedenfalls nicht genügen[99]. 50

---

[90] Letzteres gilt nach § 406e Abs. 2 S. 3 2. HS nicht in Fällen des § 395 (Nebenklageberechtigung) nach Anbringung des Abschlussvermerks, § 169a StPO.

[91] Vgl. BT-Drucks. 10/5305, S. 18; OLG Naumburg NStZ 2011, 118; AG Saalfeld NStZ 2005, 656 mit ablehnender Anm. *Kiehte*, wistra 2006, 50.

[92] Vgl. BGH NJW 2005, 1519, der 1. Strafsenat bezieht sich hier auf die Kommentierung von LR-*Hilger*.

[93] I. d. S. aber *Hassemer/Matussek*, S. 22 m. w. Nw.; *Riedel/Wallau*, NStZ 2003, 393 ff., 397; a. A. LG Stralsund StraFo 2006, 76; abl. *Steffens*, StraFo 2006, 60 ff.

[94] OLG Düsseldorf, Beschluss v. 22.8.2012 – 5-4Kart 5/11 (OWi) BB 2012, 2459; AG Bonn NJW 2012, 947.

[95] Bekanntmachung Nr. 9/2006 über den Erlass und die Reduktion von Geldbußen in Kartellsachen vom 7.3.2006.

[96] Vgl. EuGH, Urteil v. 14.6.2011 – C 360/09, JZ 2012, 41.

[97] OLG Düsseldorf a. a. O. (oben Fn. 94).

[98] In einer Entscheidung des EuG vom 22.5.2012, veröffentlicht in BB 2012, 1692 wird indes die Gegenposition vertreten, vgl. dazu auch *Yomere*, WuW 2013, 34.

[99] KK-*Engelhard*, § 406e Rn. 4; *Meyer-Goßner*, § 406e Rn. 6b.

Hinweise auf Unentbehrlichkeit oder Versendezeiten von Akten genügen selbstredend nicht, um sich auf diesen Versagungsgrund zu berufen, die Fertigung von Doppelakten nach Nr. 12 Abs. 2 RiStBV ist in Wirtschaftsstrafverfahren beinahe schon im Regelfall angezeigt.

51 Bei all dem ist es vielfach hilfreich, im **Gespräch mit den Behörden**, während des Ermittlungsverfahrens also der Staatsanwaltschaft, das „Ob" sowie die Modalitäten der Akteneinsicht zu erörtern. Sowohl Bedenken hinsichtlich der Gefährdung des Untersuchungszwecks wie auch Befürchtungen erheblicher Verfahrensverzögerungen lassen sich vielfach durch entsprechende Ausführungen des Antrag stellenden Rechtsanwalts aus der Welt schaffen.

b) Verfahren

52 Die Antragstellung hat stets **durch einen Rechtsanwalt** zu erfolgen. Die begehrten Akten können auch nur diesem ausgehändigt werden, § 406e Abs. 1 S. 1, Abs. 3 S. 1 StPO[100]. Die Entscheidung, ob die Akten mitgegeben werden oder vor Ort besichtigt werden müssen, ist nach § 406e Abs. 3 S. 2 StPO (entsprechend § 147 Abs. 4 S. 2 StPO) nicht anfechtbar.

Zuständig ist während des Ermittlungsverfahrens und nach Rechtskraft die Staatsanwaltschaft, im Übrigen das Gericht und dort der Vorsitzende, § 406e Abs. 4 S. 1 StPO. Es entspricht dabei weit verbreiteter Praxis, den Betroffenen, insbesondere den Beschuldigten vor der Entscheidung rechtliches Gehör zu gewähren. Diese Handhabung dürfte nach den einschlägigen gesetzlichen Bestimmungen auch geboten sein[101].

Die Möglichkeit der **Rechtsmitteleinlegung** ist differenziert geregelt: Entscheidet die Staatsanwaltschaft, ist Antrag auf gerichtliche Entscheidung statthaft, § 406e Abs. 4 S. 2, 3 StPO. Dessen Entscheidung ist vor Abschluss der Ermittlungen unanfechtbar, danach kann Beschwerde, §§ 304 ff. StPO, eingelegt werden, § 406e Abs. 4 S. 4 StPO. Dies gilt nach h. M. auch nach rechtskräftigem Abschluss des Hauptverfahrens[102].

Wird Akteneinsicht bewilligt, hat nach h. M. indes auch der davon Betroffene, namentlich der Beschuldigte, die gleichen Möglichkeiten, diese Entscheidung anzufechten[103].

53 Praktisch von erheblicher Bedeutung im Zusammenhang mit den Rechtsmitteln gegen die Gewährung von Akteneinsicht an den Geschädigten ist die Differenzierung zwischen Entscheidung über das Akteneinsichtsgesuch selbst auf der einen und dem **Vollzug der gewährten Akteneinsicht** auf der anderen Seite. Das Interesse der Beschuldigten oder be­troffener Dritter geht vielfach dahin, vor dem Vollzug der Akteneinsicht die bewilligende Entscheidung gerichtlich überprüfen zu lassen. Im Hinblick auf den sonst notwendig drohenden irreversiblen Rechtsverlust ist dagegen auch wenig einzuwenden. Das Bundesverfassungsgericht hat in einer Entscheidung aus dem Jahr 2008 mit diesem Argument im Eilverfahren die Vollziehung eines gerichtlichen Beschlusses nach § 406e StPO ausgesetzt[104]. Unabhängig davon ist das Rechtsmittel auch nach Vollzug der gewährten Akteneinsicht noch zulässig[105].

Andererseits können auch dem Antragsteller, etwa im Fall des Wettlaufs der Geschädigten bei der Zurückgewinnungshilfe oder in Konstellationen des § 17 UWG durch Verweigerung von Akteneinsicht erhebliche Schäden entstehen[106]. In diesem Zusammenhang können im

---

[100] Eine Ausnahme gilt nach § 406e Abs. 3 S. 1 StPO, ebenso wie dies § 147 Abs. 4 S. 1 StPO für die Verteidigung regelt, für Beweisstücke. Hier ist allerdings genaues Hinsehen angezeigt: Unter Beweisstücken versteht man nur Originale. So genannte Beweismittelordner, in denen sich bloß Kopien von sichergestellten Urkunden enthalten, sind Teil der Ermittlungsakten und nicht Beweisstücke; vgl. nur *Meyer-Goßner*, § 147 Rn. 17 m. w. Nw.
[101] BGH NStZ 2005, 242; *Weiner* in: BeckOK-StPO, § 406e Rn. 6; LG Karlsruhe MMR 2010, 68; LR-*Hilger*, § 406e Rn. 16; einschränkend im Hinblick auf Dritte, die personenbezogene Daten in das Verfahren eingeführt haben *Schäfer*, wistra 1988, 219.
[102] *Weiner* in: BeckOK-StPO, § 406e Rn. 6.
[103] BGHSt 39, 112; LR-*Hilger*, § 406e Rn. 17; *Meyer-Goßner*, § 406e Rn. 11; Dies wird auf eine analoge Anwendung des § 147 Abs. 5 StPO gestützt, vgl. OLG Stuttgart NJW 2006, 2565 ff., 2567.
[104] BVerfG, einstw. Anordnung v. 2.6.2008 – 2 BvR 1043/08.
[105] Vgl. z. B. Verfassungsgericht des Landes Brandenburg, Beschluss v. 15.4.2010 – Az. 37/09.
[106] Vgl. dazu *Kiethe/Groeschke/Hohmann*, wistra 2003, 92; *Kiehte*, wistra 2006, 50 ff., 53 f.

V. Informationsrechte

Extremfall Amtshaftungsansprüche entstehen, wenn die Entscheidung der Staatsanwaltschaft unvertretbar ist[107]. Hierauf kann der Rechtsanwalt des Antragstellers natürlich auch im Gespräch oder schriftsätzlich hinweisen.

3. Pflichtgemäße Mitteilung nach § 406d StPO

Die Mitteilung über den Verfahrensausgang ist in der StPO seit der Einführung des § 406d StPO teilweise **doppelt geregelt**. Schon früher sah nämlich § 171 Abs. 1 StPO die Pflicht der Staatsanwaltschaft vor, im Falle der Einstellung des Verfahrens nach § 170 Abs. 2 StPO demjenigen, der Strafanzeige erstattet hatte, hiervon Mitteilung zu machen. Der verletzte Anzeigeerstatter ist nach § 171 Abs. 2 S. 1 StPO darüber hinaus über die Möglichkeit der Beschwerdeeinlegung gegen die Einstellung nach § 172 StPO zu belehren. § 406d Abs. 1 StPO verpflichtet die Strafverfolgungsbehörden nun weiter gehend, jedem Verletzten stets Mitteilung über jeden Verfahrensausgang zu machen, und zwar unabhängig davon, ob er vorher Strafanzeige erstattet hat. Allerdings ist Voraussetzung durchweg ein Antrag auf Erteilung einer solchen Information[108]. Zuständig ist nach Nr. 140 RiStBV die „für den Verfahrensabschnitt zuständige Stelle", im Ermittlungsverfahren also die Staatsanwaltschaft, später das Gericht, dort der Vorsitzende[109].

Weitergehende Mitteilungspflichten, beispielsweise die Information des Verletzten über die Eröffnung des Hauptverfahrens, sieht die StPO nicht vor. Nach h. M. ist solches aber auch nicht verboten. Dies gilt jedenfalls, soweit nicht überwiegende schutzwürdige Interessen des Beschuldigten oder Dritter entgegenstehen[110].

Der **Antrag des Verletzten** ist hiernach also zwar nicht Voraussetzung für ein Mitteilungsrecht der Strafverfolgungsbehörden, aber für ihre Mitteilungspflicht. Er bedarf keiner bestimmten Form, es genügt jede Erklärung, die erkennbar den Wunsch beinhaltet, vom Verfahrensausgang zu erfahren[111]. Der Antrag kann von Beginn des Strafverfahrens an und auch nach seiner rechtskräftigen Beendigung gestellt werden. Im Interesse des Verletzten wird es vielfach ratsam sein, einen solchen Antrag gleich zu stellen, wenn man von der Existenz des Strafverfahrens erfährt. Auf diese Weise ist jedenfalls sichergestellt, dass der Verletzte auch von einer etwaigen Verurteilung des Beschuldigten Kenntnis erlangt. Mit „Einstellung des Verfahrens" sind sämtliche Einstellungsmöglichkeiten nach der StPO gemeint. Der Begriff des Ausgangs des gerichtlichen Verfahrens setzt Rechtskraft voraus, meint also den endgültigen Verfahrensausgang[112]. Die nicht mehr anfechtbare Nichteröffnung des Hauptverfahrens nach § 204 StPO und natürlich das rechtskräftige Urteil nach § 260 StPO fallen hierunter.

Die **Form der Mitteilung** selbst ist nicht näher geregelt. In der Praxis dominiert die schriftliche Benachrichtigung. Wird der Verletzte nur mündlich informiert, so sollte diese Verfahrenshandlung, mit der immerhin eine prozessuale Pflicht der Ermittlungsbehörde erfüllt wird, in geeigneter Form aktenkundig gemacht werden[113]. Ist der Verletzte durch einen Rechtsanwalt vertreten, so gilt dieser wegen des Verweises auf § 145a StPO in § 406d Abs. 2 S. 2 StPO als bevollmächtigt zur Entgegennahme der Mitteilung nach § 406d StPO. Ansonsten erfolgt diese an die Anschrift, die der Verletzte angegeben hat. Gelingt dies nicht, so dürfen weitere Versuche unterbleiben, § 406d Abs. 3 S. 1 StPO.

Eine entsprechende **Mitteilungspflicht** trifft die Strafverfolgungsbehörden **nach § 406d Abs. 2 StPO** im Falle der Verhängung freiheitsentziehender Maßnahmen gegen den Beschuldigten oder Verurteilten und, seit 2007, auch dann, wenn dem Verurteilten ein Kontakt- oder Verkehrsverbot im Verhältnis zu dem Verletzten auferlegt worden ist.

---

[107] Vgl. LG Stralsund StraFo 2006, 76 f.
[108] Vgl. zur verfassungsrechtlichen Grundlegung der §§ 171, 172 StPO BVerfG NStZ 2002, 270 f.
[109] Meyer-Goßner, § 406d Rn. 3.
[110] LR-Hilger, § 406d Rn. 2.
[111] LR-Hilger, § 406d Rn. 2.
[112] BT-Drucks. C/5305, S. 17.
[113] LR-Hilger, § 406d Rn. 2.

Die zuletzt genannte Mitteilungspflicht nach § 406d Abs. 2 Nr. 1 StPO ist selbsterklärend. Was die freiheitsentziehenden Maßnahmen angeht, so handelt es sich um eine etwas komplexere Regelung. Über den auch sonst erforderlichen Antrag hinaus ist hier, wie bei § 406e StPO, die Darlegung eines berechtigten Interesses und das Fehlen eines überwiegenden schutzwürdigen Interesses des Betroffenen erforderlich. Auch gilt für die Darlegung des berechtigten Interesses erneut die Rückausnahme für die im Gesetz genannten Fälle des § 395 StPO. Sind diese Hürden genommen, so kann der Verletzte nicht nur das „Ob" freiheitsentziehender Maßnahmen, sondern auch die anderen Einzelinformationen hierüber, insbesondere Gewährung von Vollzugslockerungen oder Urlaub oder auch die Beendigung der freiheitsentziehenden Maßnahmen in Erfahrung bringen. Das Ganze geht auf den bereits eingangs erwähnten Rahmenbeschluss der EU vom 15.3.2001 zurück[114].

In diesem Kontext zu erwähnen ist schließlich auch, dass der Verletzte Eingang in das Recht des Strafvollzugs gefunden hat. So regelt § 180 Abs. 5 StVollzG des Bundes, dass ihm auf schriftlichen Antrag Auskünfte über die Entlassungsadresse oder die Vermögensverhältnisse des Häftlings erteilt werden können. Voraussetzung ist die Erforderlichkeit der Informationserteilung für die „Feststellung oder Durchsetzung von Rechtsansprüchen im Zusammenhang mit der Straftat", die Vorschrift sieht zudem eine Interessensabwägung vor[115].

VI. Anwesenheits- und Teilnahmerechte

57 Mit der Überschrift wird auf eine Reihe weiterer, als heterogen anzusehender prozessualer Handlungsmöglichkeiten des Verletzten Bezug genommen. Zwischen Anwesenheitsrechten auf der einen und Teilnahmerechten auf der anderen Seite wird deswegen differenziert, weil dem Verletzten die Anwesenheit in bestimmten Fällen ausdrücklich gesetzlich gestattet ist, und zwar in § 406g StPO, während die Teilnahme des Verletzten ansonsten in der StPO an keiner Stelle vorgesehen ist und auch rechtlich problematisch sein dürfte.

58 § 406g StPO gewährt zunächst dem **nebenklageberechtigten Verletzten** bzw. seinem Beistand über die Regelung des § 406f StPO hinaus ein Anwesenheitsrecht in der Hauptverhandlung, zudem ist er von dem Termin zu benachrichtigen. Die Rechtsfolgen treten nach dem klaren Gesetzeswortlaut ein, ohne dass ein formeller Zulassungsbeschluss des Gerichts vorliegen muss. Für die Privatklage gilt § 406g StPO allerdings nach h. M. nicht[116].

Das Anwesenheitsrecht des Nebenklageberechtigten in der Hauptverhandlung wäre angesichts des Öffentlichkeitsgrundsatzes nicht unbedingt bemerkenswert, wenn es nicht auch in den Fällen gälte, in denen der Verletzte als Zeuge vernommen werden soll. Das Gesetz statuiert hier also ausdrücklich eine Ausnahme von §§ 98 Abs. 1, 243 Abs. 2 S. 1 StPO.

59 Der anwaltliche Beistand des Verletzten hat darüber hinaus die Möglichkeit zur **Teilnahme an Vernehmungen von Zeugen und Sachverständigen sowie Augenscheinnahmen**, § 406g Abs. 2 S. 3 StPO. Mit dem Anwesenheitsrecht korrespondiert auch hier eine die Strafverfolgungsbehörden treffende Benachrichtigungspflicht[117]. Voraussetzung ist allerdings, dass der Rechtsanwalt zu irgendeinem Zeitpunkt bekundet, für den Verletzten am Verfahren teilnehmen zu wollen, oder dass er als Beistand bestellt wurde[118]. Die Entscheidung über die Anwesenheitsrechte trifft das Gericht, die Entscheidung ist nach dem Gesetzeswortlaut unanfechtbar. Das gilt auch dann, wenn das Gericht im Falle des Beistands dessen Anwesenheit unter Hinweis auf die Rückausnahme des § 406g Abs. 2 StPO (Gefährdung des Untersuchungszwecks) verweigert[119].

---

[114] Vgl. dazu oben Fn. 1.
[115] Vgl. hierzu und zu anderen vollzugsrechtlichen Aspekten *Gelber/Walter*, NStZ 2013, 75 ff., 78 ff.
[116] Vgl. BGH StV 2003, 58; OLG Stuttgart StV 2003, 66; Pfälzisches OLG Zweibrücken NStZ 2000, 496 mit ablehnender Anm. *Sack*; a. A. OLG Koblenz NJW 2000, 2436. Neben- und Privatklage gegen Jugendliche sind nach §§ 2, 80 JGG unzulässig.
[117] *Meyer-Goßner*, § 406g Rn. 4 m. w. Nw.
[118] BGH NStZ 1997, 49.
[119] *Meyer-Goßner*, § 406g Rn. 2.

VI. Anwesenheits- und Teilnahmerechte

Mitwirkungsrechte über die bloße Anwesenheit hinaus sieht § 406g StPO an sich nicht vor. Nach einer Entscheidung des BGH kann der Vorsitzende dem Rechtsanwalt jedoch gestatten, Fragen zu stellen[120].

Der Beistand ist über den Inhalt seiner Beratung des Verletzten im Übrigen schweigepflichtig und mithin auch schweigeberechtigt. Auch der Verletzte muss nach nicht unbestrittener, aber zutreffender Auffassung nicht Auskunft über den Inhalt seiner Gespräche mit seinem Beistand geben[121].

Die Privilegierung des Nebenklageberechtigten zeigt sich schließlich nochmals daran, dass die **Kosten** für den Verletztenbeistand hier den Nebenklagekosten gleichgestellt, also im Fall der Verurteilung erstattungsfähig sind[122].

Die von Verletzten häufig angestrebte **Teilnahme an sonstigen strafprozessualen Maßnahmen**, etwa an Durchsuchungen, ist hingegen in der StPO nicht vorgesehen. Schon dies spricht dagegen, sie für zulässig zu halten. Die deutlich ausgebaute Stellung des Verletzten als Prozesssubjekt hat, wie bereits im bisherigen Text deutlich geworden sein sollte, zu einem recht ausdifferenzierten Regime strafprozessualer Regelungen geführt und es ist nicht anzunehmen, dass der Gesetzgeber die Frage der Durchsuchungsbeteiligung schlicht übersehen hat. Mithin wird man davon ausgehen müssen, dass die Anwesenheit des Verletzten oder seines Rechtsanwalts bei Durchsuchungsmaßnahmen jedenfalls im Grundsatz ausgeschlossen ist[123].

Mehrfach beschäftigt hat die Rechtsprechung in der Vergangenheit allerdings die Frage, ob **Sachverständige** oder gar sonstige **sachkundige Personen** hinzugezogen werden dürfen, die aus der Sphäre des Verletzten bzw. des Anzeigeerstatters oder des Anzeige erstattenden Unternehmens stammen. Maßstab ist stets die Unparteilichkeit der Ermittlungsbehörden, an die hohe Anforderungen zu stellen und die in jedem Fall zu wahren sind[124]. Vor diesem Hintergrund haben Instanzgerichte in mehreren Entscheidungen jedenfalls die Hinzuziehung von Personen, die von Anzeige erstattenden Unternehmen, sei es als Mitarbeiter oder in anderer Weise wirtschaftlich abhängig waren, für rechtswidrig erachtet. Dies wird unabhängig davon beurteilt, ob im Einzelfall von den Ermittlungsbehörden formal eine Stellung als Sachverständiger oder lediglich eine solche als sachverständiger Zeuge angenommen wurde[125].

Das LG Kiel hat in einem Strafverfahren wegen des Vorwurfs von Urheberrechtsverletzungen die Hinzuziehung eines Sachverständigen der Gesellschaft zur Verfolgung von Urheberrechtsverletzungen e. V. (GVU) als unzulässig angesehen[126]. Das Landgericht geht dabei zwar zunächst davon aus, dass die StPO den Kreis anwesenheitsberechtigter Personen nicht abschließend geregelt habe und die Hinzuziehung von Privatpersonen möglich sein könne, und zwar selbst dann, wenn sie selbst ein Interesse am Ausgang des Verfahrens hätten. Dies sei etwa dann denkbar, wenn es um die Identifizierung von Diebesgut vor Ort beispielsweise durch den Geschädigten eines Eigentumsdeliktes gehe. Allerdings sei die Zulässigkeit solchen Vorgehens schon angesichts des Verhältnismäßigkeitsgrundsatzes auf Ausnahmefälle beschränkt, in denen es „unbedingt erforderlich" sei[127]. Man wird das auf andere Maßnahmen wie die Durchsicht von Papieren, § 110 StPO, übertragen können.

Die Hinzuziehung von neutralen Sachverständigen ist bei Durchsuchungen allerdings zulässig, wobei dem Sachverständigen nicht weite Teile der Ermittlungen zur Prüfung in eigener Verantwortlichkeit überlassen werden dürfen[128]. Die Mitwirkung des Geschädigten in der

---

[120] BGH NStZ 2005, 222 m. Anm. aus der Perspektive des Strafverteidigers von *Venske*, NStZ 2005, 396 f.
[121] *Meyer-Goßner*, § 406g Rn. 4; OLG Düsseldorf NStZ 1991, 503.
[122] §§ 472 Abs. 3 S. 1, 473 Abs. 1 S. 2 StPO; BGH NJW 2009, 308.
[123] Vgl. etwa OLG Hamm NStZ 1986, 326.
[124] Vgl. BVerfG, Beschluss v. 31.8.2007 – 2 BvR 1681/07.
[125] Vgl. etwa LG Berlin, Beschluss v. 3.5.2012 – 526 Qs 10–11/12; AG Schönebeck, Urteil v. 8.6.2004 – 6 Cs 556 Js 23580/03.
[126] LG Kiel NStZ 2006, 169.
[127] Das LG Kiel bezieht sich hier ausdrücklich auf die frühere Entscheidung des OLG Hamm NStZ 1986, 326.
[128] So ebenfalls LG Kiel NStZ 2007, 169.

Form, dass er den Ermittlungsbehörden einen eigenen Sachverständigen andient, der dann auch Zwangsmaßnahmen wie die Durchsuchung begleitet, wird also letztlich davon abhängen, ob es gelingt, den Ermittlungsbehörden plausibel zu machen, dass dies zur Sachverhaltsaufklärung im konkreten Fall unverzichtbar ist[129].

62 Im Übrigen dürfte die Teilnahme eines Geschädigten an Ermittlungsmaßnahmen über die im Gesetz geregelten Fälle hinaus mit Zustimmung des Beschuldigten, des Verteidigers und aller anderen Prozessbeteiligten immer möglich sein: Ein ausdrückliches Verbot ist der StPO nicht zu entnehmen[130]. Da Beschuldigte und möglicherweise auch Dritte (etwa das Unternehmen, in dem der Beschuldigte tätig ist) dies zumeist ablehnen werden, weil sie beispielsweise die Preisgabe wertvoller Geschäftsgeheimnisse befürchten, wird dieser Weg häufig nicht gangbar sein. Einen Versuch mag die Herstellung von Konsens in solchen Situationen aber immerhin wert sein.

VII. Private Ermittlungen des Geschädigten

1. Übersicht

63 Der Themenkomplex „private Ermittlungen des Geschädigten" hat in den letzten Jahren gerade im Wirtschaftsstrafrecht ganz erheblich an praktischer Bedeutung gewonnen; Er wird auch vielfach diskutiert und zunehmend wissenschaftlich behandelt. Es ist wohl nicht übertrieben, dabei im gewissen Sinne von einem **Paradigmenwechsel** zu sprechen: Ursprünglich stellte die private Ermittlung im deutschen Strafprozess eher ein Randphänomen dar, bei dem man es hauptsächlich mit der Frage zu tun hatte, ob Privatdetektive wie in einer einschlägig bekannten ZDF-Fernsehserie für die Verteidigung oder vielleicht auch einmal für Geschädigte auf eigene Faust Erkenntnisse zutage bringen könnten, die den dazugehörigen Strafprozess entscheidend beeinflussen. Bei solchen und ähnlichen Aktivitäten gewonnene Erkenntnisse führten gelegentlich zu schwierigen Rechtsproblemen, erinnert sei nur an die examensrelevante Problematik der Verwertbarkeit privat erhobener Telefongespräche[131]. In letzter Zeit ist jedoch festzustellen, dass insbesondere Wirtschaftsunternehmen zunehmend die Tendenz entwickeln, die originären gesellschaftlichen Aufgaben des Strafrechts, verstanden als Verhinderung, Bekämpfung und Aufklärung von Straftaten, in die eigene Hand zu nehmen. Es wird nicht erst nach begangener Tat und möglicherweise erst nach Einleitung eines Ermittlungsverfahrens durch die Strafverfolgungsbehörden angesetzt und irgendein professioneller Ermittler mit eigenen Aufklärungstätigkeiten beauftragt. Vielmehr rufen Unternehmen ganze neue Abteilungen ins Leben, die damit befasst sind, sicherzustellen, dass im Unternehmen und/oder zulasten des Unternehmens keine Straftaten begangen werden, dass geklärt wird, ob Straftaten begangen worden sind und dass im Anschluss die verantwortlichen Personen entsprechende Konsequenzen zu spüren bekommen. Als Stichworte sind hier einerseits der etwas diffuse, aus dem amerikanischen stammende Begriff „**Compliance**", andererseits die sogenannten **internen Ermittlungen**, also unternehmenseigene Maßnahmen zum Zweck der Aufklärung und Verfolgung von Straftaten, zu nennen.

Im selben Zusammenhang zu nennen ist die inzwischen recht beliebte Einrichtung sogenannter **Ombudsleute**. Darunter muss man sich fachkundige Personen vorstellen, an die sich Unternehmensmitarbeiter oder außenstehende Dritte wenden können, wenn sie den Verdacht auf die Begehung von Straftaten im Unternehmen äußern wollen. Die Ombudsleute sind dabei auf Wunsch zur Wahrung der Anonymität der Hinweisgeber verpflichtet. Sie prüfen die Vorwürfe auf strafrechtlichen Gehalt und geben sie, wenn „etwas daran ist", (zunächst) nicht an die Strafverfolgungsbehörden, sondern vertragsgemäß an das Unternehmen

---

[129] Vgl. auch *Mahnkopf/Funk*, NStZ 2001, 519 ff.
[130] So ist auch das in § 406e StPO anerkannte Fragerecht in der Hauptverhandlung praeter legem anerkannt worden.
[131] BGHSt 42, 139.

VII. Private Ermittlungen des Geschädigten

weiter, das sodann über das weitere Verfahren befindet. Ziel ist es, die Anzeigebereitschaft der Mitarbeiter durch Beseitigung oder Minimierung der Angst vor Repressalien (Mobbing) zu fördern.

In welchem Zusammenhang das Ganze mit Strafprozess und Strafprozessrecht steht, ist eine durchaus schwierige Frage, die die hergebrachten Diskussionen zur privaten Ermittlung durch Geschädigte berührt, aber ersichtlich deutlich darüber hinausgeht. Vielfach ist mittlerweile von den Gefahren und Chancen einer „**Privatisierung des Strafverfahrens**" die Rede[132]. Selbst der Gesetzgeber hat im Wirtschaftsstrafrecht[133] die Privatisierung der Strafverfolgung gefördert, in dem er neuerdings private Unternehmen nicht nur zur Vorbeugung gegen, sondern auch zur Aufklärung von Straftaten verpflichtet[134].

Auch nur den Versuch einer vollständigen Darstellung der hiermit insgesamt verbundenen rechtlichen und praktischen Fragen zu wagen, würde den Rahmen dieses Kapitels bei weitem sprengen. Es können also nur – neben dem Verweis auf die Darlegungen von *Knierim* an anderer Stelle des vorliegenden Werkes[135] – einige **wenige, höchst selektive Hinweise** gegeben werden.

Wichtig erscheint zunächst, strafrechtliche und strafprozessuale Fragen auf der einen von sonstigen Rechtsfragen auf der anderen Seite zu unterscheiden. Dabei hilft eine personale und zugleich funktionale Betrachtung, etwa unter der Fragestellung: Wer ermittelt eigentlich für wen, mit welchen Methoden, und welchem Zweck sollen die Ergebnisse dienen? Die klassische Antwort wäre gewesen: Es ermittelt entweder ein Rechtsanwalt oder ein Privatdetektiv, entweder für den Beschuldigten zu seiner Entlastung oder für den Geschädigten zur Überführung des Beschuldigten, und die Ergebnisse sind stets dazu bestimmt, im Anschluss in das Strafverfahren oder auch ein entsprechendes Zivilverfahren eingeführt zu werden. Schon dabei stellen sich die traditionell diskutierten Fragen: Welche rechtlichen Grenzen bestehen für Ermittlungsmaßnahmen? Wie sieht es mit der Verwertbarkeit im Strafverfahren aus? Hierzu folgen sogleich einige Hinweise[136]. Im Hinblick auf die neuen Entwicklungen speziell des Wirtschaftsstrafrechts wird anschließend ein kurzer Blick auf einige zusätzliche, spezifisch mit den Instrumenten der unternehmensinternen Ermittlungen oder auch der Einrichtung von Ombudsleuten verbundene Problemstellungen geworfen werden[137].

2. Rechtlicher Rahmen

a) Hergebrachte Fragen privater Ermittlungen des Geschädigten

Die **Ermittlungstätigkeit des Strafverteidigers** für den Beschuldigten ist im Grundsatz seit längerem anerkannt[138]. Es liegt auf der Hand, dass der ermittelnde Rechtsanwalt hier dem berufsrechtlichen Regime, also Bundesrechtsanwaltsordnung und Berufsordnung unterliegt. Schon deswegen scheiden für ihn unseriöse Vorgehensweisen wie Täuschung oder gar Drohung oder Zwang gegenüber anderen Personen aus. Zudem hat er bei Zeugenbefragungen dieselben Förmlichkeiten zu beachten, wie dies Verteidigern obliegt[139]. Ansonsten stellen sich hier keine Sonderprobleme gegenüber dem Dritten, der Ermittlungen durchführt, namentlich dem Privatdetektiv.

Eine **grundsätzliche Unterscheidung** hinsichtlich der privaten Ermittlungsbefugnisse, je nach dem, ob zur Entlastung eines Beschuldigten oder zur Interessenwahrnehmung eines (vermeintlich) Geschädigten gehandelt wird, ist vor dem Hintergrund der allgemeinen Hand-

---

[132] Vgl. z. B. *Brunhöber*, GA 2010, 571 ff.; *Brüning*, StV 2008, 100; *Taschke*, NZWiSt 2012, 89; *deVries*, Kriminalistik 2011, 83.
[133] Mutmaßlich nicht nur des Wirtschaftsstrafrechts.
[134] So jedenfalls der neu eingeführte § 25c KWG für den Bereich des Kreditwesens.
[135] Vgl. Kap. 5.
[136] Unten Rn. 69 f.
[137] Unten Rn. 70.
[138] Vgl. z. B. BGH NJW 2000, 1277 m. w. Nw.; *Bockemühl*, S. 38; *Hassemer/Matussek*, S. 12 ff.
[139] Vgl. Kap. 29.

lungsfreiheit, Art. 2 Abs. 1 GG, **kaum denkbar**[140]. Dass eine „Verschmutzung von Erkenntnisquellen" drohen kann[141], ist sicher richtig, gilt aber unabhängig davon, ob Privatpersonen oder ob staatliche Stellen ermitteln: Rechtsverstöße gibt es immer, daraus folgt aber nicht, dass jedwede Informationsgewinnung von vornherein untersagt wäre. Eine grundsätzlich skeptische rechtliche Betrachtung ist insgesamt nicht angezeigt.

In manchen Fällen wird sich der beauftragte Rechtsanwalt, den Bürger oder Unternehmen zur Klärung verdächtiger Sachverhalte einschalten, die Frage vorlegen, ob ein **Privatdetektiv** beauftragt werden soll. Dies geschieht zudem durchaus auch unmittelbar durch Unternehmen. Bei Wirtschaftsstraftaten mit Auslandsbezug scheint dies besonders naheliegend[142]. Ziel ist es in der Regel, Informationen zu Verdachtstat und Täter zu erlangen, Beweismittel sicherzustellen und Schäden zu minimieren, etwa durch Wiederbeschaffung von Diebesgut oder Auffinden in strafbarer Weise entzogener Vermögenswerte. Phänomenologisch wird man weiter konstatieren müssen, dass zunächst in aller Regel geheim ermittelt wird und die staatlichen Institutionen außen vor gehalten werden. Dies resultiert schon aus dem notorischen Interesse von Wirtschaftsunternehmen, keine Unregelmäßigkeiten ohne Not an die Öffentlichkeit gelangen zu lassen. Dieses Anliegen ist ebenso legitim wie dasjenige, die betroffenen Mitarbeiter nicht frühzeitig zu warnen, um ihnen so Verdunklungs- oder Sicherungshandlungen zu ermöglichen.

68 Fragt man nach dem rechtlichen Rahmen, so liegt zunächst auf der Hand, dass im Hinblick auf die Handlungsbefugnisse die **StPO nicht einschlägig** ist: Diese regelt nur das staatlich organisierte Strafverfahren. Die Regelungen der StPO können allerdings dennoch erhebliche Bedeutung in diesem Kontext erlangen, und zwar dann, wenn die Ergebnisse privater Ermittlungen in einen Strafprozess – sei es über die Information der Strafverfolgungsbehörden, sei es über Privatklage oder Nebenklage – eingeführt werden sollen. Dann stellt sich natürlich die Frage nach ihrer strafprozessualen Verwertbarkeit auch in Fällen zweifelhafter Ermittlungsmethoden[143].

Was das Verhalten der ermittelnden Personen selbst angeht, so findet dies seine **Grenzen in den allgemeinen Gesetzen**. Diese wiederum können, müssen aber nicht strafrechtlicher Natur sein. Besondere Probleme treten bei Ermittlungen in Unternehmen auf[144]. Jenseits dieses Bereichs ist zum einen das allgemeine Persönlichkeitsrecht, das als sonstiges Recht im Sinne des § 823 Abs. 1 BGB anzusehen ist, und sind darüber hinaus eine Reihe nahe liegender Straftatbestände zu erwähnen. Selbstredend ist der Privatdetektiv oder der ermittelnde Rechtsanwalt wie jeder andere Bürger auch verpflichtet, persönliche Ehre, Privat- und Intimsphäre, Recht auf informationelle Selbstbestimmung und Recht am eigenen Bild wie auch am gesprochenen Wort, stets in Anlehnung an die Auslegung durch die Rechtsprechung des BGH und stets in Ansehung der Menschenwürdegarantie, zu achten[145]. Straftatbestände, die eine Rolle spielen können, liegen auf der Hand: Hausfriedensbruch, § 123 StGB, Nötigung, § 240 StGB, Körperverletzung, § 223 StGB, Verletzung des persönlichen Lebens- und Geheimbereichs, §§ 201 ff. StGB, Verletzung von Geschäftsgeheimnissen, § 17 UWG sind nur einige besonders wichtige Strafvorschriften, die hier Erwähnung finden müssen[146]. Wichtig ist dabei aber auch: Zum einen können tatbestandliche Handlungen im Einzelfall einmal

---

[140] Zwar sprechen manche Autoren von privaten Ermittlungen für Geschädigte generell kritisch, vgl. z. B. *Hassemer/Matussek*, S. 9, S. 12 ff. („vermintes Gelände"). Es ist aber kein Grund dafür ersichtlich, dass Privatpersonen, ob sie dies nun aus Interesse oder zum Broterwerb tun, von vornherein daran gehindert sein sollten, Informationen über bestimmte Sachverhalte einzuholen. Vgl. zu diesem Fragenkreis auch *Bockemühl*, S. 38 ff.; *Krey*, S. 17 ff. (hier dogmatische Aufarbeitung und Systematisierung privater Ermittlungsmethoden von Geschädigten anhand der VW-Lopez-Affäre); *Mende*, S. 151 ff.
[141] *Hassemer/Matussek*, S. 25.
[142] Vgl. *Mende*, S. 55, 61.
[143] Entsprechendes gilt auch für Zivilprozesse nach den einschlägigen Regelungen der ZPO.
[144] Vgl. zu den Stichworten interne Ermittlungen und Ombudsleute sogleich unten Rn. 70 ff.
[145] Vgl. dazu etwa *Bockemühl*, S. 49 ff.
[146] Übersicht zu strafrechtlichen Problemen bei der Ermittlung durch Detektive, spezifisch auf die Versicherungsbranche bezogen, *Fricke*, VersR 2010, 308 ff.; allg. zu Möglichkeiten und Grenzen des Einsatzes von Privatdetektiven *Vahle*, DVP 2007, 138 ff.

VII. Private Ermittlungen des Geschädigten

durch Notwehr, vor allem aber rechtfertigenden Notstand, § 34 StGB oder andere **Rechtfertigungsgründe** gerechtfertigt sein. Dies kann bei Durchsuchungen, Befragungsaktionen, Observationen oder privaten Lauschangriffen angesichts der nach § 34 StGB erforderlichen Interessenabwägungen durchaus denkbar sein[147]. Heimliche Aufzeichnungen mit technischen Hilfsmitteln durch Private dürften dabei schon angesichts der §§ 201 ff. StGB durchweg als hoch problematisch anzusehen sein und mithin auch in der Abwägung gegen eine Rechtfertigung sprechen[148].

Hinsichtlich der **Verwertbarkeit** privat erlangter Beweismittel ist im Zusammenhang mit Ermittlungen von Privatpersonen noch schärfer als sonst zwischen der Frage der Rechtmäßigkeit der Beweiserhebung sowie derjenigen der Beweisverwertung zu unterscheiden. Während bei behördlichen Ermittlungen jedoch jedenfalls § 136a StPO sowie eine recht ausdifferenzierte Judikatur des BGH, des BVerfG und des EuGH der Beweisverwertung nennenswerte Grenzen setzen, gilt für die Verwertung durch privat erlangte Beweise im Grundsatz, dass es auf die Rechtmäßigkeit der Beweiserhebung nicht ankommt[149]. Dies hat der BGH wiederholt selbst in Fällen angenommen, in denen Privatpersonen verdeckt den Strafverfolgungsbehörden zuarbeiten[150]. Verwertungsverbote aufgrund rechtswidriger privater Ermittlungen werden nur für Ausnahmefälle diskutiert. Wenn etwa die Verwertung einer ursprünglichen Zweckgebundenheit des Beweismittels widerspricht und deswegen den unantastbaren Kernbereich der Art. 1 Abs. 1 S. 2, Abs. 3 GG berühren würde, soll die Verwertung ausgeschlossen sein[151]. Bei der „Vernehmung" von Angehörigen des Beschuldigten ist der Rechtsgedanke des § 252 StPO zu beachten: Macht der Zeuge in der Hauptverhandlung von seinem Zeugnisverweigerungsrecht Gebrauch, werden seine gegenüber dem Rechtsanwalt des Geschädigten gemachten vernehmungsähnlichen Angaben unverwertbar[152]. Jenseits von Extremfällen erheblicher Grundrechtseingriffe wird jedoch ein Verwertungsverbot durch Privatpersonen rechtswidrig erlangter Beweismittel ganz überwiegend abgelehnt[153].

b) Weitere Fragen der „Privatisierung der Strafverfolgung"

Die obigen Ausführungen gelten cum grano salis auch für die in letzter Zeit mit zunehmender Intensität diskutierten Fragen der **unternehmensinternen Ermittlungen** oder der Informationen, die ein Unternehmen anonym über seine **Ombudsleute** erhält. In der Literatur und teilweise auch in der Rechtsprechung werden vielfach zusätzliche Rechtsfragen diskutiert, die hier, wie angedeutet, in keiner Weise auch nur annähernd vollständig besprochen werden können. Zumindest erwähnt werden sollen allerdings drei Aspekte: Das Spannungsverhältnis zwischen der Aufklärung von Straftaten und den arbeitsrechtlichen Bindungen zwischen den Parteien, besondere Strafbarkeitsrisiken bei internen Ermittlungen in Unternehmen und schließlich die prozessuale Frage des Beschlagnahmeverbotes, die in einer Entscheidung das LG Hamburg beschäftigt hat[154].

---

[147] Vgl. nur *Krey*, S. 51 ff.; zu § 17 UWG im Zusammenhang mit dem – allerdings behördlichen – Ankauf von CDs mit Schweizer Bankdaten etwa *Wulf*, PStR 2012, 33; *Kaiser*, NStZ 2011, 383 ff.; *Trüg*, StV 2011, 111.

[148] Vgl. zu diesem Problem etwa *Bockemühl*, S. 61 ff.; *Krey*, S. 51 ff.

[149] Zu Rspr. und h. M., vgl. nur *Meyer-Goßner*, § 136a Rn. 3 m. w. Nw.; *Krey*, S. 101; *Eisenberg*, S. 164, Fn. 45.

[150] Vgl. neuerdings wieder BGH NStZ 2011, 596 in ausdrücklicher Abgrenzung zu EGMR StV 2003, 257; die Entscheidung ist in der Literatur allerdings vielfach auf Ablehnung gestoßen, vgl. etwa *Schuhmann*, JZ 2012, 265; *Roxin*, StV 2012, 131.

[151] Dazu *Bockemühl*, S. 116 ff.

[152] Vgl. zu § 252 StGB BGH NJW 2000, 1277, 1278.

[153] Vgl. etwa KK-*Senge*, vor § 48, Rn. 52 m. w. Nw.; von einer „rechtlichen Grauzone" zu sprechen (vgl. *Mende*, S. 26 m. w. Nw.) besteht indes kein Anlass: Private Ermittlungshandlungen sind zunächst einmal von Art. 2 Abs. 1 GG gedeckt und die Frage der Beweisverwertung im Strafverfahren richtet sich nach den Regelungen der StPO vor dem Hintergrund des Grundgesetzes. Vgl. zum Problemkreis auch mit teils differenzierenden Auffassungen *Eisenberg*, S. 164 ff.; *Krey*, S. 99 ff.; *Wölfl*, StraFo 1999, 74 ff.; *Essankandari*, DStZ 1999, 322 ff.

[154] LG Hamburg NJW 2011, 942.

71 Das **Spannungsverhältnis zum Arbeitsrecht** wird unter verschiedenen Aspekten diskutiert. Zum einen bringt die vertragliche Sonderbindung mit sich, dass der Arbeitgeber gegenüber dem Arbeitnehmer neben anderem auch verpflichtet ist, dessen verfassungsrechtlich verbürgten Anspruch auf Selbstbelastungsfreiheit zu achten. Dies kann der Zulässigkeit interner Ermittlungen Grenzen setzen[155]. Auch spezifisch datenschutzrechtliche Bindungen des Arbeitgebers können umfassenden internen Ermittlungen im Wege stehen[156]. Umgekehrt können Mitarbeiter durch arbeitsvertragliche Pflichten, aber auch durch die Strafvorschrift des § 17 UWG gehindert sein, Verdachtstatsachen der Staatsanwaltschaft mitzuteilen, ohne zumindest den Arbeitgeber vorab zu informieren und Gelegenheit zur Abhilfe zu geben[157].

72 **Strafbarkeitsrisiken** speziell im Zusammenhang mit internen Ermittlungen im Unternehmen werden insbesondere unter dem Aspekt der §§ 201 ff., insbesondere §§ 202a, 206 StGB diskutiert[158].

73 Schließlich kann sich die Frage stellen, ob die **Staatsanwaltschaft** über die strafprozessualen Beschlagnahmevorschriften **Zugriff auf Unterlagen** erhalten kann, die bei internen Ermittlungen erhoben wurden, und an deren Geheimhaltung das Unternehmen ein Interesse hat. Das LG Hamburg hat diese Frage selbst für den Fall verneint, in dem ein von dem Unternehmen beauftragter Rechtsanwalt die Ermittlungen durchgeführt hatte. Dies wird damit begründet, dass die Mitarbeiter, die zu dem ermittelnden Rechtsanwalt nicht in einem besonderen Vertrauensverhältnis standen, ihm Informationen gerade nicht im Sinne des § 53 StPO anvertraut hätten[159]. Anders hat jüngst unter Hinweis auf die zum 1.2.2011 hinsichtlich § 160a StPO in Kraft getretene Neuregelung das LG Mannheim entschieden[160].

3. Praxishinweise

74 Grundsätzlich ist dem Geschädigten zu raten, sich auch im Zusammenhang mit der Durchführung privater Ermittlungen **anwaltlichen Rats** zu versichern. Wie oben deutlich geworden sein sollte, bestehen nicht unerhebliche rechtliche Schwierigkeiten bis hin zu Strafbarkeitsrisiken. Zudem ist es sinnvoll, dass ein Rechtsanwalt sich mit der Frage beschäftigt und ein Konzept dazu erstellt, welche Ermittlungen aus strafrechtlicher Sicht überhaupt Ziel führend sein können.

Eine strafprozessuale Kostenerstattung für private Ermittlungen ist allerdings nicht geregelt. Im Einzelfall mag die Erstattung durch den überführten Straftäter über die Schadensersatzansprüche des BGB denkbar sein[161]. Auch für Privatgutachten kann dies in Frage kommen[162]. Zu bedenken ist zudem, dass weder der Detektiv noch beauftragte Gutachter nach h. M. Berufshelfer im Sinne des § 53a StPO sind[163].

75 Ist der Rechtsanwalt beauftragt, so ist in aller erster Linie auf **zügiges Handeln** zu achten. Dies schon deswegen, weil vielfach die dreimonatige Strafantragsfrist des § 77 StGB, die bei den meisten der in § 374 Abs. 1 Nr. 7, 8 bzw. § 395 Abs. 2 Nr. 2 StPO genannten Straftaten einschlägig ist, zu berücksichtigen ist und auf die Bejahung des öffentlichen Interesses an der Strafverfolgung durch die Staatsanwaltschaft kein Verlass sein kann. Auch bei Urheberrechtsverletzungen und Taten aus dem Bereich des gewerblichen Rechtsschutzes sind vielfach Straf-

---

[155] Vgl. hierzu z. B. *Gerst*, CCZ 2012, 1 ff.; *Momsen/Grützner*, DB 2011, 1792 ff. mit kritischer Würdigung der Thesen der BRAK zum Unternehmensanwalt im Strafrecht; *Knauer/Buhlmann*, AnwBl 2010, 387 ff.; *Theile*, StV 2011, 381 ff.
[156] Vgl. *Maschmann*, NZA Beilage 2012, Nr. 2, 50 ff.
[157] Vgl. zu diesem Problem bspw. *Klasen/Schaefer*, BB 2012, 641 ff.
[158] Vgl. z. B. *Schuster*, ZIS 2010, 68 ff.; *Rübenstahl/Debus*, NZWiSt 2012, 129 ff.
[159] LG Hamburg NJW 2011, 942; hierzu *Bauer*, StV 2011, 277 ff.; *Schuster*, NZWiSt 2012, 28 ff.; vgl. zum Thema „Anwalt als Ombudsmann" allgemein *Hild*, AnwBl 2010, 641.
[160] LG Mannheim, Beschluss v. 3.7.2012 – 4 Qs 1/12: in der Regel sollen auch Unterlagen, die Ergebnisse interner Ermittlungen wiedergeben, beschlagnahmefrei sein.
[161] Vgl. zu solchen Fällen etwa BAG DB 2009, 2379; OLG Koblenz NJW RR 2009, 1247.
[162] BVerfG NJW 2006, 136 ff.
[163] *Meyer-Goßner*, § 53a Rn. 2 m. w. Nw.

VIII. Strafprozess und Schadenswiedergutmachung

anträge erforderlich. Zudem setzt die für den Umfang der Verletztenrechte bedeutsame Anschlussbefugnis als Nebenkläger bei Antragsdelikten die wirksame Stellung eines Strafantrages voraus, wenn nicht die Staatsanwaltschaft das besondere öffentliche Interesse an der Strafverfolgung bejaht[164]. Weiterhin besteht häufig auch deswegen Eilbedarf, weil gerade Missstände in Unternehmen, die Motiv für interne Ermittlungen sind, möglichst schnell abgestellt werden sollen und zudem den Tatverdächtigen nicht Gelegenheit gegeben werden soll, etwaige rechtswidrige Handlungen zu vertuschen[165]. Auch müssen möglicherweise zivilrechtliche Maßnahmen wie Beurlaubung, Kündigung und die Verfolgung von Schadensersatzansprüchen mit den strafrechtlich orientierten Ermittlungen koordiniert werden.

Darüber hinaus kann sich die Frage nach **weiteren, begleitenden Maßnahmen** stellen. 76
Ein Gespräch mit den Tatverdächtigen wird zumeist mehr Risiken als Chancen mit sich bringen[166]. Allerdings ist stets gemeinsam mit dem Mandanten bzw. dem beratenen Unternehmen zu überlegen, ob nicht präventive Maßnahmen, also organisatorische und technische Kontrollsysteme, besondere Kennzeichnung oder eine gesonderte Ablage von Betriebs- und Geschäftsgeheimnissen, vertragliche Geheimhaltungspflichten und die psychologisch nicht zu unterschätzende Mitarbeiterkommunikation mit professioneller Hilfe parallel eingeleitet bzw. eingerichtet werden sollten[167].

Die Einschaltung eines Rechtsanwaltes schließlich bringt auch den Vorteil mit sich, dass dieser als Organ der Rechtspflege im weiteren Verlauf mit den Ermittlungsbehörden zusammenarbeiten und ihnen gezielt Informationen übermitteln kann. Das setzt allerdings selbstverständlich voraus, dass der Mandant bzw. das mandatierende Unternehmen es überhaupt wünscht und darüber hinaus, dass nicht gegenüber Informanten Anonymität zugesichert worden ist. Eine umfassende Zusammenarbeit mit der Staatsanwaltschaft, die beispielsweise auch die Nennung des eingeschalteten Detektivs oder anderer Informanten als Zeugen beinhaltet, wird die Bereitschaft der Ermittlungsbehörde, den Geschädigten bei der Wahrnehmung seiner Interessen, namentlich der Rückgewinnungshilfe zu unterstützen, mutmaßlich steigern.

VIII. Strafprozess und Schadenswiedergutmachung

1. Übersicht

Hauptanliegen des Geschädigten in Wirtschaftsstrafverfahren wird es zumeist sein, für durch 77
Straftaten erlittene Vermögensschäden vollständige oder wenigstens teilweise Wiedergutmachung zu erlangen. Das Strafverfahren kann dabei hilfreich sein. Dies in mehrfacher Weise: Schadensersatzansprüche können im Wege des **Adhäsionsverfahrens**, §§ 403 ff. StPO verfolgt werden, ohne dass eigens eine Zivilklage anstrengt werden muss. Dem Beschuldigten kann nach § 153a Abs. 1 S. 2 Nr. 1 StPO die Schadenswiedergutmachung als **Zahlungsauflage** aufgebürdet werden[168]. Über den **Täter-Opfer-Ausgleich**, § 46a StGB mit §§ 153a Abs. 1 S. 2 Nr. 5, 155a, b StPO, die **Rückgewinnungshilfe**, § 111b Abs. 5 StPO, § 73 Abs. 1 S. 2 StGB oder die **Bewährungsauflage** nach § 56b Abs. 1 Nr. 2 StGB können die materiellen Geschädigteninteressen Eingang in den Strafprozess finden. Schließlich ist die Schadenswiedergutmachung in Wirtschaftsstrafsachen ein zentraler **Strafzumessungsgesichtspunkt**[169].

Der strafrechtlich tätige Rechtsanwalt wird, wenn er denn Geschädigte im Strafprozess vertritt, mithin nolens volens auch zum Unterstützer des Mandanten bei dem Bemühen um Schadensausgleich, denn ohne anwaltliche Hilfe wird die Realisierung der nach der StPO

---

[164] So jedenfalls die h. M., das gilt auch für die Fälle des § 395 Abs. 1 Nr. 6 StPO, vgl. *Meyer-Goßner*, § 395 Rn. 5, zu weiteren Einzelheiten *Rieß*, NStZ 1989, 102 ff., 106 f.
[165] Vgl. auch die Hinweise bei *Dannecker*, BB 1987, 1614 ff., 1620 f. zu Verdachtsmomenten im Betrieb.
[166] Vgl. auch *Hoffmann*, Der Syndikus Juli/August 2002, 48 ff., 50 f.
[167] Vgl. zu präventiven Maßnahmen Kap. 15 Rn. 49 ff.
[168] Vgl. auch Nr. 93 Abs. 3, 93a RistBV.
[169] Vgl. statt vieler BGH wistra 2005, 307.

bestehenden Möglichkeiten für den Mandanten kaum möglich sein, und vielfach parallel eingeschaltete, auf zivilrechtlichem Gebiet tätige Kollegen haben die Vorschriften der StPO nicht selten jedenfalls im Detail ebenso wenig im Blick wie der auf das Strafrecht spezialisierte Rechtsanwalt die Einzelheiten zivilrechtlicher Schadensersatzansprüche. Also lohnt ein Blick auf die einzelnen Aspekte der Schadenswiedergutmachung im Strafprozess.

2. Einstellung nach § 153a Abs. 1 S. 2 Nr. 1 StPO

78 Die **Zustimmung des Geschädigten** zu einer Einstellung des Verfahrens nach § 153a StPO ist nach dem Gesetz **nicht erforderlich**. Als Nebenkläger muss er immerhin angehört werden[170]. Er kann und sollte dies allein schon deswegen nutzen, weil die Wiedergutmachungsauflage konkret bestimmt sein muss und dabei selbstverständlich die Bezifferung des exakten Schadens durch den Geschädigten eine Rolle spielt[171]. In der Praxis wird nicht selten auch die Verteidigung des Beschuldigten am Dialog mit dem rechtlichen Vertreter des Geschädigten interessiert sein. Für diesen ist gerade im Wirtschaftsstrafrecht die Verfahrenseinstellung nach § 153a StPO häufig attraktiv, weil keine Schuldfeststellung stattfindet, sondern die Unschuldsvermutung bestehen bleibt[172], weil reine Wiedergutmachungsleistungen vielfach betrieblich veranlasst und damit steuerlich abzugsfähig sein werden[173] und weil nach Leistung der Auflage der rechtlich beschränkte, im Wirtschaftsstrafrecht aber in aller Regel faktisch endgültige Strafklageverbrauch eintritt. Auf der anderen Seite ist der Geschädigte zwar nicht gehindert, auch nach Einstellung des Strafverfahrens zivilrechtliche Schadensersatzansprüche geltend zu machen. Dieser Weg ist aber vielfach teuer und im Hinblick auf die konkret realisierbaren Zahlungsansprüche unsicher. Mithin wird es sich häufig anbieten, sich mit der Verteidigung und den Strafverfolgungsbehörden auf eine Wiedergutmachungsauflage zu einigen, um eine relativ schnelle und unbürokratische Bereinigung des gesamten Falles zu erreichen.

3. Rückgewinnungshilfe nach §§ 111b ff. StPO

79 Hat der Täter oder Teilnehmer einer Straftat für diese oder aus ihr etwas erlangt, so kann nach § 73 Abs. 1 S. 1 StGB der **Verfall** angeordnet werden. In den Genuss der materiellen Vorteile, die der Beschuldigte erlangt hat – im Wirtschaftsstrafrecht in aller Regel Vermögensmehrungen – kommt nach § 73e StGB eigentlich der Staat. Dem kann aber § 73 Abs. 1 S. 2 StGB im Wege stehen: Steht dem Verletzten aus der Tat ein Anspruch zu, hindert dies den Verfall zu Gunsten der Staatskasse. Während des laufenden Strafprozesses treten dann aber an die Stelle der sonst Verfall sichernden Maßnahmen diejenigen der Rückgewinnungshilfe nach § 111b Abs. 5 StPO i. V. m. mit §§ 111b Abs. 1 bis 4, 111c ff. StPO. Ein Anspruch des Geschädigten hierauf besteht zwar nicht. In aller Regel werden die Strafverfolgungsbehörden die Maßnahmen aber durchführen, wenn ansonsten die Ansprüche des Verletzten vereitelt zu werden drohen[174].

Im vorliegenden Kontext sei betont, dass die gesicherten Vermögenswerte zunächst nicht dem Geschädigten zugute kommen. Dies setzt vielmehr dessen eigenes, aktives Tun voraus[175]. Der Berater des Geschädigten muss in jedem Fall verhindern, dass nach Sicherstellung der Vermögenswerte nichts mehr geschieht, so dass der Verletzte trotz eingeleiteter Maßnahmen der Rückgewinnungshilfe hieraus keinen auch nur teilweisen Ausgleich seiner Schäden er-

---

[170] *Meyer-Goßner,* § 397 Rn. 8.
[171] Die Auflage, „nach besten Kräften" Wiedergutmachung zu leisten, ist unzulässig, vgl. nur *Meyer-Goßner,* § 153a Rn. 15.
[172] Vgl. nur BVerfG NJW 1987, 2427 ff.; BVerfG StV 1996, 163 f.
[173] Vgl. § 12 Nr. 4 EStG, § 10 Nr. 3 KStG.
[174] Vgl. nur *Meyer-Goßner,* § 111b Rn. 6 m. w. Nw.; AG Hamburg StraFo 2006, 198; OLG Frankfurt NStZ-RR 2005, 111.
[175] Vgl. dazu *Malitz,* NStZ 2002, 337.

VIII. Strafprozess und Schadenswiedergutmachung **30**

hält[176]. Einzelheiten zum Zugriff des Verletzten sind insbesondere §§ 111g, 111h StPO zu entnehmen. Vor allem benötigt der Geschädigte einen **zumindest vorläufig vollstreckbaren Titel** und einen **Zulassungsbeschluss** nach § 111g Abs. 2 StPO[177]. Eine Quotelung ist nicht vorgesehen, so dass so schnell wie möglich in die beschlagnahmten Werte vollstreckt werden muss[178]. Wichtig ist auch, dass die Strafverfolgungsbehörden sich um den Werterhalt sichergestellter Vermögensgegenstände kümmern[179].

4. Täter-Opfer-Ausgleich nach § 46a StGB

Materiell-rechtliche Grundlage des Täter-Opfer-Ausgleichs ist § 46a StGB, wobei das Gesetz in § 46a Nr. 1 StGB zwischen dem „eigentlichen" Täter-Opfer-Ausgleich und der in § 46a Nr. 2 StGB geregelten Schadenswiedergutmachung unterscheidet. Danach kann das Gericht die Strafe nach § 49 Abs. 1 StGB mildern oder unter den dort genannten Voraussetzungen von einer Strafe absehen[180], wenn der Täter nach § 46a Nr. 1 StGB in dem Bemühen, einen Ausgleich mit dem Verletzten zu erreichen, seine Tat ganz oder zum überwiegenden Teil wieder gut gemacht oder deren Wiedergutmachung ernsthaft erstrebt hat oder nach § 46a Nr. 2 StGB in einem Fall, in welchem die Schadenswiedergutmachung von ihm erhebliche persönliche Leistungen oder persönlichen Verzicht erfordert hat, das Opfer ganz oder zum überwiegenden Teil entschädigt[181]. Die Vorschrift ist auch anwendbar, wenn eine juristische Person Geschädigte ist[182]. Nach der Rechtsprechung bezieht sich § 46a Nr. 1 StGB vor allem auf den Ausgleich immaterieller Folgen einer Straftat, die auch bei Vermögensdelikten denkbar sind, während § 46a Nr. 2 StGB den materiellen Schaden betrifft[183]. Teilweise wird indes nicht auf die Art des zu kompensierenden Schadens abgestellt, sondern auf die Art der Wiedergutmachung mit oder ohne Ausgleichsbemühungen auf persönlicher Ebene[184].

Für Geschädigte in Wirtschaftsstrafsachen dürften kommunikative oder ideelle Wiedergutmachungsleistungen eher uninteressant sein, so dass hier die qualifizierte Schadenswiedergutmachung des § 46a Nr. 2 StGB bedeutsam wird[185]. Auch wenn nur ein Teil – mehr als die Hälfte[186] – des Schadens wieder gut gemacht wird, kann der Beschuldigte mit überdurchschnittlichen Bemühungen dem Geschädigten entgegenkommen und durch eine derart aktive Verteidigung teilweise „dramatische Erfolge" erzielen[187]. Zu nennen sind etwa freiwillige Arbeitsleistungen, Ermöglichung eines Vollstreckungstitels, Einsatz seines gesamten Vermögens etc.[188] Erforderlich sind dabei immer die erheblichen persönlichen Leistungen oder der persönliche Verzicht des Schädigers[189].

---

[176] Vgl. auch LG Düsseldorf StV 2001, 446 m. Anm. *Siebers;* OLG München wistra 2004, 353 ff.

[177] Zur Ausnahme vgl. § 111k StPO, der hier mangels Stoffgleichheit freilich nur eine untergeordnete Rolle spielt, dazu OLG Köln NStZ-RR 2005, 239 f.; *Jahn/Möhricke,* DRiZ 2004, 322 ff.

[178] Vgl. zu den Maßnahmen der Geschädigten auch *Hees,* GRUR 2002, 1037, 1039 ff.; *Malitz,* NStZ 2002, 337, 339 ff.; *Schmid/Winter,* NStZ 2002, 8, 10 ff.

[179] Vgl. dazu OLG München StV 2003, 151 f.

[180] Vgl. hierzu auch § 153b StPO. Zu den Anforderungen an die Urteilsfeststellungen vgl. BayObLG wistra 2004, 234 f.

[181] Dazu insb. *Schädler,* NStZ 2005, 366 ff.

[182] Vgl. BGH NStZ 2000, 205. Zu der von der h. M. abgelehnten Anwendbarkeit des § 46a StGB im Steuerstrafrecht vgl. BGH NStZ 2001, 200 f. betr. § 46a Nr. 2 StGB; *Fischer,* § 46a Rn. 5 m. w. Nw.

[183] Vgl. BGH NStZ 2000, 205 m. w. Nw. und mit kritischer Anm. *Dierlamm,* NStZ 2000, 536 f.; BGH wistra 2002, 21.

[184] Vgl. u. a. BGH NStZ 2002, 364 ff. mit zustimmender Anm. *Dölling/Hartmann;* BGH NStZ-RR 2003, 363; *Franke,* NStZ 2003, 410, 414 f.; ausführlich *Kaspar,* GA 2003, 146, 147 f.

[185] Dazu im Einzelnen *Fischer,* § 46a Rn. 11 f.; *Kaspar,* GA 2003, 146, 149 ff.

[186] So *Lackner/Kühl,* § 46a Rn. 2; offen gelassen BGH NStZ 2002, 364, 365.

[187] So *Leipold,* NJW-Spezial 2004, 327, 328.

[188] Vgl. *Püschel,* StraFo 2006, 261, 266 f.; Leipold, a. a. O.

[189] Vgl. etwa OLG Bamberg NStZ-RR 2007, 37.

81 Zur Verfolgung seiner Interessen sollte der Geschädigte **aktiv sein** und eine Kontaktaufnahme nicht dem Verteidiger überlassen[190]. Konstruktive Vorschläge zur Schadenswiedergutmachung und das Signal, bei entsprechender Bereitschaft oder Zahlung kein gesteigertes Interesse an einer Strafverfolgung zu haben und dies der Staatsanwaltschaft mitzuteilen, können die Mitwirkung des Beschuldigten vorantreiben und unter Umständen den nicht Geständigen zu einem Meinungsumschwung veranlassen. Auch der Hinweis, dass § 46a StGB ein uneingeschränktes Geständnis nicht stets voraussetzt[191], kann motivierend sein. Gleiches gilt für die Bitte an den Vernehmenden, den Beschuldigten gem. § 136 Abs. 1 S. 4 StPO auf die Möglichkeit eines Täter-Opfer-Ausgleiches hinzuweisen bzw. für die „Erinnerung" an § 155a StPO, wonach die Staatsanwaltschaft und das Gericht in jedem Stadium des Verfahrens prüfen sollen, ob ein Täter-Opfer-Ausgleich erreicht werden kann.

5. Adhäsionsverfahren nach §§ 403 ff. StPO

a) Bedeutung

82 Der Geschädigte hat gem. §§ 403 ff. StPO die Befugnis, **im Strafverfahren** seine **aus der Straftat erwachsenen vermögensrechtlichen Ansprüche** gegen den Beschuldigten[192] geltend zu machen und eine Entscheidung im Strafurteil zu erhalten, die einem im bürgerlichen Rechtsstreit ergangenen Urteil gleichsteht[193]. Gem. § 406h Abs. 1 Nr. 2 StPO ist er bzw. sein Erbe in der Regel und so früh wie möglich darauf hinzuweisen, dass und in welcher Weise er seinen aus der Straftat erwachsenen vermögensrechtlichen Anspruch nach den Vorschriften über das Adhäsionsverfahren geltend machen kann[194]. Auch nach der Änderung der Adhäsionsvorschriften durch das Opfer-RRG von 2004 finden indes die von der Rechtsprechung entwickelten Grundsätze zur **Ungeeignetheit** eines Adhäsionsantrags bei der gem. § 406 Abs. 1 S. 4 StPO vorzunehmenden Bewertung Berücksichtigung[195] – für den Geschädigten in Wirtschaftsstrafsachen nach wie vor „die Hürde" des Adhäsionsverfahrens. Immerhin hat der Gesetzgeber aber durch die Einfügung des Wortes „erheblich" deutlich gemacht, dass kurzfristige Verzögerungen des Verfahrens die Nichteignung nicht begründen. Andererseits kann die Nichteignung mit Blick auf das Beschleunigungsgebot in Haftsachen oder dann bejaht werden, wenn über nicht einfach zu beurteilende zivilrechtliche Fragen entschieden werden müsste[196]. Ob das Adhäsionsverfahren für den Geschädigten in Wirtschaftsstrafsachen zukünftig nennenswerte Bedeutung erlangen wird, ist zweifelhaft[197].

b) Vorteile

83 Ein **Antrag sollte gestellt werden**, da der Geschädigte sich nur verbessern, nicht aber verschlechtern kann[198]. Gerade wenn der Antragsteller im Zivilverfahren eine Einstellung gem. § 148 ZPO im Hinblick auf im Strafverfahren vorgreiflich zu klärende Fragen riskiert, ist die

---

[190] Zur schwierigen Beziehung zwischen Strafverteidiger und Geschädigtem *Walther*, StraFo 2005, 452 ff.
[191] Vgl. BGH NStZ 2003, 199 f.
[192] Nicht im Strafbefehlsverfahren ohne Hauptverhandlung, statt vieler *Meyer-Goßner*, § 403 Rn. 12, § 406 Rn. 1; a. A. *Kuhn*, JR 2004, 397, 400; *Sommerfeld/Guhra*, NStZ 2004, 420 ff.; ferner gem. §§ 81, 109 Abs. 2 S. 1 JGG nicht gegen Jugendliche bzw. Heranwachsende, auf die Jugendstrafrecht Anwendung findet.
[193] Vgl. zu den Voraussetzungen des Adhäsionsverfahrens allgemein *Dallmeyer*, JuS 2005, 327 ff.; *Köckerbauer*, NStZ 1994, 307 ff.; *Rössner/Klaus*, NJ 1996, 288 ff.; *Schirmer*, a. a. O., 121 ff. sowie sogleich Rn. 87 ff.
[194] Vgl. auch Nr. 173 RiStBV.
[195] Vgl. OLG Hamburg wistra 2006, 37 ff.
[196] Vgl. zu ersterem BGH wistra 2010, 272; OLG Oldenburg, StraFo 2009, 75; zu letzterem *Frick*, NStZ 2010, 666. Zur Frage der Eignung nochmals unten Rn. 94 f.
[197] Vgl. dazu auch *Kuhn*, JR 2004, 397 f.; *Loos*, GA 2006, 195 ff.
[198] Zu den Risiken vgl. *Rieß*, FS Dahs, 425, 431 f.

VIII. Strafprozess und Schadenswiedergutmachung **30**

Entscheidung für das Adhäsionsverfahren richtig. Wird der Anspruch nicht zuerkannt, kann er anderweitig geltend gemacht werden, § 406 Abs. 3 S. 3 StPO.

Gem. § 406 Abs. 1 S. 2 StPO ist der **Erlass eines Grundurteils** möglich, an das ein Zivil- 84 gericht gebunden ist[199]. Ebenso können bestrittene oder schwierig festzustellende Teile eines Anspruchs ausgeschieden und ein Teilurteil erlassen werden. Das Grundurteil, in dem die Begründetheit des Anspruchs verbindlich festgestellt wird, erspart dem Strafrichter die Mühe, über die Höhe des Anspruchs zu entscheiden. Darüber wird dann später auf Antrag vor dem Zivilgericht verhandelt (§ 406 Abs. 3 S. 4 StPO i. V. m. § 304 Abs. 2 ZPO). Bei einem Teilurteil kann der Geschädigte den seiner Meinung nach weitergehenden Anspruch vor dem Zivilgericht verfolgen. Nach der Gesetzesänderung ist nun wegen § 406 Abs. 2 StPO das von der früheren h. M. abgelehnte Anerkenntnisurteil ebenfalls möglich[200].

Es gilt der **Untersuchungsgrundsatz gem. § 244 Abs. 2 StPO**, d. h. Beweise werden – 85 ohne Gerichtskostenvorschuss – von Amts wegen erhoben. Ein zeit- und kostenaufwändiger Zivilprozess kann vermieden werden. Der Geschädigte, der im Zivilprozess Partei wäre, ist im Adhäsionsverfahren Zeuge. Die Höhe des geltend gemachten Anspruchs kann gem. § 287 ZPO geschätzt werden. Zu bedenken ist ferner die nicht zu unterschätzende psychologische Wirkung auf den Täter, da die Schadenswiedergutmachung bzw. die Zahlungsbereitschaft gem. §§ 46 Abs. 2, 46a StGB strafmildernd zu werten sind. Ein Vergleich ist gem. § 405 StPO möglich[201].

Es ist ratsam, den Adhäsionsantrag mit dem Vorsitzenden zu **besprechen** und für die Sinn- 86 haftigkeit zu werben. Ferner sollte nach wie vor die Sachdienlichkeit des Antrags schriftlich begründet werden, um etwaige innere Vorbehalte seitens des Gerichts, in einem fremd gewordenen Rechtsgebiet eine Entscheidung zu fällen, zu überwinden, und um Einfluss auf den Ermessensspielraum gem. § 406 Abs. 1 S. 4 StPO zu nehmen. So begründet z. B. weder eine ungewöhnlich hohe Klageforderung an sich noch die in der StPO nicht vorgesehene Möglichkeit der Streitverkündung die Ungeeignetheit des Antrags[202].

c) Voraussetzungen

aa) Verletztenstellung

Antragsberechtigt ist gem. § 403 Abs. 1 S. 1 StPO **der Verletzte oder sein Erbe.** Jeder, dem 87 aus der Straftat ein vermögensrechtlicher Anspruch gegen den Täter erwachsen ist, ist Verletzter im Sinne des § 403 StPO. Andere Rechtsnachfolger als der Erbe, z. B. der Zessionar, der Versicherungs- oder Sozialhilfeträger, scheiden aus. Der Insolvenzverwalter ist nach h. M. grundsätzlich nicht Verletzter. Er ist aber im Adhäsionsverfahren folgerichtig antragsberechtigt, wenn die Insolvenzmasse in einem Zeitpunkt geschädigt wurde, in dem der Gemeinschuldner die Verfügungsbefugnis über sein Vermögen bereits verloren hat[203].

bb) Anspruch

Gem. § 403 Abs. 1 StPO muss es sich um einen aus der Straftat erwachsenen **vermögens-** 88 **rechtlichen** Anspruch handeln, der zur **Zuständigkeit der ordentlichen Gerichte** gehört. Vermögensrechtlich sind Ansprüche, die aus Vermögenswerten abgeleitet oder auf vermögenswerte Leistungen gerichtet sind[204]. Zu nennen sind in erster Linie Schadensersatzansprüche, Herausgabe- und Bereicherungsansprüche, aber auch Unterlassungs- sowie Fest-

---

[199] Siehe auch BGH StV 2004, 60 f.; zur Beschränkung der Bindungswirkung auf die beteiligten Parteien instruktiv BGH, Urteil vom 18.12.2012, Az. VI ZR 55/12, NJW-Spezial 2013, 138.
[200] Vgl. zur früheren Rechtsprechung BGHSt 37, 263; zur Problematik des Anerkenntnisurteils *Meyer/Dürre*, JZ 2006, 23.
[201] Die frühere Rechtsprechung ist überholt.
[202] Vgl. LG Wuppertal NStZ-RR 2003, 179 f.
[203] Vgl. LG Stuttgart wistra 1998, 239 f. = JR 1998, 84 f. mit Anm. *Hilger*, der eine Antragsberechtigung auch im Übrigen befürwortet; für eine Anspruchsberechtigung auch *Kuhn*, JR 2004, 397, 399 mit beachtlichen Argumenten; OLG Frankfurt NStZ 2007, 168; dagegen aber OLG Celle NJW 2007, 3795.
[204] Vgl. *Meyer-Goßner*, § 403 Rn. 10.

stellungsansprüche, mit denen wirtschaftliche Interessen verfolgt werden[205]. In Strafverfahren wegen Verstoßes gegen das Urheberrechtsgesetz können Ansprüche auf Vernichtung bzw. Überlassung der vervielfältigten Stücke nebst Vorrichtungen zur Herstellung geltend gemacht werden[206]. Gleiches gilt bei Zuwiderhandlungen im Sinne der §§ 1 bis 6 WiStG für die Rückerstattung des Mehrerlöses[207]. Stehen Ansprüche aus unerlaubter Handlung im Zusammenhang mit einem Arbeitsverhältnis, wie z. B. der Bereich der Betriebskriminalität durch Mitarbeiter, sind die Arbeitsgerichte ausschließlich zuständig; ein Adhäsionsantrag ist damit unzulässig. Irrelevant ist hingegen die Höhe des geltend gemachten Anspruchs und damit die Streitwertgrenze nach § 23 Nr. 1 GVG.

cc) Antrag

89 Ein **Adhäsionsantrag gem. § 404 Abs. 1 StPO** ist Verfahrensvoraussetzung[208]. Fehlt ein Antrag, so ist die Aufhebung des Entschädigungsausspruchs auf von diesem Rechtsfehler ebenfalls betroffene Mitangeklagte gem. § 357 StPO zu erstrecken.

90 Der Adhäsionsantrag entspricht dem **Inhalt einer zivilrechtlichen Klagschrift**[209]. Er muss gem. § 404 Abs. 1 S. 1 StPO den Gegenstand und Grund des Anspruchs bestimmt bezeichnen (vgl. § 253 Abs. 2 S. 2 ZPO). Die den Anspruch begründenden Tatsachen sind schlüssig darzulegen. Deswegen ist – obgleich kein Anwaltszwang besteht – die Beauftragung eines Rechtsanwalts geboten. Obgleich Beweismittel wegen des Amtsermittlungsgrundsatzes nicht zwingend anzugeben sind, sollten diese vorgebracht werden, um das Risiko der Ablehnung des Antrags gem. § 406 Abs. 1 S. 5 StPO wegen Verfahrensverzögerung zu minimieren. Der Antrag kann gem. § 404 Abs. 1 S. 1 StPO schriftlich oder mündlich zur Niederschrift des Urkundsbeamten, in der Hauptverhandlung auch mündlich gestellt werden.

91 Die **Rechtzeitigkeit** des Adhäsionsantrags ist von Amts wegen zu prüfende Prozessvoraussetzung. Der frühest mögliche Zeitpunkt ist eine Antragsstellung im Ermittlungsverfahren mit der Anzeigeerstattung gegenüber der Staatsanwaltschaft[210], wobei die Wahl dieses frühen Zeitpunktes aus taktischen Gründen nicht ratsam erscheint. Der bei der Staatsanwaltschaft eventuell entstehende Eindruck, nur für die Beitreibung zivilrechtlicher Ansprüche eingesetzt zu werden, könnte dem Ermittlungsverfahren einen aus Sicht des Geschädigten unerfreulichen Verlauf bescheren. Rechtzeitig ist der Antrag gem. § 404 Abs. 1 StPO bis zum Beginn des ersten Schlussvortrags[211]. Allerdings lebt die Antragsbefugnis wieder auf, wenn anschließend noch einmal in die Beweisaufnahme eingetreten wird[212]. Der Antrag kann gem. § 404 Abs. 4 StPO bis zum Beginn der Urteilsverkündung – auch noch beim Berufungsgericht – zurückgenommen werden.

92 Gem. § 404 Abs. 2 S. 1 StPO hat die Antragsstellung dieselben **Wirkungen** wie die Erhebung der Klage im bürgerlichen Rechtsstreit. Diese – etwa die Unterbrechung der Verjährung – treten gem. § 404 S. 2 StPO bereits mit Eingang des Antrags bei Gericht ein[213]. Der Antrag, der außerhalb der Hauptverhandlung gestellt wird, ist dem Beschuldigten gem. § 404 Abs. 1 S. 3 StPO förmlich zuzustellen[214]. Gem. § 404 Abs. 3 S. 1 StPO ist der Antragsteller von Ort und Zeit der Hauptverhandlung zu benachrichtigen, wenn er den Antrag vorher gestellt hat. Die Rechtshängigkeit des Adhäsionsantrags sperrt die Geltendmachung der Zivilklage wie auch umgekehrt gem. § 403 StPO der Adhäsionsantrag ausgeschlossen ist, wenn der Anspruch bereits anderweitig gerichtlich anhängig gemacht wurde.

---

[205] Vgl. LR-*Hilger*, § 403 Rn. 10 – 12; *Meyer-Goßner*, § 403 Rn. 10.
[206] Vgl. § 110 S. 3 UrhG; *Tilmann*, BB 1990, 1565, 1568.
[207] Vgl. § 9 Abs. 3 WiStG.
[208] Vgl. BGH StV 2008, 127; BGH NStZ 2009, 586.
[209] Vgl. das Formular bei *Rössner/Klaus*, NJ 1996, 288, 293 f.; zu Details *Meyer-Goßner*, § 404 Rn. 3.
[210] Str., dazu LR-*Hilger*, § 404 Rn. 2, 3.
[211] Vgl. BGH NJW 1998, 477; *Meyer-Goßner*, § 404 Rn. 4 m. w. Nw.
[212] BGH NStZ 2009, 566.
[213] BGH NStZ-RR 2010, 196; anders noch BGH StraFo 2004, 386.
[214] Dazu BGH NStZ-RR 2005, 380; BGH StV 2008, 127.

VIII. Strafprozess und Schadenswiedergutmachung

Was die **strafprozessualen Rechte des Antragstellers** angeht, sieht zunächst § 404 Abs. 3 S. 2 StPO eine Anwesenheit in der Hauptverhandlung auch vor der Zeugenvernehmung des Antragsberechtigten vor. Daraus folgen jedenfalls Anhörungs- und Fragerecht sowie das Recht, sich von einem Rechtsanwalt oder einem anderen Bevollmächtigten vertreten zu lassen oder auch in Begleitung eines solchen zur erscheinen[215]. Die h. M. erkennt weiterhin die Rechte an, Fragen und Anordnungen zu beanstanden, in dem inhaltlich vom Adhäsionsantrag vorgegebenen Rahmen Beweisanträge zu stellen und präsente Beweismittel zu laden[216]. Auch das Ablehnungsrecht wegen der Besorgnis der Befangenheit soll dem Antragsteller zustehen[217].

dd) Eignungskriterium

Für den Geschädigten in Wirtschaftsstrafsachen bleibt die Bedeutung des Adhäsionsverfahrens trotz der Neuregelung und der gesetzgeberischen Intention, die Entscheidung im Adhäsionsverfahren zum Regelfall zu machen[218], beschränkt. Das Gericht kann – anders als in Fällen von Schmerzensgeldansprüchen – von einer Entscheidung nicht nur absehen, wenn der Antrag unzulässig ist oder unbegründet erscheint, sondern, wie oben bereits angedeutet, nach § 406 Abs. 1 S. 4 StPO auch dann, wenn sich der Antrag auch unter Berücksichtigung der berechtigten Belange des Antragstellers zur Erledigung im Strafverfahren nicht eignet. In § 406 Abs. 1 S. 5 StPO folgt der Hinweis, dass dies insbesondere dann der Fall ist, wenn eine weitere Prüfung des Antrags, auch soweit eine Entscheidung nur über den Grund oder einen Teil des Anspruchs in Betracht kommt, das Verfahren **erheblich verzögern** würde.

Dies bedeutet, dass die Beurteilung, ob ein Adhäsionsantrag zur Entscheidung im Strafverfahren geeignet ist, nach **pflichtgemäßem Ermessen** zu treffen ist[219]. Es wird eine Gesamtbetrachtung aller sich aufgrund des Adhäsionsantrages ergebenden Problemfelder vorgenommen und eine Interessenabwägung zwischen dem Interesse des Geschädigten an einer Entscheidung und den Interessen des Angeklagten unter Berücksichtigung der Durchsetzung des staatlichen Strafanspruchs ohne erhebliche Verfahrensverzögerungen durchgeführt. Maßgebende Gesichtspunkte sind beispielsweise die Belastung des Strafverfahrens durch eine außergewöhnliche Höhe der Klagforderung im Vergleich zur strafrechtlichen Bewertung des Mindestschadens, die dadurch bedingte Haftungsgefahr für den Pflichtverteidiger, schwierige Rechtsfragen[220] oder eine Überlastung des Strafgerichts aufgrund vorhersehbarer ständiger Bearbeitung von Anträgen im Rahmen der Zwangsvollstreckung. Auf jeden Fall sollte der Geschädigte in Wirtschaftsstrafsachen auf eine Problemlösung durch ein Grund- oder Teilurteil drängen, damit sich das Gericht auch mit diesem Aspekt auseinander setzen muss. Damit kann jedenfalls das Problem der Nichteignung wegen der Anspruchshöhe oder eines abtrennbaren Teils der Forderung beseitigt werden[221].

d) Entscheidung

Wird der Angeklagte wegen einer Straftat schuldig gesprochen oder wird gegen ihn eine Maßregel der Besserung und Sicherung angeordnet und ist der Adhäsionsantrag nach dem Ergebnis der Hauptverhandlung begründet, gibt das Gericht gem. § 406 Abs. 1 S. 1 StPO dem Antrag in dem **Urteil** statt, soweit der Antrag wegen dieser Straftat begründet ist. Gem. § 406 Abs. 3 S. 2 StPO erklärt das Gericht die Entscheidung für **vorläufig vollstreckbar**; §§ 708 bis 712, 714 und 716 ZPO gelten entsprechend.

Die **Vollstreckung** richtet sich gem. § 406b S. 1 StPO nach den Vorschriften, die für die Vollstreckung von Urteilen und Prozessvergleichen in bürgerlichen Rechtsstreitigkeiten gelten.

---

[215] *Meyer-Goßner*, § 404 Rn. 7 ff.; BGH NJW 1956, 1767.
[216] KK-*Engelhardt*, § 404 Rn. 10; *Färber* in: BeckOK-StPO, § 404 Rn. 10.
[217] *Färber* in: BeckOK-StPO, § 404 Rn. 10.
[218] Dazu *Kuhn*, JR 2004, 397, 398.
[219] OLG Hamburg wistra 2006, 37, 38.
[220] BGH wistra 2003, 151 f. für das internationale Privatrecht betreffende Problemkreise; grundlegend OLG Hamburg wistra 2006, 37 ff.
[221] Vgl. OLG Hamburg wistra 2006, 37, 40.

98 Gem. § 404 Abs. 5 S. 1 StPO ist dem Adhäsionskläger und dem Angeschuldigten nach Anklageerhebung auf Antrag **Prozesskostenhilfe** nach denselben Vorschriften wie in bürgerlichen Rechtsstreitigkeiten zu bewilligen. Die Beiordnung des Rechtsanwalts richtet sich gem. S. 2 der Vorschrift nach § 121 Abs. 2 S. 1 ZPO. Die Rechtsanwaltsbeiordnung für den Nebenkläger erstreckt sich damit nicht auf das Adhäsionsverfahren[222]. Im Falle der Verurteilung hat der Angeklagte gem. § 472a Abs. 1 StPO die durch das Adhäsionsverfahren entstandenen **Kosten sowie die notwendigen Auslagen** des Antragstellers in der gesetzlichen Höhe zu tragen[223]. Bei Teilerfolg oder Rücknahme des Antrags entscheidet das Gericht gem. § 472a Abs. 2 S. 1 StPO über die Verteilung nach pflichtgemäßem Ermessen, wobei die Gerichtskosten gem. § 472a Abs. 2 S. 2 StPO in Fällen sonstiger Unbilligkeit auch der Staatskasse auferlegt werden können.

Ob auch der Antragsteller die **Kostenentscheidung anfechten** kann, wird im Hinblick auf § 406a Abs. 1 StPO von der h. M. verneint[224]. Die Bewilligung von Prozesskostenhilfe kommt auch rückwirkend nach rechtskräftigem Abschluss des Verfahrens in Betracht, wenn der Antrag nicht rechtzeitig verbeschieden wurde und der Antragsteller alles von seiner Seite Erforderliche mit der Antragstellung getan hatte[225].

e) Rechtsmittel des Antragstellers

99 Beschließt das Gericht, von einer Entscheidung über den Antrag abzusehen, weil es die Voraussetzungen für eine Entscheidung über den Antrag für nicht gegeben erachtet, steht dem Geschädigten gem. § 406a Abs. 1 S. 1 StPO die **sofortige Beschwerde** nach § 311 StPO zu, wenn der Antrag vor Beginn der Hauptverhandlung gestellt worden und solange keine den Rechtszug abschließende Entscheidung ergangen ist. Zu beachten ist ferner § 406a Abs. 3 StPO: die für den Geschädigten positive Adhäsionsentscheidung ist aufzuheben, wenn der Angeklagte in der Rechtsmittelinstanz bzw. nach Wiederaufnahme des Verfahrens freigesprochen und auch keine Sicherungsmaßregel angeordnet wird.

6. Bewährungsauflage nach §§ 59, 59a Abs. 2 Nr. 1 StGB

100 Eine weitere Möglichkeit, die Geschädigteninteressen zu berücksichtigen, ist bei der – eher wenig praxisrelevanten – Verwarnung des Täters mit Strafvorbehalt gem. §§ 59, 59a Abs. 2 Nr. 1 StGB und bei seiner Verurteilung zu einer zur Bewährung ausgesetzten Freiheitsstrafe gegeben. Danach kann das Gericht gem. § 59 Abs. 2 Nr. 1 StGB dem Verwarnten die **Anweisung** erteilen, sich zu bemühen, einen Ausgleich mit dem Verletzten zu erreichen oder sonst den durch die Tat verursachten Schaden wieder gut zu machen bzw. ihm gem. § 56b Abs. 2 Nr. 1 StGB im Rahmen eines Bewährungsbeschlusses **auferlegen**, nach Kräften den durch die Tat verursachten Schaden wieder gut zu machen. Nur der Ausgleich des dem unmittelbar geschädigten Tatopfer selbst entstandenen Schadens soll davon erfasst sein[226].

101 Der Geschädigte sollte eine **bezifferte Wiedergutmachungsauflage** anregen, damit klare Voraussetzungen für den stets im Raum stehenden Bewährungswiderruf geschaffen werden[227]. Aus diesem Grund kann es auch ratsam sein, Argumente gegen die vom Verurteilten angebotene freiwillige Leistungserbringung im Sinne des § 56b Abs. 3 StGB vorzutragen, um einem (vorläufigen) Absehen von Auflagen entgegenzuwirken. In Wirtschaftsstrafsachen, in denen die Frage einer Bewährung „auf der Kippe steht", können der Verletztenbeistand und der Verteidiger im Rahmen eines vorbereiteten Täter-Opfer-Ausgleichs die Vorausset-

---

[222] BGH NJW 2001, 2486 ff.; BGH NStZ-RR 2009, 253.
[223] Vgl. Nr. 4143 VV RVG.
[224] Vgl. *KK-Franke*, § 472a Rn. 2; *Meyer-Goßner*, § 472a Rn. 4; BGH StraFo 2008, 164; ausführlich *Köckerbauer*, NStZ 1994, 307, 311.
[225] BGH StraFo 2011, 115.
[226] Ausführlich OLG Hamburg wistra 2004, 235 ff.; bspw. also keine Zahlungsauflage an eine nur mittelbar geschädigte Versicherung, OLG Hamm NStZ 1997, 237.
[227] Vgl. LG Koblenz StraFo 2003, 208.

VIII. Strafprozess und Schadenswiedergutmachung

zungen dafür schaffen, dass noch einmal eine Bewährungsstrafe verhängt wird[228]. Auch ist zu bedenken, dass gem. § 56a StGB eine Bewährungsauflage nachträglich geändert werden kann, wenn sich die objektive Situation geändert hat[229]. Die Überwachungsmöglichkeiten des die Bewährungsaufsicht führenden Gerichts sind begrenzt[230], so dass auch hier eigene Ermittlungen sinnvoll sein können[231].

7. Möglichkeiten nach dem Urteil

Gem. § 459a Abs. 1 StPO i. V. m. § 42 S. 3 StGB kann die Vollstreckungsbehörde bei Geldstrafen **Zahlungserleichterungen** gewähren, wenn ohne die Bewilligung die Wiedergutmachung des durch die Straftat verursachten Schadens durch den Verurteilten erheblich gefährdet wäre. Dies ist dann der Fall, wenn die Verwirklichung des fälligen Ersatzanspruchs des Geschädigten nicht unerheblich verzögert werden würde. Ein Ausfall braucht nicht zu drohen[232].

Auch sollte gegenüber dem Verurteilten signalisiert werden, das die Bewährungsaufsicht führende Gericht informiert zu halten und Einfluss auf die Entscheidung über die Aussetzung des Strafrestes einer Freiheitsstrafe gem. § 57 Abs. 1 StPO zu nehmen. Obgleich nicht ausdrücklich in § 57 Abs. 1 S. 2 StGB genannt, gehören der Täter-Opfer-Ausgleich und die Schadenswiedergutmachung zu den entscheidungserheblichen Umständen[233].

Ferner ist in Wirtschaftsstrafsachen an § 57 Abs. 3 und Abs. 5 StGB zu denken. Danach kann das Gericht gem. § 57 Abs. 3 1. HS i. V. m. § 56b Abs. 2 Nr. 1 StGB als Bewährungsauflage die Schadenswiedergutmachung bestimmen, wenn der Strafrest zur Bewährung ausgesetzt wird. Gem. § 57 Abs. 6 StGB kann das Gericht davon absehen, die Vollstreckung des Restes einer zeitigen Freiheitsstrafe zur Bewährung auszusetzen, wenn der Verurteilte **unzureichende oder falsche Angaben über den Verbleib von Gegenständen** macht, die nur deshalb dem Verfall nicht unterliegen, weil dem Verletzten aus der Tat ein Anspruch der in § 73 Abs. 1 S. 2 StGB bezeichneten Art erwachsen ist. Zur Aufklärung des Verbleibs der Tatbeute darf die Staatsanwaltschaft im Strafvollstreckungsverfahren **Ermittlungen** durchführen[234] und das Strafvollstreckungsgericht von den Urteilsfeststellungen abweichen, wenn bei gesicherter Tatsachengrundlage nach richterlicher Überzeugungsbildung gewiss ist, dass noch Teile des aus der Straftat Erlangten vorhanden sind und der Verurteilte über den Verbleib unzureichende oder gar falsche Angaben gemacht hat[235]. Der Druck auf den Verurteilten kann durch die möglicherweise drohende Führungsaufsicht gem. § 68f StGB verstärkt werden.

8. Sonstiges

Das Opferentschädigungsgesetz hilft dem Geschädigten in Wirtschaftsstrafsachen nicht weiter, da das OEG nur Verbrechensopfern staatliche Hilfe zukommen lässt. Auch Ansprüche nach dem Strafrechtsentschädigungsgesetz bestehen nicht.[236] Zu bedenken ist aber das Opferanspruchssicherungsgesetz (OASG). Dieses Gesetz gewährt dem Verletzten einer Straftat ein **gesetzliches Forderungspfandrecht** an der Honorarforderung, die der Täter als Gegenleistung für eine öffentliche Vermarktung der Tat in den Medien erhält.[237] Die Entstehung des Pfandrechts setzt keine rechtskräftige Verurteilung des Täters oder Teilnehmers voraus[238].

---

[228] Vgl. auch BGH wistra 2006, 343 f.
[229] Dazu OLG Stuttgart wistra 2005, 112, 113.
[230] Vgl. dazu *Peglau*, ZRP 2004, 39, 40 f.
[231] Dazu unter Rn. 63 ff.
[232] *Meyer-Goßner*, § 459a Rn. 3.
[233] Vgl. auch *Steffen*, ZRP 2005, 218 ff.; *Fischer*, § 57 Rn. 17a.
[234] OLG Karlsruhe wistra 2006, 79, 80; KK-*Appl*, § 457 Rn. 3.
[235] OLG Karlsruhe a. a. O.
[236] OLG Hamm wistra 2006, 359 f.
[237] Dazu *Lüderssen*, StV 1999, 65 f.
[238] Vgl. zum OASG näher *Zander*, JuS 2009, 684 ff.

31. Kapitel. Die Zusammenarbeit der Ermittlungsbehörden mit anderen Institutionen bei der Aufklärung von Wirtschaftsstraftaten

Inhaltsübersicht

	Rn.
I. Vorbemerkung	1
II. Öffentliche Institutionen	2–48
1. Bundesagentur für Arbeit (BfA)	3–5
2. Bundesamt für Güterverkehr (BAG)	6–8
3. Bundesamt für Sicherheit in der Informationstechnik (BSI)	9–11
4. Bundesamt für Wirtschaft und Ausfuhrkontrolle (BAFA)	12–17
5. Bundesanstalt für Finanzdienstleistungsaufsicht (BAFin)	18–31
a) Bankenaufsicht	19–24
b) Versicherungsaufsicht	25–27
c) Wertpapieraufsicht/Asset-Management	28–31
6. Bundesanstalt für Landwirtschaft und Ernährung (BLE)	32
7. Bundeskartellamt	33–35
8. Bundeszentralamt für Steuern	36–38
9. Deutsches Patent- und Markenamt	39–40
10. Grenzpolizeiliche Kontaktstellen	41
11. Industrie- und Handelskammern (IHK)	42–43
12. Informationszentrale für den Steuerfahndungsdienst beim Finanzamt Wiesbaden II, IZ-Steufa	44
13. Landesgewerbeanstalten	45
14. Nachrichtendienste	46
15. Zollkriminalamt (ZKA)	47–48
III. Private Institutionen	49–60
1. Telekommunikationsanbieter	50–54
2. Organe der freiwilligen Selbsthilfe	55–60
a) Zentrale zur Bekämpfung unlauteren Wettbewerbs e. V.	56
b) Deutscher Schutzverband gegen Wirtschaftskriminalität e. V. (DSW)	57
c) Bundesverband der Verbraucherzentralen und Verbraucherverbände	58
d) Verband der Vereine Creditreform e. V.	59
e) SCHUFA Holding AG	60
IV. Internationale Organisationen	61–78
1. Europäisches Justizielles Netz (EJN)	62–65
2. Eurojust	66–72
3. Europäisches Polizeiamt (EUROPOL)	73–75
4. Europäisches Amt für Betrugsbekämpfung (OLAF)	76–78

I. Vorbemerkung

Die 1877 geschaffene Strafprozessordnung ging davon aus, dass der Staatsanwalt und der Kriminalbeamte aufgrund ihrer Ausbildung in der Lage sind, alle Straftaten ohne Mitwirkung öffentlicher oder privater Institutionen aufzuklären. Im Laufe der Zeit hat es sich als notwendig erwiesen, wegen der erforderlichen Spezialkenntnisse für die Bekämpfung der Wirtschaftskriminalität zusätzlich besondere Ermittlungsorganisationen in Form der Zoll- und Steuerfahndung einzurichten. Heute müssen die Ermittlungsbehörden das Spezialwissen einer Vielzahl von Behörden und Institutionen nutzen, um bei immer komplexeren Ermittlungsverfahren zum Erfolg kommen zu können. 1

Soweit Dienststellen der Europäischen Union, des Bundes, der Länder oder Körperschaften und Anstalten des öffentlichen Rechts über einschlägige Erfahrungen und Kenntnisse verfügen, muss selbstverständlich zunächst mit diesen eine Zusammenarbeit ins Auge gefasst werden.

Wird z. B. gegen die Bestimmungen des Außenwirtschaftsgesetzes verstoßen, kann die Anhörung bzw. Einschaltung verschiedener Behörden, z. B. des Zollkriminalamtes, des Bundesamtes für Wirtschaft und Ausfuhrkontrolle, der Bundesanstalt für Finanzdienstleistungsaufsicht und der Bundesanstalt für Landwirtschaft und Ernährung, erforderlich sein.

Vorbeugende Maßnahmen sind nur in den seltensten Ausnahmefällen möglich, und zwar zur Verhinderung weiterer Straftaten, z. B. durch Warnung in der Presse oder durch Erwirkung eines vorläufigen Berufsverbots. Die Täter gehen grundsätzlich davon aus, dass es dem Privatmann und dem Kaufmann unmöglich ist, die kriminellen Begehungsweisen zu durchschauen und geeignete Abwehrmaßnahmen zu treffen. Dieser Notsituation haben sich bestimmte Schutzverbände, zumeist Vereine, angenommen. Solche Institutionen erhalten von ihren Mitgliedern und aufgrund eigener Erhebungen Beweismaterial und Informationen, die dem Staatsanwalt unbekannt sind. Diesen Informationsvorsprung muss er sich in seinem Ermittlungsverfahren zunutze machen. Hierauf wird er auch in den Richtlinien für das Straf- und das Bußgeldverfahren in Bezug auf die Verfolgung des unlauteren Wettbewerbs (Nrn. 260 bis 260c) hingewiesen.

Es soll deshalb nun der Versuch unternommen werden, einige für die Praxis wichtige Dienststellen und Organisationen aufzuzeigen, deren Hilfeleistungen im Ermittlungsverfahren besonders förderlich sein können.

II. Öffentliche Institutionen

2   Im Grundgesetz für die Bundesrepublik Deutschland ist in Art. 35 Abs. 1 bestimmt, dass alle Behörden des Bundes und der Länder gegenseitig Rechts- und Amtshilfe leisten. § 161 StPO gibt der Staatsanwaltschaft das Recht, von allen öffentlichen Behörden Auskünfte zu verlangen und Ermittlungen jeder Art entweder selbst vorzunehmen oder durch die Behörde vornehmen zu lassen. Die stärkste Form der Zusammenarbeit mit öffentlichen Behörden und Körperschaften ist der Einsatz der in diesen Dienststellen tätigen Ermittlungspersonen der Staatsanwaltschaft (vgl. § 152 GVG). Dieser Problemkreis kann hier im Wesentlichen unerörtert bleiben, weil die Zusammenarbeit mit den Ermittlungspersonen der Staatsanwaltschaft zur täglichen Arbeit des Vertreters der Anklage gehört. Von den sonstigen öffentlichen Institutionen sind zu nennen:

1. Bundesagentur für Arbeit (BfA)

Dienstsitz: Regensburger Str. 104, 90478 Nürnberg
   Telefon: 0911/179–0 (Zentrale)
   Telefax: 0911/179–2123 (Zentrale)
   E-Mail: Zentrale@arbeitagentur.de
   Internet: www.arbeitsagentur.de

3   Die Bundesagentur für Arbeit ist eine Körperschaft des öffentlichen Rechts mit Selbstverwaltung mit Sitz in Nürnberg. Sie ist in zehn Regionaldirektionen und 178 Agenturen für Arbeit gegliedert. Ferner gibt es besondere Dienststellen wie etwa die Familienkasse. Die Hauptaufgaben sind neben Arbeitsvermittlung, Arbeitsmarkt- und Berufsberatung vor allem auch die Zahlung von Entgeltersatzleistungen (z. B. Arbeitslosengeld I, Insolvenzgeld, Kurzarbeitergeld) und Leistungen der aktiven Arbeitsförderung (z. B. Eingliederungszuschüsse, Zuschüsse für Existenzgründer). Daneben ist die BfA für Leistungen zur Sicherung des Lebensunterhalts (Arbeitslosengeld II sowie Sozialgeld, jedoch nicht für die Kosten der Unterkunft) zuständig. Zu ihren sonstigen Aufgaben gehört unter anderem auch die Durchführung des Arbeitnehmerüberlassungsgesetzes (z. B. Erteilung einer Erlaubnis zur gewerblichen Arbeitnehmerüberlassung) und die Erteilung von Arbeitserlaubnissen, die Bestandteil eines Aufenthaltstitels sind, den die kommunale Ausländerbehörde ausstellt.

In der täglichen Arbeit des Staatsanwalts wird sich daher zunächst eine Zusammenarbeit mit der örtlich zuständigen Agentur für Arbeit anbieten. Denn dort sind beispielsweise alle Empfänger von Arbeitslosengeld und Arbeitslosenhilfe mit Wohnsitz im jeweiligen Zuständigkeitsbereich, alle ausländischen Arbeitnehmer, die eine Arbeitserlaubnis beantragt oder erhalten haben, und alle Betriebe des Bezirks mit Betriebsstellennummern erfasst.

4   Die Zuständigkeit für die für Verfolgung von Schwarzarbeit und illegaler Beschäftigung wurde zum 1.1.2004 bei den Behörden der Zollverwaltung und hier bei der Finanzkontrolle Schwarzarbeit konzentriert. Nach § 2 Abs. 2 SchwarzArbG werden die Zollbehörden jedoch bei dieser Aufgabe durch die BfA und weitere dort genannten Behörden unterstützt. § 6

II. Öffentliche Institutionen **31**

SchwarzArbG regelt die Unterrichtung und Zusammenarbeit der Zollverwaltung mit diesen Behörden. In § 6 Abs. 1 SchwarzArbG wird der Zollverwaltung und den sie unterstützenden Stellen, mithin auch der BfA, auferlegt, einander Erkenntnisse mitzuteilen, die für die Aufgabenerfüllung nach vorgenanntem Gesetz erforderlich sind. Beim Verdacht von Straftaten muss sodann die Zollverwaltung die Strafverfolgungsbehörden informieren. Letztere können auch die Datenbestände der Bundesagentur über erteilte EU-Arbeitsgenehmigungen für ausländische Arbeitnehmer im Rahmen ihrer Aufgaben automatisiert abrufen (§ 6 Abs. 2 SchwarzArbG). Diese Regelungen gelten entsprechend bei der Bekämpfung der illegalen Arbeitnehmerüberlassung und Arbeitnehmerentsendung, denn in § 17a Arbeitnehmerüberlassungsgesetz und § 17 Arbeitnehmer-Entsendegesetz wird auf die Regelung des § 6 SchwarzArbG verwiesen.

In eigener Zuständigkeit verfolgt die BfA Ordnungswidrigkeiten nach dem § 16 Absatz 1 Nummer 3 bis 7a sowie 8 bis 10 Arbeitnehmerüberlassungsgesetz.

Die unbefugte Überlassung und Vermittlung ausländischer Arbeitnehmer blüht trotz massiver Strafverfolgung in neuer Form weiter. Die Ursachen hierfür sind nach wie vor im Wesentlichen in der Öffnung der Grenzen zu Ländern mit einem weiterhin bestehenden Währungs- und Lohngefälle zu sehen. Hingegen krankt die Bekämpfung dieser höchst wirtschaftsschädlichen Machenschaften immer noch daran, dass eine Vielzahl unübersichtlicher Regelungen vorhanden ist. Gerade auf diesen höchst aktuellen Gebieten vermag deshalb auch die Bundesagentur selbst hilfreich beratend und koordinierend tätig zu sein. Oftmals sind ihr ähnliche kriminelle Praktiken in anderen Ländern der Bundesrepublik bekannt. In diesem Fall kann die Bundesagentur darauf hinweisen, bei welcher Regionaldirektion besondere Erkenntnisse und Aktenmaterial vorliegen. Die Bundesagentur ist aber auch an den Ermittlungsergebnissen der Staatsanwaltschaft interessiert, um durch Verwaltungsanordnungen an ihre nachgeordneten Agenturen unseriösen und kriminellen Praktiken der Wirtschaftsstraftäter entgegenwirken zu können.

Auch die bundesweite missbräuchliche Inanspruchnahme von Insolvenzgeld (§§ 183 bis 189 SGB III) wirft oft Fragen von grundsätzlicher Bedeutung auf, bei deren Beantwortung die BfA behilflich sein kann.

2. Bundesamt für Güterverkehr (BAG)

Dienstsitz: Werderstr. 34, 50672 Köln
 Telefon: 0221/5776–0
 Telefax: 0221/5776–1777
 Internet: www.bag.bund.de
 E-Mail: poststelle@bag.bund.de

Es handelt sich bei der Behörde, die am 1.1.1994 als Nachfolgerin der Bundesanstalt für den Güterfernverkehr ihre Tätigkeit aufgenommen hat, um ein dem Bundesministerium für Verkehr, Bau und Stadtentwicklung unterstelltes Bundesamt, welches die Einhaltung der für die Beförderung im Straßengüterverkehr geltenden verkehrs- und tarifrechtlichen Vorschriften der Bundesrepublik Deutschland und der Europäischen Gemeinschaft überwacht. Die Zentrale in Köln hat insgesamt acht Außenstellen mit besonderer örtlicher Zuständigkeit sowie drei Außenstellen mit Schwerpunktaufgaben eingerichtet.

Gemäß § 11 Güterkraftverkehrsgesetz (GüKG) hat das BAG insbesondere die **Aufgaben**, darüber zu wachen, dass
– in- und ausländische Unternehmen des gewerblichen Güterkraftverkehrs ihre gesetzlichen Pflichten erfüllen,
– die Bestimmungen über den Werkverkehr eingehalten werden,
– die Rechtsvorschriften über:
 – die Beschäftigung und die Tätigkeiten des Fahrpersonals auf Kraftfahrzeugen einschließlich der aufenthalts-, arbeitsgenehmigungs- und sozialversicherungsrechtlichen Vorschriften,
 – die zulässigen Abmessungen sowie die zulässigen Achslasten und Gesamtgewichte von Kraftfahrzeugen und Anhängern,

31. Kapitel. Zusammenarbeit der Ermittlungsbehörden mit anderen Institutionen

- die Abgaben, die für das Halten oder Verwenden von Fahrzeugen zur Straßengüterbeförderung sowie für die Benutzung von Straßen anfallen,
- die Umsatzsteuer, die für die Beförderung von Gütern durch ausländische Unternehmer oder mit nicht im Inland zugelassenen Fahrzeugen anfällt,
- die Beförderung gefährlicher Güter auf der Straße,
- die Beförderung von Abfall mit Fahrzeugen zur Straßengüterbeförderung,
- die zulässigen Werte für Geräusche und für verunreinigende Stoffe im Abgas von Kraftfahrzeugen zur Güterbeförderung und
- das Sonn- und Feiertagsfahrverbot sowie die Ferienreiseverordnung
eingehalten werden.

7   Zur Erfüllung dieser Aufgaben kann das BAG gemäß § 12 GüKG Straßen- und Betriebskontrollen durchführen. Die Straßenkontrollen, die nicht selten auch gemeinsam mit den Polizeibehörden durchgeführt werden, dienen vor allem der Verkehrssicherheit und dem Umweltschutz. Zudem wird die Einhaltung der Lkw-Mautvorschriften überwacht. Ein besonderes Augenmerk gilt aber auch der illegalen Beschäftigung im gewerblichen Güterkraftverkehr. Die Betriebskontrollen werden durch einen Betriebsprüfungsdienst durchgeführt, der Feststellungen trifft bei:
- Unternehmen des Güterfernverkehrs und Güternahverkehrs,
- Werkverkehr betreibenden Unternehmen,
- Absendern, Verladern, Vermittlern, Organisatoren,
- gesetzlich an den Tarif gebundene Dritte, insbesondere Empfängern, Frachtzahlern, Spediteuren, Versendern.

Die Betriebsprüfer des Bundesamtes können umfassend Einsicht nehmen in Bücher und Geschäftspapiere einschließlich der Unterlagen über den Fahrzeugeinsatz bei Eigentümern und Besitzern von Kraftfahrzeugen zur Güterbeförderung, allen an der Beförderung sonst Beteiligten sowie den Beteiligten an den Handelsgeschäften über die beförderten Güter. Für die Verfolgung wirtschaftskriminellen Handelns werden dabei vor allem Frachtbriefe, sonstige Beförderungs- und Begleitpapiere sowie Frachtrechnungen von Interesse sein. Das Bundesamt führt zudem Register über die Unternehmen des gewerblichen Güterfernverkehrs, des gewerblichen Güternahverkehrs, des Umzugverkehrs und des Werkfernverkehrs.

8   Bei Verstößen gegen die seinem Überwachungsauftrag unterliegenden Rechtsvorschriften führt das BAG in den Fällen des § 21 Abs. 2 und 3 GüKG ein Ordnungswidrigkeitenverfahren durch. In den anderen Fällen meldet es die Verstöße den zuständigen (Landes-)Behörden.

Das BAG kann in Ermittlungsverfahren wegen Zoll- und Steuerhinterziehung, Subventionserschleichung, Konkursdelikten einschlägiger Unternehmen oder besonders gelagerten Betrugsfällen wertvolle Erkenntnisse liefern.

3. Bundesamt für Sicherheit in der Informationstechnik (BSI)

Dienstsitz: Godesberger Allee 185–189, 53175 Bonn
Postanschrift: Postfach 200363, 53133 Bonn
Telefon: 0228/99 9582–0
Telefax: 0228/99 9582–5400
E-Mail: bsi@bsi.bund.de
Internet: www.bsi.de

9   Bei dem Bundesamt für Sicherheit in der Informationstechnik handelt es sich um eine selbstständige, dem Bundesminister des Inneren unterstehende Bundesoberbehörde. Sie nahm auf Grundlage des BSI-Errichtungsgesetzes vom 17.12.1990 zum 1.1.1991 die Arbeit auf. Vorgängerin war die Zentralstelle für die Sicherheit in der Informationstechnik (ZSI), welche ihrerseits aus der beim Bundesnachrichtendienst angesiedelten Zentralstelle für das Chiffrierwesen hervorging. Das BSI-Errichtungsgesetz wurde mittlerweile durch das Gesetz zur Stärkung der Sicherheit in der Informationstechnik des Bundes vom 14.8.2009 abgelöst, das seit dem 20.8.2009 in Kraft ist.

Gemäß § 3 dieses Gesetzes hat das BSI unter anderen folgende **Aufgaben**:
- Abwehr von Gefahren für die Sicherheit der Informationstechnik des Bundes,

II. Öffentliche Institutionen

- Prüfung und Bewertung der Sicherheit von informationstechnischen Systemen oder Komponenten und Erteilung von Sicherheitszertifikaten,
- Beratung und Warnung der Stellen des Bundes, der Länder sowie der Hersteller, Vertreiber und Anwender in Fragen der Sicherheit in der Informationstechnik unter Berücksichtigung der möglichen Folgen fehlender oder unzureichender Sicherheitsvorkehrungen.

Das BSI hat auch die Aufgabe, Polizei und Strafverfolgungsbehörden bei der Wahrnehmung ihrer gesetzlichen Aufgaben zu unterstützen (§ 3 Abs. 1 Nr. 13). Diese Unterstützung darf nur gewährt werden, soweit sie erforderlich ist, um Tätigkeiten zu verhindern oder zu erforschen, die gegen die Sicherheit in der Informationstechnik gerichtet sind oder unter Nutzung der Informationstechnik erfolgen.

Im Rahmen einer neuen neue Cyber-Sicherheitsstrategie wurde durch die Bundesregierung unter Federführung des BSI zum 1.4.2011 ein **Nationales Cyber-Abwehrzentrum** errichtet. Hieran sind neben dem BSI unter anderem beteiligt das Bundesamt für Verfassungsschutz und das Bundesamt für Bevölkerungsschutz und Katastrophenhilfe, ferner das Bundeskriminalamt, die Bundespolizei, das Zollkriminalamt und der Bundesnachrichtendienst. Das Cyber-Abwehrzentrum ist selbst keine eigenständige Behörde; Grundlage der Zusammenarbeit sind vielmehr Kooperationsvereinbarungen der beteiligten Ämter. Das Zentrum soll durch Informationsaustausch schnell und abgestimmt alle Informationen zu Schwachstellen in IT-Produkten oder IT-Vorfällen vernetzen und analysieren sowie Empfehlungen zum Schutz der IT-Systeme aussprechen.

Da Angriffe auf die IT-Infrastrukturen von Staat, Gesellschaft und Wirtschaft bedrohliche und existenzgefährdende Folgen haben können, gibt es beim BSI weitere Stellen für das IT-Krisenmanagement, nämlich das CERT-Bund (Computer Emergency Response Team für Bundesbehörden), das IT-Lagezentrum und das IT-Krisenreaktionszentrum.

Auf seiner Internet-Seite stellt das BSI eine ganze Reihe von IT-relevanten Informationen zur Verfügung, unter anderem zu den Themen
- Cloud Computing,
- Elektronische Ausweise (z. B. zum neuen Personalausweis),
- Biometrie,
- E-Governement,
- IT-Grundschutz,
- Zertifizierung und Anerkennung,
- Schadprogramme (insbesondere über die Seite www.bsi-fuer-buerger.de).

Immer mehr Bereiche des täglichen Lebens weisen einen Bezug zum elektronischen Datenverkehr auf, z. B. Bestellungen und Abrechnungen (E-Commerce), Vertragsschlüsse oder auch die öffentlichen Verwaltung (E-Governement). Eine besondere Rolle spielt hierbei das Chiffrierwesen, insbesondere im Hinblick auf die heute im Vordergrund stehenden Begriffe Kryptologie und digitale Signatur. Die rechtliche Verbindlichkeit digitaler Willensäußerungen, d. h. die materiell-rechtliche und prozessuale Gleichstellung von elektronischer Signatur und Handunterschrift wird durch verschiedene Bundesgesetze geregelt. So wurde beispielweise durch das Formanpassungsgesetz vom 13.7.2001 in § 126a BGB eine elektronische Form eingeführt. Soll diese die gesetzlich vorgeschriebene schriftliche Form ersetzen, muss der Aussteller der Erklärung der elektronischen Form seinen Namen hinzufügen und das elektronische Dokument mit einer qualifizierten elektronischen Signatur nach dem Signaturgesetz versehen.

Technische Voraussetzung für eine rechtlich verbindliche elektronische Kommunikation über offene Netze wie das Internet ist, dass eine sichere Verschlüsselung der übertragenen Daten gewährleistet ist. Hier setzt das **Signaturgesetz** (Gesetz über Rahmenbedingungen für elektronische Signaturen vom 16.5.2001) an, mit dem die Rahmenbedingungen für elektronische Signaturen, die auf der Basis eines privaten Signaturschlüssels durch eine Zertifizierungsstelle einer bestimmten Person zugeordnet werden, geschaffen werden. Durch das Signaturgesetz und die zugehörige Signaturverordnung (SigV) werden die Anforderungen für Zertifizierungsdiensteanbieter, Produkte für elektronische Signaturen sowie für Prüf- und Bestätigungsstellen festgelegt. Letztere prüfen die Einhaltung bzw. Umsetzung dieser Anforderungen. Das BSI ist laut BSI-Errichtungsgesetz eine anerkannte Bestätigungsstelle im Sinne des § 18 des Signaturgesetzes.

Das Bundesamt und seine Mitarbeiter können bei Anfragen aus den Problemkreisen des Signaturgesetzes, der Signaturverordnung und der Sicherheitsbeurteilung kryptographischer Verfahren Hilfestellung leisten.

4. Bundesamt für Wirtschaft und Ausfuhrkontrolle (BAFA)

Dienstsitz: Frankfurter Str. 29–35, 65760 Eschborn
 Telefon: 06196/908-0
 Telefax: 06196/908-800
 E-Mail: poststelle@bafa.de (bzw. für einzelne Fachbereiche im Internet enthalten)
 Internet: www.bafa.de

12 Durch Gesetz vom 9.10.1954 wurde das Bundesamt für gewerbliche Wirtschaft in Frankfurt als dem Bundesminister für Wirtschaft zugeordnete Bundesoberbehörde errichtet. 1975 wurde sein Sitz nach Eschborn verlegt. Am 1.1.1987 erfolgte die Umbenennung in Bundesamt für Wirtschaft. Das Bundesausfuhramt wurde 1992 vor dem Hintergrund wachsender Proliferationsgefahren in Eschborn gegründet. Am 1.1.2001 sind beide Ämter zum Bundesamt für Wirtschaft und Ausfuhrkontrolle zusammengelegt worden.

Das Bundesamt nimmt wichtige **Aufgaben** in den Kernbereichen Außenwirtschaft, Wirtschaftsförderung sowie Energie und Klimaschutz wahr. Im Bereich Außenwirtschaft obliegen ihm die Durchführung der Einfuhrregelungen sowie die Ausfuhrkontrolle als Genehmigungsbehörde im Zusammenspiel mit anderen Bundesbehörden und den Wirtschaftsbeteiligten in einem komplexen Exportkontrollsystem. Das Amt besteht aus fünf Fachabteilungen. Hierbei ist die Abteilung 2 für Ausfuhrverfahren und Genehmigungen, die Abteilung 3 für Ausfuhrtechnik und fachtechnische Stellungnahmen, die Abteilung 4 u. a. für Wirtschaftsförderung und Energiewirtschaft sowie die Abteilung 5 für den Bereich des Klimaschutzes zuständig.

Nach wie vor besteht eine Zuständigkeit des Bundesamtes für die Erteilung von Einfuhrgenehmigungen für den nicht liberalisierten Handel. Es überwacht die mengen- und wertmäßig beschränkten Kontingente. Auf diesem Gebiet wird auch die Möglichkeit der Zusammenarbeit mit den Staatsanwaltschaften gegeben sein.

13 Im Bereich des Außenhandels ist das Bundesamt eine von 27 Genehmigungsbehörden der Europäischen Gemeinschaft, die nach europaeinheitlichen Bestimmungen Genehmigungen, vorherige Bewilligungen und Überwachungsdokumente für die **Einfuhr von Waren** der gewerblichen Wirtschaft in das Gebiet der Europäischen Union erteilen. Hierbei sind die Verordnungen der Europäischen Gemeinschaften, das Außenwirtschaftsgesetz (AWG), die Verordnung zur Durchführung des Außenwirtschaftsgesetzes (AWV), die Einfuhrliste (Anlage zum AWG) sowie die Einfuhrausschreibungen, die im Bundesanzeiger veröffentlicht werden, zu beachten. Bei den Warengruppen, die Einfuhrbeschränkungen unterworfen sind, handelt es sich um Textilwaren und Bekleidung mit Ursprung in Weißrussland und in der Demokratischen Volksrepublik Korea, sowie um bestimmte Eisen- und Stahlerzeugnisse mit Ursprung in bestimmten Drittländern.

Wenn bei der Einfuhrabfertigung die Vorlage einer Einfuhrgenehmigung, einer vorherigen Bewilligung oder eines Überwachungsdokuments notwendig ist, so ist ein entsprechender Antrag unter Verwendung von Formularen, die von der Homepage des Bundesamtes heruntergeladen werden können, an das Bundesamt zu richten. Das Überwachungsdokument kann auch papierlos im Wege der Datenfernübertragung (sog. ELAN-Verfahren) beantragt werden. Weitere Informationen können der Homepage des BAFA entnommen werden. Einfuhrgenehmigungen und Überwachungsdokumente werden stets befristet erteilt. Eine Einfuhrgenehmigung wird nicht benötigt für die Einfuhr im erleichterten Verfahren nach § 32 AWV, der für Waren mit geringem Wert Ausnahmen beinhaltet.

Anhand der Einfuhrliste oder bei den zuständigen Zollstellen können sich die Ermittlungsbehörden darüber informieren, ob die Einfuhr einer Ware Beschränkungen unterliegt. Handelt es sich um die genehmigungsbedürftige Einfuhr kontingentierter Eisen- und Stahlwaren, so werden Einfuhrgenehmigungen nur gegen die Vorlage eines Originals einer Ausfuhrlizenz

II. Öffentliche Institutionen

(Exportlizenz) erteilt. Die Ausfuhrlizenz wird von den Behörden des Ursprungslands ausgestellt und dient als Nachweis dafür, dass die Lieferung auf das entsprechende Kontingent angerechnet worden ist.

Bei der **Ausfuhrkontrolle** wird der Außenwirtschaftsverkehr mit strategisch wichtigen Gütern, vor allem Waffen, Rüstungsgütern und Gütern mit doppeltem Verwendungszweck (sog. dual-use-Güter) kontrolliert. Bei Letzteren handelt es sich um Waren, Software und Technologie, die für zivile und militärische Zwecke verwendet werden können. Maßgebend hierfür sind das Außenwirtschaftsgesetz (AWG) in Verbindung mit der Außenwirtschaftsverordnung (AWV), das Kriegswaffenkontrollgesetz (KWKG), das Chemiewaffenübereinkommen (CWÜ) und das Atomgesetz, bei welchem eine Fachaufsicht des Bundesministeriums für Umwelt, Naturschutz und Reaktorsicherheit besteht. Die zunehmende Globalisierung lässt eine effiziente Exportkontrolle aber nur bei verstärkter europäischer und internationaler Zusammenarbeit zu. Das Bundesamt muss daher auch zahlreiche internationale Verträge und die von den Exportkontrollgremien aufgestellten Güterlisten beachten. Es gilt insoweit europäisches Recht. In den internationalen Kontrollgremien wirken Mitarbeiter des Bundesamtes mit.

Das Bundesamt hat im Bereich der Ausfuhrkontrolle im Wesentlichen folgende **Kompetenzen**:
- Entscheidung über Anträge für Genehmigungen im Außenwirtschaftsverkehr,
- Entscheidung über Anträge für internationale Einfuhrbescheinigungen,
- fachliche Stellungnahmen in Ermittlungs- und Strafverfahren auf dem Gebiet des Außenwirtschaftsrechts,
- Überwachung der Herstellung, der Beförderung und der Veräußerung von Kriegswaffen,
- Entscheidung über Anträge für atomrechtliche Ein- und Ausfuhrgenehmigungen,
- Mitwirkung in verschiedenen internationalen Gremien,
- Umsetzung der Embargobeschlüsse der Vereinten Nationen.

Ein Schwerpunkt der Aufgaben des Bundesamts ist die fachtechnische und juristische Prüfung, ob der Export einer Ware oder Technologie genehmigungspflichtig ist. Die Genehmigungspflichten und Verbote ergeben sich aus der AWV und dem KWKG, bei der Ausfuhr von Gütern mit doppeltem Verwendungszweck (dual-use-Gütern) aus der Verordnung des Rates über eine Gemeinschaftsregelung für die Kontrolle der Ausfuhr von Gütern und Technologien mit doppeltem Verwendungszweck (EG-VO Nr. 428/2009).

Der Export einer Ware oder Technologie ist dann genehmigungspflichtig, wenn sie in der Ausfuhrliste (Anlage AL zur AWV) enthalten und beschrieben ist. Die Ausfuhrliste umfasst u. a. Waffen, Munition, Rüstungsgüter, Anlagen und Ausrüstung für kerntechnische Zwecke, Elektronik, Rechner, Telekommunikation, Chemikalien, industrielle Anlagen, mit denen Waffen produziert werden können. Der Export von **Kriegswaffen** ist sowohl nach der AWV als auch dem KWKG genehmigungspflichtig. Sonderregelungen gelten zudem für Güter, die zur Herstellung von Massenvernichtungswaffen, Flugkörpern oder Nuklearwaffen dienen können. Verbote und Genehmigungspflichten können sich auch aus länder- oder personenbezogenen Embargos ergeben. Handelt es sich um den Export von **Kernbrennstoffen** oder sonstigen radioaktiven Stoffen, muss zusätzlich zur außenwirtschaftsrechtlichen Ausfuhrgenehmigung eine solche nach § 3 Atomgesetz beim BAFA (§ 22 Abs. 1 Atomgesetz) beantragt werden.

Das Bundesamt erteilt Exporteuren auf Antrag zur Vorlage beim Zoll auch Negativbescheinigungen, mit denen der Nachweis geführt werden kann, dass zum Export bestimmte Waren nicht von der Ausfuhrliste erfasst werden.

Eine wichtige Aufgabe erfüllt das Bundesamt bei staatlichen Wirtschaftsförderungsprogrammen. Durch den Bundesminister für Wirtschaft und Technologie wurde es mit der Durchführung der Förderung unternehmerischen Know-hows für kleine und mittlere Unternehmen sowie Angehörigen der Freien Berufe beauftragt. Ein Schwergewicht bildet hierbei die Beratung von Unternehmen zu allen Fragen der Unternehmensführung sowie die Schulung von Existenzgründern, Unternehmern, Führungs- und Fachkräften. In diesem Zusammenhang bewilligt das Amt Zuschüsse, wenn alle in den Förderungsrichtlinien aufgestellten Bezuschussungsvoraussetzungen erfüllt sind. Bei Verstößen beachtet das Bundesamt die Anzeigepflicht gem. § 6 des Subventionsgesetzes.

17 Das BAFA gibt gegenüber Staatsanwaltschaften und Gerichten über die Genehmigungspflichtigkeit und -fähigkeit von Exporten sowie zu embargorechtlichen Fragen im eigenen Zuständigkeitsbereich Stellungnahmen ab. Darüber hinaus arbeitet es zur Bekämpfung der Delikte nach dem KWKG und AWG eng mit dem Zollkriminalamt und den örtlichen Zollfahndungsstellen zusammen. Generell beantwortet das BAFA Rechtsfragen im Rahmen seiner Zuständigkeiten.

5. Bundesanstalt für Finanzdienstleistungsaufsicht (BAFin)

Sektor Bankenaufsicht und Sektor Versicherungsaufsicht
   Dienstsitz: Graurheindorfer Str. 108, 53117 Bonn
   Postanschrift: Postfach 12 53, 53002 Bonn
   Telefon: 0228/4108–0
   Telefax: 0228/4108–1550
   E-Mail: poststelle@bafin.de
Sektor Wertpapieraufsicht/Asset-Management
   Dienstsitz: Lurgiallee 12, 60439 Frankfurt
   Postanschrift: Postfach 50 01 54, 60391 Frankfurt
   Telefon: 0228/4108–0
   Telefax: 0228/4108–123
   E-Mail: poststelle-ffm@bafin.de
   Internet: www.bafin.de

18 Die Bundesanstalt für Finanzdienstleistungsaufsicht umfasst die Geschäftsbereiche der ehemaligen Bundesaufsichtsämter für das Kreditwesen (nunmehr Sektor Bankenaufsicht), für das Versicherungswesen (nunmehr Sektor Versicherungsaufsicht) sowie für den Wertpapierhandel (nunmehr Sektor Wertpapieraufsicht/Asset-Management). Die Bundesaufsichtsämter wurden aufgrund des Gesetzes über die Bundesanstalt für Finanzdienstleistungsaufsicht vom 22.4.2002 (FinDAG) mit Wirkung vom 1.5.2002 zu der neuen Bundesanstalt verschmolzen. Damit existiert in Deutschland eine einheitliche staatliche Aufsicht über Banken, Finanzdienstleistungsinstitute und Versicherungen und somit über den gesamten Finanzmarkt.

Die BAFin ist eine rechtsfähige, bundesunmittelbare Anstalt des öffentlichen Rechts im Geschäftsbereich des Bundesministeriums der Finanzen. Sie beschäftigt ca. 2.100 Mitarbeiter und beaufsichtigt ca. 1.880 Banken, 680 Finanzdienstleistungsunternehmen, 600 Versicherungsunternehmen und 30 Pensionsfonds sowie 5.900 inländische Fonds und 77 Kapitalanlagegesellschaften.

Ausschlaggebend für die Schaffung einer deutschen Allfinanzaufsicht waren die tief greifenden Veränderungen auf den Finanzmärkten, die in den letzten Jahren immer stärker in Erscheinung traten und die vormals praktizierte Aufteilung der Aufsichtskompetenzen und die damit einhergehenden Kompetenzüberschneidungen nicht mehr zeitgemäß erscheinen ließen. Die Bundesanstalt besteht aus drei Aufsichtssäulen, in denen die Aufgaben der ehemaligen Aufsichtsämter aufgegangen sind und die von einem Direktorium, welches aus einem Präsidenten und vier Exekutivdirektoren besteht, geleitet werden. Die sektorübergreifenden Tätigkeiten werden von den Abteilungen der Säule Querschnittsaufgaben/Innere Verwaltung wahrgenommen. Hier ist insbesondere auch die Abteilung Geldwäscheprävention angesiedelt.

a) Bankenaufsicht

19 Der Säule Bankenaufsicht sind im Rahmen der Solvenzaufsicht über die Kreditinstitute alle aufsichtlichen Entscheidungskompetenzen zugewiesen. Wesentliche Grundlage dieser Aufsicht ist das Kreditwesengesetz (KWG), aber auch das Wertpapierhandelsgesetz (WpHG).

Die **Aufgaben** der Bundesanstalt sind in § 6 KWG festgelegt. Ihr obliegt die Aufsicht über Finanzdienstleistungsinstitute und Kreditinstitute. Diese Institute bedürfen nach § 32 KWG einer Erlaubnis der Bundesanstalt, wenn sie im Inland tätig sein wollen. Dies gilt nunmehr auch für Wertpapierhandelsbanken. Weiterhin hat die Anstalt darüber zu wachen, dass die Kreditinstitute die Vorschriften über die Eigenkapitalausstattung, die Liquiditätshaltung und

II. Öffentliche Institutionen

die Begrenzung der Risiken des Bankgeschäfts beachten. Zum Zweck dieser laufenden Überwachung werden eine Vielzahl meldepflichtiger Geschäftsdaten, die Jahresabschlüsse der Kreditinstitute und die hierüber erstellten Prüfungsberichte ausgewertet. Darüber hinaus kann die Anstalt besondere Prüfungen anordnen, um Einblicke in die Geschäftsführung und wirtschaftliche Lage eines Kreditinstituts zu erhalten. Bei wirtschaftlichen Schwierigkeiten eines Kreditinstituts können Maßnahmen zur Abwehr von Gefahren für die Vermögenswerte von Gläubigern und Einlegern getroffen und notfalls das Institut vorläufig geschlossen werden. Die Bundesanstalt kann auch tätig werden, wenn ernste Zweifel an Eignung oder Zuverlässigkeit der Geschäftsleiter von Kreditinstituten entstehen.

Die Bundesanstalt hat darüber hinaus die Einhaltung des Hypothekenbankgesetzes, des Bausparkassengesetzes, des Schiffsbankgesetzes, des Gesetzes über Kapitalanlagegesellschaften, des Auslandinvestmentgesetzes und seit 1993 die den Kreditinstituten obliegenden Verpflichtungen nach dem Geldwäschegesetz zu überwachen.

Die Zusammenarbeit der Bundesanstalt mit ausländischen Bankaufsichtsbehörden hat in den letzten Jahren wegen der verstärkten Internationalisierung des Bankwesens stark zugenommen. Bankaufsichtliche Regelungen sind bereits heute im nationalen Alleingang nicht mehr möglich und sollten – gerade als Lehre aus der aktuellen Finanzkrise – möglichst global erlassen und durchgesetzt werden. Die Kontrolle über international agierende Finanzkonglomerate erfordert eine grenzüberschreitende Kooperation. Im Inland kommt der Zusammenarbeit mit der Deutschen Bundesbank (§ 7 KWG) erhöhte Bedeutung zu.

Die BAFin hat ihre frühere Zurückhaltung bei der Bekämpfung der Wirtschaftskriminalität aufgegeben und erstattet bei bankbezogenen Delikten Strafanzeige. Besonders hervorzuheben ist die Mitwirkung bei der Bekämpfung der **Geldwäsche**. Die Bundesanstalt bemängelt hier häufig, dass die Repräsentanten ausländischer Banken die Bestimmungen des Geldwäschegesetzes nicht einhalten und so z. B. den Transfer von Drogengeldern in Milliardenhöhe ins Ausland ermöglichen. Zur Entdeckung von Geldwäscheaktivitäten ist ein Verdachtsraster vorhanden. Staatsanwälte verkennen aber manchmal den Aufgabenbereich der Bundesanstalt und sehen in ihr teilweise den verlängerten Arm für Strafverfolgungsmaßnahmen. Zur Durchführung strafprozessualer Maßnahmen ist das Amt jedoch nicht befugt. Seine Mitarbeiter sind keine Ermittlungspersonen der Staatsanwaltschaft.

Unternehmen, die Bankgeschäfte betreiben, sind dann Kreditinstitute, wenn der Umfang dieser Geschäfte einen in kaufmännischer Weise eingerichteten Geschäftsbetrieb erfordert. Wer diese Geschäfte ohne Erlaubnis betreibt, begeht eine Straftat nach § 54 KWG. Hat der Staatsanwalt Anhaltspunkte dafür, dass Täter Bankgeschäfte im Sinne des § 1 KWG ohne die nach § 32 KWG erforderliche Erlaubnis betreiben (dies geschieht zumeist im Zusammenhang mit Anlagebetrügereien) oder hat er Hinweise auf strafbare bzw. wettbewerbswidrige Handlungen von Bankern oder Kreditsachbearbeitern, ist die Einschaltung der Bundesanstalt sachdienlich und unerlässlich. Sie wird z. B. aufzeigen, wann die Kriterien für einen erlaubnispflichtigen Bankbetrieb erfüllt sind. Hierbei werden beim Einlagengeschäft, bei dem fremde Gelder angenommen werden, weit strengere Maßstäbe bei Prüfung der Erlaubnispflicht angelegt, als bei der Vergabe von Geldern. Die von den Industrie- und Handelskammern für die Bejahung der üblichen Vollkaufmannseigenschaft nach dem HGB zu Grunde gelegten Umsatzgrenzen können hier keine Anwendung finden.

Weitere strafbare Handlungen nach dem KWG sind die Verletzung der Pflicht zur Anzeige der Zahlungsunfähigkeit oder Überschuldung (§ 55 KWG) sowie die unbefugte Verwertung oder Offenbarung von Angaben über Millionenkredite (§§ 55a, b KWG), wobei in letzteren Fällen ein Strafantrag erforderlich ist.

In einschlägigen Verfahren wird der Staatsanwalt zweckmäßigerweise immer eine Stellungnahme der BAFin einholen. Diese wird sich dann dazu äußern, ob aus ihrer Sicht genehmigungspflichtige Bankgeschäfte vorliegen. Eine strafrechtliche Beurteilung wird sie jedoch in keinem Fall vornehmen. Dies gilt auch für alle übrigen Ermittlungsverfahren gegen Inhaber oder Bedienstete von Kreditinstituten. Benötigt der Staatsanwalt Unterlagen der Bundesanstalt, so kann er diese nicht ohne nähere Begründung anfordern. Es besteht nämlich gem. § 9 KWG grundsätzlich eine Verschwiegenheitspflicht, die unbefugt nicht durchbrochen werden darf. Der Staatsanwalt muss deshalb im Einzelnen darlegen, inwieweit er erbetene

Unterlagen zur Erfüllung seiner Aufgaben benötigt, insbesondere gegen welche Beschuldigten sich die Ermittlungen richten und welcher Sachverhalt zu Grunde liegt.

Bei der BAFin können insbesondere folgende Informationen erlangt werden:
- vorgelegte Prüfungsberichte und Jahresberichte der Kreditinstitute, Auswertung von Meldungen, z. B. über einzelne Kredite,
- Geldwäschevorgänge,
- aufgedeckte Missstände, eigene Prüfungsfeststellungen.

22 Eine wichtige Informationsquelle zur Aufklärung von Wirtschaftskriminalität, insbesondere von Betrugsdelikten, ist das **Verfahren zum Abruf von Kontoinformationen nach § 24c KWG**. Danach ist jedes Kreditinstitut verpflichtet, eine aktuelle Datei mit allen von ihm in Deutschland geführten Konten und Depots zu führen. Darin sind zu speichern
- Konto-/Depotnummer,
- die Namen und Geburtsdaten der jeweiligen Inhaber und Verfügungsberechtigten,
- die Namen und die Anschriften der abweichend wirtschaftlich Berechtigten,
- das Errichtungs- und Schließungsdatum des Kontos.

Nicht gespeichert werden dagegen die so genannten Bewegungsdaten wie Kontostände oder Umsätze.

Die BAFin ist berechtigt, Daten aus dieser Datei abzurufen, soweit dies zur Erfüllung ihrer Aufgaben erforderlich ist. Zudem erteilt sie Auskunft aus der Kontenabrufdatei, und zwar wenn sie berechtigte externe Anfragen, etwa von Ermittlungsbehörden erhält. Voraussetzung für die Informationsübermittlung zur Strafverfolgung ist die Einleitung eines Ermittlungsverfahrens.

Mit dieser Auskunft erhält der Staatsanwalt eine Übersicht über die Konten des Beschuldigten in Deutschland und wird dadurch unter Umständen in die Lage versetzt, auf bisher nicht bekannte Vermögenswerte von Beschuldigten etwa zum Zwecke der Vermögensabschöpfung (§ 111b StPO) zuzugreifen, Zahlungsflüsse rechtswidrig erlangter Gelder zu verfolgen oder die erforderlichen Ermittlungen zur Frage der Zahlungsunfähigkeit durchzuführen.

23 Die BAFin veröffentlicht zudem auf ihrer Internetseite unter der Rubrik „Daten und Dokumente" Informationen, die für die Durchführung von Ermittlungsverfahren wichtig werden können, beispielweise Auslegungs- und Anwendungshinweise zu § 25c KWG („sonstige strafbare Handlungen") und Merkblätter mit Hinweisen zu einzelnen Tatbeständen des § 1 KWG. Hier finden sich unter anderem auch wichtige Hinweise zur Auslegung des Merkmals „Umfang, der einen in kaufmännischer Weise eingerichteten Geschäftsbetrieb erfordert".

24 Der Staatsanwalt hat seinerseits die in § 60a KWG, Nr. 25 MiStra festgelegte Mitteilungspflicht an die BAFin. Diese besteht insbesondere in Strafverfahren gegen Inhaber oder Geschäftsleiter von Instituten wegen Verletzung ihrer Berufspflichten oder anderer Straftaten bei oder im Zusammenhang mit der Ausübung eines Gewerbes, ferner in Strafverfahren, die Straftaten nach § 54 KWG (Verbotene Geschäfte, Handeln ohne Erlaubnis) zum Gegenstand haben. Dabei ist die hierbei mögliche Durchbrechung des Steuergeheimnisses gem. § 8 Abs. 2 KWG zu beachten.

b) Versicherungsaufsicht

25 Die BAFin ist mit der zweiten Aufsichtssäule die staatliche Aufsichtsbehörde für alle Versicherungsunternehmen, die über den Bereich eines Bundeslandes hinaus tätig sind, was in der Regel der Fall sein wird. Grundlage der Aufsicht ist das Versicherungsaufsichtsgesetz (VAG). Gemäß § 81 VAG bestehen die Hauptziele der Versicherungsaufsicht darin, die Belange der Versicherten zu wahren, auf die Einhaltung der Gesetze, die für den Betrieb des Versicherungsgeschäfts gelten, zu achten und sicherzustellen, dass die Verpflichtungen aus Versicherungsverträgen jederzeit erfüllbar sind. Zu den vorrangigen **Aufgaben** der BAFin gehört es daher, die Erlaubnis zum Geschäftsbetrieb zu erteilen und diesen laufend zu überwachen, insbesondere achtet sie auf
- die Bildung ausreichender versicherungstechnischer Rückstellungen und deren Anlegung in geeigneten Vermögenswerten,

II. Öffentliche Institutionen

– die Einhaltung der kaufmännischen Grundsätze einschließlich einer ordnungsgemäßen Verwaltung, Buchhaltung und angemessener interner Kontrollverfahren,
– die Solvabilität der Unternehmen und die Einhaltung der übrigen finanziellen Grundlagen des Geschäftsplans.

Die BAFin verfügt über verschiedene **Eingriffsmittel** gegenüber Versicherungsunternehmen. Gemäß § 81 Abs. 2 VAG kann sie gegenüber den Unternehmen alle Anordnungen treffen, die geeignet und erforderlich sind, um Missstände zu vermeiden oder zu beseitigen. Missstand ist jedes Verhalten eines Versicherungsunternehmens, das den Aufsichtszielen widerspricht. Neben dieser Generalklausel ergeben sich aus dem VAG eine ganze Reihe Sonderbefugnisse (§§ 81 ff. VAG). So kann die BAFin beispielsweise die Aufstellung eines Solvabilitätsplans verlangen, Beteiligungen untersagen, Sonderbeauftragte einsetzen und die Abberufung von Geschäftsleitern verlangen. Äußerstes Mittel ist der Widerruf der Erlaubnis (§ 87 VAG).

Die Bundesanstalt verfügt insbesondere über folgende **Erkenntnismittel**:
– jede Geschäftsplanänderung, z. B. die Erweiterung des Geschäftsbetriebs auf andere Versicherungssparten, bedarf der aufsichtsbehördlichen Genehmigung,
– die Versicherungsunternehmen haben laufend über die Vermögensanlagen zu berichten,
– die Versicherungsunternehmen haben regelmäßig Rechnung zu legen, vierteljährlich sind die wichtigsten Unternehmenskennzahlen vorzulegen,
– die Versicherungsunternehmen werden regelmäßig geprüft, wobei auf Verlangen alle Unterlagen vorzulegen und Auskünfte zu erteilen sind

Unterlagen im vorgenannten Sinne sind interne Berichte (z. B. Berichte der Innenrevision), Bilanzen mit Gewinn- und Verlustrechnung, aber auch alle sonstigen Geschäftsunterlagen, wenn die Bundesanstalt diese nach § 83 Abs. 1 Nr. 1 VAG anfordert.

Mitarbeiter der BAFin unterliegen gemäß § 84 VAG der Schweigepflicht hinsichtlich vertraulicher Informationen, die sie bei ihrer Tätigkeit erhalten haben. Gemäß § 84 Abs. 4 VAG verbietet diese Schweigepflicht jedoch nicht die Informationsweitergabe an Strafverfolgungsbehörden oder für Straf- und Bußgeldsachen zuständige Gerichte. Bei der Verfolgung von Straftaten können die Ermittlungsbehörden daher von der BAFin beispielsweise folgende Auskünfte erlangen:
– Prüfungsfeststellungen der Anstalt über Missstände bei Versicherungsunternehmen,
– Informationen über unzulässige Abrechnungen von Provisionen über Fremdkonten,
– Hinweise auf Verprovisionierung von provisionsfreien Vertragsabschlüssen,
– Erkenntnisse über verdeckte Verbuchungen von Sonderzuwendungen an Versicherungsvertreter (Reisen, Barzahlungen usw.),
– Feststellungen über die Abrechnung von fingierten Versicherungsfällen,
– Hinweise auf Geldwäschevorgänge bei Beitrags- und Prämiendepots in großer Höhe.

Unterlagen bewahrt die BAFin in der Regel 10 Jahre lang auf.

Das VAG enthält in den §§ 134 ff. eine Reihe von Straftat- und Ordnungswidrigkeitatbeständen. Zuständig für die Verfolgung letzterer ist das BAFin selbst, soweit die Aufsicht über Versicherungsunternehmen bei ihr liegt.

c) Wertpapieraufsicht/Asset-Management

Die **Aufgabe** der BAFin im Sektor Wertpapieraufsicht/Asset-Management ist die Sicherstellung der Funktionsfähigkeit der Märkte für Wertpapiere und Derivate. Hierbei steht neben Markttransparenz und Marktintegrität der Schutz der Anleger im Vordergrund. Grundlagen der Aufsicht sind das Wertpapierhandelsgesetz (WpHG), das Wertpapiererwerbs- und Übernahmegesetz (WpÜG), das Wertpapierprospektgesetz (WpPG) und das Wertpapier-Verkaufsprospektgesetz (VerkProspG) sowie im Bereich Asset-Management das Kreditwesengesetz (KWG) und das Investmentgesetz (InvG).

Die Tätigkeit der Bundesanstalt erstreckt sich daher insbesondere auf:
– die präventive Bekämpfung und die Verfolgung von Insidergeschäften (§§ 12 ff. WpHG),
– die Überwachung der Pflicht, alle Transaktionen von Wertpapieren und Derivaten zu melden (§ 9 WpHG),
– die Überwachung der Ad-hoc-Publizität börsennotierter Unternehmen (§ 15 WpHG),

- die Überwachung der Publizität bei Veränderungen der Stimmrechtsanteile bei im amtlichen Handel notierten Unternehmen (§§ 21 ff. WpHG),
- die Überwachung der Verhaltensregeln und Organisationspflichten der Wertpapierdienstleistungsunternehmen (§§ 31 ff. WpHG),
- die Billigung von Wertpapierverkaufsprospekten (§ 13 WpPG),
- die Überwachung von Unternehmensübernahmen (WpÜG),
- die internationale Zusammenarbeit bei der Beaufsichtigung des Wertpapierhandels (§§ 7 ff. WpHG).

Die Bundesanstalt arbeitet eng mit den Landesbehörden, welche die Börsen beaufsichtigen, sowie mit den Börsen selbst zusammen. Zur Überwachung des Wertpapiergeschäftes hat sie das Recht, Auskünfte und die Vorlage von Unterlagen zu verlangen (§ 35 WpHG). Gemäß § 36 WpHG sind Wertpapierhandelsunternehmen verpflichtet, die Meldepflichten nach § 9 WpHG, die Verhaltensregeln und Organisationspflichten nach dem sechsten Abschnitt des WpHG sowie die sich aus der Verordnung (EG) Nr. 1287/2006 ergebenden Pflichten mindestens einmal jährlich durch einen Prüfer – etwa Wirtschaftsprüfern oder Prüfern der Prüfungsverbände der Banken – überprüfen zu lassen. Die näheren Anforderungen an die Prüfung und den zu erstellenden Prüfbericht ergeben sich aus der Verordnung über die Prüfung der Wertpapierdienstleistungsunternehmen nach § 36 des WpHG (Wertpapierdienstleistungs-Prüfungsverordnung – WpDPV).

29 Die Meldepflichten an die BAFin werden im Wege der elektronischen Fernübertragung oder auf Datenträgern (§ 9 Abs. 2 WpHG) erfüllt. Ziel der Meldepflicht ist die Aufdeckung von Verstößen gegen das Insiderhandelsverbot (§ 14 WpHG) und die Ad-hoc-Publizitätspflicht (§ 15 WpHG). Meldepflichtig sind diejenigen Geschäfte in Wertpapieren und Derivaten, die zum Handel an einem organisierten Markt nach § 2 Abs. 5 WpHG zugelassen sind, der sich auch in einem Mitgliedstaat der Europäischen Union befinden kann. Die meldepflichtigen Kredit- und Finanzdienstleistungsinstitute haben einen Meldebogen zu erstellen, der unter anderem folgende Bestandteile enthält:
- Bezeichnung des Wertpapiers oder Derivats und die Wertpapierkennnummer,
- Datum und Uhrzeit des Abschlusses oder der maßgeblichen Kursfeststellung,
- Kurs, Stückzahl, Nennbetrag der Wertpapiere oder Derivate,
- Angaben zur Identifikation der am Geschäft beteiligten Kreditinstitute und Unternehmen,
- die Börse oder das elektronische Handelssystem der Börse, sofern es sich um ein Börsengeschäft handelt,
- ein Kennzeichen zur Identifikation des Geschäfts,
- Kennzeichen zur Identifikation des Depotinhabers,
- Kennzeichen für Auftraggeber.

Der Name des auftraggebenden Depotinhabers ist im Datensatz nicht enthalten.

30 Nach § 38 WpHG macht sich strafbar, wer entgegen einem Verbot nach § 14 WpHG ein Insiderpapier erwirbt oder veräußert, eine Insidertatsache mitteilt oder zugänglich macht oder den Erwerb oder die Veräußerung eines Insiderpapiers empfiehlt. Eine Insidertatsache ist eine nicht öffentlich bekannte Tatsache, die sich auf einen oder mehrere Emittenten von Insiderpapieren oder auf Insiderpapiere bezieht und die geeignet ist, im Fall ihres öffentlichen Bekanntwerdens den Kurs der Insiderpapiere erheblich zu beeinflussen (§ 13 WpHG).

Die BAFin stellt sehr komplexe und teilweise umfangreiche Untersuchungen darüber an, ob Anhaltspunkte für Insiderhandel vorhanden sind. Hierzu werden Ad-hoc- und sonstige Veröffentlichungen ausgewertet. Umsatz-, Kurs- und Marktanteilsauffälligkeiten weisen auf Insiderhandel hin.

Werden in einem Strafverfahren Tatsachen bekannt, die auf Missstände in dem Geschäftsbetrieb eines Wertpapierdienstleistungsunternehmens hindeuten, und hält die Strafverfolgungsbehörde Maßnahmen der Bundesanstalt für erforderlich, so sollen diese Tatsachen auch der Bundesanstalt mitgeteilt werden, soweit nicht schutzwürdige Interessen des Betroffenen überwiegen (§ 40a Abs. 5 WpHG). Darüber hinaus bestehen die Mitteilungspflichten nach § 40a Abs. 1 und 4 WpHG, Nr. 25a MiStra bei Einleitung eines Ermittlungsverfahrens wegen Straftaten nach § 38 WpHG, Anklageerhebung und rechtskräftigem Abschluss des Verfahrens.

II. Öffentliche Institutionen **31**

Die Zusammenarbeit zwischen der BAFin und den Staatsanwaltschaften bei Insider-Ermittlungsverfahren ist in verschiedener Weise möglich. So wird es zweckmäßig sein, die Fachleute der BAFin zu Vorbesprechungen über die Vorgehensweise bei den Ermittlungen beizuziehen. Diese sind auch bereit, an Durchsuchungen oder Vernehmungen teilzunehmen. Letztlich kann ihnen auch die Auswertung von Unterlagen überlassen werden.

Das Internet gewinnt im Wertpapierhandel ständig an Bedeutung, wobei – wie in anderen Bereichen auch – eine zunehmende Internationalisierung zu beobachten ist, welche die Kontrolle dieses Mediums erschwert oder ganz unmöglich macht. Die Beaufsichtigung des Wertpapierhandels über das Internet ist zum Schutz der Anleger von höchster Bedeutung. Sollten in diesem Bereich Anhaltspunkte für Straftaten vorliegen, empfiehlt sich in jedem Fall die Kontaktaufnahme durch die Strafverfolgungsbehörden mit der BAFin.

6. Bundesanstalt für Landwirtschaft und Ernährung (BLE)

Dienstsitz: Deichmanns Aue 29, 53179 Bonn
  Telefon: 0228/6845–0
  E-Mail: über das Kontaktformular unter www.ble.de/DE/12_Kontakt/kontakt_node.html
  Internet: www.ble.de

Die Bundesanstalt für Landwirtschaft und Ernährung ist zum 1.1.1995 aus dem Bundesamt für Ernährung und Forstwirtschaft und der Bundesanstalt für landwirtschaftliche Marktordnung hervorgegangen. Sie ist nunmehr eine bundesunmittelbare Anstalt des öffentlichen Rechts im Geschäftsbereich des Bundesministeriums für Ernährung, Landwirtschaft und Verbraucherschutz. Sie unterhält Standorte in Hamburg, München und Weimar.

Die BLE hat als Dienstleistungsbehörde u. a. folgende Aufgabenbereiche:
– Marktordnungsstelle für die in der Europäischen Union bestehenden gemeinsamen Marktorganisationen für landwirtschaftliche Güter,
– Zentrale Planung und Feststellung von Erzeugung, Beständen und Verbrauch aufgrund des Ernährungssicherstellungsgesetzes und des Ernährungsvorsorgegesetzes,
– Genehmigungsstelle für den grenzüberschreitenden Waren- und Dienstleistungsverkehr mit Erzeugnissen der Ernährungs-, Land- und Forstwirtschaft,
– Überwachung von Embargomaßnahmen und Kontingentregelungen für vorgenannte Erzeugnisse,
– Erteilung von Fangerlaubnissen nach § 3 Seefischereigesetz.

Die Ermittlungsbehörden können von der BLE fachspezifische Informationen erholen, worunter insbesondere das Aufzeigen von Missbrauchsgefahren oder Hintergrundinformationen fallen. Im Hinblick auf die zunehmenden Missbrauchstatbestände im Bereich der europäischen Marktordnung sollten die Ermittlungsmöglichkeiten über diese Dienststelle genutzt werden.

7. Bundeskartellamt

Dienstsitz: Kaiser-Friedrich Str. 16, 53113 Bonn
  Telefon: 0228/9499–0
  Telefax: 0228/9499–400
  E-Mail: info@bundeskartellamt.bund.de
  Internet: www.bundeskartellamt.de

Das Bundeskartellamt ist eine selbstständige Bundesoberbehörde im Geschäftsbereich des Bundesministeriums für Wirtschaft und Technologie. Mit dem Regierungsumzug wurde das Amt von Berlin nach Bonn verlagert.

Aufgabe des Bundeskartellamtes ist in erster Linie die Anwendung des Gesetzes gegen Wettbewerbsbeschränkungen (GWB), das seit dem 1.1.1958 gilt. Daneben kann es auch europäisches Wettbewerbsrecht (Artikel 101, 102 AEU, früher Artikel 81, 82 EGV) anwenden. Der freie Wettbewerb zwischen den Unternehmen stellt eine der Grundlagen der Marktwirt-

schaft dar. Allerdings besteht für unlautere Teilnehmer am Wirtschaftsleben auch der Anreiz, diesen Wettbewerb zu behindern oder auszuschalten. Dem tritt das GWB entgegen. Es will wettbewerbsbeschränkende Praktiken unterbinden und die Chancen des freien Marktes wahren. Das Bundeskartellamt verfolgt daher alle Wettbewerbsbeschränkungen, die sich in der Bundesrepublik Deutschland auswirken. Zu seinen Aufgaben gehören im Einzelnen
- die Durchsetzung des Kartellverbots,
- die Durchführung der Fusionskontrolle,
- die Ausübung der Missbrauchsaufsicht über marktbeherrschende Unternehmen,
- der Vergaberechtsschutz durch die beim Amt angesiedelten Vergabekammern.

Für die Durchsetzung des Kartellverbots und die Missbrauchsaufsicht gilt das aber nur insoweit, als die wettbewerbsbeschränkende Wirkung über ein Bundesland hinausreicht. Ansonsten sind die Landeskartellbehörden zuständig. Fusionsfälle werden jedoch ausschließlich vom Bundeskartellamt überprüft. Seit dem 1.1.1999 schützt das GWB außerdem die Bieter bei der Vergabe öffentlicher Aufträge. Befürchtet ein Bieter die Verletzung von Vergabevorschriften, kann er besondere Nachprüfungsbehörden – für den Bund eingerichtet beim Bundeskartellamt – anrufen.

34 Koordinieren mehrere konkurrierende Unternehmen ihr Verhalten auf dem Markt, um dadurch den Wettbewerb auszuschalten, liegt ein **Kartell** vor. Hier ist vor allem an Preis-, Mengen- und Gebietsabsprachen zu denken. Das Hauptaugenmerk des Amtes bei der Kartellverfolgung richtet sich gegen so genannte Hardcore-Kartelle. Hierzu gehören schwerwiegende und preistreibende Wettbewerbsbeschränkungen durch Absprachen zwischen Unternehmen über die Festsetzung von Preisen oder die Aufteilung von Märkten. Zur Bekämpfung von Kartellen hat das Amt zwei reine Kartellbeschlussabteilungen eingerichtet, die mit den entsprechenden Bußgeldverfahren beschäftigt sind. Diese werden durch die im März 2002 eingerichtete Sonderkommission Kartellbekämpfung (SKK) unterstützt. Die SKK ist unter anderem Ansprechpartner für die **Bonusregelung**, einer Art „Kronzeugenregelung" für Teilnehmer an einer verbotenen Absprache, wenn sie wesentlich zur Aufdeckung eines Kartells beitragen.

Da die Tendenz zur Globalisierung der Markt- und Wettbewerbsprozesse ständig zunimmt, gewinnt das europäische Wettbewerbsrecht verstärkt an Bedeutung. Über Wettbewerbsbeschränkungen auf europäischer Ebene entscheidet grundsätzlich die Europäische Kommission in Brüssel. Die nationale Kartellbehörde kann aber dezentral die Wettbewerbsregeln des EG-Vertrages anwenden, solange die Europäische Kommission noch kein eigenes Verfahren eingeleitet hat (§ 50 GWB).

Zur Durchsetzung des Kartellverbots hat das Bundeskartellamt nach den §§ 57 ff. GWB weitreichende **Ermittlungsbefugnisse**. Es kann von den Unternehmen Auskünfte verlangen, Geschäftsunterlagen einsehen und nach richterlicher Anordnung Unternehmen durchsuchen und Beweismittel beschlagnahmen. Die Beteiligung an einem Kartell stellt keine Straftat dar, vielmehr ist nur eine Ordnungswidrigkeit gegeben, die vom Bundeskartellamt mit hohen Geldbußen bis zu einer Million Euro geahndet werden kann (§ 81 Abs. 4 GWB). Darüber hinaus kann der erlangte wirtschaftliche Vorteil abgeschöpft werden (§ 81 Abs. 2 GWB). Auf diese Weise wurden in Einzelfällen bereits Bußgelder bis zu 330 Millionen Euro verhängt.

35 Durch das Gesetz zur Bekämpfung der Korruption vom 13.8.1997 sind allerdings die Straftaten gegen den Wettbewerb als sechsundzwanzigster Abschnitt (§§ 298 bis 302) in das StGB eingefügt worden. Insbesondere § 298 StGB stellt wettbewerbsbeschränkende Absprachen bei Ausschreibungen unter Strafe. Diese Submissionsabsprachen als Unterfälle von Kartellen sind damit der Verfolgungszuständigkeit des Bundeskartellamts entzogen. Entsteht bei den Nachforschungen des Amtes ein Anfangsverdacht für diese Straftat, ist eine Abgabe an die Staatsanwaltschaft unumgänglich. Die Ermittlungsbehörden können in diesen Fällen jedoch durch enge Zusammenarbeit mit dem Kartellamt dessen Fachkenntnisse nutzen, um die Ermittlungen zu einem schnellen und erfolgreichen Abschluss zu bringen.

Bei Preisabsprachen erstatten die Geschädigten nicht selten Strafanzeige wegen Betrugs und mitunter sogar wegen Erpressung. Müssen diese Ermittlungsverfahren gemäß § 170 Abs. 2 StPO eingestellt werden, weil ein Tatnachweis nicht geführt werden kann, ist daran

II. Öffentliche Institutionen

zu denken, diese Vorgänge dann aber zur Ahndung der Ordnungswidrigkeit gemäß § 81 GWB an die Kartellbehörde abzugeben. Die Kartellbehörde ist gemäß §§ 57 ff. GWB befugt, eigene Ermittlungen anzustellen, Durchsuchungen und Prüfungen in den Räumen des Unternehmens durchzuführen. Vor einer Abgabe des Ermittlungsvorganges gemäß § 43 Abs. 1 OWiG sollte jedoch die Frage der Zuständigkeit gemäß § 48 GWB (Bundeskartellamt oder Landeskartellbehörde) abgeklärt werden, da die Landeskartellbehörden ebenfalls im Rahmen des GWB Aufgaben erfüllen.

8. Bundeszentralamt für Steuern (BZSt)

Hauptsitz: An der Küppe 1, 53225 Bonn
  Telefon: 0228/406–0
  Telefax: 0228/406–2661
  E-Mail: poststelle@bzst.bund.de
  Internet: www.bzst.bund.de

Das Bundesamt für Finanzen wurde mit der Verabschiedung des Gesetzes zur Neuorganisation der Bundesfinanzverwaltung und zur Schaffung eines Refinanzierungsregisters zum 1.1.2006 in drei Behörden aufgeteilt. Hierbei hat das Bundeszentralamt für Steuern (BZSt) mit Hauptdienstsitz in Bonn und weiteren Dienstsitzen in Berlin, Saarlouis und Schwedt/Oder alle Aufgaben der ehemaligen Abteilungen Steuern und Bundesbetriebsprüfung übernommen. Das Bundeszentralamt ist eine Bundesoberbehörde im Geschäftsbereich des Bundesministeriums der Finanzen. Seine Aufgaben ergeben sich im Wesentlichen aus § 5 Finanzverwaltungsgesetz (FVG). Das BZSt ist in die Geschäftsbereiche Betriebsprüfung und Steuern unterteilt. Letzterer ist wiederum in drei Abteilungen untergliedert.

Die Abteilung Steuern I erledigt Aufgaben mit Bezug zur Umsatzsteuer. Hierzu gehören
– die Amtshilfe in Umsatzsteuerangelegenheiten,
– Umsatzsteuerkontrollverfahren,
– Umsatzsteuervergütung an ausländische Unternehmen,
– Umsatzsteuerbetrugsbekämpfung.

Durch den Wegfall der Grenzkontrollen an den Binnengrenzen der EG zum 1.1.1993 entfiel dort auch die Erhebung der Einfuhrumsatzsteuer. Als Ausgleich wurde das sogenannte **Umsatzsteuer-Kontrollverfahren** entwickelt, welches auf dem EDV-gestützten Informationsaustausch bestimmter Daten zwischen den Mitgliedstaaten beruht. Das BZSt ist die im Rahmen des EU-Binnenmarktes zuständige Stelle für das Umsatzsteuerkontrollverfahren.

Im Rahmen der **Umsatzsteuerbetrugsbekämpfung** betreibt das BZSt eine Datenbank zur bundesweiten Erfassung von Umsatzsteuerbetrugsfällen. Die wesentlichen Daten jedes aufgedeckten Falles des Umsatzsteuerbetrugs werden in diese Datenbank eingegeben und können auch von jedem Finanzamt abgerufen werden. So wird verhindert, dass Betrüger unerkannt bei verschiedenen Finanzämtern auftreten. Durch die Datenanalyse werden zudem frühzeitig neue Trends und Betrugsmethoden erkannt. Das BZSt unterstützt die Finanzverwaltungen im In- und Ausland ferner durch die Koordination von Prüfungsmaßnahmen in länder- und staatenübergreifenden Umsatzsteuerbetrugsfällen. Darüber hinaus unterstützt das BZSt die Länder bei der Besteuerung der Umsätze im elektronischen Handel durch die intelligente Suchmaschine „Xpider". Diese sucht im Internet nach Personen und Unternehmen, die dort Waren und Dienstleistungen anbieten. Die entsprechenden Daten werden gesammelt und regelmäßig an die zuständigen Behörden weitergeleitet.

Die Abteilung Steuern II bearbeitet vorrangig nationale Steuerthemen, wie etwa die Vergütung und Freistellung von Kapitalertragsteuern. Hier ist aber auch die Fachaufsicht beispielsweise über die Familienkassen und die Deutsche Rentenversicherung Bund angesiedelt.

Die Abteilung Steuern III des BZSt befasst sich mit den Aufgaben, die die Abzugsteuern betreffen oder die Bezug zum Ausland mit ertragsteuerlichem Schwerpunkt haben. So sind hier beispielsweise die Amtshilfe bei direkten Steuern, die zentrale Anlaufstelle für ausländische Investoren, die Rechtshilfe und die **Informationszentrale für steuerliche Auslandsbeziehungen (IZA)** angesiedelt. Die IZA unterstützt die Finanzbehörden bei der Aufklärung von Sachverhalten in der ganzen Welt. Sie besitzt Informationen über ausländische Kapitalgesellschaften und die Rechtsprechung zur Beurteilung von Auslandsbeziehungen. Auch zur Besteuerung von Inländern mit Auslandseinkünften, zur steuerlichen Betriebsprüfung großer Unternehmen und zur Bekämpfung der illegalen Beschäftigung im Baugewerbe durch Bestätigung der Freistellungsbescheinigungen leistet die IZA wichtige Beiträge.

Bei der IZA handelt es sich um eine der wichtigsten Auskunftsstellen bei der Bearbeitung von Wirtschafts-, insbesondere Zoll- und Steuerstraftaten, die unter der Mitwirkung und dem Tarnmantel ausländischer Firmen oder Personen verübt wurden. Diese Dienststelle verfügt über die zentrale Sammlung und Auswertung von Unterlagen über steuerliche Auslandsbeziehungen bzw. die Verbindungen von ausländischen Firmen zu Inländern. Gerade bei Fiskaldelikten können Erkenntnisse dieser Stelle dann von ausschlaggebender Bedeutung sein, wenn im Wege zwischenstaatlicher Rechtshilfe eine Aufklärung nicht zu erlangen war. Für diesen Zweck sammelt das Amt insbesondere Informationen über die Qualifizierung ausländischer Gesellschaften als Briefkasten- oder Zwischengesellschaften. Diese Informationen können von Justizbehörden auch bei der Aufklärung außersteuerlicher Sachverhalte abgefragt werden. Anfragen sollten mit einer kurzen Darstellung des Sachverhaltes schriftlich an das Bundeszentralamt für Steuern gerichtet werden.

Einen besonderen Stellenwert erlangt die IZA bei der Bekämpfung der illegalen Arbeitnehmerüberlassung. Sie kann nämlich im Wege der Rechts- und Amtshilfe mit ausländischen Finanzbehörden, insbesondere auch mit den früheren Ostblockstaaten, Informationen über die illegal im Bundesgebiet beschäftigten Ausländer erhalten (Verzeichnis über Vermittler, Arbeitnehmer, Sozialversicherungsbeiträge und Dauer der Abwesenheit im Heimatland). Damit kann auch die Dauer des Aufenthalts in Deutschland festgestellt werden, die für die Anwendung des deutschen Steuerrechts von Bedeutung sein kann.

9. Deutsches Patent- und Markenamt (DPMA)

Dienstsitz: Zweibrückenstr. 12, 80331 München
Postanschrift: Deutsches Patent- und Markenamt, 80297 München
Telefon: 089/2195–0
Telefax: 089/2195–2221
E-Mail: info@dpma.de
Internet: www.dpma.de

39 Das Deutsche Patent- und Markenamt (bis 31.10.1998: Deutsches Patentamt) ist die Zentralbehörde auf dem Gebiet des gewerblichen Rechtsschutzes in Deutschland. Es ist eine dem Bundesministerium der Justiz nachgeordnete Bundesoberbehörde mit Hauptsitz in München und Dienststellen in Jena und Berlin. Das Amt ist in fünf Hauptabteilungen gliedert.

Die Hauptabteilungen I/1 und I/2 (Patente) sind mit der Prüfung von Patentanmeldungen und mit Recherchen zum Stand der Technik befasst. Das Patent gibt dem Inhaber für eine begrenzte Zeit das Recht, über seine Erfindung allein zu verfügen.

Durch die Hauptabteilung II (Information) wird die Öffentlichkeit über gewerbliche Schutzrechte informiert, zum Beispiel zum Procedere einer Schutzrechtsanmeldung. Zudem kann auf eine Präsenzbibliothek mit ca. 1,1 Millionen Veröffentlichungen und elektronisch auf über 73 Millionen Patentdokumente zurückgegriffen werden. Ferner ist die Abteilung für Planung, Betrieb und Entwicklung der Informationstechnologien, wie etwa der elektronischen Schutzrechtsakte, zuständig. Zur Abteilung II gehört auch das Technische Informationszentrum Berlin (TIZ). Dieses bietet ein umfassendes Informationsangebot zu allen gewerblichen Schutzrechten und Normen.

Die Hauptabteilung III (Marken und Muster) beschäftigt sich mit dem Markenschutz, der nicht dem technischen Bereich der Patente zuzuordnen ist. Eine Marke ist ein Kennzeichen für eine Ware oder eine Dienstleistung eines Unternehmens und dient zu deren Unterscheidung von Waren oder Dienstleistungen anderer Unternehmen. Marken gewinnen als Mittel der Identifikation von Waren und Dienstleistungen ständig an Bedeutung. Neben der Prüfung, Eintragung und Verwaltung nationaler Marken nimmt die Abteilung auch internationale Markenanmeldungen entgegen. Die Abteilung ist weiterhin für Gebrauchsmuster, Geschmacksmuster und Topografien zuständig. Unter einem **Gebrauchsmuster** ist ebenfalls ein Schutzrecht für technische Erfindungen – wie beim Patent – zu verstehen. Es kann für technische Gegenstände (z. B. Geräte, technische Anlagen, chemische Stoffe usw.) beantragt werden, gewährt aber – im Gegensatz zum Patent – keinen Schutz für Verfahrensabläufe (z. B. Produktionsverfahren, Messprozeduren usw.). Ein **Geschmacksmuster** schützt die räumliche Gestaltung oder die Gestaltung der Oberfläche eines Erzeugnisses. Bei **Topografien** handelt es sich um dreidimensionale Strukturen von mikroelektronischen Halbleitererzeugnissen nach dem Halbleiterschutzgesetz (z. B. Mikrochips).

Die Hauptabteilung IV nimmt zentrale Verwaltungsaufgaben wahr und bearbeitet die allgemeinen Rechtsfragen des in- und ausländischen Rechtsschutzes.

Die Ermittlungsbehörden (Staatsanwaltschaft, Polizei; bei Steuerstraftaten auch Finanzbehörden, insbesondere Steuer- und Zollfahndung) können kostenlos Informationen über Schutzrechte im Wege der Amtshilfe verlangen. Dem DPMA ist es allerdings nach § 58 Abs. 2 MarkenG, § 29 Abs. 2 PatG untersagt, Rechtsauskünfte zu erteilen. Das Verbot gilt auch für Anfragen von Behörden. So ist das DPMA beispielsweise nicht befugt, sich zur Schutzfähigkeit einzelner Anmeldungen oder zur Wirksamkeit von Übertragungsverträgen oder Lizenzverträgen zu äußern. Nicht unter das Verbot fallen allgemeine Auskünfte über tatsächliche Umstände. Das DPMA gibt daher zum Beispiel Auskunft darüber, ob eine von den Ermittlungsbehörden bezeichnete Person Inhaber von Schutzrechten ist beziehungsweise Schutzrechte angemeldet hat oder welche Person der Inhaber eines von den Ermittlungsbehörden bezeichneten Schutzrechtes ist. Es teilt auch mit, ob eine Umschreibung von Schutzrechten auf eine andere Person erfolgte. Hingegen kann das DPMA keine Auskunft darüber geben, ob Schutzrechte auf Dritte übertragen wurden, da Schutzrechte unabhängig von einer Eintragung in das Register übertragen werden können.

Das DPMA ist nur unter den Voraussetzungen des § 58 Abs. 1 MarkenG, § 29 Abs. 1 PatG befugt, Gutachten abzugeben. Hiernach können Gerichte oder Staatsanwaltschaften das DPMA hinzuziehen, wenn in dem Verfahren voneinander abweichende Gutachten mehrerer Sachverständiger vorliegen. In der Praxis kommt der Abgabe eines Gutachtens durch das DPMA wenig Bedeutung zu.

10. Grenzpolizeiliche Kontaktstellen

Die Zusammenarbeit zwischen Staatsanwaltschaft und Polizei gehört zum täglichen Geschäft bei der Aufklärung von (Wirtschafts-)Straftaten und braucht hier daher nicht näher erörtert zu werden. In Fällen von grenzüberschreitender Kriminalität soll jedoch an eine weitere Möglichkeit erinnert werden, neben dem Weg der Internationen Rechtshilfe, ggf. unter Einschaltung von internationalen Institutionen wie Eurojust oder dem Europäischen Justiziellen Netz, schnell an Informationen zu gelangen. Um die Zusammenarbeit mit den Ermittlungsbehörden unserer Nachbarländer zu verbessern, wurden verschiedene Kontaktstellen geschaffen, die Unterstützung bei der Aufklärung und Bekämpfung von Kriminalität in den Grenzgebieten leisten. Die konkreten Formen der Zusammenarbeit sind dabei jeweils in bilateralen Abkommen festgelegt. Hilfestellungen können beispielsweise geleistet werden durch:
– Halter-, Eigentümer- und Führerfeststellungen von Fahrzeugen,
– Informationen zu Führerscheinen und Fahrzeugpapieren sowie vergleichbaren Genehmigungen und Dokumenten,
– Aufenthalts- und Wohnsitzfeststellungen,
– Feststellungen von Telefon-, Telefax-, Telex- und Internetanschlussinhabern,
– Informationen über die Herkunft von Sachen, beispielsweise von Schusswaffen, Straßen-, Wasser- und Luftfahrzeugen.
  Zu nennen sind insoweit folgende Kontaktstellen:
– das Gemeinsame Zentrum der deutsch-polnischen Polizei- und Zollzusammenarbeit mit Dienstsitz in Słubice (Polen),
– das Gemeinsame Zentrum der deutsch-tschechischen Polizei- und Zollzusammenarbeit mit Dienstsitz in Schwandorf,

31 31. Kapitel. Zusammenarbeit der Ermittlungsbehörden mit anderen Institutionen

- das Gemeinsame Zentrum der deutsch-französischen Polizei- und Zollzusammenarbeit mit Dienstsitz in Kehl,
- das Gemeinsame Zentrum der grenzüberschreitenden Polizei- und Zollzusammenarbeit zwischen Deutschland, Luxemburg und Belgien mit Dienstsitz in Luxemburg,
- die Gemeinsame Verbindungsstelle Niederlande mit Dienstsitz in Goch-Hommersum,
- die Bürogemeinschaft Padborg mit Dienstsitz in Padborg (Dänemark).

11. Industrie- und Handelskammern (IHK)

E-Mail: info@dihk.de
Internet: www.dihk.de

42 Bei den Industrie- und Handelskammern handelt es sich um Körperschaften des öffentlichen Rechts, die im gesamten Bundesgebiet gleichartig organisiert sind und der Förderung der gewerblichen Wirtschaft dienen. Die rechtliche Grundlage ergibt sich aus dem Gesetz zur vorläufigen Regelung des Rechts der Industrie- und Handelskammern (IHKG). Alle deutschen Unternehmen im Inland – ausgenommen Handwerksbetriebe, freie Berufe und landwirtschaftliche Betriebe – sind per Gesetz Mitglied der Kammern. Derzeit gibt es in Deutschland 80 Industrie- und Handelskammern und als gemeinsame Spitzenorganisation den Deutschen Industrie- und Handelskammertag (DIHK, Breite Straße 29, 10178 Berlin).

Zu den **Aufgaben** der IHK gehören u. a.
- Wahrnehmung des Gesamtinteresses der ihnen zugehörigen Gewerbetreibenden,
- Förderung der gewerblichen Wirtschaft,
- Wahrung von Anstand und Sitte des ehrbaren Kaufmanns,
- Ausstellung von Ursprungszeugnissen und anderen dem Wirtschaftsverkehr dienenden Bescheinigungen,
- Benennung und Vereidigung von Sachverständigen,
- Durchführung von Fort- und Weiterbildungen mit anerkannten IHK-Abschlüssen,
- Sicherung des fairen Wettbewerbs.

Zur Erfüllung ihrer Aufgaben wenden sich die Kammern auch an Behörden und Gerichte. Sie äußern sich in Gutachten, Vorschlägen, Stellungnahmen und Berichten zu Fragen des Handels- und Wirtschaftsrechts, des Haushalts- und Steuerwesens, der Industrie, der Aus- und Weiterbildung sowie des Außenhandels. Schon aufgrund der bestehenden Richtlinien (Nr. 260c RiStBV) hat der Staatsanwalt mit den unabhängigen und das Allgemeininteresse wahrnehmenden Kammern bei unlauteren Wettbewerbsmethoden von örtlicher Bedeutung Verbindung aufzunehmen. Die Kontaktpflege sollte intensiviert werden.

43 Auf dem Gebiet des **Wettbewerbsrechts** verfügt die jeweilige IHK über umfangreiche Kenntnisse. Bei Anfragen, die Probleme der strafbaren Werbung beinhalten, wird sie nicht nur ihre eigene Stellungnahme, sondern auch noch eine Vielzahl von Fundstellen aus Rechtsprechung und Literatur zum aufgeworfenen Fragenkreis übermitteln können.

Im **Insolvenzverfahren** kann der zuständigen IHK im Berichtstermin nach § 156 InsO Gelegenheit zur Äußerung zum Bericht des Insolvenzverwalters über die wirtschaftliche Lage des Schuldners, deren Ursachen und die Möglichkeiten zu ihrer Beseitigung gegeben werden. Diese Äußerungen können aufgrund der Sachkompetenz der Kammern auch für ein Strafverfahren von Bedeutung sein.

Schließlich befinden sich oftmals bei den Kammern Unterlagen, die für die Beurteilung der **Kaufmannseigenschaft** eines Beschuldigten wichtig sind. Häufig hat er gegenüber der IHK Erklärungen über Art, Umfang und Beginn seines Gewerbes abgegeben.

Eine besondere Bedeutung kann der DIHK bei Auslandsermittlungen erlangen, denn er betreut in ca. 80 Ländern anerkannte deutsche Auslandshandelskammern (www.ahk.de). Eine Vertretung des DIHK wird auch bei der Europäischen Union in Brüssel unterhalten. Auf diesem Wege sind Auskünfte zu Fragen ausländischen Zivilrechts zu erlangen.

Nach § 73 Abs. 2 StPO sind andere Personen als öffentlich bestellte Sachverständige nur dann zu Begutachtungen hinzuzuziehen, wenn besondere Umstände es erfordern. Die Kammern unterhalten ein umfassendes **Verzeichnis öffentlich bestellter und vereidigter**

II. Öffentliche Institutionen **31**

Sachverständiger. Sie werden daher in der Regel in der Lage sein, einen geeigneten Sachverständigen für alle in der Praxis auftretenden Fälle zu benennen. Zudem bieten sie unter **www.svv.ihk.de** eine gute Recherchemöglichkeit nach geeigneten Sachverständigen in Internet. Ist die Beauftragung von EDV-Sachverständigen zur Beweissicherung gespeicherter Daten erforderlich, kann über eine vom DIHK erstellte Liste ein örtlich verfügbarer EDV-Sachverständiger in Erfahrung gebracht werden.

12. Informationszentrale für den Steuerfahndungsdienst beim Finanzamt Wiesbaden II, IZ-Steufa

Dienstsitz: Dostojewskistr. 8, 65187 Wiesbaden
   Telefon: 0611/813–0
   Telefax: 0611/813–2000
   E-Mail: poststelle@Finanzamt-Wiesbaden-2.de

Am 27.10.1977 haben die Bundesländer eine Verwaltungsvereinbarung getroffen, nach der **44** das Hessische Finanzministerium beim Finanzamt Wiesbaden II eine Informationszentrale für den Steuerfahndungsdienst eingerichtet hat. Bei dieser Dienststelle können Auskünfte darüber eingeholt werden, ob und bei welcher Steuerfahndungs- oder Strafsachenstelle der Finanzämter Vorgänge über bestimmte Personen und Firmen vorhanden sind. Mobile Täter wechseln oft den Niederlassungsort ihrer Firma oder nehmen Umgründungen vor, um immer wieder unentdeckt gleichartige Steuerdelikte verüben zu können. Ohne Kenntnis der Zusammenhänge ist oft ein Tatnachweis nicht möglich. Die Informationen aus Wiesbaden, die zehn Jahre aufbewahrt werden, können häufig zu Ermittlungserfolgen führen.

Die einzelnen Steuerfahndungs- und Strafsachenstellen sollten aber stärker als bisher dazu angehalten werden, ihre Erkenntnisse nach Wiesbaden zu melden, um die in der Praxis festgestellten Lücken in den Unterlagen zu beseitigen. Grundsätzlich sollten von diesen Stellen alle Fälle mit überregionaler Bedeutung gemeldet werden.

13. Landesgewerbeanstalt Bayern (LGA)

Dienstsitz der LGA-Hauptstelle Nürnberg: Tillystr. 2, 90431 Nürnberg
   Telefon: 0911/817 71–0
   Telefax: 0911/655 42 35
   E-Mail: lga@lga.de
   Internet: http://lga.de/lga/index_de.shtml

Die Landesgewerbeanstalt stellt eine bayerische Besonderheit dar. Sie ist eine Körperschaft **45** des öffentlichen Rechts, deren Rechtsstellung und Unternehmensverfassung durch eine staatsaufsichtlich genehmigte Satzung geregelt ist. Sie untersteht der Rechtsaufsicht der Regierung von Mittelfranken. Der Hauptsitz befindet sich in Nürnberg; in Deutschland, jedoch vornehmlich in Bayern, bestehen 30 Zweig- und Außenstellen. Weltweite Verbindungen durch Büros und Partner sind vorhanden. Der Zweck der LGA und der privatrechtlich organisierten Gesellschaften ihrer Gruppe besteht in der Unterstützung von Unternehmen in allen Wirtschaftsbereichen sowie von privaten und öffentlichen Auftraggebern in deren Bemühen um Sicherheit, Qualität, Umweltschutz und Verbesserung der Wettbewerbsfähigkeit auf nationalen und internationalen Märkten. Dazu führt die Landesgewerbeanstalt neutrale und unabhängige wissenschaftliche Untersuchungen, Forschungsaufgaben, Begutachtungen, Überwachungen und Zertifizierungen nach neuestem Stand von Wissenschaft und Technik durch. Zur Erfüllung ihrer Aufgaben unterhält sie Prüfstellen, Prüfämter, Versuchsanstalten, Informations- und Dokumentationsstellen sowie Patentschriften- und Normenauslegestellen.

Von den Strafverfolgungsbehörden können die LGA und ihre Tochterunternehmen hauptsächlich als Auskunftsstellen und zur Gutachtenserstattung auf den Gebieten des Bauwesens, des Umweltschutzes, des Verbraucherschutzes und der Wirtschaftsförderung herangezogen werden. Im Einzelnen werden u. a. folgende Leistungen erbracht:
– bautechnische Prüfungen,

31. Kapitel. Zusammenarbeit der Ermittlungsbehörden mit anderen Institutionen

- Materialprüfungen im Bauwesen,
- Gutachten im Umweltschutzbereich,
- Gutachten zu (Rüstungs-) Altlasten,
- geotechnische Untersuchungen,
- Produktprüfungen,
- technische Informationen.

Die LGA unterhält auch Notdienste, die bei Schäden an Gebäuden, Bauunfällen, Bränden und Explosionen sowie bei Verunreinigungen von Luft und Wasser zur unmittelbaren Beurteilung hinzugezogen werden können.

13. Nachrichtendienste

46 Die mit der Werks- und Betriebsspionage verbundene Ausforschung von Produktions- und Geschäftsgeheimnissen wird nicht selten von ausländischen Staaten gesteuert. Dies trifft teilweise auch auf den internationalen Schmuggel zu, an dem gewisse Staaten partizipieren. Die durch derartige Warengeschäfte erlangten Gelder dienen dann auch der Unterstützung einschlägiger Agenten oder subversiver Gruppen. Der Hintergrund solcher Aktionen kann weder durch den Staatsanwalt noch durch die Kriminalpolizei aufgehellt werden. Der Verfassungsschutz kann in geeigneten Fällen jedoch innerhalb des gesetzlich gezogenen Rahmens präventiv zur Aufklärung von Sachverhalten tätig werden, die seinen Zuständigkeitsbereich betreffen. Dabei sind auch der Einsatz von V-Leuten, die Durchführung von Observationen sowie die Überwachung des Brief- und Fernmeldeverkehrs möglich.

Es ist deshalb unerlässlich, bei einschlägigem Verdacht den Verfassungsschutz und jene Stellen zu verständigen, die sich mit der Abwehr von Wirtschaftsspionen befassen. Derartige Kontakte können für das Ermittlungsverfahren von ausschlaggebender Bedeutung sein. Hintermänner, Firmenverflechtungen, Beziehungen zu Domizilfirmen, Erkenntnisse aus anderen Verfahren werden mitunter benannt und zugänglich gemacht. Bei diesen Stellen liegen auch Unterlagen darüber vor, welche innerdeutschen Firmen vom Ausland beherrscht, gesteuert und als reine Anlauf- und Tarnstellen eingerichtet wurden. Grundsätzlich können die Erkenntnisse des Verfassungsschutzes von den Staatsanwaltschaften als gerichtsverwertbares Beweismaterial verwendet werden. Bestimmte Informationen werden jedoch der öffentlichen Verwertung nicht zugänglich sein, bieten aber die Plattform für geeignete weitere Ermittlungen.

Die Nachrichtendienste werden auch zur Bekämpfung der internationalen organisierten Kriminalität eingesetzt. Die Vorfeldaufklärung umfasst das Identifizieren und die Aufklärung von Verbindungen zwischen Organisierter Kriminalität und Wirtschaft. In erster Linie können neue Methoden der Geldwäsche, des Drogenhandels und der illegalen Migration aufgedeckt werden.

14. Zollkriminalamt (ZKA)

Dienstsitz: Bergisch Gladbacher Str. 837, 51069 Köln
  Postanschrift: Postfach 85 05 62 51030 Köln
  Telefon: 0221/672–0
  Telefax: 0221 672–4500
  E-Mail: poststelle@zka.bfinv.de
  Internet: www.zollkriminalamt.de

47 Für die Strafverfolgungsbehörden ist es alltäglich, entweder unmittelbar oder unter Einschaltung der örtlichen Kriminalpolizei mit den Landeskriminalämtern und dem Bundeskriminalamt in Wiesbaden zusammenzuarbeiten. Daher kann von einer Erörterung der Einsatzmöglichkeiten dieser Behörden abgesehen werden. Hingegen sind in der Praxis die Aufgabenbereiche des Zollkriminalamtes (ZKA) und dessen hervorragende Mitwirkungsmöglichkeiten bei der Aufklärung von Wirtschaftsstraftaten nicht hinreichend bekannt.

II. Öffentliche Institutionen

Vorgänger des ZKA war das 1952 errichtete Zollkriminalinstitut. In seiner jetzigen Rechtsform als Bundesmittelbehörde im Fachbereich des Bundesministeriums der Finanzen existiert das ZKA seit 1992. Es hat seinen Hauptsitz in Köln und einen Dienstsitz in Berlin.

Durch das Gesetz zur Änderung des Finanzverwaltungsgesetzes und anderer Gesetze vom 7.7.1992 wurden die Aufgaben des ZKA wesentlich erweitert. Durch das Gesetz zur Neuregelung des Zollfahndungsdienstes vom 16.8.2002, in Kraft getreten am 24.8.2002, wurden im Zuge der Neustrukturierung der gesamten Zollverwaltung und des Zollfahndungsdienstes auch die Aufgaben des Zollkriminalamts neu geregelt (§§ 3 ff. Zollfahndungsdienstgesetz = ZFdG). Insbesondere wurden die bisher den Oberfinanzdirektionen unterstellten Zollfahndungsämter (Berlin, Dresden, Essen, Frankfurt/Main, Hamburg, Hannover, München und Stuttgart) unmittelbar dem Zollkriminalamt zugeordnet (§ 1 ZFdG). Es ist nunmehr die Zentralstelle des Zollfahndungsdienstes und darüber hinaus für das Auskunfts- und Nachrichtenwesen der gesamten Zollverwaltung (§ 2 ZFdG). In Fällen von besonderer Bedeutung kann das Zollkriminalamt die Aufgaben der Zollfahndungsämter auf dem Gebiet der Strafverfolgung wahrnehmen und die Ermittlungen selbst durchführen (§ 4 Abs. 1 ZFdG).

Zu den **Aufgaben** des ZKA gehören u. a.:
– Unterstützung der Zollfahndungsämter und anderer Dienststellen der Zollverwaltung bei der Sicherung des Steueraufkommens sowie bei der Verfolgung und Verhütung von Straftaten und Ordnungswidrigkeiten nach der Abgabenordnung und anderen Gesetzen,
– Sammeln von Informationen für den Zollfahndungsdienst, Auswertung und Unterrichtung der Zollfahndungsämter und anderer Zollstellen,
– Mitwirkung bei der Bekämpfung des illegalen Technologietransfers (frühzeitige Erkennung und Verhinderung von Warenzulieferungen für Projekte zur Herstellung oder Entwicklung von Massenvernichtungswaffen oder sonstigen Kriegswaffen, sog. Proliferation),
– Überwachung des Brief-, Post- und Fernmeldeverkehrs zur Verhütung von Straftaten nach dem Außenwirtschaftsgesetz und dem Kriegswaffenkontrollgesetz,
– Mitwirkung bei der Überwachung des Wirtschaftsverkehrs mit fremden Wirtschaftsgebieten im Rahmen der Proliferationsbekämpfung. Hier ist eine enge Zusammenarbeit mit dem Bundesamt für Wirtschaft und Ausfuhrkontrolle (siehe oben Ziff. 4) erforderlich,
– Überwachung von Sanktionsmaßnahmen der Vereinten Nationen, wobei alle Handels- und Kapitalgeschäfte, die auf eine Beteiligung von Embargostaaten hindeuten, überprüft werden,
– Mitwirkung bei der Bekämpfung des Subventionsbetrugs im Agrarbereich,
– Zentralstelle für den Informationsaustausch bei der Bekämpfung des Rauschgiftschmuggels durch die Zollverwaltungen in Europa im Landstraßen-, Luftfracht- und Seeverkehr,
– Überwachung des Verkehrs mit Grundstoffen, die für die unerlaubte Herstellung von Betäubungsmitteln missbraucht werden können,
– Bekämpfung der Geldwäsche durch eine „Gemeinsame Finanzermittlungsgruppe Bundeskriminalamt/Zollkriminalamt",
– Zentralstelle des Zollfahndungsdienstes für den Bereich der internationalen Amts- und Rechtshilfe,
– Koordinierung und Lenkung von Ermittlungen der Zollfahndungsämter in Fällen von überörtlicher Bedeutung.

Die Fülle der geschilderten Aufgabenbereiche verdeutlicht die Einsatz- und Mitwirkungsmöglichkeiten dieser Behörde. Bei Zollvergehen und Verstößen gegen das Außenwirtschaftsgesetz und gegen Marktordnungsregelungen wird über die jeweiligen Zollfahndungsämter eine Verbindung zum Zollkriminalamt hergestellt.

Beim Zollkriminalamt werden verschiedene EDV-Systeme geführt, in denen Informationen über Straftaten und Ordnungswidrigkeiten im Zuständigkeitsbereich der Zollverwaltung gespeichert sind und die insbesondere der Bekämpfung des internationalen Rauschgiftschmuggels dienen.

Daneben werden vielfältigste kriminaltechnische Untersuchungen, wie z. B. Urkundenuntersuchungen (Handschriften, Maschinenschriften, Druckerzeugnisse) und Untersuchungen von Betäubungsmitteln aller Art durchgeführt. Untersuchungsaufträge werden im Wege der Amtshilfe auch für Staatsanwaltschaften und Gerichte erledigt.

Das ZKA hat sich zu einer schlagkräftigen Strafverfolgungsbehörde entwickelt, die sich in erster Linie der Bekämpfung der organisierten Kriminalität widmet. Es existiert dort ein ständiges Lagezentrum, spezielle Organisationseinheiten beschäftigen sich mit V-Leuten, Zeugenschutz und der Koordinierung von kontrollierten Rauschgiftlieferungen. Das Amt verfügt über Fachleute auf den Gebieten der Computer- und Hochtechnologie sowie für atomare, biologische und chemische Waffen. 1997 wurde die „Zentrale Unterstützungsgruppe Zoll (ZUZ)" eingerichtet, die zum Schutz der Zollfahnder bei besonderen Gefährdungssituationen, z. B. beim Zusammentreffen mit gewaltbereiten Tätern, eingesetzt wird und von den Zollfahndungsämtern angefordert werden kann.

III. Private Institutionen

49 Die folgende Aufzählung erfasst nicht annähernd alle privaten Organisationen und Stellen, deren Hilfe und Fachwissen in Ermittlungsverfahren in Anspruch genommen werden können. Jede Ermittlungsbehörde wird im Einzelfall möglicherweise einen anderen Weg gehen und ihre speziellen Kontakte nutzen.

1. Telekommunikationsanbieter

50 Bei der Überwachung der Telekommunikation ist zu unterscheiden zwischen der Auskunft über Bestandsdaten, Verbindungsdaten und Inhaltsdaten.

Bestandsdaten sind Informationen, die für die Abwicklung des Telekommunikationsverkehrs gespeichert werden. Hierzu gehören u. a. der Inhaber einer Telefonnummer, einer E-Mail-Adresse oder einer Internet-Adresse. Auch die Zugangskennungen zu einem Internetprovider sind Bestandsdaten (§§ 111, 112 TKG). Für Anbieter von Telemedien (also beispielsweise eBay, Youtube oder Facebook) findet sich die Regelung über die Bestandsdaten in § 14 Telemediengesetz (TMG).

Gemäß § 111 Abs. 1 Telekommunikationsgesetz (TKG) sind Anbieter von Telekommunikationsleistungen verpflichtet, Kundendateien zu führen, in die folgende Informationen aufzunehmen sind, und zwar auch dann, wenn sie nicht in ein Teilnehmerverzeichnis eingetragen sind:
– die Rufnummern und andere Anschlusskennungen; Rufnummernkontingente, die zur weiteren Vermarktung oder Nutzung an andere vergeben werden, sowie bei portierten Rufnummern die aktuelle Portierungskennung,
– bei E-Mail-Adressen die Kennungen der elektronischen Postfächer und den Inhaber des elektronischen Postfachs,
– Name und Anschrift des Anschlussinhabers, einschließlich des Geburtsdatums bei natürlichen Personen,
– bei Festnetzanschlüssen auch die Anschrift des Anschlusses,
– in Fällen, in denen neben einem Mobilfunkanschluss auch ein Mobilfunkendgerät überlassen wird, die Gerätenummer dieses Gerätes,
– das Datum des Vertragsbeginns.

Zur Vermeidung von Interessenkonflikten sollen die Daten von den Sicherheitsbehörden grundsätzlich nicht direkt bei den Verpflichteten abgefragt werden, obwohl dies in der Praxis häufig doch so gehandhabt wird. Die aktuellen Kundendateien nach § 111 TKG sind vielmehr in der Form verfügbar zu halten, dass die **Bundesnetzagentur** für Elektrizität, Gas, Telekommunikation, Post und Eisenbahnen (Adresse der zuständigen Stelle: Canisiusstr. 21, 55122 Mainz; für Auskunftsersuchen: Postfach 8001, 55003 Mainz), einzelne Daten oder Datensätze in einem von ihr automatisierten Verfahren abrufen kann (§ 112 TKG).

Die Verpflichteten haben durch technische und organisatorische Maßnahmen sicherzustellen, dass ihnen Abrufe nicht zur Kenntnis gelangen können. Auskünfte aus den Kundendateien werden gemäß § 112 Abs. 2 TKG von der Bundesnetzagentur auf Anfrage jederzeit unentgeltlich erteilt
– an Gerichte, Staatsanwaltschaften und sonstige Strafverfolgungsbehörden,

III. Private Institutionen

- an Polizeibehörden für Zwecke der Gefahrenabwehr,
- an Zollfahndungsämter für Zwecke eines Strafverfahrens sowie an das Zollkriminalamt zur Vorbereitung und Durchführung von Maßnahmen nach § 39 AWG,
- an Nachrichtendienste zur Erfüllung ihrer gesetzlichen Aufgaben.

Dabei prüft die Bundesnetzagentur die Zulässigkeit der Übermittlung nur, wenn hierzu ein besonderer Anlass besteht. Die Verantwortung für die Zulässigkeit der Übermittlung trägt die abrufende Behörde. Für den Verfahrensablauf sind den Ermittlungsbehörden standardisierte Formblätter zur Verfügung gestellt worden. Telefonische Anfragen werden aus Sicherheitsgründen von der Bundesnetzagentur nicht angenommen.

Verbindungsdaten bzw. Verkehrsdaten betreffen die Frage, wann, wie lange, von wo aus und mit wem unter welcher Telefonnummer Telekommunikation durchgeführt wurde. Hierzu gehört auch, wann jemand bei seinem Internetprovider mit welcher Benutzerkennung und welcher dynamischen IP-Adresse eingeloggt war (§§ 100g, h StPO). 51

Grundlage der Speicherung von Verbindungsdaten und deren Erhebung für Ermittlungsverfahren waren die §§ 113a und 113b TKG sowie § 100g Absatz 1 Satz 1 StPO. Nach § 113 TKG hatten Telekommunikationsdiensteanbieter Verkehrsdaten (bspw. Rufnummer der beteiligten Anschlüsse und Beginn und Ende der Verbindung) für sechs Monate zu speichern. Das Bundesverfassungsgericht hat in einem Urteil vom 2.3.2010 (Az.: 1 BvR 256/08) entschieden, dass die §§ 113a und 113b TKG sowie § 100g Absatz 1 Satz 1 StPO, soweit danach Verkehrsdaten nach § 113a TKG erhoben werden dürfen, wegen Verstoßes gegen Art. 10 GG nichtig sind.

Trotz verbindlicher Vorgaben der EU-Richtlinie 2006/24/EG, wonach die Mitgliedstaaten der Europäischen Union verpflichtet sind, nationale Gesetze zu erlassen, nach denen bestimmte Daten, die bei der Bereitstellung und Nutzung öffentlicher elektronischer Kommunikationsdienste anfallen, von den Diensteanbietern mindestens sechs Monate auf Vorrat gespeichert werden müssen, besteht derzeit keine Rechtsgrundlage für die Speicherung von Verkehrsdaten. Den Ermittlungsbehörden steht damit ein Zugriff auf Verkehrsdaten, die in der Vergangenheit angefallen sind, (derzeit) nicht zur Verfügung. Allerdings ist gemäß § 100g Abs. 1 StPO die Erhebung *zukünftig* anfallender Verkehrsdaten nach wie vor möglich; das Urteil des Bundesverfassungsgerichts vom 2.3.2010 steht dem nicht entgegen.

Ferner ist zu überlegen, ob die Ermittlungen auch durch die **Rechnungsdaten** erfolgreich vorangetrieben werden können. Grundlage der Speicherung dieser Daten sind §§ 96, 97 TKG; Grundlage für ein Herausgabeverlangen ist § 100g StPO. Auch insoweit hat das Urteil des Bundesverfassungsgerichts keine Auswirkungen.

Zu den **Inhaltsdaten der Telekommunikation** gehört nicht nur die Überwachung von Telefongesprächen, sondern auch des Inhalts jeder elektronischen Kommunikation, also auch des laufenden Surfens im Internet, des E-Mail-Verkehrs oder des Versendens von SMS per Handy. Ein Zugriff durch die Ermittlungsbehörden ist unter den Voraussetzungen der §§ 100a, b StPO möglich. 52

Ersuchen bezüglich der Durchführung von Telefonüberwachungsmaßnahmen (§ 100a StPO) müssen unter Vorlage eines richterlichen Beschlusses an den jeweiligen Anbieter direkt gerichtet werden. In diesem Zusammenhang ist § 12 Abs. 2 der Telekommunikationsüberwachungsverordnung (TKÜV) von besonderer Bedeutung. Danach muss binnen **einer Woche** nach Übersendung einer Kopie per Fax oder E-Mail das Original des Beschlusses oder eine beglaubigte Abschrift bei dem Verpflichteten vorliegen, da dieser ansonsten die Überwachungsmaßnahmen abschaltet.

Seit der Aufhebung des Fernmeldemonopols bieten neben der aus der früheren Bundespost stammenden Telekom auch andere private Netzbetreiber Telekommunikationsleistungen an. 53

Die Adressen der vier bedeutendsten deutschen Mobilfunk-Netzbetreiber lauten:

T-Mobile Deutschland (D1)
- Servicezentrale -
Gartenstraße 217
48147 Münster
Telefax: 0180 1 88 12 66

Vodafone (D2)
VRSA/Unternehmenssicherheit-Behördenauskünfte
Ferdinand-Braun-Platz 1
40549 Düsseldorf
Telefon: 0211/5330

E-Plus Mobilfunk GmbH (E+)
Abteilung SIA
E-Plus-Str. 1
40472 Düsseldorf
Telefax: 0211/448–4750

Telefonica (O2) (Germany) GmbH & Co. OHG (O2)
Special Services
Georg-Brauchle-Ring 23–25
80992 München
Telefon: 0176 888 22 635
Telefax: 0176 888 22 637

54   Immer öfter sind in Ermittlungsverfahren auch Telekommunikationsdaten von Bedeutung, welche nicht bei deutschen Providern anfallen. Zu nennen sind hier Daten, die beispielsweise bei Unternehmen wie eBay, Facebook oder Google in den USA gespeichert sind. Für den Staatsanwalt stellt sich somit die Frage, ob und auf welchem Weg er diese Daten für das Ermittlungsverfahren erheben und auswerten kann.

Im Falle US-amerikanischer Unternehmen ist zu differenzieren zwischen Inhaltsdaten (von E-Mail-Accounts) einerseits und Verkehrs- und Bestandsdaten andererseits. Zur Erlangung von **Inhaltsdaten** muss jedenfalls der Rechtshilfeweg beschritten werden, da ein solches Ersuchen durch einen Beschluss eines US-Gerichts umgesetzt werden muss. Erforderlich ist hier eine sorgfältige und detaillierte Sachverhaltsschilderung, die auch den Zusammenhang zwischen Straftat und Beweismittel aufzeigen muss. Nicht inhaltsbezogene **Verkehrs- und Bestandsdaten** dürfen US-Internetprovider dagegen grundsätzlich freiwillig auch an ausländische Strafverfolgungsbehörden herausgeben. Deshalb empfiehlt sich insoweit zunächst ein direktes Herantreten an die in den USA ansässigen Provider oder deren deutsche Tochterfirmen mit der Bitte um Herausgabe der Daten.

2. Institutionen der freiwilligen Selbsthilfe

55   Die Wirtschaft hat zum eigenen Schutz Institutionen geschaffen, die ihrer wirtschaftlichen Sicherung, aber auch zur Abschirmung und Vorbeugung gegen wirtschaftsschädliches Verhalten dienen. Sie erteilen ihren Mitgliedern Auskünfte darüber, ob eine bestimmte Person oder Firma bei der Abwicklung von Waren- und Zahlungsgeschäften kreditwürdig ist oder ob bestimmte Geschäftspraktiken gegen das Wettbewerbsrecht verstoßen. Nur selten schalten sie unmittelbar die Strafverfolgungsbehörden ein. Sie stellen aber ihren Mitgliedern und auf besondere Anfrage auch staatlichen Verfolgungsorganen ihre Unterlagen und ihr Wissen zur Verfügung. Soweit in Einzelfällen unter Berufung auf die Datenschutzbestimmungen Auskünfte gegenüber der Staatsanwaltschaft verweigert wurden, konnten derartige Schwierigkeiten entweder durch Anrufung der Gerichte oder durch sinnvolle Kontaktaufnahme ausgeräumt werden. Die Gewährsleute spielen bei derartigen Auskünfteien eine besondere Rolle. Hierauf sollte der Staatsanwalt achten und die gebotene Rücksicht auf Vertraulichkeit nehmen. Eine Aufzählung aller Institutionen ist nicht möglich und muss einer beispielhaften Benennung Platz machen:

III. Private Institutionen

a) Zentrale zur Bekämpfung unlauteren Wettbewerbs e. V.

Anschrift: Landgrafenstraße 24 B, 61348 Bad Homburg
 Telefon: 06172/12150
 Telefax: 06172/84422
 E-Mail: mail@wettbewerbszentrale.de
 Internet: www.wettbewerbszentrale.de

Die Wettbewerbszentrale ist die größte und eine der ältesten Einrichtungen zur Bekämpfung des unlauteren Wettbewerbs. Sie wurde 1912 in Berlin gegründet und nach dem zweiten Weltkrieg 1949 in Frankfurt a. M als gemeinnütziger Verein neugegründet. Sie hat mehr als 1600 Mitglieder, darunter alle Industrie- und Handelskammern, Handwerkskammern, zahlreiche weitere Wirtschaftsorganisationen und Unternehmen aus allen Wirtschaftsbereichen und Regionen. Sitz des Vereins ist eigentlich Frankfurt am Main. Die Geschäftsführung befindet sich jedoch in Bad Homburg. Zweigstellen sind in Berlin, Dortmund, Hamburg, München und Stuttgart vorhanden. Eine enge Zusammenarbeit mit dem Deutschen Industrie- und Handelskammertag, den Einzelhandelsverbänden sowie dem Deutschen Schutzverband gegen Wirtschaftskriminalität (siehe unten b.) ist gegeben. Letzterer kümmert sich vornehmlich um die strafrechtlichen Aspekte der unlauteren Werbung.

Der Satzungszweck der Wettbewerbszentrale sieht u. a. die Bekämpfung unlauteren Wettbewerbs im Zusammenwirken mit den zuständigen Stellen der Rechtspflege vor. Sie erstattet auch entsprechende Gutachten. Daneben sind Zivilprozesse und gegebenenfalls auch Strafanzeigen als Instrumente der Bekämpfung unlauteren Wettbewerbs vorgesehen. Selbst Mitgliedsunternehmen werden eingehend überwacht, wobei die Wettbewerbszentrale aber grundsätzlich nur auf Beschwerden von Mitgliedern und Außenstehenden tätig wird. Bei der Wettbewerbszentrale handelt es sich um keinen bloßen Abmahnverein. Nach der Rechtsprechung des Bundesgerichtshofs besitzt die Zentrale uneingeschränkte Prozessführungsbefugnis für alle Branchen und Regionen.

Bei allen Wettbewerbsverstößen und den Fällen der strafbaren Werbung kann der Staatsanwalt hier sachkundigen Rat erlangen. Besondere Sachkenntnis ist auf den Gebieten der unzulässigen Sonderveranstaltungen und Räumungsverkäufe, der Veranstaltung von unerlaubten Gewinnspielen und Verlosungen und der unseriösen Heilmittelwerbung vorhanden. Auch Rechtsfragen beispielsweise zum Lebensmittelrecht, zur Tourismusbranche, zur Umwelt- und Ökowerbung und zu den Neuen Medien können von der Wettbewerbszentrale beantwortet werden.

b) Deutscher Schutzverband gegen Wirtschaftskriminalität e. V. (DSW)

Anschrift: Landgrafenstraße 24 B, 61348 Bad Homburg
 Telefon: 06172/1215-0
 Telefax: 06172/8 44 22
 E-Mail: mail@dsw-schutzverband.de
 Internet: www.dsw-schutzverband.de

Der Schutzverband geht zurück auf den „Verein gegen das Bestechungsunwesen e. V." in Berlin. Dieser Verein verlegte seinen Sitz unter dem Namen „Verein gegen Bestechung und Wirtschaftskriminalität" nach Frankfurt/Main und ging dort im Jahr 1978 eine Fusion mit der „Deutschen Zentralstelle zur Bekämpfung der Schwindelfirmen" in Hamburg ein. Seither trägt der Verein den Namen „Deutscher Schutzverband gegen Wirtschaftskriminalität". Der Verein wird in Bürogemeinschaft und Personalunion mit der „Zentrale zur Bekämpfung unlauteren Wettbewerbs e. V." (siehe oben a.) geführt.

Mitglieder des DSW sind – ähnlich wie bei der Zentrale zur Bekämpfung unlauteren Wettbewerbs – etwa 100 Körperschaften des öffentlichen Rechts, Verbände und auch namhafte Firmen. Sein Satzungszweck ist vorrangig die Bekämpfung der Wirtschaftskriminalität in allen ihren Erscheinungsformen, insbesondere mit dem Bestechungs- und Korruptionsunwesen, der strafbaren Werbung und dem Kreditschwindel. Die Förderung eines seriösen Geschäftsverkehrs erfolgt dabei unter anderem durch Information der Öffentlichkeit über unseriöse Geschäftspraktiken, Auskunftserteilung über unseriös agierende Firmen, die Mitwirkung bei Gesetzgebungsvorhaben und die Erstellung von Gutachten. Der Verein arbeitet im Rahmen seines Zwecks auch mit den Strafverfolgungsbehörden zusammen. Unter anderem werden auch Schulungen von Polizeibeamten durchgeführt.

Von Bedeutung sind auch die Vorbeugungsmaßnahmen des DSW. Ein vorläufiges oder endgültiges Berufsverbot kann gegenüber Wirtschaftsverbrechern erst nach Abschluss der sich oft jahrelang hinziehenden Ermittlungen oder des Strafverfahrens erreicht werden. Mobile Schwindelfirmen setzen aber erfahrungsgemäß ihre kriminellen Aktivitäten bis zur strafgerichtlichen Entscheidung fort. Erlangt der DSW in geeigneter Weise durch Rückfragen der Staatsanwaltschaft Kenntnis von den Gesetzesverstößen, macht er zivilrechtlich den Unterlassungsanspruch (§ 8 UWG) gegen die Beschuldigten oder deren Firmen geltend. Auch der DSW ist nach der Rechtsprechung des Bundesgerichtshofs uneingeschränkt klagebefugt (§ 8 Abs. 3 Nr. 2 UWG).

Aber nicht nur zu diesen Präventivmaßnahmen kann der DSW veranlasst werden, er erstellt auch Gutachten zu Fragen der strafbaren Werbung gem. § 16 UWG. Zu seinen Spezialgebieten zählen Schneeballsysteme, Warenterminverkäufe, der Adressbuch- und Anzeigenschwindel, das Abmahnunwesen sowie Nebenverdienst- und Gewinnspielwerbung. Der Staatsanwalt kann sich über die vom DSW gesammelten Daten sonstige Erkenntnisquellen eröffnen.

c) Bundesverband der Verbraucherzentralen und Verbraucherverbände

Anschrift: Verbraucherzentrale Bundesverband e. V. (VZBV),
   Markgrafenstr. 66, 10969 Berlin
   Telefon: 030/25 800–0
   Telefax: 030/25 800–518
   E-Mail: info.@vzbv.de
   Internet: www.vzbv.de

58 Der Verbraucherschutzverein wurde 1966 von den Verbraucherzentralen der Bundesländer und der Arbeitsgemeinschaft der Verbraucherverbände ins Leben gerufen. Er ist seit dem 29.6.2001 Teil des Bundesverbandes der Verbraucherzentralen und Verbraucherverbände, der am 1.11.2000 in Berlin gegründet wurde. Finanziert wird die Arbeit des Verbraucherschutzvereins im Wesentlichen durch das Bundesministerium für Ernährung, Landwirtschaft und Verbraucherschutz im Wege so genannter institutioneller Förderung. Der Verein untersteht dadurch der Kontrolle des Bundesrechnungshofes.

Der VZBV ist die Dachorganisation für 51 Verbraucherverbände, unter anderem Verbraucherzentralen und verbraucherpolitisch orientierte Organisationen, die ein umfassendes Netzwerk bilden. Bereits die Zusammensetzung der Mitglieder verdeutlicht die Aufgaben und die möglichen Wirkungsbereiche. Der Bundesverband selbst wird nicht beratend tätig, unterstützt aber die Verbraucherzentralen der Bundesländer bei der Erarbeitung von aktuellen Informationen für die Verbraucherberatung, beispielsweise durch Erarbeitung bundesweiter Beratungsstandards zu Fragen des privaten Konsums, etwa zum Kreditrecht, zu Versicherungen oder zum Reiserecht. Entsprechend ihrer Satzung gehen die Verbraucherzentralen auch außergerichtlich und wenn nötig auch gerichtlich gegen unzulässige Allgemeine Geschäftsbedingungen, verbraucherschutzwidrige Geschäftspraktiken und unlautere Werbemaßnahmen vor.

Es bestehen auch Verbindungen zu internationalen Verbraucherorganisationen.

d) Verband der Vereine Creditreform e. V.

Anschrift: Hellersbergstraße 12, 41460 Neuss
   Telefon: 02131/109–0
   Telefax: 02131/109–8000
   E-Mail: creditreform@verband.creditreform.de
   Internet: www.creditreform.de

59 Der „Verein Creditreform zum Schutze gegen schädliches Creditgeben" wurde 1879 in Mainz mit dem Ziel gegründet, Mitglieder vor Forderungsausfällen zu schützen. Creditreform ist heute eine der europaweit führenden Unternehmensgruppen für Firmeninformationen und andere Dienstleistungen, wie z. B. Forderungsinkasso. Mitglieder sind sowohl kleine und mittelständische Unternehmen aus allen Branchen als auch Großunternehmen. Die Mitgliederzahl beträgt etwa 163.000. In allen größeren Städten bestehen insgesamt 130 Niederlassungen. Creditreform bietet nicht nur Auskünfte über deutsche Unternehmen, sondern über den Dachverband Creditreform International, unter dem 22 Creditreform Landesgesellschaften mit insgesamt 176 Geschäftsstellen in Europa und China zusammengeschlossen sind, auch Informationen über ausländische Firmen.

Bei der Creditreform werden Informationen über deutsche Schuldner in einer zentralen Datenbank in Neuss gespeichert. Von dort können sie anhand der verschiedensten Kriterien ausgewertet und abgerufen werden. So kann auch nach unbekannt verzogenen Schuldnern gesucht werden. Die Daten selbst stammen aus allgemein zugänglichen Quellen, wie den öffentlichen Registern und Schuldnerverzeichnissen der Amtsgerichte oder veröffentlichten Bilanzen und Geschäftsberichten. So werden Jahresabschlüsse für etwa einer Million deutsche und österreichische Unternehmen vorrätig gehalten. Auskünfte werden jedoch auch über die wirtschaftlichen Verhältnisse von Privatpersonen erteilt. Auf die Datenbanken können Mitglieder und Kunden im online-Verfahren jederzeit zugreifen.

e) SCHUFA Holding AG

Anschrift: Kormoranweg 5, 65201 Wiesbaden
    Telefon: 0611/92 78-0
    Telefax: 0611/92 78-109
    E-Mail: kontakt@schufa.de
    Internet: www.schufa.de

Die 1927 in Berlin gegründete „Schutzgemeinschaft für allgemeine Kreditsicherung" ist eine Gemeinschaftseinrichtung von Wirtschaftsunternehmen, die ihren Kunden Geld- oder Warenkredite einräumen. Sie speichert die Daten von Privatpersonen, die ihr von ihren rund 7.000 Vertragspartnern, das sind vor allem Kreditinstitute, Kreditkartengesellschaften, Leasinggesellschaften, Einzelhandels- und Versandhausunternehmen und Telekommunikationsanbieter, übermittelt werden, die selbst gewerbsmäßig Geld oder Warenkredite an die Verbraucher geben. Außerdem wertet die Schufa die bei den Amtsgerichten geführten Schuldnerverzeichnisse aus. Andererseits erteilt die Schufa den ihr angeschlossenen Vertragspartnern Informationen zur Beurteilung der Kreditwürdigkeit ihrer Kunden.

In Deutschland gab es acht regional tätige, selbstständige Schufa-Gesellschaften. Diese hatten sich zur Bundes-Schufa zusammengeschlossen, welche die Aufgaben und die Arbeitsweise der Mitglieder koordinierte. Im Jahr 2000 haben die acht regionalen Schufa-Gesellschaften ihre Anteile auf die neugegründete SCHUFA Holding AG übertragen, welche nunmehr die Aktivitäten der Bundes-Schufa wahrnimmt. Die Anteilseigner sind hauptsächlich Spezialkreditinstitute, Sparkassen und Privatbanken.

Die Schufa verfügt über Daten zu ca. 66 Millionen Personen und ca. 3,9 Millionen Unternehmen.

IV. Internationale Organisationen

Die politische, wirtschaftliche und technische Entwicklung des 21. Jahrhunderts erfordert zwingend Kenntnisse der Strafverfolgungsbehörden über die Möglichkeiten und Grenzen von Ermittlungshandlungen im Ausland. Insbesondere in den Fällen Organisierter Kriminalität und schwerer Wirtschaftskriminalität beschränken sich die Täter in ihrem Handeln nicht auf das Hoheitsgebiet eines Landes. Gerade das Zusammenwachsen Europas mit dem weitreichenden Wegfall von Beschränkungen und Grenzkontrollen führt dazu, dass strafrechtliche Sachverhalte den Bezug zu zwei oder mehr Nationalstaaten aufweisen.

Für den Ermittler sind daher umfassende Kenntnisse auf dem Gebiet der internationalen Rechtshilfe unabdingbar. Eine Ausführliche Darstellung der bestehenden Regelungen findet sich daher in Kapitel 24 dieses Handbuchs.

31   31. Kapitel. Zusammenarbeit der Ermittlungsbehörden mit anderen Institutionen

Obwohl die bislang bestehenden Möglichkeiten der internationalen Rechtshilfe stetig verbessert werden, sind sie doch immer noch nicht in allen Fällen ausreichend, um rasch und effektiv handeln zu können. Dabei stellt sich auch die Frage, ob die vorhandenen nationalen Organisationen den Anforderungen gewachsen sind, die Ermittlungen etwa in Bezug auf die Koordinierung der Maßnahmen in verschiedenen europäischen Ländern oder gar weltweit erfordern.

Insbesondere auf europäischer Ebene wurde und wird im Zuge der bereits vollzogenen und noch fortschreitenden Einigung darüber nachgedacht, zentrale Polizeieinheiten, Staatsanwaltschaften und Gerichte zu schaffen, die nicht nur Verstöße gegen Gemeinschaftsrecht, sondern auch grenzüberschreitende Schwer- und Wirtschaftskriminalität verfolgen und ahnden können.

In den letzten Jahren hat die Europäische Union bereits organisatorische Maßnahmen zur Verbesserung der Bekämpfung der Kriminalität eingeleitet. Es wurden Institutionen geschaffen, an die sich die nationalen Strafverfolgungsbehörden wenden können, um schnell und effektiv Unterstützung bei ihrer Tätigkeit zu erhalten, wenn sich in den Verfahren Auslandbezüge ergeben.

1. Europäisches Justizielles Netz (EJN)

Postanschrift: Maanweg 174, NL-2516 AB Den Haag (EJN-Sekretariat)
  Telefon: 0031 70 412 5579
  Telefax: 0031 70 412 5570
  E-Mail: ejn@eurojust.europa.eu
  Internet: www.ejn-crimjust.europa.eu

62   Die zunehmende grenzüberschreitende Schwerkriminalität erfordert eine enge und effiziente Zusammenarbeit auf europäischer Ebene. Neben dem Bestreben, den Rechtshilfeweg zu erweitern und zu vereinfachen, wurde im Bereich der Justiz auch an den Einsatz von Verbindungsrichtern und -staatsanwälten bzw. die Errichtung eines Netzes justizieller Kontaktstellen zwischen den Mitgliedstaaten gedacht. Bereits im Jahr 1996 und 1997 gab es Seminare „Europäisches Justizielles Netz und organisierte Kriminalität", die vom belgischen Justizministerium im Rahmen eines von der Europäischen Union mitfinanzierten Programms in Brüssel veranstaltet wurden. Schließlich wurde das „Europäische Justizielle Netz" durch die Gemeinsame Maßnahme 98/428/JI vom 29.6.1998 geschaffen und am 25.9.1998 offiziell gegründet. Mit dem Beschluss des Rates 2008/976/JI vom 16.12.2008 (EJN-Beschluss) trat eine neue Rechtsgrundlage für das EJN in Kraft.

Das EJN besteht aus **Kontaktstellen**, dass heißt einem Zusammenschluss von Richtern, Staatsanwälten und Vertretern der Justizministerien in den 27 Mitgliedstaaten, bei der Europäischen Kommission sowie Kandidaten- und Drittstaaten. Derzeit existieren über 300 solcher Kontaktstellen. Die Kontaktstellen sind Ansprechpartner für und aktive Vermittler zwischen den zuständigen nationalen Behörden, denen sie rechtliche und praktische Hinweise bei Ersuchen um justizielle Zusammenarbeit geben. Die Ansprechpartner treten unmittelbar miteinander in Verbindung und fördern die internationale Zusammenarbeit durch Information, Beratung und insbesondere durch die Herstellung von persönlichen Kontakten zwischen den Ermittlungsbehörden innerhalb der EU. Hierdurch soll ermöglicht werden, Ermittlungsmaßnahmen zu koordinieren, Auskünfte über ausländische Verfahren zu erlangen und schwierige und ungewöhnliche Rechtshilfeersuchen schneller vorzubereiten und durchzuführen.

Die EJN-Kontaktstellen sind in Deutschland in jedem Bundesland bei einer Generalstaatsanwaltschaft sowie beim Generalbundesanwalt und beim Bundesministerium der Justiz eingerichtet.

63   Jeder Mitgliedstaat benennt zudem unter den Kontaktstellen eine **nationale Anlaufstell**e sowie eine **technische Anlaufstelle** für das Europäische Justizielle Netz. Die Benennung erfolgt durch das Bundesministerium der Justiz im Einvernehmen mit den Kontaktstellen. Es ist insoweit geplant, die nationalen Anlaufstellen auf Zeit zu bestimmen, so dass diese Funktion von verschiedenen EJN-Kontaktstellen wahrgenommen werden kann (vgl. BT-Drucks. 17/8728, Seite 27).

IV. Internationale Organisationen

Neben den Kontaktstellen besteht das **Sekretariat des EJN**, welches für die Verwaltung des Europäischen Justiziellen Netzes verantwortlich ist. Das Sekretariat gehört zwar zum Eurojust-Personal, bildet jedoch eine gesonderte Organisationseinheit und ist eigenständig. Seine Hauptaufgaben bestehen insbesondere darin,
- die ordnungsgemäße Verwaltung des EJN sicherzustellen, um den Kontaktstellen die Erledigung ihrer Aufgaben zu ermöglichen,
- das Informationssystem/die Website des EJN zu errichten, aufrechtzuerhalten und zu verbessern,
- die Kontaktstellen und sonstige betroffene Stellen über die Tätigkeiten des EJN zu informieren,
- Beziehungen des EJN zu anderen Organen und Strukturen im Bereich der justiziellen Zusammenarbeit in Strafsachen inner- und außerhalb der EU herzustellen und aufrechtzuerhalten.

Die Effizienz des EJN beruht besonders auf den persönlichen Kontakten der als Kontaktstellen fungierenden Richter und Staatsanwälte. Deshalb finden mehrmals jährlich Sitzungen statt, bei denen sich die Mitglieder des EJN persönlich kennenlernen, über die verschiedenen Rechtssysteme in der EU informieren sowie Erfahrungen über die justizielle Zusammenarbeit austauschen.

In Ermittlungsverfahren mit Auslandsberührungen kann das EJN folgende konkrete Unterstützung bieten: Das EJN **64**
- findet den zuständigen Ansprechpartner eines anderen Mitgliedstaates heraus, welcher um justizielle Zusammenarbeit ersucht werden soll,
- liefert rechtliche und praktische Hinweise zur justiziellen Zusammenarbeit mit anderen Mitgliedstaaten,
- kann eine sichere Telefonverbindung zur Verfügung stellen,
- vermittelt, wenn Verzögerungen oder Schwierigkeiten bei Ersuchen um justizielle Zusammenarbeit auftreten.

Das EJN betreibt daneben eine **Internetseite**, die zu Fragen der justiziellen Zusammenarbeit wichtige Serviceangebote für die Praxis enthält. Insbesondere ist es möglich, über den dort verfügbaren **Rechtshilfe-Atlas** für jede denkbare Ermittlungsmaßnahme die jeweils zuständige Justizbehörde des Mitgliedstaates einschließlich ihrer Erreichbarkeit zu ermitteln. Weiter lassen sich dort die maßgeblichen Rechtsakte der EU ebenso abrufen wie Informationen zum Stand der Umsetzung in den Mitgliedstaaten sowie Formulare, Berichte und Rechtsprechung. **65**

Seit dem 1.12.2002 hat auch ein Europäisches Justizielles Netz für Zivil- und Handelssachen seine Arbeit aufgenommen. Das EJN-zivil verfolgt das Ziel, die justizielle Zusammenarbeit zwischen den Mitgliedstaaten in Zivilsachen zu vereinfachen. Es ist ein unbürokratisches Gefüge, das auf formlose Weise arbeitet. Weitere Informationen über das EJN-zivil sind unter der Internetadresse http://ec.europa.eu/civiljustice verfügbar.

2. Eurojust

Dienstsitz: Maanweg 174, NL-2516 AB Den Haag
  Postanschrift: P.O. Box 16183 – NL-2500BD Den Haag
  Telefon: 0031 70 412 5000
  Telefax: 0031 70 412 5005
  E-Mail: info@eurojust.europa.eu
  Internet: www.eurojust.europa.eu

Als jüngste Behörde zur Bekämpfung der schweren Kriminalität auf der Ebene der Europäischen Union wurde auf der Sondertagung des Europäischen Rats vom 15./16.10.1999 die Einrichtung von Eurojust beschlossen. Im Vorgriff auf die endgültige Errichtung war seit dem 1.3.2001 Pro eurojust in Brüssel in Betrieb. Endgültig errichtet wurde Eurojust sodann durch den Ratsbeschluss 2002/187/JI vom 28.2.2002 über die Errichtung von Eurojust zur Verstärkung der Bekämpfung der schweren Kriminalität, welcher mit Ratsbeschluss (2009/ **66**

426/JI) vom 16.12.2008 zur Stärkung von Eurojust geändert wurde. Die Ratsbeschlüsse wurden in Deutschland durch das Eurojust-Gesetz vom 12.5.2004 (BGBl. I 2004, 902), geändert durch das Gesetz zur Änderung des Eurojust-Gesetzes (EJGÄndG) vom 7.6.2012 (BGBl. I 2012, 1270), in nationales Recht umgesetzt.

Eurojust wurde mit einer eigenen Rechtspersönlichkeit ausgestattet und hat seinen Sitz in Den Haag. Jeder der 27 Mitgliedstaaten entsendet jeweils einen Richter, Staatsanwalt oder Polizeibeamten als **nationales Mitglied**, welches seinen regelmäßigen Arbeitsplatz am Sitz von Eurojust hat. Die nationalen Mitglieder können durch Stellvertreter, Assistenten und abgeordnete nationale Sachverständige unterstützt werden. Die nationalen Mitglieder unterliegen hinsichtlich ihres Status dem nationalen Recht ihres Heimatstaats, der auch Art und Tragweite der justiziellen Befugnisse festlegt, die dem Mitglied übertragen werden.

Auch Drittländer können, wenn ein entsprechendes Kooperationsabkommen besteht, Verbindungsrichter zu Eurojust entsenden. Derzeit arbeiten Verbindungsrichter aus Kroatien, Norwegen und den USA bei Eurojust. Zukünftig soll es zudem möglich sein, dass auch Eurojust Verbindungsrichter in Drittstaaten entsendet.

67 **Ziele** von Eurojust sind die Förderung und Verbesserung der Koordinierung und der Zusammenarbeit zwischen den nationalen Justizbehörden bei Ermittlungen und Strafverfolgungsmaßnahmen betreffend schwere grenzüberschreitende Kriminalität in der Europäischen Union, d. h. im Einzelnen (vgl. Art. 3 Abs. 1 des Ratsbeschlusses 2002/187/JI):
– Förderung und Verbesserung der Koordinierung der in den Mitgliedstaaten laufenden Ermittlungen und Strafverfolgungsmaßnahmen zwischen den zuständigen Behörden der Mitgliedstaaten,
– Verbesserung der Zusammenarbeit zwischen den zuständigen Behörden der Mitgliedstaaten, insbesondere durch die Erleichterung der internationalen Rechtshilfe und der Erledigung von Auslieferungsersuchen,
– anderweitige Unterstützung der zuständigen Behörden der Mitgliedstaaten mit dem Ziel, die Wirksamkeit ihrer Ermittlungen und Strafverfolgungsmaßnahmen zu erhöhen.

Eurojust arbeitet zur Erreichung der gesteckten Ziele zudem eng mit einer ganzen Reihe von Partnern zusammen. Hierbei handelt es sich sowohl um nationale Behörden als auch Institutionen der EU, wie zum Beispiel das Europäische Justizielle Netz für Strafsachen (EJN), Europol, OLAF, Frontex (Europäische Agentur für die operative Zusammenarbeit an den Außengrenzen) oder SitCen (Joint Situation Centre – ein Organ des Europäischen Auswärtigen Dienstes der Europäischen Union mit nachrichtendienstlichen Aufgaben).

68 Gemäß Art. 5a des Eurojust-Beschlusses vom 16.12.2008 hat Eurojust zur Erfüllung seiner Aufgaben in dringenden Fällen einen **Koordinierungsdauerdienst** (KoDD) eingerichtet, der imstande ist, jederzeit Ersuchen entgegenzunehmen und zu bearbeiten. Der Koordinierungsdauerdienst ist täglich rund um die Uhr über eine einheitliche Kontaktstelle bei Eurojust erreichbar. Die Umsetzung des KoDD erfolgt durch ein computergestütztes Telefonsystem, welches die eingehenden Anrufe den jeweils zuständigen nationalen „Tischen" zuordnet und an diese weiterleitet.

Art. 12 des Eurojust-Beschlusses vom 16.12.2008 sieht darüber hinaus zum einen die Einrichtung eines nationalen **Eurojust-Koordinierungssystems** vor, welches insbesondere die Informationsübermittlung an Eurojust sicherstellen soll. Zum anderen werden die Mitgliedstaaten verpflichtet, eine oder mehrere **nationale Anlaufstellen** für Eurojust zu benennen. Deutschland beabsichtigt, insoweit unter anderem alle nationalen Kontaktstellen des EJN zu benennen. Damit soll sichergestellt werden, dass neben dem Bundesamt für Justiz und dem Generalbundesanwalt auch alle Bundesländer an dem Eurojust-Koordinierungssystem beteiligt sind (vgl. BT-Drucks. 17/8728, Seite 12).

69 Mit dem Ratsbeschluss vom 16.12.2008 wurden die **Zuständigkeiten** von Eurojust in Anlehnung an die Zuständigkeiten von Europol erweitert. Danach wird Eurojust vor allem bei folgenden Kriminalitätserscheinungen tätig:
– illegaler Handel mit Drogen,
– Geldwäschehandlungen,
– Kriminalität im Zusammenhang mit nuklearen und radioaktiven Stoffen,
– Schleuserkriminalität,

IV. Internationale Organisationen

- Menschenhandel,
- Kraftfahrzeugkriminalität,
- vorsätzliche Tötung, schwere Körperverletzung,
- illegaler Handel mit Organen und menschlichem Gewebe,
- Entführung, Freiheitsberaubung und Geiselnahme,
- Rassismus und Fremdenfeindlichkeit,
- Raub in organisierter Form,
- illegaler Handel mit Kulturgütern, einschließlich Antiquitäten und Kunstgegenständen,
- Betrugsdelikte,
- Erpressung und Schutzgelderpressung,
- Nachahmung und Produktpiraterie,
- Fälschung von amtlichen Dokumenten, Geldfälschung und Fälschung von Zahlungsmitteln,
- Computerkriminalität,
- Korruption,
- illegaler Handel mit Waffen, Munition und Sprengstoffen.

Die Auslegung der aufgeführten Kriminalitätsformen erfolgt dabei grundsätzlich nach den nationalen Rechtsvorschriften. Gleichwohl sieht der Anhang zum Europol-Beschluss (2009/371/JI) vom 6.4.2009 eigene Definitionen vor.

Zur Erreichung der gesteckten Ziele hat Eurojust zwar keine eigenen Ermittlungsbefugnisse. Eurojust verfügt aber über eine Reihe von **Aufgaben und Befugnissen**, die im Eurojust-Beschluss beschrieben sind. Gemäß Art. 9b des Eurojust-Beschlusses vom 16.12.2008 sind die nationalen Mitglieder in ihrer Eigenschaft als nationale Behörde befugt, Ersuchen und Entscheidungen betreffend die justizielle Zusammenarbeit zu empfangen, zu übermitteln, zu erleichtern, zu überwachen sowie zusätzliche Informationen zu diesen Ersuchen und Entscheidungen zu erteilen. Konkret kann Eurojust insbesondere 70

- Anfragen zum Rechtshilferecht, zu Behördenzuständigkeiten in den Mitgliedstaaten und zu parallelen Ermittlungen beantworten,
- Ersuchen übermitteln und abstimmen, insbesondere in Eilfällen und um die Ausführung zu beschleunigen sowie Maßnahmen koordinieren,
- den Sachstand der Bearbeitung von Ersuchen anfragen.

Andererseits kann Eurojust aber auch die zuständigen Behörden der betroffenen Mitgliedstaaten ersuchen, zu bestimmten Tatbeständen Ermittlungen zu führen oder die Strafverfolgung aufzunehmen.

Zur weiteren Verbesserung der Zusammenarbeit der nationalen Strafverfolgungsbehörden kann Eurojust auch **Koordinierungstreffen** organisieren. In Ermittlungsverfahren, die einen Bezug zu mehreren Mitgliedstaaten aufweisen, sollten die Ermittler ernsthaft in Betracht ziehen, dieses wichtige Instrument zu nutzen. Bei diesen Koordinierungstreffen können die nationalen Justiz- und Ermittlungsbehörden einzelne Fragen klären und gemeinsames Vorgehen abstimmen, etwa Pläne für zeitgleiche Durchsuchungs- und Festnahmeaktionen ausarbeiten oder auch kontrollierte Lieferungen organisieren. Hier kann Eurojust gegebenenfalls auch weitere logistische Unterstützung gewähren, welche unter anderem in einer Hilfe bei der Übersetzung besteht.

Ein noch weitergehendes Instrument, bei dem Eurojust den nationalen Ermittlungsbehörden Unterstützung gewähren kann, ist die Bildung von „**Gemeinsamen Ermittlungsgruppen**" (GEG = Joint Investigation Teams – JITs). Sie wurden als flexibles Instrument konzipiert, das grenzüberschreitende Ermittlungen in Strafsachen unterstützen und gegenseitiges Vertrauen schaffen soll. Ihre rechtliche Grundlage haben die GEG in Artikel 13 des Europäischen Rechtshilfeübereinkommens 2000, im Rahmenbeschluss des Rates vom 13. Juni 2002 sowie in Deutschland in § 93 des Gesetzes über die internationale Rechtshilfe (IRG). 71

Nach Artikel 13 Absatz 1 des Rechtshilfeübereinkommens 2000 können die GEG insbesondere dann eingesetzt werden, wenn

- in dem Ermittlungsverfahren eines Mitgliedstaats zur Aufdeckung von Straftaten schwierige und aufwendige Ermittlungen mit Bezügen zu anderen Mitgliedstaaten durchzuführen sind, mehrere Mitgliedstaaten Ermittlungen zur Aufdeckung von Straftaten durchführen, die infolge des zu Grunde liegenden Sachverhalts ein koordiniertes und abgestimmtes Vorgehen in den beteiligten Mitgliedstaaten erforderlich machen.

Eurojust kann sich – ebenso wie Europol – auf Ersuchen eines oder mehrerer Mitgliedstaaten gemeinsam an der Einsetzung einer GEG beteiligen und die nationalen Justiz- und Strafverfolgungsbehörden bei den vorausgehenden Beratungen unterstützen. Dies kann beispielsweise erfolgen durch
- frühzeitige Beratung zu der Frage, ob sich ein Fall für eine GEG eignet oder eher für traditionelle Mittel (Koordinierungstreffen, parallele Ermittlungen usw.),
- Bereitstellung von Sitzungsräumen einschließlich Dolmetschern in gesicherten Gebäuden für Verhandlungen über Vereinbarungen sowie für Koordinierungstreffen,
- Unterstützung in Form von Analysen,
- Erleichterung des Informationsaustauschs sowie der internationalen Rechtshilfe bei anderen nicht teilnehmenden Ländern.

Zwar müssen Eurojust und Europol bei der Bildung und beim Einsatz einer GEG nicht beteiligt werden. Beide Einrichtungen können jedoch dazu beitragen, den Erfolg der Ermittlungen insgesamt sicherzustellen. Sie können bei der Verwaltung der GEG und bei der Beschaffung von Finanzmitteln durch Unterstützung oder Beratung behilflich sein. Beispielsweise können über das Eurojust-Projekt zur Finanzierung von GEG Finanzhilfen für Reise-/Unterkunftskosten und Dolmetscher-/Übersetzungskosten sowie eine logistische Unterstützung (Ausleihen von Ausrüstung) bereitgestellt werden.

Grundlage einer GEG ist eine Vereinbarung, die zwischen den Beteiligten abgeschlossen wird und die wichtigsten Vorschriften sowie eine klare Beschreibung der Aufgaben der Mitglieder und Teilnehmer enthalten soll. Auch in Bezug auf diese GEG-Vereinbarung, insbesondere die Frage, welche Regelungen diese im Einzelnen enthalten sollte, kann Eurojust – möglichst frühzeitig – um praktische und juristische Beratung ersucht werden.

Eurojust stellt auf seiner Internetseite in der „Document library" unter dem Stichpunkt „Joint Investigation Teams" ein Handbuch mit ausführlichen Informationen zum Rechtsrahmen, dem GEG-Konzept, zu den Voraussetzungen, zur Struktur und zum Einsatz der GEG sowie zur GEG-Vereinbarung zur Verfügung.

72 Der deutsche Gesetzgeber hat in § 4 Eurojust-Gesetz die **Zulässigkeit der Informationsübermittlung** an Eurojust geregelt. Danach werden auf Gesuch von Eurojust grundsätzlich von den für die Strafverfolgung zuständigen Gerichten, Staatsanwaltschaften und anderen Behörden, soweit diese Aufgaben der Strafverfolgung wahrnehmen, dienstlich erlangte Informationen übermittelt, soweit dies zur Wahrnehmung der Aufgaben von Eurojust nach dem Eurojust-Beschluss erforderlich ist. Andere öffentliche Stellen dürfen Eurojust derartige Informationen in dem Umfang übermitteln, in dem dies gegenüber einem Gericht oder einer Staatsanwaltschaft zur Durchführung eines Strafverfahrens zulässig wäre.

In § 6 Eurojust-Gesetz hat der Gesetzgeber zudem Sachverhalte normiert, in denen das deutsche nationale Mitglied von den für die Strafverfolgung zuständigen deutschen Behörden zu unterrichten **ist**:
- wenn sie die Einrichtung einer gemeinsamen Ermittlungsgruppe beabsichtigen sowie über die Arbeitsergebnisse dieser Gruppe,
- wenn sie ein Strafverfahren führen, dem Straftaten der schweren grenzüberschreitenden Kriminalität zu Grunde liegen, und die Tatsache der Führung des Strafverfahrens für Eurojust zur Erfüllung seiner Aufgaben von besonderem Interesse sein kann,
- über Fälle, in die mindestens drei Mitgliedstaaten der Europäischen Union unmittelbar einbezogen sind und für die Ersuchen an mindestens zwei Mitgliedstaaten gerichtet wurden, wenn
  • die Straftat, die dem Ersuchen zu Grunde liegt, in der Liste von Artikel 13 Absatz 6 Buchstabe a des Eurojust-Beschlusses genannt ist und im ersuchenden oder ausstellenden Mitgliedstaat mit einer Freiheitsstrafe oder einer freiheitsentziehenden Maßregel der Besserung und Sicherung im Höchstmaß von mindestens sechs Jahren bedroht ist, wobei Schärfungen für besonders schwere Fälle und Milderungen für minder schwere Fälle zu berücksichtigen sind,

IV. Internationale Organisationen **31**

- es faktische Anzeichen dafür gibt, dass eine kriminelle Organisation beteiligt ist, oder
- es faktische Anzeichen dafür gibt, dass der Fall erhebliche grenzüberschreitende Ausmaße annehmen oder Auswirkungen auf Ebene der Europäischen Union haben kann oder dass er andere Mitgliedstaaten der Europäischen Union betreffen kann als die, die unmittelbar einbezogen sind,

– über Kompetenzkonflikte, die aufgetreten sind oder wahrscheinlich auftreten werden,
– über kontrollierte Lieferungen, die mindestens drei Staaten betreffen, von denen mindestens zwei Mitgliedstaaten der Europäischen Union sind, oder
– über wiederholt auftretende Schwierigkeiten oder über Weigerungen bezüglich der Erledigung von Ersuchen.

Ob aus Eurojust eine Europäische Staatsanwaltschaft hervorgehen wird, bleibt nach wie vor abzuwarten. Insoweit beinhaltet Art. 85 AEUV die Rechtsgrundlage für künftige Änderungen und Ergänzungen des rechtlichen Rahmens für Eurojust. Nach Art. 86 AEUV *kann* der Rat zur Bekämpfung von Straftaten zum Nachteil der finanziellen Interessen der Union ausgehend von Eurojust eine Europäische Staatsanwaltschaft einsetzen.

3. Europäisches Polizeiamt (EUROPOL)

Dienstsitz: Eisenhowerlaan 73, NL-2517 KK Den Haag
   Postanschrift: Europol, P.O. Box 908 50, NL-2509 LW Den Haag
   Telefon: +31 70 302 50 00
   Telefax: +31 70 345 58 96
   Internet: www.europol.europa.eu
   Kontakt über Internet-Formulare: www.europol.europa.eu/content/page/contact-us-151

Die Einrichtung des Europäischen Polizeiamtes (Europol) wurde im Maastrichter Vertrag über die Europäische Union vom 7.2.1992 in dem Bestreben beschlossen, eine Zusammenarbeit der nationalen Polizei-, Justiz- und Zollbehörden bei der Bekämpfung der Organisierten Kriminalität, insbesondere im Bereich des Drogen- und Menschenhandels herbeizuführen. Als Vorläufer von Europol wurde 1993 die Europol-Drogenstelle (EDS) eingerichtet, die am 3.1.1994 in Den Haag ihre Arbeit aufnahm. Aufgrund des Europol-Übereinkommens wurde schließlich durch Rechtsakt vom 26.7.1995 Europol ebenfalls mit Sitz in Den Haag errichtet. Die Bundesrepublik Deutschland hat der Errichtung mit dem Europol-Gesetz vom 16.12.1997 zugestimmt. Das Übereinkommen ist am 1.10.1998 in Kraft getreten. Seit dem 1.7.1999 arbeitet Europol im Echtbetrieb. Nach mehreren Änderungen des Europol-Übereinkommens, die jeweils erst nach langwierigen Ratifizierungsprozessen umgesetzt wurden, wurde mit dem Beschluss des Rates 2009/371/JI vom 6.4.2009 (Europol-Beschluss) eine neue Rechtsgrundlage für Europol geschaffen. **73**

Durch jeden Mitgliedstaat ist eine **Verbindungsstelle** („nationale Stelle") zu benennen, die den Kontakt zwischen Europol und den nationalen Behörden herstellt. In Deutschland ist hiermit das Bundeskriminalamt beauftragt worden. Jeder Staat entsendet mindestens einen **Verbindungsbeamten** zu Europol, der dort die nationalen Interessen wahrnimmt. Der Verbindungsbeamte hat die Aufgabe, Informationen der nationalen Behörden an Interpol zu übermitteln und umgekehrt Informationen von Interpol an die nationalen zuständigen Stellen weiterzuleiten. Rund 130 Verbindungsbeamten, die aus den Reihen von Polizei, Zoll, Gendarmerie und Einwanderungsbehörden stammen, gewährleisten zusammen mit Intelligence-Beamten, Analytikern und anderen Fachleuten einen schnellen, mehrsprachigen und allumfassenden Service rund um die Uhr.

Ziel der Tätigkeit von Europol ist die Intensivierung der polizeilichen Zusammenarbeit zwischen den Mitgliedstaaten zur effektiveren Bekämpfung und Prävention Organisierter Kriminalität, Terrorismus und anderer schwerwiegender Formen internationaler Kriminalität und hiermit im Zusammenhang stehender Straftaten. Voraussetzung ist dabei das kriminelle Handeln einer Organisation in mindestens zwei Mitgliedstaaten. Welche Straftaten als „andere Formen schwerer Kriminalität" angesehen werden, ist in einer Anlage zum Europol-Beschluss aufgelistet (vgl. insoweit die obige Zusammenstellung der Zuständigkeit von Eurojust, die sich an die Zuständigkeit von Europol anlehnt). **74**

75 Die **Hauptaufgaben** von Europol sind:
- Informationen und Erkenntnisse zu sammeln, speichern, verarbeiten, analysieren und auszutauschen,
- die zuständigen Behörden der Mitgliedstaaten über die sie betreffenden Informationen und die in Erfahrung gebrachten Zusammenhänge von Straftaten zu unterrichten,
- Ermittlungen in den Mitgliedstaaten insbesondere durch die Übermittlung aller sachdienlichen Informationen an die nationalen Stellen zu unterstützen,
- Erstellung auf seine Zielsetzung bezogener Bewertungen der Bedrohungslage, strategischer Analysen und allgemeiner Lageberichte,
- Fortbildung und Forschung betreffend Methoden zur Prävention von Straftaten und kriminaltechnische und kriminalwissenschaftliche Methoden und Analysen sowie Ermittlungsmethoden.

Europol ist zwar nicht befugt, eigene Ermittlungen anzustellen, kann aber in geeigneten Fällen die nationalen Behörden auffordern, Ermittlungen aufzunehmen und sich an gemeinsamen Ermittlungsgruppen (vgl. oben Randnummer 71) beteiligen.

Zur Erfüllung seiner Aufgaben unterhält Europol das Europol-Informationssystem und kann Arbeitsdateien zu Analysezwecken erstellen. Inhalt und Verwendung der verarbeiteten Daten sind im Europol-Beschluss im Einzelnen geregelt.

4. Europäisches Amt für Betrugsbekämpfung (OLAF)

Dienstsitz: Rue Joseph II, 30, B-1000 Bruxelles
  Telefon: +32 2 299 11 11 (Telefonzentrale der Europäischen Kommission)
  Internet: ec.europa.eu/anti_fraud/
  Kontakt über Internet-Formulare: ec.europa.eu/anti_fraud/contacts/index_de.htm

76 Schon frühzeitig wurde erkannt, dass der Europäischen Union durch betrügerische Machenschaften jährlich Schäden in Milliardenhöhe entstehen. Die Betrugsbekämpfung ist zwar grundsätzlich Aufgabe der einzelnen Mitgliedstaaten. Diese müssen aber nach Artikel 325 des Vertrages über die Arbeitsweise der Europäischen Union (AEU-Vertrag; früher: Art. 280 des EG-Vertrags) zur Bekämpfung von Betrügereien und sonstigen rechtswidrigen Handlungen, die gegen die finanziellen Interessen der Union gerichtet sind, Maßnahmen ergreifen, die sie auch bei der Bekämpfung von Betrug zu ihrem eigenen Nachteil anwenden. Um dies sicherzustellen, sollte daher eine Stelle geschaffen werden, deren Aufgabe es war, die Maßnahmen der Mitgliedstaaten zur Betrugsbekämpfung zum Nachteil der Gemeinschaft zu koordinieren. Hierzu wurde auf Empfehlung der Europäischen Kommission im Jahr 1988 die Direktion „Unite de Coordination de la Lutte Anti Fraude" (UCLAF) ins Leben gerufen.

Nach Kritik an UCLAF, die im Zuge einer Serie von Korruptionsaffären in der Europäischen Kommission geübt worden war, wurde durch Beschluss der Europäische Kommission vom 28.4.1999 diese in das Europäische Amt für Betrugsbekämpfung (OLAF = Office Europeen de Lutte Anti-fraude) mit Sitz in Brüssel umgewandelt. Mit der Verordnung (EG) Nr. 1073/1999 „Über die Untersuchungen des Europäischen Amtes für Betrugsbekämpfung" vom 25. 5 1999 wurde der Rechtsrahmen für die Arbeit von OLAF konkretisiert. Das Amt hat seine Tätigkeit am 1.6.1999 aufgenommen. Es ist in vier Direktionen gegliedert, die jeweils mehrere Referate umfassen.

OLAF ist eine Dienststelle der Europäischen Kommission und dort dem Kommissar für Steuern und Zollunion, Audit und Betrugsbekämpfung unterstellt. Das Amt genießt jedoch hinsichtlich seiner Ermittlungsaufgabe Unabhängigkeit.

77 OLAF hat vor allem die **Aufgabe**, die finanziellen Interessen der Europäischen Union durch die Bekämpfung von Betrug, Korruption und sonstigen rechtswidrigen Handlungen zu schützen. Der Auftrag knüpft dabei sowohl an die Einnahmen als auch an die Ausgaben der EU an. Hinsichtlich der Einnahmen werden von OLAF Sachverhalte untersucht, bei denen es um Zölle, Agrarzölle und Zuckerabgaben geht. In der Regel geht es hier um die Hinterziehung von Einfuhr-, Antidumping- und Ausgleichszöllen durch gefälschte Ursprungszeugnisse, die Angabe von zu niedrigen Schätzwerten und/oder falschen Warenbe-

schreibungen sowie Schmuggel, vor allem um Zigarettenschmuggel. Der Auftrag von OLAF bezieht sich zudem auf alle Ausgaben der EU. Die Bereiche mit den höchsten Ausgaben sind die Strukturfonds (derzeit: Europäischer Sozialfonds – ESF, Europäischer Fonds für regionale Entwicklung – EFRE und Kohäsionsfonds), die Agrarpolitik, direkte Ausgaben und die Außenhilfe. Hier kann es zu einer Schädigung der finanziellen Interessen der EU kommen, wenn unrichtige oder unvollständige Erklärungen abgegeben werden oder erforderliche Informationen verschwiegen werden, um aus dem EU-Haushalt zu Unrecht finanzielle Mittel ausbezahlt zu bekommen oder wenn die Mittel missbräuchlich verwendet werden. OLAF untersucht zudem Fälle von Korruption und schwerwiegendem Fehlverhalten der EU-Mitarbeiter, was zu disziplinarischen oder strafrechtlichen Verfahren führen kann. Nicht zuletzt soll OLAF die Europäische Kommission bei der Entwicklung und Umsetzung von Strategien zur Prävention und Aufdeckung von Betrugsfällen unterstützen.

Für die Erfüllung seiner Aufgaben kann OLAF alle erforderlichen Verwaltungsermittlungen durchführen. Eigene strafprozessuale **Befugnisse** mit Eingriffscharakter wie Festnahme, Durchsuchung, Beschlagnahme oder Vernehmung besitzt OLAF jedoch nicht. Insoweit müssen die Behörden der Mitgliedsländer tätig werden. OLAF erfüllt seinen Auftrag durch interne und externe Untersuchungen. Die **internen Untersuchungen** sind in der Verordnung (EG) Nr. 1073/1999 vom 25. 5 1999 näher geregelt. Die externen Untersuchungen sind geregelt durch die Verordnung über die Durchführung von Kontrollen und Nachprüfungen vor Ort zum Schutz der finanziellen Interessen der EU vor Betrug und anderen Unregelmäßigkeiten (Verordnung Nr. 2185/96). Die Ermittlungsbefugnisse erstrecken sich auf den Zugang zu Informationen und Räumlichkeiten der Gemeinschaftsinstitutionen, das Recht zur Nachprüfung der dortigen Buchhaltung und das Recht auf Auszüge aus allen Unterlagen. Auch können von allen betroffenen Personen Auskünfte eingeholt werden. Ziel der Ermittlungen ist es, das Beweismaterial für eine Strafverfolgung in den Mitgliedstaaten aufzubereiten. Dabei kann OLAF auch die Ermittlungsbehörden der Mitgliedstaaten auffordern, selbstständig tätig zu werden, oder die Ermittlungen verschiedener Mitgliedstaaten koordinieren. In der Praxis werden die Straftaten, die in die den Aufgabenbereich von OLAF fallen, fast immer in enger Zusammenarbeit zwischen OLAF und den nationalen Ermittlungsbehörden, insbesondere den Polizei- und Justizbehörden, ermittelt und aufgedeckt.

Daneben beschäftigt sich OLAF mit der Sammlung, Erfassung und Analyse von Informationen, zu deren Auswertung Datenbanken eingerichtet wurden. In diesen sind alle mutmaßlichen Betrugsfälle, in denen ermittelt oder die von den Mitgliedstaaten gemeldet wurden, gespeichert. Aufgrund der gewonnenen Erkenntnisse kann OLAF die mit diesen Sachverhalten befassten Beamten der Mitgliedstaaten in Seminaren darauf hinweisen, in besonders betrugsanfälligen Bereichen Überprüfungen und Kontrollen durchzuführen. An diesen Seminaren können auch Staatsanwälte und Richter teilnehmen. Es finden daher häufig Sitzungen zwischen OLAF-Ermittlern und Vertretern der nationalen Ermittlungsbehörden aus dem Zoll-, Steuer- und Agrarbereich statt, auf denen Betrugsbekämpfungsmaßnahmen beschlossen und koordiniert werden.

Um die Betrugsbekämpfung auf europäischer Ebene intensivieren zu können, bedarf es einer Vereinheitlichung des nationalen Strafrechts der Mitgliedstaaten auf diesem Gebiet. Weiter muss die rechtliche Möglichkeit von unangekündigten Kontrollen in allen Mitgliedstaaten geschaffen werden. Die Bestechung von Beamten der Europäischen Union und das Waschen von Gewinnen aus Betrug zum Nachteil der Gemeinschaft muss einheitlich unter Strafe gestellt werden. Zur Verwirklichung dieser Ziele hat OLAF auftragsgemäß wichtige Vorarbeit geleistet. Die Europäische Kommission wird auch in Zukunft die Mitgliedstaaten bei der Bekämpfung von Betrug, Korruption und Geldwäsche unterstützen. Effektive Verbrechensbekämpfung wird im europäischen Bereich aber nur dann möglich sein, wenn die Zusammenarbeit der Justizbehörden weiter vereinfacht wird.

Ausgehend von dem Vorschlag der Kommission zur Änderung der Verordnung (EG) Nr. 1073/1999 wird derzeit an einer Reform des Europäischen Amts für Betrugsbekämpfung gearbeitet. Der Vorschlag enthält insbesondere zusätzliche Bestimmungen über die Verbesserung der Wirksamkeit der Untersuchungen und die Stärkung der Zusammenarbeit mit den Mitgliedstaaten zwecks Beschleunigung der Untersuchungsverfahren.

Sachverzeichnis

Fette Zahlen = Kapitel, magere Zahlen = Randnummern

A1-Bescheinigung **19** 52, 198
Abdeckrechnungen **19** 213 f.
Abfallwirtschaft **19** 174, 177
Abfangen von Daten **14** 86 ff.; **15** 45
Abgabebetrug nach Schweizer Recht **24** 164 ff.
Abgabenüberhebung **22** 83
Abgeordnetenbestechung **3** 41, 44; **12** 101 ff.
Abgestimmte Verhaltensweisen **18** 39, 94, 180, 182
Abhören von (Telefon-)Gesprächen **5** 144 f.
Abmahnanwälte **7** 5, 8
Abmahnungen **16** 94 ff.
Abmahnvereine **16** 96 ff.
Abrechnungsbetrug **13** 4 ff.
– Berufsverbot **13** 89 ff.
– Besonderheiten im Ermittlungsverfahren **13** 75 ff.
– Indikatoren für betrügerisches Verhalten **13** 43
– Privatpatienten **13** 51 ff.
– Schätzung **13** 86 f.
– Typologie der Täuschungshandlungen **13** 12 ff.
– Vermögensschaden **13** 32 f.
Abofallen **7** 5; **15** 199
Abrechnungsmanipulationen bei Privatpatienten **13** 51 ff.
Abrechnungssystem des Vertragsarztes **13** 5 ff.
Abschluss fingierter Arbeitsverträge **19** 44
Abschlussbilanz **9** 155
Abschöpfarchiv **28** 8
Absprachen bei Ausschreibungen **18** 39 ff.
Absprachen → Verständigung im Strafverfahren
Abstrahlung, elektromagnetische **14** 90
Abteilungsleiter **4** 12
Abwesenheitsverfahren **2** 80
Abwickler
– als Täter der Insolvenzverschleppung **9** 34, 39, 41
– als Täter von Bankrottdelikten **9** 85, 392 ff.
– Bilanzierungspflicht **9** 162
– Buchführungspflicht **9** 142
– Insolvenzantragspflicht **9** 34, 39, 41
Abwicklungsschwindel **11** 21
Ad-hoc-Mitteilung **11** 73
Adhäsionsverfahren **30** 82 ff.

– bei Schutzrechtsverletzungen **17** 28
– Voraussetzungen **30** 87 ff.
Adressbuchausschuss der Deutschen Wirtschaft **16** 90
Ärztliche Schweigepflicht
– Verletzung **13** 59
– vs. Durchsuchung und Beschlagnahme **13** 75 ff.
Ärztliches Hilfspersonal **13** 79 ff.
Äußere Sicherheit **23** 31
Akkreditiv **10** 145 ff.
Akteneinsicht **25** 72 ff.; **30** 38 ff.; **31** 39 ff
– Anfechtung der Versagung **29** 49
– Anhörung des Betroffenen **25** 76 ff.
– auf der Geschäftsstelle **29** 47
– berechtigtes Interesse **30** 39 ff.
– durch Wirtschaftssachverständige **29** 95
– in Haftverfahren **29** 46
– nach Verfahrenstrennung **25** 74 f.
– Rechtsweg **25** 72 f.
– Verfahren **30** 52 ff.
Aktiengesetz (AktG)
– Geheimnisschutz **15** 43
Aktionskreis gegen Produkt- und Markenpiraterie e.V. (APM) **17** 10, 22, 57
Aktive Veredelung **22** 60
All-Finanzaufsicht **10** 14
Allgemeinkundigkeit **26** 76
Altzahngold **13** 97
Amexco **6** 25
Amsterdamer Vertrag **2** 10, 62
Amtshilfe **22** 203
– im Besteuerungsverfahren **20** 294 ff.
– Verhältnis zur justiziellen Rechtshilfe **22** 207 f.
Amtsprüfstellen **20** 167 ff.
Amtsträger **20** 82 ff.
Amtsträger **12** 48 ff.
– Mitarbeiter und Vorstände der öffentlich-rechtlichen Kreditinstitute **10** 57
– Ratsmitglieder **12** 49
– Redakteure öffentlich-rechtlicher Rundfunkanstalten **12** 106
– sonstige Stelle **12** 50
Analogieverbot **2** 214
Anbieter strafbarer Inhalte im Internet **14** 187 ff.
Anderkonten
– Beschlagnahme **25** 21 ff.

1927

Sachverzeichnis

Fette Zahlen = Kapitel

Anfangsverdacht
– Steuerhinterziehung **20** 169 ff., 175, 177 ff.
Anforderungen einer ordnungsgemäßen Wirtschaft 9 125
Angemessenheitsgebot 4 109
Angestellte von Kreditinstituten → Bankangestellte
Angestellte; leitende
– als Teilnehmer der Insolvenzverschleppung **9** 43
Angestelltenbestechung 12 41 f., 84 ff.
– Gegenstand **12** 88
– Täterkreis **12** 86
– Unrechtsvereinbarung **12** 87
– Zukunftsbezug **12** 89
Anlagebetrug 7 26
– Schadensumfang **4** 189
Anlasskontrolle/Anlasslose Kontrolle 22 15
Anmelden eines Accounts mit falschen Daten 14 62
Anonyme Anzeigen 20 183 f.
Ansässigkeit 21 11 ff.
– gewöhnlicher Aufenthalt **21** 15
– nach Doppelbesteuerungsabkommen **21** 22 f.
– Sonderfall Schweiz **21** 25 ff.
– Wohnsitz **21** 13
Anschlussklausel 18 129
Anschreibeverfahren 22 51
Anwaltsprivileg 5 110
Anweisungen für das Straf- und Bußgeldverfahren (AStBV) 20 163
Anzeigen- und Adressbuchschwindel 16 81 ff.
Apotheken 13 100 ff.
Apothekenmonopol 13 127
Approbation
– Verlust **13** 90
AR-Vorgang 9 399
Arbeitgeber 9 261 ff.
Arbeitnehmer-Entsendegesetzes (AEntG) 19 167 ff.
– Arbeitsbedingungen **19** 169 ff.
– Generalunternehmer **19** 184 f.
– Pflichten und Rechtsfolgen **19** 176 ff.
Arbeitnehmerentsendung nach EU-Recht 19 50
Arbeitnehmererfindung 15 12
Arbeitnehmerfreizügigkeit 19 99
Arbeitnehmerüberlassung 19 26, 124 ff.
– Abgrenzung zu anderen Formen des Personaleinsatzes **19** 125 ff.
– Abgrenzung zum Dienstvertrag **19** 135 f.
– Abgrenzung zum Werkvertrag **19** 127 ff.
– Abgrenzung zur Arbeitsvermittlung **19** 137
– illegale **19** 191, 244 ff.
– Verbot im Baugewerbe **19** 148
Arbeitnehmerüberlassungsgesetz (AÜG) 19 138 ff.
– Ausnahmen und Privilegierungen **19** 143 f.
– Erlaubnispflicht **19** 145 ff.
– Folgen des Fehlens der Erlaubnis **19** 150 ff.
– Gewerbsmäßigkeit **19** 141
– Konzernprivileg **19** 140, 144
– Ordnungswidrigkeiten **19** 160 ff.
– wirtschaftliche Tätigkeit **19** 140
– Straftatbestände **19** 155 ff.
Arbeitsbedingungen
– allgemeine **19** 168
– tarifvertragliche **19** 169
Arbeitsberechtigung-EU 19 99
Arbeitsgemeinschaft Abonnentenwerbung e.V. 16 32
Arbeitsgemeinschaft für Sicherheit in der Wirtschaft e. V. (ASW) 15 49; **17** 5
Arbeitsgenehmigung-EU 19 99, 118, 156
– Ordnungswidrigkeitstatbestände **19** 118
Arbeitsgenehmigungsverordnung(ArGV) 19 99
Arbeitslosengeld 19 86 ff.
Arbeitsvermittlung
– Abgrenzung zur Arbeitnehmerüberlassung **19** 137
Artenschutz 22 144 ff.
– Bußgeld- und Strafbestimmungen **22** 154 ff.
Arzneimittel
– irreführende Angaben **16** 36
– Rabattbetrug **4** 188
Arzneimittelgesetz (AMG)
– Straftatbestände **13** 137 f.
Arzneimittelreimport 13 114
Assimilierungsprinzip 2 153, 196 ff.
Asylbewerber 19 103
ATA-Übereinkommen 22 75
Atomstrafrecht
– Erfassung auslandsbezogener Sachverhalte **3** 20
Aufbewahrung
– Patientenunterlagen **13** 66
Aufeinander abgestimmte Verhaltensweisen 18 91
Aufenthaltserlaubnis 19 101
Aufenthaltsgesetz (AufenthG)
– Straftatbestände **19** 104 ff.
Aufenthaltstitel 19 101
– Erschleichen **19** 113 f.
– Ordnungswidrigkeitstatbestände **19** 118
Auffälliges Missverhältnis 19 31, 192
Auffanggesellschaft 9 349 f.
Auffangrechtserwerb 28 109
Aufforderung zum Boykott 18 83
Aufklärungsrüge 26 4
Aufsichtsgremien
– strafrechtliche Haftung **4** 51 ff.
Aufsichtspflicht
– gemäß § 130 OWiG **5** 79
Aufsichtsrat 5 54 ff.
– Insolvenzantragspflicht **9** 34, 40, 71
Augenscheinsbeweis 26 51
– Ablehnung **26** 97, 124 ff.
Augenscheinssurrogate 26 124

Magere Zahlen = Randnummern

Sachverzeichnis

Ausbeutungsmissbrauch 18 111
Ausfuhr 3 30 ff.
– i.S.d. EG-Dual-Use-VO 23 20
– Versuch i.S.d. § 34 Abs. 5 AWG 23 38
Ausfuhrabgaben 3 14; 22 84 f.
Ausfuhrerstattungen
– Subventionsbetrug 22 128
Ausfuhrliste 23 12, 28
Ausfuhrlizenz 22 126
Aushöhlung 9 381
Auskunftsersuchen
– an Banken 9 456 ff.; 10 287
– an Gerichtsvollzieher 9 418 ff.
– betreffend Bankkonten und -geschäften 2 86
– gem. §§ 112, 113 TKG und §§ 14, 15 TMG 27 113 ff.
Auskunftsverweigerungsrecht 25 85 ff.
Ausländergesetz
– Erfassung auslandsbezogener Sachverhalte 3 16
Auslandshandelskammern 31 43
Auslandsinvestmentgesetz (AuslInvestmG) 21 3
Auslandskopfüberwachung 27 111
Auslandsserver 24 88a
Auslandsvertretungen 24 90
Auslandszahlungsverkehr 10 64
– Missbrauch 10 138 ff.
Auslandszeuge 1 128; 25 151 ff.; 27 102, 126 ff.
Auslegung
– union- und gemeinschaftskonforme 2 286 ff.
Auslieferung 24 13, 44 ff.
– eigener Staatsangehöriger 24 49, 61
– Grundsatz der Spezialität 24 153 ff.
– in Fiskalsachen 24 47, 49, 52, 164
Ausproduktion 8 28; 9 380
Aussagegenehmigung 26 103 ff.
Ausschluss der Öffentlichkeit 29 100
Ausschluss von öffentlichen Aufträgen 19 40 ff., 186
Ausschreibungen 18 34 ff.
Außendienste 20 176 ff.
Außenprüfung 22 14
Außensteuergesetz (AStG) 21 3, 16 ff.
Außenwirtschaftsbestimmungen
– Begriff 23 1 f.
Außenwirtschaftsgesetz (AWG) 23 6 ff.
– Abgrenzung zum CWÜAG 23 4
– Abgrenzung zum KWKG 23 3
– Auslandstaten 23 46
– Bußgeld- und Strafbestimmungen 23 24 ff.
– Vermögensabschöpfung 23 54
Außenwirtschaftsrecht
– Aufgaben und Befugnisse der Zollbehörden 23 50
– Auswirkungen des EG-Rechts 23 18
– Entwicklung seit 1961 23 13 ff.
– Genehmigungspflichten 23 22
– Internationale Zusammenarbeit

Außenwirtschaftsüberwachung 23 51
Außenwirtschaftsverordnung (AWV) 23 10 ff.
Ausspähen von Daten 14 72 ff.; 15 45
– besondere Zugangssicherung 14 79 ff.
– Daten 14 75 ff.
– Unbefugtes sich Verschaffen 14 82 f.
Australia Group 23 12 f.
Autobahntierärzte 13 134
Avalkonten 10 207

Backdoor 14 82
BAFin → Bundesanstalt für Finanzdienstleistungsaufsicht
Bagatellbekanntmachung 18 96
Bande 14 138; 20 89; 22 107
Bandenmäßige Steuerhinterziehung 20 88 ff.
Bank → Kreditinstitute
Bankangestellte 6 18, 45, 47; 20 23
– als Täter von Bankrottdelikten 9 92
– als Teilnehmer der Insolvenzverschleppung 9 43
– missbräuchliche Kreditgewährung 10 196 ff.
– Schweigepflicht 10 72 ff.
– Untreue bei Lastschriftreiterei 10 117
– Untreue bei Scheck- oder Wechselreiterei 10 136
Bankanfrage → Auskunftsersuchen
Bankermittlungen 9 456 ff.
– Fragenkatalog 9 459
Bankgeheimnis 2 88; 9 457; 10 70 ff., 287 f.; 20 218
Bankgeschäfte 10 13; 32 20
– unerlaubte 10 271 ff.
Bankmitarbeiter → Bankangestellte
Bankrott 9 76 ff.
– Abwickler als Täter 9 392 ff.
– Beendigung 9 79, 184
– Beiseiteschaffen von Vermögensbestandteilen 9 112 ff.
– die einzelnen Tatbestände 9 111 ff.
– Erfassung auslandsbezogener Sachverhalte 3 10
– faktischer Geschäftsführer 9 333 ff.
– Herbeiführen der Krise 9 173 f.
– Insolvenzverwalter als Täter 9 374
– nach Abweisung eines Insolvenzantrags 9 390
– nach Insolvenzeröffnung 9 360 f., 364, 367, 369
– objektive Strafbarkeitsbedingung 9 99 ff.
– Rechtsfolgen 9 105 ff.
– Scheingeschäfte 9 133
– Sonstiges Verringern 9 134 f.
– subjektiver Tatbestand 9 179 ff.
– Täterkreis 9 7, 82 ff.
– Unterdrücken von Handelsbüchern 9 151 ff.
– Verhältnis zur Untreue 9 176 ff.
– Verheimlichen von Vermögensbestandteilen 9 112 ff., 364
– Verjährung 9 79
– Verletzung der Bilanzierungspflicht 9 153 ff.
– Verletzung der Buchführungspflicht 9 136 ff.
– Verlust-, Differenz-, - Spekulationsgeschäft 9 121
– Versuch 9 107

1929

Sachverzeichnis

Fette Zahlen = Kapitel

– Vollendung **9** 184
– Warenbeschaffung auf Kredit **9** 131 ff.
Bannbruch 22 82, 101 ff., 132 ff.; **23** 26
Bargeldgeschäfte 10 81 f.
Bargeldverkehr, Überwachung 22 15, 169 f.
Bargeschäfte ohne Rechnung 20 23
Baseler Ausschuss für Bankenaufsicht 10 5, 20
Basisgesellschaft 20 3; **21** 38 ff., 60
Bauabzugsteuer 19 210 ff., 241, 247
Baubetriebe-Verordnung 19 148
Baugewerbe 19 177
– Urlaubskassenverfahren **19** 179
– Werkverträge mit ausländischen Bauunternehmern **19** 231 ff.
Bauleistungen 19 170
Bausatztheorie 23 58
Bausparkassen 10 29
Beamtenstatusgesetz 12 30
Beauftragte 4 12; **9** 89 ff.
Bedeutungslosigkeit der Beweistatsache 26 81 ff.
Bedingter Beweisantrag 26 17 ff.
Begehungsdelikte
– Tathandlungsort **3** 34
Begünstigung 22 109
Beharrliches Wiederholen 19 38
Behinderungsmissbrauch 18 108 ff.
Behörde 14 134
Behördenakten
– Beschlagnahme **25** 67 f.
Beihilfestellen 13 55 f.
Beiseiteschaffen von Vermögensbestandteilen **9** 113 ff.
Beitragsbemessung 19 69 ff.
Beitragsnachweis 19 57
Beitragsvorenthaltung → Vorenthalten und Veruntreuen von Arbeitsentgelt
Beitragszahlungsverordnung (BZVO) 9 273 ff.
Beleihungsgrenzen 10 164 ff.
– Nichtbeachtung **10** 214 ff.
Benutzerdaten 27 73, 113
Berater
– als Teilnehmer der Insolvenzverschleppung **9** 43 ff.
Bereichsleiter 4 12
Bergbauspezialarbeiten 19 174, 177
Berichtigung gem. § 14 c UStG 4 172
Berichtigungspflicht (§ 153 AO) 20 56
Berichtspflichten 5 56
Berufsmäßige Beschäftigung 19 67
Berufsneutrale Handlung 2 257
Berufsverbot 20 322
Beschäftigung 19 28, 47
– Abgrenzung zur Selbständigkeit **19** 120
Beschäftigung von Ausländern ohne Aufenthaltstitel 19 36

Beschäftigung von Ausländern ohne Genehmigung 19 25 ff.
Beschlagnahme 25 1 ff.
– Anderkonten **25** 21 ff.
– bei Banken **10** 56 ff.
– bei Schutzrechtsverletzungen **17** 34 ff.
– beweiserhebliche Unterlagen **9** 452
– Computerdaten **27** 42 ff.
– Durchführung und Auswertung **27** 58
– EDV-Anlage **9** 451
– Formen der Sicherstellung **27** 48
– im Wege der Rechtshilfe **24** 144 ff.
– Internet-Domain **27** 45
– von Behördenakten **25** 67 f.
– von Datenträgern **25** 13 ff.
Beschlagnahme nach § 111b StPO 28 74 ff., 78 ff.
– Anordnungsbefugnis **28** 82 f.
– Aufrechterhaltung nach § 111i StPO **28** 109
– Verfahren nach § 979 ff. BGB **28** 110 ff.
– Vollziehung/Vollstreckung **28** 84 ff.
– Wirkung **28** 95
Beschlagnahmefreiheit 6 43; **25** 17 ff.
– mandatsinterner Schriftverkehr **29** 28
– Steuerberater **20** 221
Beschlagnahmeverbot 9 455; **25** 1 ff.
– Einschränkungen **25** 25 ff.
– Folgen **25** 66
– im Bankenbereich **27** 51
– Informations- und Kommunikationsdienste **27** 50
– Presse-, Rundfunkmitarbeiter **27** 50
– Prozessuale Gemeinsamkeit **25** 5 ff.
– Steuerberater **27** 49
Beschluss
– i.S.d. europäischen Kartellrechts **18** 181
– nach EU-Recht **2** 125
Beschuldigter 25 26
Besonders interessierte Person 8 32
Besonders schwerer Fall 4 194
Besondere persönliche Merkmale 4 7 ff.
Besonderes öffentliches Interesse an der Strafverfolgung 14 164, 168
– bei Schutzrechtsverletzungen **17** 22
Bestandsdaten 27 73, 113; **32** 50
Bestechlichkeit/Bestechung 12 38 ff., 46 ff., 74 ff.
– Amtsträger → Amtsträger
– ausländischer Abgeordneter / Amtsträger **3** 24, 41
– Drittmittel für Forschung und Lehre **12** 70 ff.
– Drittzuwendungen **12** 60
– Erfassung auslandsbezogener Sachverhalte **3** 19, 23 f., 44
– Gegenleistung für bestimmte Diensthandlung **12** 38
– Geschenke, Einladungen, Repräsentation der Behörde **12** 65 f.
– Gewinnabschöpfung **12** 82 f.
– im privaten Geschäftsverkehr **3** 25
– internationale Bestechung **3** 23 f.

Magere Zahlen = Randnummern

Sachverzeichnis

- pflichtwidrige Diensthandlung **12** 38
- Rechtsgut **12** 47
- Sozialadäquanz **12** 38, 46, 64
- Sponsoring, Spenden **12** 67 f.
- Täterschaft, Teilnahme **12** 77
- Unrechtsvereinbarung **12** 46, 61
- Verjährung **12** 79 ff.
- Vorteil **12** 54 ff.
- Wahlkampfspenden **12** 69

Bestechung im geschäftlichen Verkehr 12 42
Bestimmtheitsgebot 1 108; **2** 211
Bestimmungslandprinzip 22 87
Beteiligung bei Sonderdelikten 4 68 ff.
Betreiben
- unerlaubter Bankgeschäfte **10** 273 ff.
- unerlaubter Finanzdienstleistungsgeschäfte **10** 279 f.
- von OTC-Geschäften und Clearingstellen **10** 281

Betrieb 4 12; **9** 89; **14** 134; **19** 170
- Begriff **10** 173

Betriebsabteilung, selbständige 19 170
Betriebsgeheimnisse 14 173
- Schutz **15** 1 ff., 5 ff.

Betriebsleiter 4 12
Betriebsnummernkrankenkasse 19 63
Betriebsprüfung 19 94; **20** 177; **22** 14
Betriebsprüfungsordnung 20 177
Betriebsspionage 14 175 f.; **15** 19 ff.
Betriebsstätte 19 236
Betriebsübernahmegesellschaften 9 349 f.
Betriebsverfassungsgesetz (BetrVerfG)
- Geheimnisschutz **15** 43

Betrug 10 184 ff.; **14** 23, 25; **22** 120
- Abrechnungsbetrug → Abrechnungsbetrug
- Anlagebetrug **7** 26
- bei Lastschriftverfahren **10** 114
- bei Factoringgeschäften **10** 260
- bei Schutzrechtsverletzungen **17** 31, 53
- durch Abofallen **7** 7
- durch Honorarmanipulationen des Insolvenzverwalters **9** 385 ff.
- durch Kontoeröffnung **7** 19
- durch Submissionsabsprachen **18** 17 ff.
- durch Tachomanipulation **7** 14
- Erfassung auslandsbezogener Sachverhalte **3** 5 f., 43
- Irrtum **10** 186
- Kausalität **10** 187
- Kreditbetrug → Kreditbetrug
- Lieferantenbetrug → Lieferantenbetrug
- nach Insolvenzeröffnung **9** 360, 370
- Quotenschaden **4** 193
- Schadensumfang **4** 186
- Scheckbetrug → Scheckbetrug
- Tatort **3** 37 f.
- Täuschung **10** 184 f.
- Vermögensschaden **10** 188 ff.
- Vermögensschaden bei Submissionsabsprachen **18** 20 ff.
- Versuch **10** 192
- Vollendung **10** 191
- Wechselbetrug → Wechselbetrug
- z. N. der Gemeinschaft **22** 82
- z. N. der Urlaubskasse (ULAK/ SOKA-Bau) **19** 182, 197
- z. N. der Zahnzusatzversicherung **13** 99
- Zweckverfehlung **16** 28

Bewährungsauflagen 30 101 f.
Beweisanregung 26 6, 53 f.
Beweisantizipation, Verbot 26 5, 69 f., 75, 92, 99, 107, 124, 126
Beweisantrag 26 6 ff.
- Ablehnung **26** 64 ff., 68 ff.
- Ablehnungsgründe **26** 75 ff.
- Antragsberechtigung **26** 9 ff.
- Auslandszeuge **26** 102, 126 ff.
- Auslegung der Beweisbehauptung **26** 33 f.
- Bedeutungslosigkeit der Beweistatsache **26** 81 ff.
- bedingter **26** 17 ff.
- Beweistatsache → Beweistatsache
- Beweismittel → Beweismittel
- Definition **26** 8
- Entscheidung **26** 63 ff.
- Erwiesensein der Beweistatsache **26** 89 ff.
- Eventualbeweisantrag **26** 18, 27
- Form und Protokollierung **26** 12 ff.
- Fristsetzung **26** 111
- Hilfsbeweisantrag **26** 18, 21 ff.
- inhaltliche Anforderungen **26** 29 ff.
- Konnexitätserfordernis **26** 35
- Missbrauch **26** 11, 62
- Negativtatsachen **26** 40
- Offenkundigkeit der Beweistatsache **26** 75 ff.
- prozessual bedingter **26** 18
- Unerreichbarkeit des Beweismittels **26** 99 ff.
- Verschleppungsabsicht **26** 107 ff.
- völlige Ungeeignetheit des Beweismittels **26** 92 ff.
- Wahrunterstellung **26** 112 ff.
- widersprüchliche Beweistatsache **26** 32
- Zeitpunkt der Antragstellung **26** 15
- Zurücknahme und Verzicht **26** 16

Beweisantragsrecht 26 1 ff.
Beweiserbieten 26 5 f.
Beweiserhebungsanspruch 26 4
Beweiserhebungsverbot 25 97; **26** 71 ff.
- bei gescheiterter Verständigung **26** 191 ff.

Beweisermittlungsantrag 26 56 ff.
Beweismittel 26 45 ff.
- Augenschein **26** 51
- Sachverständige **26** 50 ff., 96, 119 ff.
- Urkunden **26** 52
- Zeugenbeweis **26** 48 f.

Beweismittel- und Beweisthemenverbote 26 73
Beweisregeln 20 32 ff.

1931

Sachverzeichnis

Fette Zahlen = Kapitel

Beweistatsache 26 29 ff.
– widersprüchliche 26 32
Beweisverwertungsverbot/-verwendungsverbot 25 16; 28 30
– Angaben des Schuldners im Insolvenzverfahren 9 433 ff.
– bei gescheiterter Verständigung 26 191 ff.
Bietergemeinschaften 18 8
Bilanz
– Anforderungen 9 156
– Eröffnungsbilanz 9 164
– Erstellungsfristen 9 160 ff.
– Handelsbilanz/Steuerbilanz 9 157
– mangelhafte Aufstellung 9 155 ff.
– nicht rechtzeitige Aufstellung 9 159 ff.
– Schaden 4 86, 185 f.
– Scheinbilanz 9 165
– Stoffgleichheit 4 191
– Unmöglichkeit der Aufstellung 9 166
– verfassungsrechtliche Vorgaben 4 85 ff.
– Vermögensverlust großen Ausmaßes 4 194 ff.
Bilanzdelikte 11 40 ff.
Bilanzeid 11 53 f.
Bilanzierungspflicht 9 153
Black Market 14 200
Blankettstrafnorm 14 144, 148
Blanketttatbestand 20 10
Blaue Karte EU 19 101
Blindenwaren 16 19, 26
Bonusregelung 18 73, 156 ff.; 31 34
– Beweiswert der Aussagen 18 158
– Inhalt und Geltung der Richtlinien 18 159 ff.
– Settlementverfahren 18 168
– Verhältnis zur europäischen Bonusregelung 18 166
– Zivil- und strafrechtliche Folgen 18 165 ff.
Bootleg 17 51
Boykott, Aufforderung zum 18 83
– Verbot 18 122
Briefdienstleistungen 19 172
Briefkastengesellschaft 20 3; 21 38 ff., 60; 32 38
Bruch des Steuergeheimnisses 22 82
Brüsseler Zollratsempfehlung (WZO) 22 200
Bruttoprinzip 28 16
Buchführung
– Beschlagnahmeverbot 27 49
– Mangelhaftigkeit 9 148
– Unmöglichkeit 9 147
Buchführungspflicht 9 137 ff.
– Einzelkaufmann 9 141
– Handelsgesellschaften 9 142
Buchhaltung → Buchführung
Buchhaltungs- und Dokumentationspflichten 4 117 ff.
Buchhaltungsunterlagen
– Beschlagnahmeprivileg 25 36 ff.
– beim Rechtsberater

Buchprüfer 6 30, 42 f.
– Verletzung der Berichtspflicht 11 57 ff.
Bürgschaft 10 206 f.
Bundesagentur für Arbeit 31 3 ff.
Bundesamt für Finanzen
– Informationszentrale Ausland (IZA) 21 148
Bundesamt für Güterverkehr 31 6 ff.
Bundesamt für Sicherheit in der Informationstechnik (BSI) 31 9 ff.
Bundesamt für Wirtschaft und Ausfuhrkontrolle (BAFA) 23 2 f., 11, 15, 33, 35, 52; 32 12 ff.
Bundesanstalt für Finanzdienstleistungsaufsicht (BAFin) 10 2, 14, 48 f.; 32 18 ff.
– Mitteilungen und Auskünfte 10 76 ff.
Bundesanstalt für Landwirtschaft und Ernährung (BLE) 31 32
Bundesbeamtengesetz 12 30
Bundesdatenschutzgesetz (BDSG) 15 45
Bundesfinanzdirektion 22 3
Bundesfinanzministerium 22 3 f.
Bundesinstitut für Arzneimittel und Medizinprodukte (BfArM) 22 174
Bundeskartellamt 31 33 ff.
Bundeskriminalamt
– Zentralstelle für Verdachtsanzeigen 6 19, 49
Bundesministerium der Finanzen → Bundesfinanzministerium
Bundesnetzagentur 31 50
Bundesverband der Verbraucherzentralen und -verbände 31 58
Bundesverband des werbenden Buch- und Zeitschriftenhandels e.V. 16 32
Bundesverfassungsgericht
– Lissabon-Entscheidung 2 142
– Maastricht-Entscheidung 2 134, 138
Business Practice Guideline/Grundsätze 5 9, 105 ff.
Buß- und Strafsachenstellen der HZA 22 3
Bußgeld- und Strafsachenstelle (Bustra) 9 442; 20 194 ff., 263 ff.
Bußgeldbescheid
– Kartellrecht 5 78
Bußgeldrahmen 1 72

Caching 14 19 f.0
Carnet ATA-Verfahren 22 53, 68, 75
Carnet TIR-Verfahren 22 53, 68, 74
Cash-Management 4 103 ff.
Cash-Pool 9 254
Catch-all-Klauseln 23 15
Charta der Grundrechte der Europäischen Union 2 12
Chemiewaffenübereinkommen (CWÜAG) 23 69 ff.
– Abgrenzung zum AWG 23 4
– Abgrenzung zum KWKG 23 5
– Strafbestimmungen 23 71 ff.
Chiffreanzeigen 16 13 ff.

Magere Zahlen = Randnummern

Sachverzeichnis

Chipkarten mit Bezahlfunktion **14** 26
CITES-Übereinkommen **22** 144 f.
Clearingverfahren 6 47 ff.
COCOM 23 12 f.
Code of Conduct/Ethics 5 8
Comfort letters 18 187
Compliance 1 133 ff.; **4** 148 ff.; **5** 1 ff.; **12** 1, 10, 36; **31** 63
– Aufgaben **5** 100 ff.
– Aufklärungsmaßnahmen **5** 113 ff.
– Begriff **5** 5
– Business-Practice-Grundsätze **5** 105 ff.
– datenschutzrechtliche Vorgaben **5** 140 ff.
– gesetzliche Grundlagen **5** 31 ff.
– Grenzen der Aufklärung **5** 134 ff.
– Grundsätze und Maßnahmen **5** 111
– kartellrechtlich **5** 76 ff.
– kartellrechtliche Abwägungen **5** 130 ff.
– Officer **5** 12, 49 ff., 105
– Notfall/Krise **5** 112
– Risikoanalyse **5** 108 ff.
– Sanktionierung von Rechtsverstößen **5** 116
– Selbstverpflichtungen **5** 81 ff.
– strafrechtliche/bußgeldrechtliche **5** 64 ff.
– Verstoß **5** 10
– zivilrechtliche Haftung **5** 87 ff.
Compliance-Organisation 10 45
Computerbetrug 10 101; **14** 11 ff.
– Daten/Datenverarbeitungsvorgang **14** 15
– Erfassung auslandsbezogener Sachverhalte **3** 5, 43
– Inputmanipulation **14** 18 f.
– Programm-Manipulation **14** 16 f.
– unbefugte Einwirkung auf Ablauf **14** 36
– unbefugte Verwendung von Daten **14** 20 ff.
– unrichtige Programmgestaltung **14** 16 f.
– Verwendung unrichtiger oder unvollständiger Daten **14** 18 f.
– Vorbereitungshandlungen **14** 40 f.
Computerdaten
– Beschlagnahme **27** 42 ff.
Computerkriminalität 14 1 ff.
– Begriff **14** 4 ff.
– Deliktsformen **14** 8 ff.
Computerprogramme 14 78, 149 ff., 161; **17** 50
– Sicherheitskopie **14** 161
Computersabotage 14 102 ff., 124 ff.
– Datenverarbeitung von wesentlicher Bedeutung **14** 126 f.
– erhebliche Störung der Datenverarbeitung **14** 132
– Nachteilszufügungsabsicht **14** 130
– Tathandlungen **14** 129 ff.
Computerspionage 15 52
Computerviren 14 105 ff.
Computer-Würmer 14 106
Content-Provider 14 187 f.
Corporate Compliance 5 7
Corporate Crime 1 6
Corporate Governance Kodex 5 54 ff.
Corpus Juris der strafrechtlichen Regelungen zum Schutz der finanziellen Interessen der EU 2 386
Corruptions Perceptions Index 12 12
CpD-Konten 10 91; **20** 23
Cracker 14 115
Creditreform 31 59
Criminal Compliance 1 133 ff.
Cyber-Cops 27 121
Cyber-Crime 14 5 ff., 180
– Deliktsformen **14** 8 ff.
Cybercrime-Convention 2 53; **28** 28, 140 ff.

Dachdeckerhandwerk 19 177
DarkNet 14 200
Darlehen 10 152
Daten
– als Erklärungsträger des § 269 StGB **14** 51 ff.
– als Tatobjekt des § 202a StGB **14** 75 ff.
– als Tatobjekt des § 274 StGB **14** 68
– als Tatobjekt des § 303a StGB **14** 110 ff.
– als Tatobjekt des Computerbetrugs **14** 15
– grenzüberschreitender Zugriff **27** 25 ff.
– Online Zugriff auf fremde Daten **27** 124 ff.
Datenabgleichsverfahren 19 95
Datenbank 14 152; **17** 48
Datennetze
– Verantwortlichkeit der Beteiligten **14** 185 ff.
Datenschutzbeauftragter 5 142
Datenschutzrecht
– gemeinschaftsrechtliche Angleichung **2** 282
– Verstöße **5** 158 ff.
– Zulässigkeit von Maßnahmen **5** 150 ff.
Datenscreening 5 146
Datenträger
– Beschlagnahme **25** 13 ff.
– Beschlagnahmeverbot **27** 50
Datenübermittlung 14 88 f.
Datenveränderung 14 102 ff., 108 ff.
– Daten **14** 110 ff.
– Tathandlungen **14** 114 ff.
Datenverarbeitung von wesentlicher Bedeutung 14 126 f.
Datenverarbeitungsanlage 14 131
Datenverarbeitungsvorgang
– als Tatobjekt des Computerbetrugs **14** 15
Datenverschlüsselung 27 146 ff.
Deal → Verständigung im Strafverfahren
Delegation
– horizontale **5** 35 ff.
– vertikale **5** 41 ff.
Depotbanken
– Strafvorschriften **10** 285
Depotunterschlagung 10 295 ff.
Deutsch-niederländischer Polizeivertrag 24 71, 110a, 110c

Sachverzeichnis

Fette Zahlen = Kapitel

Deutsch-österreichischer Ergänzungsvertrag zum EuRhÜbk **24** 111
Deutsch-österreichischer Polizeivertrag **24** 71, 110a, 110c
Deutsch-schweizerischer Polizeivertrag **24** 71, 110a, 110c, 162
Deutsch-tschechischer Ergänzungsvertrag zum EuRhÜbk **24** 110a
Deutsche Ausgleichsbank **10** 27
Deutsche Bundesbank (BBank) **10** 15, 37
Deutscher Industrie- und Handelskammertag (DIHK) **16** 5, 90; **32** 42 f.
Deutscher Schutzverband gegen Wirtschaftskriminalität (DSW) **16** 5, 90, 104; **31** 57
Deutsches Patent- und Markenamt (DPMA) **17** 17; **32** 39 f.
Devisengeschäfte **10** 83 f., 148 ff.
Dialer-Programme **14** 17, 118
Diebstahl
– aus Steuerlager **22** 98
– Erfassung auslandsbezogener Sachverhalte **3** 4
– nach Insolvenzeröffnung **9** 362, 367
Diensteanbieter → Provider
Dienstleistungsfreiheit **2** 233 ff.; **19** 99 f.
Dienstvertrag
– Abgrenzung zur Arbeitnehmerüberlassung **19** 135 f.
Dieselbe Handlung/Tat **2** 78
Differenzgeschäfte **9** 124
Differenzverzollung **22** 61
Digitale Signatur **31** 11 ff.
Dinglicher Arrest **28** 40, 74, 77, 118 ff.
– Anordnungsbefugnis **28** 119
– Notwendiger Inhalt **28** 120 ff.
– Vollziehung/Vollstreckung **28** 124 ff.
Diskriminierungsverbot **2** 229; **18** 121
Dispositionskredit **10** 253
Distanzdelikt **14** 206
Disziplinarrecht **20** 330 ff.
Dividend Routing **21** 5, 48
Dokumenteninkasso **10** 145
Domizilgesellschaft **21** 38 ff.
Doppelbesteuerungsabkommen **20** 297; **21** 2
– Deutschland-Schweiz **20** 157 ff.; **21** 33
Doppelmandat **29** 26
Doping **12** 110
DoS-Attacken **14** 107, 116, 130
Downloaden **14** 157
Dreiecksbetrug **14** 37
Dritteigentümerbezogener Verfall **28** 39
Drittmittel für Forschung und Lehre **12** 70 ff.
Drittstaatenangehörige
– Aufenthaltsrechtlicher Status **19** 101
– Zulassung zum Arbeitsmarkt **19** 102
Drittverfallsklausel **28** 39
Drohende Zahlungsunfähigkeit **8** 119 ff.
– Begriff **8** 119 ff.
– Erkenntnisquellen **8** 129
Druckverbot **18** 102
Dual-use-Güter **23** 15, 17 f., 20; **32** 14 f.
Dual-use Programme **14** 41, 97, 123
Duldung **19** 106
Duplo-Akten **29** 45
Durchfuhr **3** 30 ff.
Durchsicht
– der EDV **10** 54
– von Papieren **20** 242; **23** 29; **26** 16; **28** 40 f.; **31** 61
– Zollfahndungsdienst **22** 33 f., 141
Durchsuchung **9** 444 ff.; **26** 1 ff.
– Auslandsbezug **27** 25 ff.
– bei Banken **9** 456; **10** 56 ff.
– bei Dritten **9** 460 f.
– bei Kreditinstituten
– bei Steuerberatern/Wirtschaftsprüfern **9** 455
– beim Insolvenzgläubiger **9** 461
– beim Insolvenzschuldner **9** 448 ff.
– beweiserhebliche Unterlagen **9** 452
– Durchsuchungsbefugnisse **27** 20 ff.
– Host-Provider **27** 14
– im EDV-Bereich **27** 10 ff.
– im Wege der Rechtshilfe **24** 144 ff., 176b
– Inbetriebnahme fremder EDV-Anlagen **27** 15 ff.
– juristischer Personen oder Personengesellschaften **27** 12
– Nutzung fremder Programme **27** 18 f.
– Online **27** 127, 131 f.
– Online-Suche **27** 21 ff.
– Planung und Vollzug **27** 31 ff.
– Telefongespräche **9** 454
Durchsuchungsbeschluss
– Anfechtung **29** 73

E101-Bescheinigung **19** 52, 198
E-Mail
– ausländischer E-Mail-Server **27** 142
– Postbeschlagnahme **27** 54, 89 f.
– Kontrolle des E-Mail-Verkehrs **27** 87 ff.
E-Mail-Überwachung **5** 147
EC-Kartenmissbrauch
– an Geld-/Bankautomaten **14** 21 ff.
– im Zahlungsverkehr **14** 25
Edelmetallgeschäfte **10** 83 f.
Editionspflicht **27** 66 ff.
EDV-Beweissicherung **27** 5 ff.
EG-Amtshilfegesetz **20** 298
EG-Amtshilfeverordnung **22** 200
EG-Anti-Folter-VO **23** 21
EG-Dual-Use-VO **23** 20, 24, 33
EG-Finanzschutzgesetz **2** 93; **3** 22
EG-Fusionskontrollverordnung → Fusionskontrollverordnung
EGKS-Vertrag **2** 6
Eigene Sachkunde **26** 119

Magere Zahlen = Randnummern

Sachverzeichnis

Eigenkapitalersetzende Leistungen 9 115, 253 ff.
Eigennutz 14 178
Eigentumsvorbehaltsware 9 131, 237, 308, 348, 362, 384, 396
Eigenverwaltung 8 22, 49 ff.; 9 366, 368
Einfuhr 3 30 ff.
– Begriff, marktordnungsrechtlich 22 127
Einfuhrabgaben 3 14; 23 84 f., 93 ff.
Einfuhrlizenz 22 126
Einfuhrschmuggel 22 48, 85
Einfuhrumsatzsteuer (EUSt) 22 206
Eingehungsbetrug
– Schadensumfang 4 186
Einheitliche Europäische Akte (EEA) 2 8
Einheitlicher Bewertungsmaßstab 13 7, 9
Einheitstäterbegriff 1 68
– nach OWiG 1 66
Einkommensteuer
– und Scheinselbständigkeit 19 221
Einlagengeschäft 31 20
Einlagerungskaution 2 178
Einschleusen von Ausländern 19 115
Einstellung gem. § 153a StPO 30 78
Einverständnis/Einwilligung der Gesellschafter 9 470
Einzelkaufmann
– als Täter des Bankrotts 9 83
– Bilanzierungsfristen 9 161
– Buchführungspflicht 9 141
Einzelwertberichtigung
– als Schadensindikator der Untreue 10 226
Einziehung
– bei Schutzrechtsverletzungen 17 27 ff.
– bei Tachoscheibenmanipulation 7 15
– nach § 22b StVG 7 15
Electronic Cash 14 25
Elektrohandwerke 19 177
Elektromagnetische Abstrahlung 14 90
Elektronische Signatur 31 11 ff.
Embargomaßnahmen 23 11
EMRK → Europäische Menschenrechtskonvention
Entbindung von der Schweigepflicht 25 51 ff.
– durch den faktischen Geschäftsführer 25 61
– durch den Geschäftsführer 25 56 ff.
– durch den Insolvenzverwalter 25 52 ff.
– nach Insolvenzeröffnung 9 464
Entgelt 11 66
Entgrenzungsverbot 4 73, 77, 81
Entleih ausländischer Arbeitnehmer ohne Arbeitsgenehmigung 19 157
Entleiher
– Steuerhaftung 19 245 ff.
Entschädigung für Ermittlungsmaßnahmen 10 80
Entschuldigungsgründe 1 38

Entsendebescheinigung (E101) 4 128; 19 52, 198
Entsendung
– missbräuchliche 19 188 ff.
– Straftaten und Ordnungswidrigkeiten 19 190 ff.
– Zulassungsverfahren 19 189
Entsprechungserklärung 5 57
Entziehung aus der zollamtlichen Überwachung 22 49
Erfolgsdelikt 20 29
Erhebliche Behinderung wirksamen Wettbewerbs 18 60
Erhebliche Gefährdung der auswärtigen Beziehungen 23 33
Erhebliche Störung der Datenverarbeitung 14 132
Erheblicher Umfang von Dienst- oder Werkleistungen 19 20
Erlaubnis zum Daueraufenthalt-EG 19 101
Ermächtigungen nach AWG 23 8
Ermittlungsverfahren
– Erledigungsmöglichkeiten 29 75 ff.
Eröffnungsbilanz 9 155, 164, 374
Eröffnungsverfahren →Insolvenzeröffnungsverfahren
Erschleichen von Aufenthaltstiteln 19 113 f., 190
Erschleichen von Leistungen 14 29
– Erfassung auslandsbezogener Sachverhalte 3 5
Erschleichen von Sozialleistungen 19 24
Erweiterter Verfall 28 27 f., 58 ff.
Erwerbsfähigkeit 19 87
Erwerbstätigkeit von Ausländern ohne Genehmigung 19 37 ff.
Erwiesensein der Beweistatsache 26 89 ff.
Erzwungene Stundung 8 109
EU-Amtshilferichtlinie 20 294
EU-Bestechungsgesetz 2 96; 12 91 f.
Eu-Cybercrime-Übereinkommen 24 56, 88a
EU-Geldwäscheübereinkommen (EuGeldwäscheÜbk) 24 78
EU-Grenzbeschlagnahmeverordnung 17 35, 38
EU-Mehrwertsteuer-Zusammenarbeits-VO 20 299
EU-Rechtshilfeübereinkommen in Strafsachen 24 67 ff.
EU-Richtlinie Solvency II 5 63
EU-Richtlinie zur Durchsetzung der Rechte des geistigen Eigentums 17 15
EU-Zentrum zur Bekämpfung der Cyberkriminalität 14 211
EU-Zinsbesteuerungsrichtlinie 20 299
EuGH → Europäischer Gerichtshof
Eurojust 2 25, 128, 364 f.; 7 22; 24 22; 32 66 ff.
Europäische Beweisanordnung 2 116 f.
Europäische Gemeinschaft 2 5 f.
Europäische Menschenrechtskonvention (EMRK) 2 29, 45 ff.

1935

Sachverzeichnis

Fette Zahlen = Kapitel

Europäische Staatsanwaltschaft 2 25, 128, 395 ff.; **25** 77
Europäische Union (EU)
– Anweisungskompetenz 2 135, 137 ff.
– Bekämpfung von Unregelmäßigkeiten zu Lasten des EU-Haushalts 2 300 ff.
– Bußgeldkompetenzen 2 163 ff.
– Entwicklung 2 5 ff.
– Handlungsformen im Bereich des Strafrechts 2 125 ff.
– Kompetenz zur Verhängung sonstiger Sanktionen 2 175 ff.
– Kompetenzen auf dem Gebiet des Kriminalstrafrechts 2 132 ff.
– Kompetenzen zur Bekämpfung von Betrug zum Nachteil der EU 2 156 ff.
Europäische Wirtschaftliche Interessenvereinigung (EWIV)
– Insolvenzantragspflicht 9 26
Europäische Zentralbank (EZB) 10 15, 38
Europäischer Ausschuss für Strafrechtsfragen des Europarats 2 55
Europäischer Gerichtshof (EuGH) 2 371 ff.
– Bußgeldkompetenz 2 172
Europäischer Haftbefehl 1 24; 2 46, 68 ff.; **25** 44, 48, 81, 135
Europäischer Landwirtschaftsfonds für die Entwicklung des ländlichen Raums 22 121
Europäischer Rechnungshof 2 331 ff.
Europäischer Verfassungsvertrag 2 14, 120 ff.
Europäisches Amt für Betrugsbekämpfung → OLAF
Europäisches Auslieferungsübereinkommen (EuAlÜbk) 2 46; 24 45 ff.
Europäisches Justizielles Netz (EJN) 2 368 ff.; 7 25; **25** 23, 42, 118; **32** 62 ff.
Europäisches Kartellrecht 2 166 ff.
– Kompetenzen im EAG 2 170 f.
Europäisches Modellstrafgesetz 2 408 f.
Europäisches Parlament 2 329 f.
Europäisches Polizeiamt (Europol) 31 73 ff.
Europäisches Rechtshilfeübereinkommen (EuRhÜbk) 24 65 ff.
Europäisches Strafrechtsübereinkommen zur Korruption 2 52
Europäisches Strafregisterinformationssystem 24 68f
Europäisches Übereinkommen
– betreffend Auskünfte über ausländisches Recht (AuRAÜbk) 24 42
– über Cyber-Kriminalität 2 53
– über den Schutz der Umwelt durch Strafrecht 2 51
– über die Rechtshilfe in Strafsachen 2 47
– über Geldwäsche 2 50
– zur Bekämpfung des Terrorismus 2 48

Europäisches Wettbewerbsrecht 18 5, 170 ff.
– Bußgeldtatbestände 18 193 ff.
– comfort letters 18 187
– Freistellungen 18 186
– Fusionskontrolle → Fusionskontrollverordnung
– Leitlinien 18 186
– Missbrauch einer marktbeherrschenden Stellung 18 189 ff.
– Rechtsgrundlagen 18 170 ff.
– Verbot horizontaler/vertikaler Vereinbarungen und abgestimmter Verhaltensweisen 16 177 ff.
– Verbotsnormen 18 177 ff.
– Verfahrensverstöße 18 196 ff.
– Verhältnis zu nationalen Wettbewerbsregeln 18 6
– Verstöße gegen materielles Kartellrecht 18 202
Europarat 2 42, 44
Europarecht
– Begriff 2 41 ff.
European Competition Network (ECN) 18 174
EUROPOL 2 357 ff.
Eventualbeweisantrag 26 18, 27
Evokationsrecht 20 237 ff., 315
Excise Movement Control System (EMCS) 22 97
Existenzgefährdender Eingriff 4 100 ff.
– Schadensumfang 4 184
Exploits 14 83, 106
Externes Versandverfahren 2 305, 308

Facebook-Account
– Postbeschlagnahme 27 54
Factoring 10 259 ff.
Factoringgesellschaften 10 35
Fälligkeitssteuern 20 13
Fälschliche Beeinflussung einer Datenverarbeitung 14 47
Fälschung beweiserheblicher Daten 14 22, 27, 47, 50
– Daten 14 51 ff.
– Tathandlungen 14 57 ff.
Fälschung von Zahlungskarten 14 33
Fahndungsrichtlinien 24 85
Faktische Beauftragte 4 22
Faktische Vertretungsorgane/Geschäftsführer 1 43; 4 13 ff.; 9 9, 317 ff.; 21 59; **25** 61
– als Täter der Insolvenzverschleppung 9 36 ff., 330 ff.
– als Täter des § 266a StGB 9 262
– als Täter von Bankrottdelikten 9 88, 333 ff.
– als Täter von Untreuehandlungen 9 337
– Beweisanzeichen 9 321 ff.
– im Ordnungswidrigkeitenrecht 4 214
– Indizien 4 17 f.
– Insolvenzantragspflicht 8 145, 153
– Mitgeschäftsführung 9 326 ff.
– Sechs-von-acht-Theorie 4 18; 9 328
– strafrechtliche Folgen für den faktischen Geschäftsführer 4 20

Magere Zahlen = Randnummern

Sachverzeichnis

– strafrechtliche Folgen für den formellen Geschäftsführer **4** 21 f.
Faktischer Liquidator 9 319
Falsche Angaben in öffentlichen Bekanntmachungen (§ 399 AktG) 11 18
Falsche Angaben in öffentlichen Mitteilungen (§ 82 GmbHG) 11 77
Falsche Angaben oder unrichtige Darstellung (§ 147 GenG) 11 79
Falsche Ausstellung von Berechtigungsscheinen (§ 402 AktG) 11 82 ff.
Falsche Depotanzeige 10 298
Falsche Versicherung an Eides Statt 9 306 f., 365, 370
Fangschaltung-Entscheidung des BVerfG 27 82
Feilhalten 14 41
Fernwirkung 6 55
Festsetzungsfrist, verlängerte 20 334
Feststellungsbescheid 20 36 f.
Filehoster 14 157
Filesharing 14 159, 161
Filmwerke 14 151, 161
Financial Action Task Force On Money Laundering (FATF) **6** 1, 33, 41
Finanzbehörden
– Anfrage bei Ermittlungen wegen Insolvenzdelikten **9** 441 ff.
Finanzagenten 14 32
Finanzbeamter
– als Zeuge **4** 157
Finanzbehörden 20 119 f., 164
– Beteiligung im gerichtlichen Verfahren **20** 267 ff.
Finanzdienstleistungen 10 17
Finanzdienstleistungsinstitute 6 30; **10** 16; **32** 19
Finanzdienstleistungsunternehmen
- Compliance-Regelungen **5** 58 ff.
Finanzermittlungen 22 161 ff.
Finanzielle Interessen der EG, Schutz
– Kompetenzen zur Bekämpfung von Betrug zum Nachteil der EU **2** 156 ff.
Finanzierungsleasing 10 152
Finanzkontrolle Schwarzarbeit (FKS) 19 3 ff.; **23** 3, 5, 16 ff.
Finanzunternehmen 10 17
– im Bankenbesitz **10** 33 ff
Finanzwechsel 10 130
Fingierte Rechnungen 16 82 ff.
Firmenbestatter 9 351 ff.
Firmenbestattung 8 85a ff.
Firmenregister für die Schweiz 24 167
Firmensanierer, kriminelle 9 343 ff.
Firmenvertretung 29 24 ff.
Fortführungsprognose 8 134 ff.
Fortführungswerte 8 134
Fragebögen an Zeugen 25 91
Freies Geleit 24 152

Freihändige Vergabe 18 35
– Betrug durch Absprachen **18** 19, 24
Freilager 22 78
Freistellungen 18 186 ff.
Freistellungsbescheinigung 19 212, 248
Freizonen 22 78
Freizügigkeit 2 237; **19** 97
Fremdvergleichsgrundsatz 21 73 ff.
Führungslosigkeit einer Gesellschaft 9 40
Funktionsverlagerung in ausländische Konzerngesellschaften 21 35 ff.
– Basisgesellschaft („Briefkastengesellschaft") **21** 38 ff., 60
– Fremdvergleichsgrundsatz **21** 73 ff.
– Geschäftsleitung im Ausland **21** 52 ff.
– Kapitalanlage im Konzern **21** 120 ff.
– Mitwirkungstatbestände des § 8b Abs. 1 AStG **21** 133 ff.
– Sonderfall § 50d Abs. 3 EStG bei Dividend Routing **21** 48 ff.
– Verrechnungspreise **21** 61 ff.
Funkzellenabfrage 27 107 f.
Funkzellenerfassung 27 85
Funkzelleninformationssystem 27 108
Fusionskontrolle 18 4, 60, 70, 74, 82, 124 ff.
– Anmeldepflicht **18** 130
– Anwendungsbereich **18** 125 ff.
– Bußgeldtatbestände **18** 134 ff.
– europäische **18** 277 ff.
– Verfahren **18** 131 f.
– Verhältnis nationales/europäisches Recht **18** 6
– Ziel **18** 124
Fusionskontrollverordnung (FKVO) 2 169; **18** 171, 277 ff.
– Anwendungsbereich **18** 278
– Bußgeldvorschriften **18** 292 ff.
– Entscheidungsbefugnisse der Kommission **18** 287 ff.
– Ermittlungsbefugnisse der Kommission **18** 285 f.
– Verfahren **18** 279 ff.
Futterarzneimittel 13 131

Garantenstellung
– des Betriebsinhabers **1** 32 ff.
– des Unternehmers für Betriebsangehörige **4** 146 ff.
– Organe juristischer Personen **1** 37
– Übertragung **4** 149 f
Garantieerklärung 10 205
Garantiefonds für die Landwirtschaft 22 121
GASP Gemeinsame Außen- und Sicherheitspolitik 2 9
Gebäudereinigung 19 171, 177
Gebrauchmachen von Daten 14 60
Gebrauchsmuster 17 17; **32** 39
Gebührenfaktor 13 53, 62
Gebührenordnung
– für Ärzte (GOÄ) **13** 52, 69
– für Zahnärzte (GOZ) **13** 92

Sachverzeichnis
Fette Zahlen = Kapitel

Gebührenrahmen 13 69
Gefährdung der äußeren Sicherheit der BRD 23 31
Gefährdung des friedlichen Zusammenlebens der Völker 23 32
Gefährdung von Schiffe u.a. durch Bannware 22 120
Gefährdungsdelikte 14 207
– Erfolgsort **3** 38 ff.
Gefahr im Verzug 9 445, 460; **21** 200; **28** 24, 32 ff.; **30** 73
Geheimdienstliche Agententätigkeit 15 48
Geheimnishehlerei 14 177; **15** 25 ff.
Geheimnisverrat 15 2 ff.
Geld
– im Strafrecht **10** 85 ff.
Geldbuße 1 65
Geld- und Wertpapierfälschung 10 87
– Erfassung auslandsbezogener Sachverhalte **3** 12, 46
Geldauflage
– steuerliche Abzugsfähigkeit **29** 79
Geldautomatenkarten
– Bargeldverfügungen **10** 100 ff.
– Entwendung **10** 98 ff.
Geldkarten 14 26
– Entwendung **10** 98 f.
Geldleihgeschäfte 10 157
Geldspielautomaten 14 34
Geldstrafe
– neben Freiheitsstrafe **4** 210
– Vollstreckung **24** 63 ff.
Geldwäsche 1 95 ff.; **6** 1 ff.; **21** 104 ff.; **22** 161 ff.; **32** 20
– Beratungsleistungen bei grenzüberschreitenden Handlungen **2** 267
– des Verteidigers **6** 18
– durch Bankangestellte **6** 18
– Ermittlungsansätze **22** 163 ff.
– Formen der Geldwäsche **6** 21 ff.
– Geldtransfersysteme **6** 25
– Geldwechselgeschäfte **6** 24
– Havala Banking **6** 26
– Herrühren **6** 7 f.
– Kette von Verwertungshandlungen **6** 7
– Leichtfertige Geldwäsche **6** 14, 18
– Loan back **6** 28
– Online Gambling **6** 29a
– Protokoll zum Übk. zum Schutz der finanziellen Interessen der EG **2** 97
– Subjektiver Tatbestand **6** 13
– Tarnunternehmen **6** 29
– Tatgegenstand **6** 6 ff.
– Tathandlung **6** 12 ff.
– Über- oder Unterfakturierung von Rechnungen **6** 27
– Underground Banking **6** 26
– Verdachtsmeldungen **22** 171
– Verdeckte Treuhandschaft **6** 22

– Versuch **6** 12, 14
– Vortaten **6** 3 ff.
Geldwäschebeauftragter 6 38; **10** 44
Geldwäschegesetz (GwG) 6 1, 19 ff.; **26** 83 f.
– Adressaten **6** 30
– Aufzeichnungspflicht **6** 37
– Auslandsbezug **6** 64
– Clearingverfahren **6** 47 f.
– Identifizierungspflicht **6** 31
– Interne Sicherungsmaßnahmen **6** 38 ff.
– Kündigung der Geschäftsbeziehung **6** 45
– Meldepflicht **6** 41 ff.
– Mitteilungspflicht an die Finanzbehörden **6** 58
– Pflichten nach dem GwG **6** 30 ff.
– Sorgfaltspflichten **6** 33
– Verdachtsanzeigepflicht **6** 41 f.
– Verdachtsmomente **6** 34
– Verwendungsbefugnis **6** 60
– Verwertungsbeschränkung **6** 54 f.
Gemeinsame Ermittlungsgruppen 31 71
Gemeinsame Finanzermittlungsgruppen (GFG) 22 171
Gemeinsame Maßnahme 2 61
Gemeinsames Versandverfahren 22 68, 73
Gemeinschaftsmarke 17 17
Gemeinschaftliches Versandverfahren 22 68 ff.
Gemeinschaftsunternehmen 18 210
Gemeinschaftsware 22 45, 49
Generalunternehmer
– Haftung und Ordnungswidrigkeiten nach AEntG **19** 184 f.
Generalunternehmerhaftung 19 83
Genossenschaft
– Insolvenzantragspflicht **9** 23
– strafbare Falschangaben **11** 31
Genossenschaftsbanken 10 23
Genossenschaftsgesetz (GenG)
– Geheimnisschutz **15** 43
Genossenschaftsregister 9 407
Geographische Herkunftsangaben 17 35; **22** 138 f.
Geplante Insolvenz 9 340 ff.
Gerichtskundigkeit 26 77
Gerichtsvollzieher
– Auskunftsersuchen **9** 418 ff.
– Aussagegenehmigung **9** 419
Geringfügige Beschäftigung 19 61, 64 ff.
– geringfügig entlohnte Beschäftigung **19** 65 f.
– in Privathaushalten **19** 68
– kurzfristige geringfügige Beschäftigung **19** 67
Gesamtverantwortung/Allzuständigkeit in Unternehmensorganen 1 29; **4** 27 ff.
– Delegation an Mitarbeiter **4** 41 ff.
– Fahrlässigkeitstaten **4** 47 ff.
– Fehlende Befassung des Gesamtorgans **4** 33 ff.
– gemeinsame Beschlussfassung **4** 29 f.
– Haftung von Aufsichtsgremien **4** 51 ff.
– Prinzip **5** 34 f.
– überstimmte Mitglieder **4** 31 f.

Magere Zahlen = Randnummern

Sachverzeichnis

– Vorsatzanforderungen 4 45 f.
Geschädigtenbenachrichtigung 28 101
Geschädigtenvertreter 30 9 ff.
Geschädigter 30 1 ff., 9 ff.
– Akteneinsichtsrecht 30 39 ff.
– Anwesenheits- und Teilnahmerechte 30 57 ff.
– Kosten 30 13 ff.
– Private Ermittlungen 30 63 ff.
– Zeugenvernehmung 30 16 ff.
Geschäftliche Bezeichnungen 17 19
Geschäftsbetrieb, in kaufmännischer Weise eingerichteter 10 171 f.
Geschäftsführer (s.a. Organe juristischer Personen)
– als Täter der Insolvenzverschleppung 9 35
– als Täter des § 266a StGB 9 262
– als Täter von Insolvenzdelikten 9 35, 84
– Amtsniederlegung/Abberufung/Wechsel 9 49 ff., 470
– Buchführungspflicht 9 142
 Insolvenzantragspflicht 9 35
– mehrere 20 60
– stellvertretender 11 28
– Straftaten nach Insolvenzeröffnung 9 367 ff.
Geschäftsführersperre 8 8
Geschäftsgeheimnisse 14 173
– Schutz 15 1ff., 5 ff.
Geschäftsherrenhaftung 5 18, 49, 51
– strafrechtliche 5 72, 122
Geschäftsleitung
– Generalverantwortung und Allzuständigkeit 1 29
Geschmacksmuster 17 17; 32 39
Geschützte Werke 14 149 ff.
Gesellschaft zur Verfolgung von Urheberrechtsverletzungen e.V. (GVU) 17 51
Gesellschafter
– als Täter der Insolvenzverschleppung 9 34, 38, 40 f., 71
– als Täter von Bankrotttaten 9 84 f.
– Buchführungspflicht 9 142
– Insolvenzantragspflicht 9 34, 38, 40 f., 71
Gesellschafterdarlehen 9 115, 253 ff.
Gesellschafterliste 9 406
Gesellschaftsrecht
– deutsches 11 3
Gesetz gegen den unlauteren Wettbewerb (UWG) 3 25; 15 2 ff.
Gesetz gegen Wettbewerbsbeschränkungen (GWB) 18 4 ff.
– Bagatellbekanntmachung 18 96
– Bußgeldrecht 18 73 ff.
– bußgeldrechtliche Besonderheiten 18 91 ff.
– Regelungen und Systematik 18 64 ff.
Gesetz über den Europäischen Haftbefehl 2 46, 73 ff.
Gesetz über den Wertpapierhandel (WpHG) 3 16

Gesetz über die internationale Rechtshilfe in Strafsachen (IRG) 24 37 f., 81 ff.
Gesetz zur Bekämpfung internationaler Bestechung (IntBestG) 2 59
Gesetzlichkeitsprinzip 2 210
Geständnis
– Verwertbarkeit bei gescheiterter Absprache 26 191 ff.
Gestaltungsmissbrauch 2 244
Gestellung 22 48, 88
Gesundheitswesen 13 1 ff.
– Korruption 13 113
Gewerbeordnung (GewO)
– Strafbarkeit 16 37
Gewerberegister 9 408 ff.
Gewerbesteuer
– und Scheinselbständigkeit 19 222
Gewerbezentralregister (GZR) 9 412 f.
– Eintragung von Entscheidungen der Kartellbehörden 18 169,
Gewerbliche Schutzrechte 17 17, 59
Gewerblicher Rechtsschutz 22 133 ff.
Gewerbsmäßigkeit 14 138; 17 23; 19 34; 22 107
Gewinn- und Verlustrechnung 9 155
Gewinnabschöpfung 12 82 f.
– im Ordnungswidrigkeitenrecht 1 67
– im Wege der Vollstreckungshilfe 24 64 ff.
Gewöhnlicher Aufenthalt 21 15
Girovertrag 10 95, 104
Girozentralen 10 26
Gläubigerausschuss 8 15 ff., 27, 30, 32, 52, 57
– vorläufiger 8 158
Gläubigerbegünstigung 9 191 ff.; 10 240 f.
– Erfassung auslandsbezogener Sachverhalte 3 11
– inkongruenter Vorteil 9 194 ff.
– Insolvenzverwalter als Täter 9 374
– nach Abweisung eines Insolvenzantrags 9 394 f.
– objektiver Tatbestand 9 192 ff.
– subjektiver Tatbestand 9 199 f.
– Täterkreis 9 7, 202
– Versuch 9 204
Gläubigerpool 9 347 f.
Gläubigerversammlung 8 32
Glaubwürdigkeit von Zeugen 26 120
Glaubwürdigkeitsgutachten 26 120
Gleitzone 19 62
Glücksspielautomaten → Geldspielautomaten
GmbH
– strafbare Falschangaben 11 24
GmbH & Co. KG
– Bankrottdelikte 9 87
– Insolvenzantragspflicht 9 27 ff.
– Untreue 9 257
GmbH-Gesetz
– Geheimnisschutz 15 43
Going-concern-Werte 8 134
GRECO 2 52
Grenzabfertigungsdienst (GAbfD) 22 15
Grenzaufsichtsdienst (GAD) 22 15

1939

Sachverzeichnis

Fette Zahlen = Kapitel

Grenzbeschlagnahme 17 37; **22** 134, 136 f.
Grenzpolizeiliche Kontaktstellen 31 41
Grenzzolldienst 22 15
Grober Eigennutz 19 34, 80
Großes Ausmaß 19 80; **21** 80 f., 94
Gründungsschwindel 11 5 ff., 24 ff.
Grundrecht auf informationelle Selbstbestimmung 14 159
Grundsätze ordnungsmäßiger Buchführung
 → Ordnungsgemäße Buchführung
Grundsatz der Verhältnismäßigkeit 2 217 ff.
Grundstoffe 22 173
Grundstoffüberwachungsgesetz (GÜG) 22 172 ff.
– Strafvorschriften **22** 181
Grundstoffüberwachungsstelle (GÜS) 22 174
Gruppenanfragen 21 33
Gruppenfreistellungsverordnung 18 66, 186

Hacker-Programme 14 40 f., 96 f., 123, 140
Hacking 14 82
Haftung des Steuerhinterziehers 20 330
Haftungsbeschränkte Unternehmergesellschaft 8 88 f.
Handakten
– des Rechtsanwalts/Steuerberaters **25** 19
– des Finanzamtes, Akteneinsichtsrecht **29** 43
Handeln für Unternehmen, strafrechtliche Haftung
– allgemeine Zurechnungsnorm des § 14 StGB **4** 7 ff.
– Beendigung der strafrechtlichen Verantwortlichkeit **4** 24
– Begehensformen strafbaren Handelns in Unternehmensstrukturen **4** 58 ff.
– eigene Angelegenheiten des Organs **4** 26
– faktische Geschäftsführer → faktischer Geschäftsführer
– Gesamtverantwortung in Unternehmensorganen → Gesamtverantwortung in Unternehmensorganen
– Organisationsdelikte → Organisationsdelikte
Handeln im geschäftlichen Verkehr 17 18
Handeln zu Zwecken des Wettbewerbs 14 178
Handelsbilanz 9 157
Handelsgesellschaften
– Buchführungspflicht **9** 142
Handelsgesetzbuch (HGB)
– Geheimnisschutz **15** 43
Handelsregister 9 405 ff.
Handeltreiben mit Grundstoffen 22 181
Hauptverfahren 29 89 ff.
– Ausschluss der Öffentlichkeit **29** 100
– Verteidigungsstrategien **29** 97 ff
Haupttatsachen 26 82
Hauptverpflichteter 22 68

Hauptversammlung
– falsche Angaben in der HV **11** 74
Hauptzollamt (HZA) 9 442; **22** 3
– Ermittlungskompetenzen **22** 23 ff.
Havala Banking 6 26
Hehlerei
– Erfassung auslandsbezogener Sachverhalte **3** 5
Heil- und Hilfsmittel 13 118 ff.
Heilmittelwerbegesetz
– Strafbarkeit **16** 36, 67 ff.
Heilpraktikergesetz
– Strafbarkeit **16** 67
Herausgabe
– im Wege der Rechtshilfe **24** 144 ff.
Herrühren 6 7 f.
Hilfsbeweisantrag 26 18, 21 ff.
Hilfstatsachen 26 82
Hinterziehung von Sozialversicherungsbeiträgen 19 43 ff.
Hinterziehungszinsen 20 334
Hinzurechnungsbesteuerung 21 96 f., 126 ff.
Hoaxes 14 107
Hörfallen-Entscheidung des BGH 27 82
Hoheitsträgerprinzip 3 42
Homepage 14 153
Host-Provider
– Durchsuchung **27** 14
Hosting 14 192 ff.
Hyperlinks 14 201 ff.
Ident-Fälschung 17 51
Identitätsprüfung 10 89
IDW-Prüfungsstandart IDW PS 800 8 115
Illegale Arbeitnehmerüberlassung 19 191, 244 ff.
– steuerliche Bedeutung **19** 245 ff.
– steuerstrafrechtliche Folgen **19** 250 f.
Illegale Ausländerbeschäftigung 19 96 ff.
Illegale Beschäftigung 19 2 ff.
– steuerliche Aspekte **19** 199 ff.
Illegale Nutzung von Programmen 14 143 ff.
Image-Sicherung 27 48
IMEI-Nummer 27 86, 95, 114, 117
Immobilienkredit 10 155
Immobilienmakler 6 30
IMSI-Nummer 27 95
IMSI-Catcher 27 85 f., 116 ff.
In dubio pro reo 20 31, 33
In kaufmännischer Weise eingerichteter Geschäftsbetrieb 10 171 f.
IN-Akten 9 422 ff.
– Verdachtsmomente **9** 427 ff.
– Verwertungsverbot **9** 433 ff.
Indizien 26 82
Industrie- und Handelskammern 16 5; **32** 42 f.
Informantenschutz 20 260 f.
Informationsdienste
– Beschlagnahmeverbot **27** 50
Informationszentrale Ausland (IZA) 21 148

Magere Zahlen = Randnummern

Sachverzeichnis

Informationszentrale für den Steuerfahndungsdienst beim Finanzamt Wiesbaden II (IZ-Steufa) 31 44
Inhaltsdaten 27 74; **32** 52
Inkongruenter Vorteil 9 194 ff.
Inland 3 29 ff.
Innergemeinschaftliche Lieferungen 20 34
– formaler Steuerschaden **4** 168
– Missbrauchsgestaltungen **2** 279
Inputmanipulation 14 18 f.
Insidergeschäfte 31 30
– Erfassung auslandsbezogener Sachverhalte **3** 16
Insiderstrafrecht 1 93
Insidertatsache 31 30
Insolvenzakten → IN-Akten
Insolvenzanfechtung
– und Strafverfahren **9** 468
Insolvenzantrag, unrichtiger 9 59 ff.
Insolvenzantragsfrist 8 145; **9** 56
Insolvenzantragspflicht 8 8, 143 ff.; **9** 53 ff.
– bei Führerlosigkeit der Gesellschaft **8** 150 f.
– Folgen bei Pflichtverstößen **8** 152 f.
– juristische Personen des bürgerlichen Rechts **8** 148
– juristische Personen des öffentlichen Rechts **8** 148
– Nachlass **8** 149
Insolvenzauslöser 8 101 ff.
Insolvenzdelikte
– Ermittlungen **9** 397 ff.
Insolvenzeröffnung
– Straftaten nach ~ **9** 359 ff.
Insolvenzeröffnungsbilanz 8 140
Insolvenzeröffnungsverfahren
– Straftaten im ~ **9** 356 ff.
Insolvenzgrund 8 101
Insolvenzgutachter
– Kontaktaufnahme im Ermittlungsverfahren **9** 437 ff.
Insolvenzordnung 8 7 ff.
– Zielsetzung und Schwerpunkte **8** 12 ff.
Insolvenzplan 8 25, 36 ff., 121
– Planinhalt **8** 41 ff.
– Rechtsnatur **8** 37
– Verfahrensgang **8** 46 ff.
Insolvenzrechtliche Vergütungsverordnung (InsVV) 9 385, 387
Insolvenzstrafrecht 1 94; **8** 82 ff.; **9** 1 ff.
– Auswirkungen der Insolvenzrechtsreform **8** 90 ff.
Insolvenzstraftaten
– Erfassung auslandsbezogener Sachverhalte **3** 10
Insolvenzverfahren
– Abweisung mangels Masse **8** 172 ff.
– Entscheidung des Insolvenzgerichts **8** 170 ff.
– Eröffnung des Verfahrens **8** 171 f.
– Eröffnungsverfahren **8** 154
– Sachverständigengutachten **8** 155
– Sicherungsmaßnahmen **8** 156 ff.

– Verfügungsverbote **8** 156
– Verwertbarkeit von Angaben **25** 92 ff.
– Vollstreckungsverbote **8** 157
Insolvenzverschleppung 9 10 ff.; **10** 241
– Beendigung **9** 73
– bei Auslandsgesellschaften **9** 31 ff.
– bei Finanzinstituten **10** 282 ff.
– bei Gesellschaften ohne Rechtspersönlichkeit **9** 24 ff.
– bei juristischen Personen **9** 21 ff.
– bei Versicherungsunternehmen und Pensionsfonds **10** 284
– faktischer Geschäftsführer **9** 330 ff.
– Konkurrenzen **9** 74 f.
– nach Abweisung eines Insolvenzantrags **9** 390
– objektiver Tatbestand **9** 18 ff.
– subjektiver Tatbestand **9** 66 f..
– Täterkreis **9** 7, 34 ff.
– Verjährung **9** 15
– Vollendung **9** 72
Insolvenzverwalter
– als Täter **9** 371 ff.
– als Täter des § 266a StGB **9** 262
– als Erkenntnisquelle **9** 437 ff.
– als Verletzter **9** 469
– Honorarmanipulation **9** 385 ff.
– schwacher/starker **9** 357, 373
– Verstöße bei Masseverwertung **9** 376
– vorläufiger **8** 159, 162
Institut 10 12
Interessenformel 9 176, 243
Internal Investigations/ Interne Untersuchung 5 4, 13, 119; **26** 4a ff.
Internationale Rechtshilfe 24 1 ff.
Internationale Tax Compliance 21 156 f.
Internationales Bestechungsübereinkommen 24 74
Interne Ermittlungen 30 63
Interne Revision, Mindestanforderungen 10 43
Internes Versandverfahren 22 53
Internet 3 38a
– Urheberrechtschutz **14** 153
Internet-Domain 27 45
Internetermittlungen 27 120 ff.
– Rechtsgrundlagen **27** 128 ff.
Internetkriminalität 14 1 ff.
Interventionszahlungen 2 309
IuK-Kriminalität 14 6
Inventar 9 159
Investmentgesellschaften 10 30
Investmentgesetz (InvG) 10 306 ff.
– Straftatbestände **10** 309
IP-Adresse 27 95
– Personenauskunft **27** 99
IP-Tracking 27 138
IR-Marken 17 34
Irrtum 1 39
Iura noscit curia 26 43**

1941

Sachverzeichnis

Fette Zahlen = Kapitel

Jahresabschluss (s.a. Bilanz) 9 155
Juristische Person
– Ahndbarkeit **5** 68; **18** 141 ff.
– Bußgeldverhängung **1** 74 ff., 114 ff.
– Sanktionen **4** 213 ff.
– Strafbarkeit/Ahndbarkeit **2** 98, 188; **4** 214 ff.
Justizieller Atlas 24 118

Kabotage 22 64
Kaffefahrten 10 168; **16** 33 ff.
Kammerrechtsbeistände 6 30
Kampfpreisunterbietungen 18 109
Kapitalanlagebetrug
– Erfassung auslandsbezogener Sachverhalte **3** 7, 43
Kapitalanlagegesellschaften 6 30
Kapitalerhöhungsschwindel 11 19 f.
Kapitalverkehrsfreiheit 2 236
Kartell 31 34
– Erscheinungsformen **18** 98 ff.
– Umgehungsverbot **18** 102 ff.
Kartellbehörden 12 41; **18** 72
– Zuständigkeit **18** 53 ff.
Kartellordnungswidrigkeiten
– Ahndbarkeit juristischer Personen **18** 141 ff.
– Ahndbarkeit natürlicher Personen **18** 139 f.
– Ahndbarkeit von Rechtsnachfolgern **18** 144
– Bonusregelung → Bonusregelung
– Bußgeldbemessung **18** 145 ff.
– schwerwiegende Zuwiderhandlungen gegen materielle Wettbewerbsverbote **18** 81 ff.
– Zuwiderhandlungen bei Fusionen **18** 134 ff.
Kartellordnungswidrigkeitenrecht, europäisches 18 170 ff.
– Adressaten **18** 205
– Bußgeldbemessung **18** 218 ff.
– Fusionskontroll-Verordnung → Fusionskontroll-Verordnung
– Kronzeugenregelung **18** 223 ff.
– Leitlinien zur Bußgeldbemessung **18** 219 ff.
– Missbrauch einer marktbeherrschenden Stellung **18** 189 ff.
– Rechtsgrundlagen **18** 170 ff.
– Verbot horizontaler/vertikaler Vereinbarungen und abgestimmter Verhaltensweisen **16** 177 ff.
– Verfahrensverstöße **18** 196 ff.
– Vergleichsverfahren (Settlement) **18** 234 ff.
– Verstöße gegen materielles Kartellrecht **18** 202
– Zurechnung des Verhaltens natürlicher Personen **18** 214 f.
Kartellrecht
– Bußgeldbescheid **5** 78
– europäisches **18** 170 ff.
– nationales **18** 56 ff.
– Verhältnis zu europäischen Wettbewerbsregeln **18** 6
Kartellverbot
– Ausnahmen **18** 97

Kartellverfahren auf Gemeinschaftsebene 18 238 ff.
– Auskunftsverlangen **18** 241 ff.
– Einleitung und Ablauf **18** 240 ff.
– Entscheidungsphase **18** 260 ff.
– Ermittlungsphase **18** 254 ff.
– Nachprüfungsbefugnisse **18** 246 ff.
– Rechtskontrolle durch den EuGH **18** 270 ff.
Kassenärztliche Vereinigungen 13 6 ff., 34 ff.
– Kontrollinstrumentarien **13** 34 ff.
– Sanktionensystem **13** 40 ff.
– Stelle nach § 81a SGB V, § 197a SGB V **13** 46 ff.
Kassengeschäfte 10 81 ff.
Kaufmännischer Geschäftsbetrieb 10 276
Kaufmann 31 20, 23, 43
Kausalität 1 27
Kettenbriefaktionen 16 74 ff.
Keylogger 14 83, 106; **28** 137
Keylogging 10 107
Klageerzwingungsverfahren 30 3 ff.. 36
Kleingewerbetreibende 9 138
Kodex (Compliance) 5 8
Kommanditgesellschaft
– Bankrottdelikte **9** 87
– Insolvenzantragspflicht **9** 24 ff.
Kommanditist
– als Täter der Insolvenzverschleppung **9** 38
– als Täter von Bankrottdelikten **9** 84
– Insolvenzantragspflicht **9** 38
Kommunikationsdienste
– Beschlagnahmeverbot **27** 50
Kompensationsverbot 4 159, 175 ff.; **19** 218, 227; **20** 38 ff., 64
Komplementär
– als Täter der Insolvenzverschleppung **9** 38
– als Täter von Bankrottdelikten **9** 84
– Insolvenzantragspflicht **9** 38
Konkordanz-Listen 17 10
Konsumentenkredit 10 250 ff.
Konten 10 94 ff.
– Kontoeinrichtung **10** 94, 104 ff.
– Kontoverfügungen **10** 95 ff., 106
Kontenauswertung 10 68 f.
Kontoabrufverfahren 31 22
Kontoeröffnungsbetrug 17 19 f.
Kontrolleinheiten Verkehrswege 22 12, 15
Kontrollierte Transporte (Lieferungen) 22 181
Kontrollmitteilungen 10 93
Konzern
– Verantwortlichkeit im europäischen Wettbewerbsrecht **18** 207
Konzernabschluss 11 51 f.
Konzernanlagebericht 11 51 f.
Konzernsteuerquote 21 61
Konzernzwischenbericht 11 51 f.
Kooperative Gesamtbereinigung 20 320 ff.
Koordiniertes Verhalten zwischen Unternehmen 18 179 ff.
Koppelungspraktiken, Verbot 18 110

Magere Zahlen = Randnummern

Sachverzeichnis

Korruption 12 1 ff.
– amerikanisches Strafrecht **12** 111 ff.
– Anzeigepflicht **12** 117
– Begriff **12** 4 f.
– Ermittlungen **12** 116 ff.
– im Gesundheitswesen **13** 113
– internationale **12** 91
– Korruptionsstrukturen in Deutschland **12** 6 f.
– Öffentliches Dienstrecht **12** 29 ff.
– politische **12** 101 ff.
– Prävention in Bund und Ländern **12** 33 ff.
– Schädlichkeit **12** 24 ff.
– Statistik **12** 16 ff.
– und Sport **12** 106 ff.
– und Submissionsabsprachen **18** 15
Korruptionsbekämpfungsgesetz 12 46
Korruptionsstrafrecht 1 103
Kosten privater Ermittlungen 30 74
Kostenaufschlagsmethode 21 89, 91
Kostenfallen 7 5, 7
Krankenhausbehandlung 13 11
Krankenkassen, Prüfzentren 13 117
Krankenkassenanfrage 9 440
Kredit
– Begriff **10** 151 ff.
– Betrug **10** 184
– Factoring **10** 259
– im strafrechtlichen Sinne **10** 156, 174
– in Kundenkrise und Insolvenz **10** 234 ff.
– Klassifikation **10** 157
– nach dem KWG **10** 153 f.
– Risiko **10** 158 ff.
– Sicherheiten **10** 161 ff.
– Verlängerung **10** 179
Kreditanpreisung, irreführende 10 167 ff.
Kreditanstalt für Wiederaufbau (KfW)
10 27, 247
Kreditbetrug 9 309 ff.; **10** 170 ff.
– Betriebe und Unternehmen **9** 312
– Erfassung auslandsbezogener Sachverhalte **3** 7
Kreditgenossenschaften 10 23
Kreditgeschäfte 10 151 ff.
Kreditgewährung
– Indizien für Pflichtwidrigkeit **10** 209 ff.
– Kompetenzregelungen für Kreditvergaben **10** 199 ff.
– missbräuchliche **10** 196 ff.
Kreditinstitute 6 30; **10** 12; **32** 19 f.
– Arten **10** 22 ff.
– Auskunftsersuchen **10** 287
– Bankexterne Sicherung und Kontrolle **10** 47 ff.
– Bankinterne Organisation und Kontrolle **10** 40 ff.
– Compliance-Regelungen **5** 58 ff.
– Durchsuchung **9** 456
– Fragenkatalog **9** 459
– Organisationsgrundsätze **10** 40
– Rechtsgrundlage **10** 19 ff.

– Sicherzustellende Unterlagen **10** 62 ff.
– spezifische Strafnormen **10** 161 ff.
– Strafprozessuale Besonderheiten **10** 51 ff., 287 f.
– Verstöße gegen Organisations-, Aufsichts- und Anzeigepflichten **10** 46
Kreditkarten 10 118 ff.
– Bargeldauszahlung **10** 103
– missbräuchliche Erlangung **10** 120
– missbräuchliche Verwendung **10** 121 f.
Kreditkartenmissbrauch → EC-Kartenmissbrauch
Kreditleihgeschäfte 10 157, 204
Kreditsicherheiten 10 161 ff.
Kreditvergabe, pflichtwidrige 4 111 ff.
Kreditvermittler 10 255 ff.
Kreditwesengesetzes (KWG) 6 26; **10** 11, 19 f.; **14** 32
– Betriebsführungsvorschriften **10** 268
– Geheimnisschutz **15** 43
– Gründungsnormen **10** 265 f.
– Kapitalerhaltungsvorschriften **10** 267
– Ordnungswidrigkeiten **10** 290 ff.
– Straftaten **10** 261 ff.
– unbefugte Offenbarung **10** 286 ff.
– unerlaubte Bankgeschäfte **10** 271 ff.
– Vorschriften zur Funktionsfähigkeit der Bankenaufsicht **10** 270
Kreditwucher 10 257 f.
Kriegswaffenkontrollgesetz (KWKG) 23 55 ff.
– Abgrenzung zum AWG **23** 3
– Abgrenzung zum CWÜAG **23** 4
– Genehmigungsvorbehalte **23** 60 ff.
– Strafbestimmungen **23** 68
– Verbote **23** 64 ff.
– Zivilklausel **23** 59, 66
Kriegswaffenliste 23 56 ff.
Krise, wirtschaftliche 9 4 ff., 99
Krisenmanagement 5 103 f.
Kronzeugenregelung
– im deutschen Kartellrecht → Bonusregelung
– im europäischen Kartellrecht **18** 223 ff.
Kryptologische Verfahren 27 146 ff.
Kuren 13 118 ff.
Kursbetrug 3 16

Laborarzt 13 25 ff.
Lagerbeihilfen 2 309
Landesbanken 10 26
Landesgewerbeanstalten 31 45
Landwirtschaftliche Rentenbank 10 27
Lastschriftreiterei 10 116 f.
Lastschriftverfahren
– Missbrauch **10** 114 ff.
Laufbild 14 151, 166
Lean Management 5 1
Leasinggesellschaften 10 36
Lebensmittel- und Bedarfsgegenständegesetz
– Straftatbestand **13** 139
Legalitätspflicht 5 31

Sachverzeichnis

Fette Zahlen = Kapitel

Leichtfertige Steuerverkürzung 22 86
Leichtfertigkeit 9 182
Leistungsziffern 13 9 f.
Leitende Angestellte 5 17
Lex mitior 2 216, 251
Lieferantenbetrug 9 224 ff.
– Irrtum 9 230 ff.
– Täterkreis 9 239
– Täuschungshandlung 9 227 ff.
– Vermögensschaden 9 232 ff.
– Vollendung 9 238
Limited 8 86
Liquiditätsbilanz 8 108
Liquidations-Eröffnungsbilanz 9 374
Liquidator → Abwickler
Liquidationsbilanz 9 162
Lizenz-Kaution 2 177
Lizenzvertrag 14 163
Loan back 6 28
Loch-auf-Loch-zu-Methode 9 235
Löschen von Daten 14 115
Lohnsteuer
– und Scheinselbständigkeit 19 223, 227
Lohnsteuerhaftung 19 205 ff., 219, 245 ff.
Lohnwucher 19 192 ff.

M-Akten 9 416
Maastricht-Entscheidung des BVerfG 2 134, 138
Maastrichter Vertrag 2 9, 60
Madrider Abkommen 17 34
Mailbox-Entscheidung des BGH 27 125 ff.
Maler- und Lackiererhandwerk 19 177
Man-in-the-middle-Angriffe 14 91
Managerkriminalität 4 90 ff.
– interne Pflichtenstellungen 4 91 ff.
– Pflichten gegenüber dem Staat 4 126 ff.
– Umfang strafrechtlicher Verantwortlichkeit 4 145 ff.
Mandantenakten 25 18
Mandatsinterner Schriftverkehr
– Beschlagnahmefreiheit 29 28
Manteltheorie 22 102
Marke 17 17; 32 39
Markengesetz (MarkenG) 22 136 ff.
– Straftatbestände 17 18 ff.
– Vernichtungsanspruch 17 28 f., 46
Markenpiraterie 17 2 ff., 22 133 ff.
Markenrechtliche Erschöpfung 17 19
Marktbeherrschende Stellung 18 68, 106 ff.
– Begriff 18 106
– Missbrauch → Missbrauch einer marktbeherrschende Stellung
Marktbeherrschung 18 61, 191
Marktbeobachtung 22 21
Marktmacht, relative oder überlegene 18 115 ff.
Marktmachtkonzept 18 106

Marktordnungsregelungen der EG 22 121 ff.
– Zuwiderhandlungen 22 125 ff.
Marktordnungsstelle 31 32
Marktordnungsverstöße 2 304 ff.
Markttransparenzstelle für den Großhandel mit Strom und Gas 18 58, 71
Massegutachter 9 433 f.
Massentierhaltung 13 132
Masseunzulänglichkeit/Masselosigkeit 8 79
Masseverwertung
– Verstöße 9 376 ff.
Maßnahme nach EU-Recht 2 126
Mautdaten 27 112
Mehrwertsteuer-Systemrichtlinie 2 242 ff.
Meldepflicht des GwG 6 41 f.
Menschenhandel 19 195 f.
Midijobs 19 62
Mindestarbeitsbedingungengesetz (MiArbG) 19 168
Mindestlohnunterschreitung 19 192 ff.
Mindestlohn 19 177 f.
Minijobs 9 268 f.
Missbrauch einer marktbeherrschenden Stellung 18 81 f., 107 ff.
– Ausbeutungsmissbrauch 18 111, 190
– Behinderungsmissbrauch 18 108 ff., 190
– Generalklausel 18 114
– Konditionenmissbrauch 18 111
– nach europäischem Kartellrecht 18 189 ff.
– Preismissbrauch 18 111
– Verkauf unter Einstandspreisen 18 109
– Zugangsverweigerung zu wesentlichen Einrichtungen 18 112
Missbrauch von Gestaltungsmöglichkeiten 21 21
Missbrauch von Scheck- und Kreditkarten 10 101, 103, 120 ff.; 14 24
– Erfassung auslandsbezogener Sachverhalte 3 5
Missbrauch von Telekommunikationseinrichtungen 14 27 ff.
Missbrauch von Wegstreckenzählern 7 14 ff.
Missbrauchskontrolle
– Verhältnis nationales/europäisches Recht 18 6
MiStrA → Mitteilung in Strafsachen
Mitarbeiter von Banken → Bankangestellte
Mitbestrafte Nachtat 20 100 f.
Mitgeschäftsführung, faktische 9 326 ff.
Mitteilung des Verfahrensausgangs 30 54 ff.
Mitteilungen in Strafsachen (MiStra) 9 109; 13 140
Mitteilungen in Zivilsachen (MiZi) 9 398; 26 94 ff.
Mittelbare Falschbeurkundung 22 120
Mittelstandskartelle 18 66, 97
MiZi → Mitteilungen in Zivilsachen
Mobile Kontrollgruppen 22 42
Monatskontenübersicht 9 459
Mondpreise 16 40 ff.
Monopolvermutung 18 106

Sachverzeichnis

Magere Zahlen = Randnummern

MTCR 23 12 f.
Multi-Level-Marketing 16 72
Multimedia-Kriminalität 14 180
Multimedia-Werke 14 152, 166
Musikwerke 14 161
Nacheile 2 349; 25 89
Nachrichtendienste 31 46
Nachschau 22 13
Nachteil i.S.d. § 266 StGB (s.a. Schadensumfang) 4 77
Nachverhandlungsverbot 18 16
Nationalitätsprinzip 3 40 ff.
Ne bis in idem- Grundsatz 2 75, 78, 82, 168, 292; 25 53, 154
– im Kartellrecht 18 6, 265
– Tatbegriff 24 101
Neapel II-Übereinkommen 3 19; 23 200 ff.
Nebenkläger 30 34 f.
– als Beteiligter einer Verständigung 26 170, 173, 181
Negativtatsachen 26 40
Nemo-tenetur-Grundsatz 4 142 ff.; 20 57 ff., 255, 305 f., 22 39, 25 3, 102 ff.; 28 8; 31 71
Nettolohnvereinbarung 19 70
Netzwerkdurchsicht 27 23
New Computerised Transit System (NCTS) 22 53, 67
Nichterhebungsverfahren 22 59
Nichtgemeinschaftsware 22 45, 49
Niederlassungserlaubnis 19 101
Niederlassungsfreiheit 2 230 ff.; 19 119
Niederlassungsleiter 4 12
Notar 6 30, 42 f.
– Zeugnisverweigerungsrecht 25 79 ff.
Notbremsenmechanismus 2 24, 127
Nuclear Suppliers Group (NSG) 23 12 f.
Nullum crimen sine lege 2 209
Nutzer i.S.v. § 2 TMG
– Verantwortlichkeit 14 197 ff.
Nutzungen 28 29
Nutzungsdaten 27 74, 115

Objektive Strafbarkeitsbedingung 8 97 ff., 121, 177; 9 100 ff., 187, 201, 218
Observation 6 50
– grenzüberschreitende 2 348; 25 89
Occupational crime 1 6
OECD-Musterabkommen (OECD-MA) 21 22, 32
Öffentlich-rechtliche Spezialbanken 10 27
Öffentliche Wiedergabe 14 159
Offene Handelsgesellschaft
– Bankrottdelikte 9 87
– Insolvenzantragspflicht 9 24 ff.
Offenkundigkeit
– der Beweistatsache 26 75 ff.
– einer Tatsache i.S.d. § 17 UWG 15 9
Offertenbetrug 7 5

OLAF 2 324 ff., 402 ff.; 7 22, 25; 22 206; 24 23a f.; 32 76 ff.
Oligopol-Marktbeherrschungsvermutung 18 106
Ombudsleute 30 63
Online-Abfrage 27 133 f.
Online-Auktionen 14 32
Online-Durchsuchung 27 127, 131 ff.,
– Entscheidung des BVerfG 27 91
– keylogger 27 137
– „light" 27 23
Online-Gambling 6 29a
Online-Zugriff auf fremde Daten 27 124 ff.
Opening statement 29 99
Opferanspruchssicherungsgesetz (OASG) 30 106
Opferentschädigungsgesetz (OEG) 30 106
OR-Geschäfte 20 23, 170
Ordnungsgemäße Buchführung 9 144, 156
Ordnungswidrigkeitenrecht 1 63 ff.
– Bußgeldrahmen 1 72
– Sanktionssystem 1 65 ff.
Ordre public 3 4 f., 40
Organ der Rechtspflege 29 4
Organe juristischer Personen
– als Täter der Insolvenzverschleppung 9 34 ff.
– als Täter des § 266a StGB 9 262
– als Täter von Bankrottdelikten 9 85, 100
– Amtsniederlegung/Abberufung 9 49 ff., 470
– Buchführungspflicht 9 142
– Insolvenzantragspflicht 9 34 ff.
– mehrere Mitglieder 9 46 ff.
– Straftaten nach Insolvenzeröffnung 9 367 ff.
– Wechsel 9 470
Organhaftung 1 42 f.
Organisation für Wirtschaftliche Zusammenarbeit und Entwicklung (OECD) 2 42, 58
Organisationsdelikte 4 59 ff.; 9 295
– Grundsätze der Organisationsherrschaft 4 60 ff.
– Mittelbare Täterschaft durch Unterlassen 4 65
– Versuchsbeginn 4 66
Organisationsherrschaft 1 31; 4 60 ff.; 5 72, 125
Organisationsverschulden 5 89
Organisierte Kriminalität 7 3; 12 19
Organisierte Wirtschaftskriminalität 7 4
Orientteppiche
Orientteppichhandel 16 54 ff.
Ort des Verbringens 22 17

Parallelimporte 22 136
Passive Veredelung 22 61
Passwörter 14 94 f., 122 f., 140
Patent 17 17; 32 39
Patentanwälte 6 30, 42
Patientenbefragung 13 78
Patientenunterlagen
– Aufbewahrung 13 66
Pay-TV 14 29
Peer-to-Peer-Netzwerke 14 159, 161

1945

Sachverzeichnis

Fette Zahlen = Kapitel

Persönlich haftende Gesellschafter
- als Täter von Insolvenzdelikten **9** 7, 35, 84

Persönlichkeitsverletzungen 14 169 ff.
Personalitätsprinzip 3 40, 43
Pfandabstand 9 399
Pfandbriefbanken 10 28
Pfandbriefgesetz
- Straftatbestand **10** 300 ff.

Pflegebranche 19 175
Pflichtbeiträge des Arbeitgebers 19 47
Pflichtenstellungen, strafrechtlich relevante
- arbeitsrechtliche **4** 95
- gegenüber dem Staat **4** 126 ff.
- gesellschaftsrechtliche **4** 93
- vertragliche Vereinbarungen **4** 97

Pflichtverletzung bei Verlust
- gem. § 401 AktG **11** 89 ff.
- gem. § 148 GenG **11** 93

Pflichtwidrige Kreditvergabe 4 111 ff.
Pflichtwidrigkeit 4 76, 93
Pharmazie 13 100 ff.
Pharming 10 107; **14** 32, 118
Phishing 10 107; **14** 32, 48, 61, 65, 70, 78, 88, 95
Piratenkarten 14 29
Politisch exponierte Personen (PEP) 6 33
Portscanning 14 80
POS/POZ-Verfahren 14 25
Postbank 10 67, 75
Postbeschlagnahme 27 53
Postgeheimnis 10 75
Postüberwachung
- präventive durch das ZKA **23** 52

Preis- und Konditionenmissbrauch 18 111
Preisabsprachen bei Auftragsvergaben 12 41, 45
Preismissbrauchsnovelle 18 57
Preisunterbietungen 18 109
Preisvergleichsmethode 21 89 f.
Presse
- Beschlagnahmeverbot **27** 50

Pressedelikte
- Verjährung **16** 69, 106

Presseerklärung 29 14
Presseprivileg 11 105
Prinzip der begrenzten Einzelermächtigung 2 133, 143
Prinzip der gegenseitigen Anerkennung 24 16c
Prinzip der Gesamtgeschäftsführung 5 34 ff.
Prinzip der stellvertretenden Strafrechtspflege 3 43, 45
Privatärztliche Verrechnungsstellen 13 57 ff.
Privatbanken 10 22
Private Ermittlungen 30 63 ff.
- Verwertbarkeit **30** 68 f.
- Kostenerstattung **30** 74

Privatinsolvenzen 9 83

Privatklage
- bei Schutzrechtsverletzungen **17** 22
- strafbare Werbung **16** 4

Privatpatient
- Abbedingen der Regelsätze der Gebührenordnung **13** 69 ff.

Privatrechtliche Banken mit Sonderaufgaben 10 24
Produkt- und Markenpiraterie 17 2 ff.; **23** 133 ff.
Produktpirateriegesetz 17 13
Professionell-adäquates Handeln 20 24 ff.
Programmmanipulation 14 16 f.
Progressive Kundenwerbung 16 70 ff.
Projektgruppe Vermögensabschöpfung (PGV) 28 6
Proliferation 31 47
Protokoll zum RhÜbkEU 2 85 ff.
Provider 14 185; **27** 113 ff.
- Verantwortlichkeit **14** 189 ff.

Prozesskostenhilfe
- im Adhäsionsverfahren **30** 99

Prozessuale Gemeinsamkeit 25 5 ff.
Prüfärzte 13 39, 76
Prümer Vertrag (Schengen III) 2 353; **25** 69b, 110b
Public-Domain-Software 14 158
Punktwert 13 7
Pyramidenspiele 16 73, 77 ff.
Pyramidensystem 16 70

Qualifizierte Rechtsmittelbelehrung 26 145 ff.
Quartalsabrechnung
- Erklärung bei Abgabe, Muster **13** 142

Quellen-TKÜ 27 91 f.
Quick-Freeze-Verfahren 24 77a, 88a; **27** 119
Quotenschaden 4 193

Rabattbetrug
- Schadensumfang **4** 187 ff.

Räumungsverkäufe 16 47 ff., 63 ff.
Rahmenbeschluss 2 62
- über den Austausch von Informationen aus dem Strafregister **2** 118
- über den Europäischen Haftbefehl (RB-EUHb) **2** 46, 68 ff.; **25** 48, 153
- über die Durchführung und den Inhalt des Austauschs von Informationen aus dem Strafregister **24** 68f
- über die Einziehung von Erträgen, Tatwerkzeugen und Vermögensgegenständen **2** 106 f.
- über die Europäische Beweisanordnung (RB-EBA) **2** 116 f.; **25** 68c
- über die gegenseitige Anerkennung von Einziehungsentscheidungen (RB-Einziehung) **24** 64 ff., 135 b, 144a, 146a
- über die gegenseitige Anerkennung von Geldstrafen und Geldbußen **2** 110

Magere Zahlen = Randnummern

– über die gegenseitige Anerkennung von strafrechtlichen Entscheidungen **2** 111 ff.
– über die Sicherstellung von Vermögensgegenständen oder Beweismitteln (RB-Sicherstellung) **24** 68a, 144a, 146a
– über die Vereinfachung des Austauschs von Informationen und Erkenntnissen (RB-InfA) **24** 68e, 110c, 113a
– über Geldwäsche sowie Ermittlung, Einfrierung, Beschlagnahme und Einziehung **2** 105
– über Überwachungsmaßnahmen als Alternative zur Untersuchungshaft **2** 119
– zur Bekämpfung der Bestechung im privaten Sektor **2** 102
– zur Bekämpfung von Umweltkriminalität **2** 108 f.
– zur Vermeidung und Beilegung von Kompetenzkonflikten in Strafverfahren **2** 64

Ransomware 14 182, 199
Rasterfahndung 6 51; **27** 56 f.
Ratenkredit 10 254
Ratenlieferungsverträge 10 152
Raubmix 17 51
Raumgesprächsaufnahme 27 7
Realkreditinstitute 10 28
Rechnungsähnliche Offerten 16 82 ff.
Rechnungssplitting 20 23, 170
Rechtfertigungsgründe 1 38
Rechtsanwalt (s. a. Verteidiger) 6 18, 30 f., 42 f., 49
– als Teilnehmer der Insolvenzverschleppung **9** 43 ff.
– Anwesenheit bei Durchsuchungen **9** 453
Rechtsauffassung, abweichende 20 51
Rechtshilfe, internationale 24 1 ff.,
– Bankgeheimnis **24** 137
– Befugnisse von Auslandsvertretungen **24** 90, 176a, 180a, 181
– durch Polizeibehörden **24** 109 ff.
– durch Zoll- und Steuerbehörden **24** 113 f.
– Eilmaßnahmen **24** 89
– einzelne Maßnahmen, Voraussetzungen **24** 143 ff.
– Ersuchen **24** 11
– exekutive Bewilligung **24** 122 ff.
– Form und Inhalt des Ersuchens **24** 105 ff., 115 f.
– Grenzen **24** 153 ff.
– Grundsatz der Spezialität **24** 153 ff., 168 ff., 176b
– in Fiskalsachen **24** 66, 69a, 77d, 140 ff., 157a, 158, 160, 164, 171, 175, 179 ff., 182
– nationale Rechtsquellen **24** 81 ff.
– Notwendigkeit und Sinn **24** 24 ff., 86 ff.
– Postsendungen **24** 10
– Prinzip der beiderseitigen Strafbarkeit **24** 134 ff.
– Prinzip der gegenseitigen Anerkennung **24** 16c

Sachverzeichnis

– Prinzip der Gegenseitigkeit **24** 133
– Rechtsquellen **24** 36 ff.
– Staatsangehörigkeit des Beschuldigten **24** 139
– Tatverdachtsprüfung **24** 138
– telefonische Kontaktaufnahme **24** 10
– Verhältnis zur Amtshilfe **22** 207 f.
– Verjährung **24** 136
– Verteidigerrechte **24** 17
– Voraussetzungen und Grenzen **24** 132 ff.
– Zustellungen **24** 87 f.

Rechtshilfe mit
– Andorra **24** 77d
– Anguilla **24** 77d
– Antigua und Barbuda **24** 77d
– Asien **24** 182
– Australien **24** 54a, 139, 182
– Bahamas **24** 77d
– Britische Jungferninseln **24** 77d
– Chile **24** 65
– China **24** 54a, 70a, 182
– Estland **24** 67b, 76
– Frankreich **24** 70
– Gibraltar **24** 77d
– Grenadinen **24** 77d
– Griechenland **24** 67a f.
– Großbritannien **24** 53, 67, 69a, 174 ff.
– Guernsey **24** 77d, 174, 176b
– Hong Kong **24** 54a, 70a, 182
– Isle of Man **24** 77d, 174, 176b
– Indien **24** 54a, 153, 182
– Indonesien **24** 182
– Irland **24** 53, 67 f., 69a, 157, 174 ff.
– Island **24** 52 f., 67a f., 94, 136
– Israel **24** 65, 70, 94, 138 f.
– Italien **24** 55, 67a f., 69a, 70, 96, 115, 145
– Japan **24** 70a, 182
– Jersey **24** 77d, 174, 176b
– Kaimaninseln **24** 77d
– Kanalinseln **24** 77d, 157
– Kanada **24** 70a, 138, 153, 178 ff.
– Korea **24** 65
– Liechtenstein **24** 52 f., 55, 67a f., 69a, 77d, 171 ff.
– Malta **24** 76
– Mittel- und Osteuropa **24** 177
– Monaco **24** 77d
– Montserrat **24** 77d
– Neuseeland **24** 182
– Niederlande **24** 70, 71, 94, 110a, 110d
– Norwegen **24** 52 f., 67a f., 94, 136
– Österreich **24** 55, 70, 71, 96, 110a, 110d
– Ozeanien **24** 182
– Polen **24** 70, 76
– San Marino **24** 55, 77d
– Schengenstaaten **24** 158 ff.
– Schweiz **24** 52 ff., 67a f., 68e, 70, 71, 77, 94, 96, 110a, 110d, 115, 136, 139, 145, 155, 157, 161 ff.
– – in Außenwirtschaftsachen **23** 53
– Singapur **24** 182
– Slowenien **24** 76

Sachverzeichnis

Fette Zahlen = Kapitel

– Spanien **24** 99
– St. Lucia **24** 77d
– St. Vincent **24** 77d
– Steueroasen und Übersee **24** 181
– Thailand **24** 60
– Tschechien **24** 70, 76, 94, 110a
– Tunesien **24** 54a, 70a
– Turks- und Caicosinseln **24** 77d
– Ungarn **24** 76
– USA **24** 54a, 69b, 70a, 90, 138 f., 153, 178 ff.
– Zypern **24** 53
Rechtshilfe-Atlas 31 65
Rechtshilfeersuchen 24 11
– Form und Inhalt **24** 115 f.
– Geschäftsweg **24** 117 ff.
– Verfasser des Ersuchens **24** 105 ff.
Rechtsmittelbelehrung (qualifizierte) 26 145 ff.
Rechtsmittelverzicht 26 202 ff.
Rechtsstaatlichkeit, Grundsätze 2 204 ff.
Rechtsstaatswidrige Verfahrensverzögerung 4 204 ff.
Regelinsolvenzverfahren 8 25 ff.
– sofortige Betriebsstilllegung **8** 27
– übertragende Sanierung **8** 29 ff.
– Zeitweilige Unternehmensfortführung **8** 28
Regionale Beweissicherungs- und Auswertungsstellen (RBA) 27 31
Registersperre 9 109
Reisegewerbe
– Vermittlung von Darlehensverträgen **16** 18
Remediation 5 14
Repräsentanzen ausländischer Banken 10 32
Restschuldbefreiung 8 68, 71 ff.
– Versagung **9** 110, 189, 191, 223, 309
Rezeptabrechnung 13 100 ff.
Rheinausbau-Entscheidungen des BGH 18 18 ff.
Richtlinie (Compliance) 5 8
Richtlinie über die Europäische Ermittlungsanordnung in Strafsachen (RiL-EAO) 24 68d
Richtlinien der EU 2 125 ff.
– unmittelbare Wirkung **2** 238 ff.
Richtlinien für den Verkehr mit dem Ausland in strafrechtlichen Angelegenheiten (RiVASt) 24 38, 84 ff.
Risikogeschäfte 4 82 ff.; **9** 258
Risikoüberwachungssystem 5 54 f.
RiStBV 7 3
Roaming 27 86
Robinson-Listen 16 12
Routineunternehmen 21 88, 101
Rückführungsrichtlinie 19 106
Rückgewinnungshilfe 28 18 ff., 98 ff.; **31** 79
– Geschädigtenbenachrichtigung **28** 101
– unbekannte Geschädigte **28** 26, 110 ff.

– und Insolvenzverfahren des Schuldners **28** 142 f.
– und Wertersatzverfall **28** 138 ff.
Rückschlagsperre 28 143
Rückwirkungsverbot 2 215
Rundfunk 14 184

Sachdarlehensverträge 10 152
Sachverständige 31 43
Sachverständigenbeweis 26 50
– Ablehnung **26** 96, 119 ff.
– weiterer Sachverständiger **26** 122
Sachwalter
– vorläufiger **8** 160, 169
Sanierer 9 343 ff.
Sanierungsfähigkeit 8 42
Sanierungsgesellschaften 9 349 f.
Sanierungskredite 4 113
Sanktionsschere 26 176
Schachtelprivileg 21 6
Schadensgleiche Vermögensgefährdung 4 77, 85
Schadensumfang 4 153 ff.
– Betrug und Untreue **4** 184 ff.
– Darstellungsanforderungen im Urteil **4** 154 ff.
– Formaler Steuerschaden **4** 167
– Kompensationsverbot **4** 175 ff.
– nicht vermögensrechtliche Tatauswirkungen
– Quotenschaden **4** 193
– Schadensbewertung **4** 163
– Schadenskausalität **4** 162
– Schätzung **4** 158 ff.; **13** 86 f.
– Scheinrechnungen **4** 171 f.
– Schmiergeldzahlungen **4** 199
– Steuerverkürzung auf Zeit oder Dauer **4** 164 ff.
– Stoffgleichheit **4** 191 ff.
– Submissionsabsprachen **4** 200
– Umsatzsteuerkarusselle **4** 178 ff.
– Verlustvor- bzw. Rückträge **4** 162
– Vorliegen eines materiellen Steuerprivilegierungsgrunds **4** 173
– Wechselwirkung zwischen verschiedenen Steuerarten **4** 174
Schadenswiedergutmachung 30 77 ff.
Schadprogramme 14 96 f.
Schätzung 4 158 ff.; **20** 31
– Schadenshöhe bei Abrechnungsbetrug **13** 86 f.
– USt-Aufkommen **20** 91
Scheck 10 125
– Betrug **9** 314; **10** 127 ff.
– Untreue **10** 136
Scheckkarten 10 118 ff.
Scheckreiterei 10 130
Scheinbehandlung 13 13
Scheinbeweisantrag 26 60 ff.
Scheinbilanz 9 165
Scheingeschäft/Scheinveräußerung 9 133
Scheinrechnungen 4 171 f.; **20** 26
Scheinselbständigkeit 9 265; **19** 45, 119 ff., 220 ff.

Magere Zahlen = Randnummern **Sachverzeichnis**

– steuerliche Bedeutung **19** 221
– steuerstraf- und bußgeldrechliche Folgen **19** 123, 227 ff.
Schengener Abkommen 2 346 ff.
Schengener Durchführungsübereinkommen (SDÜ) 2 347 ff.; **3** 19; **25** 52f., 69 ff.
Schengener Informationssystem (SIS) 2 350 f.; **25** 53, 160
Schengener Übereinkommen 2 346
Schiedsrichter 12 108
Schließfächer 10 63
Schlümpfe 6 31
Schmiergeldzahlungen
– Mindestschaden bei Betrug **4** 96, 199
– steuerliche Behandlung **12** 104
Schmuggel 22 107
– Beendigung **22** 91
– formaler Steuerschaden **4** 169 f.
– Mittäterschaft **22** 90 f.
Schmuggelprivileg 22 111
Schneeballsystem 16 70
Schuldenbereinigungsplan 8 65
Schuldnerbegünstigung
– Erfassung auslandsbezogener Sachverhalte **3** 11
– nach Abweisung eines Insolvenzantrags **9** 395
– objektiver Tatbestand **9** 208 ff.
– subjektiver Tatbestand **9** 216 f.
– Täterkreis **9** 7, 211 ff.
– Versuch **9** 220 f.
Schuldnerverzeichnis 8 174; **9** 414
Schutzgemeinschaften für allgemeine Kreditsicherung (Schufa) 10 50; **31** 60
Schutzprinzip 3 40 ff.
Schutzrechte 17 17, 59
Schutzrechtsverletzungen
– Adhäsionsverfahren **17** 28
– Beschlagnahme **17** 34 ff.
– Besonderes Öffentliches Interesse an der Strafverfolgung **17** 22
– Betrug **17** 31, 53
– Einziehung **17** 27 ff.
– Ermittlungswege **17** 41 ff.
– Privatklageweg **17** 22
– Sicherstellungsregelungen **17** 34 ff.
– Steuergeheimnis **17** 38
– Steuerhinterziehung **17** 30
– Urkundendelikte **17** 32 f., 53
– zivilrechtlicher Vernichtungsanspruch **17** 28 f., 46
Schutzschirmverfahren 8 9, 20, 22, 55 ff., 130; **9** 103
Schwarzarbeit 1 86a
– Begriff **19** 2
Schwarzarbeitsbekämpfungsgesetz 19 1 ff.
– Arbeitnehmerüberlassung **19** 154
– Bußgeldtatbestände **19** 19 ff.
– Ermittlungen der Zollverwaltung **19** 12 ff.
– Prüf- und Ermittlungsbehörden **19** 3 ff.
– Prüfungsverfahren der Zollverwaltung **19** 8 ff.

– Straftatbestände **19** 24 ff.
– Verfolgungszuständigkeit **19** 252 ff.
Schwarzarbeitsgesetz 31 4
Schwarze Kassen 4 78, 125; **12** 97 ff.
Schwarzlohnabreden 19 202 ff.
– steuerstrafrechtliche Folgen **19** 216 ff.
Schweigepflicht 13 75
– Entbindung nach Insolvenzeröffnung **9** 464
– für Bankmitarbeiter **10** 72 ff.
Schweiz
– Firmenregister **24** 167
– Rechtshilfe **24** 52 ff., 67a f., 68e, 70, 71, 77, 94, 96, 110a, 110d, 115, 136, 139, 145, 155, 157, 161 ff.
– Rechtshilfe in Außenwirtschaftsachen **23** 53
Schwerpunktstaatsanwaltschaften 20 225
Sechs-von-acht-Theorie 9 328
Sekundärmarkt für Lebensversicherungen 7 26
Selbständige Betriebsabteilung 19 170
Selbständigkeit
– Abgrenzung zur abhängigen Beschäftigung **19** 120
– vorübergehende Auslandstätigkeit **19** 51
Selbstanzeige 20 18, 108 ff., 189; **22** 113 ff.
– bei Mitunternehmerschaft **20** 153 ff.
– Drittanzeige **20** 151 f.
– gestufte **20** 122, 143, 282 f.; **22** 115
– negative Wirksamkeitsvoraussetzungen **20** 133 ff.
– positive Wirksamkeitsvoraussetzungen **20** 117 ff.
– Sperrgründe **22** 116 ff.
– Teilselbstanzeige **20** 112, 125 f., 149 f., 282 f.
– Verfahren **20** 277 ff.
– Verfahrenseinstellung gem. § 398a AO **20** 287 ff.
– Verwertungsverbot **25** 109 ff.
Selbstbelastungsfreiheit → Nemo-tenetur-Grundsatz
Selbstgespräche 27 84
Selbstleseverfahren 26 14
Servicenummern 14 28; **16** 12
Settlementverfahren 18 168, 234 ff.
Shareware 14 158
Shop in the shop-Trick 16 52
Sicherheitsdienstleistungen 19 173, 177
Sicherheitskopie 14 161
Sicherheitsüberprüfungsgesetz 15 45a, 50
Sichern von Geschäftsgeheimnissen 14 175
Sicherstellung 27 48
– bei Banken, Einwendungen **10** 66 f.
Sicherstellungsregelungen
– bei Schutzrechtsverletzungen **17** 34 ff.
Sicherungsübereignete Gegenstände 9 3, 114, 308, 340, 348, 384, 396, 429
Sicherungsverwahrung 4 212
Siegelbruch 22 77, 120
Signierung, unerlaubte/irreführende 17 53
SIM-Karte
– Auswertung **27** 112
SIM-Lock-Sperre 14 80, 115, 118, 176
Skimming 14 32, 66, 73, 80

1949

Sachverzeichnis

Fette Zahlen = Kapitel

Smurfing 6 31, 38
Sniffer 14 82 f.
Sniffing 14 86, 91
Sockelverteidigung 29 18 ff.
Softwarepiraterie 14 144 ff.
SOKA-Bau 19 179
Sonderdelikte
– Beteiligung 4 67 ff.
Sozialgeheimnis 13 82 ff.
Sozialgesetzbuch (SGB) III
– Ordnungswidrigkeiten 19 118
Sozialgesetzbuch (SGB) IX
– Geheimnisschutz 15 43
Sozialleistungsempfänger
– Pflichten gegenüber Sozialleistungsträger 19 84
– Straftaten/Ordnungswidrigkeiten 19 90 ff.
Sozialversicherungsabgaben → Vorenthalten und Veruntreuen von Arbeitsentgelt
Sozialversicherungsrechtliche Beschäftigungsarten 19 61 ff.
– Schwarzlohnabreden 19 216 ff.
Spamming 14 107, 116
Sparbuch
– Entwendung 10 97
Sparkassen (s.a. Kreditinstitute) 10 25
Speichern von Daten 14 58, 76
Spekulationsgeschäfte 9 123, 258; 10 148 ff.
Sperrerklärung 26 103 ff.
Spezialitätsgrundsatz 2 81; 24 153 ff., 168 ff., 176b
Spiel 9 127
Spielmanipulation 12 108
Sponsoring 4 120 ff.; 12 67 f.
Spontanauskünfte 24 12, 20
Sportbetrug 12 108
Sportwetten 12 109
Sprechstundenbedarfsrezepte 13 106 ff.
Spürbarkeit der Wettbewerbsbeschränkung 18 96
Staatsanwaltschaft
– europäische 2 25, 128, 395 ff.
– in Steuerstrafsachen 20 225 ff.
– Schwerpunktstaatsanwaltschaften 20 225
Staatsschutzstrafrecht 15 46
Stand-by-Daten 27 85, 95, 104
Steganographie 27 150
Steueraussetzungsverfahren 22 97 f.
Steuerberater 6 30 f., 42 f.; 9 470
– als Täter/Teilnehmer von Bankrottdelikten 9 92, 97
– als Teilnehmer der Insolvenzverschleppung 9 43 ff.
– als Verteidiger 20 166
– Beihilfe zur Steuerhinterziehung 20 25
– Durchsuchung 9 455
Steuerbevollmächtigte 6 30, 42 f.
Steuerbilanz 9 167

Steuerdaten-CDs 20 184, 273 ff.; 25 88c; 26 69 ff.; 27 51
Steuererklärungspflicht 20 55
Steuerfahndung (Steufa) 9 442; 20 210 ff.
Steuergefährdung 20 26
Steuergeheimnis 6 57; 9 443; 20 250; 22 182 ff.; 25 16
– Art. 15 Zollkodex 22 182
– bei Schutzrechtsverletzungen 17 38
– Bruch 22 82
– Durchbrechung 20 255 ff.
– Informantenschutz 20 260 f.
– Offenbarungsermessen 22 190
– Verwendungsverbot 22 189
Steuergestaltung 20 2 f.
– internationale 21 5 ff.
Steuerhehlerei 22 108
Steuerhinterziehung 20 1 ff., 9 ff.; 22 84 ff.
– ausländischer Abgaben 3 6, 14 f.
– Beendigung 20 27
– bei Schutzrechtsverletzungen 17 30
– Beihilfe 20 23 ff.
– besonders schwerer Fall 20 28, 79 ff.
– Beteiligung 4 70 f.
– Kausalität 20 68 ff.
– Kompensationsverbot → Kompensationsverbot
– Konkurrenzen 20 93 ff.
– Korruption 12 104 f.
– Mittäterschaft 22 90 f.
– Rechtsfolgen 20 323 ff.
– Schätzung 20 267
– schwere 22 100
– Selbstanzeige → Selbstanzeige
– Subjektiver Tatbestand 20 70 ff.
– Täterschaft und Teilnahme 20 20 ff.
– Tatererfolg 20 29 ff.
– Tathandlungen 20 44 ff.; 23 88
– Urteilsbegründung 20 271 f.
– Verhältnis zu § 50e EStG 20 66
– Verjährung 20 27 ff.
– Versuch 20 15 ff.; 23 91
– Vollendung 20 19 ff.
Steuerlager 22 97 f.
– Begriff 22 82
Steuerlich erhebliche Tatsachen 20 48 ff.
Steuerliche Pflichten für Unternehmen 4 138 ff.
Steuern 22 84
Steuerneutralität 2 225 ff.
Steuerpflicht
– unbeschränkte 21 19
– beschränkte und erweiterte beschränkte 21 16 ff.
Steuerprüferhandakte 29 43
Steuerrecht, internationales
– Begriff 21 1 ff.
Steuerstrafrecht
– formelles 20 162 ff.
– materielles 20 9 ff.
Steuerstraftaten 20 1 ff.

Magere Zahlen = Randnummern

Sachverzeichnis

– Rechtshilfe **24** 77d
Steuerstrafverfahren 20 189 ff.
– Abgabe an die Staatsanwaltschaft **20** 232 ff.
– Amts- und Rechtshilfe mit dem Ausland **20** 294 ff.
– Einleitung **20** 190 ff.
– Einstellung gem. § 398a AO **20** 287 ff.
– Evokationsrecht **20** 237 ff., 315
– gerichtliches Verfahren **20** 266 ff.
– Rechtsschutz **20** 262 ff.
– Verständigung **20** 312 ff.
Steuervergütung 20 36
Steuerverkürzung 20 30 ff.; **22** 85, 89
– auf Dauer/Zeit **4** 164 ff.; **20** 35, 129, 328
– in großem Ausmaß **20** 80 f., 95
– leichtfertige **20** 70
Steuervorteil 20 36 ff.
Stiftung
– Insolvenzantragspflicht **8** 148; **9** 22
Stille SMS 27 104, 136
Stimmenvergleich 27 7
Stoffgleichheit 4 191 ff.
Strafantrag 30 28
Strafanzeige 30 20 ff.
– Inhalt **30** 28 f.
Strafbare Werbung 16 2
– Abmahnungen **16** 94 ff.
– Anzeigen- und Adressbuchschwindel **16** 81 ff.
– Arbeitsplatzschwindel **16** 6 ff.
– Blindenwaren **16** 26
– Chiffreanzeigen **16** 13 ff.
– Haustürwerbung **16** 23 ff.
– Heil- und Arzneimittelschwindel **16** 66 ff.
– Heimarbeitsschwindel **16** 8
– Kaffeefahrten **16** 33 ff.
– Kettenbriefaktionen **16** 73 ff.
– Kredite für jedermann **16** 16 ff.
– Mondpreise **16** 40 ff.
– öffentliches Interesse **16** 4
– Orientteppichhandel **16** 54
– Progressive Kundenwerbung **16** 70 ff.
– Pyramidenspiele **16** 73, 77 ff.
– Räumungsverkäufe **16** 47 ff., 63 ff.
– Sammlungen zu angeblich sozialen Zwecken **16** 19 ff.
– Servicenummern **16** 12
– Shop in the shop-Trick **16** 52
– Wanderlager **16** 37, 61 f
– Zeitschriftenabonnements **16** 24 ff.
Strafrechtsübereinkommen des Europarats gegen Korruption 24 73
Straftat von erheblicher Bedeutung 27 102
Strafzumessung in Wirtschaftsstrafsachen 4 151 ff.
– Geldstrafe neben Freiheitsstrafe **4** 210
– Schadensumfang → Schadensumfang
– Sicherungsverwahrung **4** 212
– Tatfolgen **4** 201 ff.
– Täter-Opfer-Ausgleich **4** 211

– Zeitmoment (lange Verfahrensdauer) **4** 204 ff.
Strafzuschläge 2 176
Streaming-Angebote 14 159, 162
Strohmann 9 9, 412
– Bankrott **9** 336
– Insolvenzverschleppung **9** 332
– Geschäftsführer, Strafbarkeit **8** 85b
Stromsteuer 22 96
Submissionsabsprachen → Wettbewerbsbeschränkende Absprachen bei Ausschreibungen
Subvention
– Abzüge/Kürzungen/Sperren/Streichung **2** 180 ff.
– Begriff **2** 309; **3** 22
Subventionsbetrug 2 309; **7** 21 ff.; **12** 41, 45
– bei Ausfuhrerstattungen **22** 82, 128
– Erfassung auslandsbezogener Sachverhalte **3** 13, 22, 46
– Meldepflicht bei Verdacht **2** 318
– Schadensumfang **4** 190
– Tatort **3** 38
Subventionskredit 10 245
Summarische Anmeldung 22 47, 54
Surrogate 28 30
Syndikusanwalt 25 8, 49 f.
Systemverwalter 27 38

T2-Dokument 22 53
Tachomanipulation 7 12 ff.
Täter-Opfer-Ausgleich 4 211; **31** 80 f.
Täterschaft
– kraft Organisationsherrschaft **20** 22
Tätigkeitsdelikte
– Tatort **3** 38a
Täuschung über persönliche Voraussetzungen 11 22
Tafelgeschäfte 10 83; **20** 170
Tatbegriff, unionsrechtlich 24 101
Tatbestandsirrtum 20 72 ff.
Tatfolgen 4 201 ff.
Tatort 3 34 ff.
– Internet **3** 38a
Tatsächliche Verständigung 20 316 ff.
Tatwerkzeuge
– Beschlagnahmeprivileg **25** 36 ff.
Tauschbörsen 14 157, 159
Tax Information Exchange Agreement (TIEA) 20 300
Technische Schutzmaßnahmen 14 167
Technologietransfer, illegaler 23 47 ff.
Teilselbstanzeige 22 114
Teilzahlungsgeschäft 10 152
Telefonkarten 14 27
Telefonkartensimulatoren 14 27
Telefonmitschnitte der Finanz- und Anlageberater der Banken 10 55
Telefonüberwachung 6 51; **20** 89
– Korruption **12** 127

Sachverzeichnis

Fette Zahlen = Kapitel

Telekommunikation 14 184
- Auskunftsanspruch bzgl. Bestandsdaten **27** 113 ff.
- Auskunftsanspruch bzgl. Verkehrsdaten **27** 93 ff.
- Begriff **27** 76 ff.
- Planung und Durchführung von Eingriffen **27** 118 ff.
- Rechtsgrundlage für Eingriffe **27** 133 ff.

Telekommunikationsanbieter 31 50 ff.

Telekommunikationsdienste, Erbringer 27 77, 109

Telekommunikationsüberwachung 27 75 ff.
- präventive durch das ZKA **23** 52

Telemedien 14 184; **28** 50, 73 f., 115
- Beschlagnahmeverbot **27** 50

Territorialitätsprinzip 3 2, 28; **15** 206

Territorialprinzip 22 82, 86

Tierärzte 13 127 ff.

Tierärztekammer 13 140

Tierärztliche Hausapothekenverordnung 13 134

Tierarzneimittel 13 127 ff.

Tilgungsbestimmung 9 273 ff.

TIR-Übereinkommen 22 74

Topographien 31 39

Transborder Search 24 88a; **28** 140

Trapdoor 14 82, 106

Treuhänder 6 30; **8** 67, 76

Treuhandkonten 10 90
- Beschlagnahme **25** 21 ff.

Treuhandschaft, verdeckte 6 22

TREVI-Konsultationsgruppen 2 343 ff.

TRIPS-Übereinkommen 22 134

Trojaner 14 82 f., 106; **28** 137

Ubiquitätstheorie 3 34 ff.; **14** 206

Übereinkommen
- betr. den Grundsatz ne bis in idem **2** 82
- betr. die Auslieferung zwischen den Mitgliedstaaten der EU **2** 65 ff.
- betr. die Vollstreckungshilfe **2** 82
- gegen transnationale organisierte Kriminalität **24** 77b
- über den Schutz der finanziellen Interessen der EG **2** 91, 336
- – 1. Zusatzprotokoll (zur Bekämpfung der Korruption) **2** 95 f.
- über Datennetzkriminalität **24** 77a
- über den Schutz der finanziellen Interessen der Europäischen Gemeinschaften (EU-FinIntÜbk-Betrug) **24** 76
- über die Bekämpfung der Bestechung, an der Beamte der EG oder der Mitgliedstaaten der EU beteiligt sind (EU-BestÜbk) **2** 101; **24** 75a
- über die Bekämpfung der Bestechung ausländischer Amtsträger im internationalen Geschäftsverkehr (IntBestÜbk) **24** 55
- über die gegenseitige Amtshilfe und Zollzusammenarbeit **24** 77c
- über die Geldwäsche sowie Ermittlung, Beschlagnahme und Einziehung von Erträgen aus Straftaten **24** 78
- über die Rechtshilfe in Strafsachen (EU-RhÜbk) **24** 67 ff.; **2** 83 ff.
- über die wechselseitige Unterstützung in steuerlichen Angelegenheiten **24** 77d
- über Geldwäsche sowie Ermittlung, Beschlagnahme und Einziehung von Erträgen aus Straftaten (EuGeldwäscheÜbk) **24** 64, 78

Übermittlung von Daten 14 76

Überschuldung
- Begriff **8** 131 ff.

Überschuldungsstatus 8 137

Übersicherung von Banken 10 237 ff.

Überstellung 24 44, 60 ff.

Übertragende Sanierung 8 29 ff.; **9** 381

Überwachung
- der Telekommunikation → Telekommunikationsüberwachung
- des Waren- und Bargeldverkehrs **22** 15
- von E-Mails **5** 147

Überweisungen
- konkludente Täuschung **10** 109 ff.
- Kontoeinrichtung **10** 104 ff.
- missbräuchliche Erlangung der Kontendaten **10** 107 f.

Umfang der einen in kaufmännischer Weise eingerichteten Geschäftsbetrieb erfordert 31 20, 23

Umfeldermittlungen 9 462 ff.

Umgehungsverbote
- im Kartellrecht **18** 102 ff.

Umkehr der Steuerschuldnerschaft 19 239, 243

Umsatzsteuer 21 139 ff.
- bei Scheinselbständigkeit **19** 224, 227
- bei Werkverträgen **19** 238 ff.

Umsatzsteuerhinterziehung 21 152 ff.
- Selbstanzeige **22** 113

Umsatzsteuerkarussell 20 5, 89; **21** 140 ff.
- Bestimmung des Schadensumfangs **4** 178 ff.

Umsatzsteuerkontrollverfahren 31 37

Umsatzsteuervoranmeldung
- Verhältnis zur Jahreserklärung **20** 104

Umwandlung 11 32 ff.

Umwandlungsverfahren 22 62

Umweltstrafrecht
- Erfassung auslandsbezogener Sachverhalte **3** 20, 44
- gemeinschaftsrechtliche Angleichung **2** 281

Unbefugte Offenbarung (§§ 55a-55b KWG) 10 286 ff.

Unbefugtes Verschaffen von Daten 14 82 f.

Unbrauchbarmachen von Daten 14 117

Underground Banking 6 26

Unfallversicherung 19 58, 63

Unerlaubte Bankgeschäfte 10 271 ff.

Magere Zahlen = Randnummern

Sachverzeichnis

Unerlaubte Eingriffe in Schutzrechte **14** 166 ff.
Unerlaubte Eingriffe in technische Schutzmaßnahmen **14** 166 ff.
Unerlaubte Investmentgeschäfte **10** 309
Unerlaubte Verwertung urheberrechtlich geschützter Werke **14** 148 ff.
Unerlaubter Verleih ausländischer Arbeitnehmer **19** 156
Unerreichbarkeit des Beweismittels **26** 99 ff.
– Auslandszeuge **26** 102
– Sperrerklärung **26** 103 ff.
– Zusicherung der Vertraulichkeit **26** 106
Ungedeckte Pfandbriefemission **10** 300 ff.
Ungeeignetheit des Beweismittels **26** 92 ff.
Ungünstige Arbeitsbedingungen **19** 30, 196
Unionsbürger und Gleichgestellte
– Aufenthaltsrechtlicher Status **19** 97
– Zulassung zum Arbeitsmarkt **19** 98
Unite de Coordination de Lutte Anti Fraude (UCLAF) **31** 76
Universalitätsprinzip **3** 12, 41, 46; **22** 87
Unkenntnis der Finanzbehörde **20** 61 ff.
Unregelmäßigkeiten
– Definition **2** 336
Unrichtige Darstellung
– gem. § 331 HGB **11** 43 ff.
– gem. § 313 Abs. 1 UmWG **11** 80
– über den Vermögensstand der Gesellschaft **11** 70 ff.
Unternehmen **5** 17
– Begriff im europäischen Wettbewerbsrecht **18** 179, 206
– Begriff im GWB **18** 64
– mit relativer oder überlegener Marktmacht **18** 115
Unternehmensbeteiligungsgesellschaften **10** 34
Unternehmenssponsoring **4** 120 ff.
Unternehmensvereinigung **18** 213
Unternehmer **5** 15; **19** 184
– Begriff nach § 265b StGB **10** 171
Unternehmerische Entscheidungen **4** 93 f.
Unterdrückung beweiserheblicher Daten **14** 47, 67 ff.
– Daten **14** 68
– Tathandlungen **14** 69
Unterdrücken von Daten **14** 116
Unterdrücken von Handelsbüchern **9** 151 ff.
Unterlassungsdelikte
– Handlungsort **3** 35
Unternehmen **14** 134
Unternehmensberater
– als Teilnehmer der Insolvenzverschleppung **9** 43 ff.
– Durchsuchung **9** 455
Unterschlagung **9** 308
– Erfassung auslandsbezogener Sachverhalte **3** 4
– nach Abweisung eines Insolvenzantrags **9** 396
– nach Insolvenzeröffnung **9** 362
Untreue **9** 240 ff.; **15** 23
– bei Masseverwertung **9** 376 ff.
– bei Personenhandelsgesellschaften **9** 256 f.
– bei Risiko- und Spekulationsgeschäften **9** 258
– beim Cash-Management **4** 103 ff.
– durch fehlerhafte Buchführung **4** 117
– durch Honorarmanipulationen des Insolvenzverwalters **9** 385 ff.
– durch missbräuchliche Kreditgewährung **4** 111 ff.; **10** 196 ff.
– Einverständnis und Weisungen der Gesellschafter **9** 249 ff.
– Erfassung auslandsbezogener Sachverhalte **3** 5, 43
– faktischer Geschäftsführer **9** 337
– im Konzernverbund (cash-pool) **9** 254
– Kausalität **10** 229 f.
– Korruption **12** 95 ff.
– nach Abweisung eines Insolvenzantrags **9** 396
– nach Insolvenzeröffnung **9** 366, 367 f.
– Nachteil **4** 77
– pflichtwidrige Kreditvergabe **4** 111 ff.; **10** 196 ff.
– Pflichtwidrigkeit **4** 76, 93, 112
– Risikogeschäfte **4** 82 ff., 88
– Schadensbestimmung **4** 183 f.; **10** 222 ff.
– Schmiergeldzahlungen **4** 96
– Schwarze Kassen **4** 125; **5** 70; **12** 97 ff.
– Tatort **3** 36
– typische Untreuehandlungen **9** 243 ff.
– Unternehmenssponsoring **4** 120 ff.
– unternehmerische Entscheidungen **4** 93 f.
– verfassungsrechtliche Vorgaben **4** 73 ff.
– Vergütungsregelungen **4** 107 ff.
– Verhältnis zum Bankrott **9** 176 ff.
– Vermögensverlust großen Ausmaßes **4** 194 ff.
– Vorsatz **4** 80 ff., 115 f., 124; **10** 231 f.
Unverbindliche Preisempfehlungen **16** 42
Unvollständige Zollanmeldung **22** 51
Unwirtschaftliche Ausgaben **9** 128 ff.
Uploaden **14** 157
Urheberrecht **17** 17
Urheberrechtsschutz **14** 144 ff.
– Schranken **14** 160 ff.
Urheberrechtsverletzungen **17** 47 ff.
Urkunde **14** 45
– Fahrgestellnummer **17** 32
– Kontrollnummern nach der KosmetikVO **17** 33
Urkundenbeweis **26** 67
– Ungeeignetheit **26** 98
Urkundenfälschung **22** 120
– und Steuerhinterziehung **20** 86 ff.
Urkundenstraftatbestände
– bei Schutzrechtsverletzungen **17** 32 f., 53
– Erfassung auslandsbezogener Sachverhalte **3** 8
– elektronische **14** 45 ff.
Urlaubskassenverfahren im Baugewerbe **19** 179 ff.
Ursprungslandprinzip **22** 87
Ursprungswaren **22** 129

1953

Sachverzeichnis

Fette Zahlen = Kapitel

Urteilsabsprache → Verständigung im Strafverfahren
Urteilsbegründung, Anforderungen **20** 267 f.

Verändern von Daten 14 59, 118
Veranlagungssteuern 20 13
Verantwortlichkeit
– für Tele- und Mediendienste **14** 185 ff.
Verarbeitungskaution 2 178
Verband der Vereine Creditreform e.V. 31 59
Verband Deutscher Auskunfts- und Verzeichnismedien e.V. 16 90
Verbandsgeldbuße 1 74 ff.; **4** 213 ff.
Verbindungsdaten → Verkehrsdaten
Verbindungspersonen 24 21, 42
Verbleien 22 77
Verbot der Beweisantizipation 26 5, 69 f., 75, 92, 99, 107, 124, 126
Verbot der Kurs- und Marktpreismanipulation
– Erfassung auslandsbezogener Sachverhalte **3** 16
Verbot des Missbrauchs marktbeherrschender/marktstarker Stellung 18 81, 105 ff., 115 ff.
Verbot des Zwangs zur Selbstbelastung → Nemo-tenetur-Grundsatz
Verbot horizontaler/vertikaler Vereinbarungen / abgestimmter Verhaltensweisen 16 177 ff.
Verbot unbilliger Behinderung 18 118
Verbot von Diskriminierungen 18 121
Verbot von Druck- und Lockmitteln 18 83, 91
Verbot von Kopplungspraktiken 18 110
Verbot wettbewerbsbeschränkender Vereinbarungen 18 66, 81, 91 f.
Verbote und Beschränkungen 22 132 ff.
– Markengesetz
Verbotsirrtum 20 72 ff.
Verbraucherdarlehen 10 152, 167, 250 ff.
Verbraucherinsolvenzverfahren 8 25, 60 ff.
– Verfahrensgang **8** 63 ff.
Verbraucherzentrale Bundesverband e.V. (VZBV) 31 58
Verbrauchsteuern 22 84 f., 96
Verbreitung 14 158 f., 198
Verbringen 22 47
Verbringung 3 30 ff.
Verdachtsanzeigepflicht des GwG 6 41 f.
Verdachtsnachschau 22 13
Verdächtiger 25 26
Verdeckte Sacheinlage 11 14, 25 f.
Verdeckter Ermittler 6 51; **28** 129 f.
– und Rechtshilfe **24** 10, 157a
Verdieselung 22 99
Verein
– Insolvenzantragspflicht **8** 148; **9** 22

Vereinfachte Zollanmeldung 22 51
Vereinbarung
– i.S.d. europäischen Kartellrechts **18** 180
Verfahrensabsprachen 1 49 f.
Verfahrenseinstellung gem. § 398a AO 20 283 ff.
Verfall 28 10 ff.; **31** 79
– Bruttoprinzip **28** 16, 48
– Drittverfallsklausel **28** 39
– ersparte Aufwendungen **28** 15, 42
– erweiterter Verfall **28** 58 ff.
– Folgen der Anordnung **28** 97 ff.
– Haftung von Mittätern und Bandenmitgliedern **28** 55 ff.
– nach OWiG **1** 67
– Nutzungen **28** 29
– objektives Verfahren **28** 12 f.
– Schätzung **28** 47
– Surrogate **28** 30
– unbillige Härte **28** 49 ff.
– und Rückgewinnungshilfe **28** 98 ff.
– Unmittelbarkeitsprinzip **28** 17
– Verschiebungsfälle **28** 37 f.
– Vertreterklausel **28** 31 ff.
– von Wertersatz **28** 40 f., 136 ff.
Verfassungsschutz 31 46
Verfolgungsübernahme 24 91 ff.
Vergaberechtsschutz 31 33
Vergaberegister 19 42
Vergleichsverfahren
– im europäischen Kartellverfahren (Settlement) **18** 234 ff.
Vergütungsregelungen 4 107 ff.
Verheimlichen von Vermögensbestandteilen 9 119
Verjährungsunterbrechende Wirkungen 24 20
Verkauf unter Einstandspreisen 18 109, 118
Verkehrsdaten 31 51
– Auskunftsanspruch **27** 93 ff.
– Auskunftsverpflichtete **27** 109
– Begriff **27** 73, 94
– Echtzeiterhebung **27** 104
– Eingriffsvoraussetzungen **27** 101
– transnationaler Zugriff **27** 143
– Verwertung **27** 111 f.
Verleitung zu Börsenspekulationsgeschäften
– Erfassung auslandsbezogener Sachverhalte **3** 16
Verletztenbeistand 26 152; **30** 17
Verletzter 30 1 ff.
Verletzung der Aufsichtspflicht 1 69
Verletzung der ärztlichen Schweigepflicht 13 59
Verletzung der Berichtspflicht
– gem. § 403 AktG **11** 76
– gem. § 150 GenG **11** 79
– gem. § 332 HGB **11** 57 ff.
Verletzung der Bilanzierungspflicht 9 153 ff.
– mangelhafte Bilanzaufstellung **9** 155 ff.
– nicht rechtzeitige Aufstellung **9** 159 ff.

Magere Zahlen = Randnummern

Sachverzeichnis

– Unmöglichkeit **9** 166 ff., 470
Verletzung der Buchführungspflicht
   9 136 ff., 186 ff.
– Erfassung auslandsbezogener Sachverhalte **3** 11
– Insolvenzverwalter als Täter **9** 374
– nach Abweisung eines Insolvenzantrags **9** 390
– Täterkreis **9** 7
– Tathandlung **9** 145 ff.
– Unmöglichkeit **9** 147, 470
Verletzung der Verlustanzeigepflicht (§ 84 GmbHG) 11 94
Verletzung der Vertraulichkeit des Wortes 15 45
Verletzung des Briefgeheimnisses 15 45
Verletzung des Dienstgeheimnisses 15 45
Verletzung des Post- oder Fernmeldegeheimnisses 15 45
Verletzung des Steuergeheimnisses 15 45
Verletzung von Betriebs- oder Geschäftsgeheimnissen 15 2 ff.
– Auslandstaten **15** 38 ff.
– Ausspähen **15** 19 ff.
– berechtigtes Geheimhaltungsinteresse/Geheimhaltungswille **15** 10
– Erfassung auslandsbezogener Sachverhalte **3** 44
– Geheimnishehlerei **15** 25 ff.
– Geheimnisverrat **15** 2 ff.
– Rechtsgut **15** 4
– Rechtsfolgen **15** 30
– Strafverfolgungsvoraussetzungen **15** 41 f.
– Tatobjekt **15** 5
– Versuch/Vorbereitung **15** 35 ff.
– Verwertung von Vorlagen **15** 31 ff.
Verletzungsdelikt 20 29
– Tatort **3** 36 ff.
Verletzung von Geheimnisschutzvorschriften 3 44
Verletzung von Privatgeheimnissen 15 45
Verletzung von Staatsschutzgeheimnissen 15 47
Verlustgeschäfte 9 122
Verlustvor- bzw. Rückträge 4 162; **20** 37
Vermögensabschöpfung 31 22
Vermögensbetreuungspflicht 4 73 ff.
– beim Arbeitsverhältnis **4** 95
– Verletzung **4** 74 ff.
Vermögensgefährdung, schadensgleiche 4 77, 85; **14** 36, 37
Vermögensschaden 9 232 ff.; **14** 37
Vermögensverlust großen Ausmaßes 4 194 ff.; **14** 137
Vernehmungen → **Zeugenvernehmungen**
Vernichtung von Nichtgemeinschaftware 22 80
Vernichtungsanspruch bei Schutzrechtsverletzungen 17 28 f., 46
Verordnung
– betreffend Kontrollen vor Ort durch EG-Kommission **2** 339 f.

– über den Schutz der finanziellen Interessen der EG **2** 335 ff.
Verordnungen der EU 2 125
Verplomben 22 77
Verrat von Betriebs- und Geschäftsgeheimnissen 14 171 ff.
Verrechnungspreise 21 61 ff.
– Berechnungsmethoden **21** 89 ff.
Versandbegleitdokument 22 68
Versandverfahren 22 66 ff.
Verschaffen
– von Computerprogrammen zum Computerbetrug **14** 41
– von falschen amtlichen Ausweisen **3** 8; **22** 120
– von Geschäftsgeheimnissen **14** 175
Verschleifungsverbot 1 108; **4** 73, 77, 81
Verschleppungsabsicht 26 106 ff.
Verschleudern 9 132
Verschlüsselte Daten, Zugriff auf 27 146 ff.
Verschlüsselungstechniken 27 147 ff.
Versicherungsmissbrauch 3 5
Versicherungsunternehmen 6 30
– Compliance-Regelungen **5** 62
Versicherungsvermittler 6 34
Verständigung im Besteuerungsverfahren 20 316 ff.
– kooperative Gesamtbereinigung **20** 320 ff.
Verständigung im Strafverfahren 1 49 f., **26** 130 ff.
– Befangenheit **26** 186
– Belehrung **26** 187 ff.
– Beweisverwertungsverbot **26** 191 ff.
– Bußgeldverfahren **26** 206 ff.
– Erörterung des Verfahrensstandes im Ermittlungsverfahren **26** 151 ff.
– Erörterung des Verfahrensstandes während der Hauptverhandlung **26** 167 ff.
– Erörterung nach Eröffnung des Hauptverfahrens **26** 163
– Erörterung vor Eröffnung des Hauptverfahrens **26** 157 ff.
– Gegenstand der Verständigung **26** 174 ff.
– im Steuerstrafverfahren **20** 312 ff.
– Lösung von der Verständigung **26** 184 f., 189, 192
– Mitteilungspflicht **26** 164
– Protokollierung **26** 198 ff.
– Rechtsmittel **26** 194 f.
– Rechtsmittelbelehrung (qualifizierte) **26** 145 ff.
– Rechtsmittelverzicht **26** 202 ff.
– Urteilsgründe **26** 196 f.
– Verfahrensablauf **26** 181 ff.
– Verständigung zwischen Gericht und Verfahrensbeteiligten **26** 170 ff.
Verstrickungsbruch 9 363, 367
Verteidiger 25 8, **28** ff.
– Doppelmandat **29** 26
– eigene Ermittlungen **29** 63
– Firmenvertretung **29** 24 ff.
– Geldwäsche **1** 102

1955

Sachverzeichnis

Fette Zahlen = Kapitel

– Schweigepflicht **29** 12
– Stellungnahme im Ermittlungsverfahren **29** 55 ff.
– Strategien **29** 97 ff.
– Werbeverbot **29** 10
Verteidigung in Wirtschaftsstrafsachen **29** 1 ff.
– bei Durchsuchungen **29** 64 ff.
– im Ermittlungsverfahren **29** 29 ff.
– im Hauptverfahren **29** 89 ff.
– im Zwischenverfahren **29** 81 ff.
– klassisches Verteidigungsvorbringen **9** 470
– und Medien **29** 8 ff.
Verteidigungsunterlagen **29** 28
Vertrag
– über die Arbeitsweise der Europäischen Union (AEUV) **2** 2
– über eine Verfassung für Europa **2** 14 ff.
– von Amsterdam **2** 10, 62
– von Lissabon **2** 2, 13, 18 ff., 43,
– von Maastricht **2** 9, 43, 60
– von Nizza **2** 11
Vertragsarzt
– Abrechnungssystem **13** 5 ff.
Vertragsfallen **7** 5
Vertraulichkeitszusage **12** 128
Vertreter (i.S.d. § 14 StGB) **4** 11
Vertreterhaftung **1** 42 f.
Vertreterklausel **28** 31 ff.
Vervielfältigung **14** 155 ff.
– zum privaten Gebrauch **14** 161
Verwahren **14** 41
Verwendungsverbot **22** 40
Verwertbarkeit
– Angaben im Insolvenzverfahren **25** 92 ff.
Verwertung von Programmen **14** 166
Verwertung von Vorlagen **15** 31 ff.
Verwertungsbeschränkung des GwG **6** 54 f.
Verwertungsverbot (s.a. Beweisverwertungsverbot) **20** 191, 193, 250 f.; **25** 66, 107
– Angaben des Schuldners im Insolvenzverfahren **9** 433 ff.
– bei gescheiterter Verständigung **26** 191 ff.
– bei Selbstanzeige **25** 109 ff.
Veterinärämter **13** 141
Videokonferenz **26** 102
Videoüberwachung **5** 143
Videovernehmung **24** 150, 152a, 180a
Visum **19** 101
Völlige Ungeeignetheit des Beweismittels **26** 92 ff.
Vollkaufmann **31** 20, 23, 43
Vollstreckungsgericht **9** 414 ff.
Vollstreckungshilfe **24** 13, 59 ff., 81, 135b
– Geldstrafenvollstreckung **24** 63 ff., 135b
– Gewinnabschöpfung **24** 64 ff.
– Überstellungsverkehr **24** 60 ff.
Vorab-Anmeldung **22** 52

Vorabsicherung von Daten im Ausland **27** 29 f.
Voraussetzungsbescheinigung **22** 126
Vorbereitung
– des Ausspähens von Daten **14** 93 ff.; **16** 45
– zur Fälschung von amtlichen Ausweisen **22** 120
Vorenthalten **4** 129; **19** 59
Vorenthalten und Veruntreuen von Arbeitsentgelt **1** 84a f.; **4** 127 ff.; **19** 47 ff.
– Anforderungen an Anklage und Urteil **19** 82
– Arbeitgeber **9** 261 ff.
– Beendigung **9** 283; **19** 78
– Begriff des Vorenthaltens **4** 129
– bei Arbeitnehmerentsendung **19** 178
– bei Arbeitnehmerüberlassung **19** 151 ff.
– bei Entsendung nach Deutschland **19** 48 ff., 198
– bei Insolvenzreife **4** 134
– Beitragsbemessung **19** 69 ff.
– Beitragsnachweis **19** 57
– Fälligkeit der Beiträge **9** 273 ff.
– Insolvenzverwalter als Täter **9** 375
– Minijob **9** 268 f.
– Nettolohnvereinbarung **19** 70
– notwendiger Inhalt von Anklage und Urteil **9** 301 ff.
– Schätzung **4** 158 ff.; **19** 74 ff.
– Scheinselbständigkeit **9** 265
– Strafbefreiende Selbstanzeige **9** 293
– subjektiver Tatbestand **9** 288 ff.
– Tatgegenstand **9** 266 ff.
– Tathandlung **9** 270 ff.
– Tathandlung bei illegaler Beschäftigung **19** 53 ff.
– Teilleistungen und Tilgungsbestimmungen **9** 277 f.
– Unfallversicherung **19** 58
– Unmöglichkeit und Unzumutbarkeit **9** 279 ff.
– Verantwortlicher **9** 261 ff.
– Verhältnis zu § 64 Satz 1 GmbHG/§ 92 Abs. 2 AktG **9** 285 f.
– Verhältnis zum Betrug **4** 137; **9** 297 ff.
– Vorenthalten **4** 129; **9** 270 f.; **19** 59
– Vorrang der Arbeitnehmerbeiträge **4** 130 ff.
– Vorsatzanforderungen **4** 136
– Zumutbarkeit der Beitragsabführung bei illegaler Beschäftigung **19** 60
Vorermittlungen **20** 218
Vorfeldermittlungen **20** 217; **22** 20, 22
Vorläufige Vermögenssicherung **28** 71 ff.
– Verfahren nach §§ 979 ff. BGB **28** 110 ff.
Vorläufiger Sachwalter **8** 52, 57 f.
Vorratsdatenspeicherung **27** 96 ff.
Vorsatz **20** 70 f.
Vorstand (s.a. Vertretungsorgan)
– als Täter der Insolvenzverschleppung
– als Täter des § 266a StGB **9** 262
– als Täter von Bankrottdelikten **9** 84
– Buchführungspflicht **9** 142
– Insolvenzantragspflicht **9** 35
Vorsteuerabzug
– bei illegaler Arbeitnehmerüberlassung

Magere Zahlen = Randnummern

Sachverzeichnis

Vorteilsannahme/Vorteilsgewährung 3 19, 23 f., 44; **12** 52 ff.
– Amtsträger → Amtsträger
– Drittmittel für Forschung und Lehre **12** 70 ff.
– Drittzuwendungen **12** 60
– Gegenleistung für bestimmte Diensthandlung **12** 38
– Geschenke, Einladungen, Repräsentation der Behörde **12** 65 f.
– Gewinnabschöpfung **12** 82 f.
– pflichtwidrige Diensthandlung **12** 38
– Rechtsgut **12** 47
– Sozialadäquanz **12** 38, 46, 64
– Sponsoring, Spenden **12** 67 f.
– Täterschaft, Teilnahme **12** 77
– Unrechtsvereinbarung **12** 46, 61
– Verjährung **12** 79 ff.
– Vorteil **12** 54 ff.
– Wahlkampfspenden **12** 69
Vorteilsausgleichsverbot → Kompensationsverbot
Vorteilsgewährung 3 19, 23 f.
Vorübergehende Verwendung 22 63

Wählerbestechung **12** 43, 101
Wäschereidienstleistungen **19** 174, 177
Wahlkampfspenden **12** 69
Wahlrechte, steuerliche **20** 52, 65
Wahrheitswidrige Erklärungen (§ 399 Abs. 2 AktG) **11** 23
Wahrunterstellung **26** 112 ff.
Wanderlager **16** 37, 61 f.
Warenausfuhr **22** 54
Warenbeschaffung auf Kredit 9 131
Warenkreditbetrug → Lieferantenbetrug
Warenverkehr, Überwachung **22** 15
WArr **23** 12 f.
Washingtoner Artenschutzübereinkommen **22** 144 f.
Webblogs **14** 153
Webmoney 6 25
Webseite **14** 153
Wechsel **10** 125 ff.
– Betrug 9 314; **10** 127 ff.
– Untreue **10** 136
Wechselreiterei **10** 130
Wegstreckenzähler 7 12 ff.
Weiße Einkünfte **21** 7
Weiterbildungsdienstleistungen **19** 174, 177
Welteinkommensprinzip **21** 2
Weltrechtsprinzip 3 38, 46; **14** 208
Werbung **16** 2
Werke, geschützte **14** 149 ff.
Werkvertrag
– Abgrenzung zur Arbeitnehmerüberlassung **19** 127 ff.
Werkvertrag mit ausländischen Unternehmern **19** 231 ff.
– ausländische Arbeitnehmer **19** 232 ff.

– ausländischer Werkunternehmer **19** 235 ff.
– steuerstrafrechtliche Folgen **19** 242 f.
– Umsatzsteuer **19** 238
Werkvertragsarbeitnehmerkarte **19** 189
Werkvertragsverfahren **19** 187 ff.
Wertersatzverfall **20** 322; **28** 40 ff.
– Folgen der Anordnung **28** 137
– und Rückgewinnungshilfe **28** 138 ff.
Wertpapierdienstleistungsunternehmen
- Compliance-Regelungen 5 58 ff.
Wertpapiergeschäfte **10** 83 f.
Werturteile **10** 184
Wertzeichen **10** 87
Wertzeichenfälschung **22** 106
Western Union 6 25
Wettbewerbsbeschränkende Absprachen
– Verhältnis nationales/europäisches Recht **18** 6
Wettbewerbsbeschränkende Absprachen bei Ausschreibungen **12** 41, 45; **19** 8 ff., 31 ff.; **31** 35
– als Betrug **18** 17 ff.
– als Kartellordnungswidrigkeiten **18** 52 f.
– Ausschreibungen **18** 34 ff.
– Beendigung **18** 48
– Erscheinungsformen **18** 13 ff.
– Freihändige Vergabe **18** 35
– geschütztes Rechtsgut **18** 32 f.
– Konkurrenzen **18** 49 ff.
– Mindestschaden bei Betrug 4 200
– rechtswidrige Absprache **18** 39
– Tätige Reue **18** 47
– Tathandlung **18** 37
– und Korruption **18** 15
– Verjährung **18** 48
– Vollendung **18** 48
– Waren oder gewerbliche Leistungen **18** 38
– Zuständigkeiten **18** 53 ff.
Wettbewerbsbeschränkende Vereinbarungen
– Spürbarkeit **18** 96
– Verbot **18** 66, 81, 91 ff.
Wettbewerbspreis, hypothetischer **18** 22
Wettbewerbsrecht **18** 1 ff.
Wettbewerbsverbot **15** 50;
– bußgeldrechtliche Besonderheiten **18** 91 ff.
Wettbewerbsvorschriften **18** 3 ff.
Wettbewerbszentrale **31** 56
Wette 9 127
Wettmanipulationen
– Schadensumfang 4 193
Whistleblowing **12** 8, 117; **15** 13
Whistleblower-Hotline 5 149
White-collar-crime 1 6
Wiederausfuhr **22** 79
Wiederverkaufspreismethode **21** 89, 92
Wirtschaftlich Berechtigter 6 31 f.
Wirtschaftliche Krise → Krise
Wirtschaftliche Tätigkeit **19** 139
Wirtschaftskriminalistische Beweisanzeichen der Zahlungsunfähigkeit 8 117

1957

Sachverzeichnis   Fette Zahlen = Kapitel

– Begriff **1** 5 ff., 61; **7** 1
– kriminologische Aspekte **1** 12 ff.
– organisierte **7** 4
– spezifische Aufklärungsprobleme **1** 22 ff.
Wirtschaftskriminalität
Wirtschaftsprüfer 6 30, 42, 49
– als Teilnehmer der Insolvenzverschleppung **9** 43 ff.
– Durchsuchung **9** 455
– Verletzung der Berichtspflicht **11** 57 ff.
Wirtschaftsreferent der Staatsanwaltschaft 9 445 f
Wirtschaftssachverständige
– Akteneinsichtsrecht **29** 95
Wirtschaftsstrafkammer 1 125; **7** 2
Wirtschaftsstrafrecht
– Begriff **1** 5
– europäisches **2** 405 ff.
– geschichtliche Entwicklung **1** 56 ff.
– Grundsätze der Ausgestaltung der Straftatbestände **1** 105 ff.
WLAN 14 30
WLAN-Scanner 27 37
Wohlverhaltensperiode 8 69, 74
Wohnraumüberwachung 6 51
– Korruption **12** 127
Wohnsitz 21 13
Wohnsitzverlagerung 21 34
Wohnstätte 21 25 f.
Wolfsberg-Principles 6 62
Wucher 10 239
– Erfassung auslandsbezogener Sachverhalte **3** 43

Xpider 31 37

Zahlungsaufschub 10 152
Zahlungsdienste 10 95, 312
Zahlungsdiensteaufsichtsgesetz (ZAG) 6 26, 38; **10** 312 ff.; **14** 32
– Straftatbestände **10** 315 ff.
Zahlungsdienstegesellschaften 10 31
Zahlungsdienstevertrag 10 95
Zahlungseinstellung 8 107; **9** 6, 101
Zahlungsstockung 8 105
Zahlungsunfähigkeit 8 103 ff.; **9** 6
– Ausland **1** 128
– Begriff **8** 103 ff
– drohende → Drohende Zahlungsunfähigkeit
– Erkenntnisquellen **8** 114 ff.
– schriftliche **9** 462
Zahlungsunwilligkeit 8 110
Zahlungsverkehr
– internationaler **10** 137 ff.
– nationaler **10** 94 ff.
Zahnarztleistungen, Abrechnung 13 92 ff.
Zahnersatzleistungen 13 93 ff.
Zahngold 13 97
Zauber (Datenbank) 21 148
Zeitschriftenabonnements 16 24 ff.

Zentrale Auslands- und Fachvermittlung 19 187
Zentrale zur Bekämpfung unlauteren Wettbewerbs 16 96; **32** 56
Zentralstelle Risikoanalyse (ZORA) 22 19
Zerstörung von Nichtgemeinschaftsware 22 80
Zeugenbeistand 26 152; **30** 17
Zeugenbeweis 26 39 ff., 48 f.
– Glaubwürdigkeit **26** 120
– Ungeeignetheit **26** 93 ff.
Zeugenpflicht 27 61 f.
Zeugenvernehmung/ -anhörung 9 462 ff.; **26** 79 ff.
– Auskunftsverweigerungsrecht **25** 85 ff.
– Auslandszeuge **1** 128; **25** 151 ff.; **27** 102, 126 ff.
– bei Bankermittlungen **10** 79
– Fragebögen **25** 91
– im Wege der Rechtshilfe **24** 149 ff.
– Ladung **27** 65
– Ladung im Ausland **24** 151 ff.
– Videovernehmung **24** 150, 152a, 180a; **6** 43; **26** 2 ff.
Zeugnisverweigerungsrecht 26 95
– Datenschutzbeauftragter **5** 142
ZFA → Zollfahndungsamt
Zielwahlsuche 27 106
Zivilrechtlicher Vernichtungsanspruch
– bei Schutzrechtsverletzungen **17** 28 f., 46
ZKA → Zollkriminalamt
Zölle 22 94
Zoll 22 1 ff.
– Ermittlungskompetenzen **22** 23 ff.
Zollabfertigung 22 137 ff., 151
Zollamtliche Überwachung 22 6 ff., 48; **23** 51
– Entziehung **22** 49, 68
Zollanmeldung
– vereinfachte Verfahren **22** 51
Zollbehörden
– Aufgaben und Befugnisse **23** 50
Zollblei 22 77
Zollfahndungsämter 9 442; **22** 3
– Ermittlungskompetenzen **22** 23
Zollfahndungsdienst 22 2, 4, 11; **31** 47
– Ermittlungskompetenzen **22** 30 ff., 162
– Überwachungsaufgaben und - instrumente **22** 20 ff.
Zollhinterziehung
– Vollendung **22** 92
Zollkodex (ZK) 22 9, 42, 44; **23** 19
Zollkontrollen 22 10
Zollkriminalamt (ZKA) 22 3, 192 ff.; **32** 47 ff.
– Aufgaben und Befugnisse **22** 194 ff.
Zolllager 22 65
Zollprüfung 22 14
Zollrechtlich freier Verkehr 22 55 f.
Zollrechtliche Bestimmung 22 46, 50
Zollrechtliche Überwachung (ZÜ) 22 12
Zollstraftaten 22 83
Zollverfahren 22 44 ff.

Magere Zahlen = Randnummern

Sachverzeichnis

– mit wirtschaftlicher Bedeutung **22** 59
Zollverwaltung
– Aufgaben **22** 2, 123, 137
– Organisation **22** 3
– Überwachungsaufgaben **22** 6 ff.
Zollverwaltungsgesetz 6 20
Zu Zwecken des Wettbewerbs 15 15
Zueignungsabsicht
Zufallsfunde **22** 41; **26** 64
Zugangscodes **14** 94 f., 122 f., 140
Zugangskennungen
Zugangskontrolldiensteschutzgesetz (ZKDSG) 14 29, 78, 167
Zugangssicherung 14 79 ff.
Zugangsverweigerung zu wesentlichen Einrichtungen 18 112
Zugelassener Wirtschaftsbeteiligter 22 52, 71
Zugriff auf im Ausland gespeicherte Daten 24 88a

Zurechnung strafrechtlicher Pflichten **4** 1 ff.
Zusammenarbeit in Strafsachen **2** 22 ff.
Zusammenschluss **18** 278
Zusammenschlusskontrolle → Fusionskontrolle
Zusicherung der Vertraulichkeit **26** 106
Zuständigkeitsvereinbarung zum Rechtshilfeverkehr **24** 83
Zustellung von Schriftstücken im Ausland **24** 87 f., 119, 151 ff., 176a
Zuwiderhandlungen
– gegen gesetzliche Verbote **18** 81 ff., 87 ff.
– gegen Verwaltungsanordnungen **18** 89
– gegen vollziehbare Verwaltungsakte der Kartellbehörde **18** 84 f.
Zwangsmittelverbot → Nemo-tenetur-Grundsatz
Zweigstellen ausländischer Banken 10 32
Zwischenverfahren 29 81 ff.
– Beweisantrag **26** 6